Aal m. *(-[e]s,-e)* anguilla *f.*: ***geräucherter, saurer ~*** anguilla affumicata, marinata ◆ ***~ blau*** anguilla bollita; ***glatt wie ein ~*** viscido come un'anguilla; ***~ grün*** anguilla al vapore; ***sich winden und krümmen wie ein ~*** = cercare di svincolarsi (con ogni mezzo) da una situazione difficile. **aal|len** rifl. **sich ~** COLLOQ. crogiolarsi: ***sich in der Sonne ~*** crogiolarsi al sole. **Aal|fang** m. *(-[e]s)* pesca *f.* delle anguille. **aal|glatt** agg. **1** viscido **2** FIG. sfuggente. **Aal|kas|ten** m. *(-s,-kästen)* lavoriero *m.* (da anguille). **Aal|quap|pe** f. *(-,-n)*, **Aal|rau|pe** f. *(-,-n)* bottatrice *f.* **Aal|reu|se** f. *(-,-n)* nassa *f.* per anguille. **Aal|ste|chen** n. *(-s)* pesca *f.* delle anguille (col tridente). **Aal|tier|chen** n. *(-s,-)* anguillulide *m.*
a.a.O. ⇒ *am angeführten Ort* al luogo citato, loco citato (loc. cit.).
Aar m. *(-[e]s,-e)* LETT. aquila *f.*
Aar|gau n.pr.m. *(-s)* Argovia *f.*
Aa|ron n.pr.m. Aronne *m.*
Aas n. *(-es,-e* e *Äser)* **1** carogna *f.* **2** *(Köder)* esca *f.* **3** FIG. VOLG. (pl. *Äser*) carogna *f.*, fetente *m.* ◆ ***kein ~*** neppure un cane; ***ein kleines ~*** una carognetta; PROV. ***wo ein ~ ist, da sammeln sich die Geier*** dove son carogne, son corvi. **Aas|blu|me** f. *(-,-n)* stapelia *f.* **aa|sen** intr. (aus. *haben*) ***mit etw. ~*** scialacquare, sperperare qcs.; ***mit seinen Kräften ~*** sperperare le proprie energie. **Aas|flie|ge** f. *(-,-n)* moscone *m.* della carne. **Aas|fres|ser** m. *(-s,-)* necrofago *m.* **Aas|gei|er** m. *(-s,-)* **1** avvoltoio *m.* perenottero, capovaccaio *m.* **2** FIG. COLLOQ. *(Gauner)* avvoltoio *m.* **aa|sig** **I** agg. fetido, schifoso **II** avv. COLLOQ. rafforz. ***es ist ~ kalt*** fa un freddo cane; ***es tut ~ weh*** fa un male cane. **Aas|kä|fer** m. *(-s,-)* ENTOM. necroforo *m.* **Aas|sei|te** f. *(-,-n)* carniccio *m.*
ab **I** prep. + dat. **1** *(lokal)* da, COMM. franco: ***frei ~ Mainz*** franco da Magonza; ***~ Werk, ~ Fabrik*** dalla fabbrica, franco fabbrica; ***~ (unserem) Lager*** franco magazzino, deposito; ***~ Bahnhof*** franco stazione; ***~ Kai*** franco banchina; ***~ Waggon*** franco vagone; ***der Bus fährt ~ Hauptbahnhof*** l'autobus parte dalla stazione centrale **2a** anche + acc. *(temporal)* da, a partire da: ***~ sofort*** da subito; ***~ morgen*** da domani; ***~ Neujahr*** dall'anno nuovo; ***~ dem 4. April*** dal 4 aprile; ***~ seinem 18. Lebensjahr*** a partire dal suo diciottesimo anno di età; COLLOQ. ***~ kommendem (kommenden) Dienstag*** da martedì prossimo; ***~ erstem (ersten) Juni*** dal primo giugno **b** *(Minimum, bei Zahlangaben)* da... (in su), da un minimo di: ***Bestellungen ~ 50 Exemplaren (Exemplare)*** ordini superiori ai 50 esemplari; ***dieser Film ist für Jugendliche ~ 14 Jahren (Jahre) erlaubt*** questo film è vietato ai minori di 14 anni **II** avv. **1** *(weg, fort)* lontano: ***nicht sehr weit ~ von hier*** non molto lontano da qui **2** *(los)* su, via: ***~ ins Bett!*** via, a letto! ***~ nach Hause!*** andiamo a casa! **3** *(in Fahrplänen: Abfahrt)* ***München ~ 8.52 Uhr*** partenza da Monaco alle 8.52 ◆ ***~ und an*** → ***~ und zu***; ***auf und ~*** su e giù; FIG. tanto di cappello! MIL. ***Gewehr ~!*** pied'arm! ***Hut ~!*** giù il cappello! ***~ durch die Mitte!*** sparisci! fila via! ***von...~*** a partire da...; ***~ und zu*** talvolta.
ab_ackern **I** tr. ***alles ~*** lavorare a fondo, sistematicamente **II** rifl. **sich ~** affaticarsi, stancarsi (lavorando).
A|ba|kus m. *(-,-)* ARCH. MAT. abaco *m.*
ab|än|der|bar agg. **1** modificabile **2** MAT. variabile **3** DIR. commutabile. **Ab|än|der|bar|keit** f. *(-)* **1** modificabilità *f.* **2** MAT. variabilità *f.* **3** DIR. commutabilità *f.* **ab|än|der|lich** agg. ANT. → **abänderbar.** **Ab|än|der|lich|keit** f. *(-,-en)* ANT. → **Abänderbarkeit.**
ab_än|dern tr. **1** *(anders machen)* mutare, modificare **2** *(verbessern)* correggere, rettificare **3** DIR. *(Strafe)* commutare **4** POL. *(Gesetz)* emendare. **Ab|än|de|rung** f. *(-,-en)* **1** modifica *f.*, modificazione *f.*: ***eine ~ an etw. (D) vornehmen*** apportare una modifica a qcs. **2** *(Verbesserung)* correzione *f.* **3** DIR. commutazione *f.* **4** POL. emendamento *m.* **Ab|än|de|rungs|an|trag** m. *(-[e]s,-träge)* POL. proposta *f.* di emendamento. **Ab|än|de|rungs|kla|ge** f. *(-,-n)* azione *f.* di riforma. **Ab|än|de|rungs|vor|schlag** m. *(-[e]s,-schläge)* → **Abänderungsantrag.**

A|ban|don [abã'dõ:] m. *(-s,-s)* DIR. abbandono *m.*, rinuncia *f.*
a|ban|don|nie|ren tr. DIR. abbandonare, rinunciare a, cedere.
Als|ter|was|ser n. *(-s,-wässer)* REGION. INTRAD. (bevanda a base di birra e gassosa).
1.Am|bo m. *(-s,-s* e *Amben)* AUSTR. GIOC. ambo *m.*
2.Am|bo m. *(-s,-s)* ARCH. ambone *m.*

Il segno = indica che, essendo impossibile dare una traduzione che rispecchi adeguatamente il carattere peculiare di un'espressione, si fornisce una spiegazione del suo significato

Il segno ⇒ introduce lo scioglimento di abbreviazioni e sigle

La marca PROV. introduce la sezione riservata ai proverbi

Numeri arabi: scandiscono l'articolazione semantica della voce; le eventuali lettere alfabetiche contrassegnano sottosezioni

Il segno + introduce il caso retto da una preposizione tedesca, o indica altre reggenze

Numeri romani: marcano le sezioni della voce che identificano categorie grammaticali diverse

La sottolineatura mette in evidenza l'elemento in base al quale ciascuna locuzione è ordinata alfabeticamente nei lunghi elenchi fraseologici

Il segno _ indica i verbi separabili tedeschi

Trascrizione fonetica fra parentesi quadre

La marca INTRAD. segnala lemmi non traducibili, il cui significato è comunque spiegato di seguito, fra parentesi

I numeri arabi anteposti ai lemmi identificano gli omografi

DIT

Dizionario

Tedesco Italiano • Italiano Tedesco

DIT®

Dizionario

Tedesco Italiano • Italiano Tedesco

Seconda edizione

completamente aggiornata in base alla riforma ortografica

in collaborazione con

Langenscheidt

paravia

Direzione scientifica:
Anton Reininger

Supervisione editoriale e lessicografica:
Fabrizio Cicoira

Redazione:
Stefania Andreozzi, Paola Banino, Manuela Brussino, Maria Corsi, Giovanna De Benedetti, Paola Di Cataldo, Giuseppe Galanzino, Fiammetta Garimoldi, Carla Gavi, Tomaso Lucchelli, Barbara Murgia, Alessandra Romanella, Gemma Tarditi, Grazia Toschino

Revisione:
Nicoletta Aresca, Caroline Borchardt Martin, Fabrizio Cicoira, Cornelia Diekamp Moiso, Gabriele Paula Goldhofer, Alexandra Hausner, Sabine Kürner, Birgit Leute, Karin Olbrich Pellini, Hellmut Riediger, Inge Schladen, Elisabeth Ugody

Rilettura e uniformazione:
Silvia Dafarra

Revisione della seconda edizione:
Werkstatt Gillhofer, München

Fotocomposizione e impaginazione:
Anja Dengler, Michael Welker

Copertina:
Studio Livio, Torino

Stampa:
Rotolito Lombarda, Pioltello, Milano

La *Guida pratica alla scrittura di lettere* è adattamento e traduzione dell'appendice al *Duden-Oxford Großwörterbuch Englisch*, per gentile concessione di Bibliographisches Institut & F. A. Brockhaus AG.

G.B. Paravia & C. S.p.A.
10139 Torino - Corso Trapani 16
http://www.paravia.it

Seconda edizione
1 2 3 4 5 6 7 8 9 99 00 01 02 03 04 05

NOTA DELL'EDITORE

Il nuovo dizionario tedesco Paravia intende caratterizzarsi in virtù di un profilo di moderno dizionario generale, valido sia come sussidio didattico sia come strumento professionale, che permetta di affrontare la lingua standard e letteraria contemporanea e il parlato dei nostri giorni, anche nelle forme regionali, e che riservi tutta la necessaria attenzione ai linguaggi specifici delle attività tecniche, economiche e commerciali che sono al centro del flusso di scambi tra Italia e paesi di lingua tedesca nel contesto, sempre più strettamente integrato, dell'Europa di oggi.

È proprio come prodotto nativamente «europeo» si propone oggi questo dizionario, tramite un'impostazione che assicura una sostanziale parità di accesso al testo per il lettore tedesco come per quello italiano, offrendo ad entrambi, nelle due sezioni dell'opera, la stessa ricca gamma di strumenti di consultazione e di informazioni semantiche, grammaticali e stilistiche.

L'attualità dei contenuti è stata naturalmente oggetto di primaria attenzione, per far sì che il DIT rispecchiasse adeguatamente le incalzanti innovazioni culturali e tecniche e le grandi trasformazioni politiche di questa fine di secolo.

Non solo, ma l'intera struttura del dizionario è stata pensata al fine di conseguire la massima immediatezza e funzionalità informativa, con una serie di accorgimenti che possono essere sintetizzati nei seguenti punti:

* La completa **sillabazione** di tutti i lemmi, compresi i numerosissimi composti tedeschi, riportati sempre (per la prima volta nella lessicografia italo-tedesca) in forma integrale. Siamo convinti di aver fornito, così, un importante aiuto a chi, trovandosi a comporre un testo nella lingua straniera, potrà superare grazie al DIT le tante tradizionali incertezze che macchinosi sistemi di norme non aiutano certo a risolvere, arrivando alla certezza di produrre un testo anche formalmente ineccepibile.

* Un'estrema chiarezza **grafica**, in una pagina che, pur con la necessaria densità, garantisce elevata leggibilità ed immediata accessibilità delle informazioni, ponendo in primo piano ciò che più serve al lettore, e cioè le frasi e le strutture reali delle due lingue.

* Agilità e trasparenza dei **criteri lessicografici**, che assicurano grande facilità di impiego; al fruitore – principiante o esperto che sia – è sufficiente consultare «a colpo d'occhio» la guida grafica all'interno

VORWORT DES VERLEGERS

Das neue italienisch-deutsche Wörterbuch von Paravia wurde als ein modernes allgemeines Wörterbuch konzipiert, das sich auf Grund seines fein gegliederten Wortschatzes sowohl als Unterrichtsmittel als auch als professionelle Arbeitshilfe eignet. Denn neben der zeitgenössischen Standard-, Literatur- und Umgangssprache – letztere mit ihren regionalen Ausprägungen – enthält es auch die Fach- und Sondersprachen des technischen, wirtschaftlichen und kommerziellen Bereichs, die in den regen Handelsbeziehungen zwischen Italien und den deutschsprachigen Ländern, in einem immer stärker zusammenwachsenden Europa eine besondere Bedeutung besitzen.

So soll dieses Wörterbuch einen bewusst «europäischen» Zuschnitt haben, insofern es dem italienischen wie dem deutschen Benutzer einen wesentlich gleichen Zugang zum Text ermöglicht. Beiden wird in den entsprechenden Abteilungen des Werkes dasselbe reiche Spektrum der semantischen, grammatischen und stilistischen Informationen geboten.

Der Aktualität der Inhalte gilt natürlich die größte Aufmerksamkeit. Schließlich soll das DIT die sich überstürzenden kulturellen und technischen Neuerungen und die großen politischen Veränderungen am Ende unseres Jahrhunderts widerspiegeln.

Doch nicht nur das. Die gesamte innere Struktur des Wörterbuches zielt mit einer Reihe von Maßnahmen auf größte Unmittelbarkeit und Funktionalität der Information ab, die in folgenden Punkten zusammengefasst werden können:

* Vollständige **Silbentrennung** aller Stichwörter, einschließlich der zahlreichen deutschen Komposita, die ungekürzt wiedergegeben werden. Wir glauben damit, demjenigen, der einen Text in der fremden Sprache verfassen muss, eine wichtige Hilfestellung zu geben, da er dank des DIT die vielen gewohnten Unsicherheiten, die umständliche Regelsysteme nicht zu lösen helfen, überwinden kann und die Gewissheit erlangt, einen fehlerfreien Text herzustellen.

* Ein äußerst klares **grafisches Bild**, das, trotz der notwendigen Kompaktheit der Druckseite, hohe Lesbarkeit und unmittelbaren Informationszugang garantiert, wobei das, was dem Leser am nützlichsten ist, d.h. die Anwendungsbeispiele, in beiden Sprachen im Vordergrund stehen.

* Flexibilität und Transparenz der **lexikographischen Kriterien**, die einen mühelosen Gebrauch gewährleisten. Meistens kann der Benutzer – ganz gleich ob Anfänger oder Experte – auf die ausführliche-

della copertina, senza ricorrere alle più dettagliate *Avvertenze per la consultazione*, per poter sfruttare a fondo l'ampia gamma di informazioni che il dizionario racchiude.

* Un'approfondita elaborazione dell'**accezionamento** e della **fraseologia**, che tengono conto delle indicazioni della più autorevole e aggiornata lessicografia monolingue tedesca e italiana. Ne deriva un'articolazione delle voci e un carattere dell'esemplificazione che tendono a rispecchiare con la massima aderenza ed efficacia la realtà della lingua, mettendone in chiaro i meccanismi e seguendola nelle ramificazioni semantiche e nelle stratificazioni stilistiche e specialistiche. Intendiamo così offrire al lettore un quadro autentico dell'ampiezza e differenziazione dei significati di ogni lemma, mettendo a sua disposizione materiali linguistici esatti, sicuri e facili da maneggiare.

La praticità d'uso è evidentemente il comune denominatore di tutti questi accorgimenti e criteri applicati alla realizzazione del nuovo dizionario; e come strumento eminentemente pratico è intesa altresì l'*Appendice* acclusa all'opera: una guida alla stesura di lettere nelle due lingue, private, formali e commerciali, con la quale siamo certi di offrire un significativo ausilio all'utente, in anni – come sono i nostri – nei quali l'immensa diffusione del fax (e ora anche l'affermarsi della posta elettronica) ha rilanciato e moltiplicato il valore della comunicazione epistolare.

Settembre 1996

L'Editore

ren *Hinweise* im Einleitungsteil verzichten und sich mit einem Blick auf den schematischen Überblick auf der Innenseite des Einbands begnügen, um das weite Spektrum der Informationen voll auszuschöpfen, die das Wörterbuch enthält.

* Erschöpfende Aufschließung der **Bedeutungsstrukturen** und ihre Erläuterung durch **Beispielsätze**, die der maßgebenden und aktuellsten einsprachigen deutschen und italienischen Lexikographie Rechnung tragen. Daraus ergibt sich eine Gliederung der Worteinträge und eine Art der Beispielsetzung, deren Ziel es ist, mit größter Annäherung und praktischem Nutzen die sprachliche Wirklichkeit widerzuspiegeln, indem ihre Mechanismen deutlich gemacht und ihre semantischen Verzweigungen und stilistischen Schichtungen nachgezeichnet werden. Auf diese Weise möchten wir dem Benutzer ein authentisches Bild des Umfangs und der Differenzierung der Bedeutung eines jeden Stichwortes geben und ihm gleichzeitig verbürgtes, modellhaftes und leicht verwertbares linguistisches Material zur Verfügung stellen.

Die praktische Anwendbarkeit ist offenkundig der gemeinsame Nenner aller Kriterien und Maßnahmen, die bei der Verwirklichung des neuen Wörterbuches Anwendung fanden. Als ein ebenso praktisches Hilfsmittel ist der dem Werk beigefügte *Anhang* – ein Leitfaden zur Abfassung privater, offizieller und geschäftlicher Briefe in beiden Sprachen – zu verstehen. In unserer heutigen Zeit, in der die ungeheure Verbreitung des Fax (und nun auch der E-Mail) die Rolle der brieflichen Mitteilung wieder aufgewertet und verstärkt hat, glauben wir, dem Benutzer ein nützliches Hilfsmittel an die Hand zu geben.

September 1996

Der Verleger

ABBREVIAZIONI / ABKÜRZUNGEN

ABBIGL.	abbigliamento / Bekleidung
acc.	accusativo / Akkusativ
accorc.	accorciamento di / Kurzform von
ACUST.	acustica / Akustik
AER.	aeronautica / Luftfahrt
agg.	aggettivo / Adjektiv
AGR.	agricoltura / Landwirtschaft
ALCH.	alchimia / Alchimie
ALIM.	alimentaristico / Lebensmittelindustrie
ALLEV.	allevamento / Tierzucht
ALP.	alpinismo / Alpinismus
AMM.	amministrazione / Verwaltung
ANAT.	anatomia / Anatomie
ANT.	antico, antiquato / veraltet, veraltend
ANTROP.	antropologia / Anthropologie
ARALD.	araldica / Heraldik
ARCH.	architettura / Architektur
ARCHEOL.	archeologia / Archäologie
ARM.	armi, armamenti / Waffen, Waffentechnik
ARRED.	arredamento / Inneneinrichtung
ART.	arte / Kunst
artc.	articolo / Artikel
artc.det.	articolo determinativo / bestimmter Artikel
artc.indet.	articolo indeterminativo / unbestimmter Artikel
artcl.	articolato / mit dem Artikel verschmolzen
ARTIG.	artigianato / Handwerk
assol.	assoluto / absolut
ASTR.	astronomia / Astronomie
ASTROL.	astrologia / Astrologie
aus.	ausiliare / Hilfsverb
AUSTR.	forma austriaca / österreichisch; termine del linguaggio ufficiale della Repubblica d'Austria / amtssprachlicher Ausdruck der Republik Österreich
AUT.	autoveicoli / Kraftfahrzeugwesen
avv.	avverbio / Adverb
avv. pron.	avverbio pronominale / Pronominaladverb
BANC.	bancario / Bankwesen
BIBL.	biblico / biblisch
BIBLIOT.	biblioteconomia / Bibliothekswissenschaft
BIOL.	biologia / Biologie
BOT.	botanica / Botanik
BUROCR.	linguaggio burocratico / Amtssprache, formelle Sprache
CART.	industria cartaria / Papierindustrie
CH	termine del linguaggio ufficiale della Confederazione Svizzera / amtssprachlicher Ausdruck der Schweizerischen Eidgenossenschaft
CHIM.	chimica / Chemie
CHIR.	chirurgia / Chirurgie
CINEM.	cinema / Film
COLLOQ.	colloquiale / umgangssprachlich
COMM.	commercio / Handel
compar.	comparativo / Komparativ
condiz.	condizionale / Konditional
cong.	congiunzione / Konjunktion
congiunt.	congiuntivo / Konjunktiv
COREOGR.	danza, coreografia / Tanz, Choreographie
COSMET.	cosmesi / Kosmetik
dat.	dativo / Dativ
dimostr.	dimostrativo / demonstrativ
DIPL.	diplomazia / Diplomatie
DIR.	diritto / Recht
ECCL.	ecclesiastico / kirchlich
ECON.	economia e finanza / Wirtschaft u. Finanzwesen
EDIL.	edilizia / Bauwesen
EDIT.	editoria / Verlagswesen
EL.	elettricità / Elektrizität
ELETTRON.	elettronica / Elektronik
enfat.	enfatico / emphatisch
ENOL.	enologia / Önologie
ENTOM.	entomologia / Entomologie, Insektenkunde
EQUIT.	equitazione / Reitsport
esclam.	esclamativo / ausrufend
ESTENS.	estensione, estensivo / erweiterte Bedeutung
ETNOL.	etnologia / Ethnologie, Völkerkunde
etw.	etwas
EUFEM.	eufemismo / Euphemismus, Beschönigung
EX-RDT	termine del linguaggio ufficiale della ex Repubblica Democratica Tedesca / amtssprachlicher Ausdruck der ehemaligen Deutschen Demokratischen Republik
f.	sostantivo femminile, femminile / Femininum, weiblich
FAL.	falegnameria / Holzverarbeitung
FAM.	familiare / familiär
FARM.	farmacia / Pharmazie
FERR.	ferrovie, ferroviario / Eisenbahnwesen
FIG.	figurato / übertragen
FILOL.	filologia / Philologie
FILOS.	filosofia / Philosophie
FIS.	fisica / Physik
FISIOL.	fisiologia / Physiologie
FON.	fonetica / Phonetik
FOT.	fotografia / Fotografie
fut.	futuro / Futur
GASTR.	gastronomia / Gastronomie
gen.	genitivo / Genitiv
GEOGR.	geografia / Geografie
GEOL.	geologia / Geologie
GEOM.	geometria / Geometrie
ger.	gerundio / Gerundium
GERG.	gergale / Jargon, Jugendsprache
GINN.	ginnastica / Turnen
GIOC.	giochi / Spiele
GIORN.	giornalismo / Zeitungswesen
GRAMM.	grammatica / Grammatik
IDR.	idraulica / Hydraulik
imper.	imperativo / Imperativ
imperf.	imperfetto / Imperfekt
impers.	impersonale / unpersönlich
IND.	industria / Industrie
indef.	indefinito / unbestimmt
inf.	infinito / Infinitiv
INFANT.	linguaggio infantile / Kindersprache
INFORM.	informatica / Informatik
ING.	ingegneria / Ingenieurwesen
inter.	interiezione / Interjektion
interr.	interrogativo / interrogativ, fragend
intr.	verbo intransitivo / intransitives Verb
INTRAD.	intraducibile / unübersetzbar
inv.	invariabile / unveränderlich
IRON.	ironico / ironisch
ITTIOL.	ittiologia / Ichthyologie, Fischkunde
jd	jemand
jdm	jemandem
jdn	jemanden
jds	jemand(e)s
LETT.	letterario (registro), letteratura (linguaggio specialistico) / literarisch (Sprachebene), Literaturwissenschaft (Fachsprache)
LING.	linguistica / Linguistik, Sprachwissenschaft
LIT.	liturgia / Liturgie
m.	sostantivo maschile, maschile / Maskulinum, männlich
MAR.	marineria / Schifffahrt
MAT.	matematica / Mathematik
MECC.	meccanica / Maschinenbau
MED.	medicina / Medizin

METALL. metallurgia / Metallurgie
METEOR. meteorologia / Meteorologie, Maße und Gewichte
METR. metrica / Metrik
METROL. metrologia / Metrologie
MIL. arte militare / Militärwesen
MIN. miniere, ingegneria mineraria / Bergbau
MINER. mineralogia / Mineralogie
MITOL. mitologia / Mythologie
mod. verbo modale / Modalverb
MOT. motori, motoristica / Motorenbau
MUS. musica / Musik
n. sostantivo neutro, neutro / Neutrum, sächlich
nom. nominativo / Nominativ
n.pr. nome proprio / Eigenname
NUCL. ingegneria nucleare / Kerntechnik
NUMISM. numismatica / Numismatik, Münzkunde
ORNIT. ornitologia / Ornithologie, Vogelkunde
OROL. orologeria / Uhrmacherei
OTT. ottica / Optik
PALEOGR. paleografia / Paläographie, Handschriftenkunde
PALEONT. paleontologia / Paläontologie, Erdaltertumsforschung
part.at. particella atona / unbetonte Partikel
pass.rem. passato remoto
PED. pedagogia / Pädagogik
pers. personale / persönlich
PESC. pesca / Fischereiwesen
PITT. pittura / Malerei
pl. sostantivo plurale, plurale / Plural, pluralisch
POL. politica / Politik
poss. possessivo / possessiv, besitzanzeigend
p.pass. participio passato / Partizip Perfekt
p.pres. participio presente / Partizip Präsens
prep. preposizione / Präposition
pres. presente / Präsens
pret. preterito / Präteritum
pron. pronome / Pronomen
pronom. verbo pronominale (italiano) / (italienisches) pronominales, reflexives Verb
PROV. proverbio, proverbi / Sprichwort, Sprichwörter
PSIC. psicologia, psichiatria, psicoanalisi / Psychologie, Psychiatrie, Psychoanalyse
qcs. qualcosa
qcn. qualcuno
RAD. radiofonia / Rundfunk
rafforz. rafforzativo / verstärkend
RAR. voce o accezione rara / seltene Stichwörter bzw. Bedeutungen
REGION. regionale / regional, dialektal
rel. relativo / relativ
RELIG. religione / Religion
RET. retorica / Rhetorik
RFT termine del linguaggio ufficiale della Repubblica Federale di Germania / amtssprachlicher Ausdruck der Bundesrepublik Deutschland
rif. riferimento, riferito / Beziehung (auf), bezüglich (auf)
rifl. verbo riflessivo (tedesco), riflessivo / (deutsches) reflexives Verb, reflexiv
SART. sartoria / Schneiderhandwerk
SCHERZ. scherzoso / scherzhaft
SCOL. scuola / Schulwesen
SCULT. scultura / Bildhauerkunst
sing. singolare / Singular, singularisch
SOCIOL. sociologia / Soziologie
sost. sostantivato / substantiviert
spec. specialmente / besonders
SPORT sport, sportivo / Sport
SPREG. spregiativo / abwertend
STATIST. statistica / Statistik
STOR. storia / Geschichte
STRAD. costruzioni stradali / Straßenbau
superl. superlativo / Superlativ
SVIZZ. forma svizzera / schweizerisch
TEATR. teatro / Theater
TECN. tecnica / Technik
TEL. telefonia, telegrafia / Telefonie, Telegrafie
TELEV. televisione / Fernsehen
TEOL. teologia / Theologie
TESS. industria tessile / Textilindustrie
TIP. tipografia / Druckwesen
TOPOGR. topografia / Topographie, Kartographie
tr. verbo transitivo / transitives Verb
UNIV. università (e goliardia) / Hochschulwesen (u. Studentensprache)
VENAT. caccia / Jagdwesen
VETER. veterinaria / Tiermedizin
VEZZ. vezzeggiativo / Koseform
VOLG. volgare / vulgär
ZOOL. zoologia / Zoologie

Le abbreviazioni sono riportate in questo elenco nello stesso carattere di stampa in cui appaiono nel testo del dizionario: in MAIUSCOLETTO quelle indicanti registri, delimitazioni regionali e linguaggi settoriali, in tondo quelle relative a qualifiche e altre specificazioni grammaticali.

Die Abkürzungen sind im Verzeichnis so wiedergegeben, wie sie auch im Text vorkommen: diejenigen in KAPITÄLCHEN bezeichnen Sachgebiete, Stilebenen und regional verbreitete Ausdrücke, diejenigen in Grundschrift grammatische Kategorien und erklärende Zusätze.

AVVERTENZE PER LA CONSULTAZIONE

Le entrate del dizionario sono collocate in **ordine alfabetico** stretto, ignorando iniziali maiuscole, trattini, puntini, diacritici (*Umlaut* compreso), spazi ed apostrofi, in una serie unica comprendente anche sigle e abbreviazioni, toponimi e nomi propri di persona.

Nella sezione tedesco-italiano la *ß* dei lemmi è trattata come una doppia *s*. Nelle coppie di lemmi distinti soltanto dalla presenza, in uno dei due, delle particolarità grafiche sopra elencate, il lemma con iniziale maiuscola segue quello con la minuscola, il lemma con diacritico su una vocale segue quello senza, il lemma seguito da puntino segue quello privo di puntino, e così via. L'ordinamento è perciò il seguente: prima *bass* poi *Bass*, prima *fordern* poi *fördern*, prima *Flosse* poi *Flöße*. Le entrate composte da più parole sono ordinate alfabeticamente come se fossero scritte unite. Nelle coppie di verbi omografi di cui l'uno è separabile e l'altro inseparabile, il separabile precede l'inseparabile.

I **lemmi** sono riportati per esteso, compresi tutti i composti tedeschi. Gli **omografi** sono contrassegnati da numeri arabi che li precedono, con l'interposizione di un puntino.

HINWEISE ZUR BENUTZUNG

Die in das Wörterbuch aufgenommenen Stichwörter sind ohne Berücksichtigung von Großbuchstaben, Bindestrichen, Abkürzungspunkten, Betonungszeichen (einschließlich Umlauten), Wortzwischenräumen und Apostrophen streng **alphabetisch geordnet**, Kurzwörter und Abkürzungen, sowie Orts- und Eigennamen eingeschlossen.

Im deutsch-italienischen Teil wird das *ß* wie *ss* behandelt. Bei Wortpaaren, die sich nur durch die oben aufgezählten grafischen Besonderheiten in einem der beiden Stichwörter unterscheiden, folgt das Wort mit großem Anfangsbuchstaben auf das Wort mit kleinem Anfangsbuchstaben, das Wort mit Betonungszeichen auf einem Vokal dem Wort ohne Betonungszeichen, das Wort mit Abkürzungspunkt dem ohne, und so fort. Die Ordnung ist daher folgende: erst *bass* dann *Bass*, erst *fordern*, dann *fördern*, erst *Flosse*, dann *Flöße*. Aus mehreren Wörtern zusammengesetzte Worteinträge sind so geordnet, als wären sie zusammengeschrieben. Bei gleich geschriebenen Verbpaaren, von denen eines trennbar und das andere nicht trennbar ist, geht das trennbare Verb dem nicht trennbaren voran.

Die **Stichwörter** werden vollständig wiedergegeben, einschließlich aller deutschen Komposita. Gleich geschriebene Wörter (**Homographe** und **Homonyme**) werden mit vorangestellten arabischen Ziffern (und einem Punkt dazwischen) gekennzeichnet.

1.Boot n. *(-[e]s,-e)* barca *f.*: ***das ~ aussetzen*** mettere in acqua la barca; ***~ fahren*** andare in barca ◆ ***wir sitzen alle in einem, im gleichen ~*** siamo tutti nella stessa barca.
2.Boot [buːt] m. *(-s,-s)* stivale *m.*, stivaletto *m.*
1.for|mi|ca f. *(-che)* Ameise *f.*: ***~ operaia*** Arbeiterameise *f.*, Arbeiterin *f.*; ***laborioso come una ~*** fleißig wie eine Ameise ◆ ***~ rossa*** rote Waldameise *f.*
2.for|mi|ca f. Laminat *n.*

I verbi separabili tedeschi sono contrassegnati da un archetto collocato tra l'elemento separabile e la radice.

Die deutschen trennbaren Verben sind durch einen Bindebogen zwischen dem trennbaren Teil und dem Verbstamm gekennzeichnet.

ab‿mei|ßeln tr. togliere con lo scalpello; scalpellare.

Lemmi alfabeticamente contigui che siano tra loro varianti oppure sinonimi vengono dati come un'entrata unica, separati da una virgola, e se necessario muniti delle rispettive specificazioni grammaticali e morfologiche. Sono trattati così anche i lemmi che presentano più di una accentazione:

Stichwörter, die alphabetisch direkt aufeinander folgen und Varianten oder Synonyme sind, werden als ein einziger, durch Komma getrennter Worteintrag und, wenn nötig, mit den jeweiligen grammatischen Angaben wiedergegeben. Ebenso werden die Stichwörter behandelt, die verschiedene Betonungen haben:

der|weil, der|wei|len I avv. intanto, nel frattempo **II** cong. mentre.
Ba|tail|lons|füh|rer m. *(-s,-)*, **Ba|tail|lons|kom|man|dant** m. *(-en,-en)* comandante *m.* di battaglione.
co|ni|glia|ia f., **co|ni|glie|ra** f. Kaninchenstall *m.*
des|we|gen, des|we|gen avv. e cong. perciò.
fol|ge|recht RAR., **fol|ge|rich|tig I** agg. conseguente, consequenziale **II** avv. conseguentemente, consequenzialmente.

Quando due varianti differiscono solo per un breve segmento, possono essere riportate con un unico lemma, isolando con parentesi tonde il segmento in questione:

Unterscheiden sich zwei Varianten nur wenig, können sie in einem einzigen Stichwort wiedergegeben werden, wobei die betreffende Stelle durch runde Klammern gekennzeichnet wird:

Au|(en|)wald m. *(-[e]s,-wälder)* bosco *m.* lungo un fiume.
caf|fe(l)|lat|te I m.inv. Milchkaffee *m.* **II** agg.inv. milchkaffeefarben, hellbraun.

In questo caso in un unico lemma sono incluse le due varianti *Auwald* e *Auenwald*, *caffelatte* e *caffellatte*.

In diesem Fall sind die beiden Varianten *Auwald* und *Auenwald*, *caffelatte* und *caffellatte* in einem Stichwort zusammengefasst.

Per risparmio di spazio si tende, quando possibile, a raggruppare i lemmi, specie se brevi, in blocchetti, senza andare a capo dopo ciascuno, identificando gruppi legati da diretti rapporti derivazionali o composizionali.

Um Platz zu sparen, wird nicht nach jedem Stichwort mit einer neuen Zeile begonnen. Wenn es möglich ist, werden vor allem Stichwörter mit geringem Umfang in Blöcken zusammengefasst, und zwar nach Gruppen, die bezüglich ihrer Ableitung und Zusammensetzung einen direkten Zusammenhang bilden.

Tutti i lemmi sono integralmente **sillabati**: una lineetta verticale marca la separazione delle sillabe. Nei verbi separabili tedeschi l'archetto ha naturalmente lo stesso valore della barretta verticale ai fini della sillabazione.

Un trattino sottoscritto alla vocale indica nei polisillabi l'**accento tonico**; non sono distinte lunghe e brevi del tedesco. Per l'italiano si è ritenuto di abbandonare una pratica lessicografica usuale, rinunciando a distinguere le *e* e le *o* aperte e chiuse, dato che oggi la maggior parte degli italiani non avverte più, nel parlato quotidiano, questa distinzione, che risulta tanto più impraticabile per un parlante straniero. Eventuali doppi accenti su composti tedeschi vengono indicati seguendo i criteri del Duden. Per i lemmi italiani con accento grafico viene meno, ovviamente, l'indicazione dell'accentazione tramite il trattino sottoscritto.

Bei jedem Stichwort ist die **Silbentrennung** angegeben: Ein senkrechter Strich markiert die Trennung der einzelnen Silben. Bei den trennbaren Verben hat der Bindebogen die gleiche Funktion wie der Silbentrennungsstrich.

Ein Strich unter dem Vokal kennzeichnet bei mehrsilbigen Wörtern die **Betonung**. Im Deutschen wird nicht zwischen langen und kurzen Vokalen unterschieden. Im Italienischen wurde durch den Verzicht auf die Unterscheidung zwischen offenem und geschlossenem *e* und *o* von einer üblichen lexikographischen Praxis Abstand genommen, da heute die meisten Italiener – das gilt umso mehr für fremdsprachige Benutzer – diesen Unterschied in der Alltagssprache nicht mehr wahrnehmen. Eventuelle Doppelbetonungen für deutsche Komposita sind gemäß den Kriterien des Duden verzeichnet. Bei den italienischen Stichwörtern mit Akzentzeichen fehlt die Betonungsangabe durch den Unterstrich.

caf|fè I m.inv. **1** Kaffee *m.*: **~ tostato, macinato** gerösteter, gemahlener Kaffee; **~ in grani, da macinare** Bohnenkaffee *m.*...
buf|fè, buf|fet [by'fe, *üblich* buf'fe] m.inv. Büfett *n.*: **~ freddo** kaltes Büfett.

Subito dopo il lemma viene fornita, entro parentesi quadre, la **trascrizione fonetica**, per quegli esotismi e in generale per tutti quei lemmi la cui **pronuncia** si discosta dalle norme fonetiche standard della lingua rispettiva; ciò può valere anche solo per singoli suoni o sillabe oppure, specie nei composti tedeschi, per singoli elementi del lemma, che sono quindi i soli a essere trascritti (mentre l'altra parte della parola è sostituita da un trattino).

Unmittelbar nach dem Stichwort wird für Fremdwörter und generell in allen Fällen, in denen die **Aussprache** vom Standard der jeweiligen Sprache abweicht, in eckigen Klammern die **phonetische Umschrift** angegeben. Das kann auch nur für einzelne Laute oder Silben gelten, oder vor allem bei den deutschen Komposita für teilweise umschriebene, einzelne Elemente des Stichworts, wobei der andere Wortteil durch einen Bindestrich ersetzt wird.

equi|pie|ren [ekvi'-] tr. equipaggiare.
Ova|ti|on [-v-] f. *(-,-en)* ovazione *f.*: **jdm -en darbringen** tributare ovazioni a qcn.
Ta|tar|beef|steak [-bi:fste:k] n. *(-s)* bistecca *f.* alla tartara.
Ne|gli|gee [-'ʒe] n. *(-s,-s)* négligé *m.*

In caso di più omografi, la trascrizione è data solo per il primo; analogamente, in una serie di derivati o composti, varranno implicitamente le indicazioni di pronuncia date per il lemma testa.

Bei mehreren gleich geschriebenen Wörtern wird die Lautschrift nur für das erste Wort angegeben; ebenso gelten in einer Reihe von Ableitungen oder Komposita die Ausspracheangaben für das Ausgangsstichwort.

1.Pool [pu:l] m. *(-s,-s)* COLLOQ. *(Swimmingpool)* piscina *f.*
2.Pool m. *(-s,-s)* ECON. pool *m.*
3.Pool n. *(-s)* COLLOQ., **Pool|bil|lard** n. *(-s)* pool *m.*
Play-back ['pleibaek] n. *(-,-s)* play-back *m.*, playback *m.*: **zu einem ~ singen** cantare in playback. **Play|boy** [-boi] m. *(-s,-s)* playboy *m.* **Play|girl** [-goe:al] n. *(-s,-s)* playgirl *f.* **Play-off** n. *(-,-)* play-off *m.*

Nella sezione italiano-tedesco gli esotismi in uso in Italia riportano, se necessario, due possibilità di pronuncia: una prima più aderente all'originale straniero, e una seconda più marcatamente adattata alla fonetica italiana; quest'ultima è preceduta dall'avvertenza *üblich* se è assolutamente prevalente in Italia rispetto alla pronuncia più fedele a quella straniera.

Im italienisch-deutschen Teil werden für die in Italien verwendeten Fremdwörter, wenn nötig, zwei Aussprachemöglichkeiten angegeben: zuerst eine mehr dem fremdsprachlichen Original angenäherte und dann eine zweite, der italienischen Phonetik angepasste Aussprache. Letzterer geht der Hinweis *üblich* voraus, wenn sie bezüglich der genaueren fremdsprachlichen Aussprache absoluten Vorrang hat.

bu|reau [by'ro, *üblich* bu'ro] m.inv. Rezeption *f.*, Empfangsbüro *n.*
budget ['bdjit, *üblich* 'badjet] m.inv. **1** *(bilancio)* Budget *n.*, Haushaltsplan *m.*: **redigere un ~** ein Budget auf‿stellen...

Per le trascrizioni sono stati adottati simboli dell'AFI (Alfabeto Fonetico Internazionale), per cui si veda la tabella. Non si dà la pronuncia delle sigle, visto che questa risponde a criteri regolari nelle due lingue: le sigle (composte da lettere tutte maiuscole) vengono di norma pronunciate lettera per lettera in tedesco (ADAC pron. [adea'tse]), e come una parola unica in italiano (AGIP pron. ['adʒip]).

Für die Lautschrift wurden die Symbole der IPA (Internationales Phonetisches Alphabet) verwendet, die aus der Tabelle ersichtlich sind. Die Aussprache der Kurzwörter (immer großgeschrieben) wird nicht angegeben, da diese in beiden Sprachen regelmäßigen Kriterien folgt: Bei deutschen Kurzwörtern wird in der Regel jeder Buchstabe einzeln (ADAC [adea'tse]) ausgesprochen, italienische werden dagegen wie ein einziges Wort (AGIP ['adʒip]) gesprochen.

La trascrizione fonetica non è accompagnata dall'indicazione di una lingua straniera d'origine; si è voluto con questo sottolineare che i forestierismi inclusi in questo dizionario fanno ormai parte, a molteplici livelli di integrazione, del lessico delle rispettive lingue. Rapportare esplicitamente a lingue terze quelli dotati di indicazioni di pronuncia avrebbe significato separarli rigidamente, marcandoli più o meno arbitrariamente come non-assimilati, rispetto a un altro gruppo, ritenuto ormai del tutto assimilato Avrebbe cioè poco senso distinguere, registrandoli come voci francesi o inglesi, *frappé* oppure *camper*, rispetto agli «assimilati» *camion* o *tunnel* (o in ted. *Ingenieur*). L'assimilazione di esotismi nelle grandi lingue contemporanee comporta in realtà tutta una gamma di adattamenti fonetici intermedi, diversi da parlante a parlante, di cui le trascrizioni del dizionario non danno ovviamente conto, riferendosi a un criterio di correttezza standard in larga misura astratta.

Nella sezione italiano-tedesco, nessun artificio grafico è adottato per specificare la pronuncia sorda o sonora delle *s* e delle *z*; essa infatti conosce, nell'italiano reale, tutta una serie di varietà regionali, che si discostano dall'uso toscano tradizionalmente rispecchiato dai dizionari, ma oggi di fatto minoritario se non marginale nell'uso della lingua, anche a livello colto.

La **categoria grammaticale** compare subito dopo il lemma (e l'eventuale trascrizione fonetica), in forma abbreviata e in lingua italiana in ambedue le parti del dizionario: l'elenco delle abbreviazioni contiene comunque gli scioglimenti sia in lingua italiana sia in lingua tedesca. Alcune particolarità delle rispettive grammatiche sono state mantenute nelle specifiche sezioni del dizionario: così nella sezione tedesco-italiano i possessivi e gli indefiniti sono stati marcati, secondo l'uso tedesco, come pronomi (e non anche come aggettivi), distinguendone peraltro all'interno della voce l'uso attributivo o assoluto; nella stessa sezione sono state mantenute le categorie tedesche di «particella atona» (unbetonte Partikel) per certi usi di *aber*, *doch*, *wohl* ecc., e di «avverbio pronominale» (Pronominaladverb) per le forme come *daran*, *darauf* o *wozu*, invece di risolverle genericamente, come altri fanno, in quella di avverbio. Inoltre è stata attribuita la marca «riflessivo», come usuale nella grammatica tedesca, ai verbi che si usano con il pronome riflessivo *sich*; diversamente, nella sezione italiano-tedesco sono stati qualificati grammaticalmente come «pronominali» tutti i verbi col pronome *si* (raggruppando sotto tale categoria riflessivi, intransitivi pronominali e reciproci).

Nei verbi intransitivi la qualifica grammaticale è seguita dall'indicazione, tra parentesi tonde, dell'ausiliare (se necessario specificato nelle singole accezioni); in presenza di indicazioni coniugazionali, quelle relative all'ausiliare le seguono all'interno della stessa parentesi. La qualifica grammaticale prep. (preposizione) è seguita dalla specificazione del caso retto, introdotta dal segno +.

Die Lautschrift enthält keine Angabe zur Herkunftssprache. Damit soll unterstrichen werden, dass die in dieses Wörterbuch aufgenommenen Fremdwörter bereits auf verschiedenen Integrationsebenen Teil des Wortbestands der jeweiligen Sprachen sind. Eine explizite Zurückführung der mit Lautschrift versehenen Wörter auf eine dritte Sprache hätte eine strenge Trennung bedeutet, da sie bezüglich einer weiteren, heute als völlig assimiliert angesehenen Gruppe mehr oder weniger als nichtassimiliert bezeichnet würden. So hätte es wenig Sinn, *frappé* oder *camper* als französische oder englische Stichworte – bezüglich der «assimilierten» *camion* oder *tunnel* (im Deutschen *Ingenieur*) – aufzunehmen. Die Aufnahme von Fremdwörtern in die wichtigen zeitgenössischen Sprachen bringt umfangreiche, schrittweise Anpassungen der Aussprache mit sich, die von Sprecher zu Sprecher verschieden sind. Die Umschriften des Wörterbuchs würden dem sicherlich keine Rechnung tragen, da sie sich auf einen reichlich abstrakten Korrektheitsstandard beziehen.

Im italienisch-deutschen Teil wurde kein grafisches Zeichen verwendet, die stumme oder stimmhafte Aussprache des *s* und des *z* genau anzugeben. In der italienischen Alltagssprache gibt es eine Reihe regionaler Varianten, die sich vom traditionsgemäß in den Wörterbüchern wiedergegeben toskanischen Gebrauch entfernen, der aber heute – auch im gehobenen Sprachgebrauch – weitaus seltener, wenn nicht marginal ist.

Die **grammatische Kategorie** steht in beiden Teilen des Wörterbuchs, in abgekürzter Form und in italienischer Sprache, gleich nach dem Stichwort (oder der eventuellen Lautschrift). Das Abkürzungsverzeichnis enthält die Auflösungen sowohl in italienischer als auch in deutscher Sprache. Einige Besonderheiten der jeweiligen Grammatik wurden in dem Wörterbuch beibehalten: So wurden im deutsch-italienischen Teil die Possessiva und die Indefinita gemäß dem deutschen Gebrauch als Pronomen gekennzeichnet (und nicht auch als Adjektive), wobei allerdings innerhalb des Worteintrags zwischen attributivem und absolutem Gebrauch unterschieden wird. Ebenso wurden die deutschen Kategorien «unbetonter Partikel» für bestimmte Verwendungen von *aber*, *doch*, *wohl* etc. und «Pronominaladverb» für Formen wie *daran*, *darauf* oder *wozu* beibehalten, anstatt sie weniger präzise in Adverbien aufzulösen. Wie in den deutschen Grammatiken üblich, wurde die Markierung «reflexiv» den Verben zugeordnet, die mit dem Reflexivpronomen *sich* verwendet werden; dagegen wurden im italienisch-deutschen Teil alle Verben mit dem Pronomen *si* grammatisch als «pronominal» klassifiziert (sodass reflexive, intransitive Pronominal- und reziproke Verben in diese Kategorie fallen).

Bei den intransitiven Verben folgt der grammatischen Bezeichnung die Angabe des Hilfsverbs in runden Klammern (wenn nötig für die Einzelbedeutungen spezifiziert). Sie steht hinter den Angaben zur Konjugation innerhalb der gleichen Klammer. Der Angabe prep. (Präposition) folgt im deutsch-italienischen Teil der durch das Zeichen + eingeführte regierende Fall.

zün|geln intr. (aus. *haben*) **1** *(von Schlangen)* far guizzare la lingua **2** guizzare: ***die Flammen ~*** le fiamme guizzano.
schal|len intr. *(schallte/scholl, geschallt;* aus. *haben)* risuonare, echeggiare: ***Schritte ~*** risuonano passi; ***Rufe ~ über den Hof***...
au|ßer I prep. + dat. **1** *(ausgenommen)* all'infuori di, eccetto, tranne, fuorché: ***alle ~ ihm*** tutti tranne lui; ***man sieht nichts ~ Feldern***...

La qualifica grammaticale può non essere riportata quando il lemma compare sempre ed esclusivamente all'interno di locuzioni cristallizzate, al di fuori delle quali non ha uso n, senso autonomo. Inoltre, l'indicazione della parte del discorso non è data, ma sostituita con uno speciale segno grafico (⇒), per abbreviazioni e sigle.

Erscheint das Stichwort innerhalb fester Wendungen, außerhalb der es weder eine eigene Verwendung noch einen Sinn hätte, kann die grammatische Bezeichnung entfallen. Darüber hinaus wird für Abkürzungen oder Kurzwörter keine Angabe zur grammatischen Kategorie gegeben, sie wird durch ein besonderes grafisches Zeichen (⇒) ersetzt.

ge|wahr, ***jdn, etw. (jds, etw.) ~ werden*** accorgersi di qcn., qcs.; *(sehen)* scorgere qcn., qcs.
ca|val|cio|ni, ***a ~*** rittlings; ***il bambino sta a ~ sulle sue ginocchia***...
z. Z., z. Zt. ⇒ *zur Zeit* al momento.
v. ⇒ **1** *vedi* siehe (s.) **2** via Straße (Str.).

I sostantivi traducenti sono sempre dotati di categoria grammaticale, riportata in corsivo chiaro, per consentire di individuarne immediatamente il genere. Eventuali doppie qualifiche grammaticali sono separate da una *e*.

Die Übersetzungen der Substantive sind immer mit ihrer kursiv gedruckten grammatischen Kategorie versehen. Eventuelle doppelte grammatische Bezeichnungen sind durch ein *e* voneinander getrennt.

Le indicazioni **morfologiche** sulla **flessione** nominale e verbale sono riportate in corsivo, fra parentesi tonde. Dei sostantivi tedeschi, anche composti, è riportato sempre il genitivo singolare e, dopo una virgola, l'eventuale nominativo plurale; le lettere fra parentesi quadre vanno considerate facoltative. La desinenza che si aggiunge direttamente al lemma è preceduta da un trattino; nei casi in cui il lemma stesso è modificato, e in particolare nei casi di plurale con metafonesi, il sostantivo viene riportato per intero o, per i composti, è riportato per intero l'elemento finale del composto. Genitivo e plurale vengono comunque dati nella loro interezza in tutti i casi che presentino difficoltà particolari.

Die **morphologischen** Angaben zur nominalen und verbalen Flexion sind in runden Klammern kursiv aufgeführt. Von deutschen Substantiven, auch zusammengesetzten, wird stets der Genitiv Singular und nach einem Komma der eventuelle Nominativ Plural angegeben; Buchstaben in eckigen Klammern verstehen sich als fakultativ. Der Endung geht ein Bindestrich voraus. In den Fällen, in denen das Stichwort selbst verändert wird, insbesonders bei den Pluralformen mit Umlaut, wird es vollständig, bei zusammengesetzten Wörtern der letzte Bestandteil des Kompositums, wiedergegeben. Genitiv- und Pluralformen, die besondere Schwierigkeiten aufweisen, werden ebenfalls vollständig angegeben.

Tem|pus n. *(-, Tempora)* GRAMM. tempo *m.*: ***zusammengesetztes ~*** tempo composto.
Bei|spiel|satz m. *(-es,-sätze)* frase *f.* esemplificativa.
Mag|ma n. *(-s, Magmen)* magma *m.*
Haus n. *(-es, Häuser)* **1a** casa *f.*: ***ein ~ bauen, bewohnen, einrichten...***
Kauf|haus n. *(-es,-häuser)* grande magazzino *m.*

Dei sostantivi e aggettivi italiani si dà il plurale quando presenta qualsiasi irregolarità o particolarità difficile per l'utente tedesco: in particolare per tutte le uscite in *-co* e *-go* (di cui viene specificato anche il plurale femminile), in *-io* e *-aio*, *-chio* e *-gio*, e per i maschili e femminili in *-a*. Per i sostantivi sovrabbondanti nel plurale le forme plurali vengono specificate accezione per accezione.

Die Pluralformen italienischer Substantive und Adjektive werden angegeben, wenn sich irgendeine Unregelmäßigkeit oder Schwierigkeit für den deutschen Benutzer zeigt. Insbesonders für die Endungen auf *-co* und *-go* (von denen auch die weibliche Pluralform angegeben wird), auf *-io*, und *-aio*, *-chio* und *-gio* und für die männlichen und weiblichen Formen auf *-a*. Bei Substantiven mit mehrfachen Pluralformen werden diese bei jeder Einzelbedeutung mit angegeben.

i|de|a|li|sta *(-i,-e)* **I** m. e f. Idealist *m.* (-in *f.*) **II** agg. idealistisch. **i|de|a|li|sti|co** agg. *(-ci,-che)* idealistisch: ***filosofia -a*** idealistische Philosophie.
fo|co|la|io m. *(-ai)* Herd *m.* (anche FIG.): ***il ~ della malattia, dell'infezione*** der Krankheitsherd, Infektionsherd; ***il ~ dell'epidemia...***
im|bal|lag|gio m. *(-gi)* Verpackung *f.*: ***provvedere all'~ di qcs.*** für die Verpackung von etw. sorgen; ***togliere dall'~*** aus_packen...
la|go m. *(-ghi)* **1** See *m.*: ***la città è situata sul ~*** die Stadt liegt am See; ***fare un bagno nel ~*** im See baden; ***attraversare il ~ a nuoto...***

Sono sempre riportate le forme irregolari del comparativo e del superlativo degli aggettivi tedeschi e italiani.

Es werden stets die unregelmäßigen Komparativ- und Superlativformen der deutschen und italienischen Adjektive angegeben.

fromm agg. (compar. *frommer/frömmer*, superl. *frommst.../frömmst...*) **1** pio, devoto: ***eine -e Seele*** un'anima pia; ***ein -es Leben führen...***

Dei verbi forti tedeschi si danno di norma, separati da virgole, il preterito e il participio perfetto (e se necessario, prima di questi, l'eventuale 3ª persona singolare del presente). Le forme vengono date anche per tutti i verbi forti composti separabili: in tali casi si riportano soltanto le forme del verbo base, senza il prefisso. Forme alternative, per es. del preterito, sono separate da una barretta.

Von den deutschen starken Verben werden in der Regel das Präteritum und das Partizip II (und wenn nötig, davor die eventuelle 3. Person Singular Präsens) – durch Komma voneinander getrennt – angegeben. Diese Formen werden auch für sämtliche trennbaren starken Verben gegeben. In diesen Fällen werden nur die Formen des Grundwortes, ohne Vorsilbe, wiedergegeben. Alternierende Formen, z. B. des Präteritums, werden durch einen Schrägstrich getrennt.

fal|len intr. *(fällt, fiel, gefallen*; aus. *sein)* **1** cadere, cascare: ***die Äpfel ~ vom Baum*** le mele cadono dall'albero; ***zu Boden, ins Wasser ~...***
auf_ge|ben tr. *(gibt, gab, gegeben)* **1** spedire: ***einen Brief ~*** spedire, impostare una lettera; ***eine Annonce ~*** pubblicare un annuncio...
ab_be|kom|men tr. *(bekam, bekommen)* **1** ricevere: ***sein(en) Teil von etw. ~*** ricevere la propria parte di qcs. **2** *(erleiden)* subire...

Dei verbi irregolari italiani si danno 1ª e 2ª persona singolare del presente indicativo, il passato remoto e il participio passato; nei casi di irregolarità più estesa si riportano tutte le forme verbali che possono risultare difficili: in tali occasioni le forme vengono precedute dalle opportune abbreviazioni del tempo verbale.

Von den italienischen unregelmäßigen Verben werden die 1. und 2. Person Singular des Indikativ Präsens, das Passato remoto und das Partizip Perfekt angegeben. Bei weiteren Unregelmäßigkeiten werden alle schwierigen Verbformen wiedergegeben: in solchen Fällen sind den Formen die entsprechenden Abkürzungen der Verbform vorangestellt.

so|prav|ve|ni|re intr. *(sopravvengo, sopravvieni; sopravvenni; sopravvenuto*; aus. *essere)* **1** (plötzlich) kommen, (plötzlich)...
con|trap|por|re *(contrappongo, contrapponi; contrapposi; contrapposto)* **I** tr. **1** entgegen‿setzen, entgegen‿stellen **2** FIG....

Una serie di etichette, sotto forma di abbreviazioni in speciale carattere maiuscoletto (se ne veda l'elenco) fornisce informazioni su vari aspetti dell'uso dei lemmi. Le etichette di **registro** (o «stilistiche») identificano i livelli espressivi che più nettamente si discostano dalla lingua standard: LETT. letterario e poetico, COLLOQ. colloquiale, VOLG. volgare. Tenendo conto della contemporanea evoluzione della lingua, il registro «colloquiale» identifica un ampio spettro di modi del parlato, includendovi tutti quelli un tempo considerati, con notazione ormai superata (e discriminante) «popolari», nonché molte forme «espressive» considerate un tempo volgari, e oggi invece accolte nel parlato comune. Le indicazioni retoriche SCHERZ., EUFEM., IRON. ecc. denotano invece sfumature espressive particolari. In generale, comunque, è con la scelta di opportuni traducenti, prima ancora che con l'introduzione di marcatori, che il dizionario tende a garantire una effettiva parità di registro tra la lingua di partenza e quella d'arrivo.

Eine Reihe von Abkürzungen in Kapitälchen (siehe Liste) bietet Informationen zu verschiedenen Aspekten des Gebrauchs der Stichwörter. Die Bezeichnungen der sprachlichen (oder «stilistischen») **Ebene** kennzeichnen die Ausdrucksebenen, die deutlich von der Standardsprache abweichen: LETT. literarisch oder dichterisch, COLLOQ. umgangssprachlich, VOLG. vulgär. Um der gegenwärtigen Sprachentwicklung Rechnung zu tragen, bezeichnet die Stilebene «umgangssprachlich» ein weites Spektrum der Ausdrucksweisen der gesprochenen Sprache. Hier wurden jene mit eingeschlossen, die mit der mittlerweile überholten (und abwertenden) Bezeichnung «volkstümlich» beschrieben wurden, sowie viele, früher als vulgär angesehene, «ausdrucksstarke» Formen, die heute in die Alltagssprache eingegangen sind. Die rhetorischen Bezeichnungen SCHERZ., EUFEM., IRON. etc. deuten dagegen auf besondere expressive Nuancen hin. Es ist das Ziel des Wörterbuchs, mit der Wahl geeigneter Übersetzungen, noch vor der Einführung von besonderen Markierungen, eine effektive Gleichheit der Stilebenen zwischen der Ausgangssprache und der Zielsprache zu gewährleisten.

Le etichette di **localizzazione** geografica si limitano a segnalare la pertinenza dei lemmi ad ambiti nazionali (Austria, Svizzera) o a riferirli, tramite l'etichetta REGION., a un uso locale, inteso in rapporto/contrasto con la lingua standard; è ai dizionari monolingui che l'utente dovrà fare riferimento per localizzare più esattamente i lemmi.

Die geographische **Lokalisierung** beschränkt sich darauf, die Zugehörigkeit der Stichwörter zu nationalen Bereichen (Österreich, Schweiz) anzuzeigen oder sie mittels der Bezeichnung REGION. auf einen lokalen Gebrauch zurückzuführen, und zwar sowohl in Beziehung als auch im Kontrast zur Standardsprache. Der Benutzer muss hier auf die einsprachigen Wörterbücher zurückgreifen, um die Stichwörter genauer einordnen zu können.

Le etichette di **linguaggio settoriale** non hanno lo scopo di marcare la totalità dei lessici specialistici all'interno del dizionario, ma sono introdotte esclusivamente nei casi in cui è necessario disambiguare un'accezione oppure un omografo rispetto a un'altra accezione o a un altro omografo. Quando un lemma è monosemico e il suo traducente appartiene unicamente e inconfondibilmente allo stesso linguaggio specialistico l'etichetta, superflua, non viene introdotta.

Die **fachsprachlichen** Bezeichnungen haben nicht das Ziel, die Gesamtheit des fachspezifischen Wortbestands innerhalb des Wörterbuchs zu kennzeichnen. Sie wurden ausschließlich in den Fällen gezeigt, in denen es nötig ist, eine Bedeutung oder ein Homonym bezüglich einer weiteren Bedeutung oder einem anderen Homonym abzugrenzen. Weist ein Stichwort nur eine Bedeutung auf und seine Übersetzung gehört eindeutig und unverwechselbar derselben Fachsprache an, erscheint die somit überflüssige Bezeichnung nicht.

Kra|nich m. *(-s,-e)* ORNIT. gru *f.*

(si segnala così all'utente italiano che il traducente *gru* va inteso nell'accezione di «uccello» e non nell'altra possibile di «macchina»).

(Damit wird hervorgehoben, dass es sich bei der Übersetzung *gru* um einen Vogel handelt und nicht – wie ebenso im Italienischen möglich – um eine Maschine).

Le etichette possono essere anche riferite alla lingua d'arrivo, al fine di differenziare tra loro due o più traducenti: in tal caso vengono premesse al traducente di cui specificano la pertinenza a un linguaggio settoriale o a un livello stilistico particolare.

Die Markierungen können sich auch auf die Zielsprache beziehen, um zwei oder mehrere Übersetzungen voneinander zu unterscheiden: In einem solchen Fall, werden sie der Übersetzung, deren Zugehörigkeit zu einer Fachsprache oder einer besonderen Stilebene spezifiziert werden soll, vorangestellt.

Au|gen|zit|tern n. *(-s)* tremore *m.* oculare, MED. nistagmo *m.*

L'articolazione interna delle voci è realizzata, in ordine decrescente di importanza, con numeri romani per segnalare sezioni che identificano categorie grammaticali diverse, con numeri arabi che distinguono ambiti semantici, introducendo di norma uno o più traducenti specifici, e con lettere alfabetiche minuscole che introducono sottosignificati contigui che comportano diverso traducente, oppure significati distinti che condividono lo stesso traducente (dopo la lettera figura allora direttamente un esempio).

Die innere **Gliederung** der Worteinträge erfolgt entsprechend ihrer Wichtigkeit in absteigender Ordnung, und zwar mit römischen Nummern, um die verschiedenen grammatischen Kategorien zu bezeichnen; mit arabischen Ziffern werden die semantischen Bereiche unterschieden, die in der Regel eine oder zwei spezifische Übersetzungen einleiten; mit kleinen Buchstaben, um weitere Unterbedeutungen mit unterschiedlichen Übersetzungen einzuführen, oder unterschiedliche Bedeutungen, mit derselben Übersetzung (sodass dem Buchstaben sofort ein Beispiel folgt).

Alcune categorie di voci hanno una struttura fissa. Così, in particolar modo, i participi passati che siano anche aggettivi non presentano numeri romani, ma solo accezioni introdotte da cifre arabe: la prima accezione è costituita da un rimando all'infinito del verbo corrispondente (e quindi rende conto innanzitutto degli usi participiali del lemma nei tempi verbali composti), mentre la seconda e le eventuali successive documentano rilevanti significati aggettivali del lemma. Trattamento analogo hanno anche i participi presenti tedeschi che presentino valenze aggettivali significative. Gli aggettivi italiani che siano originariamente participi presenti di verbi (es.: *filante*) vengono invece trattati esclusivamente come aggettivi, ignorandone il valore verbale, che in italiano non sussiste.

Einige Wortkategorien haben eine feste Struktur. So in besonderer Weise die Perfektpartizipien, die auch Adjektive sind, und keine römischen Ziffern, sondern nur durch arabische Ziffern eingeleitete Einzelbedeutungen aufweisen. Der erste Gliederungspunkt ist ein Infinitivverweis des entsprechenden Verbs (und trägt daher vor allem dem partizipialen Gebrauch des Stichworts in zusammengesetzten Zeiten Rechnung), während die zweite und eventuelle weitere Einzelbedeutungen wesentliche adjektivische Bedeutungen des Stichworts belegen. Ebenso werden die deutschen Partizipien im Präsens behandelt, die wichtige adjektivische Funktionen aufweisen. Italienische Adjektive, bei denen es sich um ursprüngliche Präsenspartizipien handelt (z. B. *filante*), werden dagegen ausschließlich wie Adjektive behandelt, wobei ihre verbale, im Italienischen nicht bestehende Funktion außer Acht gelassen wird.

> **ge|übt** p.pass. agg. **1** → **üben** **2** esperto, abile; *(erfahren)* pratico: ***mit -em Auge*** con occhio esperto.

I verbi riflessivi tedeschi e i pronominali italiani vengono sempre registrati all'interno del verbo attivo corrispondente: sono introdotti da un numero romano, e sono riportati nello speciale carattere nerettto, rispettivamente con *sich* e tilde e con la forma intera dell'infinito con la particella pronominale; ciò invece non avviene nei casi in cui vengono registrati all'interno di un particolare costrutto, nel carattere degli esempi. *Sich* si intende, senza altre indicazioni, all'accusativo; se è dativo viene seguito dall'indicazione (D).

Die deutschen Reflexivverben und die italienischen Pronominalverben werden immer beim entsprechenden aktiven Verb aufgeführt. Sie werden mit einer römischen Nummer eingeleitet und jeweils mit *sich*, Tilde und der vollständigen Infinitivform und dem Pronominalpartikel in halbfett wiedergegeben. Das gilt aber nicht für die Fälle, in denen sie innerhalb einer besonderen Konstruktion in Beispielschrift aufgenommen werden. *Sich* versteht sich ohne andere Angaben als Akkusativ. Sollte es sich um einen Dativ handeln, folgt die Bezeichnung (D).

> **meh|ren** **I** tr. accrescere: ***jds Macht, Ruhm ~*** accrescere il potere, la fama di qcn. **II** rifl. **sich ~** **1** accrescersi, aumentare: ***die Ausgaben ~ sich*** le spese aumentano **2** ANT. *(sich vermehren)* moltiplicarsi...
> **här|men** **I** tr. affliggere, far soffrire **II** rifl. **sich (um jdn, etw.) ~** affliggersi (*o* affannarsi) per qcn., qcs.
> **dis|se|ta|re** **I** tr. den Durst stillen (*o* löschen): ***~ qcn.*** jds Durst stillen **II** pronom. **dissetarsi** seinen Durst löschen: ***-rsi alla fontanella, con una birra*** seinen Durst am Trinkbrunnen löschen, mit...

Nelle voci polisemiche le diverse accezioni sono specificate, oltre che dalle eventuali etichette di linguaggio settoriale, da **discriminatori di significato** sotto forma di **glosse**. Queste compaiono prima del traducente (o dell'esempio) entro parentesi tonde, in corsivo chiaro e nella lingua del lemma, supponendosi che servano innanzitutto a indirizzare chi deve tradurre un testo dalla lingua del lemma, sua madrelingua, nella lingua straniera.

Le glosse possono essere sinonimiche, o possono essere costituite dal possibile complemento oggetto di un verbo transitivo, dal possibile soggetto di un verbo intransitivo o transitivo (introdotto da *von* o rispettivamente *di*) o dal soggetto distintivo di un aggettivo (analogamente introdotto), o ancora possono consistere in un commento di tipo semantico oppure grammaticale-sintattico (o anche nella combinazione di sinonimo e commento).

In Worteinträgen mit mehreren Bedeutungen werden die verschiedenen Einzelbedeutungen außer durch eventuelle fachsprachliche Markierungen durch **Bedeutungsunterscheidungen** in Form von **Glossen** genauer bezeichnet. Diese erscheinen kursiv und innerhalb runder Klammern vor der Übersetzung (oder dem Beispiel). Sie sind in der Sprache des Stichworts, da davon ausgegangen wird, dass sie vor allem demjenigen nutzen, der einen Text aus der Sprache des Stichworts, seiner Muttersprache, in die fremde Sprache übersetzt.

Die Glossen können Synonyme sein oder aus dem möglichen Objekt eines transitiven Verbs oder dem möglichen Subjekt eines intransitiven oder transitiven Verbs (eingeleitet mit *von* bzw. *di*) oder aus einem durch ein Adjektiv gekennzeichnetes Subjekt (ebenso eingeleitet) bestehen. Sie können auch in einer Art semantischem oder grammatisch-syntaktischem Kommentar bestehen (oder auch in einer Kombination aus Synonym und Kommentar).

> **ab‿la|gern** **I** tr. **1** *(von Flüssen)* depositare **2** *(zur Lagerung geben)* mettere in deposito **II** intr. (aus. *haben*) stagionare; *(von Wein)* invecchiare; *(von Fleisch)* frollare...
> **co|per|to|ne** m. **1** *(telone)* Plane *f.*: ***~ di autocarro*** Wagenplane *f.* **2** *(di pneumatico)* Decke *f.*, Mantel *m.*, Reifendecke *f.*...

I **traducenti** sono dati in tondo chiaro, separati da virgole quando sono più d'uno; i sostantivi sono sempre seguiti dall'indicazione abbreviata del genere. Una parte del traducente, di solito quando questo è costituito da un'espressione, può essere racchiusa tra parentesi tonde, per indicare che è possibile ometterla. Nella sezione italiano-tedesco i verbi separabili tedeschi dati come traducenti mantengono l'archetto fra l'elemento separabile e la radice.

In alcuni casi il traducente è introdotto dal segno di uguale: esso sta ad indicare che ciò che segue non è un equivalente, bensì una spiegazione, in forma di perifrasi, del significato del lemma. Si ricorre a tale espediente nei casi in cui è impossibile fornire come traduzione un singolo termine della lingua d'arrivo, che rispecchi adegua

Die **Übersetzungen** werden in Normalschrift wiedergegeben, und zwar durch Kommata getrennt, wenn es sich um mehr als eine handelt; Substantiven folgt immer die abgekürzte Genusangabe. Ein Teil der Übersetzung, meist bei Redewendungen, kann auch in runden Klammern stehen, um anzuzeigen, dass es möglich ist, ihn auch wegzulassen. Im italienisch-deutschen Teil behalten die als Übersetzung angegebenen trennbaren Verben den Bindebogen zwischen dem trennbaren Teil und dem Verbstamm bei.

In einigen Fällen geht der Übersetzung ein Gleichheitszeichen voraus, was bedeutet, dass das Folgende nicht gleichwertig, sondern eine Erklärung der Stichwortbedeutung ist. Auf dieses Hilfsmittel wird zurückgegriffen, wenn es unmöglich ist, einen einzigen Ausdruck der Zielsprache, der den besonderen Charakter des Ausgangs-

tamente il carattere peculiare del lemma di partenza: in luogo di un equivalente impreciso o sviante, si propone all'utente un'informazione esplicativa che questi potrà utilizzare variamente.

worts wiedergibt, als Übersetzung anzugeben. Anstatt eines ungenauen oder irreführenden Äquivalents wird dem Benutzer eine erklärende Information angeboten, die er auf verschiedene Weise verwenden kann.

Pan|ti|ne f. *(-,-n)* **1** zoccolo *m.* **2** *(Pantoffel)* pantofola *f.* ◆ COLLOQ. ***aus den -n kippen*** = svenire; *(die Fassung verlieren)* perdere il controllo (di sé).
ci|ca|la f. **1** Zikade *f.*: ***fare come la*** ~ = sorglos leben...

Un principio analogo è alla base dell'impiego della marca INTRAD., che segnala i lemmi delle due lingue che il dizionario consiglia di mantenere immutati, nella forma originale: si tratta innanzitutto di termini gastronomici o enologici o legati ad usanze locali; ne viene comunque fornita una spiegazione fra parentesi tonde, che l'utente potrà utilizzare ove non voglia mantenere il termine nella lingua di partenza.

Ähnlich ist das Prinzip für die Verwendung der Markierung INTRAD. Sie bezeichnet diejenigen Stichwörter aus beiden Sprachen, bei denen das Wörterbuch vorschlägt, sie unverändert, d.h. in ihrer Originalform, beizubehalten. Es handelt sich dabei vor allem um gastronomische, önologische oder an lokale Gebräuche gebundene Ausdrücke. Auf jeden Fall wird in runden Klammern eine Erklärung geliefert, die der Benutzer, wenn er den Ausdruck der Ausgangssprache nicht beibehalten will, verwenden kann.

Christ|stol|len m. *(-s,-)* INTRAD. (dolce di Natale).
pa|net|to|ne m. INTRAD. (traditioneller italienischer Weihnachtskuchen).

I traducenti sono molto spesso seguiti da **frasi esemplificative**: queste sono introdotte dai due punti quando contengono il traducente o uno dei traducenti, oppure dal punto e virgola quando non contengono il traducente, ma rappresentano una ulteriore possibilità di traduzione, in un contesto particolare. In alcuni casi le accezioni sono costituite unicamente da uno o più esempi, non preceduti da traducenti: questo avviene quando il lemma può comparire soltanto all'interno di una locuzione, oppure quando – in voci di vasto impianto – diverse sottoaccezioni avrebbero sempre lo stesso traducente, che non viene ripetuto ogni volta, ma è direttamente mostrato all'interno di un sintagma. L'accezione può essere aperta da un costrutto nella lingua del lemma, invece che da un traducente, anche quando un verbo intransitivo nella lingua di partenza va tradotto con un transitivo della lingua d'arrivo: in tal modo viene conferita la massima evidenza alla diversità di costruzione delle due lingue.

Den Übersetzungen folgen sehr häufig **Beispielsätze**: Diesen geht ein Doppelpunkt voraus, wenn sie die Übersetzung(en) enthalten, oder ein Strichpunkt, wenn sie statt der Übersetzung eine weitere Übersetzungsmöglichkeit innerhalb eines besonderen Kontexts darstellen. In einigen Fällen bestehen die Einzelbedeutungen nur aus ein oder zwei Beispielen, denen keine Übersetzungen vorausgehen. Das geschieht, wenn das Stichwort nur innerhalb einer festen Wendung auftreten kann. Oder wenn – in groß angelegten Stichwörtern – verschiedene Unterbedeutungen immer dieselbe Übersetzung hätten, die nicht jedesmal wiederholt wird, sondern innerhalb eines Syntagmas direkt gezeigt wird. Die Einzelbedeutung kann anstatt einer Übersetzung durch eine Konstruktion in der Sprache des Stichworts eingeleitet werden, auch wenn ein intransitives Verb in der Ausgangssprache mit einem transitiven Verb in der Zielsprache übersetzt wird: Auf diese Weise wird der Konstruktionsunterschied zwischen den beiden Sprachen sehr deutlich.

bei_pflich|ten intr. (aus. *haben*) ***jdm*** ~ approvare qcn., essere d'accordo, concordare con qcn.; ***einer Meinung*** ~ approvare...

L'esemplificazione comprende innanzitutto costrutti grammaticali, e collocazioni lessicali. Queste ultime consistono in «coppie fisse» di lessemi, per lo più sostantivo e aggettivo o verbo e sostantivo, non legate da un rapporto obbligato come quello che lega le locuzioni idiomatiche, ma da una elevata frequenza e tipicità d'uso. Costituendo le forme cristallizzate del linguaggio, i «luoghi comuni» ripetitivi e standard dell'espressione, le collocazioni rappresentano il materiale linguistico di cui più di tutto il dizionario tende a dare conto, e per questo rappresentano in quest'opera la maggior parte delle frasi esemplificative. Altri esempi, apparentemente «liberi», rivestono invece carattere contrastivo, essendo introdotti per indirizzare la scelta dell'utente fra due o più traducenti dati l'uno dopo l'altro nello stesso paragrafo, ma da applicare in diversi contesti.

Die Erläuterung mit Beispielen umfasst vor allem grammatische Konstruktionen und lexikalische Kollokationen. Letztere, die aus «festen Wortpaaren », meistens Substantiv und Adjektiv oder Verb und Substantiv bestehen, sind nicht durch eine zwingende Beziehung wie die idiomatischen Wendungen, sondern durch häufigen und typischen Sprachgebrauch miteinander verbunden. Die Kollokationen, die die festen Formen der Sprache, die wiederholten «Allgemeinplätze» und Standardausdrücke ausmachen, stellen das sprachliche Material dar, dem das Wörterbuch hauptsächlich Rechnung zu tragen versucht, weswegen sie den größten Anteil der Beispielsätze ausmachen. Andere, offensichtlich «freie» Beispiele haben kontrastiven Charakter. Sie wurden aufgenommen, um die Entscheidung des Benutzers zwischen zwei oder mehreren in demselben Abschnitt angeführten Übersetzungen, die in unterschiedlichen Kontexten anzuwenden sind, zu erleichtern.

Nell'esemplificazione il lemma, quando ricorre in forma invariata, è sostituito per brevità da una tilde (a meno che sia costituito da una sola lettera); quando però compare in forma flessa, è rappresentato da un trattino cui segue la desinenza. I verbi pronominali italiani all'infinito sono sempre rappresentati, nell'esemplificazione, da un trattino seguito dalla terminazione *rsi*.

Bei der Erläuterung mit Beispielen wird das Stichwort, wenn es in seiner unveränderten Form verwendet wird, aus Platzgründen durch eine Tilde ersetzt (es sei denn, es besteht nur aus einem einzigen Buchstaben). Erscheint es jedoch in flektierter Form, wird es durch einen Bindestrich ersetzt, dem die Endung folgt. Die Infinitivformen der italienischen Pronominalverben werden in den Beispielen stets durch einen Bindestrich mit der Endung *rsi* dargestellt.

Quando nell'esemplificazione tedesca sono inseriti costrutti con preposizioni, il caso retto da queste è specificato (con l'iniziale maiuscola fra parentesi tonde dopo *etw.*) solo quando non è grammaticalmente obbligato, o quando non è ricavabile dal caso di altro pronome adiacente (jemandem, jemanden).

Sind in den deutschen Beispielsätzen Konstruktionen mit Präpositionen enthalten, wird der von ihnen regierte Fall, nur wenn es grammatisch nicht eindeutig ist oder durch nebenstehende Pronomen (jemandem, jemanden) nicht ableitbar ist, (mit Großbuchstaben hinter *etw.* in runden Klammern) angegeben.

Il segno speciale ◆ segnala l'inizio di una sezione conclusiva della voce, che contiene le **locuzioni idiomatiche** e i sintagmi nominali (molto numerosi specialmente nell'italiano) che formano cospicue serie nomenclatorie pertinenti a sostantivi, e più raramente ad aggettivi. Sono inserite in questa sezione, in ogni caso, tutte le espressioni che non condividono alcun traducente con le accezioni in cui si articola la prima parte della voce. In una sottosezione finale introdotta da una apposita marca (PROV.) sono inserite le espressioni proverbiali, che vengono rese, ove possibile, tramite un proverbio equivalente (anche se formalmente diverso); altrimenti, sono tradotte oppure spiegate.

In questa sezione le espressioni, se presenti in numero di tre o più, sono ordinate alfabeticamente in base ad un elemento rilevante sottolineato. Anche all'interno di questa sezione viene impiegato il segno =, quando un'espressione può essere soltanto spiegata, e non tradotta rispecchiandone adeguatamente il carattere peculiare.

Die Raute ◆ kennzeichnet den abschließenden Abschnitt des Worteintrags, der die **idiomatischen Redewendungen** und die (im Italienischen besonders zahlreichen) Nominalverbindungen enthält, die beachtliche nomenklatorische Reihen bilden, die auf Substantive und seltener auf Adjektive zurückführbar sind. In diesem Abschnitt sind alle Ausdrücke aufgeführt, die keine der Übersetzungen der vorherigen Einzelbedeutungen enthalten. In einem letzten, mit PROV. eingeleiteten Unterabschnitt werden die sprichwörtlichen Ausdrücke aufgeführt, die, wenn möglich, mit einem äquivalenten Sprichwort (auch wenn sie sich formal unterscheiden) wiedergegeben werden. Andernfalls werden sie übersetzt oder erklärt.

In diesem Abschnitt sind die Redewendungen, wenn es sich um mehr als drei handelt, durch ein unterstrichenes Element alphabetisch geordnet. Auch innerhalb dieses Abschnitts wird das Gleichheitszeichen verwendet, wenn ein Ausdruck nur erklärt und nicht übersetzt werden kann.

au|ßen avv. fuori, di fuori, all'esterno: ***die Vase ist ~ bemalt*** il vaso è dipinto esternamente; ***nach ~ (hin)*** in fuori, verso l'esterno; ***die Tür geht nach ~ auf*** la porta si apre verso l'esterno; ***von ~*** da fuori, dal di fuori, dall'esterno; ***~ stehend*** che rimane fuori, estraneo ◆ COLLOQ. ***~ vor bleiben*** rimanere fuori, essere tagliato fuori, non essere coinvolto; ***~ hui und innen pfui*** bello fuori e marcio dentro; COLLOQ. ***jdn ~ vor lassen*** lasciare fuori, tagliare fuori, non coinvolgere qcn.

Partendo dal principio che in un vocabolario bilingue la sovrabbondanza risulta opportuna per l'utente, le locuzioni sono presentate e tradotte sotto più d'uno dei loro elementi costitutivi; un criterio «limitatore», come quello di riportare ogni locuzione soltanto sotto il primo dei suoi elementi, si scontra col dato di fatto che non sempre il primo elemento è il più caratterizzante, cioè quello sotto il quale l'utente (o comunque ogni utente) è portato a cercare l'espressione. Non solo, ma la presenza della locuzione sotto diversi suoi elementi costitutivi garantisce una più sicura accessibilità dell'informazione anche per utenti non ancora padroni delle tecniche di consultazione dei dizionari.

I **rimandi** da una voce all'altra sono segnalati da una freccia; quando il rimando ha carattere sinonimico il lemma è dotato di qualifica grammaticale e di eventuali indicazioni flessionali; queste sono invece assenti quando il rimando è da variante a lemma principale; in quest'ultimo caso può essere però presente un'etichetta di registro che distingua la variante dal lemma principale.

Davon ausgehend, dass für den Benutzer eines zweisprachigen Wörterbuchs ein «Mehr» nur wünschenswert sein kann, werden die Redewendungen unter mehr als einem ihrer Bestandteile aufgeführt und übersetzt. Als «einschränkende» Maßnahme jede der Redewendungen nur unter ihrem ersten Bestandteil zu repräsentieren widerspricht der Tatsache, dass nicht immer der erste Teil, unter dem der Benutzer ihn unwillkürlich suchen würde, der charakteristischste ist. Schließlich gewährleistet das Vorhandensein der Redewendung unter ihren verschiedenen Bestandteilen einen sicheren Informationszugang auch für den Benutzer, der die Technik des Nachschlagens von Wörterbüchern noch nicht völlig beherrscht.

Die **Verweise** von einem Worteintrag zu einem anderen sind durch einen Pfeil gekennzeichnet. Hat der Verweis Synonymcharakter, ist das Stichwort mit seiner grammatischen Kategorie und eventuellen Angaben zur Flexion versehen, die jedoch fehlen, wenn der Verweis eine Variante des Hauptstichworts ist. In diesem Fall kann eine Stilmarkierung vorhanden sein, die die Variante vom Hauptstichwort unterscheidet.

Ab|bröck|lung → **Abbröckelung.**
Zünft|ler m. *(-s,-)* → **Zunftgenosse.**
ca|ron|co|la ANT. → **caruncola.**

Rimandano con freccia, senza nessuna indicazione grammaticale, i preteriti dei verbi (base) forti tedeschi e le forme verbali (base) irregolari italiane, i comparativi e superlativi irregolari, le forme flesse dei pronomi tedeschi, i plurali irregolari italiani, ecc.

Presentano un rimando alla forma estesa gli accorciamenti per i quali non è possibile dare un traducente adeguato.

Verweise ohne jegliche grammatische Angabe gibt es für die Präteritumsformen der deutschen starken Verben (Grundform) und die Verbformen (Grundform) der italienischen unregelmäßigen Verben, die unregelmäßigen Komparative und Superlative, die flektierten Formen der deutschen Pronomen, die unregelmäßigen italienischen Pluralformen etc.

Einen Verweis auf ihre ausführliche Form haben die Kurzwörter, für die es nicht möglich ist, eine angemessene Übersetzung zu geben.

Alu n. *(-s)* COLLOQ. accorc. → **Aluminium.**
2.dat|ti|lo f. COLLOQ. accorc. → **dattilografia.**

È possibile che i rimandi abbiano forma collettiva, quando è un'intera serie di lemmi a rimandare a un'altra: si danno allora soltanto il primo e il secondo lemma della serie, seguiti da tre puntini.

Es ist möglich, dass die Verweise eine kollektive Funktion haben, wenn eine Reihe von Stichwörtern auf eine andere Reihe verweist: in diesem Fall werden nur das erste und zweite Stichwort, denen drei Punkte folgen, aufgeführt.

pho|to..., Pho|to... → auch **foto..., Foto...**

I rimandi possono anche essere collocati all'interno della sezione introdotta dal segno ◆, inviando da una locuzione ad un'altra sinonimica contenuta nella stessa sezione, o all'interno di un'accezione, e rinviano allora al traducente o ai traducenti contenuti in un'altra voce.

Die Verweise können auch innerhalb des Abschnitts, dem das Zeichen ◆ vorangeht, stehen, wo von einer Redewendung auf eine andere synonyme, in demselben Abschnitt enthaltene Redewendung verwiesen wird, oder auch innerhalb einer Einzelbedeutung, wo dann auf die in einem anderen Worteintrag enthaltene(n) Übersetzung(en) verwiesen wird.

I **nomi propri** (nomi di persona e toponimi) sono portati a lemma nel dizionario e tradotti quando hanno un equivalente nell'altra lingua; va ricordato comunque che il gusto italiano attuale preferisce mantenere nella lingua originale i nomi di battesimo (Immanuel Kant e non Emanuele Kant, Friedrich Schiller e non Federico Schiller), con l'eccezione dei nomi di principi e sovrani.

Eigennamen (Personen- und Ortsnamen) sind im Wörterbuch als Stichwörter aufgeführt und übersetzt, wenn sie in der anderen Sprache ein äquivalent besitzen.

Le **forme femminili** di sostantivi maschili, quando rivestono un certo rilievo, non sono registrate semplicemente tramite l'indicazione del suffisso (tipicamente *-in* per il tedesco o *-a* per l'italiano) all'interno del maschile, ma sono portate a lemma autonomo.

Die **weiblichen Entsprechungen** männlicher Substantive werden nicht einfach durch die Angabe der Endung (*-in* für das Deutsche oder *-a* für das Italienische) beim männlichen Substantiv, sondern als eigenes Stichwort aufgeführt.

Wäh|le|rin f. *(-,-nen)* elettrice *f.*
e|let|tri|ce f. Wählerin *f.*

Diversamente, nel caso in cui il lemma è sia maschile sia femminile, il traducente maschile è seguito dall'indicazione abbreviata del femminile, fra parentesi.

Dagegen folgt, wenn das Stichwort sowohl männlich als auch weiblich ist, der männlichen Form der Übersetzung die abgekürzte Angabe des Femininums in runden Klammern.

Be|sieg|te m. e f. *(-n,-n)* vinto *m.* (-a *f.*).
a|cro|ba|ta m. e f. *(-i,-e)* Akrobat *m.* (-in *f.*); *(funambolo)* Seiltänzer *m.* (-in *f.*).

Delle **sigle** e delle **abbreviazioni** si dà lo scioglimento, in corsivo, introdotto come si è detto da una speciale freccia (⇒); segue, in tondo, la traduzione dello scioglimento oppure, tra parentesi, una spiegazione. La traduzione dello scioglimento può essere seguita dall'indicazione, fra parentesi, della sigla o abbreviazione corrispondente nella lingua d'arrivo. Può essere utile ricordare che le sigle, utilizzabili in entrambe le lingue come sostantivi, assumono in tal caso il genere dell'elemento sostantivale principale al loro interno e, per l'italiano, richiedono l'eventuale articolo maschile *il* o *lo* in base alle stesse regole che valgono per tutti i sostantivi.

Von den **Kurzwörtern** und **Abkürzungen** wird die Vollform kursiv angegeben, der wie bereits erwähnt, ein Pfeil vorangeht (⇒). Es folgt die Übersetzung der Vollform in Normalschrift oder eine Erklärung in runden Klammern. Der Übersetzung der Vollform kann die entsprechende Angabe des Kurzwortes oder der Abkürzung in der Zielsprache in Klammern folgen. Es ist nützlich, daran zu erinnern, dass die Kurzwörter, die in beiden Sprachen wie Substantive verwendet werden, in einem solchen Fall das Geschlecht ihres Hauptsubstantivs annehmen und im Italienischen den eventuellen männlichen Artikel *il* oder *lo* aufgrund der für die Substantive geltenden Regeln erfordern.

Non si è ritenuto opportuno includere nel dizionario elementi di composizione iniziali e finali (come *Auto-*, *-bändig*, *filo-*, *-logo*) che entrano a far parte di parole composte: se infatti è ovvia la loro inclusione in un vocabolario monolingue, che ne discute e spiega il valore semantico, in un bilingue questo tipo di informazione assume un carattere astratto, ben poco utile ai fini della traduzione, spesso sottilmente mutevole di composto in composto. Si è quindi preferito registrare e tradurre nel dizionario un gran numero di composti (specie per il tedesco), piuttosto che fornirne i componenti, che in molti casi solo un utente molto esperto sarebbe in grado di maneggiare correttamente, passando dalla comprensione del valore semantico del composto alla sua esatta traduzione.

Es wurde nicht als zweckmäßig angesehen, Wortbildungselemente wie *Auto-*, *-bändig*, *filo-*, *-logo* aufzunehmen, die Teil der Komposita sind: Ist ihre Aufnahme in ein einsprachiges Wörterbuch, das die semantische Funktion erörtert und erklärt, selbstverständlich, so nimmt diese Art der Information in einem zweisprachigen Wörterbuch einen abstrakten Charakter an. Da die Unterschiede in den Übersetzungen von Komposita zu Komposita oft sehr subtil sind, sind sie wenig nützlich. Daher wurden lieber eine große Anzahl von Zusammensetzungen aufgenommen und übersetzt, die in vielen Fällen nur ein besonders erfahrener Benutzer korrekt anwenden könnte, indem er ausgehend vom semantischen Gehalt der Zusammensetzung die genaue Übersetzung erschließt.

Marche e nomi di prodotti italiani riportati nel dizionario sono stati contrassegnati come marchi registrati; l'omissione di tale contrassegno non implica alcuna valutazione nel loro effettivo stato giuridico.

Die in diesem Wörterbuch vorhandenen deutschsprachigen Handelsnamen sind als eingetragene Warenzeichen gekennzeichnet. Das Fehlen eines solchen Hinweises begründet jedoch nicht die Annahme, eine Ware oder ein Warenname sei frei.

SIMBOLI FONETICI / LAUTSCHRIFTZEICHEN

Segno/ Zeichen		Esempio/ Beispiel	Trascrizione/ Lautschrift
[a]		**pane**	['pane]
		hat	[hat]
[æ]	*ingl./engl.*	**flash**	[flæʃ]
[ɑ]	*ingl./engl.*	**hard**	[hɑ:d]
[ʌ]	*ingl./engl.*	**but**	[bʌt]
[ɐ]		**Theater**	[te'a:tɐ]
[b]		**barca**	['barka]
		Ball	[bal]
[ç]		**ich**	[ɪç]
[d]		**dare**	['dare]
		du	[du:]
[dz]		**zaino**	['dzaino]
[dʒ]		**gente**	['dʒɛnte]
		Job	[dʒɔp]
[ð]	*ingl./engl.*	**father**	['fɑ:ðə]
[e]		**verde**	['verde]
		lebt	[le:pt]
[ɛ]		**letto**	['lɛtto]
		hätte	['hɛtə]
[ə]		**halte**	['haltə]
	ingl./engl.	**surf**	[sə:f]
[f]		**fine**	['fine]
		fast	[fast]
[g]		**gara**	['gara]
		Gans	[gans]
[h]		**Hut**	[hu:t]
[i]		**vino**	['vino]
		viel	[fi:l]
[ɪ]		**bist**	[bɪst]
[j]		**ieri**	['jɛri]
		just	[jʊst]
[k]		**cane**	['kane]
		kalt	[kalt]
[l]		**lana**	['lana]
		Liebe	['li:bə]
[ʎ]		**gli**	[ʎi]
[m]		**mano**	['mano]
		man	[man]
[n]		**notte**	['nɔtte]
		Nest	[nɛst]
[ŋ]		**lang**	[laŋ]

Segno/ Zeichen		Esempio/ Beispiel	Trascrizione/ Lautschrift
[ɲ]		**gnocco**	['ɲɔkko]
[o]		**monte**	['monte]
		rot	[ro:t]
[ɔ]		**corpo**	['kɔrpo]
		Post	[pɔst]
[ɒ]	*ingl./engl.*	**shock**	[ʃɒk]
[ø]		**mögen**	['mø:gn]
	fr.	**dormeuse**	[dɔr'møz]
[œ]		**könnte**	['kœntə]
	fr.	**viveur**	[vi'vœr]
[p]		**porta**	['pɔrta]
		Pakt	[pakt]
[r]		**re**	[re]
		Rast	[rast]
[ʀ]	*fr.*	**rire**	[ʀiʀ]
[s]		**stella**	['stella]
		Last	[last]
[ʃ]		**scimmia**	['ʃimmja]
		schön	[ʃø:n]
[t]		**torre**	['torre]
		Tau	[tau]
[ts]		**zappa**	['tsappa]
		Zelt	[tsɛlt]
[tʃ]		**cena**	['tʃena]
		Putsch	[pʊtʃ]
[θ]	*ingl./engl.*	**thriller**	['θrɪlə]
[u]		**luna**	['luna]
		Kuh	[ku:]
[ʊ]		**Schuss**	[ʃʊs]
	ingl./engl.	**book**	[bʊk]
[v]		**vero**	['vero]
		Wart	[vart]
[w]		**fuori**	['fwɔri]
	ingl./engl.	**woman**	['wʊmən]
[x]		**ach**	[ax]
[y]		**Tüte**	['ty:tə]
[ʏ]		**wüsste**	['vʏstə]
[ɥ]	*fr.*	**biscuit**	[bis'kɥi]
[z]		**sdraio**	['zdrajo]
		Hase	['ha:zə]
[ʒ]		**Genie**	[ʒe'ni:]
	fr.	**garage**	[ga'ra:ʒ]

ALTRI SEGNI / SONSTIGE ZEICHEN

' apice, indica che l'accento principale cade sulla sillaba che segue / Hauptbetonung, steht unmittelbar vor der betonten Silbe.

: due punti, indicano allungamento della vocale precedente / Längenzeichen, bezeichnet die Länge des unmittelbar davor stehendenVokals.

~ tilde, indica nasalizzazione della vocale su cui è collocata / Zeichen für nasalierte Vokale, steht über dem betreffenden Laut.

tedesco
italiano

deutsch
italienisch

A

a, A n. *(-,- e -s)* **1** *(Buchstabe)* a, A *f.* e *m.*: ***ein großes A, ein kleines a*** una A maiuscola, una a minuscola **2** MUS. *(Note)* la *m.* ◆ ***von A bis Z*** dalla a alla zeta; ***das A und (das) O*** l'alfa e l'omega; PROV. ***wer A sagt, muss auch B sagen*** quando si è in ballo si deve ballare.

a ⇒ *a-Moll* la minore.

à prep. + nom. **1** *(zu, zu je)* da: ***eine Diskette à 720 KB*** un dischetto da 720 KB **2** *(pro)* a, per: ***5 DM à Person*** 5 marchi a persona.

a. ⇒ *am* (in toponimi) sul, sullo, sulla: ***Frankfurt a. Main*** Francoforte sul Meno.

A ⇒ *A-Dur* la maggiore.

A., RAR. AUSTR. **a.** ⇒ *anno* nell'anno (a.).

Aa n. *(-)* INFANT. popò *f.*, cacca *f.*: ***~ machen*** fare (la) popò.

AA ⇒ *Auswärtiges Amt* Ministero degli Affari Esteri.

Aa|chen n.pr.n. *(-s)* Aquisgrana *f.* **Aa|che|ner I** m. *(-s,-)* abitante *m.* di Aquisgrana **II** agg.inv. di Aquisgrana.

Aal m. *(-[e]s,-e)* anguilla *f.*: ***geräucherter, saurer ~*** anguilla affumicata, marinata ◆ ***~ blau*** anguilla bollita; ***glatt wie ein ~*** viscido come un'anguilla; ***~ grün*** anguilla al vapore; ***sich winden und krümmen wie ein ~*** = cercare di svincolarsi (con ogni mezzo) da una situazione difficile. **aa|len** rifl. **sich ~** COLLOQ. crogiolarsi: ***sich in der Sonne ~*** crogiolarsi al sole. **Aal|fang** m. *(-[e]s)* pesca *f.* delle anguille. **aal|glatt** agg. **1** viscido **2** FIG. sfuggente. **Aal|kas|ten** m. *(-s,-kästen)* lavoriero *m.* (da anguille). **Aal|quap|pe** f. *(-,-n)*, **Aal|rau|pe** f. *(-,-n)* bottatrice *f.* **Aal|reu|se** f. *(-,-n)* nassa *f.* per anguille. **Aal|ste|chen** n. *(-s)* pesca *f.* delle anguille (col tridente). **Aal|tier|chen** n. *(-s,-)* anguillulide *m.*

a. a. O. ⇒ *am angeführten Ort* al luogo citato, loco citato (loc. cit.).

Aar m. *(-[e]s,-e)* LETT. aquila *f.*

Aar|gau n.pr.m. *(-s)* Argovia *f.*

Aa|ron n.pr.m. Aronne *m.*

Aas n. *(-es,-e* e *Äser)* **1** carogna *f.* **2** *(Köder)* esca *f.* **3** FIG. VOLG. (pl. *Äser*) carogna *f.*, fetente *m.* ◆ ***kein ~*** neppure un cane; ***ein kleines ~*** una carognetta; PROV. ***wo ein ~ ist, da sammeln sich die Geier*** dove son carogne, son corvi. **Aas|blu|me** f. *(-,-n)* stapelia *f.* **aa|sen** intr. (aus. *haben*) ***mit etw. ~*** scialacquare, sperperare qcs.; ***mit seinen Kräften ~*** sperperare le proprie energie. **Aas|flie|ge** f. *(-,-n)* moscone *m.* della carne. **Aas|fres|ser** m. *(-s,-)* necrofago *m.* **Aas|gei|er** m. *(-s,-)* **1** avvoltoio *m.* perenottero, capovaccaio *m.* **2** FIG. COLLOQ. *(Gauner)* avvoltoio *m.* **aa|sig I** agg. fetido, schifoso **II** avv. COLLOQ. rafforz. ***es ist ~ kalt*** fa un freddo cane; ***es tut ~ weh*** fa un male cane. **Aas|kä|fer** m. *(-s,-)* ENTOM. necroforo *m.* **Aas|sei|te** f. *(-,-n)* carniccio *m.*

ab I prep. + dat. **1** *(lokal)* da, COMM. franco: ***frei ~ Mainz*** franco da Magonza; ***~ Werk, ~ Fabrik*** dalla fabbrica, franco fabbrica; ***~ (unserem) Lager*** franco magazzino, deposito; ***~ Bahnhof*** franco stazione; ***~ Kai*** franco banchina; ***~ Waggon*** franco vagone; ***der Bus fährt ~ Hauptbahnhof*** l'autobus parte dalla stazione centrale **2a** anche + acc. *(temporal)* da, a partire da: ***~ sofort*** da subito; ***~ morgen*** da domani; ***~ Neujahr*** dall'anno nuovo; ***~ dem 4. April*** dal 4 aprile; ***~ seinem 18. Lebensjahr*** a partire dal suo diciottesimo anno di età; COLLOQ. ***~ kommendem (kommenden) Dienstag*** da martedì prossimo; ***~ erstem (ersten) Juni*** dal primo giugno **b** *(Minimum, bei Zahlenangaben)* da... (in su), da un minimo di: ***Bestellungen ~ 50 Exemplaren (Exemplare)*** ordini superiori ai 50 esemplari; ***dieser Film ist für Jugendliche ~ 14 Jahren (Jahre) erlaubt*** questo film è vietato ai minori di 14 anni **II** avv. **1** *(weg, fort)* lontano: ***nicht sehr weit ~ von hier*** non molto lontano da qui **2** *(los)* su, via: ***~ ins Bett!*** via, a letto! ***~ nach Hause!*** andiamo a casa! **3** *(in Fahrplänen: Abfahrt)* ***München ~ 8.52 Uhr*** partenza da Monaco alle 8.52 **4a** ***~ sein*** COLLOQ. *(entfernt sein)* essere lontano **b** *(abgegangen sein)* essere staccato: ***der Knopf ist ~*** il bottone si è staccato **c** *(erschöpft sein)* essere sfinito, esausto: ***sie war völlig ~*** era completamente esausta ◆ ***~ und an*** → ***~ und zu***; ***auf und ~*** su e giù; FIG. tanto di cappello! MIL. ***Gewehr ~!*** pied'arm! ***Hut ~!*** giù il cappello! ***~ durch die Mitte!*** sparisci! fila via! ***von...~*** a partire da...; ***~ und zu*** talvolta.

ab‿ackern I tr. ***alles ~*** lavorare a fondo, sistematicamente **II** rifl. **sich ~** affaticarsi, stancarsi (lavorando).

A|ba|kus m. *(-,-)* ARCH. MAT. abaco *m.*

ab|än|der|bar agg. **1** modificabile **2** MAT. variabile **3** DIR. commutabile. **Ab|än|der|bar|keit** f. *(-, -en)* **1** modificabilità *f.* **2** MAT. variabilità *f.* **3** DIR. commutabilità *f.* **ab|än|der|lich** agg. ANT. → **abänderbar. Ab|än|der|lich|keit** f. *(-,-en)* agg. ANT. → **Abänderbarkeit.**

ab‿än|dern tr. **1** *(anders machen)* mutare, modificare **2** *(verbessern)* correggere, rettificare **3** DIR. *(Strafe)* commutare **4** POL. *(Gesetz)* emendare. **Ab|än|de|rung** f. *(-,-en)* **1** modifica *f.*, modificazione *f.*: ***eine ~ an etw. (D) vornehmen*** apportare una modifica a qcs. **2** *(Verbesserung)* correzione *f.* **3** DIR. commutazione *f.* **4** POL. emendamento *m.* **Ab|än|de|rungs|an|trag** m. *(-[e]s,-anträge)* POL. proposta *f.* di emendamento. **Ab|än|de|rungs|kla|ge** f. *(-,-n)* azione *f.* di riforma. **Ab|än|de|rungs|vor|schlag** m. *(-[e]s, -vorschläge)* → **Abänderungsantrag.**

A|ban|don [abã'dõ:] m. *(-s,-s)* DIR. abbandono *m.*, rinuncia *f.* **a|ban|don|nie|ren** tr. DIR. abbandonare, rinunciare a, cedere.

ab‿ängs|ti|gen rifl. ***sich wegen jds, etw. ~*** angustiarsi, affliggersi per qcn., qcs.

ab‿ar|bei|ten I tr. **1** compiere, portare a termine (lavorando): ***sein tägliches Pensum ~*** compiere il proprio lavoro quotidiano **2** *(durch Arbeit tilgen)* estinguere, ammortizzare (lavorando) **II** rifl. **sich ~ 1** ***sich (für jdn) ~*** sfinirsi di lavoro (per qcn.) **2** ***sich an etw. (D) ~*** esaurirsi lavorando a qcs. ◆ ***sich (D) die Finger ~*** logorarsi le dita lavorando.

ab‿är|gern rifl. ***sich mit jdm, etw. ~*** irritarsi con qcn., per qcs.

Ab|art f. *(-,-en)* **1** varietà *f.* **2** BOT. ZOOL. *(Unterart)* sottospecie *f.*

ab‿ar|ten intr. (aus. *sein*) **1** degenerare, imbastardirsi **2** *(abweichen)* deviare. **ab|ar|tig** agg. **1** degenerato **2** *(sexuell)* pervertito; *(pervers)* perverso ◆ ***das ist ja ~!*** è mostruoso! **Ab|ar|tig|keit** f. *(-,-en)* **1** degenerazione *f.* **2** *(Perversion)* perversione *f.* **Ab|ar|tung** f. *(-,-en)* **1a** degenerazione *f.*, imbastardimento *m.* **b** *(Abweichung)* devianza *f.* **2** BIOL. mutazione *f.*, alterazione *f.*

ab‿äsen tr. **1** brucare **2** rodere, rosicchiare: ***das Reh äst die Baumrinde ab*** il capriolo rosicchia la corteccia degli alberi.

ab‿äs|ten tr. scapezzare, scavezzare.

ab‿ät|zen tr. **1** pulire con sostanze corrosive **2** *(entfernen)* rimuovere con sostanze corrosive.

Abb. ⇒ *Abbildung* figura (fig.).

ab‿ba|cken tr. *(backt/bäckt, backte/buk, gebacken)* finire di cuocere (al forno).

ab‿bal|gen I tr. scuoiare, scorticare **II** rifl. **sich ~** COLLOQ. azzuffarsi, accapigliarsi.

Ab|bau m. *(-[e]s,-e* e *-ten)* **1a** smantellamento *m.*, demolizione *f.* **b** *(Demontage)* smontaggio *m.* **2a** *(von Bestand)* riduzione *f.* **b** *(Herabsetzung)* diminuzione *f.*, ribasso *m.*, riduzione *f.*: ***~ der Preise*** ribasso dei prezzi **3** MIL. smobilitazione *f.* **4a** MIN. abbattimento *m.*; *(Förderung)* estrazione *f.*; *(Ausbeutung)* sfruttamento *m.* **b** cantiere *m.* (di abbattimento), esercizio *m.*, luogo *m.* d'estrazione **5** *(Beseitigung)* abolizione *f.*, soppressione *f.*: ***der ~ der Privilegien*** l'abolizione dei privilegi **6** CHIM. BIOL. degradazione *f.*, demolizione *f.* ◆ ***~ der Kräfte*** indebolimento. **ab|bau|bar** agg. MIN. sfruttabile ◆ ***biologisch ~*** biodegradabile. **Ab|bau|bar|keit** f. *(-,-en)* ***biologische ~*** biodegradabilità *f.*

ab‿bau|en I tr. **1a** smantellare, demolire **b** *(abmontieren)* smontare: ***ein Zelt ~*** smontare una tenda **2a** *(verringern)* ridurre: ***die Arbeitsplätze, das Defizit ~*** ridurre i posti di lavoro, il deficit **b** *(herabsetzen)* diminuire, abbassare: ***die Gehälter ~*** abbassare i salari **3** MIN. abbattere; *(fördern)* estrarre; *(ausbeuten)* sfruttare **4** *(beseitigen)* abolire, abbattere: ***Privilegien, Vorurteile ~*** abolire privilegi,

abbattere pregiudizi 5 CHIM. BIOL. degradare, demolire II intr. (aus. *haben*) indebolirsi: ***während der Krankheit hat er körperlich abgebaut*** durante la malattia si è indebolito.
ab|bau|fä|hig agg. 1 riducibile 2 MIN. sfruttabile. **Ab|bau|feld** n. *(-[e]s,-er)* campo *m.* di estrazione. **Ab|bau|ham|mer** m. *(-s, -hämmer)* martello *m.* perforatore. **Ab|bau|me|tho|de** f. *(-,-n)* MIN. metodo *m.* di abbattimento. **Ab|bau|pro|dukt** n. *(-[e]s,-e)* 1 MIN. materiale *m.* abbattuto 2 CHIM. prodotto *m.* di degradazione. **Ab|bau|pro|zess** m. *(-es,-e)* 1 processo *m.* di eliminazione 2 CHIM. processo *m.* di degradazione. **Ab|bau|stre|cke** f. *(-,-n)* galleria *f.* di trasporto. **Ab|bau|ver|fah|ren** n. *(-s,-)* MIN. procedimento *m.* di abbattimento. **ab|bau|wür|dig** agg. MIN. che conviene sfruttare, estrarre.
ab‿bee|ren tr. diraspare.
ab‿be|hal|ten tr. *(behält, behielt, behalten)* ***den Hut ~*** non rimettersi il cappello.
ab‿bei|ßen tr. *(biss, gebissen)* staccare con un morso ◆ ***sich (D) lieber die Zunge ~, als etw. verraten*** = non voler rivelare qcs. a nessun costo.
ab‿bei|zen tr. 1 METALL. disossidare, decapare 2 *(Lack, Farbe)* sverniciare. **Ab|beiz|mit|tel** n. *(-s,-)* 1 METALL. decapante *m.*, bagno *m.* di decapaggio 2 sverniciatore *m.* al solvente.
ab‿be|kom|men tr. *(bekam, bekommen)* 1 ricevere: ***sein(en) Teil von etw. ~*** ricevere la propria parte di qcs. 2 *(erleiden)* subire, riportare: ***das Auto hat nichts ~*** l'auto non ha riportato danni 3 *(entfernen können)* riuscire a togliere: ***das Etikett von der Verpackung nicht ~*** non riuscire a togliere l'etichetta dalla confezione ◆ ***er hat ein blaues Auge ~*** gli hanno fatto un occhio nero; ***Schläge ~*** prenderle, buscarle.
ab‿be|ru|fen tr. *(berief, berufen)* richiamare: ***den Botschafter aus, von Paris ~*** richiamare l'ambasciatore da Parigi ◆ ***Gott hat ihn aus diesem Leben ~*** Dio lo ha chiamato a sé. **Ab|be|ru|fung** f. *(-,-en)* richiamo *m.* ◆ ***vorläufige ~*** sospensione.
ab‿be|stel|len tr. 1 revocare, disdire, annullare: ***eine Ware ~*** annullare l'ordinazione di una merce; ***eine Zeitschrift ~*** disdire l'abbonamento a una rivista 2 ***jdn ~*** non far venire qcn., disdire l'appuntamento con qcn.: ***den Klempner ~*** disdire l'appuntamento con l'idraulico. **Ab|be|stel|lung** f. *(-,-en)* revoca *f.*, disdetta *f.*, annullamento *m.*
ab‿bet|teln tr. COLLOQ. ***jdm etw. ~*** piatire qcs. da qcn.
ab‿beu|teln tr. AUSTR. scuotere via.
ab‿be|zah|len tr. 1 *(in Raten zahlen)* pagare a rate 2 *(in Teilbeträgen zurückzahlen)* pagare, saldare, estinguere (gradualmente): ***Schulden ~*** estinguere debiti. **Ab|be|zah|lung** f. *(-,-en)* 1 *(von Waren)* pagamento *m.* a rate 2 *(von Summen)* estinzione *f.*, saldo *m.* graduale.
ab‿bie|gen *(bog, gebogen)* I tr. 1 *(krümmen)* piegare, curvare 2 *(ablenken)* deviare, sviare: ***das Gespräch ~*** deviare il discorso 3 *(vereiteln)* sventare: ***eine verbrecherische Tat ~*** sventare un'azione delittuosa II intr. (aus. *sein*) deviare, svoltare: ***nach links, nach rechts ~*** svoltare a sinistra, a destra; ***vom Weg ~*** deviare dal cammino; ***der Pfad biegt ab*** il sentiero devia. **Ab|bie|ge|spur** f. *(-,-en)* corsia *f.* con obbligo di svolta. **Ab|bie|gung** f. *(-,-en)* 1 svolta *f.* 2 *(Abbiegen)* il piegare, il curvare.
Ab|bild n. *(-[e]s,-er)* 1 copia *f.*, riproduzione *f.*: ***er ist das genaue ~ seines Vaters*** è la copia esatta (*o* il ritratto) di suo padre 2 rappresentazione *f.*, immagine *f.*: ***ein verklärtes ~ der Realität*** un'immagine trasfigurata della realtà. **ab‿bil|den** tr. 1 copiare, riprodurre 2 *(darstellen)* rappresentare. **Ab|bil|dung** f. *(-,-en)* 1 il ritrarre, il riprodurre 2 *(Bild)* illustrazione *f.*, figura *f.* 3 MAT. corrispondenza *f.*: ***eineindeutige ~*** corrispondenza biunivoca 4 GEOGR. proiezione *f.* **Ab|bil|dungs|feh|ler** m. *(-s,-)* OTT. aberrazione *f.* **Ab|bil|dungs|maß|stab** m. *(-[e]s,-stäbe)* scala *f.* di riproduzione.
ab‿bin|den *(band, gebunden)* I tr. 1 *(lösen)* sciogliere, slegare; *(abnehmen)* ***die Krawatte ~*** togliersi la cravatta 2 MED. *(abschnüren)* legare, stringere: ***das verletzte Bein ~*** legare la gamba ferita 3a TECN. EDIL. commettere, calettare: ***den Dachstuhl ~*** commettere l'armatura di un tetto b *(Fässer)* cerchiare 4 ALLEV. svezzare: ***ein Kalb ~*** svezzare un vitello 5 GASTR. legare: ***die Soße ~*** legare la salsa II intr. (aus. *haben*) far presa: ***der Beton hat abgebunden*** il calcestruzzo ha fatto presa ◆ ***ein Kind ~*** = tagliare il cordone ombelicale. **Ab|bin|dung** f. *(-,-en)* 1 MED. allacciamento *m.*, compressione *f.* 2a TECN. EDIL. calettatura *f.*, commettitura *f.* b *(vom Klebstoff)* presa *f.*
Ab|bit|te f. *(-,-n)* scusa *f.*, scuse *f.pl.*: ***jdm ~ leisten, schulden, tun*** presentare, dovere, fare le proprie scuse a qcn.; ***öffentlich ~ tun*** fare pubblica ammenda. **ab‿bit|ten** tr. *(bat, gebeten)* ***jdm etw. ~*** scusarsi con qcn. per qcs.
ab‿bla|sen tr. *(bläst, blies, geblasen)* 1 soffiare via: ***den Staub von etw. ~*** soffiare via la polvere da qcs. 2 *(entweichen lassen)* scaricare, fare sfiatare: ***Dampf ~*** scaricare il vapore 3 *(stilllegen)* spegnere: ***einen Hochofen ~*** spegnere un altoforno 4 MIL. VENAT. ***die Jagd, ein Manöver ~*** dare il segnale della fine della caccia, di una manovra 5 COLLOQ. *(absagen, abbrechen)* sospendere, revocare: ***ein Fest, einen Wettkampf ~*** sospendere una festa, una gara.
ab‿blas|sen intr. (aus. *sein*) sbiadire, scolorirsi; FIG. ***die Erinnerungen blassen ab*** i ricordi sbiadiscono.
ab‿blät|tern I intr. (aus. *sein*) 1 *(Blätter verlieren)* perdere le foglie 2 *(sich in Blättchen lösen)* sfaldarsi, staccarsi a scaglie: ***die Farbe blättert ab*** il colore si sfalda II tr. REGION. ***etw. ~*** togliere le foglie a qcs., sfogliare qcs.
ab‿blei|ben intr. *(blieb, geblieben;* aus. *sein)* COLLOQ. andare a finire, cacciarsi: ***wo ist er nur abgeblieben?*** dove si è cacciato?
ab|blend|bar agg. ***-er Innenspiegel, Rückspiegel*** specchietto con scatto anabbagliante. **Ab|blen|de** f. *(-)* dissolvenza *f.* di chiusura.
ab‿blen|den I tr. 1 *(abschirmen)* schermare, smorzare 2 AUT. ***die Scheinwerfer ~*** abbassare i fari, mettere gli anabbaglianti II intr. (aus. *haben*) 1 AUT. abbassare i fari: ***auf- und ~*** lampeggiare (con i fari) 2 FOT. chiudere il diaframma 3 CINEM. chiudere in dissolvenza. **Ab|blend|licht** n. *(-[e]s,-er)* fari *m.pl.* (*o* luci *f.pl.*) anabbaglianti, anabbaglianti *m.pl.*: ***das ~ einschalten*** accendere gli anabbaglianti; ***mit ~ fahren*** viaggiare con gli anabbaglianti. **Ab|blen|dung** f. *(-,-en)* 1 AUT. lo smorzare, l'abbassare i fari 2 FOT. chiusura *f.* del diaframma. **Ab|blend|vor|rich|tung** f. *(-,-en)* dispositivo *m.* anabbagliante.
ab‿blit|zen intr. (aus. *sein*) COLLOQ. ***bei jdm (mit etw.) ~*** fare fiasco con qcn. (a proposito di qcs.); ***jdn ~ lassen*** dire di no a qcn.
ab‿blo|cken tr. 1 SPORT bloccare, parare: ***den Ball ~*** bloccare la palla 2 FIG. *(verhindern)* bloccare, impedire: ***jdn, etw. ~*** bloccare qcn., impedire qcs.
ab‿blü|hen intr. (aus. *haben, sein*) sfiorire, cessare di fiorire (anche FIG.).
ab‿bor|gen tr. ***jdm etw. ~*** prendere a, in prestito qcs. da qcn.
ab‿bö|schen tr. ***etw. ~*** ridurre qcs. a pendio, dare a qcs. andamento di pendio.
Ab|brand m. *(-[e]s,-brände)* 1 NUCL. combustione *f.* nucleare 2 METALL. residuo *m.*
ab‿brau|sen I tr. lavare sotto la doccia II intr. (aus. *sein*) COLLOQ. filarsela in tutta fretta: ***mit Vollgas ~*** filarsela a tutto gas III rifl. ***sich ~*** fare la doccia: ***sich kalt ~*** fare la, una doccia fredda.
ab‿bre|chen *(bricht, brach, gebrochen)* I tr. 1 *(lösen)* spezzare, staccare: ***einen Ast vom Baum ~*** staccare un ramo dall'albero 2 *(abreißen)* demolire, abbattere: ***ein Gebäude ~*** demolire un edificio 3 smontare: ***das Zelt ~*** smontare la tenda 4 *(unvermittelt beenden)* rompere, troncare: ***die diplomatischen Beziehungen zu einem Staat ~*** rompere i rapporti diplomatici con uno stato; ***alle Brücken zu jdm ~*** rompere i ponti con qcn.; ***eine Diskussion ~*** troncare una discussione II intr. 1 (aus. *sein*) staccarsi, rompersi: ***der Henkel ist (mir) abgebrochen*** (mi) si è rotto il manico 2a (aus. *haben*) interrompersi: ***mitten im Satz ~*** interrompersi a metà di una frase b (aus. *sein*) cessare, interrompersi: ***die Musik brach plötzlich ab*** la musica cessò improvvisamente ◆ ***sich (D) einen ~*** darsi delle arie; *(sich überanstrengen)* ammazzarsi di lavoro, di fatica; FIG. ***die Zelte ~*** levare le tende.
ab‿brem|sen I tr. 1 *(anhalten)* fermare, arrestare: ***den Wagen ~*** fermare la macchina 2 FIG. *(aufhalten)* frenare, contenere: ***eine Entwicklung ~*** frenare uno sviluppo II intr. (aus. *haben*) frenare. **Ab|brem|sung** f. *(-,-en)* frenata *f.*
ab‿bren|nen *(brannte, gebrannt)* I tr. 1a *(niederbrennen)* bruciare: ***ein Dorf ~*** bruciare un paese b accendere: ***ein Feuerwerk ~*** accendere un fuoco d'artificio 2 AGR. *(durch Feuer säubern)* debbiare 3 MIL. ANT. *(abfeuern)* scaricare II intr. (aus. *sein*) 1 bruciare, ridursi in cenere: ***bis auf die Grundmauern ~*** bruciare fino alle fondamenta 2 consumarsi (bruciando): ***die Kerze ist abgebrannt*** la candela si è consumata 3 COLLOQ. ***wir sind schon zweimal abgebrannt*** abbiamo già perso tutto due volte (in seguito a un incendio).
Ab|bre|vi|a|ti|on, Ab|bre|vi|a|tur f. *(-,-en)* abbreviazione *f.* **ab|bre|vi|ie|ren** tr. abbreviare.
ab‿brin|gen tr. *(brachte, gebracht)* 1 distogliere: ***jdn von seinem Plan ~*** distogliere qcn. dal suo progetto; ***er ist von ihr nicht abzubringen*** non si riesce a distoglierlo da lei 2 MAR. disincagliare 3 COLLOQ. riuscire a togliere, a levare: ***einen Flecken von etw. ~*** riuscire a togliere una macchia da qcs.
ab‿brö|ckeln I tr. *(stückweise lösen)* staccare a pezzetti, sgretolare; *(Brot)* sbocconcellare II intr. (aus. *sein*) 1 *(in Stücken abfallen)*

staccarsi a pezzetti, scrostarsi, sbriciolarsi: ***der Verputz war abgebröckelt*** l'intonaco si era sgretolato **2** ECON. *(sinken)* essere in ribasso, cadere: ***die Kursnotierungen bröckeln ab*** le quotazioni in borsa sono in ribasso. **Ab|brö|cke|lung** f. *(-,-en)* **1** sgretolamento *m.*, scrostamento *m.*, sbriciolamento *m.* **2** ECON. *(von Börsenkursen)* ribasso *m.*, cedimento *m.*

ab‿bro|cken tr. REGION. *(abpflücken)* cogliere, staccare.

Ab|bröck|lung → **Abbröckelung.**

Ab|bruch m. *(-[e]s,-brüche)* **1a** distacco *m.*, il distaccarsi, lo staccarsi **b** ***der ~ eines Gletschers*** il franare di un ghiacciaio **2a** *(Abriss)* demolizione *f.*, abbattimento *m.*, smantellamento *m.*: ***ein Haus auf ~ kaufen*** acquistare una casa a fine di demolizione (per costruire sul terreno) **b** smantellamento *m.*, smontaggio *m.*: ***der ~ des Lagers*** lo smantellamento dell'accampamento **3** interruzione *f.*, rottura *f.*: ***~ der Schwangerschaft*** interruzione (volontaria) della gravidanza, aborto **4** FIG. danno *m.*, pregiudizio *m.*: ***das tut der Sache keinen ~*** questo non pregiudica la cosa; ***~ erleiden, erfahren*** subire un danno. **Ab|bruch|fir|ma** f. *(-,-firmen)* impresa *f.* di demolizioni. **Ab|bruch|haus** n. *(-es,-häuser)* casa *f.* in demolizione, da demolire. **Ab|bruch|quo|te** f. *(-,-n)* percentuale *f.* di interruzione: ***die ~ der Schwangerschaften*** la percentuale di interruzione delle gravidanze. **ab|bruch|reif** agg. da abbattere, da demolire. **Ab|bruch|un|ter|neh|men** n. *(-s,-)* → **Abbruchfirma.**

ab‿brü|hen tr. scottare, sbollentare.

ab‿brum|men COLLOQ. **I** tr. espiare, scontare: ***eine Strafe ~*** scontare una pena **II** intr. (aus. *sein*) partire, andare via rombando.

ab‿bu|chen tr. detrarre, addebitare: ***einen Betrag vom Konto ~*** addebitare un importo sul conto. **Ab|bu|chung** f. *(-,-en)* detrazione *f.*, addebito *m.*

ab‿bürs|ten tr. **1a** spazzolare, pulire con la spazzola **b** spazzolare via: ***den Staub vom Mantel ~*** spazzolare via la polvere dal cappotto **2** COLLOQ. FIG. ***jdn ~*** dare una strigliata, una lavata di capo a qcn.

Ab|bu|ße, *für etw. ~ tun, leisten* fare ammenda, penitenza per qcs.

ab‿bus|seln tr. REGION. sbaciucchiare, coprire di baci.

ab‿bü|ßen tr. **1** espiare: ***seine Schuld ~*** espiare la propria colpa **2** scontare: ***eine Freiheitsstrafe ~*** scontare una pena detentiva.

Abc n. *(-,-)* ABC *m.*, abbiccì *m.*: ***nach dem ~ ordnen*** mettere in ordine alfabetico, ordinare alfabeticamente; ***das ~ der Gesundheit*** l'abbiccì della salute. **Abc-Buch** [abeˈtse:-] n. *(-[e]s,-Bücher)* abbecedario *m.*, sillabario *m.*

Ab|cha|se m. *(-n,-n)* abcaso *m.*, abkhaso *m.*, **Ab|cha|si|en** n.pr.n. *(-s)* Abcasia *f.*, Abkhasia *f.* **Ab|cha|si|er** m. *(-s,-)*, **ab|cha|sisch** agg. abcaso, abkhaso.

ab‿che|cken [-tʃe-] tr. **1** controllare, esaminare **2** spuntare da una lista: ***Passagiere ~*** spuntare i nomi dei passeggeri.

ABC-Kampf|mit|tel [abeˈtse:-] pl. armi *f.pl.* di tipo Atomico, Biologico, Chimico. **Abc-Schüt|ze** m. *(-n,-n)* scolaretto *m.* **ABC-Staa|ten** pl. Argentina *f.*, Brasile *m.* e Cile *m.* **ABC-Waf|fen** pl. → **ABC-Kampfmittel.**

ab‿da|chen I tr. **1** ridurre a pendio, scarpare **2** *(abdecken)* scoperchiare **II** rifl. **sich ~** declinare, digradare. **Ab|da|chung** f. *(-,-en)* **1** *(Abhang)* pendio *m.*, declivio *m.* **2** digradazione *f.*, pendenza *f.*

ab‿däm|men tr. **1** ***etw. ~*** arginare qcs., mettere un argine a qcs. **2** FIG. *(hemmen)* frenare **3** *(isolieren)* isolare. **Ab|däm|mung** f. *(-,-en)* **1** arginamento *m.*, arginatura *f.* **2** isolamento *m.*: ***akustische ~*** isolamento acustico.

Ab|dampf m. *(-[e]s,-dämpfe)* vapore *m.* di scarico. **ab‿damp|fen I** intr. (aus. *sein*) **1** evaporare **2** *(Dampf abgeben)* emettere vapore **3** COLLOQ. *(abfahren, sich entfernen)* partire, andarsene: ***sie sind schon abgedampft*** se ne sono già andati **II** tr. far evaporare. **ab‿dämp|fen** tr. **1a** attenuare **b** *(Schall)* attutire, smorzare **2** *(ausdämpfen lassen)* far evaporare, svaporare: ***Gemüse ~*** far svaporare la verdura **3** *(feucht bügeln)* stirare a vapore. **Ab|dampf|scha|le** f. *(-,-n)* capsula *f.* per calcinazione. **Ab|dampf|tur|bi|ne** f. *(-,-n)* turbina *f.* a vapore di scarico. **Ab|damp|fung** f. *(-,-en)* evaporazione *f.* **Ab|dämp|fung** f. *(-,-en)* **1** attenuazione *f.*, smorzamento *m.* **2** isolamento *m.*: ***akustische ~*** isolamento acustico. **Ab|dampf|wär|me** f. *(-)* calore *m.* di vaporizzazione.

ab‿dan|ken I intr. (aus. *haben*) **1** abdicare **2** *(von einem Amt)* dimettersi **II** tr. ANT. ***einen Beamten, einen Offizier ~*** dimettere un impiegato, congedare un ufficiale. **Ab|dan|kung** f. *(-,-en)* **1** abdicazione *f.*: ***seine ~ erklären*** abdicare **2** *(Rücktritt)* dimissioni *f.pl.* **3a** ANT. licenziamento *m.* **b** MIL. congedo *m.* **Ab|dan|kungs|ur|kun|de** f. *(-,-n)* atto *m.* di abdicazione.

ab‿dar|ben rifl. ***sich (D) etw. ~*** privarsi di qcs.

ab‿de|cken tr. **1a** *(wegnehmen)* levare, togliere: ***die Bettdecke ~*** togliere il copriletto **b** *(von etw. Bedeckendem frei machen)* ***den Tisch, das Bett ~*** sparecchiare la tavola, togliere la coperta al letto; ***bei dem Sturm wurden viele Dächer abgedeckt*** durante la tempesta furono scoperchiati molti tetti **2** *(bedecken)* (ri)coprire: ***einen Schacht mit Brettern ~*** coprire un pozzo con assi **3** *(schützen)* difendere, coprire: ***die Spieler decken das Tor ab*** i giocatori difendono la porta **4** COMM. *(bezahlen, tilgen)* pagare, onorare; ***seine Verpflichtungen ~*** far fronte ai propri impegni. **Ab|deck|plat|te** f. *(-,-n)* piastra *f.* di copertura. **Ab|de|ckung** f. *(-,-en)* **1** scoprimento *m.* **2** *(Bedeckung)* copertura *f.*, rivestimento *m.* **3** COMM. *(Tilgung)* estinzione *f.*

ab‿dei|chen tr. arginare.

Ab|de|rit m. *(-en,-en)* **1** STOR. abderita *m.*, abitante *m.* di Abdera **2** FIG. ANT. sempliciotto *m.*, provincialotto *m.*

ab‿dich|ten tr. **1** chiudere (bene), tappare, turare: ***ein Fenster, Leck ~*** tappare una finestra, turare una falla; ***etw. hermetisch ~*** chiudere ermeticamente qcs. **2a** *(in Bezug auf Gefäße)* rendere stagno, chiudere a tenuta **b** *(gegen Feuchtigkeit)* impermeabilizzare **3** *(mit einer Dichtung versehen)* ***etw. ~*** applicare una guarnizione a qcs. **4** MAR. calafatare ◆ ***mit Kitt ~*** stuccare; ***mit Werg ~*** stoppare. **Ab|dich|tung** f. *(-,-en)* **1** chiusura *f.* ermetica **2** *(Isolierung)* isolamento *m.* **3** *(gegen Feuchtigkeit)* impermeabilizzazione *f.* **4** MAR. calafataggio *m.*

ab‿die|nen tr. **1** assolvere, prestare (un servizio): ***seine Zeit ~*** assolvere il servizio militare; ***ein klinisches Jahr ~*** fare un anno di tirocinio in ospedale **2** *(dienend abarbeiten)* pagare col proprio lavoro.

Ab|di|ka|ti|on f. *(-,-en)* abdicazione *f.*

ab|ding|bar agg. **1** trattabile **2** DIR. non sostanziale, non obbligatorio. **Ab|ding|bar|keit** f. *(-,-en)* **1** trattabilità *f.* **2** DIR. non obbligatorietà *f.*

ab|di|zie|ren intr. (aus. *haben*) abdicare.

Ab|do|men n. *(-s,- e Abdomina)* addome *m.* **ab|do|mi|nal** agg. addominale.

ab‿don|nern intr. (aus. *sein*) COLLOQ. allontanarsi rombando.

ab‿dor|ren intr. (aus. *sein*) seccarsi, appassire.

ab‿dör|ren tr. essiccare, disseccare.

ab‿drän|gen tr. **1** allontanare, spingere via **2** FIG. *(abbringen)* distogliere.

ab‿dre|hen I tr. **1a** *(ausschalten)* spegnere, chiudere: ***das Radio ~*** spegnere la radio **b** *(zudrehen)* chiudere: ***den Hahn ~*** chiudere il rubinetto **2a** staccare torcendo: ***den Stiel vom Apfel ~*** staccare il picciolo dalla mela **b** *(losschrauben)* svitare **3** *(abwenden)* voltare, girare: ***den Kopf ~*** voltare la testa **4** CINEM. ***eine Filmszene ~*** finire di girare la scena di un film **5** MECC. tornire **II** intr. (aus. *haben, sein*) cambiare direzione; *(von Schiffen, Flugzeugen)* virare **III** rifl. **sich ~** girarsi, volgersi altrove ◆ ***jdm, einem Huhn die Gurgel ~*** tirare il collo a qcn., a una gallina; ***jdm den Hals ~*** strozzare qcn.

Ab|drift f. *(-,-en)* MAR. AER. deriva *f.* **ab‿drif|ten** intr. (aus. *sein*) andare alla deriva.

ab‿dros|seln tr. **1** TECN. bloccare, chiudere: ***den Dampf ~*** chiudere il vapore; ***den Gashahn ~*** chiudere il rubinetto del gas **2** AUT. ***den Motor ~*** decelerare ◆ ***jdm die Luftröhre ~*** strozzare qcn. **Ab|dros|se|lung, Ab|dross|lung** f. *(-,-en)* **1** *(Ausschalten)* chiusura *f.* **2** *(von Motoren)* decelerazione *f.*

1.Ab|druck m. *(-[e]s,-e)* **1** pubblicazione *f.*, stampa *f.* **2** *(Kopie)* copia *f.*

2.Ab|druck m. *(-[e]s,-drücke)* **1** impronta *f.*: ***der ~ eines Fußes im Sand*** l'impronta di un piede nella sabbia **2** calco *m.*

ab‿dru|cken tr. stampare, pubblicare: ***einen Artikel in einer Zeitung ~*** pubblicare un articolo su un giornale. **ab‿drü|cken I** tr. **1a** ***den Revolver ~*** premere il grilletto della, sparare con la pistola **b** FIG. ***der Schmerz drückt ihm das Herz ab*** il dolore gli spezza il cuore; ***das drückt mir die Luft ab*** mi toglie il respiro **2** *(entfernen)* allontanare (con una spinta) **3** COLLOQ. *(an sich drücken)* stringere al petto, abbracciare **4** *(nachbilden)* ***etw. ~*** fare un calco di qcs. **II** rifl. **sich ~** lasciare l'impronta **III** intr. (aus. *haben*) ***auf jdn ~*** sparare contro qcn.

ab‿du|cken intr. (aus. *haben*) SPORT schivare (un colpo).

Ab|duk|ti|on f. *(-,-en)* MED. abduzione *f.* **Ab|duk|tor** m. *(-s,-en)* MED. abduttore *m.*

ab‿dun|keln I tr. ***eine Lichtquelle ~*** schermare una fonte di luce; ***ein Zimmer ~*** oscurare una stanza **II** intr. (aus. *sein*) RAR. scurire.

ab‿du|schen I tr. lavare con la doccia **II** rifl. **sich ~** fare, farsi la doccia: ***er duscht sich heiß ab*** (si) fa una doccia calda.

ab|du|zie|ren tr. MED. abdurre.

ab͜eb|ben intr. (aus. *sein*) placarsi, calmarsi: ***der Lärm ebbt langsam ab*** il rumore si placa lentamente.

A|be|ce n. *(-,-)* → **Abc.**

ab͜eg|gen tr. **1** togliere, eliminare con l'erpice **2** *(mit der Egge bearbeiten)* erpicare.

A|bel n.pr.m. Abele *m.*

A|bend m. *(-s,-e)* **1** sera *f.*, serata *f.*: ***ein warmer ~ im Herbst*** una tiepida sera d'autunno; ***ein gemütlicher ~*** una piacevole serata; ***gestern ~*** ieri sera; ***heute ~*** questa sera, stasera; ***morgen ~*** domani sera **2** *(Beisammensein am Abend)* serata *f.*, ritrovo *m.* serale: ***ein musikalischer ~*** una serata musicale **3** ANT. *(Westen)* occidente *m.*, ponente *m.* **4** LETT. sera *f.*, declino *m.*: ***der ~ des Lebens*** la sera della vita ◆ ***am ~*** di sera, alla sera; ***am ~ vorher, zuvor*** la sera prima, precedente; ***bis in den späten ~ hinein*** fino a tarda sera; ***bunter ~*** serata di varietà; ***des -s*** → ***am Abend***; ***eines -s*** una sera; ***~ für ~*** ogni sera; ***gegen ~*** verso sera; ***guten ~!*** buona sera! ***Heiliger ~*** vigilia di Natale; ***zwei -e lang*** per due serate; ***noch ist nicht aller Tage ~*** chi vivrà vedrà; ***den ~ über*** (tutta) la sera; ***vor dem ~*** prima di sera; ***jdm einen guten, schönen ~ wünschen*** augurare la buona sera a qcn.; ***zu ~ essen*** cenare. **A|bend|an|dacht** f. *(-,-en)* vespro *m.*, funzione *f.* religiosa serale. **A|bend|an|zug** m. *(-[e]s,-züge)* abito *m.* da sera (da uomo). **A|bend|aus|gabe** f. *(-,-n)* edizione *f.* della sera. **A|bend|blatt** n. *(-[e]s,-blätter)* giornale *m.* della sera. **A|bend|brot** n. *(-[e]s,-e)* cena *f.* **a|ben|de|lang** agg. e avv. per serate intere. **A|bend|es|sen** n. *(-s,-)* cena *f.* **A|bend|frie|de(n)** m. *(-[n]s)* tranquillità *f.*, quiete *f.* serale. **a|bend|fül|lend** agg. che occupa l'intera serata. **A|bend|ge|sell|schaft** f. *(-,-en)* ricevimento *m.* (serale), serata *f.* **A|bend|glo|cke** f. *(-,-n)* rintocchi *m.pl.* (di campana) della sera, avemaria *f.* **A|bend|got|tes|dienst** m. *(-[e]s,-e)* → **Abendandacht. Abend|gym|na|si|um** n. *(-s,-gymnasien)* liceo *m.* serale. **A|bend|kas|se** f. *(-,-n)* TEATR. CINEM. cassa *f.* (serale). **A|bend|kleid** n. *(-[e]s,-er)* abito *m.* (*o* vestito *m.*) da sera.

A|bend|land n. *(-[e]s)* Occidente *m.* **A|bend|län|der** m. *(-s,-)* occidentale *m.* **a|bend|län|disch** agg. occidentale: ***die -e Kultur*** la cultura occidentale.

A|bend|läu|ten n. *(-s)* → **Abendglocke. a|bend|lich** agg. **1** serale **2** LETT. *(abendländisch)* occidentale. **A|bend|lied** n. *(-[e]s,-er)* canzone *f.*; *(Serenade)* serenata *f.*: ***gestern haben wir -er gesungen*** ieri sera abbiamo cantato. **A|bend|luft** f. *(-)* brezza *f.* serale. **A|bend|mahl** n. *(-[e]s,-mähler)* **1** ANT. REGION. cena *f.* **2a** RELIG. Ultima Cena *f.* **b** comunione *f.*, eucarestia *f.*: ***das ~ empfangen, nehmen*** ricevere, fare la comunione. **A|bend|mahls|wein** m. *(-[e]s,-e)* vino *m.* consacrato. **A|bend|mahl|zeit** f. *(-,-en)* cena *f.* **A|bend|man|tel** m. *(-s,-mäntel)* soprabito *m.* da sera. **A|bend|nach|rich|ten** pl. notiziario *m.* della sera. **A|bend|pro|gramm** n. *(-s,-e)* programma *m.* serale. **A|bend|rot** n. *(-s)*, **A|bend|rö|te** f. *(-)* rosso *m.* della sera ◆ PROV. ***Abendrot, Schönwetterbot'*** rosso di sera bel tempo si spera.

a|bends avv. di sera, la sera ◆ ***~ spät (spät ~)*** la sera tardi; ***um 8 Uhr ~ (~ um 8 Uhr)*** alle otto di sera; ***von morgens bis ~*** dal mattino alla sera.

A|bend|schu|le f. *(-,-n)* scuola *f.* serale. **A|bend|se|gen** m. *(-s,-)* vespro *m.*, benedizione *f.* serale. **A|bend|stern** m. *(-[e]s,-e)* stella *f.* della sera, vespertina, Venere *f.* **A|bend|toi|let|te** f. *(-,-n)* **1** abito *m.* da sera (da donna) **2** *(abendliche Toilette)* toilette *f.* serale. **A|bend|uni|ver|si|tät** f. *(-,-en)* EX-RDT università *f.* serale. **A|bend|un|ter|richt** m. *(-[e]s,-e)* lezione *f.* serale. **A|bend|ver|an|stal|tung** f. *(-,-en)* **1** rappresentazione *f.* serale **2** *(von kulturellen Ereignissen)* serata *f.* **A|bend|vor|stel|lung** f. *(-,-en)* spettacolo *m.*, rappresentazione *f.* serale. **A|bend|zeit** f. *(-,-en)* sera *f.* **A|bend|zei|tung** f. *(-,-en)* giornale *m.*, edizione *f.* della sera. **A|bend|zug** m. *(-[e]s,-züge)* treno *m.* della sera.

A|ben|teu|er n. *(-s,-)* avventura *f.* (anche ESTENS.): ***auf ~ ausgehen, aus sein*** andare, essere in cerca di avventure; ***ein ~ bestehen*** affrontare con successo un'impresa avventurosa; ***sich in ein ~ stürzen*** gettarsi in un'avventura. **A|ben|teu|er|buch** n. *(-[e]s,-bücher)* libro *m.* di avventure. **A|ben|teu|er|film** m. *(-[e]s,-e)* film *m.* d'avventura. **A|ben|teu|e|rin** f. *(-,-nen)* avventuriera *f.* **A|ben|teu|er|le|ben** n. *(-s,-)* vita *f.* avventurosa. **a|ben|teu|er|lich** agg. **1a** avventuroso **b** *(riskant)* rischioso **2** stravagante, bizzarro, fantastico: ***eine -e Verkleidung*** un travestimento bizzarro. **A|ben|teu|er|lich|keit** f. *(-,-en)* **1** *(abenteuerliche Art)* spirito *m.* d'avventura **2** *(abenteuerliches Erlebnis)* esperienza *f.* avventurosa. **A|ben|teu|er|lust** f. *(-)* voglia *f.* di avventura, gusto *m.* per l'avventura. **a|ben|teu|er|lus|tig** agg. che ama l'avventura, avventuroso. **a|ben|teu|ern** intr. (aus. *sein*) andare in cerca di avventure. **A|ben|teu|er|na|tur** f. *(-,-en)* persona *f.* avventurosa, che ama l'avventura. **A|ben|teu|er|ro|man** m. *(-s,-e)* romanzo *m.* d'avventure. **A|ben|teu|er|spiel|platz** m. *(-es,-plätze)* = spazio *m.* ricreativo attrezzato per giochi avventurosi. **A|ben|teu|rer** m. *(-s,-)* avventuriero *m.* **A|ben|teu|rer|film...** → **Abenteuerfilm...**

a|ber I cong. **1** *(jedoch, dagegen)* ma, però, invece: ***heute nicht, ~ morgen*** oggi no, però domani sì; ***er schlief, sie ~ wachte*** lui dormiva, lei invece vegliava; ***unglaublich, ~ wahr*** incredibile ma vero; ***er war zwar kein guter Läufer, ~ doch (wohl ~) ein sehr guter Schwimmer*** non era un buon corridore, ma un ottimo nuotatore **2** *([je]doch, allerdings)* ma, però, tuttavia: ***sie hatten Angst, ~ sie liefen nicht weg*** avevano paura, ma non fuggirono; ***arm, ~ glücklich*** povero, ma felice; ***er rauchte gern, ~ nicht unmäßig*** fumava volentieri, ma non smodatamente; ***er war zwar dabei, ~ er hat nichts gesehen*** era là, ma non ha visto nulla **3** *(als Weiterführung)* ma, però: ***als es ~ regnete, kehrten sie um*** quando però si mise a piovere, tornarono indietro **4** *(als Entgegnung)* ma, però, eppure: ***einer von uns muss es ~ gewesen sein*** uno di noi, però (*o* eppure), deve essere stato; ***das musst du ~ erklären*** questo però lo devi spiegare; ***~ warum denn?*** ma perché, allora? **II** part.at. **1** *(Verstärkung)* ma: ***~ ja!*** ma sì! ***~ gern!*** ma certo, volentieri! ***nun ~ Schluss!*** adesso basta (però)! ***mach das, ~ sofort!*** fallo, ma subito! **2** *(emphatisch)* ma: ***du spielst ~ gut!*** (ma) come giochi bene! ***~ ich bitte dich!*** ma insomma, per favore! ***die ist ~ dick!*** (ma) come è grassa quella! ***~ pass doch endlich einmal auf!*** (ma) sta attento una buona volta! ***das ist ~ ein Blödsinn!*** (ma) che stupidaggine! **III** avv. LETT. ancora, e ◆ ***~ und abermals*** mille e mille volte. **A|ber** n. *(-s,- e -s)* ma *m.* ◆ ***da gibt's kein ~!*** non c'è ma che tenga! ***die Sache hat ihr ~*** però c'è un ma; ***seine vielen Wenn und ~*** tutti i suoi se e i suoi ma.

A|ber|glau|be m. *(-ns,-)*, RAR. **A|ber|glau|ben** m. *(-s,-)* superstizione *f.*, pregiudizio *m.*: ***aus -n*** per superstizione. **a|ber|gläu|big**, ANT. **a|ber|gläu|bisch** agg. superstizioso.

a|ber|hun|dert agg.inv. cento e cento; ***~ Sterne*** centinaia di stelle. **a|ber|hun|der|te, A|ber|hun|der|te** pl. molte centinaia *f.pl.*, centinaia e centinaia *f.pl.*: ***vor -n von Jahren*** molte centinaia di anni fa.

ab͜er|ken|nen tr. *(erkannte, erkannt)* ***jdm etw. ~*** non riconoscere, negare qcs. a qcn.; ***die Staatsbürgerschaft ~*** togliere la cittadinanza. **Ab|er|ken|nung** f. *(-,-en)* privazione *f.*, non riconoscimento *m.*: ***~ der bürgerlichen Ehrenrechte*** privazione dei diritti civili.

a|ber|ma|lig agg. reiterato, ripetuto. **a|ber|mals** avv. un'altra volta, di nuovo.

ab͜ern|ten tr. raccogliere, mietere.

Ab|er|ra|ti|on f. *(-,-en)* ASTR. BIOL. OTT. aberrazione *f.*

a|ber|tau|send agg.inv. mille e mille; ***~ Wörter*** migliaia di parole. **a|ber|tau|sen|de, A|ber|tau|sen|de** pl. molte migliaia *f.pl.*, migliaia e migliaia *f.pl.*: ***tausende und ~ von Menschen*** molte migliaia di persone.

A|ber|witz m. *(-es,-e)* dissennatezza *f.*; *(Wahnwitz)* follia *f.* **a|ber|wit|zig** agg. dissennato; *(wahnwitzig)* folle.

ab͜er|zie|hen tr. *(erzog, erzogen)* togliere: ***dieses Laster muss ich dir ~*** devo toglierti questo vizio.

ab͜es|sen *(isst, aß, gegessen)* **I** tr. **1** mangiare **2** *(leer essen)* (s)vuotare: ***den Teller ~*** (s)vuotare il piatto **3** COLLOQ. *(aufbrauchen)* consumare: ***er hat seine Bons abgegessen*** ha consumato tutti i suoi buoni (pasto) **II** intr. (aus. *haben*) finire di mangiare.

A|bes|si|ni|en n.pr.n. *(-s)* Abissinia *f.* **A|bes|si|ni|er** m. *(-s,-)* abissino *m.* **a|bes|si|nisch** agg. abissino.

Abf. ⇒ *Abfahrt* partenza (p.).

ab͜fa|ckeln tr. METALL. sfiammare, passare alla fiamma.

ab|fahr|be|reit agg. pronto a partire, per la partenza.

ab͜fah|ren *(fährt, fuhr, gefahren)* **I** intr. (aus. *sein*) **1** *(einen Ort verlassen)* partire (con un veicolo): ***ich fahre gleich ab*** parto subito; ***der Zug fährt pünktlich ab*** il treno parte in orario **2** *(abwärts fahren)* scendere **3** ANT. *(sterben)* andarsene, andare all'altro mondo **4** *(ausrutschen)* scivolare, partire: ***mir ist das Messer abgefahren*** mi è partito il coltello **5** COLLOQ. ***auf jdn, etw. ~*** essere entusiasti di qcn., qcs.: ***auf die ist er total abgefahren*** è completamente partito per lei **6** COLLOQ. ***mit jdm ~*** trattare male, strapazzare qcn. **II** tr. **1** trasportare, portare via, rimuovere: ***Müll ~*** portare via la spazzatura **2** *(abtrennen, abreißen)* portare via, staccare: ***beim Parken habe ich seine Stoßstange abgefahren*** parcheggiando gli ho staccato il paraurti **3a** *(bereisen;* aus. *haben, sein)* percorrere: ***ganz Dänemark ~*** percorrere tutta la Danimarca **b** *(zur Kontrolle entlangfahren)* ispezionare, perlustrare **4a** consumare, logorare: ***die Reifen rasch ~*** consumare in fretta i pneumatici **b** COLLOQ. *(zum Fahren verwenden)* finire, utilizzare completamente: ***eine Mehrfahrtenkarte ~*** finire un biglietto a corsa multipla **III** rifl. ***sich ~*** consumarsi ◆ ***von der Autobahn ~*** uscire dall'autostrada; ***fahr ab!***

sparisci! CINEM. TELEV. ***Kamera, bitte ~!*** via alle riprese! ***sie hat ihn kühl ~ lassen*** lo ha respinto freddamente.

Ab|fahrt f. *(-,-en)* **1** *(Abreise mit einem Fahrzeug)* partenza *f.* **2** discesa *f.*: ***die letzte ~ der Seilbahn*** l'ultima discesa della funivia **3** *(Abtransport)* trasporto *m.*, rimozione *f.* **4** *(Autobahnausfahrt)* uscita *f.*: ***die ~ (nach) Wiesbaden*** l'uscita di, per Wiesbaden. **ab|fahrt|be|reit** → **abfahrbereit. Ab|fahrt(s)|gleis** n. *(-es,-e)* binario *m.* di partenza. **Ab|fahrt(s)|pis|te** f. *(-,-n)* pista *f.* di, per la discesa libera. **Ab|fahrts|lauf** m. *(-[e]s,-läufe)*, **Ab|fahrts|ren|nen** n. *(-s,-)* (gara *f.* di) discesa *f.* libera. **Ab|fahrt(s)|sig|nal** n. *(-s,-e)* segnale *m.* di partenza. **Ab|fahrts|stre|cke** f. *(-,-n)* percorso *m.* della discesa libera. **Ab|fahrts|ta|fel** f. *(-,-n)* FERR. orario *m.* delle partenze. **Ab|fahrt(s)|zei|chen** n. *(-s,-)* → **Abfahrtssignal. Ab|fahrt(s)|zeit** f. *(-,-en)* ora *f.*, orario *m.* di partenza.

Ab|fall m. *(-[e]s,-fälle)* **1a** *(unbrauchbarer Überrest)* residuo *m.*, scarto *m.* TECN. sfrido *m.*; scoria *f.*: ***radioaktive Abfälle*** scorie radioattive **b** pl. rifiuti *m.pl.*, immondizia *f.*: ***Abfälle beseitigen, verwerten*** smaltire, riciclare rifiuti **c** TESS. cascame *m.* **2a** RELIG. *(Lossagung)* apostasia *f.*, abbandono *m.* **b** POL. distacco *m.*, defezione *f.*, abbandono *m.*: ***der ~ der Niederlande*** la defezione dei Paesi Bassi **3** *(Neigung eines Geländes)* declivio *m.*, pendenza *f.* **4** calo *m.*, diminuzione *f.*: ***der ~ der Temperatur*** la diminuzione della temperatura; ***der ~ seiner Leistungen*** il calo del suo rendimento. **Ab|fall|be|sei|ti|gung** f. *(-,-en)* smaltimento *m.* (dei) rifiuti. **Ab|fall|ei|mer** m. *(-s,-)* pattumiera *f.*

ab‿fal|len intr. *(fällt, fiel, gefallen;* aus. *sein)* **1** *(übrig bleiben)* restare, rimanere: ***in der Küche fällt immer viel ab*** in cucina restano sempre molti avanzi **2** *(herunterfallen)* cadere: ***die Blüten fallen ab*** cadono i fiori **3** RELIG. POL. ***von etw., jdm ~*** abbandonare, rinnegare qcs., qcn.: ***von der Kirche ~*** abbandonare la Chiesa, apostatare; ***von einem Glauben ~*** rinnegare una fede **4** digradare, scendere: ***das Gebirge fällt nach Osten ab*** la montagna digrada verso est **5** *(abnehmen)* calare, diminuire: ***die Leistung, Spannung fällt ab*** il rendimento cala, la tensione diminuisce **6** peggiorare: ***gegen jdn, etw. ~*** peggiorare, perdere terreno rispetto a qcn., qcs. **7** MAR. portarsi sottovento **8** RAR. *(abmagern)* dimagrire, deperire. **ab|fal|lend** p.pres. agg. **1** → **abfallen 2** ***ein -es Dach*** un tetto spiovente **3** in declivio, pendente: ***steil ~*** scosceso, ripido. **Ab|fall|er|zeug|nis** n. *(-ses,-se)* ANT. → **Abfallprodukt. Ab|fall|hau|fen** m. *(-s,-)* mucchio *m.* di rifiuti.

ab|fäl|lig I agg. sprezzante: ***eine -e Bemerkung*** un'osservazione sprezzante **II** avv. in modo sprezzante, con disprezzo: ***sich über jdn, etw. ~ äußern, von jdm ~ sprechen*** parlare con disprezzo di qcn., qcs.

Ab|fall|korb m. *(-[e]s,-körbe)* cestino *m.* dei, per rifiuti. **Ab|fall|pro|dukt** n. *(-[e]s,-e)* **1** prodotto *m.* di scarto **2** *(Nebenprodukt)* prodotto *m.* ottenuto da rifiuti. **Ab|fall|stoff** m. *(-[e]s,-e)* residuo *m.*; rifiuti *m.pl.*, scorie *f.pl.* **Ab|fall|ton|ne** f. *(-,-n)* bidone *m.* della spazzatura, cassonetto *m.* **Ab|fall|ver|wer|tung** f. *(-,-en)* riciclaggio *m.* dei rifiuti.

ab‿fäl|schen tr. SPORT ***den Ball ~*** dare un effetto alla palla.

ab‿fan|gen tr. *(fängt, fing, gefangen)* **1a** intercettare: ***einen Brief, einen Agenten ~*** intercettare una lettera, un agente segreto **b** *(Draht-, Radionachrichten)* captare **c** *(abpassen)* ***einen Schuldner ~*** aspettare al varco un debitore **2a** SPORT intercettare: ***den Ball ~*** intercettare la palla **b** fermare, respingere, parare: ***einen Stoß ~*** parare un tiro; ***einen Angriff des Gegners ~*** fermare un attacco dell'avversario **c** *(ein- und überholen)* riprendere, rimontare, raggiungere e superare: ***auf den letzten Metern fing er den Gegner ab*** negli ultimi metri rimontò l'avversario **3** ***ein Fahrzeug ~*** riprendere il controllo di un veicolo **4** EDIL. *(abstützen)* puntellare **5** VENAT. *(Wild)* finire. **Ab|fang|jä|ger** m. *(-s,-)* MIL. caccia *m.* intercettatore, intercettore *m.*

ab‿fär|ben intr. (aus. *haben*) **1** perdere il colore, stingersi, scolorirsi: ***beim Waschen hat das Hemd abgefärbt*** durante il lavaggio la camicia si è scolorita **2** FIG. ***auf jdn ~*** influenzare qcn.: ***sein Benehmen färbt auf ihn ab*** il suo comportamento lo influenza, ha un ascendente su di lui.

ab‿fas|sen tr. **1** redigere, stendere, stilare: ***ein Protokoll ~*** stendere un verbale **2** COLLOQ. acciuffare: ***einen Verbrecher ~*** acciuffare un delinquente. **Ab|fas|sung** f. *(-,-en)* redazione *f.*, stesura *f.*

ab‿fau|len intr. (aus. *sein*) marcire e cadere: ***die Blätter faulen ab*** le foglie marciscono e cadono.

ab‿fe|dern tr. **1** ammortizzare: ***einen Stoß ~*** ammortizzare un colpo **2** TECN. montare su molle, molleggiare. **Ab|fe|de|rung** f. *(-,-en)* sospensione *f.* elastica, molleggio *m.*

ab‿fe|gen I tr. **1** *(durch Fegen entfernen)* spazzare via **2** *(durch Fegen reinigen)* pulire con la scopa, spazzare **II** intr. (aus. *sein*) correre via, allontanarsi in fretta: ***mit dem Auto ~*** partire in fretta (con l'auto).

ab‿fei|len tr. **1a** *(durch Feilen entfernen)* asportare con la lima, limare via **b** *(durch Feilen glätten)* limare **2** REGION. *(abschreiben)* copiare (a scuola).

ab‿feil|schen tr. SPREG. acquistare mercanteggiando, ottenere contrattando.

ab‿fer|ti|gen tr. **1a** preparare (per la spedizione o per la partenza): ***Pakete ~*** preparare pacchetti per la spedizione **b** ***jdn, etw. ~*** compiere le formalità necessarie per qcn., qcs.; ***die Reisenden, den Zug ~*** sbrigare le pratiche per la partenza dei viaggiatori, del treno; ***etw. zollamtlich ~*** sdoganare qcs. **2** COLLOQ. *(abweisen)* ***jdn ~*** liquidare qcn., sbarazzarsi di qcn.: ***jdn kurz, schroff ~*** liquidare qcn. in fretta, bruscamente **3** SPORT battere di ampia misura, sonoramente. **Ab|fer|ti|gung** f. *(-,-en)* **1a** preparazione *f.* (per la partenza o per la spedizione) **b** disbrigo *m.* delle formalità necessarie **2** COLLOQ. *(abweisende Behandlung)* il liquidare. **Ab|fer|ti|gungs|ge|bühr** f. *(-,-en)* tassa *f.* di spedizione, di sdoganamento. **Ab|fer|ti|gungs|stel|le** f. *(-,-n)* ufficio *m.* spedizioni.

ab‿feu|ern tr. **1** sparare: ***einen Schuss, ein Gewehr ~*** sparare un colpo, sparare con un fucile **2** ***eine Rakete ~*** lanciare un missile.

ab‿fin|den *(fand, gefunden)* **I** tr. risarcire, indennizzare; *(Gläubiger)* soddisfare, tacitare; *(Gesellschafter)* liquidare **II** rifl. **sich ~ 1** ***sich mit jdm ~*** trovare un accomodamento, accordarsi con qcn. **2** *(sich zufrieden geben)* ***sich mit jdm, etw. ~*** accontentarsi di qcn., qcs., rassegnarsi a qcn., qcs. **3** REGION. ***sich bei jdm ~*** contraccambiare, sdebitarsi con qcn. **Ab|fin|dung** f. *(-,-en)* **1** risarcimento *m.*, indennizzo *m.*; *(von Gläubigern)* tacitazione *f.*; *(von Gesellschaftern)* liquidazione *f.* **2** DIR. *(Einigung)* accordo *m.*, accomodamento *m.*, componimento *m.* **Ab|fin|dungs|geld** n. *(-[e]s,-er)*, **Ab|fin|dungs|sum|me** f. *(-,-n)* indennità *f.*

ab‿fin|gern tr. toccare con le dita, tastare.

ab‿fi|schen tr. vuotare di pesci.

ab‿fla|chen I tr. appianare, spianare **II** intr. (aus. *sein*) **1** calare, diminuire: ***der Wasserstand flacht ab*** il livello dell'acqua cala **2** *(im Niveau sinken)* appiattirsi, calare: ***die Unterhaltung ist abgeflacht*** la discussione si è appiattita **III** rifl. **sich ~ 1** digradare dolcemente **2** *(abnehmen)* diminuire. **Ab|fla|chung** f. *(-,-en)* **1** spianamento *m.*, digradazione *f.* **2** *(Abnahme)* calo *m.*, flessione *f.*

ab‿flau|en intr. (aus. *sein*) **1** diminuire, ridursi: ***der Wind flaute ab*** il vento calò; ***das Geschäft flaut ab*** gli affari ristagnano **2** *(abflachen)* calare, languire: ***das Gespräch flaute ab*** la conversazione languiva.

ab‿flie|gen *(flog, geflogen)* **I** intr. (aus. *sein*) **1a** volare via **b** *(von Flugzeugen)* partire, decollare **c** *(von Personen)* partire in aereo **2** COLLOQ. staccarsi, volare via: ***die Radkappe ist (mir) abgeflogen*** il copriruota (mi) è volato via **II** tr. **1** portare via in aereo **2** (aus. *haben, sein*) sorvolare.

ab‿flie|ßen intr. *(floss, geflossen;* aus. *sein)* **1** scorrere (fuori), defluire: ***das Wasser fließt aus der Wanne ab*** l'acqua scorre fuori dalla vasca **2** *(sich entleeren)* scaricare, svuotarsi: ***das Becken fließt nicht gut ab*** il lavandino non scarica bene.

Ab|flug m. *(-[e]s,-flüge)* **1** il volare via **2** *(von Flugzeugen)* partenza *f.*, decollo *m.* **Ab|flug|schnei|se** f. *(-,-n)* corridoio *m.* di decollo.

Ab|fluss m. *(-es,-flüsse)* **1a** deflusso *m.*, scolo *m.*, lo scorrere via **b** *(vom Becken)* scarico *m.*, scolo *m.* **2** FIG. ***der ~ des Kapitals ins Ausland*** la fuga dei capitali all'estero. **Ab|fluss|gra|ben** m. *(-s,-gräben)* fosso *m.* di scolo. **Ab|fluss|hahn** m. *(-[e]s, -en* e *-hähne)* rubinetto *m.* di scarico. **Ab|fluss|ka|nal** m. *(-s,-kanäle)* canale *m.* di scarico, scolmatore *m.* **Ab|fluss|loch** n. *(-[e]s,-löcher)* foro *m.*, apertura *f.* di scarico. **ab|fluss|los** agg. GEOGR. senza sbocco (al mare). **Ab|fluss|rin|ne** f. *(-,-n)* canale *m.*, canaletto *m.* di scarico.

Ab|fol|ge f. *(-,-n)* serie *f.*, successione *f.*: ***in chronologischer, logischer ~*** in ordine cronologico, logico.

ab‿for|dern tr. **1** ***jdm etw. ~*** richiedere qcs. a qcn., esigere qcs. da qcn.: ***der Polizist forderte mir den Ausweis ab*** il poliziotto mi richiese la carta d'identità; ***Personal ~*** richiedere personale **2** COMM. *(zurückziehen)* ritirare: ***einen Wechsel ~*** ritirare una cambiale. **Ab|for|de|rung** f. *(-,-en)* richiesta *f.*

ab‿for|men tr. modellare. **Ab|for|mung** f. *(-,-en)* modellatura *f.*, modellazione *f.*

ab‿fors|ten tr. disboscare, diboscare.

ab‿fra|gen tr. **1** interrogare, esaminare: ***jdn, jdm etw. ~*** esaminare (*o* interrogare) qcn. su qcs.: ***er fragte mich (o mir) lateinische Vokabeln ab*** mi interrogò sui vocaboli latini **2** ANT. carpire: ***jdm sein Geheimnis ~*** strappare un segreto a qcn. **3** INFORM. ***eine Datenbank ~*** consultare (*o* interrogare) una banca dati.

ab‿fres|sen tr. *(frisst, fraß, gefressen)* **1a** brucare; rosicchiare: ***die***

Rehe fressen die Rinde von den Bäumen ab i cerbiatti rosicchiano la corteccia degli alberi **b** SPREG. *(von Menschen)* mangiarsi, papparsi (la parte migliore): ***die Mandeln (vom Kuchen) ~*** mangiarsi le mandorle (tolte dalla torta) **2** *(kahl fressen)* mangiare, divorare (del tutto): ***die Raupen haben die Blätter vom Strauch abgefressen*** i bruchi hanno divorato tutte le foglie del cespuglio.

ab‿frie|ren intr. *(fror, gefroren;* aus. *sein)* gelare, congelarsi: ***die Knospen froren ab*** le gemme gelarono; ***die Hände waren ihm abgefroren*** gli si erano congelate le mani ◆ ***ich habe mir bei der Kälte einen abgefroren*** sono morto dal freddo.

ab‿frot|tie|ren tr. strofinare con un asciugamano.

ab‿fühl|len tr. ELETTRON. rilevare.

Ab|fuhr f. *(-,-en)* **1** rimozione *f.*, sgombero *m.* **2** *(Abweisung)* insuccesso *m.*, rifiuto *m.* ◆ ***sich (D) eine ~ holen, eine ~ bekommen, erleiden*** vedersi, essere scaricato; ***jdm eine ~ erteilen*** scaricare qcn.

ab‿füh|ren I tr. **1** trasportare, portare via **2** *(Verhaftete)* condurre, portare via **3** *(ableiten)* deviare **4** *(entfernen)* allontanare: ***dieser Weg führt uns von unserem Ziel ab*** questa strada ci allontana dalla meta; FIG. ***das führt (uns) vom Thema ab*** questo (ci) distoglie, svia dal tema **5** versare, pagare: ***Steuern an das Finanzamt ~*** pagare le tasse all'ufficio imposte **II** intr. (aus. *haben*) **1** prendere la purga **2** essere lassativo: ***dieser Tee führt ab*** questa tisana è lassativa. **ab|füh|rend** p.pres. agg. **1** → **abführen 2** purgativo, lassativo. **Ab|führ|mit|tel** n. *(-s,-)* purgante *m.*, lassativo *m.* **Ab|füh|rung** f. *(-,-en)* **1** BUROCR. traduzione *f.*, trasporto *m.*: ***die ~ der Gefangenen in die Zellen*** la traduzione dei prigionieri nelle celle **2** *(von Steuern)* versamento *m.*, pagamento *m.*

Ab|füll|an|la|ge f. *(-,-n)* impianto *m.* d'imbottigliamento.

ab‿fül|len tr. **1** imbottigliare **2** *(umfüllen)* travasare; invasare ◆ COLLOQ. ***jdn ~*** far ubriacare qcn. **Ab|füll|ma|schi|ne** f. *(-,-n)* imbottigliatrice *f.* **Ab|fül|lung** f. *(-,-en)* **1** imbottigliamento *m.* **2** *(Umfüllung)* travaso *m.*

1.ab‿füt|tern tr. *(Tiere)* foraggiare, nutrire ◆ FAM. ***die Kinder sind schon abgefüttert*** i bambini hanno già fatto la pappa.

2.ab‿füt|tern tr. foderare.

1.Ab|füt|te|rung f. *(-,-en)* foraggiamento *m.*

2.Ab|füt|te|rung f. *(-,-en)* foderatura *f.*

Ab|ga|be f. *(-,-n)* **1** consegna *f.*, rimessa *f.* **2** *(Steuer)* tassa *f.*, imposta *f.*, tributo *m.*: ***direkte, indirekte, städtische ~*** imposta diretta, indiretta, tassa comunale; ***die -n erheben, entrichten*** riscuotere, pagare le imposte **3** COMM. *(von Wertpapieren)* vendita *f.* **4** *(von Strahlen, Wärme)* emissione *f.*, emanazione *f.* **5a** SPORT passaggio *m.*: ***~ des Balles*** passaggio della palla **b** perdita *f.*: ***die ~ eines Satzes, Punktes, Titels*** la perdita di un set, di un punto, di un titolo **6** rilascio *m.*: ***die ~ einer Erklärung*** il rilascio di una dichiarazione ◆ ***feste ~*** diritto fisso; ***gesetzliche -n*** imposte previste dalla legge; ***öffentliche ~*** imposta, tassa, tributo; ***die ~ eines Schusses*** lo sparare un colpo; ***soziale -n*** oneri sociali; ***starke -n*** forti realizzi. **Ab|ga|be|frist** f. *(-,-en)* termine *m.* di consegna.

Ab|ga|ben|er|hö|hung f. *(-,-en)* aumento *m.* delle tasse. **ab|ga|ben|frei** agg. esente da tasse, esentasse. **Ab|ga|ben|frei|heit** f. *(-,-en)* esonero *m.*, esenzione *f.* fiscale. **ab|ga|ben|pflich|tig** agg. soggetto a tassazione, imponibile. **Ab|ga|be(n)|satz** m. *(-es,-sätze)* aliquota *f.* d'imposta. **Ab|ga|ben|schuld** f. *(-,-en)* debito *m.* d'imposta. **Ab|ga|be(n)|ter|min** m. *(-s,-e)* scadenza *f.* per il pagamento (di una imposta). **Ab|ga|ben|we|sen** n. *(-s)* materia *f.* fiscale, tributaria.

Ab|gang m. *(-[e]s,-gänge)* **1a** partenza *f.*: ***nach ~ des Zuges*** dopo la partenza del treno **b** *(Absendung)* spedizione *f.* **2** *(von der Schule, vom Amt)* abbandono *m.*, ritiro *m.* **3a** *(von der Bühne)* uscita *f.* **b** FIG. ***ein guter, schlechter ~*** una buona, cattiva prova di sé **4** *(Warenverkauf)* smercio *m.* **5** *(Sterben)* dipartita *f.* **6a** MED. *(Ausscheidung)* espulsione *f.*, evacuazione *f.*: ***der ~ von Nierensteinen*** l'espulsione dei calcoli renali **b** *(Fehlgeburt)* aborto *m.* spontaneo **7** SPORT uscita *f.* (da un esercizio ginnico) **8** ENOL. retrogusto *m.*

Ab|gän|ger m. *(-s,-)* = chi abbandona la scuola.

ab|gän|gig agg. BUROCR. AUSTR. scomparso.

Ab|gangs|ent|schä|di|gung f. *(-,-en)* indennità *f.* di buonuscita, buonuscita *f.* **Ab|gangs|klas|se** f. *(-,-n)* ultima classe *f.* **Ab|gangs|prü|fung** f. *(-,-en)* esame *m.* finale. **Ab|gangs|ver|gü|tung** f. *(-,-en)* indennità *f.* di buonuscita. **Ab|gangs|zeug|nis** n. *(-ses,-se)* attestato *m.* di frequenza, certificato *m.* con votazione.

Ab|gas n. *(-es,-e)* **1** *(Auspuffgas)* gas *m.* di scarico **2** gas *m.pl.* combusti. **ab|gas|arm** agg. che emette meno gas tossici, poco inquinante: ***ein -es Auto*** un'auto poco inquinante. **Ab|gas|ka|ta|ly|sa|tor** m. *(-s,-en)* marmitta *f.* catalitica. **Ab|gas|lei|tung** f. *(-,-en)* tubo *m.* di scappamento. **ab|gas|re|du|ziert** agg. poco inquinante. **Ab|gas|son|der|un|ter|su|chung** f. *(-,-en)* controllo *m.* dei gas di scarico. **Ab|gas|tur|bi|ne** f. *(-,-n)* turbina *f.* a gas di scarico.

ab‿gau|nern tr. COLLOQ. soffiare: ***jdm das Geld ~*** soffiare i soldi a qcn.

ABGB ⇒ AUSTR. *Allgemeines Bürgerliches Gesetzbuch* codice civile (C.C.).

ab|ge|ar|bei|tet p.pass. agg. **1** → **abarbeiten 2** logorato, logoro, consumato, consunto (dal, per il lavoro): ***-e Hände*** mani consumate dal lavoro.

ab‿ge|ben *(gibt, gab, gegeben)* **I** tr. **1a** *(übergeben)* consegnare, rimettere **b** *(zur Aufbewahrung geben)* depositare, lasciare in deposito, in custodia **2a** *(überlassen)* cedere, dare: ***er hat mir die Hälfte seines Brötchens abgegeben*** mi ha dato metà del suo panino **b** lasciare: ***den Vorsitz ~*** lasciare la, dare le dimissioni dalla presidenza **c** *(zu einem niedrigen Preis verkaufen)* svendere **d** *(von sich geben)* emettere, emanare: ***Wärme ~*** emanare calore **e** SPORT cedere: ***den Ball ~*** cedere (*o* passare) la palla; ***einen Satz ~*** cedere un set **3** *(äußern)* esprimere, dare: ***ein Urteil über etw. ~*** esprimere un giudizio su qcs.; ***eine Erklärung ~*** dare una spiegazione; ***(für jdn) seine Stimme ~*** dare il proprio voto (a qcn.) **4** COLLOQ. *(darstellen)* essere: ***eine perfekte Hausfrau ~*** essere una perfetta casalinga; ***ein gutes Beispiel ~*** essere di buon esempio; ***du hättest einen guten Arzt abgegeben*** saresti stato un buon medico **II** rifl. **1** ***sich mit jdm, etw. ~*** occuparsi di, dedicarsi a qcn., qcs. **2** SPREG. ***sich mit jdm ~*** bazzicare qcn., avere a che fare con qcn.: ***mit so einem Menschen gebe ich mich nicht ab*** con un individuo simile non voglio avere a che fare ◆ ***er hat ihm eins abgegeben*** gliele ha date; ***einen Schuss ~*** sparare un colpo; ***sei still, sonst gibt es (et)was ab!*** stai buono, altrimenti te le do!

ab|ge|brannt p.pass. agg. **1** → **abbrennen 2** COLLOQ. squattrinato, a secco, al verde.

ab|ge|braucht p.pass. agg. **1** → **abbrauchen 2** FIG. scontato, banale: ***eine -e Metapher*** una metafora abusata.

ab|ge|bro|chen p.pass. agg. **1** → **abbrechen 2** FIG. sconnesso, rotto, interrotto: ***-e Sätze*** frasi sconnesse.

ab|ge|brüht p.pass. agg. **1** → **abbrühen 2a** FIG. insensibile, impassibile: ***dagegen ist er ~*** non gli fa né caldo né freddo; ***ein -er Verbrecher*** un criminale incallito **b** *(schlau)* smaliziato **c** *(ohne moralische Grundlagen)* senza scrupoli. **Ab|ge|brüht|heit** f. *(-,-en)* insensibilità *f.*, impassibilità *f.*

ab|ge|dankt p.pass. agg. **1** → **abdanken 2** MIL. in congedo.

ab|ge|dro|schen agg. FIG. trito e ritrito, abusato, inflazionato: ***-e Worte*** parole inflazionate. **Ab|ge|dro|schen|heit** f. *(-,-en)* insulsaggine *f.*, banalità *f.*

ab|ge|feimt agg. SPREG. scaltro, astuto. **Ab|ge|feimt|heit** f. *(-,-en)* scaltrezza *f.*, astuzia *f.*

ab|ge|fuckt [-fʌkt] agg. VOLG. di merda, fottuto.

ab|ge|füllt p.pass. agg. **1** → **abfüllen 2** COLLOQ. ***~ sein*** essere sbronzo.

ab|ge|grast p.pass. agg. **1** → **abgrasen 2** COLLOQ. FIG. *(von Themen)* sfruttato.

ab|ge|grif|fen p.pass. agg. **1** → **abgreifen 2** FIG. *(abgenutzt)* logoro, trito.

ab|ge|hackt I p.pass. agg. **1** → **abhacken 2a** FIG. smozzicato, mozzo: ***eine -e Redeweise*** un modo di parlare smozzicato, sconnesso **b** a scatti, brusco: ***-e Bewegungen*** movimenti a scatti **II** avv. a scatti.

ab|ge|härmt p.pass. agg. **1** → **abhärmen 2** emaciato, macilento: ***ein -es Gesicht*** un viso emaciato, smunto.

ab|ge|här|tet p.pass. agg. **1** → **abhärten 2** FIG. ***ein -er Journalist*** un giornalista indurito dall'esperienza.

ab‿ge|hen *(ging, gegangen)* **I** intr. (aus. *sein*) **1a** andarsene, andare via **b** partire: ***wann geht der Zug nach Berlin ab?*** quando parte il treno per Berlino? ***die Ware wird mit dem nächsten Schiff ~*** la merce partirà con la prossima nave **c** andarsene, ritirarsi: ***von einem Amt, von der Schule ~*** lasciare una carica, ritirarsi da scuola **d** TEATR. uscire (di scena) **e** SPORT uscire (da un esercizio ginnico) **2a** *(sich loslösen)* staccarsi: ***mir ist der Fingernagel abgegangen*** mi si è staccata un'unghia; ***mir ist ein Knopf abgegangen*** mi è partito un bottone **b** *(vom Schuss)* partire **3a** allontanarsi; ***von der Hauptstraße ~*** lasciare la strada principale **b** FIG. ***von einer Absicht, einem Grundsatz, einer Gewohnheit ~*** desistere da un proposito, venir meno a un principio, cambiare un'abitudine **4** piegare: ***der Weg geht nach rechts ab*** la via piega a destra **5** *(von Waren)* vendersi **6** FIG. mancare: ***ihm geht der Humor ab*** gli manca (*o* non ha) il senso dell'umorismo **7** finire, andare: ***alles ist glatt abgegangen*** è andato tutto liscio; ***es geht nie ohne Streit ab*** si finisce sempre per litigare **8** dedursi, detrarsi: ***davon gehen noch***

10% ab da questo si detrae ancora il 10% **9** MED. venire espulso: ***die Nierensteine sind abgegangen*** i calcoli renali sono stati espulsi **II** tr. **1** *(entlanggehen)* percorrere, ispezionare **2** MIL. passare in rassegna ◆ ***sich (D) nichts ~ lassen*** non privarsi di nulla.

ab|ge|hend p.pres. agg. **1** → **abgehen** **2** in partenza **3** *(ausscheidend)* che si dimette, uscente **4** *(von der Schule)* che si ritira dalla scuola.

ab|ge|hetzt p.pass. agg. **1** → **abhetzen** **2** *(sehr müde)* esausto.

ab|ge|kämpft p.pass. agg. **1** → **abkämpfen** **2** sfinito, spossato: ***-e Truppen*** truppe sfinite dai combattimenti.

ab|ge|kar|tet p.pass. agg. **1** → **abkarten** **2** truccato, combinato: ***ein -es Spiel*** un gioco combinato; ***eine -e Sache*** una faccenda combinata.

ab|ge|klap|pert p.pass. agg. **1** → **abklappern** **2** *(verbraucht)* logorato, malridotto **3** *(abgedroschen)* vuoto, insulso, privo di significato.

ab|ge|klärt I p.pass. agg. **1** → **abklären** **2** posato, equilibrato **3** *(ernüchtert)* disincantato **II** avv. **1** in modo posato, equilibrato: ***~ über etw. sprechen*** parlare serenamente di qcs. **2** *(ernüchtert)* in modo disincantato. **Ab|ge|klärt|heit** f. *(-)* posatezza *f.*, equilibrio *m.*

Ab|geld n. *(-[e]s,-er)* ECON. disaggio *m.*

ab|ge|lebt p.pass. agg. **1** → **ableben** **2** *(überholt)* superato, passato di moda **3** provato dagli anni: ***-e Greise*** vecchi provati dagli anni. **Ab|ge|lebt|heit** f. *(-)* **1** l'essere superato, passato di moda **2** *(Entkräftung)* l'essere sciupato dagli anni.

ab|ge|le|gen agg. lontano, isolato, fuori mano. **Ab|ge|le|gen|heit** f. *(-)* lontananza *f.*, l'essere isolato, fuori mano.

ab|ge|lei|ert p.pass. agg. **1** → **ableiern** **2** *(abgedroschen)* trito e ritrito.

ab|ge|lenkt p.pass. agg. **1** → **ablenken** **2** distratto, disattento.

ab‿gel|ten tr. *(gilt, galt, gegolten)* **1** ripagare, compensare: ***jdn für seine Bemühungen ~*** ripagare, compensare qcn. per l'incomodo **2** *(begleichen)* saldare: ***Schulden ~*** saldare debiti. **Ab|gel|tung** f. *(-,-en)* **1** ricompensa *f.*, compenso *m.* **2** *(Begleichung)* saldo *m.*

ab|ge|macht p.pass. agg. **1** → **abmachen** **2** concordato, convenuto, pattuito ◆ ***~!*** d'accordo!

ab|ge|mel|det p.pass. → **abmelden** ◆ COLLOQ. ***er ist bei mir ~*** con lui ho chiuso.

ab|ge|mer|gelt agg. emaciato, smunto.

ab|ge|mes|sen I p.pass. agg. **1** → **abmessen** **2** FIG. misurato, controllato, composto **II** avv. misuratamente, in modo controllato, compostamente. **Ab|ge|mes|sen|heit** f. *(-)* misura *f.*, compostezza *f.*, moderazione *f.*

ab|ge|neigt agg. ***jdm, etw. ~ sein*** essere sfavorevole, avverso a qcn., a qcs. **Ab|ge|neigt|heit** f. *(-, -en)* avversione *f.*, contrarietà *f.*

Ab|ge|ord|ne|te m. e f. *(-n,-n)* **1** delegato *m.* (-a *f.*), rappresentante *m.* e *f.* **2** *(im Parlament)* deputato *m.* (-a *f.*). **Ab|ge|ord|ne|ten|bank** f. *(-,-bänke)* banco *m.* dei deputati. **Ab|ge|ord|ne|ten|haus** n. *(-es,-häuser)*, **Ab|ge|ord|ne|ten|kam|mer** f. *(-,-n)* camera *f.* dei deputati. **Ab|ge|ord|ne|ten|man|dat** n. *(-[e]s,-e)* mandato *m.* parlamentare. **Ab|ge|ord|ne|ten|sitz** m. *(-es,-e)* seggio *m.* al, in parlamento. **Ab|ge|ord|ne|ten|wahl** f. *(-,-en)* elezione *f.* dei deputati.

ab|ge|passt agg. ***auf etw. (A) ~ sein*** accordarsi con qcs., essere adatto (*o* intonato) a qcs.

ab|ge|rech|net p.pass. → **abrechnen** ◆ ***das ~*** a prescindere da ciò, a parte questo.

ab|ge|ris|sen I p.pass. agg. **1** → **abreißen** **2** lacero, stracciato: ***-e Kleidung*** vestiti stracciati **3** sconnesso: ***-e Sätze*** frasi sconnesse **II** avv. ***~ sprechen*** parlare in modo sconnesso.

ab|ge|run|det p.pass. agg. **1** → **abrunden** **2** armonioso, rotondo: ***Wein von -em Geschmack*** vino dal gusto rotondo, pieno; ***stilistisch ~*** stilisticamente armonioso.

ab|ge|sagt p.pass. agg. **1** → **absagen** **2** dichiarato: ***ein -er Feind von etw.*** un nemico dichiarato di qcs.

Ab|ge|sand|te m. e f. *(-n,-n)* inviato *m.* (-a *f.*), delegato *m.* (-a *f.*): ***der apostolische ~*** il nunzio apostolico.

Ab|ge|sang m. *(-[e]s,-gesänge)* **1a** METR. commiato *m.* **b** FIG. ***der ~ des Künstlers auf, an seine Epoche*** il commiato dell'artista dalla sua epoca **2** il volgere: ***der ~ des Jahrhunderts, des Herbstes*** il volgere del secolo, dell'autunno.

ab|ge|schabt p.pass. agg. **1** → **abschaben** **2** FIG. *(abgewetzt)* logoro, liso, consunto.

ab|ge|schie|den p.pass. agg. **1** → **abscheiden** **2** isolato, appartato, fuori mano. **Ab|ge|schie|de|ne** m. e f. *(-n,-n)* deceduto *m.* (-a *f.*). **Ab|ge|schie|den|heit** f. *(-)* isolamento *m.*, l'essere isolato.

ab|ge|schlafft I agg. COLLOQ. fiacco, moscio: ***ein -er Typ*** un tipo moscio **II** avv. ***ganz ~ aussehen*** aver l'aria fiacca.

ab|ge|schla|gen p.pass. agg. **1** → **abschlagen** **2** *(erschöpft)* esausto, sfinito **3** *(beschädigt)* sbeccato **4** SPORT superato di gran lunga, schiacciato.

Ab|ge|schla|gen|heit f. *(-)* sfinimento *m.*, spossatezza *f.*

ab|ge|schlos|sen p.pass. agg. **1** → **abschließen** **2** FIG. isolato: ***ein -es Leben*** una vita isolata **3** *(vollendet)* compiuto: ***ein -es Werk*** un'opera compiuta. **Ab|ge|schlos|sen|heit** f. *(-)* **1** isolamento *m.* **2** *(Vollendung)* compiutezza *f.*

ab|ge|schmackt agg. insulso, scontato: ***-e Witze*** barzellette scontate. **Ab|ge|schmackt|heit** f. *(-,-en)* banalità *f.*, insulsaggine *f.*

ab|ge|schnit|ten p.pass. agg. **1** → **abschneiden** **2** isolato: ***ein von der Welt -er Mensch*** un uomo isolato dal mondo.

ab|ge|schrie|ben p.pass. → **abschreiben** ◆ ***der ist bei mir ~!*** non voglio più saperne di lui! ***jdn, etw. ~ haben*** non far più conto su qcn., considerare perso qcs.

ab|ge|se|hen p.pass. → **absehen** ◆ ***~ von*** a prescindere da; ***~ davon, dass...*** a parte il fatto che, a prescindere dal fatto che...

ab|ge|ses|sen p.pass. agg. → **absitzen** ◆ ***~!*** a terra!

ab|ge|son|dert p.pass. agg. **1** → **absondern** **2** isolato, appartato **3** *(getrennt)* separato, segregato. **Ab|ge|son|dert|heit** f. *(-)* isolamento *m.*, il restare in disparte.

ab|ge|spannt agg. spossato, sfinito. **Ab|ge|spannt|heit** f. *(-)* spossatezza *f.*, sfinimento *m.*

ab|ge|spielt p.pass. agg. **1** → **abspielen** **2** ***eine -e Schallplatte*** un disco consumato (dall'uso).

ab|ge|stan|den p.pass. agg. **1** → **abstehen** **2** non fresco; vecchio, stantio: ***-es Bier*** birra stantia; ***-e Luft*** aria viziata.

ab|ge|stimmt p.pass. agg. **1** → **abstimmen** **2** FIG. *(zusammenpassend)* intonato: ***gut aufeinander -e Farben*** colori ben intonati tra loro; ***ein gut -es Team*** una squadra ben affiatata.

ab|ge|ta|kelt p.pass. agg. **1** → **abtakeln** **2** ***ein -es Schiff*** una nave in disarmo **3** COLLOQ. sciupato, malandato.

ab‿ge|win|nen tr. *(gewann, gewonnen)* **1** vincere: ***jdm viel Geld ~*** vincere molti soldi a qcn. **2** *(abnötigen)* togliere, strappare, portare via: ***dem Meer Land ~*** strappare terra al mare; ***jdm ein Lächeln ~*** strappare un sorriso a qcn. **3** *(an etw. Gefallen finden)* trovare, vedere: ***dem Glückspiel kann ich keinen Geschmack ~*** non provo gusto a giocare a soldi; ***dem Leben die schönen Seiten ~*** vedere i lati positivi della vita.

Ab|ge|wo|gen|heit f. *(-)* ponderatezza *f.*

ab‿ge|wöh|nen I tr. ***jdm etw. ~*** togliere, far perdere a qcn. l'abitudine di qcs., disabituare qcn. a qcs. **II** rifl. ***sich (D) etw. ~*** disabituarsi a qcs.; ***ich habe mir das Rauchen abgewöhnt*** mi sono disabituato al fumo, mi sono tolto il vizio del fumo ◆ IRON. ***trinken wir noch einen zum Abgewöhnen*** beviamo ancora un bicchiere, tanto per non perdere l'abitudine. **Ab|ge|wöh|nung** f. *(-)* il disabituare.

ab|ge|zehrt agg. macilento, debilitato. **Ab|ge|zehrt|heit** f. *(-)* macilenza *f.*

ab‿gie|ßen tr. *(goss, gegossen)* **1** versare via **2** scolare: ***die Kartoffeln, das Wasser von den Kartoffeln ~*** scolare le patate **3** METALL. gettare, colare.

Ab|glanz m. *(-es)* **1** riflesso *m.*, riverbero *m.* **2** FIG. traccia *f.*, ombra *f.*: ***ein ~ vergangener Pracht*** un'ombra dello splendore passato.

ab‿glei|chen tr. *(glich, geglichen)* **1** spianare, livellare: ***Straßen ~*** spianare strade **2** COMM. saldare, pareggiare **3** ELETTRON. OTT. bilanciare **4** RAD. allineare. **Ab|glei|chung** f. *(-,-en)* **1** spianamento *m.*, livellamento *m.* **2** COMM. saldo *m.*, pareggio *m.* **3** ELETTRON. OTT. bilanciamento *m.* **4** RAD. allineamento *m.*

ab‿glei|ten intr. *(glitt, geglitten; aus. sein)* **1a** sdrucciolare, scivolare **b** FIG. ***seine Beschimpfungen glitten an mir ab*** i suoi insulti non mi toccavano **2** FIG. *(abschweifen)* allontanarsi: ***vom Thema ~*** allontanarsi dall'argomento **3a** peggiorare: ***in seinen Leistungen ~*** peggiorare nel rendimento **b** *(herunterkommen)* scivolare in basso **4** ECON. slittare, deprezzarsi; ***der Dollar gleitet ab*** il dollaro è in discesa.

Ab|gott m. *(-[e]s,-götter)* **1** ANT. *(Götze)* idolo *m.* **2** FIG. idolo *m.*, dio *m.*: ***das Geld zu seinem ~ machen*** fare del denaro il proprio idolo. **Ab|göt|te|rei** f. *(-)* **1** ANT. idolatria *f.* **2** FIG. idolatria *f.*, culto *m.* esagerato. **Ab|göt|tin** f. *(-,-nen)* **1** ANT. idolo *m.* femminile **2** FIG. dea *f.* **ab|göt|tisch I** agg. idolatrico **II** avv. in modo idolatrico: ***jdn ~ lieben*** idolatrare qcn. **Ab|gott|schlan|ge** f. *(-,-n)* ZOOL. boa *m.*

ab‿gra|ben tr. *(gräbt, grub, gegraben)* **1** spalare **2** *(Wasser)* deviare ◆ ***jdm das Wasser ~*** togliere il terreno sotto i piedi a qcn.

ab‿gräm|en rifl. ***sich um jdn, etw. ~*** affliggersi, darsi pena per qcn., per qcs.

ab‿gra|sen tr. **1** pascere **2** ***die ganze Stadt nach etw. ~*** battere tutta la città cercando qcs. 3 FIG. *(Thema)* esaurire.

ab‿gra|ten tr. METALL. sbavare.

ab‿grät|schen intr. (aus. *sein*) SPORT saltare (giù) a gambe divaricate.

ab‿grei|fen *(griff, gegriffen)* **I** tr. **1** *(abnutzen)* sciupare, (s)gualcire **2** misurare: ***die Distanz mit den Fingern ~*** misurare la distanza a spanne; ***mit dem Zirkel ~*** misurare con il compasso **3** *(greifend abtasten)* tastare, palpare **4** EL. prelevare **II** rifl. **sich ~** consumarsi, sciuparsi.

ab‿gren|zen tr. **1** delimitare, circoscrivere: ***ein Grundstück ~*** delimitare un terreno **2** FIG. definire, delimitare: ***die Einflussbereiche, Rollen ~*** delimitare le sfere d'influenza, definire i ruoli. **Ab|gren|zung** f. *(-,-en)* delimitazione *f.*, definizione *f.* (anche FIG.).

Ab|griff m. *(-[e]s,-e)* EL. presa *f.*

Ab|grund m. *(-[e]s,-gründe)* **1** abisso *m.*, precipizio *m.*, voragine *f.*: ***in den ~ stürzen*** precipitare nell'abisso; ***jdn mit sich in den ~ reißen*** trascinare qcn. con sé nell'abisso; ***ein ~ öffnet sich, tut sich vor jdm auf*** un precipizio si apre davanti a qcn.; ***ein gähnender ~*** una voragine **2** FIG. abisso *m.*, rovina *f.*: ***die Abgründe der menschlichen Seele*** gli abissi dell'anima umana; ***uns trennen Abgründe*** ci divide un abisso ◆ ***am Rande des -s*** sull'orlo del precipizio; ***ein ~ von Bosheit*** una cattiveria smisurata.

ab|grund|häss|lich agg. bruttissimo. **ab|grün|dig** **I** agg. **1** abissale **2a** FIG. *(hintergründig)* recondito, nascosto **b** *(geheimnisvoll)* enigmatico, misterioso: ***ein -es Geheimnis*** un segreto misterioso **3** FIG. *(unermesslich)* smisurato, profondo: ***eine -e Wut*** una rabbia profonda **II** avv. rafforz. molto: ***~ gemein*** cattivissimo. **Ab|grün|dig|keit** f. *(-)* insondabilità *f.* inquietante. **ab|grund|tief** **I** agg. abissale, profondissimo; *(von Hass, Verachtung)* sconfinato **II** avv. profondamente: ***jdn ~ verachten*** disprezzare qcn. profondamente.

ab‿gu|cken tr. **1** COLLOQ. apprendere, imparare (osservando); ***das hat er seinem Vater abgeguckt*** l'ha visto fare da suo padre **2** *(abschreiben)* copiare (sbirciando): ***etw. bei, von seinem Nachbarn ~*** copiare qcs. dal vicino.

Ab|gunst f. *(-)* ANT. livore *m.*, invidia *f.* **ab|güns|tig** agg. pieno di livore, invidioso.

Ab|guss m. *(-es,-güsse)* **1** *(Weggießen)* versamento *m.* **2** calco *m.*: ***der ~ einer Büste*** il calco di un busto **3** *(Gussstück)* METALL. getto *m.*, colata *f.*

ab‿ha|ben tr. COLLOQ. **1** avere, ricevere: ***kann ich was ~?*** posso averne una parte? **2** ***die Brille, den Hut ~*** aver tolto gli occhiali, il cappello ◆ ***einen ~*** essere sbronzo; *(nicht recht gescheit sein)* essere un po' matto, tocco; ***sein(en) Teil ~*** avere quel che si merita.

ab‿ha|cken tr. recidere, mozzare.

ab‿ha|ken tr. **1** togliere da un gancio, sganciare **2** spuntare: ***die Namen in einer Liste ~*** spuntare i nomi di una lista **3** FIG. *(erledigen)* sistemare, definire: ***die Streitfragen wurden rasch abgehakt*** le controversie furono sistemate in fretta.

ab‿half|tern tr. **1** ***ich halfterte das Pferd ab*** tolsi la cavezza al cavallo **2** COLLOQ. FIG. *(absetzen)* silurare: ***man hat den Direktor abgehalftert*** hanno silurato il direttore. **Ab|half|te|rung** f. *(-,-en)* COLLOQ. destituzione *f.*

ab‿hal|ten *(hält, hielt, gehalten)* **I** tr. **1a** tenere lontano: ***ein Buch beim Lesen von sich ~*** tenere un libro lontano (dagli occhi) leggendo **b** *(abwehren)* allontanare **c** FIG. *(hindern)* distogliere: ***jdn von der Arbeit ~*** distogliere qcn. dal lavoro **2** *(veranstalten)* tenere: ***Prüfungen, eine Konferenz ~*** tenere esami, una conferenza; ***einen Gottesdienst ~*** celebrare una messa **II** intr. (aus. *haben*) MAR. allontanarsi; ***das Schiff hat von den Klippen abgehalten*** la nave ha virato per evitare gli scogli ◆ ***etw. hält die Kälte, die Luft ab*** qcs. ripara dal freddo, dall'aria; ***ein Kind ~*** = tenere un bambino per fargli fare i bisogni. **Ab|hal|tung** f. *(-,-en)* **1** *(Verhinderung)* impedimento *m.* **2** *(Durchführung)* il tenere; *(von Gottesdienst)* celebrazione *f.*

ab‿han|deln tr. **1** contrattare, ottenere (contrattando): ***jdm etw. ~*** ottenere qcs. da qcn. contrattando (*o* mercanteggiando); ***100 DM vom Preis ~*** ottenere un ribasso, una riduzione di 100 DM **2** *(bearbeiten)* trattare, discutere.

ab|han|den avv. ***~ kommen*** andare perso, smarrito; ***ihm ist der Mut ~ gekommen*** ha perso il coraggio. **Ab|han|den|kom|men** n. *(-s)* perdita *f.*, smarrimento *m.*

Ab|hand|lung f. *(-,-en)* dissertazione *f.*; *(Essay)* trattato *m.*, saggio *m.*: ***eine ~ verfassen*** redigere un trattato, scrivere una dissertazione.

Ab|hang m. *(-[e]s,-hänge)* pendio *m.*, china *f.*, pendice *f.*: ***auf den Abhängen des Montblanc*** alle pendici del Monte Bianco.

1.ab‿hän|gen intr. *(hing, gehangen;* aus. *haben)* **1** ***von jdm, etw. ~*** dipendere da qcn., qcs.; ***sie hängt finanziell von ihm ab*** dipende finanziariamente da lui; impers. ***es hängt vom Wetter ab*** dipende dal tempo; ***es hängt davon ab, ob...*** dipende (dal fatto), se... **2** *(von Fleisch)* frollare.

2.ab‿hän|gen **I** tr. **1** staccare, sganciare: ***ein Bild ~*** staccare un quadro **2** COLLOQ. scaricare: ***du denkst, du kannst mich ~?*** pensi di potermi scaricare? **3** SPORT staccare: ***alle Konkurrenten ~*** staccare, lasciarsi dietro tutti i concorrenti **II** intr. (aus. *haben*) ***er hat abgehängt*** ha riagganciato.

ab|hän|gig agg. **1** dipendente: ***von jdm, etw. ~ sein*** dipendere da qcn., da qcs.; ***von jdm psychologisch ~ sein*** essere dipendente psicologicamente da qcn. **2** GRAMM. ***-e Rede*** discorso indiretto; ***-er Satz*** frase subordinata **3** ANT. *(abfallend)* declive, inclinato. **Ab|hän|gig|keit** f. *(-,-en)* dipendenza *f.* ◆ ***jdn in seine ~ bringen*** assoggettare qcn.; ***in die ~ von jdm geraten*** essere assoggettato da qcn. **Ab|hän|gig|keits|ver|hält|nis** n. *(-ses,-se)* rapporto *m.*, condizione *f.* di dipendenza.

ab‿här|men rifl. **sich ~** darsi pena, tormentarsi: ***ich härme mich seinetwegen, um ihn ab*** mi dò pena per lui.

ab‿här|ten **I** tr. irrobustire, temprare: ***seinen Körper durch Sport ~*** irrobustire il proprio corpo facendo dello sport **II** rifl. **sich ~** irrobustirsi, temprarsi ◆ ***sich gegen etw. ~*** indurirsi nei confronti di qcs. **Ab|här|tung** f. *(-,-en)* il temprare, irrobustimento *m.*

ab‿has|peln **I** tr. **1** dipanare **2** FIG. recitare, pronunciare meccanicamente: ***eine Rede ~*** pronunciare meccanicamente un discorso **II** rifl. **sich ~** REGION. affaticarsi, strapazzarsi.

ab‿has|ten rifl. **sich ~** affrettarsi, precipitarsi.

ab‿hau|en **I** tr. *(hieb, gehauen)* **1a** staccare: ***die Maurer hauen den Putz ab*** i muratori staccano l'intonaco **b** tagliare, recidere **2** SCOL. copiare in fretta e furia **3** MIN. ***eine Strecke ~*** avanzare per un tratto **II** intr. *(haute, gehauen;* aus. *sein)* COLLOQ. svignarsela, tagliare la corda.

ab‿häu|ten tr. scuoiare.

Ab|he|be|ge|schwin|dig|keit f. *(-,-en)* velocità *f.* di decollo.

ab‿he|ben *(hob, gehoben)* **I** tr. **1** levare via, sollevare: ***den Deckel ~*** sollevare il coperchio **2** *(Karten)* alzare, tagliare (il mazzo): ***du musst noch ~*** devi ancora tagliare **3** *(Geld)* prelevare, ritirare **II** rifl. **sich ~** **1** *(ablösen)* staccarsi **2** *(hervortreten)* ***sich von etw. ~*** risaltare, spiccare su qcs.; stagliarsi contro qcs.: ***der Baum hob sich gegen den Himmel ab*** l'albero si stagliava contro il cielo **III** intr. (aus. *haben*) **1** *(sich erheben)* decollare **2** BUROCR. ***auf etw. (A) ~*** richiamare l'attenzione su qcs. **Ab|he|bung** f. *(-,-en)* prelievo *m.*, prelevamento *m.*

ab‿hef|ten tr. BUROCR. archiviare, mettere in un raccoglitore.

ab‿hei|len intr. (aus. *sein*) rimarginarsi, risanarsi. **Ab|hei|lung** f. *(-,-en)* il rimarginarsi, risanamento *m.*

ab‿hel|fen intr. *(hilft, half, geholfen;* aus. *haben)* porre riparo, rimediare, provvedere: ***dem ist leicht abzuhelfen*** a questo si rimedia facilmente; ***einem Bedürfnis ~*** provvedere a un bisogno.

ab‿het|zen **I** tr. stancare, affaticare (animali) **II** rifl. **sich ~** affannarsi, fare i salti mortali, sfinirsi (per la fretta).

ab‿heu|ern MAR. **I** tr. licenziare **II** intr. (aus. *haben*) licenziarsi, congedarsi ◆ COLLOQ. ***jdn einem Unternehmen ~*** portare via qcn. a un'azienda. **Ab|heu|e|rung** f. *(-,-en)* **1** licenziamento *m.* dell'equipaggio **2** *(Aufgabe des Dienstes)* il licenziarsi, congedo *m.*

Ab|hil|fe f. *(-)* riparo *m.*, rimedio *m.*: ***es gibt keine ~ dafür, dagegen*** a questo non c'è rimedio; ***für ~ sorgen, ~ schaffen*** trovare un rimedio.

ab|hin SVIZZ. BUROCR. ***in einem Artikel vom 4. August ~*** in un articolo del 4 agosto scorso.

Ab|hit|ze f. *(-)* TECN. calore *m.* perduto.

ab‿ho|beln tr. **1** piallare **2** *(mit dem Hobel entfernen)* togliere piallando.

ab|hol|be|reit agg. pronto per il ritiro.

ab|hold, ***jdm, etw. ~ sein*** essere avverso, contrario a qcn., a qcs.

Ab|hol|dienst m. *(-es,-e)* servizio *m.* di ritiro (*o* di raccolta).

ab‿ho|len tr. **1** ***jdn, etw. ~*** andare a prendere qcn., ritirare (*o* andare a prendere) qcs.; ***jdn, etw. ~ lassen*** mandare a prendere qcn., qcs. **2** COLLOQ. *(verhaften)* arrestare. **Ab|ho|ler** m. *(-s,-)* chi va a prendere, ritira. **Ab|ho|lung** f. *(-,-en)* l'andare a prendere, ritiro *m.*

ab|holz|bar agg. ceduo. **ab‿hol|zen** tr. disboscare: ***einen Wald, ein Gelände ~*** disboscare una foresta, una regione. **Ab|hol|zung** f. *(-,-en)* disboscamento *m.*

Ab|hör|an|la|ge f. *(-,-n)* impianto *m.* d'intercettazione telefonica.

ab‿hor|chen tr. **1** ***den Boden ~*** ascoltare (rumori) dal terreno **2** MED. auscultare **3** RAR. *(abhören)* intercettare. **Ab|hor|chen** n. *(-s,-)* MED. auscultazione *f.* **Ab|hor|cher** m. *(-s,-)* intercettatore *m.*

Ab|hör|dienst m. *(-[e]s,-e)* servizio *m.* di intercettazione. **ab‿hö|ren** tr. **1** stare a sentire, ascoltare: ***eine Kassette ~*** ascoltare una cassetta **2a** ***jdn ~*** esaminare, ascoltare qcn. (mentre ripete qcs.) **b** ***jdm, jdn die Lektion ~*** far ripetere la lezione a qcn. **3** *(Telefongespräche)* intercettare **4** MED. auscultare. **Ab|hör|ge|rät** n. *(-[e]s,-e)* apparecchio *m.* di intercettazione. **Ab|hör|ka|bi|ne** f. *(-,-n)* **1** cabina *f.* di intercettazione **2** RAD. cabina *f.* di controllo **3** *(für Dolmetscher)* cabina *f.* di ascolto. **Ab|hör|raum** m. *(-[e]s,-räume)* RAD. TEL. sala *f.* di controllo.

ab|hor|res|zie|ren, ab|hor|rie|ren tr. ANT. aborrire, detestare.

ab|hör|si|cher agg. a prova di intercettazione.

Ab|hö|rung f. *(-,-en)* **1** ascolto *m.* **2** *(von Telefongesprächen)* intercettazione *f.* **Ab|hör|wan|ze** f. *(-,-n)* COLLOQ. cimice *f.* (microspia).

Ab|hub m. *(-[e]s)* ANT. SPREG. rifiuto *m.*, feccia *f.*: ***der übelste ~ der Gesellschaft*** il peggior rifiuto della società.

ab‿hun|gern I intr. (aus. *haben*) dimagrire, perdere peso: ***ich habe einige Kilos abgehungert*** sono dimagrito di alcuni chili **II** rifl. **sich ~** deperire per la fame ◆ ***sich (D) das Geld zu etw. ~*** togliersi il pane di bocca per permettersi qcs.

A|bi n. *(-s,-s)* COLLOQ. (accorc. *Abitur*) matura *f.*

ab‿ir|ren intr. (aus. *sein*) **1** allontanarsi, deviare: ***vom Weg ~*** deviare dal cammino **2** FIG. ***ihre Gedanken irren immer wieder ab*** i suoi pensieri si perdono continuamente. **Ab|ir|rung** f. *(-,-en)* **1** allontanamento *m.*, deviazione *f.* **2** FIG. deviazione *f.*, errore *m.*, colpa *f.* **3** ASTR. FIS. aberrazione *f.*

A|bi|tur n. *(-s,-e)* maturità *f.*: ***das ~ machen, bestehen*** dare, passare la maturità. **A|bi|tu|ri|ent** m. *(-en,-en)* **1** candidato *m.* all'esame di maturità, maturando *m.* **2** *(nach dem Abitur)* diplomato *m.* **A|bi|tu|ri|en|ten|prü|fung** f. *(-,-en)* esame *m.* di maturità, maturità *f.* **A|bi|tur|zeug|nis** n. *(-ses,-se)* diploma *m.* di maturità.

ab‿ja|gen I tr. **1a** portare via (dopo un inseguimento) **b** FIG. ***jdm die Kunden ~*** portar via i clienti a qcn. **2** *(Pferde)* sfiancare **II** rifl. **sich ~** COLLOQ. affannarsi, fare i salti mortali, sfinirsi (per la fretta).

Ab|ju|di|ka|ti|on f. *(-,-en)* privazione *f.*, non riconoscimento *m.* **ab|ju|di|zie|ren** tr. negare, non riconoscere.

Ab|ju|ra|ti|on f. *(-,-en)* abiura *f.* **ab|ju|rie|ren** tr. abiurare.

Abk. ⇒ *Abkürzung* abbreviazione (⇒ abbr.).

ab‿käm|men tr. **1** togliere, pulire con il pettine: ***die Blätter vom Haar ~*** togliere le foglie dai capelli **2** *(systematisch absuchen)* setacciare.

ab‿kämp|fen I tr. ANT. ***jdm etw. ~*** togliere a qcn. il possesso di qcs., impossessarsi di qcs. (combattendo) **II** rifl. **sich ~** spossarsi, affaticarsi (lottando).

ab‿kan|ten tr. **1** smussare **2** *(die Kante von etw. umbiegen)* ***etw. ~*** piegare gli spigoli di qcs. **Ab|kant|ma|schi|ne** f. *(-,-n)* MECC. piegatrice *f.*

ab‿kan|zeln tr. COLLOQ. ***jdn ~*** fare la paternale a qcn. **Ab|kan|ze|lung** f. *(-,-en)* COLLOQ. lavata *f.* di capo, paternale *f.*

ab‿ka|pi|teln tr. → **abkanzeln.**

ab‿kap|pen tr. **1** tagliare (*o* recidere) la punta, spuntare **2** MAR. ***die Trosse ~*** tagliare la gomena.

ab‿kap|seln I tr. incapsulare **II** rifl. **sich ~** isolarsi: ***ich kaps(e)le mich gegen meine Umwelt, von allem Neuen ab*** mi isolo dall'ambiente, da tutto ciò che è nuovo. **Ab|kap|se|lung, Ab|kaps|lung** f. *(-,-en)* **1** incapsulamento *m.* **2** FIG. isolamento *m.*

ab‿kar|gen rifl. ***sich (D) etw. ~*** imporsi delle privazioni per qcs.

ab‿kar|ren tr. trasportare con carretti *o* carriole.

ab‿kar|ten tr. COLLOQ. ***etw. mit jdm ~*** concertare, combinare, tramare qcs. con qcn.

ab‿kas|sie|ren tr. COLLOQ. **1** incassare: ***der Ober muss alle Tische ~*** il cameriere deve incassare il conto di tutti i tavoli **2** ***die Münzen vom Zigarettenautomaten ~*** ritirare le monete dal distributore di sigarette ◆ ***du hast aber ganz schön abkassiert!*** ti sei fatto un bel po' di soldi!

ab‿kau|en tr. rosicchiare, mordere; ***Nägel ~*** mangiarsi le unghie.

Ab|kauf m. *(-[e]s,-käufe)* acquisto *m.* **ab‿kau|fen** tr. ***jdm etw. ~*** acquistare, comperare qcs. da qcn. ◆ ***jdm die Courage ~*** intimorire qcn.; COLLOQ. ***was du sagst, kauft dir keiner ab*** quello che dici, non se lo beve nessuno; ***jdm den, die Schneid ~*** → ***jdm die Courage ~***; ***sich jedes Wort ~ lassen*** farsi cavare le parole di bocca.

Ab|kehr f. *(-)* allontanamento *m.*, distacco *m.*, abbandono *m.*

1.ab‿keh|ren I tr. voltare, girare dall'altra parte: ***das Gesicht ~*** voltare il viso dall'altra parte **II** rifl. **sich ~ 1** voltarsi, girarsi **2a** ***sich von etw., jdm ~*** allontanarsi, scostarsi da qcs., qcn. **b** FIG. ***sich vom Glauben ~*** abbandonare la fede.

2.ab‿keh|ren tr. REGION. **1** scopare, spazzare **2** *(durch Kehren entfernen)* scopare via, spazzare via.

ab‿ket|teln tr. chiudere (le maglie).

ab‿ket|ten tr. **1** *(von der Kette lösen)* liberare dalla catena, dalle catene **2** *(Maschen)* chiudere (le maglie).

ab‿kip|pen I tr. **1** ribaltare **2** *(von einem Kippwagen abladen)* scaricare (da un camion a cassone ribaltabile) **II** intr. (aus. *sein*) ribaltarsi.

Ab|klang m. *(-[e]s,-klänge)* eco *m.* e *f.*

ab|klapp|bar agg. ribaltabile, a cerniera. **ab‿klap|pen** tr. ribaltare, abbassare ribaltando.

ab‿klap|pern tr. COLLOQ. girare, fare il giro di: ***die ganze Stadt nach etw. ~*** girare tutta la città in cerca di qcs.; ***Kunden ~*** fare il giro dei clienti; ***alle Häuser ~*** andare di casa in casa.

ab‿klä|ren I tr. **1** chiarire, definire **2** CHIM. chiarificare, decantare **II** rifl. **sich ~ 1** chiarirsi: ***so einfach lässt sich das nicht ~*** non si può chiarirlo così facilmente **2** FIG. rasserenarsi. **Ab|klä|rung** f. *(-,-en)* **1** chiarificazione *f.*, definizione *f.* **2** CHIM. decantazione *f.*

Ab|klatsch m. *(-[e]s,-e)* **1a** copia *f.*, imitazione *f.*, calco *m.*: ***er ist der ~ seines Vaters*** è la copia di suo padre **b** SPREG. *(bloße Nachahmung)* brutta copia *f.*, imitazione *f.*: ***das ist nur ein billiger ~*** questa è soltanto una copia da quattro soldi **2** TIP. prima prova *f.* di stampa. **ab‿klat|schen** tr. **1a** ***etw. ~*** fare la copia (*o* il calco) di qcs. **b** *(kopieren)* copiare, imitare **2** *(Theaterproben, Film)* interrompere battendo le mani **3** MED. picchiettare con un panno bagnato **4** SPORT respingere con le mani.

ab‿klau|ben tr. FAM. cogliere, raccogliere.

ab‿klem|men tr. stringere (con pinze o morsetti): ***ein Kabel ~*** stringere un cavo; MED. ***eine Ader ~*** stringere una vena ◆ ***sich (D) beinahe den Finger ~*** staccarsi quasi un dito.

Ab|kling|be|cken n. *(-s,-)* NUCL. vasca *f.* di decadimento.

ab‿klin|geln intr. (aus. *haben*) COLLOQ. scampanellare (per dare il segnale di partenza).

ab‿klin|gen intr. *(klang, geklungen;* aus. *sein)* **1** diminuire, ridursi, calare: ***das Fieber ist abgeklungen*** la febbre è calata **2** *(von Tönen)* spegnersi, smorzarsi **3** NUCL. decadere. **Ab|klin|gen** n. *(-s)* **1** diminuzione *f.*, riduzione *f.*, calo *m.* **2** *(von Tönen)* affievolimento *m.* **3** NUCL. decadimento *m.*

ab‿klop|fen tr. **1a** togliere (battendo), scuotere via **b** *(durch Klopfen säubern)* pulire (battendo), battere **2** *(Tiere)* accarezzare (con colpetti) **3** ***der Arzt klopft ihren Rücken mit den Fingern ab*** il medico le batte con le dita sulla schiena (per auscultare) **4** MUS. interrompere con colpi di bacchetta **5** COLLOQ. *(der Reihe nach aufsuchen)* girare: ***alle Bars ~*** girare (*o* fare il giro di) tutti i bar.

ab‿knab|bern tr. rosicchiare ◆ ***sich (D) die Nägel ~*** mangiarsi le unghie.

ab‿knal|len tr. COLLOQ. abbattere, freddare (con arma da fuoco).

ab‿knap|sen tr. ***jdm etw. ~*** togliere, portare via (una parte di) qcs. a qcn., trattenere qcs. a qcn.: ***etwas vom Lohn ~*** trattenere qcs. dallo stipendio ◆ ***sich (D) das Brot ~*** levarsi il pane di bocca.

ab‿knei|fen *(kniff, gekniffen)* **I** tr. **1** staccare (con pinze, unghie) **2** *(mit einer Zange abtrennen)* tagliare, recidere (con pinze, tenaglie) **II** rifl. ***sich (D) etw. ~*** costringersi a dire qcs.

ab‿kni|cken I tr. **1** *(durch Knicken abtrennen)* staccare, rompere (piegando) **2** *(nach unten knicken)* piegare (verso il basso) **II** intr. (aus. *sein*) piegare, piegarsi: ***in der Hüfte ~*** piegarsi sul fianco.

ab‿knip|sen tr. **1** togliere, staccare **2** *(Fahrkarten)* forare ◆ ***einen Film ~*** finire una pellicola.

ab‿knöp|fen tr. **1** sbottonare: ***die Kapuze vom Anorak ~*** sbottonare il cappuccio dalla giacca a vento **2** COLLOQ. ***jdm etw. ~*** far scucire qcs. a qcn.

ab‿knut|schen tr. COLLOQ. sbaciucchiare tenendo stretto.

ab‿ko|chen I tr. **1** *(keimfrei machen)* far bollire, sterilizzare (facendo bollire) **2** ***Kräuter ~*** fare un decotto di erbe **3** COLLOQ. spacciare, rovinare **II** intr. (aus. *haben*) **1** MIL. cucinare all'aperto **2** SPORT perdere peso sudando (prima di una competizione). **Ab|ko|chung** f. *(-,-en)* decotto *m.*

ab‿kom|man|die|ren tr. spec. MIL. distaccare, destinare, trasferire: ***jdn an die Front ~*** trasferire (*o* mandare) qcn. al fronte. **Ab|kom|man|die|rung** f. *(-,-en)* trasferimento *m.*

Ab|kom|me m. *(-n,-n)* ANT. discendente *m.*

ab‿kom|men intr. *(kam, gekommen;* aus. *sein)* **1a** *(sich entfernen)* allontanarsi **b** FIG. ***vom Thema ~*** deviare dal tema **2** *(etw. aufgeben)* ***von etw. ~*** abbandonare qcs., rinunciare a qcs.: ***von seinen Gewohnheiten ~*** rinunciare alle proprie abitudini; ***von einem Plan ~*** abbandonare (*o* desistere da) un piano **3** *(sich freimachen)* liberarsi (dagli impegni) **4** *(aus der Mode kommen)* passare di moda; *(außer Gebrauch kommen)* cadere in disuso, scomparire: ***heute ist diese Sitte ganz abgekommen*** oggi questa usanza è del tutto scomparsa **5** SPORT ***gut ~*** partire, iniziare bene **6** *(beim Schuss)* sbagliare la mira **7** ANT. *(abstammen)* discendere.

Ab|kom|men n. *(-s,-)* accordo *m.*, patto *m.*, trattato *m.*: ***ein ~ mit jdm (über etw.) schließen, treffen, brechen*** concludere, stipulare, rompere un accordo con qcn. (su qcs.).

ab|kömm|lich agg. disponibile, libero (da impegni). **Ab|kömm|ling** m. *(-s,-e)* **1** discendente *m.*, rampollo *m.* **2** CHIM. derivato *m.*

ab‿kön|nen tr. *(kann, konnte, gekonnt)* REGION. reggere: ***keinen Alkohol ~*** non reggere l'alcol.

ab‿kon|ter|fei|en tr. ANT. ritrarre.

ab‿kop|peln tr. **1** *(Tiere)* slegare, sciogliere: ***die Hunde ~*** sciogliere i cani **2a** *(abkuppeln)* sganciare, staccare: ***Waggons, Anhänger ~*** sganciare vagoni, rimorchi **b** FIG. ***den Dollar vom Gold ~*** = sganciare il dollaro dalla base aurea, sospendere la convertibilità del dollaro in oro. **Ab|kop|pe|lung, Ab|kopp|lung** f. *(-,-en)* **1** lo slegare, lo sciogliere **2** *(Abkuppelung)* sganciamento *m.*, distacco *m.*: ***~ der Mondlandefähre*** distacco del modulo lunare.

ab‿kra|gen tr. ARCH. tagliare obliquamente (*o* di sbieco).

ab‿krat|zen I tr. **1** togliere (raschiando), grattare, raschiare via: ***das Preisschild ~*** togliere l'etichetta del prezzo **2** *(durch Kratzen reinigen)* pulire raschiando: ***die Schuhe ~*** pulire le scarpe (grattando) **II** intr. (aus. *sein*) COLLOQ. crepare ◆ COLLOQ. ***jdm den Bart ~*** fare la barba a qcn. **Ab|krat|zer** m. *(-s,-)* raschietto *m.*

ab‿krie|gen tr. COLLOQ. **1** avere, ricevere; ***sie hat keinen Mann abgekriegt*** non ha trovato un marito **2** *(erleiden)* subire, farsi: ***beim Unfall hat das Auto nur einen Kratzer abgekriegt*** nell'incidente l'auto si è fatta solo un graffio **3** *(losbekommen)* riuscire a staccare (*o* a togliere) ◆ ***Prügel ~*** buscarsele.

ab‿küh|len I tr. **1a** (lasciare) raffreddare **b** FIG. ***seinen Zorn ~*** far sbollire la propria rabbia **2** *(erfrischen)* rinfrescare **II** intr. **1** (aus. *haben*) rinfrescare: ***nach dem Regen hat es abgekühlt*** dopo la pioggia è rinfrescato **2** FIG. (aus. *sein*) raffreddarsi: ***ihr Verhältnis ist abgekühlt*** il loro rapporto si è raffreddato **III** rifl. **sich ~ 1** rinfrescarsi; ***sich nach dem Tanzen im Garten ~*** prendere il fresco in giardino dopo aver ballato **2** FIG. raffreddarsi. **Ab|küh|lung** f. *(-,-en)* **1** raffreddamento *m.*, abbassamento *m.* di temperatura **2** *(Erfrischung)* refrigerio *m.* **Ab|küh|lungs|mit|tel** n. *(-s,-)* refrigerante *m.*

ab‿kün|di|gen tr. annunciare (dal pulpito). **Ab|kün|di|gung** f. *(-,-en)* annuncio *m.* (dal pulpito).

Ab|kunft f. *(-)* origine *f.*: ***ein Maler russischer ~*** un pittore d'origine russa; ***ein Mann ad(e)liger, niedriger ~*** un uomo di nobili origini (*o* di nobile discendenza), di umili origini; ***von vornehmer ~ sein*** avere illustri natali.

ab‿kup|fern tr. REGION. copiare.

ab‿kup|peln tr. sganciare, staccare. **Ab|kup|pe|lung, Ab|kupp|lung** f. *(-,-en)* sganciamento *m.*, distacco *m.*

ab‿kür|zen I tr. **1** accorciare, abbreviare: ***den Weg ~*** accorciare la strada; ***ein Wort, einen Namen ~*** abbreviare una parola, un nome **2** *(temporal)* abbreviare: ***einen Besuch, ein Verfahren ~*** abbreviare una visita, un procedimento **II** intr. (aus. *haben*) essere più breve (*o* più corto): ***dieser Weg kürzt ab*** questa strada è più corta, per questa strada si abbrevia. **Ab|kür|zung** f. *(-,-en)* **1** abbreviazione *f.*, accorciamento *m.* **2** *(abgekürzter Weg)* scorciatoia *f.*: ***eine ~ kennen, nehmen*** conoscere, prendere una scorciatoia. **Ab|kür|zungs|ver|zeich|nis** n. *(-ses,-se)* elenco *m.* delle abbreviazioni. **Ab|kür|zungs|zei|chen** n. *(-s,-)* sigla *f.*

ab‿küs|sen tr. coprire di baci ◆ ***jdm seine Tränen ~*** asciugare le lacrime di qcn. con i baci.

Ab|la|de|ge|bühr f. *(-,-en)* tassa *f.* di scarico. **Ab|la|de|gleis** n. *(-es,-e)* binario *m.* di scarico. **ab‿la|den** *(lädt, lud, geladen)* **I** tr. **1** scaricare: ***die Ware (aus dem Zug) ~*** scaricare la merce (dal treno); ***den Wagen ~*** scaricare la macchina; COLLOQ. SCHERZ. ***wo kann ich dich ~?*** dove ti scarico? **2a** FIG. scaricare: ***die Schuld auf jdn ~*** scaricare la colpa su qcn. **b** ***seine schlechte Laune bei anderen ~*** sfogare il proprio cattivo umore con gli altri **3** *(Schiffe)* caricare **II** intr. (aus. *haben*) ***bei jdm ~*** sfogarsi con qcn. **Ab|la|de|platz** m. *(-es,-plätze)* **1** luogo *m.* di scarico **2** FERR. scalo *m.* merci. **Ab|la|der** m. *(-s,-)* **1** scaricatore *m.* **2** MAR. *(Person, Firma, die Güter ans Schiff liefert)* caricatore *m.* **Ab|la|de|stel|le** f. *(-,-n)* posto *m.* di scarico. **Ab|la|dung** f. *(-,-en)* **1** *(von Waren)* scaricamento *m.*, scarico *m.* **2** *(in Bezug auf Schiffe)* carico *m.*, imbarco *m.*

Ab|la|ge f. *(-,-n)* **1a** archivio *m.*, archiviazione *f.*: ***einen Akt zur ~ geben*** (far) archiviare un atto **b** RAR. *(abgelegtes Schriftstück)* atto *m.* archiviato, pratica *f.* archiviata **2** *(von Eiern)* il deporre, deposizione *f.* **3** SVIZZ. *(Zweigstelle)* succursale *f.*, filiale *f.* **Ab|la|ge|fach** n. *(-[e]s,-fächer)* scaffale *m.*, ripiano *m.*; AUT. cassetto *m.* portaoggetti. **Ab|la|ge|flä|che** f. *(-,-n)* ripiano *m.* d'appoggio. **Ab|la|ge|platz** m. *(-es,-plätze)* deposito *m.*, magazzino *m.*

ab‿la|gern I tr. **1** *(von Flüssen)* depositare **2** *(zur Lagerung geben)* mettere in deposito **II** intr. (aus. *haben*) stagionare; *(von Wein)* invecchiare; *(von Fleisch)* frollare **III** rifl. **sich ~** depositarsi, raccogliersi. **Ab|la|ge|rung** f. *(-,-en)* **1** il depositare *m.*, deposito *m.*, sedimento *m.* **2a** *(von Holz, Käse, Schinken)* stagionatura *f.* **b** *(von Wein)* invecchiamento *m.* **c** *(von Fleisch)* frollatura *f.* **3** *(das Abladen)* scaricamento *m.*, scarico *m.*

ab‿lai|chen intr. (aus. *haben*) deporre le uova (di pesci).

ab|lan|dig agg. di terra: ***-er Wind*** vento di terra.

Ab|lass m. *(-es,-lässe)* **1** RELIG. indulgenza *f.*: ***jdm ~ gewähren*** concedere l'indulgenza a qcn. **2a** scarico *m.*: ***~ von Dampf*** scarico di vapore **b** *(Abfluss)* scarico *m.*, scolo *m.* **Ab|lass|brief** m. *(-[e]s,-e)* lettera *f.* d'indulgenza.

ab‿las|sen *(lässt, ließ, gelassen)* **I** tr. **1a** far defluire, lasciare scorrere via **b** *(Dampf)* far uscire, scaricare **2** *(entleeren)* vuotare: ***einen Teich ~*** vuotare uno stagno **3** *(verkaufen)* ***jdm etw. ~*** cedere, vendere qcs. a qcn. **4** ***(jdm) vom Preis 20% ~*** concedere (a qcn.) un ribasso sul prezzo del 20% **II** intr. (aus. *haben*) **1** ***von jdm ~*** lasciare stare qcn. **2** *(nicht weiterverfolgen)* ***von etw. ~*** lasciar perdere, lasciar andare qcs. ◆ ***lass ab!*** smettila! ***einen Zug ~*** dare il segnale della partenza a un treno.

Ab|lass|hahn m. *(-[e]s,-en* e *-hähne)* rubinetto *m.* di scarico.

Ab|lass|han|del m. *(-s)* STOR. traffico *m.* (*o* commercio *m.*) delle indulgenze. **Ab|lass|jahr** n. *(-[e]s,-e)* anno *m.* del giubileo. **Ab|lass|krä|mer** m. *(-s,-)* venditore *m.*, trafficante *m.* d'indulgenze. **Ab|lass|pfen|nig** m. *(-s,-e)* STOR. obolo *m.* per l'indulgenza. **Ab|lass|pre|di|ger** m. *(-s,-)* STOR. predicatore *m.* d'indulgenze.

Ab|lass|rohr n. *(-[e]s,-e)* tubo *m.* di scarico.

Ab|la|ti|on f. *(-,-en)* ablazione *f.*

Ab|la|tiv m. *(-s,-e)* ablativo *m.*

ab‿lat|schen COLLOQ. **I** tr. consumare: ***Schuhe ~*** consumare le scarpe **II** intr. (aus. *sein*) andarsene ciabattando.

Ab|lauf m. *(-[e]s,-läufe)* **1** *(Abfluss)* lo scorrere via, deflusso *m.* **2** *(Abflussstelle)* scolo *m.*, scarico *m.* **3a** SPORT partenza *f.* **b** MAR. il salpare **4** *(Verlauf)* decorso *m.*, corso *m.* **5** scadenza *f.*: ***nach ~ dieser Frist, Zeit*** scaduto questo termine, trascorso questo periodo di tempo; ***vor ~ des Jahres*** entro l'anno. **Ab|lauf|berg** m. *(-[e]s,-e)* FERR. parigina *f.* **Ab|lauf|brett** n. *(-[e]s,-er)* scolatoio *m.* **Ab|lauf|di|a|gramm** n. *(-s,-e)* diagramma *m.* di flusso.

ab‿lau|fen *(läuft, lief, gelaufen)* **I** intr. (aus. *sein*) **1a** scorrere via, defluire **b** *(herunterfließen)* scorrere giù, scendere **2** *(abfließen)* scaricare, svuotarsi: ***das Waschbecken läuft nicht ab*** il lavandino non scarica **3** sgocciolare, scolare: ***die Teller ~ lassen*** fare scolare i piatti **4** *(sich abwickeln)* srotolarsi, scorrere: ***das Tonband läuft ab*** il nastro scorre **5** *(vorgeführt werden)* ***der Film, das Programm läuft ab*** il film viene proiettato, il programma va in onda **6** MECC. *(zu Ende laufen)* scaricarsi: ***die Uhr ist abgelaufen*** l'orologio si è scaricato **7a** *(von Fristen, Verträgen)* scadere **b** *(von Zeit)* trascorrere **8** SPORT *(starten)* partire **9** MAR. salpare **10** RAR. *(vom Weg; abzweigen)* diramarsi **11** correre via: ***von einem Ort ~*** correre via da un luogo **II** tr. (aus. *haben, sein*) **1** (aus. *sein*) percorrere **2a** *(zur Kontrolle*; aus. *haben, sein)* perlustrare, ispezionare **b** ***alle Lokale ~*** fare il giro di tutti i locali (cercando qcs.) **3** *(abnutzen;* aus. *haben)* consumare, logorare (camminando o correndo) **III** rifl. **sich ~ 1** consumarsi: ***der Teppich hat sich schnell abgelaufen*** il tappeto si è consumato in fretta **2** COLLOQ. *(sich müde machen)* stancarsi (dal camminare o dal correre) ◆ ***an ihm läuft alles ab*** nulla lo sfiora; ***wie ist es abgelaufen?*** com'è andata?

Ab|lauf|frist f. *(-,-en)* termine *m.* di scadenza. **Ab|lauf|rohr** n. *(-[e]s,-e)* tubo *m.* di scarico. **Ab|lauf|ter|min** m. *(-s,-e)* → **Ablauffrist.**

ab‿lau|gen tr. lavare con la liscivia. **Ab|lau|gung** f. *(-,-en)* lisciviatura *f.*

ab‿lau|schen tr. carpire origliando.

Ab|laut m. *(-[e]s,-e)* apofonia *f.*, alternanza *f.* vocalica. **ab‿lau|ten** intr. (aus. *haben*) = modificare la vocale tematica.

ab‿läu|ten tr. **1** ***(den Zug) ~*** dare il segnale della partenza del treno (con il campanello) **2** *(beenden)* ***etw. ~*** suonare la fine di qcs.: ***die Lehrerin läutete die Pause ab*** la maestra suonò la fine dell'intervallo; SPORT ***eine Runde ~*** suonare la fine della ripresa.

ab|lau|tend agg. con alternanza vocalica.

ab‿le|ben intr. ANT. **1** (aus. *haben*) ***er lebte die restlichen Jahre im Exil ab*** visse gli ultimi anni della sua vita in esilio **2** *(sterben;* aus. *sein)* morire. **Ab|le|ben** n. *(-s,-)* LETT. decesso *m.*: ***vor seinem ~*** prima del suo decesso, di morire.

ab‿le|cken tr. **1** leccare via, togliere leccando **2** pulire leccando, leccare: ***mit der Zunge die Zähne ~*** pulire i denti con la lingua; ***der Hund hat mich abgeleckt*** il cane mi ha leccato tutto.

ab‿le|dern tr. **1** COLLOQ. pulire con una pelle **2** ANT. scuoiare **3** FIG. ***jdn ~*** darle sode a qcn.
Ab|le|ge|kas|ten m. *(-s,-kästen* e RAR. *-)* cassetta *f.* per incartamenti o per corrispondenza. **Ab|le|ge|map|pe** f. *(-,-n)* cartella *f.* per incartamenti o per corrispondenza.
ab‿le|gen I tr. **1** levarsi, togliersi: ***Mantel und Hut ~*** togliersi cappotto e cappello; FIG. ***die Maske ~*** levarsi la maschera **2** smettere di portare: ***ein Kleid ~*** smettere di portare un abito **3** FIG. togliersi, mettere da parte: ***eine Gewohnheit ~*** togliersi un'abitudine; ***seine Scheu ~*** mettere da parte la propria timidezza **4** BUROCR. *(ad acta legen)* mettere agli atti, archiviare **5** TIP. scomporre **6** *(Kartenspiel)* scartare **II** intr. (aus. *haben*) MAR. salpare ◆ ***die Beichte ~*** confessarsi; ***einen Eid ~*** prestare giuramento; ***ein Gelübde ~*** fare un voto; ***eine Prüfung ~*** dare un esame; ***Rechenschaft (über etw.) ~*** rendere conto (di qcs.); ***die Trauerkleidung ~*** deporre il lutto; ***Zeugnis für, gegen jdn ~*** portare testimonianza (*o* testimoniare) per, contro qcn.
Ab|le|gen n. *(-s)* margottatura *f.*, propagginazione *f.* **Ab|le|ger** m. *(-s,-)* **1** margotta *f.*, propaggine *f.* **2** COLLOQ. SCHERZ. figlio *m.*, rampollo *m.* **3** COMM. *(Zweigstelle)* filiale *f.*, succursale *f.*
Ab|le|gung f. *(-,-en)* **1** il deporre **2** lo smettere **3** FIG. rinuncia *f.* **4** deposizione *f.*: ***~ eines Geständnisses*** deposizione di una confessione.
ab‿leh|nen tr. **1** rifiutare, respingere, non accettare: ***eine Einladung ~*** non accettare un invito; ***das Gesuch um politisches Asyl ~*** respingere la richiesta di asilo politico **2** disdegnare: ***die abstrakte Malerei ~*** disdegnare la pittura astratta **3** non riconoscere, contestare: ***den Zeugen ~*** contestare il testimone. **ab|leh|nend** p.pres. agg. **1** → **ablehnen** **2** contrario, sfavorevole.
Ab|leh|nung f. *(-,-en)* **1** rifiuto *m.*: ***auf ~ stoßen*** incontrare un rifiuto **2** DIR. ricusazione *f.*, rifiuto *m.* di riconoscimento. **Ab|leh|nungs|er|klä|rung** f. *(-,-en)* dichiarazione *f.* di ricusazione. **Ab|leh|nungs|fall** m. *(-[e]s,-fälle)* caso *m.* di rifiuto, di ricusazione. **Ab|leh|nungs|grund** m. *(-[e]s,-gründe)* motivo *m.* di ricusazione.
ab‿lei|ern tr. COLLOQ. = recitare meccanicamente, senza espressione.
ab‿leis|ten tr. espletare, portare a termine; ***den Wehrdienst ~*** assolvere il servizio militare. **Ab|leis|tung** f. *(-,-en)* espletamento *m.*, compimento *m.*
ab‿lei|ten I tr. **1** deviare **2a** *(herleiten)* far discendere, far provenire **b** ***ein Verb von einem Substantiv ~*** fare derivare un verbo da un sostantivo **3** MAT. EL. derivare **II** rifl. **sich ~** derivare: ***das Wort leitet sich aus dem Lateinischen ab*** la parola deriva dal latino.
Ab|lei|tung f. *(-,-en)* **1** deviazione *f.* **2a** *(Herleitung)* derivazione *f.*, provenienza *f.* **b** MAT. EL. LING. derivazione *f.* **3** LING. voce *f.* derivata **4** MAT. derivata *f.* **Ab|lei|tungs|draht** m. *(-[e]s,-drähte)* EL. filo *m.*, cavetto *m.* di derivazione. **Ab|lei|tungs|gra|ben** m. *(-s,-gräben)* fossa *f.* di scarico. **Ab|lei|tungs|rohr** n. *(-[e]s,-e)* tubo *m.* di scarico. **Ab|lei|tungs|sil|be** f. *(-,-n)* particella *f.* derivativa.
ab|lenk|bar agg. **1** deviabile **2** che si distrae facilmente.
ab‿len|ken I tr. **1** deviare: ***die Lichtstrahlen ~*** deviare i raggi di luce **2** distrarre, distogliere: ***jdn von einem Vorhaben, Ziel ~*** distogliere qcn. da un proposito, da uno scopo; ***den Verdacht von jdm ~*** sviare il sospetto da qcn. **II** intr. (aus. *haben*) divagare, sviare; ***als die Rede auf ihn kam, lenkte sie sofort ab*** allorché si venne a parlare di lui, cambiò subito discorso.
Ab|len|kung f. *(-,-en)* **1a** deviazione *f.* **b** FIS. deflessione *f.*, deviazione *f.*: ***magnetische ~*** deflessione magnetica **2** *(Zerstreuung)* distrazione *f.*, svago *m.*, diversivo *m.* **Ab|len|kungs|ma|nö|ver** n. *(-s,-)* manovra *f.* diversiva. **Ab|len|kungs|ver|such** m. *(-[e]s,-e)* tentativo *m.* di diversione.
ab‿ler|nen tr. ***jdm etw. ~*** apprendere, imparare qcs. da qcn.
ab|les|bar agg. leggibile. **Ab|les|bar|keit** f. *(-)* leggibilità *f.* **Ab|le|se|feh|ler** m. *(-s,-)* errore *m.* di lettura. **Ab|le|se|ge|rät** n. *(-[e]s,-e)* ELETTRON. lettore *m.*
1.ab‿le|sen tr. *(liest, las, gelesen)* raccogliere staccando.
2.ab‿le|sen tr. *(liest, las, gelesen)* **1** leggere: ***eine Rede ~*** leggere (ad alta voce) un discorso **2** leggere, rilevare: ***ein Thermometer ~*** leggere un termometro; ***eine Entfernung ~*** rilevare una distanza **3** FIG. ***jdm einen Wunsch von den Augen ~*** leggere un desiderio negli occhi di qcn.; ***man konnte ihm seinen Zorn vom, am Gesicht ~*** gli si poteva leggere la sua rabbia in viso **4** ***etw. aus etw. ~*** dedurre qcs. da qcs. **Ab|le|ser** m. *(-s,-)* **1** *(von Lochkarten)* ELETTRON. lettore *m.* **2** letturista *m.*: ***~ von Zählern*** letturista di contatori. **Ab|le|sung** f. *(-,-en)* **1** lettura *f.* **2** raccolta *f.*
ab‿leuch|ten tr. illuminare, rischiarare (cercando qcs.).
ab‿leug|nen tr. negare con forza, smentire: ***seine Schuld ~*** negare fermamente la propria colpa. **Ab|leug|nung** f. *(-,-en)* smentita *f.*, negazione *f.*
ab‿lich|ten tr. **1** fotocopiare **2** COLLOQ. *(fotografieren)* fotografare. **Ab|lich|tung** f. *(-,-en)* **1** il fotocopiare **2** *(Fotokopie)* fotocopia *f.*: ***eine ~ machen, anfertigen*** fare una fotocopia.
ab‿lie|fern tr. consegnare, recapitare. **Ab|lie|fe|rung** f. *(-,-en)* consegna *f.*: ***~ ins Haus*** consegna a domicilio. **Ab|lie|fe|rungs|be|schei|ni|gung** f. *(-,-en)* certificato *m.* di consegna. **Ab|lie|fe|rungs|buch** n. *(-[e]s,-bücher)* registro *m.* delle consegne. **Ab|lie|fe|rungs|frist** f. *(-,-en)* termine *m.* di consegna. **Ab|lie|fe|rungs|kos|ten** pl. spese *f.pl.* di consegna. **Ab|lie|fe|rungs|pflicht** f. *(-,-en)* obbligo *m.* di consegna. **Ab|lie|fe|rungs|schein** m. *(-[e]s,-e)* bolla *f.* di consegna. **Ab|lie|fe|rungs|ter|min** m. *(-s,-e)* data *f.* di consegna.
ab‿lie|gen *(lag, gelegen)* **I** intr. (aus. *sein*) **1** essere lontano, distante **2** *(von Fleisch)* frollare **II** rifl. **sich ~** piagarsi (per lungo decubito).
ab‿lis|ten tr. ottenere con l'astuzia: ***jdm sein Geld ~*** spillare denaro a qcn. (con astuzia).
ab‿lo|chen tr. ELETTRON. perforare.
ab‿lo|cken tr. carpire con l'inganno, con le lusinghe.
ab‿loh|nen tr. ANT. **1** pagare (e mandare via): ***den Kutscher ~*** pagare il cocchiere **2** licenziare (dopo aver pagato): ***einen Knecht ~*** licenziare un servo.
ab|lös|bar agg. **1** staccabile, separabile **2** COMM. rimborsabile, riscattabile.
ab‿lö|schen tr. **1** *(abwischen)* cancellare: ***das an die Tafel Geschriebene ~*** cancellare ciò che era scritto alla lavagna **2** *(löschen)* spegnere **3** ***den Braten mit Wein ~*** versare vino sull'arrosto (perché non attacchi).
Ab|lö|se f. *(-,-n)* AUSTR. **1** buonuscita *f.* **2** *(bei Mietverhältnissen)* somma *f.* forfettaria (all'inizio di una locazione). **ab‿lö|sen** tr. **1** staccare: ***eine Briefmarke ~*** staccare un francobollo **2** ***jdn ~*** dare il cambio a qcn., rilevare, sostituire qcn. **3** COMM. ammortizzare, riscattare; ***eine Schuld ~*** rimborsare un debito. **Ab|lö|se|sum|me** f. *(-,-n)* **1** SPORT = somma *f.* pagata a una società per l'acquisto di un suo giocatore **2** AUSTR. → **Ablöse**. **ab|lös|lich** agg. **1** staccabile, separabile **2** COMM. rimborsabile, riscattabile.
Ab|lö|sung f. *(-,-en)* **1** lo staccare, separazione *f.* **2** cambio *m.* **3** COMM. ammortizzazione *f.*, rimborso *m.*, riscatto *m.* **Ab|lö|sungs|mann|schaft** f. *(-,-en)* cambio *m.* **Ab|lö|sungs|recht** n. *(-[e]s,-e)* diritto *m.* di riscatto. **Ab|lö|sungs|sum|me** f. *(-,-n)* indennità *f.*, buonuscita *f.*
ab‿lo|ten tr. **1** EDIL. mettere a piombo **2** MAR. scandagliare.
ab‿luch|sen tr. COLLOQ. strappare con l'astuzia, carpire: ***jdm ein Geheimnis ~*** carpire un segreto a qcn.; ***jdm Geld ~*** spillare denaro a qcn.
Ab|luft f. *(-)* TECN. aria *f.* viziata (che viene aspirata via).
ab‿lut|schen tr. COLLOQ. **1** levare, togliere succhiando **2** *(durch Lutschen verzehren)* consumare succhiando, succhiare.
ABM ⇒ *Arbeitsbeschaffungsmaßnahme* provvedimento per l'occupazione.
ab‿ma|chen tr. **1** *(losmachen, entfernen)* COLLOQ. levare, togliere, staccare **2** ***etw. mit jdm ~*** stabilire, concordare, pattuire qcs. con qcn. **3** *(ins Reine bringen)* chiarire, accomodare, risolvere: ***etw. gütlich, im Guten ~*** risolvere qcs. amichevolmente; ***etw. mit sich ~*** decidere qcs. per conto proprio; ***wir wollen die Sache unter uns ~*** vogliamo chiarire la cosa fra noi **4** COLLOQ. portare a termine, concludere: ***ein Geschäft ~*** concludere un affare; ***den Militärdienst ~*** assolvere il servizio militare ◆ ***abgemacht!*** d'accordo!
Ab|ma|chung f. *(-,-en)* **1** accordo *m.*, patto *m.*, intesa *f.*: ***mit jdm eine ~ treffen*** concludere un accordo con qcn.; ***sich an eine ~ halten, eine ~ einhalten (beachten)*** rispettare un accordo; ***eine ~ für ungültig erklären*** invalidare un accordo; ***das verstößt gegen unsere ~*** questo viola il nostro accordo **2** accomodamento *m.* ◆ ***vorbehaltlich gegenteiliger ~*** salvo patto contrario.
ab‿ma|gern I intr. (aus. *sein*) dimagrire **II** tr. diminuire, ridurre. **Ab|ma|ge|rung** f. *(-,-en)* dimagrimento *m.* **Ab|ma|ge|rungs|kur** f. *(-,-en)* cura *f.* dimagrante.
ab‿mä|hen tr. **1** *(Gras, Wiese)* falciare **2** *(Weizen)* mietere.
ab‿mah|nen tr. **1** ***jdn von etw. ~*** dissuadere qcn. da qcs. **2** ANT. ammonire, sollecitare. **Ab|mah|nung** f. *(-,-en)* **1** dissuasione *f.* **2** sollecitazione *f.*, ammonimento *m.* **3** DIR. diffida *f.* ad adempiere.
ab‿ma|len I tr. riprodurre (dipingendo), copiare **II** rifl. **sich ~** dipingersi: ***in ihrem Gesicht malte sich Freude ab*** sul suo viso si dipinse la gioia.
ab‿mar|ken tr. BUROCR. demarcare, delimitare.
ab‿mark|ten tr. ottenere contrattando.

Ab|mar|kung f. *(-,-en)* **1** BUROCR. demarcazione *f.*, delimitazione *f.* **2** DIR. apposizione *f.* di termini.

Ab|marsch m. *(-[e]s,-märsche)* MIL. partenza *f.*; ***den ~ beginnen*** cominciare la marcia. **ab|marsch|be|reit** agg. MIL. pronto per la partenza, per la marcia. **ab‿mar|schie|ren** MIL. **I** intr. (aus. *sein*) mettersi in marcia, partire **II** tr. (aus. *haben, sein*) perlustrare, ispezionare.

ab‿mar|tern I tr. martoriare, tormentare **II** rifl. **sich ~** tormentarsi, affliggersi.

ab‿mat|ten I tr. fiaccare, indebolire **II** rifl. **sich ~** fiaccarsi, indebolirsi. **Ab|mat|tung** f. *(-)* fiacchezza *f.*, debolezza *f.*

ab‿mei|ern tr. STOR. spoderare.

ab‿mei|ßeln tr. togliere con lo scalpello; scalpellare.

Ab|mel|de|be|schei|ni|gung f. *(-,-en)* **1** documento *m.* che comprova una disdetta **2** certificato *m.* di cambio di residenza. **Ab|mel|de|for|mu|lar** n. *(-s,-e)* modulo *m.* di disdetta.

ab‿mel|den I tr. **1** ***das Telefon ~*** disdire il contratto telefonico; ***das Auto ~*** = comunicare la cessazione di proprietà di un'auto **2** ***jdn ~*** comunicare il ritiro, il trasferimento di qcn.; ***das Kind von der Schule ~*** ritirare il bambino da scuola (facendosi rilasciare un documento) **3** SPORT ***den Gegner ~*** dominare, annullare l'avversario **II** rifl. **sich ~ 1** MIL. comunicare la propria partenza **2** ***sich beim Einwohnermeldeamt ~*** comunicare il cambio di residenza all'anagrafe. **Ab|mel|dung** f. *(-,-en)* **1** disdetta *f.* **2a** ritiro *m.*, partenza *f.* **b** cambio *m.* di residenza.

ab‿mel|ken tr. *(molk, gemolken)* mungere; COLLOQ. FIG. ***jdn ~*** mungere qcn. **Ab|melk|wirt|schaft** f. *(-,-en)* **1** allevamento *m.* di mucche da latte **2** azienda *f.* che alleva mucche da latte.

ab‿mer|ken tr. ***jdm etw. ~*** imparare qcs. da qcn. (osservando); ***jdm etw. an den Augen ~*** leggere qcs. negli occhi di qcn.

ab‿mes|sen tr. **1a** *(genau messen)* misurare **b** FIG. misurare, ponderare **2** *(abschätzen)* valutare, stimare **3** *(messend abteilen)* ***10 m Stoff (vom Ballen) ~*** tagliare 10 m di stoffa (dalla balla).

Ab|mes|sung f. *(-,-en)* **1a** misurazione *f.* **b** FIG. misura *f.* **2** *(Schätzung)* valutazione *f.*, stima *f.* **3** *(Dimension)* dimensione *f.*, misura *f.*

ab‿mie|ten tr. **1** ***jdm etw. ~*** prendere in affitto (*o* in locazione) qcs. da qcn. **2** *(Schiffe, Wagen)* prendere a nolo, noleggiare.

ab‿mil|dern tr. mitigare, attenuare: ***den Sturz ~*** attutire la caduta; FIG. ***ein Urteil ~*** mitigare un giudizio. **Ab|mil|de|rung** f. *(-,-en)* il mitigare, attenuazione *f.*, moderazione *f.*

Ab|mi|schung f. *(-,-en)* editing *m.*

Ab|mo|de|ra|ti|on f. *(-,-en)* RAD. TELEV. = conclusione *f.* di dibattito televisivo. **ab‿mo|de|rie|ren** tr. *(als Moderator)* ***eine Sendung ~*** concludere una trasmissione.

ab‿mon|tie|ren tr. **1** togliere, levare: ***die Skiträger ~*** togliere i portasci **2** ***eine Maschine ~*** sganciare una macchina dal suo ancoraggio.

ABM-Stel|le f. *(-,-n)* = (cantiere *m.* di) lavoro *m.* creato dall'ABM.

ab‿mü|hen rifl. **sich ~** affaticarsi, sfinirsi.

ab‿murk|sen tr. COLLOQ. far fuori, ammazzare.

ab‿mus|tern MAR. **I** tr. licenziare **II** intr. (aus. *haben*) licenziarsi, congedarsi. **Ab|mus|te|rung** f. *(-,-en)* **1** licenziamento *m.* dell'equipaggio **2** *(Aufgabe des Dienstes)* il licenziarsi, congedo *m.*

ab‿na|beln I tr. ***ein Neugeborenes ~*** tagliare il cordone ombelicale a un neonato **II** rifl. COLLOQ. ***sich von etw. ~*** (di)staccarsi da qcs.: ***sich von der Familie ~*** staccarsi dalla famiglia. **Ab|na|be|lung, Ab|nab|lung** f. *(-,-en)* **1** taglio *m.* del cordone ombelicale **2** COLLOQ. distacco *m.*

ab‿na|gen tr. rodere, rosicchiare.

ab‿nä|hen tr. *(ein Kleidungsstück)* riprendere. **Ab|nä|her** m. *(-s,-)* SART. pince *f.*, ripresa *f.*

Ab|nah|me f. *(-,-n)* **1** il portare via, il togliere **2** *(von Obst)* raccolta *f.* **3** *(Amputation)* amputazione *f.*: ***die ~ eines Beines*** l'amputazione di una gamba **4** *(von Waren, Paketen)* ritiro *m.*, presa *f.* in consegna **5** *(Prüfung)* collaudo *m.* **6** *(Kauf)* acquisto *m.* **7** *(Verminderung)* diminuzione *f.*, riduzione *f.*, calo *m.*: ***die ~ der Preise, der Geburten*** il calo dei prezzi, delle nascite **8** *(beim Stricken)* diminuzione *f.* ◆ ***die ~ Christi vom Kreuze*** la deposizione di Cristo dalla croce; ***~ finden*** avere (*o* trovare) smercio. **Ab|nah|me|be|schei|ni|gung** f. *(-,-en)* certificato *m.* di collaudo. **Ab|nah|me|kom|mis|si|on** f. *(-,-en)* commissione *f.* di collaudo. **Ab|nah|me|land** → **Abnehmerland. Ab|nah|me|pflicht** f. *(-,-en)* obbligo *m.* di ritiro, di acquisto. **Ab|nah|me|prü|fung** f. *(-,-en)* prova *f.* di collaudo. **Ab|nah|me|schein** m. *(-[e]s,-e)* → **Abnahmebescheinigung.**

ab|nehm|bar agg. staccabile, rimovibile. **ab‿neh|men** *(nimmt, nahm, genommen)* **I** tr. **1** portare via, togliere: ***jdm etw. ~*** portare via, togliere qcs. a qcn. **2** *(entnehmen)* prelevare: ***jdm Blut ~*** prelevare sangue a qcn. **3** *(amputieren)* amputare: ***jdm das Bein ~*** amputare la gamba a qcn. **4** *(abgewinnen)* vincere (al gioco) **5** *(rauben)* sottrarre **6a** alzare, sollevare: ***den Telefonhörer ~*** sollevare il ricevitore (del telefono); ***den Deckel ~*** alzare il coperchio **b** togliere, levare: ***die Wäsche ~*** levare la biancheria (stesa) **7** *(ernten, abpflücken)* raccogliere **8a** *(Lasten)* prendere, togliere di mano **b** FIG. ***jdm die Aufgabe, die Verantwortung, die Schuld ~*** assumersi il compito, la responsabilità, accollarsi la colpa di qcn. **9a** *(Pakete)* ritirare, prendere in consegna **b** FIG. ***jdm die Beichte, einen Eid, das Versprechen ~*** ricevere la confessione, un giuramento, la promessa di qcn. **10** *(prüfen)* collaudare: ***einen Neubau ~*** collaudare un edificio nuovo **11** *(abkaufen)* comprare **12** *(von einem Original übertragen)* copiare **13** *(Maschen)* diminuire, calare **II** intr. (aus. *haben*) **1** diminuire, ridursi, calare: ***das Fieber hat abgenommen*** la febbre è calata; ***an Gewicht ~*** calare di peso; ***die Tage nehmen ab*** le giornate si accorciano **2** *(an Körpergewicht verlieren)* dimagrire: ***sie hat 10 Kilo abgenommen*** è dimagrita di 10 chili, ha perso 10 chili ◆ SPORT ***dem Gegner den Aufschlag ~*** strappare il servizio all'avversario; ***den Bart ~*** tagliarsi la barba; ***jdm die Maske ~*** far calare la maschera a qcn.; ***der Mond nimmt ab*** la luna è in fase calante; ***das nehme ich ihm nicht ab*** non gli credo; ***jdm eine Prüfung ~*** esaminare qcn.; ***was, wie viel hat er dir dafür abgenommen?*** quanto ti ha preso per questo? **ab|neh|mend** agg. decrescente, calante: ***-er Mond*** luna calante.

Ab|neh|mer m. *(-s,-)*, **Ab|neh|me|rin** f. *(-,-nen)* **1** acquirente *m.* e *f.*, compratore *m.* (-trice *f.*) **2** *(von Gas, Strom)* consumatore *m.* (-trice *f.*), utente *m.* e *f.* **Ab|neh|mer|kreis** m. *(-es,-e)* **1** acquirenti *m.pl.*, clientela *f.* **2** *(von Gas, Strom)* consumatori *m.pl.*, utenza *f.* **Ab|neh|mer|land** n. *(-[e]s,-länder)* paese *m.* acquirente, importatore.

Ab|nei|gung f. *(-,-en)* antipatia *f.*, avversione *f.*: ***eine ~ gegen jdn, etw. empfinden, hegen*** provare antipatia, avversione per qcn., qcs.; ***jdm ~ einflößen*** ispirare antipatia a qcn.; ***er hat eine ~, darüber zu sprechen*** non gli va di parlarne.

ab|norm I agg. **1** abnorme, anormale, anomalo **2** *(ungewöhnlich)* insolito, non comune **II** avv. **1** in modo insolito, non comune **2** COLLOQ. straordinariamente, incredibilmente: ***sie ist ~ dick*** è straordinariamente grassa. **Ab|nor|mi|tät** f. *(-,-en)* **1** anormalità *f.*, anomalia *f.* **2** *(missgebildetes Wesen)* essere *m.* deforme, mostruoso.

ab‿nut|zen, ab‿nüt|zen I tr. consumare, logorare **II** rifl. **sich ~** consumarsi, logorarsi. **Ab|nut|zung, Ab|nüt|zung** f. *(-,-en)* logoramento *m.*, consumo *m.*, usura *f.*

A|bo n. *(-s,-s)* COLLOQ. (accorc. *Abonnement*) abbonamento *m.*: ***im ~*** in abbonamento.

A|bo|li|ti|o|nist m. *(-en,-en)* **1** abolizionista *m.* **2** STOR. antischiavista *m.*

A-Bom|be f. *(-,-n)* bomba *f.* A.

A|bon|ne|ment [abɔn'mɑ̃:] n. *(-s,-s)* abbonamento *m.*: ***ein ~ für, bei etw.*** (SVIZZ. ***auf etw.*** [A]) ***verlängern, abbestellen*** rinnovare, disdire un abbonamento a qcs.; ***das ~ erlischt, endet am 10. April*** l'abbonamento scade il 10 aprile. **A|bon|ne|ment(s)|kar|te** f. *(-,-n)* (tessera *f.* di) abbonamento *m.* **A|bon|ne|ment(s)|kon|zert** n. *(-[e]s,-e)* concerto *m.* in abbonamento. **A|bon|ne|ment(s)|vor|stel|lung** f. *(-,-en)* spettacolo *m.* in abbonamento.

A|bon|nent m. *(-en,-en)* abbonato *m.* **A|bon|nen|tin** f. *(-,-nen)* abbonata *f.*

a|bon|nie|ren tr. ***etw. ~*** abbonarsi a qcs. **a|bon|niert** p.pass. agg. **1** → **abonnieren 2** ***auf etw.*** (A) ***~ sein*** essere abbonato a qcs.; ***im, beim Theater ~ sein*** essere abbonato al teatro.

ab‿ord|nen tr. **1** deputare, delegare **2** *(als Abgeordneten schicken)* inviare (come delegato). **Ab|ord|nung** f. *(-,-en)* **1** *(Abordnen)* delegazione *f.* **2** *(Gruppe von Abgeordneten)* delegazione *f.*, rappresentanza *f.*: ***eine ~ entsenden*** inviare una delegazione.

1.A|bort m. *(-s,-e)* aborto *m.* (spontaneo).

2.A|bort m. *(-[e]s,-e)* latrina *f.*, gabinetto *m.* **A|bort|be|cken** n. *(-s,-)* tazza *f.* (del gabinetto), water *m.* **A|bort|bril|le** f. *(-,-n)* sedile *m.* (*o* asse *m.*) del gabinetto, del water. **A|bort|gru|be** f. *(-,-n)* pozzo *m.* nero.

a|bor|tie|ren intr. (aus. *haben*) abortire. **a|bor|tiv** agg. abortivo. **A|bor|tiv|mit|tel** n. *(-s,-)* farmaco *m.* abortivo.

Ab|pack|da|tum n. *(-s,-daten)* data *f.* di confezionamento. **ab‿pa|cken** tr. impacchettare, confezionare (in pacchi) ◆ ***den Dachträger ~*** scaricare la roba dal portabagagli. **Ab|pa|ckung** f. *(-,-en)* l'impacchettare, confezionamento *m.*

ab‿pas|sen tr. **1a** aspettare: ***den richtigen Augenblick ~*** aspettare il momento giusto **b** ***jdn ~*** aspettare (*o* fare la posta a) qcn. **2** ANT. ***einen Rock in der Länge ~*** adattare la lunghezza di una gonna.

ab‿pau|sen tr. copiare, ricalcare: ***eine Zeichnung ~*** ricalcare un disegno.

ab‿pel|len tr. sbucciare, pelare: ***Kartoffeln ~*** sbucciare patate.
ab‿per|len intr. (aus. *sein*) ***an etw. (D) ~*** imperlare qcs.: ***der Schweiß perlte an, von seiner Stirn ab*** il sudore gli imperlava la fronte.
ab‿pfäh|len tr. picchettare, delimitare con pali.
ab‿pfei|fen tr. *(pfiff, gepfiffen)* SPORT interrompere (con un fischio); ***das Spiel ~*** fischiare la fine del gioco. **Ab|pfiff** m. *(-[e]s,-e)* SPORT fischio *m.* finale.
ab‿pflü|cken tr. **1** cogliere **2** *(von etw. leer machen)* ***die Himbeersträucher sind alle abgepflückt*** dai cespugli di lamponi è stato raccolto tutto.
ab‿pla|gen rifl. **sich ~** affaticarsi, penare.
ab‿plat|ten I tr. appiattire, schiacciare: ***eine Rundung ~*** appiattire un arrotondamento **II** intr. (aus. *sein*) schiacciarsi: ***die Bandscheiben platten ab*** i dischi invertebrali si schiacciano.
ab‿plät|ten tr. ricalcare (con il ferro da stiro). **Ab|plätt|mus|ter** n. *(-s,-)* disegno *m.* da ricalcare (con il ferro da stiro).
Ab|plat|tung f. *(-,-en)* appiattimento *m.*, schiacciamento *m.*
ab‿plat|zen intr. (aus. *sein*) staccarsi, saltare via: ***ein Knopf ist (mir) abgeplatzt*** (mi) è saltato un bottone.
ab‿prä|gen I tr. imprimere, improntare **II** rifl. **sich ~** FIG. improntarsi, imprimersi. **Ab|prä|gung** f. *(-,-en)* **1** l'improntare **2** impronta *f.*
Ab|prall m. *(-[e]s,-e)* rimbalzo *m.* **ab‿pral|len** intr. (aus. *sein*) **1** rimbalzare **2** FIG. ***die Beschuldigungen prallen an ihm ab*** gli insulti non hanno effetto su di lui. **Ab|pral|ler** m. *(-s,-)* palla *f.* di rimbalzo.
ab‿pres|sen tr. **1** *(herauspressen)* premere con forza **2** FIG. estorcere, strappare: ***jdm ein Versprechen, ein Geständnis ~*** strappare una promessa, estorcere una confessione a qcn. **3** *(abschnüren)* togliere, levare: ***jene Vorstellung presste ihm den Atem ab*** quell'idea gli toglieva il respiro.
Ab|pro|dukt n. *(-[e]s,-e)* EX-RDT residuo *m.*, scarto *m.*, scoria *f.*
ab‿prot|zen I tr. MIL. ***ein Geschütz ~*** = staccare l'avantreno da un pezzo di artiglieria **II** intr. (aus. *haben*) VOLG. cacare.
ab‿pum|pen tr. **1** pompare via **2** COLLOQ. *(entleihen)* farsi prestare: ***jdm Geld ~*** farsi prestare denaro da qcn., spillare denaro a qcn.
Ab|putz m. *(-es)* intonaco *m.* **ab‿put|zen** tr. **1** pulire **2** *(verputzen)* intonacare: ***eine Wand ~*** intonacare una parete **3** FIG. REGION. ***jdn ~*** dare una strigliata a qcn.
ab‿quä|len rifl. **sich ~ 1** penare, tormentarsi: ***sich lange (mit einer Arbeit) ~*** penare a lungo (facendo un lavoro) **2** ***sich (D) ein Lächeln, eine Antwort ~*** sforzarsi di sorridere, di rispondere.
ab‿qua|li|fi|zie|ren tr. ***jdn, etw. ~*** squalificare qcn., qcs., dare un giudizio sfavorevole su qcn., su qcs. **Ab|qua|li|fi|zie|rung** f. *(-,-en)* giudizio *m.* sfavorevole, sprezzante.
ab‿quet|schen I tr. schiacciare **II** rifl. ***sich (D) etw. ~*** schiacciarsi qcs.
ab‿ra|ckern rifl. **sich ~** COLLOQ. darsi da fare, affaticarsi molto: ***sich für jdn ~*** darsi da fare (*o* arrabattarsi) per qcn.
ab‿ra|die|ren tr. cancellare con la gomma.
Ab|ra|ham n.pr.m. Abramo *m.* ◆ ***so sicher wie in -s Schoß sein*** essere al sicuro come nel grembo di Abramo (*o* come nel grembo materno).
ab‿rah|men tr. scremare: ***die Milch ~*** scremare il latte.
Ab|ra|ka|dab|ra n. *(-s)* **1** abracadabra *m.* **2** *(sinnloses Gerede)* chiacchiera *f.* insensata.
ab‿ra|sie|ren tr. **1** ***den Bart ~*** tagliare la barba **2** COLLOQ. *(dem Erdboden gleichmachen)* radere al suolo.
ab‿ras|peln tr. grattare via, raspare.
ab‿ra|ten intr. *(rät, riet, geraten;* aus. *haben)* ***jdm von etw. ~*** sconsigliare qcs. a qcn.; ***jdm ~, etw. zu tun*** sconsigliare a qcn. di fare qcs., sconsigliare qcn. dal fare qcs.
Ab|raum m. *(-[e]s)* **1** MIN. terreno *m.* di copertura, cappellaccio *m.* **2** REGION. *(Abfall)* detriti *m.pl.* **Ab|raum|bag|ger** m. *(-s,-)* escavatrice *f.* da rimozione.
ab‿räu|men tr. **1a** *(wegnehmen)* sgomberare, togliere (per fare spazio) **b** ***den Tisch ~*** sparecchiare (la tavola) **2** MIN. ***etw. ~*** rimuovere il cappellaccio da qcs.
Ab|raum|hal|de f. *(-,-n)* MIN. discarica *f.* **Ab|raum|salz** n. *(-es,-e)* MIN. deposito *m.* salino di copertura.
Ab|räu|mung f. *(-,-en)* sgombero *m.*
ab‿rau|schen intr. (aus. *sein*) COLLOQ. **1** andarsene altezzosamente: ***die Diva rauschte ab*** la diva se ne andò altezzosamente **2** *(mit Auto, Motorrad)* andarsene rombando.
ab‿re|a|gie|ren I tr. sfogare; *(beruhigen)* calmare, placare: ***seine schlechte Laune an den Kindern ~*** sfogare il proprio malumore sui bambini **II** rifl. **sich ~** sfogarsi; *(sich beruhigen)* calmarsi, placarsi. **Ab|re|a|gie|ren** n. *(-s)*, **Ab|re|ak|ti|on** f. *(-,-en)* **1** sfogo *m.* **2** PSIC. abreazione *f.*
ab‿rech|nen I tr. **1** detrarre: ***die MwSt. ~*** detrarre l'IVA **2** ***die Kasse ~*** chiudere la cassa (quadrando i conti) **II** intr. (aus. *haben*) **1** fare i conti **2** ***mit jdm ~*** regolare, fare i conti con qcn. (anche FIG.) ◆ ***das abgerechnet, abgerechnet davon*** a prescindere da ciò. **Ab|rech|nung** f. *(-,-en)* **1** defalco *m.*, detrazione *f.*: ***in ~ kommen*** venire detratto; ***etw. in ~ bringen*** portare qcs. in detrazione, detrarre qcs. **2** *(Schlussrechnung)* conteggio *m.* finale, chiusura *f.* (dei conti): ***heute abend stimmt die ~*** questa sera i conti quadrano **3** *(Rache)* resa *f.* dei conti ◆ ***mit jdm ~ halten*** regolare i conti con qcn. (anche FIG.). **Ab|rech|nungs|kurs** m. *(-es,-e)* corso *m.* (*o* prezzo *m.*) di compensazione, di liquidazione. **Ab|rech|nungs|stel|le** f. *(-,-n)* stanza *f.* di compensazione. **Ab|rech|nungs|ter|min** m. *(-s,-e)* liquidazione *f.* mensile, scadenza *f.* tecnica. **Ab|rech|nungs|ver|kehr** m. *(-s)* clearing *m.*, traffico *m.* di compensazione.
Ab|re|de f. *(-,-n)* LETT. accordo *m.*, intesa *f.*: ***mit jdm eine ~ treffen*** mettersi d'accordo con qcn. ◆ ***etw. in ~ stellen*** contestare, mettere in dubbio qcs. **ab‿re|den** tr. ***mit jdm etw. ~*** concordare qcs. con qcn.
ab‿re|gen rifl. **sich ~** COLLOQ. calmarsi: ***reg dich ab!*** calmati!
ab‿reg|nen rifl. **sich ~** scaricarsi (di pioggia): ***die Wolken regnen sich an der Küste ab*** le nuvole si scaricano sulla costa.
ab‿rei|ben *(rieb, gerieben)* **I** tr. **1** sfregare via **2** *(durch Reiben säubern)* pulire strofinando (*o* sfregando) **3a** *(trockenreiben)* asciugare strofinando **b** frizionare: ***jdn mit einem feuchten Tuch ~*** frizionare qcn. con un panno umido **4** *(mit Reibeisen entfernen)* grattugiare: ***Zitronenschale ~*** grattugiare la scorza di limone **II** rifl. **sich ~** consumarsi: ***der Gummi hat sich abgerieben*** la gomma si è consumata. **Ab|rei|bung** f. *(-,-en)* **1** frizione *f.* **2** COLLOQ. *(Prügel)* botte *f.pl.*; *(scharfe Zurechtweisung)* sgridata *f.*: ***jdm eine ~ erteilen, verpassen*** darle a qcn. di santa ragione; *(jdn scharf zurechtweisen)* dare una bella sgridata a qcn.
Ab|rei|se f. *(-,-n)* partenza *f.*: ***bei der ~*** alla partenza. **ab‿rei|sen** intr. (aus. *sein*) partire: ***von, nach München ~*** partire da, per Monaco. **Ab|rei|se|tag** m. *(-[e]s,-e)* giorno *m.* della partenza. **Ab|rei|se|ter|min** m. *(-s,-e)* data *f.* di partenza.
Ab|reiß|block m. *(-[e]s,-blöcke* e *-s)* blocco *m.* a fogli staccabili.
ab‿rei|ßen *(riss, gerissen)* **I** tr. **1** staccare strappando, strappare (via): ***ein Plakat ~*** strappare via un manifesto **2** *(niederreißen)* abbattere, demolire **3** COLLOQ. *(Kleidung)* rendere lacero, logorare, consumare **4** COLLOQ. ***ein Jahr ~*** farsi un anno di galera **II** intr. (aus. *sein*) **1** staccarsi, strapparsi: ***der Faden reißt ab*** il filo si strappa **2a** *(unterbrochen werden)* interrompersi **b** ***nicht ~*** non avere fine. **Ab|reiß|ka|len|der** m. *(-s,-)* calendario *m.* a fogli staccabili.
ab‿rei|ten *(ritt, geritten)* **I** intr. (aus. *sein*) partire a cavallo **II** tr. **1** passare in rassegna (a cavallo) **2** ***ein Pferd ~*** stancare un cavallo (cavalcandolo troppo a lungo) **3** MAR. ***den Sturm ~*** = attendere all'ancora che passi la burrasca.
ab‿ren|nen *(rannte, gerannt)* **I** tr. **1** COLLOQ. ***alle Läden nach etw. ~*** correre per tutti i negozi cercando qcs. **2** *(wegrennen)* partire (correndo) **II** rifl. **sich ~** stancarsi per le molte corse.
ab‿rich|ten tr. **1a** ammaestrare, addestrare: ***ein Tier (zu etw.) ~*** addestrare un animale (a fare qcs.) **b** FIG. ***jdn zu etw. ~*** insegnare a qcn. (come si deve comportare in) qcs. **2** *(Holz)* piallare a filo, spianare **3** *(Blech)* raddrizzare. **Ab|rich|ter** m. *(-s,-)* ammaestratore *m.*, addestratore *m.* **Ab|richt|(ho|bel)|ma|schi|ne** f. *(-,-n)* piallatrice *f.*, pialla *f.* a filo. **Ab|rich|tung** f. *(-,-en)* ammaestramento *m.*, addestramento *m.*
Ab|rieb m. *(-[e]s,-e)* **1** MECC. abrasione *f.*, usura *f.* **2** *(abgeriebenes Material)* materiale *m.* asportato per sfregamento. **ab|rieb|fest** agg. resistente all'abrasione.
ab‿rie|geln tr. **1** chiudere col chiavistello (*o* col catenaccio) **2** *(Straße)* bloccare, sbarrare (con transenne) **3** MIL. ***einen Vorstoß ~*** arrestare un'avanzata. **Ab|rie|ge|lung, Ab|rieg|lung** f. *(-,-en)* **1** chiusura *f.* con chiavistello **2** FIG. blocco *m.*, sbarramento *m.*
ab‿rin|gen *(rang, gerungen)* **I** tr. **1** strappare con la forza: ***jdm etw. ~*** strappare qcs. a qcn. con la forza **2** FIG. strappare, estorcere: ***jdm ein Versprechen ~*** strappare una promessa a qcn. **II** rifl. ***sich (D) etw. ~*** sforzarsi, costringersi a (fare) qcs.
ab‿rin|nen intr. *(rann, geronnen;* aus. *sein)* scorrere giù, via.
Ab|riss m. *(-es,-e)* **1** demolizione *f.* **2** *(kurze Darstellung)* sunto *m.*; *(Kompendium)* compendio *m.* **3** ANT. *(Umrisszeichnung)* abbozzo *m.*, schizzo *m.* **Ab|riss|ar|bei|ten** pl. lavori *m.pl.* di demolizione. **Ab|riss|bir|ne** f. *(-,-n)* palla *f.* d'acciaio (per demolizioni). **Ab|riss|haus** n. *(-es,-häuser)* casa *f.* in demolizione (*o* da demolire). **Ab|riss|un|ter|neh|men** n. *(-s,-)* impresa *f.* di demolizioni.

ab_rol|len I tr. **1a** svolgere: ***eine Spule, einen Film ~*** svolgere un rocchetto, un rullino **b** FIG. ***den Faden der Erzählung ~ lassen*** lasciar svolgere il filo della narrazione **2a** *(mit Rollfuhre wegbringen)* portar via, trasportare (con carri) **b** *(mit Rollfuhre abholen)* ritirare (con carri) **II** intr. (aus. *sein*) **1a** svolgersi, srotolarsi: ***die Leine rollt ab*** la lenza si srotola **b** FIG. svolgersi: ***das Programm rollt reibungslos ab*** il programma si svolge senza difficoltà **2a** SPORT fare una capovolta **b** ***den Fuß beim Gehen ~*** = camminare appoggiando lentamente la pianta del piede (dal tallone alla punta) **3** *(von Flugzeugen)* allontanarsi rullando **4** FIG. scorrere: ***ihr Leben rollt vor ihren Augen ab*** la vita scorre davanti ai suoi occhi.

ab_rub|beln tr. REGION. asciugare (strofinando).

ab_rü|cken I tr. scostare, spostare **II** intr. (aus. *sein*) **1** scostarsi: ***von jdm ~*** scostarsi da qcn. **2** FIG. *(sich distanzieren)* allontanarsi, staccarsi **3a** MIL. *(abmarschieren)* partire **b** COLLOQ. FIG. *(sich entfernen)* andarsene.

ab_ru|dern intr. **1** (aus. *sein*) allontanarsi remando **2** (aus. *haben*) = chiudere l'attività sportiva annuale (di una società di canottaggio) con un'ultima uscita.

Ab|ruf m. *(-[e]s,-e)* **1** richiamo *m.* **2** COMM. ordine *m.* di spedizione, di consegna **3a** BANC. *(von Geldern)* ritiro *m.* **b** *(von Krediten)* utilizzo *m.* ◆ ***eine Ware auf ~ kaufen*** acquistare qcs. a consegna dilazionata. **ab|ruf|be|reit** agg. **1** pronto per essere richiamato **2** pronto per essere consegnato. **ab_ru|fen** tr. *(rief, gerufen)* **1a** richiamare **b** INFORM. ***Daten ~*** richiamare i dati **c** EUFEM. ***er ist abgerufen worden*** Dio l'ha chiamato a sé **2** *(Zug)* annunciare **3** *(Flugzeug)* dare il permesso di atterraggio a **4** BANC. ritirare **5** COMM. ***etw.*** ~ chiedere la spedizione, la consegna di qcs.

ab_rüh|ren tr. GASTR. mescolare, incorporare.

ab_run|den I tr. **1** arrotondare, smussare: ***die Ecken ~*** smussare gli angoli **2** *(auf die nächste runde Zahl bringen)* arrotondare: ***2,12 DM auf 2 DM ~*** arrotondare 2,12 DM a 2 DM **3** *(vollständig machen)* completare, rendere perfetto: ***die Soße mit Sahne ~*** dare l'ultimo tocco alla salsa con la panna **II** rifl. **sich** ~ completarsi, compiersi. **Ab|run|dung** f. *(-,-en)* **1** arrotondamento *m.* **2** *(abgerundete Form)* rotondità *f.* **3** *(Ergänzung)* completamento *m.*, integrazione *f.*

ab_rup|fen tr. strappare.

ab|rupt I agg. **1** improvviso, repentino **2** *(abgerissen)* sconnesso **II** avv. **1** improvvisamente, repentinamente **2** *(abgerissen)* in modo sconnesso.

ab_rüs|ten I tr. disarmare: ***ein Gebäude ~*** disarmare (*o* togliere le impalcature a) un edificio **II** intr. (aus. *haben*) disarmare, diminuire gli armamenti. **Ab|rüs|tung** f. *(-,-en)* disarmo *m.* **Ab|rüs|tungs|ab|kom|men** n. *(-s,-)* accordo *m.* sul disarmo. **Ab|rüs|tungs|fra|ge** f. *(-,-n)* questione *f.* (*o* problema *m.*) del disarmo. **Ab|rüs|tungs|kon|fe|renz** f. *(-,-en)* conferenza *f.* sul disarmo.

Ab|rutsch m. *(-[e]s,-e)* smottamento *m.* **ab_rut|schen** intr. (aus. *sein*) **1a** scivolare giù, via **b** FIG. ***in seinen Leistungen ~*** scadere nelle proprie prestazioni **2** *(moralisch herunterkommen)* scivolare in basso **3** AER. AUT. derapare, slittare lateralmente.

Ab|ruz|zen n.pr.pl. ***die*** ~ Abruzzo *m.*, gli Abruzzi *m.pl.*

ABS ⇒ *Antiblockiersystem* sistema antibloccaggio (ABS).

Abs. ⇒ **1** *Absatz* paragrafo (par.) **2** *Absender* mittente (mitt.).

ab_sä|beln tr. **1** tagliare con la sciabola **2** COLLOQ. *(ungeschickt abschneiden)* affettare grossolanamente.

ab_sa|cken I tr. insaccare **II** intr. (aus. *sein*) **1** franare: ***das Gelände sackt ab*** il terreno frana **2** MAR. *(untergehen)* colare a picco **3** AER. *(von Flugzeugen)* perdere quota **4** calare improvvisamente: ***der Dollarkurs sackt ab*** la quotazione del dollaro ha avuto un calo improvviso **5** FIG. *(herunterkommen)* cadere in basso.

Ab|sa|ge f. *(-,-n)* **1** rifiuto *m.*, risposta *f.* negativa; ***jdm eine ~ erteilen*** dire di no a qcn. **2** disdetta *f.*, annullamento *m.* **ab_sa|gen** **I** tr. (anche assol.) disdire, annullare: ***er sagte (den Besuch) ab*** annullò la visita **II** intr. (aus. *haben*) **1** ***jdm ~*** annullare un impegno con qcn. **2** *(entsagen)* rinunciare: ***dem Alkohol ~*** rinunciare all'alcol.

ab_sä|gen tr. **1** segare (via) **2** COLLOQ. mandare via (*o* a spasso), licenziare.

ab_sah|nen I tr. REGION. scremare, spannare **II** intr. (aus. *haben*) COLLOQ. fare man bassa, ottenere il meglio.

ab_sam|meln tr. raccogliere, togliere (via): ***Steine von einem Acker ~*** togliere pietre da un campo; ***die Lehrerin sammelt die Schularbeiten ab*** la maestra raccoglie i compiti in classe ◆ ***einen Acker ~*** liberare un campo (da pietre, sterpaglie...).

ab_sat|teln tr. (anche assol.) ***(das Pferd) ~*** togliere la sella (al cavallo).

Ab|satz m. *(-es,-sätze)* **1a** capoverso *m.*: ***einen ~ machen*** fare un capoverso, andare a capo; ***neuer ~!*** a capo! ***ohne ~*** di seguito **b** paragrafo *m.*; DIR. comma *m.* **2** *(Schuhabsatz)* tacco *m.*: ***auf dem ~ kehrtmachen*** girarsi sui tacchi **3** *(Verkauf)* smercio *m.*, vendita *f.*: ***reißenden ~ finden*** andare a ruba; ***der ~ stockt*** le vendite ristagnano **4a** EDIL. risega *f.*, smussatura *f.* **b** *(von Treppen)* pianerottolo *m.* **5** CHIM. GEOL. sedimento *m.* **Ab|satz|be|din|gun|gen** pl. condizioni *f.pl.* di vendita. **Ab|satz|be|schrän|kun|gen** pl. restrizioni *f.pl.* alle vendite. **ab|satz|fä|hig** agg. di facile smercio, smerciabile. **Ab|satz|flau|te** f. *(-,-n)* ristagno *m.* delle vendite. **Ab|satz|för|de|rung** f. *(-,-en)* promozione *f.* delle vendite. **Ab|satz|ge|biet** n. *(-[e]s,-e)* area *f.* di vendita, mercato *m.* **Ab|satz|ge|stein** n. *(-[e]s,-e)* GEOL. roccia *f.* sedimentaria. **Ab|satz|kos|ten** pl. costi *m.pl.* di vendita. **Ab|satz|kri|se** f. *(-,-n)* crisi *f.* di mercato. **Ab|satz|markt** m. *(-[e]s,-märkte)* mercato *m.* di vendita, di smercio. **Ab|satz|men|ge** f. *(-,-n)* quantità *f.* smerciata, venduta. **Ab|satz|mög|lich|keit** f. *(-,-en)* possibilità *f.* di vendita, di smercio. **Ab|satz|po|li|tik** f. *(-)* politica *f.* delle vendite. **Ab|satz|quel|le** f. *(-,-n)* sbocco *m.* di mercato. **Ab|satz|quo|te** f. *(-,-n)* percentuale *f.* di vendita. **Ab|satz|vo|lu|men** n. *(-s, -volumina)* volume *m.* delle vendite. **ab|satz|wei|se** avv. paragrafo per paragrafo.

ab_sau|fen intr. *(säuft, soff, gesoffen;* aus. *sein)* **1** *(untergehen)* affondare, colare a picco **2** *(ertrinken)* affogare **3** COLLOQ. ingolfarsi: ***der Motor ist abgesoffen*** il motore si è ingolfato **4** MIN. riempirsi d'acqua, allagarsi: ***die Grube ist abgesoffen*** la miniera si è allagata.

Ab|saug|an|la|ge f. *(-,-n)* impianto *m.* di aspirazione, aspiratore *m.* **ab_sau|gen** tr. *(sog, gesogen)* **1** *(durch Saugen entfernen)* aspirare **2** *(durch Saugen säubern)* pulire (con l'aspirapolvere). **Ab|saug|pum|pe** f. *(-,-n)* pompa *f.* aspirante. **Ab|sau|gung** f. *(-,-en)* aspirazione *f.*

ab_sau|sen intr. (aus. *sein*) COLLOQ. sfrecciare via.

ab_scha|ben tr. **1a** *(durch Schaben entfernen)* raschiare via, togliere raschiando **b** COLLOQ. ***den Bart ~*** radere la barba **2** *(durch Schaben säubern, glätten)* raschiare, pulire raschiando. **Ab|schab|sel** n. *(-s,-)* frammento *m.* di raschiatura.

ab_schaf|fen tr. **1** abolire, annullare, eliminare; *(Gesetze)* abrogare **2a** *(für immer fortgeben)* ***etw. ~*** non tenere più qcs., disfarsi di qcs.: ***den Fernseher ~*** rinunciare a usare il televisore **b** COLLOQ. FIG. ***jdn ~*** mandare via, licenziare qcn. **Ab|schaf|fung** f. *(-,-en)* **1a** abolizione *f.*, annullamento *m.*; *(von Gesetzen)* abrogazione *f.* **b** eliminazione *f.*, soppressione *f.* **2** COLLOQ. licenziamento *m.*

ab_schä|len I tr. **1** ***etw. ~*** togliere la buccia (*o* la corteccia, la crosta) a qcs.: ***eine Banane ~*** sbucciare una banana; ***den Baumstamm ~*** scortecciare il tronco dell'albero **2** ***die Brotrinde ~*** togliere la crosta al pane **II** rifl. **sich** ~ staccarsi; *(von Haut)* squamarsi.

ab_schal|ten I tr. **1** EL. interrompere, disinserire; *(Strom)* staccare **2** *(ausschalten)* spegnere: ***das Gerät ~*** spegnere l'apparecchio **II** intr. (aus. *haben*) COLLOQ. **1** estraniarsi **2** *(sich entspannen)* staccare la spina, non pensare più a niente. **Ab|schal|tung** f. *(-,-en)* EL. interruzione *f.*, disinserimento *m.*, distacco *m.*

ab_schat|ten tr. **1** → **abschattieren** **2** ombreggiare, oscurare.

ab_schat|tie|ren tr. sfumare. **Ab|schat|tie|rung** f. *(-,-en)* sfumatura *f.* **Ab|schat|tung** f. *(-,-en)* **1** *(Abschattierung)* sfumatura *f.* **2** ombreggiamento *m.*, ombreggiatura *f.*

ab_schät|zen tr. **1** valutare, stimare (anche FIG.): ***etw. nach seinem Wert ~*** stimare qcs. secondo il suo valore; ***eine Entfernung ~*** calcolare una distanza; FIG. ***die Situation ~*** valutare la situazione **2** ***jdn ~*** squadrare qcn. **ab|schät|zig** I agg. sprezzante, sfavorevole **II** avv. in modo sprezzante, sfavorevole. **Ab|schät|zung** f. *(-,-en)* valutazione *f.*, stima *f.*

Ab|schaum m. *(-[e]s)* **1** schiuma *f.* **2** FIG. schiuma *f.*, feccia *f.*, rifiuto *m.* **ab_schäu|men** tr. schiumare.

ab_schei|den *(schied, geschieden)* **I** tr. **1** RAR. dividere, separare **2** *(ausscheiden)* espellere, eliminare: ***die Wunde scheidet Eiter ab*** la ferita fa materia, pus **3a** CHIM. precipitare: ***die Lösung hat Salz abgeschieden*** la soluzione ha precipitato sale **b** *(Metalle)* raffinare, depurare **II** intr. (aus. *sein*) trapassare, decedere **III** rifl. **sich** ~ **1** RAR. separarsi, isolarsi **2** CHIM. depositarsi, precipitare: ***in der Lösung scheidet sich Kupfer ab*** nella soluzione è precipitato rame. **Ab|schei|der** m. *(-s,-)* separatore *m.* **Ab|schei|dung** f. *(-,-en)* separazione *f.*

ab_sche|ren tr. **1** tagliare (via) **2** *(Schafe)* tosare **3** *(Metallstücke)* tranciare.

Ab|scheu m. *(-[e]s)* e RAR. f. *(-)* ripugnanza *f.*, disgusto *m.*, avversione *f.*: ***vor jdm, etw. ~ empfinden*** provare disgusto, avversione per qcn., per qcs.; ***in, bei jdm ~ erregen*** suscitare ribrezzo, avversione in qcn.; ***~ erregend*** ripugnante, spregevole.

ab‿scheu|ern I tr. 1 togliere (sfregando) 2 *(durch Scheuern säubern)* pulire (sfregando) 3 *(durch Scheuern abnützen)* logorare, consumare (sfregando) II rifl. **sich ~** logorarsi, consumarsi (sfregando) ◆ ***sich (D) die Haut am Arm ~*** sbucciarsi il braccio.

ab|scheu|lich I agg. 1 ripugnante, disgustoso 2 *(schändlich)* infame, ignobile II avv. 1 in modo infame, ignobile 2 rafforz. tremendamente: ***es tut ~ weh*** fa tremendamente male. **Ab|scheu|lich|keit** f. *(-,-en)* 1 cosa *f.* ripugnante (*o* disgustosa) 2 *(Schändlichkeit)* scelleratezza *f.*, infamia *f.*

ab‿schi|cken tr. spedire, inviare, mandare.

Ab|schie|be|haft f. *(-)* arresto *m.* per l'espulsione. **ab‿schie|ben** *(schob, geschoben)* I tr. 1a scostare (spingendo) b FIG. allontanare: ***etw. von sich ~*** allontanare qcs. da sé; ***die Schuld auf andere ~*** far ricadere la colpa su altri 2a ***jdn ~*** allontanare qcn., disfarsi (*o* liberarsi) di qcn.: ***eine alte Frau ins Altersheim ~*** liberarsi di una donna anziana mettendola in un ospizio b *(ausweisen)* espellere, bandire: ***Ausländer ~*** espellere stranieri II intr. (aus. *sein*) COLLOQ. andarsene. **Ab|schie|bung** f. *(-,-en)* 1 allontanamento *m.* 2 *(Ausweisung)* espulsione *f.* **Ab|schie|bungs|haft** → **Abschiebehaft.**

Ab|schied m. *(-[e]s,-e)* 1a separazione *f.*, distacco *m.*; *(Abreise)* partenza *f.* b ***von jdm ~ nehmen*** prendere commiato, congedo da qcn. 2 ANT. *(Entlassung)* licenziamento *m.*, congedo *m.*: ***jdm den ~ erteilen, geben*** congedare qcn., dare il benservito a qcn.; ***seinen ~ nehmen, einreichen*** licenziarsi, dare le dimissioni, MIL. congedarsi; ***als Major seinen ~ nehmen*** congedarsi col grado di maggiore. **Ab|schieds|abend** m. *(-s,-e)* serata *f.* d'addio. **Ab|schieds|be|such** m. *(-[e]s,-e)* visita *f.* di commiato, di congedo. **Ab|schieds|brief** m. *(-[e]s,-e)* lettera *f.* d'addio. **Ab|schieds|fei|er** f. *(-,-n)* festa *f.* d'addio. **Ab|schieds|ge|such** n. *(-[e]s,-e)* MIL. richiesta *f.* di congedo. **Ab|schieds|kuss** m. *(-es,-küsse)* bacio *m.* d'addio. **Ab|schieds|schmerz** m. *(-es,-en)* dolore *m.* della separazione. **Ab|schieds|trunk** m. *(-[e]s,-trünke)* bicchierata *f.* d'addio, bicchiere *m.* della staffa. **Ab|schieds|vor|stel|lung** f. *(-,-en)* rappresentazione *f.* d'addio. **Ab|schieds|wort** n. *(-[e]s,-e)* parola *f.* di commiato, di congedo.

ab‿schie|ßen tr. *(schoss, geschossen)* 1a tirare, sparare; *(Pfeile)* scoccare; *(Raketen)* lanciare b FIG. ***Blicke, Fragen ~*** lanciare occhiate, sparare domande 2 scaricare (sparando): ***ein Gewehr ~*** scaricare un fucile 3 COLLOQ. *(aus seiner Stellung entfernen)* silurare: ***einen Politiker ~*** silurare un politico 4 *(durch Schießen töten)* uccidere, abbattere: ***jdn aus dem Hinterhalt ~*** sparare a qcn. a tradimento 5 *(Flugzeuge)* abbattere; *(Panzer)* colpire in pieno, distruggere 6 *(mit einem Schuss wegreißen)* portar via con un colpo (d'arma da fuoco): ***man hat ihm im Krieg den Arm abgeschossen*** in guerra gli è stato portato via il braccio con un colpo. **Ab|schie|ßen**, ***zum ~ aussehen*** avere un aspetto ridicolo; ***er ist zum ~!*** da spararagli! è odioso!

ab‿schin|den rifl. *(schindete, geschunden)* COLLOQ. **sich ~** rompersi la schiena, sfacchinare ◆ ANT. ***sich (D) die Haut am Knie ~*** sbucciarsi il ginocchio.

Ab|schirm|dienst m. *(-[e]s,-e)* servizio *m.* di controspionaggio.

ab‿schir|men tr. 1 *(mit etw. verdecken)* schermare 2 *(Licht, Lärm, radioaktive Strahlen)* trattenere, fermare 3 *(schützen)* proteggere: ***seine Augen mit der Hand ~*** proteggersi gli occhi con la mano; ***jdn gegen schädliche Einflüsse ~*** proteggere qcn. da influssi pericolosi. **Ab|schir|mung** f. *(-,-en)* 1 schermatura *f.* 2 *(Schützen)* protezione *f.*

ab‿schir|ren tr. ***ein Pferd ~*** togliere i finimenti a un cavallo.

ab‿schlach|ten tr. 1 macellare, scannare 2 *(Menschen)* massacrare, trucidare. **Ab|schlach|tung** f. *(-,-en)* 1 macellazione *f.* 2 *(von Menschen)* massacro *m.*, macello *m.*

Ab|schlag m. *(-[e]s,-schläge)* 1 ribasso *m.*, riduzione *f.* 2 *(Rate)* rata *f.*: ***auf ~ kaufen*** comprare a rate 3 *(Anzahlung)* acconto *m.*: ***auf ~*** in acconto; ***ein ~ auf den Lohn*** un acconto sullo stipendio 4 *(von Bäumen, Wäldern)* abbattimento *m.*, taglio *m.* 5 ECON. disaggio *m.* 6 SPORT rinvio *m.* 7 TIP. prova *f.* di stampa. **ab‿schla|gen** *(schlägt, schlug, geschlagen)* I tr. 1 staccare, distaccare (battendo); ***Oliven ~*** bacchiare olive 2 *(abschneiden)* tagliare, troncare: ***Äste (vom Baum) ~*** tagliare rami (dall'albero); ***Bäume, Wälder ~*** tagliare alberi, abbattere foreste; ***jdm den Kopf ~*** tagliare la testa a qcn. 3 REGION. *(ein Gerüst)* smontare 4 ***etw. vom Preis ~*** togliere qcs. dal prezzo 5 MIL. respingere: ***einen Angriff ~*** respingere un attacco 6 *(verweigern)* rifiutare, ricusare: ***eine Einladung ~*** ricusare un invito 7 SPORT ***den Ball ~*** rinviare la palla II rifl. **sich ~** RAR. depositarsi, posarsi.

ab|schlä|gig I agg. negativo: ***eine -e Antwort*** una risposta negativa, un rifiuto II avv. ***etw. ~ bescheiden*** respingere, rifiutare qcs. **ab|schläg|lich** agg. ANT. in acconto.

Ab|schlags|zah|lung f. *(-,-en)* 1 acconto *m.*, anticipo *m.*: ***eine ~ auf sein Gehalt erhalten*** ricevere un anticipo sul proprio stipendio 2 *(Ratenzahlung)* pagamento *m.* rateale; rata *f.*

ab‿schläm|men tr. 1 dilavare e depositare sotto forma di fango: ***der Regen hat viel Erdreich abgeschlämmt*** la pioggia ha dilavato molto terreno, depositandolo sotto forma di fango 2 *(von Schlamm reinigen)* sfangare, pulire dal fango.

ab‿schle|cken tr. REGION. → **ablecken.**

ab‿schlei|fen *(schliff, geschliffen)* I tr. 1 togliere con la mola 2 *(durch Schleifen glätten)* molare, levigare II rifl. **sich ~** 1 consumarsi, logorarsi (per l'attrito) 2 FIG. dirozzarsi, ingentilirsi.

Ab|schlepp|dienst m. *(-[e]s,-e)* soccorso *m.* stradale. **ab‿schlep|pen** I tr. 1a rimorchiare, trainare b COLLOQ. FIG. rimorchiare: ***hat er wieder eine abgeschleppt?*** ne ha rimorchiata un'altra? 2 COLLOQ. *(mitnehmen)* portare, trascinare: ***er hat mich in die Disko abgeschleppt*** mi ha trascinato in discoteca II rifl. COLLOQ. ***sich mit etw. ~*** stancarsi trascinando qcs. **Ab|schlepp|seil** n. *(-[e]s,-e)* cavo *m.* per rimorchio. **Ab|schlepp|stan|ge** f. *(-,-n)* barra *f.* di traino (*o* per rimorchio). **Ab|schlepp|wa|gen** m. *(-s,-)* carro *m.* attrezzi.

ab‿schlie|ßen *(schloss, geschlossen)* I tr. 1 *(mit einem Schlüssel zuschließen)* chiudere a chiave 2a *(trennen)* separare b FIG. ***jdn von etw. ~*** tenere lontano, escludere qcn. da qcs. 3 *(beenden)* terminare, ultimare: ***ein Studium ~*** terminare gli studi 4a *(vereinbaren)* fissare, stabilire b concludere, stipulare: ***Geschäfte ~*** concludere affari; ***eine Versicherung ~*** stipulare un'assicurazione II intr. (aus. *haben*) 1a terminare, finire b COMM. ***mit Verlust, mit Gewinn ~*** chiudere in perdita, in attivo 2 FIG. *(zu einem Ende kommen)* ***mit jdm, etw. ~*** farla finita, chiudere con qcn., qcs.; ***mit der Vergangenheit ~*** rompere con il passato III rifl. ***sich von etw. ~*** isolarsi da qcs. ◆ ***etw. hermetisch, luftdicht ~*** chiudere qcs. ermeticamente. **ab|schlie|ßend** I p.pres. agg. 1 → **abschließen** 2 conclusivo, finale II avv. infine, per concludere, concludendo. **Ab|schlie|ßung** f. *(-)* 1 il chiudere a chiave 2 ***~ vor etw.*** l'isolarsi, segregazione *f.* da qcs.

Ab|schluss m. *(-es,-schlüsse)* 1a chiusura *f.*: ***luftdichter ~*** chiusura a tenuta d'aria b COMM. ***~ der Konten*** chiusura dei conti 2 *(Beendigung)* termine *m.*, fine *f.*, conclusione *f.*: ***nach ~ des Studiums*** terminati gli studi; ***einen ~ finden*** trovare una conclusione, finire 3a *(Vereinbarung)* conclusione *f.*, stipulazione *f.* b accordo *m.*, affare *m.* 4 COLLOQ. *(Abschlussprüfung)* esame *m.* finale 5 SPORT tiro *m.*, conclusione *f.* a rete ◆ ***etw. zum ~ bringen*** portare a termine, portare a compimento; ***zum ~ gelangen, kommen*** giungere a conclusione, concludersi. **Ab|schluss|ball** m. *(-[e]s,-bälle)* ballo *m.* finale. **Ab|schluss|no|te** f. *(-,-n)* voto *m.* di scrutinio, finale. **Ab|schluss|prü|fung** f. *(-,-en)* 1 esame *m.* finale, di licenza 2 ECON. revisione *f.* del bilancio. **Ab|schluss|rech|nung** f. *(-,-en)* consuntivo *m.*, conto *m.* finale. **Ab|schluss|zah|lung** f. *(-,-en)* pagamento *m.* a saldo, saldo *m.* **Ab|schluss|zeug|nis** n. *(-ses,-se)* diploma *m.*

ab‿schmäl|zen tr. condire con burro fuso.

ab‿schmat|zen tr. COLLOQ. sbaciucchiare.

ab‿schme|cken tr. 1 condire (dopo aver assaggiato) 2 *(schmeckend prüfen)* assaggiare, degustare 3 *(nach Geschmack hinzufügen)* correggere, aggiustare: ***mit Salz und Pfeffer ~*** aggiustare di sale e pepe.

ab‿schmei|cheln tr. ***jdm etw. ~*** ottenere qcs. da qcn. con lusinghe.

ab‿schmei|ßen tr. *(schmiss, geschmissen)* COLLOQ. → **abwerfen.**

Ab|schmelz|draht m. *(-[e]s,-drähte)* filo *m.* fusibile. **ab‿schmel|zen** *(schmilzt, schmolz, geschmolzen)* I tr. fondere II intr. (aus. *sein*) fondersi, fondere. **Ab|schmelz|si|che|rung** f. *(-,-en)* tagliacircuito *m.* fusibile. **Ab|schmel|zung** f. *(-,-en)* fusione *f.*

ab‿schmet|tern tr. COLLOQ. respingere con violenza.

ab‿schmie|ren I tr. 1 MECC. lubrificare, ingrassare 2 COLLOQ. *(unsauber abschreiben)* copiare, scopiazzare II intr. (aus. *sein*) AER. cadere in picchiata. **Ab|schmier|fett** n. *(-[e]s,-e)* grasso *m.* lubrificante. **Ab|schmier|gru|be** f. *(-,-n)* fossa *f.* per riparazioni. **Ab|schmier|sta|ti|on** f. *(-,-en)* stazione *f.* di servizio per l'ingrassaggio.

ab‿schmin|ken I tr. struccare II rifl. **sich ~** 1 struccarsi 2 COLLOQ. ***sich (D) etw. ~*** rinunciare a qcs. **Ab|schmin|ken** n. *(-s)* strucco *m.*

ab‿schmir|geln tr. smerigliare.

Abschn. ⇒ *Abschnitt* sezione (sez.).

ab‿schnal|len I tr. sfibbiare, slacciare II intr. (aus. *haben*) COLLOQ. stancarsi, lasciar perdere ◆ ***ich schnall ab!*** non è possibile!

ab‿schnap|pen I intr. 1 COLLOQ. smettere improvvisamente, interrompersi: ***mitten im Satz ~*** interrompersi nel bel mezzo di una frase **2** VOLG. *(sterben;* aus. *sein)* crepare, tirare le cuoia **II** tr. *(abfangen)* acchiappare, acciuffare; ***jdn an der Haustür ~*** bloccare qcn. sulla porta.

ab‿schnei|den *(schnitt, geschnitten)* **I** tr. **1** tagliare (via): ***jdm die Haare, den Bart ~*** tagliare i capelli, la barba a qcn. **2** ***jdm den Fluchtweg ~*** sbarrare la via d'uscita a qcn.; MIL. ***den Rückzug ~*** tagliare la ritirata **3a** *(unterbinden)* troncare, interrompere **b** *(Möglichkeit, Hoffnung)* togliere **II** intr. (aus. *haben*) COLLOQ. *(abschließen)* cavarsela: ***bei einer Prüfung gut ~*** cavarsela bene a un esame ◆ ***den Weg ~*** accorciare la strada, tagliare; ***dieser Weg schneidet ab*** per questa strada si taglia; ***jdm das Wort ~*** troncare la parola in bocca a qcn., interrompere qcn.

ab‿schnel|len I tr. scoccare **II** intr. (aus. *sein*) **1** *(von Pfeil)* partire **2** *(losspringen)* scattare, spiccare un salto **III** rifl. **sich ~** spiccare un salto.

Ab|schnitt m. *(-[e]s,-e)* **1** parte *f.*, sezione *f.*; *(Paragraph)* paragrafo *m.*; *(Kapitel)* capitolo *m.* **2a** *(eines Geländes)* settore *m.*, zona *f.*; appezzamento *m.* **b** EX-RDT *(Bezirk)* quartiere *m.* **3** *(Periode)* periodo *m.* **4** *(abtrennbares Stück)* pezzo *m.*, ritaglio *m.* **5** *(Coupon)* tagliando *m.* **6** GEOM. segmento *m.* **Ab|schnitts|glie|de|rung** f. *(-,-en)* suddivisione *f.* numerica o alfabetica di un capitolo. **ab|schnitt(s)|wei|se** avv. per sezioni, per capitoli.

ab‿schnü|ren tr. **1** MED. legare strettamente, allacciare **2** FIG. *(finanziell ruinieren)* rovinare economicamente, tagliare fuori **3** *(blockieren)* chiudere, bloccare ◆ ***jdm die Luft ~*** togliere il fiato a qcn. (anche FIG.). **Ab|schnü|rung** f. *(-,-en)* **1** MED. legatura *f.* **2** FIG. rovina *f.*, isolamento *m.*

ab‿schöp|fen tr. **1** schiumare, sgrassare: ***den Rahm von der Milch ~*** scremare il latte **2a** FIG. ridurre, prelevare: ***Geld ~*** ridurre la circolazione monetaria **b** ***Gewinne ~*** tassare gli utili ◆ ***den Rahm ~*** prendersi il meglio. **Ab|schöp|fung** f. *(-,-en)* **1** lo scremare, lo sgrassare **2** FIG. prelievo *m.*, riduzione *f.*, assorbimento *m.*

ab‿schot|ten tr. **1** MAR. compartimentare **2** FIG. isolare: ***etw. gegen alle Einflüsse von außen ~*** isolare qcs. da (*o* chiudere qcs. a) ogni influenza esterna. **Ab|schot|tung** f. *(-,-en)* **1** compartimentazione *f.* **2** FIG. isolamento *m.*, chiusura *f.*

ab‿schrä|gen tr. **1** MECC. tagliare obliquamente, bisellare **2** EDIL. rendere obliquo. **Ab|schrä|gung** f. *(-,-en)* **1** MECC. taglio *m.* obliquo, bisello *m.* **2** EDIL. *(der Mauer)* strombatura *f.*

ab‿schram|men I tr. COLLOQ. scalfire, escoriare **II** intr. (aus. *sein*) **1** REGION. andarsene, sparire **2** COLLOQ. morire.

ab‿schrau|ben tr. svitare.

ab‿schre|cken tr. **1** intimorire, scoraggiare, distogliere: ***sich durch nichts ~ lassen*** non lasciarsi scoraggiare da nulla **2** GASTR. raffreddare (con l'acqua): ***die gekochten Eier ~*** raffreddare le uova sode **3** CHIM. METALL. raffreddare, temprare. **ab|schre|ckend I** p.pres. agg. **1** → **abschrecken 2** ammonitore, intimidatorio: ***ein -es Beispiel*** un esempio ammonitore **II** avv. spaventosamente: ***~ hässlich*** spaventosamente brutto. **Ab|schre|ckung** f. *(-,-en)* intimidazione *f.* **Ab|schre|ckungs|mit|tel** n. *(-s,-)* mezzo *m.* d'intimidazione, intimidatorio; deterrente *m.* **Ab|schre|ckungs|stra|fe** f. *(-,-n)* punizione *f.* intimidatoria. **Ab|schre|ckungs|stra|te|gie** f. *(-,-n)* strategia *f.* di dissuasione.

ab‿schrei|ben *(schrieb, geschrieben)* **I** tr. **1a** copiare, trascrivere **b** *(unerlaubt)* copiare **2** ECON. ammortizzare, ammortare **3** *(abziehen)* detrarre **4** *(durch Schreiben abnutzen)* consumare (a forza di scrivere) **II** intr. (aus. *haben*) ***jdm ~*** disdire un invito, un appuntamento con qcn. (per lettera) **III** rifl. **sich ~** consumarsi (scrivendo). **Ab|schrei|ber** m. *(-s,-)* copista *m.* **Ab|schrei|be|rei** f. *(-,-en)* COLLOQ. **1** arte *f.* del copiare **2** copiatura *f.* **Ab|schrei|bung** f. *(-,-en)* **1** ammortamento *m.* **2** *(abzuschreibender, abgeschriebener Betrag)* detrazione *f.*

ab‿schrei|en rifl. *(schrie, geschrien)* **sich ~** stancarsi per il troppo gridare, spolmonarsi.

ab‿schrei|ten tr. *(schritt, geschritten)* **1** *(mit Schritten abmessen)* misurare a passi **2** *(prüfend entlanggehen)* passare in rassegna.

Ab|schrift f. *(-,-en)* trascrizione *f.*; *(Kopie)* copia *f.*, duplicato *m.*: ***beglaubigte ~*** copia autenticata; ***eine ~ anfertigen*** fare una copia. **ab|schrift|lich I** agg. trascritto **II** avv. in copia.

Ab|schrot m. *(-[e]s,-e)* tagliolo *m.* **ab‿schro|ten** tr. **1** *(Stahl)* tagliare con il tagliolo **2** *(Getreide)* macinare grosso.

ab‿schrub|ben tr. COLLOQ. **1a** *(mit einer Bürste reinigen)* spazzolare **b** ***den Dreck ~*** raschiare via la sporcizia **2** *(zurücklegen)* ***500 km ~*** lasciarsi dietro (*o* farsi) 500 km.

ab‿schuf|ten rifl. **sich ~** ammazzarsi di lavoro, sfacchinare.

ab‿schup|pen tr. squamare. **Ab|schup|pung** f. *(-,-en)* lo squamarsi.

ab‿schür|fen tr. scalfire, escoriare. **Ab|schür|fung** *(-,-en)* scalfittura *f.*, escoriazione *f.*

Ab|schuss m. *(-es,-schüsse)* **1a** sparo *m.*, scarica *f.* **b** *(von Raketen)* lancio *m.* **2** VENAT. uccisione *f.*, abbattimento *m.* **3a** *(von Flugzeugen)* abbattimento *m.* **b** *(von Panzern)* distruzione *f.* ◆ ***das ist der ~!*** da spararglì! **Ab|schuss|ba|sis** f. *(-,-basen)* base *f.* di lancio.

ab|schüs|sig agg. erto, ripido, scosceso.

Ab|schuss|lis|te f. *(-,-n)* **1** lista *f.* degli animali da abbattere **2** FIG. lista *f.* nera: ***jdn auf die ~ setzen*** mettere qcn. sulla lista nera.

Ab|schuss|ram|pe f. *(-,-n)* rampa *f.* di lancio.

ab‿schüt|teln tr. **1** pulire scuotendo, scuotere: ***das Tischtuch ~*** scuotere la tovaglia **2a** *(durch Schütteln entfernen)* scuotere via, far cadere (scuotendo): ***den Schnee vom Mantel ~*** scuotere via la neve dal cappotto **b** FIG. ***die Müdigkeit, die Sorgen ~*** scuotersi di dosso la stanchezza, liberarsi dalle preoccupazioni **3** ***jdn ~*** liberarsi (*o* sbarazzarsi) di qcn., togliersi dai piedi qcn.

ab‿schüt|ten tr. **1** versare, gettare via (una parte) **2** *(vom Kochwasser befreien)* scolare: ***die Kartoffeln ~*** scolare le patate.

ab‿schwä|chen I tr. **1** indebolire **2** *(mildern)* attenuare, smorzare: ***den Lärm ~*** attutire il rumore; ***eine Äußerung ~*** addolcire un'espressione **3** FOT. indebolire **II** rifl. **sich ~** attenuarsi, affievolirsi, diminuire. **Ab|schwä|cher** m. *(-s,-)* **1** FOT. bagno *m.* d'indebolimento **2** ELETTRON. attenuatore *m.* **Ab|schwä|chung** f. *(-,-en)* **1** indebolimento *m.* **2** *(Milderung)* attenuazione *f.*, smorzamento *m.*

ab‿schwat|zen, REGION. **ab‿schwät|zen** tr. COLLOQ. ***jdm etw. ~*** farsi dare (*o* ottenere) qcs. da qcn. a furia di parlare.

ab‿schwei|fen I intr. (aus. *sein*) allontanarsi, deviare: ***vom Weg ~*** allontanarsi dalla strada; FIG. ***vom Thema ~*** allontanarsi dal tema, divagare **II** tr. segare, tagliare (con la sega a telaio). **ab|schwei|fend** p.pres. agg. **1** → **abschweifen 2** digressivo. **Ab|schwei|fung** f. *(-,-en)* divagazione *f.*, digressione *f.*

ab‿schwel|len intr. *(schwillt, schwoll, geschwollen;* aus. *sein)* **1** sgonfiarsi **2** *(leiser werden)* diminuire.

ab‿schwem|men tr. portare via, trascinare via.

ab‿schwen|ken I tr. ANT. risciacquare **II** intr. (aus. *sein*) deviare: ***vom Weg ~*** deviare dalla strada, cambiare direzione, svoltare; MIL. fare una conversione; FIG. ***vom Jurastudium ~*** abbandonare la facoltà di giurisprudenza.

ab‿schwim|men *(schwamm, geschwommen)* **I** intr. (aus. *sein*) **1** allontanarsi a nuoto **2** REGION. *(weggehen)* allontanarsi **II** tr. ***eine halbe Stunde ~*** fare mezz'ora di nuoto, nuotare una mezz'ora ◆ COLLOQ. ***überflüssiges Gewicht ~*** perdere peso superfluo (nuotando).

ab‿schwin|deln tr. ***jdm etw. ~*** frodare, truffare qcs. a qcn.

ab‿schwin|gen intr. *(schwang, geschwungen;* aus. *haben)* **1** GINN. balzare (da un attrezzo a fine esercizio) **2** *(beim Ski)* derapare per fermarsi.

ab‿schwir|ren intr. (aus. *sein*) **1** volare via con un frullo d'ali **2** COLLOQ. FIG. allontanarsi in fretta.

ab‿schwit|zen intr. (aus. *haben*) ***5 Kilo ~*** perdere 5 chili (sudando per attività fisica) ◆ COLLOQ. ***sich einen ~*** sudare da morire.

ab‿schwö|ren *(schwur/schwor, geschworen)* **I** intr. (aus. *haben*) **1** abiurare, rinnegare: ***seinem Glauben ~*** rinnegare la propria fede **2** ***etw. (D) ~*** giurare di rinunciare a qcs.: ***dem Alkohol ~*** giurare di rinunciare all'alcol **II** tr. ANT. ***einen Diebstahl ~*** giurare di non aver rubato. **Ab|schwö|rung** f. *(-,-en)* **1** abiura *f.*, rinuncia *f.* solenne **2** *(Ableugnen)* giuramento *m.* (di non aver fatto qcs.).

Ab|schwung m. *(-[e]s,-schwünge)* **1** GINN. salto *m.*, balzo *m.* (da un attrezzo, per fermarsi) **2** *(beim Ski)* rallentamento *m.* (*o* arresto *m.*) facendo una curva **3** ECON. recessione *f.*

ab‿se|geln I intr. (aus. *sein*) **1** salpare, far vela **2** chiudere la stagione velica **II** tr. ***(eine Strecke von) 10 000 km ~*** veleggiare per 10 000 km; ***die Küste ~*** veleggiare lungo la costa. **Ab|se|geln** n. *(-s)* chiusura *f.* della stagione velica.

ab‿seg|nen tr. COLLOQ. autorizzare, approvare.

ab|seh|bar agg. **1** prevedibile, calcolabile **2** prossimo, non troppo lontano: ***in -er Zeit*** fra non molto tempo.

ab‿se|hen *(sieht, sah, gesehen)* **I** tr. **1a** ***jdm etw. ~*** apprendere, imparare qcs. da qcn. (osservando) **b** FIG. ***jdm etw. an den Augen ~*** leggere qcs. negli occhi di qcn. **c** ***die Worte vom Mund ~*** leggere le parole sulle labbra **2** SCOL. copiare **3** *(voraussehen)* prevedere, calcolare: ***die Folgen lassen sich nicht ~*** non si possono prevedere le conseguenze **II** intr. (aus. *haben*) **1** ***von etw. ~*** prescindere da qcs.; *(auf etw. verzichten)* desistere da qcs., rinunciare a qcs.; ***von einem Plan ~*** abbandonare un progetto **2** *(von Gehörlosen)* leggere sulle labbra ◆ ***es auf etw. (A) abgesehen haben*** mirare a qcs.; ***es auf jdn abgesehen haben*** avere delle mire su qcn.; *(jdn schikanieren)* prendere di mira qcn., prendersela con qcn.

ab‿sei|fen tr. lavare (*o* pulire) col sapone.
ab‿sei|hen tr. filtrare.
ab‿sei|len I tr. calare con una fune **II** rifl. **sich ~ 1a** calarsi con una fune **b** ALP. calarsi a corda doppia **2** COLLOQ. *(weggehen)* tagliare la corda, svignarsela.
Ab|sei|te f. *(-,-n)* rovescio *m.* (di un tessuto).
ab|sei|tig agg. **1** *(abgelegen)* fuori mano, discosto **2** *(skurril)* strano, strambo, stravagante: ***eine -e Idee*** un'idea stramba. **Ab|sei|tig|keit** f. *(-,-en)* **1** l'essere fuori mano **2** l'essere insolito, stravaganza *f.*, stramberia *f.*
ab|seits I prep. + gen. lontano da **II** avv. **1** fuori mano, discosto, in disparte **2** SPORT ***~ sein, stehen*** essere in fuorigioco. **Ab|seits** n. *(-,-)* SPORT fuorigioco *m.*: ***im ~ stehen*** essere in fuorigioco. **Ab|seits|re|gel** f. *(-)* SPORT regola *f.* del fuorigioco. **Ab|seits|stel|lung** f. *(-,-en)* SPORT posizione *f.* di fuorigioco.
ab‿sen|den tr. *(sandte/*RAR. *sendete, gesandt/*RAR. *gesendet)* mandare, spedire, inviare. **Ab|sen|der** m. *(-s,-)* **1** *(von Briefen, Paketen)* mittente *m.*; speditore *m.* **2** *(Adresse)* indirizzo *m.* del mittente. **Ab|sen|dung** f. *(-,-en)* spedizione *f.*, invio *m.*; ***die ~ von einer Delegation*** l'invio di una delegazione.
ab‿sen|gen tr. **1** *(Federreste)* togliere fiammeggiando **2** *(Geflügel)* fiammeggiare, strinare.
ab‿sen|ken I tr. **1** TECN. abbassare, calare: ***das Grundwasser ~*** abbassare il livello dell'acqua freatica **2** AGR. propagginare **II** rifl. **sich ~** abbassarsi, declinare. **Ab|sen|ken** n. *(-s)* propagginazione *f.*: ***durch ~ vermehren*** riprodurre per propagginazione. **Ab|sen|ker** m. *(-s,-)* AGR. propaggine *f.* **Ab|sen|kung** f. *(-,-en)* abbassamento *m.*
ab|sen|tie|ren rifl. **sich ~** ANT. assentarsi. **Ab|sen|tis|mus** m. *(-, Absentismen)* assenteismo *m.* **Ab|senz** f. *(-,-en)* assenza *f.*
ab‿ser|vie|ren I tr. **1a** *(gebrauchtes Geschirr)* togliere dalla tavola **b** ***den Tisch ~*** sparecchiare la tavola **2a** COLLOQ. ***jdn ~*** dare il benservito a qcn., liquidare qcn. **b** *(ermorden)* fare fuori **II** intr. (aus. *haben*) sparecchiare.
ab|setz|bar agg. **1** *(abziehbar)* deducibile, detraibile **2** *(absatzfähig)* di facile smercio, smerciabile **3** *(vom Träger eines Amtes)* che può essere deposto, destituito. **Ab|setz|be|cken** n. *(-s,-)* vasca *f.* di sedimentazione.
ab‿set|zen I tr **1** posare, deporre: ***den Koffer ~*** posare la valigia; ***das Gewehr ~*** deporre il fucile **2** *(abnehmen)* togliersi, posare: ***den Hut, die Brille ~*** togliersi il cappello, gli occhiali **3** *(ablagern)* depositare **4** *(von Pferden)* disarcionare **5** *(aussteigen lassen)* lasciare, scaricare **6a** *(vom Thron)* deporre; *(von einem Amt)* destituire **b** ***eine Regierung ~*** far cadere un governo **7** *(absagen)* annullare, revocare **8** *(abbrechen)* interrompere; ***die Pille ~*** interrompere l'uso della pillola; ***ohne abzusetzen trinken*** bere tutto d'un fiato **9** COMM. vendere, smerciare **10** *(abziehen)* dedurre, detrarre **11** *(junge Säugetiere)* svezzare, divezzare **12** TIP. comporre **13** MAR. *(abstoßen)* scostare, spingere (via) **14** *(besetzen)* guarnire, ornare; ***etw. rot ~*** filettare qcs. di rosso **II** rifl. **sich ~ 1** *(sich ablagern)* depositarsi, posarsi **2** *(sich abheben)* risaltare, spiccare: ***die Berge setzen sich gegen den Himmel ab*** le montagne si stagliano contro il cielo **3a** COLLOQ. svignarsela, battersela **b** MIL. ritirarsi ◆ ***heute setzt es noch (et)was ab!*** oggi voleranno botte! ***die Zeile ~*** andare a capo. **Ab|set|zung** f. *(-,-en)* **1** destituzione *f.*, deposizione *f.*; ***eine vorläufige ~*** una sospensione **2** *(Absagung)* annullamento *m.*, revoca *f.*
ab‿si|chern I tr. **1** assicurare, rendere sicuro: ***einen Balken mit Stützpfeilern ~*** puntellare una trave; ***einen Tresorraum ~*** rendere sicura una camera blindata **2** *(Gefahren- oder Unfallstellen)* segnalare **3** ECON. garantire: ***einen Kredit ~*** garantire un credito **II** rifl. ***sich gegen etw. ~*** assicurarsi, premunirsi contro qcs.; ***sich vertraglich ~*** garantirsi contrattualmente. **Ab|si|che|rung** f. *(-,-en)* **1** protezione *f.* **2** ECON. garanzia *f.*
Ab|sicht f. *(-,-en)* **1** intenzione *f.*, proposito *m.*: ***etw. mit ~ tun*** fare qcs. intenzionalmente, di proposito, apposta; ***er kam ohne jede böse ~*** venne senza alcuna cattiva intenzione; ***das lag nicht in meiner ~*** non era nelle mie intenzioni; ***ohne ~*** senza intenzione, involontariamente **2** *(Plan, Ziel)* mira *f.*, scopo *m.*: ***eine ~ verfolgen*** perseguire uno scopo; ***jds -en vereiteln*** sventare i piani di qcn. ◆ ***in bester ~*** con le migliori intenzioni; ***betrügerische ~*** intenzione fraudolenta; ***ehrliche, ernste -en auf jdn haben*** avere intenzioni serie con qcn.; ***sich mit der ~ tragen*** avere l'intenzione. **ab|sicht|lich I** agg. intenzionale, volontario: ***-er Mord*** omicidio volontario; ***-es Foul*** fallo intenzionale; ***-e Kränkung*** offesa intenzionale **II** avv. intenzionalmente, di proposito, apposta. **Ab|sicht|lich|keit** f. *(-,-en)* intenzionalità *f.*, intenzione *f.* **Ab|sichts|er|klä|rung** f. *(-,-en)* dichiarazione *f.* d'intenti; *(schriftlich)* lettera *f.* d'intenti. **ab|sichts|los** agg. non intenzionale, involontario. **Ab|sichts|lo|sig|keit** f. *(-,-en)* non intenzionalità *f.*, involontarietà *f.* **Ab|sichts|satz** m. *(-es,-sätze)* (proposizione *f.*) finale *f.* **ab|sichts|voll** agg. del tutto intenzionale, volontario.
ab‿si|ckern intr. (aus. *sein*) colare, stillare.
ab‿sin|gen tr. *(sang, gesungen)* cantare (fino alla fine) ◆ ***etw. vom Notenblatt, Blatt ~*** cantare qcs. a prima vista.
ab‿sin|ken intr. *(sank, gesunken;* aus. *sein)* **1** *(im Wasser)* affondare, andare a fondo **2** *(sich senken)* scendere, abbassarsi: ***der Wasserspiegel ist abgesunken*** il livello dell'acqua si è abbassato **3** *(niedriger werden)* calare, diminuire: ***das Fieber sinkt ab*** la febbre diminuisce **4** FIG. decadere, cadere in basso: ***sie ist völlig abgesunken*** ha toccato il fondo ◆ ***in seinen Leistungen ~*** calare nel proprio rendimento.
Ab|sinth m. *(-[e]s,-e)* assenzio *m.*
ab‿sit|zen *(saß, gesessen)* **I** tr. COLLOQ. **1** trascorrere (stando seduti): ***täglich 8 Stunden im Büro ~*** sedere (*o* stare seduto) 8 ore al giorno in ufficio **2** *(verbüßen)* scontare: ***eine Strafe ~*** scontare una pena; ***10 Jahre ~*** scontare (*o* farsi) 10 anni **3** *(durch vieles Sitzen abnutzen)* consumare (a forza di sedersi): ***die Hosen, einen Sessel ~*** consumare i pantaloni, una poltrona **II** intr. (aus. *sein*) **1** scendere, smontare: ***vom Pferd ~*** scendere, smontare da cavallo; ***abgesessen!*** a terra! **2** ***weit von jdm, etw. ~*** sedere lontano, discosto da qcn., qcs.: ***du sitzst zu weit von mir ab*** sei seduto troppo lontano da me.
ab|so|lut I agg. **1a** assoluto **b** *(äußerst, höchst)* insuperabile, estremo: ***eine -e Grenze*** un limite estremo, invalicabile **2** CHIM. puro: ***-er Alkohol*** alcol puro **3** *(völlig)* completo, totale: ***in -er Einsamkeit leben*** vivere in completa solitudine **II** avv. rafforz. assolutamente, proprio: ***es ist ~ nötig*** è assolutamente necessario; ***ich kann das ~ nicht leiden*** non lo sopporto proprio, affatto. **Ab|so|lu|te** n. *(-n)* assoluto *m.* **Ab|so|lut|heit** f. *(-)* assolutezza *f.*
Ab|so|lu|ti|on f. *(-,-en)* assoluzione *f.*: ***jdm die ~ erteilen*** dare l'assoluzione a qcn.; ESTENS. perdonare qcn.
Ab|so|lu|tis|mus m. *(-)* assolutismo *m.* **ab|so|lu|tis|tisch** agg. assolutistico.
Ab|sol|vent m. *(-en,-en)* **1** diplomando *m.*, licenziando *m.* **2** *(nach der Prüfung)* diplomato *m.*, licenziato *m.* **ab|sol|vie|ren** tr. **1a** portare a termine, terminare, compiere: ***das Gymnasium, einen Lehrgang ~*** terminare il liceo, un corso di studi **b** assolvere: ***eine Aufgabe, den Militärdienst ~*** assolvere un compito, il servizio militare **2** *(Examen)* superare **3** RELIG. assolvere ◆ ***einen Achtstundentag ~*** lavorare otto ore al giorno. **Ab|sol|vie|rung** f. *(-,-en)* compimento *m.*, assolvimento *m.*, termine *m.*: ***nach ~ der Studien*** al termine degli studi.
Ab|son|der|heit f. *(-,-en)* → **Absonderlichkeit. ab|son|der|lich I** agg. singolare, strano, bizzarro **II** avv. in modo singolare, strano, bizzarro. **Ab|son|der|lich|keit** f. *(-,-en)* singolarità *f.*, stranezza *f.*, bizzarria *f.*
ab‿son|dern I tr. **1a** *(isolieren)* isolare, segregare **b** ***die kranken Tiere von den gesunden ~*** separare le bestie malate da quelle sane **2** BIOL. MED. secernere, espellere **II** rifl. ***sich von jdm, etw. ~*** isolarsi da qcn., qcs. **Ab|son|de|rung** f. *(-,-en)* **1** *(Isolierung)* isolamento *m.*, segregazione *f.* **2** *(Trennung)* separazione *f.* **3** BIOL. MED. secrezione *f.*
Ab|sor|bens n. *(-s, Absorbenzien)* CHIM. assorbente *m.* **Ab|sor|ber** m. *(-s,-)* **1** assorbente *m.* **2** *(in Kühlschränken)* disidratatore *m.* **ab|sor|bie|ren** tr. assorbire (anche FIG.) ◆ ***jds Aufmerksamkeit ~*** concentrare su di sé tutta l'attenzione di qcn. **Ab|sorp|ti|on** f. *(-)* assorbimento *m.* **Ab|sorp|ti|ons|spek|trum** n. *(-s, -spektren)* FIS. spettro *m.* di assorbimento.
ab‿spal|ten I tr. **1** spaccare, sfaldare **2** CHIM. liberare, produrre **II** rifl. **sich ~** spaccarsi, sfaldarsi. **Ab|spal|tung** f. *(-,-en)* **1** separazione *f.*, scisma *m.*: ***die ~ der Protestanten von der katholischen Kirche*** la separazione dei protestanti dalla Chiesa Cattolica **2** CHIM. il liberare, scissione *f.* **3** METALL. sfaldatura *f.*
ab‿spa|nen tr. METALL. ***etw. ~*** levare i trucioli, le schegge a qcs.
ab‿spä|nen tr. REGION. svezzare, divezzare.
ab‿span|nen tr. **1** staccare: ***die Pferde vom Wagen ~*** staccare i cavalli dal carro **2** *(sichern)* assicurare, ancorare: ***den Mast mit Seilen ~*** assicurare l'albero della nave con funi **3** RAR. *(Nerven, Glieder)* distendere. **Ab|span|nung** f. *(-)* **1** *(Ermüdung)* affaticamento *m.*, spossatezza *f.*: ***sein Gesicht drückte große ~ aus*** il suo viso esprimeva grande affaticamento **2** ***~ von Zugtieren*** lo staccare animali da tiro **3** *(Sicherung)* ancoraggio *m.*
ab‿spa|ren tr. risparmiare.
ab‿spe|cken intr. (aus. *haben*) COLLOQ. ***einige Kilo ~*** perdere qualche chilo.

ab‿spei|sen I tr. **1** *jdn* ~ dar da mangiare a qcn. **2a** COLLOQ. FIG. accontentare (con poco) **b** liquidare: ***jdn mit leeren Worten*** ~ liquidare qcn. con parole vuote **c** ***die Gläubiger*** ~ tacitare i creditori **II** rifl. ***sich mit etw.*** ~ accontentarsi di qcs.

ab|spens|tig agg. ***jdm seine Freundin, seine Kunden, ein Buch ~ machen*** portare via la ragazza, i clienti, un libro a qcn.

ab‿sper|ren tr. **1a** sbarrare, bloccare: ***jdm den Weg*** ~ sbarrare la strada a qcn. **b** ***eine Baustelle*** ~ recintare un cantiere (per impedire l'accesso) **c** FIG. ***ein Land gegen fremde Einflüsse*** ~ chiudere completamente un paese a influssi stranieri **2** *(unterbrechen)* interrompere, tagliare: ***die Ölzufuhr*** ~ tagliare il rifornimento di petrolio **3** REGION. chiudere a chiave. **Ab|sperr|hahn** m. *(-[e]s,-en* e *-hähne)* rubinetto *m.* di chiusura. **Ab|sperr|ket|te** f. *(-,-n)* **1** catenella *f.* di chiusura **2** *(von Menschen)* cordone *m.* di sbarramento. **Ab|sper|rung** f. *(-,-en)* **1** sbarramento *m.*, blocco *m.*: ***eine ~ durchbrechen*** forzare un posto di blocco **2** *(Unterbrechung)* interruzione *f.*: ***die ~ der Wasserzufuhr*** l'interruzione dell'erogazione d'acqua **3** *(Barriere)* sbarra *f.*, barriera *f.* di sbarramento. **Ab|sperr|ven|til** n. *(-s,-e)* valvola *f.* di chiusura (*o* di arresto).

ab‿spie|geln I tr. riflettere, rispecchiare: ***das Wasser spiegelt die Bäume ab*** l'acqua riflette l'immagine degli alberi **II** rifl. **sich** ~ riflettersi, rispecchiarsi. **Ab|spie|ge|lung, Ab|spieg|lung** f. *(-,-en)* il rispecchiarsi, il riflettersi.

Ab|spiel n. *(-[e]s,-e)* SPORT passaggio *m.* **ab‿spie|len I** tr. **1a** far suonare: ***eine Schallplatte, ein Tonband*** ~ far suonare un disco, un nastro **b** ***einen Film*** ~ proiettare un film **2** RAR. *(durch vieles Spielen abnutzen)* consumare (a forza di suonare o giocare) **3** SPORT ***den Ball*** ~ passare la palla **II** rifl. **sich** ~ accadere, avvenire ◆ COLLOQ. ***da, hier spielt sich nichts ab!*** non se ne parla proprio! ***vom Notenblatt, Blatt*** ~ suonare a prima vista. **Ab|spiel|na|del** f. *(-,-n)* puntina *f.* di, del grammofono.

ab‿spin|nen tr. *(spann, gesponnen)* consumare, finire filando: ***hast du den Faden ganz abgesponnen?*** hai finito tutto il filo?

ab‿split|tern I tr. staccare a schegge **II** intr. (aus. *sein*) scheggiarsi, ridursi a schegge **III** rifl. **sich** ~ FIG. sfaldarsi: ***die Gruppe splittert sich ab*** il gruppo si sfalda. **Ab|split|te|rung** f. *(-,-en)* **1** lo scheggiarsi **2** FIG. sfaldatura *f.*

Ab|spra|che f. *(-,-n)* accordo *m.*, intesa *f.*: ***eine ~ treffen*** trovare un accordo. **ab|spra|che|ge|mäß** avv. come d'accordo.

ab‿spre|chen *(spricht, sprach, gesprochen)* **I** tr. **1a** *(aberkennen)* ***jdm etw.*** ~ negare, non riconoscere qcs. a qcn.; ***jdm die bürgerlichen Rechte*** ~ negare i diritti civili a qcn.; ***jdm, etw. jeden Wert*** ~ togliere valore a (*o* svalutare) qcn., qcs. **b** ***jdm ein Recht zu etw.*** ~ contestare a qcn. il diritto di fare qcs. **2** *(sich einigen)* ***etw. mit jdm*** ~ mettersi d'accordo con qcn. su qcs. **II** rifl. ***sich (mit jdm)*** ~ mettersi d'accordo (con qcn.). **ab|spre|chend I** p.pres. agg. **1** → **absprechen 2** sfavorevole, negativo **II** avv. sfavorevolmente, negativamente.

ab‿sprei|zen tr. **1** *(Körperglied)* protendere, stendere lateralmente **2** EDIL. puntellare.

ab‿spren|gen tr. fare saltare (con la mina); *(von Raketen)* fare staccare.

ab‿sprin|gen intr. *(sprang, gesprungen*; aus. *sein)* **1a** prendere lo slancio, scattare **b** *(von Fahrradkette, Lack)* saltare via, staccarsi **c** rimbalzare: ***der Ball springt vom Boden ab*** la palla rimbalza dal suolo **2** FIG. COLLOQ. ***von etw.*** ~ prendere le distanze da qcs. ◆ ***von der Straßenbahn*** ~ saltare giù dal tram; ***mit dem Fallschirm*** ~ lanciarsi con il paracadute.

ab‿sprit|zen I tr. **1a** spruzzare, lavare (con un getto d'acqua) **b** *(mit chemischer Lösung)* spruzzare: ***die Pflanzen*** ~ spruzzare le piante **2** *(mit einer Spritze)* sopprimere: ***einen Hund*** ~ sopprimere un cane (con un'iniezione) **II** intr. (aus. *haben*) **1** schizzare via; COLLOQ. *(eilig davongehen, -fahren)* ***er spritzte ab*** schizzò via **2** COLLOQ. *(ejakulieren)* venire.

Ab|sprung m. *(-[e]s,-sprünge)* **1** scatto *m.*, slancio *m.*; *(nach oben)* elevazione *f.* **2** AER. lancio *m.* **Ab|sprung|ha|fen** m. *(-s,-)* MIL. aeroporto *m.* (dal quale partono missioni militari).

ab‿spu|len tr. **1** svolgere, dipanare **2** COLLOQ. svolgere (in modo monotono); ***immer die gleichen Sprüche*** ~ ripetere sempre la stessa solfa.

ab‿spü|len tr. **1** risciacquare, lavare **2** *(durch Wasser wegnehmen)* strappare, dilavare. **Ab|spü|lung** f. *(-,-en)* **1** risciacquatura *f.* **2** GEOL. dilavamento *m.*

ab‿stam|men intr. **1** discendere: ***von einer adligen Familie*** ~ discendere da una famiglia nobile **2** derivare: ***vom Lateinischen*** ~ derivare dal latino. **Ab|stam|mung** f. *(-,-en)* **1** origine *f.*, discendenza *f.* **2** *(von Worten)* derivazione *f.* **Ab|stam|mungs|leh|re** f. *(-,-n)* teoria *f.* sull'origine delle specie, evoluzionismo *m.*

Ab|stand m. *(-[e]s,-stände)* **1** distanza *f.*: ***in 2 Meter*** ~ alla distanza di 2 metri **2** intervallo *m.*: ***im ~ von 2 Stunden*** a intervalli di 2 ore **3** SPORT distacco *m.* ◆ ~ ***halten*** tenere le distanze; ***mit*** ~ di gran lunga; ***von etw. ~ nehmen*** desistere da qcs.; ~ ***wahren*** → ~ ***halten.***

ab|stän|dig agg. BOT. secco, morto. **Ab|stands|sum|me** f. *(-,-n)* indennizzo *m.*

ab‿stat|ten tr. fare, rendere ◆ ***jdm Bericht (über etw.)*** ~ fare la relazione, riferire a qcn. (su qcs.); ***jdm einen Besuch*** ~ fare visita a qcn.; ***jdm seinen Dank*** ~ rendere grazie a (*o* ringraziare) qcn.; ***jdm eine Schuld*** ~ pagare un debito a qcn. **Ab|stat|tung** f. *(-)* il fare, il rendere: ***die ~ eines Besuchs*** il rendere visita ◆ ***die ~ einer Schuld*** il pagamento di un debito.

ab‿stau|ben, REGION. **ab‿stäu|ben I** tr. **1** spolverare **2** COLLOQ. *(schnorren)* soffiare, scroccare: ***ein paar Zigaretten*** ~ scroccare un paio di sigarette **3** REGION. *(ausschimpfen)* ***jdn*** ~ dare una ripassata a qcn., coprire qcn. di insulti **II** intr. (aus. *haben*) SPORT segnare fortuitamente.

ab‿ste|chen *(sticht, stach, gestochen)* **I** tr. **1** *(Tiere)* scannare **2** *(Grasnarbe)* tagliare; *(Torf)* scavare **3** *(Wein, Bier)* spillare **4** ***einen Hochofen*** ~ aprire un altoforno (per far colare il metallo fuso) **5** *(mit einem Zirkel)* riportare **II** intr. **1** (aus. *haben; sich abheben)* ***von etw.*** ~ spiccare su qcs., risaltare su qcs. **2** (aus. *sein*) MAR. ***vom Land*** ~ prendere il largo.

Ab|ste|cher m. *(-s,-)* scappata *f.*, puntata *f.*: ***einen ~ nach Berlin machen*** fare una puntata a Berlino.

ab‿ste|cken tr. **1a** *(Gebiet, Strecke)* segnare con picchetti, tracciare, picchettare **b** ESTENS. ***seine Position*** ~ definire la propria posizione; ***ein Programm*** ~ fissare, stabilire un programma **2** *(Kleid)* appuntare **3** *(abnehmen)* staccare: ***eine Brosche*** ~ staccare una spilla. **Ab|steck|li|nie** f. *(-,-n)* tracciato *m.* **Ab|steck|schnur** f. *(-,-schnüre)* corda *f.* di tracciamento. **Ab|steck|stan|ge** f. *(-,-n)* biffa *f.* **Ab|ste|ckung** f. *(-,-en)* tracciamento *m.*, picchettamento *m.*

ab‿ste|hen intr. *(stand, gestanden;* aus. *haben)* **1** distare **2** *(aufgeben)* ***von etw.*** ~ desistere da qcs., rinunciare a qcs.; ***von einem Plan*** ~ desistere da un progetto; ***von einer Absicht*** ~ abbandonare un proposito **3** COLLOQ. ***zwei Stunden*** ~ passare due ore in piedi ◆ ***sich (D) die Beine*** ~ stancarsi le gambe a forza di stare in piedi. **ab|ste|hend** p.pres. agg. **1** → **abstehen 2** sporgente, discosto; ***-e Ohren*** orecchie a sventola.

ab‿stei|fen tr. puntellare, rinforzare. **Ab|stei|fung** f. *(-,-en)* puntellamento *m.*, rinforzo *m.*

Ab|stei|ge f. *(-,-n)* COLLOQ. → **Absteigequartier. ab‿stei|gen** intr. *(stieg, gestiegen*; aus. *sein)* **1a** scendere, smontare: ***vom Rad, vom Pferd*** ~ scendere dalla bici, smontare da cavallo **b** ***ins Tal*** ~ scendere a valle **2** ANT. scendere, sostare: ***in einem Gasthof*** ~ scendere a una locanda **3** SPORT retrocedere. **ab|stei|gend** p.pres. agg. **1** → **absteigen 2** discendente: ***in -er Linie*** in linea (genealogica) discendente. **Ab|stei|ge|quar|tier,** AUSTR. **Ab|steig|quar|tier** n. *(-s,-e)* **1** pied-à-terre *m.* **2** COLLOQ. *(billiges [Stunden]hotel)* alberghetto *m.* **Ab|stei|ger** m. *(-s,-)* SPORT = squadra *f.* in zona retrocessione.

Ab|stell|bahn|hof m. *(-[e]s,-höfe)* stazione *f.* di deposito.

ab‿stel|len tr. **1a** *(Last)* deporre, posare **b** riporre: ***die alten Möbel in der Dachkammer*** ~ riporre i mobili vecchi in soffitta **2** *(Fahrzeug)* posteggiare, parcheggiare **3** scostare: ***den Schrank von der Wand*** ~ scostare l'armadio dalla parete **4a** spegnere: ***den Motor, das Radio*** ~ spegnere il motore, la radio **b** chiudere: ***das Wasser, das Gas*** ~ chiudere l'acqua, il gas **5** *(Missstände)* abolire, eliminare **6** MIL. ***jdn zu etw.*** ~ destinare qcn. a (fare) qcs. **7** conformare, adattare: ***die Produktion auf den Publikumsgeschmack*** ~ adeguare la produzione al gusto del pubblico. **Ab|stell|flä|che** f. *(-,-n)* superficie *f.* d'appoggio. **Ab|stell|gleis** n. *(-es,-e)* binario *m.* di servizio, binario *m.* morto ◆ ***jdn, etw. auf ein ~ schieben*** = mettere qcn., qcs. da parte, emarginare qcn., qcs. **Ab|stell|hahn** m. *(-[e]s,-en* e *-hähne)* rubinetto *m.* di chiusura, d'arresto. **Ab|stell|he|bel** m. *(-s,-)* leva *f.* di chiusura, d'arresto. **Ab|stell|kam|mer** f. *(-,-n)* ripostiglio *m.* **Ab|stell|platz** m. *(-es,-plätze)* area *f.* di parcheggio. **Ab|stell|raum** m. *(-[e]s,-räume)* → **Abstellkammer. Ab|stell|tisch** m. *(-[e]s,-e)* tavolo *m.* di appoggio. **Ab|stel|lung** f. *(-,-en)* **1** *(Ausschalten)* arresto *m.*; chiusura *f.* **2** *(Beseitigung)* abolizione *f.*, eliminazione *f.* **Ab|stell|vor|rich|tung** f. *(-,-en)* dispositivo *m.* d'arresto, di chiusura.

ab‿stem|men I tr. scalpellare **II** rifl. **sich** ~ puntare (i piedi) con forza per darsi slancio.

ab‿stem|peln tr. **1** timbrare: ***Briefmarken*** ~ timbrare francobolli **2** FIG. bollare: ***jdn zum, als Geisteskranken*** ~ bollare qcn. come pazzo. **Ab|stem|pe|lung, Ab|stemp|lung** f. *(-,-en)* timbratura *f.*

ab‿step|pen tr. trapuntare, impuntire.

ab‿ster|ben intr. *(stirbt, starb, gestorben;* aus. *sein)* **1a** morire: ***die Bäume sterben ab*** gli alberi stanno morendo **b** FIG. ***das Interesse stirbt ab*** l'interesse si sta spegnendo **2** *(gefühllos werden)* intorpidirsi, atrofizzarsi: ***mir ist der Arm abgestorben*** mi si è intorpidito il braccio **3** COLLOQ. *(vom Motor)* spegnersi. **Ab|ster|ben** n. *(-s)* **1** morte *f.* **2** *(Gefühllosigkeit)* intorpidimento *m.*

Ab|stich m. *(-[e]s,-e)* **1** *(von Torf)* scavo *m.* **2** *(von Gras)* taglio *m.* **3** *(von Bier, Wein)* spillatura *f.* **4** METALL. colata *f.*

Ab|stieg m. *(-[e]s,-e)* **1** discesa *f.* **2** FIG. *(Niedergang)* decadenza *f.*, declino *m.* **3** SPORT retrocessione *f.* **ab|stiegs|ge|fähr|det** agg. SPORT in zona retrocessione.

ab‿stil|len tr. svezzare, slattare, divezzare.

ab‿stim|men I tr. **1** *(Musikinstrumente)* accordare **2** *(Radio)* sintonizzare **3** FIG. *(Interessen ausgleichen)* conciliare, armonizzare **II** intr. (aus. *haben*) ***über etw. ~*** decidere qcs. ai voti, votare qcs. **III** rifl. ***sich (mit jdm) über etw. ~*** mettersi d'accordo, concordare (con qcn.) su qcs. **Ab|stimm|knopf** m. *(-[e]s,-knöpfe)* manopola *f.* di sintonia. **Ab|stimm|kreis** m. *(-es,-e)* circuito *m.* di sintonia. **Ab|stimm|schär|fe** f. *(-)* ELETTRON. selettività *f.* **Ab|stimm|ska|la** f. *(-,-skalen)* RAD. scala *f.* parlante. **Ab|stim|mung** f. *(-,-en)* **1** *(von Musikinstrumenten)* accordatura *f.*, accordamento *m.* **2** *(von Radio)* sintonia *f.*, sintonizzazione *f.* **3** votazione *f.*, scrutinio *m.*: ***geheime, offene ~*** scrutinio segreto, pubblico (*o* votazione per voto palese); ***~ durch Handaufheben, durch Zuruf*** votazione per alzata di mano, per acclamazione; ***zur ~ schreiten, stellen (bringen)*** procedere alla votazione, mettere ai voti. **ab|stim|mungs|be|rech|tigt** agg. avente diritto al voto. **Ab|stim|mungs|er|geb|nis** n. *(-ses,-se)* risultato *m.* della votazione. **Ab|stim|mungs|zet|tel** m. *(-s,-)* scheda *f.* elettorale.

abs|ti|nent agg. astinente; *(von alkoholischen Getränken)* astemio. **Abs|ti|nenz** f. *(-)* astinenza *f.* **Abs|ti|nenz|ler** m. *(-s,-)* SPREG. astinente *m.*; *(von Alkohol)* antialcolista *m.*, astemio *m.* **Abs|ti|nenz|tag** m. *(-[e]s,-e)* RELIG. giorno *m.* di astinenza.

ab‿stin|ken intr. (aus. *sein*) COLLOQ. andarsene scornato; ***stink ab!*** fila!

ab‿stop|pen I tr. **1** *(Maschine)* fermare, arrestare **2** *(mit der Stoppuhr messen)* cronometrare **II** intr. (aus. *haben*) fermarsi, arrestarsi.

Ab|stoß m. *(-es,-stöße)* SPORT **1** slancio *m.*: ***ein kräftiger ~ vom Ufer*** un forte slancio per partire dalla riva **2** *(beim Fußball)* calcio *m.* di rinvio, rimessa *f.* dal fondo; ***~ machen*** rimettere da fondo campo, dal fondo. **ab‿sto|ßen** *(stößt, stieß, gestoßen)* **I** tr. **1** *(mit einem Stoß fortbewegen)* scostare, allontanare con un colpo **2a** respingere, rigettare: ***der Organismus stößt das Spenderherz ab*** l'organismo rigetta il cuore trapiantato **b** mutare: ***die Schlange stößt ihre alte Haut ab*** il serpente perde la sua vecchia pelle **3** ***etw. ~*** liberarsi di qcs.: ***seine Schulden ~*** liberarsi dai propri debiti; ***ein altes Auto ~*** sbarazzarsi di una vecchia auto **4a** *(durch Anstoßen beschädigen)* rompere, danneggiare urtando, con un colpo **b** ***Kanten ~*** smussare gli spigoli **c** *(von Kleidungsstücken)* consumare: ***eine Jacke an den Ellbogen ~*** consumare una giacca ai gomiti **5** *(Abscheu erregen)* disgustare **II** intr. (aus. *sein, haben*) MAR. allontanarsi, scostarsi **III** rifl. ***sich ~*** **1** darsi slancio **2** FIS. respingersi **3** ***sich (D) die Haut ~*** escoriarsi la pelle. **ab|sto|ßend I** p.pres. agg. **1** → **abstoßen 2** repellente, ripugnante: ***ein -es Beispiel*** un esempio ripugnante **II** avv. rafforz. ***~ hässlich*** ripugnante. **Ab|sto|ßung** f. *(-)* **1** muta *f.*, perdita *f.* periodica della pelle **2** MED. rigetto *m.* **3a** *(Verkaufen)* vendita *f.* **b** ***~ von Schulden*** il liberarsi dai debiti. **Ab|sto|ßungs|re|ak|ti|on** f. *(-,-en)* crisi *f.* di rigetto.

ab‿stot|tern tr. COLLOQ. pagare a rate ◆ ***sich einen ~*** balbettare, incepparsi parlando.

ab‿stra|fen tr. punire. **Ab|stra|fung** f. *(-,-en)* punizione *f.*

abs|tra|hie|ren LETT. **I** tr. astrarre: ***aus etw. Prinzipien ~*** astrarre principi da qcs. **II** intr. (aus. *haben*) ***von etw. ~*** fare astrazione da qcs., non tener conto di qcs. **Abs|tra|hie|rung** f. *(-,-en)* astrazione *f.*

ab‿strah|len tr. **1** *(Wärme, Lichtquanten)* irradiare **2** FIG. ***auf etw. ~*** avere influenza su qcs. **Ab|strah|lung** f. *(-,-en)* irradiazione *f.*

abs|trakt agg. astratto. **Abs|trakt|heit** f. *(-,-en)* astrattezza *f.* **Abs|trak|ti|on** f. *(-,-en)* astrazione *f.*: ***eine ~ aus etw. gewinnen*** astrarre, generalizzare da qcs. **Abs|trak|ti|ons|ver|mö|gen** n. *(-s,-)* capacità *f.* d'astrazione. **Abs|trak|tum** n. *(-s, Abstrakta)* **1** FILOS. concetto *m.* astratto **2** LING. nome *m.* astratto.

ab‿stram|peln rifl. **sich ~** COLLOQ. stancarsi, affaticarsi.

ab‿strän|gen tr. staccare (animali da tiro).

ab‿stra|pa|zie|ren rifl. **sich ~** COLLOQ. strapazzarsi.

ab‿strei|chen *(strich, gestrichen)* **I** tr. **1** togliere: ***den Dreck von den Schuhen ~*** togliere lo sporco dalle scarpe **2** passare: ***das Rasiermesser am Riemen ~*** passare il rasoio sulla coramella **3** *(abziehen)* detrarre: ***von einer Forderung hundert Mark ~*** detrarre cento marchi da un credito **4** *(absuchen)* perlustrare **II** intr. (aus. *sein*) VENAT. volar via. **Ab|strei|cher** m. *(-s,-)* REGION. zerbino *m.*, stuoino *m.*

ab‿strei|fen tr. **1a** *(Kleidungsstücke)* togliersi, sfilarsi **b** FIG. ***die Schlange streift ihre Haut ab*** il serpente muta la pelle **2** *(durch Streifen entfernen)* togliere, levare: ***die Asche (von der Zigarre) ~*** togliere la cenere dal sigaro **3** REGION. ***die Füße, die Schuhe ~*** pulirsi i piedi, le scarpe **4** FIG. deporre, abbandonare: ***Vorurteile ~*** abbandonare i pregiudizi **5** *(absuchen)* perlustrare, esplorare. **Ab|strei|fer** m. *(-s,-)* REGION. zerbino *m.*, stuoino *m.*

ab‿strei|ten tr. *(stritt, gestritten)* **1** contestare, negare: ***jdm die Beteiligung an etw. (D) ~*** contestare a qcn. la partecipazione a qcs. **2** *(aberkennen)* non riconoscere: ***er ist ein guter Organisator, das kann ihm keiner ~*** è un buon organizzatore, questo non glielo può negare nessuno.

Ab|strich m. *(-[e]s,-e)* **1** riduzione *f.*, taglio *m.*: ***-e am Etat machen, vornehmen, hinnehmen (müssen)*** (dover) fare dei tagli al bilancio **2** MED. striscio *m.*, prelievo *m.* **3** *(Strich nach unten)* linea *f.* rivolta all'ingiù **4** METALL. scoria *f.* ◆ FIG. ***-e machen*** = ridurre le pretese, accontentarsi.

ab‿strö|men intr. (aus. *sein*) defluire, scorrere giù, via.

abs|trus agg. astruso.

ab‿stu|fen tr. **1** *(Gelände)* terrazzare **2** graduare, differenziare: ***die Gehälter ~*** graduare gli stipendi **3** *(Farben, Töne)* digradare, sfumare. **Ab|stu|fung** f. *(-,-en)* **1** *(von Geländen)* terrazzamento *m.* **2** *(von Gehältern)* graduazione *f.*, scaglionamento *m.* **3** *(von Farben, Tönen)* gradazione *f.*, sfumatura *f.*

ab‿stump|fen I tr. **1** spuntare, smussare: ***die Spitze etwas ~*** smussare un po' la punta **2** FIG. ottundere, rendere insensibile, ottuso **II** intr. (aus. *sein*) ***gegen etw. ~*** diventare insensibile nei confronti di qcs. **Ab|stump|fung** f. *(-,-en)* **1** smussamento *m.* **2** FIG. ottusità *f.*, intorpidimento *m.*

Ab|sturz m. *(-es,-stürze)* **1** caduta *f.*: ***ein Flugzeug zum ~ bringen*** far precipitare un aeroplano **2** *(steiler Abhang)* precipizio *m.*, dirupo *m.*

ab‿stür|zen intr. (aus. *sein*) **1** precipitare: ***das Flugzeug stürzte brennend ab*** l'aereo precipitò in fiamme **2** *(steil abfallen)* scendere ripido, scosceso **3** INFORM. andare in crash.

ab‿stüt|zen I tr. **1** puntellare, sorreggere **2** FIG. rinforzare, ribadire: ***seine Behauptung durch Belege ~*** ribadire la propria affermazione portando esempi **II** rifl. **sich ~** appoggiarsi, sorreggersi. **Ab|stüt|zung** f. *(-,-en)* **1** il puntellare **2** *(Vorrichtung zum Abstützen)* sostegno *m.*, supporto *m.*

ab‿su|chen tr. **1** raccogliere frugando, cercando: ***die Beeren von den Sträuchern ~*** raccogliere le bacche frugando tra i cespugli **2** rovistare: ***nervös alle Räume (nach etw.) ~*** rovistare nervosamente in tutte le stanze (alla ricerca di qcs.) **3** perlustrare, esplorare: ***die Polizei suchte das Gelände ab*** la polizia perlustrava il territorio.

Ab|sud m. *(-[e]s,-e)* ANT. decotto *m.*

ab|surd agg. assurdo. **Ab|sur|di|tät** f. *(-,-en)* assurdità *f.*

Abs|zess m. *(-es, -e)* ascesso *m.*

Abs|zis|se f. *(-,-n)* ascissa *f.* **Abs|zis|sen|ach|se** f. *(-,-n)* asse *m.* delle ascisse.

Abt m. *(-[e]s, Äbte)* abate *m.*

Abt. ⇒ *Abteilung* reparto (rep.); sezione (sez.).

ab‿ta|keln tr. MAR. disarmare. **Ab|ta|ke|lung**, **Ab|tak|lung** f. *(-,-en)* MAR. disarmo *m.*

ab‿tan|zen intr. (aus. *sein*) COLLOQ. andarsene via.

ab‿tas|ten tr. **1** frugare (in): ***die Taschen nach etw. (D) ~*** frugare nelle tasche in cerca di qcs.; ***jdn nach etw. (D) ~*** frugare (*o* perquisire) qcn. in cerca di qcs. **2** ELETTRON. analizzare, esplorare **3** MED. palpare. **Ab|tas|tung** f. *(-,-en)* **1** ELETTRON. scansione *f.*, esplorazione *f.* **2** MED. palpazione *f.*

Ab|tau|au|to|ma|tik f. *(-,-en)* sbrinatore *m.* automatico.

ab‿tau|chen intr. (aus. *sein*) **1** *(von U-Booten)* immergersi **2** GERG. sparire (dalla circolazione).

ab‿tau|en I tr. **1** fare sgelare, fare sciogliere **2** *(den Kühlschrank)* sbrinare **II** intr. (aus. *sein*) sgelarsi, sciogliersi. **Ab|tau|sys|tem** n. *(-s,-e)* sbrinatore *m.*

Ab|tausch m. *(-[e]s,-e)* **1** *(beim Schachspiel)* scambio *m.* (di pezzi uguali) **2** SPORT scambio *m.* di colpi **3** SVIZZ. *(Tausch)* scambio *m.* **ab‿tau|schen** tr. **1** scambiare (pezzi di uguale valore) **2** SVIZZ. *(tauschen)* scambiare.

ab‿ta|xie|ren tr. (cercare di) valutare.

Ab|tei f. *(-,-en)* abbazia *f.*
Ab|teil n. *(-[e]s,-e)* **1** FERR. scompartimento *m.* **2** *(abgeteilter Platz)* parte *f.*, reparto *m.*; *(Schrankfach)* casella *f.*, scomparto *m.* **ab|teil|bar** agg. divisibile, separabile. **ab‿tei|len** tr. separare, dividere in parti. **Ab|teil|tür** f. *(-,-en)* FERR. porta *f.* dello scompartimento.
1.Ab|tei|lung f. *(-,-en)* **1** divisione *f.*, spartizione *f.* **2** *(abgeteilter Raum)* reparto *m.*
2.Ab|tei|lung f. *(-,-en)* **1a** reparto *m.*: ***die chirurgische ~*** il reparto di chirurgia; ***die ~ für Haushaltswaren*** il reparto degli articoli casalinghi **b** *(einer Organisationseinheit)* dipartimento *m.*, distretto *m.*, sezione *f.* **c** SCOL. sezione *f.* **3** MIL. reparto *m.* **4** GEOL. piano *m.* **5** BIOL. genere *m.*
Ab|tei|lungs|lei|ter m. *(-s,-)* caporeparto *m.*
Ab|tei|lungs|wand f. *(-,-wände)* parete *f.* divisoria.
ab‿te|le|fo|nie|ren intr. (aus. *haben*) COLLOQ. disdire un impegno per telefono.
ab‿te|le|gra|fie|ren intr. (aus. *haben*) COLLOQ. inviare una disdetta telegrafica.
ab‿teu|fen tr. MIN. ***einen Schacht ~*** scavare un pozzo.
ab‿tip|pen tr. copiare a macchina.
Äb|tis|sin f. *(-,-nen)* badessa *f.*
ab‿tö|nen tr. *(Farben, Töne)* digradare, sfumare. **Ab|tö|nung** f. *(-,-en)* digradamento *m.*, sfumatura *f.*
ab‿tö|ten tr. **1** MED. BIOL. uccidere: ***Bakterien ~*** uccidere i batteri; ***einen Nerv ~*** devitalizzare un nervo **2** FIG. reprimere, mortificare: ***Gefühle ~*** reprimere i sentimenti; ***Begierden ~*** mortificare la carne. **Ab|tö|tung** f. *(-,-en)* **1** uccisione *f.*; *(eines Nervs)* devitalizzazione *f.* **2** FIG. repressione *f.*, mortificazione *f.*
ab‿tra|ben intr. (aus. *sein*) **1** allontanarsi al trotto **2** COLLOQ. trottarsene via.
Ab|trag m. *(-[e]s)* **1** danno *m.*, danneggiamento *m.*: ***jdm, etw. ~ tun*** danneggiare qcn., qcs. **2** *(Entschädigung)* risarcimento *m.*, rimborso *m.* **3** GEOL. erosione *f.*, asportazione *f.* **ab‿tra|gen** tr. *(trägt, trug, getragen)* **1a** spianare, livellare: ***einen Hügel ~*** spianare una collina **b** trasportare via, giù: ***das Wasser trägt das Erdreich ab*** l'acqua trasporta via la terra **2** *(Gebäude)* smantellare, demolire **3** *(vom Esstisch)* ritirare, portare via: ***die Teller ~*** portare via i piatti (dalla tavola) **4** *(zurückzahlen)* estinguere (gradualmente) **5** *(abnutzen)* consumare, logorare: ***Kleider, Schuhe ~*** consumare, logorare vestiti, scarpe (a forza di portarli) **6** MAT. riportare (su una retta) **7** MED. *(Geschwülste)* asportare, estirpare. **ab|träg|lich** agg. dannoso: ***das ist seiner Gesundheit, seinem Ruf ~*** ciò è dannoso per la sua salute, danneggia il suo buon nome. **Ab|tra|gung** f. *(-,-en)* **1** spianatura *f.*, livellamento *m.* **2** *(von Gebäuden)* smantellamento *m.*, demolizione *f.* **3** *(Zurückzahlung)* (graduale) estinzione *f.* **4** GEOL. erosione *f.*, asportazione *f.*
ab‿trai|nie|ren tr. ***einige Kilo ~*** eliminare, perdere alcuni chili allenandosi.
Ab|trans|port m. *(-[e]s,-e)* trasporto *m.*, rimozione *f.* **ab‿trans|por|tie|ren** tr. trasportare via, rimuovere.
ab‿trei|ben *(trieb, getrieben)* **I** tr. **1** *(vom Kurs wegbringen)* far deviare (dalla rotta), spingere alla deriva **2** *(abgehen lassen)* espellere **3** *(Vieh)* condurre a valle (dall'alpeggio) **4** METALL. affinare **II** intr. **1** (aus. *sein*) andare alla deriva, essere spinto alla deriva **2** (aus. *haben*) abortire. **Ab|trei|bung** f. *(-,-en)* aborto *m.* (procurato): ***eine ~ vornehmen*** procurare un aborto; ***eine ~ hinter sich (D) haben*** avere abortito. **Ab|trei|bungs|geg|ner** m. *(-s,-)* antiabortista *m.* **Ab|trei|bungs|kli|nik** f. *(-,-en)* = clinica *f.* in cui si procurano aborti. **Ab|trei|bungs|pa|ra|graph** m. *(-en,-en)* = paragrafo *m.* (della legge sull'interruzione della gravidanza) che tratta la punibilità dell'aborto. **Ab|trei|bungs|ver|such** m. *(-[e]s,-e)* tentativo *m.* di aborto.
ab|trenn|bar agg. separabile. **ab‿tren|nen** tr. **1** *(loslösen, lostrennen)* staccare: ***ein Blatt vom Block ~*** staccare un foglio dal blocco; ***einen Ärmel ~*** scucire una manica **2a** *(absondern)* separare, dividere: ***von der Familie abgetrennt werden*** venire separato dalla famiglia **b** *(teilen)* dividere: ***das Zimmer mit einem Vorhang ~*** dividere la stanza con una tenda. **Ab|tren|nung** f. *(-,-en)* **1** lo staccare, distacco *m.*, stacco *m.* **2** *(Teilung)* separazione *f.*, divisione *f.*
ab|tret|bar agg. cedibile. **ab‿tre|ten** *(tritt, trat, getreten)* **I** tr. **1** *(überlassen)* cedere, lasciare: ***jdm seinen Platz ~*** cedere il proprio posto a qcn.; ***jdm, an jdn seine Rechte ~*** cedere i propri diritti a qcn. **2** *(ablaufen)* consumare, logorare (camminando): ***den Absatz, die Schuhe, den Teppich ~*** consumare il tacco, le scarpe, il tappeto **3** ***den Schmutz ~*** togliere lo sporco dalle scarpe (battendo i piedi a terra) **II** intr. (aus. *sein*) ritirarsi, uscire: ***von der Bühne ~*** uscire di scena; FIG. ritirarsi dalle scene **III** rifl. **sich ~** consumarsi, logorarsi (per il camminare): ***der Teppich hat sich rasch abgetreten*** il tappeto si è logorato in fretta. **Ab|tre|ter** m. *(-s,-)* puliscipiedi *m.*, zerbino *m.* **Ab|tre|tung** f. *(-,-en)* cessione *f.* **Ab|tre|tungs|ur|kun|de** f. *(-,-n)* atto *m.* di cessione. **Ab|tre|tungs|ver|trag** m. *(-[e]s,-verträge)* contratto *m.* di cessione.
Ab|trieb m. *(-[e]s,-e)* il condurre il gregge a valle (dall'alpeggio).
Ab|trift → **Abdrift.**
ab‿trin|ken *(trank, getrunken)* **I** tr. bere (la parte superiore): ***die Blume vom Bier ~*** bere la schiuma della birra **II** intr. (aus. *haben*) bere (da un bicchiere colmo fino all'orlo).
Ab|tritt m. *(-[e]s,-e)* **1** ritiro *m.*, uscita *f.*: ***der ~ von der Bühne*** l'uscita di scena; FIG. l'abbandono delle scene **2** REGION. *(Abort)* latrina *f.*, ritirata *f.*
Ab|tro|cken|tuch n. *(-[e]s,-tücher)* COLLOQ. asciugamano *m.*, strofinaccio *m.* da cucina. **ab‿trock|nen** **I** tr. asciugare: ***Geschirr ~*** asciugare le stoviglie; ***einem Kind die Tränen ~*** asciugare le lacrime a un bambino **II** intr. (aus. *haben, sein*) asciugarsi: ***die Farbe muss ~*** il colore si deve asciugare.
Ab|tropf|brett n. *(-[e]s,-er)* scolapiatti *m.* **ab‿trop|fen** intr. (aus. *sein*) gocciolare, sgocciolare.
ab‿trot|ten intr. (aus. *sein*) COLLOQ. trottarsene via.
ab‿trot|zen tr. ***jdm etw. ~*** strappare qcs. a qcn.
ab‿tru|deln intr. (aus. *sein*) **1** AER. precipitare a vite, avvitandosi **2** COLLOQ. *(weggehen)* andarsene.
ab‿trump|fen tr. **1** GIOC. vincere (con una carta migliore) **2** COLLOQ. ***jdn ~*** rispondere a qcn. per le rime.
ab|trün|nig agg. infedele, ribelle, rinnegato: ***einer Partei ~ werden*** rinnegare un partito; ***seinem Glauben ~ werden*** apostatare la propria fede. **Ab|trün|ni|ge** m. e f. *(-n,-n)* ribelle *m.* e *f.*, rinnegato *m.* (-a *f.*); RELIG. apostata *m.* e *f.* **Ab|trün|nig|keit** f. *(-,-en)* infedeltà *f.*, ribellione *f.*; RELIG. apostasia *f.*
ab‿tun tr. *(tut, tat, getan)* **1** COLLOQ. togliere, levare: ***die Brille ~*** togliere gli occhiali **2** liquidare: ***etw. als unbegründet ~*** liquidare qcs. come cosa infondata; ***jdn arrogant ~*** liquidare qcn. arrogantemente **3** REGION. *(töten)* togliere di mezzo.
ab‿tup|fen tr. asciugare, detergere.
a|bun|dant agg. abbondante. **A|bun|danz** f. *(-)* abbondanza *f.*
ab‿ur|tei|len tr. **1** *(in einer Gerichtsverhandlung)* condannare: ***einen Verbrecher ~*** condannare un criminale; ***eine Straftat ~*** punire un reato **2** *(verdammen)* condannare, giudicare avventatamente: ***ein Kunstwerk ~*** condannare avventatamente un'opera d'arte. **Ab|ur|tei|lung** f. *(-,-en)* **1** sentenza *f.* definitiva **2** *(Verdammen)* riprovazione *f.*, giudizio *m.* avventato.
ab|usiv agg. abusivo. **Ab|usus** m. *(-)* abuso *m.*
Ab|ver|kauf m. *(-[e]s,-käufe)* AUSTR. → **Ausverkauf.**
ab‿ver|lan|gen tr. esigere, pretendere: ***jdm zuviel Geld ~*** pretendere troppi soldi da qcn.
ab‿ver|mie|ten tr. subaffittare.
ab‿wä|gen tr. *(wog/wägte, gewogen/gewägt)* soppesare, ponderare: ***das Pro und Kontra einer Sache ~*** soppesare il pro e il contro di una cosa. **ab|wäg|sam** avv. RAR. in modo ponderato, riflessivo. **Ab|wä|gung** f. *(-,-en)* ponderazione *f.*
Ab|wahl f. *(-)* **1** mancata rielezione *f.* **2** sospensione *f.* dall'incarico (in seguito a votazione). **ab|wähl|bar** agg. **1** revocabile: ***ein -er Posten*** una carica revocabile **2** facoltativo: ***ein -es Fach*** una materia facoltativa. **ab‿wäh|len** tr. **1** non rieleggere **2** sospendere, revocare dall'incarico (in seguito a votazione) **3** SCOL. *(Fach)* abbandonare: ***in der Oberstufe Latein oder Englisch ~*** abbandonare latino o inglese nel triennio.
ab‿wäl|zen tr. scaricare: ***die Kosten, die Verantwortung auf einen anderen ~*** scaricare le spese, la responsabilità su un altro. **Ab|wäl|zung** f. *(-,-en)* scaricamento *m.*
ab|wan|del|bar agg. variabile, modificabile. **ab‿wan|deln** tr. **1** variare, modificare leggermente **2** ANT. *(flektieren)* flettere.
ab‿wan|dern **I** intr. (aus. *sein*) **1** emigrare **2** FIG. ***in die Stadt ~*** inurbarsi; ***in andere Berufe ~*** cambiare mestiere; ***zur Gegenpartei ~*** passare al partito avversario; ***einige Spieler sind abgewandert*** alcuni giocatori hanno cambiato squadra **II** tr. *(Gelände)* percorrere. **Ab|wan|de|rung** f. *(-,-en)* **1** emigrazione *f.*: ***die ~ vom Land*** l'emigrazione dalla campagna **2** FIG. passaggio *m.*, cambiamento *m.*
Ab|wand|lung f. *(-,-en)* **1** variazione *f.*, mutamento *m.* **2** ANT. flessione *f.*
Ab|wär|me f. *(-)* TECN. calore *m.* perduto, di scarico.
ab‿war|ten tr. **1** attendere, aspettare: ***eine günstige Gelegenheit ~*** aspettare una buona occasione **2** aspettare (la fine di): ***das Unwetter ~*** aspettare che passi il maltempo ◆ ***~ und Tee trinken!*** calma, ci vuole pazienza! ***sich -d verhalten*** temporeggiare.
ab|wärts avv. giù, verso il basso; ***~ gehen*** andar giù, andare male:

mit seinem Geschäft geht es abwärts i suoi affari vanno male. **Ab|wärts|be|we|gung** f. *(-,-en)* movimento *m.*, corsa *f.* discendente. **Ab|wärts|ent|wick|lung** f. *(-,-en)* regresso *m.* **Ab|wärts|trend** m. *(-s,-s)* ECON. tendenza *f.* al ribasso.

Ab|wasch m. *(-[e]s)* COLLOQ. **1** *(Abwaschen)* il lavare i piatti, rigovernatura *f.*; ***den ~ machen*** lavare i piatti **2** *(schmutziges Geschirr)* piatti *m.pl.* da lavare, stoviglie *f.pl.* sporche ◆ ***das ist ein ~, das geht in einem ~*** = si fa tutto insieme, in una volta. **ab|wasch|bar** agg. lavabile. **Ab|wasch|be|cken** n. *(-s,-)* lavandino *m.* **ab‿wa|schen** tr. *(wäscht, wusch, gewaschen)* **1** *(Gesicht, Geschirr)* lavare **2** lavare via: ***den Schmutz von etw. ~*** lavare via lo sporco da qcs. **Ab|wasch|lap|pen** m. *(-s,-)* straccio *m.* per lavare i piatti. **Ab|wasch|tisch** m. *(-[e]s,-e)* acquaio *m.* **Ab|wa|schung** f. *(-,-en)* *(von Körperteilen)* lavaggio *m.*, abluzione *f.* **Ab|wasch|was|ser** n. *(-s)* **1** acqua *f.* per risciacquare i piatti **2** SPREG. risciacquatura *f.* di piatti: ***der Kaffee schmeckt wie ~*** il caffè è una risciacquatura di piatti.

Ab|was|ser n. *(-s,-wässer)* acqua *f.* di scarico, di fogna: ***industrielle Abwässer*** scarichi industriali. **Ab|was|ser|auf|be|rei|tung** f. *(-)* trattamento *m.* delle acque di scarico. **Ab|was|ser|ka|nal** m. *(-s,-kanäle)* canale *m.* di scarico, fognatura *f.*, fogna *f.* **Ab|was|ser|klär|an|la|ge** f. *(-,-n)* impianto *m.* di depurazione delle acque di scolo. **Ab|was|ser|lei|tung** f. *(-,-en)* → **Abwasserkanal.** **Ab|was|ser|rei|ni|gung** f. *(-)* depurazione *f.* delle acque di scolo.

ab‿wech|seln intr. (aus. *haben*) e rifl. **sich ~ 1** alternarsi: ***Regen und Sonnenschein wechseln (sich) ab*** pioggia e sereno si alternano **2** darsi il cambio, avvicendarsi: ***(sich) in der Pflege des Kranken ~*** darsi il cambio nella cura del malato. **ab|wech|selnd** avv. alternativamente, di volta in volta. **Ab|wechs|lung** f. *(-,-en)* **1** *(Wechsel)* l'alternarsi, l'avvicendarsi, avvicendamento *m.* **2** *(Veränderung)* variazione *f.*, cambiamento *m.*; *(Zerstreuung)* svago *m.*: ***ich brauche unbedingt ~*** ho bisogno assolutamente di svago. **ab|wechs|lungs|los** agg. monotono. **ab|wechs|lungs|reich** agg. vario, variato.

Ab|weg m. *(-[e]s,-e)* cattiva strada *f.*: ***auf -en sein*** essere sulla cattiva strada; ***auf -e geraten, kommen*** finire su una cattiva strada, smarrire la retta via. **ab|we|gig** agg. **1** *(irrig)* anomalo, strano **2** *(ablenkend)* fuorviante, che svia. **Ab|we|gig|keit** f. *(-,-en)* stranezza *f.*

Ab|wehr f. *(-)* **1a** *(ablehnende Haltung)* resistenza *f.* interiore, opposizione *f.*: ***auf ~ stoßen*** incontrare resistenza **b** *(Zurückweisung)* rifiuto *m.* **c** *(Widerstand)* resistenza *f.*: ***~ einer Krankheit*** resistenza a una malattia **2a** MIL. *(Verteidigung)* difesa *f.* **b** *(Abwehrdienst)* controspionaggio *m.* **3** SPORT difesa *f.*: ***die ~ organisieren*** organizzare la difesa. **ab|wehr|be|reit** agg. pronto per la difesa. **Ab|wehr|dienst** m. *(-[e]s,-e)* servizio *m.* di controspionaggio.

ab‿weh|ren I tr. **1** *(Feind)* respingere, ricacciare; *(Angriff)* respingere, ribattere **2** allontanare, tenere lontano: ***Besucher, Neugierige ~*** tenere lontani i visitatori, i curiosi; ***einen Verdacht, eine Gefahr ~*** stornare un sospetto, un pericolo **3** rifiutare: ***jds Hilfe ~*** rifiutare l'aiuto di qcn. **4** *(Schläge)* parare **II** intr. (aus. *haben*) rifiutare. **ab|weh|rend I** p.pres. agg. **1** → **abwehren 2** difensivo, di difesa **II** avv. in segno di rifiuto, per rifiutare: ***~ die Hand heben*** alzare la mano in segno di rifiuto.

Ab|wehr|feu|er n. *(-s)* fuoco *m.* di difesa. **Ab|wehr|kraft** f. *(-,-kräfte)* FISIOL. forza *f.* di difesa. **Ab|wehr|maß|nah|men** pl. misure *f.pl.* difensive. **Ab|wehr|re|ak|ti|on** f. *(-,-en)* reazione *f.* di difesa. **Ab|wehr|spie|ler** m. *(-s,-)* SPORT difensore *m.* **Ab|wehr|stoff** m. *(-[e]s,-e)* MED. anticorpo *m.*

1.ab‿wei|chen I tr. staccare (ammollando): ***das Etikett (von der Flasche) ~*** ammollare e staccare l'etichetta (dalla bottiglia) **II** intr. (aus. *sein*) staccarsi (ammollandosi).

2.ab‿wei|chen intr. *(wich, gewichen;* aus. *sein)* **1a** deviare, allontanarsi: ***vom vorgeschriebenen Kurs ~*** deviare dalla rotta prescritta **b** FIG. ***von seinen Grundsätzen ~*** derogare dai propri princìpi; ***von einer Gewohnheit ~*** scostarsi da un'abitudine **2** differire, differenziarsi, divergere: ***unsere Ansichten weichen voneinander ab*** le nostre opinioni differiscono le une dalle altre **3** FIS. ASTR. deviare, declinare. **ab|wei|chend** p.pres. agg. **1** → **2.abweichen 2** *(unterschiedlich)* differente, divergente **3** GRAMM. irregolare. **Ab|weich|ler** m. *(-s,-)* POL. deviazionista *m.* **Ab|wei|chung** f. *(-,-en)* **1a** deviazione *f.*, allontanamento *m.* **b** DIR. ***in ~ von Vorschriften*** in deroga alle disposizioni (di legge) **2** *(Unterschied)* differenza *f.*, divergenza *f.* **3** FIS. ASTR. deviazione *f.*, declinazione *f.*

ab‿wei|den tr. brucare (completamente).

ab‿wei|sen tr. *(wies, gewiesen)* **1** ***jdn ~*** respingere, rimandare indietro qcn. **2a** rifiutare, respingere: ***eine Klage ~*** non dare ascolto a una lagnanza; ***ein Angebot ~*** rifiutare un'offerta **b** ***einen Angriff ~*** respingere un attacco. **ab|wei|send I** agg. brusco, non affabile **II** avv. bruscamente, in modo poco affabile. **Ab|wei|ser** m. *(-s,-)* **1** *(Prellstein)* paracarro *m.* (di porta carraia) **2** sperone *m.*, pennello *m.* **Ab|wei|sung** f. *(-,-en)* rifiuto *m.*, non accettazione *f.*

ab|wend|bar agg. evitabile. **ab‿wen|den I** tr. *(wandte/wendete, gewandt/gewendet)* **1** *(Blick, Gesicht)* volgere altrove, voltare via **2a** *(Hieb, Schlag)* parare **b** FIG. *(Gefahr, Unheil)* stornare, allontanare, evitare **II** rifl. **sich ~** girarsi, voltarsi; FIG. ***sich von seinen Freunden ~*** voltare le spalle ai propri amici. **ab|wen|dig** agg. ANT. ***jdm seinen Freund ~ machen*** alienare l'amico a qcn.; ***jdn einer Sache ~ machen*** alienare una cosa a qcn. **Ab|wen|dung** f. *(-)* **1** *(Abkehr)* allontanamento *m.*, abbandono *m.* **2** *(Verhinderung)* l'evitare, impedimento *m.*

ab‿wer|ben tr. *(wirbt, warb, geworben)* accaparrare. **Ab|wer|bung** f. *(-,-en)* accaparramento *m.*

ab‿wer|fen *(wirft, warf, geworfen)* **I** tr. **1a** lanciare: ***die Flugzeuge werfen Bomben auf die Stadt ab*** gli aerei lanciano bombe sulla città **b** gettare a terra: ***das Pferd warf den Reiter ab*** il cavallo gettò a terra il cavaliere **2a** *(sich befreien)* ***etw. ~*** sbarazzarsi di qcs. (anche FIG.) **b** *(Kleidungsstücke)* togliersi (gettando via) **3** SPORT *(vom Torwart)* ***den Ball ~*** rinviare la palla **II** intr. (aus. *haben*) COLLOQ. rendere, fruttare: ***das Geschäft wirft viel ab*** l'affare rende molto.

ab‿wer|ten tr. **1** ECON. svalutare **2** FIG. svalutare, sminuire, screditare: ***er wertet alles ab*** sminuisce tutto. **Ab|wer|tung** f. *(-,-en)* **1** svalutazione *f.* **2** FIG. lo sminuire, screditamento *m.* **Ab|wer|tungs|ge|winn** m. *(-[e]s,-e)* saldo *m.* attivo di svalutazione monetaria.

ab|we|send agg. **1a** assente: ***von zu Hause ~ sein*** essere assente da casa **b** DIR. contumace **2** *(unaufmerksam)* assente, lontano, distratto: ***ein -er Blick*** uno sguardo assente. **Ab|we|sen|de** m. e f. *(-n,-n)* assente *m.* e *f.* **Ab|we|sen|heit** f. *(-,-en)* **1a** assenza *f.* **b** DIR. contumacia *f.*: ***in ~ verurteilen*** condannare in contumacia **2** *(Unaufmerksamkeit)* distrazione *f.* ◆ IRON. ***durch ~ glänzen*** brillare per le continue assenze. **Ab|we|sen|heits|er|klä|rung** f. *(-,-en)* DIR. dichiarazione *f.* di contumacia. **Ab|we|sen|heits|ver|fah|ren** n. *(-s,-)* DIR. procedimento *m.* in contumacia.

ab‿wet|tern I tr. MAR. ***einen Sturm ~*** superare una burrasca (in alto mare) **II** intr. (aus. *haben*) impers. ***es hat abgewettert*** è cessata la burrasca.

ab‿wet|zen I tr. **1** RAR. togliere sfregando, sfregare via **2** consumare, logorare: ***die Ellbogen einer Jacke ~*** consumare i gomiti di una giacca **II** intr. (aus. *sein*) COLLOQ. filare via.

ab‿wich|sen VOLG. **I** tr. ***jdm einen ~*** fare una sega a qcn. **II** rifl. ***sich (D) einen ~*** farsi una sega.

ab‿wi|ckeln I tr. **1** *(Faden)* svolgere; *(Kabel)* srotolare **2a** *(ausführen, erledigen)* svolgere, eseguire: ***einen Auftrag ~*** svolgere un compito; ***Geschäfte ~*** sbrigare affari **b** *(ablaufen lassen)* far svolgere: ***eine Veranstaltung ~*** far svolgere una manifestazione **II** rifl. **sich ~** svolgersi, procedere: ***der Verkehr wickelt sich reibungslos ab*** il traffico procede senza difficoltà ◆ ***einen Betrieb, eine Gesellschaft ~*** liquidare un'azienda, una società. **Ab|wi|cke|lung, Ab|wick|lung** f. *(-,-en)* **1** *(Ausführung)* disbrigo *m.*, esecuzione *f.*, realizzazione *f.* **2** *(Ablauf)* il procedere, svolgimento *m.* **3** BUROCR. *(Prüfung)* verifica *f.*; *(Auskämmung)* selezione *f.* **Ab|wick|lungs|mas|se** f. *(-)* = attivo *m.* e passivo *m.* di una società posta in liquidazione. **Ab|wick|lungs|ver|fah|ren** n. *(-s,-)* operazione *f.* di liquidazione.

ab‿wie|geln I tr. **1** ***jdn ~*** placare, calmare qcn. **2** ***etw. ~*** minimizzare qcs. **II** intr. (aus. *haben*) minimizzare: ***in den Diskussionen versucht er immer abzuwiegeln*** nelle discussioni cerca sempre di calmare gli animi, minimizzando le cose.

ab‿wie|gen tr. *(wog, gewogen)* soppesare, pesare.

ab‿wim|meln tr. COLLOQ. ***jdn, etw. ~*** sbarazzarsi di qcn., qcs.

Ab|wind m. *(-[e]s,-e)* METEOR. corrente *f.* discendente.

ab‿win|keln tr. inclinare ad angolo, piegare.

ab‿win|ken I intr. (aus. *haben*) **1** dare il segnale della partenza **2** *(ablehnen)* fare cenno di no (con la mano) **II** tr. SPORT ***ein Rennen ~*** dare il segnale della fine di una corsa (motoristica); ***einen Rennfahrer ~*** (cercare di) fermare un corridore con un segnale.

ab‿wirt|schaf|ten I intr. (aus. *haben*) andare in rovina, fallire (per cattiva amministrazione) **II** tr. mandare in rovina, far fallire.

ab‿wi|schen tr. **1** *(durch Wischen entfernen)* togliere (strofinando): ***den Staub ~*** togliere la polvere **2** *(trocknen)* asciugare: ***jds Tränen ~*** asciugare le lacrime di qcn. **3** *(durch Wischen reinigen)* pulire (strofinando): ***die Hände an der Hose ~*** pulire le mani sui pantaloni. **Ab|wisch|lap|pen** m. *(-s,-)*, **Ab|wisch|tuch** n. *(-[e]s,-tücher)* strofinaccio *m.*, straccio *m.*

ab‿woh|nen tr. consumare, rovinare (abitando).

ab‿wra|cken tr. MAR. demolire, smantellare. **Ab|wrack|fir|ma** f. *(-,-firmen)* MAR. ditta *f.* di demolizioni.

Ab|wurf m. *(-[e]s,-würfe)* **1** lancio *m.*: ***der ~ von Bomben*** il lancio di bombe **2** SPORT rinvio *m.*

ab‿wür|gen tr. **1** RAR. prendere per il collo, strozzare **2** FIG. stroncare, soffocare: ***eine Diskussion ~*** soffocare una discussione **3** COLLOQ. ***den Motor ~*** fare spegnere il motore.

a|bys|sisch agg. abissale. **A|bys|sus** m. *(-)* abisso *m.*

ab‿zah|len tr. **1** *(in Raten zahlen)* pagare a rate **2** *(zurückzahlen)* rimborsare.

ab‿zäh|len I tr. **1** contare: ***die Anwesenden ~*** contare i presenti **2** contare (levando via): ***Knöpfe ~*** contare i bottoni (prendendo da un mucchio) **II** intr. (aus. *haben*) fare la conta. **Ab|zähl|reim** m. *(-[e]s,-e)* conta *f.*

Ab|zah|lung f. *(-,-en)* rata *f.*: ***auf ~*** a rate. **Ab|zah|lungs|ge|schäft** n. *(-[e]s,-e)* vendita *f.* rateale.

Ab|zähl|vers m. *(-es,-e)* → **Abzählreim.**

ab‿zap|fen tr. spillare (anche FIG.): ***ein Fass, Wein (vom Fass) ~*** spillare una botte, vino (da una botte); ***jdm Geld ~*** spillare denaro a qcn.; COLLOQ. ***jdm Blut ~*** cavare sangue a qcn. **Ab|zap|fung** f. *(-,-en)* spillatura *f.*, l'essere spillato.

ab‿zap|peln rifl. **sich ~ 1** agitarsi molto **2** FIG. darsi da fare, impegnarsi a fondo.

ab‿zäu|men tr. ***das Pferd ~*** togliere le briglie al cavallo.

ab‿zäu|nen tr. separare con un recinto. **Ab|zäu|nung** f. *(-,-en)* **1** separazione *f.* mediante recinto **2** *(Zaun)* recinto *m.*

Ab|zeh|rung f. *(-)* ANT. **1** indebolimento *m.*, debilitazione *f.* **2** *(Abmagerung)* dimagrimento *m.*

Ab|zei|chen n. *(-s,-)* **1a** *(Plakette)* distintivo *m.* **b** insegna *f.*: ***er trug die ~ der Bischofswürde*** portava le insegne della dignità episcopale **2** *(Erkennungszeichen)* segno *m.* di riconoscimento. **ab‿zeich|nen I** tr. **1** disegnare, copiare **2** ***einen Bericht ~*** siglare un rapporto **II** rifl. **sich ~ 1a** *(sich abheben)* delinearsi, stagliarsi: ***sich gegen den Himmel ~*** stagliarsi contro il cielo **b** FIG. delinearsi, profilarsi: ***eine neue Tendenz beginnt sich abzuzeichnen*** comincia a delinearsi una nuova tendenza **2** *(sich widerspiegeln)* rispecchiarsi, dipingersi: ***in ihrem Gesicht zeichnete sich Freude ab*** sul suo viso si dipinse la gioia **III** intr. *(von Kleidungsstücken;* aus. *haben)* ***zu sehr ~*** segnare troppo (il corpo). **Ab|zeich|nung** f. *(-,-en)* siglatura *f.*

Ab|zieh|bild n. *(-[e]s,-er)* decalcomania *f.*: ***-er aufkleben*** applicare decalcomanie. **Ab|zieh|bo|gen** m. *(-s,-)* foglio *m.* per bozze. **ab‿zie|hen** *(zog, gezogen)* **I** tr. **1** togliere, levare: ***einen Ring vom Finger ~*** togliere un anello dal dito; ***den Schlüssel von der Tür ~*** togliere la chiave dalla porta; ***einem Tier das Fell ~*** levare la pelle a un animale; REGION. ***den Hut ~*** togliere il cappello **2** FIG. distogliere, distrarre: ***jdn von der Arbeit ~*** distrarre qcn. dal lavoro **3a** *(Tomaten)* sbucciare, pelare; ***Bohnen ~*** togliere il filo ai fagiolini **b** ***ein Tier ~*** scuoiare un animale **4** MIL. ***Truppen, Panzer ~*** ritirare truppe, carri armati **5a** *(Parkett)* piallare, levigare **b** *(schärfen)* affilare, arrotare **6** TIP. FOT. stampare; ***ein Plakat in 50 Exemplaren ~*** tirare 50 copie di un manifesto **7** sottrarre, detrarre: ***etw. vom Lohn ~*** detrarre qcs. dallo stipendio **II** intr. (aus. *sein*) **1** dileguare, disperdersi: ***der Rauch, der Nebel zog ab*** il fumo si disperse, la nebbia dileguò; ***das Gewitter zieht ab*** il temporale si allontana **2** *(davongehen)* COLLOQ. andarsene, allontanarsi, partire; ***mit leeren Händen ~*** andarsene a mani vuote; ***zieh ab!*** vattene! sparisci! **3** MIL. mettersi in marcia ◆ ***das Bett ~*** = togliere le federe del piumone (al letto); ***die Handgranaten ~*** far esplodere le bombe a mano (tirando la linguetta); ***die Suppe mit Ei ~*** legare la minestra con l'uovo; ***Wein (in, auf Flaschen) ~*** travasare il vino (in bottiglie). **Ab|zie|her** m. *(-s,-)* **1** TIP. tirabozze *m.* **2** MED. abduttore *m.* **Ab|zieh|pres|se** f. *(-,-n)* torchio *m.* tirabozze. **Ab|zieh|stein** m. *(-[e]s,-e)* pietra *f.* per affilare, cote *f.*

ab‿zie|len intr. (aus. *haben*) ***auf etw. (A) ~*** mirare, tendere a qcs.; ***auf wen zielt das ab?*** a chi è rivolto ciò?

ab‿zir|keln tr. **1** misurare col compasso **2** FIG. ***seine Worte ~*** misurare bene (*o* ponderare) le proprie parole.

ab‿zi|schen intr. (aus. *sein*) COLLOQ. filare (via): ***zisch ab!*** fila!

ab‿zo|cken tr. COLLOQ. spillare: ***bei jdm Geld ~*** spillare denaro a, da qcn.

Ab|zucht f. *(-,-züchte)* **1** *(Abzugsgraben)* fosso *m.* di scarico, di scolo **2** *(Luftschacht)* pozzo *m.* di ventilazione.

Ab|zug m. *(-[e]s,-züge)* **1** *(einer Waffe)* grilletto *m.*: ***auf den ~ drücken*** premere il grilletto; ***den Finger am ~ haben*** avere, tenere il dito sul grilletto **2a** TIP. FOT. stampa *f.*, copia *f.* **b** TIP. bozza *f.* **c** estrattore *m.* **3** *(Abrechnung)* detrazione *f.*, defalco *m.*: ***in ~ bringen*** detrarre **4** *(Abfluss)* dispersione *f.*, deflusso *m.* **5a** foro *m.* di uscita, sfogo *m.* **b** TECN. estrattore *m.* **6** *(Abmarsch)* MIL. partenza *f.* **ab|züg|lich** prep. + gen. con deduzione di, detratto, dedotto: ***~ der Kosten*** detratte le spese; ***~ Rabatt*** dedotto lo sconto. **Ab|zugs|bo|gen** m. *(-s,-bögen)* TIP. bozza *f.* di stampa. **Ab|zugs|bü|gel** m. *(-s,-)* ARM. ponticello *m.* **ab|zugs|fä|hig** agg. detraibile, deducibile. **ab|zugs|frei** agg. esente da ritenute. **Ab|zugs|gra|ben** m. *(-s,-gräben)* fosso *m.* di scarico, di scolo. **Ab|zugs|ka|nal** m. *(-s,-kanäle)* canale *m.* di scarico, di scolo. **Ab|zugs|rohr** n. *(-[e]s,-e)* tubazione *f.* di scarico, di scolo. **Ab|zugs|schacht** m. *(-[e]s,-schächte)* pozzo *m.* di scarico.

ab‿zup|fen tr. staccare (con le dita).

ab‿zwa|cken tr. COLLOQ. **1** tagliare via con le pinze **2** FIG. ***jdm etw. ~*** togliere, portar via qcs. a qcn. (senza farsi notare).

ab‿zwe|cken intr. (aus. *haben*) RAR. ***auf etw. (A) ~*** mirare, tendere a qcs.

Ab|zweig m. *(-[e]s,-e)* **1** diramazione *f.* **2** EL. derivazione *f.* **Ab|zweig|do|se** f. *(-,-n)* scatola *f.* di derivazione. **ab‿zwei|gen I** intr. (aus. *sein*) deviare: ***hier zweigt der Weg ab*** qui la strada devia **II** tr. COLLOQ. mettere da parte: ***Geld für etw. ~*** mettere da parte (del) denaro per qcs. **Ab|zweig|stel|le** f. *(-,-n)* punto *m.* di diramazione **Ab|zwei|gung** f. *(-,-en)* **1** diramazione *f.* **2** EL. derivazione *f.*

ab‿zwi|cken tr. recidere (con le pinze).

ab‿zwin|gen *(zwang, gezwungen)* **I** tr. ***jdm etw. ~*** strappare, estorcere qcs. a qcn. **II** rifl. ***sich (D) etw. ~*** costringersi a qcs.; ***sich ein Lächeln ~*** sforzarsi di sorridere.

ab‿zwit|schern intr. (aus. *sein*) COLLOQ. andarsene.

Ac|ces|soire [aksɛˈsoaːɐ] n. *(-s,-s)* ABBIGL. accessorio *m.*

A|ce|tat n. *(-s,-e)* acetato *m.* **A|ce|tat|sei|de** f. *(-)* seta *f.* all'acetato.

A|ce|ton n. *(-s)* CHIM. acetone *m.*

A|ce|ty|len n. *(-s)* acetilene *m.* **A|ce|ty|len|gas** n. *(-es)* gas *m.* acetilenico.

ach inter. **1** *(Schmerz, Betroffenheit, Mitleid)* oh, ohimè: ***~ Gott!*** oh Dio! ***~, ich habe es verloren!*** oh, l'ho perso! **2** *(Bedauern, meist ironisch)* oh: ***~, wie schade!*** oh, che peccato! **3** *(Verwunderung)* oh, ah: ***~, ist das schön!*** ah, com'è bello! **4** *(Verlangen)* oh: ***~, wäre er doch da!*** oh, se fosse qui! **5** *(Verstehen)* ***~ so!*** ah, ecco! ah, sì! **6** *(Verneinung)* ***~ was, ~ wo*** ma no, macché **7** rafforz. *(mit* **so** + *Adjektiv)* ***ein ~ so beliebtes Thema!*** un tema che piace così tanto! ◆ ***~ ja*** ah già, ah sì; ***~ je*** ahimè; ***~ nein*** ma no; ***~, wo denkst du denn hin?*** ma di' un po', che ti passa per la testa? **Ach** n. *(-s,-[s])* oh *m.*: ***ein ~ des Erstaunens*** un oh di meraviglia; ***sein ewiges ~ und Weh*** tutti i suoi ahi e ohi; ***~ und Weh schreien*** gridare ahimè ◆ COLLOQ. ***mit ~ und Krach*** = con grandi difficoltà, a stento.

A|chä|er m. *(-s,-)* acheo *m.* **A|cha|ia** n.pr.n. *(-s)* Acaia *f.* **A|cha|i|er** m. *(-s,-)* → **Achäer. a|chä|isch** agg. acheo.

A|chat m. *(-[e]s,-e)* agata *f.*

a|cheln tr. REGION. mangiare.

A|che|ron n.pr.m. *(-s)* Acheronte *m.* **a|che|ron|tisch** agg. acherontico, acheronteo.

A|chil|les n.pr.m. Achille *m.* **A|chil|les|fer|se** f. *(-)* tallone *m.* d'Achille. **A|chil|les|seh|ne** f. *(-,-n)* tendine *m.* d'Achille.

Ach|laut m. *(-[e]s,-e)* FON. suono *m.* aspirato velare.

A|chro|ma|sie [akro-] f. *(-,-n)* acromasia *f.* **A|chro|mat** m. *(-[e]s,-e)* obbiettivo *m.* acromatico. **a|chro|ma|tisch** agg. acromatico. **A|chro|ma|tis|mus** m. *(-, Achromatismen)* → **Achromasie.**

Achs|ab|stand m. *(-[e]s,-abstände)* MECC. distanza *f.* assiale, interasse *m.* **Ach|se** f. *(-,-n)* MAT. MECC. STOR. asse *m.*: ***die ~ Berlin-Rom*** l'asse Roma-Berlino ◆ ***auf (der) ~ sein*** essere in viaggio; ***Lieferung per ~*** spedizione via terra.

Ach|sel f. *(-,-n)* **1** spalla *f.* **2** ANAT. BOT. ascella *f.* ◆ ***jdn über die ~ ansehen*** guardare qcn. dall'alto in basso; ***etw. auf die leichte ~ nehmen*** prendere qcs. sottogamba (*o* alla leggera); ***die -n, mit den -n zucken*** fare spallucce, alzare le spalle. **Ach|sel|drü|se** f. *(-,-n)* ghiandola *f.* ascellare. **Ach|sel|griff** m. *(-[e]s,-e)* presa *f.* sotto le ascelle. **Ach|sel|gru|be** f. *(-,-n)* cavità *f.* ascellare. **Ach|sel|haa|re** pl. peli *m.pl.* delle ascelle. **Ach|sel|höh|le** f. *(-,-n)* ascella *f.*, cavità *f.* ascellare. **Ach|sel|klap|pe** f. *(-,-n)* MIL. controspallina *f.*, spallina *f.* **Ach|sel|knos|pe** f. *(-,-n)* BOT. gemma *f.* ascellare. **ach|sel|stän|dig** agg. BOT. ascellare. **Ach|sel|stück** n. *(-[e]s,-e)* → **Achselklappe. Ach|sel|zu|cken** n. *(-s)* alzata *f.* di spalle. **ach|sel|zu|ckend** agg. con un'alzata di spalle.

Ach|sen|bruch m. *(-[e]s,-brüche)* rottura *f.* dell'asse. **Ach|sen|kreuz** n. *(-es,-e)* MAT. assi *m.pl.* coordinati. **Ach|sen|mäch|te** pl. STOR. potenze *f.pl.* dell'asse. **Ach|sen|sym|me|trie** f. *(-,-n)* simmetria *f.* assiale. **ach|sig** agg. assiale. **Achs|la|ger** n. *(-s,-)* MECC. cuscinetto *m.* dell'assale, portante. **Achs|last** f. *(-,-en)* MECC. carico *m.* assiale. **Achs|schen|kel** m. *(-s,-)* AUT. fuso *m.* ad asse.

acht agg.inv. **1** otto: ***es sind gerade ~ Jahre*** sono appena otto anni; ***es waren ihrer ~, sie waren zu ~*** erano in otto; ***heute in ~ Tagen*** fra una settimana, otto giorni a oggi; ***mit der Linie ~ fahren*** prendere l'otto (linea del tram o del bus) **2** *(acht Uhr)* le otto: ***gegen ~ (Uhr)*** verso le otto; ***um ~ (Uhr)*** alle otto; ***es war, schlug halb ~*** erano, battevano le sette e mezza; ***ein Viertel vor*** (RAR. ***auf), nach ~*** un quarto alle otto, le otto e un quarto.

1.Acht f. *(-,-en)* **1** otto *m.* **2** COLLOQ. *(Straßenbahn, Bus)* ***die ~*** l'otto **3** otto *m.*, doppio cerchio *m.*: ***eine ~ auf dem Eis laufen*** fare un otto (pattinando) sul ghiaccio **4** *(Spielkarte)* otto *m.*: ***die ~ ablegen*** scartare l'otto.

2.Acht f. *(-)* STOR. bando *m.*: ***jdn in ~ und Bann tun*** mettere al bando qcn.

3.Acht f. *(-)* ANT. cura *f.*, premura *f.*: ***auf jdn, etw. ~ geben, haben*** fare attenzione, badare a qcn., qcs.; ***auf seine Gesundheit ~ geben, haben*** badare alla propria salute; ***etw. außer ~ lassen*** non badare a qcs., non prendere in considerazione qcs.; ***etw. in ~ nehmen*** badare a qcs., avere cura di qcs.; ***sich in ~ nehmen*** badare a se stesso, essere prudente.

acht|ar|mig agg. con otto braccia. **acht|bän|dig** agg. in otto volumi.

acht|bar agg. rispettabile, degno di stima, onesto. **Acht|bar|keit** f. *(-)* rispettabilità *f.*, onestà *f.*

ach|te agg. **1** ottavo: ***das ~ Schuljahr*** l'ottavo anno di scuola **2** *(im Datum)* otto: ***München, den -n März*** Monaco, otto marzo; ***am -n März*** l'otto marzo. **Ach|te** m. e f. *(-n,-n)* **1** ottavo *m.* (-a *f.*): ***sie ist die von ~ links*** è l'ottava da sinistra; ***jeder ~*** uno su otto, uno ogni otto **2** *(als Monatstag)* otto *m.*: ***am -n des Monats*** l'otto del mese; ***heute ist der ~*** oggi è l'otto ◆ ***Beethovens ~*** l'Ottava di Beethoven; ***Heinrich der ~*** Enrico ottavo.

Acht|eck n. *(-[e]s,-e)* ottagono *m.* **acht|eckig** agg. ottagonale. **acht|ein|halb** agg.inv. otto e mezzo.

ach|tel agg.inv. ottavo: ***ein ~ Liter*** un ottavo di litro, 125 ml. **Ach|tel** n. e SVIZZ. m. *(-s,-)* **1a** ottavo *m.*: ***zwei, drei ~*** due, tre ottavi **b** ***ein ~ Butter, Milch*** 125 grammi di burro, 125 ml di latte **2** MUS. croma *f.* **Ach|tel|fi|na|le** n. *(-s,-)* SPORT ottavo *m.* di finale: ***ins ~ kommen, einziehen*** arrivare agli ottavi di finale. **Ach|tel|li|ter** m. *(-s,-)* ottavo *m.* di litro. **ach|teln** tr. dividere in otto parti. **Ach|tel|no|te** f. *(-,-n)* MUS. croma *f.* **Ach|tel|pau|se** f. *(-,-n)* pausa *f.* di una croma. **Ach|tel|takt** m. *(-[e]s,-e)* tempo *m.* in ottavi.

ach|ten I tr. **1** ***jdn ~*** stimare qcn., avere stima di qcn. **2** rispettare: ***das Gesetz ~*** rispettare la legge **3** ANT. badare, tenere conto: ***die Kälte nicht ~*** non badare al freddo **4** ANT. ***jdn für verloren ~*** ritenere qcn. perduto **II** intr. (aus. *haben*) **1** ***auf jdn, etw. ~*** prestare attenzione, dare peso a qcn., qcs. **2** ANT. badare: ***er achtete nicht des Schmerzes*** non badò al dolore; ***auf das Kind ~*** badare al bambino.

äch|ten tr. STOR. bandire, proscrivere.

Acht|en|der m. *(-s,-)* cervo *m.* dalle corna a otto palchi.

ach|tens avv. in ottavo luogo, ottavo.

ach|tens|wert, ach|tens|wür|dig agg. degno di rispetto, rispettabile.

Ach|ter m. *(-s,-)* **1** REGION. *(Ziffer)* otto *m.* **2** SPORT *(Ruderboot)* otto *m.*, imbarcazione *f.* da otto (rematori) **3** *(Figur in Form einer Acht)* otto *m.*, doppio cerchio *m.*

ach|ter|aus avv. a poppavia.

Ach|ter|bahn f. *(-,-en)* otto *m.* volante, montagne *f.pl.* russe.

Ach|ter|deck n. *(-[e]s,-s)* cassero *m.*, ponte *m.* di poppa. **ach|ter|las|tig** agg. impoppato, appoppato.

ach|ter|lei I agg.inv. otto... (diversi), di otto tipi: ***~ Farben*** otto colori diversi **II** pron. otto cose *f.pl.* (diverse).

Ach|ter|mann|schaft f. *(-,-en)* squadra *f.* di otto persone.

ach|tern avv. a poppa.

Ach|ter|ren|nen n. *(-s,-)* corsa *f.* a otto.

Ach|ter|schiff n. *(-[e]s,-e)* poppa *f.* **Ach|ter|se|gel** n. *(-s,-)* vela *f.* di poppa. **Ach|ter|ste|ven** [-v-] m. *(-s,-)* dritto *m.* di poppa.

acht|fach I agg. ottuplo **II** avv. otto volte: ***etw. ~ vergrößern*** ingrandire qcs. otto volte, ottuplicare qcs. **Acht|fa|che** n. *(-n)* ottuplo *m.*, otto volte *f.pl.*: ***etw. um das ~ erhöhen*** aumentare qcs. otto volte tanto (*o* di otto volte).

Acht|flach n. *(-[e]s,-e)* ottaedro *m.* **acht|flä|chig** agg. ottaedrico. **Acht|fläch|ner** m. *(-s,-)* → **Achtflach.**

Acht|fü|ßer m. *(-s,-)* ottopode *m.* **acht|fü|ßig** agg. di otto piedi. **Acht|füß|ler** → **Achtfüßer.**

acht|hun|dert agg.inv. ottocento. **acht|jäh|rig** agg. di otto anni. **Acht|kampf** m. *(-[e]s,-kämpfe)* gara *f.* formata da otto discipline, o da otto esercizi. **acht|kan|tig** agg. ottagonale. **acht|klas|sig** agg. di otto classi. **Acht|kno|ten** m. *(-s,-)* MAR. nodo *m.* sabaudo.

acht|los I agg. sbadato, noncurante **II** avv. sbadatamente, senza fare attenzione. **Acht|lo|sig|keit** f. *(-,-en)* sbadataggine *f.*, noncuranza *f.*

acht|mal avv. otto volte. **acht|ma|lig** agg. di otto volte. **acht|mo|na|tig** agg. di otto mesi. **Acht|mo|nats|kind** n. *(-[e]s,-er)* bambino *m.* nato di otto mesi. **acht|pfün|dig** agg. di, da quattro chili; *(in Großbritannien)* di, da otto libbre.

acht|sam agg. attento, accurato. **Acht|sam|keit** f. *(-)* attenzione *f.*, accuratezza *f.*

acht|sei|tig agg. **1** di, a otto lati **2** *(von Heften)* di otto pagine. **acht|stel|lig** agg. di otto cifre. **acht|stö|ckig** agg. di, a otto piani. **acht|stro|phig** agg. di, a otto strofe.

Acht|stun|den|tag m. *(-[e]s,-e)* giornata *f.* (lavorativa) di otto ore. **acht|stün|dig** agg. di otto ore: ***-e Arbeitszeit*** orario di lavoro di otto ore. **acht|stünd|lich I** agg. che si ripete ogni otto ore; ***in -en Abständen*** a intervalli di otto ore **II** avv. ogni otto ore. **acht|tä|gig** agg. di otto giorni. **acht|tau|send** agg.inv. ottomila. **Acht|tau|sen|der** m. *(-s,-)* ottomila *m.*, montagna *f.* di ottomila metri. **acht|tei|lig** agg. di otto parti, diviso in otto parti. **Acht|uhr|vor|stel|lung** f. *(-,-en)* CINEM. TEATR. spettacolo *m.* delle otto. **Acht|uhr|zug** m. *(-[e]s,-züge)* treno *m.* delle otto.

acht|und|ein|halb agg.inv. rafforz. → **achteinhalb. Acht|und|sech|zi|ger** m. *(-s,-)* sessantottino *m.* **Acht|und|vier|zi|ger** m. *(-s,-)* = combattente *m.* (*o* sostenitore *m.*) della rivoluzione del 1848.

Ach|tung f. *(-)* **1** stima *f.*, rispetto *m.*, considerazione *f.*: ***vor jdm, etw. ~ haben*** avere stima per qcn., qcs.; ***aus ~ vor seinen Eltern*** per rispetto verso i suoi genitori; ***jdm ~ gebieten*** incutere rispetto a qcn.; ***jds ~ genießen*** godere la stima di qcn.; ***in jds ~ sinken, steigen*** scendere, salire nella considerazione di qcn.; ***~ gebietend*** che ispira rispetto, rispettabile **2** *(Vorsicht)* **~!** attenzione! ***~ auf den Zug!*** attenti al treno! ***~, Aufnahme!*** attenzione, si gira! attenzione, registrazione in corso! ◆ ***alle ~!*** bravo! congratulazioni!

Äch|tung f. *(-, -en)* **1** STOR. bando *m.*, proscrizione *f.* **2** *(Verdammung)* disprezzo *m.*, condanna *f.*: ***die soziale ~*** la condanna sociale.

Ach|tungs|be|zei|gung f. *(-,-en)* dimostrazione *f.* di stima, segno *m.* di rispetto. **Ach|tungs|er|folg** m. *(-[e]s,-e)* successo *m.* di stima. **ach|tungs|voll I** agg. rispettoso, pieno di stima **II** avv. rispettosamente, con stima.

acht|zehn agg.inv. diciotto. **acht|zehn|hun|dert** agg.inv. milleottocento. **acht|zehn|jäh|rig** agg. di diciotto anni; *(von Menschen)* diciottenne.

acht|zehn|te agg. e pron. **1** diciottesimo: ***das ~ Jahrhundert*** il diciottesimo secolo **2** *(im Datum)* diciotto: ***Berlin, den -n Mai*** Berlino, diciotto maggio. **Acht|zehn|te** m. e f. *(-n,-n)* **1** diciottesimo *m.* (-a *f.*) **2** *(im Datum)* diciotto *m.*: ***morgen ist der ~*** domani è il diciotto. **Acht|zehn|tel** n. *(-s,-)* diciottesimo *m.*

acht|zei|lig agg. di otto righe.

acht|zig agg.inv. **1** *(Zahl)* ottanta **2** *(Alter)* ottanta *m.pl.*, ottantina *f.*: ***in die ~ kommen*** arrivare agli ottanta; ***Ende (der) ~*** alla fine degli ottanta. **Acht|zig** f. *(-,-en)* ottanta *m.* **acht|zi|ger** agg.inv. **1** *(Zeit)* ottanta: ***in den ~ Jahren*** negli anni ottanta **2** *(Alter)* ottantina *f.*, ottant'anni *m.pl.*: ***nahe der ~ Jahre sein*** essere vicino all'ottantina.

1.Acht|zi|ger m. *(-s,-)* **1** ottantenne *m.*, ANT. ottuagenario *m.* **2** pl. *(Achtzigerjahre)* ottanta *m.pl.* **3** *(Wein)* vino *m.* dell'ottanta.

2.Acht|zi|ger f. *(-,-)* COLLOQ. francobollo *m.* da ottanta pfennig.

Acht|zi|ge|rin f. *(-,-nen)* ottantenne *f.*, ANT. ottuagenaria *f.* **Acht|zi|ger|jah|re** pl. → **achtziger.**

acht|zig|fach I agg. di ottanta volte **II** avv. ottanta volte. **acht|zig|jäh|rig** agg. di ottant'anni; *(von Menschen)* ottantenne. **acht|zigs|te** agg. e pron. ottantesimo. **acht|zigs|tel** agg.inv. ottantesimo. **Acht|zigs|tel** n. *(-s,-)* ottantesimo *m.*, ottantesima parte *f.*

Acht|zy|lin|der m. *(-s,-)* COLLOQ. **1** *(Achtzylindermotor)* otto cilindri *m.* **2** *(Fahrzeug)* otto cilindri *m.* e *f.* **Acht|zy|lin|der|mo|tor** m. *(-s,-en)* motore *m.* a otto cilindri. **acht|zy|lind|rig** agg. a otto cilindri.

äch|zen intr. (aus. *haben*) **1** ***vor Schmerz ~*** gemere dal dolore **2** FIG. scricchiolare, cigolare: ***der Stuhl ächzt*** la sedia scricchiola. **Äch|zer** m. *(-s,-)* gemito *m.*: ***einen ~ von sich geben*** emettere un gemito.

A|cker m. *(-s, Äcker)* **1** campo *m.* (arato), terreno *m.*: ***den ~ bestellen, bebauen*** coltivare il campo **2** *(Feldmaß)* campo *m.*

A|cker|bau m. *(-[e]s)* agricoltura *f.*: ***~ treiben*** praticare l'agricoltura; ***~ treibend*** dedito all'agricoltura agricolo. **A|cker|bau|er** m. *(-n* e RAR. *-s,-n)* **1** coltivatore *m.* (di campi) **2** *(Bauer)* ANT. agricoltore *m.*, contadino *m.* **A|cker|bau|er|zeug|nis** n. *(-ses,-se)* prodotto *m.* agricolo. **A|cker|bau|kun|de** f. *(-)* agronomia *f.* **A|cker|**

bau|land n. *(-[e]s)* paese *m.* agricolo. **A|cker|be|stel|lung** f. *(-,-en)* coltivazione *f.* dei campi. **A|cker|bo|den** m. *(-s,-böden)* terreno *m.* coltivabile. **A|cker|boh|ne** f. *(-,-n)* fava *f.* **A|cker|flä|che** f. *(-,-n)* superficie *f.* coltivata. **A|cker|fur|che** f. *(-,-n)* solco *m.* **A|cker|gaul** m. *(-[e]s,-gäule)* cavallo *m.* per l'aratura, SPREG. brenna *f.* **A|cker|ge|rät** n. *(-[e]s,-e)* attrezzo *m.* agricolo. **A|cker|gren|ze** f. *(-,-n)* confine *m.* del campo. **A|cker|kru|me** f. *(-,-n)* strato *m.* superiore del terreno. **A|cker|land** n. *(-[e]s)* terreno *m.* arativo. **A|cker|mann** → **Ackersmann.** **A|cker|men|nig** m. *(-[e]s,-e)* BOT. agrimonia *f.* **a|ckern I** tr. arare **II** intr. (aus. *haben*) **1** lavorare i campi **2** COLLOQ. *(mühselig arbeiten)* rompersi la schiena. **A|cker|schol|le** f. *(-,-n)* zolla *f.* **A|ckers|mann** m. *(-[e]s,-leute)* ANT. aratore *m.*, agricoltore *m.* **A|cker|win|de** f. *(-,-n)* vilucchio *m.*, erba *f.* leporina.

Ack|ja m. *(-[s],-s)* = slitta *f.* per il soccorso alpino.

a con|to [-ko-] avv. *(auf Rechnung)* in conto; *(auf Konto von)* sul conto di.

Ac|quit [a'ki] n. *(-s,-s)* ANT. ricevuta *f.*, quietanza *f.*

Ac|ro|le|in → **Akrolein.**

Ac|ryl|glas n. *(-es)* vetro *m.* acrilico. **Ac|ryl|harz** n. *(-es)* resina *f.* acrilica. **Ac|ryl|säu|re** f. *(-,-n)* acido *m.* acrilico.

Ac|ti|ni|um n. *(-s)* attinio *m.*

Ac|tion ['ækʃən] f. *(-)* CINEM. LETT. azione *f.* **Ac|tion|film** m. *(-[e]s,-e)* film *m.* d'azione.

a d. ⇒ *a dato* dalla data di emissione.

a. d. ⇒ *an der* (in toponimi) sul, sullo, sulla: ***Frankfurt a.d. Oder*** Francoforte sull'Oder.

a. D. ⇒ *außer Dienst* fuori servizio, in pensione.

ad ab|sur|dum, ***etw., jdn ~ führen*** dimostrare l'assurdità di qcs., l'assurdità delle asserzioni di qcn.

ADAC ⇒ *Allgemeiner Deutscher Automobil-Club* (corrispondente all'ACI).

ad ac|ta, ***etw. ~ legen*** mettere qcs. agli atti.

A|da|gio n. *(-s,-s)* adagio *m.*

A|dal|bert n.pr.m. Adalberto *m.*

A|dam n.pr.m. Adamo *m.* ◆ ANT. ***der alte ~*** = le antiche debolezze, abitudini; ANT. ***den alten ~ ausziehen*** = abbandonare i vecchi vizi; COLLOQ. ***bei ~ und Eva anfangen*** cominciare alla lontana; ***von ~ und Eva (ab)stammen*** = essere vecchissimo; ***seit -s Zeiten*** da che mondo è mondo. **A|da|mit** m. *(-en,-en)* adamita *m.* **a|da|mi|tisch** agg. adamitico.

A|dam Rie|se, COLLOQ. ***nach ~*** esattamente, precisamente.

A|dams|ap|fel m. *(-s,-äpfel)* pomo *m.* d'Adamo. **A|dams|kos|tüm** n. *(-s,-e)* SCHERZ. ***im ~*** in costume adamitico.

A|dap|ta|ti|on f. *(-,-en)* adattamento *m.* **A|dap|ter** m. *(-s,-)* adattatore *m.* **a|dap|tie|ren** tr. adattare. **A|dap|tie|rung** f. *(-,-en)*, **A|dap|ti|on** f. *(-,-en)* → **Adaptation.** **a|dap|tiv** agg. adattativo.

a|dä|quat [-ɛ'kva:t] agg. **1** *(angemessen)* adeguato, adatto **2** *(entsprechend)* corrispondente.

Ad|den|dum n. *(-s, Addenda)* aggiunta *f.*, supplemento *m.*

ad|die|ren I tr. addizionare, sommare **II** rifl. **sich ~** sommarsi. **Ad|dier|ma|schi|ne** f. *(-,-n)* addizionatrice *f.*

Ad|di|ti|on f. *(-,-en)* addizione *f.*, somma *f.*

Ad|duk|ti|on f. *(-,-en)* adduzione *f.* **Ad|duk|tor** m. *(-s,-en)* adduttore *m.*

a|de inter. addio: ***jdm ~ sagen*** dire addio a qcn. **A|de** n. *(-s,-s)* addio *m.*

A|de|bar m. *(-s,-e)* REGION. Adebar *m.*, cicogna *f.* (nella tradizione popolare ◆ ***Meister ~*** comare Cicogna.

A|del m. *(-s)* **1a** nobiltà *f.*, aristocrazia *f.*: ***alter, hoher, niedriger ~*** antica, alta, bassa nobiltà **b** FIG. ***der ~ des Herzens*** la nobiltà del cuore **2** *(Adelstitel)* titolo *m.* nobiliare ◆ ***von ~ sein*** essere di origine nobile; ***~ verpflichtet*** noblesse oblige.

A|del|bert n.pr.m. Adalberto *m.*

A|del|heid n.pr.f. Adelaide *f.*

a|de|lig → **adlig.** **A|de|li|ge** → **Adlige.** **a|deln** tr. **1** ***jdn ~*** conferire un titolo nobiliare a qcn. **2** FIG. nobilitare: ***diese Gesinnung adelt ihn*** questo sentimento lo nobilita. **A|dels|brief** m. *(-[e]s,-e)* attestato *m.*, diploma *m.* di nobiltà. **A|dels|buch** n. *(-[e]s,-bücher)* registro *m.* dei nobili. **A|dels|ge|schlecht** n. *(-[e]s,-er)* famiglia *f.*, stirpe *f.* nobile, nobile lignaggio *m.* **A|dels|herr|schaft** f. *(-,-en)* aristocrazia *f.*, governo *m.* aristocratico. **A|dels|ka|len|der** m. *(-s,-)* annuario *m.* della nobiltà. **A|dels|prä|di|kat** n. *(-[e]s,-e)* predicato *m.* nobiliare. **A|dels|stand** m. *(-[e]s,-stände)* ceto *m.* nobiliare, aristocrazia *f.*: ***jdn in den ~ erheben*** elevare qcn. al grado di nobile. **A|dels|ti|tel** m. *(-s,-)* titolo *m.* nobiliare. **A|de|lung** f. *(-,-en)* **1** *(Erhebung in den Adelsstand)* conferimento *m.* di titolo nobiliare **2** nobilitazione *f.*

a|de|no|id agg. adenoideo, adenoide. **A|de|nom** n. *(-s,-e)* adenoma *m.* **A|de|no|to|mie** f. *(-,-n)* adenotomia *f.*

A|dept m. *(-en,-en)* adepto *m.*, iniziato *m.*, seguace *m.*: ***ein junger ~ der Wissenschaften*** un giovane iniziato alle scienze.

A|der f. *(-,-n)* **1** *(Blutgefäß)* vena *f.*: ***sich (D) die -n öffnen*** tagliarsi le vene **2** *(Begabung)* vena *f.*, inclinazione *f.*: ***musikalische ~*** vena musicale **3** *(von Holz, Marmor, Blättern)* venatura *f.* **4** MIN. vena *f.*, filone *m.* **5** EL. filo *m.*, conduttore *m.* ◆ ANT. ***jdn zur ~ lassen*** salassare qcn. (anche FIG.); ***eine leichte ~ haben*** essere un po' leggero, sventato; ***eine noble ~ haben*** essere nobile, generoso. **Ä|der|chen** n. *(-s,-)* venuzza *f.*, venetta *f.* **A|der|ge|flecht** n. *(-[e]s,-e)* ANAT. plesso *m.* coroideo. **A|der|haut** f. *(-,-häute)* coroide *f.* **a|de|rig, ä|de|rig** agg. **1** pieno di vene, venoso **2** *(von Holz, Metall)* venato. **A|der|lass** m. *(-es,-lässe)* **1** MED. salasso *m.*: ***bei jdm einen ~ vornehmen*** praticare un salasso a qcn. **2** FIG. perdita *f.*, danno *m.* **a|dern, ä|dern** tr. dipingere a venature, marezzare. **A|de|rung, Ä|de|rung** f. *(-,-en)* venatura *f.*, marezzatura *f.*

A|des|po|ta pl. scritti *m.pl.* adespoti.

ad|hä|rent agg. aderente. **Ad|hä|renz** f. *(-,-en)* aderenza *f.* **ad|hä|rie|ren** intr. (aus. *haben*) aderire.

Ad|hä|si|on f. *(-,-en)* **1** *(Beitritt)* adesione *f.* **2** FIS. adesione *f.* **3** MECC. aderenza *f.* **Ad|hä|si|ons|bahn** f. *(-,-en)* ferrovia *f.* ad aderenza. **Ad|hä|si|ons|kraft** f. *(-,-kräfte)* FIS. forza *f.* di adesione. **Ad|hä|si|ons|ver|mö|gen** n. *(-s,-)* potere *m.* aderente, forza *f.* di adesione. **Ad|hä|si|ons|ver|trag** m. *(-[e]s,-verträge)* DIR. contratto *m.* per adesione. **ad|hä|siv** agg. adesivo.

A|di|a|ba|te f. *(-,-n)* FIS. curva *f.* adiabatica. **a|di|a|ba|tisch** agg. adiabatico.

a|di|eu [adi'ø:] inter. addio: ***jdm ~ sagen*** dire addio a qcn. **A|di|eu** n. *(-s,-s)* addio *m.*

Ä|dil m. *(-s,* e *-en,-en)* STOR. edile *m.*

Ad|jek|tiv n. *(-s,-e)* aggettivo *m.* **ad|jek|ti|vie|ren** [-v-] tr. aggettivare. **ad|jek|ti|visch** agg. aggettivale.

Ad|ju|di|ka|ti|on f. *(-,-en)* DIR. aggiudicazione *f.*

Ad|junkt m. *(-en,-en)* ANT. aggiunto *m.*, assistente *m.*

ad|jus|tie|ren tr. **1** aggiustare, accomodare **2a** *(Messinstrumente)* regolare, tarare, mettere a punto **b** OTT. mettere a fuoco **3** AUSTR. o ANT. *(ausrüsten)* equipaggiare. **Ad|jus|tier|schrau|be** f. *(-,-n)* vite *f.* di regolazione. **Ad|jus|tie|rung** f. *(-,-en)* **1** *(Anpassen)* aggiustaggio *m.*, accomodamento *m.* **2a** regolazione *f.*, messa *f.* a punto **b** OTT. messa *f.* a fuoco **3** AUSTR. equipaggiamento *m.*

Ad|ju|tant m. *(-en,-en)* MIL. aiutante *m.* di campo. **Ad|ju|tan|tur** f. *(-,-en)* MIL. ufficio *m.* dell'aiutante di campo.

Ad|la|tus m. *(-,-laten)* ANT. SCHERZ. aiutante *m.*, assistente *m.*

Ad|ler m. *(-s,-)* aquila *f.* **Ad|ler|au|ge** n. *(-s,-n)* occhio *m.* d'aquila. **Ad|ler|blick** m. *(-[e]s,-e)* sguardo *m.* d'aquila. **Ad|ler|farn** m. *(-[e]s,-e)* felce *f.* aquilina. **Ad|ler|horst** m. *(-[e]s,-e)* nido *m.* d'aquila. **Ad|ler|klaue** f. *(-,-n)* artiglio *m.* d'aquila. **Ad|ler|na|se** f. *(-,-n)* naso *m.* aquilino. **Ad|ler|ro|chen** m. *(-s,-)* ITTIOL. aquila *f.* di mare (*o* marina).

ad|lig agg. nobile. **Ad|li|ge** m. e f. *(-n,-n)* nobile *m.* e *f.*

Ad|mi|nist|ra|ti|on f. *(-,-en)* amministrazione *f.* **ad|mi|nist|ra|tiv** agg. amministrativo. **Ad|mi|nist|ra|tor** m. *(-s,-en)* amministratore *m.* **ad|mi|nist|rie|ren** tr. amministrare.

Ad|mi|ral m. *(-s,-e* e *Admiräle)* **1** ammiraglio *m.* **2** ENTOM. vanessa *f.* atalanta. **Ad|mi|ra|li|tät** f. *(-,-en)* ammiragliato *m.* **Ad|mi|rals|rang** m. *(-[e]s,-ränge)* grado *m.* di ammiraglio. **Ad|mi|rals|schiff** n. *(-[e]s,-e)* (nave *f.*) ammiraglia *f.* **Ad|mi|rals|stab** m. *(-[e]s,-stäbe)* stato *m.* maggiore della marina.

Ad|mis|si|on f. *(-,-en)* ammissione *f.*

ADN ⇒ *Allgemeiner Deutscher Nachrichtendienst* (agenzia di stampa della EX-RDT).

A|do|les|zent m. *(-en,-en)* PSIC. adolescente *m.* **A|do|les|zenz** f. *(-)* PSIC. adolescenza *f.*

A|dolf n.pr.m. Adolfo *m.*

1.A|do|nis I n.pr.m. Adone *m.* **II** m. *(-,-nisse)* FIG. adone *m.*: ***er ist nicht gerade ein ~*** non è proprio un adone.

2.A|do|nis f. *(-,-)*, **A|do|nis|rös|chen** n. *(-s,-)* adonide *f.*

a|dop|tie|ren tr. adottare. **A|dop|ti|on** f. *(-,-en)* adozione *f.* **A|dop|tiv|el|tern** pl. genitori *m.pl.* adottivi. **A|dop|tiv|kind** n. *(-[e]s,-er)* figlio *m.* adottivo.

Adr. ⇒ *Adresse* indirizzo.

Ad|re|ma f. *(-,-s)* adrema *f.* e *m.*, adrematrice *f.*

Ad|re|na|lin n. *(-s)* adrenalina *f.* **Ad|re|na|lin|stoß** m. *(-es,-stöße)* scarica *f.* di adrenalina.

Ad|ress|an|ga|be f. *(-,-n)* indicazione *f.* dell'indirizzo. **Ad|res|sant** m. *(-en,-en)* ANT. mittente *m.* **Ad|res|sat** m. *(-en,-en)* **1** ANT. destinatario *m.* **2** LING. destinatario *m.*, ricevente *m.* **Ad|ress|**

buch n. *(-[e]s,-bücher)* elenco *m.* degli indirizzi, indirizzario *m.*

Ad|res|se f. *(-,-n)* **1** indirizzo *m.*: ***die ~ ist, lautet...*** l'indirizzo è...; ***jdm seine ~ angeben, hinterlassen*** dare, lasciare il proprio indirizzo a qcn.; FIG. ***ein Schimpfwort an die ~ des Schiedsrichters*** un insulto all'indirizzo dell'arbitro; COLLOQ. ***bei mir ist er an der falschen, verkehrten ~*** con me ha sbagliato indirizzo; *(Botschaft)* ***eine ~ an das Parlament richten*** rivolgere un indirizzo al parlamento **2** INFORM. indirizzo *m.* ◆ ***sich an die richtige ~ wenden*** rivolgersi alla persona giusta, al posto giusto. **Ad|res|sen|än|de|rung** f. *(-,-en)* cambiamento *m.* d'indirizzo. **ad|res|sie|ren** tr. indirizzare: ***etw. an jdn ~*** indirizzare qcs. a qcn.; ***einen Brief falsch ~*** sbagliare l'indirizzo di una lettera; FIG. ***die Kritik ist an ihn adressiert*** la critica è indirizzata a lui. **Ad|res|sier|ma|schi|ne** f. *(-,-n)* macchina *f.* stampaindirizzi, adrematrice *f.*

ad|rett agg. pulito, ordinato: ***ein -es Mädchen*** una ragazza dall'aspetto pulito.

Ad|ria n.pr.f. *(-)* Adriatico *m.* **ad|ri|a|tisch** agg. adriatico; ***das Adriatische Meer*** il mare Adriatico.

ad|rig, äd|rig → **aderig, äderig.**

Ad|sor|bens n. *(-, Adsorbenzien/Adsorbentia)* adsorbente *m.* **ad|sor|bie|ren** tr. adsorbire. **Ad|sorp|ti|on** f. *(-,-en)* adsorbimento *m.*

Ad|strin|gens n. *(-, Adstringenzien/Astringentia)* astringente *m.* **ad|strin|gie|ren** tr. astringere.

A|du|lar m. *(-s,-e)* adularia *f.*

A-Dur n. *(-)* la *m.* maggiore.

Ad|vent m. *(-[e]s)* avvento *m.*: ***der erste, zweite, dritte, vierte ~*** la prima, seconda, terza, quarta domenica d'avvento.

Ad|ven|tiv|pflan|ze f. *(-,-n)* pianta *f.* avventizia.

Ad|ven|tist m. *(-en,-en)* avventista *m.*

ad|vent|lich agg. dell'avvento, relativo all'avvento. **Ad|vents|ka|len|der** m. *(-s,-)* calendario *m.* dell'avvento. **Ad|vents|kranz** m. *(-es,-kränze)* corona *f.* dell'avvento. **Ad|vents|sonn|tag** m. *(-s,-e)* domenica *f.* d'avvento. **Ad|vents|zeit** f. *(-)* avvento *m.*

Ad|verb n. *(-s,-ien)* avverbio *m.* **ad|ver|bal, ad|ver|bi|al** agg. avverbiale. **Ad|ver|bi|al|be|stim|mung** f. *(-,-en)* complemento *m.* avverbiale. **Ad|ver|bi|al|satz** m. *(-es,-sätze)* proposizione *f.* avverbiale.

ad|ver|sa|tiv agg. avversativo.

Ad|vo|kat m. *(-en,-en)* ANT. O REGION. avvocato *m.* **Ad|vo|ka|ten|kniff** m. *(-[e]s.-e)* espediente *m.* legale. **Ad|vo|ka|ten|stand** m. *(-[e]s,-stände)* categoria *f.* degli avvocati. **Ad|vo|ka|tur** f. *(-,-en)* ANT. **1** avvocatura *f.* **2** *(Anwaltsbüro)* ufficio *m.* legale.

AdW ⇒ *Akademie der Wissenschaften* Accademia delle Scienze.

a|e|rob agg. aerobico. **A|e|ro|bic** n. *(-s)* aerobica *f.*: ***~ machen*** fare aerobica. **A|e|ro|bi|er** m. *(-s,-)*, **A|e|ro|bi|ont** m. *(-en,-en)* aerobio *m.* **A|e|ro|bus** m. *(-ses,-se)* elitaxi *m.* **A|e|ro|dy|na|mik** f. *(-)* aerodinamica *f.* **a|e|ro|dy|na|misch** agg. aerodinamico. **A|e|ro|gramm** n. *(-s,-e)* aerogramma *m.* **A|e|ro|me|cha|nik** f. *(-)* aeromeccanica *f.*

A|e|ro|me|di|zin f. *(-)* medicina *f.* aeronautica. **A|e|ro|me|ter** n. *(-s,-)* aerometro *m.* **A|e|ro|nau|tik** f. *(-)* ANT. aeronautica *f.* **A|e|ro|pha|gie** f. *(-)* aerofagia *f.* **A|e|ro|pho|bie** f. *(-)* aerofobia *f.* **A|e|ro|plan** m. *(-[e]s,-e)* ANT. aeroplano *m.* **A|e|ro|sa|lon** m. *(-s,-e)* Salone *m.* dell'aeronautica.

A|e|ro|skop n. *(-s,-e)* aeroscopio *m.* **A|e|ro|sol** n. *(-s,-e)* aerosol *m.* **A|e|ro|sta|tik** f. *(-)* aerostatica *f.* **a|e|ro|sta|tisch** agg. aerostatico.

Af|fä|re f. *(-,-n)* **1a** affare *m.* poco pulito, faccenda *f.* losca: ***in dunkle -n verwickelt sein, hineingezogen werden*** essere, venire coinvolto in affari poco chiari; ***sich aus der ~ ziehen*** tirarsi d'impiccio, cavarsi dai pasticci **b** *(Fall)* ***die ~ Dreyfus*** l'affare Dreyfus **2** *(Angelegenheit)* COLLOQ. faccenda *f.*, questione *f.*: ***das ist eine ~ von höchstens zwei Minuten*** è una faccenda che richiede al massimo due minuti **3** *(Liebschaft)* ANT. relazione *f.* amorosa, avventura *f.* galante.

Af|fe m. *(-n,-n)* **1** scimmia *f.* **2a** COLLOQ. *(dummer Kerl)* scemo *m.* **b** COLLOQ. *(Geck)* bellimbusto *m.*, damerino *m.* **3** COLLOQ. *(Rausch)* sbornia *f.*, sbronza *f.*: ***einen -n (sitzen) haben*** aver preso una sbornia **4** GERG. MIL. zaino *m.* ◆ ***an jdm einen -n gefressen haben*** andare pazzo per qcn., stravedere per qcn.; ***jdn zum -n halten*** prendersi gioco (*o* farsi beffe) di qcn.; ***(ich denk,) mich laust der ~!*** sono rimasto di stucco! ***dasitzen wie ein ~ auf dem Schleifstein*** fare una misera figura; ***wie vom wilden -n gebissen sein*** essere uscito di senno; ***seinem -n Zucker geben*** = assecondare i propri capricci.

Af|fekt m. *(-[e]s,-e)* **1** (stato *m.* di) eccitazione *f.*, tensione *f.*: ***im ~ handeln*** agire in stato di eccitazione **2** pl. passioni *f.pl.*, emozioni *f.pl.*: ***in jdm -e auslösen*** suscitare passioni in qcn.

Af|fek|ta|ti|on f. *(-)* ANT. → **Affektiertheit.**

Af|fekt|hand|lung f. *(-,-en)* azione *f.* commessa in stato di eccitazione; DIR. ***eine ~ begehen*** commettere un delitto passionale.

af|fek|tiert **I** agg. affettato, lezioso **II** avv. affettatamente, leziosamente, in modo affettato, con affettazione. **Af|fek|tiert|heit** f. *(-,-en)* affettazione *f.*, leziosaggine *f.*

Af|fek|ti|on f. *(-,-en)* **1** ANT. affezione *f.*, affetto *m.* **2** MED. affezione *f.* **af|fek|ti|o|niert** agg. ANT. affezionato. **Af|fek|ti|ons|wert** m. *(-[e]s)* ANT. valore *m.* affettivo. **af|fek|tiv** agg. PSIC. affettivo. **Af|fek|ti|vi|tät** f. *(-)* PSIC. affettività *f.* **Af|fekt|stau** m. *(-[e]s,-s* e *-e)* PSIC. ingorgo *m.* emotivo.

äf|fen tr. **1** *(irreführen)* ingannare, trarre in inganno **2** RAR. *(nachahmen)* scimmiottare, imitare. **af|fen|ar|tig** agg. da scimmia, scimmiesco. **Af|fen|brot|baum** m. *(-[e]s,-bäume)* baobab *m.* **af|fen|geil** agg. GERG. *(toll)* bestiale, pazzesco. **Af|fen|hit|ze** f. *(-)* COLLOQ. caldo *m.* bestiale. **Af|fen|kä|fig** m. *(-s,-e)* **1** gabbia *f.* delle scimmie **2** FIG. COLLOQ. casino *m.*: ***hier geht es zu wie im ~*** qui c'è un gran casino. **Af|fen|lie|be** f. *(-)* COLLOQ. amore *m.* pazzesco. **Af|fen|mensch** m. *(-en,-en)* pitecantropo *m.* **Af|fen|pin|scher** m. *(-s,-)* griffone *m.*, grifone *m.* **Af|fen|schan|de** f. *(-)* COLLOQ. ***etw. ist eine ~*** qcs. è una vera vergogna. **Af|fen|schau|kel** f. *(-,-n)* **1** MIL. SCHERZ. decorazione *f.* dei tiratori scelti **2** pl. COLLOQ. trecce *f.pl.* (riprese) ad anello. **Af|fen|stall** m. *(-[e]s,-ställe)* COLLOQ. casino *m.* **Af|fen|tem|po** *(-s)* → **Affenzahn. Af|fen|the|a|ter** n. *(-s,-)* COLLOQ. pagliacciata *f.*, buffonata *f.* **Af|fen|weib|chen** n. *(-s,-)* femmina *f.* della scimmia, scimmia *f.* femmina. **Af|fen|zahn** m. *(-[e]s)* COLLOQ. gran velocità *f.*: ***mit einem ~*** a tutta birra.

Äf|fe|rei f. *(-,-en)* ANT. beffa *f.*, burla *f.*, presa *f.* in giro.

Af|fi|che [aˈfiʃə] f. *(-,-n)* affiche *f.* **af|fi|chie|ren** [afiˈʃi:rən] tr. affiggere, attaccare.

Af|fi|da|vit n. *(-s,-s)* affidavit *m.*

af|fig agg. COLLOQ. **1** affettato **2** *(eitel)* vanesio, vanitoso. **Af|fig|keit** f. *(-,-en)* **1** affettazione *f.* **2** *(Eitelkeit)* vanità *f.*

Af|fi|li|a|ti|on f. *(-,-en)* **1** affiliazione *f.* (anche DIR.) **2** ECON. BANC. società *f.* affiliata **3** LING. affinità *f.* linguistica. **af|fi|li|ie|ren** tr. affiliare.

af|fin agg. affine.

Äf|fin f. *(-,-nen)* (femmina *f.* della) scimmia *f.*

Af|fi|na|ti|on f. *(-)* affinazione *f.* **af|fi|nie|ren** tr. affinare.

Af|fi|ni|tät f. *(-,-en)* **1** affinità *f.* (anche BIOL. CHIM. MAT.): ***zu jdm, etw. ~ fühlen*** sentire un'affinità con qcn., qcs. **2** *(Ähnlichkeit)* affinità *f.*, somiglianza *f.*

Af|fir|ma|ti|on f. *(-,-en)* FILOS. *(in der Logik)* affermazione *f.* **af|fir|ma|tiv** agg. FILOS. *(in der Logik)* affermativo: ***-er Aussagesatz*** proposizione affermativa. **af|fir|mie|ren** tr. RAR. affermare.

äf|fisch agg. scimmiesco, da scimmia.

Af|fix n. *(-es,-e)* LING. affisso *m.*

af|fi|zie|ren tr. **1** eccitare, irritare **2** MED. attaccare, colpire: ***der Virus hat die Leber affiziert*** il virus ha colpito il fegato.

Af|fri|ka|ta, Af|fri|ka|te f. *(-, Affrikaten)* affricata *f.*

Af|front [aˈfrõ:, aˈfrɔnt] m. *(-s,-s)* affronto *m.*, oltraggio *m.*

af|frös agg. orribile, orrendo, disgustoso.

Af|gha|ne m. *(-n,-n)* **1** afg(h)ano *m.* **2** *(Hunderasse)* levriero *m.* afg(h)ano. **af|gha|nisch** agg. afg(h)ano. **Af|gha|nis|tan** n.pr.n. *(-s)* Afg(h)anistan *m.*

Af|ri|ka n.pr.n. *(-s)* Africa *f.*

Af|ri|kaan|der m. *(-s,-)* africander (*o* afrikander) *m.* **Af|ri|kaans** n. *(- e -en)* afrikaans *m.*

Af|ri|ka-Korps n. *(-s)* INTRAD. (corpo di spedizione tedesco in Africa settentrionale, nella seconda guerra mondiale).

Af|ri|ka|ner m. *(-s,-)* africano *m.* **af|ri|ka|nisch** agg. africano. **Af|ri|ka|nist** m. *(-en,-en)* africanista *m.* **Af|ri|ka|nis|tik** f. *(-)* africanistica *f.* **Af|ro|ame|ri|ka|ner** m. *(-s,-)* afroamericano *m.* **af|ro|ame|ri|ka|nisch** agg. afroamericano. **af|ro|asi|a|tisch** agg. afroasiatico. **af|ro|ku|ba|nisch** agg. afrocubano.

Af|ter m. *(-s,-)* ano *m.*

Af|ter|bil|dung f. *(-,-en)* ANT. pseudocultura *f.*, cultura *f.* superficiale. **Af|ter|dich|ter** m. *(-s,-)* ANT. poeta *m.* da strapazzo, poetastro *m.*

Af|ter|drü|se f. *(-,-n)* ghiandola *f.* anale.

Af|ter|mie|te f. *(-,-n)* ANT. subaffitto *m.* **Af|ter|mie|ter** m. *(-s,-)* ANT. subaffittuario *m.*

Af|ter|mus|kel m. *(-s,-n)* sfintere *m.* anale.

Af|ter|shave [ˈaftəʃe:v] n. *(-[s],-s)* dopobarba *m.*

a. G. ⇒ **1** *auf Gegenseitigkeit* con reciprocità **2** TEATR. *als Gast* con la partecipazione (straordinaria) di: ***~ Sean Connery*** con la partecipazione di Sean Connery.

AG ⇒ **1** *Aktiengesellschaft* società per azioni (S.p.A.) **2** *Amtsgericht* pretura.

Ä|ga|di|sche In|seln n.pr.pl. isole *f.pl.* Egadi.
Ä|gä|is f. *(-)* Egeo *m.* **ä|gä|isch** agg. egeo; ***das Ägäische Meer*** il mare Egeo.
A|ga|mem|non n.pr.m. Agamennone *m.*
A|ga|mie f. *(-)* agamia *f.* **a|ga|misch** agg. agamico.
A|ga|the n.pr.f. Agata *f.*
A|ga|ve f. *(-,-n)* agave *f.*
AGB ⇒ *Allgemeine Geschäftsbedingungen* condizioni generali di contratto.
A|gen|da f. *(-, Agenden)* ANT. **1** *(Merkbuch)* agenda *f.*, taccuino *m.* **2** *(Tagesordnung)* ordine *m.* del giorno. **A|gen|de** f. *(-,-n)* RELIG. agenda *f.*
A|gens n. *(-, Agenzien/Agentia)* **1** *(treibende Kraft)* movente *m.*, impulso *m.* **2** CHIM. LING. MED. agente *m.*
A|gent m. *(-en,-en)* **1** *(Spion)* agente *m.* (segreto) **2** TEATR. *(Impresario)* impresario *m.*, agente *m.* (teatrale) **3a** COMM. agente *m.*, rappresentante *m.* **b** ***diplomatischer ~*** agente diplomatico. **A|gen|ten|netz** n. *(-es,-e)* rete *f.* di agenti, spie. **A|gen|ten|ring** m. *(-[e]s,-e)* organizzazione *f.* di spie.
A|gen|tie f. *(-,-n)* AUSTR. COMM. agenzia *f.* **A|gen|tin** f. *(-,-nen)* agente *f.* **A|gen|tur** f. *(-,-en)* **1** COMM. agenzia *f.*, rappresentanza *f.* **2** *(Nachrichtenagentur)* agenzia *f.* di stampa (*o* giornalistica). **A|gen|tur|mel|dung** f. *(-,-en)* comunicato *m.* d'agenzia.
Ag|glo|me|rat n. *(-[e]s,-e)* agglomerato *m.* **Ag|glo|me|ra|ti|on** f. *(-,-en)* agglomerazione *f.* **ag|glo|me|rie|ren I** tr. agglomerare **II** rifl. **sich ~** agglomerarsi.
Ag|glu|ti|na|ti|on f. *(-,-en)* agglutinazione *f.*, agglutinamento *m.* **ag|glu|ti|nie|ren** tr. agglutinare. **ag|glu|ti|nie|rend** p.pres. agg. **1** → **agglutinieren 2** agglutinante.
Ag|gre|gat n. *(-[e]s,-e)* **1** aggregato *m.* **2** TECN. gruppo *m.* **3** CHIM. SOCIOL. aggregazione *f.* **Ag|gre|ga|ti|on** f. *(-,-en)* **1** aggregato *m.*, accumulamento *m.* **2** CHIM. aggregazione *f.* **Ag|gre|gat|zu|stand** m. *(-[e]s,-zustände)* CHIM. stato *m.* di aggregazione.
Ag|gres|si|on f. *(-,-en)* **1a** aggressione *f.* (militare) **b** PSIC. aggressione *f.* **2** *(feindselige Haltung)* avversione *f.*, ostilità *f.*: ***jdm gegenüber ~ haben*** provare ostilità per qcn. **Ag|gres|si|ons|krieg** m. *(-[e]s,-e)* guerra *f.* di aggressione. **Ag|gres|si|ons|trieb** m. *(-[e]s,-e)* istinto *m.* di aggressività. **ag|gres|siv** agg. aggressivo. **Ag|gres|si|vi|tät** [-v-] f. *(-,-en)* aggressività *f.* **Ag|gres|sor** m. *(-s,-en)* aggressore *m.*
Ä|gi|de f. *(-,-n)* egida *f.* ◆ ***unter jds ~*** sotto l'egida di qcn.
a|gie|ren I intr. (aus. *haben*) **1** *(handeln)* agire **2** TEATR. ANT. recitare: ***über 50 Nebendarsteller ~ lassen*** far recitare oltre 50 attori secondari **II** tr. ANT. ***die Alte ~*** recitare la parte della vecchia.
a|gil agg. LETT. agile, svelto, abile: ***ein -er Geschäftsmann*** un abile uomo d'affari; ***körperlich und geistig ~*** agile di corpo e di spirito. **A|gi|li|tät** f. *(-)* agilità *f.*, sveltezza *f.*, abilità *f.*
A|gio ['a:dʒo] n. *(-s,-s e Agien)* ECON. aggio *m.* **A|gio|rück|la|ge** f. *(-)* fondo *m.* sovraprezzo azioni, riserva *f.* capitale. **A|gio|ta|ge** [aʒo'taʒə] f. *(-,-n)* aggiotaggio *m.* **A|gio|teur** [aʒo'tø:r] m. *(-s,-e)* aggiotatore *m.*
A|gi|ta|ti|on f. *(-,-en)* POL. agitazione *f.* **A|gi|ta|tor** m. *(-s,-en)* POL. agitatore *m.* **a|gi|ta|to|risch** agg. sedizioso. **a|gi|tie|ren I** intr. (aus. *haben*) promuovere agitazioni politiche, fare propaganda: ***gegen jdn ~*** fare propaganda contro qcn.; ***für Streik ~*** incitare allo sciopero **II** tr. EX-RDT agitare: ***Massen ~*** agitare le masse.
1.A|git|prop f. *(-)* = attività *f.* di agitazione e propaganda politica tra le masse.
2.A|git|prop m. *(-[s],-s)* agitatore *m.* politico, agit-prop *m.*
Ag|nes n.pr.f. Agnese *f.*
Ag|no|sie f. *(-,-n)* agnosia *f.* **Ag|nos|ti|ker** m. *(-s,-)* agnostico *m.* **Ag|nos|ti|zis|mus** m. *(-)* agnosticismo *m.* **ag|nos|ti|zis|tisch** agg. agnostico. **ag|nos|zie|ren** tr. ANT. riconoscere.
A|go|nie f. *(-,-n)* agonia *f.*: ***in ~ liegen, verfallen*** essere, entrare in agonia.
A|go|nist m. *(-en,-en)* agonista *m.*
A|go|ra|pho|bie f. *(-,-n)* agorafobia *f.*
Ag|raf|fe f. *(-,-n)* agrafe *f.*
Ag|ram n.pr.n. ANT. Zagabria *f.*
Ag|rar|be|völ|ke|rung f. *(-,-en)* popolazione *f.* rurale. **Ag|rar|er|zeug|nis** n. *(-ses,-se)* prodotto *m.* agricolo. **Ag|rar|ge|sell|schaft** f. *(-,-en)* società *f.* agraria.
Ag|ra|ri|er m. *(-s,-)* STOR. proprietario *m.* terriero, agrario *m.*
Ag|rar|in|dust|rie f. *(-,-n)* agroindustria *f.* **ag|rar|in|dust|ri|ell** agg. agroindustriale.
ag|ra|risch agg. agrario.
Ag|rar|kre|dit m. *(-[e]s,-e)* credito *m.* agrario, agricolo. **Ag|rar|kri|se** f. *(-,-n)* crisi *f.* agraria, agricola. **Ag|rar|land** n. *(-[e]s,-länder)* paese *m.* agricolo. **Ag|rar|markt** m. *(-[e]s,-märkte)* mercato *m.* agricolo. **Ag|rar|markt|ord|nung** f. *(-)* regolamento *m.* del mercato agrario. **Ag|rar|po|li|tik** f. *(-)* politica *f.* agraria. **Ag|rar|preis** m. *(-es,-e)* prezzo *m.* agricolo. **Ag|rar|pro|duk|te** pl. prodotti *m.pl.* agricoli. **Ag|rar|re|form** f. *(-,-en)* riforma *f.* agraria. **Ag|rar|staat** m. *(-[e]s,-en)* stato *m.* agricolo. **Ag|rar|wirt|schaft** f. *(-,-en)* economia *f.* agraria. **Ag|rar|wis|sen|schaft** f. *(-)* scienze *f.pl.* agrarie, agraria *f.* **Ag|rar|zoll** m. *(-[e]s,-zölle)* dazio *m.* doganale sui prodotti agricoli.
Ag|ree|ment [ə'gri:mənt] n. *(-s,-s)* POL. accordo *m.*, intesa *f.*
Ag|ré|ment [agre'mã:] n. *(-s,-s)* **1** DIPL. gradimento *m.*, consenso *m.* **2** pl. MUS. abbellimenti *m.pl.*
Ag|ri|kul|tur f. *(-)* agricoltura *f.* **Ag|ri|kul|tur|che|mie** f. *(-)* chimica *f.* agraria.
Ag|ro|nom m. *(-en,-en)* agronomo *m.* **Ag|ro|no|mie** f. *(-)* agronomia *f.* **ag|ro|no|misch** agg. agronomico.
Ag|ru|men pl. agrumi *m.pl.*
Ä|gyp|ten n.pr.n. *(-s)* Egitto *m.* **Ä|gyp|ter** m. *(-s,-)* egiziano *m.* **ä|gyp|tisch** agg. **1** *(heute)* egiziano **2** *(vom alten Ägypten)* egizio ◆ ***eine -e Finsternis*** un buio pesto. **Ä|gyp|tisch** n. *(-[s])*, **Ä|gyp|ti|sche** n. *(-n)* egiziano *m.* **Ä|gyp|to|lo|ge** m. *(-n,-n)* egittologo *m.* **Ä|gyp|to|lo|gie** f. *(-)* egittologia *f.* **ä|gyp|to|lo|gisch** agg. egittologico.
ah inter. ah: ***~, wie schön!*** ah, che bello! *(Ausruf des plötzlichen Verstehens)* ***~ so!*** ah, ecco! ah, capisco! **Ah** n. *(-s,-s)* ah *m.*
äh inter. bleah, puah.
aha inter. aha, ecco. **Aha-Er|leb|nis** n. *(-ses,-se)* PSIC. intuizione *f.* improvvisa del nesso tra due avvenimenti, aha-esperienza *f.*
A|has|ver [-v-] n.pr.m. Ahasvero *m.* **a|has|ve|risch** agg. LETT. errante, inquieto, senza pace.
ahd. ⇒ *althochdeutsch* alto-tedesco antico (a.t.a.).
Ah|le f. *(-,-n)* ARTIG. lesina *f.*
Ahn m. *(-[s] e -en,-en)* **1** avo *m.*, antenato *m.* **2** REGION. ANT. *(Großvater)* nonno *m.*
ahn|bar agg. ANT. presagibile, che si può presagire.
ahn|den tr. punire. **Ahn|dung** f. *(-,-en)* punizione *f.*
Ah|ne f. *(-,-n)* **1** ava *f.*, antenata *f.* **2** REGION. ANT. *(Großmutter)* nonna *f.*
äh|neln intr. (aus. *haben*) (as)somigliare: ***jdm ~*** somigliare a qcn.
ah|nen I tr. **1** presagire: ***ein Unglück ~*** presagire (*o* avere il presentimento di) una sventura **2** *(vermuten)* intuire, sospettare: ***die Wahrheit ~*** intuire la verità **II** intr. (aus. *haben*) ***mir ahnt Böses*** ho un brutto presentimento. **ah|nend** p.pres. → **ahnen** ◆ ***nichts ~*** senza sospettare nulla.
Ah|nen|for|schung f. *(-)* genealogia *f.* **Ah|nen|ga|le|rie** f. *(-,-n)* galleria *f.* (dei ritratti) degli antenati. **Ah|nen|kult** m. *(-[e]s,-e)* culto *m.* degli antenati. **Ah|nen|rei|he** f. *(-,-n)* serie *f.* degli antenati, albero *m.* genealogico. **Ah|nen|ta|fel** f. *(-,-n)* tavola *f.* genealogica.
ähn|lich I agg. somigliante, simile: ***-e Interessen*** interessi simili; ***~ dem Vorbild*** simile al (*o* come il) modello; ***er ist seinem Bruder sehr ~*** assomiglia molto al fratello **II** avv. in modo simile: ***~ klingen wie...*** avere un suono simile a... ◆ ***jdm ~ sehen*** (as)somigliare a qcn.; COLLOQ. ***das sieht dir ~!*** questa è una delle tue! ***Bücher, Zeitschriften und Ähnliches*** libri, riviste e simili. **Ähn|lich|keit** f. *(-,-en)* somiglianza *f.*: ***eine ~ mit jdm feststellen*** trovare una somiglianza con qcn.; ***es besteht eine ~ zwischen beiden*** c'è una somiglianza tra i due.
Ah|nung f. *(-,-en)* **1** presentimento *m.*, presagio *m.*: ***so eine ~ haben, als ob...*** avere il presentimento che...; ***eine ~ befällt, überkommt jdn*** un presentimento coglie qcn. **2** COLLOQ. *(Vermutung, Vorstellung)* idea *f.*: ***von etw. absolut keine ~ haben*** non avere assolutamente idea di qcs., non sapere proprio nulla di qcs.; ***nicht die blasseste, die geringste ~ haben*** non avere la più pallida, la minima idea; ***keine ~*** non lo so, non ho idea; ***hast du eine ~!*** ma che idea! se sapessi! **ah|nungs|los I** agg. ignaro, inconsapevole **II** avv. senza rendersi conto, senza sospettare nulla. **Ah|nungs|lo|sig|keit** f. *(-)* ignoranza *f.*, il non avere idea, il non sapere: ***politische ~*** il non sapere nulla di politica. **ah|nungs|voll** agg. pieno di presentimenti.
a|hoi inter. olà: ***Boot ~!*** olà, della barca!
A|horn m. *(-s,-e)* acero *m.* **A|horn|ge|wäch|se** pl. aceracee *f.pl.* **A|horn|holz** n. *(-es)* legno *m.* d'acero.
Äh|re f. *(-,-n)* spiga *f.*: ***-n lesen*** spigolare. **Äh|ren|le|se** f. *(-,-n)* spigolatura *f.*
Ai n. *(-s,-s)* ai *m.*, bradipo *m.*
Aide [ɛ:t] m. *(-n,-n)* **1** ANT. aiutante *m.* **2** *(beim Kartenspiel)* compagno *m.* di gioco **3** SVIZZ. *(Hilfskoch)* aiuto-cuoco *m.*

Aide-mé|moire [ɛ:tme'moa:ʁ] n. *(-,-[s])* DIPL. promemoria *m.*
Aids, AIDS [eɪdz] n. *(-)* Aids (*o* AIDS) *m.* **Aids|er|kran|kung** f. *(-)* Aids *m.* **Aids|er|re|ger** m. *(-s,-)* agente *m.* eziologico dell'Aids. **aids|krank** agg. malato di Aids. **Aids|kran|ke** m. e f. *(-n,-n)* malato *m.* (-a *f.*) di Aids. **Aids|test** m. *(-[e]s,-s* e *-e)* test *m.* dell'Aids.
Air [ɛ:ʁ] n. *(-[s],-s)* **1** MUS. aria *f.* **2** *(Aussehen)* aria *f.*, posa *f.*: ***sich ein weltmännisches ~ geben*** darsi delle arie da uomo di mondo.
Air|bag ['ɛ:ʁbɛk] m. *(-s,-s)* airbag *m.*
Air|con|di|tion ['ɛ:ʁkɔndɪʃn] n. *(-s,-s)* → **Airconditioning. Air|con|di|tio|ner** [-kɔndɪʃənʁ] m. *(-s,-)* condizionatore *m.* d'aria. **Air|con|di|tio|ning** [-kɔndɪʃnɪŋ] n. *(-s,-s)* (impianto *m.* di) aria *f.* condizionata, (impianto *m.*) condizionatore *m.*
ais, Ais n. *(-,-)* la *m.* diesis.
A|ka|de|mie f. *(-,-n)* **1** accademia *f.*: ***~ der Künste, der Wissenschaften*** accademia di belle arti, delle scienze **2** *(Fachhochschule)* accademia *f.*, scuola *f.* superiore **3** AUSTR. *(Veranstaltung)* manifestazione *f.* letteraria *o* musicale. **A|ka|de|mi|ker** m. *(-s,-)* **1** laureato *m.* **2** RAR. *(Mitglied einer Akademie)* membro *m.* di un'accademia. **A|ka|de|mi|ker|ar|beits|lo|sig|keit** f. *(-)* disoccupazione *f.* intellettuale. **a|ka|de|misch I** agg. **1** accademico, universitario: ***das -e Viertel*** il quarto d'ora accademico **2** SPREG. *(lebensfern)* accademico, astratto, retorico: ***in -em Stil*** in stile accademico **II** avv. accademicamente, in modo accademico: ***ein ~ gemaltes Porträt*** un ritratto dipinto in modo accademico, con stile accademico.
A|kan|thus m. *(-,-)* **1** BOT. acanto *m.* **2** ART. → **Akanthusblatt. A|kan|thus|blatt** n. *(-[e]s,-blätter)* foglia *f.* d'acanto.
A|ka|ro|id|harz n. *(-es,-e)* acaroide *m.*
a|ka|ta|lek|tisch agg. acatalettico.
a|ka|tho|lisch agg. acattolico.
A|ka|zie f. *(-,-n)* acacia *f.* **A|ka|zi|en|gum|mi** m. e n. *(-s,-[s])* gomma *f.* arabica.
A|ke|lei f. *(-,-en)* aquilegia *f.*
A|ki n. *(-[s],-[s])* accorc. → **Aktualitätenkino.**
A|ki|ne|sie f. *(-)* acinesia *f.*
ak|ka|disch agg. STOR. accadico, accado.
Ak|kla|ma|ti|on f. *(-,-en)* **1** *(Zustimmung)* plauso *m.*, acclamazione *f.* **2** acclamazione *f.*: ***jdn durch, per ~ wählen*** eleggere qcn. per acclamazione. **ak|kla|mie|ren** tr. applaudire, acclamare: ***einen Solisten, den Kaiser ~*** applaudire un solista, acclamare l'imperatore.
Ak|kli|ma|ti|sa|ti|on f. *(-,-en)* acclimatazione *f.* **ak|kli|ma|ti|sie|ren** rifl. **sich ~** acclimatarsi. **Ak|kli|ma|ti|sie|rung** f. *(-,-en)* → **Akklimatisation.**
Ak|ko|la|de f. *(-,-n)* **1** (parentesi *f.*) graffa *f.* **2** STOR. accollata *f.*
ak|kom|mo|da|bel agg. **1** FISIOL. adattabile **2** ANT. *(zweckmäßig)* adatto, adeguato. **Ak|kom|mo|da|ti|on** f. *(-,-en)* **1** FISIOL. adattamento *m.* **2** OTT. accomodazione *f.* **ak|kom|mo|die|ren I** tr. OTT. accomodare **II** rifl. **sich ~** FISIOL. adattarsi.
Ak|kord m. *(-[e]s,-e)* **1** MUS. accordo *m.*: ***-e spielen, anschlagen*** suonare, eseguire accordi **2** ECON. cottimo *m.*: ***im*** (RAR. ***in, auf) ~ arbeiten*** lavorare a cottimo **3** DIR. accordo *m.*, patto *m.*: ***einen ~ mit jdm abschließen*** ratificare, concludere un accordo con qcn. **Ak|kord|ar|beit** f. *(-,-en)* lavoro *m.* a cottimo. **Ak|kord|ar|bei|ter** m. *(-s,-)* cottimista *m.*
Ak|kor|de|on n. *(-s,-s)* fisarmonica *f.*
ak|kor|die|ren I tr. DIR. accordare **II** rifl. **sich ~** DIR. accordarsi.
Ak|kord|lohn m. *(-[e]s,-löhne)* paga *f.* a cottimo. **Ak|kord|zu|la|ge** f. *(-,-n)* premio *m.* di produzione.
ak|kre|di|tie|ren tr. DIPL. accreditare: ***jdn, eine Firma ~*** accreditare una somma a qcn., a una ditta; ***jdn für den Betrag von ... ~*** accreditare a qcn. una somma di... **ak|kre|di|tiert** p.pass. agg. **1** → **akkreditieren 2** accreditato: ***ein -er Journalist*** un giornalista accreditato; ***gut ~ sein*** godere di molto credito. **Ak|kre|di|tier|te** m. e f. *(-n,-n)* accreditato *m.* (-a *f.*). **Ak|kre|di|tiv** n. *(-s,-e)* **1** DIPL. credenziali *f.pl.* **2a** BANC. accredito *m.*, (apertura *f.* di) credito *m.*: ***ein ~ eröffnen, avisieren*** aprire un credito, notificare un'apertura di credito **b** *(Kreditbrief)* lettera *f.* di credito. **Ak|kre|di|tiv|stel|lung** f. *(-,-en)* apertura *f.* di credito.
Ak|ku m. *(-s,-s)* accorc. → **Akkumulator.**
Ak|kul|tu|ra|ti|on f. *(-,-en)* acculturazione *f.* **ak|kul|tu|rie|ren** tr. acculturare.
Ak|ku|mu|la|ti|on f. *(-,-en)* accumulazione *f.* **Ak|ku|mu|la|tor** m. *(-s,-en)* accumulatore *m.* **ak|ku|mu|lie|ren I** tr. accumulare **II** rifl. **sich ~** accumularsi.
ak|ku|rat I agg. accurato, preciso, ordinato **II** avv. **1** con cura, con accuratezza, accuratamente: ***~ gekleidet sein*** essere vestito con cura **2** REGION. rafforz. precisamente, proprio: ***das ist ~ so!*** è proprio così! **Ak|ku|ra|tes|se** f. *(-)* accuratezza *f.*, precisione *f.*
Ak|ku|sa|tiv m. *(-s,-e)* accusativo *m.*: ***im ~*** all'accusativo. **Ak|ku|sa|tiv|ob|jekt** n. *(-[e]s,-e)* complemento *m.* oggetto.
Ak|me f. *(-)* MED. acme *f.*
Ak|ne f. *(-,-n)* acne *f.*
A|ko|luth RAR., **A|ko|lyth** m. *(-en* e *-s,-en)* RELIG. accolito *m.*, accolito *m.*
A|ko|nit n. *(-s,-e)* aconito *m.*
A|kon|to n. *(-s, Akonten* e *-s)* AUSTR. acconto *m.*, anticipo *m.* **A|kon|to|zah|lung** f. *(-,-en)* pagamento *m.* in acconto, acconto *m.*, anticipo *m.*: ***eine ~ leisten*** pagare un acconto.
ak|qui|rie|ren tr. **1** ANT. acquisire, acquistare **2** ECON. procurarsi, procacciarsi: ***Kunden ~*** procurarsi clienti. **Ak|qui|si|teur** [-tø:ʁ] m. *(-s,-e)* **1** acquisitore *m.* **2** *(Kundenwerber)* procacciatore *m.* di clienti. **Ak|qui|si|ti|on** f. *(-,-en)* **1** acquisizione *f.* **2** *(Kundenwerbung)* il procacciare clienti.
Ak|ri|bie f. *(-)* LETT. acribia *f.* **ak|ri|bisch** agg. LETT. con acribia.
a|kri|tisch agg. acritico.
Ak|ro|bat m. *(-en,-en)* acrobata *m.* **Ak|ro|ba|ten|stück** n. *(-[e]s,-e)* **1** esercizio *m.* acrobatico, acrobazia *f.* **2** FIG. pezzo *m.* di bravura, prodezza *f.*: ***das war ein echtes ~*** è stata una vera prodezza. **Ak|ro|ba|tik** f. *(-)* acrobatica *f.* **Ak|ro|ba|tin** f. *(-,-nen)* acrobata *f.* **ak|ro|ba|tisch** agg. acrobatico.
Ak|ro|le|in n. *(-s)* acroleina *f.*
Ak|ro|nym n. *(-s,-e)* acronimo *m.*
Ak|ro|po|lis f. *(-, Akropolen)* acropoli *f.*
Ak|ros|ti|chon n. *(-s, Akrostichen/Akrosticha)* acrostico *m.*
Ak|ryl|glas → **Acrylglas. Ak|ryl|harz** → **Acrylharz. Ak|ryl|säu|re** → **Acrylsäure.**
äks inter. puah, puh.
Akt m. *(-[e]s,-e)* **1a** *(Handlung, Tat)* atto *m.*, azione *f.*, gesto *m.*: ***ein ~ der Menschlichkeit*** un atto di umanità; ***ein symbolischer ~*** un atto, un gesto simbolico **b** TEATR. atto *m.* **c** DIR. atto *m.* processuale **d** *(Geschlechtsakt)* atto *m.* sessuale, coito *m.* **2** cerimonia *f.*: ***ein feierlicher ~*** una cerimonia solenne **3** *(Darbietung)* numero *m.*, esibizione *f.* **4** ART. nudo *m.*: ***einen ~ zeichnen, malen*** disegnare, dipingere un nudo; ***ein weiblicher ~*** un nudo di donna **5** (pl. *Akten*) REGION. → **Akte. Akt|auf|nah|me** f. *(-,-n)* fotografia *f.* di nudo. **Akt|bild** n. *(-[e]s,-er)* (quadro *m.* raffigurante un) nudo *m.*
Ak|te f. *(-,-n)* **1** BUROCR. incartamento *m.*, pratica *f.*: ***eine ~ anlegen, bearbeiten, ablegen*** aprire, evadere, archiviare una pratica **2** pl. atti *m.pl.*: ***nach Lage der -n*** allo stato degli atti; ***in die -n kommen*** essere messo agli atti ◆ COLLOQ. ***etw. zu den -n legen*** archiviare, chiudere qcs.; ***über eine Angelegenheit die -n schließen*** chiudere una faccenda (considerarla chiusa). **Ak|ten|aus|zug** m. *(-[e]s, -auszüge)* estratto *m.* degli atti. **Ak|ten|de|ckel** m. *(-s,-)* cartella *f.* di, per documenti. **Ak|ten|kof|fer** m. *(-s,-)* valigetta *f.* portadocumenti. **ak|ten|kun|dig** agg. documentabile. **Ak|ten|map|pe** f. *(-,-n)* **1** cartella *f.* di, per documenti **2** REGION. → **Aktentasche. Ak|ten|no|tiz** f. *(-,-en)* annotazione *f.*, nota *f.* sugli atti. **Ak|ten|ord|ner** m. *(-s,-)* raccoglitore *m.* per documenti. **Ak|ten|schrank** m. *(-[e]s,-schränke)* armadio *m.* per le pratiche. **Ak|ten|stoß** m. *(-es,-stöße)* pila *f.* di documenti, mucchio *m.* di pratiche. **Ak|ten|stück** n. *(-[e]s,-e)* atto *m.*, documento *m.* **Ak|ten|ta|sche** f. *(-,-n)* borsa *f.*, cartella *f.* portadocumenti. **Ak|ten|ver|merk** m. *(-[e]s,-e)* → **Aktennotiz. Ak|ten|ver|nich|ter** m. *(-s,-)* distruggidocumenti *m.* **Ak|ten|zei|chen** n. *(-s,-)* sigla *f.* (apposta a un documento).
Ak|tie f. *(-,-n)* **1** ECON. azione *f.*: ***-n zeichnen, beziehen, ausgeben*** sottoscrivere, acquistare, emettere azioni; ***sein Kapital in -n anlegen*** investire il proprio capitale in azioni; ***-n abstoßen*** cedere azioni; ***nennwertlose ~*** azione senza valore nominale; ***notierte ~*** azione quotata (in borsa); ***stimmberechtigte ~*** azione con diritto di voto **2** pl. FIG. COLLOQ. azioni *f.pl.*, quotazioni *f.pl.*: ***seine -en sind gestiegen*** le sue quotazioni sono salite, sono in rialzo ◆ SCHERZ. ***wie stehen die -n?*** come vanno le cose? **Ak|ti|en|aus|ga|be** f. *(-,-n)* emissione *f.* di azioni. **Ak|ti|en|be|zugs|recht** n. *(-[e]s,-e)* diritto *m.* di opzione su nuove azioni. **Ak|ti|en|buch** n. *(-[e]s, -bücher)* libro *m.* dei soci. **Ak|ti|en|ge|sell|schaft** f. *(-,-en)* società *f.* per azioni. **Ak|ti|en|in|dex** m. *(-[es],-e* e *-indizes)* indice *m.* delle azioni. **Ak|ti|en|ka|pi|tal** n. *(-s,-e* e *-ien)* capitale *m.* azionario. **Ak|ti|en|kurs** m. *(-es,-e)* corso *m.* azionario. **Ak|ti|en|markt** m. *(-[e]s,-märkte)* mercato *m.* azionario. **Ak|ti|en|no|tie|rung** f. *(-,-en)* quotazione *f.* azionaria. **Ak|ti|en|op|ti|on** f. *(-,-en)* diritto *m.* di prelazione. **Ak|ti|en|pa|ket** n. *(-[e]s,-e)* pacchetto *m.* azionario. **Ak|ti|en|spe|ku|lant** m. *(-en,-en)* speculatore *m.* di borsa. **Ak|ti|en|zeich|nung** f. *(-,-en)* sottoscrizione *f.* di azioni.
Ak|ti|nie f. *(-,-n)* attinia *f.* **ak|ti|nisch** agg. attinico. **Ak|ti|ni|um** → **Actinium.**
Ak|ti|no|me|ter n. *(-s,-)* attinometro *m.* **Ak|ti|no|met|rie** f. *(-)* atti-

nometria *f.* **ak|ti|no|morph** agg. actinomorfo, attinomorfo. **Ak|ti|no|my|ko|se** f. *(-,-n)* actinomicosi *f.*

Ak|ti|on f. *(-,-en)* **1** azione *f.*, iniziativa *f.*: ***militärische -en*** azioni militari; ***eine ~ zugunsten der Aidskranken*** un'iniziativa a favore dei malati di Aids **2** FIS. azione *f.* **3** REGION. *(Sonderangebot)* offerta *f.* speciale ◆ ***in ~ setzen, treten*** mettere, entrare in azione; ***sich in ~ befinden*** essere in azione; ***Katholische ~*** Azione Cattolica.

Ak|ti|o|när m. *(-s,-e)* azionista *m.* **Ak|ti|o|närs|ver|samm|lung** f. *(-,-en)* assemblea *f.* degli azionisti.

Ak|ti|o|nis|mus m. *(-)* **1** ART. POL. = pratica *f.* di azioni dimostrative e provocatorie **2** SPREG. attivismo *m.* esasperato.

Ak|ti|ons|art f. *(-,-en)* LING. aspetto *m.* **Ak|ti|ons|aus|schuss** m. *(-es,-ausschüsse)* comitato *m.* d'azione. **Ak|ti|ons|be|reich** m. *(-[e]s,-e)* campo *m.*, sfera *f.* d'azione. **Ak|ti|ons|ein|heit** f. *(-,-en)* unità *f.* d'azione. **Ak|ti|ons|fä|hig|keit** f. *(-)* capacità *f.* d'azione. **Ak|ti|ons|form** f. *(-,-en)* forma *f.* verbale. **Ak|ti|ons|ge|mein|schaft** f. *(-,-en)* unità *f.* d'azione. **Ak|ti|ons|ko|mi|tee** n. *(-s,-s)* → **Aktionsausschuss.** **Ak|ti|ons|kreis** m. *(-es,-e)* sfera *f.* d'azione. **Ak|ti|ons|pro|gramm** n. *(-s,-e)* programma *m.* d'azione. **Ak|ti|ons|ra|di|us** m. *(-,-radien)* **1** raggio *m.* d'azione **2** AER. MAR. autonomia *f.* **Ak|ti|ons|wo|che** f. *(-,-n)* = settimana *f.* dedicata a iniziative sociali o d'impegno civile.

ak|tiv, ak|tiv I agg. **1** attivo: ***ein -es Leben*** una vita attiva; ***politisch ~ sein*** essere attivo politicamente **2** MIL. ***-er Dienst*** servizio attivo; ***ein -er Soldat*** un soldato in servizio attivo **3** CHIM. ECON. GRAMM. attivo: ***-er Wortschatz*** vocabolario attivo **II** avv. attivamente: ***~ beteiligt sein*** partecipare attivamente; *(in wirksamer Weise)* ***die Kur wirkt ~ auf die Haut*** la cura agisce attivamente sulla pelle.

1.Ak|tiv n. *(-s,-e)* GRAMM. attivo *m.*

2.Ak|tiv n. *(-s,-s* e RAR. *-e)* POL. attivo *m.*

Ak|ti|va pl. **1** ECON. attività *f.pl.* (di bilancio), attivo *m.*, patrimonio *m.*: ***~ und Passiva*** attivo e passivo **2** gruppo *m.* di attivisti ◆ ***Aufstellung der ~ und Passiva*** situazione patrimoniale; ***festliegende ~*** capitale immobilizzato; ***die flüssigen ~*** i liquidi; ***nicht greifbare ~*** attività intangibile.

Ak|ti|va|tor m. *(-s,-en)* CHIM. attivatore *m.*

Ak|tiv|au|ßen|stän|de pl. crediti *m.pl.* attivi.

Ak|tiv|be|stand m. *(-[e]s,-bestände)* attivo *m.*, effettivo *m.* **Ak|tiv|bi|lanz** f. *(-,-en)* bilancio *m.* attivo. **Ak|tiv|for|de|rung** f. *(-,-en)* COMM. credito *m.* esigibile. **Ak|tiv|ge|schäft** n. *(-[e]s,-e)* BANC. operazione *f.* attiva.

ak|ti|vie|ren tr. **1a** attivare (anche CHIM.); ***eine neue Produktion ~*** avviare una nuova produzione **b** POL. mobilitare **2** COMM. registrare all'attivo, portare all'attivo. **Ak|ti|vie|rung** f. *(-,-en)* **1** attivazione *f.* (anche CHIM.) **2** *(Mobilisierung)* mobilitazione *f.*

Ak|ti|vis|mus m. *(-)* attivismo *m.* **Ak|ti|vist** m. *(-en,-en)* attivista *m.* **Ak|ti|vis|tin** f. *(-,-nen)* attivista *f.* **ak|ti|vis|tisch** agg. attivistico, attivista.

Ak|ti|vi|tät f. *(-,-en)* attività *f.*

Ak|tiv|koh|le f. *(-,-n)* carbone *m.* attivato, attivo. **Ak|tiv|pos|ten** m. *(-s,-)* voce *f.* attiva, partita *f.* attiva. **Ak|tiv|sal|do** m. *(-s,-salden* e *-s)* saldo *m.* attivo. **Ak|tiv|sei|te** f. *(-,-n)* attivo *m.*: ***etw. auf der ~ aufführen*** registrare qcs. all'attivo.

Ak|ti|vum n. *(-s, Aktiva* e *Aktive)* **1** GRAMM. → **1.Aktiv 2** ECON. → **Aktiva.**

Ak|tiv|ur|laub m. *(-[e]s,-e)* vacanza *f.* dedicata all'attività fisica.

Ak|tiv|ver|mö|gen n. *(-s,-)* patrimonio *m.* disponibile. **Ak|tiv|wech|sel** m. *(-s,-)* cambiale *f.* attiva, effetto *m.* attivo. **Ak|tiv|zin|sen** pl. interessi *m.pl.* attivi.

Akt|ma|le|rei f. *(-,-en)* pittura *f.* di nudi. **Akt|mo|dell** n. *(-s,-e)* modello *m.* (-a *f.*) di nudo. **Akt|stu|die** f. *(-,-n)* studio *m.* di nudo.

ak|tu|a|li|sie|ren tr. attualizzare, aggiornare: ***Daten ~*** aggiornare dati. **Ak|tu|a|li|sie|rung** f. *(-,-en)* l'attualizzare, aggiornamento *m.* **Ak|tu|a|lis|mus** m. *(-)* attualismo *m.* **Ak|tu|a|li|tät** f. *(-,-en)* attualità *f.* **Ak|tu|a|li|tä|ten|ki|no** n. *(-s,-s)* cinema *m.* d'attualità.

Ak|tu|ar m. *(-s,-e)* attuario *m.* **ak|tu|ell** agg. attuale, d'attualità.

Akt|zeich|nung f. *(-,-en)* disegno *m.* di nudo.

A|ku|pres|sur f. *(-,-en)* digitopressione *f.* **A|ku|punk|teur** [-'tøːɐ] m. *(-s,-e)* agopuntore *m.* **a|ku|punk|tie|ren** tr. ***jdn ~*** praticare, fare l'agopuntura a qcn. **A|ku|punk|tur** f. *(-,-en)* agopuntura *f.*: ***jdn mit ~ behandeln*** curare qcn. con l'agopuntura. **A|ku|punk|tu|rist** m. *(-en,-en)* → **Akupunkteur.**

A|kus|tik f. *(-)* acustica *f.* **A|kus|ti|ker** m. *(-s,-)* tecnico *m.* dell'acustica. **a|kus|tisch** agg. acustico.

a|kut agg. **1a** *(brennend)* scottante, urgente: ***ein -es Problem*** un problema scottante **b** *(unmittelbar)* grave, serio: ***-e Lebensgefahr*** grave pericolo di vita **2** MED. acuto. **A|kut** m. *(-[e]s,-e)* accento *m.* acuto.

Ak|ze|le|ra|ti|on f. *(-,-en)* accelerazione *f.* **Ak|ze|le|ra|tor** m. *(-s,-en)* FIS. acceleratore *m.* **ak|ze|le|rie|ren** intr. (aus. *haben*) FIS. accelerare.

Ak|zent m. *(-[e]s,-e)* accento *m.* (anche FIG.): ***den ~ auf etw. (A) legen*** porre l'accento su qcs. **ak|zent|frei** agg. senza accento: ***sein deutscher Freund spricht (ein) -es Italienisch*** il suo amico tedesco parla l'italiano senza accento. **Ak|zen|tu|a|ti|on** f. *(-,-en)* → **Akzentuierung.** **ak|zen|tu|ie|ren** tr. **1** accentare **2** FIG. accentuare, sottolineare. **Ak|zen|tu|ie|rung** f. *(-,-en)* accentazione *f.* **Ak|zent|ver|schie|bung** f. *(-,-en)* spostamento *m.* dell'accento. **Ak|zent|wech|sel** m. *(-s,-)* cambiamento *m.* d'accento. **Ak|zent|zei|chen** n. *(-s,-)* segno *m.* d'accentazione.

Ak|zept n. *(-[e]s,-e)* BANC. **1** accettazione *f.* (della cambiale) **2** *(akzeptierter Wechsel)* cambiale *f.* accettata. **ak|zep|ta|bel I** agg. accettabile, decente **II** avv. in modo accettabile, decentemente. **Ak|zep|ta|bi|li|tät** f. *(-)* accettabilità *f.* **Ak|zep|tant** m. *(-en,-en)* accettante *m.* **Ak|zep|ta|ti|on** f. *(-,-en)* accettazione *f.* **ak|zep|tie|ren** tr. accettare. **Ak|zept|kre|dit** m. *(-[e]s,-e)* credito *m.* d'accettazione. **Ak|zep|tor** m. *(-s,-en)* **1** BANC. accettante *m.* **2** FIS. accettore *m.* **Ak|zept|pro|vi|si|on** [-v-] f. *(-,-en)* provvigione *f.* d'accettazione.

Ak|zes|si|on f. *(-,-en)* accessione *f.* **Ak|zes|si|ons|ka|ta|log** m. *(-[e]s,-e)* catalogo *m.* delle nuove accessioni. **Ak|zes|si|ons|lis|te** f. *(-,-n)* elenco *m.* delle nuove accessioni.

ak|zes|so|risch agg. accessorio.

Ak|zi|dens n. *(-, Akzidenzien)* FILOS. MUS. accidente *m.* **ak|zi|den|tell** agg. FILOS. MED. accidentale.

Ak|zi|se f. *(-,-n)* accisa *f.*

à la prep.artcl. alla: GASTR. ***~ Holstein*** alla Holstein; ***~ jardinière, meunière*** all'ortolana, alla mugnaia; ***~ carte bestellen, essen*** ordinare, mangiare alla carta; ANT. ***sich ~ mode kleiden*** vestirsi alla moda; COLLOQ. ***einen Stil ~ Thomas Mann*** uno stile alla Thomas Mann.

A|la|bas|ter m. *(-s,-)* alabastro *m.* **A|la|bas|ter|glas** n. *(-es,-gläser)* vetro *m.* alabastro. **a|la|bas|tern** agg. di alabastro, LETT. alabastrino. **a|la|bas|ter|weiß** agg. bianco come l'alabastro.

A|la|din n.pr.m. Aladino *m.* ◆ ***-s Wunderlampe*** la lampada di Aladino.

A|land m. *(-[e]s,-e)* leucisco *m.*

A|lant m. *(-[e]s,-e)* inula *f.*

A|larm m. *(-[e]s,-e)* allarme *m.*: ***blinder ~*** falso allarme; ***~ schlagen (auslösen, geben), läuten*** dare, suonare l'allarme; *(Alarmzustand)* ***es ist ~*** c'è l'allarme (aereo); FIG. *(Aufregung)* ***kein Grund zum ~*** non c'è motivo di allarmarsi. **A|larm|an|la|ge** f. *(-,-n)* impianto *m.* d'allarme. **a|larm|be|reit** agg. in allarme. **A|larm|be|reit|schaft** f. *(-)* stato *m.* di allarme, di allerta: ***in ~*** in (stato di) allerta. **A|larm|glo|cke** f. *(-,-n)* suoneria *f.*, campanello *m.* d'allarme.

a|lar|mie|ren tr. **1** *(zu Hilfe rufen)* dare l'allarme, chiamare (in aiuto): ***die Polizei ~*** chiamare la polizia **2** *(aufschrecken)* FIG. allarmare, mettere in apprensione. **a|lar|mie|rend** p.pres. agg. **1** → **alarmieren 2** allarmante: ***-e Nachrichten*** notizie allarmanti.

A|larm|ruf m. *(-[e]s,-e)* grido *m.* d'allarme. **A|larm|si|re|ne** f. *(-,-n)* sirena *f.* d'allarme. **A|larm|stu|fe** f. *(-,-n)* (livello *m.* di) allarme *m.*: ***~ 2*** allarme 2. **A|larm|zei|chen** n. *(-s,-)* segnale *m.* di allarme. **A|larm|zu|stand** m. *(-[e]s)* stato *m.* d'allarme: ***eine Stadt in (den) ~ versetzen*** mettere una città in stato d'allarme.

A|las|ka n.pr.n. *(-s)* Alaska (*o* Alasca) *m.*

A|laun m. *(-s,-e)* allume *m.* **A|laun|stein** m. *(-es,-e)* alunite *f.*

Alb m. *(-[e]s,-en)* elfo *m.*

Al|ba f. *(-, Alben)* → **Albe.**

Al|ba|ner m. *(-s,-)* albanese *m.* **Al|ba|ni|en** n.pr.n. *(-s)* Albania *f.* **al|ba|nisch** agg. albanese. **Al|ba|ni|sche** n. *(-n)* lingua *f.* albanese, albanese *m.*

Al|bat|ros m. *(-,-se)* albatros *m.*

Alb|druck m. *(-[e]s,-drücke)* pensiero *m.* angoscioso, incubo *m.*

Al|be m. *(-n,-n)* LIT. alba *f.*

Al|be|rei f. *(-,-en)* → **Albernheit.**

1.al|bern I agg. sciocco, stupido: ***sei nicht so ~!*** non essere così sciocco! ***-es Zeug*** cose ridicole, stupidaggini **II** avv. scioccamente, stupidamente: ***sich ~ benehmen*** comportarsi stupidamente.

2.al|bern intr. (aus. *haben*) comportarsi in modo sciocco, fare stupidaggini.

Al|bern|heit f. *(-,-en)* **1** *(alberne Art)* stupidità *f.* **2** *(alberne Handlung, Äußerung)* scempiaggine *f.*, sciocchezza *f.*

Al|bert n.pr.m. Alberto *m.*

Al|bi|gen|ser m. *(-s,-)* albigese *m.*

Al|bi|nis|mus m. *(-)* albinismo *m.* **Al|bi|no** m. *(-s,-s)* albino *m.*

Al|bi|on n.pr.n. *(-s)* LETT. Albione *f.*
Alb|recht n.pr.m. Alberto *m.*
Alb|traum m. *(-[e]s,-träume)* incubo *m.* (anche FIG.).
Al|bum n. *(-s, Alben* e *-s)* album *m.*
Al|bu|men n. *(-s)* albume *m.*
Al|bu|min n. *(-s,-e)* albumina *f.* **al|bu|mi|nös** agg. albuminoso. **Al|bu|mi|nu|rie** f. *(-,-n)* albuminuria *f.*
al|cä|isch → **alkäisch.**
Äl|chen n. *(-s,-)* **1** ITTIOL. piccola anguilla *f.*, anguillina *f.* **2** ZOOL. anguillula *f.*
Al|chi|mie f. *(-)* alchimia *f.* **Al|chi|mist** m. *(-en,-en)* alchimista *m.* **al|chi|mis|tisch** agg. alchimistico.
al|cy|o|nisch agg. LETT. alcionio, sereno.
Al|de|hyd m. *(-s,-e)* aldeide *f.*
Al|der|man ['ɔldɐmən] m. *(-s,-men)* consigliere *m.* anziano.
Ale [e:l] n. *(-s)* birra *f.* chiara (inglese).
A|le|a|to|rik f. *(-)* MUS. tecnica *f.* (compositiva) aleatoria. **a|le|a|to|risch** agg. aleatorio.
A|le|man|ne m. *(-n,-n)* alemanno *m.* **a|le|man|nisch** agg. alemanno.
a|lert agg. svelto, sveglio, pronto.
A|le|u|ten n.pr.pl. Aleutine *f.pl.* **a|le|u|tisch** agg. delle Aleutine.
A|le|xan|der n.pr.m. Alessandro *m.*: ~ ***der Große*** Alessandro Magno. **A|le|xand|ra** n.pr.f. Alessandra *f.*
A|le|xand|ria, A|le|xand|ri|en n.pr.n. Alessandria *f.* (d'Egitto). **A|le|xand|ri|ner** m. *(-s,-)* **1** alessandrino *m.*, abitante *m.* di Alessandria **2** METR. alessandrino *m.*, verso *m.* alessandrino. **a|le|xand|ri|nisch** agg. alessandrino.
A|le|xand|rit m. *(-s,-e)* alessandrite *f.*
A|le|xis n.pr.m. Alessio *m.*
Al|fons n.pr.m. Alfonso *m.*
Al|fred n.pr.m. Alfredo *m.*
Al|ge f. *(-,-n)* alga *f.*
Al|geb|ra f. *(-)* algebra *f.* **al|geb|ra|isch** agg. algebrico.
Al|gen|for|scher m. *(-s,-)* algologo *m.* **Al|gen|kun|de** f. *(-)* algologia *f.* **Al|gen|pil|ze** pl. ficomiceti *m.pl.*
Al|ge|ri|en n.pr.n. *(-s)* Algeria *f.* **Al|ge|ri|er** m. *(-s,-)* algerino *m.* **al|ge|risch** agg. algerino. **Al|gier** ['alʒi:ɐ] n.pr.n. Algeri *f.*
Al|go|lo|ge m. *(-n,-n)* → **Algenforscher. Al|go|lo|gie** f. *(-)* → **Algenkunde.**
Al|gon|kin I m. *(-[s],-)* algonchino *m.* **II** n. *(-[s])* lingua *f.* algonchina, algonchino *m.* **al|gon|kisch** agg. algonchiano.
Al|gon|ki|um n. *(-s)* (periodo *m.*) algonchiano *m.*
al|go|rith|misch agg. algoritmico. **Al|go|rith|mus** m. *(-, Algorithmen)* algoritmo *m.*
a|li|as avv. alias, altrimenti detto.
A|li|bi n. *(-s,-s)* alibi *m.* (anche FIG.): ***ein ~ beibringen*** fornire un alibi; ***kein ~ besitzen*** non avere un alibi. **A|li|bi|be|weis** m. *(-es,-e)* prova *f.* dell'alibi.
A|li|en ['eɪliən] m. e n. *(-s,-s)* alieno *m.*
a|li|men|tär agg. alimentare. **A|li|men|ta|ti|on** f. *(-,-en)* aiuto *m.* finanziario, sostentamento *m.* **A|li|men|te** pl. DIR. alimenti *m.pl.* **a|li|men|tie|ren** tr. DIR. ***jdn ~*** pagare gli alimenti a qcn.
al|kä|isch agg. alcaico.
Al|ka|li [al'ka:li, 'alkali] n. *(-s, Alkalien)* alcali *m.* **Al|ka|li|me|tall** n. *(-[e]s,-e)* metallo *m.* alcalino. **Al|ka|li|me|ter** n. *(-s,-)* alcalimetro *m.* **Al|ka|li|met|rie** f. *(-)* alcalimetria *f.* **Al|ka|li|salz** n. *(-es,-e)* sale *m.* alcalino. **al|ka|lisch** agg. alcalino. **al|ka|li|sie|ren** tr. alcalinizzare. **Al|ka|li|tät** f. *(-)* alcalinità *f.*
Al|ka|lo|id n. *(-[e]s,-e)* alcaloide *m.*
Al|ken pl. alciformi *m.pl.*
Al|kes|te, Al|kes|tis n.pr.f. Alcesti *f.*
Al|ko|hol m. *(-s,-e)* **1** CHIM. alcol (*o* alcool) *m.* **2** *(Weingeist)* alcol *m.* etilico, alcol *m.*: ***in ~ eingelegte Kirschen*** ciliegie sotto spirito ◆ ***jdn unter ~ setzen*** fare sbronzare qcn.; ***unter ~ stehen*** essere in preda ai fumi dell'alcol.
al|ko|hol|ab|hän|gig agg. dipendente dall'alcol. **al|ko|hol|arm** agg. poco alcolico. **Al|ko|hol|aus|schank** m. *(-[e]s,-ausschänke)* AUSTR. mescita *f.* di alcolici. **Al|ko|hol|ein|fluss** m. *(-es)*, **Al|ko|hol|ein|wir|kung** f. *(-)* effetto *m.*, influenza *f.* dell'alcol. **Al|ko|hol|fah|ne** f. *(-)* COLLOQ. puzzo *m.* d'alcol. **al|ko|hol|frei** agg. non alcolico, analcolico. **Al|ko|hol|ge|halt** m. *(-[e]s)* gradazione *f.* alcolica, alcolicità *f.*; ~ ***im Blut*** alcolemia. **Al|ko|hol|ge|nuss** m. *(-es)* consumo *m.* di alcolici. **al|ko|hol|hal|tig** agg. → **alkoholisch. Al|ko|ho|li|ka** pl. alcolici *m.pl.* **Al|ko|ho|li|ker** m. *(-s,-)* alcolizzato *m.*, alcolista *m.*, etilista *m.*: ***er ist ~*** è un alcolizzato; ***Anonyme ~*** (associazione degli) alcolisti anonimi. **al|ko|ho|lisch** agg. alcolico. **al|ko|ho|li|sie|ren** tr. alcolizzare. **Al|ko|ho|li|sie|rung** f. *(-)* alcolizzazione *f.* **Al|ko|ho|lis|mus** m. *(-)* alcolismo *m.* **al|ko|hol|krank** agg. alcolizzato. **Al|ko|hol|miss|brauch** m. *(-[e]s)* abuso *m.* di alcolici. **Al|ko|hol|pro|be** f. *(-,-n)* prova *f.* del tasso alcolico. **Al|ko|hol|scha|den** m. *(-s,-schäden)* danno *m.* provocato dall'abuso di alcolici. **Al|ko|hol|spie|gel** m. *(-s)* alcolemia *f.* **al|ko|hol|süch|tig** agg. alcolizzato. **Al|ko|hol|sün|der** m. *(-s,-)* = guidatore *m.* in stato di ebbrezza. **Al|ko|hol|ver|bot** n. *(-[e]s,-e)* **1** proibizione *f.* di alcolici **2** STOR. proibizionismo *m.* **Al|ko|hol|ver|gif|tung** f. *(-,-en)* etilismo *m.*, intossicazione *f.* da alcol.
Al|ko|ven [-v-] m. *(-s,-)* alcova *f.*
Al|kyl n. *(-s,-e)* alchile *m.* **al|ky|lie|ren** intr. (aus. *haben*) praticare alchilazione.
all I pron. *(attributiv)* **1a** *(ganz, gesamt)* ogni, tutto: ***-e Freude*** ogni gioia; ***-es Glück dieser Erde*** tutta la felicità di questa terra **b** inv. tutto: ~ ***die Zeit*** tutto questo tempo; ~ ***deine Mühe*** tutta la tua fatica **c** pl. *(sämtliche)* tutti *m.pl.*, tutte *f.pl.*: ***-e schönen Mädchen*** tutte le belle ragazze; ***-e Leute*** tutta la gente; rafforz. ***diese kleinen Wohltaten -e*** tutte quante queste piccole buone azioni **2** *(jeder, jedes, jede)* ogni: ***Bücher -er Art*** libri di ogni genere; ***das übersteigt -e Erwartungen*** questo supera ogni aspettativa; ***dem Wunsch -er Teilnehmer entsprechen*** corrispondere al desiderio di ogni partecipante **II** pron.n. **alles** (pl. *alle*) tutto: ***das ist -es*** questo è tutto; ***-es in Ordnung*** tutto a posto; ***wir -e*** noi tutti; ***das Wohl -er*** il bene di tutti; ***-e miteinander*** tutti insieme; ***-e vier*** tutti e quattro; COLLOQ. ***-es aufstehen*** tutti in piedi; COLLOQ. ***-es aussteigen!*** scendere! ◆ ***-es andere (~ das andere)*** tutto il resto; ***-es andere als dumm*** tutt'altro che stupido; ***wir waren in -em Antipoden*** eravamo agli antipodi in tutto; ***aufhören: jetzt hört sich aber doch -es auf*** questo è troppo, questo è il colmo; ***bei -em guten, gutem Willen*** con tutta la buona volontà; ~ ***dies(es)*** tutto ciò; ***du bist mein Ein und Alles*** tu sei tutto per me; ***-en Ernstes*** sul serio; ***auf -e Fälle*** in ogni caso; ***in -er Frühe*** di buon mattino; ***-es in -em*** tutto sommato; ***-e Jahre*** tutti gli anni; ~ ***(-es) und jedes*** ogni cosa; ***die Leute können -e nicht mehr*** la gente (tutta) non ne può più; ***Mädchen für -es*** ragazza, domestica tuttofare; ***ein für -e Mal*** una volta per tutte; ***-e zwei Meter*** ogni due metri; ***-e fünf Minuten*** ogni cinque minuti; ***in -er Munde sein*** essere sulla bocca di tutti; ***-es oder nichts*** o tutto o niente; ***was denn noch -es!*** cosa (c'è) ancora! ***-es, was recht ist!*** questo proprio non va! ***in -er Ruhe*** in tutta calma; ***was sagt der denn -es!*** ma che dice! ***-es hat (seine) zwei Seiten*** ogni cosa ha due lati; ***vorn sind -es Wagen erster Klasse*** davanti ci sono tutte carrozze di prima classe; ***was soll das -es?*** che vuol dire tutto ciò? ***-e halbe(n) Stunden, -e halbe Stunde*** ogni mezz'ora; ***trotz -em, trotz alledem*** malgrado tutto; ***der Beruf geht mir über -es*** per me il lavoro è più importante di tutto; ***-es übrige*** tutto il resto; ***nicht um -es in der Welt*** per niente al mondo; ***vor -em*** soprattutto; ***vorübergehen: es geht -es vorüber*** tutto passa; ***wer weiß, was man -es damit machen kann?*** chi sa quante cose si possono fare con questo? ***jdm -es Gute wünschen*** augurare a qcn. ogni bene; ***zu -em Unglück*** per giunta; ***für -e Zeiten*** per sempre.
All n. *(-s)* spazio *m.*, cosmo *m.*
all|abend|lich agg. serale, di tutte le sere. **all|abends** avv. ogni sera.
all|be|kannt agg. universalmente noto, noto a tutti.
all|deutsch agg. pangermanista.
al|le avv. COLLOQ. **1** finito, esaurito: ***der Schnaps ist ~*** la grappa è finita **2a** sfinito, finito: ***ich bin ganz ~*** sono (del tutto) sfinito **b** *(moralisch ruinieren)* ***jdn ~ machen*** rovinare qcn.; GERG. *(umbringen)* fare fuori qcn.
al|le|dem pron. tutto ciò, tutto: ***bei ~*** con tutto ciò; ***trotz ~*** malgrado tutto.
Al|lee f. *(-,-n)* viale *m.* (alberato).
Al|le|gat n. *(-[e]s,-e)* allegato *m.* **al|le|gie|ren** tr. allegare.
Al|le|go|rie f. *(-,-n)* allegoria *f.* **al|le|go|risch I** agg. allegorico **II** avv. allegoricamente. **al|le|go|ri|sie|ren** tr. allegorizzare.
al|lein I agg. solo, da solo: ***sie lebt ~*** vive sola, da sola; ***~ reisen*** viaggiare da solo; *(einsam)* ***sich sehr ~ fühlen*** sentirsi molto solo; *(ohne Hilfe)* ***das habe ich ~ gemacht*** l'ho fatto da solo **II** avv. solo, soltanto: ***er ~ ist daran schuld*** lui solo ne ha colpa; ***~ (schon) der Gedanke ist schrecklich*** (già) solo l'idea è terribile; ***das Hotel war ausgezeichnet, ~ das Frühstück!*** l'hotel era eccellente, già solo la colazione! **III** cong. ma, però, solo che: ***er wollte es sagen, ~ er fürchtete ausgelacht zu werden*** voleva dirlo, ma aveva paura di essere deriso ◆ ***er ist ~ berechtigt*** ha il diritto esclusivo; ***~ dastehen*** rimanere solo; ***einzig und ~*** unicamente, solo; ***ganz ~*** solo soletto; ***seine Ansichten für ~ selig machend halten*** considerare le proprie idee come le uniche giuste; ***~ stehend*** *(ohne Familie)* solo, senza famiglia; *(ledig; von Männern)* celibe; *(ledig; von Frau-*

en) nubile; *(von Häusern)* isolato, solitario; ***das weiß ich von -(e)*** questo lo so da me; PROV. ***besser ~ als in schlechter Gesellschaft*** meglio soli che male accompagnati.

Al|lein|be|rech|ti|gung f. *(-)* diritto *m.* esclusivo. **Al|lein|be|sitz** m. *(-es)* possesso *m.* esclusivo. **Al|lein|ei|gen|tum** n. *(-s)* proprietà *f.* esclusiva. **Al|lein|ei|gen|tü|mer** m. *(-s,-)* proprietario *m.* unico. **Al|lein|er|be I** m. *(-n,-n)* erede *m.* universale **II** n. *(-s)* eredità *f.* universale. **Al|lein|er|zie|hen|de** m. e f. *(-n,-n)* = genitore *m.* che alleva i figli da solo. **Al|lein|gang** m. *(-[e]s,* RAR. *-gänge)* **1** SPORT prestazione *f.* individuale, azione *f.* individuale: ***der Libero startet zu einem ~*** il libero inizia un'azione individuale **2** ALP. ascensione *f.* in solitaria, solitaria *f.* ◆ ***etw. im ~ machen*** fare qcs. tutto da solo.

Al|lein|han|del m. *(-s)* monopolio *m.* **Al|lein|herr|schaft** f. *(-,-en)* autocrazia *f.*, assolutismo *m.* **Al|lein|herr|scher** m. *(-s,-)* autocrate *m.*, sovrano *m.* assoluto, despota *m.* **Al|lein|her|stel|ler** m. *(-s,-)* produttore *m.* unico.

al|lei|nig agg. unico, solo, esclusivo.

Al|lein|in|ha|ber m. *(-s,-)* titolare *m.* unico. **Al|lein|sein** n. *(-s)* **1** l'essere solo, solitudine *f.*, isolamento *m.* **2** l'essere solo, intimità *f.*: ***das ~ mit dem Geliebten*** l'intimità con l'amato. **Al|lein|un|ter|hal|ter** m. *(-s,-)* unico intrattenitore *m.*, mattatore *m.* **Al|lein|ver|ant|wort|li|che** m. *(-n,-n)* unico responsabile *m.* **Al|lein|ver|die|ner** m. *(-s,-)* unico produttore *m.* di reddito. **Al|lein|ver|kauf** m. *(-[e]s,-verkäufe)* vendita *f.* esclusiva, esclusiva *f.* **Al|lein|ver|tre|ter** m. *(-s,-)* agente *m.* (*o* rappresentante *m.*) esclusivo, unico. **Al|lein|ver|tre|tung** f. *(-,-en)* rappresentanza *f.* esclusiva, esclusiva *f.* **Al|lein|ver|trieb** m. *(-[e]s)* vendita *f.* esclusiva.

al|lel agg. allele: ***-e Gene*** geni alleli. **Al|lel** n. *(-s,-e)* allele *m.*

al|le|mal avv. COLLOQ. senz'altro, certamente: ***das schaffen wir ~*** ce la facciamo in ogni caso.

Al|le|man|de [alə'mã:də] f. *(-,-n)* allemanda *f.*

al|len|falls avv. **1** tutt'al più, al massimo: ***es dauert ~ noch eine Stunde*** dura al massimo ancora un'ora **2** eventualmente, semmai: ***ich komme bestimmt, ~ etwas später*** vengo di sicuro, semmai un po' più tardi.

al|lent|hal|ben avv. ANT. dappertutto, ovunque.

al|ler|art agg.inv. ANT. ogni sorta di, di ogni sorta.

al|ler|äu|ßerst... agg. estremo: ***das -e Angebot*** l'ultima offerta.

Al|ler|bar|mer m. *(-s)* Dio *m.* misericordioso.

al|ler|best... agg. migliore di tutti, ottimo: ***mit meinen -en Grüßen*** con i miei migliori saluti.

al|ler|dings avv. **1** però, tuttavia, per quanto: ***ein schöner Ring, ~ etwas teuer*** un bell'anello, per quanto un po' caro **2** ma certo: ***hast du das gewusst? – ~!*** l'hai saputo? – ma certo! **3** rafforz. a dire il vero, veramente: ***das war ~ dumm von dir*** questo è stato veramente stupido da parte tua.

al|ler|durch|lauch|tigst... agg. ANT. serenissimo; ***-er König!*** Vostra Maestà!

al|ler|erst... agg. primo fra tutti, primissimo.

Al|ler|gen n. *(-s,-e)* allergene *m.* **Al|ler|gie** f. *(-,-n)* allergia *f.*: ***~ gegen etw.*** allergia a qcs. **Al|ler|gie|pass** m. *(-es,-pässe)* = documento *m.* attestante l'allergia a determinate sostanze. **Al|ler|gi|ker** m. *(-s,-)* allergico *m.* **al|ler|gisch I** agg. allergico: ***~ gegen etw.*** allergico a qcs.; ***-e Krankheiten*** malattie allergiche; FIG. ***gegen Mathematik ~ sein*** essere allergico alla matematica **II** avv. in modo allergico: ***auf etw. (A) ~ reagieren*** reagire in modo allergico a qcs. (anche FIG.).

al|ler|gnä|digst... agg. ANT. ***unser -er Herr*** il nostro graziosissimo signore.

Al|ler|go|lo|ge m. *(-n,-n)* allergologo *m.* **Al|ler|go|lo|gie** f. *(-)* allergologia *f.* **al|ler|go|lo|gisch** agg. allergologico.

al|ler|größt... agg. massimo, estremo: ***mit -er Gewalt*** con la massima violenza.

al|ler|hand agg.inv. COLLOQ. **1** di ogni tipo, di ogni sorta: ***~ Neues*** novità di ogni tipo **2** *(ziemlich viel)* parecchio: ***wir hatten ~ zu tun*** avevamo parecchio da fare ◆ ***das ist (ja) ~!*** è inaudito!

Al|ler|hei|li|gen n. *(-)* Ognissanti *m.* **Al|ler|hei|li|gen|fest** n. *(-[e]s,-e)* festa *f.* di Ognissanti. **al|ler|hei|ligst...** agg. santissimo. **Al|ler|hei|ligs|te** n. *(-n)* **1** *(Raum)* Santissimo *m.*, Sancta Sanctorum *m.* (anche FIG.) **2** *(Hostie)* Santissimo *m.* (sacramento).

al|ler|höchst... agg. supremo, (il) più alto, altissimo: ***die -e Spitze*** la cima più alta. **Al|ler|höchs|te** m. *(-n)* Altissimo *m.*, Dio *m.* **al|ler|höchs|tens** avv. tutt'al più, al massimo: ***er ist ~ dreißig Jahre alt*** ha trent'anni al massimo.

al|ler|kleinst... agg. minimo, (il) più piccolo.

al|ler|lei I agg.inv. ogni sorta di, di ogni specie, di ogni sorta: ***~ Aufgaben*** ogni sorta di compito **II** pron. molto, un po' di tutto: ***~ Gutes*** molto di buono; ***mir fehlt noch ~*** mi manca ancora un po' di tutto. **Al|ler|lei** n. *(-s)* miscuglio *m.*, accozzaglia *f.* ◆ ***Leipziger ~*** verdura mista.

al|ler|letzt... agg. ultimo di tutti, ultimissimo. **al|ler|liebst...** agg. **1** (il) più caro, carissimo, amatissimo; ***sein -es Spielzeug*** il suo giocattolo più caro **2** molto carino, incantevole: ***ein -es Kind*** un bambino molto carino ◆ ***am -en*** sopra ogni altra cosa, più volentieri: ***am -en ginge ich weg*** preferirei andarmene. **Al|ler|liebs|te I** m. e f. *(-n,-n)* IRON. amato *m.* (-a *f.*) **II** n. *(-n)* cosa *f.* più gradita, più cara. **al|ler|meist...** agg. (la) maggior parte di ◆ ***am -en*** soprattutto, più di tutto; *(am häufigsten)* molto spesso. **al|ler|nächst...** agg. **1** *(lokal)* (il) più vicino, vicinissimo **2** *(temporal)* prossimo: ***in -er Zeit*** prossimamente. **al|ler|neu|est..., al|ler|neust...** agg. (il) più recente, nuovissimo, ultimo: ***das -e Modell*** l'ultimo modello. **al|ler|nö|tigst...** agg. (il) più necessario, strettamente necessario. **al|ler|or|ten** ANT., **al|ler|orts** avv. ovunque, dappertutto. **al|ler|schlimmst...** agg. (il) peggiore, pessimo. **al|ler|schlimms|ten|falls** avv. nel peggiore dei casi. **al|ler|schönst...** agg. (il) più bello. **Al|ler|see|len** n. *(-)*, **Al|ler|see|len|tag** m. *(-[e]s,-e)* giorno *m.* dei morti.

al|ler|seits avv. **1** a tutti (quanti): ***guten Abend ~*** buona sera a tutti **2** *(allseits)* da ogni parte, da tutte le parti. **al|ler|wärts** avv. → **allerorts.**

Al|ler|welts|ge|schmack m. *(-[e]s)* SPREG. gusto *m.* ordinario. **Al|ler|welts|kerl** m. *(-[e]s,-e)* COLLOQ. tipo *m.* in gamba. **Al|ler|welts|mit|tel** n. *(-s,-)* COLLOQ. IRON. panacea *f.* **Al|ler|welts|wort** n. *(-[e]s,-wörter)* COLLOQ. **1** parola *f.* di uso comune **2** *(nichts sagendes Wort)* parola *f.* insignificante.

al|ler|we|nigst... agg. meno di tutto, minimo. **al|ler|we|nigs|tens** avv. almeno, come minimo.

al|ler|wer|test... agg. stimatissimo, carissimo. **Al|ler|wer|tes|te** m. *(-n,-n)* COLLOQ. SCHERZ. sedere *m.*

al|les pron. → **all.**

al|le|samt pron.indef. tutti quanti, tutti insieme.

Al|les|bren|ner m. *(-s,-)* stufa *f.* (a diversi combustibili). **Al|les|fres|ser** m. *(-s,-)* onnivoro *m.* **Al|les|kle|ber** m. *(-s,-)* adesivo *m.*, colla *f.* universale. **Al|les|kön|ner** m. *(-s,-)* chi sa fare di tutto. **Al|les|schnei|der** m. *(-s,-)* affettatrice *f.* **Al|les|wis|ser** m. *(-s,-)* SPREG. saccente *m.*

al|le|zeit avv. REGION. sempre.

all|fäl|lig avv. REGION. eventualmente.

All|gäu n.pr.n. *(-s)* Algovia *f.* **All|gäu|er I** m. *(-s,-)* abitante m. dell'Algovia **II** agg.inv. dell'Algovia. **all|gäu|isch** agg. dell'Algovia.

All|ge|gen|wart f. *(-)* onnipresenza *f.* **all|ge|gen|wär|tig** agg. onnipresente.

all|ge|mach avv. ANT. a poco a poco.

all|ge|mein I agg. **1** generale, fondamentale: ***-e Grundsätze*** principi generali **2a** comune, universale: ***das -e Wohl*** il bene comune; ***das -e Wahlrecht*** il suffragio universale **b** ***die -e Wehrpflicht*** il servizio militare obbligatorio **3** generale, di tutti: ***-e Zustimmung finden*** incontrare l'approvazione generale; ***-es Erstaunen*** lo stupore generale **4** generico, vago: ***-es Geschwätz*** discorsi vaghi **II** avv. **1** da tutti, universalmente, comunemente: ***er ist ~ beliebt*** è amato da tutti; ***das ist ~ bekannt*** questo è noto universalmente; ***~ zugänglich*** accessibile a tutti **2** generalmente, in genere: ***man sagt ~, dass...*** in genere si dice che... ◆ ***~ gültig*** universalmente valido, di validità generale; ***~ verbindlich*** obbligatorio per tutti; ***~ verständlich*** comprensibile a tutti; *(populär)* popolare.

All|ge|mein|arzt m. *(-es,-ärzte)* medico *m.* generico. **All|ge|mein|be|fin|den** n. *(-s)* stato *m.* generale (di salute). **All|ge|mein|be|griff** m. *(-[e]s,-e)* concetto *m.* generale. **All|ge|mein|be|sitz** m. *(-es,-e)* **1** proprietà *f.* comune **2** FIG. patrimonio *m.* comune. **All|ge|mein|bil|dung** f. *(-)* cultura *f.* generale.

All|ge|mei|ne n. *(-n)* **1** generale *m.*, universale *m.*: ***vom -n auf das Besondere schließen*** desumere il particolare dal generale **2** ***sich im -n bewegen*** tenersi sulle generali ◆ ***im -n*** in generale, in genere.

All|ge|mein|gül|tig|keit f. *(-)* validità *f.* generale. **All|ge|mein|gut** n. *(-[e]s)* bene *m.* comune.

All|ge|mein|heit f. *(-,-en)* **1** collettività *f.*, pubblico *m.*: ***etw. für die ~ tun*** fare qcs. per la collettività; ***auf Kosten der ~*** a spese della collettività **2** genericità *f.*, generalità *f.*: ***eine Erklärung von zu großer ~*** una spiegazione troppo generica **3** pl. *(oberflächliche Redensarten)* luoghi *m.pl.* comuni.

All|ge|mein|in|te|res|se n. *(-s,-n)* interesse *m.* generale. **All|ge|mein|me|di|zin** f. *(-)* medicina *f.* generale. **All|ge|mein|platz** m.

(-es,-plätze) luogo *m.* comune. **All|ge|mein|wis|sen** n. *(-s)* cultura *f.* generale. **All|ge|mein|wohl** n. *(-[e]s)* bene *m.* comune. **All|ge|mein|zu|stand** m. *(-[e]s)* → **Allgemeinbefinden.**

All|ge|walt f. *(-)* → **Allmacht.**

all|ge|wal|tig agg. → **allmächtig. all|gü|tig** agg. infinitamente buono.

All|gü|ti|ge m. *(-n)* Dio *m.*, l'infinitamente buono. **All|heil|mit|tel** n. *(-s,-)* panacea *f.*, rimedio *m.* universale (anche FIG.).

All|heit f. *(-)* FILOS. totalità *f.*

Al|li|anz f. *(-,-en)* **1** STOR. alleanza *f.* **2** *(Vereinigung)* alleanza *f.*, unione *f.* ◆ ***die Heilige ~*** la santa alleanza.

Al|li|ga|tor m. *(-s,-en)* alligatore *m.*

al|li|ie|ren rifl. **sich ~** allearsi. **al|li|iert** agg. alleato. **Al|li|ier|te** m. *(-n,-n)* alleato *m.* ◆ STOR. ***die -n*** gli alleati.

Al|li|te|ra|ti|on f. *(-,-en)* allitterazione *f.*

all|jähr|lich I agg. annuale, di ogni anno **II** avv. annualmente, ogni anno.

all|lie|bend agg. che ama tutti, che ama universalmente.

All|macht f. *(-)* onnipotenza *f.*: ***die ~ des Staates*** l'onnipotenza dello stato. **all|mäch|tig** agg. onnipotente: ***der -e Vater*** il Padre onnipotente; ***-er Gott!*** Dio onnipotente! **All|mäch|ti|ge** m. *(-n)* onnipotente *m.*: ***Gott, der ~*** Dio, l'Onnipotente.

all|mäh|lich I agg. graduale, lento: ***das -e Nachlassen der Kräfte*** il lento venir meno delle forze **II** avv. gradualmente, lentamente, a poco a poco.

All|men|de f. *(-,-n)* STOR. almenda *f.*

all|mo|nat|lich I agg. mensile, di ogni mese **II** avv. mensilmente, ogni mese. **all|mor|gend|lich I** agg. di ogni mattina **II** avv. ogni mattina, tutte le mattine. **All|mut|ter** f. *(-)* madre *f.* di tutti, universale, comune. **all|nächt|lich I** agg. di ogni notte **II** avv. ogni notte, tutte le notti.

Al|lod n. *(-[e]s,-e)* allodio *m.* **al|lo|di|al** agg. allodiale.

Al|lo|ku|ti|on f. *(-,-en)* allocuzione *f.*

Al|lon|ge [a'lõ:ʒə] f. *(-,-n)* **1** BANC. allunga *f.* (di cambiale), foglio *m.* di allungamento **2** TIP. foglio *m.* a fionda. **Al|lon|ge|pe|rü|cke** f. *(-,-n)* STOR. parrucca *f.* con riccioli.

Al|lo|path m. *(-en,-en)* medico *m.* allopatico. **Al|lo|pa|thie** f. *(-)* allopatia *f.* **al|lo|pa|thisch** agg. allopatico.

Al|lo|phon n. *(-s,-e)* allofono *m.*

Al|lot|ria n. *(-[s])* gazzarra *f.*; sciocchezze *f.pl.*, buffonate *f.pl.*: ***~ treiben*** fare gazzarra.

al|lo|trop agg. allotropo. **Al|lo|tro|pie** f. *(-)* allotropia *f.* **al|lo|tro|pisch** agg. allotropico.

All|rad|an|trieb m. *(-[e]s,-e)* trazione *f.* integrale.

All|round|man [ɔ:l'raundmən] m. *(-s,-men)* = persona *f.* versatile.

all|sei|tig I agg. **1** generale, universale: ***-e Zufriedenheit*** soddisfazione generale **2** poliedrico, versatile: ***eine -e Bildung*** una cultura poliedrica **II** avv. da ogni parte, sotto ogni aspetto: ***~ betrachtet*** visto sotto ogni aspetto. **all|seits** avv. ovunque, da ogni parte; da tutti: ***~ bekannt*** noto ovunque, conosciuto da tutti.

All|strom m. *(-[e]s,-ströme)* tensione *f.*, voltaggio *m.* universale. **All|strom|ge|rät** n. *(-[e]s,-e)* apparecchio *m.* a tensione (*o* a voltaggio) universale.

all|stünd|lich I agg. di ogni ora **II** avv. ogni ora, a tutte le ore.

All|tag m. *(-[e]s)* **1** *(Werktag)* giorno *m.* feriale, di lavoro **2** quotidianità *f.*, vita *f.* quotidiana (*o* di tutti i giorni): ***der graue ~*** la grigia quotidianità, la monotonia della vita quotidiana. **all|täg|lich I** agg. **1** di tutti i giorni, quotidiano, giornaliero **2** FIG. *(gewöhnlich)* banale, ordinario, comune **II** avv. ogni giorno, quotidianamente. **All|täg|lich|keit** f. *(-,-en)* **1** cosa *f.* di tutti i giorni, comunissima, banale **2** *(alltäglicher Vorgang)* tran tran *m.*, uniformità *f.* della vita quotidiana. **all|tags** avv. nei giorni feriali, di lavoro. **All|tags|be|schäf|ti|gung** f. *(-,-en)* occupazione *f.* quotidiana, di tutti i giorni. **All|tags|er|fah|rung** f. *(-,-en)* esperienza *f.* quotidiana, giornaliera. **All|tags|klei|dung** f. *(-)* vestito *m.* di tutti i giorni, da strapazzo. **All|tags|le|ben** n. *(-s)* vita *f.* di tutti i giorni, quotidiana. **All|tags|mensch** m. *(-en,-en)* uomo *m.* comune, qualunque. **All|tags|sor|gen** pl. preoccupazioni *f.pl.* della vita quotidiana. **All|tags|spra|che** f. *(-)* linguaggio *m.* corrente, quotidiano, lingua *f.* di tutti i giorni. **All|tags|trott** m. *(-[e]s,-e)* SPREG. tran tran *m.* quotidiano, solito tran tran *m.*

all|über|all avv. dappertutto.

all|um|fas|send agg. che comprende tutto, universale: ***ein -es Wissen*** un sapere enciclopedico.

Al|lü|re f. *(-,-n)* SPREG. posa *f.*: ***seine -n ablegen*** abbandonare le proprie pose; ***-n an den Tag legen*** assumere delle pose.

al|lu|vi|al [-vi-] agg. alluvionale. **Al|lu|vi|on** f. *(-,-en)* alluvione *f.* **Al|lu|vi|um** n. *(-s)* ANT. olocene *m.*

All|va|ter m. *(-s)* dio *m.*, padre *m.* di tutte le cose.

All|wet|ter|ja|cke f. *(-,-n)* giubbotto *m.* (impermeabile). **All|wet|ter|jä|ger** m. *(-s,-)* AER. caccia *m.* ognitempo.

all|wis|send agg. onnisciente. **All|wis|sen|heit** f. *(-)* onniscienza *f.*

all|wö|chent|lich I agg. settimanale, di ogni settimana **II** avv. settimanalmente, ogni settimana.

all|zu avv. troppo: ***du nimmst es ~ leicht*** tu la prendi troppo alla leggera; ***~ bald*** troppo presto; ***~ früh*** troppo per tempo; ***~ gern*** veramente molto volentieri; ***das mache ich nur ~ gern*** lo faccio veramente con molto piacere; ***~ lange*** troppo a lungo; ***~ oft*** troppo spesso; ***~ sehr*** troppo; ***~ selten*** troppo raramente; ***~ viel*** troppo ◆ PROV. ***~ viel ist ungesund*** il troppo stroppia. **all|zu|mal** avv. RAR. **1** *(alle zusammen)* tutti insieme; *(insgesamt)* nell'insieme **2** *(immer)* sempre: ***das ist ~ dasselbe*** è sempre la stessa cosa.

All|zweck|tuch n. *(-[e]s,-tücher)* panno *m.* multiuso.

Alm f. *(-,-en)* alpeggio *m.*, pascolo *m.* d'alta montagna. **Alm|ab|trieb** m. *(-[e]s)* discesa *f.* dall'alpeggio (nella transumanza).

Al|ma|nach m. *(-s,-e)* almanacco *m.*

Alm|auf|trieb m. *(-[e]s)* salita *f.* all'alpeggio (nella transumanza). **Al|mer** m. *(-s,-)* AUSTR. malgaro *m.* **Alm|hüt|te** f. *(-,-n)* malga *f.*

Al|mo|sen n. *(-s,-)* elemosina *f.* (anche FIG.): ***um ~ bitten*** chiedere l'elemosina; ***jdm ein ~ geben*** fare l'elemosina a qcn.; ***sich nicht mit einem ~ abspeisen lassen*** non accontentarsi di un'elemosina. **Al|mo|sen|emp|fän|ger** m. *(-s,-)* mendicante *m.*, accattone *m.* **Al|mo|se|nier** m. *(-s,-e)* STOR. elemosiniere *m.* **Al|mo|sen|samm|lung** f. *(-,-en)* questua *f.* **Al|mo|sen|stock** m. *(-[e]s,-stöcke)* cassetta *f.* delle elemosine.

Alm|rausch m. *(-es)* REGION. → **Alpenrose. Alm|wei|de** f. *(-,-n)* pascolo *m.* d'alta montagna.

A|loe f. *(-,-n)* aloe *m.* e *f.*

a|lo|gisch agg. alogico.

A|lo|is n.pr.m. Luigi *m.* **A|lo|i|sia** n.pr.f. Luigia *f.*

1.Alp m. *(-[e]s,-e)* **1** = coboldo *m.* che opprime i dormienti, incubo *m.* **2** FIG. pensiero *m.* angoscioso, incubo *m.*: ***sich von einem ~ befreien*** liberarsi da un incubo.

2.Alp f. *(-,-en)* → **Alm.**

1.Al|pa|ka n. *(-s,-s)* alpaca *m.*

2.Al|pa|ka n. *(-s)* METALL. alpacca *f.*

Al|pa|ka|wol|le f. *(-)* lana *f.* d'alpaca, alpaca *m.*

Alp|druck m. *(-[e]s,-drücke)* → **Albdruck.**

Al|pe f. *(-,-n)* AUSTR. → **Alm.**

Al|pen n.pr.pl. Alpi *f.pl.* **Al|pen|be|woh|ner** m. *(-s,-)* abitante *m.* delle Alpi, alpigiano *m.* **Al|pen|bock** m. *(-[e]s,-böcke)* rosalia *f.* alpina. **Al|pen|doh|le** f. *(-,-n)* ZOOL. gracchio *m.* **Al|pen|dol|lar** m. *(-s,-s)* AUSTR. SCHERZ. dollaro *m.* alpino (= lo scellino). **Al|pen|fau|na** f. *(-)* fauna *f.* alpina. **Al|pen|flo|ra** f. *(-)* flora *f.* alpina. **Al|pen|füh|rer** m. *(-s,-)* guida *f.* alpina. **Al|pen|glöck|chen** n. *(-s,-)* soldanella *f.* alpina. **Al|pen|glü|hen** n. *(-s)* = riverbero *m.* rossiccio sulle vette alpine. **Al|pen|jä|ger** pl. **1** STOR. cacciatori *m.pl.* delle Alpi **2** MIL. alpini *m.pl.* **Al|pen|ket|te** f. *(-,-n)* catena *f.* alpina. **Al|pen|klub** m. *(-s,-s)* → **Alpenverein. Al|pen|korps** n. *(-,-)* MIL. alpini *m.pl.* **Al|pen|land|schaft** f. *(-,-en)* paesaggio *m.* alpino. **Al|pen|pass** m. *(-es,-pässe)* passo *m.* alpino. **Al|pen|re|pub|lik** f. *(-)* AUSTR. SCHERZ. repubblica *f.* alpina (= l'Austria). **Al|pen|ro|se** f. *(-,-n)* rododendro *m.* **Al|pen|sa|la|man|der** m. *(-s,-)* salamandra *f.* alpina (*o* nera). **Al|pen|stock** m. *(-[e]s,-stöcke)* bastone *m.* da montagna, alpenstock *m.* **Al|pen|tal** n. *(-[e]s,-täler)* valle *f.* alpina. **Al|pen|tun|nel** m. *(-s,-[s])* traforo *m.* alpino. **Al|pen|veil|chen** n. *(-s,-)* ciclamino *m.* **Al|pen|ver|ein** m. *(-[e]s,-e)* club *m.* alpino. **Al|pen|vor|land** n. *(-[e]s)* zona *f.* prealpina.

Al|pha n. *(-[s],-s)* alfa *m.* e *f.*

Al|pha|bet n. *(-[e]s,-e)* alfabeto *m.*; ***Namen nach dem ~ ordnen*** mettere nomi in ordine alfabetico. **al|pha|be|tisch I** agg. alfabetico **II** avv. alfabeticamente, in ordine alfabetico: ***eine Kartei ~ ordnen*** ordinare alfabeticamente un archivio. **al|pha|be|ti|sie|ren** tr. **1** ordinare alfabeticamente **2** *(lesen und schreiben lehren)* alfabetizzare. **Al|pha|be|ti|sie|rung** f. *(-,-en)* **1** *(alphabetisches Ordnen)* l'ordinare alfabeticamente **2** alfabetizzazione *f.*

Al|pha|emis|si|on f. *(-,-en)* emissione *f.* (di raggi) alfa.

al|pha|nu|me|risch agg. alfanumerico.

Al|pha|strah|len, α-Strah|len pl. raggi *m.pl.* alfa (*o* α). **Al|pha|strah|lung, α-Strah|lung** f. *(-,-en)* radiazione *f.* alfa (*o* α). **Al|pha|teil|chen, α-Teil|chen** n. *(-s,-)* particella *f.* alfa (*o* α).

Alp|horn n. *(-[e]s,-hörner)* corno *m.* delle Alpi, alphorn *m.*

al|pin agg. alpino: ***-e Flora, Landschaft*** flora alpina, paesaggio alpino; ***-e Ausrüstung*** equipaggiamento alpino. **Al|pi|ni** pl. MIL. alpini *m.pl.* **Al|pi|nis|mus** m. *(-)* alpinismo *m.* **Al|pi|nist** m. *(-en,-en)* alpinista *m.* **Al|pi|nis|tik** f. *(-)* → **Alpinismus. Al|pi|num** n. *(-s, Alpinen)* giardino *m.* alpino.

Alp|traum m. *(-[e]s,-träume)* → **Albtraum.**

Al|raun m. *(-[e]s,-e),* **Al|rau|ne** f. *(-,-n)* (radice *f.* di) mandragola *f.*

als cong. **1a** *(temporal; bei Vorzeitigkeit)* quando, dopo che: ***~ er weggegangen war, (da) klingelte das Telefon*** dopo che fu uscito, il telefono squillò; ***~ er gegessen hatte, hörte er Musik*** dopo aver mangiato ascoltò musica **b** *(bei Gleichzeitigkeit)* quando, allorquando, allorché: ***~ ich jung war, ging ich oft ins Kino*** quand'ero giovane andavo spesso al cinema **c** *(bei Nachzeitigkeit)* quando: ***eben hatte ich angefangen zu essen, ~ er kam*** avevo appena cominciato a mangiare, quando egli arrivò **d** *(mit einer Zeitangabe)* quando: ***damals, ~ er noch jung war...*** allora, quando era ancora giovane...; ***eines Tages, ~...*** un giorno che...; ***zu der Zeit, ~...*** al tempo in cui... **2** *(modal)* come se: ***er tut so, ~ hätte er kein Geld (~ ob er kein Geld hätte)*** si comporta come se non avesse denaro; ***mir war's, ~ hörte ich ihn kommen (~ ob ich ihn kommen hörte)*** mi sembrò di sentirlo arrivare **3a** *(nach einem Komparativ)* che, di: ***er ist älter ~ du*** è più vecchio di te; ***er fürchtet ihn mehr ~ du*** lo teme più di te; ***er kam früher ~ ich*** arrivò prima di me **b** *(in Komparativsätzen)* di quanto, di come, di quello che: ***er ist jünger, ~ er aussieht*** è più giovane di quanto sembri; ***er ist fauler, ~ du glaubst*** è più pigro di quello che credi **c** *(wie)* ***so bald, so wenig ~ möglich*** più presto possibile, il meno possibile; ***sowohl... ~ auch*** tanto... quanto, sia... sia; ***doppelt so groß ~...*** grosso il doppio di... **4a** *(eine nähere Erläuterung einleitend)* come, da: ***er hatte ~ Schriftsteller großen Erfolg*** egli ebbe grande successo come scrittore; ***ich ~ Freund rate dir,...*** io, come amico, ti consiglio...; ***sich ~ Held fühlen*** sentirsi un eroe **b** *(zeitlich gesehen)* ***sie hat ~ junges Mädchen davon geträumt*** lo ha sognato da ragazza **5** ANT. *(eine Aufzählung einleitend)* come: ***fast alle deutschen Flüsse, ~ (da sind) der Rhein, die Elbe...*** quasi tutti i fiumi tedeschi, come il Reno, l'Elba... ◆ ***alles andere ~ schön*** tutt'altro che bello; ***anders ~...*** diverso da...; ***anders ~ sonst*** diverso dal solito; ***anders, ~ ich dachte*** diverso da come pensavo; ***das Wasser ist zu kalt, ~ dass man baden könnte*** l'acqua è troppo fredda per fare il bagno (*o* perché si possa fare il bagno); ***entgegengesetzt, ~*** → ***anders, ~***; ***insofern, insoweit ~*** in quanto (che), poiché; ***mit keinem Menschen ~ (mit) ihm*** con nessun uomo che non sia lui; ***nichts ~ Flausen*** nient'altro che frottole, storie; ***es gab niemanden ~ ihn*** non c'era nessuno all'infuori di lui; ***umgekehrt, ~ ich erwartete...*** al contrario di quanto mi aspettassi...; ***er geht oft ins Kino, umso mehr ~ er keinen Fernseher hat*** va spesso al cinema, tanto più perché non ha il televisore; ***er geht selten ins Kino, umso weniger ~ er nie Zeit hat*** va raramente al cinema, in quanto non ha mai tempo; ***~ wenn*** come se; COLLOQ. ***geschwinder ~ wie der Wind*** più veloce del vento.

als|bald avv. ANT. subito, immediatamente. **als|bal|dig** agg. BURÓCR. immediato; ***zum -en Verbrauch bestimmt*** da consumarsi immediatamente.

als|dann avv. **1** ANT. poi, quindi **2** REGION. *(auffordender Ausruf)* allora, avanti.

Al|se f. *(-,-n)* alosa *f.*

al|so I avv. **1** dunque, quindi, allora: ***er schickt ihr Blumen, ~ liebt er sie*** le manda dei fiori, dunque l'ama **2** *(das heißt)* cioè: ***die ganze Familie, ~ Vater, Mutter, Kinder...*** tutta la famiglia, cioè padre, madre, figli... **3** ANT. così: ***~ geschah es*** così accadde **II** part. allora, ebbene: ***~, kommst du jetzt oder nicht?*** allora, vieni o no? ◆ ***~ doch!*** vedi? (*o* ecco!); ***~ gut*** va bene, d'accordo; ***~ los!*** avanti, dai! ***na ~, du kannst es doch!*** ma vedi che puoi farlo?

Als|ter|was|ser n. *(-s,-wässer)* REGION. INTRAD. (bevanda a base di birra e gassosa).

alt I agg. (compar. *älter*, superl. *ältest...*) **1a** *(bejahrt)* vecchio, anziano, attempato: ***die -en Leute*** le persone anziane, i vecchi **b** da vecchio: ***ein -es Gesicht*** un viso da vecchio **2** ***wie ~ sind Sie?*** quanti anni ha? ***sie ist 15 Jahre ~*** ha 15 anni; ***ein zwei Wochen -er Säugling*** un neonato di due settimane; ***wir sind gleich ~*** abbiamo la stessa età; ***morgen wird er 20 Jahre ~*** domani compie 20 anni **3** *(abgenutzt)* vecchio, usato: ***-e Schuhe*** scarpe vecchie; ***-e Kleider*** vestiti smessi; *(altmodisch)* vestiti fuori moda **4** FIG. vecchio, noto, solito: ***ein -er Trick*** un vecchio trucco **5a** *(nicht mehr neu)* ***ein zwei Jahre -es Auto*** una macchina di due anni **b** *(nicht frisch)* vecchio: ***-es Brot*** pane vecchio, raffermo; ***eine -e Wunde*** una vecchia ferita **6a** antico: ***die -en Griechen*** gli antichi greci; ***die -en Meister*** gli antichi maestri; FIG. ***eine -e Weisheit*** un'antica saggezza **b** *(antik, wertvoll)* antico, prezioso: ***-e Bücher*** libri antichi, d'antiquariato; ***-es Porzellan*** porcellana antica **7** *(von früher)* di prima, vecchio: ***wir haben noch die -en Preise*** abbiamo ancora i prezzi vecchi; ***der -e Lehrer*** il maestro di prima, il vecchio maestro **8** *(langjährig)* vecchio, da molti anni: ***ein -es Mitglied*** un membro da molti anni **II** avv. vecchio, da vecchio, di vecchio: ***der Kuchen schmeckt schon ~*** il dolce sa già di vecchio; ***sich ~ fühlen*** sentirsi vecchio ◆ ***~ aussehen*** restare con un palmo di naso; ***es bleibt alles beim Alten*** tutto resta come è stato finora, come è sempre stato; ***na, -er Freund, wie geht's?*** allora, vecchio mio, come va? ***man ist so ~, wie man sich fühlt*** si ha l'età che ci si sente; ***es geht alles seinen -en Gang*** tutto va come sempre; ***die -e Geschichte*** la solita storia; ***bei etw. ~ und grau werden*** diventare vecchi facendo qcs.; ***Alt und Jung*** vecchi e giovani, tutti; ***die Frisur macht sie älter*** la pettinatura la invecchia; ***er ist so ~ wie Methusalem*** è vecchio come Matusalemme; ***aus Alt mach Neu*** come nuovo! ***immer der Alte sein*** essere sempre lo stesso; ***-es Schwein!*** vecchio porco! ***~ werden*** invecchiare; ***hier werden wir nicht ~*** non ci rimarremo a lungo.

Alt m. *(-s,-e)* **1** *(Altstimme)* voce *f.* da contralto: ***sie hat einen schönen ~*** ha una bella voce da contralto **2** contralto *m.*: ***im ~ mitsingen*** cantare (in un coro) come contralto **3** RAR. → **Altistin.**

alt|ad|lig, alt|ade|lig agg. di antica nobiltà, di antica famiglia nobile.

Al|tan m. *(-[e]s,-e)* altana *f.*

Al|tar m. *(-[e]s, Altäre)* altare *m.* ◆ ***jdn zum ~ führen*** condurre qcn. all'altare; ***an, vor den, zum ~ treten*** andare all'altare, sposarsi. **Al|tar|auf|satz** m. *(-es,-aufsätze)* retablo *m.* **Al|tar|be|klei|dung** f. *(-,-en)* paramenti *m.pl.* **Al|tar|bild** n. *(-[e]s,-er)*, **Al|tar|blatt** n. *(-[e]s,-blätter)* pala *f.* d'altare, ancona *f.* **Al|tar|chor** m. *(-[e]s, -chöre)* ARCH. coro *m.* **Al|tar|de|cke** f. *(-,-n)* paliotto *m.* **Al|tar|flü|gel** m. *(-s,-)* anta *f.*, sportello *m.* di trittico. **Al|tar|ge|mäl|de** n. *(-s,-)* → **Altarbild. Al|tar|ni|sche** f. *(-,-n)* abside *f.* **Al|tar(s)|sak|ra|ment** n. *(-[e]s,-e)* sacramento *m.* dell'altare, eucarestia *f.* **Al|tar|stuhl** m. *(-[e]s,-stühle)* stallo *m.* da coro.

alt|ba|cken agg. **1** non fresco, raffermo: ***-es Brot*** pane raffermo **2** FIG. SPREG. antiquato, fuori moda: ***-e Ansichten*** idee antiquate.

Alt|bau m. *(-[e]s,-bauten)* vecchio edificio *m.* **Alt|bau|sa|nie|rung** f. *(-,-en)* risanamento *m.* di vecchi edifici. **Alt|bau|woh|nung** f. *(-,-en)* appartamento *m.* in un vecchio edificio.

alt|be|kannt agg. noto da tempo. **alt|be|währt** agg. sperimentato da tempo.

Alt|bun|des|kanz|ler m. *(-s,-)* ex-cancelliere *m.* federale. **Alt|bun|des|prä|si|dent** m. *(-en,-en)* ex-presidente *m.* federale.

Alt|bür|ger|meis|ter m. *(-s,-)* ex-sindaco *m.*, ex-borgomastro *m.* **alt|christ|lich** agg. paleocristiano. **alt|deutsch** agg. tedesco antico: ***-e Möbel*** mobili in stile tedesco antico.

Al|te I m. e f. *(-n,-n)* **1** vecchio *m.* (-a *f.*) **2a** COLLOQ. *(Elternteil, Ehepartner)* vecchio *m.* (-a *f.*): ***mein -r*** il mio vecchio **b** *(Vorgesetzter)* vecchio *m.* (-a *f.*), principale *m.* e *f.* **3** TEATR. ***der, die komische ~*** il secondo vecchio, la seconda vecchia **II** n. *(-n)* vecchio *m.*, antico *m.*, passato *m.*: ***am -n hängen*** essere attaccato al passato; ***dem -n nachtrauern*** rimpiangere il passato.

alt|ein|ge|führt agg. introdotto da tempo. **alt|ein|ge|ses|sen** agg. residente da tempo.

Alt|ei|sen n. *(-s)* rottami *m.pl.* di ferro, ferrivecchi *m.pl.*

Al|ten pl. **1** vecchi *m.pl.* **2** COLLOQ. *(Eltern)* vecchi *m.pl.* **3a** ANT. *(Ahnen)* antenati *m.pl.* **b** *(Völker der Antike)* antichi *m.pl.* **4** SPORT veterani *m.pl.*, giocatori *m.pl.* esperti ◆ PROV. ***wie die ~ sungen, so zwitschern auch die Jungen*** tale padre tale figlio.

alt|eng|lisch agg. inglese antico.

Al|ten|heim n. *(-[e]s,-e)* ospizio *m.*, casa *f.* di riposo per anziani. **Al|ten|pfle|ge|heim** n. *(-[e]s,-e)* istituto *m.* geriatrico. **Al|ten|pfle|ger** m. *(-s,-)* assistente *m.* geriatrico. **Al|ten|teil** n. *(-[e]s,-e)* vitalizio *m.* (corrisposto al gerente di una fattoria) ◆ ***auf dem ~ sitzen*** non partecipare più alla vita attiva; ***sich aufs, ins ~ zurückziehen, setzen*** ritirarsi dalla vita attiva, andare in pensione. **Al|ten|wohn|heim** n. *(-[e]s,-e)* comunità *f.* alloggio per anziani.

Al|ter n. *(-s,-)* **1** età *f.*, anni *m.pl.*: ***im ~ von 20 Jahren*** all'età di 20 anni; ***man merkt ihm sein ~ nicht an*** non dimostra la sua età **2** vecchiaia *f.*, età *f.* senile: ***von -s wegen*** a causa dell'età; ***50 ist noch kein ~*** a 50 anni non ci si può dire vecchio; ***die Stütze meines -s*** il bastone della mia vecchiaia **3** ANT. *(Zeitalter)* età *f.*, era *f.*, periodo *m.*: ***das Goldene ~*** l'età dell'oro ◆ ***im besten ~*** nel fiore degli anni; ***ein biblisches ~*** un'età molto avanzata; ***im gleichen ~ sein*** avere la stessa età; ***bis ins hohe ~*** fino a tarda età; ***mittleren -s*** di mezza età; ***schulpflichtiges ~*** età scolare; ***im vorgerückten ~*** in età avanzata; PROV. ***~ schützt vor Torheit nicht*** = l'età non difende dalla stoltezza.

äl|ter agg. (compar. di *alt*) **1a** più vecchio: ***er ist ~ als ich*** è più vecchio di me **b** maggiore: ***die -e Schwester*** la sorella maggiore **2** (piuttosto) anziano, di una certa età: ***die -en Leute*** gli anziani; ***eine -e Frau*** una signora di una certa età ◆ ***die Älteren unter uns*** i più vecchi tra noi; ***Plinius der Ältere*** Plinio il Vecchio.

Al|te|ra|ti|on f. *(-,-en)* **1** MUS. MED. alterazione *f.* **2** ANT. *(Gemütsbewegung)* turbamento *m.* **al|te|rie|ren I** tr. **1** MUS. alterare **2** ANT. *(verändern)* cambiare, tramutare **II** rifl. **sich ~** REGION. alterarsi, adirarsi. **al|te|riert** p.pass. agg. → **alterieren** ◆ MUS. ***-e Akkorde*** accordi alterati.

al|tern I intr. (aus. *sein*, RAR. *haben*) invecchiare, diventare vecchio: ***rasch ~*** invecchiare in fretta **II** tr. (fare) invecchiare: ***Weine künstlich ~*** (fare) invecchiare i vini artificialmente. **Al|tern** n. *(-s)* invecchiamento *m.*, l'invecchiare.

Al|ter|nanz f. *(-,-en)* **1** ANT. alternanza *f.*, avvicendamento *m.* **2** LING. → **Alternation. Al|ter|na|ti|on** f. *(-,-en)* LING. alternanza *f.*

al|ter|na|tiv I agg. alternativo: ***eine -e Politik*** una politica alternativa; ***-e Gruppen*** gruppi alternativi **II** avv. in modo alternativo: ***~ leben*** vivere in modo alternativo. **Al|ter|na|tiv|be|we|gung** f. *(-,-en)* POL. movimento *m.* alternativo. **Al|ter|na|ti|ve** f. *(-,-n)* alternativa *f.*: ***vor eine ~ gestellt sein*** essere posti di fronte a un'alternativa. **Al|ter|na|tiv|ener|gie** f. *(-,-en)* energia *f.* alternativa. **Al|ter|na|tiv|ler** m. *(-s,-)* GERG. (tipo *m.*) alternativo *m.* **Al|ter|na|tiv|lö|sung** f. *(-,-en)* soluzione *f.* alternativa. **Al|ter|na|tiv|sze|ne** f. *(-)* ambienti *m.pl.* alternativi. **Al|ter|na|tiv|tou|ris|mus** m. *(-)* turismo *m.* alternativo.

al|ter|nie|ren intr. (aus. *haben*) alternarsi. **al|ter|nie|rend** p.pres. agg. **1** → **alternieren 2** alternato, alterno: ***-e Verse*** versi alternati; ***-e Schichten*** turni alterni; ***-er Strom*** corrente alternata.

alt|er|probt agg. → **altbewährt.**

al|ters avv. ***seit ~, von ~ her*** da tanto tempo, da sempre.

Al|ters|ab|bau m. *(-[e]s)* indebolimento *m.* senile. **Al|ters|an|ga|be** f. *(-,-n)* indicazione *f.* dell'età. **Al|ters|auf|bau** m. *(-[e]s)* suddivisione *f.* (di un gruppo di persone) secondo l'età. **al|ters|be|dingt** agg. dovuto all'età, determinato dall'età. **Al|ters|be|schwer|den** pl. acciacchi *m.pl.* della vecchiaia, dell'età. **Al|ters|blöd|sinn** m. *(-[e]s)* demenza *f.* senile. **Al|ters|er|schei|nung** f. *(-,-en)* manifestazione *f.*, segno *m.* d'invecchiamento. **Al|ters|for|schung** f. *(-)* gerontologia *f.* **Al|ters|für|sor|ge** f. *(-)* previdenza *f.* per la vecchiaia. **Al|ters|ge|nos|se** m. *(-n,-n)* coetaneo *m.* **Al|ters|ge|nos|sin** f. *(-,-nen)* coetanea *f.* **Al|ters|glie|de|rung** f. *(-,-en)* → **Altersaufbau. Al|ters|gren|ze** f. *(-,-n)* limite *m.* d'età. **Al|ters|grup|pe** f. *(-,-n)* gruppo *m.* di coetanei. **Al|ters|heil|kun|de** f. *(-)* geriatria *f.* **Al|ters|heim** n. *(-[e]s,-e)* → **Altenheim. Al|ters|hil|fe** f. *(-,-n)* → **Altersfürsorge. Al|ters|klas|se** f. *(-,-n)* classe *f.* (d'età), annata *f.* **Al|ters|krank|heit** f. *(-,-en)* malattia *f.* senile, della vecchiaia. **Al|ters|me|di|zin** f. *(-)* → **Altersheilkunde. Al|ters|nach|weis** m. *(-es,-e)* comprovazione *f.* dell'età. **Al|ters|prä|si|dent** m. *(-en,-en)* presidente *m.* (provvisorio) per anzianità. **Al|ters|py|ra|mi|de** f. *(-,-n)* STATIST. piramide *f.* delle età. **Al|ters|ren|te** f. *(-,-n)*, **Al|ters|ru|he|geld** n. *(-[e]s)* pensione *f.* di vecchiaia. **al|ters|schwach** agg. **1** debole per la vecchiaia **2** *(von Autos, Möbeln)* logoro, decrepito: ***ein -er Stuhl*** una sedia decrepita. **Al|ters|schwä|che** f. *(-)* marasma *m.* senile, decadimento *m.* senile. **Al|ters|schwer|hö|rig|keit** f. *(-)* presbiacusia *f.* **Al|ters|sich|tig|keit** f. *(-)* presbiopia *f.* **Al|ters|stu|fe** f. *(-,-n)* fascia *f.* d'età: ***Kinder in der ~ von 10 bis 15 Jahren*** ragazzi di età compresa tra i 10 e i 15 anni. **Al|ters|ver|si|che|rung** f. *(-,-en)* assicurazione *f.* per la vecchiaia. **Al|ters|ver|sor|gung** f. *(-)* pensione *f.* di vecchiaia. **Al|ters|werk** n. *(-[e]s,-e)* opera *f.* senile. **Al|ters|zu|la|ge** f. *(-,-n)* supplemento *m.* d'anzianità.

Al|ter|tum n. *(-s)* antichità *f.*, mondo *m.* antico: ***das klassische ~*** l'antichità classica. **Al|ter|tü|me|lei** f. *(-,-en)* imitazione *f.* esasperata degli antichi. **al|ter|tü|melnd** agg. arcai(ci)zzante, anticheggiante: ***eine -e Ausdrucksweise*** un modo di esprimersi arcaicizzante. **Al|ter|tü|mer** pl. antichità *f.pl.* **al|ter|tüm|lich** agg. antiquato, arcaico: ***eine -e Einrichtung*** un arredamento antiquato. **Al|ter|tüm|lich|keit** f. *(-)* antichità *f.*, arcaicità *f.* **Al|ter|tums|for|scher** m. *(-s,-)* archeologo *m.* **Al|ter|tums|for|schung** f. *(-)*, **Al|ter|tums|kun|de** f. *(-)* archeologia *f.* **Al|ter|tums|wert** m. *(-[e]s)* valore *m.* d'antichità: ***der Schrank hat, besitzt ~*** l'armadio è un pezzo d'antiquariato. **Al|ter|tums|wis|sen|schaft** f. *(-)* → **Altertumskunde.**

Al|te|rung f. *(-,-en)* invecchiamento *m.* (anche ENOL. MECC.): ***die ~ der Bevölkerung*** l'invecchiamento della popolazione. **Al|te|rungs|pro|zess** m. *(-es,-e)* processo *m.* d'invecchiamento.

äl|test... → **alt. Äl|tes|te** m. e f. *(-n,-n)* **1a** *(Senior)* anziano *m.* (-a *f.*); LETT. seniore *m.* **b** RELIG. STOR. presbitero *m.* **2** *(Erstgeborene)* ***die ~*** la (figlia) maggiore; ***der ~*** il (figlio) maggiore. **Äl|tes|ten|rat** m. *(-[e]s,-räte)* **1** consiglio *m.* degli anziani **2** RFT = commissione *f.* consultiva (del Bundestag). **Äl|tes|ten|recht** n. *(-[e]s)* maggiorasco *m.*

Alt|flö|te f. *(-,-n)* flauto *m.* contralto.

alt|frän|kisch agg. **1** francone antico **2** *(altmodisch)* antiquato, all'antica.

alt|ge|dient agg. MIL. veterano: ***ein -er Soldat*** un veterano.

Alt|ge|sel|le m. *(-n,-n)* ANT. primo lavorante *m.*, garzone *m.* (più) anziano. **alt|ge|wohnt** agg. abituale, noto, familiare: ***in der -en Umgebung*** nell'ambiente abituale.

Alt|glas n. *(-es)* vetro *m.* usato. **Alt|glas|be|häl|ter** m. *(-s,-)*, **Alt|glas|con|tai|ner** [-kɔn'teːnɐ] m. *(-s,-)* contenitore *m.* per la raccolta vetro. **Alt|glas|samm|lung** f. *(-,-en)* raccolta *f.* vetro.

Alt|gold n. *(-[e]s)* **1** oro *m.* vecchio, usato **2** CHIM. oro *m.* brunito.

alt|grie|chisch agg. greco antico. **Alt|grie|chi|sche** n. *(-n)* greco *m.* antico.

Alt|han|del ANT. → **Altwarenhandel. Alt|händ|ler** ANT. → **Altwarenhändler.**

alt|her|ge|bracht, alt|her|kömm|lich agg. tradizionale.

alt|hoch|deutsch agg. alto tedesco (*o* alto-tedesco) antico: ***die -e Literatur*** la letteratura alto-tedesca antica. **Alt|hoch|deutsch** n. *(-[s])*, **Alt|hoch|deut|sche** n. *(-n)* alto tedesco (*o* alto-tedesco) *m.* antico.

Al|tist m. *(-en,-en)* contraltista *m.* **Al|tis|tin** f. *(-,-nen)* contralto *m.*

alt|jüng|fer|lich agg. da vecchia zitella, da zitellona.

Alt|ka|tho|li|ken pl. = vecchi cattolici *m.pl.* **alt|ka|tho|lisch** agg. = vecchio cattolico, dei vecchi cattolici.

alt|klug agg. saputello: ***ein -es Kind*** un bambino saputello. **Alt|klug|heit** f. *(-)* l'essere saputello, saccenteria *f.*

Alt|las|ten pl. scorie *f.pl.* di produzione: ***die ~ gefährden das Grundwasser*** le scorie pregiudicano le acque freatiche.

ält|lich agg. piuttosto attempato, anzianotto, vecchiotto.

Alt|ma|te|ri|al n. *(-s,-ien)* materiale *m.* usato, vecchio. **Alt|ma|te|ri|al|ver|wer|tung** f. *(-)* riciclaggio *m.*

Alt|meis|ter m. *(-s,-)* **1** STOR. capo *m.* di una corporazione **2** (grande) maestro *m.*: ***Dürer, der ~ der deutschen Malerei*** Dürer, il grande maestro della pittura tedesca **3** SPORT ex-campione *m.* **Alt|me|tall** n. *(-s,-e)* metallo *m.* vecchio, rottame *m.* metallico.

alt|mo|disch I agg. fuori moda, superato, all'antica: ***-e Ansichten*** opinioni superate **II** avv. all'antica, fuori moda: ***sich ~ anziehen*** vestirsi fuori moda.

alt|nor|disch agg. nordico antico. **Alt|nor|disch** n. *(-[s])*, **Alt|nor|di|sche** n. *(-n)* nordico *m.* antico.

Al|to|ku|mu|lus m. *(-,-kumuli)* altocumulo *m.*

Alt|öl n. *(-[e]s,-e)* olio *m.* (lubrificante) esausto.

Al|to|stra|tus m. *(-,-strati)* altostrato *m.*

Alt|pa|pier n. *(-s)* carta *f.* usata, vecchia, carta *f.* straccia. **Alt|pa|pier|samm|lung** f. *(-,-en)* raccolta *f.* carta.

Alt|phi|lo|lo|ge m. *(-n,-n)* filologo *m.* classico. **Alt|phi|lo|lo|gie** f. *(-)* filologia *f.* classica.

Alt-Rom n.pr.n. *(-s)* Roma *f.* antica. **alt|rö|misch** agg. romano (antico), dell'antica Roma.

alt|ro|sa agg.inv. rosa antico.

Al|tru|is|mus m. *(-, Altruismen)* altruismo *m.* **Al|tru|ist** m. *(-en,-en)* altruista *m.* **al|tru|is|tisch** agg. altruista, altruistico.

Alt|sän|ger m. *(-s,-)* → **Altist. Alt|sän|ge|rin** f. *(-,-nen)* → **Altistin.**

Alt|sil|ber n. *(-s)* **1** argento *m.* vecchio, usato **2** CHIM. argento *m.* brunito. **Alt|sitz** m. *(-es,-e)* → **Altenteil. alt|sprach|lich** agg. delle lingue antiche.

Alt|stadt f. *(-,-städte)* città *f.* vecchia, centro *m.* storico: ***in der ~ wohnen*** abitare in centro storico. **Alt|stadt|sa|nie|rung** f. *(-,-en)* risanamento *m.* del centro storico.

Alt|stein|zeit f. *(-)* paleolitico *m.* **Alt|stim|me** f. *(-,-n)* voce *f.* di contralto, contralto *m.* **alt|tes|ta|men|ta|risch** agg. da Antico Testamento: ***von -er Strenge*** di una severità da Antico Testamento. **alt|tes|ta|ment|lich** agg. dell'Antico Testamento, relativo all'Antico Testamento: ***-e Forschungen*** studi sull'Antico Testamento.

alt|über|kom|men agg. derivante dai tempi antichi, di tradizione antica. **alt|über|lie|fert** agg. tramandato dai tempi antichi, di tradizione antica. **Alt|va|ter** m. *(-s,-väter)* ANT. patriarca *m.*; *(Stammvater)* capostipite *m.* **alt|vä|te|risch** agg. antiquato, all'antica: ***-es Benehmen*** comportamento all'antica. **alt|vä|ter|lich** agg. **1** patriarcale **2** *(ehrwürdig)* dignitoso, venerando. **alt|ver|traut** agg. ben noto, familiare. **Alt|wa|ren** pl. oggetti *m.pl.* usati, cose *f.pl.* vecchie. **Alt|wa|ren|han|del** m. *(-s)* commercio *m.* di cose vecchie, usate. **Alt|wa|ren|händ|ler** m. *(-s,-)* rigattiere *m.*, robivecchi *m.* **Alt|wei|ber|som|mer** m. *(-s,-)* **1** = giornate *f.pl.* calde di fine estate **2** *(Spinnfäden)* fili *m.pl.* della Vergine. **alt|welt|lich** agg. del Vecchio Mondo.

A|lu n. *(-s)* COLLOQ. accorc. → **Aluminium. A|lu|fo|lie** → **Aluminiumfolie.**

A|lu|mi|nat n. *(-[e]s,-e)* alluminato *m.*
A|lu|mi|ni|um n. *(-s)* alluminio *m.* **A|lu|mi|ni|um|blech** n. *(-[e]s,-e)* lamiera *f.* d'alluminio. **A|lu|mi|ni|um|fo|lie** f. *(-,-n)* foglio *m.* d'alluminio.
A|lum|nat n. *(-[e]s,-e)* **1a** *(Internatsschule)* convitto *m.* **b** ANT. istituto *m.* religioso **2** AUSTR. seminario *m.* **A|lum|ne** m. *(-n,-n)*, **A|lum|nus** m. *(-, Alumnen)* **1a** convittore *m.* **b** allievo *m.* d'istituto religioso **2** AUSTR. seminarista *m.*
al|ve|o|lar agg. LING. alveolare. **Al|ve|o|lar** m. *(-s,-e)* suono *m.* alveolare. **Al|ve|o|le** f. *(-,-n)* alveolo *m.*
Al|win n.pr.m. Albino *m.*
Alz|hei|mer|krank|heit f. *(-)* morbo *m.* di Alzheimer.
am → **an.**
a. M. ⇒ *am Main* sul Meno.
A|ma|de|us n.pr.m. Amedeo *m.*
A|mal|gam n. *(-s,-e)* **1** CHIM. amalgama *m.* **2** FIG. amalgama *m.*, unione *f.*, miscela *f.* **A|mal|ga|ma|ti|on** f. *(-,-en)* amalgamazione *f.* **A|mal|gam|bad** n. *(-[e]s,-bäder)* bagno *m.* d'amalgama. **A|mal|gam|fül|lung** f. *(-,-en)* otturazione *f.* per amalgama. **a|mal|ga|mie|ren I** tr. amalgamare (anche FIG.) **II** rifl. **sich ~** amalgamarsi. **A|mal|ga|mie|rung** f. *(-,-en)* amalgamazione *f.*
A|ma|lie n.pr.f. Amalia *f.*
A|ma|rant m. *(-s,-e)* amaranto *m.* **a|ma|ran|ten** agg. amaranto. **a|ma|rant|rot** agg. rosso-amaranto.
A|ma|rel|le f. *(-,-n)* amarena *f.*, amarasca *f.*, visciola *f.*
A|ma|ryl m. *(-s,-e)* zaffiro *m.* verde artificiale. **A|ma|ryl|lis** f. *(-, Amaryllen)* amarilli *f.*, amarillide *f.*
A|ma|teur [ama'tøːɐ] m. *(-s,-e)* **1** *(Dilettant)* dilettante *m.*, amatore *m.* **2** SPORT dilettante *m.* **A|ma|teur|bo|xer** m. *(-s,-)* pugile *m.* dilettante. **A|ma|teur|film** m. *(-[e]s,-e)* film *m.* amatoriale. **A|ma|teur|fo|to|graf** m. *(-en,-en)* fotografo *m.* dilettante. **A|ma|teur|funk** m. *(-s)* radiotelefonia *f.* amatoriale. **a|ma|teur|haft** agg. amatoriale, dilettantistico. **A|ma|teur|sport** m. *(-[e]s)* sport *m.* amatoriale, dilettantistico. **A|ma|teur|sta|tus** m. *(-)* SPORT dilettantismo *m.*
A|ma|zo|nas n.pr.m. *(-)* Rio *m.* delle Amazzoni. **A|ma|zo|ne** f. *(-,-n)* amazzone *f.* (anche ESTENS.). **A|ma|zo|nen|strom** m. *(-[e]s)* → **Amazonas.**
Am|ber m. *(-s,-[n])* **1** ambra *f.* grigia **2** *(Duftstoff)* ambra *f.*
Am|bi|gu|i|tät f. *(-,-en)* ambiguità *f.*
Am|bi|ti|on f. *(-,-en)* ambizione *f.*, aspirazione *f.*: ***künstlerische -en haben*** avere aspirazioni artistiche. **am|bi|ti|o|niert** agg. ambizioso. **am|bi|ti|ös** agg. ambizioso, arrivista.
am|bi|va|lent [-v-] agg. ambivalente. **Am|bi|va|lenz** f. *(-,-en)* ambivalenza *f.*
1.Am|bo m. *(-s,-s e Amben)* AUSTR. GIOC. ambo *m.*
2.Am|bo m. *(-s,-s)* ARCH. ambone *m.*
Am|boss m. *(-es, -e)* incudine *f.* (anche ANAT.): ***auf den ~ schlagen*** battere sull'incudine. **Am|boss|klotz** m. *(-es,-klötze)*, **Am|boss|stock** m. *(-[e]s,-stöcke)* ceppo *m.* dell'incudine.
Amb|ra f. *(-,-s)* → **Amber.**
amb|ro|si|a|nisch agg. ambrosiano.
am|bu|lant I agg. **1** ambulante: ***ein -es Gewerbe*** commercio ambulante **2** ambulatoriale: ***-e Behandlung*** cura ambulatoriale **II** avv. ambulatorialmente, in ambulatorio. **Am|bu|lanz** f. *(-,-en)* **1** infermeria *m.* **2** *(Feldlazarett)* ospedale *m.* da campo **3** *(Krankenwagen)* ambulanza *f.* **Am|bu|lanz|wa|gen** m. *(-s,-)* autoambulanza *f.* **am|bu|la|to|risch I** agg. ambulatoriale **II** avv. ambulatorialmente, in ambulatorio. **Am|bu|la|to|ri|um** n. *(-s, Ambulatorien)* EX-RDT ambulatorio *m.*
A|mei|se f. *(-,-n)* formica *f.*: ***fleißig wie eine ~*** laborioso come una formica. **A|mei|sen|bär** m. *(-en,-en)* formichiere *m.* **A|mei|sen|ei** n. *(-[e]s,-er)* COLLOQ. pupa *f.* di formica. **A|mei|sen|fleiß** m. *(-es)* laboriosità *f.* di, da formica. **A|mei|sen|fres|ser** m. *(-s,-)* → **Ameisenbär. A|mei|sen|hau|fen** m. *(-s,-)* formicaio *m.* **A|mei|sen|lö|we** m. *(-n,-n)* formicaleone *m.* **A|mei|sen|nest** n. *(-[e]s,-er)* → **Ameisenhaufen.**
A|mei|sen|säu|re f. *(-,-n)* acido *m.* formico.
A|mei|sen|stra|ße f. *(-,-n)* sentiero *m.* tracciato dalle formiche.
A|me|li|o|ra|ti|on f. *(-,-en)* miglioramento *m.* (del suolo), miglioria *f.*, bonifica *f.*
a|men inter. amen, così sia. **A|men** n. *(-s,-)* **1** amen *m.* **2** FIG. consenso *m.*, approvazione *f.*: ***sein (Ja und) ~ zu etw. geben*** dare il proprio consenso a qcs.; ***zu etw. Ja und ~ sagen*** acconsentire a qcs., approvare qcs. ◆ ***so sicher wie das ~ in der Kirche*** sicuro come due più due fa quattro.
A|men|de|ment [amãdə'mãː] n. *(-s,-s)* emendamento *m.*
A|me|nor|rhö(e) f. *(-,-[e]n)* amenorrea *f.*
A|me|ri|ka n.pr.n. *(-s)* America *f.* **A|me|ri|ka|deut|sche** m. e f. *(-n,-n)* americano *m.* (-a *f.*) d'origine tedesca. **a|me|ri|ka|freund|lich** agg. filoamericano. **A|me|ri|ka|haus** n. *(-es,-häuser)* istituto *m.* culturale americano. **A|me|ri|ka|ner** m. *(-s,-)* **1** americano *m.* **2** INTRAD. (dolce tondo con glassa). **A|me|ri|ka|ne|rin** f. *(-,-nen)* americana *f.* **a|me|ri|ka|nisch I** agg. americano **II** avv. all'americana; *(auf Amerikanisch)* in americano. **A|me|ri|ka|nisch** n. *(-[s])*, **A|me|ri|ka|ni|sche** n. *(-n)* americano *m.*, inglese *m.* americano. **a|me|ri|ka|ni|sie|ren** tr. americanizzare. **A|me|ri|ka|ni|sie|rung** f. *(-)* americanizzazione *f.* **A|me|ri|ka|nis|mus** m. *(-, Amerikanismen)* americanismo *m.* **A|me|ri|ka|nist** m. *(-en,-en)* americanista *m.* **A|me|ri|ka|nis|tik** f. *(-)* americanistica *f.*
A|me|thyst m. *(-[e]s,-e)* ametista *f.*
am|ha|risch agg. amarico. **Am|ha|risch** n. *(-[s])*, **Am|ha|ri|sche** n. *(-n)* amarico *m.*
A|mi COLLOQ. **I** m. *(-[s],-[s])* americano *m.* **II** f. *(-,-s)* = sigaretta *f.* americana.
A|mi|ant m. *(-s,-e)* amianto *m.*
A|mid n. *(-[e]s,-e)* ammide *f.*
Ä|mi|lia n.pr.f. Emilia *f.* **Ä|mi|li|us** n.pr.m. Emilio *m.*
A|min n. *(-s,-e)* am(m)ina *f.* **A|mi|no|grup|pe** f. *(-,-n)* gruppo *m.* amminico. **A|mi|no|plast** n. *(-[e]s,-e)* amminoplasto *m.* **A|mi|no|säu|re** f. *(-,-n)* am(m)inoacido *m.*
Am|mann m. *(-[e]s,-männer)* SVIZZ. **1** *(Bezirksvorsteher)* balivo *m.* **2** *(Bürgermeister)* sindaco *m.*
Am|me f. *(-,-n)* balia *f.* **Am|men|dienst** m. *(-[e]s,-e)* baliatico *m.* **Am|men|lohn** m. *(-[e]s,-löhne)* baliatico *m.* **Am|men|mär|chen** n. *(-s,-)* fandonia *f.*, frottola *f.*
Am|mer f. e m. *(-s,-n)* zigolo *m.*
Am|mo|ni|ak, Am|mo|ni|ak n. *(-s)* ammoniaca *f.* **Am|mo|ni|ak|salz** n. *(-es,-e)* sale *m.* d'ammonio, sale *m.* ammoniaco.
Am|mo|nit m. *(-en,-en)* ammonite *f.*
Am|mo|ni|um n. *(-s)* ammonio *m.* **Am|mo|ni|um|hyd|ro|xid** n. *(-s)* idrossido *m.* d'ammonio. **Am|mo|ni|um|kar|bo|nat** n. *(-[e]s)* carbonato *m.* d'ammonio. **Am|mo|ni|um|nit|rat** n. *(-[e]s)* nitrato *m.* d'ammonio. **Am|mo|ni|um|sul|fat** n. *(-[e]s)* solfato *m.* d'ammonio.
Am|mons|horn n. *(-[e]s,-hörner)* **1** ANAT. piede *m.* d'ippocampo **2** → **Ammonit.**
Am|ne|sie f. *(-,-n)* amnesia *f.*
Am|nes|tie f. *(-,-n)* amnistia *f.*: ***eine ~ fordern, erlassen*** chiedere, concedere un'amnistia; ***unter die ~ fallen*** beneficiare dell'amnistia. **Am|nes|tie|ge|setz** n. *(-es,-e)* legge *f.* d'amnistia. **am|nes|tie|ren** tr. amnistiare.
Am|ni|o|sko|pie f. *(-,-n)* amnioscopia *f.* **Am|ni|o|zen|te|se** f. *(-,-n)* amniocentesi *f.*
A|mö|be f. *(-,-n)* ameba *f.* **A|mö|ben|ruhr** f. *(-,-en)* amebiasi *f.*
A|mok, A|mok m. *(-s)* amok *m.*, (accesso *m.* di) follia *f.* omicida: ***~ laufen, fahren*** = andare in giro (con un mezzo) in preda a follia omicida, scegliendo le vittime a caso. **A|mok|fah|rer** m. *(-s,-)* = chi va in giro con un mezzo in preda a mania omicida, scegliendo le vittime a caso. **A|mok|lauf** m. *(-[e]s)* = accesso *m.* di follia di chi va in giro uccidendo a caso. **A|mok|läu|fer** m. *(-s,-)* = folle *m.* che va in giro uccidendo a caso.
a-Moll, a-Moll n. *(-)* la *m.* minore.
A|mor n.pr.m. Amore *m.*, Cupido *m.*: ***-s Pfeile*** le frecce, gli strali di Cupido.
a|mo|ra|lisch, a|mo|ra|lisch agg. amorale. **A|mo|ra|lis|mus** m. *(-)* amoralismo *m.* **A|mo|ra|li|tät** f. *(-)* amoralità *f.*
A|mo|ret|te f. *(-,-n)* amorino *m.*, putto *m.*
a|morph agg. **1** amorfo, informe: ***-e Massen*** masse informi **2** FIS. BIOL. amorfo.
A|mor|ti|sa|ti|on f. *(-,-en)* ECON. ammortamento *m.* **A|mor|ti|sa|ti|ons|fonds** pl. fondi *m.pl.* d'ammortamento. **A|mor|ti|sa|ti|ons|hy|po|thek** f. *(-,-en)* ipoteca *f.* ammortizzabile. **A|mor|ti|sa|ti|ons|ra|te** f. *(-,-n)* quota *f.*, rata *f.* d'ammortamento. **A|mor|ti|sa|ti|ons|schein** m. *(-[e]s,-e)* cedola *f.* d'ammortamento. **a|mor|ti|sier|bar** agg. ammortizzabile. **a|mor|ti|sie|ren I** tr. ammortizzare, ammortare, estinguere **II** rifl. **sich ~** ammortizzarsi.
A|mou|ren [a'muːrən] pl. SCHERZ. *(Liebschaften)* amoretti *m.pl.*
a|mou|rös [amu'røːs] agg. amoroso: ***-es Abenteuer*** avventura amorosa.
Am|pel f. *(-,-n)* **1** *(Verkehrslicht)* semaforo *m.*: ***die ~ zeigt Grün*** il semaforo è verde; ***die ~ ist auf Rot gesprungen*** il semaforo è diventato rosso; ***bei Rot über die ~ fahren*** passare col (semaforo) rosso **2** *(Hängelampe)* lampada *f.* sospesa **3** *(hängendes Gefäß für Topfpflanzen)* vaso *m.* da fiori sospeso. **Am|pel|kreu|zung** f. *(-,-en)* incrocio *m.* stradale con semaforo, regolato da semaforo.

Am|pere [-'ɛːɐ] n. *(-s,-)* ampere *m.* **Am|pere|me|ter** n. *(-s,-)* amperometro *m.* **Am|pere|stun|de** f. *(-,-n)* amperora *f.* **Am|pere|win|dung** f. *(-)* amperspira *f.* **Am|pere|win|dungs|zahl** f. *(-)* amperaggio *m.*

Amp|fer m. *(-s,-)* romice *f.*

Am|phe|ta|min n. *(-s,-e)* anfetamina *f.*

Am|phi|bie f. *(-,-n)* ZOOL. anfibio *m.* **Am|phi|bi|en|fahr|zeug** n. *(-[e]s,-e)* automezzo *m.* anfibio. **Am|phi|bi|en|flug|zeug** n. *(-[e]s, -e)* aereoplano *m.* anfibio. **am|phi|bisch** agg. anfibio: ***ein -es Lebewesen*** un (essere vivente) anfibio; ***-e Kampfeinheiten*** unità anfibie da combattimento.

Am|phi|o|le f. *(-,-n)* fialetta *f.* (per iniezioni).

Am|phi|the|a|ter n. *(-s,-)* anfiteatro *m.* **am|phi|the|a|tra|lisch** agg. a forma di anfiteatro.

Am|phi|try|on n.pr.m. Anfitrione *m.*

Am|pho|ra f. *(-, Amphoren)*, **Am|pho|re** f. *(-,-n)* anfora *f.*

Amp|li|fi|ka|ti|on f. *(-,-en)* RET. PSIC. amplificazione *f.* **amp|li|fi|zie|ren** tr. amplificare.

Amp|li|tu|de f. *(-,-n)* FIS. ampiezza *f.* **Amp|li|tu|den|mo|du|la|ti|on** f. *(-,-en)* modulazione *f.* d'ampiezza.

Am|pul|le f. *(-,-n)* **1** MED. fialetta *f.* (per iniezioni) **2** ANAT. ampolla *f.* **3** ART. ampolla *f.*

Am|pu|ta|ti|on f. *(-,-en)* amputazione *f.*: ***eine ~ vornehmen*** eseguire, effettuare un'amputazione. **am|pu|tie|ren** tr. amputare: ***jdm ein Bein ~*** amputare una gamba a qcn.; ***jdn ~*** amputare qcn.

Am|sel f. *(-,-n)* merlo *m.*

Ams|ter|da|mer I m. *(-s,-)* abitante *m.* di Amsterdam **II** agg.inv. di Amsterdam.

Amt n. *(-[e]s, Ämter)* **1** carica *f.*, ufficio *m.*, pubblico impiego *m.*: ***unbesetztes ~*** carica vacante; ***zuständiges ~*** ufficio competente; ***ein ~ antreten (übernehmen), ausüben, bekleiden, niederlegen*** assumere, esercitare, rivestire, lasciare una carica; ***ein ~ innehaben*** essere titolare di un ufficio, ricoprire una carica; ***für ein ~ kandidieren*** candidarsi a una carica; ***jdm ein ~ anvertrauen*** conferire una carica a qcn.; ***jdn seines -es entheben*** destituire qcn. dalla sua carica; ***kraft seines -es*** in virtù della propria carica **2** *(Aufgabe)* funzione *f.*, compito *m.*, incombenza *f.*: ***in Ausübung seines -es*** nell'esercizio delle sue funzioni **3** *(Behörde)* ufficio *m.* (pubblico): ***auf ein ~ gehen müssen*** dover andare in un ufficio; ***~ für Denkmalpflege*** ufficio per i beni artistici **4** TEL. centralino *m.*: ***das ~ anrufen*** chiamare il centralino **5** *(Gemeindeverband)* distretto *m.* amministrativo **6** LIT. ufficio *m.*, messa *f.* cantata: ***einem ~ beiwohnen*** partecipare a una messa cantata ◆ ***das Auswärtige ~*** il Ministero degli esteri; ***richterliches ~*** magistratura; ***seines -es walten*** adempiere i propri doveri d'ufficio; ***von -s wegen*** d'ufficio, per ragioni d'ufficio; IRON. ***in ~ und Würden*** rivestito di una carica.

Ämt|chen n. *(-s,-)* SPREG. carica *f.* poco importante.

Am|tei f. *(-,-en)* ANT. o SVIZZ. *(Amtsbereich)* àmbito *m.* delle funzioni d'ufficio.

Äm|ter|häu|fung f. *(-,-en)* cumulo *m.* delle cariche. **Äm|ter|jä|ger** m. *(-s,-)* cacciatore *m.* di cariche (*o* di posti), carrierista *m.* **Äm|ter|pat|ro|na|ge** f. *(-,-n)* clientelismo *m.*

am|tie|ren intr. (aus. *haben*) essere in carica, avere un incarico: ***der Minister amtiert seit einigen Wochen*** il ministro è in carica da alcune settimane; ***als Minister ~*** avere un incarico ministeriale. **am|tie|rend** agg. in carica, in servizio effettivo: ***der -e Bürgermeister*** il sindaco in carica.

amt|lich I agg. **1** rilasciato da un ufficio, da un'autorità: ***-es Kennzeichen*** targa automobilistica **2a** ufficiale: ***in -em Auftrag*** in veste ufficiale, in servizio **b** FIG. ***eine -e Miene*** un'aria seria **c** COLLOQ. ***die Sache ist ~*** la cosa è ufficiale **II** avv. ufficialmente ◆ ***eine Fotokopie ~ beglaubigen lassen*** fare autenticare una fotocopia. **amt|li|cher|seits** avv. ufficialmente; ***~ zu etw. nicht Stellung nehmen*** non prendere posizione ufficiale su qcs.

Amt|mann m. *(-[e]s,-männer* e *-leute)* funzionario *m.* amministrativo. **Amts|adel** m. *(-s,-)* STOR. nobiltà *f.* legata a un posto pubblico (*o* a una carica). **Amts|an|ma|ßung** f. *(-)* usurpazione *f.* di funzioni pubbliche. **Amts|an|tritt** m. *(-[e]s)* entrata *f.* in carica. **Amts|arzt** m. *(-[e]s,-ärzte)* ufficiale *m.* sanitario. **amts|ärzt|lich** agg. dell'ufficiale sanitario. **Amts|be|fug|nis** f. *(-,-se)* competenza *f.*, funzioni *f.pl.* **Amts|be|lei|di|gung** f. *(-,-en)* oltraggio *m.* a pubblico ufficiale. **Amts|be|reich** m. *(-[e]s,-e)* ambito *m.* delle funzioni d'ufficio. **Amts|be|zeich|nung** f. *(-,-en)* qualifica *f.* **Amts|be|zirk** m. *(-[e]s,-e)* distretto *m.* amministrativo. **Amts|blatt** n. *(-[e]s, -blätter)* bollettino *m.* ufficiale. **Amts|bru|der** m. *(-s,-brüder)* confratello *m.* (con carica amministrativa). **Amts|deutsch** n. *(-es)* tedesco *m.* burocratico. **Amts|die|ner** m. *(-s,-)* usciere *m.* **Amts|eid** m. *(-[e]s,-e)* giuramento *m.* d'ufficio. **Amts|ein|füh|rung** f. *(-,-en)* insediamento *m.* in un ufficio. **Amts|ent|he|bung** f. *(-,-en)* dispensa *f.*, esonero *m.* dal servizio. **Amts|ent|las|sung** f. *(-,-en)* congedo *m.* **Amts|ent|set|zung** f. *(-,-en)* AUSTR. SVIZZ. → **Amtsenthebung.** **Amts|füh|rung** f. *(-)* gestione *f.* **Amts|ge|büh|ren** pl. diritti *m.pl.* d'ufficio. **Amts|ge|heim|nis** n. *(-ses,-se)* segreto *m.* d'ufficio. **Amts|ge|richt** n. *(-[e]s,-e)* tribunale *m.* di prima istanza, pretura *f.* **Amts|ge|schäf|te** pl. funzioni *f.pl.*, mansioni *f.pl.* **amts|hal|ber** avv. per motivi d'ufficio, per ragioni di servizio. **Amts|hand|lung** f. *(-,-en)* atto *m.* d'ufficio. **Amts|hil|fe** f. *(-)* rogatoria *f.* **Amts|in|ha|ber** m. *(-s,-)* detentore *m.* di una carica. **Amts|lei|ter** m. *(-s,-)* capufficio *m.*, direttore *m.* d'ufficio. **Amts|mie|ne** f. *(-,-n)* aspetto *m.* grave, espressione *f.* ufficiale, di circostanza: ***eine ~ aufsetzen*** assumere un'espressione di circostanza. **Amts|miss|brauch** m. *(-s,-bräuche)* abuso *m.* dei poteri d'ufficio. **Amts|nie|der|le|gung** f. *(-,-en)* dimissioni *f.pl.* **Amts|per|son** f. *(-,-en)* funzionario *m.* **Amts|pflicht** f. *(-,-en)* dovere *m.* d'ufficio. **Amts|rat** m. *(-[e]s,-räte)* → **Amtmann.** **Amts|rich|ter** m. *(-s,-)* giudice *m.* di prima istanza, pretore *m.* **Amts|schim|mel** m. *(-s)* SPREG. burocrazia *f.*, pedanteria *f.* burocratica: ***den ~ reiten*** = attenersi pedantemente alla burocrazia. **Amts|schrei|ber** m. *(-s,-)* protocollista *m.* **Amts|sie|gel** n. *(-s,-)* sigillo *m.* d'ufficio. **Amts|spra|che** f. *(-,-n)* **1** *(offizielle Sprache)* lingua *f.* ufficiale **2** *(Sprache der Verwaltung)* linguaggio *m.* burocratico. **Amts|stun|den** pl. ore *f.pl.* d'ufficio. **Amts|tracht** f. *(-,-en)* abito *m.* ufficiale; *(von Richtern)* toga *f.* **Amts|ver|ge|hen** n. *(-s,-)* reato *m.* commesso nell'esercizio delle pubbliche funzioni. **Amts|ver|merk** m. *(-[e]s,-e)* annotazione *f.* d'ufficio. **Amts|ver|schwie|gen|heit** f. *(-)* segreto *m.* d'ufficio. **Amts|ver|tei|di|ger** m. *(-s,-)* difensore *m.* d'ufficio. **Amts|vor|gän|ger** m. *(-s,-)* predecessore *m.* (in una carica). **Amts|vor|mund|schaft** f. *(-,-en)* tutela *f.* d'ufficio. **Amts|vor|ste|her** m. *(-s,-)* capo *m.* di un ufficio amministrativo. **Amts|weg** m. *(-[e]s,-e)* via *f.* gerarchica, via *f.* ufficiale: ***den ~ gehen, nehmen*** procedere per via gerarchica; ***auf dem ~*** per via ufficiale. **amts|wid|rig I** agg. abusivo **II** avv. abusivamente. **Amts|zei|chen** n. *(-s,-)* TEL. segnale *m.* (acustico) della centrale. **Amts|zim|mer** n. *(-s,-)* ufficio *m.*

A|mu|lett n. *(-[e]s,-e)* amuleto *m.*, talismano *m.*

a|mü|sant I agg. divertente, piacevole **II** avv. in modo divertente, piacevolmente. **A|mü|se|ment** [amyzə'mãː] n. *(-s,-s)* divertimento *m.*; *(Zeitvertreib)* passatempo *m.* **A|mü|sier|be|trieb** m. *(-s,-e)* → **Amüsierlokal.** **a|mü|sie|ren I** tr. divertire, allietare **II** rifl. **sich ~ 1** divertirsi **2** ***sich über jdn, etw. ~*** prendere in giro qcn., qcs., divertirsi alle spalle di qcn. **A|mü|sier|lo|kal** n. *(-s,-e)* SPREG. locale *m.* notturno (di basso livello).

a|mu|sisch, a|mu|sisch agg. LETT. privo di senso artistico.

an I prep. + dat. (anche artcl. **am**) e acc. (anche artcl. **ans**) **1a** + acc. *(lokal: Richtung)* a, verso: ***den Schrank ~ die Wand schieben*** spostare l'armadio alla parete; ***die Lampe ~ die Decke hängen*** appendere la lampada al soffitto; ***sich ~ den Tisch setzen*** sedersi a tavola; ***die Leiter ~ den Baum lehnen*** appoggiare la scala all'albero; ***etw. ~ die Tafel schreiben*** scrivere qcs. alla lavagna; ***ans Meer fahren*** andare al mare **b** *(gerichtet an, für)* a, per: ***viele Grüße ~ deine Familie*** tanti saluti alla tua famiglia; ***ein Paket ~ jdn schicken*** spedire un pacco a qcn. **c** *(in Verbindung mit* **bis***: lokal und temporal)* fino a: ***das Wasser reicht ihm bis ~ die Knie*** l'acqua gli arriva alle ginocchia; ***bis ~ sein Lebensende*** fino alla fine dei suoi giorni **2a** + dat. *(lokal)* a, su, contro: ***der Schrank steht ~ der Wand*** l'armadio è appoggiato alla parete; ***die Lampe hängt ~ der Decke*** la lampada è appesa al soffitto; ***am Tisch sitzen*** sedere a tavola; ***die Leiter lehnt am Baum*** la scala è appoggiata all'albero **b** su, in riva a: ***Frankfurt ~ der Oder*** Francoforte sull'Oder; ***Frankfurt am Main*** Francoforte sul Meno; ***Triest liegt ~ der Adria*** Trieste è situata sull'Adriatico **c** in, presso, a: ***Dozent ~ einer Fakultät sein*** essere docente presso una facoltà; ***~ einer Schule unterrichten*** insegnare in una scuola **3** + dat. *(temporal, meistens* **am***, oft ausgelassen)* a, di: ***am Anfang*** all'inizio; ***am Montag*** di lunedì, lunedì; ***am Abend*** di sera, la sera; *(Datum)* ***am 23. Juni 1965*** il 23 giugno 1965 **4** + dat. *(Verlaufsform der Verben)* ***er schreibt ~ einem Roman*** sta scrivendo un romanzo; ***er ist am Essen*** sta mangiando; ***ich bin am Überlegen, ob...*** sto riflettendo, se... **5** + dat. o acc. *(in Abhängigkeit von einem Satzteil)* ***Mangel ~ Lebensmitteln*** scarsità di generi alimentari; ***was haben Sie ~ exotischen Früchten?*** di frutti esotici che cos'ha? ***~ jdn, etw. glauben*** credere a qcn., a qcs.; ***das gefällt mir nicht ~ ihm*** questo non mi piace di lui; ***er ist schuld ~ dem Unglück*** la colpa dell'incidente è sua; ***~ Bequemlichkeiten gewöhnt sein*** essere abituato alle comodità; ***jdm fehlt es ~ etw. (D)*** a qcn. manca qcs.; ***~ Leukämie sterben*** morire di leucemia; ***jdn ~ der Stimme erkennen*** riconoscere qcn. dalla voce; ***etw. ~ den Fingern***

einer Hand abzählen können poter contare qcs. sulle dita di una mano **6** *(beim Superlativ)* ***am besten sein*** essere il migliore (di tutti); ***am schnellsten laufen*** correre più veloce di tutti **II** avv. **1** *(in Fahrplänen: Ankunft)* ***Köln ~ 14.30*** arrivo a Colonia alle 14.30 **2** *(in Verbindung mit* **von***: lokal und temporal)* da, a partire da: ***von hier ~*** da qui; ***von heute ~*** a partire da oggi; ***von dem Tage ~, als...*** dal giorno in cui... **3a** COLLOQ. ***das Licht ist ~*** la luce è accesa **b** *(elliptisch: anhaben)* ***ohne etwas ~*** svestito **4** COLLOQ. *(mit Zahlenangaben)* circa, pressapoco: ***~ (die) 200 Menschen*** circa 200 persone; ***~ (die) 30 Kilometer lang*** lungo circa 30 chilometri ◆ ***am Ende*** alla fine; ***es ist ~ ihm, etw. zu tun*** tocca a lui fare qcs.; ***etw. ~ sich haben*** avere un particolare modo di fare; ***~ sich halten*** trattenersi, dominarsi a fatica; ***~ (und für) sich*** in sé (e per sé); ***ans Tageslicht kommen*** venire alla luce del sole; ***Tür ~ Tür*** porta a porta; ***ans Weggehen denken*** pensare ad andare via; ***am Werk sein*** essere al lavoro, all'opera.

A|na|bap|tis|mus m. *(-)* anabattismo *m.* **A|na|bap|tist** m. *(-en,-en)* anabattista *m.*

A|na|bio|se f. *(-)* anabiosi *f.*

a|na|bol agg. anabolico. **A|na|bo|li|kum** n. *(-s, Anabolika)* anabolizzante *m.* **a|na|bo|lisch** agg. anabolizzante.

A|na|cho|ret m. *(-en,-en)* anacoreta *m.* **A|na|cho|re|ten|tum** n. *(-s)* anacoretismo *m.* **a|na|cho|re|tisch** agg. anacoretico.

A|na|chro|nis|mus m. *(-, Anachronismen)* anacronismo *m.* **a|na|chro|nis|tisch** agg. anacronistico.

an‿äh|neln tr. rendere simile, assimilare.

A|na|ko|luth n. e m. *(-s,-e)* anacoluto *m.*

A|na|kon|da f. *(-,-s)* anaconda *f.*

A|na|kre|on n.pr.m. Anacreonte *m.* **A|na|kre|on|ti|ker** m. *(-s,-)* poeta *m.* anacreontico. **a|na|kre|on|tisch** agg. anacreontico.

a|nal agg. anale. **A|nal|ero|tik** f. *(-)* PSIC. erotismo *m.* anale.

An|al|ge|ti|kum n. *(-s, Analgetika)* analgesico *m.*

a|na|log I agg. **1** analogo **2** INFORM. FIS. analogico **II** avv. analogamente: ***etw. ~ nachbilden*** costruire qcs. in analogia (a un'altra) **III** prep. + dat. analogamente a: ***~ (zu) diesem Fall*** analogamente a questo caso.

A|na|lo|gie f. *(-,-n)* analogia *f.*: ***in ~ zu etw.*** per analogia con qcs.; ***eine ~ aufweisen*** presentare un'analogia; ***zwischen den beiden Fällen besteht eine ~*** tra i due casi esiste un'analogia. **A|na|lo|gie|bil|dung** f. *(-,-en)* LING. forma *f.* analogica. **A|na|lo|gie|schluss** m. *(-es,-schlüsse)* conclusione *f.* per analogia. **a|na|lo|gisch** agg. analogico. **A|na|log|rech|ner** m. *(-s,-)* calcolatore *m.* analogico.

An|al|pha|bet, An|al|pha|bet m. *(-en,-en)* analfabeta *m.*; FIG. ***ein politischer ~*** analfabeta *m.* politico, in politica. **An|al|pha|be|ten|quo|te** f. *(-,-en)* tasso *m.* d'analfabetismo. **An|al|pha|be|ten|tum** n. *(-s)* analfabetismo *m.* **an|al|pha|be|tisch** agg. analfabeta.

A|nal|ver|kehr m. *(-s)* rapporto *m.* anale.

A|na|ly|sa|tor m. *(-s,-en)* analizzatore *m.* **A|na|ly|se** f. *(-,-n)* analisi *f.*: ***eine ~ machen, vornehmen, durchführen*** fare, eseguire un'analisi; ***etw. einer ~ unterziehen*** sottoporre qcs. ad analisi; PSIC. ***bei jdm in ~ sein*** essere in analisi da qcn. **a|na|ly|sie|ren** tr. analizzare. **A|na|ly|sis** f. *(-)* MAT. analisi *f.* **A|na|ly|tik** f. *(-)* analitica *f.* **A|na|ly|ti|ker** m. *(-s,-)* PSIC. analista *m.* **a|na|ly|tisch I** agg. analitico **II** avv. analiticamente.

A|nä|mie f. *(-,-n)* anemia *f.* **a|nä|misch** agg. anemico.

A|nam|ne|se f. *(-,-n)* anamnesi *f.*

A|na|nas f. *(-,- e -se)* ananas *m.*

A|na|päst m. *(-[e]s,-e)* anapesto *m.*

A|na|pher f. *(-,-n)*, **A|na|pho|ra** f. *(-, Anaphorä)* anafora *f.* **a|na|pho|risch** agg. anaforico.

A|nar|chie f. *(-,-n)* anarchia *f.* **a|nar|chisch** agg. anarchico: ***-e Zustände*** situazioni di anarchia. **A|nar|chis|mus** m. *(-)* anarchismo *m.* **A|nar|chist** m. *(-en,-en)* anarchico *m.* **a|nar|chis|tisch** agg. anarchico: ***-e Ideen*** idee anarchiche. **A|nar|cho** m. *(-[s],-[s])* GERG. anarchico *m.* **A|nar|cho|sze|ne** f. *(-)* ambienti *m.pl.* anarchici.

An|äs|the|sie f. *(-,-n)* anestesia *f.* **an|äs|the|sie|ren** tr. anestetizzare. **An|äs|the|si|o|lo|ge** m. *(-n,-n)* anestesiologo *m.* **An|äs|the|si|o|lo|gie** f. *(-)* anestesiologia *f.* **An|äs|the|sist** m. *(-en,-en)* anestesista *m.* **An|äs|the|ti|kum** n. *(-s, Anästhetika)* anestetico *m.* **an|äs|the|tisch** agg. anestetico. **an|äs|the|ti|sie|ren** → **anästhesieren.**

An|as|tig|mat m. e n. *(-en,-en e -s,-e)* obiettivo *m.* anastigmatico. **an|as|tig|ma|tisch** agg. anastigmatico.

A|nas|to|mo|se f. *(-,-n)* anastomosi *f.*

A|na|them n. *(-s,-e)*, **A|na|the|ma** n. *(-s, Anathemata)* anatema *m.* **a|na|the|ma|ti|sie|ren** tr. anatematizzare, colpire con anatema.

an‿at|men tr. ***jdn, etw. ~*** soffiare, alitare verso qcn., qcs.

A|na|to|li|en n.pr.n. *(-s)* Anatolia *f.*

A|na|tom m. *(-en,-en)* anatomista *m.*, anatomico *m.* **A|na|to|mie** f. *(-,-n)* **1** anatomia *f.* **2** *(anatomisches Institut)* (istituto *m.* di) anatomia *f.* **3** *(Lehrbuch der Anatomie)* libro *m.*, manuale *m.* di anatomia. **a|na|to|mie|ren** tr. anatomizzare. **A|na|to|mie|saal** m. *(-[e]s,-säle)* aula *f.* di anatomia. **A|na|to|mi|ker** m. *(-s,-)* → **Anatom.** **a|na|to|misch** agg. anatomico, di anatomia: ***-er Defekt*** difetto anatomico.

an‿ba|cken I tr. cuocere al forno (non completamente) **II** intr. (aus. *sein*) **1** attaccare: ***an etw. (D) ~*** attaccarsi a qcs. (cuocendo) **2** REGION. attaccarsi, appiccicarsi: ***der Schnee backt an den Schuhen an*** la neve si attacca alle scarpe.

an‿bah|nen I tr. avviare, iniziare: ***Handelsbeziehungen ~*** avviare rapporti commerciali **II** rifl. **sich ~** avviarsi, iniziare, nascere: ***eine Freundschaft bahnt sich zwischen ihnen an*** fra loro sta nascendo un'amicizia. **An|bah|nung** f. *(-,-en)* avvio *m.*, avviamento *m.*, inizio *m.*

An|bän|de|lei f. *(-,-en)* COLLOQ. **1** tentativo *m.* di approccio **2** *(Streitsuchen)* tentativo *m.* di attaccar briga. **an‿bän|deln** intr. (aus. *haben*) COLLOQ. **1** rimorchiare: ***mit jdm ~*** rimorchiare qcn. **2** *(Streit suchen)* attaccar briga. **An|bän|de|lung, An|bänd|lung** f. *(-,-en)* → **Anbändelei.**

An|bau m. *(-[e]s,-bauten)* **1a** ingrandimento *m.*, ampliamento *m.*; ARCH. aggiunta *f.*: ***den ~ eines Stalls planen*** progettare l'ingrandimento di una stalla **b** *(angebauter Gebäudeteil)* edificio *m.* annesso, fabbricato *m.* aggiunto **2** AGR. coltivazione *f.* **an‿bau|en I** tr. **1** aggiungere (costruendo): ***einen Seitenflügel an das Hauptgebäude ~*** aggiungere un'ala all'edificio principale **2** *(anpflanzen)* coltivare **II** intr. (aus. *haben*) ingrandire, ampliare una casa **III** rifl. **sich ~** costruirsi una casa, stabilirsi: ***sich am See ~*** costruirsi una casa sul lago. **an|bau|fä|hig** agg. coltivabile. **An|bau|flä|che** f. *(-,-n)* superficie *f.* coltivabile. **An|bau|ge|biet** n. *(-[e]s,-e)* territorio *m.*, zona *f.* coltivabile. **An|bau|kü|che** f. *(-,-n)* cucina *f.* componibile. **An|bau|mö|bel** n. *(-s,-)* mobile *m.* componibile. **An|bau|schrank** m. *(-s,-schränke)* armadio *m.* componibile.

an‿be|feh|len tr. *(befahl, befohlen)* **1** *(dringend anraten)* ***jdm etw. ~*** intimare, comandare qcs. a qcn. **2** *(anvertrauen)* ***jdn, etw. jdm ~*** affidare, raccomandare qcn., qcs. a qcn.

An|be|ginn m. *(-[e]s)* principio *m.*, inizio *m.*

an‿be|hal|ten tr. *(behält, behielt, behalten)* COLLOQ. tenersi (addosso): ***die Schuhe ~*** tenersi le scarpe addosso, non togliersi le scarpe.

an|bei avv. BUROCR. in allegato.

an‿bei|ßen *(biss, gebissen)* **I** tr. morsicare: ***etw. ~*** morsicare qcs., dare un morso a qcs. **II** intr. (aus. *haben*) abboccare; COLLOQ. FIG. ***er wollte nicht ~*** non ha voluto abboccare, non ci è cascato ◆ COLLOQ. ***dieses Kind ist zum Anbeißen, sieht zum Anbeißen aus*** questo bambino è da mangiare di baci.

an‿be|kom|men tr. *(bekam, bekommen)* **1** riuscire a indossare, a mettersi: ***die Schuhe nicht ~*** non riuscire a mettersi le scarpe **2** riuscire ad accendere: ***das Feuer nicht ~*** non riuscire ad accendere il fuoco.

an‿be|lan|gen tr. riguardare, concernere: ***was mich anbelangt*** per quanto mi riguarda, in quanto a me; ***was diese Sache anbelangt*** per quanto concerne questa cosa, in quanto a questo.

an‿bel|len tr. **1** ***jdn, etw. ~*** abbaiare contro qcn., contro qcs. **2** FIG. ***jdn ~*** inveire contro qcn., assalire qcn.: ***der Unteroffizier bellte den Rekruten wütend an*** il sottufficiale assalì la recluta rabbiosamente.

an‿be|que|men rifl. **sich ~** adattarsi: ***du musst dich der hier üblichen Sitten ~*** devi adattarti alle usanze di qui.

an‿be|rau|men tr. indire, fissare: ***eine Sitzung ~*** indire una seduta; ***einen Termin ~*** fissare una data. **An|be|rau|mung** f. *(-,-en)* l'indire, il fissare.

an‿be|ten tr. adorare: ***Gott ~*** adorare Dio; ***eine Frau ~*** adorare una donna. **An|be|ter** m. *(-s,-)* **1** RAR. adoratore *m.* **2** *(Verehrer)* ammiratore *m.*: ***ein heimlicher ~*** un ammiratore segreto.

An|be|tracht, *in* ~ tenuto conto, considerato, in considerazione: ***in ~ der Lage*** tenuto conto della situazione.

An|be|treff ANT. → **Anbetracht.** **an‿be|tref|fen** → **anbelangen.**

an‿bet|teln tr. ***jdn ~*** chiedere l'elemosina a qcn.; ***jdn um etw. ~*** elemosinare, chiedere insistentemente qcs. a qcn.

An|be|tung f. *(-,-en)* adorazione *f.* **an|be|tungs|wür|dig** agg. adorabile: ***eine -e Frau*** una donna adorabile.

an‿bie|dern rifl. ***sich bei jdm ~*** prendersi confidenza con qcn.; *(sich einschmeicheln)* ingraziarsi qcn., accattivarsi le simpatie di qcn. **An|bie|de|rung** f. *(-,-en)* l'entrare in confidenza con qcn. **An|bie|de|rungs|ver|such** m. *(-s,-e)* tentativo *m.* di entrare in confidenza: ***einen ~ machen*** cercare di ingraziarsi qcn.

an‿bie|ten *(bot, geboten)* **I** tr. **1a** offrire: ***jdm seine Dienste, eine***

Tasse Kaffee ~ offrire a qcn. i propri servigi, una tazza di caffè; ***etw. zu einem günstigen Preis ~*** offrire qcs. ad un prezzo favorevole; ***er bot mir an, mich zu begleiten*** si offrì di accompagnarmi **b** FIG. IRON. *(androhen)* minacciare, promettere: ***jdm ein paar Ohrfeigen ~*** promettere a qcn. un paio di schiaffi **2** *(vorschlagen)* offrire, proporre: ***jdm eine Lösung ~*** proporre, offrire a qcn. una soluzione; ***jdm eine Stellung ~*** offrire un impiego a qcn.; ***seinen Rücktritt ~*** presentare le proprie dimissioni **II** rifl. **sich ~ 1** offrirsi: ***sich als Begleiter ~*** offrirsi come accompagnatore; ***sich jdm zur Mitarbeit ~*** offrire la propria collaborazione a qcn.; ***er bot sich an, das Geld zu besorgen*** si offrì di procurare il denaro **2** *(naheliegen)* offrirsi, presentarsi, prospettarsi: ***eine andere Gelegenheit bietet sich an*** si presenta un'altra occasione **3** *(geeignet sein)* essere adatto, prestarsi: ***für das Treffen bietet sich Genf an*** Ginevra si presta per l'incontro ◆ ***jdm das Du ~*** proporre a qcn. di darsi del tu; ***etw. zum Verkauf ~*** mettere qcs. in vendita.

an‿bin|den *(band, gebunden)* **I** tr. **1** legare; attaccare, assicurare: ***ein Boot am Ufer ~*** assicurare una barca alla riva **2** FIG. ***Kinder kann man nicht ~*** non si possono tenere legati i bambini **II** intr. (aus. *haben*) **1** ***mit jdm ~*** attaccare briga, cercar lite con qcn. **2** *(Beziehungen anknüpfen)* tentare un approccio, provarci.

An|biss m. *(-es,-e)* **1** *(Anbeißen)* morso *m.* **2** parte *f.* morsicata.

an‿bla|sen *(bläst, blies, geblasen)* tr. **1** ***jdn, etw. (A) ~*** soffiare in direzione di qcn., di qcs.; ***jdn mit Zigarettenrauch ~*** mandare il fumo della sigaretta addosso a qcn. **2** *(heftig anfahren)* apostrofare, investire **3** ***das Feuer ~*** ravvivare, attizzare il fuoco (soffiandoci sopra); ***den Hochofen ~*** accendere l'altoforno.

an‿blen|den tr. ***jdn ~*** fare segnali luminosi a qcn., lampeggiare a qcn.

An|blick m. *(-[e]s,-e)* **1** vista *f.*, scena *f.*, spettacolo *m.*: ***ein trauriger ~*** un triste spettacolo **2** *(das Beobachten)* osservazione *f.*, contemplazione *f.*: ***in den ~ eines Gemäldes versunken sein*** essere immersi nella contemplazione di un dipinto ◆ COLLOQ. ***ein ~ für Götter*** una scena buffissima, molto divertente. **an‿bli|cken** tr. guardare, osservare: ***jdn von oben herab ~*** guardare qcn. dall'alto in basso.

an‿blin|ken tr. **1** abbagliare, illuminare **2** *(anblenden)* ***jdn ~*** fare segnali luminosi, lampeggiare a qcn.

an‿blin|zeln tr. **1** guardare con gli occhi socchiusi **2** *(Zeichen für Komplizenschaft)* ***jdn ~*** strizzare l'occhio a qcn., ammiccare a qcn.

an‿blit|zen tr. ***jdn wütend ~*** guardare qcn. con occhi fiammeggianti; ***jdn triumphierend ~*** guardare qcn. con aria di trionfo.

an‿boh|ren tr. **1** cominciare a perforare, scavare **2** *(durch Bohrung erschließen)* aprire (perforando, scavando) **3** COLLOQ. ***jdn um etw. ~*** cercare di spillare qcs. a qcn.

an‿bran|den intr. (aus. *sein*) infrangersi.

an‿bra|ten tr. *(brät, briet, gebraten)* rosolare a fuoco vivo.

an‿brau|chen tr. cominciare ad usare.

an‿bräu|nen I tr. rosolare leggermente **II** intr. (aus. *sein*) COLLOQ. abbronzarsi leggermente.

an‿brau|sen intr. (aus. *sein*) arrivare in gran fretta.

an‿bre|chen *(bricht, brach, gebrochen)* **I** tr. **1** spezzare, rompere appena, incrinare: ***jdm eine Rippe ~*** incrinare una costola a qcn. **2** *(zu verbrauchen beginnen)* cominciare (ad usare), aprire: ***eine Schachtel Kekse ~*** aprire una scatola di biscotti **II** intr. (aus. *sein*) cominciare; *(vom Tag)* spuntare, nascere.

an‿bren|nen *(brannte, gebrannt)* **I** tr. accendere: ***eine Zigarette ~*** accendere una sigaretta **II** intr. (aus. *sein*) **1** *(zu brennen beginnen)* cominciare a bruciare, prendere fuoco **2** *(von Essen)* attaccarsi, bruciarsi ◆ ***nichts ~ lassen*** = non perdersi nulla.

an‿brin|gen tr. *(brachte, gebracht)* **1** COLLOQ. portare: ***was bringst du da an?*** cosa porti? **2** *(befestigen, festmachen)* fissare, attaccare, applicare: ***ein Schild ~*** attaccare una targhetta; ***ein Schloss am Koffer ~ lassen*** far mettere una serratura alla valigia **3a** *(vorbringen)* esprimere, manifestare: ***eine Bitte, eine Beschwerde ~*** esprimere una preghiera, una lagnanza **b** *(zeigen, beweisen)* mostrare, dimostrare: ***sein Wissen ~*** mostrare il proprio sapere **4a** COLLOQ. *(unterbringen)* sistemare, collocare: ***seine Tochter ~*** sistemare la propria figlia **b** *(verkaufen)* smerciare, vendere: ***eine Ware gut ~*** vendere bene una merce **5** COLLOQ. *(anbekommen)* mettersi: ***die Schuhe nicht ~ können*** non riuscire a mettersi le scarpe.

An|brin|ger m. *(-s,-)* REGION. delatore *m.*, informatore *m.* **An|brin|gung** f. *(-)* l'attaccare, il fissare, applicazione *f.*

An|bruch m. *(-[e]s,-brüche)* **1a** inizio *m.*, principio *m.*: ***der ~ des Tages*** lo spuntare del giorno **b** *(Beginn eines Bruchs)* principio *m.* di rottura **2** MINER. incrinatura *f.* (iniziale), cricca *f.* (iniziale) **3a** *(fauliges Holz)* legno *m.* malato, marcio **b** VENAT. selvaggina *f.* in putrefazione. **an|brü|chig** agg. marcio, guasto, putrefatto.

an‿brül|len I tr. **1** muggire; *(von Löwen)* ruggire contro **2** *(anschreien)* ***jdn ~*** urlare contro qcn. **II** intr. (aus. *haben*) ***gegen einen Lärm ~*** (cercare di) superare un rumore urlando **III** rifl. **sich ~** urlare.

an‿brum|men tr. **1** ***jdn, etw. ~*** bramire contro qcn., qcs. **2** *(in brummigem Ton anreden)* ***jdn ~*** borbottare, brontolare contro qcn.

an‿brü|ten tr. cominciare a covare.

An|chor|man ['ɛŋkɐmən] m. *(-,-men)* anchorman *m.*

An|cho|vis [an'ʃo:vɪs] → **Anschovis.**

An|dacht f. *(-,-en)* **1a** raccoglimento *m.*: ***in ~ versunken sein*** stare in profondo raccoglimento **b** *(Gottergebenheit)* devozione *f.*, adorazione *f.* **2** *(Gebetsgottesdienst)* breve funzione *f.* religiosa: ***eine ~ halten*** celebrare una funzione religiosa ◆ ***etw. mit ~ verspeisen*** assaporare qcs. con grande religiosità. **an|däch|tig I** agg. **1** devoto, raccolto in preghiera: ***die -e Gemeinde*** fedeli raccolti in preghiera **2** *(feierlich)* solenne **II** avv. **1** in, con raccoglimento **2** *(ergeben)* con devozione. **An|dachts|bild** n. *(-[e]s,-er)* immagine *f.* devozionale; *(Heiligenbild)* santino *m.* **An|dachts|buch** n. *(-[e]s,-bücher)* libro *m.* di preghiere. **An|dachts|übun|gen** pl. esercizi *m.pl.* spirituali. **an|dachts|voll I** agg. pieno di devozione, devoto, raccolto **II** avv. con devozione, devotamente.

An|da|lu|si|en n.pr.n. *(-s)* Andalusia *f.* **An|da|lu|si|er** m. *(-s,-)* andaluso *m.* **an|da|lu|sisch** agg. andaluso.

an‿dampf|fen intr. (aus. *sein*) **1** *(von Zügen)* avvicinarsi sbuffando **2** *(von Menschen)* arrivare affannato.

An|dan|te n. *(-[s],-s)* MUS. andante *m.*

An|dau|er f. *(-)* il perdurare, il persistere, persistenza *f.*: ***die ~ des Fiebers*** il persistere della febbre. **an‿dau|ern** intr. (aus. *haben*) perdurare, persistere, continuare: ***das schöne Wetter dauert an*** il bel tempo continua. **an|dau|ernd I** p.pres. agg. **1** → **andauern 2** persistente, continuo: ***ein -er Regen*** una pioggia continua **II** avv. in modo persistente, di continuo, continuamente.

An|den n.pr.pl. *(-)* Ande *f.pl.*

An|den|ken n. *(-s,-)* **1** *(Erinnerung)* ricordo *m.*, memoria *f.*: ***jdm ein gutes ~ bewahren, jdn in gutem ~ behalten*** serbare un buon ricordo di qcn.; ***der Lehrer steht bei den Schülern in gutem ~*** gli scolari serbano un buon ricordo dell'insegnante; ***zum ewigen ~*** a perpetua memoria **2** *(Gegenstand)* ricordo *m.*, ricordino *m.*, souvenir *m.*: ***der Ring ist mir ein teures ~ an meine Mutter*** l'anello è (per me) un caro ricordo di mia madre.

än|der|bar agg. modificabile. **Än|der|bar|keit** f. *(-)* modificabilità *f.*

an|de|re pron. **I** *(attributiv)* **1** altro: ***am -n Ende*** all'altro capo; ***auf die ~ Seite*** dall'altra parte **2** *(nächste, folgende)* altro, seguente, successivo: ***am -n Morgen*** il mattino seguente (*o* il mattino dopo) **3** *(verschieden, andersartig)* altro, diverso: ***das ist eine ~ Welt*** è un altro mondo; ***er ist -r Meinung*** è di parere diverso **4** *(neu)* altro, nuovo: ***eine ~ Stellung suchen*** cercare un altro posto (di lavoro); ***ein -r Mensch werden*** diventare un altro uomo, un uomo nuovo **II** *(absolut)* **1** altro: ***von einer Seite auf die ~*** da una parte all'altra **2** *(nächste, folgende)* altro, seguente, successivo: ***von einem Tag zum -n*** da un giorno all'altro; ***eine Beschwerde über die ~, nach der -n*** un reclamo dopo l'altro **3** *(verschieden)* altro: ***ein -r hätte auf ihn nicht gewartet*** un altro non l'avrebbe aspettato ◆ ***alle -n*** tutti gli altri; ***alles ~*** tutto il resto; ***alles ~ als...*** tutt'altro che...; ***im Auftrag -r*** per conto terzi; ***sich eines -n besinnen*** cambiare idea; ***das kannst du -n erzählen*** raccontala a un altro; ***etwas -s*** qualcos'altro; ***jeder ~*** chiunque altro; ***jemand -r, -(e)s*** qualcun altro; ***kein -r*** nessun altro; ***einer nach dem -n*** uno dopo l'altro; ***nichts -(e)s*** nient'altro; ***von ihm war nichts -s zu erwarten*** da lui non c'era da aspettarsi altro; ***nichts -s als...*** nient'altro che...; ***unter -m*** fra l'altro, fra le altre cose; ***zum -n*** d'altra parte.

an|de|ren|falls avv. in caso contrario, altrimenti. **an|de|ren|orts** avv. in altro luogo, altrove. **an|de|ren|tags** avv. il giorno seguente, l'indomani.

an|de|rer|seits avv. d'altra parte, d'altronde.

an|der|mal, ***ein ~*** un'altra volta.

än|dern I tr. cambiare, mutare, modificare: ***seine Meinung ~*** cambiare la propria opinione; ***die Richtung ~*** cambiare direzione; ***ein Gesetz ~*** modificare una legge **II** rifl. **sich ~** cambiare, mutare: ***die Zeiten ~ sich*** i tempi cambiano; ***seine Laune ändert sich je nach Wetter*** il suo umore varia secondo il tempo; ***er hat sich schon sehr geändert*** è già cambiato molto; ***daran lässt sich nichts mehr ~*** non si può più cambiare niente.

an|dern|falls → **anderenfalls. an|dern|orts** → **anderenorts. an|dern|tags** → **anderentags. an|der|orts** → **anderenorts.**

an|ders I agg.inv. diverso: ***er ist ~ als sie*** lui è diverso da lei; ***hier ist das Leben ganz ~*** qui la vita è completamente diversa **II** avv. **1a** *(auf andere Weise, verschieden)* in (un) altro modo, in (un) modo diverso, diversamente: ***~ denken, handeln, reden*** pensare, agire, parlare in modo diverso **b** *(besser)* in modo diverso, meglio: ***das klingt schon*** **~** suona già meglio **2a** *(mit Pronomen)* altro, altri: ***wer ~ könnte es gewesen sein?*** chi altro poteva essere? ***wem ~ sollte ich vertrauen, wenn nicht dir?*** di chi (altro) dovrei fidarmi, se non di te? ***was ~ könnten wir machen?*** che altro potremmo fare? **b** *(mit Adverbien)* ***wo ~ könnte er gewesen sein?*** dove (altro) avrebbe potuto essere? **c** *(mit Partizipien)* ***~ denkend, gesinnt*** d'opinione diversa, dissenziente, dissidente: ***eine ~ denkende Minderheit*** una minoranza dissenziente; ***~ geartet*** diverso, d'altro tipo, d'altra natura; ***~ lautend*** contrastante: ***~ lautende Berichte*** notizie contrastanti **3** COLLOQ. *(sonst)* altrimenti ◆ ***~ ausgedrückt*** in altre parole; ***es geht nicht ~*** non si può fare altrimenti, diversamente; ***~ gesagt*** in altre parole; ***hier bleibe ich, und nirgendwo ~*** io resto qui e non mi muovo; ***so und nicht ~*** così e in nessun altro modo, proprio così; ***~ werden*** cambiare; COLLOQ. ***mir wurde ~*** mi sono sentito male.

an|ders|ar|tig agg. diverso, differente, d'altro tipo. **An|ders|den|ken|de** m. e f. *(-n,-n)* dissenziente *m.* e *f.*, dissidente *m.* e *f.*

an|der|seits → **andererseits.**

an|ders|far|big agg. di un altro colore, di colore diverso. **An|ders|far|bi|ge** m. e f. *(-n,-n)* uomo *m.* (donna *f.*) di un altro colore. **An|ders|ge|sinn|te** m. e f. *(-n,-n)* → **Andersdenkende. an|ders|gläu|big** agg. di fede, credenza (religiosa) diversa. **An|ders|gläu|bi|ge** m. e f. *(-n,-n)* uomo *m.* (donna *f.*) di fede, di credenza diversa. **an|ders|he|rum, an|ders|rum** COLLOQ. avv. dall'altra parte, dalla parte opposta; *(im Kreis)* in senso contrario, al contrario ◆ COLLOQ. ***~ sein*** essere (un) invertito. **an|ders|spra|chig** agg. di lingua diversa, di lingua straniera: ***die -e Bevölkerung*** la popolazione di lingua straniera; ***-e Literatur*** letteratura straniera. **an|ders|wie** avv. COLLOQ. in (qualche) altro modo, in modo diverso. **an|ders|wo** avv. altrove, in altro luogo. **an|ders|wo|her** avv. da un'altra parte, da (un) altro luogo. **an|ders|wo|hin** avv. in un altro posto, in (un) altro luogo, altrove.

an|dert|halb agg.inv. uno e mezzo: ***~ Kilo Mehl*** un chilo e mezzo di farina. **an|dert|halb|fach** agg. una volta e mezza. **an|dert|halb|mal** avv. una volta e mezzo: ***~ so groß wie etw. sein*** essere grosso una volta e mezza qcs.

Än|de|rung f. *(-,-en)* cambiamento *m.*, mutamento *m.*; *(Abänderung)* modifica *f.*: ***die ~ eines Gesetzes, eines Kleides*** l'emendamento di una legge, la modifica di un vestito; ***eine ~ der Meinung*** un cambiamento di opinione; ***eine ~ vornehmen*** effettuare un cambiamento, una modifica; ***-en an etw. (D) vornehmen*** apportare modifiche a qcs. ◆ ***-en vorbehalten*** salvo cambiamenti, salvo modifiche. **Än|de|rungs|an|trag** m. *(-[e]s,-anträge)* proposta *f.* di emendamento. **an|der|wär|tig** agg. che si trova altrove, di un altro luogo. **an|der|wärts** avv. altrove, in (un) altro luogo. **an|der|wei|tig** **I** agg. diverso, altro, ulteriore **II** avv. **1** *(sonstig)* diversamente, in altro modo: ***es sich ~ einrichten können*** riuscire ad arrangiarsi diversamente **2** altrove, in (un) altro luogo: ***etw. ~ bekommen können*** riuscire a procurarsi qcs. altrove.

an‿deu|ten **I** tr. **1a** tratteggiare, abbozzare, schizzare: ***eine Figur ~*** schizzare una figura **b** FIG. delineare, tratteggiare: ***die Lage mit wenigen Worten ~*** delineare la situazione con poche parole **2** *(nicht vollständig ausführen)* accennare: ***eine Verbeugung, ein Lächeln ~*** accennare un inchino, abbozzare un sorriso **3** *(zu verstehen geben)* ***etw. ~*** accennare a qcs., indicare qcs.: ***etw. verschämt ~*** accennare in modo imbarazzato a qcs.; ***sie deutete ihm an, er könne gehen*** gli fece cenno di andare **II** rifl. **sich ~** profilarsi, delinearsi: ***eine günstige Wendung deutet sich an*** si profila una svolta favorevole. **An|deu|tung** f. *(-,-en)* **1** accenno *m.*, abbozzo *m.* **2** *(versteckter Hinweis)* accenno *m.*, allusione *f.*: ***-en über etw. (D) machen*** fare allusioni a qcs.; ***in -en sprechen*** parlare per accenni, per allusioni. **an|deu|tungs|wei|se** avv. **1** per allusioni, allusivamente **2** per accenni: ***etw. ~ erzählen*** accennare a qcs.

an‿dich|ten tr. ***jdm etw. ~*** attribuire (erroneamente), affibbiare qcs. a qcn.: ***er dichtet mir alle möglichen Fehler an*** mi attribuisce tutti i difetti possibili.

an‿di|cken tr. GASTR. addensare, ispessire.

an‿don|nern COLLOQ. **I** intr. (aus. *haben*) avvicinarsi con grande frastuono **II** tr. FIG. ***jdn ~*** tuonare contro qcn.

An|dor|ra n.pr.n. *(-s)* Andorra *f.* **An|dor|ra|ner** m. *(-s,-)* andorrano *m.*, abitante *m.* di Andorra. **an|dor|ra|nisch** agg. andorrano, di Andorra.

An|drang m. *(-[e]s)* **1** *(Gedränge)* afflusso *m.* **2** calca *f.*, ressa *f.*: ***es herrschte großer ~ an der Kasse*** vi era una grande ressa alla cassa. **an‿drän|gen** intr. (aus. *sein*) e rifl. **sich ~** **1** premere, fare pressione **2** *(von Menschen)* accalcarsi avanti.

and|re → **andere.**

And|rea n.pr.f. Andreina *f.* **And|re|as** n.pr.m. Andrea *m.* **And|re|as|kreuz** n. *(-es,-e)* croce *f.* di sant'Andrea.

an‿dre|hen tr. **1** accendere: ***das Licht, das Radio ~*** accendere la luce, la radio **2** aprire: ***das Gas ~*** aprire il gas **3** avvitare: ***die Schrauben ~*** avvitare, stringere le viti **4** COLLOQ. ***jdm etw. ~*** rifilare, appioppare qcs. a qcn. **5** CINEM. iniziare a girare.

An|dreh|kur|bel f. *(-,-n)* manovella *f.* d'avviamento. **An|dreh|vor|rich|tung** f. *(-,-en)* dispositivo *m.* d'avviamento.

and|rer|seits avv. → **andererseits.**

an‿dres|sie|ren tr. **1** ***einem Tier etw. ~*** addestrare un animale a (fare) qcs. **2** ***jdm etw. ~*** ammestrare qcn. a fare qcs., insegnare qcs. a qcn.

an‿drin|gen intr. *(drang, gedrungen;* aus. *sein)* **1** ***auf, gegen jdn, etw. ~*** scagliarsi su qcn., avventarsi contro qcn. **2** *(von Massen, von Wasser)* avanzare, affluire (impetuosamente).

And|ro|gen n. *(-s,-e)* androgeno *m.* **and|ro|gyn** agg. androgino. **And|ro|gy|nie** f. *(-)* androginia *f.*

an‿dro|hen tr. ***jdm etw. ~*** minacciare qcn. di qcs. **An|dro|hung** f. *(-,-en)* minaccia *f.*: ***unter ~ von etw.*** sotto la minaccia di qcs.

And|ro|i|de m. *(-n,-n)* androide *m.*

And|ro|lo|ge m. *(-n,-n)* andrologo *m.* **And|ro|lo|gie** f. *(-)* andrologia *f.* **and|ro|lo|gisch** agg. andrologico.

An|druck m. *(-[e]s,-e)* **1** il premere, pressione *f.* **2** TIP. prova *f.* di stampa. **an‿dru|cken** tr. cominciare a stampare. **an|drü|cken** tr. mettere, applicare (premendo), premere (contro). **An|druck|exemp|lar** n. *(-s,-e)* prova *f.* di stampa.

an‿du|deln rifl. COLLOQ. ***sich (D) einen ~*** prendersi una sbornia.

an‿düns|ten tr. cuocere brevemente.

Ä|ne|as n.pr.m. Enea *m.*

an‿ecken intr. (aus. *sein*) **1** ***an etw. (D) ~*** urtare contro (lo spigolo di) qcs. **2** FIG. *(Anstoß erregen)* ***bei jdm ~*** urtare, offendere qcn.

an‿ei|fern tr. REGION. stimolare, spronare. **An|ei|fe|rung** f. *(-,-en)* stimolazione *f.*, incitamento *m.*

an‿eig|nen tr. **1** ***sich (D) etw. ~*** appropriarsi (illecitamente), impadronirsi di qcs.; ***sich (D) ein Recht ~*** arrogarsi un diritto; ***sich (D) etw. widerrechtlich ~*** usurpare qcs. **2** FIG. acquisire, assimilare: ***sich (D) neue Kenntnisse ~*** acquisire nuove conoscenze. **An|eig|nung** f. *(-,-en)* **1** appropriazione *f.*; *(widerrechtliche Inbesitznahme)* usurpazione *f.* **2** FIG. acquisizione *f.*, assimilazione *f.*

an|ei|nan|der avv. uno accanto all'altro, uno all'altro, l'un l'altro: ***~ drängen*** spingere, premere l'un contro l'altro; ***sich ~ drängen*** stringersi l'uno all'altro; ***~ fügen*** connettere, congiungere; ***sich ~ fügen*** combaciare; ***mit jdm ~ geraten*** litigare con qcn., venire alle mani con qcn.; ***~ grenzen*** essere confinanti, essere adiacenti; ***~ hängen*** attaccare uno accanto all'altro; essere attaccato uno accanto all'altro; FIG. essere unito, attaccato uno all'altro; ***~ reihen*** mettere in fila, allineare uno accanto all'altro; ***sich ~ reihen*** *(in zeitlicher Abfolge)* succedersi l'uno all'altro; *(in räumlicher Folge)* essere allineati uno vicino all'altro; ***~ rücken*** spostarsi, stringersi l'un contro l'altro; ***sich ~ schmiegen*** stringersi l'uno all'altro; ***~ setzen*** mettere insieme, accostare uno all'altro; ***~ stecken*** incastrare, incastrarsi, essere incastrato; ***~ stoßen*** urtarsi; *(aneinander grenzen)* essere limitrofi.

An|ei|nan|der|rei|hung f. *(-,-en)* **1** successione *f.* **2** allineamento *m.*

Ä|ne|is n.pr.f. *(-)* Eneide *f.*

A|nek|do|te f. *(-,-n)* aneddoto *m.* **a|nek|do|ten|haft** **I** agg. aneddotico **II** avv. in forma aneddotica, in stile aneddotico. **A|nek|do|tik** f. *(-)* aneddotica *f.* **a|nek|do|tisch** agg. aneddotico.

an‿ekeln tr. nauseare, disgustare.

A|ne|mo|graph m. *(-en,-en)* anemografo *m.* **A|ne|mo|me|ter** n. *(-s,-)* anemometro *m.*

A|ne|mo|ne f. *(-,-n)* anemone *m.*

an‿emp|feh|len tr. *(empfiehlt, empfahl, empfohlen)* ***jdm etw. ~*** raccomandare (caldamente) qcs. a qcn. **An|emp|feh|lung** f. *(-,-en)* (calda) raccomandazione *f.*

An|er|be m. *(-n,-n)* unico erede *m.*

an‿er|bie|ten rifl. *(erbot, erboten)* **sich ~** offrirsi: ***sich ~, jdn zu begleiten*** offrirsi di accompagnare qcn. **An|er|bie|ten** n. *(-s,-)* offerta *f.*

an|er|kannt p.pass. agg. **1** → **anerkennen** **2** ***staatlich ~*** riconosciuto legalmente **3** *(angesehen)* riconosciuto, apprezzato. **an|er|kann|ter|ma|ßen** avv. notoriamente. **an‿er|ken|nen** tr. *(erkannte/anerkannte, erkannt/anerkannt)* **1** riconoscere, accettare, approvare: ***die Spielregeln ~*** accettare le regole del gioco; ***die Änderungen ~*** approvare i cambiamenti **2** riconoscere, legittimare: ***einen Staat diplomatisch ~*** riconoscere uno stato; ***ein Kind ~*** riconoscere un figlio. **an|er|ken|nend** **I** agg. ***-e Worte*** parole di riconoscimento, di approvazione **II** avv. in segno di approvazione, con approvazione:

sich ~ äußern esprimere approvazione. **an|er|ken|nens|wert** agg. lodevole, degno di approvazione, di lode. **an|er|ken|nens|wer|ter|wei|se** avv. in modo degno di approvazione.

1.An|er|kennt|nis f. *(-,-se)* → **Anerkennung.**

2.An|er|kennt|nis n. *(-ses,-se)* DIR. dichiarazione *f.* di riconoscimento, riconoscimento *m.* **An|er|kennt|nis|ur|teil** n. *(-s,-e)* sentenza *f.* di riconoscimento.

An|er|ken|nung f. *(-,-en)* **1** *(Würdigung)* approvazione *f.*, lode *f.*, apprezzamento *m.* **2** riconoscimento *m.*: ***die ~ der Vaterschaft*** il riconoscimento della paternità. **An|er|ken|nungs|schrei|ben** n. *(-s,-)* lettera *f.* di approvazione, di plauso.

A|ne|ro|id n. *(-[e]s,-e)* aneroide *m.* **A|ne|ro|id|ba|ro|me|ter** n. *(-s,-)* barometro *m.* aneroide.

an_er|zie|hen tr. *(erzog, erzogen)* inculcare, educare: ***jdm Pünktlichkeit ~*** educare qcn. alla puntualità, inculcare la puntualità a qcn.

an_es|sen rifl. *(isst, aß, gegessen)* COLLOQ. ***sich einen Bauch ~*** mettere su pancia; AUSTR. *(sich satt essen)* riempirsi la pancia, mangiare a sazietà.

A|neu|rys|ma n. *(-s, Aneurysmen)* aneurisma *m.*

an_fa|chen tr. **1** attizzare, ravvivare: ***das Feuer ~*** ravvivare il fuoco **2** FIG. *(Leidenschaft)* accendere.

an_fah|ren *(fährt, fuhr, gefahren)* **I** tr. **1** *(mit einem Fahrzeug heranfahren)* ***etw. ~*** trasportare, portare qcs. **2** *(beim Fahren verletzen)* ***jdn ~*** investire qcn. **3** FIG. ***jdn heftig ~*** sgridare duramente qcn. **4** *(Fabrikanlagen in Betrieb setzen)* mettere in funzione, avviare **5** dirigersi verso: ***Berlin ~*** dirigersi verso Berlino **II** intr. (aus. *sein*) **1** *(losfahren)* mettersi in moto, avviarsi, partire **2** *(mit Fahrzeugen heranfahren)* arrivare **3** MIN. scendere: ***in die Grube ~*** scendere in miniera. **An|fahrt** f. *(-,-en)* **1** *(Ankunft mit Fahrzeugen)* arrivo *m.*: ***An- und Abfahrt*** arrivo e partenza **2** tragitto *m.*: ***die ~ ist sehr lang*** il tragitto è molto lungo **3** *(Zufahrt)* accesso *m.* **4** MIN. discesa *f.* **An|fahrts|stra|ße** f. *(-,-n)* strada *f.*, via *f.* di accesso. **An|fahrts|weg** m. *(-[e]s,-e)* tragitto *m.* **An|fahrts|zeit** f. *(-)* tempo *m.* di percorrenza.

An|fall m. *(-[e]s,-fälle)* **1a** attacco *m.*: ***einen ~ von Hysterie haben, erleiden, bekommen*** avere un attacco di isteria **b** ESTENS. accesso *m.*: ***ein ~ von Zorn*** un accesso d'ira **2a** *(Gewinn)* utile *m.*, profitto *m.* **b** *(Ertrag)* ricavo *m.*, rendita *f.* **3** cumulo *m.*: ***der ~ an Arbeit*** il cumulo di lavoro ◆ ***einen ~ bekommen, kriegen*** perdere la testa.

an_fal|len *(fällt, fiel, gefallen)* **I** tr. **1** attaccare, aggredire **2** FIG. investire, apostrofare **3** colpire, cogliere: ***Traurigkeit fiel ihn an*** lo colse la tristezza **II** intr. (aus. *sein*) presentarsi, risultare: ***hohe Kosten fallen an*** risultano spese elevate. **an|fäl|lig** agg. **1** soggetto (a malattie): ***~ für Erkältungen*** soggetto a, ai raffreddori; *(von Gesundheit)* cagionevole, malfermo **2** FIG. ***wirtschaftlich ~*** debole economicamente. **An|fäl|lig|keit** f. *(-)* predisposizione *f.* **an|falls|wei|se** avv. con attacchi, sotto forma di attacchi.

An|fang m. *(-[e]s,-fänge)* **1** principio *m.*, inizio *m.* **2** origine f.: ***der ~ aller Dinge*** l'origine di tutte le cose **3** pl. primi elementi *m.pl.*, princìpi *m.pl.*, rudimenti *m.pl.*: ***die Anfänge der Psychologie*** i rudimenti della psicologia ◆ ***am ~*** (RAR. ***im, zu ~***) da principio, all'inizio; ***das ist der ~ vom Ende*** è l'inizio della fine; ***~ Juni*** all'inizio di giugno; ***den ~ mit etw. machen*** iniziare qcs.; ***seinen ~ nehmen*** iniziare; ***einen neuen ~ machen*** ricominciare da capo; ***von ~ an*** dal principio; ***von ~ bis Ende*** dal principio alla fine; PROV. ***aller ~ ist schwer*** = ogni inizio è difficile, tutto sta nel cominciare.

an_fan|gen *(fängt, fing, gefangen)* **I** tr. **1** *(beginnen)* iniziare, incominciare: ***eine Freundschaft, das Studium ~*** iniziare un'amicizia, gli studi **2** fare: ***mit seinem Geld etwas Vernünftiges ~*** fare un uso sensato del proprio denaro; ***was soll ich damit ~*** che cosa devo farne? ***wie soll ich es ~?*** come devo fare? ***mit ihm ist heute nichts anzufangen*** oggi con lui non si combina nulla; ***ich kann mit diesem Rat nichts ~*** di questo consiglio non me ne faccio nulla **II** intr. (aus. *haben*) iniziare, avere inizio, cominciare: ***der Unterricht fängt um neun an*** la lezione inizia alle nove; IRON. ***das fängt ja gut (schön, nett, heiter) an!*** cominciamo bene! ***er fängt immer wieder mit der Politik an*** ricomincia sempre con la politica ◆ ***klein ~*** cominciare con poco; ***mit jdm etw. ~*** cominciare una storia con qcn.

An|fän|ger m. *(-s,-)* principiante *m.*: ***ein blutiger ~*** un novellino. **An|fän|ge|rin** f. *(-,-nen)* principiante *f.* **An|fän|ger|kurs** m. *(-es,-e)* corso *m.* per principianti.

an|fäng|lich **I** agg. iniziale: ***nach -em Misstrauen*** dopo un'iniziale diffidenza **II** avv. → **anfangs.**

an|fangs **I** avv. dapprima, all'inizio, in principio, inizialmente; *(ursprünglich)* originariamente **II** prep. + gen. COLLOQ. all'inizio: ***~ des Jahres*** all'inizio dell'anno.

An|fangs|buch|sta|be m. *(-n[s],-n)* iniziale *f.* **An|fangs|er|folg** m. *(-[e]s,-e)* successo *m.* iniziale. **An|fangs|ge|halt** n. *(-[e]s,-gehälter)* stipendio *m.* iniziale. **An|fangs|grün|de** pl. rudimenti *m.pl.*, princìpi *m.pl.* elementari. **An|fangs|ka|pi|tal** n. *(-s,-e)* capitale *m.* iniziale. **An|fangs|punkt** m. *(-[e]s,-e)* punto *m.* di partenza, d'inizio. **An|fangs|sil|be** f. *(-,-n)* sillaba *f.* iniziale. **An|fangs|sta|di|um** n. *(-s,-stadien)* primo stadio *m.*, fase *f.* iniziale. **An|fangs|zeit** f. *(-,-en)* **1** *(Zeitangabe)* ora *f.* d'inizio **2** periodo *m.* iniziale. **An|fangs|zu|stand** m. *(-[e]s,-zustände)* stato *m.* iniziale, condizione *f.* primitiva.

an_fär|ben tr. tingere leggermente.

an_fas|sen **I** tr. **1** toccare **2** *(ergreifen)* afferrare, prendere: ***jdn an der Hand ~*** prendere qcn. per mano; FIG. ***Angst fasste ihn an*** fu preso dalla paura **3** FIG. trattare: ***jdn hart ~*** trattare qcn. duramente; ***jdn mit Glacéhandschuhen ~*** trattare qcn. coi guanti **4** FIG. affrontare: ***ein Problem richtig ~*** affrontare correttamente un problema **II** rifl. ***sich ~*** **1** prendersi per mano **2** ***etw. fasst sich gut an*** qcs. è piacevole al tocco ◆ REGION. ***ein Kind ~*** prendere per mano un bambino; ***mit ~*** aiutare, dare una mano.

an_fau|chen tr. **1** ***jdn ~*** soffiare contro qcn.: ***die Katze faucht den Hund an*** il gatto soffia contro il cane **2** FIG. ***jdn ~*** investire qcn.

an_fau|len intr. (aus. *sein*) cominciare a marcire, guastarsi.

an|fecht|bar agg. contestabile, oppugnabile, impugnabile. **an_fech|ten** tr. *(ficht, focht, gefochten)* **1** DIR. contestare, impugnare: ***ein Testament ~*** impugnare un testamento; ***ein Urteil ~*** contestare un giudizio **2** *(von Sorgen)* preoccupare ◆ ***das ficht mich nicht an*** non mi tocca; ***was ficht dich an?*** che ti prende? **An|fech|tung** f. *(-,-en)* **1** DIR. contestazione *f.*, impugnazione *f.* **2** *(Versuchung)* tentazione *f.*

an_fein|den tr. osteggiare, avversare. **An|fein|dung** f. *(-,-en)* **1** *(das Anfeinden)* osteggiamento *m.* **2** *(Feindseligkeit)* ostilità *f.*, animosità *f.*

an_fer|ti|gen tr. **1** fare, produrre, confezionare: ***eine Zeichnung ~*** fare un disegno; ***Ware erster Qualität ~*** produrre merce di prima qualità **2** *(etwas Schriftliches)* stendere, redigere: ***ein Protokoll ~*** stendere un verbale. **An|fer|ti|gung** f. *(-,-en)* **1** *(das Anfertigen)* produzione *f.*, confezionamento *m.* **2** *(von etwas Schriftlichem)* stesura *f.*, redazione *f.* **An|fer|ti|gungs|kos|ten** pl. costi *m.pl.* di produzione.

an_fet|zen tr. COLLOQ. caricare, stimolare (anche assol.); ***diese Musik fetzt (mich) an*** questa musica (mi) dà la carica.

an_feuch|ten **I** tr. inumidire, umettare **II** rifl. ***sich (D) die Lippen ~*** umettarsi le labbra.

an_feu|ern tr. **1** accendere: ***den Kohleofen ~*** accendere la stufa a carbone **2** FIG. *(anspornen)* incitare, spronare, stimolare. **An|feu|e|rung** f. *(-,-en)* **1** accensione *f.* **2** FIG. *(Anspornung)* incitamento *m.*, incoraggiamento *m.*

an_flach|sen tr. COLLOQ. prendere in giro.

an_flan|schen tr. collegare (*o* unire) con flangia, flangiare.

an_fle|hen tr. ***jdn um etw. ~*** implorare, scongiurare qcn. per qcs.: ***jdn um Hilfe ~*** implorare l'aiuto di qcn. **An|fle|hung** f. *(-,-en)* supplica *f.*, preghiera *f.*

an_flet|schen tr. ***jdn ~*** digrignare i denti contro qcn.

an_fli|cken tr. **1** *(ansetzen)* applicare, attaccare **2** FIG. *(verleumderisch anhängen)* ***jdm etw. ~*** attribuire, affibbiare qcs. a qcn.

an_flie|gen *(flog, geflogen)* **I** tr. **1** *(fliegend ansteuern)* ***Frankfurt ~*** fare rotta su Francoforte; ***die Stadt wird von vielen Fluggesellschaften angeflogen*** la città è servita da molte compagnie aeree **2** *(befallen)* cogliere, assalire: ***Angst flog sie an*** la paura s'impadronì di lei **II** intr. (aus. *sein*) **1** *(heranfliegen)* avvicinarsi, arrivare (volando) **2** essere acquisito con facilità, al volo: ***alles ist ihm angeflogen*** ha imparato tutto senza sforzo.

an_flit|zen intr. (aus. *sein*) COLLOQ. arrivare a gran velocità.

An|flug m. *(-[e]s,-flüge)* **1a** AER. tragitto *m.* (di volo) **b** discesa *f.*, avvicinamento *m.*: ***die Maschine befindet sich im ~*** l'aereo è in avvicinamento **2** *(Hauch, Spur)* ombra *f.*, traccia *f.*, velo *m.*: ***ein leichter ~ von Ironie*** un leggero velo d'ironia **3a** *(Verbreitung von Samen durch den Wind)* disseminazione *f.* anemofora **b** *(Baumbestand)* piante *f.pl.* spontanee.

an_flun|kern tr. COLLOQ. ***jdn ~*** raccontare delle frottole a qcn.

an_for|dern tr. richiedere, esigere, domandare: ***einen Katalog ~*** richiedere un catalogo. **An|for|de|rung** f. *(-,-en)* **1** *(das Anfordern)* richiesta *f.*, domanda *f.* **2** *(Anspruch)* sforzo *m.*, impegno *m.*: ***hohe -en stellen*** richiedere notevoli sforzi; ***den beruflichen -en nicht gewachsen sein*** non essere all'altezza degli impegni professionali.

An|fra|ge f. *(-,-n)* **1a** domanda *f.*, richiesta *f.* (d'informazioni): ***eine schriftliche ~ an jdn richten*** indirizzare una domanda scritta a qcn. **b** COMM. richiesta *f.* **2** POL. ***kleine ~*** interpellanza *f.*; ***große ~*** interrogazione *f.*: ***eine kleine ~ einbringen*** presentare un'interpellanza ◆ ***auf ~*** a (*o* su, dietro) richiesta. **an͜fra|gen** intr. (aus. *haben*) informarsi: ***wegen etw. bei jdm ~*** informarsi di qcs. presso qcn., rivolgersi a qcn. per avere informazioni su qcs. ◆ ***bei jdm um Erlaubnis ~*** chiedere il permesso di qcn.

an͜fres|sen (*frisst, fraß, gefressen*) **I** tr. **1** rosicchiare, rodere: ***die Mäuse haben den Käse angefressen*** i topi hanno rosicchiato il formaggio **2** (*von Rost*) intaccare, cominciare a corrodere **II** rifl. COLLOQ. ***sich (D) einen Bauch ~*** mettere su pancia.

an͜freun|den rifl. **1** ***sich mit jdm ~*** diventare amico di qcn., fare amicizia con qcn. **2** ***sich mit etw. ~*** abituarsi a qcs., familiarizzarsi con qcs. **An|freun|dung** f. (*-,-en*) **1** il fare amicizia **2** (*Gewöhnung*) il familiarizzare.

an͜frie|ren intr. (*fror, gefroren*; aus. *sein*) **1** (*festfrieren*) attaccarsi (gelando) **2** (*ein wenig gefrieren*) gelare leggermente, appena.

an͜fü|gen tr. **1** aggiungere: ***ihrem Brief noch einige Worte ~*** aggiungere alla sua lettera ancora qualche parola **2** accludere, allegare: ***der Rechnung eine Aufstellung ~*** accludere alla fattura una distinta. **An|fü|gung** f. (*-,-en*) aggiunta *f.*, l'accludere.

an͜füh|len I tr. tastare, palpare: ***einen Stoff ~*** tastare un tessuto **II** rifl. ***sich rau, weich ~*** essere ruvido, morbido al tatto.

An|fuhr f. (*-,-en*) trasporto *m.* **an͜füh|ren** tr. **1a** guidare, condurre, precedere: ***einen Festzug ~*** essere in testa a un corteo; ***eine Expedition ~*** guidare una spedizione **b** MIL. ***eine Truppe ~*** comandare una truppa **2a** (*vorbringen*) portare, addurre: ***jdn, etw. als Beispiel ~*** addurre qcn., qcs. ad esempio; ***einen Grund für etw. ~*** addurre un motivo per qcs. **b** (*zitieren*) citare **c** (*benennen*) nominare, designare: ***jdn als Zeugen ~*** nominare qcn. testimone **3** COLLOQ. beffare, raggirare: ***er hat mich angeführt*** mi ha preso in giro. **An|füh|rer** m. (*-s,-*) capo *m.*, guida *f.* **An|füh|rung** f. (*-,-en*) **1a** guida *f.*: ***unter jds ~*** sotto la guida di qcn. **b** MIL. ***unter ~ eines Hauptmanns*** sotto il comando di un capitano **2a** (*Erwähnung, Aufzählung*) enumerazione *f.* **b** (*angeführtes Zitat*) citazione *f.* **An|füh|rungs|strich** m. (*-[e]s,-e*), **An|füh|rungs|zei|chen** n. (*-s,-*) virgoletta *f.*: ***ein Wort in ~ setzen*** mettere una parola tra virgolette.

an͜fül|len tr. riempire (completamente).

an͜fut|tern rifl. COLLOQ. ***sich ~*** riempirsi (a forza di mangiare), abbuffarsi; ***sich einen Bauch ~*** mettere su pancia.

An|ga|be f. (*-,-n*) **1** (*Auskunft*) indicazione *f.*, informazione *f.*: ***-n über jdn, über etw. (A), zu etw. machen*** dare informazioni su qcn., su qcs.; ***ohne ~ des Preises*** senza indicazione del prezzo; ***nähere -n*** informazioni più precise **2** COLLOQ. (*Angeberei*) vanteria *f.*, spacconata *f.* **3** SPORT battuta *f.*

an͜gaf|fen tr. COLLOQ. fissare insistentemente.

an͜gäh|nen tr. ***jdn ~*** sbadigliare in faccia a qcn.

an͜ga|lop|pie|ren intr. (aus. *sein*) **1** (*herangaloppieren*) arrivare al galoppo (anche FIG.) **2** (*zu galoppieren beginnen*) cominciare a galoppare.

an|gän|gig agg. ammissibile, permesso, lecito.

an͜ge|ben (*gibt, gab, gegeben*) **I** tr. **1** (*mitteilen*) indicare, dichiarare: ***Preise ~*** indicare i prezzi; ***das Einkommen ~*** dichiarare il reddito; ***einen falschen Namen ~*** dare un falso nome; ***etw. als Entschuldigung, als Grund ~*** addurre qcs. come scusa, come motivo **2** (*festsetzen*) stabilire, fissare: ***die Richtung ~*** stabilire la direzione **3** MUS. ***den Takt ~*** dare il tempo; ***das A ~*** dare il la; ***den Ton ~*** dare il tono (anche FIG.) **4** (*andeuten*) tracciare, abbozzare **5** denunciare: ***jdn bei der Polizei ~*** denunciare qcn. alla polizia; ***etw. beim Lehrer ~*** riferire qcs. all'insegnante **II** intr. (aus. *haben*) **1** COLLOQ. darsi delle arie: ***gib nicht so an!*** non darti tante arie! **2** SPORT battere. **An|ge|ber** m. (*-s,-*) **1** (*Denunziant*) delatore *m.*, spia *f.* **2** (*Prahler*) spaccone *m.*, gradasso *m.* **An|ge|be|rei** f. (*-,-en*) COLLOQ. vanteria *f.*, spacconata *f.* **an|ge|be|risch** COLLOQ. **I** agg. ***ein -er Kerl*** uno spaccone, un gradasso; ***ein -es Benehmen*** un comportamento da spaccone, da gradasso **II** avv. ***sich ~ benehmen*** fare lo spaccone, il gradasso.

An|ge|be|te|te m. e f. (*-n,-n*) adorato *m.* (-a *f.*).

An|ge|bin|de n. (*-s,-*) LETT. presente *m.*, dono *m.*: ***etw. zum ~ machen*** dare qcs. in dono.

an|geb|lich I agg. presunto, supposto: ***der -e Mörder*** il presunto assassino **II** avv. presumibilmente: ***er hat ~ nichts versprochen*** dice di non aver promesso niente; ***sie soll ~ krank sein*** dicono che sia malata.

an|ge|bo|ren agg. **1** (*von Eigenschaften*) innato **2** (*von Krankheiten*) congenito, connaturato.

An|ge|bot n. (*-[e]s,-e*) **1a** offerta *f.*: ***ein ~ machen, erhalten, ablehnen*** fare, ricevere, rifiutare un'offerta; ***Bezug nehmend auf Ihr ~ vom...*** in riferimento alla Vostra offerta del... **b** (*angebotene Ware*) offerta *f.*, scelta *f.*: ***ein großes ~*** una vasta scelta (di merce in vendita); ***das ~ an etw. (D), von etw.*** l'offerta di qcs. **c** (*Sonderangebot*) offerta *f.* (speciale): ***heute sind die Tomaten im ~*** oggi i pomodori sono in offerta **2** (*bei Versteigerungen*) prima offerta *f.* **3** ECON. offerta *f.*: ***~ und Nachfrage*** domanda e offerta. **An|ge|bots|über|hang** m. (*-[e]s,-überhänge*) eccesso *m.* di offerta. **An|ge|bots|ver|knap|pung** f. (*-,-en*) diminuzione *f.* (*o* rarefazione *f.*) dell'offerta.

an|ge|bracht p.pass. agg. **1** → **anbringen** **2** opportuno, conveniente, sensato: ***nicht ~*** inopportuno, sconveniente; ***etw. für ~ halten*** ritenere opportuno qcs. **an|ge|brach|ter|ma|ßen** avv. opportunamente, convenientemente, in modo opportuno.

an|ge|brannt I p.pass. agg. **1** → **anbrennen** **2** bruciato, bruciacchiato **II** avv. ***die Suppe schmeckt ~*** la minestra sa di bruciato.

an|ge|bro|chen p.pass. agg. **1** → **anbrechen** **2** cominciato, aperto: ***eine -e Flasche Wein*** una bottiglia di vino aperta; ***ein -es Paket Mehl*** un pacco di farina aperto.

an|ge|bun|den p.pass. agg. **1** → **anbinden** **2** FIG. ***~ sein*** essere legato, impegnato ◆ ***kurz ~ sein*** essere scortese, burbero.

an|ge|dampft p.pass. agg. → **andampfen** ◆ ***~ kommen*** arrivare sbuffando; (*eilig kommen*) arrivare di corsa.

an͜ge|dei|hen, LETT. ***jdm etw. ~ lassen*** concedere, dare qcs. a qcn.

An|ge|den|ken n. (*-s*) **1** ANT. → **Andenken** **2** LETT. ***mein Großvater seligen -s*** mio nonno buonanima.

an|ge|don|nert p.pass. agg. → **andonnern** ◆ ***~ kommen*** arrivare con grande frastuono. **an|ge|fah|ren** p.pass. agg. → **anfahren** ◆ ***~ kommen*** arrivare (con un veicolo). **an|ge|flitzt** p.pass. agg. → **anflitzen** ◆ ***~ kommen*** arrivare a grande velocità. **an|ge|flo|gen** p.pass. agg. → **anfliegen** ◆ ***~ kommen*** arrivare in volo.

an|ge|fres|sen p.pass. agg. → **anfressen** ◆ COLLOQ. ***von etw. ~ sein*** avere le scatole piene di qcs.

an|ge|gilbt agg. leggermente ingiallito.

an|ge|gos|sen p.pass. agg. → **angießen** ◆ ***wie ~ passen, sitzen*** andare, stare a pennello; (*von Schuhen*) calzare a pennello.

an|ge|graut agg. brizzolato.

an|ge|grif|fen p.pass. agg. **1** → **angreifen** **2** provato, indebolito: ***von der Krankheit ~ sein*** essere provato dalla malattia. **An|ge|grif|fen|heit** f. (*-*) l'essere provato, debolezza *f.*

an|ge|haucht p.pass. agg. **1** → **anhauchen** **2** FIG. ***kommunistisch, faschistisch ~*** di tendenze comuniste, fasciste.

an|ge|hei|ra|tet agg. acquisito: ***ein -er Onkel*** uno zio acquisito.

an|ge|hei|tert agg. brillo, alticcio.

an͜ge|hen (*ging, gegangen*) **I** tr. **1a** (*angreifen*) attaccare, assalire **b** SPORT attaccare **2** (*in Angriff nehmen*) affrontare: ***die Kurve zu schnell ~*** affrontare (*o* prendere) la curva troppo velocemente; ***Probleme, Schwierigkeiten ~*** affrontare problemi, difficoltà **3** ***jdn um etw. ~*** chiedere qcs. a qcn., pregare qcn. per qcs. **4** (*betreffen*) riguardare, concernere: ***das geht dich (gar) nichts an*** ciò non ti riguarda affatto; ***was mich angeht...*** per quanto mi riguarda..., quanto a me... **II** intr. (aus. *sein*) **1** COLLOQ. (*beginnen*) cominciare, iniziare **2** COLLOQ. (*von Feuer, Licht*) accendersi **3** ***gegen jdn, etw. ~*** lottare, combattere contro qcn., qcs.: ***gegen ein Gerichtsurteil ~*** appellarsi contro una sentenza **4** (*leidlich sein*) essere sopportabile, passabile: ***gefällt dir deine neue Arbeit? – es geht an*** ti piace il tuo nuovo lavoro? – può andare **5** COLLOQ. (*Wurzeln schlagen*) attecchire, mettere radici ◆ ***es geht nicht an, dass er sich immer so verhält!*** non è possibile che si comporti sempre così!

an|ge|heult p.pass. agg. → **anheulen** ◆ ***~ kommen*** arrivare rombando.

an͜ge|hö|ren intr. (aus. *haben*) **1** ***etw. (D) ~*** appartenere a qcs.; far parte, essere membro di qcs.: ***einer Gruppe, einer Nation ~*** appartenere a un gruppo, a una nazione; ***der Regierung ~*** far parte del governo **2** ***jdm ~*** appartenere a qcn., essere di qcn. **an|ge|hö|rig** agg. appartenente: ***einer bestimmten Familie -e Pflanzen*** piante appartenenti a una determinata famiglia. **An|ge|hö|ri|ge** m. e f. (*-n,-n*) **1** (*Mitglied*) appartenente *m.* e *f.*, membro *m.* **2** (*Verwandter*) parente *m.* e *f.*, congiunto *m.* (-a *f.*). **An|ge|hö|rig|keit** f. (*-*) **1** appartenenza *f.* **2** (*Verwandtschaft*) parentela *f.*

an|ge|ket|tet p.pass. agg. → **anketten** ◆ FIG. ***~ sein*** essere legato, impegnato.

an|ge|keucht p.pass. agg. → **ankeuchen** ◆ COLLOQ. ***~ kommen*** arrivare ansimando.

Angekl. ⇒ *Angeklagte(r)* imputato *m.* (-a *f.*). **An|ge|klag|te** m. e f. (*-n,-n*) accusato *m.* (-a *f.*), imputato *m.* (-a *f.*).

an|ge|klatscht p.pass. agg. **1** → **anklatschen** **2** ***vom Regen -e Haare*** capelli bagnati e resi appiccicosi dalla pioggia.

an|ge|kle|ckert p.pass. → **ankleckern** ◆ ***~ kommen*** venire a seccare, a infastidire; (*nach und nach eintreffen*) arrivare l'uno dopo l'altro.

an|ge|knackst agg. FIG. ***-e Gesundheit*** salute compromessa.

an|ge|krän|kelt agg. 1 *(ein wenig krank)* malaticcio, malsano, sofferente 2 FIG. ***von etw. ~ sein*** essere affetto da qcs.

An|gel f. *(-,-n)* 1a canna *f.* (da pesca) b *(Angelhaken)* amo *m.*: ***einen Fisch an der ~ haben*** avere un pesce all'amo; ***die ~ auswerfen*** gettare l'amo 2 cardine *m.*: ***eine Tür aus den -n heben*** scardinare una porta ◆ FIG. ***an die ~ gehen*** abboccare (all'amo); ***zwischen Tür und ~*** su due piedi; ***die Welt aus den -n heben*** mettere sottosopra, sconvolgere il mondo; ***die Welt wird nicht gleich aus den -n gehen, wenn...*** non casca il mondo se...

an|ge|lau|fen p.pass. agg. → **anlaufen** ◆ ***~ kommen*** arrivare di corsa, accorrere.

an|ge|le|gen p.pass. agg. → **anliegen** ◆ ***sich (D) etw. ~ sein lassen*** curarsi di qcs., prendersi a cuore qcs.

An|ge|le|gen|heit f. *(-,-en)* affare *m.*, faccenda *f.*, questione *f.*: ***das ist meine ~*** di questo mi occupo io; *(abweisend)* questi sono affari miei; ***sich in jds -en mischen*** immischiarsi negli affari di qcn.; ***eine ~ in Ordnung bringen*** mettere ordine in una faccenda; ***eine ~ regeln*** sistemare una faccenda.

an|ge|le|gent|lich I agg. urgente, pressante: ***eine -e Bitte*** una preghiera pressante II avv. accuratamente, in modo pressante: ***sich ~ nach jdm erkundigen*** informarsi accuratamente su qcn.

an|ge|lehnt p.pass. agg. 1 → **anlehnen** 2 socchiuso: ***ein -es Fenster*** una finestra socchiusa.

an|ge|leimt p.pass. agg. → **anleimen** ◆ ***wie ~ dastehen*** starsene (lì) impalato.

an|ge|lernt p.pass. agg. 1 → **anlernen** 2 addestrato; ***ein -er Arbeiter*** un operaio non specializzato.

an|ge|le|sen p.pass. agg. → **anlesen** ◆ ***-e Kenntnisse*** conoscenze ricavate da letture.

An|gel|fi|sche|rei f. *(-)* pesca *f.* con la canna. **An|gel|ge|rät** n. *(-[e]s,-e)* attrezzo *m.*, arnese *m.* da pesca. **An|gel|ha|ken** m. *(-s,-)* amo *m.*

An|ge|li|ka n.pr.f. Angelica *f.*

An|gel|lei|ne f. *(-,-n)* lenza *f.* **an|geln** I tr. pescare (con la lenza): ***Forellen ~*** pescare trote; COLLOQ. FIG. ***das beste Stück vom Teller ~*** pescare il pezzo migliore dal piatto II rifl. ***sich (D) einen Mann ~*** accalappiare un marito III intr. (aus. *haben*) 1 pescare: ***gern ~*** pescare volentieri 2 COLLOQ. FIG. ***nach etw. (D), nach jdm ~*** cercare di pescare, di pigliare qcs., di accalappiare qcn.

1.An|geln n. *(-s)* pesca *f.* (con la lenza).

2.An|geln pl. STOR. angli *m.pl.*

an_ge|lo|ben tr. 1 ***jdm etw. ~*** promettere solennemente qcs. a qcn. 2 AUSTR. *(vereidigen)* prestare giuramento. **An|ge|lo|bung** f. *(-,-en)* 1 promessa *f.* solenne 2 AUSTR. *(Vereidigung)* giuramento *m.*

An|gel|platz m. *(-es,-plätze)* luogo *m.* di pesca con la lenza. **An|gel|punkt** m. *(-[e]s,-e)* FIG. perno *m.*, cardine *m.* **An|gel|ru|te** f. *(-,-n)* canna *f.* da pesca.

An|gel|sach|se m. *(-n,-n)* anglosassone *m.* **an|gel|säch|sisch** agg. anglosassone. **An|gel|säch|sisch** n. *(-[s])*, **An|gel|säch|si|sche** n. *(-n)* lingua *f.* anglosassone.

An|gel|schein m. *(-[e]s,-e)* licenza *f.* di pesca. **An|gel|schnur** f. *(-,-schnüre)* → **Angelleine.**

An|ge|lus ['aŋgelʊs] m. e n. *(-,-)* angelus *m.*

an|ge|mes|sen I p.pass. agg. 1 → **anmessen** 2 adeguato, conveniente: ***ein -es Gehalt*** uno stipendio adeguato; ***etw. für ~ halten*** ritenere opportuno qcs. II avv. adeguatamente, in modo appropriato. **An|ge|mes|sen|heit** f. *(-)* adeguatezza *f.*, convenienza *f.*

an|ge|nehm I agg. gradevole, piacevole: ***ein -es Klima*** un clima gradevole; ***ein -er Mensch*** una persona piacevole, simpatica; ***es wäre mir ~, wenn...*** mi farebbe piacere se... II avv. piacevolmente: ***~ überrascht*** piacevolmente sorpreso; ***~ auffallen*** fare buona impressione ◆ ***das Angenehme mit dem Nützlichen verbinden*** unire l'utile al dilettevole; ***-e Ruhe!*** buon riposo! ***~, sehr ~!*** piacere, molto lieto!

an|ge|nom|men p.pass. agg. → **annehmen** ◆ ***~, dass...*** supposto che...; ***~, ich hätte...*** supposto che avessi...

an|ge|passt p.pass. agg. 1 → **anpassen** 2 SOCIOL. PSIC. ***ein -er Mensch*** una persona ben adattata, inserita. **An|ge|passt|heit** f. *(-)* SOCIOL. PSIC. adattamento *m.*

an|ge|prescht COLLOQ. ***~ kommen*** arrivare a gran velocità.

An|ger m. *(-s,-)* REGION. spiazzo *m.* erboso (in un villaggio).

an|ge|rannt p.pass. agg. → **anrennen** ◆ ***~ kommen*** arrivare di corsa.

an|ge|ras|selt p.pass. agg. → **anrasseln** ◆ ***~ kommen*** arrivare sferragliando.

an|ge|regt I p.pass. agg. 1 → **anregen** 2 animato, vivace: ***ein -es Gespräch*** una discussione animata II avv. animatamente: ***sich ~ unterhalten*** discutere animatamente. **An|ge|regt|heit** f. *(-)* animazione *f.*, vivacità *f.*, eccitazione *f.*

an|ge|rei|chert p.pass. agg. → **anreichern** ◆ ***die Luft ist mit giftigen Stoffen ~*** nell'aria si concentrano sostanze venefiche; ***mit Sauerstoff -es Blut*** sangue arricchito di ossigeno.

an|ge|ris|sen p.pass. agg. 1 → **anreißen** 2 (già) aperto: ***eine -e Zigarettenpackung*** un pacchetto di sigarette già aperto.

an|ge|rollt p.pass. agg. → **anrollen** ◆ ***~ kommen*** *(von Flugzeugen)* arrivare rullando; *(von Fahrzeugen)* avvicinarsi con rumore; COLLOQ. arrivare con tutto comodo.

an|ge|rückt p.pass. agg. → **anrücken** ◆ ***~ kommen*** avanzare.

an|ge|rußt agg. annerito (per il fumo o per l'inquinamento).

an|ge|sagt p.pass. agg. 1 → **ansagen** 2a COLLOQ. ***~ sein*** essere di moda b *(gemacht werden)* ***heute ist ein Ausflug ~*** oggi si fa una gita c *(geschehen)* ***jetzt ist Lernen ~*** adesso si studia.

an|ge|säu|selt p.pass. agg. 1 → **ansäuseln** 2 *(angeheitert)* brillo.

an|ge|saust p.pass. agg. → **ansausen** ◆ ***~ kommen*** arrivare sparato, come un razzo.

an|ge|schim|melt p.pass. agg. 1 → **anschimmeln** 2 un po' ammuffito; ***etw. schmeckt ~*** qcs. sa un po' di muffa.

an|ge|schis|sen p.pass. → **anscheißen** ◆ VOLG. ***~ kommen*** venire a rompere le scatole.

an|ge|schla|gen p.pass. agg. 1 → **anschlagen** 2 FIG. abbattuto, esausto, sfinito.

an|ge|schleppt p.pass. agg. → **anschleppen** ◆ ***etw. ~ bringen*** arrivare portando qcs. a fatica.

an|ge|schli|chen p.pass. agg. → **anschleichen** ◆ ***~ kommen*** arrivare di soppiatto.

an|ge|schmutzt agg. insudiciato, sporcato.

an|ge|schnit|ten p.pass. agg. 1 → **anschneiden** 2 ***-e Ärmel*** maniche (a) raglan.

an|ge|scho|ben p.pass. agg. → **anschieben** ◆ COLLOQ. ***~ kommen*** arrivare piano piano, trascinandosi.

an|ge|schos|sen p.pass. agg. 1 → **anschießen** 2 *(Fußball)* ***-e Hand*** mani involontario ◆ COLLOQ. ***~ kommen*** arrivare sparato, a gran velocità.

an|ge|schrie|ben p.pass. agg. 1 → **anschreiben** 2 COLLOQ. ***bei jdm gut, schlecht ~ sein*** essere benvisto, malvisto da qcn.

An|ge|schul|dig|te m. e f. *(-n,-n)* accusato *m.* (-a *f.*), imputato *m.* (-a *f.*).

an|ge|schwärmt p.pass. agg. → **anschwärmen** ◆ ***~ kommen*** venire a sciami.

an|ge|schwemmt p.pass. agg. 1 → **anschwemmen** 2 alluvionale.

an|ge|schwom|men p.pass. agg. → **anschwimmen** ◆ ***~ kommen*** avvicinarsi a nuoto.

an|ge|se|gelt p.pass. agg. → **ansegeln** ◆ ***~ kommen*** avvicinarsi veleggiando.

an|ge|se|hen p.pass. agg. 1 → **ansehen** 2 in vista, stimato, apprezzato: ***eine -e Familie*** una famiglia in vista.

An|ge|sicht n. *(-[e]s,-er* e austr. *-e)* 1 LETT. viso *m.*, volto *m.* 2 FIG. faccia *f.*, aspetto *m.*: ***jdm von ~ zu ~ gegenüberstehen*** stare faccia a faccia con qcn.; ***im ~ des Todes*** faccia a faccia con la morte; ***im ~ der Tatsache, dass...*** riguardo al fatto che... **an|ge|sichts** prep. + gen. 1 davanti a, in faccia a: ***~ der Gefahr*** davanti al pericolo 2 riguardo a, considerato: ***~ der Tatsachen*** considerati i fatti.

an|ge|spannt I p.pass. agg. 1 → **anspannen** 2a *(angestrengt)* teso, attento, concentrato b teso, critico: ***eine -e Lage*** una situazione critica II avv. intensamente, attentamente: ***~ arbeiten*** lavorare intensamente. **An|ge|spannt|heit** f. *(-)* tensione *f.*

an|ge|spritzt p.pass. agg. → **anspritzen** ◆ COLLOQ. ***~ kommen*** arrivare di corsa.

an|ge|spro|chen p.pass. agg. 1 → **ansprechen** 2 commosso, toccato: ***sich ~ fühlen*** sentirsi toccato da vicino.

an|ge|sprun|gen p.pass. agg. → **anspringen** ◆ ***~ kommen*** avvicinarsi saltellando.

an|ge|stammt agg. ereditato; FIG. solito, da sempre: ***das ist mein -er Platz*** questo è il mio posto da sempre.

an|ge|staubt p.pass. agg. 1 → **anstauben** 2 COLLOQ. FIG. fuori moda, sorpassato: ***-e Ideen*** idee sorpassate.

an|ge|stellt p.pass. agg. 1 → **anstellen** 2 impiegato. **An|ge|stell|te** m. e f. *(-n,-n)* impiegato *m.* (-a *f.*). **An|ge|stell|ten|ver|hält|nis** n. *(-ses,-se)* rapporto *m.* di lavoro impiegatizio. **An|ge|stell|ten|ver|si|che|rung** f. *(-,-en)* assicurazione *f.* per gli impiegati.

an|ge|sto|chen p.pass. agg. 1 → **anstechen** 2 *(von Insekten)* bacato: ***ein -er Apfel*** una mela bacata; FIG. punto, morsicato: ***er rennt umher wie ~*** corre qua e là come se fosse morsicato (dalla tarantola) ◆ ***wie ein -es Schwein bluten*** sanguinare come un maiale scannato.

an|ge|strengt I p.pass. agg. 1 → **anstrengen** 2 *(konzentriert)* concentrato **II** avv. intensamente, con concentrazione: ***~ arbeiten*** lavorare intensamente. **An|ge|strengt|heit** f. *(-)* concentrazione *f.*

an|ge|strömt p.pass. agg. → **anströmen** ◆ ***~ kommen*** affluire in massa.

an|ge|stürmt p.pass. agg. → **anstürmen** ◆ ***~ kommen*** irrompere.

an|ge|stürzt p.pass. agg. → **anstürzen** ◆ ***~ kommen*** arrivare di gran carriera, precipitarsi.

an|ge|tan p.pass. agg. → **antun** ◆ ***danach, dazu ~ sein, etw. zu tun*** essere adatto a fare qcs.; ***es jdm ~ haben*** = affascinare qcn.; ***von jdm, etw. ~ sein*** essere colpito favorevolmente da qcn., da qcs.

an|ge|tanzt p.pass. agg. → **antanzen** ◆ COLLOQ. ***~ kommen*** arrivarsene (su invito o su ordine): ***wenn er endlich ~ kommt, ist die Arbeit schon fertig*** quando finalmente se ne arriva, il lavoro è già terminato.

an|ge|trabt p.pass. agg. → **antraben** ◆ ***~ kommen*** arrivare al trotto; arrivare di corsa.

An|ge|trau|te m. e f. *(-n,-n)* SCHERZ. sposo *m.* (-a *f.*), consorte *m.* e *f.*

an|ge|trun|ken p.pass. agg. **1** → **antrinken 2** alticcio, brillo.

an|ge|tu|ckert p.pass. agg. → **antuckern** ◆ ***~ kommen*** arrivare lentamente (di barche a motore).

an|ge|wa|ckelt p.pass. agg. → **anwackeln** ◆ ***~ kommen*** avvicinarsi barcollando, traballando.

an|ge|wandt p.pass. agg. **1** → **anwenden 2** applicato: ***-e Physik*** fisica applicata.

an|ge|wat|schelt p.pass. agg. → **anwatscheln** ◆ ***~ kommen*** avvicinarsi barcollando.

an|ge|wie|sen p.pass. agg. **1** → **anweisen 2** ***auf jdn, etw. ~ sein*** dipendere da qcn., da qcs.

an|ge|wöh|nen I tr. ***jdm etw. ~*** abituare, assuefare qcn. a qcs. **II** rifl. ***sich (D) etw. ~*** abituarsi a qcs. **An|ge|wohn|heit** f. *(-,-en)* abitudine *f.*: ***eine schlechte ~ annehmen, ablegen*** prendere, abbandonare una cattiva abitudine. **An|ge|wöh|nung** f. *(-)* l'assuefarsi, l'abituarsi.

an|ge|wur|zelt p.pass. agg. → **anwurzeln** ◆ ***wie ~ dastehen, stehen bleiben*** restare di stucco.

an|ge|zeigt p.pass. agg. **1** → **anzeigen 2** *(passend)* conveniente, adatto, indicato.

an|ge|zischt p.pass. agg. → **anzischen** ◆ ***~ kommen*** avvicinarsi in fretta.

an|ge|zo|ckelt p.pass. agg. → **anzockeln** ◆ COLLOQ. ***~ kommen*** arrivare piano, lentamente.

an|ge|zot|telt p.pass. agg. → **anzotteln** ◆ COLLOQ. ***~ kommen*** arrivare piano, lentamente.

an‿gie|ßen tr. *(goss, gegossen)* **1** *(Pflanzen)* innaffiare per la prima volta **2** GASTR. aggiungere (versando): ***den Braten ~*** versare un po' d'acqua sull'arrosto **3** *(Metallstücke)* fondere insieme.

an‿gif|ten tr. COLLOQ. ***jdn ~*** apostrofare velenosamente qcn.

An|gi|na f. *(-, Anginen)* angina *f.*: ***~ pectoris*** angina pectoris.

An|gi|o|gramm n. *(-s,-e)* angiogramma *m.* **An|gi|o|gra|phie** f. *(-,-n)* angiografia *f.* **an|gi|o|gra|phie|ren** tr. **1** *(eine Angiographie machen)* fare un'angiografia **2** rappresentare con un angiogramma. **an|gi|o|gra|phisch** agg. angiografico. **An|gi|o|lo|ge** m. *(-n,-n)* angiologo *m.* **An|gi|o|lo|gie** f. *(-)* angiologia *f.* **An|gi|om** n. *(-s,-e)* angioma *m.* **An|gi|o|sper|men** pl. angiosperme *f.pl.*

an‿glei|chen *(glich, geglichen)* **I** tr. **1** equiparare, adeguare: ***die Löhne den Preisen, an die Preise ~*** equiparare gli stipendi ai prezzi **2** *(gleich machen)* rendere simile **II** rifl. **sich ~ 1** adattarsi, adeguarsi **2** *(ähnlich werden)* diventare simile. **An|glei|chung** f. *(-,-en)* equiparazione *f.*, adattamento *m.*

Ang|ler m. *(-s,-)* **1** pescatore *m.* con la canna **2** → **Anglerfisch. Ang|ler|fisch** m. *(-es,-e)* coda *m.* di rospo, rana *f.* pescatrice, lofio *m.*

an‿glie|dern tr. aggregare, annettere: ***etw. einer Sache ~*** annettere qcs. a una cosa. **An|glie|de|rung** f. *(-,-en)* aggregazione *f.*, annessione *f.*

Ang|li|ka|ner m. *(-s,-)* anglicano *m.* **ang|li|ka|nisch** agg. anglicano. **Ang|li|ka|nis|mus** m. *(-)* anglicanismo *m.*, anglicanesimo *m.*

ang|li|sie|ren tr. anglicizzare. **Ang|list** m. *(-en,-en)* anglista *m.* **Ang|lis|tik** f. *(-)* anglistica *f.* **ang|lis|tisch** agg. che riguarda l'anglistica. **Ang|li|zis|mus** m. *(-, Anglizismen)* anglicismo *m.*

Ang|lo|ame|ri|ka|ner m. *(-s,-)* americano *m.* di origine inglese, angloamericano *m.* **ang|lo|ame|ri|ka|nisch** agg. degli americani di origine inglese, angloamericano. **Ang|lo|ma|ne** m. *(-n,-n)* anglomane *m.* **Ang|lo|ma|nie** f. *(-)* anglomania *f.* **Ang|lo|nor|man|nen** pl. anglonormanni *m.pl.* **ang|lo|nor|man|nisch** agg. anglonormanno. **ang|lo|phil** agg. anglofilo. **Ang|lo|phi|lie** f. *(-)* anglofilia *f.* **ang|lo|phob** agg. anglofobo. **Ang|lo|pho|bie** f. *(-)* anglofobia *f.* **ang|lo|phon** agg. anglofono.

an‿glot|zen tr. COLLOQ. fissare con gli occhi sbarrati, guardare come uno stupido.

an‿glü|hen tr. **1** *(glühend machen)* arroventare **2a** *(einen glühenden Schein werfen)* illuminare **b** FIG. ***ihre Augen glühten ihn an*** lo guardò con occhi di fuoco.

An|go|la n.pr.n. *(-s)* Angola *f.* **An|go|la|ner** m. *(-s,-)* angolano *m.* **an|go|la|nisch** agg. angolano.

an‿gon|deln intr. (aus. *sein*) COLLOQ. *(mit einem Fahrzeug)* venirsene piano piano.

An|go|ra|ka|nin|chen n. *(-s,-)* coniglio *m.* d'angora. **An|go|ra|kat|ze** f. *(-,-n)* gatto *m.* d'angora. **An|go|ra|wol|le** f. *(-)* lana *f.* d'angora. **An|go|ra|zie|ge** f. *(-,-n)* capra *f.* d'angora.

an|greif|bar agg. attaccabile, contestabile. **an‿grei|fen** tr. *(griff, gegriffen)* **1a** assalire, attaccare, aggredire: ***den Feind ~*** attaccare il nemico **b** FIG. attaccare, contestare: ***den Standpunkt eines anderen ~*** contestare il punto di vista di un altro **c** SPORT attaccare **2a** COLLOQ. REGION. toccare: ***Kinder greifen alles an*** i bambini toccano tutto **b** ***der Stoff greift sich weich an*** la stoffa è morbida al tatto **3a** intaccare: ***die letzten Ersparnisse ~*** intaccare gli ultimi risparmi **b** *(von Säuren, Rost)* corrodere, intaccare **4** indebolire, affaticare: ***die Operation hat ihn sehr angegriffen*** l'operazione lo ha molto indebolito **5** *(anfangen)* iniziare, intraprendere: ***eine Arbeit ~*** iniziare un lavoro **6** *(wirken)* ***das Medikament greift gut an*** la medicina fa effetto. **An|grei|fer** m. *(-s,-)* **1** aggressore *m.*, assalitore *m.* **2** SPORT attaccante *m.* **an|grei|fe|risch** agg. aggressivo.

an‿gren|zen intr. (aus. *haben*) ***an etw. (A) ~*** confinare con qcs. **an|gren|zend** p.pres. agg. **1** → **angrenzen 2** confinante, limitrofo, adiacente. **An|gren|zer** m. *(-s,-)* REGION. vicino *m.* **An|gren|zung** f. *(-)* l'essere confinante, vicinanza *f.*, adiacenza *f.*

An|griff m. *(-[e]s,-e)* **1a** attacco *m.*, assalto *m.*, offensiva *f.* (anche SPORT): ***zum ~ übergehen*** passare all'offensiva; ***einen gegnerischen ~ unterbinden, abwehren, zurückschlagen*** respingere un attacco avversario **b** *(Angriffsspieler)* attacco *m.* **2** FIG. attacco *m.*, critica *f.*: ***versteckte -e gegen jdn richten*** indirizzare velati attacchi contro qcn. ◆ ***etw. in ~ nehmen*** intraprendere qcs.

An|griffs|flä|che f. *(-,-n)* lato *m.* debole, punto *m.* debole: ***jdm keine ~ bieten*** non offrire il fianco agli attacchi di qcn. **An|griffs|geist** m. *(-[e]s)* spirito *m.* aggressivo. **An|griffs|krieg** m. *(-[e]s,-e)* guerra *f.* offensiva. **An|griffs|lust** f. *(-)* aggressività *f.* **an|griffs|lus|tig** agg. aggressivo. **An|griffs|plan** m. *(-[e]s,-pläne)* piano *m.* d'attacco. **An|griffs|punkt** m. *(-[e]s,-e)* **1** MIL. punto *m.* d'inizio dell'attacco **2** FIG. *(Angriffsfläche)* punto *m.* debole. **An|griffs|spie|ler** m. *(-s,-)* SPORT attaccante *m.* **An|griffs|tak|tik** f. *(-,-en)* tattica *f.* offensiva. **An|griffs|waf|fe** f. *(-,-n)* arma *f.* offensiva. **An|griffs|wel|le** f. *(-,-n)* MIL. ondata *f.* d'assalto.

an‿grin|sen tr. guardare ghignando.

an‿grun|zen tr. COLLOQ. borbottare, brontolare.

angst, ***ihm ist, wird (es) ~ (und bange)*** ha una gran paura.

Angst f. *(-, Ängste)* **1** paura *f.*: ***~ um jdn, etw., vor jdm, etw. haben*** avere paura per qcn., qcs., di qcn., qcs.; ***vor ~ schreien*** gridare per la paura **2** *(Angstzustand)* ansia *f.*: ***in großer ~ sein*** stare in ansia, essere angosciato **3** PSIC. ansia *f.*, angoscia *f.* ◆ ***es mit der ~ zu tun bekommen, kriegen*** impaurirsi; ***jdm ~ (und Bange) machen*** far paura a qcn.; ***vor ~ (fast) umkommen*** morire di paura; SCHERZ. ***mehr ~ als Vaterlandsliebe haben*** avere più paura che amor di patria; ***vor ~ (fast) vergehen*** → ***vor ~ (fast) umkommen***; ***jdn in ~ versetzen*** impaurire qcn..

ängs|ten ANT. → **ängstigen. angst|er|füllt** agg. pieno di paura, angosciato. **angst|frei** agg. senza paura, libero da paure. **Angst|ge|fühl** n. *(-[e]s,-e)* sensazione *f.* di paura, sentimento *m.* di angoscia. **Angst|geg|ner** m. *(-s,-)* SPORT avversario *m.* che fa paura. **Angst|ha|se** m. *(-n,-n)* COLLOQ. coniglio *m.*, fifone *m.* **ängs|ti|gen I** tr. **1** impaurire **2** PSIC. angosciare **II** rifl. **sich ~** angosciarsi: ***sich vor etw., um jdn ~*** angosciarsi (*o* darsi pena) per qcs., angosciarsi (*o* stare in pensiero) per qcn. **Ängs|ti|gung** f. *(-,-en)* **1** l'impaurire **2** PSIC. l'angosciarsi, angoscia *f.* **Angst|kauf** m. *(-[e]s,-käufe)* acquisto *m.* provocato da allarmismo.

ängst|lich I agg. **1a** pauroso, timoroso **b** *(unruhig)* ansioso, apprensivo: ***eine -e Mutter*** una madre apprensiva **2** *(peinlich genau)* scrupoloso, pignolo **II** avv. **1a** paurosamente **b** *(unruhig)* ansiosamente **2** scrupolosamente: ***auf etw. (A) ~ bedacht sein*** badare scrupolosamente a qcs. **3** ***jdm wird ~ zumute*** qcn. s'impaurisce. **Ängst|lich|keit** f. *(-)* **1a** paura *f.*, timore *m.* (angoscioso) **b** *(Unruhe)* ansietà *f.* **2** *(Genauigkeit)* scrupolosità *f.*, meticolosità *f.*

Angst|ma|cher m. *(-s,-)* allarmista *m.* **Angst|mei|er** m. *(-s,-)* → **Angsthase. Angst|neu|ro|se** f. *(-,-n)* nevrosi *f.* d'angoscia. **Angst|psy|cho|se** f. *(-,-n)* psicosi *f.* ansiosa. **Angst|röh|re** f. *(-,-n)* SCHERZ. cappello *m.* a cilindro, cilindro *m.*, tuba *f.* **Angst|schrei** m. *(-[e]s,-e)* grido *m.* di paura. **Angst|schweiß** m.

(-es,-e) sudore *m.* provocato dalla paura. **Angst|traum** m. *(-[e]s, -träume)* incubo *m.* **angst|voll** agg. pieno di paura, angosciato. **Angst|vor|stel|lun|gen** pl. paure *f.pl.* immaginarie. **Angst|zu|stand** m. *(-[e]s,-zustände)* stato *m.* d'angoscia, ansietà *f.*

an‿gu|cken tr. COLLOQ. guardare, osservare: ***jdn komisch ~*** guardare qcn. in modo strano; FIG. ***jdn schief ~*** guardare qcn. di traverso.

an|gu|lar agg. angolare.

an‿gur|ten I tr. ***jdn ~*** allacciare la cintura di sicurezza a qcn. **II** rifl. **sich ~** allacciarsi le cinture, la cintura (di sicurezza).

Anh. ⇒ *Anhang* appendice *f.*, supplemento *m.* (app., suppl.).

an‿ha|ben tr. *(hat, hatte, gehabt)* **1** COLLOQ. *(Kleidungsstücke)* avere addosso **2** ***jdm, etw. (D) nichts ~ können*** non poter nuocere a qcn., qcs.

an‿haf|ten intr. (aus. *haben*) **1** ***an etw. (D) ~*** essere attaccato, appiccicato, aderire a qcs. **2** FIG. essere soggetto a: ***dieser Operation haftet ein Risiko an*** questa operazione è soggetta a un rischio, comporta un rischio.

an‿hä|keln tr. aggiungere con l'uncinetto.

an‿ha|ken tr. **1** fissare, fermare, assicurare con ganci **2** BUROCR. spuntare: ***Namen in einer Liste ~*** spuntare nomi in una lista.

an‿half|tern tr. ***ein Pferd ~*** mettere la cavezza a un cavallo.

An|halt m. *(-[e]s,-e)* **1** (punto *m.* di) appoggio *m.*, sostegno *m.* **2** FIG. appiglio *m.*: ***einen ~ für etw., zu etw. suchen, finden*** cercare, trovare un appiglio per qcs. **an‿hal|ten I** tr. *(hält, hielt, gehalten)* **1** fermare, arrestare: ***ein Fahrzeug ~*** fermare un veicolo; ***den Schritt ~*** arrestare il passo **2** ***jdn zu etw. ~*** incitare, esortare, sollecitare qcn. a (fare) qcs.: ***die Mutter hält die Kinder zur Höflichkeit an*** la mamma raccomanda ai bambini le buone maniere **II** rifl. **1** ***sich an jdm, etw. (D) ~*** appoggiarsi a qcn., a qcs. **2** ***sich (D) eine Bluse ~*** tenersi una camicetta davanti (per vedere come sta) **III** intr. (aus. *haben*) **1** fermarsi, arrestarsi: ***das Auto hielt an*** l'auto si fermò **2** *(fortdauern)* continuare, perdurare: ***die Kälte hält noch an*** il freddo continua ancora ◆ ***den Atem, die Luft ~*** trattenere il respiro; ANT. ***um ein Mädchen ~*** chiedere la mano di una ragazza. **an|hal|tend I** agg. continuo, incessante: ***ein -er Regen*** una pioggia incessante **II** avv. continuamente, incessantemente.

An|hal|ter m. *(-s,-)* COLLOQ. autostoppista *m.* ◆ ***per ~ fahren, reisen*** viaggiare facendo l'autostop, fare l'autostop. **An|halts|punkt** m. *(-[e]s,-e)* indizio *m.*, indicazione *f.*: ***es gab neue -e für seine Schuld*** c'erano nuovi indizi della sua colpevolezza; ***-e zu einem Sachverhalt geben*** dare indicazioni su come stanno le cose.

an|hand prep. + gen. in base a, sulla scorta di: ***~ seines Berichtes*** in base al suo rapporto.

An|hang m. *(-[e]s,-hänge)* **1** appendice *f.*, supplemento *m.* **2** BANC. allunga *f.*, foglio *m.* di allungamento **3a** *(Anhängerschaft)* seguito *m.*, seguaci *m.pl.*, sostenitori *m.pl.* **b** *(Verwandtschaft)* parentado *m.*: ***ohne ~*** senza legami familiari (*o* senza famiglia) **4** MED. appendice *f.*

An|hän|ge|ad|res|se f. *(-,-n)* cartellino *m.* con l'indirizzo (sul bagaglio).

an‿han|gen intr. → **1.anhängen.**

1.an‿hän|gen intr. *(hing, gehangen;* aus. *haben)* ***etw. (D) ~*** essere attaccato a qcs.; ***die Krankheit hängt ihm noch an*** risente ancora della malattia; ***einer Lehre ~*** aderire a una dottrina; ***jdm ~*** essere affezionato a qcn.

2.an‿hän|gen I tr. **1a** appendere, attaccare: ***den Mantel (an den Haken) ~*** appendere il cappotto (al gancio) **b** *(Waggon)* agganciare, attaccare **2** *(anfügen)* aggiungere **3a** COLLOQ. FIG. *(jdm zuschreiben)* ***jdm etw. ~*** affibbiare, attribuire ingiustamente qcs. a qcn. **b** appioppare, affibbiare: ***jdm eine Lieferung verdorbener Ware ~*** appioppare a qcn. una partita di merce andata a male; ***jdm den Schnupfen ~*** attaccare il raffreddore a qcn. **II** rifl. **sich ~** **1** *(sich festklammern)* attaccarsi, appendersi **2** COLLOQ. *(sich anschließen)* venire appresso, venire dietro.

An|hän|ger m. *(-s,-)* **1** seguace *m.*, aderente *m.*, sostenitore *m.*: ***der ~ eines Politikers*** il seguace di un politico; ***der ~ einer Bewegung*** l'aderente a un movimento **2** *(angehängtes Fahrzeug)* rimorchio *m.* **3** *(Medaillon)* ciondolo *m.*, pendente *m.*, medaglione *m.* **4** → **Anhängeschild. An|hän|ger|schaft** f. *(-)* seguito *m.*, seguaci *m.pl.*, sostenitori *m.pl.*, SPORT tifoseria *f.*

An|hän|ge|schild n. *(-[e]s,-er)* cartellino *m.*, etichetta *f.* (sui bagagli). **An|hän|ge|schloss** m. *(-es,-schlösser)* lucchetto *m.* **An|hän|ge|vor|rich|tung** f. *(-,-en)* gancio *m.* di traino. **An|hän|ge|zet|tel** m. *(-s,-)* → **Anhängeschild.**

an|hän|gig agg. DIR. pendente: ***-es Verfahren*** processo pendente ◆ ***eine Klage ~ machen*** portare una causa in tribunale.

an|häng|lich agg. attaccato, devoto. **An|häng|lich|keit** f. *(-,-en)* attaccamento *m.*, devozione *f.*

An|häng|sel n. *(-s,-)* **1** piccola appendice *f.*, aggiunta *f.* **2** *(kleines Schmuckstück)* ciondolo *m.*, pendaglio *m.* **3** COLLOQ. FIG. ***ein lästiges ~ sein*** essere un impiastro, un peso morto.

an|hangs|wei|se avv. come appendice, come aggiunta.

An|hauch m. *(-[e]s)* **1** alito *m.* **2** FIG. aura *f.*: ***seine Gestalt umgab ein ~ des Unheimlichen*** la sua figura era avvolta da un'aura di mistero. **an‿hau|chen** tr. **1** soffiare sopra, appannare: ***die Brille ~*** soffiare sugli occhiali **2** COLLOQ. ***jdn ~*** sgridare qcn.

an‿hau|en tr. *(hieb/haute, gehauen)* **1** iniziare ad abbattere, a tagliare: ***mit der Axt einen Baum ~*** intaccare un albero con l'ascia **2** COLLOQ. FIG. ***jdn um Geld ~*** importunare qcn. per chiedergli denaro.

an‿häu|fen I tr. accumulare: ***Vorräte, Reichtümer ~*** accumulare provviste, ricchezze **II** rifl. **sich ~** accumularsi. **An|häu|fung** f. *(-,-en)* accumulo *m.*, cumulo *m.*

an‿he|ben *(hub/hob, gehoben)* **I** tr. **1** sollevare, alzare (un po') **2** alzare (un po'): ***die Preise um 10% ~*** alzare i prezzi del 10% **II** intr. (aus. *haben*) levarsi, alzarsi: ***ein Gesang hob an*** un canto si levò. **An|he|bung** f. *(-,-en)* **1** sollevamento *m.* **2** *(Erhöhung)* aumento *m.*

an‿hef|ten tr. ***etw. an etw. (A, D) ~*** fissare, attaccare, affiggere qcs. a qcs.; ***etw. mit einer Nadel ~*** fissare qcs. con uno spillo.

an|heim avv. **1** ***jdm (D) ~ fallen*** spettare a qcn.; ***dem Staat ~ fallen*** diventare possesso dello stato (*o* passare allo stato); ***etw. (D) ~ fallen*** essere vittima di qcs.: ***der Cholera ~ fallen*** essere vittima del colera; ***der Vergessenheit ~ fallen*** cadere nell'oblio **2** LETT. ***etw. seiner Entscheidung ~ geben, stellen*** rimettere qcs. alla sua decisione; ***sich jds Gnade ~ geben, stellen*** rimettersi alla clemenza di qcn.

an‿hei|meln tr. sembrare famigliare: ***etw. heimelt mich an*** qcs. mi sembra famigliare. **an|hei|melnd** agg. famigliare.

an|hei|schig, *sich ~ machen, etw. zu tun* dichiararsi disponibile a fare qcs.

an‿hei|zen tr. **1a** accendere, cominciare a riscaldare **b** FIG. ravvivare **2** ECON. *(Inflation)* far salire, far crescere. **An|hei|zung** f. *(-)* ECON. il far salire, il far crescere.

an‿herr|schen tr. ***jdn ~*** investire, apostrofare qcn.

an‿heu|ern I tr. MAR. ingaggiare, assoldare **II** intr. (aus. *haben*) imbarcarsi: ***als Matrose auf einem Tanker ~*** imbarcarsi come marinaio su una petroliera.

an‿heu|len I tr. ululare: ***der Hund heult den Mond an*** il cane ulula alla luna **II** intr. (aus. *haben*) arrivare rombando.

an‿he|xen tr. ***jdm etw. ~*** provocare qcs. a qcn. con la magia.

An|hieb, COLLOQ. ***auf (den ersten) ~*** al primo tentativo.

An|him|me|lei f. *(-,-en)* COLLOQ. il guardare estatico, in adorazione. **an‿him|meln** tr. COLLOQ. guardare in estasi, adorare. **An|him|me|lung** f. *(-,-en)* COLLOQ. **1** sguardi *m.pl.* estatici **2** *(Angehimmeltwerden)* l'essere ammirato, adorato.

An|hö|he f. *(-,n)* altura *f.*, poggio *m.*

an‿hö|ren I tr. **1** ascoltare (con attenzione): ***ein Konzert, eine Schallplatte ~*** ascoltare un concerto, un disco; ***einen Zeugen ~*** sentire un teste; ***jds Klagen ~*** dare ascolto alle lagnanze di qcn. **2** *(anmerken)* riconoscere (nella voce): ***ihrer Stimme die Erleichterung ~*** sentire il sollievo nella sua voce **II** rifl. **sich ~** **1** suonare, sembrare: ***die Idee hört sich nicht schlecht an*** l'idea non suona male **2** ***sich (D) etw. ~*** ascoltarsi qcs. ◆ ***das lässt sich ~*** questo è accettabile, se ne può discutere; *(unfreiwillig hören)* ***etw. mit ~*** ascoltare involontariamente qcs.; stare a sentire, ascoltare: ***ich kann das nicht mehr mit ~*** non posso più stare ad ascoltare. **An|hö|rung** f. *(-,-en)* audizione *f.*, hearing *m.*

an‿hus|ten tr. **1** ***jdn ~*** tossire in faccia a qcn. **2** FIG. *(zurechtweisen)* investire, apostrofare.

An|hyd|rid n. *(-s,-e)* anidride *f.*

Ä|nig|ma n. *(-s, Änigmata* e *Änigmen)* RAR. enigma *m.* **ä|nig|ma|tisch** agg. RAR. enigmatico.

A|ni|lin n. *(-s)* anilina *f.* **A|ni|lin|blau** n. *(-s)* blu *m.* d'anilina. **A|ni|lin|druck** m. *(-[e]s)* ANT. stampa *f.* all'anilina, stampa *f.* flessografica. **A|ni|lin|far|be** f. *(-,-n)* colore *m.*, colorante *m.* d'anilina.

A|ni|ma f. *(-)* FILOS. PSIC. METALL. anima *f.*

a|ni|ma|lisch agg. **1** *(tierisch, tierhaft)* animale: ***-er Dünger*** concime animale; ***-es Verhalten*** comportamento animale **2** *(triebhaft)* animalesco, istintivo: ***-er Hass*** odio istintivo. **A|ni|ma|lis|mus** m. *(-, Animalismen)* zoolatria *f.* **A|ni|ma|li|tät** f. *(-)* animalità *f.*

A|ni|ma|teur [-tøːɐ] m. *(-s,-e)* animatore *m.* **A|ni|ma|ti|on** f. *(-,-en)* animazione *f.* **A|ni|ma|ti|ons|film** m. *(-s,-e)* film *m.* d'animazione.

A|ni|mier|da|me f. *(-,-n)* entraîneuse *f.* **a|ni|mie|ren** tr. **1** ***jdn ~*** animare, stimolare, incitare qcn.; ***jdn zum Trinken ~*** incitare qcn. a bere **2** CINEM. animare. **A|ni|mier|knei|pe** f. *(-,-n)*, **A|ni|mier|lo|kal** n. *(-[e]s,-e)* locale *m.* (notturno) con entraîneuses. **A|ni|mier|**

mäd|chen n. *(-s,-)* → **Animierdame. a|ni|miert** p.pass. agg. **1** → **animieren 2** animato, vivace **3** *(angeregt)* brillo, alticcio.
A|ni|mis|mus m. *(-)* ETNOL. FILOS. animismo *m.*
A|ni|mo|si|tät f. *(-,-en)* **1** animosità *f.*: ***eine ~ gegen jdn, etw. haben*** provare animosità, ostilità verso qcn., qcs. **2** *(feindselige Äußerung)* dichiarazione *f.* ostile.
A|ni|mus m. *(-)* **1** PSIC. animus *m.* **2** COLLOQ. *(Vorahnung)* presentimento *m.*
An|ion n. *(-s,-en)* anione *m.*
A|nis m. *(-[es],-e)* anice *m.* **A|nis|brot** n. *(-[e]s,-e)* pane *m.* all'anice. **A|ni|set|te** [ani'zɛt] m. *(-s,-s)*, **A|nis|li|kör** m. *(-s,-e)* anisetta *f.* **A|nis|öl** n. *(-[e]s,-e)* olio *m.* essenziale di anice, essenza *f.* d'anice.
an|i|so|trop agg. anisotropo. **An|i|so|tro|pie** f. *(-)* anisotropia *f.*
A|nis|plätz|chen pl. biscotti *m.pl.* all'anice. **A|nis|schnaps** m. *(-,-schnäpse)* grappa *f.* all'anice.
an‿ja|gen intr. (aus. *sein*) arrivare di volata, come un razzo.
An|jou [ã'ʒu] n.pr.n. *(-s)* Angiò *m.*: ***die Grafen von ~*** i conti d'Angiò; ***die ~*** gli Angiò.
an‿kämp|fen intr. (aus. *haben*) ***gegen etw. ~*** lottare contro qcs., combattere qcs. (anche FIG.).
An|kauf m. *(-[e]s,-käufe)* acquisto *m.* ◆ ***An- und Verkauf*** compravendita. **an‿kau|fen I** tr. comprare, acquistare (oggetti di valore o grandi quantità di merce) **II** rifl. ***sich in einem Ort ~*** insediarsi in un luogo (acquistando immobili). **An|käu|fer** m. *(-s,-)* compratore *m.*, acquirente *m.* **An|kaufs|etat** [-eta:] m. *(-s,-s)* fondo *m.* acquisti. **An|kaufs|preis** m. *(-es,-e)* prezzo *m.* d'acquisto. **An|kaufs|recht** n. *(-[e]s,-e)* diritto *m.* di acquisto.
an‿kei|fen tr. ***jdn ~*** gridare contro qcn.
An|ker m. *(-s,-)* **1** MAR. ancora *f.*: ***den ~ (aus)werfen, hieven, lichten*** gettare (*o* mollare), levare, salpare l'ancora; ***sich vor ~ legen*** ancorarsi; ***vor ~ liegen, treiben*** essere ancorato (*o* all'ancora, alla fonda); ***vor ~ gehen, ~ werfen*** gettare l'ancora; FIG. COLLOQ. fermarsi **2a** ELETTRON. ancora *f.*, indotto *m.* **b** OROL. ancora *f.* **3** EDIL. tirante *m.* di ancoraggio. **An|ker|arm** m. *(-[e]s,-e)* braccio *m.* dell'ancora, marra *f.* **An|ker|bo|je** f. *(-,-n)* gavitello *m.* dell'ancora. **An|ker|ge|bühr** f. *(-,-en)*, **An|ker|geld** n. *(-[e]s,-er)* diritto *m.* d'ancoraggio. **An|ker|ket|te** f. *(-,-n)* catena *f.* dell'ancora. **an|kern** intr. (aus. *haben*) **1** *(vor Anker gehen)* ancorarsi **2** *(vor Anker liegen)* essere ancorato. **An|ker|platz** m. *(-es,-plätze)* posto *m.* di ancoraggio. **An|ker|recht** n. *(-[e]s,-e)* diritto *m.* di ancoraggio. **An|ker|schrau|be** f. *(-,-n)* bullone *m.* di ancoraggio. **An|ker|spill** n. *(-[e]s,-e)* argano *m.* dell'ancora. **An|ker|strom** m. *(-[e]s,-ströme)* corrente *f.* dell'indotto. **An|ker|tau** n. *(-[e]s,-e)* cavo *m.* dell'ancora. **An|ker|uhr** f. *(-,-en)* orologio *m.* ad ancora. **An|ker|wick|lung** f. *(-,-en)* avvolgimento *m.* dell'indotto (con un filo). **An|ker|win|de** f. *(-,-n)* → **Ankerspill.**
an‿ket|ten tr. incatenare, legare (con la catena): ***das Moped an einen, einem Lichtmast ~*** legare il motorino a un palo della luce.
an‿keu|chen intr. (aus. *sein*) COLLOQ. arrivare ansimando.
an‿kie|ken tr. REGION. guardare, osservare.
an‿kit|ten tr. fissare, attaccare con il mastice.
an‿kläf|fen tr. ***jdn ~*** abbaiare rabbiosamente contro qcn.
An|kla|ge f. *(-,-n)* **1** *(Klage)* accusa *f.*, lamentela *f.*, rimprovero *m.* **2a** DIR. accusa *f.*, imputazione *f.*: ***unter ~ stehen, stellen*** essere, mettere sotto accusa; ***eine ~ gegen jdn wegen etw. erheben*** muovere un'accusa contro qcn. per qcs. **b** ***die Zeugin der ~*** la teste dell'accusa. **An|kla|ge|bank** f. *(-,-bänke)* banco *m.* degli imputati. **an‿kla|gen I** tr. **1** accusare: ***jdn des Mordes ~*** accusare qcn. di omicidio **2** denunciare: ***das Buch klagt die Kindesmisshandlungen an*** il libro denuncia i maltrattamenti dei bambini **II** rifl. **sich ~** accusarsi: ***sich als jds Mörder ~*** accusarsi dell'assassinio di qcn. **An|kla|ge|er|he|bung** f. *(-,-en)* incriminazione *f.* **An|kla|ge|grund** m. *(-[e]s,-gründe)* motivo *m.* dell'accusa. **An|klä|ger** m. *(-s,-)* accusatore *m.*, querelante *m.* **An|kla|ge|re|de** f. *(-,-n)* requisitoria *f.* **an|klä|ge|risch** agg. d'accusa, accusatorio. **An|kla|ge|schrift** f. *(-,-en)* accusatoria *f.*, atto *m.* d'accusa. **An|kla|ge|stand** m. *(-[e]s)* AUSTR. → **Anklagezustand. An|kla|ge|ver|tre|ter** m. *(-s,-)* rappresentante *m.* dell'accusa. **An|kla|ge|ver|tre|tung** f. *(-)* DIR. accusa *f.* **An|kla|ge|zu|stand** m. *(-[e]s)* stato *m.* d'accusa.
an‿klam|mern I tr. attaccare, fissare (con fermagli, pinzette, mollette): ***die Wäsche an der Leine ~*** stendere la biancheria sul filo **II** rifl. FIG. ***sich an jdn, etw. ~*** attaccarsi, aggrapparsi a qcn., qcs.
An|klang m. *(-[e]s,-klänge)* **1** riecheggiamento *m.*, reminiscenza *f.*: ***viele Anklänge an Brecht enthalten*** presentare molte reminiscenze brechtiane **2** *(Zustimmung)* favore *m.*, consenso *m.*: ***~ finden*** trovare favore, incontrare consenso.
an‿klat|schen tr. COLLOQ. appiccicare malamente.
an‿kle|ben I tr. attaccare (con la colla), incollare: ***ein Plakat an die, der Wand ~*** attaccare un manifesto alla parete **II** intr. (aus. *sein*) ***an etw. (D) ~*** attaccarsi, essere attaccato a qcs.: ***der Kaugummi klebt am Stuhl an*** la gomma da masticare è attaccata alla sedia.
an‿kle|ckern I intr. (aus. *sein*) COLLOQ. *(nach und nach eintreffen)* arrivare l'uno dopo l'altro **II** tr. sporcare, macchiare **III** rifl. **sich ~** sporcarsi: ***sich (D) den Pullover ~*** sporcarsi il maglione.
An|klei|de|ka|bi|ne f. *(-,-n)* cabina *f.* (dello spogliatoio); *(in Kleidergeschäften)* camerino *m.* di prova. **an‿klei|den I** tr. vestire **II** rifl. **sich ~** vestirsi. **An|klei|de|pup|pe** f. *(-,-n)* manichino *m.* **An|klei|de|raum** m. *(-[e]s,-räume)* spogliatoio *m.* **An|klei|de|spie|gel** m. *(-s,-)* specchio *m.* lungo, a figura intera, specchiera *f.* **An|klei|de|zim|mer** n. *(-s,-)* → **Ankleideraum.**
an‿kleis|tern tr. COLLOQ. appiccicare, incollare.
an‿kli|cken tr. ***etw. (mit der Maus) ~*** cliccare su qcs. (con il mouse).
an‿klin|gen intr. (aus. *haben*) **1** ***an etw. (A) ~*** ricordare, rievocare, riecheggiare qcs. **2** *(spürbar werden)* risuonare, echeggiare: ***in seinen Werken klang Wehmut an*** nelle sue opere echeggiava la tristezza.
an‿klop|fen intr. (aus. *haben*) **1** bussare: ***an die, der Tür ~*** bussare alla porta **2** COLLOQ. FIG. ***bei jdm um etw. ~*** bussare alla porta di qcn. per ottenere qcs.; ***bei jdm um Geld ~*** battere cassa da qcn. **An|klop|fer** m. *(-s,-)* **1** chi bussa **2** *(Türklopfer)* battente *m.*, batacchio *m.*
an‿knab|bern tr. (cominciare a) rosicchiare ◆ FIG. SCHERZ. ***du siehst zum Anknabbern aus*** (sei così bello che) ti mangerei.
an‿knip|sen tr. COLLOQ. accendere (mediante interruttore).
an‿knöp|fen tr. attaccare (abbottonando), abbottonare.
an‿kno|ten tr. annodare.
an‿knüp|fen I tr. **1a** attaccare, unire (con nodi), annodare: ***Fransen an einen Teppich ~*** attaccare frange a un tappeto **b** FIG. allacciare: ***Freundschaften, Beziehungen ~*** allacciare amicizie, relazioni **2** *(anfangen)* cominciare, iniziare: ***ein Gespräch ~*** cominciare una conversazione **II** intr. (aus. *haben*) ***an etw. (A) ~*** riallacciarsi, collegarsi a qcs., riprendere qcs.: ***an jds Gedanken ~*** riallacciarsi al pensiero di qcn.; ***an alte Bräuche ~*** riprendere antiche usanze. **An|knüp|fung** f. *(-,-en)* **1** l'attaccare, l'annodare **2** *(Anfang)* inizio *m.*, avvio *m.*: ***die ~ politischer Beziehungen*** l'avvio di relazioni politiche **3** *(Wiederaufnahme)* ripresa *f.*: ***in ~ an unser letztes Gespräch*** riprendendo il nostro ultimo colloquio. **An|knüp|fungs|punkt** m. *(-[e]s,-e)* **1** nesso *m.*, (punto *m.* di) connessione *f.* **2** *(Anfangspunkt)* punto *m.* di partenza.
an|knur|ren tr. ***jdn ~*** ringhiare contro qcn. (anche FIG.).
an‿ko|chen tr. ***etw. ~*** dare una prima cottura a qcs.
an‿kö|dern I intr. (aus. *haben*) innescare l'amo **II** tr. **1** *(Fische, Wild)* adescare **2** FIG. adescare, allettare: ***jdn mit Versprechungen ~*** allettare qcn. con promesse.
an‿koh|len tr. **1** carbonizzare in parte **2** COLLOQ. ***jdn ~*** raccontare frottole, panzane a qcn.
an‿kom|men *(kam, gekommen)* **I** intr. (aus. *sein*) **1a** arrivare, giungere: ***in einer Stadt, mit dem Zug ~*** arrivare in una città, col treno **b** FIG. ***ich bin auf, bei Seite 10 angekommen*** sono arrivato a pagina 10 **2** *(auf die Welt kommen)* nascere: ***gestern sind bei unseren Freunden Zwillinge angekommen*** ieri ai nostri amici sono nati due gemelli **3** COLLOQ. *(eine Stellung finden)* trovare un impiego, impiegarsi: ***bei einem Verlag ~*** trovare un impiego presso una casa editrice **4** COLLOQ. *(Anklang finden)* trovare favore, avere successo: ***beim Publikum gut ~*** avere un buon successo presso il pubblico **5** ***gegen etw., jdn nicht ~ können*** non tenere testa a qcs., a qcn.; non spuntarla con qcs., qcn. **II** intr. impers. **1** *(abhängen)* dipendere: ***es kommt auf jdn, etw. an*** dipende da qcn., da qcs.; ***es kommt darauf an, ob...*** dipende (da questo), se... **2** *(wichtig sein)* essere importante, avere importanza, contare: ***worauf es ankommt, ist, dass...*** quel che importa è che...; ***es kommt auf ein paar Tage nicht an*** un paio di giorni non contano **III** tr. LETT. cogliere, assalire, prendere: ***eine große Angst kam sie an*** una grande paura l'assalì ◆ ***es d(a)rauf ~ lassen*** lasciare le cose al caso, tentare la sorte; ***wenn es d(a)rauf ankommt,...*** se è proprio necessario...; ***jdn hart ~*** riuscire duro (*o* difficile) a qcn.; ***wieder mit Problemen ~*** venire di nuovo a seccare con dei problemi.
An|kömm|ling m. *(-s,-e)* **1** nuovo arrivato *m.* (nuova -a *f.*), nuovo venuto *m.* (nuova -a *f.*) **2** *(Neugeborenes)* neonato *m.* (-a *f.*).
an‿kön|nen intr. *(kann, konnte, gekonnt;* aus. *haben)* COLLOQ. ***gegen jdn, etw. ~*** resistere a qcn., a qcs., (riuscire a) difendersi da qcn., da qcs.
an‿kop|peln tr. → **ankuppeln. An|kop|pe|lung, An|kopp|lung** f. → **Ankupp(e)lung.**
an‿kör|nen tr. MECC. bulinare.

an‿kot|zen tr. VOLG. **1** ***jd, etw. kotzt jdn an*** qcn., qcs. fa schifo a qcn. **2** *(grob anfahren)* strigliare, cazziare.
an‿kral|len I rifl. ***sich an etw. (A,D) ~*** aggrapparsi, attaccarsi (con le unghie o con gli artigli) a qcs.; FIG. aggrapparsi, attaccarsi a qcs. **II** tr. REGION. ***jdn um etw. ~*** chiedere urgentemente (o con insistenza) qcs. a qcn.
an‿krat|zen I tr. **1** ***etw.*** ~ scalfire qcs. fare un graffio a qcs. **2** COLLOQ. FIG. toccare, ferire: ***das kratzt mich nicht an*** questo non mi tocca **II** rifl. COLLOQ. **1** ***sich bei jdm ~*** (cercare di) ingraziarsi qcn., attirare le simpatie di qcn. **2** ***sich eine, einen ~*** farsi la ragazza, il ragazzo.
an‿krau|sen tr. SART. arricciare.
an‿krei|den tr. **1** ANT. segnare, mettere in conto **2** FIG. *(anlasten)* ***jdm etw. ~*** addossare qcs. a qcn.
an‿kreu|zen I tr. segnare con crocetta **II** intr. (aus. *haben, sein*) andare di bolina, veleggiare controvento.
an‿küm|meln, ***sich einen ~*** prendersi una sbronza.
an‿kün|di|gen I tr. annunciare, rendere noto: ***einen Besuch, ein Konzert ~*** annunciare una visita, un concerto; ***etw. öffentlich ~*** proclamare qcs. **II** rifl. **sich ~** annunciarsi: ***der Frühling kündigt sich an*** si annuncia la primavera. **An|kün|di|gung** f. *(-,-en)* annuncio *m.*, avviso *m.*
An|kunft f. *(-,-künfte)* arrivo *m.*, venuta *f.*: ***die ~ des Zuges*** l'arrivo del treno; ***jds ~ erwarten*** aspettare l'arrivo, la venuta di qcn.; FIG. *(Geburt)* nascita *f.* **An|kunfts|gleis** n. *(-es,-e)* binario *m.* d'arrivo. **An|kunfts|ort** m. *(-[e]s,-e)* luogo *m.* d'arrivo. **An|kunfts|ta|fel** f. *(-,-n)* tabellone *m.*, quadro *m.* degli arrivi. **An|kunfts|zeit** f. *(-,-en)* ora *f.*, orario *m.* d'arrivo.
an‿kup|peln tr. **1** agganciare, attaccare: ***einen Waggon ~*** agganciare un vagone **2** MECC. accoppiare. **An|kup|pe|lung, An|kupp|lung** f. *(-,-en)* **1** agganciamento *m.* **2** MECC. accoppiamento *m.*
an‿kur|beln tr. **1** mettere in moto (con una manovella) **2** FIG. promuovere, incentivare: ***die Produktion ~*** incentivare la produzione. **An|kur|be|lung, An|kurb|lung** f. *(-,-en)* **1** messa *f.* in moto **2** FIG. incentivazione *f.*
an‿ku|scheln rifl. ***sich an jdn, an etw. (A) ~*** stringersi affettuosamente a qcn., a qcs.
An|ky|lo|se f. *(-,-n)* anchilosi *f.*
an‿lä|cheln tr. sorridere, fare un sorriso: ***jdn freundlich ~*** fare un sorriso amichevole a qcn.
an‿la|chen tr. **1** ***jdn ~*** guardare qcn. ridendo **2** COLLOQ. ***sich (D) jdn ~*** abbordare qcn. ◆ ***das lacht mich verlockend an*** ha un aspetto davvero allettante.
An|la|ge f. *(-,-n)* **1** costruzione *f.*, realizzazione *f.* **2** *(vom Geld)* investimento *m.* **3** *(Vorrichtung, Einrichtung)* installazione *f.*, impianto *m.*: ***eine elektronische ~*** un impianto elettronico; ***sanitäre -n*** impianti sanitari; ***-n für den Sport*** impianti sportivi **4** *(eines Romans, einer Symphonie)* struttura *f.*, impianto *m.* **5** SPORT piano *m.*: ***die spielerische ~ war defensiv*** il piano di gioco era difensivo **6a** predisposizione *f.*: ***eine ~ zu Allergien haben*** avere una predisposizione per le allergie **b** *(Begabung)* predisposizione *f.*, talento *m.*, attitudine *f.*: ***eine ~ zur Musik haben*** avere talento per la musica **7** BUROCR. allegato *m.*: ***als, in der ~*** come, in allegato; ***laut ~*** come da allegato ◆ ***städtische, öffentliche -n*** giardini pubblici.
An|la|ge|be|ra|ter m. *(-s,-)* consulente *m.* per gli investimenti. **An|la|ge|ge|sell|schaft** f. *(-,-en)* società *f.* d'investimenti. **An|la|ge|ka|pi|tal** n. *(-s,-e)* capitale *m.* d'investimento, capitale *m.* immobilizzato. **An|la|ge|kos|ten** pl. spese *f.pl.* d'impianto, d'installazione. **An|la|ge|kre|dit** m. *(-[e]s,-e)* credito *m.* d'investimento. **An|la|ge|mög|lich|keit** f. *(-,-en)* possibilità *f.* d'investimento. **An|la|gen|bau** m. *(-[e]s)* impiantistica *f.* **An|la|ge|pa|pier** n. *(-[e]s,-e)* titolo *m.* d'investimento. **An|la|ge|po|li|tik** f. *(-)* politica *f.* degli investimenti.
an‿la|gern I tr. CHIM. ***etw. ~*** formare un legame con qcs. **II** rifl. **1** CHIM. ***sich mit etw. ~*** formare un legame con qcs. **2** GEOL. depositarsi. **An|la|ge|rung** f. *(-,-en)* **1** CHIM. formazione *f.* di un legame **2** GEOL. deposito *m.*
An|la|ge|ver|mö|gen n. *(-s,-)* → **Anlagekapital.**
An|län|de f. *(-,-n)* approdo *m.*, scalo *m.*
an‿lan|den I intr. **1** (aus. *sein*) approdare, sbarcare **2** (aus. *haben, sein*) GEOL. allargarsi, espandersi (per depositi alluvionali) **II** tr. far approdare, far sbarcare. **An|lan|dung** f. *(-,-en)* **1** alluvione *f.*, deposito *m.* alluvionale **2** *(an Land gebrachte Ladung)* = merce *f.* scaricata da una nave.
an‿lan|gen I intr. (aus. *sein*) arrivare, giungere: ***zu Hause ~*** arrivare a casa; ***am Ziel ~*** giungere alla meta (anche FIG.) **II** tr. **1** concernere, riguardare: ***was ihn anlangt*** per quel che lo riguarda, in quanto a lui **2** REGION. *(anfassen)* toccare.
An|lass m. *(-es,-lässe)* **1a** causa *f.*, motivo *m.*, ragione *f.*: ***jdm ~ zu etw. geben*** dare a qcn. un pretesto per qcs., un motivo di qcs.; ***ohne allen ~*** senza alcun motivo; ***keinen ~ zu etw. sehen*** non vedere alcuna ragione per qcs. **b** iniziativa *f.*: ***auf jds ~*** per iniziativa, su suggerimento di qcn. **2** *(Gelegenheit)* occasione *f.*: ***bei diesem ~*** in questa occasione; ***aus diesem ~*** grazie a questa occasione; ***~ nehmen, um etw. zu tun (etw. zum ~ nehmen)*** cogliere l'occasione per fare qcs.
an‿las|sen *(lässt, ließ, gelassen)* **I** tr. **1** *(Motor)* mettere in moto, avviare **2** COLLOQ. tenere addosso: ***den Mantel ~*** tenere il cappotto addosso **3** lasciare acceso: ***das Radio ~*** lasciare la radio accesa **4** *(schelten)* rimproverare: ***jdn hart ~*** rimproverare aspramente qcn. **5** TECN. rinvenire **II** rifl. **sich ~** COLLOQ. iniziare: ***etw. lässt sich (A) gut an*** qcs. si mette bene; ***jd lässt sich (A) gut an*** qcn. promette bene.
An|las|ser m. *(-s,-)* dispositivo *m.* d'avviamento. **An|lass|far|be** f. *(-,-n)* → **Anlauffarbe. An|lass|kur|bel** f. *(-,-n)* manovella *f.* d'avviamento. **an|läss|lich** prep. + gen. in occasione di: ***~ seines Geburtstages*** in occasione del suo compleanno. **An|lass|schal|ter** m. *(-s,-)* interruttore *m.* d'avviamento.
an‿las|ten tr. ***jdm etw. ~*** accollare, addossare qcs. a qcn.
An|lauf m. *(-[e]s,-läufe)* **1a** rincorsa *f.*, slancio *m.*: ***einen ~ nehmen*** prendere la rincorsa **b** *(Anlaufstrecke)* rincorsa *f.* **2** MIL. assalto *m.*: ***im ersten ~*** al primo assalto **3** *(Beginn)* inizio *m.*, via *m.*: ***der ~ der Produktion*** il via della produzione **4** ARCH. modanatura *f.* concava ◆ ***beim ersten ~*** al primo tentativo; ***einen neuen ~ nehmen, machen*** ricominciare da capo, fare un altro tentativo. **An|lauf|ad|res|se** f. *(-,-n)* indirizzo *m.* di posto pubblico d'emergenza. **An|lauf|bahn** f. *(-,-en)* SPORT pista *f.* di rincorsa. **An|lauf|dreh|mo|ment** n. *(-[e]s,-e)* coppia *f.* di spunto.
an‿lau|fen *(läuft, lief, gelaufen)* **I** tr. ***einen Hafen ~*** toccare un porto, approdare in un porto **II** intr. (aus. *sein*) **1a** ***gegen etw. ~*** urtare correndo contro qcs. **b** FIG. ***gegen Vorurteile ~*** scontrarsi con pregiudizi **2** SPORT prendere la rincorsa **3** *(von Motor)* avviarsi, mettersi in moto **4** *(beginnen)* iniziare **5** appannarsi: ***die Fensterscheibe läuft an*** il vetro della finestra si appanna **6** *(zunehmen)* aumentare, salire: ***die Kosten laufen beträchtlich an*** le spese aumentano abbastanza ◆ ***blau (vor Kälte) ~*** diventare livido dal freddo; ***sein Gesicht lief rot an*** arrossì; FIG. ANT. ***bei jdm schlimm ~*** capitare male con qcn.
An|lauf|ha|fen m. *(-s,-häfen)* porto *m.* di scalo. **An|lauf|schwie|rig|keit** f. *(-,-en)* difficoltà *f.* iniziale. **An|lauf|stre|cke** f. *(-,-n)* lunghezza *f.*, tratto *m.* della rincorsa. **An|lauf|zeit** f. *(-,-en)* **1** *(von Motor)* durata *f.* dell'avviamento **2** *(Vorbereitungszeit)* periodo *m.* iniziale, di rodaggio **3** TEATR. CINEM. periodo *m.* delle prime rappresentazioni.
An|laut m. *(-[e]s,-e)* LING. iniziale *f.*, suono *m.* iniziale. **an‿lau|ten** intr. (aus. *haben*) iniziare: ***mit einem Zischlaut ~*** iniziare con una sibilante.
an‿läu|ten I tr. **1** SPORT ***die nächste Runde ~*** dare il segnale del round successivo (con un campanello) **2** REGION. chiamare (al telefono) **II** intr. (aus. *haben*) SVIZZ. ***jdm ~*** fare una telefonata a qcn.
an|lau|tend p.pres. agg. **1** → **anlauten 2** iniziale: ***-e Vokale*** vocali iniziali.
an‿le|cken tr. ***etw. ~*** leccare qcs., dare una leccata a qcs.: ***die Briefmarke ~*** dare una leccata al francobollo.
An|le|ge|brü|cke f. *(-,-n)* → **Anlegesteg.**
an‿le|gen I tr. **1** deporre, accostare, appoggiare: ***etw. an die Mauer ~*** appoggiare qcs. al muro **2** ***das Gewehr ~*** puntare il fucile; ***auf jdn ~*** puntare (l'arma) su qcn. **3** mettere, indossare: ***Trauerkleidung ~*** mettere il lutto; ***einen Verband ~*** mettere una fasciatura **4a** *(planvoll erstellen, gestalten)* erigere, costruire: ***eine Straße ~*** costruire una strada; ***einen Garten ~*** allestire un giardino (disponendo le varie piante) **b** *(entwerfen)* abbozzare: ***einen Roman ~*** abbozzare un romanzo **c** catalogare, compilare: ***ein Verzeichnis ~*** compilare un elenco **5a** ***sein Geld (in Wertpapieren) ~*** investire il proprio denaro (in titoli); ***Geld auf Zinsen ~*** mettere denaro a frutto, a interesse **b** *(ausgeben)* pagare, spendere: ***wie viel möchten Sie dafür ~?*** quanto vorrebbe spendere per questo? **6** ***es auf jdn, etw. ~*** mirare a qcn., a qcs.; ***du hast es wohl darauf angelegt, mich zu ärgern!*** vuoi proprio farmi arrabbiare! **7** EL. *(Spannung)* applicare **II** intr. (aus. *haben*) MAR. approdare, accostare: ***am Kai ~*** attraccare alla banchina; ***in einem Hafen ~*** approdare in un porto **III** rifl. ***sich mit jdm ~*** cercare la lite con qcn. ◆ ***Feuer an etw. (A) ~*** appiccare il fuoco a qcs.; ***mit Hand ~*** dare una mano (a fare qcs.); ***ein Kind ~*** allattare un bambino; ***Kohlen ~*** mettere carbone sul fuoco; FIG. ***einen strengen Maßstab ~*** adottare una misura severa, un metro severo.

An|le|ge|platz m. *(-es,-plätze)* approdo *m.*, attracco *m.* **An|le|ger** m. *(-s,-)* **1** ECON. investitore *m.* **2** TIP. ANT. *(Arbeiter)* mettifoglio *m.* **3** MAR. → **Anlegeplatz. An|le|ge|steg** m. *(-[e]s,-e)* **1** pontile *m.* **2** passerella *f.* d'approdo. **An|le|ge|stel|le** f. *(-,-n)* → **Anlegeplatz.**

an_leh|nen I tr. **1** *an etw. (A)* ~ appoggiare a qcs. **2** *(Tür)* accostare, socchiudere **II** rifl. **sich ~ 1** appoggiarsi **2** FIG. attenersi: ***dieser Roman lehnt sich an Goethes „Werther" an*** questo romanzo ha come modello il "Werther" di Goethe; ***sich an ein Vorbild ~*** attenersi a un modello. **An|leh|nung** f. *(-,-en)* **1** appoggio *m.*: ***~ bei jemand Stärkerem finden*** trovare appoggio in qualcuno più forte **2** l'attenersi, l'avere come modello: ***die ~ an Brecht*** avere Brecht come modello; ***unter, in ~ an die Romantik*** attenendosi ai modelli romantici. **An|leh|nungs|be|dürf|nis** n. *(-ses,-se)* bisogno *m.* di appoggio, d'affetto. **an|leh|nungs|be|dürf|tig** agg. bisognoso d'appoggio affettivo.

an_lei|ern tr. COLLOQ. avviare, mettere in moto: ***eine Werbekampagne ~*** avviare una campagna pubblicitaria.

An|lei|he f. *(-,-n)* **1** prestito *m.*: ***eine langfristige ~*** un prestito a lungo termine; ***eine ~ (bei jdm) aufnehmen*** contrarre un prestito (con qcn.); ***eine ~ auflegen, zeichnen, tilgen*** emettere, sottoscrivere, rimborsare un prestito **2** *(Obligation)* obbligazione *f.*: ***Geld in -n investieren*** investire denaro in obbligazioni **3** FIG. plagio *m.*: ***eine ~ bei Bach machen*** plagiare Bach.

An|lei|he|ab|lö|sung f. *(-,-en)* ammortamento *m.*, rimborso *m.* di un prestito. **An|lei|he|aus|ga|be** f. *(-,-n)* emissione *f.* di un prestito. **An|lei|he|pa|pier** n. *(-s,-e)* ECON. titolo *m.* **An|lei|he|zeich|ner** m. *(-s,-)* sottoscrittore *m.* di prestito. **An|lei|he|zeich|nung** f. *(-,-en)* sottoscrizione *f.* di prestito.

an_lei|men tr. *(Holz)* incollare.

an_lei|nen tr. mettere al guinzaglio.

an_lei|ten tr. **1** guidare, dirigere **2** ***zu etw. ~*** avviare, indirizzare a qcs. **An|lei|tung** f. *(-,-en)* **1** guida *f.*, direzione *f.*: ***etw. unter ~ eines anderen tun*** fare qcs. sotto la guida di un altro **2** *(Gebrauchsanweisung)* biglietto *m.* di istruzioni per l'uso.

An|lern|be|ruf m. *(-[e]s,-e)* = mestiere *m.* con breve periodo di addestramento, senza qualifica professionale. **an_ler|nen** tr. **1** ***einen Hilfsarbeiter ~*** addestrare un operaio non specializzato **2** COLLOQ. ***sich (D) etw. ~*** acquisire qcs. con la pratica. **An|lern|ling** m. *(-s,-e)* apprendista *m.*, garzone *m.* **An|lern|zeit** f. *(-,-en)* apprendistato *m.*, tirocinio *m.* (di un garzone).

an_le|sen tr. **1** dare una scorsa: ***ein Buch ~*** dare una scorsa a un libro **2** ***sich (D) etw. ~*** apprendere qcs. attraverso la lettura.

an_leuch|ten tr. illuminare, rischiarare.

an_lie|fern tr. consegnare. **An|lie|fe|rung** f. *(-,-en)* consegna *f.*

an_lie|gen *(lag, gelegen)* **I** intr. (aus. *sein*) **1** essere aderente: ***der Pullover liegt eng an*** il pullover è molto aderente **2** *(grenzen)* confinare: ***einem Grundstück ~*** essere adiacente a, confinare con un terreno **3** FIG. ***jdm ~*** essere di competenza di qcn. **II** tr. MAR. ***nach Norden ~*** dirigersi verso nord ◆ ***liegt etwas Besonderes an?*** c'è qualcosa di particolare da fare? **An|lie|gen** n. *(-s,-)* preghiera *f.*, richiesta *f.*: ***ein ~ an jdn haben*** avere una preghiera da fare a qcn.; ***ein ~ vorbringen*** avanzare una richiesta (che sta particolarmente a cuore). **an|lie|gend** agg. **1** *(von Grundstücken)* confinante, adiacente **2** BUROCR. allegato, accluso. **An|lie|ger** m. *(-s,-)* proprietario *m.* di casa o terreno adiacente: ***frei für ~, ~ frei*** accesso libero per residenti. **An|lie|ger|staat** m. *(-[e]s,-en)* stato *m.* rivierasco: ***die -en der Ostsee*** gli stati rivieraschi del Baltico. **An|lie|ger|ver|kehr** m. *(-s)* circolazione *f.* (stradale) riservata ai residenti.

an_lo|cken tr. attirare (anche FIG.).

an_lö|ten tr. MECC. brasare, saldare.

an_lü|gen tr. ***jdn ~*** mentire a qcn.

an_lu|ven intr. (aus. *haben*) orzare.

Anm. ⇒ *Anmerkung* nota (n.)

an_ma|chen tr. **1** *(anbringen)* fissare, attaccare: ***einen Zettel an die, der Tür ~*** attaccare un biglietto alla porta; ***die Gardinen ~*** attaccare le tende **2** COLLOQ. *(anschalten, anzünden)* accendere **3a** *(anrühren)* preparare (mescolando), mescolare; *(Gips, Mörtel)* impastare **b** ***den Salat ~*** condire l'insalata **4** COLLOQ. abbordare, agganciare: ***ein Mädchen ~*** agganciare una ragazza ◆ ***mach mich nicht an!*** levati di torno! ***das macht mich an*** mi alletta.

an_mah|nen tr. reclamare, sollecitare. **An|mah|nung** f. *(-,-en)* reclamo *m.*, sollecito *m.*

an_ma|len I tr. dipingere: ***etw. rot ~*** dipingere qcs. di rosso **II** rifl. **sich ~ 1** dipingersi, pitturarsi **2** ***sich (D) die Lippen ~*** dipingersi, pitturarsi le labbra.

An|marsch m. *(-[e]s)* **1** MIL. avanzata *f.* **2** COLLOQ. *(Wegstrecke)* tragitto *m.* ◆ ***im ~ sein*** MIL. avanzare, stare avanzando; SCHERZ. stare per arrivare. **an_mar|schie|ren** intr. (aus. *sein*) avvicinarsi, arrivare (marciando). **an|mar|schiert**, ***~ kommen*** arrivare in marcia, avvicinarsi (marciando).

an_ma|ßen rifl. ***sich (D) etw. ~*** arrogarsi qcs.: ***sich Rechte ~*** arrogarsi dei diritti; ***sich Kritik an etw. ~*** permettersi di criticare qcs. **an|ma|ßend** agg. arrogante, presuntuoso. **An|ma|ßung** f. *(-,-en)* **1** arroganza *f.*, presunzione *f.* **2** *(unberechtigter Anspruch)* pretesa *f.* ingiustificata.

an_mau|len tr. COLLOQ. ***jdn ~*** parlare a qcn. in modo burbero.

Anm. d. Red. ⇒ *Anmerkung der Redaktion* nota del redattore (N.d.R.).

Anm. d. Ü. ⇒ *Anmerkung des Übersetzers* nota del traduttore (N.d.T.).

Anm. d. Verf. ⇒ *Anmerkung des Verfassers* nota dell'autore (N.d.A.).

an_me|ckern tr. COLLOQ. ***jdn ~*** sgridare qcn. (senza motivo).

An|mel|de|for|mu|lar n. *(-s,-e)* modulo *m.* di iscrizione. **An|mel|de|frist** f. *(-,-en)* termine *m.* di iscrizione, di immatricolazione. **An|mel|de|ge|bühr** f. *(-,-en)* tassa *f.* di iscrizione, di immatricolazione. **an_mel|den I** tr. **1** *(ankündigen)* annunciare, comunicare: ***seine Ankunft, seinen Besuch ~*** comunicare il proprio arrivo, annunciare la propria visita **2** *(angeben)* dichiarare, denunciare: ***einen Schaden ~*** denunciare un danno; ***Konkurs ~*** dichiarare fallimento **3a** *(registrieren lassen)* iscrivere, (far) registrare: ***ein Auto ~*** immatricolare un'auto; ***ein Patent ~*** depositare un brevetto **b** *(einschreiben)* iscrivere: ***ein Kind in, an der Schule, für einen Kurs ~*** iscrivere un figlio a scuola, a un corso **4a** *(geltend machen)* far valere: ***seine Ansprüche ~*** far valere i propri diritti **b** *(vorbringen)* ***Wünsche, Zweifel ~*** manifestare desideri, dubbi **II** rifl. **sich ~ 1** *(sich einschreiben)* iscriversi: ***sich für einen, zu einem Kurs ~*** iscriversi a un corso **2** ***sich bei jdm ~ lassen*** farsi annunciare a qcn. ◆ ***sich beim Arzt ~*** prendere un appuntamento dal medico; ***sich polizeilich ~*** comunicare la propria residenza alla polizia. **An|mel|de|pflicht** f. *(-)* obbligo *m.* di iscrizione, di immatricolazione. **an|mel|de|pflich|tig** agg. con obbligo di iscrizione, di immatricolazione. **An|mel|dung** f. *(-,-en)* **1** *(Ankündigung)* annuncio *m.*, comunicazione *f.*, preavviso *m.*: ***ohne ~ können Sie den Direktor nicht sprechen*** senza appuntamento non può parlare col direttore **2** *(von Patenten, Warenzeichen)* domanda *f.* (di brevetto) **3a** *(Einschreibung)* iscrizione **b** *(Immatrikulation)* immatricolazione *f.* **4** *(Vorbringen)* manifestazione *f.* **5** COLLOQ. *(Anmelderaum)* ufficio *m.* registrazioni.

an_mer|ken tr. **1** annotare, segnare: ***etw. rot ~*** segnare qcs. in rosso **2** notare: ***jdm die Freude, die Unruhe ~*** notare la, accorgersi della gioia, dell'inquietudine di qcn. **3** *(äußern)* esprimersi: ***er hat dazu noch nichts angemerkt*** non si è ancora espresso a tale proposito ◆ ***sich (D) nichts ~ lassen*** non far trapelare nulla. **An|mer|kung** f. *(-,-en)* **1** *(Fußnote)* nota *f.*, annotazione *f.* **2** *(Äußerung)* osservazione *f.*: ***noch einige -en am Rande hinzufügen*** aggiungere qualche osservazione a margine.

an_mes|sen tr. *(misst, maß, gemessen)* ***jdm etw. ~*** fare qcs. su misura per qcn.: ***vom Schneider einen Anzug ~ lassen*** far fare al sarto un abito su misura.

an_mie|ten tr. affittare, prendere in affitto (temporaneamente); *(Wagen)* noleggiare, prendere a noleggio. **An|mie|tung** f. *(-,-en)* affitto *m.*; *(von Wagen)* noleggio *m.*

an_mon|tie|ren tr. montare, applicare.

an_mot|zen tr. COLLOQ. ***jdn ~*** brontolare, borbottare contro qcn.

an_mus|tern MAR. **I** tr. ingaggiare **II** intr. (aus. *haben*) farsi ingaggiare, imbarcarsi ◆ ***sich ~ lassen*** farsi imbarcare. **An|mus|te|rung** f. *(-,-en)* MAR. ingaggio *m.*, imbarco *m.*

An|mut f. *(-)* **1** grazia *f.*, leggiadria *f.*: ***eine natürliche ~ besitzen*** possedere una grazia naturale **2** *(von Orten)* amenità *f.* **an_mu|ten** tr. **1** ***jdn ~*** fare un effetto su qcn., parere a qcn.: ***die Stadt mutet mich fremd an*** la città mi pare estranea; ***das Erlebnis mutete ihn wie ein Traum an*** visse quell'esperienza come in un sogno **2** ANT. ***jdm etw. ~*** pretendere, aspettarsi qcs. da qcn. **an|mu|tig I** agg. **1** aggraziato, leggiadro: ***-e Bewegungen*** movimenti aggraziati **2** *(von Orten)* ameno **II** avv. graziosamente, con grazia, con leggiadria. **an|muts|voll** agg. pieno di grazia, molto aggraziato, molto leggiadro. **An|mu|tung** f. *(-,-en)* ANT. pretesa *f.*

an_na|geln tr. inchiodare.

an_na|gen tr. (cominciare a) rosicchiare.

an_nä|hen tr. attaccare (cucendo), cucire.

an_nä|hern I tr. avvicinare, accostare **II** rifl. **sich ~** avvicinarsi; ***sich etw. (D) ~*** avvicinarsi, accostarsi a qcs. **an|nä|hernd** avv. pressappoco, all'incirca, quasi. **An|nä|he|rung** f. *(-,-en)* avvicinamento *m.*, accostamento *m.* (anche FIG.): ***bei ~ des Flugzeugs*** all'avvicinarsi dell'aereo. **An|nä|he|rungs|ver|such** m. *(-[e]s,-e)* tentativo *m.* di avvicinamento, approccio *m.*: ***-e machen*** fare degli approcci. **an|nä|he|rungs|wei|se** → **annähernd. An|nä|he|rungs|wert** m. *(-[e]s, -e)* valore *m.* approssimativo.

An|nah|me f. *(-,-n)* **1a** *(Entgegennehmen)* accettazione *f.*, ritiro *m.*; ***die ~ eines Pakets verweigern*** rifiutarsi di ritirare un pacchetto **b** *(Annahmestelle)* (ufficio *m.*) accettazione *f.* **2** *(Billigung)* accettazione *f.*, approvazione *f.*: ***die ~ einer Gesetzesvorlage*** l'approvazione di un disegno di legge **3** *(Zulassung)* ammissione *f.*, accettazione *f.*: ***über jds ~ entscheiden*** decidere l'ammissione di qcn. **4** *(Aneignung)* adozione *f.*, assunzione *f.*: ***die ~ einer Gewohnheit*** l'assumere un'abitudine **5** *(Vermutung, Meinung)* supposizione *f.*, opinione *f.*, parere *m.*: ***eine verbreitete ~*** un'opinione diffusa; ***in der ~, dass...*** supponendo che...; ***keinen Grund zur ~ haben*** non avere motivo di credere **6** SPORT ricezione *f.* (della palla, del dischetto) ◆ ANT. ***~ an Kindes statt*** adozione. **An|nah|me|be|stä|ti|gung, An|nah|me|er|klä|rung** f. *(-,-en)* ricevuta *f.* di avvenuta consegna. **An|nah|me|stel|le** f. *(-,-n)* ufficio *m.* accettazione. **An|nah|me|ver|wei|ge|rung** f. *(-,-en)* rifiuto *m.* di accettazione.

An|na|len pl. **1** annali *m.pl.*: ***in die ~ der Geschichte eingehen*** entrare negli annali della storia **2** *(Jahrbücher)* annuari *m.pl.* **An|na|list** m. *(-en,-en)* annalista *m.*

An|ne n.pr.f. Anna *f.*

an|nehm|bar I agg. **1** accettabile: ***ein -er Vorschlag*** una proposta accettabile; ***-e Preise, Bedingungen*** prezzi, condizioni accettabili (*o* convenienti) **2** *(von Erklärungen)* plausibile, ammissibile **II** avv. in modo accettabile, decentemente. **An|nehm|bar|keit** f. *(-)* **1a** accettabilità *f.* **b** *(von Preisen, Bedingungen)* convenienza *f.* **2** *(von Erklärungen)* plausibilità *f.*, ammissibilità *f.*

an‿neh|men *(nimmt, nahm, genommen)* **I** tr. **1** accettare, ritirare: ***ein Geschenk ~*** accettare un regalo; ***ein Paket für den Nachbarn ~*** ritirare un pacchetto per il vicino **2** *(folgen, zustimmen)* accettare, approvare: ***jds Hilfe, Einladung ~*** accettare l'aiuto, l'invito di qcn.; ***einen Antrag einstimmig ~*** accettare (*o* approvare) una proposta all'unanimità; ***Ratschläge ~*** accettare consigli **3** *(zulassen)* ammettere, accettare: ***jdn im Gymnasium ~*** ammettere qcn. al liceo **4** *(sich zu eigen machen)* prendere, assumere: ***schlechte Gewohnheiten ~*** prendere cattive abitudini; ***Haltung ~*** assumere un contegno; ***der Streik nimmt größere Ausmaße an*** lo sciopero assume proporzioni più ampie **5** *(Farbe, Feuchtigkeit)* prendere, assorbire **6a** *(vermuten, meinen)* supporre, ritenere: ***mit Recht ~, dass...*** ritenere con ragione che...; ***das kannst du ~*** ci puoi giurare **b** *(voraussetzen)* (pre)supporre: ***nehmen wir an, er hätte Recht...*** supponiamo (*o* mettiamo) che abbia ragione... **7** COLLOQ. ***ein Kind ~*** adottare un bambino **8** SPORT ***den Ball ~*** ricevere la palla **II** rifl. **1** ***sich jds ~*** prendersi cura, interessarsi di qcn. **2** ***sich einer Sache ~*** occuparsi, interessarsi di una cosa ◆ ***Gestalt ~*** prendere forma; ***Vernunft ~*** mettere giudizio.

an|nehm|lich agg. ANT. **1** comodo, agiato **2** *(annehmbar)* accettabile, conveniente. **An|nehm|lich|keit** f. *(-,-en)* agio *m.*, comodità *f.*

an|nek|tie|ren tr. annettere. **An|nek|tie|rung** f. *(-,-en)* → **Annexion.**

An|ne|lie|se n.pr.f. Annalisa *f.*

An|ne|ma|rie n.pr.f. Annamaria *f.*

An|ne|xi|on f. *(-,-en)* annessione *f.* **An|ne|xi|o|nis|mus** m. *(-)* annessionismo *m.*

an‿nie|sen tr. ***jdn ~*** starnutire in faccia a qcn.

an‿nie|ten tr. fissare con rivetti.

An|ni|ver|sar n. *(-s,-e)* anniversario *m.*: ***sein fünfzigstes ~ begehen*** celebrare il cinquantesimo anniversario.

an|no AUSTR., **An|no** nell'anno, anno ◆ ***~ dazumal,*** SCHERZ. ***dunnemals*** un tempo, ai tempi antichi; SCHERZ. ***~ Tobak*** al tempo che Berta filava.

An|non|ce [a'nõ:sə] f. *(-,-n)* annuncio *m.*, inserzione *f.*: ***eine ~ aufgeben*** pubblicare un annuncio; ***eine ~ in die Zeitung setzen*** mettere un annuncio sul giornale. **An|non|cen|bü|ro** n. *(-s,-s)* ufficio *m.* inserzioni. **An|non|cen|teil** m. *(-[e]s,-e)* pagine *f.pl.* (di un giornale) degli annunci. **an|non|cie|ren** [anõ'si:rən] **I** intr. (aus. *haben*) pubblicare un annuncio (*o* un'inserzione) **II** tr. annunciare, rendere noto (con un'inserzione).

An|no|ta|ti|on f. *(-,-en)* **1** ANT. annotazione *f.*, nota *f.* **2** EX-RDT elenco *m.* delle nuove pubblicazioni.

An|nu|i|tät f. *(-)* annualità *f.*

an|nul|lier|bar agg. annullabile. **an|nul|lie|ren** tr. annullare. **An|nul|lie|rung** f. *(-,-en)* annullamento *m.*

A|no|de f. *(-,-n)* anodo *m.*

an‿öden tr. COLLOQ. **1** annoiare a morte, mortalmente **2** *(belästigen)* infastidire, seccare.

A|no|den|bat|te|rie f. *(-,-n)* batteria *f.* anodica. **A|no|den|span|nung** f. *(-)* tensione *f.* anodica. **A|no|den|strah|len** pl. raggi *m.pl.* anodici. **A|no|den|strom** m. *(-[e]s,-ströme)* corrente *f.* anodica.

a|no|mal, a|no|mal I agg. anomalo **II** avv. in modo anomalo: ***sich ~ verhalten*** comportarsi in modo anomalo. **A|no|ma|lie** f. *(-,-n)* anomalia *f.* (anche MED.).

a|no|nym I agg. anonimo: ***ein -er Brief*** una lettera anonima **II** avv. anonimamente. **A|no|ny|mi|tät** f. *(-)* anonimità *f.*, anonimato *m.*: ***seine ~ wahren*** mantenere l'anonimato. **A|no|ny|mus** m. *(-, Anonymi* e *Anonymen)* anonimo *m.*

A|no|phe|les f. *(-,-)* anofele *m.*

A|no|rak m. *(-s,-s)* giacca *f.* a vento (con cappuccio).

an‿ord|nen tr. **1** ordinare, disporre, sistemare: ***die Bücher nach Sachgebieten ~*** ordinare i libri per materie **2a** *(veranlassen, verfügen)* ordinare, (pre)disporre: ***eine Untersuchung ~*** ordinare un'inchiesta **b** MED. ***strenge Bettruhe ~*** ordinare assoluto riposo (a letto). **An|ord|nung** f. *(-,-en)* **1** *(Reihenfolge, Gruppierung)* ordine *m.*, disposizione *f.*, collocazione *f.* **2** *(Veranlassung, Verfügung)* ordine *m.*, disposizione *f.*: ***einer ~ nachkommen*** eseguire un ordine; ***das geschah auf meine ~*** ciò è stato fatto su mia disposizione.

A|no|re|xie f. *(-,-n)* anoressia *f.*

an|or|ga|nisch agg. **1** inorganico: ***-e Chemie*** chimica inorganica **2** disorganico: ***eine -e Entwicklung*** uno sviluppo disorganico.

a|nor|mal agg. anormale.

an‿pa|cken tr. **1** afferrare, agguantare **2** *(von Tieren)* ghermire; *(an einen Hund)* ***pack an!*** attacca! **3** affrontare: ***ein Problem ~*** affrontare un problema **4** COLLOQ. *(behandeln)* trattare: ***jdn hart ~*** trattare qcn. con durezza.

an‿pap|pen tr. COLLOQ. appiccicare: ***einen Zettel an der Tür ~*** appiccicare un biglietto alla porta.

an‿pas|sen I tr. **1** adattare (su misura): ***jdm einen Anzug ~*** adattare un abito (addosso) a qcn. **2** *(angleichen)* adattare, adeguare: ***die Renten den steigenden Kosten ~*** adeguare le pensioni ai costi che aumentano **II** rifl. **sich ~** adattarsi: ***sich seiner Umgebung ~*** adattarsi al proprio ambiente. **An|pas|ser** m. *(-s,-)* POL. GERG. opportunista *m.* **An|pas|sung** f. *(-,-en)* adattamento *m.*, adeguamento *m.*: ***~ an die herrschende Denkweise*** adattamento al pensiero dominante, acquiescenza *f.* **an|pas|sungs|fä|hig** agg. capace di adattarsi, adattabile. **An|pas|sungs|fä|hig|keit** f. *(-,-en)* capacità *f.* di adattamento, adattabilità *f.* **An|pas|sungs|pro|zess** m. *(-es,-e)* processo *m.* di adattamento. **An|pas|sungs|schwie|rig|keit** f. *(-,-en)* difficoltà *f.* di adattamento. **An|pas|sungs|ver|mö|gen** n. *(-s,-)* → **Anpassungsfähigkeit.**

an‿pei|len tr. MAR. AER. ***etw. ~*** rilevare la posizione di qcs., localizzare qcs. (col radiogoniometro). **An|pei|lung** f. *(-,-en)* radiogoniometraggio *m.*

an‿peit|schen tr. incitare, spronare (con minacce): ***jdn zur Arbeit ~*** spronare qcn. al lavoro.

an‿pfei|fen tr. *(pfiff, gepfiffen)* **1** SPORT fischiare: ***das Spiel ~*** fischiare l'inizio della partita **2** COLLOQ. ***jdn ~*** sgridare bruscamente qcn. **An|pfiff** m. *(-[e]s,-e)* **1** SPORT fischio *m.* d'inizio **2** COLLOQ. *(Rüge)* sgridata *f.*

an‿pflan|zen tr. **1a** piantare: ***Blumen im Garten ~*** piantare fiori in giardino **b** *(bepflanzen)* ***ein Beet ~*** mettere piante in un'aiuola **2** *(anbauen)* coltivare: ***Mais ~*** coltivare mais. **An|pflan|zung** f. *(-,-en)* **1** il piantare **2** *(Anbau)* coltivazione *f.*, piantagione *f.*, coltura *f.*

an‿pflau|men tr. COLLOQ. ***jdn ~*** prendere in giro qcn.

1.an‿pi|cken tr. beccare, mangiare beccando.

2.an‿pi|cken AUSTR. **I** intr. (aus. *sein*) essere incollato **II** tr. incollare.

an‿pin|keln tr. VOLG. **1** ***etw. ~*** pisciare su (*o* contro) qcs. **2** FIG. ***jdn ~*** gettare merda addosso a qcn.

an‿pin|nen tr. COLLOQ. fissare con puntine (da disegno).

an‿pin|seln I tr. COLLOQ. dipingere, pitturare: ***die Wand weiß ~*** pitturare di bianco la parete **II** rifl. **sich ~** COLLOQ. IRON. truccarsi.

An|pö|be|lei f. *(-,-en)* COLLOQ. insulto *m.* **an‿pö|beln** tr. COLLOQ. ***jdn ~*** insultare qcn.

an‿po|chen intr. (aus. *haben*) REGION. bussare (timidamente).

An|prall m. *(-[e]s)* **1** urto *m.*, cozzo *m.* **2** FIG. urto *m.*, assalto *m.*: ***der ~ der Menge*** l'urto della folla. **an‿pral|len** intr. (aus. *sein*) ***an, gegen jdn, etw. ~*** urtare, cozzare contro qcn., qcs.

an‿pran|gern tr. stigmatizzare, condannare violentemente: ***die Missstände ~*** stigmatizzare gli abusi. **An|pran|ge|rung** f. *(-,-en)* stigmatizzazione *f.*, violenta condanna *f.*

an‿prei|sen tr. *(pries, gepriesen)* decantare, magnificare: ***eine Ware ~*** decantare una merce. **An|prei|sung** f. *(-,-en)* lode *f.*, elogio *m.*

an‿pres|sen tr. premere: ***die Arme an den Körper ~*** premere le braccia contro il corpo.

An|pro|be f. *(-,-n)* prova *f.*: ***der Schneider bestellt den Kunden zur ~*** il sarto fa venire il cliente a provare, per la prova. **an‿pro|bie|ren**

tr. provare: ***einen Anzug ~*** provare un abito.
an_pum|pen tr. COLLOQ. ***jdn (um Geld) ~*** spremere qcn., spillare denaro a qcn.
an_pus|ten tr. COLLOQ. soffiare: ***das Feuer ~*** soffiare sul fuoco.
an_quas|seln, an_quat|schen tr. COLLOQ. ***jdn ~*** attaccare bottone con qcn.
an_rai|nen intr. (aus. *haben*) ***an jdn, etw. ~*** confinare con qcn., qcs. **an|rai|nend** agg. confinante. **An|rai|ner** m. *(-s,-)* confinante *m.*, vicino *m.* **An|rai|ner|grund|stück** n. *(-[e]s,-e)* territorio *m.* confinante.
an_ran|zen tr. COLLOQ. ***jdn ~*** fare una ramanzina, dare una strigliata a qcn. **An|ran|zer** m. *(-s,-)* COLLOQ. ramanzina *f.*, strigliata *f.*
an_ra|sen intr. (aus. *sein*) COLLOQ. arrivare di corsa.
an_ras|seln intr. (aus. *sein*) COLLOQ. arrivare con gran fracasso.
an_ra|ten tr. *(rät, riet, geraten)* ***jdm etw. ~*** consigliare, raccomandare qcs. a qcn. **An|ra|ten** n. *(-s,-)* consiglio *m.*: ***auf ~ des Arztes*** su consiglio del medico.
an_rau|chen tr. **1** ***eine Zigarette ~*** cominciare a fumare una sigaretta **2** ***jdn ~*** soffiare il fumo in faccia a qcn. **an_räu|chern** tr. affumicare leggermente.
an_rau|en tr. rendere ruvido.
an_raun|zen tr. COLLOQ. apostrofare, investire (con insulti), rabbuffare. **An|raun|zer** m. *(-s,-)* COLLOQ. aspro rimprovero *m.*, rabbuffo *m.*
an_rech|nen tr. **1** mettere in conto, conteggiare, addebitare: ***jdm die Telefongespräche ~*** mettere in conto le telefonate a qcn. **2** giudicare: ***etw. als Verfehlung ~*** giudicare qcs. (come) una colpa; ***jdm etw. als Verdienst ~*** ascrivere qcs. a merito di qcn.; ***jdm etw. hoch ~*** riconoscere qcn. molto meritevole per qcs. **3** FIG. detrarre, dedurre: ***die Untersuchungshaft auf die Gefängnisstrafe ~*** detrarre il carcere preventivo dalla pena detentiva. **An|rech|nung** f. *(-,-en)* il mettere in conto: ***in ~ bringen*** conteggiare; ***unter ~ der Transportkosten*** conteggiando le spese di trasporto. **an|rech|nungs|fä|hig** agg. addebitabile, che può essere conteggiato.
An|recht n. *(-[e]s,-e)* **1** titolo *m.*, diritto *m.*: ***ein ~ auf etw. (A) besitzen*** avere diritto a qcs.; ***sein ~ geltend machen*** far valere il proprio diritto **2** *(Theater-, Konzertabonnement)* abbonamento *m.*
An|re|de f. *(-,-n)* **1** il rivolgere la parola, il rivolgersi: ***auf jds ~ nicht antworten*** non rispondere a qcn. (che ci rivolge la parola); ***die ~ mit „du"*** il rivolgersi dando del "tu"; ***nach einer ~ verlangen*** desiderare che qcn. ci rivolga la parola **2** titolo *m.*, appellativo *m.*: ***die offizielle ~*** il titolo ufficiale. **An|re|de|fall** m. *(-[e]s,-fälle)* (caso *m.*) vocativo *m.* **an_re|den I** tr. ***jdn ~*** rivolgere la parola a qcn.: ***jdn mit „Sie" ~*** dare del lei a qcn. **II** intr. (aus. *haben*) ***gegen etw. ~*** parlare contro qcs.
an_re|gen tr. **1** ***jdn zu etw. ~*** stimolare, indurre qcn. a qcs.: ***jdn zum Nachdenken ~*** indurre qcn. a riflettere **2** proporre, suscitare: ***eine Frage ~*** proporre una questione, suscitare una domanda **3** *(beleben)* animare, eccitare (anche FIG.) **4** NUCL. eccitare: ***ein Atom ~*** eccitare un atomo. **an|re|gend** p.pres. agg. **1** → **anregen 2** eccitante, stimolante. **An|re|ger** m. *(-s,-)* chi ispira, ispiratore *m.* **An|re|gung** f. *(-,-en)* impulso *m.*, stimolo *m.*: ***die ~ zu etw. geben*** dare l'impulso a qcs.; ***ein Mittel zur ~ des Appetits*** un farmaco per stimolare l'appetito. **An|re|gungs|mit|tel** n. *(-s,-)* stimolante *m.*
an_rei|ben tr. *(rieb, gerieben)* **1** REGION. accendere (strofinando): ***ein Streichholz ~*** accendere un fiammifero **2** TECN. *(Farbe)* stemperare.
an_rei|chern I rifl. **sich ~** accumularsi, concentrarsi: ***diese Stoffe reichern sich im Nervensystem an*** queste sostanze si concentrano nel sistema nervoso **II** tr. arricchire: ***Lebensmittel mit Vitaminen ~*** arricchire alimenti con vitamine. **An|rei|che|rung** f. *(-)* **1** accumulamento *m.*, concentrazione *f.* **2** arricchimento *m.*
an_rei|hen I tr. **1a** *(in Reihen ordnen)* mettere in fila **b** ***Perlen ~*** infilare perle **2** *(rieh, geriehen, gereiht)* imbastire: ***einen Rock ~*** imbastire una gonna **II** rifl. **sich ~** mettersi in fila: ***sich hinter den anderen ~*** mettersi in fila dietro agli altri.
An|rei|se f. *(-,-n)* **1** *(Hinfahrt)* viaggio *m.* di andata **2** *(Ankunft)* arrivo *m.* **an_rei|sen** intr. (aus. *sein*) **1** viaggiare (verso una meta) **2** arrivare (da un viaggio). **An|rei|se|tag** m. *(-[e]s,-e)* giorno *m.* di, dell'arrivo. **An|rei|se|ter|min** m. *(-s,-e)* data *f.* di, dell'arrivo.
an_rei|ßen tr. *(riss, gerissen)* **1** incominciare a strappare **2** intaccare, iniziare a consumare: ***die Vorräte ~*** intaccare le provviste **3** TECN. tracciare col graffietto: ***eine Linie auf Metall ~*** tracciare una linea sul metallo col graffietto **4** FIG. *(berühren)* ***ein Problem ~*** sfiorare, accennare un problema **5** COLLOQ. ***Käufer, Kunden ~*** attirare compratori, clienti ◆ ***einen Außenbordmotor ~*** avviare un fuoribordo (tirando la corda). **An|rei|ßer** m. *(-s,-)* **1** TECN. tracciatore *m.* **2a** COLLOQ. strillone *m.* **b** = merce *f.* di forte richiamo. **an|rei|ßer|isch** agg. COLLOQ. vistoso, volgare, plateale.
an_rei|ten *(ritt, geritten)* **I** intr. (aus. *sein*) **1** MIL. combattere (a cavallo): ***gegen jdn ~*** combattere contro qcn. **2** partire a cavallo; ***im Schritt ~*** iniziare a cavalcare al passo **II** tr. **1** avvicinarsi cavalcando: ***das Hindernis ~*** dirigersi (a cavallo) verso l'ostacolo **2** ***ein Pferd ~*** domare un cavallo.
An|reiz m. *(-es,-e)* stimolo *m.*, incentivo *m.*: ***ein ~ zum Sparen*** un incentivo al risparmio; ***das bietet keinen ~ mehr*** questo non offre più alcuno stimolo. **an_rei|zen** tr. **1** stimolare, incentivare: ***jdn zu etw. ~*** stimolare qcn. a (fare) qcs. **2** stuzzicare, risvegliare: ***den Appetit ~*** stuzzicare l'appetito.
an_rem|peln tr. COLLOQ. **1** ***jdn ~*** dare uno spintone a qcn. **2** *(beleidigen)* insultare, offendere. **An|rem|pe|lung, An|remp|lung** f. *(-,-en)* COLLOQ. **1** spintone *m.* **2** *(Beleidigung)* insulto *m.*, offesa *f.*
an_ren|nen *(rannte, gerannt)* **I** intr. (aus. *sein*) **1** arrivare di corsa **2a** ***gegen jdn, etw. ~*** urtare contro qcn., qcs. correndo: ***mit dem Ellbogen an, gegen die Türkante ~*** urtare (correndo) col gomito contro lo spigolo della porta **b** *(in feindlicher Absicht)* scagliarsi, gettarsi contro qcn., qcs. **II** tr. REGION. ***jdn, etw. ~*** urtare, cozzare contro qcn., qcs. **III** rifl. **sich ~** COLLOQ. sbattere (correndo): ***sich (D) das Knie an einer Kante ~*** sbattere il ginocchio contro uno spigolo.
An|rich|te f. *(-,-n)* credenza *f.* **an_rich|ten** tr. **1a** *(Speisen)* mettere, disporre in tavola **b** ***mit etw. ~*** guarnire, condire con qcs. **2** FIG. *(verursachen)* causare: ***Schaden ~*** causare danni ◆ ***es ist angerichtet*** è pronto (in tavola); ***da hast du ja etwas Schönes angerichtet!*** l'hai fatta proprio bella! **An|rich|te|tisch** m. *(-[e]s,-e)* tavolo *m.* di servizio.
an_rie|chen tr. *(roch, gerochen)* **1** *(beriechen)* RAR. annusare **2** ***etw. ~*** sentire l'odore di qcs., sentire qcs. dall'odore: ***man riecht ihm das Bier von weitem an*** gli si sente l'odore di birra da lontano.
An|riss m. *(-es,-e)* **1** MED. strappo *m.* **2** TECN. *(Zeichnung)* tracciatura *f.*
an_rit|zen tr. scalfire leggermente.
an_rol|len I intr. (aus. *sein*) **1** avvicinarsi, arrivare (su ruote) **2a** partire, iniziare a muoversi (su ruote) **b** FIG. iniziare, cominciare, partire: ***der Wahlkampf ist angerollt*** le elezioni sono cominciate **II** tr. trasportare (su ruote).
an_ros|ten intr. (aus. *sein*) iniziare ad arrugginire.
an_rot|zen tr. COLLOQ. **1** insultare **2** *(anspucken)* ***jdn ~*** sputare addosso a qcn.
an|rü|chig agg. **1** malfamato, equivoco: ***ein -es Lokal*** un locale equivoco; ***eine -e Person*** una persona dalla cattiva fama **2** sconveniente, sporco: ***ein -er Witz*** una barzelletta sporca. **An|rü|chig|keit** f. *(-,-en)* cattiva fama *f.*
an_ru|cken intr. (aus. *haben*) partire con uno scossone.
an_rü|cken I intr. (aus. *sein*) MIL. avanzare, avvicinarsi **II** tr. spostare, avvicinare: ***ein Möbelstück an die Wand ~*** spostare un mobile contro la parete.
an_ru|dern intr. (aus. *haben*) aprire la stagione di canottaggio. **An|ru|dern** n. *(-s)* inizio *m.* della stagione di canottaggio.
An|ruf m. *(-[e]s,-e)* **1** chiamata *f.*, grido *m.*: ***~ um Hilfe*** invocazione d'aiuto **2** telefonata *f.*, chiamata *f.*: ***einen ~ erhalten*** ricevere una chiamata. **An|ruf|be|ant|wor|ter** m. *(-s,-)* segreteria *f.* telefonica, risponditore *m.* **an_ru|fen** tr. *(rief, gerufen)* **1a** ***jdn ~*** chiamare qcn., dare una voce a qcn. **b** ***jdn als Zeugen ~*** chiamare qcn. a testimone **2** invocare, implorare: ***Gott um Gnade ~*** invocare la grazia di Dio **3** ***das Gericht ~*** rivolgersi al tribunale **4** *(telefonisch)* ***jdn ~*** chiamare qcn. (al telefono), telefonare a qcn. **An|ru|fer** m. *(-s,-)* chi chiama (al telefono). **An|ru|fung** f. *(-,-en)* invocazione *f.*, implorazione *f.*
an_rüh|ren tr. **1** *(berühren)* toccare: ***er hat das Essen kaum angerührt*** non ha quasi toccato cibo; FIG. ***kein Buch ~*** non toccare un libro **2** FIG. *(innerlich berühren)* toccare, colpire **3** *(verrühren)* mescolare: ***Farbe (mit Wasser) ~*** mescolare colori (con acqua); ***einen Teig ~*** fare un impasto.
ans → **an.**
an_sä|en tr. seminare.
An|sa|ge f. *(-,-n)* **1** annuncio *m.*, presentazione *f.*: ***die ~ des Programms*** l'annuncio del programma; ***-n durchgeben*** trasmettere annunci **2** *(beim Kartenspiel)* licitazione *f.*, dichiarazione *f.* **An|sa|ge|dienst** m. *(-[e]s,-e)* informazioni *f.pl.* telefoniche (registrate). **an_sa|gen I** tr. **1a** annunciare: ***ein Programm ~*** annunciare un programma **b** preannunciare: ***seinen Besuch ~*** preannunciare la propria visita; ***es ist schlechtes Wetter angesagt*** è previsto brutto tempo **2** dichiarare: ***Bankrott ~*** dichiarare bancarotta **3** BUROCR. dettare: ***schreiben Sie, was ich Ihnen ansage*** scriva ciò che le detto **II** rifl. **sich ~** annunciare la propria visita: ***sich für***

heute ~ annunciare la propria visita, annunciarsi per oggi.
an‿sä|gen tr. incominciare a segare, intaccare con la sega.
An|sa|ger m. *(-s,-)* **1** RAD. TELEV. annunciatore *m.* **2** TEATR. presentatore *m.*
an‿sam|meln I tr. accumulare, ammassare **II** rifl. **sich ~** adunarsi, radunarsi, raccogliersi. **An|samm|lung** f. *(-,-en)* **1** accumulo *m.*, ammasso *m.* **2** *(Menschenmenge)* assembramento *m.*
an|säs|sig agg. residente: ***in einer Stadt ~ sein*** essere residente in una città; ***sich ~ machen*** prendere la residenza.
An|satz m. *(-es,-sätze)* **1** principio *m.*, accenno *m.*: ***der ~ zu einer Besserung*** l'accenno di miglioramento; ***du hast schon einen ~ zum Bauch*** hai già un accenno di pancia **2** approccio *m.*: ***ein philologischer, interdisziplinärer ~*** un approccio filologico, interdisciplinare **3** TECN. pezzo *m.* aggiunto, aggiunta *f.* **4** deposito *m.*, strato *m.*: ***ein ~ von Kalk*** un deposito calcareo **5** ANAT. attaccatura *f.* **6a** MUS. imboccatura *f.*: ***einen schönen ~ haben*** avere una buona imboccatura **b** impostazione *f.* della voce **7** ECON. stanziamento *m.*, fondo *m.*: ***Ansätze für die Verteidigung*** stanziamenti per la difesa **8** MAT. proposizione *f.*, enunciato *m.* ◆ ***in ~ bringen*** mettere in conto; ***außer ~ bleiben*** non essere messo in conto, non essere preso in considerazione. **An|satz|punkt** m. *(-[e]s,-e)* appiglio *m.*, aggancio *m.*: ***ein ~ zur Kritik*** un appiglio per la critica. **An|satz|rohr** n. *(-s,-e)* **1** ANAT. cavo *m.* laringeo **2** EL. prolunga *f.* **An|satz|stück** n. *(-s,-e)* TECN. pezzo *m.* aggiunto, aggiunta *f.*
an‿säu|ern I tr. **1** ***den Teig ~*** far fermentare l'impasto (del pane) **2** CHIM. acidificare: ***eine Lösung ~*** acidificare una soluzione **II** intr. (aus. *sein*) inacidirsi.
an‿sau|fen rifl. *(säuft, soff, gesoffen)* COLLOQ. ***sich (D) Mut ~*** farsi coraggio (bevendo); ***sich (D) einen (Rausch) ~*** prendersi una sbornia.
an‿sau|gen *(sog/saugte, gesogen/gesaugt)* **I** tr. (incominciare a) succhiare, aspirare **II** rifl. ***sich an etw. (A) ~*** attaccarsi a qcs. succhiando, aspirando.
An|saug|ge|räusch n. *(-es,-e)* AUT. rumore *m.* di aspirazione. **An|saug|luft** f. *(-)* aria *f.* di aspirazione, aspirata. **An|saug|rohr** n. *(-s,-e)* tubo *m.* di aspirazione.
an‿säu|seln rifl. COLLOQ. ***sich (D) einen ~*** alzare un po' il gomito.
an‿sau|sen intr. (aus. *sein*) COLLOQ. arrivare come un razzo.
An|schaf|fe f. *(-)* COLLOQ. ***auf (die) ~ gehen*** andare a battere (il marciapiede).
an‿schaf|fen I tr. **1** prendere, comprare: ***neue Möbel ~*** prendere mobili nuovi **2** REGION. *(befehlen)* ***jdm etw. ~*** dire a qcn. di fare qcs.: ***wer hat dir das angeschafft?*** chi te l'ha detto (di farlo)? **II** intr. (aus. *haben*) **1** COLLOQ. ***~ gehen*** andare a battere (il marciapiede) **2** REGION. far soldi **III** rifl. ***sich (D) etw. ~*** prendersi, comprarsi qcs. ◆ COLLOQ. ***sich Kinder ~*** avere bambini; PROV. ***wer zahlt, schafft an*** chi paga, decide.
An|schaf|fung f. *(-,-en)* acquisto *m.*: ***-en machen*** fare acquisti. **An|schaf|fungs|wert** m. *(-[e]s,-e)* valore *m.* d'acquisto, all'acquisto.
an‿schal|ten tr. **1** accendere: ***den Fernseher ~*** accendere il televisore **2** TECN. *(Kontakt herstellen)* collegare: ***etw. an etw. (A) ~*** collegare qcs. a, con qcs.
an‿schau|en I tr. guardare, osservare **II** rifl. **sich ~ 1** *(einander)* guardarsi **2** ***sich (D) die Stadt ~*** vedersi la città.
an|schau|lich I agg. chiaro, evidente, perspicuo: ***jdm etw. ~ machen*** rendere chiaro qcs. a qcn. **II** avv. in modo evidente, in modo chiaro: ***etw. ~ erklären*** spiegare qcs. in modo chiaro. **An|schau|lich|keit** f. *(-)* chiarezza *f.*, evidenza *f.*
An|schau|ung f. *(-,-en)* **1** opinione *f.*, concezione *f.*, modo *m.* di vedere: ***die ~ von etw. teilen*** condividere il modo di vedere qcs.; ***es überwiegt die ~, dass...*** prevale l'opinione che... **2** contemplazione *f.*: ***in ~ versunken dastehen*** essere assorto in contemplazione **3** *(Vorstellung)* idea *f.*, impressione *f.*: ***etw. aus eigener ~ beurteilen können*** poter giudicare qcs. (partendo) da una propria impressione. **An|schau|ungs|kraft** f. *(-,-kräfte)* forza *f.* d'immaginazione. **An|schau|ungs|ma|te|ri|al** n. *(-s,-ien)* materiale *m.* didattico. **An|schau|ungs|un|ter|richt** m. *(-[e]s)* lezione *f.* con sussidi didattici. **An|schau|ungs|wei|se** f. *(-,-n)* modo *m.* di vedere, concezione *f.*
An|schein m. *(-[e]s)* apparenza *f.*, aria *f.*: ***es hat den ~, als ob...*** sembra che...; ***dem, allem ~ nach*** a quanto pare, stando all'apparenza; ***sich (D) den ~ geben, alles zu wissen*** darsi l'aria di saperla lunga; ***den ~ (er)wecken*** far credere. **an‿schei|nen** tr. rischiarare; *(von der Sonne)* illuminare e riscaldare. **an|schei|nend** avv. apparentemente, a quanto pare.
an‿schei|ßen tr. *(schiss, geschissen)* VOLG. **1** *(betrügen)* fregare, imbrogliare **2** *(beschimpfen)* = insultare (pesantemente).
an‿schi|cken rifl. **sich ~** accingersi, mettersi: ***sich zum Gehen ~*** accingersi ad andare, stare per andare via.
an‿schie|ben *(schob, geschoben)* **I** tr. spingere: ***den Wagen ~*** spingere la macchina (per farla partire); ***etw. an die Wand ~*** spingere qcs. contro la parete **II** intr. (aus. *sein*) COLLOQ. arrivare trascinandosi, piano piano.
an‿schie|len tr. COLLOQ. guardare di lato, di sbieco.
an‿schie|ßen *(schoss, geschossen)* **I** tr. **1a** ferire, colpire (con un'arma da fuoco) **b** FIG. *(heftig kritisieren)* ferire (a parole) **2** *(Waffen)* provare **II** intr. (aus. *sein*) arrivare sparato.
an‿schim|meln intr. (aus. *sein*) iniziare ad ammuffire.
an‿schir|ren tr. **1** *(Zugtiere)* attaccare **2** bardare: ***dem Pferd das Zaumzeug ~*** bardare il cavallo.
An|schiss m. *(-es,-e)* COLLOQ. lavata *f.* di capo, cazziatone *m.*
An|schlag m. *(-[e]s,-schläge)* **1** *(Bekanntmachung)* manifesto *m.*, affisso *m.*: ***einen ~ am schwarzen Brett machen*** affiggere una comunicazione in bacheca **2** *(Angriff)* attentato *m.*: ***einen ~ auf jds Leben planen*** progettare un attentato alla vita di qcn. **3** *(Brandung)* sciabordio *m.*, sciacquio *m.*: ***der gleichmäßige ~ der Wellen*** lo sciabordio uniforme delle onde **4a** *(Art des Anschlagens)* tocco *m.*: ***er spielt mit weichem ~*** suona con un tocco morbido; ***die Schreibmaschine hat einen leichten ~*** la macchina da scrivere ha un tocco leggero **b** rintocco *m.*: ***der ~ der Glocke*** il rintocco della campana **5** *(beim Maschinenschreiben)* battuta *f.*: ***sie schreibt 300 Anschläge in der Minute*** scrive 300 battute al minuto; ***eine Zeilenlänge auf 50 Anschläge einstellen*** fissare la lunghezza della riga a 50 battute **6a** SPORT *(beim Schwimmen)* il toccare: ***~ am Beckenrand*** il toccare il bordo della piscina **b** GIOC. tocco *m.* (a nascondino): ***~ für Kurt!*** tocco per Kurt! **7** MIL. VENAT. posizione *f.* di mira: ***das Gewehr im ~ halten*** tenere il fucile spianato **8** COMM. preventivo *m.*: ***etw. in ~ bringen*** calcolare, preventivare qcs. **9** *(Hemmvorrichtung)* arresto *m.*, dispositivo *m.* d'arresto: ***den Hahn bis zum ~ aufdrehen*** aprire il rubinetto fino all'arresto **10** EDIL. battuta *f.* **11** *(von Maschen)* avviamento *m.* (di un lavoro a maglia). **An|schlag|brett** n. *(-[e]s,-er)* bacheca *f.*, quadro *m.* per gli avvisi.
an‿schla|gen *(schlägt, schlug, geschlagen)* **I** tr. **1** attaccare, affiggere: ***eine Mitteilung ~*** affiggere un avviso **2** *(Geschirr)* danneggiare urtando, ammaccare **3a** *(Tasten)* premere, battere: ***die Tasten der Schreibmaschine ~*** premere i tasti della macchina da scrivere; ***die Tasten des Klaviers ~*** toccare i tasti del pianoforte **b** ***einen Akkord, eine Melodie ~*** suonare un accordo, una melodia **4** *(befestigen)* fissare inchiodando: ***ein Brett ~*** fissare un'asse con chiodi **5** SPORT battere: ***den Ball ~*** battere la palla **6** GIOC. ***jdn ~*** toccare qcn. (giocando a nascondino) **7** ANT. ***eine Waffe ~*** prendere la mira, puntare un'arma **8** FIG. LETT. stimare: ***etw. hoch, gering ~*** tenere in gran considerazione, tenere in poco conto qcs. **II** intr. **1a** (aus. *sein*) urtare, colpire: ***mit dem Kopf ~*** urtare con la testa (contro uno spigolo) **b** *(von Wellen)* frangersi: ***ans Ufer ~*** frangersi sulla riva **2** (aus. *haben*); *(beim Schwimmen)* toccare: ***als Erster am Beckenrand ~*** toccare il bordo della piscina per primo **3** *(ertönen)* rintoccare: ***die Turmuhr schlägt an*** l'orologio del campanile torre batte (le ore) **4** *(wirken)* avere un effetto: ***die Kur schlägt gut bei jdm an*** la cura ha un effetto positivo su qcn. **5** COLLOQ. *(dick machen)* fare ingrassare: ***Süßigkeiten schlagen an*** i dolci fanno ingrassare **6** *(warnend bellen)* abbaiare (per segnalare qcs.): ***die Hunde schlagen an*** i cani abbaiano **7** ANT. ***auf jdn ~*** puntare il fucile contro, mirare a qcn. **III** rifl. ***sich (D) den Kopf an etw. (D) ~*** battere la testa contro qcs. ◆ ***einen Baum ~*** iniziare ad abbattere un albero (con un'ascia); AUSTR. ***ein Fass ~*** spillare una botte; ***eine schnellere Gangart ~*** prendere un'andatura più rapida; ***Maschen ~*** avviare le maglie; ***ein anderes Thema ~*** toccare un altro argomento; ***einen anderen Ton ~*** cambiar tono.
an|schlä|gig agg. REGION. ingegnoso, furbo.
An|schlag|säu|le f. *(-,-n)* colonna *f.* per affissioni. **An|schlag|ta|fel** f. *(-,-n)* tabellone *m.* per affissioni.
an‿schlei|chen *(schleicht, schlich, geschlichen)* **I** tr. ***das Wild ~*** avvicinare di soppiatto la selvaggina **II** intr. (aus. *sein*) avvicinarsi di soppiatto **III** rifl. ***sich an etw. (A) ~*** avvicinarsi di soppiatto a qcs.
an‿schlei|fen tr. *(schliff, geschliffen)* **1** levigare leggermente: ***einen Stein ~*** levigare leggermente una pietra **2** affilare un poco: ***ein Messer ~*** dare un'affilata a un coltello; ***dem Messer eine Spitze ~*** fare la punta al coltello.
an‿schlen|dern intr. (aus. *sein*) COLLOQ. arrivare piano, lentamente.
an‿schlep|pen tr. **1** trascinare a fatica **2** FIG. COLLOQ. ***viele Freunde ~*** tirarsi dietro molti amici **3** *(ein Kraftfahrzeug)* trainare (fino a far partire).
an‿schlie|ßen *(schloss, geschlossen)* **I** tr. **1** attaccare, legare: ***das Fahrrad an den (am) Zaun ~*** legare la bicicletta al recinto **2a** collegare, congiungere: ***einen Schlauch an den (am) Wasserhahn ~*** col-

legare un tubo al rubinetto **b** EL. allacciare, collegare **3** unire, far seguire: ***einer (an eine) Frage eine weitere ~*** far seguire una domanda a un'altra **II** rifl. **sich ~ 1** far seguito, seguire: ***an den Vortrag schließt sich eine Diskussion an*** alla conferenza fa seguito un dibattito **2a *sich jdm, etw. ~*** aderire a qcn., qcs.: ***sich einer Gruppe ~*** unirsi a un gruppo; ***sich einer Theorie ~*** aderire a una teoria **b *sich einem Menschen ~*** stringere amicizia con una persona **c** assol. *(einverstanden sein)* ***ich schließe mich an*** mi associo **III** intr. (aus. *haben*) aderire molto, essere molto aderente.

an|schlie|ßend avv. successivamente, dopo.

An|schluss m. *(-es,-schlüsse)* **1a** congiungimento *m.*, connessione *f.* **b** EL. collegamento *m.*, allacciamento *m.* (telefonico): ***elektrischen ~ haben*** essere allacciato alla rete elettrica **2** *(anschließende Verkehrsverbindung)* coincidenza *f.*: ***den ~ verpassen*** perdere la coincidenza **3** annessione *f.*, unione *f.*: ***der ~ an Deutschland*** l'annessione alla Germania **4** FIG. contatto *m.*, conoscenza *f.*, amicizia *f.*: ***keinen ~ finden*** non trovare contatto (con altre persone) ◆ ***keinen ~ bekommen*** non riuscire a prendere la linea; ***im ~ an etw. (A)*** a seguito di qcs., facendo seguito a qcs.; COMM. in allegato a qcs.

An|schluss|bahn f. *(-,-en)* linea *f.* di raccordo. **An|schluss|be|we|gung** f. *(-)* STOR. movimento *m.* annessionistico. **An|schluss|do|se** f. *(-,-n)* EL. EDIL. scatola *f.* di giunzione. **An|schluss|gleis** n. *(-es,-e)* binario *m.* di raccordo. **An|schluss|lei|tung** f. *(-,-en)* **1** IDR. conduttura *f.* di allacciamento **2** EL. linea *f.* di allacciamento. **An|schluss|tor** n. *(-[e]s,-e)*, **An|schluss|tref|fer** m. *(-s,-)* SPORT INTRAD. (gol che riduse lo svantaggio a una sola rette). **An|schluss|zug** m. *(-[e]s,-züge)* treno *m.* coincidente, coincidenza *f.*

an‿schmach|ten tr. guardare languidamente.

an‿schmie|den tr. **1** attaccare, unire mediante forgiatura **2** FIG. ***sich nicht ~ lassen*** non farsi legare (*o* incatenare).

an‿schmie|gen I tr. appoggiare, far aderire: ***das Kind schmiegt seinen Kopf (an die Mutter) an*** il bimbo appoggia la testa (alla madre) **II** rifl. **sich ~ 1** adattarsi, aderire: ***der Pullover schmiegt sich dem Körper an*** la maglia aderisce al corpo **2 *sich an jdn ~*** stringersi affettuosamente a qcn. **3** FIG. *(anpassen)* adattarsi.

an|schmieg|sam agg. **1** affettuoso **2** *(anpassungsfähig)* adattabile. **An|schmieg|sam|keit** f. *(-,-en)* **1** dolcezza *f.*, affettuosità *f.* **2** *(Anpassungsvermögen)* adattabilità *f.*

an‿schmie|ren I tr. **1** *(beschmutzen)* sporcare, insudiciare **2** *(lieblos anmalen)* impiastrare, imbrattare: ***die Wände ~*** imbrattare i muri **3** COLLOQ. *(betrügen)* abbindolare, imbrogliare: ***mit diesem Bild hat man ihn angeschmiert*** con questo quadro l'hanno abbindolato **II** rifl. **sich ~ 1** sporcarsi, insudiciarsi **2** COLLOQ. *(sich zu stark schminken)* impiastricciarsi, truccarsi male **3 *sich bei jdm ~*** entrare nelle grazie di qcn.

an‿schmo|ren tr. cuocere brevemente.

an‿schnal|len I tr. **1** legare (con cinghie, fibbie), allacciare **II** rifl. **sich ~ 1** allacciarsi la cintura, le cinture (di sicurezza) **2 *sich (D) etw. ~*** allacciarsi, legarsi qcs.: ***sich (D) die Ski ~*** allacciarsi gli sci.

An|schnall|gurt m. *(-[e]s,-e)* cintura *f.* di sicurezza. **An|schnall|pflicht** f. *(-)* obbligo *m.* di allacciare le cinture.

an‿schnau|fen intr. (aus. *sein*) **1** *(von Personen)* arrivare ansimando **2** *(von Lokomotiven)* arrivare sbuffando.

an‿schnau|zen tr. COLLOQ. ***jdn ~*** dare una strigliata a qcn. **An|schnau|zer** m. *(-s,-)* COLLOQ. rabbuffo *m.*, strigliata *f.*

an‿schnei|den tr. *(schnitt, geschnitten)* **1a** cominciare (a tagliare) **b *Blumen ~*** spuntare il gambo dei fiori **2** *(zur Sprache bringen)* intavolare, toccare: ***ein Problem ~*** toccare un problema **3** SPORT tagliare: ***den Ball, eine Kurve ~*** tagliare il pallone, una curva.

An|schnitt m. *(-[e]s,-e)* **1** primo pezzo *m.* (tagliato), prima fetta *f.* **2** *(Schnittfläche)* superficie *f.* di taglio: ***den ~ abdecken*** coprire la superficie tagliata.

an‿schnor|ren tr. COLLOQ. ***jdn um etw. ~*** elemosinare qcs. da qcn.

An|scho|vis f. *(-,-)* acciuga *f.*, alice *f.* **An|scho|vis|pas|te** f. *(-,-n)* pasta *f.* d'acciughe.

an|schraub|bar agg. avvitabile. **an‿schrau|ben** tr. attaccare (con viti), avvitare.

an‿schrei|ben tr. *(schrieb, geschrieben)* **1** scrivere: ***Vokabeln an die Tafel ~*** scrivere vocaboli alla lavagna **2** BUROCR. ***jdn ~*** rivolgersi per iscritto a qcn., scrivere a qcn. **3 *jdm etw. ~*** marcare (*o* segnare) qcs. a qcn., mettere qcs. in conto a qcn.; ***beim Bäcker ~ lassen*** far mettere in conto dal panettiere. **An|schrei|ben** n. *(-s,-)* BUROCR. accompagnatoria *f.*, lettera *f.* d'accompagnamento.

an‿schrei|en tr. *(schrie, geschrie[e]n)* **I *jdn ~*** rimproverare qcn., gridare contro qcn. **II** rifl. ***sich gegenseitig (***LETT. ***einander) ~*** rimproverarsi (a vicenda), gridarsi contro.

An|schrift f. *(-,-en)* recapito *m.*, indirizzo *m.*

an‿schul|di|gen tr. incolpare, accusare (pubblicamente): ***jdn ~ (wegen) einer Straftat*** accusare pubblicamente qcn. di un delitto. **An|schul|di|gung** f. *(-,-en)* accusa *f.*, imputazione *f.*; ***eine falsche ~*** un'accusa ingiusta, calunnia.

an‿schü|ren tr. **1** attizzare, ravvivare **2** FIG. suscitare, eccitare: ***jds Hass ~*** suscitare l'odio in qcn.

an‿schüt|ten tr. *(ein Gelände)* rialzare; *(einen Damm)* erigere.

an‿schwan|ken intr. (aus. *sein*) avvicinarsi barcollando.

an‿schwän|zeln intr. (aus. *sein*) avvicinarsi scodinzolando.

an‿schwär|men I intr. (aus. *sein*) arrivare, venire a sciami **II** tr. adorare, venerare profondamente.

an‿schwär|zen tr. **1** RAR. annerire **2** COLLOQ. denigrare, diffamare, mettere in cattiva luce: ***einen Schulkameraden beim Lehrer ~*** mettere un compagno di scuola in cattiva luce con il maestro. **An|schwär|zer** m. *(-s,-)* denigratore *m.*, diffamatore *m.*

an‿schwe|ben intr. (aus. *sein*) avvicinarsi in volo.

an‿schwei|gen *(schwieg, geschwiegen)* **I** tr. ***jdn ~*** non parlare a qcn., evitare di parlare a qcn. **II** rifl. ***sich gegenseitig (***LETT. ***einander) ~*** non parlarsi, evitare di parlarsi.

an‿schwei|ßen tr. saldare.

1.an‿schwel|len intr. *(schwillt, schwoll, geschwollen;* aus. *sein)* **1** gonfiare, gonfiarsi: ***die Drüsen sind angeschwollen*** le ghiandole (si) sono gonfiate **2** *(von Geräuschen)* farsi più forte, aumentare: ***der Lärm schwillt an*** il rumore aumenta **3** *(von Flüssen, Wasser)* crescere, ingrossarsi.

2.an‿schwel|len tr. **1** (far) gonfiare **2** FIG. gonfiare, ingrandire, esagerare: ***eine Lappalie zum Skandal ~*** gonfiare una sciocchezza fino a farne uno scandalo.

An|schwel|lung f. *(-,-en)* **1** ingrossamento *m.*, gonfiamento *m.*, aumento *m.* **2** MED. ingrossamento *m.*, rigonfiamento *m.*, gonfiore *m.*

an‿schwem|men tr. trasportare, depositare a riva: ***die Flut hat Algen angeschwemmt*** l'alta marea ha depositato alghe a riva. **An|schwem|mung** f. *(-,-en)* **1** deposito *m.* **2** *(angeschwemmtes Land)* terreno *m.* alluvionale.

an‿schwim|men *(schwamm, geschwommen)* **I** tr. ***etw. ~*** dirigersi verso qcs. nuotando, nuotare verso qcs. **II** intr. (aus. *sein*) avvicinarsi nuotando (*o* a nuoto) ◆ ***gegen die Strömung ~*** nuotare controcorrente.

an‿schwin|deln tr. COLLOQ. ***jdn ~*** raccontare frottole a qcn.; ***jdn mit etw. ~*** raggirare, imbrogliare qcn. con qcs.

an‿schwir|ren intr. (aus. *sein*) **1a** *(von Insekten)* arrivare ronzando **b** *(von Vögeln)* arrivare con un frullio d'ali **2** COLLOQ. arrivare all'improvviso.

an‿schwit|zen tr. GASTR. (far) dorare, imbiondire.

An|schwung m. *(-[e]s,-schwünge)* SPORT slancio *m.* iniziale.

an‿se|geln I tr. ***eine Insel ~*** veleggiare verso un'isola **II** intr. (aus. *sein*) arrivare veleggiando.

an‿se|hen *(sieht, sah, gesehen)* **I** tr. **1a** guardare: ***jdn misstrauisch ~*** guardare qcn. con diffidenza; ***sieh mich nicht so an!*** non guardarmi così! ***schön anzusehen*** bello da vedere, a vedersi **b** *(prüfend betrachten)* osservare: ***etw. näher ~*** osservare qcs. più da vicino, più attentamente **c *(sich [D]) einen Film ~*** vedere (*o* vedersi) un film; ***ein Programm im Fernsehen ~*** guardare (*o* vedere) un programma alla televisione **d** *(besichtigen)* vedere, visitare: ***(sich [D]) eine Kirche, eine Wohnung ~*** visitare una chiesa, vedere un appartamento **2 *jdm sein Alter, seine fremde Herkunft ~*** capire l'età di qcn., che qcn. è straniero (guardandolo); ***man sieht es ihm an, dass...*** gli si legge in faccia che..., si vede che... **3** *(halten)* considerare, ritenere: ***jdn als Feind ~*** considerare nemico qcn.; ***etw. für, als möglich ~*** ritenere qcs. possibile; ***wofür siehst du mich an?*** per chi mi prendi? **4 *etw. (mit) ~*** stare a guardare, assistere a qcs.: ***so etwas kann ich nicht mehr (mit) ~!*** non posso più stare a guardare una cosa simile! **II** rifl. ***sich schön, hässlich ~*** essere bello, brutto a vedersi, avere un bell'aspetto, un brutto aspetto ◆ ***etw. mit anderen Augen, anders ~*** guardare qcs. con altri occhi, in altro modo; ***das sehe sich einer an!*** è da non credere! ***das Geld nicht ~*** non badare al denaro; ***jdn groß, mit großen Augen ~*** guardare qcn. con tanto d'occhi; ***sieh mal (einer) an!*** ma guarda un po'! chi l'avrebbe detto! ***jdn von oben herab ~*** guardare qcn. dall'alto in basso; ***jdn schief, von der Seite ~*** guardare storto (*o* di traverso) qcn.; ***jdn nicht für voll ~*** non prendere sul serio qcn.

An|se|hen n. *(-s)* **1** aspetto *m.*, apparenza *f.*: ***eine Frau von ärmlichem ~*** una donna dall'aspetto misero; ***dem ~ nach zu urteilen...*** a giudicare dalle apparenze...; ***die Sache gewinnt ein anderes ~*** la cosa assume un altro aspetto **2** *(Achtung)* stima *f.*, considerazione *f.*, credito *m.*: ***(bei jdm) großes ~ genießen, in hohem ~ stehen*** godere di grande stima (presso qcn.); ***sein ~ durch etw. ver-***

lieren perdere il proprio credito per qcs. ◆ *ohne ~ der Person* senza riguardo alla persona; *jdn vom, von ~ kennen* conoscere qcn. di vista. **an|se|hens|wert** agg. *eine -e Ausstellung* una mostra che merita di essere vista. **an|sehn|lich** agg. 1 *(beträchtlich)* considerevole, notevole: *eine -e Summe* una somma considerevole 2 *(gut aussehend)* bello, di bell'aspetto.

an‿sei|len I tr. legare con una corda II rifl. **sich ~** ALP. legarsi in cordata.

An|selm n.pr.m. Anselmo *m.*

an‿set|zen I tr. 1 mettere, accostare, sistemare: *den Wagenheber ~* mettere il cric (alla macchina); *das Glas ~* portare il bicchiere alle labbra; *die Feder ~* appoggiare la penna (sul foglio) 2 *(Blasinstrumente)* imboccare 3 *(anfügen und befestigen)* applicare, attaccare: *zwei Taschen am, an das Kleid ~* applicare due tasche al vestito 4a *(hervorbringen)* mettere: *Blätter, Früchte ~* mettere foglie, fare frutti; *einen Bauch ~* metter su pancia b *Rost, Schimmel ~* prendere la ruggine, fare la muffa 5 *(festsetzen)* fissare, stabilire: *die Sitzung ist für, auf den 8. Mai angesetzt* la riunione è fissata per l'8 maggio 6 *(veranschlagen)* preventivare: *die Kosten mit 500 Mark ~* preventivare costi di 500 marchi 7 *(einsetzen, beauftragen)* mettere, collocare, incaricare: *Polizeihunde auf eine Spur ~* mettere cani poliziotto su una traccia; *jdn auf ein neues Projekt ~* mettere qcn. a lavorare a un nuovo progetto 8 *(mischen)* mescolare, preparare (mescolando): *den Teig ~* preparare l'impasto 9 REGION. *(aufsetzen)* mettere al fuoco II intr. (aus. *haben*) 1 *zu etw. ~* apprestarsi, accingersi, prepararsi a (fare) qcs.: *zum Reden ~* apprestarsi a parlare; *zur Landung, zum Sprung ~* prepararsi per l'atterraggio, al salto 2a *(beginnen)* iniziare, cominciare: *hier muss die Kritik ~* qui deve cominciare la critica b *seine Haare setzen tief an* i suoi capelli hanno l'attaccatura bassa 3 *(anbrennen)* attaccarsi (al fondo della pentola): *Milch setzt leicht an* il latte si attacca facilmente III rifl. **sich ~** 1 *(sich festsetzen)* attaccarsi (sul fondo della pentola) 2 *(sich bilden)* formarsi, svilupparsi: *im Boiler hat sich Kalk angesetzt* nel boiler si è formato del calcare ◆ *Obst mit Alkohol ~* mettere sotto spirito della frutta; *gut ~* germogliare (*o* buttare) bene.

An|sicht f. *(-,-en)* 1a veduta *f.*, immagine *f.*: *die ~ einer Stadt* la veduta di una città b *die vordere, seitliche ~ der Kirche* la vista anteriore, laterale della chiesa 2 *(Meinung)* opinione *f.*, idea *f.*, parere *m.*: *meine ~ geht dahin, dass...* il mio parere è che...; *meiner ~ nach* secondo me, per me, a mio avviso; *der ~ sein, dass...* essere dell'opinione che... ◆ *zur ~* in visione. **an|sich|tig**, LETT. *jds, etw. (G) ~ werden* scorgere qcn., qcs. **An|sichts|exemp|lar** n. *(-s,-e)* copia *f.* in visione. **An|sichts|kar|te, An|sichts|post|kar|te** f. *(-,-n)* cartolina *f.* illustrata. **An|sichts|sa|che**, *~ sein* essere questione di punti di vista. **An|sichts|sen|dung** f. *(-,-en)* invio *m.* (di materiale) in visione.

an‿sie|deln I tr. insediare II rifl. **sich ~** stabilirsi, insediarsi. **An|sie|de|lung** → **Ansiedlung. An|sied|ler** m. *(-s,-)* colono *m.* **An|sied|lung** f. *(-,-en)* 1 *(das Ansiedeln)* insediamento *m.* 2 *(Niederlassung)* insediamento *m.*

an‿sin|gen *(sang, gesungen)* I tr. 1 *jdn ~* rivolgersi con il canto a qcn.; *den Mond ~* cantare alla luna 2 *den Frühling ~* annunciare (col canto) l'inizio della primavera 3 *ein neues Lied ~* provare una nuova canzone II intr. (aus. *haben*) 1 cominciare a cantare 2 *gegen den Lärm ~* sovrastare il rumore col canto.

An|sin|nen n. *(-s,-)* pretesa *f.*, richiesta *f.*: *ein ~ an jdn stellen* fare una richiesta a qcn.

An|sitz m. *(-es,-e)* 1 VENAT. posta *f.*: *auf den ~ gehen* appostarsi 2 AUSTR. dimora *f.*

an|sonst I avv. → **ansonsten** II cong. REGION. altrimenti, in caso contrario. **an|sons|ten** avv. COLLOQ. 1 *(im Übrigen)* inoltre 2 *(im anderen Falle)* in caso contrario, altrimenti.

an‿span|nen I tr. 1 attaccare: *die Pferde, den Wagen ~* attaccare i cavalli, il carro 2 *(straffer spannen)* tendere, tirare 3 *(anstrengen)* impegnare, tendere, sforzare: *die Muskeln ~* tendere i muscoli; *alle Kräfte ~* impegnare tutte le forze; *seine Aufmerksamkeit ~* concentrare la propria attenzione II intr. (aus. *haben*) attaccare i cavalli III rifl. **sich ~** tendersi, impegnarsi, sforzarsi. **An|span|nung** f. *(-,-en)* impegno *m.*, sforzo *m.*, tensione *f.*: *unter ~ aller Kräfte* con l'impiego di tutte le forze.

an‿spa|zie|ren intr. (aus. *sein*) COLLOQ. arrivare passeggiando lentamente.

an‿spei|en tr. *(spie, gespien)* LETT. *jdn, etw. ~* sputare addosso a qcn., su qcs.

An|spiel n. *(-[e]s,-e)* SPORT inizio *m.* del gioco. **an|spie|len** I tr. 1 SPORT *jdn ~* passare la palla a qcn., servire qcn. 2 *(beim Kartenspielen)* giocare (come prima carta): *Herz ~* giocare cuori 3 *auf jdn, etw. ~* alludere a qcn., a qcs. II intr. (aus. *haben*) 1a SPORT iniziare il gioco b *(vom Spielführer)* dare inizio al gioco 2 *(beim Kartenspielen)* giocare la prima carta. **An|spie|lung** f. *(-,-en)* allusione *f.*: *-en auf jdn, etw. machen* fare allusioni a qcn., a qcs.

an‿spin|nen *(spann, gesponnen)* I tr. RAR. *(Freundschaft)* stringere; *(Verhältnis, Beziehung)* iniziare, allacciare II rifl. **sich ~** avviarsi, svilupparsi lentamente.

an‿spit|zen tr. 1 temperare 2 COLLOQ. *(antreiben)* pungolare. **An|spit|zer** m. *(-s,-)* temperamatite *m.*

An|sporn m. *(-[e]s,-e)* sprone *m.*, stimolo *m.*: *etw. ist ein ~ für jdn* qcs. è uno stimolo per qcn. **an‿spor|nen** tr. spronare (anche FIG.): *jdn zu etw. ~* spronare qcn. a qcs. **An|spor|nung** f. *(-,-en)* 1 lo spronare 2 FIG. stimolo *m.*, incitamento *m.*

An|spra|che f. *(-,-n)* 1 breve discorso *m.* 2a RAR. *(Anrede)* il rivolgersi dando un titolo b REGION. *(Kontakt) die persönliche ~ suchen* cercare il contatto personale; *er hat keine ~* non ha nessuno con cui parlare. **an|sprech|bar** agg. disponibile: *der Chef ist jetzt nicht ~* il capo al momento non è disponibile (per parlare). **an‿spre|chen** *(spricht, sprach, gesprochen)* I tr. 1 *jdn ~* rivolgere la parola, rivolgersi a qcn.; *jdn mit seinem Vornamen, in der dritten Person ~* chiamare qcn. per nome, rivolgersi a qcn. alla terza persona 2 *(bitten) jdn um etw. ~* chiedere qcs. a qcn. 3 *(zur Sprache bringen)* affrontare: *ein Thema ~* affrontare un tema 4 ritenere, considerare: *etw. als nachteilig ~* ritenere qcs. svantaggioso 5a *(berühren)* toccare, commuovere: *das Lied sprach ihr Innerstes an* la canzone la toccò nell'intimo b *(gefallen)* piacere: *es spricht viele an* piace a molti II intr. (aus. *haben*) 1a reagire: *der Patient spricht auf das Mittel an* il paziente reagisce al farmaco b rispondere: *die Bremsen sprechen gut an* i freni rispondono bene 2 *(wirken)* fare effetto: *das Medikament spricht (bei ihm) an* la medicina fa effetto (su di lui). **an|spre|chend** p.pres. agg. 1 → **ansprechen** 2 gradevole, attraente. **An|sprech|part|ner** m. *(-s,-)* persona *f.* a cui rivolgersi.

an‿sprin|gen *(sprang, gesprungen)* I tr. *jdn ~* saltare addosso a qcn. II intr. (aus. *sein*) 1a *gegen etw. ~* balzare contro qcs. b FIG. *die Flut springt gegen die Deiche an* la marea investe gli argini 2 *(von Motor)* mettersi in moto 3 COLLOQ. accettare: *auf ein Angebot ~* accettare un'offerta 4 COLLOQ. reagire: *auf Sticheleien nicht ~* non reagire alle frecciate.

an‿sprit|zen I tr. 1 *jdn, etw. (mit etw.) ~* spruzzare su qcn., su qcs. (con qcs.) II rifl. *sich (D) etw., sich (A) mit etw. ~* spruzzarsi qcs. III intr. (aus. *sein*) COLLOQ. arrivare di corsa.

An|spruch m. *(-[e]s,-sprüche)* 1 *(Forderung)* pretesa *f.*, esigenza *f.*: *Ansprüche auf etw. (A) erheben* accampare (*o* avanzare) pretese su qcs.; *(keine) Ansprüche stellen* (non) avere pretese; *seine Ansprüche herabsetzen* ridurre le proprie pretese 2 *(Recht)* diritto *m.*, rivendicazione *f.*: *Ansprüche geltend machen* far valere dei diritti; *~ auf etw. (A) haben* aver diritto a qcs.; *sein ~ ist erloschen* il suo diritto non sussiste più ◆ *etw. in ~ nehmen* ricorrere, fare ricorso a qcs.; *ich bin sehr in ~ genommen* sono occupatissimo; *das nimmt alle meine Kräfte in ~* richiede tutte le mie energie.

an|spruchs|be|rech|tigt agg. avente diritto. **an|spruchs|los** agg. senza pretese, modesto, alla buona. **An|spruchs|lo|sig|keit** f. *(-)* modestia *f.*, semplicità *f.* **an|spruchs|voll** agg. pretenzioso, esigente.

An|sprung m. *(-[e]s,-sprünge)* balzo *m.*, slancio *m.*

an‿spu|cken tr. *jdn, etw. ~* sputare addosso a qcn., a qcs.

an‿spü|len tr. *(von Strömung)* portare a riva. **An|spü|lung** f. *(-,-en)* 1 il portare a riva 2 *(angespültes Land)* deposito *m.* alluvionale.

an‿sta|cheln tr. spronare, pungolare: *jds Ehrgeiz ~* spronare l'ambizione di qcn.; *jdn zu etw. ~* pungolare qcn. a (fare) qcs.

An|stalt f. *(-,-en)* 1 *(Lehrstätte)* istituto *m.*, collegio *m.*, convitto *m.* 2 *(Heilstätte)* istituto *m.*, casa *f.* di cura 3 istituto *m.*, ente *m.*: *~ des öffentlichen Rechts* ente di diritto pubblico 4 *(Betrieb)* stabilimento *m.*, fabbrica *f.* 5 pl. disposizioni *f.pl.*, preparativi *m.pl.*: *-en für etw., zu etw. treffen* fare preparativi per qcs.; *(keine) -en zu etw. machen* (non) manifestare l'intenzione di fare qcs. **An|stalts|zög|ling** m. *(-s,-e)* collegiale *m.*, convittore *m.*

An|stand m. *(-[e]s,-stände)* 1a decoro *m.*, decenza *f.* b *(gutes Benehmen)* buone maniere *f.pl.*, (buona) educazione *f.* 2 REGION. difficoltà *f.pl.*: *Anstände an der Grenze haben* avere difficoltà alla dogana 3 VENAT. posta *f.* ◆ *(keinen) ~ an etw. (A) nehmen* (non) irritarsi, (non) urtarsi per qcs.; *(keinen) ~ nehmen, zu...* (non) esitare a..., (non) farsi scrupoli a...

an|stän|dig I agg. 1a decoroso, decente b *(von Personen)* perbene, onesto, bravo 2 *(rücksichtsvoll)* scrupoloso 3 COLLOQ. *(zufriedenstellend)* discreto, decente II avv. 1 correttamente, decentemente; *(ehrenhaft)* onestamente: *~ handeln* agire correttamente 2 *(rück-*

sichtsvoll) scrupolosamente **3** COLLOQ. *(ziemlich)* abbastanza, molto: ***wir mussten ~ dafür bezahlen*** per quella cosa abbiamo dovuto pagare un bel po'. **An|stän|dig|keit** f. *(-)* **1** decenza *f.*, decoro *m.* **2** *(Korrektheit)* onestà *f.*, correttezza *f.*

An|stands|be|such m. *(-[e]s,-e)* visita *f.* di cortesia. **An|stands|da|me** f. *(-,-n)* dama *f.* di compagnia. **an|stands|hal|ber** avv. per la forma, per il decoro. **An|stands|hap|pen** m. *(-s,-)* COLLOQ. ***einen ~ übriglassen*** lasciare qualcosa nel piatto (per educazione). **an|stands|los** avv. senza difficoltà, senza esitazione. **An|stands|pflicht** f. *(-,-en)* dovere *m.* imposto dalla buona educazione. **An|stands|re|gel** f. *(-,-n)* regola *f.* di galateo, di buona educazione. **An|stands|wau|wau** m. *(-s,-s)* COLLOQ. SCHERZ. = chaperon *m.*

an‿stän|kern COLLOQ. **I** tr. insultare pesantemente **II** rifl. ***sich (gegenseitig) ~*** insultarsi (a vicenda).

an‿stap|fen intr. (aus. *sein*) avvicinarsi con passo pesante.

an‿star|ren tr. guardare fisso, fissare.

an|statt I cong. invece, anziché: ***~ zu arbeiten*** (ANT. ***~ dass er arbeitete), sah er fern*** invece di lavorare, guardava la televisione **II** prep. + gen. invece di, al posto di: ***etw. ~ eines Kollegen übernehmen*** farsi carico di qcs. al posto di un collega.

an‿stau|ben intr. (aus. *sein*) impolverarsi leggermente.

an‿stau|en I tr. *(Flüssigkeiten)* fare ristagnare **II** rifl. **sich ~** ristagnare: ***das Blut hat sich angestaut*** il sangue è ristagnato.

an‿stau|nen tr. guardare con stupore.

An|stau|ung f. *(-,-en)* ristagno *m.*

an‿ste|chen tr. *(sticht, stach, gestochen)* **1** punzecchiare: ***eine Kartoffel mit der Gabel ~*** punzecchiare una patata con la forchetta (per vedere se è cotta) **2** bucare: ***einen Autoreifen ~*** bucare una gomma **3** *(von Insekten)* pungere ◆ ***ein Fass Bier ~*** spillare birra da una botte.

an‿ste|cken I tr. **1** fermare con spilli, appuntare **2** *(Ring)* infilare al dito **3a** REGION. *(anzünden)* accendere **b** incendiare: ***eine Scheune ~*** incendiare un fienile **4a** contagiare: ***jdn (mit einer Krankheit) ~*** contagiare qcn. (con una malattia) **b** FIG. ***jdn mit seinem Lachen ~*** contagiare qcn. col proprio riso; ***jdn mit seiner Angst ~*** comunicare a qcn. la propria ansia **II** intr. (aus. *haben*) essere contagioso **III** rifl. ***sich (bei jdm) ~*** essere contagiato (da qcn.). **an|ste|ckend** p.pres. agg. **1** → **anstecken 2** contagioso (anche FIG.). **An|steck|na|del** f. *(-,-n)* **1** *(Schmucknadel)* spillone *m.* **2** distintivo *m.* (da appuntare). **An|ste|ckung** f. *(-,-en)* contagio *m.*, infezione *f.* **An|ste|ckungs|herd** m. *(-[e]s,-e)* focolaio *m.* d'infezione.

an‿ste|hen intr. *(stand, gestanden;* aus. *haben)* **1** fare la fila: ***nach Eintrittskarten, um Brot ~*** fare la fila per il biglietto d'ingresso, per il pane **2** BUROCR. giacere **3** DIR. *(festgelegt sein)* essere fissato, essere stabilito **4** *(sich ziemen)* addirsi, confarsi: ***das steht ihm wohl an*** gli si addice **5** GEOL. affiorare ◆ ***etw. ~ lassen*** differire, aggiornare qcs.; ***nicht ~, etw. zu tun*** non esitare a fare qcs. **an|ste|hend** p.pres. agg. **1** → **anstehen 2** BUROCR. in giacenza, da sbrigare **3** GEOL. affiorante.

an‿stei|gen intr. *(stieg, gestiegen;* aus. *sein)* **1** salire, essere in salita: ***die Straße steigt steil an*** la strada è in forte salita **2** salire, aumentare: ***die Temperatur steigt an*** la temperatura sale. **An|stei|gen** n. *(-s,-)* rialzo *m.*, aumento *m.* **an|stei|gend** p.pres. agg. **1** → **ansteigen 2** in salita: ***sanft -e Wiesen*** prati in leggera salita **3** in salita, in aumento: ***-e Preise*** prezzi in salita.

an|stel|le prep. + gen. invece di, al posto di; ***~ von jdm, etw.*** invece di, al posto di qcn., qcs.

an‿stel|len I tr. **1** mettere contro, accostare: ***eine Leiter an die Hauswand ~*** accostare una scala al muro **2a** mettere in moto, accendere: ***den Fernseher ~*** accendere il televisore **b** *(Gas)* fare scorrere **3a** ***jdn ~*** assumere qcn.; ***jdn fest, zur Probe ~*** assumere qcn. fisso, in prova **b** *(beschäftigen)* ***jdn zu etw. ~*** assegnare qcs. a qcn., adibire qcn. a qcs. **4** *(vornehmen)* fare: ***Überlegungen ~*** fare riflessioni; COLLOQ. ***wie soll ich das nur ~!*** come devo fare! COLLOQ. *(anrichten)* ***was hast du da wieder angestellt!*** che cosa hai combinato di nuovo! **II** rifl. **sich ~ 1** *(Schlange stehen)* fare la fila, fare la coda **2** COLLOQ. *(sich verhalten)* comportarsi: ***sich wie ein Verrückter ~*** comportarsi come un pazzo; ***stell dich nicht so dumm an!*** non fare lo stupido!

An|stel|le|rei f. *(-,-en)* affettazione *f.*, posa *f.*

an|stel|lig agg. abile. **An|stel|lig|keit** f. *(-)* abilità *f.*, destrezza *f.*

An|stel|lung f. *(-,-en)* **1** assunzione *f.* **2** *(Stellung)* posto *m.*, impiego *m.* **An|stel|lungs|be|din|gun|gen** pl. condizioni *f.pl.* di assunzione. **An|stel|lungs|ver|trag** m. *(-[e]s,-verträge)* contratto *m.* di assunzione.

an‿stem|men I tr. puntare: ***die Füße gegen die Tür ~*** puntare i piedi contro la porta **II** rifl. ***sich gegen etw. ~*** appoggiarsi saldamente a qcs.; FIG. opporsi a, impuntarsi contro qcs.

an‿steu|ern tr. ***etw. ~*** fare rotta, dirigersi verso qcs. **An|steu|e|rung** f. *(-,-en)* il fare rotta.

An|stich m. *(-[e]s,-e)* **1** spillatura *f.* **2** primo vino *m.* spillato, prima birra *f.* spillata.

An|stieg m. *(-[e]s,-e)* **1a** *(Steigung)* salita *f.*: ***der ~ der Straße*** la salita della strada **b** *(Weg zum Gipfel)* sentiero *m.* che porta alla vetta **2** salita *f.*, aumento *m.*, incremento *m.*: ***der ~ der Temperatur*** l'aumento della temperatura.

an‿stie|ren tr. COLLOQ. guardare come un allocco.

an‿stif|ten tr. **1** *(Unheil)* causare, provocare **2** ***jdn zu etw. ~*** sobillare, istigare qcn. a qcs. **An|stif|ter** m. *(-s,-)* **1** autore *m.* **2** *(Verführer)* sobillatore *m.*, istigatore *m.* **An|stif|tung** f. *(-,-en)* sobillazione *f.*, istigazione *f.*

an‿stim|men tr. **1** intonare: ***ein Lied ~*** intonare una canzone **2** prorompere: ***Geheul ~*** prorompere in lamenti ◆ ***ein Loblied auf jdn ~*** cantare le lodi di qcn.

an‿stin|ken tr. *(stank, gestunken)* COLLOQ. ***jdn ~*** nauseare qcn., ripugnare a qcn. ◆ ***gegen jdn, etw. nicht ~ können*** essere impotente contro qcn., qcs.

an‿stol|zie|ren intr. (aus. *sein*) arrivarsene tutto impettito.

An|stoß m. *(-es,-stöße)* **1** l'urtare, urto *m.* **2** SPORT calcio *m.* d'inizio: ***den ~ ausführen*** battere il calcio d'inizio **3** FIG. spinta *f.*, impulso *m.*, avvio *m.*: ***den ~ zu etw. geben*** dare l'avvio a qcs., promuovere qcs. ◆ ***~ (bei jdm) erregen*** urtare qcn., provocare il risentimento di qcn.; ***an etw. (D) ~ nehmen*** scandalizzarsi, sdegnarsi di qcs.; ***Stein des -es sein*** essere la pietra dello scandalo. **an‿sto|ßen** *(stößt, stieß, gestoßen)* **I** tr. ***jdn ~*** urtare qcn., dare una spinta a qcn. **II** intr. (aus. *sein*) **1** ***(mit der Zunge) ~*** avere la pronuncia blesa **2** FIG. urtare, contrariare: ***überall ~*** contrariare tutti **3** (aus. *haben*) RAR. ***an etw. ~*** confinare con qcs. **4** toccare i bicchieri brindando: ***auf jds Wohl ~*** brindare alla salute di qcn. **5** SPORT battere il calcio d'inizio. **an|sto|ßend** p.pres. agg. **1** → **anstoßen 2** attiguo, contiguo, confinante. **an|stö|ßig** agg. scandaloso, urtante. **An|stö|ßig|keit** f. *(-,-en)* **1** *(anstößige Handlung)* comportamento *m.* scandaloso, indecenza *f.* **2** *(anstößige Bemerkung)* osservazione *f.* sconveniente.

an‿strah|len tr. **1** illuminare, irradiare **2** ***jdn ~*** guardare qcn. con occhi raggianti.

an‿stre|ben tr. ***etw. ~*** aspirare, tendere a qcs., perseguire qcs. **an|stre|bens|wert** agg. desiderabile, ambito.

an‿strei|chen tr. *(strich, gestrichen)* **1** verniciare, pitturare; ***etw. weiß ~*** dare il bianco a qcs., imbiancare qcs. **2** *(durch einen Strich kennzeichnen)* segnare: ***Fehler rot ~*** segnare errori in rosso **3** *(Streichhölzer)* accendere, sfregare **4** REGION. *(heimzahlen)* far pagare, fare scontare: ***das werde ich ihm ~*** gliela farò pagare. **An|strei|cher** m. *(-s,-)* imbianchino *m.*

an‿stren|gen I tr. **1** impegnare: ***alle Kräfte ~*** impegnare tutte le forze; ***sein Gedächtnis ~*** sforzarsi di ricordare **2** *(stark beanspruchen)* affaticare: ***die Reise hat sie sehr angestrengt*** il viaggio l'ha molto affaticata **3** DIR. ***einen Prozess, eine Klage gegen jdn ~*** intentare una causa a, contro qcn. **II** rifl. **sich ~** sforzarsi, impegnarsi, applicarsi: ***du musst dich in der Schule mehr ~*** ti devi impegnare di più a scuola. **an|stren|gend** p.pres. agg. **1** → **anstrengen 2** faticoso, gravoso. **An|stren|gung** f. *(-,-en)* **1** sforzo *m.*, impegno *m.*: ***große -en machen, unternehmen*** fare grandi sforzi **2** *(Strapaze)* fatica *f.*

An|strich m. *(-[e]s,-e)* **1a** verniciatura *f.*, tinteggiatura *f.* **b** *(aufgetragene Farbe)* tinta *f.*, colore *m.* **2** *(Aussehen, Note)* aspetto *m.*, aria *f.*, impronta *f.*: ***etw. (D) einen künstlerischen ~ geben*** dare un'impronta artistica a qcs.; ***sich (D) einen intellektuellen ~ geben*** darsi un'aria da intellettuale.

an‿stri|cken tr. lavorare (a maglia): ***Ärmel, einen Rand an den Pullover ~*** aggiungere le maniche, un bordo al maglione.

an‿strö|men intr. (aus. *sein*) **1** affluire (di masse d'aria) **2** FIG. affluire in massa.

An|sturm m. *(-[e]s,-stürme)* MIL. assalto *m.* (anche FIG.): ***der ~ der Fotografen*** l'assalto dei fotografi. **an‿stür|men** intr. (aus. *sein*) **1** assaltare: ***gegen eine Festung ~*** assaltare una fortezza **2** *(herbeikommen)* irrompere.

an‿stür|zen intr. (aus. *sein*) arrivare di gran carriera, precipitarsi.

an‿su|chen intr. (aus. *haben*) ANT. ***(bei jdm) um etw. ~*** chiedere (formalmente) qcs. (a qcn.). **An|su|chen** n. *(-s,-)* domanda *f.*, richiesta *f.*, istanza *f.*: ***ein ~ bei jdm einreichen*** presentare una domanda a (*o* presso) qcn.; ***auf jds ~*** su richiesta di qcn. **An|su|cher** m. *(-s,-)* richiedente *m.*

An|ta|go|nis|mus m. *(-, Antagonismen)* antagonismo *m.* **An|ta|go|nist** m. *(-en,-en)* antagonista *m.* **an|ta|go|nis|tisch** agg. antagonistico.

an‿tail|lie|ren [-taji:-] tr. ***etw.*** ~ sciancrare. **an|tail|liert** p.pass. agg. sciancrato.
an‿tan|zen intr. (aus. *sein*) COLLOQ. arrivare, comparire (su invito, ordine) ◆ ***jdn ~ lassen*** far venire qcn., ordinare a qcn. di venire.
Ant|ark|ti|ka n.pr.n. *(-s)* Antartide *f.* (continente). **Ant|ark|tis** n.pr.f. *(-)* Antartide *f.* (area entro il circolo polare antartico). **ant|ark|tisch** agg. antartico.
an‿tas|ten tr. **1** RAR. *(berühren)* toccare, tastare **2** *(zu verbrauchen beginnen)* cominciare a usare, intaccare; ***etw. nicht ~*** non toccare, non usare, non intaccare qcs. **3** *(beeinträchtigen)* violare, ledere: ***jds Rechte, Freiheit ~*** violare i diritti, la libertà di qcn.
an‿tau|en I tr. **1** cominciare a sciogliere **2** ***gefrorene Lebensmittel ~*** (fare) scongelare alimenti surgelati **II** intr. (aus. *sein*) (cominciare a) sciogliersi, scongelarsi.
An|teil m. *(-[e]s,-e)* **1** parte *f.*, quota *f.*: ***auf seinen ~ am Erbe verzichten*** rinunciare alla propria parte di eredità **2** *(Interesse)* interessamento *m.*, interesse *m.* ◆ ***~ an jdm, etw. bekunden*** manifestare interesse per qcn., qcs.; ***~ an etw. (D) haben*** partecipare a qcs., essere partecipe di qcs.; ***am Gewinn ~ haben*** partecipare agli utili; ***an einem Erfolg ~ haben*** contribuire a un successo; ***~ an etw. (D) nehmen*** prendere parte a, partecipare a qcs.; ***~ an jdm, etw. nehmen, zeigen*** avere, mostrare interesse per qcn., qcs., interessarsi a qcn., qcs. **an|tei|lig**, BUROCR. **an|teil|mä|ßig I** agg. proporzionale **II** avv. in proporzione, proporzionalmente. **An|teil|nah|me** f. *(-)* **1** partecipazione *f.* **2** *(innere Beteiligung)* partecipazione *f.*, interessamento *m.*, interesse *m.* **An|teils|recht** n. *(-[e]s,-e)* diritto *m.* (di partecipazione) agli utili.
an‿te|le|fo|nie|ren tr. ***jdn*** ~ telefonare a qcn.
An|ten|ne f. *(-,-n)* RAD. ZOOL. antenna *f.* ◆ ***(k)eine ~ für etw. haben*** (non) avere fiuto (*o* naso) per qcs. **An|ten|nen|mast** m. *(-[e]s, -e[n])* pilone *m.* d'antenna. **An|ten|nen|wald** m. *(-[e]s,-wälder)* COLLOQ. selva *f.* di antenne (televisive).
An|ten|tem|pel m. *(-s,-)* tempio *m.* in antis.
An|te|ze|dens n. *(-, Antezedenzien)* FILOS. antecedente *m.* **An|te|zes|sor** m. *(-s,-en)* antecessore *m.*
An|the|re f. *(-,-n)* antera *f.*
An|tho|lo|gie f. *(-,-n)* antologia *f.* **an|tho|lo|gisch** agg. antologico.
Anth|ra|cen, **Anth|ra|zen** n. *(-s,-e)* antracene *m.* **Anth|ra|zit** m. *(-s,-e)* antracite *f.*
Anth|ro|po|id m. *(-en,-en)*, **Anth|ro|poi|de** m. *(-n,-n)* antropoide *m.* **Anth|ro|po|lo|ge** m. *(-n,-n)* antropologo *m.* **Anth|ro|po|lo|gie** f. *(-)* antropologia *f.* **anth|ro|po|lo|gisch** agg. antropologico. **Anth|ro|po|met|rie** f. *(-)* antropometria *f.* **anth|ro|po|morph** agg. antropomorfo. **anth|ro|po|mor|phisch** agg. antropomorfico. **Anth|ro|po|mor|phis|mus** m. *(-, Anthropomorphismen)* antropomorfismo *m.* **Anth|ro|po|pha|ge** m. *(-n,-n)* antropofago *m.* **Anth|ro|po|pha|gie** f. *(-)* antropofagia *f.* **Anth|ro|po|so|phie** f. *(-)* antroposofia *f.* **anth|ro|po|zent|risch** agg. antropocentrico.
An|ti|al|ko|ho|li|ker, An|ti|al|ko|ho|li|ker m. *(-s,-)* antialcolista *m.* **an|ti|al|ko|ho|lisch** agg. antialcolico. **An|ti|al|ler|gi|kum** n. *(-s, -allergika)* antiallergico *m.* **an|ti|ame|ri|ka|nisch** agg. antiamericano. **An|ti|ame|ri|ka|nis|mus** m. *(-)* antiamericanesimo *m.* **An|ti|atom|be|we|gung** f. *(-,-en)* movimento *m.* antinucleare. **an|ti|au|to|ri|tär, an|ti|au|to|ri|tär** agg. antiautoritario. **An|ti|ba|by|pil|le** [-be:bi-] f. *(-,-n)* COLLOQ. = pillola *f.* (anticoncezionale). **an|ti|bak|te|ri|ell** agg. antibatterico. **An|ti|bi|o|ti|kum** n. *(-s,-biotika)* antibiotico *m.* **an|ti|bi|o|tisch** agg. antibiotico. **An|ti|blo|ckier|sys|tem** n. *(-s)* sistema *m.* antibloccaggio, sistema *m.* antislittamento. **An|ti|bol|sche|wis|mus** m. *(-)* antibolscevismo *m.*
an|ti|chamb|rie|ren [-ʃam'bri:rən] intr. (aus. *haben*) fare anticamera.
An|ti|christ I n.pr.m. *(-s)* Anticristo *m.* **II** m. *(-en,-en)* anticristo *m.* **an|ti|christ|lich** agg. anticristiano. **an|ti|de|mo|kra|tisch, an|ti|de|mo|kra|tisch** agg. antidemocratico. **An|ti|de|pres|si|vum** n. *(-s, -depressiva)* antidepressivo *m.* **An|ti|di|a|be|ti|kum** n. *(-s,-diabetika)* antidiabetico *m.* **An|ti|dot** n. *(-[e]s,-e)*, **An|ti|do|ton** n. *(-s, Antidota)* antidoto *m.* **An|ti|dum|ping|ge|setz** [-'dampɪŋ-] n. *(-es,-e)* legge *f.* antidumping. **An|ti|dum|ping|zoll** m. *(-[e]s,-zölle)* dazio *m.* antidumping.
An|ti|fa|schis|mus, An|ti|fa|schis|mus m. *(-)* antifascismo *m.* **An|ti|fa|schist, An|ti|fa|schist** m. *(-en,-en)* antifascista *m.* **an|ti|fa|schis|tisch, an|ti|fa|schis|tisch** agg. antifascista.
An|ti|frost|mit|tel n. *(-s,-)* antigelo *m.*
An|ti|go|ne n.pr.f. Antigone *f.*
An|ti|held m. *(-en,-en)* antieroe *m.* **An|ti|his|ta|mi|ni|kum** n. *(-s, -histaminika)* antistaminico *m.* **an|ti|in|fla|ti|o|när** agg. antiinflazionistico.
an|tik agg. **1** antico: ***das -e Rom*** l'antica Roma; ***die -e Mythologie*** la mitologia antica **2** *(in altertümlichem Stil)* antico, classicheggiante. **An|ti|ke** f. *(-,-n)* **1** antichità *f.*, mondo *m.* antico **2** *(Kunstwerk)* antichità *f.pl.* **An|ti|ken|samm|lung** f. *(-,-en)* collezione *f.* di antichità. **an|ti|kisch** agg. in stile classico, antico. **an|ti|ki|sie|rend** agg. anticheggiante, classicheggiante.
an|ti|kle|ri|kal agg. anticlericale. **An|ti|kle|ri|ka|lis|mus** m. *(-)* anticlericalismo *m.* **An|ti|kli|max** f. *(-)* anticlimax *m.* **An|ti|klopf|mit|tel** n. *(-s,-)* antidetonante *m.* **An|ti|ko|lo|ni|a|lis|mus** m. *(-)* anticolonialismo *m.*
An|ti|kom|mu|nis|mus m. *(-)* anticomunismo *m.* **An|ti|kom|mu|nist** m. *(-en,-en)* anticomunista *m.* **an|ti|kom|mu|nis|tisch, an|ti|kom|mu|nis|tisch** agg. anticomunista.
an|ti|kon|sti|tu|ti|o|nell agg. anticostituzionale. **an|ti|kon|zep|ti|o|nell** agg. anticoncezionale. **An|ti|kon|zep|ti|vum** n. *(-s,-konzeptiva)* anticoncezionale *m.* **An|ti|kör|per** m. *(-s,-)* anticorpo *m.* **An|ti|kri|tik, An|ti|kri|tik** f. *(-,-en)* controcritica *f.*
An|til|len n.pr.pl. Antille *f.pl.*
An|ti|lo|pe f. *(-,-n)* antilope *f.*
An|ti|ma|te|rie f. *(-)* antimateria *f.* **an|ti|me|ta|phy|sisch** agg. antimetafisico.
An|ti|mi|li|ta|ris|mus, An|ti|mi|li|ta|ris|mus m. *(-)* antimilitarismo *m.* **An|ti|mi|li|ta|rist** m. *(-en,-en)* antimilitarista *m.* **an|ti|mi|li|ta|ris|tisch** agg. antimilitarista.
An|ti|mon, An|ti|mon n. *(-s)* antimonio *m.*
an|ti|mo|nar|chisch, an|ti|mo|nar|chisch agg. antimonarchico.
An|ti|mo|ra|lis|mus m. *(-)* immoralismo *m.*
An|ti|na|zis|mus m. *(-)* antinazismo *m.* **An|ti|na|zist** m. *(-en,-en)* antinazista *m.* **an|ti|na|zis|tisch** agg. antinazista.
An|ti|neu|ral|gi|kum n. *(-s,-neuralgika)* antinevralgico *m.* **An|ti|neut|ron** n. *(-s,-en)* antineutrone *m.*
An|ti|no|mie f. *(-,-n)* antinomia *f.*
An|ti|oxi|da|ti|ons|mit|tel n. *(-s,-)* antiossidante *m.* **An|ti|pa|pist** m. *(-en,-en)* antipapista *m.* **an|ti|par|la|men|ta|risch** agg. antiparlamentare. **An|ti|pas|sat** m. *(-[e]s,-e)* antialiseo *m.*, controaliseo *m.* **An|ti|pa|thie** f. *(-,-n)* antipatia *f.*: ***eine ~ gegen jdn haben*** avere un'antipatia nei confronti di qcn. **an|ti|pa|thisch** agg. antipatico. **An|ti|pe|ris|tal|tik** f. *(-)* antiperistalsi *f.* **An|ti|phlo|gis|ti|kum** n. *(-s,-phlogistika)* antiflogistico *m.* **an|ti|phlo|gis|tisch** agg. antiflogistico.
An|ti|phon f. *(-,-en)* RELIG. antifona *f.* **An|ti|pho|nar** n. *(-s,-ien)* antifonario *m.*
An|ti|phra|se f. *(-,-n)* antifrasi *f.*
An|ti|po|de m. *(-n,-n)* antipode *m.* (anche FIG.).
an‿tip|pen tr. **1a** toccare leggermente **b** FIG. *(andeuten)* accennare, toccare **2** COLLOQ. ***bei jdm ~*** tastare il terreno con qcn.
An|ti|py|re|ti|kum n. *(-s,-pyretika)* antipiretico *m.* **An|ti|py|rin** n. *(-s)* antipirina *f.*
An|ti|quar m. *(-s,-e)* antiquario *m.* **An|ti|qua|ri|at** n. *(-[e]s,-e)* **1** antiquariato *m.* **2** libreria *f.* antiquaria, d'antiquariato ◆ ***modernes ~*** remainder *m.* **an|ti|qua|risch** agg. **1** antiquario, d'antiquariato **2** *(alt, gebraucht)* di seconda mano, usato.
an|ti|quiert agg. antiquato. **An|ti|quiert|heit** f. *(-,-en)* l'essere antiquato, modi *m.pl.* antiquati.
An|ti|qui|tät f. *(-,-en)* oggetto *m.* antico, pezzo *m.* d'antiquariato. **An|ti|qui|tä|ten|han|del** m. *(-s)* commercio *m.* antiquario. **An|ti|qui|tä|ten|händ|ler** m. *(-s,-)* antiquario *m.* **An|ti|qui|tä|ten|samm|lung** f. *(-,-en)* collezione *f.* di antiquariato.
An|ti|ra|ke|te, An|ti|ra|ke|ten|ra|ke|te f. *(-,-n)* missile *m.* antimissile. **An|ti|rheu|ma|ti|kum** n. *(-s,-rheumatika)* antireumatico *m.* **An|ti|ro|man** m. *(-s,-e)* antiromanzo *m.*
An|ti|se|mit m. *(-en,-en)* antisemita *m.* **an|ti|se|mi|tisch** agg. antisemita, antisemitico. **An|ti|se|mi|tis|mus** m. *(-)* antisemitismo *m.*
An|ti|sep|sis, An|ti|sep|tik f. *(-)* antisepsi *f.* **An|ti|sep|ti|kum** n. *(-s,-septika)* antisettico *m.* **an|ti|sep|tisch** agg. antisettico.
An|ti|se|rum n. *(-s,-seren* e *-sera)* antisiero *m.* **An|ti|spas|mo|di|kum** n. *(-s,-spasmodika)* antispasmodico *m.* **An|ti|spas|ti|kum** n. *(-s,-spastika)* antispastico *m.* **an|ti|spas|tisch** agg. antispastico. **an|ti|sta|tisch** agg. antistatico.
An|ti|stro|phe, An|ti|stro|phe f. *(-,-n)* antistrofe *f.* **An|ti|teil|chen** n. *(-s,-)* FIS. NUCL. antiparticella *f.*
An|ti|ter|ror|ein|heit f. *(-,-en)* unità *f.* antiterrorismo. **An|ti|ter|ro|ris|mus** m. *(-)* antiterrorismo *m.*
An|ti|the|a|ter n. *(-s)* antiteatro *m.* **An|ti|the|se** f. *(-,-n)* antitesi *f.* **an|ti|the|tisch** agg. antitetico. **An|ti|to|xin** n. *(-s,-e)* antitossina *f.* **An|ti|trans|pi|rant** n. *(-s,-e* e *-s)* antitraspirante *m.*
An|ti|zi|pa|ti|on f. *(-,-en)* anticipazione *f.* **an|ti|zi|pie|ren** tr. anticipare.
an|ti|zyk|lisch agg. anticiclico: ***-e Wirtschaftspolitik*** politica economica anticiclica. **An|ti|zyk|lo|ne** f. *(-,-n)* anticiclone *m.*

Ant|litz n. *(-es,-e)* LETT. volto *m.*, sembiante *m.*
an‿to|ben I tr. *(wütend anschreien)* ***jdn ~*** gridare infuriato contro qcn. **II** intr. **1** (aus. *haben*) ***gegen jdn ~*** infuriarsi contro qcn. **2** (aus. *sein*) avvicinarsi strepitando.
An|ton n.pr.m. Antonio *m.*
An|to|no|ma|sie f. *(-,-n)* antonomasia *f.*
An|to|nym n. *(-s,-e)* antonimo *m.* **An|to|ny|mie** f. *(-)* antonimia *f.*
an‿tör|nen tr. COLLOQ. mandare in estasi; GERG. sballare.
an‿tra|ben intr. **1** (aus. *haben*) cominciare a trottare **2a** (aus. *sein*) arrivare al trotto **b** FIG. *(sich annähern)* trotterellare.
An|trag m. *(-[e]s,-träge)* **1a** domanda *f.*, richiesta *f.*: ***auf ~*** su domanda; ***einen ~ bearbeiten, erledigen*** evadere una domanda; ***einen ~ auf Beihilfe stellen, einreichen*** avanzare, presentare (una) domanda di sussidio; ***~ auf Erlaubniserteilung*** domanda di autorizzazione; ***in Bewilligung des -s*** in accoglimento della domanda; ***formloser ~*** richiesta semplice **b** *(Antragsformular)* (modulo *m.* di) domanda *f.* **2** proposta *f.*, mozione *f.*, istanza *f.*: ***einen ~ im Parlament einbringen*** presentare una mozione in parlamento; ***einen ~ durchbringen*** far passare una mozione; ***über einen ~ abstimmen*** votare una proposta; ***auf ~ von jdm*** su proposta di qcn. **3a** ANT. *(Angebot)* offerta *f.* **b** *(Heiratsantrag)* proposta *f.* di matrimonio.
an‿tra|gen tr. *(trägt, trug, getragen)* offrire: ***jdn den Vorsitz ~*** offrire a qcn. la presidenza. **An|trags|for|mu|lar** n. *(-s,-e)* modulo *m.* di domanda. **an|trags|ge|mäß I** agg. conforme a domanda **II** avv. come da domanda. **An|trag|stel|ler** m. *(-s,-)* richiedente *m.*
an‿trai|nie|ren I tr. addestrare **II** rifl. **sich ~** farsi venire (con l'allenamento): ***sich (D) Muskeln ~*** farsi venire i muscoli.
an‿trau|en tr. ANT. sposare, unire in matrimonio.
an‿tref|fen tr. *(trifft, traf, getroffen)* trovare: ***jdn nicht zu Hause ~*** non trovare qcn. in casa; ***jdn bei guter Gesundheit ~*** trovare qcn. in buona salute.
an‿trei|ben *(trieb, getrieben)* **I** tr. **1a** spingere avanti **b** FIG. ***jdn zu etw. ~*** spingere, spronare qcn. a qcs. **2** mettere in moto: ***eine Turbine durch Dampf ~*** mettere in moto una turbina con il vapore **3** sospingere, trascinare: ***ein Boot ans Land ~*** sospingere una barca verso terra **II** intr. (aus. *sein*) essere spinto, arrivare: ***graue Wolken sind von Osten angetrieben*** nuvole grigie sono arrivate da est.
an‿tre|ten *(tritt, trat, getreten)* **I** tr. **1** *(festtreten)* calcare, pestare **2** *(Motorrad)* mettere in moto **3** iniziare: ***eine Reise ~*** iniziare un viaggio; ***eine Strafe ~*** cominciare a scontare una pena **4** *(übernehmen)* assumere: ***ein Amt ~*** assumere una, insediarsi in una carica; ***ein Erbe ~*** adire un'eredità **II** intr. (aus. *sein*) **1** SPORT iniziare uno scatto, allungare **2a** *(sich aufstellen)* mettersi in fila, schierarsi: ***der Größe nach ~*** mettersi in fila secondo l'altezza **b** SPORT ***gegen jdn ~*** schierarsi contro qcn. **3** presentarsi: ***pünktlich zum Dienst ~*** prendere puntualmente servizio **4** GRAMM. aggiungersi: ***die Endung tritt an den Stamm an*** la desinenza si aggiunge alla radice ◆ FIG. ***seine letzte Reise ~*** fare l'ultimo viaggio; ***den Beweis ~*** produrre la prova.
An|trieb m. *(-[e]s,-e)* **1** forza *f.* motrice, propulsione *f.*: ***ein Motor mit elektrischem ~*** un motore a propulsione elettrica **2** MECC. azionamento *m.*, comando *m.*: ***direkter ~*** comando diretto **3** FIG. impulso *m.*, stimolo *m.*, incentivo *m.*: ***aus eigenem ~ handeln*** agire spontaneamente. **An|triebs|ach|se** f. *(-,-n)* asse *m.* motore. **An|triebs|ag|gre|gat** n. *(-[e]s,-e)* gruppo *m.* propulsore. **An|triebs|dreh|mo|ment** n. *(-[e]s,-e)* coppia *f.* motrice. **An|triebs|kraft** f. *(-,-kräfte)* forza *f.* motrice. **An|triebs|rad** n. *(-[e]s,-räder)* ruota *f.* motrice. **An|triebs|rie|men** m. *(-s,-)* cinghia *f.* di trasmissione. **An|triebs|schei|be** f. *(-,-n)* puleggia *f.* motrice. **An|triebs|wel|le** f. *(-,-n)* albero *m.* motore.
an‿trin|ken *(trank, getrunken)* **I** intr. (aus. *haben*) bere il primo sorso **II** rifl. **1** COLLOQ. ***sich (D) einen (Rausch) ~*** ubriacarsi **2** ***sich (D) Mut ~*** bere per farsi coraggio.
An|tritt m. *(-[e]s)* **1** inizio *m.*: ***bei ~ der Fahrt*** all'inizio del viaggio **2** *(Übernahme)* assunzione *f.*: ***der ~ eines Amtes*** l'assunzione di, l'insediamento in una carica **3** SPORT allungo *m.* **An|tritts|be|such** m. *(-s,-e)* visita *f.* di presentazione. **An|tritts|re|de** f. *(-,-n)* discorso *m.* inaugurale. **An|tritts|vor|le|sung** f. *(-,-en)* prolusione *f.*
an‿trock|nen intr. (aus. *sein*) **1** seccarsi (appiccicandosi): ***die Speisereste sind am Teller angetrocknet*** i resti del cibo si sono seccati e appiccicati al piatto **2** asciugarsi (non completamente): ***die Wäsche ist nur angetrocknet*** il bucato non è ancora del tutto asciutto.
an‿tu|ckern intr. (aus. *sein*) arrivare lentamente.
an‿tun tr. *(tut, tat, getan)* **1a** fare: ***jdm Gutes, Gewalt ~*** fare del bene, fare violenza a qcn. **b** dare: ***jdm ein Leid ~*** dare un dolore a qcn. **2** REGION. *(anziehen)* mettersi, indossare: ***die Jacke ~*** mettersi la giacca ◆ COLLOQ. *(Selbstmord begehen)* ***sich (D) etw. ~*** suicidarsi.
an‿tur|nen → **antörnen.**
Ant|wer|pen n.pr.n. Anversa *f.*
Ant|wort f. *(-,-en)* risposta *f.* (anche FIG.): ***~ auf eine Frage bekommen*** ricevere risposta a una domanda; ***etw. zur ~ geben*** dire qcs. in risposta; ***jdm die ~ schuldig bleiben*** lasciare qcn. senza risposta; ***jdm eine abschlägige ~ erteilen*** dare a qcn. una risposta negativa; ***um keine ~ verlegen sein*** avere sempre la risposta pronta ◆ PROV. ***keine ~ ist auch eine ~*** chi tace acconsente.
ant|wor|ten intr. (aus. *haben*) rispondere: ***auf eine Frage ~*** rispondere a una domanda; ***ausweichend ~*** rispondere evasivamente; ***mit Ja oder Nein ~*** rispondere con un sì o con un no; *(reagieren)* ***mit einem Achselzucken ~*** rispondere con un'alzata di spalle.
Ant|wort|kar|te f. *(-,-n)* cartolina *f.* (postale) con risposta preparata. **Ant|wort|no|te** f. *(-)* DIPL. risposta *f.* ufficiale. **Ant|wort|schein** m. *(-s,-e)* modulo *m.* di risposta con spese (postali) a carico del mittente.
an‿ver|trau|en I tr. **1** affidare, consegnare: ***jdm eine Geldsumme ~*** affidare a qcn. una somma di denaro **2** confidare: ***jdm seine Pläne ~*** confidare a qcn. i propri progetti **II** rifl. **sich ~ 1** ***sich jdm ~*** confidarsi con qcn. **2** affidarsi: ***wir haben uns seiner Führung anvertraut*** ci siamo affidati alla sua guida.
an|ver|wandt agg. ANT. imparentato, congiunto: ***eine mir -e Dame*** una signora imparentata con me, una mia parente. **An|ver|wand|te** m. e f. *(-n,-n)* congiunto *m.* (-a *f.*).
an‿vi|sie|ren tr. **1** MIL. mirare a: ***einen feindlichen Panzer ~*** mirare a, prendere di mira un panzer nemico **2** FIG. puntare: ***ein Ziel ~*** puntare a uno scopo; ***einen Rekord ~*** puntare a un record.
an‿wach|sen intr. *(wächst, wuchs, gewachsen;* aus. *sein)* **1** *(festwachsen)* attaccarsi, crescere attaccato **2** *(Wurzeln schlagen)* attecchire **3** aumentare, crescere: ***der Verkehr wächst immer mehr an*** il traffico aumenta sempre più. **An|wach|sung** f. *(-,-en)* accrescimento *m.*, incremento *m.*
an‿wa|ckeln intr. (aus. *sein*) avvicinarsi oscillando, barcollando.
an‿wäh|len tr. **1** TEL. raggiungere in teleselezione **2** RAD. raggiungere con un segnale radio.
An|walt m. *(-[e]s, -wälte)* **1** DIR. avvocato *m.*, procuratore *m.*: ***sich vor Gericht durch seinen, von seinem ~ vertreten lassen*** farsi rappresentare in tribunale dal proprio avvocato; ***einen ~ bestellen*** nominare un avvocato **2** difensore *m.*, sostenitore *m.*, patrocinatore *m.*: ***als ~ einer guten Sache auftreten*** presentarsi come difensore di una giusta causa; ***sich (A) zum ~ für etw. machen*** farsi patrocinatore di qcs. **An|wäl|tin** f. *(-,-nen)* avvocatessa *f.* **an|walt|lich** agg. legale. **An|walts|bü|ro** n. *(-s,-s)* studio *m.* legale. **An|walt|schaft** f. *(-,-en)* **1** ordine *m.* degli avvocati: ***aus der ~ ausschließen*** radiare dall'ordine degli avvocati **2** avvocatura *f.*, procura *f.*: ***zur ~ zulassen*** ammettere all'esercizio dell'avvocatura. **An|walts|kam|mer** f. *(-,-n)* ordine *m.* degli avvocati. **An|walts|pra|xis** f. *(-,-praxen)* → **Anwaltsbüro. An|walts|zwang** m. *(-[e]s)* obbligo *m.* del patrocinio, di essere rappresentato da un avvocato.
an‿wan|deln tr. cogliere: ***die Furcht wandelte ihn an*** il panico lo colse. **An|wan|de|lung, An|wand|lung** f. *(-,-en)* impulso *m.*, estro *m.* improvviso: ***einer plötzlichen ~ folgend*** seguendo un impulso improvviso.
an‿wär|men tr. scaldare: ***die Milch ~*** scaldare il latte.
An|wär|ter m. *(-s,-)* aspirante *m.*, candidato *m.*: ***~ auf eine Stelle sein*** aspirare a un posto. **An|wart|schaft** f. *(-,-en)* **1** aspirazione *f.*, candidatura *f.*: ***die ~ auf eine Stelle*** l'aspirazione a un posto di lavoro **2** diritto *m.*: ***die ~ auf eine Erbschaft*** il diritto a un'eredità.
an‿wat|scheln intr. (aus. *sein*) avvicinarsi barcollando.
an‿we|hen I tr. **1a** investire: ***eine Windbö wehte ihn an*** una folata di vento lo investì **b** FIG. ***es weht mich schmerzlich an*** mi prende la malinconia **2** ammucchiare: ***der Wind hat viele Blätter angeweht*** il vento ha ammucchiato molte foglie **II** intr. (aus. *sein*) arrivare portato dal vento.
an‿wei|sen tr. *(wies, gewiesen)* **1** assegnare: ***jdm einen Platz, ein Quartier ~*** assegnare un posto, un alloggio a qcn. **2** ***jdn etw. zu tun ~*** incaricare qcn. di fare qcs. **3** *(anleiten)* addestrare, avviare: ***jdn bei einer Arbeit ~*** avviare qcn. a un lavoro **4** ***jdm einen Betrag ~*** dare ordine a qcn. di pagare un importo. **An|wei|ser** m. *(-s,-)* chi assegna, RAR. assegnatore *m.* **An|wei|sung** f. *(-,-en)* **1** assegnazione *f.*, destinazione *f.* **2** *(Anordnung, Befehl)* incarico *m.*, ordine *m.*, disposizione *f.*: ***jdm -en erteilen*** impartire a qcn. degli ordini **3** *(Anleitung)* istruzioni *f.pl.* (scritte), guida *f.* **4a** *(Anordnung zur Auszahlung)* ordine *m.* di pagamento **b** *(Überweisung)* rimessa *f.* **c** BANC. assegno *m.* **d** *(Postanweisung)* vaglia *m.* (postale).
an|wend|bar agg. utilizzabile, impiegabile, applicabile: ***diese Regel ist auf die, in der Praxis nicht ~*** questa regola non si può applicare alla pratica. **An|wend|bar|keit** f. *(-)* applicabilità *f.*, possibili-

tà *f.* d'impiego, d'utilizzo. **an‿wen|den** tr. *(wandte/wendete, gewandt/gewendet)* **1** *(gebrauchen)* usare, utilizzare, impiegare: ***eine neue Technik ~*** utilizzare una nuova tecnica; ***auf etw. (A) viel Mühe ~*** impiegare molte energie in (*o* per) qcs. **2** applicare: ***einen Paragraphen, eine Regel auf einen Fall ~*** applicare un paragrafo, una regola a un caso. **An|wen|der** m. *(-s,-)* utilizzatore *m.*, utente *m.* **An|wen|dung** f. *(-,-en)* **1** *(Verwendung)* uso *m.*, impiego *m.*, utilizzazione *f.*: ***unter ~ von Gewalt*** con l'impiego della forza; ***~ finden*** trovare impiego **2** applicazione *f.*: ***ein Gesetz zur ~ bringen*** applicare una legge **3** MED. INFORM. applicazione *f.* **An|wen|dungs|be|reich** m. *(-[e]s,-e)*, **An|wen|dungs|ge|biet** n. *(-[e]s,-e)* campo *m.* d'impiego, d'applicazione. **An|wen|dungs|mög|lich|keit** f. *(-,-en)* possibilità *f.* d'impiego, d'applicazione. **An|wen|dungs|vor|schrift** f. *(-,-en)* MED. modalità *f.pl.* d'impiego.

an‿wer|ben tr. *(wirbt, warb, geworben)* assumere, ingaggiare; MIL. arruolare, reclutare. **An|wer|ber** m. *(-s,-)* ingaggiatore *m.*; MIL. arruolatore *m.* **An|wer|bung** f. *(-,-en)* assunzione *f.*, ingaggio *m.*; MIL. arruolamento *m.*, reclutamento *m.*

an‿wer|fen tr. *(wirft, warf, geworfen)* **1** gettare, lanciare (su qcs.): ***Mörtel an die Mauer ~*** gettare malta sul muro **2** ***den Motor, den Wagen ~*** avviare il motore, mettere in moto la macchina.

An|we|sen n. *(-s,-)* podere *m.*, tenuta *f.*

an|we|send agg. presente. **An|we|sen|de** m. e f. *(-n,-n)* presente *m.* e *f.* **An|we|sen|heit** f. *(-)* **1** presenza *f.*: ***in meiner ~*** in (*o* alla) mia presenza; ***in ~ des Vaters*** alla presenza del padre **2** *(Vorkommen)* presenza *f.*, traccia *f.* **An|we|sen|heits|lis|te** f. *(-,-n)* elenco *m.* delle presenze.

an‿wet|zen intr. (aus. *sein*) venirsene in gran fretta.

an‿wi|dern tr. ripugnare, disgustare, nauseare.

an‿win|keln tr. ***die Beine, die Knie ~*** flettere le gambe, piegare le ginocchia.

an‿win|seln tr. **1** ***jdn ~*** mugolare, guaire verso qcn. **2** FIG. ***jdn um etw. ~*** supplicare, implorare umilmente qcn. per qcs.

an‿woh|nen intr. (aus. *haben*) RAR. ***einem Fluss ~*** abitare nelle vicinanze di un fiume. **An|woh|ner** m. *(-s,-)* abitante *m.*, vicino *m.*: ***die ~ einer Straße*** gli abitanti di una strada. **An|woh|ner|schaft** f. *(-)* abitanti *m.pl.*, vicini *m.pl.*, vicinato *m.*

An|wurf m. *(-[e]s,-würfe)* **1** ANT. EDIL. rinzaffo *m.*, prima mano *f.* d'intonaco **2** *(Vorwurf)* rimprovero *m.* immotivato, accusa *f.* immotivata: ***Anwürfe gegen jdn richten*** rivolgere accuse a qcn. senza motivo **3** SPORT battuta *f.* d'inizio.

an‿wur|zeln intr. (aus. *sein*) mettere radici.

An|zahl f. *(-)* numero *m.*, quantità *f.* **an‿zah|len** tr. dare in acconto: ***muss ich was ~?*** devo lasciare un acconto? ***das Auto ~*** pagare un acconto per l'auto. **An|zah|lung** f. *(-,-en)* acconto *m.*, anticipo *m.*: ***eine ~ leisten*** versare un acconto. **An|zah|lungs|sum|me** f. *(-,-n)* somma *f.* versata in acconto.

an‿zap|fen tr. **1** spillare: ***ein Fass ~*** spillare una botte **2** FIG. COLLOQ. ***jdn um Geld ~*** (cercare di) spillare denaro a qcn. **3** COLLOQ. ***eine Leitung ~*** inserirsi su una linea (di nascosto). **An|zap|fung** f. *(-,-en)* **1** spillatura *f.* **2** EL. derivazione *f.*

an‿zau|bern tr. procurare (con la magia), provocare magicamente.

An|zei|chen n. *(-s,-)* **1a** *(Vorzeichen)* segno *m.*, indizio *m.*, avvisaglia *f.*: ***~ eines Gewitters, für eine Krise*** avvisaglie di un temporale, segni di una crisi **b** MED. sintomo *m.* **2** *(Merkmal)* segno *m.*: ***~ der Ungeduld zeigen*** mostrare segni d'impazienza.

an‿zeich|nen tr. **1** disegnare, tracciare: ***etw. an die Tafel ~*** disegnare qcs. alla lavagna **2** *(kennzeichnen)* segnare, contrassegnare: ***eine Stelle auf der Karte ~*** segnare un punto sulla carta.

An|zei|ge f. *(-,-n)* **1** denuncia *f.*: ***~ gegen jdn erstatten*** sporgere denuncia contro qcn. **2a** *(Annonce)* annuncio *m.* (economico), inserzione *f.*: ***eine ~ in die Zeitung setzen, aufgeben*** mettere un annuncio sul giornale **b** *(Bekanntgabe)* annuncio *m.*, partecipazione *f.*: ***die ~ einer Vermählung erhalten*** ricevere l'annuncio di un matrimonio **3a** *(ablesbarer Stand)* indicazione *f.*: ***die ~ des Gaszählers*** l'indicazione del contatore del gas **b** *(Datensichtgerät)* display *m.* **c** *(Anlage)* indicatore *m.* ◆ ***jdn, etw. zur ~ bringen*** segnalare (*o* denunciare) qcn., qcs. **An|zei|ge|blatt** → **Anzeigenblatt.**

an‿zei|gen tr. **1** denunciare: ***jdn (wegen Diebstahls) bei der Polizei ~*** denunciare qcn. (per furto) alla polizia **2a** *(bekannt geben)* annunciare, partecipare: ***seine Verlobung ~*** annunciare il proprio fidanzamento **b** *(mitteilen, ankündigen)* comunicare, annunciare: ***seinen Besuch ~*** annunciare la propria visita **3** indicare: ***jdm die Richtung ~*** indicare la direzione a qcn.; ***das Barometer zeigt schönes Wetter an*** il barometro indica bel tempo. **An|zei|gen|an|nah|me** f. *(-,-n)* ufficio *m.* (accettazione) inserzioni. **An|zei|gen|blatt** n. *(-[e]s,-blätter)* giornale *m.* di annunci. **An|zei|gen|bü|ro** n. *(-s,-s)*, **An|zei|gen|stel|le** f. *(-,-n)* ufficio *m.* inserzioni. **An|zei|gen|teil** m. *(-s,-e)* pagine *f.pl.* degli annunci (economici). **An|zei|gen|wer|bung** f. *(-,-en)* inserzioni *f.pl.* pubblicitarie. **An|zei|ge|pflicht** f. *(-,-en)* obbligo *m.* di denuncia. **an|zei|ge|pflich|tig** agg. con obbligo di denuncia (*o* segnalazione); ***etw. ist ~*** qcs. deve essere denunciato (*o* segnalato). **An|zei|ger** m. *(-s,-)* **1** *(Gerät)* indicatore *m.*: ***der ~ für den Ölstand*** l'indicatore del livello dell'olio **2** *(Zeitung)* giornale *m.* locale, gazzettino *m.* **An|zei|ge|ta|fel** f. *(-,-n)* SPORT tabellone *m.* (elettronico).

an‿zet|teln tr. ordire, tramare, macchinare. **An|zet|te|ler** m. *(-s,-)* orditore *m.*, chi trama. **An|zet|te|lung** f. *(-,-en)* l'ordire, il tramare, macchinazione *f.* **An|zett|ler** → **Anzetteler. An|zett|lung** → **Anzettelung.**

an‿zie|hen *(zog, gezogen)* **I** tr. **1** tirare a sé, verso di sé: ***die Beine ~*** tirare a sé le gambe **2a** attirare, assorbire: ***das Salz zieht Feuchtigkeit an*** il sale assorbe umidità; ***ungleiche Pole ziehen einander an*** i poli opposti si attraggono **b** *(anlocken)* attirare, attrarre: ***die Ausstellung hat viele Besucher angezogen*** la mostra ha attirato molti visitatori; ***dieser Mann zieht mich sehr an*** quest'uomo mi attrae molto **3** *(straffer spannen)* tendere, tirare: ***ein Seil ~*** tirare una corda; ***die Handbremse ~*** tirare il freno a mano **4** *(festziehen)* serrare, stringere: ***eine Schraube ~*** stringere una vite **5a** vestire: ***ein Kind ~*** vestire un bambino **b** indossare: ***die Jacke, die Schuhe ~*** indossare la giacca, mettersi le scarpe **6** REGION. socchiudere: ***die Tür ~*** socchiudere la porta **II** intr. (aus. *haben*) **1** prendere odori, sapori (cattivi): ***Lebensmittel ziehen leicht an*** gli alimenti prendono facilmente (cattivi) odori **2a** *(sich in Bewegung setzen)* mettersi in moto, muoversi; *(Pferde)* cominciare a tirare **b** *(in Brettspielen)* muovere per primo, fare la prima mossa **3** ECON. *(Preise, Aktien)* salire, essere in rialzo **4** SPORT *(von Läufern)* effettuare uno scatto, scattare; ***der Wagen zieht gut an*** l'auto ha una buona ripresa, un bello scatto **III** rifl. **sich ~ 1** vestirsi: ***sich zum Ausgehen ~*** vestirsi per uscire; ***sich sportlich, warm ~*** vestirsi in modo sportivo, con abiti caldi **2** mettersi (addosso): ***sich (D) die Jacke ~*** mettersi la giacca. **an|zie|hend** p.pres. agg. **1** → **anziehen 2** attraente, affascinante, interessante.

An|zie|hung f. *(-,-en)* **1** attrazione *f.* **2** *(Anreiz)* attrattiva *f.*, fascino *m.* **An|zie|hungs|kraft** f. *(-,-kräfte)* **1** FIS. forza *f.* di attrazione **2** *(Anreiz)* attrattiva *f.*, fascino *m.* **An|zie|hungs|punkt** m. *(-[e]s,-e)* punto *m.* (*o* centro *m.*) d'attrazione.

an‿zie|len tr. ***etw. ~*** mirare, tendere a qcs.

an‿zi|schen I tr. ***jdn ~*** sibilare contro qcn. (anche FIG.) **II** intr. (aus. *sein*) avvicinarsi in fretta.

an‿zo|ckeln intr. (aus. *sein*) COLLOQ. avvicinarsi trotterellando.

an‿zot|teln intr. (aus. *sein*) COLLOQ. arrivare ciondolando.

An|zucht f. *(-[e]s,-züchte)* **1** MIN. fossa *f.* di scolo **2** AGR. coltivazione *f.*, coltura *f.*

An|zug m. *(-[e]s, Anzüge)* **1** abito *m.*, vestito *m.* (da uomo) **2** *(Beschleunigungsvermögen)* ripresa *f.* **3** *(in Brettspielen)* prima mossa *f.* **4a** SVIZZ. *(Überzug)* fodera *f.* **b** *(Antrag im Parlament)* proposta *f.*, mozione *f.* ◆ ***im ~ sein*** avanzare, stare per arrivare: ***der Feind, ein Gewitter ist im ~*** il nemico avanza, sta per arrivare un temporale.

an|züg|lich agg. **1** *(anspielend)* insinuante, allusivo **2** *(zweideutig)* ambiguo, a doppio senso: ***ein -er Witz*** una barzelletta a doppio senso. **An|züg|lich|keit** f. *(-,-en)* **1** *(Anspielung)* insinuazione *f.*, allusione *f.* **2** *(Zweideutigkeit)* ambiguità *f.*, doppio senso *m.*

An|zugs|kraft f. *(-,-kräfte)* AUT. ripresa *f.* **An|zug|stoff** m. *(-[e]s,-e)* stoffa *f.* per abiti. **An|zugs|ver|mö|gen** n. *(-s)* → **Anzugskraft.**

an‿zün|den I tr. **1** accendere: ***eine Zigarette ~*** accendere una sigaretta **2** ***etw. ~*** dare fuoco a qcs.: ***ein Haus ~*** dare fuoco a (*o* incendiare) una casa **II** rifl. ***sich (D) etw. ~*** accendersi qcs. **An|zün|der** m. *(-s,-)* accenditore *m.*; *(von Gas)* accendigas *m.*; *(von Zigaretten)* accendino *m.*

an‿zwei|feln tr. ***etw. ~*** mettere in dubbio qcs., dubitare di qcs.

an‿zwin|kern tr. ***jdn ~*** ammiccare a qcn., fare l'occhiolino a qcn.

an‿zwit|schern intr. (aus. *sein*) venire lemme lemme ◆ ***sich (D) einen ~*** prendersi una sbornia (*o* una ciucca).

a. O. ⇒ *an der Oder* sull'Oder.

AOK ⇒ *Allgemeine Ortskrankenkasse* cassa malattia locale.

Ä|o|li|en n.pr.n. *(-s)* Eolide *f.* **Ä|o|li|er** pl. Eoli *m.pl.* **ä|o|lisch** agg. eolico, eolio ◆ ***Äolische Inseln*** (isole) Eolie.

Ä|ols|har|fe f. *(-,-n)* arpa *f.* eolia. **Ä|o|lus** n.pr.m. Eolo *m.*

ao. Prof., a. o. Prof. ⇒ *außerordentlicher Professor* professore straordinario, associato.

A|o|rist m. *(-[e]s,-e)* aoristo *m.*

A|or|ta f. *(-, Aorten)* aorta *f.* **A|or|tal|gie** f. *(-,-n)* aortalgia *f.* **A|or|ten|bo|gen** m. *(-s,-)* arco *m.* aortico. **A|or|ten|in|suf|fi|zi|enz** f. *(-,-en)* insufficienza *f.* aortica. **A|or|ten|klap|pe** f. *(-,-n)* valvola *f.* aortica.

A|pa|che m. *(-n,-n)* apache *m.*
A|pa|na|ge [apa'na:ʒə] f. *(-,-n)* appannaggio *m.*
a|part I agg. affascinante, particolare, fine, squisito **II** avv. EDIT. separatamente, a parte.
A|part|heid f. *(-)* apartheid *f.*
A|part|ment ['partmənt, ə'pɑ:tmənt] n. *(-s,-s)* appartamento *m.*
A|pa|thie f. *(-,-n)* apatia *f.* **a|pa|thisch** agg. apatico.
A|pen|nin n.pr.m. *(-s,-en)* Appennino *m.* **A|pen|ni|nen|halb|in|sel** f. *(-)* penisola *f.* appenninica. **a|pen|ni|nisch** agg. appenninico.
a|per agg. REGION. senza neve, sgombro da neve.
A|per|çu [apɛr'sy:] n. *(-s,-s)* LETT. arguzia *f.*
A|pe|ri|tif m. *(-s,-s)* aperitivo *m.*
a|pern intr. (aus. *haben*) REGION. disgelare.
a|pe|tal agg. apetalo.
A|pex m. *(-, Apizes)* ASTR. LING. apice *m.*
Ap|fel m. *(-s, Äpfel)* **1** mela *f.* **2** → **Apfelbaum** ◆ ***in den sauren ~ beißen*** mandar giù un boccone amaro, una pillola amara; ***etw. für einen ~ und ein Ei kaufen*** comprare qcs. per un boccon di pane; ***Äpfel und Birnen zusammenzählen*** fare di ogni erba un fascio, mettere tutti in un mazzo; PROV. ***der ~ fällt nicht weit von Stamm*** tale padre tale figlio. **Ap|fel|bäck|chen** n. *(-s,-)* SCHERZ. guance *f.pl.* rosse (come una mela). **Ap|fel|baum** m. *(-[e]s,-bäume)* melo *m.* **Ap|fel|blü|te** f. *(-,-n)* **1** fiore *m.* di melo **2** *(das Blühen)* fioritura *f.* dei meli. **Äp|fel|chen** n. *(-s,-)* piccola mela *f.* **ap|fel|för|mig** agg. a forma di mela. **Ap|fel|gar|ten** m. *(-s,-gärten)* meleto *m.* **Ap|fel|ge|lee** [-ʒe'le:, -ʒə'le:] m. e n. *(-s,-s)* gelatina *f.* di mele. **ap|fel|grün** agg. verde mela. **Ap|fel|kom|pott** n. *(-[e]s,-e)* composta *f.* di mele. **Ap|fel|kraut** n. *(-[e]s)* REGION. sciroppo *m.* di mele. **Ap|fel|ku|chen** m. *(-s,-)* torta *f.* di mele. **Ap|fel|most** m. *(-[e]s,-e)* **1** succo *m.* di mela **2** REGION. *(leicht alkoholisch)* sidro *m.* **Ap|fel|mus** n. *(-es,-e)* mousse *f.* di mele. **Ap|fel|quit|te** f. *(-,-n)* mela *f.* cotogna. **Ap|fel|saft** m. *(-[e]s,-säfte)* succo *m.* di mele. **Ap|fel|schal|le** f. *(-,-n)* buccia *f.* di mela. **Ap|fel|schim|mel** m. *(-s,-)* leardo *m.* pomellato.
Ap|fel|si|ne f. *(-,-n)* **1** arancia *f.* **2** → **Apfelsinenbaum. Ap|fel|si|nen|baum** m. *(-[e]s,-bäume)* (albero *m.* di) arancio *m.* **Ap|fel|si|nen|saft** m. *(-[e]s,-säfte)* succo *m.* d'arancia. **Ap|fel|si|nen|schal|le** f. *(-,-n)* buccia *f.* d'arancia.
Ap|fel|stru|del m. *(-s,-)* strudel *m.* (di mele). **Ap|fel|wein** m. *(-s,-e)* sidro *m.* **Ap|fel|wick|ler** m. *(-s,-)* bruco *m.* delle mele, carpocapsa *f.* pomonella.
A|ph|äre|se f. *(-,-n)* aferesi *f.*
A|pha|sie f. *(-,-n)* afasia *f.*
A|ph|el n. *(-s,-e)*, **A|ph|eli|um** n. *(-s, Aphelien)* afelio *m.*
A|pho|nie f. *(-,-n)* afonia *f.*
A|pho|ris|mus m. *(-, Aphorismen)* aforisma *m.* **A|pho|ris|ti|ker** m. *(-s,-)* scrittore *m.* di aforismi. **a|pho|ris|tisch I** agg. aforistico **II** avv. aforisticamente.
Aph|ro|di|si|a|kum n. *(-s, Aphrodisiaka)* afrodisiaco *m.* **aph|ro|di|sisch** agg. afrodisiaco. **Aph|ro|di|te** n.pr.f. Afrodite *f.*
Aph|the f. *(-,-n)* afta *f.* **Aph|then|seu|che** f. *(-,-n)* afta *f.* epizootica.
a|pi|kal agg. apicale.
A|pis n.pr.m. Api *m.*
Ap|la|nat m. *(-en,-en)* sistema *m.* aplanatico. **ap|la|na|tisch** agg. aplanatico.
Ap|lomb [a'plõ:] m. *(-s)* aplomb *m.*
APO, A|po ⇒ *außerparlamentarische Opposition* opposizione extraparlamentare.
a|po|chro|ma|tisch agg. apocromatico.
a|po|dik|tisch agg. apodittico. **A|po|dik|tik** f. *(-)* apodittica *f.*
A|po|gä|um n. *(-s, Apogäen)* apogeo *m.*
A|po|ka|lyp|se f. *(-,-n)* apocalisse *f.* **a|po|ka|lyp|tisch** agg. apocalittico ◆ ***die Apokalyptischen Reiter*** i cavalieri dell'apocalisse.
A|po|ko|pe f. *(-,-n)* apocope *f.* **a|po|ko|pie|ren** tr. apocopare.
a|po|kryph agg. apocrifo. **A|po|kryph** n. *(-s,-en)*, **A|po|kry|phon** n. *(-s, Apokrypha* e *Apokryphen)* (vangelo *m.*) apocrifo *m.*
a|po|li|tisch, a|po|li|tisch agg. apolitico.
A|poll n.pr.m. *(-s)* → **Apollo. a|pol|li|nisch** agg. apollineo. **A|pol|lo I** n.pr.m. Apollo *m.* **II** m. *(-s,-s)* apollo *m.* (anche ENTOM.).
A|po|log m. *(-[e]s,-e)* apologo *m.* **A|po|lo|get** m. *(-en,-en)* apologeta *m.* **A|po|lo|ge|tik** f. *(-,-en)* apologetica *f.* **a|po|lo|ge|tisch** agg. apologetico. **A|po|lo|gie** f. *(-,-n)* apologia *f.* **a|po|lo|gi|sie|ren** tr. apologizzare, fare l'apologia.
A|po|phy|se f. *(-,-n)* apofisi *f.*
A|po|plek|ti|ker m. *(-s,-)* apoplettico *m.* **a|po|plek|tisch** agg. apoplettico: ***ein -er Anfall*** un colpo apoplettico. **A|po|ple|xie** f. *(-,-n)* apoplessia *f.*
A|po|rie f. *(-,-n)* aporia *f.*
A|pos|ta|sie f. *(-,-n)* apostasia *f.* **A|pos|tat** m. *(-en,-en)* apostata *m.*
A|pos|tel m. *(-s,-)* apostolo *m.* (anche IRON.). **A|pos|tel|brief** m. *(-[e]s,-e)* BIBL. lettera *f.* degli apostoli. **A|pos|tel|ge|schich|te** f. *(-)* Atti *m.pl.* degli apostoli. **A|pos|to|lat** n. e m. *(-[e]s,-e)* apostolato *m.* **A|pos|to|li|kum** n. *(-s)* Simbolo *m.* apostolico, Credo *m.* apostolico. **a|pos|to|lisch** agg. apostolico.
A|po|stroph m. *(-s,-e)* apostrofo *m.*: ***einen ~ setzen*** mettere un apostrofo. **A|po|stro|phe, A|po|stro|phe** f. *(-,-n)* apostrofe *f.* **a|po|stro|phie|ren** tr. **1** qualificare: ***jdn als bösartig ~*** qualificare qcn. come cattivo **2** GRAMM. apostrofare.
A|po|the|ke f. *(-,-n)* **1** farmacia *f.* **2** COLLOQ. = negozio *m.* molto caro. **A|po|the|ken|hel|fe|rin** f. *(-,-nen)* assistente *f.* farmacista. **a|po|the|ken|pflich|tig** agg. vendibile solo in farmacia. **A|po|the|ker** m. *(-s,-)* farmacista *m.* **A|po|the|ker|preis** m. *(-es,-e)* COLLOQ. = prezzo *m.* esorbitante. **A|po|the|ker|waa|ge** f. *(-,-n)* bilancia *f.* da farmacista.
A|po|the|o|se f. *(-,-n)* apoteosi *f.*
Ap|pa|rat m. *(-[e]s,-e)* **1a** apparecchio *m.*, congegno *m.*, macchina *f.* **b** *(Fernsehapparat)* tivù *f.* **c** *(Radioapparat)* radio *f.* **d** *(Fotoapparat)* macchina *f.* (fotografica) **e** *(Telefonapparat)* apparecchio *m.* (telefonico): ***Herrn Müller, bitte! – am ~*** il signor Müller, per favore! - sono io; ***bleiben Sie bitte am ~!*** resti in linea, prego! **2** *(Institution)* apparato *m.*: ***der militärische ~*** l'apparato militare **3a** apparato *m.*: ***eine Textausgabe mit (kritischem) ~*** un'edizione critica, con apparato (critico) **b** *(für wissenschaftliche Arbeit)* apparato *m.* scientifico **c** ANAT. apparato *m.* ◆ SCHERZ. ***die hat aber einen ~!*** è proprio ben fornita! ha proprio un bel davanzale! **ap|pa|ra|tiv** agg. **1** che riguarda le macchine **2** meccanizzato, automatizzato: ***-e Diagnostik*** diagnostica automatizzata. **Ap|pa|ra|tur** f. *(-,-en)* apparecchiatura *f.*
Ap|par|te|ment [apartə'mã] n. *(-s,-s)* monolocale *m.*
Ap|peal [ə'pi:l] m. *(-s)* appeal *m.*
Ap|pell m. *(-s,-e)* **1** appello *m.* (anche MIL.): ***ein ~ an die Vernunft, zum Frieden*** un appello alla ragione, alla pace; ***einen ~ an jdn richten*** rivolgere un appello a qcn.; MIL. ***zum ~ antreten*** presentarsi all'appello; ***beim ~ fehlen*** mancare all'appello **2** VENAT. *(von Hund)* ubbidienza *f.*, docilità *f.*
ap|pel|la|bel agg. ANT. appellabile. **Ap|pel|lant** m. *(-en,-en)* ANT. DIR. appellante *m.* **Ap|pel|la|ti|on** f. *(-,-en)* ANT. DIR. appellazione *f.*, appello *m.* **Ap|pel|la|ti|ons|ge|richt** n. *(-[e]s,-e)* ANT. DIR. corte *f.* d'appello.
Ap|pel|la|tiv n. *(-s,-e)* appellativo *m.*
ap|pel|lie|ren intr. (aus. *haben*) **1** LETT. appellarsi, fare appello: ***an das Gewissen ~*** appellarsi alla coscienza **2** ANT. DIR. appellarsi, ricorrere in appello. **Ap|pell|platz** m. *(-es,-plätze)* MIL. posto *m.* per l'appello.
Ap|pen|dix m. *(-, Appendizes)* **1** *(Anhängsel)* accessorio *m.* (inutile) **2** *(Anhang)* appendice *f.*, aggiunta *f.* **3** ANAT. appendice *f.* **Ap|pen|di|zi|tis** f. *(-, Appendizitiden)* appendicite *f.*
Ap|per|zep|ti|on f. *(-,-en)* appercezione *f.*
Ap|pe|tit m. *(-[e]s,-e)* appetito *m.*: ***den ~ anregen, verderben*** stuzzicare, rovinare l'appetito; ***~ auf etw. (A) bekommen, haben*** avere appetito, voglia di qcs. (anche FIG.); ***guten ~!*** buon appetito! ***~ machen*** far venire appetito ◆ ***der ~ kommt beim, mit dem Essen*** l'appetito vien mangiando. **ap|pe|tit|an|re|gend** agg. **1** appetitoso: ***der Kuchen sieht sehr ~ aus*** il dolce sembra molto appetitoso **2** che stimola l'appetito: ***ein -es Mittel*** una medicina che stimola l'appetito. **Ap|pe|tit|bis|sen** m. *(-s,-)*, **Ap|pe|tit|hap|pen** m. *(-s,-)* bocconcino *m.* appetitoso. **Ap|pe|tit|hem|mer** m. *(-s,-)* → **Appetitzügler. ap|pe|tit|lich** agg. appetitoso (anche FIG.). **ap|pe|tit|los** agg. senza appetito, inappetente. **Ap|pe|tit|lo|sig|keit** f. *(-)* inappetenza *f.* **Ap|pe|tit|züg|ler** m. *(-s,-)* anoressizzante *m.*
ap|pla|nie|ren tr. **1** RAR. spianare **2** AUSTR. *(Konflikte)* appianare.
ap|plau|die|ren intr. (aus. *haben*) ***jdm ~*** applaudire qcn. **Ap|plaus** m. *(-es,-e)* applauso *m.*: ***ein stürmischer ~*** un applauso fragoroso.
ap|pli|ka|bel agg. applicabile. **Ap|pli|ka|bi|li|tät** f. *(-,-en)* applicabilità *f.* **Ap|pli|ka|ti|on** f. *(-,-en)* applicazione *f.* (anche MED.). **Ap|pli|ka|ti|ons|pro|gramm** n. *(-s,-e)* programma *m.* applicativo. **ap|pli|zie|ren** tr. applicare (anche MED.).
ap|port inter. (ri)porta qua. **Ap|port** m. *(-s,-e)* **1** *(von Hunden)* il portare, il riportare **2** *(von Geistern)* spostamento *m.* di oggetti. **ap|por|tie|ren** tr. portare, riportare. **Ap|por|tier|hund** m. *(-[e]s,-e)* cane *m.* da riporto.
Ap|po|si|ti|on f. *(-,-en)* GRAMM. apposizione *f.* **ap|po|si|ti|o|nell, ap|po|si|tiv** agg. GRAMM. appositivo.
ap|pre|tie|ren tr. apprettare. **Ap|pre|tie|rer** m. *(-s,-)* apprettatrice *f.* **Ap|pre|tur** f. *(-,-en)* **1** → **Appretierer 2** apprettatura *f.*
Ap|proach [ə'proutʃ] m. *(-[e]s,-s)* **1** approccio *m.*, impostazione *f.* **2**

AER. avvicinamento *m.* **3** *(in der Werbesprache)* approach *m.*
Ap|pro|ba|ti|on f. *(-,-en)* **1** abilitazione *f.* (a svolgere una professione) **2** ECCL. approvazione *f.* **ap|pro|bie|ren** tr. ANT. o AUSTR. ***etw. ~*** approvare qcs., dare l'approvazione a, per qcs.: ***ein Buch für den Gebrauch an Schulen ~*** approvare un libro (da parte ministeriale o del Consiglio scolastico regionale) per l'uso scolastico. **ap|pro|biert** p.pass. agg. **1** → **approbieren 2** abilitato (nell'esercizio di una professione).
ap|pro|vi|si|o|nie|ren tr. AUSTR. MIL. approvvigionare. **Ap|pro|vi|si|o|nie|rung** f. *(-,-en)* AUSTR. MIL. approvvigionamento *m.*
Ap|pro|xi|ma|ti|on f. *(-,-en)* approssimazione *f.* (anche MAT.). **ap|pro|xi|ma|tiv** agg. approssimato (anche MAT.).
Après-Ski [aprɛ'ʃiː] n. *(-)* **1** → **Après-Ski-Kleidung 2** *(Zerstreuung nach dem Skilaufen)* doposci *m.* **Après-Ski-Klei|dung** f. *(-)* abbigliamento *m.* doposci.
Ap|ri|ko|se f. *(-,-n)* **1** albicocca *f.* **2** → **Aprikosenbaum. Ap|ri|ko|sen|baum** m. *(-[e]s,-bäume)* (albero *m.* di) albicocco *m.* **Ap|ri|ko|sen|blü|te** f. *(-,-n)* **1** fiore *m.* d'albicocco **2** *(das Blühen)* fioritura *f.* degli albicocchi. **Ap|ri|ko|sen|kern** m. *(-[e]s,-e)* nocciolo *m.* d'albicocca. **Ap|ri|ko|sen|mar|me|la|de** f. *(-,-n)* marmellata *f.* d'albicocca. **Ap|ri|ko|sen|saft** m. *(-[e]s,-säfte)* succo *m.* d'albicocca.
Ap|ril m. *(-[s],-e)* aprile *m.*: ***Anfang, Ende ~*** all'inizio, alla fine di aprile; ***Mitte ~*** a metà aprile; ***im ~*** in (*o* ad) aprile; ***am ersten, am zweiten ~*** il primo, il due (di) aprile ◆ ***~! ~!*** pesce d'aprile! ***jdn in den ~ schicken*** fare un pesce d'aprile a qcn. **Ap|ril|narr** m. *(-en,-en)* vittima *f.* di un pesce di aprile. **Ap|ril|schau|er** m. *(-s,-)* rovescio *m.* di pioggia primaverile. **Ap|ril|scherz** m. *(-es,-e)* pesce *m.* d'aprile. **Ap|ril|wet|ter** n. *(-s)* tempo *m.* instabile, pazzerello.
A|pri|o|ri n. *(-,-)* (principio *m.*) a priori *m.* **a|pri|o|risch** agg. aprioristico, a priori. **A|pri|o|ris|mus** m. *(-)* apriorismo *m.*
ap|ro|pos [apro'poː] avv. LETT. a proposito.
Ap|si|de f. *(-,-n)* **1** → **Apsis 2** ASTR. apside (*o* abside) *m.* **Ap|sis** f. *(-, Apsiden)* ARCH. abside *f.*
A|pu|a|ner m. *(-s,-)* apuano *m.* **a|pu|a|nisch** agg. apuano ◆ ***Apuanische Alpen*** Alpi Apuane.
A|pu|li|en n.pr.n. *(-s)* **1** Puglia *f.*, Puglie *f.pl.* **2** STOR. Apulia *f.* **A|pu|li|er** m. *(-s,-)* **1** pugliese *m.* **2** STOR. apulo *m.* **a|pu|lisch** agg. **1** pugliese **2** STOR. apuliense ◆ ***die Apulische Ebene*** il Tavoliere delle Puglie.
A|quä|dukt m. e n. *(-[e]s,-e)* STOR. acquedotto *m.*
A|qua|kul|tur f. *(-,-en)* acquacoltura *f.* **a|qua|ma|rin** agg. (color) acquamarina. **A|qua|ma|rin** m. *(-s,-e)* acquamarina *f.* **A|qua|naut** m. *(-en,-en)* acquanauta *m.* **A|qua|nau|tik** f. *(-)* acquanautica *f.* **A|qua|pla|ning** n. *(-[s])* aquaplaning *m.*
A|qua|rell n. *(-s,-e)* acquerello (*o* acquarello) *m.*, dipinto *m.* ad acquerello ◆ ***in ~*** all'acquerello; ***~ malen*** dipingere ad acquerello. **A|qua|rell|far|be** f. *(-,-n)* (colore *m.* ad) acquerello *m.* **a|qua|rel|lie|ren** intr. (aus. *haben*) acquerellare (*o* acquarellare), dipingere ad acquerello. **A|qua|rel|list** m. *(-en,-en)*, **A|qua|rell|ma|ler** m. *(-s,-)* acquerellista (*o* acquarellista) *m.* **A|qua|rell|ma|le|rei** f. *(-)* **1** pittura *f.* ad acquerello **2** → **Aquarell. A|qua|rell|tech|nik** f. *(-)* acquerello *m.*
A|qua|ri|a|ner m. *(-s,-)* acquariofilo *m.*
A|qua|ri|en|fisch m. *(-[e]s,-e)* pesce *m.* d'acquario. **A|qua|ri|en|haus** n. *(-es,-häuser)* acquario *m.*, aquarium *m.*
A|qua|ri|um n. *(-s, Aquarien)* **1** *(Behälter)* acquario *m.* **2** → **Aquarienhaus.**
A|qua|tin|ta f. *(-, Aquatinten)* acquatinta *f.*
a|qua|tisch agg. acquatico.
Ä|qua|tor m. *(-s,-en)* equatore *m.* **Ä|qua|tor|ebe|ne** f. *(-,-n)* piano *m.* dell'equatore. **ä|qua|to|ri|al** agg. equatoriale. **Ä|qua|to|ri|al|af|ri|ka** n.pr.n. *(-s)* Africa *f.* Equatoriale. **Ä|qua|to|ri|al|strom** m. *(-[e]s,-ströme)* corrente *f.* equatoriale. **Ä|qua|tor|tau|fe** f. *(-)* battesimo *m.* dell'equatore.
A|qua|vit m. *(-s,-e)* acquavite *f.*
ä|qui|dis|tant agg. equidistante.
Ä|qui|lib|ris|mus m. *(-)* equilibrismo *m.* **Ä|qui|lib|rist** m. *(-en,-en)* equilibrista *m.* **Ä|qui|lib|ris|tin** f. *(-,-nen)* equilibrista *f.*
ä|qui|nok|ti|al agg. equinoziale. **Ä|qui|nok|ti|al|ge|gend** f. *(-,-en)* regione *f.* tropicale. **Ä|qui|nok|ti|al|re|gen** m. *(-s,-)* pioggia *f.* equinoziale. **Ä|qui|nok|ti|al|stür|me** pl. tempeste *f.pl.* equinoziali. **Ä|qui|nok|ti|um** n. *(-s, Äquinoktien)* equinozio *m.*
ä|qui|pol|lent agg. equipollente. **Ä|qui|pol|lenz** f. *(-,-en)* equipollenza *f.*
ä|qui|va|lent agg. equivalente. **Ä|qui|va|lent** n. *(-[e]s,-e)* equivalente *m.* **Ä|qui|va|lent|ge|wicht** n. *(-[e]s,-e)* CHIM. peso *m.* equivalente. **Ä|qui|va|lenz** f. *(-,-en)* equivalenza *f.*
ä|qui|vok agg. **1** equivoco, ambiguo **2** LING. equivoco: ***ein -er Ausdruck*** un'espressione equivoca.

Ar n. e m. *(-s,-[e])* ara *f.*: ***100 ~ Land*** 100 are di terreno.
A|ra m. *(-s,-s)* ZOOL. ara *f.*
Ä|ra f. *(-, Ären)* era *f.*
A|ra|ber m. *(-s,-)* **1** arabo *m.* **2** *(Pferd)* cavallo *m.* arabo. **A|ra|be|rin** f. *(-,-nen)* araba *f.*
A|ra|bes|ke f. *(-,-n)* **1** arabesco *m.* **2** MUS. arabesca *f.*
A|ra|bi|en n.pr.n. *(-s)* Arabia *f.* **a|ra|bisch I** agg. arabo **II** avv. **1** all'araba **2** *(auf Arabisch)* in arabo. **A|ra|bisch** n. *(-[s])*, **A|ra|bi|sche** n. *(-n)* arabo *m.*, lingua *f.* araba. **a|ra|bi|sie|ren** tr. arabizzare. **A|ra|bist** m. *(-en,-en)* arabista *m.*
A|rach|ni|den, A|rach|no|i|den pl. aracnidi *m.pl.*
A|ra|gón [-'gɔn] n.pr.n. *(-s)* → **Aragonien. A|ra|go|ne|se** m. *(-n,-n)* RAR. → **Aragonier. A|ra|go|ni|en** n.pr.n. *(-s)* Aragona *f.* **A|ra|go|ni|er** m. *(-s,-)* aragonese *m.* **a|ra|go|nisch** agg. aragonese, d'Aragona.
A|ra|go|nit m. *(-s)* aragonite *f.*
A|ral|see n.pr.m. *(-s)* lago *m.* d'Aral.
A|ra|mä|er m. *(-,-)* arameo *m.* **a|ra|mä|isch** agg. aramaico. **A|ra|mä|isch** n. *(-[s])*, **A|ra|mä|i|sche** n. *(-n)* aramaico *m.*, lingua *f.* aramaica.
A|rä|o|me|ter n. *(-s,-)* areometro *m.*
Ä|rar n. *(-s,-e)* AUSTR. BUROCR. **1** *(Staatsvermögen)* demanio *m.* **2** *(Fiskus)* erario *m.* **ä|ra|risch** agg. AUSTR. erariale.
A|rau|ka|rie f. *(-,-n)* araucaria *f.*
A|raz|zo m. *(-s, Arazzi)* arazzo *m.*
Ar|beit f. *(-,-en)* **1a** lavoro *m.* (anche FIS.): ***eine interessante ~*** un lavoro interessante; ***körperliche, geistige ~*** lavoro fisico (*o* manuale), intellettuale; ***eine ~ ausführen, verrichten, erledigen*** compiere, eseguire, sbrigare un lavoro; ***seine ~ tun, machen*** fare il proprio lavoro; ***eine gute ~ machen*** fare un buon lavoro; ***etw. (bei jdm) in ~ geben*** dare qcs. da fare (a qcn.) **b** *(Beruf, Stellung)* ***eine ~ suchen, finden*** cercare, trovare un lavoro; ***leitende, selbstständige, unselbstständige ~*** lavoro direttivo, autonomo, dipendente **c** *(Erzeugnis, Produkt)* ***eine sorgfältige ~*** un lavoro accurato; ***eine ~ veröffentlichen*** pubblicare un lavoro; ***eine ~ aus Bronze, in Marmor*** un lavoro in bronzo, in marmo **2** *(Klassenarbeit, Prüfung)* lavoro *m.*, compito *m.*: ***schriftliche ~*** compito scritto ◆ SCHERZ. ***der hat die ~ nicht erfunden*** quello non muore dalla voglia di lavorare; ***ganze, gründliche ~ leisten*** fare un bel lavoro; ***zur, in die ~ gehen*** andare al lavoro; ***an die ~ gehen*** mettersi al lavoro; ***auf ~ gehen*** andare a lavorare; ***etw. in ~ haben*** avere qcs. per le mani; ***nur halbe ~ machen*** lasciare il lavoro a metà; ***von seiner Hände ~ leben*** vivere del proprio lavoro; ***bei jdm in ~ sein, stehen*** lavorare per qcn. (*o* presso qcn.); ***das kostet viel ~*** ciò richiede molto lavoro, costa molta fatica; SCHERZ. ***die ~ läuft uns nicht davon*** il lavoro non scappa; ***jdm viel ~ machen*** dare molto lavoro, dar molto da fare a qcn.; ***sich an die ~ machen*** mettersi al lavoro; ***keine Mühe und ~ scheuen*** non temere alcuna fatica; ***jdn in ~ nehmen*** assumere qcn.; ***~ suchend*** che cerca lavoro; ***~ Suchende*** chi cerca lavoro; ***erst die ~, dann das Spiel, das Vergnügen*** prima il dovere, poi il piacere; PROV. ***nach getaner ~ ist gut ruhen*** = dopo il lavoro è dolce il riposo.
ar|bei|ten I intr. (aus. *haben*) **1** lavorare: ***acht Stunden am Tag, halbtags ~*** lavorare otto ore al giorno, mezza giornata; ***an etw. (D) ~*** lavorare a qcs.; ***bei der Post, fürs Fernsehen ~*** lavorare alle poste, per la televisione; ***unter jdm ~*** lavorare sotto qcn.; ***als Dreher ~*** fare il tornitore, lavorare come tornitore; ***er arbeitet über Max Frisch*** lavora su Max Frisch; ***für den Frieden, gegen das Regime ~*** lavorare per la pace, contro il regime **2** *(funktionieren)* lavorare, funzionare: ***sein Herz, die Maschine arbeitet gut*** il suo cuore, la macchina funziona bene **3a** *(von Teig)* lievitare **b** *(von Wein, Most)* fermentare **4** *(von Holz)* curvarsi, piegarsi **5** *(alle Kräfte aufbieten)* lottare: ***gegen die Zeit ~ müssen*** dover lottare contro il tempo **6** *(jdm zu schaffen machen)* ***in jdm ~*** rodere qcn.: ***dieses Problem arbeitet in ihm*** questo problema lo rode **II** tr. fare: ***einen Anzug nach Maß ~*** fare un abito su misura **III** rifl. **sich ~ 1** impers. ***hier arbeitet es sich gut*** qui si lavora bene **2** ***sich durch das Gebüsch ~*** farsi strada (*o* aprirsi un varco) fra i cespugli **3** ***sich müde, krank ~*** stancarsi, ammalarsi per il troppo lavoro ◆ ***an sich (D) ~*** cercare di correggersi, di migliorarsi; ***sein Geld ~ lassen*** far fruttare il proprio denaro; ***sich (D) die Hände wund ~*** ammazzarsi di lavoro; ***jdm in die Hände ~*** agevolare (*o* appoggiare) qcn.; ***wie ein Pferd ~*** lavorare come una bestia; ***auf eine Prüfung ~*** preparare un esame. **ar|bei|tend** p.pres. agg. **1** → **arbeiten 2** che lavora, lavoratore: ***die -e Klasse*** la classe lavoratrice.
Ar|bei|ter m. *(-s,-)* **1** lavoratore *m.*: ***ein guter ~ sein*** essere un buon lavoratore **2** *(Arbeitnehmer)* operaio *m.*: ***(un)gelernter ~*** operaio (non) qualificato. **Ar|bei|ter|amei|se** f. *(-,-n)* formica *f.* operaia. **Ar|bei|ter|auf|stand** m. *(-[e]s,-aufstände)* rivolta *f.* operaia.

Ar|bei|ter|be|we|gung f. *(-,-en)* STOR. movimento *m.* operaio (*o* dei lavoratori). **Ar|bei|ter|bie|ne** f. *(-,-n)* ape *f.* operaia. **Ar|bei|ter|dich|ter** m. *(-s,-)* poeta *m.* operaio. **ar|bei|ter|feind|lich** agg. antioperaio. **Ar|bei|ter|fra|ge** f. *(-)* questione *f.* operaia. **Ar|bei|ter|ge|werk|schaft** f. *(-,-en)* sindacato *m.* operaio.

Ar|bei|te|rin f. *(-,-nen)* **1** lavoratrice *f.*, operaia *f.* **2** ZOOL. operaia *f.* **Ar|bei|ter|ju|gend** f. *(-)* gioventù *f.* operaia. **Ar|bei|ter|kind** n. *(-[e]s,-er)* figlio *m.* di operai. **Ar|bei|ter|klas|se** f. *(-)* classe *f.* operaia. **Ar|bei|ter|li|te|ra|tur** f. *(-)* letteratura *f.* operaia. **Ar|bei|ter|mas|sen** pl. masse *f.pl.* operaie. **Ar|bei|ter|or|ga|ni|sa|ti|on** f. *(-,-en)* organizzazione *f.* dei lavoratori (*o* operaia). **Ar|bei|ter|par|tei** f. *(-,-en)* partito *m.* operaio. **Ar|bei|ter|pries|ter** m. *(-s,-)* prete *m.* operaio. **Ar|bei|ter|rat** m. *(-[e]s,-räte)* consiglio *m.* operaio. **Ar|bei|ter|schaft** f. *(-)* lavoratori *m.pl.*, operai *m.pl.* **Ar|bei|ter|selbst|ver|wal|tung** f. *(-)* autogestione *f.* (operaia). **Ar|bei|ter|sied|lung** f. *(-,-en)* colonia *f.* operaia. **Ar|bei|ter|stand** m. *(-[e]s)* classe *f.* operaia, ceto *m.* operaio. **Ar|bei|ter|ver|ein** m. *(-[e]s,-e)* associazione *f.* operaia. **Ar|bei|ter|vier|tel** n. *(-s,-)* quartiere *m.* operaio. **Ar|bei|ter|wohl|fahrt** f. *(-)* assistenza *f.* sociale per lavoratori.

Ar|beit|ge|ber m. *(-s,-)* datore *m.* di lavoro. **Ar|beit|ge|ber|ver|band** m. *(-[e]s,-verbände)* associazione *f.* degli imprenditori.

Ar|beit|neh|mer m. *(-s,-)* prestatore *m.* d'opera, lavoratore *m.* **Ar|beit|neh|me|rin** f. *(-,-nen)* prestatrice *f.* d'opera, lavoratrice *f.* **Ar|beit|neh|mer|schutz** → **Arbeitsschutz.**

Ar|beits|ab|lauf m. *(-[e]s,-abläufe)* ciclo *m.* di lavorazione.

ar|beit|sam agg. LETT. ANT. laborioso, operoso.

Ar|beits|amei|se → **Arbeiterameise.** **Ar|beit|sam|keit** f. *(-)* LETT. ANT. laboriosità *f.*, operosità *f.* **Ar|beits|amt** n. *(-[e]s,-ämter)* ufficio *m.* di collocamento. **Ar|beits|an|fall** m. *(-[e]s)* mole *f.* (*o* cumulo *m.*) di lavoro. **Ar|beits|an|lei|tung** f. *(-,-en)* istruzione *f.* per l'esecuzione di un lavoro. **Ar|beits|an|zug** m. *(-[e]s,-anzüge)* tuta *f.* da lavoro. **Ar|beits|aus|fall** m. *(-[e]s,-ausfälle)* interruzione *f.* del ciclo produttivo. **Ar|beits|aus|schuss** m. *(-es,-ausschüsse)* comitato *m.* operaio. **Ar|beits|be|din|gun|gen** pl. condizioni *m.pl.* di lavoro. **Ar|beits|be|las|tung** f. *(-,-en)* carico *m.* di lavoro. **Ar|beits|be|ra|ter** m. *(-s,-)* consulente *m.* del lavoro. **Ar|beits|be|reich** m. *(-[e]s,-e)* **1** campo *m.* d'attività **2** *(Arbeitsplatz)* spazio *m.* per lavorare. **Ar|beits|be|schaf|fung** f. *(-)* creazione *f.* di posti di lavoro. **Ar|beits|be|schaf|fungs|maß|nah|men** pl. provvedimenti *m.pl.* per l'occupazione. **Ar|beits|be|schei|ni|gung** f. *(-,-en)* attestato *m.* (*o* certificato *m.*) di lavoro. **Ar|beits|bie|ne** → **Arbeiterbiene.** **Ar|beits|blatt** n. *(-[e]s,-blätter)* INFORM. foglio *m.* di calcolo. **Ar|beits|buch** n. *(-[e]s,-bücher)* libro *m.* di esercizi. **Ar|beits|dienst** m. *(-[e]s,-e)* **1** servizio *m.* di lavoro **2** STOR. *(Reichsarbeitsdienst)* servizio *m.* del lavoro (organizzazione nazista). **Ar|beits|ei|fer** m. *(-s)* zelo *m.* (nel lavoro), laboriosità *f.* **Ar|beits|ein|kom|men** n. *(-s,-)* reddito *m.* da lavoro. **Ar|beits|ein|satz** m. *(-es,-einsätze)* impiego *m.* di manodopera. **Ar|beits|ein|stel|lung** f. *(-,-en)* sospensione *f.* del lavoro. **Ar|beits|er|laub|nis** f. *(-,-se)* permesso *m.* di lavoro. **ar|beits|er|leich|ternd** agg. che facilita (*o* agevola) il lavoro. **Ar|beits|er|leich|te|rung** f. *(-,-en)* agevolazione *f.* nel lavoro. **Ar|beits|es|sen** *(-s,-)* pranzo *m.* (*o* colazione *f.*, *o* cena *f.*) di lavoro. **ar|beits|fä|hig** agg. idoneo al lavoro; in grado di operare. **Ar|beits|fä|hig|keit** f. *(-)* idoneità *f.* al lavoro. **Ar|beits|feld** n. *(-[e]s,-er)* LETT. → **Arbeitsgebiet.** **Ar|beits|frie|de** m. *(-ns)*, **Ar|beits|frie|den** m. *(-s)* pace *f.* sociale, tregua *f.* sindacale. **Ar|beits|front**, STOR. ***Deutsche ~*** Fronte Tedesco del Lavoro (organizzazione nazista). **Ar|beits|gang** m. *(-[e]s,-gänge)* fase *f.* di lavoro. **Ar|beits|ge|biet** n. *(-[e]s,-e)* campo *m.* d'attività. **Ar|beits|ge|mein|schaft** f. *(-,-en)* comunità *f.* (*o* gruppo *m.*) di lavoro. **Ar|beits|ge|rät** n. *(-[e]s,-e)* attrezzo *m.* da lavoro. **Ar|beits|ge|richt** n. *(-[e]s,-e)* tribunale *m.* del lavoro. **Ar|beits|ge|setz|ge|bung** f. *(-,-en)* legislazione *f.* del lavoro. **Ar|beits|ge|such** n. *(-[e]s,-e)* domanda *f.* di lavoro. **Ar|beits|grup|pe** f. *(-,-n)* gruppo *m.* di lavoro. **Ar|beits|haus** n. *(-es,-häuser)* STOR. casa *f.* di lavoro (*o* correzione). **Ar|beits|heft** n. *(-[e]s,-e)* quaderno *m.* di esercizi (fatti in classe). **Ar|beits|kit|tel** m. *(-s,-)* camice *m.* (da lavoro). **Ar|beits|klei|dung** f. *(-,-en)* abbigliamento *m.* da lavoro. **Ar|beits|kli|ma** n. *(-s)* ambiente *m.* di lavoro. **Ar|beits|kol|le|ge** m. *(-n,-n)* collega *m.* (di lavoro). **Ar|beits|kol|le|gin** f. *(-,-nen)* collega *f.* (di lavoro). **Ar|beits|kraft** f. *(-,-kräfte)* **1** capacità *f.* di lavoro, lavorativa **2** pl. forza *f.* lavoro, manodopera *f.*: ***Mangel an Arbeitskräften*** mancanza di manodopera **3** *(Arbeiter)* lavoratore *m.* (-trice *f.*). **Ar|beits|kreis** m. *(-es,-e)* → **Arbeitsgemeinschaft.** **Ar|beits|la|ger** n. *(-s,-)* campo *m.* di lavoro. **Ar|beits|leis|tung** f. *(-,-en)* rendimento *m.* di lavoro. **Ar|beits|lohn** m. *(-[e]s,-löhne)* salario *m.*, paga *f.*

ar|beits|los agg. disoccupato, senza lavoro: ***~ werden*** restare disoccupato, senza lavoro ◆ ***-es Einkommen*** reddito non lavorativo. **Ar|beits|lo|se** m. e f. *(-n,-n)* disoccupato *m.* (-a *f.*). **Ar|beits|lo|sen|für|sor|ge** f. *(-)* ANT. → **Arbeitslosenhilfe.** **Ar|beits|lo|sen|geld** n. *(-[e]s,-er)* indennità *f.* (*o* sussidio *m.*) di disoccupazione: ***~ beziehen*** percepire il sussidio di disoccupazione. **Ar|beits|lo|sen|hil|fe** f. *(-)* **1** assistenza *f.* ai disoccupati **2** *(Arbeitslosengeld)* indennità *f.* (*o* sussidio *m.*) di disoccupazione. **Ar|beits|lo|sen|un|ter|stüt|zung** f. *(-,-en)* ANT. → **Arbeitslosengeld.** **Ar|beits|lo|sen|ver|si|che|rung** f. *(-)* assicurazione *f.* contro la disoccupazione. **Ar|beits|lo|sig|keit** f. *(-)* disoccupazione *f.*

Ar|beits|markt m. *(-[e]s)* mercato *m.* del lavoro. **Ar|beits|ma|schi|ne** f. *(-,-n)* **1** macchina *f.* da lavoro **2** *(von Menschen)* macchina *f.* **ar|beits|mä|ßig** agg. relativo al lavoro, del lavoro. **Ar|beits|me|di|zin** f. *(-)* medicina *f.* del lavoro. **Ar|beits|mensch** m. *(-en,-en)* gran lavoratore *m.* **Ar|beits|me|tho|de** f. *(-,-n)* metodo *m.* di lavoro. **Ar|beits|mi|nis|ter** m. *(-s,-)* ministro *m.* del lavoro. **Ar|beits|mit|tel** n. *(-s,-)* **1** strumento *m.* di lavoro **2** *(Arbeitsmaterial)* materiale *m.* da lavoro. **Ar|beits|mo|ral** f. *(-)* etica *f.* professionale. **Ar|beits|nach|weis|stel|le** f. *(-,-n)* ufficio *m.* di collocamento. **Ar|beits|nie|der|le|gung** f. *(-,-en)* sospensione *f.* del lavoro. **Ar|beits|pass** m. *(-es,-pässe)* permesso *m.* di espatrio per lavoro. **Ar|beits|pau|se** f. *(-,-n)* pausa *f.* di lavoro. **Ar|beits|pen|sum** n. *(-s,-pensen)* lavoro *m.*, compito *m.* **Ar|beits|pferd** n. *(-[e]s,-e)* cavallo *m.* da lavoro. **Ar|beits|plan** m. *(-[e]s,-pläne)* piano *m.* (*o* programma *m.*) di lavoro. **Ar|beits|platz** m. *(-es,-plätze)* **1** posto *m.* per lavorare **2** *(Stellung)* posto *m.* di lavoro, impiego *m.*: ***seinen ~ verlieren*** perdere il posto (di lavoro). **Ar|beits|pro|be** f. *(-,-n)* campione *f.* (di lavorazione). **Ar|beits|pro|zess** m. *(-es,-e)* processo *m.* (*o* ciclo *m.*) di lavorazione. **Ar|beits|psy|cho|lo|gie** f. *(-)* psicologia *f.* del lavoro. **Ar|beits|raum** m. *(-[e]s,-räume)* stanza *f.* da lavoro. **Ar|beits|recht** n. *(-[e]s)* diritto *m.* del lavoro. **Ar|beits|recht|ler** m. *(-s,-)* esperto *m.* di diritto del lavoro. **ar|beits|recht|lich** agg. che riguarda il (*o* relativo al) diritto del lavoro. **Ar|beits|rich|ter** m. *(-s,-)* giudice *m.* del lavoro. **ar|beits|scheu** agg. pigro, ozioso. **Ar|beits|scheu** f. *(-)* pigrizia *f.*, ozio *m.* **Ar|beits|schicht** f. *(-,-en)* turno *m.* (di lavoro). **Ar|beits|schritt** m. *(-[e]s,-e)* fase *f.* di lavoro. **Ar|beits|schu|le** f. *(-,-n)* **1** STOR. Scuola *f.* del Lavoro **2** PED. scuola *f.* attiva. **Ar|beits|schutz** m. *(-es)* tutela *f.* (giuridica) del lavoro. **Ar|beits|schutz|be|stim|mung** f. *(-,-en)* disposizione *f.* (giuridica) sulla tutela del lavoro. **Ar|beits|schutz|ge|setz|ge|bung** f. *(-)* legislazione *f.* sulla tutela del lavoro. **Ar|beits|si|cher|heit** f. *(-)* sicurezza *f.* del lavoro. **Ar|beits|so|zio|lo|gie** f. *(-)* sociologia *f.* del lavoro. **Ar|beits|spei|cher** m. *(-s,-)* INFORM. (memoria *f.*) RAM *f.* **Ar|beits|stät|te** f. *(-,-n)* luogo *m.* di lavoro, studio *m.* **Ar|beits|stel|le** f. *(-,-n)* → **Arbeitsplatz.** **Ar|beits|strom** m. *(-[e]s)* EL. corrente *f.* di lavoro. **Ar|beits|stu|fe** f. *(-,-n)* fase *f.* (*o* livello *m.*) di lavorazione. **Ar|beits|su|che** f. *(-)* ricerca *f.* di lavoro (*o* di impiego). **Ar|beits|tag** m. *(-[e]s,-e)* **1** giorno *m.* (*o* giornata *f.*) di lavoro: ***ein harter ~*** una dura giornata di lavoro **2** giorno *m.* lavorativo. **ar|beits|täg|lich** **I** agg. per ogni giorno di lavoro (*o* lavorativo) **II** avv. ogni giorno di lavoro (*o* lavorativo). **Ar|beits|takt** m. *(-[e]s,-e)* MECC. fase *f.* (*o* periodo *m.*) di espansione. **Ar|beits|tei|lung** f. *(-,-en)* divisione *f.* del lavoro. **Ar|beits|tem|po** n. *(-s,-s)* ritmo *m.* (*o* velocità *f.*) di lavoro. **Ar|beits|the|ra|pie** f. *(-,-en)* ergoterapia *f.* **Ar|beits|tier** n. *(-[e]s,-e)* **1** animale *m.* da lavoro **2** FIG. *(von Menschen)* = sgobbone *m.*, stacanovista *m.* **Ar|beits|tisch** m. *(-[e]s,-e)* tavolo *m.* (*o* banco *m.*) da lavoro. **Ar|beits|über|las|tung** f. *(-)* sovraccarico *m.* (*o* carico *m.* eccessivo) di lavoro. **ar|beits|un|fä|hig** agg. non idoneo al lavoro. **Ar|beits|un|fä|hig|keit** f. *(-)* inidoneità *f.* al lavoro. **Ar|beits|un|fall** m. *(-[e]s,-unfälle)* infortunio *m.* sul lavoro. **Ar|beits|un|fall|ver|si|che|rung** f. *(-,-en)* assicurazione *f.* contro gli infortuni sul lavoro. **Ar|beits|un|ter|richt** m. *(-[e]s)* lezione *f.* attiva, insegnamento *m.* attivo. **Ar|beits|un|ter|la|ge** f. *(-,-n)* documento *m.* di lavoro. **Ar|beits|ver|fah|ren** n. *(-s,-)* processo *m.* (*o* metodo *m.*) di lavorazione. **Ar|beits|ver|hält|nis** n. *(-ses,-se)* rapporto *m.* di lavoro. **Ar|beits|ver|mitt|lungs|bü|ro** n. *(-s,-s)* ufficio *m.* (*o* agenzia *f.*) di collocamento. **Ar|beits|ver|tei|lung** f. *(-,-en)* divisione *f.* del lavoro (*o* dei compiti). **Ar|beits|ver|trag** m. *(-[e]s,-verträge)* contratto *m.* di lavoro. **Ar|beits|vor|gang** m. *(-[e]s,-vorgänge)* procedimento *m.* (*o* processo *m.*) di lavorazione. **Ar|beits|wei|se** f. *(-,-n)* **1** metodo *m.* di lavoro, modo *m.* di lavorare **2** *(Funktionsweise)* funzionamento *m.*, modo *m.* di funzionare. **Ar|beits|welt** f. *(-)* mondo *m.* del lavoro. **Ar|beits|wil|li|ge** m. e f. *(-n,-n)* chi non sciopera. **Ar|beits|wis|sen|schaft** f. *(-)* ergonomia *f.* **Ar|beits|wo|che** f. *(-,-n)* settimana *f.* lavorativa. **Ar|beits|wut** f. *(-)* smania *f.* del lavoro.

Ar|beits|zeit f. *(-,-en)* **1** orario *m.* di lavoro (*o* lavorativo) **2** *(Arbeitsstunden)* tempo *m.* lavorato, ore *f.pl.* di lavoro (*o* lavorative) ◆ ***gleitende ~*** orario flessibile. **Ar|beits|zeit|ver|kür|zung** f. *(-,-en)* riduzione *f.* dell'orario di lavoro. **Ar|beits|zeug** n. *(-[e]s)* COLLOQ. **1** *(Arbeitsanzug)* tuta *f.* da lavoro **2** *(Werkzeug)* arnese *m.* (*o* attrezzo *m.*) da lavoro. **Ar|beits|zim|mer** n. *(-s,-)* stanza *f.* da lavoro, studio *m.*

Ar|bit|ra|ge [arbi'tra:ʒə] f. *(-,-n)* COMM. ECON. arbitraggio *m.* **ar|bit|rär** agg. arbitrario. **Ar|bit|ra|ti|on** f. *(-)* arbitrato *m.* **Ar|bi|tri|um** n. *(-s, Arbitria)* arbitrio *m.*

Ar|bo|re|tum n. *(-s, Arboreten)* arboreto *m.*

Ar|bu|se f. *(-,-n)* anguria *f.*, cocomero *m.*

Ar|cha|ik f. *(-)* LETT. periodo *m.* arcaico, età *f.* arcaica. **Ar|cha|i|ker** m. *(-s,-)* arcaista *m.* **ar|cha|isch** agg. arcaico. **ar|cha|i|sie|ren** intr. (aus. *haben*) arcaizzare. **Ar|cha|is|mus** m. *(-, Archaismen)* arcaismo *m.* **ar|cha|is|tisch** agg. LETT. arcaistico.

Ar|chä|o|lo|ge m. *(-n,-n)* archeologo *m.* **Ar|chä|o|lo|gie** f. *(-)* archeologia *f.* **ar|chä|o|lo|gisch** agg. archeologico.

Ar|chä|o|zo|i|kum n. *(-s)* archeozoico *m.*

Ar|che f. *(-,-n)* arca *f.*: ***die ~ Noah*** l'arca di Noè.

Ar|che|typ m. *(-s,-en)* archetipo *m.* **ar|che|ty|pisch** agg. archetipico. **Ar|che|ty|pus** m. *(-,-typen)* → **Archetyp.**

Ar|chi|di|a|kon m. *(-s* e *-en,-e* e *-en)* arcidiacono *m.*

Ar|chi|me|des n.pr.m. Archimede *m.* **ar|chi|me|disch** agg. di Archimede: ***-e Schraube*** vite di Archimede; FIG. ***ein -er Punkt*** un punto di Archimede, un punto d'appoggio ◆ ***Archimedisches Prinzip*** principio di Archimede.

Ar|chi|pel m. *(-s,-e)* arcipelago *m.*

Ar|chi|tekt m. *(-en,-en)* architetto *m.* (anche FIG.). **Ar|chi|tek|ten|bü|ro** n. *(-s,-s)* studio *m.* di architetto. **Ar|chi|tek|to|nik** f. *(-,-en)* architettonica *f.* **ar|chi|tek|to|nisch** agg. architettonico. **Ar|chi|tek|tur** f. *(-,-en)* architettura *f.*

Ar|chi|trav m. *(-s,-e)* architrave *m.*

Ar|chiv n. *(-s,-e)* archivio *m.* **Ar|chi|va|li|en** pl. carte *f.pl.* (*o* documenti *m.pl.*) d'archivio. **ar|chi|va|lisch** agg. d'archivio. **Ar|chi|var** m. *(-s,-e)* archivista *m.* **Ar|chiv|bild** n. *(-[e]s,-er)* **1** foto *m.* d'archivio **2** TELEV. immagine *f.* di repertorio. **Ar|chiv|exemp|lar** n. *(-s,-e)* copia *f.* (*o* esemplare *m.*) d'archivio. **ar|chi|vie|ren** tr. archiviare. **Ar|chi|vie|rung** f. *(-,-en)* archiviazione *f.* **Ar|chi|vis|tik** f. *(-)*, **Ar|chiv|kun|de** f. *(-)* archivistica *f.*

Ar|chi|vol|te f. *(-,-n)* archivolto *m.*

Ar|chon m. *(-s,-ten)*, **Ar|chont** m. *(-en,-en)* arconte *m.*

Ar|den|nen n.pr.pl. Ardenne *f.pl.*

A|re|al n. *(-s,-e)* **1** *(Bodenfläche)* area *f.*, superficie *f.* **2** *(Verbreitungsgebiet)* area *f.* di distribuzione, areale *m.* **A|re|al|me|tho|de** f. *(-,-n)* metodo *m.* delle aree.

A|re|ka|nuss f. *(-,-nüsse)* noce *f.* di betel. **A|re|ka|pal|me** f. *(-,-n)* areca *f.*, betel *m.*

a|re|li|gi|ös agg. areligioso.

A|re|na f. *(-, Arenen)* STOR. SPORT arena *f.*

A|re|o|pag m. *(-s)* areopago *m.*

arg (compar. *ärger*, superl. *ärgst...*) **I** agg. **1** ANT. *(böse)* cattivo, maligno: ***die -e Welt*** il mondo cattivo **2** REGION. *(schlimm)* grave, brutto, cattivo: ***-es Wetter*** brutto tempo **3** REGION. *(groß)* grande, forte: ***eine -e Freude*** una grande gioia **II** avv. REGION. molto, assai: ***sich ~ freuen*** rallegrarsi molto; ***das Schicksal hat ihm ~ mitgespielt*** la sorte gli ha giocato un brutto tiro ◆ ***es ist mir ~, dass...*** mi dispiace molto che...; ***etw. liegt im Argen*** qcs. è in cattive acque; ***etw. ärger machen*** aggravare qcs.; ***das ist denn doch zu ~*** questo passa ogni limite.

Arg n. *(-s)* ANT. malizia *f.*, malignità *f.*: ***kein ~ an jdn, etw. finden*** non trovare malizia in qcn., qcs.; ***ohne ~ sein*** essere senza malizia.

Ar|ge m. *(-n)* ANT. il Maligno, Satana *m.*

Ar|gen|tan n. *(-s)* argentone *m.*

Ar|gen|ti|ni|en n.pr.n. Argentina *f.* **Ar|gen|ti|ni|er** m. *(-s,-)* argentino *m.* **ar|gen|ti|nisch** agg. argentino.

Ar|gen|tit m. *(-s)* argentite *f.*

Är|ger m. *(-s)* **1** risentimento *m.*, irritazione *f.*, rabbia *f.*: ***~ über etw. empfinden*** provare risentimento per qcs.; ***seinen ~ an jdm, etw. auslassen*** sfogare la propria rabbia su qcn., qcs. **2** contrarietà *f.pl.*, noie *f.pl.*: ***viel ~ im Beruf haben*** avere molte noie sul lavoro ◆ ***~ (bei jdm, mit etw.) erregen*** far arrabbiare (qcn., con qcs.); ***seinem ~ Luft machen*** sfogare la propria rabbia; ***grün und gelb, schwarz vor ~ werden*** diventare verde, nero dalla rabbia; ***zu meinem großen ~*** con mio grande disappunto.

är|ger|lich I agg. **1** irritato, arrabbiato, in collera: ***auf jdn, über etw. ~ sein*** essere arrabbiato con qcn., per qcs. **2** *(unangenehm)* irritante, spiacevole, increscioso: ***ein -er Vorfall*** un caso increscioso **II** avv. **1** con irritazione, rabbiosamente **2** in modo irritante: ***er ist ~ störrisch*** è testardo in modo irritante. **är|ger|li|cher|wei|se** avv. in modo irritante. **Är|ger|lich|keit** f. *(-,-en)* **1** l'essere arrabbiato, in collera **2** *(ärgerlicher Umstand)* situazione *f.* irritante, incresciosa.

är|gern I tr. far arrabbiare (*o* adirare), irritare: ***jdn mit seinem Verhalten ~*** far arrabbiare qcn. col proprio comportamento **II** rifl. **sich ~** arrabbiarsi, adirarsi, irritarsi: ***sich über jdn, etw. ~*** arrabbiarsi per qcn., qcs.; ***sich grün und blau, sich gelb und grün, sich schwarz ~*** diventare verde, giallo, nero di rabbia ◆ ***es ärgert mich*** mi secca; ***ihn ärgert die Fliege an der Wand*** si adira per ogni minima cosa; ***sich krank ~*** farci una malattia. **Är|ger|nis** n. *(-ses,-se)* **1** scandalo *m.*: ***bei jdm ~ erregen*** dare scandalo a qcn.; ANT. ***~ an etw. (D) nehmen*** scandalizzarsi di qcs. **2** *(Unannehmlichkeit)* dispiacere *m.*, disappunto *m.*: ***die kleinen -se des Alltags*** i piccoli dispiaceri della vita quotidiana ◆ ***Erregung öffentlichen -ses*** oltraggio al pudore.

Arg|list f. *(-)* **1** malignità *f.*, perfidia *f.*, malizia *f.* **2** DIR. dolo *m.* **arg|lis|tig** agg. maligno, perfido. **arg|los** agg. privo di malizia, innocente, ingenuo. **Arg|lo|sig|keit** f. *(-,-en)* innocenza *f.*, ingenuità *f.*, candore *m.*

Ar|gon n. *(-s,-s)* argon *m.*, argo *m.*

Ar|go|naut m. *(-en,-en)* argonauta *m.*

Ar|got [ar'go:] n. e m. *(-s,-s)* argot *m.*; ESTENS. gergo *m.*

Ärg|ste n. *(-n)* il peggio: ***auf das ~ gefasst sein*** essere pronto al peggio.

Ar|gu|ment n. *(-[e]s,-e)* argomento *m.* (anche MAT.): ***stichhaltige -e liefern*** addurre argomenti validi. **Ar|gu|men|ta|ti|on** f. *(-,-en)* argomentazione *f.*: ***mit seiner ~ Recht haben*** avere ragione con la propria argomentazione. **ar|gu|men|tie|ren** tr. argomentare.

Ar|gus I n.pr.m. Argo *m.* **II** m. *(-)* argo *m.*: ***ein ~ sein, dem nichts entgeht*** essere un argo a cui non sfugge nulla. **Ar|gus|au|gen** pl. occhi *m.pl.* d'Argo.

Arg|wohn m. *(-[e]s)* sospetto *m.*: ***jdn mit ~ betrachten*** guardare qcn. con sospetto; ***~ erregen, zerstreuen*** destare, dissipare sospetti. **arg|wöh|nen** tr. sospettare: ***eine Falle ~*** sospettare una trappola. **arg|wöh|nisch I** agg. sospettoso, diffidente: ***jdn ~ machen*** insospettire qcn. **II** avv. sospettosamente, con diffidenza.

A|ri|ad|ne n.pr.f. Arianna *f.* **A|ri|ad|ne|fa|den** m. *(-s)* filo *m.* d'Arianna.

A|ri|a|ner m. *(-s,-)* RELIG. ariano *m.* **a|ri|a|nisch** agg. RELIG. ariano, di Ario, degli ariani: ***die -en Schriften*** gli scritti di Ario. **A|ri|a|nis|mus** m. *(-)* RELIG. arianesimo *m.*

a|rid agg. arido. **A|ri|di|tät** f. *(-)* aridità *f.*

A|rie f. *(-,-n)* MUS. aria *f.*

A|ri|er m. *(-s,-)* **1** ETNOL. LING. ario *m.* **2** *(nach der rassistischen Auffassung)* ariano *m.* **A|ri|er|tum** n. *(-s)* STOR. arianesimo *m.*

A|ri|es n.pr.m. *(-)* ASTROL. Ariete *m.*

a|risch agg. **1** ETNOL. LING. ario: ***-e Völker, Sprachen*** popolazioni, lingue arie **2** *(nach der rassistischen Auffassung)* ariano: ***-e Abstammung*** discendenza ariana.

a|ri|sie|ren tr. STOR. arianizzare. **A|ri|sie|rung** f. *(-,-en)* STOR. arianizzazione *f.*

A|ris|to|krat m. *(-en,-en)* aristocratico *m.* **A|ris|to|kra|tie** f. *(-,-n)* aristocrazia *f.* **a|ris|to|kra|tisch** agg. aristocratico.

a|ris|to|pha|nisch agg. aristofanesco.

A|ris|to|te|les n.pr.m. Aristotele *m.* **A|ris|to|te|li|ker** m. *(-s,-)* aristotelico *m.* **a|ris|to|te|lisch** agg. aristotelico. **A|ris|to|te|lis|mus** m. *(-)* aristotelismo *m.*

A|rith|me|tik f. *(-)* aritmetica *f.* **A|rith|me|ti|ker** m. *(-s,-)* aritmetico *m.* **a|rith|me|tisch** agg. aritmetico.

Ar|ka|de f. *(-,-n)* **1** arcata *f.* **2** pl. portico *m.*

Ar|ka|di|en n.pr.n. *(-[s])* Arcadia *f.* **Ar|ka|di|er** m. *(-s,-)* arcade *m.* **ar|ka|disch** agg. arcadico.

Ar|ka|num n. *(-s, Arkana)* **1** *(Geheimnis)* arcano *m.* **2** *(Geheimmittel)* elisir *m.*

Ar|ke|bu|se f. *(-,-n)* archibugio *m.* **Ar|ke|bu|si|er** m. *(-s,-e)* archibugiere *m.*

Ark|tis n.pr.f. *(-)* Artide *f.* **ark|tisch** agg. **1** artico **2** ESTENS. artico, polare: ***-e Kälte*** freddo polare ◆ ***das Arktische Meer*** il Mar Glaciale Artico.

Ar|kus m. *(-,-)* MAT. arco *m.* **Ar|kus|funk|ti|on** f. *(-,-en)* arcofunzione *f.* **Ar|kus|si|nus** m. *(-,-)* arcoseno *m.* **Ar|kus|tan|gens** m. *(-,-)* arcotangente *f.*

arm agg. (compar. *ärmer*, superl. *ärmst...*) povero: ***an etw. (D) ~ sein*** essere povero di qcs.; ***ein -es Kind*** un bambino povero; *(bedauernswert)* ***ein -es Kind*** un povero bambino; *(wenig fruchtbar, wenig aufweisend)* ***-e Böden*** terreni poveri; FIG. ***eine -e Sprache*** una lingua povera; COLLOQ. ***meine -en Füße!*** i miei poveri piedi! ◆ ***~ wie eine Kirchenmaus*** = povero in canna; ***~ dran sein*** essere mal messo; ***um jdn, etw. ärmer werden*** perdere qcn., qcs.

Arm m. *(-[e]s,-e)* **1a** braccio *m.*: ***ein Kind auf dem ~ halten, auf den ~ nehmen*** tenere in braccio, prendere in braccio un bambino; ***jdn in die -e nehmen, schließen*** abbracciare qcn., stringere tra le braccia qcn.; ***etw. über dem ~ tragen*** portare qcs. in, sul braccio; ***sie schlang ihre -e um seinen Hals*** gli gettò le braccia al collo; **b** *(armartiger Teil)* ***ein Leuchter mit acht -en*** un candelabro a otto bracci; ***die beiden -e einer Waage*** i due bracci di una bilancia; ***die -e eines Flusses*** i bracci di un fiume **c** FIG. ***der ~ des Gesetzes*** il braccio della legge; ***einen langen ~ haben*** avere le mani lunghe, avere molta influenza **2** bracciolo *m.*: ***der ~ eines Lehnstuhls*** il bracciolo di una poltrona **3** *(Ärmel)* manica *f.* ◆ ***die Beine unter die -e nehmen*** mettersi le gambe in spalla; ***jdm in den ~ fallen*** mettere i bastoni tra le ruote a qcn.; ***jdm (mit etw.) unter die -e greifen*** dare una mano a qcn. (con qcs.); ***~ in ~ gehen*** andare a braccetto; ***jdm in die -e laufen*** = imbattersi per caso in qcn.; FIG. ***jdn auf den ~ nehmen*** prendere in giro qcn.; ***jdn mit offenen -en aufnehmen, empfangen*** accogliere qcn. a braccia aperte; ***jdn dem Laster in die -e treiben*** spingere qcn. al vizio; ***etw. unter dem ~ tragen*** portare qcs. sottobraccio; ***jdn am steifen (o ausgestreckten) ~ verhungern lassen*** mettere qcn. alle strette; ***mit verschränkten -en zusehen (dastehen)*** guardare (restare) con le mani in mano; ***ein ~ voll Heu*** una bracciata di fieno.

Ar|ma|tur f. *(-,-en)* **1** *(Ausrüstung)* attrezzatura *f.* **2** TECN. EL. quadro *m.* comandi **3** pl. rubinetteria *f.* **Ar|ma|tu|ren|brett** n. *(-[e]s,-er)* **1** pannello *m.* portattrezzi **2** AUT. cruscotto *m.*

Arm|band n. *(-[e]s,-bänder)* bracciale *m.*, braccialetto *m.* **Arm|band|uhr** f. *(-,-en)* orologio *m.* da polso. **Arm|ber|ge** f. *(-,-n)* STOR. bracciale *m.* **Arm|beu|ge** f. *(-,-n)* piega *f.* interna del gomito. **Arm|bin|de** f. *(-,-n)* **1** *(als Kennzeichen)* fascia *f.* al braccio **2** *(bei Verletzungen)* fascia *f.*, benda *f.* al braccio. **Arm|bruch** m. *(-s,-brüche)* frattura *f.* del braccio. **Arm|brust** f. *(-,-e* e *-brüste)* balestra *f.* **Arm|brust|schüt|ze** m. *(-n,-n)* balestriere *m.*

Ärm|chen n. *(-s,-)* braccino *m.*, braccetto *m.*

arm|dick agg. grosso (come) un braccio.

Ar|me m. e f. *(-n,-n)* povero *m.* (-a *f.*): ***ich -r!*** povero me!

Ar|mee f. *(-,-n)* armata *f.*, esercito *m.*: ***eine ~ aufstellen*** allestire un esercito; FIG. ***eine ~ von Studenten*** un esercito di studenti ◆ ***die Rote ~*** l'Armata Rossa; ANT. ***zur großen ~ abberufen werden*** andare fra i più, all'altro mondo. **Ar|mee|korps** [-kor] n. *(-,-)* corpo *m.* d'armata. **Ar|mee|lie|fe|rant** m. *(-en,-en)* fornitore *m.* dell'esercito.

Är|mel m. *(-s,-)* manica *f.*: ***mit langen, kurzen, ohne ~*** con le maniche lunghe, corte, senza maniche; ***die ~ hochkrempeln*** rimboccarsi le maniche (anche FIG.) ◆ ***etw. aus dem ~ schütteln*** = riuscire a fare qcs. con una mano sola. **Är|mel|auf|schlag** m. *(-[e]s,-aufschläge)* risvolto *m.* della manica.

Är|mel|ka|nal m. *(-s)* canale *m.* della Manica, Manica *f.*

Är|mel|scho|ner m. *(-s,-)* mezzamanica *f.*

Ar|men|ad|vo|kat m. *(-en,-en)*, **Ar|men|an|walt** m. *(-[e]s,-e)* avvocato *m.* dei poveri. **Ar|men|bi|bel** f. *(-)* STOR. bibbia *f.* dei poveri. **Ar|men|für|sor|ge** f. *(-)* assistenza *f.* ai poveri. **Ar|men|haus** n. *(-[e]s,-häuser)* ospizio *m.* dei poveri.

Ar|me|ni|en n.pr.n. Armenia *f.* **Ar|me|ni|er** m. *(-s,-)* armeno *m.* **ar|me|nisch** agg. armeno. **Ar|me|nisch** n. *(-)* armeno *m.*, lingua *f.* armena.

Ar|men|pfle|ge f. *(-)* ANT. assistenza *f.* ai poveri. **Ar|men|recht** n. *(-[e]s)* DIR. gratuito patrocinio *m.*

Ar|me|sün|der m. *(Armensünders, Armensünder)* ANT. condannato *m.* a morte. **Ar|me|sün|der|glo|cke** f. *(-,-n)* campana *f.* dei condannati a morte.

arm|för|mig agg. a forma di braccio. **Arm|fü|ßer** m. *(-s,-)* brachiopode *m.*

ar|mie|ren tr. EDIL. armare (anche ANT. MIL.). **ar|miert** p.pass. agg. → **armieren** ◆ ***-er Beton*** cemento armato. **Ar|mie|rung** f. *(-,-en)* EDIL. armatura *f.*

Ar|min n.pr.m. Arminio *m.*

arm|lang agg. lungo un braccio. **Arm|leh|ne** f. *(-,-n)* bracciolo *m.* **Arm|leuch|ter** m. *(-s,-)* **1** candelabro *m.* (a bracci) **2** COLLOQ. *(Dummkopf)* scemo *m.*

ärm|lich I agg. povero, misero **II** avv. poveramente, miseramente. **Ärm|lich|keit** f. *(-,-en)* povertà *f.*, miseria *f.*

Ärm|ling m. *(-s,-e)* → **Ärmelschoner.**

Arm|loch n. *(-[e]s,-löcher)* buco *m.*, imboccatura *f.* della manica. **Arm|man|schet|te** f. *(-,-n)* bracciale *m.* (dello sfigmomanometro). **Arm|molch** m. *(-[e]s,-e)* ZOOL. sirena *f.* **Arm|mus|kel** m. *(-s,-n)* muscolo *m.* del braccio.

Arm|pro|the|se f. *(-,-n)* braccio *m.* artificiale. **Arm|reif** m. *(-s,-e* e *-en)* braccialetto *m.*, bracciale *m.* (a cerchio). **Arm|schie|ne** f. *(-,-n)* **1** *(von Rüstung)* bracciale *m.* **2** *(von gebrochenem Arm)* stecca *f.* **Arm|schlin|ge** f. *(-,-n)* fasciatura *f.* triangolare (*o* a sciarpa).

arm|se|lig agg. misero, miserabile, miserevole: ***ein -er Bettler*** un misero mendicante; ***für -e fünf Mark*** per cinque miserabili marchi. **Arm|se|lig|keit** f. *(-,-en)* miserabilità *f.*

Arm|ses|sel m. *(-s,-)* poltrona *f.* a braccioli. **Arm|span|ge** f. *(-,-n)* braccialetto *m.*, bracciale *m.* **Arm|stuhl** m. *(-s,-stühle)* sedia *f.* a braccioli. **Arm|stumpf** m. *(-[e]s,-stümpfe)* braccio *m.* monco, moncherino *m.* **Arm|sün|der|glo|cke** → **Armesünderglocke.**

Ar|mut f. *(-)* povertà *f.*: ***geistige ~*** povertà spirituale; ***~ des Ausdrucks*** povertà d'espressione; ***~ an Bodenschätzen*** povertà di materie prime. **Ar|muts|zeug|nis** n. *(-ses,-se)* certificato *m.* di povertà ◆ ***das ist ein ~ für ihn*** = è prova della sua inettitudine; ***sich (D) ein ~ ausstellen*** = dare prova della propria inettitudine.

Ar|ni|ka f. *(-,-s)* arnica *f.* **Ar|ni|ka|tink|tur** f. *(-)* tintura *f.* di arnica.

Ar|nulf n.pr.m. Arnolfo *m.*

A|ro|ma n. *(-s,-s/Aromen/Aromata)* **1** aroma *m.* **2** *(Würzmittel)* aromi *m.pl.*, spezie *f.pl.* **A|ro|ma|stof|fe** pl. ALIM. aromi *m.pl.* **A|ro|mat** m. *(-en,-en)* CHIM. aroma *m.* **a|ro|ma|tisch** agg. aromatico: ***ein -er Tee*** un tè aromatico; CHIM. ***-e Kohlenwasserstoffe*** idrocarburi aromatici. **a|ro|ma|ti|sie|ren** tr. aromatizzare.

A|ron n.pr.m. Aronne *m.* **A|ron(s)|stab** m. *(-[e]s,-stäbe)* gigaro *m.*

Ar|peg|gio [ar'pɛdʒo] n. *(-s,-s* e *Arpeggien)* arpeggio *m.*

Ar|ran|ge|ment [arãʒə'mã:] n. *(-s,-s)* **1** *(künstlerische Anordnung)* allestimento *m.* **2** *(Vereinbarung)* arrangement *m.*, accomodamento *m.*, accordo *m.* **3a** MUS. arrangiamento *m.* **b** adattamento *m.*, riduzione *f.* **Ar|ran|geur** [arã'ʒø:ɐ] m. *(-s,-e)* **1** allestitore *m.* **2** MUS. arrangiatore *m.* **ar|ran|gie|ren** [arã'ʒi:rən] **I** tr. **1** organizzare, allestire, predisporre: ***eine Reise ~*** organizzare un viaggio **2a** MUS. arrangiare **b** adattare, ridurre: ***eine Symphonie für das Klavier ~*** adattare una sinfonia per pianoforte **II** rifl. **sich ~** accordarsi, trovare un accordo: ***sich mit dem politischen Gegner ~*** trovare un accordo con il proprio avversario politico.

Ar|rest m. *(-[e]s,-e)* **1a** *(Haft)* arresto *m.* **b** MIL. arresti *m.pl.*, consegna *f.*: ***in, im ~ sitzen*** essere agli arresti; ***jdn unter ~ stellen*** mettere qcn. agli arresti; ***zwei Tage strengen, verschärften ~ bekommen*** ricevere due giorni di arresti di rigore **c** ANT. SCOL. castigo *m.* **2** *(Ort der Haft)* cella *f.* di punizione **3** DIR. sequestro *m.*, confisca *f.*: ***jds Vermögen mit ~ belegen, unter ~ stellen*** mettere sotto sequestro il patrimonio di qcn. **Ar|res|tant** m. *(-en,-en)* ANT. arrestato *m.*, detenuto *m.* **Ar|rest|lo|kal** n. *(-s,-e)* ANT. carcere *m.* **Ar|rest|zel|le** f. *(-,-n)* cella *f.* (per arrestati).

ar|re|tie|ren tr. **1** *(Teile eines Geräts)* arrestare, fermare, bloccare **2** ANT. arrestare, catturare. **Ar|re|tie|rung** f. *(-,-en)* **1** *(von Gerät)* (dispositivo *m.* di) arresto *m.* **2** ANT. arresto *m.*, cattura *f.*

Ar|rhyth|mie f. *(-,-n)* aritmia *f.*

ar|ri|vie|ren intr. (aus. *sein*) arrivare, farsi strada, avere successo. **ar|ri|viert** p.pass. agg. **1** → **arrivieren 2** arrivato: ***ein -er Künstler*** un artista arrivato. **Ar|ri|vier|te** m. e f. *(-n,-n)* arrivato *m.* (-a *f.*).

ar|ro|gant agg. arrogante. **Ar|ro|ganz** f. *(-)* arroganza *f.*

Arsch m. *(-[e]s, Ärsche)* VOLG. **1** culo *m.* **2** *(als Schimpfwort)* cretino *m.*, fesso *m.* ◆ ***jdm den ~ aufreißen*** fare, spaccare il culo a qcn.; ***jdm geht der ~ mit Grundeis*** qcn. ha la strizza al culo; ***im ~ sein*** essere fottuto; ***einen kalten ~ haben*** essere morto; ***jdm in den ~ kriechen*** leccare il culo a qcn.; ***leck mich am ~!*** va' a farti fottere! vaffanculo! ***~ mit Ohren*** testa di cazzo; ***am ~ der Welt*** in culo al mondo (*o* ai lupi).

Arsch|ba|cke f. *(-,-n)* VOLG. chiappa *f.* **arsch|kalt** agg. COLLOQ. ***hier ist es ~*** qui fa un freddo del diavolo. **Arsch|krie|cher** m. *(-s,-)*, **Arsch|le|cker** m. *(-s,-)* VOLG. leccaculo *m.* **ärsch|lings** avv. a ritroso, rinculando. **Arsch|loch** n. *(-[e]s,-löcher)* VOLG. **1** buco *m.* del culo **2** *(als Schimpfwort)* stronzo *m.*: ***dieses ~!*** che stronzo!

Ar|sen n. *(-s)* CHIM. arsenico *m.*

Ar|se|nal n. *(-s,-e)* arsenale *m.* (anche FIG.).

ar|sen|hal|tig agg. arsenicato. **ar|se|nig** agg. arsenicale, arsenioso: ***-e Säure*** acido arsenioso. **Ar|sen|ver|gif|tung** f. *(-,-en)* avvelenamento *m.* da arsenico.

Ar|sis f. *(-, Arsen)* METR. MUS. arsi *f.*

Art f. *(-,-en)* **1** *(Natur)* carattere *m.*, indole *f.*, natura *f.*: ***es liegt nicht in seiner ~, das ist nicht seine ~*** non è nel suo carattere; ***eine lebhafte ~ haben*** avere un'indole vivace; ***von stiller ~ sein*** essere tranquillo di natura **2a** *(Weise)* modo *m.*, maniera *f.*: ***auf natürliche ~*** in modo naturale; ***das ist die rechte ~ und Weise*** questo è il modo giusto; ***auf die eine oder andere ~ und Weise*** in un modo o nell'altro **b** COLLOQ. ***ist das vielleicht eine ~?*** è questo il modo? che razza di modi! **3a** specie *f.*, tipo *m.*, sorta *f.*, qualità *f.*: ***alle -en***

von Pflanzen tutti i tipi di piante; ***eine ~ (von) Musik*** un tipo di musica; ***ein Verbrecher übelster ~*** un criminale della peggior specie **b** BOT. ZOOL. specie *f.* ◆ ***einzig in seiner ~*** unico nel suo genere; ***in der ~ (von)*** nello stile di, come; ***Salatsoße nach französischer ~*** condimento alla francese; ***aus der ~ schlagen*** degenerare; PROV. ***~ lässt nicht von ~*** tale padre tale figlio.

Art. ⇒ *Artikel* articolo (art.).

Art|an|ga|be f. *(-,-n)* GRAMM. complemento *m.* di modo.

Ar|te|fakt n. *(-[e]s,-e)* PALEONT. manufatto *m.*

art|ei|gen agg. BIOL. proprio (*o* peculiare) di una specie.

Ar|te|mis n.pr.f. Artemide *f.*

ar|ten intr. (aus. *sein*) ***nach jdm ~*** diventare simile a qcn.

ar|ten|reich agg. BIOL. ricco di specie. **Ar|ten|schutz** m. *(-es)* protezione *f.* delle specie biologiche. **Ar|ten|ster|ben** n. *(-s)* moria *f.* delle specie. **Art|er|hal|tung** f. *(-)* conservazione *f.* della specie.

Ar|te|rie f. *(-,-n)* ANAT. arteria *f.* **Ar|te|ri|en|ver|kal|kung** f. *(-)* indurimento *m.* delle arterie. **Ar|te|ri|o|skle|ro|se** f. *(-,-n)* arteriosclerosi *f.* **ar|te|ri|o|skle|ro|tisch** agg. arteriosclerotico.

ar|te|sisch agg. artesiano.

art|fremd agg. BIOL. estraneo alla specie, eterogeneo. **Art|ge|nos|se** m. *(-n,-n)* BIOL. individuo *m.* della stessa specie. **art|gleich** agg. BIOL. della stessa specie.

Arth|ri|ti|ker m. *(-s,-)* artritico *m.* **Arth|ri|tis** f. *(-, Arthritiden)* artrite *f.* **arth|ri|tisch** agg. artritico. **Arth|ri|tis|mus** m. *(-)* artritismo *m.*

Arth|ro|po|den pl. artropodi *m.pl.*

Arth|ro|se f. *(-,-n)* artrosi *f.*

ar|ti|fi|zi|ell I agg. **1** *(künstlich)* artificiale **2** *(gekünstelt)* artificioso, artefatto **II** avv. **1** artificialmente **2** *(gekünstelt)* artificiosamente, in modo artefatto.

ar|tig I agg. **1** *(von Kindern)* ubbidiente, educato **2** ANT. *(höflich)* garbato, galante **3** ANT. *(anmutig)* carino, vezzoso: ***ein -es Mädchen*** una ragazza vezzosa **II** avv. **1** bene, educatamente: ***sich ~ verhalten*** comportarsi bene **2** ANT. galantemente: ***~ die Hand küssen*** baciare galantemente la mano. **Ar|tig|keit** f. *(-,-en)* **1** ANT. cortesia *f.*, galanteria *f.* **2** pl. complimenti *m.pl.*: ***jdm -en sagen*** fare complimenti a qcn.

Ar|ti|kel m. *(-s,-)* **1a** articolo *m.*: ***ein ~ in der Zeitung*** un articolo sul giornale **b** DIR. ***der ~ eines Gesetzes*** l'articolo di una legge **c** *(Ware)* ***einen ~ am Lager haben*** avere un articolo in magazzino **d** GRAMM. ***der bestimmte, unbestimmte ~*** l'articolo determinativo, indeterminativo **2** *(Wörterbuchartikel)* voce *f.*

Ar|ti|ku|la|ti|on f. *(-,-en)* articolazione *f.* **Ar|ti|ku|la|ti|ons|stel|le** f. *(-,-n)* FON. punto *m.*, luogo *m.* di articolazione. **ar|ti|ku|lie|ren I** tr. articolare: ***Worte klar und deutlich ~*** articolare le parole in modo chiaro e distinto; ***seine Gedanken ~*** articolare i propri pensieri **II** rifl. **sich ~** articolarsi, esprimersi: ***er kann sich nicht ~*** non riesce ad esprimersi.

Ar|til|le|rie [artilǝ'ri:, 'artilǝri:] f. *(-,-n)* artiglieria *f.* **Ar|til|le|rie|be|schuss** m. *(-es,-beschüsse)* bombardamento *m.* d'artiglieria. **Ar|til|le|rie|feu|er** n. *(-s,-)* fuoco *m.* d'artiglieria. **Ar|til|le|rie|stand** m. *(-[e]s,-stände)* postazione *f.* d'artiglieria. **Ar|til|le|rie|stel|lung** f. *(-,-en)* postazione *f.* d'artiglieria. **Ar|til|le|rie|vor|be|rei|tung** f. *(-,-en)* preparazione *f.* d'artiglieria. **Ar|til|le|rist** m. *(-en,-en)* artigliere *m.* **ar|til|le|ris|tisch** agg. d'artiglieria, che riguarda l'artiglieria.

Ar|ti|scho|cke f. *(-,-n)* carciofo *m.* **Ar|ti|scho|cken|bo|den** m. *(-s,-böden)* fondo *m.* di carciofo.

Ar|tist m. *(-en,-en)* artista *m.* (da circo o di varietà). **Ar|tis|ten|fa|kul|tät** f. *(-,-en)* STOR. facoltà *f.* delle sette arti liberali. **Ar|tis|tik** f. *(-)* **1** arte *f.* (nel circo o nel varietà) **2a** *(körperliche Geschicklichkeit)* arte *f.*, abilità *f.* **b** *(formale Beherrschung)* abilità *f.* formale, padronanza *f.* tecnica. **ar|tis|tisch I** agg. artistico, fatto con arte, con abilità **II** avv. con arte, con padronanza tecnica, abilmente.

Ar|tur n.pr.m. Arturo *m.*

Ar|tus n.pr.m. Artù *m.* **Ar|tus|hof** m. *(-s)* corte *f.* di re Artù. **Ar|tus|run|de** f. *(-)* cavalieri *m.pl.* della tavola rotonda.

Ar|ve ['arvǝ] f. *(-,-n)* cembro *m.*

Arz|nei f. *(-,-en)* ANT. farmaco *m.*, medicinale *m.*, medicina *f.*; FIG. ***eine bittere ~*** una medicina amara; ***eine ~ einnehmen*** prendere una medicina. **Arz|nei|buch** n., ***Deutsches ~*** farmacopea *f.* (ufficiale) tedesca. **Arz|nei|kos|ten** pl. spese *f.pl.* farmaceutiche. **Arz|nei|kun|de** f. *(-)* farmaceutica *f.* **Arz|nei|leh|re** f. *(-)* farmacologia *f.* **arz|nei|lich** agg. medicinale, officinale, farmaceutico. **Arz|nei|mit|tel** n. *(-s,-)* medicinale *m.*, farmaco *m.* **Arz|nei|mit|tel|ab|hän|gig|keit** f. *(-)* farmacodipendenza *f.* **Arz|nei|pflan|ze** f. *(-,-n)* pianta *f.* medicinale, officinale. **Arz|nei|schränk|chen** n. *(-s,-)* armadietto *m.* dei medicinali. **Arz|nei|stoff** m. *(-[e]s,-e)* sostanza *f.* medicamentosa.

Arzt m. *(-es, Ärzte)* medico *m.*, dottore *m.*: ***praktischer ~*** medico generico; ***behandelnder ~*** medico curante; ***den ~ konsultieren, holen*** consultare, chiamare il medico; ***zum ~ gehen*** andare dal medico. **Arzt|be|ruf** m. *(-[e]s,-e)* professione *f.* medica. **Arzt|be|such** m. *(-[e]s,-e)* visita *f.* del medico. **Arzt|be|steck** n. *(-[e]s,-e)* strumenti *m.pl.* del medico. **Ärz|te|bund** m. *(-[e]s)*, **Ärz|te|kam|mer** f. *(-)* ordine *m.* dei medici. **Ärz|te|mus|ter** n. *(-s,-)* campione *m.* per medici. **Ärz|te|schaft** f. *(-)* classe *f.* medica, medici *m.pl.* **Ärz|te|ta|gung** f. *(-,-en)* congresso *m.* medico. **Ärz|te|ver|tre|ter** m. *(-s,-)* informatore *m.* (medico-)scientifico.

Arzt|ge|heim|nis n. *(-ses,-se)* segreto *m.* professionale (dei medici). **Arzt|hel|fe|rin** f. *(-,-nen)* assistente *f.* di studio medico. **Arzt|ho|no|rar** n. *(-s,-e)* onorario *m.* (del medico).

Ärz|tin f. *(-,-nen)* dottoressa *f.* **Arzt|kit|tel** m. *(-s,-)* camice *m.* (del *o* da medico). **ärzt|lich I** agg. medico: ***-e Verordnung*** prescrizione medica **II** avv. da (un) medico: ***~ behandelt werden*** essere in cura da un medico. **Arzt|pra|xis** f. *(-)* **1** studio *m.* medico **2** *(Patientenkreis)* giro *m.* di pazienti, clientela *f.* **Arzt|rech|nung** f. *(-,-en)* parcella *f.* (del medico). **Arzt|ta|sche** f. *(-,-n)* borsa *f.* del (*o* da) medico.

as, As n. *(-,-)* la *m.* bemolle.

1.As → **Ass.**

2.As m. *(-ses,-se)* NUMISM. asse *m.* → **Ass.**

a. S. ⇒ *auf Sicht* a vista (a/v).

As|best m. *(-[e]s,-e)* asbesto *m.*, amianto *m.* **As|best|an|zug** m. *(-[e]s,-anzüge)* tuta *f.* d'amianto. **As|best|be|ton** m. *(-s)* → **Asbestzement. As|best|fa|ser|ze|ment** m. *(-[e]s)* EDIL. eternit *m.* **As|best|pap|pe** f. *(-,-n)* cartone *m.* d'amianto. **As|best|plat|te** f. *(-,-n)* piastra *f.* d'amianto. **As|best|ze|ment** m. *(-[e]s)* cemento *m.* amianto, fibrocemento *m.*

Asch m. *(-[e]s, Äsche)* REGION. ciotola *f.*, scodella *f.*

Asch|be|cher → **Aschenbecher. asch|bleich** agg. cinereo. **asch|blond** agg. biondo cenere. **A|sche** f. *(-)* **1** cenere *f.*: ***zu ~ werden, verbrennen*** andare, ridursi in cenere; ***aus der ~ (auf)erstehen*** risorgere dalle ceneri; FIG. ***sich (D) ~ aufs Haupt streuen*** cospargersi il capo di cenere **2** COLLOQ. *(Kleingeld)* spiccioli *m.pl.*

Äsche f. *(-,-n)* temolo *m.*

A|schen|bahn f. *(-,-en)* SPORT pista *f.* di carbonella. **A|schen|be|cher** m. *(-s,-)* posacenere *m.*, portacenere *m.* **A|schen|brö|del I** n.pr.n. Cenerentola *f.* **II** n. *(-s,-)* cenerentola *f.*: ***das ~ der Familie sein*** essere la cenerentola della famiglia. **a|schen|far|ben, a|schen|far|big** agg. color cenere, cinereo. **A|schen|krug** m. *(-[e]s,-krüge)* urna *f.* cineraria. **A|schen|platz** m. *(-es,-plätze)* SPORT campo *m.* in terra battuta. **A|schen|put|tel** n. *(-s,-)* → **Aschenbrödel. A|schen|re|gen** m. *(-s,-)* pioggia *f.* di cenere.

A|scher m. *(-s,-)* COLLOQ. → **Aschenbecher. A|scher|mitt|woch** m. *(-[e]s,-e)* mercoledì *m.* delle ceneri.

asch|fahl agg. → **aschbleich. asch|grau** agg. grigio cenere. **a|schig** agg. **1** di cenere, simile alla cenere **2** → **aschblond.**

Asch|ke|na|sim pl. askenaziti (*o* ashkenaziti) *m.pl.*

As|cor|bin|säu|re f. *(-)* acido *m.* ascorbico.

As-Dur n. *(-)* la *m.* bemolle maggiore.

A|se m. *(-n,-n)* dio *m.* degli Asi.

ä|sen intr. (aus. *haben*) e rifl. **sich ~** VENAT. nutrirsi (brucando).

A|sep|sis, A|sep|tik f. *(-)* asepsi *f.* **a|sep|tisch** agg. asettico.

1.Ä|ser m. *(-s,-)* VENAT. bocca *f.*, muso *m.*

2.Ä|ser pl. → **Aas.**

A|ser|baid|schan, A|ser|beid|schan n.pr.n. *(-s)* Azerbaigian *m.*

a|se|xu|al, a|se|xu|ell agg. asessuale.

A|si|at m. *(-en,-en)* asiatico *m.* **A|si|a|tin** f. *(-,-nen)* asiatica *f.* **a|si|a|tisch** agg. asiatico. **A|si|en** n.pr.n. Asia *f.*

A|sin f. *(-,-nen)* dea *f.* degli Asi.

As|ka|ri m. *(-s,-s)* MIL. ascaro *m.*

As|ka|ris f. *(-, Askariden)* ascaride *m.*

As|ke|se f. *(-)* **1** *(Bußübung)* ascesi *f.*, pratica *f.* ascetica **2** *(Lebensweise)* ascetismo *m.*, ascesi *f.* **As|ket** m. *(-en,-en)* asceta *m.* **As|ke|tik** f. *(-)* ascetica *f.* **as|ke|tisch I** agg. ascetico: ***ein -es Gesicht, Leben*** un viso ascetico (*o* da asceta), una vita ascetica **II** avv. asceticamente, da asceta.

Ask|le|pi|os, Ask|le|pi|us n.pr.m. Asclepio *m.*

As|ko|my|ze|ten pl. ascomiceti *m.pl.*

As|kor|bin|säu|re → **Ascorbinsäure.**

Äs|ku|lap n.pr.m. Esculapio *m.* **Äs|ku|lap|nat|ter** f. *(-)* colubro *m.* d'Esculapio. **Äs|ku|lap|stab** m. *(-[e]s)* verga *f.* (*o* bastone *m.*) di Esculapio.

as-Moll n. *(-)* la *m.* bemolle minore.

Ä|sop n.pr.m. Esopo *m.* **ä|so|pisch** agg. esopico, di Esopo.

a|so|zi|al agg. asociale. **A|so|zi|a|li|tät** f. *(-)* asocialità *f.*

As|pa|ra|gin n. *(-s)* CHIM. asparagina *f.* **As|pa|ra|gin|säu|re** f. *(-)* acido *m.* aspartico. **As|pa|ra|gus** m. *(-)* asparago *m.*

As|pekt m. *(-[e]s,-e)* aspetto m. (anche ASTR. LING.): ***etw. unter einem bestimmten ~ betrachten*** vedere qcs. sotto un certo aspetto.
As|per|gill n. *(-s,-e)* aspersorio *m.* **As|per|si|on** f. *(-,-en)* aspersione *f.*
As|phalt, As|phalt m. *(-s,-e)* asfalto *m.* **As|phalt|de|cke** f. *(-)* pavimentazione *f.* (*o* manto *m.*) d'asfalto. **as|phal|tie|ren** tr. asfaltare. **as|phal|tisch** agg. asfaltico, d'asfalto. **As|phalt|lack** m. *(-[e]s,-e)* vernice *f.* bituminosa. **As|phalt|pap|pe** f. *(-,-n)* cartone *m.* bituminoso. **As|phalt|stra|ße** f. *(-,-n)* strada *f.* asfaltata.
As|pho|de|le f. *(-,-n)*, **As|pho|dill** m. *(-s,-e)* asfodelo *m.*
as|phyk|tisch agg. asfittico. **As|phy|xie** f. *(-,-n)* asfissia *f.*
As|pik m. e n. *(-s,-e)* aspic *m.*
As|pi|rant m. *(-en,-en)* **1** aspirante *m.*: ***ein ~ für, auf einen Posten*** un aspirante a un posto **2** EX-RDT = ricercatore *m.* (universitario).
As|pi|ra|ta f. *(-,Aspiraten* e *Aspiratä)* LING. aspirata *f.* **As|pi|ra|ti|on** f. *(-,-en)* LING. aspirazione *f.*
As|pi|ra|tor m. *(-s,-en)* TECN. aspiratore *m.*
as|pi|rie|ren intr. (aus. *haben*) **1** LING. aspirare **2** AUSTR. ***auf einen Posten ~*** aspirare a un posto.
As|pi|rin® n. *(-s)* aspirina *f.* **As|pi|rin(-Brau|se)|tab|let|te** f. *(-,-n)* (pastiglia *f.* di) aspirina *f.* (effervescente).
As|pis|vi|per f. *(-,-n)* aspide *m.*
aß → **essen.**
Ass n. *(-es,-e)* **1** *(im Kartenspiel)* asso *m.* **2** FIG. COLLOQ. asso *m.*, numero uno *m.* e *f.*: ***ein ~ in Mathematik sein*** essere un asso in matematica; ***das ~ unter den neuen Fahrrädern*** la numero uno tra le nuove biciclette **3** SPORT servizio *m.* vincente, ace *m.*
Ass. ⇒ **1** *Assistent* assistente **2** *Assessor* = aspirante a un impiego pubblico direttivo (dopo il secondo esame di Stato).
As|sa|nie|rung f. *(-,-en)* AUSTR. risanamento *m.*
As|sel f. *(-,-n)* asello *m.*
As|sem|bler [ə'sɛmblə] m. *(-s,-)* INFORM. assembler *m.*
as|sen|tie|ren ANT. **I** intr. (aus. *haben*) assentire, acconsentire **II** tr. AUSTR. dichiarare abile alla leva.
As|ser|ti|on f. *(-,-en)* FILOS. asserzione *f.* **as|ser|to|risch** agg. FILOS. assertorio, assertivo.
As|ses|sor m. *(-s,-en)* = aspirante *m.* a un impiego pubblico (dopo il secondo esame di Stato).
As|si|bi|la|ti|on f. *(-,-en)* assibilazione *f.* **as|si|bi|lie|ren** tr. e intr. (aus. *haben*) assibilare.
As|sig|na|ten pl. STOR. assegnati *m.pl.*
as|sig|nie|ren tr. ANT. ***Geld ~*** rimettere del denaro.
As|si|mi|la|ti|on f. *(-,-en)* assimilazione *f.* (anche BIOL. LING.). **as|si|mi|lie|ren I** tr. assimilare (anche BIOL. LING.): ***der neue Schüler wurde von der Klasse bald assimiliert*** il nuovo alunno fu presto assimilato dalla classe **II** rifl. **sich ~** assimilarsi. **As|si|mi|lie|rung** f. *(-,-en)* → **Assimilation.**
As|si|sen pl. assise *f.pl.*
As|sis|tent m. *(-en,-en)* **1** assistente *m.*, aiuto *m.* **2** *(an der Hochschule)* assistente *m.* (universitario). **As|sis|ten|ten|stel|le** f. *(-,-n)* posto *m.* da assistente. **As|sis|ten|tin** f. *(-,-nen)* assistente *f.* **As|sis|tenz** f. *(-,-en)* assistenza *f.*: ***unter ~ von jdm*** con l'assistenza di qcn. **As|sis|tenz|arzt** m. *(-es,-ärzte)* assistente *m.* **as|sis|tie|ren** intr. (aus. *haben*) ***jdm (bei etw.) ~*** assistere qcn. (in qcs.).
As|so|nanz f. *(-,-en)* assonanza *f.*
as|sor|tie|ren tr. COMM. assortire: ***die Warenbestände neu ~*** assortire le scorte di merce.
As|so|zi|a|ti|on f. *(-,-en)* associazione *f.*: ***-en erwecken, hervorrufen*** suscitare associazioni (di idee). **As|so|zi|a|ti|ons|frei|heit** f. *(-)* libertà *f.* d'associazione. **as|so|zi|a|tiv** agg. **1** per associazione (d'idee); ***ein -er Gedanke*** un pensiero associativo **2** *(vereinigend)* associativo. **as|so|zi|ie|ren I** tr. associare **II** rifl. **sich ~** associarsi, unirsi: ***sich (mit) einer, an eine Gemeinschaft ~*** unirsi a una comunità. **As|so|zi|ie|rung** f. *(-,-en)* associazione *f.*, adesione *f.*
As|sum|ti|on f. *(-,-en)* RELIG. ART. assunzione *f.* (di Maria).
As|sy|rer m. *(-s,-)* assiro *m.* **As|sy|ri|en** n.pr.n. *(-s)* Assiria *f.* **As|sy|ri|er** → **Assyrer. as|sy|risch** agg. assiro.
Ast m. *(-[e]s, Äste)* **1a** *(von Bäumen)* ramo *m.* **b** MED. ***die Äste einer Arterie*** i rami di un'arteria **c** MAT. ***der ~ einer Parabel*** il ramo di una parabola **2** *(im gearbeiteten Holz)* nodo *m.* **3** REGION. *(Rücken)* schiena *f.*, gobba *f.* ◆ ***den ~ absägen, auf dem man sitzt*** darsi la zappa sui piedi; ***auf dem absteigenden ~ sein*** = essere in difficoltà, in crisi; FIG. ***einen ~ durchsägen*** russare come un trombone; ***sich einen ~ lachen*** ridere a crepapelle.
AStA ⇒ *Allgemeiner Studentenausschuss* Comitato Generale Studentesco.
Äst|chen n. *(-s,-)* rametto *m.*, ramoscello *m.*
as|ten REGION. **I** tr. trascinare, trasportare: ***einen Schrank in den fünften Stock ~*** trasportare un armadio al quinto piano **II** intr. (aus. *haben*) andare (faticosamente): ***auf den Berg ~*** salire faticosamente sul monte.
As|ter f. *(-,-n)* aster *m.*, astro *m.* della Cina.
As|te|ris|kus m. *(-, Asterisken)* asterisco *m.*
As|te|ro|id m. *(-en,-en)* asteroide *m.*
Ast|ga|bel f. *(-,-n)* forcella *f.*
As|the|nie f. *(-,-n)* astenia *f.* **As|the|ni|ker** m. *(-s,-)* astenico *m.* **as|the|nisch** agg. astenico.
Äs|thet m. *(-en,-en)* esteta *m.* **Äs|the|tik** f. *(-,-en)* **1** estetica *f.* (anche FILOS.) **2** *(Schönheitssinn)* senso *m.* estetico. **Äs|the|ti|ker** m. *(-s,-)* estetico *m.*, studioso *m.* (*o* professore *m.*) d'estetica. **äs|the|tisch I** agg. estetico **II** avv. esteticamente. **äs|the|ti|sie|ren** intr. (aus. *haben*) estetizzare. **äs|the|ti|sie|rend** agg. estetizzante. **Äs|the|ti|sie|rung** f. *(-)* l'estetizzare. **Äs|the|ti|zis|mus** m. *(-)* estetismo *m.* **äs|the|ti|zis|tisch** agg. estetistico.
Asth|ma n. *(-s)* asma *f.* **Asth|ma|an|fall** m. *(-[e]s,-anfälle)* attacco *m.* d'asma. **Asth|ma|ti|ker** m. *(-s,-)* asmatico *m.* **asth|ma|tisch** agg. asmatico.
as|tig agg. nodoso, pieno di nodi.
äs|tig agg. **1** *(verzweigt)* ramificato **2** RAR. → **astig.**
as|tig|ma|tisch agg. astigmatico. **As|tig|ma|tis|mus** m. *(-)* astigmatismo *m.*
Ast|ra|chan I n.pr.n. Astracan *m.* **II** m. *(-s,-s)* (pelliccia *f.* di) astracan *m.*
Ast|ra|gal m. *(-s,-e)* ARCH. astragalo *m.*, tondino *m.*
ast|ral agg. astrale. **Ast|ral|leib** m. *(-[e]s,-er)* corpo *m.* astrale.
ast|rein agg. **1** *(von Holz)* senza nodi **2** COLLOQ. FIG. *(moralisch einwandfrei)* pulito: ***eine -e Sache*** una cosa pulita.
Ast|ro|bi|o|lo|gie f. *(-)* astrobiologia *f.* **Ast|ro|gra|ph** m. *(-en,-en)* astrografo *m.* **Ast|ro|la|bi|um** n. *(-s, Astrolabien)* astrolabio *m.* **Ast|ro|lo|ge** m. *(-n,-n)* astrologo *m.* **Ast|ro|lo|gie** f. *(-)* astrologia *f.* **Ast|ro|lo|gin** f. *(-,-nen)* astrologa *f.* **ast|ro|lo|gisch** agg. astrologico. **Ast|ro|naut** m. *(-en,-en)* astronauta *m.* **Ast|ro|nau|tik** f. *(-)* astronautica *f.* **ast|ro|nau|tisch** agg. astronautico. **Ast|ro|nom** m. *(-en,-en)* astronomo *m.* **Ast|ro|no|mie** f. *(-)* astronomia *f.* **ast|ro|no|misch** agg. astronomico; COLLOQ. *(riesig)* ***-e Preise*** prezzi astronomici.
a|stro|phisch, a|stro|phisch agg. astrofico.
Ast|ro|pho|to|gra|phie f. *(-)* astrofotografia *f.* **Ast|ro|phy|sik** f. *(-)* astrofisica *f.*
Ast|sä|ge f. *(-,-n)* sega *f.* da giardiniere, gattuccio *m.* **Ast|sche|re** f. *(-,-n)* cesoia *f.*, svettatoio *m.*
Äs|tu|ar n. *(-s,-* e *-ien)* estuario *m.*
As|tu|ri|en n.pr.n. *(-s)* Asturie *f.pl.* **As|tu|ri|er** m. *(-s,-)* asturiano *m.* **as|tu|risch** agg. asturiano.
Ast|werk n. *(-[e]s)* rami *m.pl.*, complesso *m.* dei rami (di un albero).
ASU ⇒ *Abgassonderuntersuchung* controllo (periodico) dei gas di scarico. **ASU-Pla|ket|te** f. *(-,-n)* = placchetta *f.* sulla targa (che certifica l'avvenuto controllo dei gas di scarico).
A|syl n. *(-s,-e)* **1** asilo *m.*: ***politisches ~*** asilo politico; ***um ~ bitten, nachsuchen, ansuchen*** chiedere asilo; ***jdm ~ gewähren*** concedere asilo a qcn. **2** *(Obdachlosenasyl)* ospizio *m.*: ***in einem ~ übernachten*** trascorrere la notte in un ospizio (per senzatetto). **A|syl|lant** m. *(-en,-en)* INTRAD. (rifugiato politico). **A|syl|an|trag** m. *(-[e]s,-anträge)* richiesta *f.* di asilo (politico). **A|syl|be|wer|ber** m. *(-s,-)* → **Asylant. A|syl|ge|wäh|rung** f. *(-,-en)* concessione *f.* dell'asilo. **A|syl|recht** n. *(-[e]s)* diritto *m.* d'asilo.
A|sym|met|rie f. *(-,-n)* asimmetria *f.* **a|sym|met|risch, a|sym|met|risch** agg. asimmetrico.
a|syn|chron, a|syn|chron agg. asincrono. **A|syn|chron|mo|tor** m. *(-s,-en)* motore *m.* asincrono.
A|syn|de|ton n. *(-s,Asyndeta)* asindeto *m.*
As|zen|dent m. *(-en,-en)* **1** *(Vorfahr)* ascendente *m.* **2** ASTROL. ascendente *m.* **3a** ASTR. astro *m.* in moto ascendente **b** *(Aufgangspunkt)* posizione *f.* ascendente di un astro. **As|zen|denz** f. *(-)* **1** *(Genealogie)* ascendenza *f.* **2** ASTR. fase *f.* ascendente di un astro.
As|ze|se f. *(-)* ascesi *f.* **As|ze|ti|ker** m. *(-s,-)* asceta *m.*
A|ta|ra|xie f. *(-)* atarassia *f.*
A|ta|vis|mus m. *(-, Atavismen)* atavismo *m.* **a|ta|vis|tisch** agg. atavico.
A|te|li|er [atə'lie:] n. *(-s,-s)* **1** atelier *m.*, studio *m.* **2** FOT. studio *m.* fotografico **3** CINEM. teatro *m.* di posa.
A|te|li|er|auf|nah|me f. *(-,-n)* CINEM. ripresa *f.* in interni. **A|te|li|er|fest** n. *(-[e]s,-e)* festa *f.* in un atelier, di un artista. **A|te|li|er|woh|nung** f. *(-,-en)* grande appartamento *m.* mansardato.
A|tem m. *(-s)* **1** *(Atmung)* respirazione *f.*: ***schneller ~*** respirazione

veloce 2 respiro *m.*, fiato *m.*: ***den ~ anhalten*** trattenere il respiro; ***~ holen, schöpfen*** prendere fiato; ***mit verhaltenem ~*** trattenendo il respiro 3 FIG. alito *m.*, soffio *m.*: ***der ~ der Freiheit*** il soffio della libertà ◆ ***außer ~ sein, kommen*** essere senza fiato, farsi venire il fiato grosso; ***jdn in ~ halten*** tenere qcn. col fiato sospeso; ***in einem, im selben, gleichen ~*** in un istante, nello stesso istante; ***einen kurzen, langen ~ haben*** avere il fiato corto, avere molto fiato; ***einen schlechten ~ haben*** avere l'alito pesante; ***jdm den ~ verschlagen*** lasciare qcn. senza fiato; ***nicht zu ~ kommen*** non avere un attimo di respiro; ***wieder zu ~ kommen*** riprendere fiato. **A|tem|be|klem|mung** f. *(-)* affanno *m.* **a|tem|be|rau|bend** agg. che toglie il respiro, mozzafiato. **A|tem|be|schwer|den** pl. difficoltà *f.pl.* respiratorie, MED. dispnea *f.* **A|tem|füh|rung** f. *(-)* MUS. (corretta) respirazione *f.* **A|tem|ge|rät** n. *(-[e]s,-e)* respiratore *m.* **A|tem|gym|nas|tik** f. *(-)* ginnastica *f.* respiratoria. **A|tem|ho|len** n. *(-s)* inspirazione *f.* **A|tem|läh|mung** f. *(-)* paralisi *f.* respiratoria. **a|tem|los** agg. 1 ansante, trafelato 2 *(gespannt)* ansioso, affannato 3 *(schnell)* rapido, vertiginoso. **A|tem|mas|ke** f. *(-,-n)* MED. maschera *f.* respiratoria. **A|tem|not** f. *(-)* insufficienza *f.* respiratoria, MED. dispnea *f.* **A|tem|pau|se** f. *(-,-n)* pausa *f.* respiratoria, intervallo *m.* nella respirazione. **a|tem|rau|bend** agg. → **atemberaubend. A|tem|tä|tig|keit** f. *(-)* attività *f.* respiratoria. **A|tem|tech|nik** f. *(-,-en)* tecnica *f.* respiratoria. **A|tem|übung** f. *(-,-en)* esercizio *m.* di respirazione. **A|tem|we|ge** pl. vie *f.pl.* respiratorie. **A|tem|zug** m. *(-[e]s,-züge)* respiro *m.* ◆ ***in einem, im selben, gleichen ~*** in un, nello stesso istante; EUFEM. ***bis zum letzten ~*** fino all'ultimo respiro; ***im nächsten ~*** un istante dopo.

Ä|tha|nol n. *(-s)* etanolo *m.*

A|the|is|mus m. *(-)* ateismo *m.* **A|the|ist** m. *(-en,-en)* ateo *m.* **a|the|is|tisch** agg. ateo, ateistico.

a|the|ma|tisch, a|the|ma|tisch agg. atematico.

A|then n.pr.n. *(-s)* Atene *f.* **A|the|ne** n.pr.f. Atena *f.* **A|the|nä|um** n. *(-s, Athenäen)* ateneo *m.* **A|the|ner** m. *(-s,-)* ateniese *m.* **a|the|nisch** agg. ateniese.

Ä|ther m. *(-s)* etere *m.* **ä|the|risch** agg. 1 etereo 2 CHIM. eterico. **Ä|ther|nar|ko|se** f. *(-,-n)* narcosi *f.* eterea, eterizzazione *f.*

Ä|thi|o|pi|en n.pr.n. *(-s)* Etiopia *f.* **Ä|thi|o|pi|er** m. *(-s,-)* etiope *m.* **ä|thi|o|pisch** agg. etiopico.

Ath|let m. *(-en,-en)* atleta *m.* **Ath|le|tik** f. *(-)* atletica *f.* **ath|le|tisch** agg. atletico: ***-e Übungen*** esercizi atletici, d'atletica; ***~ gebaut sein*** avere una corporatura atletica.

Ä|thyl n. *(-s)* etile *m.* **Ä|thyl|al|ko|hol** m. *(-s)* alcol *m.* etilico.

Ä|ti|o|lo|gie f. *(-,-n)* eziologia *f.*

At|lant m. *(-en,-en)* ARCH. atlante *m.*

At|lan|tik n.pr.m. *(-s)* Atlantico *m.* **At|lan|tik|pakt** m. *(-[e]s)* Patto *m.* atlantico. **At|lan|tis** n.pr.n. Atlantide *f.* **at|lan|tisch** agg. atlantico ◆ ***der Atlantische Ozean*** l'Oceano Atlantico.

1.At|las n.pr.m. *(-)* *(Gebirge)* Atlante *m.*

2.At|las m. *(-/-ses,-se/Atlanten)* 1 *(Kartenwerk)* atlante *m.* 2 ANAT. atlante *m.* 3 TESS. raso *m.* **At|las|band** n. *(-[e]s,-bänder)* nastro *m.* di raso.

at|men I intr. (aus. *haben*) respirare: ***tief, schwer ~*** respirare profondamente, a fatica; ***durch den Mund, die Nase ~*** respirare con la bocca, col naso; FIG. ***frei ~ (können)*** (poter) respirare **II** tr. 1 respirare: ***frische Luft ~*** respirare aria fresca 2 LETT. *(ausströmen)* essere ricolmo di, emanare: ***Liebe ~*** essere ricolmo d'amore; ***das Zimmer atmet Trauer*** la stanza emana tristezza.

At|mo|sphä|re f. *(-,-n)* atmosfera *f.* (anche FIS.): ***der Satellit tritt wieder in die ~ ein*** il satellite rientra nell'atmosfera; *(Stimmung)* ***eine ~ schaffen*** creare un'atmosfera; ***die unheimliche ~ ängstigte mich*** l'atmosfera sinistra mi impauriva. **At|mo|sphä|ren|druck** m. *(-s,-drücke)* pressione *f.* atmosferica. **at|mo|sphä|risch** agg. 1 dell'atmosfera 2 atmosferico: ***-e Elektrizität*** elettricità atmosferica; ***-e Störungen*** disturbi atmosferici.

AT-Mo|tor m. *(-s,-en)* accorc. → **Austauschmotor.**

At|mung f. *(-)* il respirare, respirazione *f.* **at|mungs|ak|tiv** agg. traspirante. **At|mungs|ge|rät** n. *(-[e]s,-e)* respiratore *m.* **At|mungs|gym|nas|tik** f. *(-)* ginnastica *f.* respiratoria. **At|mungs|or|gan** n. *(-s,-e)* organo *m.* respiratorio, della respirazione.

Ät|na n.pr.m. *(-[e]s)* Etna *m.*

A|toll n. *(-s,-e)* atollo *m.*

A|tom n. *(-s,-e)* 1 atomo *m.* 2 FIG. briciolo *m.*, briciola *f.*: ***nicht ein ~, kein ~*** neanche un briciolo. **A|tom|ab|fäl|le** pl. scorie *f.pl.* radioattive. **A|tom|ab|rüs|tung** f. *(-)* disarmo *m.* nucleare. **A|tom|an|griff** m. *(-s,-e)* attacco *m.* atomico. **A|tom|an|trieb** m. *(-[e]s,-e)* propulsione *f.* atomica.

a|to|mar agg. 1 atomico: ***die -e Struktur der Materie*** la struttura atomica della materia 2 nucleare, atomico: ***das -e Zeitalter*** l'era atomica; ***-er Krieg*** guerra atomica; ***-e Waffen*** armi atomiche (*o* nucleari); ***die -e Bedrohung*** la minaccia nucleare.

a|tom|be|trie|ben agg. a propulsione atomica. **A|tom|bom|be** f. *(-,-n)* bomba *f.* atomica. **A|tom|bom|ber** m. *(-s,-)* bombardiere *m.* atomico. **A|tom|bren|ner** m. *(-s,-)* → **Atomreaktor. A|tom|bun|ker** m. *(-s,-)* rifugio *m.* antiatomico. **A|tom|ener|gie** f. *(-)* energia *f.* atomica. **A|tom|ex|plo|si|on** f. *(-,-en)* esplosione *f.* atomica. **A|tom|geg|ner** m. *(-s,-)* → **Atomkraftgegner. A|tom|ge|mein|schaft** f. *(-,-en)* comunità *f.* dell'energia atomica: ***Europäische ~*** Euratom. **a|tom|ge|trie|ben** agg. → **atombetrieben. A|tom|ge|wicht** n. *(-[e]s)* peso *m.* atomico. **a|to|mi|si|e|ren** tr. 1 *(völlig zerstören)* polverizzare 2 atomizzare, nebulizzare: ***eine Flüssigkeit ~*** atomizzare un liquido.

A|to|mis|mus m. *(-)* FILOS. atomismo *m.* **A|to|mist** m. *(-en,-en)* FILOS. atomista *m.* **a|to|mis|tisch** agg. FILOS. atomistico.

A|tom|ka|ta|stro|phe f. *(-,-n)* catastrofe *f.* nucleare. **A|tom|kern** m. *(-[e]s,-e)* nucleo *m.* atomico. **A|tom|kern|spal|tung** f. *(-)* fissione *f.* nucleare. **A|tom|klub** m. *(-s,-s)* COLLOQ. club *m.* atomico. **A|tom|kraft** f. *(-)* energia *f.* atomica. **A|tom|kraft|be|für|wor|ter** m. *(-s,-)* filonucleare *m.* **A|tom|kraft|geg|ner** m. *(-s,-)* antinucleare *m.* **A|tom|kraft|werk** n. *(-s,-e)* centrale *f.* atomica. **A|tom|krieg** m. *(-[e]s,-e)* guerra *f.* atomica. **A|tom|macht** f. *(-,-mächte)* potenza *f.* nucleare. **A|tom|mo|dell** n. *(-s,-e)* modello m. atomico. **A|tom|müll** m. *(-s)* scorie *f.pl.* radioattive. **A|tom|num|mer** f. *(-,-n)* numero *m.* atomico. **A|tom|phy|sik** f. *(-)* fisica *f.* nucleare. **A|tom|pilz** m. *(-es,-e)* fungo *m.* atomico. **A|tom|re|ak|tor** m. *(-s,-en)* reattore *m.* nucleare. **A|tom|sperr|ver|trag** m. *(-[e]s)* trattato *m.* contro la proliferazione delle armi nucleari. **A|tom|spreng|kopf** m. *(-[e]s,-köpfe)* testata *f.* nucleare. **A|tom|stopp** m. *(-[e]s,-s)* blocco *m.* degli esperimenti nucleari. **A|tom|strah|len** pl. radiazioni *f.pl.* atomiche. **A|tom|strom** m. *(-s)* = elettricità *f.* prodotta con reattori nucleari. **A|tom|test** m. *(-[e]s,-e/-s)* esperimento *m.* atomico, test *m.* nucleare. **A|tom|theo|rie** f. *(-)* teoria *f.* atomica. **A|tom-U-Boot** n. *(-[e]s,-e)* → **Atomunterseeboot. A|tom|uhr** f. *(-,-en)* orologio *m.* atomico. **A|tom|un|ter|see|boot** n. *(-[e]s,-e)* sottomarino *m.* (*o* sommergibile *m.*) atomico. **A|tom|ver|such** m. *(-[e]s,-e)* esperimento *m.* atomico. **A|tom|ver|trag** m. *(-[e]s,-verträge)* accordo *m.* nucleare. **A|tom|waf|fe** f. *(-,-n)* arma *f.* atomica. **a|tom|waf|fen|frei** agg. denuclearizzato: ***-e Zone*** zona denuclearizzata. **A|tom|zeit|al|ter** n. *(-s)* era *f.* atomica, nucleare. **A|tom|zent|rum** n. *(-s,-zentren)* centro *m.* nucleare. **A|tom|zer|trüm|me|rung** f. *(-,-en)* fissione *f.* dell'atomo.

a|to|nal, a|to|nal agg. atonale: ***-e Musik*** musica atonale. **A|to|na|li|tät** f. *(-)* atonalità *f.*

A|to|nie f. *(-,-n)* MED. atonia *f.* **a|to|nisch** agg. MED. atonico.

A|tout [a'tu:] n. e m. *(-s,-s)* briscola *f.*; *(besonders beim Bridge)* atout *m.*

a|to|xisch, a|to|xisch agg. atossico.

At|ri|um n. *(-s, Atrien)* ANAT. ARCH. ARCHEOL. atrio *m.*

A|tro|phie f. *(-,-n)* atrofia *f.* **a|tro|phi|e|ren** intr. (aus. *sein*) atrofizzarsi. **a|tro|phiert** p.pass. agg. 1 → **atrophieren** 2 atrofizzato. **a|tro|phisch** agg. atrofico, atrofizzato.

At|ro|pin n. *(-s)* atropina *f.*

ätsch inter. tiè, ben ti sta!

At|ta|ché [ata'ʃe:] m. *(-s,-s)* DIPL. attaché *m.*, addetto *m.* **at|ta|chie|ren** ANT. **I** tr. DIPL. aggregare **II** rifl. ***sich jdm, an jdn ~*** aggregarsi a qcn., stringere amicizia con qcn.

At|ta|cke f. *(-,-n)* 1 *(Reiterangriff)* attacco *m.*, carica *f.*: ***zur ~ blasen, übergehen*** suonare la carica, passare all'attacco 2 attacco *m.* (anche FIG.): ***eine ~ gegen die Regierung*** un attacco contro il governo; MED. ***die ~ überstehen*** superare l'attacco; SPORT ***eine ~ zurückschlagen*** respingere un attacco ◆ FIG. ***eine ~ gegen jdn, etw. reiten*** attaccare qcn., qcs. **at|ta|ckie|ren** tr. 1 attaccare, caricare 2 *(scharf kritisieren)* attaccare.

At|ten|tat n. *(-[e]s,-e)* attentato *m.*: ***ein ~ (auf jdn) verüben, verhindern*** compiere, sventare un attentato (contro qcn.); ***einem ~ zum Opfer fallen*** cadere vittima di un attentato; SCHERZ. ***ein ~ (auf jdn) vorhaben*** assalire qcn. (con una richiesta improvvisa). **At|ten|tä|ter** m. *(-s,-)* attentatore *m.*

At|test n. *(-[e]s,-e)* certificato *m.* (medico): ***jdm ein ~ ausstellen*** rilasciare a qcn. un certificato medico. **at|tes|tie|ren** tr. attestare, confermare: ***jdm seine Leistungen ~*** attestare a qcn. le proprie prestazioni.

At|ti|ka n.pr.n. *(-s)* Attica *f.*

At|ti|la n.pr.m. Attila *m.*

at|tisch agg. attico ◆ LETT. ***-es Salz*** sale attico.

At|ti|tü|de f. *(-,-n)* 1 *(körperliche Haltung)* atteggiamento *m.* (artificiale) 2 aria *f.*, atteggiamento *m.*: ***mit der ~ des Experten auftre-***

ten darsi un'aria da esperto **3** *(im Ballett)* attitude *f.*
At|ti|zis|mus m. *(-, Attizismen)* atticismo *m.*
At|trak|ti|on f. *(-,-en)* **1** (forza *f.* di) attrazione *f.*, attrattiva *f.*: ***etw. gewinnt an ~*** qcs. acquista attrattiva **2** attrazione *f.*: ***neue -en im Zirkus*** nuove attrazioni nel circo. **at|trak|tiv** agg. attraente: ***ein -es Angebot*** un'offerta attraente; ***eine -e Frau*** una donna attraente. **At|trak|ti|vi|tät** f. *(-)* attrattività *f.*, attrattiva *f.*
At|trap|pe f. *(-,-n)* imitazione *f.*; campione *m.* fittizio.
At|tri|but n. *(-[e]s,-e)* FILOS. GRAMM. attributo *m.* **at|tri|bu|tiv** agg. attributivo. **At|tri|but|satz** m. *(-es,-sätze)* frase *f.*, proposizione *f.* attributiva.
a|ty|pisch, a|ty|pisch agg. atipico.
Ätz|al|ka|li|en pl. alcali *m.pl.* caustici. **Ätz|druck** m. *(-s)* **1** TIP. stampa *f.* all'acquaforte **2** TESS. stampa *f.* per corrosione.
ät|zen I tr. **1** MED. cauterizzare **2** CHIM. corrodere, trattare con acidi **3** ART. incidere (con mordenti) **II** intr. (aus. *haben*) corrodere. **ät|zend** agg. corrosivo (anche FIG.).
Ätz|kalk m. *(-s)* calce *f.* viva. **Ätz|kunst** f. *(-)* (arte *f.* dell')incisione *f.* all'acquaforte. **Ätz|mit|tel** n. *(-s,-)* **1** corrosivo *m.* **2** MED. caustico *m.* **Ätz|nat|ron** n. *(-s)* soda *f.* caustica.
Ät|zung f. *(-,-en)* **1** MED. cauterizzazione *f.* **2** CHIM. corrosione *f.* **3** ART. incisione *f.* all'acquaforte.
au inter. **1** *(körperlicher Schmerz)* ahi, ohi: ***~, das tut weh!*** ahi, fa male! **2** *(Freude)* ***~, ja! ~ fein!*** ah, sì!
Au f. *(-,-en)* → **Aue**.
aua inter. ahi, ohi.
au|ber|gi|ne agg. color melanzana, violetto. **Au|ber|gi|ne** [obɛr'ʒiːnə] f. *(-,-n)* melanzana *f.* **au|ber|gi|ne|far|ben** → **aubergine.**
auch I avv. **1** *(ebenfalls)* anche: ***du bist ~ so*** sei anche tu così; ***es ist ~ gut*** va anche bene, anche così va bene **2** *(außerdem)* anche, pure, inoltre: ***ich muss ~ (noch) einkaufen*** devo anche (ancora) fare la spesa **3** *(selbst, sogar)* anche, persino: ***er hat ~ nicht einmal angerufen*** non ha nemmeno, neanche telefonato **II** part.at. *(oft unübersetzt)* **1** *(Ärger, Verwunderung)* veramente, proprio: ***du bist aber ~ stur*** ma sei veramente testardo **2** *(bekräftigend)* ***ich sagte, es wird regnen, und so war es ~*** dicevo che avrebbe piovuto, e così è stato **3** *(in Fragesätzen)* poi, davvero: ***darfst du das ~ tun?*** puoi davvero farlo? **4** *(mit Interrogativpronomen)* ***wer ~ immer*** chiunque; ***was ~ immer*** qualunque cosa; ***wie dem ~ sei*** comunque sia; ***wie mutig er ~ sei*** per coraggioso che sia **5** *(konzessiv)* anche, sebbene: ***er ist sehr nett, wenn er es ~ nicht zeigt*** è molto gentile, anche se non lo fa (*o* sebbene non lo faccia) vedere; ***sooft ich ~ anrufe, er ist nie da*** per quanto spesso lo chiami, non c'è mai ◆ ***nicht nur... sondern ~...*** non solo... ma anche...; ***sowohl... als ~, wie ~...*** tanto... quanto...
Au|di|enz f. *(-,-en)* udienza *f.*: ***jdm (eine) ~ geben, gewähren*** dare, concedere udienza a qcn.; ***jdn um eine ~ bitten*** chiedere udienza a qcn. **Au|di|enz|saal** m. *(-[e]s,-säle)* sala *f.* delle udienze.
Au|di|max n. *(-)* GERG. UNIV. accorc. → **Auditorium maximum.**
Au|di|o|gramm n. *(-s,-e)* audiogramma *m.* **Au|di|o|me|ter** n. *(-s,-)* audiometro *m.* **Au|di|o|met|rie** f. *(-)* audiometria *f.* **au|di|o|met|risch** agg. audiometrico. **Au|di|o|vi|si|on** f. *(-)* audiovisione *f.* **au|di|o|vi|su|ell** agg. audiovisivo: ***-e Hilfsmittel*** sussidi audiovisivi.
Au|di|phon n. *(-s,-e)* audifono *m.* **au|di|tiv** agg. uditivo. **Au|di|tor** m. *(-s,-en)* **1** DIR. auditore *m.* **2** RELIG. uditore *m.* **Au|di|to|ri|um** n. *(-s, Auditorien)* **1** *(Hörsaal)* auditorio *m.* **2** *(Zuhörerschaft)* uditorio *m.* **Au|di|to|ri|um ma|xi|mum** n. *(-,-)* aula *f.* magna.
Aue f. *(-,-n)* **1** LETT. pianura *f.* erbosa lungo un fiume **2** *(Insel)* isola *f.* (fluviale). **Au|(en|)wald** m. *(-[e]s,-wälder)* bosco *m.* lungo un fiume.
Au|er|hahn m. *(-[e]s,-hähne)* urogallo *m.*, gallo *m.* cedrone. **Au|er|hen|ne** f. *(-,-n)* urogallo *m.* femmina. **Au|er|och|se** m. *(-n,-n)* uro *m.*
auf I prep. + dat. e acc. (anche artcl. **aufs**) **1a** prep. + dat. *(lokal; Lage)* su, sopra: ***das Armband liegt ~ dem Tisch*** il braccialetto è sul tavolo; ***etw. ~ den Schultern tragen*** portare qcs. sulle spalle **b** *(Aufenthalt an einem Ort)* a, in: ***~ der Universität studieren*** studiare all'università; ***~ dem Markt, der Straße, dem Land*** al mercato, in (*o* per la) strada, in campagna; ***~ seinem Zimmer bleiben*** rimanere nella propria stanza; ***~ der rechten Seite*** a destra; ***~ der Post arbeiten*** lavorare alla posta **c** *(Teilnahme)* ***~ einem Fest, ~ Urlaub, Reisen sein*** essere a una festa, in vacanza, in viaggio; ***~ der Durchreise*** di passaggio **2a** prep. + acc. *(lokal; Richtung)* su: ***sich ~ den Stuhl setzen*** sedersi sulla sedia; ***die Vase ~ den Tisch stellen*** mettere il vaso sul tavolo; ***~ jdn schießen*** sparare su, contro qcn.; ***dieses Zimmer geht ~ den Gang*** questa stanza dà sul corridoio; FIG. ***er geht ~ die neunzig zu*** va verso i novanta (anni) **b** *(Beginn einer Handlung)* a, in: ***~ Urlaub, die Jagd gehen*** andare in vacanza, a caccia; ***gehen wir -s Feld hinaus*** andiamo fuori nei campi **c** *(Entfernung)* a: ***die Explosion war ~ zwei Kilometer zu hören*** l'esplosione si sentì a due chilometri di distanza **3a** prep. + acc. *(temporal; Zeitspanne)* per: ***~ ein paar Tage verreisen*** intraprendere un viaggio di alcuni giorni **b** REGION. *(Zeitpunkt)* ***~ den Abend Gäste erwarten*** aspettare ospiti per la sera; ***das Taxi ist ~ 7 Uhr bestellt*** il taxi è prenotato per le 7; ***~ Weihnachten verreisen wir*** andiamo via a Natale **c** *(Übergang, Aufeinanderfolge)* ***~ den Winter folgt der Frühling*** all'inverno segue la primavera; ***~ Ihren Brief vom 3. Juni*** in risposta, a seguito della vostra lettera del 3 giugno **4** prep + acc. *(Art und Weise)* in: ***~ diese Weise*** in questo modo; ***~ elegante Art*** in modo elegante; ***~ Deutsch*** in tedesco; ***-s Genaueste*** nel modo più esatto; ***-s Pünktlichste*** con la massima puntualità **5** prep. + acc. *(Zweck)* a: ***~ jds Wohl trinken*** brindare alla salute di qcn.; ***mit Rücksicht ~ seine Gesundheit*** con riguardo alla sua salute **6** *(Grund, Voraussetzung)* ***~ Initiative von jdm*** su iniziativa di qcn. **7** *(Proportion)* per: ***2 Esslöffel Salz ~ einen Liter Wasser*** due cucchiai di sale per un litro d'acqua **8** *(in Abhängigkeit von einem Satzteil)* ***sich ~ jdn, etw. freuen*** rallegrarsi per qcn., per qcs. (che deve ancora venire); ***~ jdn böse sein*** essere adirato con qcn.; ***~ jdn, etw. stolz sein*** essere orgoglioso di qcn., di qcs.; ***~ jdn eifersüchtig sein*** essere geloso di qcn. **II** avv. **1** su, avanti: ***~, an die Arbeit!*** su, al lavoro! **2a** COLLOQ. *(offen)* aperto: ***das Fenster ist ~*** la finestra è aperta **b** *(aufgestanden)* alzato, in piedi: ***schon ~ sein*** essere già alzato ◆ ***~ und ab*** su e giù; COLLOQ. FIG. ***das Auf und Ab des Lebens*** gli alti e bassi della vita; ***alle waren da, bis ~ dich*** erano tutti presenti, tranne (*o* eccetto) te; COLLOQ. ***~ und davon sein*** essere sparito, aver tagliato la corda; COLLOQ. ***~ einmal*** tutto a un tratto; ***alles ~ einmal essen*** mangiare tutto in una volta; ***~ seinen Wunsch hin*** su suo desiderio; ***von Jugend ~*** fin dalla giovinezza; ***von Grund ~*** completamente, interamente.
auf‿ar|bei|ten I tr. **1** compiere, sbrigare: ***die Rückstände ~*** sbrigare il lavoro arretrato **2** *(aufbrauchen)* consumare, esaurire, finire: ***Wollreste ~*** finire gli avanzi di lana **3** *(erneuern)* rinnovare, rimodernare; *(Möbel)* restaurare **4** *(kritisch verarbeiten)* rivedere (criticamente) **II** rifl. **sich** ~ risollevarsi (lentamente, a fatica). **Auf|ar|bei|tung** f. *(-,-en)* **1** *(Erledigung)* disbrigo *m.* **2** *(Aufbrauchen)* consumo *m.*, esaurimento *m.* **3** *(Erneuerung)* rinnovamento *m.*, rimodernamento *m.*; *(von Möbeln)* restauro *m.*, riparazione *f.* **4** *(kritische Verarbeitung)* revisione *f.*, rielaborazione *f.*
auf‿at|men intr. (aus. *haben*) **1** respirare profondamente **2** FIG. trarre un sospiro di sollievo, tirare il fiato: ***wenn alles vorüber ist, werde ich ~*** quando tutto sarà finito, tirerò il fiato.
auf‿bah|ren tr. ***jdn ~*** esporre il feretro di qcn. **Auf|bah|rung** f. *(-,-en)* esposizione *f.* del feretro. **Auf|bah|rungs|hal|le** f. *(-,-n)* camera *f.* mortuaria, ardente.
Auf|bau m. *(-[e]s,-ten)* **1a** *(Errichtung von Gerüsten, Zelten)* montaggio *m.*; *(von Fertighäusern, Baracken)* costruzione *f.* **b** *(Wiedererrichtung)* ricostruzione *f.*: ***der ~ von Köln nach dem Krieg*** la ricostruzione di Colonia dopo la guerra **2** *(Schaffung)* costituzione *f.*, creazione *f.*: ***der ~ eines Unternehmens*** la costituzione di un'impresa **3** *(Gliederung, Struktur)* struttura *f.*, articolazione *f.*: ***der ~ der Gesellschaft, eines Romans*** la struttura della società, di un romanzo **4** *(das Aufgebaute)* costruzione *f.*, sopraelevazione *f.*; *(von Schiffen)* sovrastrutture *f.pl.* **5** CHIM. composizione *f.* **6** AUT. carrozzeria *f.*
auf‿bau|en I tr. **1a** *(errichten)* montare, rizzare: ***ein Zelt ~*** piantare una tenda; ***ein Gerüst ~*** montare, innalzare un'impalcatura; ***ein Fertighaus ~*** costruire un prefabbricato **b** *(das Niedergerissene, Zerstörte)* ricostruire **2** *(arrangieren)* disporre, sistemare: ***die Waren im Schaufenster ~*** disporre le merci in vetrina **3** *(schaffen)* costituire, creare: ***eine Partei ~*** costituire un partito; ***ein Spionagenetz ~*** costituire (*o* mettere in piedi) una rete spionistica; ***sein Image ~*** costruire la propria immagine **4** *(vorbereiten)* formare, costruire: ***einen Sportler ~*** formare un atleta **5** *(gliedern, strukturieren)* articolare, strutturare: ***seine Rede gut ~*** strutturare bene il proprio discorso **6** *(gründen)* basare, fondare: ***die Anklage auf einer Zeugenaussage ~*** basare l'accusa su una testimonianza **7** CHIM. ***eine Verbindung ~*** formare un composto **II** intr. (aus. *haben*) ***auf etw. (D) ~*** basarsi, essere basato su qcs.: ***auf den neuesten Forschungsergebnissen ~*** basarsi sui risultati delle più moderne ricerche **III** rifl. **sich** ~ **1** formarsi, sorgere: ***ein Hochdruckgebiet hat sich aufgebaut*** si è formata un'area di alta pressione **2** *(sich auftürmen)* accumularsi: ***Gewitterwolken haben sich am Himmel aufgebaut*** nel cielo si sono accumulate nubi temporalesche **3** COLLOQ. piantarsi, pararsi: ***er baute sich vor ihm auf*** gli si parò davanti **4** ***sich auf etw. (D) ~*** basarsi, fondarsi su qcs. **5** ***sich (D) eine neue Existenz ~*** costruirsi una nuova esistenza **6** CHIM. comporsi:

dieser Stoff baut sich aus drei Elementen auf questa sostanza si compone di tre elementi.

Auf|bau|kurs m. *(-es,-e)* **1** corso *m.* di perfezionamento **2** → **Aufbaustudium.**

auf͜bäu|men rifl. **sich ~ 1** inalberarsi, impennarsi: ***das Pferd bäumte sich plötzlich auf*** all'improvviso il cavallo s'impennò **2** ***sich gegen jdn, etw. ~*** ribellarsi a qcn., qcs., rivoltarsi contro qcn., qcs.

Auf|bau|prä|pa|rat n. *(-[e]s,-e)* ricostituente *m.*

auf͜bau|schen I tr. gonfiare (anche FIG.): ***etw. zu einem Skandal ~*** gonfiare una cosa fino a farne uno scandalo **II** rifl. **sich ~** gonfiarsi.

Auf|bau|stu|di|um n. *(-s)* corso *m.* (universitario) integrativo (dopo la laurea).

Auf|bau|ten pl. MAR. sovrastruttura *f.*

auf͜be|geh|ren intr. (aus. *haben*) ***(gegen jdn, etw.) ~*** opporsi, ribellarsi (a qcn., qcs.), insorgere (contro qcn., qcs.).

auf͜be|hal|ten tr. *(behält, behielt, behalten)* COLLOQ. tenere: ***den Hut, die Brille ~*** tenere il cappello (in testa), gli occhiali (sul naso).

auf͜bei|ßen *(biss, gebissen)* **I** tr. aprire coi denti **II** rifl. ***sich (D) etw. ~*** mordersi qcs.

auf͜be|kom|men tr. *(bekam, bekommen)* COLLOQ. **1** aprire a fatica: ***den Koffer ~*** aprire a fatica la valigia **2** SCOL. = avere per compito; ***in Mathematik haben wir viel aufbekommen*** oggi abbiamo avuto molti compiti di matematica **3** *(aufessen können)* riuscire a mangiare tutto **4** *(aufsetzen)* riuscire a mettere bene (solo a fatica).

auf͜be|rei|ten tr. **1** preparare, trattare; *(Wasser)* depurare; *(Erz)* purificare **2** *(bearbeiten)* rielaborare, rivedere, rifare **3** STATIST. analizzare, interpretare. **Auf|be|rei|tung** f. *(-,-en)* **1** preparazione *f.*; *(von Wasser)* depurazione *f.*; *(von Erzen)* purificazione *f.* **2** *(Bearbeitung)* rielaborazione *f.*, revisione *f.*, rifacimento *m.* **3** STATIST. analisi *f.*, interpretazione *f.*

auf͜bes|sern tr. **1** migliorare: ***seine Sprachkenntnisse ~ wollen*** voler migliorare le proprie conoscenze della lingua **2a** *(in der Quantität)* aumentare: ***die Gehälter ~*** aumentare gli stipendi **b** COLLOQ. ***jdn ~*** aumentare lo stipendio a qcn. **Auf|bes|se|rung** f. *(-,-en)* **1** miglioramento *m.* **2** *(von Gehältern, Renten)* aumento *m.*

auf͜be|wah|ren tr. **1** conservare, tenere, serbare (con cura): ***etw. als, zum Andenken ~*** serbare qcs. per ricordo; ***kühl ~*** conservare in luogo fresco **2** *(verwahren)* custodire, tenere: ***etw. ~ lassen*** dare qcs. in deposito (*o* in custodia). **Auf|be|wah|rung** f. *(-)* **1a** conservazione *f.*, il tenere **b** *(Verwahrung)* custodia *f.*, deposito *m.*: ***etw. zur ~ geben*** dare qcs. in deposito (*o* in custodia) **2** *(Aufbewahrungsort)* deposito *m.* **Auf|be|wah|rungs|ort** m. *(-[e]s,-e)* luogo *m.* di custodia, deposito *m.* **Auf|be|wah|rungs|schein** m. *(-[e]s,-e)* ricevuta *f.* di deposito.

auf͜bie|gen tr. *(bog, gebogen)* **1** allargare, aprire (piegando): ***einen Ring ~*** allargare un anello **2** *(nach oben biegen)* piegare in su (per aprire).

auf͜bie|ten tr. *(bot, geboten)* **1** *(aufwenden)* impiegare, usare, impegnare: ***alle seine Kräfte ~*** impiegare tutte le proprie forze; ***alles ~*** fare di tutto **2** *(einsetzen)* mobilitare, mettere in azione: ***Truppen ~*** mobilitare truppe. **Auf|bie|tung** f. *(-)* **1** *(Aufwendung)* impiego *m.*, uso *m.*, impegno *m.* **2** *(Aufruf)* mobilitazione *f.* **3** *(Aufgebot)* pubblicazione *f.* di matrimonio.

auf͜bin|den tr. *(band, gebunden)* **1** *(lösen)* sciogliere, slegare, slacciare: ***die Kravatte ~*** slacciare la cravatta **2** *(festbinden)* legare (saldamente), attaccare: ***den Schlafsack auf den Rucksack ~*** legare il sacco a pelo allo zaino; ***Reben, Haare ~*** legare i viticci, i capelli **3** COLLOQ. *(aufbürden)* accollare: ***du hast ihm ganz schön viel Arbeit aufgebunden*** gli hai accollato un bel po' di lavoro **4** COLLOQ. *(weismachen)* far credere: ***wer hat dir denn das aufgebunden?*** chi te l'ha fatto credere? ◆ ***Bücher ~*** rilegare libri.

auf͜blä|hen I tr. gonfiare (anche FIG.): ***die Verwaltung unnötig ~*** ampliare l'amministrazione senza necessità **II** rifl. **sich ~ 1** *(aufschwellen)* gonfiarsi **2** FIG. *(sich großtun)* gonfiarsi, darsi delle arie. **Auf|blä|hung** f. *(-,-en)* **1** gonfiamento *m.* **2** VETER. *(Trommelsucht)* timpanismo *m.*

auf|blas|bar agg. gonfiabile. **auf͜bla|sen** *(bläst, blies, geblasen)* **I** tr. gonfiare (soffiando) **II** rifl. **sich ~** darsi delle arie.

auf͜blät|tern tr. **1** *(aufschlagen)* aprire (per consultare) **2** *(flüchtig durchblättern)* sfogliare (velocemente).

auf͜blei|ben intr. *(blieb, geblieben;* aus. *sein)* COLLOQ. **1** *(geöffnet bleiben)* restare aperto **2** *(nicht zu Bett gehen)* restare alzato, in piedi.

Auf|blen|de f. *(-)* dissolvenza *f.* di apertura. **auf͜blen|den I** tr. ***die Scheinwerfer ~*** alzare i fari, accendere gli abbaglianti **II** intr. (aus. *haben*) **1** *(vom Licht)* risplendere (all'improvviso) **2** AUT. accendere gli abbaglianti **3** FOT. aprire il diaframma **4** CINEM. aprire in dissolvenza.

Auf|blick m. *(-[e]s)* LETT. sguardo *m.* levato in alto, al cielo.

auf͜bli|cken intr. (aus. *haben*) **1** alzare lo sguardo: ***von seiner Arbeit ~*** alzare gli occhi dal proprio lavoro **2** *(verehren)* guardare, ammirare: ***(ehrfürchtig, in Verehrung) zu jdm ~*** guardare a qcn. con rispetto, con ammirazione.

auf͜blin|ken intr. (aus. *haben*) brillare, splendere (all'improvviso), balenare (anche FIG.).

auf͜blit|zen intr. **1** (aus. *haben*) accendersi, risplendere (all'improvviso): ***eine Sternschnuppe blitzte auf*** una stella cadente si accese all'improvviso **2** (aus. *sein*) FIG. balenare: ***eine Idee blitzte in ihm auf*** gli balenò un'idea.

auf͜blü|hen intr. (aus. *sein*) **1** fiorire; *(von Knospen)* sbocciare **2a** FIG. *(gedeihen)* fiorire: ***im Mittelalter blühten die Städte auf*** nel Medioevo fiorirono i comuni **b** *(aufleben)* rifiorire, rinascere: ***während der Kur ist sie wieder aufgeblüht*** durante la cura è rifiorita.

auf͜bo|cken tr. MECC. ***ein Auto ~*** mettere un'auto sui cavalletti.

auf͜boh|ren tr. (per)forare (col trapano), trapanare.

auf͜bra|ten tr. *(brät, briet, gebraten)* GASTR. (ri)scaldare (arrostendo).

auf͜brau|chen tr. consumare (del tutto), esaurire (anche FIG.): ***die Ersparnisse, seine Kräfte ~*** finire i risparmi, consumare le proprie energie.

auf͜brau|sen intr. (aus. *sein*) **1a** ribollire, spumeggiare **b** *(zu wallen beginnen)* cominciare a bollire **2a** FIG. scrosciare: ***Beifall brauste auf*** scrosciò l'applauso **b** *(in Zorn geraten)* esplodere, andare in bestia: ***er braust leicht auf*** esplode facilmente. **auf|brau|send** p.pres. agg. **1** → **aufbrausen 2** collerico, irascibile.

auf͜bre|chen *(bricht, brach, gebrochen)* **I** tr. **1** *(gewaltsam öffnen)* forzare, scassinare: ***ein Schloss ~*** forzare una serratura **2** *(auseinander brechen)* rompere, spaccare: ***die Erde ~*** spaccare il terreno; FIG. ***eine Denkgewohnheit ~*** rompere con (*o* interrompere) un modo di pensare abituale **II** intr. (aus. *sein*) **1a** *(aufspringen)* aprirsi, schiudersi; *(von Blumen)* sbocciare **b** *(aufplatzen)* aprirsi: ***das Geschwür ist wieder aufgebrochen*** la piaga si è riaperta **c** FIG. ***alte Wunden brechen in ihm auf*** in lui si aprono vecchie ferite **2** *(auseinander brechen)* spaccarsi, spezzarsi: ***die Eisdecke bricht auf*** la superficie del ghiaccio si spezza **3** *(plötzlich hervortreten)* sorgere, nascere (all'improvviso): ***ein Gegensatz bricht auf*** nasce un contrasto **4** *(fortgehen)* mettersi in cammino, partire: ***zu einer langen Reise ~*** partire per un lungo viaggio; ***in aller Herrgottsfrühe ~*** partire di buon mattino ◆ ***einen Brief ~*** aprire una lettera (strappando la busta); ***ein Siegel ~*** rompere un sigillo.

auf͜bren|nen *(brannte, gebrannt)* **I** tr. **1** aprire (col fuoco, col calore) **2** imprimere (a fuoco): ***einem Kalb ein Zeichen ~*** imprimere (a fuoco) il marchio a un vitello **II** intr. (aus. *sein*) **1** *(zu Ende brennen)* consumarsi (bruciando): ***die Kerzen sind aufgebrannt*** le candele si sono consumate **2** FIG. *(sich entzünden)* divampare: ***Hass brennt auf*** l'odio divampa ◆ ***jdm eins ~*** dare un pugno a qcn.; *(schießen)* sparare a qcn.

auf͜brin|gen tr. *(brachte, gebracht)* **1a** *(beschaffen)* procurare, mettere insieme: ***das Geld für die Miete ~*** procurarsi il denaro per l'affitto **b** FIG. trovare, raccogliere: ***den Mut zu etw. ~*** trovare il coraggio per qcs.; ***seine Kräfte ~*** raccogliere le forze **2** COLLOQ. *(Schloss, Tür)* aprire a fatica, faticare ad aprire **3** *(einführen)* introdurre, diffondere: ***Gerüchte, eine neue Mode ~*** diffondere voci, introdurre una nuova moda **4a** *(erzürnen)* mandare in collera, irritare **b** ***jdn gegen die Eltern ~*** mettere qcn. contro i genitori **5** MAR. catturare **6** RAR. *(aufstreichen)* spalmare. **Auf|brin|gung** f. *(-,-en)* **1** il procurare, procacciamento *m.*, reperimento *m.* **2** MAR. cattura *f.* **3** RAR. *(Aufstreichen)* lo spalmare.

Auf|bruch m. *(-[e]s,-brüche)* **1** *(Abreise)* partenza *f.*: ***im ~ begriffen sein*** essere sul punto di partire, essere di partenza **2a** *(geistiges Erwachen)* risveglio *m.* **b** *(Sicherheben)* insurrezione *f.* **3** *(aufgebrochene Stelle)* crepaccio *m.*, spaccatura *f.*, fenditura *f.* **4** VENAT. viscere *f.pl.*, interiora *f.pl.* **auf|bruch|be|reit** agg. pronto per la partenza. **Auf|bruch|sig|nal** n. *(-s,-e)* segnale *m.* di partenza. **Auf|bruch|stim|mung** f. *(-)* aria *f.* di partenza, clima *m.* di partenza ◆ ***in ~ sein*** essere eccitati per la partenza.

auf͜brü|hen tr. ***Tee ~*** versare acqua bollente sul tè.

auf͜brum|men I intr. **1** (aus. *haben*) mettersi a rombare **2a** (aus. *sein*) COLLOQ. ***auf etw. (A) ~*** urtare qcs., (andare a) sbattere contro qcs. **b** MAR. arenarsi, incagliarsi **II** tr. COLLOQ. appioppare: ***jdm eine Strafe ~*** appioppare una punizione a qcn.

auf͜bü|geln tr. **1** ***etw. ~*** stirare qcs., dare una stirata a qcs. **2** *(durch*

Bügeln übertragen) applicare con il ferro da stiro.

auf‿bür|den tr. **1** *(aufladen)* caricare: ***etw. einem Esel ~*** caricare qcs. su un asino **2** FIG. *(Verantwortung, Schuld)* addossare, accollare.

auf‿däm|mern intr. (aus. *sein*) **1** *(vom Tag)* sorgere, spuntare **2** FIG. affiorare: ***in mir dämmert ein Verdacht auf*** in me affiora un dubbio **3** *(klarwerden)* diventare chiaro: ***jetzt dämmert's mir auf!*** ora capisco!

auf‿de|cken I tr. **1a** scoprire: ***den Kranken ~*** scoprire il malato; ***das Bett ~*** scoprire il letto (*o* togliere il copriletto al letto) **b** ***die Karten ~*** scoprire le carte **c** FIG. *(enthüllen)* scoprire, svelare: ***ein Verbrechen ~*** scoprire un delitto **2** *(auflegen)* mettere, stendere: ***das Tischtuch ~*** mettere la tovaglia (sulla tavola) **II** intr. (aus. *haben*) apparecchiare (la tavola) **III** rifl. **sich ~** scoprirsi (durante il sonno). **Auf|de|ckung** f. *(-,-en)* scoperta *f.*, rivelazione *f.*

auf‿don|nern rifl. **sich ~** COLLOQ. agghindarsi con pacchianeria.

auf‿drän|ge(l)n I tr. imporre: ***jdm eine Ware, seine Ansichten ~*** imporre una merce, le proprie opinioni a qcn. **II** rifl. **sich ~** essere invadente, inopportuno, importunare: ***sich allen Leuten, als Ratgeber ~*** essere invadente con tutti, insistere nel voler dare consigli. **auf|drän|ge|risch** agg. → **aufdringlich.**

auf‿dre|hen I tr. **1a** aprire: ***den Wasserhahn ~*** aprire il rubinetto dell'acqua; COLLOQ. ***das Gas ~*** aprire il gas **b** ***eine Schraube ~*** svitare, allentare una vite **c** COLLOQ. ***das Radio ~*** alzare (il volume del)la radio; REGION. *(anschalten)* accendere la radio **2** attorcigliare (all'insù): ***den Schnurrbart ~*** attorcigliare i baffi all'insù **II** intr. (aus. *haben*) **1** COLLOQ. *(beschleunigen)* accelerare; FIG. migliorare le prestazioni **2a** COLLOQ. *(in Stimmung kommen)* ***mächtig ~*** abbandonarsi all'euforia **b** REGION. *(wütend werden, schimpfen)* sbraitare **3** MAR. orzare ◆ ***jdm die Haare ~*** mettere i bigodini a qcn.

auf|dring|lich agg. importuno, insistente, invadente; FIG. ***ein -er Geruch*** un odore persistente e fastidioso. **Auf|dring|lich|keit** f. *(-,-en)* invadenza *f.*, insistenza *f.*

auf‿drö|seln tr. COLLOQ. sbrogliare, districare; FIG. ***ein Problem ~*** sbrogliare una matassa.

Auf|druck m. *(-[e]s,-e)* **1** scritta *f.*, dicitura *f.* **2** *(auf Briefmarken)* sovrastampa *f.* **auf‿dru|cken** tr. stampare sopra: ***den Postwertstempel auf Drucksachen ~*** stampigliare il timbro postale su stampe; ***auf den Stoff geometrische Muster ~*** stampare motivi geometrici sulla stoffa.

auf‿drü|cken I tr. **1a** *(Fenster, Tür)* aprire spingendo **b** *(durch Knopfdruck)* aprire premendo un pulsante **2** *(Pickel, Geschwür)* spremere, schiacciare **3** imprimere, apporre: ***ein Siegel auf einen Brief ~*** apporre un sigillo su una lettera; COLLOQ. FIG. ***er hat mir einen (Kuss) aufgedrückt*** mi ha stampato un bacio (sulla guancia) **4** COLLOQ. *(fest auf den Kopf setzen)* calcare bene in testa **II** intr. (aus. *haben*) premere: ***beim Schreiben (mit der Feder) ~*** premere (con la penna) scrivendo.

auf|ei|nan|der avv. **1** uno sull'altro **2** *(nacheinander)* uno dopo l'altro **3** *(gegeneinander)* uno contro l'altro **4** ***die Zähne ~ beißen*** stringere i denti; ***~ folgen*** susseguirsi, succedersi; ***~ folgend*** successivo, consecutivo; ***~ hetzen*** aizzare l'uno contro l'altro; ***~ legen*** sovrapporre, mettere l'uno sull'altro; ***~ passen*** adattarsi l'uno all'altro; ***~ platzen*** scontrarsi (anche FIG.); ***~ prallen*** cozzare l'uno contro l'altro (anche FIG.); ***~ schichten*** accatastare; ***~ schlagen*** sbattere l'uno contro l'altro; ***~ stapeln*** ammonticchiare; ***~ stoßen*** urtare l'uno contro l'altro (anche FIG.); SPORT ***~ treffen*** incontrarsi ◆ ***~ angewiesen sein*** dipendere l'uno dall'altro; ***~ Rücksicht nehmen*** avere riguardo l'uno per l'altro; ***~ warten*** aspettarsi l'un l'altro. **Auf|ei|nan|der|fol|ge** f. *(-,-n)* successione *f.*, serie *f.*

auf‿ei|sen tr. **1** ***etw. ~*** rompere il ghiaccio di qcs.: ***einen Teich ~*** rompere il ghiaccio di uno stagno **2** *(vom Eis befreien)* liberare dal ghiaccio.

Auf|ent|halt m. *(-[e]s,-e)* **1** *(Sichaufhalten)* permanenza *f.*, soggiorno *m.*: ***während meines -s*** durante la mia permanenza **2** *(Unterbrechung einer Fahrt)* fermata *f.*, sosta *f.*; ***~ haben*** fermarsi, sostare; ***der Zug hat wenige Minuten ~*** il treno sosta per pochi minuti; ***ohne ~ weiterfahren*** proseguire senza fermate **3** *(Wohnort)* dimora *f.*, luogo *m.* di soggiorno; ***~ nehmen*** stabilirsi, soggiornare. **Auf|ent|halts|be|schei|ni|gung** f. *(-,-en)* certificato *m.* di residenza. **Auf|ent|halts|be|schrän|kung** f. *(-,-en)* limitazione *f.* del permesso di soggiorno. **Auf|ent|halts|be|wil|li|gung** f. *(-,-en)*, **Auf|ent|halts|er|laub|nis** f. *(-,-se)*, **Auf|ent|halts|ge|neh|mi|gung** f. *(-,-en)* permesso *m.* di soggiorno. **Auf|ent|halts|ort** m. *(-[e]s,-e)* luogo *m.* di soggiorno, di residenza. **Auf|ent|halts|ver|län|ge|rung** f. *(-,-en)* proroga *f.* del permesso di soggiorno.

auf‿er|le|gen I tr. imporre, infliggere: ***jdm eine Strafe ~*** infliggere una punizione a qcn. **II** rifl. ***sich (D) etw. ~*** imporsi, infliggersi qcs.: ***sich keinen Zwang ~ lassen*** non lasciarsi imporre costrizioni.

auf|er|stan|den agg. risorto, risuscitato ◆ ***der Auferstandene*** Gesù Risorto. **auf‿er|ste|hen** intr. *(stand, gestanden;* aus. *sein)* risorgere, risuscitare. **Auf|er|ste|hung** f. *(-,-en)* risurrezione *f.* **Auf|er|ste|hungs|fest** n. *(-[e]s,-e)* Pasqua *f.* (di Resurrezione).

auf‿er|we|cken tr. risvegliare, risuscitare. **Auf|er|we|ckung** f. *(-,-en)* risveglio *m.*, risurrezione *f.*

auf‿es|sen *(isst, aß, gegessen)* **I** tr. COLLOQ. mangiare completamente: ***den Teller ~*** svuotare il piatto **II** intr. (aus. *haben*) mangiare tutto.

auf‿fä|chern I tr. disporre a ventaglio: ***die Spielkarten ~*** disporre le carte a ventaglio **II** rifl. **sich ~** diramarsi a ventaglio.

auf‿fä|deln tr. *(Perlen)* infilare.

auf‿fah|ren *(fährt, fuhr, gefahren)* **I** intr. (aus. *sein*) **1a** ***auf etw. (A) ~*** andare a sbattere contro qcs.; ***auf ein Auto ~*** tamponare un'auto **b** *(von Schiffen)* incagliarsi **2** sfilare: ***die Kutschen fuhren vor dem Schloss auf*** le carrozze sfilarono davanti al castello **3** MIL. *(von Panzern)* raggiungere la postazione **4** trasalire, riscuotersi: ***aus dem Schlaf ~*** svegliarsi di soprassalto **5** *(zornig reagieren)* adirarsi **6** RELIG. ascendere, salire: ***zum Himmel ~*** salire al cielo **7** MIN. *(aus der Grube)* risalire (in superficie) **II** tr. **1** ***einen Weg ~*** danneggiare, consumare una strada **2** MIL. mettere in postazione, in batteria **3** COLLOQ. *(auftischen)* mettere in tavola **4** MIN. scavare, aprire: ***einen Stollen ~*** aprire una galleria ◆ ***zu dicht ~*** avvicinarsi troppo.

auf|fah|rend, auf|fah|rig agg. iroso.

Auf|fahrt f. *(-,-en)* **1** *(Zufahrtsstraße)* accesso *m.*: ***die ~ zur Autobahn*** l'accesso all'autostrada **2** *(Hinauffahren)* ascesa *f.*, salita *f.*: ***die ~ zum Gipfel*** la salita in vetta. **Auf|fahrt|ram|pe** f. *(-,-n)* rampa *f.* di accesso. **Auf|fahrts|stra|ße** f. *(-,-n)* strada *f.*, via *f.* di accesso.

Auf|fahr|un|fall m. *(-[e]s,-unfälle)* tamponamento *m.*

auf‿fal|len intr. *(fällt, fiel, gefallen;* aus. *sein)* **1** ***auf etw. (A) ~*** cadere su qcs. **2** essere evidente, vistoso: ***die Ähnlichkeit zwischen beiden fällt sofort auf*** la somiglianza tra i due è evidente; ***mir ist nichts aufgefallen*** non mi sono accorto di niente **3** ***jdm ~*** balzare agli occhi a qcn., colpire qcn.: ***er fällt durch sein sonderbares Benehmen überall auf*** colpisce ovunque per il suo strano comportamento. **auf|fal|lend I** p.pres. agg. **1** → **auffallen 2** che colpisce, appariscente, vistoso: ***eine -e Erscheinung*** una personalità che colpisce; *(von Farben)* sgargiante **II** avv. vistosamente: ***ein ~ schönes Mädchen*** una ragazza eccezionalmente bella. **auf|fäl|lig** agg. **1** → **auffallend 2** strano: ***ein -es Benehmen*** un comportamento strano; ***~ werden*** mostrare segni di squilibrio. **Auf|fäl|lig|keit** f. *(-,-en)* **1** vistosità *f.* **2** stranezza *f.*

auf‿fal|ten I tr. *(Decke)* spiegare **II** rifl. **sich ~** GEOL. corrugarsi.

Auf|fang|be|cken n. *(-s,-)* **1** RAR. bacino *m.* di raccolta **2** FIG. ricettacolo *m.*, crogiolo *m.*

auf‿fan|gen tr. *(fängt, fing, gefangen)* **1** afferrare, acchiappare: ***den Ball ~*** afferrare la palla; FIG. accogliere un suggerimento **2** raccogliere: ***Regenwasser in einer Tonne ~*** raccogliere acqua piovana in un bidone; ***Flüchtlinge ~*** raccogliere profughi **3a** parare: ***einen Stoß mit dem Arm ~*** parare un colpo con il braccio **b** fermare: ***den feindlichen Vorstoß ~*** fermare l'attacco avversario **4** FIG. *(mildern, ausgleichen)* compensare, neutralizzare: ***die Preissteigerungen ~*** neutralizzare l'aumento dei prezzi **5** riprendere: ***die Häftlinge (auf der Flucht) ~*** riprendere i prigionieri **6a** *(aufschnappen)* afferrare, percepire: ***einen Blick ~*** percepire uno sguardo **b** captare, intercettare: ***einen Funkspruch ~*** captare un messaggio radio.

Auf|fang|la|ger n. *(-s,-)* campo *m.* di raccolta (profughi).

auf‿fär|ben tr. tingere di nuovo, rinfrescare la tinta: ***einen Mantel ~*** rinfrescare la tinta di un cappotto.

auf‿fas|sen tr. **1** *(auslegen)* intendere, interpretare: ***jds Worte als Vorwurf ~*** interpretare le parole di qcn. come un rimprovero **2** *(begreifen)* afferrare, comprendere ◆ ***etw. tragisch, scherzhaft ~*** drammatizzare qcs., prendere scherzosamente qcs. **Auf|fas|sung** f. *(-,-en)* **1** interpretazione *f.*, concezione *f.*, opinione *f.*: ***der ~ sein, die ~ vertreten, dass...*** essere dell'opinione che...; ***jds ~ teilen*** condividere l'opinione di qcn.; ***eine hohe ~ von etw. haben*** avere un'alta concezione, opinione di qcs.; ***meiner ~ nach*** secondo me **2** *(Auffassungsgabe)* comprensione *f.* **Auf|fas|sungs|ga|be** f. *(-)*, **Auf|fas|sungs|kraft** f. *(-)* capacità *f.* di comprensione, intelligenza *f.*: ***eine leichte ~ haben*** avere facilità di comprensione. **Auf|fas|sungs|sa|che** f. *(-)*, COLLOQ. ***das ist ~*** è una questione di opinioni. **Auf|fas|sungs|ver|mö|gen** n. *(-s)* → **Auffassungsgabe. Auf|fas|sungs|wei|se** f. *(-,-n)* modo *m.* di concepire, d'intendere; *(Denkweise)* mentalità *f.*

auf_fe|gen tr. REGION. raccogliere scopando, con la scopa.
auf|find|bar agg. rintracciabile, reperibile. **auf_fin|den** tr. *(fand, gefunden)* trovare, rintracciare: ***der Kamm war nirgends aufzufinden*** non si trovava il pettine da nessuna parte. **Auf|fin|dung** f. *(-,-en)* ritrovamento *m.*, rinvenimento *m.*
auf_fi|schen tr. **1** ripescare **2** COLLOQ. FIG. pescare: ***wo hast du den nur aufgefischt?*** dove l'hai pescato quello?
auf_fla|ckern intr. (aus. *sein*) accendersi (anche FIG.).
auf_flam|men intr. (aus. *sein*) infiammarsi, divampare (anche FIG.): ***in seinen Augen flammte Zorn auf*** nei suoi occhi divampò l'ira.
auf_flat|tern intr. (aus. *sein*) levarsi in volo sbattendo le ali, alzarsi svolazzando.
auf_flech|ten tr. *(flicht, flocht, geflochten)* sciogliere, disfare: ***die Zöpfe ~*** sciogliere le trecce.
auf_flie|gen intr. *(flog, geflogen;* aus. *sein)* **1** *(emporfliegen)* alzarsi in volo, volare via **2** spalancarsi all'improvviso: ***die Tür flog auf*** la porta si spalancò **3** COLLOQ. andare a monte, all'aria: ***einen Agentenring ~ lassen*** sgominare una rete di agenti.
auf_for|dern tr. **1** ***jdn zu etw. ~*** pregare, esortare, invitare qcn. a qcs.: ***jdn zum Sitzen ~*** invitare qcn. a sedersi **2** ***jdn ~*** invitare qcn. a ballare **3** intimare, ingiungere; ***zur Zahlung ~*** fare ingiunzione di pagamento. **Auf|for|de|rung** f. *(-,-en)* **1** preghiera *f.*, invito *m.*, esortazione *f.*: ***auf ~*** su invito, su richiesta; ***einer ~ nachkommen*** ottemperare a un invito; ***~ zum Tanz*** invito a ballare **2** intimazione *f.*, istigazione *f.*: ***~ zum Widerstand*** incitamento alla resistenza.
auf_fors|ten tr. rimboscare (*o* rimboschire). **Auf|fors|tung** f. *(-,-en)* rimboschimento *m.*
auf_fres|sen tr. *(frisst, fraß, gefressen)* **1** mangiare, divorare completamente **2** COLLOQ. FIG. ***ich könnte dich vor Liebe ~*** ti mangerei (tutto, tutta); ***wenn das der Chef erfährt, frisst er mich auf*** se il capo lo sa, mi mangia vivo; ***die Arbeit frisst mich auf*** il lavoro mi consuma.
auf_fri|schen I tr. **1** rinnovare, rimodernare **2** FIG. rinfrescare: ***seine Sprachkenntnisse ~*** rinfrescare le proprie conoscenze linguistiche **II** intr. (aus. *haben, sein*; *von Wind*) rinforzarsi, aumentare ◆ ***die Vorräte ~*** integrare le scorte. **Auf|fri|schung** f. *(-,-en)* **1** rinnovamento *m.*, rimodernamento *m.*, ritocco *m.* **2** FIG. completamento *m.*, aggiornamento *m.* ◆ ***zur ~ meiner Sprachkenntnisse*** per rinfrescare le mie conoscenze della lingua.
auf_fri|sie|ren tr. COLLOQ. truccare il motore: ***das Motorrad ~*** truccare il motore alla moto.
auf|führ|bar agg. rappresentabile. **Auf|führ|bar|keit** f. *(-)* rappresentabilità *f.* **auf_füh|ren I** tr. **1** rappresentare: ***ein Schauspiel, ein Ballett ~*** rappresentare, mettere in scena un dramma, un balletto **2** produrre, addurre: ***Beispiele für etw. ~*** portare esempi di qcs.; ***jdn als Zeugen ~*** produrre qcn. come testimone **3** *(aufzählen)* elencare **4** *(bauen)* costruire **II** rifl. **sich ~** comportarsi: ***sich wie ein Verrückter ~*** comportarsi come un pazzo. **Auf|füh|rung** f. *(-,-en)* **1** *(Vorstellung)* rappresentazione *f.*; *(von Musikwerken)* esecuzione *f.*: ***zur ~ bringen, kommen*** mettere, andare in scena **2** produzione *f.*, adduzione *f.*: ***~ von Zeugen*** produzione di testimoni **3** *(Benehmen)* comportamento *m.*, contegno *m.* **Auf|füh|rungs|recht** n. *(-[e]s,-e)* diritto *m.* di rappresentazione.
auf_fül|len tr. **1** rabboccare, riempire fino all'orlo: ***die Flasche ~*** riempire la bottiglia fino all'orlo **2** *(ergänzen)* completare, colmare **3** GASTR. innaffiare **4** *(das tiefer Liegende)* rinterrare, riempire di terra. **Auf|fül|lung** f. *(-,-en)* **1** riempimento *m.*, rabboccamento *m.* **2** *(Ergänzung)* completamento *m.* **3** *(vom tiefer Liegenden)* interramento *m.*
auf_füt|tern tr. **1** *(von jungen Tieren)* allevare **2** *(wieder kräftigen)* rimettere in forze (nutrendo).
Auf|ga|be f. *(-,-n)* **1** *(Übergabe)* consegna *f.* (per la spedizione), spedizione *f.*: ***die ~ des Gepäcks*** la consegna del bagaglio **2a** *(Auftrag)* compito *m.*, incarico *m.*; *(Pflicht)* dovere *m.*: ***das ist nicht deine ~*** questo non è compito tuo; ***eine unlösbare ~*** un compito insolubile; ***seine ~ erfüllen, ausführen*** adempiere, svolgere il proprio compito **b** *(Sinn, Zweck)* compito *m.*, senso *m.*, scopo *m.*: ***~ dieser Veranstaltung ist...*** compito di questa manifestazione è... **c** compito *m.*, funzione *f.*: ***dieses Gerät hat die ~,...*** questo apparecchio ha la funzione... **d** SCOL. *(Hausaufgabe)* compito *m.*; *(Rechenübung)* esercizio *m.* (di matematica) **3a** rinuncia *f.*, abbandono *m.*: ***die ~ des Kampfes, seiner Pläne*** la rinuncia alla lotta, ai propri progetti **b** *(Schließung)* chiusura *f.*: ***die ~ seines Ladens*** la chiusura del proprio negozio **c** SPORT ritiro *m.*, abbandono *m.* ◆ ***die ~ einer Annonce*** la pubblicazione di un annuncio. **Auf|ga|be|be|schei|ni|gung** f. *(-,-en)* ricevuta *f.* di consegna (per la spedizione). **Auf|ga|ben|be|reich** m. *(-[e]s,-e)* sfera *f.* di competenza. **Auf|ga|ben|heft** n. *(-[e]s,-e)* quaderno *m.* per segnare i compiti. **Auf|ga|ben|stel|lung** f. *(-,-en)* impostazione *f.* del problema. **Auf|ga|be|ort** m. *(-[e]s,-e)* luogo *m.* di spedizione. **Auf|ga|be|schein** m. *(-[e]s,-e)* → **Aufgabebescheinigung**. **Auf|ga|be|stem|pel** m. *(-s,-)* timbro *m.* (postale) di partenza.
Auf|gang m. *(-[e]s,-gänge)* **1** *(von Mond, Sonne)* il sorgere, levata *f.* **2a** *(Treppe)* scala *f.* d'accesso **b** RAR. *(Weg)* salita *f.*
auf_ge|ben tr. *(gibt, gab, gegeben)* **1** spedire: ***einen Brief ~*** spedire, impostare una lettera; ***eine Annonce ~*** pubblicare un annuncio **2** *(als Aufgabe stellen)* dare (per compito), dare da fare: ***einen Aufsatz ~*** dar da fare un tema; ***der Lehrer hat mir zu viel aufgegeben*** l'insegnante mi ha dato troppi compiti **3** *(auferlegen)* imporre: ***es war ihm vom Schicksal aufgegeben zu leiden*** gli fu imposto dal destino di soffrire **4a** *(verzichten)* ***etw. ~*** rinunciare a qcs., abbandonare qcs.: ***das Rauchen ~*** smettere di fumare; ***seinen Beruf ~*** lasciare il proprio lavoro; ***ein Amt ~*** abbandonare una carica **b** SPORT ***(den Wettkampf) ~*** abbandonare (la gara), ritirarsi (dalla gara) **c** *(nicht weitermachen)* rinunciare, lasciar perdere: ***gib's auf!*** smettila! lascia perdere! **5** *(als verloren ansehen)* dare per perduto, per spacciato ◆ ***eine <u>Bestellung</u> ~*** fare un'ordinazione, ordinare; ***seinen <u>Geist</u> ~*** rendere l'anima; ***jdm ein <u>Rätsel</u> ~*** essere un enigma per qcn.
auf|ge|bläht p.pass. agg. **1** → **aufblähen** **2** FIG. borioso.
auf|ge|bla|sen p.pass. agg. **1** → **aufblasen** **2** FIG. pieno di sé, borioso: ***ein -er Kerl*** un pallone gonfiato. **Auf|ge|bla|sen|heit** f. *(-,-en)* boria *f.*, presunzione *f.*
Auf|ge|bot n. *(-[e]s,-e)* **1a** *(aufgebotene Anzahl)* spiegamento *m.*, dispiego *m.*: ***ein großes ~ von Polizeikräften*** un grande spiegamento di polizia **b** ANT. *(das Aufbieten)* impiego *m.*: ***mit ~ aller Kräfte*** con l'impiego di tutte le forze **2** *(Bekanntmachung einer Hochzeit)* pubblicazioni *f.pl.* (di matrimonio): ***das (standesamtliche, kirchliche) ~ bestellen, aushängen*** fare le pubblicazioni (in municipio, in chiesa) **3** DIR. invito *m.* a dichiarare pretese o diritti **4a** MIL. STOR. chiamata *f.* alle armi **b** *(ausgehobene Truppen)* contingente *m.* (di leva).
auf|ge|bracht p.pass. agg. **1** → **aufbringen** **2** adirato, irritato.
auf|ge|dun|sen agg. ***ein -es Gesicht*** un viso gonfio.
auf_ge|hen intr. *(ging, gegangen;* aus. *sein)* **1** *(von Gestirnen, Morgen)* sorgere, spuntare **2a** *(sich öffnen)* aprirsi: ***die Tür, das Fenster, die Wunde, die Blume geht auf*** la porta, la finestra, la ferita, il fiore si apre **b** *(von Knoten)* sciogliersi, disfarsi; *(von Blasen)* scoppiare **3** *(aufkeimen)* germogliare, germinare, spuntare; *(von Knospen)* schiudersi **4** *(von Teig)* lievitare, crescere **5** *(klarwerden)* chiarirsi: ***der Sinn seiner Worte ging ihr nicht auf*** il senso delle sue parole non le era chiaro **6** MAT. *(keinen Rest lassen)* non dare resto: ***die Division geht auf*** la divisione non dà resto ◆ ***<u>in</u> seinem Beruf ~*** dedicarsi completamente al proprio lavoro; ***in der Masse ~*** sparire fra la folla; ***die kleineren Betriebe gehen in den großen auf*** le piccole aziende vengono assorbite dalle grandi; ***<u>ineinander</u> ~*** dedicarsi completamente uno all'altro; ***mir geht ein <u>Licht</u> auf*** adesso capisco, vedo chiaro; ***in <u>Rauch</u> ~*** andare in fumo, sfumare; ***die <u>Rechnung</u> geht auf*** i conti tornano (anche FIG.).
auf|ge|ho|ben p.pass. agg. → **aufheben** ◆ ***bei jdm gut ~ sein*** essere in buone mani (*o* ben custodito, protetto) da qcn.: ***bei ihm sind Geheimnisse gut ~*** da lui i segreti sono ben custoditi.
auf_gei|len VOLG. **I** tr. arrapare **II** rifl. ***sich an jdm, etw. ~*** arraparsi per qcn., con qcs.
auf|ge|klärt p.pass. agg. **1** → **aufklären** **2a** libero da preconcetti, da pregiudizi **b** illuminato: ***ein -er König*** un sovrano illuminato.
auf|ge|knöpft p.pass. agg. **1** → **aufknöpfen** **2** COLLOQ. aperto, socievole.
auf|ge|kratzt p.pass. agg. **1** → **aufkratzen** **2** COLLOQ. di buon umore, allegro, gioviale.
auf|ge|las|sen p.pass. agg. **1** → **auflassen** **2** ***ein -es Bergwerk*** una miniera abbandonata.
Auf|geld n. *(-[e]s,-er)* **1** *(Agio)* aggio *m.* **2** REGION. *(zusätzlicher Betrag)* supplemento *m.*
auf|ge|legt p.pass. agg. **1** → **auflegen** **2** *(gestimmt)* ***gut, schlecht ~*** di buon, di cattivo umore; ***zu etw. ~ sein*** avere voglia di (fare) qcs.; ***zu Späßen nicht ~ sein*** non essere in vena di scherzi **3** *(offensichtlich)* palese, manifesto, evidente: ***ein -er Schwindel*** un evidente imbroglio.
auf|ge|lo|ckert p.pass. agg. **1** → **auflockern** **2** METEOR. ***-e Bewölkung*** nuvolosità irregolare.
auf|ge|löst p.pass. agg. **1** → **auflösen** **2** *(verwirrt)* turbato, sconvolto **3** *(erschöpft)* spossato, disfatto.
auf|ge|räumt p.pass. agg. **1** → **aufräumen** **2** *(gut gelaunt)* di buon umore, allegro. **Auf|ge|räumt|heit** f. *(-)* buon umore *m.*, allegria *f.*

auf|ge|regt p.pass. agg. 1 → **aufregen** 2 eccitato, agitato, irrequieto. **Auf|ge|regt|heit** f. *(-)* eccitazione *f.*, agitazione *f.*, irrequietezza *f.*
Auf|ge|sang m. *(-[e]s,-gesänge)* LETT. fronte *f.* (della stanza di una canzone).
auf|ge|schlos|sen p.pass. agg. 1 → **aufschließen** 2 aperto, ricettivo: ***für politische Probleme ~ sein*** essere aperto ai problemi politici; ***einen -en Eindruck machen*** dare l'impressione di essere una persona aperta, ricettiva. **Auf|ge|schlos|sen|heit** f. *(-)* apertura *f.* (mentale), ricettività *f.*
auf|ge|schmis|sen, COLLOQ. ***~ sein*** essere spacciato.
auf|ge|schwemmt p.pass. agg. 1 → **aufschwemmen** 2 *(aufgedunsen)* gonfio.
auf|ge|stülpt p.pass. agg. 1 → **aufstülpen** 2 ***eine -e Nase*** un naso all'insù.
auf|ge|ta|kelt p.pass. agg. 1 → **auftakeln** 2 ***eine -e Frau*** una donna vestita in modo pacchiano.
auf|ge|weckt p.pass. agg. 1 → **aufwecken** 2a *(wach)* sveglio **b** FIG. *(klug)* sveglio, pronto, vivace. **Auf|ge|weckt|heit** f. *(-)* prontezza *f.*, vivacità *f.*
auf|ge|wor|fen p.pass. agg. 1 → **aufwerfen** 2 ***-e Lippen haben*** fare la boccuccia.
auf‿gie|ßen *(goss, gegossen)* tr. 1 versare (sopra): ***Tee, Kaffee ~*** versare acqua bollente sul tè, sul caffè; ***kochendes Wasser auf etw. (A) ~*** versare acqua bollente su qcs. 2 ***etw. mit Flüssigkeit ~*** aggiungere un liquido a qcs.
auf‿glie|dern tr. suddividere: ***in Klassen ~*** suddividere in classi. **Auf|glie|de|rung** f. *(-,-en)* suddivisione *f.*
auf‿glim|men intr. *(glomm/*RAR. *glimmte, geglommen/*RAR. *geglimmt;* aus. *sein)* 1 (cominciare a) brillare: ***die Sterne glimmen auf*** le stelle cominciano a brillare 2 FIG. accendersi: ***in ihm glomm ein Hoffnungsschimmer auf*** in lui si accese un barlume di speranza.
auf‿glü|hen intr. (aus. *haben, sein*) 1 *(zu glühen beginnen)* (cominciare ad) ardere (senza fiamma) 2a FIG. *(rot werden)* avvampare **b** *(von Gefühlen)* divampare.
auf‿gra|ben tr. 1 *(Erde)* rivoltare 2 *(freilegen)* dissotterrare; ***die Straßen ~*** fare scavi nelle strade. **Auf|gra|bung** f. *(-,-en)* 1 *(Umgrabung)* il rivoltare 2 *(Freilegung)* dissotterramento *m.* **Auf|gra|bungs|ar|bei|ten** pl. lavori *m.pl.* di scavo (nelle strade).
auf‿grät|schen intr. (aus. *sein*) GINN. ***(auf ein Gerät) ~*** saltare su (un attrezzo) a gambe divaricate.
auf‿grei|fen tr. *(griff, gegriffen)* 1 *(festnehmen)* arrestare, catturare: ***jdn bei einer Razzia ~*** arrestare qcn. in una retata 2 *(aufnehmen)* riprendere: ***den Faden der Erzählung ~*** riprendere il filo del discorso.
auf|grund prep. + von *o* + gen. ***~ von etw.*** a causa di qcs.; *(begründet durch)* in base a qcs., in virtù di qcs.
Auf|guss m. *(-es,-güsse)* 1 infuso *m.*, infusione *f.* 2 *(Abklatsch)* imitazione *f.*, (brutta) copia *f.* **Auf|guss|beu|tel** m. *(-s,-)* bustina *f.* (per infusione). **Auf|guss|tier|chen** pl. infusori *m.pl.*
auf‿ha|ben I tr. 1 *(aufgesetzt haben)* avere: ***die Brille ~*** avere gli occhiali 2 *(von Hausaufgaben)* avere (da fare): ***hast du viel auf?*** hai molti compiti? 3a *(geöffnet haben)* avere, tenere aperto: ***die Augen ~*** avere gli occhi aperti **b** *(aufbekommen haben)* essere riusciti ad aprire; *(von Knoten)* a sciogliere: ***hast du den Koffer noch nicht auf?*** non sei ancora riuscito ad aprire la valigia? II intr. (aus. *haben*) aprire, essere aperto: ***die Bibliothek hat ab 8 auf*** la biblioteca è aperta dalle 8.
auf‿ha|ken tr. sganciare.
auf‿hal|sen tr. COLLOQ. accollare, addossare, scaricare.
auf‿hal|ten *(hält, hielt, gehalten)* I tr. 1 *(offenhalten)* tenere aperto: ***jdm die Tür ~*** tenere aperta la porta a qcn. 2a *(daran hindern weiterzukommen)* fermare, arrestare, frenare: ***den Vormarsch des Feinds ~*** arrestare l'avanzata del nemico **b** FIG. frenare: ***den Fortschritt ~*** frenare il progresso 3 *(von einer Tätigkeit abhalten)* trattenere: ***ich will Sie nicht länger ~*** non voglio trattenerLa più a lungo; ***lassen Sie sich nicht ~!*** = continui pure a fare quello che stava facendo! non si disturbi! II rifl. **sich ~** 1 *(an einem Ort sein)* stare, soggiornare 2a *(verweilen)* trattenersi, fermarsi: ***ich kann mich nicht lange ~*** non posso trattenermi molto **b** FIG. ***sich bei, mit etw. ~*** fermarsi, soffermarsi su qcs. 3 ***sich über jdn, etw. ~*** biasimare qcn., criticare qcs., avere da ridire su qcn., qcs.
auf‿hän|gen I tr. 1 appendere (a qcs.): ***ein Bild ~*** appendere un quadro; ***die Wäsche zum Trocknen ~*** stendere la biancheria ad asciugare; ***(den Hörer) ~*** riattaccare (il ricevitore) 2 *(erhängen)* impiccare 3 COLLOQ. rifilare, appioppare, affibbiare: ***verdorbene Ware ~*** rifilare merce avariata; ***jdm eine mühevolle Arbeit ~*** appioppare a qcn. un lavoro faticoso 4 *(aufbinden)* far credere, raccontare: ***wer hat dir diese Dummheiten aufgehängt?*** chi ti ha raccontato queste stupidaggini? II rifl. **sich ~** impiccarsi. **Auf|hän|ge|vor|rich|tung** f. *(-,-en)* MECC. dispositivo *m.* di sospensione. **Auf|hän|gung** f. *(-,-en)* MECC. sospensione *f.*
auf‿hau|en *(hieb/*COLLOQ. *haute, gehauen)* I tr. aprire (con forza), rompere II rifl. COLLOQ. ***sich (D) etw. ~*** ferirsi sbattendo qcs.
auf‿häu|fen I tr. ammucchiare, accumulare (anche FIG.) II rifl. **sich ~** ammucchiarsi, accumularsi (anche FIG.). **Auf|häu|fung** f. *(-,-en)* 1 ammucchiamento *m.*, accumulo *m.* 2 *(Haufen)* ammucchiata *f.*, mucchio *m.*, cumulo *m.*
auf‿he|ben *(hob, gehoben)* I tr. 1 raccogliere, raccattare: ***einen Stein ~*** raccattare una pietra 2 *(erheben)* sollevare, alzare: ***den Kopf ~*** (sol)levare il capo 3 *(aufbewahren)* tenere, conservare: ***die Fotos zur Erinnerung ~*** tenere le foto per ricordo 4a *(nicht länger bestehen lassen)* rimuovere, abolire: ***die Todesstrafe ~*** abolire la pena di morte; ***einen Befehl ~*** revocare un ordine **b** DIR. abrogare, cassare **c** *(ausgleichen)* annullare, escludere: ***das eine hebt das andere nicht auf*** l'uno non esclude l'altro **d** *(offiziell beenden)* chiudere (ufficialmente) II rifl. **sich ~** annullarsi, escludersi, neutralizzarsi: ***+3 und -3 heben sich (gegenseitig) auf*** +3 e -3 si annullano (a vicenda). **Auf|he|ben** n. *(-s)* LETT. chiasso *m.*, rumore *m.*: ***viel -(s) von etw., jdm machen*** fare molto rumore per qcs., intorno a qcn. **auf|he|bend** p.pres. agg. 1 → **aufheben** 2 DIR. abrogativo, abrogatorio. **Auf|he|bung** f. *(-,-en)* 1a *(Abschaffung)* abolizione *f.*, annullamento *m.*; *(von Befehlen)* revoca *f.* **b** DIR. abrogazione *f.*, cassazione *f.* **c** *(offizielle Beendigung)* chiusura *f.* (ufficiale) 2 ANT. *(Festnahme)* arresto *m.*, cattura *f.*
auf‿hef|ten tr. 1 *(aufnähen)* cucire, attaccare (con punti d'imbastitura) 2 ANT. *(aufbinden)* dare ad intendere.
auf‿hei|tern I tr. rallegrare, rasserenare II rifl. **sich ~** *(vom Gesicht, vom Himmel)* rasserenarsi ◆ ***tagsüber örtlich -d*** durante il giorno locali schiarite. **Auf|hei|te|rung** f. *(-,-en)* 1 rischiaramento *m.* 2 *(vom Himmel)* schiarita *f.*
auf‿hei|zen I tr. TECN. riscaldare, scaldare (gradualmente): ***Wasser, Luft ~*** riscaldare gradualmente l'acqua, l'aria II rifl. **sich ~** riscaldarsi, scaldarsi.
auf‿hel|fen intr. *(hilft, half, geholfen;* aus. *haben)* 1a ***jdm ~*** aiutare qcn. a (ri)alzarsi **b** FIG. aiutare qcn. a risollevarsi 2 *(aufbessern)* rafforzare, migliorare: ***dem Selbstbewusstsein, Lebenswillen ~*** rafforzare la coscienza di sé, recuperare la volontà di vivere.
auf‿hel|len I tr. 1a schiarire: ***die Haare ~*** schiarire i capelli **b** FIG. rasserenare, rallegrare 2 *(Klarheit bringen)* chiarire, accertare: ***die Motive eines Verbrechens ~*** accertare i motivi di un delitto II rifl. **sich ~** 1 *(vom Himmel)* rischiararsi, schiarirsi 2 FIG. chiarirsi: ***der Sinn des Gedichtes hellt sich auf*** il senso della poesia si chiarisce. **Auf|hel|ler** m. *(-s,-)* 1 riflettore *m.*, proiettore *m.* 2 TESS. sostanza *f.* schiarente (*o* sbiancante). **Auf|hel|lung** f. *(-,-en)* 1 *(Klärung)* chiarimento *m.*, accertamento *m.* 2 *(Aufheiterung)* rasserenamento *m.*, schiarita *f.*
auf‿het|zen tr. aizzare, sobillare: ***jdn zu Gewalttaten ~*** sobillare qcn. inducendolo ad atti di violenza. **Auf|het|zung** f. *(-,-en)* aizzamento *m.*, sobillamento *m.*
auf‿his|sen tr. issare.
auf‿ho|cken intr. (aus. *haben, sein*) GINN. saltare (su un attrezzo) a gambe flesse.
auf‿ho|len I tr. 1 ricuperare, riguadagnare: ***der Zug holt die Verspätung auf*** il treno ricupera il ritardo; SPORT ***den Rückstand ~*** ricuperare lo svantaggio 2 MAR. *(von Segeln)* alzare; *(vom Anker)* levare II intr. (aus. *haben*) SPORT riguadagnare, ricuperare terreno.
auf‿hor|chen intr. (aus. *haben*) tendere l'orecchio, ascoltare attentamente ◆ ***~ lassen*** suscitare interesse.
auf‿hö|ren intr. (aus. *haben*) finire, terminare; smettere: ***hier hört der Weg auf*** qui termina il sentiero; ***es hat aufgehört zu regnen*** ha smesso di piovere; ***mit der Arbeit ~*** finire di lavorare; ***hör auf zu lachen!*** smettila di ridere! ***hör endlich auf!*** smettila! finiscila! piantala! ◆ ***da hört (sich) doch alles auf!*** (questo) è il colmo! ***das muss ~!*** ora basta! **Auf|hö|ren** n. *(-s)* il cessare: ***ohne ~*** senza interruzione; ***zum ~ bringen*** far cessare.
auf‿ja|gen tr. ***jdn aus dem Schlaf ~*** strappare qcn. al sonno.
auf‿jauch|zen intr. (aus. *haben*). prorompere in grida di giubilo, esultare.
auf‿jau|len intr. (aus. *haben*) guaire.
auf‿ju|beln intr. (aus. *haben*) prorompere in un'esclamazione di giubilo.
Auf|kauf m. *(-[e]s, -käufe)* incetta *f.*, accaparramento *m.* **auf‿kau|fen** tr. ***etw. ~*** accaparrare qcs., fare incetta di qcs. **Auf|käu|fer** m. *(-s,-)* accaparratore *m.*
auf‿kei|men intr. (aus. *sein*) 1 germogliare, spuntare 2 FIG. ***der***

Zweifel keimte in ihm auf in lui spuntò il dubbio.
auf‿klaf|fen intr. (aus. *haben*) aprirsi, dilatarsi: ***eine Gletscherspalte hat aufgeklafft*** si è aperto un crepaccio.
auf|klapp|bar agg. apribile: ***-es Verdeck*** tettuccio apribile. **auf‿klap|pen I** tr. **1** aprire: ***das Buch, den Kofferraum, den Liegestuhl ~*** aprire il libro, il bagagliaio, la (sedia a) sdraio **2** *(hochschlagen)* alzare, sollevare: ***einen Deckel ~*** alzare un coperchio **II** intr. (aus. *sein*) aprirsi: ***der Fensterladen ist aufgeklappt*** l'imposta si è aperta.
auf‿kla|ren intr. (aus. *haben*) schiarirsi, rasserenarsi: ***der Himmel, das Wetter klart wieder auf*** il cielo si rasserena, il tempo torna bello.
auf‿klä|ren I tr. **1** ***etw. ~*** far luce su qcs., chiarire qcs., mettere in chiaro qcs. **2a** ***jdn über etw. (A) ~*** illuminare, informare qcn. su qcs. **b** *(über geschlechtliche Vorgänge unterrichten)* ***jdn ~*** dare un'educazione sessuale a qcn., informare qcn. sulla sessualità **3** MIL. ***etw. ~*** fare una ricognizione di qcs. **II** rifl. **sich ~ 1** *(klarwerden)* svelarsi, chiarirsi **2** *(sich aufhellen)* schiarirsi, rimettersi al bello **3** FIG. illuminarsi, rasserenarsi: ***sein Gesicht klärte sich auf*** il suo viso si rasserenò. **Auf|klä|rer** m. *(-s,-)* **1** FILOS. STOR. illuminista *m.* **2** MIL. esploratore *m.* **3** AER. ricognitore *m.* **auf|klä|re|risch** agg. **1** FILOS. STOR. illuministico **2** istruttivo(-progressista): ***die -e Absicht seiner Romane*** l'intento pedagogico critico dei suoi romanzi. **Auf|klä|rung** f. *(-,-en)* **1** chiarimento *m.*, spiegazione *f.*, ragguaglio *m.*: ***~ über etw. verlangen*** chiedere chiarimenti su qcs.; ***volle ~ fordern*** esigere piena luce; ***die ~ eines Mordes*** la soluzione di un caso di omicidio **2** *(über geschlechtliche Vorgänge)* ***(sexuelle) ~*** educazione *f.* sessuale **3** FILOS. STOR. illuminismo *m.*, età *f.* dei lumi **4** MIL. ricognizione *f.* **Auf|klä|rungs|buch** n. *(-[e]s,-bücher)* libro *m.* di educazione sessuale. **Auf|klä|rungs|dienst** m. *(-[e]s,-e)* servizio *m.* di ricognizione. **Auf|klä|rungs|flug** m. *(-s,-flüge)* volo *m.* di ricognizione. **Auf|klä|rungs|flug|zeug** n. *(-s,-e)* aereo *m.* da ricognizione, ricognitore *m.* **Auf|klä|rungs|kam|pag|ne** f. *(-,-n)* campagna *f.* di informazione. **Auf|klä|rungs|pflicht** f. *(-)* DIR. dovere *m.* di informazione. **Auf|klä|rungs|sa|tel|lit** m. *(-en,-en)* satellite *m.* da ricognizione. **Auf|klä|rungs|schrift** f. *(-,-en)* opuscolo *m.* informativo, divulgativo. **Auf|klä|rungs|trupp** m. *(-[e]s,-s)* pattuglia *f.* di ricognizione.
auf‿klat|schen intr. (aus. *sein*) cadere con un tonfo.
auf‿kle|ben tr. appiccicare, incollare, attaccare; ***die Briefmarke ~*** attaccare il francobollo; ***jdm ein Pflaster ~*** mettere un cerotto a qcn. **Auf|kle|ber** m. *(-s,-)* etichetta *f.* autoadesiva, autoadesivo *m.*
auf‿klop|fen I intr. (aus. *haben*) battere su qcs. **II** tr. **1** aprire, rompere (battendo): ***die Nüsse (mit einem Hammer) ~*** rompere le noci (con un martello) **2** *(Kissen)* sbattere.
auf‿kna|cken tr. **1** aprire schiacciando, schiacciare: ***Nüsse ~*** schiacciare le noci **2** COLLOQ. scassinare: ***einen Tresor ~*** scassinare una cassaforte.
auf‿knöp|fen tr. sbottonare: ***den Mantel ~*** sbottonare il cappotto.
auf‿kno|ten tr. snodare, sciogliere nodi: ***die Schnur ~*** togliere i nodi alla corda.
auf‿knüp|fen I tr. **1** impiccare **2** *(öffnen)* slegare, snodare **II** rifl. **sich ~** impiccarsi.
auf‿ko|chen I tr. **1** far bollire: ***die Suppe ~*** far bollire la minestra **2** riscaldare: ***Kaffee ~*** riscaldare il caffè **II** intr. (aus. *sein*) cominciare a bollire ◆ REGION. ***groß ~*** = preparare un pranzo buono e abbondante.
auf‿kom|men intr. *(kam, gekommen; aus. sein)* **1** sorgere, nascere: ***Wolken kommen auf*** si formano delle nuvole; ***ein Gewitter, der Wind kommt auf*** un temporale si avvicina, il vento si leva; FIG. ***es kommen Gerüchte, Zweifel auf*** sorgono voci, dubbi; ***der Verdacht kommt in jdn auf*** in qcn. nasce il sospetto **2** *(Mode werden)* ***etw. kommt auf*** qcs. viene di moda **3a** *(Kosten übernehmen)* ***für jdn, etw. ~*** accollarsi, assumersi le spese di qcn., di qcs. **b** ***für die Sicherheit der Stadt ~*** garantire per la sicurezza della città **4** ***gegen jdn, etw. ~*** tenere testa a qcn., essere alla pari con qcn.: ***gegen die Konkurrenz nicht ~ können*** non riuscire a tener testa alla concorrenza **5a** rimettersi in piedi, rialzarsi: ***vom Boden ~*** rialzarsi da terra **b** *(wieder gesund werden)* rimettersi, ristabilirsi **6** MAR. *(von Schiffen)* avvicinarsi ◆ FIG. ***niemanden neben sich ~ lassen*** non lasciare alcuno spazio a rivali, a concorrenti. **Auf|kom|men** n. *(-s,-)* **1** ECON. gettito *m.*: ***das ~ einer Steuer*** il gettito di un'imposta **2** *(Genesung)* risanamento *m.*, guarigione *f.*
auf‿kor|ken tr. COLLOQ. stappare.
auf‿krat|zen tr. graffiare: ***die Dornen kratzen ihm das Gesicht auf*** le spine gli graffiano il viso.
auf‿krei|schen intr. (aus. *haben*) mettersi a strillare: ***vor Schreck ~*** mettersi a strillare per lo spavento.
auf‿krem|peln tr. rimboccare, ripiegare: ***die Hemdsärmel bis zum Ellbogen ~*** rimboccare le maniche fino al gomito.
auf‿kreu|zen intr. **1** COLLOQ. *(unvermutet erscheinen*; aus. *sein)* ricomparire, riapparire **2** (aus. *sein, haben*) MAR. bordeggiare.
auf‿krie|gen tr. COLLOQ. → **aufbekommen.**
auf‿kün|di|gen tr. **1a** disdire: ***das Mietverhältnis ~*** disdire il contratto di affitto; ***fristgerecht ~*** disdire entro i termini **b** DIR. *(Vertrag, Übereinkommen)* denunciare **2** LETT. troncare, rompere: ***jdm die Freundschaft ~*** rompere l'amicizia con qcn. **Auf|kün|di|gung** f. *(-,-en)* disdetta *f.*, DIR. denuncia *f.* **Auf|kün|di|gungs|frist** f. *(-,-en)* termine *m.* di disdetta, DIR. termine *m.* di denuncia.
Aufl. ⇒ *Auflage* edizione (ed., ediz.).
auf‿la|chen intr. (aus. *haben*) scoppiare in una risata: ***schallend ~*** scoppiare in una sonora risata.
auf‿la|den *(lädt, lud, geladen)* **I** tr. **1** caricare: ***Kartoffelsäcke auf den Lastwagen ~*** caricare i sacchi di patate sul camion **2a** EL. caricare, ricaricare **b** *(Motor)* sovralimentare **II** rifl. **1** ***sich (D) etw. ~*** addossarsi, assumersi, prendere su di sé qcs.: ***sich die Verantwortung für die Kinder ~*** assumersi la responsabilità dei bambini **2** EL. ***sich ~*** caricarsi. **Auf|la|der** m. *(-s,-)* caricatore *m.*; *(Motor)* compressore *m.* **Auf|la|dung** f. *(-,-en)* EL. carica *f.*, ricaricamento *m.*; *(Motor)* sovralimentazione *f.*
Auf|la|ge f. *(-,-n)* **1a** edizione *f.*: ***Vorwort zur zweiten ~*** premessa alla seconda edizione; ***neubearbeitete und erweiterte ~*** edizione riveduta e ampliata **b** *(Fertigungsmenge)* tiratura *f.*: ***in einer ~ von 100 000 Exemplaren erscheinen*** essere pubblicato con una tiratura di 100 000 copie **2** BUROCR. condizione *f.*, obbligo *m.*: ***jdm etw. zur ~ machen*** imporre qcs. a qcn. come condizione; ***im Rahmen der -n*** nel quadro delle condizioni imposte; ***von einer ~ befreien, freistellen*** liberare dall'obbligo di (osservare) una condizione imposta **3** rivestimento *m.*: ***eine ~ aus Plastik*** un rivestimento di plastica; ***eine ~ aus Silber*** una placcatura d'argento **4** *(Stütze)* supporto *m.*, sostegno *m.*, appoggio *m.* **Auf|la|ge|bal|ken** m. *(-s,-)* trave *f.* di appoggio. **Auf|la|ge|flä|che** f. *(-,-n)* **1** MECC. superficie *f.* di appoggio **2** EDIL. imposta *f.* **Auf|la|ge(n)|hö|he** f. *(-)* tiratura *f.*: ***eine ~ von einer Million Exemplaren haben*** avere una tiratura di un milione di copie. **auf|la|gen|schwach** agg. a bassa tiratura. **auf|la|gen|stark** agg. ad alta tiratura.
Auf|la|ger n. *(-s,-)* EDIL. appoggio *m.* **auf‿la|gern I** tr. appoggiare: ***auf etw. (A) ~*** appoggiare sopra (a), su qcs. **II** intr. (aus. *haben*) GEOL. ***etw. (D) ~*** sovrapporsi, essere sovrapposto a qcs. **Auf|la|ge|rung** f. *(-,-en)* **1** supporto *m.* **2** sovrapposizione *f.*
Auf|lan|dung f. *(-,-en)* colmata *f.*
auf‿las|sen tr. *(lässt, ließ, gelassen)* **1** COLLOQ. *(offen lassen)* lasciare aperto: ***die Tür ~*** lasciare aperta la porta **2** COLLOQ. lasciare alzato: ***die Kinder abends ~*** lasciare alzati i bambini la sera **3** COLLOQ. *(aufbehalten)* tenere: ***den Hut ~*** tenere il cappello (in testa) **4** lasciare volare: ***Luftballons ~*** lasciar volare via i palloncini **5** REGION. abbandonare, cessare: ***ein Unternehmen ~*** cessare un'attività; ***ein Bergwerk ~*** chiudere una miniera **6** DIR. *(übertragen)* cedere: ***ein Grundstück ~*** cedere un terreno. **Auf|las|sung** f. *(-,-en)* **1** REGION. cessazione *f.*, chiusura *f.*, sospensione *f.* **2** DIR. cessione *f.*, trasferimento *m.*
auf‿lau|ern intr. (aus. *haben*) ***jdm ~*** aspettare al varco qcn., fare la posta a qcn.
Auf|lauf m. *(-[e]s,-läufe)* **1** *(Ansammlung)* assembramento *m.* **2** GASTR. sformato *m.*, sufflè *m.*
auf‿lau|fen *(läuft, lief, gelaufen)* **I** intr. (aus. *sein*) **1a** MAR. incagliarsi: ***etw. (A) ~*** incagliarsi su qcs. **b** ***auf jdn, etw. ~*** scontrarsi con qcn., qcs., andare a sbattere contro qcn., qcs. **2** COMM. maturare: ***die Zinsen auf dem Sparkonto sind auf 200 DM aufgelaufen*** gli interessi maturati sul libretto di risparmio ammontano a 200 marchi **3** *(vom Wasser)* salire, crescere **4** SPORT ***zu jdm ~*** raggiungere qcn.: ***zur Spitzengruppe ~*** raggiungere i primi (nella corsa) **5** ***die Mannschaft läuft auf dem Platz auf*** la squadra entra in campo **II** rifl. COLLOQ. ***sich (D) die Füße ~*** piagarsi i piedi (correndo o camminando). **Auf|lauf|form** f. *(-,-en)* stampo *m.* per sformati.
auf‿le|ben intr. (aus. *sein*) **1a** rianimarsi, rivivere **b** *(von der Natur)* rinascere **2** FIG. rianimarsi, vivacizzarsi: ***das Gespräch lebt auf*** la conversazione si rianima.
auf‿le|cken tr. leccare via: ***die Katze leckt die Milch vom Boden auf*** il gatto lecca via il latte dal pavimento.
auf‿le|gen tr. **1** mettere: ***eine neue Tischdecke, eine Schallplatte, Make-up ~*** mettere una tovaglia nuova, un disco, il fondotinta; TEL. ***(den Hörer) ~*** mettere giù (il ricevitore), riattaccare **2** applicare, mettere: ***einen kalten Wickel ~*** applicare un impacco freddo **3** *(zur Einsichtnahme auslegen)* esporre **4** RAR. *(auferlegen)* imporre **5a** *(herausgeben)* pubblicare, stampare: ***ein Buch (neu) ~***

(ri)pubblicare, (ri)stampare un libro **b** iniziare una nuova produzione **6** ECON. *(Aktien)* emettere. **Auf|le|gung** f. *(-,-en)* **1a** il mettere **b** imposizione *f.*: ***durch ~ der Hände heilen*** risanare con l'imposizione delle mani, imponendo le mani **2** ECON. emissione *f.*

auf‿leh|nen I rifl. ***sich ~*** opporsi, ribellarsi: ***sich gegen jdn, etw. ~*** ribellarsi contro qcn., qcs., contestare qcn., qcs. **II** tr. REGION. appoggiare: ***die Arme auf das (auf dem) Fensterbrett ~*** appoggiare le braccia al davanzale. **Auf|leh|nung** f. *(-,-en)* ribellione *f.*, opposizione *f.*, contestazione *f.*

auf‿lei|men tr. incollare: ***etw. auf ein (auf einem) Brettchen ~*** incollare qcs. su una tavoletta.

auf‿le|sen tr. *(liest, las, gelesen)* **1** raccogliere, COLLOQ. raccattare: ***die heruntergefallenen Münzen ~*** raccogliere le monete cadute (in terra); ***Haselnüsse ~*** raccogliere nocciole; COLLOQ. ***einen Hund von der Straße ~*** raccogliere un cane dalla strada **2** COLLOQ. *(Krankheiten)* prendere, prendersi, buscarsi.

auf‿leuch|ten intr. (aus. *haben, sein*) **1** risplendere improvvisamente **2** FIG. sfavillare, balenare: ***seine Augen leuchten vor Freude auf*** i suoi occhi sfavillano di gioia; ***eine Idee war in ihr aufgeleuchtet*** le era balenata un'idea.

auf‿lich|ten I tr. **1** rischiarare, illuminare, dare luce: ***ein Zimmer durch eine hellere Tapete ~*** dare più luce a una stanza con una tappezzeria più chiara; ***einen Wald ~*** diradare un bosco **2** FIG. *(aufklären)* chiarire, far luce: ***ein Geheimnis ~*** far luce su un mistero **II** rifl. **sich ~ 1** *(heller werden)* illuminarsi, schiarirsi **2** FIG. *(sich aufklären)* chiarirsi.

Auf|lie|fe|rer m. *(-s,-)* speditore *m.* **auf‿lie|fern** tr. consegnare; *(Post)* spedire. **Auf|lie|fe|rung** f. *(-,-en)* consegna *f.*, spedizione *f.*

auf‿lie|gen *(lag, gelegen)* **I** intr. (aus. *haben*) **1** poggiare sopra, essere poggiato sopra: ***die Bretter liegen auf Querbalken auf*** le assi poggiano (*o* sono poggiate) sopra (delle) traverse **2** essere esposto (*o* in mostra): ***von morgen an liegen die Wahlergebnisse auf*** da domani saranno esposti i risultati elettorali **3** FIG. LETT. *(lasten)* pesare, gravare: ***etw. liegt mir auf*** qcs. pesa su di me **II** rifl. **sich ~** COLLOQ. piagarsi (per il decubito): ***der Kranke hat sich (den Rücken) aufgelegen*** il malato ha piaghe da decubito (alla schiena).

auf‿lis|ten tr. ***etw. ~*** elencare qcs., fare un elenco di qcs. **Auf|lis|tung** f. *(-,-en)* elencazione *f.*

auf‿lo|ckern I tr. **1** *(Erde)* smuovere, rivoltare, dissodare **2** *(abwechslungreicher machen)* alleggerire: ***ein Fernsehprogramm mit musikalischen Einlagen ~*** alleggerire un programma televisivo con intermezzi musicali **3** FIG. sciogliere, rilassare, distendere: ***die Atmosphäre ~*** distendere l'atmosfera **II** rifl. **sich ~** sciogliersi (i muscoli). **Auf|lo|cke|rung** f. *(-,-en)* allentamento *m.*, scioglimento *m.*

auf‿lo|dern intr. (aus. *sein*) **1** accendersi, divampare (anche FIG.) **2** *(in Flammen aufgehen)* andare in fiamme.

auf‿lo|hen intr. (aus. *sein*) LETT. → **auflodern.**

auf|lös|bar agg. **1** solubile: ***in Wasser -er Stoff*** sostanza solubile in acqua **2** *(von Knoten)* slegabile, scioglibile **3** DIR. *(von Verträgen)* rescindibile; *(von Ehen)* dissolubile **4** MAT. risolubile. **Auf|lös|bar|keit** f. *(-)* **1** risolvibilità *f.* **2** CHIM. solubilità *f.* **3** DIR. rescindibilità *f.*, dissolubilità *f.*

auf‿lö|sen I tr. **1a** sciogliere: ***eine Tablette in einem Glas Wasser ~*** sciogliere una pastiglia in un bicchiere d'acqua **b** *(aufbinden)* ***einen Knoten ~*** sciogliere un nodo **c** ***das Parlament, eine Versammlung, einen Verein ~*** sciogliere il parlamento, una riunione, un'associazione **2** *(die Lösung finden)* risolvere: ***eine Frage, ein Rätsel ~*** risolvere una questione, un enigma; ***eine Gleichung ~*** risolvere un'equazione **3a** MUS. annullare in chiave **b** *(Dissonanzen)* risolvere **4** OTT. FOT. risolvere **II** rifl. **sich ~ 1** sciogliersi: ***sich in Wasser ~*** sciogliersi in acqua **2** ***sich (D) das Haar ~*** sciogliersi i capelli **3a** FIG. dissolversi: ***die Donaumonarchie hat sich 1918 aufgelöst*** la monarchia danubiana si è dissolta nel 1918 **b** *(sich zerstreuen)* disperdersi: ***die Menschenmenge hat sich aufgelöst*** la folla si è dispersa **4** *(sich aufklären)* risolversi, chiarirsi: ***das Missverständnis wird sich ~*** l'equivoco si chiarirà ◆ ***eine Ehe ~*** sciogliere un matrimonio; ***eine Verlobung ~*** rompere un fidanzamento; ***einen Vertrag ~*** rescindere un contratto. **Auf|lö|sung** f. *(-,-en)* **1a** dissoluzione *f.*: ***die ~ der Nebelfelder*** la dissoluzione dei banchi di nebbia **b** FIG. ***die ~ der Tradition*** la dissoluzione della tradizione **2** *(Zerfall)* disfacimento *m.* **3** *(Verwirrung)* confusione *f.*, turbamento *m.*, sconvolgimento *m.* **4** *(Lösung)* soluzione *f.* (anche CHIM.) **5** MUS. OTT. FOT. risoluzione *f.* **Auf|lö|sungs|er|schei|nung** f. *(-,-en)*, **Auf|lö|sungs|pro|zess** m. *(-es,-e)* processo *m.* di dissoluzione, di disfacimento. **Auf|lö|sungs|ver|mö|gen** n. *(-s,-)* capacità *f.* analitica. **Auf|lö|sungs|zei|chen** n. *(-s,-)* bequadro *m.*

auf‿lö|ten tr. saldare, applicare con saldatura.

auf‿ma|chen I tr. **1** COLLOQ. aprire: ***den Mund, die Tür, den Mantel, einen Brief, eine Flasche ~*** aprire la bocca, la porta, il cappotto, una lettera, una bottiglia; *(durch Operation)* ***jdn ~*** aprire qcn.; ***er hat mir nicht aufgemacht*** non mi ha aperto; *(eröffnen)* ***eine Filiale ~*** aprire una filiale **2** FIG. *(effektvoll gestalten)* dipingere, presentare: ***die Zeitungen haben ihn als Monster aufgemacht*** i giornali lo hanno dipinto come un mostro **II** intr. (aus. *haben*) aprire: ***die Geschäfte machen um 8 Uhr auf*** i negozi aprono alle otto; *(eröffnet werden)* ***hier wird ein neuer Supermarkt ~*** qui aprirà un nuovo supermercato **III** rifl. **sich ~ 1** ***sich auf jung ~*** cercare di avere un aspetto giovanile **2** avviarsi, accingersi, mettersi in moto: ***sich zu einem Spaziergang ~*** andare a fare una passeggiata; ***sie machen sich auf, ihn zu besuchen*** vanno a trovarlo.

Auf|ma|chung f. *(-,-en)* **1** modo *m.* di presentarsi; *(Kleidung)* abbigliamento *m.*: ***sie erschien in eleganter, geschmackvoller ~*** si presentò in abiti eleganti, vestita con molto buon gusto **2** *(von Waren)* presentazione *f.*; *(äußere Gestaltung)* veste *f.* **3** GIORN. modo *m.* di presentare, presentazione *f.*: ***die ~ einer Nachricht*** il modo di presentare una notizia ◆ ***in großer ~*** in gran pompa, con grande sfoggio; ***die Zeitungen berichteten in großer ~ darüber*** i giornali ne parlarono a grandi titoli.

auf‿ma|len tr. **1** dipingere sopra: ***etw. auf einem (auf ein) Schild ~*** dipingere qcs. su un cartello **2** COLLOQ. scrivere a grosse lettere: ***etw. auf einem (auf einen) Zettel ~*** scrivere qcs. (a grosse lettere) su un foglio.

Auf|marsch m. *(-[e]s,-märsche)* sfilata *f.* **auf‿mar|schie|ren** intr. (aus. *sein*) sfilare.

auf‿mei|ßeln tr. aprire scalpellando.

auf‿mer|ken intr. (aus. *haben*) **1** prestare attenzione: ***auf etw. (A) gut ~*** prestare molta attenzione, stare molto attento a qcs. **2** ***bei etw. ~*** tendere l'orecchio per ascoltare qcs. **auf|merk|sam I** agg. **1** attento: ***ein -er Zuhörer*** un ascoltatore attento **2** *(höflich und dienstbereit)* gentile, pieno di attenzioni, premuroso: ***das ist sehr ~ von Ihnen*** è molto gentile da parte sua **II** avv. **1** attentamente **2** gentilmente ◆ ***jdn auf etw. (A) ~ machen*** far rilevare qcs. a qcn., richiamare l'attenzione di qcn. su qcs.; ***auf jdn, etw. ~ werden*** accorgersi di qcn., di qcs.

Auf|merk|sam|keit f. *(-,-en)* **1** attenzione *f.*: ***seine ~ auf etw. (A) richten*** dirigere la propria attenzione su qcs. **2** *(aufmerksame Art)* premure *f.pl.*, attenzioni *f.pl.*: ***er umgab sie mit großer ~*** la circondava di attenzioni **3** *(Geschenk)* pensiero *m.*: ***eine kleine ~*** un pensierino, un regalino.

auf‿mi|schen tr. **1** *(von Farben)* rimescolare (i colori) **2** *(aufwirbeln)* ***die Sache wurde noch einmal aufgemischt*** la cosa è stata rimessa in discussione **3** COLLOQ. *(verprügeln)* pestare.

auf‿mö|beln tr. COLLOQ. **1** *(wieder herrichten)* rimettere in sesto: ***einen alten Kahn ~*** rimettere in sesto una vecchia barca **2** ***jdn ~*** rianimare (*o* rinfrancare) qcn., ridare coraggio a qcn.

auf‿mon|tie|ren tr. montare, installare.

auf‿mot|zen COLLOQ. **I** tr. ***etw. ~*** tirare a lucido qcs., rendere vistoso qcs. **II** intr. (aus. *haben*) fare i capricci, opporsi **III** rifl. **sich ~** tirarsi a lucido.

auf‿mu|cken tr. COLLOQ. opporsi: ***gegen etw. ~*** opporsi a qcs.

auf‿mun|tern tr. **1** *(aufheitern)* rallegrare **2** *(ermutigen)* ***jdn zu etw. ~*** incoraggiare, incitare qcn. a qcs. **Auf|mun|te|rung** f. *(-,-en)* **1** il rallegrare **2** *(Ermutigung)* incoraggiamento *m.*, incitamento *m.*

auf|müp|fig agg. REGION. caparbio, ricalcitrante, ostinato. **Auf|müp|fig|keit** f. *(-,-en)* REGION. caparbietà *f.*, ostinazione *f.*

auf‿na|geln tr. inchiodare: ***eine Zierleiste ~*** inchiodare una modanatura.

Auf|näh|ar|beit f. *(-,-en)* SART. applicazione *f.* **auf‿nä|hen** tr. SART. applicare: ***eine Borte ~*** applicare un nastrino. **Auf|nä|her** m. *(-s,-)* SART. riporto *m.*

Auf|nah|me f. *(-,-n)* **1** inizio *m.*, apertura *f.*: ***die ~ von Verhandlungen*** l'apertura delle trattative **2a** accoglienza *f.*: ***eine freundliche ~ finden*** trovare un'accoglienza amichevole; ***wie war die ~ beim Publikum?*** com'è stata l'accoglienza da parte del pubblico? **b** ricovero *m.*: ***die ~ in ein Krankenhaus*** il ricovero in un ospedale **3** *(Empfangsraum)* accettazione *f.*: ***sich in der ~ melden*** farsi registrare all'accettazione **4** ammissione *f.*: ***die ~ in einen Verein*** l'ammissione in un'associazione **5** il contrarre, contrazione *f.*: ***die ~ einer Anleihe*** la contrazione di un prestito **6** *(Aufzeichnung)* registrazione *f.*: ***die ~ der Personalien*** la registrazione dei dati personali **7** TOPOGR. rilevamento *m.* **8a** *(das Filmen)* ripresa *f.*: ***Achtung, ~!*** attenzione, si gira! **b** *(Foto, Bild)* foto *f.*, fotografia *f.*: ***eine ~ (von jdm) machen*** fare una foto (a qcn.) **9a** *(auf Band)* registrazione *f.* **b** *(auf eine Schallplatte)* incisione *f.* **10** BIOL. assimilazione *f.*: ***die ~ von Vitaminen*** l'assimilazione di vitamine. **Auf|**

nah|me|an|trag m. *(-[e]s,-anträge)* domanda *f.* di ammissione. **Auf|nah|me|be|din|gung** f. *(-,-en)* condizione *f.* di ammissione. **auf|nah|me|be|reit** agg. **1** ricettivo **2** CINEM. pronto per la ripresa. **Auf|nah|me|be|reit|schaft** f. *(-)* ricettività *f.* **auf|nah|me|fä|hig** agg. **1** in grado di recepire, di capire, ricettivo **2** *(vom Markt)* in grado di assorbire. **Auf|nah|me|fä|hig|keit** f. *(-)* **1** ricettività *f.* **2** CHIM. FIS. capacità *f.* (*o* potere *m.*) di assorbimento. **Auf|nah|me|ge|bühr** f. *(-,-en)* tassa *f.* di ammissione. **Auf|nah|me|ge|such** n. *(-s,-e)* domanda *f.* di ammissione. **Auf|nah|me|lei|ter** m. *(-s,-)* capo *m.* operatore. **Auf|nah|me|prü|fung** f. *(-,-en)* esame *m.* di ammissione. **Auf|nah|me|raum** m. *(-s,-räume)* sala *f.* di registrazione. **Auf|nah|me|ver|mö|gen** n. *(-s)* capacità *f.* di comprensione. **Auf|nah|me|wa|gen** m. *(-s,-)* **1** CINEM. carrello *m.* **2** RAD. TELEV. radiomobile *f.*

auf‿neh|men tr. *(nimmt, nahm, genommen)* **1a** *(zu sich heraufnehmen)* sollevare, raccogliere (da terra): ***etw. vom Boden ~*** raccogliere qcs. da terra **b** *(aufwischen)* ***die Milch mit dem Lappen ~*** raccogliere il latte con lo straccio **c** *(beim Fußball)* raccogliere: ***eine Flanke von rechts ~*** raccogliere un cross dalla destra **2** intraprendere, avviare: ***Verhandlungen ~*** avviare trattative; ***mit jdm Kontakt ~*** prendere contatto con qcn.; ***ein Studium ~*** intraprendere gli studi **3a** *(empfangen)* ricevere, accogliere: ***jdn freundlich ~*** ricevere qcn. gentilmente **b** ***in ein Krankenhaus aufgenommen werden*** essere ricoverato in un ospedale **4a** accogliere: ***einen Vorschlag, eine Vorstellung positiv ~*** accogliere favorevolmente una proposta, una rappresentazione; ***wie hat er die Nachricht aufgenommen?*** come ha preso la notizia? **b** ***ein Theaterstück in den Spielplan ~*** accogliere un dramma nel programma degli spettacoli; ***einen Fachbegriff in das Wörterbuch ~*** accogliere un termine tecnico nel dizionario **5** *(beitreten lassen)* ammettere, accettare: ***jdn als Teilhaber in eine Gesellschaft ~*** ammettere qcn. come socio; ***in eine Hochschule aufgenommen werden*** essere ammesso a un'università **6** assorbire: ***der Arbeitsmarkt nimmt noch Arbeitskräfte auf*** il mercato del lavoro assorbe ancora lavoratori **7** *(erfassen)* afferrare, comprendere: ***der Schüler kann den Sinn nicht ~*** lo scolaro non è in grado di comprendere il senso; ***neue Eindrücke (in sich) ~*** raccogliere impressioni nuove **8** contrarre: ***ein Darlehen, eine Hypothek ~*** contrarre un mutuo, un'ipoteca **9a** *(filmen)* riprendere, filmare: ***eine Szene ~*** riprendere una scena **b** *(fotografieren)* fotografare **c** *(auf Tonband festhalten)* registrare: ***ein Gespräch (auf Band) ~*** registrare un discorso (su nastro); ***eine Schallplatte ~*** incidere un disco **10** *(schriftlich festhalten)* registrare: ***ein Protokoll ~*** registrare un verbale **11** *(beim Stricken)* ***zehn Maschen ~*** aumentare di dieci maglie **12** BIOL. assorbire, assimilare: ***Nahrung ~*** assimilare alimenti.

auf‿no|tie|ren tr. **1** annotare **2** GIOC. segnare, marcare.

auf‿nö|ti|gen tr. ***jdm etw. ~*** costringere qcn. ad accettare qcs., imporre qcs. a qcn.

auf‿okt|ro|yie|ren [-ɔktroa'ji:rən] tr. LETT. imporre.

auf‿op|fern I tr. sacrificare: ***etw. für jdn ~*** sacrificare qcs. per (*o* a) qcn.; ***sein Leben einer Idee ~*** sacrificare la propria vita a un'idea **II** rifl. **sich ~** sacrificarsi: ***sich für jdn, etw. ~*** sacrificarsi per qcs., qcn. **auf|op|fernd** agg. che ha spirito di sacrificio, pieno di abnegazione. **Auf|op|fe|rung** f. *(-,-en)* **1** sacrificio *m.* **2** → **Aufopferungsbereitschaft. Auf|op|fe|rungs|be|reit|schaft** f. *(-)* abnegazione *f.* **auf|op|fe|rungs|fä|hig** agg. capace di sacrificarsi. **Auf|op|fe|rungs|fä|hig|keit** f. *(-)* capacità *f.* di sacrificio. **auf|op|fe|rungs|voll** agg. pieno di abnegazione.

auf‿pa|cken tr. **1** caricare: ***jdm den Rucksack ~*** mettere lo zaino in spalla a qcn.; *(vollpacken)* ***den Wagen ~*** caricare la macchina **2** FIG. ***jdm etw. ~*** caricare qcn. di qcs., accollare qcs. a qcn.: ***jdm zu viel Arbeit ~*** accollare a qcn. troppo lavoro.

auf‿päp|peln tr. COLLOQ. ***ein Kind ~*** = tirar su un bambino (debole) con molti sforzi; ***einen Kranken ~*** far rimettere in forze un malato.

auf‿pas|sen intr. (aus. *haben*) **1** *(Acht geben)* fare, prestare attenzione: ***auf etw. (A) ~*** fare, prestare attenzione a qcs., stare attento a qcs.; ***auf die Verkehrszeichen ~*** fare attenzione ai cartelli stradali; ***in der Schule muss man ~*** a scuola si deve stare attenti **2** *(beaufsichtigen)* ***auf jdn ~*** badare a qcn.: ***sie muss auf ihre Kinder ~*** deve badare ai propri figli **3** REGION. *(auflauern)* ***jdm ~*** aspettare qcn. (al varco), fare la posta a qcn. ◆ ***aufgepasst!*** attenzione! **Auf|pas|ser** m. *(-s,-)* **1** *(Spitzel)* spia *f.* **2** *(Wächter)* vedetta *f.*

auf‿peit|schen tr. **1** agitare, sollevare; LETT. sommuovere: ***der Sturm peitscht die Wellen auf*** la tempesta solleva le onde **2** FIG. eccitare: ***die Rockmusik peitscht die Jugendlichen auf*** la musica rock eccita i giovani.

auf‿pflan|zen I tr. **1** *(Fahne)* piantare **2** *(aufs Gewehr stecken)* inastare **II** rifl. COLLOQ. ***sich vor jdm ~*** piantarsi davanti a qcn.

auf‿pi|cken tr. **1** beccare: ***die Henne pickt Körner auf*** la gallina becca il grano **2** *(durch Picken öffnen)* aprire, rompere beccando (*o* col becco) **3** AUSTR. *(aufkleben)* appiccicare, attaccare (con la colla).

auf‿plat|zen intr. (aus. *sein*) **1** *(von Knospen)* aprirsi **2** *(von Blasen)* scoppiare.

auf‿plus|tern I tr. **1** *(das Gefieder)* rizzare **2** FIG. *(aufbauschen)* gonfiare **II** rifl. **sich ~ 1** *(von Vögeln)* gonfiarsi (rizzando le penne) **2** FIG. darsi delle arie.

auf‿po|lie|ren tr. **1** ***etw. ~*** lucidare, lustrare qcs. **2a** FIG. COLLOQ. ***etw. ~*** ridare lustro a qcs. **b** *(von Kenntnissen)* rinfrescare.

auf‿pols|tern tr. ***etw. ~*** rifare l'imbottitura di qcs.

auf‿prä|gen tr. **1** imprimere **2** FIG. ***jdm, etw. seinen Stempel ~*** dare la propria impronta a qcn., qcs.

Auf|prall m. *(-[e]s,-e)* urto *m.* **auf‿pral|len** intr. (aus. *sein*) ***auf etw. (A) ~*** urtare, (s)battere contro qcs.

Auf|preis m. *(-es,-e)* sovrapprezzo *m.*

auf‿pul|vern I tr. COLLOQ. tirare su: ***jds Moral ~*** tirare su il morale di qcn. **II** rifl. **sich ~** tirarsi su: ***sich mit Kaffee ~*** tirarsi su col caffè. **Auf|pul|ve|rungs|mit|tel** n. *(-s,-)* stimolante *m.*

auf‿pum|pen I tr. gonfiare (con la pompa): ***einen Reifen, eine Luftmatratze ~*** gonfiare una gomma, un materassino **II** rifl. **sich ~** COLLOQ. **1** *(sich aufblasen)* gonfiarsi, darsi delle arie **2** *(sich ereifern)* arrabbiarsi.

auf‿pus|ten tr. e rifl. REGION. → **aufblasen.**

auf‿put|schen tr. **1** *(aufhetzen)* aizzare, istigare: ***die öffentliche Meinung gegen jdn ~*** aizzare l'opinione pubblica contro qcn. **2** *(aufpeitschen)* eccitare, stimolare. **Auf|putsch|mit|tel** n. *(-s,-)* eccitante *m.*, stimolante *m.*

Auf|putz m. *(-es,-e)* pompa *f.*, sfoggio *m.* **auf‿put|zen I** tr. **1** addobbare (con sfoggio esagerato) **2a** COLLOQ. ***sein Image ~*** imbellettare la propria immagine **b** FIG. *(frisieren)* ***die Bilanz ~*** truccare il bilancio **II** rifl. **sich ~** vestirsi in modo pacchiano.

auf‿quel|len intr. *(quillt, quoll, gequollen;* aus. *sein)* **1** gonfiarsi, crescere **2** LETT. *(empordringen)* salire, alzarsi, levarsi.

auf‿raf|fen I tr. ***Kleidungsstücke ~*** tirare su, raccattare indumenti (in fretta e alla rinfusa) **II** rifl. **sich ~ 1** *(mühsam aufstehen)* alzarsi, sollevarsi a fatica **2** FIG. ***sich zu einer Arbeit, Entscheidung ~*** sforzarsi di fare un lavoro, di prendere una decisione.

auf‿ra|gen intr. (aus. *haben*) innalzarsi, ergersi.

auf‿rap|peln rifl. **sich ~ 1** → **sich aufraffen 2** *(sich erholen)* rimettersi, riprendersi: ***sich von einer Krankheit wieder ~*** rimettersi da una malattia.

auf‿rau|chen I tr. **1** finire di fumare: ***eine Zigarette ~*** finire (di fumare) una sigaretta **2** fumare: ***ein Päckchen Zigaretten pro Tag ~*** fumare un pacchetto di sigarette al giorno **II** intr. (aus. *haben*) finire di fumare.

auf‿rau|en tr. irruvidire.

auf‿räu|men I tr. **1** *(in Ordnung bringen)* mettere in ordine, riordinare: ***das Zimmer ~*** mettere in ordine la stanza; *(im Hotel)* rifare la camera **2** *(wegräumen)* rimettere a posto, riordinare: ***die Bücher ~*** rimettere a posto i libri **II** intr. (aus. *haben*) **1** fare ordine: ***ich muss noch ~*** devo ancora fare ordine **2** *(wüten, Opfer fordern)* imperversare, mietere vittime: ***die Cholera hat unter der Bevölkerung aufgeräumt*** il colera ha imperversato fra la popolazione **3** *(Schluss machen)* ***mit etw. ~*** fare piazza pulita di qcs. **Auf|räu|mung** f. *(-)* il mettere in ordine, il riordinare. **Auf|räu|mungs|ar|bei|ten** pl. lavori *m.pl.* di sgombero.

auf‿rech|nen tr. **1** ***jdm etw. ~*** addebitare qcs. a qcn., mettere qcs. in conto a qcn. **2** ***Forderungen (gegeneinander) ~*** compensare debiti e crediti. **Auf|rech|nung** f. *(-,-en)* **1** addebito *m.* **2** compensazione *f.*

auf|recht I agg. **1** *(gerade aufgerichtet)* diritto, eretto: ***eine -e Haltung*** un portamento eretto; ***sich nicht mehr ~ halten können*** non reggersi più in piedi (dalla fatica) **2** *(redlich)* retto, onesto: ***ein -er Mensch*** un uomo retto **II** avv. **1** diritto: ***~ gehen, etw. ~ hinstellen*** andare diritto, mettere qcs. diritto **2** *(redlich)* rettamente, onestamente. **auf|recht‿er|hal|ten** tr. *(erhält, erhielt, erhalten)* mantenere, conservare: ***den Kontakt mit jdm ~*** mantenere i contatti con qcn.; ***die Ordnung ~*** mantenere l'ordine. **Auf|recht|er|hal|tung** f. *(-)* mantenimento *m.*, conservazione *f.*

auf‿re|cken I tr. drizzare: ***den Kopf, die Arme ~*** drizzare la testa, le braccia **II** rifl. **sich ~** ergersi, drizzarsi.

auf‿re|gen I tr. *(in Erregung versetzen)* agitare, emozionare, eccitare; *(beunruhigen)* inquietare **II** rifl. **sich ~ 1** agitarsi, emozionarsi, eccitarsi; *(sich beunruhigen)* inquietarsi: ***sich über etw. ~*** agitarsi per qcs. **2** COLLOQ. *(sich entrüsten)* ***sich über jdn, etw. ~*** aver da ridire su qcn., qcs. **auf|re|gend** p.pres. agg. **1** → **aufregen 2** eccitante, emozionante; *(beunruhigend)* inquietante. **Auf|re|gung** f. *(-,-en)* **1** agitazione *f.*, emozione *f.*, eccitazione *f.*: ***vor ~*** dall'agitazione, per l'agitazione; ***in ~ geraten*** agitarsi, emozionarsi; ***in heller ~*** in grande agitazione **2** *(Durcheinander)* confusione *f.*

auf_rei|ben *(rieb, gerieben)* **I** tr. **1** *(aufzehren)* logorare, sfinire, estenuare **2** *(vernichten)* annientare, sterminare **II** rifl. **sich ~ 1** *(sich zermürben)* logorarsi, sfinirsi **2** ***sich (D) die Fingerspitzen ~*** escoriarsi (*o* ferirsi) la punta delle dita (grattando). **auf|rei|bend** p.pres. agg. **1** → **aufreiben 2** logorante, estenuante. **Auf|rei|bung** f. *(-,-en)* **1** *(Aufzehrung)* logoramento *m.*, sfinimento *m.* **2** *(Vernichtung)* annientamento *m.*, sterminio *m.* **3** *(Abschürfung)* abrasione *f.*, escoriazione *f.*

auf_rei|hen I tr. **1** ***Perlen ~*** infilare perle **2** *(in einer Reihe aufstellen)* mettere in fila, allineare **II** rifl. **sich ~** mettersi in fila, allinearsi.

auf_rei|ßen *(riss, gerissen)* **I** tr. **1** aprire: ***einen Brief, ein Paket ~*** aprire una lettera, un pacchetto **2** spalancare: ***den Mund, die Augen ~*** spalancare la bocca, gli occhi **3** TECN. *(aufbrechen)* ***den Fußboden, die Straßendecke ~*** spaccare il pavimento, scarificare la pavimentazione (stradale) **4** *(beschädigen)* strappare, lacerare **5** *(in großen Zügen darstellen)* delineare: ***ein Problem ~*** delineare un problema **II** intr. (aus. *sein*) aprirsi, lacerarsi: ***die Wolkendecke reißt auf*** la coltre di nubi si apre ◆ SPORT ***die Abwehr ~*** aprire un varco nella difesa; COLLOQ. ***ein Mädchen ~*** rimorchiare una ragazza. **Auf|reiß|pa|ckung** f. *(-,-en)* confezione *f.* con apertura a strappo.

auf_rei|ten intr. *(ritt, geritten;* aus. *sein)* schierarsi (di cavalleria).

auf_rei|zen tr. **1** incitare, aizzare: ***die Arbeiter zum Kampf ~*** incitare gli operai alla lotta **2** *(in Erregung versetzen)* eccitare, stimolare: ***die Sinne ~*** eccitare i sensi. **auf|rei|zend** p.pres. agg. **1** → **aufreizen 2** eccitante, stimolante. **Auf|rei|zung** f. *(-,-en)* aizzamento *m.*, istigazione *f.*

auf_rich|ten I tr. **1a** innalzare, tirare su, rizzare: ***eine Statue, ein Gerüst ~*** innalzare una statua, un'impalcatura **b** FIG. istituire, instaurare **2** *(trösten)* consolare, rinfrancare **II** rifl. **sich ~ 1** tirarsi su, ergersi, rizzarsi: ***sich zu voller Größe ~*** ergersi in tutta la grandezza **2** ***sich an jdm ~*** risollevarsi, rinfrancarsi grazie a qcn.

auf|rich|tig I agg. sincero, franco, leale **II** avv. sinceramente, francamente, lealmente. **Auf|rich|tig|keit** f. *(-)* sincerità *f.*, franchezza *f.*, lealtà *f.*

Auf|rich|tung f. *(-)* **1** sollevamento *m.*, erezione *f.*, innalzamento *m.* **2** *(Tröstung)* consolazione *f.*

auf_rie|geln tr. aprire (serrature con chiavistello, catenaccio).

Auf|riss m. *(-es,-e)* **1** EDIL. alzato *m.*, prospetto *m.*, sezione *f.* verticale **2** *(kurz gefasste Darstellung)* compendio *m.*

Auf|ritt m. *(-[e]s,-e)* schieramento *m.* di cavalleria.

auf_rit|zen tr. **1** *(öffnen)* aprire (grattando) **2** *(verletzen)* scalfire, graffiare.

auf_rol|len tr. **1a** arrotolare: ***einen Teppich ~*** arrotolare un tappeto; ***die Ärmel ~*** arrotolare (*o* rimboccare) le maniche **b** *(aufkrempeln)* ripiegare **2** *(auseinander rollen)* srotolare, svolgere **3** *(durch Rollen öffnen)* aprire (facendo scorrere): ***eine Schiebetür ~*** aprire una porta scorrevole **4** *(aufgreifen)* riprendere, sollevare: ***eine Frage, einen Prozess noch einmal ~*** riprendere una questione, riaprire un processo **5** SPORT ***das Feld von hinten ~*** riguadagnare terreno ◆ ***sich (D) die Haare ~*** mettersi i bigodini.

auf_rü|cken intr. (aus. *sein*) **1** avanzare, avvicinarsi (in una fila): ***bitte ~!*** venire avanti! **2** *(befördert werden)* essere promosso, ottenere una promozione (*o* BUROCR. un avanzamento): ***zum Abteilungsleiter ~*** essere promosso caporeparto. **Auf|rü|cken** n. *(-s)* promozione *f.*, BUROCR. avanzamento *m.*

Auf|ruf m. *(-[e]s,-e)* chiamata *f.*, appello *m.*, incitamento *m.* ◆ ***~ zu den Waffen*** chiamata alle armi. **auf_ru|fen** tr. *(rief, gerufen)* **1a** ***jdn (einen Einzelnen) ~*** chiamare qcn. (per nome) **b** ***die Schüler ~*** fare l'appello (degli scolari) **2** *(öffentlich auffordern)* chiamare, incitare: ***jdn zum Kampf ~*** incitare qcn. alla lotta **3** FIG. *(wachrufen)* ***etw. ~*** (ri)svegliare qcs., fare appello a qcs.: ***jds Gewissen ~*** fare appello alla coscienza di qcn. **4** INFORM. ***ein Programm ~*** richiamare (*o* lanciare) un programma.

auf_ru|hen intr. (aus. *haben*) poggiare.

Auf|ruhr m. *(-s,-e)* **1** *(Auflehnung)* tumulto *m.*, sollevazione *f.*, agitazione *f.*, sommossa *f.*: ***das Land ist in ~*** il paese è in tumulto **2** *(Erregung)* tumulto *m.*, agitazione *f.*, turbamento *m.*: ***jds Gefühle in ~ versetzen*** turbare i sentimenti di qcn. **auf_rüh|ren** tr. **1** far venire in superficie (rimestando), rimestare, alzare: ***Schlamm ~*** alzare il fango (dal fondo) **2a** FIG. *(hervorrufen)* destare, suscitare: ***Leidenschaften ~*** destare passioni **b** *(in Erinnerung rufen)* riportare alla memoria, rievocare **3** *(innerlich aufwühlen)* turbare, agitare: ***jdn im Innersten ~*** turbare qcn. intimamente. **auf|rüh|re|risch** agg. **1** sedizioso, sovversivo; *(von Menschen)* ribelle, fazioso **2** *(in Aufruhr befindlich)* in tumulto: ***das -e Volk*** il popolo in tumulto. **Auf|ruhr|stif|ter** m. *(-s,-)* fomentatore *m.* di sommosse, provocatore *m.* di disordini.

auf_run|den tr. arrotondare (per eccesso): ***von 98 auf 100 ~*** arrotondare da 98 a 100. **Auf|run|dung** f. *(-,-en)* arrotondamento *m.* (per eccesso).

auf_rüs|ten I tr. armare: ***ein Land ~*** armare un paese **II** intr. (aus. *haben*) armarsi, potenziare gli armamenti: ***die Großmächte rüsten auf*** le grandi potenze potenziano gli armamenti. **Auf|rüs|tung** f. *(-,-en)* riarmo *m.*

auf_rüt|teln tr. **1** svegliare (scuotendo), scuotere **2** FIG. scuotere, risvegliare: ***jds Gewissen ~*** risvegliare la coscienza di qcn. **Auf|rüt|te|lung, Auf|rütt|lung** f. *(-,-en)* **1** lo svegliare scuotendo, scotimento *m.* **2** FIG. scotimento *m.*, risveglio *m.*

aufs → **auf.**

auf_sa|cken tr. **1** mettere in sacchi, insaccare **2** COLLOQ. addossare, accollare: ***jdm zu viel Arbeit ~*** accollare troppo lavoro a qcn.

auf_sa|gen tr. **1** *(Gedichte)* recitare, dire **2** ***jdm die Freundschaft, den Gehorsam ~*** rompere l'amicizia con qcn., rifiutare l'obbedienza a qcn.

auf_sam|meln tr. raccogliere, raccattare; FIG. ***jdn auf, von der Straße ~*** raccogliere qcn. per la, dalla strada.

auf|säs|sig agg. **1** *(trotzig)* ostinato, cocciuto, caparbio **2** *(rebellisch)* ribelle. **Auf|säs|sig|keit** f. *(-,-en)* **1** *(Trotz)* ostinazione *f.*, cocciutaggine *f.* **2** *(Widerspenstigkeit)* spirito *m.* di ribellione (*o* di rivolta), riottosità *f.*

auf_sat|teln tr. **1** ***ein Pferd ~*** sellare un cavallo **2** TECN. agganciare: ***einen Anhänger ~*** agganciare un semirimorchio.

Auf|satz m. *(-es,-sätze)* **1** SCOL. componimento *m.*, tema *m.* **2** *(kürzere Abhandlung)* articolo *m.*, saggio *m.* **3** *(Möbelteil)* alzata *f.* **4** MIL. alzo *m.* **5** *(Tafelaufsatz)* trionfo *m.*, alzata *f.* **Auf|satz|the|ma** n. *(-s,-themen)* tema *m.*

auf_sau|gen tr. *(saugte/sog, gesaugt/gesogen)* assorbire: ***der Schwamm saugt die Feuchtigkeit auf*** la spugna assorbe l'umidità; FIG. ***die Arbeit hat ihn völlig aufgesogen*** il lavoro lo ha assorbito completamente. **auf|sau|gend** p.pres. agg. **1** → **aufsaugen 2** assorbente. **Auf|sau|gung** f. *(-,-en)* assorbimento *m.*

auf_schau|keln rifl. **sich ~ 1** vibrare, oscillare sempre più **2** COLLOQ. aumentare (d'intensità): ***die Aufregung schaukelt sich auf*** l'agitazione aumenta.

auf_schäu|men intr. (aus. *sein, haben*) **1** spumeggiare, fare le bollicine: ***der Champagner, das Meer schäumt auf*** lo champagne fa le bollicine, il mare spumeggia **2** RAR. FIG. ribollire.

auf_schei|nen intr. *(schien, geschienen;* aus. *sein)* **1** risplendere **2** REGION. AUSTR. *(auftauchen)* comparire, apparire.

auf_scheu|chen tr. COLLOQ. ***jdn aus seiner Ruhe ~*** strappare qcn. alla sua quiete.

auf_scheu|ern I tr. escoriare, scorticare **II** rifl. ***sich (D) etw. ~*** escoriarsi, scorticarsi qcs.; ***sich (D) die Knie ~*** sbucciarsi le ginocchia.

auf_schich|ten tr. disporre a strati, accatastare. **Auf|schich|tung** f. *(-,-en)* **1** accatastamento *m.* **2** GEOL. stratificazione *f.*

auf|schieb|bar agg. differibile, dilazionabile, prorogabile. **auf_schie|ben** tr. *(schob, geschoben)* **1** aprire (spingendo): ***eine Tür ~*** aprire una porta scorrevole; ***einen Riegel ~*** aprire un chiavistello **2** FIG. *(verschieben)* rimandare. **Auf|schie|bung** f. *(-,-en)* rinvio *m.*

auf_schie|ßen *(schoss, geschossen)* **I** intr. (aus. *sein*) **1** schizzare: ***ein Wasserstrahl schoss plötzlich auf*** un getto d'acqua schizzò improvvisamente **2** *(sich rasch erheben)* schizzare, scattare in piedi **3** *(schnell wachsen)* spuntare, crescere in fretta **4** FIG. crescere, dilagare: ***Angst schoss in ihm auf*** improvvisamente la paura s'impadronì di lui **II** tr. MAR. avvolgere: ***ein Tau ~*** avvolgere una gomena.

auf_schir|ren tr. bardare: ***ein Zugtier ~*** bardare un animale da tiro.

Auf|schlag m. *(-[e]s,-schläge)* **1** *(Aufprall)* urto *m.*, colpo *m.* **2** SPORT battuta *f.*, servizio *m.* **3** *(Erhöhung)* aumento *m.*, rialzo *m.*, rincaro *m.*: ***ein ~ von 20%*** un rincaro del 20% **4** SART. mostra *f.*, risvolto *m.*: ***Hosen ohne ~*** pantaloni senza risvolto.

auf_schla|gen *(schlägt, schlug, geschlagen)* **I** tr. **1** rompere, spaccare: ***das Eis ~*** rompere il ghiaccio **2** *(durch Schlagen öffnen)* aprire: ***die Zeitung, die Augen, ein Ei ~*** aprire il giornale, gli occhi, un uovo **3** alzare, tirare su: ***den Kragen ~*** alzare il bavero; ***die Ärmel ~*** tirare su (*o* rimboccare) le maniche **4** *(aufbauen)* montare: ***ein Zelt ~*** montare una tenda; ***Maschen ~*** montare maglie **5** *(erhöhen)* alzare, rincarare **II** intr. **1a** SPORT (aus. *haben*) battere **b**

(beim Tennis) servire **2** *(sich erhöhen*; aus. *haben)* rincarare: ***die Preise haben aufgeschlagen*** i prezzi sono rincarati **3** (aus. *sein*) urtare, battere cadendo: ***mit dem Kopf ~*** battere la testa cadendo **4** *(sich öffnen)* spalancarsi, aprirsi sbattendo: ***die Tür schlug auf*** la porta si spalancò **5** alzarsi, levarsi: ***die Flammen schlugen hoch auf*** le fiamme si levarono alte **III** rifl. ***sich (D) das Knie ~*** farsi male al ginocchio battendo (*o* cadendo) ◆ ***sein Quartier ~*** acquartierarsi.

Auf|schlä|ger m. *(-s,-)* SPORT battitore *m.* **Auf|schlag|feh|ler** m. *(-s,-)* errore *m.* nella battuta; *(Tennis)* errore *m.* nel servizio.

auf‿schlie|ßen *(schloss, geschlossen)* **I** tr. **1a** aprire (con la chiave): ***die Haustür ~*** aprire la porta di casa **b** FIG. *(offenbaren)* aprire: ***jdm sein Herz ~*** aprire il proprio cuore a qcn. **2** MIN. aprire, rendere accessibile **3** CHIM. scomporre, rendere solubile **II** intr. (aus. *haben*) **1** serrare le file **2** SPORT ***zur Spitze ~*** raggiungere la testa **III** rifl. **sich ~ 1** aprirsi, schiudersi: ***eine neue Welt schloss sich ihm auf*** gli si dischiuse un mondo nuovo **2** FIG. aprirsi, confidarsi. **Auf|schlie|ßung** f. *(-)* **1** MIN. apertura *f.* **2** CHIM. decomposizione *f.*

auf‿schlit|zen tr. aprire (tagliando), squarciare.

auf‿schluch|zen intr. (aus. *haben*) mandare un singhiozzo, singhiozzare.

Auf|schluss m. *(-es,-schlüsse)* **1** chiarimenti *m.pl.*, spiegazioni *f.pl.*, informazioni *f.pl.*: ***über jdn, etw. ~ geben, bekommen*** dare, ricevere spiegazioni su qcn., qcs. **2** MIN. prospezione *f.* **3** CHIM. decomposizione *f.*; *(von Zellstoff)* estrazione *f.* **4** GEOL. affioramento *m.*

auf‿schlüs|seln tr. ripartire, suddividere: ***eine Gruppe nach Alter ~*** suddividere un gruppo per età; ***die Kosten ~*** ripartire le spese. **Auf|schlüs|se|lung, Auf|schlüss|lung** f. *(-,-en)* ripartizione *f.*, suddivisione *f.* **auf|schluss|reich** agg. informativo, istruttivo.

auf‿schmel|zen tr. *(schmolz, geschmolzen)* **1** sciogliere **2** TECN. rivestire per fusione. **Auf|schmel|zung** f. *(-,-en)* TECN. rivestimento *m.* per fusione.

auf‿schnal|len tr. **1** aprire (sganciando): ***sich die Skischuhe ~*** sganciarsi gli scarponi (da sci) **2** *(mit Riemen befestigen)* legare (*o* fissare) con cinghie: ***das Gepäck auf das Autodach ~*** legare i bagagli sul tetto della macchina.

auf‿schnap|pen I tr. **1** acchiappare al volo (con la bocca) **2** COLLOQ. cogliere al volo, apprendere casualmente: ***im Vorbeigehen jds Worte ~*** cogliere le parole di qcn. passando **II** intr. (aus. *sein*) aprirsi di scatto, scattare: ***das Schloss schnappte auf*** la serratura si aprì di scatto.

auf‿schnei|den *(schnitt, geschnitten)* **I** tr. **1** tagliare, aprire (tagliando); SCHERZ. *(operieren)* ***jdm den Bauch ~*** aprire la pancia a qcn. **2** *(in Scheiben schneiden)* affettare, fare a fette: ***Brot ~*** affettare il pane **II** intr. (aus. *haben*) COLLOQ. raccontare fanfaronate, fare lo spaccone. **Auf|schnei|der** m. *(-s,-)* COLLOQ. spaccone *m.*, fanfarone *m.* **Auf|schnei|de|rei** f. *(-,-en)* COLLOQ. fanfaronata *f.*, spacconata *f.* **auf|schnei|de|risch** agg. COLLOQ. da spaccone, da fanfarone.

auf‿schnel|len intr. (aus. *sein*) **1** scattare in piedi, sobbalzare **2** RAR. *(sich plötzlich öffnen)* aprirsi di scatto, scattare.

Auf|schnitt m. *(-[e]s,-e)* GASTR. ***gemischter ~*** affettato *m.* misto. **Auf|schnitt|ma|schi|ne** f. *(-,-n)* affettatrice *f.*

auf‿schnü|ren tr. slacciare, slegare.

auf‿schrau|ben tr. aprire (svitando): ***ein Marmeladeglas ~*** aprire un vasetto di marmellata.

1.auf‿schre|cken tr. **1a** far sobbalzare, far sussultare dallo spavento **b** FIG. scuotere, inquietare: ***die Ereignisse hatten die Menschen aufgeschreckt*** gli eventi avevano scosso le persone **2** VENAT. stanare: ***das Wild (durch Schüsse) ~*** stanare la selvaggina (sparando).

2.auf‿schre|cken intr. *(schreckt/schrickt, schreckte/schrak, geschreckt;* aus. *sein)* sobbalzare di spavento ◆ ***aus dem Schlaf ~*** svegliarsi di soprassalto.

Auf|schrei m. *(-[e]s,-e)* **1** grido *m.*, urlo *m.* (di spavento) **2** FIG. ***ein ~ der Empörung*** un grido d'indignazione.

auf‿schrei|ben tr. *(schrieb, geschrieben)* **1** ***etw. ~*** prendere nota di qcs., annotare, segnarsi qcs.: ***ich habe (mir) die Adresse aufgeschrieben*** ho preso nota dell'indirizzo **2** COLLOQ. prescrivere: ***der Arzt hat mir Vitamine aufgeschrieben*** il medico mi ha prescritto delle vitamine.

auf‿schrei|en intr. *(schrie, geschrien;* aus. *haben)* gettare (*o* mandare) un grido.

Auf|schrift f. *(-,-en)* **1** scritta *f.*, dicitura *f.*: ***das Schild trägt die ~...*** il cartello reca la dicitura... **2** *(Etikett)* etichetta *f.*: ***die Flasche mit einer ~ versehen*** mettere un'etichetta sulla bottiglia.

Auf|schub m. *(-[e]s,-schübe)* rinvio *m.*, proroga *f.*, dilazione *f.*: ***etw. duldet keinen ~*** qcs. non consente dilazioni, è urgentissimo; ***jdm ~ geben, gewähren*** concedere una proroga a qcn.; ***ohne ~*** senza indugio.

auf‿schür|fen tr. ***sich (D) das Knie ~*** sbucciarsi il ginocchio. **Auf|schür|fung** f. *(-,-en)* escoriazione *f.*, sbucciatura *f.*

auf‿schür|zen tr. alzare, sollevare: ***den Rock beim Treppensteigen ~*** sollevare la gonna salendo le scale.

auf‿schüt|teln tr. scuotere; *(Kissen)* sprimacciare.

auf‿schüt|ten tr. **1** *(gießen)* versare: ***etw. auf etw. (A) ~*** versare qcs. sopra a qcs. **2** *(nachfüllen)* mettere di nuovo, aggiungere: ***Kohlen ~*** aggiungere carbone **3** *(aufhäufen)* ammucchiare: ***Stroh ~*** ammucchiare la paglia **4** *(errichten)* rialzare, innalzare: ***einen Damm ~*** innalzare una diga **5** *(verbreitern)* allargare: ***eine Straße ~*** allargare una strada **6** *(ablagern)* ammassare, depositare: ***der Fluss schüttet Ablagerungen auf*** il fiume ammassa detriti. **Auf|schüt|tung** f. *(-,-en)* **1** ammassamento *m.* **2** *(Errichtung)* rialzo *m.*, argine *m.*; terrapieno *m.* **3** GEOL. sedimento *m.*, deposito *m.*

auf‿schwat|zen, REGION. **auf‿schwät|zen** tr. ***jdm etw. ~*** convincere qcn. a comprare qcs., appioppiare (*o* affibbiare) qcs. a qcn.

auf‿schwei|ßen tr. TECN. **1** *(verbinden)* saldare (con la fiamma ossidrica) **2** *(öffnen)* aprire con la fiamma ossidrica.

auf‿schwel|len *(schwellt/schwillt, schwellte/schwoll, geschwellt/geschwollen)* **I** tr. **1** (far) gonfiare: ***der Wind schwellt die Segel auf*** il vento fa gonfiare la vela **2** FIG. gonfiare, esagerare **II** intr. (aus. *sein*) **1** gonfiarsi **2** FIG. scrosciare, scoppiare: ***Beifall schwillt auf*** scroscia l'applauso. **Auf|schwel|lung** f. *(-,-en)* **1** gonfiamento *m.* **2** gonfiore *m.*, enfiagione *f.*

auf‿schwem|men I tr. gonfiare, dilatare **II** intr. (aus. *haben*) gonfiare: ***Bier schwemmt auf*** la birra gonfia.

auf‿schwin|deln tr. COLLOQ. ***jdm etw. ~*** appioppare qcs. a qcn.

auf‿schwin|gen *(schwang, geschwungen)* **I** rifl. **sich ~ 1** alzarsi in volo **2a** FIG. innalzarsi, arrivare in alto: ***sich zum Direktor ~*** arrivare alla carica di direttore **b** ***sich zum Richter ~*** ergersi a giudice **3** ***sich zu etw. ~*** decidersi a (fare) qcs., risolversi a qcs. **II** intr. (aus. *sein*) levarsi, alzarsi in volo.

Auf|schwung m. *(-[e]s,-schwünge)* **1** slancio *m.*, entusiasmo *m.* **2** *(Blüte, Entwicklung)* progresso *m.*, sviluppo *m.*, periodo *m.* di prosperità: ***einen großen ~ nehmen, erleben, erfahren*** avere un grande sviluppo, fare grandi progressi.

auf‿se|hen intr. *(sieht, sah, gesehen;* aus. *haben)* **1** ***von etw. ~*** alzare gli occhi da qcs. **2** ***zu jdm, etw. ~*** alzare lo sguardo su qcn., su qcs.; FIG. rispettare, venerare qcn., qcs. **Auf|se|hen** n. *(-s)* scalpore *m.*, sensazione *f.*: ***großes ~ erregen*** suscitare grande scalpore, fare grande sensazione; ***~ erregend*** sensazionale, strepitoso. **Auf|se|her** m. *(-s,-)* sorvegliante *m.*, custode *m.*, guardiano *m.* **Auf|se|he|rin** f. *(-,-nen)* sorvegliante *f.*, custode *f.*, guardiana *f.*

auf|sei|ten prep. + von *o* + gen. a lato di, dalla parte di.

auf‿set|zen I tr. **1a** mettere: ***die Brille ~*** mettere gli occhiali **b** FIG. ***eine traurige Miene ~*** fare una faccia triste **2** *(zum Kochen)* mettere sul, al fuoco: ***Kartoffeln ~*** mettere le patate al fuoco **3** *(schriftlich formulieren)* scrivere, mettere per iscritto: ***einen Brief, einen Vertrag ~*** scrivere una lettera, mettere un contratto per iscritto **4** *(wieder aufrecht hinstellen)* mettere in piedi, drizzare: ***Kegel ~*** drizzare i birilli **5** *(aufnähen)* cucire sopra, applicare **6** mettere, poggiare: ***die Füße auf den Boden ~*** rimettere i piedi a terra **II** intr. (aus. *haben*) atterrare, posarsi: ***das Flugzeug setzt weich auf der Piste auf*** l'aereo si posa dolcemente sulla pista **III** rifl. **sich ~** tirarsi su, mettersi seduto (da sdraiato) ◆ ***jdm einen Dämpfer ~*** = smontare l'entusiasmo (*o* la presunzione) di qcn.

auf‿seuf|zen intr. (aus. *haben*) mandare un sospiro.

Auf|sicht f. *(-,-en)* **1** sorveglianza *f.*, vigilanza *f.*, controllo *m.*: ***die ~ über jdn, etw. haben, führen*** avere il controllo di qcn., qcs., esercitare il controllo (*o* la sorveglianza) su qcn., qcs.; ***unter (ärztlicher) ~ stehen*** essere sotto controllo (medico) **2** sorvegliante *m.* e *f.*, custode *m.* e *f.* **3** *(Sicht von oben)* veduta *f.*, vista *f.* dall'alto **4** ***~ führend*** che sorveglia (*o* controlla), addetto alla vigilanza; ***~ Führende*** m. e f. *(-n,-n)* sorvegliante *m.* e *f.*, addetto *m.* (-a *f.*) alla vigilanza. **Auf|sichts|be|am|te** m. *(-n,-n)* funzionario *m.* addetto alla vigilanza. **auf|sichts|los** agg. non sorvegliato, privo di sorveglianza. **Auf|sichts|pflicht** f. *(-)* obbligo *m.* di sorveglianza. **Auf|sichts|rat** m. *(-[e]s,-räte)* **1** consiglio *m.* di vigilanza; *(einer privaten Gesellschaft)* collegio *m.* sindacale **2** *(Mitglied)* membro *m.* del consiglio di vigilanza; *(einer privaten Gesellschaft)* sindaco *m.*

auf‿sit|zen intr. *(saß, gesessen;* aus. *sein)* **1a** montare a cavallo, in sella **b** *(auf das Motorrad)* salire (*o* montare) sulla moto **2** *(nicht zu Bett gehen)* restare alzato, in piedi: ***nächtelang über seiner Arbeit ~*** restare alzato tutta la notte a lavorare **3** *(aufruhen)* poggiare: ***die Decke sitzt auf den Eisenträgern auf*** il soffitto poggia sulle travi di ferro **4** *(hereinfallen)* ***jdm ~*** farsi ingannare (*o* giocare) da qcn.; ***einem Gerücht ~*** credere a una voce (non vera) ◆ ***im Bett ~*** stare seduto a letto; COLLOQ. ***jdn ~ lassen*** piantare in asso qcn.

auf_spal|ten *(spaltete, gespaltet/gespalten)* **I** tr. **1** fendere, spaccare **2** CHIM. scindere **II** rifl. **sich ~** spaccarsi, dividersi: ***die Gruppe spaltet sich auf*** il gruppo si divide. **Auf|spal|tung** f. *(-,-en)* **1** spaccatura *f.*, divisione *f.* **2** CHIM. scissione *f.*

auf_span|nen tr. **1** tendere, distendere; *(Regenschirme)* aprire **2** ***etw. auf etw. (A) ~*** fissare qcs. su qcs.: ***die Leinwand auf einen Rahmen ~*** fissare la tela su una cornice.

auf_spa|ren I tr. mettere da parte, serbare **II** rifl. ***sich (D) etw. ~*** tenere in serbo, risparmiare qcs.: ***sich seine Kräfte für später ~*** tenere in serbo le forze per dopo.

auf_spei|chern I tr. accumulare, immagazzinare (anche FIG.) **II** rifl. **sich ~** accumularsi. **Auf|spei|che|rung** f. *(-,-en)* **1** accumulo *m.*, immagazzinamento *m.* **2** FIG. accumulo *m.*

auf_sper|ren tr. **1** spalancare: ***den Mund ~*** spalancare la bocca **2** COLLOQ. aprire con la chiave.

auf_spie|len I intr. (aus. *haben*) **1** ***zum Tanz ~*** suonare musica da ballo **2** SPORT giocare: ***Bayern München spielte groß auf*** il Bayern Monaco ha giocato alla grande **II** rifl. **sich ~** darsi delle arie; ***sich als großer Herr ~*** darsi arie da gran signore, atteggiarsi a gran signore.

auf_spie|ßen tr. **1** infilzare **2** COLLOQ. *(anprangern)* stigmatizzare.

auf_split|tern I tr. FIG. dividere, frammentare **II** intr. (aus. *sein*) ridursi in schegge, frammentarsi **III** rifl. **sich ~** dividersi. **Auf|split|te|rung** f. *(-,-en)* frammentazione *f.*, divisione *f.*, frazionamento *m.*

auf_spren|gen tr. **1** *(mit Gewalt öffnen)* forzare **2** *(durch Sprengen öffnen)* far saltare.

auf_sprie|ßen intr. *(spross, gesprossen;* aus. *sein)* spuntare, nascere: ***die Krokusse sprießen auf*** spuntano i crochi.

auf_sprin|gen intr. *(sprang, gesprungen;* aus. *sein)* **1a** *(hochspringen)* saltare (su), balzare (su): ***vom Stuhl ~*** saltar su dalla sedia **b** ***auf den Zug, die Straßenbahn ~*** saltare sul treno, sul tram **2a** *(sich öffnen)* aprirsi (inaspettatamente) **b** *(von Blumen, Knospen)* aprirsi, schiudersi **3** *(rissig werden)* screpolarsi: ***die Lippen sind (vor Kälte) aufgesprungen*** le labbra si sono screpolate (per il freddo).

auf_sprit|zen I tr. spruzzare **II** intr. (aus. *sein*) **1** *(in die Höhe spritzen)* schizzare (in alto) **2** COLLOQ. *(rasch aufspringen)* balzare in piedi, scattare in piedi.

auf_sprü|hen I tr. spruzzare **II** intr. (aus. *sein*) sprizzare, schizzare: ***Funken sprühen auf*** sprizzano scintille.

Auf|sprung m. *(-[e]s,-sprünge)* GINN. atterraggio *m.*

auf_spu|len tr. avvolgere; TESS. incannare.

auf_spü|ren tr. **1** rintracciare **2** FIG. ***ein Geheimnis ~*** scoprire un segreto.

auf_sta|cheln tr. **1** aizzare, incitare: ***das Volk zum Widerstand ~*** incitare il popolo alla resistenza **2** *(anspornen)* spronare, pungolare: ***jds Ehrgeiz ~*** pungolare l'ambizione di qcn.

Auf|stand m. *(-[e]s,-stände)* rivolta *f.*, insurrezione *f.*, sollevazione *f.*: ***einen ~ blutig niederschlagen*** soffocare una rivolta nel sangue. **auf|stän|disch** agg. ribelle, insorto, in rivolta. **Auf|stän|di|sche** m. e f. *(-n,-n)* rivoltoso *m.* (-a *f.*), insorto *m.* (-a *f.*), ribelle *m.* e *f.* **Auf|stands|be|we|gung** f. *(-,-en)* movimento *m.* insurrezionale.

auf_sta|peln tr. accatastare. **Auf|sta|pe|lung**, **Auf|stap|lung** f. *(-,-en)* accatastamento *m.*

Auf|stau m. *(-s)* **1** TECN. pressione *f.* dinamica **2** IDR. sbarramento *m.*, diga *f.* di sbarramento (*o* di ritenuta).

auf_stau|en I tr. ***einen Fluss ~*** sbarrare un fiume **II** rifl. **sich ~** accumularsi (anche FIG.).

auf_ste|chen tr. *(sticht, stach, gestochen)* **1** aprire (con un ago, uno spillo), far scoppiare: ***eine Blase ~*** far scoppiare una vescica **2** COLLOQ. *(aufdecken)* scoprire, pescare **3** VENAT. stanare.

auf_ste|cken tr. **1** tirare su, raccogliere (in alto): ***das Haar ~*** tirare su i capelli **2** *(auf etw. stecken)* infilare (su): ***jdm einen Ring ~*** infilare un anello a qcn. **3** ***eine bestimmte Miene ~*** assumere una certa espressione **4** COLLOQ. *(aufgeben)* ***etw. ~*** abbandonare qcs., rinunciare a qcs. ◆ ***jdm ein Licht ~*** aprire gli occhi a qcn.

auf_ste|hen intr. *(stand, gestanden)* **1a** (aus. *sein*) alzarsi: ***vom Stuhl, vom Tisch, vom Bett ~*** alzarsi dalla sedia, da tavola, da letto; ***spät ~*** alzarsi tardi **b** *(sich aufrichten)* tirarsi su, (ri)alzarsi **2** (aus. *sein*) ***gegen jdn, etw. ~*** insorgere contro qcn., qcs., ribellarsi a qcn., qcs. **3** *(entstehen;* aus. *sein)* sorgere, nascere: ***Wut stand in ihm auf*** l'ira sorse in lui **4** *(aufruhen;* aus. *haben)* poggiare: ***der Stuhl steht nur mit drei Beinen auf*** la sedia poggia solo su tre gambe **5** *(offen stehen;* aus. *haben)* essere aperto: ***das Fenster steht auf*** la finestra è aperta ◆ ***mit dem linken Fuß ~*** alzarsi col piede sbagliato; ***nicht mehr, nicht wieder ~*** non alzarsi più dal letto, morire.

auf_stei|gen intr. *(stieg, gestiegen;* aus. *sein)* **1** salire: ***auf das Motorrad, auf das Pferd ~*** salire sulla moto, montare a cavallo; ***zum Gipfel ~*** salire sulla vetta **2** *(hochsteigen)* alzarsi, salire in alto: ***der Nebel, der Ballon steigt auf*** la nebbia, il pallone si alza **3** *(an die Oberfläche)* salire, venire in superficie (*o* a galla): ***Luftblasen steigen auf*** vengono in superficie bolle d'aria **4** *(aufragen)* ergersi, innalzarsi **5** *(aufkommen)* sorgere, venire: ***Angst stieg in ihm auf*** gli venne paura **6** essere promosso: ***zum Abteilungsleiter ~*** essere promosso caporeparto; ***in die nächste Klasse ~*** essere promosso alla classe successiva; ***in die Bundesliga ~*** essere promosso (*o* salire) in serie A. **auf|stei|gend** p.pres. agg. **1** → **aufsteigen** **2** ascendente. **Auf|stei|ger** m. *(-s,-)* **1** COLLOQ. ***sozialer ~*** = chi è salito nella scala sociale **2** SPORT neopromossa *f.*

auf_stel|len I tr. **1** *(hinstellen)* mettere, collocare, disporre: MIL. ***einen Posten ~*** disporre un posto di guardia **2** *(aufrichten)* tirare su, (d)rizzare: ***die Kegel ~*** tirare su i birilli; ***der Hund stellte die Ohren auf*** il cane rizzò le orecchie **3** *(errichten)* erigere, innalzare: ***ein Gerüst ~*** innalzare un'impalcatura **4** *(formieren)* mettere su, formare: ***eine Mannschaft ~*** formare una squadra **5** ***jdn als Kandidaten ~*** proporre qcn. come candidato **6a** *(ausarbeiten)* stendere, redigere: ***eine Bilanz ~*** redigere un bilancio **b** *(formulieren)* formulare, enunciare: ***eine Theorie ~*** enunciare una teoria; ***einen Vergleich, eine Vermutung ~*** fare un confronto, una supposizione **7** REGION. *(aufs Feuer setzen)* mettere sul fuoco **II** rifl. **sich ~** rizzarsi: ***die Haare haben sich aufgestellt*** si sono rizzati i capelli ◆ ***einen Rekord ~*** stabilire un record; DIR. ***Zeugen ~*** produrre testimoni.

Auf|stel|lung f. *(-,-en)* **1** collocazione *f.*, disposizione *f.* **2** *(Aufrichtung)* l'alzare, il sollevare **3** *(Errichtung)* erezione *f.*, innalzamento *m.* **4a** *(Formierung)* formazione *f.*, costruzione *f.* **b** SPORT formazione *f.*, squadra *f.* **5** ***die ~ eines Kandidaten*** la presentazione di un candidato **6a** *(Ausarbeitung)* stesura *f.*, redazione *f.* **b** *(Formulierung)* formulazione *f.*, enunciazione *f.* **c** *(das Aussprechen)* l'esprimere, il manifestare **7a** *(Liste)* distinta *f.*, elenco *m.*: ***eine ~ der Preise*** una distinta dei prezzi **b** *(Vorlage)* prospetto *m.* ◆ ***~ nehmen*** schierarsi, disporsi.

auf_stem|men I tr. **1** forzare (con una leva) **2** *(aufstützen)* puntare, appoggiare **II** rifl. **sich ~** (ap)poggiarsi.

auf_step|pen tr. impuntire, applicare (con impunture).

auf_sti|cken tr. ricamare.

Auf|stieg m. *(-[e]s,-e)* **1** *(auf einen Berg)* ascensione *f.*, scalata *f.*, arrampicata *f.*: ***einen ~ unternehmen*** intraprendere una scalata **2** *(aufwärts führender Weg)* salita *f.*, erta *f.* **3** RAR. *(von Ballons, Raketen)* ascesa *f.*, salita *f.* **4a** *(Aufwärtsentwicklung)* ascesa *f.*, sviluppo *m.*: ***der ~ einer Nation zur Großmacht*** l'ascesa di una nazione a superpotenza; ***sozialer ~*** ascesa sociale **b** ***beruflicher ~*** promozione *f.*, BUROCR. avanzamento *m.* **c** SPORT promozione *f.* **Auf|stiegs|spiel** n. *(-[e]s,-e)* SPORT (partita *f.* di) spareggio *m.* (per la promozione).

auf_stö|bern tr. **1** *(aufjagen)* stanare, scovare **2** *(aufspüren)* scovare, rintracciare.

auf_sto|cken I tr. **1** *(ein Gebäude)* soprelevare (*o* sopraelevare) **2** *(vermehren)* aumentare, accrescere **II** intr. (aus. *haben*) **1** EDIL. soprelevare, rialzare (di uno o più piani) **2** ECON. aumentare il capitale. **Auf|sto|ckung** f. *(-,-en)* **1** EDIL. soprelevazione (*o* sopraelevazione) *f.* **2** *(von Kredit)* aumento *m.*, accrescimento *m.*

auf_stöh|nen intr. (aus. *haben*) mandare un sospiro; *(vor Schmerz)* mandare un gemito.

auf_stöp|seln tr. COLLOQ. stappare, sturare.

auf_stö|ren tr. **1** stanare **2** FIG. distogliere, strappare: ***jdn aus einer Träumerei ~*** distogliere qcn. da una fantasticheria.

auf_sto|ßen *(stößt, stieß, gestoßen)* **I** tr. **1** aprire con una spinta: ***die Tür ~*** aprire la porta con una spinta, spingere la porta **2** *(fest aufsetzen)* appoggiare, posare (battendo), battere: ***den Spazierstock (auf den Boden) ~*** battere (per terra) col bastone da passeggio **II** intr. **1** (aus. *sein*) ***mit etw. auf etw. (A) ~*** sbattere qcs. contro qcs., urtare qcs. con qcs.: ***mit dem Kopf auf den Türbalken ~*** sbattere la testa contro lo stipite della porta **2** COLLOQ. *(begegnen, auffallen;* aus. *sein)* essere notato, riscontrato (da): ***ein Fehler ist ihm aufgestoßen*** ha riscontrato un errore **3** (aus. *haben*) ruttare; *(von Babys)* fare il ruttino **4** (aus. *haben, sein*) venire su: ***die Gurken stoßen mir auf*** i cetrioli mi vengono su **III** rifl. ***sich (D) den Ellbogen ~*** battere il gomito.

auf‿strah|len intr. (aus. *haben*) **1** risplendere, brillare, illuminarsi **2** FIG. risplendere, illuminarsi: ***sein Gesicht strahlte auf*** il suo viso s'illuminò.

auf‿stre|ben intr. (aus. *haben*) **1** LETT. *(in die Höhe streben)* tendere verso l'alto, protendersi (verso l'alto), ergersi **2** *(vorwärts streben)* mirare, tendere ad un miglioramento. **auf|stre|bend** p.pres. agg. **1** → **aufstreben 2a** ambizioso, che tende ad un miglioramento: ***ein -er junger Mensch*** un giovane ambizioso **b** ***eine -e Industriestadt*** una città industriale in pieno sviluppo.

auf‿strei|chen tr. *(strich, gestrichen)* stendere, spalmare: ***Farbe auf die Wand ~*** stendere il colore sulla parete. **Auf|strich** m. *(-[e]s,-e)* **1** MUS. arcata *f.* ascendente **2** RAR. *(Brotaufstrich)* = alimenti *m.pl.* da spalmare sul pane.

auf‿stül|pen tr. **1** voltare in su, piegare in su; *(Ärmel)* rimboccare: ***die Hutkrempe ~*** piegare in su la tesa del cappello **2** *(aufsetzen)* mettere in fretta, senza cura: ***den Hut rasch ~*** mettere in fretta il cappello ◆ ***die Lippen ~*** fare il muso lungo (*o* il broncio).

auf‿stüt|zen I tr. **1** (ap)poggiare, puntare: ***das Kinn auf die Handfläche ~*** poggiare il mento sul palmo della mano **2** *(stützend aufrichten)* tirare su: ***den Kranken mit Kissen ~*** sostenere il malato con cuscini **II** rifl. **sich ~ 1** appoggiarsi: ***sich mit den Ellbogen ~*** appoggiarsi sui gomiti **2** ***sich im Bett ~*** tirarsi su nel letto.

auf‿su|chen tr. **1** cercare: ***eine Adresse im Telefonbuch ~*** cercare un indirizzo nella guida telefonica **2** ***jdn, einen Ort ~*** andare (*o* recarsi) da qcn., in un posto; ***Freunde ~*** andare a trovare (*o* visitare) degli amici; ***das Bett ~*** andare a coricarsi.

auf‿ta|feln tr. portare in tavola, servire.

auf‿ta|keln I tr. MAR. attrezzare, allestire **II** rifl. **sich ~** vestirsi in modo pacchiano, bardarsi.

Auf|takt m. *(-[e]s,-e)* **1** inizio *m.*, apertura *f.*, attacco *m.*: ***die Rede bildete den ~ zur Veranstaltung*** il discorso apriva la manifestazione **2** MUS. METR. anacrusi *f.*

auf‿tan|ken I tr. ***den Wagen, das Flugzeug ~*** fare il pieno alla macchina, all'aereo; FIG. ***im Urlaub Kräfte ~*** fare il pieno di energia in vacanza **II** intr. (aus. *haben*) fare il pieno: ***ich muss noch ~*** devo ancora fare il pieno.

auf‿tau|chen intr. (aus. *sein*) **1a** (ri)emergere, tornare in superficie (*o* a galla): ***das U-Boot ist aufgetaucht*** il sommergibile è riemerso **b** FIG. (ri)affiorare **2** *(unerwartet erscheinen)* (ri)comparire (all'improvviso), sbucare: ***am Horizont ~*** comparire all'orizzonte; ***er ist nach vielen Jahren wieder aufgetaucht*** è ricomparso dopo molti anni **3** FIG. *(aufkommen)* sorgere, nascere: ***ein Verdacht tauchte in ihm auf*** in lui nacque un sospetto.

auf‿tau|en I tr. **1** sciogliere: ***den Schnee ~*** sciogliere la neve **2** *(von Eis befreien)* disgelare; *(Nahrungsmittel)* scongelare **II** intr. (aus. *sein*) **1** sciogliersi (anche FIG.) **2** *(von Eis frei werden)* disgelare, disgelarsi; *(von Nahrungsmitteln)* scongelarsi.

auf‿tei|len tr. **1** *(verteilen)* ripartire, spartire: ***den Gewinn unter die, den Gesellschafter (-n) ~*** ripartire l'utile fra i soci **2** *(aufgliedern)* dividere, suddividere: ***in Gruppen ~*** suddividere in gruppi. **Auf|tei|lung** f. *(-,-en)* **1** *(Verteilung)* ripartizione *f.*, spartizione *f.* **2** *(Aufgliederung)* divisione *f.*, suddivisione *f.*

auf‿ti|schen I tr. **1** portare in tavola, servire **2** COLLOQ. raccontare, scodellare: ***Lügen ~*** scodellare bugie **II** intr. (aus. *haben*) ***jdm reichlich ~*** dare da mangiare a qcn. in abbondanza.

Auf|trag m. *(-[e]s,-träge)* **1a** incarico *m.*, incombenza *f.*, compito *m.*: ***im ~ von...*** per incarico di...; ***jdm einen ~ geben, erteilen*** dare, affidare un incarico a qcn.; ***einen ~ ausführen, erledigen*** eseguire un incarico, sbrigare un'incombenza **b** *(Verpflichtung)* impegno *m.*, dovere *m.* **2** COMM. ordine *m.*, ordinazione *f.*: ***ein ~ über die Lieferung von Büromöbeln*** un ordine per la fornitura di mobili da ufficio; ***etw. in ~ geben*** ordinare qcs.; ***einen ~ vergeben*** passare un ordine **3** *(das Aufbringen)* lo spalmare, lo stendere, applicazione *f.*

auf‿tra|gen *(trägt, trug, getragen)* **I** tr. **1** LETT. *(servieren)* servire, portare in tavola **2a** *(streichen)* spalmare, stendere, applicare: ***die Salbe auf die Wunde ~*** spalmare la pomata sulla ferita **b** darsi, mettersi: ***Lippenstift, Puder ~*** mettersi (*o* darsi) il rossetto, la cipria **3** ***jdm etw. ~*** incaricare qcn. di (fare) qcs.: ***er hat mir einen Gruß an dich aufgetragen*** mi ha incaricato di darti un saluto (da parte sua) **4** *(von Kleidungsstücken)* consumare (a furia di portare) **II** intr. (aus. *haben*) ingrossare: ***dieser Pullover trägt zu sehr auf*** questa maglia ingrossa ◆ ***dick ~*** sparарle grosse. **Auf|trag|ge|ber** m. *(-s,-)* **1** committente *m.* **2** DIR. mandante *m.* **Auf|trag|neh|mer** m. *(-s,-)* **1** commissionario *m.* **2** DIR. mandatario *m.* **Auf|trags|be|stä|ti|gung** f. *(-,-en)* COMM. conferma *f.* d'ordine. **Auf|trags|buch** n. *(-[e]s,-bücher)* COMM. libro *m.* delle commissioni. **Auf|trags|er|tei|lung** f. *(-)* **1** impartizione *f.* di ordini **2** COMM. ordinazione *f.*, ordine *m.* **auf|trags|ge|mäß I** agg. COMM. conforme all'ordine **II** avv. **1** secondo gli ordini **2** COMM. come da ordine. **Auf|trags|la|ge** f. *(-)* situazione *f.* degli ordini, ordinativi *m.pl.* **Auf|trags|werk** n. *(-[e]s,-e)* opera *f.* (d'arte) su commissione.

auf‿tref|fen intr. *(trifft, traf, getroffen;* aus. *sein)* ***auf etw. (A) ~*** battere su qcs., colpire qcs.

auf‿trei|ben *(trieb, getrieben)* **I** tr. **1** sollevare, alzare: ***der Wind treibt den Staub auf*** il vento solleva la polvere **2** *(aufblähen)* gonfiare, enfiare **3** fare crescere, fare alzare: ***die Hefe treibt den Teig auf*** il lievito fa crescere la pasta **4** COLLOQ. trovare, scovare: ***ein Taxi ~*** trovare un taxi **5** *(Vieh)* portare al mercato, a vendere **II** intr. (aus. *sein*) **1** gonfiarsi **2** *(vom Teig)* lievitare, crescere.

auf‿tren|nen tr. disfare, scucire.

auf‿tre|ten *(tritt, trat, getreten)* **I** tr. spalancare (con una pedata) **II** intr. (aus. *sein*) **1** poggiare a terra: ***mit dem Fuß nicht ~ können*** non poter poggiare il piede a terra **2a** comparire, presentarsi: ***als Zeuge ~*** comparire come testimone **b** presentarsi, mostrare un comportamento: ***forsch ~*** presentarsi in modo deciso **3** *(als Schauspieler)* recitare: ***auf einer großen Bühne ~*** recitare in un grande teatro **4** sorgere, insorgere: ***eine Krankheit tritt auf*** insorge una malattia; ***Schwierigkeiten treten auf*** sorgono delle difficoltà. **Auf|tre|ten** n. *(-s)* **1a** comparizione *f.*, presentazione *f.* **b** *(Benehmen)* modo *m.* di presentarsi **2** *(eines Schauspielers)* ***jds erstes ~*** il debutto di qcn.

Auf|trieb m. *(-[e]s,-e)* **1** FIS. spinta *f.* ascensionale **2** *(Schwung)* FIG. impulso *m.*, spinta *f.*, slancio *m.* **3** *(Vieh)* il condurre al mercato, a vendere. **Auf|triebs|kraft** f. *(-,-kräfte)* FIS. forza *f.* ascensionale.

Auf|tritt m. *(-[e]s,-e)* TEATR. **1** *(Auftreten)* entrata *f.*, comparsa *f.* in scena **2** *(Szene)* scena *f.* **3** *(Auseinandersetzung)* scenata *f.*: ***einen ~ mit jdm haben*** fare una scenata a qcn.

auf‿trock|nen I tr. asciugare **II** intr. (aus. *sein*) asciugarsi.

auf‿trump|fen intr. (aus. *haben*) ostentare la propria superiorità.

auf‿tun *(tut, tat, getan)* **I** tr. **1** ANT. *(aufmachen)* aprire: ***die Augen ~*** aprire gli occhi; COLLOQ. ***den Mund ~*** aprir bocca **2** COLLOQ. scoprire: ***ein gutes Lokal ~*** scoprire un buon locale **3** COLLOQ. versare nei piatti, scodellare: ***jdm die Suppe ~*** scodellare la minestra a qcn. **4** REGION. ***den Hut ~*** mettere il cappello in testa; ***die Brille ~*** mettere gli occhiali **II** rifl. **sich ~** aprirsi, schiudersi (anche FIG.).

auf‿tun|ken tr. ***den Saft mit Brot ~*** raccogliere il sugo col pane.

auf‿tür|men I tr. accatastare, ammonticchiare **II** rifl. **sich ~** accatastarsi, ammonticchiarsi.

auf‿wa|chen intr. (aus. *sein*) svegliarsi, destarsi: ***aus einem Traum, durch ein Geräusch ~*** svegliarsi da un sogno, per un rumore.

auf‿wach|sen intr. *(wächst, wuchs, gewachsen;* aus. *sein)* **1** crescere: ***als ältestes von vier Kindern ~*** crescere come maggiore di quattro figli **2** LETT. *(auftauchen)* comparire, levarsi.

auf‿wal|len intr. (aus. *sein*) **1** bollire: ***die Milch wallt auf*** il latte bolle **2** *(Nebel, Dunst)* levarsi (ondeggiando) **3** FIG. ribollire: ***Hass wallt in ihm auf*** l'odio ribolle in lui. **auf|wal|lend** p.pres. agg. **1** → **aufwallen 2** che ribolle, dirompente, incontenibile: ***ein -er Zorn*** un'ira incontenibile. **Auf|wal|lung** f. *(-,-en)* il ribollire, impeto *m.*

Auf|wand m. *(-[e]s)* **1** dispendio *m.*, spesa *f.*: ***ein großer ~ an Geld*** un grande dispendio di denaro; ***der ~ hat sich gelohnt*** è valsa la spesa **2** sfoggio *m.*: ***unnötigen ~ mit Worten treiben*** fare inutile sfoggio di parole. **auf|wän|dig** agg. → **aufwendig. Auf|wands|ent|schä|di|gung** f. *(-,-en)* indennità *f.* di rappresentanza.

auf‿wär|men I tr. **1** riscaldare: ***das Essen vom Mittag ~*** riscaldare il pasto di mezzogiorno **2** FIG. rivangare: ***Erlebnisse aus der Jugend ~*** rivangare esperienze di gioventù **II** rifl. **sich ~** (ri)scaldarsi. **Auf|wär|mung** f. *(-,-en)* riscaldamento *m.*

Auf|war|te|frau f. *(-,-en)* REGION. domestica *f.* a ore. **auf‿war|ten** intr. (aus. *haben*) **1** servire, offrire: ***jdm mit etw. ~*** offrire qcs. a qcn.; ***mit großen Neuigkeiten ~*** dare grandi notizie; ***womit kann ich Ihnen ~ ?*** in che cosa posso servirla? **2** ANT. ***jdm ~*** servire qcn. (a tavola); *(besuchen)* fare una visita di cortesia a qcn. **Auf|wär|ter** m. *(-s,-)* REGION. servitore *m.*, domestico *m.*, cameriere *m.* **Auf|war|te|stel|le** f. *(-,-n)* posto *m.* da domestica a ore.

auf|wärts avv. verso l'alto, in su: ***der Weg führt ~*** la strada sale; ***den Fluss ~ gehen*** risalire il fiume; ***von 100 Mark ~*** da 100 marchi in su. **Auf|wärts|be|we|gung, Auf|wärts|ent|wick|lung** f. *(-,-en)* sviluppo *m.* ascensionale, tendenza *f.* al rialzo; ***die ~ der Preise*** la lievitazione dei prezzi. **Auf|wärts|ha|ken** m. *(-s,-)* uppercut *m.*, montante *m.* **Auf|wärts|trend** m. *(-s)* → **Aufwärtsentwicklung.**

Auf|war|tung f. *(-,-en)* **1** ANT. servizio *m.* (a tavola) **2** REGION. ***die ~ im Haus machen*** fare le pulizie in casa **3** ANT. *(Besuch)* visita *f.* di cortesia.

Auf|wasch m. *(-[e]s)* REGION. **1** *(Aufwaschen)* il lavare i piatti, rigovernatura *f.* **2** *(abzuwaschendes Geschirr)* piatti *m.pl.* sporchi, stoviglie *f.pl.* da lavare ◆ ***das geht, machen wir in einem ~*** si fa tutto insieme, tutto in una volta. **Auf|wasch|be|cken** n. *(-s,-)* REGION. lavello *m.*, acquaio *m.* **auf‿wa|schen** tr. *(wäscht, wusch, gewaschen)* REGION. lavare (i piatti), rigovernare ◆ ***in einem Aufwasch(en)*** tutto in una volta. **Auf|wasch|was|ser** n. *(-s,-)* REGION. sciacquatura *f.* (di piatti).

auf‿we|cken tr. svegliare, destare.

auf‿we|hen I tr. **1** sollevare, alzare: ***der Wind weht Sand auf*** il vento solleva la sabbia **2** spalancare: ***der Wind weht die Tür auf*** il vento spalanca la porta **II** intr. (aus. *haben*) sollevarsi, alzarsi: ***der Nebel weht auf*** la nebbia si alza.

auf‿wei|chen I tr. **1a** rendere molle: ***der Regen hat den Boden aufgeweicht*** la pioggia ha reso molle il terreno **b** ammollare: ***das Brot in Milch ~*** ammollare il pane nel latte **2** FIG. *(allmählich zerstören)* rammollire, indebolire **II** intr. (aus. *sein*) **1** ammollarsi **2** FIG. sciogliersi, allentarsi. **Auf|wei|chung** f. *(-,-en)* ammollamento *m.*, rammollimento *m.*

auf‿wei|nen intr. (aus. *haben*) scoppiare in pianto.

auf‿wei|sen tr. *(wies, gewiesen)* presentare, esibire; ***gute technische Kenntnisse aufzuweisen haben*** essere in possesso di buone conoscenze tecniche. **Auf|wei|sung** f. *(-,-en)* presentazione *f.*, esibizione *f.*

auf‿wen|den tr. *(wendete/wandte, gewandt)* impiegare, spendere, usare: ***viel Zeit (für etw.) ~*** impiegare molto tempo (per qcs.); ***alles ~, um jdn zu überzeugen*** fare di tutto per convincere qcn. **auf|wen|dig I** agg. costoso, dispendioso **II** avv. in modo dispendioso: ***~ leben*** vivere in modo dispendioso. **Auf|wen|dung** f. *(-,-en)* **1** impiego *m.*, spesa *f.* **2** pl. *(Kosten)* spese *f.pl.*

auf‿wer|fen *(wirft, warf, geworfen)* **I** tr. **1a** innalzare, erigere: ***einen Damm ~*** innalzare una diga **b** *(ruckartig heben)* ***den Kopf ~*** arrovesciare il capo **2** *(auf etw. werfen)* gettare, scaraventare: ***Holz ~*** gettare legna sul fuoco **3** sollevare, proporre, avanzare: ***eine Frage ~*** sollevare una questione **4** spalancare (con forza): ***die Wagentür ~*** spalancare la portiera dell'auto **II** rifl. **sich ~** FIG. erigersi: ***sich zum Verteidiger ~*** erigersi a difensore.

auf‿wer|ten tr. rivalutare (anche FIG.): ***die Renten ~*** rivalutare le pensioni. **Auf|wer|tung** f. *(-,-en)* rivalutazione *f.*

auf‿wi|ckeln tr. **1** arrotolare, avvolgere **2** COLLOQ. ***jdm die Haare ~*** mettere i bigodini a qcn. **3** *(Paket)* scartare, svolgere; *(Binden)* sfasciare. **Auf|wick|lung** f. *(-,-en)* **1** avvolgimento *m.* **2** *(von Paketen)* lo scartare; *(von Binden)* sfasciatura *f.*

Auf|wie|ge|lei f. *(-,-en)* sobillazione *f.*: ***jdn wegen ~ anklagen*** accusare qcn. di sobillazione. **auf‿wie|geln** tr. ***jdn gegen etw. ~*** sobillare qcn. contro qcs.; ***jdn zum Widerstand ~*** incitare qcn. alla resistenza. **Auf|wie|ge|lung** f. *(-,-en)* incitamento *m.* alla ribellione.

auf‿wie|gen tr. *(wog, gewogen)* compensare, controbilanciare: ***die Vorteile wiegen die Nachteile auf*** i vantaggi compensano gli svantaggi.

Auf|wieg|ler m. *(-s,-)* sobillatore *m.* **auf|wieg|le|risch** agg. sedizioso, ribelle. **Auf|wieg|lung** → **Aufwiegelung.**

Auf|wind m. *(-[e]s,-e)* corrente *f.* ascendente (d'aria) ◆ ***(neuen) ~ bekommen, im ~ sein*** avere il vento in poppa.

auf‿win|den *(wand, gewunden)* tr. sollevare, issare (con argano).

auf‿wir|beln I tr. **1** *(aufstieben)* sollevare in vortice **2** FIG. ***viel Staub ~*** sollevare molta polvere, fare molto scalpore **II** intr. (aus. *sein)* vorticare, alzarsi in vortice.

auf‿wi|schen tr. **1** raccogliere pulendo: ***verschüttetes Bier ~*** raccogliere la birra versata **2** pulire (con straccio umido), lavare: ***den Boden (feucht, nass) ~*** lavare il pavimento. **Auf|wisch|lap|pen** m. *(-s,-)* strofinaccio *m.*, straccio *m.*

auf‿wöl|ben rifl. **sich ~** erigersi a forma di volta, inarcarsi.

Auf|wuchs m. *(-es,-wüchse)* **1** crescita *f.* **2** *(junge Baumpflanzung)* vivaio *m.* forestale.

auf‿wüh|len tr. **1a** smuovere: ***den Boden ~*** smuovere il terreno **b** dissotterrare: ***Blumenknollen ~*** dissotterrare bulbi (di fiori) **c** *(von Schweinen)* ***den Boden ~*** grufolare nel terreno **2** FIG. rivangare, rimestare, rievocare: ***alte Geschichten ~*** rivangare vecchie storie **3a** *(stürmisch bewegen)* agitare **b** FIG. turbare profondamente, sconvolgere: ***jdn bis ins Innerste ~*** turbare profondamente qcn. fin nell'intimo. **auf|wüh|lend** p.pres. agg. **1** → **aufwühlen** **2** conturbante, sconvolgente.

Auf|wurf m. *(-[e]s,-würfe)* RAR. **1** accumulo *m.*, sterro *m.*: ***der ~ eines Erdhügels*** lo sterro di una montagnola di terra **2** rialzo *m.*, terrapieno *m.*

auf‿zah|len tr. REGION. pagare in sovrappiù, in aggiunta. **auf‿zäh|len** tr. **1** RAR. *(Geld)* contare **2** enumerare: ***Daten ~*** enumerare dati ◆ ***jdm welche, ein paar ~*** darle a qcn., sculacciare qcn. **Auf|zah|lung** f. *(-,-en)* sovrapprezzo *m.* **Auf|zäh|lung** f. *(-,-en)* **1** conteggio *m.* **2** enumerazione *f.*

auf‿zäu|men tr. **1** *(Pferd)* imbrigliare **2** COLLOQ. ***etw. verkehrt ~*** = affrontare male qcs., iniziare qcs. in modo sbagliato.

auf‿zeh|ren I tr. **1** *(aufessen)* mangiare tutto **2** *(aufbrauchen)* consumare completamente, finire: ***seine Ersparnisse ~*** finire i propri risparmi **II** rifl. **sich ~** consumarsi. **Auf|zeh|rung** f. *(-,-en)* **1** consumo *m.* **2** *(Sichaufzehren)* consunzione *f.*

auf‿zeich|nen tr. **1** disegnare, tracciare: ***etw. auf ein Blatt ~*** disegnare qcs. su un foglio; ***jdm einen kleinen Plan ~*** disegnare una piantina a qcn. **2a** *(schriftlich)* annotare, registrare: ***eine Rede wortwörtlich ~*** annotare un discorso parola per parola **b** registrare: ***ein Konzert ~*** registrare un concerto. **Auf|zeich|nung** f. *(-,-en)* **1** disegno *m.* **2a** *(schriftliche)* annotazione *f.*, registrazione *f.*: ***eine stenographische ~*** un'annotazione stenografica **b** CINEM. RAD. TELEV. registrazione *f.*

auf‿zei|gen tr. far vedere, mostrare, presentare.

auf‿zie|hen *(zog, gezogen)* **I** tr. **1** issare: ***eine Fahne ~*** issare una bandiera **2** aprire (tirando): ***die Gardinen, die Schublade ~*** aprire le tende, il cassetto; ***eine Flasche ~*** sturare (*o* stappare) una bottiglia **3** mettere (tirando): ***Saiten auf die Guitarre ~*** mettere le corde a una chitarra **4** ***eine Uhr ~*** caricare un orologio **5** *(Kind)* tirare su, allevare; *(Pflanzen)* tirare su, coltivare **6** COLLOQ. mettere su, organizzare: ***ein Fest ~*** metter su una festa; ***etw. groß ~*** organizzare qcs. in grande **7** COLLOQ. ***jdn (wegen etw.) ~*** prendere in giro qcn. (a causa di qcs.) **8** ***eine Spritze ~*** preparare un'iniezione (assorbendo il contenuto della fiala con la siringa) **II** intr. (aus. *sein*) **1** sfilare, marciare in fila: ***die Wache zieht auf*** la guardia passa marciando **2** *(von Gewittern, Wolken)* avvicinarsi, arrivare.

Auf|zucht f. *(-,-en)* allevamento *m.* **auf‿züch|ten** tr. allevare: ***Milchkühe ~*** allevare mucche da latte.

Auf|zug m. *(-[e]s,-züge)* **1** sfilata *f.*, marcia *f.* **2** *(von Wolken)* arrivo *m.* **3** *(Fahrstuhl)* ascensore *m.*: ***den ~ nehmen*** prendere l'ascensore **4** SPREG. *(Art der Kleidung)* tenuta *f.*, modo *m.* (di abbigliarsi): ***sie zeigte sich in einem unmöglichen ~*** si presentò in una tenuta assurda **5** TEATR. atto *m.* **Auf|zug|füh|rer** m. *(-s,-)* ascensorista *m.*, ragazzo *m.* dell'ascensore. **Auf|zug|schacht** m. *(-[e]s,-schächte)* vano *m.* ascensore.

auf‿zün|geln intr. (aus. *sein*) guizzare verso l'alto.

auf‿zwin|gen *(zwang, gezwungen)* **I** tr. ***jdm etw. ~*** costringere qcn. ad accettare qcs. **II** rifl. **sich ~** imporsi: ***eine Melodie zwang sich ihm auf*** una melodia si impose al suo ascolto.

auf‿zwir|beln tr. arricciare (baffi).

Aug|ap|fel m. *(-s,-äpfel)* bulbo *m.*, globo *m.* oculare ◆ ***jdn, etw. wie seinen ~ hüten*** aver caro qcn., qcs. come i propri occhi.

Au|ge n. *(-s,-n)* **1** occhio *m.* **2** BOT. occhio *m.*, gemma *f.* **3** *(Punkt auf Würfeln und Spielkarten)* punto *m.* ◆ ***jdm etw. an den -n ablesen*** leggere qcs. negli occhi a qcn.; ***ein ~ auf alles haben*** avere occhi per tutto; ***aus den -n gehen*** togliersi dalla vista, levarsi d'attorno; ***jdn, etw. nicht aus den -n lassen*** non levare gli occhi da qcn., da qcs.; ***sich die -n ausweinen*** piangere tutte le proprie lacrime; ***blaues ~*** occhio nero, pesto; ***mit einem blauen ~ davonkommen*** = cavarsela senza grossi danni; ***auf einem ~ blind sein*** essere cieco da un occhio; ***mit bloßem ~*** a occhio nudo; ***jdm ein Dorn im ~ sein*** essere visto (da qcn.) come il fumo negli occhi; ***elektronisches ~*** occhio elettronico; ***in die -n fallen*** dare nell'occhio; ***für etw. ein ~ haben*** avere occhio per qcs.; ***etw. fürs ~*** qcs. che piace agli occhi, di gradevole alla vista; ***das hätte ins ~ gehen können*** = la cosa avrebbe potuto prendere una cattiva piega; ***vor jds geistigem ~*** = nell'immaginazione di qcn.; ***jdm aus den -n geschnitten sein*** essere il ritratto di qcn.; ***das ~ des Gesetzes*** l'occhio della legge; ***ihm gingen die -n auf*** gli si aprirono gli occhi; COLLOQ. ***hinten keine -n haben*** non avere gli occhi di dietro; FIG. ***etw. im ~ haben*** avere qcs. in testa; ***im ~ behalten*** tenere d'occhio; ***in jds -n*** agli occhi di qcn.; ***etw. ins ~ fassen*** avere in mente qcs.; ***-n wie ein gestochenes Kalb machen*** avere uno sguardo bovino, gli occhi da pesce lesso; ***kein ~ von jdm lassen*** non togliere gli occhi di dosso a qcn.; COLLOQ. FIG. ***hast du keine -n im Kopf?*** ma non (ci) vedi? sta' attento! ***-n wie ein Luchs haben*** avere occhi d'aquila, di falco; ***große -n machen*** fare tanto d'occhi; ***seine -n sind größer als der Magen*** = si mette nel piatto più di quanto mangia; RAD. ***magisches ~*** occhio magico; FIG. ***jdm die -n öffnen*** aprire gli occhi a qcn.; ***soweit das ~ reicht*** a perdita d'occhio; ***ein ~ voll Schlaf nehmen*** = fare una dormitina; ***schlechte -n haben*** non avere la vista buona; ***jdm schöne -n machen*** fare gli occhi dolci a qcn.; ***um ihrer schönen blauen -n willen etw. tun*** fare qcs. per i suoi begli occhi; ***(jdm) schwarz vor den -n werden*** venir meno; ***etw. springt ins ~*** qcs. salta agli occhi; ***ihm stehen die Tränen in den -n*** ha le lacrime agli occhi; ***seinen (eigenen) -n nicht trauen*** non credere ai propri occhi; COLLOQ. ***da blieb kein ~ trocken*** = rimasero tutti visibilmente commossi; *(totlachen)* tutti risero fino alle lacrime; ***sich die -n verderben*** rovinarsi gli occhi; ***die -n verdrehen*** stralunare gli occhi; ***aus den -n verlieren*** perdere di vista; ***jdn, etw. mit den -n verschlingen*** mangiare qcn., qcs. con gli occhi; ***unter vier -n*** a quattr'occhi; ***vor aller -n*** davanti agli occhi di tutti; ***sich etw. vor -n halten*** tenere qcs. davanti agli occhi, tenere presente qcs.; ***klar vor -n liegen, stehen*** = essere evidente; ***sich die -n aus den Kopf weinen*** → ***sich die -n ausweinen***; ***ein ~ auf jdn, etw. werfen*** mettere gli occhi su qcn., su qcs.; ***~ um ~, Zahn um Zahn*** occhio per occhio, dente per dente; FIG. ***ein ~ zudrücken*** chiudere un occhio; ***kein ~ zutun*** non chiudere occhio; ***mit den -n zwinkern*** strizzare l'occhio, ammiccare; PROV. ***aus den -n, aus dem Sinn*** lontano dagli occhi, lontano dal cuore; ***vier -n sehen mehr als zwei*** quattro occhi vedono meglio di due.

Äu|gel|chen, Äu|ge|lein n. *(-s,-)* occhiolino *m.*, occhietto *m.* **äu|geln I** intr. (aus. *haben*) ***nach jdm ~*** guardare qcn. di nascosto, furtivamente **II** tr. inoculare, innestare a occhio. **Au|gen|arzt** m. *(-[e]s,-ärzte)* oculista *m.* **Au|gen|auf|schlag** m. *(-[e]s,-aufschläge)* sollevamento *m.* delle palpebre. **Au|gen|bank** f. *(-,-en)* MED. banca *f.* degli occhi.

Au|gen|blick m. *(-s,-e)* momento *m.*, attimo *m.*, istante *m.*: ***einen ~ bitte!*** un momento, prego! ***im letzten ~*** all'ultimo momento; ***im richtigen ~*** al momento giusto; ***alle -e*** tutti i momenti; ***jeden ~*** a momenti; ***im ~*** al momento (*o* per il momento); ***einen lichten ~ haben*** avere un attimo di lucidità; SCHERZ. avere un'illuminazione. **au|gen|blick|lich I** agg. **1** *(unverzüglich)* istantaneo **2** *(momentan)* momentaneo, del momento, attuale **II** avv. **1** *(sofort)* subito, istantaneamente **2** *(derzeitig)* momentaneamente, attualmente. **Au|gen|blicks|er|folg** m. *(-s,-e)* successo *m.* momentaneo, effimero. **Au|gen|blicks|sa|che** f. *(-,-n)* cosa *f.* di un momento, che dura un attimo.

Au|gen|braue f. *(-,-n)* sopracciglio *m.* **Au|gen|brau|en|stift** m. *(-[e]s,-e)* matita *f.* per sopracciglia. **Au|gen|de|ckel** m. *(-s,-)* COLLOQ. palpebra *f.* **Au|gen|di|ag|no|se** f. *(-)* iridologia *f.* **Au|gen|di|ag|nos|ti|ker** m. *(-s,-)* iridologo *m.* **au|gen|fäl|lig** agg. **1** evidente, palese **2** *(auffallend)* che dà nell'occhio. **Au|gen|fält|chen** pl. grinze *f.pl.* intorno agli occhi, zampe *f.pl.* di gallina. **Au|gen|far|be** f. *(-,-n)* colore *m.* degli occhi. **Au|gen|flim|mern** n. *(-s)* visione *f.* oscillante. **Au|gen|glas** n. *(-es,-gläser)* AUSTR. O ANT. *(Brille)* occhiali *m.pl.*; *(Fernrohr)* cannocchiale *m.*; *(Operngias)* binocolo *m.*; *(Monokel)* monocolo *m.* **Au|gen|heil|kun|de** f. *(-)* oculistica *f.*, oftalmologia *f.* **Au|gen|hö|he**, ***in ~*** all'altezza degli occhi. **Au|gen|höh|le** f. *(-,-n)* orbita *f.*, cavità *f.* oculare. **Au|gen|kli|nik** f. *(-,-en)* clinica *f.* oftalmica. **Au|gen|krank|heit** f. *(-,-en)* malattia *f.* degli occhi. **Au|gen|licht** n. *(-[e]s)* vista *f.*: ***das ~ verlieren*** perdere la vista. **Au|gen|lid** n. *(-s,-er)* palpebra *f.* **Au|gen|maß** n. *(-es)* capacità *f.* di misurare a occhio, occhio *m.*: ***~ haben*** avere occhio; ***nach dem ~*** stimando, misurando a occhio. **Au|gen|merk** n. *(-[e]s)* attenzione *f.*: ***das ~ auf etw. richten*** dirigere l'attenzione su qcs. **Au|gen|nerv** m. *(-s,-en)* nervo *m.* ottico. **Au|gen|pfle|ge** f. *(-)* COSMET. cura *f.* degli occhi. **Au|gen|rän|der** pl. bordi *m.pl.* degli occhi. **Au|gen|rin|ge, Au|gen|schat|ten** pl. occhiaie *f.pl.* **Au|gen|schein** m. *(-s)* **1** apparenza *f.*, aspetto *m.* **2** ispezione *f.*: ***jdn, etw. in ~ nehmen*** ispezionare qcn., qcs.; ***nach dem ~*** a prima vista. **au|gen|schein|lich** agg. manifesto, evidente. **Au|gen|schmaus** m. *(-es,-schmäuse)* SCHERZ. delizia *f.* per gli occhi. **Au|gen|schwä|che** f. *(-)* debolezza *f.* di vista, vista *f.* debole. **Au|gen|spie|gel** m. *(-s,-)* oftalmoscopio *m.* **Au|gen|stern** m. *(-s,-e)* **1** LETT. *(Pupille)* pupilla *f.* **2** pupillo *m.* **Au|gen|täu|schung** f. *(-,-en)* illusione *f.* ottica. **Au|gen|was|ser** n. *(-s,-)* collirio *m.* **Au|gen|wei|de** f. *(-)* delizia *f.* per gli occhi. **Au|gen|wim|per** f. *(-,-n)* ciglio *m.* **Au|gen|win|kel** m. *(-s,-)* coda *f.* dell'occhio: ***jdn aus den -n betrachten*** guardare qcn. con la coda dell'occhio. **Au|gen|wi|sche|rei** f. *(-,-en)* autoinganno *m.* **Au|gen|zeu|ge** m. *(-n,-n)* testimone *m.* oculare. **Au|gen|zit|tern** n. *(-s)* tremore *m.* oculare, MED. nistagmo *m.* **Au|gen|zwin|kern** n. *(-s)* occhiolino *m.*, strizzata *f.* d'occhi: ***sich durch ~ verständigen*** strizzare l'occhio in segno d'intesa.

Au|gi|as n.pr.m. Augia *m.* **Au|gi|as|stall** m. *(-[e]s)* stalle *f.pl.* di Augia.

Au|git m. *(-s,-e)* augite *f.*

Äug|lein n. *(-s,-)* occhietto *m.*, occhiolino *m.*

Augs|burg n.pr.n. *(-s)* Augusta *f.* **Augs|bur|ger I** agg.inv. di Augusta, augustano **II** m. *(-s,-)* abitante *m.* di Augusta. **augs|bur|gisch** agg. di Augusta, augustano ◆ STOR. ***Augsburgisches Bekenntnis, Augsburgische Konfession*** confessione augustana.

Au|gur m. *(-s* e *Auguren, Auguren)* augure *m.*

1.Au|gust m. *(-[e]s,-e)* agosto *m.*: ***Anfang, Ende ~*** all'inizio, alla fine di agosto; ***Mitte ~*** a metà agosto; ***im ~*** in (*o* ad) agosto; ***am ersten, am zweiten ~*** il primo, il due (di) agosto.

2.Au|gust n.pr.m. *(-[e]s,-e)* Augusto *m.* ◆ *(Clown)* ***dummer ~*** augusto. **au|gus|te|isch** agg. augusteo: ***-es Zeitalter*** età augustea.

Au|gus|ti|ner m. *(-s,-)* agostiniano *m.* **Au|gus|ti|ner|or|den** m. *(-s)* ordine *m.* agostiniano. **Au|gus|ti|ner|re|gel** f. *(-)* regola *f.* agostiniana. **Au|gus|ti|nus** n.pr.m. Agostino *m.* **Au|gus|tus** n.pr.m. Augusto *m.*

Auk|ti|on f. *(-,-en)* asta *f.*, vendita *f.* all'incanto: ***zur ~ bringen*** mettere all'asta. **Auk|ti|o|na|tor** m. *(-s,-en)* banditore *m.* (di aste). **auk|ti|o|nie|ren** tr. mettere all'asta, vendere all'incanto.

Au|la f. *(-, Aulen)* **1** aula *f.* **2** UNIV. aula *f.* magna.

au pair [o'pɛ:r] agg.inv. e avv. alla pari. **Au-pair-Mäd|chen** n. *(-s,-)* ragazza *f.* alla pari, au pair *f.* **Au-pair-Stel|le** f. *(-,-n)* lavoro *m.* alla pari.

Au|re|lie n.pr.f. Aurelia *f.*

Au|re|o|le f. *(-,-n)* LETT. METEOR. aureola *f.*

Au|re|o|my|zin n. *(-s)* aureomicina *f.*

Au|ri|kel f. *(-,-n)* BOT. auricola *f.*, orecchio *f.* d'orso.

au|ri|ku|lar, au|ri|ku|lär agg. auricolare.

1.Au|ro|ra n.pr.f. Aurora *f.*

2.Au|ro|ra f. *(-)* LETT. aurora *f.*

Au|ro|ra|fal|ter m. *(-s,-)* (farfalla *f.*) aurora *f.*

aus I prep. + dat. **1** *(lokal: von innen nach außen)* da: ***~ dem Haus gehen*** uscire di casa; ***ein Buch ~ dem Regal nehmen*** prendere un libro dallo scaffale; ***~ der Flasche trinken*** bere (d)alla bottiglia; ***~ der Nase bluten*** sanguinare dal naso **2** *(lokale und temporale Herkunft)* da, di: ***er kommt ~ Wien*** è di Vienna; ***~ adliger Familie*** di famiglia nobile; ***ein Bild ~ dem 16. Jahrhundert*** un quadro del XVI secolo; ***~ der Nähe*** da vicino; ***~ 100 m Entfernung*** da una distanza di 100 m; ***~ tiefem Schlaf erwachen*** svegliarsi da un sonno profondo **3** *(kausal: Grund, Ursache)* per: ***~ Mitleid, Neid (heraus)*** per compassione, per invidia; ***~ diesem Grund*** per questo motivo; ***~ Mangel an Geld*** per mancanza di denaro **4** *(modal: Qualität, stoffliche Beschaffenheit)* di, in: ***ein Ring ~ Gold*** un anello d'oro; ***eine Figur ~ Holz*** una statua in legno **5** *(Umwandlung, Fortentwicklung)* di, da: ***was soll ~ dir werden?*** cosa ne sarà di te? ***~ der Raupe entwickelt sich ein Schmetterling*** dal bruco si genera una farfalla; ***~ dem Deutschen übersetzen*** tradurre dal tedesco **6** AUSTR. *(in)* in: ***eine Eins ~ Latein*** un dieci in latino **II** avv. **1a** COLLOQ. *(vorbei, zu Ende)* finito: ***der Regen, die Schule, der Krieg ist ~*** la pioggia, la scuola, la guerra è finita; FIG. ***es ist ~ mit ihm*** è finita per lui; ***zwischen uns ist es ~*** tra noi è finita; ***mit dem schönen Leben ist es ~*** la bella vita è finita **b** *(ausgeschaltet)* spento: ***Licht ~!*** spegnere! ***die Kerze, das Radio ist ~*** la candela, la radio è spenta **c** *(Schluss)* ***~!*** basta! silenzio! **2** COLLOQ. *(ausgegangen)* uscito (di casa), fuori: ***er ist heute Abend ~*** stasera è fuori **3** SPORT *(Ball)* ***~ sein*** essere fuori (campo) **4a** ***von... ~*** da: ***von hier ~*** di qui; ***vom Fenster ~*** dalla finestra **b** *(von...an)* da, da...in poi: ***von Berlin ~*** da Berlino ◆ ***auf etw. (A) ~ sein*** mirare a qcs., tendere a qcs., cercare di raggiungere qcs. (che si desidera molto); *(von Tieren)* andare a caccia di qcs.; ***bei jdm ~ und ein gehen*** essere di casa da qcn.; ***~ Erfahrung sprechen*** parlare per esperienza; ***etw. ~ dem Gedächtnis wiederholen*** ripetere qcs. a memoria; ***~ sich heraus*** spontaneamente, per conto proprio; ***~ der Mode kommen*** diventare fuori moda; ***~ ihm spricht der Hass*** in lui è l'odio che parla; ***von mir ~*** per me, per conto mio; ***weder, nicht ~ noch ein wissen (nicht ein und ~ wissen)*** non sapere che pesci pigliare. **Aus** n. *(-)* SPORT ***ins ~ rollen*** rotolare fuori dal campo.

aus‿agie|ren tr. PSIC. agire.

aus‿apern REGION. **I** tr. liberare dalla neve: ***die Sonne apert die Hänge aus*** il sole scioglie la neve sui pendii **II** intr. (aus. *sein*) liberarsi dalla neve: ***die Hänge apern aus*** la neve dei pendii si scioglie.

aus‿ar|bei|ten I tr. **1** *(erarbeiten)* preparare, elaborare: ***einen Plan, einen Vertrag ~*** elaborare un piano, preparare un contratto **2** *(vollständig ausführen)* compiere, eseguire (completamente) **II** rifl. ***sich ~*** distendersi (con un lavoro fisico). **Aus|ar|bei|tung** f. *(-,-en)* **1** *(Erarbeitung)* preparazione *f.*, elaborazione *f.* **2** *(vollständige Ausführung)* compimento *m.*, esecuzione *f.*

aus‿ar|ten intr. (aus. *sein*) **1** ***in etw. (A) ~*** trasformarsi in qcs. (di negativo), degenerare in qcs.: ***der Scherz artete in Streit aus*** lo scherzo degenerò in lite **2** *(sich ungehörig benehmen)* trasformarsi (in qcs. di negativo), trascendere: ***wenn er zu viel trinkt, artet er aus*** quando beve troppo trascende **3** BIOL. ZOOL. degenerare. **Aus|ar|tung** f. *(-,-en)* BIOL. ZOOL. degenerazione *f.*

aus‿at|men intr. (aus. *haben*) espirare: ***durch den Mund, durch die Nase ~*** espirare dalla bocca, dal naso. **Aus|at|mung** f. *(-,-en)* espirazione *f.*

aus͜ba|cken tr. *(backt/bäckt, backte/*ANT. *buk, gebacken)* **1** cuocere al forno (fino in fondo) **2** ***in Öl ~*** friggere nell'olio. **aus͜ba|den** tr. COLLOQ. ***etw.*** ~ scontare qcs., pagare per qcs. (commesso da altri). **aus͜bag|gern** tr. **1a** escavare, scavare (con l'escavatrice) **b** MAR. dragare **2a** *(mit dem Bagger befreien)* sgomberare, pulire (con l'escavatrice) **b** MAR. dragare **3** *(mit dem Bagger herausheben)* togliere, tirare fuori (con l'escavatrice o la draga). **Aus|bag|ge|rung** f. *(-,-en)* **1** escavazione *f.* **2** MAR. dragaggio *m.* **aus͜ba|ken** tr. segnalare con boe. **aus͜ba|lan|cie|ren** [-balaŋsi:rən] **I** tr. **1** MECC. EL. equilibrare **2** FIG. equilibrare, bilanciare **II** rifl. **sich** ~ bilanciarsi, equilibrarsi. **aus͜bal|do|wern** tr. COLLOQ. (riuscire a) trovare, scoprire: ***ein Versteck ~*** scoprire un nascondiglio. **Aus|ball** m. *(-[e]s,-bälle)* SPORT palla *f.* fuori (campo). **Aus|bau** m. *(-[e]s,-ten)* **1** smontaggio *m.*: ***der ~ der Batterie*** lo smontaggio della batteria **2** *(Erweiterung)* ampliamento *m.*, sviluppo *m.* **3** EDIL. *(Umgestaltung)* trasformazione *f.*, ristrutturazione *f.* **aus͜bau|en** tr. **1** smontare, rimuovere: ***den Motor ~*** smontare il motore (dall'auto) **2** *(erweitern)* ampliare, sviluppare **3** *(weiterentwickeln, verbessern)* potenziare, estendere: ***seinen Wirkungsbereich ~*** estendere il proprio campo d'azione **4** *(umgestalten)* trasformare, ristrutturare: ***das Dachgeschoss zu einer Wohnung ~*** trasformare la soffitta in un appartamento. **aus|bau|fä|hig** agg. **1** ampliabile, che si può allargare **2** *(verbesserungsfähig)* che si può potenziare, che si può estendere. **aus͜be|din|gen** rifl. *(bedang, bedungen)* ***sich (D) etw. ~*** riservarsi qcs., porre qcs. come condizione: ***sich das Recht ~, etw. zu tun*** riservarsi il diritto di fare qcs. **aus͜bei|ßen** rifl. *(biss, gebissen)* ***sich (D) einen Zahn (an etw. [D]) ~*** rompersi un dente (mordendo qcs.); ***ich habe mir eine Zahnfüllung ausgebissen*** mi è saltata un'otturazione (masticando). **aus͜be|kom|men** tr. *(bekam, bekommen)* COLLOQ. *(Kleidungsstücke)* riuscire a togliere. **aus͜bes|sern** tr. **1** riparare, aggiustare: ***das Dach, einen Schaden ~*** riparare il tetto, un guasto **2** *(flicken)* rammendare, rattoppare. **Aus|bes|se|rung** f. *(-,-en)* **1** riparazione *f.* **2** *(das Flicken)* rammendo *m.* **aus|bes|se|rungs|be|dürf|tig** agg. **1** da riparare, che richiede riparazioni **2** *(zu flicken)* da rammendare. **aus͜be|to|nie|ren** tr. rivestire di cemento, cementare. **aus͜beu|len** **I** tr. **1** *(Kleidungsstücke)* sformare **2a** ***etw.*** ~ togliere le ammaccature a qcs., raddrizzare qcs.: ***das Blech ~*** raddrizzare la lamiera **b** ***den Hut ~*** ridare forma al cappello **II** rifl. **sich** ~ sformarsi. **Aus|beu|te** f. *(-,-n)* rendimento *m.*, resa *f.*: ***eine spärliche ~ an Erzen*** uno scarso rendimento di minerali; ***die wissenschaftliche ~ einer Arbeit*** il risultato scientifico di un lavoro. **aus͜beu|teln** tr. REGION. **1** *(ausbeulen)* sformare **2** *(beim Spiel)* pulire, pelare (al gioco) **3** *(ausfragen)* interrogare **4** *(ausschütteln)* scuotere. **aus͜beu|ten** tr. **1** *(ausnutzen)* sfruttare: ***die Arbeiter, jds Schwäche ~*** sfruttare i lavoratori, la debolezza di qcn.; ***eine Grube ~*** sfruttare una miniera **2** ***historische Quellen ~*** attingere a fonti storiche. **Aus|beu|ter** m. *(-s,-)* sfruttatore *m.*, profittatore *m.* **Aus|beu|ter|klas|se** f. *(-)* classe *f.* degli sfruttatori. **Aus|beu|tung** f. *(-,-en)* sfruttamento *m.* **aus͜be|zah|len** tr. **1** *(auszahlen)* pagare, corrispondere: ***das Gehalt ~*** pagare lo stipendio **2** liquidare: ***die Erben ~*** liquidare gli eredi. **Aus|be|zah|lung** f. *(-,-en)* pagamento *m.*, corresponsione *f.*; *(eines Vermögens)* liquidazione *f.* **aus͜bie|gen** *(bog, gebogen)* **I** tr. raddrizzare **II** intr. (aus. *sein*) REGION. ***jdm ~*** evitare, scansare qcn. **aus͜bie|ten** tr. *(bot, geboten)* **1** RAR. mettere in vendita **2** *(bei Versteigerungen)* mettere all'asta. **aus͜bil|den** **I** tr. **1** addestrare, istruire, formare: ***Lehrlinge, Rekruten ~*** formare apprendisti, addestrare reclute; ***jdn zu einem Beruf ~*** preparare qcn. a una professione; ***jdn im Zeichnen ~*** istruire qcn. nel disegno **2** *(entwickeln)* sviluppare: ***seine Fähigkeiten ~*** sviluppare le proprie capacità; ***ein Verhalten ~*** sviluppare un comportamento **3** *(hervorbringen)* ***die Bäume bilden Blätter aus*** gli alberi mettono le foglie **II** rifl. **sich ~ 1** istruirsi, formarsi: ***sich als Pianist, zum Pianisten ~*** studiare da pianista **2** *(sich entwickeln)* svilupparsi, formarsi. **Aus|bil|den|de** m. e f. *(-n,-n)* istruttore *m.* (-trice *f.*). **Aus|bil|der** m. *(-s,-)* istruttore *m.* (militare). **Aus|bil|dung** f. *(-,-en)* **1a** addestramento *m.*, istruzione *f.*, formazione *f.*: ***berufliche ~*** formazione professionale **b** *(Lehrzeit)* tirocinio *m.*, apprendistato *m.* **2** *(Entwicklung)* sviluppo *m.* **3** *(das Hervorbringen)* sviluppo *m.*, formazione *f.* **Aus|bil|dungs|bei|hil|fe** f. *(-,-en)* = sovvenzione *f.* (statale) per la formazione professionale. **Aus|bil|dungs|för|de|rung** f. *(-,-en)* sovvenzione *f.* (statale e regionale) per la formazione professionale. **Aus|bil|dungs|lehr|gang** m. *(-[e]s,-gänge)* corso *m.* di formazione (professionale); MIL. (corso *m.* di) addestramento *m.* **Aus|bil|dungs|stät|te** f. *(-,-n)* centro *m.* di formazione.

aus͜bit|ten rifl. *(bat, gebeten)* ***sich (D) etw. ~*** **1** (ri)chiedere qcs. (per sé): ***sich etw. als Andenken ~*** chiedere qcs. per ricordo **2** *(verlangen)* esigere, pretendere qcs.: ***sich Ruhe ~*** pretendere silenzio. **aus͜bla|sen** tr. *(bläst, blies, geblasen)* **1** spegnere (soffiando): ***Streichhölzer, Kerzen ~*** spegnere fiammiferi, candele **2** pulire (soffiando): ***den Rasierapparat ~*** pulire il rasoio. **aus͜blei|ben** intr. *(blieb, geblieben;* aus. *sein)* **1a** *(fernbleiben)* non venire, non arrivare: ***die Kunden bleiben aus*** i clienti non arrivano **b** *(nicht eintreten)* non arrivare, non verificarsi, non avvenire: ***der Erfolg blieb aus*** il successo non arrivò; ***die Folgen werden nicht ~*** non mancheranno le conseguenze **2** stare via, restare fuori: ***lange, über Nacht ~*** stare via molto tempo, restare fuori la notte. **aus͜blei|chen** **I** tr. sbiadire **II** intr. *(blich, geblichen;* aus. *sein)* sbiadire, sbiadirsi. **aus͜blen|den** **I** tr. CINEM. RAD. TELEV. interrompere; ***den Ton ~*** togliere l'audio **II** rifl. **sich** ~ interrompersi. **Aus|blen|dung** f. *(-,-en)* CINEM. RAD. TELEV. interruzione *f.* **Aus|blick** m. *(-[e]s,-e)* **1** *(weiter Blick)* vista *f.*, visuale *f.*: ***jdm den ~ versperren*** impedire a qcn. la vista **2** *(Vorausschau)* previsione *f.* **aus͜bli|cken** intr. (aus. *haben*) ***nach jdm, etw. ~*** guardarsi intorno in cerca (*o* in attesa) di qcn., di qcs. **aus͜blü|hen** intr. **1** (aus. *haben*) sfiorire, appassire **2** (aus. *sein*) EDIL. GEOL. MIN. fiorire, formare efflorescenze. **aus͜blu|ten** **I** intr. **1** *(leer bluten;* aus. *sein)* dissanguarsi (anche FIG.) **2** *(von Wunden;* aus. *haben)* smettere di sanguinare **II** rifl. **sich** ~ FIG. dissanguarsi. **aus͜bom|ben** tr. distruggere con bombardamenti; ***sein Haus wurde ausgebombt*** la sua casa fu distrutta dalle bombe (*o* dai bombardamenti). **aus͜boo|ten** **I** tr. **1** MAR. portare a terra (con una barca), sbarcare **2** COLLOQ. FIG. silurare: ***den Generaldirektor ~*** silurare il direttore generale **II** intr. (aus. *sein*) MAR. andare a terra (con una barca), sbarcare. **Aus|boo|tung** f. *(-,-en)* **1** lo sbarcare **2** COLLOQ. FIG. siluramento *m.* **aus͜bor|gen** REGION. **I** tr. *(leihen)* prestare **II** rifl. ***sich (D) etw. ~*** prendere qcs. in prestito, farsi prestare qcs. **aus͜bra|ten** *(brät, briet, gebraten)* **I** tr. **1** cuocere, arrostire a puntino **2** ***Speck ~*** far colare il lardo (cuocendo) **II** intr. (aus. *sein*) colare (durante la cottura). **aus͜bre|chen** *(bricht, brach, gebrochen)* **I** tr. **1a** *(herausbrechen)* cavare, staccare, togliere (rompendo); ***Steine ~*** staccare pietre (dal muro) **b** EDIL. aprire: ***eine Tür ~*** aprire una porta nel muro **2** *(erbrechen)* vomitare, rigettare **II** intr. (aus. *sein*) **1** *(herausbrechen)* staccarsi, togliersi **2a** scappare, fuggire: ***aus dem Gefängnis, aus dem Käfig ~*** fuggire di prigione, scappare dalla gabbia **b** FIG. ***aus dem Alltag, aus einem Teufelskreis ~*** fuggire dalla vita quotidiana, uscire da un circolo vizioso **3** *(von Reittieren)* scartare; *(vom Auto)* sbandare **4a** *(plötzlich beginnen)* scoppiare: ***der Krieg, der Brand, eine Krise, eine Seuche bricht aus*** scoppia la guerra, l'incendio, una crisi, un'epidemia **b** *(von Vulkanen)* entrare in eruzione ◆ ***in Gelächter ~*** mettersi a ridere; ***ihm brach der Schweiß aus*** si mise improvvisamente a sudare; ***in Tränen ~*** scoppiare in lacrime (*o* in pianto); ***in Wut ~*** avere uno scoppio di rabbia; ***sich (D) einen Zahn ~*** rompersi un dente. **Aus|bre|cher** m. *(-s,-)* **1** COLLOQ. evaso *m.* **2** *(Tier)* animale *m.* fuggito. **aus͜brei|ten** **I** tr. **1** disporre, sistemare: ***die Karten auf dem Tisch ~*** disporre le carte sul tavolo **2a** *(entfalten)* spiegare, distendere: ***das Tischtuch ~*** distendere la tovaglia **b** FIG. esporre: ***seinen Plan ~*** esporre il proprio piano **3** *(seitwärts ausstrecken)* aprire, allargare; *(von Flügeln)* spiegare **II** rifl. **sich ~ 1a** diffondersi, estendersi, propagarsi: ***das Feuer, die Krankheit breitete sich aus*** il fuoco si propagò, la malattia si diffuse **b** *(sich erstrecken)* estendersi **2** LETT. *(weitschweifig erörtern)* ***sich über etw. (A) ~*** diffondersi su qcs. **3** COLLOQ. distendersi, allungarsi: ***er hat sich auf dem Sofa ausgebreitet*** si è allungato sul divano. **Aus|brei|tung** f. *(-,-en)* **1** disposizione *f.* **2a** *(Entfaltung)* ampliamento *m.* **b** FIG. esposizione *f.* **3a** *(Verbreitung)* diffusione *f.*, estensione *f.*; *(von Krankheiten)* il propagarsi **b** *(Erstreckung)* l'estendersi, estensione *f.* **aus͜bren|nen** *(brannte, gebrannt)* **I** intr. (aus. *sein*) **1** *(von Kerzen, Feuer)* consumarsi (bruciando), cessare di ardere **2a** *(zerstört werden)* essere distrutto (dal fuoco): ***das Gebäude brannte völlig aus*** l'edificio fu completamente distrutto dal fuoco **b** COLLOQ. = perdere i propri averi in un incendio: ***sie sind im Krieg völlig ausgebrannt*** durante la guerra hanno perso tutto in un incendio **II** tr. **1** *(durch Feuer vernichten)* distruggere col fuoco, bruciare **2** *(Wunde, Warzen)* MED. cauterizzare, COLLOQ. bruciare.

aus‿brin|gen tr. *(brachte, gebracht)* **1** ***einen Trinkspruch, einen Toast auf jdn, etw.*** ~ fare un brindisi (*o* brindare) a qcn. **2** ***Dünger*** ~ spargere concime.

Aus|bruch m. *(-[e]s,-brüche)* **1a** *(Flucht)* fuga *f.*; *(von Gefangenen)* evasione *f.*; FIG. ***der ~ aus der bürgerlichen Gesellschaft*** la fuga dalla società borghese **b** MIL. sortita *f.* **2a** *(plötzlicher Beginn)* scoppio *m.*: ***der ~ des Kriegs, einer Seuche*** lo scoppio della guerra, di un'epidemia **b** *(von Vulkanen)* eruzione *f.* **c** FIG. sfogo *m.*, accesso *m.*: ***ein ~ von Zorn*** uno sfogo d'ira. **aus|bruchs|si|cher** agg. a prova di evasione. **Aus|bruchs|ver|such** m. *(-[e]s,-e)* **1** tentativo *m.* di evasione **2** MIL. tentativo *m.* di sortita.

aus‿brü|ten tr. covare (anche FIG.): ***Hass, eine Krankheit ~*** covare odio, una malattia. **Aus|brü|tung** f. *(-)* cova *f.*

aus‿bu|chen tr. **1** esaurire fino all'ultimo posto **2** COMM. cancellare.

aus‿bud|deln tr. REGION. **1** dissotterrare **2** FIG. tirare fuori, riesumare.

aus‿bü|geln tr. **1a** stirare **b** *(Falten)* togliere stirando **2** COLLOQ. spianare, mettere a posto.

aus‿bu|hen tr. COLLOQ. fischiare: ***die Mannschaft ~*** fischiare la squadra.

Aus|bund m. *(-[e]s)* modello *m.*, esempio *m.*, IRON. mostro *m.*: ***ein ~ an Fleiß*** un mostro di laboriosità; ***ein ~ an, von Tugend*** un modello di virtù; ***ein ~ von einem Taugenichts*** un perfetto buono a nulla.

aus‿bür|gern tr. privare della cittadinanza. **Aus|bür|ge|rung** f. *(-,-en)* privazione *f.* della cittadinanza.

aus‿bürs|ten tr. **1** *(Kleider, Haar)* spazzolare **2** *(Staub, Flecke)* spazzolare via, togliere con la spazzola.

Aus|dau|er f. *(-)* perseveranza *f.*, costanza *f.*, tenacia *f.* **aus‿dau|ern** intr. (aus. *haben*) durare, persistere. **aus|dau|ernd** p.pres. agg. **1** → **ausdauern** **2** perseverante, tenace **3** BOT. perenne.

aus|dehn|bar agg. **1** estensibile, dilatabile **2** FIG. estensibile, ampliabile, prolungabile. **Aus|dehn|bar|keit** f. *(-)* **1** dilatabilità *f.* **2** FIG. estensibilità *f.*, prolungabilità *f.*, ampliabilità *f.* **aus‿deh|nen** **I** tr. **1** *(ausweiten)* dilatare, espandere, allargare: ***ein Gummiband ~*** tirare (*o* tendere) un elastico **2** FIG. estendere, allargare: ***seine Herrschaft auf etw. (A) ~*** estendere il proprio dominio a qcs. **3** *(verlängern)* prolungare, protrarre: ***den Aufenthalt über Wochen ~*** prolungare il soggiorno per settimane **II** rifl. **sich ~** **1** espandersi, dilatarsi: ***Gas dehnt sich durch Erwärmung aus*** il gas si dilata quando viene riscaldato **2** *(sich ausbreiten)* estendersi, espandersi: ***der Krieg dehnt sich über das ganze Land aus*** la guerra si estende a tutto il paese **3** *(sich erstrecken)* estendersi **4** *(lange dauern)* protrarsi, durare (a lungo). **Aus|deh|nung** f. *(-,-en)* **1a** espansione *f.*, dilatazione *f.* **b** FIG. estensione *f.*, allargamento *m.*, ampliamento *m.* **2** *(Ausbreitung)* estensione *f.*, diffusione *f.*, allargamento *m.* **3** *(Erstreckung)* estensione *f.* **4** *(zeitlich)* prolungamento *m.* **Aus|deh|nungs|ko|ef|fi|zi|ent** m. *(-en,-en)* FIS. coefficiente *m.* di dilatazione. **Aus|deh|nungs|kraft** f. *(-,-kräfte)* forza *f.* d'espansione. **Aus|deh|nungs|ver|mö|gen** n. *(-s)* FIS. potere *m.* di dilatazione (*o* di espansione).

aus|denk|bar agg. immaginabile, concepibile. **aus‿den|ken** *(dachte, gedacht)* **I** tr. **1** pensare fino in fondo, considerare a fondo **2** ideare, concepire: ***eine neue Mode ~*** ideare una nuova moda **II** rifl. ***sich (D) etw. ~*** **1** ideare, escogitare, concepire: ***sich einen Trick ~*** escogitare uno stratagemma **2** *(sich vorstellen)* immaginarsi, inventarsi: ***ist das wahr, oder hast du dir das ausgedacht?*** è vero, o te lo sei inventato? ◆ ***nicht auszudenken!*** inconcepibile!

aus‿deu|ten tr. interpretare. **Aus|deu|tung** f. *(-,-en)* interpretazione *f.*

aus‿die|nen intr. (aus. *haben*) **1** MIL. ANT. finire il servizio militare, congedarsi **2** COLLOQ. ***ausgedient haben*** essere inservibile.

aus‿dif|fe|ren|zie|ren rifl. **sich ~** differenziarsi, (di)staccarsi.

aus‿dis|ku|tie|ren tr. discutere a fondo.

aus‿dor|ren intr. (aus. *sein*) (dis)seccarsi, inaridirsi.

aus‿dör|ren **I** intr. (aus. *sein*) → **ausdorren** **II** tr. (dis)seccare, (far) inaridire.

aus‿dre|hen tr. **1** spegnere: ***das Radio ~*** spegnere la radio **2** chiudere: ***das Gas ~*** chiudere il gas **3** TECN. tornire.

aus‿dre|schen tr. *(drischt, drosch, gedroschen)* trebbiare.

1.Aus|druck m. *(-[e]s,-drücke)* **1** *(Wort, Wendung)* termine *m.*, espressione *f.*: ***den richtigen ~ nicht finden*** non trovare l'espressione giusta **2a** *(Ausdrucksweise)* modo *m.* di esprimersi, tono *m.* **b** *(Aussagekraft)* espressione *f.*: ***ein Gedicht mit viel ~ vortragen*** recitare una poesia con molta espressione **3** espressione *f.*, manifestazione *f.*: ***mit dem ~ meines tiefen Bedauerns*** con l'espressione del mio profondo rincrescimento **4** *(Miene)* espressione *f.*, aspetto *m.* **5** MAT. espressione *f.* ◆ ***etw. zum ~ bringen, geben*** esprimere, manifestare qcs.; ***in etw. (D) zum ~ kommen*** esprimersi in qcs.; ANT. ***mit dem ~ meiner vorzüglichen Hochachtung*** con l'espressione della mia più viva stima; ***sich im ~ vergreifen*** sbagliare tono; ***etw. (D) ~ verleihen*** esternare qcs.

2.Aus|druck m. *(-[e]s,-e)* **1** stampa *f.*, stampata *f.* **2** INFORM. uscita *f.*, output *m.*

aus|drück|bar agg. esprimibile.

aus‿dru|cken tr. stampare: ***einen Text, die erste Auflage ~*** stampare un testo, la prima edizione.

aus‿drü|cken **I** tr. **1a** spremere: ***eine Zitrone ~*** spremere un limone **b** *(Pickel)* schiacciare **2** spegnere: ***die Zigarette ~*** spegnere la sigaretta **3a** esprimere, manifestare: ***jdm seine Dankbarkeit ~*** esprimere a qcn. la propria gratitudine; ***seine Haltung drückt Müdigkeit aus*** il suo atteggiamento manifesta stanchezza **b** esprimere, formulare, dire: ***etw. verständlich ~*** formulare qcs. in modo comprensibile **II** rifl. **sich ~** **1** esprimersi, parlare: ***sich gewählt ~*** parlare in modo ricercato **2** *(offenbar werden)* esprimersi, manifestarsi. **aus|drück|lich** **I** agg. espresso, esplicito, dichiarato: ***auf seinen -en Wunsch*** su suo espresso desiderio; ***eine -e Erlaubnis*** un permesso esplicito **II** avv. espressamente, esplicitamente ◆ ***etw. ~ betonen*** far rilevare qcs. in modo particolare.

Aus|drucks|fä|hig|keit f. *(-)* capacità *f.* espressiva, espressività *f.* **Aus|drucks|kraft** f. *(-)* forza *f.* espressiva. **aus|drucks|los** **I** agg. privo di espressione, inespressivo **II** avv. senza espressione. **Aus|drucks|lo|sig|keit** f. *(-)* inespressività *f.* **aus|drucks|stark** agg. espressivo. **Aus|drucks|ver|mö|gen** n. *(-s)* → **Ausdrucksfähigkeit**. **aus|drucks|voll** **I** agg. pieno di espressione, espressivo **II** avv. con espressione. **Aus|drucks|wei|se** f. *(-,-n)* modo *m.* di esprimersi.

Aus|drusch m. *(-[e]s,-e)* **1** trebbiatura *f.* **2** *(Ertrag des Dreschens)* grano *m.* trebbiato, prodotto *m.* della trebbiatura.

aus‿dün|nen tr. **1** AGR. diradare, sfoltire **2** *(Haare)* sfoltire.

aus‿duns|ten, aus‿düns|ten **I** tr. esalare, emanare (per evaporazione) **II** intr. (aus. *haben*) svaporare. **Aus|duns|tung, Aus|düns|tung** f. *(-,-en)* evaporazione *f.*, esalazione *f.*

aus|ei|nan|der avv. separatamente, staccato, (lontano) l'uno dall'altro: ***weit ~ wohnen*** vivere lontano l'uno dall'altro; ***wir sind sechs Monate ~*** tra noi c'è una differenza (di età) di sei mesi; COLLOQ. ***~ sein*** essere separati, essere divisi; ***~ bekommen, ~ kriegen*** riuscire a dividere, a separare, a scomporre; ***~ biegen*** distanziare, separare (piegando), piegare; ***~ brechen*** rompere, spezzare; rompersi, spezzarsi (anche FIG.); ***~ bringen*** **1** riuscire a staccare: ***die verklebten Seiten nicht ~ bringen*** non riuscire a staccare le pagine incollate **2** *(Menschen, Tiere)* dividere, separare l'uno dall'altro; ***~ dividieren*** dividere, separare (in singoli gruppi, elementi); GEOL. ***~ driften*** separarsi, staccarsi (l'uno dall'altro); FIG. distanziarsi, allontanarsi; ***~ fallen*** rompersi, cadere in pezzi; FIG. disgregarsi; ***~ falten*** spiegare, stendere; ***~ gehen*** *(sich trennen)* separarsi, staccarsi; *(von Straßen)* divergere; FIG. *(von Meinungen)* divergere, differire; COLLOQ. *(von Beziehungen)* sciogliersi, spezzarsi, rompersi; COLLOQ. *(dick werden)* allargarsi, ingrassare; ***~ halten*** tenere separato l'uno dall'altro; FIG. differenziare, distinguere l'uno dall'altro; ***~ jagen*** *(Menschen, Tiere)* dividere, separare con violenza; ***~ klaffen*** *(klaffend offenstehen)* essere spalancato; FIG. *(nicht übereinstimmen)* divergere completamente, essere in assoluto contrasto; ***~ klamüsern*** districare; *(erklären)* spiegare; COLLOQ. ***~ kommen*** perdersi di vista, diventare estranei; ***~ laufen*** *(von Personen)* sparpagliarsi, dividersi correndo; *(von Wegen)* divergere; colare, spandersi: ***die Farbe ist auf dem Tisch ~ gelaufen*** il colore si è sparso sul tavolo; ***sich ~ leben*** diventare reciprocamente estranei; ***~ legen*** *(ausbreiten)* stendere, distendere; *(zerlegen)* smontare, scomporre; FIG. *(erklären)* esporre, spiegare; ***~ nehmen*** disfare, scomporre, smontare; COLLOQ. FIG. stracciare, distruggere; ***~ reißen*** stracciare, fare a pezzi; *(Menschen)* separare (a forza) l'uno dall'altro; ***~ rücken*** allontanare (spingendo): ***Tische ~ rücken*** allontanare i tavoli; ***am Tisch ~ rücken*** fare posto a tavola (scostandosi); ***~ scheuchen*** separare, disperdere; ***~ setzen*** chiarire, spiegare, esporre; ***jdm seine Pläne ~ setzen*** esporre a qcn. i propri progetti; DIR. ***Besitz ~ setzen*** ripartire proprietà (per via legale); ***sich mit jdm ~ setzen*** discutere, confrontarsi con qcn.; occuparsi (a fondo) di: ***sich mit einer Frage ~ setzen*** occuparsi (a fondo) di una questione; ***~ spreizen*** divaricare: ***die Beine ~ spreizen*** divaricare le gambe; ***~ stieben*** fuggire in tutte le direzioni;

~ streben tendere ad allontanarsi; tendere a separarsi; FIG. divergere; ***~ treiben*** disperdere: ***der Wind hat die Wolken ~ getrieben*** il vento ha disperso le nubi; disperdersi; ***~ ziehen*** (di)stendere, allungare: ***den Teig ~ ziehen*** stendere la pasta; ***sich ~ ziehen*** disperdersi.

Aus|ei|nan|der|set|zung f. *(-,-en)* **1** l'occuparsi (a fondo): ***die ~ mit einem Phänomen*** l'occuparsi (a fondo) di un fenomeno **2** discussione *f.*, diverbio *m.*: ***eine erregte ~*** una discussione animata **3** conflitto *m.*: ***eine militärische ~*** un conflitto armato.

aus|er|ko|ren agg. LETT. scelto, prescelto: ***zu etw. ~ sein*** essere prescelto per qcs.

1.aus‿er|le|sen *(erliest, erlas, erlesen)* tr. RAR. ***jdn zu etw. ~*** prescegliere, destinare qcn. a qcs.

2.aus|er|le|sen p.pass. agg. **1** → **1.auserlesen** **2** squisito, eccellente, prelibato: ***ein -er Wein*** un vino squisito **3** rafforz. ***~ schöne Bilder*** quadri di rara bellezza.

1.aus‿er|se|hen tr. *(ersieht, ersah, ersehen)* scegliere, prescegliere, destinare.

2.aus|er|se|hen p.pass. agg. **1** → **1.ausersehen** **2** scelto, prescelto, predestinato: ***zu Großem ~ sein*** essere predestinato a qcs. di grande.

aus‿er|wäh|len tr. scegliere, prescegliere. **Aus|er|wähl|te** m. e f. *(-n,-n)* **1** prescelto *m.* (-a *f.*), eletto *m.* (-a *f.*) **2** SCHERZ. *(Verlobte)* prescelto *m.* (-a *f.*).

aus|fahr|bar agg. **1** *(von Leitern, Antennen)* allungabile **2** *(von Landeklappen)* abbassabile. **aus‿fah|ren** *(fährt, fuhr, gefahren)* **I** tr. **1** condurre fuori, portare a passeggio: ***ein Baby ~*** portare un bambino a passeggio (in carrozzina) **2** *(verteilen)* consegnare (con un mezzo): ***Pakete ~*** consegnare pacchi **3** *(Piste, Bahn)* rovinare (passando sopra) **4** *(ganz durchfahren)* percorrere in tutta la sua lunghezza **II** intr. (aus. *sein*) **1** uscire; partire **2** *(spazieren fahren)* uscire, andare in gita **3** ***mit dem Arm ~*** fare un movimento brusco con il braccio ◆ ***eine Kurve ~*** prendere una curva larga; ***ein Rennen ~*** disputare una corsa automobilistica; ***einen Wagen ~*** sfruttare al massimo la potenza di una macchina. **aus|fah|rend** p.pres. agg. **1** → **ausfahren** **2** ***-e Bewegungen machen*** gesticolare. **Aus|fah|rer** m. *(-s,-)* fattorino *m.* **Aus|fahr|sig|nal** n. *(-s,-e)* segnale *m.* di partenza. **Aus|fahrt** f. *(-,-en)* **1** partenza *f.*: ***der Zug hat noch keine ~*** il treno non può ancora partire **2** uscita *f.*: ***die ~ des Hafens*** l'uscita del porto; ***die ~ des Hofes*** l'uscita del cortile ◆ ***(bitte die) ~ freihalten*** lasciare libero il passaggio.

Aus|fall m. *(-[e]s,-fälle)* **1** caduta *f.*: ***der ~ der Haare*** la caduta dei capelli **2a** ECON. perdita *f.*: ***Ausfälle in der Produktion*** perdite nella produzione **b** *(Defizit)* disavanzo *m.* **c** *(in der Kasse)* ammanco *m.* **3** sospensione *f.*, soppressione *f.*, annullamento *m.*: ***der ~ des Unterrichts*** l'annullamento della lezione **4** esito *m.*, risultato *m.*: ***der ~ der Klassenarbeit*** l'esito del compito in classe **5** FIG. *(beleidigende Äußerung)* insulto *m.*, ingiuria *f.* **6** *(von Motoren)* guasto *m.*, avaria *f.* **7** MIL. sortita *f.* **8** SPORT attacco *m.* (nella scherma).

aus‿fal|len intr. *(fällt, fiel, gefallen*; aus. *sein)* **1** cadere: ***die Haare fallen (ihm) aus*** (gli) cadono i capelli **2** essere sospeso, non aver luogo, saltare: ***der Unterricht fällt aus*** la lezione salta **3a** *(Verdienst)* venire a mancare **b** essere assente, mancare: ***wegen einer Krankheit ~*** essere assente per malattia **4** incepparsi, bloccarsi: ***die Maschine ist ausgefallen*** la macchina si è inceppata **5** andare, riuscire: ***die Klassenarbeit ist gut ausgefallen*** il compito in classe è andato bene **6** CHIM. precipitare.

aus‿fäl|len tr. CHIM. far precipitare.

aus|fal|lend p.pres. agg. **1** → **ausfallen** **2** insultante, pungente: ***eine -e Bemerkung*** un'osservazione pungente **3** ***-e Armbewegungen*** gesti ampi e concitati. **aus|fäl|lig** agg. → **ausfallend.** **Aus|fall|stra|ße** f. *(-,-n)* (strada *f.*) radiale *f.*

aus‿fal|ten tr. spiegare, aprire: ***einen Stadtplan ~*** spiegare una pianta della città.

aus‿fa|sern intr. (aus. *sein, haben*) sfilacciarsi.

aus‿fech|ten tr. *(ficht, focht, gefochten)* condurre fino in fondo: ***einen Prozess ~*** condurre fino in fondo un processo ◆ ***das müsst ihr unter euch ~!*** dovete sbrigarvela da soli!

aus‿fei|len tr. limare (anche FIG.).

aus‿fer|ti|gen tr. BUROCR. **1** rilasciare: ***einen Pass ~*** rilasciare un passaporto **2** stendere, redigere: ***einen Vertrag ~*** stendere un contratto **3** *(Gesetze)* firmare. **Aus|fer|ti|gung** f. *(-,-en)* **1** *(von Dokumenten)* rilascio *m.* **2** *(Abfassung)* stesura *f.*, redazione *f.* **3** *(Exemplar)* copia *f.* (conforme all'originale): ***zweite ~*** duplicato *m.*; ***in zweifacher ~*** in duplice copia. **Aus|fer|ti|gungs|da|tum** n. *(-s,-daten)* data *f.* di rilascio. **Aus|fer|ti|gungs|ge|bühr** f. *(-,-en)* costo *m.* (*o* diritto *m.*) di cancelleria.

aus‿fet|ten tr. ungere: ***eine Backform ~*** ungere una teglia.

aus‿fin|den tr. *(fand, gefunden)* RAR. trovare, scoprire. **aus|fin|dig, *jdn, etw. ~ machen*** riuscire a trovare, scoprire qcn., qcs.

aus‿fli|cken tr. rattoppare, rappezzare.

aus‿flie|gen *(flog, geflogen)* **I** intr. (aus. *sein*) **1** *(von Vögeln)* prendere il volo, volare via **2** COLLOQ. uscire (di casa) **II** tr. portare via con l'aereo: ***die Verwundeten ~*** portare via i feriti con l'aereo.

aus‿flie|sen tr. piastrellare, rivestire di piastrelle.

aus‿flie|ßen intr. *(floss, geflossen;* aus. *sein)* **1** scorrere fuori, fuoriuscire: ***das Benzin fließt aus dem Tank aus*** la benzina fuoriesce dal serbatoio **2** svuotarsi, vuotarsi del (liquido) contenuto: ***das Fass fließt aus*** la botte si svuota.

aus‿flip|pen intr. (aus. *sein*) COLLOQ. **1** *(verrückt werden)* perdere la testa, partire **2** *(durch Drogengenuss)* essere flippato, strippato **3** vivere in contrasto con la società.

aus‿flo|cken **I** tr. CHIM. far flocculare **II** intr. (aus. *sein*) CHIM. flocculare.

Aus|flucht f. *(-,-flüchte)* **1** scusa *f.*, pretesto *m.*: ***das sind alles nur Ausflüchte*** sono tutte scuse **2** via *f.* d'uscita, di scampo, scappatoia *f.*: ***es gibt keine ~*** non c'è (via di) scampo ◆ ***Ausflüchte machen*** servirsi di sotterfugi.

Aus|flug m. *(-[e]s,-flüge)* **1** *(Wanderung)* gita *f.*: ***ein ~ ins Grüne*** una gita in campagna; ***einen ~ machen, unternehmen*** fare, intraprendere una gita **2** FIG. viaggio *m.*: ***ein ~ in die Theorie, in die Welt der Fantasie*** una digressione nella teoria, un viaggio nel mondo della fantasia. **Aus|flüg|ler** m. *(-s,-)* gitante *m.* **Aus|flugs|lo|kal** n. *(-[e]s,-e)* locale *m.* per gitanti. **Aus|flugs|ort** m. *(-[e]s,-e)* luogo *m.* frequentato da gitanti. **Aus|flugs|ziel** n. *(-[e]s,-e)* meta *f.* di una gita.

Aus|fluss m. *(-es,-flüsse)* **1** *(Ausfließen)* efflusso *m.* **2** scolo *m.*, scarico *m.*: ***der ~ der Wanne ist verstopft*** lo scarico della vasca è otturato **3a** MED. *(Absonderung)* secrezione *f.* **b** perdita *f.* **4** *(Auswirkung)* frutto *m.*, prodotto *m.*

aus‿for|men **I** tr. formare: ***etw. (zu etw.) ~*** dare a qcs. la forma di qcs. **II** rifl. **sich ~** formarsi, configurarsi.

aus‿for|mu|lie|ren tr. formulare in modo particolareggiato.

aus‿for|schen tr. **1** ***jdn über jdn, etw. ~*** interrogare, sondare qcn. riguardo a qcn., qcs. **2** ***etw. ~*** cercare di sapere, di conoscere qcs., indagare su qcs. **Aus|for|schung** f. *(-,-en)* indagine *f.*, ricerca *f.*

aus‿fra|gen tr. ***jdn nach etw., über jdn, etw. ~*** interrogare qcn. su qcs., su qcn. **Aus|fra|ge|rei** f. *(-,-en)* COLLOQ. SPREG. interrogatorio *m.*

aus‿fran|sen **I** intr. (aus. *sein*) e rifl. **sich ~** sfrangiarsi, sfilacciarsi **II** tr. dotare di frange: ***eine Tischdecke ~*** mettere delle frange a una tovaglia.

aus‿fres|sen tr. *(frisst, fraß, gefressen)* **1a** *(von Tieren)* mangiare completamente; *(Gefäße)* vuotare mangiando **b** SPREG. *(von Menschen)* ripulire, spazzolare **2** *(von Wasser)* erodere ◆ ***hat er was ausgefressen?*** ne ha combinata qualcuna? FIG. ***etw. ~ müssen*** doverla pagare per qcs.

aus‿frie|ren intr. *(fror, gefroren;* aus. *sein)* gelare (completamente): ***der Tümpel ist völlig ausgefroren*** lo stagno è gelato completamente.

Aus|fuhr f. *(-,-en)* **1** esportazione *f.* **2** *(ausgeführte Waren)* esportazioni *f.pl.* **aus|führ|bar** agg. **1** realizzabile, attuabile **2** COMM. esportabile, da esportazione. **Aus|führ|bar|keit** f. *(-)* **1** realizzabilità *f.*, attuabilità *f.* **2** COMM. esportabilità *f.* **Aus|fuhr|be|schei|ni|gung** f. *(-,-en)* bolla *f.* doganale d'esportazione, certificato *m.* d'esportazione.

aus‿füh|ren tr. **1** portare fuori, condurre a passeggio: ***einen Kranken ~*** condurre a passeggio un malato; ***seine Freundin ~*** portare fuori la propria ragazza **2** *(exportieren)* esportare **3a** *(verwirklichen)* realizzare, attuare **b** *(erledigen)* eseguire, compiere: ***eine Arbeit, eine Reparatur ~*** eseguire un lavoro, una riparazione **4** *(vollenden)* completare, portare a termine: ***das Werk wurde vom Autor nicht ausgeführt*** l'opera non fu portata a termine dall'autore **5** *(Bewegungen)* fare, eseguire **6** *(eingehend darlegen)* esporre, spiegare (dettagliatamente): ***wie oben ausgeführt*** come sopra esposto. **aus|füh|rend** p.pres. agg. **1** → **ausführen** **2** ***-es Land*** paese esportatore **3** ***die -e Gewalt*** il potere esecutivo. **Aus|füh|ren|de** m. e f. *(-n,-n)* esecutore *m.* (-trice *f.*), interprete *m.* e *f.* **Aus|füh|rer** m. *(-s,-)* esportatore *m.*

Aus|fuhr|er|klä|rung f. *(-,-en)* dichiarazione *f.* d'esportazione. **Aus|fuhr|gü|ter** pl. merci *f.pl.* d'esportazione. **Aus|fuhr|han|del** m. *(-s)* commercio *m.* d'esportazione. **Aus|fuhr|land** n. *(-[e]s,-länder)* paese *m.* esportatore.

aus|führ|lich **I** agg. dettagliato, particolareggiato; *(ausgedehnt)* ampio, esteso **II** avv. dettagliatamente, in modo particolareggiato, nei dettagli; *(ausgedehnt)* ampiamente. **Aus|führ|lich|keit** f. *(-)*

ricchezza *f.* (*o* ampiezza *f.*) di dettagli, di particolari.
Aus|fuhr|prä|mie f. *(-,-n)* premio *m.* d'esportazione.
Aus|füh|rung f. *(-,-en)* **1a** realizzazione *f.*, attuazione *f.*: ***zur ~ bringen*** attuare, realizzare; ***zur ~ kommen, gelangen*** attuarsi, realizzarsi **b** *(Erledigung)* effettuazione *f.*, esecuzione *f.*: ***die ~ einer Reparatur*** l'esecuzione di una riparazione **2a** *(Vollendung)* compimento *m.*, completamento *m.* **b** *(Herstellungsart)* fattura *f.*, qualità *f.*: ***in bester ~*** di ottima qualità **3** *(Version)* versione *f.*, modello *m.*: ***die zweitürige ~ eines Autos*** la versione a due porte di un'auto **4** *(eingehende Darlegung)* esposizione *f.* (dettagliata), argomentazioni *f.pl.* **Aus|füh|rungs|be|stim|mung** f. *(-,-en)* norma *f.* esecutiva, di attuazione. **Aus|füh|rungs|zeit** f. *(-,-en)* tempo *m.* di esecuzione.
Aus|fuhr|ver|bot n. *(-[e]s,-e)* divieto *m.* d'esportazione, blocco *m.* delle esportazioni, embargo *m.*
aus_fül|len tr. **1a** riempire, colmare (anche FIG.): ***eine Gesetzeslücke ~*** colmare un vuoto legislativo **b** occupare (del tutto), riempire: ***die Kleider füllen den Schrank ganz aus*** i vestiti riempiono completamente l'armadio **2** *(Formulare)* compilare, riempire **3** *(verbringen)* trascorrere, occupare, impiegare: ***die Zeit bis zur Abfahrt ~*** impiegare il tempo fino alla partenza **4** *(Posten, Stellung)* occupare, ricoprire **5a** *(befriedigen)* soddisfare **b** *(erfüllen)* dominare: ***ein Gedanke füllt ihn aus*** un pensiero lo domina. **Aus|fül|lung** f. *(-)* **1** riempimento *m.* **2** ***die ~ von Formularen, Schecks*** la compilazione di moduli, di assegni.
1.aus_füt|tern tr. rivestire, foderare.
2.aus_füt|tern tr. **1** *(Tiere)* nutrire abbondantemente **2** SCHERZ. *(Menschen)* rimpinzare.
1.Aus|füt|te|rung f. *(-,-en)* rivestimento *m.*, foderatura *f.*
2.Aus|füt|te|rung f. *(-)* **1** *(von Tieren)* il nutrire abbondantemente **2** SCHERZ. *(von Menschen)* il rimpinzare.
Ausg. ⇒ *Ausgabe* edizione (ed.).
Aus|ga|be f. *(-,-n)* **1a** *(Austeilung)* distribuzione *f.* **b** *(Aushändigung)* consegna *f.* **c** *(Verkauf, Emission)* emissione *f.* **2** edizione *f.*: ***eine gebundene ~*** un'edizione rilegata; ***die letzte ~ einer Zeitung*** l'ultima edizione (*o* l'ultimo numero) di un giornale; ***die letzte ~ der Tagesschau*** l'ultima edizione del telegiornale **3** *(von Geld)* spesa *f.*, uscita *f.*: ***abzugsfähige -n*** spese detraibili; ***Einnahmen und -n*** entrate e uscite; ***die -n kürzen*** decurtare le spese **4** *(Ausgabestelle)* (luogo *m.* di) distribuzione *f.* **5** INFORM. output *m.*
Aus|ga|be|buch n. *(-[e]s,-bücher)* libro *m.* delle spese. **aus|ga|be|freu|dig** agg. dispendioso. **Aus|ga|be|kurs** m. *(-es,-e)* corso *m.* d'emissione. **Aus|ga|ben|buch** → **Ausgabebuch. Aus|ga|ben|po|li|tik** f. *(-)* politica *f.* della spesa pubblica. **Aus|ga|be|stel|le** f. *(-,-n)* luogo *m.* di distribuzione (*o* di consegna).
Aus|gang m. *(-[e]s,-gänge)* **1** uscita *f.*: ***am ~*** all'uscita **2a** *(Tür, Öffnung)* uscita *f.*, sbocco *m.* **b** *(Rand)* margine *m.*: ***am ~ des Waldes*** al margine del bosco **3** *(Sendung)* spedizione *f.* **4a** *(Ende, Schluss)* fine *f.*; *(von Büchern)* finale *m.*: ***am ~ des Mittelalters*** alla fine del Medioevo; ***der ~ des Satzes*** la fine della frase **b** *(Ergebnis)* esito *m.*: ***der ~ des Prozesses*** l'esito del processo; ***einen bestimmten ~ nehmen*** prendere una certa piega (*o* finire in un certo modo) **5** *(Anfang)* inizio *m.*, punto *m.* di partenza ◆ ***~ haben*** avere il permesso di uscire; MIL. avere la libera uscita; ***künstlicher ~*** ano artificiale; ***seinen ~ von etw. nehmen*** prendere le mosse (*o* cominciare) da qcs.
aus|gangs I prep. + gen. **1** *(lokal)* all'uscita di **2** *(temporal)* alla fine, al termine di **II** avv. al margine, alla fine. **Aus|gangs|ba|sis** f. *(-,-basen)* base *f.* di partenza. **Aus|gangs|la|ge** f. *(-,-n)* situazione *f.* iniziale (*o* di partenza). **Aus|gangs|punkt** m. *(-[e]s,-e)* punto *m.* di partenza. **Aus|gangs|sper|re** f. *(-,-n)* coprifuoco *m.* **Aus|gangs|spra|che** f. *(-,-n)* lingua *f.* di partenza. **Aus|gangs|stel|lung** f. *(-,-en)* **1** SPORT posizione *f.* di partenza **2** MIL. posizione *f.* iniziale (di attacco).
aus_ga|sen tr. disinfestare (col gas).
aus_ge|ben *(gibt, gab, gegeben)* **I** tr. **1a** distribuire: ***Essen, die Spielkarten ~*** distribuire il cibo, le carte **b** *(aushändigen)* consegnare **c** *(Aktien, Banknoten)* emettere, mettere in circolazione **d** MIL. *(Befehl, Parole)* comunicare, rendere noto **2a** *(Geld)* spendere **b** COLLOQ. *(spendieren)* pagare, offrire: ***darauf gib mal einen aus!*** paga da bere! **3** INFORM. ***einen Text ~*** stampare un testo **4** ***etw. für sicher ~*** dare qcs. per certo; ***jdn als, für seinen Bruder ~*** spacciare (*o* far passare) qcn. per il proprio fratello **II** intr. (aus *haben*) REGION. ***viel, wenig ~*** rendere, produrre molto, poco **III** rifl. ***sich ~*** **1** ***sich für jdn ~*** spacciarsi (*o* farsi passare) per qcn. **2** *(sich verausgaben)* esaurirsi.
aus|ge|bombt p.pass. agg. **1** → **ausbomben** **2** ***ein -es Haus*** una casa distrutta dai bombardamenti **3** ***eine -e Familie*** una famiglia sinistrata (dai bombardamenti). **Aus|ge|bomb|te** m. e f. *(-n,-n)* sinistrato *m.* (-a *f.*) (dai bombardamenti).
aus|ge|brannt p.pass. agg. **1** → **ausbrennen** **2** *(erschöpft)* esaurito, sfinito, spossato.
aus|ge|brei|tet p.pass. agg. **1** → **ausbreiten** **2** ***mit -en Armen*** a braccia aperte.
aus|ge|bucht p.pass. agg. **1** → **ausbuchen** **2** ***die Hotels der Riviera sind ~*** gli alberghi della riviera sono al completo, hanno il tutto esaurito; ***der Flug ist ~*** il volo è (al) completo.
aus|ge|buch|tet agg. ***eine -e Küste*** una costa piena di insenature.
aus|ge|bufft agg. COLLOQ. furbastro, drittone.
Aus|ge|burt f. *(-,-en)* **1** prodotto *m.*, creazione *f.*, parto *m.*: ***eine ~ seiner kranken Phantasie*** una creazione (*o* un parto) della sua fantasia malata **2** *(Ausbund)* modello *m.* (negativo): ***eine ~ von Bosheit*** è la cattiveria in persona.
aus|ge|dehnt p.pass. agg. **1** → **ausdehnen** **2** esteso, ampio, vasto: ***eine -e Praxis*** un'ampia pratica **3** *(lang)* lungo.
aus|ge|dient p.pass. agg. **1** → **ausdienen** **2** ***ein -er Soldat*** un soldato in congedo.
aus|ge|fah|ren p.pass. agg. **1** → **ausfahren** **2** *(von Straßen)* rotto, rovinato, dissestato.
aus|ge|fal|len p.pass. agg. **1** → **ausfallen** **2** insolito, originale, stravagante.
aus|ge|feilt p.pass. agg. **1** → **ausfeilen** **2** perfezionato, ricercato, elaborato: ***ein -er Stil*** uno stile elaborato.
aus|ge|flippt p.pass. agg. COLLOQ. **1** → **ausflippen** **2** ***ein -er Typ*** un tipo flippato, scoppiato **3** ***über etw. (A) ~ sein*** essere partito per qcs.
aus|ge|fuchst agg. scaltro, astuto: ***ein -er Typ*** un volpone.
aus|ge|füllt p.pass. agg. **1** → **ausfüllen** **2** ***ein -es Leben*** una vita piena, ricca di soddisfazioni.
aus|ge|gli|chen p.pass. agg. **1** → **ausgleichen** **2a** equilibrato, bilanciato; *(von Menschen)* equilibrato, posato; ***eine -e Bilanz*** un bilancio in pareggio **b** *(vom Wetter)* temperato **3** MECC. bilanciato.
Aus|geh|an|zug m. *(-[e]s,-anzüge)* **1** vestito *m.* da passeggio **2** MIL. uniforme *f.* d'ordinanza, ordinaria.
aus_ge|hen intr. *(ging, gegangen*; aus. *sein)* **1** uscire, andare fuori: ***abends ~*** uscire la sera **2** *(abgeschickt werden)* partire, essere spedito **3a** *(seinen Ausgang nehmen)* partire, dipartirsi **b** ***von jdm ~*** (pro)venire, partire da qcn.: ***der Vorschlag geht von ihr aus*** la proposta viene da lei **c** *(ausgestrahlt werden)* (pro)venire, irradiarsi: ***von ihm ging tiefe Ruhe aus*** emanava una calma profonda **d** partire: ***von falschen Voraussetzungen ~*** partire da falsi presupposti **4** ***auf etw. (A) ~*** mirare a qcs., ripromettersi (di fare) qcs. **5a** *(enden)* finire: ***das hätte schlimm ~ können*** sarebbe potuta finire male **b** LING. ***auf einen Mitlaut ~*** terminare (*o* finire) in consonante **c** *(sich erschöpfen)* finire, venire meno, esaurirsi (anche FIG.): ***die Ware ist mir ausgegangen*** ho finito la merce; ***mir geht die Geduld, der Atem aus*** mi scappa la pazienza, mi manca il fiato **6** *(ausfallen)* cadere: ***mir gehen die Haare aus*** mi cadono (*o* perdo) i capelli **7** *(von Licht, Feuer, Motor)* spegnersi **8a** REGION. *(von Farbe)* andare via **b** *(von Gewebe)* scolorirsi, sbiadirsi ◆ COLLOQ. *(von Kleidungsstücken)* ***schwer ~*** essere difficile da togliere. **aus|ge|hend** p.pres. agg. **1** → **ausgehen** **2** ***-e Post*** posta in partenza; *(von Zeitepochen)* tardo, declinante; ***das -e Jahrhundert*** il secolo che sta per finire.
aus|ge|hun|gert p.pass. agg. **1** → **aushungern** **2a** *(sehr hungrig)* molto affamato **b** *(schwach)* debole per la fame, indebolito dalla fame.
Aus|geh|ver|bot n. *(-[e]s,-e)* **1** divieto *m.* d'uscita **2** MIL. consegna *f.*
aus|ge|klü|gelt p.pass. agg. **1** → **ausklügeln** **2** ***ein -er Plan*** un piano sofisticato, raffinato.
aus|ge|kocht p.pass. agg. **1** → **auskochen** **2** scaltro, furbo, astuto: ***ein -er Gauner*** un furbo di tre cotte, un furbone.
aus|ge|las|sen I p.pass. agg. **1** → **auslassen** **2a** *(übermütig)* allegro, vivace **b** *(wild)* scatenato, sfrenato **II** avv. **1** *(übermütig)* allegramente, vivacemente **2** *(wild)* in modo sfrenato. **Aus|ge|las|sen|heit** f. *(-)* **1** grande allegria *f.*, vivacità *f.* **2** *(Zügellosigkeit)* sfrenatezza *f.*
aus|ge|lernt p.pass. agg. **1** → **auslernen** **2** = che ha terminato l'apprendistato. **Aus|ge|lern|te** m. e f. *(-n,-n)* = chi ha finito l'apprendistato.
aus|ge|lie|fert p.pass. agg. **1** → **ausliefern** **2** ***jdm, etw. ~ sein*** essere in balia (*o* nelle mani) di qcn., qcs.
aus|ge|lit|ten, *~ haben* aver finito di soffrire.
aus|ge|macht I p.pass. agg. **1** → **ausmachen** **2** deciso, certo, sicuro: ***das ist eine -e Sache*** questa è una cosa certa **3** *(sehr groß)* grande, perfetto, completo: ***ein -er Blödsinn, Idiot*** una grande idiozia,

un perfetto idiota **II** avv. rafforz. molto, estremamente.
1.aus|ge|nom|men cong. **1** tranne, eccetto, fuorché, all'infuori di: ***er widerspricht allen, ~ dem Vater, den Vater ~*** contraddice tutti, fuorché suo padre; ***es waren alle da, ~ er, er ~*** c'erano tutti tranne lui **2** *(in Nebensätzen)* tranne che, a meno che, salvo che: ***ich werde kommen, ~ es regnet*** verrò, a meno che non piova.
2.aus|ge|nom|men → **ausnehmen.**
aus|ge|picht agg. COLLOQ. **1** scaltro, smaliziato **2** *(verfeinert)* molto raffinato, fine.
aus|ge|prägt p.pass. agg. **1** → **ausprägen 2** spiccato, marcato, pronunciato.
aus|ge|pumpt p.pass. agg. **1** → **auspumpen 2** COLLOQ. spompato.
aus|ge|rech|net avv. proprio, giusto: ***~ auf ihn musste ich stoßen!*** proprio in lui dovevo imbattermi!
aus|ge|reift p.pass. agg. **1** → **ausreifen 2** ***-e Früchte*** frutti ben maturi.
aus|ge|schis|sen agg. VOLG. ***wie ~ aussehen*** = avere un aspetto cadaverico.
aus|ge|schlos|sen p.pass. agg. **1** → **ausschließen 2** escluso, impossibile.
aus|ge|schnit|ten p.pass. agg. **1** → **ausschneiden 2** ***eine -e Bluse*** una camicetta scollata.
aus|ge|schrie|ben p.pass. agg. **1** → **ausschreiben 2** ***eine -e Handschrift*** una scrittura marcata.
aus|ge|sorgt, COLLOQ. ***~ haben*** avere mezzi a sufficienza: ***er hat so viel Geld, dass er für sein Leben ~ hat*** ha così tanto denaro, che è a posto per tutta la vita.
aus|ge|spro|chen I p.pass. agg. **1** → **aussprechen 2** pronunciato, spiccato, particolare **II** avv. rafforz. particolarmente, spiccatamente.
aus‿ge|stal|ten tr. **1a** *(Fest)* organizzare, allestire **b** ***einen Raum ~*** allestire un ambiente **2** *(ausbauen)* ampliare; FIG. sviluppare, evolvere. **Aus|ge|stal|tung** f. *(-,-en)* **1** organizzazione *f.*, allestimento *m.* **2** *(Form)* sviluppo *m.*, forma *f.*, evoluzione *f.*: ***die ~ eines Plans*** lo sviluppo di un piano.
aus|ge|stan|den p.pass. agg. → **ausstehen ◆** ***das ist jetzt endlich ~*** finalmente è tutto finito (*o* superato).
aus|ge|stellt p.pass. agg. **1** → **ausstellen 2** svasato: ***ein leicht -er Rock*** una gonna leggermente svasata.
aus|ge|stor|ben p.pass. agg. **1** → **aussterben 2** ***eine -e Stadt*** una città morta, deserta.
aus|ge|sto|ßen p.pass. agg. **1** → **ausstoßen 2** ripudiato, reietto, emarginato; ***sich ~ fühlen*** sentirsi escluso. **Aus|ge|sto|ße|ne** m. e f. *(-n,-n)* reietto *m.* (-a *f.*), emarginato *m.* (-a *f.*).
aus|ge|sucht I p.pass. agg. **1** → **aussuchen 2** *(erlesen)* pregiato, scelto, ricercato **3** ***die Ware ist ~*** è rimasta poca scelta (di merce) **II** avv. rafforz. molto, estremamente. **Aus|ge|sucht|heit** f. *(-)* raffinatezza *f.*, ricercatezza *f.*
aus|ge|tre|ten p.pass. agg. → **austreten ◆** ***-e Pfade*** sentieri battuti (anche FIG.); ***-e Schuhe*** scarpe consumate.
aus|ge|wach|sen p.pass. agg. **1** → **auswachsen 2** cresciuto, adulto **◆** ***ein -er Skandal*** uno scandalo enorme; ***ein -er Blödsinn*** una stupidaggine bella e buona.
Aus|ge|wan|der|te m. e f. *(-n,-n)* emigrato *m.* (-a *f.*).
aus|ge|wech|selt p.pass. agg. **1** → **auswechseln 2** ***wie ~ sein*** sentirsi un altro.
Aus|ge|wie|se|ne m. e f. *(-n,-n)* espulso *m.* (-a *f.*), esiliato *m.* (-a *f.*).
aus|ge|wo|gen p.pass. agg. **1** → **auswägen 2** equilibrato, armonioso. **Aus|ge|wo|gen|heit** f. *(-)* armonia *f.*, equilibrio *m.*
aus|ge|zeich|net I p.pass. agg. **1** → **auszeichnen 2** eccellente, ottimo, squisito **II** avv. benissimo, ottimamente.
aus|gie|big agg. abbondante: ***ein -es Frühstück*** una colazione abbondante **◆** ***eine -e Rast*** una lunga sosta; ***-en Gebrauch von etw. machen*** fare largo uso di qcs. **Aus|gie|big|keit** f. *(-)* abbondanza *f.*
aus‿gie|ßen tr. *(goss, gegossen)* **1a** *(aus einem Gefäß)* versare **b** *(leeren)* svuotare **2** effondere, spandere: ***die Sonne gießt ihren Glanz aus*** il sole effonde il suo splendore **3** TECN. riempire, otturare: ***Löcher mit Teer ~*** otturare buchi con catrame **4** *(auslöschen)* estinguere. **Aus|gie|ßer** m. *(-s,-)* beccuccio *m.* **Aus|gie|ßung** f. *(-)* **1a** il versare **b** *(Leeren)* svuotamento *m.* **2** discesa *f.*: ***die ~ des Heiligen Geistes*** la discesa dello Spirito Santo **3** TECN. *(von Hohlräumen)* otturazione *f.*
Aus|gleich m. *(-[e]s,-e)* **1** appianamento *m.*, accomodamento *m.*: ***der ~ der Gegensätze*** l'appianamento dei contrasti **2** *(Ersatz)* compensazione *f.*, compenso *m.* **3** COMM. saldo *m.*, copertura *f.* **4** DIR. compromesso *m.*, concordato *m.* **5** SPORT pareggio *m.* **6** BANC. *(Kontoausgleich)* saldo *m.* (di un conto). **aus‿glei|chen** *(glich, geglichen)* **I** tr. **1a** spianare **b** FIG. appianare, accomodare: ***die Konflikte ~*** appianare i conflitti **2** COMM. compensare, bilanciare, equilibrare: ***eine Rechnung ~*** saldare un conto; ***die Bilanz ~*** equilibrare il bilancio; ***ein Defizit ~*** colmare un deficit; ***den Verlust ~*** sanare il passivo **3** SPORT pareggiare **II** rifl. **sich ~ 1** *(Spannungen)* neutralizzarsi, mitigarsi **2** *(Konto)* compensarsi, pareggiarsi. **aus|glei|chend** agg. compensativo, compensatore: ***-e Gerechtigkeit*** giustizia riparatrice. **Aus|gleichs|ab|ga|be** f. *(-,-n)* contributi *m.pl.* sostitutivi, diritti *m.pl.* di compensazione. **Aus|gleichs|be|trag** m. *(-[e]s,-beträge)* indennità *f.* di compensazione, montante *m.* compensatorio. **Aus|gleichs|fonds** [-fõ:] m. *(-,-)* fondo *m.* di compensazione. **Aus|gleichs|ge|trie|be** n. *(-s,-)* differenziale *m.* **Aus|gleichs|gym|nas|tik** f. *(-)* ginnastica *f.* correttiva. **Aus|gleichs|ren|nen** n. *(-s,-)* SPORT handicap *m.* **Aus|gleich|steu|er** f. *(-,-n)* tassa *f.* di compensazione. **Aus|gleichs|tor** n. *(-[e]s,-e),* **Aus|gleichs|tref|fer** m. *(-s,-)* rete *f.* del pareggio. **Aus|gleichs|ver|fah|ren** n. *(-s,-)* (procedura *f.* di) concordato *m.* **Aus|gleichs|zoll** m. *(-s,-zölle)* dazio *m.* di compensazione. **Aus|glei|chung** f. *(-,-en)* **1** livellamento *m.*, spianamento *m.* **2** COMM. bilanciamento *m.*, pareggiamento *m.*, perequazione *f.* **◆** ***zur ~ buchen*** registrare a saldo.
aus‿glei|ten intr. *(glitt, geglitten;* aus. *sein)* **1** sdrucciolare, scivolare **2** *(aus der Hand rutschen)* scivolare, sfuggire di mano.
aus‿glie|dern tr. separare; FIG. ***ein Problem ~*** stralciare un problema. **Aus|glie|de|rung** f. *(-,-en)* separazione *f.*
aus‿glit|schen intr. (aus. *sein*) scivolare.
aus‿glü|hen I tr. arroventare **II** intr. **1** (aus. *haben*) finire di ardere **2** (aus. *sein*) bruciarsi, consumarsi.
aus‿gra|ben tr. *(gräbt, grub, gegraben)* **1a** dissotterrare, disseppellire (anche ARCHEOL.) **b** *(von Leichen)* esumare **2** FIG. riportare alla luce, riesumare **3** scavare: ***eine Grube ~*** scavare una fossa. **Aus|grä|ber** m. *(-s,-)* archeologo *m.* (che fa scavi). **Aus|gra|bung** f. *(-,-en)* **1** dissotterramento *m.*, disseppellimento *m.*; esumazione *f.* **2** FIG. riesumazione *f.* **3a** ARCHEOL. scavo *m.* **b** reperto *m.* archeologico. **Aus|gra|bungs|ar|bei|ten** pl. scavi *m.pl.* archeologici. **Aus|gra|bungs|fund** m. *(-[e]s,-e)* reperto *m.* archeologico. **Aus|gra|bungs|stät|te** f. *(-,-n)* sito *m.* archeologico.
aus‿grei|fen intr. *(griff, gegriffen;* aus. *haben)* **1** allungare il passo **2** *(beim Erzählen)* prenderla alla larga. **aus|grei|fend 1** p.pres. agg. → **ausgreifen 2** ampio, esteso: ***eine -e Bewegung*** un ampio gesto **3** FIG. di ampio respiro, di vasta portata.
aus‿gren|zen tr. **1** circoscrivere, delimitare: ***eine Frage ~*** delimitare una questione **2** *(an den Rand drängen)* emarginare.
aus‿grü|beln tr. ~ escogitare (scervellandosi).
Aus|guck m. *(-[e]s,-e)* **1** COLLOQ. posto *m.* di vedetta **2a** MAR. coffa *f.* **b** vedetta *f.* **aus‿gu|cken I** intr. (aus. *haben*) COLLOQ. ***nach jdm ~*** cercare con gli occhi qcn. **II** rifl. ***sich (D) die Augen nach jdm, etw. ~*** fissare con insistenza qcn., qcs.
Aus|guss m. *(-es,-güsse)* **1** *(Becken)* acquaio *m.*; *(Abfluss)* scarico *m.* **2** REGION. acqua *f.* di scolo **3** REGION. *(von Krügen)* beccuccio *m.*
aus‿ha|ben tr. *(hat, hatte, gehabt)* COLLOQ. **1** *(ausgezogen haben)* avere levato, tolto **2** *(ausgelesen haben)* REGION. aver finito di leggere **3** *(Teller, Flasche)* aver vuotato; aver finito di mangiare (*o* di bere) **◆** ***wann habt ihr heute aus?*** quando finite oggi (la scuola)?
aus‿ha|cken tr. **1a** cavare: ***Kartoffeln ~*** cavare patate **b** *(Unkraut)* estirpare **2** togliere col becco: ***jdm die Augen ~*** cavare gli occhi a qcn. (anche FIG.).
aus‿ha|ken I tr. sganciare, togliere dal gancio **II** rifl. **sich ~** sganciarsi **◆** ***bei mir hakt es aus*** *(die Nerven verlieren)* sto perdendo la pazienza; *(den Faden verlieren)* ho perso il filo; *(nicht verstehen)* non approvo, non capisco.
aus‿hal|ten *(hält, hielt, gehalten)* **I** tr. **1** sopportare, resistere: ***Schmerz ~*** sopportare il dolore, resistere al dolore **2** sostenere, reggere: ***den Vergleich mit der Konkurrenz ~*** reggere il confronto con la concorrenza **3** MUS. *(Note)* mantenere **4** COLLOQ. ***jdn ~*** mantenere qcn. **II** intr. (aus. *haben*) perseverare, resistere, tener duro **◆** ***es ist nicht zum Aushalten*** è insopportabile; ***ich halt's nicht mehr aus*** non ne posso più; ***hier lässt es sich ~*** qui si sta bene.
aus‿han|deln tr. concordare, pattuire, contrattare.
aus‿hän|di|gen tr. consegnare a mano, dare in mano. **Aus|hän|di|gung** f. *(-)* consegna *f.*
Aus|hang m. *(-[e]s,-hänge)* avviso *m.*, annuncio *m.* (esposto, affisso in pubblico). **Aus|hän|ge|kas|ten** m. *(-s,-kästen)* bacheca *f.*
1.aus‿hän|gen intr. *(hing, gehangen;* aus. *haben)* essere affisso, essere esposto.
2.aus‿hän|gen I tr. **1** esporre, affiggere: ***eine Bekanntmachung ~*** affiggere un avviso; ***Fotos im Schaufenster ~*** esporre delle foto in

vetrina **2** scardinare: ***eine Tür ~*** scardinare una porta **II** rifl. **sich ~ 1** riprendere la piega, stirarsi da sé: ***die Hose hängt sich wieder aus*** i pantaloni riprendono la piega **2** COLLOQ. lasciare il braccio: ***sie hängte sich bei ihm aus*** lei lasciò il suo braccio **3** COLLOQ. *(ausrenken)* slogarsi, lussarsi. **Aus|hän|ge|schild** n. *(-[e]s,-er)* RAR. cartellone pubblicitario; FIG. ***er ist das ~ der Partei*** è il personaggio di cartello del partito.
aus_har|ren intr. (aus. *haben*) LETT. perseverare, resistere fino alla fine.
aus_här|ten I tr. TECN. indurire: ***eine Aluminiumlegierung ~*** indurire una lega di alluminio **II** intr. (aus. *sein*) **1** indurirsi **2** *(von Klebstoffen)* asciugarsi. **Aus|här|tung** f. *(-,-en)* indurimento *m.*
aus_hau|chen tr. **1** *(Atem)* espirare profondamente **2** *(Geruch)* esalare, emanare.
aus_hau|en tr. *(haute/hieb, gehauen/gehaut)* **1** scavare: ***ein Loch im Eis ~*** scavare un buco nel ghiaccio **2** scolpire: ***ein Bild in Marmor ~*** scolpire una figura in marmo **3** *(Bäume)* diradare.
aus_he|ben tr. *(hob, gehoben)* **1** scavare: ***einen Graben ~*** scavare una fossa; ***Erde ~*** scavare terra **2** *(aushängen)* scardinare, levare dai cardini **3a** ***ein Nest ~*** togliere le uova da una nidiata: ***die Bäuerin hebt die Nester aus*** la contadina toglie le uova dai nidi **b** REGION. svuotare: ***einen Briefkasten ~*** svuotare la cassetta delle lettere **4** FIG. snidare, scovare: ***ein Verbrechernest ~*** snidare un covo di criminali **5** MIL. ANT. arruolare. **Aus|he|bung** f. *(-,-en)* **1** scavo *m.* **2** scardinamento *m.* **3** FIG. lo scovare **4** MIL. arruolamento *m.*
aus_he|cken tr. COLLOQ. ideare, escogitare (con furbizia).
aus_hei|len I intr. (aus. *sein*) guarire completamente **II** tr. risanare **III** rifl. **sich ~** risanarsi. **Aus|hei|lung** f. *(-,-en)* risanamento *m.*, guarigione *f.* completa.
aus_hel|fen intr. *(hilft, half, geholfen;* aus. *haben)* **1** venire in aiuto: ***jdm mit Brot ~*** prestare del pane a qcn. **2** aiutare, dare una mano: ***in der Küche ~*** aiutare in cucina. **Aus|hil|fe** f. *(-,-n)* **1** aiuto *m.*, soccorso *m.*: ***jdn zur ~ einstellen*** assumere qcn. per aiutare temporaneamente (nel lavoro) **2** aiuto *m.*, aiutante *m.*: ***als ~ arbeiten*** lavorare come aiuto temporaneo.
Aus|hilfs|ar|beit f. *(-,-en)* lavoro *m.* temporaneo, stagionale. **Aus|hilfs|kraft** f. *(-,-kräfte)* → **Aushilfe. Aus|hilfs|per|so|nal** n. *(-s)* personale *m.* ausiliario (*o* temporaneo). **aus|hilfs|wei|se** avv. come aiuto temporaneo, temporaneamente.
aus_höh|len tr. **1** scavare, incavare **2** FIG. erodere, scalzare: ***jds Kompetenzen ~*** scalzare, minare le competenze di qcn. **Aus|höh|lung** f. *(-,-en)* **1** lo scavare **2** *(Vertiefung)* incavo *m.*, cavità *f.*
aus_ho|len I intr. (aus. *haben*) **1** sollevare, alzare la mano (*o* il braccio): ***zum Schlag ~*** alzare il braccio per colpire **2** *(schneller gehen)* ***weit ~*** allungare il passo **3** *(beim Erzählen)* prenderla alla larga **II** tr. COLLOQ. ***jdn über etw. ~*** sondare, scandagliare qcn. su qcs.
aus_hol|zen tr. **1** diradare, sfoltire **2** *(kahl schlagen)* abbattere.
aus_hor|chen tr. ***jdn über etw. ~*** sondare qcn. su qcs., cercare di sapere qcs. da qcn.
Aus|hub m. *(-[e]s)* EDIL. **1** scavo *m.* **2** *(ausgehobene Erdmassen)* materiale *m.* di scavo.
aus_hül|sen tr. sgranare.
aus_hun|gern tr. **1** ***jdn ~*** affamare qcn., far patire la fame a qcn. **2** prendere per fame: ***eine Stadt ~*** prendere per fame una città.
aus_hus|ten I tr. espettorare **II** intr. (aus. *haben*) finire di tossire **III** rifl. **sich ~** tossire.
aus_jam|mern I intr. (aus. *haben*) finire di lamentarsi **II** rifl. ***sich (bei jdm) ~*** sfogarsi con qcn.
aus_kal|ku|lie|ren tr. calcolare dettagliatamente.
aus_käm|men tr. **1** togliere col pettine **2** *(Haar)* pettinare **3** FIG. *(ein Gebiet)* rastrellare, setacciare.
aus_kämp|fen tr. combattere (fino alla fine) ◆ FIG. ***ausgekämpft haben*** aver cessato di soffrire.
aus_keh|len tr. scanalare. **Aus|keh|lung** f. *(-,-en)* scanalatura *f.*
aus_keh|ren tr. scopare, spazzare.
aus_kei|len intr. (aus. *haben*) **1** scalpitare: ***das Pferd keilt aus*** il cavallo scalpita **2** terminare a forma di cuneo.
aus_kei|men intr. **1** (aus. *sein*) buttare, germogliare: ***die Kartoffeln keimen aus*** le patate buttano **2** (aus. *haben*) smettere di germogliare.
aus_ken|nen rifl. **sich ~** *(kannte, gekannt)* **1** conoscere, essere pratico: ***sich in der Stadt gut ~*** essere pratico della città **2** intendersi: ***sich mit etw., in etw. gut ~*** intendersi di qcs., conoscere bene qcs.
aus_ker|ben tr. fare delle tacche a, intaccare. **Aus|ker|bung** f. *(-,-en)* intaccatura *f.*, tacca *f.*
aus_ker|nen tr. togliere il nocciolo a, snocciolare.
aus_kip|pen tr. **1** *(aus einem Gefäß)* rovesciare: ***Wein ~*** rovesciare del vino **2** *(Gefäß)* svuotare: ***einen Eimer ~*** svuotare un secchio.
aus_kla|gen I tr. **1** DIR. esigere (con provvedimenti legali) **2** DIR. costringere ad abbandonare (*o* a rinunciare): ***jdn aus der Wohnung ~*** sfrattare qcn. dall'appartamento **3** sfogare, esprimere con lamenti **II** rifl. **sich ~** dare sfogo al proprio dolore.
aus_klam|mern tr. **1** MAT. portare fuori parentesi **2** FIG. *(beiseite lassen)* lasciare da parte, escludere. **Aus|klam|me|rung** f. *(-,-en)* esclusione *f.*
aus_kla|mü|sern tr. COLLOQ. scoprire, scovare (rimuginando a lungo).
Aus|klang m. *(-[e]s,-klänge)* **1** MUS. finale *m.* **2** conclusione *f.*, epilogo *m.*
aus|klapp|bar agg. ribaltabile, pieghevole. **aus_klap|pen** tr. ribaltare, aprire ribaltando.
aus_klau|ben tr. REGION. selezionare, scegliere: ***Erbsen ~*** scegliere i piselli.
aus_kle|ben tr. rivestire internamente (incollandovi qcs.): ***eine Schublade ~*** rivestire un cassetto.
aus_klei|den I tr. **1** ***jdn ~*** svestire, spogliare qcn. **2** tappezzare, rivestire: ***einen Raum mit einer Tapete ~*** rivestire una stanza con una tappezzeria **II** rifl. **sich ~** svestirsi. **Aus|klei|dung** f. *(-,-en)* rivestimento *m.*
aus_klin|gen intr. *(klang, geklungen;* aus. *haben, sein)* **1** *(verklingen)* smorzarsi, svanire, spegnersi in lontananza **2** FIG. finire, concludersi, chiudersi.
aus_klin|ken I tr. sganciare **II** intr. (aus. *sein*) sganciarsi, staccarsi **III** rifl. **sich ~** COLLOQ. FIG. sganciarsi.
aus_klop|fen tr. **1a** sbattere: ***einen Teppich ~*** sbattere un tappeto **b** svuotare: ***die Pfeife ~*** svuotare la pipa **2** togliere (battendo): ***den Staub ~*** togliere la polvere. **Aus|klop|fer** m. *(-s,-)* battipanni *m.*
aus_klü|geln tr. escogitare, elucubrare ◆ ***das hast du dir aber fein ausgeklügelt*** l'hai pensata proprio bella. **Aus|klü|ge|lung, Aus|klüg|lung** f. *(-,-en)* l'escogitare, elucubrazione *f.*
aus_knei|fen intr. *(kniff, gekniffen;* aus. *sein)* COLLOQ. battersela, svignarsela, tagliare la corda.
aus_knip|sen tr. COLLOQ. spegnere (schiacciando un interruttore).
aus_kno|beln tr. COLLOQ. **1** decidere tirando i dadi **2** FIG. *(ausklügeln)* escogitare.
aus|knöpf|bar agg. sbottonabile, staccabile: ***ein -es Futter*** una fodera sbottonabile. **aus_knöp|fen** tr. tirare fuori, togliere: ***das Futter ~*** togliere la fodera (sbottonandola).
aus_ko|chen tr. **1** fare bollire a lungo **2a** *(Wäsche)* pulire facendo bollire **b** *(steril machen)* sterilizzare (facendo bollire).
aus_kom|men intr. *(kam, gekommen;* aus. *sein)* **1a** (riuscire a) cavarsela, riuscire a vivere: ***ohne jdn, etw. nicht ~*** non riuscire a vivere senza qcn., qcs. **b** *(ausreichen)* farcela: ***mit seinem Gehalt ~*** farcela col (*o* farsi bastare il) proprio stipendio **2** ***mit jdm ~*** andare d'accordo (*o* intendersi) con qcn. **3** REGION. *(entkommen)* fuggire, scappare. **Aus|kom|men** n. *(-s)* **1** il necessario (per vivere), mezzi *m.pl.*: ***ein gutes, schlechtes ~ haben*** disporre di grandi, scarsi mezzi; ***sein ~ finden*** trovare di che vivere **2** *(Übereinstimmung)* accordo *m.*, intesa *f.*: ***mit jdm ist, gibt es kein ~*** con qcn. non c'è intesa. **aus|kömm|lich I** agg. sufficiente, bastante **II** avv. ***~ leben können*** avere di che vivere a sufficienza.
aus_kop|peln tr. **1** *(Tiere)* slegare, sciogliere **2** *(Anhänger)* sganciare.
aus_kos|ten tr. goder(si), gustare, assaporare (fino in fondo): ***seinen Triumph ~*** assaporare il proprio trionfo.
aus_kot|zen VOLG. **I** tr. vomitare **II** rifl. **sich ~ 1** vomitare **2** FIG. ***sich bei jdm ~*** sfogarsi con qcn.
aus_kra|gen ARCH. **I** intr. (aus. *haben*) aggettare, sporgere **II** tr. fare aggettare, fare sporgere. **Aus|kra|gung** f. *(-,-en)* ARCH. aggetto *m.*, sporto *m.*
aus_kra|men tr. COLLOQ. tirare fuori (anche FIG.).
aus_krat|zen I tr. **1** raschiare, grattare (via) **2** *(durch Kratzen reinigen)* pulire (raschiando), raschiare **3** CHIR. sottoporre a raschiamento **II** intr. (aus. *sein*) COLLOQ. battersela, svignarsela ◆ FIG. ***jdm die Augen ~*** cavare gli occhi a qcn.
aus_krie|chen intr. *(kroch, gekrochen;* aus. *sein)* uscire dall'uovo.
aus_ku|geln I tr. ***jdm den Arm ~*** slogare il braccio a qcn. **II** rifl. ***sich (D) etw. ~*** slogarsi qcs.
aus_küh|len I tr. raffreddare **II** intr. (aus. *sein*) diventare freddo, raffreddarsi. **Aus|küh|lung** f. *(-)* raffreddamento *m.*
Aus|kul|ta|ti|on f. *(-,-en)* auscultazione *f.* **aus|kul|tie|ren** tr. auscultare.
aus_kund|schaf|ten tr. **1** ***jdn, etw. ~*** investigare, indagare su qcn., qcs. **2** *(Gebiet)* esplorare. **Aus|kund|schaf|ter** m. *(-s,-)* **1** investigatore *m.* **2** *(von Gebieten)* esploratore *m.*

Aus|kunft f. *(-,-künfte)* **1** informazione *f.*, ragguaglio *m.*: ***eine ~ über etw. (A) einholen, erteilen (geben)*** chiedere, dare un'informazione su qcs. **2** *(Auskunftsstelle)* (ufficio *m.*) informazioni *f.pl.* **Aus|kunf|tei** f. *(-,-en)* agenzia *f.* d'informazioni. **Aus|kunfts|be|am|te** m. *(-n,-n)* addetto *m.* alle informazioni. **Aus|kunfts|bü|ro** n. *(-s,-s)* ufficio *m.* informazioni. **Aus|kunfts|pflicht** f. *(-)* DIR. obbligo *m.* d'informazione. **Aus|kunfts|stel|le** f. *(-,-n)* ufficio *m.* informazioni.

aus‿kup|peln I intr. (aus. *haben*) disinnestare la frizione **II** tr. staccare, sganciare.

aus‿ku|rie|ren COLLOQ. **I** tr. guarire (completamente) **II** rifl. **sich ~** guarire (completamente).

aus‿la|chen I tr. deridere, canzonare **II** intr. (aus. *haben*) smettere di ridere **III** rifl. **sich ~** ridere di gusto (*o* a crepapelle).

1.aus‿la|den *(lädt, lud, geladen)* **I** tr. **1** ***die Ware, den Lastwagen ~*** scaricare la merce, il camion **II** intr. (aus. *haben*) sporgere, venire in fuori.

2.aus‿la|den *(lädt, lud, geladen)* tr. ***jdn ~*** disdire l'invito fatto a qcn. **aus|la|dend** p.pres. agg. **1** → **1., 2.ausladen** ◆ ***eine -e Bewegung*** un ampio gesto.

Aus|la|de|ram|pe f. *(-,-n)* rampa *f.* (*o* piano *m.*) di scaricamento.

1.Aus|la|dung f. *(-,-en)* **1** scaricamento *m.* **2** *(Auskragung)* sporgenza *f.*, aggetto *m.*

2.Aus|la|dung f. *(-,-en)* disdetta *f.* di un invito.

Aus|la|ge f. *(-,-n)* **1a** merce *f.* esposta (in vetrina) **b** *(Schaufenster)* vetrina *f.* **2** *(Ausgaben)* spesa *f.*: ***jdm die -n erstatten*** rimborsare le spese a qcn. **3** *(beim Boxen, Fechten)* guardia *f.*

aus‿la|gern tr. **1** *(von Gegenständen)* mettere al sicuro (*o* in salvo) **2** *(eingelagerte Bestände)* vendere, mettere in vendita (merce immagazzinata).

Aus|land n. *(-[e]s)* estero *m.*: ***im ~ leben*** vivere all'estero; ***ins ~ gehen*** andare all'estero. **Aus|län|der** m. *(-s,-)* straniero *m.* **Aus|län|der|amt** n. *(-[e]s,-ämter)* ufficio *m.* stranieri. **aus|län|der|feind|lich** agg. xenofobo. **Aus|län|der|feind|lich|keit** f. *(-)* xenofobia *f.* **Aus|län|de|rin** f. *(-,-nen)* straniera *f.* **aus|län|disch** agg. **1** straniero, estero **2** RAR. *(exotisch)* esotico. **Aus|lands|ab|satz** m. *(-es)* ECON. vendite *f.pl.* all'estero. **Aus|lands|ab|tei|lung** f. *(-,-en)* COMM. reparto *m.* esteri. **Aus|lands|an|lei|he** f. *(-,-n)* prestito *m.* estero. **Aus|lands|auf|ent|halt** m. *(-[e]s,-e)* soggiorno *m.* all'estero. **Aus|lands|be|zie|hun|gen** pl. relazioni *f.pl.* estere (*o* con l'estero). **Aus|lands|brief** m. *(-[e]s,-e)* lettera *f.* per l'estero. **Aus|lands|deut|sche** m. e f. *(-n,-n)* ANT. tedesco *m.* (-a *f.*) all'estero. **Aus|lands|ge|schäft** n. *(-[e]s,-e)* commercio *m.* con l'estero. **Aus|lands|ge|spräch** n. *(-[e]s,-e)* TEL. comunicazione *f.* internazionale. **Aus|lands|gut|ha|ben** n. *(-s,-)* saldi *m.pl.* creditori esteri. **Aus|lands|in|ves|ti|ti|on** f. *(-,-en)* investimento *m.* (all') estero. **Aus|lands|ka|pi|tal** n. *(-s,-e* e AUSTR. *-ien)* capitale *m.* estero (*o* straniero). **Aus|lands|kor|res|pon|dent** m. *(-en,-en)* corrispondente *m.* dall'estero, inviato *m.* (all'estero). **Aus|lands|nach|fra|ge** f. *(-)* ECON. domanda *f.* estera. **Aus|lands|pa|tent** n. *(-[e]s, -e)* brevetto *m.* estero. **Aus|lands|pres|se** f. *(-)* stampa *f.* estera (*o* straniera). **Aus|lands|rei|se** f. *(-,-n)* viaggio *m.* all'estero. **Aus|lands|sen|dung** f. *(-,-en)* spedizione *f.* internazionale. **Aus|lands|tour|nee** f. *(-,-s* e *-n)* tournée *f.* all'estero. **Aus|lands|ver|kehr** m. *(-s)* traffico *m.* con l'estero, scambi *m.pl.* internazionali. **Aus|lands|ver|tre|tung** f. *(-,-en)* **1** COMM. rappresentanza *f.* (commerciale) all'estero **2** *(diplomatische Vertretung)* rappresentanza *f.* diplomatica (all'estero). **Aus|lands|wäh|rung** f. *(-,-en)* valuta *f.* (*o* divisa *f.*) estera. **Aus|lands|zu|la|ge** f. *(-,-n)* indennità *f.* di missione all'estero.

aus‿lan|gen intr. (aus. *haben*) REGION. **1** ***mit dem Arm ~*** stendere il braccio (per colpire) **2** *(ausreichen)* bastare, essere sufficiente.

Aus|lass m. *(-es, -lässe)* TECN. sbocco *m.*, sfogo *m.*, scarico *m.*

aus‿las|sen *(lässt, ließ, gelassen)* **I** tr. **1** *(Dampf, Wasser)* far uscire, scaricare **2a** REGION. *(freilassen)* liberare, lasciare andare **b** *(in Ruhe lassen)* lasciare in pace **3a** *(weglassen, übergehen)* tralasciare, saltare: ***einen Satz ~*** saltare una frase **b** ***einen Zug ~*** lasciar passare un treno (prendere il seguente) **c** *(sich entgehen lassen)* farsi scappare (*o* sfuggire): ***keine Gelegenheit ~*** non farsi scappare un'opportunità **4** ***etw. an jdm ~*** sfogare qcs. su qcn. **5** ***Butter ~*** (far) sciogliere, struggere il burro **6** SART. *(weiter machen)* allargare; *(länger machen)* allungare (scucendo) **7** COLLOQ. *(nicht einschalten)* non accendere, lasciare spento **II** rifl. ***sich über jdn, etw. ~*** pronunciarsi, esprimersi su qcn., qcs. **Aus|las|sung** f. *(-,-en)* **1** omissione *f.* **2** pl. *(Äußerungen)* parole *f.pl.*, dichiarazioni *f.pl.* **Aus|las|sungs|punk|te** pl. puntini *m.pl.* di omissione (di una parte del testo). **Aus|las|sungs|satz** m. *(-es,-sätze)* ellissi *f.* **Aus|las|sungs|zei|chen** n. *(-s,-)* apostrofo *m.*

aus‿las|ten tr. **1** caricare (fino al limite massimo): ***ein Schiff ~*** caricare al massimo una nave **2a** *(Maschinen)* sfruttare, utilizzare al massimo **b** impegnare (a fondo): ***diese Arbeit lastet mich nicht aus*** questo lavoro non mi impegna a fondo. **Aus|las|tung** f. *(-,-en)* **1** caricamento *m.* massimo **2** massimo sfruttamento *m.*, massimo utilizzo *m.*

aus‿lat|schen tr. COLLOQ. ***seine Schuhe ~*** sformare le proprie scarpe (a forza di portarle).

Aus|lauf m. *(-[e]s,-läufe)* **1a** *(Abfluss)* deflusso *m.*, scolo *m.* **b** sfogo *m.*, sbocco *m.* **2a** *(Bewegungsfreiheit)* libertà *f.* (di movimento) **b** *(Raum zum Herumlaufen)* spazio *m.* (per muoversi) **3** SPORT *(beim Wettlauf)* slancio *m.* (dopo l'arrivo). **aus‿lau|fen** *(läuft, lief, gelaufen)* **I** intr. (aus. *sein*) **1a** scorrere fuori, sgorgare, (fuori)uscire: ***das Wasser läuft aus der Flasche aus*** l'acqua (fuori) esce dalla bottiglia **b** *(leer laufen)* (s)vuotarsi **2** MAR. salpare, partire **3** *(zum Stillstand kommen)* arrestarsi, fermarsi (gradualmente): ***die Maschine läuft langsam aus*** la macchina si ferma lentamente **4a** *(nicht weitergehen)* terminare, finire: ***der Weg läuft hier aus*** il sentiero finisce qui **b** ***in einen Streit ~*** finire in lite **5a** cessare: ***die Hilfsmaßnahmen laufen aus*** cessano gli aiuti; ***ein Modell läuft aus*** un modello non viene più prodotto **b** scadere, concludersi: ***der Vertrag läuft Ende Mai aus*** il contratto scade a fine maggio **c** ***(für jdn) gut, böse ~*** finire bene, male (per qcn.) **6** *(von Farbe)* spandersi; andare via: ***die Farbe des Stoffes ist beim Waschen ausgelaufen*** la stoffa si è scolorita durante il lavaggio **II** rifl. **sich ~** muoversi, sgranchirsi le gambe. **Aus|läu|fer** m. *(-s,-)* **1** GEOGR. METEOR. propaggine *f.* **2** BOT. stolone *m.* **Aus|lauf|ha|fen** m. *(-s,-häfen)* porto *m.* di partenza. **Aus|lauf|mo|dell** n. *(-s,-e)* modello *m.* di fine serie.

aus‿lau|gen tr. **1a** CHIM. lisciviare **b** sottrarre sostanze, impoverire: ***die Monokultur laugt den Boden aus*** la monocoltura impoverisce il terreno **2** FIG. sfinire, spossare. **Aus|lau|gung** f. *(-,-en)* lisciviazione *f.*

Aus|laut m. *(-[e]s,-e)* LING. suono *m.* finale. **aus‿lau|ten** intr. (aus. *haben*) LING. ***auf einen Vokal ~*** terminare con un suono vocalico (*o* una vocale).

aus‿läu|ten I tr. ***etw. ~*** = annunciare a suon di campane la fine di qcs. **II** intr. (aus. *haben*) finire di suonare.

Aus|laut|ver|här|tung f. *(-)* LING. assordimento *m.*

aus‿le|ben I tr. estrinsecare (completamente) **II** rifl. **sich ~** godere appieno la vita.

aus‿lee|ren tr. **1** versare (via) **2** *(leeren)* (s)vuotare. **Aus|lee|rung** f. *(-,-en)* **1** il versare via **2** *(Leerung)* (s)vuotamento *m.*

aus‿le|gen tr. **1a** *(ausbreiten)* esporre **b** *(versteckt hinlegen)* mettere, piazzare: ***Rattengift ~*** mettere veleno per i topi **c** AGR. piantare **d** TECN. posare: ***Kabel ~*** posare cavi **2** *(bedecken, auskleiden)* coprire, rivestire: ***etw. mit Fliesen, mit Holz ~*** piastrellare, intarsiare qcs. **3** ***jdm Geld ~*** anticipare denaro a qcn. **4** interpretare, spiegare: ***ein Gesetz ~*** interpretare una legge. **Aus|le|ger** m. *(-s,-)* **1** interprete *m.*, commentatore *m.*, esegeta *m.* **2** TECN. braccio *m.* **3** MAR. scalmo *m.*, scalmiera *f.* **Aus|le|ger|boot** n. *(-[e]s,-e)* MAR. barca *f.* a bilanciere. **Aus|le|gung** f. *(-,-en)* **1** *(Ausbreitung)* esposizione *f.* **2** *(Interpretation)* interpretazione *f.*, spiegazione *f.* **Aus|le|gungs|fra|ge** f. *(-,-n)* questione *f.* (*o* problema *m.*) d'interpretazione.

aus‿lei|ern COLLOQ. **I** tr. sformare (a forza di usare), consumare **II** intr. (aus. *sein*) e rifl. **sich ~** allargarsi, sformarsi, consumarsi.

Aus|lei|he f. *(-,-n)* **1** prestito *m.* **2** *(in der Bibliothek)* (ufficio *m.*) distribuzione *f.* **aus‿lei|hen** tr. **1** *(verleihen)* prestare, dare in prestito **2** *(entleihen)* ***etw. bei, von jdm ~*** prendere qcs. in prestito da qcn., farsi prestare qcs. da qcn. **Aus|lei|hung** f. *(-,-en)* **1** prestito *m.* **2** *(Entleihung)* il prendere a prestito.

aus‿ler|nen intr. (aus. *haben*) finire l'apprendistato, il tirocinio ◆ ***man lernt nie aus*** non si finisce mai d'imparare.

Aus|le|se f. *(-,-n)* **1** selezione *f.*, scelta *f.*: ***eine strenge ~ treffen*** operare una severa selezione **2** BIOL. selezione *f.* **3** *(Elite)* fiore *m.*, crema *f.*, élite *f.* **4** *(Wein)* vino *m.* pregiato.

1.aus‿le|sen tr. *(liest, las, gelesen)* **1a** ***die faulen Früchte ~*** scartare i frutti marci **b** ***die Erbsen ~*** pulire i piselli **2** *(auswählen)* selezionare, scegliere.

2.aus‿le|sen *(liest, las, gelesen)* **I** intr. (aus. *haben*) finire di leggere **II** tr. *(ein Buch)* finire.

aus‿leuch|ten tr. illuminare completamente (anche FIG.).

aus‿lich|ten tr. *(Bäume)* sfrondare.

aus‿lie|fern tr. **1** consegnare, estradare: ***einen Verbrecher der Justiz ~*** consegnare un criminale alla giustizia (per l'estradizione); ***einen Flüchtling seinen Verfolgern ~*** consegnare un fuggiasco ai suoi inseguitori **2** abbandonare, lasciare: ***jdn seinem Schicksal ~***

abbandonare qcn. al suo destino **3** COMM. consegnare, distribuire. **Aus|lie|fe|rung** f. *(-,-en)* **1** estradizione *f.* **2** COMM. consegna *f.*, distribuzione *f.*
Aus|lie|fe|rungs|an|trag m. *(-[e]s,-anträge)* domanda *f.* di estradizione. **Aus|lie|fe|rungs|be|geh|ren** n. *(-s,-)* richiesta *f.* di estradizione. **Aus|lie|fe|rungs|haft** f. *(-)* detenzione *f.* su richiesta di estradizione. **Aus|lie|fe|rungs|la|ger** n. *(-s,-)* COMM. deposito *m.* di consegna. **Aus|lie|fe|rungs|schein** m. *(-s,-e)* bolletta *f.* di consegna. **Aus|lie|fe|rungs|ver|fah|ren** n. *(-s,-)* procedimento *m.* di estradizione. **Aus|lie|fe|rungs|ver|trag** m. *(-[e]s,-verträge)* DIR. trattato *m.* (tra stati) di estradizione.
aus‿lie|gen intr. *(lag, gelegen;* aus. *haben)* essere esposto, in mostra: ***die Bücher liegen im Schaufenster aus*** i libri sono esposti in vetrina.
Aus|li|nie f. *(-,-n)* SPORT linea *f.* laterale del campo.
aus‿lo|ben tr. DIR. promettere in ricompensa. **Aus|lo|bung** f. *(-,-en)* DIR. promessa *f.* in ricompensa, promessa *f.* al pubblico.
aus‿löf|feln tr. **1** mangiare a cucchiaiate **2** *(leer essen)* vuotare a cucchiaiate ◆ ***~ müssen, was man sich eingebrockt hat*** = dover portare le conseguenze di un errore.
aus‿loh|nen tr. ***die Arbeiter ~*** pagare l'ultimo salario agli operai (prima del licenziamento). **Aus|loh|nung** f. *(-,-en)* pagamento *m.* dell'ultimo salario.
1.aus‿lö|schen tr. **1** *(Licht)* spegnere; *(Feuer)* spegnere completamente, estinguere **2** cancellare: ***seine Spuren ~*** cancellare le proprie tracce; FIG. ***die Erinnerung an jdn, etw. ~*** cancellare il ricordo di qcn., di qcs.; ***ein Menschenleben ~*** cancellare una vita umana, uccidere.
2.aus‿lö|schen intr. *(lischt, losch/löschte, geloschen/gelöscht;* aus. *sein)* estinguersi, spegnersi completamente.
Aus|lö|schung f. *(-,-en)* estinzione *f.*
aus‿lo|sen tr. sorteggiare, estrarre a sorte.
aus‿lö|sen I tr. **1a** *(in Gang setzen)* azionare, mettere in moto **b** FOT. *(Verschluss)* far scattare **2** FIG. provocare, suscitare, causare: ***Überraschung ~*** suscitare sorpresa **3** *(einlösen, loskaufen)* riscattare: ***einen Gefangenen, ein Pfand ~*** riscattare un prigioniero, un pegno **4** REGION. ***die Knochen ~*** disossare **II** rifl. **sich ~** *(in Gang kommen)* azionarsi, mettersi in moto.
Aus|lö|ser m. *(-s,-)* **1** TECN. dispositivo *m.* di azionamento; FOT. scatto *m.* **2** causa *f.*, fattore *m.* scatenante: ***der ~ des Streits*** il fattore scatenante del litigio.
Aus|lo|sung f. *(-,-en)* sorteggio *m.*, estrazione *f.* a sorte.
Aus|lö|sung f. *(-,-en)* **1** azionamento *m.*; FOT. scatto *m.* **2** *(Verursachen)* il causare, il suscitare **3** *(Rückzahlung)* trasferta *f.*, indennità *f.* di trasferta.
aus‿lo|ten tr. **1** MAR. scandagliare **2** EDIL. piombare **3** FIG. scandagliare, sondare.
aus‿lüf|ten I tr. ***etw. ~*** dare aria a qcs., aerare, arieggiare qcs. **II** intr. (aus. *haben*) prendere aria: ***die verrauchten Kleider müssen ~*** i vestiti che sanno di fumo devono prendere aria **III** rifl. **sich ~** SCHERZ. prendere una boccata d'aria. **Aus|lüf|tung** f. *(-,-en)* aerazione *f.*, ventilazione *f.*
aus‿lu|gen intr. (aus. *haben*) ***nach jdm, etw. ~*** cercare qcn., qcs. con lo sguardo.
aus‿lut|schen tr. COLLOQ. succhiare.
aus‿ma|chen tr. **1** COLLOQ. spegnere: ***das Licht, Feuer ~*** spegnere la luce, il fuoco **2** REGION. cavare: ***Kartoffeln ~*** cavare patate **3** *(vereinbaren)* fissare, stabilire: ***einen Termin ~*** fissare un appuntamento **4** localizzare, individuare: ***ein Versteck ~*** localizzare un nascondiglio **5a** ***etw. mit jdm ~*** mettersi d'accordo con qcn. su qcs. **b** ***etw. mit sich selbst ~*** vedersela, sbrigarsela da solo **6** *(betragen)* ammontare, fare: ***das macht 500 DM aus*** fanno 500 DM **7** *(darstellen)* fare, rappresentare, costituire: ***das macht keinen Unterschied aus*** non fa nessuna differenza **8** impers. ***es macht viel, wenig aus*** importa molto, poco; ***es macht mir nichts aus, wenn...*** non m'importa se...; ***würde es Ihnen etwas ~...?*** Le dispiacerebbe...?
aus‿mah|len tr. *(mahlte, gemahlen)* macinare. **Aus|mah|lung** f. *(-)* macinatura *f.*
aus‿ma|len I tr. **1** *(einen Raum)* tinteggiare, pitturare **2** colorare: ***eine Zeichnung ~*** colorare un disegno **3** FIG. *(darstellen)* dipingere, ritrarre **II** rifl. ***sich (D) etw. ~*** immaginarsi, raffigurarsi qcs. **Aus|ma|lung** f. *(-,-en)* **1** tinteggiatura *f.* **2** *(Kolorierung)* coloratura *f.* **3** FIG. l'immaginarsi.
aus‿ma|növ|rie|ren tr. sbaragliare (con un'astuta manovra); ***seinen Gegner ~*** mettere fuori combattimento il proprio avversario.
Aus|marsch m. *(-[e]s,-märsche)* uscita *f.* in marcia. **aus‿mar|schie|ren** intr. (aus. *sein*) uscire in marcia.
Aus|maß n. *(-es,-e)* **1** misura *f.*, dimensione *f.*, grandezza *f.*: ***von gewaltigen -en*** di dimensioni gigantesche **2** misura *f.*, grado *m.*: ***das ~ der Zerstörung*** il grado di distruzione.
aus‿mau|ern tr. murare, rivestire di pietre. **Aus|maue|rung** f. *(-,-en)* muratura *f.*
aus‿mei|ßeln tr. scalpellare.
aus‿mer|geln tr. **1** sfinire, indebolire, esaurire **2** AGR. impoverire. **Aus|mer|ge|lung, Aus|merg|lung** f. *(-,-en)* **1** indebolimento *m.*, esaurimento *m.* **2** AGR. impoverimento *m.*
aus‿mer|zen tr. **1a** eliminare, sterminare: ***die Träger der Tollwut ~*** eliminare i portatori della rabbia **b** *(Unkraut)* estirpare **2** *(beseitigen)* cancellare, sopprimere. **Aus|mer|zung** f. *(-,-en)* **1a** eliminazione *f.*, sterminio *m.* **b** *(von Unkraut)* estirpazione *f.* **2** cancellazione *f.*, radiazione *f.*; soppressione *f.*: ***die ~ eines Fehlers*** la soppressione di un errore.
aus‿mes|sen tr. *(misst, maß, gemessen)* misurare, prendere le misure di. **Aus|mes|sung** f. *(-,-en)* **1** misurazione *f.* **2** *(Maß)* dimensione *f.*
1.aus‿mie|ten tr. SVIZZ. dare in affitto.
2.aus‿mie|ten tr. AGR. ***Kartoffeln ~*** togliere le patate dall'infossamento (*o* insilamento).
aus‿mis|ten tr. **1** *(von Mist säubern)* ripulire dal letame **2** COLLOQ. ***etw. ~*** sbarazzarsi di qcs., buttare via qcs. (per mettere ordine).
aus‿möb|lie|ren tr. ammobiliare.
aus‿mon|tie|ren tr. smontare, rimuovere.
aus‿mün|den intr. (aus. *haben, sein*) sboccare, terminare: ***die Diele mündet in das Wohnzimmer aus*** l'ingresso sbocca nel soggiorno. **Aus|mün|dung** f. *(-,-en)* sbocco *m.*
aus‿mün|zen tr. **1** coniare: ***Silber ~*** coniare monete d'argento **2** sfruttare: ***jds Gutmütigkeit ~*** sfruttare la bontà di qcn. **Aus|mün|zung** f. *(-,-en)* coniazione *f.*
aus‿mus|tern tr. **1** MIL. riformare **2** scartare: ***alte Kleider ~*** scartare vecchi vestiti **3** TESS. disegnare. **Aus|mus|te|rung** f. *(-,-en)* **1** MIL. riforma *f.* **2** *(Aussonderung)* scarto *m.*, cernita *f.* **3** TESS. disegno *m.*
Aus|nah|me f. *(-,-n)* eccezione *f.*, caso *m.* eccezionale; BUROCR. deroga *f.*: ***eine ~ machen, gestatten*** fare un'eccezione, accordare una deroga; ***eine ~ sein, bilden*** essere, costituire un'eccezione; ***mit ~ der Kinder*** ad eccezione dei bambini; ***alle ohne ~*** tutti senza eccezione, nessuno escluso; ***von wenigen -n abgesehen*** tranne poche eccezioni ◆ ***-n bestätigen die Regel*** le eccezioni confermano la regola. **Aus|nah|me|ath|let** m. *(-en,-en)* atleta *m.* d'eccezione. **Aus|nah|me|fall** m. *(-[e]s,-fälle)* caso *m.* eccezionale, eccezione *f.* **Aus|nah|me|ge|neh|mi|gung** f. *(-,-en)* autorizzazione *f.* speciale: ***eine ~ für etw. erteilen, bekommen*** rilasciare, ricevere un'autorizzazione speciale per qcs. **Aus|nah|me|ge|richt** n. *(-[e]s,-e)* tribunale *m.* speciale. **Aus|nah|me|ge|setz** n. *(-es,-e)* legge *f.* speciale, eccezionale. **Aus|nah|me|si|tu|a|ti|on** f. *(-,-en)* situazione *f.* eccezionale. **Aus|nah|me|stel|lung** f. *(-,-en)* posizione *f.* speciale, eccezionale. **Aus|nah|me|zu|stand** m. *(-[e]s,-zustände)* **1** situazione *f.* eccezionale **2** POL. stato *m.* d'emergenza: ***den ~ erklären*** dichiarare lo stato d'emergenza. **Aus|nahms|fall** AUSTR. → **Ausnahmefall. aus|nahms|los I** agg. senza eccezione: ***-e Zustimmung*** completa (*o* totale) adesione **II** avv. senza eccezione: ***~ alle*** tutti nessuno escluso. **aus|nahms|wei|se** avv. in via eccezionale, eccezionalmente.
aus‿neh|men *(nimmt, nahm, genommen)* **I** tr. **1a** *(Vögel)* togliere dal nido **b** *(Nest)* vuotare, depredare **2a** *(Eingeweide)* togliere **b** *(Geflügel)* sbudellare, sventrare, svuotare delle interiora **3** COLLOQ. spogliare, pelare, ripulire: ***jdn beim Spiel ~*** pelare qcn. al gioco **4** *(ausschließen)* eccettuare, escludere **5** AUSTR. vedere, riconoscere **II** rifl. **sich ~** presentarsi, figurare, far figura: ***sich schlecht ~*** sfigurare; ***etw. nimmt sich gut aus*** qcs. si presenta bene. **aus|neh|mend I** p.pres. agg. **1** → **ausnehmen 2** eccellente, straordinario, eccezionale **II** avv. straordinariamente, oltremodo.
aus‿nüch|tern intr. (aus. *haben*) smaltire la sbornia. **Aus|nüch|te|rungs|zel|le** f. *(-,-n)* cella *f.* per gli ubriachi.
aus‿nut|zen, aus‿nüt|zen tr. **1** approfittare di, sfruttare: ***eine Gelegenheit ~*** approfittare di un'occasione **2** utilizzare, trarre profitto da, avvantaggiarsi di: ***seine Stellung ~*** trarre vantaggio dalla propria posizione **3** sfruttare: ***seine Arbeiter ~*** sfruttare i propri operai. **Aus|nut|zung, Aus|nüt|zung** f. *(-,-en)* **1** utilizzazione *f.*, impiego *m.*, uso *m.* **2** *(Ausbeutung)* sfruttamento *m.*
aus‿pa|cken I tr. **1a** tirare fuori: ***die Kleider ~*** tirar fuori i vestiti (dalla valigia) **b** ***den Koffer, ein Päckchen ~*** disfare la valigia, aprire un pacco **2** *(aus der Verpackung auswickeln)* sballare, disimballare **3** FIG. COLLOQ. sfogare, raccontare: ***seine Sorgen ~*** sfogare le proprie preoccupazioni **II** intr. (aus. *haben*) COLLOQ.

bei jdm ~ vuotare il sacco con qcn., raccontare tutto a qcn.
aus‿peit|schen tr. frustare, fustigare. **Aus|peit|schung** f. *(-,-en)* fustigazione *f.*
aus‿pen|deln I intr. (aus. *sein*) oscillare (fino in fondo): ***die Schwingtür pendelt aus*** la porta a vento oscilla **II** tr. *(beim Boxen)* schivare.
aus‿pen|nen intr. (aus. *haben*) COLLOQ. farsi una (bella) dormita.
aus‿pfei|fen tr. *(pfiff, gepfiffen)* ***jdn ~*** fischiare qcn.
aus‿pflan|zen tr. AGR. trapiantare (dalla serra a dimora): ***Salat ~*** trapiantare l'insalata. **Aus|pflan|zung** f. *(-,-en)* AGR. trapianto *m.* (dalla serra a dimora).
Aus|pi|zi|um n. *(-s, Auspizien)* auspicio *m.*: ***unter jds Auspizien*** sotto gli auspici di qcn.
aus‿plap|pern I tr. spiattellare, spifferare **II** intr. (aus. *haben*) COLLOQ. finire di ciarlare.
aus‿plät|ten tr. → **ausbügeln.**
aus‿plau|dern, AUSTR. **aus‿plau|schen I** tr. spiattellare, spifferare, propalare **II** rifl. REGION. ***sich mit jdm ~*** fare una chiacchierata con qcn.
aus‿plün|dern tr. **1** saccheggiare (anche SCHERZ.): ***den Kühlschrank ~*** saccheggiare il frigorifero **2** *(ausrauben)* depredare, svaligiare: ***eine Villa ~*** svaligiare una villa. **Aus|plün|de|rung** f. *(-,-en)* **1** saccheggio *m.* **2** *(Ausraubung)* svaligiamento *m.*
aus‿pols|tern tr. imbottire: ***die Schultern eines Mantels ~*** imbottire le spalle di un cappotto. **Aus|pols|te|rung** f. *(-,-en)* imbottitura *f.*
aus‿po|sau|nen tr. COLLOQ. strombazzare, gridare ai quattro venti.
aus‿po|wern tr. COLLOQ. spremere, sfruttare fino all'ultimo. **Aus|pọ|we|rung** f. *(-)* sfruttamento *m.*
aus‿prä|gen I tr. coniare: ***Silber zu Münzen ~*** coniare monete d'argento **II** rifl. **sich** ~ essere impresso; *(sich zeigen)* mostrarsi, esprimersi chiaramente: ***in seinem Blick hat sich sein ganzes Leiden ausgeprägt*** nel suo sguardo era impresso tutto il suo dolore. **Aus|prä|gung** f. *(-,-en)* **1** coniazione *f.* **2** FIG. impronta *f.*
aus‿prei|sen tr. COMM. prezzare.
aus‿pres|sen tr. spremere (anche FIG.): ***jdn (wie eine Zitrone) ~*** spremere qcn. (come un limone). **Aus|pres|sen** n. *(-s)* spremitura *f.*; FIG. lo spremere.
aus‿pro|bie|ren tr. provare, sperimentare: ***ein neues Rezept ~*** provare una nuova ricetta.
Aus|puff m. *(-[e]s,-e)* TECN. scappamento *m.* **Aus|puff|an|la|ge** f. *(-,-n)* (dispositivo *m.* di) scarico *m.* **Aus|puff|gas** n. *(-es,-e)* gas *m.* di scarico. **Aus|puff|klap|pe** f. *(-,-n)* valvola *f.* di scarico. **Aus|puff|rohr** n. *(-s,-e)* tubo *m.* di scarico (*o* scappamento). **Aus|puff|topf** m. *(-[e]s,-töpfe)* marmitta *f.* (di scarico).
aus‿pum|pen tr. **1** pompare, estrarre (con pompe) **2a** *(durch Pumpen leeren)* (s)vuotare con pompe **b** ***jdm den Magen ~*** fare la lavanda gastrica a qcn.
aus‿punk|ten tr. SPORT battere ai punti.
aus‿pus|ten tr. COLLOQ. spegnere (soffiando).
aus‿put|zen tr. **1a** REGION. *(Bäume)* liberare dai rami inutili, dibrucare **b** *(reinigen)* pulire (all'interno) **2** REGION. ***jdn ~*** usare, sfruttare qcn. **3a** ANT. *(ausschmücken)* ornare, decorare **b** *(festlich kleiden)* vestire a festa **4** SPORT giocare da libero. **Aus|put|zer** m. *(-s,-)* SPORT ultimo difensore *m.*, libero *m.*
aus‿quar|tie|ren tr. far sloggiare. **Aus|quar|tie|rung** f. *(-,-en)* il far sloggiare.
aus‿quat|schen COLLOQ. **I** tr. spiattellare, spifferare **II** rifl. ***sich (mit jdm) ~*** sfogarsi, discutere i propri problemi con qcn.
aus‿quel|len tr. *(quillt, quoll, gequollen)* mettere a bagno; ***~ lassen*** lasciare a bagno: ***die Linsen ~*** mettere a bagno le lenticchie.
aus‿quet|schen tr. → **auspressen.**
aus‿ra|die|ren tr. **1a** cancellare (con la gomma) **b** FIG. cancellare: ***aus der Erinnerung ~*** cancellare dalla memoria **2** COLLOQ. *(völlig zerstören)* radere al suolo **3** ***jdn ~*** fare fuori, liquidare qcn. **Aus|ra|die|rung** f. *(-,-en)* **1** cancellazione *f.* **2** COLLOQ. *(völlige Zerstörung)* annientamento *m.*
aus‿ran|gie|ren [-rãˈʒiːrən] tr. **1** *(unbrauchbar Gewordenes)* eliminare, scartare **2** FERR. mettere fuori servizio.
aus‿ra|sie|ren tr. radere, rasare.
1.aus‿ras|ten intr. (aus. *sein*) **1** TECN. disinnestarsi, disimpegnarsi (da un incastro), disincastrarsi **2** COLLOQ. perdere la calma: ***bei jdm rastet es aus*** a qcn. saltano i nervi.
2.aus‿ras|ten intr. (aus. *haben*) e rifl. **sich** ~ REGION. fermarsi, fare una sosta, riposarsi.
aus‿rau|ben tr. **1** depredare, svaligiare **2** *(Menschen)* rapinare, derubare.
aus‿räu|bern tr. **1** → **ausrauben 2a** SCHERZ. ***den Kühlschrank ~*** saccheggiare il frigorifero **b** *(beim Spiel)* ***jdn ~*** ripulire qcn.
aus‿rau|chen intr. (aus. *haben*) finire di fumare.
aus‿räu|chern tr. **1a** *(Ungeziefer)* scacciare (*o* sterminare) col fumo (*o* col gas) **b** VENAT. stanare col fumo (*o* col gas) **c** FIG. ***das Terroristenversteck ~*** stanare i terroristi (col fumo *o* col gas) dal loro nascondiglio **2** *(Räume)* disinfestare col fumo. **Aus|räu|che|rung** f. *(-,-en)* disinfestazione *f.* (col fumo *o* col gas).
aus‿rau|fen I tr. strappare, estirpare **II** rifl. ***sich (D) die Haare (vor Wut) ~*** strapparsi i capelli (dalla rabbia).
aus‿räu|men tr. **1** ***Möbel, einen Raum ~*** sgomberare i mobili, una stanza **2** FIG. eliminare, rimuovere: ***einen Verdacht ~*** eliminare (*o* allontanare) un sospetto **3** COLLOQ. *(ausrauben)* depredare, svaligiare. **Aus|räu|mung** f. *(-,-en)* **1** sgombero *m.* **2** FIG. eliminazione *f.*, rimozione *f.*
aus‿re|chen tr. **1** togliere col rastrello, rastrellare via **2** *(frei machen)* ripulire col rastrello, rastrellare.
aus‿rech|nen I tr. **1** calcolare **2** *(lösen)* risolvere (con calcoli) **II** rifl. ***sich (D) etw. ~*** aspettarsi qcs. ◆ ***sich (D) etw. (leicht) ~ können*** potersi (facilmente) immaginare qcs.; ***sich (D) gute Chancen ~*** pensare di avere buone possibilità. **Aus|rech|nung** f. *(-,-en)* **1** calcolo *m.* **2** *(Lösung)* soluzione *f.* (di calcoli).
aus‿re|cken I tr. allungare, (di)stendere: ***die Glieder ~*** distendere le membra **II** rifl. **sich** ~ allungarsi.
Aus|re|de f. *(-,-n)* scusa *f.*, pretesto *m.*: ***eine faule ~!*** che misera scusa! ***immer eine passende ~ haben, wissen, nie um eine ~ verlegen sein*** avere sempre una scusa pronta. **aus‿re|den I** intr. (aus. *haben*) finire di parlare: ***jdn nicht ~ lassen*** non lasciare finire il discorso a qcn. **II** tr. ***jdm etw. ~*** sconsigliare qcs. a qcn., dissuadere qcn. da qcs. **III** rifl. **sich** ~ REGION. **1** → **herausreden 2** *(sich aussprechen)* sfogarsi, confidarsi.
aus‿reg|nen intr. (aus. *haben*) e rifl. **sich** ~ spiovere, cessare di piovere.
aus‿rei|ben tr. *(rieb, gerieben)* **1** levare sfregando **2** *(innen säubern)* pulire sfregando, sfregare (l'interno) **3** MECC. alesare. **Aus|rei|ber** m. *(-s,-)* alesatore *m.*
aus‿rei|chen intr. (aus. *haben*) **1** essere sufficiente, bastare: ***zu etw. ~*** bastare per (*o* a) qcs. **2** COLLOQ. *(auskommen)* (riuscire a) cavarsela, farcela; ***mit dem Gehalt bis zum Monatsende nicht ~*** non arrivare con lo stipendio alla fine del mese. **aus|rei|chend** p.pres. agg. **1** → **ausreichen 2** sufficiente, bastante **3** *(Note)* sufficiente.
aus‿rei|fen intr. (aus. *sein*) maturare completamente (anche FIG.): ***eine Entscheidung ~ lassen*** maturare una decisione. **Aus|rei|fung** f. *(-)* completa maturazione (anche FIG.).
Aus|rei|se f. *(-,-n)* **1** espatrio *m.*: ***die ~ verweigern*** negare l'espatrio **2a** *(Grenzübertritt)* passaggio *m.* di confine **b** posto *m.* di frontiera. **Aus|rei|se|er|laub|nis** f. *(-,-se)*, **Aus|rei|se|ge|neh|mi|gung** f. *(-,-en)* permesso *m.* d'espatrio. **aus‿rei|sen** intr. (aus. *sein*) espatriare, andare all'estero. **Aus|rei|se|vi|sum** n. *(-s,-visa* e *-visen)* visto *m.* d'uscita.
aus‿rei|ßen *(riss, gerissen)* **I** tr. strappare: ***Unkraut ~*** strappare le erbacce; *(Bäume)* sradicare **II** intr. (aus. *sein*) **1a** *(abreißen)* staccarsi, strapparsi **b** *(einreißen)* strapparsi, lacerarsi **2** COLLOQ. scappare, fuggire ◆ FIG. ***sich (D) kein Bein ~*** non rompersi le ossa (*o* la schiena). **Aus|rei|ßer** m. *(-s,-)* fuggitivo *m.*, fuggiasco *m.* **Aus|reiß|ver|such** m. *(-[e]s,-e)* tentativo *m.* di fuga.
aus‿rei|ten I intr. (aus. *sein*) **1** allontanarsi a cavallo **2** *(einen Ausritt machen)* fare una cavalcata, uscire a cavallo **II** tr. SPORT ***ein Pferd ~*** lanciare un cavallo.
aus‿ren|ken rifl. ***sich (D) etw. ~*** slogarsi (*o* lussarsi) qcs. ◆ ***sich den Hals ~, um etw. zu sehen*** torcersi il collo per vedere qcs. **Aus|ren|kung** f. *(-,-en)* slogamento *m.*, lussazione *f.*
aus‿rich|ten I tr. **1a** trasmettere, (ri)portare: ***jdm Grüße (von jdm) ~*** portare a qcn. i saluti (di qcn.) **b** riferire, dire (da parte di qcn.): ***richte ihm aus, dass...*** digli (da parte mia) che... **2** *(erwirken)* ottenere, raggiungere: ***bei jdm etw. ~*** ottenere qcs. da qcn. **3a** ***sein Angebot auf die Kunden ~*** orientare la propria offerta sulle esigenze dei clienti **b** FIG. orientare, allineare; ***die Arbeit der Gruppen einheitlich ~*** uniformare il lavoro dei gruppi **4a** ***etw. in einer Linie, in einer Reihe ~*** allineare qcs., disporre qcs. in fila **b** MECC. regolare, aggiustare **5** preparare, allestire: ***die Hochzeit ~*** preparare il matrimonio **6** REGION. COLLOQ. ***jdn ~*** sparlare, dir male di qcn. **II** rifl. ***sich nach jdm, etw. ~*** allinearsi (*o* schierarsi) con qcn., adeguarsi a qcs. **Aus|rich|tung** f. *(-,-en)* **1** allineamento *m.* **2** *(Orientierung)* orientamento *m.*, allineamento *m.* **3** *(Gestaltung)* preparazione *f.*, allestimento *m.*, organizzazione *f.* **4** MECC. regolazione *f.*, aggiustamento *m.*

aus̲rin|gen tr. *(rang, gerungen)* REGION. → **auswringen** ◆ LETT. ***ausgerungen haben*** aver cessato di soffrire.
aus̲rin|nen intr. *(rann, geronnen;* aus. *sein)* REGION. **1** (fuori)uscire (lentamente), versarsi (fuori) **2** *(leerlaufen)* (s)vuotarsi.
Aus|ritt m. *(-[e]s,-e)* **1** uscita *f.* (a cavallo) **2** *(Spazierritt)* cavalcata *f.*
aus̲ro|den tr. sradicare, estirpare. **Aus|ro|dung** f. *(-,-en)* sradicamento *m.*, estirpazione *f.*
aus̲rol|len I intr. (aus. *sein*) rallentare ed arrestarsi (di veicolo) **II** tr. **1** srotolare, svolgere **2** *(Teig)* spianare.
aus̲rot|ten tr. **1** sterminare, annientare **2** FIG. estirpare, sradicare: ***ein Übel ~*** estirpare un male. **Aus|rot|tung** f. *(-,-en)* **1** sterminio *m.*, annientamento *m.* **2** FIG. estirpazione *f.*, sradicamento *m.*
aus̲rü|cken I intr. (aus. *sein*) **1** MIL. mettersi in marcia, partire **2** COLLOQ. svignarsela, prendere il largo **II** tr. TECN. disinnestare, spostare; *(Wort, Zeile)* disinserire.
Aus|ruf m. *(-[e]s,-e)* **1** esclamazione *f.*; *(Schrei)* grido *m.*: ***ein ~ der Überraschung*** un'esclamazione di sorpresa **2** RAR. *(Bekanntmachung)* proclamazione *f.*, bando *m.* **aus̲ru|fen** *(rief, gerufen)* **I** intr. (aus. *haben*) esclamare, gridare **II** tr. **1a** annunciare, comunicare (ad alta voce): ***die Stationen ~*** annunciare le fermate **b** ***jdn ~*** chiamare qcn. (all'altoparlante) **2** *(proklamieren)* proclamare: ***jdn zum König ~*** proclamare qcn. re; ***die Republik ~*** proclamare la repubblica. **Aus|ru|fer** m. *(-s,-)* STOR. banditore *m.* **Aus|ru|fe|satz** m. *(-es,-sätze)* frase *f.* (*o* proposizione *f.*) esclamativa. **Aus|ru|fe|wort** n. *(-[e]s,-wörter)* interiezione *f.* **Aus|ru|fe|zei|chen** n. *(-s,-)* punto *m.* esclamativo. **Aus|ru|fung** f. *(-,-en)* **1** *(mündliche Bekanntmachung)* annuncio *m.*, comunicato *m.* (fatto ad alta voce) **2** *(Proklamation)* proclamazione *f.* **Aus|ru|fungs|zei|chen** n. *(-s,-)* AUSTR. → **Ausrufezeichen.**
aus̲ru|hen I tr. riposare: ***seine Beine ~*** distendere le gambe **II** intr. (aus. *haben*) e rifl. **sich ~** riposare, riposarsi ◆ ***sich auf seinen Lorbeeren ~*** riposare sugli allori.
aus̲rup|fen tr. *(Gras, Federn)* strappare.
aus̲rüs|ten tr. **1** equipaggiare, attrezzare: ***jdn für eine Safari ~*** equipaggiare qcn. per un safari; ***ein Laboratorium ~*** attrezzare un laboratorio **2** ***mit etw. ~*** munire, dotare di qcs. **Aus|rüs|tung** f. *(-,-en)* **1** *(Ausstattung)* equipaggiamento *m.*, attrezzatura *f.* **2** *(technische Anlage)* attrezzatura *f.* **Aus|rüs|tungs|ge|gen|stän|de** pl. equipaggiamento *m.*, attrezzatura *f.* **Aus|rüs|tungs|kos|ten** pl. spese *f.pl.* d'equipaggiamento. **Aus|rüs|tungs|stück** n. *(-[e]s,-e)* (singolo) pezzo *m.* dell'equipaggiamento.
aus̲rut|schen intr. (aus. *sein*) **1a** scivolare, sdrucciolare, slittare: ***auf einer Bananenschale ~*** scivolare su una buccia di banana **b** FIG. COLLOQ. *(entgleisen)* avere degli sbandamenti **2** *(aus der Hand rutschen)* scivolare, sfuggire (dalle mani) ◆ ***jdm rutscht die Hand aus*** a qcn. scappa un ceffone. **Aus|rut|scher** m. *(-s,-)* **1** COLLOQ. slittamento *m.* **2** COLLOQ. *(Fauxpas)* gaffe *f.*, scivolone *m.* **3** SPORT *(Niederlage)* scivolone *m.*
Aus|saat f. *(-,-en)* **1** semina *f.*, seminagione *f.* **2** *(Saatgut)* semenza *f.*, semente *f.* **aus̲sä|en** tr. seminare (anche FIG.).
Aus|sa|ge f. *(-,-n)* **1** dichiarazione *f.*, affermazione *f.*, asserzione *f.*: ***auf jds ~ hin*** a detta di qcn. (*o* secondo quanto afferma qcn.) **2** DIR. deposizione *f.*: ***die ~ verweigern*** rifiutarsi di deporre; ***eine falsche ~ machen*** deporre il falso **3** FIG. *(Gehalt)* messaggio *m.* **Aus|sa|ge|kraft** f. *(-)* forza *f.* espressiva, espressività f. **aus̲sa|gen I** tr. **1** dichiarare, affermare, asserire **2** *(ausdrücken)* esprimere, dire: ***der Text sagt wenig aus*** il testo dice poco **II** intr. (aus. *haben*) DIR. deporre, fare una deposizione: ***als Zeuge ~*** deporre come testimone.
aus̲sä|gen tr. segare (via), tagliare (con la sega).
Aus|sa|ge|satz m. *(-es,-sätze)* frase *f.* (*o* proposizione *f.*) dichiarativa, enunciato *m.* **Aus|sa|ge|ver|wei|ge|rung** f. *(-,-en)* DIR. rifiuto *m.* di deporre. **Aus|sa|ge|wei|se** f. *(-,-n)* **1** GRAMM. modo *m.* **2** FILOS. categoria *f.* **Aus|sa|ge|wert** m. *(-[e]s)* valore *m.*, significato *m.* (di una dichiarazione).
Aus|satz m. *(-es)* lebbra *f.* **aus|sät|zig** agg. lebbroso, affetto da lebbra. **Aus|sät|zi|ge** m. e f. *(-n,-n)* lebbroso *m.* (-a *f.*).
aus̲sau|fen tr. *(soff, gesoffen)* **1** *(von Tieren)* bere (tutto) **2** *(von Menschen)* tracannarsi (tutto).
aus̲sau|gen tr. *(saugte/*LETT. *sog., ausgesaugt/*LETT. *ausgesogen)* **1** succhiare; ***die Wunde ~*** succhiare la ferita (per far uscire il sangue) **2** FIG. ***etw., jdn ~*** dissanguare qcs., qcn. ◆ ***jdn bis aufs Blut, aufs Mark ~*** spremere qcn. fino al midollo.
aus̲scha|ben tr. **1** raschiare (via), togliere raschiando **2** *(aushöhlen)* vuotare raschiando **3** CHIR. ***die Gebärmutter ~*** fare un raschiamento all'utero. **Aus|scha|bung** f. *(-,-en)* CHIR. raschiamento *m.*
aus̲schach|ten tr. **1** ***Erde ~*** scavare la terra **2** ***eine Baugrube ~*** effettuare uno scavo di fondazione. **Aus|schach|tung** f. *(-,-en)* **1** scavo *m.* **2** *(Grube)* fossa *f.*, buca *f.*
aus̲schä|len tr. **1** RAR. sgusciare, sbucciare **2a** tagliare (via): ***den Knochen ~*** togliere l'osso (col coltello) **b** CHIR. asportare (col bisturi).
aus̲schal|ten I tr. **1a** *(Licht, Radio)* spegnere (mediante interruttore) **b** *(Maschinen)* arrestare, fermare **c** *(Strom)* togliere, interrompere **2a** FIG. eliminare, annullare, escludere: ***den Gegner, die Konkurrenz ~*** annullare l'avversario, eliminare la concorrenza **b** *(Gefühle)* spegnere **II** rifl. **sich ~** disinnestarsi, arrestarsi. **Aus|schal|tung** f. *(-,-en)* **1a** spegnimento *m.* **b** *(von Maschinen)* arresto *m.* **c** *(von Strom)* interruzione *f.* **2** FIG. eliminazione *f.*, annullamento *m.*, esclusione *f.*
Aus|schä|lung f. *(-,-en)* CHIR. asportazione *f.* (mediante bisturi).
Aus|schank m. *(-[e]s,-schänke)* **1** *(Gastwirtschaft)* mescita *f.*, osteria *f.*, birreria *f.* **2** *(Schanktisch)* banco *m.* (della mescita).
aus̲schar|ren tr. **1** scavare raspando: ***ein Loch ~*** scavare un buco raspando **2** trovare raspando: ***einen Knochen ~*** trovare un osso raspando.
Aus|schau, ***nach jdm, etw. ~ halten*** cercare con gli occhi qcn., qcs. **aus̲schau|en** intr. (aus. *haben*) **1** ***nach jdm ~*** scrutare, guardare se viene qcn. **2** REGION. ***nach etw. ~*** cercare (di ottenere) qcs.; ***nach einer Arbeit ~*** guardarsi attorno per cercare un lavoro **3** REGION. presentarsi, avere un aspetto: ***er schaut gut aus*** ha un bell'aspetto **4** impers. ***es schaut schlecht aus*** va male; ***wie schaut's aus mit dir?*** come ti va?
aus̲schau|feln tr. **1** spalare (via): ***Erde aus dem Graben ~*** spalare via terra dalla fossa **2** *(Loch)* scavare con la pala **3** *(ausgraben)* dissotterrare, disseppellire.
aus̲schäu|men tr. TECH. riempire con (materiale) espanso.
Aus|scheid m. *(-[e]s,-e)* → **Ausscheidungskampf. aus̲schei|den** *(schied, geschieden)* **I** tr. **1** eliminare, scartare: ***fehlerhafte Stücke ~*** scartare i pezzi difettosi **2** MED. secernere **II** intr. (aus. *sein*) **1a** uscire, ritirarsi: ***aus der Firma ~*** ritirarsi dall'azienda **b** SPORT ***in, nach der ersten Runde ~*** essere eliminato al, dopo il primo turno **2** *(nicht in Frage kommen)* essere fuori discussione. **Aus|schei|dung** f. *(-,-en)* **1a** *(Aussonderung)* eliminazione *f.*, scarto *m.* **b** SPORT eliminazione *f.* **2** *(Verlassen)* ritiro *m.* **3a** FISIOL. escrezione *f.*; *(Sekretion)* secrezione *f.* **b** *(abgesondertes Produkt)* escreto *m.*; *(Sekret)* secreto *m.* **4** → **Ausscheidungskampf. Aus|schei|dungs|kampf** m. *(-[e]s,-kämpfe)* eliminatoria *f.*, gara *f.* a eliminazione. **Aus|schei|dungs|or|gan** n. *(-s,-e)* organo *m.* escretore. **Aus|schei|dungs|pro|dukt** n. *(-[e]s,-e)* prodotto *m.* escretivo. **Aus|schei|dungs|ren|nen** n. *(-s,-)* corsa *f.* eliminatoria. **Aus|schei|dungs|spiel** n. *(-[e]s,-e)* partita *f.* eliminatoria. **Aus|schei|dungs|wett|kampf** → **Ausscheidungskampf.**
aus̲schel|ten tr. *(schilt, schalt, gescholten)* sgridare, rimproverare.
aus̲schen|ken tr. **1** mescere, versare **2** *(im Lokal)* servire (in bicchieri).
aus̲sche|ren intr. (aus. *sein)* **1** abbandonare la rotta; uscire dalla fila, dalla formazione: ***aus einer Kolonne ~*** uscire da una colonna **2** FIG. discostarsi, scostarsi.
aus̲schi|cken tr. ***jdn nach etw. ~*** mandare qcn. a cercare qcs., in cerca di qcs.
aus̲schie|ßen *(schoss, geschossen)* **I** tr. **1** ***jdm ein Auge ~*** asportare un occhio a qcn. con una fucilata **2** TIP. impostare **3** *(Schießsport)* ***einen Preis ~*** vincere un premio (con un tiro decisivo) **II** intr. (aus. *sein*) **1** MAR. girare a dritta **2** spuntare (fuori), germogliare: ***das Kraut schießt aus*** spunta l'erba **3** REGION. *(bleichen)* sbiadire, scolorire.
aus̲schif|fen I tr. sbarcare, scaricare da una nave **II** rifl. **sich ~** sbarcare, scendere a terra. **Aus|schif|fung** f. *(-,-en)* sbarco *m.*, scarico *m.*
aus̲schil|dern tr. **1** *(Straßen)* dotare di segnaletica **2** *(markieren)* segnalare, segnare.
aus̲schimp|fen tr. sgridare, riprendere.
aus̲schir|ren tr. ***ein Pferd ~*** staccare un cavallo, levare i finimenti a un cavallo.
aus̲schlach|ten tr. **1** *(von Eingeweiden befreien)* ripulire dalle interiora **2** FIG. COLLOQ. demolire (per ricavare delle parti), sfasciare: ***alte Autos ~*** sfasciare vecchie auto **3** FIG. COLLOQ. *(ausnutzen)* sfruttare, approfittare: ***einen Skandal ~*** approfittare di uno scandalo. **Aus|schlach|tung** f. *(-,-en)* **1** il ripulire dalle interiora **2** COLLOQ. demolizione *f.* **3** COLLOQ. *(Ausnutzung)* sfruttamento *m.*
aus̲schla|fen *(schläft, schlief, geschlafen)* **I** intr. (aus. *haben*) e rifl. **sich ~** dormire abbastanza, a sufficienza **II** tr. far passare,

smaltire dormendo: ***seinen Rausch*** ~ smaltire la sbornia con una dormita.

Aus|schlag m. *(-[e]s,-schläge)* **1** eruzione *f.* cutanea **2** FIS. *(von Pendeln)* oscillazione *f.*; *(von Zeigern)* deviazione *f.* **3** COMM. tracollo *m.*, sbilancio *m.* **4** germoglio *m.*, pollone *m.* ◆ ***den ~ geben*** essere decisivo, far pendere la bilancia. **aus_schla|gen** *(schlägt, schlug, geschlagen)* **I** tr. **1** rompere, fare uscire con un colpo: ***jdm einen Zahn*** ~ rompere un dente a qcn. **2** REGION. scuotere: ***ein Staubtuch*** ~ scuotere uno straccio per la polvere **3** *(Feuer)* spegnere (pestando o battendo sopra) **4** *(auskleiden)* rivestire, foderare **5** martellare, spianare: ***Gold zu Blättchen*** ~ ridurre l'oro in lamine **6** rifiutare, respingere: ***eine Einladung*** ~ rifiutare un invito **II** intr. **1** (aus. *haben*) tirare calci, recalcitrare **2** (aus. *haben, sein*) oscillare; *(von Zeigern)* deviare, spostarsi **3** (aus. *haben, sein*) iniziare a germogliare, a sbocciare **4** (aus. *sein*) FIG. finire, andare, riuscire: ***etw. ist zu seinem Nachteil ausgeschlagen*** qcs. è finito male per lui. **aus|schlag|ge|bend** agg. decisivo, determinante: ***von -er Bedeutung*** molto significativo, di importanza determinante.

aus_schläm|men tr. ripulire dal fango.

aus_schlei|fen tr. *(schliff, geschliffen)* affilare, molare. **Aus|schlei|fung** f. *(-,-en)* affilatura *f.*, molatura *f.*

aus_schlie|ßen tr. *(schloss, geschlossen)* **1** chiudere fuori **2a** espellere, bandire, cacciare fuori: ***jdn aus der Partei*** ~ espellere qcn. dal partito **b** escludere, lasciare fuori: ***jdn von einem Fest*** ~ escludere qcn. da una festa **3** FIG. escludere, rendere impossibile: ***den Zufall*** ~ escludere il caso. **aus|schließ|lich I** agg. esclusivo: ***das -e Recht auf etw. haben*** avere il diritto esclusivo su qcs. **II** avv. esclusivamente, unicamente, solamente: ***~ für seine Familie leben*** vivere esclusivamente per la propria famiglia **III** prep. + gen. escluso, non compreso, tranne: ***~ der Auslagen*** escluse, non comprese le spese. **Aus|schließ|lich|keit** f. *(-)* esclusività *f.*, assolutezza *f.* **Aus|schlie|ßung** f. *(-,-en)* **1** il lasciare fuori, il chiudere fuori **2** FIG. *(Ausschluss)* espulsione *f.* **3** FIG. *(Inakzeptanz)* esclusione *f.*

Aus|schlupf m. *(-[e]s,-e* e *-schlüpfe)* scappatoia *f.*, via *f.* per sgattaiolare fuori. **aus_schlüp|fen** intr. (aus. *sein*) sgusciare, uscire dall'uovo.

aus_schlür|fen tr. **1** *(Getränke)* sorbire completamente **2** *(Glas)* vuotare sorbendo.

Aus|schluss m. *(-es,-schlüsse)* **1** espulsione *f.* **2** esclusione *f.*: ***unter ~ der Öffentlichkeit*** con esclusione del pubblico, a porte chiuse **3** TIP. spazio *m.*, spaziatura *f.* ◆ ***unter ~ des Rechtsweges*** con esclusione delle vie legali.

aus_schmel|zen tr. *(schmilzt, schmolz, geschmolzen)* fondere, liquefare; ***Butter*** ~ struggere il burro.

aus_schmie|ren tr. **1** ungere internamente **2** otturare: ***die Fugen mit Gips*** ~ otturare le fessure con il gesso **3** FIG. COLLOQ. *(hereinlegen)* legnare.

aus_schmü|cken tr. **1** decorare, adornare (completamente internamente) **2** *(Erzählung)* infiorare. **Aus|schmü|ckung** f. *(-,-en)* **1** adornamento *m.*, addobbamento *m.* **2** abbellimento *m.*

aus_schnau|ben *(schnaubte/schnob, geschnaubt/geschnoben)* **I** intr. (aus. *haben*) **1** REGION. soffiare il naso **2** sbuffare, soffiare forte l'aria fuori **II** rifl. **sich** ~ soffiarsi forte il naso.

aus_schnau|fen intr. (aus. *haben*) e rifl. **sich** ~ REGION. COLLOQ. riprendere fiato, riposare.

Aus|schnei|de|bild n. *(-[e]s,-er)* figurina *f.* da ritagliare. **Aus|schnei|de|bo|gen** m. *(-s,-)* foglio *m.* con figurine da ritagliare. **aus_schnei|den** tr. **1** ritagliare: ***einen Artikel aus der Zeitung*** ~ ritagliare un articolo dal giornale **2** ***einen Apfel*** ~ tagliare le parti marce di una mela; ***einen Baum*** ~ sfoltire i rami di un albero **3** *(Kleid)* scollare, fare lo scollo. **Aus|schnei|de|pup|pe** f. *(-,-n)* bambola *f.* (di carta) da ritagliare. **Aus|schnitt** m. *(-[e]s,-e)* **1** taglio *m.*, ritaglio *m.*: ***ein ~ aus der Zeitung*** un ritaglio di giornale **2a** dettaglio *m.*, particolare *m.*: ***ein ~ aus einem Gemälde*** un particolare di un dipinto **b** squarcio *m.*, frammento *m.*, parte *f.*: ***ein ~ aus einem Film*** un frammento di un film **3** *(Öffnung)* apertura *f.*, buco *m.* **4** scollatura *f.*, scollo *m.*: ***ein Kleid mit tiefem, rundem*** ~ un vestito con una profonda scollatura, con lo scollo rotondo. **aus|schnitt|wei|se** avv. frammentariamente, a frammenti.

aus_schnit|zen tr. intagliare, scolpire nel legno.

aus_schnüf|feln tr. COLLOQ. ficcare il naso: ***er will immer alles*** ~ vuole sempre ficcare il naso dappertutto.

aus_schöp|fen tr. **1a** *(Wasser)* attingere **b** *(leer schöpfen)* vuotare attingendo **2** *(ganz ausnutzen)* esaurire, sfruttare completamente: ***alle Möglichkeiten*** ~ esaurire ogni possibilità. **Aus|schöp|fung** f. *(-)* **1** attingimento *m.*; svuotamento *m.* **2** *(Ausnutzung)* esaurimento *m.*, sfruttamento *m.*

aus_scho|ten tr. REGION. togliere dal baccello, sgranare.

aus_schrau|ben tr. svitare.

aus_schrei|ben tr. *(schrieb, geschrieben)* **1** scrivere per esteso, per intero: ***seinen Namen*** ~ scrivere il proprio nome per esteso **2** compilare, riempire, scrivere: ***einen Scheck*** ~ compilare un assegno; ***ein Rezept*** ~ scrivere una ricetta **3** rendere noto al pubblico; ***einen Wettbewerb, eine Stelle*** ~ bandire un concorso, bandire un concorso per un posto. **Aus|schrei|bung** f. *(-,-en)* **1** lo scrivere integralmente, per esteso **2** *(Ausfüllen, Ausstellen)* rilascio *m.*, compilazione *f.* **3** indizione *f.*, bando *m.*: ***die ~ eines Wettbewerbs*** il bando di un concorso **4** COMM. capitolato *m.* (di fornitura).

aus_schrei|en *(schrie, geschrien)* **I** tr. **1** *(Zeitungen, Ware)* offrire, reclamizzare gridando **2** *(Nachricht)* annunciare gridando **II** rifl. **sich** ~ gridare a perdifiato, sgolarsi. **Aus|schrei|er** m. *(-s,-)* strillone *m.*

aus_schrei|ten *(schritt, geschritten)* **I** tr. misurare a passi **II** intr. (aus. *sein*) camminare, procedere a lunghi passi. **Aus|schrei|tung** f. *(-,-en)* eccesso *m.*, trasgressione *f.*; *(Gewalttätigkeit)* (atto *m.* di) violenza *f.*

aus_schu|len tr. *(Schüler)* ritirare dalla scuola. **Aus|schu|lung** f. *(-,-en)* ritiro *m.* dalla scuola.

Aus|schuss m. *(-es,-schüsse)* **1** comitato *m.*, commissione *f.*: ***ein ~ von Wissenschaftlern*** un comitato di scienziati; ***einen ~ bilden, einsetzen*** costituire, nominare una commissione; ***an einen ~ verweisen*** rimettere a una commissione; ***ein beratender*** ~ un comitato consultivo; ***ein engerer, erweiterter*** ~ un comitato ristretto, allargato; ***ein leitender*** ~ un comitato direttivo; ***ein parlamentarischer*** ~ una commissione parlamentare **2** *(Austrittsstelle eines Geschosses)* foro *m.* d'uscita di un proiettile **3** *(aussortierte Ware)* scarto *m.* **Aus|schuss|bo|gen** m. *(-s,-)* TIP. foglio *m.* di scarto. **Aus|schuss|mit|glied** n. *(-[e]s,-er)* membro *m.* di una commissione. **Aus|schuss|quo|te** f. *(-)* percentuale *f.* di (prodotti di) scarto. **Aus|schuss|sit|zung** f. *(-,-en)* seduta *f.* di un comitato, di una commissione. **Aus|schuss|ver|wei|sung** f. *(-)* rinvio *m.* a una commissione. **Aus|schuss|wa|re** f. *(-,-n)* merce *f.* di scarto, scarto *m.* di magazzino, di fabbrica.

aus_schüt|teln tr. scuotere, sbattere: ***den Staub (aus einem Tuch)*** ~ scuotere la polvere (da uno straccio); ***ein Tischtuch*** ~ scuotere una tovaglia.

aus_schüt|ten I tr. **1a** versare, rovesciare: ***die Milch*** ~ rovesciare il latte; ***Schmutzwasser*** ~ buttare via l'acqua sporca **b** svuotare (versando): ***den Aschenbecher*** ~ svuotare il portacenere **2** ECON. distribuire, ripartire: ***Dividenden*** ~ distribuire i dividendi **II** rifl. COLLOQ. ***sich vor Lachen*** ~ sganasciarsi dalle risa, farsi matte risate ◆ ***jdm seinen Kummer*** ~ sfogare, riversare su qcn. le proprie pene; ***jdm sein Herz*** ~ aprire a qcn. il proprio cuore; ***das Kind mit dem Bad(e)*** ~ buttare via il bambino insieme con l'acqua sporca. **Aus|schüt|tung** f. *(-,-en)* **1** ECON. distribuzione *f.*, ripartizione *f.* **2** ricaduta *f.*, fall-out *m.*: ***radioaktive*** ~ ricaduta radioattiva.

aus_schwär|men intr. (aus. *sein*) sciamare, partire sciamando (anche FIG.).

aus_schwat|zen tr. spiattellare, spifferare: ***ein Geheimnis*** ~ spifferare un segreto.

aus_schwe|feln tr. **1** solforare, inzolfare: ***ein Fass*** ~ solforare una botte **2** *(Ungeziefer)* eliminare, uccidere con lo zolfo.

aus_schwei|fen I intr. (aus. *sein*) eccedere: ***in seinen Leidenschaften*** ~ eccedere nelle proprie passioni **II** tr. *(Tischlerei)* centinare, curvare. **aus|schwei|fend I** agg. **1** eccessivo, sfrenato: ***eine -e Fantasie*** una fantasia sfrenata **2** dissoluto, sregolato: ***ein -es Leben*** una vita dissoluta **II** avv. sregolatamente, dissolutamente: ***~ leben*** vivere in modo dissoluto. **Aus|schwei|fung** f. *(-,-en)* sregolatezza *f.*, dissolutezza *f.*

aus_schwei|gen rifl. *(schwieg, geschwiegen)* ***sich über etw.*** ~ serbare il silenzio su qcs.

aus_schwem|men tr. **1** trascinare via (scorrendo) **2** erodere, dilavare: ***die Strömung schwemmt das Ufer aus*** la corrente erode la riva **3** lavare, pulire (sotto l'acqua corrente): ***eine Wunde*** ~ pulire una ferita ◆ ***Schadstoffe*** ~ eliminare sostanze nocive. **Aus|schwem|mung** f. *(-,-en)* **1** dilavamento *m.*, erosione *f.* **2** *(von Schadstoffen)* eliminazione *f.*

aus_schwen|ken I tr. risciacquare: ***Gläser*** ~ risciacquare bicchieri **II** intr. (aus. *sein*) girare, piegare (da una parte).

aus_schwin|gen *(schwang, geschwungen)* **I** tr. slanciare: ***die Arme*** ~ slanciare le braccia **II** intr. **1** (aus. *haben*) cessare di oscillare **2** oscillare (fino al massimo punto di oscillazione) **3** (aus. *sein, haben; Ski*) curvare, fare una curva. **aus|schwin|gend** agg. ***eine weit -e Kurve*** una curva larga.

aus‿schwit|zen tr. **1** trasudare: ***die Wände schwitzen Feuchtigkeit aus*** le pareti trasudano umidità **2** *(durch Schwitzen ausscheiden)* eliminare sudando; ***eine Erkältung ~*** = guarire dal raffreddore facendo una sudata. **Aus|schwit|zung** f. *(-,-en)* trasudamento *m.*

aus‿seg|nen tr. ***jdn, etw. ~*** impartire l'ultima benedizione a qcn., benedire qcn., qcs. **Aus|seg|nung** f. *(-,-en)* ultima benedizione *f.*

aus‿se|hen intr. *(sieht, sah, gesehen;* aus. *haben)* **1** sembrare, avere l'aspetto, l'aria: ***er sieht gut aus*** ha un bell'aspetto; ***er sieht älter aus als er ist*** dimostra più anni di quelli che ha; ***das sieht nach Verrat aus*** ha tutta l'aria di essere un tradimento; ***er sieht aus, als ob er krank wäre*** sembra malato **2** ***nach jdm, etw. ~*** cercare con gli occhi, con lo sguardo qcn., qcs. **3** impers.: ***es sieht (fast) so aus*** pare (parrebbe) che sia così; ***mit ihm sieht es schlimm aus*** per lui va male; ***es sieht nach Regen, nach Schnee aus*** pare che voglia piovere, nevicare; ***es sieht so aus, als ob er nichts verstünde*** sembra che non capisca nulla ◆ ***so siehst du aus!*** questo lo credi tu! ***sehe ich so, danach aus?*** (ti) pare che io sia così? dò quest'impressione? ***wie siehst du denn aus?*** come (ti) sei conciato? ***wie sieht's mit unseren Vorräten aus?*** come stiamo a provviste? **Aus|se|hen** n. *(-s)* apparenza *f.*, aspetto *m.*, aria *f.*: ANT. ***dem ~ nach*** secondo l'apparenza; ***ein vertrauenswürdiges ~ haben*** avere un aspetto che ispira fiducia.

au|ßen avv. fuori, di fuori, all'esterno: ***die Vase ist ~ bemalt*** il vaso è dipinto esternamente; ***nach ~ (hin)*** in fuori, verso l'esterno; ***die Tür geht nach ~ auf*** la porta si apre verso l'esterno; ***von ~*** da fuori, dal di fuori, dall'esterno; ***~ stehend*** che rimane fuori, estraneo ◆ COLLOQ. ***~ vor bleiben*** rimanere fuori, essere tagliato fuori, non essere coinvolto; ***~ hui und innen pfui*** bello fuori e marcio dentro; COLLOQ. ***jdn ~ vor lassen*** lasciare fuori, tagliare fuori, non coinvolgere qcn. **Au|ßen** m. *(-,-)* SPORT esterno *m.* **Au|ßen|amt** n. *(-[e]s,-ämter)* AUSTR. ministero *m.* degli esteri. **Au|ßen|an|ten|ne** f. *(-,-n)* antenna *f.* esterna. **Au|ßen|auf|nah|me** f. *(-,-n)* CINEM. esterni *m.pl.*: ***-n drehen*** girare gli esterni. **Au|ßen|be|leuch|tung** f. *(-,-en)* illuminazione *f.* esterna. **Au|ßen|be|zirk** m. *(-s,-e)* quartiere *m.* periferico. **Au|ßen|bor|der** m. *(-s,-)* fuoribordo *m.* **Au|ßen|bord|mo|tor** m. *(-s,-en)* motore *m.* fuoribordo. **au|ßen|bords** avv. fuori bordo.

aus‿sen|den tr. *(sandte/sendete, gesandt/gesendet)* **1** inviare, spedire: ***Boten nach jdm ~*** inviare messaggeri a qcn. **2** emettere: ***Signale, Strahlen ~*** emettere segnali, radiazioni.

Au|ßen|dienst m. *(-[e]s,-e)* servizio *m.* esterno. **Au|ßen|dienst|ler** m. *(-s,-)* esterno *m.*, persona *f.* che lavora fuori sede.

Aus|sen|dung f. *(-,-en)* **1** invio *m.*, spedizione *f.* **2** *(Ausstrahlung)* emissione *f.* **3** AUSTR. BUROCR. disposizione *f.*, circolare *f.*, comunicazione *f.*

Au|ßen|han|del m. *(-s)* commercio *m.* con l'estero. **Au|ßen|han|dels|bi|lanz** f. *(-)* bilancio *m.* estero. **Au|ßen|han|dels|po|li|tik** f. *(-)* politica *f.* commerciale con l'estero. **Au|ßen|haut** f. *(-,-häute)* AER. MAR. rivestimento *m.* esterno. **Au|ßen|läu|fer** m. *(-s,-)* SPORT mediano *m.* esterno. **Au|ßen|li|nie** f. *(-,-n)* linea *f.* laterale. **Au|ßen|mi|nis|ter** m. *(-s,-)* ministro *m.* degli esteri. **Au|ßen|mi|nis|te|ri|um** n. *(-s,-ministerien)* ministero *m.* degli esteri. **Au|ßen|netz** n. *(-es,-e)* rete *f.* esterna: ***nur das ~ treffen*** colpire solo l'esterno della rete. **Au|ßen|pfos|ten** m. *(-s,-)* palo *m.* esterno. **Au|ßen|po|li|tik** f. *(-)* politica *f.* estera. **au|ßen|po|li|tisch** agg. di politica estera. **Au|ßen|sei|te** f. *(-,-n)* **1** lato *m.* esterno, facciata *f.* esterna **2** FIG. lato *m.* (*o* aspetto *m.*) esteriore. **Au|ßen|sei|ter** m. *(-s,-)* outsider *m.* **Au|ßen|spie|gel** m. *(-s,-)* AUT. specchietto *m.* (retrovisore) esterno. **Au|ßen|stän|de** pl. crediti *m.pl.* **Au|ßen|ste|hen|de** m. e f. *(-n,-n)* estraneo *m.* (-a *f.*) **Au|ßen|stel|le** f. *(-,-n)* succursale *f.*, filiale *f.* **Au|ßen|stür|mer** m. *(-s,-)* SPORT ala *f.* **Au|ßen|tem|pe|ra|tur** f. *(-,-en)* temperatura *f.* esterna. **Au|ßen|welt** f. *(-)* mondo *m.* esterno: ***von der ~ abgeschnitten sein*** essere tagliato fuori dal mondo. **Au|ßen|win|kel** m. *(-s,-)* GEOM. angolo *m.* esterno. **Au|ßen|wirt|schaft** f. *(-)* scambi *m.pl.* con l'estero.

au|ßer **I** prep. + dat. **1** *(ausgenommen)* all'infuori di, eccetto, tranne, fuorché: ***alle ~ ihm*** tutti tranne lui; ***man sieht nichts ~ Feldern*** non si vedono che campi, si vedono solo campi **2** *(neben)* oltre a: ***~ dem Beruf noch den Haushalt versorgen*** oltre al lavoro occuparsi anche dei lavori di casa **3** *(außerhalb)* fuori: ***~ Dienst*** fuori servizio; ***die Fabrik ist ~ Betrieb*** la fabbrica ha cessato l'attività; ***~ Gefahr sein*** essere fuori pericolo **II** cong. *(ausgenommen)* se non, a meno che: ***ich komme, ~ (wenn) es regnet*** vengo, a meno che non piova; ***es gibt keine andere Möglichkeit, ~ er kommt selbst*** non c'è nessun'altra possibilità, tranne che venga lui stesso ◆ ***~ sich (D) geraten*** perdere il controllo (di sé); ***~ Haus(es), Land(es) sein*** essere usciti (*o* essere fuori casa), essere all'estero; ***~ Frage, Zweifel stellen*** mettere fuori discussione, non mettere in dubbio; ***~ sich (D) vor Freude sein*** essere fuori di sé dalla gioia.

Au|ßer|acht|las|sung f. *(-)* trascuratezza *f.*, trascuranza *f.* **au|ßer|amt|lich** **I** agg. non ufficiale **II** avv. non ufficialmente. **au|ßer|be|trieb|lich** agg. esterno all'azienda.

au|ßer|dem avv. inoltre, oltre a ciò, in più: ***...und ~ ist es schöner*** ...e inoltre è più bello.

au|ßer|dienst|lich agg. fuori servizio.

äu|ße|re agg. **1** esterno, esteriore, da fuori: ***ein -r Anlass*** una causa esterna **2** estero: ***die -n Angelegenheiten*** gli affari esteri. **Äu|ße|re** n. *(-n)* aspetto *m.* esteriore, apparenza *f.*: ***nach dem -n urteilen*** giudicare secondo le apparenze; ***auf das ~ Wert legen*** dare importanza all'apparenza.

au|ßer|ehe|lich agg. extraconiugale: ***-e Geschlechtsbeziehungen*** relazioni extraconiugali; ***ein -es Kind*** un figlio illegittimo. **au|ßer|etat|mä|ßig** agg. fuori bilancio. **au|ßer|eu|ro|pä|isch** agg. extraeuropeo. **au|ßer|fahr|plan|mä|ßig** agg. FERR. straordinario, supplementare, speciale. **au|ßer|ga|lak|tisch** agg. extragalattico. **au|ßer|ge|richt|lich** agg. extragiudiziale: ***ein -er Vergleich*** un accordo extragiudiziale. **au|ßer|ge|wöhn|lich** **I** agg. straordinario, fuori del comune, eccezionale: ***-e Maßnahmen*** misure straordinarie **II** avv. straordinariamente, eccezionalmente: ***es ist ~ heiß*** fa straordinariamente caldo.

au|ßer|halb **I** prep. + gen. (al di) fuori di: ***~ der Stadt*** fuori (della) città; ***~ der Sprechstunden*** fuori dell'orario di visita; FIG. ***~ der Legalität*** al di fuori della legalità **II** avv. *(nicht am Ort)* fuori: ***~ wohnen*** vivere fuori città; ***er kommt von ~*** viene da fuori; FIG. ***~ der Gesellschaft stehen*** essere al di fuori della società.

au|ßer|häus|lich agg. fuori casa. **au|ßer|ir|disch** agg. extraterrestre: ***-e Wesen*** extraterrestri *m.pl.* **au|ßer|kirch|lich** agg. non ecclesiale. **Au|ßer|kraft|set|zung** f. *(-,-en)*, **Au|ßer|kraft|tre|ten** n. *(-s)* abrogazione *f.* **Au|ßer|kurs|set|zung** f. *(-,-en)* ECON. ritiro *m.* dalla circolazione. **äu|ßer|lich** **I** agg. **1** esterno, superficiale: ***nur für den -en Gebrauch*** solo per uso esterno **2** esteriore, apparente: ***eine -e Ähnlichkeit*** una somiglianza apparente **3** *(nicht wesentlich)* esteriore, non essenziale **4** RAR. *(oberflächlich eingestellt)* superficiale **II** avv. esteriormente, esternamente: ***~ blieb er ganz ruhig*** esteriormente restò calmissimo. **Äu|ßer|lich|keit** f. *(-,-en)* **1** esteriorità *f.*, apparenza *f.*: ***auf -en Wert legen*** dare importanza alle apparenze; ***sich durch -en blenden lassen*** farsi ingannare dalle apparenze **2** dettaglio *m.* esterno, non essenziale.

äu|ßern **I** tr. esprimere, manifestare, esternare: ***seine Meinung, einen Zweifel ~*** esprimere la propria opinione, manifestare un dubbio **II** rifl. **sich ~** **1** ***sich über jdn, etw. ~*** esprimersi, pronunciarsi su qcn., qcs. **2** *(sich zeigen)* manifestarsi: ***sein Misstrauen äußert sich in Schweigen*** la sua diffidenza si manifesta col silenzio.

au|ßer|or|dent|lich **I** agg. **1** straordinario: ***eine -e Versammlung*** un'assemblea straordinaria **2** *(ungewöhnlich)* straordinario, eccezionale: ***eine -e Leistung*** una prestazione eccezionale **II** avv. rafforz. straordinariamente, in modo straordinario (*o* eccezionale): ***~ begabt, fleißig*** eccezionalmente dotato, straordinariamente diligente. **au|ßer|orts** avv. REGION. fuori. **au|ßer|par|la|men|ta|risch** agg. extraparlamentare: ***die -e Opposition*** l'opposizione extraparlamentare. **au|ßer|plan|mä|ßig** agg. **1** fuori programma, straordinario: ***-e Staatsausgaben*** spese statali straordinarie; ***ein -er Professor*** un professore straordinario **2** → **außerfahrplanmäßig.** **au|ßer|schu|lisch** agg. extrascolastico. **au|ßer|sprach|lich** agg. extralinguistico.

äu|ßerst **I** agg. **1** estremo: ***am -en Ende*** al limite estremo **2** massimo, estremo: ***von -er Wichtigkeit*** della massima importanza **3** ultimo: ***das -e Angebot*** l'ultima offerta **II** avv. rafforz. estremamente, quanto mai, molto, oltremodo: ***~ dringlich*** estremamente urgente (*o* della massima urgenza) ◆ ***im -en Fall*** nel peggiore dei casi.

au|ßer|stan|de avv., ***~ sein, etw. zu tun*** non essere in grado di fare qcs.; ***sich ~ fühlen, zeigen*** sentirsi, mostrarsi incapaci.

Äu|ßers|te n. *(-n)* **1** estremo *m.*: ***etw. bis zum -n treiben*** spingere qcs. all'estremo; ***bis zum -n gehen*** andare fino in fondo **2** massimo *m.*: ***aufs ~ erregt sein*** essere agitato al massimo, estremamente agitato ◆ ***das ~ wagen*** tentare l'impossibile; ***auf das ~ gefasst sein*** essere preparato al peggio.

äu|ßers|ten|falls avv. nel peggiore dei casi, alla (meno) peggio.

au|ßer|tour|lich AUSTR. **I** agg. speciale, straordinario: ***eine -e Beförderung*** una spedizione speciale **II** avv. ***~ fahren*** effettuare una corsa speciale.

Äu|ße|rung f. *(-,-en)* **1** dichiarazione *f.*, asserzione *f.*: ***eine ~ tun*** fare una dichiarazione; *(Bemerkung)* osservazione *f.*, commento *m.*: ***eine ~ fallen lassen*** fare un'osservazione; ***sich jeder ~ enthalten*** evitare ogni commento **2** *(Zeichen)* espressione *f.*, manifestazione *f.*

aus‿set|zen I tr. **1a** lasciare, abbandonare: ***einen Hund ~*** abbandonare un cane **b** MAR. ***die Passagiere ~*** portare i passeggeri a terra **c** *(Boote, Netze)* calare (in mare) **2** *(preisgeben)* esporre: ***jdn einer Gefahr ~*** esporre qcn. ad un pericolo **3** promettere, assegnare: ***eine Belohnung ~*** promettere una ricompensa **4** DIR. rimandare, rinviare; ***eine Strafe zur Bewährung ~*** sospendere una pena in condizionale **5** RAR. *(unterbrechen)* interrompere **II** intr. (aus. *haben*) fermarsi, arrestarsi, interrompersi: ***der Motor, die Musik setzt aus*** il motore si arresta, la musica s'interrompe (*o* cessa) **III** rifl. ***sich etw. (D) ~*** esporsi a qcs. ◆ ***etw. an jdm, etw. auszusetzen haben, finden*** avere, trovare qcs. da ridire (*o* da osservare, da eccepire) su qcn., qcs.; GIOC. ***eine Runde ~*** stare fermo un giro. **Aus|set|zung** f. *(-,-en)* **1a** abbandono *m.* **b** *(von Booten, Netzen)* il calare (in mare) **2** *(Versprechung)* promessa *f.*, assegnazione *f.* **3** *(Unterbrechung)* interruzione *f.*

Aus|sicht f. *(-,-en)* **1** vista *f.*, veduta *f.*, visuale *f.*: ***jdm die ~ versperren, verbauen*** impedire, togliere la visuale a qcn.; ***ein Zimmer mit ~ aufs Meer*** una camera con vista sul mare **2** *(Möglichkeit)* possibilità *f.*, prospettiva *f.*: ***gute -en auf einen Posten haben*** avere buone possibilità di ottenere un posto ◆ ***etw. in ~ haben*** avere qcs. in vista, aspettarsi qcs.; ***jdn, etw. für etw. in ~ nehmen*** prendere qcn., qcs. in considerazione per qcs.; ***jdm etw. in ~ stellen*** far sperare qcs. a qcn. **aus|sichts|los** agg. senza speranze, disperato, senza prospettive. **Aus|sichts|lo|sig|keit** f. *(-)* **1** mancanza *f.* di prospettive, di speranze **2** *(aussichtslose Lage)* situazione *f.* disperata. **Aus|sichts|punkt** m. *(-[e]s,-e)* belvedere *m.* **aus|sichts|reich** agg. ricco di prospettive, promettente, di belle speranze. **Aus|sichts|turm** m. *(-[e]s,-türme)* → **Aussichtspunkt. aus|sichts|voll** agg. → **aussichtsreich. Aus|sichts|wa|gen** m. *(-s,-)* carrozza *f.* belvedere.

aus‿sie|ben tr. **1a** setacciare, passare al setaccio: ***das Mehl ~*** setacciare la farina **b** ***die Steine (aus dem Sand) ~*** togliere le pietre col setaccio (dalla sabbia) **2** FIG. *(auswählen)* selezionare, scegliere **3** FIG. *(ausscheiden)* scartare.

aus‿sie|deln tr. trasferire. **Aus|sie|de|lung** f. *(-,-en)* trasferimento *m.* **Aus|sied|ler** m. *(-s,-)* INTRAD. (immigrato di origine tedesca proveniente dall'Europa orientale). **Aus|sied|lung** → **Aussiedelung.**

aus‿sin|gen *(sang, gesungen)* **I** tr. **1** finire di cantare, cantare fino alla fine **2** ***seine Freude ~*** cantare la propria gioia **II** intr. (aus. *haben*) finire di cantare.

aus‿sin|nen tr. *(sann, gesonnen)* escogitare, inventare, ideare.

aus‿sit|zen tr. *(saß, gesessen)* **1** EQUIT. non battere la sella **2** *(ausbeulen)* sformare, consumare (a forza di sedersi) ◆ COLLOQ. ***ein Problem, einen Skandal ~*** aspettare che un problema, uno scandalo si risolva da sé.

aus‿söh|nen I tr. ***jdn mit seinem Gegner ~*** (far) riconciliare (*o* rappacificare) qcn. con il suo avversario **II** rifl. **sich ~** riconciliarsi, rappacificarsi; FIG. ***sich mit seinem Schicksal ~*** accettare il proprio destino. **Aus|söh|nung** f. *(-,-en)* riconciliazione *f.*, rappacificazione *f.*

aus‿son|dern tr. **1** scartare, eliminare: ***die schlechten Früchte ~*** scartare i frutti marci **2** RAR. *(auswählen)* scegliere, selezionare. **Aus|son|de|rung** f. *(-,-en)* **1** scarto *m.*, eliminazione *f.* **2** RAR. *(Auswahl)* scelta *f.*, selezione *f.*

aus‿sor|tie|ren tr. **1** eliminare, scartare, mettere da parte: ***alte Kleider ~*** mettere da parte i vestiti vecchi **2** *(auswählen)* scegliere, selezionare, vagliare. **Aus|sor|tie|rung** f. *(-,-en)* **1** eliminazione *f.*, lo scartare **2** *(Auswahl)* scelta *f.*, selezione *f.*, vaglio *m.*

aus‿spä|hen I intr. (aus. *haben*) ***nach etw. ~*** cercare con gli occhi qcs. **II** tr. ***jdn, etw. ~*** spiare qcn., qcs. **Aus|spä|hung** f. *(-,-en)* lo spiare.

Aus|spann m. *(-[e]s,-e)* **1** STOR. locanda *f.* con stallaggio **2** RAR. osteria *f.* **aus‿span|nen I** tr. **1** allargare, (s)tendere, distendere; *(Flügel)* spiegare **2a** staccare: ***Pferde, den Pflug ~*** staccare i cavalli, l'aratro **b** ***einen Bogen aus der Schreibmaschine ~*** tirare fuori un foglio dalla macchina da scrivere **3** COLLOQ. ***jdm etw. ~*** portar via, prendere qcs. a qcn.; ***jdm die Freundin ~*** portare via (*o* soffiare) la ragazza a qcn. **II** intr. (aus. *haben*) riposarsi, rilassarsi. **Aus|span|nung** f. *(-)* riposo *m.*, distensione *f.*, rilassamento *m.*

aus‿spa|ren tr. **1** tenere, lasciare libero: ***eine Ecke für etw. ~*** lasciare libero un angolo per qcs. **2** risparmiare, serbare (per dopo): ***eine Frage (für später) ~*** serbare una domanda (per dopo). **Aus|spa|rung** f. *(-,-en)* **1a** il lasciare libero **b** *(ausgesparter Raum)* spazio *m.* libero **2** *(Beiseitelassen)* il risparmiare, il serbare (per dopo).

aus‿spei|en *(spie, gespien)* LETT. **I** tr. **1** sputare **2** *(erbrechen)* rimettere, vomitare **II** intr. (aus. *haben*) sputare.

aus‿spei|sen tr. AUSTR. ristorare con cibo. **Aus|spei|sung** f. *(-,-en)* AUSTR. il ristorare con cibo.

aus‿sper|ren tr. **1** chiudere fuori **2** ***die Arbeiter ~*** effettuare una serrata. **Aus|sper|rung** f. *(-,-en)* serrata *f.*

aus‿spie|len I tr. **1a** giocare (come prima carta): ***Herz ~*** giocare cuori **b** FIG. ***seine Macht, seine Erfahrung ~*** sfruttare il proprio potere, la propria esperienza **2** *(als Preis aussetzen)* mettere in palio **3a** SPORT ***einen Titel ~*** giocare (*o* concorrere) per un titolo **b** ***den Gegner ~*** superare l'avversario **4** ***jdn gegen jdn ~*** mettere qcn. contro qcn. **II** intr. (aus. *haben*) GIOC. essere di mano: ***wer spielt aus?*** chi è di mano? (*o* chi comincia a giocare?) ◆ ***hoch, niedrig ~*** giocare una carta alta, bassa. **Aus|spie|lung** f. *(-,-en)* estrazione *f.* (della lotteria).

aus‿spin|nen tr. *(spann, gesponnen)* **1** sviluppare, svolgere **2** FIG. *(ausmalen)* infiorare, abbellire, arricchire.

aus‿spi|o|nie|ren tr. **1** *(entdecken)* trovare, scoprire **2** ***jdn über etw. (A) ~*** cercare di sapere qcs. da qcn.

Aus|spra|che f. *(-,-n)* **1** pronuncia *f.*: ***eine deutliche ~ haben*** avere una pronuncia chiara **2** *(Unterredung)* scambio *m.* di idee, chiarimento *m.*, spiegazione *f.*: ***jdn um eine ~ bitten*** chiedere a qcn. un chiarimento ◆ SCHERZ. ***eine feuchte ~ haben*** = sputacchiare mentre si parla. **Aus|spra|che|an|ga|be** f. *(-,-n)*, **Aus|spra|che|be|zeich|nung** f. *(-,-en)* indicazione *f.* della pronuncia. **Aus|spra|che|wör|ter|buch** n. *(-[e]s,-bücher)* dizionario *m.* di pronuncia.

aus|sprech|bar agg. **1** *(von Wörtern)* pronunciabile **2** *(von Gedanken, Wünschen)* esprimibile, che si può manifestare.

aus‿spre|chen *(spricht, sprach, gesprochen)* **I** tr. **1** pronunciare: ***ein Wort falsch ~*** pronunciare male una parola; ***etw. englisch, französisch ~*** pronunciare qcs. all'inglese, alla francese **2** *(äußern)* esprimere, manifestare; *(Strafen)* pronunciare **II** rifl. **sich ~ 1** pronunciarsi **2a** ***sich über jdn, etw. ~*** pronunciarsi (*o* esprimersi) su qcn., qcs.; ***sich lobend, tadelnd über jdn ~*** avere parole di elogio, di biasimo per qcn. **b** ***sich für, gegen jdn, etw. ~*** pronunciarsi (*o* dichiararsi) a favore di, contro qcn., qcs. **3a** *(sich öffnen)* sfogarsi, aprire il cuore **b** ***sich mit jdm ~*** avere un chiarimento (*o* uno scambio di idee) con qcn. **4** RAR. *(sich zeigen)* manifestarsi **III** intr. (aus. *haben*) finire di parlare.

aus‿spren|gen tr. **1a** *(versprühen)* spruzzare **b** FIG. raccontare in giro **2a** ***einen Felsen ~*** far saltare una roccia (con l'esplosivo) **b** ***einen Stollen ~*** aprire una galleria (con l'esplosivo).

aus‿sprit|zen tr. **1a** *(leerspritzen)* (s)vuotare spruzzando **b** *(durch Spritzen reinigen)* pulire spruzzando; MED. ***das Ohr ~*** siringare l'orecchio **2a** FIG. spruzzare, emettere **b** ***sein Gift gegen jdn ~*** sputare veleno contro qcn. **Aus|sprit|zung** f. *(-,-en)* **1** lo spruzzare, lo schizzare **2** *(Reinigung)* pulitura *f.* mediante un getto d'acqua.

Aus|spruch m. *(-[e]s,-sprüche)* **1** *(Äußerung)* commento *m.*, osservazione *f.* **2** *(Denkspruch)* massima *f.*, detto *m.* (celebre).

aus‿sprü|hen I intr. (aus. *haben*) schizzare (da tutte le parti) **II** tr. **1** spruzzare **2** FIG. ***Wärme ~*** emanare calore.

aus‿spu|cken I tr. **1** sputare **2** COLLOQ. *(erbrechen)* vomitare **3** FIG. tirare fuori, buttare (fuori), sputare (fuori): ***der Computer spuckt Informationen aus*** il computer sputa informazioni **II** intr. (aus. *haben*) ***vor jdm ~*** sputare in faccia a qcn. ◆ ***komm, spuck schon aus!*** avanti, sputa il rospo!

aus‿spü|len tr. **1** *(durch Spülen entfernen)* togliere sciacquando, lavare via **2** (ri)sciacquare: ***ein Glas ~*** (ri)sciacquare un bicchiere **3** *(von Wasser)* erodere: ***das Hochwasser spült das Ufer aus*** l'acqua alta erode la riva ◆ ***sich (D) den Mund ~*** sciacquarsi la bocca. **Aus|spü|lung** f. *(-,-en)* **1** *(von Geschirr, Wäsche)* (ri)sciacquatura *f.*, risciacquo *m.* **2** GEOL. erosione *f.*

aus‿spü|ren ANT. → **aufspüren.**

aus‿staf|fie|ren I tr. **1a** equipaggiare, attrezzare **b** COLLOQ. *(einrichten)* arredare **2a** *(einkleiden)* vestire **b** *(verkleiden)* travestire **II** rifl. **sich ~** SCHERZ. *(sich herausputzen)* adornarsi, (ac)conciarsi. **Aus|staf|fie|rung** f. *(-,-en)* ANT. **1a** equipaggiamento *m.*, attrezzamento *m.* **b** *(Einrichtung)* arredamento *m.* **2a** *(Einkleidung)* il vestire, il vestirsi **b** *(Verkleidung)* travestimento *m.* **3** *(das Herausputzen)* addobbo *m.*, ornamento *m.*

Aus|stand m. *(-[e]s,-stände)* **1** sciopero *m.*: ***sich im ~ befinden*** essere in sciopero; ***in den ~ treten*** scendere in sciopero **2** *(das Ausscheiden)* ritiro *m.*, congedo *m.*: ***seinen ~ geben*** dare una festa d'addio **3** pl. ANT. *(Außenstände)* crediti *m.pl.* **aus|stän|dig** agg. da riscuotere, arretrato, in sospeso. **Aus|stän|di|ge** m. *(-n,-n)*, **Aus|ständ|ler** m. *(-s,-)* scioperante *m.*

aus‿stan|zen tr. MECC. tranciare.

aus‿stat|ten tr. **1** dotare, fornire, provvedere: ***jdn mit einer Vollmacht ~*** rivestire, investire qcn. di una delega; ***jdn mit Geldmit-***

teln ~ fornire a qcn. mezzi economici; FIG. **mit großen Fähigkeiten ausgestattet sein** essere dotato di grandi capacità **2** arredare: **ein Zimmer mit Stilmöbeln ~** arredare una stanza con mobili in stile **3** attrezzare, equipaggiare: **ein Labor modern ~** attrezzare modernamente un laboratorio **4** corredare: **ein Buch mit Illustrationen ~** corredare un libro di illustrazioni.

Aus|stat|tung f. *(-,-en)* **1** dotazione *f.* **2** arredamento *m.*: **die ~ der Räume** l'arredamento dei locali **3** attrezzatura *f.*, equipaggiamento *m.*: **die ~ der Expedition** l'equipaggiamento della spedizione **4** *(äußere Gestaltung)* veste *f.* tipografica **5** TEATR. allestimento *m.* **6** DIR. assegnazione *f.*; *(bei der Heirat)* dote *f.* **7** ECON. **die ~ der Anleihe** le condizioni, i termini del prestito. **Aus|stat|tungs|film** m. *(-s,-e)* film *m.* spettacolare. **Aus|stat|tungs|gut** n. *(-[e]s,-güter)* bene *m.* dotale. **Aus|stat|tungs|ka|pi|tal** n. *(-s,-e)* capitale *m.*, fondo *m.* di dotazione. **Aus|stat|tungs|kos|ten** pl. spese *f.pl.* di allestimento. **Aus|stat|tungs|stück** n. *(-[e]s,-e)* **1** grande spettacolo *m.* coreografico **2** *(Möbelstück)* oggetto *m.* d'arredamento.

aus_ste|chen tr. *(sticht, stach, gestochen)* **1** cavare: **jdm ein Auge ~** cavare un occhio a qcn. **2a einen Graben ~** scavare una fossa **b Torf ~** estrarre la torba **c** ricavare tagliando, ritagliare: **Plätzchen ~** ritagliare biscotti (con lo stampo) **3** FIG. soppiantare: **jdn im Beruf, bei seiner Freundin ~** soppiantare qcn. nel lavoro, soffiare la ragazza a qcn.

Aus|stech|form f. *(-,-en)* forma *f.* per dolci.

aus_ste|cken tr. **1** segnare con picchetti, con paletti **2** *(von Elektrogeräten)* staccare la presa: **den Fernseher ~** staccare la presa del televisore.

aus_ste|hen *(stand, gestanden)* **I** tr. sopportare, soffrire, patire: **Angst ~** provare paura; **viel um jdn ~** soffrire molto per qcn. **II** intr. (aus. *haben*) **1** essere esposto, in mostra: **im Schaufenster ~** essere esposto in vetrina **2** mancare, non essere pervenuto: **die Antwort steht noch aus** manca ancora la risposta ◆ **jdn, etw. nicht ~ können** non poter sopportare qcn., qcs. **aus|ste|hend** agg. da riscuotere: **-e Forderungen** crediti da riscuotere; **-er Beitrag** contributo arretrato.

aus_stei|fen tr. EDIL. puntellare.

aus_stei|gen intr. *(stieg, gestiegen;* aus. *sein)* **1** scendere: **aus dem Auto, aus der Straßenbahn ~** scendere dall'auto, dal tram **2** COLLOQ. ritirarsi, uscire: **aus einem Geschäft ~** ritirarsi da un affare; **aus einem Rennen ~** ritirarsi da una corsa, abbandonare una corsa **3** GERG. = rompere i ponti con la società, rinunciare alla società. **Aus|stei|ger** m. *(-s,-)* GERG. chi rompe i ponti con la società.

aus_stel|len tr. **1a** esporre, mettere in mostra: **Bilder in einer Galerie ~** esporre quadri in una galleria **b** assol. esporre **2** esporre, mettere: **Warnschilder ~** mettere dei segnali di pericolo **3** rilasciare: **ein Visum, eine Rechnung ~** rilasciare un visto, una fattura **4** COLLOQ. *(ausschalten)* spegnere: **das Radio ~** spegnere la radio **5** SART. svasare: **einen Rock leicht ~** svasare leggermente una gonna. **Aus|stel|ler** m. *(-s,-)* espositore *m.* **Aus|stel|ler|fir|ma** f. *(-,-firmen)* ditta *f.* espositrice. **Aus|stel|lung** f. *(-,-en)* **1a** l'esporre, il mettere in mostra **b** esposizione *f.*, mostra *f.*: **eine ~ eröffnen** aprire una mostra **2** rilascio *m.*: **die ~ des Passes** il rilascio del passaporto. **Aus|stel|lungs|da|tum** n. *(-s,-daten)* data *f.* di emissione, di rilascio. **Aus|stel|lungs|flä|che** f. *(-,-n)* superficie *f.* espositiva. **Aus|stel|lungs|ge|bäu|de** n. *(-s,-)* palazzo *m.* delle esposizioni. **Aus|stel|lungs|ge|län|de** n. *(-s,-)* area *f.* espositiva. **Aus|stel|lungs|hal|le** f. *(-,-n)* padiglione *m.* **Aus|stel|lungs|ka|ta|log** m. *(-[e]s,-e)* catalogo *m.* della mostra. **Aus|stel|lungs|ort** m. *(-[e]s,-e)* luogo *m.* di emissione, di rilascio. **Aus|stel|lungs|raum** m.*(-[e]s,-räume)* salone *m.* della mostra. **Aus|stel|lungs|stand** m. *(-[e]s,-stände)* stand *m.* di esposizione. **Aus|stel|lungs|stück** n. *(-s,-e)* oggetto *m.*, pezzo *m.* d'esposizione. **Aus|stel|lungs|tag** m. *(-[e]s,-e)* BUROCR. giorno *m.* (*o* data *f.*) del rilascio, dell'emissione. **Aus|stel|lungs|ver|zeich|nis** n. *(-ses,-se)* → **Ausstellungskatalog.**

aus_stem|men I tr. mortasare **II** intr. (aus. *haben; beim Skifahren*) spostare il peso.

Aus|ster|be|etat [-et'a:] m., COLLOQ. **auf dem ~ sein, stehen** essere destinato a cessare, a scomparire; **jdn, etw. auf den ~ setzen** liquidare qcn., qcs.

aus_ster|ben intr. *(stirbt, starb, gestorben;* aus. *sein)* **1** estinguersi: **eine Tierart stirbt aus** una specie animale si estingue **2** FIG. scomparire, morire: **dieser Beruf stirbt aus** questa professione sta scomparendo; **diese Stadt stirbt langsam aus** questa città sta lentamente scomparendo, si sta spopolando. **Aus|ster|ben** n. *(-s)* estinzione *f.*: **vom ~ bedrohte, im ~ begriffene Tierarten** specie animali in via di estinzione. **aus|ster|bend** p.pres. agg. **1** → **aussterben 2** in via d'estinzione.

Aus|steu|er f. *(-,-n)* corredo *m.*, dote *f.* **aus_steu|ern** tr. **1 den Wagen ~** riprendere il controllo della macchina **2** ELETTRON. regolare **3 die Tochter ~** fare il corredo alla figlia **4** DIR. escludere dalle (*o* privare delle) prestazioni assicurative. **Aus|steu|e|rung** f. *(-,-en)* **1** ELETTRON. regolazione *f.* **2** DIR. privazione *f.* di prestazioni assicurative.

Aus|stich m. *(-[e]s,-e)* SVIZZ. **1** gara *f.* decisiva **2** *(das Beste)* il meglio.

Aus|stieg m. *(-[e]s,-e)* **1a** lo scendere, discesa *f.*: **der ~ aus dem Zug** lo scendere dal treno **b** uscita *f.*: **der ~ aus der Grotte** l'uscita dalla grotta **2** luogo *m.*, lato *m.* da cui si scende **3** FIG. uscita *f.*, abbandono *m.*: **der ~ aus der Kernenergie** l'abbandono dell'energia nucleare.

aus_stop|fen tr. **1** imbottire, riempire: **ein Kissen ~** imbottire un cuscino **2** *(Tiere)* impagliare. **Aus|stop|fung** f. *(-,-en)* **1** imbottitura *f.* **2** *(von Tieren)* impagliatura *f.*

Aus|stoß m. *(-es,-stöße)* **1** espulsione *f.* **2** ECON. produzione *f.*: **ein ~ von 400 Stück am Tag** una produzione di 400 pezzi al giorno.

aus_sto|ßen tr. *(stößt, stieß, gestoßen)* **1** espellere, gettare fuori: **der Vulkan stößt Lava** il vulcano erutta lava **2** FIG. lanciare, emettere, mandare: **einen Schrei, Seufzer ~** lanciare un grido, emettere un sospiro; **Drohungen ~** scagliare minacce **3** *(durch einen Stoß verletzen)* colpire, ferire colpendo; **jdm ein Auge ~** cavare un occhio a qcn. **4** *(aus einer Gemeinschaft)* espellere, escludere **5** ECON. produrre **6** GRAMM. **einen Vokal ~** elidere una vocale. **Aus|sto|ßung** f. *(-,-en)* **1** emissione *f.*, lancio *m.* **2** *(aus einer Gemeinschaft)* espulsione *f.*, esclusione *f.* **3** GRAMM. elisione *f.*

aus_strah|len I tr. **1a** irradiare, irraggiare, emanare: **Wärme ~** emanare calore **b** FIG. **sein Gesicht strahlt Freude aus** il suo viso irradia gioia **2** *(ausleuchten)* illuminare completamente, riempire di luce **3** RAD.TELEV. trasmettere, mandare in onda **II** intr. (aus. *haben*) irradiarsi, diffondersi: **die Rückenschmerzen strahlen bis ins Bein aus** i dolori alla schiena si irradiano fino alla gamba; **der Tumor strahlt aus** il tumore si diffonde; FIG. **seine Ruhe strahlt auf die Anwesenden aus** la sua calma si irradia sui presenti. **Aus|strah|lung** f. *(-,-en)* **1** irradiazione *f.*, irraggiamento *m.*, emanazione *f.* **2** *(Ausleuchten)* illuminazione *f.* **3** FIG. *(Wirkung)* influsso *m.*, influenza *f.*; **dieser Redner hat eine große ~ auf das Publikum** questo oratore ha una grande presa sul pubblico **4** RAD.TELEV. trasmissione *f.*

aus_stre|cken I tr. stendere, distendere, allungare (in tutta la lunghezza): **die Beine unter dem Tisch ~** stendere (*o* allungare) le gambe sotto il tavolo; **die Fühler ~** allungare le antenne; **die Zunge ~** allungare, tirare fuori la lingua **II** rifl. **sich ~** sdraiarsi, stendersi, distendersi: **sich auf dem Sofa ~** sdraiarsi sul divano.

aus_strei|chen *(strich, gestrichen)* **1** *(Farbe)* stendere **2** ungere: **eine Backform mit Butter ~** ungere una teglia col burro **3** *(glatt streichen)* stirare **4** cancellare (anche FIG.): **ein Wort ~** cancellare una parola.

aus_streu|en tr. **1** spargere, sparpagliare: **Vogelfutter ~** spargere il mangime per gli uccelli **2** FIG. diffondere, spargere: **Gerüchte ~** diffondere voci **3** ricoprire spargendo, cospargere: **die Kuchenform mit Mehl ~** ricoprire la tortiera con la farina. **Aus|streu|ung** f. *(-,-en)* **1** spargimento *m.* **2** FIG. diffusione *f.*

Aus|strich m. *(-[e]s,-e)* **1** MED. striscio *m.* **2** GEOL. affioramento *m.*

aus_strö|men I tr. emanare, diffondere, esalare: **die Blumen strömen einen süßen Duft aus** i fiori emanano un dolce profumo **II** intr. (aus. *sein*) **1** *(herausströmen)* fuoruscire, defluire, scorrere fuori **2** FIG. emanare: **von ihm strömt Sicherheit aus** emana un senso di sicurezza. **Aus|strö|mung** f. *(-,-en)* **1** emissione *f.*, emanazione *f.*, diffusione *f.* **2** fuoruscita *f.*; *(von Gas)* fuga *f.*; *(von Wasser)* efflusso *m.* **Aus|strö|mungs|ge|schwin|dig|keit** f. *(-,-en)* velocità *f.* di (fuor)uscita.

aus_stu|die|ren intr. (aus. *haben*) finire gli studi.

aus_stül|pen tr. ripiegare, rivoltare in fuori.

aus_su|chen tr. **1** scegliere: **ein Kleid ~** scegliere un vestito **2** ANT. rovistare, frugare ◆ **sich (D) etw. ~** scegliersi qcs.

aus_ta|pe|zie|ren tr. tappezzare interamente.

aus_ta|rie|ren tr. **1** *(Waage)* tarare **2** FIG. *(abwägen)* ponderare.

Aus|tausch m. *(-[e]s)* **1a** *(Warenaustausch)* scambio *m.*, cambio *m.*: **etw. im ~ (gegen etw. anderes) erhalten, geben** avere, dare qcs. in cambio (di qcs. altro) **b** FIG. scambio *m.*: **der ~ von Ideen** lo scambio di idee **2** cambio *m.*, sostituzione *f.*: **der ~ einer Maschine** la sostituzione di una macchina. **aus|tausch|bar** agg. intercambiabile, scambiabile, sostituibile. **Aus|tausch|bar|keit** f. *(-)* intercambiabilità *f.*, sostituibilità *f.* **Aus|tausch|dienst** m. *(-[e]s,-e)* SCOL. organizzazione *f.* di scambi con l'estero. **aus_tau|schen I** tr. **1** scambiare: **Gefangene ~** scambiare i prigionieri; FIG. **Höf-**

lichkeiten, Ideen, Meinungen ~ scambiare cortesie, idee, opinioni **2** *(ersetzen)* cambiare, sostituire: ***die kaputte Batterie gegen eine neue*** ~ cambiare la batteria rotta con una nuova **II** rifl. **sich** ~ scambiarsi: ***wir tauschten uns über unsere Erfahrungen aus*** ci scambiammo le nostre esperienze. **Aus|tausch|ge|fan|ge|ne** m. e f. *(-n,-n)* prigioniero *m.* scambiato (prigioniera *f.* scambiata). **Aus|tausch|mo|tor** m. *(-s,-en)* motore *m.* di rotazione (*o* di giro). **Aus|tausch|pro|fes|sor** m. *(-s,-en)* UNIV. professore *m.* ospite. **Aus|tausch|stu|dent** m. *(-en,-en)* UNIV. = studente *m.* che partecipa a uno scambio. **Aus|tausch|teil** m. *(-s,-e)* pezzo *m.* di ricambio. **Aus|tausch|ver|hält|nis** n. *(-ses,-se)* relazione *f.* di scambio internazionale. **aus|tausch|wei|se** avv. come scambio, per scambio.

aus‿tei|len tr. **1** distribuire, ripartire: ***Geschenke*** ~ distribuire regali; ***Essen an Obdachlose*** ~ distribuire il cibo ai senzatetto **2** FIG. impartire: ***Befehle*** ~ impartire ordini; *(Prügel)* somministrare. **Aus|tei|lung** f. *(-,-en)* distribuzione *f.*, ripartizione *f.*

Aus|ter f. *(-,-n)* ostrica *f.*: ***eine ~ aufbrechen*** aprire un'ostrica. **Aus|tern|bank** f. *(-,-bänke)* banco *m.* di ostriche. **Aus|tern|fang** m. *(-[e]s,-fänge)* pesca *f.* (*o* raccolta *f.*) delle ostriche. **Aus|tern|fi|scher** m. *(-s,-)* ostrichiere *m.*, beccaccia *f.* di mare. **Aus|tern|park** m. *(-s,-s)* ostricaio *m.* **Aus|tern|scha|le** f. *(-,-n)* guscio *m.* d'ostrica. **Aus|tern|zucht** f. *(-,-en)* ostricoltura *f.*

aus‿tes|ten tr. **1** testare: ***ein Medikament*** ~ testare un medicinale **2** verificare, provare: ***jds Bereitschaft*** ~ verificare la disponibilità di qcn.

aus‿tie|fen tr. rendere più profondo.

aus‿til|gen tr. **1a** distruggere, annientare **b** *(Unkraut)* estirpare, sradicare totalmente **c** *(Krankheit)* debellare **2** *(auslöschen)* cancellare completamente: ***die Erinnerung an etw. (A)*** ~ cancellare completamente il ricordo di qcs. **Aus|til|gung** f. *(-,-en)* **1** annientamento *m.*, distruzione *f.* totale **2** *(Auslöschen)* cancellazione *f.*

aus‿to|ben I tr. sfogare, scatenare: ***seinen Zorn (an jdm)*** ~ sfogare la propria ira (su qcn.) **II** intr. (aus. *haben*) sfogarsi, cessare d'infuriare **III** rifl. **sich** ~ sfogarsi, scatenarsi: ***die Kinder toben sich aus*** i bambini si sfogano; ***das Unwetter tobt sich aus*** il temporale si scatena.

aus‿tol|len rifl. **sich** ~ COLLOQ. sfogarsi, scatenarsi.

Aus|trag m. *(-[e]s,-träge)* **1** risoluzione *f.*, conclusione *f.*: BUROCR. ***zum ~ kommen*** giungere a conclusione: ***der ~ von Streitigkeiten*** la risoluzione dei dissidi **2** SPORT disputa *f.*, il disputare **3** REGION. vitalizio *m.* **aus‿tra|gen** *(trägt, trug, getragen)* **I** tr. **1** recapitare, consegnare a domicilio: ***Zeitungen*** ~ recapitare i giornali **2** decidere, concludere, definire: ***einen Konflikt friedlich*** ~ risolvere pacificamente un conflitto **3** SPORT disputare **4** *(Daten, Zahlen)* cancellare **II** rifl. **sich** ~ cancellarsi ◆ ***ein Kind*** ~ = portare a compimento una gravidanza. **Aus|trä|ger** m. *(-s,-)* fattorino *m.* **Aus|tra|gung** f. *(-)* **1** SPORT disputa *f.*: ***zur ~ kommen*** venire (*o* essere) disputato **2** cancellazione *f.* **Aus|tra|gungs|mo|dus** m. *(-,-modi)* regole *f.pl.* del gioco, della gara. **Aus|tra|gungs|ort** m. *(-[e]s,-e)* luogo *m.* in cui si disputa la gara.

aus|trai|niert agg. SPORT ben allenato, in perfetta forma.

aust|ral agg. australe.

Aust|ra|li|en n.pr.n. *(-s)* Australia *f.* **Aust|ra|li|er** m. *(-s,-)* australiano *m.* **aust|ra|lisch** agg. australiano.

aus‿träu|men I intr. (aus. *haben*) **1** finire di sognare, finire un sogno **2** FIG. finire di sognare, tornare alla realtà **II** tr. ***einen Traum ausgeträumt haben*** aver finito (di fare) un sogno.

aus‿trei|ben *(trieb, getrieben)* **I** tr. **1a** cacciare fuori, scacciare, espellere: ***jdn aus seinem Haus*** ~ scacciare qcn. dalla sua casa **b** *(exorzieren)* esorcizzare **2** *(Vieh)* portare (fuori) al pascolo **3** far passare: ***jdm seine Launen, das Rauchen*** ~ far passare a qcn. la voglia di fare i capricci, togliere il vizio del fumo a qcn. **II** intr. (aus. *haben*) **1** (cominciare a) germogliare, mettere i (primi) germogli **2** *(von Knospen, Blättern)* spuntare. **Aus|trei|bung** f. *(-,-en)* **1** cacciata *f.*, espulsione *f.* **2** *(von Dämonen, Geistern)* esorcismo *m.*

aus‿tre|ten *(tritt, trat, getreten)* **I** tr. **1** *(Feuer, Zigaretten)* spegnere coi piedi (*o* col piede) **2a** *(Pfad, Spur)* segnare, fare (a forza di passare) **b** *(Stufen, Fußboden)* consumare **c** *(Schuhe)* sformare **II** intr. (aus. *sein*) **1** (fuori)uscire, scappare (fuori): ***hier tritt Gas aus*** qui esce gas **2** FIG. ***aus etw.*** ~ uscire da qcs., abbandonare, lasciare qcs.: ***aus der Kirche, aus der Partei*** ~ abbandonare la Chiesa, lasciare il partito **3** VENAT. uscire (allo scoperto) ◆ EUFEM. ***ich muss mal ~ (gehen)*** devo andare a fare un bisogno.

Aust|ri|a|zis|mus m. *(-, Austriazismen)* austriacismo *m.*

aus‿trick|sen tr. **1** SPORT ***jdn*** ~ fare una finta a qcn., fintare qcn. **2** FIG. *(überlisten)* ingannare.

aus‿trin|ken tr. *(trank, getrunken)* **1** finire di bere, bere tutto **2** *(Glas, Flasche)* (s)vuotare (bevendo).

Aus|tritt m. *(-[e]s,-e)* **1** *(das Heraustreten)* uscita *f.*, l'uscire **2** *(Entweichen)* (fuori)uscita *f.*; *(von Gas)* fuga *f.* **3** *(aus einer Institution)* uscita *f.*, ritiro *m.*, abbandono *m.*: ***der ~ aus der Partei*** il ritiro dal partito **4** *(Balkon)* poggiolo *m.* **Aus|tritts|er|klä|rung** f. *(-,-en)* dichiarazione *f.* di ritiro, di recesso. **Aus|tritts|ge|schwin|dig|keit** f. *(-,-en)* TECN. velocità *f.* di uscita.

aus‿trock|nen I tr. **1** asciugare (completamente) **2** *(trockenlegen)* prosciugare **II** intr. (aus. *sein*) asciugarsi, (dis)seccarsi: ***das Flussbett trocknet aus*** il letto del fiume si prosciuga. **Aus|trock|nung** f. *(-)* **1** l'asciugare, l'asciugarsi **2** *(Trockenlegen)* prosciugamento *m.*

aus‿trom|pe|ten tr. COLLOQ. strombazzare, divulgare in modo chiassoso.

aus‿tüf|teln tr. COLLOQ. ***etw.*** ~ lambiccarsi il cervello intorno a qcs.

aus‿tun *(tut, tat, getan)* REGION. **I** tr. **1** *(ausziehen)* togliersi, levarsi **2** *(Feuer)* spegnere **II** rifl. **sich** ~ svestirsi, spogliarsi ◆ ***sich ~ können*** agire liberamente.

aus‿tu|schen tr. colorare con inchiostro.

aus‿üben tr. **1** esercitare, praticare; ***einen Beruf, Sport*** ~ esercitare una professione, praticare uno sport **2** esercitare: ***Gewalt*** ~ esercitare il potere; ***Druck, Einfluss auf jdn*** ~ fare pressione, esercitare influenza su qcn. **Aus|übung** f. *(-,-en)* esercizio *m.*, pratica *f.*: ***die ~ der Macht*** l'esercizio del potere; ***in ~ seines Dienstes*** nell'adempimento del proprio servizio.

aus‿ufern intr. (aus. *sein*) **1** straripare **2a** FIG. *(ausarten)* degenerare **b** *(maßlos wachsen)* crescere in modo smisurato.

Aus|ver|kauf m. *(-[e]s,-verkäufe)* **1** svendita *f.*, liquidazione *f.* **2** FIG. svendita *f.*, il dar via. **aus‿ver|kau|fen** tr. **1** *(Ware)* esaurire, vendere tutto **2** *(Lager, Geschäft)* svuotare (facendo svendite). **aus|ver|kauft** p.pass. agg. **1** → **ausverkaufen 2** esaurito; ***die Karten sind*** ~ i biglietti sono esauriti; ***das Theater ist*** ~ il teatro è esaurito.

aus‿wach|sen *(wächst, wuchs, gewachsen)* **I** intr. (aus. *sein*) **1** germogliare, germinare **2** COLLOQ. morire di noia: ***bei diesem Unterricht kann man ja*** ~ in questa lezione c'è da morire di noia **II** tr. RAR. ***bald wächst er den Pullover aus*** presto la maglia gli diventerà stretta (perché crescerà) **III** rifl. **sich** ~ **1** normalizzarsi, diventare normale (crescendo): ***keine Sorge, das wächst sich noch aus*** non c'è da preoccuparsi, sparirà con la crescita **2a** *(sich vergrößern)* crescere, svilupparsi **b** ***sich zu etw.*** ~ trasformarsi in qcs.: ***der Aufstand wuchs sich zur Revolution aus*** l'insurrezione si trasformò in rivoluzione ◆ ***das, es ist zum Auswachsen mit ihm*** fa disperare.

aus‿wä|gen tr. *(wog/*RAR. *wägte, gewogen)* **1** CHIM. FIS. ***etw.*** ~ determinare il peso di qcs. **2** FIS. *(eichen)* tarare.

Aus|wahl f. *(-,-en)* **1a** scelta *f.*, selezione *f.*: ***eine ~ treffen*** fare una scelta; ***eine ~ von Gedichten*** una scelta di poesie **b** SPORT selezione *f.* **2** *(Warenangebot)* scelta *f.*, assortimento *m.*: ***eine große ~ von, an etw.*** una grande scelta (*o* un vasto assortimento) di qcs. ◆ ***zur ~ stehen*** essere a scelta, a disposizione (per essere scelto). **Aus|wahl|band** m. *(-[e]s,-bände)* volume *m.* di brani scelti, antologia *f.*, raccolta *f.* **Aus|wahl|bib|li|o|gra|phie** f. *(-,-n)* bibliografia *f.* essenziale.

aus‿wäh|len tr. scegliere, selezionare: ***das Beste*** ~ scegliere il meglio; ***einen Kandidaten*** ~ scegliere un candidato. **Aus|wahl|mann|schaft** f. *(-,-en)* squadra *f.* selezionata, selezione *f.* **Aus|wahl|mög|lich|keit** f. *(-,-en)* possibilità *f.* di scelta. **Aus|wahl|sen|dung** f. *(-,-en)* spedizione *f.* di merci assortite. **Aus|wahl|ver|fah|ren** n. *(-s,-)* procedimento *f.* di selezione.

aus‿wal|zen tr. **1** laminare: ***Stahl*** ~ laminare l'acciaio **2** FIG. SPREG. ***etw.*** ~ dilungarsi (troppo) su qcs.

Aus|wan|de|rer m. *(-s,-)* emigrante *m.* **Aus|wan|de|rer|schiff** n. *(-[e]s,-e)* nave *f.* di (*o* per) emigranti. **aus‿wan|dern** intr. (aus. *sein*) emigrare. **Aus|wan|de|rung** f. *(-)* emigrazione *f.* **Aus|wan|de|rungs|be|schrän|kung** f. *(-,-en)* limitazione *f.* dell'emigrazione. **Aus|wan|de|rungs|er|laub|nis** f. *(-,-se)* permesso *m.* di emigrazione. **Aus|wan|de|rungs|land** n. *(-[e]s,-länder)* paese *m.* di emigrazione.

aus‿wär|men REGION. **I** tr. riscaldare **II** rifl. **sich** ~ riscaldarsi.

aus|wär|tig agg. **1a** esterno: ***unsere -en Mitarbeiter*** i nostri collaboratori esterni **b** *(von auswärts)* (proveniente, che viene) da fuori, esterno: ***-e Gäste*** ospiti esterni **2** estero, straniero: ***-e Politik*** politica estera ◆ ***das Auswärtige Amt*** il Ministero degli (Affari) Esteri. **Aus|wär|ti|ge** m. e f. *(-n,-n)* forestiero *m.* (-a *f.*). **aus|wärts** avv. **1** *(nach außen)* in fuori, all'infuori **2** fuori: ~ ***arbeiten*** lavorare fuori; ***von ~ kommen*** venire da fuori; SPORT ~ ***spielen*** giocare fuori casa. **Aus|wärts|sieg** m. *(-[e]s,-e)* SPORT vittoria *f.* fuori casa (*o* in trasferta), successo *m.* esterno. **Aus|wärts|spiel** n.

(-[e]s,-e) SPORT partita *f.* fuori casa (*o* in trasferta).
aus|wasch|bar agg. lavabile. **aus_wa|schen** *(wäscht, wusch, gewaschen)* **I** tr. **1a** togliere (lavando), lavare via: ***einen Fleck ~*** lavare via una macchia **b** lavare (internamente), sciacquare: ***ein Gefäß ~*** lavare un recipiente; ***eine Bluse ~*** dare una lavata veloce a una camicetta **2** *(aushöhlen)* erodere, consumare (per erosione): ***die Wellen waschen die Felsen langsam aus*** le onde erodono lentamente le rocce **II** rifl. **sich ~** scolorirsi, andare via (per i lavaggi frequenti). **Aus|wa|schung** f. *(-,-en)* GEOL. dilavamento *m.*, erosione *f.*
Aus|wech|sel|bank f. *(-,-bänke)* SPORT panchina *f.* delle riserve. **aus|wech|sel|bar** agg. cambiabile, sostituibile. **aus_wech|seln** tr. cambiare, sostituire: ***ein Rad, einen Spieler ~*** cambiare una ruota, sostituire un giocatore; ***ein Teil gegen ein anderes ~*** sostituire un pezzo con un altro. **Aus|wech|sel|spie|ler** m. *(-s,-)* SPORT riserva *f.* **Aus|wech|se|lung, Aus|wechs|lung** f. *(-,-en)* cambio *m.*, sostituzione *f.*
Aus|weg m. *(-[e]s,-e)* **1** uscita *f.* **2** FIG. via *f.* d'uscita (*o* di scampo, di salvezza), scappatoia *f.*: ***ich sehe, weiß keinen anderen ~*** non vedo altra via d'uscita; ***er hält sich noch einen ~ offen*** si riserva ancora una via d'uscita. **aus|weg|los** agg. **1** senza uscita **2** FIG. senza via d'uscita (*o* di scampo, di salvezza). **Aus|weg|lo|sig|keit** f. *(-)* FIG. mancanza *f.* di una via d'uscita (*o* di scampo, di salvezza).
aus_wei|chen intr. *(wich, gewichen; aus. sein)* **1a** scansarsi: ***er konnte nicht mehr ~*** non poté più scansarsi **b** ***jdm, etw. ~*** schivare, evitare, scansare qcn., qcs.: ***er konnte dem schleudernden Auto nicht mehr ~*** non poté più evitare l'auto che sbandava; ***nach der, zur Seite ~*** farsi da parte, cedere il passo, fare largo **2a** *(jdn meiden)* ***jdm in Gesellschaft ~*** evitare qcn. in società **b** FIG. ***einer Frage, jds Blick ~*** eludere una domanda, sfuggire (*o* evitare) lo sguardo di qcn. **3** ***auf etw. (A) ~*** ripiegare su qcs. **aus|wei|chend** p.pres. agg. **1** → **ausweichen 2** sfuggente, evasivo: ***-e Antworten*** risposte evasive. **Aus|weich|la|ger** n. *(-s,-)* deposito *m.* di riserva (*o* supplementare). **Aus|weich|ma|nö|ver** n. *(-s,-)* **1a** manovra *f.* per evitare un ostacolo **b** AUT. sterzata *f.* **2** FIG. scappatoia *f.*, pretesto *m.*
aus_wei|den tr. VENAT. sventrare, sbudellare.
aus_wei|nen I tr. LETT. ***seinen Kummer ~*** alleviare la propria pena piangendo **II** intr. (aus. *haben*) smettere, finire di piangere: ***lass sie ~!*** lascia che finisca di piangere! **III** rifl. **sich ~** sfogarsi piangendo ◆ ***sich (D) die Augen ~*** piangere a dirotto.
Aus|weis m. *(-es,-e)* **1a** tessera *f.* **b** *(Identitätsausweis)* documento *m.* d'identità: ***einen ~ ausstellen, beantragen*** rilasciare, chiedere il rilascio di un documento d'identità **2** AUSTR. *(Zeugnis)* certificato *m.*, diploma *m.* **aus_wei|sen** *(wies, gewiesen)* **I** tr. **1** espellere: ***jdn als unerwünschte Person ~*** espellere qcn. (dal paese) come persona indesiderata **2** *(jds Identität nachweisen)* ***jdn ~*** (com)provare l'identità di qcn. **3** ***sein Talent ~*** provare (*o* dimostrare) il proprio talento **4** *(rechnerisch zeigen)* provare, (di)mostrare: ***die Bilanz weist einen Überschuss aus*** il bilancio mostra un utile **II** rifl. **sich ~ 1** dimostrare la propria identità (esibendo documenti): ***sich als Besitzer des Autos ~*** dimostrare di essere il proprietario dell'auto **2** ***sich als guter, guten Musiker ~*** dimostrarsi (*o* dimostrare di essere) un buon musicista. **Aus|weis|kon|trol|le** f. *(-,-n)* controllo *m.* dei documenti (d'identità). **aus|weis|lich** prep. + gen. BUROCR. secondo quanto risulta da, in base a. **Aus|weis|pa|pie|re** pl. documenti *m.pl.* d'identità, di riconoscimento. **Aus|weis|pflicht** f. *(-)* obbligo *m.* di esibire un documento d'identità.
aus_wei|ßen tr. imbiancare (completamente).
Aus|wei|sung f. *(-,-en)* **1** espulsione *f.* **2** *(von Identität)* comprovazione *f.* dell'identità. **Aus|wei|sungs|be|fehl** m. *(-[e]s,-e)* ordine *m.* di espulsione.
aus_wei|ten I tr. **1a** allargare (a forza di usare) **b** *(erweitern)* allargare, ingrandire **2** FIG. allargare, estendere, espandere: ***die Befugnisse eines Amtes ~*** estendere i poteri di una carica **II** rifl. **sich ~ 1** allargarsi, diventare più ampio; *(vom Gummiband)* cedere **2** FIG. estendersi, espandersi; ***der Kreis der Verdächtigen hat sich ausgeweitet*** la cerchia dei sospetti si è allargata. **Aus|wei|tung** f. *(-,-en)* **1** allargamento *m.* **2** FIG. *(Erweiterung)* allargamento *m.*, estensione *f.*, espansione *f.*, ampliamento *m.*
aus|wen|dig avv. a memoria: ***etw. ~ können, lernen, spielen*** sapere, imparare, suonare qcs. a memoria ◆ ***etw. in- und ~ kennen*** conoscere qcs. a menadito. **Aus|wen|dig|ler|nen** n. *(-s)* lo studiare a memoria.
aus_wer|fen *(wirft, warf, geworfen)* tr. **1** gettare: ***die Angel, den Anker ~*** gettare l'amo, l'ancora **2a** *(nach außen schleudern)* scagliare fuori **b** *(ausspucken)* sputare **3a** *(ausschaufeln)* spalare, levare con la pala **b** *(Graben)* scavare (con la pala) **4** *(zur Ausgabe bestimmen)* stanziare, destinare **5** *(produzieren)* produrre, sfornare ◆ ***eine Fensterscheibe ~*** rompere un vetro (gettando contro qcs.). **Aus|wer|fer** m. *(-s,-)* TECN. espulsore *m.*
aus|wert|bar agg. interpretabile, analizzabile, che può essere elaborato. **aus_wer|ten** tr. interpretare, analizzare, elaborare: ***die Ergebnisse einer Umfrage ~*** elaborare i risultati di un'inchiesta ◆ FIG. ***seine Erfahrung ~*** mettere a frutto la propria esperienza. **Aus|wer|tung** f. *(-,-en)* interpretazione *f.*, analisi *f.*, elaborazione *f.*
aus_wet|zen, ***eine Scharte ~*** rimediare a un errore.
aus_wi|ckeln tr. **1** liberare da un involto, sviluppare; *(von Papier)* scartare: ***ein Geschenk ~*** scartare un regalo **2** ***das Kind aus seinen Windeln ~*** sfasciare il bambino.
aus_wie|gen tr. *(wog, gewogen)* **1** pesare (esattamente) **2** ***etw. zu Portionen ~*** pesare e dividere qcs. in porzioni.
aus_win|tern intr. (aus. *sein*) AGR. andare a male per il gelo.
aus_wir|ken I rifl. **sich ~** influire, avere conseguenze, ripercuotersi: ***sich günstig, schlecht auf jdn, etw. ~*** influire favorevolmente, sfavorevolmente su qcn., qcs.; ***der Treibhauseffekt wirkt sich auf das Klima aus*** l'effetto serra si ripercuote sul clima **II** tr. **1** ***den Teig ~*** lavorare la pasta (con le mani) **2** ANT. ***jdm eine Vergünstigung ~*** procurare un beneficio a qcn. **Aus|wir|kung** f. *(-,-en)* influsso *m.*, effetto *m.*, conseguenza *f.*, ripercussione *f.*
aus_wi|schen I tr. **1** pulire (internamente): ***den Staub aus dem Schrank ~*** togliere la polvere dall'armadio (internamente); ***das Glas ~*** pulire il bicchiere; ***sich die Augen ~*** strofinarsi gli occhi **2** cancellare: ***eine Zeichnung (auf der Tafel) ~*** cancellare un disegno (dalla lavagna) **II** intr. (aus. *sein*) REGION. *(entwischen)* scappare ◆ COLLOQ. ***jdm eins ~*** giocare un brutto tiro a qcn.
aus_wit|tern I tr. **1** *(verwittern lassen)* GEOL. decomporre, disgregare **2** CHIM. rendere efflorescente **II** intr. (aus. *sein*) **1** decomporsi **2** CHIM. presentare efflorescenza.
aus_wrin|gen tr. *(wrang, gewrungen)* REGION. strizzare: ***die Wäsche ~*** strizzare i panni.
aus_wu|chern intr. (aus. *sein*) **1** germogliare (*o* crescere) rigogliosamente **2** MED. proliferare.
Aus|wuchs m. *(-es,-wüchse)* **1** escrescenza *f.*, protuberanza *f.*, deformità *f.* **2a** FIG. eccesso *m.*, aberrazione *f.*: ***-wüchse der Fantasie*** aberrazioni della fantasia **b** abuso *m.*: ***-wüchse der Verwaltung*** abusi dell'amministrazione pubblica.
aus_wuch|ten tr. MECC. bilanciare, equilibrare: ***die Reifen ~ lassen*** far equilibrare le ruote. **Aus|wuch|tung** f. *(-,-en)* MECC. bilanciamento *m.*, equilibratura *f.*
Aus|wurf m. *(-[e]s)* **1** *(Auswerfen)* espulsione *f.* **2** *(Sputum)* espettorazione *f.*, sputo *m.* **3** FIG. feccia *f.*, rifiuto *m.*: ***der ~ der Menschheit*** la feccia dell'umanità.
aus_wür|feln tr. giocarsi (*o* decidere) ai dadi: ***eine Runde Schnaps ~*** decidere ai dadi chi paga una grappa.
Aus|wurf|ge|stein n. *(-[e]s,-e)* roccia *f.* eruttiva. **Aus|würf|ling** m. *(-s,-e)* materiale *m.* vulcanico, eruttato da un vulcano. **Aus|wurf|vor|rich|tung** f. *(-,-en)* dispositivo *m.* di espulsione (*o* di eiezione).
aus_wü|ten intr. (aus. *haben*) e rifl. **sich ~** infuriarsi, sfogarsi.
aus_za|cken tr. **1** frastagliare **2** MECC. dentellare.
aus|zahl|bar agg. pagabile. **aus_zah|len I** tr. pagare: ***Gehälter ~*** pagare gli stipendi; *(abfinden)* liquidare: ***der Teilhaber lässt sich seinen Anteil ~*** il socio si fa liquidare la propria quota **II** rifl. **sich ~** meritare, valere la pena: ***es zahlt sich nicht aus*** non vale la pena.
aus_zäh|len tr. **1** contare: ***Stimmen ~*** fare lo spoglio dei voti **2** *(Boxen)* dichiarare sconfitto (dopo il conteggio).
Aus|zah|lung f. *(-,-en)* pagamento *m.*; *(Abfindung)* liquidazione *f.*
Aus|zäh|lung f. *(-,-en)* il contare, conteggio *m.*, computo *m.*; ***die ~ der Stimmen*** lo spoglio dei voti.
aus_zan|ken tr. REGION. sgridare.
aus_zeh|ren I tr. consumare, esaurire, logorare (anche FIG.): ***die Krankheit zehrt ihn aus*** la malattia lo consuma **II** rifl. **sich ~** dimagrire. **aus|zeh|rend** p.pres. agg. **1** → **auszehren 2** estenuante. **Aus|zeh|rung** f. *(-,-en)* **1** consunzione *f.*, esaurimento *m.* **2** FIG. dissanguamento *m.*
aus_zeich|nen I tr. **1** munire di cartellino (*o* di etichetta) del prezzo, prezzare **2a** *(ehren)* onorare: ***jdn mit seinem, durch sein Vertrauen ~*** concedere a qcn. la propria fiducia **b** premiare; ***jdn mit dem Nobelpreis ~*** conferire il premio Nobel a qcn. **3** FIG. *(kennzeichnen)* contraddistinguere, distinguere: ***großer Fleiß zeichnet ihn aus*** lo contraddistingue la grande diligenza **4** TIP. evidenziare **II** rifl. **sich ~** distinguersi, emergere, farsi notare.
Aus|zeich|nung f. *(-,-en)* **1** il contrassegnare **2** onore *m.*, elogio *m.* **3a** *(Preis)* premio *m.* **b** *(Orden, Medaille)* onorificenza *f.*, decora-

zione *f.*: ***jdm eine ~ verleihen*** insignire qcn. di un'onorificenza ◆ ***die Prüfung mit ~ bestehen*** superare l'esame con lode. **Aus|zeich|nungs|pflicht** f. *(-)* obbligo *m.* di apporre il cartellino del prezzo.

aus_ze|men|tie|ren tr. cementare, rivestire di cemento.

aus|zieh|bar agg. allungabile, prolungabile: ***ein -er Tisch*** un tavolo allungabile. **aus_zie|hen** *(zog, gezogen)* **I** tr. **1a** estrarre, tirare fuori **b** CHIM. MAT. estrarre **2** allungare: ***den Tisch ~*** allungare il tavolo **3a** togliere, levare (di dosso): ***(jdm) das Hemd ~*** togliere la camicia (a qcn.) **b** svestire, spogliare: ***das Kind ~*** svestire il bambino **4** COLLOQ. ***jdn ~*** pelare, ripulire qcn. **5** *(exzerpieren)* ***Passagen aus einem Text ~*** estrarre dei passi da un testo; ***einen Roman ~*** fare un estratto di un romanzo **II** intr. (aus. *sein*) **1** andare, partire: ***zur Jagd ~*** andare a caccia; ***auf Abenteuer ~*** partire in cerca d'avventura **2** *(eine Wohnung aufgeben)* andare via, sloggiare **3** perdersi, scomparire: ***das Aroma ist (aus dem Kaffee) ausgezogen*** l'aroma (del caffè) è scomparso **III** rifl. **sich ~ 1** svestirsi, spogliarsi **2** ***sich (D) etw. ~*** togliersi, levarsi qcs. (di dosso). **Aus|zieh|fe|der** f. *(-,-n)* tiralinee *m.* **Aus|zieh|tisch** m. *(-[e]s,-e)* tavolo *m.* allungabile. **Aus|zieh|tu|sche** f. *(-,-n)* inchiostro *m.* di china.

aus_zir|keln tr. misurare con il compasso.

aus_zi|schen tr. zittire: ***das Publikum zischte den Redner aus*** il pubblico zittì l'oratore.

Aus|zu|bil|den|de m. e f. *(-n,-n)* BUROCR. apprendista *m.* e *f.*

Aus|zug m. *(-[e]s,-züge)* **1a** l'andare, il partire, partenza *f.* **b** *(Wohnungsaufgabe)* l'andarsene, lo sloggiare **2** CHIM. *(Extrakt)* estratto *m.* **3a** *(Exzerpt)* estratto *m.* **b** BANC. estratto *m.* conto **c** ***ein ~ aus dem Grundbuch*** un estratto catastale. **Aus|zug|ka|me|ra** f. *(-,-s)* macchina *f.* fotografica a soffietto.

Aus|zugs|mehl n. *(-[e]s)* farina *f.* scelta.

aus|zugs|wei|se I agg. ***eine ~ Veröffentlichung*** estratti da (*o* di) una pubblicazione **II** avv. in parte, per estratto.

aus_zup|fen I tr. strappare: ***Unkraut ~*** strappare le erbacce **II** rifl. ***sich (D) etw. ~*** strapparsi qcs.

au|tark agg. **1** ECON. autarchico **2** LETT. libero, autosufficiente. **Au|tar|kie** f. *(-,-n)* autarchia *f.*

au|then|tisch agg. autentico. **au|then|ti|sie|ren** tr. autenticare. **Au|then|ti|zi|tät** f. *(-)* autenticità *f.*

Au|tis|mus m. *(-)* autismo *m.* **au|tis|tisch** agg. autistico.

Au|to n. *(-s,-s)* auto *f.*, automobile *f.*, macchina *f.*: ***(mit dem) ~ fahren*** andare in auto, *(am Steuer)* guidare l'auto; ***gut ~ fahren können*** saper guidare bene l'auto; ***aus dem ~, in das ~ steigen*** scendere dall'auto, salire in auto; ***mit dem ~ unterwegs sein*** essere in viaggio con la macchina; ***das ~ voll ausfahren*** lanciare l'auto a tutta velocità ◆ SCHERZ. ***wie ein ~ gucken*** sgranare gli occhi. **Au|to|ab|ga|se** pl. gas *m.pl.* di scarico d'auto, delle auto. **Au|to|at|las** m. *(-ses,-se* e *-atlanten)* atlante *m.* stradale, automobilistico. **Au|to|aus|fahrt** f. *(-,-en)* uscita *f.* per le auto.

Au|to|bahn f. *(-,-en)* autostrada *f.* **Au|to|bahn|auf|fahrt** f. *(-,-en)* raccordo *m.* di entrata (nell'autostrada). **Au|to|bahn|aus|fahrt** f. *(-,-en)* raccordo *m.* d'uscita (dall'autostrada). **Au|to|bahn|drei|eck** n. *(-[e]s,-e)* svincolo *m.* (autostradale) a trifoglio. **Au|to|bahn|ge|bühr** f. *(-,-en)* pedaggio *m.* autostradale. **Au|to|bahn|kreuz** n. *(-es,-e)* svincolo *m.* (*o* snodo *m.*) autostradale. **Au|to|bahn|rast|stät|te** f. *(-,-n)* autogrill *m.*, area *f.* di servizio. **Au|to|bahn|zu|brin|ger** m. *(-s,-)* raccordo *m.* autostradale.

Au|to|bi|o|gra|phie f. *(-,-n)* autobiografia *f.* **au|to|bi|o|gra|phisch I** agg. autobiografico **II** avv. autobiograficamente.

Au|to|bus m. *(-ses,-se)* autobus *m.* **Au|to|bus|hal|te|stel|le** f. *(-,-n)* fermata *f.* d'autobus. **Au|to|bus|li|nie** f. *(-,-n)* linea *f.* di autobus.

au|toch|thon agg. LETT. autoctono.

Au|to|da|fé n. *(-s,-s)* autodafé *m.*

Au|to|di|dakt m. *(-en,-en)* autodidatta *m.* **au|to|di|dak|tisch** agg. autodidattico.

Au|to|drom n. *(-s,-e)* autodromo *m.* **Au|to|ein|bre|cher** m. *(-s,-)* ladro *m.* d'auto. **Au|to|fäh|re** f. *(-,-n)* traghetto *m.* per (trasporto) auto. **Au|to|fah|rer** m. *(-s,-)* automobilista *m.* **Au|to|fahrt** f. *(-,-en)* viaggio *m.* in automobile. **Au|to|fal|le** f. *(-,-n)* **1** blocco *m.* stradale a scopo di rapina **2** *(Geschwindigkeitskontrolle)* controllo *m.* radar (sulla velocità delle auto).

Au|to|fo|kus m. *(-,-)* autofocus *m.*

au|to|frei agg. senza automobili: ***-er Tag*** giorno in cui è vietato l'uso dell'auto, giorno del pedone. **Au|to|fried|hof** m. *(-[e]s,-höfe)* cimitero *m.* di automobili. **Au|to|ga|ra|ge** f. *(-,-n)* garage *m.*, autorimessa *f.* **Au|to|gas** n. *(-es)* gas *m.* per auto.

au|to|gen agg. autogeno: ***-e Metallverarbeitung*** lavorazione autogena dei metalli; ***-es Training*** training autogeno. **Au|to|gen|schwei|ßung** f. *(-,-en)* saldatura *f.* autogena.

Au|to|gramm n. *(-[e]s,-e)* autografo *m.* **Au|to|gramm|jä|ger** m. *(-s,-)* cacciatore *m.* di autografi.

Au|to|graph n. *(-s,-e[n])* autografo *m.*, scritto *m.* autografo, originale *m.* **au|to|gra|phisch** agg. autografo, autografico.

Au|to|haft|pflicht|ver|si|che|rung f. *(-)* assicurazione *f.* responsabilità civile auto. **Au|to|händ|ler** m. *(-s,-)* commerciante *m.* d'auto. **Au|to|haus** n. *(-es,-häuser)* autosalone *m.* **Au|to|hil|fe** f. *(-)* soccorso *m.* stradale. **Au|to|hu|pe** f. *(-,-n)* clacson *m.*

Au|to|hyp|no|se f. *(-)* autoipnosi *f.*

au|to|im|mun agg. autoimmune.

Au|to|in|dust|rie f. *(-,-n)* → **Automobilindustrie. Au|to|kar|te** f. *(-,-n)* carta *f.* automobilistica, stradale. **Au|to|ki|no** n. *(-s,-s)* drive-in *m.* **Au|to|kna|cker** m. *(-s,-)* COLLOQ. ladro *m.* d'auto.

Au|to|krat m. *(-en,-en)* autocrate *m.* **Au|to|kra|tie** f. *(-,-n)* autocrazia *f.* **au|to|kra|tisch** agg. autocratico.

Au|to|ly|se f. *(-)* MED. BIOL. autolisi *f.*

Au|to|len|ker m. *(-s,-)* autista *m.* **Au|to|mar|der** m. *(-s,-)* GERG. → **Autoknacker. Au|to|mar|ke** f. *(-,-n)* marca *f.* d'automobile.

Au|to|mat m. *(-en,-en)* **1** distributore *m.* automatico, a gettoni **2** *(Spielautomat)* slot-machine *f.* **3** TECN. macchina *f.* automatica **4** EL. interruttore *m.* automatico **5** automa *m.*: ***wie ein ~ arbeiten*** lavorare come un automa. **Au|to|ma|ten|kna|cker** m. *(-s,-)* scassinatore *m.* di distributori automatici. **Au|to|ma|tik** f. *(-,-en)* **1** automatismo *m.* **2** *(Selbststeuerung)* comando *m.* automatico. **Au|to|ma|tik|ge|trie|be** n. *(-s,-)* cambio *m.* automatico. **Au|to|ma|ti|on** f. *(-)* automazione *f.* **au|to|ma|tisch I** agg. automatico **II** avv. automaticamente. **au|to|ma|ti|sie|ren** tr. automatizzare. **Au|to|ma|ti|sie|rung** f. *(-,-en)* automatizzazione *f.* **Au|to|ma|tis|mus** m. *(-, Automatismen)* automatismo *m.*

Au|to|mi|nu|te f. *(-,-n)* minuto *m.* d'auto (tratto di strada che si fa in automobile in un minuto).

Au|to|mo|bil n. *(-s,-e)* automobile *f.* **Au|to|mo|bil|aus|stel|lung** f. *(-,-en)* → **Automobilsalon. Au|to|mo|bil|fab|rik** f. *(-,-en)* fabbrica *f.* di automobili. **Au|to|mo|bil|in|dust|rie** f. *(-,-n)* industria *f.* automobilistica. **Au|to|mo|bi|list** m. *(-en,-en)* automobilista *m.* **Au|to|mo|bil|klub** m. *(-s,-s)* automobilclub *m.* **Au|to|mo|bil|sa|lon** m. *(-s,-s)* salone *m.* dell'automobile.

au|to|nom I agg. autonomo **II** avv. autonomamente. **Au|to|no|mie** f. *(-,-n)* autonomia *f.*: ***nach ~ streben*** aspirare all'autonomia. **Au|to|no|mist** m. *(-en,-en)* autonomista *m.*

Au|to|num|mer f. *(-,-n)* numero *m.* di targa. **Au|to|park|platz** m. *(-es,-plätze)* parcheggio *m.*, posteggio *m.* per automobili. **Au|to|pi|lot** m. *(-en,-en)* autopilota *m.*, pilota *m.* automatico.

Au|to|plas|tik f. *(-,-en)* MED. autoplastica *f.*

Au|top|sie f. *(-,-n)* autopsia *f.*: ***eine ~ vornehmen*** eseguire un'autopsia.

Au|tor m. *(-s,-en)* autore *m.*: FIG. ***dieser ~ ist vergriffen*** questo autore è esaurito.

Au|to|ra|dio n. *(-s,-s)* autoradio *m.*: ***ein ~ einbauen*** montare un'autoradio. **Au|to|rei|fen** m. *(-s,-)* pneumatico *m.* per auto. **Au|to|rei|se|zug** m. *(-[e]s,-züge)* treno *m.* navetta.

Au|to|ren|film m. *(-[e]s,-e)* film *m.* d'autore. **Au|to|ren|kol|lek|tiv** n. *(-s,-e* e *-s)* EX-RDT collettivo *m.* di autori.

Au|to|renn|bahn f. *(-,-en)* autodromo *m.* **Au|to|ren|nen** n. *(-s,-)* corsa *f.*, gara *f.* automobilistica.

Au|to|ren|rech|te pl. diritti *m.pl.* d'autore. **Au|to|ren|ver|lag** m. *(-[e]s,-e)* = casa *f.* editrice di cui sono soci gli stessi autori pubblicati.

Au|to|re|pa|ra|tur f. *(-,-en)* riparazione *f.* d'auto.

Au|to|rin f. *(-,-nen)* autrice *f.*

Au|to|ri|sa|ti|on f. *(-,-en)* autorizzazione *f.* **au|to|ri|sie|ren** tr. autorizzare.

au|to|ri|tär agg. autoritario: ***eine -e Erziehung*** un'educazione autoritaria. **Au|to|ri|tät** f. *(-,-en)* **1** autorità *f.*: ***die ~ des Staates*** l'autorità statale; ***die elterliche ~*** l'autorità paterna; ***sich ~ verschaffen*** farsi valere, farsi rispettare **2** autorità *f.*, persona *f.* autorevole: ***eine ~ auf, in einem Gebiet sein*** essere un'autorità in un campo. **au|to|ri|ta|tiv** agg. conforme a, in base all'autorità: ***eine -e Maßnahme*** un provvedimento normativo. **au|to|ri|täts|gläu|big** agg. SPREG. che crede ciecamente all'autorità.

Au|tor|kor|rek|tur f. *(-,-en)* correzione *f.* d'autore. **Au|tor|schaft** f. *(-)* paternità *f.* di un'opera: ***seine ~ bestreiten*** contestare la paternità di un'opera.

Au|to|sa|lon m. *(-s,-s)* autosalone *m.* **Au|to|schal|ter** m. *(-s,-)* sportello *m.* banca drive-in. **Au|to|schlan|ge** f. *(-,-n)* coda *f.* di automobili. **Au|to|schlüs|sel** m. *(-s,-)* chiavi *f.pl.* della macchina. **Au|to|sport** m. *(-[e]s)* automobilismo *m.* (sportivo). **Au|to|stopp** m. *(-s)* autostop *m.*: ***~ machen*** fare l'autostop; ***per, mit ~***

fahren viaggiare in autostop. **Au|to|stop|per** m. *(-s,-)* autostoppista *m.* **Au|to|strich** m. *(-s,-e)* COLLOQ. **1** strada *f.* frequentata da prostitute **2** *(Straßenprostitution)* prostituzione *f.* da strada, da marciapiede.
Au|to|sug|ges|ti|on f. *(-)* autosuggestione *f.*
Au|to|to|xin n. *(-s,-e)* autotossina *f.*
Au|to|trans|por|ter m. *(-s,-)* bisarca *f.*
au|to|troph agg. autotrofo.
Au|to|tür f. *(-,-en)* portiera *f.*
Au|to|ty|pie f. *(-,-n)* autotipia *f.*
Au|to|un|fall m. *(-[e]s,-unfälle)* incidente *m.* d'auto. **Au|to|ver|kehr** m. *(-s)* traffico *m.* automobilistico. **Au|to|ver|leih** m. *(-s,-e)* autonoleggio *m.* **Au|to|wasch|an|la|ge** f. *(-,-n)* impianto *m.* di autolavaggio. **Au|to|werk|statt** f. *(-,-stätten)* autofficina *f.* **Au|to|zu|be|hör** n. *(-s,-e)* accessori *m.pl.* per auto, autoaccessori *m.pl.*
autsch inter. ahi.
au|weh, au|wei(a) inter. ahi, ahimé.
au|xi|li|ar agg. ausiliare. **Au|xi|li|ar|verb** n. *(-[e]s,-en)* verbo *m.* ausiliare.
a v. ⇒ ECON. *a vista* a vista.
A|val m. *(-s,-e)* BANC. avallo *m.* **a|va|lie|ren** tr. BANC. avallare.
A|van|ce [a'vã:sə] f. *(-,-n)* **1** avance *f.*: ***jdm -n machen*** fare delle avances a qcn.; fare delle proposte allettanti a qcn. **2** ANT. vantaggio *m.*; *(von Geld)* anticipo *m.* **a|van|cie|ren** [avã'si:rən] intr. (aus. *sein*) **1** ANT. essere promosso **2** *(aufsteigen)* avanzare, salire: ***zum besten Spieler der Mannschaft ~*** avanzare a miglior giocatore della squadra.
A|vant|gar|de [avã'gardə] f. *(-,-n)* avanguardia *f.* **A|vant|gar|dis|mus** m. *(-)* avanguardismo *m.* **A|vant|gar|dist** m. *(-en,-en)* avanguardista *m.* **a|vant|gar|dis|tisch** agg. avanguardistico, d'avanguardia: ***-e Malerei*** pittura d'avanguardia.
A|ve-Ma|ria n. *(-[s],-[s])* avemaria *m.* **A|ve-Ma|ria-Läu|ten** n. *(-s)* rintocchi *m.* dell'avemaria.
A|ve|nue [avə'ny:] f. *(-,-n)* corso *m.*, viale *m.* alberato.
A|vers [av'er] m. *(-es,-e)* NUMISM. recto *m.*
A|ver|si|on f. *(-,-en)* avversione *f.*: ***gegen jdn, etw. eine ~ haben, hegen*** provare avversione contro (*o* per) qcn., qcs.
A|vis [a'vi:(s)] m. e n. *(-es,-e* e *-)* COMM. **1** avviso *m.*, annuncio *m.* **2** BANC. avviso *m.* di pagamento (di una cambiale). **a|vi|sie|ren** tr. COMM. avvisare. **A|vi|so** n. *(-s,-s)* **1** AUSTR. avviso *m.*, annuncio *m.* **2** ANT. MAR. avviso *m.*
a vis|ta agg.inv. e avv. ECON. a vista. **A|vis|ta|wech|sel** m. *(-s)* cambiale *f.* a vista.
A|vi|ta|mi|no|se f. *(-,-n)* avitaminosi *f.*
A|vo|ca|do, A|vo|ca|to f. *(-,-s)* avocado *m.*
A|wa|re n.pr.m. *(-n,-n)* STOR. àvaro *m.* **a|wa|risch** agg. STOR. àvaro.
a|xi|al agg. assiale. **A|xi|a|li|tät** f. *(-,-en)* assialità *f.*
a|xil|lar agg. ANAT. BOT. ascellare.
A|xi|om n. *(-s,-e)* assioma *m.* **a|xi|o|ma|tisch** agg. assiomatico.
Axt f. *(-,Äxte)* ascia *f.*, accetta *f.*, scure *f.* ◆ COLLOQ. ***sich wie die ~ im Wald benehmen*** comportarsi come un elefante in un negozio di porcellane; PROV. ***die ~ im Haus erspart den Zimmermann*** l'ascia in casa risparmia il falegname. **Axt|hieb** m. *(-s,-e)* colpo *m.* d'ascia.
AZ, Az. ⇒ *Aktenzeichen* sigla.
a. Z. ⇒ *auf Zeit* a termine.
A|za|lee f. *(-,-n)* azalea *f.*
A|ze|tat n. *(-s,-e)* → **Acetat.**
A|ze|ton n. *(-s)* → **Aceton.**
A|ze|ty|len n. *(-s,-e)* → **Acetylen.**
A|zi|mut m. e n. *(-s,-e)* azimut *m.*
A|zo|i|kum n. *(-s)* GEOL. azoico *m.*
A|zo|ren n.pr.pl. ***die ~*** le Azzorre. **A|zo|ren|hoch** n. anticiclone *m.* delle Azzorre.
Az|te|ke m. *(-n,-n)* azteco *m.* **Az|te|ken|reich** n. *(-[e]s)* impero *m.* azteco.
A|zu|bi, A|zu|bi m. *(-s,-s)* e f. *(-,-s)* COLLOQ. *(Auszubildende)* apprendista *m.* e *f.*
A|zur m. *(-s)* LETT. azzurro *m.* (del cielo). **a|zur|blau, a|zurn** agg. azzurro.
a|zyk|lisch agg. **1** CHIM. aciclico: ***-e Verbindungen*** composti aciclici **2** MED. irregolare.

B

b, B n. *(-,-)* **1** *(Buchstabe)* b, B, bi *f.* e *m.*: ***ein großes B, ein kleines b*** una B maiuscola, una b minuscola **2** MUS. *(Note)* si *m.* bemolle.
b ⇒ *b-Moll* si bemolle minore.
B ⇒ **1** *Brief* lettera **2** ECON. *Briefkurs* cambio lettera **3** *Bundesstraße* strada statale (S.S.) **4** MUS. *B-Dur* si bemolle maggiore.
b. ⇒ *bei(m)* da, presso.
BA ⇒ *Bundesanstalt für Arbeit* Ufficio Federale del Lavoro.
Baas m. *(-es,-e)* REGION. MAR. **1** capo *m.*, principale *m.* **2** *(Herr)* padrone *m.*
ba|ba, bä|bä INFANT. ***nicht anfassen, das ist ~*** non toccare, è sporco.
bab|beln I intr. (aus. *haben*) balbettare **II** tr. ***dummes Zeug ~*** dire sciocchezze, blaterare.
Ba|bel I n.pr.n. *(-s)* STOR. Babele *f.*: ***der Turmbau zu ~*** la torre di Babele **II** n. *(-s,-)* FIG. **1** babele *f.*: ***diese Stadt ist ein ~*** questa città è una babele **2** *(Sündenbabel)* luogo *m.* di perdizione.
Ba|bu|sche [ba'bʊ:ʃə] f. *(-,-n)* babbuccia *f.*
Ba|by ['be:bi] n. *(-s,-s)* **1** bebè *m.* **2a** COLLOQ. *(als Koseform)* bimba *f.* (-o *m.*), tesoro *m.* **b** GERG. pupa *f.*, baby *f.* **Ba|by|aus|stat|tung** f. *(-,-en)* corredo *m.* per neonato.
Ba|by|bat|te|rie f. *(-,-n)* pila *f.* mezza torcia.
Ba|by|boom [-bu:m] m. *(-s)* boom *m.* delle nascite. **Ba|by|fla|sche** f. *(-,-n)* biberon *m.* **Ba|by|jahr** n. *(-[e]s,-e)* congedo *m.* (di un anno) per maternità *o* paternità. **Ba|by|kost** f. *(-)* → **Babynahrung.**
Ba|by|lon, Ba|by|lo|ni|en n.pr.n. *(-s)* Babilonia *f.* **Ba|by|lo|ni|er** m. *(-s,-)* babilonese *m.* **ba|by|lo|nisch** agg. babilonese, di Babilonia ◆ ***-e Sprachverwirrung*** confusione babelica; ***der Babylonische Turm*** la torre di Babele; ***Babylonische Gefangenschaft*** cattività babilonese.
Ba|by|nah|rung f. *(-)* alimenti *m.pl.* per bambini. **ba|by|sit|ten** [-sitn] intr. (solo inf.) fare la baby-sitter, guardare bambini. **Ba|by|sit|ter** [-sɪtə] m. *(-s,-)* baby-sitter *f.* e RAR. *m.*. **Ba|by|speck** m. *(-[e]s)* SCHERZ. ciccia *f.* (dei neonati o delle ragazzine). **Ba|by|strich** m. *(-[e]s,-e)* COLLOQ. **1** prostituzione *f.* minorile **2** *(Ort)* zona *f.* di prostituzione minorile.
Bac|cha|nal [baxa'na:l] n. *(-s,-e* e *-ien)* baccanale *m.* (anche FIG.). **Bac|chant** m. *(-en,-en)* LETT. seguace *m.* di Bacco. **Bac|chan|tin** f. *(-,-nen)* baccante *f.*, menade *f.* (anche FIG.). **bac|chan|tisch** agg. LETT. sfrenato, orgiastico, da baccanale. **Bac|chi|us** m. *(-, Bacchien)* baccheo *m.* **Bac|chus** n.pr.m. Bacco *m.* ◆ LETT. ***(dem) ~ huldigen*** essere dedito a Bacco.
Bach m. *(-[e]s, Bäche)* **1** ruscello *m.* **2** FIG. rivolo *m.*, rivoletto *m.*: ***Bäche von Schweiß, von Tränen*** rivoli di sudore, di lacrime ◆ ***den ~ runtergehen*** = sfumare, fallire. **Bach|bett** n. *(-[e]s,-en)* letto *m.* del ruscello.
Ba|che f. *(-,-n)* femmina *f.* del cinghiale.
Bä|chel|chen n. *(-s,-)* ruscelletto *m.*
Bach|fo|rel|le f. *(-,-n)* trota *f.* di fiume, trota *f.* comune.
Bäch|lein n. *(-s,-)* ruscelletto *m.*
Bach|stel|ze f. *(-,-n)* ZOOL. batticoda *f.*, ballerina *f.*
back avv. MAR. indietro.
Back f. *(-,-en)* MAR. **1a** *(Schüssel)* gavetta *f.* di legno **b** *(Tischgemeinschaft, Esstisch)* tavolata *f.*, mensa *f.* **2** *(Deckaufbau)* castello *m.* di prua.
Back|ap|fel m. *(-s,-äpfel)* mela *f.* cotta (al forno). **Back|aro|ma** n. *(-s,-aromen)* aroma *m.* per dolci. **Back|blech** n. *(-[e]s,-e)* piastra *f.* da forno.
Back|bord n. *(-[e]s)* babordo *m.* **back|bord(s)** avv. a babordo, a sinistra. **Back|bord|sei|te** f. *(-,-n)* → **Backbord.**
Bäck|chen n. *(-s,-)* guancetta *f.*, guancina *f.*
1.Ba|cke f. *(-,-n)* **1** guancia *f.*, LETT. gota *f.* **2** MECC. ganascia *f.* ◆ ***-n wie ein <u>Hamster</u> haben*** avere le guance paffute; ***mit vollen -n <u>kauen</u>*** mangiare a quattro ganasce (*o* a quattro palmenti); ***die -n voll <u>nehmen</u>*** darsi delle arie; ***über beide -n <u>strahlen</u>*** = sorridere felice.
2.Ba|cke f. *(-,-n)* COLLOQ. chiappa *f.* ◆ ***etw. auf einer ~ absitzen*** = superare qcs. senza difficoltà; ***au ~!*** caspita! accidenti!
1.ba|cken *(backt/bäckt, backte/*ANT. *buk, gebacken)* **I** tr. **1a** cuocere, fare al forno: ***Brot ~*** cuocere il pane al forno **b** REGION. *(im Fett)* friggere **2a** REGION. *(dörren)* essiccare, seccare (in forno) **b** *(Ziegelsteine)* cuocere **II** intr. (aus. *haben*) **1a** cucinare al forno: ***ich backe gern*** cucino volentieri al forno **b** *(gar werden)* cuocere (al forno) **2** cuocere: ***der Ofen backt mit gleichmäßiger Temperatur*** il forno cuoce ad una temperatura costante.
2.ba|cken I tr. attaccare **II** intr. (aus. *haben*) attaccarsi, rimanere attaccato: ***der Schnee backt an den Stiefeln fest*** la neve si attacca agli stivali.
Ba|cken m. *(-s,-)* REGION. → **1.Backe.**
Ba|cken|bart m. *(-[e]s,-bärte)* favoriti *m.pl.*, fedine *f.pl.*
Ba|cken|brem|se f. *(-,-n)* MECC. freno *m.* a ceppi (*o* a ganasce).
Ba|cken|kno|chen m. *(-s,-)* zigomo *m.* **Ba|cken|streich** m. *(-[e]s, e)* schiaffo *m.*, ceffone *m.* **Ba|cken|ta|sche** f. *(-,-n)* ZOOL. borsa *f.* mascellare. **Ba|cken|zahn** m. *(-[e]s,-zähne)* molare *m.*
Bä|cker m. *(-s,-)* fornaio *m.*, panettiere *m.*
Back|erb|se f. *(-,-n)* INTRAD. (tipo di pastina da brodo).
Bä|cke|rei f. *(-,-en)* **1** panetteria *f.*, panificio *m.* **2** *(Handwerk)* mestiere *m.* del fornaio (*o* del panettiere): ***die ~ erlernen*** imparare il mestiere del panettiere **3** REGION. *(Kleingebäck)* pasticceria *f.*
Bä|cker|ge|sel|le m. *(-n,-n)* garzone *m.* del fornaio (*o* del panettiere).
Bä|cke|rin f. *(-,-nen)* fornaia *f.*, panettiera *f.*
Bä|cker|jun|ge m. *(-n,-n)* → **Bäckerlehrling. Bä|cker|la|den** m. *(-s,-läden)* panetteria *f.* **Bä|cker|lehr|ling** m. *(-s,-e)* apprendista *m.* panettiere. **Bä|cker|meis|ter** m. *(-s,-)* mastro *m.* fornaio (*o* panettiere). **Bä|cker|zunft** f. *(-,-zünfte)* corporazione *f.* dei fornai.
Back|fei|ge f. *(-,-n)* REGION. ceffone *m.*, schiaffo *m.*: ***-n austeilen*** dare ceffoni.
Back|fisch m. *(-[e]s,-e)* **1** pesce *m.* fritto **2** *(junges Mädchen)* adolescente *f.* **Back|fisch|al|ter** n. *(-s)* adolescenza *f.* **Back|form** f. *(-,-en)* stampo *m.* (*o* forma *f.*) per dolci.
Back|gam|mon [bæk'gæmən] n. *(-[s])* backgammon *m.*
Back|ground ['bɛkgraunt] m. *(-s,-s)* background *m.*
Back|hähn|chen n. *(-s,-)* pollo *m.* fritto.
Back|hand ['bɛkhɛnt] f. *(-,-s)* SPORT rovescio *m.*: ***eine ~ schlagen*** colpire di rovescio.
Back|he|fe f. *(-)* lievito *m.* **Back|hend(e)l** n. *(-s,-n)* AUSTR. pollo *m.* fritto. **Back|hend(e)l|sta|ti|on** f. *(-,-en)* AUSTR. = ristorante in cui si serve spec. pollo fritto. **Back|mul|de** f. *(-,-n)* REGION. madia *f.* **Back|obst** n. *(-[e]s)* frutta *f.* secca. **Back|ofen** m. *(-s,-öfen)* forno *m.*: ***etw. in den ~ schieben*** mettere qcs. in forno.
Back|pfei|fe f. *(-,-n)* REGION. ceffone *m.*, schiaffo *m.* **back|pfei|fen** tr. ***jdn ~*** schiaffeggiare qcn., dare uno schiaffo (*o* un ceffone) a qcn. **Back|pfei|fen|ge|sicht** n. *(-[e]s,-er)* SPREG. faccia *f.* da schiaffi.
Back|pflau|me f. *(-,-n)* prugna *f.* secca. **Back|pul|ver** n. *(-s)* lievito *m.* (minerale) in polvere. **Back|rohr** n. *(-[e]s,-e)* AUSTR., **Back|röh|re** f. *(-,-n)* REGION. → **Backofen. Back|schau|fel** f. *(-,-n)* pala *f.* da fornaio. **Back|stein** m. *(-[e]s,-e)* mattone *m.*, laterizio *m.* **Back|stein|ge|bäu|de** n. *(-s,-)* edificio *m.* in mattoni. **Back|stu|be** f. *(-,-n)* forno *m.*
bäckt → **backen.**
Back|trog m. *(-[e]s,-tröge)* madia *f.* **Back|wa|ren** pl. prodotti *m.pl.* da forno. **Back|werk** n. *(-[e]s)* pasticceria *f.*, dolci *m.pl.*
Bad n. *(-[e]s,Bäder)* **1a** bagno *m.*: ***ein ~ nehmen*** fare un bagno **b** *(Wasser zum Baden)* (acqua *f.* per il, del) bagno *m.*: ***ein ~ einlaufen lassen*** far scorrere l'acqua per un bagno; ***ins ~ steigen*** entrare nella vasca (da bagno) **2** *(Badezimmer)* bagno *m.*: ***ein Doppelzimmer mit ~*** una camera doppia con bagno; ***das ~ benutzen*** usare il bagno **3** *(Schwimmbad)* piscina *f.*: ***städtisches ~*** piscina comunale **4** *(Kurort)* bagni *m.pl.*: ***ein ~ für Rheumakranke*** bagni termali per malati di reumatismi **5** CHIM. TECN. bagno *m.* ◆ ***ein ~ in der***

Menge nehmen fare un bagno di folla; ***ein ~ im heißen Sand nehmen*** fare un bagno di sabbia, una sabbiatura; ***ein Sonnenbad nehmen*** fare un bagno di sole; PROV. ***das Kind mit dem -e ausschütten*** gettare via l'acqua sporca con il bambino dentro. **Ba|de|an|stalt** f. *(-,-en)* piscina *f.* (pubblica) all'aperto. **Ba|de|an|zug** m. *(-[e]s,-anzüge)* costume *m.* da bagno. **Ba|de|arzt** m. *(-es,-ärzte)* medico *m.* termale. **Ba|de|gast** m. *(-[e]s,-gäste)* **1** ospite *m.* di una stazione termale **2** *(eines Schwimmbads)* frequentatore *m.* di una piscina. **Ba|de|hau|be** f. *(-,-n)* → **Bademütze. Ba|de|ho|se** f. *(-,-n)* costume *m.* da bagno (maschile). **Ba|de|kap|pe** f. *(-,-n)* → **Bademütze. Ba|de|kar|ren** m. *(-s,-)* cabina *f.* trasportabile (in cui si fa il bagno). **Ba|de|kur** f. *(-,-en)* balneoterapia *f.* **Ba|de|man|tel** m. *(-s,-mäntel)* accappatoio *m.* **Ba|de|mat|te** f. *(-,-n)* tappetino *m.* da bagno, scendibagno *m.* **Ba|de|meis|ter** m. *(-s,-)* bagnino *m.* **Ba|de|müt|ze** f. *(-,-n)* cuffia *f.* (da bagno).

ba|den I tr. ***jdn ~*** fare il, un bagno a qcn., lavare qcn.; ***etw. ~*** tenere a bagno qcs. **II** intr. (aus. *haben*) **1** fare un bagno, lavarsi: ***kalt, warm ~*** fare un bagno freddo, caldo; ***er badet jeden Morgen*** fa il bagno ogni mattina **2** *(im Schwimmbad, im Meer)* fare il bagno: ***~ gehen*** andare a fare il bagno **III** rifl. **sich ~** fare il, un bagno ◆ ***in der Bewunderung der anderen ~*** gongolarsi dell'ammirazione altrui; ***bei, mit etw. ~ gehen*** andare in bianco con qcs. **Ba|den** n. *(-s)* il fare il bagno, bagno *m.*: ***beim ~ ertrinken*** annegare facendo il bagno. **Ba|den|de** m. e f. *(-n,-n)* bagnante *m.* e *f.*

Ba|de|ner, Ba|den|ser m. *(-s,-)* abitante *m.* del Baden.

Ba|de|ofen m. *(-s,-öfen)* scaldabagno *m.* **Ba|de|ort** m. *(-[e]s,-e)* **1** località *f.* balneare **2** *(Kurort)* località *f.* termale.

Ba|der m. *(-s,-)* **1** ANT. barbiere *m.* **2** REGION. SPREG. medicastro *m.*

Bä|der pl. → **Bad.**

Ba|de|sa|chen pl. necessario *m.* per andare a fare il bagno. **Ba|de|sai|son** [-zɛˈzɔ̃:] f. *(-,-s)* stagione *f.* balneare. **Ba|de|salz** n. *(-es,-e)* sali *m.pl.* da bagno. **Ba|de|schuh** m. *(-[e]s,-e)* ciabatta *f.* da bagno. **Ba|de|schwamm** m. *(-[e]s,-schwämme)* spugna *f.* (per il bagno). **Ba|de|strand** m. *(-[e]s,-strände)* spiaggia *f.* (balneare). **Ba|de|stu|be** f. *(-,-n)* ANT. → **Badezimmer. Ba|de|tuch** n. *(-[e]s,-tücher)* asciugamano *m.* da bagno. **Ba|de|ver|bot** n. *(-[e]s,-e)* divieto *m.* di balneazione. **Ba|de|vor|le|ger** m. *(-s,-)* → **Badematte. Ba|de|wan|ne** f. *(-,-n)* vasca *f.* da bagno: ***in die ~ steigen*** entrare nella vasca da bagno. **Ba|de|wär|ter** m. *(-s,-)* → **Bademeister. Ba|de|was|ser** n. *(-s)* acqua *f.* per il, del bagno. **Ba|de|zeit** f. *(-,-en)* **1** durata *f.* del bagno **2** *(Öffnungszeiten einer Badeanstalt)* orario *m.* d'apertura (di una stazione balneare o termale) **3** *(Jahreszeit, in der man baden kann)* periodo *m.* di balneazione. **Ba|de|zeug** n. *(-[e]s)* → **Badesachen. Ba|de|zim|mer** n. *(-s,-)* stanza *f.* da bagno. **Ba|de|zu|satz** m. *(-es,-zusätze)* prodotto *m.* per il, da bagno.

ba|disch agg. del Baden.

Ba|fel m. *(-s,-)* REGION. **1** merce *f.* difettosa, di scarto, scarti *m.pl.* **2** *(Geschwätz)* chiacchiera *f.* inutile. **ba|feln** intr. (aus. *haben*) REGION. chiacchierare, ciarlare.

baff, ***~ sein*** rimanere di stucco.

BAföG, Ba|fög ⇒ *Bundesausbildungsförderungsgesetz* legge federale sulla promozione dell'istruzione ◆ ***~ erhalten*** = ottenere una borsa di studio con il Bafög.

Ba|ga|ge [baˈga:ʒə] f. *(-,-n)* **1** ANT. *(Gepäck)* bagaglio *m.* **2** gentaglia *f.*, canaglia *f.*: ***raus mit der ~!*** fuori quella gentaglia!

Ba|gas|se f. *(-,-n)* bagassa *f.*

Ba|ga|tell|de|likt n. *(-[e]s,-e)* DIR. reato *m.* minore. **Ba|ga|tel|le** f. *(-,-n)* bagatella *f.* **Ba|ga|tell|fall** m. *(-[e]s,-fälle)* caso *m.* (giuridico) da niente. **ba|ga|tel|li|sie|ren** tr. minimizzare: ***eine Angelegenheit ~*** minimizzare una questione. **Ba|ga|tell|scha|den** m. *(-s,-)* danno *m.* lievissimo.

Bag|ger m. *(-s,-)* scavatrice *f.*, ruspa *f.* **Bag|ge|rer** m. *(-s,-)*, **Bag|ger|füh|rer** m. *(-s,-)* manovratore *m.* di una scavatrice. **bag|gern I** tr. **1** scavare con la ruspa **2** *(Volleyball)* eseguire un (colpo di) bagher **II** intr. (aus. *haben*) lavorare con la scavatrice.

bah, bäh inter. puh, puah.

Bahn f. *(-,-en)* **1** via *f.*, strada *f.*, passaggio *m.*: ***eine ~ durch das Dickicht schaffen*** aprire un passaggio nella boscaglia **2** *(Fahrbahn)* corsia *f.*: ***eine Straße mit vier -en*** una strada a quattro corsie **3** FIG. ***sich in neuen -en bewegen*** percorrere vie nuove; ***etw. in die richtige ~ lenken*** dare a qcs. il suo giusto corso **4** traiettoria *f.*, orbita *f.*: ***die ~ eines Satelliten*** l'orbita di un satellite **5a** SPORT pista *f.*: ***aus der ~ geworfen, getragen werden, von der ~ abkommen*** uscire di pista **b** corsia *f.*: ***der Weltmeister läuft auf ~ 4*** il campione del mondo corre in corsia 4 **c** *(eines Schwimmbeckens)* vasca *f.*: ***ich bin zwanzig -en geschwommen*** ho fatto venti vasche **6** TESS. telo *m.* **7** *(von Werkzeug)* bocca *f.*, piano *m.*, suolo *m.* **8a** *(Eisenbahn)* treno *m.*: ***die ~ nehmen*** prendere il treno; ***sich auf die ~ setzen*** mettersi in treno **b** ferrovia *f.*: ***per ~*** per ferrovia **c** COLLOQ. *(Verwaltung der Eisenbahn)* ***bei der ~ arbeiten, sein*** lavorare nelle ferrovie **9** *(Straßenbahn)* tram *m.*: ***die ~ nehmen, verpassen*** prendere, perdere il tram **10** *(Bahnhof)* stazione *f.*: ***jdn zur ~ begleiten, bringen, von der ~ abholen*** accompagnare, portare, andare a prendere qcn. alla stazione ◆ ***sich (D) ~ brechen*** affermarsi, imporsi, farsi strada; ***etw. (D) ~ brechen*** → ***etw. (D) die ~ ebnen***; ***jdn aus der ~ bringen*** portare qcn. fuori strada, fare uscire qcn. di carreggiata; ***etw. die ~ ebnen*** spianare la strada, aprire nuovi orizzonti a qcs.; ***freie ~ haben*** avere via libera; ***auf die schiefe ~ geraten, kommen*** mettersi sulla cattiva strada; ***jdn aus der ~ schleudern, werfen*** → ***jdn aus der ~ bringen.***

bahn|amt|lich agg. delle ferrovie. **Bahn|an|la|ge** f. *(-,-n)* impianto *m.* ferroviario. **Bahn|an|schluss** m. *(-es,-anschlüsse)* **1** raccordo *m.* ferroviario **2** *(Zuganschluss)* coincidenza *f.* (dei treni). **Bahn|ar|bei|ter** m. *(-s,-)* operaio *m.* delle ferrovie. **Bahn|be|am|te** m. *(-n,-n)* impiegato *m.* delle ferrovie. **Bahn|be|trieb** m. *(-[e]s,-e)* esercizio *m.* delle ferrovie. **bahn|bre|chend** agg. che apre nuove strade, pionieristico: ***-e Entdeckungen in der Medizin*** scoperte pionieristiche nella medicina. **Bahn|bre|cher** m. *(-s,-)* precursore *m.*, iniziatore *m.*, pioniere *m.* **Bahn|bus** m. *(-ses,-se)* autolinea *f.* sostitutiva. **Bahn|damm** m. *(-[e]s,-dämme)* terrapieno *m.* della ferrovia.

bah|nen I tr. ***jdm einen Weg ~*** aprire, spianare la strada (*o* la via) a qcn. **II** rifl. ***sich (D) einen Weg ~*** farsi strada, aprirsi un varco.

Bahn|fahrt f. *(-,-en)* viaggio *m.* in treno. **bahn|frei** agg. COMM. franco stazione. **Bahn|gleis** n. *(-es,-e)* binario *m.* della ferrovia.

Bahn|hof m. *(-s,-höfe)* stazione *f.*: ***jdn zum ~ begleiten, bringen, vom, am ~ abholen*** accompagnare, portare, andare a prendere qcn. alla stazione; ***auf dem ~*** alla stazione; ***der Nahverkehrszug hält an allen Bahnhöfen*** il treno locale ferma a tutte le stazioni ◆ ***ich verstehe nur ~*** non capisco un'acca; FIG. ***ein großer ~*** = una festosa accoglienza (alla stazione o all'aeroporto). **Bahn|hofs|hal|le** f. *(-,-n)* atrio *m.* della stazione. **Bahn|hofs|res|tau|rant** n. *(-s,-s)* ristorante *m.* della stazione. **Bahn|hofs|vier|tel** n. *(-s,-)* quartiere *m.* della stazione. **Bahn|hofs|vor|stand** m. *(-[e]s,-vorstände)*, **Bahn|hofs|vor|ste|her** m. *(-s,-)* capostazione *m.*

Bahn|kno|ten|punkt m. *(-[e]s,-e)* nodo *m.* ferroviario. **Bahn|kör|per** m. *(-s,-)* (sede *f.* dei) binari *m.pl.* **bahn|la|gernd** agg. fermo in stazione. **Bahn|li|nie** f. *(-,-n)* linea *f.* ferroviaria. **Bahn|netz** n. *(-es,-e)* rete *f.* ferroviaria. **Bahn|po|li|zei** f. *(-)* polizia *f.* ferroviaria. **Bahn|rei|se** f. *(-,-n)* viaggio *m.* in treno. **Bahn|schran|ke** f. *(-,-n)* barriera *f.* (*o* sbarra *f.*) di, del passaggio a livello. **Bahn|schwel|le** f. *(-,-n)* traversina *f.* **Bahn|sta|ti|on** f. *(-,-en)* stazione *f.* ferroviaria.

Bahn|steig m. *(-[e]s,-e)* banchina *f.*, marciapiede *m.*: ***wir haben uns auf dem ~ verabredet*** ci siamo dati appuntamento sulla banchina (*o* al binario). **Bahn|steig|dach** n. *(-[e]s,-dächer)* pensilina *f.* **Bahn|steig|kar|te** f. *(-,-n)* biglietto *m.* d'ingresso ai binari.

Bahn|stre|cke f. *(-,-n)* tronco *m.* ferroviario. **Bahn|trans|port** m. *(-[e]s,-e)* trasporto *m.* per ferrovia. **Bahn|über|brü|ckung** f. *(-,-en)* cavalcavia *m.* **Bahn|über|füh|rung** f. *(-,-en)* viadotto *m.* ferroviario. **Bahn|über|gang** m. *(-[e]s,-gänge)* passaggio *m.* a livello: ***ein (un)gesicherter, (un)beschrankter ~*** un passaggio a livello (in)custodito. **Bahn|unter|füh|rung** f. *(-,-en)* sottopassaggio *m.* (ferroviario). **Bahn|ver|kehr** m. *(-s)* traffico *m.* ferroviario. **Bahn|wäch|ter** m. *(-s,-)* cantoniere *m.*, casellante *m.* **Bahn|wäch|ter|haus** n. *(-es,-häuser)* casa *f.* cantoniera, casello *m.* ferroviario. **Bahn|wär|ter** → **Bahnwächter. Bahn|wär|ter|haus** → **Bahnwächterhaus.**

Bah|re f. *(-,-n)* **1** *(Tragbahre)* barella *f.*, lettiga *f.* **2** *(Totenbahre)* bara *f.*, feretro *m.* **Bahr|tuch** n. *(-[e]s,-tücher)* coltre *f.* funebre.

Bä|hung f. *(-,-en)* MED. fomento *m.*

Bai f. *(-,-en)* baia *f.*

Bai|er m. *(-n,-n)* LING. bavarese *m.* **bai|risch** agg. LING. bavarese.

Bai|ser [bɛˈze:] n. *(-s,-s)* meringa *f.*

Bais|se [ˈbɛ:sə] f. *(-,-n)* ECON. ribasso *m.*: ***auf ~ spekulieren*** speculare al ribasso. **Bais|si|er** [bɛˈsie:] m. *(-s,-s)* ribassista *m.*

Ba|ja|de|re f. *(-,-n)* baiadera *f.*

Ba|jaz|zo m. *(-s,-s)* pagliaccio *m.*

Ba|jo|nett n. *(-[e]s,-e)* baionetta *f.*: ***das ~ aufpflanzen*** inastare la baionetta. **Ba|jo|nett|fas|sung** f. *(-,-en)* portalampada *m.* a baionetta. **Ba|jo|nett|ver|schluss** m. *(-es,-verschlüsse)* innesto *m.* a baionetta.

Ba|ju|wa|re m. *(-n,-n)* **1** STOR. bavaro *m.* **2** SCHERZ. *(Bayer)* bavarese *m.* **ba|ju|wa|risch** agg. **1** STOR. bavaro **2** SCHERZ. *(bayrisch)* bavarese.

Ba|ke f. *(-,-n)* **1** MAR. AER. meda *f.* **2a** FERR. ANT. presegnale *m.* **b** *(vor Eisenbahnübergängen)* pannello *m.* distanziometrico **3** *(Absteckpfahl)* pertica *f.* di livello, palina *f.*

Ba|ke|lit n. *(-s)* bachelite *f.*
Bak|ka|lau|re|at n. *(-[e]s,-e)* baccalaureato *m.*, baccellierato *m.* **Bak|ka|lau|re|us** m. *(-,Bakkalaurei)* baccelliere *m.*
Bak|ka|rat ['bakara(t)], **Bak|ka|rat** [-'ra] n. *(-s)* baccarà *m.*
Bak|schisch n. *(-[e]s,-e)* SCHERZ. **1** mancia *f.* **2** *(Bestechungsgeld)* bustarella *f.*
Bak|te|rie f. *(-,-n)* batterio *m.*: ***sich mit -n infizieren*** prendersi un'infezione da batteri. **bak|te|ri|ell** agg. batterico. **bak|te|ri|en|be|stän|dig** agg. resistente all'azione batterica. **Bak|te|ri|en|kul|tur** f. *(-,-en)* coltura *f.* batterica. **bak|te|ri|en|tö|tend** agg. battericida. **Bak|te|ri|en|trä|ger** m. *(-s,-)* MED. portatore *m.* sano.
Bak|te|ri|o|lo|ge m. *(-n,-n)* batteriologo *m.* **Bak|te|ri|o|lo|gie** f. *(-)* batteriologia *f.* **bak|te|ri|o|lo|gisch** agg. batteriologico.
Bak|te|ri|o|pha|ge m. *(-n,-n)* batteriofago *m.*
bak|te|ri|zid agg. battericida. **Bak|te|ri|zid** n. *(-s,-e)* battericida *m.*
Ba|lan|ce [ba'lã:sə] f. *(-,-n)* equilibrio *m.*: ***die ~ verlieren, aus der ~ kommen*** perdere l'equilibrio; ***die ~ halten, sich in (der) ~ halten*** mantenere l'equilibrio, tenersi in bilico; FIG. ***jdn aus der ~ bringen*** far perdere l'equilibrio (interiore) a qcn. **Ba|lan|ce|akt** m. *(-[e]s,-e)* esercizio *m.* di equilibrismo, equilibrismo *m.* (anche FIG.): ***ein diplomatischer ~*** un equilibrismo diplomatico. **Ba|lan|ce|künst|ler** m. *(-s,-)* equilibrista *m.* **ba|lan|cie|ren I** tr. bilanciare, tenere (*o* far stare) in equilibrio **II** intr. (aus. *sein*) stare, tenersi in equilibrio: ***über etw. (A) ~*** passare su qcs. tenendosi in equilibrio. **Ba|lan|cier|bal|ken** m. *(-s,-)* asse *m.* di equilibrio. **Ba|lan|cier|stan|ge** f. *(-,-n)* bilanciere *m.* (da funambolo).
bald avv. (compar. *eher*/ REGION. *bälder*; superl. *am ehesten*/ REGION. *am bäldesten*) **1** tra (*o* fra) poco, presto: ***es wird ~ Nacht*** presto farà notte; ***~ ist Weihnachten*** tra poco è Natale **2** *(rasch)* presto, subito: ***nicht so ~ fertig sein*** non essere subito pronto **3** COLLOQ. *(fast)* quasi: ***das hätte ich ~ vergessen*** l'avevo quasi dimenticato; ***~ wäre ich gefallen*** ci è mancato poco che cadessi ◆ COLLOQ. ***auf ~!*** ***bis ~!*** a presto! ***~ lacht er, ~ weint er*** un po' ride, un po' piange, ora ride, ora piange; ***so ~ wie (als) möglich, möglichst ~*** il più presto possibile; COLLOQ. REGION. ***bist du ~ still!*** stai zitto! ***wird's ~?*** sbrigati! spicciati!
bal|bie|ren tr. REGION. → **barbieren.**
Bal|da|chin m. *(-s,-e)* baldacchino *m.*
Bäl|de, ***in ~*** fra poco.
bal|dig agg. **1** prossimo, imminente: ***in Erwartung Ihrer -en Nachricht*** in attesa di Vostre prossime notizie **2** *(schnell)* pronto, sollecito: ***eine -e Antwort*** una risposta sollecita ◆ ***auf -es Wiedersehen!*** arrivederci a presto! **bal|digst, bald|mög|lichst** avv. al più presto, quanto prima: ***das muss ~ gemacht werden*** dev'essere fatto al più presto.
bal|do|wern tr. REGION. (riuscire a) scovare.
Bald|ri|an m. *(-s,-e)* valeriana *f.* **Bald|ri|an|ge|wächs** n. *(-es,-e)* valerianacea *f.* **Bald|ri|an|trop|fen** pl. gocce *f.pl.* di valeriana.
Ba|le|a|ren n.pr.pl. ***die ~*** le Baleari.
1.Balg m. *(-[e]s, Bälge)* **1a** *(Tierhaut)* pelle *f.* **b** COLLOQ. *(von Menschen)* buccia *f.* **2** REGION. *(einer Frucht)* scorza *f.*, pelle *f.* **3** *(von Orgeln)* mantice *m.* **4** *(von Puppen)* manichino *m.* **5** → **Balgen** ◆ ***jdm den ~ abziehen*** truffare qcn.; *(ausnützen)* sfruttare qcn.; ***jdm auf den ~ rücken*** stare addosso a qcn. (infastidendolo); ***die Bälge treten*** azionare i mantici; FIG. COLLOQ. tirare la carretta.
2.Balg m. e n. *(-[e]s, Bälge[r])* COLLOQ. marmocchio *m.*
bal|gen rifl. **sich ~** azzuffarsi, accapigliarsi: ***sich mit den anderen Kindern ~*** azzuffarsi con gli altri bambini.
Bal|gen m. *(-s,-)* FOT. soffietto *m.* **Bal|gen|ka|me|ra** f. *(-,-s)* macchina *f.* fotografica a soffietto.
Bal|ge|rei f. *(-,-en)* zuffa *f.*, baruffa *f.*
Bal|kan n.pr.m. *(-s)* Balcani *m.pl.* **Bal|kan|halb|in|sel** f. *(-)* penisola *f.* balcanica. **bal|ka|nisch** agg. balcanico. **bal|ka|ni|sie|ren** tr. balcanizzare. **Bal|ka|ni|sie|rung** f. *(-,-en)* balcanizzazione *f.*
Bal|ken m. *(-s,-)* **1** trave *f.*; *(Querbalken)* traversa *f.* **2** ARALD. fascia *f.*, banda *f.*, sbarra *f.* **3** ANAT. corpo *m.* calloso **4** GINN. *(Schwebebalken)* asse *m.* (di equilibrio) ◆ ***lügen, dass sich die ~ biegen*** = dire bugie colossali. **Bal|ken|de|cke** f. *(-,-n)* soffitto *m.* a travi. **Bal|ken|ge|rüst** n. *(-[e]s,-e)* impalcatura *f.*, travatura *f.* **Bal|ken|kon|struk|ti|on** f. *(-,-en)* costruzione *f.* di travi. **Bal|ken|kopf** m. *(-[e]s,-köpfe)* testa *f.* della trave. **Bal|ken|über|schrift** f. *(-,-en)* titolo *m.* a caratteri cubitali. **Bal|ken|waa|ge** f. *(-,-n)* bilancia *f.* a braccio.
Bal|kon m. *(-s,-s* e *-e)* **1** balcone *m.*: ***auf den ~ treten, (hinaus)gehen*** andare, uscire sul balcone **2** *(im Theater, Kino)* galleria *f.*, balconata *f.*: ***~ nehmen, sitzen*** prendere posto in galleria, stare (seduto) in galleria. **Bal|kon|blu|me** f. *(-,-n)* fiore *m.* per balconi. **Bal|kon|brüs|tung** f. *(-,-en)* parapetto *m.*; *(aus Metall)* ringhiera *f.* **Bal|kon|kas|ten** m. *(-s,-kästen)* cassetta *f.* per vasi di fiori (sui balconi). **Bal|kon|zim|mer** n. *(-s,-)* camera *f.* con balcone.
1.Ball m. *(-[e]s, Bälle)* **1** palla *f.*, pallone *m.*: ***mit dem ~, ~ spielen*** giocare con la palla, a palla; ***den ~ abgeben (abspielen), abschlagen, annehmen*** passare, rinviare, ricevere la palla; ***den ~ ins Tor schießen*** tirare la palla in rete; ***den ~ köpfen*** tirare (*o* colpire) il pallone di testa **2** *(Kugel)* palla *f.*: ***ein ~ aus Papier*** una palla di carta; ***etw. zum ~ knüllen*** ridurre qcs. a una palla, appallottolare qcs. ◆ ***am ~ sein, bleiben*** = perseverare, non mollare; ***den ~ auffangen*** afferrare la palla; FIG. accogliere un suggerimento; *(im Tennis)* ***einen ~ machen*** fare un punto; ***sich gegenseitig, einander die Bälle zuspielen, zuwerfen*** passarsi la palla; FIG. assecondarsi l'un l'altro, aiutarsi (in una discussione).
2.Ball m. *(-[e]s, Bälle)* ballo *m.*, festa *f.* da ballo: ***auf einen ~ gehen, einen ~ besuchen*** andare a un ballo; ***einen ~ geben*** dare un ballo.
bal|la bal|la agg.inv. COLLOQ. svitato, scemo.
Ball|abend m. *(-[e]s,-e)* festa *f.* da ballo (serale).
Ball|ab|ga|be f. *(-,-n)* SPORT passaggio *m.* (della palla).
Bal|la|de f. *(-,-n)* ballata *f.* **bal|la|den|haft** agg. in forma di ballata. **Bal|la|den|stoff** m. *(-[e]s,-e)* materia *f.* da ballata. **bal|la|desk** agg. → **balladenhaft.**
Ball|an|nah|me f. *(-,-n)* SPORT ricezione *f.* della palla.
Bal|last, Bal|last m. *(-[e]s)* **1** zavorra *f.*: ***~ abwerfen*** gettare la zavorra **2** FIG. zavorra *f.*, peso *m.* (superfluo). **Bal|last|stof|fe** pl. fibre *f.pl.* (alimentari).
Ball|ei|sen → **Balleneisen.**
bal|len I tr. **1** ***die Hand (zur Faust) ~, die Faust ~*** serrare il pugno **2** *(zusammenballen)* appallottolare **II** rifl. **sich ~** ammassarsi, accumularsi, concentrarsi; *(von Wolken)* addensarsi (anche FIG.). **Bal|len** m. *(-s,-)* **1** balla *f.*: ***ein ~ Heu, Baumwolle*** una balla di fieno, di cotone **2** ANAT. eminenza *f.*, sporgenza *f.* **3** *(Wurzelballen)* pane *m.* di terra.
Bal|len|ei|sen n. *(-s,-)* scalpello *m.*
bal|len|wei|se avv. in balle.
Bal|le|ri|na f. *(-, Ballerinen)*, RAR. **Bal|le|ri|ne** f. *(-,-n)* → **Balletttänzerin.**
Bal|ler|mann m. *(-[e]s,-männer)* SCHERZ. sputafuoco *f.*
bal|lern COLLOQ. **I** intr. (aus. *haben*) **1** *(schießen)* sparare, tirare **2a** ***auf etw. (A), gegen etw. ~*** battere (rumorosamente) contro qcs.; *(fallen)* cadere (rumorosamente) su qcs.: ***Felsbrocken ballerten auf das Dach*** frammenti di roccia caddero rumorosamente sul tetto **b** ***an die Tür ~*** bussare violentemente alla porta **3** *(Geräusche machen)* strepitare, rimbombare, esplodere: ***der Schuss ballert*** lo sparo esplode **II** tr. **1** scaraventare, scagliare; ***die Tür ins Schloss ~*** sbattere la porta con violenza **2** SPORT ***den Ball ins Tor ~*** sparare (*o* scaraventare) la palla in rete ◆ ***jdm eine ~*** sparare un pugno a qcn.; ***einen ~*** farsi un grappino.
Bal|lett n. *(-[e]s,-e)* TEATR. **1** balletto *m.*, danza *f.* **2** *(Ballettkorps)* balletto *m.*, corpo *m.* di ballo. **Bal|let|teu|se** [balɛ'tø:zə] f. *(-,-n)* LETT. → **Balletttänzerin. Bal|lett|korps** n. *(-,-)* corpo *m.* di ballo. **Bal|lett|meis|ter** m. *(-s,-)* direttore *m.* del corpo di ballo, maestro *m.* di ballo. **Bal|lett|mu|sik** f. *(-,-en)* musica *f.* per balletto. **Bal|lett|rat|te** f. *(-,-n)* SCHERZ. = allieva *f.* di scuola di danza, ballerina *f.* **Bal|lett|schu|le** f. *(-,-n)* scuola *f.* di danza. **Bal|lett|schü|le|rin** f. *(-,-en)* allieva *f.* di una scuola di danza. **Bal|lett|tän|zer** m. *(-s,-)* ballerino *m.*, danzatore *m.* **Bal|lett|tän|ze|rin** f. *(-,-nen)*, ballerina *f.*, danzatrice *f.* **Bal|lett|the|a|ter** n. *(-s,-)* teatro *m.* di balletti. **Bal|lett|trup|pe** f. *(-,-n)* compagnia *f.* di ballo (*o* di danza).
Ball|füh|rung f. *(-)* SPORT palleggio *m.* **Ball|ge|flüs|ter** n. *(-s)* SPORT suggerimento *m.* **Ball|ge|fühl** n. *(-[e]s)* SPORT senso *m.* del gioco.
Bal|lis|te f. *(-,-n)* STOR. balista *f.* **Bal|lis|tik** f. *(-)* balistica *f.* **bal|lis|tisch** agg. balistico.
Ball|jun|ge m. *(-n,-n)* raccattapalle *m.*
Ball|kleid n. *(-[e]s,-er)* abito *m.* da ballo. **Ball|kö|ni|gin** f. *(-,-nen)* reginetta *f.* del ballo.
Bal|lon [ba'lɔŋ, ba'lo:n] m. *(-s,-s)* **1** pallone *m.* (aerostatico), aerostato *m.* **2** *(Kinderspielzeug)* palloncino *m.* **3** *(Flasche)* damigiana *f.* **4** CHIM. pallone *m.* **5** COLLOQ. *(Kopf)* zucca *f.* ◆ COLLOQ. ***einen ~ bekommen, kriegen*** diventare tutto rosso. **Bal|lon|fah|rer** m. *(-s,-)* **1** chi viaggia in pallone **2** → **Ballonführer. Bal|lon|füh|rer** m. *(-s,-)* pilota *m.* di un pallone, aeronauta *m.* **Bal|lon|korb** m. *(-[e]s,-körbe)* navicella *f.* del pallone. **Bal|lon|rei|fen** m. *(-s,-)* pneumatico *m.* **Bal|lon|sei|de** f. *(-,-n)* seta *f.* per palloni aerostatici. **Bal|lon|sper|re** f. *(-,-n)* MIL. sbarramento *m.* di palloni.
Bal|lo|ta|ge [balo'ta:ʒə] f. *(-,-n)* STOR. ballottaggio *m.* **bal|lo|tie|ren** tr. STOR. ballottare.
Ball|saal m. *(-[e]s,-säle)* sala *f.* da ballo. **Ball|schuh** m. *(-[e]s,-e)* scarpa *f.* da ballo.

Ball|spiel n. *(-[e]s,-e)* gioco *m.* con la palla. **Ball|tech|nik** f. *(-,-en)* SPORT tecnica *f.* (rif. a giochi con la palla).
Bal|lung f. *(-,-en)* **1** ammassamento *m.*, addensamento *m.*, concentrazione *f.*, agglomeramento *m.* **2** *(Verdichtung)* presenza *f.* massiccia, concentrazione *f.* **Bal|lungs|ge|biet** n. *(-[e]s,-e)*, **Bal|lungs|raum** m. *(-[e]s,-räume)* regione *f.* ad alta concentrazione (di popolazione e industrie).
ball|ver|liebt agg. SPORT = che tiene troppo la palla. **Ball|wech|sel** m. *(-s,-)* SPORT scambio *m.* (della palla), palleggio *m.*
Bal|sa|baum m. *(-[e]s,-bäume)* balsa *f.*
Bal|sam m. *(-s,-e)* **1** balsamo *m.* **2** FIG. LETT. balsamo *m.*, conforto *m.*, toccasana *m.*: ***das ist ~ für meine Seele*** è un conforto per la mia anima. **Bal|sam|es|sig** m. *(-[e]s)* aceto *m.* balsamico. **Bal|sam|ge|ruch** m. *(-[e]s,-gerüche)* odore *m.* balsamico. **bal|sa|mie|ren** tr. **1** imbalsamare **2** frizionare (con balsamo). **Bal|sa|mie|rung** f. *(-,-en)* **1** imbalsamazione *f.* **2** frizione *f.* (con balsamo). **bal|sa|misch** agg. balsamico.
Bal|te m. *(-n,-n)* abitante *m.* dei paesi baltici. **Bal|ten|land** n.pr.n. *(-[e]s)* STOR. paesi *m.pl.* baltici.
Bal|tin f. *(-,-nen)* abitante *f.* dei paesi baltici. **bal|tisch** agg. baltico: ***Baltisches Meer*** Mar Baltico.
Bal|tha|sar n.pr.m. Baldassarre *m.*
Bal|ti|kum n.pr.n. *(-s)* → **Baltenland.**
Ba|lus|ter m. *(-s,-)* balaustro *m.* **Ba|lust|ra|de** f. *(-,-n)* balaustra *f.*, balaustrata *f.*
Balz f. *(-)* **1** ORNIT. fregola *f.* **2** → **Balzzeit** ◆ ***auf die ~ gehen*** VENAT. andare a caccia di uccelli in fregola; SCHERZ. andare a caccia (di donne). **bal|zen** tr. ORNIT. corteggiare (anche SCHERZ.). **Balz|zeit** f. *(-,-en)* ORNIT. stagione *f.* degli accoppiamenti, degli amori.
Bam|berg n.pr.n. *(-s)* Bamberga *f.* **Bam|ber|ger I** m. *(-s,-)* abitante *m.* di Bamberga **II** agg.inv. di Bamberga. **bam|ber|gisch** agg. bamberghese, di Bamberga.
Bam|bi n. *(-s,-s)* INFANT. bambi *m.*, cerbiatto *m.*
Bam|bus m. *(-ses,-se)* bambù *m.* **Bam|bus|rohr** n. *(-[e]s,-e)* canna *f.* di bambù. **Bam|bus|stock** m. *(-[e]s,-stöcke)* bastone *m.* di bambù. **Bam|bus|vor|hang** m. *(-[e]s)* POL. cortina *f.* di bambù.
Bam|mel m. *(-s)* COLLOQ. fifa *f.*, paura *f.*: ***vor etw. ~ haben*** avere fifa di qcs. **bam|meln** intr. (aus. *haben*) REGION. **1** dondolarsi, oscillare **2** *(am Galgen)* penzolare (dalla forca).
Bams m. *(-es,-e)* REGION. bambino *m.*
bams|tig agg. **1** molto dispendioso; *(protzig)* molto appariscente **2** COLLOQ. *(dicklich)* grassoccio; *(geschwollen)* gonfio.
1.Ban m. *(-s,-e)* STOR. bano *m.*
2.Ban m. *(-[s], Bani)* NUMISM. bano *m.*
ba|nal agg. banale, comune, insignificante. **ba|na|li|sie|ren** tr. banalizzare, rendere banale. **Ba|na|li|tät** f. *(-,-en)* banalità *f.*
Ba|na|ne f. *(-,-n)* banana *f.* **Ba|na|nen|baum** m. *(-[e]s,-bäume)* banano *m.* **Ba|na|nen|damp|fer** m. *(-s,-)* bananiera *f.* **Ba|na|nen|re|pub|lik** f. *(-,-en)* SPREG. repubblica *f.* delle banane. **Ba|na|nen|scha|le** f. *(-,-n)* buccia *f.* di banana: ***auf einer ~ ausrutschen*** scivolare su una buccia di banana. **Ba|na|nen|ste|cker** m. *(-s,-)* EL. banana *f.*
Ba|nau|se m. *(-n,-n)* SPREG. = persona rozza e gretta, priva di senso artistico.
band → **binden.**
1.Band n. *(-[e]s, Bänder)* **1** nastro *m.*, fascia *f.*: ***ein ~ aus Seide*** un nastro di seta **2** *(Tonband)* nastro *m.* (magnetico): ***etw. auf ~ (auf)nehmen*** registrare qcs. su nastro; ***das ~ löschen*** cancellare il nastro **3** *(Fließband)* catena *f.* (di montaggio): ***am ~ arbeiten*** lavorare alla catena (di montaggio) **4** *(Messband)* metro *m.* a nastro **5** *(Farbband)* nastro *m.* (inchiostrato) **6** *(Zielband)* nastro *m.* di arrivo **7** *(Förderband)* nastro *m.* trasportatore **8** ANAT. legamento *m.* (articolare): ***sich (D) ein ~ zerren, überdehnen*** stirarsi un legamento **9** *(Frequenzbereich)* banda *f.* (di frequenza), gamma *f.* **10** TECN. bandella *f.* ◆ FIG. ***am laufenden ~*** ininterrottamente.
2.Band n. *(-[e]s,-e)* **1** LETT. ANT. catena *f.*: ***in -e schlagen*** mettere in catene; ***die -e zerreißen*** spezzare le catene **2** *(Beziehung)* legame *m.*, vincolo *m.*: ***verwandtschaftliche -e*** legami di parentela ◆ ***außer Rand und ~ sein*** essere fuori di sé; ***zarte -e knüpfen*** = iniziare una storia d'amore.
3.Band m. *(-[e]s, Bände)* volume *m.*, tomo *m.*: ***ein ~ Gedichte*** un volume di poesie; ***eine Ausgabe in drei Bänden*** un'edizione in tre volumi ◆ ***das spricht Bände*** questo dice tutto (*o* spiega tutto).
4.Band [bent] f. *(-,-s)* band *f.*, orchestra *f.*, complesso *m.*
Ban|da|ge [ban'da:ʒə] f. *(-,-n)* **1** bendaggio *m.*, bendatura *f.*, fasciatura *f.*: ***jdm eine ~ machen, anlegen*** fare una fasciatura a qcn. **2** *(beim Boxen)* fascia *f.* **ban|da|gie|ren** tr. fasciare.
Band|ar|beit f. *(-,-en)* lavorazione *f.* a catena. **Band|auf|nah|me** f. *(-,-n)*, **Band|auf|zeich|nung** f. *(-,-en)* registrazione *f.*, incisione *f.* (su nastro magnetico). **Band|brei|te** f. *(-,-n)* **1** larghezza *f.* del, di un nastro **2** FIG. gamma *f.*, scelta *f.*, assortimento *m.* **3** RAD. TELEV. larghezza *f.* di banda ◆ ***die ~ der Kursschwankungen*** i margini di oscillazione del corso di una moneta.
1.Bänd|chen n. *(-s,-* e *Bänderchen)* nastrino *m.*
2.Bänd|chen n. *(-s,-)* volumetto *m.*
1.Ban|de f. *(-,-n)* **1** *(Verbrecherbande)* banda *f.*, gang *f.*: ***eine ~ ausheben*** scovare una banda **2** SPREG. o SCHERZ. *(Gruppe, Schar)* banda *f.*, compagnia *f.*, combriccola *f.*: ***eine ausgelassene ~*** un'allegra combriccola.
2.Ban|de f. *(-,-n)* **1** SPORT bordo *m.*, margine *m.*, parete *f.*; *(beim Billard)* sponda *f.* **2** FIS. banda *f.*
Band|ei|sen n. *(-s,-)* moietta *f.*, reggetta *f.*
Ban|del n. *(-s,-)* REGION., **Bän|del** m. e n. *(-s,-)* **1** nastrino *m.*, laccio *m.*, cordicella *f.* **2** *(Schuhband)* stringa *f.* ◆ ***jdn am ~ haben*** tenere qcn. al guinzaglio.
Ban|den|füh|rer m. *(-s,-)* capobanda *m.* **Ban|den|krieg** m. *(-[e]s,-e)* guerra *f.* fra bande. **Ban|den|spekt|rum** n. *(-s,-spektren)* FIS. spettro *m.* a bande. **Ban|den|we|sen** n. *(-s)* fenomeno *m.* delle bande.
bän|dern I tr. ***etw. ~*** applicare nastri a qcs. **II** intr. (aus. *haben*) fabbricare nastri.
Ban|de|ro|le f. *(-,-n)* **1** fascetta *f.* (fiscale) **2** ART. *(Spruchband)* cartiglio *m.*
Bän|der|riss m. *(-es,-e)* MED. rottura *f.* dei legamenti.
Bän|de|rung f. *(-,-en)* disegno *m.* a strisce.
Bän|der|zer|rung f. *(-,-en)* MED. distrazione *f.* dei legamenti.
Band|fil|ter m. *(-s,-)* ELETTRON. filtro *m.* passabanda. **Band|för|de|rer** m. *(-s,-)* trasportatore *m.* a nastro. **band|för|mig** agg. a forma di nastro. **Band|ge|schwin|dig|keit** f. *(-,-en)* velocità *f.* (di scorrimento) del nastro.
bän|di|gen tr. **1** domare, addomesticare, ammansire: ***diese Pferde sind nicht zu ~*** non si riesce a domare questi cavalli **2** FIG. dominare, contenere: ***seinen Zorn ~*** dominare la propria ira. **Bän|di|ger** m. *(-s,-)* domatore *m.*, addomesticatore *m.* **Bän|di|gung** f. *(-,-en)* il domare, addomesticamento *m.*
Ban|dit m. *(-en,-en)* bandito *m.* ◆ COLLOQ. ***einarmiger ~*** macchinetta *f.* mangiasoldi.
Band|ke|ra|mik f. *(-)* ARCHEOL. ceramica *f.* a strisce.
Band|maß n. *(-es,-e)* metro *m.* a nastro. **Band|nu|deln** pl. tagliatelle *f.pl.* **Band|sä|ge** f. *(-,-n)* sega *f.* a nastro. **Band|schei|be** f. *(-,-n)* ANAT. disco *m.* intervertebrale. **Band|schei|ben|scha|den** m. *(-s,-schäden)* MED. ernia *f.* del disco (intervertebrale).
Band|stahl m. *(-[e]s)* moietta *f.*, reggetta *f.*
Band|wa|ren pl. passamanerie *f.pl.*
Band|wurm m. *(-[e]s,-würmer)* MED. verme *m.* solitario, tenia *f.* ◆ ***ein ~ von einem Satz*** = una frase troppo lunga.
bang → **bange.**
Bang|büx *(-,-en)*, **Bang|bu|xe** f. *(-,-n)* REGION. fifone *m.*, coniglio *m.*
ban|ge agg. (compar. *banger/bänger*, superl. *bangst.../bängst...*) pauroso, timoroso: ***~ Minuten*** minuti d'ansia; ***jdm ist, wird ~ zumute*** qcn. sta in pena; ***jdm, jdn ~ machen*** fare paura a qcn. ◆ ***mir wird angst und ~*** mi viene una gran paura; ***mir wurde bang und bänger*** mi venne sempre più paura; COLLOQ. ***Bange machen gilt nicht*** niente paura, non c'è da spaventarsi; ***~ nach jdm, etw. sein*** desiderare ansiosamente qcn., qcs.; REGION. ***~ um jdn sein*** preoccuparsi per qcn.; REGION. ***~ vor jdm, etw. sein*** avere paura di qcn., qcs.
Ban|ge f. *(-)* REGION. paura *f.*, ansia *f.* **ban|gen** intr. (aus. *haben*) e REGION. rifl. ***sich ~*** **1** ***(sich) um jdn, etw. ~*** preoccuparsi per qcn., qcs., essere in apprensione per qcn., qcs. **2** ***(sich) nach jdm ~*** avere nostalgia di qcn., desiderare ansiosamente qcn. **3** impers. *(sich fürchten)* ***es bangt mir vor jdm, etw.*** ho paura di qcn., qcs. **Ban|gig|keit** f. *(-,-en)* timore *m.*, ansietà *f.*, apprensione *f.* **bäng|lich** agg. ansioso, inquieto.
Ban|jo ['bendʒo] n. *(-s,-s)* banjo *m.*
1.Bank f. *(-, Bänke)* **1a** panca *f.*, panchina *f.*: ***sich auf eine ~ setzen*** sedersi su una panchina **b** SPORT panchina *f.*: ***auf der ~ sitzen*** sedere in panchina; ***auf der ~ sitzen gelassen werden*** essere lasciato in panchina **2a** SCOL. banco *m.* **b** *(Werkbank)* banco *m.* (di lavoro): ***an der ~ arbeiten*** lavorare al banco **3** POL. seggio *m.* **4a** banco *m.* (anche GEOL.): ***Bänke von Korallen, von Wolken*** banchi corallini, di nuvole **b** *(Sandbank)* banco *m.* di sabbia, secca *f.* **5** *(auf Tippscheinen)* colonna *f.* fissa ◆ ***durch die ~*** senza eccezione, nessuno escluso; ***etw. auf die lange ~ schieben*** tirare in lungo qcs., rimandare qcs. alle calende greche; ***vor leeren Bänken*** davanti a pochi spettatori.
2.Bank f. *(-,-en)* **1** banca *f.*: ***auf die, zur ~ gehen*** andare in banca; ***ein Konto bei der ~ haben, eröffnen*** avere, aprire un conto in

banca; ***Geld von der ~ holen*** ritirare denaro dalla banca; ***eine ~ überfallen*** rapinare, assaltare una banca **2** GIOC. banco *m.*: ***die ~ halten, sprengen*** tenere banco, far saltare il banco.

Bank|an|ge|stell|te m. e f. *(-n,-n)* impiegato *m.* (-a *f.*) di banca, bancario *m.* (-a *f.*). **Bank|an|stal|ten** pl. istituti *m.pl.* bancari. **Bank|an|wei|sung** f. *(-,-en)* assegno *m.* bancario. **Bank|auf|sichts|be|hör|de** f. *(-,-n)* autorità *f.* di vigilanza sulle banche. **Bank|auf|trag** m. *(-[e]s,-aufträge)* commissione *f.* bancaria. **Bank|au|to|mat** m. *(-en,-en)* bancomat *m.* **Bank|be|am|te** m. *(-n,-n)* → **Bankangestellte. Bank|di|rek|tor** m. *(-s,-en)* direttore *m.* di banca.

Bän|kel|lied n. *(-[e]s,-er)* canto *m.* di un, del cantastorie. **Bän|kel|sang** m. *(-[e]s)* arte *f.* del cantastorie. **Bän|kel|sän|ger** m. *(-s,-)* cantastorie *m.*

Ban|ker m. *(-s,-)* COLLOQ. bancario *m.*

Ban|kert m. *(-s,-e)* ANT. bastardo *m.*

1.Ban|kett n. *(-[e]s,-e)* banchetto *m.*

2.Ban|kett n. *(-[e]s,-e)*, **Ban|ket|te** f. *(-,-n)* banchina *f.*: ***~ nicht befahrbar*** banchina non transitabile.

Bank|fach n. *(-es,-fächer)* **1** ramo *m.* bancario **2** *(Safe)* cassetta *f.* di sicurezza. **bank|fä|hig** agg. bancabile, negoziabile in banca. **Bank|fei|er|tag** m. *(-[e]s,-e)* giorno *m.* di chiusura della banca. **Bank|fi|li|a|le** f. *(-,-n)* filiale *f.*, succursale *f.* di una banca. **Bank|ge|heim|nis** n. *(-ses)* segreto *m.* bancario. **Bank|ge|schäft** n. *(-[e]s,-e)* operazione *f.* bancaria. **Bank|ge|sell|schaft** f. *(-,-en)* società *f.* bancaria. **Bank|gut|ha|ben** n. *(-s,-)* avere *m.* in banca, deposito *m.*, credito *m.* bancario. **Bank|hal|ter** m. *(-s,-)* GIOC. banco *m.* **Bank|haus** n. *(-es,-häuser)* banca *f.*, istituto *m.* bancario. **Ban|ki|er** [baŋk'ie:] m. *(-s,-s)* banchiere *m.* **Ban|king** ['bæŋkɪŋ] n. *(-[s])* → **Bankwesen. Bank|kauf|frau** f. *(-,-en)* bancaria *f.* **Bank|kauf|mann** m. *(-[e]s,-leute)* bancario *m.* **Bank|kon|sor|ti|um** n. *(-s,-konsortien)* consorzio *m.* di banche. **Bank|kon|to** n. *(-s,-konten)* conto *m.* corrente bancario: ***ein überzogenes, ungedecktes ~*** uno scoperto di conto bancario. **Bank|kre|dit** m. *(-[e]s,-e)* credito *m.*, fido *m.*, mutuo *m.* bancario. **Bank|kri|se** f. *(-,-n)* crisi *f.* bancaria. **Bank|lauf|bahn** f. *(-,-en)* carriera *f.* bancaria. **Bank|leh|re** f. *(-)* apprendistato *m.*, tirocinio *m.* in (una) banca. **Bank|leit|zahl** f. *(-,-en)* codice *m.* (della) banca.

Bank|nach|bar m. *(-n e -s,-n)* vicino *m.* (*o* compagno *m.*) di banco.

Bank|no|te f. *(-,-n)* banconota *f.*, biglietto *m.* di banca: ***-n einziehen, aus dem Umlauf ziehen*** ritirare banconote dalla circolazione; ***-n ausgeben*** emettere biglietti di banca. **Bank|no|ten|aus|ga|be** f. *(-,-n)* emissione *f.* di banconote. **Bank|no|ten|fäl|schung** f. *(-,-en)* falsificazione *f.* di banconote. **Bank|pa|pie|re** pl. effetti *m.pl.*, valori *m.pl.*, titoli *m.pl.* bancari. **Bank|ra|te** f. *(-,-n)* tasso *m.* di sconto ufficiale. **Bank|raub** m. *(-[e]s,-e)* rapina *f.* in banca. **Bank|räu|ber** m. *(-s,-)* rapinatore *m.* di banche.

bank|rott agg. **1** fallito, insolvente **2** FIG. vinto, finito ◆ ***sich (für) ~ erklären*** dichiararsi fallito, FIG. dichiararsi vinto, finito. **Bank|rott** m. *(-[e]s,-e)* **1** bancarotta *f.*, fallimento *m.*: ***den ~ erklären, anmelden*** dichiarare il fallimento; ***kurz vor dem ~ stehen*** essere sull'orlo del fallimento; ***~ gehen*** andare in fallimento **2** FIG. crollo *m.*, fallimento *m.*: ***mit etw. ~ machen*** fallire con qcs. **Bank|rott|er|klä|rung** f. *(-,-en)* dichiarazione *f.* di fallimento. **Bank|rot|teur** [baŋkrɔ'tø:ɐ] m. *(-s,-e)* bancarottiere *m.*

Bank|sa|fe [-seɪf] f. *(-s,-s)* **1** *(Geldschrank)* cassaforte *f.* (di una banca) **2** *(Schließfach)* cassetta *f.* di sicurezza. **Bank|scheck** m. *(-s,-s e -e)* assegno *m.* bancario. **Bank|spe|sen** pl. commissione *f.*, spese *f.pl.* bancarie. **Bank|über|fall** m. *(-s,-überfälle)* assalto *m.* a una banca. **Bank|über|wei|sung** f. *(-,-en)* bonifico *m.* bancario. **Bank|ver|bin|dung** f. *(-,-en)* banca *f.* corrispondente. **Bank|ver|kehr** m. *(-s)* attività *f.* di una banca; operazioni *f.pl.* di banca. **Bank|voll|macht** f. *(-)* procura *f.* bancaria. **Bank|wech|sel** m. *(-s,-)* cambiale *f.* bancaria. **Bank|we|sen** n. *(-s)* settore *m.*, sistema *m.* bancario. **Bank|zins** m. *(-es,-en)* interesse *m.* bancario.

Bann m. *(-[e]s,-e)* **1** scomunica *f.*, bando *m.*: ***jdn mit dem ~ belegen, über jdn den ~ verhängen, aussprechen*** dare, infliggere, lanciare la scomunica a qcn.; ***er wurde vom ~ gelöst*** gli tolsero la scomunica **2** LETT. malia *f.*, incantesimo *m.*: ***unter einem ~ stehen*** essere vittima di una malia; ***jdn in seinen ~ schlagen, ziehen*** ammaliare qcn. ◆ ***unter dem ~ der Ereignisse stehen*** essere in balia degli avvenimenti; ***den ~ des Schweigens brechen*** abbattere il muro del silenzio. **Bann|bruch** m. *(-[e]s,-brüche)* contrabbando *m.* **Bann|bul|le** f. *(-,-n)* STOR. bolla *f.* di scomunica.

ban|nen tr. **1** scomunicare **2a** incantare, ammaliare, avvincere: ***die Zuschauer ~*** avvincere gli spettatori **b** *(malen, filmen)* fissare, mettere: ***etw. auf die Leinwand ~*** fissare qcs. sulla tela **3** allontanare, bandire: ***einen bösen Geist ~*** allontanare uno spirito maligno; FIG. ***eine Gefahr ~*** scongiurare un pericolo.

Ban|ner n. *(-s,-)* vessillo *m.*, insegna *f.*; FIG. ***das ~ der Freiheit*** il vessillo della libertà. **Ban|ner|trä|ger** m. *(-s,-)* portabandiera *m.* (anche FIG.).

Bann|fluch m. *(-[e]s,-flüche)* anatema *m.*, scomunica *f.* **Bann|gut** n. *(-[e]s,-güter)* DIR. → **Bannware.**

ban|nig I agg. COLLOQ. molto grande; *(sehr stark)* molto forte **II** avv. rafforz. REGION. moltissimo: ***sich ~ freuen*** rallegrarsi moltissimo.

Bann|kreis m. *(-es,-e)* sfera *f.* di influenza; ***in jds ~ geraten*** subire l'influenza di qcn. **Bann|mei|le** f. *(-,-n)* **1** STOR. circondario *m.* di una città (medievale) **2** *(Schutzbezirk)* zona *f.* di riserva. **Bann|recht** n. *(-[e]s)* STOR. bannalità *f.* **Bann|spruch** m. *(-[e]s,-sprüche)* scomunica *f.* **Bann|strahl** m. *(-s)* LETT. → **Bannfluch. Bann|wald** m. *(-[e]s,-wälder)* bosco *m.* di protezione contro le valanghe. **Bann|wa|re** f. *(-,-n)* merce *f.* di contrabbando.

Ban|tam|ge|wicht n. *(-[e]s)*, **Ban|tam|ge|wicht|ler** m. *(-s,-)* SPORT peso *m.* gallo.

Ban|tu I m. *(-[s],-[s])* bantù *m.* (*o* bantu *m.*) **II** n. *(-[s])* bantù *m.*, lingua *f.* bantù. **Ban|tu|ne|ger** m. *(-s,-)* bantù *m.* **Ban|tu|spra|che** f. *(-,-n)* lingua *f.* bantù.

Ba|o|bab m. *(-s,-s)* baobab *m.*

Bap|tis|mus m. *(-)* battismo *m.* **Bap|tist** m. *(-en,-en)* battista *m.* **Bap|tis|ten|kir|che** f. *(-,-en)* chiesa *f.* battista.

Bap|tis|te|ri|um n. *(-s, Baptisterien)* battistero *m.*

bar agg. **1** contante, in contanti: ***-es Geld*** denaro contante; ***(in) ~ bezahlen*** pagare in contanti; ***gegen ~*** dietro pagamento in contanti, pronto cassa **2** *(rein)* puro: ***-er Unsinn*** pure sciocchezze **3a** ANT. *(nackt)* nudo, scoperto: ***mit -em Haupt*** a capo scoperto **b** FIG. privo: ***~ jeglichen Gefühls, aller Schuld*** privo di qualsiasi sentimento, senza nessuna colpa ◆ ***etw. für -e Münze nehmen*** prendere qcs. per oro colato.

1.Bar f. *(-,-s)* **1** *(Nachtlokal)* night *m.*, night-club *m.* **2** *(hoher Schanktisch)* banco *m.*

2.Bar n. *(-s,-s)* METEOR. bar *m.*

3.Bar m. *(-[e]s,-e)* INTRAD. (canzone strofica dei maestri cantori).

1.Bär m. *(-en,-en)* **1** orso *m.* **2** ASTR. Orsa *f.*: ***der Kleine, Große ~*** l'Orsa minore, maggiore ◆ ***jdm einen -en aufbinden*** darla a bere a qcn., raccontare frottole a qcn.; COLLOQ. FIG. ***ein rechter ~ sein*** essere un vero elefante; ***wie ein ~ schlafen*** dormire come un ghiro; PROV. ***man soll das Fell des -en nicht verteilen, bevor man ihn erlegt hat*** non bisogna vendere la pelle dell'orso prima di averlo ucciso.

2.Bär m. *(-s,-en)* MECC. mazza *f.*

Ba|ra|ber m. *(-s,-)* AUSTR. COLLOQ. manovale *m.*

Ba|ra|cke f. *(-,-n)* baracca *f.* **Ba|ra|cken|la|ger** n. *(-s,-)* baraccamento *m.* **Ba|rack|ler** m. *(-s,-)* COLLOQ. baraccato *m.*

Ba|ratt m. *(-[e]s)* baratto *m.* **ba|rat|tie|ren** tr. barattare.

Bar|bar m. *(-en,-en)* barbaro *m.* (anche FIG.): ***dieser ~ kann nichts von Musik verstehen*** questo barbaro non può capire nulla di musica. **Bar|ba|rei** f. *(-,-en)* barbarie *f.* **bar|ba|risch I** agg. **1** barbaro: ***-e Methoden*** metodi barbari; *(unkultiviert)* ***ein -es Land*** un paese barbaro; *(furchtbar)* ***eine -e Hitze*** un caldo barbaro **2** STOR. barbarico **II** avv. rafforz. terribilmente: ***~ frieren*** avere un freddo cane. **Bar|ba|ris|mus** m. *(-, Barbarismen)* **1** LING. barbarismo *m.* **2** ART. primitivismo *m.*

Bar|be f. *(-,-n)* ITTIOL. barbo *m.*, barbio *m.*

Bar|be|cue ['bɑ:bɪkju:] n. *(-[s],-s)* barbecue *m.*

bär|bei|ßig agg. burbero, scontroso. **Bär|bei|ßig|keit** f. *(-,-en)* scontrosità *f.*

Bar|be|stand m. *(-[e]s,-bestände)* fondo *m.* cassa, consistenza *f.* di cassa. **Bar|be|trag** m. *(-[e]s,-beträge)* somma *f.* in contanti.

Bar|bier m. *(-s,-e)* ANT. o SCHERZ. barbiere *m.*, parrucchiere *m.* **bar|bie|ren** tr. ANT. o SCHERZ. radere, fare la barba ◆ ***jdn über den Löffel ~*** imbrogliare, truffare qcn. **Bar|bier|mes|ser** n. *(-s,-)* rasoio *m.* da barbiere.

Bar|bi|tu|rat n. *(-s,-e)* barbiturico *m.* **Bar|bi|tur|säu|re** f. *(-)* acido *m.* barbiturico.

Bar|ce|lo|na [bartse-,barse-] n.pr.n. *(-s)* Barcellona *f.*

Bär|chen n. *(-s,-)* orsetto *m.*, orsacchiotto *m.*

Bar|chent m. *(-s,-e)* flanella *f.* di cotone.

Bar|da|me f. *(-,-n)* barista *f.* (di night).

Bar|de m. *(-n,-n)* bardo *m.* (anche IRON.).

Bar|diet n. *(-[e]s,-e)* STOR. bardito *m.*

Bä|ren|bei|ßer m. *(-s,-)* mastino *m.* (anche FIG.). **Bä|ren|dienst**, ***jdm einen ~ erweisen, leisten*** rendere un cattivo servizio a qcn. **Bä|ren|dreck** m. *(-[e]s)* REGION. liquirizia *f.* **Bä|ren|fell** n. *(-[e]s,-e)* pelle *f.* d'orso. **Bä|ren|füh|rer** m. *(-s,-)* **1** ANT. ammaestratore *m.* d'orsi **2** SCHERZ. *(Reiseführer)* guida *f.* turistica. **bä|ren|haft** agg. da orso, simile a un orso. **Bä|ren|hatz** f. *(-,-en)* REGION. → **Bärenjagd. Bä|ren|haut** f. *(-,-häute)* → **Bärenfell** ◆ ***auf der ~ liegen*** fare una vita da poltrone. **Bä|ren|hun|ger** m. *(-s)* fame *f.* da lupi. **Bä|ren|jagd** f. *(-,-en)* caccia *f.* all'orso. **Bä|ren|käl|te** f. *(-)* freddo *m.* cane. **Bä|ren|klau** f. *(-,-)* e m. *(-s,-)* acanto *m.*, branca *f.* ursina. **Bä|ren|kraft** f. *(-,-kräfte)* forza *f.* da leone, forza *f.* di un toro. **Bä|ren|müt|ze** f. *(-,-n)* berretto *m.* di pelle d'orso. **Bä|ren|na|tur** f. *(-)* fisico *m.* di ferro. **bä|ren|stark** agg. COLLOQ. forte come un toro. **Bä|ren|stim|me** f. *(-,-n)* voce *f.* grossa, vocione *m.* **Bä|ren|trau|be** f. *(-,-n)* uva *f.* orsina. **Bä|ren|zwin|ger** m. *(-s,-)* gabbia *f.* degli orsi.

Ba|rett n. *(-[e]s,-e* e RAR. *-s)* berrettone *m.*

Bar|frau f. *(-,-en)* → **Bardame.**

Bar|frost m. *(-[e]s,-fröste)* gelo *m.* (senza neve). **bar|fuß** agg.inv. scalzo, a piedi nudi ◆ ***~ nach Hause gehen*** tornare con la coda tra le gambe. **Bar|fü|ßer** m. *(-s,-)* frate *m.* scalzo. **bar|fü|ßig** agg. e avv. scalzo, a piedi nudi.

barg → **bergen.**

Bar|geld n. *(-[e]s)* (denaro *m.*) contante *m.* **bar|geld|los** agg. non in contanti, senza contanti: ***-er Zahlungsverkehr*** pagamenti non in contanti. **Bar|ge|schäft** n. *(-[e]s,-e)* affare *m.* (*o* operazione *f.*) in contanti. **Bar|gut|ha|ben** n. *(-s,-)* contante *m.* in cassa, liquidità *f.* di cassa.

bar|häup|tig agg. a capo scoperto.

Bar|ho|cker m. *(-s,-)* sgabello *m.* di bar.

bä|rig agg. **1** REGION. forte, vigoroso **2** COLLOQ. *(toll)* forte, formidabile, eccezionale.

Bä|rin f. *(-,-nen)* orsa *f.*

Ba|ri|ton m. *(-s,-e)* **1a** *(Sänger)* baritono *m.* **b** *(Baritonstimme)* (voce *f.* di) baritono *m.* **2** *(Partie)* parte *f.* da baritono: ***den ~ singen*** cantare la parte del baritono. **Ba|ri|to|nist** m. *(-en,-en)* baritono *m.* **Ba|ri|ton|stim|me** f. *(-,-n)* voce *f.* da (*o* di) baritono.

Ba|ri|um n. *(-s)* bario *m.*

Bark f. *(-,-en)* brigantino *m.* a palo.

Bar|ka|ro|le f. *(-,-n)* MUS. barcarola *f.*

Bar|kas|se f. *(-,-n)* MAR. **1** barcaccia *f.* **2** *(größeres Motorboot)* barcone *m.* a motore.

Bar|kauf m. *(-[e]s,-käufe)* acquisto *m.* in contanti.

Bar|ke f. *(-,-n)* barca *f.*, barchetta *f.*

Bar|kee|per [-ki:pɐ] m. *(-s,-)* → **Barmann.**

Bar|kre|dit m. *(-[e]s,-e)* credito *m.* in contanti (*o* per cassa).

Bär|lapp m. *(-s,-e)* licopodio *m.*

Bar|leis|tung f. *(-,-en)* prestazione *f.* in contanti (*o* in denaro). **Bar|lohn** m. *(-[e]s,-löhne)* salario *m.* in contanti.

Bar|mann m. *(-[e]s,-männer)* barman *m.*, barista *m.*

bar|men I tr. REGION. ANT. muovere a compassione: ***er barmt mich*** mi fa pena **II** intr. (aus. *haben*) ***um jdn, wegen jds ~*** lagnarsi, lamentarsi di qcn. **barm|her|zig** agg. LETT. misericordioso, caritatevole, pietoso: ***eine -e Tat*** un atto caritatevole; ***-er Himmel!*** santo cielo! misericordia! ◆ ***der -e Samariter*** il buon Samaritano; ***Barmherzige Schwestern*** suore di carità. **Barm|her|zig|keit** f. *(-)* LETT. misericordia *f.*, carità *f.*: ***~ üben*** fare opere di carità (*o* di bene).

Bar|mi|xer m. *(-s,-)* → **Barmann.**

ba|rock agg. barocco (anche FIG.). **Ba|rock** n. e m. *(-s)* barocco *m.*: ***das Zeitalter des -s*** l'età del barocco, l'età barocca. **Ba|rock|kir|che** f. *(-,-n)* chiesa *f.* barocca (*o* in stile barocco). **Ba|rock|mu|sik** f. *(-,-en)* musica *f.* barocca. **Ba|rock|per|le** f. *(-,-n)* perla *f.* barocca, scaramazza *f.* **Ba|rock|stil** m. *(-[e]s)* stile *m.* barocco. **Ba|rock|zeit** f. *(-)* età *f.* barocca, periodo *m.* barocco.

Ba|ro|graph m. *(-en,-en)* barografo *m.* **Ba|ro|me|ter** n. e REGION. m. *(-s,-)* barometro *m.* ◆ ***das ~ steht auf Sturm*** il barometro segna cattivo tempo; FIG. tira una brutta aria. **Ba|ro|me|ter|stand** m. *(-[e]s,-stände)* livello *m.* (*o* stato *m.*) barometrico. **ba|ro|met|risch** agg. barometrico: ***-es Maximum, Minimum*** massima, minima barometrica.

Ba|ron m. *(-s,-e)* barone *m.* **Ba|ro|nat** n. *(-[e]s,-e)* baronato *m.*, baronaggio *m.* **Ba|ro|ness** *(-,-en)*, **Ba|ro|nes|se** f. *(-,-n)* baronessina *f.* **Ba|ro|nie** f. *(-,-n)* baronia *f.* **Ba|ro|nin** f. *(-,-nen)* baronessa *f.* **ba|ro|ni|sie|ren** tr. ***jdn ~*** conferire a qcn. il titolo di barone.

Bar|ra|ku|da m. *(-s,-s)* barracuda *m.*

Bar|ras m. *(-)* GERG. naia *f.*: ***beim ~ sein*** fare la naia, essere sotto la naia.

Bar|re f. *(-,-n)* **1** ANT. barriera *f.*, sbarra *f.* **2** *(Sandbank)* barra *f.*, banco *m.* di sabbia.

Bar|rel ['bɛrəl] n. *(-s,-s)* barrel *m.*, barile *m.*

Bar|ren m. *(-s,-)* **1** lingotto *m.*, barra *f.*, verga *f.*: ***ein ~ Gold*** un lingotto d'oro **2** GINN. parallele *f.pl.* **Bar|ren|gold** n. *(-[e]s)* oro *m.* in lingotti.

Bar|ri|e|re f. *(-,-n)* **1** barriera *f.*, sbarramento *m.* **2** REGION. *(Bahnschranke)* barriera *f.* (di passaggio a livello).

Bar|ri|ka|de f. *(-,-n)* barricata *f.*: ***eine ~ errichten, bauen*** erigere, fare una barricata ◆ FIG. ***auf die -n gehen, steigen*** fare le barricate.

barsch I agg. brusco, sgarbato **II** avv. bruscamente, in modo brusco, sgarbato.

Barsch m. *(-[e]s,-e)* pesce *m.* persico.

Bar|schaft f. *(-,-en)* denaro *m.* contante, contanti *m.pl.* **Bar|scheck** m. *(-s,-s)* assegno *m.* circolare.

Barsch|heit f. *(-,-en)* sgarbatezza *f.*

Bar|soi m. *(-s,-s)* barsoi (*o* barzoi) *m.*

Bart m. *(-[e]s, Bärte)* **1a** barba *f.*: ***sich einen ~ wachsen (stehen) lassen*** farsi crescere la barba; ***den ~ abrasieren, abnehmen*** tagliare la barba; ***den ~ stutzen*** spuntare la barba **b** *(Schnurrhaar)* baffo *m.* **2** *(Schlüsselbart)* ingegno *m.* ◆ ***der ~ ist ab*** basta! ne ho abbastanza! ***etw. in seinen ~ (hinein) brummen, murmeln*** borbottare qcs. fra i denti; ***um des Kaisers ~ streiten*** = litigare per niente; ***beim ~ des Propheten!*** per la barba del profeta! ***das hat so einen ~!*** è cosa vecchia e risaputa! ***jdm um den ~ gehen (streichen), jdm Honig um den ~ schmieren*** lisciare qcn., lustrare le scarpe a qcn. **Bärt|chen** n. *(-s,-)* barbetta *f.*

1.Bar|te f. *(-,-n)* ANT. scure *f.* d'arme, ascia *f.*

2.Bar|te f. *(-,-n)* fanone *m.*

Bar|tel f. *(-,-n)* ITTIOL. barbiglio *m.*, bargiglio *m.*

Bar|ten|wal m. *(-s,-e)* misticeto *m.*

Bart|fa|den m. *(-s,-fäden)* → **Bartel. Bart|flech|te** f. *(-,-n)* **1** BOT. barba *f.* di bosco **2** MED. sicosi *f.* **Bart|gei|er** m. *(-s,-)* avvoltoio *m.* barbuto (*o* degli agnelli). **Bart|haar** n. *(-[e]s,-e)* pelo *m.* della barba.

Bar|thel n.pr.m. Bartolo *m.* ◆ ***wissen, wo ~ (den) Most holt*** = conoscere tutti i trucchi, saperla lunga.

Bar|tho|lo|mä|us n.pr.m. Bartolomeo *m.* **Bar|tho|lo|mä|us|nacht** f. *(-)* notte *f.* di San Bartolomeo.

bär|tig agg. barbuto. **bart|los** agg. sbarbato; *(von Jungen)* imberbe. **Bart|stop|pel** f. *(-,-n)* COLLOQ. pelo *m.* ispido. **Bart|trä|ger** m. *(-s,-)* uomo *m.* barbuto, chi porta la barba. **Bart|wisch** m. *(-[e]s)* REGION. scopetta *f.* **Bart|wuchs** m. *(-es)* crescita *f.* della barba.

Bar|ver|kauf m. *(-[e]s,-verkäufe)* vendita *f.* per contanti (*o* a pronti).

Bar|vor|schuss m. *(-es,-vorschüsse)* somma *f.* anticipata, anticipo *m.* (in contanti). **Bar|wert** m. *(-[e]s,-e)* valore *m.* liquido.

Bär|wurz f. *(-,-en)* finocchio *m.* alpino.

Ba|ry|met|rik f. *(-)* barimetria *f.*

Ba|ry|on n. *(-s,-en)* barione *m.*

Ba|ry|sphä|re f. *(-)* barisfera *f.*

Ba|ryt m. *(-[e]s,-e)* barite *f.*

Ba|ry|ton n. *(-s,-e)* viola *f.* bardona.

ba|ry|zent|risch agg. baricentrico. **Ba|ry|zent|rum** n. *(-s,-zentren)* baricentro *m.*

Bar|zah|lung f. *(-,-en)* pagamento *m.* in contanti.

ba|sal agg. **1** basale **2** GEOL. di base.

Ba|salt m. *(-[e]s,-e)* basalto *m.* **ba|sal|ten** agg. di basalto.

Ba|sal|tem|pe|ra|tur f. *(-)* temperatura *f.* basale.

ba|sal|tig, ba|sal|tisch agg. basaltico. **Ba|salt|tuff** m. *(-s,-e)* tufo *m.* basaltico.

Ba|sar m. *(-s,-e)* **1** bazar *m.* **2** *(Wohltätigkeitsverkauf)* vendita *f.* di beneficenza.

1.Ba|se f. *(-,-n)* **1** ANT. cugina *f.* **2** SVIZZ. *(Tante)* zia *f.*

2.Ba|se f. *(-,-n)* CHIM. base *f.*

Base|ball ['beɪsbɔ:l] m. *(-s)* baseball *m.*

Ba|se|dow m. *(-s)*, **Ba|se|dow|krank|heit, ba|se|dow|sche Krank|heit** ['ba:zədo-] f. *(-)* morbo *m.* di Basedow, basedowismo *m.*

Ba|sel n.pr.n. *(-s)* Basilea *f.* **Ba|se|ler I** m. *(-s,-)* abitante *m.* di Basilea **II** agg.inv. di Basilea.

BASIC ['beɪsɪk] n. *(-[s])* basic *m.*

ba|sie|ren I intr. (aus. *haben*) ***auf etw. (D) ~*** basarsi su qcs. **II** tr. RAR. basare.

Ba|si|lie f. *(-,-n)*, **Ba|si|li|en|kraut** n. *(-[e]s,-kräuter)* → **Basilikum.**

Ba|si|li|ka f. *(-,Basiliken)* basilica *f.*

Ba|si|li|kum n. *(-s,-s* e *Basiliken)* basilico *m.*

Ba|si|lisk m. *(-en,-en)* basilisco *m.* **Ba|si|lis|ken|blick** m. *(-[e]s,-e)* sguardo *m.* di basilisco.

Ba|sis f. *(-, Basen)* base *f.*: ***etw. auf eine feste ~ stellen*** porre qcs. su una base solida; ***auf ~ von*** sulla base di ◆ POL. ***~ und Überbau*** struttura e sovrastruttura.

ba|sisch agg. basico.

Ba|sis|de|mo|kra|tie f. *(-)* democrazia *f.* di base. **Ba|sis|grup|pe** f. *(-,-n)* gruppo *m.* di base. **Ba|sis|kurs** m. *(-es,-e)* **1** ECON. base *f.* del cambio **2** SCOL. corso *m.* di base. **Ba|sis|wis|sen** n. *(-s)* conoscenze *f.pl.* di base.

Ba|si|zi|tät f. *(-)* basicità *f.*

Bas|ke m. *(-n,-n)* basco *m.* **Bas|ken|land** n.pr.n. *(-[e]s)* paesi *m.pl.*

baschi, paese *m.* basco. **Bas|ken|müt|ze** f. *(-,-n)* basco *m.*

Bas|ket|ball ['baskətbal, 'ba:skət-] m. *(-[e]s,-bälle)* SPORT **1** pallacanestro *f.*, basket *m.* **2** *(Ball)* palla *f.* da basket.

Bas|kin f. *(-,-nen)* basca *f.* **bas|kisch** agg. basco. **Bas|kisch** n. *(-[s])*, **Bas|ki|sche** n. *(-n)* basco *m.*, lingua *f.* basca.

Bas|ler SVIZZ. → **Baseler.**

Bas|re|li|ef n. *(-s,-s* e *-e)* bassorilievo *m.*

bass, avv. ANT. ***~ erstaunt, verwundert sein, sich ~ (ver)wundern*** essere molto stupito, meravigliarsi molto.

Bass m. *(-es, Bässe)* **1a** basso *m.* **b** *(im Chor)* bassi *m.pl.* **2** *(Kontrabass, Bassgitarre)* basso *m.* **Bass|ba|ri|ton** m. *(-s,-e)* baritono *m.* drammatico. **Bass|buf|fo** m. *(-s,-s)* basso *m.* buffo.

Bas|sett m. *(-s,-s)* bassotto *m.*

Bass|gei|ge f. *(-,-n)* contrabbasso *m.* **Bass|gi|tar|re** f. *(-,-n)* chitarra *f.* basso, basso *m.*

Bas|sin [ba'sɛ̃:] n. *(-s,-s)* **1** bacino *m.*, conca *f.* **2** *(Schwimmbad)* piscina *f.*

Bass|in|stru|ment n. *(-[e]s,-e)* strumento *m.* (di registro) basso. **Bas|sist** m. *(-en,-en)* **1** *(Sänger)* basso *m.* **2** *(Spieler)* bassista *m.* **Bass|la|ge** f. *(-,-n)* registro *m.* basso. **Bass|sai|te** f. *(-,-n)* corda *f.* di basso. **Bass|schlüs|sel** m. *(-s,-)* chiave *f.* di basso. **Bass|stim|me** f. *(-,-n)* voce *f.* di basso. **Bass|tu|ba** f. *(-,-tuben)* bassotuba *m.*

Bast m. *(-[e]s,-e)* **1** rafia *f.* **2** BOT. libro *m.*

bas|ta inter. COLLOQ. *(Schluss)* basta: ***und damit ~!*** e adesso basta!

Bas|tard m. *(-s,-e)* **1** ANT. bastardo *m.* **2** BIOL. bastardo *m.*, ibrido *m.* **bas|tar|die|ren** tr. imbastardire. **Bas|tar|die|rung** f. *(-,-en)* imbastardimento *m.* **Bas|tard|pflan|ze** f. *(-,-n)* pianta *f.* ibrida. **Bas|tard|schrift** f. *(-,-en)* TIP. caratteri *m.pl.* bastardi, scrittura *f.* bastarda.

Bas|tei f. *(-,-en)* bastione *m.*, bastia *f.*

Bas|tel|ar|beit f. *(-,-en)* **1** bricolage *m.*, fai da te *m.* **2** lavoro *m.* di bricolage. **Bas|te|lei** f. *(-,-en)* **1** lavoro *m.* di bricolage **2** FIG. SPREG. = lavoro *m.* lungo e noioso. **Bas|tel|ge|schäft** n. *(-[e]s,-e)* negozio *m.* di fai da te. **bas|teln I** tr. fare, costruire per bricolage **II** intr. (aus. *haben*) **1** fare bricolage **2** ***an etw. ~*** riparare qcs., mettere mano a qcs. **Bas|teln** n. *(-s)* bricolage *m.*, fai da te *m.*

Bas|til|le [bas'ti:jə] n.pr.f. *(-)* Bastiglia *f.*: ***der Sturm auf die ~*** la presa della Bastiglia.

Bas|ti|on f. *(-,-en)* → **Bastei.**

Bast|ler m. *(-s,-)* chi fa bricolage, hobbista *m.*

Bast|mat|te f. *(-,-n)* stuoia *f.* di rafia. **Bast|sei|de** f. *(-)* seta *f.* cruda, greggia.

bat → **bitten.**

BAT ⇒ *Bundesangestelltentarif* (tariffario retributivo del pubblico impiego).

Bat. ⇒ *Bataillon* battaglione (btg.).

Ba|tail|lon [batal'jo:n] n. *(-s,-e)* battaglione *m.* **Ba|tail|lons|füh|rer** m. *(-s,-)*, **Ba|tail|lons|kom|man|dant** m. *(-en,-en)* comandante *m.* di battaglione.

Ba|ta|te f. *(-,-n)* batata *f.*, patata *f.* dolce.

Ba|tho|me|ter n. *(-s)* batimetro *m.* **Ba|thy|scaphe** [-'ska:f] m. e n. *(-[s],-)*, **Ba|thy|skaph** [-'ska:f] m. *(-en,-en)* batiscafo *m.* **Ba|thy|sphä|re** f. *(-)* batisfera *f.*

Ba|tist m. *(-[e]s,-e)* batista *f.* **ba|tis|ten** agg. di batista.

Bat|te|rie f. *(-,-n)* **1a** MIL. batteria *f.* **b** MUS. ***~ spielen*** suonare la batteria **2** EL. pila *f.*, batteria *f.*: ***die ~ aufladen*** caricare la batteria **3** *(Mischbatterie)* miscelatore *m.* **4** COLLOQ. batteria *f.*, sfilza *f.*: ***eine ganze ~ (von) Arzneien*** una sfilza di medicinali. **bat|te|rie|be|trie|ben** agg. (alimentato) a pile, a batteria. **Bat|te|rie|ge|rät** n. *(-[e]s,-e)* apparecchio *m.* a batteria. **Bat|te|rie|huhn** n. *(-[e]s,-hühner)* pollo *m.* di batteria. **Bat|te|rie|klem|me** f. *(-,-n)* EL. morsetto *m.* della batteria. **Bat|te|rie|zün|dung** f. *(-)* MECC. accensione *f.* a batteria.

Bat|zen m. *(-s,-)* **1** COLLOQ. cumulo *m.*, mucchio *m.*: ***ein ~ Ton*** un cumulo di argilla; FIG. ***das kostet einen ~ (Geld)*** costa un mucchio (di soldi) **2** NUMISM. bezzo *m.* **3** SVIZZ. INTRAD. (moneta da dieci centesimi).

Bau m. *(-[e]s,-e* e *Bauten)* **1** costruzione *f.*, il costruire, l'erigere: ***im, in ~ sein*** essere in costruzione **2** *(Gebäude;* pl. *Bauten)* costruzione *f.*, edificio *m.*, fabbricato *m.* **3a** struttura *f.*: ***der ~ eines Dramas*** la struttura di un dramma **b** corporatura *f.*, complessione *f.*: ***von schlankem ~*** di corporatura snella **4** COLLOQ. *(Baustelle)* - cantiere *m.*: ***auf dem ~ arbeiten*** lavorare in cantiere **5a** (pl. -) tana *f.*, covo *m.*: ***der Fuchs kommt aus dem ~*** la volpe esce dalla tana; ***einen ~ anlegen*** costruire una tana **b** FIG. *(Wohnung)* buco *m.*, tana *f.*: ***nicht vor den ~ gehen*** non uscire dalla propria tana, stare rintanato **6a** GERG. MIL. cella *f.* **b** *(Strafe)* consegna *f.*: ***zwei Tage ~ bekommen*** prendere due giorni di consegna ◆ ***vom ~ sein*** essere del campo (*o* del ramo).

Bau|ab|nah|me f. *(-,-n)* collaudo *m.* (di una costruzione). **Bau|ab|schnitt** m. *(-[e]s,-e)* fase *f.* di costruzione. **Bau|amt** n. *(-[e]s,-ämter)* genio *m.* civile. **Bau|an|lei|tung** f. *(-,-en)* istruzioni *f.pl.* per il montaggio. **Bau|ar|bei|ten** pl. lavori *m.pl.* (edili *o* stradali). **Bau|ar|bei|ter** m. *(-s,-)* operaio *m.* edile. **Bau|art** f. *(-,-en)* sistema *m.*, tipo *m.* di costruzione. **Bau|auf|se|her** m. *(-s,-)* ispettore *m.* del genio civile. **Bau|auf|sicht** f. *(-)* vigilanza *f.* sulle opere pubbliche. **Bau|auf|sichts|be|hör|de** f. *(-,-n)* ispettorato *m.* all'edilizia. **Bau|be|darf** m. *(-s)* materiale *m.* occorrente per la costruzione. **Bau|block** m. *(-s,-blöcke* e *-s)* isolato *m.*

Bauch m. *(-[e]s, Bäuche)* **1** ventre *m.*, pancia *f.*: ***auf dem ~ liegen*** essere steso sulla pancia, LETT. giacere prono; ***einen ~ ansetzen, bekommen*** mettere su pancia **2** pancia *f.*, stomaco *m.*: ***einen leeren ~ haben*** avere la pancia vuota; ***sich den ~ voll schlagen*** riempirsi la pancia; ***mir tut der ~ weh*** mi fa male la pancia **3** *(Wölbung)* pancia *f.*: ***der ~ einer Vase*** la pancia di un vaso **4** *(Inneres)* ventre *m.*, pancia *f.*: ***im ~ des Schiffes, des Flugzeugs*** nel ventre della nave, nella pancia dell'aereo ◆ ***sich vor Wut in den ~ beißen mögen*** mangiarsi il fegato dalla rabbia; ***auf den ~ fallen*** fare fiasco; ***sich (D) den ~ vor Lachen halten*** tenersi la pancia dal ridere, spanciarsi dalle risate; ***aus dem hohlen ~*** su due piedi; ***vor jdm auf dem ~ kriechen, liegen*** strisciare ai piedi di qcn.; ***jdm ein Loch, Löcher in den ~ fragen*** bombardare di domande qcn.; ***nichts im ~ haben*** essere a pancia vuota; ***eine Wut im ~ haben*** avere il diavolo in corpo. **Bauch|at|mung** f. *(-)* respirazione *f.* addominale. **Bauch|bin|de** f. *(-,-n)* **1** panciera *f.*, ventriera *f.*, fascia *f.* elastica **2** *(von Büchern, Zigarren)* fascetta *f.* **Bauch|de|cke** f. *(-)* parete *f.* addominale.

bau|chen rifl. **sich ~** gonfiarsi.

Bauch|fell n. *(-[e]s,-e)* peritoneo *m.* **Bauch|fell|ent|zün|dung** f. *(-,-en)* MED. peritonite *f.* **Bauch|fleisch** n. *(-[e]s)* GASTR. pancetta *f.* **Bauch|flos|se** f. *(-,-n)* pinna *f.* ventrale. **Bauch|fü|ßer, Bauch|füß|ler** m. *(-s,-)* gasteropodo *m.* **Bauch|ge|gend** f. *(-)* regione *f.* addominale. **Bauch|grim|men** n. *(-s)* → **Bauchschmerz. Bauch|höh|le** f. *(-,-n)* cavità *f.* addominale. **Bauch|höh|len|schwan|ger|schaft** f. *(-,-en)* gravidanza *f.* tubo-addominale. **bau|chig, bäu|chig** agg. *(gewölbt)* panciuto, convesso: ***eine -e Vase*** un vaso panciuto. **Bauch|klat|scher** m. *(-s,-)* panciata *f.*, spanciata *f.* **Bauch|knei|fen** n. *(-s)* → **Bauchschmerz. Bauch|krampf** m. *(-[e]s,-krämpfe)* crampo *m.* alla pancia. **Bauch|la|den** m. *(-s,-)* = cassetta *f.* appesa al collo (di venditori ambulanti). **Bauch|lan|dung** f. *(-)* atterraggio *m.* senza carrello. **Bäuch|lein** n. *(-s,-)* pancino *m.* **bäuch|lings** avv. sulla pancia, bocconi. **Bauch|mus|kel** m. *(-s,-n)* muscolo *m.* addominale. **Bauch|na|bel** m. *(-s,-)* ombelico *m.* **Bauch|re|den** n. *(-s)* ventriloquio *m.* **Bauch|red|ner** m. *(-s,-)* ventriloquo *m.* **Bauch|schmerz** m. *(-es,-en)* dolore *m.* alla pancia, mal *m.* di pancia: ***-en haben*** avere mal di pancia. **Bauch|schuss** m. *(-es,-schüsse)* colpo *m.* d'arma da fuoco all'addome. **Bauch|spei|chel|drü|se** f. *(-,-n)* pancreas *m.* **Bauch|tanz** m. *(-es,-tänze)* danza *f.* del ventre: ***einen ~ vorführen*** fare la danza del ventre. **Bau|chung** f. *(-,-en)* rotondità *f.*, convessità *f.* **Bauch|was|ser|sucht** f. *(-)* idrope *f.* addominale, ascite *f.* **Bauch|weh** n. *(-[e]s)* COLLOQ. → **Bauchschmerz.**

Bau|de f. *(-,-n)* **1** malga *f.* **2** *(Berggasthof)* alberghetto *m.* alpino, albergo-rifugio *m.*

Bau|denk|mal n. *(-s,-e* e *-mäler)* monumento *m.* architettonico. **Bau|ele|ment** n. *(-[e]s,-e)* **1** elemento *m.* architettonico **2** TECN. componente *m.*

bau|en I tr. **1a** costruire, edificare: ***Häuser, Straßen ~*** costruire case, strade; *(bauen lassen)* ***er hat ein Haus gebaut*** si è fatto costruire una casa **b** *(herstellen)* costruire, fabbricare, produrre: ***einen Rennwagen ~*** costruire una macchina da corsa; ***eine Atombombe ~*** produrre una bomba atomica **2a** COLLOQ. fare: ***das Abitur ~*** fare la maturità; ***den Doktor ~*** prendere la laurea **b** *(Negatives machen)* combinare: ***Mist, einen Unfall ~*** combinare un pasticcio, avere un incidente **3** MIN. *(abbauen)* sfruttare, estrarre **II** intr. (aus. *haben*) **1** far costruire una casa **2** lavorare: ***an einer Brücke ~*** lavorare a un ponte **3** FIG. ***auf jdn, etw. ~*** poter fare affidamento su qcn., su qcs.

Bau|ent|wurf m. *(-s,-entwürfe)* progetto *m.* (di costruzione).

1.Bau|er m. *(-n,-n)* **1** contadino *m.*, agricoltore *m.* **2** *(ungehobelter Mensch)* villano *m.*, cafone *m.* **3** *(beim Schachspiel)* pedone *m.* **4** *(Spielkarte)* fante *m.* ◆ PROV. ***die dümmsten -n haben, ernten die dicksten, größten Kartoffeln*** i contadini più stupidi hanno sempre le patate più grosse (detto di chi ottiene qualcosa senza fatica); ***was der ~ nicht kennt, frisst er nicht*** il contadino non mangia quello che non conosce (detto di chi rifiuta cose non conosciute).

2.Bau|er n. e m. *(-s,-)* gabbia *f.* per uccelli.
Bäu|er|chen n. *(-s,-)* contadinello *m.* ◆ COLLOQ. ***(ein) ~ machen*** fare un ruttino.
Bäu|e|rin f. *(-,-nen)* contadina *f.* **bäu|e|risch** → **bäurisch.**
Bau|er|laub|nis f. *(-,-se)* → **Baugenehmigung.**
Bäu|er|lein n. *(-s,-)* → **Bäuerchen. bäu|er|lich** agg. contadinesco, rurale, rustico.
Bau|ern|auf|stand m. *(-[e]s,-aufstände)* STOR. rivolta *f.* contadina (*o* dei contadini). **Bau|ern|brot** n. *(-[e]s,-e)* pane *m.* casareccio. **Bau|ern|dir|ne** f. *(-,-n)* ANT. → **Bauernmädchen. Bau|ern|dorf** n. *(-[e]s,-dörfer)* villaggio *m.* di contadini. **Bau|ern|fang, *auf ~ ausgehen*** cercare di imbrogliare il prossimo. **Bau|ern|fän|ger** m. *(-s,-)* imbroglione *m.* **Bau|ern|fän|ge|rei** f. *(-,-en)* imbroglio *m.*, truffa *f.* **Bau|ern|fle|gel** m. *(-s,-)* zoticone *m.*, villano *m.* **Bau|ern|frau** f. *(-,-en)* → **Bäuerin. Bau|ern|früh|stück** n. *(-[e]s,-e)* INTRAD. (patate fritte con uova strapazzate e pancetta). **Bau|ern|gut** n. *(-[e]s,-güter)* podere *m.*, cascinale *m.* **Bau|ern|haus** n. *(-es,-häuser)* casa *f.* di contadini, casa *f.* colonica, rustico *m.* **Bau|ern|hof** m. *(-[e]s,-höfe)* fattoria *f.*, cascina *f.*, masseria *f.* ◆ ***Ferien, Urlaub auf dem ~*** agriturismo. **Bau|ern|krieg** m. *(-[e]s,-e)* STOR. guerra *f.* dei contadini. **Bau|ern|lüm|mel** m. *(-s,-)* zoticone *m.*, villano *m.* **Bau|ern|mäd|chen** n. *(-s,-)* contadinella *f.* **Bau|ern|mö|bel** pl. mobili *m.pl.* rustici. **Bau|ern|re|gel** f. *(-,-n)* detto *m.*, proverbio *m.* contadino. **Bau|ern|sa|me** f. *(-,-n)* SVIZZ. → **Bauernschaft. Bau|ern|schä|del** m. *(-s,-)* **1** testa *f.* di legno, testone *m.* **2** *(Starrsinnigkeit)* testardaggine *f.* **Bau|ern|schaft** f. *(-)* comunità *f.* contadina, popolazione *f.* agricola. **bau|ern|schlau** agg. furbo (come un contadino). **Bau|ern|schläue** f. *(-)* furbizia *f.* contadina. **Bau|ern|schwank** m. *(-[e]s,-schwänke)* LETT. farsa *f.* campagnola. **Bau|ern|stand** m. *(-[e]s)* ceto *m.* contadino, rurale. **Bau|ern|the|a|ter** n. *(-s,-)* **1** INTRAD. (teatro dialettale di argomento rurale) **2** compagnia *f.* teatrale di paese. **Bau|ern|tracht** f. *(-,-en)* costume *m.* contadinesco, campagnolo. **Bau|ern|tum** n. *(-s)* modo *m.* di essere dei contadini, tradizione *f.* contadina. **Bau|ern|ver|band** m. *(-[e]s,-verbände)* unione *f.*, associazione *f.* degli agricoltori. **Bau|ern|volk** n. *(-s)* contadini *m.pl.*, popolazione *f.* rurale. **Bau|ers|frau** f. *(-,-en)* → **Bäuerin. Bau|ers|leu|te** pl. contadini *m.pl.* **Bau|ers|mann** m. *(-[e]s,-leute)* ANT. → **Bauer. Bau|er|war|tungs|land** n. *(-[e]s)* maggese *m.*, terreno *m.* lasciato a maggese.
Bau|fach n. *(-es)* edilizia *f.* **Bau|fach|mann** m. *(-[e]s,-leute)* perito *m.* edile. **bau|fäl|lig** agg. cadente, pericolante: ***ein -es Gebäude*** un edificio cadente. **Bau|fir|ma** f. *(-,-firmen)* ditta *f.* costruttrice. **Bau|füh|rer** m. *(-s,-)* capocantiere *m.* **Bau|ge|län|de** n. *(-s,-)* terreno *m.* fabbricabile. **Bau|ge|neh|mi|gung** f. *(-,-en)* permesso *m.* di costruzione, licenza *f.* edilizia. **Bau|ge|nos|sen|schaft** f. *(-,-en)* consorzio *m.* edile. **Bau|ge|rüst** n. *(-[e]s,-e)* armatura *f.*, impalcatura *f.*, ponteggio *m.* **Bau|ge|sell|schaft** f. *(-,-en)* società *f.* immobiliare. **Bau|ge|wer|be** n. *(-s)* edilizia *f.* **Bau|gru|be** f. *(-,-n)* scavo *m.* di fondazione. **Bau|grund** m. *(-[e]s)* area *f.* fabbricabile. **Bau|herr** m. *(-n,-en)* committente *m.* della costruzione. **Bau|hof** m. *(-[e]s,-höfe)* deposito *m.* di materiale. **Bau|holz** n. *(-es)* legname *m.* da costruzione. **Bau|hüt|te** f. *(-,-n)* **1** capannone *m.* **2** STOR. corporazione *f.* edile (per la costruzione di chiese). **Bau|in|dust|rie** f. *(-,-n)* **1** industria *f.* edile **2** *(Baugewerbe)* edilizia *f.* **Bau|in|ge|ni|eur** [-ɪnʒeniøːɐ] m. *(-s,-e)* ingegnere *m.* civile. **Bau|jahr** n. *(-[e]s)* anno *m.* di costruzione. **Bau|kas|ten** m. *(-s,-kästen)* (gioco *m.* di) costruzioni *f.pl.*, scatola *f.* di costruzioni. **Bau|kas|ten|sys|tem** n. *(-s)* sistema *m.* modulare, sistema *m.* di costruzione a elementi componibili. **Bau|klotz** m. *(-es,-klötze)* mattoncino *m.* (dei giochi di costruzioni), cubetto *m.* ◆ COLLOQ. ***Bauklötze(r) staunen*** rimanere a bocca aperta. **Bau|kör|per** m. *(-s,-)* corpo *m.* di un edificio. **Bau|kos|ten** pl. spese *f.pl.* di costruzione. **Bau|kos|ten|zu|schuss** m. *(-es,-zuschüsse)* contributo *m.* per le spese di costruzione. **Bau|kran** m. *(-[e]s,-kräne)* gru *f.* **Bau|kre|dit** m. *(-[e]s,-e)* credito *m.* edilizio. **Bau|kunst** f. *(-)* architettura *f.* **Bau|land** n. *(-[e]s)* terreno *m.* fabbricabile. **Bau|lei|ter** m. *(-s,-)* direttore *m.* dei lavori. **bau|lich** agg. architettonico. **Bau|lich|keit** f. *(-,-en)* BUROCR. fabbricato *m.* **Bau|lö|we** m. *(-n,-n)* SPREG. palazzinaro *m.*
Baum m. *(-[e]s, Bäume)* **1** albero *m.* (anche MECC.): ***einen ~ pflanzen, fällen*** piantare, abbattere un albero **2** MAR. albero *m.* **3** *(Stange)* sbarra *f.* **4** TESS. subbio *m.* **5** *(Weihnachtsbaum)* albero *m.* (di Natale): ***den ~ anstecken, anzünden*** accendere (le candele del)l'albero ◆ ***einen ~ aufstellen*** ribellarsi; ***Bäume ausreißen (können)*** poter sradicare gli alberi; ***das bringt ihn auf die Bäume*** lo fa montare su tutte le furie, lo manda in bestia; IRON. ***vom ~ der Erkenntnis essen*** = farsi furbo, imparare; GERG. ***ein ~ von einem Kerl*** un bel pezzo d'uomo; ***es ist, um auf die Bäume zu klettern*** roba da mettersi le mani nei capelli; ***zwischen ~ und Borke sitzen, stecken, stehen*** stare tra l'incudine e il martello; ***stark wie ein ~ sein*** essere forte come una quercia; PROV. ***einen alten ~ soll man nicht verpflanzen*** = un albero vecchio non si trapianta; ***die Bäume wachsen nicht in den Himmel*** = non si può fare il passo più lungo della gamba; ***den Wald vor lauter Bäumen nicht sehen*** vedere gli alberi e non la foresta.
Bau|markt m. *(-[e]s,-märkte)* mercato *m.* dell'edilizia. **Bau|ma|schi|ne** f. *(-,-n)* macchina *f.* edile (*o* da costruzione). **Bau|ma|te|ri|al** n. *(-s,-ien)* materiale *m.* da costruzione.
Baum|be|stand m. *(-[e]s,-bestände)* patrimonio *m.* arboreo, quantità *f.* di alberi. **Baum|blü|te** f. *(-)* **1** fioritura *f.* degli alberi (da frutto) **2** *(Blütezeit)* stagione *f.* della fioritura. **Bäum|chen** n. *(-s,-)* alberello *m.* ◆ GIOC. INTRAD. ***~ wechsle dich*** (specie di gioco dei quattro cantoni); SCHERZ. cambio *m.* di partner.
Bau|meis|ter m. *(-s,-)* costruttore *m.* edile.
bau|meln intr. (aus. *haben*) **1** COLLOQ. penzolare, ciondolare: ***mit den Beinen ~*** far penzolare le gambe; ***an der Stange baumelt ein Seil*** dalla sbarra penzola una corda **2** VOLG. *(am Galgen hängen)* penzolare (dalla forca).
bäu|men I tr. TESS. insubbiare **II** rifl. **sich ~ 1** *(von Pferden)* impennarsi **2 *sich gegen jdn, etw. ~*** inalberarsi, ribellarsi contro qcn., qcs.
Baum|farn m. *(-s,-e)* ciateacea *f.* **Baum|fraß** m. *(-es)* BOT. carie *f.* **Baum|gren|ze** f. *(-,-n)* limite *m.* della vegetazione arborea. **Baum|grup|pe** f. *(-,-n)* gruppo *m.* d'alberi. **Baum|harz** n. *(-es,-e)* resina *f.* **Baum|haus** n. *(-es,-häuser)* capanna *f.* su un albero. **baum|hoch** agg. alto come un albero. **Baum|kro|ne** f. *(-,-n)* chioma *f.* dell'albero. **Baum|ku|chen** m. *(-s,-)* INTRAD. (dolce a forma di tronco). **baum|lang** agg. COLLOQ. lungo come una pertica. **Baum|läu|fer** m. *(-s,-)* ORNIT. rampichino *m.* **baum|los** agg. senza alberi. **baum|reich** agg. molto alberato, ricco di alberi. **Baum|rin|de** f. *(-,-n)* corteccia *f.* d'albero. **Baum|ring** m. *(-s,-e)* anello *m.* annuale. **Baum|sche|re** f. *(-,-n)* cesoie *f.pl.*, forbici *f.pl.* da giardiniere. **Baum|schlag** m. *(-[e]s,-schläge)* **1** zona *f.* di disboscamento **2** PITT. frappa *f.* **Baum|schu|le** f. *(-,-n)* vivaio *m.* di piante arboree ◆ FIG. ***die ~ besucht haben*** = essere stupido, poco istruito. **Baum|stamm** m. *(-[e]s,-stämme)* tronco *m.* d'albero. **baum|stark** agg. *(von Männern)* forte come una quercia. **Baum|ster|ben** n. *(-s)* moria *f.* d'alberi. **Baum|strunk** m. *(-[e]s,-strünke)*, **Baum|stumpf** m. *(-[e]s,-stümpfe)* ceppo *m.* **Baum|wachs** n. *(-es,-e)* mastice *m.* da innesto. **Baum|wip|fel** m. *(-s,-)* cima *f.* di, dell'albero.
Baum|wol|le f. *(-)* cotone *m.*: ***reine ~ sein*** essere di puro cotone. **baum|wol|len** agg. di cotone. **Baum|woll|ern|te** f. *(-)* raccolta *f.* del cotone. **Baum|woll|feld** n. *(-[e]s,-er)* campo *m.* di cotone. **Baum|woll|garn** n. *(-s,-e)* filato *m.* di cotone. **Baum|woll|ge|we|be** n. *(-s,-)* tessuto *m.* di cotone. **Baum|woll|pflan|ze** f. *(-,-n)* pianta *f.* del cotone. **Baum|woll|pflan|zung** f. *(-,-en)* → **Baumwollplantage. Baum|woll|pflü|cker** m. *(-s,-)* raccoglitore *m.* di cotone. **Baum|woll|plan|ta|ge** [-ta:ʒə] f. *(-,-n)* piantagione *f.* di cotone. **Baum|woll|spin|ne|rei** f. *(-,-en)* cotonificio *m.* **Baum|woll|stoff** m. *(-[e]s,-e)* stoffa *f.* di cotone.
Baum|wuchs m. *(-es)* vegetazione *f.* arborea. **Baum|zucht** f. *(-)* coltivazione *f.* degli alberi, arboricoltura *f.*
Bau|ord|nung f. *(-,-en)* regolamento *m.* edilizio. **Bau|or|na|ment** n. *(-[e]s,-e)* fregio *m.* architettonico. **Bau|plan** m. *(-[e]s,-pläne)* **1** *(Bauvorhaben)* progetto *m.* di costruzione **2** disegno *m.* di costruzione, progetto *m.* **Bau|platz** m. *(-es,-plätze)* **1** *(Bauland)* terreno *m.* fabbricabile, edificabile **2** cantiere *m.* **Bau|po|li|zei** f. *(-)* genio *m.* civile. **Bau|recht** n. *(-[e]s,-e)* legislazione *f.* edilizia. **bau|reif** agg. fabbricabile, edificabile.
bäu|risch agg. villano, rozzo: ***ein -es Benehmen*** un comportamento villano.
Bausch m. *(-[e]s,-e* e *Bäusche)* **1** SART. sbuffo *m.* **2** batuffolo *m.*: ***ein ~ Watte*** un batuffolo di cotone ◆ ***jdn, etw. in ~ und Bogen verurteilen*** = condannare qcn., qcs. in blocco, globalmente.
Bäu|schel m. e n. *(-s,-)* MIN. pesante martello *m.*, maglio *m.*
bau|schen I tr. gonfiare: ***der Wind bauscht die Fahnen*** il vento gonfia le bandiere **II** intr. (aus. *haben*) e rifl. **sich ~** gonfiarsi: ***der Rock bauscht (sich)*** la gonna fa uno sbuffo. **bau|schig** agg. gonfio, a sbuffo.
Bau|schlos|ser m. *(-s,-)* fabbro *m.* edile, ferraiolo *m.* **Bau|schutt** m. *(-[e]s)* calcinacci *m.pl.*
Bau|sol|dat m. *(-en,-en)* EX-RDT = obiettore *m.* di coscienza.
Bau|spa|ren n. *(-s)* risparmio *m.* immobiliare. **Bau|spa|rer** m. *(-s,-)* sottoscrittore *m.* di un contratto di risparmio immobiliare. **Bau|spar|kas|se** f. *(-,-n)* istituto *m.* di credito immobiliare. **Bau|spar|ver|trag** m. *(-[e]s,-verträge)* contratto *m.* di risparmio immobiliare (*o* edilizio).
Bau|stahl m. *(-s)* acciaio *m.* da costruzione. **Bau|stein** m. *(-[e]s,-e)*

1 pietra *f.* da costruzione **2** *(Bauklotz)* cubetto *m.* **3** FIG. contributo *m.*, elemento *m.*: ***Sauerstoff ist ein wichtiger chemischer ~*** l'ossigeno è un importante elemento chimico. **Bau|stel|le** f. *(-,-n)* cantiere *m.* **Bau|stil** m. *(-s,-e)* stile *m.* architettonico. **Bau|stoff** m. *(-[e]s,-e)* **1** materiale *m.* da costruzione **2** BIOL. elemento *m.* **Bau|stopp** m. *(-s)* blocco *m.* dell'edilizia. **Bau|sub|stanz** f. *(-)* materiale *m.* di costruzione; ***das Haus hat eine gute ~*** la casa ha una struttura solida. **Bau|tech|ni|ker** m. *(-s,-)* → **Baufachmann. Bau|teil I** m. *(-[e]s,-e)* parte *f.* di un grande fabbricato **II** n. *(-[e]s,-e)* elemento *m.* costruttivo. **Bau|tisch|ler** m. *(-s,-)* carpentiere *m.* **Bau|un|ter|neh|men** n. *(-s,-)* impresa *f.* di costruzioni. **Bau|un|ter|neh|mer** m. *(-s,-)* imprenditore *m.* edile. **Bau|ver|trag** m. *(-[e]s, -verträge)* contratto *m.* di costruzione. **Bau|vor|ha|ben** n. *(-s,-)* **1** progetto *m.* di costruzione **2** edificio *m.* in costruzione. **Bau|wei|se** f. *(-,-n)* sistema *m.* costruttivo. **Bau|werk** n. *(-[e]s,-e)* edificio *m.*, fabbricato *m.* **Bau|we|sen** n. *(-s)* edilizia *f.* **Bau|wich** m. *(-[e]s,-e)* EDIL. distanza *f.* prescritta tra due edifici. **bau|wür|dig** agg. MIN. che conviene sfruttare, estrarre.

Bau|xit m. *(-s,-e)* bauxite *f.*

bauz inter. INFANT. patatrac: ***~ da fällt er!*** patatrac, è per terra!

Bau|zaun m. *(-[e]s,-zäune)* recinto *m.* di un cantiere. **Bau|zeich|nung** f. *(-,-en)* disegno *m.* (*o* progetto *m.*) di costruzione. **Bau|zeit** f. *(-)* tempo *m.* di costruzione.

Bay|er m. *(-n,-n)* bavarese *m.* **bay|e|risch** agg. bavarese. **Bay|ern** n.pr.n. *(-s)* Baviera *f.* **bay|risch** → **bayerisch.**

Ba|zar m. *(-s,-e)* → **Basar.**

Ba|zi m. *(-,-)* **1a** REGION. tipo *m.* tronfio **b** *(Taugenichts)* buono *m.* a nulla **2** SCHERZ. *(Lump)* birbone *m.* **3** SPREG. *(Bayer)* bavarese *m.*

ba|zil|lär agg. bacillare. **Ba|zil|le** f. *(-,-n)* COLLOQ. → **Bazillus. Ba|zil|len|trä|ger** m. *(-s,-)* portatore *m.* di bacilli. **Ba|zil|lus** m. *(-, Bazillen)* bacillo *m.* (anche FIG.).

Bd. ⇒ *Band* volume (vol.). **Bde.** ⇒ *Bände* volumi (voll.).

BDM m. STOR. ⇒ *Bund Deutscher Mädel* (organizzazione giovanile femminile nazista).

B-Dur n. *(-)* si *m.* bemolle maggiore.

be|ab|sich|ti|gen tr. avere l'intenzione, proporsi: ***ich beabsichtige bald abzufahren*** ho intenzione di partire presto. **be|ab|sich|tigt** p.pass. agg. **1** → **beabsichtigen 2** previsto, intenzionale: ***die -e Reaktion*** l'effetto previsto.

be|ach|ten tr. **1** *(befolgen)* osservare, rispettare, seguire: ***die Gebrauchsanweisung ~*** seguire le istruzioni per l'uso **2** *(wahrnehmen)* considerare, prendere in considerazione, tenere conto di: ***einen Vorschlag, einen Kunden nicht ~*** non prendere in considerazione una proposta, non prestare attenzione a un cliente. **be|ach|tens|wert** agg. degno di attenzione, di nota, notevole: ***ein -er Erfolg*** un successo notevole. **be|acht|lich I** agg. considerevole, notevole, ragguardevole: ***-e Fortschritte machen*** fare notevoli progressi; ***eine -e Position einnehmen*** avere una posizione ragguardevole **II** avv. considerevolmente, notevolmente: ***die Aktien steigen ~*** le azioni salgono notevolmente. **Be|ach|tung** f. *(-)* **1** osservanza *f.*, rispetto *m.*: ***die ~ der Öffnungszeiten*** l'osservanza dei periodi di apertura **2** attenzione *f.*, considerazione *f.*: ***~ finden*** essere considerato; ***jdm, etw. (keine) ~ schenken*** (non) prestare attenzione a qcn., a qcs.; ***~ verdienen*** essere degno di considerazione.

be|ackern tr. **1a** COLLOQ. *(durchackern)* studiare a fondo **b** *(bearbeiten)* ***jdn mit allen Kräften ~*** cercare di convincere qcn. con tutte le proprie forze **2** RAR. *(bebauen)* coltivare, arare.

Be|am|te m. *(-n,-n)* impiegato *m.* statale; funzionario *m.* (pubblico): ***-r des niederen, mittleren, höheren Dienstes*** impiegato della carriera esecutiva (*o* ausiliaria), di concetto, direttiva (*o* alto funzionario); ***-r auf Lebenszeit, im Ruhestand, auf Zeit*** impiegato statale in pianta stabile, a riposo, a tempo determinato. **Be|am|ten|ab|bau** m. *(-es)* riduzione *f.* del personale statale. **Be|am|ten|an|wär|ter** m. *(-s,-)* aspirante *m.* a un impiego pubblico. **Be|am|ten|ap|pa|rat** m. *(-[e]s,-e)* apparato *m.* burocratico, organico *m.*, personale *m.* impiegatizio. **Be|am|ten|be|lei|di|gung** f. *(-,-en)* oltraggio *m.* a pubblico ufficiale. **Be|am|ten|be|ste|chung** f. *(-,-en)* corruzione *f.* di pubblico ufficiale. **Be|am|ten|deutsch** n. *(-[s])* tedesco *m.* burocratico. **Be|am|ten|lauf|bahn** f. *(-)* carriera *f.* del pubblico impiego. **Be|am|ten|recht** n. *(-[e]s)* normativa *f.* del pubblico impiego. **Be|am|ten|schaft** f. *(-)* impiegati *m.pl.* pubblici (*o* statali), burocrazia *f.* **Be|am|ten|stel|le** f. *(-,-n)* posto *m.* di impiegato statale. **Be|am|ten|tum** n. *(-s)* **1** → **Beamtenschaft 2** burocratismo *m.*, mentalità *f.* burocratica. **Be|am|ten|ver|hält|nis** n. *(-ses)* rapporto *m.* di lavoro (statale): ***jdn ins ~ übernehmen*** assumere qcn. come impiegato. **Be|am|tin** f. *(-,-nen)* impiegata *f.* statale.

be|ängs|ti|gen tr. ANT. impaurire, inquietare. **be|ängs|ti|gend I** p.pres. agg. **1** → **beängstigen 2** inquietante, preoccupante, allarmante: ***eine -e Nachricht*** una notizia preoccupante **II** avv. in modo inquietante, preoccupante. **Be|ängs|ti|gung** f. *(-)* ANT. inquietudine *f.*, preoccupazione *f.*, affanno *m.*

be|an|spru|chen tr. **1** pretendere, reclamare, rivendicare: ***sein Erbteil, ein Recht ~*** reclamare la propria parte d'eredità, rivendicare un diritto; ***etw. für sich ~*** reclamare qcs. per sé **2** *(ausnutzen)* ***etw. ~*** approfittare di qcs., sfruttare qcs.: ***jds Gastfreundschaft ~*** approfittare dell'ospitalità di qcn. **3** *(abverlangen)* impegnare, affaticare: ***die Arbeit beansprucht ihn sehr*** il lavoro lo impegna molto; ***eine Maschine voll ~*** portare una macchina al massimo rendimento **4** *(brauchen)* richiedere: ***viel Platz ~*** richiedere molto spazio. **be|an|sprucht** p.pass. agg. **1** → **beanspruchen 2** occupato, impegnato, indaffarato. **Be|an|spru|chung** f. *(-,-en)* **1** pretesa *f.*, rivendicazione *f.* **2** sforzo *m.*, affaticamento *m.*, strapazzo *m.*: ***starker ~ ausgesetzt sein*** essere sottoposto a un grande sforzo.

be|an|stan|den tr. ***etw. ~*** contestare, criticare qcs., fare dei reclami per qcs.: ***die Qualität einer Ware ~*** contestare la qualità di una merce; ***an seinem Stil habe ich nichts zu ~*** sul suo stile non ho nulla da eccepire (*o* da obiettare). **Be|an|stan|dung** f. *(-,-en)* contestazione *f.*, obiezione *f.*, reclamo *m.*: ***keinen Anlass zu -en geben*** non dare motivo di reclamo; ***eine ~ erheben*** presentare un reclamo.

be|an|tra|gen tr. ***etw. ~*** (ri)chiedere qcs. (per iscritto), fare domanda (*o* richiesta) di, per qcs.: ***ein Stipendium ~*** fare domanda per una borsa di studio; ***für jdn die lebenslängliche Freiheitsstrafe ~*** chiedere l'ergastolo per qcn. **Be|an|tra|gung** f. *(-,-en)* richiesta *f.*, domanda *f.* (scritta).

be|ant|wor|ten tr. ***etw. ~*** rispondere a qcs.: ***einen Gruß ~*** rispondere a un saluto, ricambiare un saluto. **Be|ant|wor|tung** f. *(-,-en)* risposta *f.* ◆ ***in ~ Ihres Briefes vom ...*** in risposta alla Vostra (lettera) del ...

be|ar|bei|ten tr. **1** ***etw. ~*** lavorare a qcs., sbrigare, evadere qcs.: ***einen Fall ~*** lavorare a un caso; ***einen Antrag ~*** evadere una domanda **2a** ***Material ~*** lavorare del materiale; ***das Land ~*** lavorare la terra **b** *(behandeln)* trattare: ***die Möbel mit Wachs ~*** trattare i mobili con la cera **3** colpire: ***jdn mit den Fäusten, mit Fußtritten ~*** prendere qcn. a pugni, a calci **4a** *(überarbeiten)* (ri)elaborare: ***einen Text ~*** rielaborare un testo **b** adattare, modificare: ***ein Buch für den Film ~*** adattare un libro per il cinema **c** MUS. arrangiare **5** *(untersuchen)* analizzare, studiare, trattare: ***ein Thema ~*** trattare un argomento **6** COLLOQ. *(schlagen)* ***jdn ~*** lavorarsi qcn.: ***er bearbeitete ihn so lange, bis er gestand*** se lo lavorò finché non confessò. **Be|ar|bei|ter** m. *(-s,-)* **1** chi lavora (a qcs.), chi sbriga, chi evade (qcs.) **2a** *(bei Überarbeitungen)* (ri)elabolatore *m.*, revisore *m.* **b** chi cura l'adattamento (di qcs.) **c** MUS. arrangiatore *m.* **d** *(Verfasser)* redattore *m.*

Be|ar|bei|tung f. *(-,-en)* **1** il lavorare (a qcs.), disbrigo *m.*, evasione *f.* **2a** *(von Stoffen, von Böden)* lavorazione *f.*: ***in ~ sein*** essere in lavorazione **b** *(Behandlung)* trattamento *m.* **3a** *(Überarbeitung)* (ri)elaborazione *f.*, revisione *f.* **b** CINEM. TELEV. adattamento *m.*, rifacimento *m.*: ***die ~ eines alten Theaterstücks*** il rifacimento di un vecchio dramma **c** MUS. arrangiamento *m.* **Be|ar|bei|tungs|ge|bühr** f. *(-,-en)* diritti *m.pl.* amministrativi.

be|arg|wöh|nen tr. ***jdn ~*** diffidare, sospettare di qcn.

Beat [bi:t] m. *(-[e]s)* MUS. beat *m.* **Beat|fan** m. *(-s,-s)* appassionato *m.* di musica beat. **Beat|grup|pe** f. *(-,-n)* gruppo *m.* beat.

Be|a|ti|fi|ka|ti|on f. *(-,-en)* beatificazione *f.*

be|at|men tr. rianimare con ossigeno: ***jdn künstlich ~*** praticare la respirazione artificiale a qcn. **Be|at|mung** f. *(-)* rianimazione *f.* mediante ossigeno; *(künstliche)* respirazione *f.* artificiale. **Be|at|mungs|ge|rät** n. *(-[e]s,-e)* apparecchio *m.* per la respirazione artificiale.

Beat|mu|sik f. *(-)* musica *f.* beat. **Beat|nik** m. *(-s,-s)* beat *m.*

Be|a|trix n.pr.f. Beatrice *f.*

Beat|schup|pen m. *(-s,-)* COLLOQ. = locale *m.* (ricavato da una rimessa) dove si suona musica beat.

be|auf|sich|ti|gen tr. controllare, sorvegliare. **Be|auf|sich|ti|gung** f. *(-,-en)* controllo *m.*, sorveglianza *f.*

be|auf|tra|gen tr. incaricare, delegare: ***jdn (mit etw.) ~*** incaricare qcn. (di qcs.). **Be|auf|trag|te** m. *(-n,-n)* incaricato *m.*, delegato *m.* **Be|auf|tra|gung** f. *(-,-en)* incarico *m.*, delega *f.*

be|aug|ap|feln tr. SCHERZ. esaminare criticamente. **be|äu|geln** tr. guardare con interesse o curiosità, adocchiare, scrutare. **be|au|gen|schei|ni|gen** tr. SCHERZ. esaminare attentamente, verificare, accertare (di persona).

be|bän|dern tr. ornare con nastri.

be|bau|en tr. **1** coltivare: ***den Acker (mit Weizen) ~*** coltivare il campo (a frumento) 2 costruire, edificare: ***ein Grundstück (mit Häusern) ~*** costruire, edificare (case) su un terreno. **Be|bau|ung** f. *(-,-en)* 1 AGR. coltivazione *f.* 2 costruzione *f.*, edificazione *f.* ◆ ***eine dichte ~*** una grande concentrazione di edifici. **Be|bau|ungs|plan** m. *(-[e]s,-pläne)* piano *m.* regolatore.

Bé|bé n. *(-s,-s)* SVIZZ. bebè *m.*

be|ben intr. (aus. *haben*) 1 tremare: ***die Erde bebt*** la terra trema; ***seine Knie bebten vor Angst*** le ginocchia gli tremavano dalla paura; ***vor Wut ~*** tremare (*o* fremere) di rabbia 2 ***um jdn ~*** tremare, trepidare per qcn. **Be|ben** n. *(-s,-)* 1a il tremare, vibrazione *f.* b *(Erdbeben)* terremoto *m.* 2 tremito *m.*, tremolio *m.*: ***mit ~ in der Stimme sprechen*** parlare con un tremito nella voce. **Be|ben|herd** m. *(-[e]s,-e)* epicentro *m.* del terremoto. **Be|ben|stär|ke** f. *(-)* forza *f.* della scossa (tellurica).

be|bil|dern tr. illustrare: ***ein Buch mit Farbtafeln ~*** illustrare un libro con tavole a colori. **Be|bil|de|rung** f. *(-,-en)* illustrazione *f.*

be|brillt agg. con (gli) occhiali; SCHERZ. occhialuto.

be|buscht agg. coperto di cespugli, cespuglioso.

be|bust agg. SCHERZ. ***üppig ~*** popputa, tettona.

Bé|cha|mel|so|ße [beʃa'mɛl-] f. *(-,-n)* besciamella *f.*

Be|cher m. *(-s,-)* 1 coppa *f.*, calice *m.*, tazza *f.* 2 *(Würfelbecher)* bussolotto *m.* 3 BOT. calice *m.* ◆ ***zu tief in den ~ geschaut haben*** aver alzato il gomito. **be|cher|för|mig** agg. a forma di coppa, di calice, di tazza. **be|chern** intr. (aus. *haben*) COLLOQ. SCHERZ. *(trinken)* sbevazzare, trincare. **Be|cher|werk** n. *(-[e]s,-e)* MECC. elevatore *m.* a tazze.

be|cir|cen tr. SCHERZ. ammaliare.

Be|cken n. *(-s,-)* 1 catino *m.*, bacino *m.*, bacinella *f.*, bacile *m.* 2 *(Waschbecken)* lavandino *m.*, lavabo *m.* 3 *(Schwimmbecken)* piscina *f.* 4 GEOGR. bacino *m.* (idrico) 5 ANAT. bacino *m.* 6 MUS. piatto *m.* **Be|cken|bruch** m. *(-[e]s,-brüche)* MED. frattura *f.* del bacino. **Be|cken|end|la|ge** f. *(-)* posizione *f.* podalica. **be|cken|för|mig** agg. a forma di catino, bacino. **Be|cken|höh|le** f. *(-,-n)* cavità *f.* pelvica. **Be|cken|kno|chen** m. *(-s,-)* osso *m.* pelvico. **Be|cken|rand** m. *(-[e]s,-ränder)* bordo *m.* di un catino o di una vasca.

Beck|mes|ser m. *(-s,-)* SPREG. critico *m.* pedante, cavilloso. **beck|mes|sern** tr. SPREG. criticare in modo pedante, cavilloso.

be|da|chen tr. coprire con un tetto.

be|dacht I agg. accorto, prudente, avveduto II avv. accortamente, prudentemente, con avvedutezza ◆ ***auf etw. (A) ~ sein*** pensare, badare a qcs. **Be|dacht** m. *(-[e]s)* accortezza *f.*, avvedutezza *f.*: ***mit ~*** con accortezza, con avvedutezza ◆ ***auf etw. (A) (keinen) ~ nehmen*** (non) badare, far caso a qcs.; ***ohne ~*** sventatamente, senza pensarci; ***voll ~*** accortamente. **Be|dach|te** m. e f. *(-n,-n)* beneficiario *m.* (-a *f.*) (di legato), legatario *m.* (-a *f.*). **be|däch|tig** agg. 1 *(langsam)* lento, misurato 2 *(umsichtig)* cauto, prudente, circospetto. **Be|däch|tig|keit** f. *(-)* 1 *(Gemessenheit)* moderazione *f.*, misura *f.* 2 *(Vorsicht, Besonnenheit)* cautela *f.*, prudenza *f.*, accortezza *f.* **be|dacht|los** agg. incauto. **be|dacht|sam** agg. assennato, posato, prudente. **Be|dacht|sam|keit** f. *(-)* LETT. → **Bedächtigkeit.**

be|dan|ken rifl. **sich ~** ringraziare: ***sich bei jdm für etw. ~*** ringraziare qcn. per qcs. ◆ IRON. ***dafür kannst du dich bei ihm ~!*** puoi dire grazie a lui (per questo)!

Be|darf m. *(-[e]s,-e)* 1 (fab)bisogno *m.*: ***(keinen) ~ an etw. (D) haben*** (non) avere bisogno di qcs.; ***seinen ~ decken*** coprire il proprio fabbisogno; ***nach ~*** a seconda del fabbisogno, secondo il bisogno; ***über ~*** oltre il fabbisogno 2 *(Nachfrage)* domanda *f.*, richiesta *f.*: ***der steigende ~ an Lebensmitteln*** la crescente domanda di generi alimentari ◆ ***bei ~*** all'occorrenza; ***mein ~ ist gedeckt*** = ne ho abbastanza, sono stufo. **Be|darfs|ana|ly|se** f. *(-,-n)* analisi *f.* del fabbisogno. **Be|darfs|ar|ti|kel** m. *(-s,-)* → **Bedarfsgut. Be|darfs|de|ckung** f. *(-)* copertura *f.* del fabbisogno. **Be|darfs|fall**, ***für den, im ~*** in caso di bisogno (*o* di necessità). **Be|darfs|ge|gen|stand** m. *(-[e]s,-gegenstände)* → **Bedarfsgut. be|darfs|ge|recht** agg. corrispondente ai bisogni, adeguato al fabbisogno. **Be|darfs|gut** n. *(-[e]s,-güter)* bene *m.* di consumo. **Be|darfs|hal|te|stel|le** f. *(-,-n)* fermata *f.* a richiesta.

be|dau|er|lich agg. deplorevole, spiacevole, increscioso. **be|dau|er|li|cher|wei|se** avv. purtroppo. **be|dau|ern** tr. 1 compatire, compiangere, commiserare: ***sich von jdm ~ lassen*** farsi compatire da qcn. 2 *(unerfreulich finden)* ***etw. ~*** (di)spiacersi (*o* rincrescersi) per qcs.: ***ich bedauere, dass ich nicht kommen konnte*** mi (di)spiace (*o* mi rincresce) di non essere potuto venire; ***bedaure!*** spiacente! **Be|dau|ern** n. *(-s)* 1 compassione *f.*, commiserazione *f.*; *(Anteilnahme)* partecipazione *f.* (sentita) 2 *(Betrübnis)* dispiacere *m.*, rincrescimento *m.*, rammarico *m.*: ***zu meinem großen ~*** con mio grande rammarico; ***jdm sein ~ ausdrücken, äußern*** esprimere il proprio rincrescimento a qcn. **be|dau|ernd** p.pres. agg. 1 → **bedauern** 2 spiacente. **be|dau|erns|wert** agg. miserevole. **be|dau|erns|wür|dig** agg. LETT. miserando, miserevole.

be|de|cken I tr. 1a coprire: ***den Tisch mit einem Tuch ~*** coprire il tavolo con una tovaglia; ***das Gesicht mit den Händen ~*** coprirsi il viso con le mani b (ri)coprire: ***Eis bedeckt die Oberfläche des Sees*** il ghiaccio ricopre la superficie del lago 2 AUSTR. COMM. coprire II rifl. **sich ~** 1 coprirsi: ***der Himmel bedeckt sich mit Wolken*** il cielo si copre di nuvole 2 FIG. ***sich mit Ruhm ~*** coprirsi di gloria. **be|deckt** p.pass. agg. 1 → **bedecken** 2 *(vom Himmel)* coperto, nuvoloso 3 ***eine -e Stimme*** una voce roca, rauca. **Be|deckt|sa|mer** m. *(-s,-)* angiosperme *f.pl.* **Be|de|ckung** f. *(-,-en)* 1 copertura *f.* 2 *(militärische, polizeiliche)* scorta *f.*

be|den|ken *(bedachte, bedacht)* I tr. 1a ***etw. ~*** riflettere su qcs., ponderare qcs.: ***jdm etw. zu ~ geben*** far riflettere qcn. su qcs. b *(beachten)* pensare, considerare: ***wir müssen ~, dass die Reise gefährlich werden kann*** dobbiamo considerare che il viaggio può farsi pericoloso 2 ***jdn ~*** tenere presente qcn. (per regali, eredità): ***alle wurden mit einem Geschenk bedacht*** a tutti fu fatto un regalo II rifl. **sich ~** pensarci (su), riflettere: ***ich habe das gemacht, ohne mich zu ~*** l'ho fatto senza riflettere.

Be|den|ken n. *(-s,-)* 1 riflessione *f.*: ***nach langem ~*** dopo lunga riflessione 2 *(Einwand, Skrupel)* esitazione *f.*, dubbio *m.*, scrupolo *m.*: ***~ hegen (tragen), etw. zu tun*** esitare (*o* farsi degli scrupoli) a fare qcs.; ***~ haben (tragen) gegen etw.*** sollevare dei dubbi su qcs. (*o* fare delle obiezioni a qcs.). **be|den|ken|los** I agg. 1 *(skrupellos)* privo di scrupoli 2 *(ohne Bedenken)* sconsiderato II avv. 1 senza scrupoli 2 senza riflettere, sconsideratamente. **Be|den|ken|lo|sig|keit** f. *(-)* 1 *(Skrupellosigkeit)* mancanza *f.* di scrupoli 2 sconsideratezza *f.* **be|den|kens|wert** agg. degno di riflessione. **Be|denk|frist** f. *(-,-en)* → **Bedenkzeit. be|denk|lich** agg. 1 esitante, dubbioso: ***ein -es Gesicht machen*** fare una faccia dubbiosa 2 *(fragwürdig)* dubbio, sospetto: ***-e Geschäfte*** affari sospetti 3 *(Besorgnis erregend)* preoccupante, minaccioso: ***eine -e Lage*** una situazione preoccupante ◆ ***das macht mich ~*** ciò mi dà da pensare (*o* fa riflettere). **Be|denk|lich|keit** f. *(-,-en)* 1 pl. ANT. dubbio *m.*, scrupolo *m.*, incertezza *f.* 2 *(Fragwürdigkeit)* carattere *m.* sospetto (*o* dubbio), discutibilità *f.* **Be|denk|zeit** f. *(-,-en)* tempo *m.* per riflettere (*o* pensare).

be|deu|ten tr. 1a *(meinen)* significare, voler dire: ***was soll das ~?*** che cosa significa? che vuol dire? b *(mit sich bringen)* ***er weiß noch nicht, was es bedeutet, ein Profi zu sein*** non sa ancora che cosa significa (*o* vuol dire) essere un professionista c *(sein)* rappresentare, essere: ***sie bedeutet dir nur einen Flirt*** per te lei rappresenta solo un flirt d *(ankündigen)* voler dire, promettere: ***das bedeutet nichts Gutes*** questo non promette nulla di buono 2 *(Bedeutung haben)* avere importanza, contare: ***als Mensch etwas ~*** contare qualcosa come uomo; ***Geld bedeutet ihr wenig*** il denaro per lei conta poco, ha poca importanza 3a ***jdm etw. ~*** fare cenno a qcn. di qcs., intimare qcs. a qcn.: ***er bedeutete mir zu schweigen*** mi intimò di tacere b ANT. *(aufklären)* informare, mettere al corrente. **Be|deu|ten,** LETT. ***mit dem ~, dass...*** a condizione che... **be|deu|tend** I p.pres. agg. 1 → **bedeuten** 2 significativo, importante: ***eine -e Rolle*** un ruolo importante 3 *(berühmt)* noto, illustre, rinomato: ***ein -er Gelehrter*** un illustre studioso 4 *(wertvoll)* di grande valore, pregiato, eccellente: ***eine -e Abhandlung*** uno studio eccellente 5 *(groß)* ragguardevole, considerevole, notevole: ***eine -e Summe*** una somma ragguardevole II avv. rafforz. considerevolmente, sensibilmente.

be|deut|sam agg. significativo, importante. **Be|deut|sam|keit** f. *(-,-en)* 1 importanza *f.*, significatività *f.* 2 LETT. significanza *f.*, significato *m.*: ***die tiefere ~ eines Textes*** il significato più profondo di un testo.

Be|deu|tung f. *(-,-en)* 1a *(Sinn)* significato *m.*, senso *m.*: ***die ~ eines Kunstwerks*** il significato di un'opera d'arte; ***in eigentlicher, übertragener ~*** in senso proprio, figurato b *(von Wörtern)* significato *m.*, accezione *f.*: ***das Wort hat mehrere -en*** la parola ha più accezioni 2 *(Wichtigkeit)* importanza *f.*, valore *m.*, peso *m.*: ***einer Sache ~ beimessen*** attribuire importanza (*o* dar peso) ad una cosa; ***ein Mann von ~*** un uomo importante; ***an ~ verlieren*** perdere d'importanza. **Be|deu|tungs|feld** n. *(-[e]s,-er)* campo *m.* semantico. **Be|deu|tungs|leh|re** f. *(-)* semantica *f.* **be|deu|tungs|los** agg. irrilevante, insignificante. **Be|deu|tungs|lo|sig|keit** f. *(-)* irrilevanza *f.*, mancanza *f.* di importanza (*o* di peso). **be|deu|tungs|schwer** agg. carico (*o* denso) di significato. **be|deu|tungs|voll** agg. 1 significativo, importante 2 *(viel sagend)* significativo, eloquente, espressivo. **Be|deu|tungs|wan|del** m. *(-s,-)* LING. mutamento *m.* semantico.

be|die|nen I tr. 1a servire: ***die Gäste, die Kunden ~*** servire gli ospiti, i clienti; ***werden Sie schon bedient?*** La stanno già servendo?

b *(versorgen)* ***drei Bahnhöfe ~ das Gebiet*** tre stazioni ferroviarie servono la zona **c** SPORT *(jdm den Ball zuspielen)* ***jdn ~*** servire qcn. **2** *(beliefern)* fornire, rifornire: ***den Markt mit seinen Produkten ~*** rifornire il mercato coi propri prodotti **3** manovrare, regolare: ***eine Maschine ~*** operare su una macchina **4** *(beim Kartenspiel)* rispondere: ***Herz ~*** rispondere cuori (*o* con una carta di cuori) **5** ECON. ***etw. ~*** pagare gli interessi di qcs.; *(Aktienkapital)* rimunerare **II** rifl. **sich ~ 1a** *(sich mit Speisen, Getränken versorgen)* servirsi **b** IRON. *(stehlen)* ***sich selbst ~*** servirsi da solo **2** *(benutzen)* ***sich einer Sache ~*** servirsi, far uso di una cosa; ***sich einer Bank ~*** avvalersi di una banca ◆ COLLOQ. ***bedient sein*** averne abbastanza; ***ich bin ~*** mi hanno fatto un bel servizio.

be|diens|tet agg. **1** ***bei jdm ~ sein*** essere al servizio di qcn. **2** AUSTR. ***~ sein*** essere impiegato statale (in servizio). **Be|diens|te|te** m. e f. *(-n,-n)* **1** BUROCR. impiegato *m.* (-a *f.*) statale **2** persona *f.* di servizio, domestico *m.* (-a *f.*).

Be|dien|teil n. *(-[e]s,-e)* ***abnehmbares ~*** frontalino estraibile.

Be|die|nung f. *(-,-en)* **1a** servizio *m.*: ***die ~ in einem Lokal*** il servizio in un locale; ***prompte ~*** servizio rapido **b** *(Bedienungsgeld)* ***~ inbegriffen*** servizio incluso **2a** MECC. comando *m.*, manovra *f.* **b** uso *m.*, impiego *m.* **3a** *(bedienende Person)* personale *m.* (di servizio): ***die ~ rufen*** chiamare il personale di servizio **b** REGION. *(Aufwartefrau)* donna *f.* di servizio **4** MIL. *(Geschützbedienung)* servizio *m.* ai pezzi (d'artiglieria) ◆ ***zur freien ~*** a disposizione. **Be|die|nungs|an|lei|tung** f. *(-,-en)* istruzioni *f.pl.* per l'uso. **Be|die|nungs|feh|ler** m. *(-s,-)* errore *m.* di manovra. **be|die|nungs|freund|lich** agg. facile da usare. **Be|die|nungs|geld** n. *(-[e]s,-er)* servizio *m.*, prezzo *m.* del servizio. **Be|die|nungs|per|so|nal** n. *(-[e]s)* personale *m.* di servizio. **Be|die|nungs|vor|schrift** f. *(-,-en)* prescrizione *f.* d'uso. **Be|die|nungs|zu|schlag** m. *(-[e]s,-zuschläge)* → **Bedienungsgeld.**

be|din|gen tr. **1** causare, determinare: ***die Armut des Landes ist durch den Krieg bedingt*** la povertà del paese è causata dalla guerra **2** *(voraussetzen)* presupporre, comportare, richiedere: ***eine Sanierung des Betriebes bedingt strenge Rationalisierungsmaßnahmen*** un risanamento dell'azienda comporta razionalizzazioni rigorose ◆ ***sich gegenseitig ~*** condizionarsi a vicenda. **be|din|gend** p.pres. agg. **1** → **bedingen 2** GRAMM. condizionale.

be|dingt I p.pass. agg. **1** → **bedingen 2** condizionato: ***-er Reflex*** riflesso condizionato; ***organisch ~*** dovuto a un processo organico **3** *(eingeschränkt)* limitato, con limitazioni: ***eine -e Erlaubnis*** un permesso limitato **4** DIR. condizionale: ***-er Straferlass*** sospensione *f.* condizionale della pena, condizionale *f.*; ***eine -e Verurteilung*** una condanna con la condizionale **II** avv. con riserva, a (qualche) condizione: ***etw. ~ gutheißen*** approvare qcs. con riserva. **Be|dingt|heit** f. *(-,-en)* **1** l'essere condizionato, condizionamento *m.*: ***die historische, soziale ~*** il condizionamento storico, sociale **2** limitatezza *f.*, relatività *f.*: ***die ~ der menschlichen Erkenntnis*** la relatività della conoscenza umana.

Be|din|gung f. *(-,-en)* **1** condizione *f.*: ***wie lauten ihre -en?*** quali sono le sue condizioni? ***jdm -en auferlegen, stellen*** imporre, porre condizioni a qcn.; ***-en erfüllen, akzeptieren*** adempiere, accettare condizioni; ***auf eine ~ eingehen*** aderire a una condizione; ***etw. zur ~ machen*** porre qcs. come condizione **2** *(Voraussetzung)* condizione *f.*, presupposto *m.*, premessa *f.*: ***unter der ~, dass...*** a, alla condizione che...; ***unter jeder, keiner ~*** a qualunque costo, in nessun caso **3** pl. *(Umstände)* condizioni *f.pl.*

Be|din|gungs|form f. *(-,-en)* GRAMM. (modo *m.*) condizionale *m.* **be|din|gungs|los I** agg. **1** incondizionato, senza condizioni: ***-e Übergabe*** resa incondizionata **2** *(uneingeschränkt)* illimitato, totale, assoluto **II** avv. **1** incondizionatamente **2** totalmente, assolutamente. **Be|din|gungs|lo|sig|keit** f. *(-)* assenza *f.* di condizioni. **Be|din|gungs|satz** m. *(-es,-sätze)* GRAMM. proposizione *f.* condizionale. **be|din|gungs|wei|se** avv. a determinate condizioni: ***nur ~*** solo a certe condizioni.

be|drän|gen tr. **1a** incalzare, assediare: ***den Feind ~*** incalzare il nemico **b** FIG. molestare: ***jdn mit Fragen, mit Anrufen ~*** tempestare qcn. di domande, di chiamate **2** *(belasten)* opprimere, angustiare, tormentare: ***Zweifel, Sorgen ~ mich*** i dubbi, le preoccupazioni mi opprimono. **be|drängt** p.pass. agg. **1** → **bedrängen 2** *(belastet)* oppresso, agitato, in pena **3** difficile: ***eine -e Lage*** una situazione difficile, penosa. **Be|dräng|nis** f. *(-,-se)* situazione *f.* difficile: ***jdn in ~ bringen*** mettere qcn. in una situazione difficile; ***in ~ geraten*** venirsi a trovare in una situazione difficile. **Be|drän|gung** f. *(-,-en)* **1** *(Not)* bisogno *m.*, necessità *f.*, difficoltà *f.pl.*: ***sich in großer ~ befinden*** trovarsi in grandi difficoltà **2** *(Belastung)* pena *f.*, oppressione *f.*, tormento *m.* (interiore).

be|dro|hen tr. minacciare: ***jdn mit dem Messer, mit dem Tode ~*** minacciare qcn. col coltello, di morte; ***ein Unwetter bedroht die Bergsteiger*** un temporale minaccia gli scalatori. **be|droh|lich I** agg. minaccioso **II** avv. minacciosamente. **Be|droh|lich|keit** f. *(-,-en)* minacciosità *f.* **Be|dro|hung** f. *(-,-en)* minaccia *f.*: ***eine große ~ darstellen*** rappresentare una grande minaccia.

be|dru|cken tr. TIP. TESS. stampare.

be|drü|cken tr. opprimere, affliggere, tormentare: ***das Geheimnis bedrückt ihn*** il segreto lo opprime. **be|drü|ckend** p.pres. agg. **1** → **bedrücken 2** opprimente, pesante: ***-es Schweigen*** un silenzio opprimente. **Be|drü|cker** m. *(-s,-)* ANT. oppressore *m.*

be|druckt p.pass. agg. **1** → **bedrucken 2** stampato: ***ein mit Blumen -er Stoff*** una stoffa stampata a fiori; ***ein -es Blatt*** un foglio stampato, di stampa.

be|drückt p.pass. agg. **1** → **bedrücken 2** *(deprimiert)* oppresso, depresso, abbattuto: ***~ sein*** essere depresso. **Be|drückt|heit** f. *(-,-en)* depressione *f.*, abbattimento *m.* **Be|drü|ckung** f. *(-,-en)* oppressione *f.* (d'animo), depressione *f.*, abbattimento *m.*

Be|du|i|ne m. *(-n,-n)* beduino *m.* **be|du|i|nisch** agg. beduino.

be|dün|ken tr. ANT. parere, sembrare. **Be|dün|ken**, ANT. ***meines -s*** a mio parere.

be|dür|fen intr. *(bedarf, bedurfte, bedurft;* aus. *haben)* avere bisogno, occorrere: ***nur eines Wortes ~*** aver bisogno soltanto di una parola; ***meiner Hilfe ~*** aver bisogno del mio aiuto; ***das bedarf keiner Erklärung*** questo non ha bisogno di spiegazioni. **Be|dürf|nis** n. *(-ses,-se)* **1** bisogno *m.*, esigenza *f.*, desiderio *m.*: ***~ nach Ruhe*** bisogno di tranquillità; ***es ist mir ein ~, Ihnen zu danken*** sento il bisogno di ringraziarla **2** pl. necessità *f.pl.*: ***die -se der Gesellschaft*** le necessità (materiali) della società **3** ANT. *(Notdurft)* bisogni *m.pl.*: ***sein ~ verrichten*** fare i propri bisogni. **Be|dürf|nis|an|stalt** f. *(-,-en)* gabinetto *m.* pubblico. **Be|dürf|nis|be|frie|di|gung** f. *(-,-en)* soddisfazione *f.* di un bisogno. **be|dürf|nis|los** agg. contento di poco, sobrio, semplice. **Be|dürf|nis|lo|sig|keit** f. *(-,-en)* sobrietà *f.*, semplicità *f.* **be|dürf|tig** agg. bisognoso: ***-e Familien*** famiglie bisognose; ***jds, etw. (G) ~ sein*** essere bisognoso, aver bisogno di qcn., di qcs.: ***des Schutzes ~ sein*** essere bisognoso di protezione ◆ ***den Bedürftigen helfen*** aiutare i bisognosi. **Be|dürf|tig|keit** f. *(-)* povertà *f.*, indigenza *f.*, bisogno *m.*

be|du|selt agg. SCHERZ. brillo.

Beef|steak ['bi:fste:k] n. *(-s,-s)* **1** bistecca *f.* **2** ***(deutsches) ~*** hamburger *m.*

be|eh|ren I tr. onorare: ***jdn mit seinem Besuch, mit seiner Anwesenheit ~*** onorare qcn. di una visita, della propria presenza; ***~ Sie uns bald wieder!*** speriamo che ci onori ancora di una Sua visita! torni presto! **II** rifl. **sich ~** avere l'onore, essere lieti: ***wir ~ uns, die Geburt unseres Sohnes bekannt zu geben*** siamo lieti di comunicare la nascita di nostro figlio.

be|ei|den tr. confermare sotto giuramento: ***eine Aussage ~*** confermare una deposizione sotto giuramento. **be|ei|di|gen** tr. LETT. → **beeiden.** **be|ei|digt** p.pass. agg. **1** → **beeidigen 2** giurato: ***ein -er Sachverständiger*** un perito giurato. **Be|ei|di|gung** f. *(-,-en)* deposizione *f.* giurata, giuramento *m.*

be|ei|len rifl. **sich ~** affrettarsi, spicciarsi: ***sich bei den Hausaufgaben ~*** affrettarsi con i compiti a casa; ***sich ~, etw. zu tun*** spicciarsi a fare qcs.; ***sie beeilte sich, ihm ihre Unterstützung zu versprechen*** si affrettò a promettergli il suo appoggio. **Be|ei|lung** f. *(-)* ***los, ~!*** avanti (*o* forza), spicciati!

be|ein|dru|cken tr. impressionare, fare impressione: ***seine Sicherheit beeindruckte mich*** la sua sicurezza mi impressionò. **be|ein|dru|ckend** p.pres. agg. **1** → **beeindrucken 2** impressionante, sorprendente. **be|ein|druckt** p.pass. agg. **1** → **beeindrucken 2** impressionato, colpito: ***(von etw.) tief ~ sein*** essere profondamente colpito da qcs.

be|ein|fluss|bar agg. influenzabile, suggestionabile. **be|ein|flus|sen** tr. influenzare: ***jdn, das Denken von jdm ~*** influenzare qcn., il pensiero di qcn.; ***leicht, schwer zu ~ sein*** essere facilmente, difficilmente influenzabile. **Be|ein|flus|sung** f. *(-,-en)* influenza *f.*, influsso *m.*

be|ein|träch|ti|gen tr. **1** pregiudicare, limitare, nuocere: ***jdn in seiner Freiheit ~*** limitare qcn. nella sua libertà; ***Medikamentenmissbrauch beeinträchtigt die Gesundheit*** l'abuso di medicinali nuoce alla salute **2** *(verschlechtern)* ridurre, peggiorare. **Be|ein|träch|ti|gung** f. *(-,-en)* **1** pregiudizio *m.*, il nuocere, l'essere nocivo **2** *(Verminderung)* riduzione *f.*, peggioramento *m.*: ***die ~ der Sehkraft*** il peggioramento della vista.

Beel|ze|bub n.pr.m. Belzebù *m.* ◆ ***den Teufel mit, durch ~ austreiben*** = combattere un male con un altro peggiore.

be|en|den, be|en|di|gen tr. finire, terminare, concludere: ***sein Studium, ein Gespräch ~*** concludere gli studi, un discorso. **Be|en|di|gung, Be|en|dung** f. *(-,-en)* fine *f.*, termine *m.*, conclusione *f.*

be|en|gen tr. **1** restringere, limitare **2** FIG. *(einschränken)* limitare.

be|en|gend p.pres. agg. **1** → **beengen** **2** restrittivo, limitante. **be|engt** p.pass. agg. **1** → **beengen** **2** ristretto, limitato. **Be|engt|heit** f. *(-,-en)* ristrettezza *f.* **Be|en|gung** f. *(-,-en)* restrizione *f.*

be|er|ben tr. ***jdn ~*** essere l'erede di qcn., ereditare da qcn.

be|er|di|gen tr. seppellire, sotterrare: ***jdn kirchlich ~*** dare una sepoltura religiosa a qcn. **Be|er|di|gung** f. *(-,-en)* **1** sepoltura *f.*, LETT. inumazione *f.* **2** funerale *m.*: ***auf eine, zu einer ~ gehen*** andare a un funerale ◆ COLLOQ. ***auf der falschen ~ sein*** entrarci come i cavoli a merenda; *(irren)* prendere lucciole per lanterne. **Be|er|di|gungs|an|stalt** f. *(-,-en)* → **Beerdigungsinstitut.** **Be|er|di|gungs|fei|er** f. *(-,-n)* funerale *m.*, funerali *m.pl.*, esequie *f.pl.* **Be|er|di|gungs|in|sti|tut** n. *(-[e]s,-e)* impresa *f.* di pompe funebri. **Be|er|di|gungs|kos|ten** pl. spese *f.pl.* dei funerali. **Be|er|di|gungs|un|ter|neh|men** n. *(-s,-)* → **Beerdigungsinstitut.**

Bee|re f. *(-,-n)* bacca *f.*; *(der Weintraube)* acino *m.*, chicco *m.* ◆ REGION. ***in die -n gehen*** andare a raccogliere bacche, andare per bacche. **Bee|ren|aus|le|se** f. *(-,-n)* vino *m.* di uve selezionate. **Bee|ren|obst** n. *(-[e]s)* bacche *f.pl.* commestibili. **Bee|ren|strauch** m. *(-s,-sträucher)* arbusto *m.* baccifero.

Beet n. *(-[e]s,-e)* aiuola *f.*: ***ein ~ jäten, umgraben*** sarchiare, rivoltare (la terra di) un'aiuola.

be|fä|hi|gen tr. abilitare: ***jdn zu etw. ~*** abilitare, rendere capace (*o* atto, idoneo) qcn. a qcs. **be|fä|higt** p.pass. agg. **1** → **befähigen** **2** *(begabt)* abile, dotato, capace **3** *(qualifiziert)* abilitato, idoneo: ***ein -er Lehrer*** un maestro abilitato. **Be|fä|hi|gung** f. *(-,-en)* **1** abilità *f.*, capacità *f.* **2** *(Qualifiziertsein)* abilitazione *f.*, idoneità *f.* **Be|fä|hi|gungs|nach|weis** m. *(-es,-e)* certificato *m.* di abilitazione.

be|fahl → **befehlen.**

be|fahr|bar agg. praticabile, transitabile: ***ein -er Weg*** un sentiero praticabile; *(mit Wagen)* carrozzabile; *(von Wasserwegen)* navigabile. **Be|fahr|bar|keit** f. *(-)* praticabilità *f.*, transitabilità *f.*

1.be|fah|ren tr. *(befährt, befuhr, befahren)* **1a** percorrere, passare: ***eine Straße mit dem Auto ~*** percorrere una strada con la macchina; *(von Schiffen)* navigare **b** *(bereisen)* viaggiare: ***alle Kontinente ~*** viaggiare per, in tutti i continenti **2** cospargere passando, trasportare: ***die Straße mit Kies ~*** cospargere la strada di ghiaia.

2.be|fah|ren p.pass. agg. **1** → **1.befahren** **2** ***eine -e Straße*** una strada battuta, trafficata **3** MAR. navigato, esperto.

Be|fall m. *(-[e]s)* infestazione *f.*

1.be|fal|len tr. *(befällt, befiel, befallen)* **1** colpire, assalire, cogliere: ***eine schwere Krankheit befiel ihn*** una grave malattia lo colpì; ***von Angst ~ werden*** essere assalito dall'angoscia **2** *(von Schädlingen)* infestare.

2.be|fal|len p.pass. agg. **1** → **1.befallen** **2** infestato: ***eine von Blattläusen -e Rose*** una rosa infestata dai pidocchi.

be|fan|gen agg. **1** *(verlegen)* imbarazzato, timido, chiuso **2** *(voreingenommen)* prevenuto, preconcetto: ***ein -es Urteil*** un giudizio prevenuto **3** DIR. parziale, di parte ◆ ***in einem Irrtum ~ sein*** essere in errore. **Be|fan|gen|heit** f. *(-)* **1** *(Verlegenheit)* imbarazzo *m.*, timidezza *f.* **2** *(Voreingenommenheit)* prevenzione *f.*, preconcetto *m.* ◆ ***einen Richter wegen ~ ablehnen*** ricusare un giudice per causa di legittima suspicione. **Be|fan|gen|heits|an|trag** m. *(-[e]s,-anträge)* DIR. istanza *f.* di legittima suspicione.

be|fas|sen rifl. ***sich mit etw. ~*** interessarsi, occuparsi di qcs.: ***sich mit den Kindern, mit Sprachen ~*** occuparsi dei bambini, di lingue. **be|fasst** agg. incaricato: ***der mit dem Fall -e Kommissar*** il commissario incaricato del caso.

be|feh|den **I** tr. **1** STOR. ***jdn, etw. ~*** essere in lotta contro qcn., qcs. **2** LETT. *(bekämpfen)* combattere **II** rifl. **sich ~** combattersi: ***die Fürsten befehdeten einander, sich (gegenseitig)*** tra i principi c'era una faida.

Be|fehl m. *(-[e]s,-e)* **1** ordine *m.*, comando *m.*: ***einen ~ erteilen, geben, ausführen*** impartire, dare, eseguire un ordine; ***einem ~ gehorchen*** obbedire a un ordine **2** comando *m.*, ordini *m.pl.*: ***den ~ über etw. haben, führen*** avere il comando su qcs.; ***unter jds ~ stehen*** essere agli ordini di qcn. **3** INFORM. comando *m.* ◆ ***auf seinen ~ hin*** su suo ordine; ***~ ist ~*** gli ordini sono ordini; ***dein Wunsch ist, sei mir ~*** per me ogni tuo desiderio è un ordine; ***zu ~!*** agli ordini!

be|feh|len *(befiehlt, befahl, befohlen)* **I** tr. **1a** comandare, ordinare: ***jdm etw. ~*** comandare qcs. a qcn. **b** *(wünschen)* ***wie Sie ~*** come comanda **2** ANT. affidare, raccomandare: ***seine Seele Gott ~*** raccomandare la propria anima a Dio **II** intr. (aus. *haben*) **1** ***über jdn, etw. ~*** comandare su, essere a capo di qcn., qcs. **2** invitare, ordinare di venire: ***zum Rapport ~*** ordinare di venire a rapporto. **be|feh|lend** p.pres. agg. **1** → **befehlen** **2** imperativo, imperioso. **be|feh|le|risch** agg. imperioso, di comando: ***in -em Ton*** in tono di comando. **be|feh|li|gen** tr. MIL. comandare, avere il comando. **Be|fehls|aus|ga|be** f. *(-,-n)* notificazione *f.* di un ordine. **Be|fehls|form** f. *(-)* GRAMM. (modo *m.*) imperativo *m.* **be|fehls|ge|mäß** avv. conforme agli ordini. **Be|fehls|ge|walt** f. *(-)* potere *m.* di comando. **Be|fehls|ha|ber** m. *(-s,-)* comandante *m.* **be|fehls|ha|be|risch** agg. → **befehlerisch.** **Be|fehls|not|stand** m. *(-[e]s)* DIR. obbligo *m.* di obbedienza agli ordini. **Be|fehls|satz** m. *(-es,-sätze)* GRAMM. proposizione *f.* imperativa. **Be|fehls|stab** m. *(-[e]s,-stäbe)* paletta *f.* (del capostazione). **Be|fehls|ton** m. *(-s)* tono *m.* di comando. **Be|fehls|ver|wei|ge|rung** f. *(-,-en)* insubordinazione *f.* (agli ordini). **be|fehls|wid|rig** agg. contrario agli ordini.

be|fein|den LETT. **I** tr. osteggiare, avversare, combattere **II** rifl. ***sich gegenseitig, einander ~*** osteggiarsi, combattersi.

be|fes|ti|gen **I** tr. **1** fissare, attaccare, assicurare: ***ein Schild an der Wand ~*** attaccare un cartello alla parete **2** rinforzare, rafforzare, consolidare (anche FIG.): ***einen Damm ~*** rinforzare una diga **3** MIL. fortificare **II** rifl. **sich ~** rafforzarsi, consolidarsi. **Be|fes|ti|gung** f. *(-,-en)* **1** il fissare, l'assicurare **2** rafforzamento *m.*, consolidamento *m.* (anche FIG.) **3** MIL. fortificazione *f.* **Be|fes|ti|gungs|an|la|ge** f. *(-,-n)*, **Be|fes|ti|gungs|bau** m. *(-[e]s,-ten)* fortificazione *f.* **Be|fes|ti|gungs|gür|tel** m. *(-s,-)* cinta *f.* di fortificazione, cinta *f.* fortificata. **Be|fes|ti|gungs|li|nie** f. *(-,-n)* linea *f.* di fortificazione. **Be|fes|ti|gungs|schrau|be** f. *(-,-n)* vite *f.* di fissaggio (*o* di fermo). **Be|fes|ti|gungs|werk** n. *(-[e]s,-e)* opera *f.* di fortificazione.

be|feuch|ten **I** tr. inumidire, umettare **II** rifl. ***sich (D) die Lippen mit der Zunge ~*** inumidirsi (*o* umettarsi) le labbra con la lingua. **Be|feuch|tung** f. *(-,-en)* l'inumidire, umettazione *f.*

be|feu|ern tr. **1** riscaldare, alimentare: ***den Ofen mit Kohlen ~*** alimentare la stufa col carbone **2** FIG. spronare, incitare: ***jdn mit Zurufen ~*** incitare qcn. con grida **3** MAR. illuminare, munire di segnali luminosi **4** MIL. ***etw. ~*** fare fuoco su qcs. **5** COLLOQ. *(bombardieren)* bombardare: ***einen Redner mit faulen Eiern ~*** bombardare di uova marce un oratore. **Be|feue|rung** f. *(-,-en)* **1** alimentazione *f.* (di stufe, caldaie) **2** LETT. *(Anspornen)* sprone *m.*, incitamento *m.* **3** MAR. segnalazione *f.* luminosa **4** MIL. (il far) fuoco *m.*

Beff|chen n. *(-s,-)* ECCL. collare *m.* (di pastore protestante).

be|fin|den *(befand, befunden)* **I** tr. giudicare, ritenere, stimare: ***etw. für, als falsch ~*** ritenere qcs. sbagliato; DIR. ***jdn für schuldig ~*** giudicare qcn. colpevole **II** intr. (aus. *haben*) ***über etw. (A) ~*** pronunciarsi su qcs., giudicare qcs.: ***darüber kannst du selber ~*** puoi giudicare tu stesso **III** rifl. **sich ~** **1a** trovarsi, essere: ***sich auf einer Reise ~*** essere in viaggio **b** *(sein)* essere: ***sich in guter Laune, im Irrtum ~*** essere di buon umore, in errore **2** *(sich fühlen)* sentirsi, stare: ***sich wohl, unpässlich ~*** star bene, essere indisposto. **Be|fin|den** n. *(-s)* **1** stato *m.* (*o* condizioni *f.pl.*) di salute **2** *(Ansicht)* parere *m.*, opinione *f.*: ***nach eigenem ~ entscheiden*** decidere secondo le proprie opinioni; ***meinem ~ nach*** a mio parere. **be|find|lich** agg. che è, che si trova: ***ein im Bau -es Haus*** una casa (che è) in costruzione.

be|fin|gern tr. palpare, tastare, toccare.

be|flag|gen tr. imbandierare; *(Schiffe)* pavesare. **Be|flag|gung** f. *(-,-en)* imbandieramento *m.*; *(von Schiffen)* il pavesare.

be|fle|cken **I** tr. **1** macchiare, sporcare **2** FIG. macchiare, infangare: ***jds Ruf, Ehre ~*** infangare il buon nome, l'onore di qcn. **II** rifl. **sich ~** macchiarsi, sporcarsi (anche FIG.). **Be|fle|ckung** f. *(-,-en)* **1** il macchiare, lo sporcare **2** FIG. il macchiare, l'infangare.

be|flei|ßen ANT. *(befliss, beflissen)*, **be|flei|ßi|gen** rifl. **sich ~** adoperarsi, darsi da fare, impegnarsi: ***sich einer Sache ~*** impegnarsi in una cosa; ***sich großer Höflichkeit ~*** (cercare di) essere molto cortese.

be|flie|gen tr. *(beflog, beflogen)* **1** percorrere (in volo) **2** *(von Bienen)* ***eine Blume ~*** volare sopra un fiore.

be|flis|sen **I** p.pass. agg. **1** → **befleißen** **2** zelante, solerte: ***ein -er Schüler*** uno scolaro zelante; ***um etw. ~ sein*** ambire, mirare a qcs. **II** avv. con zelo, con solerzia. **Be|flis|sen|heit** f. *(-)* zelo *m.*, solerzia *f.*, diligenza *f.* **be|flis|sent|lich** RAR. **I** agg. intenzionale **II** avv. intenzionalmente, di proposito, apposta.

be|flü|geln tr. ***etw. ~*** mettere le ali a qcs.: ***die Fantasie ~*** metter le ali alla fantasia; ***die Angst beflügelte seine Schritte*** la paura gli mise le ali ai piedi. **be|flü|gelt** p.pass. agg. **1** → **beflügeln** **2** alato, con le ali.

be|flu|ten tr. inondare, sommergere.

be|fol|gen tr. osservare, rispettare, seguire, attenersi (a); ***die Befehle ~*** attenersi (*o* obbedire) agli ordini; ***jds Ratschläge, Vorschlag ~*** seguire i consigli di qcn., accettare la proposta di qcn. **Be|fol|gung** f. *(-)* osservanza *f.*, rispetto *m.*, BUROCR. ottemperanza *f.*; *(von Ratschlägen)* il seguire.

Be|för|de|rer m. *(-s,-)* **1** trasportatore *m.* **2a** *(Förderer)* promotore *m.* **b** *(von Künstlern)* mecenate *m.* **be|för|der|lich** agg. SVIZZ. rapido, sollecito. **be|för|dern** tr. **1** trasportare: ***die Fahrgäste mit (dem) Bus ~*** trasportare i passeggeri in pullman; ***Pakete ~*** trasportare pacchi **2** *(versetzen)* promuovere: *jdn zum Abteilungsleiter* ~ promuovere qcn. caporeparto **3** *(fördern)* promuovere, favorire, agevolare ◆ *jdn ins Freie, an die frische Luft* ~ mettere qcn. alla porta.

Be|för|de|rung f. *(-,-en)* **1** trasporto *m.*: ~ *mit der Bahn, per Bahn* trasporto per ferrovia **2** promozione *f.*, avanzamento *m.*: *die* ~ *zum Direktor* la promozione a direttore. **Be|för|de|rungs|art** f. *(-,-en)* modo *m.* di trasporto. **Be|för|de|rungs|be|din|gun|gen** pl. condizioni *f.pl.* di trasporto. **Be|för|de|rungs|kos|ten** pl. spese *f.pl.* di trasporto (*o* di spedizione). **Be|för|de|rungs|mit|tel** n. *(-s,-)* mezzo *m.* di trasporto. **Be|för|de|rungs|pflicht** f. *(-)* obbligo *m.* di trasporto. **Be|förd|rer** → **Beförderer.**

be|fors|ten tr. imboschire.

be|förs|tern tr. amministrare (aree forestali). **Be|förs|te|rung** f. *(-)* amministrazione *f.* forestale (per conto dello stato).

Be|fors|tung f. *(-,-en)* imboschimento *m.*

be|frach|ten tr. caricare, riempire: *einen Lastwagen mit Kohle* ~ caricare un camion di carbone. **Be|frach|ter** m. *(-s,-)* caricatore *m.* **be|frach|tet** p.pass. agg. **1** → **befrachten 2** FIG. carico, denso: *ein mit viel Symbolik -es Gedicht* una poesia carica di simbolismo. **Be|frach|tung** f. *(-,-en)* caricamento *m.*, riempimento *m.*

be|frackt agg. in, col frac: *-e Zuschauer* spettatori in frac.

be|fra|gen I tr. **1** interrogare; *jdn nach seiner Ansicht* ~ chiedere il parere di qcn.; *jdn wegen seines Verhaltens* ~ chiedere spiegazioni a qcn. per il suo comportamento **2** interrogare, consultare: *die Karten* ~ consultare le carte; *jdn um Rat* ~ chiedere consiglio a qcn. **II** rifl. ANT. *sich bei jdm über etw. (A)* ~ informarsi di qcs. presso (*o* da) qcn. **Be|frag|te** m. e f. *(-n,-n)* interrogato *m.* (-a *f.*). **Be|fra|gung** f. *(-,-en)* **1** l'interrogare, interrogazione *f.* **2** *(Umfrage)* inchiesta *f.*, sondaggio *m.*

be|frei|en I tr. **1a** liberare, affrancare: *jdn von seinen Fesseln* ~ liberare qcn. dalle catene; *das Volk von der Diktatur* ~ liberare il popolo dalla dittatura **b** *(Gefangene)* liberare, scarcerare **2** togliere: *die Kleider vom Schmutz* ~ togliere lo sporco dai vestiti **3** *(freistellen)* esonerare, dispensare: *jdn vom Religionsunterricht* ~ esonerare qcn. dall'ora di religione **II** rifl. **sich** ~ liberarsi, affrancarsi (anche FIG.): *sich von seinen Ängsten* ~ liberarsi dalle proprie paure. **be|frei|end** p.pres. agg. **1** → **befreien 2** liberatorio: *ein -es Lachen* un riso liberatorio. **Be|frei|er** m. *(-s,-)* liberatore *m.* **Be|frei|ung** f. *(-,-en)* **1** liberazione *f.*: *die* ~ *der Sklaven, der Frau* la liberazione degli schiavi, della donna; ~ *von Leiden* liberazione dalla sofferenza **2** *(Entlastung)* esonero *m.*, dispensa *f.*, esenzione *f.*: ~ *von Schulgebühren* esenzione dalle tasse scolastiche. **Be|frei|ungs|be|we|gung** f. *(-,-en)* movimento *m.* di liberazione. **Be|frei|ungs|griff** m. *(-[e]s,-e)* SPORT mossa *f.* per liberarsi da una presa. **Be|frei|ungs|kampf** m. *(-[e]s,-kämpfe)* lotta *f.* di liberazione. **Be|frei|ungs|krieg** m. *(-[e]s,-e)* guerra *f.* di liberazione. **Be|frei|ungs|the|o|lo|gie** f. *(-)* teologia *f.* della liberazione.

be|frem|den tr. sorprendere, stupire, sconcertare: *sein hartes Urteil befremdet mich* il suo duro giudizio mi stupisce. **Be|frem|den** n. *(-s)* sorpresa *f.*, stupore *m.*, sconcerto *m.*: ~ *auslösen* destare sconcerto. **be|frem|dend** p.pres. agg. **1** → **befremden 2** *(befremdlich)* sorprendente, sconcertante. **be|fremd|lich** agg. sorprendente, sconcertante. **Be|frem|dung** f. *(-)* → **Befremden.**

be|freun|den rifl. **sich** ~ **1** fare, stringere amicizia **2** *sich mit etwas Neuem* ~ abituarsi a (*o* familiarizzare con) qualcosa di nuovo. **be|freun|det** p.pass. agg. **1** → **befreunden 2** amico: *mit jdm eng* ~ *sein* essere molto amico di qcn. ◆ *die -en Mächte* le potenze alleate.

be|frie|den tr. **1** pacificare: *das von Aufständen erschütterte Reich* ~ pacificare il regno sconvolto dalle ribellioni **2** ANT. *(beruhigen)* calmare.

be|frie|di|gen I tr. **1a** soddisfare, appagare: *die Bedürfnisse, die Ansprüche, die Neugier* ~ soddisfare i bisogni, le pretese, la curiosità; *meine Arbeit befriedigt mich nicht* il mio lavoro non mi soddisfa; *(sexuell) er befriedigt seine Partnerin nicht* non soddisfa la sua partner **b** accontentare: *jd ist leicht, schwer zu* ~ qcn. è facile, difficile da accontentare **2** *(stillen)* placare: *den Durst, den Hunger* ~ placare la sete, la fame **II** rifl. *sich (selbst)* ~ masturbarsi. **be|frie|di|gend** p.pres. agg. **1** → **befriedigen 2** soddisfacente, discreto **3** *(Bewertungsnote)* discreto. **Be|frie|di|gung** f. *(-,-en)* **1** soddisfacimento *m.*: *die* ~ *aller Wünsche* il soddisfacimento di tutti i desideri **2** *(Zufriedenheit)* soddisfazione *f.*, appagamento *m.*: *etwas mit* ~ *feststellen* constatare qcs. con soddisfazione.

Be|frie|dung f. *(-)* **1** pacificazione *f.* **2** ANT. *(Beruhigung)* il calmare, il ridurre alla calma.

be|fris|ten tr. *etw.* ~ fissare, stabilire un termine per qcs.: *der Vertrag befristet seine Arbeit auf drei Monate* il contratto limita la sua prestazione a tre mesi. **be|fris|tet** p.pass. agg. **1** → **befristen 2** a termine, a scadenza (fissa), a tempo determinato: *ein -es Arbeitsverhältnis* un rapporto di lavoro a tempo determinato. **Be|fris|tung** f. *(-,-en)* limitazione *f.* di (*o* nel) tempo.

be|fruch|ten tr. **1** fecondare: *künstlich* ~ inseminare artificialmente; *der Wind befruchtet die Blüten* il vento feconda i fiori **2** LETT. arricchire: *die Diskussion hat seine Arbeit sehr befruchtet* la discussione ha arricchito molto il suo lavoro. **be|fruch|tend I** p.pres. agg. **1** → **befruchten 2** fecondo, produttivo **II** avv. in modo fecondo, produttivo. **Be|fruch|tung** f. *(-,-en)* fecondazione *f.* ◆ *künstliche* ~ inseminazione artificiale.

be|fu|gen tr. *jdn (zu etw.)* ~ autorizzare qcn. (a qcs.): *zu einer Entscheidung befugt werden* essere autorizzato a decidere. **Be|fug|nis** f. *(-,-se)* autorizzazione *f.*, facoltà *f.*, potere *m.*; *(Zuständigkeit)* competenza *f.*: *zu etw. (keine)* ~ *haben* (non) essere autorizzato a (fare) qcs.; *seine -se überschreiten* andare al di là delle proprie competenze.

be|füh|len tr. tastare, palpare.

be|fum|meln tr. COLLOQ. **1** tastare, palpare **2** *(sexuell) jdn* ~ palpare qcn., mettere le mani addosso a qcn.

Be|fund m. *(-[e]s,-e)* **1** reperto *m.*, esito *m.* **2** *(Gutachten)* parere *m.*, perizia *f.*, MED. diagnosi *f.*: *der* ~ *des Sachverständigen* il parere del perito ◆ MED. *ohne* ~ esito negativo.

be|fürch|ten tr. *etw.* ~ temere qcs., aver paura di qcs.: *es ist das Schlimmste zu* ~ c'è da temere il peggio. **Be|fürch|tung** f. *(-,-en)* timore *m.*, paura *f.*: *deine -en sind unbegründet* le tue paure sono infondate; *meine -en haben sich bewahrheitet* le mie paure si sono avverate.

be|für|wor|ten tr. sostenere, appoggiare, propugnare: *ein Projekt, einen Antrag* ~ appoggiare un progetto, una domanda; *(empfehlen)* raccomandare. **Be|für|wor|ter** m. *(-s,-)* sostenitore *m.*, fautore *m.*, propugnatore *m.* **Be|für|wor|tung** f. *(-,-en)* il sostenere, appoggio *m.*; *(Empfehlung)* raccomandazione *f.*

be|ga|ben tr. LETT. dotare, fornire: *jdn mit Rechten* ~ conferire diritti a qcn.

be|gabt p.pass. agg. **1** → **begaben 2** dotato, fornito: *für etw. sehr* ~ *sein* essere molto portato per qcs. (*o* aver molto talento per qcs.); *mit Vernunft* ~ *sein* essere dotato di buon senso. **Be|gab|te** m. e f. *(-n,-n)* persona *f.* dotata, talento *m.* **Be|gab|ten|aus|le|se** f. *(-,-n)* selezione *f.* degli allievi più dotati. **Be|gab|ten|för|de|rung** f. *(-,-en)* sostegno *m.* finanziario (tramite borse di studio) degli allievi dotati. **Be|ga|bung** f. *(-,-en)* **1** talento *m.*, inclinazione *f.*, predisposizione *f.*: *für etw.* ~ *haben* avere talento per qcs. **2** *(begabter Mensch)* talento *m.*, ingegno *m.*: *sie ist eine echte* ~ è un vero talento.

be|gan|gen p.pass. agg. **1** → **begehen 2** *ein viel -er Weg* un sentiero molto battuto, frequentato.

Be|gäng|nis n. *(-ses,-se)* LETT. ANT. funerale *m.*, esequie *f.pl.*

be|gann → **beginnen.**

be|gat|ten I tr. accoppiarsi con: *das Vogelmännchen begattet das Weibchen* l'uccello maschio si accoppia con la femmina **II** rifl. **sich** ~ accoppiarsi. **Be|gat|tung** f. *(-,-en)* accoppiamento *m.* **Be|gat|tungs|or|gan** n. *(-s,-e)* organo *m.* sessuale. **Be|gat|tungs|trieb** m. *(-[e]s,-e)* istinto *m.* sessuale.

be|geb|bar agg. BANC. negoziabile, girabile, trasferibile. **be|ge|ben** *(begibt, begab, begeben)* **I** rifl. **sich** ~ **1** recarsi: *sich zum Arzt, nach Hause* ~ recarsi dal dottore, a casa **2** porsi, mettersi: *sich an die Arbeit, auf die Suche* ~ porsi al lavoro, alla ricerca **3** *sich eines Rechtes, eines Vorteils* ~ rinunciare a un diritto, a un vantaggio **4** impers. *es begab sich zu jener Zeit...* avvenne in quel tempo... **II** tr. BANC. emettere. **Be|ge|ben|heit** f. *(-,-en)* avvenimento *m.*, fatto *m.* **Be|geb|nis** n. *(-ses,-se)* ANT. → **Begebenheit. Be|ge|bung** f. *(-,-en)* BANC. emissione *f.*

be|geg|nen I intr. (aus. *sein*) **1a** *jdm* ~ incontrare qcn. (casualmente) **b** *etw. (D)* ~ incontrare, trovare, riscontrare qcs.; *jds Blick* ~ incontrare lo sguardo di qcn. **2** *(sich finden)* ricorrere, comparire: *dieses Wort begegnet auch bei Hegel* questa parola ricorre anche in Hegel **3** *(widerfahren)* succedere, capitare: *so etwas ist mir schon mal begegnet* una cosa simile mi è già successa **4a** *jdm mit Abwehr, Freundlichkeit* ~ trattare qcn. bruscamente, amichevolmente **b** *(entgegenwirken) einer Gefahr mit Mut* ~ affrontare un pericolo con coraggio; *einem Vorurteil* ~ opporsi a un pregiudizio **II** rifl. **sich** ~ incontrarsi; FIG. *unsere Meinungen* ~ *sich* le nostre opinioni coincidono. **Be|geg|nung** f. *(-,-en)* **1** incontro *m.*: *eine flüchtige* ~ un breve incontro, episodio **2** SPORT incontro *m.*, partita *f.* **Be|geg|nungs|stät|te** f. *(-,-n)* luogo *m.* d'incontro.

be|geh|bar agg. praticabile, transitabile, percorribile.

be|ge|hen tr. *(beging, begangen)* **1** percorrere: *einen Weg* ~ percorrere un sentiero **2** *(prüfend abschreiten)* ispezionare, visitare, controllare: *ein Bahngleis* ~ controllare un binario **3** *(feiern)* celebrare, festeggiare: *den Geburtstag feierlich* ~ celebrare il compleanno festosamente **4a** fare, commettere, perpetrare: ***eine Dummheit, ein Verbrechen ~*** fare una stupidaggine, commettere un crimine **b** ***Selbstmord ~*** suicidarsi.

Be|gehr n. e m. *(-s)* LETT. ANT. desiderio *m.* **be|geh|ren** tr. **1** desiderare ardentemente, bramare: ***jdn zur Frau ~*** desiderare qcn. in sposa; ***alles haben, was das Herz begehrt*** avere tutto ciò che uno può desiderare **2** desiderare, volere: ***Einlass ~*** desiderare entrare. **Be|geh|ren** n. *(-s,-)* **1** LETT. desiderio *m.*, bramosia *f.*, brama *f.* **2** richiesta *f.*, desiderio *m.*: ***jdn nach seinem ~ fragen*** chiedere a qcn. che cosa desidera. **be|geh|rens|wert** agg. desiderabile. **be|gehr|lich I** agg. cupido, desideroso, bramoso: ***-e Blicke auf jdn, etw. werfen*** lanciare sguardi cupidi verso qcn., qcs. **II** avv. con cupidigia, con bramosia. **Be|gehr|lich|keit** f. *(-,-en)* **1** *(Begehrlichsein)* cupidigia *f.*, avidità *f.* **2** *(Verlangen)* bramosia *f.*, brama *f.* **be|gehrt** p.pass. agg. **1** → **begehren 2** desiderato, richiesto, ambito: ***ein -er Preis*** un premio molto ambito.

Be|ge|hung f. *(-,-en)* **1** ispezione *f.*, controllo *m.*: ***die ~ einer Eisenbahnstrecke*** l'ispezione di un tratto dei binari **2** *(Feiern)* celebrazione *f.*, festeggiamento *m.* **3** perpetrazione *f.*: ***die ~ eines Unrechts*** la perpetrazione di un'ingiustizia.

be|gei|fern tr. **1** RAR. sporcare di bava **2** *(schmähen)* ***jdn ~*** invelenirsi contro qcn., ingiuriare qcn. **Be|gei|fe|rung** f. *(-,-en)* ingiuria *f.* velenosa, insulto *m.*

be|geis|tern I tr. **1** ***jdn ~*** entusiasmare qcn. **2** ***jdn für, zu etw. ~*** destare in qcn. entusiasmo per qcs.; ***die Kritik mit seinem Roman ~*** entusiasmare la critica col proprio romanzo **II** rifl. **sich ~** entusiasmarsi, appassionarsi; ***sich an dem neuen Film ~*** entusiasmarsi per il nuovo film; ***sich für etw. ~*** appassionarsi a qcs. **be|geis|tert** p.pass. agg. **1** → **begeistern 2** entusiastico, entusiasta: ***für etw. (A), von jdm, etw. ~ sein*** essere entusiasta di qcn., qcs.; ***eine -e Kritik*** una critica entusiastica; ***ein -er Anhänger von Bayern München sein*** fare il tifo per il Bayern di Monaco **3** appassionato: ***ein -er Autofahrer*** un appassionato automobilista. **Be|geis|te|rung** f. *(-,-en)* entusiasmo *m.*: ***~ auslösen*** destare entusiasmo; ***in ~ geraten*** entusiasmarsi; ***jdn in helle ~ versetzen*** entusiasmare vivamente qcn.; ***die Wogen der ~ gehen hoch, glätten sich*** si scatena, si placa un'ondata di entusiasmo; ***ein Sturm der ~ bricht los*** esplode l'entusiasmo; ***etw. aus ~ tun*** fare qcs. per entusiasmo; ***vor ~ toben*** essere fuori di sé per l'entusiasmo. **Be|geis|te|rungs|aus|bruch** m. *(-s,-ausbrüche)* esplosione *f.* d'entusiasmo. **be|geis|te|rungs|fä|hig** agg. capace d'entusiasmarsi. **Be|geis|te|rungs|fä|hig|keit** f. *(-)* capacità *f.* d'entusiasmarsi. **Be|geis|te|rungs|sturm** m. *(-s,-stürme)* ondata *f.* d'entusiasmo. **Be|geis|te|rungs|tau|mel** m. *(-s,-)* delirio *m.*, entusiasmo *m.* frenetico.

Be|gier f. *(-)* LETT. → **Begierde. Be|gier|de** f. *(-,-n)* desiderio *m.*, brama *f.*, avidità *f.*: ***fleischliche -n*** desideri carnali; ***~ nach Macht, Ruhm*** brama di potere, di gloria; ***vor ~ brennen*** ardere di desiderio. **be|gie|rig I** agg. desideroso, bramoso: ***-e Blicke*** sguardi ardenti di desiderio; ***auf jdn, etw. ~ sein*** desiderare qcn., essere desideroso di qcs. **II** avv. avidamente.

be|gie|ßen tr. *(begoss, begossen)* **1** annaffiare, innaffiare: ***eine Pflanze mit Wasser ~*** innaffiare una pianta con acqua **2** COLLOQ. bagnare, innaffiare, festeggiare con una bevuta; ***das müssen wir ~*** dobbiamo berci su. **Be|gie|ßung** f. *(-,-en)* annaffiamento *m.*, innaffiamento *m.*

Be|gi|ne f. *(-,-n)* beghina *f.*

Be|ginn m. *(-[e]s)* **1** inizio *m.*, principio *m.*: ***am ~ der Steigung*** all'inizio della salita **2** *(Eröffnung)* inizio *m.*, apertura *f.*: ***zu, bei ~ der Ausstellung*** all'inizio della mostra.

be|gin|nen *(begann, begonnen)* **I** tr. **1** iniziare, incominciare: ***ein Studium, mit dem Studium ~*** iniziare un corso di studi, incominciare a studiare **2** *(unternehmen)* fare, intraprendere: ***eine Sache anders ~*** fare una cosa in un altro modo **II** intr. (aus. *haben*) iniziare, incominciare: ***der Unterricht beginnt um 8 Uhr*** la lezione inizia alle otto **III** impers. ***es beginnt bald zu regnen*** comincerà presto a piovere. **Be|gin|nen** n. *(-s)* LETT. impresa *f.*: ***ein aussichtsloses ~*** un'impresa senza speranza.

be|glau|bi|gen tr. **1** *(amtlich bestätigen)* autenticare, vidimare: ***ein Zeugnis ~ lassen*** fare autenticare un certificato **2** *(dokumentieren)* attestare, certificare l'autenticità: ***dieser Ausspruch Bismarcks ist nicht beglaubigt*** di questo detto di Bismarck non è documentata l'autenticità **3** DIPL. accreditare. **Be|glau|bi|gung** f. *(-,-en)* **1** autentica *f.*, autenticazione *f.*, convalidamento *m.*: ***notarielle ~*** autentica notarile **2** *(Bescheinigung)* attestazione *f.*, certificazione *f.* di autenticità **3** DIPL. accreditamento *m.* **Be|glau|bi|gungs|schrei|ben** n. *(-s,-)* lettera *f.* credenziale, credenziali *f.pl.*: ***das ~ überreichen*** presentare le credenziali.

be|glei|chen tr. *(beglich, beglichen)* LETT. saldare, pagare: ***eine Schuld, Rechnung ~*** saldare un debito, una fattura. **Be|glei|chung** f. *(-,-en)* saldo *m.*, pagamento *m.*

Be|gleit|ad|res|se f. *(-,-n)* → **Begleitschein. Be|gleit|brief** m. *(-[e]s,-e)* COMM. lettera *f.* accompagnatoria, d'accompagnamento.

be|glei|ten tr. **1a** accompagnare: ***jdn zum Arzt, ins Theater ~*** accompagnare qcn. dal medico, a teatro **b** FIG. ***seine Tournee ist von Erfolg begleitet*** il successo accompagna la sua tournée **2** scortare: ***den Minister mit Polizeischutz ~*** scortare il ministro **3** MUS. accompagnare: ***jdn auf dem Klavier ~*** accompagnare qcn. al pianoforte. **be|glei|tend** p.pres. agg. **1** → **begleiten 2** che accompagna **3** MUS. di accompagnamento **4** *(gleichzeitig)* concomitante: ***-e Umstände*** circostanze concomitanti. **Be|glei|ter** m. *(-s,-)* **1** accompagnatore *m.*, compagno *m.*: ***ständiger ~*** compagno *m.*, fidanzato *m.* **2** MUS. accompagnatore *m.* (di un solista). **Be|glei|te|rin** f. *(-,-nen)* **1** accompagnatrice *f.*, compagna *f.* **2** MUS. accompagnatrice *f.* (di un solista). **Be|gleit|er|schei|nung** f. *(-,-en)* fenomeno *m.* concomitante. **Be|gleit|kurs** m. *(-es,-e)* corso *m.* complementare. **Be|gleit|pa|pie|re** pl. documenti *m.pl.* di spedizione. **Be|gleit|schein** m. *(-s,-e)* bolla *f.* d'accompagnamento. **Be|gleit|schrei|ben** n. *(-s,-)* lettera *f.* d'accompagnamento. **Be|gleit|schutz** m. *(-es)* ***polizeilicher ~*** scorta *f.* di polizia. **Be|gleit|um|stand** m. *(-[e]s,-umstände)* circostanza *f.* concomitante.

Be|glei|tung f. *(-,-en)* **1a** accompagnamento *m.*: ***sie hat ihn um seine ~ gebeten*** lei lo ha pregato di accompagnarla **b** compagnia *f.*: ***in ~ ihres Mannes*** in compagnia di suo marito **2** MUS. accompagnamento *m.*: ***die ~ am Klavier übernehmen*** eseguire l'accompagnamento al pianoforte; ***die ~ komponieren*** scrivere l'accompagnamento.

be|glü|cken tr. rendere felice, colmare di gioia ◆ IRON. ***er will uns mit seinem Besuch ~*** ci vuole onorare con la sua visita. **be|glück|wün|schen I** tr. ***jdn (zu etw.) ~*** congratularsi, felicitarsi con qcn. (per qcs.); *(gratulieren)* fare gli auguri a qcn. per qcs. **II** rifl. **sich ~** congratularsi, felicitarsi. **Be|glück|wün|schung** f. *(-,-en)* congratulazioni *f.pl.*, felicitazioni *f.pl.*

be|gna|det agg. molto dotato, di grande talento. **be|gna|di|gen** tr. graziare, amnistiare. **Be|gna|di|gung** f. *(-,-en)* grazia *f.*, amnistia *f.* **Be|gna|di|gungs|ge|such** n. *(-[e]s,-e)* domanda *f.* (*o* istanza *f.*) di grazia. **Be|gna|di|gungs|recht** n. *(-[e]s)* diritto *m.* di (concedere) grazia.

be|gnü|gen rifl. **sich ~ 1** accontentarsi: ***sich mit wenig ~*** accontentarsi di poco **2** *(sich beschränken)* accontentarsi, limitarsi: ***ich begnüge mich damit, nur einige Punkte aufzuzählen*** mi limito a elencare soltanto alcuni punti.

Be|go|nie f. *(-,-n)* begonia *f.*

be|gon|nen → **beginnen.**

be|gön|nern tr. **1** *(unterstützen)* proteggere, sostenere **2** *(herablassend behandeln)* trattare dall'alto in basso.

be|gos|sen p.pass. agg. → **begießen** ◆ COLLOQ. ***wie ein -er Pudel dastehen*** starsene con la coda tra le gambe.

begr. ⇒ *begraben* sepolto.

be|gra|ben tr. *(begräbt, begrub, begraben)* **1a** seppellire, sotterrare **b** FIG. seppellire, abbandonare: ***einen Traum ~*** abbandonare un sogno; ***einen Streit ~*** dimenticare un litigio **2** *(verschütten)* seppellire (sotto macerie) ◆ COLLOQ. ***sich ~ lassen können*** poter andare a nascondersi; ***etw. ~ sein lassen*** mettere una pietra sopra a qcs.; ***dort möchte ich nicht ~ sein*** là non ci vorrei stare neanche morto. **Be|gräb|nis** n. *(-ses,-se)* sepoltura *f.*, funerale *m.*, LETT. esequie *f.pl.*: ***an einem ~ teilnehmen, einem ~ beiwohnen*** partecipare a un funerale ◆ COLLOQ. ***ein ~ erster Klasse*** = un insuccesso memorabile. **Be|gräb|nis|fei|er** f. *(-,-n)* cerimonia *f.* funebre. **Be|gräb|nis|stät|te** f. *(-,-n)* tomba *f.*, (luogo *m.* di) sepoltura *f.*

be|greif|bar agg. comprensibile. **be|grei|fen** tr. *(begriff, begriffen)* **1a** *(verstehen)* comprendere, capire: ***den Sinn eines Wortes nicht ~*** non capire il significato di una parola **b** *(Verständnis haben)* ***einen Freund ~*** comprendere (*o* capire) un amico **c** ***etw. als Provokation ~*** intendere qcs. come una provocazione **2** assol. ***schwer ~*** stentare a capire **3** REGION. *(betasten)* toccare ◆ ***etw. begreift sich von selbst*** si capisce da sé, è chiaro; ***etw. in sich ~*** comprendere in sé, contenere. **be|greif|lich** agg. comprensibile, chiaro: ***jdm etw. ~ machen*** far capire qcs. a qcn. **be|greif|li|cher|wei|se** avv. comprensibilmente, naturalmente.

be|grenz|bar agg. limitabile. **be|gren|zen** tr. **1** delimitare: ***der Garten wird von einem Zaun begrenzt*** il giardino è delimitato da uno steccato **2** *(beschränken)* limitare: ***die Geschwindigkeit ~*** limitare la velocità. **Be|gren|zer** m. *(-s,-)* TECN. limitatore *m.* **be|grenzt** p.pass. agg. **1** → **begrenzen 2** limitato, ristretto: ***sein Horizont ist ~*** i suoi orizzonti sono ristretti; ***die Erfolgsaussichten sind ~*** le probabilità di successo sono limitate. **Be|grenzt|heit** f. *(-,-en)* limitatezza *f.* **Be|gren|zung** f. *(-,-en)* **1** limitazione *f.* **2** *(Grenze)* limite *m.*, confine *m.*

Be|griff m. *(-[e]s,-e)* **1** concetto *m.*, idea *f.*: ***der ~ „Staat"*** il concetto di stato **2** *(Vorstellung)* opinione *f.*, idea *f.*: ***sich (D) einen ~ von etw. machen*** farsi un'idea di qcs.; ***das geht über meinen ~*** questo supera la mia capacità intellettiva, non riesco a capirlo ◆ ***für jds ~*** nell'opinione di qcn.; ***im ~ sein (stehen), etw. zu tun*** stare per fare qcs., LETT. essere in procinto di fare qcs.; ***das ist mir ein, kein ~*** lo conosco, non lo conosco (*o* non mi è noto, non mi dice niente); ***schwer, langsam von ~ sein*** essere duro, tardo di comprendonio.
be|grif|fen agg. ***in etw. (D) ~ sein*** stare facendo qcs., essere sul punto di fare qcs.: ***im Aufbruch ~ sein*** essere sul punto di partire, essere di partenza; ***im Schwinden ~ sein*** essere sul punto di svanire, andar svanendo; ***die Arbeit ist in der Ausführung ~*** il lavoro è in corso di esecuzione; ***im Aussterben -e Tierarten*** specie animali in via di estinzione.
be|griff|lich I agg. concettuale, intellettuale **II** avv. concettualmente, astrattamente.
Be|griffs|be|stim|mung f. *(-,-en)* definizione *f.* **Be|griffs|bil|dung** f. *(-,-en)* formazione *f.* di concetti, ideazione *f.* **Be|griffs|form** f. *(-,-en)* categoria *f.* **Be|griffs|in|halt** m. *(-[e]s,-e)* contenuto *m.* di un'idea, concetto *m.* **be|griffs|mä|ßig** agg. → **begrifflich. be|griffs|stut|zig** agg. tardo (*o* duro) di comprendonio. **Be|griffs|ver|mö|gen** n. *(-s)* intelligenza *f.*, intelletto *m.*
be|grün|den I tr. **1** fondare: ***eine neue Schule ~*** fondare una nuova scuola **2** motivare, giustificare: ***sein Urteil, seine Ansicht ~*** motivare il proprio giudizio, la propria opinione **II** rifl. **sich ~** motivarsi, giustificarsi: ***sein Anspruch begründet sich folgendermaßen*** la sua pretesa si giustifica come segue. **Be|grün|der** m. *(-s,-)* fondatore *m.* **be|grün|det** p.pass. → **begründen** ◆ ***in etw. ~ sein, liegen, durch etw. ~ sein*** trovare il proprio fondamento in qcs., derivare da qcs. **Be|grün|dung** f. *(-,-en)* **1** fondazione *f.* **2** motivazione *f.*, giustificazione *f.*: ***keine plausible ~ für etw. vorbringen können*** non riuscire a trovare nessuna giustificazione plausibile per qcs.
be|grü|nen I tr. ammantare di verde **II** rifl. **sich ~** coprirsi di verde, rinverdire.
be|grü|ßen tr. **1** salutare, dare il benvenuto: ***jdn mit einem Händedruck ~*** salutare qcn. con una stretta di mano; ***jdn freudig ~*** fare gran festa a qcn. **2** FIG. salutare, accogliere con favore, approvare: ***einen Vorschlag, eine Entscheidung ~*** accogliere una proposta, una decisione con favore. **be|grü|ßens|wert** agg. degno di approvazione, di plauso, gradito. **Be|grü|ßung** f. *(-,-en)* **1** saluto *m.* **2** FIG. *(Empfang)* accoglienza *f.* (favorevole). **Be|grü|ßungs|an|spra|che** f. *(-,-n)* discorso *m.* (*o* indirizzo *m.*) di saluto. **Be|grü|ßungs|fei|er** f. *(-,-n)* cerimonia *f.* di benvenuto.
be|gu|cken COLLOQ. **I** tr. guardare (attentamente) **II** rifl. **sich ~** guardarsi.
be|güns|ti|gen tr. **1** favorire, avvantaggiare, privilegiare: ***das Schicksal hat ihn immer begünstigt*** la sorte lo ha sempre favorito; ***der Schiedsrichter hat die Heimmannschaft begünstigt*** l'arbitro ha favorito la squadra di casa **2** DIR. favoreggiare ◆ ***ein Verbrechen ~*** essere complice di un delitto. **Be|güns|ti|gung** f. *(-,-en)* **1** favore *m.* **2** agevolazione *f.*, appoggio *m.*, favoritismo *m.* **3** DIR. favoreggiamento *m.*: ***jdn wegen ~ anklagen*** accusare qcn. di favoreggiamento.
be|gut|ach|ten tr. ***etw. ~*** fare una perizia su qcs., BUROCR. periziare qcs. ◆ SCHERZ. ***na, lass dich mal ~*** allora, fatti un po' vedere. **Be|gut|ach|ter** m. *(-s,-)* perito *m.*, esperto *m.* **Be|gut|ach|tung** f. *(-,-en)* perizia *f.*, giudizio *m.*
be|gü|tert agg. benestante, agiato, abbiente.
be|gü|ti|gen tr. rabbonire, calmare. **be|gü|ti|gend I** agg. conciliante **II** avv. in modo conciliante: ***auf jdn ~ einwirken*** influire su qcn. in modo conciliante.
be|haa|ren rifl. **sich ~** coprirsi di peli, di capelli. **be|haart** p.pass. agg. **1** → **behaaren 2** coperto di peli, peloso: ***eine dicht -e Brust*** un petto villoso **3** *(von Kopf)* capelluto. **Be|haa|rung** f. *(-,-en)* **1** *(Haarwuchs)* crescita *f.* di peli, di capelli **2** *(Haare)* peli *m.pl.*, capelli *m.pl.* **3** *(Fell)* pelo *m.*
be|hä|big agg. **1a** *(beleibt)* corpulento, massiccio, grosso **b** FIG. ampio, grande: ***ein -er Sessel*** una poltrona ampia e comoda **2** *(gemessen)* lento, misurato, flemmatico, calmo: ***mit -en Schritten*** a passi lenti e misurati **3** REGION. *(wohlhabend)* ricco, benestante. **Be|hä|big|keit** f. *(-)* **1** *(Beleibtheit)* corpulenza *f.* **2** *(Gemessenheit)* calma *f.*, flemma *f.*, misuratezza *f.* **3a** SVIZZ. *(Wohlhabenheit)* agio *m.*, floridezza *f.*, benessere *m.* **b** *(Stattlichkeit)* imponenza *f.*
be|ha|cken tr. **1** sarchiare **2** *(von Vögeln)* beccare, perforare col becco **3** FIG.COLLOQ. fregare, imbrogliare: ***jdn um etw. ~*** fregare qcs. a qcn. **4** MIL.COLLOQ. sottomettere al fuoco dell'artiglieria.
be|haf|tet, ***mit etw. ~ sein*** essere affetto da qcs.: ***mit einer Krankheit ~ sein*** essere affetto da una malattia; ***mit einem Makel ~ sein*** avere un difetto.
be|ha|gen intr. (aus. *haben*) garbare, piacere: ***das behagt mir nicht*** questo non mi garba; ***mach, wie es dir behagt*** fa' come ti pare. **Be|ha|gen** n. *(-s)* piacere *m.*, gusto *m.*: ***sein ~ an, in etw. (D) finden*** trovare piacere (*o* provare gusto) in qcs.; ***voller ~*** con pieno gusto; ***etw. mit großem ~ tun*** fare qcs. con grande piacere. **be|hag|lich I** agg. piacevole, gradevole; *(bequem)* comodo, confortevole **II** avv. piacevolmente, comodamente: ***sich ~ fühlen*** sentirsi a proprio agio; ***es sich (D) ~ machen*** mettersi comodo, a proprio agio. **Be|hag|lich|keit** f. *(-)* atmosfera *f.* (*o* ambiente *m.*) gradevole, accogliente, confortevole; *(Wohlbefinden)* agio *m.*, comodità *f.*
be|hal|ten tr. *(behält, behielt, behalten)* **1a** *(nicht weggeben)* tenere: ***etw. als, zum Andenken ~*** tenere qcs. come ricordo **b** tenere: ***den Hut auf dem Kopf, die Hände in den Taschen ~*** tenere il cappello in testa, le mani in tasca; ***der Patient kann nichts bei sich ~*** il paziente non riesce a tener niente (nello stomaco) **c** ***jdn als Gast bei sich ~*** trattenere qcn. presso di sé come ospite **d** RAR. *(zurückhalten)* trattenere **2** *(bewahren)* mantenere, serbare, conservare: ***die Nerven, die Ruhe ~*** tenere a freno i nervi, mantenere la calma; ***sein Leben ~*** restare vivo, sopravvivere **3** riportare, rimediare: ***von einer Krankheit einen Leberschaden ~*** riportare un danno epatico come conseguenza di una malattia **4** *(sich merken)* tenere a mente, ricordare: ***etw. schlecht ~*** faticare a ricordarsi qcs.; ***nichts mehr ~ können*** non avere più memoria ◆ ***jdn, etw. im Auge ~*** tenere sottocchio qcn., qcs.; ***ein Geheimnis für sich ~*** tenere un segreto per sé; ***etw. im Gedächtnis, im Kopf ~*** tenere qcs. a mente; ***die Oberhand ~*** mantenere il vantaggio; ***Recht ~*** avere ragione. **Be|häl|ter** m. *(-s,-)* **1a** contenitore *m.*, bidone *m.* **b** *(für Flüssigkeiten)* recipiente *m.*, serbatoio *m.*, cisterna *f.* **2** container *m.* **Be|häl|ter|wa|gen** m. *(-s,-)* carro *m.* (*o* vagone *m.*) cisterna. **Be|hält|nis** n. *(-ses,-se)* → **Behälter.**
be|häm|mern tr. **1** martellare (anche FIG.) **2** FIG.MIL. bombardare. **be|häm|mert** p.pass. agg. **1** → **behämmern 2** FIG. COLLOQ. scemo, tonto, toccato; ***einen -en Eindruck machen*** fare una figura da scemo.
be|händ, be|hän|de I agg. agile, svelto, lesto **II** avv. agilmente, in fretta, con sveltezza. **Be|hän|dig|keit** f. *(-)* agilità *f.*, sveltezza *f.*, prontezza *f.*: ***geistige ~*** prontezza di spirito.
be|han|deln tr. **1** trattare: ***jdn als Freund ~*** trattare qcn. da amico; ***jdn von oben herab ~*** trattare qcn. dall'alto in basso; ***jdn wie ein Kind ~*** trattare qcn. come un bambino; ***eine Angelegenheit diskret ~*** trattare una faccenda con discrezione **2** *(benutzen)* usare: ***eine Maschine unsachgemäß ~*** usare una macchina in modo non appropriato **3** trattare: ***der Autor behandelt ein wichtiges Thema*** l'autore tratta un tema importante; ***das Drama behandelt die Französische Revolution*** il dramma tratta della rivoluzione francese **4** MED. curare: ***jdn mit Medikamenten ~*** curare qcn. con medicine; ***sich ärztlich ~ lassen*** essere in cura da un medico **5** *(mit Substanzen)* trattare: ***etw. mit Säure ~*** trattare qcs. con acido. **be|han|delnd** p.pres. agg. **1** → **behandeln 2** curante: ***der -e Arzt*** il medico curante. **Be|hand|lung** f. *(-,-en)* **1a** trattamento *m.*: ***eine ungerechte ~*** un trattamento ingiusto **b** *(Benutzung)* uso *m.* **2** *(Abhandlung)* trattazione *f.* **3** MED. cura *f.*, trattamento *m.*: ***bei wem bist du in ~?*** da chi sei in cura? ***sich in ärztliche ~ begeben*** sottoporsi a cure mediche; ***jdn einer ~ unterziehen*** sottoporre qcn. a una cura **4** *(mit Substanzen)* trattamento *m.* ◆ ***etw. in ~ nehmen*** prendere in esame qcs. **Be|hand|lungs|kos|ten** pl. spese *f.pl.* per cure mediche. **Be|hand|lungs|pflicht** f. *(-)* obbligo *m.* di assistenza medica. **Be|hand|lungs|raum** m. *(-[e]s,-räume)* ambulatorio *m.*, studio *m.* medico. **Be|hand|lungs|schein** m. *(-[e]s,-e)* foglio *m.* del libretto della mutua. **Be|hand|lungs|wei|se** f. *(-,-n)* modo *m.* di trattare.
be|hand|schuht agg. inguantato, con i guanti.
Be|hang m. *(-[e]s,-hänge)* ornamento *m.*, addobbo *m.* (appeso); *(Vorhang)* tenda *f.*; *(Wandteppich)* arazzo *m.* **be|han|gen** agg. pieno, carico: ***ein mit Früchten -er Baum*** un albero carico di frutti; ***eine mit Schmuck -e Frau*** una signora coperta di gioielli. **be|hän|gen I** tr. ornare, addobbare (con qcs. di pendente): ***ein Fenster mit Gardinen ~*** mettere le tende ad una finestra **II** rifl. COLLOQ. SPREG. **sich ~** addobbarsi.
be|har|ren intr. (aus. *haben*) ***auf etw. (D) ~*** persistere, perseverare, insistere in qcs., ostinarsi a dire qcs.: ***auf seiner Meinung ~*** insistere nella propria idea. **Be|har|ren** n. *(-s)* → **Beharrung. be|harr|lich I** agg. persistente, insistente, costante, ostinato: ***-es Schweigen*** silenzio ostinato **II** avv. insistentemente, costantemente, ostinatamente. **Be|harr|lich|keit** f. *(-)* ostinazione *f.*, tenacia *f.*: ***mit ~ etw. verfolgen*** perseguire qcs. con tenacia. **Be|har|rung** f. *(-)* persistenza *f.*, perseveranza *f.*, insistenza *f.* **Be|har|rungs|ver|mö|gen** n. *(-s)* **1** perseveranza *f.*, costanza *f.* **2** FIS. forza *f.* d'inerzia.
be|hau|chen tr. **1** ***etw. ~*** alitare, soffiare su qcs. **2** LING. aspirare. **Be|hau|chung** f. *(-)* **1** l'alitare, il soffiare (su qcs.) **2** LING. aspirazione *f.*

be|hau|en tr. *(behaute, behauen)* sgrossare, digrossare; SCULT. scolpire.
be|haup|ten I tr. **1** affermare, asserire, sostenere: ***seine Rechte ~*** difendere i propri diritti **2** *(bewahren)* mantenere, conservare, difendere: ***seinen Platz ~*** conservare il proprio posto **II** rifl. **sich ~** affermarsi, imporsi: ***sich in seinem Beruf ~*** affermarsi nella propria professione; SPORT ***die Engländer haben sich mit 3:0 behauptet*** gli inglesi si sono imposti per 3 a 0. **be|haup|tet** p.pass. agg. **1** → **behaupten 2** ECON. stabile, fisso: ***-e Kurse*** quotazioni fisse. **Be|haup|tung** f. *(-,-en)* **1a** affermazione *f.*, asserzione *f.*: ***eine leere ~*** un'affermazione vuota; ***die ~ aufstellen, dass...*** affermare (*o* asserire) che... **b** MAT. tesi *f.* **2** *(Durchsetzung)* l'imporsi, affermazione *f.*
be|hau|sen tr. LETT. accogliere (nella propria dimora), alloggiare. **be|haust** p.pass. → **behausen** ◆ ***ein im Süden -es Volk*** un popolo del sud. **Be|hau|sung** f. *(-,-en)* LETT. dimora *f.*
Be|ha|vi|o|ris|mus [biheviə-] m. *(-)* behaviorismo *m.*, comportamentismo *m.* **be|ha|vi|o|ris|tisch** agg. behavioristico, comportamentistico.
be|he|ben tr. *(behob, behoben)* **1** rimediare a, riparare: ***einen Schaden ~*** rimediare a un danno; ***Zweifel ~*** togliere dubbi **2** AUSTR. BANC. prelevare. **Be|he|bung** f. *(-,-en)* **1** rimozione *f.*, eliminazione *f.* **2** AUSTR. BANC. prelievo *m.*
be|hei|ma|ten tr. ambientare, inserire nel proprio habitat (*o* in un habitat adatto): ***eine seltene Pflanze in einem Naturschutzgebiet ~*** inserire una pianta rara in una zona protetta. **be|hei|ma|tet** agg. ***ein an der Ostsee -es Volk*** una popolazione del Baltico; ***ein in Afrika -es Tier*** un animale che vive in Africa (*o* un animale africano).
be|heiz|bar agg. riscaldabile ◆ ***-e Heckscheibe*** lunotto termico. **be|hei|zen** tr. riscaldare. **Be|hei|zung** f. *(-)* riscaldamento *m.*
Be|helf m. *(-[e]s,-e)* soluzione *f.* provvisoria, espediente *m.*, ripiego *m.*: ***das ist nur ein notdürftiger ~*** questa è solo una soluzione provvisoria, di ripiego. **be|hel|fen** rifl. *(behilft, behalf, beholfen)* **1** ***sich (D) mit etw. ~*** arrangiarsi: ***er behalf sich mit einer Ersatzbrille*** si arrangiò con degli occhiali di riserva **2** *(auskommen)* (riuscire a) cavarsela, farcela: ***sich ohne etw. ~ müssen*** doversela cavare senza qcs.; ***sich allein (nicht) zu ~ wissen*** (non) riuscire a farcela da solo. **Be|helfs|aus|fahrt** f. *(-,-en)* uscita *f.* (autostradale) provvisoria. **Be|helfs|brü|cke** f. *(-,-n)* ponte *m.* provvisorio, di fortuna. **Be|helfs|heim** n. *(-[e]s,-e)* sistemazione *f.* provvisoria, di fortuna. **Be|helfs|kraft** f. *(-,-kräfte)* aiutante *m.*, aiuto *m.* (provvisorio). **be|helfs|mä|ßig I** agg. provvisorio, di fortuna **II** avv. provvisoriamente. **Be|helfs|un|ter|kunft** f. *(-,-unterkünfte)* → **Behelfsheim.** **be|helfs|wei|se** avv. in modo provvisorio, provvisoriamente.
be|hel|li|gen tr. molestare, importunare, seccare: ***von jdm behelligt werden*** essere molestato da qcn.; ***jdn mit etw. ~*** seccare qcn. con qcs. **Be|hel|li|gung** f. *(-,-en)* molestia *f.*, fastidio *m.*
be|helmt agg. con l'elmo, munito di elmo.
be|hend, be|hen|de → **behänd, behände.**
Be|hen|dig|keit → **Behändigkeit.**
be|her|ber|gen tr. ospitare: ***jdn ~*** ospitare, alloggiare qcn.; ***das Gebäude beherbergt eine Ausstellung*** l'edificio ospita una mostra. **Be|her|ber|gung** f. *(-,-en)* l'ospitare, alloggiamento *m.*
be|herrsch|bar agg. dominabile. **be|herr|schen I** tr. **1** dominare: ***ein Land, ein Volk ~*** dominare un paese, un popolo; ***den Markt ~*** dominare il mercato **2** *(zügeln)* dominare, frenare, controllare: ***seine Leidenschaft ~*** dominare la propria passione **3a** *(meistern)* dominare, controllare: ***das Auto auf regennasser Fahrbahn ~ können*** saper mantenere il controllo della propria auto sulla strada bagnata dalla pioggia; ***eine Situation ~*** avere una situazione sotto controllo **b** *(sehr gut können)* dominare, padroneggiare: ***ein Instrument, eine Sprache ~*** padroneggiare uno strumento, una lingua **4** dominare, sovrastare: ***der Turm beherrscht die Stadt*** la torre domina la città; FIG. ***dieser Vorfall beherrscht mein ganzes Denken*** questo fatto condiziona tutto il mio pensiero **II** rifl. **sich ~** dominarsi, frenarsi, controllarsi: ***sich zu ~ wissen*** sapersi dominare; ***sich schwer ~ können*** controllarsi a fatica. **be|herr|schend** p.pres. agg. **1** → **beherrschen 2** dominante; *(überragend)* sovrastante. **Be|herr|scher** m. *(-s,-)* dominatore *m.*, signore *m.* **be|herrscht** p.pass. agg. **1** → **beherrschen 2** *(gezügelt)* controllato, contenuto ◆ ***eine -e Miene zeigen*** mostrarsi imperturbabile. **Be|herrscht|heit** f. *(-)* controllo *m.*, moderazione *f.* **Be|herr|schung** f. *(-)* **1** dominio *m.*, controllo *m.* (anche FIG.) **2** *(Selbstbeherrschung)* controllo *m.* (di sé), autocontrollo *m.*: ***seine, die ~ verlieren*** perdere il controllo.
be|her|zi|gen tr. ***etw. ~*** prendere a cuore qcs.; tener conto di qcs.: ***jds Worte ~*** ascoltare le parole di qcn. **be|her|zi|gens|wert** agg. da prendere a cuore, degno d'ascolto, di cui tener conto. **Be|her|zi|gung** f. *(-)* il prendere a cuore, il tener conto: ***die ~ einer Warnung*** il tener conto di un avviso.
be|herzt agg. risoluto, intrepido: ***ein -es Handeln*** un agire risoluto. **Be|herzt|heit** f. *(-)* risolutezza *f.*, intrepidezza *f.*
be|he|xen tr. **1** ***etw., jdn ~*** fare un incantesimo a qcs., qcn.; *(verwandeln)* trasformare qcs., qcn. (per incantesimo) **2** FIG. stregare, ammaliare.
be|hilf|lich agg.inv. ***jdm ~ sein*** essere d'aiuto a qcn., aiutare qcn.; ***jdm beim Aussteigen ~ sein*** aiutare qcn. a scendere.
be|hin|dern tr. impedire, ostacolare, intralciare: ***das Auto behinderte den Verkehr*** l'auto intralciava il traffico; ***die Sicht ~*** impedire la vista; ***jdn bei, in etw. ~*** ostacolare (*o* intralciare) qcn. in qcs., impedire qcs. a qcn. **be|hin|dert** p.pass. agg. **1** → **behindern 2** handicappato, minorato. **Be|hin|der|te** m. e f. *(-n,-n)* handicappato *m.* (-a *f.*), minorato *m.* (-a *f.*): ***ein körperlich, geistig -r*** un handicappato fisico, psichico. **be|hin|der|ten|ge|recht** agg. ***-e Toilette*** toilette per handicappati. **Be|hin|der|ten|hil|fe** f. *(-,-n)* assistenza *f.* agli handicappati. **Be|hin|de|rung** f. *(-,-en)* **1a** impedimento *m.*, ostacolo *m.* **b** *(Hemmung)* intralcio *m.* **2** *(Handicap)* handicap *m.*, minorazione *f.*
be|ho|beln tr. piallare.
be|hor|chen tr. **1** MED. auscultare **2** *(belauschen)* ascoltare di nascosto.
Be|hör|de f. *(-,-n)* **1** autorità *f.*: ***staatliche, städtische -n*** autorità statali, comunali **2** *(Sitz)* ufficio *m.* (pubblico). **Be|hör|den|deutsch** n. *(-[s])* tedesco *m.* burocratico. **Be|hör|den|weg** m. *(-[e]s,-e)* via *f.* ufficiale, iter *m.* burocratico. **Be|hör|den|spra|che** f. *(-)* linguaggio *m.* burocratico. **be|hörd|lich I** agg. burocratico, ufficiale, delle autorità: ***eine -e Anordnung*** una disposizione delle autorità **II** avv. ufficialmente: ***etw. ~ genehmigen*** autorizzare qcs. in via ufficiale. **be|hörd|li|cher|seits** avv. da parte delle autorità.
be|host agg. in (*o* con i) pantaloni.
Be|huf m. *(-[e]s,-e)* ANT. scopo *m.*: ***zu diesem ~*** a questo scopo. **be|hufs** prep. + gen. ANT. allo scopo di.
be|huft agg. in (*o* con gli) zoccoli.
be|hü|ten tr. **1** ***etw., jdn ~*** custodire, sorvegliare qcs., qcn., fare la guardia a qcs., qcn.: ***der Hund behütet das Haus*** il cane fa la guardia alla casa **2** *(schützen)* proteggere: ***jdn vor einer Gefahr ~*** proteggere qcn. da un pericolo ◆ ***behüt dich Gott!*** Dio ti protegga! ***(Gott) behüte!*** me ne guardi Iddio! **Be|hü|ter** m. *(-s,-)* LETT. protettore *m.*, custode *m.* **be|hut|sam I** agg. cauto, prudente: ***bei etw. ~ sein*** essere prudente in qcs. **II** avv. ***mit etw. ~ umgehen*** trattare qcs. delicatamente, con cura. **Be|hut|sam|keit** f. *(-,-en)* attenzione *f.*, prudenza *f.*, cura *f.* **Be|hü|tung** f. *(-)* **1** sorveglianza *f.*, custodia *f.* **2** *(Schutz)* protezione *f.*
bei prep + dat. (anche artcl. **beim**) **1a** *(lokal: in der Nähe)* presso, vicino a: ***beim Bahnhof liegen*** essere vicino alla stazione; ***Mödling ~ Wien*** Mödling presso Vienna; ***~ jdm, etw. stehen, sitzen*** stare, sedere vicino a qcn., qcs. **b** *(inmitten)* in mezzo a, tra, a: ***~ einer Versammlung, einer Demonstration, einer Hochzeit sein*** trovarsi in una riunione, a una manifestazione, partecipare a un matrimonio **c** *(an einem Ort, oft als Institution)* in, presso: ***~ seinen Eltern wohnen*** vivere presso, con i propri genitori; ***~ einer Firma arbeiten*** lavorare in, presso una ditta; ***~ der Bundeswehr sein*** prestare servizio nell'esercito tedesco; FIG. ***~ jdm die Schuld suchen*** dare la colpa a qcn. **d** *(Berührung)* ***jdn ~ der Hand nehmen, beim Kragen packen*** prendere qcn. per mano, afferrare qcn. per il colletto **e** *(Ort als Werk, Person)* in, nell'opera di, da: ***die Hauptfiguren ~ Böll*** i protagonisti in Böll, nell'opera di Böll; ***~ jdm Unterricht nehmen*** prendere lezioni da qcn. **f** *(rückbezüglich)* con: ***hast du deinen Pass ~ dir?*** hai il passaporto con te? FIG. ***ein Geheimnis ~ sich behalten*** tenersi un segreto per sé; COLLOQ. ***nicht ganz ~ sich sein*** non essere del tutto in sé **g** ***~ mir war alles ganz anders*** nel mio caso era tutto completamente diverso **2a** *(temporal: Angabe eines Zeitpunkts)* a, nel momento di: ***~ Abfahrt des Zuges*** alla partenza del treno; ***~ Beginn, ~ Ende*** all'inizio, alla fine **b** *(Angabe einer Zeitspanne)* durante: ***~ Tag und (~) Nacht*** di giorno e di notte; ***~ der Vorstellung*** durante la rappresentazione; ***er ist noch beim Arbeiten*** sta ancora lavorando **c** *(anlässlich)* a: ***~ Pauls Geburtstag*** al compleanno di Paul; ***beim Fußballspielen*** alla partita di calcio **3** *(modal)* in, con: ***~ guter Laune sein*** essere di buon umore; ***~ jedem Wetter*** con ogni tempo **4** *(in Bezug auf)* per: ***~ diesem Modell ist der Preis höher*** per questo modello il prezzo è maggiore **5** *(konditional)* con, in caso di: ***die Alarmanlage nur ~ Gefahr betätigen*** azionare l'allarme soltanto in caso di pericolo **6** *(kausal)* con, per: ***~ dieser Kälte solltest du dich wärmer anziehen*** con questo freddo dovresti vestirti di più **7** *(konzessiv)* malgrado, nonostante, pur con: ***ich kann dich beim besten Willen nicht verstehen*** malgrado tutta la mia buona volontà non riesco a capirti **8** *(in Beteuerungsformeln)* ***~ Gott!*** in nome di (*o* per) Dio! ***beim Barte des Propheten*** per la barba del profeta.

bei_be|hal|ten tr. *(behält, behielt, behalten)* conservare, mantenere: ***eine Gewohnheit ~*** mantenere un'abitudine. **Bei|be|hal|tung** f. *(-)* conservazione *f.*, mantenimento *m.*

bei_bie|gen tr. *(bog, gebogen)* COLLOQ. **1** far capire **2** *(diplomatisch sagen)* dire con tatto.

Bei|blatt n. *(-[e]s,-blätter)* allegato *m.*, supplemento *m.*

bei_blei|ben intr. *(blieb, geblieben;* aus. *sein)* REGION. continuare, proseguire: ***hartnäckig (an der Arbeit) ~*** continuare (il lavoro) testardamente.

Bei|boot n. *(-[e]s,-e)* scialuppa *f.*

bei_brin|gen tr. *(brachte, gebracht)* **1** insegnare, fare apprendere: ***jdm das Radfahren, Anstandsregeln ~*** insegnare a qcn. ad andare in bicicletta, le regole di buon comportamento; COLLOQ. *(Drohung)* ***dir werd ich's ~!*** te lo insegno io! **2a** procurare, infliggere: ***jdm eine Verletzung ~*** procurare una ferita a qcn. **b** procurare, produrre, presentare: ***Geld, einen Nachweis, Zeugen ~*** procurare soldi, produrre una prova, testimoni **3** COLLOQ. *(unangenehme Nachricht)* dire con tatto. **Bei|brin|gung** f. *(-)* **1** *(Zufügung)* l'infliggere: ***die ~ einer Niederlage*** l'infliggere una sconfitta **2a** *(Herbeischaffung)* il procurare, esibizione *f.*: ***die ~ von Material*** il procurare materiale **b** *(von Zeugen)* produzione *f.*, presentazione *f.*

Beich|te f. *(-,-n)* confessione *f.*: ***die ~ ablegen*** confessarsi; ***jdm die ~ abnehmen, die ~ hören, sitzen*** ascoltare la confessione di qcn., confessare qcn.; ***zur ~ gehen*** andare a confessarsi; *(Eingeständnis einer Schuld)* ***die ~ eines Diebstahls*** la confessione di un furto. **beich|ten I** tr. confessare **II** intr. (aus. *haben*) confessarsi: ***~ gehen*** andare a confessarsi. **Beicht|ge|heim|nis** n. *(-ses,-se)* segreto *m.* della confessione: ***das ~ wahren*** mantenere il segreto della confessione. **Beicht|kind** n. *(-[e]s,-er)* penitente *m.* (che si confessa). **Beicht|sie|gel** n. *(-s,-)* → **Beichtgeheimnis. Beicht|spie|gel** m. *(-s,-)* questionario *m.* di preparazione alla confessione. **Beicht|stuhl** m. *(-s,-stühle)* confessionale *m.* **Beicht|va|ter** m. *(-s,-väter)* confessore *m.*, padre *m.* spirituale.

beid|ar|mig I agg. con entrambe, con tutt'e due le braccia, ambidestro: ***ein -er Spieler*** un giocatore ambidestro **II** avv. con entrambe, con tutt'e due le braccia. **beid|bei|nig** agg. con entrambe, con tutt'e due le gambe.

bei|de I agg.pl. entrambi, ambedue, tutt'e due: ***die -n Schwestern*** tutt'e due le sorelle; ***~ Ohren*** entrambe le orecchie; ***~ Mal*** entrambe le volte, tutt'e due le volte **II** pron.pl. entrambi, ambedue, tutt'e due: ***~ wohnen im Zentrum*** vivono entrambi in centro; ***ihr ~*** voi due; ***~ zusammen*** tutt'e due insieme **III** pron.n. **beides** entrambe le cose, tutt'e due le cose, una cosa e l'altra ◆ ***diese -n*** questi due; ***keiner von -n*** nessuno dei due, né l'uno né l'altro; ***meine -n*** i miei due; ***welcher von -n?*** quale dei due? **bei|der|lei** agg.inv. di entrambe (le specie): ***Tiere ~ Geschlechts*** animali di entrambi, di ambo i sessi. **bei|der|sei|tig** agg. da entrambe le parti, reciproco, vicendevole: ***sich in -em Einverständnis trennen*** separarsi consensualmente. **bei|der|seits I** prep. + gen. da tutt'e due le parti: ***~ der Straße*** da entrambi i lati della strada **II** avv. da entrambe le parti. **bei|des** pron.n. → **beide. beid|fü|ßig I** agg. SPORT ambidestro: ***ein -er Fußballspieler*** un calciatore ambidestro **II** avv. a, con due piedi. **Beid|hän|der** m. *(-s,-)* ambidestro *m.* **beid|hän|dig** agg. **1** *(mit beiden Händen geschickt)* ambidestro **2** con entrambe le mani: ***ein -er Schlag*** un colpo con tutt'e due le mani. **beid|recht** agg. double face.

beid|sei|tig agg. su entrambi i lati. **beid|seits** prep. + gen. → **beiderseits.**

bei|ei|nan|der avv. l'uno accanto all'altro, insieme; ***~ haben*** avere insieme, pronti: ***alle Papiere ~ haben*** avere tutti i documenti pronti; COLLOQ. ***nicht alle, sie nicht richtig ~ haben*** non avere il cervello a posto, essere un po' tocco; ***~ liegen*** essere insieme, vicino l'uno all'altro; COLLOQ. ***~ sein*** essere in ordine; ***gut, schlecht ~ sein*** essere in buona, cattiva salute; ***nicht recht ~ sein*** non stare tanto bene (di salute); ***nicht ganz ~ sein*** non avere la testa a posto, essere in stato confusionale; ***~ sitzen*** essere riuniti; ***~ stehen*** stare uno accanto all'altro.

Bei|fah|rer m. *(-s,-)* **1** *(im PKW)* passeggero *m.* (accanto al guidatore) **2** *(im LKW)* secondo autista *m.* **3** *(bei Rallyes)* navigatore *m.*

Bei|fall m. *(-[e]s)* **1** applauso *m.*: ***jdm ~ klatschen*** battere le mani a qcn., applaudire qcn.; ***tosender, stürmischer, anhaltender ~*** applauso fragoroso, scrosciante, incessante **2** plauso *m.*, approvazione *f.*: ***die Idee fand, bekam, erntete großen ~*** l'idea incontrò grande approvazione; ***~ heischende Blicke*** sguardi in cerca di approvazione.

bei_fal|len intr. *(fällt, fiel, gefallen;* aus. *haben)* ANT. **1** *(einfallen)* venire in mente **2** *(zustimmen)* essere d'accordo. **bei|fäl|lig I** agg. favorevole, di consenso, di approvazione: ***-es Gemurmel*** mormorio di approvazione **II** avv. favorevolmente.

Bei|fall|klat|schen n. *(-s)* applauso *m.*, battimani *m.* **Bei|fall|ruf** m. *(-s,-e)* acclamazione *f.* **Bei|falls|äu|ße|rung** f. *(-,-en)* **1** applausi *m.pl.* **2** *(Äußerung der Zustimmung)* espressione *f.* di plauso. **Bei|falls|sturm** m. *(-s,-stürme)* ovazione *f.*

bei|fol|gend BUROCR. ANT. **I** agg. accluso, allegato **II** avv. in allegato.

bei_fü|gen tr. **1** *(hinzufügen)* aggiungere, dire **2** BUROCR. allegare, accludere: ***die notwendigen Unterlagen ~*** accludere i documenti necessari. **Bei|fü|gung** f. *(-,-en)* **1** BUROCR. ***unter ~ des Attests*** allegando il certificato **2** GRAMM. attributo *m.*

Bei|fuß m. *(-es)* BOT. artemisia *f.*

Bei|ga|be f. *(-,-n)* **1** aggiunta *f.*, supplemento *m.*: ***den Teig unter ~ von Öl kneten*** impastare aggiungendo olio; IRON. ***eine unerwünschte ~*** una conseguenza indesiderata **2** *(Grabbeigabe)* arredi *m.pl.* funebri.

beige ['be:ʒə] agg.inv. beige. **Beige** n. *(-)* COLLOQ. beige *m.*, colore *m.* beige.

bei_ge|ben tr. *(gibt, gab, gegeben)* **1** *(hinzufügen)* aggiungere **2** *(zur Hilfe mitgeben)* assegnare, aggregare ◆ FIG. ***klein ~*** darsi per vinto.

beige|far|ben agg. di colore beige.

Bei|ge|ord|ne|te m. e f. *(-n,-n)* impiegato *m.* (-a *f.*) comunale.

Bei|ge|schmack m. *(-[e]s)* sapore *m.* estraneo; FIG. ***die Geschichte hat einen bitteren ~*** la storia sa un po' d'amaro.

bei_ge|sel|len I tr. ***jdm einen Gefährten ~*** dare un compagno a qcn. **II** rifl. ***sich jdm ~*** unirsi a qcn.

Beig|net [bɛn'je:] m. *(-s,-s)* bignè *m.*

Bei|heft n. *(-[e]s,-e)* supplemento *m.*

Bei|hil|fe f. *(-,-n)* **1** sussidio *m.*, sovvenzione *f.*: ***um eine ~ ansuchen, eine ~ beantragen*** fare domanda per un sussidio **2** DIR. concorso *m.*: ***jdn wegen ~ zum Betrug verurteilen*** condannare qcn. per concorso in truffa ◆ ***jdm ~ leisten*** prestare assistenza a qcn.

Bei|klang m. *(-[e]s,-klänge)* **1** suono *m.* estraneo, stonatura *f.*: ***das Instrument hat einen störenden ~*** lo strumento stona **2** *(Nebensinn)* sfumatura *f.*: ***seinen Worten einen ironischen ~ geben*** dare alle proprie parole una sfumatura ironica.

Bei|koch m. *(-[e]s,-köche)* aiuto cuoco *m.* **Bei|kö|chin** f. *(-,-nen)* aiuto cuoca *f.*

bei_kom|men intr. *(kam, gekommen;* aus. *sein)* **1** ***jdm ~*** domare, vincere qcn.: ***seinem Gegner nicht ~ können*** non riuscire a domare il proprio avversario **2** venire a capo di: ***einem Problem ~*** venire a capo di un problema **3** *(einfallen)* venire in mente.

Bei|kost f. *(-)* cibo *m.* (*o* alimento *m.*) supplementare.

Beil n. *(-[e]s,-e)* scure *f.*, ascia *f.*

beil. ⇒ *beiliegend* allegato (all., alleg.).

Beil. ⇒ *Beilage* allegato (all., alleg.).

bei_la|den tr. *(lädt, lud, geladen)* **1** caricare insieme a: ***ein Motorrad einem Möbeltransport ~*** caricare una moto insieme a un trasporto di mobili **2** DIR. citare. **Bei|la|dung** f. *(-,-en)* **1** completamento *m.* del carico **2** DIR. citazione *f.*

Bei|la|ge f. *(-,-n)* **1** allegato *m.*, aggiunta *f.* **2** *(einer Zeitung)* supplemento *m.* **3** *(eines Hauptgerichtes)* contorno *m.*: ***mit, als ~*** di contorno.

Bei|la|ger n. *(-s,-)* **1** STOR. prima notte *f.* di nozze **2** ANT. LETT. concubito *m.*

bei|läu|fig I agg. occasionale, casuale, accidentale: ***eine -e Bemerkung*** un'osservazione casuale **II** avv. per inciso, fra parentesi. **Bei|läu|fig|keit** f. *(-)* casualità *f.*, accidentalità *f.*

bei_le|gen I tr. **1** accludere, allegare **2** attribuire, dare: ***einer Sache zu viel Gewicht, Bedeutung ~*** dare troppo peso, significato a una cosa **3** ricomporre, accomodare: ***einen Streit ~*** ricomporre una lite **II** rifl. ***sich (D) einen Künstlernamen ~*** darsi un nome d'arte. **Bei|le|gung** f. *(-,-en)* ricomposizione *f.*, accomodamento *m.*

bei|lei|be avv. rafforz. *(bei Verneinungen)* davvero, affatto.

Bei|leid n. *(-[e]s)* condoglianze *f.pl.*: ***aufrichtiges, herzliches ~*** vive, sentite condoglianze; ***jdm sein ~ ausdrücken, aussprechen, bekunden, bezeigen*** fare le condoglianze a qcn. **Bei|leids|be|such** m. *(-[e]s,-e)* visita *f.* di condoglianze. **Bei|leids|be|zei|gung, Bei|leids|be|zeu|gung** f. *(-,-en)* condoglianze *f.pl.* **Bei|leids|kar|te** f. *(-,-n)* biglietto *m.* di condoglianze.

Beil|hieb m. *(-[e]s,-e)* colpo *m.* di scure.

bei_lie|gen intr. *(lag, gelegen;* aus. *haben)* **1** essere accluso, unito, allegato **2** ANT. coire **3** MAR. stare alla coppa. **bei_lie|gend** p.pres. agg. **1** → **beiliegen 2** BUROCR. qui accluso, allegato.

beim → **bei.**

bei_men|gen tr. mescolare, aggiungere mescolando. **Bei|men|gung** f. *(-,-en)* **1** miscela *f.*, mistura *f.* **2** aggiunta *f.*

bei_mes|sen tr. *(misst, maß, gemessen)* attribuire, ascrivere: ***etw. (D) zu viel Bedeutung ~*** attribuire troppa importanza a qcs. **Bei|mes|sung** f. *(-,-en)* attribuzione *f.*

bei_mi|schen tr. → **beimengen. Bei|mi|schung** f. *(-,-en)* → **Beimengung.**

Bein n. *(-[e]s,-e)* **1a** gamba *f.*: ***krumme, lange -e*** gambe storte, lunghe; ***die -e übereinander schlagen, ausstrecken*** accavallare, distendere le gambe **b** *(von Tieren)* zampa *f.*, gamba *f.* **2** *(von Möbeln)* gamba *f.* **3** *(Hosenbein)* gamba *f.* (dei pantaloni): ***eine Hose mit kurzen -en*** pantaloni corti **4** REGION. *(Fuß)* piede *m.* **5** REGION. *(Knochen)* osso *m.* ◆ ***alles, was -e hat*** tutti (quelli che camminano); ***die -e unter die Arme nehmen*** darsela a gambe; ***auf einem ~ kann man nicht stehen!*** beviamone ancora uno! ***wieder auf den -en sein*** essere di nuovo in piedi (*o* guarito); *(finanziell)* essersi ripreso (finanziariamente); ***sich (D) kein ~ ausreißen*** prendersela comoda, non affrettarsi; ***etw. bekommt -e*** qcs. sparisce, si volatilizza (perché rubato); ***sich (D) etw. ans ~ binden*** crearsi problemi; ***jdn auf die -e bringen*** mobilitare qcn.; rimettere in piedi qcn. (anche FIG.); ***etw. auf die -e bringen*** mettere in piedi qcs.; ***immer wieder auf die -e fallen*** cadere sempre in piedi; ***mit einem ~ im Gefängnis stehen*** essere a un passo dalla prigione; ***etw. geht in die -e*** qcs. appesantisce (*o* va nelle) gambe; *(von Musik)* qcs. invita a ballare (*o* a marciare); ***mit einem ~ im Grabe stehen*** avere un piede nella fossa; ***sich nicht mehr (kaum noch) auf den -en halten können*** non reggersi più in piedi (dalla stanchezza); ***die -e in die Hand nehmen*** mettersi le gambe in spalla; ***jdm ums ~ hauen*** imbrogliare qcn.; ***jdm auf die -e helfen*** aiutare qcn. a rimettersi in piedi (anche FIG.); ***jdm einen Knüppel zwischen die -e werfen*** creare difficoltà a qcn.; ***wieder auf die -e kommen*** rimettersi in piedi; ***etw. kriegt -e*** → ***etw. bekommt -e***; ***mit dem linken ~ zuerst aufstehen*** alzarsi col piede sinistro (*o* sbagliato); ***jdm -e machen*** far correre qcn.; ***sich auf die -e machen*** mettersi in cammino; ***die -e nach etw. ablaufen, abrennen*** darsi da fare (invano) per ottenere qcs.; ***auf schwachen -en stehen*** essere traballante; ***mit beiden -en im Leben, auf der Erde stehen*** stare con i piedi (ben piantati) per terra; FIG. ***auf eigenen -en stehen*** camminare con le proprie gambe; ***sich (D) die -e in den Leib, in den Bauch stehen*** aspettare a lungo in piedi; ***etw. auf die -e stellen*** mettere in piedi qcs.; ***jdm ein ~ stellen*** fare lo sgambetto a qcn. (anche FIG.); ***die -e unter jds Tisch strecken*** vivere alle spalle di qcn.; ***von einem ~ aufs andere treten*** aspettare con impazienza; ***sich (D) die -e vertreten*** sgranchirsi le gambe; ***viel ~ zeigen*** mostrare le cosce.

bei|nah COLLOQ. → **beinahe. bei|na|he, bei|na|he** avv. quasi: ***ich wäre ~ gestolpert*** poco mancò che m'inciampassi (*o* stavo quasi per inciampare).

Bei|na|me m. *(-ns,-n)* soprannome *m.*, nomignolo *m.*

bein|am|pu|tiert agg. con una gamba amputata, mutilato di una gamba. **Bein|ar|beit** f. *(-)* SPORT lavoro *m.* di gambe. **Bein|bruch** m. *(-[e]s,-brüche)* frattura *f.* della gamba ◆ ***Hals- und ~!*** in bocca al lupo! buona fortuna! ***das ist (doch) kein ~!*** non è poi così grave! **Bein|chen** n. *(-s,-)* gambetta *f.*; *(von Tieren)* zampetta *f.*, zampina *f.* **Bein|ei|sen** n. *(-s,-)* STOR. ceppo *m.* (per le caviglie).

bei|nern agg. **1** osseo, d'osso **2** *(knochig)* ossuto **3** *(aus Elfenbein)* d'avorio.

Bein|fleisch n. *(-[e]s)* GASTR. stinco *m.* di vitello. **Bein|fraß** m. *(-es)* MED. carie *f.* ossea. **Bein|frei|heit** f. *(-)* libertà *f.* di movimento.

be|in|hal|ten tr. BUROCR. contenere, comprendere.

Bein|har|nisch m. *(-[e]s,-e)* STOR. cosciale *m.* **bein|hart** agg. REGION. duro come un osso, durissimo. **Bein|haus** n. *(-es,-häuser)* ossario *m.* **Bein|kleid** n. *(-[e]s,-er)* ANT. o SCHERZ. brache *f.pl.*, calzoni *m.pl.* **Bein|lei|den** n. *(-s)* REGION. malattia *f.* alle (*o* delle) gambe. **Bein|ling** m. *(-s,-e)* SART. ANT. gamba *f.* **bein|los** agg. **1** senza gambe **2** *(ohne Knochen)* disossato. **Bein|mus|kel** m. *(-s,-n)* muscolo *m.* della gamba. **Bein|pro|the|se** f. *(-,-n)* gamba *f.* artificiale. **Bein|schel|le** f. *(-,-n)* → **Beineisen. Bein|schie|ne** f. *(-,-n)* **1** STOR. gambiera *f.* **2** *(beim Baseball, Hockey)* parastinchi *m.* **3** MED. stecca *f.* (per gambe fratturate). **Bein|schüt|zer** m. *(-s,-)* parastinchi *m.* **Bein|stel|lung** f. *(-,-en)* posizione *f.* delle gambe. **Bein|stumpf** m. *(-[e]s,-stümpfe)* moncone *m.* (di gamba). **bein|ver|sehrt** agg. mutilato di una gamba. **Bein|well** m. *(-s,-e)* consolida *f.* maggiore. **Bein|wurz** f. *(-,-en)* radice *f.* della consolida maggiore.

bei_ord|nen tr. **1** affiancare, associare: ***jdm einen Fachmann ~*** affiancare un esperto a qcn. **2** DIR. assegnare d'ufficio **3** GRAMM. coordinare. **Bei|ord|nung** f. *(-,-en)* **1** assegnazione *f.*, l'affiancare, associazione *f.* **2** DIR. assegnazione *f.* d'ufficio (del difensore) **3** GRAMM. coordinazione *f.*

Bei|pack m. *(-[e]s)* carico *m.* aggiunto. **bei_pa|cken** tr. aggiungere (ad un carico). **Bei|pack|zet|tel** m. *(-s,-)* foglio *m.* illustrativo, foglietto *m.* di istruzioni.

Bei|pferd n. *(-[e]s,-e)* REGION. trapelo *m.*, bilancino *m.*

bei_pflich|ten intr. (aus. *haben*) ***jdm ~*** approvare qcn., essere d'accordo, concordare con qcn.; ***einer Meinung ~*** approvare, condividere un'opinione. **bei|pflich|tend** p.pres. agg. **1** → **beipflichten** **2** consenziente, d'accordo; ***ein -es Nicken*** un cenno d'assenso.

Bei|pro|gramm n. *(-s,-e)* fuoriprogramma *m.*

Bei|rat m. *(-[e]s,-räte)* **1** *(Ausschuss)* consiglio *m.* **2** ANT. consigliere *m.*

be|ir|ren tr. confondere, fuorviare: ***sich durch nichts ~ lassen*** non farsi confondere da nulla.

bei|sam|men avv. **1** insieme, in compagnia: ***wieder ~ sein*** essere di nuovo insieme **2** ***~ sein*** stare bene, essere sano: ***nicht gut ~ sein*** non stare molto bene.

bei|sam|men_blei|ben intr. *(blieb, geblieben;* aus. *sein)* restare insieme, uniti.

bei|sam|men_ha|ben tr. avere con sé: ***eine beachtliche Summe ~*** aver raccolto una somma considerevole ◆ ***er hat nicht alle beisammen*** gli manca qualche rotella (*o* qualche venerdì); ***seine Gedanken ~*** essere concentrato; ***seine (fünf) Sinne, seinen Verstand ~*** essere perfettamente in sé.

Bei|sam|men|sein n. *(-s)* incontro *m.*, riunione *f.*: ***ein gemütliches ~*** una piacevole riunione.

bei|sam|men_sit|zen intr. *(saß, gesessen;* aus. *haben)* sedere (*o* stare) insieme, in compagnia. **bei|sam|men_ste|hen** intr. *(stand, gestanden;* aus. *haben)* essere riuniti, stare insieme.

Bei|sas|se m. *(-n,-n)* STOR. = residente *m.* senza diritti di cittadinanza.

Bei|satz m. *(-es,-sätze)* GRAMM. apposizione *f.*

bei_schaf|fen tr. *(schuf, geschaffen)* REGION. far venire, procurare.

bei_schie|ßen tr. *(schoss, geschossen)* ***etw. ~*** contribuire con qcs.: ***zu einer Reise etw. ~*** contribuire a un viaggio con qcs.

Bei|schlaf m. *(-[e]s)* coito *m.*, LETT. copula *f.* **Bei|schlä|fer** m. *(-s,-)* concubino *m.* **Bei|schlä|fe|rin** f. *(-,-nen)* concubina *f.*

Bei|schlag m. *(-[e]s,-schläge)* verone *m.*

bei_schlie|ßen tr. *(schloss, geschlossen)* AUSTR. allegare, accludere, unire. **Bei|schluss** m. *(-es,-schlüsse)* AUSTR. allegato *m.*

Bei|sein n. *(-s)* presenza *f.*: ***in meinem ~*** alla mia presenza; ***ohne sein ~*** in sua assenza.

bei|sei|te avv. **1** da parte, in disparte, a parte: ***etw. ~ lassen*** lasciare da parte, tralasciare qcs.; ***~ gehen, treten*** farsi da parte, mettersi in disparte; ***sich ~ halten*** tenersi in disparte; ***jdn ~ nehmen*** prendere qcn. in disparte; ***~ stehen*** stare in disparte; ***jdn ~ ziehen*** prendere qcn. in disparte **2** TEATR. a parte ◆ ***Akten ~ bringen, schaffen*** sottrarre documenti; *(verstecken)* nascondere, mettere al sicuro documenti; *(beseitigen)* eliminare, far sparire documenti; ***jdn ~ bringen, schaffen*** eliminare, far fuori qcn.; ***Geld, eine Arbeit ~ legen*** mettere denaro da parte, interrompere un lavoro; ***etw., jdn ~ schieben*** rimuovere qcs., non prendere in considerazione qcn.; ***Spaß ~!*** scherzi a parte! **Bei|sei|te|schaf|fung** f. *(-,-en)* eliminazione *f.*, rimozione *f.* **bei|seits** REGION. → **beiseite.**

Bei|sel n. *(-s,-)* AUSTR. taverna *f.*, bettola *f.*

bei_set|zen tr. **1** seppellire (solennemente), LETT. inumare **2** ANT. *(dazutun)* aggiungere **3** MAR. ***ein Segel ~*** spiegare una vela. **Bei|set|zung** f. *(-,-en)* (solenne) sepoltura *f.*, LETT. inumazione *f.*

Bei|sitz m. *(-es)* **1** DIR. carica *f.* di giudice a latere **2** *(Soziussitz)* sellino *m.* posteriore. **bei_sit|zen** intr. *(saß, gesessen;* aus. *haben)* DIR. esercitare la carica di giudice a latere. **Bei|sit|zer** m. *(-s,-)* DIR. giudice *m.* a latere; *(eines Vorstands)* commissario *m.* a latere, membro *m.* della presidenza (*o* direzione).

Bei|spiel n. *(-[e]s,-e)* **1** *(Einzelfall)* esempio *m.*: ***ein treffendes ~*** un esempio calzante; ***etw. als ~ angeben, anführen*** portare, addurre qcs. come esempio; ***etw. an einem ~ veranschaulichen, klarmachen*** esemplificare qcs., chiarire qcs. con un esempio; ***ohne ~ sein*** essere unico, raro, senza pari; ***zum ~*** per (*o* ad) esempio **2** *(Vorbild)* esempio *m.*, modello *m.*: ***ein ~ geben*** dare un esempio; ***jds ~ folgen*** seguire l'esempio di qcn.; ***nach jds ~*** sull'esempio di qcn., seguendo l'esempio di qcn.; ***sich (D) an jdm ein ~ nehmen*** prendere esempio da qcn.; ***mit gutem ~ vorangehen*** dare il buon esempio. **bei|spiel|ge|bend, bei|spiel|haft** agg. esemplare. **bei|spiel|los** agg. unico, senza pari, ineguagliato, straordinario. **Bei|spiel|satz** m. *(-es,-sätze)* frase *f.* esemplificativa. **Bei|spiels|fall** m. *(-[e]s,-fälle)* caso *m.* esemplificativo, tipico. **bei|spiels|hal|ber, bei|spiels|wei|se** avv. per esempio, a titolo d'esempio.

bei_sprin|gen intr. *(sprang, gesprungen;* aus. *sein)* ***jdm (mit etw.) ~*** venire in aiuto di qcn., soccorrere qcn. (con qcs.); ***mit 50 DM ~*** venire in aiuto con 50 marchi.

bei|ßen *(biss, gebissen)* **I** tr. **1a** mordere, morsicare: ***der Hund biss den Dieb ins Bein*** il cane morse la gamba al ladro; FIG. ***um sich ~*** mordere per difendersi, difendersi con parole violente; COLLOQ. ***dich hat wohl jd gebissen*** ti ha morso qcn., sei ammattito **b** *(kauen)* masticare: ***er kann das Fleisch noch nicht ~*** non riesce ancora a masticare la carne **2** *(von Insekten)* mordere, pungere **II** intr. (aus. *haben*) **1a** ***in etw. (A) ~*** mordere, addentare qcs.: ***in ein Stück Käse ~*** addentare un pezzo di formaggio; ***ich habe auf einen Kern gebissen*** mi è finito un nocciolo sotto i denti **b** *(bissig sein)* mordere: ***der Hund biss nach meiner Hand*** il cane mi morse la mano **2** *(an der Angel)* ~ abboccare **3** irritare, pungere, pizzicare: ***der Pullover beißt*** il maglione punge; ***der Rauch beißt in die, in den Augen*** il fumo irrita gli occhi **III** rifl. **sich ~ 1a** mordersi **b** FIG. *(nicht passen)* fare a pugni, stridere: ***Rot und Violett ~ sich*** rosso e viola fanno a pugni **2** ***sich beim Essen auf, in die Zunge ~*** mordersi la lingua mangiando ◆ ***in den sauren Apfel ~ müssen*** dovere inghiottire il rospo; ***bellende Hunde ~ nicht*** can che abbaia non morde; ***ins Gras ~*** mordere la polvere; ***nichts zu ~ haben*** non avere niente da mettere sotto i denti. **bei|ßend** p.pres. agg. **1** → **beißen 2** irritante, pungente: ***-e Kälte*** freddo pungente; FIG. ***-er Hohn*** scherno pungente. **Bei|ßer** m. *(-s,-)* **1** animale *m.* che morde, morsicatore **2** SCHERZ. *(Zahn)* dente *m.* **3** AUSTR. piede *m.* di porco. **Bei|ßer|chen** n. *(-s,-)* FAM. dentino *m.* **Beiß|korb** m. *(-[e]s,-körbe)* museruola *f.* **Beiß|ring** m. *(-[e]s,-e)* anello *m.* da dentizione. **Beiß|zahn** m. *(-[e]s,-zähne)* incisivo *m.* **Beiß|zan|ge** f. *(-,-n)* **1** tenaglia *f.* **2** COLLOQ. SPREG. bisbetica *f.*

Bei|stand m. *(-[e]s,-stände)* **1** *(Unterstützung)* aiuto *m.*, assistenza *f.* **2** DIR. patrocinatore *m.*, assistente *m.* legale.

bei_ste|cken tr. ***jdm etw. ~*** dare di nascosto qcs. a qcn.

bei_ste|hen intr. *(stand, gestanden;* aus. *haben)* ***jdm ~*** (re)stare vicino (*o* accanto) a qcn., aiutare, assistere qcn.: ***Gott stehe mir bei!*** (che) Dio mi aiuti (*o* mi assista)! ***jdm mit (allen) Kräften, mit Rat und Tat ~*** aiutare qcn. con tutte le proprie forze, con le parole e coi fatti.

bei_stel|len tr. AUSTR. mettere a disposizione, fornire. **Bei|steu|er** f. *(-,-n)* REGION. contributo *m.*, sovvenzione *f.*, sussidio *m.* **bei_steu|ern I** tr. ***etw. ~*** contribuire (*o* partecipare) con qcs., dare qcs. come contributo **II** intr. (aus. *haben*) ***zu etw. ~*** partecipare a qcs.

bei_stim|men intr. (aus. *haben*) ***etw. (D) ~, jdm in etw. (D) ~*** approvare qcs., essere d'accordo con qcn. su qcs. **bei|stim|mend** avv. ***~ nicken*** annuire in segno di approvazione. **Bei|stim|mung** f. *(-)* consenso *m.*, approvazione *f.*

Bei|strich m. *(-[e]s,-e)* virgola *f.*

Bei|tel m. *(-s,-)* scalpello *m.* (da legno).

Bei|trag m. *(-[e]s,-träge)* **1** contributo *m.*, quota *f.*: ***einen ~ zahlen, entrichten*** pagare una quota **2** *(Mitwirkung)* contributo *m.*, concorso *m.*, collaborazione *f.*: ***seinen ~ (zu etw.) leisten*** dare il proprio contributo (a qcs.) **3** *(Aufsatz in einer Zeitschrift)* saggio *m.*, studio *m.*; *(Zeitungsartikel)* articolo *m.* **bei_tra|gen** *(trägt, trug, getragen)* **I** tr. ***etw. zu etw. ~*** contribuire con qcs. a qcs. **II** intr. (aus. *haben*) contribuire, dare il proprio contributo: ***zum Gelingen des Abends ~*** contribuire alla riuscita della serata. **Bei|trä|ger** m. *(-s,-)* collaboratore *m.* (di riviste, giornali, raccolte).

Bei|trags|an|teil m. *(-[e]s,-e)* quota *f.* (contributiva); *(bei Versicherungen)* premio *m.* **Bei|trags|klas|se** f. *(-,-n)* **1** *(beim Steuerwesen)* categoria *f.* contributiva **2** *(bei einer Versicherung)* categoria *f.* di rischio; AUT. classe *f.* di merito. **Bei|trags|leis|tung** f. *(-,-en)* **1** *(beim Steuerwesen)* contribuzione *f.*, pagamento *m.* dei contributi **2** *(bei einer Versicherung)* pagamento *m.* del premio. **Bei|trags|pflicht** f. *(-)* **1** obbligo *m.* di versare una quota, un premio **2** *(beim Steuerwesen)* obbligo *m.* contributivo. **Bei|trags|satz** m. *(-es,-sätze)* aliquota *f.* contributiva.

bei|treib|bar agg. recuperabile: ***nicht -e Forderungen*** crediti irrecuperabili. **bei_trei|ben** tr. *(trieb, getrieben)* DIR. riscuotere, recuperare (attraverso esecuzione forzata). **Bei|trei|bung** f. *(-,-en)* DIR. riscossione *f.*, recupero *m.* (attraverso esecuzione forzata).

bei_tre|ten intr. *(tritt, trat, getreten;* aus. *sein)* aderire, entrare (a far parte): ***einer Partei, einem Projekt ~*** aderire a un partito, a un progetto; ***einer Gesellschaft ~*** entrare a far parte di una società; ***einem Gerichtsverfahren ~*** aderire a un procedimento giudiziario.

Bei|tritt m. *(-[e]s,-e)* adesione *f.*, ingresso *m.*: ***seinen ~ (zu etw.) erklären*** dichiarare la propria adesione (a qcs.). **Bei|tritts|er|klä|rung** f. *(-,-en)* dichiarazione *f.* di adesione. **Bei|tritts|ge|such** n. *(-[e]s,-e)* domanda *f.* di adesione, d'ammissione. **Bei|tritts|ver|hand|lun|gen** pl. trattative *f.pl.* per l'adesione (*o* l'ingresso). **bei|tritts|wil|lig** agg. che vuole essere ammesso, che vuole aderire.

Bei|wa|che f. *(-,-n)*, **Bei|wacht** f. *(-,-en)* bivacco *m.*

Bei|wa|gen m. *(-s,-)* **1** sidecar *m.*, carrozzino *m.* **2** *(von Straßenbahnen)* rimorchio *m.*

Bei|werk n. *(-[e]s)* accessori *m.pl.*: ***auf unnötiges ~ verzichten*** rinunciare ad accessori inutili.

bei_woh|nen intr. (aus. *haben*) **1** assistere, partecipare: ***einer Sitzung, einer Premiere ~*** partecipare a una riunione, a una prima **2** ANT. *(beischlafen)* coire. **Bei|woh|nung** f. *(-,-en)* **1** presenza *f.*, partecipazione *f.* **2** ANT. *(Beischlaf)* coito *m.*

Bei|wort n. *(-[e]s,-wörter)* **1** GRAMM. aggettivo *m.* **2** epiteto *m.*: ***schmückendes ~*** epiteto esornativo.

Bei|ze f. *(-,-n)* **1** *(für Holz)* vernice *f.*, tinteggiatura *f.* **2** TESS. *(Färbemittel)* tinta *f.*, pittura *f.* **3** *(für Leder, Tabak)* concia *f.* **4** METALL. decapaggio *m.* **5** AGR. disinfettante *m.* **6** GASTR. marinata *f.* **7** VENAT. caccia *f.* col falcone.

bei|zei|ten avv. a tempo debito, per tempo, in tempo.

bei|zen I tr. trattare con liquido caustico, acido; ***eine Holzwand, Stoff, Leder, Metall, Saatgut, Tabak, Fleisch ~*** verniciare un pannello di legno, tingere la stoffa, conciare il cuoio, decapare il metallo, disinfettare la semente, conciare il tabacco, marinare la carne **II** intr. (aus. *haben*) **1** bruciare, irritare: ***der Geruch beizt in der Nase*** l'odore brucia nel naso **2** VENAT. cacciare col falcone. **Bei|zen** n. *(-s)* **1** *(für Holz)* tinteggiatura *f.*, verniciatura *f.* **2** CHIM. corrosione *f.* **3** *(für Leder, Tabak)* conciatura *f.* **4** METALL. decapaggio *m.* **5** AGR. disinfezione *f.* **6** GASTR. marinatura *f.* **7** VENAT. caccia *f.* col falcone. **bei|zend** p.pres. agg. **1** → **beizen 2** corrosivo, caustico, mordente. **Beiz|fal|ke** m. *(-n,-n)* falcone *m.* da caccia. **Beiz|jagd** f. *(-,-en)* caccia *f.* col falcone. **Beiz|mit|tel** n. *(-s,-)* corrosivo *m.*, sostanza *f.* corrosiva.

be|ja|hen tr. **1** ***eine Frage ~*** rispondere affermativamente a una domanda **2** approvare, apprezzare: ***eine Entscheidung ~*** apprezzare una decisione. **be|ja|hend** p.pres. agg. **1** → **bejahen 2** affermativo. **be|ja|hen|den|falls** avv. in caso affermativo.

be|jahrt agg. attempato, avanti negli anni. **Be|jahrt|heit** f. *(-)* annosità *f.*

Be|ja|hung f. *(-,-en)* **1** risposta *f.* affermativa **2** approvazione *f.*, apprezzamento *m.* **Be|ja|hungs|fall,** BUROCR. ***im -e*** in caso affermativo.

be|jam|mern tr. lamentare, piangere, deplorare: ***sein hartes Los ~*** lamentare la propria dura sorte. **be|jam|merns|wert** agg. deplorevole, commiserevole.

be|ju|beln tr. salutare con giubilo, acclamare: ***die Fans ~ die siegreiche Mannschaft*** i tifosi acclamano la squadra vittoriosa.

be|ka|keln tr. COLLOQ. discutere in tutti i particolari.

be|kämp|fen tr. combattere: ***den Feind, einen Virus, ein Vorurteil ~*** combattere (contro) il nemico, un virus, un pregiudizio. **Be|kämp|fung** f. *(-,-en)* lotta *f.*: ***die ~ der Kriminalität*** la lotta alla, contro la criminalità.

be|kannt I p.pass. agg. **1** → **bekennen 2** noto, conosciuto; *(berühmt)* famoso: ***er ist für seine guten Weine ~*** è noto per i suoi buoni vini; ***ein mir -er Arzt*** un medico di mia conoscenza; ***ein -er Künstler*** un noto artista **3** *(von Dingen)* noto, risaputo **II** avv. ***~ geben*** rendere noto, notificare, comunicare, annunciare: ***eine Hochzeit ~ geben*** annunciare un matrimonio; ***~ machen*** rendere noto (pubblicamente), comunicare, divulgare: ***eine Nachricht ~ machen*** divulgare una notizia; ***~ werden*** diventare pubblico, trapelare: ***der Skandal wird ~*** lo scandalo diventa pubblico ◆ ***jdn mit jdm ~ machen*** far conoscere, presentare qcn. a qcn.; ***jdn, sich mit etw. ~ machen*** informare qcn., informarsi di qcs.; ***jdm ~ sein*** essere conosciuto da qcn.; ***~ sein wie ein bunter Hund*** essere conosciuto come la betonica; ***davon ist mir nichts ~*** non ne so nulla; ***jdm ~ vorkommen*** risultare noto, familiare a qcn. **Be|kann|te** m. e f. *(-n,-n)* **1** conoscente *m.* e *f.* **2** COLLOQ. amico *m.* (-a *f.*), ragazzo *m.* (-a *f.*). **Be|kann|ten|kreis** m. *(-es,-e)* cerchia *f.* di conoscenze, conoscenti *m.pl.*, conoscenze *f.pl.*: ***zu jds ~ zählen*** appartenere alla cerchia di conoscenze di qcn. **be|kann|ter|ma|ßen** avv. BUROCR. notoriamente.

Be|kannt|ga|be f. *(-,-n)* notificazione *f.*, comunicazione *f.*, annuncio *m.*: ***die ~ des Wahlergebnisses*** l'annuncio dei risultati elettorali. **Be|kannt|heit** f. *(-)* notorietà *f.*, fama *f.* **be|kannt|lich** avv. → **bekanntermaßen. Be|kannt|ma|chung** f. *(-,-en)* comunicazione *f.*, divulgazione *f.*: ***öffentliche ~*** divulgazione pubblica. **Be|kannt|schaft** f. *(-,-en)* **1** conoscenza *f.*: ***jds ~ machen, mit jdm ~ schließen*** fare la conoscenza di qcn.; COLLOQ. IRON. ***mit etw. ~ machen*** fare conoscenza con qcs. (di spiacevole) **2** *(Bekanntenkreis)* conoscenti *m.pl.*, conoscenze *f.pl.*

Be|kas|si|ne f. *(-,-n)* beccaccino *m.*

be|keh|ren I tr. **1** convertire: ***jdn zum Christentum ~*** convertire qcn. al cristianesimo **2** convincere: ***er lässt sich nicht ~*** non si lascia convincere **II** rifl. **sich ~** convertirsi: ***sich zu einem neuen Lebenswandel ~*** convertirsi a un nuovo stile di vita. **Be|keh|rer** m. *(-s,-)* convertitore *m.* **Be|kehr|te** m. e f. *(-n,-n)* convertito *m.* (-a *f.*). **Be|keh|rung** f. *(-,-en)* conversione *f.*

be|ken|nen *(bekannte, bekannt)* **I** tr. **1** *(zugeben)* riconoscere, ammettere: ***einen Fehler ~*** riconoscere un errore; ***seine Sünden ~*** confessare i propri peccati **2** dichiarare, professare: ***seine politischen Ansichten, seinen Glauben ~*** professare il proprio credo politico, la propria fede **II** rifl. **sich ~ 1** dichiararsi a favore, parteggiare: ***sich zu einer Überzeugung, sich zu seinen Freunden ~*** dichiararsi a favore di una convinzione, parteggiare per i propri amici **2** professarsi, dichiararsi, riconoscersi: ***sich als schuldig ~*** professarsi colpevole; ***sich (als, für) verantwortlich ~*** riconoscersi responsabile ◆ ***Farbe ~*** mettere le carte in tavola. **Be|ken|ner** m. *(-s,-)* aderente *m.*, seguace *m.* **Be|ken|ner|brief** m. *(-[e]s,-e)* lettera *f.* di rivendicazione (di un attentato).

Be|kennt|nis n. *(-ses,-se)* **1** *(Religionszugehörigkeit)* confessione *f.*, professione *f.* di fede **2** *(Geständnis)* confessione *f.*: ***ein ~ ablegen*** fare una confessione **3** pl. LETT. confessioni *f.pl.* **4** professione *f.*, dichiarazione *f.*: ***~ zur Religionsfreiheit*** professione di libertà di religione. **Be|kennt|nis|frei|heit** f. *(-)* libertà *f.* religiosa. **be|kennt|nis|los** agg. privo di credo. **Be|kennt|nis|schu|le** f. *(-,-n)* scuola *f.* confessionale.

be|kla|gen I tr. lamentare, piangere, deplorare: ***den Tod der Eltern ~*** piangere la morte dei genitori; ***sein Schicksal ~*** deplorare il proprio destino **II** rifl. **sich ~** lamentarsi, lagnarsi: ***sich (über etw., bei jdm) ~*** lamentarsi (di qcs., con qcn.). **be|kla|gens|wert, be|kla|gens|wür|dig** agg. **1** *(von Personen)* compassionevole **2** *(von Dingen)* pietoso. **Be|klag|te** m. e f. *(-n,-n)* imputato *m.* (-a *f.*), convenuto *m.* (-a *f.*).

be|klat|schen tr. **1** ***jdn ~*** applaudire qcn., battere le mani a qcn. **2** COLLOQ. *(ausplaudern)* ***jdn ~*** spettegolare di qcn.; ***ein Ereignis ~*** spiattellare (*o* spifferare) un fatto.

be|klau|en tr. COLLOQ. ***jdn ~*** derubare qcn., soffiare (qcs.) a qcn.

be|kle|ben tr. (ri)coprire, rivestire (incollando qcs.): ***eine Wand mit Postkarten ~*** coprire di cartoline una parete.

be|kle|ckern I tr. COLLOQ. imbrattare, impiastricciare **II** rifl. **sich ~** imbrattarsi: ***sich (D) die Bluse mit Marmelade ~*** imbrattarsi la camicetta di marmellata.

be|kleck|sen tr. macchiare: ***das Pult (mit Tinte) ~*** macchiare la cattedra (d'inchiostro).

be|klei|den I tr. **1** vestire **2** ricoprire, rivestire: ***eine Wand mit Tapeten ~*** rivestire una parete con la tappezzeria **3** FIG. ricoprire, rivestire: ***ein Amt ~*** ricoprire una carica; ANT. ***jdn mit Autorität ~*** rivestire qcn. di autorità **II sich ~** vestirsi, coprirsi: ***sich nur notdürftig ~*** vestirsi appena. **be|klei|det** p.pass. agg. **1** → **bekleiden** **2** vestito: ***leicht ~ sein*** essere vestito in modo leggero.

Be|klei|dung f. *(-,-en)* **1** vestiario *m.*, abbigliamento *m.*, vestiti *m.pl.* **2** RAR. *(einer Wand)* rivestimento *m.* **3** RAR. *(eines Amtes)* il ricoprire. **Be|klei|dungs|ge|gen|stand** m. *(-[e]s,-gegenstände)* → **Bekleidungsstück. Be|klei|dungs|in|dust|rie** f. *(-)* industria *f.* dell'abbigliamento. **Be|klei|dungs|stück** n. *(-[e]s,-e)* capo *m.* di vestiario, indumento *m.*

be|kleis|tern tr. COLLOQ. **1** cospargere di colla **2** rivestire: ***eine Wand mit Postern ~*** rivestire una parete di poster.

be|klem|men tr. opprimere, angosciare: ***etw. beklemmt mir das Herz, den Atem ~*** qcs. mi opprime il cuore, mi toglie il respiro. **be|klem|mend** p.pres. agg. **1** → **beklemmen** **2** opprimente, angoscioso: ***ein -es Gefühl*** una sensazione angosciante; ***-e Luft*** aria soffocante. **Be|klem|mung** f. *(-,-en)* (senso *m.* di) oppressione *f.*, angoscia *f.*, soffocamento *m.*

be|klom|men agg. oppresso, angosciato: ***eine -e Stimme haben*** avere una voce angosciata. **Be|klom|men|heit** f. *(-)* → **Beklemmung.**

be|klop|fen tr. *(bei einer ärztlichen Untersuchung)* picchiettare con le dita.

be|kloppt agg. COLLOQ. tocco, toccato, picchiato, suonato ◆ ***ich bin doch nicht ~*** non sono mica scemo.

be|knab|bern tr. rosicchiare, sgranocchiare.

be|knackt agg. COLLOQ. scemo, stupido.

be|knien tr. COLLOQ. supplicare, cercare di convincere, di persuadere.

be|ko|chen tr. ***jdn ~*** far da mangiare a qcn.

be|koh|len tr. **1** rifornire di carbone **2** COLLOQ. *(belügen)* mentire. **Be|koh|lung** f. *(-,-en)* rifornimento *m.* di carbone.

be|kom|men *(bekam, bekommen)* **I** tr. **1a** ricevere, avere: ***ein Geschenk, einen Preis ~*** ricevere un regalo, un premio; ***ein Lob ~*** ricevere una lode; ***Besuch, Nachricht ~*** ricevere visite, avere notizie; ***Lohn, Kindergeld ~*** ricevere lo stipendio, gli assegni famigliari **b** ricevere, prendere: ***20 Mark in der Stunde ~*** prendere 20 marchi all'ora; ***mit diesem alten Radio bekomme ich nur noch zwei Sender*** con questa vecchia radio prendo soltanto due stazioni **c** prendersi, COLLOQ. buscarsi: ***einen Schlag, einen Tritt ~*** prendersi un colpo, un calcio; ***ein Jahr Gefängnis ~*** beccarsi un anno di prigione **2** *(im Geschäft)* ***was ~ Sie bitte?*** che cosa desidera? ***ich bekomme 100 Gramm Schinken*** vorrei un etto di prosciutto; ***~ Sie schon?*** è già servito? La stanno già servendo? *(beim Bezahlen)* ***was ~ Sie?*** quanto Le devo? **3** venire: ***ich habe Angst, Hunger ~*** mi è venuta paura, fame; ***ich habe Grippe ~*** mi è venuta l'influenza **4** *(finden)* trovare, prendere: ***keine Arbeit, keinen Schlaf ~*** non trovare lavoro, non riuscire a prendere sonno; ***telefonische Verbindung ~*** prendere la linea (telefonica) **5** *(erlangen)* avere, assumere: ***einen guten Eindruck von etw. ~*** avere una buona impressione di qcs.; ***einen Symbolcharakter ~*** assumere carattere simbolico **6** riuscire: ***jdn wach ~*** riuscire a svegliare qcn.; ***den Boden sauber ~*** riuscire a pulire il pavimento; ***den Zug nicht mehr ~*** non riuscire a prendere il treno **7** *(hervorbringen)* ***der Baum bekommt Blätter*** l'albero mette le foglie; ***sie bekommt ein Kind*** avrà (*o* aspetta) un bambino **8** *(an Stelle der Passivkonstruktion)* ***etw. geliehen, geschenkt ~*** avere qcs. in prestito, in regalo **9** *(in Konstruktionen mit „zu")* ***etw. zu trinken, zu sehen ~*** avere qcs. da bere, da vedere; ***da wirst du etw. zu hören ~*** ne sentirai delle belle **II** intr. (aus. *sein*) ***jdm (nicht) gut ~*** far bene, (non) giovare a qcn.: ***die Kur ist ihr gut ~*** la cura le ha fatto bene ◆ ***es fertig ~,...*** riuscire a...; ***zu Gesicht ~*** vedere; ***graue Haare ~*** ingrigire (nei capelli); ***Löcher ~*** bucarsi; ***ich bekomme Lust zu reisen*** mi viene voglia di viaggiare; ***wir ~ anderes, schönes Wetter*** il tempo cambierà, avremo bel tempo; ***wohl bekomm's*** buon pro.

be|kömm|lich agg. **1** *(von Speisen)* digeribile **2** *(von Medikamenten)* ***gut ~*** ben tollerabile. **Be|kömm|lich|keit** f. *(-)* **1** digeribilità *f.* **2** tollerabilità *f.*

be|kös|ti|gen tr. ***jdn ~*** fornire il vitto a qcn. **Be|kös|ti|gung** f. *(-)* vitto *m.*

be|kotzt agg. COLLOQ. schifoso.

be|kräf|ti|gen tr. **1** *(mit Nachdruck bestätigen)* confermare: ***seine Aussage mit einem, durch einen Eid ~*** confermare le proprie affermazioni con un giuramento **2** *(bestärken)* rafforzare: ***den Verdacht ~*** rafforzare il sospetto; ***jdn in seiner Meinung ~*** rafforzare qcn. nella sua opinione. **Be|kräf|ti|gung** f. *(-,-en)* **1** *(Bestätigung)* conferma *f.* **2** *(Bestärken)* rafforzamento *m.*

be|krän|zen tr. inghirlandare, ornare di ghirlande.

be|kreu|zen I tr. ***jdn ~*** benedire qcn. facendo il segno della croce. **II** rifl. **sich ~** → **bekreuzigen. be|kreu|zi|gen** rifl. **sich ~** farsi il segno della croce.

be|krie|gen I tr. ***jdn ~*** fare guerra a qcn., combattere contro qcn. **II** rifl. ***sich (gegenseitig) einander ~*** farsi guerra l'un l'altro.

be|krit|teln tr. criticare (pedantescamente). **Be|krit|te|lung, Be|kritt|lung** f. *(-,-en)* critica *f.* (pedantesca).

be|krit|zeln tr. scarabocchiare.

be|krö|nen tr. **1** incoronare **2** FIG. coronare: ***dieses Gedicht bekrönt das Werk des Autors*** questa poesia corona l'opera dell'autore. **Be|krö|nung** f. *(-,-en)* **1** incoronazione *f.* **2** FIG. coronamento *m.*

be|küm|mern I tr. **1** *(Sorgen bereiten)* inquietare, preoccupare **2** *(betrüben)* rattristare, affliggere **II** rifl. **sich ~ 1** ***sich um jdn, etw. ~*** prendersi cura, (pre)occuparsi di qcn., qcs. **2** ANT. ***sich über etw. ~*** rattristarsi, affliggersi per qcs. ◆ ***das braucht dich nicht zu ~*** non sono affari tuoi. **Be|küm|mer|nis** f. *(-,-se)* **1** preoccupazione *f.* **2** afflizione *f.*, tristezza *f.* **be|küm|mert** p.pass. agg. **1** → **bekümmern** **2** preoccupato: ***um jdn, etw. ~ sein*** essere preoccupato per qcn., qcs.; ***ein -es Gesicht machen*** fare una faccia preoccupata **3** *(betrübt)* afflitto, triste: ***über eine traurige Nachricht ~ sein*** essere afflitto per una triste notizia.

be|kun|den I tr. **1** *(zeigen)* manifestare, mostrare **2** DIR. dichiarare, deporre: ***etw. eidlich ~*** deporre, dichiarare sotto giuramento **II** rifl. **sich ~** *(sich zeigen)* mostrarsi, rivelarsi. **Be|kun|dung** f. *(-,-en)* **1** manifestazione *f.*, dimostrazione *f.* **2** DIR. dichiarazione *f.*, deposizione *f.*

be|lä|cheln tr. ***jdn, etw. ~*** sorridere di qcn., di qcs.: ***er belächelte ihre Redeweise*** sorrideva del suo modo di parlare. **be|la|chen** tr. **1** ***etw. ~*** ridere di qcs. **2** *(durch Lachen verspotten)* deridere.

be|lack|mei|ern tr. COLLOQ. abbindolare, gabbare.

be|la|den I tr. *(belädt, belud, beladen)* **1** caricare: ***den Wagen mit Koffern ~*** caricare la macchina di valigie **2** FIG. caricare, sovraccaricare **3** *(überfüllen)* riempire: ***einen Tisch mit Leckerbissen ~*** riempire un tavolo di leccornie **II** rifl. **sich ~** caricarsi, riempirsi: ***sich mit Schmuck ~*** caricarsi di gioielli. **Be|la|dung** f. *(-,-en)* carico *m.*

Be|lag m. *(-[e]s,-läge)* **1** strato *m.*; *(von Zunge)* patina *f.* **2a** rivestimento *m.*; ***der ~ der Straße*** il manto stradale **b** MECC. pastiglia *f.*, pattino *m.* **3** *(von Kuchen)* guarnizione *f.* ◆ ***Brot mit ~*** pane e companatico.

Be|la|ge|rer m. *(-s,-)* assediante *m.* **be|la|gern** tr. MIL. assediare; FIG. ***die Reporter ~ den Star*** i reporter assediano la star. **Be|la|ger|te** m. e f. *(-n,-n)* assediato *m.* (-a *f.*). **Be|la|ge|rung** f. *(-,-en)* assedio *m.* **Be|la|ge|rungs|ma|schi|ne** f. *(-,-n)* macchina *f.* da assedio. **Be|la|ge|rungs|zu|stand** m. *(-[e]s,-zustände)* stato *m.* d'assedio: ***den ~ ausrufen*** dichiarare lo stato d'assedio.

be|läm|mern tr. REGION. **1** seccare **2** *(hintergehen)* fregare, truffare. **be|läm|mert** agg. COLLOQ. **1** avvilito, abbattuto: ***ein -es Gesicht machen*** fare un viso avvilito **2** *(scheußlich)* schifoso.

Be|lang m. *(-[e]s,-e)* **1** significato *m.*, importanza *f.*: ***nichts von ~*** niente d'importante; ***von ~, ohne ~ sein*** essere, non essere importante **2** pl. interessi *m.pl.*: ***jds -e vertreten, wahren (wahrnehmen)*** rappresentare, curare gli interessi di qcn. **be|lan|gen** tr. citare in giudizio, querelare: ***jdn gerichtlich ~*** citare in giudizio qcn. ◆ ANT. ***was mich belangt*** per quanto riguarda me. **be|lang|los** agg. senza importanza, irrilevante. **Be|lang|lo|sig|keit** f. *(-,-en)* **1** irrilevanza *f.* **2** *(belanglose Sache)* cosa *f.* irrilevante, inezia *f.* **be|lang|voll** agg. importante, significativo.

be|las|sen tr. *(belässt, beließ, belassen)* lasciare: ***wir wollen es dabei ~*** lasciamo stare, lasciamo le cose così come stanno; ***jdn in, bei seiner Meinung ~*** lasciare che qcn. rimanga della propria opinione.

be|last|bar agg. **1** di portata, con una portata: ***eine bis zu 40 Tonnen -e Brücke*** un ponte con portata massima di 40 tonnellate **2** FIG. resistente: ***ein sehr -er Mensch*** una persona molto resistente, in grado di sopportare pesi, fatiche **3** *(von Leitungen)* caricabile **4** *(von der Umwelt)* che resiste all'inquinamento. **Be|last|bar|keit** f. *(-,-en)* **1** portata *f.*, carico *m.* ammissibile **2** resistenza *f.*: ***körperliche, nervliche ~*** resistenza fisica, nervosa **3** *(Leitung)* caricabilità *f.* **4** *(Umwelt)* resistenza *f.* all'inquinamento.

be|las|ten I tr. **1** caricare **2a** FIG. caricare, gravare: ***jdn mit Verantwortung ~*** caricare qcn. di responsabilità; ***sein Gewissen mit Schuldgefühlen ~*** gravare la propria coscienza di (*o* opprimere la propria coscienza con) sensi di colpa **b** *(nervlich)* stressare **c** *(körperlich)* logorare **3** DIR. imputare, incriminare **4a** gravare, opprimere: ***das Haus ist mit einer Hypothek belastet*** sulla casa grava un'ipoteca **b** ***das Konto mit einem Betrag ~*** addebitare una somma sul conto **5** *(Leitung)* caricare **II** rifl. **sich ~ 1** gravarsi, caricarsi: ***sich mit Schuld ~*** gravarsi di una colpa, addossarsi una colpa **2** logorarsi, caricarsi ◆ ***fettes Essen belastet die Leber*** i grassi sovraccaricano il fegato; ***die Abgase ~ die Umwelt*** i gas di scarico inquinano l'ambiente, aggravano le condizioni dell'ambiente. **be|las|tend** p.pres. agg. **1** → **belasten 2** oneroso, gravoso **3** FIG. opprimente **4** DIR. a carico, incriminante: ***-e Aussage*** deposizione a carico (dell'imputato). **be|las|tet** p.pass. agg. **1** → **belasten 2** carico **3** COMM. gravato ◆ ***erblich ~*** gravato da una tara ereditaria; ***mit schwerer Schuld ~*** macchiato di una grave colpa.

be|läs|ti|gen tr. infastidire, disturbare: ***jdn mit Fragen ~*** infastidire qcn. con domande; ***darf ich Sie noch einmal ~?*** posso disturbarla ancora? **Be|läs|ti|gung** f. *(-,-en)* fastidio *m.*, disturbo *m.*

Be|las|tung f. *(-,-en)* **1** *(Belasten)* caricamento *m.* **2** *(Last)* carico *m.*, peso *m.* **3** FIG. pressione *f.*, peso *m.*; ***nervliche ~*** logorio nervoso, stress **4** COMM. addebito *m.* **5** DIR. incriminazione *f.* **6** *(der Umwelt)* inquinamento *m.* ◆ ***erbliche ~*** tara ereditaria; ***zu einer ~ werden*** diventare un peso. **be|las|tungs|fä|hig** agg. → **belastbar. Be|las|tungs|fä|hig|keit** f. *(-,-en)* **1** capacità *f.* di carico (*o* di portata) **2** FIG. capacità *f.* di sopportazione. **Be|las|tungs|gren|ze** f. *(-,-n)* limite *m.* di carico (*o* di resistenza). **Be|las|tungs|ma|te|ri|al** n. *(-s)* DIR. prove *f.pl.* a carico. **Be|las|tungs|pro|be** f. *(-,-n)* prova *f.* di resistenza (al carico). **Be|las|tungs|zeu|ge** m. *(-n,-n)* testimone *m.* a carico.

be|lau|ben rifl. **sich ~** coprirsi di foglie. **be|laubt** p.pass. agg. **1** → **belauben 2** frondoso. **Be|lau|bung** f. *(-,-en)* fogliame *m.*, foglie *f.pl.*

be|lau|ern tr. spiare, guardare di nascosto.

Be|lauf m. *(-[e]s,-läufe)* ANT. ***im ~ von...*** per l'ammontare di...

be|lau|fen *(beläuft, belief, belaufen)* **I** tr. COLLOQ. percorrere (a piedi): ***einen Pfad ~*** percorrere un sentiero **II** intr. (aus. *sein*) appannarsi: ***die Scheiben sind ~*** i vetri sono appannati **III** rifl. **sich ~** ammontare: ***die Kosten ~ sich auf 2000 DM*** i costi ammontano a 2000 marchi.

be|lau|schen tr. **1** *(heimlich mithören)* ascoltare di nascosto, origliare **2** *(forschend beobachten)* osservare.

be|le|ben I tr. **1** *(anregen)* animare, stimolare **2** ravvivare, vivacizzare: ***ein Zimmer mit Blumen ~*** ravvivare una stanza con dei fiori; ***die Stimmung ~*** vivacizzare l'atmosfera **3** richiamare, riportare in vita: ***alte Traditionen ~*** riportare in vita antiche tradizioni **4a** animare: ***Millionen Insekten ~ den Wald*** milioni di insetti animano la foresta **b** *(bevölkern)* popolare **II** rifl. **sich ~ 1** animarsi, vivacizzarsi: ***seine Miene belebt sich*** l'espressione del suo viso si anima; ***der Handel belebt sich*** il commercio si vivacizza **2** ravvivarsi, rianimarsi: ***im Frühling belebt sich die Natur*** la natura si ravviva in primavera **3** animarsi: ***am Morgen belebt sich die Stadt*** la città si anima al mattino. **be|le|bend** p.pres. agg. **1** → **beleben 2** vivificante, animatore **3** *(anregend)* stimolante, eccitante: ***Kaffee hat eine -e Wirkung*** il caffè ha un effetto stimolante. **be|lebt** p.pass. agg. **1** → **beleben 2** animato: ***-e Straßen*** strade animate **3** vivente: ***die -e Natur*** la natura vivente. **Be|lebt|heit** f. *(-)* animazione *f.* **Be|le|bung** f. *(-,-en)* **1** animazione *f.* **2** FIG. incremento *m.*, ripresa *f.*: ***die ~ der Wirtschaft*** la ripresa economica. **Be|le|bungs|mit|tel** n. *(-s,-)* stimolante *m.*, analettico *m.*

be|le|cken I tr. leccare **II** rifl. **sich ~** leccarsi.

Be|leg m. *(-[e]s,-e)* **1a** ricevuta *f.*, scontrino *m.*: ***-e abheften, beibringen*** archiviare, presentare ricevute **b** *(Beweisstück)* pezza *f.* giustificativa, giustificativo *m.* **2a** *(Nachweis)* prova *f.*, documento *m.* (di prova): ***als ~ für*** a sostegno di **b** attestazione *f.*: ***für dieses Wort gibt es keinen ~*** questa parola non è attestata. **be|leg|bar** agg. dimostrabile, documentabile.

be|le|gen I tr. **1** rivestire: ***den Boden mit einem Teppich ~*** rivestire il pavimento con una moquette **2a** riservare, prenotare: ***einen Platz ~*** riservare, occupare un posto **b** *(an der Universität)* ***einen Kursus ~*** iscriversi a un corso **c** SPORT conquistare: ***die Plätze 2 und 3 ~*** conquistare il 2º e 3º posto, piazzarsi secondo e terzo **3a** MIL. occupare, presidiare **b** *(beschießen)* bombardare **4** provare, documentare, dimostrare: ***seine Einkünfte ~*** documentare le proprie entrate; ***etw. urkundlich ~*** comprovare qcs. con documenti **5** MAR. ormeggiare **6** *(von Tieren)* coprire ◆ ***jdn mit dem Bann ~*** bandire qcn.; ***etw., jdn mit Beschlag ~*** mettere qcs., qcn. sotto sequestro, sequestrare qcn. (anche FIG.); ***ein Brot ~*** imbottire un panino; ***jdn mit einer Geldstrafe ~*** infliggere una multa a qcn. **Be|leg|exem|plar** n. *(-s,-e)* copia *f.* d'obbligo. **Be|leg|schaft** f. *(-,-en)* maestranze *f.pl.*, dipendenti *m.pl.* **Be|leg|stel|le** f. *(-,-n)* passo *m.* citato. **be|legt** p.pass. agg. → **belegen** ◆ ***-es Brötchen*** panino imbottito, tramezzino, sandwich; ***eine -e Stimme*** una voce velata; ***alle Zimmer sind ~*** tutte le stanze sono occupate; ***-e Zunge*** lingua sporca, impastata. **Be|le|gung** f. *(-,-en)* **1** occupazione *f.* **2** *(Beschießung)* bombardamento *m.* **3a** *(Reservierung)* prenotazione *f.* **b** UNIV. iscrizione *f.* **4** imposizione *f.*: ***die ~ mit Steuern*** l'imposizione di tasse.

be|leh|nen tr. STOR. infeudare: ***jdn (mit etw.) ~*** infeudare qcn. (di qcs.); *(mit einem Amt)* investire. **Be|leh|nung** f. *(-,-en)* **1** STOR. investitura *f.* **2** → **Beleihung.**

be|leh|ren tr. **1a** istruire, ammaestrare **b** *(aufklären)* informare: ***jdn über etw. ~*** informare qcn. di qcs. **2** far ricredere, convincere del contrario: ***er ist nicht zu ~*** non c'è modo di farlo ricredere; ***sich von jdm ~ lassen*** dare ascolto a qcn.; ***jdn eines Besser(e)n ~*** far ricredere qcn. **be|leh|rend** p.pres. agg. **1** → **belehren 2** istruttivo. **Be|leh|rung** f. *(-,-en)* **1** ANT. *(Lehre)* insegnamento *m.*, istruzione *f.*, ammaestramento *m.* **2** *(Zurechtweisung)* lezione *f.* **3** DIR. ammonimento *m.*, avvertimento *m.*

be|leibt agg. corpulento. **Be|leibt|heit** f. *(-)* corpulenza *f.*, pinguedine *f.*

be|lei|di|gen tr. offendere, urtare, oltraggiare; ***jdn in seiner Ehre ~*** ferire qcn. nell'onore; ***diese Musik beleidigt mein Ohr*** questa musica mi urta. **be|lei|di|gend I** p.pres. agg. **1** → **beleidigen 2** offensivo, ingiurioso: ***eine -e Gebärde*** un gesto offensivo **II** avv. in modo offensivo. **Be|lei|di|ger** m. *(-s,-)* offensore *m.* **be|lei|digt** p.pass. agg. **1** → **beleidigen 2** offeso: ***sich (durch etw.) ~ fühlen*** sentirsi offeso (da qcs.); ***~ tun*** fare l'offeso ◆ ***die -e Leberwurst spielen*** fare l'offeso. **Be|lei|di|gung** f. *(-,-en)* offesa *f.*, ingiuria *f.*; DIR. diffamazione *f.* **Be|lei|di|gungs|pro|zess** m. *(-es,-e)* processo *m.* per diffamazione.

be|lei|hen tr. *(belieh, beliehen)* **1a** ***etw. ~*** concedere un prestito su qcs., dare in pegno qcs., anticipare (una somma) su qcs. **b** *(Immobilien)* ipotecare **2** *(belehnen)* infeudare. **Be|lei|hung** f. *(-,-en)* concessione *f.* di un prestito (*o* di un'ipoteca), prestito *m.* contro garanzia.

be|lem|mern → **belämmern.**

be|lem|mert → **belämmert.**

Be|lem|nit m. *(-en,-en)* belemnite *f.*

be|le|sen agg. erudito, colto (grazie a vaste letture): ***auf einem Gebiet sehr ~ sein*** essere molto erudito in un campo. **Be|le|sen|heit** f. *(-)* erudizione *f.*, cultura *f.*

Bel|eta|ge [bɛle'ta:ʒə] f. *(-,-n)* ARCH. piano *m.* nobile.

be|leuch|ten tr. **1** illuminare, rischiarare: ***einen Raum ~*** illuminare uno spazio **2** analizzare, illustrare, trattare, mettere in luce: ***ein Thema kritisch ~*** analizzare un tema in modo critico. **Be|leuch|ter** m. *(-s,-)* CINEM. TELEV. tecnico *m.* delle luci.

Be|leuch|tung f. *(-,-en)* **1** illuminazione *f.*, luce *f.*: ***künstliche ~*** illuminazione artificiale **2** *(Betrachtung, Darstellung)* analisi *f.*, illustrazione *f.* **Be|leuch|tungs|an|la|ge** f. *(-,-n)* impianto *m.* d'illuminazione. **Be|leuch|tungs|ef|fekt** m. *(-[e]s,-e)* effetto *m.* luminoso. **Be|leuch|tungs|kör|per** m. *(-s,-)* lampada *f.* **Be|leuch|tungs|mes|ser** m. *(-s,-)* illuminometro *m.* **Be|leuch|tungs|tech|nik** f. *(-,-en)* illuminotecnica *f.* **Be|leuch|tungs|vor|rich|tung** f. *(-,-en)* dispositivo *m.* d'illuminazione.

be|leum|det, be|leu|mun|det agg. ***gut ~*** che ha buon nome; ***übel ~*** malfamato.

bel|fern intr. (aus. *haben*) COLLOQ. bisticciare; FIG. abbaiare.

Bel|gi|en n.pr.n. *(-s)* Belgio *m.* **Bel|gi|er** m. *(-s,-)* belga *m.* **bel|gisch** agg. belga.

Bel|grad n.pr.n. *(-s)* Belgrado *f.*

be|lich|ten tr. FOT. esporre, impressionare: ***einen Film ~*** impressionare una pellicola. **Be|lich|tung** f. *(-,-en)* FOT. esposizione *f.* **Be|lich|tungs|dau|er** f. *(-)* → **Belichtungszeit. Be|lich|tungs|mes|ser** m. *(-s,-)* esposimetro *m.* **Be|lich|tungs|ta|bel|le** f. *(-,-n)* FOT. tabella *f.* dei tempi di esposizione. **Be|lich|tungs|zeit** f. *(-,-en)* FOT. tempo *m.* di esposizione, di posa.

be|lie|ben LETT. o SCHERZ. **I** tr. desiderare, gradire **II** intr. (aus. *haben*) aggradare, (fare) piacere: ***ganz wie es dir beliebt*** come ti aggrada, come desideri; ***was beliebt Ihnen?*** che cosa desidera? ***wie Sie ~*** come Le aggrada, come desidera; impers. ***es beliebt mir nicht, sie zu sehen*** non ho piacere di vederlo, non voglio vederlo ◆ ***Sie ~ zu scherzen*** Le piace scherzare, Lei vuole scherzare. **Be|lie|ben** n. *(-s)* piacimento *m.*, gradimento *m.*: ***nach Ihrem ~*** a suo piacimento; ***es steht ganz in Ihrem ~*** dipende del tutto da Lei; ***je nach ~*** secondo i gusti.

be|lie|big I agg. **1** *(irgendein)* qualsiasi, qualunque: ***eine -e Zahl*** un numero qualsiasi; ***jeder Beliebige*** chiunque **2** a scelta, a piacere: ***ein -es Buch*** un libro a scelta, a piacere; ***~ viele*** quanti se ne vuole; ***~ lange*** quanto (a lungo) si vuole; ***zu jeder -en Zeit*** a qualsiasi ora **II** avv. a scelta, a piacere.

be|liebt p.pass. agg. **1** → **belieben 2** benvoluto, amato: ***ein -er Lehrer*** un maestro benvoluto **3** favorito, preferito: ***das -este Thema*** il tema preferito; ***ein -er Ferienort*** un luogo di vacanze molto frequentato ◆ ***sich ~ machen*** farsi benvolere, rendersi popolare. **Be|liebt|heit** f. *(-)* favore *m.*, popolarità *f.*: ***sich großer ~ erfreuen*** godere largo favore, di una grande popolarità.

be|lie|fern tr. fornire, rifornire: ***jdn mit etw. ~*** rifornire qcn. di qcs. **Be|lie|fe|rung** f. *(-,-en)* fornitura *f.*

bel|len intr. (aus. *haben*) abbaiare, latrare; FIG. abbaiare. **Bel|len** n. *(-s)* l'abbaiare, latrato *m.* **bel|lend** p.pres. agg. **1** → **bellen 2** ***ein bellender Husten*** una tosse convulsa.

Bel|let|ris|tik f. *(-)* bellettristica *f.* **bel|let|ris|tisch** agg. bellettristico.

be|lo|bi|gen tr. elogiare, encomiare. **Be|lo|bi|gung** f. *(-,-en)* elogio *m.*, encomio *m.*

be|loh|nen tr. **1** (ri)compensare; ***jdn für seine Dienste, mit Undank ~*** ricompensare qcn. dei suoi servizi, con ingratitudine **2** FIG. ricompensare, premiare: ***jds Tapferkeit ~*** premiare il valore di qcn. **Be|loh|nung** f. *(-,-en)* **1** il ricompensare (anche FIG.) **2a** ricompensa *f.*, compenso *m.*: ***eine ~ für etw. aussetzen*** offrire una ricompensa per (il ritrovamento di) qcs.; ***etw. als, zur ~ bekommen*** ricevere qcs. come (*o* per) ricompensa **b** taglia *f.*: ***auf seinem Kopf steht eine ~*** sulla sua testa c'è una taglia.

be|luch|sen tr. COLLOQ. **1** osservare attentamente **2** *(betrügen)* truffare, ingannare **3** *(bestehlen)* derubare.

be|lüf|ten tr. aerare, arieggiare. **Be|lüf|tung** f. *(-,-en)* aerazione *f.*, arieggiamento *m.*; TECN. ventilazione *f.* **Be|lüf|tungs|an|la|ge** f. *(-,-n)* impianto *m.* di ventilazione.

Be|lu|ga f. *(-,-s)* beluga *m.*

be|lü|gen tr. ***jdn ~*** mentire a qcn. ◆ ***sich (A) selbst ~*** mentire a se stessi.

be|lus|ti|gen I tr. divertire, allietare, rallegrare **II** rifl. **sich ~ 1** divertirsi **2** LETT. ***sich über jdn, etw. ~*** farsi beffe, prendersi gioco di qcn., qcs. **be|lus|ti|gend** p.pres. agg. **1** → **belustigen 2** divertente. **Be|lus|ti|gung** f. *(-,-en)* divertimento *m.*: ***zu meiner großen ~*** con mio grande divertimento.

be|ma|chen COLLOQ. **I** tr. **1** sporcare; *(mit Harn)* bagnare: ***das Kind hat das Bett bemacht*** il bambino ha sporcato (*o* bagnato) il letto **II** rifl. **sich ~ 1** sporcarsi; *(mit Harn)* bagnarsi **2** ***sich (wegen etw.) ~*** farsela addosso (per qcs.).

be|mäch|ti|gen rifl. **sich ~** impadronirsi, impossessarsi (anche FIG.): ***sich einer Sache ~*** impossessarsi di una cosa; ***Angst bemächtigte sich seiner*** la paura s'impadronì di lui. **Be|mäch|ti|gung** f. *(-)* l'impadronirsi, impossessamento *m.*

be|mä|keln tr. COLLOQ. ***etw. ~*** trovare da ridire su qcs., criticare qcs. (in modo meschino).

be|ma|len I tr. pitturare, dipingere: ***etw. mit der Hand ~*** dipingere qcs. a mano; ***ein Zimmer mit roter Farbe ~*** pitturare una stanza di rosso **II** rifl. **sich ~** COLLOQ. pitturarsi, dipingersi, truccarsi. **Be|ma|lung** f. *(-,-en)* **1a** il pitturare, il dipingere **b** COLLOQ. il pitturarsi, il dipingersi, trucco *m.* **2** *(Malerei)* pitture *f.pl.*: ***die ursprüngliche ~ der Kirche*** le pitture originali della chiesa.

be|män|geln tr. ***etw. ~*** criticare qcs., avere da ridire su qcs.: ***die schlechte Bedienung ~*** avere da ridire sul cattivo servizio ◆ ***an einer Sache etw. ~*** avere qcs. da ridire su una cosa.

be|man|nen I tr. ***ein Schiff ~*** fornire di equipaggio una nave **II** rifl. **sich ~** COLLOQ. prendere marito, maritarsi. **be|mannt** p.pass. agg. **1** → **bemannen 2** dotato di equipaggio, con equipaggio **3** COLLOQ. *(verheiratet)* maritata. **Be|man|nung** f. *(-,-en)* **1** il fornire di equipaggio **2** *(Mannschaft)* equipaggio *m.*

be|män|teln tr. mascherare, velare, celare: ***einen Fehler ~*** mascherare un errore. **Be|män|te|lung** f. *(-,-en)* mascheramento *m.*

be|mas|ten tr. MAR. alberare. **Be|mas|tung** f. *(-,-en)* alberatura *f.*

be|mau|sen tr. SCHERZ. ***jdn ~*** portare via, soffiare qcs. a qcn.

be|me|ckern tr. trovare da ridire: ***an allem etw. zu ~ haben*** trovare qcs. da ridire su tutto.

be|meh|len tr. infarinare.

be|mei|ern tr. **1** STOR. *(Landgut)* dare in affitto **2** COLLOQ. gabbare, fregare.

be|meis|tern I tr. vincere, superare: ***seinen Zorn ~*** vincere la propria ira **II** rifl. **sich ~ 1** controllarsi, dominarsi **2** RAR. ***sich jds ~*** impossessarsi di qcn.

be|merk|bar agg. percettibile, riconoscibile ◆ ***sich ~ machen*** farsi notare, attirare l'attenzione; *(sich zeigen)* mostrarsi, manifestarsi, farsi sentire. **be|mer|ken** tr. **1** ***etw. ~*** notare qcs., accorgersi di qcs.: ***jds Erstaunen ~*** notare lo stupore di qcn. **2** *(äußern)* osservare, notare: ***hast du noch etwas zu ~?*** hai ancora qualcosa da osservare? **be|mer|kens|wert I** agg. notevole, degno di nota: ***ein -es Talent*** un talento notevole **II** avv. notevolmente: ***eine ~ gute Leistung*** una prestazione notevolmente buona. **be|merkt** p.pass. → **bemerken** ◆ ***nebenbei ~*** tra l'altro, tra parentesi. **Be|mer|kung** f. *(-,-en)* **1** osservazione *f.*: ***-en über jdn, etw. machen*** fare delle osservazioni su qcn., su qcs. **2** *(Anmerkung)* osservazione *f.*, nota *f.*, appunto *m.*

1.be|mes|sen *(bemisst, bemaß, bemessen)* **I** tr. misurare, calcolare, stimare; ***die Unterstützung für jdn knapp ~*** lesinare gli aiuti per qcn. **II** rifl. **sich ~** essere proporzionato: ***der Beitrag bemisst sich nach dem Einkommen*** il contributo è proporzionato al guadagno ◆ ***das Trinkgeld reichlich ~*** largheggiare nella mancia.

2.be|mes|sen p.pass. → **bemessen** ◆ ***knapp ~*** contato, limitato; ***reichlich ~*** abbondante.

Be|mes|sung f. *(-,-en)* **1** misurazione *f.*, calcolo *m.*, stima *f.* **2** *(nach etwas)* il proporzionare, commisurazione *f.*, dimensionamento *m.* **Be|mes|sungs|grund|la|ge** f. *(-,-n)* base *f.* imponibile.

be|mit|lei|den tr. compatire, commiserare; ***ich bemitleide sie sehr*** mi fa molta pena. **be|mit|lei|dens|wert** agg. compassionevole, pietoso: ***ein -er Zustand*** uno stato pietoso. **Be|mit|lei|dung** f. *(-)* compatimento *m.*, commiserazione *f.*

be|mit|telt agg. benestante, agiato: ***von Hause aus ~ sein*** essere di famiglia agiata.

be|mo|geln tr. COLLOQ. imbrogliare, fregare: ***jdn beim Kartenspiel ~*** imbrogliare qcn. a carte.

be|moo|sen rifl. **sich ~** coprirsi di muschio. **be|moost** p.pass. agg. **1** → **bemoosen 2a** SCHERZ. ***ein -es Haupt*** un vecchio; GERG. UNIV. = uno studente fuori corso da anni **b** FIG. ***sein Vater ist recht ~*** suo padre è ricco sfondato.

be|mü|hen I rifl. **sich ~ 1a** impegnarsi, sforzarsi: ***er bemühte sich, freundlich zu sein*** si sforzò di essere gentile; ***sich um jdn ~*** adoperarsi per qcn.; ***sich um ein Amt ~*** darsi da fare per ottenere una carica **b** *(sich Umstände machen)* incomodarsi, disturbarsi: ***bitte bemühe dich nicht!*** per favore, non disturbarti! **2** LETT. recarsi, andare: ***er bemühte sich sogar zu mir*** venne persino da me **II** tr. LETT. incomodare, disturbare: ***darf ich Sie noch einmal ~?*** posso disturbarla ancora? **Be|mü|hen** n. *(-s)* sforzo *m.*, fatica *f.* **be|müht I** p.pass. agg. **1** → **bemühen 2** (troppo) zelante, solerte **3** (s)forzato, non spontaneo: ***ein -es Lächeln*** un sorriso sforzato **II** avv. in modo sforzato, non spontaneo; ***dein Benehmen wirkt sehr ~*** il tuo comportamento sembra forzato. **Be|mü|hung** f. *(-,-en)* **1** sforzo *m.*, fatica *f.*: ***trotz allen -en*** nonostante tutti gli sforzi **2** *(Dienstleistung)* assistenza *f.*, prestazione *f.* (professionale).

be|mü|ßi|gen rifl. ***sich einer Sache ~*** servirsi, fare uso di una cosa. **be|mü|ßigt, *sich ~ fühlen, sehen*** sentirsi in obbligo, vedersi costretto.

be|mus|tern tr. COMM. fornire di campioni.

be|mut|tern tr. ***jdn ~*** fare da madre a qcn., trattare qcn. come un bambino.

be|nach|bart agg. vicino; *(angrenzend)* confinante, adiacente.

be|nach|rich|ti|gen tr. informare, avvisare: ***jdn von etw., über etw. (A) ~*** informare qcn. di qcs., su qcs. **Be|nach|rich|ti|gung** f. *(-,-en)* **1** avvertimento *m.*, avviso *m.* **2** *(Nachricht)* informazione *f.*, notizia *f.*

be|nach|tei|li|gen tr. sfavorire, svantaggiare. **be|nach|tei|ligt** p.pass.

agg. → **benachteiligen** ◆ ***gegenüber jdn ~ sein*** essere svantaggiato rispetto a qcn.

be|na|geln tr. ***etw.*** ~ chiodare qcs., applicare chiodi a qcs. **Be|na|ge|lung** f. *(-,-en)* chiodatura *f.*, applicazione *f.* di chiodi.

be|na|gen tr. rodere, rosicchiare.

be|nä|hen tr. **1** ***das Kleid mit Spitze ~*** applicare del pizzo al vestito **2** FAM. ***jdn ~*** cucire abiti a qcn.

be|nam|sen tr. SCHERZ. soprannominare, chiamare.

Be|nann|te m. e f. *(-n,-n)* suddetto *m.* (-a *f.*).

be|narbt agg. con (delle) cicatrici.

be|näs|sen tr. inumidire.

Ben|del → **Bandel, Bändel.**

be|ne|beln tr. **1** annebbiare, confondere: ***der Wein benebelte seine Sinne, ihm die Sinne*** il vino gli annebbiava i sensi **2** *(leicht betäuben)* inebriare, stordire (leggermente). **be|ne|belt** p.pass. agg. **1** → **benebeln** **2** brillo: ***leicht ~ sein*** essere un po' brillo.

be|ne|dei|en tr. ANT. benedire.

Be|ne|dik|ti|ner m. *(-s,-)* **1** (monaco *m.*) benedettino *m.* **2** *(Kräuterlikör)* benedettino *m.* **Be|ne|dik|ti|ne|rin** f. *(-,-nen)* benedettina *f.* **Be|ne|dik|ti|ner|klos|ter** n. *(-s,-klöster)* convento *m.* benedettino. **Be|ne|dik|ti|ner|or|den** m. *(-s)* ordine *m.* benedettino. **Be|ne|dik|ti|ner|re|gel** f. *(-)* regola *f.* benedettina (*o* di San Benedetto).

Be|ne|dik|ti|on f. *(-,-en)* RELIG. benedizione *f.* **be|ne|di|zie|ren** tr. RELIG. benedire.

Be|ne|fiz n. *(-es,-e)* **1** TEATR. serata *f.* d'onore, ANT. beneficiata *f.* **2** → **Benefizium.** **Be|ne|fi|zi|ar** m. *(-s,-e)* RELIG. beneficiario *m.* **Be|ne|fi|zi|at** m. *(-en,-en)* RELIG. beneficiato *m.* **Be|ne|fi|zi|um** n. *(-s, Benefizien)* **1** ANT. beneficio *m.*, favore *m.* **2** STOR. RELIG. beneficio *m.* **Be|ne|fiz|kon|zert** n. *(-[e]s,-e)* concerto *m.* di beneficenza. **Be|ne|fiz|spiel** n. *(-[e]s,-e)* **1** rappresentazione *f.* di beneficenza **2** SPORT partita *f.* a scopi benefici.

be|neh|men *(benimmt, benahm, benommen)* **I** rifl. **sich ~** comportarsi: ***sich höflich gegen jdn (jdm gegenüber) ~*** essere cortese con qcn.; ***sich korrekt ~*** comportarsi correttamente; ***sich nicht ~ können*** non sapersi comportare; ***sich zu ~ wissen*** sapersi comportare **II** tr. LETT. togliere, levare: ***etw. benimmt mir den Atem, den Mut*** qcs. mi toglie il fiato, il coraggio. **Be|neh|men** n. *(-s,-)* comportamento *m.*, condotta *f.*, contegno *m.* ◆ ***kein ~ haben*** non conoscere le buone maniere; BUROCR. ***sich mit jdm ins ~ setzen*** mettersi in contatto con qcn.

be|nei|den tr. invidiare: ***jdn um sein Glück ~*** invidiare qcn. per la sua fortuna (*o* invidiare a qcn. la sua fortuna); ***nicht zu ~ sein*** non essere da invidiare. **be|nei|dens|wert** agg. invidiabile.

Be|ne|lux|staa|ten pl. stati *m.pl.* del Benelux, Benelux *m.*

be|nen|nen tr. **1a** ***etw.*** ~ denominare qcs., dare un nome a qcs.; ***einen Platz, eine Straße nach jdm ~*** intitolare una piazza, una strada a qcn.; ***etw. nicht ~ können*** non conoscere il nome di qcs. **b** ***jdn ~*** chiamare qcn., dare un nome a qcn.: ***den Sohn nach seinem Großvater ~*** dare al figlio il nome del nonno **2** *(namhaft machen)* ***jdn ~*** fare il nome di qcn., proporre (il nome di) qcn. **3** DIR. ***einen Zeugen ~*** nominare un teste. **Be|nen|nung** f. *(-,-en)* **1** denominazione *f.*: ***für diese Pflanze gibt es mehrere -en*** per questa pianta ci sono diverse denominazioni **2** *(von Personen)* imposizione *f.* di un nome; *(Name)* nome *m.*

be|net|zen tr. bagnare: ***sein Gesicht mit Tränen ~*** bagnare il proprio viso di lacrime.

Be|ne|vent n.pr.n. *(-s e -)* Benevento *f.*

Ben|ga|le m. *(-n,-n)* bengalese *m.*, abitante *m.* del Bengala. **Ben|ga|len** n.pr.n. *(-s)* Bengala *m.* **ben|ga|lisch** agg. bengalese, del Bengala ◆ ***-es Feuer*** fuoco del Bengala, bengala *m.*

Ben|gel m. *(-s,-)* **1** monello *m.*, birba *f.*, birichino *m.*: FAM. ***so ein süßer ~*** un dolcissimo birichino **2** ANT. mazza *f.*, randello *m.*

Be|nimm m. *(-s)* COLLOQ. → **Benehmen.**

Ben|ja|min ['bɛnjami:n] **1** n.pr.m. Beniamino *m.* **2** m. *(-s,-e)* SCHERZ. cucciolo *m.*

be|nom|men p.pass. agg. **1** → **benehmen** **2** stordito, intontito: ***von der Narkose ~ sein*** essere intontito dall'anestesia. **Be|nom|men|heit** f. *(-)* stordimento *m.*, intontimento *m.*, intorpidimento *m.*

be|nör|geln tr. criticare (pedantescamente).

be|no|ten tr. BUROCR. ***etw.*** ~ valutare qcs., dare un voto a qcs.: ***eine Prüfung mit „gut" ~*** valutare un esame con "buono".

be|nö|ti|gen tr. ***etw.*** ~ avere bisogno, necessitare di qcs.: ***jds Hilfe ~*** aver bisogno dell'aiuto di qcn. **be|nö|tigt** p.pass. agg. **1** → **benötigen** **2** necessario, occorrente: ***die -en Zutaten*** gli ingredienti necessari.

Be|no|tung f. *(-,-en)* valutazione *f.*, votazione *f.*

be|num|mern tr. numerare. **Be|num|me|rung** f. *(-,-en)* numerazione *f.*

be|nutz|bar, be|nütz|bar agg. utilizzabile.

be|nut|zen, REGION. **be|nüt|zen** tr. **1a** usare, adoperare, utilizzare: ***ein Werkzeug, eine Waffe ~*** usare un attrezzo, un'arma; ***den Hinterausgang ~*** usare la scala posteriore; ***jdn als Alibi ~*** usare qcn. come alibi **b** ***die Bahn, den Fahrstuhl ~*** viaggiare per ferrovia, usare (*o* prendere) l'ascensore **2** *(ergreifen)* ***etw.*** ~ utilizzare qcs., approfittare di qcs.: ***ein Angebot ~*** approfittare di un'offerta **3** *(ausnutzen)* sfruttare: ***jdn für seine Karriere ~*** sfruttare qcn. per fare carriera.

Be|nut|zer m. *(-s,-)* chi usa, utente *m.*: ***die ~ der Bibliothek*** gli utenti della biblioteca. **be|nut|zer|freund|lich** agg. facile da usare: ***ein -es Computerprogramm, Wörterbuch, Gerät*** un programma (per computer) amichevole, un dizionario di facile consultazione, un utensile facile da usare. **Be|nut|zer|kreis** m. *(-es,-e)* utenza *f.*

Be|nut|zung, REGION. **Be|nüt|zung** f. *(-)* uso *m.*, utilizzazione *f.* **Be|nut|zungs|ord|nung** f. *(-,-en)* regolamento *m.* per gli utenti.

Ben|zin n. *(-s,-e)* benzina *f.*: ***~ tanken*** fare benzina; ***bleifreies ~*** benzina senza piombo. **Ben|zin|feu|er|zeug** n. *(-[e]s,-e)* accendino *m.* a benzina. **Ben|zin|fres|ser** m. *(-s,-)* COLLOQ. macchina *f.* ad alto consumo di benzina. **Ben|zin|gut|schein** m. *(-[e]s,-e)* buono *m.* benzina. **Ben|zin|ka|nis|ter** m. *(-s,-)* tanica *f.* (*o* canistro *m.*) di benzina. **Ben|zin|lei|tung** f. *(-,-en)* tubo *m.* della benzina. **Ben|zin|mo|tor** m. *(-s,-en)* motore *m.* a benzina. **Ben|zin|preis** m. *(-es,-e)* prezzo *m.* della benzina. **Ben|zin|pum|pe** f. *(-,-n)* pompa *f.* della benzina. **Ben|zin|tank** m. *(-s,-s)* serbatoio *m.* della benzina. **Ben|zin|uhr** f. *(-,-en)* indicatore *m.* (del livello) della benzina. **Ben|zin|ver|brauch** m. *(-[e]s)* consumo *m.* di benzina.

Ben|zoe f. *(-)* benzoe *m.* **Ben|zoe|säu|re** f. *(-)* acido *m.* benzoico.

Ben|zol n. *(-s,-e)* benzolo *m.*

be|obach|ten **I** tr. **1a** osservare: ***ein Ereignis ~*** osservare un avvenimento; ***jdn bei einer Tätigkeit ~*** osservare qcn. durante un'attività **b** ***jdn durch das Schlüsselloch ~*** spiare qcn. dal buco della serratura **2** *(bemerken)* osservare, notare, constatare: ***etw. an jdm ~*** notare qcs. in qcn. **3** osservare, rispettare: ***die Gesetze, Vorschriften ~*** osservare le leggi, regole; ***eine strenge Diät ~*** osservare una dieta rigida **4** *(genau)* esaminare, scrutare **II** rifl. **sich ~** osservarsi: ***er beobachtet sich dauernd selbst*** osserva continuamente se stesso ◆ ***jdn ~ lassen*** tenere qcn. sotto sorveglianza, far spiare qcn.; *(Kranken)* far assistere, COLLOQ. guardare qcn.; ***einen Patienten ~*** tenere un paziente sotto osservazione. **be|obach|tend** p.pres. agg. **1** → **beobachten** **2** osservatore. **Be|obach|ter** m. *(-s,-)* osservatore *m.* **Be|obach|tung** f. *(-,-en)* **1** osservazione *f.*: ***minutiöse -en anstellen*** fare delle osservazioni minuziose; ***seine -en zu Protokoll geben*** far mettere a verbale le proprie osservazioni **2** *(Feststellung)* constatazione *f.* **3** *(von Regeln, Gesetzen)* osservanza *f.*, rispetto *m.* **Be|obach|tungs|ga|be** f. *(-)* spirito *m.* d'osservazione. **Be|obach|tungs|pos|ten** m. *(-s,-)* posto *m.* d'osservazione, di vedetta. **Be|obach|tungs|sta|ti|on** f. *(-,-en)* MED. METEOR. ASTR. osservatorio *m.*

be|or|dern tr. **1** ***jdn wohin ~*** ordinare a qcn. di andare, inviare qcn. da qualche parte: ***jdn zu sich ~*** ordinare a qcn. di venire **2** *(beauftragen)* incaricare, delegare: ***beordert werden, den Fall zu untersuchen*** essere incaricato di indagare sul caso **3** COMM. *(bestellen)* ordinare. **Be|or|de|rung** f. *(-,-en)* ordine *m.* (di andare in qualche luogo).

be|pa|cken tr. caricare: ***einen Esel mit Säcken ~*** caricare di sacchi un asino. **be|packt** p.pass. agg. → **bepacken** ◆ ***ein voll -er Kofferraum*** un bagagliaio stracarico.

be|pflan|zen tr. ***den Garten mit Bäumen ~*** piantare alberi nel giardino. **be|pflanzt** p.pass. agg. → **bepflanzen** ◆ ***ein frisch -er Blumentopf*** un vaso di fiori piantati di fresco; ***mit Bäumen ~*** alberato.

be|pflas|tern tr. **1** COLLOQ. ***etw.*** ~ mettere un cerotto su qcs., incerottare qcs.: ***ein Knie ~*** mettere un cerotto su un ginocchio **2** lastricare: ***eine Straße ~*** lastricare una strada **3** COLLOQ. MIL. cannoneggiare, far fuoco su.

be|pin|keln VOLG. **I** tr. ***jdn, etw.*** ~ pisciare addosso a qcn., a qcs. **II** rifl. **sich ~** pisciarsi addosso.

be|pin|seln **I** tr. **1** COLLOQ. spennellare: ***Plätzchen mit Eigelb ~*** spennellare biscotti con rosso d'uovo **2** COLLOQ. *(bemalen)* pitturare, dipingere male **3** *(flüchtig beschreiben)* scarabocchiare **II** rifl. **sich ~** COLLOQ. dipingersi, truccarsi.

be|plan|ken tr. *(Schiffbau)* fasciare.

be|pols|tern tr. imbottire.

be|pu|dern **I** tr. incipriare **II** rifl. **sich ~** incipriarsi: ***sich (D) das Gesicht ~*** incipriarsi il viso.

be|quas|seln, be|quat|schen tr. COLLOQ. **1** ***etw.*** ~ chiacchierare di qcs. **2** ***jdn ~*** convincere qcn. a furia di chiacchiere.

be|quem **I** agg. **1a** comodo, confortevole: ***ein -es Bett*** un letto comodo **b** facile, comodo: ***eine -e Straße*** una strada comoda **2** *(faul)* pigro, indolente; ***er ist viel zu ~*** fa troppo i suoi comodi **II** avv. comodamente, senza fatica, facilmente ◆ ***es sich (D) ~ machen***

mettersi comodo; ***machen Sie es sich ~*** si accomodi; ***~ sitzende Schuhe*** scarpe comode. **be|que|men** rifl. **sich ~ 1** ***sich zu etw. ~*** degnarsi di, decidersi a fare qcs., acconsentire a fare qcs. **2** ANT. *(sich anpassen)* adattarsi. **be|quem|lich** agg. ANT. comodo, facile.

Be|quem|lich|keit f. *(-,-en)* **1** comodità *f.pl.*, agi *m.pl.*: ***die Wohnung ist mit allen -en ausgestattet*** l'alloggio è fornito di tutte le comodità **2** comodo *m.*, comodità *f.*, calma *f.*: ***in aller ~*** con tutta calma; ***mit ~*** con comodo **3** *(Trägheit)* indolenza *f.*, pigrizia *f.*: ***etw. aus ~ tun*** fare qcs. per pigrizia ◆ ***nur der eigenen ~ leben*** fare i propri comodi; ***brauchen Sie noch etwas zu Ihrer ~?*** Le serve ancora qualcosa per il Suo comfort?

Be|rapp m. *(-s)* prima mano *f.* d'intonaco, rinzaffo *m.* **be|rap|pen** tr. **1** dare la prima mano d'intonaco, rinzaffare **2** AGR. scorticare **3** COLLOQ. sborsare.

be|ra|ten *(berät, beriet, beraten)* **I** tr. **1** consigliare: ***jdn gut, schlecht ~*** consigliare qcn. bene, male **2** ***etw. ~*** discutere, deliberare su qcs. **II** rifl. **sich ~** consultarsi: ***sich mit jdm über etw. ~*** consultarsi con qcn. su qcs. ◆ ***sich von einem Anwalt ~ lassen*** farsi consigliare da un avvocato. **be|ra|tend** p.pres. agg. **1** → **beraten 2** consulente, consultivo, deliberativo: ***-er Rechtsanwalt*** avvocato consulente; ***-e Stimme*** voto consultivo; ***-e Versammlung*** assemblea consultiva, consulta *f.* ◆ ***jdm ~ zur Seite stehen*** essere consulente di qcn.; ***eine -e Tätigkeit ausüben*** svolgere un'attività di consulenza. **Be|ra|ter** m. *(-s,-)* consulente *m.*, consigliere *m.*: ***~ in Steuersachen*** consulente fiscale. **Be|ra|ter|ver|trag** m. *(-[e]s,-verträge)* contratto *m.* di consulenza.

be|rat|schla|gen intr. (aus. *haben*) consultarsi, discutere: ***mit jdm (über) etw. ~*** consultarsi con qcn. su qcs. **Be|rat|schla|gung** f. *(-,-en)* consultazione *f.*, discussione *f.*

Be|ra|tung f. *(-,-en)* **1** consultazione *f.*, consiglio *m.*; *(Beschluss)* deliberazione *f.*: ***das Gericht zieht sich zur ~ zurück*** la corte si ritira per deliberare **2** consulto *m.*: ***eine ~ abhalten*** tenere un consulto **3** consulenza *f.*, consiglio *m.*: ***ärztliche ~*** consulenza medica **4** *(Unterredung)* discussione *f.*, dibattito *m.* ◆ ***in ~ sein, zur ~ kommen*** essere, venire discusso. **Be|ra|tungs|or|gan** n. *(-s,-e)* organo *m.* consultivo.

be|rau|ben I tr. **1** derubare, rapinare: ***seines Geldes beraubt werden*** essere derubato del proprio denaro **2** privare: ***jdn seiner Freiheit ~*** privare qcn. della propria libertà **II** rifl. **sich ~** privarsi: ***sich einer Sache ~*** privarsi di una cosa. **Be|rau|bung** f. *(-,-en)* **1** furto *m.*, rapina *f.* **2** privazione *f.*: ***die ~ der Freiheit*** la privazione della libertà.

be|räu|chern tr. incensare (anche FIG.).

be|rau|schen I tr. **1** ubriacare **2** FIG. inebriare: ***die Macht berauscht ihn*** il potere lo inebria **II** rifl. **sich ~ 1** ubriacarsi **2** FIG. inebriarsi: ***sich an etw. (D) ~*** inebriarsi di qcs. **be|rau|schend** p.pres. agg. **1** → **berauschen 2** inebriante; ***-e Mittel*** stupefacenti *m.pl.* ◆ ***das war nicht ~*** non era niente di speciale. **be|rauscht** p.pass. agg. **1** → **berauschen 2** ebbro, ubriaco. **Be|rauscht|heit** f. *(-)* ebbrezza *f.*, ubriachezza *f.* **Be|rau|schung** f. *(-)* inebriamento *m.*, entusiasmo *m.*

Ber|ber m. *(-s,-)* berbero *m.* **ber|be|risch** agg. berbero.

Ber|be|rit|ze f. *(-,-n)* BOT. crespino *m.*

be|re|chen|bar agg. **1** calcolabile **2** *(schätzbar)* valutabile, stimabile, prevedibile. **Be|re|chen|bar|keit** f. *(-,-en)* **1** calcolabilità *f.* **2** valutabilità *f.*, prevedibilità *f.* **be|rech|nen 1** calcolare: ***die Ausgaben, die Fläche ~*** calcolare le spese, l'area **2** contare, mettere in conto: ***dafür berechne ich Ihnen nichts*** questo non glielo metto in conto; ***~ Sie mir die Fahrtkosten*** mi metta in conto le spese di viaggio **3a** *(vorausberechnen)* calcolare, prevedere: ***die Zeit für die Forschung auf drei Monate ~*** calcolare tre mesi di tempo per la ricerca; ***der Aufzug ist für fünf Personen berechnet*** l'ascensore è previsto per cinque persone **b** FIG. ***alles, was er sagt, ist auf Wirkung berechnet*** tutto quello che dice ha un effetto calcolato. **be|rech|nend I** p.pres. agg. **1** → **berechnen 2** *(eigennützig)* calcolatore: ***eine -e Person*** una persona calcolatrice **II** avv. in modo calcolato. **be|rech|net** p.pass. agg. **1** → **berechnen 2** FIG. studiato, calcolato: ***eine -e Haltung*** un atteggiamento studiato. **Be|rech|nung** f. *(-,-en)* calcolo *m.*: ***-en ausstellen*** eseguire calcoli; ***nach meiner ~*** secondo i miei calcoli; FIG. ***etw. aus ~ tun*** fare qcs. per calcolo.

be|rech|ti|gen I tr. autorizzare: ***jdn zu etw. ~*** autorizzare qcn. a fare qcs. **II** intr. (aus. *haben*) autorizzare, dare diritto: ***der Ausweis berechtigt zum Grenzübergang*** la carta d'identità autorizza (*o* dà diritto) a passare il confine. **be|rech|tigt** p.pass. agg. **1** → **berechtigen 2** giustificato, legittimo: ***ein -es Misstrauen*** una sfiducia giustificata. **Be|rech|tig|te** m. e f. *(-n,-n)* avente *m.* e *f.* diritto. **be|rech|tig|ter|wei|se** avv. a buon diritto, legittimamente. **Be|rech|ti|gung** f. *(-,-en)* **1** *(Befugnis)* autorizzazione *f.*, diritto *m.* **2** *(Berechtigkeit)* giustificazione *f.*, fondatezza *f.*: ***deine Forderung hat ihre ~*** la tua richiesta è fondata ◆ ***mit voller ~*** pienamente giustificato. **Be|rech|ti|gungs|nach|weis** m. *(-es,-e)* (documento *m.* di) legittimazione *f.* **Be|rech|ti|gungs|schein** m. *(-[e]s,-e)* concessione *f.*, (certificato *m.* di) autorizzazione *f.*

be|re|den I tr. **1** *(besprechen)* discutere: ***etw. mit jdm ~*** discutere qcs. con qcn. **2** *(überreden)* convincere, persuadere, indurre: ***jdn ~, etw. zu tun*** convincere qcn. a fare qcs.; ***sich (nicht) ~ lassen*** (non) lasciarsi convincere **3** *(über jdn reden)* ***jdn ~*** sparlare di qcn. **II** rifl. **sich ~** consigliarsi, consultarsi: ***sich mit jdm über etw. ~*** consultarsi con qcn. su qcs. **be|red|sam** agg. → **beredt. Be|red|sam|keit** f. *(-)* eloquenza *f.* **be|redt** agg. eloquente; FIG. ***eine -e Geste, ein -es Schweigen*** un gesto, un silenzio eloquente.

be|reg|nen tr. irrigare a pioggia. **Be|reg|nungs|an|la|ge** f. *(-,-n)* impianto *m.* d'irrigazione a pioggia.

Be|reich m. e RAR. n. *(-[e]s,-e)* **1** territorio *m.*, zona *f.*; ***im ~ der Stadt*** nella cerchia della città; ***der ~ um den Äquator*** la zona attorno all'equatore **2** campo *m.*, sfera *f.*, ambito *m.*: ***im ~ der Kunst*** nel campo dell'arte ◆ ***im ~ des Möglichen liegen*** essere tra le cose possibili, tra i possibili.

be|rei|chern I tr. arricchire: ***die Sammlung um neue Stücke ~*** arricchire la collezione di nuovi pezzi; *(innerlich)* ***diese Erfahrungen bereicherten ihn*** queste esperienze lo arricchirono **II** rifl. **sich ~** arricchirsi: ***sich an der Arbeit anderer ~*** arricchirsi a spese del lavoro altrui; ***sich schamlos ~*** arricchirsi vergognosamente. **Be|rei|che|rung** f. *(-,-en)* arricchimento *m.*

1.be|rei|fen tr. munire di pneumatici, gommare.

2.be|rei|fen tr. coprire di brina.

Be|rei|fung f. *(-,-en)* **1** montaggio *m.* dei pneumatici **2** *(Reifen eines Fahrzeugs)* pneumatici *m.pl.*

be|rei|ni|gen I tr. **1** *(in Ordnung bringen)* sistemare, regolare **2** *(korrigieren)* correggere **II** rifl. **sich ~** sistemarsi, aggiustarsi.

be|rei|sen tr. ***ein Land ~*** viaggiare in un paese, visitare un paese. **be|reist** p.pass. agg. **1** → **bereisen 2** *(von Personen)* che ha viaggiato molto **3** *(von Orten)* ***viel ~*** molto visitato.

be|reit agg. **1** *(fertig)* pronto, preparato **2** *(willig)* pronto, disposto: ***sich (zu etw.) ~ zeigen, finden (erklären)*** mostrarsi, dichiararsi pronto (*o* disposto) a fare qcs.; ***dazu bin ich nicht ~*** non sono disposto (a farlo).

be|rei|ten I tr. **1** *(zubereiten)* preparare: ***das Essen ~*** preparare da mangiare; ***etw. für jdn ~, jdm etw. ~*** preparare qcs. per, a qcn. **2** *(zufügen)* procurare, dare, recare: ***jdm Freude ~*** recare gioia a qcn.; ***Schwierigkeiten ~*** procurare difficoltà **II** rifl. **sich ~** prepararsi: ***sich zum Abschied ~*** prepararsi al commiato.

Be|rei|ter m. *(-s,-)* preparatore *m.*

be|reit_ha|ben tr. avere di pronto.

be|reit_hal|ten *(hält, hielt, gehalten)* **I** tr. tenere pronto **II** rifl. **sich ~** tenersi pronto. **be|reit_le|gen** tr. preparare. **be|reit_lie|gen** intr. *(lag, gelegen;* aus. *haben)* essere pronto, disponibile, a disposizione: ***das frische Hemd liegt bereit*** la camicia pulita è pronta. **be|reit_ma|chen I** tr. preparare, LETT. approntare **II** rifl. **sich ~** prepararsi: ***sich zum Ausgehen ~*** prepararsi ad uscire.

be|reits avv. già.

Be|reit|schaft f. *(-,-en)* **1** l'essere pronto: ***in ~ sein*** essere pronto **2** disponibilità *f.*, disposizione *f.*: ***etw. in ~ halten*** tenere qcs. a disposizione; ***innere ~*** disponibilità interiore **3** *(in der Polizei)* squadra *f.* di pronto intervento **4** *(eines Mobiltelefons)* attesa *f.*, stand-by *m.* ◆ MIL. ***~ haben, in ~ sein*** essere di picchetto. **Be|reit|schafts|arzt** m. *(-es,-ärzte)* medico *m.* di guardia. **Be|reit|schafts|dienst** m. *(-[e]s,-e)* **1** *(der Feuerwehr, Polizei)* servizio *m.* di pronto intervento **2** MIL. servizio *m.* di picchetto. **Be|reit|schafts|ta|sche** f. *(-,-n)* valigetta *f.* (*o* borsa *f.*) da medico.

be|reit_ste|hen intr. *(stand, gestanden;* aus. *haben)* stare, essere pronto. **be|reit_stel|len** tr. **1** mettere a disposizione, apprestare **2** stanziare: ***Geldmittel ~*** stanziare fondi. **Be|reit|stel|lung** f. *(-,-en)* **1** messa *f.* a disposizione **2** *(von Geld)* stanziamento *m.*

Be|rei|tung f. *(-,-en)* preparazione *f.*

be|reit|wil|lig I agg. volenteroso, premuroso **II** avv. prontamente, volentieri. **Be|reit|wil|lig|keit** f. *(-)* prontezza *f.*, premura *f.*

be|ren|nen tr. *(berannte, berannt)* SPORT MIL. attaccare.

be|reu|en tr. ***etw. ~*** pentirsi di qcs.; *(bedauern)* rimpiangere qcs.: ***du wirst es ~, das Kleid nicht gekauft zu haben*** rimpiangerai di non aver comprato il vestito.

Berg m. *(-[e]s,-e)* **1** monte *m.*, montagna *f.*: ***einen ~ besteigen*** salire su una montagna; ***auf einen ~ klettern, einen ~ erklettern*** arrampicarsi su una montagna, scalare una montagna **2** pl. *(Gebirge)* monti *m.pl.*, montagne *f.pl.*, montagna *f.*: ***über ~ und Tal*** su e giù per i monti; ***in die -e fahren*** andare in montagna **3** FIG. *(Menge)* montagna *f.*, mucchio *m.*: ***ein ~ (von) Arbeit*** una montagna di lavoro ◆ ***die Haare stehen mir zu -e*** mi si rizzano i capelli; ***mit etw. (nicht) hinter dem ~ halten*** (non) tenere segreto qcs.; ***dastehen wie der Ochs am, vorm ~*** restare lì come impalato; ***(noch nicht) über den ~ sein*** = (non) avere (ancora) superato il peggio; ***jdn über den ~ helfen*** = aiutare qcn. a superare le difficoltà; COLLOQ. ***er ist über alle -e*** è scappato; ***der Glaube kann -e versetzen*** la fede smuove le montagne; ***jdm goldene -e versprechen*** promettere a qcn. mare e monti; PROV. ***wenn der ~ nicht zum Propheten kommen will, muss der Prophet zum -e gehen*** se la montagna non va a Maometto, Maometto andrà alla montagna.

berg|ab, berg|ab|wärts avv. **1** giù per la montagna, in discesa **2** FIG. male: ***mit dem Kranken, dem Laden geht es immer mehr ~*** il malato, il negozio va sempre peggio. **Berg|ab|hang** m. *(-[e]s,-abhänge)* pendio *m.* (della montagna). **Berg|aka|de|mie** f. *(-,-n)* accademia *f.* mineraria.

Ber|ga|mas|ke m. e f. *(-n,-n)* bergamasco *m.* (-a *f.*). **ber|ga|mas|kisch** agg. bergamasco.

Ber|ga|mot|te f. *(-,-n)* **1** bergamotto *m.* **2** *(Birne)* bergamotta *f.* **Ber|ga|mott|öl** n. *(-[e]s)* essenza *f.* di bergamotto.

berg|an avv. su per la montagna, in salita; ***der Weg geht steil ~*** la strada è molto scoscesa. **Berg|ar|bei|ter** m. *(-s,-)* minatore *m.* **berg|auf, berg|auf|wärts** avv. **1** *(bergan)* su per la montagna, in salita **2** FIG. bene: ***mit seinen Noten geht es ~*** i suoi voti sono migliorati. **Berg|bach** m. *(-[e]s, -bäche)* ruscello *m.* di montagna. **Berg|bahn** f. *(-,-en)* ferrovia *f.* di montagna. **Berg|bau** m. *(-[e]s)* industria *f.* mineraria. **Berg|bau|er** m. *(-s,-n)* contadino *m.* di montagna. **Berg|bau|kun|de** f. *(-)* scienza *f.* mineraria. **Berg|be|stei|gung** f. *(-,-en)* scalata *f.*, ascensione *f.* **Berg|be|woh|ner** m. *(-s,-)* montanaro *m.* **Berg|dorf** n. *(-[e]s,-dörfer)* villaggio *m.* di montagna.

Ber|ge|geld n. *(-[e]s,-er)* → **Bergelohn.**

Ber|ge|lohn m. *(-[e]s,-löhne)* MAR. premio *m.* di ricupero.

Berg|ei|sen n. *(-s,-)* piccone *m.* da minatore.

ber|gen tr. *(birgt, barg, geborgen)* **1** salvare, mettere in salvo (*o* al sicuro, al riparo): ***etw. vor dem Feuer ~*** salvare qcs. dal fuoco; ***die Ernte ~*** mettere al riparo (*o* immagazzinare) il raccolto **2** *(Tote, Verschüttete)* ricuperare **3** *(beschützen)* proteggere, riparare: ***die Hütte birgt ihn vor dem Regen*** la capanna lo ripara dalla pioggia **4** *(enthalten)* racchiudere, contenere: ***das Haus birgt ein Geheimnis (in sich)*** la casa racchiude un segreto **5** *(verbergen)* nascondere, celare: ***sein Gesicht in den Händen ~*** nascondere il viso fra le mani ◆ MAR. ***die Segel ~*** ammainare le vele.

Ber|ge|recht n. *(-[e]s,-e)* diritto *m.* di ricupero: ***das ~ für ein gesunkenes Schiff*** il diritto di ricupero di una nave affondata.

ber|ge|wei|se avv. ***~ Arbeit haben*** avere una montagna di lavoro.

Berg|fahrt f. *(-,-en)* **1** gita *f.* (*o* escursione *f.*) in montagna: ***auf ~ gehen*** andare in gita in montagna **2** *(mit Fahrzeugen)* salita *f.*: ***letzte ~ 17 Uhr*** ultima salita alle (ore) 17 **3** MAR. navigazione *f.* contro corrente. **Berg|fex** m. *(-es e -en, -e e -en)* REGION. scalatore *m.* appassionato, patito *m.* della montagna. **Berg|fried** m. *(-[e]s,-e)* battifredo *m.*, torre *f.* (di una rocca). **Berg|füh|rer** m. *(-s,-)* **1** guida *f.* alpina **2** *(Buch)* guida *f.* (per alpinisti). **Berg|ge|gend** f. *(-,-en)* regione *f.* montuosa. **Berg|geist** m. *(-[e]s,-er)* spirito *m.* della montagna. **Berg|gip|fel** m. *(-s,-)* cima *f.* (*o* vetta *f.*) della montagna. **Berg|haupt|mann** m. *(-[e]s,-leute)* sovrintendente *m.* delle miniere. **berg|hoch** agg. alto come una montagna, altissimo: ***berghoher Schnee*** neve molto alta, montagne di neve. **Berg|ho|tel** n. *(-s,-s)* albergo *m.* di montagna. **Berg|hüt|te** f. *(-,-n)* rifugio *m.* alpino.

ber|gig agg. montuoso, montagnoso.

Berg|kamm m. *(-[e]s,-kämme)* cresta *f.* del monte. **Berg|kes|sel** m. *(-s,-)* conca *f.* **Berg|ket|te** f. *(-,-n)* catena *f.* montuosa. **Berg|knap|pe** m. *(-n,-n)* ANT. minatore *m.* **Berg|krank|heit** f. *(-)* mal *m.* di montagna. **Berg|krax|ler** m. *(-s,-)* AUSTR. alpinista *m.* **Berg|kris|tall** m. *(-s,-e)* cristallo *m.* di rocca. **Berg|kup|pe** f. *(-,-n)* cima *f.* arrotondata, tondeggiante. **Berg|land|schaft** f. *(-,-en)* paesaggio *m.* montano. **Berg|leu|te** pl. → **Bergmann. Berg|lift** m. *(-[e]s,-e)* seggiovia *f.* **Berg|luft** f. *(-)* aria *f.* di montagna.

Berg|mann m. *(-[e]s,-leute)* minatore *m.* **Berg|männ|chen** n. *(-s,-)* gnomo *m.* (*o* folletto *m.*) della montagna. **berg|män|nisch** agg. di (*o* da) minatore.

Berg|mas|siv n. *(-s,-e)* massiccio *m.* (montuoso). **Berg|na|se** f. *(-,-n)* sperone *m.* (della montagna). **Berg|not** f. *(-)* situazione *f.* d'emergenza, di pericolo (in montagna): ***jdn aus ~ retten*** salvare qcn. in pericolo (in montagna). **Berg|par|tei**, STOR. ***die ~*** la Montagna. **Berg|par|tie** f. *(-,-n)* → **Bergtour. Berg|pfad** m. *(-[e]s,-e)* sentiero *m.* di montagna. **Berg|pre|digt** f. *(-)* RELIG. discorso *m.* della montagna. **Berg|recht** n. *(-[e]s,-e)* diritto *m.* minerario. **Berg|re|gal** n. *(-s,-ien)* STOR. diritto *m.* di sfruttamento (di miniere).

Berg|ren|nen n. *(-s,-)* corsa *f.* (motoristica) in montagna, corsa *f.* in salita. **Berg|rü|cken** m. *(-s,-)* dorso *m.* (di montagna). **Berg|rutsch** m. *(-[e]s,-e)* frana *f.* **Berg|sat|tel** m. *(-s,-sättel)* sella *f.* **Berg|schuh** m. *(-[e]s,-e)* scarpone *m.* (da montagna). **Berg|schu|le** f. *(-,-n)* scuola *f.* mineraria. **Berg|see** m. *(-s,-n)* lago *m.* alpino. **Berg|ski** m. *(-s,-)* sci *m.* a monte. **Berg|spit|ze** f. *(-,-n)* cima *f.* (della montagna), vetta *f.* **Berg|sport** m. *(-[e]s)* sport *m.* alpino. **Berg|sta|ti|on** f. *(-,-en)* stazione *f.* a monte.

berg‿stei|gen intr. *(solo inf. e p.pres. pass.)* fare un'ascensione. **Berg|stei|ger** m. *(-s,-)* alpinista *m.* **berg|stei|ge|risch** agg. alpinistico.

Berg|stock m. *(-[e]s,-stöcke)* **1** bastone *m.* da montagna **2** → **Bergmassiv. Berg|stol|len** m. *(-s,-)* galleria *f.* (di miniera). **Berg|sturz** m. *(-es,-stürze)* frana *f.* **Berg|sucht** f. *(-)* tisi *f.* dei minatori. **Berg|tod** m. *(-[e]s,-e)* morte *f.* in montagna. **Berg|tour** f. *(-,-en)* escursione *f.* in montagna. **Berg-und-Tal-Bahn** f. *(-,-en)* montagne *f.pl.* russe. **Berg-und-Tal-Fahrt** f. *(-,-en)* **1** corsa *f.* andata e ritorno (di funivia o ferrovia alpina) **2** FIG. *(von Währungen, Leistungen)* oscillazioni *f.pl.*, fluttuazioni *f.pl.* **Berg|un|fall** m. *(-[e]s,-unfälle)* incidente *m.* alpinistico, sciagura *f.* di montagna.

Ber|gung f. *(-,-en)* **1** salvataggio *m.*, il mettere in salvo (*o* al sicuro) **2** *(von Toten, Verschütteten)* recupero *m.*, estrazione *f.* **3** MAR. *(von Segeln)* l'ammainare. **Ber|gungs|ak|ti|on** f. *(-,-en)* **1** opera *f.* di ricupero **2** *(von Menschen)* opera *f.* di salvataggio. **Ber|gungs|ar|bei|ten** pl. **1** operazioni *f.pl.* di recupero **2** *(von Menschen)* operazioni *f.pl.* di salvataggio. **Ber|gungs|mann|schaft** f. *(-,-en)* squadra *f.* di soccorso. **Ber|gungs|ver|such** m. *(-[e]s,-e)* **1** tentativo *m.* di ricupero **2** *(von Menschen)* tentativo *m.* di salvataggio.

Berg|wacht f. *(-)* soccorso *m.* alpino. **Berg|wand** f. *(-,-wände)* parete *f.* **Berg|wan|de|rung** f. *(-,-en)* escursione *f.* in montagna. **berg|wärts** avv. **1** *(bergan)* su per la montagna, in salita **2** verso monte.

Berg|werk n. *(-[e]s,-e)* miniera *f.* **Berg|werks|ar|bei|ter** m. *(-s,-)* minatore *m.* **Berg|werks|kun|de** f. *(-)* scienza *f.* mineraria.

Berg|we|sen n. *(-s)* industria *f.* mineraria. **Berg|wis|sen|schaft** f. *(-)* scienza *f.* mineraria. **Berg|zin|ne** f. *(-,-n)* ALP. torre *f.*

Be|ri|be|ri f. *(-)* beriberi *m.*

Be|richt m. *(-[e]s,-e)* **1a** relazione *f.*, rapporto *m.*, resoconto *m.*: ***über etw. (A) ~ erstatten*** fare un rapporto su qcs.; ***einen ~ abfassen*** fare una relazione (per iscritto) **b** *(Erzählung)* racconto *m.* **2** BUROCR. rapporto *m.*, esposto *m.* **3** GIORN. servizio *m.*, reportage *m.*, notiziario *m.*: ***ein ~ aus dem Ausland*** un servizio dall'estero. **be|rich|ten I** tr. riferire; *(erzählen)* raccontare: ***eine Neuigkeit, einen Vorfall ~*** raccontare una novità, riferire un fatto **II** intr. (aus. *haben*) ***über etw. (A), von etw. ~*** fare un rapporto, riferire su qcs., raccontare (di) qcs.: ***über, von den letzten politischen Ereignissen ~*** riferire sugli ultimi fatti politici; ***über jdn nur Gutes ~*** dire solo del bene di qcn. **Be|rich|ter** m. *(-s,-)* **1** relatore *m.* **2** → **Berichterstatter. Be|richt|er|stat|ter** m. *(-s,-)* **1** GIORN. corrispondente *m.*, inviato *m.* **2** *(im Parlament)* relatore *m.* **Be|richt|er|stat|tung** f. *(-,-en)* **1** resoconto *m.*, rapporto *m.* **2** GIORN. corrispondenza *f.*

be|rich|ti|gen I tr. rettificare, correggere: ***einen Fehler, ein Missverständnis ~*** correggere un errore, chiarire un malinteso **II** rifl. ***sich ~*** correggersi. **be|rich|ti|gend** p.pres. agg. **1** → **berichtigen 2** ***-er Zusatz*** rettifica. **Be|rich|ti|gung** f. *(-,-en)* **1** rettifica *f.*, correzione *f.* **2** TIP. errata-corrige *f.* **Be|rich|ti|gungs|pflicht** f. *(-)* obbligo *m.* di rettifica.

Be|richts|jahr n. *(-[e]s,-e)* **1** anno *m.* in esame **2** COMM. esercizio *m.* in esame.

be|rie|chen *(beroch, berochen)* **I** tr. fiutare, annusare (anche FIG.) **II** rifl. ***sich (gegenseitig) ~*** studiarsi (reciprocamente).

be|rie|seln tr. **1** irrigare (per scorrimento) **2** FIG. COLLOQ. ***jdn mit Musik, Werbung ~*** inondare qcn. di musica, di pubblicità. **Be|rie|se|lung** f. *(-,-en)* irrigazione *f.* per scorrimento. **Be|rie|se|lungs|an|la|ge** f. *(-,-n)* impianto *m.* d'irrigazione (per scorrimento).

be|rin|gen tr. ORNIT. inanellare.

Be|ring|meer n.pr.n. *(-[e]s)* mare *m.* di Bering. **Be|ring|stra|ße** f. *(-)* stretto *m.* di Bering.

Be|ritt m. *(-[e]s,-e)* ANT. **1** MIL. drappello *m.* di cavalleria **2** *(Forstbezirk)* distretto *m.* forestale. **be|rit|ten**, ***-e Polizei*** polizia a cavallo.

Ber|lin n.pr.n. *(-s)* Berlino *f.* **Ber|li|na|le** f. *(-,-n)* festival *m.* (del cinema) di Berlino. **Ber|li|ne** f. *(-,-n)* berlina *f.* **Ber|li|ner I** m. *(-s,-)* **1** berlinese *m.* **2** INTRAD. GASTR. (dolce simile al krapfen) **II** agg.inv. di Berlino, berlinese ◆ ***~ Blau*** blu di Prussia. **ber|li|ne|risch** agg. di Berlino, berlinese. **ber|li|nern** intr. (aus. *haben*) parlare berlinese. **ber|li|nisch** agg. di Berlino, berlinese.

Ber|me f. *(-,-n)* **1** sponda *f.* di riparo, MIL. banchina *f.* **2** EDIL. berma *f.*

Ber|mu|da|drei|eck n.pr.n. *(-[e]s)* triangolo *m.* delle Bermude.

Ber|mu|da|in|seln n.pr.pl. isole *f.pl.* Bermude. **Ber|mu|das** **I** n.pr.pl. Bermude *f.pl.* **II** pl. → **Bermudashorts. Ber|mu|da|shorts** pl. bermuda *m.pl.*

Bern n.pr.n. *(-s)* Berna *f.* **Ber|ner I** m. *(-s,-)* bernese *m.*, abitante *m.* di Berna (*o* del cantone di Berna) **II** agg. inv. di Berna, bernese.

Bern|hard n.pr.m. Bernardo *m.* ◆ ***Kleiner, Großer St. ~*** Piccolo, Gran San Bernardo. **Bern|har|di|ner** m. *(-s,-)* **1** (monaco *m.*) bernardino *m.* **2** *(Bernhardinerhund)* San Bernardo *m.* **Bern|har|di|ner|hund** m. *(-[e]s,-e)* cane *m.* San Bernardo. **Bern|har|di|ner|or|den** m. *(-s)* ordine *m.* dei bernardini.

Bern|stein m. *(-[e]s)* ambra *f.* **bern|stein|far|ben** agg. color ambra, ambrato. **Bern|stein|ket|te** f. *(-,-n)* collana *f.* d'ambra. **Bern|stein|säu|re** f. *(-)* acido *m.* succinico.

Ber|ser|ker m. *(-s,-)* **1** ANT. guerriero *m.* (delle saghe nordiche) **2a** FIG. energumeno *m.* **b** ***wie ein ~ toben*** dimenarsi come un ossesso ◆ ***Kraft wie ein ~ haben*** avere una forza smisurata. **ber|ser|ker|haft** agg. da ossesso; *(kräftig)* da energumeno. **Ber|ser|ker|wut** f. *(-)* furia *f.* distruttrice.

bers|ten intr. *(birst/berstet; barst; geborsten;* aus. *sein)* **1** spaccarsi, rompersi, spezzarsi: ***das Eis, das Glas birst*** il ghiaccio, il bicchiere si rompe **2** FIG. scoppiare, esplodere, non stare più in sé: ***vor Neugier, Ungeduld ~*** non stare più in sé dalla curiosità, dall'impazienza. **Bers|ten,** ***(bis) zum ~ voll, gefüllt*** strapieno, stracolmo; ***der Saal ist zum ~ voll*** la sala è strapiena.

Ber|tha n.pr.f. Berta *f.*

be|rüch|tigt agg. famigerato, malfamato: ***die Bronx ist ein -es Viertel*** il Bronx è un quartiere malfamato.

be|rü|cken tr. incantare, affascinare. **be|rü|ckend** p.pres. agg. **1** → **berücken 2** affascinante, seducente ◆ ***das ist nicht gerade ~*** non è un granché.

be|rück|sich|ti|gen tr. ***jdn, etw. ~*** considerare, tener presente qcn., qcs., tener conto di qcn., qcs.: ***die besonderen Umstände ~*** tener conto delle particolari circostanze. **Be|rück|sich|ti|gung** f. *(-,-en)* riguardo *m.*, considerazione *f.*: ***ohne ~ von*** senza riguardo per, senza tener conto di; ***unter, bei ~ von*** in considerazione (*o* tenendo conto) di, con riguardo a.

Be|rü|ckung f. *(-,-en)* incantamento *m.*

Be|ruf m. *(-[e]s,-e)* **1** professione *f.*, *(Handwerk)* mestiere *m.*: ***einen ~ ausüben, einem ~ nachgehen*** esercitare una professione; ***einen ~ ergreifen*** abbracciare una professione; ***seit zehn Jahren im ~ stehen*** esercitare una professione da dieci anni; ***seinen ~ verfehlen*** sbagliare mestiere **2** LETT. ANT. vocazione *f.*, predisposizione *f.* ◆ ***was sind Sie von ~?*** che mestiere fa? qual è la sua professione? ***er ist von ~ Elektriker*** di mestiere è elettricista (*o* fa l'elettricista).

1.be|ru|fen I tr. *(berief, berufen)* **1** chiamare, invitare, nominare: ***jdn auf einen Lehrstuhl ~*** chiamare qcn. a ricoprire una cattedra; ***jdn zum Rektor ~*** nominare qcn. rettore **2** AUSTR. DIR. fare ricorso, ricorrere **II** rifl. ***sich auf etw. (A) ~*** richiamarsi, riferirsi a qcs.; ***sich auf sein Recht ~*** far valere il proprio diritto; ***sich auf jdn, auf jds Urteil ~*** appellarsi a qcn., al giudizio di qcn.; ***sich auf jds Zeugenschaft ~*** invocare la testimonianza di qcn. ◆ ***ich will es lieber nicht ~, sonst passiert es noch*** non voglio dirlo troppo forte, altrimenti succede davvero.

2.be|ru|fen p.pass. agg. **1** → **1.berufen 2** competente, qualificato, valente: ***ein -er Wissenschaftler*** un valente scienziato; ***sich zu etw. ~ fühlen*** sentire la vocazione per qcs., sentirsi chiamato a qcs. ◆ ***aus -em Munde*** da fonte sicura; ***viele sind ~, aber wenige sind auserwählt*** molti sono i chiamati, ma pochi gli eletti.

be|ruf|lich I agg. professionale: ***-e Tätigkeit, Weiterbildung*** attività, aggiornamento professionale **II** avv. professionalmente: ***~ verhindert sein*** essere impedito da doveri professionali ◆ ***was machen Sie ~?*** che mestiere fa?

Be|rufs|auf|bau|schu|le f. *(-,-n)* scuola *f.* professionale (serale). **Be|rufs|aus|bil|dung** f. *(-,-en)* formazione *f.* professionale. **Be|rufs|aus|sich|ten** pl. sbocchi *m.pl.* professionali. **Be|rufs|aus|übung** f. *(-)* esercizio *m.* di una professione. **be|rufs|be|dingt** agg. professionale, determinato dalla professione: ***-e Krankheiten*** malattie professionali. **Be|rufs|be|ra|tung** f. *(-,-en)* orientamento *m.* professionale. **Be|rufs|bild** n. *(-[e]s,-er)* profilo *m.* professionale. **be|rufs|bil|dend** agg. che dà una formazione professionale, professionale. **Be|rufs|bil|dung** f. *(-)* formazione *f.* professionale. **be|rufs|er|fah|ren** agg. che ha esperienza professionale. **Be|rufs|er|fah|rung** f. *(-,-en)* esperienza *f.* professionale. **Be|rufs|ethos** n. *(-)* etica *f.* professionale. **Be|rufs|fach|schu|le** f. *(-,-n)* scuola *f.* professionale (a tempo pieno). **Be|rufs|fah|rer** m. *(-s,-)* pilota *m.* professionista. **Be|rufs|frei|heit** f. *(-)* libertà *f.* di scelta della professione. **be|rufs|fremd** agg. che non rientra nelle competenze professionali. **Be|rufs|ge|heim|nis** n. *(-ses,-se)* segreto *m.* professionale. **Be|rufs|ge|nos|sen|schaft** f. *(-,-en)* associazione *f.* di categoria (professionale). **Be|rufs|grup|pe** f. *(-,-n)* categoria *f.* professionale. **Be|rufs|heer** n. *(-[e]s,-e)* esercito *m.* professionale. **Be|rufs|klei|dung** f. *(-)* abbigliamento *m.* da lavoro. **Be|rufs|krank|heit** f. *(-,-en)* malattia *f.* professionale. **Be|rufs|lauf|bahn** f. *(-,-en)* carriera *f.* professionale. **Be|rufs|le|ben** n. *(-s)* vita *f.* professionale; ***im ~ stehen*** esercitare una professione. **be|rufs|mä|ßig I** agg. di professione, professionale: ***ein -er Spieler*** un giocatore di professione **II** avv. professionalmente, per professione. **Be|rufs|of|fi|zier** m. *(-s,-e)* ufficiale *m.* di carriera. **Be|rufs|or|ga|ni|sa|ti|on** f. *(-,-en)* → **Berufsverband. Be|rufs|pflicht** f. *(-,-en)* dovere *m.* professionale, d'ufficio. **Be|rufs|po|li|ti|ker** m. *(-s,-)* politico *m.* di professione. **Be|rufs|psy|cho|lo|ge** m. *(-n,-n)* psicotecnico *m.* **Be|rufs|re|vo|lu|ti|o|när** m. *(-s,-e)* rivoluzionario *m.* di professione (anche SPREG.). **Be|rufs|schu|le** f. *(-,-n)* scuola *f.* professionale. **Be|rufs|schü|ler** m. *(-s,-)* allievo *m.* di scuola professionale. **Be|rufs|sol|dat** m. *(-en,-en)* soldato *m.* di carriera. **Be|rufs|sport** m. *(-[e]s)* sport *m.* professionistico. **Be|rufs|sport|ler** m. *(-s,-)* (sportivo *m.*) professionista *m.* **Be|rufs|stand** m. *(-[e]s,-stände)* categoria *f.* professionale. **be|rufs|tä|tig** agg. attivo, che lavora, che esercita una professione (*o* un mestiere): ***~ sein*** lavorare, esercitare una professione. **Be|rufs|tä|tig|keit** f. *(-,-en)* attività *f.* professionale. **Be|rufs|un|fä|hig|keit** f. *(-)* inabilità *f.* al lavoro, invalidità *f.* **Be|rufs|ver|band** m. *(-[e]s,-verbände)* associazione *f.* di categoria. **Be|rufs|ver|bot** n. *(-[e]s,-e)* interdizione *f.* ai pubblici uffici (per motivi politici). **Be|rufs|ver|bre|cher** m. *(-s,-)* criminale *m.* di professione. **Be|rufs|ver|ei|ni|gung** f. *(-,-en)* → **Berufsverband. Be|rufs|ver|kehr** m. *(-s)* traffico *m.* delle ore di punta. **Be|rufs|wahl** f. *(-,-en)* scelta *f.* della professione. **Be|rufs|wech|sel** m. *(-s,-)* cambiamento *m.* di professione. **Be|rufs|zweig** m. *(-[e]s,-e)* ramo *m.* professionale.

Be|ru|fung f. *(-,-en)* **1** nomina *f.*: ***eine ~ erhalten, annehmen, ablehnen*** ricevere, accettare, rifiutare una nomina **2** *(besondere Befähigung)* vocazione *f.*, predisposizione *f.*: ***eine ~ zum Arzt*** una vocazione per la medicina **3** il richiamarsi, richiamo *m.*, riferimento *m.*: ***unter ~ auf jdn, etw.*** richiamandosi a qcn., facendo riferimento a qcs. **4** DIR. appello *m.*, ricorso *m.*: ***~ einlegen*** fare ricorso; ***in die ~ gehen*** ricorrere in appello. **Be|ru|fungs|frist** f. *(-,-en)* termine *m.* per il ricorso in appello. **Be|ru|fungs|ge|richt** n. *(-[e]s,-e)* corte *f.* d'appello. **Be|ru|fungs|kla|ge** f. *(-,-n)* appello *m.*, ricorso *m.* **Be|ru|fungs|ver|fah|ren** n. *(-s,-)* procedimento *m.* d'appello.

be|ru|hen tr. basarsi, fondarsi, essere basato (*o* fondato): ***das beruht auf einem Missverständnis*** questo si basa su un equivoco ◆ ***etw. auf sich (D) ~ lassen*** lasciare in sospeso, lasciar perdere qcs.

be|ru|hi|gen I tr. tranquillizzare, calmare **II** rifl. **sich ~** calmarsi, tranquillizzarsi: ***die Aufregung, die angespannte Lage hat sich beruhigt*** la confusione si è calmata, la situazione tesa è tornata tranquilla. **be|ru|hi|gend** p.pres. agg. **1** → **beruhigen 2** tranquillizzante: ***ein -es Gefühl*** una sensazione tranquillizzante. **be|ru|higt** p.pass. agg. **1** → **beruhigen 2** calmo, tranquillo.

Be|ru|hi|gung f. *(-,-en)* **1** il calmare, acquietamento *m.*: ***zur ~ der Nerven*** per calmare i nervi **2** *(Gefühl der Sicherheit)* il tranquillizzare, rassicurazione *f.*; *(Trost)* conforto *m.*: ***zu Ihrer ~ kann ich Ihnen sagen...*** per rassicurarla (*o* tranquillizzarla) posso dirle...; ***es ist mir eine ~, zu wissen, dass...*** per me è un conforto (*o* mi tranquillizza) sapere che... **Be|ru|hi|gungs|mit|tel** n. *(-s,-)* calmante *m.*, tranquillante *m.*, sedativo *m.* **Be|ru|hi|gungs|pil|le** f. *(-,-n)* pillola *f.* tranquillante, tranquillante *m.* **Be|ru|hi|gungs|sprit|ze** f. *(-,-n)* iniezione *f.* di sedativo.

be|rühmt agg. celebre, famoso; ***~ sein für etw., wegen etw.*** essere famoso per qcs.; ***sich durch etw. ~ machen*** diventare famoso per qcs. (*o* grazie a qcs.) ◆ COLLOQ. ***das ist nicht gerade ~*** non è niente di speciale. **Be|rühmt|heit** f. *(-,-en)* **1** celebrità *f.*, fama *f.*: ***~ erlangen*** acquistare fama **2** *(berühmte Person)* celebrità *f.* ◆ ***es zu trauriger ~ bringen, zu trauriger ~ gelangen*** diventare tristemente famoso.

be|rüh|ren I tr. **1a** toccare: ***das Essen nicht ~*** non toccare cibo; ***bitte nicht ~*** si prega di non toccare **b** FIG. ***die Eisenbahnlinie berührt unser Dorf nicht*** la linea ferroviaria non tocca il nostro paese **c** *(erwähnen)* ***ein Thema, einen Punkt ~*** toccare un tema, un punto **2a** FIG. *(beeindrucken)* toccare, colpire: ***sein Tod hat mich tief berührt*** la sua morte mi ha colpito profondamente **b** ***seltsam, unangenehm von etw. berührt sein*** avere una strana impressione di qcs., essere colpito spiacevolmente da qcs. **II** rifl. **sich ~ 1** toccarsi: ***ihre Hände ~ sich*** le loro mani si toccano **2** FIG. coincidere: ***deine Ideen ~ sich mit meinen*** le tue idee coincidono con le mie.

Be|rüh|rung f. *(-,-en)* **1** il toccare **2** contatto *m.* (anche FIG.): ***bei der kleinsten ~*** al minimo contatto; ***mit etw. in ~ kommen*** venire a contatto con qcs.; ***der Aufenthalt brachte uns mit interessanten Leuten in ~*** il soggiorno ci fece venire a contatto con persone interessanti **3** *(Erwähnung)* accenno *m.*, il toccare. **Be|rüh|rungs|angst** f. *(-,-ängste)* fobia *f.* del contatto. **Be|rüh|rungs|gift** n. *(-[e]s,-e)* insetticida *m.* a contatto. **Be|rüh|rungs|li|nie** f. *(-,-n)* MAT. tangente *f.* **Be|rüh|rungs|punkt** m. *(-[e]s,-e)*, **Be|rüh|rungs|stel|le** f. *(-,-n)* punto *m.* di contatto (anche FIG.).

Be|ryll m. *(-s,-e)* MINER. berillo *m.* **Be|ryl|li|um** n. *(-s)* CHIM. berillio *m.*

bes. ⇒ *besonders* specialmente (spec.).

be|sab|beln, be|sab|bern I tr. COLLOQ. sbrodolare, imbrattare **II** rifl. **sich ~** sbrodolarsi, imbrattarsi.

be|sä|en tr. seminare: ***das Feld (mit etw.) ~*** seminare un campo (di qcs.).

be|sa|gen tr. dire, indicare, significare: ***das will nichts ~*** non vuol dire nulla; ***das hat nichts zu ~*** questo non significa niente. **be|sagt** p.pass. agg. **1** → **besagen 2** suddetto.

be|sai|ten tr. MUS. munire di corde. **be|sai|tet** p.pass. → **besaiten** ◆ FIG. ***zart ~*** d'animo sensibile.

be|sa|men tr. fecondare. **Be|sa|mung** f. *(-,-en)* fecondazione *f.*, inseminazione *f.*: ***künstliche ~*** inseminazione artificiale. **Be|sa|mungs|sta|ti|on** f. *(-,-en)*, **Be|sa|mungs|zent|ra|le** f. *(-,-n)* centro *m.* di fecondazione (artificiale).

Be|san m. *(-s,-e)* MAR. mezzana *f.*

be|sänf|ti|gen I tr. calmare, placare; *(mildern)* mitigare: ***jds Zorn ~*** calmare l'ira di qcn. **II** rifl. **sich ~** calmarsi. **be|sänf|ti|gend** p.pres. agg. **1** → **besänftigen 2** calmante, mitigante, tranquillizzante: ***-e Worte*** parole tranquillizzanti. **Be|sänf|ti|gung** f. *(-,-en)* il calmare, il placare, rabbonimento *m.*: ***zur ~ der Gemüter*** per placare gli animi.

Be|san|mast m. *(-[e]s,-en)* albero *m.* di mezzana. **Be|san|se|gel** n. *(-s,-)* randa *f.* di mezzana.

be|sät p.pass. agg. **1** → **besäen 2** FIG. disseminato, cosparso, (ri)coperto: ***der Himmel war mit Sternen ~*** il cielo era disseminato di stelle.

Be|satz m. *(-es,-sätze)* **1a** SART. guarnizione *f.* **b** *(von Schuhen)* tomaia *f.* **2a** *(Wildbestand)* quantità *f.* di selvaggina **b** *(Viehbestand)* quantità *f.* di bestiame, capi *m.pl.* di bestiame **c** *(Fischbestand)* quantità *f.* di pesce (d'acqua dolce). **Be|sat|zer** m. *(-s,-)* occupante *m.*

Be|sat|zung f. *(-,-en)* **1** *(Mannschaft)* equipaggio *m.* **2a** MIL. guarnigione *f.* **b** → **Besatzungstruppen. Be|sat|zungs|kos|ten** pl. spese *f.pl.* dovute alle truppe d'occupazione. **Be|sat|zungs|macht** f. *(-,-mächte)* potenza *f.* occupante. **Be|sat|zungs|sol|dat** m. *(-en,-en)* soldato *m.* delle truppe d'occupazione. **Be|sat|zungs|sta|tut** n. *(-s,-en)* statuto *m.* d'occupazione. **Be|sat|zungs|trup|pen** pl. truppe *f.pl.* d'occupazione. **Be|sat|zungs|zo|ne** f. *(-,-n)* zona *f.* d'occupazione.

be|sau|fen rifl. *(besäuft, besoff, besoffen)* **sich ~** COLLOQ. sbronzarsi. **Be|säuf|nis** n. *(-ses,-se)* COLLOQ. **1** *(Zecherei)* bevuta *f.* **2** *(Trunkenheit)* sbronza *f.*, sbornia *f.*

be|säu|men tr. **1** orlare, bordare **2** MECC. TECN. rifilare.

be|säu|seln rifl. **sich ~** COLLOQ. diventare brillo. **be|säu|selt** p.pass. agg. COLLOQ. **1** → **besäuseln 2** brillo, alticcio.

be|schä|di|gen tr. danneggiare. **be|schä|digt** p.pass. agg. **1** → **beschädigen 2** danneggiato. **Be|schä|dig|te** m. e f. *(-n,-n)* invalido *m.* (-a *f.*). **Be|schä|di|gung** f. *(-,-en)* **1a** danneggiamento *m.* **b** *(von Menschen)* invalidità *f.* **2** *(beschädigte Stelle)* danno *m.*

be|schaff|bar agg. procurabile, che si può procurare.

1.be|schaf|fen I tr. procurare, fornire: ***Arbeit, Geld ~*** fornire lavoro, procurare denaro **II** rifl. ***sich (D) etw. ~*** procurarsi qcs.

2.be|schaf|fen agg. di (una data) natura, condizione; ***so ~, dass...*** tale che...; ***gut ~*** in buone condizioni, in buono stato ◆ ***mit ihr ist es schlecht ~*** le cose le vanno male, sta male. **Be|schaf|fen|heit** f. *(-,-en)* **1** qualità *f.*, condizione *f.*: ***die ~ des Materials*** la qualità del materiale **2** *(einer Person)* natura *f.*, indole *f.*

Be|schaf|fung f. *(-,-en)* il procurare (*o* il procurarsi), fornitura *f.*

be|schäf|ti|gen I tr. **1** occupare, impiegare, dare lavoro a: ***viele Leute in einer Firma ~*** dare lavoro a molta gente in una fabbrica **2a** occupare, tenere occupato: ***die Kinder mit einem Spiel ~*** tenere occupati i bambini con un gioco **b** FIG. ***das Problem beschäftigt ihn schon lange*** il problema lo occupa da molto tempo **II** rifl. **sich ~** occuparsi, dedicarsi: ***sich mit Philosophie, mit einem Problem ~*** occuparsi di filosofia, di un problema. **be|schäf|tigt** p.pass. agg. **1** → **beschäftigen 2** impegnato, occupato: ***ich bin sehr ~*** sono molto impegnato **3** impiegato: ***bei einer Firma ~ sein*** essere impiegato in una ditta; ***in der Fabrik sind 50 Arbeiter ~*** nella fabbrica lavorano 50 operai. **Be|schäf|tig|te** m. e f. *(-n,-n)* lavoratore *m.* (-trice *f.*), occupato *m.* (-a *f.*); impiegato *m.* (-a *f.*).

Be|schäf|ti|gung f. *(-,-en)* **1** occupazione *f.*, attività *f.*: ***eine ~ ausüben*** esercitare un'attività; ***einer ~ nachgehen*** seguire un'attività **2** *(Anstellung)* lavoro *m.*, impiego *m.* **Be|schäf|ti|gungs|grad** m. *(-[e]s)* livello *m.* occupazionale. **Be|schäf|ti|gungs|kri|se** f. *(-,-n)* crisi *f.* occupazionale (*o* dell'occupazione). **be|schäf|ti|gungs|los** agg. privo d'occupazione, disoccupato. **Be|schäf|ti|gungs|po|li|tik** f. *(-)* politica *f.* occupazionale. **Be|schäf|ti|gungs|ra|te** f. *(-,-en)* tasso *m.* di occupazione. **Be|schäf|ti|gungs|rück|gang** m. *(-[e]s,-rückgänge)* calo *m.* dell'occupazione. **Be|schäf|ti|gungs|the|ra|peut** m. *(-en,-en)* ergoterapista *m.* **Be|schäf|ti|gungs|the|ra|pie** f. *(-,-n)* ergoterapia *f.* **Be|schäf|ti|gungs|ver|hält|nis** n. *(-ses,-se)* rapporto *m.* di lavoro (*o* d'impiego).

be|schä|len tr. montare. **Be|schä|ler** m. *(-s,-)* stallone *m.* (anche VOLG.).

be|schal|len tr. **1** ***die ganze Stadt ~*** diffondere suoni con altoparlanti per tutta la città **2** MED. curare con ultrasuoni. **Be|schal|lung** f. *(-,-en)* MED. trattamento *m.* con ultrasuoni.

Be|schä|lung f. *(-,-en)* monta *f.*

be|schä|men tr. **1** ***jdn ~*** fare vergognare, far provare vergogna a qcn.; *(öffentlich)* svergognare qcn. **2** *(demütigen)* umiliare. **be|schä|mend I** p.pres. agg. **1** → **beschämen 2** *(schändlich)* vergognoso **3** *(demütigend)* umiliante **II** avv. vergognosamente. **be|schä|men|der|wei|se** avv. vergognosamente. **be|schämt** p.pass. agg. **1** → **beschämen 2** vergognoso: ***über etw. ~ sein*** vergognarsi di qcs. **3** imbarazzato, confuso, umiliato. **Be|schä|mung** f. *(-,-en)* **1** vergogna *f.*: ***~ empfinden*** provare vergogna; ***zu meiner ~*** con mia vergogna **2** *(Demütigung)* umiliazione *f.*

be|schat|ten tr. **1** ***etw. ~*** fare ombra a, ombreggiare qcs.: ***das Gesicht mit der Hand ~*** fare ombra al viso con la mano **2** FIG. gettare un'ombra su: ***dieses Ereignis beschattet unser Leben*** questo avvenimento getta un'ombra sulla nostra vita **3** *(heimlich beobachten)* pedinare: ***jdn ~ lassen*** far pedinare qcn. **4** SPORT marcare stretto, francobollare. **Be|schat|ter** m. *(-s,-)* **1** pedinatore *m.* **2** SPORT marcatore *m.* stretto. **Be|schat|tung** f. *(-,-en)* **1** pedinamento *m.* **2** SPORT marcatura *f.* stretta.

Be|schau f. *(-)* ispezione *f.* **be|schau|en** tr. REGION. guardare, osservare: ***das muss ich mir näher ~*** lo devo guardare meglio, più da vicino. **Be|schau|er** m. *(-s,-)* **1** osservatore *m.* **2** *(Prüfer)* ispettore *m.*

be|schau|lich I agg. **1** placido, tranquillo: ***ein -es Dasein führen*** condurre un'esistenza tranquilla **2** RELIG. contemplativo **II** avv. **1** placidamente, tranquillamente: ***~ auf einer Bank sitzen*** sedere tranquillamente su una panchina **2** RELIG. in modo contemplativo. **Be|schau|lich|keit** f. *(-)* tranquillità *f.*, quiete *f.*, serenità *f.*

Be|schau|ung f. *(-)* → **Beschau. Be|schau|zei|chen** n. *(-s,-)* marchio *m.* di controllo (su oggetti preziosi).

Be|scheid m. *(-[e]s,-e)* **1** informazione *f.*, notizia *f.*: ***~ (über etw.) geben*** dare informazioni (su qcs.) **2** risposta *f.*, decisione *f.* (di autorità): ***~ bekommen*** ricevere risposta; ***behördlichen ~ erwarten*** attendere una risposta ufficiale ◆ ***~ hinterlassen*** lasciar detto (*o* scritto); ***jdm ~ sagen*** informare qcn.; COLLOQ. dire a qcn. il fatto suo; COLLOQ. ***jdm (gehörig) ~ stoßen*** dirne quattro a qcn.; ***jdm ~ tun*** rispondere al brindisi di qcn.; ***~ in, auf, über etw. (A) wissen*** essere informato, essere al corrente di qcs.; ***er weiß damit ~*** sa il fatto suo, è pratico; ***ich weiß hier nicht ~*** non conosco questo posto.

1.be|schei|den *(beschied, beschieden)* **I** tr. **1** far venire, convocare, chiamare: ***jdn zu sich ~*** chiamare a sé qcn.; ***jdn vor Gericht ~*** chiamare (*o* citare) in giudizio qcn. **2** BUROCR. avere esito: ***sein Gesuch wurde günstig, abschlägig beschieden*** la sua istanza ha avuto esito favorevole, negativo **II** rifl. **sich ~** accontentarsi: ***sich mit wenigem ~*** accontentarsi di poco.

2.be|schei|den I agg. **1** modesto: ***ein -er Mensch*** una persona modesta **2** *(einfach)* semplice, senza pretese: ***eine -e Wohnung*** un appartamento senza pretese **3** *(gering)* modesto, scarso: ***ein -er Lohn*** uno stipendio modesto **4** VOLG. infame: ***Mensch, ist das ein -es Wetter*** ragazzi, che tempo infame **II** avv. modestamente, semplicemente. **Be|schei|den|heit** f. *(-)* modestia *f.*

Be|schei|dung f. *(-)* l'accontentarsi, il moderarsi.

be|schei|nen tr. *(beschien, beschienen)* illuminare, rischiarare.

be|schei|ni|gen tr. attestare, certificare. **Be|schei|ni|gung** f. *(-,-en)* attestazione *f.*, certificato *m.*: ***eine ~ ausstellen, vorlegen*** rilasciare, presentare un certificato.

be|schei|ßen tr. *(beschiss, beschissen)* VOLG. **1** sporcare di cacca, smerdare **2** FIG. *(betrügen)* inculare, fottere: ***der hat mich ganz schön beschissen*** mi ha inculato proprio per bene.

be|schen|ken tr. ***jdn (mit etw.) ~*** regalare (qcs.) a qcn., fare regali a qcn.; ***jdn reich ~*** fare molti regali a qcn. **Be|schenk|te** m. e f. *(-n,-n)* chi riceve un dono.

be|sche|ren tr. **1** ***jdm etw.***, RAR. ***jdn mit etw. ~*** regalare qcs. a qcn. per Natale **2** concedere, dare, riservare: ***ihm ist viel Schlechtes beschert worden*** gli sono state riservate molte esperienze negative. **Be|sche|rung** f. *(-,-en)* distribuzione *f.* delle strenne (natalizie) ◆ COLLOQ. IRON. ***da haben wir die ~!, das ist eine schöne ~!*** ma che bella sorpresa!

be|scheu|ert agg. COLLOQ. **1** toccato, tocco, scemo: ***ein leicht -er Typ*** un tipo un po' tocco; ***du bist wohl ~!*** sei proprio scemo! **2** *(ärgerlich)* irritante, spiacevole.

be|schich|ten tr. TECN. ricoprire, rivestire (con uno strato): ***Holzteile mit Lack ~*** ricoprire parti in legno (con uno strato) di vernice.

be|schi|cken tr. **1** mandare, inviare a: ***eine Messe, einen Markt ~*** mandare prodotti a una fiera (*o* essere presenti a una fiera), a un mercato; ***eine Ausstellung mit Gemälden ~*** inviare quadri a un'esposizione **2** TECN. *(füllen)* caricare, alimentare: ***einen Hochofen ~*** alimentare un altoforno.

be|schi|ckert agg. alticcio, brillo.

Be|schi|ckung f. *(-,-en)* **1** invio *m.*, partecipazione *f.*: ***~ der Messe*** invio (di materiale) alla fiera **2** TECN. rifornimento *m.*

be|schie|den p.pass. agg. **1** → **bescheiden** **2** destinato, toccato: ***mir ist wenig Glück ~*** mi è toccata (in sorte) una scarsa fortuna.

be|schie|ßen tr. *(beschoss, beschossen)* **1a** ***jdn, etw. ~*** sparare, fare fuoco contro qcn., qcs. **b** FIG. ***jdn von allen Seiten mit Fragen ~*** bombardare (*o* tempestare) qcn. di domande **2** NUCL. bombardare. **Be|schie|ßung** f. *(-,-en)* **1a** il far fuoco, lo sparare **b** FIG. bombardamento *m.* **2** NUCL. bombardamento *m.*

be|schil|dern tr. dotare di segnali (stradali). **Be|schil|de|rung** f. *(-,-en)* **1** dotazione *f.* di segnali stradali **2** segnali *m.pl.* stradali, segnaletica *f.* stradale.

be|schimp|fen I tr. insultare, offendere, oltraggiare: ***jdn als Lügner ~*** dare del bugiardo a qcn. **II** rifl. ***sich (gegenseitig) ~*** insultarsi, offendersi (reciprocamente). **Be|schimp|fung** f. *(-,-en)* insulto *m.*, ingiuria *f.*, oltraggio *m.*; ***er war einer wüsten ~ ausgesetzt*** fu gravemente insultato.

be|schir|men tr. **1** LETT. proteggere, difendere: ***möge Gott dich ~*** Dio ti protegga **2** schermare: ***die Augen mit der Hand ~*** schermare gli occhi con la mano. **be|schirmt** p.pass. agg. **1** → **beschirmen** **2** SCHERZ. dotato di ombrello, con ombrello. **Be|schir|mer** m. *(-s,-)* protettore *m.* **Be|schir|mung** f. *(-,-en)* LETT. protezione *f.*

Be|schiss m. *(-es)* VOLG. inculata *f.* **be|schis|sen** p.pass. agg. VOLG. **1** → **bescheißen** **2** ***eine -e Lage*** una situazione di merda; ***es geht ihm ~*** gli va di merda.

be|schlab|bern rifl. **sich ~** REGION. sbrodolarsi (mangiando).

be|schla|fen tr. *(beschläft, beschlief, beschlafen)* COLLOQ. **1** ***jdn ~*** andare a letto, fare l'amore con qcn. **2** *(bis zum nächsten Tag überdenken)* dormirci su (*o* sopra).

1.Be|schlag m. *(-[e]s,-schläge)* **1** ferramento *m.*, guarnizione *f.* di metallo; *(an Türen)* bandella *f.* **2** *(Hufeisen)* ferro *m.* di cavallo **3** *(Überzug)* patina *f.*: ***der ~ des Silberbestecks*** la patina sulle posate d'argento.

2.Be|schlag m. *(-[e]s)* sequestro *m.*: ***jdn, etw. mit ~ belegen*** mettere sotto sequestro, sequestrare qcn., qcs.; ***jdn, etw. in ~ nehmen, halten*** sequestrare qcn., qcs.

1.be|schla|gen *(beschlägt, beschlug, beschlagen)* **I** tr. **1** ***etw. ~*** rivestire, armare (di parti metalliche) qcs., mettere i ferramenti a qcs. **2** *(Pferd)* ferrare **3** *(Fass)* cerchiare **4** fare appannare, coprire di umidità: ***der Nebel beschlägt die Scheiben*** la nebbia fa appannare i vetri **II** intr. (aus. *haben*) e rifl. **sich ~ 1** appannarsi, coprirsi di umidità: ***bei Regen ~ die Fenster*** con la pioggia le finestre si appannano **2** *(schimmeln)* ammuffire, coprirsi di muffa.

2.be|schla|gen p.pass. agg. **1** → **1.beschlagen** **2** COLLOQ. ferrato, esperto: ***in der Mathematik (gut, schlecht) ~ sein*** essere (molto, poco) ferrato in matematica; ***der ist ganz schön ~!*** è ferratissimo (in tutto)!

Be|schla|gen n. *(-s)* **1** *(Hufeisen)* ferratura *f.* **2** *(von Fässern)* cerchiatura *f.* **3** *(von Fensterscheiben)* appannamento *m.* **Be|schla|gen|heit** f. *(-)* ampia conoscenza *f.*, esperienza *f.*, preparazione *f.*

Be|schlag|nah|me f. *(-,-n)* sequestro *m.*, confisca *f.*, requisizione *f.* **be|schlag|nah|men** tr. sequestrare, confiscare, requisire (anche FIG.).

be|schlei|chen tr. *(beschlich, beschlichen)* **1** ***jdn ~*** avvicinarsi di nascosto a qcn. **2** FIG. insinuarsi: ***die Angst beschlich ihn*** la paura s'insinuò in lui.

be|schleu|ni|gen I tr. accelerare, affrettare (anche FIG.): ***den Schritt ~*** accelerare il passo; ***die Arbeit ~*** accelerare il lavoro **II** intr. (aus. *haben*) accelerare: ***von 0 auf 100 Stundenkilometer in 11 Sekunden ~*** accelerare da 0 a 100 chilometri orari in 11 secondi **III** rifl. **sich ~** affrettarsi, accelerarsi: ***der Herzschlag beschleunigt sich*** il battito cardiaco si accelera. **Be|schleu|ni|ger** m. *(-s,-)* NUCL. acceleratore *m.* (di particelle).

Be|schleu|ni|gung f. *(-,-en)* **1** acceleramento *m.* **2** *(Eile)* fretta *f.*, urgenza *f.*: ***einen Auftrag mit größter ~ ausführen*** eseguire un incarico con la massima urgenza **3** FIS. accelerazione *f.*: ***~ von 0 auf 100 km/h*** accelerazione da 0 a 100 km/h. **Be|schleu|ni|gungs|an|la|ge** f. *(-,-n)* → **Beschleuniger**. **Be|schleu|ni|gungs|mes|ser** m. *(-s,-)* accelerometro *m.* **Be|schleu|ni|gungs|ver|mö|gen** n. *(-s)* AUT. (capacità *f.* di) ripresa *f.*

be|schlie|ßen *(beschloss, beschlossen)* **I** tr. **1a** decidere: ***die Abreise ~*** decidere la partenza **b** deliberare, decretare: ***ein Gesetz ~*** decretare una legge **2** *(beenden)* terminare, finire, chiudere: ***eine Rede mit Dankesworten ~*** chiudere un discorso con parole di ringraziamento; ***seinen Lebensabend im Altersheim ~*** finire i propri giorni in (un) ospizio **II** intr. (aus. *haben*) ***über etw. (A) ~*** decretare qcs., deliberare (su) qcs.: ***über eine gesetzgeberische Maßnahme ~*** deliberare un provvedimento legislativo. **be|schlie|ßend** p.pres. agg. **1** → **beschließen** **2** deliberativo. **be|schlos|sen** p.pass. agg. **1** → **beschließen** **2** ***in etw. (D) ~ sein, liegen*** essere contenuto, racchiuso in qcs. **be|schlos|se|ner|ma|ßen** avv. come deciso, conformemente alla decisione presa.

Be|schluss m. *(-es,-schlüsse)* **1a** decisione *f.*, deliberazione *f.*: ***einen ~ fassen, ausführen*** prendere, attuare una decisione; ***auf, laut ~ der Direktion*** su decisione della direzione **b** delibera *f.*, decreto *m.*: ***zum ~ erheben*** votare una delibera **2** ANT. *(Ende)* fine *f.*, chiusura *f.* **be|schluss|fä|hig** agg. atto a deliberare, in numero legale: ***~ sein*** essere in numero legale, costituire il quorum; ***-e Anzahl*** numero legale, DIR. quorum. **Be|schluss|fä|hig|keit** f. *(-)* numero *m.* legale, quorum *m.* **Be|schluss|fas|sung** f. *(-,-en)* BUROCR. risoluzione *f.*, deliberazione *f.*, delibera *f.* **Be|schluss|or|gan** n. *(-s,-e)* organo *m.* deliberante. **Be|schluss|recht** n. *(-[e]s)* diritto *m.* di deliberazione.

be|schmei|ßen tr. *(beschmiss, beschmissen)* COLLOQ. ***jdn mit etw. ~*** tirare (*o* buttare, gettare) qcs. a, contro qcn.

be|schmie|ren I tr. **1** imbrattare, sporcare: ***die Tischdecke ~*** imbrattare la tovaglia; SPREG. ***die Mauer mit politischen Parolen ~*** imbrattare i muri di slogan politici **2** *(bestreichen)* spalmare: ***eine Schnitte mit Butter ~*** spalmare di burro una fetta di pane **II** rifl. ***sich (D) die Hände, den Anzug (mit etw.) ~*** sporcarsi le mani, il vestito (di, con qcs.).

be|schmut|zen I tr. **1** insudiciare, sporcare **2** FIG. macchiare: ***den guten Ruf von jdm ~*** macchiare il buon nome di qcn. **II** rifl. **sich ~** insudiciarsi, sporcarsi. **Be|schmut|zung** f. *(-,-en)* **1** insudiciamento *m.* **2** FIG. offesa *f.*

be|schnar|chen tr. COLLOQ. ***das, die Sache muss ich (mir) erst mal ~!*** devo prima dormirci sopra!

be|schnei|den tr. *(beschnitt, beschnitten)* **1a** tagliare, accorciare (tagliando): ***die Fingernägel ~*** tagliare le unghie delle dita **b** *(Flügel)* tarpare **c** *(Bäume)* potare **d** *(Hecken)* tosare **2** *(gerade schneiden)* raffilare, rifilare, tagliare a filo **3** FIG. ridurre: ***jds Freiheit ~*** ridurre la libertà di qcn.; ***die Löhne ~*** fare tagli agli stipendi **4** MED. RELIG. circoncidere. **Be|schnei|dung** f. *(-,-en)* **1a** taglio *m.*, accorciamento *m.* **b** *(von Bäumen)* potatura *f.* **c** *(von Hecken)* tosatura *f.* **2** *(Geradeschneiden)* raffilatura *f.* **3** FIG. riduzione *f.*, taglio *m.* **4** MED. RELIG. circoncisione *f.*

be|schnei|en tr. (ri)coprire di neve, innevare: ***eine Skipiste ~ lassen*** innevare artificialmente una pista. **be|schneit** p.pass. agg. **1** → **beschneien** **2** coperto di neve, innevato.

be|schnit|ten p.pass. agg. **1** → **beschneiden** **2** MED. RELIG. circonciso.

be|schno|bern → **beschnüffeln.**

be|schnüf|feln I tr. **1** annusare, fiutare **2** COLLOQ. FIG. spiare **II** rifl. ***sich (gegenseitig) ~*** spiarsi (l'un l'altro). **Be|schnüf|fe|lung** f. *(-,-en)* **1** annusata *f.*, fiuto *m.* **2** COLLOQ. FIG. lo spiare, il ficcare il naso.

be|schnup|pern → **beschnüffeln.**

be|schö|ni|gen tr. abbellire, mascherare: ***jds Fehler ~*** mascherare gli errori di qcn. **Be|schö|ni|gung** f. *(-,-en)* abbellimento *m.*: ***~ der Tatsachen*** abbellimento dei fatti.

be|schot|tern tr. inghiaiare, coprire di ghiaia. **Be|schot|te|rung** f. *(-,-en)* **1** inghiaiatura *f.* **2** *(Schotterdecke)* ghiaiata *f.*, massicciata *f.*

be|schrän|ken I tr. limitare, restringere, ridurre: ***die Ausgaben ~*** ridurre le spese; ***jdn in seinen Rechten ~*** limitare qcn. nei propri diritti **II** rifl. **sich ~** limitarsi: ***sich auf das Notwendigste ~*** limitarsi allo stretto necessario.

be|schrankt agg. con (*o* munito di) sbarre, barriere: ***ein -er Bahnübergang*** un passaggio a livello con barriere.

be|schränkt p.pass. agg. → **beschränken** ◆ SPREG. ***der ist ja ~!*** è un minorato! *(engstirnig)* è limitato! **Be|schränkt|heit** f. *(-,-en)* **1** limitatezza *f.* **2** *(Armut)* strettezze *f.pl.* economiche, ristrettezze *f.pl.* **3** *(Einfalt)* ristrettezza *f.* di vedute. **Be|schrän|kung** f. *(-,-en)* limitazione *f.*, restrizione *f.*, limite *m.*: ***jdm -en auferlegen*** imporre restrizioni a qcn.; ***ohne zeitliche ~*** senza limiti di tempo.

be|schrei|ben tr. *(beschrieb, beschrieben)* **1** *(vollschreiben)* scrivere, riempire (scrivendo): ***zwei Seiten ~*** scrivere due pagine **2** *(dar-*

stellen) descrivere, rappresentare: ***eine Reise, einen Menschen ~*** descrivere un viaggio, una persona **3** descrivere: ***mit der Hand einen Kreis ~*** descrivere un cerchio con la mano; ***die Straße beschreibt eine Kurve*** la strada descrive una curva ◆ ***es ist nicht zu ~*** è indescrivibile. **be|schrei|bend I** p.pres. agg. **1** → **beschreiben** **2** descrittivo: ***-e Grammatik*** grammatica descrittiva **II** avv. in modo descrittivo. **Be|schrei|bung** f. *(-,-en)* descrizione *f.*: ***eine ~ von etw. geben*** fare una descrizione di qcs.; ***die ~ trifft genau auf ihn zu*** la descrizione gli calza a pennello; ***das spottet jeder ~*** supera ogni descrizione.

be|schrei|en tr. *(beschrie, beschrien)* ***jdn, etw. ~*** gridare contro qcs., qcn. ◆ ***ich will es nicht ~*** non voglio dirlo troppo forte.

be|schrei|ten tr. *(beschritt, beschritten)* **1** battere, percorrere **2** FIG. ***neue Wege ~*** imboccare nuove vie; ***den Rechtsweg ~*** adire le vie legali.

be|schrif|ten tr. mettere una scritta: ***einen Aktenordner ~*** mettere un'etichetta su un raccoglitore; ***Bilder ~*** dotare immagini di didascalia. **Be|schrif|tung** f. *(-,-en)* scritta *f.*, didascalia *f.*

be|schu|hen tr. **1** calzare **2** TECN. ferrare.

be|schul|di|gen tr. incolpare, incriminare, accusare: ***jdn eines Verbrechens ~*** incolpare qcn. di un crimine. **Be|schul|dig|te** m. e f. *(-n,-n)* indiziato *m.* (-a *f.*), accusato *m.* (-a *f.*), imputato *m.* (-a *f.*). **Be|schul|di|gung** f. *(-,-en)* accusa *f.*, imputazione *f.* ◆ ***-en (gegen jdn) erheben*** sollevare accuse (contro qcn.).

be|schu|len tr. BUROCR. scolarizzare. **Be|schu|lung** f. *(-,-en)* BUROCR. scolarizzazione *f.*

be|schum|meln, be|schup|pen, be|schup|sen tr. COLLOQ. fregare, abbindolare.

be|schürzt agg. con grembiule.

Be|schuss m. *(-es,-schüsse)* **1** MIL. bombardamento *m.*, tiro *m.* **2** FIG. tiro *m.*: ***etw. unter ~ nehmen, halten*** prendere, tenere qcs. sotto tiro; ***unter ~ stehen, geraten (kommen)*** essere, finire sotto tiro **3** FIS. bombardamento *m.* **4** TECN. collaudo *m.* di armi da fuoco.

be|schüt|ten I tr. cospargere: ***mit etw. ~*** cospargere di qcs. **II** rifl. ***sich mit etw. ~*** cospargersi di qcs., versarsi qcs. addosso.

be|schüt|zen tr. proteggere: ***jdn vor etw. ~*** proteggere qcn. da qcs. **Be|schüt|zer** m. *(-s,-)* **1** protettore *m.* **2** *(Schirmherr)* patrono *m.* **Be|schüt|zung** f. *(-,-en)* protezione *f.*, difesa *f.*

be|schwat|zen, be|schwät|zen tr. COLLOQ. **1** indurre, convincere (con le chiacchiere): ***jdn zum Kauf ~*** indurre (con le chiacchiere) qcn. a comprare **2** *(ausführlich reden)* discutere (ampiamente).

Be|schwer|de f. *(-,-n)* **1** pl. *(Schmerzen)* disturbi *m.pl.*, malanni *m.pl.*: ***-n haben*** avere dei disturbi (*o* dei malanni); ***-n machen*** fare male, dare (*o* provocare) disturbi **2** *(Klage)* reclamo *m.*, protesta *f.*, lagnanza *f.*: ***~ gegen jdn erheben, über etw. führen*** sollevare una protesta contro qcn., sporgere un reclamo per qcs.; ***~ einreichen, einlegen*** presentare reclamo; DIR. fare ricorso, ricorrere in appello **3** pl. RAR. *(Anstrengungen)* fatiche *f.pl.*

Be|schwer|de|buch n. *(-s,-bücher)* libro *m.* dei reclami. **be|schwer|de|frei** agg. privo di disturbi: ***er ist seit der Operation ~*** da quando è stato operato non ha più (avuto) disturbi. **Be|schwer|de|frist** f. *(-,-en)* termine *m.* di presentazione di un ricorso. **Be|schwer|de|füh|rer** m. *(-s,-)* reclamante *m.* **Be|schwer|de|füh|rung** f. *(-,-en)* reclamo *m.*, lagnanza *f.*, rimostranza *f.* **Be|schwer|de|in|stanz** f. *(-,-en)* istanza *f.* di ricorso. **Be|schwer|de|weg** m. ***den ~ beschreiten, gehen*** sporgere reclamo.

be|schwe|ren I tr. **1** ***etw. ~*** mettere un peso su qcs., fermare qcs. con un peso **2a** FIG. opprimere, gravare, essere un peso **b** LETT. ***jds Herz ~*** rattristare il cuore a qcn. **II** rifl. ***sich ~*** lagnarsi, lamentarsi: ***sich (bei jdm) über jdn, etw. ~*** lamentarsi (con qcn.) di qcn., qcs.; ***sich wegen etw. ~*** lamentarsi per qcs.

be|schwer|lich agg. gravoso, stancante, faticoso. **Be|schwer|lich|keit** f. *(-,-en)* fatica *f.*, difficoltà *f.*, sforzo *m.* **Be|schwer|nis** f. *(-,-se)* e n. *(-ses,-se)* fatica *f.*, disagio *m.* **Be|schwe|rung** f. *(-,-en)* peso *m.*, carico *m.*, aggravio *m.*

be|schwich|ti|gen tr. placare, calmare, acquietare. **Be|schwich|ti|gung** f. *(-,-en)* acquietamento *m.*, pacificazione *f.* **Be|schwich|ti|gungs|po|li|tik** f. *(-)* politica *f.* di distensione.

be|schwin|deln tr. COLLOQ. infinocchiare, abbindolare.

be|schwin|gen tr. rallegrare. **be|schwingt** p.pass. agg. **1** → **beschwingen** **2** *(heiter)* allegro, pieno di slancio, vivace **3** lieve, leggero: ***-en Schrittes*** con le ali ai piedi **4** *(mit Schwingen)* alato. **Be|schwingt|heit** f. *(-,-en)* **1** vivacità *f.*, slancio *m.* **2** levità *f.*, leggerezza *f.*

be|schwip|sen rifl. COLLOQ. ***sich ~*** diventare brillo, alticcio. **be|schwipst** agg. COLLOQ. brillo.

be|schwö|ren tr. *(beschwor, beschworen)* **1** giurare: ***kannst du das ~?*** puoi giurarlo? **2** *(anflehen)* scongiurare, implorare, supplicare: ***jdn ~, etw. zu tun*** scongiurare qcn. di fare qcs. **3a** incantare: ***Schlangen ~*** incantare serpenti **b** *(durch Magie, Suggestion)* evocare: ***Bilder, die Vergangenheit ~*** evocare immagini, il passato **4** *(bannen)* esorcizzare: ***Dämonen, Geister ~*** esorcizzare demoni, spiriti. **be|schwö|rend I** p.pres. agg. **1** → **beschwören** **2** implorante, supplicante: ***mit -en Blicken*** con occhi imploranti **II** avv. in modo supplichevole, implorante. **Be|schwö|rer** m. *(-s,-)* evocatore *m.* **Be|schwö|rung** f. *(-,-en)* **1** *(eindringliche Bitte)* scongiuro *m.*, implorazione *f.*, supplica *f.* **2** evocazione *f.* **3** *(Bannung)* esorcizzazione *f.* **4** incantesimo *m.*, (formula *f.* di) scongiuro *m.* **Be|schwö|rungs|for|mel** f. *(-,-n)* formula *f.* di scongiuro (*o* magica).

be|see|len tr. animare, dare vita, anima. **be|seelt** p.pass. agg. **1** → **beseelen** **2** FIG. ***~ von Idealismus*** animato da idealismo. **Be|seelt|heit, Be|see|lung** f. *(-)* animazione *f.*

be|se|geln tr. ***die Meere ~*** solcare i mari (in barca a vela), veleggiare (sui mari).

be|se|hen *(besieht, besah, besehen)* **I** tr. guardare, esaminare: ***etw. bei Licht ~*** esaminare qcs. alla luce **II** rifl. ***sich ~*** guardarsi, esaminarsi.

be|sei|ti|gen tr. **1** rimuovere, eliminare: ***Flecken ~*** eliminare le macchie **2** COLLOQ. togliere di mezzo, far fuori: ***einen Konkurrenten ~*** far fuori un concorrente; EUFEM. *(ermorden)* ***einen Zeugen ~*** far fuori un testimone. **Be|sei|ti|gung** f. *(-,-en)* **1** rimozione *f.*, eliminazione *f.* **2** EUFEM. *(Ermorden)* eliminazione *f.*, soppressione *f.*

be|se|li|gen tr. rendere felice, riempire di felicità.

Be|sen m. *(-s,-)* **1** scopa *f.* (di saggina), granata *f.* **2** SPREG. *(kratzbürstige Frau)* = donna *f.* scontrosa ◆ FIG. ***mit eisernem ~ auskehren*** fare piazza pulita; ***ich fresse einen ~, wenn...*** che mi venga un accidente, se...; ***jdn auf den ~ laden*** canzonare qcn., far passare qcn. per scemo; ***ich schlucke einen ~*** → ***ich fresse einen ~***; ***einen ~ verschluckt haben*** = essere formale, rigido; PROV. ***neue ~ kehren gut*** granata nuova spazza bene. **Be|sen|bin|der** m. *(-s,-)* ANT. fabbricatore *m.* di scope. **Be|sen|kam|mer** f. *(-,-n)* sgabuzzino *m.* **Be|sen|ma|cher** m. *(-s,-)* scopaio *m.* **Be|sen|schrank** m. *(-[e]s,-schränke)* armadio *m.* delle scope. **Be|sen|stiel** m. *(-s,-e)* manico *m.* di scopa ◆ ***steif wie ein ~*** rigido come un manico di scopa.

be|ses|sen p.pass. agg. **1** → **besitzen** **2** invasato, posseduto: ***vom Teufel ~*** posseduto dal demonio, indemoniato; ***wie ~ auf jdn eindreschen*** picchiare qcn. come un ossesso **3** ossessionato, fanatico: ***von einer Leidenschaft ~ sein*** essere ossessionato da una passione; ***ein -er Fußballfan*** un fanatico tifoso di calcio. **Be|ses|se|ne** m. e f. *(n,-n)* **1** invasato *m.* (-a *f.*), indemoniato *m.* (-a *f.*) **2** fanatico *m.* (-a *f.*): ***ein von der Arbeit -r*** un fanatico del lavoro. **Be|ses|sen|heit** f. *(-,-en)* **1** possessione *f.* (diabolica) **2** ossessione *f.*, fanatismo *m.*; ***etw. mit ~ verfolgen*** fare qcs. ossessivamente.

be|set|zen tr. **1** occupare: ***einen Platz, einen Tisch, die Toilette ~*** occupare un posto, un tavolo, la toilette **2** SART. guarnire, ornare **3** affidare, assegnare: ***die Rollen, eine Stelle, ein Amt ~*** assegnare le parti, un posto, un ufficio **4a** MIL. occupare, presidiare: ***eine Stadt ~*** occupare una città **b** ***ein Haus ~*** occupare una casa; ***die Demonstranten ~ die Flugpiste*** i dimostranti occupano la pista dell'aeroporto; ***die Polizisten ~ sämtliche U-Bahn-Ausgänge*** gli agenti presidiano tutte le uscite della metropolitana **5** VENAT. ITTIOL. popolare: ***einen Fluss mit Forellen ~*** popolare un fiume di trote. **be|setzt** p.pass. agg. **1** → **besetzen** ◆ ***-e Gebiete*** territori occupati; ***die Leitung ist ~*** la linea è occupata; ***die Rollen sind gut ~*** le parti sono affidate a buoni attori; ***voll ~*** pieno; *(vom Theater)* esaurito.

Be|setzt|zei|chen n. *(-s,-)* TEL. segnale *m.* di occupato.

Be|set|zung f. *(-,-en)* **1** occupazione *f.*; ***bei, mit voller ~*** a pieno carico (di persone) **2** SART. guarnizione *f.*, ornamento *m.* **3** assegnazione *f.*, affidamento *m.*: ***die ~ der Rollen*** l'assegnazione delle parti **4a** TEATR. CINEM. personaggi e interpreti *m.pl.*, cast *m.* **b** SPORT formazione *f.* **5** MIL. occupazione *f.*: ***unter feindlicher ~ stehen*** essere occupato dal nemico **6** VENAT. ITTIOL. popolamento *m.* **Be|set|zungs|lis|te** f. *(-,-n)* elenco *m.* degli interpreti.

be|sich|ti|gen tr. visitare. **Be|sich|ti|ger** m. *(-s,-)* visitatore *m.* **Be|sich|ti|gung** f. *(-,-en)* visita *f.*: ***~ mit Führung*** visita guidata. **Be|sich|ti|gungs|zeit** f. *(-,-en)* orario *m.* di visita.

be|sie|deln **1** colonizzare: ***ein unbewohntes Gebiet ~*** colonizzare una regione disabitata **2** *(von Tieren und Pflanzen)* popolare. **be|sie|delt** p.pass. agg. **1** → **besiedeln** **2** popolato: ***ein dicht, dünn -es Gebiet*** una zona fortemente, scarsamente popolata. **Be|sied|ler** m. *(-s,-)* colonizzatore *m.* **Be|sie|de|lung, Be|sied|lung** f. *(-,-en)* colonizzazione *f.*

be|sie|geln tr. **1** suggellare: ***ein Versprechen mit einem Schwur ~*** suggellare una promessa con un giuramento **2** decidere, segnare: ***diese Entscheidung besiegelte den weiteren Verlauf*** questa decisione decise l'andamento successivo; ***sein Schicksal ist besiegelt***

il suo destino è segnato. **Be|sie|ge|lung, Be|sieg|lung** f. *(-,-en)* **1** suggello *m.* **2** *(Entscheidung)* decisione *f.*

be|sie|gen I tr. vincere: ***den Feind, den Gegner ~*** vincere il nemico, battere l'avversario; ***die Schwierigkeiten ~*** vincere le difficoltà **II** rifl. **sich ~** vincersi ◆ ***sich (für) besiegt erklären, geben*** dichiararsi vinto, darsi per vinto; PROV. ***sich selbst ~ ist der größte (schönste) Sieg*** vincere se stessi è la più grande (*o* bella) vittoria. **Be|sie|ger** m. *(-s,-)* vincitore *m.* **Be|sieg|te** m. e f. *(-n,-n)* vinto *m.* (-a *f.*).

be|sin|gen tr. *(besang, besungen)* **1** cantare: ***Helden ~*** cantare eroi **2** *(zur Aufnahme)* incidere: ***eine Platte ~*** incidere un disco.

be|sin|nen rifl. *(besann, besonnen)* **sich ~ 1** *(überlegen)* riflettere, pensare: ***sich einen Moment ~*** pensarci su un momento **2a** *(sich erinnern)* ricordarsi: ***sich auf jdn, etw. ~*** ricordarsi di qcn., qcs.; ***jetzt besinne ich mich wieder*** adesso mi ritorna in mente; ***wenn ich mich recht besinne*** se mi ricordo bene **b** ***sich auf sich selbst ~*** prendere coscienza di sé ◆ ***sich anders, eines anderen (eines Besseren) ~*** cambiare idea. **be|sinn|lich** agg. **1** *(nachdenklich)* riflessivo, meditativo **2** meditabondo: ***-e Stunden verbringen*** trascorrere ore meditabonde. **Be|sinn|lich|keit** f. *(-,-en)* raccoglimento *m.*, meditazione *f.*

Be|sin|nung f. *(-)* **1** coscienza *f.*, conoscenza *f.*, sensi *m.pl.*: ***die ~ verlieren, wiedererlangen*** perdere, riprendere coscienza; ***zur ~ kommen*** tornare in sé; ***ohne ~, nicht bei ~ sein*** essere privo di sensi; FIG. ***komm endlich zur ~!*** (ri)torna in te! **2** *(Überlegung)* riflessione *f.*, meditazione *f.* **Be|sin|nungs|auf|satz** m. *(-es,-aufsätze)* SCOL. tema *m.* **be|sin|nungs|los** agg. **1** privo di sensi, svenuto **2** fuori di sé: ***~ vor Angst, in -er Panik*** fuori di sé dalla paura, preso dal panico. **Be|sin|nungs|lo|sig|keit** f. *(-)* l'essere svenuto, l'essere privo di sensi.

Be|sitz m. *(-es)* **1** possesso *m.*: ***etw. in ~ nehmen, von etw. ~ ergreifen*** prendere possesso, impossessarsi di qcs.; ***in den ~ von etw. gelangen, kommen*** entrare, venire in possesso di qcs.; ***im ~ sein*** detenere, essere in possesso; FIG. ***ein Gefühl des Ekels ergriff ~ von ihm*** un senso di nausea s'impossessò di lui; ***zum geistigen ~ gehören*** appartenere al patrimonio spirituale **2** DIR. detenzione *f.*: ***~ von Waffen*** detenzione di armi **3** *(Landbesitz)* proprietà *f.* terriera, fondo *m.*, tenuta *f.* **be|sitz|an|zei|gend**, ***-es Fürwort*** possessivo. **Be|sitz|an|spruch** m. *(-[e]s,-ansprüche)* rivendicazione *f.* di possesso. **Be|sitz|bür|ger** m. *(-s,-)* SPREG. capitalista *m.*

be|sit|zen tr. *(besaß, besessen)* **1** possedere **2** avere, godere: ***jds Zuneigung, Vertrauen ~*** godere della simpatia, della fiducia di qcn.; ***ein großes Talent, viel Geschmack ~*** avere un grande talento, avere molto gusto **3** ***eine Frau ~*** possedere una donna ◆ COLLOQ. ***keinen Pfennig ~*** non avere un soldo. **be|sit|zend** p.pres. agg. **1** → **besitzen 2** abbiente, agiato: ***die -e Klasse*** la classe abbiente. **Be|sit|zer** m. *(-s,-)* **1** proprietario *m.*, possessore *m.*: ***der rechtmäßige ~*** il legittimo proprietario **2** detentore *m.*: ***der ~ des Weltrekords*** il detentore del record mondiale. **Be|sitz|er|grei|fung** f. *(-,-en)* presa *f.* di possesso. **be|sitz|los** agg. nullatenente. **Be|sitz|lo|se** m. *(-n,-n)* nullatenente *m.* e *f.* **Be|sitz|nah|me** f. *(-,-n)* → **Besitzergreifung. Be|sitz|stand** m. *(-[e]s,-stände)* stato *m.* patrimoniale: ***den ~ wahren*** tutelare lo stato patrimoniale. **Be|sitz|tum** n. *(-s,-tümer)* **1** patrimonio *m.*, proprietà *f.* **2** *(Landbesitz)* proprietà *f.* terriera, fondo *m.*, tenuta *f.* **Be|sit|zung** f. *(-,-en)* possedimento *m.* **Be|sitz|ver|hält|nis|se** pl. situazione *f.* patrimoniale. **Be|sitz|ver|tei|lung** f. *(-,-en)* ripartizione *f.* del patrimonio. **Be|sitz|wech|sel** m. *(-s,-)* cambio *m.* di proprietà.

be|sof|fen p.pass. agg. **1** → **besaufen 2** COLLOQ. sbronzo. **Be|sof|fen|heit** f. *(-)* COLLOQ. sbronza *f.*

be|soh|len tr. risuolare: ***Schuhe neu ~ lassen*** far risuolare le scarpe. **Be|soh|lung** f. *(-,-en)* **1** risuolatura *f.* **2** *(Sohle)* suola *f.*

be|sol|den tr. *(staatlich)* retribuire. **Be|sol|de|te** m. *(-n,-n)* retribuito *m.* **Be|sol|dung** f. *(-,-en)* retribuzione *f.*, paga *f.*

be|son|der... agg. particolare, singolare, speciale: ***-e Kennzeichen*** caratteristiche particolari; *(von Personen)* segni (di riconoscimento) particolari; ***-e Qualität*** qualità speciale ◆ ***etwas (ganz) Besonderes*** qualcosa di (molto) particolare (*o* speciale); ***im Besonderen*** in particolare, specialmente; ***nichts Besonderes*** niente di particolare (*o* speciale); ***gibt's was Besonderes?*** c'è qualcosa di particolare? ***ein -es Zimmer*** una stanza separata. **Be|son|der|heit** f. *(-,-en)* particolarità *f.*, singolarità *f.*, peculiarità *f.*: ***-en aufweisen*** presentare delle peculiarità. **be|son|ders I** avv. **1** particolarmente, specialmente **2** *(gesondert)* separatamente, a parte **3** rafforz. particolarmente, in modo particolare **II** agg.inv. REGION. *(sonderbar)* strano ◆ ***es geht mir nicht ~*** non sto molto bene; ***die Aufführung war nicht ~*** la rappresentazione non era niente di speciale (*o* non era granché).

be|son|nen p.pass. agg. **1** → **besinnen 2** accorto, avveduto; *(gelassen)* assennato, posato. **Be|son|nen|heit** f. *(-)* **1** accortezza *f.*, avvedutezza *f.*; *(Gelassenheit)* assennatezza *f.*, posatezza *f.*: ***von großer ~ sein*** essere molto avveduto, ragionevole **2** *(Kardinaltugend)* temperanza *f.*

be|sonnt agg. soleggiato, assolato.

be|sor|gen tr. **1** procurare, LETT. procacciare: ***jdm die Karte für ein Konzert ~*** procurare a qcn. il biglietto per un concerto; ***etw. zum Essen ~*** procurare qcs. da mangiare **2** *(betreuen)* ***jdn, etw. ~*** aver cura di qcn., qcs., occuparsi di qcn., qcs.; ***den Haushalt, Kranke ~*** occuparsi della casa, curare malati **3** *(erledigen)* eseguire, sbrigare ◆ ***einen Auftrag, den Einkauf ~*** fare una commissione, la spesa; ***es jdm ~*** farla pagare a qcn.; *(sexuell befriedigen)* soddisfare qcn.; PROV. ***was du heute kannst ~, das verschiebe nicht auf morgen*** non rimandare a domani quello che puoi fare oggi. **Be|sorg|nis** f. *(-,-se)* preoccupazione *f.*, apprensione *f.*: ***~ erregen*** destare preoccupazione; ***~ erregend*** preoccupante, inquietante; ***~ um jdn, über etw. (A) empfinden, zeigen*** essere preoccupato, mostrare preoccupazione per qcn., qcs. **be|sorgt** p.pass. agg. **1** → **besorgen 2** preoccupato: ***um jdn, wegen etw. ~ sein*** essere preoccupato per qcn., qcs.; ***eine -e Mutter*** una madre apprensiva. **Be|sorgt|heit** f. *(-,-en)* preoccupazione *f.*, apprensione *f.* **Be|sor|gung** f. *(-,-en)* **1** *(Erledigung)* esecuzione *f.*, disbrigo *m.* **2** *(Einkauf)* acquisto *m.*, spesa *f.*: ***-en machen*** fare acquisti.

be|span|nen tr. **1a** rivestire, ricoprire **b** ***einen Tennisschläger ~*** incordare una racchetta da tennis **2** attaccare: ***den Wagen mit zwei Pferden ~*** attaccare due cavalli al carro. **Be|span|nung** f. *(-,-en)* **1a** rivestimento *m.* **b** *(Material)* rivestimento *m.*, copertura *f.* **2** *(Gespann)* tiro *m.*

be|spei|en I tr. ***jdn, etw. ~*** sputare addosso a qcn., qcs.; *(mit Erbrochenem)* vomitare addosso a qcn., qcs.; *(von Kleinkindern)* sbavare addosso a qcn., sbavare qcs. **II** rifl. **sich ~** vomitarsi addosso; *(von Kleinkindern)* sbavarsi addosso.

be|spi|cken tr. **1** farcire; *(mit Speck)* lardellare **2** FIG. riempire, coprire: ***jdn mit Orden ~*** coprire qcn. di decorazioni.

be|spie|geln I rifl. **sich ~** rimirarsi allo specchio **II** tr. FIG. rispecchiare, riflettere. **Be|spie|ge|lung, Be|spieg|lung** f. *(-,-en)* rispecchiamento *m.* (anche FIG.).

be|spiel|bar agg. **1** da registrare: ***eine -e Tonbandkassette*** una cassetta vuota (*o* da registrare) **2** SPORT praticabile: ***ein -er Rasen*** un prato praticabile. **be|spie|len** tr. **1** *(Tonbänder)* registrare; *(Schallplatten)* incidere **2** TEATR. recitare: ***die größten Bühnen eines Landes ~*** recitare sui maggiori palcoscenici di un paese. **Be|spie|lung** f. *(-,-en)* registrazione *f.*; *(von Schallplatten)* incisione *f.*

be|spit|zeln tr. spiare; *(beschatten)* pedinare. **Be|spit|ze|lung, Be|spitz|lung** f. *(-,-en)* lo spiare; *(Beschattung)* pedinamento *m.*

be|spöt|teln tr. prendere in giro, deridere. **Be|spöt|te|lung** f. *(-,-en)* presa *f.* in giro, derisione *f.*

be|spot|ten tr. RAR. deridere.

be|spre|chen *(bespricht, besprach, besprochen)* **I** tr. **1** ***etw. (mit jdm) ~*** parlare, discutere di qcs. (con qcn.): ***noch etw. zu ~ haben*** avere ancora qcs. di cui parlare **2** recensire: ***ein Buch ~*** recensire un libro **3** *(Tonbänder)* registrare; *(Schallplatten)* incidere **4** guarire (con parole magiche): ***eine Wunde ~*** guarire una ferita pronunciando parole magiche **II** rifl. ***sich mit jdm (über etw. [A]) ~*** parlare con qcn. (di qcs.), consultarsi, consigliarsi con qcn. (per qcs.).

Be|spre|chung f. *(-,-en)* **1a** discussione *f.*, colloquio *m.*: ***eine ~ der Lage*** una discussione sulla situazione; ***eine ~ anberaumen (ansetzen), haben*** fissare, avere un colloquio **b** *(Konferenz)* conferenza *f.*, riunione *f.*: ***eine ~ (über etw. [A]) abhalten*** tenere una riunione (su qcs.); ***auf einer ~ sein*** essere in riunione **2** *(Rezension)* recensione *f.* **3** *(das Beschwören)* formula *f.* magica, scongiuro *m.* **Be|spre|chungs|exemp|lar** n. *(-s,-e)* copia *f.* per recensione. **Be|spre|chungs|raum** m. *(-[e]s,-räume)* sala *f.* riunioni.

be|spren|gen tr. **1** bagnare, inumidire: ***die Wäsche ~*** inumidire la biancheria (stirando) **2** annaffiare: ***den Rasen ~*** annaffiare il prato **3** LIT. aspergere.

be|spren|keln tr. macchiettare, chiazzare.

be|sprin|gen tr. *(besprang, besprungen)* montare: ***eine Kuh ~ lassen*** far montare una mucca. **Be|sprin|gung** f. *(-,-en)* monta *f.*

be|sprit|zen tr. **1** *(nass machen)* bagnare, spruzzare (d'acqua) **2** *(beschmutzen)* schizzare (di sporco).

be|sprü|hen tr. spruzzare, bagnare (spruzzando).

be|spu|cken tr. ***jdn ~*** sputare addosso a qcn.

be|spü|len tr. bagnare, LETT. lambire: ***die Wellen ~ die Felsen*** le onde lambiscono le rocce.

Bes|se|mer|bir|ne f. *(-,-n)* convertitore *m.* Bessemer. **Bes|se|mer|**

stahl m. *(-[e]s,-e* e *-stähle)* acciaio *m.* Bessemer. **Bes|se|mer|ver|fah|ren** n. *(-s)* processo *m.* Bessemer.

bes|ser (compar. di *gut*) I agg. migliore: ***gestern war das Wetter ~*** ieri il tempo era migliore; ***dieses Buch ist ~ als jenes*** questo libro è migliore di quello; SPREG. ***ein -er Hilfsarbeiter*** poco più di un manovale; SPREG. ***dieses Lokal ist ein -er Verschlag*** questo locale è poco più di una baracca II avv. meglio: ***es wäre ~ gewesen, wenn du das nicht getan hättest*** sarebbe stato meglio se tu non l'avessi fatto; ***es ist ihm (schon) ~*** sta (già) meglio; ***etw. ~ können, wissen*** saper fare meglio qcs., sapere meglio qcs.; ***wir hatten es früher ~*** un tempo stavamo meglio; ***tu das ~ nicht!*** è meglio che tu non lo faccia! ***lass das ~ bleiben!*** è meglio che lasci perdere! ***du hättest ~ geschwiegen*** avresti fatto meglio a stare zitto; ***dem Kranken wird es bald ~ gehen*** il malato presto starà meglio; ***seinen Geschäften geht es ~*** i suoi affari vanno meglio; ***der, die ~ Gestellte*** il, la benestante ◆ ***desto ~!*** tanto meglio! ***~ gesagt*** per meglio dire; ***meine -e Hälfte*** la mia dolce metà; ***immer ~*** sempre meglio; ***~ ist ~*** non si sa mai, lasciamo stare così; ***(das ist) ~ als nichts*** (questo è) meglio che niente; ***das wäre ja noch ~!*** sarebbe il colmo! ***~ spät als nie*** meglio tardi che mai; ***um so ~!*** tanto meglio! ***~ werden*** migliorare, migliorarsi; ***auf -e Zeiten warten*** sperare in tempi migliori.

Bes|se|re n. *(-n)* meglio *m.*: ***-s zu tun haben*** avere di meglio da fare; ***etwas, nichts -s*** qualcosa, niente di meglio; ***in Ermangelung von etwas -m*** in mancanza di meglio ◆ ***jdn eines -n belehren*** far ricredere qcn.; ***sich eines -n besinnen*** cambiare idea, ricredersi; ***das ~ ist des Guten Feind*** il meglio è nemico del bene (*o* guasta il bene).

bes|sern I tr. migliorare II rifl. **sich ~** migliorare, migliorarsi: ***ich will mich ~*** voglio migliorarmi; ***ihre Gesundheit hat sich gebessert*** la sua salute è migliorata. **Bes|ser|stel|lung** f. *(-,-en)* miglioramento *m.*, promozione *f.* (sociale). **Bes|se|rung** f. *(-,-en)* miglioramento *m.*: ***eine ~ der wirtschaftlichen Lage*** un miglioramento della situazione economica; ***einem Kranken gute ~ wünschen*** fare gli auguri a un malato; ***auf dem Wege der ~*** in via di miglioramento. **Bes|se|rungs|an|stalt** f. *(-,-en)* ANT. casa *f.* di correzione, riformatorio *m.* **bes|se|rungs|fä|hig** agg. suscettibile di miglioramento; *(von Menschen)* capace di migliorarsi. **Bes|ser|wis|ser** m. *(-s,-)* saccente *m.* **Bes|ser|wis|se|rei** f. *(-,-en)* saccenteria *f.* **bes|ser|wis|se|risch** agg. saccente.

best... (superl. di *gut*) I agg. 1 migliore: ***mein -er Freund*** il mio migliore amico; ***im -en Fall*** nel migliore dei casi; ***in den -en Jahren*** negli anni migliori (*o* nel fiore degli anni); ***mit den -en Grüßen*** con i migliori saluti 2 *(sehr gut)* ottimo: ***bei -er Gesundheit, Laune sein*** essere in ottima salute, di ottimo umore; ***aus -em Haus sein*** essere di ottima famiglia 3 rafforz. *(nach erst-, nächst-)* ***die erste -e Gelegenheit ergreifen*** cogliere la prima occasione; ***die nächste -e Lüge erzählen*** dire la prima bugia che viene in mente II avv. *(am besten)* meglio, nel miglior modo ◆ ***am -en*** meglio; ***er singt am -en*** canta meglio di tutti; ***am -en gefällt mir...*** la cosa che preferisco è...; ***etw. am -en wissen*** sapere una cosa meglio degli altri; ***geh am -en zu Fuß*** è meglio che tu vada a piedi; ***es ist am -en, du kommst sofort*** è meglio che tu venga subito; ***im -en Sinn des Wortes*** nel vero senso della parola; ***beim -en Willen*** con tutta la buona volontà; ***den -en Willen zu etw. haben*** avere la migliore intenzione di fare qcs.

be|stal|len tr. insediare (in una carica), nominare: ***jdn zum Richter ~*** nominare qcn. giudice. **Be|stal|lung** f. *(-,-en)* nomina *f.* **Be|stal|lungs|ur|kun|de** f. *(-,-n)* atto *m.* di nomina: ***eine ~ ausfertigen*** stendere un atto di nomina.

Be|stand m. *(-[e]s,-stände)* 1 stabilità *f.*; *(Fortdauer)* continuità *f.*, durata *f.*: ***von ~ sein*** avere continuità, durata; ***(keinen) ~ haben*** (non) avere stabilità, continuità 2 AUSTR. esistenza *f.*, vita *f.*: ***der zehnjährige ~ eines Vereins*** i dieci anni di vita di una società 3a *(vorhandene Menge)* quantità *f.* esistente: ***der ~ an Vieh*** il patrimonio zootecnico b *(des Lagers)* giacenza *f.*, scorta *f.*: ***den ~ an Waren auffüllen*** fare scorta di merci c *(von Wäldern)* patrimonio *m.* forestale (*o* boschivo) ◆ ***(den) ~ aufnehmen*** fare l'inventario; ***eiserner ~*** riserva, scorta irrinunciabile; ***Faust gehört zum eisernen ~ des Programms*** il Faust è uno spettacolo fisso del programma. **be|stan|den** p.pass. agg. 1 → **bestehen** 2 (ri)coperto: ***ein mit Wäldern -es Gebiet*** una regione coperta di boschi.

be|stän|dig I agg. 1 stabile, continuo, costante: ***das Wetter ist ~*** il tempo è stabile 2 *(beharrlich)* ***~ in etw. (D) sein*** essere costante in qcs. 3 *(widerstandsfähig)* resistente, robusto, inalterabile: ***gegen Hitze ~ sein*** essere resistente al calore; *(dauerhaft)* durevole II avv. continuamente, costantemente. **Be|stän|dig|keit** f. *(-)* 1 stabilità *f.*, costanza *f.*: ***etw. mit ~ tun*** fare qcs. con costanza 2 *(Widerstandsfähigkeit)* resistenza *f.*, inalterabilità *f.*

Be|stands|auf|nah|me f. *(-,-n)* inventario *m.*: ***eine ~ von etw. machen*** fare l'inventario di qcs., inventariare qcs. **Be|stand|teil** m. *(-[e]s,-e)* parte *f.* (costitutiva), componente *m.* e *f.*, elemento *m.*; ***etw. in seine -e zerlegen*** scomporre qcs.; SCHERZ. ***sich in seine -e auflösen*** andare in pezzi.

be|stär|ken I tr. rafforzare, confermare: ***jdn in seinen Vorsätzen ~*** rafforzare qcn. nei suoi propositi; ***das bestärkt meine Zweifel*** ciò conferma i miei dubbi II rifl. **sich ~** rafforzarsi. rinsaldarsi: ***der Verdacht bestärkt sich*** il sospetto si rafforza. **Be|stär|kung** f. *(-,-en)* rafforzamento *m.*, conferma *f.*

be|stä|ti|gen I tr. 1a confermare: ***eine Information ~*** confermare una informazione; ***jds Ansicht, Meinung ~*** confermare l'opinione di qcn.; ***das bestätigt meinen Verdacht*** ciò conferma il mio sospetto b COMM. ***eine Bestellung ~*** confermare un ordine c BUROCR. ***jdn in seinem Amt, als Bürgermeister ~*** confermare qcn. nella sua carica, confermare sindaco qcn. 2 *(bescheinigen)* attestare, certificare II rifl. **sich ~** rivelarsi fondato, risultare vero: ***seine Befürchtung hat sich leider bestätigt*** il suo timore si è purtroppo rivelato fondato. **Be|stä|ti|gung** f. *(-,-en)* 1 conferma *f.*: ***~ finden*** trovare conferma; ***zur ~ von etw.*** a conferma di qcs. 2 *(Bescheinigung)* attestazione *f.*, certificazione *f.*: ***eine amtliche ~ einholen*** farsi rilasciare un certificato ufficiale. **Be|stä|ti|gungs|schrei|ben** n. *(-s,-)* lettera *f.* di conferma, conferma *f.* (scritta).

be|stat|ten tr. seppellire, LETT. inumare. **Be|stat|ter** m. *(-s,-)* becchino *m.* **Be|stat|tung** f. *(-,-en)* sepoltura *f.*, funerale *m.*, LETT. inumazione *f.* **Be|stat|tungs|an|stalt** f. *(-,-en)* → **Bestattungsinstitut.** **Be|stat|tungs|fei|er** f. *(-,-n)* funerale *m.*, LETT. esequie *f.pl.* **Be|stat|tungs|in|sti|tut** n. *(-[e]s,-e)*, **Be|stat|tungs|un|ter|neh|men** n. *(-s,-)* impresa *f.* di pompe funebri.

be|stau|ben I tr. impolverare II rifl. **sich ~** impolverarsi.

be|stäu|ben tr. 1 spolverare: ***etw. mit Vanillezucker ~*** spolverare qcs. con (*o* di) zucchero vanigliato 2 *(befruchten)* impollinare.

be|staubt p.pass. agg. 1 → **bestauben** 2 impolverato, polveroso.

Be|stäu|bung f. *(-,-en)* impollinazione *f.*

be|stau|nen tr. ***etw. ~*** stupirsi, meravigliarsi di qcs.

best|aus|ge|rüs|tet agg. equipaggiato al meglio (*o* nel modo migliore). **best|be|zahlt** agg. meglio pagato.

Bes|te I m. e f. *(-n,-n)* migliore *m.* e *f.*: ***der, die ~ in der Klasse*** il, la migliore della classe; ***den ersten -n fragen*** chiedere al primo che passa II n. *(-n)* meglio *m.*, la cosa migliore: ***sein -s tun*** fare del proprio meglio; ***sein -s geben*** dare il meglio di sé; ***ich will doch nur dein -s*** voglio solo il tuo bene; ***ich halte es für das ~...*** ritengo che la cosa migliore sia... ◆ ***aufs ~*** nel modo migliore (*o* nel migliore dei modi); ***das ~ ist gerade gut genug für mich*** mi accontento solo del meglio; ***das ~ aus etw. machen*** trarre il massimo vantaggio da qcs.; ***das ~ vom -n*** il meglio del meglio; ***mit etwas steht es nicht zum -n*** qcs. non va troppo bene; ***etwas zum -n geben*** raccontare qcs.; ***jdn zum -n haben, halten*** canzonare, punzecchiare qcn.; ***etw. zum -n lenken, wenden*** volgere qcs. al meglio; ***ein Konzert zum -n Not leidender Künstler*** un concerto in favore di artisti bisognosi.

be|ste|chen tr. *(besticht, bestach, bestochen)* 1 ***jdn (mit etw.) ~*** corrompere qcn. (con qcs.) 2 sedurre, affascinare: ***jdn durch sein Äußeres ~*** affascinare qcn. con il proprio aspetto. **be|ste|chend** I p.pres. agg. 1 → **bestechen** 2 seducente, affascinante II avv. rafforz. ***eine ~ schöne Ausgabe*** un'edizione bellissima. **be|stech|lich** agg. corruttibile, venale. **Be|stech|lich|keit** f. *(-)* corruttibilità *f.* **Be|ste|chung** f. *(-,-en)* corruzione *f.*: ***aktive, passive ~*** corruzione attiva, passiva. **Be|ste|chungs|geld** n. *(-[e]s,-er)* denaro *m.* che si offre per corrompere; bustarella *f.* **Be|ste|chungs|ver|such** m. *(-[e]s,-e)* tentativo *m.* di corruzione.

Be|steck n. *(-[e]s,-e)* 1 posate *f.pl.*: ***~ auflegen*** mettere le posate in tavola 2 MED. ferri *m.pl.*: ***chirurgisches ~*** ferri chirurgici 3 MAR. (determinazione *f.* del) punto *m.*, posizione *f.*: ***das ~ nehmen*** fare il punto, rilevare la posizione. **be|ste|cken** tr. appuntare; adornare (appuntando). **Be|steck|hal|ter** m. *(-s,-)* reggiposata *m.*, reggiposate *m.*

be|ste|hen *(bestand, bestanden)* I tr. 1 superare, passare: ***eine Prüfung gut, schlecht ~*** superare un esame bene, male; ***eine Probe, einen Kampf ~*** superare una prova, vincere una lotta 2 ***~ lassen*** fare perdurare II intr. (aus. *haben*) 1a esistere, sussistere, esserci: ***darüber besteht kein Zweifel*** non c'è nessun dubbio riguardo a ciò; ***das Unternehmen besteht seit 2 Jahren*** l'azienda esiste da due anni b vivere: ***mit so wenig kann niemand ~*** nessuno può vivere con così poco 2 constare, consistere, essere: ***aus Holz, aus drei Teilen ~*** essere di legno, constare di tre parti 3 ***in etw. (D) ~*** consistere in qcs.; ***seine Beschäftigung besteht im Unterrichten*** la sua occupazione consiste nell'insegnamento 4 ANT. scampare: ***in einer Gefahr ~*** scampare a un pericolo 5 *(beharren)* ***auf etw. (D) ~*** insistere su qcs.; ***auf seinem Kopf, auf seinem Willen ~*** ostinarsi; ***auf seinem Recht ~*** far valere i propri diritti 6 *(standhalten)* ***vor jdm,***

etw. (D) ~ tenere testa, resistere a qcn., qcs.; ***vor jds Kritik*** ~ sostenere le critiche di qcn. **7** ~ ***bleiben*** (aus. *sein*) perdurare, continuare a esistere.

Be|ste|hen n. *(-s)* **1** esistenza *f.*: ***das zehnjährige ~ der Firma*** i dieci anni (di vita) della ditta **2** *(Gründung)* fondazione *f.*: ***seit ~ des Instituts*** dalla fondazione dell'istituto **3** *(Durchstehen)* sussistenza *f.* **4** superamento *m.*: ***das ~ von Abenteuern, Prüfungen*** il superamento di avventure, di esami **5** *(Beharren)* insistenza *f.*

be|ste|hend p.pres. agg. **1** → **bestehen** **2** esistente, vigente, in vigore: ***das -e Gesetz*** la legge in vigore; ***die -e Ordnung*** l'ordinamento vigente.

be|steh|len tr. *(bestiehlt, bestahl, bestohlen)* ***jdn*** ~ derubare qcn.; FIG. derubare, privare: ***jdn seiner, um seine Träume*** ~ privare qcn. dei propri sogni.

be|stei|gen tr. *(bestieg, bestiegen)* salire, scalare: ***einen Berg*** ~ scalare una montagna; FIG. ***den Thron*** ~ salire al trono; *(hineinsteigen)* ***den Zug*** ~ salire sul treno; ***ein Pferd*** ~ montare a cavallo. **Be|stei|gung** f. *(-,-en)* **1** scalata *f.*, ascensione *f.* **2** FIG. ascesa *f.*: ***~ des Thrones*** ascesa al trono.

be|stell|bar agg. **1** che si può ordinare **2** *(reservierbar)* che si può riservare, prenotabile **3** AGR. coltivabile.

be|stel|len tr. **1** ordinare, commissionare: ***eine Ware*** ~ ordinare una merce; *(im Restaurant)* ordinare: ***haben Sie schon bestellt?*** ha già ordinato? **2** *(reservieren lassen)* prenotare, (far) riservare: ***Konzertkarten*** ~ prenotare biglietti per il concerto **3** *(kommen lassen)* far venire, invitare: ***jdn zu sich, ins Büro*** ~ far venire qcn., convocare qcn. in ufficio **4** fare, portare, trasmettere: ***jdm Grüße*** ~ portare i saluti a qcn.; ***bestell ihm (von mir), dass...*** riferiscigli (da parte mia) che...; ***ich soll Ihnen ~, dass...*** mi hanno pregato di dirLe che... **5** nominare, scegliere: ***einen Vertreter*** ~ scegliere qcn. come rappresentante; ***jdn zum Vormund*** ~ nominare qcn. tutore **6** *(bearbeiten)* coltivare, lavorare: ***den Boden*** ~ coltivare la terra ◆ ***das Aufgebot*** ~ = fare le pubblicazioni di matrimonio; ***nichts, nicht viel zu ~ haben*** non avere voce in capitolo.

Be|stel|ler m. *(-s,-)* committente *m.* **Be|stell|for|mu|lar** n. *(-s,-e)* modulo *m.* per ordinazioni. **Be|stell|geld** n. *(-[e]s,-er)* tassa *f.* di recapito. **Be|stell|kar|te** f. *(-,-n)* buono *m.* d'ordine. **Be|stell|lis|te** f. *(-,-n)* elenco *m.* delle ordinazioni. **Be|stell|num|mer** f. *(-,-n)* numero *m.* d'ordinazione. **Be|stell|schein** m. *(-[e]s,-e)* **1** tagliando *m.* per ordinazioni **2** BIBLIOT. scheda *f.* di richiesta.

be|stellt p.pass. agg. → **bestellen** ◆ ***dastehen wie ~ und nicht abgeholt*** starsene là senza sapere cosa fare; ***beim Arzt ~ sein*** avere un appuntamento dal medico; ***ist es damit so ~?*** siamo a questo punto? ***es ist schlecht um ihn*** ~ le cose gli vanno male.

Be|stel|lung f. *(-,-en)* **1a** ordine *m.*, ordinazione *f.*: ***auf*** ~ dietro, su ordinazione; ***auf Ihre ~ hin*** su Vostra ordinazione; ***eine ~ annehmen, notieren, entgegennehmen*** prendere, annotare, ricevere un'ordinazione; ***eine ~ aufgeben, machen*** fare un'ordinazione; ***eine ~ rückgängig machen*** annullare un'ordinazione; ***laut ~ vom 1.6.*** in conformità all'ordinazione del primo giugno **b** *(Gesamtheit der bestellten Waren)* merce *f.* ordinata **2** *(Nachricht)* notizia *f.*: ***eine ~ ausrichten, überbringen*** portare una notizia **3** *(Ernennung)* nomina *f.* **4** *(Bearbeiten)* coltivazione *f.*, lavorazione *f.* **Be|stel|lungs|an|nah|me** f. *(-,-n)* accettazione *f.* di un ordine, conferma *f.* dell'ordine. **Be|stell|zet|tel** m. *(-s,-)* **1** modulo *m.* per ordinazioni **2** BIBLIOT. scheda *f.* di richiesta.

bes|ten|falls avv. nel migliore dei casi, nella migliore delle ipotesi.

bes|tens avv. **1** nel modo migliore, al meglio, ottimamente **2** *(in Briefen)* distintamente, sentitamente: ***wir danken Ihnen*** ~ La ringraziamo sentitamente.

be|sternt agg. LETT. stellato.

be|steu|er|bar agg. tassabile, imponibile: ***-er Wert*** valore imponibile, valore dell'imponibile. **be|steu|ern** tr. tassare, gravare d'imposta, assoggettare a imposta. **Besteu|e|rung** f. *(-,-en)* tassazione *f.*, imposizione *f.* fiscale. **Be|steu|e|rungs|grund|la|ge** f. *(-,-n)* base *f.* di tassazione. **Be|steu|e|rungs|zeit|raum** m. *(-[e]s,-räume)* periodo *m.* d'imposta.

Best|form f. *(-)* SPORT piena forma *f.*

best|ge|hasst agg. odiatissimo. **best|ge|le|gen** agg. situato nella posizione migliore. **best|ge|pflegt** agg. curatissimo, curato nel modo migliore.

bes|ti|a|lisch I agg. **1** brutale, da bestia: ***ein -er Mord*** un brutale assassinio **2** COLLOQ. bestiale: ***eine -e Kälte*** un freddo bestiale **II** avv. in modo bestiale; ***es stinkt*** ~ c'è una puzza bestiale. **Bes|ti|a|li|tät** f. *(-,-en)* bestialità *f.*, brutalità *f.*

Bes|ti|a|ri|um n. *(-s, Bestiarien)* bestiario *m.*

be|sti|cken tr. guarnire di ricami, ricamare: ***eine Decke*** ~ ricamare una tovaglia.

Bes|tie f. *(-,-n)* **1** bestia *f.* feroce, fiera *f.* **2** FIG. *(Unmensch)* bestia *f.*, bruto *m.*

be|stie|felt agg. con gli stivali, munito di stivali.

be|stimm|bar agg. **1** determinabile, definibile **2** FIG. *(beeinflussbar)* influenzabile.

be|stim|men I tr. **1a** *(feststellen)* fissare, stabilire: ***einen Preis, Termin*** ~ fissare un prezzo, una data; ***er hat in der Firma nichts zu*** ~ non ha alcun potere decisionale nella ditta **b** *(Gesetz)* decretare **2a** *(definieren)* definire, determinare: ***die Herkunft eines archäologischen Fundes*** ~ determinare l'origine di un reperto archeologico **b** *(Pflanzen)* classificare **3** *(beeinflussen)* influenzare: ***sich von jds Launen ~ lassen*** lasciarsi influenzare dagli umori di qcn. **4** destinare: ***der Erlös ist für einen wohltätigen Zweck bestimmt*** il ricavato è destinato a un fine benefico; ***ihm war eine große Zukunft bestimmt*** era destinato a un grande futuro **5** designare: ***jdn zu seinem, als Nachfolger*** ~ designare qcn. come proprio successore **II** intr. (aus. *haben*) disporre, decidere: ***über etw. (A) frei ~ können*** poter disporre liberamente di qcs.; ***über jdn, etw.*** ~ decidere di qcn., qcs.; ***er bestimmt in der Gruppe*** nel gruppo è lui a decidere. **be|stim|mend** p.pres. agg. **1** → **bestimmen** **2** determinante, decisivo.

be|stimmt I p.pass. agg. **1** → **bestimmen** **2** *(feststehend)* fissato, stabilito, fisso **3** *(gewiss)* determinato, certo: ***-e Leute*** certa gente **4** *(genau)* preciso, definito, esatto **5** *(entschieden)* fermo, deciso, risoluto: ***in sehr -em Ton*** con un tono molto deciso **6** GRAMM. *(vom Artikel)* determinativo **7** MAT. definito **II** avv. **1** certamente, sicuramente: ***er kommt ~ nicht*** di sicuro non viene; ***ganz*** ~ senza dubbio **2** *(entschieden)* con decisione, con fermezza, fermamente. **Be|stimmt|heit** f. *(-)* **1** *(Entschiedenheit)* determinazione *f.*, fermezza *f.*, risolutezza *f.*: ***etw. mit aller ~ ablehnen*** rifiutare qcs. con estrema fermezza **2** *(Gewissheit)* sicurezza *f.*, certezza *f.*: ***etw. mit ~ wissen*** sapere qcs. con certezza.

Be|stim|mung f. *(-,-en)* **1a** *(Festsetzen)* determinazione *f.*, definizione *f.*: ***eine ~ des Goldgehalts*** una determinazione del titolo dell'oro **b** designazione *f.*: ***die ~ eines Nachfolgers*** la designazione di un successore **2a** *(Vorschrift)* disposizione *f.*, norma *f.*: ***gesetzliche -en*** disposizioni di legge; ***eine ~ erlassen, umgehen*** rilasciare, aggirare una disposizione **b** *(Vertragsbestimmung)* clausola *f.* (contrattuale) **3a** destinazione *f.*: ***etw. seiner ~ übergeben*** inaugurare qcs. **b** sorte *f.*, destino *m.*: ***eine höhere*** ~ una sorte più elevata **4** *(Klärung)* definizione *f.* **5** *(von Pflanzen)* classificazione *f.* **6** GRAMM. complemento *m.* **7** MAT. calcolo *m.*, determinazione *f.* **8** ANT. *(Bestimmungsort)* destinazione *f.* **Be|stim|mungs|bahn|hof** m. *(-[e]s, -höfe)* stazione *f.* di destinazione. **be|stim|mungs|ge|mäß** avv. secondo le disposizioni. **Be|stim|mungs|ha|fen** m. *(-s,-häfen)* porto *m.* di destinazione. **Be|stim|mungs|ort** m. *(-[e]s,-e)* luogo *m.* di destinazione, destinazione *f.*: ***frei*** ~ franco destinazione. **Be|stim|mungs|wort** n. *(-[e]s,-wörter)* elemento *m.* determinante (di parole composte). **Be|stim|mungs|zweck** m. *(-[e]s,-e)* destinazione *f.*

best|in|for|miert agg. informatissimo.

be|stirnt agg. → **besternt.**

Best|leis|tung f. *(-,-en)* SPORT prestazione *f.* migliore, primato *m.*: ***eine ~ übertreffen*** battere un primato. **Best|mar|ke** f. *(-,-n)* SPORT record *m.*: ***die ~ steigern*** migliorare il record; ***eine neue ~ setzen*** stabilire un nuovo record. **best|mög|lich I** agg. migliore possibile, meglio possibile **II** avv. nel miglior modo possibile. **Best|no|te** f. *(-,-n)* voto *m.* migliore.

be|sto|cken I tr. rimboschire **II** rifl. **sich** ~ BOT. accestire. **Be|sto|ckung** f. *(-,-en)* **1** rimboschimento *m.* **2** BOT. accestimento *m.*

be|sto|ßen tr. *(bestößt, bestieß, bestoßen)* smussare (anche TIP.): ***Kanten*** ~ smussare spigoli.

be|stra|fen tr. punire, castigare: ***einen Diebstahl (mit Gefängnis)*** ~ punire un furto (con la prigione); ***jdn hart*** ~ punire qcn. duramente; ***die Mutter bestraft das Kind*** la mamma castiga il bambino. **Be|stra|fung** f. *(-,-en)* **1** punizione *f.* **2** *(Strafe)* pena *f.*, castigo *m.*

be|strah|len tr. **1** irradiare, illuminare (con un fascio di luce): ***die Bühne*** ~ illuminare il palcoscenico con un fascio di luce **2** MED. curare con la radioterapia. **Be|strah|lung** f. *(-,-en)* **1** illuminazione *f.* **2** MED. radioterapia *f.*, terapia *f.* radiante. **Be|strah|lungs|ap|pa|rat** m. *(-[e]s,-e)* apparecchio *m.* per raggi. **Be|strah|lungs|lam|pe** f. *(-,-n)* lampada *f.* al quarzo.

be|stre|ben rifl. **sich** ~ sforzarsi, aspirare. **Be|stre|ben** n. *(-s)* sforzo *m.*, premura *f.* ◆ ***im ~, es allen recht zu machen*** nell'intento di accontentare tutti. **be|strebt** p.pass. agg. **1** → **bestreben** **2** ***~ sein*** sforzarsi. **Be|stre|bung** f. *(-,-en)* sforzo *m.*, premura *f.*, aspirazione *f.*

be|strei|chen tr. *(bestrich, bestrichen)* **1a** spalmare: ***Brot mit Butter*** ~ spalmare il burro sul pane, imburrare il pane **b** *(mit Öl, Salbe)* ungere **2a** *(mit Farbe)* tingere **b** *(mit Wachs)* incerare **3** MIL. bat-

tere: *ein Gelände ~* battere una zona con l'artiglieria.
be|strei|ken tr. *ein Unternehmen ~* bloccare una ditta con lo sciopero. **Be|strei|kung** f. *(-,-en)* interruzione *f.* del lavoro per sciopero.
be|streit|bar agg. contestabile, controverso. **be|strei|ten** tr. *(bestritt, bestritten)* **1** contestare: *eine Tatsache ~* contestare un fatto; *jdm das Recht auf etw. (A) ~* contestare a qcn. il diritto a qcs.; DIR. *eine Aussage ~* impugnare una deposizione **2** *die Kosten ~* far fronte alle spese, sostenere le spese **3** FIG. sostenere: *ein Rennen, eine Unterhaltung ~* sostenere una gara, una conversazione. **Be|strei|tung** f. *(-,-en)* **1** contestazione *f.*; DIR. impugnazione *f.* **2** il sostenere.
be|streu|en tr. cospargere: *eine Backform mit Mehl ~* cospargere una teglia di farina, infarinare una teglia.
be|stri|cken tr. **1** incantare, affascinare, ammaliare: *jdn durch seine Anmut ~* affascinare qcn. con la propria grazia **2** *(einkleiden) jdn ~* lavorare a maglia per qcn. **be|stri|ckend** p.pres. agg. **1** → **bestricken** **2** affascinante, incantevole: *sie hat eine -e Art* ha un modo di fare affascinante.
be|strumpft agg. con (le) calze.
Best|sel|ler m. *(-s,-)* bestseller *m.*
be|stü|cken tr. **1** *mit etw. ~* munire, fornire di qcs. **2** MIL. equipaggiare, armare: *eine Rakete mit einem Atomsprengkopf ~* armare un missile con una testata nucleare. **be|stückt** p.pass. agg. → **bestücken** ◆ COLLOQ. *gut ~ sein* essere ben fornito (di soldi). **Be|stü|ckung** f. *(-,-en)* **1** MIL. armamento *m.* **2** TECN. dotazioni *f.pl.*
be|stuh|len tr. dotare, munire di sedie.
be|stür|men tr. **1** assalire, dare l'assalto a: *eine Festung ~* dare l'assalto a una fortezza **2** FIG. assalire, tempestare: *jdn mit Fragen ~* tempestare qcn. di domande. **Be|stür|mung** f. *(-,-en)* assalto *m.*
be|stür|zen tr. sconvolgere, sgomentare, sbigottire. **be|stür|zend** p.pres. agg. **1** → **bestürzen** **2** sconvolgente: *eine -e Mitteilung* una comunicazione sconvolgente. **be|stürzt** **I** p.pass. agg. **1** → **bestürzen** **2** sconvolto, sgomento, sbigottito: *~ sein, sich ~ zeigen über etw.* essere, mostrarsi sconvolto per qcs. **II** avv. con sgomento. **Be|stürzt|heit, Be|stür|zung** f. *(-)* sgomento *m.*, sbigottimento *m.*
be|stusst agg. COLLOQ. stupido, scemo.
Best|zeit f. *(-,-en)* SPORT miglior tempo *m.*: *eine ~ auf 100 m laufen* correre il miglior tempo sui 100 metri.
Be|such m. *(-[e]s,-e)* **1a** visita *f.*: *jdm einen ~ machen, abstatten* fare (una), rendere visita a qcn.; *auf (zu) ~ kommen, sein* venire, essere in visita; *jds ~ erwidern* ricambiare la visita di qcn.; *seinen ~ abbrechen, absagen* interrompere, annullare la propria visita **b** *(von Orten, Veranstaltungen) der ~ der Ausstellung* la visita della mostra **2** *(regelmäßiger)* frequenza *f.*: *der ~ der Schule* la frequenza scolastica **3** *(Teilnahme)* l'assistere, il frequentare, partecipazione *f.*: *der ~ des Gottesdienstes* l'assistere alla messa **4** *(Gast, Gäste)* visita *f.*, ospite *m.*, ospiti *m.pl.*: *~ erwarten, bekommen* aspettare, ricevere visite; *hoher, lieber ~* illustre, caro ospite (*o* illustri, cari ospiti); *wir haben viel ~* abbiamo molti ospiti (*o* molte visite). **be|su|chen** tr. **1a** *jdn ~* visitare qcn., andare (*o* venire) a trovare qcn.: *einen Freund ~* andare a trovare un amico; *einen Patienten, einen Kunden ~* visitare un paziente (a domicilio), un cliente **b** *(Orte, Veranstaltungen)* visitare: *eine Ausstellung, eine Stadt ~* visitare una mostra, una città **2** frequentare: *die Schule, die Universität ~* frequentare la scuola, l'università; *eine Vorlesung, einen Kurs ~* seguire una lezione (universitaria), un corso **3** *etw. ~* assistere a qcs.: *eine Versammlung, ein Konzert ~* assistere a una riunione, a un concerto. **be|su|chens|wert** agg. che merita una visita. **Be|su|cher** m. *(-s,-)* **1** visitatore *m.*, ospite *m.* **2a** *(von Ausstellungen, Museen)* visitatore *m.*; *(von Lokalen)* frequentatore *m.* **b** *(Teilnehmer)* partecipante *m.* **3** *(Zuschauer)* spettatore *m.* **Be|su|cher|fre|quenz** f. *(-)* frequenza *f.* (*o* affluenza *f.*) dei visitatori. **Be|su|cher|strom** m. *(-[e]s)* flusso *m.* di visitatori, di spettatori. **Be|su|cher|zahl** f. *(-,-en)* **1** numero *m.* dei visitatori, visite *f.pl.* **2** *(von Orten, Veranstaltungen)* numero *m.* dei visitatori, dei partecipanti, degli spettatori. **Be|suchs|er|laub|nis** f. *(-,-se)* permesso *m.* di visita, di ricevere visite: *eine eingeschränkte ~* un permesso di visita limitato. **Be|suchs|kar|te** f. *(-,-n)* biglietto *m.* da visita. **Be|suchs|tag** m. *(-[e]s,-e)* giorno *m.* di visita. **Be|suchs|zeit** f. *(-,-en)* orario *m.* di visita: *die ~ einhalten* rispettare l'orario di visita. **Be|suchs|zim|mer** n. *(-s,-)* stanza *f.* delle visite; *(im Gefängnis)* parlatorio *m.* **be|sucht** p.pass. agg. **1** → **besuchen** **2** *ein gut, schlecht -es Lokal* un locale frequentato, poco frequentato.
be|su|deln **I** tr. imbrattare, LETT. lordare (anche FIG.): *jds Ehre ~* infangare l'onore di qcn. **II** rifl. *sich ~* imbrattarsi, LETT. lordarsi (anche FIG.): *sich von oben bis unten ~* imbrattarsi dalla testa ai piedi. **Be|su|de|lung, Be|sud|lung** f. *(-,-en)* imbrattamento *m.*
be|sun|gen p.pass. agg. → **besingen** ◆ *eine viel -e Heldentat* un gesto eroico molto decantato.

Be|ta n. *(-[e]s,-s)* beta *f.*
Be|ta|blo|cker m. *(-s,-)* betabloccante *m.*
be|tagt agg. attempato, anziano: *ein -er Herr* un signore attempato. **Be|tagt|heit** f. *(-)* l'essere attempato, anzianità *f.*
be|ta|keln tr. **1** MAR. attrezzare, allestire **2** AUSTR. imbrogliare, fregare. **Be|ta|ke|lung** f. *(-,-en)* **1** MAR. attrezzatura *f.*, allestimento *m.* **2** AUSTR. imbroglio *m.*, fregatura *f.*
be|tan|ken tr. rifornire di carburante: *ein Auto, Schiff ~* fare il pieno dell'auto, rifornire la nave di carburante. **Be|tan|kung** f. *(-,-en)* rifornimento *m.* di carburante.
Be|ta|re|zep|to|ren|blo|cker m. *(-s,-)* betabloccante *m.*
be|tas|ten tr. tastare, palpare.
Be|ta|strah|len, β-Strah|len pl. raggi *m.pl.* beta (*o* β). **Be|ta|strah|ler, β-Strah|ler** m. *(-s,-)* emettitore *m.* di raggi beta (*o* β). **Be|ta|strah|lung, β-Strah|lung** f. *(-,-en)* radiazione *f.* beta. **Be|ta|teil|chen, β-Teil|chen** n. *(-s,-)* particella *f.* beta.
be|tä|ti|gen **I** tr. azionare, mettere in azione: *ein Signal ~* azionare un segnale **II** rifl. *sich ~* essere attivo, svolgere un'attività: *sich politisch ~* svolgere un'attività politica; COLLOQ. *du kannst dich gleich ~!* puoi subito renderti utile! **Be|tä|ti|gung** f. *(-,-en)* **1** azionamento *m.*, comando *m.* **2** *(Tätigkeit)* attività *f.*, occupazione *f.* **Be|tä|ti|gungs|feld** n. *(-[e]s,-er)* campo *m.* d'azione, sfera *f.* d'attività.
Be|ta|tron n. *(-s,-e)* betatrone *m.*
be|tat|schen tr. COLLOQ. toccare, tastare, palpeggiare.
be|täu|ben **I** tr. **1a** stordire, intontire: *der Duft betäubte ihn* il profumo lo stordì **b** *(von Lärm, Geschrei)* assordare, stordire **2** FIG. placare, sedare **3** MED. anestetizzare: *jdn durch, mittels Narkose ~* addormentare qcn. con l'anestesia; *einen Zahn örtlich ~* anestetizzare localmente un dente **II** rifl. *sich ~* stordirsi: *sich mit Alkohol, durch Arbeit ~* stordirsi con l'alcol, col lavoro. **be|täu|bend** p.pres. agg. **1** → **betäuben** **2** *(von Lärm)* assordante. **be|täubt** p.pass. agg. **1** → **betäuben** **2** stordito, intontito, frastornato: *sich wie ~ fühlen* sentirsi (come) stordito. **Be|täu|bung** f. *(-,-en)* **1** stordimento *m.*, intontimento *m.* **2** MED. anestesia *f.*: *eine örtliche ~ vornehmen* praticare un'anestesia locale. **Be|täu|bungs|mit|tel** n. *(-s,-)* anestetico *m.*, narcotico *m.*
be|taut agg. coperto di rugiada, LETT. rugiadoso.
Be|ta|zer|fall m. *(-[e]s)* disintegrazione *f.* beta.
Bet|bank f. *(-,-bänke)* banco *m.* (in chiesa). **Bet|bru|der** m. *(-s, -brüder)* SPREG. bigotto *m.*, baciapile *m.*
Be|te f. *(-,-n)* *Rote ~* barbabietola *f.* rossa.
be|tei|li|gen **I** tr. (co)interessare, far partecipare: *jdn am Gewinn ~* interessare qcn. agli utili **II** rifl. *sich an etw. (D) ~* partecipare, prendere parte a qcs. **be|tei|ligt** p.pass. agg. **1** → **beteiligen** **2** *an etw. (D) ~ sein* essere cointeressato in qcs., partecipare a qcs.: *an einem Geschäft, Unfall ~ sein* partecipare a un affare, essere coinvolto in un incidente. **Be|tei|lig|te** m. e f. *(-n,-n)* interessato *m.* (-a *f.*). **Be|tei|li|gung** f. *(-,-en)* **1** partecipazione *f.*: *unter großer ~* con grande partecipazione; *eine ~ erwerben* acquisire una partecipazione (*o* quota); *stille ~* associazione in partecipazione **2** *(Mitwirkung)* collaborazione *f.*, partecipazione *f.* **3** *die ~ an einem Verbrechen* la complicità in un delitto. **Be|tei|li|gungs|ge|sell|schaft** f. *(-,-en)* società *f.* di partecipazione. **Be|tei|li|gungs|ka|pi|tal** n. *(-s,-* e AUSTR. *-ien)* capitale *m.* investito (*o* proprio).
Be|tel m. *(-s)* betel *m.* **Be|tel|pal|me** f. *(-,-n)* BOT. betel *m.* **Be|tel|pfef|fer** m. *(-s,-)* BOT. betel *m.* (pianta rampicante).
be|ten **I** intr. (aus. *haben*) pregare: *zu Gott ~* pregare Dio; *für jdn ~* pregare per qcn.; *für den, um Frieden ~* pregare per la pace **II** tr. dire, recitare: *das Vaterunser, den Rosenkranz ~* recitare il padrenostro, dire il rosario. **be|tend** p.pres. agg. **1** → **beten** **2** in preghiera, orante. **Be|ter** m. *(-s,-)* chi prega, persona *f.* in preghiera, orante *m.*
be|teu|ern tr. affermare, sostenere, asserire; *(erklären)* dichiarare: *etw. hoch und heilig ~* affermare qcs. in modo assoluto; *seine Unschuld, seine Liebe ~* affermare la propria innocenza, dichiarare il proprio amore. **Be|teu|e|rung** f. *(-,-en)* affermazione *f.*, dichiarazione *f.*
be|tex|ten tr. fornire di (un) testo, di una didascalia: *Bilder ~* aggiungere la didascalia alle illustrazioni.
Beth|le|hem n.pr.n. *(-s)* Betlemme *f.* **beth|le|he|mi|tisch** agg. di Betlemme.
be|ti|teln tr. **1** *etw. ~* (in)titolare qcs., dare un titolo a qcs. **2a** *jdn (mit) Doktor, Professor ~* chiamare qcn. dottore, professore **b** *jdn (mit) Idiot ~* dare dell'idiota a qcn. **Be|ti|te|lung** f. *(-,-en)* **1** intitolazione *f.* **2** *(Titel)* titolo *m.*
Be|ton m. *(-s,-s* e *-e)* calcestruzzo *m.*, beton *m.*, ESTENS. cemento *m.*, cemento *m.* armato: *~ gießen, mischen* colare, impastare calcestruzzo. **Be|ton|bau** m. *(-[e]s,-ten)* struttura *f.* in calcestruzzo. **Be|ton|block** m. *(-[e]s,-blöcke)* blocco *m.* di cemento. **Be|ton|de|**

cke f. *(-,-n)* STRAD. pavimentazione *f.* (*o* copertura *f.*) di calcestruzzo. **Be|ton|ei|sen** n. *(-s)* → **Betonstahl.**
be|to|nen tr. **1** accentare **2** FIG. ***etw. ~*** porre l'accento su qcs., sottolineare qcs.: ***etw. besonders, richtig ~*** porre l'accento in particolare su qcs., porre il giusto accento su qcs.
Be|ton|fuß|ball m. *(-[e]s)* SPORT calcio *m.* (rigidamente) difensivo.
be|to|nie|ren I tr. **1** rivestire di calcestruzzo **2** FIG. ***etw. ~*** arroccarsi su qcs. **II** intr. (aus. *haben*) chiudersi in difesa, fare catenaccio. **Be|to|nie|rung** f. *(-,-en)* **1** betonaggio *m.* **2** *(Belag aus Beton)* strato *m.*, rivestimento *m.* in calcestruzzo.
Be|ton|klotz m. *(-es,-klötze)* **1** blocco *m.* di calcestruzzo **2** COLLOQ. *(hässlicher Bau)* blocco *m.* di cemento. **Be|ton|mi|scher** m. *(-s,-)*, **Be|ton|misch|ma|schine** f. *(-,-n)* betoniera *f.* **Be|ton|schüt|tung** f. *(-,-en)* gettata *f.* di calcestruzzo. **Be|ton|stahl** m. *(-[e]s, -stähle)* tondino *m.* per cemento armato.
be|tont I p.pass. agg. **1** → **betonen 2a** LING. accentato, tonico: ***eine -e Silbe*** una sillaba tonica **b** MUS. ***schwach ~*** con accento debole **3** FIG. marcato, accentuato: ***mit -er Gleichgültigkeit*** con accentuata indifferenza **II** avv. marcatamente, in modo accentuato. **be|ton|ter|ma|ßen** avv. espressamente, esplicitamente. **Be|to|nung** f. *(-,-en)* **1** accentazione *f.*, accento *m.* **2** FIG. accentuazione *f.*; ***die ~ auf etw. (A) legen*** porre l'accento su qcs. **Be|to|nungs|zei|chen** n. *(-s,-)* accento *m.* grafico.
Be|ton|wüs|te f. *(-,-n)* distesa *f.* di cemento.
be|tö|ren tr. affascinare, sedurre. **be|tö|rend** p.pres. agg. **1** → **betören 2** affascinante, seducente. **Be|tö|rung** f. *(-,-en)* affascinamento *m.*, seduzione *f.*
Bet|pult n. *(-[e]s,-e)* inginocchiatoio *m.*
betr. ⇒ **1** *betreffend* riguardante, relativo **2** *betreffs* riguardo a, a proposito di **3** *betrifft* oggetto (ogg.).
Betr. ⇒ *Betreff* oggetto (ogg.).
Be|tracht, ***außer ~ bleiben, sein*** non esser preso in considerazione (*o* non venire considerato); ANT. ***in diesem ~*** a questo riguardo; ***(nicht) in ~ kommen*** (non) essere in questione, (non) interessare; ***jdn, etw. außer ~ lassen*** non prendere in considerazione qcn., qcs. (*o* non tener conto di qcn., qcs.); ***jdn, etw. in ~ ziehen*** prendere in considerazione (*o* considerare) qcn., qcs. **be|trach|ten I** tr. **1** osservare, guardare (attentamente), contemplare: ***jdn von oben bis unten ~*** guardare (*o* squadrare) qcn. da capo a piedi; ***jdn forschend ~*** scrutare qcn. **2a** FIG. *(untersuchen)* esaminare, studiare **b** *(bedenken)* considerare: ***etw. einseitig, objektiv ~*** considerare qcs. da un solo punto di vista, obiettivamente **3** FIG. *(halten)* considerare, ritenere: ***jdn als einen Freund ~*** considerare qcn. un amico **II** rifl. **sich ~ 1** osservarsi, guardarsi, contemplarsi: ***sich im Spiegel ~*** contemplarsi allo specchio **2** ***sich als Held ~*** considerarsi (*o* ritenersi) un eroe. **Be|trach|ter** m. *(-s,-)* osservatore *m.*, contemplatore *m.* **be|trächt|lich I** agg. considerevole, notevole: ***ein -er Betrag*** una somma considerevole **II** avv. considerevolmente, notevolmente ◆ ***um ein Beträchtliches größer sein*** essere notevolmente più grande. **Be|trach|tung** f. *(-,-en)* **1** osservazione *f.*, contemplazione *f.*: ***in die ~ von etw. versunken sein*** essere immerso nella contemplazione di qcs. **2** FIG. *(Untersuchung)* osservazione *f.*, esame *m.*; *(Überlegung)* considerazione *f.*, riflessione *f.*: ***eine ~ über etw. (A) anstellen*** fare una considerazione (*o* riflessione) su qcs.; ***bei genauerer ~*** a una più attenta osservazione. **Be|trach|tungs|wei|se** f. *(-)* modo *m.* di vedere.
Be|trag m. *(-[e]s, Beträge)* importo *m.*, somma *f.*, ammontare *m.*: ***einen ~ überweisen*** rimettere (*o* versare) una somma; ***im ~ von*** dell'importo (*o* per l'ammontare) di; ***ein offen stehender ~*** una somma non pagata, in sospeso. **be|tra|gen** *(beträgt, betrug, betragen)* **I** tr. essere (di), raggiungere: ***seine Schuld beträgt 100 DM*** il suo debito ammonta a (*o* è di) 100 marchi; ***die Länge beträgt 3 m*** la lunghezza è di 3 m **II** rifl. **sich ~** comportarsi, condursi. **Be|tra|gen** n. *(-s)* **1** comportamento *m.*, condotta *f.* **2** SCOL. condotta *f.* **Be|tra|gens|no|te** f. *(-,-n)* voto *m.* di condotta.
be|tram|peln tr. COLLOQ. ***etw. ~*** camminare (pesantemente) su qcs.
be|trau|en tr. incaricare: ***jdn mit einem Amt, einer Aufgabe ~*** investire qcn. di una carica, affidare un incarico a qcn.; ***jdn damit ~, etw. zu tun*** incaricare qcn. di fare qcs.
be|trau|ern tr. piangere: ***einen Toten, jds Tod ~*** piangere un morto, la morte di qcn.
be|träu|feln tr. versare (a gocce): ***den Fisch mit Zitronensaft ~*** versare alcune gocce di limone sul pesce.
Be|treff m. *(-[e]s,-e)* oggetto *m.* ◆ BUROCR. ***in dem ~*** a riguardo (*o* proposito); ***in diesem ~*** a questo riguardo (*o* proposito); ***in ~ einer Sache*** riguardo (*o* rispetto) a una cosa, a proposito di una cosa. **be|tref|fen** tr. *(betrifft, betraf, betroffen)* **1** riguardare, concernere: ***was mich betrifft...*** per quel che mi riguarda... **2** LETT. *(treffen)* colpire: ***das hat ihn tief betroffen*** ciò lo ha colpito profondamente. **be|tref|fend** p.pres. agg. **1** → **betreffen 2** riguardante, concernente, relativo (a) **3** *(zuständig)* competente: ***die -e Behörde*** le autorità competenti. **Be|tref|fen|de** m. e f. *(-n,-n)* persona *f.* in questione, interessato *m.* (-a *f.*). **be|treffs** prep. + gen. riguardo (*o* rispetto) a, a proposito di: ***Ihr Schreiben ~ Lohnerhöhung*** la Vs. lettera relativa a (*o* riguardante) un aumento di stipendio.
be|trei|ben tr. *(betrieb, betrieben)* **1** eseguire, operare, condurre: ***eine Renovierung ~*** eseguire una ristrutturazione **2** *(ausüben)* praticare, esercitare: ***ein Gewerbe, Hobby ~*** esercitare un mestiere, praticare un hobby **3** *(führen)* condurre, mandare avanti, gestire: ***ein Restaurant ~*** gestire un ristorante **4** TECN. azionare, far funzionare: ***etw. mit Dampf, elektrisch ~*** azionare qcs. col vapore, con la corrente elettrica. **Be|trei|ben**, ***auf jds ~ (hin)*** per iniziativa di qcn. **Be|trei|ber** m. *(-s,-)* **1** chi pratica, chi esercita **2** *(Leiter)* gestore *m.*, esercente *m.*; *(Firma)* società *f.* che gestisce (un impianto). **Be|trei|bung** f. *(-,-en)* **1** conduzione *f.*, esecuzione *f.* **2** *(Ausübung)* pratica *f.*, esercizio *m.* **3** *(Leitung)* conduzione *f.*, gestione *f.* **4** TECN. azionamento *m.*
be|tresst agg. gallonato, con galloni: ***eine mit Gold -e Uniform*** un'uniforme con galloni d'oro, gallonata d'oro.
be|tret|bar agg. accessibile; *(Rasen)* che si può calpestare.
1.be|tre|ten tr. *(betritt, betrat, betreten)* **1a** entrare: ***ein Zimmer ~*** entrare (*o* mettere piede) in una stanza; ***die Bühne ~*** calcare la scena **b** calpestare: ***den Rasen, einen Pfad ~*** calpestare il prato, percorrere un sentiero **2** FIG. ***ein unerforschtes Gebiet ~*** entrare in un campo sconosciuto.
2.be|tre|ten p.pass. agg. **1** → **1.betreten 2** imbarazzato, confuso: ***über etw. (A) ~ sein*** essere imbarazzato per qcs.; ***ein -es Gesicht machen*** fare una faccia imbarazzata; ***ein -es Schweigen*** un silenzio imbarazzante, penoso.
Be|tre|ten n. *(-s)* **1** entrata *f.*, accesso *m.*, ingresso *m.*: ***~ verboten!*** vietato l'ingresso (*o* l'accesso)! **2** il calpestare: ***~ des Rasens verboten!*** vietato calpestare l'erba! **Be|tre|ten|heit** f. *(-)* imbarazzo *m.*, confusione *f.*
be|treu|en tr. **1a** ***jdn ~*** assistere qcn., avere cura, occuparsi di qcn.; ***ein Kind, einen Kranken ~*** occuparsi di un bambino, assistere un ammalato **b** SPORT ***eine Fußballmannschaft ~*** allenare una squadra di calcio **2** ***etw. ~*** curare qcs., occuparsi di qcs. **Be|treu|er** m. *(-s,-)* **1** chi presta assistenza, cure (a); *(von alten Leuten)* assistente *m.*; *(von Kindern)* accompagnatore *m.* **2** SPORT allenatore *m.* **Be|treu|e|rin** f. *(-,-nen)* **1** assistente *f.*; *(von Kindern)* accompagnatrice *f.* **2** SPORT allenatrice *f.* **Be|treu|te** m. e f. *(-n,-n)* assistito *m.* (-a *f.*). **Be|treu|ung** f. *(-,-en)* assistenza *f.*, cura *f.*: ***ärztliche ~*** assistenza medica, cure mediche.
Be|trieb m. *(-[e]s,-e)* **1a** *(Unternehmen)* impresa *f.*, azienda *f.*: ***ein privater, staatlicher, landwirtschaftlicher ~*** un'azienda privata, statale, agricola; ***einen ~ stilllegen*** chiudere un'azienda **b** *(Belegschaft)* azienda *f.*, dipendenti *m.pl.*: ***der ganze ~ ging im August in Urlaub*** tutti i dipendenti andarono in vacanza ad agosto **c** *(Gebäude)* azienda *f.*, fabbrica *f.* **2** attività *f.*, esercizio *m.*, funzionamento *m.*: ***in vollem ~ sein*** essere in piena attività (*o* lavorare a pieno ritmo); ***den ~ aufnehmen*** entrare in servizio; ***den ~ einstellen, unterbrechen, lahmlegen*** cessare, interrompere, bloccare l'attività (*o* il funzionamento); ***in, außer ~ setzen*** mettere in moto (*o* attivare), mettere fuori esercizio; ***der Aufzug ist außer ~*** l'ascensore è fuori servizio **3** COLLOQ. traffico *m.*, movimento *m.*: ***auf der Messe war großer ~*** alla fiera c'era un gran movimento ◆ ***den ~ aufhalten*** rallentare il ritmo (anche FIG.); ***ich habe den ~ hier satt*** sono stufo di quest'ambiente (*o* di questa situazione). **be|trieb|lich** agg. aziendale. **be|trieb|sam** agg. industrioso, laborioso, attivo. **Be|trieb|sam|keit** f. *(-)* laboriosità *f.*, attività *f.* **Be|triebs|an|la|ge** f. *(-,-n)* impianto *m.*, stabilimento *m.* **Be|triebs|an|lei|tung, Be|triebs|an|wei|sung** f. *(-,-en)* istruzioni *f.pl.* per l'uso. **Be|triebs|arzt** m. *(-[e]s,-ärzte)* medico *m.* aziendale, di fabbrica. **Be|triebs|aus|flug** m. *(-[e]s,-ausflüge)* gita *f.* aziendale. **Be|triebs|aus|schuss** m. *(-es,-ausschüsse)* consiglio *m.* di fabbrica. **Be|triebs|be|ra|ter** m. *(-s,-)* consulente *m.* aziendale. **be|triebs|be|reit** agg. pronto per l'uso. **be|triebs|ei|gen** agg. (di proprietà) dell'azienda. **Be|triebs|er|laub|nis** f. *(-,-se)* licenza *f.* d'esercizio. **be|triebs|fä|hig** agg. in funzione. **Be|triebs|füh|rer** m. *(-s,-)* dirigente *m.* d'azienda. **Be|triebs|füh|rung** f. *(-,-en)* conduzione *f.*, gestione *f.* aziendale (*o* d'impresa). **Be|triebs|ge|schwin|dig|keit** f. *(-,-en)* velocità *f.* di regime, di funzionamento. **Be|triebs|ge|sell|schaft** f. *(-,-en)* società *f.* d'esercizio. **Be|triebs|ka|pi|tal** n. *(-s,-e)* capitale *m.* d'impresa, fondi *m.pl.* di gestione. **Be|triebs|kli|ma** n. *(-)* ambiente *m.* di lavoro: ***hier herrscht ein gutes ~*** qui c'è un buon ambiente di lavoro. **Be|triebs|kos|ten** pl. costi *m.pl.* aziendali,

spese *f.pl.* di gestione. **Be|triebs|lei|ter** m. *(-s,-)* → **Betriebsführer.** **Be|triebs|lei|tung** f. *(-,-en)* → **Betriebsführung.** **be|triebs|nah** agg. conforme alle esigenze dell'azienda. **Be|triebs|ob|mann** m. *(-es,-leute* e *-männer)* delegato *m.* d'impresa, rappresentante *m.* del personale dell'azienda. **Be|triebs|ord|nung** f. *(-,-en)* regolamento *m.* aziendale. **Be|triebs|psy|cho|lo|gie** f. *(-)* psicotecnica *f.* **Be|triebs|rat** m. *(-[e]s,-räte)* **1** consiglio *m.* di fabbrica (*o* di gestione), commissione *f.* interna **2** *(Mitglied)* membro *m.* del consiglio di fabbrica. **Be|triebs|ru|he** f. *(-)* chiusura *f.* della fabbrica: ***von Freitag Abend bis Montag früh ist ~*** da venerdì sera a lunedì mattina l'azienda è chiusa. **Be|triebs|schluss** m. *(-es)* chiusura *f.*, fine *f.* della giornata lavorativa: ***um 19 Uhr ist ~*** alle 19 l'azienda chiude. **Be|triebs|schutz** m. *(-es)* **1** *(Sicherheitsmaßnahmen)* misure *f.pl.* di sicurezza per gli impianti **2** *(Arbeitsschutz)* tutela *f.* giuridica del lavoro (in una fabbrica) **3** sorveglianza *f.* interna. **Be|triebs|span|nung** f. *(-,-en)* EL. tensione *f.* d'esercizio. **Be|triebs|steu|er** f. *(-,-n)* tassa *f.* d'esercizio. **Be|triebs|still|le|gung** f. *(-)* chiusura *f.* di un'azienda. **Be|triebs|stoff** m. *(-[e]s,-e)* **1** *(Treibstoff)* carburante *m.* **2** materiale *m.* di lavorazione. **Be|triebs|stö|rung** f. *(-,-en)* interruzione *f.* del lavoro. **Be|triebs|strom** m. *(-s,-ströme)* EL. corrente *f.* di regime. **Be|triebs|sys|tem** n. *(-s,-e)* INFORM. sistema *m.* operativo. **Be|triebs|un|fall** m. *(-s,-unfälle)* infortunio *m.* sul lavoro. **Be|triebs|ver|fas|sung** f. *(-,-en)* organizzazione *f.* sociale delle aziende, ordinamento *m.* aziendale. **Be|triebs|wirt** m. *(-[e]s,-e)* diplomato *m.* in economia aziendale. **Be|triebs|wirt|schaft, Be|triebs|wirt|schafts|leh|re** f. *(-)* economia *f.* aziendale.

be|trin|ken rifl. *(betrank, betrunken)* **sich ~** ubriacarsi.

be|trof|fen p.pass. agg. **1** → **betreffen** **2** confuso, turbato ◆ FIG. ***etw. macht mich ~*** qcs. mi sconcerta; ***ein -es Schweigen*** un silenzio sbigottito. **Be|trof|fen|heit** f. *(-)* stupore *m.*, sbigottimento *m.*

be|tro|gen → **betrügen.**

be|trü|ben I tr. affliggere, contristare: ***jdn durch sein Benehmen ~*** contristare qcn. con il proprio comportamento **II** rifl. **sich ~** affliggersi, intristirsi: ***sich über etw. (A) ~*** affliggersi per qcs. **be|trüb|lich** agg. doloroso, triste, spiacevole: ***eine -e Nachricht*** una notizia spiacevole. **be|trüb|li|cher|wei|se** avv. purtroppo. **Be|trüb|nis** f. *(-,-se)* afflizione *f.*, tristezza *f.*, dolore *m.* **be|trübt** p.pass. agg. **1** → **betrüben** **2** afflitto: ***ein -es Gesicht machen*** avere un'espressione afflitta.

Be|trug m. *(-[e]s)* **1** inganno *m.*, imbroglio *m.*, truffa *f.*, frode *f.*: ***jdn wegen -s anzeigen*** denunciare qcn. per frode; ***(an jdm) ~ begehen, verüben*** perpetrare una truffa (ai danni di qcn.) **2** *(in der Ehe)* tradimento *m.* ◆ ***ein frommer ~*** una bugia pietosa. **be|trü|gen** *(betrog, betrogen)* **I** tr. **1a** ingannare, imbrogliare: ***den Chef ~*** imbrogliare il capo **b** ***seine Frau ~*** tradire la propria moglie **2** truffare, frodare: ***jdn um 100 Mark ~*** truffare 100 marchi a qcn. **3** FIG. deludere: ***sich in seinen Erwartungen betrogen sehen*** essere deluso nelle proprie aspettative **II** rifl. ***sich (selbst) ~*** ingannarsi, illudersi. **Be|trü|ger** m. *(-s,-)* imbroglione *m.*, truffatore *m.* **Be|trü|ge|rei** f. *(-,-en)* truffa *f.* **be|trü|ge|risch** agg. **1** *(von Personen)* ingannatore, di *o* da imbroglione **2** fraudolento, doloso: ***in -er Absicht*** con intenzione fraudolenta. **be|trü|ge|ri|scher|wei|se** avv. fraudolentemente, con frode. **Be|trugs|ma|nö|ver** n. *(-s,-)* manovra *f.* truffaldina.

be|trun|ken p.pass. agg. **1** → **betrinken** **2** ubriaco. **Be|trun|ke|ne** m. e f. *(-n,-n)* ubriaco *m.* (-a *f.*). **Be|trun|ken|heit** f. *(-)* ubriachezza *f.*

Bet|schwes|ter f. *(-,-n)* IRON. bigotta *f.*, beghina *f.* **Bet|stuhl** m. *(-s,-stühle)* inginocchiatoio *m.*

Bett n. *(-[e]s,-en)* **1** letto *m.*: ***die Kinder ins ~ bringen*** mettere i bambini a letto; ***ins, zu ~ gehen*** andare a letto; ***sich ins ~ legen*** mettersi a letto; ***sich (schlaflos) im ~ wälzen*** rigirarsi nel letto; ***jdm das Frühstück ans ~ bringen*** portare la colazione a letto a qcn.; ***ans ~ gefesselt sein*** non poter lasciare il letto, essere inchiodato a letto; COLLOQ. ***im ~ liegen*** essere a letto (malato) **2a** *(Federbett)* piumino *m.* **b** *(Bettzeug)* ***das ~ frisch beziehen*** cambiare le lenzuola; ***die -en machen*** fare i letti **3** *(Flussbett)* letto *m.*, alveo *m.* **4** TECN. basamento *m.*, piattaforma *f.*, pavimento *m.* ◆ ***ins ~ fallen*** essere stanco morto; ***nicht aus dem ~ finden*** non riuscire ad alzarsi (dal letto); ***sich ins gemachte ~ legen*** trovare la pappa fatta; ***das ~ hüten (müssen)*** essere costretto a letto (*o* essere allettato); COLLOQ. ***mit jdm ins ~ gehen, steigen*** andare a letto con qcn.; FIG. ***das ~ mit jdm teilen*** dividere il letto con qcn., vivere con qcn.

Bet|tag, *Buß- und ~* giorno di penitenza e preghiera.

Bett|be|zug m. *(-[e]s,-bezüge)* fodera *f.* del piumino. **Bett|couch** f. *(-,-es)* divano letto *m.* **Bett|de|cke** f. *(-,-n)* **1** coperta *f.* (da letto) **2** *(Tagesdecke)* copriletto *m.*

Bet|tel m. *(-s)* **1** ANT. *(Betteln)* accattonaggio *m.* **2** COLLOQ. robaccia *f.*, cianfrusaglia *f.*, ciarpame *m.* ◆ ***jdm den (ganzen) ~ vor die Füße werfen, schmeißen*** piantare baracca e burattini, mandare tutto a quel paese. **bet|tel|arm** agg. poverissimo, povero in canna. **Bet|tel|brief** m. *(-[e]s,-e)* lettera *f.* con richiesta di denaro. **Bet|te|lei** f. *(-,-en)* **1** mendicità *f.*, accattonaggio *m.* **2** *(inständiges Bitten)* domande *f.pl.* insistenti, seccanti. **Bet|tel|mönch** m. *(-[e]s,-e)* frate *m.* mendicante (*o* questuante). **bet|teln** intr. (aus. *haben*) **1** chiedere l'elemosina, elemosinare, mendicare: ***um Geld ~*** mendicare denaro; ***auf der Straße, an den Türen ~*** chiedere l'elemosina per la strada, porta a porta; ***~ gehen*** andare a chiedere l'elemosina **2** *(inständig bitten)* mendicare, chiedere umilmente, insistentemente: ***bei jdm um Nachsicht ~*** chiedere umilmente pietà a qcn. **Bet|teln** n. *(-s)* accattonaggio *m.*: ***~ verboten*** vietato l'accattonaggio. **Bet|tel|or|den** m. *(-s,-)* ordine *m.* mendicante. **Bet|tel|stab, *jdn an den ~ bringen*** gettare (*o* ridurre) qcn. sul lastrico; ***an den ~ kommen*** ridursi sul lastrico.

bet|ten I tr. adagiare, mettere a letto: ***jdn auf eine Decke, eine Bahre ~*** adagiare qcn. su una coperta, in una bara; LETT. ***den Toten zur letzten Ruhe ~*** dare al defunto l'ultima dimora, seppellire il defunto **II** rifl. **sich ~** distendersi, coricarsi, mettersi a letto ◆ ***sich weich ~*** rendersi la vita comoda; ***weich gebettet sein*** avere la vita comoda; PROV. ***wie man sich bettet, so liegt man*** = ognuno è artefice della propria fortuna.

Bett|fe|der f. *(-,-n)* **1** *(Sprungfeder)* molla *f.* (di materasso) **2** piuma *f.* da cuscino (*o* da piumino). **Bett|ge|schich|te** f. *(-,-n)* SPREG. storia *f.* di letto. **Bett|ge|stell** n. *(-s,-e)* lettiera *f.* **Bett|ha|se** m. *(-n,-n)* COLLOQ. ragazza *f.* facile. **Bett|him|mel** m. *(-s,-)* baldacchino *m.* **Bett|hup|ferl** n. *(-s,-)* COLLOQ. dolcetto *m.* della buona notte. **Bett|ja|cke** f. *(-,-n)* liseuse *f.* **Bett|kan|te** f. *(-,-n)* orlo *m.* del letto. **Bett|la|de** f. *(-,-n)* REGION. → **Bettgestell.** **bett|lä|ge|rig** agg. costretto a letto, allettato. **Bett|la|ken** n. *(-s,-)* lenzuolo *m.*

Bett|ler m. *(-s,-)* mendicante *m.*, accattone *m.*

Bett|näs|sen n. *(-s)* enuresi *f.* notturna. **Bett|pfan|ne** f. *(-,-n)* padella *f.* (per malati). **bett|reif** agg. COLLOQ. stanco morto. **Bett|ru|he** f. *(-)* riposo *m.* a letto. **Bett|schwe|re** f. *(-)* sonnolenza *f.* ◆ ***die nötige ~ haben*** cascare dal sonno. **Bett|statt** f. *(-,-stätten)* REGION. → **Bett.** **Bett|stel|le** f. *(-,-n)* → **Bettgestell.** **Bett|tuch** n. *(-s,-tücher)* → **Bettlaken.** **Bett|über|zug** m. *(-[e]s,-überzüge)* federa *f.* da piumino. **Bett|um|ran|dung** f. *(-,-en)* scendiletto *m.pl.*, parure *f.* di scendiletto.

Bet|tung f. *(-,-en)* TECN. pavimento *m.*, piattaforma *f.*; FERR. massicciata *f.*

Bett|zeug n. *(-[e]s)* COLLOQ. corredo *m.* per il letto. **Bett|zip|fel** m. *(-s,-)* lembo *m.*, cocca *f.* del piumino (*o* del lenzuolo) ◆ ***nach dem ~ schielen*** non vedere l'ora di mettersi sotto le coltri.

be|tucht agg. COLLOQ. ben fornito, benestante.

be|tu|lich agg. premuroso: ***eine -e Art haben*** avere dei modi premurosi. **Be|tu|lich|keit** f. *(-)* premura *f.*

be|tup|fen tr. **1** *(tupfend berühren)* tamponare leggermente **2** *(mit Tupfen versehen)* macchiettare.

be|tu|sam agg. → **betulich.**

be|tü|tern REGION. **I** tr. circondare di premure, di attenzioni **II** rifl. **sich ~** alzare un po' il gomito.

Beu|che f. *(-,-n)* ranno *m.* **beu|chen** tr. cuocere nel ranno.

beug|bar agg. pieghevole, flessibile. **Beu|ge** f. *(-,-n)* **1** curva *f.*, curvatura *f.* **2** ANAT. piega *f.* **3** SPORT flessione *f.* **Beu|ge|haft** f. *(-)* DIR. detenzione *f.* per reticenza. **Beu|ge|mus|kel** m. *(-s,-n)* (muscolo *m.*) flessore *m.*

beu|gen I tr. **1a** piegare, flettere: ***den Arm, die Knie ~*** piegare il braccio, le ginocchia **b** curvare, chinare: ***den Kopf über etw. (A) ~*** chinare il capo su qcs. **2** FIG. piegare: ***jds Stolz ~*** piegare la superbia di qcn. **3** ***das Recht, das Gesetz ~*** travisare la legge **4** GRAMM. flettere **5** FIS. diffrangere **II** rifl. **sich ~ 1** piegarsi, curvarsi: ***sich zu jdm, über etw. (A) ~*** chinarsi su (*o* verso) qcn., su qcs.; ***sich nach vorn, hinten ~*** piegarsi in avanti, all'indietro; ***sich aus dem Fenster ~*** sporgersi dalla finestra **2** FIG. piegarsi, sottomettersi: ***sich jds Willen ~*** piegarsi al volere di qcn. **Beu|ger** m. *(-s,-)* ANAT. flessore *m.* **beug|sam** agg. ANT. cedevole. **Beu|gung** f. *(-,-en)* **1** piegamento *m.*, flessione *f.*; *(Krümmung)* incurvamento *m.* **2** GRAMM. flessione *f.* **3** FIS. diffrazione *f.* **Beu|gungs|en|dung** f. *(-,-en)* desinenza *f.* della flessione.

Beu|le f. *(-,-n)* **1** bernoccolo *m.*, bozza *f.*: ***eine ~ am Kopf haben*** avere un bernoccolo in testa **2** ammaccatura *f.*: ***eine ~ am Wagen haben*** avere la macchina ammaccata. **beu|len** intr. (aus. *haben*) formare un rigonfiamento (*o* una gobba); essere ammaccato. **Beu|len|pest** f. *(-)* peste *f.* bubbonica. **beu|lig** agg. **1** pieno di ammaccature **2** *(von Bäumen)* nodoso.

be|un|ru|hi|gen I tr. inquietare, turbare, preoccupare **II** rifl. **sich ~** inquietarsi, turbarsi, preoccuparsi: ***sich über etw. (A), wegen etw. ~***

turbarsi per qcs., a causa di qcs.; ***sich um jdn, etw. ~*** preoccuparsi per qcn., qcs. **be|un|ru|hi|gend** p.pres. agg. **1** → **beunruhigen** **2** inquietante, preoccupante. **be|un|ru|higt** p.pass. agg. **1** → **beunruhigen** **2** inquieto, preoccupato, turbato: ***wegen einer, über eine Nachricht ~ sein*** essere turbato da una notizia. **Be|un|ru|hi|gung** f. *(-,-en)* inquietudine *f.*, preoccupazione *f.*

be|ur|kun|den **I** tr. **1** certificare, registrare, documentare: ***eine Rechtshandlung ~*** documentare un atto giuridico; ***Geburten ~*** registrare le nascite **2** ANT. *(bezeugen)* comprovare, autenticare **II** rifl. **sich ~** ANT. mostrarsi, rivelarsi. **Be|ur|kun|dung** f. *(-,-en)* certificazione *f.*, documentazione *f.*: ***notarielle ~*** certificazione notarile.

be|ur|lau|ben **I** tr. mettere in aspettativa, sospendere (temporaneamente) **II** rifl. **sich ~** ANT. congedarsi. **Be|ur|lau|bung** f. *(-,-en)* aspettativa *f.*, congedo *m.*

be|ur|tei|len tr. giudicare, dare un giudizio, valutare: ***jdn, etw. falsch, richtig ~*** dare un giudizio sbagliato, giusto su qcn., su qcs.; ***jdn nach etw. ~*** valutare qcn. per qcs. **Be|ur|tei|ler** m. *(-s,-)* giudice *m.*: ***ein objektiver ~ der Sache*** un giudice obiettivo del fatto. **Be|ur|tei|lung** f. *(-,-en)* **1** giudizio *m.*, valutazione *f.* **2** critica *f.*, recensione *f.*: ***eine gute ~ schreiben, bekommen*** scrivere una recensione positiva, ricevere una buona critica. **Be|ur|tei|lungs|maß|stab** m. *(-[e]s, -maßstäbe)* criterio *m.* di giudizio. **Be|ur|tei|lungs|ver|mö|gen** n. *(-s)* capacità *f.* di giudizio.

Beu|schel n. *(-s,-)* REGION. interiora *f.pl.*

1.Beu|te f. *(-)* **1** preda *f.*, bottino *m.*: ***eine leichte ~ sein*** essere una facile preda; ***(fette, reiche) ~ machen*** fare (un bel) bottino; ***auf ~ ausgehen*** andare in cerca di bottino **2** FIG. preda *f.*, vittima *f.*: ***jdm, etw. zur ~ fallen*** diventare preda di qcn., qcs.

2.Beu|te f. *(-,-n)* REGION. **1** madia *f.* **2** *(Bienenkasten)* arnia *f.* di legno.

beu|te|gie|rig agg. avido di bottino. **Beu|te|gut** n. *(-[e]s)* bottino *m.* **Beu|te|kunst** f. *(-)* arte *f.* predata in guerra.

Beu|tel m. *(-s,-)* **1a** borsa *f.*, sacchetto *m.* **b** COLLOQ. *(Geldbeutel)* borsellino *m.*: ***den ~ ziehen*** tirare fuori il borsellino **c** *(von Tee)* bustina *f.* **2** ZOOL. marsupio *m.*, borsa *f.* **3** AUSTR. SPREG. cretino *m.*, imbecille *m.* ◆ ***den ~ aufmachen*** aprire la borsa; ***den ~ festhalten*** stringere la borsa; ***das geht an den ~*** ciò costa denaro; ***tief in den ~ greifen*** metter mano alla borsa; ***die Hand, den Daumen auf dem ~ halten*** tenere la borsa stretta; ***einen leeren ~ haben*** essere al verde; ***ein Loch in jds ~ reißen*** svuotare le tasche di qcn.; ***den ~ zuhalten*** → ***den ~ festhalten.*** **Beu|tel|bär** m. *(-en,-en)* orso *m.* marsupiale, koala *m.*

beu|teln **I** tr. **1** ANT. abburattare **2** REGION. *(schütteln)* strapazzare (anche FIG.): ***das Schicksal hat ihn schwer gebeutelt*** il destino lo ha strapazzato duramente **3** REGION. *(übervorteilen)* truffare **II** intr. (aus. *haben*) fare (le) borse; *(Falten werfen)* fare pieghe: ***die Jacke beutelt an den Ellbogen*** la giacca fa le borse nei gomiti.

Beu|tel|rat|te f. *(-,-n)* opossum *m.* **Beu|tel|schnei|der** m. *(-s,-)* **1** ANT. tagliaborse *m.*, borsaiolo *m.* **2** *(Wucherer)* usuraio *m.*, strozzino *m.* **Beu|tel|schnei|de|rei** f. *(-,-en)* **1** furto *m.*, borseggio *m.* **2** *(Wucherei)* usura *f.*, strozzinaggio *m.* **Beu|tel|tier** n. *(-[e]s,-e)* marsupiale *m.*

beu|te|lüs|tern, **beu|te|lus|tig** agg. avido di preda (*o* di bottino). **Beu|te|zug** m. *(-[e]s,-züge)* scorreria *f.*, razzia *f.*

Beut|ler m. *(-s,-)* → **Beuteltier.**

Beut|ner m. *(-s,-)* apicoltore *m.* **Beut|ne|rei** f. *(-,-en)* apicoltura *f.*

be|völ|kern **I** tr. **1a** popolare: ***ein Gebiet ~*** popolare (*o* abitare) una regione **b** ***einen Teich mit Fischen ~*** popolare uno stagno di pesci **2** affollare, gremire: ***ein Lokal ~*** affollare un locale **II** rifl. **sich ~** popolarsi. **be|völ|kert** p.pass. agg. **1** → **bevölkern** **2** popolato: ***ein dicht -es Land*** un paese densamente popolato; ***die Insel ist von vielen Vögeln ~*** l'isola è popolata da molti uccelli.

Be|völ|ke|rung f. *(-,-en)* **1** popolazione *f.* **2** *(das Bevölkern)* popolamento *m.* **Be|völ|ke|rungs|ab|nah|me** f. *(-,-n)* calo *m.* demografico. **Be|völ|ke|rungs|dich|te** f. *(-)* densità *f.* di popolazione. **Be|völ|ke|rungs|ent|wick|lung** f. *(-)* sviluppo *m.* demografico. **Be|völ|ke|rungs|ex|plo|si|on** f. *(-)* esplosione *f.* demografica, boom *m.* demografico. **Be|völ|ke|rungs|leh|re** f. *(-)* demografia *f.* **Be|völ|ke|rungs|po|li|tik** f. *(-)* politica *f.* demografica. **Be|völ|ke|rungs|py|ra|mi|de** f. *(-)* piramide *f.* della popolazione (*o* delle età). **Be|völ|ke|rungs|rück|gang** m. *(-[e]s,-rückgänge)* → **Bevölkerungsabnahme.** **Be|völ|ke|rungs|schwund** m. *(-[e]s)* crollo *m.* demografico. **Be|völ|ke|rungs|zahl** f. *(-,-en)* numero *m.* di abitanti. **Be|völ|ke|rungs|zu|nah|me** f. *(-,-n)*, **Be|völ|ke|rungs|zu|wachs** m. *(-es,zuwächse)* incremento *m.* demografico.

be|voll|mäch|ti|gen tr. **1** autorizzare, delegare: ***jdn zum Abschluss eines Geschäftes ~*** autorizzare qcn. a concludere un affare **2** DIR. ***jdn ~*** dare la procura (*o* il mandato) a qcn. **be|voll|mäch|tigt** p.pass. agg. **1** → **bevollmächtigen** **2** autorizzato, delegato: ***zu etw. ~ sein*** essere autorizzato a (fare) qcs. **Be|voll|mäch|tig|te** m. e f. *(-n,-n)* **1** incaricato *m.* (-a *f.*), delegato *m.* (-a *f.*) **2** DIR. procuratore *m.* (-trice *f.*), mandatario *m.* (-a *f.*). **Be|voll|mäch|ti|gung** f. *(-,-en)* **1** autorizzazione *f.*, delega *f.*, conferimento *m.* di poteri, pieni poteri *m.pl.* **2** DIR. procura *f.*, mandato *m.*, delega *f.*

be|vor cong. prima che, prima di: ***~ er abreiste, besuchte er uns*** prima di partire ci venne a trovare; ***nicht öffnen, ~ der Wagen hält*** non aprire, prima che la vettura si fermi; ***du gehst nicht zum Spielen, ~ du deine Aufgaben gemacht hast*** non vai a giocare, se prima non hai fatto i compiti.

be|vor|mun|den tr. **1** mettere, tenere sotto tutela **2** FIG. dominare, comandare, controllare: ***er lässt sich von niemandem ~*** non si fa comandare da nessuno. **Be|vor|mun|dung** f. *(-)* **1** tutela *f.* **2** FIG. dominio *m.*, controllo *m.*

be|vor|ra|ten tr. approvvigionare. **Be|vor|ra|tung** f. *(-,-en)* approvvigionamento *m.*

be|vor|rech|ten, **be|vor|rech|ti|gen** tr. privilegiare. **be|vor|rech|tigt** p.pass. agg. → **bevorrechtigen** ◆ ***-e Straße*** strada con diritto di precedenza.

be|vor|schus|sen tr. BUROCR. ***(jdm) etw. ~*** concedere (a qcn.) un anticipo su qcs.

be|vor‿ste|hen intr. *(stand, gestanden;* aus. *haben)* essere imminente; *(von Gefahren)* incombere ◆ ***er weiß, was ihm bevorsteht!*** sa cosa l'aspetta! **Be|vor|ste|hen** n. *(-s)* imminenza *f.*, vicinanza *f.*; *(von Gefahren)* minaccia *f.* **be|vor|ste|hend** p.pres. agg. **1** → **bevorstehen** **2** imminente, prossimo; *(von Gefahren)* incombente.

be|vor|tei|len tr. **1** favorire, avvantaggiare **2** ANT. *(übervorteilen)* imbrogliare, truffare. **Be|vor|tei|lung** f. *(-,-en)* **1** il favorire, l'avvantaggiare **2** ANT. *(Übervorteilung)* imbroglio *m.*, truffa *f.*

be|vor|zu|gen tr. **1** preferire, LETT. prediligere: ***ausländische Mode ~*** preferire la moda straniera **2** *(begünstigen)* preferire, favorire, privilegiare: ***jdn (vor anderen) ~*** preferire qcn. (ad altri). **be|vor|zugt** **I** p.pass. agg. **1** → **bevorzugen** **2** preferito, prediletto, favorito: ***der -e Schüler*** l'allievo preferito **3** favorito, privilegiato: ***eine -e Lage*** una posizione privilegiata; ***-e Behandlung*** trattamento di favore **II** avv. in modo privilegiato: ***~ behandelt werden*** ricevere un trattamento di favore. **Be|vor|zu|gung** f. *(-,-en)* **1** il preferire, preferenza *f.*, predilezione *f.* **2** *(Begünstigung)* il preferire, il privilegiare, favoritismo *m.*

be|wa|chen tr. sorvegliare, custodire: ***jdn scharf, streng ~*** sorvegliare strettamente qcn.; ***der Hund bewacht das Haus*** il cane fa la guardia alla casa. **Be|wa|cher** m. *(-s,-)* sorvegliante *m.*, custode *m.*, guardia *f.*

1.be|wach|sen tr. *(bewächst, bewuchs, bewachsen)* ricoprire (di piante).

2.be|wach|sen agg. ***eine mit Wein -e Mauer*** un muro ricoperto di vite.

Be|wa|chung f. *(-,-en)* **1** sorveglianza *f.*, custodia *f.*: ***jdn unter ~ stellen*** mettere qcn. sotto sorveglianza **2** *(Wache)* guardia *f.*

be|waff|nen **I** tr. armare **II** rifl. **sich ~** armarsi: ***sich mit etw. ~*** armarsi di qcs. (anche FIG.); ***sich mit einer Pistole, einem Regenschirm ~*** armarsi di una pistola, di un ombrello. **be|waff|net** p.pass. agg. **1** → **bewaffnen** **2** a mano armata: ***-er Raub, -er Überfall*** rapina, aggressione a mano armata. **Be|waff|nung** f. *(-,-en)* armamento *m.*

be|wah|ren tr. **1** proteggere, difendere, preservare: ***jdn vor einer Gefahr ~*** proteggere qcn. da un pericolo **2a** *(aufbewahren)* custodire **b** FIG. conservare, serbare, mantenere: ***etw. in guter Erinnerung ~*** serbare un buon ricordo di qcs.; ***über etw. Stillschweigen ~*** mantenere il silenzio su qcs.; ***die Haltung ~*** mantenere un contegno ◆ ***(Gott) bewahre!*** per carità! Dio ce ne guardi! ***sich (D) seine Frische, Unschuld ~*** mantenere la propria freschezza, innocenza.

be|wäh|ren **I** tr. ANT. provare, mostrare **II** rifl. **sich ~** dare buona prova (*o* buoni risultati), affermarsi: ***sich gut, schlecht ~*** dare buoni, cattivi risultati; ***sich als guter Freund ~*** dimostrarsi un buon amico.

be|wahr|hei|ten rifl. **sich ~** avverarsi, verificarsi; *(von Gerüchten)* dimostrarsi vero. **Be|wahr|hei|tung** f. *(-)* avveramento *m.*, il dimostrarsi vero.

be|währt p.pass. agg. **1** → **bewähren** **2** provato, sperimentato: ***ein -es Mittel*** un mezzo di provata efficacia; ***-e Treue*** provata fedeltà **3** *(erfahren)* esperto, valido: ***unser -er Mitarbeiter*** il nostro valido collaboratore. **Be|währt|heit** f. *(-)* prova *f.*, dimostrazione *f.*: ***die ~ seiner Fähigkeit*** la dimostrazione della propria capacità.

Be|wah|rung f. *(-,-en)* **1** protezione *f.*, difesa *f.*, preservazione *f.* **2** *(Erhaltung)* conservazione *f.*, mantenimento *m.*

Be|wäh|rung f. *(-,-en)* **1** prova *f.*, dimostrazione *f.*, conferma *f.* **2** DIR. (sospensione *f.*) condizionale *f.*: ***jdn zu einem Jahr Gefängnis mit, ohne ~ verurteilen*** condannare qcn. a un anno di prigione con, senza la condizionale; ***Strafaussetzung zur, auf ~*** sospensione condizionale della pena. **Be|wäh|rungs|frist** f. *(-,-en)* condizionale *f.*, termine *m.* di sospensione condizionale (di una pena). **Be|wäh|rungs|hel|fer** m. *(-s,-)* DIR. tutore *m.*, affidatario *m.* (di un condannato durante la sospensione di una pena). **Be|wäh|rungs|pro|be** f. *(-,-n)* prova *f.*: ***jdn auf eine ~ stellen*** sottoporre qcn. a una prova; ***eine ~ nicht bestehen*** non superare una prova. **Be|wäh|rungs|zeit** f. *(-,-en)* periodo *m.* di sospensione condizionale (di una pena).

be|wal|den rifl. **sich ~** imboschire, imboschirsi. **be|wal|det** p.pass. agg. **1** → **bewalden 2** *(waldig)* boscoso, coperto di boschi. **Be|wal|dung** f. *(-,-en)* imboschimento *m.*, forestazione *f.*

be|wäl|ti|gen tr. **1** ***etw.*** ~ venire a capo di qcs., portare a compimento (*o* finire) qcs.: ***die Portion kann ich nicht allein ~*** non riesco a finire la porzione da solo; ***ein Problem ~*** risolvere un problema; ***eine Arbeit ~*** portare a termine un lavoro **2** *(überwinden)* superare: ***eine Schwierigkeit ~*** superare una difficoltà. **Be|wäl|ti|gung** f. *(-,-en)* **1** il venire a capo, compimento *m.* **2** *(Überwindung)* superamento *m.*

be|wan|dern tr. percorrere, girare. **be|wan|dert** p.pass. agg. **1** → **bewandern 2** esperto, pratico, versato: ***in, auf einem Gebiet ~ sein*** essere esperto di, in un settore; ***da bin ich schlecht ~*** non me ne intendo, non sono pratico. **Be|wan|dert|heit** f. *(-,-en)* esperienza *f.*, pratica *f.*

be|wandt agg. ANT. tale, siffatto: ***die Dinge sind so ~, dass...*** le cose sono tali che...; ***wenn es damit so ~ ist*** se le cose stanno così. **Be|wandt|nis** f. *(-,-se)* ***damit hat es folgende ~*** le cose stanno così; ***welche ~ hat es damit?*** come stanno le cose? ***das hat seine eigene, besondere ~*** questo ha il suo motivo.

be|wäs|ser|bar agg. irrigabile. **be|wäs|sern** tr. irrigare. **Be|wäs|se|rung** f. *(-,-en)* irrigazione *f.* **Be|wäs|se|rungs|an|la|ge** f. *(-,-n)* impianto *m.* d'irrigazione. **Be|wäs|se|rungs|gra|ben** m. *(-s,-gräben)* fosso *m.* di irrigazione.

be|weg|bar agg. mobile, TECN. movibile.

1.be|we|gen I tr. **1** muovere: ***die Arme, die Beine ~*** muovere le braccia, le gambe **2** *(in Gang bringen)* azionare, mettere in moto **3** FIG. *(rühren)* commuovere: ***seine Worte ~ mich*** le sue parole mi commuovono **II** rifl. **sich ~ 1a** muoversi: ***sich viel ~*** muoversi molto (*o* fare molto moto) **b** FIG. ***sich frei ~*** muoversi liberamente (*o* avere libertà di movimento); ***sich in der Öffentlichkeit sicher ~*** muoversi con sicurezza in pubblico **2** *(sich belaufen)* aggirarsi: ***der Preis bewegt sich zwischen 50 und 60 DM*** il prezzo si aggira tra i 50 e i 60 marchi **3** *(sich verhalten)* muoversi, comportarsi: ***er versteht sich ungezwungen zu bewegen*** sa muoversi in modo disinvolto ◆ ***sich hin und her ~*** andare su e giù; ***sich im Kreis ~*** girare a vuoto; ***die Erde bewegt sich um die Sonne*** la terra gira intorno al sole.

2.be|we|gen tr. *(bewog, bewogen)* indurre: ***jdn zu etw., etw. zu tun ~*** indurre qcn. a (fare) qcs.; ***dazu war er nicht zu ~*** non ci fu verso di indurlo a farlo.

Be|weg|grund m. *(-[e]s,-gründe)* motivo *m.*, movente *m.*

be|weg|lich agg. **1** mobile, TECN. movibile: ***-e Güter*** beni mobili; ***-e Feste*** feste mobili **2** *(wendig)* vivace, mobile, sveglio: ***geistig sehr ~ sein*** essere molto vivace intellettualmente. **Be|weg|lich|keit** f. *(-,-en)* **1** mobilità *f.* **2** *(Wendigkeit)* vivacità *f.*, mobilità *f.*

be|wegt p.pass. agg. **1** → **bewegen 2a** mosso: ***eine stark -e See*** un mare molto mosso (*o* agitato) **b** FIG. movimentato, agitato: ***ein -es Leben*** una vita movimentata **3** *(gerührt)* commosso. **Be|wegt|heit** f. *(-)* **1a** l'essere mosso, agitato **b** FIG. agitazione *f.* **2** *(Rührung)* commozione *f.*

Be|we|gung f. *(-,-en)* **1a** movimento *m.*, moto *m.*: ***etw. in ~ setzen, bringen*** mettere in moto (*o* in movimento) qcs., avviare qcs.; ***jdn in ~ bringen, halten*** mettere in moto qcn.; ***sich in ~ setzen*** mettersi in moto, avviarsi **b** *(Gebärde)* gesto *m.*, moto *m.*: ***eine ungeduldige ~ machen*** avere un moto (*o* fare un gesto) d'impazienza **c** FIS. moto *m.*: ***gleichmäßig beschleunigte ~*** moto uniformemente accelerato **2** *(Rührung)* commozione *f.*, emozione *f.*: ***vor ~ zittern*** tremare dall'emozione **3** POL. STOR. movimento *m.*: ***eine konservative, liberale ~*** un movimento conservatore, liberale ◆ ***sich (D) ~ machen*** fare del moto; ***keine ~!*** fermo! non un gesto! **Be|we|gungs|ap|pa|rat** m. *(-[e]s,-e)* ANAT. apparato *m.* motorio. **Be|we|gungs|ener|gie** f. *(-)* energia *f.* cinetica. **be|we|gungs|fä|hig** agg. mobile, movibile. **Be|we|gungs|fä|hig|keit** f. *(-)* mobilità *f.*; ***Wiederherstellung der ~*** riabilitazione motoria. **Be|we|gungs|frei|heit** f. *(-)* libertà *f.* di movimento. **Be|we|gungs|krieg** m. *(-[e]s,-e)* guerra *f.* di movimento. **be|we|gungs|los** agg. immobile, LETT. immoto. **Be|we|gungs|lo|sig|keit** f. *(-)* immobilità *f.* **Be|we|gungs|the|ra|peut** m. *(-en,-en)* cinesiterapista *m.* **Be|we|gungs|the|ra|pie** f. *(-,-n)* cinesiterapia *f.* **be|we|gungs|un|fä|hig** agg. incapace di muoversi, immobilizzato.

be|weh|ren tr. **1** ANT. armare, fortificare **2** TECN. armare. **be|wehrt** p.pass. agg. **1** → **bewehren 2** ***-er Beton*** cemento armato. **Be|weh|rung** f. *(-,-en)* TECN. armamento *m.*, armatura *f.*

be|weibt agg. ammogliato: ***er ist gut ~*** ha una brava moglie.

be|wei|den tr. AGR. pascolare, brucare.

be|weih|räu|chern tr. incensare; COLLOQ. FIG. ***jdn ~*** incensare qcn. **Be|weih|räu|che|rung** f. *(-,-en)* incensamento *m.*; COLLOQ. FIG. incensata *f.*

be|wei|nen tr. piangere, lamentare: ***einen Toten ~*** piangere un morto; ***einen Verlust ~*** lamentare una perdita. **be|wei|nens|wert** agg. degno di compianto, da compiangere.

Be|weis m. *(-es,-e)* prova *f.*: ***ein schlagender (zwingender), schlüssiger ~*** una prova incontestabile, lampante; ***als, zum ~ seiner Aussage*** a, come prova delle sue affermazioni; ***den ~ für etw. antreten, erbringen*** addurre, produrre la prova di qcs.; ***den ~ liefern*** fornire la prova; ***etw. unter ~ stellen*** mettere qcs. alla prova; FIG. ***ein ~ seiner Tapferkeit*** una prova della propria bravura ◆ ***aus Mangel an -en, mangels -es*** per insufficienza di prove; ***bis zum ~ des Gegenteils*** fino a prova contraria. **Be|weis|an|trag** m. *(-[e]s,-anträge)* capitolato *m.* di prova, offerta *f.* di prova. **Be|weis|auf|nah|me** f. *(-,-n)* assunzione *f.* di prove. **be|weis|bar** agg. provabile, dimostrabile. **Be|weis|bar|keit** f. *(-)* dimostrabilità *f.*

be|wei|sen tr. *(bewies, bewiesen)* **1** provare, dimostrare: ***das beweist gar nichts*** questo non dimostra (*o* non vuol dire) proprio nulla; ***jds Schuld, Unschuld ~*** provare la colpevolezza, l'innocenza di qcn. **2** FIG. mostrare, manifestare, dimostrare: ***Mut ~*** dimostrare coraggio.

Be|weis|er|he|bung f. *(-,-en)* DIR. assunzione *f.* di prove. **Be|weis|füh|rung** f. *(-,-en)* **1** argomentazione *f.*: ***eine logische, treffende ~*** un'argomentazione logica, centrata **2** *(Erbringen des Beweises)* produzione *f.* di prove. **Be|weis|ge|gen|stand** m. *(-[e]s,-gegenstände)* DIR. **1** elemento *m.* probatorio **2** fatto *m.* da provare. **Be|weis|kraft** f. *(-)* efficacia *f.*, forza *f.* probatoria (*o* probativa). **be|weis|kräf|tig** agg. probatorio, probante, probativo: ***-e Argumente*** argomenti probanti. **Be|weis|la|ge** f. *(-)* stato *m.* delle prove. **Be|weis|last** f. *(-)* onere *m.* della prova. **Be|weis|ma|te|ri|al** n. *(-s)* prove *f.pl.*, materiale *m.* probatico. **Be|weis|mit|tel** n. *(-s,-)* mezzo *m.* di prova, prova *f.* **Be|weis|pflicht** f. *(-)* obbligo *m.* di presentare prove. **Be|weis|schluss** m. *(-es,-schlüsse)* conclusione *f.* (di un'argomentazione). **Be|weis|stel|le** f. *(-,-n)* citazione *f.* (da un testo) addotta come prova: ***-n anführen*** citare (*o* indicare citazioni) come prova. **Be|weis|stück** n. *(-[e]s,-e)* DIR. **1** documento *m.* probatorio **2** corpo *m.* del reato.

be|wen|den, ***es bei, mit etw. ~ lassen*** accontentarsi di qcs.; ***ich will es diesmal dabei, damit ~ lassen*** per questa volta mi basta così, non voglio altro ◆ ***damit hat es sein Bewenden*** la cosa finisce lì, lo lascio stare così.

be|wer|ben rifl. *(bewirbt, bewarb, beworben)* **sich ~ 1a** candidarsi, presentare la propria candidatura, aspirare: ***sich um einen Posten ~*** candidarsi, aspirare a un posto **b** ***sich bei einer Firma ~*** fare domanda presso una ditta (per avere un posto) **2** LETT. aspirare: ***sich um jds Gunst ~*** aspirare al favore di qcn. **Be|wer|ber** m. *(-s,-)* candidato *m.*, aspirante *m.*, concorrente *m.*

Be|wer|bung f. *(-,-en)* **1** aspirazione *f.*, candidatura *f.* **2** domanda *f.*: ***eine ~ einreichen, ablehnen*** inoltrare, rifiutare una domanda. **Be|wer|bungs|for|mu|lar** n. *(-s,-e)* modulo *m.* per richiesta d'impiego. **Be|wer|bungs|schrei|ben** n. *(-s,-)* domanda *f.* d'impiego (*o* di assunzione).

be|wer|fen tr. *(bewirft, bewarf, beworfen)* **1** ***jdn mit etw. ~*** scagliare, gettare, tirare qcs. a, contro, addosso a qcn. **2** EDIL. intonacare.

be|werk|stel|li|gen tr. attuare, mettere in atto, effettuare ◆ ***wie soll ich das ~?*** come potrei farlo? **Be|werk|stel|li|gung** f. *(-,-en)* attuazione *f.*, effettuazione *f.*

be|wer|ten tr. **1** valutare, stimare, quotare: ***ein Gemälde mit 100 000 DM ~*** valutare un dipinto 100 000 marchi; ***jdn nach seinem Äußeren ~*** valutare qcn. dal suo aspetto esteriore **2** *(beurteilen)* giudicare: ***eine Handlung als mutig ~*** giudicare coraggiosa un'azione ◆ ***eine Doktorarbeit mit Auszeichnung ~*** dare la lode a una tesi di dottorato. **Be|wer|tung** f. *(-,-en)* **1** valutazione *f.*, quotazione *f.* **2** *(Urteil)* giudizio *m.* **3** *(Note)* voto *m.* **Be|wer|tungs|maß|stab** m. *(-[e]s,-maßstäbe)* metro *m.* di valutazione.

be|wet|tern tr. MIN. ventilare. **Be|wet|te|rung** f. *(-)* MIN. ventilazione *f.*

be|wi|ckeln tr. avvolgere: ***etw. mit einer Schnur ~*** avvolgere uno spago intorno a qcs.

be|wie|se|ner|ma|ßen avv. come è stato provato.

be|wil|li|gen tr. **1** accordare, concedere: ***einen Kredit ~*** concedere credito; ***eine Bitte ~*** accondiscendere a una preghiera **2** *(genehmi-*

gen) autorizzare. **Be|wil|li|gung** f. *(-,-en)* **1** concessione *f.* **2** autorizzazione *f.*, consenso *m.*
be|will|komm|nen tr. ***jdn ~*** dare il benvenuto a qcn. **Be|will|komm|nung** f. *(-,-en)* benvenuto *m.*
be|wim|peln tr. pavesare.
be|wir|ken I tr. causare, provocare: ***eine Änderung, eine Besserung ~*** provocare un cambiamento, un miglioramento **II** intr. (aus. *haben*) procurare, fare in modo: ***er bewirkte, dass sich alles zum Guten wendete*** fece in modo che tutto si volgesse al meglio.
be|wir|ten tr. **1** ***jdn mit Getränken ~*** offrire da bere a qcn. **2** ospitare: ***jdn königlich ~*** ospitare qcn. come un re.
be|wirt|schaf|ten tr. **1** amministrare, dirigere, governare; *(Gaststätte)* gestire **2** *(bearbeiten)* lavorare, coltivare **3a** *(Markt, Devisen)* contingentare, disciplinare **b** razionare: ***Nahrungsmittel ~*** razionare i generi alimentari. **be|wirt|schaf|tet** p.pass. agg. **1** → **bewirtschaften 2** *(von Gaststätten)* aperto, in esercizio. **Be|wirt|schaf|tung** f. *(-)* **1** amministrazione *f.*, gestione *f.* **2** lavorazione *f.*, coltivazione *f.* **3a** *(von Markt, Devisen)* contingentamento *m.* **b** *(von Nahrungsmitteln)* razionamento *m.*
Be|wir|tung f. *(-,-en)* **1** accoglienza *f.* ospitale; *(von Gaststätten)* servizio *m.* **2** *(Zeche)* consumazione *f.*
be|wit|zeln tr. prendere in giro: ***jdn, jds Aussehen ~*** prendere in giro qcn., l'aspetto di qcn.
be|wo|gen p.pass. → **2.bewegen** ◆ ***sich zu etw. ~ fühlen*** sentirsi indotto a (fare) qcs.
be|wohn|bar agg. abitabile. **Be|wohn|bar|keit** f. *(-)* abitabilità *f.*
be|woh|nen tr. **1** abitare, occupare: ***ein Haus, zwei Zimmer ~*** abitare (in) una casa, occupare due stanze **2** popolare: ***eine Insel ~*** popolare un'isola ◆ ***diese Pflanze bewohnt die Wüste*** questa pianta cresce (solo) nel deserto.
Be|woh|ner m. *(-s,-)* **1** abitante *m.*; *(eines Hauses)* inquilino *m.* **2** SCHERZ. COLLOQ. *(Ungeziefer)* parassita *m.* **Be|woh|ne|rin** f. *(-,-nen)* abitante *f.*; *(eines Hauses)* inquilina *f.* **Be|woh|ner|schaft** f. *(-)* abitanti *m.pl.*, inquilini *m.pl.*
be|wöl|ken rifl. **sich ~ 1** *(von Himmel)* rannuvolarsi, annuvolarsi **2** FIG. *(von Stirn)* rannuvolarsi, offuscarsi. **be|wölkt** p.pass. agg. **1** → **bewölken 2** nuvoloso: ***stark ~*** molto nuvoloso **3** FIG. rannuvolato, offuscato. **Be|wöl|kung** f. *(-)* **1** rannuvolamento *m.*, annuvolamento *m.* **2** nuvolosità *f.*: ***starke, wechselnde ~*** nuvolosità intensa, variabile; ***die ~ reißt auf*** c'è una schiarita. **Be|wöl|kungs|auf|lo|cke|rung** f. *(-)* METEOR. diminuzione *f.* della nuvolosità. **Be|wöl|kungs|zu|nah|me** f. *(-)* METEOR. aumento *m.* della nuvolosità.
be|wu|chern tr. ricoprire fittamente (di piante).
Be|wuchs m. *(-es)* vegetazione *f.*
Be|wun|de|rer m. *(-s,-)* ammiratore *m.* **Be|wun|de|rin** f. *(-,-nen)* ammiratrice *f.* **be|wun|dern** tr. ammirare: ***jdn wegen seines Erfolgs ~*** ammirare qcn. per il suo successo. **be|wun|dernd I** p.pres. agg. **1** → **bewundern 2** d'ammirazione: ***ein -er Blick*** uno sguardo d'ammirazione **II** avv. con ammirazione, ammirando. **be|wun|derns|wert, be|wun|derns|wür|dig** agg. ammirevole, degno d'ammirazione. **Be|wun|de|rung** f. *(-)* ammirazione *f.*: ***jdm ~ einflößen*** ispirare ammirazione a qcn.; ***jds ~ erregen*** suscitare l'ammirazione di qcn.; ***voller ~ sein*** essere pieno d'ammirazione. **be|wun|de|rungs|wür|dig** agg. → **bewundernswürdig.**
Be|wurf m. *(-[e]s,-würfe)* intonaco *m.*
be|wusst I agg. **1** consapevole, conscio, cosciente: ***sich (D) einer Sache ~ sein, werden*** essere, diventare consapevole di una cosa; ***sich seiner selbst ~ werden*** diventare consapevole di sé; ***jdm etw. ~ machen*** far capire qcs. a qcn. **2** *(überzeugt)* convinto, consapevole, conscio: ***ein -er Gegner jeder Ideologie*** un convinto avversario di ogni ideologia **3** *(absichtlich)* voluto, intenzionale: ***eine -e Täuschung*** un inganno voluto **4** *(bekannt)* conosciuto, noto; ***die -e Angelegenheit*** quella certa faccenda, la faccenda in questione **II** avv. **1** consapevolmente, coscientemente: ***etw. ~ erleben*** vivere qcs. consapevolmente; ***~ machen*** rendere consapevole, cosciente; ***jdm etw. ~ machen*** rendere qcn. consapevole di qcs. **2** *(absichtlich)* volutamente, intenzionalmente, apposta, di proposito: ***jdn ~ hintergehen*** ingannare qcn. intenzionalmente. **Be|wusst|heit** f. *(-)* consapevolezza *f.*, coscienza *f.* **be|wusst|los** agg. **1** privo di sensi, svenuto: ***in -em Zustand sein*** essere in stato d'incoscienza; ***~ werden, zusammenbrechen*** svenire, cadere a terra svenuto **2** *(unbewusst)* inconscio, inconsapevole. **Be|wusst|lo|sig|keit** f. *(-)* **1** svenimento *m.* **2** *(Unbewusstheit)* inconsapevolezza *f.* ◆ COLLOQ. ***bis zur ~*** a più non posso; ***in tiefer ~ liegen*** essere in stato di incoscienza.
Be|wusst|sein n. *(-s)* **1a** coscienza *f.*, consapevolezza *f.*: ***etw. ist mir zu(m) ~ gekommen*** ho preso coscienza di qcs., ho compreso qcs.; ***etw. mit (vollem) ~ erleben, tun*** vivere, fare qcs. consapevolmente **b** ***das geschichtliche, politische ~ eines Volkes*** la coscienza storica, politica di un popolo **c** PSIC. ***eine Spaltung des -s*** una scissione della coscienza; ***etw. in sein ~ zurückrufen*** richiamare qcs. alla memoria **2** sensi *m.pl.*, conoscenza *f.*: ***das ~ verlieren, wiedererlangen*** perdere i sensi, riacquistare conoscenza; ***wieder zu(m) ~ kommen*** riaversi, tornare in sé ◆ ***bei ~ sein*** essere in sé; ***bei vollem ~ operiert werden*** essere operato senza anestesia. **Be|wusst|seins|spal|tung** f. *(-)* schizofrenia *f.* **Be|wusst|seins|trü|bung** f. *(-,-en)* offuscamento *m.*, annebbiamento *m.* della coscienza. **Be|wusst|seins|ver|lust** m. *(-[e]s)* perdita *f.* della coscienza. **Be|wusst|seins|zu|stand** m. *(-[e]s,-zustände)* stato *m.* di coscienza.
bez. ⇒ **1** *bezahlt* pagato **2** *bezüglich* relativo a (rel.).
Bez. ⇒ **1** *Bezeichnung* denominazione **2** *Bezirk* distretto.
be|zahl|bar agg. pagabile.
be|zah|len tr. **1** pagare: ***etw. (in) bar, mit einem Scheck ~*** pagare qcs. in contanti, con un assegno; ***die Rechnung ~*** pagare il conto; ***jdn für etw. ~*** pagare qcn. per qcs. **2** dare: ***jdm, an jdn 10 Mark für etw. ~*** dare a qcn. 10 marchi per qcs. **3** FIG. scontare, pagare: ***es teuer ~*** pagarla salata (*o* cara); ***etw. mit dem Leben ~*** pagare qcs. con la vita ◆ ***das macht sich (nicht) bezahlt*** questo (non) conviene; ***es ist nicht (mehr) zu ~*** è impagabile.
Be|zah|lung f. *(-,-en)* **1** pagamento *m.* **2** *(Lohn)* retribuzione *f.*
be|zähm|bar agg. domabile.
be|zäh|men I tr. **1** domare, frenare **2** ANT. domare: ***ein wildes Pferd ~*** domare un cavallo selvaggio **II** rifl. **sich ~** frenarsi, contenersi.
be|zau|bern tr. incantare, affascinare. **be|zau|bernd** p.pres. agg. **1** → **bezaubern 2** incantevole: ***ein -er Abend*** una serata incantevole. **Be|zau|be|rung** f. *(-,-en)* **1** incantamento *m.* **2** *(Reiz)* incanto *m.*, fascino *m.*
be|ze|chen rifl. **sich ~** ubriacarsi. **be|zecht** p.pass. agg. **1** → **bezechen 2** ubriaco.
be|zeich|nen tr. **1** segnare, contrassegnare: ***das Haus mit einem Kreuz ~*** segnare la casa con una croce **2** indicare: ***jdm den genauen Weg ~*** indicare a qcn. la strada giusta **3** *(benennen)* designare, denominare, chiamare: ***etw. mit einem Fremdwort ~*** chiamare qcs. con una parola straniera; ***jdn als Verräter ~*** chiamare qcn. traditore. **be|zeich|nend** p.pres. agg. **1** → **bezeichnen 2** caratteristico, tipico: ***ein -er Ausdruck*** un'espressione caratteristica; ***das ist ~ für ihn*** questo è tipico di lui. **be|zeich|nen|der|wei|se** avv. significativamente: ***~ hat er es nicht gemacht*** è significativo che non lo abbia fatto.
Be|zeich|nung f. *(-,-en)* **1** *(Kennzeichnung)* segno *m.*, contrassegno *m.*, indicazione *f.* **2** *(Benennung)* denominazione *f.*: ***die Ware ist unter verschiedenen -en im Handel*** la merce è in commercio sotto diverse denominazioni. **Be|zeich|nungs|leh|re** f. *(-)* onomasiologia *f.*
be|zei|gen I tr. (di)mostrare, manifestare: ***jdm seine Anteilnahme ~*** manifestare a qcn. la propria partecipazione; ***Furcht ~*** mostrare paura **II** rifl. **sich ~** (di)mostrarsi: ***sich für etw. dankbar ~*** dimostrarsi riconoscente per qcs. **Be|zei|gung** f. *(-,-en)* dimostrazione *f.*, manifestazione *f.*
be|zeu|gen tr. **1a** testimoniare, attestare: ***etw. unter Eid ~*** testimoniare qcs. sotto giuramento; ***die Wahrheit ~ können*** poter testimoniare il vero **b** *(urkundlich)* certificare, attestare, documentare: ***seine Herkunft ~*** documentare, dimostrare la propria origine **2** RAR. → **bezeigen. Be|zeu|gung** f. *(-,-en)* **1a** testimonianza *f.*, attestazione *f.* **b** *(durch Urkunden)* certificazione *f.*, attestazione *f.* **2** RAR. → **Bezeigung.**
be|zich|ti|gen I tr. incolpare, accusare: ***jdn des Mordes ~*** accusare qcn. di omicidio **II** rifl. **sich ~** incolparsi, accusarsi: ***sich eines Fehlers ~*** incolparsi di un errore. **Be|zich|ti|gung** f. *(-,-en)* **1** l'incolpare, accusa *f.* **2** *(Äußerung)* dichiarazione *f.* compromettente.
be|zieh|bar agg. abitabile.
be|zie|hen *(bezog, bezogen)* **I** tr. **1** coprire, rivestire; ***ein Sofa neu ~*** rifoderare un divano **2** incordare: ***eine Gitarre, einen Tennisschläger ~*** incordare una chitarra, una racchetta da tennis **3a** ***eine Wohnung ~*** trasferirsi (*o* andare a vivere) in un appartamento, entrare in un appartamento **b** MIL. ***eine Stellung ~*** appostarsi in una posizione **4** *(erhalten)* ricevere, percepire: ***eine gute Rente, eine Zeitung im Abonnement ~*** ricevere una buona pensione, un giornale in abbonamento; ***Schläge ~*** ricevere (dei) colpi **5** *(in Zusammenhang bringen)* collegare, riferire: ***er bezieht immer alles auf sich*** riferisce sempre tutto a sé, si sente sempre toccato da tutto **6** SVIZZ. ***Steuern ~*** esigere il pagamento di tasse **II** rifl. **sich ~ 1** coprirsi: ***der Himmel bezieht sich mit Wolken*** il cielo si copre di nuvole **2** ***sich auf jdn, etw. ~*** riferirsi, richiamarsi, fare riferimento a qcn., a qcs.: ***diese Kritik bezieht sich nicht auf dich*** questa critica non si riferisce a te (*o* non ti riguarda) ◆ ***das Bett (frisch) ~*** cambiare le lenzuola (*o* la biancheria) al letto; ***einen Standpunkt ~***

prendere una posizione; ANT. ***die Universität ~*** andare all'università.
be|zie|hent|lich prep. + gen. BUROCR. in relazione a.
Be|zie|her m. *(-s,-)* chi riceve qcs.: ***~ von Sozialhilfe*** chi percepisce un sussidio; *(von Waren)* cliente *m.*; *(von Zeitungen)* abbonato *m.*
Be|zie|hung f. *(-,-n)* relazione *f.*, rapporto *m.*: ***zwei Dinge zueinander in ~ setzen, bringen*** mettere in relazione (*o* collegare) due cose; ***in ~ auf etw. (A)*** in relazione a qcs.; ***eine ~ zu, mit jdm aufnehmen, abbrechen*** instaurare, troncare un rapporto con qcn.; ***mit, zu jdm in ~ treten*** entrare in rapporto (*o* in contatto) con qcn.; ***diplomatische -en unterhalten*** intrattenere relazioni diplomatiche; ***intime -en mit jdm haben*** avere una relazione intima con qcn.; ***keine ~ zur Musik haben*** non avere nessun senso musicale; ***seine -en spielen lassen*** sfruttare le proprie conoscenze (*o* aderenze); ***die ~ zwischen Angebot und Nachfrage*** il rapporto domanda-offerta ◆ ***in dieser, jeder ~*** sotto questo aspetto, sotto ogni aspetto (*o* punto di vista). **Be|zie|hungs|kis|te** f. *(-,-)* GERG. = rapporto *m.* di coppia. **be|zie|hungs|los** agg. senza connessione (*o* legame), sconnesso, slegato. **Be|zie|hungs|lo|sig|keit** f. *(-,-en)* mancanza *f.* (*o* assenza *f.*) di relazione, di connessione. **be|zie|hungs|voll** agg. pieno di riferimenti, di connessioni, allusivo. **be|zie|hungs|wei|se** cong. **1** cioè, anzi, o meglio, per l'esattezza: ***wir sind zu fünft ~ zu sechst mit dem Hund*** siamo in cinque, anzi in sei, con il cane **2** oppure, o, altrimenti: ***ich bleibe eine ~ zwei Wochen, wenn das Wetter schön ist*** rimango una settimana, o due, se il tempo è bello. **Be|zie|hungs|wort** n. *(-[e]s,-wörter)* GRAMM. antecedente *m.*
be|zif|fern I tr. **1** numerare **2** *(schätzen)* valutare (in cifre), calcolare: ***einen Verlust auf 3 Millionen ~*** valutare una perdita sui 3 milioni **II** rifl. ***sich auf etw. (A) ~*** ammontare a qcs. **Be|zif|fe|rung** f. *(-,-en)* **1** numerazione *f.*: ***fortlaufende ~*** numerazione continua **2** *(Schätzung)* valutazione *f.*, calcolo *m.*, stima *f.* (in cifre).
Be|zirk m. *(-[e]s,-e)* **1a** zona *f.*, regione *f.*, territorio *m.* **b** FIG. *(Bereich)* campo *m.*, sfera *f.*, settore *m.* **2** *(Verwaltungsbezirk)* distretto *m.*, circoscrizione *f.* **Be|zirks|amt** n. *(-[e]s,-ämter)* ufficio *m.* distrettuale. **Be|zirks|arzt** m. *(-es,-ärzte)* medico *m.* di distretto. **Be|zirks|ebe|ne**, ***auf ~*** a livello distrettuale. **Be|zirks|ge|richt** n. *(-[e]s,-e)* tribunale *m.* distrettuale, pretura *f.* **Be|zirks|haupt|mann** m. *(-[e]s,-leute)* AUSTR. capitano *m.* distrettuale. **Be|zirks|haupt|stadt** f. *(-,-städte)* capoluogo *m.* di distretto.
be|zir|zen → **becircen.**
Be|zo|ar m. *(-s,-e)* bezoar *m.*, belzuar *m.*
Be|zo|ge|ne m. *(-n,-n)* trattario *m.*, trassato *m.*
be|zopft agg. con la treccia (*o* le trecce).
Be|zug m. *(-[e]s,-züge)* **1a** rivestimento *m.*, copertura *f.*: ***der ~ der Autopolster*** il rivestimento del sedile dell'auto **b** *(Bespannung)* incordatura *f.*: ***der ~ des Tennisschlägers*** l'incordatura della racchetta da tennis **2a** *(Erhalt)* ricevimento *m.*, acquisto *m.* **b** *(von Zeitungen)* abbonamento *m.* **3a** pl. *(Gehalt)* stipendio *m.*: ***die Bezüge werden aufs Konto überwiesen*** lo stipendio viene accreditato sul conto **b** *(Einkommen)* reddito *m.* **4** *(Beziehung)* rapporto *m.*, relazione *f.*, riferimento *m.*: ***auf etw. (A) ~ nehmen*** fare riferimento a qcs.; ***mit, unter ~ auf etw. (A)*** con riferimento a, in rapporto (*o* in relazione) a qcs.; ***in ~ auf jdn, etw.*** riguardo, in riferimento (*o* relazione) a qcn., qcs. ◆ ***den ~ zu etw. verlieren*** perdere il contatto con qcs.; ***zu jdm, etw. keinen ~ (mehr) haben*** non riuscire più a capire qcn., qcs.
be|züg|lich I prep. + gen. BUROCR. riguardo a, relativamente a, con riferimento a **II** agg. relativo, rispettivo: ***-es Fürwort*** pronome relativo. **Be|züg|lich|keit** f. *(-,-en)* relazione *f.*, rapporto *m.*, riferimento *m.*
Be|zug|nah|me f. *(-,-n)* BUROCR. riferimento *m.*: ***unter, mit ~ auf etw. (A)*** con riferimento a qcs. **Be|zugs|be|din|gung** f. *(-,-en)* condizione *f.* d'acquisto. **be|zugs|fer|tig** agg. abitabile. **Be|zugs|grö|ße** f. *(-,-n)* misura *f.* di riferimento. **Be|zugs|per|son** f. *(-,-en)* SOCIOL. PSIC. figura *f.* di riferimento. **Be|zugs|preis** m. *(-es,-e)* prezzo *m.* d'acquisto. **Be|zugs|punkt** m. *(-[e]s,-e)* punto *m.* di riferimento. **Be|zugs|rah|men** m. *(-s,-)* → **Bezugssystem. Be|zugs|recht** n. *(-[e]s,-e)* diritto *m.* d'opzione. **Be|zugs|schein** m. *(-[e]s,-e)* buono *m.* d'acquisto. **Be|zugs|stoff** m. *(-[e]s,-e)* stoffa *f.* per rivestimenti, per fodere. **Be|zugs|sys|tem** n. *(-s,-e)* sistema *m.* di riferimento.
be|zu|schus|sen tr. BUROCR. sovvenzionare, finanziare (in parte).
bezwe|cken tr. ***etw. ~*** avere qcs. per scopo, mirare a qcs.
be|zwei|feln tr. ***etw. ~*** dubitare di qcs., mettere in dubbio qcs.
be|zwing|bar agg. che si può vincere, domabile. **be|zwin|gen** tr. *(bezwang, bezwungen)* **1** domare, vincere, soggiogare: ***den Feind ~*** domare l'avversario **2** FIG. vincere, superare: ***seine Trägheit ~*** vincere la propria pigrizia ◆ ***einen Berg ~*** conquistare la vetta di un monte. **Be|zwin|ger** m. *(-s,-)* vincitore *m.*, dominatore *m.* **Be|zwin|gung** f. *(-)* **1** vittoria *f.* **2** FIG. superamento *m.*
Bf. ⇒ *Bahnhof* stazione.
BGB ⇒ *Bürgerliches Gesetzbuch* codice civile (C.C.).
BGH ⇒ *Bundesgerichtshof* Corte suprema federale.
BGS ⇒ *Bundesgrenzschutz* guardia federale di frontiera.
BH m. *(-[s],-[s])* COLLOQ. (⇒ *Büstenhalter*) reggiseno *m.*
Bhf. ⇒ *Bahnhof* stazione.
bi agg.inv. COLLOQ. → **bisexuell.**
bib|bern intr. (aus. *haben*) tremare: ***vor Kälte ~*** tremare dal freddo; FIG. ***um sein Leben ~*** tremare per la propria vita.
Bi|bel f. *(-,-n)* Bibbia *f.* (anche FIG.). **Bi|bel|aus|le|gung** f. *(-,-en)* esegesi *f.* biblica. **bi|bel|fest** agg. che conosce bene la Bibbia. **Bi|bel|for|scher** m. *(-s,-)* **1** biblista *m.* **2** ANT. testimone *m.* di Geova. **Bi|bel|ge|sell|schaft** f. *(-,-en)* INTRAD. (associazione religiosa che promuove la traduzione e la diffusione della Bibbia). **bi|bel|kun|dig** agg. → **bibelfest. Bi|bel|kun|di|ge** m. e f. *(-n,-n)* biblista *m.* e *f.* **Bi|bel|spra|che** f. *(-)* lingua *f.* della Bibbia (di Lutero). **Bi|bel|spruch** m. *(-[e]s,-sprüche)* detto *m.* della Bibbia. **Bi|bel|stel|le** f. *(-,-n)* passo *m.* della Bibbia. **Bi|bel|vers** m. *(-es,-e)* versetto *m.* della Bibbia. **Bi|bel|wort** n. *(-[e]s,-e)* → **Bibelspruch.**
Bi|ber m. *(-s,-)* **1** castoro *m.* **2** COLLOQ. SCHERZ. barbone *m.* **Bi|ber|fell** n. *(-[e]s,-e)* pelle *f.* del castoro. **Bi|ber|geil** n. *(-[e]s)* FARM. castoreo *m.*
Bi|ber|nel|le f. *(-,-n)* pimpinella *f.*
Bi|ber|pelz m. *(-es,-e)* pelliccia *f.* di castoro. **Bi|ber|rat|te** f. *(-,-n)* castorino *m.*, nutria *f.* **Bi|ber|schwanz** m. *(-es,-schwänze)* **1** coda *f.* del castoro **2** EDIL. embrice *m.*
Bi|bi m. *(-s,-s)* INTRAD. (cappello maschile a tesa stretta).
Bib|li|o|graph m. *(-en,-en)* bibliografo *m.* **Bib|li|o|gra|phie** f. *(-,-n)* bibliografia *f.* **bib|li|o|gra|phie|ren** tr. ***ein Buch ~*** registrare i dati bibliografici di un libro. **bib|li|o|gra|phisch** agg. bibliografico.
Bib|li|o|ma|ne m. *(-n,-n)* bibliomane *m.* **Bib|li|o|ma|nie** f. *(-)* bibliomania *f.*
Bib|li|o|phi|le m. e f. *(-n,-n)* bibliofilo *m.* (-a *f.*).
Bib|li|o|thek f. *(-,-en)* biblioteca *f.*: ***die ~ besuchen*** andare in biblioteca.
Bib|li|o|the|kar m. *(-s,-e)* bibliotecario *m.* **Bib|li|o|the|ka|rin** f. *(-,-nen)* bibliotecaria *f.*
Bib|li|o|theks|ge|bäu|de n. *(-s,-)* (edificio *m.* della) biblioteca *f.* **Bib|li|o|theks|kun|de** f. *(-)*, **Bib|li|o|theks|leh|re** f. *(-)* **1** → **Bibliothekswissenschaft 2** apprendistato *m.* per bibliotecari. **Bib|li|o|theks|wis|sen|schaft** f. *(-)* biblioteconomia *f.*
bib|lisch agg. biblico; ***Biblische Geschichte*** la storia sacra ◆ ***ein -es Alter haben, erreichen*** = essere vecchissimo.
Bi|chro|mat n. *(-[e]s,-e)* bicromato *m.* **Bi|chro|mie** f. *(-)* bicromia *f.*
Bick|bee|re f. *(-,-n)* REGION. mirtillo *m.*
bi|di|men|si|o|nal agg. bidimensionale.
bie|der agg. **1** ANT. bravo, onesto, dabbene **2** *(einfältig, beschränkt)* semplice, bonario, (da) sempliciotto, (da) piccolo borghese: ***eine -e Wohnungseinrichtung*** un arredamento piccolo borghese. **Bie|der|keit** f. *(-)* **1** onestà *f.*, lealtà *f.*, probità *f.* **2** *(Einfältigkeit, Beschränktheit)* semplicità *f.*, bonarietà *f.* **Bie|der|mann** m. *(-[e]s,-männer)* **1** uomo *m.* onesto, leale, probo **2** *(Spießer)* piccolo borghese *m.*, borghesuccio *m.*
Bie|der|mei|er n. *(-s)* Biedermeier *m.* **bie|der|mei|er|lich** agg. SPREG. piccolo borghese, filisteo. **Bie|der|mei|er|stil** m. *(-[e]s)* stile *m.* Biedermeier.
Bie|der|sinn m. *(-[e]s)* LETT. onestà *f.*, probità *f.*, rettitudine *f.*
bieg|bar agg. pieghevole, flessibile. **Bie|ge** f. *(-,-n)* REGION. curva *f.*, svolta *f.* ◆ ***eine ~ drehen, fahren*** fare un giro (in macchina). **Bie|ge|ma|schi|ne** f. *(-,-n)* piegatrice *f.*
bie|gen *(bog, gebogen)* **I** tr. **1** piegare; *(krümmen)* (in)curvare: ***einen Ast ~*** piegare un ramo; ***den Oberkörper zur Seite ~*** piegare il busto lateralmente **2** AUSTR. GRAMM. flettere **II** rifl. ***sich ~*** piegarsi, (in)curvarsi: ***das Schilf biegt sich im Wind*** la canna si piega al vento; ***der Tisch biegt sich unter den Speisen*** il tavolo si piega sotto il peso delle portate; ***sich vor Lachen ~*** piegarsi in due dalle risate **III** intr. (aus. *sein*) **1** piegare, fare una curva: ***hier biegt der Weg nach links*** qui la strada piega a sinistra **2** *(einbiegen)* svoltare, girare: ***um die Ecke ~*** girare l'angolo ◆ ***auf Biegen oder Brechen*** a tutti i costi.
Bie|ge|pro|be f. *(-,-n)* MECC. prova *f.* di flessibilità.
bieg|sam agg. **1** pieghevole, flessibile **2** FIG. arrendevole, malleabile, docile: ***ein -er Charakter*** un carattere malleabile. **Bieg|sam|keit** f. *(-)* **1** pieghevolezza *f.*, flessibilità *f.* **2** FIG. arrendevolezza *f.*, malleabilità *f.*, docilità *f.*
Bie|gung f. *(-,-en)* **1** curva *f.*, (in)curvatura *f.*: ***die Straße macht eine leichte ~*** la strada fa una leggera curva **2** AUSTR. GRAMM. flessione *f.*
Bie|ne f. *(-,-n)* **1** ape *f.* **2** ANT. ***eine flotte, dufte ~*** una ragazza sveglia, bella ◆ ***fleißig wie eine ~*** laborioso come un'ape; ***eine ~ drehen,***

machen svignarsela, sparire. **Bie|nen|fres|ser** m. *(-s,-)* ZOOL. gruccione *m.* **Bie|nen|gift** n. *(-[e]s)* apina *f.*, veleno *m.* d'ape. **Bie|nen|haus** n. *(-es,-häuser)* apiario *m.* **Bie|nen|ho|nig** m. *(-s,-e)* miele *m.* (d'api). **Bie|nen|kas|ten** m. *(-s,-kästen)* → **Bienenstock. Bie|nen|kö|ni|gin** f. *(-,-nen)* ape *f.* regina. **Bie|nen|korb** m. *(-[e]s,-körbe)* arnia *f.* (a forma di cesto). **Bie|nen|schwarm** m. *(-[e]s,-schwärme)* sciame *m.* d'api. **Bie|nen|stich** m. *(-[e]s,-e)* **1** puntura *f.* d'ape **2** INTRAD. (focaccia con crema di budino). **Bie|nen|stock** m. *(-[e]s, -stöcke)* arnia *f.*, alveare *m.* **Bie|nen|va|ter** m. *(-s,-väter)* → **Bienenzüchter. Bie|nen|volk** n. *(-[e]s,-völker)* colonia *f.* d'api. **Bie|nen|wa|be** f. *(-,-n)* favo *m.* **Bie|nen|wachs** n. *(-es,-e)* cera *f.* d'api. **Bie|nen|zucht** f. *(-,-en)* apicoltura *f.* **Bie|nen|züch|ter** m. *(-s,-)* apicoltore *m.*

Bier n. *(-[e]s,-e)* birra *f.*: ***~ ausschenken, brauen, zapfen*** vendere, fabbricare, spillare birra; ***helles, dunkles ~*** birra chiara, scura; ***~ vom Fass*** birra alla spina; ***ein großes, kleines ~ bestellen*** ordinare una birra grande, piccola ◆ ***auf ein ~ gehen*** andare in birreria; FIG. ***das ist (nicht) mein ~*** = (non) è roba che fa per me; FIG. ***etw. wie saures ~ anpreisen*** = vantare qcs., cercare di rifilare qcs. che nessuno desidera. **Bier|bass** m. *(-es,-bässe)* COLLOQ. SCHERZ. voce *f.* profonda di basso, vocione *m.* **Bier|bauch** m. *(-[e]s,-bäuche)* pancia *f.* (da bevitore di birra). **Bier|brau|er** m. *(-s,-)* fabbricante *m.* di birra. **Bier|brau|e|rei** f. *(-,-n)* fabbrica *f.* di birra. **Bier|chen** n. *(-s,-)* birretta *f.* **Bier|de|ckel** m. *(-s,-)* sottobicchiere *m.* **Bier|do|se** f. *(-,-n)* lattina *f.* da birra. **Bier|ei|fer** m. *(-s)* SCHERZ. zelo *m.* eccessivo. **bier|ernst** agg. SCHERZ. serioso, troppo serio. **Bier|fass** n. *(-es, -fässer)* **1** botte *f.* da birra **2** COLLOQ. *(dicker Mann)* pancione *m.*, botte *f.* **Bier|filz** m. *(-es,-e)* → **Bierdeckel. Bier|fla|sche** f. *(-,-n)* bottiglia *f.* da birra. **Bier|gar|ten** m. *(-s,-gärten)* birreria *f.* all'aperto. **Bier|glas** n. *(-es,-gläser)* boccale *m.* (di vetro), bicchiere *m.* da birra. **Bier|hal|le** f. *(-,-n)* grande birreria *f.* **Bier|he|fe** f. *(-,-n)* lievito *m.* di, da birra. **Bier|kä|se** m. *(-s,-)* INTRAD. (formaggio morbido piccante). **Bier|kel|ler** m. *(-s,-)* birreria *f.* **Bier|krug** m. *(-[e]s,-krüge)* boccale *m.* (di terracotta). **Bier|kut|scher** m. *(-s,-)* carrettiere *m.* che trasporta birra. **Bier|lei|che** f. *(-,-n)* SCHERZ. ubriaco *m.* (di birra). **Bier|lo|kal** n. *(-[e]s,-e)* birreria *f.* **Bier|schin|ken** m. *(-s,-)* INTRAD. (tipo di salsiccia). **Bier|sei|del** n. *(-s,-)* = piccolo boccale *m.* da birra. **Bier|ver|lag** m. *(-[e]s,-e)* rivendita *f.* di birra. **Bier|wär|mer** m. *(-s,-)* riscaldatore *m.* per la birra. **Bier|wurst** f. *(-,-würste)* INTRAD. (tipo di salsiccia, di carne di maiale, di manzo e speck). **Bier|wür|ze** f. *(-,-n)* mosto *m.* (di birra).

Bie|se f. *(-,-n)* SART. **1** *(Vorstoß)* passamano *m.* **2** *(Fältchen)* nervatura *f.* **3** *(Ziernaht am Schuh)* cucitura *f.* ornamentale (sulla scarpa).

bie|sen intr. (aus. *sein*) *(von Tieren)* diventare furioso, correre all'impazzata (per la puntura di un tafano). **Bies|flie|ge** f. *(-,-n)* tafano *m.*

1.Biest n. *(-[e]s,-er)* SPREG. **1** bestia *f.*, bestiaccia *f.* **2a** *(Mensch)* bestia *f.*, carogna *f.* **b** SCHERZ. bestiola *f.*: ***so ein süßes ~*** che dolce bestiolina.

2.Biest m. *(-[e]s)* → **Biestmilch.**

Bies|te|rei f. *(-,-en)* SPREG. **1** porcheria *f.* **2** bassezza *f.*, volgarità *f.* **3** REGION. *(Schufterei)* sgobbata *f.* **bies|tern** intr. (aus. *haben*) **1** *(herumirren)* andare in giro **2** *(schuften)* sgobbare.

Biest|milch f. *(-)* colostro *m.* (della mucca).

bie|ten *(bot, geboten)* **I** tr. **1** *(anbieten)* offrire, dare: ***jdm etw. ~*** offrire qcs. a qcn.; FIG. ***jdm eine Gelegenheit ~*** offrire un'occasione a qcn. **2** *(reichen)* dare, porgere, offrire: ***jdm den Arm ~*** porgere il braccio a qcn.; ***jdm Schutz ~*** offrire protezione a qcn. **3a** *(zeigen)* presentare, dare: ***ein schönes Programm ~*** dare un bel programma; ***diese Übung bietet keine Schwierigkeit*** questo esercizio non presenta alcuna difficoltà **b** FIG. offrire: ***der Unfall bot ein schreckliches Bild*** l'incidente offrì uno spettacolo terribile **II** intr. (aus. *haben*) fare un'offerta: ***auf etw. (A) viel Geld ~*** fare una grossa offerta per qcs.; ***wer bietet mehr?*** chi offre di più? **III** rifl. **sich ~ 1** offrirsi, presentarsi: ***eine Gelegenheit bietet sich (dir)*** (ti) si presenta un'occasione **2** ***sich (D) etw. ~ lassen*** sopportare, tollerare qcs.: ***sich (D) alles ~ lassen*** incassare tutto; ***das lasse ich mir nicht ~*** questo non lo accetto. **Bie|ter** m. *(-s,-)* offerente *m.*

bi|fi|lar agg. EL. bifilare.

bi|fo|kal agg. bifocale. **Bi|fo|kal|glas** n. *(-es,-gläser)* lente *f.* bifocale.

Bi|fur|ka|ti|on f. *(-,-en)* biforcazione *f.*

Bi|ga f. *(-, Bigen)* biga *f.*

Bi|ga|mie f. *(-,-n)* bigamia *f.* **Bi|ga|mist** m. *(-en,-en)* bigamo *m.* **bi|ga|mis|tisch** agg. bigamo.

Big|no|nie f. *(-,-n)* bignonia *f.*

bi|gott agg. bigotto. **Bi|got|te|rie** f. *(-,-n)* bigotteria *f.*, bigottismo *m.*

Bi|jou [bi'ʒuː] m. e n. *(-s,-s)* SVIZZ. o ANT. gioiello *m.*, bijou *m.* **Bi|jou|te|rie** [biʒutə'riː] f. *(-,-n)* bigiotteria *f.*

Bi|kar|bo|nat n. *(-[e]s,-e)* bicarbonato *m.*

Bi|ki|ni m. *(-s,-s)* bikini *m.*, due pezzi *m.*

bi|kon|kav, bi|kon|kav agg. biconcavo.

bi|kon|vex, bi|kon|vex [-v-] agg. biconvesso.

bi|la|bi|al, bi|la|bi|al agg. bilabiale. **Bi|la|bi|al** m. *(-s,-e)* bilabiale *f.*

Bi|lanz f. *(-,-en)* bilancio *m.* (anche FIG.): ***aktive, passive ~*** bilancio attivo, passivo; ***eine ausgeglichene ~*** un bilancio in pareggio; ***die ~ aufstellen*** fare (*o* compilare) il bilancio; ***die ~ prüfen*** revisionare il bilancio; FIG. ***die ~ (aus etw.) ziehen*** fare il bilancio, tirare le somme (di qcs.). **Bi|lanz|auf|stel|lung** f. *(-,-en)* compilazione *f.* di bilancio. **Bi|lanz|buch|hal|ter** m. *(-s,-)* contabile *m.* **Bi|lanz|de|fi|zit** n. *(-s,-e)* deficit *m.*, disavanzo *m.* di bilancio. **Bi|lanz|ge|winn** m. *(-s,-e)* utile *m.* di bilancio.

bi|lan|zie|ren I intr. (aus. *haben*) bilanciare, corrispondere **II** tr. bilanciare, pareggiare, fare il bilancio (anche FIG.). **Bi|lan|zie|rung** f. *(-,-en)* bilanciamento *m.*, pareggio *m.*

Bi|lanz|pos|ten m. *(-s,-)* voce *f.*, partita *f.* del bilancio. **Bi|lanz|prü|fung** f. *(-,-en)* revisione *f.* del bilancio. **Bi|lanz|sum|me** f. *(-,-n)* totale *m.* di bilancio.

bi|la|te|ral, bi|la|te|ral agg. bilaterale. **Bi|la|te|ra|lis|mus** m. *(-)* **1** bilateralità *f.* **2** POL. bilateralismo *m.*

Bilch m. *(-[e]s,-e)*, **Bilch|maus** f. *(-,-mäuse)* ghiro *m.*

Bild n. *(-[e]s,-er)* **1a** immagine *f.*; *(in einem Buch)* illustrazione *f.*, figura *f.* **b** CINEM. TELEV. ***das ~ ist gestört*** l'immagine è disturbata **c** *(Abbild)* immagine *f.*, copia *f.*: ***sein ~ im Spiegel*** la propria immagine nello specchio; ***sie ist ganz das ~ ihrer Mutter*** è la copia esatta di sua madre, è tutta sua madre **d** *(Anblick)* ***ein buntes ~ bieten*** offrire un'immagine variopinta **e** *(Vorstellung)* ***ein schlechtes ~ von etw. haben*** avere una brutta immagine di qcs. **f** *(Metapher)* ***der Dichter verwendet viele -er*** il poeta utilizza molte immagini **g** *(Darstellung)* ***ein anschauliches ~ von etw. geben, entwerfen*** dare un'immagine vivace di qcs. **2** quadro *m.*, dipinto *m.*: ***ein ~ malen, einrahmen*** dipingere, incorniciare un quadro **3** FOT. foto *f.*, immagine *f.*: ***ein ~ knipsen*** scattare una foto **4** TEATR. scena *f.*, quadro *m.*: ***ein Schauspiel in zehn -ern*** un dramma in dieci scene **5** *(auf Spielkarten)* figura *f.* **6** *(auf Münzen)* effigie *f.* **7** *(von Götzen)* idolo *m.*, immagine *f.* ◆ ***ein ~ für (die) Götter sein*** fare una figura grottesca, comica; ***ein ~ des Jammers bieten, sein*** offrire, essere uno spettacolo desolante; ***sich (D) ein ~ von jdm, etw. machen*** farsi un'idea di qcn., di qcs.; ***(über jdn, etw.) im -e sein*** essere informato (su qcn., di qcs.), vederci chiaro, saperla lunga; ***jdn (über etw.) ins ~ setzen*** informare, mettere al corrente qcn. (di qcs.); ***ein ~ von einem Mädchen, Mann sein*** essere un bel pezzo di figliola, d'uomo.

Bild|ar|chiv n. *(-s,-e)* archivio *m.* fotografico, fototeca *f.* **Bild|auf|zeich|nung** f. *(-,-en)* TELEV. videoregistrazione *f.* **Bild|aus|schnitt** m. *(-[e]s,-e)* inquadratura *f.* **Bild|band** m. *(-[e]s,-bände)* volume *m.* illustrato. **Bild|bei|la|ge** f. *(-,-n)* supplemento *m.*, fascicolo *m.* illustrato. **Bild|be|richt** m. *(-[e]s,-e)* servizio *m.* (*o* documentario) fotografico. **Bild|be|richt|er|stat|ter** m. *(-s,-)* fotoreporter *m.* **Bild|be|schrei|bung** f. *(-,-en)* descrizione *f.* di un quadro. **Bild|chen** n. *(-s,-)* quadretto *m.* **Bild|do|ku|ment** n. *(-[e]s,-e)* documento *m.* fotografico. **Bild|ebe|ne** f. *(-)* MAT. superficie *f.* di una figura. **Bild|ein|stel|lung** f. *(-)* TELEV. regolazione *f.* dell'immagine.

bil|den I tr. **1** formare, plasmare, modellare: ***eine Maske aus Gips ~*** modellare una maschera di gesso **2** formare, creare, costituire: ***eine Schlange, einen Kreis ~*** formare una coda, un cerchio; ***eine Arbeitsgruppe, einen Ausschuss ~*** formare un gruppo di lavoro, una commissione **3** costituire, rappresentare: ***der Fluss bildet die Grenze*** il fiume costituisce il confine; ***sein Vortrag bildete den Höhepunkt der Tagung*** la sua relazione rappresentava il punto culminante del convegno **4** FIG. formare, educare, coltivare: ***seinen Geist ~*** coltivare il proprio spirito; ***jds Charakter ~*** formare il carattere di qcn. **II** rifl. **sich ~ 1** formarsi, svilupparsi: ***Nebel, Rauch bildet sich*** si forma nebbia, fumo **2** formarsi, istruirsi: ***sich durch Lesen ~*** istruirsi leggendo **3** formarsi, farsi: ***sich (D) ein Urteil, eine Meinung über jdn, etw. ~*** formarsi un giudizio, un'opinione su qcn., qcs. **bil|dend** p.pres. agg. **1** → **bilden 2** figurativo: ***die -e Kunst*** l'arte figurativa **3** *(erzieherisch)* formativo, educativo, istruttivo.

Bil|der|al|bum n. *(-s,-alben)* album *m.* fotografico. **Bil|der|at|las** m. *(- e -atlasses,-atlasse e -atlanten)* atlante *m.* illustrato. **Bil|der|buch** n. *(-[e]s,-bücher)* libro *m.* illustrato. **Bil|der|buch|wet|ter** n. *(-s)* tempo *m.* meraviglioso, ideale. **Bil|der|ga|le|rie** f. *(-,-n)* pinacoteca *f.* **Bil|der|rah|men** m. *(-s,-)* cornice *f.* per quadri. **Bil|der|rät|sel** n. *(-s,-)* rebus *m.* **bil|der|reich** agg. **1** riccamente illustrato **2** ricco d'immagini, di figure: ***eine -e Sprache*** un linguaggio ricco d'immagini. **Bil|der|samm|lung** f. *(-,-en)* collezione *f.* di quadri. **Bil|der|schrift** f. *(-,-en)* scrittura *f.* ideografica, geroglifica. **Bil|der|spra|che** f. *(-,-n)* linguaggio *m.* figurato.

Bil|der|sturm m. *(-[e]s)* iconoclastia *f.* **Bil|der|stür|mer** m. *(-s,-)*

iconoclasta *m.* **Bil|der|stür|me|rei** f. *(-,-en)* furia *f.* iconoclasta. **Bil|der|ver|eh|rung** f. *(-,-en)* adorazione *f.* delle immagini, iconolatria *f.*
Bild|feh|ler m. *(-s,-)* CINEM. TELEV. distorsione *f.* dell'immagine. **Bild|flä|che** f. *(-,-n)* **1** piano *m.* dell'immagine **2** *(Leinwand)* schermo *m.* ◆ ***auf der ~ erscheinen*** comparire, entrare in scena; ***von der ~ verschwinden*** scomparire dalla scena (anche FIG.). **Bild|fol|ge** f. *(-,-n)* **1** successione *f.* d'immagini **2** CINEM. TELEV. sequenza *f.* **Bild|fre|quenz** f. *(-,-en)* **1** TELEV. videofrequenza *f.* **2** CINEM. TELEV. cadenza *f.* di fotogrammi. **Bild|funk** m. *(-[e]s)* RAD. telefotografia *f.* **bild|haft** agg. **1** *(von Sprache)* metaforico, immaginoso **2** *(plastisch, anschaulich)* plastico, evidente. **Bild|haf|tig|keit** f. *(-)* **1** carattere *m.* immaginoso **2** plasticità *f.*, evidenza *f.*
Bild|hau|er m. *(-s,-)* scultore *m.* **Bild|hau|e|rei** f. *(-,-en)* **1** scultura *f.* **2** SVIZZ. *(Werk)* scultura *f.*, opera *f.* scultorea. **bild|hau|e|risch** agg. scultoreo, plastico. **Bild|hau|er|kunst** f. *(-)* scultura *f.*
bild|hübsch agg. bellissimo. **Bild|kar|te** f. *(-,-n)* **1** *(Ansichtskarte)* cartolina *f.* illustrata **2** carta *f.* geografica prospettica. **Bild|kraft** f. *(-)* efficacia *f.* descrittiva.
bild|lich I agg. **1** figurato, per immagini: ***-e Darstellung*** rappresentazione figurata **2** metaforico, simbolico: ***-er Ausdruck, Vergleich*** espressione metaforica, confronto simbolico **II** avv. per immagini, metaforicamente. **Bild|lich|keit** f. *(-)* ricchezza *f.* d'immagini, di metafore.
Bild|ma|te|ri|al n. *(-s,-ien)* materiale *m.* illustrativo, iconografico. **Bild|mi|scher** m. *(-s,-)* tecnico *m.* del missaggio.
Bild|ner m. *(-s,-)* **1** LETT. scultore *m.* **2** ANT. educatore *m.*, formatore *m.* **bild|ne|risch** agg. **1** figurativo, rappresentativo, plastico **2** ANT. formativo, educativo. **Bild|nis** n. *(-ses,-se)* LETT. ritratto *m.*
Bild|plat|te f. *(-,-n)* videodisco *m.* **Bild|re|por|ta|ge** [-ta:ʒə] f. *(-,-n)* reportage *m.* fotografico. **Bild|re|por|ter** m. *(-s,-)* fotoreporter *m.* **Bild|röh|re** f. *(-,-n)* **1** cinescopio *m.* **2** TELEV. tubo *m.* catodico.
bild|sam agg. LETT. plasmabile, malleabile (anche FIG.). **Bild|sam|keit** f. *(-)* plasmabilità *f.*, malleabilità *f.* (anche FIG.).
Bild|säu|le f. *(-,-n)* statua *f.* ◆ ***zur ~ erstarren*** restare di sasso. **Bild|schär|fe** f. *(-)* nitidezza *f.* dell'immagine.
Bild|schirm m. *(-[e]s,-e)* video *m.*, schermo *m.*: ***am ~ arbeiten*** lavorare a video. **Bild|schirm|sei|te** f. *(-,-n)* videata *f.* **Bild|schirm|text** m. *(-[e]s,-e)* videotel *m.*
Bild|schnit|zer m. *(-s,-)* intagliatore *m.* **Bild|schnit|ze|rei** f. *(-,-en)* intaglio *m.*, scultura *f.* in legno. **bild|schön** agg. bellissimo. **Bild|sei|te** f. *(-,-n)* **1** pagina *f.* di illustrazioni **2** NUMISM. diritto *m.* **Bild|se|rie** f. *(-,-n)* sequenza *f.* di immagini. **Bild|stel|le** f. *(-,-n)* **1** fototeca *f.* **2** SCOL. centro *m.* sussidi audiovisivi. **Bild|stock** m. *([e]s,-stöcke)* **1** RELIG. REGION. pilone *m.* votivo **2** TIP. cliché *m.* **Bild|stö|rung** f. *(-,-en)* TELEV. disturbo *m.* dell'immagine. **Bild|strei|fen** m. *(-s,-)* **1** racconto *m.* a fumetti, striscia *f.* **2** CINEM. FOT. pellicola *f.* **Bild|su|cher** m. *(-s,-)* FOT. mirino *m.* **Bild|sym|bol** n. *(-s,-e)* pittogramma *m.* **Bild|ta|fel** f. *(-,-n)* EDIT. tavola *f.* **Bild|te|le|gra|phie** f. *(-,-n)* telefotografia *f.*
Bil|dung f. *(-,-en)* **1** formazione *f.*, educazione *f.*, istruzione *f.*: ***eine gediegene ~ vermitteln, erhalten*** trasmettere, ricevere una solida educazione; ***eine politische ~*** un'educazione politica **2** cultura *f.*, erudizione *f.*: ***ein Mensch von, mit ~*** una persona di cultura; ***etw. gehört zur allgemeinen ~*** qcs. appartiene alla cultura generale; ***ohne ~*** senza cultura, incolto **3** (buona) educazione *f.*, buone maniere *f.pl.*: ***keine ~ haben*** non essere beneducato **4a** *(Schaffung)* costituzione *f.*, creazione *f.*: ***die ~ eines neuen Staates*** la creazione di un nuovo stato **b** *(Formung)* formazione *f.*: ***die ~ der öffentlichen Meinung*** la formazione dell'opinione pubblica; ***die ~ des Passivs*** la formazione del passivo; ***die ~ von Eisblumen*** la formazione di arabeschi di ghiaccio **5** forma *f.*, configurazione *f.*, struttura *f.*: ***die ebenmäßige ~ ihres Gesichts*** la forma regolare del suo viso.
Bil|dungs|an|stalt f. *(-,-en)* istituto *m.* scolastico, scuola *f.* **Bil|dungs|bür|ger|tum** n. *(-s)* borghesia *f.* colta. **Bil|dungs|ein|rich|tung** f. *(-,-en)* → **Bildungsanstalt. Bil|dungs|ele|ment** n. *(-s,-e)* LING. affisso *m.* **bil|dungs|fä|hig** agg. educabile. **bil|dungs|feind|lich** agg. anticulturale. **Bil|dungs|gang** m. *(-s,-gänge)* processo *m.* educativo (*o* formativo). **Bil|dungs|grad** m. *(-[e]s,-e)* → **Bildungsstufe. Bil|dungs|gut** n. *(-[e]s,-güter)* bagaglio *m.* culturale. **bil|dungs|hung|rig** agg. affamato di cultura. **Bil|dungs|lü|cke** f. *(-,-n)* lacuna *f.* culturale. **Bil|dungs|ni|veau** [-nivo:] n. *(-s,-s)* livello *m.* culturale: ***ein hohes, niedriges ~ haben*** avere un livello culturale alto, basso. **Bil|dungs|not|stand** m. *(-[e]s)* carenze *f.pl.* del settore educativo. **Bil|dungs|po|li|tik** f. *(-)* politica *f.* culturale. **Bil|dungs|plan** m. *(-s,-pläne)* curriculum *m.* **Bil|dungs|pla|nung** f. *(-,-en)* pianificazione *f.* del sistema scolastico. **Bil|dungs|rei|se** f. *(-,-n)* viaggio *m.* d'istruzione. **Bil|dungs|ro|man** m. *(-s,-e)* romanzo *m.* di formazione. **bil|dungs|sprach|lich** agg. della lingua colta. **Bil|dungs|stand** m. *(-[e]s)* livello *m.* culturale, grado *m.* d'istruzione. **Bil|dungs|stu|fe** f. *(-,-n)* grado *m.* d'istruzione. **Bil|dungs|ur|laub** m. *(-[e]s,-e)* vacanza *f.* studio. **Bil|dungs|weg** m. *(-[e]s,-e)* corso *m.* di studi: ***der zweite ~*** scuola (superiore) serale, corso di studi per adulti. **Bil|dungs|we|sen** n. *(-s)* istruzione *f.*
Bild|un|schär|fe f. *(-)* FOT. sfocatura *f.* dell'immagine. **Bild|un|ter|schrift** f. *(-,-en)* didascalia *f.* **Bild|vor|la|ge** f. *(-,-n)* modello *m.* per un quadro. **Bild|wand** f. *(-,-wände)* schermo *m.* **Bild|wei|te** f. *(-)* OTT. (distanza *f.*) focale *f.* **Bild|wer|fer** m. *(-s,-)* proiettore *m.* **Bild|werk** n. *(-[e]s,-e)* LETT. opera *f.* scultorea, scultura *f.* **Bild|win|kel** m. *(-s,-)* OTT. FOT. angolo *m.* del campo (visuale), campo *m.* **Bild|wör|ter|buch** n. *(-[e]s,-bücher)* dizionario *m.* illustrato. **Bild|zu|schrift** f. *(-,-en)* risposta *f.* (a un'inserzione) con fotografia.
Bil|ge f. *(-,-n)* MAR. sentina *f.*
bi|lin|gu|al agg. bilingue. **Bi|lin|gu|a|lis|mus** m. *(-)* bilinguismo *m.* **bi|lin|gu|isch** agg. bilingue. **Bi|lin|gu|is|mus** m. *(-)* → **Bilingualismus.**
Bil|lard ['bɪljart] n. *(-s,-e)* **1** *(Spiel)* biliardo *m.*: ***eine Partie ~ spielen*** giocare una partita a biliardo **2** *(Tisch)* tavolo *m.* da biliardo, biliardo *m.* **Bil|lard|ku|gel** f. *(-,-n)* palla *f.* da biliardo. **Bil|lard|loch** n. *(-s,-löcher)* buca *f.* del biliardo, bilia *f.* **Bil|lard|queue** n. *(-s,-s)* AUSTR. e COLLOQ. → **Billardstock. Bil|lard|stock** m. *(-s,-stöcke)* stecca *f.* da biliardo.
Bil|le|teur [bɪljɛ'tø:ɐ] m. *(-s,-e)* **1** AUSTR. bigliettaio *m.* **2** SVIZZ. conducente *m.* **Bil|lett** [bɪl'jɛt] n. *(-[e]s,-s e -e)* **1a** SVIZZ. *(Fahrkarte)* biglietto *m.* **b** *(Eintrittskarte)* biglietto *m.* d'ingresso **2** AUSTR. *(Briefkarte)* biglietto *m.*
Bil|li|ar|de f. *(-,-n)* mille bilioni *m.pl.*
bil|lig I agg. **1** a buon mercato, conveniente, a basso prezzo, economico: ***-e Strümpfe*** calze a buon mercato; ***ein besonders -es Angebot*** un'offerta particolarmente vantaggiosa; ***ein -es Restaurant*** un ristorante economico **2** SPREG. da poco, da quattro soldi: ***ein -er Wein, Stoff*** un vino, una stoffa da poco **3** FIG. meschino, magro: ***ein -er Trick*** un trucco meschino; ***eine -e Ausrede*** una magra scusa **4** ANT. giusto, equo, ragionevole: ***recht und ~ sein*** essere giusto **II** avv. **1** a buon mercato, con poco: ***in der Mensa ~ essen*** mangiare con poco alla mensa; FIG. ***~ davonkommen*** cavarsela a buon mercato **2** ANT. giustamente, ragionevolmente, con ragione. **bil|li|gen** tr. approvare, trovare giusto, ragionevole: ***einen Vorschlag, eine Entscheidung ~*** approvare una proposta, una decisione. **bil|li|ger|ma|ßen, bil|li|ger|wei|se** avv. giustamente, di diritto, con ragione. **Bil|lig|keit** f. *(-,-en)* **1** basso prezzo *m.*, basso costo *m.*, modicità *f.* **2** *(Angemessenheit)* equità *f.*, ragionevolezza *f.* **Bil|lig|ta|rif** m. *(-s,-e)* tariffa *f.* economica. **Bil|li|gung** f. *(-,-en)* approvazione *f.*: ***volle ~ finden*** trovare piena approvazione. **Bil|lig|wa|re** f. *(-,-n)* merce *f.* a basso costo.
Bil|li|on f. *(-,-en)* bilione *m.*
Bil|sen|kraut n. *(-[e]s)* giusquiamo *m.*
bim inter. *(Glockenklang)* din: ***~, bam*** din, don. **Bim|bam** n. *(-s)* dindon *m.* ◆ ***(ach) du heiliger ~!*** mamma mia!
Bim|bo m. *(-s,-s)* SPREG. baluba *m.*
Bi|me|tall n. *(-s,-e)* bimetallo *m.* **Bi|me|tal|lis|mus** m. *(-)* bimetallismo *m.*
Bim|mel f. *(-,-n)* COLLOQ. campanellino *m.* **Bim|me|lei** f. *(-)* COLLOQ. scampanellio *m.* **bim|meln** intr. (aus. *haben*) COLLOQ. scampanellare.
Bims m. *(-es,-e)* pietra *f.* pomice, pomice *f.* **Bim|se** pl. COLLOQ. botte *f.pl.*, legnate *f.pl.*: ***~ kriegen*** prendere delle botte. **bim|sen** tr. **1** ANT. pulire con la (pietra) pomice **2** COLLOQ. *(prügeln)* legnare **3** VOLG. REGION. scopare. **Bims|stein** m. *(-s,-e)* pietra *f.* pomice, pomice *f.*
bi|när, bi|när, bi|na|risch agg. binario. **Bi|när|sys|tem** n. *(-s,-e)* sistema *m.* binario. **Bi|när|zif|fer** f. *(-,-n)* cifra *f.* binaria.
Bin|de f. *(-,-n)* **1** fascia *f.*, fasciatura *f.*: ***eine elastische ~ anlegen*** mettere una fascia elastica; ***den Arm in einer ~ tragen*** avere il braccio al collo **2** benda *f.*: ***eine schwarze ~ vor den Augen haben, über den Augen tragen*** avere una benda nera sull'occhio, agli occhi **3** *(Damenbinde)* assorbente *m.* (igienico) **4** *(Armbinde)* fascia *f.* di riconoscimento **5** ANT. *(Krawatte)* cravatta *f.* ◆ FIG. ***jdm fällt die ~ von den Augen*** a qcn. cade la benda dagli occhi; FIG. ***jdm die ~ von den Augen nehmen, reißen*** togliere, strappare la benda dagli occhi a qcn.; COLLOQ. ***(sich) einen hinter die ~ gießen, kippen*** bere un bicchiere.
Bin|de|bo|gen m. *(-s,-)* MUS. legatura *f.*
Bin|de|ge|we|be n. *(-s,-)* ANAT. tessuto *m.* connettivo. **Bin|de|ge|webs|ent|zün|dung** f. *(-,-en)* flemmone *m.* **Bin|de|ge|webs|schwä|che** f. *(-)* debolezza *f.* del tessuto connettivo.
Bin|de|glied n. *(-[e]s,-er)* **1** anello *m.* di congiunzione **2** TECN. giunto *m.*, organo *m.* di collegamento. **Bin|de|haut** f. *(-)* congiuntiva *f.*

Bin|de|haut|ent|zün|dung f. *(-,-en)* congiuntivite *f.* **Bin|de|kraft** f. *(-,-kräfte)* capacità *f.* cementante. **Bin|de|mit|tel** n. *(-s,-)* legante *m.*, agglutinante *m.*

bin|den *(band, gebunden)* **I** tr. **1a** legare (insieme): ***die Haare zu einem Pferdeschwanz ~*** legare i capelli in una coda di cavallo **b** *(fesseln)* ***jdn an den Stuhl, den Hund an die Kette ~*** legare qcn. alla sedia, il cane alla catena; *(festbinden)* ***jdm einen Schal um den Hals ~*** legare a qcn. uno scialle attorno al collo **2** FIG. *(verpflichten)* legare, impegnare, vincolare: ***jdn durch einen Eid, ein Gelübde ~*** vincolare qcn. con un giuramento, con un voto; ***Kräfte, Mittel ~*** impegnare forze, mezzi **3** *(knüpfen, schlingen)* ***Blumen ~*** fare un mazzo di fiori; ***die Krawatte ~*** fare il nodo alla cravatta; ***eine Schleife ~*** fare un fiocco; ***einen Kranz ~*** fare una ghirlanda **4** addensare, legare: ***die Soße mit Mehl ~*** legare la salsa con la farina **5** CHIM. EDIL. legare, connettere **6** MUS. legare, suonare legato **7** rilegare: ***ein Buch in Leder ~*** rilegare un libro in pelle **II** intr. (aus. *haben*) legare, fare presa: ***der Leim, der Gips bindet nicht gut*** la colla, il gesso non fa buona presa **III** rifl. **sich ~ 1** legarsi, vincolarsi, impegnarsi: ***sich durch ein Versprechen, eine Zusage ~*** impegnarsi con una promessa, con un consenso **2** legarsi, fidanzarsi, impegnarsi: ***sich an jdm ~*** impegnarsi con, legarsi a qcn. ◆ ***jdm etw. auf die Nase ~*** = far sapere qcs. a qcn. **bin|dend** p.pres. agg. **1** → **binden 2** impegnativo, vincolante; *(zwangsmäßig)* obbligatorio: ***eine -e Vorschrift*** una disposizione obbligatoria.

Bin|der m. *(-s,-)* **1a** mattone *m.* (*o* pietra *f.*) di punta **b** *(Dachbinder)* capriata *f.* **2** *(Bindemittel für Farben)* legante *m.* **3** rilegatore *m.*; *(Blumenbinder)* fioraio *m.* **4** REGION. bottaio *m.* **5** ANT. cravatta *f.* **Bin|de|rei** f. *(-,-en)* **1** legatoria *f.* **2** *(Blumenbinderei)* negozio *m.* di fioraio.

Bin|de|strich m. *(-[e]s,-e)* LING. trattino *m.* **Bin|de|wort** n. *(-[e]s,-wörter)* congiunzione *f.*

Bind|fa|den m. *(-s,-fäden)* spago *m.* ◆ ***es regnet Bindfäden*** piove a catinelle, a dirotto.

Bin|dung f. *(-,-en)* **1a** legame *m.* (personale), vincolo *m.*: ***eine starke ~ zu seinen, an seine Eltern haben*** avere un forte legame con i propri genitori **b** relazione *f.*, legame *m.*: ***eine neue ~ eingehen*** iniziare una nuova relazione **2** *(am Ski)* attacco *m.*: ***die ~ einstellen*** agganciare gli sci **3** TESS. armatura *f.* **4** CHIM. FIS. legame *m.* **5** *(in der Graphologie)* legatura *f.*

Bin|dungs|angst f. *(-,-ängste)* paura *f.* di legarsi (in una relazione fissa).

Bin|gel|kraut n. *(-[e]s,-kräuter)* mercorella *f.*

bin|nen prep. + dat. e + gen. entro, nel giro di, fra: ***~ kurzem*** fra poco; ***~ zwei Jahren, zweier Jahre*** entro due anni.

bin|nen|bords avv. MAR. entro bordo. **bin|nen|deutsch** agg. tedesco, (all'interno) della Germania. **Bin|nen|fi|sche|rei** f. *(-)* pesca *f.* d'acqua dolce. **Bin|nen|ge|wäs|ser** n. *(-s,-)* acque *f.pl.* continentali. **Bin|nen|ha|fen** m. *(-s,-häfen)* porto *m.* interno. **Bin|nen|han|del** m. *(-s)* commercio *m.* interno (*o* nazionale). **Bin|nen|land** n. *(-[e]s,-länder)* interno *m.* (di un paese lontano dal mare). **bin|nen|län|disch** agg. interno, dell'interno. **Bin|nen|markt** m. *(-[e]s,-märkte)* mercato *m.* interno (*o* nazionale). **Bin|nen|meer** n. *(-s,-e)* mare *m.* interno. **Bin|nen|reim** m. *(-s,-e)* rima *f.* interna. **Bin|nen|schiff|fahrt** f. *(-)* navigazione *f.* interna. **Bin|nen|ta|rif** m. *(-s,-e)* tariffa *f.* interna. **Bin|nen|ver|kehr** m. *(-s)* traffico *m.* interno (*o* nazionale). **Bin|nen|wäh|rung** f. *(-,-en)* valuta *f.* interna. **Bin|nen|wan|de|rung** f. *(-,-en)* migrazione *f.* interna. **Bin|nen|was|ser|stra|ße** f. *(-,-n)* via *f.* di navigazione interna. **Bin|nen|zoll** m. *(-s,-zölle)* dazio *m.* interno.

Bi|no|de f. *(-,-n)* binodo *m.*

1.Bi|no|kel [bi'no:kl] n. *(-s,-)* ANT. occhiali *m.pl.*; binocolo *m.*

2.Bi|no|kel m. e n. *(-s,-)* SVIZZ. INTRAD. (tipo di gioco di carte).

bi|no|ku|lar agg. binoculare.

Bi|nom n. *(-s,-e)* binomio *m.* **bi|no|mi|al, bi|no|misch** agg. binomio: ***binomischer Lehrsatz*** teorema binomio.

Bin|se f. *(-,-n)* giunco *m.* ◆ ***in die -n gehen*** *(verloren gehen)* andare perduto; *(misslingen)* andare in malora; *(entzweigehen)* rompersi. **bin|sen** agg. giuncaceo, di giunco. **Bin|sen|korb** m. *(-[e]s,-körbe)* cesto *m.* (*o* canestro *m.*) di giunco. **Bin|sen|mat|te** f. *(-,-n)* stuoia *f.* di giunco. **Bin|sen|wahr|heit, Bin|sen|weis|heit** f. *(-,-en)* verità *f.* lapalissiana.

bi|o|ak|tiv agg. biologicamente attivo. **Bi|o|che|mie** f. *(-)* biochimica *f.* **Bi|o|che|mi|ker** m. *(-s,-)* biochimico *m.* **bi|o|che|misch** agg. biochimico. **bi|o|dy|na|misch** agg. biodinamico: ***-e Kost*** alimentazione biodinamica. **bi|o|ener|ge|tisch** agg. bioenergetico. **Bi|o|ener|gie** f. *(-)* bioenergia *f.* **Bi|o|ethik** f. *(-)* bioetica *f.* **Bi|o|gas** n. *(-es,-e)* biogas *m.* **Bi|o|ge|ne|se** f. *(-)* biogenesi *f.* **bi|o|ge|ne|tisch** agg. biogenetico. **Bi|o|ge|nie** f. *(-)* biogenia *f.* **Bi|o|ge|o|gra|phie** f. *(-)* biogeografia *f.*

Bi|o|graf, Bi|o|gra|fie, bi|o|gra|fisch → **Biograph, Biographie, biographisch.**

Bi|o|graph m. *(-en,-en)* biografo *m.* **Bi|o|gra|phie** f. *(-,-n)* biografia *f.* **bi|o|gra|phisch** agg. biografico.

Bi|o|ka|ta|ly|sa|tor m. *(-s,-en)* biocatalizzatore *m.* **Bi|o|kli|ma|tik, Bi|o|kli|ma|to|lo|gie** f. *(-)* bioclimatologia *f.* **Bi|o|kost** f. *(-)* alimentazione *f.* a base di prodotti biologici. **Bi|o|la|den** m. *(-s,-läden)* negozio *m.* di prodotti biologici.

Bi|o|lo|ge m. *(-n,-n)* biologo *m.* **Bi|o|lo|gie** f. *(-)* biologia *f.* **bi|o|lo|gisch** agg. biologico. **bi|o|lo|gisch-dy|na|misch** agg. biodinamico: ***-er Anbau*** coltivazione biodinamica.

Bi|o|ly|se f. *(-)* biolisi *f.* **bi|o|ly|tisch** agg. biolitico.

Bi|om n. *(-s,-e)* bioma *m.* **Bi|o|malz** n. *(-es)* biomalto *m.* **Bi|o|mas|se** f. *(-)* biomassa *f.* **Bi|o|me|cha|nik** f. *(-)* biomeccanica *f.* **Bi|o|met|rie** f. *(-)*, **Bi|o|met|rik** f. *(-)* biometria *f.* **Bi|o|müll** m. *(-[e]s)* rifiuti *m.pl.* biologici. **Bi|o|nik** f. *(-)* bionica *f.* **bi|o|nisch** agg. bionico. **Bi|o|no|mie** f. *(-)* bionomia *f.*

Bi|o|phy|sik f. *(-)* biofisica *f.* **Bi|o|phy|si|ker** m. *(-s,-)* biofisico *m.* **bi|o|phy|sisch** agg. biofisico.

Bi|op|sie f. *(-,-n)* biopsia *f.*

Bi|o|rhyth|mus m. *(-,-rhythmen)* bioritmo *m.* **Bi|o|sa|tel|lit** m. *(-en,-en)* biosatellite *m.* **Bi|o|sphä|re** f. *(-)* biosfera *f.* **Bi|o|tech|nik** f. *(-)* biotecnica *f.* **Bi|o|tech|no|lo|gie** f. *(-)* biotecnologia *f.* **Bi|o|tin** n. *(-s)* biotina *f.* **bi|o|tisch** agg. biotico.

Bi|o|tit m. *(-[e]s,-e)* biotite *f.*

Bi|o|ton|ne f. *(-,-n)* bidone *m.* per rifiuti biodegradabili.

Bi|o|top m. e n. *(-s,-e)* biotopo *m.* **Bi|o|typ** m. *(-s,-typen)*, **Bi|o|ty|pus** m. *(-,-typen)* biotipo *m.* **Bi|o|wis|sen|schaf|ten** pl. scienze *f.pl.* biologiche. **Bi|o|zö|no|se** f. *(-,-n)* biocenosi *f.*

BIP ⇒ *Bruttoinlandsprodukt* prodotto interno lordo (PIL).

Bi|pe|de m. *(-n,-n)* ZOOL. bipede *m.*

bi|po|lar agg. bipolare. **Bi|po|la|ri|tät** f. *(-)* bipolarità *f.*

Bi|quad|rat n. *(-[e]s,-e)* biquadrato *m.* **bi|quad|ra|tisch** agg. biquadratico.

Bir|cher|mus n. *(-es)*, **Bir|cher|müs|li** f. *(-,-)* müsli *m.*

Bi|re|me f. *(-,-n)* ANT. bireme *f.*

Bi|rett n. *(-[e]s,-e)* berretta *f.* da prete.

Bir|ke f. *(-,-n)* **1** betulla *f.* **2** → **Birkenholz. bir|ken** agg. di betulla. **Bir|ken|holz** n. *(-es,-hölzer)* legno *m.* di betulla. **Bir|ken|öl** n. *(-[e]s)* olio *m.* (essenziale) di betulla. **Bir|ken|röhr|ling** m. *(-s,-e)* porcinello *m.* **Bir|ken|was|ser** n. *(-s,-wässer)* lozione *f.* (per capelli) alla betulla.

Birk|hahn m. *(-,-hähne)* fagiano *m.* di monte (maschio). **Birk|huhn** n. *(-[e]s,-hühner)* fagiano *m.* di monte (femmina).

Bir|ma n.pr.n. *(-s)* Birmania *f.* **Bir|ma|ne** m. *(-n,-n)* birmano *m.* **bir|ma|nisch** agg. birmano. **Bir|ma|nisch** n. *(-[s])*, **Bir|ma|ni|sche** n. *(-n)* birmano *m.*, lingua *f.* birmana.

Birn|baum m. *(-[e]s,-bäume)* **1** pero *m.* **2** *(Holz)* (legno *m.* di) pero *m.* **Bir|ne** f. *(-,-n)* **1** pera *f.* **2** *(Birnbaum)* pero *m.* **3** *(Glühlampe)* lampadina *f.*: ***eine 100-Watt-~ einschrauben*** avvitare una lampadina da 100 watt; ***eine durchgebrannte ~ auswechseln*** cambiare una lampadina bruciata (*o* fulminata) **4** COLLOQ. SPREG. *(Kopf)* zucca *f.*: ***eine weiche ~ haben*** non avere sale in zucca, essere uno zuccone; ***jdm eins auf die ~ geben*** dare uno scappellotto in testa a qcn. **bir|nen|för|mig** agg. a forma di pera. **Bir|nen|saft** m. *(-[e]s,-säfte)* succo *m.* di pera. **Bir|nen|was|ser** n. *(-s,-wässer)* grappa *f.* di pere. **Birn|stab** m. *(-[e]s,-stäbe)* ARCH. pennacolino *m.*

bis I prep.+ acc. fino a, sino a **1** *(lokal)* ***~ dahin, hierher*** fino a lì, a qui; ***von Bonn ~ Köln*** da Bonn a Colonia; ***von unten ~ oben*** dal basso in alto; ***~ zum Gipfel des Berges*** fin sulla vetta del monte; ***~ aufs Dach*** fin sul tetto; ***vom Scheitel ~ zur Sohle, vom Kopf ~ Fuß*** da capo a piedi **2** *(temporal)* ***~ heute, Ostern*** fino a oggi, a Pasqua; ***von 2 ~ 3 Uhr*** dalle 2 alle 3; ***von Anfang ~ Ende*** dall'inizio alla fine; ***~ wann bleibst du?*** fino a quando resti? ***der Rasen muss ~ Montag gemäht werden*** il prato deve essere falciato per (*o* entro) lunedì; ***~ zum Abend*** fino a sera; ***~ nach Mitternacht*** fin dopo mezzanotte; ***von morgens ~ abends*** dal mattino alla sera **3** *(modal)* ***~ zur Erschöpfung*** fino allo sfinimento; ***~ ins Kleinste*** fin nei minimi particolari **4** *(in Verbindung mit Zahlen)* ***in 2 ~ 3 Stunden*** fra 2 e 3 ore; ***Kinder von 6 ~ 12 Jahren*** bambini tra i 6 e gli 8 anni; ***Jugendliche ~ zu 18 Jahren*** giovani fino ai 18 anni **II** cong. **1** finché, fino a che: ***warte, ~ er zurückkommt*** aspetta finché torna; ***es dauerte zwei Jahre, ~ er sich gemeldet hat*** passarono due anni prima che si facesse vivo **2a** *(konditional)* finché: ***ich kann nichts entscheiden, ~ er angerufen hat*** non posso decidere nulla, finché non telefona **b** *(bevor nicht)* finché non, se non: ***ich spreche nicht mit ihm, ~ er sich entschuldigt hat*** non gli parlo, finché non chiede scusa ◆ ***~ auf***

(einschließlich) fino a: ***das Konzert ist ~ auf den letzten Platz ausverkauft*** il concerto è esaurito fino all'ultimo posto; *(außer)* tranne: ***~ auf zwei sind alle da*** tranne due sono tutti presenti; ***~ auf weiteres*** fino a nuovo ordine; ***~ bald!*** a presto! ***~ dann!*** a dopo! RELIG. ***~ dass der Tod euch scheidet*** finché morte non vi separi; ***~ einschließlich*** fino a(l)... compreso; ***von früh ~ spät*** dal mattino alla sera; ***~ gleich!*** a presto! ***~ nachher!*** a dopo! ***~ später!*** a più tardi!

Bi|sam m. *(-s,-e* e *-s)* **1** muschio *m.* **2** *(Pelz)* rat musqué *m.*, pelliccia *f.* di topo muschiato. **Bi|sam|rat|te** f. *(-,-n)* topo *m.* muschiato.

Bi|schof m. *(-s, Bischöfe)* **1** vescovo *m.* **2** *(Getränk)* INTRAD. (vino rosso zuccherato con scorza d'arancia). **bi|schöf|lich** agg. episcopale, vescovile. **Bi|schofs|amt** n. *(-[e]s,-ämter)* ufficio *m.* (*o* carica *f.*) episcopale, episcopato *m.*, vescovado *m.* **Bi|schofs|hut** m. *(-[e]s,-hüte)* cappello *m.* (ordinario) da vescovo. **Bi|schofs|kon|fe|renz** f. *(-,-en)* conferenza *f.* episcopale. **Bi|schofs|müt|ze** f. *(-,-n)* mitra *f.* **Bi|schofs|sitz** m. *(-es,-e)* sede *f.* (*o* curia *f.*) vescovile. **Bi|schofs|stab** m. *(-[e]s,-stäbe)* pastorale *m.* **Bi|schofs|stuhl** m. *(-[e]s)* sedia *f.* episcopale, vescovile. **Bi|schofs|sy|no|de** f. *(-,-n)* sinodo *m.* episcopale (*o* dei vescovi). **Bi|schofs|wür|de** f. *(-)* dignità *f.* episcopale, vescovile.

Bi|se|xu|a|li|tät f. *(-)* bisessualità *f.* **bi|se|xu|ell** agg. bisessuale, bisessuato.

bis|her avv. finora, sinora, fino a ora. **bis|he|rig** agg. ***der -e Direktor*** il direttore sinora in carica; ***meine -e Wohnung*** l'appartamento in cui ho abitato finora.

Bis|ka|ya n.pr.f. *(-)* golfo *m.* di Biscaglia ◆ ***Golf von ~*** golfo di Biscaglia.

Bis|kuit n. e m. *(-[e]s,-s* e *-e)* **1** pan *m.* di Spagna **2** *(Porzellan)* biscuit *m.* **Bis|kuit|por|zel|lan** n. *(-s,-e)* biscuit *m.*, biscotto *m.* **Bis|kuit|teig** m. *(-[e]s,-e)* pan *m.* di Spagna.

bis|lang avv. → **bisher.**

Bis|mut → **Wismut.**

Bi|son m. *(-s,-s)* bisonte *m.*

biss → **beißen.**

Biss m. *(-es, -e)* **1** morso *m.* **2** *(Bisswunde)* morso *m.*, morsicatura *f.* **3** SPORT COLLOQ. grinta *f.*: ***keinen ~ haben*** non avere grinta.

biss|chen I agg.inv. poco: ***das ~ Geld nützt nicht viel*** quel poco denaro non serve a molto **II** pron.indef.inv. ***ein ~*** un poco, un po', COLLOQ. un pizzico, un briciolo: ***ein ~ Brot*** un po' di pane; ***ein klein ~*** un pochino, un briciolino; ***kein ~ Zeit haben*** non avere neanche (*o* nemmeno) un momentino ◆ ***(ach) du liebes ~!*** santo cielo!

bis|sel REGION. → **bisschen.**

Bis|sen m. *(-s,-)* boccone *m.*: ***ein ~ Fleisch*** un boccone di carne; ***keinen ~ hinunterbringen*** non mandar giù un boccone; ***keinen ~ anrühren*** non toccar cibo ◆ ***ein fetter ~*** un affare ghiotto; ***jdm keinen ~ gönnen*** invidiare il tozzo di pane che uno mangia; ***jdm bleibt der ~ im Halse stecken*** qcn. rimane di stucco; ***ein harter ~*** un osso duro; ***jdm jeden ~ im Mund zählen*** contare i bocconi a qcn.; ***sich (D) den (letzten) ~ vom Mund absparen*** levarsi il pane di bocca.

bis|serl REGION. → **bisschen.**

bis|sig agg. **1a** che morde, mordace: ***Achtung, -er Hund!*** attenti al cane! **b** irritante: ***-er Rauch*** fumo irritante **c** pungente: ***-e Kälte*** freddo pungente **2** *(verletzend)* mordace, aspro, pungente: ***ein -er Kommentar*** un commento pungente **3** SPORT grintoso, aggressivo. **Bis|sig|keit** f. *(-,-en)* **1** tendenza *f.* a mordere **2a** *(von Menschen)* mordacità *f.*, acredine *f.* **b** *(Bemerkung)* battuta *f.* (*o* osservazione *f.*) mordace, acre **3** SPORT grinta *f.*, aggressività *f.*

Biss|wun|de f. *(-,-n)* morso *m.*, morsicatura *f.*

Bis|ter m. e n. *(-s)* PITT. bistro *m.*

Bist|ro n. *(-s,-s)* bistrot *m.*, bistrò *m.*

Bis|tum n. *(-s, Bistümer)* diocesi *f.*, vescovado *m.*

bis|wei|len avv. talvolta, talora, di quando in quando.

Bit n. *(-[s],-[s])* bit *m.*

bi|to|nal agg. bitonale. **Bi|to|na|li|tät** f. *(-)* bitonalità *f.*

Bitt|brief m. *(-[e]s,-e)* supplica *f.*

bit|te inter. **1** *(bittend, fragend)* per favore, per piacere: ***können Sie mir ~ sagen, wo der Bahnhof ist?*** può dirmi per favore dov'è la stazione? **2** *(auffordernd)* prego: ***~ nehmen Sie Platz!*** prego, si accomodi! *(am Telefon)* ***ja, ~?*** sì, pronto? ***~, Sie wünschen?*** desidera, prego? **3** *(als Antwort)* ***ist der Platz hier frei? – ~ (ja)!*** è libero questo posto? – sì, prego! ***möchten Sie Bier oder Wein? – Wein, ~!*** desidera birra o vino? – vino, grazie! ***vielen Dank! – ~ (sehr, schön)!*** molte grazie! – prego! **4** ***(wie) ~?*** come (ha detto)? prego? (vuol ripetere?) ◆ ***na ~!*** ecco! l'avevo detto, io! **Bit|te** f. *(-,-n)* preghiera *f.*; *(Aufforderung)* richiesta *f.*; *(Gesuch)* domanda *f.*: ***eine ~ an jdn richten, stellen*** rivolgere una preghiera a qcn.; ***jdm eine ~ erfüllen, abschlagen*** esaudire, respingere la richiesta di qcn.; ***ich habe eine ~ an Sie*** vorrei chiederle un favore. **bit|ten** *(bat, gebeten)* **I** tr. **1** pregare: ***jdn um etw. ~*** pregare qcn. per qcs., chiedere qcs. a qcn.; ***er lässt sich gerne ~*** gli piace farsi pregare; ***(aber) ich bitte dich!*** (ma) ti prego! (ma) per favore! **2a** ***jdm zum Tanz, Kaffee ~*** invitare qcn. a ballare, a prendere un caffè **b** ***jdn zu sich ~*** convocare, fare venire qcn. **II** intr. (aus. *haben*) **1** ***um Hilfe, ums Wort ~*** chiedere aiuto, la parola; ***um Verzeihung ~*** chiedere scusa **2** ***beim Chef für einen Kollegen ~*** intercedere per un collega presso il capo ◆ ***darf ich ~?*** vuole ballare? ***darum möchte ich doch gebeten haben*** credevo che ci fossimo capiti; ***aber ich bitte Sie!*** ma s'immagini! **Bit|ten** n. *(-s)* il pregare, preghiera *f.*: ***sich aufs ~ verlegen*** ricorrere alle preghiere, mettersi a pregare; ***es half ihm kein ~ und Betteln*** non gli servì a niente pregare.

bit|ter I agg. **1** amaro (anche FIG.): ***eine -e Enttäuschung*** un'amara delusione; ***-er Hohn*** beffa amara; ***es ist mir -er Ernst!*** faccio sul serio! non sto scherzando! **2** *(verbittert)* amareggiato, amaro **3** *(groß, schwer)* grande, pesante: ***-e Kälte*** grande freddo; ***-e Not*** grande miseria **II** avv. **1** amaramente, in modo amaro: ***~ schmecken*** avere un sapore amaro **2** rafforz. molto, estremamente, terribilmente: ***etw. ~ nötig haben*** avere assolutamente bisogno di qcs.; ***es ist ~ kalt*** fa un freddo terribile. **bit|ter|arm** agg. estremamente povero, poverissimo. **bit|ter|bö|se** agg. **1** furibondo, furioso **2** *(sehr boshaft)* malvagio, crudele. **Bit|te|re** m. *(-n)* amaro *m.* **bit|ter|ernst I** agg. estremamente serio, serissimo **II** avv. terribilmente (*o* estremamente) sul serio. **Bit|ter|holz|baum** m. *(-[e]s,-bäume)* quassia *f.* amara. **bit|ter|kalt** agg. freddissimo, gelido. **Bit|ter|keit** f. *(-,-en)* **1** sapore *m.* amaro, amarezza *f.* **2** *(Verbitterung)* amarezza *f.*: ***ein Gefühl der ~ haben*** provare un senso di amarezza. **Bit|ter|klee** m. *(-s)* trifoglio *m.* fibrino. **bit|ter|lich I** agg. amarognolo **II** avv. amaramente: ***~ weinen*** piangere amaramente. **Bit|ter|ling** m. *(-[e]s,-e)* ITT. rodeo *m.* amaro. **Bit|ter|man|del** f. *(-,-n)* mandorla *f.* amara. **Bit|ter|man|del|öl** n. *(-[e]s)* olio *m.* di mandorle amare. **Bit|ter|nis** f. *(-,-se)* LETT. amarezza *f.* **Bit|ter|oran|ge** f. *(-,-n)* **1** *(Baum)* arancio *f.* amaro, melangolo *m.* **2** *(Frucht)* arancia *f.* amara, melangola *f.* **Bit|ter|salz** n. *(-es)* sale *m.* amaro (*o* inglese). **Bit|ter|scho|ko|la|de** f. *(-,-n)* cioccolato *m.* amaro. **bit|ter|süß** agg. dolceamaro. **Bit|ter|was|ser** n. *(-s)* acqua *f.* (minerale) amara. **Bit|ter|wurz** f. *(-,-en)*, **Bit|ter|wur|zel** f. *(-,-n)* genziana *f.* gialla.

bit|te|schön inter. prego.

Bitt|gang m. *(-[e]s,-gänge)* **1** preghiera *f.*, richiesta *f.*: ***einen ~ zu jdm tun*** andare a elemosinare da qcn. **2** → **Bittprozession. Bitt|ge|bet** n. *(-[e]s,-e)* preghiera *f.* di supplica. **Bitt|ge|such** n. *(-[e]s,-e)* istanza *f.*, supplica *f.*, petizione *f.* **Bitt|pro|zes|si|on** f. *(-,-en)* rogazione *f.*

Bitt|re → **Bittere.**

Bitt|schrift f. *(-,-en)* → **Bittgesuch. Bitt|stel|ler** m. *(-s,-)* chi presenta una richiesta, richiedente *m.*

Bi|tu|men n. *(-s,-* e *Bitumina)* bitume *m.* **bi|tu|mig** agg. bituminoso. **bi|tu|mi|nie|ren** tr. bitumare, bituminare. **bi|tu|mi|nös** agg. bituminoso.

bi|va|lent agg. bivalente. **Bi|va|lenz** f. *(-,-en)* bivalenza *f.*

Bi|wak n. *(-s,-s* e *-e)* bivacco *m.* **bi|wa|kie|ren** intr. (aus. *haben*) bivaccare.

bi|zarr I agg. bizzarro **II** avv. bizzarramente, in modo bizzarro. **Bi|zar|re|rie** f. *(-,-n)* bizzaria *f.*

Bi|zeps m. *(-[es],-e)* bicipite *m.*

BKA ⇒ *Bundeskriminalamt* Ufficio criminale federale.

Bl. ⇒ *Blatt* foglio *m.*

Bla|bla n. *(-[s])* COLLOQ. blablà *m.*: ***das ist doch alles nur ~*** è soltanto un gran blablà.

Bla|che → **Blahe.**

Blach|feld n. *(-[e]s,-er)* ANT. LETT. piana *f.*

Black-out ['blæk'aʊt] n. e m. *(-[e]s,-s)* **1** blackout *m.* **2** TEATR. oscuramento *m.* del palcoscenico, buio *m.* ◆ ***einen ~ haben*** avere un blackout, un vuoto di memoria.

blaf|fen, bläf|fen intr. (aus. *haben*) COLLOQ. abbaiare. **Blaf|fer, Bläf|fer** m. *(-s,-)* COLLOQ. = cane *m.* che abbaia.

Blag n. *(-s,-en)* **Bla|ge** f. *(-,-n)* SPREG. REGION. monellaccio *m.*, ragazzaccio *m.*

Bläh|bauch m. *(-[e]s,-bäuche)* COLLOQ. pancione *m.*

Bla|he f. *(-,-n)* telone *m.*, telo *m.*

blä|hen I tr. gonfiare: ***der Wind bläht die Segel*** il vento gonfia le vele; ***die Backen ~*** gonfiare le guance **II** rifl. ***sich ~*** gonfiarsi; FIG. ***sich vor Stolz ~*** gonfiarsi d'orgoglio **III** intr. (aus. *haben*) gonfiare: ***Kohl bläht*** il cavolo gonfia, fa gonfiare. **Bläh|hals** m. *(-es,-hälse)* gozzo *m.* **Bläh|sucht** f. *(-)* MED. meteorismo *m.* **Blä|hung** f. *(-,-en)* flato *m.*, flatulenza *f.*: ***-en haben*** essere affetto da flatulenze.

blä|ken intr. (aus. *haben*) COLLOQ. strillare.

bla|ma|bel agg. umiliante, vergognoso, mortificante: ***eine blamable***

Reaktion una reazione umiliante. **Bla|ma|ge** [bla'ma:ʒə] f. *(-,-n)* umiliazione *f.*, mortificazione *f.*, figuraccia *f.* **bla|mie|ren I** tr. far fare una figuraccia: ***jdn ~*** far fare una brutta figura a qcn. **II** rifl. **sich ~** fare una figuraccia, rendersi ridicolo.

blan|chie|ren [blã'ʃi:rən] tr. sbollentare.

bland agg. MED. blando.

blank I agg. **1** lucido, lustro: ***-e Schuhe, Fußböden*** scarpe lucide, pavimenti lucidi **2** LETT. lucente: ***der -e Schnee*** la neve lucente **3** COLLOQ. lucido: ***die Hose hat -e Knie*** i pantaloni sono lucidi sulle ginocchia **4a** nudo, scoperto: ***mit -en Schultern*** a spalle nude **b** ***auf dem -en Boden*** sulla nuda terra **c** *(blankgezogen)* ***-es Schwert*** spada sguainata **5** puro, evidente, palese: ***-er Hass*** odio puro **II** avv. a lucido: ***~ scheuern, putzen*** lucidare, tirare a lucido ◆ ***eine Karte ~ haben*** avere una carta secca; ***der Blanke Hans*** = il Mare del Nord in tempesta; ***seine Nerven liegen ~*** ha i nervi scoperti; ***~ sein*** essere a secco (*o* al verde).

Blan|kett n. *(-[e]s,-e)* **1** ECON. foglio *m.* (*o* modulo *m.*) in bianco **2** TECN. inserto *m.* greggio. **blan|kie|ren** tr. vendere allo scoperto.

blan|ko avv. in bianco, (allo) scoperto: ***~ unterschreiben*** firmare in bianco. **Blan|ko** n. *(-s,-s)* modulo *m.* (parzialmente) in bianco. **Blan|ko|ak|zept** n. *(-[e]s,-e)* accettazione *f.* in bianco. **Blan|ko|bo|gen** m. *(-s,-)* foglio *m.* in bianco. **Blan|ko|ge|schäft** n. *(-[e]s,-e)* contrattazione *f.*, operazione *f.* (allo) scoperto. **Blan|ko|kre|dit** m. *(-[e]s,-e)* credito *m.* scoperto (*o* in bianco). **Blan|ko|quit|tung** f. *(-,-en)* biancosegno *m.*, quietanza *f.* in bianco. **Blan|ko|scheck** m. *(-s,-s)* assegno *m.* in bianco. **Blan|ko|un|ter|schrift** f. *(-,-en)* firma *f.* in bianco. **Blan|ko|ver|kauf** m. *(-s,-verkäufe)* vendita *f.* allo scoperto. **Blan|ko|voll|macht** f. *(-,-en)* procura *f.* in bianco: ***jdm ~ erteilen, geben*** dar carta bianca a qcn.

Blank|vers m. *(-es,-e)* blank verse *m.*

blank‿zie|hen tr. *(zog, gezogen)* sguainare, sfoderare.

Bläs|chen n. *(-s,-)* bollicina *f.* **Bla|se** f. *(-,-n)* **1** bolla *f.*: ***-n von Seifenschaum*** bolle di schiuma; ***eine ~ bildet sich, platzt*** una bolla si forma, scoppia; ***der Hefeteig wirft -n*** la pasta lievitata fa le bolle **2** *(Harnblase)* vescica *f.* (urinaria): ***die ~ entleeren*** svuotare la vescica **3** vescica *f.*, bolla *f.*: ***sich -n an den Füßen laufen*** farsi venire le bolle ai piedi (camminando) **4** COLLOQ. *(Gruppe)* banda *f.*, masnada *f.* ◆ ***etw. zieht -n*** qcs. ha cattive conseguenze; ***-n ziehend*** vescicante, epispastico. **Bla|se|balg** m. *(-[e]s,-bälge)* soffietto *m.*, mantice *m.*

bla|sen *(bläst, blies, geblasen)* **I** tr. **1a** soffiare: ***Staub von den Büchern ~*** soffiare via la polvere dai libri **b** ***Glas ~*** soffiare il vetro **2** suonare: ***die Klarinette, ein Lied ~*** suonare il clarinetto, una canzone **II** intr. (aus. *haben*) **1** soffiare: ***ins Feuer ~*** soffiare sul fuoco; ***der Wind bläst (mir ins Gesicht)*** il vento (mi) soffia (sul viso) **2a** suonare: ***auf der Flöte ~*** suonare il flauto **b** suonare: ***zum Angriff, zum Rückzug ~*** suonare l'attacco, la ritirata **3** impers. ***es bläst*** tira vento ◆ ***jdm den Marsch, die Meinung ~*** dire a qcn. il fatto suo; ***Trübsal ~*** = essere triste; COLLOQ. ***ich blas dir was!*** non ci penso nemmeno! FIG. ***woher bläst der Wind?*** cosa c'è sotto?

Bla|sen|aus|schlag m. *(-[e]s,-ausschläge)* eruzione *f.* cutanea (con bolle). **Bla|sen|ent|zün|dung** f. *(-,-en)* cistite *f.* **bla|sen|för|mig** agg. a bolle. **Bla|sen|kam|mer** f. *(-,-n)* FIS. camera *f.* a bolle. **Bla|sen|ka|tarr(h)** m. *(-s,-e)* cistite *f.* catarrale. **Bla|sen|ka|the|ter** m. *(-s,-)* catetere *m.* uretrale. **bla|sen|krank** agg. malato alla vescica. **Bla|sen|krebs** m. *(-es)* cancro *m.* della vescica. **Bla|sen|lei|den** n. *(-s,-)* malattia *f.* della vescica. **Bla|sen|spie|gel** m. *(-s,-)* cistoscopio *m.* **Bla|sen|spie|ge|lung** f. *(-,-en)* cistoscopia *f.* **Bla|sen|sprung** m. *(-[e]s,-sprünge)* rottura *f.* delle membrane fetali. **Bla|sen|stein** m. *(-s,-e)* calcolo *m.* vescicale. **Bla|sen|tang** m. *(-[e]s,-e)* BOT. fuco *m.* **Bla|sen|wurm** m. *(-es,-würmer)* ENTOM. cisticerco *m.*

Blä|ser m. *(-s,-)* **1** suonatore *m.* (di strumento a fiato) **2** soffiatore *m.*, operaio *m.* vetraio **3** GEOL. soffione *m.* **Blä|ser|quar|tett** n. *(-es,-e)* quartetto *m.* di fiati.

bla|siert I agg. blasé, snob **II** avv. snobisticamente.

bla|sig agg. vescicoso, bolloso. **Blas|in|stru|ment** n. *(-[e]s,-e)* strumento *m.* a fiato: ***-e*** fiati *m.pl.*

Bla|si|us n.pr.m. Biagio *m.*

Blas|ka|pel|le f. *(-,-n)* banda *f.* (musicale). **Blas|mu|sik** f. *(-)* musica *f.* bandistica.

Bla|son [bla'zõ:] m. *(-s,-s)* blasone *m.*, stemma *m.* **bla|so|nie|ren** tr. **1** blasonare **2** *(Blasons malen)* dipingere stemmi.

Blas|phe|mie f. *(-,-n)* LETT. blasfemia *f.* **blas|phe|misch** agg. blasfemo.

Blas|rohr n. *(-[e]s,-e)* **1** cerbottana *f.* **2** FERR. soffiatore *m.*

blass agg. (compar. *blasser/blässer*, superl. *blassest.../blässest...*) **1a** pallido, smorto: ***vor Angst ~ werden*** impallidire per la paura; ***ein -es Licht*** una luce smorta **b** pallido, sbiadito, scolorito: ***ein -es Gelb*** un giallo pallido **2** FIG. pallido, debole: ***noch eine -e Hoffnung haben*** avere ancora una debole speranza; ***keine -e Ahnung haben*** non avere la più pallida idea **3** *(nichts sagend)* sbiadito, insignificante: ***eine -e Beschreibung*** una descrizione sbiadita; ***einen -en Eindruck machen*** fare una debole impressione **4** FIG. *(rein)* ***das ist der -e Neid*** è pura invidia. **blass|blau** agg. azzurrognolo, azzurrino.

Bläs|se f. *(-)* pallore *m.*, pallidezza *f.* **Bläss|huhn** n. *(-[e]s,-hühner)* folaga *f.* **bläss|lich** agg. palliduccio.

Blas|to|ge|ne|se f. *(-)* blastogenesi *f.* **Blas|tom** n. *(-s,-e)* blastoma *m.*

Blatt n. *(-[e]s, Blätter)* **1** foglia *f.*: ***Blätter bekommen, abwerfen*** mettere, perdere le foglie; ***die Blätter fallen*** cadono le foglie **2a** *(Papierblatt)* foglio *m.*: ***ein ~ Papier*** un foglio di carta; ***ein loses ~*** un foglio volante; ***hundert ~ Schreibmaschinenpapier*** cento fogli di carta dattilografica **b** *(Seite)* pagina *f.*: ***ein ~ aus dem Buch herausreißen*** strappare una pagina dal libro **c** *(Zeichnung)* disegno *m.* **3** *(Zeitung)* giornale *m.* **4** *(Karte)* carta *f.* (da gioco): ***ein gutes ~ haben*** avere delle buone carte **5a** *(von Sägen)* lama *f.* **b** *(von Äxten)* ferro *m.* **c** *(vom Ruder)* pala *f.* **6** VENAT. paletta *f.* ◆ ***das ~ hat sich gewendet*** le circostanze sono cambiate; ***(sich) kein ~ vor den Mund nehmen*** parlare apertamente, non avere peli sulla lingua; ***vom ~ spielen*** suonare a prima vista; ***das steht auf einem anderen ~*** questa è un'altra questione, è un altro paio di maniche; FIG. ***ein unbeschriebenes ~ sein*** essere (come) un foglio bianco; *(unbekannt)* essere un'incognita.

Blatt|ach|sel f. *(-,-n)* ascella *f.* fogliare. **Blatt|ader** f. *(-,-n)* nervatura *f.* della foglia. **Blatt|au|ge** n. *(-s,-n)* gemma *f.* fogliare, occhio *m.* **Blätt|chen** n. *(-s,-)* fogliolina *f.*

Blat|ter f. *(-,-n)* ANT. **1** pustola *f.* **2** pl. vaiolo *m.* **blat|te|rig** agg. MED. → **blatternarbig.**

blät|te|rig agg. **1** *(reich an Blättern)* frondoso, fronzuto **2** sfoglia: ***-er Teig*** pasta sfoglia.

Blät|ter|ma|gen m. *(-s,-)* centopelle *m.*, omaso *m.*

blät|tern I intr. **1** (aus. *haben*) sfogliare: ***in einem Buch ~*** sfogliare un libro **2** (aus. *sein*) sbriciolarsi, sfaldarsi: ***die Farbe blättert*** il colore si sfalda **II** tr. **1** posare (*o* mettere) uno per uno: ***Geldscheine, Karten auf den Tisch ~*** mettere banconote, carte una per una sul tavolo **2** AGR. sfogliare, levare le foglie.

Blat|ter|nar|be f. *(-,-n)* buttero *m.* vaioloso. **blat|ter|nar|big** agg. butterato dal vaiolo.

Blät|ter|pilz m. *(-es,-e)* BOT. agarico *m.* **blät|ter|reich** agg. frondoso. **Blät|ter|teig** m. *(-[e]s,-e)* pasta *f.* sfoglia. **Blät|ter|wald** m. *(-[e]s)* SCHERZ. giornali *m.pl.*, stampa *f.* ◆ ***es rauscht, raunt im ~*** si fa molto rumore sui giornali. **Blatt|fe|der** f. *(-,-n)* **1** molla *f.* a lamina **2** MECC. balestra *f.* **blatt|för|mig** agg. a forma di foglia. **Blatt|ge|mü|se** n. *(-s,-)* verdura *f.* (in foglie). **Blatt|gold** n. *(-[e]s)* oro *m.* in foglie. **Blatt|grün** n. *(-[e]s)* clorofilla *f.* **Blatt|hal|ter** m. *(-s,-)* TIP. reggifoglio *m.* **Blatt|kä|fer** m. *(-s,-)* crisomelide *m.* **Blatt|laus** f. *(-,-läuse)* pidocchio *m.* delle piante, afide *m.* **blatt|los** agg. senza foglie.

blatt|rig agg. → **blatternarbig.**

blätt|rig agg. → **blätterig. Blatt|sil|ber** n. *(-s)* argento *m.* in foglie. **Blatt|stiel** m. *(-s,-e)* picciolo *m.* della foglia. **blatt|wei|se** avv. foglia a (*o* per) foglia.

blau I agg. **1** blu, azzurro: ***-es Meer*** mare blu; ***-e Augen*** occhi azzurri **2** blu, livido: ***-e Lippen, Ohren haben*** avere le labbra, le orecchie livide (per il freddo); ***einen -en Fleck bekommen*** avere un livido; ***ein -es Auge*** un occhio blu (*o* nero) **II** avv. di blu, di azzurro: ***etw. ~ färben*** colorare qcs. di blu ◆ ***~ anlaufen*** illividire, diventare livido; FIG. ***mit einem -en Auge davonkommen*** cavarsela a buon mercato; ***-er Brief*** = lettera di licenziamento (*o* SCOL. nota di biasimo); ***jdm -en Dunst vormachen*** raccontare frottole a qcn.; ***Forelle ~*** trota bollita; ***sich grün und ~ ärgern*** diventare verde dalla rabbia; ***jdn grün und ~ schlagen*** fare nero qcn. (di botte); COLLOQ. ***~ (wie ein Veilchen, wie eine Haubitze) sein*** essere ubriaco (fradicio); ***-e Trauben*** uva nera; ***sein -es Wunder erleben*** avere una brutta sorpresa.

Blau n. *(-s,-)* blu *m.*, azzurro *m.*: ***das ~ des Himmels*** l'azzurro del cielo; ***ganz in ~ gekleidet sein*** essere vestito tutto di blu. **Blau|al|gen** pl. alghe *f.pl.* azzurre. **blau|äu|gig** agg. **1** dagli (*o* con gli) occhi azzurri **2** FIG. credulone, ingenuo. **Blau|bart I** n.pr.m. Barbablù *m.* **II** m. *(-[e]s)* barbablù *m.*, uxoricida *m.* **Blau|bee|re** f. *(-,-n)* mirtillo *m.* nero. **blau|blü|tig** agg. di sangue blu.

Blaue n. *(-n)* blu *m.*, azzurro *m.* ◆ ***das ~ vom Himmel herunterlügen*** = mentire sfacciatamente; ***das ~ vom Himmel herunterreden*** parlare a vanvera; ***das ~ vom Himmel herunter versprechen*** promettere mari e monti; ***ins ~ hinein*** senza meta; ***ins ~ hinein reden*** parlare a vanvera; ***ins ~ fahren*** andare a zonzo. **Bläue** f. *(-)* celeste *m.*, turchese *m.* **Blau|ei|sen|erz** n. *(-es,-e)* MINER. vivianite *f.*

blau|en intr. (aus. *haben*) azzurreggiare. **bläu|en** tr. **1** colorare di blu, d'azzurro **2** *(durch Waschblau)* sbiancare, candeggiare. **Blau|fel|chen** m. *(-s,-)* coregone (*o* coregono) *m.* azzurro. **Blau|fuchs** m. *(-es,-füchse)* volpe *f.* azzurra. **blau|grau** agg. grigio-azzurro. **blau|grün** agg. verd(e)azzurro. **Blau|helm** m. *(-[e]s,-e)* POL. casco *m.* blu. **Blau|hemd** n. *(-[e]s,-en)* EX-RDT camicia *f.* blu (della FDJ). **Blau|holz** n. *(-es)* BOT. campeggio *m.* **Blau|ja|cke** f. *(-,-n)* COLLOQ. marinaio *m.* **Blau|kehl|chen** n. *(-s,-)* pettazzurro *m.* **Blau|kraut** n. *(-[e]s)* REGION. cavolo *m.* rosso. **bläu|lich** agg. azzurrino, azzurrognolo, bluastro.

Blau|licht n. *(-[e]s,-er)* luce *f.* lampeggiante (azzurra), lampeggiatore *m.* (a luce blu). **Blau|lin|ge, Bläu|lin|ge** pl. licenidi *m.pl.* **blau_ma|chen** intr. (aus. *haben*) COLLOQ. = stare a casa, non andare a lavorare; SCOL. tagliare. **Blau|mann** m. *(-[e]s,-männer)* COLLOQ. tuta *f.* (da meccanico). **Blau|mei|se** f. *(-,-n)* cinciarella *f.* **Blau|pa|pier** n. *(-s)* carta *f.* copiativa (*o* carbone). **Blau|pau|se** f. *(-,-n)* cianografica *f.* **blau|rot** agg. viola. **Blau|säu|re** f. *(-)* acido *m.* prussico (*o* cianidrico). **Blau|schim|mel** m. *(-s)* **1** *(Grauschimmel)* cavallo *m.* leardo **2** *(Algenpilz)* peronospora *f.* **blau|schwarz** agg. nero bluastro. **Blau|specht** m. *(-[e]s,-e)* picchio *m.* muratore. **Blau|stich**, ***einen ~ haben*** tendere al blu (*o* dare sul blu). **Blau|stift** m. *(-[e]s,-e)* matita *f.* copiativa. **Blau|strumpf** m. *(-[e]s,-strümpfe)* SPREG. bas-bleu *f.* **Blau|sucht** f. *(-)* cianosi *f.* **Blau|wal** m. *(-[e]s,-e)* balenottera *f.* azzurra.

Blech n. *(-[e]s,-e)* **1a** latta *f.*, lamiera *f.* **b** *(Backblech)* piastra *f.* (da forno) **c** COLLOQ. SPREG. *(Orden)* pezzo *m.* di latta **2** MUS. ottoni *m.pl.* **3** *(Unsinn)* stupidaggine *f.*, sciocchezza *f.*: ***~ reden*** dire sciocchezze ◆ ***aufs ~ hauen*** = vantarsi. **Blech|blä|ser** m. *(-s,-)* suonatore *m.* di un ottone. **Blech|blas|in|stru|ment** n. *(-[e]s,-e)* ottone *m.* **Blech|büch|se** f. *(-,-n)* barattolo *m.* di latta. **Blech|do|se** f. *(-,-n)* scatola *f.*, barattolo *m.* di latta; *(von Getränken)* lattina *f.* **Blech|ei|mer** m. *(-s,-)* secchio *m.* di latta.

ble|chen COLLOQ. **I** tr. sborsare, scucire **II** intr. (aus. *haben*) sborsare denaro, scucire denaro.

ble|chern agg. **1** di latta, di lamiera **2** metallico: ***ein -er Klang*** un suono metallico. **Blech|ka|nis|ter** m. *(-s,-)* latta *f.*, bidoncino *m.* (metallico). **Blech|kan|ne** f. *(-,-n)* bricco *m.* (di metallo). **Blech|kis|te** f. *(-,-n)* COLLOQ. SPREG. rottame *m.*, carriola *f.* **Blech|la|wi|ne** f. *(-,-n)* COLLOQ. fiume *m.* di lamiera. **Blech|mu|sik** f. *(-)* **1** musica *f.* per ottoni **2** SPREG. musica *f.* stonata. **Blech|sa|lat** m. *(-[e]s)* COLLOQ. groviglio *m.* di lamiere. **Blech|schach|tel** f. *(-,-n)* scatola *f.* di latta. **Blech|scha|den** m. *(-s,-schäden)* danni *m.pl.* alla carrozzeria. **Blech|sche|re** f. *(-,-n)* cesoie *f.pl.* per lamiera. **Blech|schmied** m. *(-[e]s,-e)* lattoniere *m.* **Blech|schrau|be** f. *(-,-n)* vite *f.* per lamiera. **Blech|trom|mel** f. *(-,-n)* tamburo *m.* di latta. **Blech|walz|werk** n. *(-[e]s,-e)* laminatoio *m.*

ble|cken tr. ***die Zähne ~*** digrignare (*o* mostrare) i denti.

1.Blei n. *(-[e]s,-e)* **1** piombo *m.* **2** *(Senkblei)* piombino *m.*, filo *m.* a piombo **3** ANT. *(Gewehrkugel[n])* pallottole *f.pl.*, piombo *m.* ◆ ***die Angst liegt mir wie ~ in den Gliedern, in den Knochen*** = sono impietrito dalla paura; ***etw. liegt wie ~ im Magen*** qcs. è come piombo (*o* un mattone) nello stomaco; FIG. qcs. pesa molto.

2.Blei m. e REGION. n. *(-[e]s,-e* e *-s)* COLLOQ. matita *f.*

3.Blei m. *(-[e]s,-e)* abramide *m.*

blei|ar|tig agg. simile al piombo, plumbeo.

Blei|asche f. *(-)* ossido *m.* piomboso, litargirio *m.*

Blei|be f. *(-,-n)* posto *m.* (dove restare), rifugio *m.*, alloggio *m.*; *(Obdach)* tetto *m.*: ***ohne ~ sein*** essere senza domicilio.

blei|ben intr. *(blieb, geblieben;* aus. *sein)* **1** restare, rimanere: ***auf, an seinem Platz, zu Hause ~*** restare al proprio posto, a casa; ***~ Sie am Apparat!*** resti in linea! ***draußen ~*** restare fuori; ***ledig, wach ~*** rimanere celibe, sveglio; ***ohne Folgen, Wirkung ~*** restare senza conseguenze, non avere effetti; ***am Leben ~*** restare in vita (*o* rimanere vivo); ***in Übung ~*** rimanere in esercizio; ***in Verbindung ~*** restare in contatto; ***jdm, etw. treu ~*** restare fedele a qcn., qcs.; ***ganz der Alte ~*** rimanere proprio quello di un tempo; ***es bleibt alles beim Alten*** tutto resta come prima; ***Freunde ~*** restare amici; ***sitzen, stehen ~*** restare seduto, in piedi **2** ***bei etw. ~*** restare fedele (*o* attaccato) a qcs., perseverare in qcs.; ***bei seiner Meinung, beim Thema ~*** rimanere della propria opinione, in tema; ***bei der Wahrheit ~*** attenersi al vero **3** andare a finire: ***wo bleibt er nur?*** dov'è? che fine ha fatto? ***wo ist meine Tasche geblieben?*** che fine ha fatto (*o* dov'è) la mia borsa? **4a** impers. ***es ~ noch 10 DM*** restano (*o* avanzano) ancora 10 DM; ***es bleibt mir nichts anderes übrig*** non mi rimane altra possibilità **b** *(mit zu)* ***es bleibt zu hoffen, zu wünschen, dass...*** resta da sperare, c'è da augurarsi che... **5** *(umkommen)* rimanere ucciso: ***auf dem Schlachtfeld, im Krieg ~*** rimanere sul campo di battaglia, restare ucciso in guerra **6** ***~ lassen*** COLLOQ. lasciar stare (*o* perdere), smettere: ***er sollte das Trinken ~ lassen*** dovrebbe smettere di bere; ***lass das ~!*** lascia perdere! finiscila! ◆ ***das bleibt abzuwarten*** stiamo a vedere; ***es bleibt dabei!*** (siamo) intesi! ***das muss dahingestellt ~*** questo resta in sospeso, staremo a vedere; ***hier ist meines Bleibens nicht länger*** non posso rimanere qui; ***das bleibt unter uns*** questo rimane, rimanga fra noi. **blei|bend** p.pres. agg. **1** → **bleiben** **2** duraturo, durevole, permanente: ***-er Wert*** valore durevole; ***-e Schäden eines Unfalls*** danni permanenti riportati in un incidente.

Blei|berg|werk n. *(-[e]s,-e)* miniera *f.* di piombo.

bleich agg. pallido, smorto: ***(vor Angst) ~ werden*** impallidire, sbiancare (dalla paura); ***~ wie der Tod*** pallido come un cadavere. **Blei|che** f. *(-,-n)* **1** *(Blässe)* pallore *m.* **2** ANT. = luogo *m.* dove si mette la biancheria a sbiancare **3** *(Bleichmittel)* sbiancante *m.*

1.blei|chen **I** tr. sbiancare, imbianchire; *(Wäsche)* candeggiare; *(Haar)* schiarire.

2.blei|chen intr. *(bleichte/*ANT. *blich; gebleicht/*ANT. *geblichen;* aus. *sein)* sbiadir(si), scolorir(si), schiarirsi: ***die Haare sind in der Sonne gebleicht*** i capelli si sono schiariti al sole.

Bleich|ge|sicht n. *(-[e]s,-er)* viso *m.* pallido. **Bleich|kalk** m. *(-[e]s)* CHIM. polvere *f.* da sbianca, cloruro *m.* di calcio, ipoclorito *m.* di calcio. **Bleich|lau|ge** f. *(-)* candeggina *f.*, varec(c)hina *f.* **Bleich|mit|tel** n. *(-s,-)* sbiancante *m.*, candeggiante *m.* **Bleich|sucht** f. *(-)* clorosi *f.* **bleich|süch|tig** agg. clorotico.

Bleie f. *(-,-n)* → **3.Blei.**

blei|ern agg. **1a** di piombo **b** *(bleifarben)* plumbeo **2** *(schwer lastend)* pesante (come il piombo), molto pesante; FIG. ***eine -e Müdigkeit*** una tremenda stanchezza. **Blei|erz** n. *(-es,-e)* minerale *m.* di piombo. **blei|far|ben, blei|far|big** agg. plumbeo, color piombo. **blei|frei** agg. senza piombo: ***-es Benzin*** benzina verde (*o* senza piombo). **Blei|fuß**, ***mit ~ fahren*** viaggiare (*o* andare) a tavoletta. **Blei|ge|halt** m. *(-[e]s)* contenuto *m.* di piombo. **Blei|ge|wicht** n. *(-[e]s,-e)* piombino *m.* **Blei|gie|ße|rei** f. *(-,-en)* fonderia *f.* di piombo. **Blei|glanz** m. *(-es)* galena *f.* **Blei|glas** n. *(-es)* vetro *m.* al piombo. **blei|grau** agg. grigio piombo. **blei|hal|tig** agg. che contiene piombo, piombifero. **Blei|ka|bel** n. *(-s,-)* cavo *m.* sotto-piombo. **Blei|kam|mer** f. *(-,-n)* **1** CHIM. camera *f.* di piombo **2** STOR. Piombi *m.pl.* **Blei|krank|heit** f. *(-)* malattia *f.* da piombo, saturnismo *m.* **Blei|kris|tall** n. *(-s)* cristallo *m.* al piombo. **Blei|ku|gel** f. *(-,-n)* pallottola *f.* (di piombo). **Blei|le|gie|rung** f. *(-,-en)* lega *f.* di piombo. **Blei|lot** n. *(-[e]s,-e)* filo *m.* a piombo. **Blei|man|tel** m. *(-s,-mäntel)* EL. guaina *f.* di piombo, involucro *m.* di piombo. **Blei|oxid** CHIM. **Blei|oxyd**, n. *(-[e]s)* ossido *m.* di piombo, litargirio *m.* **Blei|schrot** m. e n. *(-[e]s,-e)* pallino *m.* da caccia (di piombo). **blei|schwer** agg. pesante come il piombo, pesantissimo. **Blei|sol|dat** m. *(-en,-en)* soldatino *m.* di piombo.

Blei|stift m. *(-[e]s,-e)* matita *f.*, lapis *m.* **Blei|stift|ab|satz** m. *(-es,-absätze)* tacco *m.* a spillo. **Blei|stift|hal|ter** m. *(-s,-)* portamatite *m.* **Blei|stift|hül|se** f. *(-,-n)* salvapunte *m.* (di matita). **Blei|stift|mi|ne** f. *(-,-n)* mina *f.* **Blei|stift|spit|zer** m. *(-s,-)* temperamatite *m.*, temperino *m.* **Blei|stift|stum|mel** m. *(-s,-)* mozzicone *m.* di matita. **Blei|stift|zeich|nung** f. *(-,-en)* disegno *m.* a matita.

Blei|sul|fat n. *(-[e]s)* solfato *m.* di piombo. **Blei|ver|gif|tung** f. *(-,-en)* intossicazione *f.* da piombo, saturnismo *m.* **Blei|was|ser** n. *(-s)* soluzione *f.* diluita di acetato di piombo. **Blei|weiß** n. *(-[es])* biacca *f.* di piombo. **Blei|wurz** f. *(-,-en)* BOT. piombaggine *f.*

Blend|bo|gen m. *(-s,-)* arco *m.* cieco (*o* a luce chiusa). **Blen|de** f. *(-,-n)* **1** schermo *m.*: ***eine ~ gegen das Sonnenlicht*** uno schermo parasole **2a** FOT. diaframma *m.*: ***die ~ öffnen, schließen, einstellen*** aprire, chiudere, regolare il diaframma **b** *(Blendenzahl)* luminosità *f.* **c** CINEM. dissolvenza *f.* **3** MIN. blenda *f.* **4** ARCH. opera *f.* finta, cieca **5** SART. guarnizione *f.*: ***eine ~ aufsetzen*** applicare una guarnizione **6** MAR. oscuratore *m.* **blen|den** **I** tr. **1a** abbagliare, abbacinare: ***dieses Licht blendet (mich)*** questa luce (mi) abbaglia **b** *(blind machen)* accecare (anche FIG.) **2a** FIG. *(bezaubern)* abbagliare: ***ihr Charme blendete ihn*** il suo fascino lo abbagliò **b** *(täuschen)* ***sich vom Erfolg, durch den äußeren Schein ~ lassen*** lasciarsi abbagliare dal successo, farsi ingannare dalle apparenze **3** *(mit Blenden versehen)* schermare **II** intr. (aus. *haben*) **1** *(spiegeln)* brillare, abbagliare, (ri)splendere: ***bei Sonnenlicht ~*** abbagliare riflettendo la luce del sole **2** FIG. *(täuschen)* abbagliare, ingannare: ***durch ein perfektes Benehmen ~*** ingannare con un comportamento impeccabile. **Blen|den|au|to|ma|tik** f. *(-)* regolazione *f.* automatica del diaframma. **blen|dend** **I** p.pres. agg. **1** → **blenden** **2** abbagliante, accecante **3a** FIG. splendido, smagliante, sfolgorante: ***eine -e Erscheinung*** un aspetto splendido; ***~ aussehen*** essere in forma smagliante **b** *(von Personen)* brillante, che spicca: ***ein -er Redner*** un brillante oratore **II** avv. **1** splendidamente, magnificamente: ***es geht ihm ~*** sta magnificamente bene **2** ~ ***weiß*** (di un) bianco smagliante (*o* splendente), bianchissimo. **Blen|den|ein|stel|lung** f. *(-,-en)* regolazione *f.* del diaframma. **Blen|den|öff|nung** f. *(-,-en)* apertura *f.* del diaframma. **Blen|den|ring** m. *(-[e]s,-e)* anello *m.* del diaframma. **Blen|den|zahl** f. *(-)* FOT. luminosità *f.* **Blen|der** m. *(-s,-)* ingannatore *m.* **Blend|fens|ter** n. *(-s,-)* finestra *f.* finta (*o* cieca). **blend|frei** agg. **1** antiabbagliante; AUT. anabbagliante **2** ***-es Glas*** vetro antiriflesso. **Blend|la|ter|ne** f. *(-,-n)* lanterna *f.* cieca. **Blend|rah|men** m. *(-s,-)* intelaiatura *f.* **Blend|schirm** m. *(-[e]s,-e)* **1** visiera *f.* protettiva **2** AUT. aletta *f.* parasole. **Blend|schutz** m. *(-es)* protezione *f.* antiabbagliante. **Blend|stein** m. *(-[e]s,-e)* pietra *f.* da rivestimento. **Blen|dung** f. *(-,-en)* **1a** abbagliamento *m.*, abbacinamento *m.* **b** accecamento *m.* (anche FIG.) **2a** FIG. *(Bezauberung)* abbagliamento *m.*, incantamento *m.* **b** *(Täuschung)* inganno *m.*, abbaglio *m.* **Blend|werk** n. *(-[e]s,-e)* illusione *f.*, inganno *m.*

Ble|pha|ri|tis f. *(-)* blefarite *f.*

Bles|se f. *(-,-n)* **1** macchia *f.* bianca **2** *(Tier)* animale *m.* con una macchia bianca. **Bless|huhn** → **Blässhuhn.**

bles|sie|ren tr. ANT. ferire. **Bles|sur** f. *(-,-en)* ANT. ferita *f.*

bleu [blø:] agg.inv. azzurrognolo, azzurrino. **Bleu** n. *(-s,-)* azzurrino *m.*, azzurro *m.* pallido.

Bleu|el m. *(-s,-)* ANT. mestola *f.*

blich → **bleichen.**

Blick m. *(-[e]s,-e)* **1** sguardo *m.*, occhiata *f.*: ***ein durchdringender, sanfter ~*** uno sguardo penetrante, dolce; ***den ~ auf etw. (A) richten*** dirigere lo sguardo verso qcs.; ***einen ~ auf etw. (A) werfen*** dare un'occhiata a qcs.; ***den ~ heben, senken*** alzare (*o* sollevare), abbassare lo sguardo; ***jdm einen vernichtenden ~ zuwerfen*** fulminare qcn. con lo sguardo; ***auf den ersten ~*** al primo sguardo, a prima vista; ***die -e auf sich (A) lenken, ziehen*** attirare gli sguardi su di sé; ***jdn keines -es würdigen*** non degnare qcn. di uno sguardo; ***einen ~ in etw. (A) tun*** dare un'occhiata (*o* uno sguardo) a qcs. **2** *(Ausblick)* vista *f.*, veduta *f.*: ***ein Zimmer mit ~ auf die Berge*** una camera con vista sulle montagne **3** *(Urteil)* giudizio *m.*, occhio *m.*: ***einen geschulten, weiten ~ haben*** avere un occhio esperto, vedere lontano; ***seinen ~ schärfen*** aguzzare la vista ◆ ***der böse ~*** il malocchio; ***keinen ~ für etw. haben*** non riuscire a capire qcs.; ***einen ~ hinter die Kulissen werfen, tun*** gettare uno sguardo dietro le quinte; ***wenn -e töten könnten!*** se gli sguardi potessero uccidere!

bli|cken intr. (aus. *haben*) **1a** guardare: ***aus dem Fenster, vor sich hin ~*** guardare fuori dalla finestra, davanti a sé; ***finster, heiter ~*** avere lo sguardo torvo, sereno; ***auf etw. (A) ~*** guardare qcs.; ***um sich ~*** guardarsi intorno; ***so weit das Auge ~ kann*** fin dove arriva lo sguardo **b** FIG. occhieggiare, apparire: ***die Sonne blickt durch die Wolken*** il sole fa capolino fra le nuvole **2** *(sich zeigen)* trasparire, mostrarsi: ***Erstaunen blickt aus seinem Gesicht*** lo stupore traspare dal suo viso ◆ ***sich ~ lassen*** farsi vedere; ***das lässt tief ~*** questo fa capire molte cose (*o* è molto significativo); ***dem Tod ins Gesicht ~*** vedere la morte in faccia. **Blick|fang** m. *(-[e]s,-fänge)* richiamo *m.* (visivo). **Blick|feld** n. *(-[e]s)* **1** campo *m.* visivo **2** FIG. vedute *f.pl.*, orizzonte *m.*: ***ein enges ~ haben*** essere di vedute ristrette; ***jdn ins ~ rücken*** porre qcn. al centro dell'attenzione. **Blick|punkt** m. *(-[e]s,-e)* **1** punto *m.* prospettico, prospettiva *f.* **2** *(Gesichtspunkt)* punto *m.* di vista: ***vom psychologischen ~ aus gesehen*** visto dal punto di vista psicologico ◆ ***im ~ stehen*** essere al centro dell'attenzione. **Blick|win|kel** m. *(-s,-)* angolo *m.* visuale, prospettiva *f.* (anche FIG.).

blieb → **bleiben.**

blies → **blasen.**

blind I agg. **1a** cieco: ***(auf einem Auge) ~ sein*** essere cieco (da un occhio); ***~ werden*** diventare cieco; ***-er Fleck*** papilla ottica **b** *(maßlos)* ***-e Wut*** rabbia cieca; ***~ vor Hass sein*** essere accecato dall'odio **c** *(kritiklos)* ***-er Gehorsam*** obbedienza cieca **d** *(nicht einsehbar)* cieco: ***aus -em Zufall*** per puro caso **2** *(angelaufen)* offuscato, appannato: ***ein -er Spiegel*** uno specchio appannato **3a** *(vorgetäuscht)* cieco, finto, falso: ***eine -e Tür*** una falsa porta; ***-er Alarm*** falso allarme **b** *(unsichtbar)* ***ein -er Passagier*** un passeggero clandestino; ***eine -e Naht*** una cucitura nascosta **II** avv. ciecamente: ***jdm ~ vertrauen*** fidarsi di qcn. ciecamente; ***~ geboren*** cieco nato, dalla nascita; ***~ schreiben*** scrivere a macchina senza guardare i tasti; ***~ spielen*** giocare alla cieca; suonare senza guardare i tasti ◆ ***Liebe macht ~*** l'amore rende ciechi; ***für etw. ~ sein*** non avere occhi, essere cieco per qcs.; ***~ urteilen*** giudicare senza cognizione di causa; ***sich ~ verstehen*** capirsi a occhi chiusi; ***~ zuschlagen*** menare botte da orbi; PROV. ***-er Eifer schadet nur*** il troppo stroppia.

Blind|band m. *(-[e]s,-bände)* EDIT. menabò *m.* bianco. **Blind|darm** m. *(-[e]s,-därme)* **1** ANAT. intestino *m.* cieco **2** COLLOQ. appendice *f.* **Blind|darm|ent|zün|dung** f. *(-,-en)* COLLOQ. appendicite *f.*

Blin|de I m. e f. *(-n,-n)* cieco *m.* (-a *f.*) **II** n. *(-n)* FIG. buio *m.*: ***im ~ tappen*** brancolare nel buio ◆ ***unter den -n ist der Einäugige König*** nel paese dei ciechi l'orbo è re; ***von etw. reden wie der ~ von der Farbe*** = parlare di qcs. senza cognizione di causa; ***das sieht doch ein -r (mit dem Krückstock)*** lo vede (*o* se ne accorgerebbe) anche un cieco (col bastone). **Blin|de|kuh,** ***~ spielen*** giocare a mosca cieca. **Blin|den|an|stalt** f. *(-,-en)* → **Blindenheim. Blin|den|füh|rer** m. *(-s,-)* guida *f.* di un cieco. **Blin|den|heim** n. *(-[e]s,-e)* istituto *m.* per ciechi. **Blin|den|hund** m. *(-[e]s,-e)* cane *m.* guida per i ciechi. **Blin|den|schrift** f. *(-)* scrittura *f.* per ciechi. **Blin|den|stock** m. *(-s,-stöcke)* bastone *m.* per ciechi. **Blind|flug** m. *(-[e]s,-flüge)* volo *m.* cieco, strumentale. **Blind|gän|ger** m. *(-s,-)* **1** proiettile *m.* inesploso **2** COLLOQ. FIG. fallito *m.*, buono *m.* a nulla. **blind|gläu|big** agg. credulone. **Blind|heit** f. *(-)* cecità *f.* (anche FIG.) ◆ FIG. ***(wie) mit ~ geschlagen sein*** essere accecato. **Blind|lan|dung** f. *(-,-en)* atterraggio *m.* cieco, strumentale. **blind|lings** avv. alla cieca, ciecamente, a occhi chiusi: ***~ in sein Unglück rennen*** correre ciecamente verso la rovina; ***~ drauflosschlagen*** dare botte da orbi. **Blind|rah|men** → **Blendrahmen. Blind|schacht** m. *(-[e]s,-schächte)* MIN. pozzo *m.* cieco. **Blind|schlei|che** f. *(-,-n)* orbettino *m.* **blind|wü|tig** agg. cieco di rabbia, accecato dall'ira.

blink, ***~ und blank*** lucido (*o* lustro) come uno specchio. **blin|ken I** intr. (aus. *haben*) **1** brillare, scintillare, splendere: ***die Sterne ~*** le stelle brillano; ***die Küche blinkt (vor Sauberkeit)*** la cucina splende (per il pulito) **2a** AUT. lampeggiare **b** *(Signale aussenden)* fare segnali luminosi **II** tr. segnalare; ***SOS ~*** lanciare l'SOS con segnali luminosi. **Blin|ker** m. *(-s,-)* **1** AUT. indicatore *m.* di direzione, freccia *f.*: ***den ~ setzen, betätigen*** mettere la freccia **2** PESC. cucchiaino *m.* **blin|kern** intr. (aus. *haben*) **1** rifulgere **2** *(blinzeln)* ammiccare **3** PESC. pescare col cucchiaino. **Blink|feu|er** m. *(-s,-)* faro *m.* a luce intermittente. **Blink|ge|rät** n. *(-[e]s,-e)* MIL. apparato *m.* per segnali ottici. **Blink|leuch|te** f. *(-,-n)* lampeggiatore *m.*, luce *f.* intermittente. **Blink|licht** n. *(-[e]s,-er)* **1** lampeggio *m.*, luce *f.* intermittente, segnale *m.* luminoso **2** AUT. freccia *f.*, indicatore *m.* di direzione. **Blink|sig|nal** n. *(-s,-e)*, **Blink|zei|chen** n. *(-s,-)* lampeggio *m.*

blin|zeln intr. (aus. *haben*) strizzare, socchiudere gli occhi: ***in die Sonne ~*** strizzare gli occhi guardando il sole; ***zum Zeichen der Zustimmung ~*** fare l'occhiolino in segno di consenso.

Blis|ter m. *(-s,-)* blister *m.*

Blitz m. *(-es,-e)* **1** lampo *m.*, fulmine *m.*: ***der ~ hat in den Baum eingeschlagen*** il fulmine è caduto sull'albero; ***vom ~ getroffen, erschlagen werden*** essere colpito, ucciso dal fulmine **2** COLLOQ. *(Blitzgerät)* flash *m.* ◆ ***(schnell) wie ein geölter, wie der ~*** (veloce) come un lampo, in un lampo; ***wie ein ~ aus heiterem Himmel*** come un fulmine a ciel sereno; FIG. ***einschlagen wie ein ~*** abbattersi come un fulmine; FIG. ***wie vom ~ getroffen*** come fulminato.

Blitz|ab|lei|ter m. *(-s,-)* parafulmine *m.* (anche FIG.). **Blitz|ak|ti|on** f. *(-,-en)*, **Blitz|an|griff** m. *(-[e]s,-e)* blitz *m.* **blitz|ar|tig** agg. come un fulmine, fulmineo. **Blitz|auf|nah|me** f. *(-,-n)* → **Blitzlichtaufnahme. Blitz|be|such** m. *(-[e]s,-e)* visita *f.* lampo. **blitz|blank** agg. COLLOQ. lustro come uno specchio. **blitz|blau** agg. COLLOQ. **1** blu elettrico **2** *(völlig betrunken)* ubriaco fradicio.

blit|zen intr. (aus. *haben*) **1a** impers. ***es blitzt*** lampeggia **b** ANT. SCHERZ. ***bei dir blitzt es*** = ti spunta fuori la sottoveste **2** *(glänzen)* splendere, brillare: ***das Bad blitzt*** il bagno splende **3** FIG. balenare, lampeggiare: ***Wut blitzt aus seinen Augen*** l'ira balena (*o* lampeggia) dai suoi occhi; ***seine Augen ~ vor Zorn*** i suoi occhi mandano lampi d'ira **4** COLLOQ. *(fotografieren)* fotografare col flash; *(Radarkontrolle)* ***man hat ihn geblitzt*** è beccato dall'Autovelox **5** COLLOQ. REGION. *(verstehen)* ***bei ihm hat es endlich geblitzt*** ha finalmente capito **6** GERG. *(nackt auf der Straße rennen)* fare lo streaking. **Blitz|ent|la|dung** f. *(-,-en)* folgore *f.*, scarica *f.* elettrica (del fulmine). **Blit|zer** m. *(-s,-)* GERG. chi fa lo streaking. **Blit|zes|ei|le, Blit|zes|schnel|le** f. *(-)* velocità *f.* del lampo (*o* fulmine): ***in, mit ~*** con la velocità di un fulmine. **Blitz|ge|rät** n. *(-[e]s,-e)* FOT. lampeggiatore *m.*, flash *m.* **blitz|ge|scheit** agg. d'intelligenza fulminea. **Blitz|kar|ri|e|re** f. *(-)* carriera *f.* lampo; ***eine ~ machen*** bruciare le tappe. **Blitz|krieg** m. *(-[e]s,-e)* guerra *f.* lampo. **Blitz|lam|pe** f. *(-,-n)* lampada *f.* del flash. **Blitz|licht** n. *(-[e]s,-er)* FOT. (luce *f.* del) flash *m.* **Blitz|licht|auf|nah|me** f. *(-,-n)* fotografia *f.* col flash. **Blitz|röh|re** f. *(-,-n)* folgorite *f.* **blitz|sau|ber** agg. COLLOQ. lucido come uno specchio. **Blitz|schach** n. *(-s,-s)* partita *f.* blitz. **Blitz|schlag** m. *(-[e]s,-schläge)* folgore *f.*, fulmine *m.* (che cade). **blitz|schnell I** agg. fulmineo, veloce come un fulmine **II** avv. in un lampo, in un baleno. **Blitz|schutz** m. *(-es)* → **Blitzableiter. Blitz|sieg** m. *(-[e]s,-e)* vittoria *f.* lampo. **Blitz|strahl** m. *(-[e]s,-en)* saetta *f.*, fulmine *m.* **Blitz|um|fra|ge** f. *(-,-n)* inchiesta *f.* lampo. **Blitz|wür|fel** m. *(-s,-)* FOT. cuboflash *m.*

Bliz|zard ['blɪzɐt] m. *(-s,-s)* tempesta *f.* di neve, bufera *f.*

Bloch m. *(-s, Blöcher)* REGION. *(Holzblock)* tronco *m.* squadrato, pezzo *m.* di legno.

1.Block m. *(-[e]s, Blöcke)* **1** blocco *m.*, masso *m.* **2** *(aus Holz)* ceppo *m.*; STOR. *(Richtblock)* ceppo *m.* **3** TECN. blocco *m.*

2.Block m. *(-[e]s,-s* e *Blöcke)* **1** POL. ECON. blocco *m.*, gruppo *m.*: ***einen ~ bilden*** formare un blocco **2** *(Häuserblock)* isolato *m.*, blocco *m.* (di case): ***einmal um den ~ gehen*** fare un giro attorno all'isolato **3** *(von Papier)* blocco *m.*, bloc-notes *m.* **4** SPORT *(Sperre)* barriera *f.* **5** PSIC. blocco *m.* **6** MED. *(Herzblock)* arresto *m.* cardiaco.

Blo|cka|de f. *(-,-n)* **1** blocco *m.*: ***eine ~ verhängen, aufheben, brechen*** imporre, forzare, togliere il blocco **2** TIP. bianco *m.*

Block|bau m. *(-s,-bauten)* → **Blockhaus. Block|bil|dung** f. *(-,-en)* POL. formazione *f.* di blocchi. **Block|buch|sta|be** m. *(-ns,-n)* lettera *f.* (in) stampatello. **blo|cken** tr. **1** FERR. bloccare **2** SPORT bloccare, parare. **Block|flö|te** f. *(-,-n)* flauto *m.* dolce (*o* a becco). **block|frei** agg. POL. non allineato. **Block|freie** m. *(-n,-n)* POL. non allineato *m.* **Block|haus** n. *(-es,-häuser)* **1** costruzione *f.* con tronchi d'albero **2** MIL. casamatta *f.*, fortino *m.*

blo|ckie|ren I tr. bloccare (anche FIG.): ***einen Eingang, den Betrieb ~*** bloccare un'entrata, l'azienda **II** intr. (aus. *haben*) TECN. bloccarsi: ***die Bremsen ~*** i freni si bloccano. **Blo|ckie|rung** f. *(-,-en)* **1** bloccaggio *m.* **2** *(Blockade)* blocco *m.* **blo|ckig** agg. a forma di blocco. **Block|kon|struk|ti|on** f. *(-,-en)* costruzione *f.* monoblocco. **Block|mo|tor** m. *(-s,-en)* motore *m.* monoblocco. **Block|par|tei** f. *(-,-en)* partito *m.* di blocco. **Block|po|li|tik** f. *(-)* politica *f.* di blocco. **Block|schrift** f. *(-)* stampatello *m.*, scrittura *f.* a stampatello: ***in ~ schreiben*** scrivere stampatello. **Block|sig|nal** n. *(-s,-e)* segnale *m.* di blocco. **Block|staa|ten** pl. stati *m.pl.* che formano un blocco politico (*o* economico). **Block|stun|de** f. *(-,-n)* SCOL. doppia ora *f.* **Blo|ckung** f. *(-,-en)* **1** bloccaggio *m.* **2** SPORT bloccaggio *m.*, parata *f.* **Block|wart** m. *(-[e]s,-e)* STOR. INTRAD. (uomo di fiducia responsabile di un isolato sotto il regime nazista). **Block|werk** n. *(-[e]s,-e)* MECC. FERR. dispositivo *m.* di blocco.

blöd I agg. **1a** COLLOQ. *(dumm)* cretino, scemo, stupido: ***ein -er Kerl*** uno scemo; ***eine -e Frage*** una domanda stupida **b** MED. ANT. *(schwachsinnig)* deficiente, cretino **2** COLLOQ. *(unangenehm)* spiacevole, fastidioso, assurdo: ***eine -e Lage*** una situazione spiacevole **3** ANT. *(schüchtern)* stupido, timido **II** avv. scioccamente, stupidamente: ***sich ~ anstellen*** comportarsi scioccamente. **Blö|de|lei** f. *(-,-en)* **1** il dire sciocchezze **2** sciocchezze *f.pl.*, scemenze *f.pl.*, stupidaggini *f.pl.* **blö|deln** intr. (aus. *haben*) dire sciocchezze. **blö|der|wei|se** avv. COLLOQ. stupidamente, scioccamente. **Blöd|ham|mel** m. *(-s,-)* → **Blödmann. Blöd|heit** f. *(-,-en)* **1** *(Dummheit)* stupidità *f.*, sciocchezza *f.*, imbecillità *f.* **2** MED. ANT. *(Schwachsinnigkeit)* deficienza *f.*, cretinismo *m.* **3** ANT. *(Schwachsichtigkeit)* miopia *f.* **4** ANT. *(Schüchternheit)* stupidità *f.*, timidezza *f.* **Blö|di|an** m. *(-s,-e)* COLLOQ. imbecille *m.*, stupido *m.* **Blöd|mann** m. *(-es,-männer)* VOLG. cretino *m.* **Blöd|sinn** m. *(-[e]s)* COLLOQ. sciocchezza *f.*, scemenza *f.*, stupidaggine *f.*: ***höherer ~*** sciocchezza madornale; ***~ reden*** dire sciocchezze; ***so ein ~!*** che stupidaggine! che idiozia! **blöd|sin|nig** agg. COLLOQ. *(unsinnig)* idiota, scemo, imbecille: ***ein -er Vorschlag*** una proposta idiota; *(schwachsinnig)* deficiente, idiota. **Blöd|sin|nig|keit** f. *(-,-en)* COLLOQ. stupidità *f.*, imbecillità *f.*

blö|ken intr. (aus. *haben*) *(vom Schaf)* belare; *(vom Rind)* muggire. **Blö|ken** n. *(-s,-)* *(vom Schaf)* belato *m.*; *(vom Rind)* muggito *m.*

blond I agg. **1** biondo: ***-e Haare*** capelli biondi; ***ein -es Kind*** un bambino biondo; SCHERZ. ***ein -es Gift*** una bionda fatale **2** COLLOQ. *(hell)* chiaro, biondo: ***ein -es Bier*** una birra chiara, una bionda **II** avv. ***~ gelockt*** dai riccioli biondi. **Blond** n. *(-s,-s)* biondo *m.*, colore *m.* biondo.

1.Blon|de I m. e f. *(-n,-n)* biondo *m.* (-a *f.*) **II** n. e f. *(-n,-n)* COLLOQ. (birra *f.*) chiara *f.*, bionda *f.*: ***ein kühles -s*** una (birra) bionda fresca.

2.Blon|de ['blɔ̃də] f. *(-,-n)* *(Seidenspitze)* blonda *f.*, bionda *f.*

Blond|haar n. *(-[e]s)* LETT. capelli *m.pl.* biondi. **blond|haa|rig** agg. dai capelli biondi, biondo. **blon|die|ren** tr. ossigenare. **Blon|di|ne** f. *(-,-n)* bionda *f.*, biondina *f.* **blond|lo|ckig** agg. dai riccioli biondi.

bloß I agg. **1a** nudo: ***mit -en Händen*** a mani nude; FIG. ***mit -em Auge*** a occhio nudo **b** scalzo: ***mit -en Füßen*** a piedi nudi, scalzi **c** scoperto: ***mit -em Kopf*** a capo scoperto; ***~ im Bett liegen*** essere a letto scoperto **2** solo, semplice: ***-e Worte*** solo parole, nient'altro che parole; ***die -e Vorstellung ist fürchterlich*** la sola idea è terribile; ***auf -en Verdacht*** su un semplice sospetto **II** avv. COLLOQ. *(nur)* solo, soltanto, semplicemente: ***er will ~ Spaß machen*** vuole soltanto divertirsi **III** part. ***wo bleibst du ~?*** ma dove sei? ***wer mag das ~ sein?*** chi sarà mai? ***lass das ~ sein!*** lascia che sia!

Blö|ße f. *(-,-n)* **1** LETT. *(Nacktsein)* nudità *f.*: ***seine -n bedecken*** coprire le proprie nudità **2** *(Lichtung)* radura *f.* **3** CONC. pelle *f.* pronta per la concia **4** *(beim Fechten)* punto *m.* scoperto ◆ ***sich (D) eine ~ geben*** esporsi, compromettersi; ***jdm eine ~ bieten*** offrire il fianco a qcn. **bloß|fü|ßig** agg. ANT. a piedi nudi. **bloß‿le|gen** tr. mettere a nudo, scoprire, portare alla luce (anche FIG.). **bloß‿lie|gen** intr. *(lag, gelegen;* aus. *sein)* essere scoperto. **bloß‿stel|len I** tr. compromettere, far fare una figuraccia **II** rifl. **sich ~** compromettersi, fare una figuraccia. **Bloß|stel|lung** f. *(-,-en)* il compromettere. **bloß‿stram|peln** rifl. **sich ~** *(von kleinen Kindern)* scoprirsi (agitandosi).

Blou|son [blu'zɔ̃:] n. e m. *(-[s],-s)* giubbotto *m.*

blub|bern intr. (aus. *haben*) COLLOQ. **1** ribollire, gorgogliare **2** *(undeutlich sprechen)* farfugliare.

Blue|jeans, Blue Jeans ['blu:dʒi:ns] pl. blue-jeans *m.pl.*

Blues [blu:s] m. *(-,-)* blues *m.*

Bluff [blʊf] m. *(-s,-s)* bluff *m.* **bluf|fen** ['blʊfn] **I** tr. ingannare **II** intr. (aus. *haben*) bluffare ◆ ***sich nicht ~ lassen*** non lasciarsi ingannare. **Bluf|fer** ['blʊfɐ] m. *(-s,-)* bluffatore *m.*

blü|hen intr. (aus. *haben*) **1** fiorire (anche FIG.): ***wie eine Rose ~*** fiorire come una rosa **2** *(gedeihen)* fiorire, prosperare: ***sein Geschäft blüht*** i suoi affari prosperano **3** COLLOQ. *(widerfahren)* accadere, capitare: ***heute blüht dir was!*** oggi ti aspetta qualcosa di brutto! **blü|hend** p.pres. agg. **1** → **blühen 2a** fiorito, in fiore: ***die -en Wiesen*** i prati in fiore **b** FIG. ***eine -e Schönheit*** una bellezza in fiore; ***im -en Alter*** nel fiore degli anni; ***eine -e Phantasie*** una fervida fantasia **3** *(gedeihend)* fiorente, florido, prospero: ***eine -e Stadt*** una città fiorente; ***wie das -e Leben aussehen*** avere un aspetto florido **4** COLLOQ. enorme, grandissimo: ***ein -er Unsinn*** un'enorme sciocchezza. **blüh|freu|dig, blüh|wil|lig** agg. che fiorisce facilmente.

Blüm|chen n. *(-s,-)* fiorellino *m.* **Blüm|chen|kaf|fee** m. *(-s)* SCHERZ. caffè *m.* troppo lungo, leggero.

Blu|me f. *(-,-n)* **1** fiore *m.*: ***-n pflücken*** cogliere fiori; ***ein Strauß -n*** un mazzo di fiori **2** *(Bierschaum)* schiuma *f.* **3** ENOL. bouquet *m.* **4** VENAT. *(Schwanz des Hasen)* coda *f.* (di coniglio) ◆ ***etw. durch die ~ sagen*** far capire (velatamente) qcs.; FIG. IRON. ***vielen Dank für die -n*** grazie per la critica. **Blu|men|am|pel** f. *(-,-n)* fioriera *f.* (sospesa). **Blu|men|ar|ran|ge|ment** [-arãʒəmã] n. *(-s,-s)* composizione *f.* di fiori. **Blu|men|beet** n. *(-[e]s,-e)* aiuola *f.* fiorita. **Blu|men|er|de** f. *(-)* terra *f.* per fiori. **Blu|men|frau** f. *(-,-en)* fioraia *f.* **Blu|men|ge|schäft** n. *(-[e]s,-e)* negozio *m.* di fiori (*o* di fioraio): ***ins ~ gehen*** andare dal fioraio. **Blu|men|gruß** m. *(-es,-grüße)* omaggio *m.* floreale. **Blu|men|kas|ten** m. *(-s,-kästen)* fioriera *f.* **Blu|men|kind** n. *(-[e]s,-er)* figlio *m.* (-a *f.*) dei fiori, hippy *m.* e *f.* **Blu|men|kohl** m. *(-[e]s,-e)* cavolfiore *m.* **Blu|men|korb** m. *(-[e]s,-körbe)* cesto *m.* di fiori. **Blu|men|kor|so** m. *(-s,-s)* sfilata *f.* di carri floreali. **Blu|men|kranz** m. *(-es,-kränze)* corona *f.* di fiori. **Blu|men|kü|bel** m. *(-s,-)* fioriera *f.* **Blu|men|la|den** m. *(-s,-läden)* → **Blumengeschäft. Blu|men|mäd|chen** n. *(-s,-)* fioraia *f.* **Blu|men|mus|ter** n. *(-s,-)* motivo *m.* floreale. **Blu|men|ra|bat|te** f. *(-,-n)* bordura *f.* (di fiori). **Blu|men|spra|che** f. *(-)* linguaggio *m.* dei fiori. **Blu|men|stän|der** m. *(-s,-)* portafiori *m.*, giardiniera *f.* **Blu|men|stock** m. *(-[e]s,-stöcke)* pianta *f.* (in vaso). **Blu|men|strauß** m. *(-es,-sträuße)* mazzo *m.* di fiori. **Blu|men|stück** n. *(-[e]s,-e)* PITT. natura *f.* morta (con fiori). **Blu|men|topf** m. *(-[e]s,-töpfe)* **1** vaso *m.* da fiori **2** vaso *m.* di fiori: ***den ~ gießen*** bagnare il vaso di fiori ◆ ***damit kann man keinen ~ gewinnen*** = così non si ottiene nulla (*o* questo non serve a niente). **Blu|men|va|se** f. *(-,-n)* **1** vaso *m.* da fiori **2** vaso *m.* di fiori: ***auf dem Tisch stand eine ~*** sul tavolo c'era un vaso di fiori. **Blu|men|zucht** f. *(-)* floricoltura *f.* **Blu|men|zwie|bel** f. *(-,-n)* bulbo *m.* (di fiore).

blü|me|rant agg. COLLOQ. debole, fiacco: ***jdm ist, wird ganz ~ (zumute)*** qcn. si sente mancare (*o* svenire).

blu|mig agg. **1** fiorito (anche FIG.) **2a** *(duftig)* odoroso **b** *(von Wein)* aromatico.

Blüs|chen n. *(-s,-)* camicetta *f.* **Blu|se** f. *(-,-n)* camicia *f.*, camicetta *f.*, blusa *f.* ◆ ***(et)was in der ~ haben*** = avere un seno prosperoso. **blu|sig** agg. blusante.

Blut n. *(-[e]s)* sangue *m.* (anche FIG.): ***~ (aus der Nase) verlieren*** perdere sangue (dal naso); ***~ spenden, stillen, übertragen*** donare sangue, fermare il sangue, fare una trasfusione di sangue; ***jdm ~ abnehmen*** fare un prelievo di sangue a qcn.; ***~ vergießen*** versare (*o* spargere) sangue; ***nach ~ dürsten*** essere assetato di sangue: ***ihm stieg das ~ in den Kopf*** gli andò (*o* montò) il sangue alla testa; ***die Bande, die Stimme des -es*** i vincoli, la voce del sangue; ***~ bildend*** em(at)opoietico ◆ ***jdm gefriert, erstarrt, stockt das ~ in den Adern*** a qcn. si raggela il sangue nelle vene; ***jdm kocht das ~ in den Adern*** a qcn. ribolle il sangue nelle vene; ***bis aufs ~*** a sangue; FIG. a morte; ***jdn bis aufs ~ reizen*** far montare il sangue alla testa a qcn.; ***blaues ~ in den Adern haben*** avere sangue blu nelle vene; ***etw. macht,***

schafft böses ~ qcs. fa cattivo sangue; ***heißes ~ haben*** avere il sangue caldo; FIG. ***~ geleckt haben*** = provarci gusto; ***etw. liegt jdm im ~*** qcn. ha qcs. nel sangue; ***(nur) ruhig ~!*** calma e sangue freddo! ***~ und Wasser schwitzen*** sudare freddo; *(sich anstrengen)* sudare sangue. **Blut|ab|nah|me** f. *(-,-n)* prelievo *m.* di sangue. **Blut|ader** f. *(-,-n)* vena *f.* **Blut|al|ko|hol** m. *(-s)* tasso *m.* alcolico (nel sangue), alcolemia *f.* **Blut|an|drang** m. *(-[e]s)* congestione *f.* **Blut|ap|fel|si|ne** f. *(-,-n)* → **Blutorange.**

1.blut|arm agg. anemico.

2.blut|arm agg. povero in canna, poverissimo.

Blut|ar|mut f. *(-)* anemia *f.* **Blut|bad** n. *(-[e]s)* bagno *m.* di sangue. **Blut|bahn** f. *(-,-en)* circolo *m.* sanguigno. **Blut|bank** f. *(-,-en)* banca *f.* del sangue, emoteca *f.* **Blut|bann** m. *(-[e]s,-e)* STOR. diritto *m.* di vita e di morte. **blut|be|fleckt, blut|be|schmiert** agg. macchiato di sangue. **Blut|bla|se** f. *(-,-n)* ematoma *m.* **Blut|bre|chen** n. *(-s)* ematemesi *f.* **Blut|bu|che** f. *(-,-n)* faggio *m.* sanguigno (*o* rosso).

Blut|druck m. *(-[e]s)* pressione *f.* sanguigna, tensione *f.* arteriosa: ***hoher, niedriger ~*** pressione alta, bassa (MED. ipertensione, ipotensione). **Blut|druck|mes|ser** m. *(-s,-)* sfigmomanometro *m.* **blut|druck|sen|kend** agg. ipotensivo. **Blut|druck|sen|kung** f. *(-)* abbassamento *m.* della pressione, MED. ipotensione *f.* **Blut|druck|stei|ge|rung** f. *(-)* aumento *m.* della pressione, MED. ipertensione *f.* **Blut|durst** m. *(-[e]s)* sete *f.* di sangue. **blut|dürs|tig** agg. assetato di sangue.

Blü|te f. *(-,-n)* **1** fiore *m.*: ***-n treiben*** mettere i fiori (*o* fiorire) **2** *(das Blühen)* fioritura *f.*, il fiorire (anche FIG.): ***in voller ~ stehen*** essere in piena fioritura; ***die ~ der Renaissance*** la fioritura del Rinascimento; ***in der ~ seiner Jahren sterben*** morire nel fiore degli anni **3** COLLOQ. *(gefälschte Banknote)* banconota *f.* falsa **4** COLLOQ. *(Pickel)* brufolo *m.*, foruncolo *m.*

Blut|egel m. *(-s,-)* sanguisuga *f.*

blu|ten intr. (aus. *haben*) **1** sanguinare (anche FIG.): ***aus der Nase ~*** sanguinare (*o* perdere sangue) dal naso; ***ihm blutet das Knie*** gli sanguina il ginocchio; FIG. ***mir blutet das Herz*** mi sanguina il cuore **2** *(von Bäumen)* colare, lacrimare, trasudare **3** COLLOQ. svenarsi, dissanguarsi (finanziariamente) ◆ ***schwer ~ müssen*** doverla pagare cara.

Blü|ten|blatt n. *(-[e]s,-blätter)* petalo *m.* **Blü|ten|flor** m. *(-s)* LETT. ricca fioritura *f.* **Blü|ten|ho|nig** m. *(-s)* miele *m.* (d'api). **Blü|ten|kelch** m. *(-[e]s,-e)* BOT. calice *m.* **Blü|ten|knos|pe** f. *(-,-n)* gemma *f.*; *(von Blumen)* bocciolo *m.* **Blü|ten|le|se** f. *(-)* antologia *f.*, florilegio *m.* **blü|ten|los** agg. senza fiori, privo di fiori ◆ BOT. ***-e Pflanze*** (pianta) crittogama. **Blü|ten|pflan|ze** f. *(-,-n)* fanerogama *f.*, spermatofita *f.* **blü|ten|reich** agg. pieno di fiori, molto fiorito. **Blü|ten|stand** m. *(-[e]s,-stände)* infiorescenza *f.* **Blü|ten|stän|gel** m. *(-s,-)* → **Blütenstiel. Blü|ten|staub** m. *(-[e]s)* polline *m.* (dei fiori). **Blü|ten|stiel** m. *(-[e]s,-e)* stelo *m.*, gambo *m.*

Blut|ent|nah|me f. *(-,-n)* → **Blutabnahme.**

Blü|ten|trau|be f. *(-,-n)* grappolo *m.* (fiorifero). **blü|ten|weiß** agg. candido, bianchissimo. **Blü|ten|zweig** m. *(-[e]s,-e)* ramo *m.* fiorito.

Blu|ter m. *(-s,-)* emofiliaco *m.*

Blut|er|guss m. *(-es,-ergüsse)* ematoma *m.*

Blu|ter|krank|heit f. *(-)* emofilia *f.*

Blü|te|zeit f. *(-,-en)* **1** (periodo *m.* della) fioritura *f.* **2** FIG. periodo *m.* di massima fioritura (*o* di massimo splendore), periodo *m.* aureo.

Blut|farb|stoff m. *(-[e]s)* emoglobina *f.* **Blut|fa|ser|stoff** m. *(-[e]s)* fibrina *f.* **Blut|fink** m. *(-[e]s,-e)* ZOOL. ciuffolotto *m.* scarlatto. **Blut|fleck** m. *(-[e]s,-e)* macchia *f.* di sangue. **Blut|flüs|sig|keit** f. *(-)* plasma *m.* **Blut|ge|fäß** n. *(-es,-e)* vaso *m.* sanguigno. **Blut|geld** n. *(-[e]s)* STOR. **1** *(Wergeld)* guidrigildo *m.* **2** *(Belohnung)* taglia *f.* **Blut|ge|rinn|sel** n. *(-s,-)* coagulo *m.*, trombo *m.* **Blut|ge|rin|nung** f. *(-,-en)* coagulazione *f.* del sangue. **Blut|gier** f. *(-)* sete *f.* di sangue. **blut|gie|rig** agg. avido di sangue, sanguinario. **Blut|grup|pe** f. *(-,-n)* gruppo *m.* sanguigno. **Blut|grup|pen|un|ter|su|chung** f. *(-,-en)* determinazione *f.* del gruppo sanguigno (per stabilire la paternità). **Blut|har|nen** n. *(-s,-)* ematuria *f.* **Blut|hoch|druck** m. *(-[e]s)* pressione *f.* alta, MED. ipertensione *f.* **Blut|hund** m. *(-[e]s,-e)* **1** bloodhound *m.*, cane *m.* di sant'Uberto **2** FIG. aguzzino *m.*, boia *m.* **Blut|hus|ten** m. *(-s)* sbocco *m.* di sangue, MED. emottisi *f.*

blu|tig I agg. **1** insanguinato, sporco di sangue: ***eine -e Stirn*** una fronte insanguinata **2** *(mit Blutvergießen verbunden)* sanguinoso **3** rafforz. totale, assoluto: ***ein -er Anfänger*** un principiante assoluto; ***es ist mir -er Ernst*** dico proprio sul serio **II** avv. ***jdn ~ schlagen*** picchiare qcn. a sangue.

blut|jung agg. giovanissimo. **Blut|kon|ser|ve** f. *(-,-n)* sangue *m.* conservato (per trasfusioni). **Blut|kör|per|chen** n. *(-s,-)* globulo *m.*: ***rote, weiße ~*** globuli rossi, bianchi (MED. eritrociti, leucociti). **Blut|krebs** m. *(-es)* leucemia *f.* **Blut|kreis|lauf** m. *(-[e]s)* circolazione *f.* sanguigna (*o* del sangue). **Blut|la|che** f. *(-,-n)* pozza *f.* di sangue. **blut|leer** agg. esangue (anche FIG.). **Blut|lee|re** f. *(-)* ischemia *f.* **blut|los** agg. → **blutleer. Blut|op|fer** n. *(-s,-)* **1** sacrificio *m.* cruento **2** FIG. *(Getöteter)* vittima *f.*, morto *m.* **Blut|oran|ge** f. *(-,-n)* arancia *f.* sanguigna, sanguinella *f.* **Blut|pfropf** m. *(-[e]s,-e)* COLLOQ. trombo *m.*, embolo *m.* **Blut|plas|ma** n. *(-s,-plasmen)* plasma *m.* **Blut|plätt|chen** n. *(-s,-)* piastrina *f.*, trombocita *m.*, trombocito *m.* **Blut|pro|be** f. *(-,-n)* **1** *(Blutentnahme)* prelievo *m.* di sangue: ***eine ~ bei jdm machen*** fare un prelievo (di sangue) a qcn. **2** *(Blutuntersuchung)* prova *f.* (*o* esame *m.*) del tasso alcoolico nel sangue. **Blut|ra|che** f. *(-)* vendetta *f.* di sangue. **Blut|rausch** m. *(-[e]s)* follia *f.* omicida. **Blut|rei|ni|gung** f. *(-)* depurazione *f.* del sangue. **blut|rot** agg. rosso (come il) sangue, rosso sanguigno. **blut|rüns|tig** agg. **1** di sangue, sanguinoso, truculento: ***ein -er Film*** un film truculento **2** *(von Menschen)* sanguinario. **Blut|sau|ger** m. *(-s,-)* **1** ZOOL. vampiro *m.*, desmodontide *m.* **2** *(im Volksglauben)* vampiro *m.* **3** *(Ausbeuter)* sanguisuga *f.*

Bluts|bru|der m. *(-s,-brüder)* fratello *m.* di sangue. **Bluts|brü|der|schaft** f. *(-)* fratellanza *f.* di sangue.

Blut|schan|de f. *(-)* incesto *m.* **blut|schän|de|risch** agg. incestuoso. **Blut|schuld** f. *(-)* delitto *m.* di sangue, assassinio *m.* **Blut|schwamm** m. *(-[e]s,-schwämme)* emangioma *m.* **Blut|sen|kung** f. *(-,-en)* **1** sedimentazione *f.* dei globuli rossi, MED. eritrosedimentazione *f.* **2** *(Untersuchung)* esame *m.* di eritrosedimentazione. **Blut|se|rum** n. *(-s,-seren)* siero *m.* (del sangue). **Blut|spen|der** m. *(-s,-)* donatore *m.* di sangue. **Blut|spen|de|rin** f. *(-,-nen)* donatrice *f.* di sangue. **Blut|spu|cken** n. *(-s)* → **Bluthusten. Blut|spur** f. *(-,-en)* traccia *f.* di sangue. **Blut|stau|ung** f. *(-,-en)* stasi *f.* sanguigna. **blut|stil|lend** agg. emostatico, antiemorragico: ***-es Mittel*** emostatico, antiemorragico. **Blut|stil|lung** f. *(-)* arresto *m.* di emorragia, MED. emostasi *f.* **Blut|sto|ckung** f. *(-)* → **Blutstauung. Blut|strahl** m. *(-[e]s,-en)* zampillo *m.* di sangue. **Blut|strom** m. *(-[e]s,-ströme)* flusso *m.* sanguigno. **Bluts|trop|fen** m. *(-s,-)* goccia *f.* di sangue. **Blut|sturz** m. *(-es,-stürze)* sbocco *m.* di sangue.

bluts|ver|wandt agg. consanguineo. **Bluts|ver|wand|te** m. e f. *(-n,-n)* consanguineo *m.* (-a *f.*). **Bluts|ver|wandt|schaft** f. *(-,-en)* consanguineità *f.*

Blut|tat f. *(-,-en)* fatto *m.* di sangue, assassinio *m.* **Blut|trans|fu|si|on** f. *(-,-en)* trasfusione *f.* di sangue. **blut|trie|fend** agg. grondante di sangue, insanguinato. **blut|über|strömt** agg. coperto di sangue. **Blut|über|tra|gung** f. *(-,-en)* → **Bluttransfusion.**

Blu|tung f. *(-,-en)* **1** emorragia *f.*: ***eine äußere, innere ~ zum Stehen bringen*** arrestare un'emorragia esterna, interna **2** *(Menstruation)* mestruazione *f.*: ***regelmäßige -en*** mestruazioni regolari.

blut|un|ter|lau|fen agg. ecchimotico, livido. **Blut|un|ter|su|chung** f. *(-,-en)* esame *m.* del sangue. **Blut|ver|gie|ßen** n. *(-s,-)* spargimento *m.* di sangue. **Blut|ver|gif|tung** f. *(-,-en)* infezione *f.* del sangue, MED. setticemia *f.* **Blut|ver|lust** m. *(-[e]s,-e)* perdita *f.* di sangue. **blut|ver|schmiert** agg. imbrattato (*o* sporco) di sangue. **blut|voll** agg. vigoroso, vitale. **Blut|wä|sche** f. *(-,-n)* lavaggio *m.* del sangue, emodialisi *f.* **Blut|was|ser** n. *(-s)* → **Blutserum. blut|we|nig** agg. COLLOQ. pochissimo, molto poco. **Blut|wurst** f. *(-,-würste)* sanguinaccio *m.* **Blut|wurz** f. *(-,-en)* tormentilla *f.*, sanguisorba *f.* **Blut|zeu|ge** m. *(-n,-n)* LETT. martire *m.* **Blut|zir|ku|la|ti|on** f. *(-,-en)* → **Blutkreislauf. Blut|zoll** m. *(-[e]s)* tributo *m.* di sangue. **Blut|zu|cker** m. *(-s)* glicemia *f.* **Blut|zu|cker|spie|gel** m. *(-s)* tasso *m.* glicemico. **Blut|zu|fuhr** f. *(-,-en)* apporto *m.* di sangue.

BLZ ⇒ *Bankleitzahl* codice bancario.

b-Moll n. *(-)* si *m.* bemolle minore.

BND ⇒ *Bundesnachrichtendienst* Servizi segreti federali.

Bö f. *(-,-en)* folata *f.* di vento.

Boa f. *(-,-s)* ABBIGL. ZOOL. boa *m.*

Bob m. *(-s,-s)* bob *m.* **Bob|bahn** f. *(-,-en)* pista *f.* per bob.

Bo|ber m. *(-s,-)* MAR. gavitello *m.*

Bob|fah|rer m. *(-s,-)* bobbista *m.*

Bo|bi|ne f. *(-,-n)* **1** TESS. bobina *f.*, rocchetto *m.*, spola *f.* **2** MIN. tamburo *m.*

Bob|ren|nen n. *(-s,-)* gara *f.* (*o* corsa *f.*) di bob.

Boc|cia ['bɔtʃa] n. *(-s,-s)* e f. *(-,-s)* gioco *m.* delle bocce. **Boc|cia|spie|ler** m. *(-s,-)* giocatore *m.* di bocce.

1.Bock m. *(-[e]s, Böcke)* **1a** ZOOL. maschio *m.* **b** *(Ziegenbock)* caprone *m.*, becco *m.* **c** *(Schafbock)* montone *m.*, ariete *m.* **d** *(Rehbock)* capriolo *m.* (maschio) **2** COLLOQ. SPREG. mulo *m.*, caprone *m.*: ***wie ein ~ stinken*** puzzare come un caprone; ***so ein geiler ~!*** che mandrillo! **3** *(Gestell)* cavalletto *m.* **4** *(Schemel)* trespolo *m.*, sgabello *m.* (alto) **5** GINN. cavallina *f.* **6** *(Kutschersitz)* cassetta *f.* **7** ANT. *(Ramme)* ariete *m.* ◆ ***den ~ zum Gärtner machen*** fare il lupo pecoraio; FIG. ***(k)einen ~ auf etw. haben*** (non) avere voglia di fare qcs.; ***null ~***

haben non aver nessuna voglia; FIG. ***einen ~ schießen*** prendere un granchio; ***steif wie ein ~ sein*** essere rigido, cocciuto come un mulo; ***das Kind stößt der ~*** il bambino fa i capricci.

2.Bock n. e m. *(-s)* INTRAD. (birra forte).

bock|bei|nig agg. COLLOQ. caparbio, cocciuto, recalcitrante. **Bock|bei|nig|keit** f. *(-)* caparbietà *f.*, cocciutaggine *f.*

Bock|bier n. *(-[e]s,-e)* INTRAD. (birra forte).

bo|cken I intr. (aus. *haben*) **1** impuntarsi, recalcitrare **2** COLLOQ. *(nicht funktionieren)* fare le bizze: ***der Motor bockt*** il motore fa le bizze, non vuole saperne di partire **3** COLLOQ. FIG. *(trotzen)* impuntarsi, fare il testardo **4** *(von Schafen, Ziegen)* essere in calore, avere la fregola **II** rifl. **sich ~** REGION. annoiarsi.

Bock|fuß m. *(-es,-füße)* piede *m.* caprino.

bo|ckig agg. **1** caparbio, cocciuto, recalcitrante **2** REGION. *(langweilig)* noioso. **Bo|ckig|keit** f. *(-)* caparbietà *f.*, cocciutaggine *f.*

Bock|kä|fer m. *(-s,-)* cerambice *m.* **Bock|kitz** n. *(-es,-e)* VENAT. piccolo *m.* di camoscio, stambecco o capriolo. **Bock|lei|ter** f. *(-,-n)* scala *f.* doppia, a libro. **Bock|mist** m. *(-[e]s,-e)* COLLOQ. strafalcione *m.*: ***~ reden, machen*** dire, fare strafalcioni. **Bocks|bart** m. *(-[e]s,-bärte)* **1** barba *f.* di caprone **2** BOT. barba *f.* di becco. **Bocks|beu|tel** m. *(-s,-)* **1** bottiglia *f.* panciuta **2** ENOL. INTRAD. (tipo di vino della Franconia). **Bocks|horn** n. *(-[e]s,-hörner)* corno *m.* del caprone ◆ COLLOQ. ***sich (nicht) ins ~ jagen lassen*** = (non) lasciarsi intimidire. **Bock|sprin|gen** n. *(-s)* GINN. salto *m.* della cavallina. **Bock|sprung** m. *(-[e]s,-sprünge)* **1** GINN. salto *m.* della cavallina **2** salto *m.* buffo e sgraziato. **bock|steif** agg. COLLOQ. rigido, duro. **Bock|wurst** f. *(-,-würste)* INTRAD. (salsiccia di carne magra bollita).

Bod|den m. *(-s,-)* baia *f.* con basso fondale.

Bo|den m. *(-s, Böden)* **1a** terreno *m.*, suolo *m.*: ***fruchtbarer, sandiger, dürrer ~*** terreno fertile, sabbioso, arido; ***am, auf dem ~ liegen*** giacere al suolo **b** FIG. ***den ~ für jdn, etw. vorbereiten*** preparare il terreno per qcn., qcs.; ***guten, günstigen ~ für etw. finden*** trovare un terreno buono, favorevole per qcs. **2** *(Fußboden)* pavimento *m.*: ***den ~ fliesen*** piastrellare il pavimento **3** *(Gebiet)* territorio *m.*, suolo *m.*: ***der heimatliche ~*** il suolo patrio **4** fondo *m.*: ***der ~ des Meeres*** il fondo del mare; ***ein Schrank mit doppeltem ~*** un armadio col doppio fondo **5** FIG. *(Grundlage)* piano *m.*, terreno *m.*, campo *m.*: ***auf dem ~ der Tatsachen*** sul piano dei fatti; ***sich auf (un)sicherem ~ bewegen*** muoversi su un terreno (non) sicuro **6** *(Tortenboden)* fondo *m.* (di una torta) **7** REGION. *(Dachboden)* soffitta *f.*, solaio *m.* ◆ ***etw. aus dem ~ stampfen*** creare qcs. dal nulla; ***etw. (D) den ~ entziehen*** togliere il fondamento a qcs.; FIG. ***ein Fass ohne ~*** una botte senza fondo, una cosa senza fine; ***festen ~ unter den Füßen haben*** poggiare sul sodo, avere una posizione solida; ***auf fruchtbaren ~ fallen*** incontrare terreno fertile; ***ihm wird der ~ (unter den Füßen) zu heiß, ihm brennt der ~ unter den Füßen*** gli brucia la terra sotto i piedi; ***den ~ unter den Füßen verlieren*** sentirsi mancare la terra sotto i piedi; ***jdm den ~ unter den Füßen wegziehen*** togliere la terra sotto i piedi a qcn.; ***(an) ~ gewinnen*** guadagnare terreno; ***etw. dem ~ gleichmachen*** radere al suolo qcs.; ***~ gutmachen*** fare dei progressi; ***ich wäre vor Scham in den ~ versunken*** sarei voluto sprofondare per la vergogna; ***(an) ~ verlieren*** perdere terreno; ***~ wettmachen*** → ***~ gutmachen***; ***am ~ zerstört sein*** essere completamente a terra; SPORT ***zu ~ gehen, strecken*** andare, mettere (*o* mandare) al tappeto.

Bo|den|ab|wehr f. *(-)* MIL. difesa *f.* contraerea. **Bo|den|be|ar|bei|tung** f. *(-,-en)* lavorazione *f.* del terreno. **Bo|den|be|lag** m. *(-[e]s,-beläge)* rivestimento *m.* del pavimento. **Bo|den|be|schaf|fen|heit** f. *(-,-en)* natura *f.* del terreno, configurazione *f.* del suolo. **Bo|den-Bo|den-Ra|ke|te** f. *(-,-n)* missile *m.* terra-terra. **Bo|den|durch|läs|sig|keit** f. *(-)* permeabilità *f.* del terreno. **Bo|den|er|trag** m. *(-[e]s,-erträge)* produzione *f.* agricola. **Bo|den|er|zeug|nis** n. *(-ses,-se)* prodotto *m.* della terra. **Bo|den|fens|ter** n. *(-s,-)* REGION. lucernario *m.* **Bo|den|flä|che** f. *(-,-n)* **1** *(Ackerfläche)* superficie *f.* di terreno **2** superficie *f.* del pavimento (*o* del suolo). **Bo|den|frä|se** f. *(-,-n)* fresatrice *f.* agricola. **Bo|den|frei|heit** f. *(-)* TECN. distanza *f.* dal suolo. **Bo|den|frost** m. *(-[e]s,-fröste)* gelo *m.* al suolo. **Bo|den|haf|tung** f. *(-)* AUT. aderenza *f.* **Bo|den|hei|zung** f. *(-)* riscaldamento *m.* nel pavimento (a pannelli radianti). **Bo|den|kam|mer** f. *(-,-n)* REGION. soffitta *f.*, mansarda *f.* **Bo|den|kampf** m. *(-[e]s,-kämpfe)* **1** MIL. combattimento *m.* terrestre **2** SPORT lotta *f.* sul tappeto. **Bo|den|kre|dit** m. *(-[e]s,-e)* credito *m.* fondiario. **Bo|den|kre|dit|an|stalt** f. *(-,-en)* banca *f.* di credito fondiario. **Bo|den|kun|de** f. *(-)* pedologia *f.* agraria. **bo|den|lang** agg. SART. lungo fino a terra (*o* ai piedi). **Bo|den|le|ger** m. *(-s,-)* pavimentatore *m.* **bo|den|los** agg. **1** *(abgrundtief)* senza fondo **2** COLLOQ. inaudito, enorme. **Bo|den-Luft-Ra|ke|te** f. *(-,-n)* missile *m.* terra-aria. **Bo|den|mü|dig|keit** f. *(-)* AGR. esaurimento *m.* del terreno. **Bo|den|nä|he** f. *(-)* **1** vicinanza *f.* al suolo **2** AER. bassa quota *f.* **Bo|den|ne|bel** m. *(-s,-)* nebbia *f.* bassa. **Bo|den|nut|zung** f. *(-)* sfruttamento *m.* del suolo. **Bo|den|per|so|nal** n. *(-s)* AER. personale *m.* di terra. **Bo|den|pro|be** f. *(-,-n)* campione *m.* di terreno. **Bo|den|recht** n. *(-[e]s,-e)* diritto *m.* fondiario. **Bo|den|re|form** f. *(-,-en)* riforma *f.* agraria. **Bo|den|ren|te** f. *(-,-n)* rendita *f.* fondiaria. **Bo|den|satz** m. *(-es,-sätze)* deposito *m.*, sedimento *m.* **Bo|den|schät|ze** pl. ricchezze *f.pl.* del sottosuolo. **Bo|den|schät|zung** f. *(-,-en)* estimo *m.* rurale. **Bo|den|schutz** m. *(-es)* difesa *f.* del suolo.

Bo|den|see n.pr.m. *(-s)* lago *m.* di Costanza.

Bo|den|sen|ke f. *(-,-n)* avvallamento *m.* del terreno. **Bo|den|sen|kung** f. *(-,-en)* cedimento *m.* del terreno. **Bo|den|sicht** f. *(-)* AER. visibilità *f.* al suolo. **Bo|den|spe|ku|la|ti|on** f. *(-,-en)* speculazione *f.* fondiaria. **bo|den|stän|dig** agg. autoctono, locale, indigeno. **Bo|den|ste|war|dess** [-stjuːɐdɛs] f. *(-,-en)* hostess *f.* di terra. **Bo|den|streit|kräf|te** pl. truppe *f.pl.* di terra. **Bo|den|trep|pe** f. *(-,-n)* scala *f.* della soffitta. **Bo|den|trup|pen** pl. → **Bodenstreitkräfte. Bo|den|tur|nen** n. *(-s)* ginnastica *f.* a terra (senza attrezzi). **Bo|den|un|ter|su|chung** f. *(-,-en)* analisi *f.* della composizione del terreno. **Bo|den|va|se** f. *(-,-n)* vaso *m.* (grande) da mettere a terra. **Bo|den|ver|bes|se|rung** f. *(-,-en)* miglioria *f.* del terreno, AGR. ammendamento *m.* **Bo|den|ver|hält|nis|se** pl. condizioni *f.pl.* del suolo. **Bo|den|wachs** n. *(-es,-e)* cera *f.* da, per pavimenti. **Bo|den|wel|le** f. *(-,-n)* **1** ondulazione *f.* del terreno **2** ELETTRON. onda *f.* diretta. **Bo|den|wind** m. *(-[e]s,-e)* AER. vento *m.* al suolo.

Bod|me|rei f. *(-,-en)* MAR. prestito *m.* a cambio marittimo.

Bo|dy|buil|ding ['bɔdɪbɪldɪŋ] n. *(-s)* body building *m.*

Bo|fist m. *(-[e]s,-e)* BOT. vescia *f.*

Bo|gen m. *(-s,-* e *Bögen)* **1** curva *f.*: ***die Straße macht hier einen ~*** la strada qui fa una curva **2a** GEOM. ARCH. arco *m.*: ***der ~ eines Kreises*** l'arco di una circonferenza; ***ein romanischer, spitzer ~*** un arco romanico, a sesto acuto **b** *(Waffe)* arco *m.*: ***den ~ spannen*** tendere l'arco; ***mit Pfeil und ~*** con arco e freccia **3** *(für Streichinstrumente)* arco *m.*, archetto *m.* **4** *(in der Notenschrift)* legatura *f.* **5a** *(Blatt)* foglio *m.* **b** TIP. foglio *m.* di stampa ◆ ***den ~ heraushaben*** sapere il fatto proprio; ***im hohen ~ hinausfliegen, hinausgeworfen werden*** essere buttato fuori di volata; ***einen (großen) ~ um jdn, etw. machen*** girare al largo da qcn., qcs.; ***den ~ spitzhaben*** → ***den ~ heraushaben***; ***große ~ spucken*** fare il gradasso; FIG. ***den ~ überspannen*** tirare troppo la corda.

Bo|gen|brü|cke f. *(-,-n)* ponte *m.* ad arco. **Bo|gen|feld** n. *(-[e]s,-er)* ARCH. timpano *m.* dell'arco. **Bo|gen|fens|ter** n. *(-s,-)* finestra *f.* ad arco. **bo|gen|för|mig** agg. ad arco, arcuato. **Bo|gen|fries** m. *(-es,-e)* fregio *m.* continuo di archi a tutto sesto. **Bo|gen|füh|rung** f. *(-,-en)* MUS. archeggio *m.* **Bo|gen|gang** m. *(-[e]s,-gänge)* **1** arcata *f.*, portico *m.* **2** pl. ANAT. canali *m.pl.* semicircolari (nell'orecchio). **Bo|gen|lam|pe** f. *(-,-n)* lampada *f.* ad arco; *(Fußball)* pallonetto *m.*, lunga parabola *f.* **Bo|gen|län|ge** f. *(-)* GEOM. lunghezza *f.* (*o* sviluppo *m.*) di un arco. **Bo|gen|licht** n. *(-[e]s)* luce *f.* ad arco voltaico. **Bo|gen|maß** n. *(-es,-e)* GEOM. radiante *m.* **Bo|gen|pfei|ler** m. *(-s,-)* pilastro *m.* (di sostegno) di un arco. **Bo|gen|sä|ge** f. *(-,-n)* sega *f.* ad arco. **Bo|gen|schie|ßen** n. *(-s)* tiro *m.* con l'arco. **Bo|gen|schüt|ze** m. *(-n,-n)* arciere *m.*, tiratore *m.* d'arco. **Bo|gen|seh|ne** f. *(-,-n)* GEOM. corda *f.* dell'arco. **Bo|gen|strich** m. *(-[e]s,-e)* MUS. arcata *f.*, colpo *m.* d'arco. **Bo|gen|wei|te** f. *(-,-n)* ARCH. campata *f.*

bo|gig agg. arcuato, curvo.

Bo|he|mi|en [boe'miɛ̃:] m. *(-s,-s)* bohémien *m.*

Boh|le f. *(-,-n)* tavolone *m.*, asse *m.*, pancone *m.* **boh|len** tr. REGION. coprire di tavoloni. **Boh|len|be|lag** m. *(-[e]s,-beläge)* tavolato *m.*

Böh|me m. *(-n,-n)* boemo *m.* **Böh|men** n.pr.n. *(-s)* Boemia *f.* **Böh|min** f. *(-,-nen)* boema *f.* **böh|misch** agg. **1** boemo, di Boemia **2** COLLOQ. *(unverständlich)* turco, arabo ◆ ***für jdn -e Dörfer sein*** essere arabo per qcn.; AUSTR. ***~ einkaufen*** = rubare; ***das kommt mir ~ vor*** questo è arabo per me.

Boh|ne f. *(-,-n)* **1** fagiolo *m.* **2** *(Kaffeebohne)* chicco *m.* (di caffè) ◆ SCHERZ. ANT. ***blaue -n*** pallottole; ***dicke -n*** fave; ***grüne -n*** fagiolini; ***nicht die ~*** niente affatto; FIG. ***-n in den Ohren haben*** avere i tappi nelle orecchie; ***weiße -n*** fagioli bianchi.

boh|nen tr. REGION. → **bohnern.**

Boh|nen|kaf|fee m. *(-s)* **1** caffè *m.* in chicchi **2** *(Getränk)* vero caffè *m.* **Boh|nen|kraut** n. *(-[e]s)* santoreggia *f.* **Boh|nen|stan|ge** f. *(-,-n)* **1** pertica *f.* per pianta di fagioli **2** SCHERZ. fagiolone *m.*, spilungone *m.* **Boh|nen|stroh, *dumm wie ~ (sein)*** (essere) senza sale in zucca. **Boh|nen|sup|pe** f. *(-,-n)* minestra *f.* di fagioli.

Boh|ner m. *(-s,-)* **1** → **Bohnerbesen 2** → **Bohnermaschine. Boh|ner|be|sen** m. *(-s,-)* spazzolone *m.* per pavimenti. **Boh|ner|ma|schi|ne** f. *(-,-n)* lucidatrice *f.* **boh|nern** tr. ***etw. ~*** passare la cera su, dare la cera a qcs. **Boh|ner|wachs** n. *(-es,-e)* cera *f.* per pavimenti.

boh|ren I tr. **1** perforare, trapanare; ***ein Loch durch, in die Wand ~*** fare un buco nel muro **2** *(Brunnen, Tunnel)* scavare **3a** *(hineinbohren)* far penetrare: ***einen Pfahl in die Erde ~*** far penetrare un palo nel terreno **b** ***jdm einen Dolch in die Brust ~*** trafiggere il petto a qcn. con un pugnale **4** MECC. alesare **II** intr. (aus. *haben*) **1** ***an, in etw. (D) ~*** trapanare qcs.: ***an, in einem Zahn ~*** trapanare un dente **2** *(von Würmern)* rodere **3** trivellare: ***nach Erdöl, Wasser ~*** trivellare in cerca di petrolio, d'acqua **4** FIG. ***in jdm ~*** rodere, tormentare qcn.: ***das schlechte Gewissen bohrt in ihm*** lo rode la cattiva coscienza **5** COLLOQ. *(drängen)* insistere; *(hartnäckig forschen)* indagare ostinatamente **III** rifl. ***sich durch etw., in etw. (A) ~*** conficcarsi, penetrare in qcs. ◆ ***(mit dem Finger) in der Nase ~*** mettersi le dita nel naso. **boh|rend** p.pres. agg. **1** → **bohren 2** ***ein -er Blick*** uno sguardo penetrante **3** ***eine -e Frage*** una domanda indagatrice **4** *(quälend)* tormentoso: ***-er Hass, Schmerz*** odio, dolore tormentoso; ***-e Reue*** rimorso che rode ◆ ***-en Hunger haben*** sentire i morsi della fame. **Boh|rer** m. *(-s,-)* **1** trapano *m.* **2** *(Arbeiter)* trapanatore *m.*; trivellatore *m.*; perforatore *m.*; alesatore *m.*

Bohr|fut|ter m. *(-s,-)* MECC. mandrino *m.* portapunta. **Bohr|ham|mer** m. *(-s,-hämmer)* **1** martello *m.* pneumatico **2** MIN. trivella *f.* **Bohr|in|sel** f. *(-,-n)* piattaforma *f.* di estrazione. **Bohr|knar|re** f. *(-,-n)* trapano *m.* a cricco. **Bohr|loch** n. *(-[e]s,-löcher)* **1** foro *m.* trivellato **2** *(Sprengloch)* foro *m.* da mina. **Bohr|ma|schi|ne** f. *(-,-n)* trapano *m.* meccanico, perforatrice *f.*; alesatrice *f.* **Bohr|mehl** n. *(-[e]s)* polvere *f.* di trapanatura. **Bohr|turm** m. *(-[e]s,-türme)* MIN. torre *f.* di trivellazione.

Boh|rung f. *(-,-en)* **1** trivellazione *f.*, perforazione *f.*: ***-en nach Erdöl*** trivellazioni in cerca di petrolio **2** *(Bohrloch)* foro *m.* di trivellazione **3** MECC. alesaggio *m.*

Bohr|win|de f. *(-,-n)* trapano *m.* a manovella, menarola *f.* **Bohr|wurm** m. *(-[e]s,-würmer)* teredine *f.*

bö|ig agg. ***ein -er Wind*** un vento a folate.

Boi|ler m. *(-s,-)* boiler *m.*, scaldaacqua *m.*; *(im Badezimmer)* scaldabagno *m.*

Bo|jar m. *(-en,-en)* boiaro *m.*

Bo|je f. *(-,-n)* boa *f.*, gavitello *m.*

Bo|le|ro m. *(-s,-s)* bolero *m.* **Bo|le|ro|jäck|chen** n. *(-s,-)* bolerino *m.*, bolero *m.*

Bo|lid m. *(-en,-en)* ASTR. AUT. bolide *m.* **Bo|li|de** m. *(-n,-n)* AUT. bolide *m.*

Bo|li|vi|a|ner m. *(-s,-)* boliviano *m.* **bo|li|vi|a|nisch** agg. boliviano, della Bolivia. **Bo|li|vi|en** n.pr.n. *(-s)* Bolivia *f.* **Bo|li|vi|er** m. *(-s,-)* → **Bolivianer. bo|li|visch** → **bolivianisch.**

böl|ken intr. (aus. *haben*) REGION. **1a** *(vom Schaf)* belare **b** *(vom Rind)* muggire **2** *(aufstoßen)* ruttare.

Bol|le f. *(-,-n)* **1** grossa cipolla *f.*, cipollone *m.* **2** *(Loch)* buco *m.* (nella calza).

Böl|ler m. *(-s,-)* mortaretto *m.*

bol|lern intr. (aus. *sein*) **1** REGION. cadere rumorosamente **2** REGION. → **bullern** ◆ SPORT ***aufs Tor ~*** sparacchiare verso la porta.

böl|lern intr. (aus. *haben*) sparare i mortaretti. **Böl|ler|schuss** m. *(-es,-schüsse)* sparo *m.* di mortaretto.

Boll|werk n. *(-[e]s,-e)* **1a** baluardo *m.*, bastione *m.* **b** FIG. baluardo *m.* **2** MAR. banchina *f.*

Bo|log|ne|se [bolɔn'je:zə] m. *(-n,-n)* bolognese *m.* **Bo|log|ne|ser I** m. *(-s,-)* **1** bolognese *m.* **2** *(Hunderasse)* cane *m.* di razza bolognese **II** agg.inv. di Bologna, bolognese. **bo|log|ne|sisch** agg. bolognese.

Bol|sche|wik m. *(-en,-i* e spreg. *-en)* bolscevico *m.* **bol|sche|wi|kisch** agg. → **bolschewistisch. bol|sche|wi|sie|ren** tr. bolscevizzare. **Bol|sche|wis|mus** m. *(-)* bolscevismo *m.* **Bol|sche|wist** m. *(-en,-en)* → **Bolschewik. bol|sche|wis|tisch** agg. bolscevico.

bol|zen I tr. COLLOQ. ***den Ball nach hinten ~*** scaraventare indietro la palla **II** intr. (aus. *haben*) COLLOQ. SPORT giocare confusamente, senza schemi **III** rifl. **sich ~** azzuffarsi, rissare. **Bol|zen** m. *(-s,-)* **1a** MECC. perno *m.* **b** *(Schraube)* vite *f.*, bullone *m.* **2** *(Pfeil)* bolzone *m.* **3** ANT. *(vom Bügeleisen)* anima *f.* **bol|zen|ge|ra|de, bolz|ge|ra|de** agg. dritto come un manico di scopa, impettito.

Bom|ba|ge [-'ba:ʒə] f. *(-,-n)* TECN. bombaggio *m.*

Bom|bar|de f. *(-,-n)* bombarda *f.*

Bom|bar|de|ment [bɔmbardə'mã:] n. *(-s,-s)* bombardamento *m.* **bom|bar|die|ren** tr. bombardare (anche FIG.): ***einen Bahnhof ~*** bombardare una stazione; ***jdn mit Fragen ~*** bombardare qcn. di domande; ***jdn mit Tomaten ~*** lanciare pomodori a qcn. **Bom|bar|die|rung** f. *(-,-en)* bombardamento *m.* (anche FIG.).

Bom|bar|don n. *(-s,-s)* bombardone *m.*

Bom|bast m. *(-[e]s)* ampollosità *f.* **bom|bas|tisch** agg. ampolloso.

Bom|be f. *(-,-n)* **1** bomba *f.* (anche FIG.): ***eine ~ (auf etw. [A]) abwerfen*** lanciare una bomba (su qcs.); ***-n legen*** mettere (*o* piazzare) bombe; ***etw. mit -n belegen*** bombardare qcs.; FIG. ***die ~ ist geplatzt*** è scoppiata la bomba; ***wie eine ~ einschlagen*** arrivare come una bomba, essere una bomba **2** SPORT cannonata *f.*: ***eine ~ (ins Tor) schießen*** tirare una cannonata (in porta) ◆ ***mit -n und Granaten durchfallen*** = fallire clamorosamente in un esame. **bom|ben** tr. **1** COLLOQ. → **bombardieren 2** SPORT ***den Ball ins Tor ~*** scagliare la palla in rete. **Bom|ben|ab|wurf** m. *(-[e]s,-abwürfe)* lancio *m.* di bombe. **Bom|ben|an|griff** m. *(-[e]s,-e)* bombardamento *m.* (aereo). **Bom|ben|an|schlag** m. *(-[e]s,-anschläge)*, **Bom|ben|at|ten|tat** n. *(-[e]s,-e)* attentato *m.* dinamitardo. **Bom|ben|dro|hung** f. *(-,-en)* minaccia *f.* di un attentato dinamitardo. **Bom|ben|er|folg** m. *(-[e]s,-e)* COLLOQ. successo *m.* strepitoso, successone *m.* **bom|ben|fest** agg. COLLOQ. → **bombensicher. Bom|ben|flug|zeug** n. *(-[e]s,-e)* aereo *m.* da bombardamento, bombardiere *m.* **Bom|ben|form** f. *(-)* COLLOQ. forma *f.* strepitosa, fantastica. **Bom|ben|ge|dächt|nis** n. *(-ses)* COLLOQ. memoria *f.* di ferro. **bom|ben|ge|schä|digt** agg. danneggiato dai bombardamenti. **Bom|ben|ge|schäft** n. *(-[e]s,-e)* COLLOQ. affare *m.* d'oro, affarone *m.* **Bom|ben|ge|schwa|der** m. *(-s,-)* squadriglia *f.* di bombardieri. **Bom|ben|hit|ze** f. *(-)* COLLOQ. caldo *m.* infernale. **Bom|ben|preis** m. *(-es,-e)* COLLOQ. prezzo *m.* esorbitante. **Bom|ben|rol|le** f. *(-,-n)* parte *f.* di grande effetto, di sicuro successo. **Bom|ben|scha|den** m. *(-s,-schäden)* danno *m.* causato dai bombardamenti. **Bom|ben|schuss** m. *(-es,-schüsse)* SPORT cannonata *f.* **bom|ben|si|cher** agg. **1** a prova di bomba **2** COLLOQ. certissimo, sicurissimo, fuori d'ogni dubbio. **Bom|ben|stel|lung** f. *(-,-en)* COLLOQ. ottimo posto *m.* **Bom|ben|stim|me** f. *(-,-n)* COLLOQ. voce *f.* potente, gran voce *f.* **Bom|ben|stim|mung** f. *(-)* COLLOQ. atmosfera *f.* euforica, clima *m.* euforico. **Bom|ben|tep|pich** m. *(-s,-e)* bombardamento *m.* a tappeto. **Bom|ben|tref|fer** m. *(-s,-)* **1** bomba *f.* che ha centrato il bersaglio **2a** COLLOQ. *(im Lotto)* grossa vincita *f.* **b** SPORT rete *f.* esaltante. **Bom|ben|trich|ter** m. *(-s,-)* cratere *m.* prodotto da una bomba. **Bom|ber** m. *(-s,-)* **1** COLLOQ. bombardiere *m.* **2** SPORT = giocatore *m.* dal tiro potente. **Bom|ber|ver|band** m. *(-[e]s,-verbände)* → **Bombengeschwader.**

bom|bie|ren tr. TECN. bombare.

bom|big agg. COLLOQ. magnifico, fantastico, sensazionale.

Bom|mel f. *(-,-n)* e m. *(-s,-)* REGION. nappa *f.*, fiocco *m.*

Bon [bɔŋ, bõ:] m. *(-s,-s)* **1** buono *m.* **2** *(Kassenzettel)* scontrino *m.* (di cassa).

Bon|bon [bɔŋ'bɔŋ, bõ:'bõ:] m. e AUSTR. n. *(-s,-s)* **1** caramella *f.*, confetto *m.*, bonbon *m.* **2** FIG. chicca *f.* **3** SCHERZ. *(Parteiabzeichen)* = distintivo *m.* del partito nazionalsocialista ◆ ***jdm ein(en) ~ ans Hemd kleben*** = prendere in giro qcn.; ***mach dir kein(en) ~ ins Hemd!*** = non darti tante arie! **bon|bon|far|ben, bon|bon|far|big** agg. rosa confetto. **Bon|bon|nie|re** f. *(-,-n)* bomboniera *f.* **bon|bon|ro|sa** agg.inv. rosa confetto.

Bond m. *(-s,-s)* obbligazione *f.*, bond *m.*

bon|gen tr. COLLOQ. ***etw. ~*** fare lo scontrino per qcs., battere qcs. alla cassa ◆ ***ist gebongt!*** va bene! d'accordo!

Bon|ho|mie f. *(-,-n)* ANT. bonomia *f.*, bonarietà *f.*

Bo|ni|fa|ti|us, Bo|ni|faz n.pr.m. Bonifacio *m.*

Bo|ni|fi|ka|ti|on f. *(-,-en)* abbuono *m.*; *(Entschädigung)* risarcimento *m.*; accredito *m.* **bo|ni|fi|zie|ren** tr. abbuonare; *(entschädigen)* risarcire; accreditare.

Bo|ni|tät f. *(-,-en)* **1** COMM. solvibilità *f.*, solidità *f.* (finanziaria) **2** *(Bodengüte)* bontà *f.* del terreno. **bo|ni|tie|ren** tr. stimare, valutare. **Bo|ni|tie|rung** f. *(-,-en)* stima *f.*, valutazione *f.*

Bon|mot [bõ'mo:] n. *(-s,-s)* bon mot *m.*, arguzia *f.*, battuta *f.* di spirito.

Bon|ner I m. *(-s,-)* abitante *m.* di Bonn **II** agg.inv. di Bonn.

Bon|sai I m. *(-[s],-s)* (pianta *f.*) bonsai *m.* **II** n. *(-s)* (tecnica *f.*) bonsai *m.*

Bo|nus m. *(-* e *Bonusses,-* e *Bonusse)* bonus *m.*

Bon|vi|vant [bõvi'vã:] m. *(-s,-s)* ANT. uomo *m.* di mondo, viveur *m.*

Bon|ze m. *(-n,-n)* **1** bonzo *m.* **2** SPREG. notabile *m.*, (alto) papavero *m.*, pezzo *m.* grosso.

Boom [bu:m] m. *(-s,-s)* boom *m.*

1.Boot n. *(-[e]s,-e)* barca *f.*: ***das ~ aussetzen*** mettere in acqua la barca; ***~ fahren*** andare in barca ◆ ***wir sitzen alle in einem, im gleichen ~*** siamo tutti nella stessa barca.

2.Boot [bu:t] m. *(-s,-s)* stivale *m.*, stivaletto *m.*

Bo|o|tes m. *(-)* Boote *m.*

Bö|o|ti|en n.pr.n. *(-s)* Beozia *f.* **Bö|o|ti|er** m. *(-s,-)* beota *m.* **bö|o|tisch** agg. beotico, della Beozia.

Boots|an|hän|ger m. *(-s,-)* rimorchio *m.* (*o* carrello *m.*) per barca. **Boots|bau** m. *(-s)* costruzione *f.* di barche (*o* d'imbarcazioni). **Boots|deck** n. *(-[e]s,-e)* ponte *m.*, coperta *f.* di un'imbarcazione. **Boots|ha|ken** m. *(-s,-)* MAR. gaffa *f.*, alighiero *m.* **Boots|haus** n.

(-es,-häuser) **1** capannone *m.* per barche **2** SPORT circolo *m.* canottieri. **Boots|mann** m. *(-[e]s,-leute)* **1** battelliere *m.* **2** *(bei der Bundesmarine)* nostromo *m.*, sottufficiale *m.* di coperta. **Boots|steg** m. *(-[e]s,-e)* pontile *m.*, imbarcadero *m.* **Boots|ver|leih** m. *(-[e]s,-e)* noleggio *m.* (di) barche.

Bor n. *(-s)* boro *m.*

Bo|ra f. *(-,-s)* bora *f.*

Bo|rat n. *(-[e]s,-e)* borato *m.* **Bo|rax** m. *(-[es])* borace *m.*

1.Bord n. *(-[e]s,-e)* mensola *f.*

2.Bord m. *(-[e]s,-e)* MAR. AER. bordo *m.*: ***an ~ gehen*** salire a bordo; ***die Ware, die Passagiere an ~ nehmen*** prendere a bordo (*o* imbarcare) la merce, i passeggeri; ***über ~ fallen, gehen*** cadere, finire in mare; ***von ~ gehen*** sbarcare; FIG. dare le dimissioni; ***etw. über ~ werfen*** gettare qcs. a mare; FIG. gettarsi alle spalle (*o* abbandonare) qcs., buttare a mare qcs.; ***Mann über ~!*** uomo in mare! **Bord|arzt** m. *(-es,-ärzte)* medico *m.* di bordo. **Bord|buch** n. *(-[e]s,-bücher)* libro *m.* (*o* giornale *m.*) di bordo. **Bord|com|pu|ter** m. *(-s,-)* computer *m.* di bordo. **Bord|dienst** m. *(-[e]s,-e)* servizio *m.* di bordo.

Bör|de f. *(-,-n)* pianura *f.*: ***die Magdeburger ~*** la pianura del Magdeburgo.

1.Bor|deaux n.pr.n. *(-)* Bordeaux *f.*

2.Bor|deaux m. *(-,-)* bordeaux *m.*

Bor|deaux|fla|sche f. *(-,-n)* bottiglia *f.* bordolese. **bor|deaux|rot** agg. rosso bordeaux. **Bor|deaux|wein** m. *(-[e]s,-e)* vino *m.* bordeaux.

Bor|dell n. *(-s,-e)* bordello *m.*

bör|deln tr. bordare; *(Röhre)* flangiare.

Bor|de|reau [-'ro:], **Bor|de|ro** m. e n. *(-s,-s)* bordereau *m.*, borderò *m.*

Bor|der|preis m. *(-es,-e)* prezzo *m.* franco frontiera.

Bord|funk m. *(-s)* radio *m.* di bordo. **Bord|fun|ker** m. *(-s,-)* radiotelegrafista *m.* (*o* marconista *m.*) di bordo.

bor|die|ren tr. bordare, orlare.

Bord|kan|te → **Bordsteinkante. Bord|stein** m. *(-[e]s,-e)* ARCH. cordone *m.*, ESTENS. marciapiede *m.* **Bord|stein|kan|te** f. *(-,-n)* scalino *m.* del marciapiede.

Bor|dü|re f. *(-,-n)* bordatura *f.*

Bord|wa|che f. *(-,-n)* marinaio *m.* di guardia. **Bord|waf|fen** pl. armi *f.pl.* di bordo. **Bord|wand** f. *(-,-wände)* fianco *m.*; *(von Schiffen)* murata *f.*

bo|re|al agg. boreale.

Borg, ANT. ***auf ~*** in prestito; *(auf Kredit)* a credito. **bor|gen** tr. **1** dare in prestito, (im)prestare: ***jdm Geld ~*** prestare denaro a qcn. **2** ***(sich [D]) etw. von, bei jdm ~*** prendere in prestito, farsi prestare qcs. da qcn. **borg|wei|se** avv. ANT. in prestito.

Bor|ke f. *(-,-n)* REGION. **1** *(Rinde)* corteccia *f.* **2** *(von Wunden)* crosta *f.* **3** *(Schmutz)* sporco *m.*, crosta *f.* di sporco. **Bor|ken|kä|fer** m. *(-s,-)* bostrico *m.* **bor|kig** agg. **1** molto ruvido **2** *(krustig)* crostoso, ricoperto di croste.

Born m. *(-[e]s,-e)* LETT. fonte *f.*, sorgente *f.*

Bor|neo n.pr.n. *(-s)* Borneo *m.*

bor|niert agg. limitato, ristretto, ottuso: ***-e Ansichten*** vedute ristrette. **Bor|niert|heit** f. *(-,-en)* limitatezza *f.*, ottusità *f.*, stupidità *f.*

Bor|ra|go m. *(-s)*, **Bor|retsch** m. *(-[e]s)* borragine *f.*

Bor|sal|be f. *(-,-n)* pomata *f.* borica. **Bor|säu|re** f. *(-)* acido *m.* borico.

Bör|se f. *(-,-n)* **1** ECON. borsa *f.*: ***flaue, lebhafte ~*** borsa fiacca, attiva; ***an der ~ spekulieren*** speculare, giocare in borsa **2** ANT. *(Geldbörse)* borsa *f.* (del denaro): ***die ~ ziehen, zücken*** tirar fuori la borsa **3** SPORT ***eine ~ von 1 Million Dollar*** una borsa di un milione di dollari. **Bör|sen|agent** m. *(-en,-en)* → **Börsenmakler. Bör|sen|auf|sicht** f. *(-)* vigilanza *f.* sulla borsa. **Bör|sen|be|ginn** m. *(-[e]s)* apertura *f.* della borsa: ***bei ~*** in apertura (di borsa). **Bör|sen|be|richt** m. *(-[e]s,-e)* bollettino *m.* (*o* listino *m.*) di borsa. **Bör|sen|blatt** n. *(-[e]s,-blätter)* giornale *m.* finanziario. **Bör|sen|ein|füh|rung** f. *(-,-en)* introduzione *f.* in borsa, ammissione *f.* alla quotazione di borsa. **Bör|sen|ge|schäft** n. *(-[e]s,-e)* affare *m.* (*o* operazione *f.*) di borsa. **Bör|sen|ge|sell|schaft** f. *(-,-en)* società *f.* quotata in borsa. **Bör|sen|krach** m. *(-[e]s,-kräche)* → **Börsensturz. Bör|sen|kurs** m. *(-es,-e)* quotazione *f.* di borsa. **Bör|sen|mak|ler** m. *(-s,-)* agente *m.* di borsa (*o* di cambio). **Bör|sen|no|tie|rung** f. *(-,-en)* quotazione *f.* di borsa. **Bör|sen|pa|pier** n. *(-s,-e)* titolo *m.* di borsa (*o* quotato in borsa). **Bör|sen|pros|pekt** → **Börsenzulassungsprospekt. Bör|sen|ring** m. *(-[e]s,-e)* recinto *m.* delle grida, corbeille *f.* **Bör|sen|schluss** m. *(-es)* chiusura *f.* della borsa: ***bei ~*** in chiusura (di borsa). **Bör|sen|schwan|kung** f. *(-,-en)* oscillazione *f.* di borsa. **Bör|sen|spe|ku|lant** m. *(-en,-en)* borsista *m.*, speculatore *m.* di borsa. **Bör|sen|spe|ku|la|ti|on** f. *(-,-en)* speculazione *f.* di borsa. **Bör|sen|sturz** m. *(-es,-stürze)* crollo *m.* (*o* tracollo *m.*) della borsa. **Bör|sen|ter|min|ge|schäft** n. *(-[e]s,-e)* contratto *m.* di borsa a termine. **Bör|sen|trend** m. *(-s,-s)* tendenza *f.* borsistica (*o* della borsa). **Bör|sen|vor|stand** m. *(-[e]s,-vorstände)* comitato *m.* direttivo di borsa. **Bör|sen|zeit** f. *(-,-en)* orario *m.* di borsa. **Bör|sen|zu|las|sung** f. *(-,-en)* **1** *(von Personen)* ammissione *f.* in (*o* alla) borsa **2** *(von Wertpapieren)* ammissione *f.* alla quotazione ufficiale (*o* di borsa). **Bör|sen|zu|las|sungs|pros|pekt** m. *(-[e]s,-e)* prospetto *m.* d'ammissione alla quotazione ufficiale (*o* di borsa).

Bör|si|a|ner m. *(-s,-)* COLLOQ. **1** agente *m.* di borsa **2** *(Börsenspekulant)* borsista *m.*, speculatore *m.* di borsa.

Bors|te f. *(-,-n)* **1** setola *f.* **2** pl. COLLOQ. capelli *m.pl.* ispidi ◆ FIG. ***seine -n zeigen, aufstellen, hervorkehren*** tirare fuori gli aculei. **Bors|ten|tier** n. *(-[e]s,-e)*, **Bors|ten|vieh** n. *(-[e]s)* COLLOQ. maiale *m.*, suino *m.* **bors|tig** agg. **1** setoloso, irsuto **2** *(rau)* ispido; FIG. scontroso. **Bors|tig|keit** f. *(-,-en)* scontrosità *f.*

Bor|te f. *(-,-n)* SART. passamano *m.*: ***eine ~ aufnähen*** cucire un passamano su qcs.

Bor|was|ser n. *(-s,-)* acqua *f.* borica.

bös → **böse. bös|ar|tig** agg. **1** cattivo, maligno, malvagio **2** MED. maligno: ***ein -er Tumor*** un tumore maligno. **Bös|ar|tig|keit** f. *(-,-en)* **1** cattiveria *f.*, malignità *f.*, malvagità *f.* **2** MED. carattere *m.* maligno.

bö|schen tr. alzare a scarpa, scarpare. **Bö|schung** f. *(-,-en)* scarpata *f.*, ANT. scarpa *f.*; *(Abhang)* pendìo *m.*: ***eine steile ~*** un ripido pendìo. **Bö|schungs|win|kel** m. *(-s,-)* inclinazione *f.* della scarpata.

bö|se I agg. **1a** cattivo, maligno, malvagio: ***eine ~ Tat*** un'azione malvagia; ***eine ~ Bemerkung*** un'osservazione maligna; ***zu jdm ~ sein*** essere cattivo con qcn.; ***eine ~ Zunge*** una mala lingua **b** COLLOQ. cattivo, disobbediente **2a** *(schlimm)* brutto: ***ein -r Schlag*** un brutto colpo **b** *(gefährlich)* brutto, grave: ***~ Zeiten*** brutti tempi, brutto periodo **3** COLLOQ. *(zornig)* arrabbiato: ***auf jdn, mit jdm ~ sein*** essere arrabbiato con qcn., avercela con qcn.; ***über etw. ~ sein*** prendersela per qcs.; ***~ werden*** arrabbiarsi **4** COLLOQ. *(entzündet)* malato: ***einen -n Finger haben*** avere male a un dito **II** avv. con cattiveria, malignamente: ***es war nicht ~ gemeint*** non era inteso con cattiveria ◆ ***etw. geht ~ aus*** qcs. finisce male; ***er ist ~ dran*** si trova a mal partito; ***man hat ihm ~ mitgespielt*** gli hanno giocato un brutto tiro.

Bö|se I m. e f. *(-n,-n)* cattivo *m.* (-a *f.*) **II** n. *(-n)* male *m.*: ***etw. -s tun*** fare qcs. di male; ***jdm -s nachreden*** dir male di qcn.; ***mir schwant -s*** mi aspetto qcs. di male **III** m. *(-n)* ***der ~*** il Maligno ◆ ***im -n auseinander gehen*** andare a finir male (*o* rompersi); ***im -n und im Guten*** con le buone e con le cattive; ***-s mit -m vergelten*** rendere pan per focaccia.

Bö|se|wicht m. *(-[e]s,-er* e *-e)* **1** ANT. malvagio *m.*, ribaldo *m.*, scellerato *m.* **2** SCHERZ. *(von Kind)* briccone *m.*, bricconcello *m.*

bos|haft I agg. **1** cattivo, maligno: ***in -er Absicht*** con un'intenzione cattiva **2** maligno, malizioso: ***eine -e Antwort*** una risposta maligna **II** avv. malignamente, con malignità, con cattiveria. **Bos|haf|tig|keit** f. *(-,-en)* cattiveria *f.*, malignità *f.*: ***-en von sich geben*** dire delle malignità. **Bos|heit** f. *(-,-en)* cattiveria *f.*, malignità *f.*, malvagità *f.*: ***etw. aus reiner (lauter) ~ tun*** fare qcs. per pura cattiveria (*o* malvagità); ***jdm -en sagen*** dire cattiverie (*o* malignità) a qcn. ◆ ***jdm -en an den Kopf werfen*** = offendere qcn.

Bos|kett n. *(-s,-e)* boschetto *m.* (nei giardini stile rinascimento o barocco).

Bos|ni|a|ke m. *(-n,-n)* → **Bosnier. Bos|ni|en** n.pr.n. *(-s)* Bosnia *f.* **Bos|ni|er** m. *(-s,-)* bosniaco *m.* **bos|nisch** agg. bosniaco; ***die -en Serben*** i serbo-bosniaci, i serbi di Bosnia. **bos|nisch-ser|bisch** agg. serbo-bosniaco.

Bo|son n. *(-s,-en)* bosone *m.*

Bos|po|rus n.pr.m. Bosforo *m.*

Boss m. *(-es, -e)* COLLOQ. **1** boss *m.*, capo *m.*: ***der ~ (einer Firma)*** il boss, il principale (di una ditta) **2** boss *m.*, leader *m.*: ***der ~ einer Bande*** il boss di una banda.

Bos|se f. *(-,-n)* **1** SCULT. abbozzo *m.* **2** *(bei Goldschmiedearbeit)* sbalzo *m.*

bos|seln I intr. (aus. *haben*) COLLOQ. ***an etw. (D) ~*** applicarsi a qcs.; *(mit Ausdauer arbeiten)* sfaccendare, trafficare **II** tr. *(basteln)* modellare. **Bos|sen|qua|der** m. *(-s,-)* bugna *f.* **Bos|sen|werk** n. *(-[e]s,-e)* muro *m.* bugnato. **bos|sie|ren** tr. **1** modellare **2** EDIL. bugnare. **Bos|sier|ei|sen** n. *(-s,-)* scalpello *m.*

bös|wil|lig I agg. **1** malevolo, malintenzionato: ***in -er Absicht*** con intenzione malevola **2** DIR. intenzionale, doloso **II** avv. **1** con malevolenza **2** DIR. intenzionalmente, dolosamente. **Bös|wil|lig|**

keit f. *(-,-en)* **1** malevolenza *f.*, malvagia intenzione *f.* **2** DIR. intenzionalità *f.*
bot → **bieten.**
Bo|ta|nik f. *(-)* botanica *f.* **Bo|ta|ni|ker** m. *(-s,-)* botanico *m.* **bo|ta|nisch I** agg. botanico **II** avv. dal punto di vista botanico. **bo|ta|ni|sie|ren** intr. (aus. *haben*) erborare, erborizzare. **Bo|ta|ni|sier|trom|mel** f. *(-,-n)* vascolo *m.*
Böt|chen n. *(-s,-)* barchetta *f.*
Bo|te m. *(-n,-n)* **1** messaggero *m.*, messo *m.*: ***ein reitender ~*** un messaggero a cavallo; ***ein ~ des Himmels*** un messaggero celeste **2** *(Laufbursche)* fattorino *m.* **3** FIG. *(erstes Anzeichen)* annuncio *m.*, presagio *m.* ◆ ***der hinkende ~ kommt hinterher*** = la brutta notizia viene per ultima. **Bo|ten|dienst** m. *(-[e]s,-e)*, **Bo|ten|gang** m. *(-[e]s,-gänge)* commissione *f.*, incarico *m.* (di fattorino): ***-gänge leisten, verrichten*** fare commissioni, eseguire incarichi (di fattorino). **Bo|ten|lohn** m. *(-[e]s,-löhne)* mancia *f.* per il fattorino, compenso *m.* per una commissione.
bot|mä|ßig agg. sottomesso, soggetto: ***jdm ~ sein*** essere sottomesso a qcn. **Bot|mä|ßig|keit** f. *(-,-en)* potere *m.*, dominio *m.*, sovranità *f.*: ***unter jds ~ stehen*** essere soggetto a qcn., dovere obbedienza a qcn.
Bo|to|ku|de m. *(-n,-n)* botocudo *m.*
Bot|schaft f. *(-,-en)* **1** messaggio *m.*: ***eine ~ senden, schicken, bringen*** inviare, spedire, portare un messaggio **2** DIPL. ambasciata *f.* ◆ ***die Frohe ~ verkündigen*** annunciare la Buona Novella. **Bot|schaf|ter** m. *(-s,-)* ambasciatore *m.* **Bot|schaf|ter|ebe|ne** f. *(-,-n)* piano *m.* diplomatico. **Bot|schafts|rat** m. *(-[e]s,-räte)* consigliere *m.* d'ambasciata. **Bot|schafts|sek|re|tär** m. *(-s,-e)* segretario *m.* d'ambasciata.
Bött|cher m. *(-s,-)* bottaio *m.* **Bött|che|rei** f. *(-,-en)* **1** lavoro *m.* del bottaio **2** *(Arbeitsstätte)* officina *f.* del bottaio.
Bot|te|lier m. *(-s,-s)* MAR. dispensiere *m.* (di bordo).
Bot|tich m. *(-s,-e)* tino *m.*; mastello *m.*
Bot|tle|rei f. *(-,-en)* MAR. dispensa *f.* di bordo.
Bo|tu|lis|mus m. *(-)* botulismo *m.*
Bouc|lé [bu'kle:] **I** n. *(-s,-s)* bouclé *m.* **II** m. *(-s,-s)* **1** *(Gewebe)* tessuto *m.* bouclé **2** *(Teppich)* tappeto *m.* bouclé.
Bou|doir [budu'a:ɐ] n. *(-s,-s)* boudoir *m.*
Bou|gain|vil|lea [bugɛ̃v-] f. *(-,-villeen)* buganvillea *f.*
Bouil|lon [bʊl'jɔŋ, bʊl'jɔ̃:, bu'jɔ̃:] f. *(-,-s)* brodo *m.* **Bouil|lon|wür|fel** m. *(-s,-)* dado *m.* per brodo.
Bou|le|vard [bulə'va:ɐ] m. *(-s,-s)* boulevard *m.* **Bou|le|vard|blatt** n. *(-[e]s,-blätter)* giornale *m.* scandalistico. **Bou|le|vard|pres|se** f. *(-)* stampa *f.* scandalistica. **Bou|le|vard|the|a|ter** n. *(-s,-)* teatro *m.* (con repertorio) leggero. **Bou|le|vard|zei|tung** f. *(-,-en)* giornale *m.* scandalistico.
Bou|quet [bu'ke:] n. *(-s,-s)* bouquet *m.* (anche ENOL.).
Bour|bo|ne m. *(-n,-n)* STOR. Borbone *m.* **bour|bo|nisch** agg. STOR. borbonico.
bour|geois [bʊr'ʒoa:] agg. borghese. **Bour|geois** m. *(-,-)* borghese *m.* **Bour|geoi|sie** f. *(-,-n)* borghesia *f.*
Bo|vist [-v-] m. *(-[e]s,-e)* → **Bofist.**
Bow|den|zug ['baudn-] m. *(-[e]s,-züge)* cavo *m.* Bowden.
Bow|le ['bo:lə] f. *(-,-n)* **1** bowle *m.* **2** *(Gefäß)* terrina *f.* da bowle.
bow|len ['boulən] intr. giocare a bowling. **Bow|ling** ['boulɪŋ] n. *(-s,-s)* bowling *m.*
Box f. *(-,-en)* **1** *(Stall)* box *m.*, recinto *m.*; *(Garage)* box *m.*, posto *m.* macchina; *(Montageplatz für Rennwagen)* box *m.* **2** FOT. macchina *f.* fotografica a cassetta **3** *(Behälter)* cassetta *f.*, scatola *f.* **4** *(Lautsprecherbox)* cassa *f.* (acustica).
bo|xen I intr. (aus. *haben*) tirare di boxe, boxare **II** tr. **1** SPORT ***jdn ~*** fare del pugilato con qcn. **2** colpire con un pugno: ***jdn an die Stirn ~*** colpire qcn. alla fronte con un pugno **III** rifl. **sich ~ 1** fare a pugni **2** COLLOQ. farsi largo: ***sich durch die Menge ~*** farsi largo tra la folla. **Bo|xen** n. *(-s)* boxe *f.*, pugilato *m.* **Bo|xen|stopp** m. *(-s,-s)* sosta *f.* ai box. **Bo|xer** m. *(-s,-)* **1** pugile *m.* **2** COLLOQ. pugno *m.* **3** *(Hund)* boxer *m.* **Bo|xer|mo|tor** m. *(-s,-en)* TECN. motore *m.* a cilindri contrapposti; motore *m.* a sogliola. **Bo|xer|shorts** pl. boxer *m.pl.* **Box|hand|schuh** m. *(-[e]s,-e)* guantone *m.* da boxe. **Box|kampf** m. *(-[e]s,-kämpfe)* **1** pugilato *m.*, boxe *f.* **2** *(Wettkampf)* incontro *m.* di pugilato (*o* di boxe): ***einen ~ austragen*** fare un incontro di pugilato. **Box|ring** m. *(-[e]s,-e)* ring *m.*, quadrato *m.*
Boy m. *(-s,-s)* boy *m.*, ragazzo *m.* (servitore d'albergo); GERG. *(Junge)* ragazzo *m.*
Boy|kott m. *(-[e]s,-s* e *-e)* boicottaggio *m.*: ***den ~ über jdn, über etw. verhängen, etw. mit ~ belegen*** boicottare qcn., qcs. **boy|kot|tie|ren** tr. boicottare.
Bo|zen n.pr.n. Bolzano *f.* **Boz|ner I** m. *(-s,-)* bolzanino *m.* **II** agg.inv. bolzanino.

BR ⇒ *Bayerischer Rundfunk* Radio Bavarese.
Bra|bant n.pr.n. *(-s)* Brabante *m.*
brab|beln intr. (aus. *haben*) COLLOQ. farfugliare.
1.brach → **brechen.**
2.brach agg. a maggese: ***ein -es Feld*** un campo a maggese. **Bra|che** f. *(-,-n)* maggese *m.* **Brach|feld** n. *(-[e]s,-er)* maggese *m.*, campo *m.* lasciato a maggese.
bra|chi|al agg. **1** ANAT. brachiale **2** *(handgreiflich)* bruto, violento. **Bra|chi|al|ge|walt** f. *(-)* forza *f.* bruta.
brach_le|gen tr. mettere a maggese. **brach_lie|gen** intr. (aus. *haben*) **1** essere (*o* restare) a maggese **2** FIG. restare inutilizzato, improduttivo. **brach|lie|gend** p.pres. agg. **1** → **brachliegen 2** inutilizzato, improduttivo: ***-e Kenntnisse*** conoscenze inutilizzate.
Brach|mo|nat, Brach|mond m. *(-[e]s,-e)* ANT. giugno *m.*
Brach|se f. *(-,-n)*, **Brach|sen** m. *(-s,-)* scardola *f.*
brach|te → **bringen.**
Brach|vo|gel m. *(-s,-vögel)* chiurlo *m.*
bra|chy|ze|phal agg. brachicefalo. **Bra|chy|ze|pha|lie** f. *(-)* brachicefalia *f.*
Bra|cke m. *(-n,-n)* ZOOL. bracco *m.*
bra|ckig agg. salmastro. **Brack|vieh** n. *(-s)* bestiame *m.* di scarto. **Brack|was|ser** n. *(-s,-)* acqua *f.* salmastra.
bra|dy|seis|misch agg. bradisismico.
Brah|ma|is|mus → **Brahmanismus.**
Brah|ma|ne m. *(-n,-n)* brahmano *m.*, bramino *m.* **brah|ma|nisch** agg. brahmanico, braminico. **Brah|ma|nis|mus** m. *(-)* brahmanismo *m.*, bramanismo *m.*
Braille|schrift ['bra:jə-] f. *(-)* scrittura *f.* Braille.
Brain|trust ['breɪntrʌst] m. *(-[s],-s)* brain-trust *m.*
Bram f. *(-,-en)* MAR. albero *m.* di velaccio.
Bra|mar|bas m. *(-,-se)* fanfarone *m.*, gradasso *m.* **bra|mar|ba|sie|ren** intr. (aus. *haben*) fare il fanfarone, il gradasso: ***von etw. ~*** vantarsi di qcs.
Bram|me f. *(-,-n)* bramma *f.*
Bram|se|gel n. *(-s,-)* MAR. velaccio *m.* **Bram|sten|ge** f. *(-,-n)* MAR. pennone *m.* di velaccio.
Bran|che ['brã:ʃə] f. *(-,-n)* branca *f.*, ramo *m.*, settore *m.*: ***die ~ wechseln*** cambiare ramo; ***sich in einer bestimmten ~ auskennen*** essere competente in un determinato settore. **Bran|che(n)|er|fah|rung** f. *(-,-en)* esperienza *f.* nel ramo. **bran|che(n)|fremd** agg. estraneo al ramo. **Bran|che(n)|kennt|nis** f. *(-,-se)* conoscenza *f.* del ramo. **bran|che(n)|kun|dig** agg. conoscitore, esperto del ramo. **bran|che(n)|üb|lich** agg. usuale nel ramo. **Bran|chen|ver|zeich|nis** n. *(-ses,-se)* elenco *m.* per categorie: ***im ~ stehen*** essere catalogato nell'elenco per categorie.
Bran|chi|at m. *(-en,-en)* branchiato *m.* **Bran|chie** f. *(-,-n)* branchia *f.*
Brand m. *(-[e]s, Brände)* **1** incendio *m.*: ***einen ~ entfachen (verursachen), löschen*** provocare, spegnere un incendio; ***ein ~ bricht aus*** scoppia un incendio **2** INDUSTR. cottura *f.*: ***der ~ von Ton*** la cottura della creta **3** COLLOQ. *(starker Durst)* arsura *f.* **4** MED. cancrena *f.*: ***trockener ~*** cancrena secca (*o* iscremica) **5** AGR. carbonchio *m.*; golpe *f.* ◆ ***in ~ geraten*** prendere fuoco; ***etw. in ~ setzen, stecken*** appiccare il fuoco a qcs., incendiare qcs. (con intento distruttivo); ***in ~ stehen*** bruciare.
brand|ak|tu|ell agg. COLLOQ. attualissimo, di grande attualità. **Brand|bla|se** f. *(-,-n)* vescica *f.* ustoria. **Brand|bom|be** f. *(-,-n)* bomba *f.* incendiaria. **Brand|brief** m. *(-[e]s,-e)* COLLOQ. lettera *f.* minatoria (*o* con richiesta urgente). **Brand|di|rek|tor** m. *(-en,-en)* comandante *m.* dei pompieri. **brand|ei|lig** agg. COLLOQ. urgentissimo. **Brand|ei|sen** n. *(-s,-)* marchio *m.*
bran|deln intr. (aus. *haben*) REGION. **1** aver odore di bruciato **2** *(viel bezahlen)* pagare esageratamente.
bran|den intr. (aus. *haben*) infrangersi: ***das Meer brandet an, gegen die Küste*** il mare s'infrange contro la costa.
Bran|den|burg n.pr.n. *(-s)* **1** *(Land)* Brandeburgo *m.* **2** *(Stadt)* Brandeburgo *f.* **Bran|den|bur|ger** m. *(-s,-)* **I** brandeburghese *m.* **II** agg.inv. brandeburghese, di, del Brandeburgo ◆ ***das ~ Tor*** la porta di Brandeburgo. **bran|den|bur|gisch** agg. brandeburghese.
Brand|ge|fahr f. *(-,-en)* pericolo *m.* (*o* rischio *m.*) d'incendio. **Brand|ge|ruch** m. *(-[e]s,-gerüche)* puzzo *m.* di bruciato. **Brand|ge|schoss,** AUSTR. **Brand|ge|schoß** n. *(-es,-e)* proiettile *m.* incendiario. **Brand|ge|schwür** n. *(-s,-e)* ulcera *f.* cancrenosa. **brand|heiß** agg. COLLOQ. caldo fiammante. **Brand|herd** m. *(-[e]s,-e)* focolaio *m.* d'incendio.
bran|dig I agg. **1** bruciaticcio **2** MED. cancrenoso, in cancrena **3** AGR. ingolpato **II** avv. di bruciato: ***~ riechen*** puzzare di bruciato.
Brand|kas|se f. *(-,-n)* cassa *f.* d'assicurazione contro gli incendi. **Brand|ka|ta|stro|phe** f. *(-,-n)* incendio *m.* catastrofico. **Brand|le|**

ger m. *(-s,-)* AUSTR. → **Brandstifter. Brand|le|gung** f. *(-,-en)* AUSTR. → **Brandstiftung. Brand|mal** n. *(-s,-e* e *-mäler)* **1** segno *m.* di bruciatura **2** STOR. marchio *m.* (d'infamia). **brand|mar|ken** tr. **1** STOR. marchiare a fuoco, bollare **2** FIG. bollare, stigmatizzare: ***die Missstände ~*** stigmatizzare gli abusi. **Brand|mar|kung** f. *(-,-en)* **1** STOR. marcatura *f.*, marchio *m.* d'infamia **2** FIG. marchio *m.* d'infamia, stigmatizzazione *f.* **Brand|mau|er** f. *(-,-n)* muro *m.* spartifuoco. **Brand|meis|ter** m. *(-s,-)* ufficiale *m.* dei pompieri. **brand|neu** agg. COLLOQ. nuovo fiammante: ***ein -es Modell*** un modello nuovo fiammante. **Brand|op|fer** n. *(-s,-)* **1** RELIG. olocausto *m.* **2** vittima *f.* di un incendio. **Brand|pilz** m. *(-es,-e)* ustilagine *f.* **brand|rot** agg. rosso fuoco. **Brand|sal|be** f. *(-,-n)* unguento *m.* per scottature. **Brand|scha|den** m. *(-s,-schäden)* danno *m.* da incendio. **brand|schat|zen** tr. STOR. ***ein Land ~*** taglieggiare un paese (con la minaccia di metterlo a ferro e fuoco). **Brand|schat|zung** f. *(-,-en)* = imposizione *f.* di tributi di guerra (con minacce di incendi). **Brand|schät|zung** f. *(-,-en)* stima *f.* del danno provocato da un incendio. **Brand|schutz** m. *(-es)* protezione *f.* antincendio. **Brand|soh|le** f. *(-,-n)* tramezza *f.* (di scarpa), suola *f.* interna. **Brand|stät|te, Brand|stel|le** f. *(-,-n)* punto *m.*, luogo *m.* dell'incendio. **Brand|stif|ter** m. *(-s,-)* incendiario *m.* **Brand|stif|tung** f. *(-,-en)* **1** *(vorsätzlich)* incendio *m.* doloso **2** *(fahrlässig)* incendio *m.* colposo.

Bran|dung f. *(-,-en)* frangente *m.*, risacca *f.*

Brand|ur|sa|che f. *(-,-n)* causa *f.* di un incendio. **Brand|ver|hü|tung** f. *(-)* prevenzione *f.* degli incendi. **Brand|ver|si|che|rung** f. *(-,-en)* assicurazione *f.* contro l'incendio. **Brand|wun|de** f. *(-,-n)* ustione *f.*

Bran|dy ['brɛndi] m. *(-s,-s)* brandy *m.*

Brand|zei|chen n. *(-s,-)* ALLEV. marchio *m.* a fuoco.

brann|te → **brennen.**

Brannt|kalk m. *(-[e]s)* calce *f.* viva. **Brannt|wein** m. *(-[e]s,-e)* acquavite *f.* **Brannt|wein|bren|ne|rei** f. *(-,-en)* distilleria *f.* di acquavite.

Bra|sil I m. *(-s,-e* e *-s)* brasile *m.* (tabacco) **II** f. *(-,-[s])* brasile *m.* (sigaro) **Bra|sil|holz** n. *(-es)* legno *m.* del Brasile, brasile *m.* **Bra|si|li|a|ner** m. *(-s,-)* brasiliano *m.* **bra|si|li|a|nisch** agg. brasiliano. **Bra|si|li|en** n.pr.n. *(-s)* Brasile *m.*

1.Bras|se f. *(-,-n)* MAR. braccio *m.* (fissato alla varea di un pennone).

2.Bras|se f. *(-,-n)*, **Bras|sen** m. *(-s,-)* REGION. → **Brachse.**

bras|sen tr. MAR. bracciare.

brät → **braten.**

Brat|ap|fel m. *(-s,-äpfel)* mela *f.* al forno. **Brät|chen** n. *(-s,-)* arrostino *m.* **brä|teln** tr. arrostire a fuoco lento, leggermente.

bra|ten *(brät, briet, gebraten)* **I** tr. **1** arrostire: ***etw. knusprig ~*** arrostire bene qcs. (fino a renderla croccante) **2** *(im Ofen)* cuocere al forno; ***ein Huhn am Spieß ~*** cuocere un pollo allo spiedo **3** ***etw. auf dem Rost ~*** fare qcs. ai ferri (*o* alla griglia) **4** *(mit Fett, in der Pfanne)* friggere **II** intr. (aus. *haben*) COLLOQ. FIG. arrostirsi: ***in der Sonne ~*** arrostirsi al sole. **Bra|ten** m. *(-s,-)* arrosto *m.* ◆ FIG. ***ein fetter ~*** un buon affare; ***den ~ riechen*** fiutare qualcosa, aver sentore di qcs.

Bra|ten|duft m. *(-[e]s,-düfte)* profumo *m.* d'arrosto. **Bra|ten|fett** n. *(-[e]s)* grasso *m.* dell'arrosto. **Bra|ten|saft** m. *(-[e]s,-säfte)*, **Bra|ten|so|ße** f. *(-,-n)* sugo *m.* dell'arrosto. **Bra|ten|wen|der** m. *(-s,-)* girarrosto *m.*

Brat|fett n. *(-[e]s)* grasso *m.* per arrostire. **Brat|fisch** m. *(-[e]s,-e)* pesce *m.* da friggere; *(gebratener Fisch)* pesce *m.* fritto. **Brat|hähn|chen** n. *(-s,-)*, REGION. **Brat|hendl** n. *(-s,-s)* pollo *m.* arrosto. **Brat|he|ring** m. *(-[e]s,-e)* aringa *f.* fritta. **Brat|kar|tof|feln** pl. patate *f.pl.* arrosto (a fette).

Brät|ling m. *(-s,-e)* prataiolo *m.*

Brat|ofen m. *(-s,-öfen)* forno *m.* **Brat|pfan|ne** f. *(-,-n)* padella *f.* **Brat|röh|re** f. *(-,-n)* → **Bratofen. Brat|rost** m. *(-[e]s,-e)* graticola *f.*

Brat|sche f. *(-,-n)* MUS. viola *f.* **Brat|scher** m. *(-s,-)*, **Brat|schist** m. *(-en,-en)* violista *m.*, suonatore *m.* di viola.

Brat|spieß m. *(-es,-e)* spiedo *m.* **Brat|spill** n. *(-[e]s,-e)* MAR. verricello *m.* per l'ancora. **Brat|wurst** f. *(-,-würste)* salsiccia *f.* da arrostire; *(gebratene Wurst)* salsiccia *f.* arrosto.

Bräu n. *(-es,-e)* **1** quantità *f.* di birra prodotta **2** *(Brauerei)* fabbrica *f.* di birra **3** *(Schenke)* birreria *f.*

Brauch m. *(-[e]s, Bräuche)* uso *m.*, usanza *f.*: ***nach altem ~*** secondo un'antica usanza ◆ ***das ist bei uns so ~*** questa è la nostra usanza, così si usa da noi; ***außer ~ kommen*** cadere in disuso. **brauch|bar I** agg. **1** *(nützlich)* utilizzabile **2** *(geeignet)* utile, adatto **II** avv. FIG. abilmente, bene: ***er schreibt ganz ~*** scrive bene. **Brauch|bar|keit** f. *(-)* utilizzabilità *f.*, utilità *f.*

brau|chen tr. **1a** ***etw. ~*** avere bisogno di qcs.: ***Zeit für etw. ~*** aver bisogno di tempo per qcs.; ***etw. zum Leben ~*** avere bisogno di qcs. per vivere **b** richiedere: ***diese Arbeit braucht (ihre) Zeit*** questo lavoro richiede tempo, per questo lavoro occorre tempo **c** impiegare: ***der Bus braucht eine Stunde*** l'autobus (ci) impiega un'ora; ***wie lange braucht man (dazu)?*** quanto tempo occorre? (*o* ci si mette?) **2a** *(benutzen)* ***etw. (zu etw., für etw.) ~*** utilizzare, usare, adoperare qcs., servirsi di qcs. (per qcs.) **b** ***jdn als Laufjungen ~*** utilizzare, impiegare qcn. come fattorino **3** *(verbrauchen)* utilizzare, consumare: ***Strom ~*** utilizzare corrente elettrica **4** *(müssen)* ***du brauchst es nur zu sagen*** basta che tu lo dica; ***ich habe nicht zu warten ~*** non ho avuto bisogno di aspettare; ***du brauchst gar nicht zu lachen*** non è proprio il caso di ridere **5** impers. *(bedürfen)* ***es braucht*** è necessario, occorre: ***es braucht keines Beweises*** non occorrono prove ◆ ***seine Fäuste ~*** usare i pugni; IRON. ***das kann ich gerade ~*** mi manca solo questo; ***er ist zu nichts zu ~*** è un buono a nulla.

Brauch|tum n. *(-s,-tümer)* usanze *f.pl.*, usi e costumi *m.pl.* **Brauch|was|ser** n. *(-s,-)* acqua *f.* per scopi industriali.

Braue f. *(-,-n)* sopracciglio *m.*: ***die -n runzeln*** aggrottare le sopracciglia.

brau|en I tr. **1** ***Bier ~*** fare, fabbricare la birra **2** COLLOQ. *(Getränk)* fare, preparare **II** intr. (aus. *haben*) LETT. addensarsi. **Brau|er** m. *(-s,-)* birraio *m.* **Brau|e|rei** f. *(-,-en)* **1** fabbricazione *f.* della birra **2** *(Brauhaus)* fabbrica *f.* di birra. **Brau|haus** n. *(-es,-häuser)* fabbrica *f.* di birra. **Brau|in|dust|rie** f. *(-,-n)* industria *f.* birraria (*o* della birra). **Brau|meis|ter** m. *(-s,-)* mastro *m.* birraio.

braun agg. **1** marrone **2** *(von Haaren)* castano, bruno **3** *(von Hautfarbe)* scuro, abbronzato: ***sich von der Sonne ~ brennen lassen*** lasciarsi abbronzare dal sole; ***~gebrannt*** abbronzato **4** *(nationalsozialistisch)* = nazista: ***eine -e Gesinnung haben*** essere un nazista (come modo di pensare); COLLOQ. ***er war ~*** era un nazista. **Braun** n. *(-s,-[s])* marrone *m.* **braun|äu|gig** agg. dagli occhi castani, marroni. **Braun|bär** m. *(-en,-en)* orso *m.* bruno. **Braun|bier** n. *(-[e]s,-e)* birra *f.* scura.

Brau|ne m. *(-n,-n)* (cavallo *m.*) sauro *m.*

Bräu|ne f. *(-)* **1** colore *m.* scuro (della pelle); *(Sonnenbräune)* abbronzatura *f.* **2a** MED. ANT. *(Angina)* angina *f.* **b** *(Diphtherie)* difterite *f.*

Braun|ei|sen|erz n. *(-es,-e)*, **Braun|ei|sen|stein** m. *(-[e]s,-e)* MIN. limonite *f.*

Brau|nel|le f. *(-,-n)* **1a** ORNIT. *(Gattung)* prunella *f.* **b** passera *f.* scopaiola **2** BOT. prunella *f.*, brunella *f.*

bräu|nen I tr. **1** colorare di marrone **2** *(Haut)* abbronzare **3** GASTR. (far) rosolare: ***Zwiebeln ~*** rosolare (*o* imbiondire) le cipolle **II** intr. (aus. *haben*) abbronzare: ***hier bräunt die Sonne sehr stark*** qui il sole abbronza molto **III** rifl. ***sich ~*** **1** abbronzarsi **2** *(von Blättern)* diventare marrone (*o* rosso) **3** GASTR. rosolarsi, rosolare: ***der Braten bräunt sich langsam*** l'arrosto rosola lentamente. **bräu|nend** agg. abbronzante.

braun|haa|rig agg. dai capelli castani, bruni. **braun|häu|tig** agg. dalla pelle scura. **Braun|hemd** n. *(-[e]s,-en)* STOR. camicia *f.* bruna. **Braun|kehl|chen** n. *(-s,-)* ORNIT. stiaccino *m.* **Braun|kohl** m. *(-[e]s)* cavolo *m.* crespo.

Braun|koh|le f. *(-,-n)* lignite *f.* **Braun|koh|len|berg|werk** n. *(-[e]s,-e)* miniera *f.* di lignite. **Braun|koh|len|gru|be** f. *(-,-n)* miniera *f.* (*o* pozzo *m.* d'estrazione) di lignite. **Braun|koh|len|la|ger** n. *(-s,-)* giacimento *m.* di lignite.

bräun|lich agg. marroncino.

braun|rot agg. bruno rossiccio. **braun|schwarz** agg. marrone testa di moro.

Braun|schweig n.pr.n. Braunschweig *f.*, Brunswick *f.* **Braun|schwei|ger** m. *(-s,-)* abitante *m.* di Braunschweig, di Brunswick. **braun|schwei|gisch** agg. di Braunschweig, di Brunswick.

Braun|spat m. *(-[e]s)* MIN. dolomite *f.* **Braun|stein** m. *(-[e]s)* MIN. pirolusite *f.*, biossido *m.* di manganese.

Bräu|nung f. *(-,-en)* **1** il tingere di bruno, di marrone **2a** *(von der Haut)* l'abbronzarsi **b** abbronzatura *f.* **Bräu|nungs|mit|tel** n. *(-s,-)* abbronzante *m.* **Bräu|nungs|stu|dio** n. *(-s,-s)* solarium *m.*

Brau|se f. *(-,-n)* **1** → **Brauselimonade** **2** ANT. *(Dusche)* doccia *f.* **3** *(an Gießkannen)* cipolla *f.* (*o* fungo *m.*) dell'annaffiatoio. **Brau|se|bad** n. *(-[e]s,-bäder)* ANT. doccia *f.* **Brau|se|kopf** m. *(-[e]s,-köpfe)* ANT. vulcano *m.* di idee. **Brau|se|li|mo|na|de** f. *(-,-n)* limonata *f.* effervescente.

brau|sen intr. **1a** (aus. *haben*) mugghiare, rumoreggiare; *(wallen)* (ri)bollire; *(schäumen)* spumeggiare, spumare; *(von Wasserfällen)* scrosciare **b** FIG. rumoreggiare, strepitare, risuonare fragorosamente; *(von Beifall)* scrosciare **2** ANT. *(duschen)* fare la doccia **3** (aus. *sein*) sfrecciare, correre a grande velocità: ***mit dem Auto ~*** sfrecciare con l'auto. **brau|send** p.pres. agg. **1** → **brausen** **2** fragoroso, scrosciante, rimbombante: ***-er Beifall*** applauso scrosciante. **Brau|sen** n. *(-s)* **1** mugghio *m.*, il rumoreggiare; *(Wallen)* il (ri)bollire;

(Schäumen) lo spumeggiare; *(von Wasserfällen)* scroscio *m.* **2** ANT. *(Duschen)* il fare la doccia, doccia *f.*

Brau|se|tab|let|te f. *(-,-n)* pastiglia *f.* (*o* compressa *f.*) effervescente.

Braut f. *(-, Bräute)* **1** sposa *f.* (nel giorno delle nozze) **2** *(Verlobte)* promessa *f.* sposa, fidanzata *f.* **3** COLLOQ. *(Mädchen)* ragazza *f.*, pupa *f.* **Braut|aus|stat|tung** f. *(-,-en)* corredo *m.* della sposa. **Braut|bu|kett** n. *(-[e]s,-e* e *-s)* bouquet *m.* della sposa. **Braut|ge|schenk** n. *(-[e]s,-e)* regalo *m.* di fidanzamento.

Bräu|ti|gam m. *(-s,-e)* **1** sposo *m.* (nel giorno delle nozze) **2** *(Verlobter)* promesso *m.* sposo, fidanzato *m.*

Braut|jung|fer f. *(-,-n)* damigella *f.* della sposa. **Braut|kleid** n. *(-[e]s,-er)* abito *m.* (*o* vestito *m.*) della, da sposa. **Braut|kranz** m. *(-es,-kränze)*, **Braut|kro|ne** f. *(-,-n)* corona *f.* (*o* serto *m.*) nuziale. **Braut|leu|te** pl. sposi *m.pl.*

bräut|lich I agg. **1** da (*o* di) sposa **2** *(von der Braut)* della sposa **II** avv. come una sposa.

Braut|nacht f. *(-)* prima notte *f.* di nozze. **Braut|paar** n. *(-[e]s,-e)* coppia *f.* di sposi. **Braut|schau**, COLLOQ. ***auf (die) ~ gehen, ~ halten*** essere in cerca di moglie, cercare moglie. **Braut|schlei|er** m. *(-s,-)* velo *m.* da sposa (*o* nuziale). **Braut|schmuck** m. *(-[e]s)*, **Braut|staat** m. *(-[e]s)* abito *m.*, abbigliamento *m.* della sposa. **Braut|stand** m. *(-[e]s)* ANT. (periodo *m.* di) fidanzamento *m.* **Braut|strauß** m. *(-es,-sträuße)* → **Brautbukett. Braut|wer|ber** m. *(-s,-)* = chi fa la richiesta di matrimonio (a nome del fidanzato). **Braut|wer|bung** f. *(-,-en)* richiesta *f.* (*o* domanda *f.*) di matrimonio.

brav I agg. **1** bravo, buono, ubbidiente: ***sei ~!*** fai il bravo! comportati bene! **2** *(bieder)* ordinario, mediocre, dozzinale **3** ANT. *(rechtschaffen)* perbene, dabbene, onesto **4** ANT. *(tapfer)* valoroso, coraggioso, ardito **5** ANT. *(tüchtig)* bravo, capace **II** avv. **1** *(artig)* da bravo, ubbidientemente, bene **2** ANT. *(ehrlich)* onestamente **3** ANT. *(tapfer)* valorosamente, coraggiosamente, con ardimento **4** *(tüchtig)* con bravura (*o* capacità), bene.

Bra|va|de f. *(-,-n)* bravata *f.*, spacconata *f.*

Brav|heit f. *(-)* **1** bontà *f.*, ubbidienza *f.* **2** ANT. *(Rechtschaffenheit)* onestà *f.*, rettitudine *f.*

bra|vo [-v-] inter. ***~!*** bravo! ***~ rufen*** gridare "bravo!". **Bra|vo** n. *(-s,-s)*, **Bra|vo|ruf** m. *(-[e]s,-e)* bravo *m.*

Bra|vour [bra'vu:ɐ] f. *(-,-en)* **1** bravura *f.*, abilità *f.* **2** *(Tapferkeit)* valore *m.*, coraggio *m.* **bra|vou|rös I** agg. magistrale **II** avv. magistralmente, con maestria. **Bra|vour|leis|tung** f. *(-,-en)* prestazione *f.* brillante. **Bra|vour|stück** n. *(-[e]s,-e)* pezzo *m.* di bravura. **Bra|vur, bra|vu|rös, Bra|vur|leis|tung, Bra|vur|stück** → **Bravour, bravourös, Bravourleistung, Bravourstück.**

BRD ⇒ *Bundesrepublik Deutschland* Repubblica Federale Tedesca (RFT).

brech|bar agg. **1** che si può rompere (*o* spezzare), fragile **2** FIS. rifrangibile. **Brech|bar|keit** f. *(-)* fragilità *f.* **Brech|boh|ne** f. *(-,-n)* fagiolino *m.* **Brech|durch|fall** m. *(-[e]s,-fälle)* diarrea *f.* con vomito. **Brech|ei|sen** n. *(-s,-)* piede *m.* di porco.

bre|chen *(bricht, brach, gebrochen)* **I** tr. **1a** rompere, spezzare **b** FIG. ***jdm das Herz ~*** spezzare il cuore a qcn.; ***das Schweigen ~*** rompere il silenzio; ***jds Widerstand ~*** spezzare la resistenza di qcn.; *(nicht einhalten)* ***einen Eid, ein Versprechen ~*** rompere un giuramento, una promessa **2** (in)frangere: ***das Schiff bricht die Wellen*** la nave frange le onde **3** FIS. rifrangere **4** *(erbrechen)* vomitare, rigettare: ***sich die Seele aus dem Leib ~*** vomitare anche l'anima **5** LETT. *(pflücken)* cogliere **II** intr. **1a** (aus. *sein*) rompersi, spezzarsi **b** *(rissig werden)* creparsi, spaccarsi **c** *(von Stoff)* lacerarsi **2a** *(hervorkommen*; aus. *sein)* erompere, uscire (fuori), venire fuori: ***die Sonne bricht durch die Wolken*** il sole erompe attraverso le nuvole **b** *(von Wasser)* sgorgare **3** (aus. *haben*) ***mit einem Freund ~*** rompere con un amico; ***mit einer Gewohnheit, mit der Vergangenheit ~*** infrangere una consuetudine, rompere col passato **4** COLLOQ. *(erbrechen*; aus. *haben)* vomitare, rigettare **III** rifl. **sich ~ 1** rompersi, (in)frangersi: ***die Wellen brachen sich an den Klippen*** le onde s'infrangevano contro gli scogli **2** FIS. rifrangersi **3** ***sich (D) den Arm, das Bein ~*** rompersi (*o* fratturarsi) il braccio, la gamba ◆ ***nichts zu ~ und zu beißen haben*** non avere niente da mettere sotto i denti; ***die Ehe ~*** commettere adulterio; ***jdm das Genick ~*** dare il colpo di grazia a qcn.; ***das Gesetz ~*** infrangere la legge; ***etw. übers Knie ~*** = precipitare (*o* affrettare) qcs.; ***einen Rekord ~*** battere un record; ***etw. in Stücke ~*** mandare in pezzi, fare a pezzi qcs.; ***sein Wort ~*** non mantenere la parola. **Bre|chen** n. *(-s)* **1** rottura *f.* **2** *(Bruch, Verletzung)* violazione *f.* **3** *(Erbrechen)* vomito *m.* ◆ ***das ist zum ~*** è insopportabile; ***zum ~ voll sein*** essere pieno da scoppiare. **Bre|cher** m. *(-s,-)* **1** frangente *m.* **2** TESS. gramola(trice) *f.*, maciulla *f.* **Brech|mit|tel** n. *(-s,-)* emetico *m.* ◆ ***er ist das reinste ~*** = fa veramente vomitare. **Brech|nuss** f. *(-,-nüsse)* noce *f.* vomica.

Brech|punkt m. *(-[e]s,-e)* FIS. punto *m.* di rifrazione. **Brech|reiz** m. *(-es,-e)* conato *m.* di vomito. **Brech|stan|ge** f. *(-,-n)* → **Brecheisen.**

Bre|chung f. *(-,-en)* **1** FIS. rifrazione *f.* **2** LING. metafonia *f.* **Bre|chungs|ebe|ne** f. *(-,-n)* piano *m.* di rifrazione. **Bre|chungs|ver|mö|gen** n. *(-s)* potere *m.* rifrangente. **Bre|chungs|win|kel** m. *(-s,-)* angolo *m.* di rifrazione.

Bre|douil|le [bre'duljə] f. *(-,-n)* COLLOQ. ***in der ~ sein, sitzen*** essere nei guai, negli impicci; ***in die ~ kommen, geraten*** mettersi (*o* trovarsi) nei guai, negli impicci.

Bree|ches ['brɪtʃəs] pl., **Bree|ches|ho|se** f. *(-,-n)* pantaloni *m.pl.* alla cavallerizza.

Bre|gen m. *(-s,-)* **1** cervello *m.* (di animali da macello) **2** COLLOQ. zucca *f.*, testa *f.*

Brei m. *(-[e]s,-e)* **1** pappa *f.*, poltiglia *f.* **2** *(von Kartoffeln, Erbsen)* purè *m.*, purea *f.* ◆ ***um den heißen ~ herumreden*** = girare intorno alle cose, non venire al dunque; ***jdm ~ ums Maul schmieren*** lisciare la coda a qcn.; ***jdn zu ~ schlagen*** ridurre qcn. in polpette. **brei|ig** agg. pastoso, poltiglioso.

breit I agg. **1** largo, ampio: ***etw. -er machen*** allargare qcs.; ***-er werden*** allargarsi; ***das Band ist 2 cm ~*** il nastro è largo 2 cm; ***eine -e Frau*** una donna dai fianchi larghi; ***eine -e Aussprache*** una pronuncia larga **2** grande, vasto: ***die -e Masse*** la grande massa; ***-e Schichten der Bevölkerung*** vasti strati della popolazione **3** ***~ gefächert*** diversificato, vario **4a** COLLOQ. ***sich ~ machen*** allargarsi (anche FIG.): ***mach dich nicht so breit!*** non ti allargare (troppo)! **b** *(sich ausbreiten)* diffondersi **c** *(sich häuslich niederlassen)* installarsi, piazzarsi **II** avv. **1a** largamente, ampiamente **b** *(ausführlich)* dettagliatamente: ***etw. ~ berichten*** riferire qcs. dettagliatamente **2** → **breitbeinig** ◆ ***so ~ wie lang sein*** essere più largo che lungo; ***ein -es Lachen*** una risata sguaiata. **Breit|band|ka|bel** n. *(-s,-)* cavo *m.* multigamma. **breit|bei|nig** avv. a gambe larghe.

Brei|te f. *(-,-n)* **1** larghezza *f.*, ampiezza *f.*: ***eine ~ von 10 m*** una larghezza di 10 m; ***der ~ nach*** secondo (*o* per) la larghezza, per il largo **2a** FIG. ampiezza *f.*, vastità *f.*: ***epische ~*** vastità epica **b** *(Ausführlichkeit)* dettaglio *m.*, particolare *m.*: ***zu sehr in die ~ gehen*** andare troppo nei dettagli, nei particolari; ***in aller ~*** diffusamente, dettagliatamente **3** GEOGR. latitudine *f.*: ***der Ort liegt auf 40° südlicher ~*** il luogo si trova a 40° di latitudine sud ◆ ***in die ~ gehen*** allargarsi, crescere in larghezza.

brei|ten I tr. (di)stendere, spiegare: ***eine Decke über jdn ~*** stendere una coperta su qcn. **II** rifl. **sich ~** estendersi, propagarsi.

Brei|ten|grad m. *(-[e]s,-e)* grado *m.* di latitudine. **Brei|ten|kreis** m. *(-es,-e)* GEOGR. parallelo *m.* **Brei|ten|sport** m. *(-[e]s)* sport *m.* molto diffuso (*o* di massa). **Brei|ten|wir|kung** f. *(-,-en)* **1** grande effetto *m.* **2** *(von Personen)* grande influenza *f.* **Breit|for|mat** n. *(-[e]s,-e)* grande formato *m.* **breit|fü|ßig** agg. dai piedi larghi.

Breit|ling m. *(-s,-e)* carassio *m.*, scardola *f.*

breit|na|sig agg. dal naso largo. **breit|ran|dig** agg. **1** dall'orlo largo **2** *(von Hüten)* a tesa larga.

breit_schla|gen tr. *(schlägt, schlug, geschlagen)* COLLOQ. convincere, persuadere: ***sich ~ lassen, etw. zu tun*** lasciarsi convincere a fare qcs.

breit|schul|te|rig, breit|schult|rig agg. dalle spalle larghe. **Breit|schwanz** m. *(-es)* breitschwanz *m.* **Breit|sei|te** f. *(-,-n)* **1** fianco *m.*: ***die ~ des Schiffes*** il fianco della nave **2** bordata *f.* (anche FIG.): ***eine ~ (auf jdn, etw.) abfeuern, abgeben*** sparare una bordata (su qcn., qcs.). **breit|spu|rig I** agg. **1** a scartamento largo **2** FIG. presuntuoso, arrogante **II** avv. in modo presuntuoso, arrogantemente.

breit_tre|ten tr. *(tritt, trat, getreten)* COLLOQ. **1** → **breitwalzen 2** *(weitererzählen)* diffondere, divulgare. **breit_wal|zen** tr. COLLOQ. trattare ampiamente, diffusamente. **Breit|wand** f. *(-,-wände)* schermo *m.* panoramico.

Bre|men n.pr.n. *(-s)* Brema *f.* **Bre|mer I** m. *(-s,-)* abitante *m.* di Brema **II** agg.inv. di Brema. **bre|misch** agg. di Brema.

Brems|an|la|ge f. *(-,-n)* impianto *m.* frenante (*o* di frenatura). **Brems|ba|cke** f. *(-,-n)* ganascia *f.* del freno. **Brems|be|lag** m. *(-[e]s,-beläge)* guarnizione *f.* dei freni, ferodo *m.* (dei freni); *(einer Scheibenbremse)* pastiglia *f.* (del freno). **Brems|berg** m. *(-[e]s,-e)* piano *m.* inclinato (per frenatura).

1.Brem|se f. *(-,-n)* freno *m.* (anche FIG.): ***die ~ betätigen, (an)ziehen*** azionare, tirare il freno.

2.Brem|se f. *(-,-n)* ENTOM. tafano *m.*

Brems|ein|stel|lung f. *(-,-en)* registrazione *f.* (*o* messa *f.* a punto) dei freni.

brem|sen I tr. frenare (anche FIG.): ***den Zug ~*** frenare il treno; ***die Preisentwicklung ~*** frenare (*o* rallentare) l'aumento dei prezzi; ***er ist nicht zu ~*** non si riesce a tenerlo (a freno), a fermarlo **II** intr. (aus. *haben*) frenare, azionare i freni **III** rifl. **sich ~** frenarsi, trattenersi: ***sich nicht mehr ~ können*** non potersi più frenare ◆

nicht mehr zu ~ sein essere incontenibile.
Brem|sen|stich m. *(-[e]s,-e)* puntura *f.* di tafano.
Brem|ser m. *(-s,-)* frenatore *m.* **Brem|ser|häus|chen** n. *(-s,-)* garitta *f.* del frenatore.
Brems|flie|ge f. *(-,-n)* → **2.Bremse.**
Brems|flüs|sig|keit f. *(-,-en)* liquido *m.* dei freni. **Brems|ge|stän|ge** n. *(-s,-)* tirante *m.* del freno. **Brems|he|bel** m. *(-s,-)* leva *f.* del freno. **Brems|keil** m. *(-[e]s,-e)* calzatoia *f.*, scarpa *f.*, tacco *m.* **Brems|klotz** m. *(-es,-klötze)* **1** → **Bremskeil 2** MECC. ceppo *m.* del freno. **Brems|kol|ben** m. *(-s,-)* pistoncino *m.* del freno. **Brems|kraft** f. *(-,-kräfte)* forza *f.* frenante. **Brems|leis|tung** f. *(-,-en)* potenza *f.* al freno; potenza *f.* frenante. **Brems|lei|tung** f. *(-,-en)* tubazione *f.* del freno. **Brems|licht** n. *(-[e]s,-er)* luce *f.* di arresto, stop *m.* **Brems|mo|ment** m. *(-[e]s,-e)* momento *m.* frenante. **Brems|pe|dal** n. *(-s,-e)* pedale *m.* del freno. **Brems|pro|be** f. *(-,-n)* prova *f.* di frenatura (*o* al freno). **Brems|ra|ke|te** f. *(-,-n)* razzo *m.* frenante, retrorazzo *m.* **Brems|schei|be** f. *(-,-n)* disco *m.* del freno. **Brems|schlauch** m. *(-[e]s,-schläuche)* tubo *m.* dei freni. **Brems|schuh** m. *(-[e]s,-e)* **1** → **Bremskeil 2** TECN. pattino *m.* del freno. **Brems|spur** f. *(-,-en)* traccia *f.* (*o* segno *m.*) di frenata. **Brems|trom|mel** f. *(-,-n)* tamburo *m.* del freno.
Brem|sung f. *(-,-en)* **1** frenata *f.*, frenatura *f.* **2** FIG. il frenare, il trattenere.
Brems|vor|rich|tung f. *(-,-en)* dispositivo *m.* frenante. **Brems|weg** m. *(-[e]s,-e)* spazio *m.* (*o* lunghezza *f.*) di frenata. **Brems|wir|kung** f. *(-,-en)* effetto *m.* frenante. **Brems|zy|lin|der** m. *(-s,-)* cilindretto *m.* del freno.
brenn|bar agg. combustibile; *(entzündbar)* infiammabile. **Brenn|bar|keit** f. *(-)* combustibilità *f.*; *(Entzündbarkeit)* infiammabilità *f.* **Brenn|dau|er** f. *(-)* **1** durata *f.* (di una lampadina) **2** INDUSTR. tempo *m.* di cottura. **Brenn|ebe|ne** f. *(-,-n)* OTT. piano *m.* focale. **Brenn|ei|sen** n. *(-s,-)* **1** → **Brennschere 2** ferro *m.* per marchiare il bestiame **3** MED. termocauterio *m.*
bren|nen *(brannte, gebrannt)* **I** tr. **1** bruciare, ardere: ***Kohle, Holz ~*** bruciare carbone, legna **2** *(leuchten lassen)* far ardere, tenere acceso: ***das Licht ~ lassen*** tenere acceso il lume **3** *(einbrennen)* ***ein Zeichen auf etw. (A) ~*** imprimere un marchio a fuoco su qcs. (*o* marchiare qcs. a fuoco) **4** cuocere: ***Kalk, Keramik ~*** cuocere la calce, la ceramica **5** distillare: ***Schnaps ~*** distillare la grappa **6** tostare: ***Kaffee, Mandeln ~*** tostare il caffè, le mandorle **7** RAR. ***jdn (mit etw.) ~*** bruciare qcn. (con qcs.) **II** intr. (aus. *haben*) **1a** bruciare, ardere: ***die Scheune brennt (lichterloh)*** il granaio sta bruciando (*o* è in fiamme); ***es brennt!*** al fuoco! ***die Sonne brennt*** il sole brucia (*o* scotta) **b** FIG. ***vor Neugier, Ungeduld ~*** bruciare dalla curiosità, dall'impazienza **c** *(schmerzen)* bruciare: ***mir brennen die Augen*** mi bruciano gli occhi; ***der Schnaps brennt in der Kehle*** la grappa brucia in gola **d** *(heftig streben)* ***auf etw. (A) ~*** ardere dal desiderio di (fare) qcs.; ***ich brenne darauf, ihn zu sehen*** ardo (*o* muoio) dalla voglia di vederlo **2** *(sich entzünden)* infiammarsi, incendiarsi, prendere fuoco: ***etw. brennt gut, leicht*** qcs. prende fuoco bene, facilmente; ***das Streichholz brennt nicht*** il fiammifero non si accende **3** *(leuchten)* ardere **III** rifl. **sich ~** RAR. bruciarsi: ***ich habe mich am Bügeleisen gebrannt*** mi sono bruciato col ferro da stiro ◆ ***jdm brennt der Boden unter den Füßen*** a qcn. brucia la terra sotto i piedi; ***Locken in die Haare ~*** arricciare i capelli col ferro; ***wo brennt's (denn)?*** cos'è successo? **bren|nend I** p.pres. agg. **1** → **brennen 2a** ***ein -es Haus*** una casa in fiamme; ***eine -e Zigarette*** una sigaretta accesa **b** ***eine -e Sonne*** un sole cocente **3a** FIG. bruciante, scottante: ***ein -es Problem*** un problema scottante **b** *(von Leidenschaften, Wünschen)* ardente **II** avv. **1** ardentemente, appassionatamente: ***etw. ~ wünschen*** desiderare ardentemente qcs. **2** rafforz. *(sehr)* veramente, davvero: ***etw. ~ gern tun*** fare qcs. veramente volentieri.
1.Bren|ner m. *(-s,-)* **1** bruciatore *m.* **2** *(Destillierapparat)* distillatore *m.*, apparecchio *m.* per la distillazione.
2.Bren|ner n.pr.m. *(-s)* Brennero *m.*
Bren|ne|rei f. *(-,-en)* **1** distillazione *f.* **2** *(Betrieb)* distilleria *f.* **Brenn|flä|che** f. *(-,-n)* → **Brennebene. Brenn|gas** n. *(-es,-e)* gas *m.* combustibile. **Brenn|glas** n. *(-es,-gläser)* lente *f.* di focalizzazione. **Brenn|holz** n. *(-es)* legna *f.* da ardere. **Brenn|kam|mer** f. *(-,-n)* **1** camera *f.* di combustione **2** AER. combustore *m.* **Brenn|lin|se** f. *(-,-n)* → **Brennglas. Brenn|ma|te|ri|al** n. *(-s,-ien)* combustibile *m.* **Brenn|nes|sel** f. *(-,-n)* ortica *f.* **Brenn|ofen** m. *(-s,-öfen)* forno *m.* di cottura; *(von Kalk)* forno *m.* di calcinazione. **Brenn|öl** n. *(-[e]s,-e)* olio *m.* combustibile. **Brenn|punkt** m. *(-[e]s,-e)* **1a** punto *m.* focale, fuoco *m.* **b** MAT. fuoco *m.* **2** FIG. punto *m.* focale (*o* cruciale): ***diese Kreuzung ist der ~ des Verkehrs*** questo incrocio è il punto nevralgico del traffico. **Brenn|sche|re** f. *(-,-n)* (ferro *m.*) arricciacapelli *m.* **Brenn|spie|gel** m. *(-s,-)* specchio *m.* ustorio. **Brenn|stab** m. *(-[e]s,-stäbe)* NUCL. barra *f.* combustibile.
Brenn|stoff m. *(-[e]s,-e)* **1** combustibile *m.* **2** NUCL. combustibile *m.* nucleare. **Brenn|stoff|be|häl|ter** m. *(-s,-)* serbatoio *m.* di combustibile. **Brenn|stoff|fil|ter** m. *(-s,-)* filtro *m.* del combustibile. **Brenn|stoff|ge|misch** n. *(-[e]s,-e)* miscela *f.* **Brenn|stoff|pum|pe** f. *(-,-n)* pompa *f.* di alimentazione del combustibile. **Brenn|stoff|re|ser|ve** f. *(-,-n)* riserva *f.* di combustibile. **Brenn|stoff|stab** m. *(-[e]s,-stäbe)* → **Brennstab.**
Brenn|wei|te f. *(-,-n)* OTT. distanza *f.* focale. **Brenn|wert** m. *(-s,-e)* valore *m.* energetico.
Bren|te f. *(-,-n)* mastello *m.*
Bren|ze f. *(-,-n)* minerale *m.* combustibile.
bren|zeln intr. (aus. *haben*) REGION. **1** puzzare di bruciato: ***es brenzelt*** c'è puzza di bruciato **2** *(glühen)* ardere (senza fiamma).
brenz|lig REGION. **I** agg. **1** ***ein -er Geruch*** un odore di bruciato **2** FIG. che puzza di bruciato, preoccupante, sospetto: ***eine -e Angelegenheit*** una faccenda sospetta **II** avv. di bruciato: ***hier riecht es ~*** qui c'è odore di bruciato; FIG. ***die Sache wird (mir) zu ~*** la cosa (mi) puzza di bruciato.
Bre|sche f. *(-,-n)* breccia *f.* ◆ ***für jdn, etw. eine ~ schlagen*** spianare, aprire la strada a qcn., a qcs.; ***für jdn in die ~ springen, treten, sich für jdn in die ~ werfen*** = prendere le parti (*o* intervenire a favore) di qcn.
Bres|lau n.pr.n. *(-s)* Breslavia *f.* **Bres|lau|er I** m. *(-s,-)* abitante *m.* di Breslavia **II** agg.inv. di Breslavia. **bres|lau|isch** agg. di Breslavia.
brest|haft agg. ANT. pieno di acciacchi (*o* di malanni), infermo.
Bre|ta|gne [brəˈtanjə] n.pr.f. *(-)* Bretagna *f.* **Bre|to|ne** m. *(-n,-n)* bret(t)one *m.*, abitante *m.* della Bretagna. **bre|to|nisch** agg. bret(t)one.
Brett n. *(-[e]s,-er)* **1a** asse *f.*, tavola *f.* **b** *(für Bücher, Geschirr)* mensola *f.*, (ri)piano *m.* **2** GIOC. tavoliere *m.*; *(beim Dame- und Schachspiel)* scacchiera *f.* **3** *(Schalttafel)* quadro *m.* (elettrico) **4** pl. SPORT tappeto *m.*: ***jdn auf die -er schicken*** mandare (*o* mettere) qcn. al tappeto **5** pl. *(Ski)* sci *m.pl.*: ***die -er anschnallen*** allacciare gli sci ◆ ***das ~ bohren, wo es am dünnsten ist*** = scegliere il lavoro più facile; ***ein ~ vor dem Kopf haben*** avere il paraocchi (*o* una benda davanti agli occhi); ***schwarzes ~*** albo, bacheca; ***auf den -ern stehen*** calcare le scene; ***bei jdm einen Stein im ~ haben*** essere nella manica di qcn. **Brett|chen** n. *(-s,-)* assicella *f.*, tavoletta *f.* **Bret|tel** n. *(-s,-[n])* REGION. **1** → **Brettchen 2** *(Ski)* sci *m.* **Bret|ter|bo|den** m. *(-s,-böden)* pavimento *m.* in legno, parquet *m.* **Bret|ter|bu|de** f. *(-,-n)* baracca *f.* di legno, casotto *m.* **Bret|ter|dach** n. *(-[e]s,-dächer)* tetto *m.* di assi. **Bret|ter|ge|rüst** n. *(-[e]s,-e)* impalcatura *f.* di legno.
1.bret|tern agg. (fatto) di assi, di tavole.
2.bret|tern intr. (aus. *sein*) COLLOQ. sfrecciare, andare sparato.
Bret|ter|scha|lung f. *(-,-en)*, **Bret|ter|ver|klei|dung** f. *(-,-en)* rivestimento *m.* di (tavole di) legno. **Bret|ter|ver|schlag** m. *(-[e]s,-verschläge)* capanna *f.*, rimessa *f.* (di legno). **Bret|ter|wand** f. *(-,-wände)* tramezzo *m.* di assi, assito *m.* **Bret|ter|zaun** m. *(-[e]s,-zäune)* steccato *m.*, staccionata *f.* **brett|hart** agg. duro come il legno. **Brettl** n. *(-s,-)* COLLOQ. **1** cabaret *m.* **2** → **Brettel. Brett|spiel** n. *(-[e]s,-e)* gioco *m.* da scacchiera.
Bre|ve [-v-] n. *(-s,-n e -s)* RELIG. breve *m.*
Bre|vet [breˈveː] n. *(-s,-s)* brevetto *m.*
Bre|vier n. *(-s,-e)* breviario *m.*
Bre|zel f. *(-,-n)*, **Bre|zen** m. *(-s,-)* e f. *(-,-)* INTRAD. (ciambella salata a forma di otto).
Bridge [brɪtʃ] n. *(-s)* bridge *m.* **Bridge|par|tie** f. *(-,-n)* partita *f.* di bridge.
Brief m. *(-[e]s,-e)* **1** lettera *f.*, LETT. epistola *f.*: ***ein eingeschriebener ~*** una lettera raccomandata; ***einen ~ jdm, an jdn schreiben*** scrivere una lettera a qcn.; ***einen ~ einwerfen, frankieren*** imbucare, affrancare una lettera **2** *(Briefkurs)* cambio *m.* lettera ◆ ***blauer ~*** lettera di licenziamento; SCOL. nota di biasimo; ***offener ~*** lettera aperta; ***jdm ~ und Siegel auf etw. (A) geben*** = assicurare qcs. a qcn. **Brief|ab|la|ge** f. *(-,-n)* raccoglitore *m.* per la corrispondenza. **Brief|an|nah|me** f. *(-)*, **Brief|auf|ga|be** f. *(-)* (sportello *m.*) accettazione *f.* lettere. **Brief|auf|schrift** f. *(-,-en)* indirizzo *m.* (della lettera). **Brief|be|schwe|rer** m. *(-s,-)* fermacarte *m.* **Brief|block** m. *(-[e]s,-s* e *-blöcke)* blocco *m.* di carta da lettere. **Brief|bo|gen** m. *(-s,-)* foglio *m.* di carta da lettere. **Brief|bom|be** f. *(-,-n)* lettera *f.* esplosiva. **Brief|bo|te** m. *(-n,-n)* REGION. → **Briefträger. Brief|chen** n. *(-s,-)* **1** letterina *f.* **2** *(kleines Päckchen)* cartina *f.*, bustina *f.* **Brief|druck|sa|che** f. *(-,-n)* stampa *f.*, stampato *m.* **Brief|ein|wurf** m. *(-[e]s)* → **Briefkastenschlitz. Brief|flut** f. *(-)* mare *m.* di lettere. **Brief|form** f. *(-,-en)* forma *f.* epistolare. **Brief|freund** m. *(-[e]s,-e)* amico *m.* di penna. **Brief|freun|din** f. *(-,-nen)* amica *f.* di penna. **Brief|ge|heim|**

nis n. *(-ses,-se)* segreto *m.* epistolare: ***das ~ verletzen*** violare il segreto epistolare. **Brief|hy|po|thek** f. *(-,-en)* ipoteca *f.* su titoli.

Brie|fing n. *(-s,-s)* briefing *m.*

Brief|kar|te f. *(-,-n)* cartoncino *m.*, biglietto *m.*

Brief|kas|ten m. *(-s,- e -kästen)* **1** cassetta *f.* per le lettere, buca *f.* delle lettere: ***eine Postkarte in den ~ werfen, stecken*** imbucare una cartolina postale **2** GIORN. posta *f.* dei lettori, lettere *f.pl.* al direttore. **Brief|kas|ten|fir|ma** f. *(-,-firmen)* = società *f.* di comodo (che consiste solo in un recapito postale). **Brief|kas|ten|schlitz** m. *(-es,-e)* buca *f.* delle lettere.

Brief|kopf m. *(-[e]s,-köpfe)* intestazione *f.* (della lettera). **Brief|kurs** m. *(-es,-e)* ECON. cambio *m.* lettera. **Brief|ku|vert** n. *(-[e]s,-e)* → **Briefumschlag. brief|lich I** agg. epistolare **II** avv. per lettera: ***etw. ~ mitteilen*** comunicare qcs. per lettera. **Brief|map|pe** f. *(-,-n)* cartellina *f.* della corrispondenza.

Brief|mar|ke f. *(-,-n)* francobollo *m.*: ***eine ~ auf den Umschlag kleben*** attaccare (*o* incollare) un francobollo sulla busta; ***-n sammeln*** fare la raccolta di francobolli. **Brief|mar|ken|al|bum** n. *(-s,-alben)* album *m.* di, per francobolli. **Brief|mar|ken|block** m. *(-[e]s,-s)* emissione *f.* speciale di francobolli. **Brief|mar|ken|kun|de** f. *(-)* filatelia *f.* **Brief|mar|ken|samm|ler** m. *(-s,-)* collezionista *m.* di francobolli. **Brief|mar|ken|samm|lung** f. *(-,-en)* collezione *f.* (*o* raccolta *f.*) di francobolli. **Brief|mar|ken|se|rie** f. *(-,-n)* serie *f.* di francobolli.

Brief|no|tie|rung f. *(-,-en)* quotazione *f.* del prezzo d'offerta.

Brief|öff|ner m. *(-s,-)* tagliacarte *m.* **Brief|pa|pier** n. *(-s)* carta *f.* da lettere. **Brief|part|ner** m. *(-s,-)* corrispondente *m.* **Brief|por|to** n. *(-s,-s)* affrancatura *f.*, spese *f.pl.* postali. **Brief|ro|man** m. *(-s,-e)* romanzo *m.* epistolare. **Brief|schaf|ten** pl. corrispondenza *f.*, posta *f.*, lettere *f.pl.* **Brief|schrei|ber** m. *(-s,-)* chi scrive lettere, autore *m.* (di una lettera) ◆ ***er ist ein (kein) ~*** (non) gli piace scrivere lettere. **Brief|schuld** f. *(-,-en)* corrispondenza *f.* inevasa: ***seine -en erledigen, abtragen*** sbrigare la corrispondenza inevasa. **Brief|stem|pel** m. *(-s,-)* timbro *m.* postale. **Brief|stil** m. *(-s,-e)* stile *m.* epistolare. **Brief|ta|sche** f. *(-,-n)* portafoglio *m.* ◆ ***eine dicke ~ haben*** avere il portafoglio gonfio, avere molti soldi. **Brief|tau|be** f. *(-,-n)* piccione *m.* viaggiatore. **Brief|tau|ben|züch|ter** m. *(-s,-)* allevatore *m.* di piccioni viaggiatori. **Brief|trä|ger** m. *(-s,-)* postino *m.* **Brief|um|schlag** m. *(-[e]s,-umschläge)* busta *f.* (da lettera). **Brief|waa|ge** f. *(-,-n)* pesalettere *m.* e *f.* **Brief|wahl** f. *(-,-en)* voto *m.* per corrispondenza. **Brief|wech|sel** m. *(-s,-)* **1** corrispondenza *f.*, scambio *m.* epistolare: ***mit jdm in ~ stehen*** essere in corrispondenza con qcn.; ***(mit jdm) einen ~ führen*** avere uno scambio epistolare, svolgere una corrispondenza (con qcn.) **2** carteggio *m.* **Brief|zen|sur** f. *(-,-en)* censura *f.* epistolare. **Brief|zu|stel|ler** m. *(-s,-)* portalettere *m.* **Brief|zu|stel|lung** f. *(-)* recapito *m.* della posta.

Brie|kä|se m. *(-s,-)* GASTR. brie *m.*

Bries n. *(-es,-e)* animella *f.* **Bries|chen** n. *(-s,-)* frittura *f.* di animelle.

Bri|ga|de f. *(-,-n)* **1** MIL. brigata *f.* **2** EX-RDT *(Arbeitsgruppe)* gruppo *m.*, squadra *f.* di operai. **Bri|ga|de|ge|ne|ral** m. *(-s,-e e -generäle)* generale *m.* di brigata. **Bri|ga|de|kom|man|dant** m. *(-en,-en)* comandante *m.* di brigata. **Bri|ga|de|lei|ter** m. *(-s,-)* EX-RDT caposquadra *m.* **Bri|ga|di|er** [briga'die:] m. *(-s,-s)*, **Bri|ga|dier** [briga'di:ɐ] m. *(-s,-e)* **1** MIL. generale *m.* di brigata **2** EX-RDT caposquadra *m.* **Bri|ga|die|rin** f. *(-,-nen)* EX-RDT caposquadra *f.*

Bri|gant m. *(-en,-en)* brigante *m.*

Bri|gan|ti|ne f. *(-,-n)*, **Brigg** f. *(-,-s)* brigantino *m.*

Bri|git|te n.pr.f. Brigida *f.*, Brigitta *f.*

Bri|kett n. *(-s,-s e -e)* bricchetta *f.*, mattonella *f.* di carbone.

Bri|ko|le f. *(-,-n)* rimbalzo *m.* (della palla da biliardo). **bri|ko|lie|ren** tr. *(beim Billardspiel)* colpire di rimbalzo.

bril|lant [brɪl'jant] agg. brillante, splendido, eccellente: ***ein -er Tänzer*** un brillante ballerino; ***ein -er Vortrag*** uno splendido discorso ◆ ***es geht mir ~*** me la passo magnificamente. **Bril|lant** m. *(-en,-en)* brillante *m.* **Bril|lant|bro|sche** f. *(-,-n)* spilla *f.* di brillanti. **bril|lan|ten I** agg. di brillanti: ***eine -e Anstecknadel*** uno spillone di brillanti **II** avv. come brillanti. **Bril|lan|ti|ne** f. *(-,-n)* brillantina *f.* **Bril|lant|kol|li|er** n. *(-s,-s)* collier *m.* di brillanti. **Bril|lant|ring** m. *(-[e]s,-e)* anello *m.* di brillanti. **Bril|lant|schliff** m. *(-es,-e)* taglio *m.* a brillante. **Bril|lanz** f. *(-)* **1** brillantezza *f.*, eccellenza *f.*: ***mit ~*** brillantemente **2** FOT. nitidezza *f.*

Bril|le f. *(-,-n)* **1** occhiali *m.pl.*: ***eine ~ für die Nähe, für die Ferne*** un paio di occhiali (per vedere) da vicino, da lontano; ***die ~ abnehmen, aufsetzen*** togliere, mettere (*o* togliersi, mettersi) gli occhiali; ***eine ~ tragen*** portare gli occhiali **2** COLLOQ. *(Klosettbrille)* sedile *m.* ◆ ***etw. durch seine eigene, durch eine gefärbte ~ sehen, betrachten*** vedere qcs. con pregiudizio; ***alles durch eine rosarote, durch die schwarze ~ (an)sehen*** vedere tutto roseo, vedere tutto nero. **Bril|len|bü|gel** m. *(-s,-)* stanghetta *f.* degli occhiali. **Bril|len|etui** n. *(-s,-s)* astuccio *m.* per occhiali. **Bril|len|fas|sung** f. *(-,-en)* → **Brillengestell. Bril|len|fut|te|ral** n. *(-s,-e)* → **Brillenetui. Bril|len|ge|stell** n. *(-s,-e)* montatura *f.* per occhiali. **Bril|len|glas** n. *(-es,-gläser)* lente *f.* degli occhiali. **Bril|len|schlan|ge** f. *(-,-n)* **1** serpente *m.* dagli occhiali **2** COLLOQ. SPREG. occhialuta *f.* **Bril|len|trä|ger** m. *(-s,-)* uomo *m.* con gli occhiali: ***~ sein*** avere, portare gli occhiali. **Bril|len|trä|ge|rin** f. *(-,-nen)* donna *f.* con gli occhiali.

bril|lie|ren intr. (aus. *haben*) LETT. brillare, eccellere: ***mit, in etw. (D) ~*** eccellere per, in qcs.

Brim|bo|ri|um n. *(-s)* COLLOQ. chiasso *m.*, storie *m.pl.*, chiacchiere *f.pl.*: ***mach nicht so viel ~ darum!*** non fare tante storie per questa cosa!

brin|gen tr. *(brachte, gebracht)* **1a** portare: ***die Pakete ins Haus, das Essen auf den Tisch ~*** portare i pacchi in casa, il pranzo in tavola; ***jdm eine Botschaft, Nachricht ~*** portare un'ambasciata, una notizia a qcn.; ***etw. auf den Markt ~*** lanciare qcs. sul mercato **b** FIG. ***die Polizei auf die Spur des Verbrechers ~*** portare la polizia sulle tracce del criminale; ***die Diskussion auf ein bestimmtes Thema ~*** portare la discussione su un determinato argomento; ***etw. bringt jdm Glück, Unglück*** qcs. porta a qcn. fortuna, sfortuna **c** *(begleiten)* portare, condurre, accompagnare: ***jdn zum Bahnhof, ins Krankenhaus, nach Hause ~*** portare qcn. alla stazione, in ospedale, a casa **2** trascinare, mandare: ***jdn vor Gericht ~*** mandare qcn. in tribunale; ***jdn ins Irrenhaus ~*** far andare qcn. in manicomio, FIG. far impazzire qcn. **3** ***jdn zu etw. ~*** indurre qcn. a qcs.: ***jdn zum Lachen, zum Schweigen, zur Verzweiflung ~*** far ridere qcn., far tacere qcn., portare qcn. alla disperazione **4** *(Geld, Gewinn, Zinsen)* rendere, fruttare, dare **5a** *(verursachen)* causare, arrecare, portare: ***etw. bringt jdm Freude, Sorgen*** qcs. porta gioia, preoccupazioni a qcn. **b** ***die Wolken ~ Regen*** le nuvole portano pioggia **6** *(Gabe, Opfer)* portare, offrire **7a** COLLOQ. *(veröffentlichen)* riportare: ***eine Nachricht in der Zeitung ~*** riportare una notizia sul giornale **b** *(senden)* trasmettere, dare ◆ ***etw. zum Abschluss ~*** portare a termine qcs.; ***etw. an sich ~*** impadronirsi di qcs.; ***jdn auf etw. ~*** suggerire, far venire in mente qcs. a qcn.; ***jdn auf andere Gedanken ~*** distrarre qcn.; ***sich (nicht) aus der Ruhe ~ lassen*** (non) lasciarsi innervosire; ***es dahin ~, dass...*** arrivare a...; ***etw. in Erfahrung ~*** venire a sapere qcs.; ***es auf 90 Jahre, auf 200 km ~*** arrivare a 90 anni, ai 200 all'ora; COLLOQ. ***der, die, das bringt's (voll)!*** è una cannonata! ***sich, jdn in Gefahr ~*** mettersi, mettere qcn. in pericolo; ***ein Geheimnis ans Licht, an den Tag ~*** riportare alla luce un segreto; ***etw. hinter sich ~*** portare a compimento, a termine qcs.; FIG. ***etw. mit sich ~*** portare con sé, comportare qcs.: ***diese Krankheit bringt viel Leiden mit sich*** questa malattia comporta (*o* implica) molta sofferenza; ***das bringt nichts!*** questo non porta a nulla! (*o* non ne vale la pena!); ***etw. in Ordnung ~*** mettere qcs. a posto, in ordine; ***jdn ruhig ~*** riuscire a calmare qcn.; ***jdn in Sicherheit ~*** mettere qcn. al sicuro; ***es so weit ~, dass...*** arrivare al punto di...; ***etw. (nicht) über sich ~*** (non) farcela; ***jdn um etw. ~*** togliere qcs. a qcn.; ***jdn ums Leben ~*** togliere la vita a qcn.; ***jdn um den Verstand ~*** far perdere il senno a qcn.; COLLOQ. ***das bringt's voll!*** è fortissimo! ***es weit ~ (im Leben)*** fare strada (nella vita); ***jdn zur Welt ~*** mettere al mondo qcn.; ***es zu etwas, zu viel ~*** diventare qualcuno, fare strada; ***es bis zum Direktor ~*** riuscire a diventare direttore; ***jdn zu sich ~*** fare riprendere coscienza a qcn.; ***etw. zustande ~*** riuscire a fare qcs.

Bring|schuld f. *(-,-en)* DIR. debito *m.* portabile.

Bri|oche [bri'ɔʃ] f. *(-,-s)* brioche *f.*

bri|sant agg. **1** dirompente, altamente esplosivo **2** FIG. esplosivo, scottante: ***ein -es Thema*** un tema scottante. **Bri|sanz** f. *(-,-en)* esplosività *f.*, forza *f.* esplosiva, dirompente (anche FIG.). **Bri|sanz|ge|schoss,** AUSTR. **Bri|sanz|ge|schoß** n. *(-es,-e)* proiettile *m.* dirompente.

Bri|se f. *(-,-n)* brezza *f.*: ***eine leichte ~ kommt auf*** si leva una leggera brezza.

Bri|so|lett n. *(-s,-e)*, **Bri|so|let|te** f. *(-,-n)* polpetta *f.*

Bri|tan|ni|a|me|tall n. *(-s)* metallo *m.* Britannia. **Bri|tan|ni|en** n.pr.n. *(-s)* Britannia *f.* **bri|tan|nisch** agg. STOR. britanno, britannico. **Bri|te** m. *(-n,-n)* STOR. britanno *m.* **Bri|tin** f. *(-,-nen)* britanna *f.* **bri|tisch** agg. britannico: ***die -e Regierung*** il governo britannico.

Bri|xen n.pr.n. Bressanone *f.*

Bröck|chen n. *(-s,-)* pezzetto *m.* **bröck|chen|wei|se** avv. a pezzettini. **brö|cke|lig** agg. friabile. **Brö|cke|lig|keit** f. *(-)* friabilità *f.* **brö|ckeln I** intr. **1** (aus. *haben*) spezzettarsi, sbriciolarsi **2** (aus. *sein*) staccarsi, sgretolarsi: ***der Gips ist aus, von der Wand gebröckelt*** il gesso si è staccato dal muro **II** tr. spezzettare, sbocconcellare: ***Brot ~*** sbocconcellare il pane. **bro|cken** tr. **1** spezzare, spezzettare, sbocconcellare **2** REGION. *(Obst, Blumen)* raccogliere, cogliere.

Brọ|cken m. *(-s,-)* **1** *(Stück)* pezzo *m.* **2** *(Bissen)* boccone *m.* **3** COLLOQ. FIG. pezzo *m.* d'uomo ◆ ***sich die besten ~ nehmen*** prendersi il boccone migliore; ***jdm einen dicken, fetten ~ vor der Nase wegschnappen*** rubare un grosso affare a qcn.; ***sich einen fetten ~ schnappen*** fare un grosso affare; FIG. ***ein harter ~*** un osso duro; ***die ~ hinschmeißen, hinwerfen*** piantare baracca e burattini; ***ein paar ~ Deutsch können*** masticare un po' di tedesco; MIL. ***schwere ~*** grossi calibri. **brọ|cken|wei|se** avv. **1** a pezzettini **2** *(bissenweise)* a bocconi. **bröck|lig** → **bröckelig. Bröck|lig|keit** → **Bröckeligkeit.**
Bro|del m. *(-s)* REGION. vapore *m.* caldo. **bro|deln** intr. (aus. *haben*) **1** ribollire, gorgogliare **2** AUSTR. COLLOQ. cincischiare, perdere tempo ◆ ***es brodelt in der Firma*** nella fabbrica qualcosa bolle in pentola.
Bro|dem m. *(-s)* LETT. esalazione *f.*
Broi|ler m. *(-s,-)* REGION. → **Brathähnchen.**
Bro|kat m. *(-[e]s,-e)* broccato *m.* **bro|ka|ten** agg. di broccato.
Brok|ko|li pl. broccoli *m.pl.*
Brom n. *(-s)* bromo *m.*
Bro|mat n. *(-s,-e)* bromato *m.*
Brom|beer|busch m. *(-es,-büsche)* rovo *m.* **Brom|bee|re** f. *(-,-n)* **1** → **Brombeerbusch 2** mora *f.* **Brom|beer|mar|me|la|de** f. *(-,-n)* marmellata *f.* di more. **Brom|beer|strauch** m. *(-s,-sträucher)* → **Brombeerbusch.**
Bro|me|li|a|ze|en pl. bromeliacee *f.pl.*
Brom|es|sig|säu|re f. *(-,-n)* acido *m.* bromoacetico. **brom|hal|tig** agg. bromico, che contiene bromo. **Bro|mid** n. *(-[e]s,-e)* bromuro *m.* **Brom|ka|li|um** n. *(-s)* bromuro *m.* di potassio. **Brom|säu|re** f. *(-)* acido *m.* bromico. **Brom|sil|ber** n. *(-s)* bromuro *m.* d'argento. **Brom|sil|ber|pa|pier** n. *(-s)* carta *f.* al bromuro d'argento. **Brom|was|ser|stoff** m. *(-[e]s)* idrobromuro *m.*
bron|chi|al agg. bronchiale. **Bron|chi|al|asth|ma** n. *(-s)* bronchite *f.* asmatica, asma *f.* bronchiale. **Bron|chi|al|kar|zi|nom** n. *(-s,-e)* carcinoma *m.* bronchiale. **Bron|chi|al|ka|tarrh** m. *(-s,-e)* catarro *m.* bronchiale. **Bron|chie** f. *(-,-n)* bronco *m.* **Bron|chi|o|le** f. *(-,-n)* bronchiolo *m.* **Bron|chi|tis** f. *(-, Bronchitiden)* bronchite *f.*
Bronn m. *(-s,-en)*, **Bron|nen** m. *(-s,-)* LETT. ANT. fonte *f.*
Bron|to|sau|rus m. *(-, Brontosaurier)* brontosauro *m.*
Bron|ze ['brɔ̃:sə] f. *(-,-n)* **1** bronzo *m.*: ***eine römische ~*** un bronzo di età romana; ***bei der Olympiade ~ gewinnen*** vincere il bronzo alle Olimpiadi **2** color *m.* bronzo. **bron|ze|ar|tig** agg. bronzeo. **Bron|ze|far|be** f. *(-,-n)* polvere *f.* di bronzo, porporina *f.* **bron|ze|far|ben, bron|ze|far|big** agg. bronzeo, (di) color bronzo. **Bron|ze|kunst** f. *(-)* arte *f.* del bronzo. **Bron|ze|me|dail|le** f. *(-,-n)* medaglia *f.* di bronzo. **bron|zen I** agg. **1** bronzeo, (fatto) di bronzo **2** bronzeo, (di) color bronzeo **II** avv. come bronzo. **Bron|ze|zeit** f. *(-)* età *f.* del bronzo. **bron|ze|zeit|lich** agg. dell'età del bronzo. **bron|zie|ren** [brɔ̃'si:rən] tr. bronzare. **Bron|zie|rung** f. *(-,-en)* bronzatura *f.* **Bron|zit** m. *(-s)* bronzite *f.*
Bro|sa|me f. *(-,-n)* LETT. briciola *f.*
brosch. ⇒ *broschiert* in brossura (bross.).
Bro|sche f. *(-,-n)* spilla *f.*, fermaglio *m.*
bro|schie|ren tr. rilegare in brossura. **bro|schiert** p.pass. agg. **1** → **broschieren 2** in brossura, brossurato: ***eine -e Ausgabe*** un'edizione in brossura. **Bro|schur** f. *(-,-en)* EDIT. **1** rilegatura *f.* in brossura **2** brossura *f.* **Bro|schü|re** f. *(-,-n)* brochure *f.*, opuscolo *m.*
Brö|sel m. *(-s,-)* **1** *(Krümel)* briciola *f.* **2** pane *m.* grattugiato, pangrattato *m.* **brö|se|lig** agg. sbriciolato. **brö|seln I** tr. sbriciolare **II** intr. (aus. *haben*) sbriciolarsi. **brös|lig** → **bröselig.**
Brot n. *(-[e]s,-e)* **1** pane *m.*: ***altbackenes, frisches, hausbackenes ~*** pane raffermo, fresco, fatto in casa; ***~ backen, brechen, schneiden*** fare, spezzare, affettare il pane **2** *(Laib Brot)* pagnotta *f.*: ***zwei -e kaufen*** comprare due pagnotte **3** *(Scheibe)* fetta *f.* di pane; ***belegtes ~*** panino imbottito; ***-e machen*** fare panini **4** FIG. pane *m.*: ***sich sein ~ verdienen*** guadagnarsi il pane (*o* da vivere); ***das tägliche ~*** il pane quotidiano ◆ ***jdn ums, aus dem ~ bringen*** far perdere il posto a qcn.; ***mehr können als ~ essen*** saperla lunga; LETT. ***überall sein ~ finden*** (saper) trovare ovunque di che vivere; COLLOQ. ***flüssiges ~*** = la birra; ***etw. für ein Stück ~ verkaufen*** vendere qcs. per un tozzo di pane; ***ein hartes, schweres ~*** un lavoro duro, faticoso; PROV. ***wes ~ ich ess, des Lied ich sing*** viva la Francia, viva la Spagna pur che se magna.
Brot|auf|strich m. *(-[e]s,-e)* alimenti *m.pl.* da spalmare sul pane. **Brot|bä|cker** m. *(-s,-)* fornaio *m.*, panettiere *m.* **Brot|be|lag** m. *(-[e]s,-läge)* companatico *m.* **Brot|be|ruf** m. *(-[e]s,-e)* = lavoro *m.* per guadagnarsi il pane. **Brot|beu|tel** m. *(-s,-)* tascapane *m.*
Bröt|chen n. *(-s,-)* panino *m.* ◆ ***kleine, kleinere ~ backen (müssen)*** prendere (*o* mangiare) quel che passa il convento; ***seine ~ verdienen*** guadagnarsi il pane. **Bröt|chen|ge|ber** m. *(-s,-)* SCHERZ. datore *m.* di lavoro, padrone *m.*

Brot|ein|heit f. *(-,-en)* MED. = unità *f.* di misura degli idrati di carbonio. **Brot|er|werb** m. *(-[e]s,-e)* mestiere *m.* che dà da vivere. **Brot|herr** m. *(-n,-en)* ANT. padrone *m.*, datore *m.* di lavoro. **Brot|kar|te** f. *(-,-n)* tessera *f.* del pane. **Brot|kas|ten** m. *(-s,-kästen)* cassetta *f.* portapane. **Brot|korb** m. *(-[e]s,-körbe)* cestino *m.* per il pane ◆ ***jdm den ~ höher hängen*** tenere qcn. a stecchetto. **Brot|kru|me** f. *(-,-n)*, **Brot|krü|mel** m. *(-s,-)* briciola *f.* di pane. **Brot|krus|te** f. *(-,-n)* crosta *f.* di, del pane. **Brot|laib** m. *(-[e]s,-e)* pagnotta *f.* **brot|los** agg. **1** senza lavoro: ***~ sein, werden*** essere senza lavoro, perdere il posto **2** che non dà da vivere: ***eine -e Kunst*** un'attività che non dà da vivere. **Brot|ma|schi|ne** → **Brotschneidemaschine. Brot|mes|ser** n. *(-s,-)* coltello *m.* da pane. **Brot|neid** m. *(-[e]s)* invidia *f.* del posto di lavoro (*o* di guadagno). **Brot|preis** m. *(-es,-e)* prezzo *m.* del pane. **Brot|ra|ti|on** f. *(-,-en)* razione *f.* di pane. **Brot|rin|de** f. *(-,-n)* → **Brotkruste. Brot|schei|be** f. *(-,-n)* → **Brotschnitte. Brot|schnei|de|ma|schi|ne** f. *(-,-n)* affettatrice *f.* per il pane. **Brot|schnit|te** f. *(-,-n)* fetta *f.* di pane. **Brot|stu|di|um** n. *(-s)* = studi *m.pl.* che mirano solo al guadagno. **Brot|sup|pe** f. *(-,-n)* minestra *f.* di pane, pancotto *m.* **Brot|teig** m. *(-[e]s,-e)* pasta *f.* del pane. **Brot|zeit** f. *(-,-en)* merenda *f.*: ***eine ~ halten*** fare merenda.
brr inter. **1** *(Ausdruck für etwas Unangenehmes)* brr: ***~, ist das kalt!*** brr, che freddo! **2** *(bei Zugtieren)* ehi.
BRT ⇒ *Bruttoregistertonne* tonnellata di stazza lorda (t.s.l.).
1.Bruch m. *(-[e]s, Brüche)* **1a** rottura *f.*: ***der ~ einer Fensterscheibe*** la rottura del vetro di una finestra **b** FIG. rottura *f.*, violazione *f.*: ***der ~ eines Vertrages*** la rottura di un contratto; ***~ der Blockade*** violazione del blocco **c** rottura *f.*, taglio *m.*: ***der ~ mit den Eltern, mit der Vergangenheit*** la rottura (dei rapporti) con i genitori, il taglio con il passato; ***es kam zwischen ihnen zum ~*** nel loro rapporto si venne a una rottura **2** *(Bruchstelle)* frattura *f.*, superficie *f.* (*o* punto *m.*) di frattura **3a** MED. *(Knochenbruch)* frattura *f.*: ***einen ~ einrichten*** ridurre una frattura **b** *(Eingeweidebruch)* ernia *f.*: ***eingeklemmter ~*** ernia strozzata; ***sich einen ~ heben*** farsi venire un'ernia sollevando un peso **4** piega *f.*: ***einen ~ in den Stoff bügeln*** stirare una piega sulla stoffa **5** GEOL. faglia *f.* **6** MAT. frazione *f.*: ***echter, unechter ~*** frazione propria, impropria **7** *(Steinbruch)* cava *f.* **8** VENAT. ramoscello *m.* verde **9** *(Einbruch)* GERG. scasso *m.* ◆ ***zu ~ fahren*** andarsi a sfasciare (con un veicolo); ***in die Brüche gehen*** rompersi, andare in pezzi; FIG. rompersi, andare a monte; ***zu ~ gehen*** andare in frantumi; ***sich (D) einen ~ lachen*** sganasciarsi dalle risate; ***~ machen*** mandare in frantumi; AER. fare un atterraggio di fortuna (subendo danni).
2.Bruch m. e n. *(-[e]s, Brüche)* acquitrino *m.*, terreno *m.* paludoso.
Bruch|band n. *(-[e]s,-bänder)* cinto *m.* erniario. **Bruch|be|las|tung** f. *(-,-en)* FIS. carico *m.* di rottura. **Bruch|bu|de** f. *(-,-n)* SPREG. catapecchia *f.* **Bruch|ei|sen** n. *(-s)* rottami *m.pl.* di ferro, ferro *m.* vecchio. **bruch|emp|find|lich** agg. fragile. **bruch|fest** agg. infrangibile. **Bruch|fes|tig|keit** f. *(-)* infrangibilità *f.* **Bruch|flä|che** f. *(-,-n)* frattura *f.*, superficie *f.* di frattura. **bruch|frei** agg. ECON. franco di rottura. **Bruch|gren|ze** f. *(-,-n)* limite *m.* di rottura.
brü|chig agg. **1** *(zerbrechlich)* fragile; *(vom Gestein)* friabile, sfaldabile; *(vom Stoff)* che si strappa facilmente; *(von Mauern)* fatiscente **2** FIG. in pericolo: ***eine -e Freundschaft*** un'amicizia in pericolo **3** ***eine -e Stimme*** una voce malferma, vacillante. **Brü|chig|keit** f. *(-)* **1** fragilità *f.*; *(vom Gestein)* friabilità *f.* **2** *(von der Stimme)* stridulità *f.*
Bruch|lan|dung f. *(-,-en)* atterraggio *m.* di fortuna. **bruch|los** agg. senza interruzione, indisturbato. **Bruch|ope|ra|ti|on** f. *(-,-en)* operazione *f.* d'ernia.
bruch|rech|nen intr. (solo inf. e p.pass.) contare (*o* fare un'operazione) con numeri frazionari. **Bruch|rech|nen** n. *(-s)* calcolo *m.* con numeri frazionari. **Bruch|rech|nung** f. *(-,-en)* operazione *f.* con numeri frazionari.
Bruch|schrift f. *(-)* scrittura *f.* gotica. **bruch|si|cher** agg. infrangibile; *(Verpackung)* a prova di rottura, resistente alla rottura. **Bruch|stein** m. *(-s,-e)* pietra *f.* di cava. **Bruch|stel|le** f. *(-,-n)* punto *m.* di rottura. **Bruch|strich** m. *(-[e]s,-e)* MAT. segno *m.* di frazione ◆ ***zwei ~ drei*** due fratto tre.
Bruch|stück n. *(-[e]s,-e)* **1** frammento *m.*, frantume *m.*; METALL. rottami *m.pl.* **2** frammento *m.* (anche FIG.): ***die -e eines Romans*** i frammenti di un romanzo. **bruch|stück|haft** agg. frammentario. **Bruch|stück|haf|tig|keit** f. *(-)* frammentarietà *f.* **bruch|stück|wei|se** avv. a frammenti, frammentariamente.
Bruch|teil m. *(-s,-e)* frazione *f.*, piccolissima parte *f.*: ***im ~ einer Sekunde*** in una frazione di secondo. **Bruch|zahl** f. *(-,-en)* frazione *f.*, numero *m.* frazionario.
Brü|cke f. *(-,-n)* **1** ponte *m.*: ***eine ~ (über den Fluss) schlagen*** gettare (*o* costruire) un ponte sopra il fiume **2a** MAR. ponte *m.* di comando

b *(Landesteg)* passerella *f.* **3** *(Teppich)* passatoia *f.* **4** MED. ANAT. GINN. ponte *m.* **5** FIG. ponte *m.*, legame *m.*: ***-n schlagen zwischen Ost und West*** gettare ponti tra est e ovest ◆ ***alle -n hinter sich (D) abbrechen*** tagliare i ponti; ***fliegende ~*** ponte volante; ***jdm eine goldene ~, goldene -n bauen*** fare ponti d'oro a qcn.

Brü|cken|bau m. *(-s,-bauten)* **1** costruzione *f.* di ponti **2** *(Brücke)* ponte *m.* **Brü|cken|bo|gen** m. *(-s,- e -bögen)* arcata *f.* di ponte. **Brü|cken|ge|län|der** n. *(-s,-)* parapetto *m.*, sponda *f.* di, del ponte. **Brü|cken|geld** n. *(-[e]s,-er)* ANT. pontatico *m.* **Brü|cken|kopf** m. *(-[e]s,-köpfe)* MIL. testa *f.* di ponte. **Brü|cken|kran** m. *(-s,-e e -kräne)* gru *f.* a ponte. **Brü|cken|schal|tung** f. *(-,-en)* EL. collegamento *m.* a ponte. **Brü|cken|schlag** m. *(-[e]s,-schläge)* costruzione *f.* di un ponte. **Brü|cken|waa|ge** f. *(-,-n)* pesa *f.* a ponte, stadera *f.* a bilico. **Brü|cken|zoll** m. *(-s,-zölle)* → **Brückengeld.**

Bru|der m. *(-s, Brüder)* **1** fratello *m.* (anche FIG.): ***mein älterer*** (COLLOQ. ***großer), kleiner ~*** il mio fratello più grande, più piccolo, mio fratello maggiore, minore **2** *(Ordensbruder)* fratello *m.*, frate *m.*; *(vor Eigennamen)* fra, fra': ***~ Johannes*** fra Giovanni **3** COLLOQ. amico *m.*, compagno *m.* **4** SPREG. soggetto *m.*, tipo *m.*: ***ein übler ~*** un cattivo soggetto ◆ ***Barmherzige Brüder*** Fatebenefratelli; ***der große ~*** il Grande Fratello; ***~ Lustig, Leichtfuß, Liederlich*** compagnone *m.* (*o* mattacchione *m.*), sventato *m.*, negligente *m.*; SCHERZ. ***unter Brüdern*** tra amici, tra di noi; *(Preis)* da amico, di favore; VOLG. ***warmer ~*** finocchio *m.*

Brü|der|chen n. *(-s,-)* fratellino *m.* **Bru|der|hand** f. *(-,-hände)* mano *f.* fraterna: ***jdm die ~ reichen*** dare la mano a qcn.; *(als Geste der Hilfsbereitschaft)* dare una mano a qcn. **Bru|der|herz** n. *(-ens)* ANT. SCHERZ. fratello *m.*, amico *m.* **Bru|der|krieg** m. *(-[e]s,-e)* guerra *f.* fratricida. **Bru|der|kuss** m. *(-es,-küsse)* bacio *m.* fraterno. **Bru|der|land** n. *(-[e]s,-länder)* EX-RDT paese *m.* fratello. **Brü|der|lein** n. *(-s,-)* → **Brüderchen. brü|der|lich I** agg. fraterno **II** avv. fraternamente, da (buoni) fratelli: ***~ teilen*** spartire da buoni fratelli. **Brü|der|lich|keit** f. *(-)* fratellanza *f.*

Bru|der|lie|be f. *(-)* amore *m.* fraterno. **Bru|der|mord** m. *(-[e]s,-e)* fratricidio *m.* **Bru|der|mör|der** m. *(-s,-)* fratricida *m.* **bru|der|mör|de|risch** agg. fratricida. **Bru|der|par|tei** f. *(-,-en)* EX-RDT partito *m.* fratello. **Bru|der|schaft** f. *(-)* confraternita *f.*, fraternità *f.*

Brü|der|schaft f. *(-,-en)* **1** → **Bruderschaft 2** fratellanza *f.*: ***jdm die ~ anbieten*** offrire il tu, iniziare a dare del tu a qcn.; ***mit jdm ~ schließen*** fraternizzare con qcn.; ***~ trinken*** bere insieme per fraternizzare (passando a darsi del tu).

Bru|der|zwist m. *(-[e]s,-e)* ANT. litigio *m.* (politico) tra fratelli.

Brü|he f. *(-,-n)* **1** brodo *m.*: ***ein Teller kräftige ~*** un piatto di brodo sostanzioso **2** COLLOQ. *(dünner Kaffee, Tee)* broda *f.*, brodaglia *f.* **3** COLLOQ. *(trübe Flüssigkeit)* broda *f.*, acqua *f.* lurida **4** COLLOQ. sudore *m.*: ***die ~ läuft ihm hinunter*** gli sta colando giù il sudore ◆ ***die ~ kostet mehr als der Braten*** costa più la salsa del pesce; ***viel, eine lange ~ um etw. machen*** sbrodolarsi (fare un mare di chiacchiere) su qcs.; ***in der ~ sitzen, stecken*** cuocere nel proprio brodo. **brü|hen** tr. immergere nell'acqua bollente: ***Gemüse ~*** sbollentare la verdura; *(aufbrühen)* ***Kaffee, Tee ~*** versare acqua bollente sul caffè, sul tè (preparare il caffè, il tè). **brüh|heiß** agg. bollente. **Brüh|kar|tof|feln** pl. patate *f.pl.* lessate nel brodo. **brüh|warm** COLLOQ. **I** agg. *(ganz neu)* caldo caldo, fresco fresco: ***eine -e Nachricht*** una notizia calda calda **II** avv. *(sofort)* subito, immediatamente. **Brüh|wür|fel** m. *(-s,-)* dado *m.* per brodo.

Brüll|af|fe m. *(-n,-n)* **1** scimmia *f.* urlatrice **2** COLLOQ. FIG. bercione *m.*, sbraitone *m.*

brül|len I intr. (aus. *haben*) **1a** *(von Vieh)* muggire; *(vom Löwen)* ruggire **b** FIG. ***die See, der Donner brüllt*** il mare, il tuono mugghia **2** urlare, gridare: ***vor Schmerzen ~*** urlare dal dolore **3** COLLOQ. SPREG. berciare, sbraitare, strillare: ***das Kind brüllt wie am Spieß*** il bambino strilla come un'aquila **II** tr. urlare, gridare: ***jdm etw. ins Ohr ~*** gridare qcs. a qcn. nelle orecchie ◆ ***sich heiser ~*** gridare a perdifiato; ***das ist ja zum Brüllen!*** è tutta da ridere! c'è proprio da ridere. **brül|lend** p.pres. agg. → **brüllen** ◆ ***ein -es Gelächter*** una fragorosa risata. **Brül|ler** m. *(-s,-)* COLLOQ. **1** sbraitone *m.*, urlone *m.*, urlatore *m.* **2** urlìo *m.*

Brumm|bär m. *(-en,-en)*, **Brumm|bart** m. *(-[e]s,-bärte)* COLLOQ. brontolone *m.*, orso *m.* **Brumm|bass** m. *(-es,-bässe)* COLLOQ. **1** vocione *m.* **2** *(Bassgeige)* contrabbasso *m.*

brum|meln, brüm|meln intr. (aus. *haben*) borbottare, brontolare: ***vor sich hin ~*** borbottare fra i denti.

brum|men I intr. **1** (aus. *haben, sein*) ronzare; *(von Bären)* bramire; *(von Motoren)* rombare **2a** *(falsch singen)* stonare (con voce di basso) **b** *(leise singen)* canterellare a voce bassa **3a** COLLOQ. *(im Gefängnis sein)* essere in gattabuia, stare al fresco **b** SCOL. stare in castigo **4** ECON. COLLOQ. ***das Geschäft brummt*** gli affari fioriscono **II** tr. brontolare, borbottare: ***etw. in den Bart ~*** borbottare qcs. fra i denti ◆ ***mir brummt der Kopf*** sento un ronzio in testa. **Brum|men** n. *(-s)* **1** ronzìo *m.*; *(von Bären)* bramito *m.*; *(von Motoren)* rombo *m.* **2** brontolìo *m.*, borbottìo *m.* **Brum|mer** m. *(-s,-)* COLLOQ. **1** moscone *m.* **2** *(schwerer Lastzug)* camion *m.* **3** *(schwerfälliger Mensch)* omone *m.*, elefante *m.* **4** SPREG. vocione *m.* di basso. **brum|mig** COLLOQ. **I** agg. brontolone, burbero **II** avv. burberamente, in modo burbero. **Brum|mig|keit** f. *(-)* COLLOQ. burberità *f.* **Brumm|krei|sel** m. *(-s,-)* trottola *f.* **Brumm|schä|del** m. *(-s,-)* testa *f.* pesante.

Bru|nel|le f. *(-,-n)* prugnola *f.*

brü|nett agg. bruno, moro: ***ein -er Typ*** un moro, un tipo bruno. **Brü|net|te** f. *(-,-n)* brunetta *f.*, mora *f.*

Brunft f. *(-, Brünfte)* VENAT. fregola *f.*, calore *m.* **brunf|ten** intr. (aus. *haben*) VENAT. essere in calore. **brunf|tig** agg. VENAT. in calore.

Brun|hild, Brun|hil|de n.pr.f. Brunilde *f.*

brü|nie|ren tr. brunire.

Brun|nen m. *(-s,-)* **1** pozzo *m.*: ***ein artesischer, natürlicher ~*** un pozzo artesiano, naturale; ***einen ~ graben, bohren*** scavare un pozzo; ***der ~ ist versiegt*** il pozzo si è prosciugato **2** fontana *f.*: ***Wasser am, vom, aus dem ~ holen*** prendere l'acqua alla, dalla fontana **3** *(Quelle)* fonte *f.*, sorgente *f.* (anche FIG.) **4** acque *f.pl.*: ***~ trinken*** far la cura delle acque, passare le acque ◆ FIG. ***den ~ zudecken, wenn das Kind hineingefallen ist*** = chiudere la stalla quando i buoi sono già fuggiti. **Brun|nen|an|la|ge** f. *(-,-n)* **1** scavo *m.* di un pozzo **2** *(Brunnen)* pozzo *m.* **Brun|nen|fi|gur** f. *(-,-en)* statua *f.* su una fontana. **brun|nen|frisch** agg. fresco di fonte. **Brun|nen|haus** n. *(-[e]s,-häuser)* casetta *f.* di protezione del pozzo. **Brun|nen|kres|se** f. *(-)* nasturzio *m.* **Brun|nen|kur** f. *(-,-en)* cura *f.* delle acque. **Brun|nen|um|ran|dung** f. *(-,-en)* ARCH. puteale *m.* **Brun|nen|ver|gif|ter** m. *(-s,-)* **1** avvelenatore *m.* di pozzi **2** FIG. SPREG. seminatore *m.* di zizzania; calunniatore *m.* **Brun|nen|was|ser** n. *(-s)* acqua *f.* di fonte (*o* di pozzo).

Brunst f. *(-, Brünste)* fregola *f.*, calore *m.* **bruns|ten** intr. (aus. *haben*) essere in calore. **brüns|tig** agg. **1** in calore **2** ardente, appassionato: ***-es Verlangen*** desiderio ardente. **Brunst|zeit** f. *(-,-en)* periodo *m.* della fregola.

brüsk I agg. brusco, sgarbato: ***ein -er Ton*** un tono brusco (*o* sgarbato); ***eine -e Bewegung*** un movimento brusco **II** avv. bruscamente, sgarbatamente: ***etw. ~ ablehnen*** rifiutare qcs. in modo sgarbato. **brüs|kie|ren** tr. trattare bruscamente, bistrattare, offendere. **Brüs|kie|rung** f. *(-,-en)* trattamento *m.* brusco.

Brüs|sel n.pr.n. Bruxelles *f.* **Brüs|se|ler, Brüss|ler I** m. *(-s,-)* abitante *m.* di Bruxelles **II** agg.inv. di Bruxelles.

Brust f. *(-, Brüste)* **1a** petto *m.*, torace *m.*: ***jdn an die ~ drücken*** stringere qcn. al petto **b** petto *m.*, polmoni *m.pl.*: ***die ~ abhorchen*** auscultare il petto; COLLOQ. ***es auf der ~ haben*** essere malato di petto, essere tisico **2** seno *m.*, mammella *f.*: ***dem Kind die ~ geben*** dare il seno al bambino; ***eine ~ abnehmen*** asportare un seno **3** *(von Schlachttieren)* petto *m.* **4** SPORT rana *f.*: ***100 m ~*** 100 m rana ◆ ***den Säugling von der ~ entwöhnen*** svezzare il neonato; ***mit geschwellter ~*** impettito; ***~ (he)raus!*** petto in fuori! FIG. ***einen zur ~ nehmen*** attaccarsi alla bottiglia; FIG. ***jdn zur ~ nehmen*** prendere qcn. per la collottola, strapazzare qcn.; ***etw. zur ~ nehmen*** prendere qcs. a cuore; ***sich an die ~ schlagen*** battersi il petto; ***schwach auf der ~ sein*** essere debole di petto; *(wenig Geld haben)* essere a corto di soldi; *(in einem Gebiet)* essere debole in un determinato campo; ***aus voller ~ singen*** cantare a squarciagola; ***sich in die ~ werfen*** andare pettoruto (*o* impettito), darsi delle arie.

Brust|bein n. *(-[e]s,-e)* sterno *m.* **Brust|be|schwer|de** f. *(-,-n)* affanno *m.*, asma *f.* **Brust|beu|tel** m. *(-s,-)* borsellino *m.* appeso al collo. **Brust|bild** n. *(-[e]s,-er)* ritratto *m.* a mezzo busto; mezzo busto *m.* **Brust|brei|te**, ***mit, um ~ siegen*** vincere di misura, sul traguardo. **Brüst|chen** n. *(-s,-)* seno *m.* piccolo, tettina *f.* **Brust|drü|se** f. *(-,-n)* ghiandola *f.* mammaria. **brüs|ten** rifl. **sich ~** darsi delle arie; ***sich mit etw. ~*** pavoneggiarsi per qcs. **Brust|fell** n. *(-s)* pleura *f.* **Brust|fell|ent|zün|dung** f. *(-,-en)* pleurite *f.* **Brust|flos|se** f. *(-,-n)* ANAT. pinna *f.* pettorale. **brust|frei** agg. a torso nudo. **brust|hoch I** agg. alto fino al petto **II** avv. all'altezza del petto. **Brust|höh|le** f. *(-,-n)* cavità *f.* toracica. **Brust|kas|ten** m. *(-s,-kästen)* → **Brustkorb. Brust|kind** n. *(-[e]s,-er)* COLLOQ. lattante *m.* **Brust|korb** m. *(-[e]s,-körbe)* gabbia *f.* (*o* cassa *f.*) toracica. **Brust|krebs** m. *(-es)* carcinoma *m.* mammario. **Brust|kreuz** n. *(-es,-e)* croce *f.* (che si porta) sul petto. **Brust|la|ge** f. *(-)* posizione *f.* supina. **Brust|latz** m. *(-es,-lätze)* pettorina *f.* **Brust|leh|ne** f. *(-,-n)* parapetto *m.* **Brust|lei|er** f. *(-,-n)* menarola *f.*, trapano *m.* a petto. **Brust|mus|kel** m. *(-s,-n)* muscolo *m.* pettorale. **Brust|plas|tik** f. *(-)* mastoplastica *f.* **Brust|schmerz** m. *(-es,-en)* dolore *m.* al, di petto.

brust|schwim|men intr. (aus. *haben*) nuotare a rana. **Brust|schwim|men** n. *(-s)* nuoto *m.* a rana, rana *f.* **Brust|schwim|mer** m. *(-s,-)* nuotatore *m.* a rana, ranista *m.*
Brust|stim|me f. *(-,-n)* voce *f.* di petto. **Brust|stück** n. *(-[e]s,-e)* MACELL. petto *m.* **Brust|ta|sche** f. *(-,-n)* taschino *m.* interno della giacca. **Brust|tee** m. *(-s,-s)* infuso *m.* per la tosse. **brust|tief** agg. profondo fino al petto. **Brust|ton** m. *(-[e]s,-töne)* nota *f.* di petto ◆ ***etw. im ~ der Überzeugung sagen*** dire qcs. con la massima convinzione. **Brust|tuch** n. *(-[e]s,-tücher)* foulard *m.*, fazzoletto *m.* **Brust|um|fang** m. *(-[e]s)* circonferenza *f.* del torace.
Brüs|tung f. *(-,-en)* **1** parapetto *m.* **2** *(Fensterbrüstung)* davanzale *m.*
Brust|war|ze f. *(-,-n)* capezzolo *m.* **Brust|war|zen|ring** m. *(-[e]s,-e)* areola *f.* mammaria. **Brust|wehr** f. *(-,-en)* MIL. parapetto *m.* **Brust|wir|bel** m. *(-s,-)* vertebra *f.* toracica.
Brut f. *(-,-en)* **1** covatura *f.*, cova *f.*: ***in der ~ sein*** covare; ***künstliche ~*** cova artificiale, incubazione **2a** covata *f.*: ***eine ~ aufziehen, ausrotten*** allevare, eliminare una covata **b** *(von Vögeln)* covata *f.*, nidiata *f.* **c** *(von Fischen)* avannotti *m.pl.* **d** *(von Insekten)* cacchioni *m.pl.* **3** SPREG. *(Gesindel)* razza *f.*, genia *f.*
bru|tal I agg. **1** brutale, da bruto: ***eine -e Miene, Strafe*** un'espressione da bruto, una punizione brutale **2** FIG. brutale, spietato: ***-e Offenheit*** sincerità spietata; ***-e Enttäuschung*** grave delusione **II** avv. brutalmente. **bru|ta|li|sie|ren** tr. abbrutire. **Bru|ta|li|tät** f. *(-,-en)* **1** brutalità *f.*: ***von erschreckender ~ sein*** essere di spaventosa brutalità **2** *(brutale Handlung)* brutalità *f.*, atto *m.* di brutalità.
Brut|ap|pa|rat m. *(-[e]s,-e)* incubatrice *f.* (per uova). **Brut|dau|er** f. *(-)* durata *f.* d'incubazione.
brü|ten I intr. (aus. *haben*) **1** covare: ***die Hennen ~*** le chiocce covano **2** FIG. gravare, pesare: ***die Hitze brütet über der Stadt*** il caldo grava sulla città **3** FIG. rimuginare: ***über etw. (D) ~*** meditare, rimuginare su qcs. **4** NUCL. attuare un processo di autofertilizzazione, di rigenerazione **II** tr. covare, meditare: ***Rache, Hass ~*** covare vendetta, odio. **Brü|ten** n. *(-s,-)* **1** cova *f.*, covatura *f.* **2** FIG. il rimuginare: ***in dumpfes ~ versinken*** sprofondare in un cupo rimuginare. **brü|tend I** p.pres. agg. **1** → **brüten 2** soffocante, opprimente: ***-e Hitze*** caldo soffocante **II** avv. COLLOQ. ***es ist ~ heiß*** c'e un caldo soffocante ◆ FIG. ***~ dasitzen*** starsene lì meditabondo. **Brü|ter** m. *(-s,-)* **1** uccello *m.* che cova **2** NUCL. reattore *m.* autofertilizzante: ***schneller ~*** reattore autofertilizzante a neutroni veloci.
Brut|hen|ne f. *(-,-n)* chioccia *f.* **Brut|hit|ze** f. *(-)* afa *f.*
brü|tig agg. pronto a covare.
Brut|kas|ten m. *(-s,-kästen)* incubatrice *f.* (per neonati). **Brut|platz** m. *(-es,-plätze)* luogo *m.* di cova (per uccelli). **Brut|raum** m. *(-[e]s,-räume)* camera *f.* d'incubazione. **Brut|re|ak|tor** m. *(-s,-en)* reattore *m.* autofertilizzante. **Brut|schrank** m. *(-[e]s,-schränke)* **1** → **Brutapparat 2** BIOL. incubatrice *f.* per batteri. **Brut|stät|te** f. *(-,-n)* **1** luogo *m.* di cova **2** focolaio *m.* (anche FIG.); ***eine ~ des Lasters*** un covo di peccatori.
brut|to avv. COMM. **1** lordo, con peso lordo: ***das Paket wiegt ~ fünf Kilo*** il pacco ha un peso lordo di cinque chili **2** *(ohne Abzüge)* lordo, al lordo: ***sein Stundenlohn beträgt ~ 40 Mark, 40 Mark ~*** la sua paga oraria è di 40 marchi lordi, al lordo. **Brut|to|ein|kom|men** n. *(-s,-)* reddito *m.* lordo. **Brut|to|ein|nah|me** f. *(-,-n)* incasso *m.* lordo. **Brut|to|er|trag** m. *(-[e]s,-erträge)* prodotto *m.*, ricavo *m.* lordo. **Brut|to|ge|halt** n. *(-[e]s,-gehälter)* stipendio *m.* lordo. **Brut|to|ge|wicht** n. *(-[e]s,-e)* peso *m.* lordo. **Brut|to|ge|winn** m. *(-[e]s,-e)* guadagno *m.* lordo. **Brut|to|lohn** m. *(-[e]s,-löhne)* paga *f.* lorda. **Brut|to|preis** m. *(-es,-e)* prezzo *m.* lordo. **Brut|to|raum|ge|halt** n. *(-[e]s,-e)* portata *f.* lorda. **Brut|to|raum|in|halt** m. *(-[e]s,-e)* MAR. stazza *f.* lorda. **Brut|to|re|gis|ter|ton|ne** f. *(-,-n)* MAR. tonnellata *f.* di stazza lorda. **Brut|to|so|zi|al|pro|dukt** n. *(-[e]s,-e)* reddito *m.* nazionale lordo. **Brut|to|ver|dienst** m. *(-[e]s,-e)* utile *m.* lordo.
Bru|tus n.pr.m. Bruto *m.*
Brut|vo|gel m. *(-s,-vögel)* uccello *m.* che cova. **Brut|zeit** f. *(-,-en)* **1** periodo *m.* di, della cova, cova *f.* **2** TECN. periodo *m.* di incubazione, incubazione *f.*
brut|zeln I intr. (aus. *haben*) friggere, soffriggere **II** tr. COLLOQ. friggere, preparare friggendo **III** rifl. ***sich (D) etw. ~*** friggersi qcs.
Brut|zwie|bel f. *(-,-n)* bulbillo *m.*
BSP ⇒ *Bruttosozialprodukt* prodotto nazionale lordo (PNL).
bst inter. psst, pst.
btto. ⇒ *brutto* lordo (l.).
Btx ⇒ *Bildschirmtext* videotel.
Bub m. *(-en,-en)* ragazzo *m.*; REGION. maschietto *m.* **Büb|chen** n. *(-s,-)* ragazzino *m.* **Bu|be** m. *(-n,-n)* **1** *(Spielkarte)* fante *m.* **2** ANT. briccone *m.*, birbante *m.* **bu|ben|haft** agg. da ragazzo, infantile. **Bu|ben|streich** m. *(-[e]s,-e)*, **Bu|ben|stück** *(-[e]s,-e)*, **Bü|be|rei** f. *(-,-en)* ANT. birbonata *f.*, bravata *f.*, ragazzata *f.*
Bu|bi m. *(-s,-s)* **1** ragazzetto *m.* **2** COLLOQ. SPREG. bamboccio *m.* **Bu|bi|kopf** m. *(-[e]s,-köpfe)* ANT. pettinatura *f.* alla maschietta. **Bu|bi|kra|gen** m. *(-s,-)* ANT. colletto *m.* alla paggetto.
Bu|bo m. *(-s,-nen)* bubbone *m.*
Buch n. *(-[e]s, Bücher)* **1a** libro *m.*: ***ein ~ herausgeben*** pubblicare un libro; ***über seinen Büchern sitzen*** stare curvo sui libri **b** *(Band)* libro *m.*, volume *m.*: ***ein ~ von 200 Seiten*** un libro di 200 pagine **2** *(Drehbuch)* copione *m.*; *(von Oper)* libretto *m.* **3** COMM. libro *m.*, libro *m.* mastro, registro *m.*: ***über etw. ~ führen*** tenere la contabilità di qcs.; ***mit einem bestimmten Betrag zu ~ stehen*** essere registrato per una data somma **4** SPORT libro *m.* delle scommesse **5** TIP. *(Zählmaß für Gold und Silber in Blättern)* libretto *m.* ◆ ***ein aufgeschlagenes ~ für jdn sein*** essere (come) un libro aperto per qcn.; ***das ~ der Bücher*** la Sacra Scrittura; ***sich mit etw. ins ~ der Geschichte eintragen*** passare alla storia per qcs.; ***das Goldene ~*** l'albo d'onore, il libro d'oro; ***ein offenes ~ für jdn sein*** → ***ein aufgeschlagenes ~ für jdn sein; wie ein ~ reden*** parlare come un libro stampato; FIG. ***zu ~ schlagen*** avere il proprio peso; ***jdm, für jdn ein ~ mit sieben Siegeln sein*** = essere un enigma per qcn.; ***wie es im -e steht*** = a regola d'arte, coi fiocchi.
Buch|au|ßen|stän|de pl. crediti *m.pl.* contabili. **Buch|aus|stat|tung** f. *(-)* veste *f.* tipografica. **Buch|aus|zug** m. *(-[e]s,-auszüge)* **1** estratto *m.* di un libro **2** BANC. estratto *m.* conto. **Buch|be|spre|chung** f. *(-,-en)* recensione *f.* (di libri).
Buch|bin|der m. *(-s,-)* rilegatore *m.* **Buch|bin|de|rei** f. *(-,-en)* legatoria *f.* **buch|bin|dern** intr. (aus. *haben*) rilegare libri.
Buch|de|ckel m. *(-s,-)* copertina *f.* (di libro).
Buch|druck m. *(-[e]s)* stampa *f.* di libri. **Buch|dru|cker** m. *(-s,-)* stampatore *m.*, tipografo *m.* **Buch|dru|cke|rei** f. *(-,-en)* tipografia *f.*, stamperia *f.* **Buch|dru|cker|kunst** f. *(-)* arte *f.* della stampa, tipografica.
Bu|che f. *(-,-n)* faggio *m.* **Buch|ecker** f. *(-,-n)* faggiola *f.*
Buch|ein|band m. *(-[e]s,-einbände)* copertina *f.* (di libro). **Buch|ein|sicht** f. *(-,-en)* esame *m.* (*o* ispezione *f.*) dei libri.
Bü|chel|chen n. *(-s,-)* libretto *m.*, libriccino *m.*
1.bu|chen tr. **1a** registrare, annotare: ***das Gehalt aufs Konto ~*** registrare lo stipendio sul conto **b** FIG. considerare, registrare: ***etw. als Erfolg ~*** registrare qcs. come un successo **2** *(vorbestellen)* prenotare, (fare) riservare: ***eine Flugreise ~*** prenotare un viaggio (in) aereo.
2.bu|chen agg. di faggio, di legno di faggio.
Bu|chen|ge|wäch|se pl. fagacee *f.pl.* **Bu|chen|hain** m. *(-s,-e)* ANT. → **Buchenwald. Bu|chen|holz** n. *(-es)* legno *m.* di faggio. **Bu|chen|wald** m. *(-[e]s,-wälder)* faggeta *f.*, faggeto *m.*
Bü|cher|ab|schluss m. *(-es,-abschlüsse)* chiusura *f.* dei registri contabili, dei conti. **Bü|cher|bord** n. *(-[e]s,-e)*, **Bü|cher|brett** n. *(-[e]s,-er)* mensola *f.* per libri.
Bü|che|rei f. *(-,-en)* biblioteca *f.*
Bü|cher|ge|lehr|sam|keit f. *(-)* erudizione *f.* libresca. **Bü|cher|ge|stell** n. *(-[e]s,-e)* scaffale *m.* per libri. **Bü|cher|kun|de** f. *(-)* bibliologia *f.* **bü|cher|kund|lich** agg. bibliologico. **Bü|cher|lieb|ha|ber** m. *(-s,-)* bibliofilo *m.* **Bü|cher|map|pe** f. *(-,-n)* cartella *f.* **Bü|cher|markt** m. *(-[e]s,-märkte)* mercato *m.* librario. **Bü|cher|narr** m. *(-en,-en)* bibliomane *m.* **Bü|cher|re|gal** n. *(-s,-e)* scaffale *m.* per libri. **Bü|cher|rei|he** f. *(-,-n)* EDIT. collana *f.* **Bü|cher|re|vi|sor** m. *(-s,-en)* revisore *m.* contabile, dei conti. **Bü|cher|sach|ver|stän|di|ge** m. e. f. *(-n,-n)* perito *m.* (-a *f.*) contabile, revisore *m.* dei conti. **Bü|cher|schrank** m. *(-[e]s,-schränke)* libreria *f.* **Bü|cher|stand** m. *(-[e]s,-stände)* bancarella *f.* di libri. **Bü|cher|stüt|ze** f. *(-,-n)* reggilibri *m.* **Bü|cher|ver|bren|nung** f. *(-,-en)* rogo *m.* di libri. **Bü|cher|ver|zeich|nis** n. *(-ses,-se)* catalogo *m.* librario. **Bü|cher|wand** f. *(-,-wände)* libreria *f.* (che occupa una parete). **Bü|cher|wurm** m. *(-[e]s,-würmer)* **1** tarlo *m.* dei libri **2** SCHERZ. topo *m.* di biblioteca.
Buch|fink m. *(-en,-en)* fringuello *m.*
Buch|for|de|rung f. *(-,-en)* credito *m.* contabile, credito *m.* di partita. **Buch|füh|rer** m. *(-s,-)* → **Buchhalter. Buch|füh|rung** f. *(-)* contabilità *f.*: ***doppelte, einfache ~*** (contabilità a) partita doppia, semplice. **Buch|ge|mein|schaft** f. *(-,-en)* club *m.* del libro. **Buch|ge|winn** m. *(-[e]s,-e)* utile *m.* contabile. **Buch|hal|ter** m. *(-s,-)* contabile *m.*, ragioniere *m.* **Buch|hal|tung** f. *(-)* **1** → **Buchführung 2** (reparto *m.* di) contabilità *f.*
Buch|han|del m. *(-s)* commercio *m.* librario. **Buch|händ|ler** m. *(-s,-)* libraio *m.* **buch|händ|le|risch** agg. librario. **Buch|hand|lung** f. *(-,-en)* libreria *f.*
Buch|kre|dit m. *(-[e]s,-e)* credito *m.* contabile. **Buch|kri|tik** f. *(-)* → **Buchbesprechung. Buch|la|den** m. *(-s,-läden)* → **Buchhandlung.**
Büch|lein n. *(-s,-)* libriccino *m.*, libretto *m.*
Buch|ma|cher m. *(-s,-)* allibratore *m.*, bookmaker *m.* **Buch|ma|le|**

rei f. *(-,-en)* miniatura *f.* **buch|mä|ßig** avv. **~ *erfassen*** effettuare le registrazioni contabili. **Buch|mes|se** f. *(-,-n)* fiera *f.* del libro. **Buch|prä|mie** f. *(-,-n)* libro *m.* in premio. **Buch|prü|fer** m. *(-s,-)* → **Bücherrevisor. Buch|prü|fung** f. *(-,-en)* revisione *f.* dei conti. **Buch|rü|cken** m. *(-s,-)* dorso *m.* del libro.

Buchs m. *(-es,-e)*, **Buchs|baum** m. *(-[e]s,-bäume)* BOT. bosso *m.*

Büchs|chen n. *(-s,-)* scatoletta *f.*, scatolina *f.*, barattolino *m.*

Buch|schuld f. *(-,-en)* debito *m.* contabile (*o* di partita), debito *m.* chirografario.

Buch|se f. *(-,-n)* **1** MECC. boccola *f.* **2** *(Steckdose)* presa *f.*

Büch|se f. *(-,-n)* **1a** scatola *f.*, barattolo *m.* (metallico): ***eine ~ Kekse, Sardinen*** una scatola di biscotti, di sardine; ***Tomaten in -n*** pomodori in scatola **b** COLLOQ. *(Sammelbüchse)* bussola *f.* **2** *(Jagdgewehr)* fucile *m.* (da caccia) ◆ ***die ~ der Pandora*** il vaso di Pandora. **Büch|sen|fleisch** n. *(-[e]s)* carne *f.* in scatola. **Büch|sen|kon|ser|ven** pl. alimenti *m.pl.* in scatola, scatolame *m.* **Büch|sen|lauf** m. *(-[e]s,-läufe)* canna *f.* del fucile (da caccia). **Büch|sen|licht** n. *(-[e]s)* = luce *f.* appena sufficiente per prendere la mira. **Büch|sen|ma|cher** m. *(-s,-)* armaiolo *m.* **Büch|sen|milch** f. *(-)* latte *m.* condensato (in scatola). **Büch|sen|öff|ner** m. *(-s,-)* apriscatole *m.* **Büch|sen|schuss** m. *(-es,-schüsse)* colpo *m.* di fucile, fucilata *f.*

Buch|sta|be m. *(-ns,-n)* lettera *f.* (dell'alfabeto): ***großer, kleiner ~*** lettera maiuscola, minuscola ◆ ***etw. bis auf den letzten -n erfüllen*** = adempiere a qcs. fin nei minimi particolari; ***auf den -n genau*** = fin nei minimi particolari; ***nach dem -n des Gesetzes handeln*** agire secondo la lettera della legge; ***sich an den -n klammern, am -n kleben*** attenersi strettamente alla lettera; ***sich auf seine vier -n setzen*** = sedersi. **Buch|sta|ben|fol|ge** f. *(-)* ordine *m.* delle lettere, ordine *m.* alfabetico. **Buch|sta|ben|ge|lehr|sam|keit** f. *(-)* nozionismo *m.*, pedante erudizione *f.* **buch|sta|ben|ge|treu I** agg. letterale **II** avv. letteralmente, alla lettera. **Buch|sta|ben|glau|be** m. *(-ns)* dogmatismo *m.* **buch|sta|ben|gläu|big** agg. dogmatico. **Buch|sta|ben|krä|mer** m. *(-s,-)* pedante *m.* (che si attiene alla lettera). **Buch|sta|ben|rät|sel** n. *(-s,-)* anagramma *m.*, logogrifo *m.* **Buch|sta|ben|schloss** n. *(-es,-schlösser)* serratura *f.* a combinazione di lettere. **Buch|sta|ben|schrift** f. *(-,-en)* scrittura *f.* alfabetica. **Buch|sta|ben|wort** n. *(-[e]s,-wörter)* sigla *f.*; *(Akronym)* acronimo *m.*

buch|sta|bie|ren tr. compitare. **Buch|sta|bie|rung** f. *(-,-en)* compitazione *f.*

buch|stäb|lich I agg. letterale **II** avv. **1** letteralmente, alla lettera: ***einen Satz ~ übersetzen*** tradurre letteralmente una frase **2** *(geradezu)* letteralmente: ***er ist ~ erstickt*** è letteralmente asfissiato.

Buch|stüt|ze → **Bücherstütze.**

Bucht f. *(-,-en)* **1** baia *f.*, insenatura *f.* **2** REGION. *(kleiner Stall)* stabbiolo *m.* (per maiali).

Buch|tel f. *(-,-n)* INTRAD. (tipo di dolce).

buch|ten|reich, buch|tig agg. ricco d'insenature, frastagliato.

Buch|um|schlag m. *(-[e]s,-umschläge)* sopraccoperta *f.*, sovraccoperta *f.*

Bu|chung f. *(-,-en)* **1** registrazione *f.*, scrittura *f.* (contabile): ***fingierte ~*** scrittura fittizia; ***eine ~ vornehmen*** fare (*o* effettuare) una registrazione **2** *(Vorbestellung)* prenotazione *f.*: ***eine ~ stornieren*** cancellare una prenotazione. **Bu|chungs|be|leg** m. *(-[e]s,-e)* pezza *f.* giustificativa (*o* d'appoggio). **Bu|chungs|feh|ler** m. *(-s,-)* errore *m.* di registrazione, COMM. errore *m.* contabile. **Bu|chungs|ma|schi|ne** f. *(-,-n)* macchina *f.* contabile. **Bu|chungs|pos|ten** m. *(-s,-)* COMM. partita *f.* registrata. **bu|chungs|tech|nisch I** agg. di tecnica contabile **II** avv. dal punto di vista tecnico-contabile. **Bu|chungs|un|ter|la|ge** f. *(-,-n)* documento *m.* contabile.

Buch|ver|leih m. *(-[e]s,-e)* **1** prestito *m.* di libri **2** *(Leihbibliothek)* biblioteca *f.* circolante. **Buch|ver|sand** m. *(-[e]s)* **1** spedizione *f.* di libri **2** *(Versandhaus)* ditta *f.* che vende libri per corrispondenza.

Buch|wei|zen m. *(-s)* grano *m.* saraceno.

Buch|wert m. *(-[e]s,-e)* COMM. valore *m.* contabile. **Buch|we|sen** n. *(-s)* editoria *f.* **Buch|wis|sen** n. *(-s)* SPREG. cultura *f.* libresca. **Buch|zei|chen** n. *(-s,-)* segnalibro *m.*

Bu|ckel m. *(-s,-)* **1** gobba *f.*, MED. gibbosità *f.*: ***mach nicht so einen ~!*** non stare gobbo! su con la schiena! ***die Katze macht einen ~*** il gatto inarca la schiena **2** COLLOQ. *(Rücken)* groppa *f.*, groppone *m.*: ***den ~ voll kriegen, bekommen*** prendersi un sacco di bastonate sul groppone; ***schon seine 80 Jahre auf dem ~ haben*** avere già 80 anni sulla groppa (*o* sul groppone) **3** COLLOQ. *(Hügel)* dolce altura *f.*, colle *m.* **4** COLLOQ. *(Wölbung)* gobba *f.*, protuberanza *f.*: ***der Boden hat viele ~*** il terreno ha molte gobbe ◆ ***einen breiten ~ haben*** avere le spalle larghe; ***sich den ~ freihalten*** coprirsi le spalle; ***den ~ hinhalten*** farne le spese, andarci di mezzo; ***jdm juckt der ~*** qcn. cerca botte; COLLOQ. FIG. ***einen krummen ~ machen*** curvare la schiena, piegarsi; ***etw. auf seinen ~ nehmen*** = assumersi la responsabilità di qcs. ***rutsch mir den ~ runter (steig mir den ~ rauf)!*** va a quel paese! **bu|cke|lig** → **bucklig. bu|ckeln** COLLOQ. **I** tr. (tras)portare sulle spalle **II** intr. (aus. *haben*) **1** inarcare la schiena **2** SPREG. *(unterwürfig sein)* curvare la schiena, inchinarsi. **Bu|ckel|rind** m. *(-[e]s,-er)* zebù *m.*

bü|cken rifl. **sich ~** chinarsi, curvarsi: ***sich nach etw. ~*** chinarsi per raccogliere qcs.; FIG. ANT. ***sich vor jdm ~*** chinare la schiena (*o* il capo) di fronte a qcn.

buck|lig agg. **1** gobbo, con la gobba: ***ein -er Mann*** un uomo gobbo **2** *(uneben)* gibboso, a gobbe, irregolare: ***ein -er Boden*** un terreno gibboso. **Buck|li|ge** m. e f. *(-n,-n)* gobbo *m.* (-a *f.*).

Bück|ling m. *(-s,-e)* **1** inchino *m.* (profondo), riverenza *f.*: ***einen ~ vor jdm machen*** fare un inchino a qcn. **2** GASTR. aringa *f.* affumicata.

Büd|chen n. *(-s,-)* chioschetto *m.*, banchetto *m.*, bancarella *f.*

Bud|del f. *(-,-n)* COLLOQ. bottiglia *f.*

Bud|de|lei f. *(-,-en)* lo scavare. **bud|deln** tr. **1a** COLLOQ. scavare: ***ein Loch ~*** scavare un buco **b** ***etw. aus der Erde ~*** dissotterrare (*o* disseppellire) qcs. **2** REGION. ***Kartoffeln ~*** cavare (*o* raccogliere) patate ◆ ***im Sand ~*** scavare nella sabbia.

Bud|dha I n.pr.m. Budd(h)a *m.* **II** m. *(-s,-s)* *(Statue)* budd(h)a *m.* **Bud|dhis|mus** m. *(-)* budd(h)ismo *m.* **Bud|dhist** m. *(-en,-en)* budd(h)ista *m.* **bud|dhis|tisch** agg. budd(h)ista.

Bu|de f. *(-,-n)* **1** chiosco *m.*, banco *m.*: ***eine ~ aufschlagen*** montare un banco **2a** COLLOQ. SPREG. baracca *f.*, catapecchia *f.* **b** *(Zimmer)* stanza *f.*, camera *f.* (ammobiliata); *(Wohnung)* appartamento *m.*, abitazione *f.* **3** SPREG. *(Laden, Lokal)* baracca *f.*, bottega *f.*: ***die ~ zumachen*** chiudere bottega ◆ ***jdm die ~ einlaufen, einrennen*** = seccare qcn. con continue richieste; ***die ~ auf den Kopf stellen*** mettere sottosopra la casa; ***Leben in die ~ bringen*** vivacizzare l'ambiente, animare la conversazione; ***jdm auf die ~ rücken*** piombare a casa di qcn. (per chiedere qcs.); ***sturmfreie ~*** casa libera. **Bu|den|zau|ber** m. *(-s)* COLLOQ. festino *m.* (in casa).

Bud|get [by'dʒe:] n. *(-s,-s)* budget *m.*, bilancio *m.* preventivo: ***ein ~ aufstellen, bewilligen*** redigere (*o* compilare), approvare un bilancio preventivo. **bud|ge|tär** agg. [bydʒe'tɛ:ɐ] budgetario. **Bud|get|auf|stel|lung** f. *(-,-en)* formazione *f.* del bilancio preventivo. **bud|ge|tie|ren** intr. (aus. *haben*) redigere un bilancio preventivo. **Bud|get|jahr** n. *(-[e]s,-e)* anno *m.* (*o* esercizio *m.*) finanziario. **Bud|get|pro|vi|so|ri|um** n. *(-s,-provisorien)* bilancio *m.* (preventivo) provvisorio.

Bü|fett n. *(-[e]s,-s* e *-e)* **1** buffet *m.*: ***kaltes ~*** buffet freddo **2** *(Verkaufstisch)* banco *m.* **Bü|fett|da|me** f. *(-,-n)*, **Bü|fett|fräu|lein** n. *(-s,-)* cameriera *f.* (che serve al banco), barista *f.* **Bü|fet|ti|er** [-'tie:] m. *(-s,-s)* cameriere *m.* (che serve al banco), barista *m.*

Büf|fel m. *(-s,-)* bufalo *m.* (anche FIG.). **Büf|fe|lei** f. *(-,-en)* COLLOQ. SCOL. sgobbata *f.* **Büf|fel|her|de** f. *(-,-n)* mandria *f.* di bufali.

büf|feln COLLOQ. SCOL. **I** tr. ***Latein ~*** sgobbare (*o* sudare) sul latino **II** intr. (aus. *haben*) sgobbare, studiare duramente.

Buf|fet, AUSTR. **Büf|fet** [by'fe:] n. *(-s,-s)* → **Büfett.**

Buf|fo m. *(-s,-s* e *Buffi)* buffo *m.* **buf|fo|nesk** agg. da buffo.

Bug m. *(-[e]s,-e* e *Büge)* **1a** MAR. prua *f.*, prora *f.* **b** AER. prora *f.* **2** *(von Pferden, Rindern)* (parte *f.* di) spalla *f.* ◆ ***jdm eine vor den ~ knallen*** dare una botta a qcn.; *(durch Worte)* inveire contro qcn.

Bü|gel m. *(-s,-)* **1** gruccia *f.*, stampella *f.* (per abiti): ***etw. auf, über den ~ hängen*** appendere qcs. alla stampella **2** *(Steigbügel)* staffa *f.* **3** *(Brillenbügel)* stanghetta *f.* (degli occhiali) **4a** *(Stromabnehmer)* (presa *f.* ad) archetto *m.*, trolley *m.*, pantografo *m.* **b** *(an der Säge)* archetto *m.* **5a** *(an Handtaschen, Geldbeuteln)* cerniera *f.* **b** *(Henkel)* manico *m.* (della borsetta) **6** *(am Gewehr)* ponticello *m.*, guardamano *m.* **Bü|gel|au|to|mat** m. *(-en,-en)* → **Bügelmaschine. Bü|gel|brett** n. *(-[e]s,-er)* asse *f.* da stiro. **Bü|gel|ei|sen** n. *(-s,-)* ferro *m.* da stiro. **Bü|gel|fal|te** f. *(-,-n)* piega *f.* (dei pantaloni). **bü|gel|fest** agg. che si può stirare. **bü|gel|frei** agg. che non si stira. **Bü|gel|ma|schi|ne** f. *(-,-n)* stiratrice *f.*

bü|geln tr. **1** stirare: ***heute habe ich zwei Stunden (Wäsche) gebügelt*** oggi ho stirato (biancheria) per due ore **2** SPORT *(überlegen besiegen)* stracciare: ***Juve hat den F. C. Bayern 4:1 gebügelt*** la Juve ha stracciato l'F.C. Bayern (per) 4 a 1. **Bü|geln** n. *(-s)* stiratura *f.*

Bü|gel|sä|ge f. *(-,-n)* sega *f.* ad archetto. **Bü|gel|tisch** m. *(-[e]s,-e)* tavolo *m.* da stiro. **Bü|gel|wä|sche** f. *(-)* biancheria *f.* da stirare; *(schon gebügelt)* biancheria *f.* stirata.

Bug|gy ['bagi] m. *(-s,-s)* **1** calesse *m.*, calessino *m.* **2** *(Auto)* = piccolo fuoristrada *m.* aperto **3** *(Kinderwagen)* passeggino *m.* (pieghevole).

Büg|le|rin f. *(-,-nen)* stiratrice *f.*

Bug|mann m. *(-[e]s,-männer* e *-leute)* SPORT rematore *m.* di prua. **Bug|rad** n. *(-[e]s,-räder)* AER. ruotino *m.* anteriore.

Bug|sier|damp|fer m. *(-s,-)* MAR. ANT. rimorchiatore *m.*

bug|sie|ren tr. **1** MAR. rimorchiare: ***ein Schiff in den Hafen ~*** ri-

morchiare una nave in porto **2** COLLOQ. (tras)portare (con fatica), trascinare; ***das Klavier durch die Tür ~*** far passare il pianoforte per la porta. **Bug|sie|rer** m. *(-s,-)* → **Bugsierdampfer.**
Bug|spriet n. e m. *(-[e]s,-e)* MAR. bompresso *m.* **Bug|wel|le** f. *(-,-n)* onda *f.* di prua.
buh inter. buh. **Buh** n. *(-s,-s)* buh *m.*
bu|hen intr. (aus. *haben*) COLLOQ. gridare buh.
Bühl m. *(-[e]s,-e)* REGION. collina *f.*
Buh|le m. *(-n,-n)* e f. *(-,-n)* LETT. ANT. amato *m.* (-a *f.*), amante *m.* e *f.* **buh|len** intr. (aus. *haben*) **1** SPREG. ***um etw.*** ~ cercare di conquistare qcs.: ***mit jdm um die Gunst einer Frau ~*** contendere una donna a qcn., rivaleggiare con qcn. per una donna **2** ANT. ***mit jdm ~*** amoreggiare con qcn. **Buh|ler** m. *(-s,-)* **1** *(Buhle)* amato *m.*, amante *m.* **2** SPREG. aspirante *m.* **Buh|le|rei** f. *(-,-en)* LETT. SPREG. corteggiamento *m.*, tentativo *m.* di conquista. **Buh|le|rin** f. *(-,-nen)* **1** *(Buhle)* amata *f.*, amante *f.* **2** *(Dirne)* prostituta *f.* **buh|le|risch** agg. ANT. SPREG. **1** accattivante, insinuante, adescante: ***mit -en Worten*** con parole accattivanti **2** *(unzüchtig)* lascivo, lussurioso: ***-e Gesten*** gesti lascivi. **Buhl|schaft** f. *(-,-en)* ANT. amorazzo *m.*
Buh|mann m. *(-[e]s,-männer)* **1** spauracchio *m.*, INFANT. babau *m.* **2** *(Prügelknabe)* capro *m.* espiatorio: ***jdm zum ~ machen*** fare di qcn. un capro espiatorio.
Buh|ne f. *(-,-n)* argine *m.*, diga *f.*
Büh|ne f. *(-,-n)* **1a** palcoscenico *m.*, scena *f.*: ***die ~ betreten*** entrare in palcoscenico (*o* in scena); ***zur ~ gehen*** calcare le scene, recitare; ***auf der ~ stehen*** recitare (in teatro); ***ein Drama auf die ~ bringen*** portare in scena un dramma **b** *(Theater)* teatro *m.*, palcoscenico *m.*: ***das Stück lief, ging über alle europäischen -n*** la commedia fu rappresentata su tutti i palcoscenici (*o* in tutti i teatri) d'Europa: ***etw. für die ~ bearbeiten*** adattare qcs. per il teatro **2** FIG. scena *f.*: ***von der literarischen, politischen ~ abtreten, verschwinden*** uscire, scomparire (*o* ritirarsi) dalla scena letteraria, politica; ***die ~ verlassen*** abbandonare la scena; ***etw. spielt sich hinter der ~ ab*** qcs. si svolge, accade, si prepara dietro le scene (*o* quinte) **3** *(Podium)* podio *m.*; *(Tribüne)* tribuna *f.* **4** METALL. impalcatura *f.* (*o* piano *m.*) di caricamento **5** *(Hebebühne)* sollevatore *m.* **6a** REGION. *(Speicher)* solaio *m.* **b** *(Heuboden)* fienile *m.* ◆ ***von der ~ des Lebens abtreten*** lasciare questo mondo; ***etw. über die ~ bringen*** condurre in porto qcs.; ***über die ~ gehen*** = svolgersi, avere luogo. **Büh|nen|an|wei|sung** f. *(-,-en)* TEATR. didascalia *f.* **Büh|nen|ar|bei|ter** m. *(-s,-)* tecnico *m.* di scena. **Büh|nen|aus|spra|che** f. *(-)* dizione *f.* **Büh|nen|aus|stat|tung** f. *(-,-en)* allestimento *m.* scenico, apparato *m.* scenico. **Büh|nen|au|tor** m. *(-s,-en)* autore *m.* teatrale. **Büh|nen|be|ar|bei|tung** f. *(-,-en)* adattamento *m.* scenico (*o* teatrale). **Büh|nen|be|leuch|tung** f. *(-,-en)* TEATR. luci *f.pl.* **Büh|nen|bild** n. *(-[e]s,-er)* scenario *m.*, scenografia *f.* **Büh|nen|bild|ner** m. *(-s,-)* scenografo *m.* **Büh|nen|de|ko|ra|ti|on** f. *(-,-en)* → **Bühnenausstattung. Büh|nen|ef|fekt** m. *(-[e]s,-e)* → **Bühnenwirkung. Büh|nen|fas|sung** f. *(-,-en)* → **Bühnenbearbeitung. Büh|nen|ge|stalt** f. *(-,-en)* personaggio *m.* teatrale. **Büh|nen|grö|ße** f. *(-,-n)* COLLOQ. stella *f.* del palcoscenico. **Büh|nen|hin|ter|grund** m. *(-[e]s)* TEATR. fondale *m.* **Büh|nen|kunst** f. *(-)* arte *f.* drammatica. **Büh|nen|künst|ler** m. *(-s,-)* attore *m.* di teatro (*o* teatrale). **Büh|nen|ma|ler** m. *(-s,-)* pittore *m.* di teatro. **Büh|nen|ma|schi|ne|rie** f. *(-)* macchine *f.pl.* teatrali, macchinario *m.* teatrale. **büh|nen|mä|ßig** agg. scenico, teatrale: ***ein -er Aufbau*** un impianto scenico. **Büh|nen|mu|sik** f. *(-,-en)* musica *f.* di scena. **Büh|nen|rah|men** m. *(-s,-)* boccascena *m.* e *f.* **büh|nen|reif** agg. **1** pronto per la scena: ***das Stück ist noch nicht ~*** il lavoro non è ancora pronto per la scena **2** FIG. ***das ist ~*** è di una comicità travolgente. **Büh|nen|rei|fe** f. *(-)* **1** l'essere adatto per il teatro **2** *(von Schauspielern)* esperienza *f.* teatrale. **Büh|nen|stück** n. *(-[e]s,-e)* lavoro *m.* teatrale. **Büh|nen|tech|nik** f. *(-)* scenotecnica *f.* **Büh|nen|vor|hang** m. *(-[e]s,-vorhänge)* sipario *m.* **Büh|nen|werk** n. *(-[e]s,-e)* opera *f.* (*o* lavoro *m.*) teatrale. **büh|nen|wirk|sam** agg. di buon effetto scenico. **Büh|nen|wir|kung** f. *(-)* effetto *m.* scenico.
Buh|ruf m. *(-[e]s,-e)* grido *m.* di disapprovazione, buh *m.*
Bu|hurt m. *(-[e]s,-e)* STOR. torneo *m.*, giostra *f.*
buk → **backen.**
Bu|ka|ni|er m. *(-s,-)* bucaniere *m.*
Bu|ka|rest n.pr.n. *(-s)* Bucarest *f.*
Bu|ket [bu'ke:] n. *(-s,-s)*, AUSTR. **Bu|kett** n. *(-s,-s* e *-e)* bouquet *m.*
Buk|lee → **Bouclé.**
Bu|ko|lik f. *(-)* (poesia *f.*) bucolica *f.* **Bu|ko|li|ker** m. *(-s,-)* poeta *m.* bucolico. **bu|ko|lisch** agg. bucolico (anche FIG.): ***-e Poesie*** poesia bucolica.
Bu|ko|wi|na n.pr.f. *(-)* Bucovina (*o* Bukovina) *f.*
Bul|bus m. *(-, Bulbi* e *Bulben)* bulbo *m.*
Bu|let|te f. *(-,-n)* polpetta *f.* ◆ ***ran an die -n!*** avanti, si comincia! su, al lavoro!
Bul|ga|re m. *(-n,-n)* bulgaro *m.*, abitante *m.* della Bulgaria. **Bul|ga|ri|en** n.pr.n. *(-s)* Bulgaria *f.* **Bul|ga|rin** f. *(-,-nen)* bulgara *f.*, abitante *f.* della Bulgaria. **bul|ga|risch** agg. bulgaro, della Bulgaria. **Bul|ga|risch** n. *(-[s])*, **Bul|ga|ri|sche** n. *(-n)* bulgaro *m.*, lingua *f.* bulgara.
Bu|li|mie f. *(-)* bulimia *f.*
Bull|au|ge n. *(-s,-n)* MAR. occhio *m.* di bue, oblò *m.*
Bull|dog ['bʊldɔk] m. *(-s,-s)* AGR. trattore *m.* (a un cilindro). **Bull|dog|ge** f. *(-,-n)* bulldog *m.* **Bull|do|zer** ['bʊldo:zɐ] m. *(-s,-)* bulldozer *m.*
1.Bul|le m. *(-n,-n)* **1** toro *m.* **2** *(männliches Tier)* maschio *m.* **3a** COLLOQ. SPREG. toro *m.*, omaccione *m.* **b** *(Polizeibeamter)* piedipiatti *m.*, sbirro *m.* **c** GERG. MIL. superiore *m.*, pezzo *m.* grosso.
2.Bul|le f. *(-,-n)* STOR. RELIG. bolla *f.*: ***die Goldene ~*** la Bolla d'Oro.
Bul|len|bei|ßer m. *(-s,-)* **1** bulldog *m.* **2** COLLOQ. FIG. mastino *m.* **bul|len|bei|ße|risch** agg. burbero, scontroso. **Bul|len|hit|ze** f. *(-)* COLLOQ. caldo *m.* d'inferno, infernale. **Bul|len|kalb** n. *(-[e]s,-kälber)* torello *m.*, vitello *m.* maschio. **bul|len|stark** agg. COLLOQ. forte come un toro.
bul|le|rig agg. REGION. chiassoso, collerico.
bul|lern intr. (aus. *haben*) COLLOQ. **1** crepitare: ***das Feuer bullert im Ofen*** il fuoco crepita nella stufa **2** ribollire: ***das Wasser bullert im Kessel*** l'acqua ribolle nel paiolo **3** *(poltern)* bussare forte, strepitare **4** FIG. brontolare, imprecare.
Bul|le|tin [byl'tɛ̃:] n. *(-s,-s)* bollettino *m.*: ***das ~ des Arztes*** il bollettino medico.
bul|lig COLLOQ. **I** agg. **1** taurino, massiccio **2** *(Hitze)* infernale, opprimente **II** avv. rafforz. molto, insopportabilmente: ***es ist ~ warm*** fa un caldo infernale. **bull|rig** → **bullerig.**
bum inter. bum.
Bu|me|rang m. *(-s,-e* e *-s)* boomerang *m.*, bumerang *m.*
1.Bum|mel m. *(-s,-)* COLLOQ. giro *m.*, giretto *m.*: ***einen ~ durch die Stadt machen*** fare un giro in città.
2.Bum|mel f. *(-,-n)* REGION. nappa *f.*
Bum|me|lant m. *(-en,-en)* COLLOQ. **1** polentone *m.*, lumacone *m.* **2** *(Faulenzer)* fannullone *m.*, scioperato *m.* **Bum|me|lan|ten|tum** n. *(-s)* il bighellonare.
Bum|me|lei f. *(-,-en)* COLLOQ. **1** lentezza *f.*, flemma *f.*, il baloccarsi **2** *(Faulenzen)* fiacca *f.*, indolenza *f.*
bum|me|lig agg. COLLOQ. *(von Tätigkeiten, Vorgängen)* lento. **Bum|me|lig|keit** f. *(-)* lentezza *f.*
bum|meln intr. **1a** (aus. *sein*) COLLOQ. bighellonare, gironzolare **b** *(durch Lokale)* gironzolare, fare il giro **2a** (aus. *haben*) COLLOQ. SPREG. *(trödeln)* cincischiare, battere la fiacca **b** *(faulenzen)* gingillarsi, prendersela comoda.
Bum|mel|streik m. *(-[e]s,-e)* sciopero *m.* bianco. **Bum|mel|zug** m. *(-[e]s,-züge)* COLLOQ. treno *m.* accelerato.
bum|mern intr. (aus. *haben*) REGION. battere: ***gegen die Tür ~*** battere alla porta.
Bumm|ler m. *(-s,-)* COLLOQ. **1** girellone *m.*, gironzolone *m.*, bighellone *m.* **2** → **Bummelant. bumm|lig** agg. → **bummelig. Bumm|lig|keit** f. *(-)* → **Bummeligkeit.**
bums inter. bum, patatrac. **Bums** m. *(-es,-e)* **1** COLLOQ. colpo *m.*, botta *f.* **2** *(Bumslokal)* localino *m.* malfamato **3** GERG. *(Fußball)* tiro *m.*, capacità *f.* di tiro **4** VOLG. scopata *f.* **bum|sen I** intr. COLLOQ. **1** impers. (aus. *haben*) ***es bumst*** c'è un fracasso (*o* un tonfo), rimbomba, c'è un patatrac: ***bei der Explosion bumste es fürchterlich*** ci fu un fracasso tremendo al momento dell'esplosione **2** *(heftig schlagen;* aus. *haben)* picchiare, battere (con violenza): ***an, gegen die Tür ~*** picchiare alla porta, battere contro la porta con violenza **3** *(heftig stoßen;* aus. *sein)* battere, sbattere (con violenza), cozzare: ***mit dem Knie an den Schrank ~*** battere col ginocchio contro l'armadio **4** VOLG. *(koitieren;* aus. *haben)* scopare **II** tr. GERG. *(Fußball)* tirare ◆ ***es hat gebumst*** c'è stato uno scontro. **Bums|lo|kal** n. *(-s,-e)* COLLOQ. SPREG. localino *m.* malfamato. **Bums|mu|sik** f. *(-)* COLLOQ. SPREG. = musica *f.* da ballo martellante. **bums|voll** agg. pieno zeppo: ***der Zug war ~*** il treno era pieno zeppo.
Bu|na n.e n. *(-[s])* buna *f.*
1.Bund m. *(-[e]s, Bünde)* **1a** *(Vereinigung)* patto *m.*, alleanza *f.*, lega *f.*: ***einen ~ schließen (eingehen), lösen*** fare, sciogliere un patto; ***einem ~ beitreten, angehören*** aderire a un patto, fare parte di un'alleanza; ***~ der Steuerzahler*** lega dei contribuenti **b** vincolo *m.*, legame *m.*: ***der ~ der Freundschaft*** il vincolo dell'amicizia **c** *(föderativer Gesamtstaat)* federazione *f.*, confederazione *f.* **d** COLLOQ. *(Bundeswehr)* esercito *m.* federale: ***beim ~ sein*** essere militare **2** SART. cintura *f.*: ***den ~ enger machen*** stringere la cintura **3** *(von*

Zupfinstrumenten) tasto *m.* ◆ RELIG. ***der Alte ~*** l'Antica Alleanza; ***der ~ der Hanse*** la lega anseatica; ***den ~ der Ehe eingehen, den ~ fürs Leben schließen*** legarsi in matrimonio; ***mit jdm im -e sein, stehen*** essere in lega con qcn.; RELIG. ***der Neue ~*** la Nuova Alleanza; ***Schweizer ~*** Confederazione Elvetica.

2.Bund n. *(-[e]s,-e)* **1** *(von Holz, Stroh)* fascina *f.*, fastello *m.* **2** *(von Radieschen)* mazzo *m.*

Bünd|chen n. *(-s,-)* **1** *(am Halsausschnitt)* colletto *m.* **2** *(am Ärmel)* polsino *m.*

Bund|ei|sen n. *(-s)* ferro *m.* in verghe.

Bün|del n. *(-s,-)* **1a** pacco *m.*, fagotto *m.*; ***ein ~ Banknoten*** un plico di banconote **b** FIG. ***das schreiende ~ in der Wiege*** il fagottino urlante nella culla **2** fascio *m.*, fascina *f.*: ***ein ~ Reisig*** una fascina di rami secchi **3** GEOM. FIS. fascio *m.* ◆ FIG. ***sein ~ schnüren*** fare fagotto; ***jeder hat sein ~ zu tragen*** ognuno ha la sua croce (*o* il suo fardello) da portare. **bün|deln** tr. ***etw. ~*** riunire, legare insieme qcs. in fasci; fare un fagotto di qcs.; affastellare qcs. **Bün|del|pfei|ler** m. *(-s,-)* pilastro *m.* a fascio. **bün|del|wei|se** avv. a fasci; a mazzi.

Bün|den n.pr.n. SVIZZ. *(Graubünden)* Grigioni *m.pl.*

Bun|des|ab|ga|ben|ord|nung f. *(-,-en)* codice *m.* tributario federale. **Bun|des|amt** n. *(-[e]s,-ämter)* ufficio *m.* federale. **Bun|des|an|ge|stell|ten|ta|rif** m. *(-[e]s,-e)* tariffario *m.* retributivo del pubblico impiego. **Bun|des|an|lei|he** f. *(-,-n)* prestito *m.* obbligazionario federale. **Bun|des|an|stalt** f. *(-,-en)* istituto *m.* (*o* ente *m.*) federale. **Bun|des|an|walt** m. *(-[e]s,-anwälte)* procuratore *m.* federale. **Bun|des|an|walt|schaft** f. *(-)* procura *f.* federale. **Bun|des|ar|beits|ge|richt** n. *(-[e]s)* tribunale *m.* federale del lavoro. **Bun|des|au|to|bahn** f. *(-,-en)* RFT AUSTR. autostrada *f.* federale. **Bun|des|bahn** f. *(-)* ferrovie *f.pl.* federali: ***die Deutsche ~*** le ferrovie federali tedesche. **Bun|des|bank** f. *(-)* RFT banca *f.* federale (*o* centrale). **Bun|des|bil|dungs|för|de|rungs|ge|setz** n. *(-es)* RFT = legge *f.* per il sostegno dell'istruzione scolastica e universitaria. **Bun|des|bru|der** m. *(-s,-brüder)* confratello *m.* (di una lega studentesca). **Bun|des|bür|ger** m. *(-s,-)* cittadino *m.* della Repubblica Federale Tedesca. **bun|des|deutsch** agg. tedesco federale. **Bun|des|deut|sche** m. e f. *(-n,-n)* tedesco *m.* (-a *f.*) della Repubblica Federale Tedesca. **Bun|des|ebe|ne, *auf ~*** a livello federale. **bun|des|ei|gen** agg. federale. **Bun|des|ge|biet** n. *(-[e]s,-e)* territorio *m.* federale. **Bun|des|ge|nos|se** m. *(-n,-n)* alleato *m.* **Bun|des|ge|richts|hof** m. *(-[e]s)* RFT Corte *f.* suprema (*o* di cassazione) federale. **Bun|des|ge|setz** n. *(-es,-e)* legge *f.* federale. **Bun|des|ge|setz|blatt** n. *(-[e]s,-blätter)* RFT = gazzetta *f.* ufficiale. **Bun|des|grenz|schutz** m. *(-es)* RFT polizia *f.* di frontiera federale. **Bun|des|haupt|stadt** f. *(-,-städte)* capitale *f.* federale. **Bun|des|haus** n. *(-es)* RFT sede *f.* del Bundestag. **Bun|des|haus|halt** m. *(-[e]s,-e)* bilancio *m.* federale. **Bun|des|heer** n. *(-[e]s,-e)* AUSTR. forze *f.pl.* armate. **Bun|des|ka|bi|nett** n. *(-s,-e)* gabinetto *m.* federale. **Bun|des|kanz|ler** m. *(-s,-)* RFT AUSTR. cancelliere *m.* federale; CH cancelliere *m.* della Confederazione. **Bun|des|kanz|ler|amt** n. *(-[e]s,-ämter)* RFT cancelleria *f.* federale. **Bun|des|kar|tell|amt** n. *(-[e]s)* ispettorato *m.* federale dei cartelli. **Bun|des|kri|mi|nal|amt** n. *(-[e]s,-ämter)* ufficio *m.* criminale federale. **Bun|des|la|de** f. *(-)* RELIG. arca *f.* dell'Alleanza. **Bun|des|land** n. *(-[e]s,-länder)* **1** stato *m.* membro di una federazione **2** RFT AUSTR. Land *m.*: ***die neuen Bundesländer*** i nuovi Länder (tedeschi). **Bun|des|li|ga** f. *(-,-ligen)* SPORT INTRAD. (serie A nel calcio e in altri sport): ***in die ~ aufsteigen, aus der ~ absteigen*** salire (*o* essere promossi) alla Bundesliga, retrocedere dalla Bundesliga. **Bun|des|mi|nis|ter** m. *(-s,-)* ministro *m.* federale. **Bun|des|mi|nis|te|ri|um** n. *(-s,-ministerien)* ministero *m.* federale. **Bun|des|nach|rich|ten|dienst** m. *(-[e]s)* servizi *m.pl.* segreti federali. **Bun|des|post** f. *(-)* RFT poste *f.pl.* federali. **Bun|des|prä|si|dent** m. *(-en,-en)* presidente *m.* della repubblica federale. **Bun|des|rat** m. *(-[e]s,-räte)* **1** RFT INTRAD. (camera alta, consiglio federale) **2** CH governo *m.* federale **3** AUSTR. CH consigliere *m.* federale. **Bun|des|re|gie|rung** f. *(-)* governo *m.* federale. **Bun|des|re|pub|lik** f. *(-)* repubblica *f.* federale: ***~ Deutschland*** Repubblica Federale Tedesca. **bun|des|re|pub|li|ka|nisch** agg. della repubblica federale. **Bun|des|schatz|brief** m. *(-[e]s,-e)* buono *m.* del tesoro. **Bun|des|staat** m. *(-[e]s,-en)* **1** stato *m.* federale **2** *(Gliedstaat)* stato *m.* membro di una federazione. **Bun|des|stra|ße** f. *(-,-n)* strada *f.* statale.

Bun|des|tag m. *(-[e]s)* RFT INTRAD. (Camera dei deputati). **Bun|des|tags|ab|ge|ord|ne|te** m. e f. *(-n,-n)* RFT deputato *m.* (-a *f.*) del Bundestag. **Bun|des|tags|de|bat|te** f. *(-,-n)* dibattito *m.* al Bundestag. **Bun|des|tags|sit|zung** f. *(-,-en)* seduta *f.* del Bundestag. **Bun|des|tags|wahl** f. *(-,-en)* elezioni *f.pl.* per il Bundestag.

Bun|des|trai|ner m. *(-s,-)* allenatore *m.* della nazionale. **Bun|des|ver|band** m. *(-[e]s,-verbände)*, ***~ der deutschen Industrie*** Confederazione *f.* dell'industria tedesca, Confindustria *f.* tedesca. **Bun|des|ver|fas|sung** f. *(-,-en)* costituzione *f.* federale. **Bun|des|ver|fas|sungs|ge|richt** n. *(-[e]s)* RFT corte *f.* costituzionale federale. **Bun|des|ver|samm|lung** f. *(-,-en)* **1** RFT camere *f.pl.* riunite, assemblea *f.* federale (che elegge il presidente della repubblica) **2** CH assemblea *f.* federale. **Bun|des|ver|wal|tungs|ge|richt** n. *(-[e]s)* corte *f.* amministrativa federale. **Bun|des|wehr** f. *(-)* RFT forze *f.pl.* armate. **bun|des|weit** agg. su tutto il territorio federale.

Bund|fal|ten|ho|se f. *(-,-n)* pantaloni *m.pl.* con le pinces. **Bund|ho|se** f. *(-,-n)* pantaloni *m.pl.* alla zuava.

bün|dig I agg. **1a** *(kurz und bestimmt)* conciso, succinto, stringato **b** *(überzeugend)* convincente, concludente: ***ein -er Beweis*** una prova convincente **2** EDIL. a livello, a paro **II** avv. concisamente ◆ ***kurz und ~*** chiaro e tondo. **Bün|dig|keit** f. *(-)* concisione *f.*, stringatezza *f.*, precisione *f.*

bün|disch agg. STOR. ***die -e Jugend*** il movimento giovanile.

Bünd|nis n. *(-ses,-se)* patto *m.*, alleanza *f.*, coalizione *f.*: ***ein ~ eingehen, schließen, lösen*** stipulare un patto, stringere un'alleanza, sciogliere una coalizione. **Bünd|nis|fall** m. *(-[e]s,-fälle)* DIR. casus *m.* foederis. **bünd|nis|frei** agg. POL. non allineato, non impegnato. **Bünd|nis|part|ner** m. *(-s,-)* partner *m.* (politico) alleato. **Bünd|nis|po|li|tik** f. *(-)* politica *f.* delle alleanze. **Bünd|nis|sys|tem** n. *(-s,-e)* sistema *m.* di alleanze.

Bund|wei|te f. *(-,-n)* (circonferenza *f.* della) vita *f.*

Bun|ga|low ['bʊŋgalo] m. *(-s,-s)* bungalow *m.*

Bun|ker m. *(-s,-)* **1** MIL. bunker *m.*, casamatta *f.* **2** *(Luftschutzbunker)* bunker *m.* (antiaereo) **3** deposito *m.*, silo *m.* **4** SCHERZ. *(Gefängnis)* gattabuia *f.*: ***im ~ sitzen*** essere in gattabuia **5** *(beim Golf)* bunker *m.* **bun|kern I** tr. insilare, mettere in deposito: ***Getreide ~*** insilare cereali **II** intr. (aus. *haben*) MAR. fare rifornimento di combustibile; *(von Kohlen)* carbonare.

Bun|sen|bren|ner m. *(-s,-)* becco *m.* Bunsen.

bunt I agg. **1a** colorato, a colori: ***-e Bilder*** figure colorate **b** *(vielfarbig)* variopinto, multicolore: ***-e Kleider*** vestiti variopinti **2** *(buntscheckig)* pezzato, macchiato, chiazzato **3** vario, svariato: ***-es Programm*** programma vario **4** FIG. *(durcheinander)* mischiato, disordinato, confuso: ***in -er Reihenfolge*** in successione disordinata; ***es wird immer -er*** la faccenda si complica sempre più **II** avv. **1** a colori: ***etw. ~ bedrucken*** stampare qcs. a colori; ***~ bemalt*** (dipinto) a colori; ***~ gefiedert*** dal piumaggio multicolore; ***~ gefleckt*** a macchie colorate; pezzato: ***ein ~ geflecktes Pferd*** un cavallo pezzato; FIG. ***~ gemischt*** vario, variegato; ***~ gemustert*** a disegni colorati; ***~ gestreift*** variegato, screziato; ***~ kariert*** a quadri colorati; ***~ scheckig*** pezzato; ***~ schillernd*** cangiante (in vari colori); **2** FIG. alla rinfusa, disordinatamente, confusamente: ***~ durcheinander liegen*** essere, giacere alla rinfusa ◆ ***-er Abend*** serata di varietà; FIG. ***bekannt wie ein -er Hund*** conosciuto più della bettonica, conosciutissimo; ***das wird mir zu ~*** mi scappa la pazienza, non ne posso più; ***es zu ~ treiben*** passare la misura (*o* il segno); ***das geht ja bunt zu!*** c'è un gran disordine!

Bunt|druck m. *(-[e]s,-drucke)* stampa *f.* a colori. **Bunt|heit** f. *(-)* **1** varietà *f.* di colori, policromia *f.* **2** FIG. varietà *f.* **Bunt|me|tall** n. *(-s,-e)* metallo *m.* non ferroso. **Bunt|pa|pier** n. *(-s,-e)* carta *f.* colorata. **Bunt|sand|stein** m. *(-[e]s)* **1** arenaria *f.* screziata **2** GEOL. trias *m.* inferiore. **Bunt|specht** m. *(-[e]s,-e)* picchio *m.* rosso. **Bunt|stift** f. *(-,-e)* matita *f.* colorata. **Bunt|wä|sche** f. *(-)* capi *m.pl.* colorati.

Bür|de f. *(-,-n)* carico *m.*, peso *m.*, fardello *m.* (anche FIG.): ***die ~ des Alters*** il peso degli anni; ***eine schwer zu tragende ~*** un pesante fardello da portare; ***eine ~ auf sich nehmen*** prendere un fardello su di sé; ***unter einer ~ zusammenbrechen*** spezzarsi sotto un peso. **bür|den** tr. ANT. addossare, accollare.

Bu|re m. *(-n,-n)* boero *m.*

Bu|reau [by'ro:] n. *(-s,-s* e *-x)* → **Büro.**

Bü|ret|te f. *(-,-n)* buretta *f.*

Burg f. *(-,-en)* **1** rocca(forte) *f.*, fortezza *f.*, castello *m.* **2** *(Sandburg)* castello *m.* (di sabbia) **3** FIG. fortezza *f.*, asilo *m.*, rifugio *m.*

Bür|ge m. *(-n,-n)* **1a** mallevadore *m.*, garante *m.*: ***~ für jdn, etw. sein*** essere garante per (*o* di) qcn., qcs. **b** garanzia *f.*: ***das Produkt ist ~ für Qualität*** il prodotto è garanzia di qualità **2** DIR. fideiussore *m.*; *(eines Wechsels)* avallante *m.* ◆ ***sich als ~ ausweisen, erklären*** portarsi garante. **bür|gen** intr. (aus. *haben*) garantire: ***für jdn, etw. ~*** garantire (*o* farsi garante) per qcn., qcs. ◆ ***für einen Wechsel ~*** avallare una cambiale.

Bür|ger m. *(-s,-)* **1** cittadino *m.*: ***die ~ eines Staates*** i cittadini di uno stato; ***die ~ der Stadt*** la cittadinanza; ***deutscher ~ werden*** diventare cittadino tedesco, prendere la cittadinanza tedesca **2** *(Standesbezeichnung)* borghese *m.* ◆ ANT. ***akademischer ~*** studente; ***~ in Uniform*** militare. **Bür|ger|ak|ti|on** f. *(-,-en)* azione *f.* civica. **Bür|ger|aus|schuss** m. *(-es,-ausschüsse)* comitato *m.* civico. **Bür|ger|be|geh|ren** n. *(-s,-)* referendum *m.* **Bür|ger|haus** n. *(-es,*

-häuser) **1** casa *f.* privata, di un borghese **2** ANT. *(Bürgerfamilie)* casa *f.* borghese.
Bür|ge|rin f. *(-,-nen)* **1** cittadina *f.* **2** *(Standesbezeichnung)* borghese *f.*
Bür|ger|krieg m. *(-[e]s,-e)* guerra *f.* civile.
bür|ger|lich I agg. **1** civile: ***das -e Recht*** il diritto civile; ***die -en Ehrenrechte*** i diritti civili; ***Bürgerliches Gesetzbuch*** Codice Civile **2** borghese: ***ein -es Leben*** una vita (da) borghese; ***das -e Denken*** la mentalità borghese; ***das -e Trauerspiel*** il dramma borghese **3** SPREG. piccolo borghese, da borghesuccio: ***-e Vorurteile*** pregiudizi da borghesuccio **II** avv. da borghese, in modo borghese ◆ ***~ essen*** mangiare alla casalinga; ***die -e Küche*** la cucina casalinga. **Bür|ger|li|che** m. e f. *(-n,-n)* borghese *m.* e *f.* **Bür|ger|lich|keit** f. *(-)* borghesismo *m.*
Bür|ger|meis|ter m. *(-s,-)* sindaco *m.*, RFT borgomastro *m.*: ***der regierende ~ von Berlin*** il borgomastro in carica di Berlino. **bür|ger|nah** agg. vicino alle esigenze dei cittadini. **Bür|ger|pflicht** f. *(-,-en)* dovere *m.* civico (*o* di cittadino).
Bür|ger|recht n. *(-[e]s,-e)* diritto *m.* del cittadino; pl. diritti *m.pl.* civili ◆ ***jdm das ~ verleihen*** conferire la cittadinanza a qcn., naturalizzare qcn. **Bür|ger|recht|ler** m. *(-s,-)* esponente *m.* del movimento per i diritti civili. **Bür|ger|rechts|be|we|gung** f. *(-,-en)* movimento *m.* per i diritti civili.
Bür|ger|schaft f. *(-,-en)* **1** cittadinanza *f.*, cittadini *m.pl.* **2a** *(Stadtrat)* consiglio *m.* comunale **b** *(in Hamburg und Bremen)* parlamento *m.* **Bür|ger|schreck** m. *(-[e]s)* IRON. scandalizzatore *m.* dei benpensanti. **Bür|ger|sinn** m. *(-[e]s)* senso *m.* civico, civismo *m.* **Bür|ger|stand** m. *(-[e]s)* ceto *m.* (*o* classe *f.*) borghese, borghesia *f.* **Bür|ger|steig** m. *(-[e]s,-e)* marciapiede *m.* **Bür|ger|tum** n. *(-s)* **1** *(Bürgerstand)* borghesia *f.* **2** *(Bürgerschaft)* cittadinanza *f.* **Bür|ger|ver|samm|lung** f. *(-,-en)* assemblea *f.* dei cittadini.
Burg|frau f. *(-,-en)* castellana *f.* **Burg|fräu|lein** n. *(-s,-)* figlia *f.* del castellano. **Burg|frie|de(n)** m. *(-[n]s,-[n])* tregua *f.* nella lotta politica. **Burg|gra|ben** m. *(-s,-gräben)* fossato *m.* del castello. **Burg|graf** m. *(-en,-en)* STOR. burgravio *m.* **Burg|herr** m. *(-en,-en)* castellano *m.* **Burg|hof** m. *(-[e]s,-höfe)* cortile *m.*, corte *f.* del castello. **Burg|ru|i|ne** f. *(-,-n)* rovine *f.pl.* di un castello, castello *m.* in rovina.
Bürg|schaft f. *(-,-en)* **1** mallevadoria *f.*, garanzia *f.*: ***für jdn, etw. ~ leisten*** rendersi garante di qcn., per qcs., fare il mallevadore per qcn., qcs.; ***eine ~ übernehmen*** farsi garante **2** DIR. fideiussione *f.*; *(von Wechseln)* avallo *m.*: ***eine ~ ausstellen*** rilasciare una fideiussione; ***für einen Wechsel ~ leisten*** avallare una cambiale. **Bürg|schafts|kre|dit** m. *(-[e]s,-e)* credito *m.* garantito (*o* di cauzione).
Bur|gund n.pr.n. *(-s)* **1** *(Landschaft Frankreichs)* Borgogna *f.* **2** STOR. Burgundia *f.* **Bur|gun|de** m. *(-n,-n)* STOR. burgundo *m.* **Bur|gun|der** m. *(-s,-)* **1** → **Burgunde 2** borgognone *m.* **3** → **Burgunderwein.** **Bur|gun|der|fla|sche** f. *(-,-n)* bottiglia *f.* borgognona. **Bur|gun|der|wein** m. *(-[e]s,-e)* borgogna *m.* **bur|gun|disch** agg. **1** borgognone, di Borgogna **2** STOR. burgundo.
Burg|ver|lies n. *(-es,-e)* segreta *f.* del castello. **Burg|vogt** m. *(-[e]s,-vögte)* castellano *m.* **Burg|wall** m. *(-[e]s,-wälle)* vallo *m.*
bur|lesk agg. LETT. burlesco. **Bur|les|ke** f. *(-,-n)* **1** TEATR. burlesque *m.* **2** MUS. burlesca *f.*
Bur|ma n.pr.n. *(-s)* Birmania *f.*
Bü|ro n. *(-s,-s)* **1** ufficio *m.*: ***ins ~ gehen*** andare in ufficio; ***in einem ~ arbeiten*** lavorare in un ufficio; ***die Buchführung unseres -s*** la contabilità del nostro ufficio **2** *(Geschäftsstelle)* agenzia *f.* **Bü|ro|an|ge|stell|te** m. e f. *(-n,-n)* impiegato *m.* (-a *f.*). **Bü|ro|ar|beit** f. *(-,-en)* lavoro *m.* d'ufficio. **Bü|ro|ar|ti|kel** m. *(-s,-)* cancelleria *f.* per ufficio. **Bü|ro|be|darf** m. *(-[e]s,-e)* materiale *m.* per ufficio. **Bü|ro|die|ner** m. *(-s,-)* usciere *m.*, fattorino *m.* **Bü|ro|ein|rich|tung** f. *(-,-en)* mobili *m.pl.* per ufficio. **Bü|ro|haus** n. *(-es,-häuser)* palazzo *m.* per uffici. **Bü|ro|kauf|mann** m. *(-[e]s,-leute)* amministratore *m.* **Bü|ro|klam|mer** f. *(-,-n)* clips *f.* **Bü|ro|kraft** f. *(-,-kräfte)* impiegato *m.* (-a *f.*).
Bü|ro|krat m. *(-en,-en)* SPREG. burocrate *m.* **Bü|ro|kra|tie** f. *(-,-n)* burocrazia *f.* **bü|ro|kra|tisch** agg. burocratico (anche SPREG.). **bü|ro|kra|ti|sie|ren** tr. burocratizzare (anche SPREG.). **Bü|ro|kra|ti|sie|rung** f. *(-)* burocratizzazione *f.* **Bü|ro|kra|tis|mus, Bü|ro|kra|ti|us** m. *(-)* SPREG. burocratismo *m.*
Bü|ro|mensch m. *(-en,-en)* SPREG. impiegatuccio *m.*, mezzamanica *f.* **Bü|ro|mö|bel** pl. mobili *m.pl.* per ufficio. **Bü|ro|raum** m. *(-[e]s,-räume)* locale *m.* adibito a ufficio, ufficio *m.* **Bü|ro|schluss** m. *(-es)* orario *m.* di chiusura dell'ufficio. **Bü|ro|stun|den** pl. ore *f.pl.* d'ufficio. **Bü|ro|vor|stand** m. *(-[e]s,-vorstände)*, **Bü|ro|vor|ste|her** m. *(-s,-)* capoufficio *m.* **Bü|ro|zeit** f. *(-,-en)* orario *m.* d'ufficio.
Bursch m. *(-en,-en)* **1** = membro *m.* di una lega studentesca **2** REGION. → **Bursche.** **Bürsch|chen** n. *(-s,-)* ragazzino *m.*
Bur|sche m. *(-n,-n)* **1** *(Knabe)* ragazzo *m.* **2** *(junger Mann)* giovanotto *m.*, giovane *m.* **3** SPREG. tipo *m.*: ***ein übler ~*** un brutto tipo, un cattivo soggetto **4** *(Laufbursche)* fattorino *m.* **5** MIL. ANT. attendente *m.* **bur|schen|haft** agg. → **burschikos.**
Bur|schen|schaft f. *(-,-en)* STOR. INTRAD. (associazione studentesca o goliardica). **Bur|schen|schaf|ter** m. *(-s,-)* STOR. = membro *m.* di una, della Burschenschaft.
bur|schi|kos I agg. da maschiaccio, sfrontato, noncurante: ***ein -es Benehmen*** un modo di fare da maschiaccio **II** avv. bruscamente, da maschiaccio. **Bur|schi|ko|si|tät** f. *(-,-en)* modi *m.pl.* bruschi, da maschiaccio.
Bürsch|lein n. *(-s,-)* → **Bürschchen.**
Bur|se f. *(-,-n)* ANT. casa *f.* dello studente.
Bürs|te f. *(-,-n)* spazzola *f.* (anche EL.): ***die Schuhe mit einer ~ reinigen*** pulire le scarpe con una spazzola. **bürs|ten** tr. **1** spazzolare: ***(sich [D]) das Haar ~*** spazzolare, spazzolarsi i capelli **2** *(mit einer Bürste reinigen)* spazzolare, pulire con una spazzola (*o* uno spazzolino): ***die Schuhe ~*** spazzolare le scarpe; ***die Zähne mit einer Zahnbürste ~*** pulire i denti con uno spazzolino **3** *(mit einer Bürste entfernen)* spazzolare via: ***den Staub von den Schuhen ~*** spazzolare via la polvere dalle scarpe **4** VOLG. *(koitieren)* scopare. **Bürs|ten|bin|der** m. *(-s,-)* ANT. spazzolaio *m.*, fabbricante *m.* di spazzole ◆ ***wie ein ~ arbeiten, saufen*** ammazzarsi di lavoro, bere come una spugna. **Bürs|ten|fri|sur** f. *(-,-en)* capelli *m.pl.* a spazzola. **Bürs|ten|kon|takt** m. *(-[e]s)* EL. contatto *m.* a spazzola. **Bürs|ten|mas|sa|ge** [-masa:ʒə] f. *(-,-n)* massaggio *m.* con una spazzola. **Bürs|ten|schnitt** m. *(-[e]s)* taglio *m.* (di capelli) a spazzola.
Bür|zel m. *(-s,-)* **1** ORNIT. codione *m.*, codrione *m.* **2** VENAT. codino *m.* **Bür|zel|drü|se** f. *(-,-n)* ORNIT. uropigio *m.*
Bus m. *(-ses,-se)* bus *m.*, autobus *m.*: ***den ~ nehmen*** prendere l'autobus; ***mit dem ~ fahren*** andare in autobus, con l'autobus.
Busch m. *(-[e]s, Büsche)* **1** cespuglio *m.*, arbusto *m.* **2a** *(Dickicht)* macchia *f.*, boscaglia *f.* **b** *(in tropischen Ländern)* savana *f.* **3** *(Strauß)* mazzo *m.* **4** *(Büschel)* pennacchio *m.* ◆ ***mit etw. hinterm ~ halten*** tener nascosto qcs.; ***es ist etw. im ~*** qcs. bolle in pentola, c'è qcs. in aria; ***(bei jdm) auf den ~ klopfen*** tastare il terreno (con qcn.); ***sich (seitwärts) in die Büsche schlagen*** darsi alla macchia, sparire dalla circolazione. **Busch|boh|ne** f. *(-,-n)* fagiolo *m.* nano.
Bü|schel n. *(-s,-)* **1a** ciuffo *m.*: ***ein ~ Gras*** un ciuffo d'erba **b** *(von Haaren)* ciocca *f.*, ciuffo *m.* **2** *(Bündel)* fascio *m.*, mannello *m.* **bü|scheln** tr. REGION. raccogliere a ciuffi. **bü|schel|wei|se** avv. a ciuffi, a ciocche: ***die Haare fallen ihm ~ aus*** i capelli gli cadono a ciocche.
Bu|schen m. *(-s,-)* REGION. COLLOQ. mazzo *m.*
Busch|holz n. *(-es,-hölzer)* macchia *f.*, boscaglia *f.* bassa. **bu|schig** agg. **1** coperto di cespugli, cespuglioso **2** *(vom Haar)* folto, arruffato. **Busch|kat|ze** f. *(-,-n)* gattopardo *m.* **Busch|klep|per** m. *(-s,-)* brigante *m.* **Busch|krieg** m. *(-[e]s,-e)* guerriglia *f.* **Busch|mann** m. *(-[e]s,-männer)* boscimano *m.* **Busch|mes|ser** n. *(-s,-)* coltello *m.* da boscaglia, machete *m.* **Busch|ro|se** f. *(-,-n)* rosa *f.* a cespuglio. **Busch|wald** m. *(-[e]s,-wälder)* foresta *f.* tropicale. **Busch|werk** n. *(-[e]s)* boscaglia *f.*, cespugli *m.pl.* **Busch|wind|rös|chen** n. *(-s,-)* anemone *m.* dei boschi.
Bu|sen m. *(-s,-)* **1a** seno *m.* **b** LETT. ***am ~ der Natur*** in seno alla natura **2** *(Inneres)* seno *m.*, cuore *m.*: ***Hoffnungen im ~ nähren*** nutrire speranze **3** *(Meerbusen)* seno *m.*, golfo *m.* **Bu|sen|freund** m. *(-[e]s,-e)* amico *m.* intimo. **Bu|sen|freun|din** f. *(-,-nen)* amica *f.* intima. **Bu|sen|na|del** f. *(-,-n)* ANT. spilla *f.* **Bu|sen|star** m. *(-s,-s)* COLLOQ. maggiorata *f.*
Bus|fah|rer m. *(-s,-)* autista *m.* d'autobus. **Bus|hal|te|stel|le** f. *(-,-n)* fermata *f.* dell'autobus.
bu|sig agg. COLLOQ. con un gran petto (*o* seno).
Busi|ness ['bɪznɪs] n. *(-)* business *m.*
Bus|sard m. *(-s,-e)* poiana *f.*
Bus|schaff|ner m. *(-s,-)* bigliettaio *m.* dell'autobus.
Bu|ße f. *(-,-n)* **1** penitenza *f.*: ***~ tun*** fare penitenza; ***jdm eine ~ auferlegen*** imporre una penitenza a qcn. **2** DIR. multa *f.*, sanzione *f.* (penale), ammenda *f.*: ***jdn (für etw.) mit einer ~ belegen*** punire qcn. con un'ammenda, multare qcn. (per qcs.).
Bus|sel → **Busserl.** **bus|seln** tr. REGION. baciare.
bü|ßen I tr. **1** espiare, scontare, pagare (per): ***seine Sünden, ein Verbrechen ~*** espiare i propri peccati, pagare per un delitto; ***das soll er mir ~!*** questa me la paga! ***ein Vergehen teuer ~*** pagare cara una mancanza **2** ANT. *(befriedigen)* soddisfare; ***die Lust ~*** soddisfare la voglia **3** SVIZZ. DIR. multare **II** intr. (aus. *haben*) ***für etw. ~*** scontare qcs., pagare per qcs.: ***sie hat dafür zu ~*** deve pagare per questo.
Bü|ßer m. *(-s,-)* penitente *m.* **Bü|ßer|ge|wand** n. *(-[e]s,-gewänder)*, **Bü|ßer|hemd** n. *(-[e]s,-en)* veste *f.* (*o* saio *m.*) da penitente. **Bü|ße|rin** f. *(-,-nen)* penitente *f.*
Bus|serl n. *(-s,-[n])* REGION. bacio *m.* **bus|serln** → **busseln.**

Bü|ßer|or|den m. *(-s,-)* ordine *m.* di penitenti. **Bü|ßer|strick** m. *(-[e]s,-e)* cilicio *m.* **Buß|fei|er** f. *(-,-n)* → **Bußgottesdienst. buß|fer|tig** agg. contrito, pentito. **Buß|fer|tig|keit** f. *(-)* contrizione *f.*, pentimento *m.* **Buß|ge|bet** n. *(-[e]s,-e)* atto *m.* di dolore.

Buß|geld n. *(-[e]s,-er)* ammenda *f.*, multa *f.* **Buß|geld|be|scheid** m. *(-[e]s,-e)* notifica *f.* di ammenda. **Buß|geld|ka|ta|log** m. *(-[e]s,-e)* registro *m.* delle ammende.

Buß|got|tes|dienst m. *(-[e]s,-e)* RELIG. funzione *f.* penitenziale.

Bus|so|le f. *(-,-n)* bussola *f.*

Buß|pre|digt f. *(-,-en)* predica *f.* penitenziale. **Buß|tag** m. *(-[e]s,-e)* giorno *m.* di penitenza ◆ ***Buß- und Bettag*** giorno di penitenza e preghiera (nella chiesa evangelica). **Buß|übung** f. *(-,-en)* atto *m.* di contrizione, penitenza *f.*

Bü|ßung f. *(-,-en)* espiazione *f.*

Büs|te f. *(-,-n)* **1** SCULT. busto *m.* **2** *(weibliche Brust)* petto *m.*, seno *m.* **3** SART. manichino *m.* **Büs|ten|hal|ter** m. *(-s,-)* reggiseno *m.*, reggipetto *m.*

Bu|ta|di|en n. *(-s)* butadiene *m.* **Bu|tan** n. *(-s,-e)* butano *m.* **Bu|tan|gas** n. *(-es)* gas *m.* butano.

But|ler ['batlɐ] m. *(-s,-)* maggiordomo *m.*

Butt m. *(-[e]s,-e)* ITTIOL. rombo *m.*

Bütt f. *(-,-en)* pulpito *m.* (a forma di botte) per i discorsi di carnevale.

But|te, Büt|te f. *(-,-n)* **1** mastello *m.*, tinozza *f.* **2** *(für die Trauben)* bigoncia *f.*

Büt|tel m. *(-s,-)* **1** ANT. messo *m.* del tribunale **2a** SPREG. servo *m.*, schiavetto *m.*: ***ich bin doch nicht dein ~!*** non sono mica il tuo servo! **b** *(Polizist)* sbirro *m.*, poliziotto *m.*

Büt|ten n. *(-s)*, **Büt|ten|pa|pier** n. *(-[e]s)* carta *f.* a mano. **Büt|ten|re|de** f. *(-,-n)* discorso *m.* di carnevale.

But|ter f. *(-)* burro *m.*: ***etw. mit ~ bestreichen*** spalmare qcs. di burro, imburrare qcs.; ***~ aufs Brot streichen, schmieren*** spalmare burro sul pane ◆ COLLOQ. ***alles in ~*** tutto a posto; ***jdm nicht die ~ auf dem Brot gönnen*** = essere molto invidioso di qcn.; ***ein Herz wie ~ haben*** avere un cuore d'oro; REGION. ***~ auf dem Kopf haben*** avere la coda di paglia; ***sich nicht die ~ vom Brot nehmen lassen*** non farsi mettere i piedi sul collo; ***wie ~ an, in der Sonne schmelzen*** sciogliersi come neve al sole. **but|ter|ar|tig** agg. burroso. **But|ter|berg** m. *(-[e]s,-e)* INTRAD. (burro in eccesso immagazzinato dallo stato). **But|ter|bir|ne** f. *(-,-n)* pera *f.* butirra. **But|ter|blu|me** f. *(-,-n)* fiore *m.* giallo; *(Hahnenfuß)* ranuncolo *m.*; *(Löwenzahn)* dente *m.* di leone; *(Sumpfdotterblume)* calta *f.* palustre. **But|ter|brot** n. *(-[e]s,-e)* pane *m.* imburrato ◆ ***für, um ein ~*** per un tozzo di pane; ***jdm etw. aufs ~ streichen, schmieren*** = rimproverare, rinfacciare (insistentemente) qcs. a qcn. **But|ter|creme** f. *(-)* crema *f.* al burro. **But|ter|do|se** f. *(-,-n)* portaburro *m.*, burriera *f.* **But|ter|fass** n. *(-es,-fässer)* zangola *f.*

But|ter|fly ['bʌtəflaɪ] m. *(-s,-)* nuoto *m.* a farfalla, farfalla *f.*

But|ter|form f. *(-,-en)* stampo *m.* per burro. **But|ter|ge|bäck** n. *(-[e]s,-e)* biscotti *m.pl.* (*o* paste *f.pl.*) al burro. **but|ter|hal|tig, but|te|rig** agg. burroso. **But|ter|kä|se** m. *(-s,-)* INTRAD. (formaggio dolce e grasso a pasta morbida). **But|ter|keks** m. *(-[es],-e)* biscotto *m.* al burro. **But|ter|milch** f. *(-)* latticello *m.*

but|tern I tr. **1** imburrare **2** COLLOQ. ***Geld in etw. (A) ~*** investire denaro in qcs. **II** intr. (aus. *haben*) fare il burro.

But|ter|pilz m. *(-es,-e)* boleto *m.* giallo. **But|ter|reis** m. *(-es)* riso *m.* al burro (*o* in bianco). **But|ter|röll|chen** n. *(-s,-)* ricciolo *m.* di burro. **But|ter|säu|re** f. *(-)* acido *m.* butirrico. **but|ter|weich** agg. morbido come il burro.

But|ton [bʌtn] m. *(-s,-s)* distintivo *m.*

butt|rig → **butterig.**

Bu|tyl n. *(-s)* butile *m.* **Bu|tyl|al|ko|hol** m. *(-s)* alcol *m.* butilico.

1.Butz m. *(-en,-en)* REGION. folletto *m.*, coboldo *m.*

2.Butz m. *(-en,-en)* REGION. *(Kerngehäuse)* torsolo *m.* (di mela).

But|ze m. *(-n,-n)* → **1.Butz. But|ze|mann** m. *(-[e]s,-männer)* babau *m.*, uomo *m.* nero.

But|zen m. *(-s,-)* REGION. → **2.Butz.**

But|zen|schei|be f. *(-,-n)* vetro *m.* a tondi.

Büx f. *(-,-en)*, **Bu|xe** f. *(-,-n)* REGION. pantaloni *m.pl.*

b. w. ⇒ *bitte wenden* segue.

Bys|sus m. *(-)* bisso *m.*

Byte [bait] n. *(-[s],-[s])* byte *m.*

By|zan|ti|ner m. *(-s,-)* bizantino *m.* **by|zan|ti|nisch** agg. bizantino, di Bisanzio. **By|zan|ti|nis|mus** m. *(-)* bizantinismo *m.* **By|zanz** n.pr.n. *(-es)* Bisanzio *f.*

bz ⇒ *bezahlt* pagato.

Bz. ⇒ *Bezirk* distretto.

bzw. ⇒ *beziehungsweise* cioè, anzi, o meglio; *(oder)* oppure, o altrimenti.

C

c, C n. *(-,-)* **1** *(Buchstabe)* c, C, ci *f.* e *m.*: ***ein großes C, ein kleines c*** una C maiuscola, una c minuscola **2** MUS. *(Note)* do *m.*
c ⇒ *c-Moll* do minore.
C ⇒ *C-Dur* do maggiore.
Cab [kæb] n. *(-s,-s)* → **Cabriolet.**
Ca|ba|ret [kaba're:], **Ca|ba|ret** ['kabare] n. *(-s,-s)* cabaret *m.*
Cab|rio n. *(-s,-s)* cabrio *f.* **Cab|ri|o|let** [kabrio'le:] n. *(-s,-s)* cabriolet *m.*
Cä|ci|lie n.pr.f. Cecilia *f.*
Cad|mi|um n. *(-s)* cadmio *m.*
Ca|fé [ka'fe:] n. *(-s,-s)* caffè *m.*, bar *m.* **Ca|fe|te|ria** f. *(-,-s)* caffetteria *f.* **Ca|fe|ti|er** [kafe'tie:] m. *(-s,-s)* ANT. caffettiere *m.*
Cais|son [kɛ'sɔ̃:] m. *(-s,-s)* cassone *m.* (per costruzioni), cassone *m.* di fondazione. **Cais|son|krank|heit** f. *(-,-en)* malattia *f.* dei cassoni.
Ca|jus n.pr.m. Caio *m.*
Ca|li|gu|la n.pr.m. Caligola *m.*
Ca|lix|tus n.pr.m. Callisto *m.*
Call|girl ['kɔ:lgə:l] n. *(-s,-s)* call-girl *f.*, (ragazza) squillo *f.*
Cal|vin n.pr.m. Calvino *m.* **cal|vi|nisch** agg. calvinista. **Cal|vi|nis|mus** m. *(-)* calvinismo *m.* **Cal|vi|nist** m. *(-en,-en)* calvinista *m.* **cal|vi|nis|tisch** agg. calvinistico.
Ca|mem|bert ['kaməmbɛ:r], **Ca|mem|bert** [kamã'bɛ:ɐ] m. *(-s,-s)* camembert *m.*
Camp [kɛmp] n. *(-s,-s)* **1** campeggio *m.*, camping *m.* **2** *(Gefangenenlager)* campo *m.* di prigionia. **cam|pen** ['kɛmpn] intr. (aus. *haben*) campeggiare, fare campeggio. **Cam|per** m. *(-s,-)* campeggiatore *m.*
Cam|pag|ne → **Kampagne.**
Cam|ping ['kɛmpɪŋ] n. *(-s)* camping *m.*, campeggio *m.* **Cam|ping|ar|ti|kel** m. *(-s,-)* articolo *m.* da campeggio. **Cam|ping|aus|rüs|tung** f. *(-,-en)* equipaggiamento *m.* da campeggio. **Cam|ping|beu|tel** m. *(-s,-)* zainetto *m.* **Cam|ping|bus** m. *(-ses,-se)* pulmino *m.* attrezzato a camper. **Cam|ping|füh|rer** m. *(-s,-)* guida *f.* dei campeggi. **Cam|ping|platz** m. *(-es,-plätze)* campeggio *m.*, posto *m.* da campeggio. **Cam|ping|wa|gen** m. *(-s,-)* roulotte *f.*, caravan *m.* **Cam|ping|zelt** n. *(-[e]s,-e)* tenda *f.* da campeggio.
Cam|pus ['kampʊs] m. *(-,-)* UNIV. campus *m.*
Ca|nail|le [ka'naljə, ka'najə] f. *(-,-n)* canaglia *f.*
Ca|nas|ta n. *(-s)* canasta *f.*
Can|can [kã'kã:] m. *(-s,-s)* cancan *m.*
Can|na|bis m. *(-)* cannabis *f.*
Cape ['ke:p] n. *(-s,-s)* cappa *f.*, mantellina *f.*
Ca|pri|ce [ka'pris, ka'pri:sə] f. *(-,-n)* capriccio *m.*
Ca|ra|van ['karavan], **Ca|ra|van** [kara'va:n] m. *(-s,-s)* **1** AUT. familiare *f.* **2** *(Wohnwagen)* caravan *m.*, roulotte *f.*: ***im ~ reisen*** viaggiare in (*o* con il) caravan. **Ca|ra|va|ner** ['ka(:)rava:nɐ], **Ca|ra|va|ner** [kara'va:nɐ] m. *(-s,-)* roulottista *m.* **Ca|ra|va|ning** ['ka(:)rava:nɪŋ], **Ca|ra|va|ning** [kara'va:nɪŋ] n. *(-s)* caravanning *m.*, campeggio *m.* con il caravan.
Car|di|gan ['kardigan, 'kɑ:dɪgən] m. *(-s,-s)* cardigan *m.*
Car|go → **Kargo.**
car|ra|risch agg. di Carrara, carrarese: ***-er Marmor*** marmo di Carrara.
Car|te|si|us n.pr.m. Cartesio *m.*
Car|toon [kar'tu:n] m. e n. *(-[s],-s)* **1** *(Comic)* strip *f.*, striscia *f.* **2** *(Karikatur)* caricatura *f.* **Car|too|nist** m. *(-en,-en)* **1** disegnatore *m.* di strip **2** *(Karikaturist)* caricaturista *m.*
Ca|sa|no|va m. *(-[s],-s)* casanova *m.*
Cä|sar I n.pr.m. Cesare *m.* **II** m. *(-en,-en)* cesare *m.*, imperatore *m.* **Cä|sa|ren|tum** n. *(-s)* → **Cäsarismus. Cä|sa|ren|wahn** m. *(-[e]s)* megalomania *f.* tirannica. **cä|sa|risch** agg. **1** STOR. cesareo **2** *(kaiserlich)* imperiale. **Cä|sa|ris|mus** m. *(-)* cesarismo *m.*
Cä|sa|ro|pa|pis|mus m. *(-)* cesaropapismo *m.* **Cä|sa|ro|pa|pist** m. *(-en,-en)* cesaropapista *m.* **cä|sa|ro|pa|pis|tisch** agg. cesaropapista.
cash [kæʃ] avv. cash, in contanti.
Cas|tor|be|häl|ter m. *(-s,-)* = contenitore *m.* per scorie radioattive.
Ca|sus m. *(-,-)* caso *m.*
Catch [kætʃ] n. *(-)* SPORT catch *m.* **cat|chen** ['kɛtʃn] intr. (aus. *haben*) praticare il catch. **Cat|cher** m. *(-s,-)* chi pratica il catch.
Ca|to n.pr.m. Catone *m.* **ca|to|nisch** agg. catoniano (anche FIG.).
Ca|tul|lus n.pr.m. Catullo *m.*
Cau|sa f. *(-, Causae)* DIR. causa *f.*, motivo *m.*, ragione *f.*
Ca|yenne [ka'jɛn] n.pr.n. Caienna *f.* **Ca|yenne|pfef|fer** m. *(-s)* pepe *m.* di Caienna.
CB-Funk m. *(-s)* RAD. banda *f.* cittadina (CB).
cbkm ⇒ *Kubikkilometer* chilometro cubo (kmc, km^3).
cbm ⇒ *Kubikmeter* metro cubo (mc, m^3).
ccm ⇒ *Kubikzentimeter* centimetro cubo (cc, c^3).
CD f. *(-,-[s])* cd *m.*, CD *m.*
cdm ⇒ *Kubikdezimeter* decimetro cubo (dmc, dm^3).
CD-Plat|te f. *(-,-n)* compact disc *m.* **CD-Play|er** [-pleɪə] m. *(-s,-)* lettore *m.* di compact disc.
CD-ROM f. *(-,-)* Cd-Rom *m.*, CD-ROM *m.* **CD-ROM-Lauf|werk** n. *(-[e]s,-e)* unità *f.* (per) Cd-Rom, drive *m.* per Cd-Rom.
CDU ⇒ *Christlich-Demokratische Union* Unione cristiano-democratica.
C-Dur n. *(-)* do *m.* maggiore.
Ce|dil|le [se'di:j(ə)] f. *(-,-n)* cediglia *f.*
Ce|les|ta [tʃe'lɛsta] f. *(-,-s* e *Celesten)* MUS. celesta *f.*
Cel|list [tʃɛ'lɪst] m. *(-en,-en)* violoncellista *m.* **Cel|lis|tin** f. *(-,-nen)* violoncellista *f.* **Cel|lo** ['tʃɛlo, 'ʃɛlo] n. *(-s,-s* e *Celli)* violoncello *m.*
Cel|lo|phan® n. *(-[e]s)* cellofan *m.*
Cel|lu|li|tis f. *(-, Cellulitiden)* cellulite *f.* **Cel|lu|loid** n. *(-[e]s)* celluloide *f.* **Cel|lu|lo|se** f. *(-,-n)* cellulosa *f.*
Cel|si|us|grad m. *(-[e]s,-e)* grado *m.* Celsius, grado *m.* centigrado. **Cel|si|us|ska|la** f. *(-)* scala *f.* Celsius.
Cem|ba|list [tʃemba'lɪst] m. *(-en,-en)* (clavi)cembalista *m.* **cem|ba|lis|tisch** agg. (clavi)cembalistico. **Cem|ba|lo** n. *(-s,-s* e *Cembali)* (clavi)cembalo *m.*
Cen|ter ['sɛntɐ] n. *(-s,-)* centro *m.* commerciale.
Cer|cle ['sɛrkl] m. *(-s,-s)* **1** ANT. circolo *m.*, cerchia *f.* **2** AUSTR. *(im Theater)* prime file *f.pl.*
ces, Ces n. *(-,-)* do *m.* bemolle. **Ces-Dur** n. *(-)* do *m.* bemolle maggiore. **ces-Moll** n. *(-)* do *m.* bemolle minore.
cf. ⇒ *confer* confronta (cfr.).
Cha-Cha-Cha ['tʃa-] m. *(-[s],-s)* cha-cha-cha *m.*
Cha|conne [ʃa'kɔn] f. *(-,-s* e *-n)* ciaccona *f.*
Chag|rin [ʃa'grɛ̃:] n. *(-s)* zigrino *m.* **chag|ri|nie|ren** tr. zigrinare.
Chai|se ['ʃɛ:zə] f. *(-,-n)* **1** ANT. poltrona *f.*, sedia *f.* **2** ANT. *(Kutsche)* carrozza *f.* semiscoperta **3** COLLOQ. SPREG. macinino *m.* **4** ANT. lettiga *f.*, portantina *f.* **Chai|se|lon|gue** [ʃɛzə'lɔŋ] f. *(-,-n* e *-s)* COLLOQ. n. *(-s,-s)* chaise-longue *f.*
Chal|däa [ka-] n.pr.n. Caldea *f.* **Chal|dä|er** m. *(-s,-)* caldeo *m.* **chal|dä|isch** agg. caldeo.
Cha|let [ʃa:'le:] n. *(-s,-s)* **1** SVIZZ. *(Sennhütte)* baita *f.* alpina **2** *(Landhaus)* chalet *m.*
Chal|ko|graph m. *(-en,-en)* calcografo *m.* **Chal|ko|gra|phie** f. *(-,-n)* calcografia *f.*
Chal|ze|don [ka-] n. *(-s,-e)* calcedonio *m.*
Cha|mä|le|on [ka-] n. *(-s,-s)* camaleonte *m.* (anche FIG.).
cha|mois [ʃa'moa] agg. giallognolo, color camoscio. **Cha|mois** n. *(-)* **1** giallognolo *m.* **2** → **Chamoisleder. Cha|mois|le|der** n. *(-s,-)* pelle *f.* di camoscio, camoscio *m.* **Cha|mois|pa|pier** n. *(-s)* FOT. carta *f.* camoscio (*o* scamosciata).
Cham|pag|ner [ʃam'panjər] m. *(-s,-)* champagne *m.* **Cham|pag|ner|far|be** f. *(-,-n)* color *m.* champagne. **cham|pag|ner|far|ben,**

cham|pag|ner|far|big agg. (di) color champagne. **Cham|pag|ner|glas** n. *(-es,-gläser)* coppa *f.* da champagne. **Cham|pag|ner|wein** m. *(-[e]s,-e)* champagne *m.*

Cham|pig|non ['ʃampɪnjɔŋ, 'ʃã:pɪnjõ] m. *(-s,-s)* prataiolo *m.*, champignon *m.*

Cham|pi|on ['tʃɛmpiən], **Cham|pi|on** [ʃã'piõ:] m. *(-s,-s)* SPORT campione *m.* **Cham|pi|o|nat** [ʃampio'na:t] n. *(-s,-e)* SPORT campionato *m.* **Cham|pi|ons League** [...'li:g] f. *(-)* coppa *f.* dei campioni.

Chan|ce ['ʃã:sə] f. *(-,-n)* chance *f.*, probabilità *f.*: ***jdm eine ~ bieten*** offrire una chance a qcn.; ***eine ~ ausnutzen, versäumen (verspielen)*** sfruttare, sprecare una chance; ***noch eine letzte ~ haben*** avere ancora un'ultima chance; ***seine -n stehen gut, schlecht*** avere, non avere (buone) probabilità di successo; COLLOQ. ***bei jdm (keine) -n haben*** (non) avere chance con qcn.; ***sich (D) eine gute ~ bei etw. ausrechnen*** pensare di avere una buona chance in qcs.; ***eine ~ auf Erfolg*** una probabilità di successo. **Chan|cen|gleich|heit** f. *(-,-en)* PED. SOCIOL. parità *f.* di condizioni, uguaglianza *f.* di prospettive: ***~ für alle*** stesse (*o* pari) opportunità per tutti.

Change [ʃã:ʒ] f. *(-)*, [tʃeɪndʒ] m. *(-)* change *m.*, cambio *m.* **chan|gie|ren** [ʃã'ʒi:rən] **1** ANT. *(wechseln)* cambiare **2** *(schillern)* cangiare. **chan|gie|rend** p.pres. agg. **1** → **changieren** **2** cangiante: ***-er Stoff*** stoffa cangiante.

1.Chan|son [ʃã'sõ:] f. *(-,-s)* LETT. chanson *f.*, canzone *f.*

2.Chan|son n. *(-s,-s)* canzone *f.* da cabaret, cabarettistica. **Chan|son|net|te** [ʃãsõ'nɛtə] f. *(-,-n)* **1** canzonetta *f.* **2** *(Chansonsängerin)* canzonettista *f.*, cantante *f.* **Chan|son|ni|er** [ʃãsõ'nie:] m. *(-s,-s)* **1a** LETT. autore *m.* di chansons **b** canzoniere *m.* **2** chansonnier *m.*, cantautore *m.* di canzoni cabarettistiche.

Cha|os [ka-] n. *(-)* caos *m.*: ***im Kinderzimmer herrscht das ~*** nella stanza dei bambini domina il caos; ***Ordnung in das ~ bringen*** portare ordine nel caos. **Cha|ot** [ka-] m. *(-en,-en)* **1** POL. estremista *m.*, anarchico *m.* **2** COLLOQ. nevrastenico *m.* **cha|o|tisch** agg. caotico.

Cha|peau claque [ʃapo'klak] m. *(- -, -x -s)* gibus *m.*

Chap|li|na|de [tʃa-] f. *(-,-n)* comica *f.* finale. **chap|li|nesk** agg. da comica finale.

Cha|rak|ter [ka-] m. *(-s,-e)* **1a** *(Wesensart)* carattere *m.*, indole *f.*: ***einen ausgeprägten, schwachen, sanften, starken ~ haben*** avere un carattere marcato, debole, dolce, forte; ***etw. prägt, formt, verdirbt den ~*** qcs. dà l'impronta al carattere, forma, corrompe il carattere **b** carattere *m.*, personalità *f.*: ***~ zeigen, beweisen*** dimostrare (*o* avere) carattere; ***ein Mann von, mit ~*** un uomo di carattere **2** *(Mensch)* soggetto *m.*, persona *f.*, carattere *m.*: ***er ist ein übler ~*** è un cattivo soggetto, ha un cattivo carattere; ***ein anständiger ~*** una persona perbene **3** carattere *m.*, natura *f.*, peculiarità *f.*: ***der bösartige ~ einer Krankheit*** il carattere maligno di una malattia; ***ein Dokument mit vertraulichem ~*** un documento di carattere riservato **4** pl. ANT. *(Schriftzeichen)* caratteri *m.pl.*

Cha|rak|ter|an|la|ge f. *(-,-n)* caratteristiche *f.pl.*, peculiarità *f.pl.* del carattere. **Cha|rak|ter|bild** n. *(-[e]s,-er)* ritratto *m.*, profilo *m.* morale. **cha|rak|ter|bil|dend** agg. che forma la personalità, formativo. **Cha|rak|ter|bil|dung** f. *(-)* formazione *f.*, educazione *f.* del carattere. **Cha|rak|ter|dar|stel|ler** m. *(-s,-)* TEATR. caratterista *m.* **Cha|rak|ter|dra|ma** n. *(-s,-dramen)* TEATR. dramma *m.* psicologico; commedia *f.* di carattere. **Cha|rak|ter|ei|gen|schaft** f. *(-,-en)* qualità *f.* morale. **Cha|rak|ter|feh|ler** m. *(-s,-)* difetto *m.* di carattere. **cha|rak|ter|fest** agg. (di carattere) fermo, risoluto. **Cha|rak|ter|fes|tig|keit** f. *(-)* fermezza *f.* di carattere, risolutezza *f.*

cha|rak|te|ri|sie|ren tr. **1** caratterizzare, contraddistinguere **2** *(darstellen)* caratterizzare, descrivere. **Cha|rak|te|ri|sie|rung** f. *(-,-en)* caratterizzazione *f.*

Cha|rak|te|ris|tik f. *(-,-en)* descrizione *f.*, ritratto *m.*, profilo *m.* **Cha|rak|te|ris|ti|kum** n. *(-s, Charakteristika)* caratteristica *f.*, peculiarità *f.* **cha|rak|te|ris|tisch** agg. caratteristico, peculiare, particolare: ***ein -es Merkmal*** una caratteristica; ***dieses Benehmen ist ~ für ihn*** questo comportamento è peculiare in lui.

Cha|rak|ter|kopf m. *(-[e]s,-köpfe)* testa *f.* caratteristica. **Cha|rak|ter|kun|de** f. *(-)* → **Charakterologie.** **cha|rak|ter|lich** **I** agg. di carattere **II** avv. per carattere. **cha|rak|ter|los** agg. e avv. senza carattere. **Cha|rak|ter|lo|sig|keit** f. *(-,-en)* mancanza *f.* di carattere.

Cha|rak|te|ro|lo|gie f. *(-)* caratterologia *f.* **cha|rak|te|ro|lo|gisch** agg. caratterologico.

Cha|rak|ter|rol|le f. *(-,-n)* TEATR. ruolo *m.* (*o* parte *f.*) di caratterista. **Cha|rak|ter|schil|de|rung** f. *(-,-en)* ritratto *m.* (*o* descrizione *f.*) del carattere. **cha|rak|ter|schwach** agg. debole di carattere, dal carattere debole. **Cha|rak|ter|schwä|che** f. *(-,-n)* debolezza *f.* di carattere. **Cha|rak|ter|spie|ler** m. *(-s,-)* TEATR. caratterista *m.* **cha|rak|ter|stark** agg. forte di carattere, dal carattere forte. **Cha|rak|ter|stär|ke** f. *(-,-n)* forza *f.* di carattere. **Cha|rak|ter|stück** n. *(-[e]s,-e)* **1** → **Charakterdrama** **2** MUS. pezzo *m.* di carattere. **Cha|rak|ter|stu|die** f. *(-,-n)* studio *m.* (*o* descrizione *f.*) di carattere. **cha|rak|ter|voll** agg. pieno di carattere. **Cha|rak|ter|zug** m. *(-[e]s,-züge)* **1** tratto *m.* del carattere, segno *m.* distintivo del carattere: ***einen schönen ~ beweisen*** mostrare un bel tratto del carattere **2** *(Charakteristikum)* caratteristica *f.*, peculiarità *f.*

Char|ge ['ʃarʒə] f. *(-,-n)* **1** carica *f.*, impiego *m.*: ***die höheren -n der Partei*** le alte cariche del partito **2** MIL. *(Dienstgrad, Person)* grado *m.* **3** TEATR. secondo carattere *m.*, mezzo carattere *m.* **4** METALL. caricamento *m.*, carico *m.*: ***die ~ der Öfen*** il caricamento dei forni. **char|gie|ren** [ʃar'ʒi:rən] **I** tr. METALL. caricare **II** intr. (aus. *haben*) **1** UNIV. GERG. = comparire in veste ufficiale (di rappresentante di un'associazione studentesca) **2** TEATR. recitare una parte secondaria. **Char|gier|te** m. *(-n,-n)* UNIV. GERG. = membro *m.* della presidenza di un'associazione studentesca.

Cha|ris|ma, Cha|ris|ma n. *(-s, Charismen* e *Charismata)* carisma *m.* (anche FIG.). **cha|ris|ma|tisch** agg. carismatico.

Charles|ton ['tʃarlstən] m. *(-,-s)* charleston *m.*

Char|lot|te [ʃar'lɔtə] **I** n.pr.f. Carlotta *f.* **II** f. *(-,-n)* GASTR. charlotte *f.*

char|mant [ʃ-] **I** agg. charmant, affascinante: ***eine -e Art besitzen*** avere modi charmant **II** avv. in modo charmant, in modo affascinante: ***~ lächeln*** sorridere in modo affascinante. **Charme** [ʃ-] m. *(-s)* charme *m.*, fascino *m.*: ***seinen ~ spielen lassen*** usare il proprio fascino (per ottenere qcs.).

Cha|ron n.pr.m. Caronte *m.*

Char|ta [ka-] f. *(-,-s)*, **Char|te** ['ʃartə] f. *(-,-n)* POL. carta *f.*, statuto *m.*

Char|ter|flug [tʃartɐ-] m. *(-[e]s,-flüge)* volo *m.* charter: ***einen ~ buchen*** prenotare un volo charter. **Char|ter|flug|zeug** n. *(-[e]s,-e)* (aereo) charter *m.* **Char|ter|ge|sell|schaft** f. *(-,-en)* compagnia *f.* di viaggi charter. **char|tern** tr. AER. MAR. noleggiare, prendere a noleggio.

Cha|ryb|dis n.pr.f. Cariddi *f.*

Chas|si|dis|mus m. *(-)* chassidismo *m.*

Chas|sis [ʃa'si:] n. *(-,-)* AUT. chassis *m.*

Chauf|feur [ʃɔ'fø:ɐ] m. *(-s,-e)* chauffeur *m.*, autista *m.* **chauf|fie|ren** tr. fare da autista a, portare: ***jdn zum Bahnhof ~*** portare qcn. alla stazione.

Chaus|see [ʃɔ'se:] f. *(-,-n)* ANT. strada *f.* maestra.

Chau|vi ['ʃɔ:vi] m. *(-s,-s)* COLLOQ. maschilista *m.* **Chau|vi|nis|mus** m. *(-, Chauvinismen)* sciovinismo *m.* ◆ ***männlicher ~*** maschilismo. **Chau|vi|nist** m. *(-en,-en)* **1** sciovinista *m.* **2** maschilista *m.*, fallocrate *m.* **chau|vi|nis|tisch** agg. SPREG. **1** sciovinistico **2** maschilistico.

che|cken [tʃe-] tr. **1** TECN. controllare, verificare **2** *(beim Eishockey)* intercettare **3** COLLOQ. *(kapieren)* capire. **Check-in** [tʃɛk'in] m. *(-[e]s,-s)* AER. check-in *m.* **Check|lis|te** f. *(-,-n)* AER. lista *f.* di controllo. **Check|point** ['tʃɛkpɔynt] m. *(-s,-s)* check-point *m.* **Check-up** [tʃɛk'ʌp] m. *(-[s],-s)* MED. check-up *m.*

Chef [ʃɛf] m. *(-s,-s)* **1a** *(Leiter)* capo *m.*, direttore *m.* **b** *(einer Firma)* principale *m.*, capo *m.*, titolare *m.* **2** *(einer Bande)* capo *m.*, boss *m.* **3** COLLOQ. capo *m.*: ***hallo, ~, hast du Feuer?*** ehi, capo, hai da accendere?

Chef|arzt m. *(-es,-ärzte)* primario *m.* **Chef|di|ri|gent** m. *(-en,-en)* MUS. primo direttore *m.* **Chef|eta|ge** [-etaʒə] f. *(-,-n)* piano *m.* della direzione.

Che|fin f. *(-,-nen)* **1** direttrice *f.* **2** COLLOQ. moglie *f.* del capo.

Chef|in|ge|ni|eur [-ɪnʒe'niø:] m. *(-s,-e)* ingegnere *m.* capo. **Chef|koch** m. *(-[e]s,-köche)* capocuoco *m.*, chef *m.* **Chef|pi|lot** m. *(-en,-en)* capitano *m.* pilota, primo pilota *m.* **Chef|re|dak|teur** [-tø:ɐ] m. *(-s,-e)* redattore *m.* capo, caporedattore *m.* **Chef|sek|re|tä|rin** f. *(-,-nen)* segretaria *f.* di direzione. **Chef|vi|si|te** f. *(-,-n)* visita *f.* del primario.

Che|mie [çe:'mi:] f. *(-)* **1** chimica *f.*: ***angewandte, anorganische, organische, pharmazeutische ~*** chimica applicata, inorganica, organica, farmaceutica **2** COLLOQ. *(Chemikalien)* ***das schmeckt nach ~*** sa di roba chimica ◆ COLLOQ. ***bei denen stimmt die ~*** tra loro c'è un legame cromosomico. **Che|mie|ar|bei|ter** m. *(-s,-)* operaio *m.* chimico, chimico *m.* **Che|mie|buch** n. *(-[e]s,-bücher)* libro *m.* di chimica. **Che|mie|dün|ger** m. *(-s,-)* concime *m.* chimico. **Che|mie|fa|ser** f. *(-,-n)* fibra *f.* sintetica. **Che|mie|sei|de** f. *(-)* seta *f.* sintetica. **Che|mie|werk** n. *(-[e]s,-e)* stabilimento *m.* chimico. **Che|mi|graph** m. *(-en,-en)* zincografo *m.* **Che|mi|gra|phie** f.

(-) zincografia *f.* **Che|mi|ka|lie** f. *(-,-n)* prodotto *m.* chimico. **Che|mi|kant** m. *(-en,-en)* perito *m.* chimico, operaio *m.* specializzato d'industria chimica. **Che|mi|ker** m. *(-s,-)* chimico *m.* **Che|mi|ke|rin** f. *(-,-nen)* chimica *f.* **Che|mi|lu|mi|nes|zenz** f. *(-)* chemioluminescenza *f.*

che|misch I agg. chimico: ***die -e Industrie*** l'industria chimica; ***eine -e Reaktion*** una reazione chimica; ***-e Waffen*** armi chimiche; ***-e Reinigung*** lavaggio a secco **II** avv. **1** chimicamente **2** a secco: ***einen Mantel ~ reinigen lassen*** far lavare a secco un cappotto.

Che|mi|sett [ʃəmi'zɛt] n. *(-[e]s,-s* e *-e)*, **Che|mi|set|te** f. *(-,-n)* pettino *m.*, pettorina *f.*

Che|mis|mus m. *(-)* chimismo *m.*

Che|mo|syn|the|se f. *(-)* chemiosintesi *f.* **Che|mo|tech|nik** f. *(-)* ingegneria *f.* chimica. **Che|mo|tech|ni|ker** m. *(-s,-)* ingegnere *m.* chimico.

Che|mo|the|ra|peu|ti|kum n. *(-s,-therapeutika)* farmaco *m.* chemioterapico. **che|mo|the|ra|peu|tisch** agg. chemioterapeutico. **Che|mo|the|ra|pie** f. *(-)* chemioterapia *f.*

Che|mo|tro|pis|mus m. *(-)* chemiotropismo *m.*

Che|nil|le [ʃə'ni:jə] f. *(-,-n)*, **Che|nil|le|garn** n. *(-[e]s,-e)* ciniglia *f.*

Che|ops|py|ra|mi|de f. *(-)* piramide *f.* di Cheope.

Che|rub ['çe:rʊp, 'ke-] m. *(-s,-im* e *-inen)* cherubino *m.* **che|ru|bi|nisch** agg. cherubico.

Ches|ter|kä|se ['tʃɛstɐ-] m. *(-s,-)* ALIM. chester *m.*

che|va|le|resk [ʃəvalə'rɛsk] agg. cavalleresco.

Che|vi|ot ['ʃɛviɔt] m. *(-s,-s)* TESS. cheviot *m.*

Chev|reau [ʃə'vro:], **Chev|reau|le|der** n. *(-s)* TESS. chevreau, capretto *m.*

Chev|ron [ʃə'vrɔ̃:] m. *(-s,-s)* **1** tessuto *m.* di lana a spina di pesce **2** ARALD. scaglione *m.*

Chi|as|mus ['çiasmʊs] m. *(-)* chiasmo *m.* **chi|as|tisch** agg. chiastico.

chic [ʃ-] agg.inv. chic.

Chi|co|rée [ʃiko're:] f. *(-)* e m. *(-s)* cicoria *f.* belga.

Chif|fon [ʃi'fɔ̃] m. *(-s,-s)* chiffon *m.*

Chif|fre ['ʃɪfrə] f. *(-,-n)* **1** *(Ziffer)* cifra *f.*, numero *m.* **2** *(Zeichen einer Geheimschrift)* cifra *f.*, carattere *m.* cifrato: ***in ~*** cifrato, in cifra; ***-n entschlüsseln*** decifrare caratteri cifrati **3** *(Kennwort)* cifra *f.*, sigla *f.* **Chif|fre|schlüs|sel** m. *(-s,-)* cifrario *m.*, chiave *f.* **Chif|fre|schrift** f. *(-,-en)* scrittura *f.* cifrata.

chif|frie|ren tr. cifrare: ***einen Text ~*** cifrare un testo. **chif|friert** p.pass. agg. **1** → **chiffrieren** **2** ***ein -er Text*** un testo cifrato, in cifra. **Chif|frier|kunst** f. *(-)* crittografia *f.* **Chif|frie|rung** f. *(-,-en)* cifratura *f.* **Chif|frier|ver|fah|ren** n. *(-s,-)* sistema *m.* di cifratura.

Chig|non [ʃi'njɔ̃] m. *(-s,-s)* chignon *m.*, crocchia *f.*

Chi|le ['tʃi:le, 'çi:le] n.pr.n. *(-s)* Cile *m.* **Chi|le|ne** m. *(-n,-n)* cileno *m.* **Chi|le|nin** f. *(-,-nen)* cilena *f.* **chi|le|nisch** agg. cileno. **Chi|le|sal|pe|ter** m. *(-s)* salnitro *m.* del Cile.

Chi|li ['tʃi:li] m. *(-s)* chili *m.*

Chi|li|as|mus m. *(-)* chiliasmo *m.*, millenarismo *m.* **Chi|li|ast** m. *(-en,-en)* chiliasta *m.*, millenarista *m.*

Chi|li|so|ße f. *(-,-n)* chili *m.*, salsa *f.* al chili.

Chi|mä|ra n.pr.f. Chimera *f.*

Chi|mä|re [çi'mɛ:rə] f. *(-,-n)* **1** chimera *f.*, illusione *f.* **2** BOT. chimera *f.* **chi|mä|risch** agg. chimerico.

Chi|na [ç-] n.pr.n. *(-s)* Cina *f.* **Chi|na|kohl** m. *(-[e]s)* cavolo *m.* cinese, cavolo *m.* pe-tsai. **Chi|na|pa|pier** n. *(-[e]s,-e)* carta *f.* velina, carta *f.* di riso (*o* di seta). **Chi|na|por|zel|lan** n. *(-s)* porcellana *f.* cinese. **Chi|na|rin|de** f. *(-,-n)* (corteccia *f.* di) china *f.* **Chi|na|rin|den|baum** m. *(-[e]s,-bäume)* china *f.*, albero *m.* di china. **Chi|na|sil|ber** n. *(-s)* alpacca *f.*, argentone *m.*

Chin|chil|la [tʃɪn'tʃɪla] **I** f. *(-,-s)* ZOOL. cincillà *m.* (*o* cincilla) **II** n. *(-s,-s)* cincillà *m.*, RAR. cincilla *m.*

Chi|ne|se m. *(-n,-n)* cinese *m.* **Chi|ne|sen|vier|tel** n. *(-s,-)* quartiere *m.* cinese. **Chi|ne|sin** f. *(-,-nen)* cinese *f.* **chi|ne|sisch I** agg. cinese **II** avv. ***~ essen*** mangiare alla cinese: ***ein Wort ~ aussprechen*** pronunciare una parola alla cinese, in cinese ◆ ***das ist ~ für mich*** questo è cinese per me, è incomprensibile. **Chi|ne|sisch** n. *(-[s])*, **Chi|ne|si|sche** n. *(-n)* cinese *m.*, lingua *f.* cinese.

Chi|nin n. *(-s)* chinina *f.*, chinino *m.*

Chi|noi|se|rie [ʃinoazə'ri:] f. *(-,-n)* cineseria *f.*

Chip [tʃɪp] m. *(-s,-s)* **1** *(beim Roulette)* gettone *m.*, fiche *f.* **2** pl. *(Kartoffelscheiben)* chips *f.pl.*, patatine *f.pl.* **3** ELETTRON. chip *m.* **Chip|kar|te** f. *(-,-n)* tesserino *m.* elettronico.

Chi|ro|mant m. *(-en,-en)* chiromante *m.* **Chi|ro|man|tie** f. *(-)* chiromanzia *f.* **Chi|ro|prak|tik** f. *(-)* chiropratica *f.* **Chi|ro|prak|ti|ker** m. *(-s,-)* chiropratico *m.*

Chi|rurg m. *(-en,-en)* chirurgo *m.* **Chi|rur|gie** f. *(-,-n)* chirurgia *f.*: ***der Patient liegt auf der ~*** il paziente è ricoverato in chirurgia. **chi|rur|gisch I** agg. chirurgico **II** avv. chirurgicamente.

Chi|tin n. *(-s)* chitina *f.* **chi|ti|nig, chi|ti|nös** agg. chitinoso.

Chi|ton m. *(-s,-e)* chitone *m.*

Chla|mys f. *(-,-)* STOR. clamide *f.*

Chlor [klo:ɐ] n. *(-s)* cloro *m.* **Chlor|ak|ne** f. *(-)* MED. cloracne *f.* **Chlo|ral** n. *(-s)* cloralio *m.* **Chlor|blei|che** f. *(-)* candeggina *f.*, vare(c)china *f.* **chlo|ren** tr. **1** sterilizzare con cloro, RAR. clorare **2** → **chlorieren.** **chlor|hal|tig** agg. contenente cloro. **Chlo|rid** n. *(-s,-e)* cloruro *m.* **chlo|rie|ren** tr. CHIM. clorurare. **Chlo|rie|rung** f. *(-,-en)* CHIM. clorurazione *f.* **chlo|rig** agg. clorico; cloroso. **Chlo|rit I** n. *(-s,-e)* clorito *m.* **II** m. *(-s,-e)* clorite *f.* **Chlor|kalk** m. *(-[e]s)* cloruro *m.* di calce. **Chlor|lau|ge** f. *(-)* → **Chlorbleiche.**

Chlo|ro|form n. *(-s)* cloroformio *m.* **chlo|ro|for|mie|ren** tr. cloroformizzare. **Chlo|ro|phyll** n. *(-s)* clorofilla *f.* **Chlo|ro|se** f. *(-,-n)* MED. clorosi *f.*

Chlor|säu|re f. *(-,-n)* acido *m.* clorico.

Chlo|rung f. *(-,-en)* clorazione *f.*

Chlor|ver|bin|dung f. *(-,-en)* composto *m.* di cloro. **Chlor|was|ser|stoff** m. *(-[e]s)* acido *m.* cloridrico.

Choke [tʃoʊk] m. *(-s,-s)*, **Cho|ker** m. *(-s,-)* valvola *f.* dell'aria: ***den ~ ziehen*** tirare l'aria.

Cho|le|ra [k-] f. *(-)* colera *m.*: ***Schutzimpfung gegen ~*** vaccinazione anticolerica. **Cho|le|ra|ba|zil|lus** m. *(-,-bazillen)* bacillo *m.* del colera, vibrione *m.* colerico. **Cho|le|ra|schutz|imp|fung** f. *(-,-en)* vaccinazione *f.* anticolerica.

Cho|le|ri|ker [k-] m. *(-s,-)* collerico *m.* **cho|le|risch** agg. collerico.

Cho|les|te|rin [ç-, k-] n. *(-s)* colesterina *f.*, colesterolo *m.* **Cho|les|te|rin|spie|gel** m. *(-s,-)* colesterolemia *f.*: ***einen hohen, niedrigen ~ haben*** avere il colesterolo alto, basso.

Chor [ko:ɐ] m. *(-[e]s, Chöre)* **1** coro *m.*: ***in einem ~ singen*** cantare in un coro; ***ein Werk für ~ und Orchester*** un'opera per coro e orchestra; ***der ~ in der antiken Tragödie*** il coro nell'antica tragedia **2** ARCH. coro *m.* ◆ ***im ~ singen, sprechen*** cantare, parlare in coro.

Cho|ral m. *(-s, Choräle)* corale *m.* ◆ ***Gregorianischer ~*** coro (*o* canto) gregoriano. **Cho|ral|buch** n. *(-[e]s,-bücher)* (libro *m.*) corale *m.*

Chor|da [k-] f. *(-, Chorden)* BIOL. corda *f.*

Cho|rea [k-] f. *(-)* corea *f.*

Cho|re|o|graph [k-] m. *(-en,-en)* coreografo *m.* **Cho|re|o|gra|phie** f. *(-,-n)* coreografia *f.* **cho|re|o|gra|phie|ren** tr. ***ein Ballett ~*** ideare le coreografie per un balletto. **cho|re|o|gra|phisch** agg. coreografico.

Cho|reut [k-] m. *(-en,-en)* coreuta *m.* **Cho|reu|tik** f. *(-)* coreutica *f.*

Chor|ge|sang [k-] m. *(-[e]s,-gesänge)* canto *m.* corale. **Chor|ge|stühl** n. *(-[e]s,-e)* stalli *m.pl.* da coro; coro *m.* **Chor|herr** m. *(-en,-en)* canonico *m.*

cho|risch agg. **1** corale **2** *(für den Chor)* per (il) coro: ***eine -e Bearbeitung*** un adattamento per coro. **Cho|rist** m. *(-en,-en)* corista *m.*; *(in der Kirche)* cantore *m.*

Chor|kna|be m. *(-n,-n)* ragazzo *m.* corista, *(in der Kirche)* ragazzo *m.* cantore. **Chor|kon|zert** n. *(-[e]s,-e)* concerto *m.* per coro. **Chor|lei|ter** m. *(-s,-)* maestro *m.* del coro. **Chor|mu|sik** f. *(-,-en)* musica *f.* corale.

Cho|ro|gra|phie f. *(-)* corografia *f.* **cho|ro|gra|phisch** agg. corografico.

Chor|sän|ger m. *(-s,-)* corista *m.* **Chor|sän|ge|rin** f. *(-,-nen)* corista *f.* **Chor|stuhl** m. *(-[e]s,-stühle)* stallo *m.* da coro.

Cho|rus m. *(-, Chöre)* **1** ANT. coro *m.* **2** *(im Jazz)* chorus *m.*

Cho|se ['ʃo:zə] f. *(-,-n)* COLLOQ. **1** cosa *f.*, faccenda *f.*: ***die ~ über die Bühne bringen*** condurre la faccenda in porto **2** *(Dinge)* cose *f.pl.*

Chr. ⇒ *Christus* Cristo (C.).

Chres|to|ma|thie [k-] f. *(-,-n)* crestomazia *f.*

Chri|sam, m. e n. *(-s)*, **Chris|ma** n. *(-s)* crisma *m.*

Christ [k-] **I** n.pr.m. ANT. → **Christus** **II** m. *(-en,-en)* cristiano *m.*: ***ein gläubiger, überzeugter ~*** un cristiano credente, convinto.

Chris|ta [k-] n.pr.f. Cristina *f.*

Christ|abend [k-] m. *(-s)* vigilia *f.* di Natale. **Christ|baum** m. *(-[e]s,-bäume)* albero *m.* di Natale: ***den ~ schmücken*** addobbare l'albero di Natale ◆ ***er hat nicht alle auf dem ~*** gli manca qualche venerdì (*o* qualche rotella). **Christ|baum|schmuck** m. *(-[e]s)* addobbo *m.* dell'albero di Natale. **Christ|de|mo|krat** m. *(-en,-en)* cristiano-democratico *m.*; *(in Italien)* democristiano *m.* **christ|de|mo|kra|tisch** agg. cristiano-democratico; *(in Italien)* democristiano. **Christ|dorn** m. *(-[e]s,-en)* → **Christusdorn.**

chris|ten|feind|lich [k-] agg. anticristiano. **Chris|ten|ge|mein|de** f. *(-,-n)* comunità *f.* di cristiani. **Chris|ten|glau|be(n)** m. *(-[n]s)* fede *f.* cristiana. **Chris|ten|heit** f. *(-)* cristianità *f.* **Chris|**

ten|leh|re f. *(-)* catechismo *m.*, dottrina *f.* (cristiana). **Chris|ten|mensch** m. *(-en,-en)* cristiano *m.* **Chris|ten|pflicht** f. *(-,-en)* dovere *m.* (di) cristiano. **Chris|ten|tum** n. *(-s)* cristianesimo *m.*: ***jdn zum ~ bekehren*** convertire qcn. al cristianesimo.; ***sich zum ~ bekennen*** professarsi cristiano. **Chris|ten|ver|fol|gung** f. *(-,-en)* persecuzione *f.* dei cristiani.

Christ|fest [k-] n. *(-[e]s,-e)* = Natale *m.*

Chris|ti|an [k-] n.pr.m. Cristiano *m.* **Chris|ti|a|ne** n.pr.f. Cristiana *f.*

chris|ti|a|ni|sie|ren [k-] tr. cristianizzare. **Chris|ti|a|ni|sie|rung** f. *(-,-en)* cristianizzazione *f.*

Chris|tin [k-] f. *(-,-nen)* cristiana *f.*

Chris|ti|na, Chris|ti|ne n.pr.f. Cristina *f.*

Christ|kind [k-] n. *(-[e]s)* Gesù *m.* Bambino. **Christ|kö|nigs|fest** n. *(-[e]s,-e)* festa *f.* di Cristo Re.

christ|lich I agg. cristiano: ***der -e Glaube*** la fede cristiana **II** avv. cristianamente. **christ|lich-de|mo|kra|tisch** agg. cristianodemocratico ◆ ***Christlich-Demokratische Union*** Unione cristianodemocratica. **Christ|lich|keit** f. *(-)* cristianità *f.* **christ|lich-so|zi|al** agg. cristiano-sociale ◆ ***Christlich-Soziale Union*** Unione cristiano-sociale.

Christ|mes|se f. *(-,-n)*, **Christ|met|te** f. *(-,-n)* messa *f.* di Natale (*o* di mezzanotte). **Christ|nacht** f. *(-,-nächte)* notte *f.* di Natale.

Chris|to|lat|rie [k-] f. *(-)* cristolatria *f.* **Chris|to|lo|gie** f. *(-)* cristologia *f.* **chris|to|lo|gisch** agg. cristologico.

Chris|toph [k-] n.pr.m. Cristoforo *m.*

Christ|ro|se [k-] f. *(-,-n)* rosa *f.* di Natale. **Christ|stol|le** f. *(-,-n)*, **Christ|stol|len** m. *(-s,-)* INTRAD. (dolce di Natale). **Christ|tag** m. *(-[e]s,-e)* (giorno *m.* di) Natale *m.*

Chris|tus n.pr.m. *(Christi)* Cristo *m.*: ***vor, nach Christi Geburt*** prima, dopo la nascita di Cristo ◆ ***vor, nach ~*** avanti, dopo Cristo. **Chris|tus|bild** n. *(-[e]s,-er)* immagine *f.* di Cristo, Cristo *m.* **Chris|tus|dorn** m. *(-[e]s,-e)* spinacristi *f.*, spina *f.* cristi, agutoli *m.pl.* **Chris|tus|mo|no|gramm** n. *(-s,-e)* monogramma *m.* di Cristo. **Chris|tus|or|den** m. *(-s)* ordine *m.* del Cristo.

Chrom [k-] n. *(-s)* cromo *m.* **Chro|mat** n. *(-s)* cromato *m.* **Chro|ma|tik** f. *(-)* **1** FIS. cromatica *f.*, teoria *f.* cromatica **2** MUS. cromatismo *m.* **Chro|ma|tin** n. *(-s,-e)* cromatina *f.* **chro|ma|tisch** agg. cromatico. **chro|ma|ti|sie|ren** tr. cromare. **Chro|ma|to|phor** n. *(-s,-en)* cromatoforo *m.*

chrom|gelb agg. giallo cromo. **Chrom|ger|bung** f. *(-)* concia *f.* al cromo. **chrom|grün** agg. verde cromo.

chro|mie|ren tr. → **chromatisieren.**

Chrom|le|der n. *(-s)* cuoio *m.* conciato al cromo. **Chrom|ni|ckel|stahl** m. *(-[e]s)* acciaio *m.* al nichel-cromo.

Chro|mo|li|to|graph m. *(-en,-en)* cromolitografo *m.* **Chro|mo|li|tho|gra|phie** f. *(-,-n)* cromolitografia *f.* **Chro|mo|plast** n. *(-[e]s,-en)* cromoplasto *m.*

Chro|mo|som n. *(-s,-en)* cromosoma *m.* **Chro|mo|so|men|satz** m. *(-es,-sätze)* patrimonio *m.* cromosomico. **Chro|mo|so|men|zahl** f. *(-,-en)* numero *m.* dei cromosomi.

Chro|mo|sphä|re f. *(-)* cromosfera *f.* **Chro|mo|ty|pie** f. *(-,-n)* cromotipia *f.*

chrom|rot agg. rosso cromo. **Chrom|stahl** m. *(-[e]s)* acciaio *m.* al cromo.

Chro|nik ['kro:nɪk] f. *(-,-en)* cronaca *f.* **Chro|ni|ka** pl. STOR. cronache *f.pl.*

chro|nisch agg. cronico.

Chro|nist m. *(-en,-en)* ANT. cronista *m.*, cronachista *m.*

Chro|no|bi|o|lo|ge m. *(-n,-n)* cronobiologo *m.* **Chro|no|bi|o|lo|gie** f. *(-)* cronobiologia *f.*

Chro|no|graph m. *(-en,-en)* cronografo *m.* **Chro|no|gra|phie** f. *(-,-n)* cronografia *f.* **chro|no|gra|phisch** agg. cronografico.

Chro|no|lo|ge m. *(-n,-n)* cronologo *m.*, cronologista *m.* **Chro|no|lo|gie** f. *(-,-en)* cronologia *f.* **chro|no|lo|gisch** agg. cronologico.

Chro|no|me|ter n. *(-s,-)* cronometro *m.* **chro|no|met|risch** agg. cronometrico.

Chry|san|the|me [k-] f. *(-,-n)*, **Chry|san|the|mum** [k-] n. *(-s, Chrysanthemen)* crisantemo *m.*

Chry|so|lith [k-] m. *(-s* e *-en,-e[n])* crisolito *m.*

Chry|so|pras m. *(-es,-e)* crisoprasio *m.*, crisopazio *m.*

Chry|sos|to|mus [k-] n.pr.m. Crisostomo *m.*

Chur [ku:ɐ] n.pr.n. *(-s)* Coira *f.*

Chuz|pe ['xʊtspə] f. *(-)* audacia *f.*, sfacciataggine *f.*

Chy|mus m. *(-)* chimo *m.*

Ci|ce|ro ['tsɪtsero] n.pr.m. Cicerone *m.* **ci|ce|ro|ni|a|nisch, ci|ce|ro|nisch** agg. ciceroniano.

Cid|re ['si:dr(ə), 'si:dər] m. *(-s)* sidro *m.*

Ci|ne|ast [s-] m. *(-en,-en)* **1** cineasta *m.* **2** *(Kinoliebhaber)* cinefilo *m.*

Ci|ne|ma|scope [sinema'sko:p] n. *(-)* cinemascope *m.*

Cin|que|cen|tist [tʃɪŋkvetʃɛn'tɪst] m. *(-en,-en)* ART. cinquecentista *m.* **Cin|que|cen|to** n. *(-[s])* ART. Cinquecento *m.*

Ci|pol|lin, Ci|pol|li|no [tʃipɔ'li:n(o)] m. *(-s)* MINER. cipollino *m.*

cir|ca avv. circa, all'incirca.

Cir|ce I n.pr.f. Circe *f.* **II** f. *(-,-n)* circe *f.*

Cir|cus m. *(-,-se)* circo *m.*

cis, Cis n. *(-,-)* do *m.* diesis.

cis ⇒ *cis-Moll* do diesis minore.

Cis ⇒ *Cis-Dur* do diesis maggiore.

Cis-Dur n. *(-)* do *m.* diesis maggiore. **cis-Moll** n. *(-)* do *m.* diesis minore.

Ci|ty ['sɪtɪ] f. *(-,-s)* centro *m.* (degli affari) della città; *(in London)* city *f.*

c. l. ⇒ *citato loco* nel luogo citato (loc. cit.).

Clan [kla:n, klæn] m. *(-s,-e* e *-s)* **1** ETNOL. clan *m.* **2** IRON. clan *m.*, gruppo *m.*

Cla|que [klak] f. *(-,-n)* claque *f.* **Cla|queur** [kla'kø:ɐ] m. *(-s,-e)* claqueur *m.*, clacchista *m.*

Cla|ri|no n. *(-s,-s* e *Clarini)* clarino *m.*

Clau|di|us n.pr.m. Claudio *m.*

clean [kli:n] agg. GERG. pulito, disintossicato (dalla droga).

Clea|ring ['kli:rɪŋ] n. *(-s,-s)* clearing *m.*, compensazione *f.* **Clea|ring|haus** n. *(-es,-häuser)* stanza *f.* di compensazione. **Clea|ring|ver|kehr** m. *(-s)* operazioni *m.pl.* di compensazione (*o* di clearing).

Cle|mens n.pr.m. Clemente *m.*

Cle|men|ti|ne → **Klementine.**

Clerk [klark, klɑ:k] m. *(-s,-s)* **1** *(kaufmännischer Angestellter)* commesso *m.*; impiegato *m.* di banca **2** *(beim Gericht)* cancelliere *m.* **3** *(bei der anglikanischen Kirche)* ecclesiastico *m.*

cle|ver ['klɛvɐ] **I** agg. *(schlau)* furbo, scaltro; *(wendig)* abile, bravo: ***ein -er Schachzug*** un'abile mossa (anche FIG.) **II** avv. *(schlau)* astutamente; *(wendig)* abilmente: ***etw. ~ handhaben*** gestire qcs. con abilità. **Cle|ver|ness** [-nɛs] f. *(-)* destrezza *f.*, abilità *f.*

Cli|ché [kli'ʃe:] → **Klischee.**

Clinch [klɪntʃ, klɪnʃ] m. *(-[e]s)* SPORT clinch *m.*, corpo a corpo *m.* ◆ FIG. ***mit jdm im ~ liegen, in den ~ gehen*** = litigare continuamente con qcn., entrare in lotta (*o* in lite) con qcn. **clin|chen** intr. (aus. *haben*) SPORT lottare corpo a corpo.

Clip m. *(-s,-s)* **1** *(Klipp)* clip *f.* **2** *(Videoclip)* clip *m.*

Cli|que ['klɪkə, 'kli:kə] f. *(-,-n)* **1** SPREG. cricca *f.*, ghenga *f.* **2** *(Freundeskreis)* combriccola *f.*, cricca *f.*

Clo|nus m. *(-,-se)* clone *m.*

Clou [klu:] m. *(-s,-s)* COLLOQ. clou *m.*: ***der ~ des Abends*** il clou della serata ◆ ***das ist der ~ der Sache*** questo è il punto; ***jetzt kommt der ~ des Ganzen*** adesso viene il bello.

Clown [klaun] m. *(-s,-s)* clown *m.*, pagliaccio *m.*: ***den ~ spielen*** fare il pagliaccio. **Clow|ne|rie** f. *(-,-n)* atteggiamento *m.* clownesco, clownerie *f.* **clow|nesk I** agg. clownesco, claunesco **II** avv. come un clown.

Club m. *(-s,-s)* club *m.*

cmm ⇒ *Kubikmillimeter* millimetro *m.* cubo (mm^3).

c-Moll n. *(-)* do *m.* minore.

Co. ⇒ *Compagnie* compagnia (C.ia).

Coach [koʊtʃ] m. *(-[s],-s)* coach *m.*, allenatore *m.* **coa|chen** tr. allenare: ***eine Fußballmannschaft ~*** allenare una squadra di calcio.

Co|ca-Co|la n. *(-[s])* e f. *(-)* coca-cola *f.*

Cock|pit n. *(-s,-s)* **1** AER. cabina *f.* di pilotaggio **2** *(von Rennwagen)* posto *m.* di guida **3** *(von Booten)* pozzetto *m.*

Cock|tail ['kɔkteɪl] m. *(-s,-s)* cocktail *m.* **Cock|tail|kleid** n. *(-[e]s,-er)* abito *m.* da cocktail. **Cock|tail|par|ty** f. *(-,-s)* cocktail-party *m.*, cocktail *m.*

Code [ko:t] m. *(-s,-s)* INFORM. LING. codice *m.* **Co|dex** m. *(-es* e *-, -e* e *Codizes)* FILOS. DIR. codice *m.* **co|die|ren** tr. codificare, cifrare.

Coeur [kø:ɐ] n. *(-[s],-[s])* cuori *m.*, carta *f.* di cuori.

Cof|fe|in n. *(-s)* caffeina *f.*

Cog|nac® ['kɔnjak] m. *(-s,-s)* cognac *m.*

Coif|feur [koa'fø:ɐ] m. *(-s,-e)* SVIZZ. o LETT. coiffeur *m.* **Coif|feu|se** [koa'fø:zə] f. *(-,-n)* SVIZZ. o LETT. coiffeuse *f.*

Co|la n. *(-[s],-s)* e f. *(-,-s)* COLLOQ. *(Coca-Cola)* coca *f.*

Col|la|ge [kɔ'la:ʒə] f. *(-,-n)* collage *m.* **col|la|gie|ren** tr. ***etw. ~*** fare un collage di qcs.

Col|lege ['kɔlɪdʒ] n. *(-[s],-s)* college *m.*

Col|li|er [kɔ'lie:] n. *(-s,-s)* collier *m.*

Col|lo|qui|um n. *(-s, Colloquien)* **1** UNIV. colloquio *m.* **2** *(Zusammenkunft)* simposio *m.*, convegno *m.*
Colt m. *(-s,-s)* colt *f.*
Com|bo f. *(-,-s)* complessino *m.* (jazz).
Come-back [kam'bɛk] m. *(-[s],-s)* ritorno *m.*, rentrée *f.*: ***das ~ eines Künstlers*** la rentrée di un artista; ***ein ~ erleben*** tornare alla ribalta.
Co|mer|see n.pr.m. *(-s)* lago *m.* di Como.
Comic m. *(-s,-s)* → **Comic strip.**
Co|mic|heft n. *(-[e]s,-e)* giornalino *m.* a fumetti, fumetto *m.* **Co|mic|strip** m. *(-s,-s)* fumetto *m.*
Com|pag|nie [kɔmpa'ni:] f. *(-,-n)* ANT. O MIL. compagnia *f.*
Com|pu|ter [kɔm'pju:tɐ] m. *(-s,-)* computer *m.*, calcolatore *m.*, elaboratore *m.* **Com|pu|ter|ani|ma|ti|on** f. *(-,-en)* animazione *f.* a, al computer. **Com|pu|ter|bild** n. *(-[e]s,-er)* immagine *f.* elaborata dal computer. **Com|pu|ter|di|ag|nos|tik** f. *(-,-en)* MED. diagnostica *f.* computerizzata. **Com|pu|ter|fahn|dung** f. *(-,-en)* indagini *f.pl.* computerizzate. **Com|pu|ter|freak** [-fri:k] m. *(-s,-s)* maniaco *m.* del computer. **com|pu|ter|ge|steu|ert** agg. computerizzato, controllato da un computer. **com|pu|ter|ge|stützt** agg. col sostegno dell'uso del computer. **Com|pu|ter|gra|fik** f. *(-,-en)* computer graphics *f.*, grafica *f.* elettronica.
com|pu|te|ri|sie|ren tr. computerizzare. **Com|pu|te|ri|sie|rung** f. *(-,-en)* computerizzazione *f.*
Com|pu|ter|kunst f. *(-)* computer art *f.* **Com|pu|ter|lin|gu|is|tik** f. *(-)* linguistica *f.* computazionale. **Com|pu|ter|mu|sik** f. *(-)* computer music *f.*, musica *f.* elettronica. **Com|pu|ter|si|mu|la|ti|on** f. *(-,-en)* simulazione *f.* elettronica (*o* al calcolatore). **Com|pu|ter|spiel** n. *(-[e]s,-e)* gioco *m.* elettronico, videogioco *m.* **Com|pu|ter|spra|che** f. *(-,-n)* linguaggio *m.* di programmazione. **Com|pu|ter|to|mo|gra|phie** f. *(-,-n)* tomografia *f.* (assiale) computerizzata. **Com|pu|ter|zent|rum** n. *(-s,-zentren)* centro *m.* di calcolo.
conf. ⇒ *confer* confronta (cfr.).
Con|fé|ren|ci|er [kõferã'sie:] TEATR. presentatore *m.* di varietà. **con|fe|rie|ren** tr. AUSTR. TEATR. presentare.
Con|som|mé [kõsɔ'me:] f. *(-,-s)* e n. *(-s,-s)* consommé *m.*
Con|tai|ner [kɔn'te:nɐ, kən'teɪnə] m. *(-s,-)* **1** container *m.* **2** *(für Bücher)* contenitore *m.* **Con|tai|ner|bahn|hof** m. *(-[e]s,-höfe)*, **Con|tai|ner|ha|fen** m. *(-s,-häfen)* scalo *m.* (per) container. **Con|tai|ner|schiff** n. *(-[e]s,-e)* nave *f.* portacontainers, portacontainers *f.*
Con|ter|gan|kind n. *(-[e]s,-er)* COLLOQ. figlio *m.* del contergan (bambino nato malformato a causa del talidomide).
cool [ku:l] **I** agg. **1** freddo, calmo, tranquillo: ***ein -er Typ*** un tipo freddo; ***~ bleiben*** rimanere calmo, mantenere la calma **2** GERG. *(risikolos)* sicuro **3** *(phantastisch)* fantastico, eccezionale: ***-e Musik*** musica eccezionale **II** avv. in modo eccezionale, meravigliosamente.
Co|py|right ['kɔpirait] n. *(-s,-s)* copyright *m.*
Cord m. *(-[e]s,-e* e *-s)* cord *m.* **Cord|an|zug** m. *(-[e]s,-anzüge)* vestito *m.* di cord. **Cord|samt** m. *(-[e]s)* velluto *m.* a coste.
Cor|ner ['kɔ:nə] m. *(-s,-)* **1a** SPORT corner *m.*, angolo *m.* **b** *(beim Boxen)* angolo *m.* (del ring) **2** ECON. corner *m.*, accaparramento *m.*
Cor|so m. *(-s,-s)* **1** corso *m.*, sfilata *f.* **2** *(Demonstrationszug)* corteo *m.*
Cor|ti|son n. *(-s)* cortisone *m.*
Cos|ta Ri|ca n.pr.n. *(-s)* Costarica *m.* **Cos|ta-Ri|ca|ner** m. *(-s,-)* costaricano *m.* **cos|ta-ri|ca|nisch** agg. costaricano.
Cot|tage ['kɔtɪdʒ] n. *(-,-s)* cottage *m.*
Couch [kautʃ] f. *(-,-s* e *-en)* divano *m.* **Couch|bett** n. *(-[e]s,-en)* divano-letto *m.* **Couch|gar|ni|tur** f. *(-,-en)* salotto *m.* (divano e due poltrone). **Couch|tisch** m. *(-[e]s,-e)* tavolino *m.* da salotto.
Cou|leur [ku'lø:ɐ] f. *(-,-s)* **1** colore *m.*, tendenza *f.*, idee *f.pl.* **2** *(Kartenspiel)* seme *m.* **3** UNIV. *(Farbe einer studentischen Verbindung)* colore *m.*, distintivo *m.*: ***~ tragen*** portare berretto e distintivo (con i colori dell'associazione studentesca).
Cou|loir [ku'loa:ɐ] m. e n. *(-s,-s)* **1** *(Flur)* corridoio *m.* **2** ALP. couloir *m.*, canalone *m.*
Count-down ['kaunt'daun] m. e n. *(-[s],-s)* conto *m.* alla rovescia, countdown *m.* (anche ESTENS.).
Coup [ku:] m. *(-s,-s)* colpo *m.*: ***einen ~ starten, landen*** fare un colpo.
Cou|pé [ku'pe:] n. *(-s,-s)* **1** coupé *m.* **2** AUSTR. *(Wagenabteil)* scompartimento *m.*
Coup|let [ku'ple:] n. *(-s,-s)* couplet *m.*, strofetta *f.* satirica.
Cou|pon [kup'ɔ̃:] m. *(-s,-s)* **1** tagliando *m.*, cedola *f.* **2** BANC. *(Zinsschein)* coupon *m.*, cedola *f.* **3** *(Stoffabschnitt)* taglio *m.*
Cour [ku:ɐ] ANT. ***jdm die ~ machen, schneiden*** fare la corte a qcn.
Cou|ra|ge [ku'ra:ʒə] f. *(-)* COLLOQ. coraggio *m.*, risolutezza *f.*: ***~ beweisen, zeigen*** (di)mostrare coraggio ◆ ***Mutter ~*** Madre Coraggio. **cou|ra|giert** **I** agg. coraggioso, risoluto **II** avv. coraggiosamente, con risolutezza.
Cou|rante [ku'rã:t(ə)] f. *(-,-n)* MUS. corrente *f.*
Cour|ta|ge [kʊr'ta:ʒə] f. *(-,-n)* commissione *f.*, diritto *m.* di mediazione.
Cou|sin [ku'zɛ̃:] m. *(-s,-s)* cugino *m.* **Cou|si|ne** [ku'zi:nə] f. *(-,-n)* cugina *f.*
Cou|vert [ku've:ɐ] n. *(-s,-s)* **1** copripiumino *m.* **2** *(Kuvert)* coperto *m.*
Co|ver ['kavɐ] n. *(-s,-[s])* cover *f.*, copertina *f.* **Co|ver|girl** ['kʌvəgø:ɐl] n. *(-s,-s)* covergirl *f.*, ragazza *f.* (da) copertina.
Co|yo|te m. *(-n,-n)* coyote *m.*, coiote *m.*
Crack [krɛk] m. *(-s,-s)* **1** SPORT campione *m.*, asso *m.* **2** *(von Pferden)* favorito *m.* **3** *(Rauschgift)* crack *m.*
Cra|cker ['krɛkər] m. *(-s,-[s])* cracker *m.*
Crash [kræʃ] m. *(-s,-s)* **1** *(von Autos)* scontro *m.* **2** ECON. crac *m.* **Crash|test** m. *(-s,-s)* crashtest *m.*
Crawl [krɔl] n. *(-s)* crawl *m.* **craw|len** intr. (aus. *haben, sein*) nuotare a crawl.
creme [kre:m] agg. → **cremefarbig.** **Creme** f. *(-,-s)* **1** *(Salbe)* crema *f.*, pomata *f.*: ***das Gesicht mit ~ einreiben*** spalmare il viso di crema **2** GASTR. crema *f.* **3** *(Likör)* liquore *m.* cremoso **4** *(Kaffeesahne)* panna *f.* per caffè **5** FIG. crema *f.*, élite *f.*: ***die ~ der Gesellschaft*** la crema della società. **Creme|far|be** f. *(-,-n)* color *m.* crema. **creme|far|ben, creme|far|big** agg. color crema, crème, crema. **cre|men** **I** tr. spalmare di crema: ***jdm das Gesicht ~*** spalmare crema sul viso a qcn. **II** rifl. ***sich (D) die Hände ~*** spalmarsi crema sulle mani. **Creme|schnit|te** f. *(-,-n)* GASTR. bavarese *f.* **Creme|sup|pe** f. *(-,-n)* crema *f.*, passato *m.* **Creme|tor|te** f. *(-,-n)* torta *f.* alla crema. **cre|mig** **I** agg. cremoso **II** avv. GASTR. ***etw. ~ schlagen*** montare qcs.
1.Crêpe [krɛp] f. *(-,-s)* GASTR. crêpe *f.*
2.Crêpe m. *(-,-s)* TESS. → **Krepp.**
Crew [kru:] f. *(-,-s)* **1** *(von Schiffen, Fahrzeugen)* equipaggio *m.* **2** *(Arbeitsgruppe)* équipe *f.*
Cross|rad n. *(-[e]s,-räder)* bici *f.* da cross.
Crou|pi|er [kru'pie:] m. *(-s,-s)* croupier *m.*
Cruise|mis|sile ['kru:z-] n. *(-s,-s)* missile *m.* Cruise.
Crux f. *(-)* LETT. croce *f.*, pena *f.*, sofferenza *f.*: ***seine ~ tragen*** portare la propria croce; *(schwierige Sache)* ***das ist eine ~*** è una vera croce; ***das ist die ~ an der Sache*** questo è il punto dolente.
Csár|dás ['tʃardas] m. *(-,-)* czarda *f.*
C-Schlüs|sel m. *(-s)* chiave *f.* di do.
CSU ⇒ *Christlich-Soziale Union* Unione cristiano-sociale.
ctg ⇒ *Kotangens* cotangente (cot, cotg).
Cup [kap] m. *(-s,-s)* SPORT cup *f.*, coppa *f.*
Cu|rie [ky'ri:] n. *(-,-)* curie *m.* **Cu|ri|um** n. *(-s)* curio *m.*
Cur|ling ['kə:liŋ] n. *(-s)* curling *m.*
Cur|ri|cu|lum n. *(-s, Curricula)* curriculum *m.*, curricolo *m.*, programma *m.* (d'insegnamento).
Cur|ry ['kəri] n. *(-s,-s)* curry *m.*
Cur|sor ['kə:sə] m. *(-s,-s)* INFORM. cursore *m.*
cut|ten ['katn] tr. CINEM. RAD. TELEV. montare. **Cut|ter** [katə(r)] m. *(-s,-)* CINEM. RAD. TELEV. montatore *m.*
Cy|ber|sex ['saɪbɐsɛks] m. *(-)* cibersesso *m.*, cybersesso *m.*, cybersex *m.* **Cy|ber|space** [-speɪs] m. *(-,-s)* ciberspazio *m.*, cyberspazio *m.*
Cy|pern n.pr.n. Cipro *f.*
Cy|rill n.pr.m. Cirillo *m.* **cy|ril|lisch** agg. cirillico.

D

d, D n. *(-,-)* **1** *(Buchstabe)* d, D, di *f.* e *m.*: ***ein großes D, ein kleines d*** una D maiuscola, una d minuscola **2** MUS. *(Note)* re *m.*
d ⇒ **1** *Durchmesser* diametro **2** MUS. *d-Moll* re minore.
D ⇒ *D-Dur* re maggiore.
da I avv. **1a** *(lokal: hier)* qui, qua: ***bleib ~!*** resta qua! ***mein Auto ist ~*** la mia auto è qui; ***~ bin ich!, ich bin ~!*** sono qua! ci sono! eccomi! *(Aufruf)* presente! ***~ hast du das Buch!*** eccoti (qui) il libro! **b** *(dort)* là, lì: ***ich wohne nicht mehr ~*** non abito più là; ***~ draußen, oben, unten, vorn*** là fuori, lassù, laggiù, là davanti; ***~ drüben (hinüber)*** di là, da quella parte **2** *(temporal)* allora: ***er war ~ noch ein Kind*** allora era ancora un bambino; ***von ~ an*** da allora in poi; ***als er das hörte, ~ erschrak er*** quando sentì ciò, (allora) si spaventò **3** *(unter diesen Umständen, in dieser Hinsicht)* allora: ***wenn ich schon arbeiten muss, ~ arbeite ich lieber jetzt*** se devo proprio lavorare, (allora) preferisco lavorare adesso; ***~ kann ich nichts machen*** in questo caso non posso fare nulla; ***was gibt's ~ zu lachen?*** allora, che c'è da ridere? **4** ***~ sein*** esserci: ***es ist keine Milch mehr ~*** non c'è più latte; *(existieren)* ***von den alten Freunden sind nicht mehr viele ~*** dei vecchi amici molti non ci sono più; *(anwesend sein)* esserci, essere presente: ***alle sind ~*** sono tutti presenti; ***ich bin gleich wieder ~!*** torno subito! ***ist Maria ~ gewesen?*** è venuta Maria? ***für jdn ~ sein*** essere presente (*o* disponibile) per qcn.; COLLOQ. *(wach, bei Bewusstsein sein)* essere in sé: ***er brauchte lange, bis er wieder ganz ~ war*** gli ci volle molto prima di tornare del tutto in sé; *(eingetreten sein)* esserci, (soprag)giungere: ***endlich war der Augenblick der Revanche ~*** finalmente ci fu il momento della rivincita; *(geschehen)* succedere, accadere, capitare: ***das war noch nie ~ gewesen!*** questo non era ancora mai capitato! ***er ist geistig noch voll ~*** è ancora molto lucido; ***voll ~ sein*** essere in forma **II** cong. **1** *(kausal)* siccome, poiché, visto (*o* dato) che: ***~ es schon spät ist, bleibe ich lieber zu Haus*** siccome è già tardi, preferisco rimanere a casa; ***das kommt mir gelegen, ~ ich ohnehin aus dem Haus muss*** mi torna comodo, visto che comunque devo uscire di casa **2a** *(temporal)* quando: LETT. ***in den Jahren, ~ es uns schlecht ging*** negli anni in cui le cose ci andavano male **b** *(nachdem, wo)* (dal momento) che: ***jetzt, ~ wir fertig sind, lässt sich nichts mehr ändern*** ora che abbiamo finito non si può più cambiare niente ◆ ***~ und dort*** qua e là; ***~ haben wir es!*** ecco qua! ci siamo! ***hier und ~*** qua e là; *(manchmal)* di quando in quando; ***ist jemand ~?*** c'è qualcuno? ***nichts ~!*** no! non si fa! ***~ nimm's!*** to'! prendi! tieni! ***sieh ~!*** toh! guarda! ***weg ~!*** via di là! ***wer (ist) ~?*** chi è (là)? chi c'è? MIL. chi va là?
d. Ä. ⇒ *der Ältere* il Vecchio.
DAAD ⇒ *Deutscher Akademischer Austauschdienst* Organizzazione tedesca per gli scambi accademici.
da‿be|hal|ten tr. *(behält, behielt, behalten)* (trat)tenere: ***der Verdächtige wurde gleich ~*** l'indiziato fu subito trattenuto.
da|bei, enfat. **da|bei** avv.pron. **1** *(nahe, daneben)* accanto, vicino: ***ganz nah ~*** molto vicino **2a** *(beigefügt)* ***~ sein*** esserci, essere allegato: ***die Ware ist eingetroffen, aber die Rechnung ist nicht ~*** la merce è arrivata ma non c'è la fattura (allegata) **b** *(mit anwesend)* ***~ sein*** essere presente, esserci: ***ich war bei dem Unfall ~*** fui presente all'incidente **c** ***~ sein, etw. zu tun*** essere sul punto (*o* in procinto) di fare qcs.; ***ich bin gerade ~ zu packen*** sto per fare i bagagli; ***er ist schon ~, die Aufgaben zu machen*** ha già cominciato a fare i compiti **3** *(gleichzeitig, währenddessen)* contemporaneamente, intanto: ***er lernte und hörte ~ Musik*** studiava ascoltando la musica; ***~ sah er mich an*** intanto mi guardava **4** *(damit, darin, daran)* con questo, in questo: ***ich verdiene nichts ~*** non ci guadagno nulla; ***es ist nichts Schlimmes ~*** non c'è nulla di male in ciò **5** *(obwohl)* eppure: ***ich bin im Examen durchgefallen – ~ habe ich so viel gelernt!*** non ho passato l'esame, eppure avevo studiato tanto! **6** *(außerdem)* inoltre, per di più: ***sie ist reich und ~ schön*** è ricca e per di più bella ◆ ***ich bin ~!*** ci sto! ***~ bleiben*** *(einverstanden bleiben)* rimanere intesi, essere d'accordo: ***wir bleiben ~!*** siamo d'accordo! restiamo intesi (così)! ***es bleibt ~!*** d'accordo! intesi! *(beharren)* ***sie bleibt ~, dass sie keine Hilfe braucht*** insiste nel dire di non avere bisogno di aiuto; ***ohne sich viel ~ zu denken*** senza stare a pensarci molto; ***sich ~ (nicht) wohl fühlen*** (non) trovarsi a proprio agio; ***was ist denn da schon ~?*** cosa ci vuole? *(was ist schlimm daran?)* che male c'è? ***das Schöne ~ ist, dass...*** il bello è che...; ***was hast du dir ~ gedacht?*** che ti è saltato in mente? ***weil wir schon ~ sind...*** già (*o* visto) che ci siamo...
da|bei‿blei|ben intr. (p.pass. *dabeigeblieben;* aus. *sein*) rimaner(vi), restar(vi): ***wir sind bis zum Schluss dabeigeblieben*** siamo rimasti fino alla fine. **da|bei‿ha|ben** tr. avere con sé: ***sie wollten sie nicht ~*** non la volevano con loro. **da|bei‿sit|zen** intr. *(saß, gesessen;* aus. *haben)* stare seduto (con qcn., vicino a qcs.); *(dabeibleiben)* rimanere, restare (seduto): ***er hat während des Spiels dabeigesessen*** è rimasto lì seduto durante il gioco. **da|bei‿ste|hen** intr. *(stand, gestanden;* aus. *haben)* stare in piedi (vicino a qcn., a qcs.); *(anwesend sein)* essere presente, assistere: ***er hat während der Diskussion dabeigestanden*** ha assistito alla discussione.
da‿blei|ben intr. *(blieb, geblieben;* aus. *sein)* rimanere, restare (in un luogo), rimanervi, restarvi.
Dach n. *(-[e]s, Dächer)* **1** tetto *m.* (della casa, dell'auto): ***ein flaches, spitzes ~*** un tetto piano, a capanna (*o* a spiovente); ***das ~ decken*** coprire il tetto **2** *(Wetterdach)* tettoia *f.* ◆ ***eins aufs ~ bekommen, kriegen*** prendersi una botta in testa; FIG. ricevere una lavata di capo; ***etw. unter ~ und Fach bringen*** mettere qcs. al riparo; FIG. mandare in porto qcs.; ***unter ~ und Fach sein*** essere al riparo; FIG. andare in porto; ***jdm eins aufs ~ geben*** dare una botta in testa a qcn.; FIG. fare una lavata di capo a qcn.; ***(k)ein ~ über dem Kopf haben*** (non) avere un tetto sulla testa; ***jdm aufs ~ steigen*** fare una lavata di capo a qcn.; ***(mit jdm) unter einem ~ hausen, leben, wohnen*** vivere sotto lo stesso tetto (con qcn.); ***unterm ~ wohnen*** abitare (*o* vivere) in mansarda. **Dach|an|ten|ne** f. *(-,-n)* antenna *f.* esterna. **dach|ar|tig** agg. → **dachförmig. Dach|auf|satz** m. *(-es,-aufsätze)* **1** sopraelevazione *f.* del tetto **2** ARCH. lanterna *f.* **Dach|bal|ken** m. *(-s,-)* trave *f.* maestra (del tetto). **Dach|bo|den** m. *(-s,-böden)* soffitta *f.*, solaio *m.*, sottotetto *m.* **Dach|de|cker** m. *(-s,-)* copritetto (*o* -i) *m.* **Dach|de|ckung** f. *(-,-en)* copertura *f.* (*o* manto *m.*) del tetto. **Dach|er|ker** m. *(-s,-)* abbaino *m.* a veranda. **Dach|fens|ter** n. *(-s,-)* lucernario *m.* **Dach|first** m. *(-[e]s,-e)* EDIL. colmo *m.*, comignolo *m.* **dach|för|mig** agg. a (forma di) tetto. **Dach|gar|ten** m. *(-s,-gärten)* giardino *m.* pensile. **Dach|gau|be, Dach|gau|pe** f. *(-,-n)* abbaino *m.* **Dach|ge|bälk** n. *(-[e]s,-e)* travatura *f.* del tetto. **Dach|ge|päck|trä|ger** m. *(-s,-)* AUT. portabagagli *m.* (esterno). **Dach|ge|schoss,** AUSTR. **Dach|ge|schoß** n. *(-es,-e)* sottotetto *m.*, soffitta *f.* **Dach|ge|sell|schaft** f. *(-,-en)* società *f.* madre, capogruppo *f.*, holding *f.* **Dach|gie|bel** m. *(-s,-)* ARCH. frontone *m.* **Dach|grat** m. *(-[e]s,-e)* displuvio *m.* (del tetto). **Dach|ha|se** m. *(-n,-n)* SCHERZ. gatto *m.* **Dach|haut** f. *(-,-häute)* manto *m.* (di copertura) del tetto. **Dach|kam|mer** f. *(-,-n)* soffitta *f.* (abitabile), mansarda *f.* **Dach|lat|te** f. *(-,-n)* EDIL. listello *m.*, correntino *m.* **Dach|la|wi|ne** f. *(-,-n)* neve *f.* che frana dal tetto. **Dach|lu|ke** f. *(-,-n)* lucernario *m.* **Dach|or|ga|ni|sa|ti|on** f. *(-,-en)* **1** organizzazione *f.* centrale **2** → **Dachgesellschaft. Dach|pap|pe** f. *(-,-n)* cartone *m.* catramato, bitumato (per coperture). **Dach|pfan|ne** f. *(-,-n)* tegola *f.* curva, coppo *m.* **Dach|rei|ter** m. *(-s,-)* torretta *f.* (sulla sommità del tetto). **Dach|rin|ne** f. *(-,-n)* grondaia *f.*, gronda *f.*
Dachs m. *(-es,-e)* tasso *m.* ◆ ***ein frecher ~*** una facciatosta, uno sfacciato; ***ein junger ~*** uno sbarbatello. **Dachs|bau** m. *(-[e]s,-ten)* tana *f.* del tasso. **dachs|bei|nig** agg. dalle gambe corte e storte.
Dach|scha|den m. *(-s,-schäden)* danno *m.* al tetto ◆ ***einen (kleinen) ~ haben*** avere il cervello bacato, essere picchiato (*o* matto).

Dach|schie|fer m. *(-s)* lastra *f.* d'ardesia (di copertura). **Dach|schin|del** f. *(-,-n)* scandola *f.*
Dach|sel, Däch|sel m. *(-s,-)* bassotto *m.*
dach|sen intr. (aus. *haben*) REGION. dormire come un ghiro.
Dachs|haar n. *(-[e]s,-e)* pelo *m.* del tasso; ***ein Pinsel aus ~*** un pennello di tasso. **Dachs|hund** m. *(-[e]s,-e)* cane *m.* bassotto.
Däch|sin f. *(-,-nen)* tasso *m.* femmina, femmina *f.* del tasso.
Dach|spar|ren m. *(-s,-)* EDIL. falso puntone *m.*
Dachs|pin|sel m. *(-s,-)* pennello *m.* (da barba) di tasso.
Dach|spit|ze f. *(-,-n)* → **Dachfirst. Dach|stu|be** f. *(-,-n)* REGION. → **Dachkammer. Dach|stuhl** m. *(-[e]s,-stühle)* EDIL. orditura *f.*
dach|te → **denken.**
Dach|tel f. *(-,-n)* REGION. schiaffo *m.*, ceffone *m.*
Dach|ter|ras|se f. *(-,-n)* terrazza *f.* sul tetto. **Dach|trau|fe** f. *(-,-n)* grondaia *f.*, gronda *f.* **Dach|un|ter|neh|men** n. *(-s,-)* → **Dachgesellschaft. Dach|ver|band** m. *(-[e]s,-verbände)* federazione *f.* centrale, confederazione *f.* **Dach|woh|nung** f. *(-,-en)* attico *m.*, soffitta *f.* (abitabile). **Dach|zie|gel** m. *(-s,-)* tegola *f.* **Dach|zim|mer** n. *(-s,-)* → **Dachkammer.**
Da|ckel m. *(-s,-)* bassotto *m.*, cane *m.* bassotto. **Da|ckel|bei|ne** pl. SCHERZ. gambe *f.pl.* da fantino.
Da|da m. *(-[s])* dada *m.* **Da|da|is|mus** m. *(-)* dadaismo *m.* **Da|da|ist** m. *(-en,-en)* dadaista *m.* **da|da|is|tisch** agg. dadaista, dada.
Dä|da|lus n.pr.m. Dedalo *m.*
da|dran COLLOQ. → **daran. da|drauf** COLLOQ. → **darauf. da|draus** COLLOQ. → **daraus. da|drin(nen)** COLLOQ. → **darin(nen). da|dro|ben** COLLOQ. → **droben. da|drü|ben** COLLOQ. → **drüben. da|drü|ber** COLLOQ. → **darüber. da|drum** COLLOQ. → **darum. da|drun|ter** COLLOQ. → **darunter.**
da|durch, enfat. **da|durch** avv.pron. **1** *(lokal)* per il quale, attraverso il quale, per di là (*o* di qua): ***das ist der Ausgang: wir müssen ~*** quella è l'uscita: dobbiamo passare per di là **2** *(aus diesem Grund)* perciò, grazie a ciò, con ciò; *(auf diese Weise)* così, in tal modo: ***er hatte ~ große Verluste*** subì perciò grandi perdite; ***er hat das Problem ~ gelöst*** ha risolto il problema così, grazie a ciò; ***~, dass er so jung ist, hat er noch keine Erfahrung*** essendo (*o* poiché è, dal momento che è) così giovane, non ha ancora esperienza.
da|für, enfat. **da|für** avv.pron. **1** *(für diesen Zweck)* per questo, per ciò, perciò: ***ich gebe kein Geld ~ aus*** non spenderò denaro per questo **2** *(zugunsten dieser Sache)* a favore, in favore, pro: ***ich bin ~*** sono a favore, favorevole; ***alles spricht ~*** tutto depone a favore **3** *(hinsichtlich dieser Sache)* per questo, a questo riguardo: ***kein Verständnis ~ haben*** non avere alcuna comprensione per questo **4a** *(als Gegenleistung)* in cambio di, per questo: ***was muss ich ~ zahlen?*** quanto devo pagare per questo? ***was hast du ~ bekommen?*** cosa hai avuto in cambio? **b** *(stattdessen)* invece, in compenso: ***heute geht es nicht, ~ aber morgen*** oggi non va, ma domani in compenso sì **5** COLLOQ. *(dagegen)* ***~ gibt es kein Mittel*** a ciò non c'è rimedio ◆ ***~, dass er stahl, wurde er bestraft*** è stato punito perché rubava; ***etwas ~ können*** averne colpa; ***er ist sehr klug, aber niemand hält ihn ~*** è molto sveglio, ma nessuno lo ritiene tale; ***das Kind kann nichts ~*** il bambino non ne può niente, non è colpa sua.
da|für_hal|ten intr. *(hält, hielt, gehalten;* aus. *haben)* credere, ritenere: ***ich halte dafür, dass...*** ritengo che... **Da|für|hal|ten** n. *(-s)* parere *m.*, opinione *f.*: ANT. ***nach meinem ~*** secondo il mio parere, la mia opinione. **da|für_ste|hen** intr. *(stand, gestanden)* **1** (aus. *haben*) garantire, rispondere **2** AUSTR. (aus. *sein*) valere la pena: ***das steht (nicht) dafür*** (non) ne vale la pena.
da|ge|gen, enfat. **da|ge|gen** avv.pron. **1** *(lokal)* qui contro, lì contro: ***stell die Bretter ~*** appoggia le assi lì contro **2** *(gegen etw.)* contro, a sfavore: ***~ stimmen*** votare a sfavore; ***ich habe nichts ~*** non ho nulla in contrario; ***deine Verdächtigungen sind grundlos, ~ verwahre ich mich*** i tuoi sospetti sono infondati, io li contesto **3** *(als Ersatz)* in cambio, al posto: ***er hat das alte Auto zurückgegeben und ~ ein neues eingetauscht*** ha riconsegnato la vecchia auto ed in cambio ne ha presa una nuova **4** *(hingegen, jedoch)* per contro, mentre, invece: ***ich werde schnell müde, er ~ nicht*** io mi stanco in fretta, lui invece no; ***der Zug hatte gestern Verspätung, heute ist er ~ pünktlich*** ieri il treno era in ritardo, mentre oggi è puntuale ◆ ***~ sind wir machtlos*** non possiamo farci niente; ***es gibt kein Mittel ~*** non c'è rimedio, non c'è niente da fare.
da|ge|gen_hal|ten *(hält, hielt, gehalten)* **I** intr. (aus. *haben*) replicare, obiettare: ***sie hielt dagegen, dass sie sehr beschäftigt sei*** replicò di essere molto occupata **II** tr. *(vergleichen)* metter(vi) a confronto, contrappor(vi): ***halten wir einen anderen Text dagegen*** mettiamogli a confronto un altro testo. **da|ge|gen_han|deln** intr. (aus. *haben*) agire contro. **da|ge|gen_set|zen** tr. obiettare, replicare: ***er hatte nichts dagegenzusetzen*** non aveva nulla da obiettare. **da|ge|gen_stel|len** intr. (aus. *haben*) e rifl. **sich ~** opporsi. **da|ge|gen_stem|men** rifl. **sich ~** opporsi duramente (*o* con ogni mezzo). **da|ge|gen_wir|ken** intr. (aus. *haben*) agire contro, opporsi (con l'azione).
Da|guer|reo|typ [dagero'-] m. *(-s,-en)* dagherrotipo *m.*
da_ha|ben tr. **1** *(zur Verfügung haben)* avere a disposizione, a portata di mano: ***das Material haben wir nicht da*** non abbiamo a disposizione il materiale **2** *(zu Besuch haben)* avere in visita; ***wir haben gerade Besuch da*** abbiamo ospiti (in questo momento).
da|heim avv. **1** a casa: ***hier fühle ich mich ~*** qui mi sento a casa; ***~ bleiben*** restare a casa **2** *(in der Heimat)* in patria, a casa: ***nach vielen Jahren im Ausland ist er wieder ~*** dopo molti anni all'estero è di nuovo a casa ◆ ***auf einem Gebiet ~ sein*** = essere versato, competente in qcs.; ***bei mir ~*** a casa mia; ***fühlen Sie sich wie ~!*** faccia come se fosse a casa Sua! ***Nachrichten von ~*** notizie da casa; PROV. ***~ ist ~*** casa dolce casa.
Da|heim n. *(-s)* casa *f.*, focolare *m.* domestico. **Da|heim|ge|blie|be|ne** m. e f. *(-n,-n)* chi rimane a casa, in patria: ***den Kontakt zu den -n aufrecht halten*** mantenere i contatti con chi è rimasto a casa.
da|her, enfat. **daher I** avv. **1** da lì, da quel luogo: ***ich komme gerade ~*** vengo proprio da lì; ***er stammt nicht ~*** non è originario di lì **2** FIG. da ciò: ***von ~ rührt sein Hass gegen Frauen*** da ciò deriva il suo odio per le donne **II** cong. perciò, di conseguenza: ***es regnet, ~ nehme ich den Schirm mit*** piove e perciò prendo l'ombrello ◆ COLLOQ. ***~ also!*** questo è il motivo!
da|her_brin|gen tr. *(brachte, gebracht)* REGION. **1** portare con sé, portarsi dietro **2** andare raccontando, dire in giro. **da|her_flie|gen** intr. *(flog, geflogen;* aus. *sein)* **1** passare in volo: ***sie sahen das Flugzeug ~*** videro l'aereo passare in volo **2** *(hierher fliegen)* arrivare in volo.
da|her|ge|flo|gen p.pass. agg. → **daherfliegen** ◆ ***~ kommen*** arrivare in volo. **da|her|ge|jagt** p.pass. agg. → **daherjagen** ◆ ***wie eine Rakete ~ kommen*** arrivare a razzo (*o* come un razzo). **da|her|ge|lau|fen** agg. SPREG. ***~ kommen*** saltare fuori da chissà dove.
da|her_ja|gen intr. (aus. *sein*) arrivare, giungere a razzo (*o* come un razzo): ***die Rennwagen jagten daher*** le auto da corsa arrivavano come razzi. **da|her_kom|men** intr. *(kam, gekommen;* aus. *sein)* **1** avvicinarsi, giungere: ***er kommt mit großen Schritten daher*** si avvicina a grandi passi **2** *(auftreten)* farsi avanti, presentarsi: ***mit großen Worten ~*** farsi avanti con grandi parole; COLLOQ. ***er kommt immer ungepflegt daher*** va sempre in giro trasandato. **da|her_re|den** intr. (aus. *haben*) SPREG. parlare a vanvera.
da|he|rum avv. in quei paraggi, lì intorno.
da|hin, enfat. **da|hin** avv. **1a** *(lokal)* là, lì, in quel luogo: ***ich gehe oft ~*** vado spesso là, ci vado spesso **b** in quella direzione: ***zum Bahnhof muss man ~*** per la stazione si va in quella direzione **2** *(hinweisend)* in tal senso: ***sie haben sich ~ (gehend) geäußert*** si sono espressi in tal senso ◆ ***bis ~*** fino là, fino a quel punto; *(temporal)* fino ad allora; *(innerhalb eines Termins)* entro allora: ***wie weit ist es bis ~?*** che distanza c'è fino là? ***bis ~ müssen wir warten*** dobbiamo attendere fino ad allora; ***bis ~ muss diese Arbeit fertig sein*** entro allora questo lavoro deve essere finito; ***es ~ bringen, dass...*** portare le cose al punto che...; ***jdn ~ bringen, dass...*** indurre, persuadere qcn. a ...; ***es nicht ~ kommen lassen*** non lasciare che si arrivi a tanto; ***~ sein*** essere svanito, finito, andato: ***sein ganzes Vermögen, sein Vertrauen ist ~*** il suo intero patrimonio è andato, la sua fiducia è svanita; ***das ganze Obst ist leider ~*** purtroppo tutta la frutta è andata (a male); ***dein guter Ruf ist endgültig ~*** il tuo buon nome è definitivamente compromesso; ***sein Leben ist ~*** = è morto.
da|hi|nab, enfat. **da|hi|nab** avv. giù di là, giù da quella parte. **da|hi|nauf**, enfat. **da|hi|nauf** avv. su di là, su da quella parte. **da|hi|naus**, enfat. **da|hi|naus** avv. **1** fuori di là, fuori da quella parte **2** *(in Bezug auf den Grund)* a quel fine, a quello scopo. **da|hin_brau|sen** intr. (aus. *sein*) passare rapidamente. **da|hin_däm|mern** intr. (aus. *haben, sein*) vegetare. **da|hin_ei|len** intr. (aus. *sein*) passare in gran fretta: ***jdn ~ sehen*** vedere qcn. passare in gran fretta.
da|hi|nein, enfat. **da|hi|nein** avv. là, lì dentro: ***die Bestecke gehören ~*** le posate vanno lì dentro.
da|hin_fah|ren intr. *(fährt, fuhr, gefahren;* aus. *sein)* **1** passare (con un mezzo) **2** LETT. *(weggehen)* dipartirsi, andarsene (anche FIG.).
da|hin_flie|gen intr. *(flog, geflogen;* aus. *sein)* **1a** volare via, allontanarsi in volo **b** FIG. passare di volata, sfrecciare via: ***die Rennpferde flogen dahin*** i cavalli da corsa sono sfrecciati via **2** *(sehr rasch vergehen)* volare (via).

da|hin|ge|gen, enfat. **da|hin|ge|gen** avv. per contro.
da|hin‿ge|hen intr. *(ging, gegangen;* aus. *sein)* **1a** *(vorbeigehen)* passare **b** FIG.*(vergehen)* passare, trascorrere: ***so gingen die Tage dahin*** così passavano i giorni **2** EUFEM. *(sterben)* andarsene. **Da|hin|ge|schie|de|ne** m. e f. *(-n,-n)* EUFEM. defunto *m.* (-a *f.*). **da|hin|ge|stellt**, ***~ sein, bleiben*** essere, rimanere in sospeso; ***etw. ~ sein lassen*** lasciare qcs. in sospeso: ***ob er die Wahrheit sagt, möchte ich ~ sein lassen*** vorrei essere esonerato dall'esprimermi sul fatto che lui dica o meno la verità. **da|hin‿le|ben** intr. (aus. *haben*) vivacchiare, vegetare. **da|hin‿plät|schern** intr. (aus. *sein*) **1** scorrere gorgogliando **2** FIG. fluire, procedere in tono leggero: ***die Unterhaltung plätscherte so dahin*** la conversazione procedeva in tono leggero. **da|hin‿raf|fen** tr. portare via, strappare, mietere: ***die Pest raffte Tausende dahin*** la peste mieté (*o* fece) migliaia di vittime. **da|hin‿re|den** intr. (aus. *haben*) parlare a vanvera. **da|hin‿schei|den** intr. *(schied, geschieden;* aus. *sein)* EUFEM. andarsene, morire, LETT. dipartirsi. **da|hin‿schlep|pen** rifl. **sich ~** trascinarsi (anche FIG.). **da|hin‿schwin|den** intr. *(schwand, geschwunden;* aus. *sein)* **1** diminuire, calare, venire meno (anche FIG.) **2** *(von Zeit)* passare, trascorrere. **da|hin‿sie|chen** intr. (aus. *sein*) essere a lungo infermi. **da|hin‿ste|hen** intr. *(stand, gestanden;* aus. *haben)* essere (*o* rimanere) aperto, in sospeso ◆ ***ob er kommt, steht noch dahin*** resta ancora da vedere se verrà.
da|hin|ten, enfat. **da|hin|ten** avv. là dietro.
da|hin|ter, enfat. **da|hin|ter** avv.pron. (là) dietro: ***ein See mit einem Wald ~*** un lago con dietro un bosco; COLLOQ. ***~ gucken*** vedere i retroscena, guardare dietro le quinte; COLLOQ. ***sich ~ klemmen, knien, setzen*** mettersi sotto, darsi da fare: ***wenn er das schaffen will, muss er sich ~ klemmen*** se vuole farcela deve darsi da fare; ***~ kommen*** scoprire, svelare; *(erfassen)* capire: ***ich kam nicht ~, was er wirklich wollte*** non riuscii a scoprire ciò che voleva veramente; ***er wird schon auch noch ~ kommen*** certamente se ne accorgerà anche lui; COLLOQ. ***~ stecken*** nascondersi, esserci dietro (*o* sotto): ***es ist nicht klar, was ~ steckt*** non è chiaro cosa ci sia sotto; ***wer steckt ~?*** chi c'è dietro (a questa faccenda)? ***es steckt etwas Wahres ~*** c'è qualcosa di vero in questo; ***es steckt nichts, nicht viel ~*** dietro (a ciò) non si nasconde nulla, non c'è molto; ***~ stehen*** star(ci) dietro: ***die Arbeit, die ~ steht, ist enorm*** è enorme il lavoro che ci sta dietro; *(befürworten)* sostenere, appoggiare: ***der Streik wird nicht durchgeführt, weil keiner ~ steht*** lo sciopero non si fa perché nessuno lo sostiene ◆ COLLOQ. ***es ist nicht viel, nichts ~*** sotto sotto non c'è molto, niente.
da|hin|ter|her avv.pron. COLLOQ. ***~ sein*** darsi da fare: ***du solltest ~ sein, wenn du eine Arbeit finden willst*** dovresti darti da fare se vuoi trovare lavoro.
da|hi|nun|ter, enfat. **da|hi|nun|ter** avv.pron. laggiù, giù di là.
da|hin‿ve|ge|tie|ren intr. (aus. *haben*) FIG. vegetare, andar avanti vegetando. **da|hin‿wel|ken** intr. (aus. *haben*) sfiorire (anche FIG.). **da|hin‿zie|hen** *(zog, gezogen)* **I** intr. (aus. *sein*) avanzare lentamente: ***die Wolken zogen dahin*** le nuvole avanzavano lentamente **II** rifl. **sich ~ 1** procedere, snodarsi: ***der Fluss zieht sich in großen Windungen dahin*** il fiume si snoda in grandi anse **2** andare per le lunghe.
Dah|lie f. *(-,-n)* dalia *f.*
da‿ho|cken intr. (aus. *haben*) **1** stare accovacciato **2** REGION. *(dasitzen)* starsene seduto.
Da|ka|po n. *(-s,-s)* daccapo (*o* da capo) *m.*
dak|ty|lisch agg. in dattili. **Dak|ty|lo|gramm** n. *(-s,-e)* dattilogramma *m.* **Dak|ty|lo|lo|gie** f. *(-)* dattilologia *f.* **Dak|ty|lo|sko|pie** f. *(-,-n)* dattiloscopia *f.* **Dak|ty|lus** m. *(-, Daktylen)* dattilo *m.*
da‿las|sen tr. *(lässt, ließ, gelassen)* lasciare là (*o* qua).
Dal|be f. *(-,-n)* MAR. pilone *m.* d'attracco.
da‿lie|gen intr. *(lag, gelegen;* aus. *haben)* giacere, essere disteso là (*o* qua).
Dal|les m. *(-)* COLLOQ., ***im ~ sein*** essere al verde, non avere un soldo; ***den ~ haben*** essere al verde, non avere un soldo; *(zerbrochen sein)* essere in frantumi.
dal|li avv. COLLOQ. in fretta; ***~!*** forza! dai!
Dal|ma|ti|en n.pr.n. *(-s)* Dalmazia *f.* **Dal|ma|ti|ka** f. *(-, Dalmatiken)* dalmatica *f.* **Dal|ma|ti|ner** m.*(-s,-)* **1** abitante *m.* della Dalmazia, dalmata *m.* **2** *(Hunderasse)* (cane *m.*) dalmata *m.* **3** ENOL. vino *m.* della Dalmazia. **dal|ma|ti|nisch, dal|ma|tisch** agg. dalmata.
Dal|to|nis|mus m. *(-)* daltonismo *m.*
da|ma|lig agg. di allora, di quel tempo: ***der -e König*** il re di allora; ***in der -en Zeit*** a quei tempi. **da|mals** avv. allora, a quel tempo: ***~, als*** al tempo in cui, allorché; ***schon ~*** già allora, fin da allora.
Da|mas|kus n.pr.n. *(-)* Damasco *f.*
Da|mast m. *(-[e]s,-e)* TESS. damasco *m.* **da|mast|ar|tig, da|mas|ten** agg. TESS. damascato, di damasco. **Da|mas|ze|ner I** m. *(-s,-)* abitante *m.* di Damasco, LETT. damasceno *m.* **II** agg.inv. **1** di Damasco, damaschino, LETT. damasceno **2** METALL. damaschinato, damascato: ***~ Stahl*** acciaio damaschinato (*o* damascato), damasco *m.* **da|mas|ze|nisch** agg. METALL. damaschinato, damascato. **da|mas|zie|ren** tr. METALL. damaschinare, damascare. **Da|mas|zie|rung** f. *(-,-en)* METALL. damaschinatura *f.*, damascatura *f.*
Däm|chen n. *(-s,-)* **1** donnina *f.*, signorina *f.* **2** SPREG. *(Freudenmädchen)* donnina *f.* allegra.
Da|me f. *(-,-n)* **1a** *(Frau)* donna *f.*, signora *f.*: ***eine ältere, junge ~*** una signora anziana, una giovane donna; ***meine -n und Herren!*** signore e signori! ***eine ~ von Welt*** una donna di mondo **b** *(adlige, vornehme Frau)* dama *f.*, signora *f.*: ***als große ~ auftreten*** fare la gran dama **2** *(Karten- und Schachfigur)* donna *f.*, regina *f.* **3** *(Brettspiel)* dama *f.*: ***~ spielen*** giocare a dama; ***eine ~ bekommen*** fare dama; ***jdm die ~ wegnehmen*** mangiare la dama a qcn. ◆ SCHERZ. ***meine alte ~*** = la mia mamma; ***sehr geehrte -n und Herren*** egregi signori; ***die ~ des Hauses*** la padrona di casa; ***die ~ meines Herzens*** la signora del mio cuore. **Da|me|brett** n. *(-[e]s,-er)* scacchiera *f.* (per la dama), damiere *m.*
Dä|mel m. *(-s,-)* REGION. scemo *m.*, stupido *m.*, imbecille *m.* **Dä|me|lei** f. *(-,-en)* REGION. scemenza *f.*, stupidità *f.*, imbecillità *f.*
Da|men|be|glei|tung f. *(-,-en)* compagnia *f.* femminile (*o* di una signora): ***in ~ sein*** essere in compagnia di una signora. **Da|men|be|kannt|schaft** f. *(-,-en)* conoscenza *f.* femminile. **Da|men|bin|de** f. *(-,-n)* assorbente *m.* **Da|men|dop|pel** n. *(-s,-)* SPORT doppio *m.* femminile. **Da|men|ein|zel** n. *(-s,-)* SPORT singolo *m.* femminile. **Da|men|fahr|rad** n. *(-[e]s,-räder)* bicicletta *f.* da donna. **Da|men|fri|seur** m. *(-s,-e)* parrucchiere *m.* per signora. **Da|men|fuß|ball** m. *(-[e]s)* calcio *m.* femminile. **Da|men|ge|sell|schaft** f. *(-,-en)* **1** compagnia *f.* (*o* gruppo *m.*) di donne **2** → **Damenbegleitung. da|men|haft I** agg. **1** da signora: ***ein -es Auftreten*** un comportamento da signora **2** *(frauenhaft)* da donna, femminile **II** avv. ***sich ~ benehmen*** comportarsi da signora. **Da|men|hut** m. *(-[e]s,-hüte)* cappello *m.* da signora. **Da|men|kon|fek|ti|on** f. *(-,-en)* confezione *f.* per signora. **Da|men|mann|schaft** f. *(-,-en)* SPORT squadra *f.* femminile. **Da|men|mo|de** f. *(-,-n)* moda *f.* per signora. **Da|men|ober|be|klei|dung** f. *(-,-en)* abbigliamento *m.* donna (*o* femminile). **Da|men|rad** → **Damenfahrrad. Da|men|sat|tel** m. *(-s,-sättel)* sella *f.* da donna. **Da|men|schnei|der** m. *(-s,-)* sarto *m.* per signora. **Da|men|sitz** m. *(-es)* EQUIT. posizione *f.* all'amazzone: ***im ~ reiten*** cavalcare all'amazzone. **Da|men|toi|let|te** f. *(-,-n)* **1** toilette *f.* delle signore **2** ABBIGL. toilette *f.* **Da|men|wahl** f. *(-,-en)* scelta *f.* del cavaliere (da parte della donna) ◆ ***~!*** ora scelgano le dame!
Da|me|spiel n. *(-[e]s,-e)* (gioco *m.* della) dama *f.* **Da|me|stein** m. *(-[e]s,-e)* pedina *f.* (della dama).
Dam|hirsch m. *(-[e]s,-e)* daino *m.*
da|mit, enfat. **da|mit I** avv.pron. **1** con questo, con ciò: ***sie nahm die Taschenlampe und leuchtete ~*** prese la pila tascabile e con questa fece luce; ***was soll ich ~?*** che me ne faccio? ***~ ist alles gesagt*** con questo si è detto tutto; ***was wollen Sie ~ sagen?*** cosa vuol dire con questo? **2** *(mit Satzteil + mit)* ***er hat nichts ~ zu tun*** non ha nulla a che fare (*o* non c'entra niente) con ciò; ***ich bin ~ einverstanden, zufrieden*** sono d'accordo (con questo), ne sono contento **3** *(somit, infolgedessen)* dunque, quindi, perciò: ***die Gruppe hat sich aufgelöst, und ~ ist das Projekt gestorben*** il gruppo si è sciolto, e quindi il progetto è andato a monte **II** cong. *(damit)* affinché, perché: ***er hat seinen Sohn in die Schule geschickt, ~ er etwas lernt*** ha mandato suo figlio a scuola affinché impari qualcosa; ***ich sage es, ~ alle die Wahrheit kennen*** lo dico perché tutti conoscano la verità; ***steck es in die Tasche, ~ du es nicht suchst*** mettitelo in tasca, così poi non lo cerchi ◆ ***und ~ basta!*** basta! ***genug ~!*** basta! ***her ~!*** dà qua! ***heraus ~!*** sputa il rospo! avanti, parla! ***hör auf ~!*** basta! smettila! ***es ist nichts ~*** è inutile! non serve a niente! ***wie steht es ~?*** come va la faccenda? ***weg ~!*** porta via! *(wirf das weg!)* butta via!
Däm|lack m. *(-s,-e* e *-s)* REGION. stupido *m.*, scemo *m.*
Dam|le|der n. *(-s)* (pelle *f.* di) daino *m.* **dam|le|dern** agg. di daino.
däm|lich agg. sciocco, stupido; *(ungeschickt)* goffo. **Däm|lich|keit** f. *(-,-en)* **1** stupidità *f.*; *(Ungeschicktheit)* goffaggine *f.* **2** *(dumme Handlung)* sciocchezza *f.*, stupidaggine *f.*
Damm m. *(-[e]s, Dämme)* **1a** terrapieno *m.* **b** *(am Ufer eines Flusses)* argine *m.* **c** *(Staudamm)* diga *f.*: ***einen ~ bauen, errichten (aufschütten)*** costruire, innalzare una diga **2** FIG. argine *m.*, diga *f.* **3** REGION. *(Fahrdamm)* carreggiata *f.* **4** ANAT. perineo *m.* ◆ ***nicht, wieder auf dem ~ sein*** = non essere, essere di nuovo in salute;

jdn wieder auf den ~ bringen = rimettere in forze qcn. **Damm|bruch** m. *(-[e]s,-brüche)* rottura *f.* dell'argine.
däm|men tr. **1** arginare (anche FIG.) **2** TECN. isolare.
däm|me|rig → **dämmrig. Däm|mer|licht** n. *(-[e]s)* **1** luce *f.* del crepuscolo (*o* crepuscolare) **2** *(halbdunkles Licht)* (luce *f.* di) penombra *f.* **däm|mern** intr. (aus. *haben*) **1** impers. ***es dämmert*** *(abends)* imbrunisce, si fa sera; *(morgens)* albeggia, si fa giorno **2** COLLOQ. *(klar werden)* farsi chiaro, chiarirsi: ***endlich dämmerte mir die Wahrheit*** finalmente mi si chiarì la verità; ***jetzt dämmert es (bei) mir*** ora capisco (*o* comincio a capire) **3** *(im Halbschlaf liegen)* essere nel dormiveglia, dormicchiare, sonnecchiare ◆ ***vor sich hin ~*** essere assopito, trasognato. **Däm|mer|schein** m. *(-[e]s)* LETT. bagliore *m.* crepuscolare (*o* del crepuscolo). **Däm|mer|schlaf** m. *(-[e]s)* **1** dormiveglia *m.*, sonno *m.* leggero **2** MED. sonno *m.* crepuscolare. **Däm|mer|schop|pen** m. *(-s,-)* = bevuta *f.* (in compagnia) del tardo pomeriggio. **Däm|mer|stun|de** f. *(-,-n)* LETT. ora *f.* del crepuscolo.
Däm|me|rung f. *(-,-en)* **1** crepuscolo *m.*: ***die ~ bricht an*** cala il crepuscolo; ***in der ~*** al crepuscolo **2** *(Halbdunkel)* penombra *f.*: ***in ~ liegen*** essere in penombra. **däm|me|rungs|ak|tiv** agg. ZOOL. crepuscolare. **Däm|me|rungs|se|hen** n. *(-s)* OTT. visione *f.* crepuscolare (*o* notturna).
Däm|mer|zu|stand m. *(-[e]s,-stände)* **1** dormiveglia *m.* **2** MED. stato *m.* crepuscolare.
Damm|kro|ne f. *(-,-n)* coronamento *m.* della diga.
dämm|rig agg. **1** crepuscolare **2** *(halbdunkel)* semibuio, in penombra ◆ ***es wird schon ~*** si fa già giorno; *(am Abend)* si fa già notte.
Damm|riss m. *(-es,-e)* MED. lacerazione *f.* perineale. **Damm|schnitt** m. *(-[e]s,-e)* MED. episiotomia *f.*
Dämm|stoff m. *(-[e]s,-e)* materiale *m.* isolante. **Däm|mung** f. *(-,-en)* isolamento *m.*, coibentazione *f.*
Da|mok|les|schwert n. *(-[e]s)* spada *f.* di Damocle: ***wie ein ~ über jds Haupt schweben*** pendere (*o* stare sospeso) sopra il capo di qcn. come una spada di Damocle.
Dä|mon m. *(-s,-en)* demone *m.*: ***von einem ~ getrieben sein*** essere spinto da un demone. **dä|mo|nen|haft I** agg. demonico **II** avv. come un demone. **Dä|mo|nie** f. *(-,-n)* demone *m.* **dä|mo|nisch** agg. demoniaco, demonico; *(teuflisch)* diabolico. **dä|mo|ni|sie|ren** tr. demonizzare. **Dä|mo|ni|sie|rung** f. *(-,-en)* demonizzazione *f.* **Dä|mo|no|lo|gie** f. *(-)* demonologia *f.*
Dampf m. *(-[e]s, Dämpfe)* **1** vapore *m.* **2** *(Ausdünstung)* vapore *m.*, esalazione *f.* ◆ ***~ ablassen*** sfogarsi; ***aus etw. ist der ~ raus*** = qcs. è diventato noioso, non è più interessante; ***~ drauf haben*** andare a tutto vapore; *(Schwung haben)* avere slancio, essere pieno di brio; ***jdm ~ machen*** mettere fretta a qcn.; ***~ hinter etw. (A) setzen*** fare pressioni per qcs., sollecitare qcs. **Dampf|an|trieb** m. *(-[e]s,-e)* trazione *f.* a vapore. **Dampf|bad** n. *(-[e]s,-bäder)* bagno *m.* di vapore. **Dampf|bü|gel|ei|sen** n. *(-s,-)* ferro *m.* (da stiro) a vapore. **Dampf|druck** m. *(-[e]s,-drücke)* pressione *f.* del vapore.
damp|fen intr. **1a** (aus. *sein*) procedere fumando (*o* sbuffando): ***die Lokomotive dampft aus dem Bahnhof*** il treno lascia la stazione sbuffando **b** COLLOQ. *(fahren)* andare, partire **2** (aus. *haben*) esalare vapore, COLLOQ. fumare: ***der Tee dampft noch*** il tè fuma ancora.
dämp|fen tr. **1** *(mit Dampf kochen)* cuocere a vapore **2a** *(mit Dampf glätten)* stirare a vapore; *(mit einem nassen Tuch)* stirare con un panno umido **b** TESS. vaporizzare **3** smorzare, attenuare, attutire: ***einen Aufprall, die Stimme ~*** attutire un urto, smorzare la voce; ***das Isoliermaterial dämpft den Schall*** il materiale isolante attutisce il suono **4a** *(ernüchtern)* mitigare, placare, frenare: ***jds Begeisterung ~*** frenare l'entusiasmo di qcn. **b** *(Menschen)* tenere a freno.
damp|fend p.pres. agg. **1** → **dampfen 2** ***eine -e Suppe*** una minestra fumante. **Damp|fer** m. *(-s,-)* piroscafo *m.*, (nave *f.* a) vapore *m.* ◆ ***auf dem falschen ~ sein, sitzen*** essere sulla strada sbagliata.
Dämp|fer m. *(-s,-)* **1** MUS. sordina *f.* **2** *(Stoßdämpfer)* ammortizzatore *m.* **3** *(Schalldämpfer)* silenziatore *m.* **4** REGION. *(Topf)* pentola *f.* per cuocere a vapore **5** COLLOQ. *(Rüge)* sgridata *f.*, strigliata *f.* ◆ ***jdm, etw. einen ~ aufsetzen, geben*** porre un freno a qcn., a qcs.; ***einen ~ bekommen*** prendersi una doccia fredda.
Damp|fer|fahrt f. *(-,-en)* viaggio *m.* in piroscafo.
Dampf|ham|mer m. *(-s,-hämmer)* maglio *m.* a vapore. **Dampf|hei|zung** f. *(-,-en)* riscaldamento *m.* a vapore. **damp|fig** agg. pieno di vapori, di fumo.
dämp|fig agg. **1** *(von Pferden)* bolso **2** REGION. afoso. **Dämp|fig|keit** f. *(-,-en)* bolsaggine *f.*
Dampf|kes|sel m. *(-s,-)* caldaia *f.* a vapore. **Dampf|koch|topf** m. *(-[e]s,-töpfe)* pentola *f.* a pressione. **Dampf|kraft** f. *(-)* forza *f.* (motrice) del vapore. **Dampf|kraft|werk** n. *(-[e]s,-e)* centrale *f.* termoelettrica a vapore. **Dampf|lok** f. *(-,-s)*, **Dampf|lo|ko|mo|ti|ve** f. *(-,-n)* locomotiva *f.* a vapore. **Dampf|ma|schi|ne** f. *(-,-n)* macchina *f.* (*o* motrice *f.*) a vapore. **Dampf|mes|ser** m. *(-s,-)* vaporimetro *m.* **Dampf|schiff** n. *(-[e]s,-e)* → **Dampfer. Dampf|schiff|fahrt** f. *(-,-en)* navigazione *f.* a vapore. **Dampf|strahl** m. *(-[e]s,-en)* getto *m.* di vapore. **Dampf|tur|bi|ne** f. *(-,-n)* turbina *f.* a vapore.
Dämp|fung f. *(-,-en)* **1** smorzamento *m.*, attenuazione *f.* (anche FIG.): ***~ von Schall*** smorzamento del suono **2** *(Linderung)* diminuzione *f.*, attenuazione *f.*; ***konjunkturelle ~*** rallentamento della congiuntura **3** MECC. ammortizzazione *f.*
Dampf|wal|ze f. *(-,-n)* rullo *m.* compressore a vapore.
Dam|tier n. *(-[e]s,-e)* daino *m.* **Dam|wild** n. *(-[e]s)* daini *m.pl.*
da|nach, enfat. **da|nach** avv.pron. **1** dopo, poi, quindi: ***sie nahm die Tasche, ~ ging sie aus*** prese la borsa, quindi uscì; ***erst er, ~ du*** prima lui, poi tu; ***erst kam der Lehrer, ~ die Schüler*** prima arrivò l'insegnante, quindi gli allievi **2** *(später)* dopo: ***gleich, lange ~*** subito dopo, molto tempo dopo **3** *(mit Satzteil + nach)* ***~ schmecken, streben*** avere questo sapore, tendere a ciò; ***ich habe nicht ~ gefragt*** (questo) non l'ho chiesto; ***er war begierig, sehnsüchtig, verrückt ~*** ne era avido, ne aveva nostalgia, ne andava pazzo; ***das Verlangen ~ war sehr stark*** il desiderio di ciò era molto forte **4** *(dieser Sache gemäß, entsprechend)* adatto, conforme (a questo), tale: ***die Zeiten sind nicht ~*** non è il momento adatto; ***er ist nicht der Mann ~*** non ne è il tipo; ***er sieht nicht ~ aus*** non ne ha l'aria (*o* l'aspetto) ◆ ***mir ist nicht ~*** non ne ho voglia, non mi va; ***mir steht der Sinn nicht ~*** non sono in vena, non ne ho voglia; ***wenn es ~ ginge...*** se dipendesse da ciò...
Da|na|er m.pl. LETT. danai *m. pl.* **Da|na|er|ge|schenk** n. *(-[e]s)* cavallo *m.* di Troia.
Da|na|i|de f. *(-,-n)* danaide *f.*
Dan|cing ['da:nsɪŋ] n. *(-s,-s)* dancing *m.*
Dan|dy ['dɛndi] m. *(-s,-s)* dandy *m.* **dan|dy|haft I** agg. dandy **II** avv. alla dandy, da dandy. **Dan|dy|is|mus** m. *(-)* dandismo *m.* **Dan|dy|tum** n. *(-s)* modi *m.pl.* da dandy.
Dä|ne m. *(-n,-n)* danese *m.*
da|ne|ben, enfat. **da|ne|ben** avv.pron. **1** accanto, vicino (a ciò), lì vicino: ***siehst du das Auto und ~ das Fahrrad?*** vedi quell'auto e la bicicletta lì accanto? ***das Gebäude ~*** l'edificio accanto **2** a, in confronto (di ciò): ***seine Arbeit war ausführlich, ~ schien die seiner Kollegen unzureichend*** il suo lavoro era esaustivo, in confronto quello dei suoi colleghi sembrava insufficiente **3** *(außerdem)* inoltre, e in più: ***sie macht den Haushalt und ist ~ noch berufstätig*** bada alla casa e in più lavora **4a** COLLOQ. ***~ sein*** essere fuori fase: ***ich bin heute total ~*** oggi sono proprio fuori fase **b** *(von Dingen)* essere un disastro ◆ ***~ singen*** stonare; COLLOQ. *(bei der Prüfung)* ***~ stehen*** fare scena muta. **da|ne|ben‿be|neh|men** rifl. **sich ~** *(benimmt, benahm, benommen;* aus. *haben)* COLLOQ. comportarsi male, in modo inadeguato, sconveniente. **da|ne|ben‿fal|len** intr. *(fällt, fiel, gefallen;* aus. *sein)* cadere vicino a, mancare nella caduta. **da|ne|ben‿ge|hen** intr. *(ging, gegangen;* aus. *sein)* **1** *(das Ziel verfehlen)* mancare il segno **2** COLLOQ. FIG. fallire: ***der Versuch ist danebengegangen*** il tentativo è fallito. **da|ne|ben‿ge|ra|ten** intr. *(gerät, geriet, geraten;* aus. *sein)* fallire. **da|ne|ben‿grei|fen** intr. *(griff, gegriffen;* aus. *haben)* mancare la presa, il segno, sbagliare il tiro (anche FIG.): ***der Ball war erreichbar, er griff aber daneben*** la palla era raggiungibile, ma lui mancò la presa; ***mit seinen Vermutungen greift er ständig daneben*** con le sue supposizioni sbaglia sempre il tiro, non va mai a segno. **da|ne|ben‿hal|ten** tr. *(hält, hielt, gehalten)* COLLOQ. ***etw. ~*** mettere qcs. a confronto. **da|ne|ben‿hau|en** intr. *(haute/*rar. *hieb, gehauen;* aus. *haben)* **1** sbagliare la mira **2** COLLOQ. *(sich irren)* sbagliare. **da|ne|ben‿lie|gen** intr. *(lag, gelegen;* aus. *haben)* COLLOQ. essere situato accanto. **da|ne|ben‿schät|zen** intr. (aus. *haben*) sbagliare valutazione. **da|ne|ben‿schie|ßen** intr. *(schoss, geschossen;* aus. *haben)* **1** mancare il bersaglio **2** FIG. *(sich irren)* sbagliare. **da|ne|ben‿set|zen I** tr. por(vi) vicino **II** rifl. **sich ~** sbagliare a sedersi. **da|ne|ben‿tref|fen** intr. *(trifft, traf, getroffen;* aus. *haben)* non cogliere nel segno, sbagliare (anche FIG.).
Dä|ne|mark n.pr.n. *(-s)* Danimarca *f.*
da|nie|der‿lie|gen intr. *(lag, gelegen;* aus. *haben)* LETT. **1** essere ammalato (a letto) **2** FIG. (ri)stagnare.
Da|ni|el n.pr.m. Daniele *m.*
Dä|nin f. *(-,-nen)* danese *f.* **dä|nisch** agg. danese. **Dä|nisch** n. *(-[s])*, **Dä|ni|sche** n. *(-n)* danese *m.*, lingua *f.* danese.
dank prep. + gen. e dat. grazie a, a causa di, per: ***~ ihrer Schönheit***

hat sie die Rolle benommen grazie alla sua bellezza ha avuto la parte.

Dank m. *(-[e]s)* gratitudine *f.*, riconoscenza *f.*, ringraziamento *m.*: *jdm seinen ~ abstatten, aussprechen, ausdrücken* esprimere a qcn. la propria gratitudine; *jdm (für etw.) ~ erweisen, sagen* esprimere, mostrare a qcn. la propria riconoscenza (per qcs.); *keinen ~ für etw. haben* non sentire alcuna gratitudine per qcs.; *jdm ~ schulden, schuldig sein* dovere riconoscenza a qcn. ◆ *als ~ dafür, dass...* → *zum ~ dafür, dass...*; *Gott sei ~* grazie a Dio, grazie al cielo; *haben Sie ~!* le sia reso grazie! *herzlichen ~* grazie di cuore; *schönen, tausend ~* grazie mille; *vielen ~* grazie molte, molte grazie; *jdm zu ~ verpflichtet sein* essere obbligato verso qcn.; *zum ~ dafür, dass...* per riconoscenza, come riconoscimento del fatto che...; *mit bestem ~ zurück* molte grazie (restituendo qcs.). **Dank|ad|res|se** f. *(-,-n)* lettera *f.* ufficiale di ringraziamento.

dank|bar I agg. **1** grato, riconoscente: *ich wäre Ihnen sehr ~, wenn...* Le sarei molto grato, se...; *jdm ~ für etw. sein* essere grato a qcn. per qcs. **2** *(befriedigend)* appagante, che da soddisfazione **3** COLLOQ. *(haltbar)* resistente, robusto: *ein -er Stoff* un tessuto robusto **II** avv. con gratitudine, con riconoscenza ◆ *ein -es Publikum* un pubblico partecipe. **Dank|bar|keit** f. *(-,-en)* **1** gratitudine *f.*, riconoscenza *f.*: *etw. aus ~ tun* fare qcs. per gratitudine **2** COLLOQ. *(Haltbarkeit)* durevolezza *f.*, robustezza *f.* ◆ *(Dankesformel) in, mit aufrichtiger, tiefer ~* con sincera, profonda gratitudine. **Dank|bar|keits|ge|fühl** n. *(-[e]s,-e)* sentimento *m.* di gratitudine.

dan|ke inter. grazie: *jdm (für etw.) ~ sagen* dire grazie a, ringraziare qcn. (per qcs.); *~ gleichfalls!* grazie, altrettanto! *~ schön! ~ sehr! ~ bestens!* molte grazie! **dan|ken I** intr. (aus. *haben*) **1** ringraziare: *jdm für etw. ~* ringraziare qcn. di (*o* per) qcs. **2** ricambiare: *sie grüßte ihn und er dankte freundlich* lei lo salutò e lui ricambiò amichevolmente **II** tr. **1** FIG. ricompensare, ripagare, ringraziare: *niemand wird dir deine Arbeit ~* nessuno ti ripagherà del, ti ringrazierà per il tuo lavoro; *jdm etw. schlecht ~* ripagare male qcn. di, per qcs. **2** *(verdanken) jdm etw. ~* dovere qcs. a qcn. ◆ *nichts zu ~!* non c'è di che! **dan|kend I** p.pres. agg. → **danken II** avv. ringraziando, con gratitudine ◆ *Ihre Glückwünsche habe ich ~ erhalten* contraccambio i Suoi graditi auguri. **dan|kens|wert** agg. **1** degno di riconoscenza, gratitudine **2** *(der Mühe wert)* meritevole, che vale la pena. **dan|kens|wer|ter|wei|se** avv. degnamente. **Dan|kes|be|zei|gung** f. *(-,-en)* dimostrazione *f.* di riconoscenza. **Dan|kes|wort** n. *(-[e]s,-e)* parola *f.* di ringraziamento. **Dank|ge|bet** n. *(-[e]s,-e)* preghiera *f.* di ringraziamento. **Dank|got|tes|dienst** m. *(-[e]s,-e)* LIT. funzione *f.* di ringraziamento. **dank‿sa|gen** intr. (aus. *haben*) ringraziare. **Dank|sa|gung** f. *(-,-en)* ringraziamento *m.* (scritto).

dann avv. **1a** *(danach)* poi, dopo: *erst badeten sie, ~ sonnten sie sich* prima fecero il bagno, poi presero il sole; *was machen wir ~?* e poi, che facciamo? *was ~?* e poi? *noch eine Stunde, ~ sind wir da* ancora un'ora, e poi siamo arrivati **b** *bis ~* fino ad allora **c** *(dahinter)* poi, di seguito: *erst die Kapelle, ~ der Festzug* prima la banda, poi il corteo **2** *(in diesem Fall)* in questo caso, allora: *wenn morgen schlechtes Wetter ist, ~ fahren wir nicht ab* se domani è brutto tempo, (allora) non partiamo **3** *(außerdem)* poi, inoltre: *und ~ kommen noch die Frachtkosten hinzu* e inoltre ci sono ancora le spese di trasporto ◆ *(Grußformel) bis ~!* a dopo! *~ bis morgen* allora, a domani; *~ mach doch!* allora fallo (avanti)! *~ mal los!* avanti, (così) forza! *~ und ~* il tal giorno alla tal ora; *von ~ bis ~* prima o poi; *~ und wann* di quando in quando, a volte; *erst ~, wenn...* solo nel caso che, non prima che...

dan|nen avv. ANT. *von ~* via di là: *von ~ gehen, ziehen* andare via di là.

dan|tesk, dan|tisch agg. dantesco.

Dan|zig n.pr.n. *(-s)* Danzica *f.* **Dan|zi|ger I** m. *(-s,-)* abitante *m.* di Danzica **II** agg.inv. di Danzica: *~ Goldwasser* acquavite di Danzica.

Daph|ne I n.pr.f. Dafne *f.* **II** f. *(-,-n)* BOT. dafne *f.* **Daph|nia** f. *(-,-nien)*, **Daph|nie** f. *(-,-n)* ZOOL. dafnia *f.*

da|ran, enfat. **da|ran** avv.pron. (COLLOQ. **dran**) **1** *(lokal)* ci, vi, ne, in questo, a: *stell es dicht ~* metticelo bene attaccato; *kleb bitte nichts ~* per favore non attaccarci niente; *ein Hut mit einer Feder ~* un cappello con una piuma attaccata **2** *(mit Satzteil + an) kein Wort ist ~ wahr* non c'è nulla di vero (in questo); *~ denken, glauben, arbeiten* pensarci, crederci, lavorarci; *ich erkenne ihn ~, dass...* lo riconosco perchè (*o* per il fatto che)...; *~ schuld, reich, arm sein* averne colpa, esserne ricco, povero **3** *(durch etw.)* in seguito a ciò, a causa di ciò, ne: *~ erkrankt sein, sterben* esserne ammalato, morirne ◆ *~ anschließend, im Anschluss ~* al termine (di ciò), in seguito (a ciò); *ich bin ~, zu...* tocca a me...; *dicht ~ sein* → *nahe ~ sein;* COLLOQ. *~ glauben müssen* andare all'altro mondo; *komm nicht ~!* non ti ci avvicinare non toccare! *es liegt mir (viel, nichts) ~* ci tengo, m'importa (molto, nulla); *nahe ~ sein, etw. zu tun* essere sul punto di fare qcs.; *er war nahe ~, zu gestehen* (ci) mancava poco che confessasse; *er tut gut ~ abzufahren* fa bene a partire; *es ist etwas Wahres ~* in questo c'è qualcosa di vero.

da|ran‿ge|ben tr. *(gibt, gab, gegeben)* LETT. sacrificare, rischiare: *alles ~* sacrificare tutto. **da|ran‿ge|hen** intr. *(ging, gegangen;* aus. *sein)* accingersi, mettersi: *~, etw. zu tun* mettersi a fare qcs. **da|ran‿hal|ten** rifl. *(hält, hielt, gehalten)* **sich ~** affrettarsi, sbrigarsi. **da|ran‿ma|chen** rifl. **sich ~** → **darangehen. da|ran‿set|zen I** tr. impiegare, adoperare: *alles ~, zu...* fare ogni sforzo possibile (*o* mettercela tutta) per... **II** rifl. **sich ~** COLLOQ. mettersi sotto, darsi da fare: *die Arbeit häuft sich, setz dich dran* il lavoro si ammucchia, mettiti sotto.

da|rauf, enfat. **da|rauf** avv.pron. (COLLOQ. **drauf**) **1** *(lokal)* su questo, sopra questo, sopra: *ein Grundstück mit vielen Bäumen ~* un terreno con molti alberi (sopra); *er nahm sein Fahrrad und setzte sich ~* prese la bicicletta e ci si sedette sopra **2a** *(temporal: danach)* dopo, poi, quindi: *am Tage, eine Stunde, ein Jahr ~* il giorno, un'ora, un anno dopo; *gleich, bald, kurz ~* subito, poco dopo; *~ sagte er* poi disse; *~ passierte ein Unglück* poi accadde una disgrazia **b** *(dahinter)* poi: *zuerst kommt der Speisewagen und ~ (folgen) die Schlafwagen* prima viene il vagone ristorante, poi (seguono) i vagoni letto **c** *~ folgend* successivo, seguente: *das passierte am ~ folgenden Tag* ciò successe il giorno seguente **3** *(mit Satzteil + auf) ~ gebe ich nichts* non ci faccio caso; *~ wollen wir anstoßen* a questo vogliamo brindare; *~ bestehen, rechnen, wetten* insisterci, contarci, scommetterci; *das kommt ~ an,...* dipende...; *Lust ~ haben* averne voglia; *stolz, begierig, neugierig ~ sein* esserne fiero, avido, curioso **4** *(infolgedessen)* in seguito a ciò, perciò: *er hatte ein Verbrechen begangen und wurde ~ verhaftet* aveva commesso un reato e perciò fu arrestato ◆ *es ~ ankommen lassen* lasciare le cose al caso, tentare la sorte; COLLOQ. *nur ~ aus sein,...* mirare solo a...; *wie kommst du ~?* come ti viene quest'idea? *~ steht Gefängnis* per questo c'è la prigione; *Sie können sich ~ verlassen* si può fidare.

da|rauf|hin avv.pron. **1** *(deshalb)* in seguito a ciò, in conseguenza di ciò, quindi: *~ änderte er seinen Plan* in seguito a ciò cambiò il suo piano **2** *(zu diesem Zweck)* per questo fine: *etw. ~ untersuchen, ob es sich lohnt* esaminare qcs. per vedere se ne vale la pena.

da|raus, enfat. **da|raus** avv.pron. (COLLOQ. **draus**) **1** *(aus etw. heraus)* da questo, da ciò, di qui, ne: *eine Flasche nehmen und ~ trinken* prendere una bottiglia e bere da questa; *man kann Medizin ~ gewinnen* se ne può ricavare un medicinale; *ein Buch nehmen und ein Stück ~ vorlesen* prendere un libro e leggerne un passo ad alta voce; *~ folgt, dass...* ne consegue che... **2** FIG. *ziehe ~ deine Konsequenzen* traine le tue conseguenze; *das geht ~ nicht hervor* da questo non risulta ◆ *~ werde ich nicht klug* non mi ci raccapezzo; *mach dir nichts ~!* non ti preoccupare! non prendertela! *was soll ~ werden?* come andrà a finire? *es ist nichts ~ geworden* non se n'è fatto nulla.

dar|ben intr. (aus. *haben*) vivere di stenti.

dar‿bie|ten *(bot, geboten)* **I** tr. **1a** presentare: *eine fabelhafte Aufführung ~* presentare uno spettacolo favoloso **b** *(vortragen)* recitare **2** offrire, porgere, servire: *den Gästen Getränke ~* offrire bevande agli ospiti **II** rifl. **sich ~** presentarsi, mostrarsi, offrirsi: *mir hat sich eine gute Gelegenheit dargeboten* mi si è presentata una buona opportunità; *ein schrecklicher Anblick bot sich uns dar* ci si presentò uno spettacolo orribile. **Dar|bie|tung** f. *(-,-en)* **1** presentazione *f.*, offerta *f.* **2** *(Vorführung)* spettacolo *m.*, manifestazione *f.*, rappresentazione *f.*: *artistische ~* rappresentazione artistica.

dar‿brin|gen tr. *(brachte, gebracht)* **1** offrire: *den Göttern Opfer ~* offrire, fare un sacrificio agli dei **2** offrire, porgere, rendere: *jdm Glückwünsche ~* porgere gli auguri a qcn. **Dar|brin|gung** f. *(-,-en)* offerta *f.*, presentazione *f.*

Dar|da|nel|len n.pr.pl. *die ~* i Dardanelli.

da|rein, enfat. **da|rein** avv. (COLLOQ. **drein**) ANT. in questo, dentro, vi, ci.

da|rein‿fin|den rifl. *(fand, gefunden)* **sich ~** rassegnar(vi)si, rassegnarsi a ciò. **da|rein‿mi|schen** rifl. ANT. **sich ~** immischiar(vi)si, immischiarsene, immischiarsi in questo. **da|rein‿re|den** intr. (aus. *haben*) ANT. immischiarsi (in una conversazione), metterci bocca. **da|rein‿set|zen** tr. impiegare in questo, impiegarci.

da|rin, enfat. **da|rin** avv.pron. (COLLOQ. **drin**) **1** in questo, dentro, ci, vi: ***wie viele Menschen wohnen ~?*** quante persone ci vivono? ***ein Beutel mit wenig Geld ~*** un borsellino con poco denaro dentro; ***~ inbegriffen*** ivi compreso; ***~ hat er Recht, irrt er*** in questo ha ragione, sbaglia; ***in der Dose ist noch was drin*** dentro la scatola c'è ancora qualcosa **2** *(mit Satzteil + in)* ***seine Schuld besteht ~, dass er geschwiegen hat*** la sua colpa consiste nell'aver taciuto; ***~ stimmen wir überein*** su questo punto siamo d'accordo; ***der Unterschied liegt ~, dass...*** la differenza consiste nel fatto che...; ***~ bewandert sein*** esserne esperto.

da|rin|nen → **darin.**

Da|ri|us n.pr.m. Dario *m.*

dar‿le|gen tr. esporre, spiegare: ***jdm seine Gründe ~*** esporre a qcn. le proprie ragioni. **Dar|le|gung** f. *(-,-en)* esposizione *f.*, spiegazione *f.*

Dar|le|hen n. *(-s,-)* mutuo *m.*, prestito *m.*: ***ein gedecktes, kurzfristiges, zinsloses ~*** un mutuo garantito, a breve scadenza, infruttifero; ***ein ~ aufnehmen, tilgen (zurückzahlen)*** contrarre (*o* accendere), estinguere (*o* rimborsare) un mutuo; ***jdm ein ~ gewähren*** concedere un mutuo a qcn.; ***ein ~ kündigen*** chiedere la restituzione di un prestito. **Dar|le|hens|ge|ber** m. *(-s,-)* mutuante *m.* **Dar|le|hens|kas|se** f. *(-,-n)* cassa *f.* mutui, cassa *f.* prestiti. **Dar|le|hens|neh|mer** m. *(-s,-)* mutuatario *m.* **Dar|le|hens|ver|trag** m. *(-[e]s,-verträge)* contratto *m.* di mutuo (*o* di prestito). **Dar|le|hens|zins** m. *(-es,-en)* interesse *m.* sul mutuo (*o* sul prestito).

Dar|lehn → **Darlehen.**

Dar|lei|her m. *(-s,-)* prestatore *m.*, mutuante *m.*

Darm m. *(-[e]s, Därme)* intestino *m.*, COLLOQ. budella *f.pl.* **Darm|bak|te|ri|en** pl. batteri *m.pl.* intestinali. **Darm|blu|tung** f. *(-,-en)* emorragia *f.* intestinale. **Darm|bruch** m. *(-[e]s,-brüche)*, **Darm|durch|bruch** m. *(-[e]s,-brüche)* ernia *f.* intestinale. **Darm|ein|lauf** m. *(-[e]s,-einläufe)* lavanda *f.* intestinale, MED. enteroclisi *f.* **Darm|ent|lee|rung** f. *(-,-en)* evacuazione *f.*, defecazione *f.* **Darm|er|kran|kung** f. *(-,-en)* malattia *f.* intestinale. **Darm|flo|ra** f. *(-)* flora *f.* intestinale. **Darm|ge|schwür** n. *(-[e]s,-e)* ulcera *f.* intestinale. **Darm|ka|tarr(h)** m. *(-s)* catarro *m.* intestinale. **Darm|ko|lik** f. *(-,-en)* colica *f.* intestinale. **Darm|krebs** m. *(-es)* tumore *m.* intestinale. **Darm|pa|ra|sit** m. *(-en,-en)* parassita *m.* intestinale. **Darm|sai|te** f. *(-,-n)* MUS. corda *f.* di budello (*o* di minugia). **Darm|spü|lung** f. *(-,-en)* → **Darmeinlauf. Darm|träg|heit** f. *(-)* stitichezza *f.*, stipsi *f.* **Darm|trakt** m. *(-[e]s,-e)* condotto *m.* intestinale. **Darm|ver|schlin|gung** f. *(-,-en)* torsione *f.* intestinale, volvolo *m.* **Darm|ver|schluss** m. *(-es,-verschlüsse)* ostruzione *f.* intestinale, ileo *m.* **Darm|wand** f. *(-,-wände)* parete *f.* intestinale. **Darm|wind** m. *(-[e]s,-e)* flatulenza *f.*

dar|nach → **danach.**

dar|ne|ben → **daneben.**

dar|nie|der‿lie|gen → **daniederliegen.**

da|rob avv. ANT. perciò, per questo.

Dar|re f. *(-,-n)* **1** essiccatoio *m.* **2** *(Darren)* essiccazione *f.* **3** VETER. *(Darrsucht)* consunzione *f.*

dar‿rei|chen tr. LETT. porgere (offrendo), offrire. **Dar|rei|chung** f. *(-,-en)* LETT. offerta *f.*

dar|ren tr. essiccare.

Darr|ofen m. *(-s,-öfen)* forno *m.* di essiccazione. **Darr|sucht** f. *(-)* VETER. ANT. consunzione *f.* (dei cavalli).

dar|stell|bar agg. rappresentabile, raffigurabile; *(beschreibbar)* descrivibile.

dar‿stel|len I tr. **1** rappresentare, raffigurare: ***etw. grafisch ~*** rappresentare qcs. graficamente **2** TEATR. rappresentare; *(eine Rolle)* interpretare **3** *(beschreiben)* presentare, descrivere, illustrare, esporre: ***etw. objektiv ~*** descrivere qcs. in modo obiettivo **4** *(bedeuten)* rappresentare, significare, costituire: ***das stellt eine schwere Niederlage dar*** ciò rappresenta una pesante sconfitta **5** CHIM. ottenere, produrre: ***eine Substanz, eine Verbindung ~*** produrre una sostanza, ottenere un composto **II** rifl. **sich ~ 1** presentarsi: ***die Lage stellt sich kompliziert dar*** la situazione si presenta complicata **2a** *(sich zur Schau stellen)* mettersi in mostra, comparire: ***sie muss sich immer ~*** deve sempre mettersi in mostra **b** *(Eindruck erwecken wollen)* suscitare l'impressione (di), voler far credere (di); ***sich als Opfer ~*** fare la vittima. **dar|stel|lend** p.pres. agg. → **darstellen ◆ *-e Geometrie*** geometria descrittiva; ***-e Kunst*** arte figurativa. **Dar|stel|ler** m. *(-s,-)* TEATR. interprete *m.* **Dar|stel|le|rin** f. *(-,-nen)* interprete *f.* **dar|stel|le|risch I** agg. interpretativo **II** avv. dal punto di vista interpretativo.

Dar|stel|lung f. *(-,-en)* **1** rappresentazione *f.*, raffigurazione *f.* **2** TEATR. interpretazione *f.* **3** *(Beschreibung)* descrizione *f.*, esposizione *f.*, configurazione *f.* **4** CHIM. produzione *f.*, sintesi *f.* **Dar|stel|lungs|kunst** f. *(-,-künste)* **1** capacità *f.* rappresentativa **2** TEATR. arte *f.* interpretativa. **Dar|stel|lungs|stil** m. *(-[e]s,-e)* **1** stile *m.* rappresentativo **2** TEATR. stile *m.* interpretativo. **Dar|stel|lungs|wei|se** f. *(-,-n)* **1** modo *m.* di rappresentare **2** TEATR. modo *m.* di recitare, interpretazione *f.*

dar‿tun tr. *(tut, tat, getan)* LETT. **1** esporre, spiegare: ***seine Gründe ~*** spiegare le proprie ragioni **2** *(erkennen lassen)* dimostrare, provare.

da|rü|ber, enfat. **da|rü|ber** avv.pron. (COLLOQ. **drüber**) **1** sopra (questo): ***er wohnt im Zimmer ~*** abita nella stanza di sopra; ***da steht der Tisch, häng die Lampe ~*** là c'è il tavolo, appendi(ci) sopra la lampada; ***~ breiten*** (di)stendere, spiegare (qui, là sopra); ***~ fahren*** passare sopra (con un mezzo); *(darüber streichen)* strofinare, passare sopra; ***~ schreiben*** scriver(ci) sopra; ***~ stehen*** essere superiore (a ciò); ***~ steigen*** salire sopra (a questo) **2** *(über diese Stelle hinweg)* oltre, al di là: ***der Zaun ist zu hoch, man kann nicht ~ klettern*** il recinto è troppo alto, non si riesce a scavalcarlo **3** *(mehr)* oltre, (di) più: ***das ist der Höchstpreis, ~ können wir nicht gehen*** questo è l'ultimo prezzo, oltre non possiamo andare; ***es kostet 20 DM oder etwas ~*** costa 20 marchi o poco più **4** *(mit Satzteil + über)* ***froh, traurig ~ sein*** esserne contento, rattristato; ***ich freue mich ~*** me ne rallegro; ***es besteht kein Zweifel ~*** non c'è alcun dubbio (a tale proposito); ***er beschwert sich ~, dass...*** si lamenta del fatto che... **5** *(währenddessen)* intanto, nel frattempo: ***sie war ~ eingeschlafen*** nel frattempo si era addormentata **6** *(aus diesem Grund)* perciò, per questo: ***ich war so aufgeregt, dass ich ~ vergaß, ihn zu grüßen*** ero così eccitato che (per questo) mi sono dimenticato di salutarlo ◆ ***es geht nichts ~*** non c'è niente di meglio; ***~ hinaus*** inoltre, oltre a ciò.

da|rum, enfat. **da|rum** avv.pron. (COLLOQ. **drum**) **1** intorno (a questo): ***ein Arm mit einer Binde ~*** un braccio con una fasciatura (intorno) **2** *(mit Satzteil + um)* ***~ geht es ja gerade!*** si tratta proprio di questo! ***ich bitte dich ~*** te ne prego; ***es gibt einen Kampf ~*** vi è una lotta per questo; ***es geht ~, dass...*** si tratta di... **3a** *[darum]* *(deswegen)* perciò, per questo: ***ach, ~ ist er so schlecht gelaunt!*** ah, per questo è così di cattivo umore! **b** *(trotzdem)* nonostante ciò, eppure: ***sie ist zwar arm, aber ~ nicht unglücklich*** è povera, eppure non infelice ◆ ***~ geht es mir nicht!*** non si tratta di questo per me! ***sei es ~!*** e sia! va bene! ***es ist mir (sehr) ~ zu tun, dass...*** è (molto) importante per me che...; INFANT. ***warum hast du es getan? ~!*** perché l'hai fatto? perché sì! ***~, weil es regnet, gehe ich nicht aus*** poiché (*o* visto che) piove, non esco.

da|rum‿bin|den tr. *(band, gebunden)* legare intorno (a qcs.). **da|rum‿kom|men** intr. *(kam, gekommen;* aus. *sein)* perdere l'occasione, la possibilità. **da|rum‿le|gen** tr. mettere intorno (a qcs.). **da|rum‿ste|hen** intr. *(stand, gestanden;* aus. *sein)* stare intorno.

da|run|ter, enfat. **da|run|ter** avv.pron. (COLLOQ. **drunter**) **1** sotto (questo): ***in der Wohnung ~ wohnt die Tante*** nell'appartamento (di) sotto abita la zia; FIG. ***etwas steckt ~*** c'è sotto qualcosa; ***~ bleiben*** restare al di sotto; COLLOQ. ***~ gehen*** starci sotto: ***das geht nicht ~*** non ci sta lì sotto; *(diese Grenze unterschreiten)* scendere al di sotto; GASTR. ***~ heben*** incorporare (a questo), incorporarvi; ***~ liegen*** essere al di sotto; ***~ schreiben*** scrivere (sotto); ***~ setzen*** porre sotto (a questo): ***seine Unterschrift ~ setzen*** apporvi (sotto) la propria firma; ***~ ziehen*** mettersi sotto: ***er hat kein Unterhemd ~ gezogen*** sotto non si è messo la canottiera; GASTR. *(darunter heben)* incorporare (a questo) **2** *(mit Satzteil + unter)* ***~ leiden*** soffrirne; ***die Rolle der Frau: was versteht man ~?*** il ruolo della donna: cosa s'intende per questo? ***~ kann ich mir nichts vorstellen*** non riesco proprio a immaginarmelo **3** *(unter diesem Maß, dieser Grenze)* (di) meno: ***das Thermometer fällt unter Null und soll lange ~ bleiben*** il termometro scende sotto zero e ci resterà a lungo; ***100 DM, ~ tu ich's nicht*** 100 DM, non lo faccio per meno **4** *(unter dieser Menge)* tra questi, tra queste, tra cui: ***in vielen Ländern, ~ Polen*** in molti paesi, tra cui la Polonia; ***viele Personen, ~ auch Kinder*** molte persone, tra cui anche bambini; ***~ fallen*** rientrarci, farne parte; ***~ mischen*** mescolare (a qcs.), mescolarvi; ***sich ~ mischen*** mescolarsi.

Dar|wi|nis|mus m. *(-)* darwinismo *m.* **Dar|wi|nist** m. *(-en,-en)* darwinista *m.*, darwiniano *m.* **dar|wi|nis|tisch** agg. darwiniano.

das I artc.det.n. → **der II** pron.dimostr. **1** questo, questa, quello, quella: ***~ ist ein Buch, ein Tisch, eine Tasche*** questo è un libro, un tavolo, questa è una borsa; ***~ sind meine Brüder, meine Schwestern*** questi sono i miei fratelli, queste sono le mie sorelle **2** *(diese Sache)* questo, ciò: ***~ ist wahr*** ciò (*o* questo) è vero; ***war es ~, was du mir sagen wolltest?*** era questo che volevi dirmi?

Da|sein n. *(-s)* **1** esistenza *f.*: ***ein elendes, kümmerliches ~ führen*** condurre una misera esistenza; ***der Kampf ums ~*** la lotta per l'esistenza; ***sie wussten nichts vom ~ eines Testamentes*** non sapevano nulla dell'esistenza di un testamento **2** *(Anwesenheit)* presenza *f.*: ***sein ständiges ~ geht mir auf die Nerven*** la sua continua presenza mi dà sui nervi ◆ ***ein armseliges ~ fristen*** tirare a campare. **Da|seins|angst** f. *(-,-ängste)* angoscia *f.* esistenziale. **Da|seins|be|din|gun|gen** pl. condizioni *f.pl.* di vita. **Da|seins|be|rech|ti|gung** f. *(-)* ragion *f.* d'essere (*o* di esistere). **Da|seins|kampf** m. *(-[e]s,-kämpfe)* lotta *f.* per l'esistenza. **Da|seins|recht** n. *(-[e]s,-e)* → **Daseinberechtigung.**

da|selbst avv. LETT. ivi.

da_sit|zen intr. *(saß, gesessen;* aus. *haben)* **1** starsene là seduto **2** FIG. COLLOQ. essere, trovarsi: ***sie sitzt ohne Hilfe da*** non ha nessun aiuto, è abbandonata a se stessa.

das|je|ni|ge → **derjenige.**

dass cong. **1** *(in Subjekt- und Objektsätzen)* che: ***es hat uns gefreut, ~ du uns besucht hast*** ci ha fatto piacere che tu ci abbia fatto visita; ***ich weiß, ~ es wahr ist*** so che è vero; ***ich will, ~ du kommst*** voglio che tu venga **2** *(in Finalsätzen)* perché, affinché: ***lauf, ~ du nicht zu spät kommst*** corri, così non arrivi tardi **3** *(temporal: seit)* che, da quando: ***es sind schon drei Jahre, ~ er hier lebt*** sono tre anni che vive qui **4** *(als Korrelat mit daran, darauf, dadurch...)* ***das liegt daran, ~ du die Nerven verloren hast*** dipende dal fatto che ti sono saltati i nervi; ***er hat uns dadurch geholfen, ~ er Verständnis zeigte*** ci ha aiutati mostrando comprensione **5** *(als Korrelat mit so)* ***so...~*** così...che: ***die Musik war so laut, ~ sich alle Nachbarn darüber beschwerten*** la musica era così forte, che tutti i vicini si lamentarono **6** *(in Attributsätzen)* che: ***die Tatsache, ~*** il fatto che; ***unter der Bedingung, ~*** a condizione che; ***gesetzt den Fall, ~*** posto il caso che (*o* poniamo il caso che) **7** *(in Ausrufesätzen)* che: ***~ Gott erbarm!*** che Dio abbia misericordia! ***~ dich der Teufel hole!*** va' al diavolo! ◆ ***es ist zu schön, als ~ es wahr sein könnte*** è troppo bello per essere vero; ***(an)statt ~*** invece di; ***anstatt ~ du Musik hörst, solltest du lieber lernen*** invece di ascoltare musica faresti meglio a studiare; ***auf ~*** perché, affinché, così (che); ***iss, auf ~ du groß und stark wirst*** mangia, così diventi forte e robusto; ***außer ~*** tranne che, salvo che; ***es sei denn, ~*** a meno che; ***kaum ~*** non appena, appena (che); ***kaum ~ wir zu Hause waren, begann es zu regnen*** appena fummo a casa, cominciò a piovere; ***nicht ~ ich wüsste*** non che io sappia; ***ohne ~*** senza che; ***alles ist passiert, ohne ~ ich etwas gemerkt habe*** tutto è accaduto senza che me ne accorgessi; ***so ~*** così (che), in modo che.

das|sel|be → **derselbe.**

Das|sel|flie|ge f. *(-,-n)* ENTOM. ipoderma *m.*, estro *m.* bovino.

da_ste|hen intr. *(stand, gestanden;* aus. *haben)* **1** stare là, starsene là: ***sie stand da wie verträumt*** se ne stava là come imbambolata **2** *(sich in einer Situation befinden)* trovarsi, stare, essere: ***mittellos, ganz allein ~*** essere privo di mezzi, completamente solo; ***er steht jetzt glänzend da*** ora gli va a meraviglia ◆ ***wie stehe ich denn jetzt (vor ihr) da!*** che figura ci faccio (con lei)?

dat. ⇒ *datum* data.

Date [deɪt] n. *(-[s],-s)* GERG. appuntamento *m.*

Da|tei f. *(-,-en)* INFORM. file *m.*, archivio *m.*: ***eine ~ anlegen, kopieren, löschen, speichern, verschieben*** creare, copiare, cancellare, salvare, spostare un file.

Da|ten pl. **1** → **Datum 2** dati *m.pl.*: ***die technischen ~ eines Geräts*** i dati tecnici di un apparecchio; ***gespeicherte ~*** dati memorizzati; ***~ sammeln, eingeben, abrufen*** raccogliere, inserire, richiamare dati; ***die ~ zur Arbeitslosigkeit*** i dati sulla disoccupazione. **Da|ten|ana|ly|se** f. *(-,-n)* analisi *f.* dei dati. **Da|ten|au|to|bahn** f. *(-,-en)* autostrada *f.* informatica. **Da|ten|bank** f. *(-,-en)* banca *f.* dati. **Da|ten|er|fas|sung** f. *(-,-en)* raccolta *f.* dati. **Da|ten|frei|ga|be** f. *(-)* INFORM. invio *m.* **Da|ten|netz** n. *(-es,-e)* rete *f.* (telematica).

Da|ten|schutz m. *(-es)* DIR. protezione *f.*, segretezza *f.* dei dati. **Da|ten|schutz|be|auf|trag|te** m. e f. *(-n,-n)* responsabile *m.* e *f.* della tutela della segretezza dei dati. **Da|ten|schutz|ge|setz** n. *(-es,-e)* legge *f.* sulla protezione dei dati.

Da|ten|sicht|ge|rät n. *(-[e]s,-e)* visualizzatore *m.* dei dati, display *m.* **Da|ten|spei|cher** m. *(-s,-)* memoria *f.* dati. **Da|ten|trä|ger** m. *(-s,-)* supporto *m.* (dati). **Da|ten|über|tra|gung** f. *(-,-en)* trasmissione *f.* dei dati. **Da|ten|ver|ar|bei|tung** f. *(-,-en)* elaborazione *f.* dati.

da|tier|bar agg. databile. **da|tie|ren I** tr. datare: ***einen Brief (auf den 2. Mai) ~*** mettere la data a una lettera, datare una lettera (2 maggio); ***archäologische Funde (auf etwa 300 n. Chr.) ~*** datare reperti archeologici (intorno al 300 d.C.) **II** intr. (aus. *haben*) **1** risalire: ***unsere Freundschaft datiert vom Anfang des Jahres*** la nostra amicizia risale all'inizio dell'anno; ***aus dem 16. Jahrhundert ~*** risalire al XVI secolo, al Cinquecento **2** recare, portare la data: ***der Brief datiert vom 10. Dezember*** la lettera è del 10 dicembre. **Da|tie|rung** f. *(-,-en)* datazione *f.*

Da|tiv m. *(-s,-e)* dativo *m.*: ***im ~*** al dativo. **Da|tiv|en|dung** f. *(-,-en)* desinenza *f.* al (*o* del) dativo. **Da|tiv|ob|jekt** n. *(-[e]s,-e)* complemento *m.* al dativo.

da|to avv. ANT. oggi: ***bis ~*** fino ad oggi. **Da|to|wech|sel** m. *(-s,-)* cambiale *f.* a scadenza fissa.

Dat|scha f. *(-, Datschen)*, **Dat|sche** f. *(-,-n)* dacia *f.*

Dat|tel f. *(-,-n)* dattero *m.* **Dat|tel|pal|me** f. *(-,-n)* palma *f.* da datteri, dattero *m.* **Dat|tel|wein** m. *(-[e]s,-e)* vino *m.* di datteri.

Da|tum n. *(-s, Daten)* **1a** data *f.*: ***welches ~ haben wir heute?*** che giorno è oggi? ***das heutige ~ ist der 19. November 1991*** oggi è il 19 novembre 1991; ***etw. mit einem ~ versehen*** mettere la data a qcs.; ***unter dem heutigen, mit heutigem ~*** in data odierna **b** ***ein historisches ~*** una data storica; ***wissenschaftliche Studien neueren -s*** studi scientifici recenti **2a** *(Tatsache)* dato *m.*, dato *m.* di fatto: ***von Daten ausgehen*** partire dai dati di fatto **b** *(Angabe)* dato *m.*, indicazione *f.*: ***technische Daten*** dati tecnici; ***die Daten dieser Akten*** gli estremi di queste pratiche. **Da|tums|an|ga|be** f. *(-,-n)* indicazione *f.* della data. **Da|tums|gren|ze** f. *(-,-n)* linea *f.* del cambiamento di data. **Da|tums|stem|pel** m. *(-s,-)* datario *m.*

Dau|be f. *(-,n)* doga *f.*

Dau|er f. *(-)* durata *f.*, periodo *m.*: ***für die ~ eines Monats, von einem Monat*** per la durata di un mese ◆ ***auf (die) ~*** a lungo andare, alla lunga; ***eine Stelle, Lösung auf ~*** un posto a tempo indeterminato, una soluzione durevole; ***von ~ sein*** essere duraturo, durare; ***von kurzer, begrenzter ~*** di breve durata, limitato; ***nicht von langer ~ sein*** non durare a lungo. **Dau|er|ap|fel** m. *(-s,-äpfel)* mela *f.* d'inverno. **Dau|er|ar|beits|lo|sig|keit** f. *(-)* disoccupazione *f.* a lungo termine. **Dau|er|auf|trag** m. *(-[e]s,-aufträge)* BANC. ordine *m.* permanente (di pagamento). **Dau|er|aus|stel|lung** f. *(-,-en)* mostra *f.* permanente. **Dau|er|aus|weis** m. *(-es,-e)* documento *m.* (*o* tessera *f.*) a validità illimitata. **Dau|er|be|las|tung** f. *(-,-en)* **1** carico *m.* permanente **2** EL. carica *f.* continua. **Dau|er|be|schäf|ti|gung** f. *(-,-en)* occupazione *f.* a tempo indeterminato. **Dau|er|be|trieb** m. *(-[e]s,-e)* funzionamento *m.* continuato, attività *f.* continua. **Dau|er|bren|ner** m. *(-s,-)* **1** stufa *f.* a fuoco continuo **2** COLLOQ. evergreen *m.*, classico *m.* (della musica o dello spettacolo). **Dau|er|ein|rich|tung** f. *(-,-en)* **1** allestimento *m.* permanente **2** FIG. istituzione *f.* **Dau|er|frost|bo|den** m. *(-s)* permafrost *m.* **Dau|er|gast** m. *(-[e]s,-gäste)* ospite *m.*, cliente *m.* fisso. **Dau|er|ge|schwin|dig|keit** f. *(-)* velocità *f.* di crociera.

dau|er|haft I agg. **1** durevole, duraturo, solido: ***eine -e Beziehung*** un rapporto duraturo (*o* solido) **2** *(haltbar)* resistente, solido: ***ein -es Material*** un materiale resistente; ***eine -e Farbe*** un colore inalterabile **II** avv. a lunga durata, in modo durevole, in modo che duri. **Dau|er|haf|tig|keit** f. *(-,-en)* **1** durevolezza *f.*, durata *f.* **2** *(Haltbarkeit)* resistenza *f.*, solidità *f.*

Dau|er|kar|te f. *(-,-n)* biglietto *m.* (*o* tessera *f.*) d'abbonamento. **Dau|er|kun|de** m. *(-n,-n)* cliente *m.* fisso (anche FIG.). **Dau|er|lauf** m. *(-[e]s,-läufe)* corsa *f.* di resistenza. **Dau|er|leis|tung** f. *(-,-en)* prestazione *f.* di lunga durata. **Dau|er|lut|scher** m. *(-s,-)* lecca-lecca *m.* gigante. **Dau|er|mag|net** m. *(-[e]s* e *-en,-e[n])* magnete *m.* permanente. **Dau|er|mie|ter** m. *(-s,-)* affittuario *m.* a tempo indeterminato; *(von Wohnungen)* inquilino *m.* stabile. **Dau|er|milch** f. *(-)* latte *m.* a lunga conservazione.

1.dau|ern intr. (aus. *haben*) **1** durare: ***ewig, endlos ~*** durare in eterno, per l'eternità; ***diese Beziehung wird ~*** questa relazione durerà, resisterà nel tempo **2** impers. ***es dauerte nicht lange, da kam er*** non ci volle molto, che lui arrivò; ***ein Weilchen wird es schon noch ~*** ci vorrà ancora un momentino; ***es dauert mir zu lange*** non ne posso più (di aspettare).

2.dau|ern tr. ***jdn, etw. dauert mich*** qcn. mi fa pena, qcs. mi rincresce (*o* mi dispiace).

dau|ernd I p.pres. agg. **1** → **dauern 2** durevole, duraturo **3** continuo, permanente, abituale: ***sein -er Wohnsitz*** la sua residenza abituale **II** avv. continuamente: ***er ist ~ unterwegs*** è continuamente in viaggio.

Dau|er|scha|den m. *(-s,-schäden)* infermità *f.* (*o* invalidità *f.*) permanente. **Dau|er|schlaf** m. *(-[e]s)* sonno *m.* prolungato. **Dau|er|stel|lung** f. *(-,-en)* impiego *m.* a tempo indeterminato. **Dau|er|ton** m. *(-[e]s,-töne)* segnale *m.* sonoro (*o* suono *m.*) prolungato. **Dau|er|wel|le** f. *(-,-n)* permanente *f.*: ***jdm eine ~ legen*** fare la permanente a qcn. **Dau|er|wir|kung** f. *(-,-en)* effetto *m.* duraturo. **Dau|er|wohn|sitz** m. *(-es,-e)* domicilio *m.* permanente. **Dau|er|wurst** f. *(-,-würste)* salume *m.* **Dau|er|zu|stand** m. *(-[e]s,-zustände)* stato *m.* (*o* condizione *f.*) permanente.

Däum|chen n. *(-s,-)* piccolo pollice *m.* ◆ ***~ drehen*** girarsi i pollici.

Däu|me|lin|chen n.pr.n. *(-s)* Pollicino *m.*
Dau|men m. *(-s,-)* pollice *m.*: ***am ~ lutschen*** succhiarsi il pollice; ***sich in den ~ schneiden*** tagliarsi il pollice ◆ ***jdm, für jdn die ~ drücken, halten*** augurare in bocca al lupo a qcn.; FIG. ***auf etw. (A) den ~ halten, haben*** tenere, avere qcs. in pugno; ***den ~ auf den Beutel halten*** non allentare il cordone della borsa; ***(etw.) über den ~ peilen*** stimare (qcs.) a occhio e croce (*o* a spanne). **Dau|men|ab|druck** m. *(-s,-abdrücke)* impronta *f.* del pollice. **dau|men|breit** agg. della larghezza di un pollice, largo (come) un pollice. **Dau|men|brei|te** f. *(-,-n)* larghezza *f.* di un pollice ◆ ***um ~*** di poco, di due dita. **Dau|men|schrau|be** f. *(-,-n)* STOR. schiacciapollici *m.* ◆ ***jdm (die) -n anlegen, ansetzen*** = mettere qcn. alle strette. **Däum|ling I** m. *(-s,-e)* **1** ditale *m.* per pollice **2** REGION. dito *m.* del guanto **II** n.pr.m. Pollicino *m.*
Dau|ne f. *(-,-n)* piuma *f.* **Dau|nen|bett** n. *(-[e]s,-en)* letto *m.* di piume, piumone *m.* **Dau|nen|de|cke** f. *(-,-n)* coperta *f.* di piume, piumino *m.* **Dau|nen|fe|der** f. *(-,-n)* → **Daune. Dau|nen|fül|lung** f. *(-,-en)* imbottitura *f.* di piume. **Dau|nen|kis|sen** n. *(-s,-)* cuscino *m.* di piume. **dau|nen|weich** agg. soffice come una piuma.
Dau|phin [do'fɛ̃:] m. *(-s,-s)* STOR. delfino *m.* (anche FIG.).
1.Daus, *ei der ~!, was der ~!* diavolo! caspita!
2.Daus n. *(-es, Däuser* e *-e)* **1** *(beim Würfelspiel)* due *m.* **2** *(beim Kartenspiel)* asso *m.*
Da|vid ['da:fɪt, 'da:vɪt] n.pr.m. David(e) *m.* **Da|vids|har|fe** f. *(-,-n)* arpa *f.* davidica. **Da|vid(s)|stern** m. *(-[e]s,-e)* stella *f.* di Davide.
Da|vit ['de:vɪt] m. *(-s,-s)* MAR. gru *f.*
da|von, enfat. **da|von** avv.pron. **1** *(lokal)* di (*o* da) lì, di (*o* da) là: ***da ist die Abzweigung, 2 km ~ liegt ein See*** là c'è il bivio, a 2 km (di lì) c'è un lago; ***ich bin weit ~ entfernt, zu...*** sono lontano dal,... **2** *(mit Satzteil + von)* ***~ träumen*** sognarne; ***sich ~ erholen*** rimettersi, ristabilirsi da questo; ***wir gehen ~ aus, dass...*** partiamo dal presupposto che...; ***~ frei, befreit, geheilt sein*** esserne libero, liberato, guarito; ***etw. ~ wissen*** saperne qcs. **3** *(dadurch)* a causa di ciò, per ciò: ***das kommt ~, dass...*** ecco quel che succede se...; ***~ bin ich wach geworden*** questo mi ha svegliato **4** di questo, di ciò, ne: ***nimm ein Stück ~!*** prendine un pezzo! ***ich habe nichts ~ bekommen*** non ne ho avuto niente; ***hier ist der Stoff und ~ mache ich mir ein Kleid*** qui c'è la stoffa e me ne faccio un vestito; ***~ kann man nicht leben*** non si può vivere di questo; ***bitte, noch einmal ~*** per favore, ancora una volta di questo ◆ ***genug ~!*** basta così! ***etw. ~ haben*** averne vantaggio, profitto; ***~ hast du doch nichts*** non ne ricavi nulla, non te ne viene nulla; ***das hast du ~!*** guarda che cosa hai combinato! ***nichts ~ hören wollen*** non volerne sentir parlare; ***nicht weit ~ sein, etw. zu tun*** essere sul punto di fare qcs.
da|von‿blei|ben intr. *(blieb, geblieben;* aus. *sein)* COLLOQ. tenersi lontano da ciò: ***bleib weg davon!*** tientene lontano! **da|von‿brau|sen** intr. (aus. *sein*) COLLOQ. rombare via, andarsene rombando. **da|von‿ei|len** intr. (aus. *sein*) allontanarsi in fretta da questo, affrettarsi lontano da ciò. **da|von‿fah|ren** intr. *(fährt, fuhr, gefahren;* aus. *sein)* andarsene, partire. **da|von‿ge|hen** intr. *(ging, gegangen;* aus. *sein)* andarsene, andare via da questo. **da|von‿ja|gen I** intr. (aus. *sein*) allontanarsi velocemente da questo, allontanarsene velocemente **II** tr. cacciare via, scacciare. **da|von‿kom|men** intr. *(kam, gekommen;* aus. *sein)* salvarsi, scamparla, cavarsela: ***er ist noch einmal (mit dem Leben) davongekommen*** l'ha scampata, si è salvato (la vita) ancora una volta; ***glimpflich ~*** cavarsela a buon mercato; ***mit dem Schrecken, mit heiler Haut ~*** cavarsela con un bello spavento, per il rotto della cuffia. **da|von‿lau|fen** intr. *(läuft, lief, gelaufen;* aus. *sein)* **1a** scappare (via), correre via; sfuggire **b** lasciare: ***ihm ist seine Frau davongelaufen*** sua moglie lo ha lasciato **2** *(unkontrollierbar werden)* sfuggire al controllo: ***die Preise laufen davon*** i prezzi salgono in modo incontrollato ◆ ***es ist zum Davonlaufen*** è una disperazione, è insopportabile. **da|von‿ma|chen** rifl. **sich ~** COLLOQ. svignarsela. **da|von‿schlei|chen** intr. (aus. *sein*) e rifl. **sich ~** *(schlich, geschlichen)* andarsene quatto quatto, di soppiatto. **da|von‿steh|len** rifl. *(stiehlt, stahl, gestohlen)* **sich ~** andarsene quatto quatto. **da|von‿tra|gen** tr. *(trägt, trug, getragen)* **1** portare via (di lì) **2** riportare, riportarne: ***einen Sieg ~*** riportare una vittoria; ***er hat einen Schaden davongetragen*** ne ha riportato un danno; *(Krankheit)* contrarre, contrarne. **da|von‿zie|hen** intr. *(zog, gezogen;* aus. *sein)* **1** allontanarsi (da questo), allontanarsene, partire **2** SPORT dare un distacco, fare una fuga.
da|vor, enfat. **da|vor** avv.pron. **1** *(lokal)* davanti (a questo): ***ein Haus mit einem Teich ~*** una casa con uno stagno davanti; ***~ halten*** tener(ci) davanti; ***~ legen, stellen*** metter(ci) davanti; ***sich ~ legen, stellen*** metter(ci)si davanti; ***~ liegen*** stare, giacere davanti (a questo), starci davanti; ***~ schieben*** spingere, spostare davanti; ***sich ~ schieben*** spostarsi davanti; ***~ stehen*** star(ci) davanti; FIG. star(ci) di fronte: ***ein schlimmes Unglück, wir standen fassungslos ~*** una brutta disgrazia, di fronte ad essa eravamo senza parole; *(lokal)* essere vicino (a questo), esserne (*o* esserci) vicino **2** *(temporal)* prima (di ciò): ***~ war er Verkäufer*** prima era commesso; ***sie hat die Prüfung noch nicht gemacht, aber sie steht kurz ~*** non ha ancora dato l'esame, ma c'è vicina (*o* le manca poco) **3** *(mit Satzteil + vor)* ***hüte dich ~!*** guàrdatene! ***er hat Angst ~, entdeckt zu werden*** ha paura di essere scoperto.
da|wi|der avv.pron. ANT. o REGION. → **dagegen. da|wi|der‿re|den** intr. (aus. *haben*) ANT. sostenere il contrario.
Da|zi|en n.pr.n. Dacia *f.* **Da|zi|er** m. *(-s,-)* daco *m.*
da|zu, enfat. **da|zu** avv.pron. **1** in più, in aggiunta a questo, oltre a ciò, inoltre: ***er singt und spielt ~ Piano*** canta e (inoltre) si accompagna al piano; ***schön und ~ reich sein*** essere bello e in più ricco; ***~ kommt, dass...*** a ciò si aggiunge che..., in più c'è il fatto che...; ***noch ~*** per giunta, per di più **2** *(zu diesem Zweck)* per questo, a questo scopo: ***~ braucht man Geld*** per questo ci vogliono soldi; ***er ist ~ da*** è qui per questo; ***was können wir ~ tun?*** che cosa possiamo fare al riguardo? **3** *(mit Satzteil + zu)* ***~ habe ich keine Lust*** non ne ho voglia; ***~ in der Lage sein*** esserne in grado; ***im Gegensatz ~*** invece, al contrario; ***sich ~ äußern*** esprimersi al riguardo, in merito; ***du eignest dich nicht ~*** tu non ci sei tagliato, non sei fatto per questo; ***endlich komme ich ~, zu...*** finalmente riesco a...; ***~ gehört,...*** ci vuole...; ***was sagen Sie ~?*** cosa ne dice? ***wie kommt er ~?*** come ci arriva? come si permette? ***~ bereit, willig sein*** essere pronto, disposto a ciò.
da|zu‿be|kom|men tr. *(bekam, bekommen)* ricevere in più, in aggiunta. **da|zu‿ge|ben** tr. *(gibt, gab, gegeben)* aggiungere, dare in aggiunta.
da|zu‿ge|hö|ren tr. appartenere a questo, fare parte di questo. **da|zu|ge|hö|rig** agg. relativo, appartenente a questo, a ciò.
da|zu‿ge|sel|len rifl. **sich ~** unirsi a qcn., accompagnarsi a qcn. **da|zu‿kom|men** intr. *(kam, gekommen;* aus. *sein)* **1** sopraggiungere: ***er kam gerade dazu, als sie aufeinander los gingen*** sopraggiunse proprio quando stavano venendo alle mani **2** aggiungersi: ***dazu kommt noch eine Prise Salz*** si aggiunge ancora un pizzico di sale ◆ ***kommt noch etwas dazu?*** desidera altro?
da|zu‿le|gen I tr. aggiungere **II** rifl. ***leg dich dazu!*** sdràiati qui anche tu. **da|zu‿ler|nen** tr. imparare in più.
da|zu|mal avv. ANT. in quel tempo ◆ SCHERZ. ***anno ~*** = in altri tempi, nei bei tempi antichi.
da|zu‿rech|nen tr. **1** aggiungere (nel conto): ***man muss noch diesen Betrag ~*** si deve ancora aggiungere questo importo (nel conto) **2** *(berücksichtigen)* FIG. contare, considerare (inoltre): ***wenn man noch dazurechnet, dass...*** se si considera inoltre che... **da|zu‿sa|gen** tr. aggiungere, dire in aggiunta. **da|zu‿schla|gen** tr. *(schlägt, schlug, geschlagen)* → **dazurechnen. da|zu‿schrei|ben** tr. *(schrieb, geschrieben)* aggiungere, scrivere in aggiunta: ***er hat noch Grüße dazugeschrieben*** ha ancora aggiunto i saluti. **da|zu‿set|zen I** tr. **1** aggiungere a questo, aggiungervi **2** *(dazuschreiben)* scrivere in aggiunta **II** rifl. **sich ~** sedersi accanto a qcn. (con qcn.). **da|zu‿stel|len** tr. aggiungere (a questo), aggiungervi. **da|zu‿tun** tr. *(tut, tat, getan)* aggiungere (a questo): ***du kannst noch etwas Zucker ~*** puoi ancora aggiungervi un po' di zucchero. **Da|zu|tun, *ohne jds ~*** senza l'intervento, l'aiuto di nessuno.
da|zwi|schen, enfat. **da|zwi|schen** avv.pron. **1** *(lokal)* (là) in mezzo, tra, fra questi: ***zwei Stühle mit einem Tisch ~*** due sedie e fra queste un tavolo; ***er drängte sich ~*** si spinse là in mezzo **2a** *(temporal)* in mezzo, tra questi **b** *(zwischendurch)* nel frattempo: ***~ kann man sich ein wenig ausruhen*** nel frattempo ci si può riposare un attimo.
da|zwi|schen‿fah|ren intr. *(fährt, fuhr, gefahren*; aus. *sein)* intervenire, intromettersi (bruscamente): ***als die Hunde sich zu beißen begannen, fuhr er dazwischen*** quando i cani iniziarono ad azzannarsi egli intervenne; ***bei einer Diskussion ~*** intromettersi bruscamente in una discussione. **da|zwi|schen‿fun|ken** intr. (aus. *haben*) immischiarsi, intromettersi: ***jdm ~*** intromettersi negli affari di qcn. **da|zwi|schen‿ge|ra|ten** intr. *(gerät, geriet, geraten;* aus. *sein)* finire, capitare in mezzo (a questo). **da|zwi|schen‿hau|en** intr. COLLOQ. → **dazwischenschlagen. da|zwi|schen‿kom|men** intr. *(kam, gekommen;* aus. *sein)* **1** finire in mezzo (a questo), finirci in mezzo **2a** *(plötzlich geschehen)* capitare improvvisamente, sopravvenire **b** *(von Personen)* capitare ◆ ***wenn nichts dazwischenkommt*** salvo imprevisti; ***ihm ist etwas dazwischengekommen*** ha avuto un imprevisto. **da|zwi|schen‿lie|gen** intr. *(lag, gelegen;* aus. *haben)* essere (*o* stare) in mezzo a questi. **da|zwi|schen‿re|den** intr. (aus. *haben*) intromettersi

(nel discorso): ***rede nicht immer dazwischen!*** non intrometterti sempre! **da|zwi|schen‿schal|ten** tr. EL. inserire: ***einen Widerstand ~*** inserire una resistenza. **da|zwi|schen‿schie|ben** *(schob, geschoben)* **I** tr. inserire, infilare (in mezzo) **II** rifl. **sich ~** interporsi, frapporsi. **da|zwi|schen‿schla|gen** tr. *(schlägt, schlug, geschlagen)* intervenire con violenza; menare le mani. **da|zwi|schen‿ste|hen** intr. *(stand, gestanden;* aus. *haben)* **1** essere (*o* stare) in mezzo (a questo) **2** FIG. *(zwischen Gegensätzen)* avere una posizione intermedia **3** *(von Beziehungen)* stare in mezzo. **da|zwi|schen‿tre|ten** intr. *(tritt, trat, getreten;* aus. *sein)* intervenire.

dB ⇒ *Dezibel* decibel (db).

DB ⇒ *Deutsche Bundesbahn* Ferrovie Federali Tedesche.

DBP ⇒ *Deutsche Bundespost* Poste Federali Tedesche.

DDR ⇒ *Deutsche Demokratische Republik* Repubblica Democratica Tedesca (RDT).

DDT n. *(-[s])* DDT *m.*: ***das ~ spritzen*** dare, spruzzare il DDT.

D-Dur n. *(-)* re *m.* maggiore.

Deal [di:l] m. *(-s,-s)* GERG. affare *m.*, commercio *m.*: ***mit jdm einen ~ machen*** fare un affare con qualcuno. **dea|len** intr. (aus. *haben*) spacciare (droga). **Dea|ler** m. *(-s,-)* **1** spacciatore *m.* (di droga) **2** ECON. operatore *m.* di borsa; *(Börsenspekulant)* borsista *m.*

De|ba|kel n. *(-s,-)* débâcle *f.*, disfatta *f.*; *(Zusammenbruch)* rovina *f.*, disastro *m.*: ***ein ~ erleiden*** subire una disfatta.

De|bat|tier|klub m. *(-s,-s)* circolo *m.* di discussione.

De|bat|te f. *(-,-n)* discussione *f.*, dibattito *m.*: ***eine erregte, heftige, hitzige ~*** una discussione vivace, violenta, appassionata; ***etw. steht zur ~*** qcs. è in discussione, viene discusso; ***etw. zur ~ stellen*** mettere qcs. in discussione; ***eine ~ eröffnen*** aprire una discussione, un dibattito. **de|bat|tie|ren I** tr. discutere **II** intr. (aus. *haben*) ***über etw. (A) ~*** discutere di, su qcs.

De|bet ['de:bɛt] n. *(-s,-s)* ECON. **1** debito *m.*, addebito *m.* **2** *(Soll)* dare *m.* **De|bet|no|te** f. *(-,-n)* nota *f.* di addebito. **De|bet|sal|do** m. *(-s,-salden)* ECON. saldo *m.* a debito.

de|bil agg. debole di mente. **De|bi|li|tät** f. *(-)* debolezza *f.* mentale.

De|bit [de'bi:] m. *(-s)* rivendita *f.*, spaccio *m.*, vendita *f.*

de|bi|tie|ren tr. **1** COMM. vendere **2** *(belasten)* addebitare. **De|bi|tor** m. *(-s,-en)* debitore *m.*

De|büt [de'by:] n. *(-s,-s)* debutto *m.*, esordio *m.*: ***sein ~ geben, liefern*** esordire. **De|bü|tant** m. *(-en,-en)* esordiente *m.* **De|bü|tan|tin** f. *(-,-nen)* esordiente *f.*, debuttante *f.* **de|bü|tie|ren** intr. (aus. *haben*) debuttare, esordire.

De|cha|nat n. *(-[e]s,-e)* decanato *m.*, grado *m.* di decano. **De|cha|nei** f. *(-,-en)* decanato *m.*, abitazione *f.* del decano. **De|chant** m. *(-en,-en)* decano *m.*

de|chiff|rie|ren [deʃɪ'fri:rən] tr. decifrare. **De|chiff|rie|rung** f. *(-,-en)* deciframento *m.*, decifrazione *f.*

Deck n. *(-[e]s,-s)* **1** ponte *m.*, coperta *f.*: ***alle Mann an ~!*** equipaggio in coperta! ***auf, an ~, unter ~*** in coperta, sotto coperta; ***das ~ scheuern, schrubben*** pulire il ponte **2** *(von Wagen, Bussen)* imperiale *m.* ◆ ***nicht, wieder auf ~ sein*** non essere, essere nuovamente in forma.

Deck|ad|res|se f. *(-,-n)*, **Deck|an|schrift** f. *(-,-en)* indirizzo *m.* di copertura. **Deck|bett** n. *(-[e]s,-en)* piumino *m.*, coperta *f.* di piume. **Deck|blatt** n. *(-[e]s,-blätter)* **1** BOT. brattea *f.* **2** *(von Zigarren)* foglia *f.* esterna **3a** EDIT. addenda *m.pl.* **b** *(Titelblatt)* frontespizio *m.*

De|cke f. *(-,-n)* **1** coperta *f.*: ***unter die ~ kriechen, schlüpfen*** infilarsi sotto le coperte; ***sich in eine ~ wickeln, hüllen*** avvolgersi in una coperta **2** *(Tischtuch)* tovaglia *f.*: ***die ~ auflegen*** mettere la tovaglia (sulla tavola) **3** *(Zimmerdecke)* soffitto *m.* **4** FIG. manto *m.*: ***eine ~ aus Schnee*** un manto di neve **5** *(von Büchern)* copertina *f.* **6** *(von Reifen)* copertone *m.* **7** *(von Straßen)* manto *m.*, pavimentazione *f.* (stradale): ***die ~ erneuern*** rifare la pavimentazione stradale **8** VENAT. pelle *f.*; *(Fell)* pelliccia *f.*, mantello *m.* ◆ ***blinde ~*** controsoffitto; ***an die ~ gehen*** andare su tutte le furie; ***mir fällt die ~ auf den Kopf!*** = qui dentro mi sento in gabbia! ***vor Freude an die ~ springen*** fare salti di gioia; ***mit jdm unter einer ~ stecken*** intendersela con qcn., essere in combutta con qcn.; ***sich nach der ~ strecken*** fare il passo secondo la gamba.

De|ckel m. *(-s,-)* **1** coperchio *m.*: ***einen ~ auflegen*** mettere un coperchio; ***der ~ passt nicht*** il coperchio non è di misura **2** ED piatto *m.* ◆ COLLOQ. ***eins auf den ~ bekommen*** ricevere una lavata di capo; COLLOQ. ***jdm eins auf den ~ geben*** dare una strigliata a qcn., fare una lavata di capo a qcn.; ***sie passen zusammen wie Topf und ~*** sono pappa e ciccia; *(Liebesbeziehung)* sono fatti l'uno per l'altra. **De|ckel|glas** n. *(-es,-gläser)* bicchiere *m.* con coperchio. **De|ckel|kan|ne** f. *(-,-n)* bricco *m.* con coperchio. **De|ckel|korb** m. *(-[e]s,-körbe)* cesto *m.* con coperchio. **De|ckel|krug** m. *(-[e]s,-krüge)* boccale *m.* con coperchio. **de|ckeln** tr. **1** ***etw. ~*** coperchiare qcs., mettere il coperchio a qcs. **2** COLLOQ. *(zurechtweisen)* ***jdn ~*** rimproverare qcn., fare una lavata di capo a qcn.

de|cken I tr. **1a** coprire: ***die Hand über die Augen ~*** coprirsi gli occhi con la mano; ***das Dach mit Schiefer ~*** coprire il tetto di ardesia **b** assol. ***die Farbe deckt gut*** il colore è coprente **2a** FIG. coprire: ***den Bedarf, die Nachfrage ~*** coprire il fabbisogno, la domanda; ***ein Defizit ~*** coprire un deficit; ***einen Schaden ~*** compensare una perdita **b** *(verbergen)* ***einen Komplizen, eine Tat ~*** coprire un complice, un'azione; ***jdm den Rücken ~*** coprire le spalle a qcn.; ***jds Flucht ~*** coprire la fuga di qcn. **c** *(vom Schachspiel)* ***drei Bauern ~ die Königin*** tre pedoni coprono la regina **3** *(schützen)* fare scudo, riparare: ***die Frau deckte das Kind, indem sie sich vor es warf*** la donna fece scudo al bambino parandosi davanti a lui **4** preparare, apparecchiare: ***den Tisch ~*** apparecchiare la tavola **5** SPORT *(beim Fußballspiel)* marcare: ***einen angreifenden Spieler ~*** marcare un attaccante **6** ZOOL. montare; *(Tierzucht)* inseminare, fecondare **II** rifl. **sich ~ 1a** coprirsi, difendersi: ***sich gegen einen Angriff ~*** difendersi da un attacco **b** SPORT ***der Boxer deckte sich nicht gut*** il pugile non si copriva bene **2** coincidere, collimare: ***seine Ansichten ~ sich nicht mit deinen*** le sue opinioni non coincidono con le tue **3** MAT. essere congruenti: ***die Dreiecke ~ sich*** i triangoli sono congruenti.

De|cken|bau m. *(-[e]s,-e)* manto *m.*, pavimentazione *f.* (stradale). **De|cken|be|leuch|tung** f. *(-,-en)* illuminazione *f.* dal soffitto. **De|cken|fens|ter** n. *(-s,-)* lucernario *m.* **De|cken|ge|mäl|de** n. *(-s,-)* soffitto *m.* dipinto. **De|cken|lam|pe** f. *(-,-n)* lampada *f.* da soffitto. **De|cken|ma|le|rei** f. *(-,-en)* → **Deckengemälde. De|cken|tä|fe|lung** f. *(-,-en)* perlinatura *f.* del soffitto. **De|cken|ver|klei|dung** f. *(-,-en)* rivestimento *m.* del soffitto.

Deck|far|be f. *(-,-n)* colore *m.* coprente. **Deck|flü|gel** m. *(-s,-)* elitra *f.* **Deck|ge|we|be** n. *(-s,-)* epitelio *m.* **Deck|hengst** m. *(-[e]s,-e)* stallone *m.* **Deck|la|dung** f. *(-,-en)*, **Deck|last** f. *(-,-en)* MAR. carico *m.* sopra coperta. **Deck|mann|schaft** f. *(-,-en)* MAR. equipaggio *m.* di coperta. **Deck|man|tel** m. *(-s,-mäntel)* FIG. pretesto *m.*, maschera *f.*: ***unter dem ~ der christlichen Fürsorge*** con il pretesto della carità cristiana. **Deck|na|me** m. *(-ns,-n)* **1** pseudonimo *m.*, nome *m.* fittizio **2** MIL. nome *m.* in codice (*o* convenzionale). **Deck|of|fi|zier** m. *(-s,-e)* MAR. ufficiale *m.* di coperta. **Deck|plan|ke** f. *(-,-n)* MAR. baglio *m.* **Deck|plat|te** f. *(-,-n)* lastra *f.*, piastra *f.*, tavola *f.* di copertura. **Deck|sta|ti|on** f. *(-,-en)* stazione *f.* di monta.

De|ckung f. *(-,-en)* **1a** copertura *f.* (anche FIG.): ***eine ~ aus Stroh*** una copertura di paglia; ***die ~ des Bedarfs*** la copertura del fabbisogno **b** ECON. ***mangelnde ~*** mancanza di copertura; ***die volle ~ des Schadens übernehmen*** assumersi la totale copertura del danno; ***der Scheck ist ohne ~*** l'assegno è scoperto, senza copertura; ***als, zur ~ von etw.*** come copertura di qcs.; ***zur ~ der Kosten beitragen*** contribuire alla copertura delle spese **2** *(geschützter Ort)* coperto *m.*, riparo *m.*: ***in ~ bleiben, gehen*** restare, mettersi al coperto; ***~ bieten, nehmen*** offrire riparo, mettersi al riparo; ***volle ~!*** tutti al coperto! **3a** SPORT copertura *f.* **b** MIL. *(Feuerschutz)* ***jdm ~ geben*** coprire qcn. **c** *(beim Schachspiel)* copertura *f.* **4** *(von Tieren)* accoppiamento *m.*, monta *f.* ◆ ***~ in bar*** pagamento in contanti; GEOM. ***Pläne zur ~ bringen*** far coincidere i piani. **De|ckungs|be|trag** m. *(-[e]s,-beträge)* ECON. copertura *f.* **de|ckungs|gleich** agg. **1** GEOM. congruente **2** concordante: ***-e Ansichten, Theorien*** opinioni, teorie concordanti. **De|ckungs|gleich|heit** f. *(-,-en)* **1** GEOM. congruenza *f.* **2** *(Übereinstimmung)* accordo *m.*, concordanza *f.* **De|ckungs|gren|ze** f. *(-,-n)* margine *m.* di copertura. **De|ckungs|ka|pi|tal** n. *(-s,-e)* capitale *m.* di copertura. **de|ckungs|los I** agg. scoperto **II** avv. allo scoperto. **De|ckungs|mas|se** f. *(-,-n)* fondo *m.* di garanzia. **De|ckungs|mit|tel** pl. fondi *m.pl.* di copertura. **De|ckungs|rück|la|ge** f. *(-,-n)* riserva *f.* di garanzia, riserva *f.* legale. **De|ckungs|spie|ler** m. *(-s)* SPORT difensore *m.* **De|ckungs|sum|me** f. *(-,-n)* somma *f.* coperta. **De|ckungs|zu|sa|ge** f. *(-,-n)* lettera *f.* di copertura.

Deck|wort n. *(-[e]s,-wörter)* parola *f.* convenzionale.

de|co|die|ren [-ko-] → **dekodieren.**

De|di|ka|ti|on f. *(-,-en)* **1** dedica *f.* **2** *(Geschenk)* dono *m.*, omaggio *m.*; *(Stiftung)* donazione *f.* **De|di|ka|ti|ons|exemp|lar** n. *(-s,-e)* copia *f.* con dedica. **de|di|zie|ren** tr. **1** *(widmen)* dedicare **2** ANT. *(schenken)* donare, dare in omaggio.

De|duk|ti|on f. *(-,-en)* FILOS. deduzione *f.* **de|duk|tiv** agg. FILOS. deduttivo. **de|du|zie|ren** tr. FILOS. dedurre.

Deez → **Dez.**

DEFA ⇒ EX-RDT *Deutsche Filmaktiengesellschaft* Società cinematografica di stato.

De-fac|to-An|er|ken|nung f. *(-,-en)* riconoscimento *m.* de facto (*o* di fatto).

De|fä|tis|mus m. *(-)* disfattismo *m.* **De|fä|tist** m. *(-en,-en)* disfattista *m.* **de|fä|tis|tisch** agg. disfattista.

de|fekt agg. **1** *(fehlerhaft)* difettoso: ***ein -er Motor*** un motore difettoso **2** *(beschädigt)* guasto, rotto. **De|fekt** m. *(-[e]s,-e)* **1a** *(Fehler)* difetto *m.*, imperfezione *f.* **b** *(Schaden)* guasto *m.* **2** MED. infermità *f.*, handicap *m.*: ***psychischer, körperlicher ~*** infermità psichica, fisica **3** TIP. refuso *m.* **de|fek|tiv** agg. **1** difettoso **2** GRAMM. difettivo: ***-e Verben*** verbi difettivi. **De|fek|ti|vum** n. *(-s, Defektiva)* difettivo *m.*, voce *f.* difettiva.

de|fen|siv I agg. **1** difensivo, di difesa: ***ein -es Bündnis*** un patto di difesa **2** *(auf Sicherheit bedacht)* prudente: ***-e Fahrweise*** una guida prudente **II** avv. sulla difensiva: ***sich ~ verhalten*** tenersi sulla difensiva. **De|fen|siv|bünd|nis** n. *(-ses,-se)* patto *m.* di difesa. **De|fen|si|ve** f. *(-,-n)* difensiva *f.*: ***in der ~ sein*** stare sulla difensiva; ***jdn in die ~ drängen*** costringere qcn. alla difensiva; ***sich in die ~ begeben*** mettersi sulla difensiva; SPORT ***aus der ~ spielen*** stare sulla difensiva. **De|fen|siv|pakt** m. *(-[e]s,-e)* → **Defensivbündnis. De|fen|siv|spiel** n. *(-[e]s,-e)* gioco *m.* difensivo.

De|fib|ril|la|tor m. *(-s,-en)* defibrillatore *m.* **De|fib|ril|la|ti|on** f. *(-,-en)* defibrillazione *f.*

De|fi|lee n. *(-s,-s)* **1** GEOGR. *(Engpass)* gola *f.* **2** MIL. *(Vorbeimarsch)* sfilata *f.*, parata *f.* **de|fi|lie|ren** intr. (aus. *haben, sein*) **1** attraversare una gola **2** *(vorbeimarschieren)* sfilare.

de|fi|nier|bar agg. definibile. **de|fi|nie|ren I** tr. **1** *(bestimmen)* definire, determinare **2** *(erklären)* chiarire, spiegare: ***etw. genau ~*** chiarire qcs. con precisione **II** rifl. **sich ~** definirsi, caratterizzarsi. **De|fi|ni|ti|on** f. *(-,-en)* definizione *f.* **de|fi|ni|ti|ons|ge|mäß** avv. per definizione.

de|fi|ni|tiv agg. definitivo. **de|fi|ni|to|risch** agg. definitorio.

De|fi|zit n. *(-s,-e)* **1** deficit *m.*, disavanzo *m.*: ***das ~ decken*** coprire (*o* colmare) il disavanzo; ***mit einem ~ abschließen*** chiudere in deficit **2** *(Mangel)* carenza *f.*: ***~ an Vitaminen*** carenza di vitamine. **de|fi|zi|tär** agg. deficitario.

De|fla|ti|on f. *(-,-en)* deflazione *f.* **de|fla|ti|o|när, de|fla|ti|o|nis|tisch** agg. deflazionistico. **de|fla|to|risch** agg. deflatorio.

De|flek|tor m. *(-s,-en)* **1** cappa *f.* d'aspirazione **2** FIS. deflettore *m.*

De|flo|ra|ti|on f. *(-,-en)* deflorazione *f.* **de|flo|rie|ren** tr. deflorare.

De|for|ma|ti|on f. *(-,-en)* **1** deformazione *f.* **2** MED. malformazione *f.*, deformità *f.* **de|for|mie|ren** tr. **1** *(verformen)* deformare **2a** *(verunstalten)* sfigurare **b** FIG. alterare. **de|for|miert** p.pass. agg. **1** → **deformieren 2a** sfigurato: ***ein -es Gesicht*** un volto sfigurato **b** FIG. alterato: ***psychisch ~ sein*** essere psichicamente alterato. **De|for|mie|rung** f. *(-,-en)* deformazione *f.*

def|tig COLLOQ. **I** agg. **1** *(von Speisen)* sostanzioso **2a** *(derb)* grossolano, pesante: ***-e Witze*** battute pesanti **b** robusto, energico: ***eine -e Ohrfeige*** un robusto ceffone **II** avv. RAR. ampiamente ◆ ***jdn ~ verprügeln*** darle di santa ragione a qcn. **Def|tig|keit** f. *(-,-en)* grossolanità *f.*

De|gen m. *(-s,-)* spada *f.*; ANT. daga *f.*: ***den ~ ziehen*** sguainare la spada.

De|ge|ne|ra|ti|on f. *(-,-en)* degenerazione *f.* **de|ge|ne|ra|tiv** agg. degenerativo. **de|ge|ne|rie|ren** intr. (aus. *haben*) degenerare.

De|gen|fech|ten n. *(-s)* SPORT spada *f.* **De|gen|griff** m. *(-[e]s,-e)* impugnatura *f.* della spada. **De|gen|hieb** m. *(-[e]s,-e)* → **Degenstoß. De|gen|korb** m. *(-[e]s,-körbe)* elsa *f.* **De|gen|schlu|cker** m. *(-s,-)* mangiatore *m.* di spade. **De|gen|stoß** m. *(-es,-stöße)* colpo *m.* di spada.

De|gout [de'gu:] m. *(-s)* disgusto *m.*: ***~ vor etw. haben*** provare disgusto per qcs. **de|gou|tant I** agg. disgustoso **II** avv. in modo disgustoso. **de|gou|tie|ren** tr. **1** disgustare: ***sein Verhalten degoutiert mich*** il suo comportamento mi disgusta **2** trovare disgustoso: ***er degoutiert deftige Witze*** trova disgustose le battute pesanti.

De|gra|da|ti|on f. *(-,-en)* degradazione *f.* **de|gra|die|ren** tr. degradare. **De|gra|die|rung** f. *(-,-en)* degradamento *m.*, degrado *m.*

De|gres|si|on f. *(-,-en)* **1** diminuzione *f.*, riduzione *f.* **2** *(von Steuersätzen)* riduzione *f.* dell'aliquota d'imposta. **de|gres|siv** agg. degressivo, regressivo: ***-er Tarif*** tariffa degressiva.

De|gus|ta|ti|on f. *(-,-en)* degustazione *f.* **de|gus|tie|ren** tr. degustare.

dehn|bar agg. **1** estendibile, estensibile, allungabile; FIS. dilatabile; *(von Metall)* duttile **2** FIG. elastico, flessibile: ***ein -er Begriff*** un concetto elastico. **Dehn|bar|keit** f. *(-,-en)* **1** estensibilità *f.*, dilatabilità *f.*; *(von Metall)* duttilità *f.* **2** FIG. elasticità *f.*, flessibilità *f.* **deh|nen I** tr. **1** distendere, allungare, allargare: ***einen Stoff ~*** distendere un tessuto; ***die Arme ~*** distendere le braccia **2** FIS. dilatare **3** LING. allungare: ***eine Silbe ~*** allungare una sillaba **II** rifl. **sich ~ 1** distendersi, allungarsi, allargarsi: ***sich ~ und strecken*** distendersi e stiracchiarsi **2** FIS. dilatarsi **3** *(länger dauern)* protrarsi: ***die Sitzung dehnt sich*** la riunione si protrae (*o* va per le lunghe) **4** *(sich ausbreiten)* (e)stendersi: ***vor unseren Augen dehnte sich eine endlose Ebene*** innanzi a noi si (e)stendeva una sconfinata pianura. **Dehn|stu|fe** f. *(-,-n)* FON. durata *f.* **Deh|nung** f. *(-,-en)* dilatazione *f.*, allungamento *m.*, allargamento *m.* **Deh|nungs|fu|ge** f. *(-,-n)* giunto *m.* di dilatazione. **Deh|nungs-h** n. *(-,-)* acca *f.* di allungamento (di una vocale). **Deh|nungs|ko|ef|fi|zi|ent** m. *(-en,-en)* coefficiente *m.* di dilatazione. **Deh|nungs|mes|ser** m. *(-s,-)* FIS. estensimetro *m.*; MECC. tensiometro *m.* **Deh|nungs|zei|chen** n. *(-s,-)* FON. segno *m.* d'allungamento.

De|hors [de'o:ɐ(s)] pl. *(-)* apparenze *f.pl.*, forma *f.*: ***die ~ wahren*** salvare le apparenze.

De|hu|ma|ni|sa|ti|on f. *(-,-en)* disumanizzazione *f.* **de|hu|ma|ni|sie|ren** tr. disumanizzare.

De|hyd|ra|ta|ti|on f. *(-,-en)* deidratazione *f.*, disidratazione *f.* **de|hyd|ra|ti|sie|ren** tr. deidratare, disidratare. **de|hyd|rie|ren** tr. deidrogenare.

Deich m. *(-[e]s,-e)* diga *f.*, argine *m.*: ***die -e brechen*** rompere gli argini. **Deich|bau** m. *(-[e]s,-ten)* costruzione *f.* di dighe (*o* di argini). **Deich|bruch** m. *(-[e]s,-brüche)* rottura *f.* di una diga (*o* di un argine). **dei|chen** tr. munire di argini. **Deich|ge|nos|sen|schaft** f. *(-,-en)* consorzio *m.* per il mantenimento degli argini (*o* delle dighe). **Deich|graf** m. *(-en,-en)* sovrintendente *m.* agli argini (*o* alle dighe). **Deich|kro|ne** f. *(-,-n)* ciglio *m.* dell'argine. **Deich|pflicht** f. *(-)* obbligo *m.* di manutenzione delle dighe. **Deich|recht** n. *(-[e]s)* = diritto *m.* relativo alla costruzione e alla manutenzione delle dighe (su terre strappate al mare).

Deich|sel f. *(-,-n)* timone *m.* (di carro). **Deich|sel|bruch** m. *(-[e]s,-brüche)* rottura *f.* del timone. **Deich|sel|kreuz** n. *(-es,-e)* **1** impugnatura *f.* del timone **2** RELIG. croce *f.* dei Cedroni. **deich|seln** tr. **1** *(zurechthauen)* squadrare **2** FIG. COLLOQ. sbrigare, mandare in porto.

Deich|ver|band m. *(-[e]s,-verbände)* → **Deichgenossenschaft.**

Deich|vogt m. *(-[e]s,-vögte)* → **Deichgraf.**

De|i|fi|ka|ti|on f. *(-,-en)* deificazione *f.* **de|i|fi|zie|ren** tr. deificare.

deik|tisch agg. **1** LING. deittico **2** *(von Lehrverfahren)* esemplificativo.

dein pron.poss. **1** *(attributiv)* tuo: ***~ Buch, Haus*** il tuo libro, la tua casa; ***-e Tasche, Worte*** la tua borsa, le tue parole; ***ich habe -en Brief eingeworfen*** ho imbucato la tua lettera **2** *(absolut)* **deiner** (f. **deine**, n. **dein[e]s**; pl. **deine**) il tuo, la tua: ***das ist nicht mein Buch, sondern -es*** non è il mio libro, ma il tuo; ***seine Meinung unterscheidet sich sehr von der -en*** la sua opinione si differenzia molto dalla tua ◆ ***tue ~ Möglichstes*** fa' tutto il possibile; ***~ bisschen Deutsch*** quel poco di tedesco che sai; *(Schlussformel in Briefen)* ***deine Karin*** tua Karin; ***immer der Deine*** sempre tuo, tuo affezionato.

dei|ne, Dei|ne n. *(-n)* ***das ~*** *(das dir Gehörende)* il tuo, i tuoi averi; *(deine Pflicht)* il tuo dovere, ciò che ti compete: ***du musst das ~ tun*** devi fare il tuo dovere.

1.dei|ner → **du.**

2.dei|ner → **dein.**

dei|ner|seits avv. da (*o* per) parte tua: ***du musst ~ etw. tun*** tu per parte tua devi fare qcs.; ***bestehen ~ noch Fragen?*** hai ancora domande? **dei|nes|glei|chen** pron. tuo pari: ***du und ~*** tu e quelli come te. **dei|nes|teils** avv. → **deinerseits. dei|net|hal|ben** ANT., **dei|net|we|gen** avv. a causa tua: ***~ habe ich den Zug versäumt*** a causa tua ho perso il treno; *(für dich)* per te: ***ich tue es nur ~*** lo faccio solo per te. **dei|net|wil|len** avv., ***um ~*** per te, per amor tuo. **dei|ni|ge** pron.poss. m., n. e f. LETT. o ANT. il tuo, la tua.

de|io|ni|sie|ren tr. deionizzare.

De|is|mus m. *(-)* deismo *m.* **De|ist** m. *(-en,-en)* deista *m.* **de|is|tisch** agg. deista.

De|jekt n. *(-[e]s,-e)* feci *m.pl.*; *(Auswurf)* espettorato *m.*

De-ju|re-An|er|ken|nung f. *(-,-en)* riconoscimento *m.* de jure (*o* di diritto).

De|ka n. *(-[s],-)* AUSTR. → **Dekagramm. De|ka|de** f. *(-,-n)* decade *f.*

de|ka|dent agg. decadente. **De|ka|denz** f. *(-)* **1** decadenza *f.* **2** LETT. decadentismo *m.*

de|ka|disch agg. decimale; *(von Logarithmen)* a base dieci.

De|ka|e|der n. *(-s,-)* decaedro *m.* **De|ka|gramm** n. *(-s,-e)* decagrammo *m.* **De|ka|li|ter** m. e n. *(-s,-)* decalitro *m.*

De|ka|log m. *(-[e]s)* decalogo *m.*

De|ka|me|ter m. e n. *(-s,-)* decametro *m.*

De|kan m. *(-s,-e)* **1** ECCL. decano *m.*, sovrintendente *m.* **2** UNIV. decano *m.* **De|ka|nat** n. *(-s,-e)* decanato *m.*, sovrintendenza *f.*

de|kan|tie|ren tr. decantare.
de|ka|pie|ren tr. METALL. decapare.
de|ka|tie|ren tr. decatizzare. **De|ka|tur** f. *(-,-en)* decatissaggio *m.*
De|kla|ma|ti|on f. *(-,-en)* declamazione *f.* **De|kla|ma|tor** m. *(-s,-en)* declamatore *m.* **de|kla|ma|to|risch I** agg. declamatorio; SPREG. enfatico **II** avv. in modo declamatorio; SPREG. enfaticamente. **de|kla|mie|ren** tr. declamare: ***ein Gedicht ~*** declamare una poesia.
De|kla|ra|ti|on f. *(-,en)* **1** dichiarazione *f.*: ***eine ~ abgeben*** rilasciare una dichiarazione **2** COMM. dichiarazione *f.*, denuncia *f.* ◆ ***die ~ der Menschenrechte*** la Dichiarazione dei diritti dell'uomo. **De|kla|ra|ti|ons|pflicht** f. *(-)* obbligo *m.* di dichiarazione. **de|kla|rie|ren** tr. dichiarare.
de|klas|sie|ren tr. declassare. **De|klas|sie|rung** f. *(-,-en)* declassamento *m.*
de|kli|na|bel agg. declinabile: ***deklinable Wörter*** parole declinabili. **De|kli|na|ti|on** f. *(-,-en)* FIS. LING. declinazione *f.* **de|kli|nier|bar** agg. declinabile. **de|kli|nie|ren** tr. declinare.
de|ko|die|ren tr. decodificare. **De|ko|die|rung** f. *(-,-en)* decodificazione *f.*
De|kolle|té [dekɔl'te:] n. *(-s,-s)* decolleté *m.*, scollatura *f.*: ***ein tiefes ~*** una profonda scollatura. **de|kolle|tie|ren I** tr. scollare **II** rifl. **sich ~** COLLOQ. FIG. compromettersi.
De|ko|lo|ni|sa|ti|on f. *(-,-en)* decolonizzazione *f.* **de|ko|lo|ni|sie|ren** tr. decolonizzare.
De|kom|pen|sa|ti|on f. *(-,-en)* MED. scompenso *m.*
de|kom|po|nie|ren tr. decomporre, scomporre. **De|kom|po|si|ti|on** f. *(-,-en)* decomposizione *f.*, scomposizione *f.*
De|kom|pres|si|on f. *(-,-en)* decompressione *f.*
De|kon|ta|mi|na|ti|on f. *(-)* decontaminazione *f.* **de|kon|ta|mi|nie|ren** tr. decontaminare.
De|kon|zent|ra|ti|on f. *(-,-en)* ECON. deconcentrazione *f.* **de|kon|zent|rie|ren** tr. ECON. deconcentrare.
De|kor m. e n. *(-s,-s* e *-e)* **1** decorazione *f.*, ornamento *m.*; decoro *m.*, motivo *m.* ornamentale **2** *(Ausstattung)* apparato *m.* scenico. **De|ko|ra|teur** [-'tø:ɐ] m. *(-s,-e)* decoratore *m.*, tappezziere *m.*; *(von Schaufenstern)* vetrinista *m.* **De|ko|ra|ti|on** f. *(-,-en)* **1** decorazione *f.*, addobbo *m.*: ***weihnachtliche -en*** addobbi natalizi **2a** *(Schmuck eines Raumes)* allestimento *m.*: ***die ~ eines Schaufensters*** l'allestimento di una vetrina **b** *(Bühnenausstattung)* scenario *m.*, allestimento *m.* scenico **3** *(Ordensverleihung, Ehrenzeichen)* decorazione *f.*, onorificenza *f.* **De|ko|ra|ti|ons|ma|le|rei** f. *(-,-en)* **1** pittura *f.* di spazi interni **2** scenografia *f.* **De|ko|ra|ti|ons|stoff** m. *(-[e]s,-e)* tappezzeria *f.*, stoffa *f.* per arredamento. **de|ko|ra|tiv** agg. decorativo, ornamentale. **de|ko|rie|ren** tr. **1** decorare, adornare, addobbare: ***ein Schaufenster, einen Raum ~*** decorare una vetrina, addobbare una stanza **2** ***jdn mit einem Orden ~*** decorare qcn.
De|kort [de'ko:ɐ, de'kɔrt] m. *(-s,-s* e *-e)* ECON. defalco *m.* **de|kor|tie|ren** tr. defalcare.
De|ko|stoff m. *(-[e]s,-e)* → **Dekorationsstoff.**
De|kre|scen|do [dekrɛ'ʃɛndo] n. *(-s,-s)* MUS. decrescendo *m.* **De|kres|zenz** f. *(-,-en)* **1** decrescenza *f.* **2** MUS. decrescendo *m.*
Dek|ret n. *(-[e]s,-e)* decreto *m.*: ***ein ~ erlassen*** rilasciare un decreto. **Dek|re|ta|le** n. *(-, Dekretalien)* e *f.* *(-,-n)* RELIG. decretale *m.* e *f.* **dek|re|tie|ren** tr. decretare: ***ein Gesetz ~*** decretare una legge.
de|ku|pie|ren tr. ritagliare, tagliare fuori.
De|ku|rie f. *(-,-n)* decuria *f.* **De|ku|rio** m. *(-s,-nen)* decurione *m.*
De|ku|vert [deku'vɛ:ɐ] n. *(-s,-s)* ECON. scoperto *m.* **de|kuv|rie|ren I** tr. scoprire, svelare: ***jdn als Heuchler ~*** smascherare l'ipocrisia di qcn. **II** rifl. **sich ~** scoprirsi, svelarsi, manifestarsi. **De|kuv|rie|rung** f. *(-,-en)* scoperta *f.*
De|le|gat m. *(-en,-en)* delegato *m.* ◆ ***Apostolischer ~*** delegato apostolico. **De|le|ga|ti|on** f. *(-,-en)* delegazione *f.* **De|le|ga|ti|ons|lei|ter** m. *(-s,-)* capo *m.* delegazione. **De|le|ga|ti|ons|mit|glied** n. *(-[e]s,-er)* membro *m.* della delegazione. **de|le|gie|ren** tr. delegare: ***etw. an jdn ~*** delegare qcs. a qcn.; ***jdn zu einer Konferenz ~*** inviare qcn. come delegato a una conferenza. **De|le|gier|te** m. e f. *(-n,-n)* delegato *m.* (-a *f.*). **De|le|gie|rung** f. *(-,-en)* delega *f.*; DIR. remissione *f.* del procedimento.
de|lek|tie|ren I tr. dilettare **II** rifl. ***sich an etw. (D) ~*** dilettarsi di qcs.
Del|fin → **Delphin.**
del|fin|schwim|men → **delphinschwimmen.**
de|li|kat I agg. **1a** *(wohlschmeckend)* prelibato, delizioso, squisito: ***etw. schmeckt ~*** qcs. è squisito **b** *(fein)* delicato: ***ein -es Aroma*** un aroma delicato **2** *(zartfühlend)* delicato, discreto **3** delicato, cagionevole: ***eine -e Gesundheit*** una salute delicata **4** *(anspruchsvoll)* difficile (ad accontentarsi), schizzinoso **II** avv. delicatamente, gentilmente; *(mit Takt)* con tatto, con discrezione: ***etw. ~ behandeln*** trattare qcs. in modo delicato, discreto. **De|li|ka|tes|se** f. *(-,-n)* **1** ghiottoneria *f.*, leccornia *f.* **2** LETT. *(Zartgefühl)* delicatezza *f.*, tatto *m.*, discrezione *f.* **De|li|ka|tes|sen|ge|schäft, De|li|ka|tess|ge|schäft** n. *(-[e]s,-e)*, **De|li|ka|tess|hand|lung** f. *(-,-en)* negozio *m.* di specialità gastronomiche, gastronomia *f.*
De|likt n. *(-[e]s,-e)* delitto *m.*, reato *m.*: ***ein ~ begehen*** commettere un reato; ***ein fortdauerndes ~*** un reato continuato. **De|likt|haf|tung** f. *(-)* responsabilità *f.* civile per fatto illecito. **De|likt|hand|lung** f. *(-,-en)* atto *m.* illecito. **De|likt|kla|ge** f. *(-,-n)* azione *f.* civile nel processo penale.
de|lin|quent agg. criminale, da delinquente: ***ein -es Verhalten*** un comportamento criminale. **De|lin|quent** m. *(-en,-en)* delinquente *m.*
de|li|rie|ren intr. (aus. *haben*) delirare. **De|li|ri|um** n. *(-s, Delirien)* delirio *m.*: ***im ~ liegen, sein*** essere in delirio. **De|li|ri|um tre|mens** n. *(-,-)* delirium *m.* tremens.
de|lisch agg. di Delo, delio.
de|li|zi|ös agg. delizioso, squisito.
Del|kre|de|re n. *(-,-)* **1** → **Delkrederehaftung 2** ECON. ANT. star del credere *m.* **Del|kre|de|re|haf|tung** f. *(-)* responsabilità *f.* per garanzia.
Del|le f. *(-,-n)* **1** infossamento *m.*, ammaccatura *f.* **2** GEOGR. avvallamento *m.*, depressione *f.*
de|lo|gie|ren tr. AUSTR. fare sloggiare.
Del|phi n.pr.n. *(-s)* Delfi *f.*
1.Del|phin m. *(-s,-e)* delfino *m.*
2.Del|phin n. *(-s)* delfino *m.*, stile *m.* (di nuoto) a delfino. **del|phin‿schwim|men** intr. (aus. *sein*) nuotare a delfino.
del|phisch agg. delfico (anche ESTENS.).
1.Del|ta n. *(-[s],-s)* GRAMM. delta *m.*
2.Del|ta n. *(-s,-s* e *Delten)* GEOGR. delta *m.* **Del|ta|flü|gel** m. *(-s,-)* ala *f.* a delta. **del|ta|för|mig** agg. a forma di delta. **Del|ta|mün|dung** f. *(-,-en)* foce *f.* a delta. **Del|ta|mus|kel** m. *(-s,-n)* muscolo *m.* deltoide. **Del|ta|strah|len** pl. raggi *m.pl.* delta. **Del|to|id** n. *(-[e]s,-e)* deltoide *m.*
dem → **der.**
De|ma|go|ge m. *(-n,-n)* demagogo *m.* **De|ma|go|gie** f. *(-,-n)* demagogia *f.* **de|ma|go|gisch I** agg. demagogico **II** avv. demagogicamente.
De|mant m. *(-[e]s,-e)* LETT. diamante *m.* **de|man|ten** agg. LETT. adamantino.
De|mar|che [de'marʃ(ə)] f. *(-,-n)* démarche *f.*, passo *m.* diplomatico.
De|mar|ka|ti|on f. *(-,-en)* demarcazione *f.* **De|mar|ka|ti|ons|li|nie** f. *(-,-n)* linea *f.* di demarcazione. **de|mar|kie|ren** tr. demarcare.
de|mas|kie|ren I tr. **1** smascherare: ***einen Betrüger ~*** smascherare un imbroglione **2** MIL. ***etw. ~*** togliere la mimetizzazione a qcs. **II** rifl. **sich ~** togliersi la maschera (anche FIG.). **De|mas|kie|rung** f. *(-,-en)* smascheramento *m.* (anche FIG.).
dem|ent|ge|gen avv. al contrario, invece, contrariamente a ciò.
De|men|ti n. *(-s,-s)* smentita *f.* **de|men|tie|ren** tr. smentire.
dem|ent|spre|chend I agg. corrispondente, conforme (a ciò) **II** avv. → **demgemäß.**
De|menz f. *(-,-en)* demenza *f.*: ***senile ~*** demenza senile.
De|me|ter n.pr.f. Demetria *f.*
dem|ge|gen|über avv. di fronte a questo, rispetto a ciò; *(andererseits)* d'altronde, d'altra parte.
dem|ge|mäß avv. conformemente a ciò, in conformità a ciò.
de|mi|li|ta|ri|sie|ren tr. demilitarizzare, smilitarizzare. **De|mi|li|ta|ri|sie|rung** f. *(-,-en)* demilitarizzazione *f.*, smilitarizzazione *f.*
De|mi|ne|ra|li|sa|ti|on f. *(-,-en)* demineralizzazione *f.* **de|mi|ne|ra|li|sie|ren** tr. demineralizzare.
De|mis|si|on f. *(-,-en)* POL. dimissioni *f.pl.*: ***seine ~ einreichen*** presentare, rassegnare le dimissioni. **de|mis|si|o|nie|ren** intr. (aus. *haben*) POL. dimettersi.
De|mi|urg m. *(-en* e *-s)* demiurgo *m.* **de|mi|ur|gisch** agg. demiurgico.
dem|je|ni|gen → **derjenige.**
dem|nach avv. quindi, dunque, in conseguenza di ciò.
dem|nächst avv. fra poco, prossimamente.
De|mo f. *(-,-s)* accorc. → **Demonstration.**
De|mo|bi|li|sa|ti|on f. *(-,-en)* smobilitazione *f.* **de|mo|bi|li|sie|ren** tr. smobilitare. **De|mo|bi|li|sie|rung, De|mo|bil|ma|chung** f. *(-,-en)* smobilitazione *f.*
De|mo|du|la|ti|on f. *(-,-en)* demodulazione *f.* **De|mo|du|la|tor** m. *(-s,-en)* demodulatore *m.* **de|mo|du|lie|ren** tr. demodulare.
De|mo|gra|phie f. *(-,-n)* demografia *f.* **de|mo|gra|phisch** agg. demografico: ***-e Daten, Erhebung*** dati demografici, rilevamento demografico.

De|mo|krat m. *(-en,-en)* democratico *m.* **De|mo|kra|tie** f. *(-,-n)* democrazia *f.*: ***parlamentarische, soziale ~*** democrazia parlamentare, sociale. **de|mo|kra|tisch I** agg. democratico: ***eine -e Verfassung*** una costituzione democratica **II** avv. democraticamente, in modo democratico. **de|mo|kra|ti|sie|ren** tr. democratizzare. **De|mo|kra|ti|sie|rung** f. *(-,-en)* democratizzazione *f.* **De|mo|kra|tis|mus** m. *(-)* democratismo *m.*, democraticismo *m.*

De|mo|krit n.pr.m. Democrito *m.*

de|mo|lie|ren tr. demolire. **De|mo|lie|rung** f. *(-,-en)* demolizione *f.*

de|mo|ne|ti|sie|ren tr. demonetizzare. **De|mo|ne|ti|sie|rung** f. *(-,-en)* demonetizzazione *f.*

De|monst|rant m. *(-en,-en)* dimostrante *m.* **De|monst|ra|ti|on** f. *(-,-en)* **1** *(Kundgebung)* dimostrazione *f.*, manifestazione *f.*: ***genehmigte ~*** manifestazione autorizzata; ***eine ~ gegen die Apartheid, für die politischen Rechte*** una dimostrazione contro l'apartheid, per i diritti politici; ***eine ~ anmelden*** dare avviso di una manifestazione **2** *(Darlegung)* dimostrazione *f.*, prova *f.*: ***praktische ~*** dimostrazione pratica. **De|monst|ra|ti|ons|ma|te|ri|al** n. *(-s,-ien)* materiale *m.* dimostrativo. **De|monst|ra|ti|ons|recht** n. *(-[e]s)* diritto *m.* di manifestazione. **De|monst|ra|ti|ons|ver|bot** n. *(-[e]s,-e)* divieto *m.* di manifestazione. **De|monst|ra|ti|ons|zug** m. *(-[e]s,-züge)* corteo *m.* di dimostranti. **de|monst|ra|tiv I** agg. **1** dimostrativo: ***ein -es Pronomen*** un pronome dimostrativo **2** *(auffallend)* ostentato: ***ein -es Schweigen*** un silenzio ostentato **II** avv. ostentatamente. **De|monst|ra|tiv** n. *(-s,-e)*, **De|monst|ra|tiv|pro|no|men** n. *(-s,- e -pronomina)*, **De|monst|ra|ti|vum** [-v-] n. *(-s, Demonstrativa)* dimostrativo *m.*, pronome *m.* dimostrativo. **de|monst|rie|ren I** tr. dimostrare, dare prova **II** intr. (aus. *haben*) dimostrare, manifestare: ***für, gegen etw. ~*** dimostrare per, contro qcs.

De|mon|ta|ge [demɔn'ta:ʒə] f. *(-,-n)* smontaggio *m.*; smantellamento *m.* (anche FIG.). **de|mon|tie|ren** tr. smontare: ***eine Maschine ~*** smontare una macchina; smantellare (anche FIG.): ***Vorurteile ~*** smantellare pregiudizi.

De|mo|ra|li|sa|ti|on f. *(-,-en)* depravazione *f.*, corruzione *f.*, decadenza *f.* morale. **de|mo|ra|li|sie|ren** tr. **1** corrompere, depravare **2** *(entnerven)* demoralizzare. **De|mo|ra|li|sie|rung** f. *(-,-en)* demoralizzazione *f.*

De|mo|skop m. *(-en,-en)* demòscopo *m.* **De|mo|sko|pie** f. *(-,-n)* demoscopia *f.* **de|mo|sko|pisch** agg. demoscopico.

De|mos|the|nes n.pr.m. Demostene *m.*

De|mo|ti|va|ti|on f. *(-,-en)* demotivazione *f.* **de|mo|ti|vie|ren** tr. demotivare.

dem|sel|ben → **derselbe.**

dem|un|er|ach|tet, dem|un|ge|ach|tet avv. nonostante ciò, malgrado ciò, ciononostante.

De|mut f. *(-)* umiltà *f.*: ***etw. in, mit ~ ertragen*** sopportare qcs. con umiltà; ***christliche ~*** umiltà cristiana; ***voller ~*** umile. **de|mü|tig I** agg. umile: ***eine -e Bitte, Person*** un'umile preghiera, una persona umile **II** avv. umilmente. **de|mü|ti|gen I** tr. umiliare, mortificare **II** rifl. **sich ~** umiliarsi: ***sich vor jdm ~*** umiliarsi di fronte a qcn. **De|mü|ti|gung** f. *(-,-en)* umiliazione *f.* **De|muts|ge|bär|de** f. *(-,-n)* gesto *m.* di sottomissione. **De|muts|hal|tung** f. *(-,-en)* atteggiamento *m.* di sottomissione. **de|muts|voll** agg. umile, pieno d'umiltà.

dem|zu|fol|ge avv. quindi, dunque, in conseguenza di ciò.

den → **der.**

De|nar m. *(-s,-e)* STOR. denaro *m.*

de|na|tu|rie|ren tr. denaturare. **De|na|tu|rie|rung** f. *(-,-en)* denaturazione *f.*

De|na|zi|fi|ka|ti|on → **Denazifizierung. de|na|zi|fi|zie|ren** tr. denazificare. **De|na|zi|fi|zie|rung** f. *(-,-en)* denazificazione *f.*

Dend|rit m. *(-en,-en)* **1** GEOL. dendrite *f.* **2** MED. dendrite *m.* **dend|ri|tisch** agg. dendritico.

Dend|ro|chro|no|lo|gie f. *(-)* dendrocronologia *f.* **Dend|ro|lo|ge** m. *(-n,-n)* dendrologo *m.* **Dend|ro|lo|gie** f. *(-,-n)* dendrologia *f.*

de|nen → **der.**

Den|gel|am|boss m. *(-es,-e)* battifalce *m.* **Den|gel|ham|mer** m. *(-s,-hämmer)* martello *m.* (per affilare la falce). **den|geln** tr. martellare (per affilare).

Den Haag n.pr.n. L'Aia *f.*: ***in ~ wohnen*** abitare all'Aia.

De|ni|er [də'nje:] n. *(- e -s,-)* TESS. denaro *m.*

den|je|ni|gen → **derjenige.**

Denk|an|satz m. *(-es,-ansätze)* punto *m.* di partenza concettuale. **Denk|an|stoß** m. *(-es,-anstöße)* spunto *m.* di riflessione. **Denk|art** f. *(-,-en)* modo *m.* di pensare, mentalità *f.* **Denk|auf|ga|be** f. *(-,-n)* rompicapo *m.* **denk|bar I** agg. pensabile, concepibile, immaginabile: ***es ist nicht ~*** è impensabile **II** avv. rafforz. ***eine ~ schlechte Erfahrung*** un'esperienza bruttissima; ***der ~ beste Wein*** il miglior vino che si possa immaginare.

den|ken *(dachte, gedacht)* **I** tr. **1** pensare, considerare: ***die Dinge zu Ende ~*** considerare le cose fino in fondo **2** *(annehmen)* pensare: ***nichts Böses (von jdm, über jdn) ~*** non pensare nulla di male (di qcn.); ***Gutes von jdm ~*** pensar bene di qcn. **II** intr. (aus. *haben*) pensare: ***gut, schlecht (über jdn, etw./von jdm, etw.) ~*** pensare bene, male (di qcn., qcs.); *(überlegen)* ***logisch, praktisch ~*** pensare in modo logico, pratico; ***laut ~*** pensare a voce alta; *(sich erinnern)* ***an etw. (A) ~*** pensare a qcs., ricordarsi di qcs.; *(Sorge tragen)* ***er denkt nur an sich, an sein Interesse*** pensa solo a se stesso, al suo interesse; COLLOQ. ***denk mal an!*** pensa un po'! *(die Absicht haben)* ***wir ~ daran, demnächst umzuziehen*** pensiamo di trasferirci al più presto **III** rifl. ***sich (D) jdn, etw. ~*** immaginarsi qcn., qcs.: ***ich denke ihn mir groß und blond*** me lo immagino alto e biondo; ***das hätte ich mir ~ können!*** avrei dovuto immaginarlo! ◆ ***bei sich ~*** pensare tra sé e sé; ***ich habe mir nichts dabei gedacht*** l'ho fatto senza pensare, in buona fede; ***das habe ich mir gedacht!*** me l'aspettavo! c'era da immaginarselo! COLLOQ. ***denkste!*** stai fresco, puoi scordartelo! ***jdm zu ~ geben*** dare da pensare a qcn.; ***gedacht, getan!*** detto, fatto! ***ich denke gar nicht daran!*** non ci penso nemmeno, non se ne parla neanche; ***es ist nicht daran zu ~*** neanche a pensarci; ***ich darf gar nicht daran ~*** è meglio che non ci pensi; ***solange ich ~ kann*** da sempre; ***ich denke mir mein Teil dabei*** so cosa pensare; ***was ~ Sie eigentlich!*** che cosa Le salta in mente! ***wenn ich bloß daran denke!*** se ci penso! al solo pensiero! ***wer hätte das gedacht!*** chi l'avrebbe immaginato! ***wie viel haben Sie denn gedacht?*** quanto pensava? a che somma ha pensato? ***wo ~ Sie hin!*** ma no! ma che dice!

Den|ken n. *(-s)* **1** pensiero *m.*: ***abstraktes ~*** pensiero astratto **2** *(Nachdenken)* riflessione *f.* **3** *(Denkart)* mentalità *f.*, modo *m.* di pensare. **den|kend** p.pres. agg. **1** → **denken 2** pensante, razionale. **Den|ker** m. *(-s,-)* pensatore *m.* **den|ke|risch** agg. di pensiero, logico, razionale. **Den|ker|stirn** f. *(-,-en)* fronte *f.* da pensatore. **Denk|fä|hig|keit** f. *(-)* capacità *f.* di pensare, facoltà *f.* razionale, raziocinio *m.* **Denk|faul|heit** f. *(-)* pigrizia *f.* mentale. **Denk|feh|ler** m. *(-s,-)* errore *m.* di ragionamento. **Denk|form** f. *(-,-en)* forma *f.* di pensiero. **Denk|frei|heit** f. *(-)* libertà *f.* di pensiero. **Denk|ge|setz** n. *(-es,-e)* legge *f.* logica. **Denk|ge|wohn|heit** f. *(-,-en)* abitudine *f.* mentale. **Denk|ka|te|go|rie** f. *(-,-n)* categoria *f.* di pensiero, categoria *f.* logica.

Denk|mal n. *(-s,-mäler)* monumento *m.* (anche FIG.): ***jdm ein ~ setzen*** fare un monumento a qcn.; ***ein ~ errichten, enthüllen*** erigere, scoprire un monumento ◆ ***sich (D) ein ~ setzen*** assicurarsi un posto nella storia. **Denk|mal(s)|pfle|ge** f. *(-)* cura *f.* dei monumenti. **Denk|mal(s)|schutz** m. *(-es)* tutela *f.* dei monumenti, delle opere d'arte: ***unter ~ stehen, stellen*** essere posto, porre sotto tutela (come monumento).

Denk|mo|dell n. *(-s,-e)* modello *m.* concettuale. **Denk|mün|ze** f. *(-,-n)* medaglia *f.* commemorativa. **Denk|mus|ter** n. *(-s,-)* → **Denkmodell. Denk|pau|se** f. *(-,-n)* pausa *f.* di riflessione: ***eine ~ einlegen*** fare una pausa di riflessione. **Denk|pro|zess** m. *(-es,-e)* processo *m.* di pensiero. **Denk|schab|lo|ne** f. *(-,-n)* schema *m.* mentale. **Denk|schrift** f. *(-,-en)* **1** memoriale *m.* **2** *(offizielle Schrift)* scritto *m.* ufficiale. **denk|schwach** agg. debole di mente. **Denk|spiel** n. *(-s,-e)*, **Denk|sport|auf|ga|be** f. *(-,-n)* rompicapo *m.* **Denk|spruch** m. *(-[e]s,-sprüche)* motto *m.*, sentenza *f.* **Denk|stein** m. *(-[e]s,-e)* lapide *f.* commemorativa. **Denk|übung** f. *(-,-en)* esercizio *m.* mentale. **Den|kungs|art** f. *(-,-en)*, **Denk|wei|se** f. *(-,-n)* → **Denkart. denk|wür|dig** agg. memorabile. **Denk|wür|dig|keit** f. *(-,-en)* avvenimento *m.*, fatto *m.* memorabile. **Denk|zet|tel** m. *(-s,-)* lezione *f.*, monito *m.*: ***jdm einen ~ geben, verpassen*** dare una lezione a qcn.

denn I cong. **1** perché, poiché: ***ich kann dich nicht nach Hause bringen, ~ ich habe kein Auto*** non ti posso accompagnare a casa perché non ho la macchina **2a** *(nach Komparativ: als)* che, di: ***als Greis ist er gesünder ~ als Knabe*** da vecchio è più sano che da ragazzo **b** *(in Verbindung mit je)* ***mehr ~ je*** più che mai; ***sie war schöner ~ je*** era più bella che mai **II** part. **1a** *(in Fragesätzen)* dunque, allora, poi, mai: ***was soll ~ das?*** che vuol dire? ***wie geht es dir ~?*** allora, come va? ***wer war ~ das?*** chi era (poi) quello? ***wo ist er ~?*** dove sarà mai? ***~ dann, ~ stattdessen, ~ sonst*** ma allora **b** *(in rhetorischen Fragen; oft unübersetzt)* ***bist du ~ blöd?*** sei scemo? **2** *(in Aussagesätzen)* allora, alla fine, infine: ***das schien ihm ~ auch genug*** alla fine gli sembrò abbastanza **III** avv. **1** *(ausgenommen, wenn)* RAR. a meno che, tranne che **2** REGION. *(dann)* ***er hat es ~ doch noch geschafft*** allora ce l'ha ancora fatta; ***na, ~ prost!***

allora, salute! ◆ ***es sei ~, dass er verhindert ist*** tranne che, a meno che non sia impedito.

den|noch avv. tuttavia, pure, ciononostante, lo stesso: ***sie fühlte sich nicht gut, ~ wollte sie abfahren*** non si sentiva bene, tuttavia volle partire; ***es ~ versuchen*** provare lo stesso.

denn|schon, ***wennschon, ~*** se si fa, si faccia bene.

De|no|mi|na|tiv n. *(-s,-e)*, **De|no|mi|na|ti|vum** n. *(-s, Denominativa)* denominale *m.*

den|sel|ben → **derselbe.**

Den|si|to|me|ter n. *(-s,-)* densitometro *m.*

den|tal agg. **1** MED. dentale, dentario **2** FON. dentale. **Den|tal** m. *(-s,-e)* dentale *f.*, consonante *f.* dentale.

den|te|lie|ren [dãtə'li:rən] tr. TESS. dentellare, smerlare.

Den|tin n. *(-s)* dentina *f.* **Den|ti|ti|on** f. *(-,-en)* dentizione *f.*

De|nu|da|ti|on f. *(-,-en)* GEOL. denudazione *f.*

De|nun|zi|ant m. *(-en,-en)* delatore *m.* **De|nun|zi|a|ti|on** f. *(-,-en)* delazione *f.* **de|nun|zi|a|to|risch** agg. delatorio. **de|nun|zie|ren** tr. **1** denunciare (segretamente): ***jdn bei der Polizei ~*** denunciare qcn. segretamente alla polizia **2** *(brandmarken)* stigmatizzare, mettere all'indice: ***ein Verhalten als frauenfeindlich ~*** stigmatizzare un comportamento come misogino.

Deo n. *(-s,-s)*, **De|o|do|rant** n. *(-s,-e* e *-s)* deodorante *m.* **De|o|do|rant|spray** m. e n. *(-s,-s)* spray *m.* deodorante. **de|o|do|rie|ren, de|o|do|ri|sie|ren** tr. deodorare.

De|on|to|lo|gie f. *(-)* deontologia *f.*

De|o|spray → **Deodorantspray. De|o|stift** m. *(-[e]s,-e)* stick *m.* deodorante.

1.De|par|te|ment [departə'mã:] n. *(-s,-s)* SVIZZ. département *m.*, dipartimento *m.* ◆ SVIZZ. ***Eidgenössisches ~ des Innern*** dipartimento federale dell'interno.

2.De|par|te|ment [dɪ'pɑ:tmənt] n. *(-s,-s)* departement *m.*

De|pen|dance [depã'dã:s] f. *(-,-n)* dépendence *f.*

De|pen|denz f. *(-,-en)* FILOS. LING. dipendenza *f.*

De|per|so|na|li|sa|ti|on f. *(-,-en)* depersonalizzazione *f.*, spersonalizzazione *f.*

De|pe|sche f. *(-,-n)* ANT. dispaccio *m.*, telegramma *m.* **de|pe|schie|ren** tr. ANT. telegrafare, inviare dispacci.

De|pi|la|ti|on f. *(-,-en)* depilazione *f.* **De|pi|la|to|ri|um** n. *(-s, Depilatorien)* depilatorio *m.* **de|pi|lie|ren** tr. depilare.

De|place|ment [deplasə'mã:] n. *(-s,-s)* MAR. dislocamento *m.* **de|pla|cie|ren** tr. spiazzare.

de|plat|ziert agg. spiazzato, fuori posto: ***sich ~ vorkommen, fühlen*** trovarsi, sentirsi spiazzato.

De|po|la|ri|sa|ti|on f. *(-,-en)* depolarizzazione *f.*

De|po|nens n. *(-, Deponentia* e *Deponenzien)* deponente *m.*, verbo *m.* deponente. **De|po|nent** m. *(-en,-en)* depositante *m.* **De|po|nie** f. *(-,-n)* discarica *f.* (per rifiuti solidi). **de|po|nie|ren** tr. depositare. **De|po|nie|rung** f. *(-,-en)* deposito *m.*

De|port [de'pɔrt, de'po:ɐ] m. *(-s,-e)* BANC. deporto *m.*

De|por|ta|ti|on f. *(-,-en)* deportazione *f.* **de|por|tie|ren** tr. deportare. **De|por|tier|te** m. e f. *(-n,-n)* deportato *m.* (-a *f.*).

De|po|si|tar, De|po|si|tär m. *(-s,-e)* depositario *m.* **De|po|si|ten** pl. BANC. depositi *m.pl.* **De|po|si|ten|an|stalt** f. *(-,-en)* cassa *f.* (di) depositi. **De|po|si|ten|bank** f. *(-,-en)* banca *f.* di deposito. **De|po|si|ten|gel|der** pl. depositi *m.pl.*, fondi *m.pl.* in deposito. **De|po|si|ten|in|ha|ber** m. *(-s,-)* depositante *m.* **De|po|si|ten|kas|se** f. *(-,-n)* cassa *f.* depositi. **De|po|si|ten|kon|to** n. *(-s,-konten)* conto *m.* deposito. **De|po|si|ti|on** f. *(-,-en)* ECCL. deposizione *f.* **De|po|si|tum** n. *(-s, Depositen)* DIR. BANC. deposito *m.*

De|pot [de'po:] n. *(-s,-s)* deposito *m.* **De|pot|buch** n. *(-[e]s, -bücher)* BANC. libretto *m.* di deposito. **De|pot|fett** n. *(-[e]s,-e)* BIOL. MED. grasso *m.* (di sedimentazione), lipidi *m.pl.* **De|pot|ge|bühr** f. *(-,-en)* BANC. tariffa *f.* di deposito. **De|pot|ge|schäft** n. *(-[e]s,-e)* BANC. operazione *f.* di deposito (a custodia), deposito *m.* **De|pot|schein** m. *(-es,-e)* BANC. ricevuta *f.* di deposito. **De|pot|wech|sel** m. *(-s,-)* cambiale *f.* depositata in garanzia.

Depp m. *(-en* e *-s,-en* e *-e)* REGION. **1** *(einfältiger Mensch)* sciocco *m.*, sempliciotto *m.* **2** *(Schwachsinniger)* deficiente *m.*, idiota *m.* **dep|pert** agg. REGION. sciocco, scemo.

Dep|ra|va|ti|on f. *(-,-en)* depravazione *f.* **dep|ra|vie|ren** tr. depravare.

De|pres|si|on f. *(-,-en)* depressione *f.*: ***unter, an -en leiden*** soffrire di depressione; ECON. ***die große ~ von 1929*** la grande depressione del 1929. **de|pres|siv I** agg. **1a** depresso: ***-er Laune sein*** essere (di umore) depresso **b** PSIC. depressivo **2** ECON. di depressione, recessivo **II** avv. ***~ gestimmt sein*** essere depresso.

de|pri|mie|ren tr. deprimere. **de|pri|miert** p.pass. agg. **1** → **deprimieren 2** depresso.

De|pri|va|ti|on f. *(-,-en)* **1** PSIC. deprivazione *f.* **2** ECCL. deposizione *f.* canonica.

De|pu|tat n. *(-[e]s,-e)* **1** remunerazione *f.* (*o* compenso *m.*) in natura **2** SCOL. monte *m.* ore (settimanale).

De|pu|ta|ti|on f. *(-,-en)* deputazione *f.* **de|pu|tie|ren** tr. deputare. **De|pu|tier|te** m. e f. *(-n,-n)* deputato *m.* (-a *f.*).

der I artc.det.m. (f. **die**, n. **das**, gen. **des**, **der**, **des**, dat. **dem**, **der**, **dem**, acc. **den**, **die**, **das**; pl. **die**, gen. **der**, dat. **den**, acc. **die**) il *m.*, lo *m.*, la *f.*: ***~ Mond, die Sonne, das Fenster*** la luna, il sole, la finestra; ***die Bücher, die Stühle*** i libri, le sedie; ***dem Freund*** all'amico; ***des Hauses*** della casa **II** pron.rel.m. (gen. **dessen**, **deren**, **dessen**; pl. gen. **deren**/COLLOQ. **der**, dat. **denen**) che, il quale, la quale: ***~ Mann, ~ mich begrüßt hat*** l'uomo che mi ha salutato; ***die Frauen, mit denen ich sprach*** le donne con le quali (*o* con cui) parlavo; ***niemand, dem ich vertraue*** nessuno di cui mi fido; ***er, ~ dir immer hilft*** lui, che ti aiuta sempre **III** pron.dimostr.m. **1** *(absolut)* (gen. **dessen**/RAR. **des**, **deren**/ANT. **der**/**derer**, **dessen**/RAR. **des**; pl. gen. **deren**/ ant. **der**/**derer**, dat. **denen**) questo, questa; quello, quella: ***~, dem wir begegnet sind, ist mein Arzt*** quello che abbiamo incontrato è il mio medico; ***auch ~ hatte keine Zeit*** anche quello non aveva tempo; ***kennst du die (Frau) da? ja, die kenne ich gut*** conosci quella (signora) là? sì, quella la conosco bene; ***die dort sind meine Ohrringe, meine Schuhe*** quelli là sono i miei orecchini, quelle là sono le mie scarpe **2** *(attributiv)* questo; quel(lo): ***welcher ist dein Lehrer? – ~ Herr*** *(da)* chi è il tuo insegnante? – quel signore (là); ***gib mir das Heft (da)*** dammi quel quaderno; ***die zwei Jungen (da) sind meine Schulkameraden*** quei due ragazzi (là) sono miei compagni di scuola ◆ ***~ und ~*** il tal dei tali; ***nach ~ und ~ Zeit*** dopo un certo tempo; ***~ und Advokat?*** quello un avvocato?

De|ran|ge|ment [derãʒə'mã] n. *(-s,-s)* **1** confusione *f.*, scompiglio *m.* **2** *(Störung)* disturbo *m.* **de|ran|gie|ren** tr. **1** confondere **2** ANT. *(stören)* disturbare. **de|ran|giert** p.pass. agg. **1** → **derangieren 2** confuso **3** *(in Unordnung)* in disordine, scomposto.

der|art avv. talmente, in modo tale, così: ***ich habe mich ~ geärgert, dass...*** mi sono così arrabbiato, che... **der|ar|tig I** agg. tale; *(ähnlich)* simile, del genere: ***ich habe einen -en Hunger!*** ho una tale fame! ***ich habe nie unter einer -en Kälte gelitten*** non ho mai patito un freddo simile **II** avv. → **derart** ◆ ***etwas Derartiges ist mir noch nie begegnet!*** una cosa simile non mi è mai capitata!

derb I agg. **1** resistente, robusto, solido: ***ein -es Leder*** un cuoio resistente; ***-e Schuhe*** scarpe robuste **2** *(nahrhaft)* sostanzioso, nutriente: ***eine sehr -e Kartoffelsuppe*** una minestra di patate molto sostanziosa **3** *(grob)* grossolano, rozzo, pesante: ***ein -es Auftreten*** un comportamento rozzo; ***ein -er Spaß*** uno scherzo pesante **4** *(unfreundlich)* scortese, brusco: ***eine -e Antwort*** una risposta brusca **5** GEOL. a grana grossa **II** avv. **1** brutalmente; *(kräftig)* con forza, energicamente: ***jdn ~ anfassen*** afferrare qcn. con forza **2** *(unfreundlich)* scortesemente, bruscamente. **Derb|heit** f. *(-,-en)* **1** grossolanità *f.*, rozzezza *f.*, rudezza *f.* **2** *(grobe Äußerung)* grossolanità *f.* **derb|kno|chig** agg. ossuto, scarno.

Der|by|ren|nen n. *(-s,-)* EQUIT. derby *m.*

der|einst avv. **1** LETT. in avvenire, un giorno **2** RAR. *(einst)* un tempo, una volta. **der|eins|tig** agg. RAR. futuro.

de|ren → **der.**

de|rent|hal|ben ANT., **de|rent|we|gen I** pron.rel. a causa di cui; *(sing.)* a causa del quale, della quale; *(pl.)* a causa dei quali, delle quali **II** pron.dimostr. *(sing).* a (*o* per) causa di questo, di questa; *(pl.)* a (*o* per) causa di questi, di queste. **de|rent|wil|len**, ***um ~*** per lei, per amor suo; *(pl.)* per loro, per amor loro.

de|rer → **der.**

de|ret|hal|ben ANT. → **derenthalben. de|ret|we|gen** ANT. → **derentwegen. de|ret|wil|len** ANT. → **derentwillen.**

der|ge|stalt avv. LETT. talmente, così, in tal modo.

der|glei|chen I agg.inv. simile, del genere, tale: ***ich liebe ~ Filme nicht*** non amo film del genere; ***nichts ~*** niente di simile **II** pron. dimostr. una cosa simile (*o* del genere); *(pl.)* cose simili (*o* del genere): ***~ geschieht oft*** cose simili accadono spesso ◆ ***und ~ mehr*** e simili, e così via, e via dicendo; ***nicht ~ tun*** = fare finta di niente, non reagire.

De|ri|vat n. *(-[e]s,-e)* CHIM. LING. derivato *m.* **De|ri|va|ti|on** f. *(-,-en)* LING. derivazione *f.* **de|ri|va|tiv** agg. LING. derivato. **De|ri|va|tiv** n. *(-s,-e)*, RAR. **De|ri|va|ti|vum** *(-s, Derivativa)* LING. derivato *m.*

der|je|ni|ge pron.dimostr.m. (f. **diejenige**, n. **dasjenige**, gen. **desjenigen**, **derjenigen**, **desjenigen**, dat. **demjenigen**, **derjenigen**, **demjenigen**, acc. **denjenigen**, **diejenige**, **dasjenige**; pl. **diejenigen**, gen. **derjenigen**, dat. **denjenigen**, acc. **diejenigen**) **1** *(absolut)* quello, quella; *(nur in Beziehung auf Menschen)* colui, colei: ***welcher ist dein Hut? ~*** qual è il tuo cappello? – quello; ***diejenige, die das***

getan hat, kenne ich gut conosco bene colei che ha fatto questo; ***welches Fenster muss ich öffnen? – dasjenige!*** quale finestra devo aprire? – quella! ***diejenigen, die etwas wissen, müssen es sagen*** coloro che sanno qualcosa devono dirlo **2** *(attributiv)* quel(lo), quella: ***~ Mann, der da sitzt, ist mein Deutschlehrer*** quell'uomo (che è) seduto là è il mio insegnante di tedesco; ***ich habe diejenige Zeitung, die du suchst*** ho quel giornale che cerchi; ***bitte nimm nur diejenigen Bücher, die du wirklich brauchst*** per favore, prendi solo (que)i libri di cui hai davvero bisogno.
der|je|ni|gen → **derjenige.**
der|lei agg. e pron. → **dergleichen.**
Der|ma n. *(-s,-ta)* derma *m.*
der|mal|einst avv. ANT. → **dereinst. der|ma|len** avv. AUSTR. ora, adesso. **der|ma|lig** agg. AUSTR. attuale, presente.
der|ma|ßen avv. così, talmente.
Der|ma|ti|tis f. *(-, -Dermatitiden)* dermatite *f.* **Der|ma|to|lo|ge** m. *(-n,-n)* dermatologo *m.* **Der|ma|to|lo|gie** f. *(-)* dermatologia *f.* **der|ma|to|lo|gisch** agg. dermatologico. **Der|ma|to|plas|tik** f. *(-,-en)* CHIR. (dermato)plastica *f.* **Der|ma|to|se** f. *(-,-n)* dermatosi *f.*
De|ro pron.inv. ANT. Vostro, Sua: ***zu ~ Gnaden Befehl*** agli ordini di Sua Grazia.
De|ro|ga|ti|on f. *(-,-en)* DIR. deroga *f.*, derogazione *f.* **de|ro|ga|tiv** agg. derogativo. **de|ro|ga|to|risch** agg. derogatorio. **de|ro|gie|ren** tr. DIR. derogare.
De|rou|te [de'ru:t(ə)] f. *(-,-n)* **1** ANT. *(Flucht)* fuga *f.* **2** ECON. crollo *m.*
der|sel|be pron.dimostr.m. (f. **dieselbe**, n. **dasselbe**, gen. **desselben**, **derselben**, **desselben**, dat. **demselben**, **derselben**, **demselben**, acc. **denselben**, **dieselbe**, **dasselbe**; pl. **dieselben**, gen. **derselben**, dat. **denselben**, acc. **dieselben**) **1** *(absolut)* lo stesso, la stessa; il medesimo, la medesima: ***er ist immer ~*** è sempre lo stesso; ***welches Buch liest du? – dasselbe, das du liest*** quale libro leggi? – lo stesso che leggi tu; ***es ist immer dasselbe, was er erzählt*** racconta sempre le stesse cose; ***sind es dieselben, die schon gestern da waren?*** sono gli stessi che erano qui già ieri? **2** *(attributiv)* ***~ Mann, dieselbe Frau*** lo stesso uomo, la stessa donna; ***du kommst aus derselben Stadt wie ich*** sei della mia stessa città; ***aus demselben Glas trinken*** bere dallo stesso bicchiere; ***heute hat sie dasselbe Kleid an wie gestern*** oggi ha lo stesso vestito di ieri; ***im Fernsehen laufen immer dieselben Filme*** alla televisione danno sempre gli stessi film.
der|sel|ben → **derselbe.**
der|weil, der|wei|len I avv. intanto, nel frattempo **II** cong. mentre.
Der|wisch m. *(-[e]s,-e)* derviscio *m.*
der|zeit avv. **1** ora, al momento, attualmente **2** ANT. *(damals)* allora, a quel tempo; *(früher)* un tempo. **der|zei|tig** agg. **1** attuale, presente **2** ANT. *(damalig)* di un tempo, di allora.
des, Des n. *(-,-)* re *m.* bemolle.
1.des ⇒ *des-Moll* re bemolle minore.
2.des → **der ♦ *~ ungeachtet*** → **dessen.**
Des ⇒ *Des-Dur* re bemolle maggiore.
De|sas|ter n. *(-s,-)* disastro *m.*
des|a|vou|ie|ren [-avu'i:rən] tr. sconfessare; *(nicht anerkennen)* disconoscere.
Des-Dur n. *(-)* re *m.* bemolle maggiore.
De|sen|si|bi|li|sa|ti|on f. *(-,-en)* desensibilizzazione *f.* **De|sen|si|bi|li|sa|tor** m. *(-s,-en)* FOT. desensibilizzatore *m.* **de|sen|si|bi|li|sie|ren** tr. desensibilizzare.
De|ser|teur [dezɛr'tø:ɐ] m. *(-s,-e)* disertore *m.* **de|ser|tie|ren** intr. (aus. *haben, sein*) disertare ♦ ***zum Feind ~*** passare al nemico.
De|ser|ti|fi|ka|ti|on f. *(-,-en)* desertificazione *f.*
De|ser|ti|on f. *(-,-en)* diserzione *f.*
desgl. ⇒ *desgleichen* ugualmente, parimenti.
des|glei|chen avv. ugualmente, parimenti, così pure.
des|halb avv. e cong. perciò, per questo (motivo): ***~ habe ich es getan*** per questo l'ho fatto; ***eben, gerade ~!*** proprio per questo! ***~, um*** per; ***~, weil*** perché.
de|si|de|ra|bel agg. desiderabile. **De|si|de|rat** n. *(-[e]s,-e)*, **De|si|de|ra|tum** n. *(-s, Desiderata)* **1** BIBLIOT. libro *m.* desiderato **2** LETT. desiderio *m.* ♦ ***Desiderate*** desiderata *m.pl.*
De|sign [di'zain] n. *(-s,-s)* design *m.*
De|sig|na|ti|on f. *(-,-en)* designazione *f.*
De|sig|ner [di'zainɐ] m. *(-s,-)* designer *m.* **De|sig|ner|dro|ge** f. *(-,-n)* droga *f.* sintetica. **De|sig|ne|rin** f. *(-,-nen)* designer *f.*
de|sig|nie|ren tr. designare.
Des|il|lu|si|on f. *(-,-en)* disillusione *f.* **des|il|lu|si|o|nie|ren** tr. disilludere.
Des|in|fek|ti|on f. *(-,-en)* disinfezione *f.* **Des|in|fek|ti|ons|mit|tel** n. *(-s,-)* disinfettante *m.* **Des|in|fek|tor** m. *(-s,-en)* disinfettore *m.* **des|in|fi|zie|ren** tr. disinfettare. **Des|in|fi|zie|rung** f. *(-,-en)* disinfezione *f.*
Des|in|for|ma|ti|on f. *(-,-en)* informazione *f.* falsa (*o* tendenziosa, sviante).
Des|in|teg|ra|ti|on f. *(-,-en)* disintegrazione *f.* **Des|in|teg|ra|tor** m. *(-s,-en)* disintegratore *m.* **des|in|teg|rie|ren** tr. disintegrare.
Des|in|te|res|se n. *(-s)*, **Des|in|te|res|se|ment** [dezɛ̃tərɛsə'mã:] n. *(-s)* disinteresse *m.* **des|in|te|res|siert** agg. privo d'interesse; *(gleichgültig)* indifferente: ***an etw. (D) ~ sein*** non essere interessato a qcs., non avere interesse per qcs.
des|je|ni|gen → **derjenige.**
De|skrip|ti|on f. *(-,-en)* descrizione *f.* **de|skrip|tiv** agg. descrittivo.
des-Moll n. *(-)* re *m.* bemolle minore.
Des|o|do|rant n. *(-s,-e* e *-s)* deodorante *m.* **des|o|do|rie|ren** tr. deodorare.
de|so|lat agg. desolato.
Des|or|ga|ni|sa|ti|on f. *(-,-en)* disorganizzazione *f.* **des|or|ga|ni|sie|ren** tr. disorganizzare.
des|ori|en|tie|ren tr. disorientare. **Des|ori|en|tie|rung** f. *(-,-en)* disorientamento *m.*
Des|oxi|da|ti|on, Des|oxy|da|ti|on f. *(-,-en)* disossidazione *f.* **des|oxi|die|ren, des|oxy|die|ren** tr. disossidare.
Des|pot m. *(-en,-en)* despota *m.* **Des|po|tie** f. *(-,-n)* dispotismo *m.* **des|po|tisch** agg. dispotico. **Des|po|tis|mus** m. *(-)* → **Despotie.**
des|sel|ben → **derselbe.**
des|sen → **der ♦ *~ ungeachtet*** avv. tuttavia, nonostante ciò, ciononostante.
des|sent|hal|ben, des|sent|we|gen pron.inv. **1** *(demonstrativ)* per questo, per ciò, a causa di ciò **2** *(relativ)* a causa del quale, a causa della quale, per il quale, per la quale, per cui. **des|sent|wil|len, *um ~*** per cui.
Des|sert [dɛ'se:ɐ, dɛ'sɛrt] n. *(-s,-s)* dessert *m.*, dolce *m.*: ***als, zum ~*** come, per dessert. **Des|sert|ga|bel** f. *(-,-n)* forchettina *f.* da dessert. **Des|sert|löf|fel** m. *(-s,-)* cucchiaino *m.* da dessert. **Des|sert|mes|ser** n. *(-s,-)* coltello *m.* da dessert. **Des|sert|tel|ler** m. *(-s,-)* piatto *m.* da dessert. **Des|sert|wein** m. *(-[e]s,-e)* vino *m.* da dessert.
Des|sin [dɛ'sɛ̃:] n. *(-s,-s)* **1** *(Plan)* disegno *m.*, piano *m.* **2** *(Muster)* disegno *m.*
de|sta|bi|li|sie|ren tr. destabilizzare. **De|sta|bi|li|sie|rung** f. *(-,-en)* destabilizzazione *f.*
Des|til|lat n. *(-[e]s,-e)* distillato *m.* **Des|til|la|teur** [-'tø:ɐ] m. *(-s,-e)* distillatore *m.* **Des|til|la|ti|on** f. *(-,-en)* **1** distillazione *f.* **2** *(Brennerei)* distilleria *f.* **Des|til|le** f. *(-,-n)* REGION. ANT. bettola *f.* **des|til|lie|ren** tr. distillare. **Des|til|lier|kol|ben** m. *(-s,-)* alambicco *m.*, storta *f.* **Des|til|lier|ofen** m. *(-s,-öfen)* METALL. caldaia *f.* di distillazione.
Des|ti|na|tar, Des|ti|na|tär m. *(-s,-e)* COMM. DIR. destinatario *m.*
des|to cong. ***~ besser*** tanto meglio; ***je mehr..., ~...*** quanto più..., tanto più...; ***je ruhiger, ~ besser*** quanto più tranquillo, tanto meglio.
de|struk|tiv agg. MED. distruttivo.
des|we|gen, des|we|gen avv. e cong. perciò.
Des|zen|dent m. *(-en,-en)* **1** *(Nachkomme)* discendente *m.* **2a** ASTROL. discendente *m.* **b** ASTR. nodo *m.* discendente. **Des|zen|denz** f. *(-)* discendenza *f.*
De|ta|che|ment [detaʃə'mã:] n. *(-s,-s* e *-e)* **1** distacco *m.*, distanza *f.* **2** MIL. ANT. distaccamento *m.*
De|tail [de'tai, de'ta:j] n. *(-s,-s)* dettaglio *m.*, particolare *m.*: ***ins ~ gehen*** entrare nel dettaglio; ***im ~ verkaufen*** vendere al dettaglio, al minuto; ***über die -s einer Sache diskutieren*** discutere dei particolari di una cosa; ***auf unwichtige -s verzichten*** rinunciare a dettagli marginali; ***bis ins kleinste ~*** fin nei minimi particolari. **De|tail|fra|ge** f. *(-,-n)* questione *f.* di dettaglio: ***sich in -n verlieren*** perdersi in questioni di dettaglio. **De|tail|han|del** m. *(-s)* ANT. commercio *m.* al minuto.
de|tail|lie|ren [deta'ji:rən] tr. dettagliare. **de|tail|liert** p.pass. agg. **1** → **detaillieren 2** dettagliato, particolareggiato.
De|tail|preis m. *(-es,-e)* ANT. prezzo *m.* al minuto. **De|tail|zeich|nung** f. *(-,-en)* disegno *m.* dettagliato (*o* particolareggiato).
De|tek|tei f. *(-,-en)* → **Detektivbüro.**
De|tek|tiv m. *(-s,-e)* detective *m.*, investigatore *m.* **De|tek|tiv|bü|ro** n. *(-s,-s)* agenzia *f.* d'investigazioni. **De|tek|tiv|ge|schich|te** f. *(-,-n)*, **De|tek|tiv|ro|man** m. *(-s,-e)* romanzo *m.* poliziesco (*o* giallo), giallo *m.*
De|tek|tor m. *(-s,-en)* detector *m.*, rivelatore *m.*
Dé|tente [de'tã:t] f. *(-)* POL. distensione *f.*
De|ter|mi|nan|te f. *(-,-n)* determinante *m.* e *f.* **De|ter|mi|na|ti|on** f. *(-,-en)* FILOS. BIOL. determinazione *f.* **de|ter|mi|na|tiv** agg. deter-

minante, determinativo. **De|ter|mi|na|tiv** n. *(-s,-e)* LING. determinativo *m.* **de|ter|mi|nie|ren** tr. TECN. determinare.
De|ter|mi|nis|mus m. *(-)* FILOS. determinismo *m.* **De|ter|mi|nist** m. *(-en,-en)* FILOS. determinista *m.* **de|ter|mi|nis|tisch** agg. **1** determinista **2** *(den Determinismus betreffend)* deterministico.
De|to|na|ti|on f. *(-,-en)* **1** detonazione *f.* **2** MUS. stonatura *f.* **De|to|na|tor** m. *(-s,-en)* detonatore *m.* **de|to|nie|ren** intr. (aus. *haben*) **1** esplodere, deflagrare **2** MUS. stonare.
De|tu|mes|zenz f. *(-)* detumescenza *f.*, detumefazione *f.*
Deu|bel m. *(-s,-)* REGION. diavolo *m.*
deucht → **dünken.**
Deu|ka|li|on n.pr.m. Deucalione *m.*
Deut, ***keinen, nicht einen ~ wert sein*** non valere un soldo (*o* una cicca).
deut|bar agg. spiegabile, interpretabile: ***ein leicht -er Traum*** un sogno di facile interpretazione. **Deu|te|lei** f. *(-,-en)* SPREG. cavillo *m.*, sofisma *m.* **deu|teln** intr. (aus. *haben*) ***an etw. (D) ~*** cavillare, sofisticare, sottilizzare su qcs.; ***daran gibt es nichts zu ~*** su questo non stiamo a cavillare.
deu|ten I tr. spiegare, interpretare: ***ein Gedicht ~*** interpretare una poesia; *(vorhersagen)* ***jdm die Zukunft ~*** predire il futuro a qcn. **II** intr. (aus. *haben*) **1** ***auf jdn, etw. ~*** accennare a qcn., qcs., indicare qcn., qcs.; ***in die andere Richtung ~*** indicare l'altra direzione, dall'altra parte **2** FIG. indicare, far presagire: ***auf eine Änderung ~*** indicare un cambiamento (*o* far pensare a un cambiamento); ***alles deutet darauf hin, dass...*** tutto fa supporre che... **Deu|ter** m. *(-s,-)* **1** interprete *m.* **2** AUSTR. *(Wink)* cenno *m.*
Deu|te|ri|um n. *(-s)* deuterio *m.*
Deut|ler m. *(-s,-)* sofista *m.* **deut|lich I** agg. **1** *(klar)* chiaro, comprensibile, intelligibile: ***eine -e Aussprache*** una pronuncia chiara **2** *(eindeutig)* chiaro, netto, distinto: ***einen -en Vorsprung haben*** avere un netto vantaggio **II** avv. **1** chiaramente, distintamente: ***sich ~ an etw. erinnern*** ricordarsi chiaramente di qcs. **2** *(sichtbar)* in modo evidente, sensibilmente: ***~ besser spielen*** giocare nettamente meglio **3** *(eindeutig)* ***etw. klar und ~ sagen*** dire qcs. in modo chiaro e univoco ◆ ***jdm etw. ~ machen*** far capire qcs. a qcn.; FIG. ***~ werden*** parlar chiaro. **Deut|lich|keit** f. *(-,-en)* **1** *(Klarheit)* chiarezza *f.*, intelligibilità *f.* **2** *(Eindeutigkeit)* chiarezza *f.*, evidenza *f.*: ***etw. in, mit aller ~ sagen*** dire qcs. molto chiaramente, con molta franchezza ◆ ***jdm -en sagen*** cantarle chiare a qcn. **deut|lich|keits|hal|ber** avv. per chiarezza.
deutsch I agg. tedesco: ***das -e Volk*** il popolo tedesco; ***die -e Sprache*** la lingua tedesca; ***die -e Schweiz*** la svizzera tedesca; ***eine -e Übersetzung*** una traduzione tedesca (*o* in tedesco) **II** avv. in tedesco: ***~ sprechen*** parlare in tedesco ◆ ***mit jdm ~ reden, sprechen*** = parlar chiaro con qcn. **Deutsch** n. *(-[s])* tedesco *m.*, lingua *f.* tedesca: ***akzentfrei, fließend ~ sprechen*** parlare (il) tedesco senza accento, correntemente; ***~ lehren (unterrichten, geben), lernen*** insegnare, imparare (il) tedesco; ***ein Lehrstuhl für ~*** una cattedra di tedesco; ***ich habe beschlossen, ~ zu lernen*** ho deciso di imparare il tedesco; ***heute muss ich noch Mathematik und ~ lernen*** oggi devo ancora studiare matematica e tedesco ◆ FIG. ***etw. auf (gut) Deutsch sagen*** = dire qcs. in parole povere; ***nicht (mehr) ~, kein ~ (mehr) verstehen*** fare l'indiano (*o* fare orecchie da mercante). **Deutsch|ame|ri|ka|ner** m. *(-s,-)* americano *m.* di origine tedesca, tedesco *m.* naturalizzato americano. **deutsch|ame|ri|ka|nisch** agg. **1** americano di origine tedesca **2** tedesco-americano: ***-e Verhandlungen*** trattative tedesco-americane. **Deut|sche I** m. e f. *(-n,-n)* tedesco *m.* (-a *f.*) **II** n. *(-n)* tedesco *m.*: ***etw. aus dem -n, vom -n ins Italienische übersetzen*** tradurre qcs. dal tedesco in italiano; ***die Personalpronomen im -n*** i pronomi personali in tedesco. **Deut|schen|feind** m. *(-[e]s,-e)* germanofobo *m.*, tedescofobo *m.* **Deut|schen|freund** m. *(-[e]s,-e)* germanofilo *m.*, tedescofilo *m.* **Deut|schen|hass** m. *(-es)* odio *m.* contro i tedeschi. **Deut|schen|has|ser** m. *(-s,-)* germanofobo *m.* **deutsch|feind|lich** agg. germanofobo, tedescofobo, antitedesco. **deutsch|freund|lich** agg. germanofilo, tedescofilo, filotedesco. **Deutsch|her|ren** pl. STOR. cavalieri *m.pl.* dell'ordine teutonico. **Deutsch|kun|de** f. *(-)* civiltà *f.* tedesca (come materia di studio).
Deutsch|land n.pr.n. *(-s)* Germania *f.* ◆ LETT. ***das Junge ~*** la Giovane Germania. **Deutsch|land|fra|ge** f. *(-)* questione *f.* tedesca. **Deutsch|land|lied** n. *(-[e]s)* = inno *m.* nazionale tedesco. **Deutsch|land|po|li|tik** f. *(-)* politica *f.* che riguarda la Germania.
Deutsch|leh|rer m. *(-s,-)* insegnante *m.* di tedesco. **Deutsch|meis|ter** m. *(-s)* STOR. gran maestro *m.* dell'ordine teutonico. **deutsch|na|ti|o|nal** agg. nazionalista (tedesco). **Deutsch|schwei|zer** m. *(-s,-)* svizzero *m.* tedesco. **deutsch|schwei|ze|risch** agg. svizzero tedesco. **deutsch|spra|chig** agg. **1** di lingua tedesca: ***die -e Bevölkerung in Italien*** la popolazione di lingua tedesca in Italia **2** di (*o* in) tedesco: ***-er Unterricht*** lezione in tedesco, in lingua tedesca. **deutsch|sprach|lich** agg. della lingua tedesca, di tedesco: ***der -e Unterricht*** la lezione di tedesco, l'insegnamento tedesco. **deutsch|stäm|mig** agg. oriundo tedesco, di origine tedesca. **Deutsch|stun|de** f. *(-,-n)* ora *f.* (*o* lezione *f.*) di tedesco. **Deutsch|tum** n. *(-s)* **1** *(deutsche Wesensart)* carattere *m.* tedesco **2** germanesimo *m.* **3** *(deutsche Volksgruppen)* tedeschi *m.pl.* (all'estero). **Deutsch|tü|me|lei** f. *(-,-en)* SPREG. ostentazione *f.*, esaltazione *f.* di ciò che è tedesco. **deutsch|tü|meln** intr. (aus. *haben)* ostentare, esaltare ciò che è tedesco. **Deutsch|un|ter|richt** m. *(-[e]s,-e)* lezione *f.* di tedesco, insegnamento *m.* di lingua e letteratura tedesca.
Deu|tung f. *(-,-en)* spiegazione *f.*, interpretazione *f.*
De|va|lu|a|ti|on, De|val|va|ti|on f. *(-,-en)* ECON. svalutazione *f.* **de|val|vie|ren** tr. svalutare.
De|ves|ti|tur f. *(-,-en)* spoliazione *f.* dell'ufficio ecclesiastico.
de|vi|ant agg. SOCIOL. deviante. **De|vi|a|ti|on** f. *(-,-en)* SOCIOL. LING. deviazione *f.*
De|vi|se f. *(-,-n)* motto *m.*, divisa *f.*
De|vi|sen pl. ECON. divisa *f.*, valuta *f.* estera. **De|vi|sen|ab|fluss** m. *(-es,-abflüsse)* emorragia *f.* di divise. **De|vi|sen|ab|tei|lung** f. *(-,-en)* ufficio *m.* cambi. **De|vi|sen|be|schrän|kung** f. *(-,-en)* restrizioni *f.pl.* valutarie. **De|vi|sen|be|stand** m. *(-[e]s,-bestände)* riserva *f.* in valuta (*o* di divisa). **De|vi|sen|be|wirt|schaf|tung** f. *(-,-en)* contingentamento *m.* valutario, controllo *m.* valutario. **De|vi|sen|bi|lanz** f. *(-,-en)* bilancia *f.* valutaria. **De|vi|sen|bör|se** f. *(-,-n)* borsa *f.* per le valute (*o* dei cambi). **De|vi|sen|ein|gän|ge** pl. entrate *f.pl.* in divisa. **De|vi|sen|frei|ga|be** f. *(-,-en)* liberalizzazione *f.* dei cambi. **De|vi|sen|ge|schäft** n. *(-[e]s,-e)* operazione *f.* in valuta. **De|vi|sen|ge|setz** n. *(-es,-e)* legge *f.* valutaria. **De|vi|sen|han|del** m. *(-s)* compravendita *f.* di valuta, commercio *m.* delle divise. **De|vi|sen|kurs** m. *(-es,-e)* corso *m.* dei cambi. **De|vi|sen|markt** m. *(-[e]s,-märkte)* mercato *m.* dei cambi. **De|vi|sen|no|tie|rung** f. *(-,-en)* quotazione *f.* delle valute. **De|vi|sen|po|li|tik** f. *(-)* politica *f.* valutaria. **De|vi|sen|pols|ter** n. *(-s,-)* scorta *f.* di divise. **de|vi|sen|recht|lich** agg. in materia di diritto valutario, valutario: ***-e Bestimmungen*** norme valutarie. **De|vi|sen|re|ser|ve** f. *(-,-n)* riserva *f.* in valuta (estera), disponibilità *f.* in valuta. **De|vi|sen|schie|bung** f. *(-,-en)* traffico *m.* illecito di valuta (*o* di divisa). **De|vi|sen|schmug|gel** m. *(-s)* contrabbando *m.* di valuta. **De|vi|sen|spe|ku|la|ti|on** f. *(-,-en)* speculazione *f.* nei cambi. **De|vi|sen|stel|le** f. *(-,-n)* ufficio *m.* dei cambi. **De|vi|sen|über|wa|chung** f. *(-,-en)* controllo *m.* dei cambi. **De|vi|sen|ver|ge|hen** n. *(-s,-)* DIR. illecito *m.* valutario. **De|vi|sen|ver|kehr** m. *(-s)* movimento *m.* valutario: ***Freizügigkeit des -s*** libera circolazione monetaria. **De|vi|sen|zah|lung** f. *(-,-en)* pagamento *m.* in valuta (estera). **De|vi|sen|zu|strom** m. *(-[e]s,-zuströme)* afflusso *m.* di divise. **De|vi|sen|zwangs|wirt|schaft** f. *(-,-en)* contingentamento *m.* delle divise.
De|von n. *(-[s])* GEOL. Devoniano *m.*
de|vot [-v-] **I** agg. **1** SPREG. ossequioso, servile: ***ein -es Benehmen*** un comportamento servile **2** ANT. *(demütig)* devoto **II** avv. **1** SPREG. servilmente, in modo ossequioso: ***~ grüßen*** salutare in modo ossequioso **2** ANT. devotamente, umilmente: ***~ niederknien*** inginocchiarsi devotamente. **De|vo|ti|on** f. *(-,-en)* LETT. **1** *(Unterwürfigkeit)* sottomissione *f.*, servilismo *m.*, ossequiosità *f.* **2** *(Demut)* devozione *f.*, umiltà *f.* **De|vo|ti|o|na|li|en** pl. oggetti *m.pl.* sacri.
Dext|rin n. *(-s,-e)* destrina *f.* **Dext|ro|se** f. *(-,-n)* destrosio *m.*
Dez m. *(-es,-e)* REGION. testa *f.*, capo *m.*: ***jdm eins auf den ~ geben*** dare una botta in testa a qcn.
De|zem|ber m. *(-[s],-)* dicembre *m.*: ***Anfang, Ende ~*** all'inizio, alla fine di dicembre; ***Mitte ~*** a metà dicembre; ***im ~*** in (*o* a) dicembre; ***am ersten, zweiten ~*** il primo, il due (di) dicembre.
De|zem|vir m. *(-n e -s,-n)* decemviro *m.* **De|zem|vi|rat** n. *(-[e]s,-e)* decemvirato *m.*
De|zen|ni|um n. *(-s, Dezennien)* decennio *m.*
de|zent I agg. **1a** *(anständig, taktvoll)* discreto: ***eine -e Farbe*** un colore discreto **b** *(unaufdringlich)* discreto, delicato, fine: ***ein -es Kleid*** un vestito fine **2a** *(vom Licht)* smorzato, soffuso: ***ein -es Licht*** una luce soffusa **b** *(von Musik)* sommesso **II** avv. **1** *(taktvoll)* discretamente: ***sich ~ im Hintergrund halten*** tenersi discretamente in disparte **2** *(unauffällig)* in modo sobrio: ***eine ~ eingerichtete Wohnung*** un appartamento arredato in modo sobrio; ***~ gekleidet sein*** essere vestito in modo sobrio.
De|zent|ra|li|sa|ti|on f. *(-,-en)* decentramento *m.* **de|zent|ra|li|sie|ren** tr. decentrare, decentralizzare. **De|zent|ra|li|sie|rung** f. *(-,-en)* decentralizzazione *f.*

De|zer|nat n. *(-[e]s,-e)* ambito *m.*, settore *m.* di competenza. **De|zer|nent** m. *(-en,-en)* funzionario *m.*, capo *m.* sezione.
De|zi|bel n. *(-s,-)* decibel *m.*
de|zi|diert I agg. deciso, risoluto: ***-e Forderungen, Fragen*** richieste, domande risolute **II** avv. in modo deciso, risolutamente: ***für etw. ~ eintreten*** intervenire in modo deciso per qcs.
De|zi|gramm n. *(-s,-e)* decigrammo *m.* **De|zi|li|ter** m. *(-s,-)* decilitro *m.*
de|zi|mal agg. decimale: ***-es Zahlensystem*** sistema metrico decimale. **De|zi|mal|bruch** m. *(-[e]s,-brüche)* frazione *f.* decimale. **De|zi|ma|le** f. *(-,-n)* decimale *m.* **De|zi|mal|klas|si|fi|ka|ti|on** f. *(-,-en)* BIBLIOT. classificazione *f.* decimale. **De|zi|mal|rech|nung** f. *(-,-n)* calcolo *m.* decimale. **De|zi|mal|sys|tem** n. *(-s,-e)* sistema *m.* decimale. **De|zi|mal|zahl** f. *(-,-n)* numero *m.* decimale.
De|zi|ma|ti|on f. *(-,-en)* decimazione *f.*
De|zi|me f. **1** MUS. decima *f.* **2** METR. strofa *f.* di dieci versi.
De|zi|me|ter m. e n. *(-)* decimetro *m.*
de|zi|mie|ren tr. decimare (anche FIG.). **De|zi|mie|rung** f. *(-,-en)* decimazione *f.* (anche FIG.).
De|zi|ton|ne f. *(-,-n)* quintale *m.*
DFB ⇒ *Deutscher Fußball-Bund* Federazione calcistica tedesca.
DGB ⇒ *Deutscher Gewerkschaftsbund* Federazione dei sindacati tedeschi.
dgl. ⇒ *dergleichen* simili (sim.).
d. h. ⇒ *das heißt* cioè.
d. i. ⇒ *das ist* cioè.
Dia n. *(-s,-s)* (accorc. *Diapositiv*) diapositiva *f.*, COLLOQ. diapo *f.*
Di|a|be|tes m. *(-)* diabete *m.* **Di|a|be|ti|ker** m. *(-s,-)* diabetico *m.* **Di|a|be|ti|ker|kost** f. *(-)* dieta *f.* per diabetici. **di|a|be|tisch** agg. diabetico.
Di|a|be|trach|ter m. *(-s,-)* FOT. visore *m.* per diapositive.
di|a|bo|lisch agg. diabolico.
Di|a|chro|nie f. *(-)* diacronia *f.* **di|a|chro|nisch** agg. diacronico.
Di|a|dem n. *(-s,-e)* diadema *m.*
Di|a|do|chen pl. diadochi *m.pl.*
Di|a|ge|ne|se f. *(-,-n)* diagenesi *f.*
Di|ag|no|se f. *(-,-n)* diagnosi *f.*: ***eine ~ stellen*** emettere, formulare una diagnosi; FIG. ***eine ~ der politischen Zustände*** una diagnosi della condizione politica. **Di|ag|no|se|pro|gramm** n. *(-[e]s,-e)* INFORM. programma *m.* diagnostico. **Di|ag|no|se|zent|rum** n. *(-s, -zentren)* centro *m.* diagnostico. **Di|ag|nos|tik** f. *(-)* diagnostica *f.* **di|ag|nos|tisch** agg. diagnostico. **Di|ag|nos|ti|ker** m. *(-s,-)* diagnostico *m.* **di|ag|nos|ti|zie|ren** tr. diagnosticare.
di|a|go|nal I agg. diagonale: ***-e Streifen*** strisce diagonali **II** avv. diagonalmente ◆ ***etw. ~ lesen*** dare una scorsa a qcs. **Di|a|go|nal** m. *(-[s],-s)* TESS. diagonale *m.* **Di|a|go|na|le** f. *(-,-n)* GEOM. diagonale *f.* **Di|a|go|nal|rei|fen** m. *(-s,-)* pneumatico *m.* diagonale, a tele diagonali.
Di|a|gramm n. *(-s,-e)* diagramma *m.* **Di|a|gramm|pa|pier** n. *(-s,-e)* carta *f.* millimetrata.
Di|a|kon m. *(-s* e *-en,-e* e *-en)* diacono *m.* **Di|a|ko|nat** n. *(-[e]s,-e)* diaconato *m.* **Di|a|ko|nin** f. *(-,-nen)*, **Di|a|ko|nis|se** f. *(-,-n)* diaconessa *f.*
di|a|kri|tisch agg. diacritico: ***ein -es Zeichen*** un segno diacritico.
Di|a|lekt m. *(-[e]s,-e)* dialetto *m.*: ***~ sprechen*** parlare (in) dialetto. **di|a|lek|tal** agg. dialettale: ***ein -er Einschlag*** un accento dialettale. **Di|a|lekt|aus|druck** m. *(-[e]s,-ausdrücke)* espressione *f.* dialettale, dialettismo *m.* **Di|a|lekt|dich|tung** f. *(-,-en)* poesia *f.* dialettale. **Di|a|lekt|for|schung** f. *(-,-en)* dialettologia *f.* **di|a|lekt|frei** agg. senza inflessioni dialettali.
Di|a|lek|tik f. *(-)* dialettica *f.* **Di|a|lek|ti|ker** m. *(-s,-)* dialettico *m.* **di|a|lek|tisch I** agg. **1** *(dialektal)* dialettale **2** dialettico: ***-e Methode*** metodo dialettico **II** avv. in modo dialettico, dialetticamente.
Di|a|lek|to|lo|gie f. *(-)* dialettologia *f.*
Di|a|log m. *(-[e]s,-e)* **1** *(Zwiegespräch)* dialogo *m.*: ***einen ~ führen*** avere (*o* sostenere) un dialogo; ***ein ~ zwischen Tauben*** un dialogo fra sordi **2** CINEM. TELEV. dialoghi *m.pl.* **di|a|lo|gisch** agg. dialogico, di dialogo. **di|a|lo|gi|sie|ren** tr. dialogizzare: ***einen Text ~*** dialogizzare un testo. **Di|a|log|part|ner** m. *(-s,-)* interlocutore *m.*
Di|a|ly|sa|tor m. *(-s,-en)* CHIM. dializzatore *m.* **Di|a|ly|se** f. *(-,-n)* dialisi *f.* **Di|a|ly|se|ge|rät** n. *(-[e]s,-e)* MED. dializzatore *m.* **Di|a|ly|se|sta|ti|on** f. *(-,-en)* reparto *m.* (emo)dialisi **Di|a|ly|se|zent|rum** n. *(-s,-zentren)* centro *m.* (emo)dialisi, dialitico. **di|a|ly|sie|ren** tr. dializzare, sottoporre a dialisi.
Di|a|ma|ga|zin n. *(-s,-e)* caricatore *m.* (diapositive).
1.Di|a|mant m. *(-en,-en)* **1a** diamante *m.*: ***einen -en schleifen*** sfaccettare un diamante; ***hart wie ein ~*** duro come il diamante; ***ein ~ von 20 Karat*** un diamante di 20 carati; ***mit -en besetzt*** tempestato di diamanti **b** *(Steinkohle)* ***schwarze -en*** carbone *m.* fossile **2** *(vom Plattenspieler)* puntina *f.*
2.Di|a|mant f. *(-)* TIP. diamante *m.*
Di|a|mant|boh|rer m. *(-s,-)* MECC. fioretto *m.* diamantato. **di|a|man|ten** agg. **1a** *(aus Diamant)* di diamante **b** *(einem Diamant ähnlich)* adamantino: ***ein -er Glanz*** uno splendore adamantino **2** con diamanti: ***ein -es Armband*** un bracciale con diamanti. **Di|a|man|ten|kol|li|er** n. *(-s,-s)* collier *m.* di diamanti. **Di|a|man|ten|schmuck** m. *(-[e]s)* gioielli *m.pl.* con diamanti. **Di|a|mant|kol|li|er** → **Diamantenkollier.** **Di|a|mant|na|del** f. *(-,-n)* punta *f.* di diamante. **Di|a|mant|ring** m. *(-[e]s,-e)* anello *m.* di diamanti. **Di|a|mant|schlei|fer** m. *(-s,-)* tagliatore *m.* di diamanti, chi lavora il diamante. **Di|a|mant|schliff** m. *(-[e]s,-e)* molatura *f.* del diamante. **Di|a|mant|schmuck** → **Diamantenschmuck.**
Di|a|mant|schrift f. *(-)* TIP. carattere *m.* diamante.
Di|a|me|ter m. *(-s,-)* diametro *m.* **di|a|me|tral I** agg. **1** diametrale **2** LETT. *(gegensätzlich)* opposto: ***-e Ansichten*** vedute, opinioni opposte **II** avv. diametralmente: ***~ entgegengesetzt sein*** essere diametralmente opposto.
Di|a|mat m. *(-)* materialismo *m.* dialettico.
Di|amin n. *(-s,-e)* diammina *f.*
Di|a|pa|son m. *(-s,-s* e *-e)* diapason *m.*
di|a|phan agg. diafano. **Di|a|pha|nie** f. *(-,-e)* vetrofania *f.*
Di|a|pho|re|se f. *(-,-n)* diaforesi *f.* **Di|a|pho|re|ti|kum** n. *(-s, Diaphoretika)* diaforetico *m.* **di|a|pho|re|tisch** agg. diaforetico.
Di|a|phrag|ma n. *(-s, Diaphragmen)* MED. diaframma *m.*
Di|a|po|si|tiv, Di|a|po|si|tiv n. *(-s,-e)* diapositiva *f.* **Di|a|pro|jek|tor** m. *(-s,-en)* proiettore *m.* per diapositive. **Di|a|rah|men** m. *(-s,-)* telaietto *m.* per diapositive.
Di|ä|re|se, Di|ä|re|sis f. *(-, Diäresen)* dieresi *f.*
Di|a|ri|um n. *(-s, Diarien)* ANT. **1** *(Tagebuch)* diario *m.* **2a** *(Kladde)* brutta copia *f.* **b** COMM. prima nota *f.*, brogliaccio *m.*
Di|ar|rhö(e) f. *(-, Diarröen)* diarrea *f.* **di|ar|rhö|isch** agg. diarroico.
Di|a|skop n. *(-s,-e)* → **Diaprojektor.** **Di|a|sko|pie** f. *(-)* diascopia *f.*
Di|as|po|ra f. *(-)* STOR. diaspora *f.*
Di|as|to|le, Di|as|to|le f. *(-,-n)* diastole *f.* **di|as|to|lisch** agg. diastolico: ***-er Blutdruck*** pressione (sanguigna) diastolica.
Di|ät f. *(-,-en)* dieta *f.*: ***eine strenge ~ einhalten müssen*** dover seguire una dieta rigorosa; ***auf ~ gesetzt werden*** essere messo a dieta; ***ihm wurde eine ~ verordnet*** gli è stata prescritta una dieta; ***(eine) ~ machen*** fare la dieta; ***~ leben, essen*** essere, stare a dieta.
Di|ä|ten pl. indennità *f.* parlamentare (giornaliera), diaria *f.*
Di|ä|te|tik f. *(-,-en)* dietetica *f.* **di|ä|te|tisch** agg. dietetico.
Di|a|thek f. *(-,-en)* diateca *f.*
Di|ät|kost f. *(-)* alimentazione *f.* dietetica. **Di|ät|kü|che** f. *(-,-n)* cucina *f.* dietetica. **Di|ät|kur** f. *(-,-en)* dietoterapia *f.*, dieta *f.*
Di|a|to|mee f. *(-,-n)* diatomea *f.*
Di|a|to|nik f. *(-)* diatonismo *m.* **di|a|to|nisch** agg. diatonico: ***die -e Tonleiter*** la scala diatonica.
Di|ät|plan m. *(-[e]s,-pläne)* programma *m.* dietetico. **Di|ät|pro|dukt** n. *(-[e]s,-e)* prodotto *m.* dietetico.
Di|a|tri|be f. *(-,-n)* diatriba *f.*
Di|a|vor|trag m. *(-[e]s,-vorträge)* conferenza *f.* con (proiezione di) diapositive.
Dib|bel|ma|schi|ne f. *(-,-n)* seminatrice *f.* **dib|beln** tr. seminare.
dib|bern intr. (aus. *haben*) REGION. parlottare.
dich pron.pers. acc. (nom. **du**) **1a** ti: ***sie bewundert ~*** ti ammira; ***sprich lauter, wir hören ~ nicht*** parla più forte, non ti sentiamo **b** *(reflexiv)* ***schäme ~!*** vergògnati! **2** *(nach Präpositionen)* te: ***ohne ~*** senza (di) te; ***ich habe das für ~ gekauft*** ho comprato questo per te.
di|cho|tom agg. dicotomico. **Di|cho|to|mie** f. *(-,-n)* dicotomia *f.* **di|cho|to|misch** agg. → **dichotom.**
Di|chro|ma|sie f. *(-,-n)* dicromatismo *m.* **di|chro|ma|tisch** agg. dicromatico.
dicht I agg. **1** fitto, folto, denso: ***-es Haar*** una folta capigliatura; ***ein -er Nebel, eine -e Vegetation*** una fitta nebbia, vegetazione; ***ein -er Verkehr*** un traffico denso; FIG. ***ein -es Programm, Schweigen*** un denso programma, un silenzio denso di significato **2** *(von Geweben)* fitto, a trama fitta **3a** *(wasserdicht)* impermeabile **b** *(luftdicht)* ermetico, a tenuta d'aria **4** FIS. denso **5** METALL. compatto; *(feinkörnig)* a grana fine (*o* compatta) **II** avv. **1** in modo fitto, folto, densamente: ***~ bewachsen*** fittamente coperto di vegetazione; ***~ behaart*** peloso, villoso; ***~ belaubt*** frondoso, fronzuto; ***~ besiedelt, bevölkert*** densamente popolato **2** *(mit Präpositionen)* ***~ hinter dem Hause*** proprio dietro la casa; ***~ bei mir*** proprio vicino (*o* vicinissimo, attaccato) a me; ***~ an der Mauer*** rasente al muro; ***an etw. (D) ~ vorbeigehen*** rasentare qcs.; ***~ nach etw.*** subito dopo

qcs.; ***Ostern stand ~ vor der Tür*** Pasqua era ormai alle porte ◆ ***die Bäume stehen ~ an ~, ~ bei ~*** gli alberi sono molto fitti; ***~ gedrängt sein, stehen*** stare pigiato, accalcarsi; ***nicht ganz ~ sein*** = non essere del tutto a posto; ***~ verschlossen*** a tenuta stagna.
Dich|te f. *(-)* **1a** fittezza *f.*, foltezza *f.*, densità *f.*: ***die ~ der Bevölkerung*** la densità della popolazione **b** fitto *m.*, folto *m.*: ***die ~ des Waldes*** il folto del bosco **2a** *(Wasserdichte)* impermeabilità *f.*, tenuta *f.* stagna **b** *(Luftdichte)* ermeticità *f.*, tenuta *f.* d'aria **3** FIS. densità *f.* **4** TESS. fittezza *f.* della trama. **Dich|te|mes|ser** m. *(-s,-)* densimetro *m.*
1.dich|ten tr. **1** stagnare, rendere stagno; *(Dächer)* impermeabilizzare **2** *(luftdicht machen)* rendere a tenuta d'aria ◆ MAR. ***ein Leck ~*** turare una falla.
2.dich|ten I tr. scrivere (in versi): ***ein Epos, Verse ~*** scrivere un poema epico, comporre versi **II** intr. (aus. *haben*) poetare, scrivere poesie (*o* versi) ◆ ***das Dichten und Trachten*** = tutte le aspirazioni.
Dich|ter m. *(-s,-)* **1** poeta *m.* (anche FIG.) **2** *(Verfasser)* autore *m.*: ***der ~ des "Faust"*** l'autore del „Faust". **Dich|ter|ga|be** f. *(-,-n)* talento *m.* poetico. **Dich|te|rin** f. *(-,-nen)* **1** poetessa *f.* **2** *(Autorin)* autrice *f.* **dich|te|risch I** agg. poetico: ***-e Freiheit*** licenza poetica **II** avv. poeticamente. **Dich|ter|kreis** m. *(-es,-e)* circolo *m.* di poeti (*o* poetico). **Dich|ter|le|sung** f. *(-,-en)* reading *m.* (di poesie). **Dich|ter|ling** m. *(-s,-e)* SPREG. poetucolo *m.*, poetastro *m.* **Dich|ter|schu|le** f. *(-,-n)* scuola *f.* poetica. **Dich|ter|spra|che** f. *(-)* linguaggio *m.* poetico. **Dich|ter|tum** n. *(-s)* ingegno *m.* poetico.
dicht_hal|ten intr. *(hält, hielt, gehalten;* aus. *haben)* COLLOQ. tenere il becco chiuso, mantenere il segreto. **Dicht|heit** f. *(-)*, **Dich|tig|keit** f. *(-)* → **Dichte.**
Dicht|kunst f. *(-)* arte *f.* poetica, poesia *f.*
dicht_ma|chen COLLOQ. **I** tr. chiudere (il negozio) **II** intr. (aus. *haben*) **1** chiudere **2a** FIG. chiudersi (in se stesso) **b** SPORT chiudersi (in difesa).
1.Dich|tung f. *(-,-en)* **1a** stagnatura *f.* **b** *(von Dächern)* impermeabilizzazione *f.* **2** *(Zwischenstück zum Abdichten)* guarnizione *f.*
2.Dich|tung f. *(-,-en)* **1a** poesia *f.*: ***epische, lyrische ~*** poesia epica, lirica **b** *(dichterisches Werk)* opera *f.* poetica; *(Epos)* poema *m.*: MUS. ***sinfonische ~*** poema sinfonico **2** COLLOQ. FIG. fantasia *f.*, invenzione *f.*: ***das ist doch reine ~!*** questa è pura fantasia! **Dich|tungs|form** f. *(-,-en)* forma *f.* poetica.
Dich|tungs|mas|se f. *(-,-n)* massa *f.* sigillante. **Dich|tungs|ma|te|ri|al** n. *(-s,-ien)* materiale *m.* per guarnizioni. **Dich|tungs|ring** m. *(-[e]s,-e)*, **Dich|tungs|schei|be** f. *(-,-n)* guarnizione *f.* ad anello; *(im Motor)* anello *m.* (*o* fascia *f.* elastica) di tenuta.
dick I agg. **1a** grosso: ***ein -er Baumstamm*** un grosso tronco d'albero; ***ein -es Geschäft, Auto*** un grosso affare, una grossa auto; ***eine -e Lüge*** una grossa bugia **b** *(von Menschen)* grasso, corpulento; ***~ werden*** ingrassare **2** *(in Bezug auf Stärke)* spesso: ***-e Bücher, Decken, Gläser*** libri spessi, coperte spesse, lenti spesse; ***das Brett ist 2 cm ~*** l'asse è spesso 2 cm **3** *(dickflüssig)* denso, spesso: ***ein -er Klebstoff*** una colla densa; *(von Milch)* rappreso **4** COLLOQ. *(dicht)* fitto, spesso: ***ein -er Nebel*** una nebbia fitta (*o* spessa); *(vom Haar)* folto; *(vom Verkehr)* denso **5** COLLOQ. *(geschwollen)* gonfio: ***ein -er Knöchel*** una caviglia gonfia **II** avv. rafforz. molto: ***~ satt sein*** essere proprio stufo ◆ ***etw. ~ auftragen*** gonfiare (*o* esagerare) qcs.; ***-e Beziehungen*** amicizie influenti, conoscenze (altolocate); ***Dick und Doof*** Stanlio e Ollio (*o* Cric e Croc); ***mit jdm durch ~ und dünn gehen*** = condividere con qcn. gli alti e i bassi della vita; ***~ und fett*** bello grasso; ***-e Freunde*** amiconi; ***es nicht so ~ haben*** non avere molti soldi, non passarsela tanto bene; ***jdn, etw. ~ haben, kriegen*** essere stufo (*o* averne abbastanza) di qcn., qcs., stufarsi di qcn., qcs.; ***ein -es Lob*** una gran lode; ***mach dich nicht so ~!*** non ti allargare troppo! non tenere tutto il posto! ***~ und rund*** bello paffuto.
dick|ba|ckig agg. ***ein -es Kind*** un bambino dalle guance paffute; ***ein -es Gesicht*** un viso paffuto. **Dick|bauch** m. *(-[e]s,-bäuche)* SCHERZ. pancione *m.* **dick|bau|chig, dick|bäu|chig** agg. panciuto. **Dick|blatt|ge|wäch|se** pl. crassulacee *f.pl.* **dick|blätt|rig** agg. con foglie carnose. **Dick|darm** m. *(-[e]s,-därme)* (intestino *m.*) crasso *m.* **Dick|darm|ent|zün|dung** f. *(-,-en)* colite *f.*
di|cke avv. abbastanza, a sufficienza: ***jdn, etw. ~ haben*** averne abbastanza (*o* essere stufo) di qcn., qcs.
1.Di|cke f. *(-,-n)* **1a** grossezza *f.* **b** *(von Menschen)* grassezza *f.*, corpulenza *f.* **2** *(Maß)* spessore *m.* **3** *(Geschwollenheit)* gonfiore *m.*
2.Di|cke m. e f. *(-n,-n)* **1** grasso *m.* (-a *f.*) **2** *(Kosename)* ciccio *m.* (-a *f.*).
di|cken I tr. (fare) addensare, rapprendere, ispessire **II** intr. (aus. *haben, sein*) addensarsi, rapprendersi, ispessirsi. **Di|cken|wachs|tum** n. *(-s)* ispessimento *m.*
Di|cker|chen n. *(-s,-)* grassottello *m.*, cicciottello *m.*
di|cke_tun → **dicktun.**
dick|fel|lig agg. coriaceo: ***ein -er Mensch*** una persona coriacea, un uomo dalla scorza dura. **dick|flüs|sig** agg. denso, viscoso. **Dick|flüs|sig|keit** f. *(-)* densità *f.*, viscosità *f.* **dick_füt|tern** tr. COLLOQ. *(Tiere)* ingrassare. **Dick|häu|ter** m. *(-s,-)* pachiderma *m.* (anche FIG.). **dick|häu|tig** agg. dalla pelle spessa.
Di|ckicht n. *(-s,-e)* **1a** folto *m.* **b** *(Wald)* boscaglia *f.*; *(dichter Niederwald)* macchia *f.*; *(Gestrüpp)* sterpaglia *f.* **2** FIG. groviglio *m.*, intrico *m.*
Dick|kopf m. *(-[e]s,-köpfe)* COLLOQ. testa *f.* dura, testone *m.* (-a *f.*) ◆ ***einen ~ haben*** avere la testa dura; ***seinen ~ aufsetzen*** intestardirsi. **dick|köp|fig** agg. COLLOQ. testardo, cocciuto. **Dick|köp|fig|keit** f. *(-,-en)* COLLOQ. testardaggine *f.*, cocciutaggine *f.*
dick|lei|big agg. **1** corpulento, grosso **2** FIG. grosso, voluminoso. **Dick|lei|big|keit** f. *(-)* **1** corpulenza *f.* **2** FIG. grossezza *f.*, voluminosità *f.*
dick|lich agg. **1** grassoccio, grassottello **2** *(dickflüssig)* denso.
Dick|ma|cher m. *(-s,-)* COLLOQ. = cibo *m.* che fa ingrassare. **Dick|milch** f. *(-)* latte *m.* acido (*o* rappreso). **Dick|sack** m. *(-[e]s, -säcke)* SPREG. grassone *m.*, pancione *m.* **Dick|schä|del** m. *(-s,-)* COLLOQ. → **Dickkopf. dick|schä|de|lig, dick|schäd|lig** agg. COLLOQ. → **dickköpfig. dick|scha|lig** agg. dalla buccia (*o* pelle) spessa.
Dick|tu|er m. *(-s,-)* REGION. pallone *m.* gonfiato. **Dick|tue|rei** f. *(-)* arie *f.pl.* **dick|tue|risch** agg. borioso, presuntuoso. **dick_tun** rifl. *(tat, getan)* **sich ~** darsi delle arie.
Di|ckung f. *(-,-en)* VENAT. macchia *f.*, boscaglia *f.*
dick|wan|dig agg. dalle pareti spesse. **Dick|wanst** m. *(-es,-wänste)* SPREG. grassone *m.*, pancione *m.*
Di|dak|tik f. *(-,-en)* didattica *f.* **Di|dak|ti|ker** m. *(-s,-)* (docente *m.*) esperto *m.* di didattica. **di|dak|tisch** agg. didattico.
di|del|dum, di|del|dum|dei inter. trallallera, trallalà.
Di|do n.pr.f. Didone *f.*
die → **der.**
Dieb m. *(-[e]s,-e)* ladro *m.*: ***einen ~ auf frischer Tat ertappen*** cogliere un ladro sul fatto; ***haltet den ~!*** al ladro! ***wie ein ~ in der Nacht*** come un ladro. **Die|be|rei** f. *(-,-en)* COLLOQ. ruberia *f.* **Die|bes|ban|de** f. *(-,-n)* banda *f.* di ladri. **Die|bes|beu|te** f. *(-)*, **Die|bes|gut** n. *(-[e]s)* refurtiva *f.*, bottino *m.* **Die|bes|ha|ken** m. *(-s,-)* grimaldello *m.* **Die|bes|höh|le** f. *(-,-n)*, **Die|bes|nest** n. *(-[e]s,-er)* covo *m.* di ladri. **Die|bes|pack** n. *(-[e]s)* → **Diebsgesindel. die|bes|si|cher** agg. a prova di ladro. **Die|bin** f. *(-,-nen)* ladra *f.* **die|bisch I** agg. **1** ANT. di, da ladro, ladresco **2** *(heimlich)* segreto, intimo: ***ein -es Vergnügen*** un intimo (*o* segreto) piacere **II** avv. ***sich ~ freuen*** gioire intimamente. **Diebs|ge|sin|del** n. *(-s)* SPREG. massa *f.* di ladri, gentaglia *f.*
Dieb|stahl m. *(-[e]s,-stähle)* furto *m.*: ***einen ~ begehen, aufdecken (entdecken)*** commettere, scoprire un furto; ***sich gegen ~ versichern*** assicurarsi contro i furti; DIR. ***einfacher, schwerer ~*** furto semplice, aggravato; ***räuberischer ~*** rapina impropria ◆ ***geistiger ~*** plagio. **Dieb|stahl|schutz** m. *(-es)* antifurto *m.* **dieb|stahl|si|cher** agg. antifurto. **Dieb|stahl|si|che|rung** f. *(-,-en)* → **Diebstahlschutz. Dieb|stahl|ver|si|che|rung** f. *(-,-en)* assicurazione *f.* contro il furto (*o* contro i furti).
Di|e|der n. *(-s,-)* diedro *m.*
die|je|ni|ge → **derjenige. die|je|ni|gen** → **derjenige.**
Die|le f. *(-,-n)* **1** *(Brett)* tavola *f.*, assicella *f.* **2** *(Vorraum)* atrio *m.*, ingresso *m.* **3** ANT. *(Tanzdiele)* locale *m.* da ballo.
Di|elek|tri|kum n. *(-s, Dielektrika)* dielettrico *m.* **di|elek|trisch** agg. dielettrico. **Di|elek|tri|zi|tät** f. *(-)* dielettricità *f.*
die|len tr. pavimentare con assi, rivestire di tavole. **Die|len|bo|den** m. *(-s,-böden)* pavimento *m.* di assi.
die|nen intr. (aus. *haben*) **1a** essere a servizio, servire: ***bei jdm, etw. ~*** essere a servizio presso qcn., qcs. **b** servire: ***dem Staat, dem König ~*** servire lo Stato, il re; ***einer guten, großen Sache ~*** servire una buona, grande causa **c** MIL. prestare servizio: ***bei der Luftwaffe ~*** prestare servizio in aviazione **2** ***jdm (mit etw.) ~*** essere d'aiuto (*o* utile) a qcn. (con qcs.): ***der Gemeinschaft, Menschheit ~*** essere utile alla comunità, all'umanità; ***womit kann ich ~?*** in cosa posso essere (*o* rendermi) utile? **3** servire, fungere: ***ihr Zimmer dient jetzt als Abstellraum*** la sua stanza serve ora da, come ripostiglio; ***dazu ~, etw. zu tun*** servire a (*o* per) fare qcs. ◆ ***damit ist mir nicht gedient*** non so che farmene, non mi serve a niente.
Die|ner m. *(-s,-)* **1a** domestico *m.*, cameriere *m.*; *(in der Vergangenheit)* servo *m.*, servitore *m.* **b** *(bei Institutionen)* inserviente *m.* **2** FIG. servo *m.*, servitore *m.*: ***~ der Kirche, des Staats, des Geset-***

zes servitore della Chiesa, dello Stato, della legge; ***ein ~ der Wissenschaft, der guten Sache sein*** essere al servizio della scienza, della buona causa **3** *(Verbeugung)* inchino *m.*, riverenza *f.* ◆ ***stummer ~*** servo muto. **Die|ne|rin** f. *(-,-nen)* **1** domestica *f.*, cameriera *f.* **2** *(bei Institutionen)* inserviente *f.* **die|nern** intr. (aus. *haben*) **1** SPREG. essere servile **2** *(sich verbeugen)* inchinarsi ripetutamente. **Die|ner|schaft** f. *(-,-en)* servitù *f.* **dien|lich** agg. utile: ***jdm, etw. ~ sein*** essere utile (*o* d'aiuto) a qcn., qcs. **Dien|lich|keit** f. *(-)* utilità *f.*

Dienst m. *(-[e]s,-e)* **1** servizio *m.*: ***den, zum ~ antreten*** entrare in servizio; ***den ~ aufnehmen*** prendere servizio; ***aus dem ~ ausscheiden, den ~ quittieren*** lasciare, abbandonare il servizio; ***in jds ~ treten*** entrare al servizio di qcn.; ***im ~ einer Sache stehen, sich in den ~ einer Sache stellen*** essere, mettersi al servizio di una causa; ***der Offizier vom ~*** l'ufficiale di servizio; MIL. ***im aktiven ~*** in servizio attivo, in servizio effettivo **2** *(berufliche Tätigkeit)* occupazione *f.*, lavoro *m.*: ***ein anstrengender, schwerer, interessanter ~*** un'occupazione faticosa, pesante, interessante; ***seinen ~ versehen, ausüben, verrichten*** attendere al proprio lavoro **3** *(Stellung)* impiego *m.*, posto *m.* di lavoro; ***jdn aus dem ~, aus seinen -en entlassen*** licenziare qcn.; ***jdn in ~ nehmen*** assumere qcn. **4** *(Hilfe)* servizio *m.*, aiuto *m.*: ***etw. im -e der Mitmenschen tun*** far qcs. al servizio del prossimo; ***kannst du mir einen ~ tun?*** puoi aiutarmi? puoi darmi una mano? ◆ ***jdm seine -e anbieten*** offrire i propri servigi a qcn.; ***außer ~, nicht im ~ sein*** *(in der Freizeit)* non essere al lavoro (*o* in servizio); *(im Ruhestand)* essere a riposo, in pensione; ***jdm gute -e tun*** essere molto utile a qcn.; ***~ haben*** essere di servizio, di turno; ***~ habend*** di servizio, di turno; ***der ~ habende Arzt*** il medico di turno; ***~ am Kunden*** servizio clienti; ***~ leisten*** prestare servizio, MIL. fare il servizio militare; ***der öffentliche ~*** la pubblica amministrazione, il pubblico impiego; ***jdm mit etw. einen schlechten ~ erweisen*** rendere un cattivo servizio a qcn., danneggiare qcn. con qcs.; ***~ ist ~, und Schnaps ist Schnaps*** = una cosa è il lavoro, un'altra il divertimento; ***etw. in ~ stellen*** mettere in funzione (*o* in servizio) qcs.; ***~ tuend*** → ***~ habend; die Beine versagen ihm den ~*** le gambe non lo reggono più; ***zu jds -en, jdm zu -en sein, stehen*** essere a servizio, a disposizione di qcn.; ***was steht zu Ihren -en?*** in cosa posso servirLa? cosa desidera? **Dienst|ab|lö|sung** f. *(-,-en)* turno *m.* **Dienst|ab|teil** n. *(-[e]s,-e)* scompartimento *m.* di servizio. **Dienst|ab|zei|chen** n. *(-s,-)* contrassegno *m.* di servizio. **Dienst|adel** m. *(-s)* nobiltà *f.* di toga.

Diens|tag m. *(-[e]s,-e)* martedì *m.*: ***am ~ gehe ich ins Kino*** martedì andrò al cinema; *(dienstags)* di martedì (*o* il martedì) vado al cinema; ***eines -s*** un martedì; ***jeden ~*** ogni martedì. **Diens|tag|abend** m. *(-[e]s,-e)* martedì *m.* sera, sera *f.* di (*o* del) martedì. **diens|tag|abends** avv. di (*o* il) martedì sera. **diens|tä|gig** agg. del martedì. **Diens|tag|mor|gen** m. *(-s,-)* martedì *m.* mattina, mattina *f.* di (*o* del) martedì. **diens|tag|mor|gens** avv. di (*o* il) martedì mattina. **diens|tags** avv. di (*o* il) martedì: ***~ abends*** di (*o* il) martedì sera; ***~ morgens*** di (*o* il) martedì mattina.

Dienst|al|ter n. *(-s)* anzianità *f.* di servizio. **Dienst|äl|tes|te** m. e f. *(-n,-n)* il più anziano *m.* (la più -a *f.*) (per anni di servizio). **Dienst|an|tritt** m. *(-[e]s,-e)* entrata *f.* in servizio. **Dienst|an|wei|sung** f. *(-,-en)* **1** norme *f.pl.* (*o* regolamento *m.*) di servizio **2** *(Dienstbefehl)* ordine *m.* di servizio. **Dienst|an|zug** m. *(-[e]s,-anzüge)* → **Dienstkleidung. Dienst|auf|sichts|be|schwer|de** f. *(-,-n)* ricorso *m.* gerarchico. **Dienst|aus|weis** m. *(-es,-e)* tessera *f.* di riconoscimento (sul luogo di lavoro). **Dienst|aus|zeich|nung** f. *(-,-en)* onorificenza *f.* **Dienst|au|to** n. *(-s,-s)* auto *f.* di servizio.

dienst|bar agg. servizievole ◆ ***sich (D) jdn, etw. ~ machen*** assoggettare qcn., qcs. **Dienst|bar|keit** f. *(-,-en)* **1** sollecitudine *f.* nel servizio **2** LETT. ***in jds ~ geraten*** essere assoggettato da qcn. **3** DIR. servitù *f.*

Dienst|be|fehl m. *(-[e]s,-e)* ordine *m.* di servizio. **dienst|be|flis|sen** agg. servizievole, premuroso. **Dienst|be|flis|sen|heit** f. *(-,-en)* premura *f.*, sollecitudine *f.* **Dienst|be|reich** m. *(-[e]s,-e)* ambito *m.* delle funzioni di servizio. **dienst|be|reit** agg. **1** ANT. servizievole **2** aperto, di turno: ***diese Apotheke ist am Sonntag ~*** la domenica questa farmacia è di turno. **Dienst|be|reit|schaft** f. *(-,-en)* disponibilità *f.* ad aiutare.

Dienst|be|ur|tei|lung f. *(-,-en)* valutazione *f.* sul servizio. **Dienst|be|zeich|nung** f. *(-,-en)* qualifica *f.* professionale. **Dienst|be|zü|ge** pl. stipendio *m.* (di un dipendente pubblico). **Dienst|bo|te** m. *(-n,-n)* ANT. domestico *m.* **Dienst|eid** m. *(-[e]s,-e)* giuramento *m.* d'ufficio.

Dienst|ei|fer m. *(-s)* SPREG. zelo *m.* (eccessivo) nel lavoro. **dienst|eif|rig** agg. eccessivamente zelante nel lavoro.

Dienst|ent|he|bung f. *(-,-en)* sospensione *f.* dal servizio. **Dienst|ent|las|sung** f. *(-,-en)* licenziamento *m.* **dienst|fä|hig** agg. idoneo al servizio; MIL. abile. **Dienst|fahrt** f. *(-,-en)* → **Dienstreise. dienst|frei** agg. libero (dal servizio, da impegni): ***-e Zeit*** tempo libero; ***sich ~ nehmen*** prendere un permesso. **Dienst|ge|heim|nis** n. *(-ses,-se)* segreto *m.* d'ufficio: ***das ~ verletzen, wahren*** infrangere, mantenere il segreto d'ufficio. **Dienst|ge|spräch** n. *(-[e]s,-e)* conversazione *f.* di lavoro (*o* di servizio). **Dienst|herr** m. *(-n,-en)* padrone *m.*, principale *m.*; *(Arbeitgeber)* datore *m.* di lavoro. **Dienst|klei|dung** f. *(-,-en)* divisa *f.* da lavoro.

Dienst|leis|tung f. *(-,-en)* prestazione *f.*, servizio *m.*: ***ärztliche -en*** assistenza medica. **Dienst|leis|tungs|be|trieb** m. *(-[e]s,-e)* azienda *f.* di servizi. **Dienst|leis|tungs|ge|sell|schaft** f. *(-,-en)* società *f.* di servizi. **Dienst|leis|tungs|ge|wer|be** n. *(-[e]s,-e)* settore *m.* terziario, terziario *m.* **Dienst|leis|tungs|un|ter|neh|men** n. *(-s,-)* → **Dienstleistungsbetrieb.**

dienst|lich **I** agg. di servizio, di ufficio; *(offiziell)* ufficiale: ***ein -es Schreiben*** una lettera ufficiale **II** avv. per servizio: ***er ist oft ~ unterwegs*** è spesso via per lavoro; ***~ verhindert sein*** essere impedito per ragioni di servizio. **Dienst|mäd|chen** n. *(-s,-)* ANT. domestica *f.*, donna *f.* di servizio.

1.Dienst|mann m. *(-es,-männer* e *-leute)* facchino *m.*

2.Dienst|mann m. *(-es,-en)* STOR. vassallo *m.*

Dienst|ord|nung f. *(-,-en)* regolamento *m.* di servizio. **Dienst|per|so|nal** n. *(-[e]s)* personale *m.* di servizio. **Dienst|pflicht** f. *(-)* **1** dovere *m.* d'ufficio **2** obbligo *m.* di servizio (militare o civile). **dienst|pflich|tig** agg. obbligato al servizio. **Dienst|plan** m. *(-[e]s,-pläne)* orario *m.* di lavoro. **Dienst|rang** m. *(-[e]s,-ränge)* grado *m.* **Dienst|raum** m. *(-s,-räume)* locale *m.* di servizio. **Dienst|recht** n. *(-[e]s,-e)* diritto *m.* del pubblico impiego. **dienst|recht|lich** agg. relativo al diritto del pubblico impiego. **Dienst|reg|le|ment** n. *(-s,-s)* regolamento *m.* di servizio. **Dienst|rei|se** f. *(-,-n)* viaggio *m.* di lavoro (*o* per servizio). **Dienst|sa|che** f. *(-,-n)* **1** questione *f.* d'ufficio **2** *(amtliches Schreiben)* corrispondenza *f.* di servizio. **Dienst|schluss** m. *(-es,-schlüsse)* fine *f.* del servizio (*o* dell'orario di lavoro). **Dienst|schrei|ben** n. *(-s,-)* corrispondenza *f.* di servizio. **Dienst|stel|le** f. *(-,-n)* ufficio *m.* **Dienst|stel|len|lei|ter** m. *(-s,-)* capoufficio *m.* **Dienst|stra|fe** f. *(-,-n)* punizione *f.* disciplinare. **Dienst|stun|de** f. *(-,-n)* **1** ora *f.* di lavoro **2** *(einer Dienststelle)* orario *m.* (di apertura), orario *m.* (*o* ore *f.pl.*) d'ufficio. **dienst|taug|lich** agg. → **dienstfähig. Dienst|ver|fah|ren** n. *(-s,-)* procedimento *m.* (*o* processo *m.*) disciplinare. **dienst|un|fä|hig** agg. non idoneo al servizio; MIL. inabile. **Dienst|un|fall** m. *(-[e]s,-unfälle)* incidente *m.* in servizio. **dienst|un|taug|lich** agg. → **dienstunfähig. Dienst|ver|ge|hen** n. *(-s,-)* violazione *f.* dei doveri d'ufficio. **Dienst|ver|hält|nis** n. *(-ses,-se)* rapporto *m.* di servizio. **Dienst|weg** m. *(-[e]s,-e)* via *f.* gerarchica, iter *m.* burocratico: ***den ~ einhalten*** seguire la via gerarchica; ***auf dem ~*** per via gerarchica. **dienst|wid|rig** agg. contrario al regolamento. **Dienst|woh|nung** f. *(-,-en)* alloggio *m.* (*o* abitazione *f.*) di servizio. **Dienst|zeit** f. *(-,-en)* **1** *(Bürostunden)* orario *m.* di servizio **2** MIL. ferma *f.* **3** *(von Beamten)* anzianità *f.* (di servizio).

dies → **dieser.**

dies|be|züg|lich **I** agg. relativo a ciò, in merito (a ciò): ***ein -er Vorschlag*** una proposta in merito (a ciò) **II** avv. al riguardo, in merito: ***~ habe ich keine Anweisungen erhalten*** non ho ricevuto istruzioni al riguardo.

die|se → **dieser.**

Die|sel m. *(-s,-)* *(Dieselmotor, -fahrzeug, -kraftstoff)* diesel *m.*

Die|sel|an|trieb m. *(-[e]s,-e)* propulsione *f.* diesel.

die|sel|be → **derselbe.**

die|sel|ben → **derselbe.**

Die|sel|kraft|stoff m. *(-[e]s,-e)* carburante *m.* diesel. **Die|sel|lok** f. *(-,-s)*, **Die|sel|lo|ko|mo|ti|ve** f. *(-,-n)* locomotiva *f.* diesel. **Die|sel|mo|tor** m. *(-s,-en)* motore *m.* diesel. **Die|sel|öl** n. *(-[e]s,-e)* gasolio *m.*, nafta *f.*

die|sem → **dieser.**

die|sen → **dieser.**

die|ser pron.dimostr.m. (f. **diese**, n. **dies[es]**, gen. **dieses, dieser, dieses**, dat. **diesem, dieser, diesem**, acc. **diesen, diese, dies[es]**; pl. **diese**, gen. **dieser**, dat. **diesen**, acc. **diese**) **1a** *(absolut)* questo *m.* (-a *f.*) questi *m.*, costui *m.* (costei *f.*): ***diese haben Schuld an dem Unglück*** questi (*o* costoro) hanno la colpa dell'incidente; ***ich will diese oder keine*** voglio questa o nessuna; ***dies(es) ist richtig*** questo è giusto; ***welche Bilder gefallen dir am besten? Diese!*** quali quadri ti piacciono di più? Questi! **b** *(der folgende)* questo *m.* (-a *f.*) **2a** *(attributiv)* questo: ***~ Bleistift, diese Sonne, dieses Mädchen, diese Schuhe*** questa matita, questo sole, questa ragazza, queste scarpe; ***mit diesem seinem ersten Buch*** con questo suo primo libro; ***am Anfang dieses Winters, dieser Woche*** all'inizio di quest'inverno, di questa settimana; ***am 11. dieses Monats*** l'11 di questo, del corrente mese; *(nächst)* ***diesen Frühling wird es besser gehen*** questa primavera (prossima) andrà meglio; ***dieses Jahr*** quest'anno (prossimo) **b** *(jener)* quello: ***an diesem Tag*** quel giorno ◆ ***~ da*** questo qui; ***~ dort*** quello là; ***~ und jener*** questo e quello, alcuni; ***~ oder jener*** questo o quello; ***dies und das, dies(es) und jenes*** questo e quello; ***von diesem und jenem sprechen*** parlare del più e del meno.

die|ser|art I pron.dimostr. inv. *(attributiv)* di questo genere, di quel genere: ***~ Leute*** gente di quel genere **II** avv. in questo modo.

die|ser|halb avv. LETT. per questo motivo, a causa di questo.

die|ses → **dieser.**

die|sig agg. *(vom Wetter)* umido e fosco, caliginoso. **Die|sig|keit** f. *(-)* foschia *f.*; *(durch Umweltverschmutzung)* caligine *f.*

Di|e|sis f. *(-, Diesen)* MUS. diesis *m.*

dies|jäh|rig agg. di quest'anno. **dies|mal** avv. questa volta. **dies|ma|lig** agg. di questa volta. **dies|sei|tig** agg. **1** di qua, da questa parte; ANT. citeriore **2** *(irdisch)* di questo mondo, terreno. **dies|seits I** prep. + gen. al di qua di, di qua da: ***~ des Flusses*** al di qua del fiume **II** avv. da questa parte, (al) di qua. **Dies|seits** n. *(-)* mondo *m.* di qua, mondo *m.* terreno.

1.Diet|rich n.pr.m. Teodorico *m.*

2.Diet|rich m. *(-s,-e)* grimaldello *m.*

die|weil, die|wei|len ANT. **I** cong. **1** *(während)* mentre **2** *(weil)* perché **II** avv. frattanto, nel frattempo.

Dif|fa|ma|ti|on f. *(-,-en)* diffamazione *f.* **dif|fa|ma|to|risch** agg. diffamatorio. **dif|fa|mie|ren** tr. diffamare.

Dif|fe|renz f. *(-,-en)* **1** differenza *f.*: ***eine ~ von 2 DM, von 20 Minuten*** una differenza di 2 marchi, di 20 minuti; ***die ~ zwischen 7 und 4 beträgt, ist 3*** la differenza tra 7 e 4 ammonta a, è 3 **2** *(Fehlbetrag)* differenza *f.*, ammanco *m.* **3** *(Meinungsverschiedenheit)* divergenza *f.*, controversia *f.*: ***-en beilegen*** comporre controversie.

dif|fe|ren|zi|al agg. differenziale. **Dif|fe|ren|zi|al** n. *(-s,-e)* MAT. MECC. differenziale *m.* **Dif|fe|ren|zi|al|ach|se** f. *(-,-n)* asse *m.* del differenziale. **Dif|fe|ren|zi|al|brem|se** f. *(-,-n)* freno *m.* differenziale. **Dif|fe|ren|zi|al|di|ag|no|se** f. *(-,-n)* diagnosi *f.* differenziale. **Dif|fe|ren|zi|al|fla|schen|zug** m. *(-[e]s,-züge)* paranco *m.* differenziale. **Dif|fe|ren|zi|al|ge|häu|se** n. *(-s,-)* scatola *f.* del differenziale. **Dif|fe|ren|zi|al|ge|trie|be** n. *(-s,-)* MECC. differenziale *m.* **Dif|fe|ren|zi|al|glei|chung** f. *(-,-en)* equazione *f.* differenziale. **Dif|fe|ren|zi|al|pum|pe** f. *(-,-n)* pompa *f.* con stantuffo a due diametri. **Dif|fe|ren|zi|al|rech|nung** f. *(-,-en)* calcolo *m.* differenziale. **Dif|fe|ren|zi|al|sper|re** f. *(-,-n)* dispositivo *m.* di bloccaggio del differenziale. **Dif|fe|ren|zi|al|zoll** m. *(-s,-zölle)* dazio *m.* differenziale.

dif|fe|ren|zi|ell agg. differenziale, differenziatore, distintivo.

dif|fe|ren|zie|ren I tr. differenziare, diversificare **II** rifl. **sich ~** differenziarsi. **Dif|fe|ren|zie|rung** f. *(-,-en)* differenziazione *f.* **dif|fe|rie|ren** intr. (aus. *haben*) differire.

dif|fi|zil agg. **1** *(schwierig)* difficile, complesso: ***eine -e Aufgabe*** un difficile compito; ***ein -er Charakter*** un carattere difficile, difficile da accontentare **2** *(heikel)* spinoso: ***eine -e Angelegenheit*** una questione spinosa **3** *(genau)* esatto, accurato, meticoloso: ***-e Methoden*** metodi accurati.

dif|form agg. MED. deforme. **Dif|for|mi|tät** f. *(-,-en)* MED. deformità *f.*

dif|fun|die|ren intr. **1** (aus. *sein*) CHIM. fondere, mescolare **2** (aus. *haben*) FIS. diffondersi. **dif|fus** agg. **1** diffuso: ***-es Licht*** luce diffusa **2** LETT. confuso, vago, non chiaro: ***-e Gedanken, Eindrücke*** pensieri, impressioni confuse; ***-es Gerede*** parole a vanvera. **Dif|fu|si|on** f. *(-,-en)* diffusione *f.* (anche FIS.).

di|gi|tal agg. ANAT. INFORM. digitale. **Di|gi|tal|an|zei|ge** f. *(-,-n)* display *m.* digitale. **Di|gi|ta|lis** f. *(-)* BOT. digitale *f.* **di|gi|ta|li|sie|ren** tr. digitalizzare. **Di|gi|ta|li|sie|rung** f. *(-,-en)* digitalizzazione *f.* **Di|gi|tal|rech|ner** m. *(-s,-)* calcolatore *m.* digitale. **Di|gi|tal|uhr** f. *(-,-en)* orologio *m.* digitale.

Dig|ni|tar, Dig|ni|tär m. *(-s,-e)* ECCL. dignitario *m.* **Dig|ni|tät** f. *(-,-en)* ECCL. dignità *f.*, carica *f.* dignitaria.

Di|gres|si|on f. *(-,-en)* digressione *f.* (anche ASTR.).

di|ko|tyl agg. dicotiledone, dicotile. **Di|ko|ty|le, Di|ko|ty|le|do|ne** f. *(-,-n)* dicotiledone *f.*

Dik|tat n. *(-[e]s,-e)* **1** *(Diktieren)* dettatura *f.*: ***nach ~ schreiben*** scrivere sotto dettatura **2** *(Diktiertes)* dettato *m.*: SCOL. ***ein ~ schreiben, verbessern*** fare, correggere un dettato **3a** diktat *m.*, dettato *m.*: ***sich dem ~ der Sieger unterwerfen*** sottomettersi al diktat dei vincitori **b** FIG. diktat *m.*, dettame *m.*: ***dem ~ der Mode gehorchen*** seguire i dettami della moda.

Dik|ta|tor m. *(-s,-en)* dittatore *m.* (anche FIG.). **dik|ta|to|risch I** agg. dittatoriale (anche FIG.) **II** avv. in modo dittatoriale: ***~ regieren*** governare in modo dittatoriale. **Dik|ta|tur** f. *(-,-en)* dittatura *f.* (anche FIG.): ***eine ~ errichten, stürzen (abschaffen)*** instaurare, abbattere una dittatura.

dik|tie|ren tr. **1** dettare: ***jdm etw. ~*** dettare qcs. a qcn.; ***etw. auf Band ~*** dettare qcs. al registratore **2a** *(aufzwingen)* dettare, imporre **b** *(bedingen)* dettare, condizionare. **Dik|tier|ge|rät** n. *(-[e]s,-e)* dittafono *m.*

Dik|ti|on f. *(-,-en)* dizione *f.* **Dik|tum** n. *(-s, Dikta)* detto *m.*

Di|la|ti|on f. *(-,-en)* DIR. dilazione *f.* **di|la|to|risch** agg. DIR. dilatorio.

Di|lem|ma n. *(-s,-s* e *-ta)* dilemma *m.*: ***in ein ~ geraten, vor einem ~ stehen, sich in einem ~ befinden*** trovarsi di fronte a un dilemma.

Di|let|tant m. *(-en,-en)* dilettante *m.* **di|let|tan|ten|haft** agg. da dilettante. **di|let|tan|tisch** agg. dilettantesco. **Di|let|tan|tis|mus** m. *(-)* dilettantismo *m.* **di|let|tie|ren** intr. (aus. *haben*) dilettarsi.

Dill m. *(-[e]s,-e)*, **Dil|le** f. *(-,-n)* BOT. aneto *m.*

di|lu|vi|al agg. GEOL. diluviale. **Di|lu|vi|um** n. *(-s)* GEOL. Diluvium *m.*

Di|men|si|on f. *(-,-en)* **1** FIS. dimensione *f.* **2** LETT. dimensione *f.*, proporzione *f.*: ***gigantische -en annehmen*** assumere proporzioni gigantesche. **di|men|si|o|nal** agg. dimensionale.

Di|me|ter m. *(-s,-)* dimetro *m.*

Di|mi|nu|en|do n. *(-s,-s* e *-i)* MUS. diminuendo *m.* **Di|mi|nu|ti|on** f. *(-,-en)* MUS. diminuzione *f.* **di|mi|nu|tiv** agg. LING. diminutivo. **Di|mi|nu|tiv** n. *(-s,-e)*, **Di|mi|nu|ti|vum** n. *(-s, Diminutiva)* LING. diminutivo *m.*

dim|men tr. smorzare.

Din ⇒ *Dinar* dinaro.

DIN® ⇒ *Deutsche Industrie-Norm(en)* Norma industriale tedesca. **DIN-A4-Blatt** n. *(-[e]s,-blätter)* foglio *m.* (in formato DIN) A4.

Di|nar m. *(-s,-e)* dinaro *m.*

di|na|risch agg. dinarico.

Di|ner [di'ne:] n. *(-s,-s)* LETT. cena *f.*, pranzo *m.*: ***eine Einladung zu einem offiziellen ~*** un invito a una cena ufficiale.

Ding n. *(-[e]s,-e* COLLOQ. *-er)* **I** (pl. *-e*) **1a** cosa *f.* **b** *(Gegenstand)* cosa *f.*, oggetto *m.*: ***wertvolle -e*** oggetti preziosi, cose di valore **2a** pl. cose *f.pl.*: ***das Wesen der -e erkennen*** conoscere l'essenza delle cose; ***von künstlerischen -en nicht viel verstehen*** non capire un granché d'arte **b** *(Vorgänge)* cose *f.pl.*, fatti *m.pl.*: ***erfreuliche -e berichten*** riferire cose piacevoli; ***nach Lage der -e*** stando così le cose **c** *(Angelegenheiten)* faccende *f.pl.*, affari *m.pl.*, cose *f.pl.*: ***es handelt sich um persönliche -e*** si tratta di cose (*o* faccende) personali **II** (pl. *-er*) COLLOQ. **1** *(etwas Unbestimmtes)* cosa *f.*, coso *m.*, affare *m.*: ***was ist denn das für ein ~?*** che razza di coso (*o* di affare) è questo? che diavolo è questo? **2** *(Mädchen)* ***ein dummes, junges ~*** una sciocchina, una ragazzina ◆ ***das ist ja ein ~!*** questa è bella (*o* grossa)! ***ein ~ drehen*** farla grossa; *(Verbrechen)* fare un colpo grosso; ***guter -e sein*** essere di buon umore; ***krumme -er machen*** farla grossa; ***die letzten -e*** le cose ultime, le questioni fondamentali; FIG. ***das ~ beim rechten Namen nennen*** chiamare le cose col loro nome, parlare apertamente; ***das geht nicht mit rechten -en zu*** qui c'è qualcosa sotto, qui gatta ci cova; ***über den -en stehen*** essere superiore, al di sopra (di tutto); ***ein ~ der Unmöglichkeit*** una cosa impossibile; ***unverrichteter -e*** = senza aver concluso nulla; ***jdm ein ~ verpassen*** dare una sberla a qcn.; *(tadeln)* rimproverare aspramente qcn.; ***vor allen -en*** soprattutto; PROV. ***jedes ~ hat (seine) zwei Seiten*** ogni medaglia ha il suo rovescio; ***gut ~ will Weile haben*** dar tempo al tempo. **Din|gel|chen** n. *(-s,-)* cosetta *f.*, cosina *f.*

din|gen tr. *(dingte/dang, gedingt/gedungen)* ANT. o REGION. *(einstellen)* prendere a servizio, ingaggiare; LETT. SPREG. ***einen Mörder ~*** assoldare un sicario.

ding|fest, *jdn ~ machen* arrestare, mettere agli arresti qcn.

ding|haft agg. reale, concreto. **Ding|haf|tig|keit** f. *(-)* realtà *f.*, concretezza *f.*

Din|gi n. *(-s,-s)* MAR. dinghy *m.*, dingo *m.*

ding|lich I agg. **1** *(gegenständlich)* reale, materiale **2** DIR. reale **II** avv. realmente, materialmente, concretamente: ***etw. ~ erfahren*** sperimentare qcs. concretamente. **Ding|lich|keit** f. *(-)* realtà *f.*, concretezza *f.*

Dings, COLLOQ. **Dings|bums I** n. *(-)* cosa *f.*, coso *m.*: ***gib mir mal das ~ da!*** dammi quel coso là! ***er ist in ~, du weißt schon, mir fällt der Name des Ortes nicht ein*** è a coso, dai che lo sai, non mi viene il nome del posto **II** m., f. e REGION. n. *(-)* tizio *m.* (-a *f.*), tale *m.* e *f.*, coso *m.* (-a *f.*): ***wie heißt der, die ~ da?*** come si chiama quel tale, quella tizia? **Dings|da I** n. *(-)* cosa *f.* là, coso *m.* là: ***nimm das ~!*** prendi quel coso là! ***er ist nach ~ gefahren, wie heißt doch gleich die Stadt?*** è andato a coso (là), come si chiama quella città? **II** m., f. e REGION. n. *(-)* tizio *m.* (-a *f.*) là, tale *m.* e *f.* là, coso *m.*

(-a *f.*) là: ***kennst du den, die ~?*** conosci il tale, la tale?
di|nie|ren intr. (aus. *haben*) LETT. desinare.
Din|kel m. *(-s)* spelta *f.*
Din|ner n. *(-s,-[s])* cena *f.*; *(festliches Abendessen)* cenone *m.*
Di|no|sau|ri|er m. *(-s,-)*, **Di|no|sau|rus** m. *(-s,Dinosaurier)* dinosauro *m.*
Di|o|de f. *(-,-n)* diodo *m.*
Di|o|ge|nes n.pr.m. Diogene *m.*
Di|ok|le|ti|an n.pr.m. Diocleziano *m.* **di|ok|le|ti|a|nisch** agg. di Diocleziano.
Di|o|nys → **Dionysos. Di|o|ny|si|en** pl. **1** Dionisie *f.pl.* **2** *(rauschende Feste)* feste *f.pl.* dionisiache, baccanali *m.pl.* **di|o|ny|sisch** agg. dionisiaco. **Di|o|ny|sos** n.pr.m. Dionisio *m.*
Di|op|ter n. *(-s,-)* diottra *f.* **Di|opt|rie** f. *(-,-n)* diottria *f.* **di|opt|risch** agg. diottrico.
Di|o|rit m. *(-s,-e)* diorite *f.*
Di|os|ku|ren pl. Dioscuri *m.pl.*
Di|oxid n. *(-s,-e)* diossido *m.*, biossido *m.* **Di|o|xin** n. *(-s)* diossina *f.* **Di|oxyd** → **Dioxid.**
di|ö|ze|san agg. diocesano. **Di|ö|ze|san** m. *(-en,-en)* diocesano *m.* **Di|ö|ze|san|kle|rus** m. *(-s)* clero *m.* diocesano. **Di|ö|ze|san|sy|no|de** f. *(-,-n)* sinodo *m.* diocesano. **Di|ö|ze|se** f. *(-,-n)* diocesi *f.*
Dip m. *(-s,-s)* INTRAD. (tipo di salsa da mangiare, come aperitivo, con crostini o crackers).
Diph|the|rie f. *(-,-n)* difterite *f.* **Diph|the|rie|schutz|imp|fung** f. *(-)* vaccinazione *f.* antidifterica. **Diph|the|rie|se|rum** n. *(-s,-seren* e *-sera)* siero *m.* antidifterico. **diph|the|risch** agg. difterico.
Diph|thong m. *(-s,-e)* dittongo *m.* **diph|thon|gie|ren I** tr. dittongare **II** intr. (aus. *haben*) dittongare: ***das „i" diphthongiert zu „ei"*** la "i" dittonga in "ei". **Diph|thon|gie|rung** f. *(-,-en)* dittongazione *f.*
Dipl.-Bibl. ⇒ *Diplombibliothekar* bibliotecario diplomato. **Dipl.-Chem.** ⇒ *Diplomchemiker* laureato in chimica. **Dipl.-Dolm.** ⇒ *Diplomdolmetscher* interprete diplomato. **Dipl.-Ing.** ⇒ *Diplomingenieur* laureato in ingegneria. **Dipl.-Kfm.** ⇒ *Diplomkaufmann* laureato in economia e commercio. **Dipl.-Ldw.** ⇒ *Diplomlandwirt* laureato in agraria.
Dip|lo|do|kus m. *(-, Diplodoken)* diplodoco *m.*
dip|lo|id agg. diploide.
Dip|lo|kok|kus m. *(-, Diplokokken)* diplococco *m.*
Dip|lom n. *(-s,-e)* **1a** diploma *m.*: ***ein ~ erwerben*** conseguire un diploma **b** UNIV. diploma *m.* di laurea (*o* universitario): ***sein ~ als Ingenieur machen*** prendere la laurea in ingegneria **2** *(Ehrenurkunde)* diploma *m.* di benemerenza. **Dip|lo|mand** m. *(-en,-en)* diplomando *m.*; UNIV. laureando *m.* **Dip|lom|ar|beit** f. *(-,-en)* tesi *f.* di laurea.
Dip|lo|mat m. *(-en,-en)* diplomatico *m.* **Dip|lo|ma|ten|kof|fer** m. *(-s,-)* valigia *f.* diplomatica. **Dip|lo|ma|ten|lauf|bahn** f. *(-,-en)* carriera *f.* diplomatica. **Dip|lo|ma|ten|pass** m. *(-es,-pässe)* passaporto *m.* diplomatico. **Dip|lo|ma|tie** f. *(-)* diplomazia *f.* **Dip|lo|ma|tik** f. *(-)* diplomatica *f.* **dip|lo|ma|tisch I** agg. diplomatico: ***-e Beziehungen*** relazioni diplomatiche; ***das -e Korps*** il corpo diplomatico; ESTENS. ***wir müssen ~ sein*** dobbiamo essere diplomatici **II** avv. diplomaticamente.
Dip|lom|bib|li|o|the|kar m. *(-s,-e)* bibliotecario *m.* diplomato. **Dip|lom|che|mi|ker** m. *(-s,-)* laureato *m.* in chimica. **Dip|lom|dol|met|scher** m. *(-s,-)* interprete *m.* diplomato.
dip|lo|miert agg. diplomato, con diploma universitario.
Dip|lom|in|ge|ni|eur m. *(-s,-e)* laureato *m.* in ingegneria. **Dip|lom|kauf|mann** m. *(-[e]s,-leute)* laureato *m.* in economia e commercio. **Dip|lom|land|wirt** m. *(-[e]s,-e)* laureato *m.* in agraria. **Dip|lom|phy|si|ker** m. *(-s,-)* laureato *m.* in fisica. **Dip|lom|prü|fung** f. *(-,-en)* esame *m.* finale; UNIV. esame *m.* di laurea, esame *m.* di diploma universitario. **Dip|lom|psy|cho|lo|ge** m. *(-n,-n)* laureato *m.* in psicologia.
Dipl.-Phys. ⇒ *Diplomphysiker* laureato in fisica. **Dipl.-Psych.** ⇒ *Diplompsychologe* laureato in psicologia.
Di|po|die f. *(-,-n)* dipodia *f.*
Di|pol m. *(-s,-e)* dipolo *m.* **Di|pol|an|ten|ne** f. *(-,-n)* (antenna *f.* a) dipolo *m.*
Dip|pel m. *(-s,-)* **1** REGION. tassello *m.* **2** AUSTR. COLLOQ. *(Beule)* bernoccolo *m.*
dip|pen tr. **1** intingere **2** MAR. ***die Flagge ~*** abbassare la bandiera (in segno di saluto).
Dip|so|ma|nie f. dipsomania *f.*
Dip|tam m. *(-s)* dittamo *m.*, frassinella *f.*
Dip|te|ren pl. ENTOM. ditteri *m.pl.*
Dip|ty|chon n. *(-s, Diptychen* e *Diptycha)* dittico *m.*

dir pron.pers. dat. (nom. **du**) **1a** a te, ti: ***ich glaube ~*** ti credo; ***hat sie ~ noch nicht geschrieben?*** non ti ha ancora scritto? **b** *(reflexiv)* ***wasch ~ die Hände!*** lavati le mani! **2** *(nach Präpositionen)* te: ***ich komme mit, zu ~*** vengo con te, da te ◆ ***ein Freund von ~*** un tuo amico.
Dir. ⇒ *Direktor* direttore (dir.).
Di|rec|to|ry [daɪ'rektərɪ] n. *(-s,-s)* directory *f.*
di|rekt I agg. diretto: ***eine -e Verbindung*** un collegamento diretto; ***-es Licht*** luce diretta; GRAMM. ***-e Rede*** discorso diretto; ***-e Fragen*** domande dirette; ***ein -er Nachkomme*** un diretto discendente **II** avv. **1** direttamente: ***dieser Zug fährt ~ nach München*** questo treno va direttamente a Monaco; ***nach der Arbeit geht er ~ zum Bahnhof*** dopo il lavoro va direttamente in stazione **2** RAD. TELEV. in diretta: ***etw. ~ übertragen*** trasmettere qcs. in diretta **3** *(unmittelbar)* proprio: ***~ gegenüber*** proprio di fronte; ***~ am Flugplatz wohnen*** vivere proprio vicino all'aereporto (*o* nelle immediate vicinanze dell'aeroporto) **4** *(geradezu)* proprio, veramente: ***ihr habt ~ Glück gehabt!*** avete avuto proprio fortuna! **Di|rekt|flug** m. *(-[e]s,-flüge)* volo *m.* diretto. **Di|rekt|heit** f. *(-,-en)* **1** *(Unmittelbarkeit)* immediatezza *f.* **2** pl. *(direkte Äußerung)* parole *f.pl.* dirette, modi *m.pl.* diretti: ***ihre -en sind oft beleidigend*** i suoi modi diretti sono spesso offensivi.
Di|rek|ti|on f. *(-,-en)* direzione *f.* **Di|rek|ti|ons|kraft** f. *(-,-kräfte)* FIS. forza *f.* direttiva. **Di|rek|ti|ons|sek|re|tä|rin** f. *(-,-nen)* segretaria *f.* di direzione. **Di|rek|ti|ons|zim|mer** n. *(-s,-)* ufficio *m.* direttivo, direzione *f.*
Di|rek|ti|ve f. *(-,-n)* direttiva *f.*: ***-n erhalten, ausgeben*** ricevere, dare direttive.
Di|rekt|man|dat n. *(-[e]s,-e)* POL. mandato *m.* diretto (del candidato vincitore di una circoscrizione elettorale).
Di|rek|tor m. *(-en,-en)* **1** direttore *m.* **2** SCOL. preside *m.* **Di|rek|to|rat** n. *(-[e]s,-e)* SCOL. presidenza *f.*: ***jdm das ~ übertragen*** affidare la presidenza a qcn.; ***jdn ins ~ rufen*** chiamare qcn. in presidenza. **di|rek|to|ri|al** agg. direttoriale. **Di|rek|to|rin** f. *(-,-nen)* **1** direttrice *f.* **2** SCOL. preside *f.* **Di|rek|to|ri|um** n. *(-s, Direktorien)* **1** organismo *m.* direttivo, direzione *f.* **2** RELIG. direttorio *m.*
Di|rekt|rix f. *(-)* MAT. direttrice *f.*
Di|rekt|sen|dung, Di|rekt|über|tra|gung f. *(-,-en)* trasmissione *f.* in diretta. **Di|rekt|ver|kauf** m. *(-[e]s,-verkäufe)* vendita *f.* diretta. **Di|rekt|wah|len** pl. elezioni *f.pl.* dirette. **Di|rekt|wer|bung** f. *(-)* pubblicità *f.* mirata.
Di|ri|gent m. *(-en,-en)* direttore *m.* (d'orchestra). **Di|ri|gen|ten|pult** n. *(-[e]s,-e)* MUS. podio *m.* (del direttore). **Di|ri|gen|ten|stab** m. *(-[e]s,-stäbe)* MUS. bacchetta *f.* (del direttore). **di|ri|gie|ren** tr. dirigere: ***einen Chor, ein Orchester ~*** dirigere un coro, un'orchestra; ***ein Unternehmen, den Verkehr ~*** dirigere un'impresa, il traffico.
Di|ri|gis|mus m. *(-)* dirigismo *m.* **di|ri|gis|tisch** agg. dirigista.
Dirn f. *(-,-en)* REGION. **1** *(Bauernmagd)* contadinella *f.* **2** *(Mädchen)* ragazza *f.*
Dirndl n. *(-s,-)* **1** REGION. ragazzina *f.*, ragazzetta *f.* **2** → **Dirndlkleid. Dirndl|kleid** n. *(-[e]s,-er)* vestito *m.* alla tirolese. **Dirndl|tracht** f. *(-,-en)* costume *m.* tirolese.
Dir|ne f. *(-,-n)* **1** prostituta *f.* **2** ANT. *(junges Mädchen)* ragazzina *f.*, ragazzetta *f.*
dis, Dis n. *(-,-)* re *m.* diesis.
dis ⇒ *dis-Moll* re diesis minore.
Dis ⇒ *Dis-Dur* re diesis maggiore.
Di|sa(c)|cha|rid n. *(-[e]s)* disaccaride *m.*
Dis|agio [dɪs'adʒo] n. *(-s,-s* e *Disagien)* ECON. disaggio *m.*
Dis|c|jo|ckey → **Diskjockey. Dis|co** → **Disko.**
Dis|count|ge|schäft [dɪs'kaunt-] n. *(-[e]s,-e)*, **Dis|count|la|den** m. *(-s,-läden)* discount *m.*
Dis-Dur n. *(-)* re *m.* diesis maggiore.
Dis|har|mo|nie f. *(-,-n)* disarmonia *f.* (anche FIG.). **dis|har|mo|nisch** agg. disarmonico.
Dis|junk|ti|on f. *(-,-en)* disgiunzione *f.* **dis|junk|tiv** agg. disgiuntivo.
Dis|kant m. *(-s,-e)* MUS. discanto *m.* **Dis|kant|stim|me** f. *(-,-n)* discanto *m.*
Dis|ket|te f. *(-,-n)* INFORM. dischetto *m.* **Dis|ket|ten|lauf|werk** n. *(-[e]s,-e)* unità *f.* disco, (disk) drive *m.*
Disk|jo|ckey ['dɪskdʒɔke, -ki] m. *(-s,-s)* disc jockey *m.* **Dis|ko** f. *(-,-s)* COLLOQ. disco *f.*: ***in die ~ gehen*** andare in disco. **Dis|ko|gra|phie** f. *(-,-n)* discografia *f.* **Dis|ko|mu|sik** f. *(-,-en)* disco music *f.*, musica *f.* da discoteca.
Dis|kont m. *(-s,-e)* BANC. **1** sconto *m.* **2** → **Diskontsatz. Dis|kont|bank** f. *(-,-en)* banca *f.* di sconto. **dis|kont|fä|hig** agg. BANC. scontabile. **Dis|kont|er|hö|hung** f. *(-,-en)* aumento *m.* del tasso di

sconto. **Dis|kont|ge|schäft** n. *(-[e]s,-e)* BANC. operazione *f.* di sconto. **dis|kon|tie|ren** tr. BANC. scontare: ***einen Wechsel (bei einer Bank) ~*** scontare una cambiale (presso una banca).

dis|kon|ti|nu|ier|lich I agg. discontinuo **II** avv. discontinuamente. **Dis|kon|ti|nu|i|tät** f. *(-,-en)* discontinuità *f.*

Dis|kon|to m. *(-[s],-s)* → **Diskont. Dis|kont|satz** m. *(-es,-sätze)* BANC. tasso *m.* di sconto: ***den ~ herauf-, herabsetzen*** aumentare, abbassare il tasso di sconto. **Dis|kont|sen|kung** f. *(-,-en)* riduzione *f.* del tasso di sconto. **Dis|kont|wech|sel** m. *(-s,-)* cambiale *f.* allo sconto.

Dis|ko|thek f. *(-,-en)* discoteca *f.* **Dis|ko|the|kar** m. *(-s,-e)* discotecario *m.*

Dis|kre|dit m. *(-[e]s)* LETT. discredito *m.*: ***jdn in ~ bringen*** mettere qcn. in discredito. **dis|kre|di|tie|ren** tr. screditare, LETT. discreditare.

dis|kre|pant agg. discrepante. **Dis|kre|panz** f. *(-,-en)* discrepanza *f.*

dis|kret I agg. discreto: ***ein -es Benehmen, Parfüm*** un comportamento, un profumo discreto; ***-en Gebrauch von etw. machen*** fare un uso discreto di qcs. **II** avv. con discrezione, discretamente: ***eine Angelegenheit ~ behandeln*** trattare una faccenda con discrezione. **Dis|kre|ti|on** f. *(-,-en)* discrezione *f.*: ***jdn um äußerste, absolute, strengste ~ bitten*** pregare qcn. di usare la massima discrezione; ***~ üben*** usare discrezione.

Dis|kri|mi|na|ti|on f. *(-,-en)* discriminazione *f.* **dis|kri|mi|nie|ren** tr. **1** LETT. screditare **2** LETT. discriminare **3** *(unterscheiden)* distinguere. **Dis|kri|mi|nie|rung** f. *(-,-en)* **1** LETT. discriminazione *f.*; discredito *m.* **2** RAR. *(Unterscheidung)* distinzione *f.*

Dis|kurs m. *(-es,-e)* **1** LETT. *(Abhandlung)* trattazione *f.* **2** discussione *f.*: ***einen ~ mit jdm haben, führen*** avere una discussione con qcn. **dis|kur|siv** agg. discorsivo.

Dis|kus m. *(-ses* e *-,-se* e *Disken)* SPORT **1** disco *m.* **2** *(Diskuswerfen)* lancio *m.* del disco.

Dis|kus|si|on f. *(-,-en)* **1a** discussione *f.*: ***etw. zur ~ stellen*** mettere qcs. in discussione; ***um, über etw. eine ~ führen*** discutere di qcs.; ***es steht nicht zur ~*** non rientra nell'argomento **b** *(Auseinandersetzung)* ***sich in eine ~ mit jdm einlassen*** impegolarsi in una discussione con qcn. **2** *(Debatte)* dibattito *m.*: ***die ~ eröffnen, schließen, beenden*** aprire, chiudere, terminare il dibattito; ***sich an der ~ beteiligen*** partecipare al dibattito. **Dis|kus|si|ons|ba|sis** f. *(-,-basen)* → **Diskussionsgrundlage. Dis|kus|si|ons|bei|trag** m. *(-[e]s,-beiträge)* contributo *m.* alla discussione, intervento *m.* **Dis|kus|si|ons|ge|gen|stand** m. *(-[e]s,-stände)* tema *m.* (*o* oggetto *m.*) della discussione. **Dis|kus|si|ons|grund|la|ge** f. *(-,-n)* punto *m.* di partenza, base *f.* della discussione. **Dis|kus|si|ons|lei|ter** m. *(-s,-)* moderatore *m.* **Dis|kus|si|ons|part|ner** m. *(-s,-)* interlocutore *m.* **Dis|kus|si|ons|red|ner** m. *(-s,-)* oratore *m.* **Dis|kus|si|ons|run|de** f. *(-,-n)* gruppo *m.* di discussione. **Dis|kus|si|ons|the|ma** n. *(-s,-themen)* tema *m.* di, della discussione.

Dis|kus|wer|fen n. *(-s)* lancio *m.* del disco. **Dis|kus|wer|fer** m. *(-s,-)* **1** lanciatore *m.* di disco **2** ART. discobolo *m.* **Dis|kus|wurf** m. *(-[e]s,-würfe)* lancio *m.* del disco.

dis|ku|ta|bel agg. degno di considerazione. **dis|ku|tier|bar** agg. che può essere discusso. **dis|ku|tie|ren I** tr. discutere: ***ein Thema, einen Gesetzentwurf ~*** discutere un tema, una proposta di legge **II** intr. (aus. *haben*) discutere: ***mit jdm über etw. ~*** discutere di qcs. con qcn.; ***ich will nicht mehr ~!*** non voglio più discutere!

Dis|lo|ka|ti|on, Dis|lo|zie|rung f. *(-,-en)* **1** MIL. dislocazione *f.*, dislocamento *m.* **2** MED. GEOL. CRISTALL. dislocazione *f.*

dis-Moll n. *(-)* re *m.* diesis minore.

Dis|pa|che [dɪsˈpaʃə] f. *(-,-n)* MAR. liquidazione *f.* d'avaria, regolamento *m.* d'avaria. **Dis|pa|cheur** [-ˈʃøːɐ] m. *(-s,-e)* liquidatore *m.* d'avaria.

dis|pa|rat agg. disparato, diverso. **Dis|pa|ri|tät** f. *(-,-en)* disparità *f.*, diversità *f.*

Dis|pens m. *(-es,-e)* e f. *(-,-en)* ECCL. dispensa *f.* **Dis|pen|sa|ti|on** f. *(-,-en)* → **Dispensierung.**

Dis|pen|sa|to|ri|um n. *(-s, Dispensatorien)* farmacopea *f.*

Dis|pens|er|tei|lung f. *(-,-en)* concessione *f.* di dispensa. **dis|pen|sie|ren** tr. dispensare, esonerare. **Dis|pen|sie|rung** f. *(-,-en)* dispensa *f.*

dis|per|gie|ren tr. disperdere. **dis|pers** agg. **1** disperso **2** CHIM. disperso, diluito. **Dis|per|si|on** f. *(-,-en)* CHIM. FIS. dispersione *f.*

Dis|po|nent m *(-en,-en)* **1** gerente *m.* **2** TEATR. impresario *m.* **dis|po|ni|bel** agg. disponibile. **Dis|po|ni|bi|li|tät** f. *(-)* disponibilità *f.* **dis|po|nie|ren** intr. (aus. *haben*) **1** ***über etw. (A) ~*** disporre di qcs. **2** *(planen)* pianificare, disporre, stabilire. **dis|po|niert** p.pass. agg. **1** → **disponieren 2** ***für eine Krankheit ~ sein*** essere predisposto per, a una malattia.

Dis|po|si|ti|on f. *(-,en)* **1** disposizione *f.*: ***freie ~ über etw. haben*** disporre liberamente di qcs.; ***etw. zu seiner ~ haben*** avere qcs. a propria disposizione; ***(jdm) zur ~ stehen*** essere a disposizione (di qcn.) **2** *(Plan)* piano *m.*, progetto *m.*: ***seine -en ändern*** cambiare i propri piani **3** predisposizione *f.*: ***für eine Krankheit ~ haben*** avere predisposizione per una malattia ◆ ***jdn zur ~ stellen*** mettere qcn. in aspettativa; ***-en treffen*** prendere provvedimenti, dare disposizioni. **dis|po|si|ti|ons|fä|hig** agg. capace di disporre. **Dis|po|si|ti|ons|fä|hig|keit** f. *(-,-en)* facoltà *f.* (*o* capacità *f.*) di disporre. **Dis|po|si|ti|ons|fonds** m. *(-,-)*, **Dis|po|si|ti|ons|gel|der** pl. fondi *m.pl.* disponibili. **Dis|po|si|ti|ons|kre|dit** m. *(-[e]s,-e)* credito *m.* su base scoperta.

dis|po|si|tiv agg. DIR. dispositivo: ***-es Recht*** diritto dispositivo.

Dis|pro|por|ti|on f. *(-,-en)* sproporzione *f.* **dis|pro|por|ti|o|nal** agg. sproporzionato. **Dis|pro|por|ti|o|na|li|tät** f. *(-,-en)* sproporzione *f.* **dis|pro|por|ti|o|niert** agg. sproporzionato.

Dis|put m. *(-[e]s,-e)* disputa *f.*: ***mit jdm einen ~ (über etw). haben, führen*** avere una disputa con qcn. (su qcs.). **Dis|pu|ta|ti|on** f. *(-,-en)* disputazione *f.* **dis|pu|tie|ren** intr. (aus. *haben*) disputare.

Dis|qua|li|fi|ka|ti|on f. *(-,-en)* squalifica *f.* **dis|qua|li|fi|zie|ren I** tr. SPORT squalificare **II** rifl. **sich ~** squalificarsi, screditarsi. **Dis|qua|li|fi|zie|rung** f. *(-,-en)* squalifica *f.*

Diss. ⇒ *Dissertation* dissertazione, tesi di dottorato.

Dis|sens m. *(-es,-e)* dissenso *m.* **dis|sen|tie|ren** intr. (aus. *haben*) dissentire.

Dis|ser|tant m. *(-en,-en)* dottorando *m.* **Dis|ser|ta|ti|on** f. *(-,-en)* dissertazione *f.*, tesi *f.* di dottorato.

Dis|si|dent m. *(-en,-en)* dissidente *m.* **Dis|si|den|ten|tum** n. *(-s)* dissidenza *f.* **dis|si|die|ren** intr. **1** (aus. *sein*) essere dissidente **2** *(uneinig sein*; aus. *haben)* dissentire.

Dis|si|mi|la|ti|on f. *(-,-en)* **1** LING. dissimilazione *f.* **2** MED. disassimilazione *f.*, catabolismo *m.* **dis|si|mi|lie|ren** tr. **1** LING. dissimilare **2** BIOL. scomporre.

Dis|si|mu|la|ti|on f. *(-,-en)* MED. PSIC. dissimulazione *f.* **dis|si|mu|lie|ren** tr. MED. PSIC. dissimulare.

Dis|si|pa|ti|on f. *(-,-en)* dissipazione *f.*

Dis|so|lu|ti|on f. *(-,-en)* dissoluzione *f.*

Dis|so|nanz f. *(-,-en)* dissonanza *f.*, disarmonia *f.* **dis|so|nie|ren** intr. (aus. *haben*) dissonare, essere in dissonanza.

Dis|so|zi|a|ti|on f. *(-,-en)* dissociazione *f.* **dis|so|zi|ie|ren I** tr. dissociare, scindere **II** intr. (aus. *sein*) CHIM. scindersi, decomporsi **III** rifl. **sich ~** scindersi.

Dis|tanz f. *(-,-en)* distanza *f.*: ***die ~ zwischen zwei Punkten*** la distanza fra due punti; *(zeitlicher Abstand)* ***aus der ~ beurteilte er jene Tat nicht mehr so streng*** a distanza non giudicava più così severamente quel fatto ◆ ***auf ~ bleiben*** restare a distanza; ***~ zu jdm, etw. gewinnen*** prendere le distanze da qcn., qcs.; ***~ halten, wahren*** mantenere le distanze.

dis|tan|zie|ren I tr. SPORT distanziare: ***seinen Gegner um zwei Runden ~*** distanziare l'avversario di due giri **II** rifl. ***sich von jdm, etw. ~*** distanziarsi, prendere le distanze da qcn., qcs. **Dis|tan|zie|rung** f. *(-,-en)* distanziazione *f.*, presa *f.* di distanza.

Dis|tanz|re|lais n. *(-,-)* relé *m.* d'impedenza (*o* distanziometrico). **Dis|tanz|ring** m. *(-[e]s,-e)* anello *m.* distanziatore. **Dis|tanz|stück** m. *(-[e]s,-e)* distanziatore *m.*, distanziale *m.* **Dis|tanz|wech|sel** m. *(-s,-)* cambiale *f.* pagabile fuori piazza.

Dis|tel f. *(-,-n)* cardo *m.* **Dis|tel|fal|ter** m. *(-s,-)* ENTOM. vanessa *f.* del cardo.

Dis|ti|chon n. *(-s, Distichen)* distico *m.*

dis|tin|guiert agg. distinto, signorile. **Dis|tin|guiert|heit** f. *(-)* distinzione *f.*

Dis|tri|bu|ent m. *(-en,-en)* distributore *m.* **dis|tri|bu|ie|ren** tr. distribuire. **Dis|tri|bu|ti|on** f. *(-,-en)* **1** distribuzione *f.* **2** LING. distribuzione *f.*, diffusione *f.*

Dist|rikt m. *(-[e]s,-e)* **1** RAR. zona *f.*, regione *f.* **2** AMM. distretto *m.* **Dist|rikts|vor|ste|her** m. *(-s,-)* capo *m.* distretto.

Dis|zip|lin f. *(-,-en)* **1a** disciplina *f.*: ***hier herrscht strenge ~*** qui regna una dura disciplina; ***~ wahren, die ~ verletzen*** mantenere, violare la disciplina **b** autocontrollo *m.*; autodisciplina *f.*: ***er besitzt eine eiserne ~*** possiede un ferreo autocontrollo **2a** *(Zweig)* disciplina *f.*, branca *f.*: ***die Anatomie ist eine ~ der Medizin*** l'anatomia è una branca della medicina **b** SPORT specialità *f.*

dis|zip|li|när agg. AUSTR. disciplinare.

Dis|zip|li|nar|ge|richt n. *(-[e]s,-e)* tribunale *m.* disciplinare. **Dis|zip|li|nar|ge|walt** f. *(-,-en)* potere *m.* disciplinare.

dis|zip|li|na|risch I agg. disciplinare: ***-e Maßnahmen, Strafen***

misure, sanzioni disciplinari **II** avv. **1** per via disciplinare ***gegen jdn ~ vorgehen*** procedere contro qcn. per via disciplinare **2** *(streng)* duramente, severamente: ***~ durchgreifen, vorgehen*** intervenire severamente.
Dis|zip|li|nar|maß|nah|me f. *(-,-n)* misura *f.* (*o* provvedimento *m.*) disciplinare. **Dis|zip|li|nar|recht** n. *(-[e]s,-e)* diritto *m.* disciplinare. **Dis|zip|li|nar|stra|fe** f. *(-,-n)* **1** ANT. → **Disziplinarmaßnahme** **2** SPORT sanzione *f.* disciplinare. **Dis|zip|li|nar|un|ter|su|chung** f. *(-,-en)* inchiesta *f.* disciplinare. **Dis|zip|li|nar|ver|fah|ren** n. *(-s,-)* procedimento *m.* disciplinare. **Dis|zip|li|nar|ver|ge|hen** n. *(-s,-)* infrazione *f.* disciplinare.
dis|zip|li|nie|ren tr. disciplinare. **dis|zip|li|niert I** p.pass. agg. → **disziplinieren 2** disciplinato **II** avv. disciplinatamente. **Dis|zip|li|niert|heit** f. *(-,-en)* disciplinatezza *f.*
dis|zip|lin|los agg. indisciplinato. **Dis|zip|lin|lo|sig|keit** f. *(-,-en)* indisciplina *f.* **dis|zip|lin|wid|rig** agg. contrario alla disciplina.
Di|thy|ram|be f. *(-,-n)* ditirambo *m.* **di|thy|ram|bisch** agg. ditirambico (anche FIG.).
di|to avv. come sopra.
Di|u|re|se f. *(-,-n)* diuresi *f.* **Di|u|re|ti|kum** n. *(-s, Diuretika)* diuretico *m.* **di|u|re|tisch** agg. diuretico.
Di|va ['di:va] f. *(-,-s* e *Diven)* diva *f.*
di|ver|gent agg. **1** diverso, divergente: ***die Meinungen waren sehr ~*** le opinioni erano molto diverse **2** MAT. divergente: ***eine -e Reihe*** una serie divergente. **Di|ver|genz** f. *(-,-en)* divergenza *f.* (anche FIS. MAT.): ***es gab große -en zwischen ihnen*** c'erano grandi divergenze tra di loro; ***-en ausräumen, beilegen*** eliminare le divergenze. **di|ver|gie|ren** intr. (aus. *haben*) **1** divergere, differenziarsi: ***seine Ansichten ~ stark von meinen*** le sue opinioni divergono molto dalle mie **2** MAT. divergere.
di|vers I agg. diverso **II** sost. alcune cose *f.pl.*: ***er hatte Diverses zu bemängeln*** aveva alcune cose da criticare. **Di|ver|sa** pl. COMM. varie *f.pl.*
Di|ver|si|fi|ka|ti|on f. *(-,-en)* **1** *(Veränderung)* modificazione *f.*; *(Vielfalt)* varietà *f.* **2** ECON. diversificazione *f.*: ***~ der Produktion*** diversificazione della produzione. **di|ver|si|fi|zie|ren** tr. diversificare. **Di|ver|si|fi|zie|rung** f. *(-,-en)* → **Diversifikation.**
Di|ver|si|on f. *(-,-en)* POL. azione *f.* di disturbo, sabotaggio *m.* **Di|ver|ti|kel** n. *(-s,-)* diverticolo *m.*
Di|vi|dend m. *(-en,-en)* **1** dividendo *m.* **2** *(Zähler eines Bruchs)* numeratore *m.* **Di|vi|den|de** f. *(-,-n)* ECON. dividendo *m.*: ***fällige ~*** dividendo esigibile; ***die ~ ausschütten, verteilen*** corrispondere, pagare il dividendo; ***die ~ erhöhen*** aumentare il dividendo. **Di|vi|den|den|an|spruch** m. *(-[e]s,-ansprüche)* diritto *m.* al dividendo. **Di|vi|den|den|aus|schüt|tung** f. *(-,-en)* pagamento *m.* dei dividendi. **Di|vi|den|den|schein** m. *(-[e]s,-e)* cedola *f.* (di dividendo), talloncino *m.* dei dividendi: ***einen ~ abtrennen*** incassare una cedola. **di|vi|die|ren** tr. MAT. dividere: ***durch 2 ~*** dividere per 2; ***10 dividiert durch 5 ist (gibt) 2*** 10 diviso 5 fa 2.
Di|vi|si|on f. *(-,-en)* divisione *f.*: MAT. ***eine ~ vornehmen*** fare, effettuare una divisione; ***die ~ geht (ohne Rest) auf*** la divisione non ha resto; MIL. ***die ~ wurde vernichtet*** la divisione fu annientata; SPORT ***in der ersten ~ spielen*** giocare in prima divisione. **Di|vi|si|o|när** m. *(-s,-e)* comandante *m.* di divisione. **Di|vi|si|ons|stab** m. *(-[e]s, -stäbe)* stato *m.* maggiore di divisione.
Di|vi|sor m. *(-s,-en)* **1** divisore *m.* **2** *(Nenner eines Bruchs)* denominatore *m.*
Di|wan m. *(-s,-e)* **1** *(Sofa)* divano *m.*, canapè *m.* **2** LETT. STOR. divano *m.*
d. J. ⇒ *dieses Jahres* corrente anno (c.a.).
Dja|kar|ta [dʒ-] n.pr.n. Giacarta *f.*
DJH ⇒ *Deutsche Jugendherberge* ostello tedesco per la gioventù.
DKP ⇒ *Deutsche Kommunistische Partei* Partito Comunista Tedesco.
DM ⇒ *Deutsche Mark* marco tedesco (D.M.).
d. M. ⇒ *dieses Monats* corrente mese (c.m.).
D-Mark f. *(-,-)* marco *m.* tedesco.
d-Moll n. *(-)* re *m.* minore.
DNA f. *(-)* DNA *m.*, Dna *m.*
DNS ⇒ *Desoxyribo(se)nukleinsäure* acido desossiribonucleico (DNA).
do. ⇒ *dito* come sopra (c.s.).
d. O. ⇒ *der Obige* il suddetto.
Do. ⇒ *Donnerstag* giovedì (gio.).
Dö|bel m. *(-s,-)* cavedano *m.*
Do|ber|mann m. *(-s,-männer)* dobermann *m.*
doch I avv. **1** *(als positive Antwort auf negative Aussagen)* certo, sicuro: ***diese Frau kennst du nicht – ~, die kenne ich!*** tu non conosci questa donna – sicuro che la conosco! ***kommst du nicht mit? – ~, ich komme!*** tu non vieni? – certo che vengo! **2** *(trotzdem, dennoch)* però, tuttavia, eppure: ***er sprach ruhig, aber ~ mit Nachdruck*** parlava in modo calmo, però con insistenza; ***sie geht, ~ kommt sie bestimmt wieder*** se ne va, però sicuramente torna; ***sie ist nicht mehr jung, aber ~ noch sehr sportlich*** non è più giovane, eppure ancora molto sportiva **3** *(sicher)* infatti, certo: ***er gab auf, sah er ~, dass er sie nicht überzeugen konnte*** rinunciò, vedeva infatti che non riusciva a convincerla **4** *(wirklich)* davvero, veramente: ***das war denn ~ zuviel*** questo era davvero troppo **II** cong. però: ***sie versuchte zu schreien, ~ kein Laut kam über ihre Lippen*** tentò di gridare, però nessun suono uscì dalle sue labbra **III** part. **1** mica: ***es wird ~ nichts passiert sein?*** non sarà mica successo qualcosa? ***er ist ~ kein Kind mehr!*** non è mica più un bambino! **2** però, via: ***das hast du ~ gewusst!*** via, questo (però) lo sapevi! **3** ma: ***pass ~ auf!*** ma fai attenzione! ***bleib ~ ruhig!*** ma stai calmo! **4** *(noch)* già: ***wie war das ~ ?*** come era già? ***wie heißt er ~ gleich?*** com'è già che si chiama? **5a** *(in Wunschsätzen)* magari, (se) solo: ***wenn er ~ käme!*** se solo venisse! **b** vero: ***du belügst mich ~ nicht?*** non mi menti vero? ***ihr kommt ~ heute Abend?*** voi venite stasera vero? **c** *(bittend)* su, avanti, dai: ***komm ~ mal vorbei!*** dai, passa di qui una volta o l'altra! ***bring mir ~ bitte die Zeitung*** avanti, portami il giornale ◆ ***das ist ~ die Höhe*** ma questo è il colmo; ***ja ~*** sì, sì, certo; ***nein ~! nicht ~!*** ma no! ***und ~ ...*** e dire che ...
Docht m. *(-[e]s,-e)* stoppino *m.*, lucignolo *m.*
Dock n. *(-s,-s)* bacino *m.* (di carenaggio).
Do|cke f. *(-,-n)* **1** *(Garnmaß)* matassina *f.*: ***eine ~ Stickgarn*** una matassina di filo da ricamo **2** *(von Getreide)* covone *m.* **3** ARCH. colonnina *f.* balaustro *m.* **4** REGION. *(Puppe)* bambola *f.* **5** REGION. *(Schwein)* porco *m.*
1.do|cken tr. legare in matasse.
2.do|cken I tr. *(Schiffe)* mettere in bacino **II** intr. (aus. *haben*) essere in bacino.
Do|cker m. *(-s,-)* operaio *m.* di un bacino di carenaggio. **Dock|ha|fen** m. *(-s,-häfen)* porto *m.* chiuso (*o* con chiusa).
Do|cking|ma|nö|ver n. *(-s,-)* manovra *f.* di agganciamento.
Do|de|ka|dik f. *(-)* sistema *m.* duodecimale. **do|de|ka|disch** agg. duodecimale. **Do|de|ka|e|der** n. *(s,-)* dodecaedro *m.*
Do|de|ka|nes n.pr.m. *(-)* Dodecanneso *m.*
Do|de|ka|pho|nie f. *(-)* dodecafonia *f.* **do|de|ka|pho|nisch** agg. dodecafonico.
Do|ga|res|sa f. *(-, Dogaressen)* dogaressa *f.*
Do|ge m. *(-n,-n)* doge *m.* **Do|gen|müt|ze** f. *(-,-n)* corno *m.* dogale. **Do|gen|pa|last** m. *(-[e]s,-paläste)* palazzo *m.* ducale (di Venezia).
Dog|ge f. *(-,-n)* alano *m.*
1.Dog|ger m. *(-s)* GEOL. dogger *m.*
2.Dog|ger m. *(-s,-)* battello *m.* peschereccio, dogre *m.*
Dog|ma n. *(-s, Dogmen)* RELIG. dogma *m.* (anche FIG.): ***etw. zum ~ machen, erheben*** elevare qcs. a dogma. **Dog|ma|tik** f. *(-,-en)* dogmatica *f.* **Dog|ma|ti|ker** m. *(-s,-)* dogmatico *m.* (anche FIG.). **dog|ma|tisch** agg. dogmatico (anche FIG.): ***einen -en Standpunkt vertreten*** difendere una posizione dogmatica. **dog|ma|ti|sie|ren** intr. (aus. *haben*) dogmatizzare, elevare a dogma. **Dog|ma|ti|sie|rung** f. *(-,-en)* il dogmatizzare. **Dog|ma|tis|mus** m. *(-)* dogmatismo *m.*
Doh|le f. *(-,-n)* ORNIT. taccola *f.*
Doh|ne f. *(-,-n)* VENAT. lacciolo *m.*, calappio *m.*
dok|tern intr. (aus. *haben*) curarsi da sé.
Dok|tor m. *(-s,-en)* **1** dottore *m.*: ***er ist ~ der Philosophie*** è dottore in filosofia **2** *(akademischer Titel)* laurea *f.*, dottorato *m.*: ***den medizinischen ~ haben*** avere la laurea in medicina; ***den, seinen ~ machen*** prendere la laurea **3** COLLOQ. *(Arzt)* dottore *m.*: ***zum ~ gehen*** andare dal dottore; ***den ~ rufen, holen*** chiamare il dottore ◆ ***~ ehrenhalber*** dottore honoris causa; ***sehr geehrte Frau ~ Maier*** gentile dottoressa Maier; ***Herr ~ Müller*** dottor Müller.
Dok|to|rand m. *(-en,-en)* laureando *m.*, dottorando *m.*
Dok|tor|ar|beit f. *(-,-en)* tesi *f.*
Dok|to|rat n. *(-[e]s,-e)* **1** ANT. *(Doktorwürde)* dottorato *m.*, laurea *f.*, titolo *m.* di dottore: ***das ~ erwerben*** conseguire il dottorato **2** AUSTR. esame *m.* di laurea.
Dok|tor|dip|lom n. *(-[e]s,-e)* diploma *m.* di laurea, di dottorato. **Dok|tor|grad** m. *(-[e]s,-e)* → **Doktorwürde. Dok|tor|hut** m. *(-[e]s,-hüte)* **1** tocco *m.* **2** FIG. laurea *f.*
dok|to|rie|ren intr. (aus. *haben*) ANT. *(promovieren)* laurearsi.
Dok|to|rin f. *(-,-nen)* dottoressa *f.*, dottore *m.*
Dok|tor|prü|fung f. *(-,-en)* esame *m.* di dottorato. **Dok|tor|ti|tel** m. *(-s,-)* → **Doktorwürde. Dok|tor|va|ter** m. *(-s,-väter)* relatore *m.*

Dok|tor|wür|de f. *(-,-n)* titolo *m.* di dottore.
Dokt|rin f. *(-,-en)* **1** dottrina *f.*: ***an einer ~ festhalten*** attenersi a una dottrina; ***etw. zur ~ erheben*** fare di qcs. una dottrina **2a** POL. *(Grundsatz)* fondamento *m.*, principio *m.*: ***die ~ der Teilung der Gewalten*** il principio della divisione dei poteri **b** *(Programm)* programma *m.*: ***nach einer ~ vorgehen*** procedere secondo un programma. **dokt|ri|när** agg. **1** dottrinale **2** SPREG. dottrinario. **Dokt|ri|när** m. *(-s,-e)* **1** sostenitore *m.* (*o* propugnatore *m.*) di una dottrina **2** SPREG. dottrinario *m.*
Do|ku|ment n. *(-[e]s,-e)* **1** documento *m.*, atto *m.*: ***ein geheimes, gefälschtes ~*** un documento segreto, falsificato **2** FIG. documento *m.*, testimonianza *f.*: ***das Buch ist ein erschütterndes ~ des Krieges*** il libro è un'impressionante testimonianza della guerra. **Do|ku|men|tar** m. *(-s,-e)* documentalista *m.* **Do|ku|men|tar|auf|nah|me** f. *(-,-n)* ripresa *f.* (*o* registrazione *f.*) documentaria. **Do|ku|men|tar|be|richt** m. *(-[e]s,-e)* TELEV. documentario *m.*, servizio *m.* (documentario). **Do|ku|men|tar|film** m. *(-[e]s,-e)* documentario *m.*
do|ku|men|ta|risch I agg. **1** documentato: ***-e Beglaubigung*** attestazione documentata **2** *(beweiskräftig)* documentario: ***-e Fotos*** foto documentarie; ***ein Buch von großem -em Wert*** un libro di grande valore documentario **II** avv. con, da documenti: ***eine Aussage ~ erhärten*** avvalorare una affermazione con documenti; ***~ belegt*** comprovato da documenti, documentato; ***~ nachweisbar*** documentabile.
Do|ku|men|ta|rist m. *(-en,-en)* documentarista *m.*
Do|ku|men|tar|spiel n. *(-[e]s,-e)* ricostruzione *f.* televisiva.
Do|ku|men|ta|ti|on f. *(-,-en)* **1** documentazione *f.*: ***eine ~ erstellen*** produrre una documentazione **2** *(Beweis)* dimostrazione *f.*: ***eine ~ wirtschaftlicher Zusammenarbeit*** una dimostrazione di collaborazione economica. **Do|ku|men|ta|ti|ons|stel|le** f. *(-,-n)* centro *m.* di documentazione.
Do|ku|men|ten|ak|kre|di|tiv n. *(-s,-e)* credito *m.* documentario. **do|ku|men|ten|echt** agg. valido per documenti ufficiali. **Do|ku|men|ten|ge|schäft** n. *(-[e]s,-e)* operazione *f.* di credito documentato. **Do|ku|men|ten|samm|lung** f. *(-,-en)* raccolta *f.* di documenti. **Do|ku|men|ten|wech|sel** m. *(-s,-)* tratta *f.* documentaria (*o* documentata).
do|ku|men|tie|ren I tr. **1** testimoniare, dimostrare, comprovare: ***den Willen zum Frieden ~*** testimoniare la volontà di pace; ***seine Absichten ~*** dimostrare le proprie intenzioni **2** *(beurkunden)* documentare **II** rifl. **sich ~** mostrarsi, esprimersi: ***in seinen Worten dokumentiert sich der Wille zur Veränderung*** nelle sue parole si esprime la volontà di cambiamento.
Dolch m. *(-[e]s,-e)* pugnale *m.*: ***den ~ ziehen*** estrarre il pugnale. **Dolch|stoß** m. *(-es,-stöße)* **1** pugnalata *f.*, colpo *m.* di pugnale **2** FIG. pugnalata *f.* (alle spalle). **Dolch|stoß|le|gen|de** f. *(-,-n)* mito *m.* della "pugnalata alla schiena". **Dolch|spit|ze** f. *(-,-n)* punta *f.* del pugnale.
Dol|de f. *(-,-n)* BOT. ombrella *f.* **Dol|den|blüt|ler** m. *(-s,-)* ombrellifera *f.* **dol|den|för|mig** agg. BOT. ombrelliforme. **Dol|den|ge|wächs** n. *(-es,-e)* → **Doldenblütler. Dol|den|re|be** f. *(-,-n)* ampelopside *f.* **Dol|den|ris|pe** f. *(-,-n)* corimbo *m.* composto **Dol|den|trau|be** f. *(-,-n)* corimbo *m.*
dol|dig agg. → **doldenförmig.**
Do|le f. *(-,-n)* fogna *f.*, chiavica *f.*
Do|le|rit m. *(-s,-e)* dolerite *f.*
do|li|cho|ke|phal, do|li|cho|ze|phal agg. dolicocefalo. **Do|li|cho|ze|pha|lie** f. *(-)* dolicocefalia *f.*
Do|li|ne f. *(-,-n)* dolina *f.*
doll I agg.**1** incredibile, insolito: ***eine -e Sache, Geschichte*** una cosa, storia incredibile **2a** grandioso, fantastico: ***eine -e Party*** un party fantastico; ***einfach ~, sage ich dir!*** semplicemente fantastico, ti dico! **b** IRON. bello: ***eine -e Freundschaft ist das!*** (ma che) bella amicizia! **3** *(schlimm)* fastidioso, sgradevole: ***ein -er Lärm*** un rumore fastidioso **II** avv. REGION. molto: ***ich habe mich ~ gefreut*** mi ha fatto molto piacere; ***es regnet immer -er*** piove sempre di più.
Dol|lar m. *(-[s],-s)* dollaro *m.*: ***30 ~*** 30 dollari. **Dol|lar|ba|sis**, ***auf ~*** in dollari. **Dol|lar|kurs** m. *(-es,-e)* corso *m.* (*o* quotazione *f.*) del dollaro.
Doll|bord n. *(-[e]s,-e)* falchetta *f.*
Dol|le f. *(-,-n)* scalmo *m.*
Dol|men m. *(-s,-)* dolmen *m.*
Dol|metsch m. *(-[e]s,-e)* **1** LETT. portavoce *m.* **2** AUSTR. → **Dolmetscher. dol|met|schen I** tr. tradurre (a voce): ***ein politisches Gespräch ~*** tradurre un discorso politico; ***ein Schriftstück ~*** tradurre a voce un testo scritto **II** intr. (aus. *haben*) fare da interprete: ***bei einer Verhandlung ~*** fare da interprete in una trattativa. **Dol|met|scher** m. *(-s,-)* interprete *m.*: ***freiberuflicher ~*** interprete professionista; ***vereidigter ~*** interprete giurato. **Dol|met|sche|rin** f. *(-,-nen)* interprete *f.* **Dol|met|scher|in|sti|tut** n. *(-[e]s,-e)*, **Dol|met|scher|schu|le** f. *(-,-n)* scuola *f.* di interpretariato (*o* per interpreti).
Do|lo|mit m. *(-s,-e)* **1** MIN. dolomite *f.* **2** → **Dolomitgestein. Do|lo|mi|ten** n.pr.pl. ***die ~*** le Dolomiti. **Do|lo|mit|ge|stein** n. *(-s,-e)* dolomia *f.*, roccia *f.* dolomitica. **do|lo|mi|tisch** agg. dolomitico.
Dom m. *(-[e]s,-e)* **1** duomo *m.*, cattedrale *f.*: ***ein gotischer ~*** un duomo gotico **2** FIG. LETT. cupola *f.*, volta *f.*: ***der ~ des Himmels*** la volta celeste **3** TECN. duomo *m.*
Do|mä|ne f. *(-,-n)* **1** demanio *m.*, bene *m.* demaniale **2** FIG. sfera *f.*, campo *m.* (di competenza): ***das ist eine ~ der Frau*** questo è di competenza della donna, è un campo femminile. **Do|ma|ni|al|gut** n. *(-[e]s,-güter)* bene *m.* demaniale.
Do|mes|tik m. *(-en,-en)* **1** ANT. domestico *m.* **2** *(bei Radrennen)* gregario *m.* **Do|mes|ti|ka|ti|on** f. *(-,-en)* addomesticamento *m.*, BIOL. domesticazione *f.* **do|mes|ti|zie|ren** tr. addomesticare, BIOL. domesticare.
Dom|herr m. *(-n,-en)* canonico *m.*
Do|mi|na f. *(-, Dominä)* superiora *f.*
do|mi|nant agg. BIOL. dominante. **Do|mi|nan|te** f. *(-,-n)* **1** carattere *m.* (*o* nota *f.*) predominante **2** MUS. dominante *f.* **Do|mi|nanz** f. *(-,-en)* BIOL. dominanza *f.* **do|mi|nie|ren I** tr. dominare **II** intr. (aus. *haben*) ***in etw. (D) ~*** predominare, prevalere in qcs.
Do|mi|nik n.pr.m. Domenico *m.*
1.Do|mi|ni|ka|ner m. *(-s,-)* RELIG. (frate *m.*) domenicano *m.*
2.Do|mi|ni|ka|ner m. *(-s,-)* dominicano *m.*
Do|mi|ni|ka|ner|klos|ter n. *(-s,-)* convento *m.* di domenicani. **Do|mi|ni|ka|ner|or|den** m. *(-s,-)* ordine *m.* domenicano (*o* dei domenicani).
1.do|mi|ni|ka|nisch agg. RELIG. domenicano.
2.do|mi|ni|ka|nisch agg. dominicano ◆ ***die Dominikanische Republik*** la Repubblica Dominicana.
Do|mi|ni|on [do'mɪniən] n. *(-s,-s* e *Dominien)* dominion *m.*
Do|mi|ni|um n. *(-s, Dominien)* **1** STOR. dominio *m.* **2** ANT. → **Domäne.**
1.Do|mi|no m. *(-s,-s)* domino *m.*
2.Do|mi|no n. *(-s,-s)* GIOC. domino *m.* **Do|mi|no|stein** m. *(-[e]s,-e)* **1** tessera *f.* del domino **2** GASTR. INTRAD. (dolce a strati ricoperto di cioccolato).
Do|mi|zil n. *(-s,-e)* domicilio *m.* **do|mi|zi|lie|ren** tr. domiciliare. **Do|mi|zil|wech|sel** m. *(-s,-)* BANC. cambiale *f.* domiciliata.
Dom|ka|pell|meis|ter m. *(-s,-)* maestro *m.* del coro del duomo. **Dom|ka|pi|tel** n. *(-s,-)* ECCL. capitolo *m.* del duomo. **Dom|ka|pi|tu|lar** m. *(-s,-e)* canonico *m.* **Dom|pfaff** m. *(-en* e *-s,-en)* ciuffolotto *m.*
Domp|teur [dɔmp'tøːɐ] m. *(-s,-e)* domatore *m.* **Domp|teu|se** [dɔmp'tøːzə] f. *(-,-n)* domatrice *f.*
Do|na|tar m. *(-s,-e)* DIR. donatario *m.* **Do|na|ti|on** f. *(-,-en)* DIR. donazione *f.*
Do|nau n.pr.f. *(-)* Danubio *m.* **Do|nau|län|der** pl. paesi *m.pl.* danubiani. **Do|nau|mo|nar|chie** f. *(-)* STOR. = impero *m.* austro-ungarico. **Do|nau|raum** m. *(-[e]s)* regione *f.* (*o* area *f.*) danubiana.
Don Ju|an [dɔn'xuan] **I** n.pr.m. Don Giovanni *m.* **II** m. *(-s,-s)* *(Frauenheld)* dongiovanni *m.*
Don|ner m. *(-s,-)* **1** tuono *m.*: ***der ~ rollt*** il tuono rumoreggia (*o* brontola) **2** FIG. rombo *m.*, fragore *m.* ◆ FIG. ***wie vom ~ gerührt dastehen, sein*** restare, essere come fulminato; ***~!, ~ und Blitz! ~ und Doria!*** tuoni e fulmini! **Don|ner|büch|se** f. *(-,-n)* SCHERZ. schioppo *m.*, trombone *m.* **Don|ne|rer** n.pr.m. *(-s)*, **Don|ner|gott** n.pr.m. *(-[e]s)* Donar *m.*, Thor *m.*, dio *m.* del tuono. **Don|ner|keil** inter. perbacco, capperi, accipicchia.
don|nern I intr. **1** impers. (aus. *haben*) ***es donnert*** tuona, ci sono i tuoni **2a** (aus. *haben*) rombare: ***die Motoren ~*** i motori rombano; ***die See donnert*** il mare infuria **b** (aus. *sein*) passare rombando, con gran fragore: ***der Zug donnert über die Brücke*** il treno passa sopra il ponte con gran fragore **3** COLLOQ. *(laut schimpfen*; aus. *haben)* tuonare, imprecare, inveire **4** *(mit Wucht schlagen;* aus. *haben)* colpire fragorosamente **5** (aus. *sein*) schiantarsi: ***mit dem Wagen gegen einen Baum ~*** schiantarsi contro un albero con la macchina **II** tr. COLLOQ. *(mit Wucht schleudern)* scagliare con impeto. **don|nernd** p.pres. agg. **1** → **donnern 2** tonante, fragoroso, rombante.
Don|ner|schlag m. *(-[e]s,-schläge)* **1** tuono *m.* **2** FIG. colpo *m.*, fulmine *m.*: ***das war wie ein ~ für ihn*** fu un colpo (inaspettato) per lui ◆ ***~!*** per tutti i fulmini!
Don|ners|tag m. *(-[e]s,-e)* giovedì *m.*: ***am ~ gehe ich ins Kino*** giovedì andrò al cinema; *(donnerstags)* il giovedì (*o* di giovedì) vado

al cinema; ***eines -s*** un giovedì; ***jeden ~*** ogni giovedì ◆ REGION. ***fetter, schmutziger ~*** giovedì grasso. **Don|ners|tag|abend** m. *(-[e]s,-e)* giovedì *m.* sera, sera *f.* di, del giovedì. **don|ners|täg|lich** agg. di, del giovedì. **Don|ners|tag|mor|gen** m. *(-s,-)* giovedì *m.* mattina, mattina *f.* di, del giovedì. **don|ners|tags** avv. di giovedì, il giovedì; ***~ abends*** di (*o* il) giovedì sera; ***~ morgens*** di (*o* il) giovedì mattina.

Don|ner|stim|me f. *(-,-n)* voce *f.* tonante. **Don|ner|wet|ter** n. *(-s,-)* **1** COLLOQ. sfuriata *f.*, putiferio *m.* **2** ANT. *(Gewitter)* tempesta *f.* ◆ ***zum ~!*** al diavolo!

Don Qui|chotte [dɔnki'ʃɔt, dɔ̃-] **I** n.pr.m. Don Chisciotte *m.* **II** m. *(-s,-s)* ESTENS. Don Chisciotte *m.*, donchisciotte *m.* **Don|qui|chot|te|rie** f. *(-,-n)* impresa *f.* donchisciottesca.

doof agg. COLLOQ. **1** stupido, scemo **2** *(langweilig)* barboso.

do|pen ['dɔpn, 'do:pn] SPORT **I** tr. sottoporre a doping, dopare **II** rifl. **sich ~** doparsi. **Do|ping** ['dɔpɪŋ, 'do:pɪŋ] n. *(-s,-s)* doping *m.* **Do|ping|kon|trol|le** f. *(-,-n)* (controllo *m.*) antidoping *m.* **Do|ping|mit|tel** n. *(-s,-)* doping *m.*

Dop|pel n. *(-s,-)* **1** duplicato *m.*, copia *f.*: ***das ~ einer Urkunde einreichen*** presentare la copia di un documento **2a** SPORT *(Spiel)* doppio *m.*: ***ein gemischtes ~*** un doppio misto **b** *(Mannschaft)* doppio *m.*, squadra *f.* di doppio. **Dop|pel|ach|ter** m. *(-s,-)* SPORT *(beim Rudern)* otto *m.* doppio. **Dop|pel|ader|lei|tung** f. *(-,-en)* EL. conduttore *m.* bipolare (*o* bifilare). **Dop|pel|ad|ler** m. *(-s,-)* ARALD. aquila *f.* bicipite. **Dop|pel|agent** m. *(-en,-en)* agente *m.* doppio, doppiogiochista *m.* **Dop|pel|axt** f. *(-,-äxte)* bipenne *f.* **Dop|pel-b** n. *(-)* doppio bemolle *m.* **Dop|pel|band** m. *(-[e]s,-bände)* volume *m.* doppio. **Dop|pel|be|las|tung** f. *(-,-en)* doppio peso *m.* **Dop|pel|be|rei|fung** f. *(-,-en)* pneumatici *m.pl.* accoppiati (*o* doppi). **Dop|pel|be|schäf|ti|gung** f. *(-,-en)* doppio lavoro *m.* **Dop|pel|be|steu|e|rung** f. *(-,-en)* doppia tassazione *f.* **Dop|pel|bett** n. *(-[e]s,-en)* letto *m.* a due piazze, matrimoniale. **Dop|pel|bier** n. *(-s)* birra *f.* doppio malto. **Dop|pel|blind|ver|such** m. *(-s,-e)* esperimento *m.* in (*o* a) doppio cieco.

Dop|pel|bo|den m. *(-s,-böden)* doppio fondo *m.* **dop|pel|bö|dig** agg. → **doppeldeutig. Dop|pel|bö|dig|keit** f. *(-,-en)* → **Doppeldeutigkeit.**

Dop|pel|bo|gen m. *(-s,- e -bögen)* arco *m.* doppio; *(an Fenstern)* bifora *f.* **Dop|pel|brief** m. *(-[e]s,-e)* lettera *f.* con peso extra. **Dop|pel|bruch** m. *(-[e]s,-brüche)* **1** MAT. frazione *f.* doppia **2** MED. frattura *f.* doppia. **Dop|pel|buch|hal|tung** f. *(-,-en)* contabilità *f.* in partita doppia. **Dop|pel|büch|se** f. *(-,-n)* doppietta *f.*, fucile *m.* a doppia canna. **Dop|pel|bu|chung** f. *(-,-en)* doppia registrazione *f.* **Dop|pel|de|cker** m. *(-s,-)* **1** biplano *m.* **2** COLLOQ. autobus *m.* a due piani.

dop|pel|deu|tig **I** agg. **1** ambiguo, equivoco **2** a doppio senso: ***ein -er Witz*** una barzelletta a doppio senso **II** avv. ambiguamente, in modo equivoco. **Dop|pel|deu|tig|keit** f. *(-,-en)* **1** ambiguità *f.*: ***die ~ eines Satzes*** l'ambiguità (*o* equivocità) di una frase; ***der Text enthält viele -en*** nel testo ci sono molte ambiguità **2** *(zweideutige Äußerung)* doppio senso *m.*

Dop|pel|di|o|de f. *(-,-n)* bidiodo *m.*, duo-diodo *m.* **Dop|pel|ehe** f. *(-,-n)* bigamia *f.* **Dop|pel|feh|ler** m. *(-s,-)* SPORT doppio fallo *m.* **Dop|pel|fens|ter** n. *(-s,-)* doppia finestra *f.*, finestra *f.* con controfinestra. **Dop|pel|flin|te** f. *(-,-n)* doppietta *f.* **Dop|pel|fu|ge** f. *(-,-n)* MUS. fuga *f.* a due (*o* doppia). **Dop|pel|gän|ger** m. *(-s,-)* sosia *m.* **dop|pel|gän|gig** agg. MECC. a doppia filettatura. **Dop|pel|gei|ge** f. *(-,-n)* MUS. viola *f.* d'amore. **dop|pel|ge|schlech|tig** agg. ermafrodito. **Dop|pel|ge|schlech|tig|keit** f. *(-)* ermafroditismo *m.* **dop|pel|ge|sich|tig** agg. bifronte (anche FIG.). **Dop|pel|git|ter|röh|re** f. *(-,-n)* valvola *f.* con due griglie. **Dop|pel|griff** m. *(-[e]s,-e)* MUS. presa *f.* doppia, doppia *f.* **Dop|pel|ha|cke** f. *(-,-n)* piccone *m.* a doppia punta. **Dop|pel|ha|ken** m. *(-s,-)* **1** amo *m.* doppio **2** *(beim Boxen)* doppio gancio *m.* **3** MIL. ANT. spingarda *f.* **Dop|pel|har|fe** f. *(-,-n)* arpa *f.* a corde doppie. **Dop|pel|heft** n. *(-[e]s,-e)* numero *m.* doppio (di una rivista). **Dop|pel|he|lix** f. *(-)* BIOL. doppia elica *f.* **Dop|pel|hoch|zeit** f. *(-,-en)* matrimonio *m.* doppio (*o* duplice). **Dop|pel|kinn** n. *(-s,-e)* doppio mento *m.* **Dop|pel|klick** m. *(-s,-s)* doppio clic *m.* **Dop|pel|kol|ben|mo|tor** m. *(-s,-en)* motore *m.* a due cilindri, bicilindrico. **Dop|pel|kon|so|nant** m. *(-en,-en)* consonante *f.* doppia, doppia *f.* **Dop|pel|ko|nus|an|ten|ne** f. *(-,-n)* antenna *f.* biconica. **Dop|pel|kopf** m. *(-[e]s)* INTRAD. (gioco di carte). **dop|pel|köp|fig** agg. a due teste; ARALD. bicipite. **Dop|pel|kreuz** n. *(-es,-e)* MUS. doppio diesis *m.* **Dop|pel|kul|tur** f. *(-,-en)* AGR. coltura *f.* intercalare. **Dop|pel|kupp|lung** f. *(-,-en)* MECC. doppio disinnesto *m.* **Dop|pel|kur|ve** f. *(-,-n)* doppia curva *f.* **Dop|pel|lauf** m. *(-s,-läufe)* fucile *m.* a doppia canna, doppia canna *f.* **dop|pel|läu|fig** agg. a doppia canna, a due canne. **Dop|pel|laut** m. *(-[e]s,-e)* **1** dittongo *m.* **2a** doppia consonante *f.*, doppia *f.* **b** *(Vokale)* doppia vocale *f.* **Dop|pel|le|ben** n. *(-s,-)* doppia vita *f.*: ***ein ~ führen*** avere una doppia vita. **Dop|pel|lei|tung** f. *(-,-en)* **1** conduttura *f.* doppia **2** EL. linea *f.* bifilare. **Dop|pel|leuch|ter** m. *(-s,-)* doppiere *m.* **Dop|pel|lit|ze** f. *(-,-n)* EL. doppino *m.* **Dop|pel|man|dat** n. *(-[e]s,-e)* doppio mandato *m.* (di un deputato). **Dop|pel|mord** m. *(-[e]s,-e)* duplice omicidio *m.* **Dop|pel|mut|ter** f. *(-,-n)* MECC. controdado *m.*, dado *m.* di sicurezza. **dop|peln** tr. **1** REGION. AUSTR. *(Schuhsohlen)* risuolare **2** *(Lochkarten)* duplicare. **Dop|pel|na|me** m. *(-ns,-n)* cognome *m.* doppio. **Dop|pel|na|tur** f. *(-)* natura *f.* duplice. **Dop|pel|part|ner** m. *(-s,-)* SPORT partner *m.* (*o* compagno *m.*) di, nel doppio. **Dop|pel|pass** m. *(-es,-pässe)* SPORT *(beim Fußball)* triangolazione *f.* **Dop|pel|pe|dal** n. *(-s,-e)* MUS. pedale *m.* di combinazione. **Dop|pel|pen|to|de** f. *(-,-n)* RAD. duopentodo *m.* **Dop|pel|pol** m. *(-s,-e)* EL. bipolo *m.* **dop|pel|po|lig** agg. EL. bipolare. **Dop|pel|punkt** m. *(-[e]s,-e)* GRAMM. due punti *m.pl.* **Dop|pel|rei|he** f. *(-,-n)* **1** doppia fila *f.* **2** MAT. doppia serie *f.* **dop|pel|rei|hig** agg. in doppia fila; a due file: ***~ geknöpft*** con due file di bottoni. **Dop|pel|rol|le** f. *(-,-n)* CINEM. TEATR. ruolo *m.* duplice (*o* doppio). **Dop|pel|sal|to** m. *(-s,-s* e *-salti)* salto *m.* doppio. **Dop|pel|schicht** f. *(-,-en)* doppio turno *m.*, due turni *m.pl.* **Dop|pel|schlag** m. *(-[e]s,-schläge)* MUS. gruppetto *m.* **Dop|pel|sei|te** f. *(-,-n)* GIORN. doppia *f.* **dop|pel|sei|tig** agg. **1** a doppia pagina: ***eine -e Anzeige*** un annuncio a doppia pagina **2** MED. bilaterale. **Dop|pel|sieg** m. *(-[e]s,-e)* doppia vittoria *f.*

Dop|pel|sinn m. *(-[e]s,-e)* doppio senso *m.*; *(Zweideutigkeit)* ambiguità *f.* **dop|pel|sin|nig** agg. a, con doppio senso; *(zweideutig)* ambiguo. **Dop|pel|sin|nig|keit** f. *(-,-en)* ambiguità *f.*

Dop|pel|spal|te f. *(-,-n)* articolo *m.* a due colonne. **dop|pel|spal|tig** agg. TIP. a, su due colonne. **Dop|pel|spat** m. *(-[e]s,-e)* spato *m.* (*o* calcite *f.*) d'Islanda. **Dop|pel|spiel** n. *(-[e]s,-e)* **1** doppiogioco *m.*: ***jds ~ durchschauen*** intuire il doppiogioco di qcn.; ***mit jdm ein ~ treiben*** fare un doppiogioco con qcn. **2** SPORT doppio *m.*: ***ein ~ austragen*** giocare un doppio. **Dop|pel|spie|ler** m. *(-s,-)* SPORT doppista *m.* **Dop|pel|spur** f. *(-,-en)* pista *f.* doppia. **Dop|pel|spur|ton|band|ge|rät** n. *(-[e]s,-e)* registratore *m.* magnetico a doppia pista. **Dop|pel|ste|cker** m. *(-s,-)* EL. spina *f.* doppia. **Dop|pel|stein** m. *(-[e]s,-s)* GIOC. dama *f.* **Dop|pel|steu|e|rung** f. *(-,-en)* AER. doppio comando *m.* (*o* doppi comandi *m. pl.*). **dop|pel|stö|ckig** agg. a due piani. **Dop|pel|stock|om|ni|bus** m. *(-ses,-se)* autobus *m.* a due piani.

dop|pelt **I** agg. doppio: ***ein -es Gehalt beziehen*** percepire uno stipendio doppio; ***einen -en Klaren bestellen*** ordinare una grappa doppia; ***der Betrag ist ~ so groß wie...*** l'importo è doppio rispetto a... **II** avv. il doppio, doppiamente: ***~ so groß*** grosso il doppio; ***~ so viel*** il doppio, due volte tanto; ***etw. zählt ~*** qcs. conta doppio ◆ ***~ und dreifach*** più e più volte; COLLOQ. ***das ist ~ gemoppelt*** = è una ripetizione inutile; COLLOQ. ***~ genäht hält besser*** = la prudenza non è mai troppa; ***eine -e Moral, eine Moral mit -em Boden*** una doppia morale (*o* una morale a proprio uso e consumo); COLLOQ. ***~ sehen*** vedere doppio; ***mit -er Zunge*** a doppio senso. **Dop|pel|te** n. *(-n)* doppio *m.*: ***das ~ leisten*** rendere il doppio; ***die Kosten sind auf das, ums ~ gestiegen*** le spese sono aumentate del doppio.

Dop|pel-T-Ei|sen n. *(-s,-)* METALL. trave *f.* a doppio T. **dop|pelt|koh|len|sau|er** agg. bicarbonato: ***doppeltkohlensaures Natron*** bicarbonato di sodio.

Dop|pel|turm m. *(-[e]s,-türme)* torre *f.* binata.

Dop|pe|lung f. *(-,-en)* raddoppiamento *m.*

Dop|pel|ver|die|ner m. *(-s,-)* **1** persona *f.* con doppio reddito **2** *(von Ehepaaren)* coppia *f.* con doppio reddito. **Dop|pel|ver|ga|ser** m. *(-s,-)* carburatore *m.* a doppio corpo, doppio carburatore *m.* **Dop|pel|ver|gla|sung** f. *(-,en)* doppi vetri *m.pl.* **Dop|pel|vo|kal** m. *(-s,-e)* vocale *f.* doppia. **Dop|pel|wäh|rung** f. *(-,-en)* ECON. bimetallismo *m.* **Dop|pel|wand** f. *(-,-wände)* doppia parete *f.* **dop|pel|wan|dig** agg. con, a doppie pareti. **dop|pel|wir|kend** agg. a doppio effetto. **Dop|pel|zent|ner** m. *(-s,-)* quintale *m.* **Dop|pel|zim|mer** n. *(-s,-)* camera *f.* doppia (*o* matrimoniale). **Dop|pel|zün|dung** f. *(-,-en)* doppia accensione *f.* **dop|pel|zün|gig** agg. SPREG. bifronte, falso: ***eine -e Politik, Aussage*** una politica, affermazione bifronte. **Dop|pel|zün|gig|keit** f. *(-,-en)* SPREG. doppiezza *f.*

Dopp|ler m. *(-s,-)* REGION. AUSTR. risuolatura *f.*

Dopp|ler|ef|fekt m. *(-[e]s,-e)* effetto *m.* Doppler.

Do|ra|de f. *(-,-n)* orata *f.*

Do|rer → **Dorier.**

Dorf n. *(-[e]s, Dörfer)* villaggio *m.*, paese *m.*: ***auf dem ~ wohnen*** vivere in paese; ***das Olympische ~*** il villaggio olimpico ◆ ***nie aus***

seinem ~ herausgekommen sein non essere mai uscito dal proprio paesello; ***das sind für mich, mir böhmische Dörfer*** = per me questo è arabo; ***das sind alles nur potemkinsche Dörfer*** = è tutto solo apparenza (*o* facciata). **Dorf|äl|tes|te** m. *(-n,-n)* vecchio *m.* del villaggio. **Dorf|be|woh|ner** m. *(-s,-)* abitante *m.* del villaggio, paesano *m.* **Dörf|chen** n. *(-s,-)* paesino *m.*, paesello *m.* **Dorf|ein|gang** m. *(-s,-eingänge)* ingresso *m.* del villaggio, del paese: ***am ~ wohnen*** abitare all'ingresso (*o* alle porte) del villaggio. **Dorf|ge|mein|de** f. *(-,-n)* comune *m.* rurale. **Dorf|ge|mein|schaft** f. *(-,-en)* comunità *f.* di villaggio, abitanti *m.pl.* del villaggio. **Dorf|ge|schich|te** f. *(-,-n)* novella *f.* campestre. **dör|fisch** agg. SPREG. campagnolo. **Dorf|kir|che** f. *(-,-n)* chiesa *f.* del paese. **Dorf|knei|pe** f *(-,-n)* osteria *f.* di paese. **Dörf|lein** n. *(-s,-)* → **Dörfchen. dörf|lich** agg. di paese: ***-e Ereignisse, Sitten*** vicende, usanze di paese. **Dorf|lin|de** f. *(-,-n)* tiglio *m.* della piazza del paese. **Dorf|mu|si|kant** m. *(-en,-en)* ANT. musicante *m.* di paese. **Dorf|platz** m. *(-es,-plätze)* piazza *f.* del paese. **Dorf|schaft** f. *(-,-en)* SVIZZ. comune *m.* rurale. **Dorf|schen|ke** f. *(-,-n)* osteria *f.* di paese. **Dorf|schö|ne** f. *(-,-n)*, **Dorf|schön|heit** f. *(-,-en)* SCHERZ. bellezza *f.* campagnola. **Dorf|schul|leh|rer** m. *(-s,-)* ANT. maestro *m.* di campagna. **Dorf|stra|ße** f. *(-,-n)* strada *f.* principale (del paese). **Dorf|trot|tel** m. *(-s,-)* COLLOQ. scemo *m.* del villaggio.

Do|ri|er m. *(-s,-)* Dori *m.pl.* **do|risch** agg. dorico.

Dor|mi|to|ri|um n. *(-s, Dormitorien)* dormitorio *m.*

1.Dorn m. *(-[e]s,-en* e COLLOQ. *Dörner)* **1** spina *f.*: ***sich einen ~ eintreten*** conficcarsi una spina **2** LETT. spino *m.*, pruno *m.* ◆ ***jdm ein ~ im Auge sein*** essere come il fumo negli occhi per qcn.; ***keine Rose ohne -en*** non c'è rosa senza spine; ***wie auf -en sitzen*** stare sulle spine.

2.Dorn m. *(-[e]s,-e)* **1** INDUSTR. *(Werkzeughalter)* mandrino *m.*, albero *m.* **2** *(Kaliberdorn)* calibro *m.* a tampone **3** punzone *m.*, fustella *f.*

Dorn|aus|zie|her m. *(-s)* ART. spinario *m.* **Dorn|busch** m. *(-[e]s,-büsche)* arbusto *m.* spinoso, rovo *m.*, pruno *m.* **Dörn|chen** n. *(-s,-)* piccola spina *f.* **Dor|nen|ge|strüpp** n. *(-[e]s,-e)* intrico *m.* di spine. **Dor|nen|he|cke** f. *(-,-n)* siepe *f.* spinosa. **Dor|nen|kranz** m. *(-es,-kränze)*, **Dor|nen|kro|ne** f. *(-,-n)* corona *f.* di spine. **dor|nen|reich** agg. **1** pieno (*o* irto) di spine **2** FIG. irto di spine, pieno di difficoltà: ***ein -es Leben*** una vita piena di difficoltà. **Dor|nen|strauch** m. *(-es,-sträucher)* → **Dornbusch. dor|nen|voll** agg. → **dornenreich. Dor|nen|weg** m. *(-[e]s,-e)* LETT. sentiero *m.* irto di spine, spinoso (anche FIG.). **Dor|nen|zweig** m. *(-[e]s,-e)* ramo *m.* con spine. **Dorn|fi|sche** pl. gasterosteidi *m.pl.* **Dorn|fort|satz** m. *(-es,-fortsätze)* ANAT. processo *m.* spinoso. **Dorn|ge|büsch** n. *(-[e]s,-e)* spineto *m.*, prunaio *m.* **Dorn|ge|strüpp** → **Dornengestrüpp. Dorn|gras|mü|cke** f. *(-,-n)* sterpazzola *f.* **Dorn|hai** m. *(-[e]s,-e)* spinarolo *m.* imperiale. **Dorn|he|cke** f. *(-,-n)* siepe *f.* di spini. **Dorn|ro|chen** m. *(-s,-)* ITTIOL. razza *f.* chiodata. **Dorn|rös|chen** n.pr.n. *(-s)* LETT. Rosaspina *f.*, la Bella Addormentata *f.* (nel bosco). **Dorn|rös|chen|schlaf** m. *(-[e]s)* = esistenza *f.* trasognata ◆ ***aus seinem ~ erwachen*** svegliarsi dal mondo dei sogni.

Do|ro|thea, Do|ro|thee n.pr.f. Dorotea *f.*

Dör|re f. *(-,-n)* REGION. essicatoio m. **dör|ren I** tr. **1** seccare: ***die Hitze dörrt den Rasen*** la calura secca il prato **2** *(von Obst und Gemüse)* essiccare **II** intr. (aus. *sein*) (dis)seccarsi: ***der Stockfisch dörrt an der Luft*** lo stoccafisso si dissecca all'aria. **Dörr|fleisch** n. *(-es)* pancetta *f.* **Dörr|ge|mü|se** n. *(-s,-)* verdura *f.* essiccata. **Dörr|obst** n. *(-[e]s)* frutta *f.* essiccata. **Dörr|pflau|me** f. *(-,-n)* prugna *f.* secca.

dor|sal agg. dorsale. **Dor|sal(|laut)** m. *(-[e]s,-e)* LING. dorsale *f.*

Dorsch m. *(-[e]s,-e)* merluzzo *m.*

dort avv. là, lì: ***~ drüben, hinten, oben*** di là (*o* da quella parte), là dietro, là sopra (*o* lassù); ***ich komme gerade von ~*** sto arrivando da lì, da quella parte; ***da und ~*** qua e là; ***von ~ aus kannst du mich anrufen*** di là mi puoi telefonare; *(am Telefon)* ***wer ist ~?*** chi parla? ***~ behalten*** (trat)tenere; ***~ bleiben*** rimanere, restare (in un luogo), rimanervi, restarvi. **dort|her** avv. di là, da lì, da quella parte. **dort|hin** avv. in quella direzione, di là, da quella parte. **dort|hi|nab** avv. laggiù, giù di là. **dort|hi|nauf** avv. lassù, su di là. **dort|hi|naus** avv. per di là ◆ COLLOQ. ***bis ~*** terribilmente, particolarmente. **dort|hi|nein** avv. là dentro. **dort|hi|nun|ter** avv. là sotto. **dor|tig** agg. di quel luogo, locale: ***die -e Zeitung*** il giornale locale. **dort|selbst** avv. ANT. colà, ivi. **dort|zu|lan|de** avv. LETT. di laggiù, di colà: ***die Sitten und Gebräuche ~*** gli usi e costumi di laggiù.

Dös|chen *(-s,-)* scatolina *f.*, barattolino *m.* **Do|se** f. *(-,-n)* **1** scatola *f.*, barattolo *m.*; *(Blechdose)* latta *f.* **2** *(Konservendose)* scatola *f.*, scatoletta *f.*: ***eine ~ Erbsen*** una scatola di piselli; ***Wurst in -n*** salsicce in scatola; *(von Getränken)* lattina *f.* **3** *(Steckdose)* presa *f.* **4** RAR. → **Dosis.**

dö|sen intr. (aus. *haben*) COLLOQ. **1** sonnecchiare **2** avere lo sguardo assente: ***im Unterricht ~*** avere lo sguardo assente durante la lezione.

Do|sen|bier n. *(-[e]s,-e)* birra *f.* in lattina. **Do|sen|blech** n. *(-[e]s,-e)* latta *f.*, lattina *f.* **do|sen|fer|tig** agg. pronto in scatola: ***-e Gerichte*** piatti pronti in scatola. **Do|sen|fleisch** n. *(-[e]s)* carne *f.* in scatola. **Do|sen|ge|mü|se** n. *(-s,-)* verdura *f.* in scatola. **Do|sen|milch** f. *(-)* latte *m.* condensato. **Do|sen|sup|pe** f. *(-,-n)* minestra *f.* in scatola. **Do|sen|wurst** f. *(-,-würste)* salsiccia *f.* in scatola.

do|sier|bar agg. dosabile. **Do|sier|bar|keit** f. *(-)* dosabilità *f.* **do|sie|ren** tr. dosare (anche FIG.): ***Medikamente, seine Kräfte ~*** dosare delle medicine, le proprie forze. **Do|sie|rung** f. *(-,-en)* dosaggio *m.*

dö|sig agg. **1** *(schläfrig)* sonnolento, torpido **2** *(stumpfsinnig)* ottuso, tonto.

Do|si|me|ter n. *(-s,-)* dosimetro *m.* **Do|si|met|rie** f. *(-)* dosimetria *f.*

Do|sis f. *(-, Dosen)* dose *f.* (anche FIG.): ***eine tödliche ~*** una dose letale; ***jdm etw. in kleinen Dosen verabreichen*** somministrare qcs. a qcn. in, a piccole dosi; ***die ~ verschärfen*** rincarare la dose; ***eine gehörige ~ Mut*** una buona dose di coraggio.

Dös|kopp m. *(-s,-köppe)* SPREG. inetto *m.*

Dos|si|er [do'sie:] n. e ANT. m. *(-s,-s)* incartamento *m.*, dossier *m.*

Dost m. *(-[e]s,-e)* origano *m.*

Do|ta|ti|on f. *(-,-en)* LETT. **1** *(Schenkung)* donazione *f.* **2** *(Ausstattung)* dotazione *f.* **3** *(Mitgift)* dote *f.* **do|tie|ren** tr. **1** rimunerare, retribuire: ***etw. mit 5000 DM ~*** rimunerare qcs. con 5000 marchi **2** dotare: ***einen Preis hoch ~*** dotare bene un premio. **Do|tie|rung** f. *(-,-en)* dotazione *f.*

Dot|ter m. e n. *(-s,-)* tuorlo *m.*, rosso *m.* d'uovo. **Dot|ter|blu|me** f. *(-,-n)* calta *f.* palustre. **dot|ter|gelb** agg. giallo uovo, giallo scuro. **Dot|ter|sack** m. *(-[e]s,-säcke)* membrana *f.* vitellina.

dou|beln ['du:bln] **I** tr. **1** ***einen Hauptdarsteller ~*** fare la controfigura di un attore protagonista **2** fornire di controfigura **II** intr. (aus. *haben*) fare la controfigura. **Doub|le** ['du:bl] n. *(-s,-s)* **1** CINEM. controfigura *f.* **2** MUS. double *m.* **3** SPORT accoppiata *f.*

Doub|lé [du'ble] n. *(-s,-s)* doublé *m.*, oro *m.* doublé.

Down|syn|drom [daun-] n. *(-s)* sindrome *f.* di Down.

Do|yen [doa'jɛ̃:] m. *(-s,-s)* decano *m.*

Doz. ⇒ *Dozent* docente.

Do|zent m. *(-en,-en)* docente *m.* **Do|zen|tin** f. *(-,-nen)* docente *f.* **Do|zen|tur** f. *(-,-en)* **1** docenza *f.*, cattedra *f.*: ***eine ~ erhalten*** ottenere una cattedra **2** *(Lehrstelle)* cattedra *f.* **do|zie|ren** intr. (aus. *haben*) **1** insegnare (all'università): ***über Physik ~*** insegnare fisica **2** FIG. montare in cattedra. **do|zie|rend** p.pres. agg. **1** → **dozieren 2** FIG. cattedratico: ***in -em Ton sprechen*** parlare in tono cattedratico.

dpa ⇒ *Deutsche Presse-Agentur* Agenzia di stampa tedesca (DPA). **dpa-Mel|dung** f. *(-,-en)* comunicato *m.* d'agenzia, della DPA.

Dpf ⇒ *Deutscher Pfennig* pfennig.

dptr. ⇒ *Dioptrie* diottria.

Dr. ⇒ *Doktor* dottore (Dr., Dott.).

d. R. ⇒ MIL. *der Reserve* a riposo (a.r.).

Dra|che m. *(-n,-n)* drago *m.* **Dra|chen** m. *(-s,-)* **1** aquilone *m.*: ***die ~ steigen lassen*** far volare gli aquiloni **2** COLLOQ. *(zänkische Frau)* megera *f.*, strega *f.* **3** MAR. dragone *m.* **4** deltaplano *m.* **Dra|chen|bal|lon** m. *(-s,-e* e *-s)* drachenballon *m.*, pallone *m.* drago. **Dra|chen|baum** m. *(-[e]s,-bäume)* BOT. dracena *f.* **Dra|chen|blut** n. *(-[e]s)* MITOL. CHIM. sangue *m.* di drago. **Dra|chen|fisch** m. *(-es,-e)* trachino *m.*, pesce *m.* ragno. **Dra|chen|flie|ger** m. *(-s,-)* deltaplanista *m.* **Dra|chen|flug** m. *(-[e]s,-flüge)* volo *m.* in deltaplano. **Dra|chen|kopf** m. *(-[e]s,-köpfe)* scorpena *f.*, scorfano *m.*

Drach|me f. *(-,-n)* dracma *f.*, dramma *f.*

Dra|gée, Dra|gee [dra'ʒe:] n. *(-s,-s)* confetto *m.*

Drag|gen m. *(-s,-)* MAR. grappino *m.*

Dra|go|man m. *(-s,-e)* dragomanno *m.*

Dra|gon m. e n. *(-s)* BOT. dragoncello *m.*, estragone *m.*

Dra|go|ner m. *(-s,-)* **1** MIL. dragone *m.* **2** COLLOQ. SPREG. virago *f.* **3** AUSTR. martingala *f.*

Draht m. *(-[e]s, Drähte)* **1** filo *m.* (metallico); fil *m.* di ferro **2a** filo *m.* (del telefono o del telegrafo): ***am anderen Ende des -es meldet sich niemand*** all'altro capo del filo non c'è nessuno; ***über, per ~*** telegraficamente **b** FIG. rapporti *m.pl.*: ***den ~ zu jdm nicht abreißen lassen*** non troncare i rapporti con qcn. **3** *(Stacheldrahtverhau)* filo *m.* spinato **4** COLLOQ. ANT. *(Geld)* grana *f.* ◆ ***auf ~ sein***

essere in gamba; ***jdn auf ~ bringen*** = pungolare qcn.; ***einen guten ~ zu jdm haben*** essere in buoni rapporti con qcn.; POL. ***heißer ~*** linea calda.

Draht|an|schrift f. *(-,-en)* indirizzo *m.* telegrafico. **Draht|ant|wort** f. *(-,-en)* risposta *f.* telegrafica. **Draht|aus|lö|ser** m. *(-s,-)* FOT. scatto *m.* flessibile. **Draht|be|sen** m. *(-s,-)* ramazza *f.* di metallo. **Draht|bürs|te** f. *(-,-n)* spazzola *f.* metallica. **Dräht|chen** n. *(-s,-)* **1** filetto *m.* metallico **2** EL. filamento *m.*

1.drah|ten tr. **1** legare (con filo metallico) **2** ANT. telegrafare.

2.drah|ten agg. di filo metallico.

Draht|esel m. *(-s,-)* SCHERZ. = bicicletta *f.* **Draht|funk** m. *(-s)* filodiffusione *f.* **Draht|ge|flecht** n. *(-[e]s,-e)* → **Drahtgewebe. Draht|ge|stell** n. *(-s,-e)* reticolato *m.* **Draht|ge|we|be** n. *(-s,-)* tessuto *m.* metallico, rete *f.* metallica. **Draht|git|ter** n. *(-s,-)* graticola *f.* **Draht|glas** n. *(-es)* vetro *m.* armato (*o* retinato). **Draht|haar** n. *(-[e]s,-e) (von Hunden)* pelo *m.* ispido. **Draht|haar|da|ckel** m. *(-s,-)* bassotto *m.* dal pelo ispido. **Draht|hal|ter** m. *(-s,-)* EL. serrafilo *m.*, morsetto *m.* **drah|tig** agg. **1** ispido: ***ein -er Bart*** una barba ispida **2** *(schlank und durchtrainiert)* asciutto. **Draht|ka|bel** n. *(-s,-)* cavo *m.* metallico. **Draht|klam|mer** f. *(-,-n)* punto *m.* metallico. **Draht|kom|mo|de** f. *(-,-n)* SCHERZ. pianoforte *m.* **Draht|leh|re** f. *(-,-n)* calibro *m.* per fili metallici. **Dräht|lein** n. *(-s,-)* → **Drähtchen. draht|los** agg. senza fili: ***-e Telegraphie*** telegrafia senza fili, radiotelegrafia. **Draht|nach|richt** f. *(-,-en)* telegramma *m.* **Draht|netz** n. *(-es,-e)* rete *f.* metallica. **Draht|sche|re** f. *(-,-n)* pinza *f.* tagliafili. **Draht|schnei|der** m. *(-s,-)* tagliafili *m.*

Draht|seil n. *(-s,-e)* fune *f.* metallica, cavo *m.* metallico. **Draht|seil|akt** m. *(-[e]s,-e)* funambolismo *m.* (anche FIG.). **Draht|seil|bahn** f. *(-,-en)* funivia *f.* **Draht|seil|brü|cke** f. *(-,-n)* ponte *m.* sospeso. **Draht|seil|künst|ler** m. *(-s,-)* funambolo *m.*

Draht|sieb n. *(-[e]s,-e)* vaglio *m.*, crivello *m.* (di filo metallico); colino *m.* (di rete metallica). **Draht|stär|ke** f. *(-,-n)* diametro *m.* del filo (metallico). **Draht|stift** m. *(-[e]s,-e)* punta *f.* Parigi, punta *f.* di filo. **Drah|tung** f. *(-,-en)* telegramma *m.* **Draht|ver|hau** m. e n. *(-[e]s,-e)* reticolato *m.* **Draht|wort** n. *(-[e]s,-wörter)* sigla *f.* (nell'indirizzo telegrafico). **Draht|wurm** m. *(-[e]s,-würmer)* larva *f.* di elaterio. **Draht|zan|ge** f. *(-,-n)* pinza *f.* per fili. **Draht|zaun** m. *(-s,-zäune)* rete *f.* metallica di recinzione. **Draht|zie|her** m. *(-s,-)* **1** trafilatore *m.* **2** FIG. chi tira le fila, burattinaio *m.*, mandante *m.*

Drai|na|ge [drɛ:'na:ʒə] f. *(-,-n)* drenaggio *m.* (anche MED.). **drai|nie|ren** tr. drenare (anche MED.).

Drai|si|ne f. *(-,-n)* draisina *f.*

dra|ko|nisch agg. draconiano: ***-e Gesetze*** leggi draconiane.

drall agg. rotondetto, tornito. **Drall** m. *(-[e]s,-e)* **1** MECC. torsione *f.* **2** *(von Waffen)* rigatura *f.* **3** FIS. elasticità *f.* di torsione, momento *m.* di rotazione **4** FIG. inclinazione *f.*: ***ein politischer ~ nach rechts*** un'inclinazione politica a destra **5** METALL. svergolatura *f.*, torsione *f.* **6** TESS. torcitura *f.*

Dra|lon n. *(-[s])* dralon *m.*

Dra|ma n. *(-s, Dramen)* **1** dramma *m.*: ***ein ~ aufführen, inszenieren*** rappresentare, mettere in scena un dramma; ***ein ~ in fünf Akten*** un dramma in cinque atti **2** FIG. dramma *m.*, tragedia *f.*: ***kein ~ daraus machen*** non farne un dramma; ***es war ein einziges ~*** era una tragedia unica. **Dra|ma|tik** f. *(-)* **1** drammaticità *f.* **2** *(Dichtkunst)* poesia *f.* drammatica. **Dra|ma|ti|ker** m. *(-s,-)* drammaturgo *m.* **dra|ma|tisch I** agg. **1** drammatico: ***das -e Werk eines Autors*** l'opera drammatica di un autore **2** *(spannungsreich)* drammatico: ***ein -es Finale*** un finale drammatico **II** avv. drammaticamente. **dra|ma|ti|sie|ren** tr. **1** adattare per le scene, ridurre in forma di dramma, RAR. drammatizzare **2** FIG. *(aufbauschen)* drammatizzare: ***die Lage ~*** drammatizzare la situazione. **Dra|ma|ti|sie|rung** f. *(-,-en)* drammatizzazione *f.* (anche FIG.). **Dra|ma|turg** m. *(-en,-en)* drammaturgo *m.* **Dra|ma|tur|gie** f. *(-,-n)* drammaturgia *f.* **dra|ma|tur|gisch** agg. drammaturgico. **Dra|mo|lett** n. *(-s,-e* e *-s)* dramoletto *m.*

dran avv.pron. COLLOQ. → **daran** ◆ ***drauf und ~ sein, etw. zu tun*** essere sul punto di fare qcs.; ***~ glauben müssen*** = dover morire; ***ich weiß nicht, wie ich mit dir ~ bin*** non so come stanno le cose tra noi; ***an ihm ist nichts ~*** è mediocre, non è niente di speciale; ***gut, schlecht ~ sein*** stare bene, male; ***da ist was Wahres ~*** c'è qualcosa di vero; ***an der Geschichte ist was ~*** in questa storia c'è qualcosa d'interessante; ***wer ist ~? – du bist ~*** a chi tocca? – tocca a te; FIG. è la tua ora.

Drän m. *(-s,-s* e *-e)* tubo *m.* di drenaggio (*o* di scolo). **Drä|na|ge** [drɛ'na:ʒə] f. *(-,-n)* drenaggio *m.*

dran‿blei|ben intr. *(blieb, geblieben;* aus. *sein)* rimanere accanto, vicino, lì: *(am Telefon)* ***bleiben Sie bitte ~*** rimanga in linea, prego.

drang → **dringen.**

Drang m. *(-[e]s, Dränge)* **1** impulso *m.*, stimolo *m.*, istinto *m.*: ***ein ~ nach Erkenntnis, Freiheit*** un impulso a conoscere, un istinto di libertà; ***aus einem ~ heraus*** d'istinto; ***den ~ zum Wasserlassen verspüren*** sentire lo stimolo di urinare **2** *(Druck)* pressione *f.*, spinta *f.*: ***im ~ der Not*** spinto dal bisogno.

dran‿ge|ben tr. *(gibt, gab, gegeben)* sacrificare, rischiare: ***alles für etw. ~*** sacrificare tutto per qcs. **dran‿ge|hen** COLLOQ. → **darangehen.**

Drän|ge|lei f. *(-,-en)* SPREG. **1** pigia pigia *m.* **2** FIG. *(Bettelei)* pressioni *f.pl.*, insistenze *f.pl.* **drän|geln** tr. COLLOQ. **1** spingere: ***der Portier drängelte ihn zur Tür*** il portiere lo spinse alla porta **2** FIG. ***jdn ~*** fare pressioni su qcn., spingere qcn.

drän|gen I tr. **1** spingere: ***jdn in eine Ecke, zur Seite ~*** spingere qcn. in un angolo, da parte **2** FIG. spingere, sollecitare, spronare: ***jdn ~, seine Rechnung zu bezahlen*** sollecitare qcn. a pagare il suo conto **II** intr. (aus. *haben*) **1a** spingere, premere: ***die Menge drängt an die Kassen, nach vorn, zu den Ausgängen*** la folla preme verso le casse, in avanti, verso le uscite **b** *(bei Ballspielen)* premere, giocare all'attacco **2** FIG. insistere, fare pressioni: ***auf Lösung des Problems ~*** insistere per la soluzione del problema **3** impers. ***es drängt*** c'è fretta, c'è urgenza: ***es drängt mich, euch zu danken*** mi preme ringraziarvi **III** rifl. **sich ~ 1** spingersi; *(von Mengen)* accalcarsi, fare ressa **2** farsi largo: ***sich durch die Menge ~*** farsi largo tra la folla ◆ ***sich zu etw. gedrängt fühlen*** sentirsi obbligato a (fare) qcs.; ***die Zeit, die Sache, die Situation drängt*** il tempo stringe, la cosa urge (*o* è urgente), la situazione preme (*o* è pressante); ***sich nicht an die Wand ~ lassen*** non lasciarsi mettere con le spalle al muro. **Drän|gen** n. *(-s)* **1** ressa *f.*, calca *f.*, pigia pigia *m.* **2** FIG. pressioni *f.pl.*, insistenze *f.pl.*: ***auf sein ~ hin*** in seguito alle sue insistenze; ***seinem ~ nachgeben*** cedere alle sue insistenze. **Drän|ge|rei** f. *(-,-en)* COLLOQ. pigia pigia *m.*

Drang|sal f. *(-,-e)* e n. *(-[e]s,-e)* LETT. tormento *m.*, tribolazione *f.* **drang|sa|lie|ren** tr. tormentare, vessare.

drang|voll agg. LETT. opprimente.

dran‿hal|ten rifl. *(hält, hielt, gehalten)* **sich ~** COLLOQ. affrettarsi. **dran‿hän|gen** COLLOQ. **I** tr. attaccare, aggiungere: ***er hängte noch den Montag dran*** ha aggiunto anche il lunedì (al fine settimana) **II** intr. (aus. *haben*) essere connesso (con): ***die Übersiedlung und alles was noch dranhängt*** il trasloco e tutto ciò ad esso connesso.

drä|nie|ren tr. drenare. **Drä|nie|rung** f. *(-,-en)* → **Dränung.**

Drank m. *(-[e]s)* REGION. **1** sciacquatura *f.*, lavatura *f.* **2** *(Schweinefutter)* beverone *m.* (fatto di avanzi, per maiali).

dran‿kom|men intr. *(kam, gekommen;* aus. *sein)* COLLOQ. **1** venire: ***das kommt nachher dran*** questo viene dopo; ***ich komme als Erster dran*** tocca a me per primo (*o* vengo per, sono il primo) **2** SCOL. essere chiamato (a rispondere, a leggere); *(abgefragt werden)* essere interrogato. **dran‿krie|gen** tr. COLLOQ. ***jdn ~*** prendere in mezzo, tirare dentro qcn. **dran‿neh|men** tr. *(nimmt, nahm, genommen)* **1** far passare: ***der Arzt nahm die Patienten der Reihe nach dran*** il dottore fece passare i pazienti per ordine **2** SCOL. chiamare (a rispondere, a leggere); *(abfragen)* interrogare.

Drän|netz n. *(-es,-e)* rete *f.* di drenaggio. **Drän|rohr** n. *(-[e]s,-e)* tubo *m.* di drenaggio.

dran‿set|zen tr. mettere, impiegare: ***ich habe alles drangesetzt, um pünktlich zu kommen*** ce l'ho messa tutta per arrivare in tempo.

Drä|nung f. *(-,-en)* IDR. drenaggio *m.*

Dra|pé m. *(-s,-s)* drappo *m.*

Dra|pe|rie f. *(-,-n)* **1** drappeggio *m.* **2** PITT. SCULT. drappeggio *m.*, panneggio *m.* **dra|pie|ren** tr. drappeggiare. **Dra|pie|rung** f. *(-,-en)* drappeggiamento *m.*

drapp, drapp|far|ben agg. AUSTR. color sabbia.

drasch → **dreschen.**

Dras|tik f. *(-)* drasticità *f.* **Dras|ti|kum** n. *(-s, Drastika)* drastico *m.* **dras|tisch** agg. drastico.

Drau n.pr.f. *(-)* Drava *f.*

dräu|en tr. LETT. → **drohen.**

drauf avv.pron. COLLOQ. → **darauf** ◆ ***~ und dran sein, etw. zu tun*** essere sul punto di (*o* stare quasi per) fare qcs.; ***gut ~ sein*** stare bene, essere in forma, essere di buon umore. **drauf‿be|kom|men** tr. *(bekam, bekommen)*, ***eins ~*** ricevere una pacca; *(gescholten werden)* ricevere una lavata di capo.

Drauf|ga|be f. *(-,-n)* aggiunta *f.*

Drauf|gän|ger m. *(-s,-)* (uomo *m.*) spavaldo *m.*, temerario *m.* **drauf|gän|ge|risch** agg. spavaldo, temerario; *(ungestüm)* irruente. **Drauf|gän|ger|tum** n. *(-s)* spavalderia *f.*, temerarietà *f.*; *(Ungestüm)* irruenza *f.*

drauf_ge|ben tr. *(gibt, gab, gegeben)* aggiungere ◆ ***jdm eins ~*** dare una pacca a qcn.; *(zurechtweisen)* fare una lavata di capo a qcn. **drauf_ge|hen** intr. *(ging, gegangen;* aus. *sein)* COLLOQ. **1a** partire, andare: ***mein ganzes Geld ist draufgegangen*** mi sono partiti tutti i soldi; ***dabei geht viel Zeit drauf*** con questo parte molto tempo **b** *(verdorben werden)* rovinarsi **2** *(umkommen)* morire. **Drauf|geld** n. *(-[e]s,-er)* supplemento *m.*; *(Handgeld)* caparra *f.* **drauf_ha|ben** tr. **1** *(Geschwindigkeit)* andare: ***das Auto hatte 120 km/h drauf*** l'auto andava a 120 km/h **2** *(beherrschen)* ***sie hat sämtliche Vokabeln für die Lateinklausur drauf*** sa tutti i vocaboli per il compito di latino. **drauf_hal|ten** *(hält, hielt, gehalten)* COLLOQ. **I** tr. tenere (su, sopra questo) **II** intr. (aus. *haben*) mirare (a questo), puntare (su questo). **drauf_kom|men** intr. *(kam, gekommen;* aus. *sein)* COLLOQ. ***auf etw. (A) ~*** scoprire qcs.; ***jdm ~*** scoprire le malefatte di qcn. **drauf_krie|gen** COLLOQ. ***eins (etwas) ~*** prendersi una bella strigliata; *(besiegt werden)* subire una sconfitta, venire battuto; *(einen Schicksalsschlag erleiden)* ricevere un grave colpo (dal destino). **drauf_le|gen** tr. COLLOQ. **1** mettere, posare (su, sopra questo) **2** *(hinzufügen)* aggiungere (su questo).

drauf|los avv. **1** dritto, deciso **2** *(aufs Geratewohl)* a casaccio, alla cieca. **drauf|los_fah|ren** intr. *(fährt, fuhr, gefahren;* aus. *sein)* COLLOQ. partire senza meta precisa. **drauf|los_ge|hen** intr. *(ging, gegangen;* aus. *sein)* COLLOQ. **1** procedere deciso, andare dritto **2** *(ohne Ziel gehen)* andare avanti senza meta precisa. **drauf|los_re|den** intr. (aus. *haben*) COLLOQ. parlare a ruota libera. **drauf|los_schie|ßen** intr. *(schoss, geschossen;* aus. *haben)* COLLOQ. sparare a casaccio; ***blind ~*** sparare alla cieca. **drauf|los_schla|gen** tr. *(schlägt, schlug, geschlagen)* COLLOQ. ***blind ~*** picchiare alla cieca.

drauf_ma|chen COLLOQ. ***einen ~*** fare baldoria.

drauf_schmie|ren tr. spalmare (sopra).

Drauf|sicht f. *(-,-en)* vista *f.* dall'alto, pianta *f.*

drauf_ste|hen intr. *(stand, gestanden;* aus. *haben)* COLLOQ. essere (su), esserci: ***auf der Liste stand sein Name nicht drauf*** il suo nome non era nella lista. **drauf_zah|len** COLLOQ. **I** tr. aggiungere, pagare in più **II** intr. (aus. *haben*) rimetterci (del denaro).

draus avv.pron. COLLOQ. → **daraus** ◆ ***ich mach mir nichts ~*** non me ne importa nulla.

drau|ßen avv. **1** fuori: ***~ bleiben, warten*** restare, aspettare fuori; ***nach ~ gehen*** andare fuori, uscire; ***die Boote, die Fischer sind noch ~ (auf dem Meer)*** le barche, i pescatori sono ancora fuori (in mare); ***von ~*** da fuori **2** *(an der Front)* al fronte; ***viele Soldaten sind ~ geblieben*** molti soldati non sono più tornati.

Drech|sel|bank f. *(-,-bänke)* tornio *m.* **Drech|se|lei** f. *(-,-en)* **1** → **Drechseln 2** *(Handwerk)* mestiere *m.* di tornitore. **drech|seln** tr. tornire (anche FIG.). **Drech|seln** n. *(-s)* tornitura *f.* **Drechs|ler** m. *(-s,-)* tornitore *m.* **Drechs|ler|ar|beit** f. *(-,-en)* lavoro *m.* a tornio. **Drechs|ler|bank** → **Drechselbank. Drechs|le|rei** f. *(-,-en)* **1** officina *f.* (*o* laboratorio *m.*) del tornitore; *(früher)* bottega *f.* del tornitore **2** *(Handwerk)* mestiere *m.* di tornitore.

Dreck m. *(-[e]s)* **1** COLLOQ. sporcizia *f.*, sudiciume *m.*; *(Straßenschmutz)* fango *m.*, melma *f.* **2** SPREG. *(wertloses Zeug)* robaccia *f.*, ciarpame *m.*: ***das ist doch nur ~!*** questa è solo robaccia! **3** SPREG. *(Angelegenheiten)* fattacci *m.pl.*, affaracci *m.pl.*: ***kümmere dich um deinen eigenen ~!*** fatti gli affaracci tuoi! **4** *(Kleinigkeit)* bazzecola *f.*, sciocchezza *f.* ◆ ***mach deinen ~ allein!*** arrangiati! sbrigatela da solo! ***jdn wie (den letzten) ~ behandeln*** trattare qcn. come una pezza da piedi (VOLG. come una merda); ***jdn, etw. mit ~ bewerfen*** gettare fango su qcn., qcs.; ***das geht dich einen ~ an!*** non te ne frega niente! VOLG. non te ne frega un cazzo! ***aus dem größten ~ heraus sein*** essersi tirato fuori dai pasticci; ***wegen jedem ~*** per qualunque cazzata; ***das kümmert mich einen ~!*** non me ne frega niente! ***~ in den Ohren haben*** essere sordo; ***im ~ sitzen*** essere nei guai, nei pasticci; VOLG. essere nella merda; ***mit ~ und Speck*** sporchissimo; ***~ am Stecken haben*** averne fatte di cotte e di crude; ***du verstehst einen ~ davon!*** non ne capisci un cavolo (VOLG. un cazzo)! ***jdn, etw. in, durch den ~ ziehen*** trascinare qcn., qcs. nel fango; ***jdn aus dem ~ ziehen*** tirare qcn. fuori dai guai (VOLG. fuori dalla merda). **Dreck|ar|beit** f. *(-,-en)* **1** lavoro *m.* in cui ci si sporca **2** *(niedere Arbeit)* lavoro *m.* schifoso, VOLG. lavoro *m.* di merda. **Dreck|ei|mer** m. *(-s,-)* COLLOQ. secchio *m.* della spazzatura. **Dreck|fink** m. *(-en,-en)* → **Dreckspatz. Dreck|hau|fen** m. *(-s,-)* COLLOQ. mucchio *m.* di sporcizia; *(aus Abfällen)* mucchio *m.* di spazzatura. **dre|ckig** agg. **1a** COLLOQ. sporco, sudicio: ***-e Hände*** mani sporche; ***etw. ~ machen*** sporcare, insudiciare qcs.; ***ein -er Witz*** una barzelletta sporca; ***eine -e Angelegenheit*** una sporca faccenda; ***ihr, -en Schweine!*** luridi maiali! **b** *(schlammig)* fangoso, infangato **2** *(unanständig)* volgare, perfido ◆ ***jdm geht es ~*** qcn. se la passa molto male; ***~ lachen*** ridere in modo perfido. **Dreck|loch** n. *(-[e]s,-löcher)* SPREG. stalla *f.*, letamaio *m.* **Dreck|nest** n. *(-[e]s,-er)* lurido posto *m.*, VOLG. posto *m.* di merda. **Dreck|sack** m. *(-[e]s,-säcke)* VOLG. sacco *m.* di merda. **Drecks|ar|beit** → **Dreckarbeit. Dreck|sau** f. *(-,-säue)* VOLG. maiale *m.*, lurido porco *m.* **Dreck|schleu|der** f. *(-,-n)* **1** linguaccia *f.* **2** *(Fabrik)* = fabbrica *f.* che appesta l'aria; *(Maschine)* = macchina *f.* che appesta l'aria. **Dreck|schwein** n. *(-[e]s,-e)* VOLG. lurido porco *m.* **Drecks|kerl** m. *(-s,-e)* VOLG. sporcaccione *m.*, porco *m.* **Dreck|spatz** m. *(-es* e *-en, -en)* **1** sudicione *m.*, sporcaccione *m.* **2** *(Kind)* maialino *m.*, porcellino *m.* **Dreck|wet|ter** n. *(-s)* tempo *m.* da lupi; VOLG. tempo *m.* di merda.

Dr. eh. ⇒ *Doktor ehrenhalber* dottore honoris causa.

Dreh m. *(-[e]s,-s* e *-e)* **1** COLLOQ. trovata *f.*, intuizione *f.*; *(Kunstgriff)* accorgimento *m.*, trucco *m.*: ***auf den ~ kommen, den ~ finden (herauskriegen)*** trovare (il modo), scoprire il trucco (*o* il modo, il verso giusto); ***den ~ heraushaben*** aver trovato il modo, aver scoperto il trucco **2** RAR. → **Drehung** ◆ ***um den ~*** più o meno, circa.

Dreh|ach|se f. *(-,-n)* asse *m.* di rotazione. **Dreh|ar|beit** f. *(-,-en)* CINEM. (lavoro *m.* di) ripresa *f.* **Dreh|bank** f. *(-,-bänke)* tornio *m.* **dreh|bar** agg. girevole. **Dreh|be|we|gung** f. *(-,-en)* moto *m.* rotatorio; ASTR. moto *m.* di rotazione. **Dreh|blei|stift** m. *(-[e]s,-e)* portamina *f.* **Dreh|brü|cke** f. *(-,-n)* ponte *m.* girevole. **Dreh|buch** n. *(-[e]s,-bücher)* CINEM. sceneggiatura *f.*, copione *m.* **Dreh|buch|au|tor** m. *(-s,-en)* CINEM. sceneggiatore *m.* **Dreh|büh|ne** f. *(-,-n)* palcoscenico *m.* girevole.

Dreh|ebe|ne f. *(-,-n)* piano *m.* di rotazione.

dre|hen I tr. **1a** girare: ***eine Kurbel ~*** girare una manovella; ***den Schalter nach rechts ~*** girare l'interruttore a destra; ***den Kopf ~*** girare (*o* voltare) la testa **b** ***einen Film ~*** girare un film (anche ass.) **c** FIG. girare, volgere: ***die Dinge zu seinem Vorteil ~*** volgere le cose a proprio favore **2** COLLOQ. ***etw. niedriger, höher ~*** abbassare, alzare qcs. (girando); ***den Fernseher zu laut ~*** alzare troppo il (volume del) televisore **3** *(winden)* torcere, attorcigliare: ***das Garn ~*** torcere il filo **4** *(rollen)* arrotolare, rollare: ***eine Zigarette ~*** arrotolare una sigaretta **II** intr. (aus. *haben*) **1a** girare: ***der Wind hat gedreht*** il vento è girato **b** ***am Schalter, am Radio ~*** girare l'interruttore, la manopola della radio **2** *(von Schiffen)* virare **III** rifl. **sich ~ 1** girare: ***die Räder ~ sich*** le ruote girano; ***sich im Kreise ~*** girare in cerchio (*o* in tondo) **2** girarsi, voltarsi: ***sich seitwärts ~*** girarsi da una parte **3a** *(um seine Achse)* girare, ruotare: ***der Mond dreht sich um die Erde*** la luna gira intorno alla terra **b** FIG. ***alles dreht sich um ihn*** tutto ruota intorno a lui **4** *(sich handeln)* ***sich um etw. ~*** vertere su qcs., trattare di qcs. ◆ ***mir dreht sich alles*** mi gira la testa; ***an etw. (D) ist nichts zu ~ und zu deuteln*** = qcs. è una verità incontestabile; ***etw. ~ und wenden*** girare e rigirare qcs.; ***sich wie eine Wetterfahne ~*** essere una banderuola. **Dre|her** m. *(-s,-)* **1** tornitore *m.* **2** INTRAD. (ballo popolare simile al valzer). **Dreh|feld** n. *(-[e]s,-er)* EL. campo *m.* rotante. **Dreh|ge|stell** n. *(-[e]s,-e)* carrello *m.* **Dreh|ho|cker** m. *(-s,-)* sgabello *m.* girevole. **Dreh|knopf** m. *(-[e]s,-knöpfe)* manopola *f.* **Dreh|kol|ben|mo|tor** m. *(-s,-en)* motore *m.* a stantuffo rotante. **Dreh|kon|den|sa|tor** m. *(-s,-en)* condensatore *m.* variabile. **Dreh|kran** m. *(-[e]s,-kräne)* gru *f.* girevole. **Dreh|krank|heit** f. *(-)* capostorno *m.*, cenurosi *f.* **Dreh|kreuz** n. *(-es,-e)* **1** tornello *m.*, tornella *f.* **2** MECC. croce *f.* girevole, volantino *m.* a croce. **Dreh|lei|er** f. *(-,-n)* MUS. ghironda *f.* **Dreh|ma|schi|ne** f. *(-,-n)* → **Drehbank. Dreh|mo|ment** n. *(-[e]s,-e)* FIS. momento *m.* torcente, MECC. coppia *f.* **Dreh|or|gel** f. *(-,-n)* organetto *m.*, organino *m.* **Dreh|ort** m. *(-[e]s,-e)* luogo *m.* delle riprese. **Dreh|pau|se** f. *(-,-n)* pausa *f.* delle riprese. **Dreh|punkt** m. *(-[e]s,-e)* centro *m.* (*o* punto *m.*) di rotazione. **Dreh|schal|ter** m. *(-s,-)* interruttore *m.* (rotante). **Dreh|schei|be** f. *(-,-n)* **1** piattaforma *f.* girevole **2** *(Töpferscheibe)* tornio *m.* (da vasaio). **Dreh|sche|mel** m. *(-s,-)* → **Drehhocker. Dreh|ses|sel** m. *(-s,-)* poltrona *f.* girevole. **Dreh|sinn** m. *(-[e]s)* MECC. senso *m.* di rotazione. **Dreh|sprung** m. *(-[e]s,-sprünge)* GINN. salto *m.* con avvitamento. **Dreh|stab** m. *(-[e]s,-stäbe)* barra *f.* rotativa. **Dreh|stift** m. *(-[e]s,-e)* → **Drehbleistift.**

Dreh|strom m. *(-[e]s)* EL. corrente *f.* trifase. **Dreh|strom|an|la|ge** f. *(-,-n)* impianto *m.* trifase. **Dreh|strom|ge|ne|ra|tor** m. *(-s,-en)* generatore *m.* trifase. **Dreh|strom|licht|ma|schi|ne** f. *(-,-n)* alternatore *m.* (caricabatterie). **Dreh|strom|mo|tor** m. *(-s,-en)* motore *m.* trifase. **Dreh|strom|trans|for|ma|tor** m. *(-s,-en)* trasformatore *m.* trifase.

Dreh|stuhl m. *(-[e]s,-stühle)* sedia *f.* girevole. **Dreh|tür** f. *(-,-en)* porta *f.* girevole.

Dre|hung f. *(-,-en)* **1** giro *m.*, rotazione *f.*, movimento *m.* rotatorio **2a** *(um eine Achse)* rotazione *f.* **b** *(um andere Körper)* rivoluzione *f.* **3** *(Windung)* torsione *f.*, attorcigliamento *m.* **Dreh|waa|ge** f. *(-,-n)* FIS. bilancia *f.* di torsione. **Dreh|wurm** m. *(-[e]s,-würmer)* ZOOL. cenuro *m.* ◆ SCHERZ. ***den ~ haben, bekommen*** sentirsi girare la testa (*o* avere la testa che gira). **Dreh|zahl** f. *(-,-en)* numero *m.* di giri. **Dreh|zahl|mes|ser** m. *(-s,-)* contagiri *m.*

drei agg. (gen. **dreier**, dat. **drei/dreien**) **1** tre: ***es sind gerade ~ Jahre*** sono appena tre anni; ***es waren ihrer ~, sie waren zu -en*** erano in tre; ***in ~ Tagen*** fra tre giorni; ***mit der Linie ~ fahren*** prendere il tre (linea del tram o del bus); ***~ viertel Liter Wasser*** tre quarti (di litro) d'acqua **2** *(drei Uhr)* le tre: ***gegen ~ Uhr*** verso le tre; ***um ~ (Uhr)*** alle tre; ***es war, schlug halb ~*** erano, battevano le due e mezza; ***ein Viertel vor*** (RAR. ***auf), nach ~*** un quarto alle tre, le tre e un quarto; ***in ~ viertel Stunden*** in tre quarti d'ora; ***es ist ~ viertel zwei*** sono le due meno un quarto ◆ ***aller guten Dinge sind ~*** non c'è due senza tre; ***ehe man bis ~ zählen kann*** in men che non si dica (*o* in un battibaleno); ***für ~ essen*** mangiare per tre; ***bleib mir ~ Schritt vom Leib(e)!*** stammi solo lontano! ***nicht bis ~ zählen können*** non saper fare due più due. **Drei** f. *(-,-en)* **1** tre *m.* **2** COLLOQ. *(Straßenbahn)* ***die ~*** il tre **3** SCOL. *(befriedigend)* discreto *m.*, sette *m.*: ***eine ~ in Chemie bekommen*** prendere un sette in chimica **4a** *(Spielkarte)* tre *m.*: ***die ~ ablegen*** scartare il tre **b** *(bei Würfeln)* ***eine ~ würfeln*** fare tre (con, ai dadi). **Drei|ach|ser** m. *(-s,-)* autocarro *m.* a tre assi. **drei|ach|sig** agg. a tre assi. **Drei|ach|tel|takt** m. *(-[e]s,-e)* tempo *m.* in tre ottavi. **Drei|ak|ter** m. *(-s,-)* dramma *m.* in tre atti. **drei|ak|tig** agg. in tre atti. **drei|ar|mig** agg. a tre bracci. **Drei|bein** n. *(-[e]s,-e)* COLLOQ. sgabello *m.* a tre gambe. **drei|bei|nig** agg. a tre gambe. **Drei|bett|zim|mer** n. *(-s,-)* camera *f.* a tre letti. **drei|blät|te|rig, drei|blätt|rig** agg. a, con tre foglie; ARCH. trifogliato, trilobato. **drei|bo|gig** agg. ***-es Fenster*** (finestra *f.*) trifora *f.* **drei|di|men|si|o|nal** agg. tridimensionale.

Drei|eck n. *(-[e]s,-e)* **1** triangolo *m.*: ***ein gleichseitiges, gleichschenkliges, rechtwinkliges, ungleichseitiges ~*** un triangolo equilatero, isoscele, rettangolo, scaleno **2** *(Zeichenwinkel)* squadra *f.* **3** SPORT sette *m.* (della porta), incrocio *m.* dei pali. **drei|eckig** agg. triangolare. **Drei|ecks|auf|nah|me** f. *(-,-n)* TOPOGR. triangolazione *f.* **Drei|ecks|punkt** m. *(-[e]s,-e)* TOPOGR. punto *m.* trigonometrico. **Drei|ecks|tuch** n. *(-[e]s,-tücher)* sciallle *m.* **Drei|ecks|ver|hält|nis** n. *(-ses,-se)* triangolo *m.*, ménage *m.* a tre.

drei|ein|halb agg.inv. tre e mezzo: ***nach ~ Jahren*** dopo tre anni e mezzo.

drei|ei|nig agg., ***-er Gott*** Dio uno e trino. **Drei|ei|nig|keit** f. *(-)* Trinità *f.* **Drei|ei|nig|keits|fest** n. *(-[e]s,-e)* festa *f.* della Santissima Trinità.

drei|en → **drei.**

drei|er → **drei.**

Drei|er m. *(-s,-)* **1a** (moneta *f.* da) tre pfennig *m.* **b** FIG. ***keinen ~ wert sein*** non valere un soldo (bucato) **2** COLLOQ. *(im Lotto)* terno *m.* **3** *(sexuell)* rapporto *m.* (sessuale) a tre **4** COLLOQ. *(Bus)* ***der ~*** il tre **5** REGION. → **Drei. Drei|er|en|ten|te** [-ä'tã:t(ə)] f. *(-)* triplice *f.* intesa. **drei|er|lei I** agg.inv. tre (diversi), di tre tipi (diversi) **II** pron. tre cose *f.pl.* (diverse). **Drei|er|pakt** m. *(-[e]s,-e)* patto *m.* tripartito. **Drei|er|rei|he** f. *(-,-n)* fila *f.* per tre, fila *f.* tripla: ***etw. in -n aufstellen*** disporre qcs. in fila per tre. **Drei|er|takt** m. *(-[e]s,-e)* MUS. misura *f.* ternaria.

drei|fach I agg. triplo, triplice: ***in -er Ausfertigung*** in triplice copia (*o* in tre copie) **II** avv. in tre; ***etw. ~ falten*** piegare qcs. in tre. **Drei|fa|che** n. *(-n)* triplo *m.*: ***diese Tasche kostet das ~ (im Vergleich zu jener)*** questa borsa costa il triplo (di quella); ***etw. um das ~ erhöhen*** triplicare qcs., moltiplicare qcs. per tre.

Drei|fal|tig|keit f. *(-)* Trinità *f.* **Drei|fal|tig|keits|sonn|tag** m. *(-[e]s,-e)* domenica *f.* della Santissima Trinità.

Drei|far|ben|druck m. *(-[e]s,-e)* tricromia *f.* **drei|far|big, drei|fär|big** agg. in tre colori, tricolore.

Drei|fel|der|wirt|schaft f. *(-)* AGR. rotazione *f.* triennale. **drei|fenst|rig** agg. con tre finestre. **Drei|fin|ger|faul|tier** n. *(-[e]s,-e)* bradipo *m.* tridattilo, ai-ai *m.* **Drei|fuß** m. *(-es,-füße)* **1** treppiede *m.* **2a** *(Schemel)* sgabello *m.* a tre gambe **b** *(von Delphi)* tripode *m.* **drei|fü|ßig** agg. a tre piedi. **drei|ge|schos|sig** agg. a tre piani. **Drei|ge|spann** n. *(-[e]s,-e)* tiro *m.* a tre (cavalli). **Drei|ge|stirn** n. *(-[e]s,-e)* **1** costellazione *f.* di tre stelle **2** FIG. triade *f.* **drei|ge|stri|chen** agg. MUS. = trasportato di due ottave. **Drei|heit** f. *(-,-en)* triade *f.* **drei|hun|dert** agg.inv. trecento. **drei|jäh|rig** agg. **1** di tre anni: ***ein -es Kind*** un bambino di tre anni **2** *(drei Jahre dauernd)* triennale. **drei|jähr|lich** agg. triennale.

Drei|kampf m. *(-[e]s,-kämpfe)* triathlon *m.*

Drei|kant n. e m. *(-[e]s,-e)* triedro *m.* **drei|kan|tig** agg. triedrico, a sezione triangolare. **Drei|kant|mut|ter** f. *(-,-n)* dado *m.* triangolare. **Drei|kant|pris|ma** n. *(-s,-prismen)* prisma *m.* triangolare. **Drei|kant|schrau|be** f. *(-,-n)* vite *f.* a testa triangolare.

Drei|kä|se|hoch m. *(-s,-[s])* SCHERZ. soldo *m.* di cacio. **Drei|klang** m. *(-[e]s,-klänge)* MUS. triade *f.* **Drei|klas|sen|wahl|recht** n. *(-[e]s)* STOR. suffragio *m.* censitario diviso in tre classi (secondo le capacità contributive).

Drei|kö|ni|ge pl. Epifania *f.*: ***nach, vor ~*** dopo l'Epifania, prima dell'Epifania. **Drei|kö|nigs|fest** n. *(-[e]s,-e)* (festa *f.* della) Epifania *f.* **Drei|kö|nigs|tag** m. *(-[e]s,-e)* giorno *m.* dell'Epifania.

drei|köp|fig agg. **1** a tre teste, tricipite **2** *(aus drei Personen bestehend)* di tre persone; POL. triumvirale. **drei|la|gig** agg. a tre strati. **Drei|län|der|eck** n. *(-[e]s)* punto *m.* d'incontro di tre paesi. **Drei|laut** m. *(-[e]s,-e)* trittongo *m.* **Drei|mäch|te|pakt** m. *(-[e]s)* STOR. patto *m.* tripartito. **drei|mäh|dig** agg. → **dreischürig.**

drei|mal avv. tre volte: ***~ so lang*** lungo tre volte (*o* il triplo); ***diese Stadt hat ~ so viel Einwohner wie Turin*** questa città ha il triplo degli abitanti di Torino. **drei|ma|lig** agg. ripetuto tre volte.

Drei|mas|ter m. *(-s,-)* **1** trealberi (*o* tre alberi) *m.* **2** *(Dreispitz)* tricorno *m.* **drei|mas|tig** agg. a tre alberi.

Drei|mei|len|gren|ze f. *(-)* limite *m.* delle tre miglia (delle acque territoriali). **Drei|mei|len|zo|ne** f. *(-)* zona *f.* di limite territoriale delle acque.

Drei|me|ter|brett n. *(-[e]s,-er)* trampolino *m.* di tre metri.

drei|mo|na|tig agg. **1** di tre mesi: ***ein -es Kind*** un bambino di tre mesi **2** *(drei Monate dauernd)* trimestrale, di tre mesi: ***eine -e Probezeit*** un periodo di prova di tre mesi. **drei|mo|nat|lich** agg. trimestrale.

drei|mo|to|rig agg. a, con tre motori, trimotore.

drein avv.pron. COLLOQ. → **darein. drein‿bli|cken** intr. (aus. *haben*) ***finster, gutmütig, grimmig ~*** avere uno sguardo cupo, bonario, rabbioso. **drein‿fah|ren** intr. *(fährt, fuhr, gefahren;* aus. *sein)* intromettersi (verbalmente) in modo brusco ◆ ***mit dem Knüppel ~*** prendere a bastonate. **drein‿fin|den** rifl. **sich ~** COLLOQ. → **dareinfinden.**

Drein|ga|be f. *(-,-n)* REGION. *(Zugabe)* aggiunta *f.*: ***jdm etw. als ~ versprechen*** promettere a qcn. qcs. in più. **drein‿ge|ben** *(gibt, gab, gegeben)* **I** tr. sacrificare: ***sein ganzes Vermögen ~*** sacrificare tutto il proprio patrimonio **II** rifl. **sich ~** RAR. rassegnarsi.

drein‿mi|schen rifl. **sich ~** COLLOQ. → **dareinmischen. drein‿re|den** intr. (aus. *haben*) COLLOQ. → **dareinreden. drein‿schau|en** intr. (aus. *haben*) → **dreinblicken. drein‿schi|cken** rifl. **sich ~** rassegnarsi: ***sich in sein Schicksal ~*** rassegnarsi al proprio destino. **drein‿schla|gen** intr. *(schlägt, schlug, geschlagen;* aus. *haben)* COLLOQ. menare le mani. **drein|se|hen** intr. (aus. *haben*) → **dreinblicken.**

Drei|pass|bo|gen m. *(-s,-)* arco *m.* trilobato. **drei|pfün|dig** agg. di un chilo e mezzo; *(in Großbritannien)* di tre libbre. **Drei|pha|sen|strom** m. *(-[e]s)* corrente *f.* trifase. **drei|pro|zen|tig** agg. del tre per cento. **Drei|punkt|gurt** m. *(-[e]s,-e)* cintura *f.* (di sicurezza) a tre punti. **Drei|rad** n. *(-es,-räder)* triciclo *m.* **drei|rä|de|rig, drei|räd|rig** agg. a, con tre ruote. **Drei|satz** m. *(-es,-sätze)* MAT. regola *f.* del tre semplice. **drei|schif|fig** agg. a tre navate. **drei|schü|rig** agg. che dà tre raccolti. **drei|sei|tig** agg. **1** GEOM. trilatero **2** *(von Verträgen)* trilaterale. **drei|sil|big** agg. trisillabico, trisillabo. **drei|spal|tig** agg. TIP. a, su tre colonne. **Drei|spän|ner** m. *(-s,-)* tiro *m.* a tre, carrozza *f.* a tre cavalli. **drei|spän|nig** agg. a tre cavalli: ***-e Kutsche*** carrozza a tre cavalli. **Drei|spitz** m. *(-es,-e)* (cappello *m.* a) tricorno *m.* **drei|spra|chig** agg. trilingue; *(von Texten)* in tre lingue. **Drei|sprung** m. *(-[e]s,-sprünge)* SPORT salto *m.* triplo.

drei|ßig agg.inv. **1** *(Zahl)* trenta **2** *(Alter)* trent'anni *m.pl.*, trenta *m.pl.*, trentina *f.*: ***er ist Mitte ~*** ha circa trentacinque anni; ***in die ~ kommen*** arrivare alla trentina; ***sie ist ~ (Jahre alt)*** ha trent' anni. **Drei|ßig** f. *(-)* trenta *m.* **drei|ßi|ger** agg.inv. **1** *(Zeit)* trenta: ***die ~ Jahre*** gli anni trenta **2** *(Alter)* trentina *f.*, trent'anni *m.pl.*: ***~ Jahrgang*** annata trenta. **Drei|ßi|ger** m. *(-s,-)* **1** trentenne *m.*: ***in den -n sein*** essere sulla trentina **2** pl. → **dreißiger (1). Drei|ßi|ge|rin** f. *(-,-nen)* trentenne *f.* **Drei|ßi|ger|jah|re** → **dreißiger.** **drei|ßig|fach I** agg. trenta volte maggiore **II** avv. trenta volte. **drei|ßig|jäh|rig** agg. **1** trentenne, di trent'anni: ***der Dreißigjährige Krieg*** la guerra dei trent'anni **2** *(alle dreißig Jahre)* trentennale. **drei|ßigs|te** agg. trentesimo. **drei|ßigs|tel** agg. trentesimo. **Drei|ßigs|tel** n. *(-s,-)* trentesimo *m.*, trentesima parte *f.*

dreist I agg. **1** *(frech)* impertinente, sfacciato, insolente; *(arrogant)* arrogante: ***ein -es Mädchen*** una ragazza sfacciata; ***eine -e Äuße-***

rung un commento impertinente **2** ANT. *(kühn)* ardito, audace **II** avv. **1** sfrontatamente, in modo impertinente **2** audacemente ◆ ***~ und gottesfürchtig*** con faccia tosta.

drei|stel|lig agg. a, di tre cifre. **Drei|ster|ne|ho|tel** n. *(-s,-s)* hotel *m.* a tre stelle.

Dreis|tig|keit f. *(-,-en)* insolenza *f.*, sfacciataggine *f.*, impertinenza *f.*; *(Arroganz)* arroganza *f.*: ***sich -en herausnehmen*** permettersi delle insolenze.

drei|stim|mig agg. e avv. MUS. a tre voci. **drei|stö|ckig** agg. a, di tre piani. **drei|strah|lig** agg. trireattore. **Drei|stu|fen|ra|ke|te** f. *(-,-n)* razzo *m.* a tre stadi. **drei|stün|dig** agg. di tre ore. **drei|stünd|lich** agg. e avv. ogni tre ore: ***-e Abfahrten*** partenze ogni tre ore; ***~ abfahren*** partire ogni tre ore.

Drei|ta|ge|fie|ber n. *(-s)* **1** sesta malattia *f.*, febbre *f.* dei tre giorni **2** *(Malaria tertiana)* malaria *f.* terzana **3** *(Pappatacifieber)* febbre *f.* da pappataci. **drei|tä|gig** agg. di tre giorni. **drei|täg|lich** agg. (che ricorre) ogni tre giorni.

drei|tau|send agg.inv. tremila. **Drei|tau|sen|der** m. *(-s,-)* tremila *m.*, montagna *f.* di tremila metri.

drei|tei|len tr. tripartire, dividere in tre parti. **drei|tei|lig** agg. diviso in tre parti, tripartito. **Drei|tei|lung** f. *(-,-en)* tripartizione *f.*, divisione *f.* in tre parti.

drei|vier|tel|lang agg. a tre quarti: ***ein -er Mantel, Ärmel*** un cappotto, una manica a tre quarti. **Drei|vier|tel|mehr|heit** f. *(-,-en)* maggioranza *f.* di tre quarti. **Drei|vier|tel|stun|de** f. *(-,-n)* tre quarti *m.pl.* d'ora. **Drei|vier|tel|takt** m. *(-[e]s,-e)* MUS. tempo *m.* in tre quarti. **drei|vier|tel|voll** agg. pieno per tre quarti: ***die Flasche ist ~*** la bottiglia è piena per tre quarti.

Drei|we|ge|ka|ta|ly|sa|tor m. *(-s,-en)* catalizzatore *m.* a tre vie. **drei|wer|tig** agg. CHIM. LING. trivalente. **drei|wö|chent|lich** agg. avv. ogni tre settimane: ***-e Abfahrten*** partenze ogni tre settimane; ***~ abfahren*** partire ogni tre settimane. **drei|wö|chig** agg. di tre settimane. **Drei|zack** m. *(-s,-e)* tridente *m.* **drei|za|ckig** agg. a tre punte. **drei|zehn** agg.inv. tredici: ***er ist ~*** ha tredici anni ◆ ***jetzt schlägt's aber ~!*** quando è troppo è troppo! **Drei|zehn** f. *(-)* tredici *m.* **drei|zehn|hun|dert** agg.inv. milletrecento. **drei|zehn|jäh|rig** agg. tredicenne, di tredici anni. **drei|zehn|te** agg. **1** tredicesimo **2** *(in Daten)* tredici: ***München, den -n März*** Monaco, tredici marzo; ***am -n März*** il tredici marzo. **drei|zei|lig** agg. di tre righe: ***-e Strophe*** terzina. **Drei|zim|mer|woh|nung** f. *(-,-en)* appartamento *m.* di tre camere.

Dre|sche f. *(-)* VOLG. botte *f.pl.*: ***~ bekommen, kriegen*** prendere botte, prenderle. **dre|schen** *(drischt, drosch, gedroschen)* **I** tr. **1** trebbiare **2** VOLG. *(prügeln)* menare, pestare **3** *(schlagen)* battere, picchiare: ***die Faust auf den Tisch ~*** battere il pugno sul tavolo; ***auf die Tasten ~*** picchiare sui tasti **4** sparare, stangare: ***den Ball ins Tor ~*** sparare il pallone in porta, in rete **II** rifl. ***sich ~*** menarsi, picchiarsi ◆ ***sie droschen sich, dass die Fetzen flogen*** si sono dati un fracco di botte; ***er hat ihn grün und blau gedroschen*** l'ha fatto nero di botte; ***Phrasen ~*** far della retorica; ***leeres Stroh ~*** pestare l'acqua nel mortaio. **Dre|scher** m. *(-s,-)* trebbiatore *m.* ◆ ***wie ein ~ essen*** mangiare come un lupo.

Dresch|fle|gel m. *(-s,-)* correggiato *m.* **Dresch|ge|rät** n. *(-[e]s,-e)* trebbiatoio *m.* **Dresch|ma|schi|ne** f. *(-,-n)* trebbiatrice *f.*

Dres|den n.pr.n.*(-s)* Dresda *f.* **Dres|de|ner, Dresd|ner I** m. *(-s,-)* abitante *m.* di Dresda **II** agg.inv. di Dresda.

Dress m. *(-es, -e)* tenuta *f.* sportiva ◆ COLLOQ. ***in vollem ~ sein*** essere vestiti di tutto punto.

Dres|seur [drɛ'søːɐ] m. *(-s,-e)* domatore *m.* **dres|sier|bar** agg. ammaestrabile. **dres|sie|ren** tr. **1a** domare: ***Tiger, Löwen ~*** domare tigri, leoni **b** addestrare, ammaestrare: ***Pferde, Hunde ~*** addestrare cavalli, cani; ***Bären ~*** ammaestrare orsi **2** SPREG. FIG. educare, istruire: ***ein Kind ~*** educare un bambino a troppa obbedienza **3** GASTR. decorare, guarnire: ***die Torte ~*** guarnire la torta **4** TESS. pettinare.

Dres|sing n. *(-s,-s)* **1a** marinata *f.* **b** *(Salatsoße)* condimento *m.* per l'insalata **2** *(Füllung)* ripieno *m.*

Dress|man ['drɛsmɐn] m. *(-s,-men)* **1** indossatore *m.* **2** *(für Fotos)* fotomodello *m.*

Dres|sur f. *(-,-en)* addestramento *m.*, ammaestramento *m.* **Dres|sur|num|mer** f. *(-,-n)* numero *m.*, esibizione *f.* di animali ammaestrati. **Dres|sur|pferd** n. *(-[e]s,-e)* cavallo *m.* ammaestrato. **Dres|sur|rei|ten** n. *(-s)* dressage *m.*, dressaggio *m.*

Dr. habil. ⇒ *doctor ... habilitatus* dottore abilitato.

drib|beln intr. (aus. *haben*) dribblare. **Dribb|ler** m. *(-s,-)* dribblatore *m.* **Dribb|ling** n. *(-s,-s)* dribbling *m.*

Driesch m. *(-s,-e)* **1** *(Brache)* maggese *m.* **2** *(Wiese)* pascolo *m.*

Drift f. *(-,-en)* MAR. **1** *(Strömung)* corrente *f.* di deriva **2** *(Treiben)* deriva *f.* **3** materiale *m.* alla deriva. **drif|ten** intr. (aus. *sein*) MAR. andare alla deriva.

1.Drill m. *(-[e]s)* **1** MIL. duro addestramento *m.* **2** educazione *f.* severa.

2.Drill m. *(-s,-e)* **1** → **Drillich 2** drillo *m.*

Drill|boh|rer m. *(-s,-)* trapano *m.* a vite. **dril|len** tr. **1a** MIL. addestrare, esercitare duramente **b** educare rigidamente **2** seminare: ***Rüben ~*** seminare le rape **3** *(bohren)* trapanare.

Dril|lich m. *(-s,-e)* TESS. traliccio *m.*, fustagno *m.* **Dril|lich|zeug** n. *(-[e]s,-e)* tenuta *f.* da lavoro in fustagno.

Dril|ling m. *(-s,-e)* gemello *m.* (di parto trigemino). **Dril|lings|ge|burt** f. *(-,-en)* parto *m.* trigemino (*o* trigemellare). **Dril|lings|turm** m. *(-[e]s,-türme)* torre *f.* trinata.

drin avv.pron. COLLOQ. → **darin** ◆ ***in diesem Spiel ist noch alles ~*** in questo gioco tutto è ancora possibile; ***das ist nicht mehr ~*** questo non è più possibile; ***nach seiner Krankheit war er noch gar nicht richtig ~*** dopo la sua malattia non aveva ancora ripreso completamente il lavoro.

drin|gen intr. *(drang, gedrungen)* **1** (aus. *sein*) penetrare, entrare, farsi strada: ***durch das Gebüsch ~*** penetrare tra i cespugli; ***durch die Menge ~*** farsi strada tra la folla **2** (aus. *sein*) ***bis zu jdm ~*** giungere, arrivare fino a qcn.: ***die Nachricht drang bis zu uns*** la notizia giunse fino a noi **3** (aus. *sein*) ***in jdn ~*** fare pressione su qcn.; ***in jdn mit Fragen ~*** sottoporre qcn. a interrogatorio **4** (aus. *haben*) ***auf etw. ~*** esigere, richiedere qcs.; insistere su qcs.: ***auf sofortige Zahlung ~*** esigere il pagamento immediato ◆ ***in die Öffentlichkeit ~*** divenire di pubblico dominio. **drin|gend I** p.pres. agg. **1** → **dringen 2a** urgente; *(nachdrücklich)* pressante: ***eine -e Arbeit*** un lavoro urgente; ***ein -er Appell*** un appello urgente; ***eine -e Forderung*** una richiesta pressante; ***in -en Fällen*** nei casi urgenti, in caso d'urgenza; ***es ist (sehr) ~*** è (molto) urgente **b** immediato: ***-e Gefahr*** pericolo immediato **3** *(vom Verdacht)* grave **II** avv. **1** urgentemente, con urgenza: ***etw. ~ benötigen*** avere urgentemente bisogno (*o* urgente bisogno) di qcs. **2** gravemente: ***~ verdächtig*** gravemente sospettato **3a** *(unbedingt)* assolutamente: ***~ nötig*** assolutamente necessario **b** drasticamente, in modo tassativo: ***jdn ~ warnen*** avvertire qcn. in modo tassativo.

dring|lich I agg. pressante, urgente: ***eine -e Angelegenheit*** una faccenda urgente; ***er wurde immer -er*** diventò sempre più pressante **II** avv. **1** urgentemente, in modo pressante **2** concitatamente, in modo concitato: ***er sprach immer -er*** parlava in modo sempre più concitato ◆ ***etw. ~ brauchen*** avere assolutamente bisogno di qcs. **Dring|lich|keit** f. *(-,-en)* urgenza *f.*, premura *f.* **Dring|lich|keits|an|fra|ge** f. *(-,-n)*, **Dring|lich|keits|an|trag** m. *(-[e]s,-anträge)* POL. mozione *f.* urgente. **Dring|lich|keits|ver|fah|ren** n. *(-s,-)* procedura *f.*, procedimento *m.* d'urgenza.

Drink m. *(-[s],-s)* drink *m.*: ***sich auf einen, zu einem ~ verabreden*** darsi appuntamento per un drink.

drin|nen avv.pron. COLLOQ. dentro, di dentro: ***~ im Zimmer*** dentro la camera; ***von ~*** da dentro ◆ ***die öffentliche Meinung ~ und draußen*** l'opinione pubblica interna ed estera. **drin‿sit|zen** intr. *(saß, gesessen;* aus. *haben)* **1** essere seduti dentro **2** COLLOQ. esserci dentro: ***er sitzt ganz schön drin!*** ci è dentro fino al collo! **drin‿ste|cken** intr. (aus. *haben*) COLLOQ. **1** esserci, nascondersi: ***in ihm steckt etwas Großes drin*** in lui c'è qualcosa di grande **2** *(drinsitzen)* esserci dentro.

dritt, ***zu ~*** in tre ◆ ***ein Spiel zu ~*** un gioco a tre.

dritt|äl|test... agg. terzo in ordine di età.

drit|te agg. **1** terzo: ***das ~ Mal*** la terza volta; ***beim -n Mal*** la terza volta; ***zum -n Mal*** per la terza volta **2** *(im Datum)* tre: ***am -n März*** il tre marzo; ***München, den -n März*** Monaco, tre marzo ◆ ***das Dritte Reich*** il Terzo Reich; ***etw. von -r Seite erfahren*** venire a conoscenza di qcs. da terzi; ***die Dritte Welt*** il Terzo Mondo. **Drit|te** m. e f. *(-n,-n)* **1** terzo *m.* (-a *f.*): ***er ist der ~ in der Klasse*** è il terzo della classe; ***er ist von fünf Bewerbern der ~*** è il terzo di cinque concorrenti; ***er wurde -r*** arrivò terzo; ***jeder ~*** uno su tre, uno ogni tre **2** *(als Monatstag)* tre *m.*: ***heute ist der ~*** oggi è il tre ◆ ***Verkauf an ~ ist nicht erlaubt*** non è consentita la vendita a terzi; ***Beethovens ~*** la Terza di Beethoven; ***der ~ im Bunde*** il terzo partecipante; ***der lachende ~ sein*** essere il terzo che gode (fra due litiganti); ***der lästige ~ sein*** essere il terzo incomodo; PROV. ***wenn zwei sich streiten freut sich der ~*** fra due litiganti il terzo gode.

drit|tel agg.inv. terzo: ***ein ~ Liter*** un terzo di litro. **Drit|tel** n. *(-s,-)* **1** terzo *m.*: ***mit zwei -n der Summe*** con due terzi della somma **2a** SPORT *(Eishockey)* settore *m.* (del campo di gioco) **b** *(Spielzeit)* tempo *m.* (di gioco) ◆ ***im ersten ~ des Monats*** nella prima decade del mese. **drit|teln** tr. dividere in tre (parti). **drit|tens** avv. terzo, in terzo luogo.

Drit|te-Welt-La|den m. *(-s,-läden)* negozio *m.* di articoli del terzo mondo.
dritt|größt... agg. terzo in ordine di grandezza. **dritt|höchst...** agg. terzo in ordine di altezza. **dritt|klas|sig** agg. di terza classe: ***ein -es Hotel*** un albergo di terza categoria. **Dritt|land** n. *(-[e]s,-länder)* POL. paese *m.* terzo. **dritt|letzt...** agg. terzultimo. **Dritt|scha|den** m. *(-s,-schäden)* DIR. danno *m.* subìto da terzi. **Dritt|schuld|ner** m. *(-s,-)* DIR. terzo debitore *m.* **Dritt|teil** n. *(-s,-e)* ANT. terzo *m.*, terza parte *f.*
Drive [draif, draıv] m. *(-s,-s)* **1a** *(Drang)* impulso *m.*, inclinazione *f.*, tendenza *f.*: ***einen ~ zur Verschwendung haben*** avere un'inclinazione allo sperpero **b** *(Antrieb)* stimolo *m.* **2** *(Bestrebung)* aspirazione *f.* **3a** *(Schwung)* dinamismo *m.*, slancio *m.* **b** *(Lebendigkeit)* vivacità *f.* **4** SPORT MUS. drive *m.*
Drive-in-Ki|no n. *(-s,-s)* drive-in *m.*, cinema *m.* drive-in.
Dr. jur. ⇒ *Doktor der Rechte* dottore in legge.
DRK ⇒ *Deutsches Rotes Kreuz* Croce Rossa tedesca.
Dr. med. ⇒ *Doktor der Medizin* dottore in medicina.
Dr. med. dent. ⇒ *Doktor der Zahnheilkunde* medico dentista.
Dr. med. vet. ⇒ *Doktor der Tierheilkunde* dottore in veterinaria.
Dr. nat. techn. ⇒ *Doktor der Naturwissenschaften* dottore in scienze naturali.
drob → **darob. dro|ben** avv. LETT. AUSTR. lassù.
Dro|ge f. *(-,-n)* **1** FARM. droga *f.* **2** *(Rauschgift)* droga *f.*, stupefacente *m.*: ***-n nehmen*** fare uso di droga; ***weiche, harte -n*** droghe leggere, pesanti; ***unter dem Einfluss von -n stehen*** essere sotto l'effetto di stupefacenti.
drö|ge agg. **1** *(trocken)* secco **2** *(langweilig)* noioso; *(reizlos)* insulso, insignificante.
dro|gen|ab|hän|gig agg. drogato, tossicodipendente. **Dro|gen|ab|hän|gi|ge** m. e f. *(-n,-n)* drogato *m.* (-a *f.*), tossicodipendente *m.* e *f.* **Dro|gen|ab|hän|gig|keit** f. *(-,-en)* tossicodipendenza *f.* **Dro|gen|be|ra|tungs|stel|le** f. *(-,-n)* centro *m.* di assistenza per tossicodipendenti. **Dro|gen|ge|schäft** n. *(-[e]s,-e)* traffico *m.* di droga. **Dro|gen|miss|brauch** m. *(-[e]s,-missbräuche)* abuso *m.* di droga. **Dro|gen|pflan|ze** f. *(-,-n)* erba *f.* medicinale. **Dro|gen|spür|hund** m. *(-[e]s,-e)* cane *m.* antidroga. **Dro|gen|sucht** f. *(-)* tossicodipendenza *f.*, tossicomania *f.* **dro|gen|süch|tig** agg. ***-er Mensch*** tossicomane. **Dro|gen|sze|ne** f. *(-)* mondo *m.* della droga. **Dro|gen|to|te** m. e f. *(-n,-n)* morto (-a *f.*) per droga.
Dro|ge|rie f. *(-,-n)* drogheria *f.*; *(Parfümerie)* profumeria *f.*; *(Reformhaus)* erboristeria *f.* **Dro|gist** m. *(-en,-en)* droghiere *m.*; profumiere *m.*; erborista *m.*
Droh|brief m. *(-[e]s,-e)* lettera *f.* minatoria.
dro|hen intr. (aus. *haben*) **1** ***jdm ~*** minacciare qcn.: ***jdm mit der Faust, dem Stock ~*** minacciare qcn. con il pugno, con il bastone; ***jdm mit dem Tod ~*** minacciare qcn. di morte; ***er drohte damit, eine Anzeige zu erstatten*** minacciò di sporgere denuncia; ***das Haus droht einzustürzen*** la casa minaccia di crollare; ***der Läufer drohte zusammenzubrechen*** il corridore correva il rischio di cadere **2** *(bevorstehen)* incombere: ***dem Land droht die Krise*** la crisi incombe sul paese; assol. ***die Gefahr droht*** il pericolo incombe. **dro|hend** p.pres. agg. **1** → **drohen 2** minaccioso: ***eine -e Haltung einnehmen*** assumere un atteggiamento minaccioso **3** incombente, imminente: ***-e Gefahren*** pericoli incombenti.
Drohn m. *(-en,-en)*, **Droh|ne** f. *(-,-n)* **1** ENTOM. fuco *m.* **2** SPREG. scroccone *m.*, parassita *m.*
dröh|nen intr. (aus. *haben*) **1a** rimbombare: ***das Theater dröhnt von brausendem Applaus*** nel teatro rimbombano scroscianti applausi **b** echeggiare: ***der Donner dröhnt aus der Ferne*** il tuono echeggia in lontananza **2** *(von Motoren)* rombare **3** rintronare: ***mir dröhnt der Kopf von all dem Lärm*** tutto quel chiasso mi rintrona la testa **4** GERG. *(Rauschgift nehmen)* farsi. **dröh|nend** p.pres. agg. **1** → **dröhnen 2** rimbombante, tonante: ***eine -e Stimme*** una voce tonante **3** rombante: ***ein -er Motor*** un motore rombante **4** *(unerträglich laut)* rintronante ◆ ***ein -es Gelächter*** una sonora risata; ***ein -er Beifall*** un applauso fragoroso.
Droh|nen|da|sein n. *(-s)* SPREG. vita *f.* da parassita.
Droh|nen|schlacht f. *(-,-en)* uccisione *f.* dei fuchi.
Dröh|nung f. *(-,-en)* GERG. viaggio *m.*, trip *m.*
Dro|hung f. *(-,-en)* minaccia *f.*: ***-en ausstoßen, aussprechen*** proferire minacce; ***jdn durch -en einschüchtern*** intimidire qcn. con minacce. **Droh|ver|hal|ten** n. *(-s)* atteggiamento *m.* minaccioso. **Droh|wort** n. *(-[e]s,-e)* (parola *f.* di) minaccia *f.*
Dro|le|rie f. *(-,-n)* **1** LETT. cosa *f.* buffa (*o* spassosa), buffo *m.*: ***die ~ einer Situation*** il buffo di una situazione **2** ART. buffo *m.*
drol|lig agg. **1a** divertente, spassoso: ***eine -e Geschichte*** una storia divertente **b** *(possierlich)* buffo: ***ein -es Kätzchen*** un buffo gattino **2** *(komisch)* strano: ***was für eine -e Idee!*** che strana idea! **drol|li|ger|wei|se** avv. COLLOQ. stranamente. **Drol|lig|keit** f. *(-,-en)* **1a** *(Komik)* comicità *f.* **b** *(Posse)* buffoneria *f.* **2** *(Seltsamkeit)* stranezza *f.*
Dro|me|dar n. *(-s,-e)* dromedario *m.*
Drops m. e n. *(-)* drop *m.*, caramella *f.*
drosch → **dreschen.**
Drosch|ke f. *(-,-n)* **1** fiacre *m.*, carrozza *f.* di piazza, carrozzella *f.* **2** ANT. taxi *m.* **Drosch|ken|fah|rer** m. *(-s,-)* → **Droschkenkutscher. Drosch|ken|gaul** m. *(-[e]s,-gäule)* SPREG. ronzino *m.* **Drosch|ken|kut|scher** m. *(-s,-)* cocchiere *m.*, vetturino *m.*
drö|seln REGION. **I** tr. attorcigliare **II** intr. (aus. *haben*) baloccarsi, perdere tempo.
1.Dros|sel f. *(-,-n)* tordo *m.*; pl. *(Familie)* turdidi *m.pl.*
2.Dros|sel f. *(-,-n)* **1** VENAT. strozza *f.*, gola *f.* **2** *(Drosselventil)* farfalla *f.* (dell'acceleratore) **3** → **Drosselspule. Dros|sel|klap|pe** f. *(-,-n)* valvola *f.* a farfalla. **dros|seln** tr. **1** ANT. strangolare, strozzare **2a** *(herabsetzen)* abbassare, ridurre: ***die Heizung ~*** abbassare il riscaldamento **b** *(einschränken)* contenere, limitare: ***die Einfuhr ~*** contenere le importazioni. **Dros|sel|spu|le** f. *(-,-n)* bobina *f.* d'arresto. **Dros|se|lung** f. *(-,-en)* **1** *(Herabsetzung)* riduzione *f.* **2** *(Einschränkung)* limitazione *f.* **Dros|sel|ven|til** n. *(-[e]s,-e)* valvola *f.* a farfalla. **Dross|lung** → **Drosselung.**
Dr. phil. ⇒ *Doktor der Philosophie* dottore in filosofia.
Dr. rer. nat. ⇒ *Doktor der Naturwissenschaften* dottore in scienze naturali.
Dr. rer. pol. ⇒ *Doktor der Staatswissenschaften* dottore in scienze politiche.
Dr. theol. ⇒ *Doktor der Theologie* dottore in teologia.
drü|ben avv. dall'altra parte, al di là: ***~ über dem Fluss*** dall'altra parte del fiume (*o* di là dal fiume); ***da ~*** da quella parte. **drü|ber** avv.pron. COLLOQ. → **darüber.**
1.Druck m. *(-[e]s,-Drücke* e RAR. *-e)* **1** pressione *f.* (anche FIG.): ***großer ~*** alta pressione; ***den ~ messen, erhöhen*** misurare, alzare la pressione; ***einen ~ auf jdn, etw. ausüben*** esercitare una pressione su qcn., qcs.; ***~ hinter etw. (D) machen*** far pressione (*o* premere) per qcs.; ***jdn unter ~ setzen*** mettere qcn. sotto pressione **2** peso *m.*, pesantezza *f.*: ***einen ~ im Magen fühlen*** sentire un peso allo stomaco; ***~ im Kopf*** pesantezza di capo **3a** GERG. *(Injektion einer Droge)* buco *m.* **b** *(Dosis einer Droge)* dose *f.* ◆ ***mit etw. in ~ geraten, kommen*** trovarsi alle strette (*o* in difficoltà) con qcs.; COLLOQ. ***in, im ~ sein*** essere sotto pressione; *(in Geldnot sein)* essere in ristrettezze; ***unter dem ~ der Verhältnisse*** costretto (*o* pressato) dalle circostanze.
2.Druck m. *(-[e]s,-e* e *-s)* **1** stampa *f.*: ***das Buch ist im, geht in ~*** il libro è in (corso di) stampa; ***etw. in (den) ~ geben*** dare qcs. alle stampe **2** EDIT. edizione *f.*: ***ein alter, seltener ~*** un'antica, rara edizione **3** TIP. carattere *m.*: ***ein kleiner, unlesbarer ~*** un carattere piccolo, illeggibile **4** ABBIGL. fantasia *f.* (stampata): ***Blusen in neuen -s*** camicette con nuove fantasie ◆ ***im ~ erschienen*** essere pubblicato.
Druck|ab|fall m. *(-[e]s,-abfälle)* caduta *f.* di pressione. **Druck|än|de|rung** f. *(-,-en)* variazione *f.* di pressione. **Druck|an|stieg** m. *(-[e]s,-e)* innalzamento *m.* di pressione. **Druck|an|zei|ger** m. *(-s,-)* manometro *m.* **Druck|aus|gleich** m. *(-[e]s,-e)* equilibratura *f.* della pressione. **Druck|be|las|tung** f. *(-,-en)* carico *m.* di compressione: ***Materialien unter ~ testen*** collaudare materiali sotto carico di compressione. **Druck|blei|stift** m. *(-es,-e)* portamina *f.* **Druck|bo|gen** m. *(-s,-)* EDIT. segnatura *f.*, foglio *m.* di stampa. **Druck|buch|sta|be** f. *(-ns,-n)* carattere *m.* di stampa (*o* tipografico).
Drü|cke|ber|ger m. *(-s,-)* **1** SPREG. scioperato *m.*, lavativo *m.*, scansafatiche *m.* **2** MIL. imboscato *m.* **Drü|cke|ber|ge|rei** f. *(-,-en)* SPREG. scioperataggine *f.* **drü|cke|ber|ge|risch** agg. SPREG. **1** scioperato: ***ein -er Junge*** un giovane scioperato **2** da scioperato: ***ein -es Leben*** una vita da scioperato.
druck|emp|find|lich agg. sensibile alla pressione. **dru|cken** tr. stampare: ***Flugblätter ~*** stampare volantini; ***ein Buch in hoher Auflage ~*** stampare un libro ad alta tiratura.
drü|cken I tr. **1** premere: ***einen Knopf ~*** premere un bottone **2** *(auspressen)* spremere: ***den Saft aus der Grapefruit ~*** spremere il succo del pompelmo **3** stringere: ***jdm die Hand ~*** stringere la mano a qcn.; *(umarmen)* ***die Mutter drückt das Kind (an sich, ans Herz)*** la mamma stringe (a sé, al petto) il bambino **4** spingere: ***jdn an die Mauer ~*** spingere qcn. contro il muro **5** *(prägen)* imprimere: ***den Stempel auf die Akten ~*** imprimere (*o* mettere) il timbro sui documenti; ***jdm einen Kuss auf die Wange ~*** imprimere (*o* stampare) un bacio sulla guancia a qcn. **6** LETT. *(bedrücken)* angustiare:

die Sorgen ~ ihn le preoccupazioni lo angustiano; ***ihre Krankheit drückt seine Stimmung*** la malattia di lei lo angustia **7** COLLOQ. reprimere, opprimere: ***sein älterer Bruder hat ihn immer gedrückt*** suo fratello maggiore lo ha sempre represso **8a** *(herabsetzen)* ridurre, abbassare: ***die Kosten, die Löhne ~*** ridurre le spese, gli stipendi; ***die Rekordzeit ~*** abbassare il tempo record **b** AER. ***die Maschine ~*** ridurre la quota **9** *(Kartenspiel)* scartare **10** *(Gewichtheben)* sollevare: ***100 kg ~*** sollevare 100 kg **II** intr. (aus. *haben*) **1** ***auf etw. (A) ~*** premere, schiacciare qcs.: ***auf eine Taste ~*** premere un tasto **2** *(lasten)* pesare: ***der Rucksack drückt*** lo zaino pesa **3** *(von Kleidung, Schuhen)* stringere **4** GERG. *(von Rauschgiftsüchtigen)* farsi: ***er drückt schon lange*** si fa da molto tempo **III** rifl. **sich ~ 1** COLLOQ. ***sich vor, von etw. ~*** svignarsela di fronte a qcs. (*o* da qcs.), scansare qcs. **2** MIL. imboscarsi ◆ ***zu Boden ~*** piegare a terra; FIG. abbattere; ***sich ~ und ducken*** farsi piccolo piccolo, umiliarsi; ***jdm etw. in die Hand ~*** mettere qcs. in mano a qcn.; ***den Hut in die Stirn ~*** calcare il cappello sulla fronte; FIG. ***ich weiß, wo dich der Schuh drückt*** so cosa ti angustia; ***die Schulbank ~*** = andare a scuola, essere studente. **drü|ckend** p.pres. agg. **1** → **drücken 2** opprimente: ***eine -e Hitze*** un caldo opprimente **3** gravoso: ***eine -e Pflicht*** un obbligo gravoso.

Dru|cker m. *(-s,-)* **1** tipografo *m.*, stampatore *m.* **2** INFORM. stampante *f.*

Drü|cker m. *(-s,-)* **1** *(einer Tür)* maniglia *f.* **2** chiave *f.* a maschio quadro **3** *(am Gewehr)* grilletto *m.* **4** EL. pulsante *m.* **5** COLLOQ. venditore *m.* porta a porta ◆ COLLOQ. ***auf den letzten ~*** all'ultimo momento; ***am ~ sein, sitzen*** = avere un influsso decisivo.

Dru|cke|rei f. *(-,-en)* tipografia *f.*, stamperia *f.* **Dru|cker|far|be** → **Druckfarbe. Druck|er|laub|nis** f. *(-,-se)* **1** EDIT. ***die ~*** il "(visto) si stampi" **2** ECCL. imprimatur *m.* **Dru|cker|pres|se** f. *(-,-n)* torchio *m.* da stampa. **Dru|cker|schwär|ze** f. *(-)* inchiostro *m.* nero da stampa. **druck|fä|hig** agg. adatto alla stampa. **Druck|fah|ne** f. *(-,-n)* bozza *f.* **Druck|far|be** f. *(-,-n)* inchiostro *m.* tipografico (*o* da stampa). **Druck|fe|der** f. *(-,-n)* molla *f.* respingente, di compressione. **Druck|feh|ler** m. *(-s,-)* errore *m.* di stampa, refuso *m.* **Druck|feh|ler|ver|zeich|nis** n. *(-ses,-se)* errata corrige *m.* **druck|fer|tig** agg. pronto per la stampa. **druck|fest** agg. resistente alla compressione. **Druck|form** f. *(-,-en)* forma *f.* tipografica. **druck|frisch** agg. fresco di stampa. **Druck|gra|fik** f. *(-,-en)* ART. multiplo *m.* **Druck|in|dust|rie** f. *(-,-n)* industria *f.* tipografica. **Druck|ka|bi|ne** f. *(-,-n)* cabina *f.* pressurizzata. **Druck|kes|sel** m. *(-s,-)* autoclave *f.* **Druck|knopf** m. *(-[e]s,-knöpfe)* **1** SART. (bottone *m.*) automatico *m.* **2** EL. → **Druckknopfschalter. Druck|knopf|schal|ter** m. *(-s,-)* interruttore *m.* a pulsante. **Druck|koch|topf** m. *(-[e]s,-töpfe)* pentola *f.* a pressione. **Druck|kos|ten** pl. spese *f.pl.* di stampa. **Druck|kraft** f. *(-,-kräfte)* forza *f.* di compressione. **Druck|le|gung** f. *(-,-en)* messa *f.* in macchina, stampatura *f.* **Druck|let|ter** f. *(-,-n)* → **Druckschrift. Druck|li|zenz** f. *(-,-en)* → **Druckerlaubnis.**

Druck|luft f. *(-)* aria *f.* compressa. **Druck|luft|an|trieb** m. *(-[e]s,-e)* comando *m.* pneumatico. **Druck|luft|brem|se** f. *(-,-n)* freno *m.* ad aria compressa. **Druck|luft|ham|mer** m. *(-s,-hämmer)* martello *m.* pneumatico.

Druck|ma|schi|ne f. *(-,-n)* macchina *f.* da stampa. **Druck|mes|ser** m. *(-s,-)* manometro *m.* **Druck|mit|tel** n. *(-s,-)* FIG. mezzo *m.* di pressione (*o* coercitivo). **Druck|mus|ter** n. *(-s,-)* modello *m.* stampato. **Druck|pa|pier** n. *(-s,-e)* carta *f.* da stampa (*o* tipografica). **Druck|plat|te** f. *(-,-n)* **1** TIP. lastra *f.* tipografica **2** MECC. piastra *f.* di pressione **3** EDIL. soletta *f.* resistente alla compressione. **Druck|pro|be** f. *(-,-n)* **1** TIP. prova *f.* di stampa, bozza *f.* **2** TECN. prova *f.* a pressione **3** EDIL. prova *f.* a compressione **4** *(bei Werkstoffprüfungen)* provino *m.* (*o* provetta *f.*) per prove di compressione. **Druck|pum|pe** f. *(-,-n)* pompa *f.* premente. **Druck|punkt** m. *(-[e]s,-e)* **1** *(von Handfeuerwaffen)* punto *m.* di resistenza **2** AER. portanza *f.* aerodinamica **3** MED. punto *m.* sensibile alla pressione. **Druck|sa|che** f. *(-,-n)* BUROCR. stampato *m.* **Druck|schal|ter** → **Druckknopfschalter. Druck|schrift** f. *(-,-en)* **1** carattere *m.* di stampa (*o* tipografico): ***in ~ schreiben*** scrivere in stampatello **2** *(gedrucktes Werk)* stampato *m.* **Druck|sei|te** f. *(-,-n)* pagina *f.* stampata.

druck|sen intr. (aus. *haben*) COLLOQ. tentennare, stentare a parlare.

Druck|sor|te f. *(-,-n)* AUSTR. stampato *m.*, modulo *m.* **Druck|spal|te** f. *(-,-n)* colonna *f.* di stampa. **Druck|stel|le** f. *(-,-n)* TECN. ammaccatura *f.* **Druck|stock** m. *(-s,-stöcke)* TIP. cliché *m.* **Druck|tas|te** f. *(-,-n)* EL. tasto *m.*, pulsante *m.* **Druck|tech|nik** f. *(-,-en)* → **Druckverfahren. druck|tech|nisch** agg. che riguarda la tecnica di stampa. **Druck|ty|pen** pl. caratteri *m.pl.* tipografici. **Druck|un|ter|schied** m. *(-[e]s,-e)* differenza *f.* di pressione. **Druck|ver|band** m. *(-[e]s,-verbände)* MED. fasciatura *f.* (*o* pezzuola *f.*) di compressione. **Druck|ver|bot** n. *(-[e]s,-e)* divieto *m.* di stampa. **Druck|ver|fah|ren** n. *(-s,-)* tecnica *f.* tipografica (*o* di stampa). **Druck|was|ser** n. *(-s)* **1** IDR. acqua *f.* in pressione **2** NUCL. acqua *f.* pressurizzata. **Druck|was|ser|re|ak|tor** m. *(-s,-en)* NUCL. reattore *m.* ad acqua pressurizzata.

Druck|wel|le f. *(-,-n)* FIS. onda *f.* d'urto. **Druck|werk** n. *(-[e]s,-e)* opera *f.* stampata. **Druck|we|sen** n. *(-s)* tipografia *f.* **Druck|zy|lin|der** m. *(-s,-)* cilindro *m.* a pressione.

Dru|de f. *(-,-n)* **1** incubo *m.*, spirito *m.* maligno notturno **2** *(Hexe)* strega *f.* **Dru|den|fuß** m. *(-es,-füße)* pentacolo *m.* **Dru|den|kraut** n. *(-[e]s,-kräuter)* licopodio *m.*

Drug|store ['drʌgstɔ:] m. *(-s,-s)* drugstore *m.*

Dru|i|de m. *(-n,-n)* druido *m.* **dru|i|disch** agg. druidico.

drum avv.pron. COLLOQ. → **darum** ◆ ***sei's ~!*** e sia! ***alles was ~ und dran ist (hängt), das (ganze) Drum und Dran*** (tutti) gli annessi e connessi. **Drum|he|rum** n. *(-s)* COLLOQ. annessi e connessi *m.pl.*

Drum|mer ['drame, 'drʌmə] m. *(-s,-)* batterista *m.*

drun|ten avv. laggiù. **drun|ter** avv.pron. COLLOQ. → **darunter** ◆ ***alles geht ~ und drüber*** tutto va a catafascio; ***das Drunter und Drüber*** il caos, lo scompiglio.

Drusch m. *(-es,-e)* **1** *(Dreschen)* trebbiatura *f.* **2** *(Ertrag des Dreschens)* prodotto *m.* della trebbiatura.

1.Dru|se f. *(-,-n)* **1** GEOL. drusa *f.* **2** VETER. cimurro *m.*

2.Dru|se m. *(-n,-n)* druso *m.*

Drü|se f. *(-,-n)* ghiandola *f.* **drü|sen|ar|tig** agg. ghiandolare.

dru|seln intr. (aus. *haben*) REGION. sonnecchiare.

Drü|sen|ent|zün|dung f. *(-,-en)* MED. linfadenite *f.* **Drü|sen|funk|ti|on** f. *(-,-en)* funzione *f.* ghiandolare. **Drü|sen|ge|schwulst** f. *(-,-geschwülste)* MED. adenoma *m.* **Drü|sen|krank|heit** f. *(-,-en)* disfunzione *f.* ghiandolare. **Drü|sen|schwel|lung** f. *(-,-en)* ingrossamento *m.* delle ghiandole.

dru|sig agg. **1** GEOL. drusico **2** VETER. affetto da cimurro.

drü|sig agg. ghiandoloso, ricco di ghiandole.

Dry|a|de f. *(-n,-n)* MITOL. driade *f.*

DSB ⇒ *Deutscher Sportbund* lega sportiva tedesca.

Dschi|bu|ti n.pr.n. *(-s)* Gibuti *m.*

Dschi|had m. *(-)* gihad *f.*, jihad *f.*

Dschin|gis Khan n.pr.m. Gengis Khan *m.*

Dschinn m. *(-s,- e -en)* jinn *m.*, genio *m.*

Dschiu-Dschit|su → **Jiu-Jitsu.**

Dschun|gel m. e n. *(-s,-)* giungla *f.* (anche FIG.). **Dschun|gel|fie|ber** n. *(-s)* febbre *f.* gialla.

Dschun|ke f. *(-,-n)* giunca *f.*

DSD ⇒ *Duales System Deutschland* (sistema di riciclaggio dei rifiuti).

ds. J. ⇒ *dieses Jahres* corrente anno (c.a.).

ds. M. ⇒ *dieses Monats* corrente mese (c.m.).

dt ⇒ *Dezitonne* quintale (q).

dt. ⇒ *deutsch* tedesco (ted.).

Dtzd. ⇒ *Dutzend* dozzina.

du pron.pers. (gen. **dein(er)**, dat. **dir**, acc. **dich**) **1** tu: ***~ hast Recht*** hai ragione; ***wenn ich ~ wäre*** se fossi in te; ***zu jdm ~ sagen, mit jdm per ~ sein*** dare del tu a qcn.; ***~ zueinander sagen*** darsi del tu **2** *(man)* si, tu, uno: ***~ kannst machen, wie ~ willst*** puoi fare come vuoi, si può fare come si vuole ◆ PROV. ***wie ~ mir, so ich dir*** chi la fa l'aspetti. **Du** n. *(-[s],-[s])* tu *m.*: ***jdm das ~ anbieten*** proporre a qcn. di darsi del tu; ***mit jdm auf ~ und ~ stehen*** essere in confidenza con qcn.

du|al agg. duale: ***-es System*** sistema duale. **Du|al** m. *(-s,-e)*, **Du|a|lis** m. *(-, Duale)* duale *m.* **du|a|li|sie|ren** tr. raddoppiare. **Du|a|lis|mus** m. *(-)* dualismo *m.* **Du|a|list** m. *(-en,-en)* dualista *m.* **du|a|lis|tisch** agg. dualistico. **Du|a|li|tät** f. *(-,-en)* dualità *f.* **Du|al|sys|tem** n. *(-s,-e)* MAT. sistema *m.* binario.

Dü|bel m. *(-s,-)* **1** tassello *m.* **2** *(für Verbindungen)* caviglia *f.*, cavicchio *m.*, incavigliatura *f.* **dü|beln** tr. (in)tassellare.

du|bi|os, du|bi|ös agg. LETT. dubbio, equivoco. **Du|bi|o|sa, Du|bi|o|sen** pl. ECON. crediti *m.pl.* incerti, di dubbia esazione.

Dub|lee n. *(-s,-s)* metallo *m.* placcato. **Dub|lee|gold** n. *(-[e]s)* oro *m.* placcato.

Dub|let|te f. *(-,-n)* **1** doppione *m.*: ***-n von Briefmarken tauschen*** scambiare i francobolli doppi, i doppioni di francobolli **2** *(von Edelsteinen)* imitazione *f.* **3** *(beim Boxen)* doppietto *m.* **dub|lie|ren** tr. **1** placcare **2** TESS. doppiare.

Dub|lin ['dablın] n.pr.n. *(-s)* Dublino *f.*

Dub|lo|ne f. *(-,-n)* doblone *m.*

1.Du|chesse [dy'ʃɛs] f. *(-,-n)* duchessa *f.*

2.Du|chesse f. *(-)* TESS. duchesse *f.*

Ducht f. *(-,-en)* banco *m.* dei vogatori.
Duck|dal|be, Dück|dal|be f. *(-,-n)*, **Duck|dal|ben, Dück|dal|ben** m. *(-s,-)* MAR. pilone *m.* d'attracco.
du|cken I tr. **1** ***den Kopf ~*** piegare, abbassare il capo **2** FIG. *(demütigen)* ***jdn ~*** fare abbassare la cresta a qcn. **II** rifl. **sich ~ 1** piegarsi, abbassarsi, rannicchiarsi **2** FIG. piegarsi, umiliarsi.
Duck|mäu|ser m. *(-s,-)* SPREG. sornione *m.*, vigliacco *m.*, ipocrita *m.* **Duck|mäu|se|rei** f. *(-,-en)* SPREG. comportamento *m.* sornione. **duck|mäu|se|risch** agg. SPREG. sornione, vile, ipocrita.
Du|de|lei f. *(-,-en)* SPREG. musica *f.* da strapazzo, strimpellamento *m.* **Du|de|ler** m. *(-s,-)* SPREG. suonatore *m.* da strapazzo, strimpellatore *m.* **du|deln** tr. e intr. (aus. *haben*) COLLOQ. SPREG. strimpellare, suonare sempre la stessa solfa. **Du|del|sack** m. *(-s,-säcke)* cornamusa *f.*, zampogna *f.* **Du|del|sack|pfei|fer, Du|del|sack|spie|ler** m. *(-s,-)* suonatore *m.* di cornamusa; *(in Italien)* zampognaro *m.* **Dud|ler** → **Dudeler.**
Du|e|cen|to [-tʃ-] n. *(-[s])* ART. Duecento *m.*
Du|ell n. *(-s,-e)* **1** duello *m.*: ***jdn zum ~ herausfordern*** sfidare qcn. a duello; ***ein ~ (mit jdm) austragen*** battersi a, in duello (con qcn.); ***beide Mannschaften liefern sich ein spannendes, packendes ~*** le due squadre si producono in un duello emozionante **2** FIG. *(Wortgefecht)* duello *m.*, disputa *f.* **Du|el|lant** m. *(-en,-en)* duellante *m.* **du|el|lie|ren** rifl. ***sich mit jdm ~*** duellare (*o* battersi a duello) con qcn.
Du|ett n. *(-[e]s,-e)* MUS. duetto *m.*
duff agg. REGION. smorto, opaco.
Düf|fel m. *(-s,-)* TESS. duffel *m.*
Duf|fle|coat ['dʌflkout] m. *(-s,-s)* montgomery *m.*
Duft m. *(-[e]s, Düfte)* **1a** odore *m.*, profumo *m.*: ***einen intensiven ~ ausströmen*** emanare un profumo intenso **b** fragranza *f.*: ***der ~ eines Parfüms*** la fragranza di un profumo **2** LETT. *(feiner Dunst)* nebbia *f.* sottile, vapore *m.*; FIG. velo *m.* **Düft|chen** n. *(-s,-)* profumino *m.*, odorino *m.*
duf|te agg. COLLOQ. eccezionale, formidabile, di prima qualità.
duf|ten intr. (aus. *haben*) **1** profumare: ***die Blumen ~ (nicht)*** i fiori (non) profumano **2a** ***nach etw. ~*** odorare, profumare, avere (un) odore (*o* un profumo) di qcs. **b** impers. ***es duftet nach etw.*** si sente, c'è un odore (*o* un profumo) di qcs. **3** SCHERZ. puzzare: ***er duftet nach Schnaps*** puzza di grappa. **duf|tig** agg. **1** vaporoso, leggero: ***eine -e Bluse*** una camicetta vaporosa **2** LETT. nebuloso, vaporoso: ***vor den -en Hügeln*** davanti alle nebulose colline. **Duft|no|te** f. *(-,-n)* fragranza *f.* **Duft|or|gan** n. *(-s,-e)* organo *m.* odorifero. **duft|reich** agg. LETT. fragrante, odoroso, olezzante. **Duft|stoff** m. *(-es,-e)* **1** BIOL. sostanza *f.* odorosa **2** CHIM. sostanza *f.* (*o* essenza *f.*) aromatica. **Duft|was|ser** n. *(-s,-)* profumo *m.* **Duft|wol|ke** f. *(-,-n)* nuvola *f.* di profumo.
Du|gong m. *(-s,-e* e *-s)* dugongo *m.*
Du|ka|ten m. *(-s,-)* *(Goldmünze)* ducato *m.* **Du|ka|ten|esel** m. *(-s,-)* SCHERZ. gallina *f.* dalle uova d'oro. **Du|ka|ten|gold** n. *(-[e]s)* oro *m.* zecchino.
Dü|ker m. *(-s,-)* **1** conduttura *f.* (sotterranea dell'acqua) **2** REGION. *(Tauchente)* marangone *m.*
duk|til agg. duttile. **Duk|ti|li|tät** f. *(-,-en)* duttilità *f.*
Duk|tus m. *(-)* LETT. ductus *m.*
duld|bar agg. **1** tollerabile, ammissibile **2** *(ertragbar)* sopportabile.
dul|den I tr. **1** *(zulassen)* ammettere: ***keine Ausnahme, keinen Aufschub ~*** non ammettere eccezioni, rinvii **2** accettare, tollerare: ***den Freund der Tochter im Haus nicht ~*** non accettare il ragazzo della figlia in casa **3** *(leiden)* soffrire, patire **II** intr. (aus. *haben*) soffrire, sopportare: ***er duldet, ohne zu klagen*** sopporta senza lamentarsi; ***still ~*** soffrire in silenzio. **Dul|der** m. *(-s,-)* chi sopporta (*o* soffre), chi è rassegnato, paziente. **Dul|der|mie|ne** f. *(-,-n)* espressione *f.* di rassegnazione: ***eine ~ aufsetzen*** fare una faccia rassegnata. **duld|sam** agg. tollerante, indulgente: ***~ gegen Andersdenkende sein*** essere tollerante nei confronti di chi la pensa diversamente. **Duld|sam|keit** f. *(-,-en)* tolleranza *f.*, indulgenza *f.*, pazienza *f.* **Dul|dung** f. *(-,-en)* **1** tolleranza *f.*, accettazione *f.*: ***stillschweigende ~ eines Gewohnheitsrechtes*** tacita approvazione di un diritto consuetudinario **2** sopportazione *f.*, rassegnazione *f.*
Dul|zi|nea I n.pr.f. Dulcinea *f.* **II** f. *(-, Dulzineen)* SCHERZ. dulcinea *f.*, amata *f.*
Dum|dum n. *(-[s],-[s])*, **Dum|dum|ge|schoss,** AUSTR. **Dum|dum|ge|schoß** n. *(-es,-e)* pallottola *f.* dumdum.
dumm (compar. *dümmer*, superl. *dümmst...*) **I** agg. **1** stupido, sciocco: ***jdn wie einen -en Jungen behandeln*** trattare qcn. come uno stupido; ***wie ~!*** che stupido! ***-es Geschwätz!*** stupide chiacchiere! ***der Lärm machte uns ~*** il chiasso ci instupidiva **2** *(unangenehm)* brutto, spiacevole, seccante: ***die Sache wird mir zu ~*** la cosa comincia a seccarmi, ne ho abbastanza; ***eine -e Geschichte*** una brutta faccenda **II** avv. **1** stupidamente, come uno stupido: ***jdn ~ anstarren*** fissare qcn. stupidamente **2** male, in modo brutto: ***das kann ~ ausgehen*** può finir male ◆ ***(so) ~ wie Bohnenstroh sein*** essere un pollo (*o* un allocco); ***sich ~ und dämlich reden*** parlare a macchinetta, in continuazione; ***ein -es Gefühl*** un brutto presentimento; ***~ gelaufen*** andato male; ***ein -es Gesicht machen, sich ~ stellen*** fare lo gnorri (*o* l'indiano); ***jdm ~ kommen*** diventare sfacciato (*o* insolente) con qcn.; ***mir ist ~ im Kopf*** mi sento stupido (*o* stordito, confuso); ***er ist (so) ~ wie die Nacht (finster)*** è uno scemo totale; ***sich nicht für ~ verkaufen lassen*** non lasciarsi prendere in giro (*o* non farsi passare per scemo); COLLOQ. ***mach keine -en Witze!*** non dire fesserie! ***rede kein -es Zeug!*** non dire sciocchezze! ***zu ~!*** che peccato!
Dumm|bart m. *(-[e]s,-bärte* e *-e)*, **Dumm|bar|tel** m. *(-s,-)* COLLOQ. → **Dummkopf. Dumm|chen** → **Dummerchen.**
dumm|dreist agg. arrogante, insolente. **Dumm|dreis|tig|keit** f. *(-,-en)* arroganza *f.*, insolenza *f.*
Dum|me I m. e f. *(-n,-n)* stupido *m.* (-a *f.*), sciocco *m.* (-a *f.*), cretino *m.* (-a *f.*): ***der ~ sein*** essere il cretino di turno; ***immer wieder einen -n finden*** riuscire sempre a trovare il cretino che ci casca; ***den -n machen, spielen*** fare lo gnorri (*o* l'indiano) **II** n. *(-n)* cosa *f.* stupida (*o* sciocca), cosa *f.* seccante: ***so etwas -s*** una cosa così seccante; ***mir ist etwas -s eingefallen*** mi è venuta in mente una cosa stupida ◆ ***die -n werden nicht alle*** = il mondo è pieno di stupidi.
Dum|me|jun|gen|streich m. *(Dumme[n]jungenstreichs, Dumme[n]jungenstreiche)* COLLOQ. ragazzata *f.* **Dum|men|fang** m. *(-[e]s)* SPREG. fregatura *f.*, bidone *m.*: ***auf ~ aus sein*** voler rifilare una fregatura.
düm|mer → **dumm.**
Dum|mer|chen n. *(-s,-)* stupidino *m.*, sciocchino *m.* **Dum|mer|jan** m. *(-s,-e)* COLLOQ. → **Dummkopf. dum|mer|wei|se** avv. stupidamente, scioccamente, da stupido, da sciocco. **dumm|frech** agg. → **dummdreist. Dumm|heit** f. *(-,-en)* **1** stupidità *f.*: ***etw. aus ~ sagen, tun*** dire, fare qcs. per stupidità **2** stupidaggine *f.*, sciocchezza *f.*, scemenza *f.*: ***eine ~ begehen*** fare una stupidaggine; ***mach keine -en!*** non fare stupidaggini! ◆ PROV. ***~ und Stolz wachsen auf einem Holz*** la superbia è figlia dell'ignoranza; ***gegen ~ ist kein Kraut gewachsen*** a tutto c'è rimedio fuorché alla stupidità. **Dum|mi|an** m. *(-s,-)* REGION. → **Dummkopf. Dumm|kol|ler** m. *(-s,-)* VETER. idrocefalia *f.* cronica. **Dumm|kopf** m. *(-es,-köpfe)* babbeo *m.*, minchione *m.*, allocco *m.*, bischero *m.* **dümm|lich** agg. stupidello, schiocchino. **Dümm|ling** m. *(-s,-e)* → **Dummkopf. Dumm|ri|an** → **Dummerjan.**
dümmst... → **dumm.**
dumm|stolz agg. vanaglorioso, borioso. **Dumm|stolz** m. *(-es)* vanagloria *f.*, boria *f.*
Dum|my ['dami] **I** m. *(-s,-s)* *(bei Unfalltests)* fantoccio *m.* **II** m. e n. *(-s,-s)* *(Attrappe)* campione *m.* fittizio.
düm|peln intr. (aus. *haben*) MAR. rollare leggermente.
Dum|per ['dampɐ, 'dumpɐ] m. *(-s,-)* dumper *m.*
dumpf I agg. **1** *(dunkel klingend)* cupo, sordo: ***ein -er Trommelschlag*** un sordo rullo di tamburo; ***ein -er Schlag*** un tonfo sordo **2a** *(muffig)* che sa di muffa: ***der Keller ist ganz ~*** la cantina ha un forte odore di muffa **b** stantìo: ***das Mehl ist ~*** la farina è stantìa **3** FIG. *(stumpfsinnig)* cupo, tetro: ***eine -e Atmosphäre*** un'atmosfera cupa; ***ein -es Schweigen*** un silenzio cupo, apatico **4** *(matt)* sbiadito, opaco, smorto **5a** *(undeutlich)* sordo: ***ein -er Schmerz*** un dolore sordo **b** FIG. vago, confuso: ***ein -es Gefühl*** una sensazione vaga **6** ANT. *(benommen)* intorpidito, intontito: ***mein Kopf ist ganz ~*** ho la mente intorpidita, mi sento intontito **II** avv. **1** cupamente, sordamente: ***~ klingen*** risuonare cupamente **2** di stantìo: ***~ riechen*** sapere di stantìo **3** FIG. cupamente, apaticamente: ***~ vor sich hin blicken*** guardare apaticamente davanti a sé **4** FIG. *(undeutlich)* confusamente, indistintamente. **Dumpf|heit** f. *(-,-en)* **1** cupezza *f.* **2** FIG. cupezza *f.*, tetraggine *f.* **3** *(von Menschen)* ottusità *f.*, apatia *f.*, torpore *m.* **dump|fig** agg. stantìo, che sa di muffa. **Dump|fig|keit** f. *(-)* tanfo *m.*, odore *m.* di stantìo.
Dum|ping ['dampiŋ] n. *(-s)* dumping *m.*
Dü|ne f. *(-,-n)* duna *f.* **Dü|nen|bil|dung** f. *(-,-en)* formazione *f.* di dune.
Dung m. *(-[e]s)* letame *m.* **Dung|ab|la|ge** f. *(-,-n)* letamaio *m.* **Dün|ge|mit|tel** n. *(-s,-)* → **Dünger. dün|gen** tr. concimare: ***die Äcker ~*** concimare i campi. **Dün|ger** m. *(-s,-)* concime *m.*, fertilizzante *m.*: ***~ streuen*** spargere concime; ***künstlicher, natürlicher ~*** concime artificiale, organico. **Dün|ger|hau|fen** → **Dunghaufen. Dung|gru|be** f. *(-,-n)* concimaia *f.* **Dung|hau|fen** m.

(-s,-) letamaio *m.*, mucchio *m.* di letame. **Dün|gung** f. *(-,-en)* concimazione *f.*

dun|kel (compar. *dunkler*, superl. *dunkelst...*) **I** agg. **1** *(finster)* buio, oscuro: ***eine dunkle Straße*** una strada buia; ***es wird ~*** fa, diventa buio, annotta ***im Dunkeln sitzen*** stare seduto al buio **2a** scuro: ***ein dunkles Kleid*** un vestito scuro; ***ein dunkles Grün*** un verde scuro; ***dunkles Bier*** birra scura; COLLOQ. ***ein Dunkles*** una (birra *f.*) scura *f.* **b** FON. ***ein dunkler Vokal*** una vocale chiusa, posteriore **3** *(tief)* ***eine dunkle Stimme*** una voce profonda **4** FIG. nero: ***der -ste Tag in seinem Leben*** il giorno più nero della sua vita **5a** FIG. *(undeutlich)* oscuro, misterioso, confuso: ***ich habe die dunkle Ahnung, den dunklen Verdacht, dass...*** ho l'oscuro presentimento, l'oscuro sospetto che...; ***eine dunkle Vorstellung von etw. haben*** avere un'idea confusa di qcs. **b** *(zweifelhaft)* oscuro, misterioso, dubbio: ***dunkle Geschäfte*** affari dubbi (*o* loschi); ***von dunkler Herkunft sein*** avere origini oscure; ***ein dunkler Punkt in seinem Leben*** un punto oscuro (*o* misterioso) nella sua vita **II** avv. **1** oscuramente (anche FIG.) **2** FIG. *(undeutlich)* confusamente, vagamente: ***sich ~ an etw. erinnern*** ricordarsi vagamente di qcs. ◆ ***im Dunkeln bleiben*** restare nell'ombra; ***jdn im Dunkeln lassen*** lasciare qcn. all'oscuro; ***etw. liegt noch im Dunkeln*** qcs. è ancora immerso nel buio (anche FIG.); ***im Dunkeln ist gut munkeln*** certe cose si fanno meglio al buio; ***im Dunkeln tappen*** brancolare nel buio.

Dun|kel n. *(-s)* **1** buio *m.*, oscurità *f.*: ***es herrschte völliges ~*** c'era una completa oscurità; ***im ~ des Waldes*** nel fitto del bosco **2** FIG. buio *m.*, tenebre *f.pl.*: ***der Fall ist in mysteriöses ~ gehüllt*** il caso è avvolto nel mistero; ***das ~ um einen Vorfall lichten*** far luce su un fatto.

Dün|kel m. *(-s,-)* presunzione *f.*, boria *f.*

Dun|kel|ar|rest m. *(-[e]s,-e)* arresto *m.* al buio. **dun|kel|äu|gig** agg. dagli occhi scuri. **dun|kel|blau** agg. blu scuro. **dun|kel|braun** agg. marrone scuro. **dun|kel|far|ben, dun|kel|far|big** agg. (di colore) scuro. **dun|kel|grau** agg. grigio scuro. **dun|kel|grün** agg. verde scuro.

dün|kel|haft I agg. presuntuoso, borioso, altezzoso **II** avv. presuntuosamente, con boria, altezzosamente: ***sich ~ benehmen*** comportarsi altezzosamente. **Dün|kel|haf|tig|keit** f. *(-,-en)* presunzione *f.*, boria *f.*

Dun|kel|heit f. *(-,-en)* **1** buio *m.*, oscurità *f.*, tenebre *f.pl.* (anche FIG.): ***bei einbrechender ~, bei Einbruch der ~*** all'imbrunire, al calare delle tenebre; ***im Schutze der ~*** col favore delle tenebre **2** *(von Farben)* scurezza *f.* **Dun|kel|kam|mer** f. *(-,-n)* FOT. camera *f.* oscura. **Dun|kel|mann** m. *(-[e]s,-männer)* **1** uomo *m.* ombra, che agisce (*o* tira le fila) nell'ombra **2** ANT. oscurantista *m.* **dun|keln I** tr. **1** oscurare, offuscare **2** *(dunkler färben)* scurire **II** intr. **1a** (aus. *haben*) annottare, imbrunire, diventare buio (*o* notte) **b** impers. ***es dunkelt*** si fa buio, annotta **2** (aus. *sein*) scurire, diventare più scuro: ***das Bild ist im Laufe der Zeit gedunkelt*** il quadro è scurito nel corso del tempo. **dun|kel|rot** agg. rosso scuro. **Dun|kel|wer|den** n. *(-s)* imbrunire *m.* **Dun|kel|wol|ken** pl. ASTR. nebulose *f.pl.* oscure. **Dun|kel|zel|le** f. *(-,-n)* cella *f.* buia. **Dun|kel|zif|fer** f. *(-,-n)* = dati *m.pl.* non rilevati dalle statistiche. **Dun|kel|zo|ne** f. *(-,-n)* zona *f.* d'ombra.

dün|ken I tr. *(dünkt, dünkte, gedünkt;* ANT. *deucht, deuchte, gedeucht)* sembrare, parere: ***mich (*** RAR. ***mir) dünkt, dass du Recht hast*** mi sembra che tu abbia ragione **II** rifl. **sich ~** credersi, considerarsi: ***du dünkst dich (*** RAR. ***dir), ein Held zu sein*** ti credi un eroe.

dünn I agg. **1** sottile: ***-e Scheiben*** fette sottili **2a** *(fein, leicht)* fine, leggero: ***-er Schleier, -e Strümpfe*** velo leggero, calze sottili (*o* fini) **b** ***im Gebirge ist die Luft -er*** in montagna l'aria è più fine **3** *(spärlich)* rado: ***ein -es Haar haben*** avere i capelli radi **4** esile, magro: ***dank der Diät ist er -er geworden*** grazie alla dieta è diventato più magro (*o* è dimagrito) **5** *(von Stimmen, Klängen)* debole, fievole **6a** leggero: ***ein -er Kaffee, eine -e Suppe*** un caffè leggero, una minestra acquosa **b** FIG. ***eine -e Mehrheit*** una leggera maggioranza **7** *(dürftig)* scarso, insufficiente: ***der Inhalt eines Buches ist recht ~*** il contenuto di un libro è scarso; ***-e Beweislage*** prove insufficienti **II** avv. scarsamente, poco: ***die Gegend ist ~ bevölkert, besiedelt*** la zona è scarsamente popolata, abitata; ***er ist zu ~ angezogen*** è vestito troppo poco (*o* troppo leggero); ***~ behaart*** con pochi capelli ◆ ***~ gesät sein*** essere scarso, raro; ***sich ~ machen*** stringersi, occupare poco spazio. **Dünn|bier** n. *(-[e]s,-e)* COLLOQ. birra *f.* leggera. **dünn|blü|tig** agg. LETT. SPREG. scialbo: ***ein -er Mensch*** una persona scialba; ***-e Gedichte*** poesie scialbe, prive di tono. **Dünn|darm** m. *(-[e]s,-därme)* intestino *m.* tenue.

Dünn|druck m. *(-[e]s,-e)* TIP. **1** stampa *f.* su carta India **2** carta *f.* India: ***ein Exemplar in ~*** una copia in carta India. **Dünn|druck|aus|ga|be** f. *(-,-n)* edizione *f.* in carta India. **Dünn|druck|pa|pier** n. *(-s,-e)* carta *f.* India.

Dün|ne f. *(-)* sottigliezza *f.* **dün|ne|ma|chen** → **dünnmachen.** **dünn|flüs|sig** agg. fluido. **Dünn|flüs|sig|keit** f. *(-,-en)* fluidità *f.* **dünn|häu|tig** agg. **1** dalla pelle sottile **2** FIG. sensibile, delicato: ***ein -es Mädchen*** una ragazza sensibile. **Dünn|heit** f. *(-)* → **Dünne.** **dünn|lich** agg. magrolino. **dünn|lip|pig** agg. dalle labbra sottili. **dünn‿ma|chen** rifl. **sich ~** COLLOQ. sparire inosservato (*o* di nascosto), svignarsela. **Dünn|pfiff** m. *(-[e]s)* COLLOQ. cacarella *f.* **Dünn|säu|re** f. *(-)* acido *m.* diluito. **Dünn|säu|re|ver|klap|pung** f. *(-,-en)* scarico *m.* di acido solforico (nel mare). **dünn|scha|lig** agg. dalla buccia sottile. **Dünn|schiss** m. *(-es)* COLLOQ. cacarella *f.* **Dünn|schliff** m. *(-es,-e)* sezione *f.* (*o* lastrina *f.*) sottilissima. **Dün|nung** f. *(-,-en)* **1** VENAT. fianco *m.* **2** *(Rinderbauch)* ventre *m.* di vitello, di bovino. **dünn|wan|dig** agg. dalle pareti sottili.

Dun|sel m. *(-s,-)* REGION. babbeo *m.*, semplicione *m.*

Dunst m. *(-[e]s, Dünste)* **1** foschia *f.*, nebbiolina *f.*: ***ein leichter ~ liegt über der Stadt*** una leggera foschia grava sulla città; ***der Wald war in ~ gehüllt*** il bosco era avvolto dalla foschia **2a** *(Rauch)* fumo *m.* **b** *(Dampf)* vapore *m.*: ***der ~ in der Küche ließ die Fensterscheiben anlaufen*** in cucina il vapore fece appannare i vetri **3** *(Ausdünstung)* esalazione *f.*: ***giftige Dünste*** esalazioni velenose **4** GERG. MIL. fuoco *m.* ◆ ***sich in ~ auflösen*** dileguarsi nel nulla; ***keinen blassen ~ von etw. haben*** non avere la più pallida idea di qcs.; ***jdm blauen ~ vormachen*** vendere fumo. **Dunst|ab|zugs|hau|be** f. *(-,-n)* cappa *f.* aspirante. **dunst|ar|tig** agg. vaporoso. **duns|ten** intr. (aus. *haben*) **1a** *(dampfen)* fumare, emanare vapore **b** *(Geruch verbreiten)* emanare, diffondere profumo, odore **2** AUSTR. COLLOQ. ***jdn ~ lassen*** lasciare qcn. in sospeso, nell'incertezza.

düns|ten tr. **1** GASTR. stufare: ***Fleisch, Gemüse ~*** stufare della carne, della verdura **2** → **dunsten.**

Dunst|glo|cke, Dunst|hau|be f. *(-,-n)* cappa *f.* di smog. **duns|tig** agg. **1** brumoso, caliginoso, con foschia: ***ein -er Morgen*** un mattino brumoso **2** fumoso, pieno di fumo, di vapori: ***ein -es Lokal*** un locale fumoso. **Dunst|kreis** m. *(-[e]s,-e)* LETT. **1** atmosfera *f.* **2** sfera *f.* di influenza. **Dunst|ne|bel** m. *(-s,-)* foschia *f.*, caligine *f.*

Dunst|obst AUSTR., **Dünst|obst** n. *(-es)* **1** *(gedünstetes Obst)* frutta *f.* cotta **2** *(Obstsorte zum Dünsten)* frutta *f.* da cuocere (*o* da mangiare cotta).

Dunst|schlauch m. *(-[e]s,-schläuche)* manica *f.* di ventilazione. **Dunst|schlei|er** m. *(-s,-)* velo *m.* di foschia. **Dunst|wol|ke** f. *(-,-n)* nuvola *f.* di vapore.

Dü|nung f. *(-,-en)* risacca *f.*

Duo n. *(-s,-s)* MUS. **1** duetto *m.* **2** *(von Spielern)* duo *m.*, coppia *f.* **du|o|de|nal** agg. duodenale. **Du|o|de|num** n. *(-s, Duodena)* duodeno *m.* **Du|o|de|ni|tis** f. *(-,-se)* duodenite *f.*

Du|o|dez m. *(-es)* EDIT. dodicesimo *m.* **Du|o|dez|aus|ga|be** f. *(-,-n)* edizione *f.* in dodicesimo. **Du|o|dez|fürs|ten|tum** n. *(-s,-tümer)* principato *m.* in miniatura (*o* in sedicesimo). **du|o|de|zi|mal** agg. duodecimale. **Du|o|de|zi|mal|sys|tem** n. *(-s,-e)* sistema *m.* duodecimale, sistema *m.* a base dodici. **Du|o|de|zi|me** f. *(-,-n)* MUS. dodicesima *f.*, duodecima *f.* **Du|o|dez|staat** m. *(-[e]s,-en)* staterello *m.*

Du|o|di|o|de f. *(-,-n)* duodiodo *m.*, bidiodo *m.*

Du|o|le f. *(-,-n)* duina *f.*

Du|o|walz|werk n. *(-[e]s,-e)* laminatoio *m.* duo.

du|pen tr. duplicare.

dü|pie|ren tr. LETT. abbindolare, gabbare. **dü|piert** p.pass. → **düpieren** ◆ ***sich ~ fühlen*** sentirsi abbindolato, preso in giro; ***der Düpierte sein*** essere abbindolato. **Dü|pie|rung** f. *(-,-en)* imbroglio *m.*, raggiro *m.*

Dup|lett n. *(-s,-s)* lente *f.* bifocale.

Dup|lex|be|trieb m. *(-[e]s,-e)* impianto *m.* duplex.

dup|lie|ren tr. duplicare. **Dup|lie|rung** f. *(-,-en)* duplicazione *f.* **Dup|lik** f. *(-,-en)* DIR. ANT. controreplica *f.*

Dup|li|kat n. *(-[e]s,-e)* duplicato *m.*, copia *f.*: ***ein ~ anfertigen*** preparare un duplicato. **Dup|li|ka|ti|on** f. *(-,-en)* duplicazione *f.*, raddoppiamento *m.*

dup|li|zie|ren tr. duplicare, raddoppiare. **Dup|li|zi|tät** f. *(-,-en)* **1** duplicità *f.* **2** ANT. *(Zweideutigkeit)* doppiezza *f.*, ambivalenza *f.* ◆ ***die ~ der Ereignisse*** la concomitanza di, degli eventi.

Dur n. *(-)* MUS. modo *m.* maggiore. **Dur|ak|kord** m. *(-[e]s,-e)* MUS. accordo *m.* maggiore.

Du|ra|lu|min® n. *(-s)* duralluminio *m.*

durch I prep. + acc. (anche artcl. **durchs**) **1a** *(lokal)* attraverso: ***~ die Tür gehen*** passare attraverso la porta **b** per: ***~ die Straßen, den Park wandern*** passeggiare per le strade, per il (*o* nel) parco; FIG. ***was für eine Idee geht, schießt dir ~ den Kopf?*** che idea ti passa per la testa? **c** con, attraverso: ~ *die Nase atmen* respirare con (*o* attraverso) il naso **2** *(modal)* per mezzo, tramite, attraverso, per, con: ~ *die Post schicken* inviare per posta; *ein Land ~ Deiche schützen* proteggere una terra per mezzo di (*o* con) argini; *~ Bekannte jds Adresse erfahren* apprendere l'indirizzo di qcn. tramite conoscenti; *jdn ~ unwiderlegbare Beweise überzeugen* convincere qcn. con prove irrefutabili **3** *(von)* da: *die Stadt wurde ~ ein Erdbeben zerstört* la città fu distrutta da un terremoto **4** *(temporal)* per: *ihre Freundschaft hielt ~ das ganze Leben* la loro amicizia si mantenne (per) tutta la vita; *das ganze Jahr, die ganze Nacht ~* (per) tutto l'anno, (per) tutta la notte **5** MAT. *sechs ~ drei ist zwei* sei diviso tre fa due **II** avv. *~ sein* COLLOQ. **1** essere passato: *der Zug ist schon ~* il treno è già passato; *er ist schon ~ (die Kontrolle)* ha già passato il controllo **2a** *(hindurchgelangt sein)* essere passato (attraverso) **b** *(ein Examen bestanden haben)* essere passato **c** *(durch Gefahren, Schwierigkeiten)* esserne fuori **3** *(mit etw.) ~ sein* avere finito (qcs.): *bis abends muss er mit dem Buch ~ sein* entro stasera deve aver finito (di leggere) il libro **4a** *(durchgescheuert sein)* essere consumato **b** *(gar sein)* essere cotto **c** *(reif sein)* essere maturo: *der Käse ist ~* il formaggio è maturo; **5** COLLOQ. *es ist schon drei (Uhr) ~* sono già le tre passate ◆ *wir müssen da ~* dobbiamo superare questo (brutto) momento; *~ und ~* completamente, del tutto: *ich bin ~ und ~ nass* sono completamente bagnato, sono fradicio; *(bis ins Innerste)* nel profondo, profondamente: *sein Blick ging ihr ~ und ~* il suo sguardo la colpì nel profondo; *bei jdm unten ~ sein* essere caduto in disgrazia presso qcn.

durch‿ackern COLLOQ. **I** tr. esaminare a fondo **II** rifl. *sich durch etw. ~* studiare a fondo qcs.

durch‿ar|bei|ten I tr. **1** studiare con cura, a fondo: *einen Aufsatz ~* studiare a fondo un saggio **2** *(kneten)* impastare bene, lavorare bene: *den Teig ~* lavorare bene l'impasto **II** intr. (aus. *haben*) continuare a lavorare: *in der Mittagspause arbeitet er durch* durante la pausa del pranzo continua a lavorare **III** rifl. *sich ~* **1** farsi strada, farsi largo: *sich durch die Menge ~* farsi strada fra la folla **2** *sich durch etw. ~* studiare a fondo qcs.: *sich durch die lateinische Grammatik ~* studiare a fondo la grammatica latina. **Durch|ar|bei|tung** f. *(-,-en)* elaborazione *f.* accurata, studio *m.* accurato, attento.

durch‿at|men intr. (aus. *haben*) **1** respirare profondamente **2** FIG. tirare un sospiro di sollievo.

durch|aus avv. **1** *(unbedingt)* assolutamente, a ogni costo: *er will ~ mit uns kommen* vuole venire con noi a ogni costo **2** *(völlig)* totalmente, completamente, pienamente: *~ mit etw. einverstanden sein* essere pienamente d'accordo su qcs.

durch‿ba|cken *(bäckt/backt, backte/*ANT. *buk, gebacken)* **I** tr. cuocere ben bene, a puntino **II** intr. (aus. *haben*) lavorare al forno (*o* infornare) senza sosta.

durch‿bei|ßen *(biss, gebissen)* **I** tr. rompere, spezzare con i denti: *einen Faden, eine Praline ~* rompere un filo, un cioccolatino con i denti **II** rifl. *sich ~* COLLOQ. farcela: *es waren schwere Zeiten, aber wir haben uns durchgebissen* sono stati tempi duri, ma ce l'abbiamo fatta (con le unghie e coi denti).

durch‿be|kom|men tr. *(bekam, bekommen)* **1** (riuscire a) far passare: *den Faden durch das Nadelöhr ~* far passare il filo attraverso la cruna dell'ago **2** *(zerlegen können)* riuscire a rompere, a dividere in due: *den Granitblock mit dem Meißel ~* riuscire a spezzare un blocco di granito con lo scalpello.

durch‿be|ra|ten tr. *(berät, beriet, beraten)* trattare, discutere punto per punto.

durch‿bet|teln rifl. *sich ~* vivere d'elemosina.

durch‿beu|teln tr. scuotere energicamente.

durch‿bie|gen *(bog, gebogen)* **I** tr. (s)tendere al massimo **II** rifl. *sich ~* cedere nel mezzo.

durch‿bil|den tr. formare, strutturare: *ein Werk ~* strutturare un'opera. **Durch|bil|dung** f. *(-,-en)* formazione *f.*, strutturazione *f.*

durch‿bla|sen *(bläst, blies, geblasen)* **I** tr. **1** sturare con un getto d'aria, soffiando **2** *(blasend treiben)* spingere (via) soffiando: *Kügelchen durch das Rohr ~* tirare palline con la cerbottana **II** intr. (aus. *haben*) filtrare attraverso, spifferare: *der Wind blies durch meinen Mantel durch* il vento (mi) penetrava attraverso il cappotto.

durch‿blät|tern tr. sfogliare.

durch‿bläu|en tr. COLLOQ. *jdn ~* suonarle per bene a qcn.

durch‿bleu|en → **durchbläuen.**

Durch|blick m. *(-[e]s,-e)* **1** vista *f.*, veduta *f.*: *ein wunderbarer ~ auf den See* una splendida vista sul lago **2** COLLOQ. *(Überblick)* visione *f.* d'insieme.

1.durch‿bli|cken intr. (aus. *haben*) **1** guardare attraverso: *durch das Schlüsselloch ~* guardare attraverso il buco della serratura **2** COLLOQ. *(verstehen)* capire, capirci: *blickst du da durch?* ci capisci qualcosa? *etw. ~ lassen* far capire, dare ad intendere qcs.; *bei, in dieser Sache blicke ich nicht ganz durch* non ci vedo chiaro in questa faccenda.

2.durch|bli|cken tr. intuire, afferrare.

1.durch‿blit|zen tr. *etw. ~ lassen* mostrare, lasciare trapelare qcs.

2.durch|blit|zen tr. balenare: *ein Verdacht durchblitzte mich* mi balenò un sospetto.

durch|blu|ten tr. **1** irrorare di sangue **2** *(mit Blut tränken)* impregnare di sangue. **Durch|blu|tung** f. *(-,-en)* irrorazione *f.* sanguigna, vascolarizzazione *f.*

1.durch‿boh|ren I tr. **1** forare da parte a parte, traforare, perforare **2** *ein Loch (durch das Brett) ~* praticare un foro nell'asse **II** intr. (aus. *haben*) *durch etw. ~* perforare qcs. **III** rifl. *sich durch etw. ~* penetrare attraverso (*o* perforando) qcs.

2.durch|boh|ren tr. trafiggere, (tra)passare da parte a parte: *die Kugel durchbohrte seine Brust* la pallottola gli trapassò il petto; FIG. *jdn mit Blicken ~* trafiggere qcn. con lo sguardo. **Durch|boh|rung** f. *(-,-en)* perforazione *f.*, traforazione *f.*

durch‿bo|xen COLLOQ. **I** tr. ottenere lottando, a fatica: *ein Gesetz ~* far approvare una legge lottando **II** rifl. *sich ~* **1** farsi largo (a fatica, a spintoni): *sich zum Ausgang ~* farsi largo a spintoni verso l'uscita **2** FIG. cavarsela: *er hat sich immer allein ~ müssen* se l'è sempre dovuta cavare da solo.

durch‿bra|ten tr. *(brät, briet, gebraten)* arrostire, cuocere bene (*o* a puntino).

1.durch‿brau|sen intr. (aus. *sein*) sfrecciare, passare sfrecciando.

2.durch|brau|sen tr. riempire di fragore: *der Beifall durchbraust den Saal* l'applauso fragoroso riempie la sala.

1.durch‿bre|chen *(bricht, brach, gebrochen)* **I** tr. **1** *(Stock, Stab, Ast)* rompere, spezzare in due **2** sfondare: *eine Tür ~* sfondare una porta **II** intr. (aus. *sein*) **1** rompersi, spezzarsi in due **2** *durch etw. ~* sfondare qcs.: *er ist durch die Eisdecke durchgebrochen* ha sfondato lo strato di ghiaccio: *durch die feindlichen Verteidigungslinien ~* sfondare le linee nemiche **3** *(von Zähnen)* spuntare **4** FIG. scoppiare, esplodere: *sein Hass brach durch* il suo odio esplose.

2.durch|bre|chen tr. *(durchbricht, durchbrach, durchbrochen)* **1** forzare, rompere (passando attraverso): *eine Absperrung, Blockade ~* forzare un posto di blocco; *die Schallmauer ~* rompere il muro del suono **2** FIG. trasgredire, violare: *die gesellschaftlichen Konventionen ~* trasgredire le convenzioni sociali.

Durch|bre|chung f. *(-,-en)* **1** forzatura *f.*, rottura *f.* **2** FIG. trasgressione *f.*, violazione *f.*

durch‿bren|nen *(brannte, gebrannt)* **I** tr. aprire, spezzare (col fuoco): *eine Fessel, Tür ~* spezzare una catena, aprire (*o* distruggere) una porta **II** intr. (aus. *sein*) **1** *(von Glühbirnen)* bruciarsi, fulminarsi **2** *(glühen)* bruciare bene, ardere **3a** COLLOQ. *(entfliehen)* scappare, svignarsela, prendere il volo **b** SPORT *dem Gegner ~* bruciare l'avversario, sfuggire al marcatore. **Durch|bren|ner** m. *(-s,-)* COLLOQ. **1** fuggitivo *m.*, fuggiasco *m.* **2** SPORT giocatore *m.* in fuga.

durch‿brin|gen *(brachte, gebracht)* **I** tr. **1** portare, trasportare, far passare attraverso: *den Schrank durch die Tür ~* far passare l'armadio attraverso la porta **2** FIG. far passare: *alle Kandidaten ~* far passare tutti i candidati; *einen Gesetzesantrag ~* far passare (*o* far approvare) una proposta di legge **3a** far campare, mandare avanti: *er hat seine Familie mit schwerer Arbeit durchgebracht* ha mandato avanti la famiglia lavorando duramente **b** *(Kranken)* salvare, guarire **4** *(vergeuden)* scialacquare, sperperare: *sein Vermögen ~* scialacquare il proprio patrimonio **II** rifl. *sich ~* campare, tirare avanti: *sich ehrlich ~* tirare avanti onestamente.

durch|bro|chen p.pass. agg. **1** → **2.durchbrechen 2** a giorno: *-e Stickereien* ricami a giorno; *-e Schuhe* scarpe traforate. **Durch|bruch** m. *(-[e]s,-brüche)* **1a** rottura *f.*, sfondamento *m.* **b** irruzione *f.* **c** *(von Krankheit)* scoppio *m.* **2a** foro *m.*, apertura *f.* **b** *~ eines Magengeschwürs* perforazione di un'ulcera gastrica **c** MIL. breccia *f.* ◆ *zum ~ kommen* apparire, manifestarsi; *jdm, etw. zum ~ verhelfen* portare qcn., qcs. al successo.

1.durch‿bum|meln COLLOQ. **I** intr. (aus. *sein*) *durch die Stadt, die Straßen ~* girare attraverso la città, le strade, percorrere la città, le strade girovagando **II** tr. *die Nacht ~* passare la notte in bianco.

2.durch|bum|meln tr. trascorrere girovagando.

durch‿che|cken tr. controllare a fondo: *etw. vor der Entscheidung genau ~* controllare a fondo qcs. prima di (prendere) una decisione ◆ *sich ~ lassen* fare un check-up completo.

durch|dacht p.pass. agg. **1** → **2.durchdenken** **2** ponderato, studiato a fondo: ***ein gut -er Plan*** un progetto ben studiato; ***eine -e Entscheidung*** una decisione ponderata.
1.durch_den|ken tr. *(dachte, gedacht)* studiare da capo a fondo, passo passo.
2.durch|den|ken tr. *(durchdachte, durchdacht)* ponderare, studiare a fondo: ***eine Situation ~*** esaminare a fondo una situazione.
durch_drän|geln rifl. **sich ~** COLLOQ. farsi largo tra la folla.
durch_drän|gen rifl. **sich ~** farsi largo, farsi strada.
durch_dre|hen **I** tr. tritare **II** intr. (aus. *haben*) **1a** girare a vuoto **b** CINEM. girare senza interruzione **2** COLLOQ. (aus. *haben*, RAR. *sein*) perdere la testa, impazzire: ***vor der Prüfung hat er durchgedreht*** prima dell'esame ha perso la testa.
1.durch_drin|gen intr. *(drang, gedrungen;* aus. *sein)* **1a** passare, trapelare: ***die Sonne dringt kaum (durch die Wolken) durch*** il sole non trapela quasi (attraverso le nuvole) **b** FIG. ***das Gerücht ist bis hierher durchgedrungen*** la voce è trapelata fino qui **2a** prevalere, affermarsi, imporsi: ***eine Idee dringt durch*** un'idea s'impone **b** FIG. ***mit seiner Stimme ~*** riuscire a far sentire la propria voce.
2.durch|drin|gen tr. *(durchdrang, durchdrungen)* **1** penetrare, attraversare, permeare **2** impregnare, pervadere: ***er ist von einer Idee durchdrungen*** è pervaso da un'idea.
durch|drin|gend **I** p.pres. agg. **1** → **1.durchdringen** **2** FIG. penetrante: ***ein -er Geruch, Verstand*** un odore penetrante, un ingegno acuto; ***eine -e Kälte*** un freddo penetrante; ***jdn mit -em Blick ansehen*** guardare qcn. con sguardo penetrante (*o* scrutatore) **II** avv. ***jdn ~ ansehen*** scrutare qcn. **Durch|drin|gung** f. *(-,-en)* **1** penetrazione *f.*, compenetrazione *f.* **2** *(geistige Erfassung)* comprensione *f.*
durch_drü|cken **I** tr. **1** (far) passare spremendo **2** *(nach hinten drücken)* schiacciare: ***das Gaspedal bis zum Anschlag ~*** schiacciare (il pedale del)l'acceleratore **3** *(Wäsche)* lavare premendo leggermente **4a** *(Knie, Ellbogen)* stendere **b** *(Rücken, Kreuz)* inarcare **5** COLLOQ. ***einen Plan, seinen Willen, einen Vorschlag ~*** far passare un piano, far (pre)valere la propria volontà, fare accettare una proposta **II** rifl. **sich ~** **1** *(durch die Menge)* farsi largo **2** COLLOQ. FIG. vivere, campare a stento.
durch|ei|nan|der avv. **1** sottosopra, alla rinfusa: ***hier ist ja alles ~*** qui è tutto sottosopra **2** *(wahllos)* disordinatamente: ***alles ~ essen*** mangiare disordinatamente; ***~ bringen*** *(in Unordnung bringen)* mettere in disordine; *(in Verwirrung bringen)* confondere, mettere in confusione; *(verwechseln)* confondere, scambiare; ***~ geraten, kommen*** COLLOQ. mescolarsi, mischiarsi; ***~ reden*** parlare tutti insieme; *(wirr reden)* parlare confusamente; ***~ werfen*** buttare all'aria; FIG. *(miteinander verwechseln)* confondere, rimescolare ◆ *(von Menschen)* ***~ sein*** essere confuso. **Durch|ei|nan|der, Durch|ei|nan|der** n. *(-s)* disordine *m.*, confusione *f.*, caos *m.*
1.durch_fah|ren intr. *(fährt, fuhr, gefahren;* aus. *sein)* **1a** passare, transitare: ***unter einer Brücke ~*** passare sotto un ponte **b** passare senza fermarsi (*o* senza scendere): ***der Zug fährt in Hannover durch*** il treno passa per Hannover senza fermarsi **2** *(direkt fahren)* viaggiare senza fermarsi, andare direttamente: ***der Zug fährt bis Wien durch*** il treno va a Vienna direttamente; ***er ist acht Stunden durchgefahren*** ha viaggiato (*o* guidato) per otto ore ininterrottamente.
2.durch|fah|ren tr. *(durchfährt, durchfuhr, durchfahren)* attraversare (anche FIG.): ***ein Land ~*** attraversare un paese; ***ein Gedanke durchfuhr ihn*** un pensiero gli attraversò la mente (*o* gli passò per la mente); ***ein Schreck durchfuhr ihn*** lo spavento lo assalì.
Durch|fahrt f. *(-,-en)* passaggio *m.*, transito *m.*: ***sich auf der ~ befinden*** essere di passaggio ◆ ***freie ~*** libertà di transito; ***bitte (die) ~ freihalten*** lasciare libero il passaggio; ***~ verboten*** transito vietato. **Durch|fahrts|recht** n. *(-[e]s,-e)* diritto *m.* di transito. **Durch|fahrts|stra|ße** f. *(-,-n)* strada *f.* di passaggio (*o* di transito).
Durch|fall m. *(-[e]s,-fälle)* **1** diarrea *f.* **2a** COLLOQ. *(Misserfolg)* fiasco *m.* **b** SCOL. bocciatura *f.* **durch_fal|len** intr. *(fällt, fiel, gefallen;* aus. *sein)* **1** cadere attraverso **2a** COLLOQ. fare fiasco: ***der Sänger ist (beim Publikum) durchgefallen*** il cantante ha fatto fiasco, non ha avuto successo (presso il pubblico) **b** SCOL. essere bocciato: ***bei der Prüfung ~*** essere bocciato all'esame.
durch_fär|ben **I** tr. tingere **II** intr. (aus. *haben*) scolorire, perdere il colore.
durch_fech|ten **I** tr. ***etw. ~*** combattere fino all'ultimo per qcs. **II** rifl. **sich ~** **1** aprirsi un varco, farsi strada lottando **2** COLLOQ. *(sich durchbetteln)* campare elemosinando.
durch_fei|ern intr. (aus. *haben*) COLLOQ. festeggiare tutta la notte.
durch_fei|len tr. **1** limare (fino a dividere in due), segare con la lima **2** FIG. *(sorgfältig bearbeiten)* limare a fondo.
durch|feuch|ten tr. inumidire.
durch_fil|zen tr. COLLOQ. perquisire da cima a fondo; *(Personen)* perquisire da capo a piedi.
durch_fin|den intr. (aus. *haben*) e rifl. **sich ~** *(fand, gefunden)* orientarsi, raccapezzarsi (anche FIG.): ***sich (bei etw.) ~*** raccapezzarsi in qcs.
1.durch_flie|gen intr. *(flog, geflogen;* aus. *sein)* **1** volare (attraverso) **2** AER. volare senza scalo, fare un volo diretto **3** SCOL. COLLOQ. essere bocciato.
2.durch|flie|gen tr. *(durchflog, durchflogen)* **1** attraversare volando **2** *(fliegend zurücklegen)* sorvolare **3** FIG. ***die Post, einen Aufsatz ~*** dare una scorsa (*o* un'occhiata) alla posta, a un saggio.
1.durch_flie|ßen intr. *(floss, geflossen;* aus. *sein)* scorrere (attraverso).
2.durch|flie|ßen tr. *(durchfloss, durchflossen)* **1** attraversare (scorrendo), scorrere attraverso: ***ein Fluss durchfließt die Ebene*** un fiume attraversa la pianura **2** FIS. percorrere, attraversare.
Durch|flug m. *(-[e]s,-flüge)* traversata *f.* aerea.
Durch|fluss m. *(-es,-flüsse)* **1** scorrimento *m.* **2** *(Öffnung)* passaggio *m.* (per lo scorrimento).
1.durch_flu|ten intr. (aus. *sein*) *(von Wasser)* scorrere (a fiotti) attraverso.
2.durch|flu|ten tr. inondare; FIG. ***Licht durchflutet das Zimmer*** la luce inonda la stanza.
durch_for|men tr. plasmare, modellare con cura.
durch|for|schen tr. studiare (*o* indagare) metodicamente. **Durch|for|schung** f. *(-,-en)* studio *m.* metodico, indagine *f.* metodica.
durch|fors|ten tr. ***den Wald regelmäßig ~*** ripulire il bosco regolarmente.
durch_fra|gen rifl. ***sich nach, zu etw. ~*** chiedere la via per arrivare a qcs.; ***sich nach einer Adresse ~*** trovare un'indirizzo chiedendo.
1.durch_fres|sen *(frisst, fraß, gefressen)* **I** tr. **1** *(von Tieren)* rodere, bucare rodendo **2** *(von chemischen Stoffen)* corrodere, consumare **II** rifl. **sich ~** **1** aprirsi una strada (rodendo) **2** COLLOQ. mangiare a sbafo: ***sich bei jdm ~*** mangiare a sbafo da qcn., a spese di qcn. **3** smaltire (a fatica, poco a poco): ***sich durch einen Aktenberg ~*** smaltire una montagna di pratiche.
2.durch|fres|sen agg. roso, corroso.
durch_frie|ren intr. *(fror, gefroren;* aus. *sein)* **1** gelare completamente **2** *(von Menschen)* congelare, assiderare. **durch|fro|ren** agg. congelato, assiderato.
Durch|fuhr f. *(-,-en)* COMM. transito *m.*: ***freie ~*** libertà di transito.
durch|führ|bar agg. eseguibile, fattibile. **Durch|führ|bar|keit** f. *(-)* eseguibilità *f.*, fattibilità *f.*
durch_füh|ren tr. **1** guidare, condurre: ***jdn (durch ein Schloss) ~*** guidare qcn. (per, attraverso un castello) **2a** *(ausführen)* compiere, effettuare: ***eine Operation, Messungen ~*** eseguire un'operazione, effettuare misurazioni **b** *(zu Ende führen)* compiere, completare **3** *(verwirklichen)* attuare, realizzare: ***einen Plan ~*** attuare un piano; ***eine Tagung ~*** organizzare un convegno.
Durch|fuhr|er|laub|nis f. *(-,-e)* permesso *m.* di transito. **Durch|fuhr|han|del** m. *(-s)* commercio *m.* di transito.
Durch|füh|rung f. *(-,-en)* **1** esecuzione *f.*, attuazione *f.*, realizzazione *f.* **2** MUS. *(vom Thema)* sviluppo *m.* ◆ ***zur ~ gelangen*** venire realizzato; ***etw. zur ~ bringen*** realizzare qcs. **Durch|füh|rungs|be|stim|mung** f. *(-,-en)* norma *f.* di attuazione, modalità *f.* di esecuzione. **Durch|füh|rungs|ver|ord|nung** f. *(-,-en)* DIR. disposizioni *f.pl.* procedurali.
Durch|fuhr|ver|bot n. *(-[e]s,-e)* divieto *m.* di transito. **Durch|fuhr|zoll** m. *(-s,-zölle)* dazio *m.* di transito.
durch|fur|chen tr. solcare. **durch|furcht** p.pass. agg. **1** → **durchfurchen** **2** FIG. ***eine -e Haut*** una pelle solcata da rughe.
durch_fut|tern rifl. **sich ~** → **sich durchfressen.**
durch_füt|tern tr. COLLOQ. ***jdn ~*** mantenere qcn., dare da mangiare a qcn.
Durch|ga|be f. *(-,-n)* comunicazione *f.*: ***die ~ einer Nachricht*** la comunicazione di una notizia.
Durch|gang m. *(-[e]s,-gänge)* **1** transito *m.*, passaggio *m.*: ***~ verboten*** divieto di transito **2** *(Öffnung)* passaggio *m.*, varco *m.*, strada *f.* **3** *(Phase)* turno *m.*: ***die Wahl im ersten ~ gewinnen*** vincere le elezioni al primo turno. **Durch|gän|ger** m. *(-s,-)* **1** cavallo *m.* ombroso **2** ANT. *(Ausreißer)* fuggitivo *m.* **durch|gän|gig** **I** agg. generale, corrente, comune: ***eine -e Regel*** una regola generale **II** avv. generalmente. correntemente, comunemente. **Durch|gangs|bahn|hof** m. *(-s,-höfe)* stazione *f.* di transito. **Durch|gangs|la|ger** n. *(-s,-)* campo *m.* di transito (*o* smistamento). **Durch|gangs|**

sta|ti|on f. *(-,-en)* tappa *f.* **Durch|gangs|ver|kehr** m. *(-s)* traffico *m.* di transito, transito *m.*
durch‿ge|ben tr. *(gibt, gab, gegeben)* trasmettere, inoltrare direttamente: ***ein Telegramm (am Telefon) ~*** dettare un telegramma (al telefono).
1.durch‿ge|hen *(ging, gegangen)* **I** intr. (aus. *sein*) **1a** ***durch etw. ~*** attraversare, oltrepassare qcs.: ***durch die Sperre ~*** oltrepassare lo sbarramento **b** passare (attraverso): ***der Knopf geht durch das Knopfloch nicht durch*** il bottone non passa attraverso l'asola; ***darf ich bitte ~?*** scusi, posso passare? **c** FIG. *(angenommen, gebilligt werden)* passare: ***der Antrag ist durchgegangen*** la mozione è passata **2** *(direkt gehen)* andare direttamente, senza fermarsi: ***der Zug geht bis Berlin durch*** il treno va a Berlino direttamente; ***wir sind 5 Stunden durchgegangen*** abbiamo camminato per cinque ore ininterrotte **3** *(andauern)* continuare: ***die Party ging bis zum nächsten Morgen durch*** il party continuò fino al mattino dopo (senza interruzione); ***der Weg geht bis zum Waldrand durch*** il sentiero continua fino al limitare del bosco **4** COLLOQ. *(heimlich davonlaufen)* scappare: ***seine Frau ist mit einem anderen durchgegangen*** sua moglie è scappata con un altro **II** tr. **1** controllare, rivedere: ***etw. Punkt für Punkt ~*** controllare qcs. punto per punto; ***die Rechnung ~*** rivedere, controllare il conto **2** *(besprechen)* discutere di, esaminare ◆ ***sie geht für vierzig durch*** passa per (una) quarantenne; ***jdm etw. ~ lassen*** lasciar correre qcs. a qcn., chiudere un occhio su qcs. con qcn.; ***ihm sind die Nerven durchgegangen*** i suoi nervi hanno ceduto.
2.durch|ge|hen tr. *(durchging, durchgangen)* ANT. attraversare.
durch|ge|hend I p.pres. agg. **1** → **1.durchgehen 2** continuo, continuato, ininterrotto: ***-e Öffnungszeiten*** orario continuato; ***-e Linie*** striscia continua **II** avv. continuamente, ininterrottamente. **durch|ge|hends** avv. AUSTR. → **durchgehend.**
durch|geis|tigt agg. spirituale.
durch‿ger|ben tr. COLLOQ. picchiare sodo.
durch|ge|reg|net p.pass. agg. **1** → **durchregnen 2** COLLOQ. bagnato (fradicio), inzuppato, intriso di pioggia.
durch|ge|schwitzt p.pass. agg. **1** → **durchschwitzen 2** madido di sudore.
durch‿ge|stal|ten tr. svolgere, strutturare in ogni dettaglio.
durch‿gie|ßen tr. *(goss, gegossen)* colare: ***den Tee ~*** colare il tè.
durch‿glie|dern, durch|glie|dern tr. strutturare, articolare.
1.durch‿glü|hen I tr. rendere incandescente **II** intr. (aus. *sein*) **1** bruciare completamente **2** *(von Glühbirnen)* bruciarsi, fulminarsi.
2.durch|glü|hen tr. LETT. infiammare (anche FIG.).
durch‿gra|ben *(gräbt, grub, gegraben)* **I** tr. scavare (attraverso): ***einen Tunnel durch den Berg ~*** scavare un tunnel attraverso la montagna **II** rifl. **sich ~** scavarsi un passaggio.
durch‿grei|fen intr. *(griff, gegriffen;* aus. *haben)* **1** passare la mano attraverso: ***mit der Hand durch das Gitter ~*** passare la mano attraverso la grata **2** *(einschreiten)* procedere, intervenire energicamente. **durch|grei|fend** p.pres. agg. **1** → **durchgreifen 2** efficace, radicale: ***-e Änderung*** cambiamento radicale. **Durch|griff** m. *(-[e]s,-e)* EL. intraeffetto *m.*, coefficiente *m.* di penetrazione.
durch‿ha|ben tr. COLLOQ. **1** avere terminato, avere finito: ***ein Buch ~*** avere finito (di leggere) un libro **2** *(in zwei Teile zerteilt haben)* aver diviso (in due parti).
durch‿hal|ten *(hält, hielt, gehalten)* **I** intr. (aus. *haben*) COLLOQ. tener duro, resistere: ***bis zum Schluss ~*** tenere duro fino alla fine **II** tr. sostenere. **Durch|hal|te|pa|ro|le** f. *(-,-n)* STOR. esortazione *f.* a resistere. **Durch|hal|te|ver|mö|gen** n. *(-s)* capacità *f.* di resistenza.
durch‿hän|gen intr. *(hing, gehangen;* aus. *haben)* **1** *(von Seilen, Drähten)* piegarsi **2a** COLLOQ. essere fiacco, spossato **b** *(deprimiert sein)* essere giù. **Durch|hän|ger** m. *(-s,-)* fiacca *f.*: ***einen ~ haben*** avere la fiacca.
durch‿hau|en *(hieb/*colloq. *haute, gehauen)* **I** tr. **1** tagliare, spaccare in due **2** COLLOQ. *(verprügeln)* picchiare, bastonare **3** COLLOQ. *(von elektrischen Leitungen)* interrompere, fare saltare **II** rifl. **sich ~ 1** aprirsi un varco **2** cavarsela a fatica, lottando.
durch‿hei|zen I tr. riscaldare bene: ***das ganze Haus ~*** riscaldare bene tutta la casa **II** intr. (aus. *haben*) ***über die Nacht ~*** tenere il riscaldamento acceso durante la notte.
durch‿hel|fen *(hilft, half, geholfen)* **I** intr. (aus. *haben*) ***jdm durch etw. ~*** aiutare qcn. a superare qcs.: ***sie haben ihm durch die Schwierigkeiten durchgeholfen*** lo hanno aiutato a superare le difficoltà **II** rifl. **sich (D) ~** COLLOQ. cavarsela: ***ich half mir selbst durch*** me la sono cavata da solo.
durch‿ho|len tr. MAR. tendere: ***ein Tau ~*** tendere una cima.
durch‿hun|gern rifl. **sich ~** soffrire, fare la fame.
durch‿ir|ren tr. percorrere vagando: ***den Wald ~*** girovagare per il bosco.
1.durch‿ja|gen I tr. **1** *(treiben)* condurre, spingere: ***die Herden durch die Furt ~*** condurre le greggi attraverso il guado **2** eseguire rapidamente **II** intr. (aus. *sein*) sfrecciare, andare a tutta velocità.
2.durch|ja|gen tr. attraversare a tutta velocità.
1.durch‿käm|men tr. pettinare.
2.durch|käm|men tr. rastrellare: ***eine Gegend ~*** rastrellare una zona.
durch‿kämp|fen I intr. (aus. *haben*) combattere fino all'ultimo **II** tr. affermare, far valere: ***sein Recht ~*** far valere il proprio diritto **III** rifl. **sich ~** farsi largo (*o* strada): ***sich zum Ausgang ~*** farsi strada verso l'uscita; FIG. ***sich im Leben ~*** farsi largo nella vita.
durch‿kau|en 1 tr. masticare bene **2** FIG. COLLOQ. trattare in modo approfondito, a fondo **3** *(mühsam lernen)* imparare con, a fatica.
durch‿klet|tern tr. scalare: ***eine Wand ~*** scalare una parete.
1.durch‿klin|gen intr. *(klang, geklungen)* **1** (aus. *sein*) emergere (fra altri suoni) **2** (aus. *sein, haben*) trapelare: ***durch seine Worte klang Unsicherheit durch*** dalle sue parole trapelava insicurezza.
2.durch|klin|gen tr. *(durchklang, durchklungen)* LETT. *(von Musik)* invadere, pervadere.
durch‿kom|men intr. *(kam, gekommen;* aus. *sein)* **1** passare: ***wir hatten Mühe durchzukommen*** abbiamo faticato a passare; ***der Regen kommt (durch die Zimmerdecke) durch*** la pioggia passa (attraverso il soffitto); ***die Sonne kommt durch*** spunta il sole **2** COLLOQ. cavarsela, farcela, arrangiarsi: ***er muss mit 1500 DM im Monat ~*** deve farcela con 1500 marchi al mese; ***mit Englisch kommt man überall durch*** con l'inglese ci si arrangia ovunque **3** COLLOQ. passare: ***bei einer Prüfung ~*** passare a un esame; *(gebilligt werden)* ***der Kandidat kam nicht durch*** il candidato non è passato **4** COLLOQ. *(mit einem Anruf)* prendere la linea (telefonica) **5** COLLOQ. *(von Nachrichten)* essere diffuso ◆ ***mit solchen Lügen kommt man bei mir nicht durch*** queste bugie con me non attaccano.
durch‿kom|po|nie|ren tr. **1** strutturare, comporre **2** MUS. musicare in forma aperta. **durch|kom|po|niert** p.pass. agg. **1** → **durchkomponieren 2** (musicato) in forma aperta, non strofica.
durch‿kön|nen intr. *(kann, konnte, gekonnt;* aus. *haben)* COLLOQ. poter passare: ***kann ich bitte durch?*** scusi, posso passare? permesso!
1.durch‿kreu|zen tr. segnare, marcare con una crocetta.
2.durch|kreu|zen tr. **1** LETT. passare per, attraversare: ***die Meere ~*** attraversare i mari **2** *(vereiteln)* contrastare, intralciare.
durch‿krie|gen tr. COLLOQ. fare passare, fare accettare.
Durch|lass m. *(-es,-lässe)* **1** passo *m.*: ***jdm den ~ gewähren*** cedere il passo a qcn. **2** *(Durchgang)* passaggio *m.*, transito *m.* **durch‿las|sen** tr. *(lässt, ließ, gelassen)* **1** far (*o* lasciare) passare, lasciare entrare: ***würden Sie mich ~?*** mi farebbe passare? ***Licht, Wasser ~*** lasciar passare la luce, l'acqua **2** COLLOQ. *(erlauben)* permettere, lasciare fare.
durch|läs|sig agg. **1a** *(undicht)* permeabile, poroso **b** *(von Gefäßen)* non stagno **2** *(durchsichtig)* trasparente **3** FIG. aperto. **Durch|läs|sig|keit** f. *(-)* permeabilità *f.*
Durch|lass|schein m. *(-[e]s,-e)* lasciapassare *m.*
Durch|laucht, Durch|laucht f. *(-,-en)* Altezza *f.* (serenissima): ***Seine ~, der Prinz*** Sua Altezza il principe. **durch|lauch|tig** ANT. agg. di Vostra Altezza.
Durch|lauf m. *(-[e]s,-läufe)* **1** INFORM. svolgimento *m.* di un programma **2** *(Vorspielen)* anteprima *f.* per la censura **3** SPORT manche *f.*
1.durch‿lau|fen *(läuft, lief, gelaufen)* **I** intr. (aus. *sein*) **1** passare (correndo) **2** *(fliehen)* fuggire (attraverso): ***durch eine Sperre ~*** fuggire attraverso uno sbarramento **3** correre senza fermarsi: ***sie ist zwei Stunden durchgelaufen*** ha corso per due ore senza fermarsi **4** SPORT aprirsi un varco **5** *(durchrinnen)* passare, colare **II** tr. consumare (a forza di camminare): ***die Schuhe ~*** consumare le scarpe.
2.durch|lau|fen tr. *(durchläuft, durchlief, durchlaufen)* **1** attraversare (di corsa): ***den Wald ~*** attraversare il bosco di corsa **2** LETT. FIG. percorrere: ***ein Schauder durchlief mich*** mi percorse un brivido **3** *(absolvieren)* portare a termine, compiere.
durch|lau|fend I p.pres. agg. **1** → **1.durchlaufen 2** continuo, ininterrotto **II** avv. continuamente, di (*o* in) continuo ◆ ***~ geöffnet*** orario continuato.
Durch|lauf|er|hit|zer m. *(-s,-)* scaldabagno *m.*, scaldaacqua *m.* istantaneo.
durch‿la|vie|ren rifl. **sich ~** COLLOQ. destreggiarsi astutamente.

durch|le|ben tr. vivere, trascorrere, passare: ***eine schöne Jugend ~*** trascorrere una bella giovinezza; ***eine schreckliche Angst ~*** passare un brutto spavento.
durch|lei|den tr. *(durchlitt, durchlitten)* LETT. soffrire, patire.
durch_le|sen tr. *(liest, las, gelesen)*, ANT. **durch|le|sen** *(durchliest, durchlas, durchlesen)* leggere (per intero, interamente).
1.durch_leuch|ten tr. *(von Licht, Strahl)* penetrare.
2.durch|leuch|ten tr. **1** chiarire, far luce su: ***einen Fall, eine Angelegenheit ~*** chiarire un caso, una questione; ***jds Vergangenheit ~*** far luce sul passato di qcn. **2** LETT. illuminare ◆ ***die Lunge ~*** fare una radioscopia (*o* i raggi) ai polmoni. **Durch|leuch|tung** f. *(-,-en)* radioscopia *f.*
durch_lie|gen I rifl. *(lag, gelegen)* **sich ~** avere piaghe da decubito **II** tr. *(vom Bett)* sfondare, sformare.
durch|lö|chern tr. **1** bucherellare, sforacchiare **2** *(durchbohren)* perforare, forare da parte a parte **3** *(schwächen)* minare, indebolire: ***Prinzipien ~*** minare i principi; ***das staatliche System ~*** indebolire l'ordinamento statale **4** COLLOQ. FIG. ***jdn mit Fragen ~*** ossessionare qcn. con domande.
durch_lüf|ten, durch|lüf|ten I tr. **1** arieggiare, ventilare **2** TECN. ventilare. **II** intr. (aus. *haben*) cambiare l'aria: ***so ein Gestank, wir müssen ~*** che puzza, dobbiamo cambiare l'aria. **Durch|lüf|tung** f. *(-)* ventilazione *f.*, aerazione *f.*
durch_lü|gen rifl. **sich ~** COLLOQ. arrangiarsi mentendo, aiutarsi con bugie.
durch_ma|chen COLLOQ. tr. **1** *(durchlaufen)* portare a termine, compiere: ***eine harte Lehre ~*** portare a termine un duro apprendistato **2** FIG. *(erleiden)* soffrire, patire, attraversare; ***viel ~*** passarne tante **3** *(durcharbeiten)* ***den ganzen Abend ~*** passare tutta la sera a lavorare, lavorare per tutta la sera **4** *(durchfeiern)* ***die Nacht ~*** festeggiare tutta la notte.
Durch|marsch m. *(-[e]s,-märsche)* **1** marcia *f.*: ***auf dem ~ sein*** essere in marcia **2** *(Durchqueren)* passaggio *m.* ◆ COLLOQ. ***~ haben*** avere la dissenteria. **durch_mar|schie|ren** intr. (aus. *sein*) marciare, passare in marcia; ***durch etw. ~*** attraversare qcs. (marciando), marciare attraverso qcs.
durch_men|gen tr. amalgamare.
1.durch_mes|sen tr. *(misst, maß, gemessen)* misurare (in tutta l'estensione).
2.durch|mes|sen tr. *(durchmisst, durchmaß, durchmessen)* percorrere, misurare a grandi passi.
Durch|mes|ser m. *(-s,-)* diametro *m.*: ***äußerer, innerer ~*** diametro esterno, interno; ***den ~ einzeichnen*** tracciare il diametro; ***der Kreis misst 3 m im ~*** il cerchio ha un diametro di m 3.
1.durch_mi|schen tr. mescolare, mischiare: ***die Karten ~*** mescolare le carte.
2.durch|mi|schen tr. mischiare, mescolare: ***Kalk mit Sand ~*** mischiare la calce con la sabbia.
durch_mo|geln rifl. **sich ~** COLLOQ. arrangiarsi, cavarsela con l'imbroglio.
durch_müs|sen intr. *(muss, musste, gemusst;* aus. *haben)* **1** dover passare: ***wohl oder übel muss man da durch*** bene o male si deve passare di lì **2** FIG. *(überwinden müssen)* ***durch etw. ~*** dover superare qcs.
durch_mus|tern, durch|mus|tern tr. esaminare attentamente, controllare scrupolosamente. **Durch|mus|te|rung, Durch|mus|te|rung** f. *(-,-en)* esame *m.* (*o* controllo *m.*) scrupoloso.
Durch|nah|me f. *(-)* trattazione *f.*, svolgimento *m.*
durch|näs|sen tr. bagnare completamente, inzuppare. **durch|nässt** p.pass. agg. **1** → **durchnässen 2** fradicio, zuppo, grondante.
durch_neh|men tr. *(nimmt, nahm, genommen)* trattare, svolgere; *(erklären)* spiegare ◆ ***jdn ~*** sparlare di qcn.
durch_or|ga|ni|sie|ren tr. organizzare accuratamente.
durch_pau|ken tr. COLLOQ. **1a** *(gründlich lernen)* studiare a fondo **b** *(intensiv lernen)* ***etw. ~*** sgobbare su qcs. **2** *(mit Gewalt durchsetzen)* imporre.
durch_pau|sen tr. ricalcare: ***eine Zeichnung ~*** ricalcare un disegno.
durch_peit|schen tr. **1** frustare (a sangue) **2a** *(schnell erledigen)* sbrigare, trattare in fretta **b** *(Gesetze)* far approvare in tutta fretta.
durch_pen|nen intr. (aus. *haben*) COLLOQ. dormire senza sosta.
1.durch_pflü|gen tr. arare (a fondo).
2.durch|pflü|gen tr. **1** tracciare solchi, solcare: ***die Meere ~*** solcare i mari **2** *(aufwühlen)* smuovere scavando **3** FIG. *(genau prüfen)* esaminare a fondo.
durch_plump|sen intr. (aus. *sein*) COLLOQ. essere stangato: ***durch eine Prüfung ~*** essere stangato ad un esame.
durch_pres|sen tr. **1** GASTR. schiacciare, pressare: ***die Kartoffeln ~*** schiacciare le patate **2** COLLOQ. SPREG. imporre con violenza.
durch_pro|bie|ren tr. provare; *(durchkosten)* assaggiare (di) tutto.
durch_prü|fen tr. controllare (attentamente), verificare (scrupolosamente).
durch_prü|geln tr. COLLOQ. picchiare di santa ragione.
durch|pul|sen tr. pulsare: ***das Blut durchpulst die Adern*** il sangue pulsa nelle arterie.
durch_pus|ten → **durchblasen.**
durch|que|ren tr. attraversare. **Durch|que|rung** f. *(-,-en)* attraversamento *m.*
durch_quet|schen I tr. passare, tritare: ***das Fleisch durch den Fleischwolf ~*** tritare la carne nel tritacarne **II** rifl. **sich ~** farsi largo: ***sich zum Eingang ~*** farsi largo verso l'entrata.
1.durch_ra|deln intr. (aus. *sein*) passare in bicicletta.
2.durch|ra|deln tr. attraversare in bicicletta.
1.durch_ra|sen intr. (aus. *sein*) sfrecciare, passare a tutta velocità.
2.durch|ra|sen tr. attraversare a tutta velocità.
durch_ras|seln intr. (aus. *sein*) COLLOQ. essere stangato: ***durch eine, bei, in einer Prüfung ~*** essere stangato a un esame.
durch_rau|schen intr. (aus. *sein*) **1** COLLOQ. → **durchrasseln 2** *(durchschreiten)* incedere.
durch_rech|nen tr. controllare (calcolando), calcolare da cima a fondo: ***die Kosten noch einmal ~*** ricontrollare le spese, rifare il calcolo delle spese.
durch_reg|nen intr. (aus. *haben*) impers. ***es regnet durch*** piove dentro.
durch_rei|ben tr. *(rieb, gerieben)* **1** *(abnutzen)* consumare, rendere liso **2** *(reiben)* grattugiare.
Durch|rei|che f. *(-,-n)* passavivande *m.* **durch_rei|chen** tr. porgere (*o* passare) attraverso un'apertura.
Durch|rei|se f. *(-,-n)* passaggio *m.*, transito *m.*: ***auf der ~ sein*** essere di passaggio (*o* in transito). **Durch|rei|se|er|laub|nis** f. *(-,-se)* permesso *m.* di transito.
1.durch_rei|sen intr. (aus. *sein*) **1** passare, transitare: ***durch eine Stadt ~*** passare per una città **2** viaggiare senza interruzione: ***die ganze Nacht ~*** viaggiare (senza sosta) per tutta la notte.
2.durch|rei|sen tr. attraversare (viaggiando): ***er hat ganz Asien durchreist*** ha attraversato (*o* ha viaggiato per) tutta l'Asia.
Durch|rei|sen|de m. e f. *(-n,-n)* passeggero *m.* (-a *f.*), viaggiatore *m.* (-trice *f.*) in transito.
durch_rei|ßen *(riss, gerissen)* **I** tr. strappare in due **II** intr. (aus. *sein*) strapparsi (in due).
1.durch_rei|ten *(ritt, geritten)* **I** intr. (aus. *sein*) **1** passare a cavallo: ***unter den Bäumen ~*** passare a cavallo sotto gli alberi **2** *(ohne Rast)* cavalcare senza sosta **II** tr. **1** consumare andando a cavallo: ***sich die Hosen ~*** consumarsi i pantaloni andando a cavallo **2** sfiancare (cavalcando): ***das Pferd ~*** sfiancare il cavallo.
2.durch|rei|ten tr. *(durchritt, durchritten)* attraversare a cavallo: ***einen Wald ~*** attraversare un bosco a cavallo.
1.durch_ren|nen intr. *(rannte, gerannt;* aus. *sein)* passare correndo (*o* di corsa).
2.durch|ren|nen tr. *(durchrannte, durchrannt)* attraversare correndo (*o* di corsa).
1.durch_rie|seln intr. (aus. *sein*) scorrere attraverso (con lieve rumore, fruscio): ***der Bach rieselt durch die Wälder durch*** il ruscello scorre tra i boschi mormorando; ***den Sand zwischen den Fingern ~ lassen*** lasciare scorrere la sabbia tra le dita.
2.durch|rie|seln tr. percorrere, pervadere: ***ein Schauder durchrieselte sie*** un brivido la percorse.
durch_rin|gen rifl. *(rang, gerungen)* **sich ~** imporsi ◆ ***sich zu einem Entschluss ~*** giungere con sforzo a una decisione.
1.durch_rin|nen intr. *(rann, geronnen;* aus. *sein)* **1** *(durchfließen)* scorrere **2** FIG. scivolare: ***das Geld rinnt ihm zwischen den Fingern durch*** il denaro gli scivola fra le dita.
2.durch|rin|nen tr. *(durchrann, durchronnen)* percorrere.
Durch|ritt m. *(-[e]s,-e)* passaggio *m.* (a cavallo).
durch_rol|len I intr. (aus. *sein*) **1** rotolare, passare (rotolando): ***der Ball ist ihm zwischen den Beinen durchgerollt*** la palla gli è passata fra le gambe **2** *(ohne Halt rollen)* continuare a rotolare **II** tr. far passare qcs. (rotolando) attraverso, (*o* tra) qcs.
durch_ros|ten intr. (aus. *sein*) arrugginirsi completamente, corrodersi.
durch_ru|fen intr. *(rief, gerufen*; aus. *haben*) COLLOQ. dare un colpo di telefono.
durch_rüh|ren tr. **1** rimescolare bene **2** *(durchpassieren)* (far) passare.
durch_rut|schen intr. (aus. *sein*) COLLOQ. **1** scivolare: ***der Teller rutschte mir durch die Hände durch*** il piatto mi scivolò tra le

mani **2** COLLOQ. *(unterlaufen)* sfuggire, scappare: ***ihm ist ein Fehler durchgerutscht*** gli è sfuggito un errore **3** *(durchscheuern)* consumare ◆ SCOL. ***gerade noch ~*** = essere promosso a stento.
durch‿rüt|teln tr. scuotere, sballottare.
durchs → **durch.**
durch‿sä|beln tr. COLLOQ. tagliare (malamente).
durch‿sa|cken intr. (aus. *sein*) AER. incontrare un vuoto d'aria.
Durch|sa|ge f. *(-,-n)* comunicato *m.* **durch‿sa|gen** tr. **1** teletrasmettere, comunicare **2** *(weitergeben)* diffondere, passare.
durch‿sä|gen tr. segare in due.
Durch|satz m. *(-es,-sätze)* portata *f.*: ***ein ~ von zwei Tonnen pro Tag*** una portata di due tonnellate al giorno.
durch|säu|ern tr. acidificare.
1.durch‿sau|fen *(säuft, soff, gesoffen)* COLLOQ. **I** intr. (aus. *haben*) sbevazzare: ***eine ganze Nacht ~*** sbevazzare (*o* bere) per tutta la notte **II** rifl. **sich ~** sbevazzare a spese altrui.
2.durch|sau|fen tr. *(durchsäuft, durchsoff, durchsoffen)* COLLOQ. trascorrere sbevazzando.
durch‿sau|sen intr. (aus. *sein*) COLLOQ. **1** passare a tutta velocità, sfrecciare **2** *(bei einer Prüfung)* essere stangato.
durch‿scha|ben tr. consumare (per sfregamento).
1.durch‿schal|len intr. *(schallte/*RAR. *scholl, geschallt;* aus. *haben)* ***durch etw. ~*** risuonare attraverso qcs.
2.durch|schal|len tr. *(durchschallte/*RAR. *durchscholl, durchschallt)* **1** ***die Stille ~*** risuonare nel silenzio **2** TECN. testare con ultrasuoni.
durch‿schal|ten tr. **1** EL. TEL. collegare, allacciare **2** *(übermitteln)* trasmettere. **Durch|schal|tung** f. *(-,-en)* EL. collegamento *m.*
durch|schau|bar agg. intuibile, afferrabile. **durch|schau|en** tr. **1** intuire, afferrare, scoprire: ***jds Absichten ~*** intuire le intenzioni di qcn. **2** *(Menschen)* scoprire, smascherare.
durch|schau|ern tr. LETT. far rabbrividire.
durch‿schau|keln tr. COLLOQ. scuotere, sballottare.
1.durch‿schei|nen intr. *(schien, geschienen;* aus. *haben)* trasparire, trapelare: ***etw. ~ lassen*** lasciare trapelare (*o* fare intravedere) qcs.
2.durch|schei|nen tr. *(durchschien, durchschienen)* invadere di luce.
durch|schei|nend p.pres. agg. **1** → **1.durchscheinen** **2** tra(n)slucido, semitrasparente.
1.durch‿schie|ßen tr. *(schoss, geschossen)* tirare attraverso, tra: ***den Ball zwischen den Beinen des Tormanns ~*** tirare il pallone tra le gambe del portiere.
2.durch|schie|ßen tr. *(durchschoss, durchschossen)* **1** perforare (con pallottole) **2** COLLOQ. *(durcheilen)* attraversare (in un baleno) **3** EDIT. interfogliare **4** TIP. interlineare **5** TESS. intessere **6** balenare: ***ein Gedanke durchschoss ihn*** gli balenò un'idea.
Durch|schie|ßen n. *(-s)* EDIT. interfogliatura *f.*
durch|schif|fen tr. attraversare in nave.
durch‿schim|mern intr. (aus. *haben*) tralucere, trapelare ◆ ***~ lassen*** lasciare intravedere.
1.durch‿schla|fen intr. *(schläft, schlief, geschlafen;* aus. *haben)* dormire senza sosta.
2.durch|schla|fen tr. *(durchschläft, durchschlief, durchschlafen)* trascorrere, passare dormendo.
Durch|schlag m. *(-[e]s,-schläge)* **1** copia *f.* **2** *(Passiersieb)* passaverdura *m.* **3** *(Durchschläger)* punzone *m.* **4** EL. scarica *f.* disruptiva **5** MIN. perforamento *m.*, traforo *m.*
1.durch‿schla|gen *(schlägt, schlug, geschlagen)* **I** tr. **1** *(durchtrennen)* spaccare in due **2** conficcare, piantare: ***einen Nagel durch ein Brett ~*** piantare un chiodo in un asse **3** *(durchseihen)* passare (al setaccio) **4** sfondare: ***eine Wand ~*** sfondare un muro **II** intr. **1** EL. (aus. *sein*) saltare, bruciare **2** (aus. *sein*) penetrare, passare: ***die Feuchtigkeit schlägt durch die Wände durch*** l'umidità penetra attraverso i muri **3a** *(wirksam werden*; aus. *sein)* manifestarsi, emergere: ***bei ihm schlägt das Temperament seines Vaters durch*** in lui si manifesta il temperamento di suo padre **b** ripercuotersi: ***die Lohnerhöhung schlägt auf die Preise durch*** l'aumento dei salari si ripercuote sui prezzi **4** (aus. *haben*) avere un effetto lassativo: ***getrocknete Pflaumen schlagen durch*** le prugne secche hanno un effetto lassativo **5** FIG. (aus. *haben*) sfondare, avere successo: ***sein Buch wird ~*** il suo libro sfonderà **III** rifl. **sich ~** **1** *(Schwierigkeiten überwinden)* cavarsela **2** tirare avanti, campare: ***sich mühsam ~*** tirare avanti stentatamente **3** farsi strada, aprirsi un varco: ***sich durch das feindliche Gebiet ~*** farsi strada in territorio nemico.
2.durch|schla|gen tr. *(durchschlägt, durchschlug, durchschlagen)* sfondare, perforare, trapassare: ***zwei Geschosse durchschlugen ihm die Schulter*** due proiettili gli perforarono la spalla.
durch|schla|gend p.pres. agg. **1** → **1.durchschlagen** **2** *(wirksam)* efficace **3** *(entscheidend)* decisivo: ***eine -e Wirkung*** un effetto decisivo **4** *(überzeugend)* convincente: ***eine -e Erklärung*** una spiegazione convincente. **Durch|schlä|ger** m. *(-s,-)* punzone *m.* **durch|schlä|gig** agg. MIN. dotato di traforo. **Durch|schlag|pa|pier** n. *(-[e]s,-e)* **1** carta *f.* vergatina **2** *(Kohlepapier)* carta *f.* carbone.
Durch|schlags|kraft f. *(-)* **1** potenza *f.* d'urto, forza *f.* di penetrazione **2** *(Überzeugungskraft)* forza *f.* persuasiva, efficacia *f.* **durch|schlags|kräf|tig** agg. dotato di forza persuasiva, efficace: ***ein -es Argument*** un argomento persuasivo; ***-e Maßnahmen*** misure efficaci.
1.durch‿schlän|geln rifl. **sich ~** **1** serpeggiare: ***der Bach schlängelt sich zwischen den Bäumen durch*** il ruscello serpeggia tra gli alberi **2** farsi strada, aprirsi il passo: ***sich durch die Menge ~*** farsi strada tra la folla **3** FIG. arrangiarsi, cavarsela.
2.durch|schlän|geln tr. percorrere serpeggiando.
1.durch‿schlei|chen rifl. *(schlich, geschlichen)* **sich ~** sgattaiolare.
2.durch|schlei|chen tr. *(durchschlich, durchschlichen)* attraversare furtivamente.
durch‿schlei|fen tr. **1** COLLOQ. *(mitversorgen)* mantenere qcn. con grandi stenti, a fatica **2** *(durchtrennen)* tagliare in due parti molando ◆ ***jdn mit ~*** dare il proprio appoggio a qcn.
1.durch‿schlen|dern intr. (aus. *sein*) passare gironzolando: ***durch die Ausstellung ~*** fare un giretto per la mostra.
2.durch|schlen|dern tr. girovagare per, andare a zonzo per: ***die Stadt ~*** girovagare per la città.
durch‿schlep|pen tr. **1** trascinare (attraverso) **2** FIG. *(moralisch, finanziell helfen)* ***jdn mit ~*** dare il proprio appoggio a qcn., aiutare (finanziariamente) qcn.: ***einen arbeitslosen Freund mit ~*** dare il proprio appoggio a un amico disoccupato.
durch‿schleu|sen tr. **1** ***das Schiff ~*** far passare la nave attraverso una chiusa **2a** FIG. COLLOQ. far passare attraverso, guidare: ***eine Autokolonne durch die Stadt ~*** far passare una colonna di macchine attraverso la città **b** far passare (*o* trasportare) di nascosto: ***einen Flüchtling durch die Grenze ~*** far passare di nascosto un rifugiato attraverso la frontiera.
Durch|schlupf m. *(-[e]s,-e)* stretto passaggio *m.*, varco *m.* **durch‿schlüp|fen** intr. (aus. *sein*) **1** sgattaiolare **2** FIG. *(entkommen)* sfuggire.
durch‿schme|cken **I** tr. ***etw. ~*** sentire il sapore di qcs. **II** intr. (aus. *haben*) ***die Vanille schmeckt fein durch*** si sente (*o* si percepisce) il sapore delicato della vaniglia.
durch‿schmo|ren intr. (aus. *sein*) fondersi.
durch‿schmug|geln tr. far passare di contrabbando.
1.durch‿schnei|den tr. *(schnitt, geschnitten)* tagliare (nel mezzo): ***jdm die Kehle ~*** tagliare la gola a qcn.
2.durch|schnei|den tr. *(durchschnitt, durchschnitten)* **1a** *(durchtrennen)* tagliare **b** FIG. ***es durchschneidet mir das Herz*** mi spezza il cuore **2** LETT. *(durchziehen)* solcare; *(Luft)* fendere **3** MAT. intersecare.
Durch|schnitt m. *(-[e]s,-e)* **1** media *f.*: ***über, unter dem ~ liegen*** essere al di sopra della (*o* superiore alla) media, al di sotto della (*o* inferiore alla) media; ***den ~ ermitteln, errechnen*** calcolare la media; SCOL. ***sein ~ liegt bei 3*** ha la media del 7 **2** *(Querschnitt)* sezione *f.*, spaccato *m.* **3** *(Mittelmäßigkeit)* mediocrità *f.*: ***er gehört zum ~*** è un tipo mediocre ◆ ***guter ~ sein*** avere una buona media; ***im ~*** in media, generalmente. **durch|schnitt|lich** **I** agg. **1** medio: ***das -e Einkommen*** il guadagno medio **2** *(gewöhnlich)* ordinario, medio, mediocre: ***-e Qualität*** qualità mediocre **II** avv. mediamente, in media. **Durch|schnitts|al|ter** n. *(-s)* età *f.* media. **Durch|schnitts|bil|dung** f. *(-)* cultura *f.* media. **Durch|schnitts|bür|ger** m. *(-s,-)* cittadino *m.* medio. **Durch|schnitts|ge|schwin|dig|keit** f. *(-,-en)* velocità *f.* media. **Durch|schnitts|leis|tung** f. *(-,-en)* rendimento *m.* medio.
durch‿schnüf|feln, durch|schnüf|feln tr. SPREG. frugare in, rovistare.
durch‿schrei|ben tr. *(schrieb, geschrieben)* **1** scrivere in più copie **2** *(mittels eines Fernschreibers)* trasmettere per telescrivente.
durch|schrei|ten tr. *(durchschritt, durchschritten)* LETT. ***den Saal ~*** incedere attraverso la sala.
Durch|schrift f. *(-,-en)* copia *f.*: ***von etw. eine ~ anfertigen*** fare una copia di qcs.
Durch|schuss m. *(-es,-schüsse)* **1** colpo *m.* perforante **2** TIP. interlinea *f.* **3** TESS. trama *f.*
durch‿schüt|teln tr. scuotere.
durch|schwär|men tr. LETT. **1** ***eine Nacht ~*** trascorrere una notte

in allegria (*o* a far baldoria) **2** ***ein Gelände*** ~ girovagare per una regione.

durch|schwei|fen tr. LETT. errare per (*o* attraverso), vagare per; FIG. ***seine Blicke durchschweiften den Raum*** il suo sguardo vagava per la stanza.

1.durch‿schwim|men intr. *(schwamm, geschwommen;* aus. *sein)* **1** procedere a nuoto, passare a nuoto, nuotare (attraverso) **2** *(ohne Pause schwimmen)* nuotare senza fermarsi.

2.durch|schwim|men tr. *(durchschwamm, durchschwommen)* attraversare a nuoto.

durch‿schwin|deln rifl. **sich** ~ cavarsela con l'inganno.

durch‿schwit|zen, durch|schwit|zen tr. intridere di sudore.

1.durch‿se|geln intr. (aus. *sein*) **1** veleggiare **2** COLLOQ. *(durchfallen)* essere bocciato, stangato.

2.durch|se|geln tr. attraversare a vela.

durch‿se|hen *(sieht, sah, gesehen)* **I** tr. **1** esaminare, rivedere, controllare: ***die Hausaufgaben*** ~ controllare i compiti; ***etw. auf Fehler*** ~ controllare qcs. cercando gli errori, cercare gli errori in qcs. **2** *(flüchtig einsehen)* ***etw.*** ~ scorrere qcs., dare un'occhiata a qcs.: ***die Post, eine Zeitung*** ~ scorrere la posta, un giornale **II** intr. (aus. *haben*) **1** vedere, guardare (attraverso, con): ***lass mich einmal ~!*** fammi guardare! (nel cannocchiale) **2** COLLOQ. *(klarsehen)* vederci chiaro, capire: ***ich sehe da nicht mehr durch*** non ci capisco più niente.

durch‿sei|hen tr. **1** filtrare **2** *(durch ein Sieb)* colare.

1.durch‿set|zen I tr. far valere, fare accettare, imporre: ***seine Ansprüche, seinen Willen*** ~ far valere i propri diritti, imporre la propria volontà; ***etw. gegen jdn*** ~ imporre qcs. contro la volontà di qcn.; ***einen Plan, ein Gesetz*** ~ fare approvare un piano, una legge; ***ich habe es durchgesetzt, dass...*** ho ottenuto che... **II** rifl. **sich** ~ **1** imporsi: ***er kann sich*** ~ sa imporsi, sa farsi valere **2** *(Erfolg haben)* imporsi, affermarsi, farsi strada: ***das Produkt hat sich durchgesetzt*** il prodotto si è imposto (sul mercato) ◆ ***seinen Kopf*** ~ fare di testa propria.

2.durch|set|zen tr. riempire, imbottire (inserendo): ***eine Organisation mit Spitzeln*** ~ infiltrare (*o* inserire) spie in un'organizzazione.

Durch|set|zung f. *(-)* imposizione *f.*, il far valere, il fare accettare. **Durch|set|zungs|ver|mö|gen** n. *(-s)* capacità *f.* (*o* potere *m.*) d'imporsi.

durch|seucht agg. infestato.

Durch|sicht f. *(-,-en)* **1** esame *m.*, controllo *m.*, verifica *f.*: ***bei erster ~ der Akten...*** a un primo esame degli atti... **2** *(Durchblick)* vista *f.*: ***die Bäume nehmen die ~ auf den See*** gli alberi impediscono la vista sul lago. **durch|sich|tig** agg. **1a** trasparente: ***eine -e Bluse*** una camicetta trasparente **b** FIG. diafano: ***-e Haut*** pelle diafana **2** *(offensichtlich)* evidente, chiaro, trasparente: ***seine wahren Absichten sind allzu ~*** le sue vere intenzioni sono fin troppo chiare. **Durch|sich|tig|keit** f. *(-)* **1** trasparenza *f.* **2** FIG. chiarezza *f.*, trasparenza *f.*

durch‿si|ckern intr. (aus. *sein*) **1** passare attraverso, filtrare; *(tröpfeln)* colare (attraverso) **2** FIG. trapelare.

1.durch‿sie|ben tr. **1a** setacciare, passare al setaccio **b** *(Flüssigkeiten)* colare **2** FIG. vagliare, passare al vaglio.

2.durch|sie|ben tr. COLLOQ. crivellare, ridurre a un colabrodo.

durch‿sit|zen tr. *(saß, gesessen)* consumare (sedendosi).

durch‿spie|len I tr. **1** ***eine Szene, ein Musikstück*** ~ recitare (tutta) una scena, suonare un pezzo musicale (fino alla fine) **2** ***einen Ernstfall*** ~ simulare un caso di emergenza **II** intr. (aus. *haben*) giocare fino alla fine **III** rifl. **sich** ~ SPORT superare la difesa, portarsi avanti.

durch‿spre|chen tr. *(spricht, sprach, gesprochen)* **1** discutere, trattare a fondo **2a** *(durchgeben)* comunicare **b** ***ein Telegramm*** ~ dettare (telefonicamente) un telegramma.

1.durch‿sprin|gen intr. *(sprang, gesprungen;* aus. *sein)* saltare (attraverso): ***den Löwen durch den Reifen ~ lassen*** far saltare il leone attraverso il cerchio.

2.durch|sprin|gen tr. *(durchsprang, durchsprungen)* ***etw.*** ~ saltare attraverso qcs.

durch‿star|ten intr. (aus. *sein*) **1** riprendere quota (dopo un mancato atterraggio) **2** AUT. dare un'accelerata, accelerare (prima di partire o di fermarsi).

1.durch‿ste|chen intr. *(sticht, stach, gestochen;* aus. *haben)* ***mit der Nadel durch etw.*** ~ passare l'ago attraverso qcs.

2.durch|ste|chen tr. *(durchsticht, durchstach, durchstochen)* (per)forare, trafiggere, traforare: ***jdm das Trommelfell*** ~ (per)forare il timpano a qcn.

Durch|ste|che|rei f. *(-,-en)* truffa *f.*, imbroglio *m.*

durch‿ste|cken tr. infilare.

durch‿ste|hen tr. *(stand, gestanden)* reggere, sopportare.

durch‿stel|len tr. TEL. ***das Gespräch (zu jdm)*** ~ passare la chiamata (a qcn.).

Durch|stich m. *(-[e]s,-e)* traforo *m.*

durch‿stö|bern, durch|stö|bern tr. COLLOQ. rovistare, frugare: ***ein Zimmer, alte Bücher nach etw.*** ~ frugare una stanza in cerca di qcs., cercare qcs. in vecchi libri.

Durch|stoß m. *(-es,-stöße)* **1** MECC. urto *m.* **2** MIL. avanzata *f.*, sfondamento *m.* del fronte.

1.durch‿sto|ßen *(stößt, stieß, gestoßen)* **I** tr. **1** ***etw. durch etw.*** ~ spingere, far passare con forza qcs. attraverso qcs.: ***die Nadel durch das Leder*** ~ spingere l'ago attraverso il cuoio **2** *(abnutzen)* logorare, consumare **II** intr. (aus. *sein*) spingersi, avanzare: ***durch die feindlichen Linien*** ~ spingersi fra le linee nemiche.

2.durch|sto|ßen tr. *(durchstößt, durchstieß, durchstoßen)* sfondare.

durch|strah|len tr. **1** irradiare **2** *(mit Licht erfüllen)* irradiare, illuminare, rischiarare. **Durch|strah|lung** f. *(-,-en)* irradiamento *m.*

1.durch‿strei|chen tr. *(strich, gestrichen)* **1** cancellare, depennare **2** *(passieren)* passare.

2.durch|strei|chen tr. *(durchstrich, durchstrichen)* LETT. → **durchstreifen.**

durch|strei|fen tr. **1** ***die Felder, die Stadt*** ~ girare per i campi, girare la città **2** *(von Polizei)* pattugliare.

1.durch‿strö|men intr. (aus. *sein*) scorrere, fluire (tra).

2.durch|strö|men tr. **1** attraversare (scorrendo) **2** FIG. pervadere: ***ein Gefühl des Glücks durchströmt ihn*** lo pervade un sentimento di gioia.

durch‿stu|die|ren tr. studiare a fondo.

durch‿su|chen, durch|su|chen tr. perquisire, frugare: ***jdn, etw. nach etw.*** ~ perquisire qcn., qcs. in cerca di qcs. **Durch|su|chung** f. *(-,-en)* perquisizione *f.* **Durch|su|chungs|be|fehl** m. *(-[e]s,-e)* mandato *m.* di perquisizione.

1.durch‿tan|zen I tr. ***die Schuhe*** ~ consumare le scarpe ballando **II** intr. **1** (aus. *sein*) ***durch das Zimmer*** ~ attraversare la stanza ballando **2** (aus. *haben*) ***die (ganze) Nacht*** ~ ballare tutta la notte.

2.durch|tan|zen tr. trascorrere ballando. **durch|tanzt** p.pass. agg. **1** → **2.durchtanzen 2** ***eine -e Nacht*** una notte trascorsa ballando (*o* passata a ballare).

durch‿te|le|fo|nie|ren tr. riferire, trasmettere telefonicamente.

durch|trän|ken tr. **1** imbevere, impregnare **2** LETT. pervadere.

durch‿tren|nen, durch|tren|nen tr. **1** separare **2** *(durchschneiden)* tagliare.

durch‿tre|ten *(tritt, trat, getreten)* **I** tr. **1** schiacciare, premere (*o* spingere) a fondo: ***die Kupplung*** ~ schiacciare la frizione **2** ***die Schuhe*** ~ consumare le scarpe (camminando) **II** intr. (aus. *haben*) passare (attraverso), penetrare.

durch|trie|ben agg. astuto, scaltro. **Durch|trie|ben|heit** f. *(-,-en)* astuzia *f.*, scaltrezza *f.*

durch‿trop|fen intr. (aus. *sein*) gocciolare (attraverso).

durch‿vö|geln VOLG. **I** intr. (aus. *haben*) scopare **II** tr. scoparsi.

1.durch‿wa|chen intr. (aus. *haben*) vegliare.

2.durch|wa|chen tr. trascorrere vegliando.

durch|wach|sen I agg. frammisto: ***mit etw. ~ sein*** essere frammisto a qcs. **II** avv. COLLOQ. così così: ***wie geht es dir? – danke, ~*** come va? – così così, grazie ◆ ***-er Speck*** = pancetta.

durch|wacht p.pass. agg. **1** → **2.durchwachen 2** ***-e Nächte*** notti di veglia.

Durch|wahl f. *(-,-en)* **1** TEL. selezione *f.* diretta **2** → **Durchwahlnummer. durch‿wäh|len** intr. (aus. *haben*) ***nach Paris*** ~ chiamare Parigi in teleselezione. **Durch|wahl|num|mer** f. *(-,-n)* TEL. numero *m.* diretto.

durch‿wal|ken tr. COLLOQ. menare.

1.durch‿wan|dern intr. (aus. *sein*) girare, camminare (senza sosta).

2.durch|wan|dern tr. camminare, girare (per): ***die Welt*** ~ girare il mondo (a piedi).

durch‿wa|schen tr. *(wäscht, wusch, gewaschen)* COLLOQ. ***etw.*** ~ dare una lavata (veloce) a qcs.

1.durch‿wa|ten intr. (aus. *sein*) passare: ***durch den Schlamm*** ~ passare nel fango; ***durch den Fluss*** ~ guadare, attraversare il fiume.

2.durch|wa|ten tr. attraversare; *(Wasserläufe)* guadare.

1.durch‿we|ben tr. tessere a due diritti.

2.durch|we|ben tr. *(durchwebte/*LETT. *durchwob, durchwebt/*LETT. *durchwoben)* ***etw. mit etw.*** ~ intessere qcs. di (*o* con) qcs., intrecciare qcs. con qcs. (anche FIG.).

durch|weg(s) avv. **1** totalmente, del tutto, completamente **2** *(aus-*

nahmslos) senza eccezione: ***es haben ~ alle zugestimmt*** hanno approvato tutti, senza eccezioni.

durch|we|hen **1** tr. attraversare (spirando), passare (per): ***der Wind durchweht seine Haare*** il vento passa fra i suoi capelli **2** FIG. pervadere, permeare: ***Trauer durchweht diese Verse*** la tristezza pervade questi versi.

1.durch‿wei|chen intr. (aus. *sein)* ammollarsi.

2.durch|wei|chen tr. ammollare, inzuppare.

durch‿wet|zen tr. consumare, logorare.

durch‿wich|sen tr. COLLOQ. menare, prendere a botte.

durch‿win|den rifl. *(wand, gewunden)* **sich ~ 1a** passare (torcendosi), divincolarsi **b** ***sich zwischen den Tischen ~*** farsi strada (*o* destreggiarsi) fra i tavoli **2** *(sich schlängeln)* snodarsi **3** FIG. destreggiarsi, cavarsela: ***sich durch Schwierigkeiten ~*** destreggiarsi fra le difficoltà.

durch|win|tern I tr. ritirare per l'inverno **II** intr. (aus. *haben*) svernare.

1.durch‿wir|ken I tr. impastare bene **II** intr. (aus. *haben*) COLLOQ. fare effetto (*o* impressione).

2.durch|wir|ken tr. LETT. intessere, intrecciare. **durch|wirkt** p.pass. → **2.durchwirken** ◆ ***mit Goldfäden ~*** intessuto d'oro.

durch‿wol|len intr. *(will, wollte, gewollt;* aus. *haben)* COLLOQ. voler passare (per, attraverso): ***er will durch den Wald durch*** vuole passare per il bosco.

1.durch‿wüh|len I tr. rovistare, frugare **II** rifl. **sich ~** COLLOQ. aprirsi un varco.

2.durch|wüh|len tr. rovistare, frugare: ***den Schrank nach etw. ~*** rovistare l'armadio in cerca di qcs.

durch‿wursch|teln, durch‿wur|steln rifl. **sich ~** COLLOQ. cavarsela, arrangiarsi.

Durch|wurf m. *(-[e]s,-würfe)* crivello *m.*, setaccio *m.* (per sabbia).

durch‿zäh|len tr. contare (tutto, tutti).

1.durch‿ze|chen intr. (aus. *haben*) sbevazzare.

2.durch|ze|chen tr. ***die Nacht ~*** trascorrere la notte sbevazzando (*o* gozzovigliando).

durch‿zeich|nen → **durchpausen.**

1.durch‿zie|hen *(zog. gezogen)* **I** tr. **1** infilare, far passare attraverso: ***den Faden durch das Öhr ~*** infilare il filo nella cruna **2** *(Linien)* tirare, tracciare **3** COLLOQ. *(zu Ende führen)* portare a termine, finire, concludere: ***ein Projekt ~*** portare a termine (*o* realizzare) un progetto **II** intr. (aus. *sein*) **1** passare **2** GASTR. macerare: ***etw. in einer Marinade ~ lassen*** far marinare qcs. **III** rifl. ***sich durch etw. ~*** ricorrere (*o* ripetersi) in qcs., attraversare (*o* pervadere) qcs.

2.durch|zie|hen *(durchzog. durchzogen)* tr. **1** attraversare, percorrere **2** *(linienförmig verlaufen)* solcare, percorrere **3** *(durchdringen)* pervadere, impregnare: ***der Bratengeruch durchzieht das Haus*** l'odore di arrosto impregna la casa **4** *(von Schmerzen)* colpire ◆ ***die Haare mit einem Band ~*** intrecciare un nastro fra i capelli.

durch|zu|cken tr. **1** attraversare balenando: ***ein Blitz durchzuckte die Wolken*** un lampo balenò fra le nuvole **2** FIG. cogliere (improvvisamente); ***plötzlich durchzuckte ihn ein Gedanke, der Hass*** improvvisamente gli balenò un'idea, fu colto dall'ira.

Durch|zug m. *(-[e]s,-züge)* **1** passaggio *m.*, transito *m.* **2** *(Luftzug)* corrente *f.* (d'aria): ***~ machen*** fare corrente **3** SART. guida *f.*, coulisse *f.* ◆ ***auf ~ schalten*** = non ascoltare. **Durch|züg|ler** m. *(-s,-)* uccello *m.* di transito. **Durch|zugs|ver|kehr** m. *(-s)* traffico *m.* in transito.

durch‿zwän|gen I tr. passare, infilare (spingendo) **II** rifl. **sich ~** passare (con fatica), infilarsi.

dür|fen mod. (ich *darf*, du *darfst*, er *darf*, wir *dürfen*, ihr *dürft*, sie *dürfen*; *durfte*, *gedurft/hat...dürfen*; aus. *haben*) **I** *mit Infinitiv* (p.pass. *hat...dürfen*) **1a** *(Erlaubnis)* potere: ***darf man eintreten?*** si può entrare? è permesso? ***darf ich heute ins Kino gehen?*** posso andare al cinema oggi? ***hier darf man nicht rauchen*** qui non si può fumare (*o* è vietato fumare) **b** *(Recht)* ***mit 18 Jahren darf man wählen*** a 18 anni si può votare **c** *(in höflicher Anrede)* ***darf ich Sie stören?*** posso disturbarla? IRON. ***darf man mal fragen, was du damit meinst?*** ti spiacerebbe dirmi cosa intendi? **2a** *(als Aufforderung, Bitte, Wunsch; oft verneint)* potere, dovere: ***du darfst jetzt nicht aufgeben!*** non devi (*o* non puoi) rinunciare ora! ***das darf nicht sein!*** questo non deve accadere! **b** *(moralische Berechtigung zu etw. – verneint)* ***man darf Kinder nicht schlagen!*** non si devono picchiare i bambini! ***das hätte nicht passieren ~!*** questo non sarebbe dovuto accadere! **c** *(im 2. Konjunktiv: es ist wahrscheinlich, dass...)* ***das dürfte schwierig für ihn werden*** questo potrebbe (*o* dovrebbe) essere difficile per lui; ***es dürfte bald regnen*** dovrebbe piovere presto **3** *(Veranlassung; oft unübersetzt)* ***wir ~ davon ausgehen, dass deine Aussage richtig ist*** partiamo dal presupposto che quanto dici sia vero **II** *als Vollverb* (p.pass. *gedurft*) potere: ***er darf nicht ins Kino*** non può andare al cinema; ***sie darf um diese Zeit nicht aus dem Haus*** a quest'ora non può (*o* le è proibito) uscire di casa ◆ ***darf ich bitten?*** permette questo ballo? vuole ballare? *(Aufforderung zum Essen)* accomodatevi, prego! servitevi, prego! ***wenn ich bitten darf*** per favore; ***Sie ~ mir glauben*** mi creda; ***das durfte jetzt nicht kommen!*** questo non andava detto! ***wenn ich so sagen darf*** se così posso dire; ***ich darf wohl sagen*** mi permetto di dire; ***das darf doch nicht wahr sein!*** non può essere vero! non è possibile! *(Frage des Verkäufers)* ***was darf es sein?*** desidera? in cosa posso servirla?

durf|te → **dürfen.**

dürf|tig I agg. **1** povero, misero: ***eine -e Wohnung*** una misera abitazione **2** *(nicht ausreichend)* insufficiente, scarso: ***-e Einnahmen*** entrate insufficienti; FIG. ***ein -es Ergebnis*** uno scarso (*o* un magro) risultato **3** ANT. *(schwächlich)* esile, gracile **II** avv. **1** poveramente, miseramente **2** *(nicht ausreichend)* insufficientemente, scarsamente. **Dürf|tig|keit** f. *(-,-en)* **1** povertà *f.*, miseria *f.* **2** *(Unzulänglichkeit)* insufficienza *f.*, scarsità *f.*, scarsezza *f.*

dürr agg. **1** secco: ***-e Blätter*** foglie secche; ***ein -er Boden*** un terreno secco (*o* arido) **2** FIG. ***-e Zeiten*** periodi di magra (*o* di strettezze) **3** *(mager)* asciutto, magro ◆ ***in, mit -en Worten*** in parole povere.

Dür|re f. *(-,-n)* **1** secchezza *f.* **2** *(in bezug auf die Witterung)* siccità *f.* **3** *(Magerkeit)* magrezza *f.* **4** FIG. *(Unfruchtbarkeit)* aridità *f.*, sterilità *f.* **dür|ren** → **dörren. Dür|re|pe|ri|o|de** f. *(-,-n)* periodo *m.* di siccità. **Dürr|fleisch** REGION. → **Dörrfleisch. Dürr|fut|ter** n. *(-s)* foraggio *m.* secco.

Durst m. *(-[e]s)* sete *f.* (anche FIG.): ***~ (auf Bier) haben, bekommen, verspüren*** avere sete (di birra); ***den ~ löschen, stillen*** togliere (*o* spegnere), placare la sete; ***vor ~ umkommen, vergehen*** morire di sete; FIG. ***~ nach Rache, Ruhm haben*** avere sete di vendetta, di gloria ◆ ***einen, eins, ein Glas über den ~ trinken*** berne uno di troppo, alzare il gomito. **durs|ten** LETT. **I** intr. (aus. *haben*) **1** soffrire (*o* patire) la sete, essere assetato **2** → **dürsten II** tr. → **dürsten. dürs|ten I** tr. impers. ***es dürstet mich, mich dürstet (nach etw.)*** ho sete (di qcs.); FIG. ***es dürstet mich nach Rache, Gerechtigkeit*** ho sete di vendetta, di giustizia **II** intr. (aus. *haben*) FIG. ***nach etw. ~*** avere sete di qcs., desiderare qcs., aspirare a qcs. **durs|tig** agg. assetato: ***~ machen*** mettere (*o* far venire) sete; FIG. ***nach etw. ~ sein*** avere sete di qcs., desiderare qcs., aspirare a qcs. **durst|lö|schend, durst|stil|lend** agg. dissetante. **Durst|stre|cke** f.*(-,-n)* periodo *m.* di magra (*o* di strettezze). **Durst|streik** m. *(-[e]s,-s)* sciopero *m.* della sete: ***in den ~ treten*** cominciare lo sciopero della sete.

Dur|ton|art f. *(-,-en)* MUS. modo *m.* maggiore. **Dur|ton|lei|ter** f. *(-,-n)* MUS. scala *f.* maggiore.

Dusch|bad n. *(-[e]s,-bäder)* doccia *f.*: ***ein ~ nehmen*** fare la doccia. **Du|sche** f. *(-,-n)* doccia *f.*: ***ein Zimmer mit ~*** una camera con doccia; ***unter der ~ stehen*** essere (*o* stare) sotto la doccia; ***unter die ~ gehen, sich unter die ~ stellen*** andare a farsi una doccia, andare sotto la doccia; ***eine kalte ~*** una doccia fredda (anche FIG.). **du|schen I** tr. lavare con la doccia, mettere sotto la doccia **II** intr. (aus. *haben*) fare la doccia; ***kalt, warm ~*** fare una doccia fredda, calda **III** rifl. **sich ~** farsi, fare la doccia. **Dusch|ge|le|gen|heit**, ***ein Zimmer mit ~*** una camera con doccia. **Dusch|ka|bi|ne** f. *(-,-n)* cabina *f.* da, della doccia. **Dusch|raum** m. *(-[e]s,-räume)* (locale *m.*) docce *f.pl.*

Dü|se f. *(-,-n)* **1** ugello *m.* **2a** AUT. spruzzatore *m.*, gicleur *m.* **b** *(von Dieselmotoren)* iniettore *m.*, polverizzatore *m.* **3** AUT. *(für die Lüftungs- und Heizungsanlage)* bocchetta *f.* **4** *(einer Turbine)* distributore *m.* (di fluido).

Du|sel m. *(-s)* **1** fortuna *f.*: ***mächtigen ~ haben*** avere tutte le fortune **2** *(leichter Rausch)* sbornia *f.* **3** REGION. *(Benommenheit)* stordimento *m.*, intontimento *m.* **Du|se|lei** f. *(-,-en)* **1** disattenzione *f.* **2** *(Torheit)* follia *f.* **3** *(Dummheit)* stupidaggine *f.* **du|se|lig,** REGION. **dü|se|lig** agg. COLLOQ. stordito, intontito. **du|seln** intr. (aus. *haben*) COLLOQ. dormicchiare, sonnecchiare.

dü|sen intr. (aus. *sein*) COLLOQ. andare di corsa, fiondarsi.

Dü|sen|ag|gre|gat n. *(-[e]s,-e)* → **Düsenmotor. Dü|sen|an|trieb** m. *(-[e]s,-e)* propulsione *f.* a getto (*o* a reazione); ***mit ~*** a reazione. **Dü|sen|flug|zeug** n. *(-[e]s,-e)* aviogetto *m.*, aereo *m.* a reazione. **Dü|sen|mo|tor** m. *(-s,-en)*, **Dü|sen|trieb|werk** n. *(-[e]s,-e)* motore *m.* a getto (*o* a reazione), reattore *m.*

dus|lig → **duselig.**

Dus|sel m. *(-s,-)* COLLOQ. **1** addormentato *m.*, morto *m.* di sonno **2** *(Dummkopf)* babbeo *m.*

Dus|se|lei → **Duselei.**
dus|se|lig → **dusslig. Dus|se|lig|keit** → **Dussligkeit.**
dus|seln intr. (aus. *haben*) REGION. avere la testa fra le nuvole, essere distratto.
duss|lig I agg. COLLOQ. **1** scemo, stupido **2** REGION. *(benommen)* intontito, stordito **II** avv. stupidamente, da (*o* come uno) scemo. **Duss|lig|keit** f. *(-,-en)* COLLOQ. stupidità *f.*, scemenza *f.*
Dust m. *(-[e]s)* REGION. **1** foschia *f.*, nebbia *f.* **2** *(Staub)* polvere *f.*
dus|ter agg. REGION. buio, scuro.
düs|ter agg. **1** buio, tetro; *(dunkel)* scuro **2a** FIG. *(unheimlich und bedrohlich)* oscuro, cupo: ***ein -er Blick*** uno sguardo cupo **b** *(schaurig)* lugubre **c** *(bedrückend)* tetro, fosco: ***ein -es Bild von etw. zeichnen*** fare un quadro fosco di qcs. **3** *(schwermütig)* cupo, tetro. **Düs|ter** n. *(-s)* LETT. → **Düsterheit.**
Düs|ter|heit, Düs|ter|keit f. *(-)* **1** buio *m.*, oscurità *f.* **2** *(Schwermut)* tetraggine *f.*, umore *m.* tetro (*o* cupo). **düs|tern** intr. (aus. *haben*) impers. LETT. ***es düstert*** si fa buio, scurisce. **Düs|ter|nis** f. *(-,-se)* → **Düsterheit.**
Dutt m. *(-[e]s,-e* e *-s)* REGION. crocchia *f.*, chignon *m.*: ***einen ~ tragen*** avere uno chignon.
Dut|zend n. *(-s,-e)* **1** dozzina *f.*: ***ein (halbes) ~ Eier*** una (mezza) dozzina di uova; ***etw. im ~ verkaufen*** vendere qcs. a dozzine; ***im ~ billiger*** con sconto sulla dozzina **2** pl. *(viele)* dozzine *f.pl.*, decine *f.pl.*: ***-e von Büchern*** decine di libri; ***in, zu -en*** a dozzine, a decine; ***~ Mal*** dozzine (*o* decine) di volte. **dut|zend|fach I** agg. innumerevole, ripetuto **II** avv. dozzine (*o* decine) di volte. **Dut|zend|ge|schmack** m. *(-[e]s,-geschmäcker)* gusto *m.* dozzinale. **Dut|zend|mensch** m. *(-en,-en)* persona *f.* (*o* tipo *m.*) dozzinale. **Dut|zend|wa|re** f. *(-,-n)* merce *f.* dozzinale. **dut|zend|wei|se** avv. a dozzine (anche FIG.).
Du|um|vir m. *(-n,-n)* duunviro *m.* **Du|um|vi|rat** n. *(-[e]s,-e)* duunvirato *m.*
Duz|bru|der m. *(-s,-brüder)* → **Duzfreund. du|zen I** tr. ***jdn ~*** dare del tu a qcn. **II** rifl. **sich ~** darsi del tu. **Duz|freund** m. *(-[e]s,-e)* amico *m.* (a cui di dà del tu). **Duz|fuß**, COLLOQ. ***mit jdm auf (dem) ~ stehen*** darsi del tu con qcn.
DV ⇒ *Datenverarbeitung* elaborazione dati (ED).
DW ⇒ *Deutsche Welle* (ente radiofonico pubblico della RFT).
dwars avv. REGION. *(quer)* di traverso.
Dy|a|de f. *(-,-n)* diade *f.* **dy|a|disch** agg. MAT. diadico.
Dyn n. *(-s)* dina *f.*
Dy|na|mik f. *(-)* **1** FIS. MUS. dinamica *f.* **2** *(Schwung)* dinamicità *f.*, dinamismo *m.* **dy|na|misch** agg. dinamico. **dy|na|mi|sie|ren** tr. dinamizzare. **Dy|na|mi|sie|rung** f. *(-,-en)* dinamizzazione *f.* **Dy|na|mis|mus** m. *(-, Dynamismen)* dinamismo *m.*
Dy|na|mit n. *(-s)* dinamite *f.* (anche FIG.).
Dy|na|mo, Dy|na|mo m. *(-s,-s)*, **Dy|na|mo|ma|schi|ne** f. *(-,-n)* dinamo *f.* **Dy|na|mo|me|ter** n. *(-s,-)* dinamometro *m.*
Dy|nast m. *(-en,-en)* dinasta *m.* **Dy|nas|tie** f. *(-,-n)* dinastia *f.* **dy|nas|tisch** agg. dinastico.
Dys|en|te|rie f. *(-,-n)* dissenteria *f.* **dys|en|te|risch** agg. dissenterico.
Dys|funk|ti|on f. *(-,-en)* MED. disfunzione *f.* **Dys|kra|sie** f. *(-,-n)* discrasia *f.* **Dys|me|nor|rhö(e)** f. *(-,-[e]n)* dismenorrea *f.* **Dys|pep|sie** f. *(-,-n)* dispepsia *f.* **dys|pep|tisch** agg. dispeptico. **Dys|pho|rie** f. *(-,-n)* disforia *f.* **Dys|pla|sie** f. *(-,-n)* displasia *f.* **Dys|pnoe** f. *(-)* dispnea *f.* **Dys|to|nie** f. *(-,-n)* distonia *f.*
dys|troph agg. distrofico. **Dys|tro|phie** f. *(-,-n)* distrofia *f.* **Dys|tro|phi|ker** m. *(-s,-)* distrofico *m.*
Dys|u|rie f. *(-,-n)* disuria *f.*
dz ⇒ *Doppelzentner* quintale (q).
dz. ⇒ *derzeit* ora, al momento, attualmente.
D-Zug ['de:-] m. *(-[e]s, D-Züge)* (treno *m.*) espresso *m.* **D-Zug-Tem|po** n. *(-s)* COLLOQ. ***im ~*** a tutto gas.

E

e, E n. *(-,-)* **1** *(Buchstabe)* e, E *f.* e *m.*: ***ein großes E, ein kleines e*** una E maiuscola, una e minuscola **2** MUS. *(Note)* mi *m.*

e ⇒ *e-Moll* mi minore.

E ⇒ **1** MUS. *E-Dur* mi maggiore **2** *Ost* est (E) **3** *Eilzug* treno diretto **4** *Europastraße* strada europea.

EAN-Code m. *(-s)* codice *m.* EAN, codice *m.* a barre.

Eau de Toi|lette ['o:dətoa'lɛt] n. *(-,-)* eau *f.* de toilette.

Eb|be f. *(-,-n)* bassa marea *f.*, riflusso *m.*: ***bei ~*** con la bassa marea; ***~ und Flut*** flusso e riflusso, maree *f.pl.* ◆ FIG. ***im Geldbeutel, in der Kasse ist, herrscht ~*** non c'è più un soldo. **eb|ben** intr. e impers. (aus. *haben*) ***es ebbt*** cala (*o* si abbassa) la marea. **Eb|be|strom, Ebb|strom** m. *(-s)* riflusso *m.*, corrente *f.* di bassa marea.

ebd. ⇒ *ebenda* ivi, ibidem (ibid.).

1.e|ben agg. **1** piano: ***-es Land*** pianura; ***zu -er Erde*** a pian terreno **2** *(geebnet)* spianato, livellato: ***den Boden ~ machen*** livellare il terreno **3** *(glatt)* piatto, liscio **4** ANT. *(gleichmäßig)* uniforme.

2.e|ben I avv. **1a** *(in diesem Augenblick)* proprio adesso, or ora, in questo (*o* quel) momento **b** *(gerade vorhin)* appena, un attimo prima: ***ich war ~ eingeschlafen, als es schellte*** mi ero appena addormentato, quando suonarono; ***ich wollte ~ sagen...*** stavo per dire... **c** REGION. *(schnell einmal)* un momento, un attimo: ***schaust du mal ~ auf das Kind?*** puoi guardare un attimo il bambino? **2** appena, giusto giusto: ***das Geld reicht ~ noch aus*** i soldi bastano appena **3** *(bestätigend)* veramente, infatti: ***das ist es ~!*** questo è il punto; ***~, das sage ich auch!*** infatti, lo dico anch'io! **II** part.at. proprio: ***das ist ~ so*** è proprio così; ***er will ~ nicht*** non vuole proprio; ***gut, dann ~ nicht!*** bene, allora no! ***man hätte es ~ nicht tun dürfen*** non si sarebbe proprio dovuto fare; ***er ist nicht ~ freundlich*** non è proprio (tanto) gentile; *(nicht gerade)* ***er ist nicht ~ ein Held*** non è proprio un eroe; *(genau)* ***~ jetzt brauche ich ihn*** proprio adesso ho bisogno di lui.

E|ben|bild n. *(-[e]s,-er)* immagine *f.*, ritratto *m.*: ***sie ist das ~ ihrer Schwester*** è il ritratto di sua sorella, è tutta sua sorella. **e|ben|bür|tig** agg. **1** pari, uguale, di pari valore; ***jdm ~ sein*** essere pari a qcn. **2** ANT. uguale per nascita. **E|ben|bür|tig|keit** f. *(-,-en)* parità *f.*

e|ben|da, e|ben|da avv. **1** proprio là, nello stesso luogo **2** ivi, ibidem.

e|ben|da|her, e|ben|da|her I avv. proprio di là (*o* dallo stesso luogo) **II** avv.pron. proprio per questo, appunto perciò.

e|ben|da|hin, e|ben|da|hin I avv. proprio là **II** avv.pron. in questa direzione: ***seine Meinung geht ~*** la sua opinione va proprio in questa direzione.

e|ben|dann, e|ben|dann avv. proprio in quest'istante.

e|ben|da|rum, e|ben|da|rum avv.pron. proprio per questo.

e|ben|das, e|ben|das → **ebender.**

e|ben|da|selbst, e|ben|da|selbst avv. ANT. o SVIZZ. → **ebenda.**

e|ben|das|sel|be, e|ben|das|sel|be → **ebenderselbe.**

e|ben|der, e|ben|der pron.dimostr. m. (f. **ebendiese**, n. **ebendas**, ... → **der**) proprio questo *m.*, proprio questa *f.*; proprio quello *m.*, proprio quella *f.*

e|ben|der|sel|be, e|ben|der|sel|be pron.dimostr. m. (f. **ebendieselbe**, n. **ebendasselbe**, ... → **derselbe**) proprio lo stesso, la stessa, proprio il medesimo, la medesima.

e|ben|des|halb, e|ben|des|halb avv.pron. → **ebendarum.**

e|ben|des|we|gen, e|ben|des|we|gen avv.pron. → **ebendarum.**

e|ben|die, e|ben|die → **ebender.**

e|ben|die|se, e|ben|die|se → **ebendieser.**

e|ben|die|sel|be, e|ben|die|sel|be → **ebenderselbe.**

e|ben|die|ser, e|ben|die|ser pron.dimostr. m. (f. **ebendiese**, n. **ebendies[es]**, ... → **dieser**) proprio questo *m.*, proprio questa *f.* **e|ben|die|s(es), e|ben|die|s(es)** → **ebendieser.**

e|ben|dort, e|ben|dort avv. proprio là.

e|ben|dort|selbst, e|ben|dort|selbst avv. proprio là.

E|be|ne f. *(-,-n)* **1** pianura *f.*, piano *m.*: ***das Dorf liegt in der ~*** il paese è situato in pianura **2** GEOM. FIS. piano *m.*: ***eine schiefe ~*** un piano inclinato **3** *(Stufe)* piano *m.*, livello *m.*, base *f.*: ***auf wissenschaftlicher ~*** su un piano scientifico; ***sich auf gleicher ~ bewegen*** muoversi sullo stesso piano; ***etw. auf dieselbe ~ mit etw. stellen*** mettere qcs. sullo stesso piano di qcs.; ***auf höherer ~*** ad alto livello ◆ FIG. ***auf die schiefe ~ geraten, kommen*** prendere (*o* mettersi su) una brutta china.

e|ben|er|dig agg. a livello del suolo (*o* della strada); *(im Erdgeschoss)* a pian terreno, al piano terra.

e|ben|falls avv. **1** pure, anche, allo stesso modo: ***er war ~ krank*** anche lui era malato **2** *(gleichfalls)* altrettanto: ***danke, ~*** grazie, altrettanto.

E|ben|holz n. *(-es)* ebano *m.*, legno *m.* d'ebano: ***schwarz wie ~*** nero come l'ebano. **e|be|nie|ren** tr. rivestire di ebano.

e|ben|je|ne → **ebenjener. e|ben|je|ner** pron.dimostr. m. (f. **ebenjene**, n. **ebenjenes**, ... → **jener**) proprio quello *m.*, proprio quella *f.* **e|ben|je|nes** → **ebenjener.**

E|ben|maß n. *(-es)* armonia *f.*, simmetria *f.*, giuste proporzioni *f.pl.* **e|ben|mä|ßig** agg. regolare, uniforme, proporzionato: ***ein -es Gesicht*** un viso regolare. **E|ben|mä|ßig|keit** f. *(-)* regolarità *f.*, uniformità *f.*

e|ben|so avv. ugualmente, altrettanto, lo stesso, allo stesso modo: ***ich mache es ~*** lo faccio lo stesso; ***~ wie*** così come; ***es geht mir ~*** mi trovo nella stessa situazione; ***~ gern*** altrettanto volentieri; ***~ gut, ~ wohl*** altrettanto (*o* ugualmente) bene: ***~ gut könnte man sagen, dass...*** si potrebbe altrettanto dire che..., tanto varrebbe dire che...; ***~ häufig*** altrettanto spesso; ***~ lang(e)*** altrettanto a lungo; ***~ oft*** altrettanto spesso, con uguale frequenza; ***~sehr*** altrettanto, ugualmente; ***~ viel*** altrettanto: ***heute hat er ~ viel bezahlt*** oggi ha pagato altrettanto (*o* né più né meno); ***~ weit*** altrettanto lontano; ***~ wenig*** altrettanto poco. **e|ben|sol|che, e|ben|sol|che** → **ebensolcher. e|ben|sol|cher, e|ben|sol|cher** pron.dimostr. m. (f. **ebensolche**, n. **ebensolches**, ... → **solcher**) proprio identico *m.*, proprio lo stesso, proprio identica *f.*, proprio la stessa. **e|ben|sol|ches, e|ben|sol|ches** → **ebensolcher.**

E|ber m. *(-s,-)* verro *m.*; *(Wildschwein)* cinghiale *m.*

E|ber|esche f. *(-,-n)* sorbo *m.* selvatico.

E|ber|hard, E|bert n.pr.m. Everardo *m.*

E|ber|rau|te f. *(-,-n)*, REGION. **E|ber|reis** n. *(-es,-er)* BOT. abrotano *m.*

eb|nen tr. **1** appianare, spianare, livellare: ***eine Straße ~*** spianare una strada **2** FIG. spianare: ***jdm den Weg ~*** spianare la strada a qcn.

E|bo|nit n. *(-s)* ebanite *f.*

e|chauf|fie|ren [eʃɔ'fi:rən] **I** tr. accalorare, eccitare **II** rifl. **sich ~** scaldarsi, perdere la calma.

E|chi|nit m. *(-s* e *-en,-e[n])* echinite *f.*

E|chi|no|der|me m. *(-n,-n)* echinoderma *m.*

E|chi|no|kok|ko|se f. *(-,-n)* echinococcosi *f.* **E|chi|no|kok|kus** m. *(-, Echinokokken)* echinococco *m.*

E|chi|nus m. *(-,-)* ZOOL. ARCH. echino *m.*

E|cho n. *(-s,-s)* eco *m.* e *f.* (anche FIG.): ***er ist nur das ~ seines Chefs*** fa l'eco (*o* il pappagallo) del suo capo; ***das ~ in der Presse*** l'eco (*o* la risonanza) nella stampa; ***viel, wenig ~ finden*** trovare molta, scarsa eco; FIG. ***(ein) ~ hervorrufen*** suscitare un'eco. **e|cho|en** intr. (aus. *haben*) **1** echeggiare **2** impers. ***es echot*** c'è (l')eco.

E|cho|graph m. *(-en,-en)* ecografo *m.* **E|cho|gra|phie** f. *(-,-n)* ecografia *f.* **E|cho|lot** n. *(-[e]s,-e)* ecometro *m.*, scandaglio *m.* acustico.

Ech|se f. *(-,-n)* sauro *m.*

echt I agg. **1a** *(original)* autentico, vero: ***-e Brillanten*** brillanti veri; ***die Unterschrift ist ~*** la firma è autentica; *(wahr)* ***eine -e Freundschaft*** un'amicizia autentica; ***das ist ein -es Problem*** è un vero problema, è davvero un problema **b** puro, naturale: ***-e Seide*** seta pura; ***~ blau*** blu puro **2** *(typisch)* vero, tipico: ***ein -er Bayer*** un vero bavarese **3** MAT. proprio: ***-er Bruch*** frazione propria **4** *(von Farben)* indelebile **II** avv. **1** rafforz. davvero, veramente: ***er hat sich ~ erholt*** si è davvero riposato **2** *(typisch)* tipicamente: ***~ deutsch*** tipicamente tedesco. **echt|gol|den** agg. d'oro vero. **Echt|haar|pe|rü|cke** f. *(-,-n)* parrucca *f.* di capelli veri. **Echt|heit** f. *(-,-en)* **1** autenticità *f.*, purezza *f.*, genuinità *f.* **2** *(von Farben)* indelebilità *f.* **Echt|heits|nach|weis** m. *(-es,-e)*, **Echt|heits|prü|fung** f. *(-,-en)* prova *f.* d'autenticità. **Echt|sil|ber** n. *(-s)* argento *m.* puro. **echt|sil|bern** agg. d'argento puro.

Eck n. *(-[e]s,-e* e *-en)* **1** REGION. angolo *m.* **2** *(Eck des Tors)* angolo *m.* della porta ◆ FIG. ***über(s) ~*** diagonalmente, di sbieco, di traverso; SPORT ***im ~ sein*** essere fuori forma, non essere in forma.

E|ckart n.pr.m. ***ein getreuer ~*** = un protettore sicuro, un custode fedele.

Eck|ball m. *(-s,-bälle)* SPORT calcio *m.* d'angolo. **Eck|bank** f. *(-,-bänke)* panchina *f.* d'angolo. **Eck|brett** n. *(-[e]s,-er)* cantoniera *f.*, mensola *f.* d'angolo. **Eck|chen** n. *(-s,-)* angolino *m.*, cantuccio *m.* **Eck|da|ten** pl. dati *m.pl.* di riferimento.

E|cke f. *(-,-n)* **1a** angolo *m.*: ***die -n eines Dreiecks*** gli angoli di un triangolo; ***jdn, etw. in die ~ stellen*** mettere qcn., qcs. in un angolo, FIG. da parte **b** *(Straßenecke)* ***um die ~ biegen, wohnen*** svoltare all'angolo, abitare dietro l'angolo **2** *(Kante)* spigolo *m.*: ***sich an der ~ des Schranks stoßen*** sbattere contro lo spigolo dell'armadio **3** REGION. punta *f.*, pezzettino *m.* (in forma angolare): ***eine ~ Käse*** un pezzettino di formaggio **4** REGION. *(Gegend)* angolo *m.*, regione *f.*: ***eine ruhige ~*** un angolo tranquillo **5** REGION. *(Strecke)* tratto *m.*: ***das ist noch eine ganze, ziemliche ~*** c'è ancora un bel tratto (di strada) **6a** SPORT *(Eckball)* angolo *m.*, corner *m.*: ***eine ~ treten, schlagen*** andare in angolo, tirare un calcio d'angolo **b** *(beim Boxen)* angolo *m.* ◆ ***an allen -n (und Enden)*** in ogni angolo, dappertutto; FIG. ***jdn, etw. um die ~ bringen*** = togliere qcn., qcs. di mezzo, eliminare qcn., qcs.; ***mit jdm um, über sieben -n verwandt sein*** = essere parente di qcn. alla lontana.

E|cken|ste|her m. *(-s,-)* fannullone *m.*, scioperato *m.* **Eck|fah|ne** f. *(-,-n)* SPORT bandierina *f.* del corner. **Eck|fens|ter** n. *(-s,-)* finestra *f.* d'angolo. **Eck|haus** n. *(-es,-häuser)* casa *f.* d'angolo. **e|ckig I** agg. **1a** con, ad angoli (*o* con, a spigoli): ***ein -es Möbelstück*** un mobile con gli spigoli **b** angoloso: ***ein -es Gesicht*** un viso angoloso **2** FIG. *(ungeschickt)* goffo, maldestro: ***-e Bewegungen machen*** fare movimenti goffi **II** avv. goffamente, in modo maldestro ◆ ***-e Klammer*** parentesi quadre. **E|ckig|keit** f. *(-)* **1** GEOM. angolarità *f.* **2** spigolosità *f.* **3** FIG. *(Ungeschicktheit)* goffaggine *f.* **Eck|lohn** m. *(-s,-löhne)* paga *f.* base. **Eck|pfei|ler** m. *(-s,-)* **1** EDIL. pilastro *m.* d'angolo **2** FIG. pilastro *m.*: ***diese Theorie ist ein ~ seiner Lehre*** questa teoria è un pilastro della sua dottrina. **Eck|platz** m. *(-es,-plätze)* posto *m.* (*o* poltrona *f.*) d'angolo. **Eck|satz** m. *(-es,-sätze)* MUS. primo (*o* ultimo) tempo *m.* **Eck|schrank** m. *(-[e]s,-schränke)* angoliera *f.* **Eck|stan|ge** f. *(-,-n)* → **Eckfahne. Eck|stein** m. *(-[e]s,-e)* **1** pietra *f.* angolare (anche FIG.) **2** *(Markstein)* pietra *f.* miliare (anche FIG.). **Eck|stoß** m. *(-es,-stöße)* SPORT calcio *m.* d'angolo. **Eck|tisch** m. *(-es,-e)* tavolo *m.* d'angolo. **Eck|wert** m. *(-[e]s,-e)* ECON. valore *m.* di riferimento. **Eck|wurf** m. *(-s,-würfe)* → **Eckball. Eck|zahn** m. *(-s,-zähne)* canino *m.*, dente *m.* canino. **Eck|zim|mer** n. *(-s,-)* stanza *f.* (*o* camera *f.*) d'angolo. **Eck|zins** m. *(-es,-en)* BANC. interesse *m.* di riferimento.

Ec|lair [e'klɛːɐ] n. *(-s,-s)* INTRAD. (tipo di dolce).

E|co|no|mi|ser [ɪ'kɔnomaizɐ] m. *(-s,-s)* TECN. economizzatore *m.*

E|cu, ECU m. *(-[s],-[s])* e f. *(-)* ecu *m.*

E|cu|a|do|ri|a|ner m. *(-s,-)* ecuadoriano *m.* (*o* equadoregno *m.*). **e|cu|a|do|ri|a|nisch** agg. equadoregno.

E|da|mer m. *(-s,-)*, **E|da|mer Kä|se** m. *(-,-[s])*, AUSTR. **E|da|mer|kä|se** m. *(-s,-)* edam *m.*

E|da|phon n. *(-s)* edafon *m.*

1.Ed|da n.pr.f. Edda *f.*

2.Ed|da f. *(-)* Edda *f.*, canti *m.pl.* dell'Edda. **ed|disch** agg. eddico.

e|del I agg. **1a** ANT. *(adlig)* nobile **b** LETT. elevato, nobile: ***eine edle Tat*** una nobile azione **c** nobile, pregiato, prezioso: ***edle Weine, Hölzer, Steine*** vini nobili, legni pregiati, pietre preziose **2** regolare, armonioso: ***von edlem Wuchs*** di corporatura armoniosa **3** *(reinrassig)* purosangue, di razza **II** avv. nobilmente, in modo elevato: ***~ handeln*** agire nobilmente, compiere nobili azioni. **E|del|da|me** f. *(-,-n)* gentildonna *f.*, nobildonna *f.* **E|del|fäu|le** f. *(-)* avvizzimento *m.* dell'uva (sulla vite). **E|del|frau** f. *(-,-en)* → **Edeldame. E|del|fräu|lein** n. *(-s,-)* damigella *f.* **E|del|gas** n. *(-es,-e)* gas *m.* nobile (*o* raro). **E|del|holz** n. *(-es,-hölzer)* legno *m.* pregiato (*o* nobile). **E|de|ling** m. *(-s,-e)* STOR. gentiluomo *m.*, nobile *m.* **E|del|kas|ta|nie** f. *(-,n)* castagno *m.* **E|del|kna|be** m. *(-n,-n)* paggio *m.* **E|del|ko|ral|le** f. *(-,-n)* corallo *m.* rosso. **E|del|mann** m. *(-es, Edelleute)* nobile *m.* **e|del|män|nisch** agg. nobile, da gentiluomo. **E|del|mar|der** m. *(-s,-)* martora *f.* **E|del|me|tall** n. *(-[e]s,-e)* metallo *m.* nobile. **E|del|mut** m. *(-[e]s)* nobiltà *f.* d'animo, generosità *f.*, magnanimità *f.* **e|del|mü|tig** agg. d'animo nobile, generoso, magnanimo. **E|del|nut|te** f. *(-,-n)* prostituta *f.* d'alto bordo. **E|del|pilz|kä|se** m. *(-s,-)* INTRAD. (formaggio stagionato). **E|del|rau|te** f. *(-,-n)* genepì *m.* **E|del|reis** n. *(-es,-er)* marza *f.* **E|del|rost** m. *(-[e]s)* patina *f.* **E|del|stahl** m. *(-[e]s,-stähle* e RAR. *-stahle)* acciaio *m.* inossidabile. **E|del|stein** m. *(-[e]s,-e)* pietra *f.* preziosa, gemma *f.*: ***einen ~ fassen*** montare una pietra preziosa. **E|del|stein|schliff** m. *(-[e]s,-e)* sfaccettatura *f.* (di gemma). **E|del|tan|ne** f. *(-,-n)* abete *m.* nobile. **E|del|weiß** n. *(-[e]s,-e)* edelweiss *m.*, stella *f.* alpina. **E|del|wild** n. *(-es)* cervo *m.* nobile.

E|den n. *(-s)* eden *m.*, paradiso *m.* terrestre ◆ ***der Garten ~*** il giardino dell'eden.

E|den|ta|ten pl. ZOOL. sdentati *m.pl.*

Ed|gar n.pr.m. Edgardo *m.*

e|die|ren tr. pubblicare. **e|diert** p.pass. agg. **1** → **edieren 2** edito.

E|dikt n. *(-[e]s,-e)* editto *m.*: ***ein ~ erlassen*** emanare un editto.

E|din|burg n.pr.n. *(-s)* Edimburgo *f.*

e|di|tie|ren tr. INFORM. editare. **E|di|ti|on** f. *(-,-en)* edizione *f.* **E|di|to|ri|al** n. *(-[s],-s)* **1** prefazione *f.* dell'autore **2** *(Leitartikel)* editoriale *m.* **e|di|to|risch** agg. editoriale.

Ed|le m. e f. *(-n,-n)* **1** nobile *m.* e *f.* **2** *(Adelstitel)* barone *m.*

E|du|ard n.pr.m. Edoardo *m.*

E|dukt n. *(-[e]s,-e)* **1** estratto *m.*, derivato *m.* **2** GEOL. roccia *f.* effusiva.

E-Dur n. *(-)* mi *m.* maggiore.

EDV ⇒ *elektronische Datenverarbeitung* elaborazione elettronica dei dati (EDP).

EEG ⇒ *Elektroenzephalogramm* elettroencefalogramma.

E|feu m. *(-s)* edera *f.* **e|feu|be|wach|sen** agg. coperto d'edera. **E|feu|ran|ke** f. *(-,-n)* tralcio *m.* di edera.

Eff|eff, Eff|eff COLLOQ. ***etw. aus dem ~ beherrschen, können (wissen), verstehen*** dominare, sapere, capire qcs. alla perfezione.

Ef|fekt m. *(-[e]s,-e)* effetto *m.*: ***auf jdn ~ machen*** fare effetto su qcn.; ***ein optischer ~*** un effetto ottico; ***auf ~ ausgehen, auf ~ aus sein*** cercare l'effetto; ***keinen ~ haben, erzielen*** non avere, raggiungere alcun effetto ◆ ***im ~*** in effetti, a conti fatti.

Ef|fek|ten pl. **1** effetti *m.pl.* bancari **2** ANT. SVIZZ. effetti *m.pl.* personali. **Ef|fek|ten|bank** f. *(-,-en)* istituto *m.* di credito. **Ef|fek|ten|bör|se** f. *(-,-n)* borsa *f.* valori. **Ef|fek|ten|gi|ro|ver|kehr** m. *(-s)* trasferimento *m.* di effetti, di titoli. **Ef|fek|ten|han|del** m. *(-s)* commercio *m.* in titoli. **Ef|fek|ten|scheck** m. *(-s,-s)* assegno *m.* titoli. **Ef|fek|ten|ver|wah|rung** f. *(-,-en)* custodia *f.* e amministrazione *f.* (di) titoli.

Ef|fekt|garn n. *(-[e]s,-e)* TESS. filato *m.* fantasia. **Ef|fekt|ha|sche|rei** f. *(-,-en)* (mera) ricerca *f.* dell'effetto.

ef|fek|tiv I agg. **1** *(wirksam)* efficace: ***-e Maßnahmen*** provvedimenti efficaci **2** *(lohnend)* proficuo, vantaggioso: ***ein -es Geschäft*** un affare vantaggioso **3** *(tatsächlich)* effettivo: ***der -e Vorteil*** il vantaggio effettivo **II** avv. **1a** *(tatsächlich)* effettivamente **b** COLLOQ. davvero, veramente: ***ich habe ~ nichts zu tun*** non ho davvero niente da fare **2** per certo: ***ich weiß von ihr ~, dass...*** di lei so per certo che... ◆ ***der -e Gewinn*** l'utile (*o* il guadagno) netto. **Ef|fek|tiv** n. *(-s,-e)* verbo *m.* causativo (*o* fattivo). **Ef|fek|tiv|do|sis** f. *(-,-dosen)* MED. dose *f.* effettiva. **Ef|fek|ti|vi|tät** f. *(-)* efficacia *f.* **Ef|fek|tiv|lohn** m. *(-[s],-löhne)* salario *m.* reale. **Ef|fek|tor** m. *(-s, Effektoren)* (nervo *m.*) recettore *m.* **ef|fekt|voll** agg. di grande effetto: ***eine -e Einrichtung*** un arredamento di grande effetto.

ef|fe|mi|niert agg. effeminato.

Ef|fet m. e RAR. n. *(-s,-s)* effetto *m.*: ***den Ball mit ~ schlagen*** dare l'effetto alla palla.

ef|fi|lie|ren tr. sfoltire: ***die Haare ~*** sfoltire la capigliatura.

ef|fi|zi|ent agg. efficiente. **Ef|fi|zi|enz** f. *(-,-en)* efficienza *f.*

Ef|flo|res|zenz f. *(-,-en)* **1** MED. eruzione *f.* cutanea, efflorescenza *f.* **2** GEOL. efflorescenza *f.*

Ef|fu|si|on f. *(-,-en)* GEOL. effusione *f.* **ef|fu|siv** agg. GEOL. effusivo. **Ef|fu|siv|ge|stein** n. *(-[e]s,-e)* roccia *f.* effusiva.

eG, e. G. ⇒ *eingetragene Genossenschaft* cooperativa registrata.

EG ⇒ *Europäische Gemeinschaft* Comunità Europea (CE).

e|gal I agg. **1** uguale, identico: ***zwei ganz -e Blusen*** due camicette perfettamente uguali, identiche **2** *(gleichgültig)* indifferente: ***es ist mir (ganz) ~*** mi è (del tutto) indifferente; ***das ist ~*** è indifferente, fa lo stesso; ***~ wie*** non importa come **II** avv. REGION. ininterrottamente: ***seit drei Tagen regnet es ~*** da tre giorni piove ininterrottamente. **e|ga|li|sie|ren I** tr. **1a** SPORT eguagliare, uguagliare: ***einen Rekord ~*** eguagliare un primato **b** recuperare: ***den Vorsprung des Gegners ~*** recuperare il vantaggio dell'avversario **2** TECN. uniformare, livellare: ***einen Stoff ~*** uniformare un materiale **II** intr. (aus. *haben*) pareggiare: ***vor Spielende konnte die Mannschaft noch ~*** prima della fine della partita la squadra riuscì ancora a pareggiare.

E|ga|li|si|e|rung f. *(-,-en)* **1** eguagliamento *m.* **2** TECN. uniformazione *f.*, livellamento *m.* **e|ga|li|tär** agg. egualitario. **E|ga|li|ta|ris|mus** m. *(-)* egualitarismo *m.* **E|ga|li|tät** f. *(-,-en)* uguaglianza *f.*

E|gel m. *(-s,-)* sanguisuga *f.*

E|ger|ling m. *(-s,-e)* REGION. champignon *m.*

1.Eg|ge f. *(-,-n)* erpice *m.*

2.Eg|ge f. *(-,-n)* cimosa *f.*

eg|gen tr. lavorare con l'erpice, erpicare.

Eg|gen|band n. *(-[e]s,-bänder)* SART. passamano *m.*

EGKS ⇒ *Europäische Gemeinschaft für Kohle und Stahl* Comunità Europea del Carbone e dell'Acciaio (CECA).

eGmbH, EGmbH ⇒ *eingetragene Genossenschaft mit beschränkter Haftung* cooperativa registrata a responsabilità limitata.

E|go n. *(-,-s)* io *m.*, ego *m.* **E|go|is|mus** m. *(-, Egoismen)* egoismo *m.* **E|go|ist** m. *(-en,-en)* egoista *m.* **e|go|is|tisch** **I** agg. egoistico **II** avv. egoisticamente, in modo egoistico: ***~ handeln*** agire egoisticamente.

E|go|tis|mus m. *(-)* egotismo *m.* **E|go|tist** m. *(-en,-en)* egotista *m.*

E|go|trip m. *(-s,-s)* GERG. ***auf dem ~ sein*** = pensare solo a se stessi.

E|go|zent|rik f. *(-)* egocentrismo *m.* **E|go|zent|ri|ker** m. *(-s,-)* egocentrico *m.* **e|go|zent|risch** agg. egocentrico.

eg|re|nie|ren tr. sgranare, ginnare. **Eg|re|nier|ma|schi|ne** f. *(-,-n)* ginnatrice *f.*

eg|res|siv agg. LING. egressivo.

1.eh inter. COLLOQ. eh, ehi: ***~, was ist los?*** ehi, cosa succede?

2.eh avv. REGION. comunque, tanto: ***das nützt ~ nichts!*** tanto non serve a nulla! ◆ ***seit ~ und je*** da sempre; ***wie ~ und je*** come allora.

e. h. ⇒ *ehrenhalber* honoris causa.

eh' → **ehe.**

ehe cong. prima che, prima di: ***~ der Zug abfuhr, kaufte er noch eine Zeitung*** prima che il treno partisse comprò ancora un giornale; ***~ ich es vergesse,...*** prima che mi dimentichi...

E|he f. *(-,-n)* **1** matrimonio *m.*, nozze *f.pl.*: ***eine glückliche ~ führen*** avere un matrimonio felice; ***die ~ mit jdm eingehen, schließen*** contrarre matrimonio con qcn.; ***eine ~ auflösen, scheiden*** sciogliere un matrimonio; ***in den Stand der (heiligen) ~ treten*** contrarre il sacro vincolo del matrimonio; ***Sohn aus erster ~*** figlio di prime nozze (*o* di primo letto); ***~ zur linken Hand, morganatische ~*** matrimonio morganatico; ***eine kinderlose, zerrüttete ~*** un matrimonio senza figli, fallito **2** FIG. unione *f.*, matrimonio *m.* ◆ ***die ~ brechen*** commettere adulterio; ***etw. in die ~ mitbringen*** portare qcs. in dote; ***~ ohne Trauschein*** convivenza; ***wilde ~*** unione non legittima, ANT. concubinato. **E|he|an|bah|nung** f. *(-,-en)* mediazione *f.* a scopo matrimoniale. **E|he|an|bah|nungs|in|sti|tut** n. *(-[e]s,-e)* agenzia *f.* matrimoniale. **E|he|an|fech|tung** f. *(-,-en)* annullamento *m.* del matrimonio. **E|he|be|ra|ter** m. *(-s,-)* consulente *m.* matrimoniale. **E|he|be|ra|tung** f. *(-,-en)* consulenza *f.* matrimoniale. **E|he|be|ra|tungs|stel|le** f. *(-,-n)* centro *m.* di consulenza matrimoniale. **E|he|be|trug** m. *(-[e]s)* = induzione *f.* al matrimonio con l'inganno. **E|he|bett** n. *(-[e],-en)* letto *m.* matrimoniale; LETT. talamo *m.*

e|he|bre|chen intr. (aus. *haben*) commettere adulterio: BIBL. ***du sollst nicht ~*** non commettere adulterio. **e|he|bre|chend** p.pres. agg. **1** → **ehebrechen** **2** adultero. **E|he|bre|cher** m. *(-s,-)* adultero *m.* **E|he|bre|che|rin** f. *(-,-nen)* adultera *f.* **e|he|bre|che|risch** agg. adulterino: ***ein -es Verhältnis*** una relazione adulterina. **E|he|bruch** m. *(-[e]s,-brüche)* adulterio *m.*: ***~ begehen*** commettere adulterio.

E|he|bund m. *(-es,-bünde)* vincolo *m.* matrimoniale (*o* coniugale), connubio *m.*

e|he|dem avv. LETT. allora, un tempo: ***hier ist alles noch so wie ~*** qui è ancora tutto come un tempo.

E|he|dis|pens f. *(-,-e)* dispensa *f.* matrimoniale. **E|he|er|laub|nis** f. *(-,-se)* nulla osta *m.* al matrimonio.

e|he|fä|hig agg. idoneo al matrimonio. **E|he|fä|hig|keit** f. *(-)* idoneità *f.* a contrarre matrimonio. **E|he|fä|hig|keits|zeug|nis** n. *(-ses,-se)* certificato *m.* di nulla osta al matrimonio.

E|he|frau f. *(-,-en)* moglie *f.*, LETT. SCHERZ. consorte *f.* **E|he|füh|rung** f. *(-,-en)* ménage *m.* matrimoniale. **E|he|gat|te** m. *(-n,-n)* **1** marito *m.* **2** pl. *(Eheleute)* coniugi *m.pl.* **E|he|gat|tin** f. *(-,-nen)* moglie *f.*, LETT. SCHERZ. consorte *f.* **E|he|ge|löb|nis** n. *(-ses,-se)* promessa *f.* di matrimonio. **E|he|ge|mahl** m. *(-[e]s,-e)* LETT. sposo *m.*, consorte *m.* **E|he|ge|mah|lin** f. *(-,-nen)* LETT. sposa *f.*, consorte *f.*

e|he|ges|tern avv. ANT. l'altro ieri, ieri l'altro.

E|he|gut n. *(-es,-güter)* patrimonio *m.* personale dei coniugi. **E|he|gü|ter|recht** n. *(-[e]s,-e)* diritto *m.* dei beni matrimoniali. **E|he|ha|fen** m. e n. *(-s,-häfen)* SCHERZ. ***in den ~ einlaufen*** approdare al matrimonio. **E|he|hälf|te** f. *(-,-n)* SCHERZ. metà *f.* **E|he|hin|der|nis** n. *(-ses,-se)* impedimento *m.* al matrimonio. **E|he|jahr** n. *(-[e]s,-e)* anno *m.* di matrimonio. **E|he|joch** n. *(-[e]s)* SCHERZ. giogo *m.* (*o* catene *f.pl.*) del matrimonio. **E|he|kon|sens** m. *(-es,-e)* consenso *m.* alle nozze. **E|he|kon|trakt** m. *(-[e]s,-e)* → **Ehevertrag.** **E|he|krach** m. *(-[e]s,-kräche)* COLLOQ. litigio *m.* (fra coniugi). **E|he|kri|se** f. *(-,-n)* crisi *f.* matrimoniale. **E|he|krüp|pel** m. *(-s,-)* SPREG. o SCHERZ. marito *m.* succube. **E|he|le|ben** n. *(-s,-)* vita *f.* coniugale. **E|he|leu|te** pl. sposi *m.pl.*, coniugi *m.pl.*; *(Ehepaar)* coppia *f.*

e|he|lich **I** agg. **1** matrimoniale, coniugale: ***-e Pflichten*** doveri matrimoniali **2** legittimo: ***-e Kinder*** figli legittimi **II** avv. ***sich mit jdm ~ verbinden*** unirsi in matrimonio con qcn. **e|he|li|chen** tr. ANT. e SCHERZ. maritare, sposare. **E|he|lich|er|klä|rung** f. *(-,-en)* legittimazione *f.*: ***die ~ eines nichtehelichen Kindes*** legittimazione di un figlio naturale. **E|he|lich|keit** f. *(-)* nascita *f.* legittima, legittimità *f.* **E|he|lich|keits|er|klä|rung** f. *(-,-en)* → **Ehelicherklärung.**

E|he|liebs|te m. e f. *(-n,-n)* ANT. e SCHERZ. marito *m.* adorato, moglie *f.* adorata. **e|he|los** agg. **1** *(von Männern)* scapolo, BUROCR. celibe **2** *(von Frauen)* nubile; SPREG. zitella. **E|he|lo|sig|keit** f. *(-)* celibato *m.*

e|he|ma|lig agg. **1** ex: ***ein -er Minister*** un ex ministro **2** di un tempo: ***mein -es Haus*** la mia casa di un tempo ◆ COLLOQ. ***seine Ehemalige*** la sua ex. **e|he|mals** avv. un tempo, in passato: ***~ war er Skilehrer*** un tempo faceva il maestro di sci.

E|he|mann m. *(-es,-männer)* marito *m.* **e|he|männ|lich** agg. SCHERZ. maritale: ***die -en Pflichten*** i doveri maritali. **E|he|mün|dig|keit** f. *(-)* età *f.* minima per contrarre matrimonio. **E|he|na|me** m. *(-ns,-n)* cognome *m.* da sposata. **E|he|paar** n. *(-[e]s,-e)* coppia *f.* di coniugi: ***ein frisch gebackenes ~*** una coppia di sposi novelli. **E|he|part|ner** m. *(-s,-)* coniuge *m.*, consorte *m.*

e|her (compar. di *bald*) avv. **1** *(früher)* prima, un tempo: ***je ~ desto besser*** quanto prima tanto meglio; ***nicht ~ als, bis*** non prima di **2a** *(lieber)* piuttosto: ***ich würde ~ sterben als...*** preferirei morire piuttosto che... **b** *(mehr)* piuttosto, più: ***es ist ~ eine Frage des Geschmacks*** è piuttosto una questione di gusto; ***sie ist ~ blond als braunhaarig*** è bionda più che castana **c** *(leichter)* più facilmente, più probabilmente: ***so etwas kann ~ passieren*** una cosa simile può accadere più facilmente.

E|he|recht n. *(-[e]s)* diritto *m.* matrimoniale. **E|he|ring** m. *(-[e]s,-e)* anello *m.* nuziale, fede *f.*

e|hern agg. LETT. ferreo; FIG. *(fest)* ferreo, di ferro: ***ein -er Wille*** una volontà di ferro; ***ein -es Gesetz*** una legge ferrea; *(unbeugbar)* inflessibile.

E|he|sak|ra|ment n. *(-[e]s)* sacramento *m.* del matrimonio. **E|he|schei|dung** f. *(-,-en)* divorzio *m.* **E|he|schlie|ßung** f. *(-,-en)* matrimonio *m.*, celebrazione *f.* del matrimonio.

1.e|hest... (superl. di *bald*) **I** agg. *(frühestmöglich)* (il) primo, (il) più prossimo: ***zum -en Termin*** al più presto **II** avv. *(am ehesten)* **1** primo, per primo: ***er ist am -en gekommen*** è arrivato primo **2** *(noch am liebsten)* tutt'al più, al massimo: ***am -en würde ich (noch) Physik studieren*** tutt'al più studierei fisica **3** *(noch am wahrscheinlichsten)* ***das ist am -en möglich*** questa è la cosa più probabile; ***so geht es am -en*** nel migliore dei casi va così.

2.e|hest avv. AUSTR. *(baldmöglichst)* quanto prima, appena possibile.

E|he|stand m. *(-es)* matrimonio *m.*: ***in den ~ treten*** sposarsi. **E|he|stands|dar|le|hen** n. *(-s,-)* prestito *m.* matrimoniale.

e|hes|tens avv. **1** *(frühestens)* al più presto: ***~ nächste Woche*** al più presto la prossima settimana **2** AUSTR. *(baldmöglichst)* quanto prima, appena possibile.

E|he|stif|ter m. *(-s,-)* **1** mediatore *m.* (*o* sensale *m.*) dei matrimoni. **E|he|streit** m. *(-[e]s,-e)* controversia *f.* matrimoniale. **E|he|tra|gö|die** f. *(-,-n)* tragedia *f.* coniugale. **E|he|tren|nung** f. *(-,-en)* separazione *f.* (legale). **E|he|ver|bot** n. *(-[e]s,-e)* DIR. impedimento *m.* (al matrimonio). **E|he|ver|mitt|lung** f. *(-,-en)* **1** mediazione *f.* a scopo matrimoniale **2** *(Eheanbahnungsinstitut)* agenzia *f.* matrimoniale. **E|he|ver|spre|chen** n. *(-s,-)* promessa *f.* di matrimonio. **E|he|ver|trag** m. *(-[e]s,-verträge)* DIR. contratto *m.* di matrimonio (*o* matrimoniale). **E|he|weib** n. *(-[e]s,-er)* ANT. SCHERZ. moglie *f.* **e|he|wid|rig** agg. DIR. contrario ai doveri coniugali.

Ehr|ab|schnei|der m. *(-s,-)* diffamatore *m.* **Ehr|ab|schnei|de|rei** f. *(-,-en)*, **Ehr|ab|schnei|dung** f. *(-,-en)* diffamazione *f.*, denigrazione *f.* **Ehr|auf|fas|sung** f. *(-,-en)* concetto *m.* dell'onore. **ehr|bar** **I** agg. rispettabile, degno di stima, onesto: ***ein -er Mensch*** una persona rispettabile; ***ein -es Gewerbe*** un'attività onesta **II** avv. onestamente: ***~ handeln*** agire onestamente. **Ehr|bar|keit** f. *(-)* rispettabilità *f.*, onorabilità *f.* **ehr|be|gie|rig** agg. ambizioso, avido di onori. **Ehr|be|griff** m. *(-[e]s,-e)* concetto *m.* dell'onore. **Ehr|be|lei|di|gung** f. *(-,-en)* offesa *f.* all'onore, oltraggio *m.* **Eh|re** f. *(-,-n)* **1a** onore *m.*: ***seine ~ wahren, verlieren*** salvare, perdere il proprio onore; ***jdm, etw. ~ machen*** fare onore a qcn., a qcs.; ***der Wahrheit die ~ geben*** rendere onore alla verità; ***jdm (große) ~ erweisen*** tributare (grandi) onori a qcn.; ***bei meiner ~*** sul mio onore! ***mit etw. ~ einlegen*** farsi onore con qcs.; ***jds ~ verletzen*** offendere l'onore di qcn.; ***jdm, etw. zu -n*** in onore di qcn., qcs.; ***jdn, etw. in -n halten*** avere, tenere qcn. qcs. in (grande) considerazione; ***etw., jdm große ~ antun*** trattare qcs., qcn. con tutti gli onori; ***jdn bei der ~ packen*** appellarsi all'onore di qcn., stuzzicare l'amor proprio di qcn. **b** *(in Höflichkeitsformeln)* ***es war für mich, mir eine ~*** è stato un onore per me; ***mit wem habe ich die ~?*** con chi ho l'onore (di parlare)? ***was verschafft mir die ~?*** quale onore! ***wir geben uns die ~, Ihnen mitzuteilen...*** abbiamo l'onore di informarLa... **2** ANT. *(Jungfräulichkeit)* onore *m.*, verginità *f.* ◆ ***jdm die ~ abschneiden*** diffamare, denigrare qcn.; ***in aller ~, in allen -n*** con rispetto parlando; ***in -n ergraut sein*** = aver condotto un'esistenza rispettabile; ***~, wem ~ gebührt!*** onore al merito! ***auf ~ und Gewissen*** sull'onore e in piena coscienza; REGION. ***ich hab(e) die ~!*** molto onorato! onoratissimo! ***(keine) ~ im Leibe haben*** (non) avere il senso dell'onore; ***jdm die letzte ~ erweisen*** rendere a qcn. l'estremo omaggio; ***jdn um seine ~ bringen*** disonorare qcn., compromettere qcn.

eh|ren tr. **1a** onorare: ***sein Vertrauen ehrt mich*** la sua fiducia mi onora; ***jds Andenken ~*** onorare la memoria di qcn. **b** fare onore: ***dein Mut ehrt dich*** il tuo coraggio ti fa onore **2** COMM. onorare, rispettare.

Eh|ren|amt n. *(-[e]s,-ämter)* carica *f.* onorifica: ***ein ~ bekleiden*** rivestire, ricoprire una carica onorifica. **eh|ren|amt|lich I** agg. onorario, onorifico **II** avv. a titolo onorifico. **Eh|ren|be|lei|di|gung** → **Ehrbeleidigung. Eh|ren|be|zei|gung, Eh|ren|be|zeu|gung** f. *(-,-en)* MIL. saluto *m.*: ***jdm die ~ erweisen*** fare il saluto a qcn., salutare qcn. **Eh|ren|büh|ne** f. *(-,-n)* palco *m.*, tribuna *f.* d'onore.

Eh|ren|bür|ger m. *(-s,-)* cittadino *m.* onorario. **Eh|ren|bür|ger|recht** n. *(-[e]s,-e)* cittadinanza *f.* onoraria: ***jdm das ~ verleihen*** concedere a qcn. la cittadinanza onoraria. **Eh|ren|bür|ger|schaft** f. *(-,-en)* cittadinanza *f.* onoraria.

Eh|ren|dienst m. *(-[e]s,-e)* → **Ehrenamt. Eh|ren|dok|tor** m. *(-s,-doktoren)* **1** *(Titel)* dottore *m.* honoris causa **2** laurea *f.* ad honorem. **Eh|ren|er|klä|rung** f. *(-,-en)* DIR. ammenda *f.* onorevole. **Eh|ren|es|kor|te** f. *(-,-n)*, **Eh|ren|for|ma|ti|on** f. *(-,-en)* MIL. scorta *f.*, guardia *f.* d'onore, picchetto *m.* d'onore. **Eh|ren|fried|hof** m. *(-[e]s,-höfe)* cimitero *m.* militare (*o* dei caduti). **Eh|ren|gar|de** f. *(-,-n)* → **Ehrenformation. Eh|ren|gast** m. *(-[e]s,-gäste)* ospite *m.* d'onore. **Eh|ren|ge|halt** n. *(-[e]s,-gehälter)* compenso *m.*, premio *m.* (onorifico). **Eh|ren|ge|leit** n. *(-[e]s,-e)* scorta *f.* d'onore. **Eh|ren|ge|richt** n. *(-[e]s,-e)* corte *f.* d'onore, giurì *m.* **eh|ren|ge|richt|lich** agg. riguardante la corte d'onore. **Eh|ren|grab|mal** n. *(-[e]s,-mäler)* mausoleo *m.*

eh|ren|haft I agg. onesto, retto; onorevole: ***ein -es Verhalten*** un comportamento retto; ***-e Absichten*** intenzioni oneste **II** avv. onestamente, correttamente, in modo onorevole: ***sich ~ benehmen*** comportarsi onestamente. **Eh|ren|haf|tig|keit** f. *(-,-en)* rettitudine *f.*, onestà *f.*

eh|ren|hal|ber avv. honoris causa, ad honorem.

Eh|ren|han|del m. *(-s)* ANT. vertenza *f.* cavalleresca; questione *f.* d'onore. **Eh|ren|jung|fer** f. *(-,-n)*, **Eh|ren|jung|frau** f. *(-,-en)* ANT. o SCHERZ. damigella *f.* d'onore. **Eh|ren|kar|te** f. *(-,-n)* invito *m.*, biglietto *m.* omaggio. **Eh|ren|ko|dex** m. *(-es* e *-,-e* e *-kodizes)* codice *m.* d'onore. **Eh|ren|kom|pa|nie** f. *(-,-n)* MIL. plotone *m.* d'onore. **Eh|ren|kon|sul** m. *(-s,-e)* console *m.* onorario. **Eh|ren|le|gi|on** f. *(-)* legion *f.* d'onore. **Eh|ren|lo|ge** f. *(-,-n)* palco *m.* d'onore. **Eh|ren|mal** n. *(-s,-e* e *-mäler)* monumento *m.*, monumento *m.* ai caduti. **Eh|ren|mann** m. *(-[e]s,-männer)* uomo *m.* d'onore, galantuomo *m.* **Eh|ren|mit|glied** n. *(-[e]s,-er)* socio *m.* (*o* membro *m.*) onorario. **Eh|ren|na|del** f. *(-,-n)* distintivo *m.* onorifico; onorificenza *f.* **Eh|ren|pflicht** f. *(-,-en)* dovere *m.* morale, impegno *m.* d'onore. **Eh|ren|platz** m. *(-es,-plätze)* posto *m.* d'onore (anche FIG.). **Eh|ren|prä|si|dent** m. *(-en,-en)* presidente *m.* onorario.

1.Eh|ren|preis m. *(-es,-e)* premio *m.* (onorario).

2.Eh|ren|preis m. e n. *(-es,-)* BOT. veronica *f.*

Eh|ren|rech|te pl. DIR. diritto *m.* onorifico: ***bürgerliche ~*** diritti *m.pl.* civili (e politici); ***die Aberkennung, der Verlust der bürgerlichen ~*** la privazione, la perdita dei diritti civili. **eh|ren|reich** agg. onorifico. **Eh|ren|ret|tung** f. *(-,-en)* riabilitazione *f.* **eh|ren|rüh|rig** agg. oltraggioso, infamante; diffamatorio. **Eh|ren|run|de** f. *(-,-n)* SPORT giro *m.* d'onore ◆ IRON. ***eine ~ drehen*** = ripetere l'anno scolastico. **Eh|ren|sa|che** f. *(-,-n)* **1** questione *f.* d'onore **2** *(selbstverständliche Pflicht)* dovere *m.* ◆ ***verrätst du nichts? – ~!*** non farne parola (con nessuno)! – parola d'onore! **Eh|ren|sal|ve** f. *(-,-n)* salva *f.* d'onore. **Eh|ren|schän|der** m. *(-s,-)* diffamatore *m.* **eh|ren|schän|de|risch** agg. diffamatorio, infamante. **Eh|ren|schuld** f. *(-,-en)* debito *m.* d'onore. **Eh|ren|spa|lier** n. *(-s,-e)* picchetto *m.* d'onore. **Eh|ren|stel|le** f. *(-,-n)* carica *f.* onorifica. **Eh|ren|stra|fe** f. *(-,-n)* **1** pena *f.* infamante **2** DIR. interdizione *f.* dai pubblici uffici. **Eh|ren|tag** m. *(-[e]s,-e)* giornata *f.* commemorativa. **Eh|ren|ti|tel** m. *(-s,-)* titolo *m.* onorifico (*o* onorario). **Eh|ren|tor** n. *(-[e]s,-e)* SPORT gol *m.* della bandiera. **Eh|ren|ur|kun|de** f. *(-,-n)* attestato *m.* di benemerenza.

eh|ren|voll I agg. **1** onorato, rispettabile **2** onorevole: ***ein -er Frieden*** una pace onorevole **3** glorioso: ***ein -er Sieg*** una vittoria gloriosa **II** avv. onorevolmente; rispettosamente.

Eh|ren|vor|sitz m. *(-es,-e)* presidenza *f.* onoraria. **Eh|ren|wa|che** f. *(-,-n)* picchetto *m.* d'onore. **eh|ren|wert** agg. onorato, rispettabile: ***eine -e Familie*** una famiglia rispettabile. **Eh|ren|wort** n. *(-[e]s,-e)* parola *f.* d'onore: ***jdm sein ~ geben*** dare la propria parola d'onore a qcn.; ***auf ~ entlassen*** rilasciare sulla parola; ***auf mein ~!*** parola d'onore! **eh|ren|wört|lich** avv. sul proprio onore. **Eh|ren|zei|chen** n. *(-s,-)* onorificenza *f.*, decorazione *f.*

ehr|er|bie|tig LETT. **I** agg. deferente, riverente, rispettoso **II** avv. rispettosamente, con deferenza: ***jdn ~ grüßen*** salutare qcn. con deferenza. **Ehr|er|bie|tig|keit** f. *(-,-en)* deferenza *f.* **Ehr|er|bie|tung** f. *(-,-en)* LETT. deferenza *f.*, rispetto *m.*, reverenza *f.*: ***seine ~ ausdrücken*** esprimere il proprio rispetto.

Ehr|furcht f. *(-)* timore *m.* reverenziale, profondo rispetto *m.*: ***vor etw., jdm ~ haben*** avere profondo rispetto per qcs., qcn.; ***~ gebieten*** imporre rispetto; ***~ gebietend*** che impone rispetto (*o* venerazione), venerando; ***jdm ~ einflößen*** incutere timore in qcn.

ehr|fürch|tig, ehr|furchts|voll I agg. rispettoso, riverente; reverenziale **II** avv. rispettosamente; in modo reverenziale.

Ehr|ge|fühl n. *(-s,-e)* senso *m.* dell'onore; amor *m.* proprio: ***jds ~ kränken, verletzen, beleidigen*** ferire, offendere l'amor proprio di qcn.

Ehr|geiz m. *(-es,-e)* ambizione *f.* **ehr|gei|zig** agg. ambizioso: ***ein -er Mann, -es Projekt*** un uomo, un progetto ambizioso. **Ehr|geiz|ling** m. *(-s,-e)* COLLOQ. SPREG. ambizioso *m.*

ehr|lich I agg. **1** *(aufrichtig)* schietto, leale: ***ein -es Wesen haben*** avere un carattere schietto **2** *(redlich)* onesto: ***ein -er Angestellter*** un impiegato onesto **3** COLLOQ. *(wirklich)* vero, reale: ***ein -es Problem*** un problema reale **4** ANT. *(anständig)* rispettabile: ***ein -es Handwerk*** un mestiere rispettabile **II** avv. **1a** onestamente, francamente: ***~ gesagt, gestanden*** a dire il vero, detto francamente **b** COLLOQ. in realtà, davvero: ***ich habe ~ keine Zeit*** non ho proprio tempo **2** *(genau)* onestamente: ***wir haben ~ geteilt*** abbiamo diviso onestamente ◆ ***-e Absichten haben*** avere intenzioni serie; ***eine -e Haut*** una pasta d'uomo; ***es mit jdm ~ meinen*** fare sul serio con qcn.; PROV. ***~ währt am längsten*** chi va dritto non fallisce strada. **ehr|li|cher|wei|se** avv. onestamente, sinceramente. **Ehr|lich|keit** f. *(-)* **1** onestà *f.* **2** *(Aufrichtigkeit)* sincerità *f.*, lealtà *f.*

ehr|los I agg. **1** privo di senso dell'onore **2** *(unehrenhaft)* disonesto; infame **II** avv. in modo disonesto. **Ehr|lo|sig|keit** f. *(-,-en)* **1** mancanza *f.* di senso dell'onore **2** *(Unehrenhaftigkeit)* disonestà *f.* **ehr|pus|se|lig, ehr|puss|lig** agg. SPREG. con un senso dell'onore piccolo-borghese. **ehr|sam** agg. ANT. → **ehrbar. Ehr|sam|keit** f. *(-)* ANT. → **Ehrbarkeit. Ehr|sucht** f. *(-)* smania *f.* di onori, ambizione *f.* **ehr|süch|tig** agg. ambizioso. **Eh|rung** f. *(-,-en)* onore *m.*; onoranza *f.*, omaggio *m.*: ***jdm -en erweisen*** tributare onori a qcn. **ehr|ver|ges|sen** agg. LETT. vile. **Ehr|ver|lust** m. *(-[e]s)* DIR. perdita *f.* dei diritti civili e politici.

Ehr|wür|den, ANT. ***Euer ~*** reverendo *m.* (-a *f.*). **ehr|wür|dig** agg. **1** venerabile, rispettabile; venerando: ***von -em Alter*** di veneranda età **2** *(von Geistlichen)* reverendo: ***-e Mutter*** reverenda madre. **Ehr|wür|dig|keit** f. *(-)* venerabilità *f.*, rispettabilità *f.*

ei inter. **1** oh, ah; ma: ***~ ja doch! ~ freilich!*** ma sì, ma certo; ***~ was!*** macché! ***~ sieh mal an!*** ma guarda un po', ma guarda! **2** *(Ausdruck der Zärtlichkeit)* ***ei ei machen*** fare le coccole.

Ei n. *(-[e]s,-er)* **1** uovo *m.*: ***-er ablegen, ausbrüten*** deporre, covare le uova; ***die Henne legt das ~*** la gallina fa l'uovo; ***-er legend*** oviparo; ***ein frisches, rohes ~*** un uovo fresco, crudo; ***faule -er*** uova marce; ***ein ~ aufschlagen, trennen, kochen, abschrecken*** sbattere, dividere, cuocere, raffreddare un uovo; ***ein weiches, hartes ~*** un uovo bazzotto, sodo; ***gebackene, verlorene (pochierte) -er*** uova fritte, uova in camicia; ***sich ein paar -er in die Pfanne schlagen*** farsi due uova strapazzate **2** BIOL. ovulo *m.* **3** SPORT GERG. palla *f.* **4** COLLOQ. *(Fliegerbombe)* bomba *f.* (d'aereo): ***-er legen*** buttare bombe da un aereo **5** pl. COLLOQ. soldi *m.pl.*, marchi *m.pl.*: ***das kostet 100 -er*** costa 100 marchi **6** pl. VOLG. coglioni *m.pl.*, palle *f.pl.*: ***jdm die -er schleifen*** fare il mazzo (*o* il culo) a qcn.; ***jdm auf die -er gehen*** stare sulle palle a qcn. ◆ COLLOQ. ***das ist ein dickes ~, ach du dickes ~***

questa è bella! ***wie auf -ern gehen*** camminare sulle uova; ***wie aus dem ~ gepellt, geschält sein, aussehen*** essere, sembrare un figurino; ***sich gleichen wie ein ~ dem andern*** somigliarsi come due gocce d'acqua; ***das ~ des Kolumbus*** l'uovo di Colombo; FIG. ***ein ~ legen*** = produrre una cosa complicata; VOLG. fare la cacca; FIG. ***jdn wie ein rohes ~ behandeln*** trattare qcn. coi guanti; ***sich um ungelegte -er kümmern*** fasciarsi il capo prima di rompersele; ***das ~ unterm Huhn verkaufen müssen*** essere a corto di soldi; PROV. ***das ~ will klüger sein als die Henne*** i paperi menano l'oche a bere.

eia inter. caro *m.*, cara *f.*

Ei|ab|la|ge f. *(-,-n)* deposizione *f.* delle uova.

ei|a|po|peia inter. ninna nanna, ninna oh.

Ei|be f. *(-,-n)* BOT. tasso *m.* **ei|ben** agg. di legno di tasso.

Ei|bisch m. *(-[e]s,-e)* altea *f.*

Eich|amt n. *(-[e]s,-ämter)* ufficio *m.* (di verifica) di pesi e misure.

Eich|baum m. *(-[e]s,-bäume)* quercia *f.*

1.Ei|che f. *(-,-n)* **1** quercia *f.* **2** *(Eichenholz)* legno *m.* di quercia, rovere *m.*: ***ein Esszimmer in ~*** una sala da pranzo in rovere.

2.Ei|che f. *(-,-n)* → **Eichung.**

Ei|chel f. *(-,-n)* **1** ghianda *f.* **2** ANAT. glande *m.* **3** pl. INTRAD. (seme nelle carte da gioco tedesche). **Ei|chel|ent|zün|dung** f. *(-,-en)* balanite *f.* **ei|chel|för|mig** agg. a forma di ghianda. **Ei|chel|hä|her** m. *(-s,-)* ghiandaia *f.*

1.ei|chen tr. *(Messgeräte)* tarare; *(Gefäße)* stazzare; *(Röhren)* calibrare; FIG. ***einen psychologischen Test ~*** calibrare un test psicologico.

2.ei|chen agg. in legno di quercia, in rovere.

Ei|chen|baum → **Eichbaum. Ei|chen|gall|wes|pe** f. *(-,-n)* cinipide *f.* **Ei|chen|hain** m. *(-[e]s,-e)* boschetto *m.* di querce. **Ei|chen|holz** n. *(-es)* legno *m.* di quercia, rovere *m.* **Ei|chen|kranz** m. *(-es,-kränze)* corona *f.* di foglie di quercia. **Ei|chen|laub** n. *(-[e]s)* fronde *f.pl.* (*o* fogliame *m.*) della quercia. **Ei|chen|wald** m. *(-[e]s,-wälder)* bosco *m.* di querce, querceto *m.* **Ei|chen|wick|ler** m. *(-s,-)* ENTOM. tortrice *f.* della quercia.

Ei|cher m. *(-s,-)* **1** taratore *m.* **2** MAR. stazzatore *m.*, perito *m.* misuratore navale. **Eich|ge|bühr** f. *(-,-en)* tassa *f.* di stazzatura. **Eich|ge|wicht** n. *(-[e]s,-e)* peso *m.* standard.

Eich|hörn|chen n. *(-s,-)* scoiattolo *m.* ◆ PROV. ***mühsam nährt sich das ~*** chi va piano, va sano e va lontano. **Eich|ka|ter** m. *(-s,-)*, **Eich|kätz|chen** n. *(-s,-)*, **Eich|kat|ze** f. *(-,-n)* REGION. → **Eichhörnchen.**

Eich|kur|ve f. *(-,-n)* curva *f.* di taratura. **Eich|maß** n. *(-es,-e)* **1** misura *f.* campione (*o* normale) **2** MAR. misura *f.* di stazza. **Eich|me|ter** n. *(-s,-)* metro *m.* campione (*o* originale). **Eich|strich** m. *(-[e]s,-e)* linea *f.* di stazza. **Ei|chung** f. *(-,-en)* taratura *f.*; *(von Gefäßen)* stazzatura *f.*; *(von Röhren)* calibratura *f.*

Eid m. *(-[e]s,-e)* giuramento *m.*: ***einen ~ ablegen (leisten), brechen*** prestare, rompere (*o* violare) un giuramento; ***jdm einen ~ abnehmen*** far giurare qcn.; ***jdn von einem ~ entbinden*** sciogliere qcn. da un giuramento; ***einen ~ halten*** mantenere un giuramento; ***jdn in ~ und Pflicht nehmen*** far prestare giuramento a qcn.; ***einen ~ auf die Verfassung schwören*** giurare sulla costituzione; DIR. ***an -es Statt*** in luogo di giuramento; ***Erklärung an -es statt*** dichiarazione giurata; DIR. ***unter ~ stehen*** essere sotto giuramento; ***etw. unter ~ aussagen, bezeugen*** dire, testimoniare qcs. sotto giuramento ◆ ***ein falscher ~*** uno spergiuro; ***hippokratischer ~*** giuramento d'Ippocrate.

Ei|dam m. *(-s,-e)* ANT. genero *m.*

Eid|bruch m. *(-s,-brüche)* rottura *f.* (*o* violazione *f.*) di un giuramento. **eid|brü|chig** agg. spergiuro.

Ei|dech|se f. *(-,-n)* lucertola *f.* **Ei|dech|sen|le|der, Ei|dechs|le|der** n. *(-s,-)* lucertola *f.*, pelle *f.* di lucertola.

Ei|der|en|te f. *(-,-n)*, **Ei|der|gans** f. *(-,-gänse)* edredone *m.*

Ei|des|be|leh|rung f. *(-,-en)* ammonimento *m.* sull'importanza del giuramento. **ei|des|fä|hig** agg. che ha l'età (*o* il diritto) di prestare giuramento. **Ei|des|fä|hig|keit** f. *(-)* età *f.* per (*o* che dà il diritto di) prestare giuramento. **Ei|des|for|mel** f. *(-,-n)* formula *f.* di giuramento: ***die ~ nachsprechen*** pronunciare la formula di giuramento. **Ei|des|hel|fer** m. *(-s,-)* ANT. compurgatore *m.* **Ei|des|leis|tung** f. *(-,-en)* il prestare giuramento, giuramento *m.* **Ei|des|mün|dig|keit** f. *(-)* → **Eidesfähigkeit. Ei|des|pflicht** f. *(-,-en)* dovere *m.* di giuramento. **ei|des|statt|lich** agg. e avv. in luogo di giuramento: ***eine -e Erklärung abgeben*** fare una dichiarazione in luogo di giuramento.

Ei|de|tik f. *(-)* eidetica *f.* **ei|de|tisch** agg. eidetico.

eidg. ⇒ *eidgenössisch* elvetico. **Eid|ge|nos|se** m. *(-n,-n)* confederato *m.*, cittadino *m.* svizzero. **Eid|ge|nos|sen|schaft** f. *(-)* ***Schweizerische ~*** Confederazione *f.* Elvetica (*o* Svizzera). **eid|ge|nös|sisch** agg. della Confederazione Elvetica, elvetico, svizzero.

Eid|hel|fer → **Eideshelfer. eid|lich I** agg. giurato: ***eine -e Erklärung*** una dichiarazione giurata **II** avv. sotto giuramento.

Ei|dot|ter m. e n. *(-s,-)* tuorlo *m.*, rosso *m.* d'uovo. **Ei|er|ap|fel** m. *(-s,-äpfel)* → **Eierpflanze. Ei|er|be|cher** m. *(-s,-)* portauovo *m.* **Ei|er|bri|kett** n. *(-s,-s)* mattonella *f.* di carbone ovale. **Ei|er|chen** pl. ovetti *m.pl.* **Ei|er|frucht** f. *(-,-früchte)* melanzana *f.* **Ei|er|kopf** m. *(-[e]s,-köpfe)* SPREG. o SCHERZ. testa *f.* d'uovo. **Ei|er|ku|chen** m. *(-s,-)* → **Eierpfannkuchen. Ei|er|kun|de** f. *(-)* ZOOL. oologia *f.* **Ei|er|lau|fen** n. *(-s,-)* GIOC. corsa *f.* con l'uovo sul cucchiaio. **Ei|er|li|kör** m. *(-s,-e)* liquore *m.* all'uovo. **ei|ern** intr. COLLOQ. **1** (aus. *haben*) girare male, traballare: ***der Reifen eiert*** il pneumatico gira male **2** (aus. *sein*) barcollare. **Ei|er|nu|deln** pl. pasta *f.* all'uovo. **Ei|er|pfann|ku|chen** m. *(-s,-)* frittata *f.* **Ei|er|pflan|ze** f. *(-,-n)* pianta *f.* di melanzana. **Ei|er|prü|fer** m. *(-s,-)* sperauovo *m.* **Ei|er|scha|le** f. *(-,-n)* guscio *m.* d'uovo ◆ ***noch die -n hinter den Ohren haben*** avere ancora il latte alla bocca. **Ei|er|schaum, Ei|er|schnee** m. *(-s)* → **Eischnee. Ei|er|schnei|der** m. *(-s,-)* tagliauova *m.* **Ei|er|spei|se** f. *(-,-n)* **1** piatto *m.*, vivanda *f.* di uova **2** AUSTR. uova *f.pl.* strapazzate. **Ei|er|stab** m. *(-[e]s,-stäbe)* ART. fusaiola *f.* a ovoli. **Ei|er|stich** m. *(-[e]s)* GASTR. *(Suppeneinlage)* uovo *m.* sbattuto (nella minestra). **Ei|er|stock** m. *(-[e]s,-stöcke)* ovaia *f.* **Ei|er|tanz**, FIG. ***einen ~ aufführen, vollführen*** = muoversi prudentemente in una situazione difficile. **Ei|er|uhr** f. *(-,-en)* contaminuti *m.* per le uova. **Ei|er|wär|mer** m. *(-s,-)* copriuovo *m.*

Ei|fer m. *(-s)* **1** zelo *m.*, solerzia *f.*: ***einen unermüdlichen ~ zeigen*** mostrare uno zelo instancabile; ***voller ~*** con zelo **2** *(Aufregung)* ardore *m.*, fervore *m.*, concitazione *f.*: ***voller ~ für etw. eintreten*** accalorarsi per qcs.; ***sein ~ erlahmt*** il suo ardore si placa; ***im ~ etw. übersehen, vergessen*** trascurare, dimenticare qcs. nella fretta (*o* nell'eccitazione) ◆ ***mit ~ bei der Sache sein*** fare qcs. con zelo; ***im ~ des Gefechts*** nella furia del momento; ***in ~ geraten*** infervorarsi; PROV. ***blinder ~ schadet nur*** il troppo stroppia. **Ei|fe|rer** m. *(-s,-)* SPREG. fanatico *m.*; *(auf religiösem Gebiet)* fervido credente *m.*

ei|fern intr. (aus. *haben*) **1** infervorarsi, accalorarsi: ***für, gegen etw. ~*** infervorarsi per, contro qcs. **2** ***nach etw. ~*** perseguire qcs. con ardore, aspirare ardentemente a qcs.

Ei|fer|sucht f. *(-)* gelosia *f.*: ***aus ~*** per gelosia; ***~ empfinden, erregen*** provare, suscitare gelosia. **Ei|fer|süch|te|lei** f. *(-,-en)* gelosia *f.* (meschina). **ei|fer|süch|tig** agg. geloso: ***auf jdn, etw. ~ sein*** essere geloso di qcn., di qcs.; ***jdn (durch sein Verhalten) ~ machen*** ingelosire qcn. (con il proprio comportamento). **Ei|fer|suchts|sze|ne** f. *(-,-n)* scenata *f.* (*o* scena *f.*) di gelosia: ***jdm eine ~ machen*** fare una scenata di gelosia a qcn.

Eif|fel|turm m. *(-[e]s)* torre *f.* Eiffel.

Ei|form f. *(-,-en)* forma *f.* ovale, ovoidale. **ei|för|mig** agg. ovale, ovoidale.

eif|rig I agg. zelante, solerte, diligente **II** avv. con zelo, diligentemente. **Eif|rig|keit** f. *(-)* zelo *m.*, solerzia *f.*

Ei|gelb n. *(-s,-e)* rosso *m.* d'uovo.

ei|gen agg. **1** proprio, suo: ***seine -e Schwester*** sua sorella; ***eine -e Wohnung, Meinung haben*** avere un proprio appartamento, una propria opinione; ***mit -en Ohren*** con le proprie orecchie; ***aus -er Kraft*** con le proprie forze; ***etw. auf -e Faust unternehmen*** fare qcs. di propria iniziativa; ***etw. auf -e Gefahr, Verantwortung tun*** fare qcs. a proprio rischio e pericolo, sotto la propria responsabilità; ***auf -e Rechnung*** per conto proprio **2** *(charakteristisch)* proprio, tipico, peculiare: ***er hat einen ganz -en Reiz*** ha un fascino tutto suo; ***es hat seine -e Bewandtnis damit*** è qcs. di peculiare; ***mit der ihm -en Ausdauer*** con la sua tipica perseveranza **3** *(eigenartig)* particolare, singolare, strano: ***er ist etwas ~*** è una persona molto particolare ◆ ***jdm etw. zu Eigen geben*** donare qcs. a qcn.; ***etw. zu Eigen haben*** avere qcs. per sé, possedere qcs.; ***sein -er Herr sein*** = non dipendere da nessuno; ANT. ***ein Kind als ~ annehmen*** adottare un bambino; ***sich (D) etw. zu Eigen machen*** fare proprio qcs., appropriarsi di qcs.; ***etw. sein Eigen nennen*** possedere qcs.; ***in -er Sache*** per fatto personale; ***in etw. (D), mit jdm ~ sein*** essere esigente, schizzinoso in qcs., con qcn.

Ei|gen|an|trieb m. *(-[e]s,-e)* **1** MECC. autocomando *m.* **2** AER. MAR. autopropulsione *f.*

Ei|gen|art f. *(-,-en)* particolarità *f.*, caratteristica *f.*, peculiarità *f.*: ***die ~ eines Textes*** la particolarità di un testo; ***besondere -en haben*** avere caratteristiche particolari. **ei|gen|ar|tig** agg. **1** particolare, caratteristico, peculiare **2** *(merkwürdig)* singolare, strano: ***etw. ~ finden*** trovare strano qcs. **ei|gen|ar|ti|ger|wei|se** avv. stranamente. **Ei|gen|ar|tig|keit** f. *(-,-en)* l'essere strano, particolare.

Ei|gen|be|darf m. *(-s)* proprio fabbisogno *m.* **Ei|gen|be|richt** m. *(-[e]s,-e)* GIORN. ***~ unserer Zeitung*** dal nostro corrispondente. **Ei|**

gen|be|sitz m. *(-es)* DIR. possesso *m.* in proprio, proprietà *f.* privata. **Ei|gen|be|sit|zer** m. *(-s,-)* DIR. possessore *m.* in proprio. **Ei|gen|be|trieb** m. *(-[e]s,-e)* azienda *f.* autonoma ◆ ***im ~ verwalten*** gestire in amministrazione propria. **Ei|gen|be|we|gung** f. *(-,-en)* ASTR. moto *m.* proprio. **Ei|gen|be|wirt|schaf|tung** f. *(-)* gestione *f.* in proprio, amministrazione *f.* propria, conduzione *f.* diretta. **Ei|gen|blut|be|hand|lung** f. *(-,-en)* autoemoterapia *f.*

Ei|gen|bröt|te|lei f. *(-,-en)* lo stare appartato, il fare da sé. **Ei|gen|bröt|ler** m. *(-s,-)* persona *f.* appartata, originale *m.* **ei|gen|bröt|le|risch** agg. appartato, che fa da sé.

Ei|gen|dün|kel m. *(-s,-)* presunzione *f.* **Ei|ge|ne** n. *(-n,-n)* proprio *m.*: ***aus dem -n bezahlen*** pagare di tasca propria; ***nichts -s haben*** non aver nulla di proprio. **Ei|gen|fi|nan|zie|rung** f. *(-,-en)* autofinanziamento *m.* **Ei|gen|fre|quenz** f. *(-,-en)* EL. frequenza *f.* propria. **Ei|gen|ge|schäft** n. *(-[e]s,-e)* affare *m.* per conto proprio. **Ei|gen|ge|schwin|dig|keit** f. *(-)* velocità *f.* propria. **ei|gen|ge|setz|lich** agg. autonomo. **Ei|gen|ge|setz|lich|keit** f. *(-)* autonomia *f.* **Ei|gen|ge|wicht** n. *(-[e]s)* **1** proprio peso *m.* (anche FIG.) **2** *(Gewicht ohne Verpackung)* peso *m.* netto. **Ei|gen|goal** n. *(-s,-s)* AUSTR. SVIZZ. autorete *f.* **Ei|gen|han|del** m. *(-s)* commercio *m.* in proprio. **ei|gen|hän|dig** agg. e avv. di propria mano, di proprio pugno ◆ ***-e Unterschrift*** firma autografa; ***-es Testament*** testamento olografo. **Ei|gen|heim** n. *(-s,-e)* casa *f.* propria. **Ei|gen|hei|mer** m. *(-s,-)* COLLOQ. proprietario *m.* (di casa).

Ei|gen|heit f. *(-,-en)* caratteristica *f.*, peculiarità *f.* **Ei|gen|hil|fe** f. *(-)* impiego *m.* delle proprie forze. **Ei|gen|ka|pi|tal** n. *(-s,-e)* capitale *m.* proprio. **Ei|gen|kir|che** f. *(-,-n)* STOR. chiesa *f.* autonoma. **Ei|gen|le|ben** n. *(-s)* **1** proprio modo *m.* di vita: ***ein ~ führen, haben*** vivere a modo proprio **2** *(Privatleben)* vita *f.* privata: ***sein ~ bewahren*** difendere la propria vita privata. **Ei|gen|leis|tung** f. *(-,-en)* rendimento *m.* individuale. **Ei|gen|lie|be** f. *(-)* amor *m.* proprio: ***jds ~ verletzen*** ferire l'amor proprio di qcn. **Ei|gen|lob** n. *(-[e]s)* lode *f.* di sé ◆ ***~ stinkt*** chi si loda s'imbroda.

ei|gen|mäch|tig I agg. **1** ANT. dispotico, autoritario: ***-er Herrscher*** sovrano dispotico (*o* assoluto) **2** *(unberechtigt)* arbitrario: ***eine -e Entscheidung*** una decisione arbitraria; MIL. ***-e Abwesenheit*** allontanamento non autorizzato dal posto di servizio **II** avv. **1** *(willkürlich)* arbitrariamente **2** *(auf eigene Faust)* di propria iniziativa. **ei|gen|mäch|ti|ger|wei|se** avv. di propria iniziativa. **Ei|gen|mäch|tig|keit** f. *(-,-en)* **1** azione *f.* arbitraria, arbitrio *m.* **2** arbitrarietà *f.*, carattere *m.* arbitrario: ***die ~ seiner Handlungen*** l'arbitrarietà delle sue azioni.

Ei|gen|na|me m. *(-ns,-n)* nome *m.* proprio.

Ei|gen|nutz m. *(-es)* interesse *m.* (personale), egoismo *m.*: ***etw. aus ~ tun*** fare qcs. per puro interesse. **ei|gen|nüt|zig** agg. egoistico, interessato. **Ei|gen|nüt|zig|keit** f. *(-)* egoismo *m.* **Ei|gen|nut|zung** *f.* *(-,-en)* DIR. uso *m.* proprio (*o* personale).

Ei|gen|pro|duk|ti|on f. *(-,-en)* produzione *f.* propria.

ei|gens avv. **1** *(besonders)* particolarmente: ***das braucht nicht ~ betont zu werden*** ciò non ha bisogno di essere particolarmente sottolineato **2** *(ausdrücklich)* espressamente: ***ich werde es ihm ~ sagen*** glielo dirò espressamente **3** *(speziell)* appositamente: ***er ist ~ aus Berlin gekommen, um sie wieder zu sehen*** è venuto appositamente da Berlino per rivederla.

Ei|gen|schaft f. *(-,-en)* **1** caratteristica *f.*: ***eine besondere ~*** una caratteristica peculiare **2a** qualità *f.*: ***er hat mehr gute als schlechte -en*** ha più qualità positive che negative **b** proprietà *f.*: ***die wärmeleitende ~ von Körpern*** la proprietà dei corpi di condurre il calore **3** veste *f.*: ***in amtlicher ~*** in veste ufficiale; ***in seiner ~ als Vorsitzender*** in veste (*o* qualità) di presidente. **Ei|gen|schafts|wort** n. *(-[e]s,-wörter)* aggettivo *m.* **ei|gen|schafts|wört|lich** agg. aggettivale.

Ei|gen|schwin|gung f. *(-,-en)* oscillazione *f.* per inerzia.

Ei|gen|sinn m. *(-[e]s)* ostinazione *f.*, caparbietà *f.*, testardaggine *f.* **ei|gen|sin|nig I** agg. ostinato, caparbio, testardo **II** avv. ostinatamente: ***~ auf etw. bestehen*** insistere ostinatamente su qcs. **Ei|gen|sin|nig|keit** f. *(-,-en)* → **Eigensinn.**

ei|gen|staat|lich agg. sovrano. **Ei|gen|staat|lich|keit** f. *(-)* sovranità *f.*

ei|gen|stän|dig agg. autonomo, indipendente. **Ei|gen|stän|dig|keit** f. *(-,-en)* autonomia *f.*, indipendenza *f.*

Ei|gen|sucht f. *(-)* egoismo *m.* **ei|gen|süch|tig I** agg. egoistico, egoista: ***ein -es Benehmen*** un comportamento egoistico; ***ein -er Mensch*** una persona egoista **II** avv. egoisticamente.

ei|gent|lich I agg. **1a** *(wahr)* vero, reale: ***sein -er Name ist Mayer*** il suo vero nome è Mayer **b** (vero e) proprio: ***im -en Sinn*** in senso proprio (*o* propriamente) **2** essenziale: ***es geht mir um das Eigentliche*** a me interessa l'essenziale **II** avv. **1** in realtà, veramente: ***sie ist ~ vierzig*** in realtà ha quarant'anni; ***~ hat er Recht*** in realtà ha ragione; ***ich sollte ~ zu Hause sein, aber...*** veramente dovrei essere a casa, ma... **2** originariamente: ***ich wollte ~ mit dem Zug fahren*** originariamente volevo andare in treno **3** propriamente, esattamente: ***das ist nicht ~, was ich meinte*** questo non è propriamente ciò che intendevo io **III** part.at. *(überhaupt)* in realtà, ma (dunque), (ma) insomma, veramente: ***wer sind Sie ~ ?*** in realtà chi è lei? ***was willst du ~ hier?*** ma (insomma) cosa vuoi tu qui? ***er sollte ~ etwas höflicher sein*** dovrebbe essere veramente un po' più gentile; ***~ bin ich froh, dass...*** in fondo sono felice che... **Ei|gent|lich|keit** f. *(-,-en)* autenticità *f.*

Ei|gen|tor n. *(-[e]s,-e)* autogol *m.*, autorete *f.*: ***ein ~ schießen*** fare autogol (anche FIG.).

Ei|gen|tum n. *(-s)* proprietà *f.*: ***diese Äcker sind sein ~*** questi campi sono di sua proprietà; ***in jds ~ übergehen*** passare in proprietà (*o* possesso) di qcn.; ***literarisches, privates, staatliches ~*** proprietà letteraria, privata, demaniale. **Ei|gen|tü|mer** m. *(-s,-)* proprietario *m.*, padrone *m.* **ei|gen|tüm|lich I** agg. **1** tipico, caratteristico, proprio: ***mit der ihr -en Höflichkeit*** con la gentilezza che le è propria **2** *(besonders)* particolare, singolare; *(seltsam)* strano: ***ein -es Lächeln*** un sorriso strano **II** avv. in modo strano: ***sich ~ verhalten*** comportarsi in modo strano; ***das berührt mich ~*** questo mi pare strano. **ei|gen|tüm|li|cher|wei|se** avv. stranamente. **Ei|gen|tüm|lich|keit** f. *(-,-en)* **1** peculiarità *f.*, particolarità *f.* **2** *(Seltsamkeit)* stranezza *f.*, singolarità *f.* **Ei|gen|tums|bil|dung** f. *(-)* formazione *f.* (*o* costituzione *f.*) della proprietà: ***die ~ unterstützen*** promuovere la formazione della proprietà. **Ei|gen|tums|de|likt** m. *(-[e]s,-e)* reato *m.* contro la proprietà. **Ei|gen|tums|recht** n. *(-[e]s,-e)* diritto *m.* di proprietà. **Ei|gen|tums|schutz** m. *(-es)* tutela *f.* della proprietà. **Ei|gen|tums|über|tra|gung** f. *(-,-en)* passaggio *m.* di proprietà. **Ei|gen|tums|ur|kun|de** f. *(-,-n)* titolo *m.* (*o* documento *m.*) attestante la proprietà. **Ei|gen|tums|ver|ge|hen** n. *(-s,-)* → **Eigentumsdelikt.** **Ei|gen|tums|vor|be|halt** m. *(-[e]s,-e)* patto *m.* di riservato dominio. **Ei|gen|tums|woh|nung** f. *(-,-en)* appartamento *m.* di proprietà (in condominio).

ei|gen|ver|ant|wort|lich I agg. di responsabilità: ***eine -e Aufgabe*** un incarico di responsabilità **II** avv. con responsabilità. **Ei|gen|ver|brauch** m. *(-[e]s)* consumo *m.* personale. **Ei|gen|wär|me** f. *(-)* calore *m.* naturale: ***die ~ des menschlichen Körpers*** il calore naturale del corpo umano. **Ei|gen|wech|sel** m. *(-s,-)* cambiale *f.* propria (*o* diretta), vaglia *m.* cambiario. **Ei|gen|wert** m. *(-[e]s)* **1** proprio valore *m.*: ***sich seines -s bewusst sein*** essere consapevole del proprio valore; ***der ~ eines Menschen*** il valore proprio dell'uomo **2** MAT. autovalore *m.*

Ei|gen|wil|le m. *(-ns)* ostinazione *f.*, caparbietà *f.* **ei|gen|wil|lig** agg. **1** ostinato, caparbio **2** *(originell)* eccentrico, estroso. **Ei|gen|wil|lig|keit** f. *(-,-en)* eccentricità *f.*, originalità *f.*

ei|gen|wüch|sig agg. **1** autonomo, proprio: ***mit -en Kräften*** con le proprie forze **2** originale, particolare: ***ein -er Charakter*** un carattere originale.

eig|nen I intr. (aus. *haben*) LETT. essere proprio, appartenere: ***ihm eignete eine drohende Stimme*** gli era propria (*o* aveva) una voce minacciosa **II** rifl. **sich ~** adattarsi, essere adatto: ***dieser Teppich eignet sich nicht fürs Büro*** questo tappeto non si adatta all'ufficio; ***sich als, zum Lehrer, Sportler ~*** essere adatto a fare l'insegnante, a essere un atleta. **Eig|nung** f. *(-,-en)* **1** attitudine *f.*: ***~ für, zu etw. haben*** avere attitudine per qcs. **2** *(Tauglichkeit)* idoneità *f.* **Eig|nungs|prü|fung** f. *(-,-en)* esame *m.* di idoneità, prova *f.* attitudinale. **Eig|nungs|test** m. *(-[e]s,-s* e *-e)* test *m.* (*o* prova *f.*) attitudinale.

eigtl. ⇒ *eigentlich* propriamente (propr.).

Ei|haut f. *(-,-häute)*, **Ei|hül|le** *(-,-n)* **1** tegumento *m.* dell'uovo, membrana *f.* vitellina **2** ANAT. corion *m.* **Ei|klar** n. *(-s,-)* AUSTR. → **Eiweiß.**

Ei|land n. *(-[e]s,-e)* LETT. isola *f.*

Eil|an|ge|bot n. *(-[e]s,-e)* offerta *f.* a breve scadenza. **Eil|be|stel|lung** *(-,-en)* ordine *m.* urgente. **Eil|bo|te** m. *(-n,-n)* corriere *m.* (espresso): ***durch -n*** tramite corriere, per espresso. **Eil|brief** m. *(-[e]s,-e)* lettera *f.* urgente, espresso *m.* **Ei|le** f. *(-)* fretta *f.*: ***in ~ sein*** essere di fretta; ***in der ~*** per la fretta; ***in aller, in großer (fieberhafter) ~*** in gran fretta, in fretta e furia; ***damit hat es keine ~*** per questo non c'è fretta, non è urgente; ***jdn zur ~ antreiben*** far, mettere fretta a qcn.; ***nur keine ~!*** calma!

Ei|lei|ter m. *(-s,-)* ANAT. tuba *f.* **Ei|lei|ter|durch|bla|sung** f. *(-,-en)* insufflazione *f.* tubarica. **Ei|lei|ter|ent|zün|dung** f. *(-,-en)* salpingite *f.* **Ei|lei|ter|schwan|ger|schaft** f. *(-,-en)* gravidanza *f.* tubarica.

ei|len I intr. (aus. *sein*) **1** affrettarsi, correre: ***zum Arzt, nach Hause ~*** correre dal medico, a casa **2** accorrere: ***jdm zu Hilfe ~*** accorrere in aiuto di qcn. **3** impers. (aus. *haben*) essere urgente: ***es (die Sache) eilt*** la faccenda è urgente **II** rifl. ***sich ~, etw. zu tun*** affrettarsi a fare qcs. ◆ PROV. ***eile mit Weile*** chi ha fretta indugi, chi va piano va sano e va lontano. **ei|lend** p.pres. agg. **1** → **eilen 2** frettoloso, precipitoso. **ei|lends** avv. in fretta, precipitosamente. **eil|fer|tig I** agg. **1** *(vorschnell)* frettoloso, precipitoso; *(unüberlegt)* avventato: ***ein -es Urteil*** un giudizio avventato **2** *(eifrig)* sollecito, solerte: ***ein -er Diener*** un domestico sollecito **II** avv. **1** precipitosamente, avventatamente: ***~ urteilen*** giudicare in modo precipitoso **2** solertemente, con solerzia: ***~ handeln*** agire con solerzia. **Eil|fer|tig|keit** f. *(-,-en)* **1** avventatezza *f.* **2** *(Eifrigkeit)* sollecitudine *f.*

Eil|fracht f. *(-,-en)*, **Eil|gut** n. *(-es,-güter)* merce *f.* urgente; *(Sendung)* spedizione *f.* urgente. **Eil|gü|ter|zug** m. *(-[e]s,-züge)* treno *m.* merci diretto.

ei|lig agg. **1** frettoloso: ***-e Schritte*** passi frettolosi **2** *(dringend)* urgente: ***eine -e Mitteilung*** una comunicazione urgente; ***es mit etw. ~ haben*** avere urgente bisogno di qcs. ◆ ***es ~ haben*** avere fretta; ***die Sache ist ~*** la cosa urge; ***wohin so ~?*** dove va così di fretta? **ei|ligst** avv. in tutta fretta, con massima rapidità: ***sich ~ davonmachen*** andarsene con la massima fretta.

Eil|marsch m. *(-[e]s,-märsche)* MIL. marcia *f.* forzata. **Eil|päck|chen** n. *(-s,-)* pacchetto *m.* espresso. **Eil|schritt** m. *(-[e]s,-e)* passo *m.* rapido: ***im ~*** con passo rapido. **Eil|sen|dung** f. *(-,-en)* spedizione *f.* per espresso. **Eil|tem|po** n. *(-s)* rapidità *f.*: ***im ~*** con rapidità, in fretta. **Eil|ver|fah|ren** n. *(-s,-)* procedura *f.* d'urgenza: ***im ~*** con procedura d'urgenza. **Eil|zug** m. *(-[e]s,-züge)* treno *m.* diretto, diretto *m.*

Ei|mer m. *(-s,-)* **1** secchio *m.*: ***ein ~ voll Wasser*** un secchio pieno d'acqua **2** *(von Wasserfahrzeugen)* SPREG. bagnarola *f.*: ***das Boot ist ein ~*** quel battello è una bagnarola **3** MECC. tazza *f.*, secchia *f.* ◆ COLLOQ. ***es gießt wie aus, mit -n*** piove a catinelle (*o* a dirotto); ***in den ~ gucken*** restare con un palmo di naso; ***im ~ sein*** = essere rovinato, distrutto. **Ei|mer|bag|ger** m. *(-s,-)* draga *f.* a noria. **Ei|mer|ket|ten|bag|ger, Ei|mer|nass|bag|ger, Ei|mer|tro|cken|bag|ger** m. *(-s,-)* draga *f.* a catena di tazze. **ei|mer|wei|se** avv. a secchi. **Ei|mer|werk** n. *(-[e]s,-e)* noria *f.*

1.ein I artc.indet. m. e n. (f. **eine**; gen. **eines, einer, eines**; dat. **einem, einer, einem**; acc. **einen, eine, ein**) un(o), una: ***~ Mann*** un uomo; ***-e Frau*** una donna; ***man hörte -en Schuss*** si udì uno sparo; ***~ bisschen Brot*** un po' di pane; ***er besitzt -en Picasso*** possiede un Picasso; ***unser Hund ist ~ Dackel*** il nostro cane è un bassotto; ***was für ~ Buch?*** quale libro? ***-es Tages*** un giorno **II** pron.indef. *(attributiv)* **1** un(o), una: ***ich möchte ~ Kilo Mehl*** vorrei un chilo di farina; ***in ~ bis, oder zwei Tagen*** entro uno o due giorni; ***es war ~ Uhr*** era l'una; ***-e Mark zwanzig*** un marco e venti **2a** *(einzig)* unico, unica, (un) solo, (una) sola: ***der -e Gott*** l'unico Dio; ***seine -e Hoffnung*** la sua unica (*o* sola) speranza; ***er hat nicht -en Fehler gemacht*** non ha fatto un solo errore **b** *(gleich)* lo stesso, la stessa: ***wir sind -er Meinung*** siamo della stessa opinione **III** pron.indef. *(absolut)* **einer** (f. **eine**, n. **ein[e]s**; pl. **eine**) **1** l'uno, l'una: ***der -e oder der andere*** l'uno o l'altro; ***die -en möchten Kaffee und die anderen Tee*** gli uni vogliono caffè e gli altri tè; **2** *(jemand)* uno, una, qualcuno, qualcuna: ***die Meinung -es meiner Freunde*** l'opinione di uno dei miei amici; ***ist es -e von euch?*** è una di voi? ***das wird kaum -em gefallen*** difficilmente ciò piacerà a qualcuno **3** *(man)* (si): ***wenn -er reich ist*** quando si è ricchi; ***das soll -er wissen!*** questo lo si dovrebbe sapere! ◆ ***-s nach dem andern*** una cosa per volta; ***in -em fort*** incessantemente, senza tregua; ***-er für alle und alle für -en*** uno per tutti e tutti per uno; ***~ für alle Mal*** una volta per tutte; ***-es ins andre gerechnet*** tutto sommato; COLLOQ. ***-en heben gehen*** andare a farsi un bicchiere; COLLOQ. ***es kommt auf -s heraus*** gira e rigira è lo stesso; COLLOQ. ***jdm -e kleben, langen*** mollare, allungare un ceffone a qcn.; ***-s sein*** essere d'accordo; ***Ein und Alles für jdn sein*** essere tutto (*o* la cosa più importante) per qcn.; ***das ist mir alles -s*** per me è tutt'uno, lo stesso; COLLOQ. ***sein -es Bein ist verletzt*** ha una gamba ferita; ***wie selten -er sein*** essere come pochi; ***so -e Enttäuschung, Überraschung!*** una tale delusione! che sorpresa! ***das ist auch so -er, -e*** è un tipaccio, una tipaccia; ***-en trinken*** bere (*o* bersi) un bicchiere; ***was für ~ Lärm!*** quanto (*o* che) fracasso! SPREG. ***was für ~ Mensch bist du?*** che razza di persona sei?

2.ein avv. acceso: ***Licht ~!*** luce! ***~ / aus*** acceso / spento ◆ ***bei jdm ~ und aus gehen*** frequentare qcn., essere di casa da qcn.; ***nicht, weder ~ noch aus wissen*** non sapere dove sbattere la testa.

Ein|achs|an|hän|ger m. *(-s,-)* rimorchio *m.* monoasse, a una sala. **ein|ach|sig** agg. monoasse, a un solo asse.

ein|ad|rig agg. EL. unipolare.

Ein|ak|ter m. *(-s,-)* atto *m.* unico. **ein|ak|tig** agg. in un atto: ***-es Schauspiel*** dramma in un atto.

ei|nan|der pron.inv. l'un l'altro, a vicenda, reciprocamente: ***~ lieben, widersprechen*** amarsi l'un l'altro, contraddirsi a vicenda; ***~ die Hand geben*** darsi (reciprocamente) la mano.

ein‿ar|bei|ten I tr. **1** ***jdn ~*** insegnare il lavoro a qcn., impratichire qcn. **2** *(einfügen)* inserire: ***ein Zitat in einen Text ~*** inserire una citazione in un testo **3** *(ausgleichen)* compensare lavorando: ***einen Urlaubstag ~*** compensare un giorno di ferie lavorando **II** rifl. **sich ~** impratichirsi, far pratica: ***sich in ein Gebiet ~*** far pratica in un settore (lavorativo). **Ein|ar|bei|tung** f. *(-,-en)* **1** introduzione *f.* al lavoro, pratica *f.* **2** *(Einfügung)* inserimento *m.* **Ein|ar|bei|tungs|zeit** f. *(-,-en)* periodo *m.* di introduzione al lavoro (*o* di rodaggio).

ein|ar|mig agg. **1** monco, con un braccio solo **2** *(von Gegenständen)* a un (solo) braccio.

ein‿äschern tr. **1** ridurre in cenere, incenerire: ***ein Dorf ~*** ridurre in cenere un villaggio **2** *(Leichen)* cremare. **Ein|äsche|rung** f. *(-,-en)* **1** incenerimento *m.* **2** *(von Leichen)* cremazione *f.* **Ein|äsche|rungs|hal|le** f. *(-,-n)* crematorio *m.*

ein‿at|men I intr. (aus. *haben*) inspirare: ***ein- und ausatmen*** inspirare ed espirare **II** tr. respirare, inalare: ***schlechte Luft ~*** respirare aria viziata. **Ein|at|mung** f. *(-,-en)* inspirazione *f.*

ein|ato|mig agg. monoatomico.

ein‿ät|zen tr. incidere (all'acquaforte).

ein|äu|gig agg. **1a** con un occhio solo, monocolo **b** *(blind)* cieco da un occhio **2** FIS. monoculare **3** FIG. orbo, miope. **Ein|äu|gi|ge** m. e f. *(-n,-n)* **1** cieco *m.* (-a *f.*) da un occhio **2** SCHERZ. = auto *f.* con un solo faro acceso ◆ PROV. ***unter den Blinden ist der ~ König*** nel paese dei ciechi l'orbo è re. **Ein|äu|gig|keit** f. *(-,-en)* FIG. miopia *f.*: ***politische ~*** miopia politica.

ein‿ba|cken tr. *(bäckt/backt, backte/buk, gebacken)* impastare, aggiungere (nella pasta): ***Oliven ins Brot ~*** impastare olive nel pane.

ein|bah|nig agg. a senso unico. **Ein|bahn|stra|ße** f. *(-,-n)* strada *f.* a senso unico.

ein‿bal|sa|mie|ren tr. **1** imbalsamare **2** SCHERZ. profumare ◆ ***der kann sich ~ lassen*** quello non serve più a niente. **Ein|bal|sa|mie|rung** f. *(-,-en)* imbalsamazione *f.*

Ein|band m. *(-[e]s,-bände)* EDIT. (ri)legatura *f.* **Ein|band|de|ckel** m. *(-s,-)* EDIT. copertina *f.* **ein|bän|dig** agg. monovolume, in un solo volume.

ein|ba|sig, ein|ba|sisch agg. monobasico.

Ein|bau m. *(-[e]s,-ten)* **1** installazione *f.*, montaggio *m.*: ***der ~ eines Ersatzteils*** l'installazione di un pezzo di ricambio; ***der ~ einer Sauna*** l'installazione di una sauna **2** FIG. *(Einfügung)* inserimento *m.* **3** *(eingebautes Teil)* parte *f.* aggiunta. **ein‿bau|en** tr. **1a** installare, montare, incorporare: ***einen Katalysator ~*** montare un catalizzatore **b** installare: ***eine Küche ~*** installare una cucina **2** FIG. *(einfügen)* inserire. **ein|bau|fer|tig** agg. pronto per il montaggio. **Ein|bau|kü|che** f. *(-,-n)* cucina *f.* componibile, americana.

Ein|baum m. *(-[e]s,-bäume)* piroga *f.*

Ein|bau|mö|bel pl. mobili *m.pl.* incassati. **Ein|bau|schrank** m. *(-[e]s,-schränke)* armadio *m.* a muro. **Ein|bau|teil** n. *(-s,-e)* **1** pezzo *m.* da montare **2** *(eingebautes Teil)* pezzo *m.* incorporato.

Ein|bee|re f. *(-,-n)* erba *f.* crociata.

ein‿be|grei|fen tr. *(begriff, begriffen)* LETT. includere, comprendere: ***jdn, etw. in etw. (A) ~*** includere qcn., qcs. in qcs. **ein|be|grif|fen** p.pass. agg. → **einbegreifen** ◆ ***im Preis (mit) ~*** compreso nel prezzo.

ein‿be|hal|ten tr. *(behält, behielt, behalten)* trattenere: ***eine Summe ~*** trattenere una somma; ***einen Dieb ~*** trattenere (in carcere) un ladro. **Ein|be|hal|tung** f. *(-,-en)* il trattenere, trattenuta *f.*: ***die ~ der Kirchensteuer*** la trattenuta dell'imposta per la chiesa.

ein|bei|nig agg. **1** con una gamba sola, monco (di una gamba) **2a** SPORT chi usa solo una gamba; *(links)* mancino; *(rechts)* destrorso **b** *(Sprung)* su una gamba.

ein‿be|ken|nen tr. *(bekannte, bekannt)* AUSTR. o LETT. riconoscere, ammettere, confessare. **Ein|be|kennt|nis** n. *(-ses,-se)* AUSTR. o LETT. ammissione *f.*, confessione *f.* **Ein|be|ken|nung** f. *(-,-en)* **1** AUSTR. o LETT. riconoscimento *m.*, ammissione *f.* **2** AUSTR. *(Steuererklärung)* dichiarazione *f.* dei redditi.

ein‿be|ru|fen tr. *(berief, berufen)* **1** convocare, indire: ***eine Versammlung (auf, für den 6. Mai) ~*** convocare una riunione (per il 6 maggio) **2** MIL. (ri)chiamare alle armi: ***jdn zum Wehrdienst ~*** chiamare qcn. a prestare servizio militare. **Ein|be|ru|fe|ne** m. e f. *(-n,-n)* **1** convocato *m.* (-a *f.*) **2** MIL. (ri)chiamato *m.* (-a *f.*) alle armi. **Ein|be|ru|fung** f. *(-,-en)* **1** convocazione *f.* **2** MIL. chiamata *f.* alle armi. **Ein|be|ru|fungs|be|fehl** m. *(-s,-e)* MIL. precetto *m.*, ordine *m.* di presentazione: ***seinen ~ erhalten*** essere precettato, ricevere la chiamata alle armi. **Ein|be|ru|fungs|schrei|ben** n. *(-s,-)* cartolina *f.* precetto.

ein‿be|schrei|ben tr. *(beschrieb, beschrieben)* GEOM. inscrivere.
ein‿be|stel|len tr. BUROCR. convocare.
ein‿be|to|nie|ren tr. EDIL. incassare.
ein‿bet|ten tr. **1** collocare, adagiare **2** EDIL. incassare. **Ein|bet|tung** f. *(-,-en)* collocamento *m.*, adagiamento *m.*
Ein|bett|zim|mer n. *(-s,-)* camera *f.* singola.
ein‿beu|len I tr. ammaccare **II** rifl. **sich ~** ammaccarsi.
ein‿be|zie|hen tr. *(bezog, bezogen)* includere, comprendere: ***jdn ins Gespräch ~*** includere qcn. nel discorso. **Ein|be|zie|hung** f. *(-,-en)* inclusione *f.*; ***unter ~ von etw.*** includendo qcs.
ein‿bie|gen *(bog, gebogen)* **I** tr. curvare, piegare **II** rifl. **sich ~** curvarsi, piegarsi **III** intr. (aus. *sein*) svoltare, girare: ***nach links, in die Hauptstraße ~*** svoltare a sinistra, nella strada principale. **Ein|bie|gung** f. *(-,-en)* incurvatura *f.*, piegatura *f.*
ein‿bil|den rifl. ***sich ~*** **1** immaginarsi, credere: ***sich (D) Gefahren ~*** immaginarsi pericoli; ***er bildet sich ein, krank zu sein (er sei krank)*** crede (*o* pretende) di essere malato; ***was bildest du dir eigentlich ein?*** cosa credi di essere? ***bilde dir nur nichts ein*** non farti illusioni **2** ***sich (D) viel (auf etw.) ~*** avere un alto concetto di sé (per qcs.), essere molto orgoglioso (di qcs.) **3** COLLOQ. *(unbedingt haben wollen)* mettersi in mente (*o* in testa): ***sich (D) ein neues Kleid ~*** mettersi in testa di volere un vestito nuovo. **Ein|bil|dung** f. *(-,-en)* **1a** immaginazione *f.*, fantasia *f.*: ***das gibt es nur in seiner ~*** esiste solo nella sua immaginazione **b** *(falsche Vorstellung)* idea *f.*, fissazione *f.*, illusione *f.*: ***seine Krankheit ist reine ~*** la sua è una malattia immaginaria **2** *(Überheblichkeit)* presunzione *f.*, boria *f.* ◆ ***~ ist auch eine Bildung*** che presuntuoso! ***unter -en leiden*** soffrire di allucinazioni. **Ein|bil|dungs|kraft** f. *(-)*, **Ein|bil|dungs|ver|mö|gen** n. *(-s)* capacità *f.* immaginativa, immaginazione *f.*, fantasia *f.*
ein‿bin|den tr. *(band, gebunden)* **1** EDIT. rilegare: ***ein Buch in dunkles Leder ~*** rilegare un libro in pelle scura **2** legare (anche FIG.): ***jdn in eine Familie ~*** legare qcn. a una famiglia **3** *(mit Binden einwickeln)* fasciare, mettere una fascia: ***eine verletzte Hand ~*** fasciare una mano ferita. **Ein|bin|dung** f. *(-,-en)* **1** EDIT. (ri)legatura *f.* **2** legatura *f.* **3** fasciatura *f.*
ein‿bla|sen tr. *(bläst, blies, geblasen)* **1** soffiare (dentro) **2a** COLLOQ. bisbigliare all'orecchio **b** SCOL. suggerire **c** *(einreden)* suggerire, insinuare. **Ein|blä|ser** m. *(-s,-)* COLLOQ. SPREG. suggeritore *m.*
Ein|blatt n. *(-[e]s,-blätter)*, **Ein|blatt|druck** m. *(-s,-e)* ART. foglio *m.* volante.
ein‿bläu|en 1 tr. TESS. tingere di blu **2** ***jdm etw. ~*** inculcare qcs. a qcn.
ein‿blen|den CINEM. RAD. TELEV. **I** tr. inserire: ***Erinnerungen in die Handlung ~*** inserire flash-back nell'azione **II** rifl. **sich ~** aprirsi in dissolvenza. **Ein|blen|dung** f. *(-,-en)* **1** inserimento *m.* **2** apertura *f.* in dissolvenza.
ein‿bleu|en → **einbläuen.**
Ein|blick m. *(-[e]s,-e)* **1** vista *f.*, sguardo *m.* (dentro) **2** sguardo *m.*, occhiata *f.*: ***~ in etw. (A) nehmen*** dare un'occhiata a qcs.; ***jdm ~ in etw. (A) gewähren*** far dare un'occhiata a qcn. in qcs. **3** *(Kenntnis)* idea *f.*: ***einen ~ in etw. (A) gewinnen (sich [D] einen ~ in etw. verschaffen), haben*** farsi, avere un'idea di qcs.
ein‿boh|ren I tr. ***ein Loch (in das Holz) ~*** fare un buco (nel legno), perforare (nel legno) **II** rifl. ***sich in etw. (A) ~*** penetrare (perforando) in qcs.
ein‿bre|chen *(bricht, brach, gebrochen)* **I** tr. sfondare: ***die Tür ~*** sfondare la porta **II** intr. **1a** (aus. *sein, haben*) irrompere, fare irruzione: ***in ein feindliches Land ~*** fare irruzione in un paese nemico **b** entrare (scassinando): ***Diebe haben bei uns, in unserer Wohnung eingebrochen*** i ladri sono entrati da noi, nel nostro appartamento **c** SCHERZ. ***bei jdm ~*** piombare a casa di qcn. **2** (aus. *sein*) calare, sopraggiungere: ***der Winter, die Dunkelheit brach ein*** sopraggiunse l'inverno, calò l'oscurità **3a** (aus. *sein*) sprofondare: ***auf dem Eis ~*** sprofondare nel ghiaccio **b** crollare: ***die Mauer ist eingebrochen*** il muro è crollato **c** COLLOQ. FIG. crollare, subire un crollo, una sconfitta: ***die Partei ist bei den letzten Wahlen eingebrochen*** il partito ha subito un crollo alle ultime elezioni. **ein|bre|chend** p.pres. → **einbrechen** ◆ ***bei -er Dunkelheit*** al calar delle tenebre. **Ein|bre|cher** m. *(-s,-)* scassinatore *m.*
Ein|bren|ne f. *(-,-n)* REGION. e AUSTR. *(Mehlschwitze)* soffritto *m.* con farina.
ein‿bren|nen *(brannte, gebrannt)* **I** tr. **1** imprimere (con ferro rovente): ***ein Zeichen auf Holz ~*** imprimere un marchio a fuoco sul legno **2** *(Tiere)* marchiare a fuoco **3** *(Mehl)* soffriggere **II** rifl. **sich ~** imprimersi: ***dieses Erlebnis hat sich meinem, in mein Gedächtnis eingebrannt*** questa esperienza mi si è impressa nella memoria. **Ein|brenn|la|ckie|rung** f. *(-,-en)* laccatura *f.* a fuoco.
ein‿brin|gen *(brachte, gebracht)* **I** tr. **1a** mettere, portare al riparo: ***die Ernte ~*** mettere al riparo il raccolto; ***das Boot (in den Hafen) ~*** portare la barca dentro (nel porto) **b** *(einfangen)* mettere in prigione (*o* al fresco) **2** *(vorlegen)* presentare: ***in der Versammlung einen Vorschlag ~*** presentare una proposta in riunione **3a** *(Werte, Wertvolles)* portare: ***Geld in eine Firma ~*** portare soldi in una ditta; ***etw. in die Ehe ~*** portare in dote qcs. **b** FIG. ***seine Person in ein, einem Gespräch ~*** coinvolgersi in una conversazione **4** *(mit sich bringen)* rendere, fruttare: ***diese Erfahrung bringt (ihm) viel, nichts ein*** questa esperienza (gli) rende molto, niente **5a** ricuperare, riguadagnare: ***den Verlust (wieder) ~*** rifarsi di una perdita **b** TIP. *(Zeile)* risparmiare **II** rifl. **sich ~** coinvolgersi, impegnarsi: ***sich in eine Beziehung ~*** impegnarsi in un rapporto. **ein|bring|lich** agg. redditizio, proficuo. **Ein|brin|gung** f. *(-,-en)* **1** il riporre **2** *(Gesetz)* presentazione *f.* **3** *(in die Ehe)* dote *f.* **4** *(durch Nachholen)* ricupero *m.* **5** AUSTR. DIR. cattura *f.*
ein‿bro|cken tr. **1** spezzettare: ***Brot (in die Milch) ~*** spezzettare il pane (nel latte) **2** COLLOQ. ***jdm, sich etwas ~*** mettersi nei guai, nei pasticci: ***da hast du dir, uns was Schönes eingebrockt!*** in che pasticcio ti sei messo, ci hai messo!
Ein|bruch m. *(-[e]s,-brüche)* **1** irruzione *f.*, invasione *f.*, calata *f.* **2** *(von Dieben)* scasso *m.*, effrazione *f.*: ***einen ~ verüben, begehen*** effettuare uno scasso **3** *(von Wasser)* inondazione *f.* **4a** *(Einsturz)* crollo *m.* **b** FIG. *(Scheitern)* crollo *m.*, fallimento *m.* **5** GEOL. sprofondamento *m.* **6** FIG. il sopraggiungere, il calare: ***bei ~ der Nacht*** al calar della notte. **Ein|bruch(s)|dieb|stahl** m. *(-s,-stähle)* furto *m.* con scasso. **ein|bruch(s)|si|cher** agg. a prova di scasso. **Ein|bruchs|si|che|rung** f. *(-,-en)* (dispositivo *m.*) antifurto *m.* **Ein|bruch(s)|werk|zeug** m. *(-[e]s,-e)* arnese *m.* da scasso.
ein‿buch|ten tr. **1** incurvare: ***ein Stück Blech ~*** incurvare un pezzo di lamiera **2** COLLOQ. *(einsperren)* mettere dentro, in prigione. **Ein|buch|tung** f. *(-,-en)* insenatura *f.*
ein‿bud|deln COLLOQ. **I** tr. *(eingraben)* sotterrare **II** rifl. **sich ~** *(in den Sand)* sotterrarsi.
ein‿bun|kern tr. **1** immagazzinare **2** COLLOQ. *(einsperren)* rinchiudere, imprigionare.
ein‿bür|gern I tr. **1** ***jdn ~*** dare la cittadinanza a qcn., naturalizzare qcn.; ***er ist in die, in der USA eingebürgert worden*** ha la cittadinanza americana **2** *(heimisch machen)* introdurre, adottare: ***ein Fremdwort, eine Gewohnheit ~*** adottare una parola straniera, introdurre un'abitudine **3** *(Tiere, Pflanzen)* introdurre in un ambiente naturale **II** rifl. **sich ~ 1** acquistare la cittadinanza, naturalizzarsi **2** *(heimisch werden)* venire adottato, diventare di uso comune. **Ein|bür|ge|rung** f. *(-,-en)* **1** naturalizzazione *f.* **2** *(Worte, Sitten)* introduzione *f.*, adozione *f.*
Ein|bu|ße f. *(-,-n)* perdita *f.*: ***eine finanzielle ~ erleiden, erfahren*** subire una perdita finanziaria ◆ ***jdm, etw. ~ tun*** andare a scapito di qcn., qcs.: ***das tut seiner Ehre keine ~*** non va a scapito del suo onore (*o* non ci rimette nell'onore). **ein‿bü|ßen I** tr. perdere, rimetterci: ***seine Freiheit ~*** perdere la propria libertà **II** intr. (aus. *haben*) ***an Ehre ~*** rimetterci (nel)l'onore.
ein‿che|cken AER. **I** tr. fare il check-in **II** intr. (aus. *haben*) passare al check-in.
ein‿cre|men I tr. spalmare di crema **II** rifl. **1** ***sich (D) das Gesicht ~*** spalmarsi il viso con la, di crema **2** ***sich (A) ~*** spalmarsi la crema.
ein‿däm|men tr. arginare: ***einen Fluss ~*** arginare un fiume; FIG. ***die Kriminalität ~*** arginare la criminalità.
ein‿däm|mern intr. (aus. *sein*) **1** assopirsi **2** impers. (aus. *haben*) SVIZZ. ***es dämmert ein*** si fa sera.
Ein|däm|mung f. *(-,-en)* **1** arginamento *m.* **2** *(Damm)* argine *m.*
ein‿dampf|fen tr. CHIM. fare evaporare. **Ein|dampf|fung** f. *(-,-en)* CHIM. evaporazione *f.*
ein‿de|cken I tr. **1** *(schützend)* coprire: ***ein Beet ~*** coprire un'aiuola; *(Dach)* rivestire **2** COLLOQ. *(überschütten)* caricare: ***jdn mit Arbeit ~*** caricare qcn. di lavoro **II** rifl. **sich ~** rifornirsi, fare scorte sufficienti: ***sich mit Vorräten ~*** rifornirsi di provviste.
Ein|de|cker m. *(-s,-)* **1** MAR. nave *f.* a un solo ponte **2** AER. monoplano *m.*
ein‿dei|chen tr. arginare. **Ein|dei|chung** f. *(-)* arginamento *m.*
ein‿del|len tr. ammaccare.
ein|deu|tig I agg. **1** chiaro, evidente: ***eine -e Niederlage, Absage*** una sconfitta evidente, un rifiuto chiaro (*o* netto) **2** *(nicht mehrdeutig)* univoco **3** FIG. *(grob)* volgare: ***eine -e Bemerkung*** un'allusione volgare **II** avv. **1a** chiaramente, in modo chiaro: ***etw. ~ feststellen*** constatare qcs. chiaramente **b** evidentemente: ***sie haben sich ~ getrennt*** è evidente che (*o* chiaramente) si sono separati **2** in modo univoco: ***ein Wort ~ verwenden*** utilizzare una parola in modo univoco. **Ein|deu|tig|keit** f. *(-,-en)* **1** chiarezza *f.*, evidenza *f.* **2** *(Grobheit)* volgarità *f.*

ein̮deut|schen tr. germanizzare, tedeschizzare. **Ein|deut|schung** f. *(-,-en)* germanizzazione *f.*, tedeschizzazione *f.*
ein̮di|cken I tr. fare addensare, ispessire: ***eine Suppe mit Mehl ~*** fare addensare una minestra con della farina **II** intr. (aus. *sein*) ispessirsi, addensarsi.
ein|di|men|si|o|nal agg. unidimensionale, a una sola dimensione; FIG. ***eine -e Anschauungsweise*** un modo ristretto di vedere le cose.
ein̮do|cken tr. MAR. mettere in bacino.
ein̮do|sen tr. inscatolare.
ein̮dö|sen intr. (aus. *sein*) COLLOQ. addormentarsi.
ein̮drän|gen I intr. (aus. *sein*) **1** accalcarsi intorno, fare ressa intorno: ***die Reporter drängten auf den Sieger ein*** i cronisti si accalcarono intorno al vincitore **2** FIG. affollarsi alla (*o* nella) mente: ***schreckliche Bilder drängten auf ihn ein*** immagini terribili gli si affollarono alla mente **II** rifl. ***sich in etw. (A) ~*** farsi largo, introdursi a forza in qcs.; FIG. insinuarsi in qcs.: ***er hat sich in unsere Familie eingedrängt*** si è insinuato nella nostra famiglia. **ein̮dre|hen** tr. **1a** avvitare: ***eine Glühbirne ~*** avvitare una lampadina **b** arrotolare, avvolgere: ***die Haare ~*** avvolgere i capelli sui bigodini, mettersi i bigodini **2** MAR. virare, cambiare direzione. **ein̮dre|schen** intr. *(drischt, drosch, gedroschen;* aus. *haben)* COLLOQ. avventarsi: ***auf jdn, etw. ~*** avventarsi su qcn., qcs. **ein̮dril|len** tr. COLLOQ. ***jdm etw. ~*** inculcare qcs. a qcn.; ***die lateinische Grammatik ~*** far imparare a forza la grammatica latina.
ein̮drin|gen intr. *(drang, gedrungen;* aus. *sein)* **1** penetrare, entrare: ***das Wasser dringt ins Boot ein*** l'acqua entra nella barca; **2a** *(von Dieben)* fare irruzione, penetrare: ***bei jdm ~*** fare irruzione in casa di qcn.; ***in eine Stadt ~*** invadere una città **b** FIG. insinuarsi, introdursi **3a** *(bedrohen)* ***auf jdn mit dem Messer ~*** minacciare qcn. con il coltello **b** FIG. ***auf jdn ~*** incalzare, assillare qcn.: ***auf jdn mit Fragen ~*** assillare qcn. con domande ◆ ***etw. dringt ins Bewusstsein ein*** acquisire consapevolezza, coscienza di qcs. **ein|dring|lich I** agg. **1** insistente **2** *(überzeugend)* persuasivo **II** avv. insistentemente: ***jdn ~ bitten*** pregare qcn. insistentemente. **Ein|dring|lich|keit** f. *(-)* insistenza *f.* **Ein|dring|ling** m. *(-s,-e)* **1** intruso *m.* (-a *f.*) **2** invasore *m.*
Ein|druck m. *(-[e]s,-drücke)* **1** impressione *f.*: ***auf jdn einen guten, schlechten ~ machen*** fare (una) buona, cattiva impressione su qcn.; ***den ~ haben, gewinnen, dass...*** avere, ricavare l'impressione che...; ***den ~ erwecken, als ob...*** dare l'impressione di...; ***neue -drücke sammeln*** raccogliere nuove impressioni **2** *(Spur)* impronta *f.* ◆ ***auf jdn ~ machen*** fare colpo su qcn.; ***~ schinden*** cercare di far colpo. **ein̮dru|cken** tr. **1** stampare: ***ein Muster maschinell ~*** stampare un disegno a macchina **2** AUSTR. COLLOQ. → **eindrücken.**
ein̮drü|cken I tr. **1** comprimere, schiacciare **2** *(verbeulen)* ammaccare: ***den Kofferraum ~*** ammaccare il baule **3** sfondare: ***die Tür ~*** sfondare la porta **II** rifl. **sich ~ 1** lasciare l'impronta **2** FIG. imprimersi: ***etw. drückt sich ins Gedächtnis ein*** qcs. si imprime nella memoria. **ein|drück|lich** agg. SVIZZ. → **eindrucksvoll.**
ein|drucks|fä|hig agg. impressionabile, sensibile. **Ein|drucks|fä|hig|keit** f. *(-)* impressionabilità *f.*, sensibilità *f.* **ein|drucks|los** agg. privo d'effetto, freddo. **ein|drucks|voll I** agg. impressionante, imponente, di grande effetto: ***ein -es Gemälde*** un dipinto di grande effetto **II** AVV. in modo grandioso, imponente.
ein̮dü|beln tr. tassellare, fissare con tasselli.
ein̮du|seln intr. (aus. *sein*) COLLOQ. addormentarsi.
ei|ne → **1.ein.**
ein̮eb|nen tr. spianare, livellare; FIG. appianare. **Ein|eb|nung** f. *(-,-en)* livellamento *m.*, spianamento *m.* (anche FIG.).
Ein|ehe f. *(-,-n)* monogamia *f.* **ein|ei|ig** agg. monovulare, monozigote.
ein|ein|deu|tig agg. MAT. TECN. biunivoco: ***eine -e Abbildung*** una corrispondenza biunivoca. **Ein|ein|deu|tig|keit** f. *(-,-en)* MAT. TECN. biunivocità *f.*
ein|ein|halb agg.inv. uno e mezzo: ***seit ~ Stunden*** da un'ora e mezza. **ein|ein|halb|mal** avv. una volta e mezzo.
ei|nem → **1.ein.**
1.ei|nen I tr. LETT. *(einigen)* unire, unificare **II** rifl. **sich ~** unirsi, unificarsi.
2.ei|nen → **1.ein.**
ein̮en|gen tr. **1** *(beschränken)* costringere, comprimere, stringere: ***die Krawatte engt mich ein*** la cravatta mi stringe **2a** *(einschränken)* limitare: ***jds Rechte, Freiheit ~*** limitare i diritti, la libertà di qcn. **b** circoscrivere: ***einen Begriff ~*** circoscrivere un concetto. **Ein|en|gung** f. *(-,-en)* **1** costrizione *f.* **2** limitazione *f.*
ei|ner → **1.ein.**
Ei|ner m. *(-s,-)* **1** MAT. unità *f.*: ***zuerst die ~ und dann die Zehner addieren*** sommare prima le unità e poi le decine **2** SPORT *(Ruderboot)* monoposto *m.* **Ei|ner|ko|lon|ne** f. *(-,-n)* SVIZZ. fila *f.* indiana.
ei|ner|lei agg.inv. **1** *(gleichgültig)* indifferente: ***das ist mir ~*** ciò mi è indifferente **2** dello stesso tipo, della stessa specie; identico: ***Schuhe von ~ Farbe*** scarpe di colore identico (*o* dello stesso colore); ***~ Kost*** cibo monotono. **Ei|ner|lei** n. *(-s)* monotonia *f.*, uniformità *f.* **ei|ner|seits** avv. ***~..., andererseits...*** da un lato (*o* da una parte)..., dall'altro (*o* dall'altra)... **Ei|ner|stel|le** f. *(-,-n)* MAT. unità *f.*
ei|nes → **1.ein.**
ei|nes|teils avv. ***~..., andernteils...*** da un lato (*o* da una parte)..., dall'altro (*o* dall'altra)...
ein̮exer|zie|ren tr. **1** MIL. addestrare **2** ***jdm etw. ~*** far esercitare qcn. in qcs.
ein|fach I agg. **1a** facile, semplice: ***ein -es Studium*** un corso di studi facile; ***es ist gar nicht so ~*** non è affatto semplice **b** *(einmal ausgeführt)* semplice: ***ein -er Knoten*** un nodo semplice; ***eine -e Fahrkarte*** un biglietto (di corsa) semplice (*o* di andata); COMM. ***-e Buchführung*** partita semplice **2** *(deutlich)* comprensibile, chiaro, semplice: ***eine -e Erklärung*** una spiegazione chiara **3** *(bescheiden)* dimesso, modesto, alla buona: ***-e Kleidung tragen*** vestirsi con abiti dimessi; ***in -en Verhältnissen leben*** vivere in condizioni modeste **II** avv. **1** semplicemente, facilmente: ***diese Maschine ist ganz ~ konstruiert*** questa macchina è costruita molto semplicemente **2** modestamente, in modo semplice: ***sich ~ geben*** comportarsi in modo semplice **3** *(deutlich)* chiaramente, in modo chiaro: ***~ ausgedrückt*** detto in modo chiaro **III** part. *(ganz und gar)* semplicemente, davvero, proprio: ***die Sache ist ~ unmöglich*** la cosa è semplicemente impossibile; *(wirklich)* ***es wäre ~ schön*** sarebbe davvero, proprio bello; *(ohne weiteres)* ***er lief ~ davon*** è semplicemente fuggito via ◆ ***~ gefaltet*** piegato una sola volta; ***die Sache liegt ganz ~*** la cosa è chiara; ***es sich ~ machen*** rendersi la vita facile; ***-e Mehrheit*** maggioranza relativa; ***ein -er Mensch*** una persona semplice, non istruita. **Ein|fach|heit** f. *(-,-en)* semplicità *f.*: ***der ~ halber*** per semplificare le cose; *(Bescheidenheit)* ***sich mit betonter ~ geben*** comportarsi con ostentata semplicità.
ein̮fä|deln I tr. **1** infilare: ***einen Faden ~*** infilare un filo **2** COLLOQ. tramare, ordire: ***eine List ~*** tramare un inganno **II** intr. (aus. *haben*) SPORT GERG. inforcare: ***an einem Tor ~*** inforcare una porta, inforcare **III** rifl. **sich ~** infilarsi; ***sich in eine Wagenkolonne ~*** immettersi in una colonna (di auto), incolonnarsi.
ein|fahr|bar agg. *(von Fahrwerk)* retrattile.
ein̮fah|ren *(fährt, fuhr, gefahren)* **I** intr. **1a** (aus. *sein*) arrivare: ***der Zug fährt auf Gleis 8 ein*** il treno arriva al binario 8; ***das Schiff fährt in den Hafen ein*** la nave entra in porto **b** VENAT. rintanarsi: ***der Dachs ist eingefahren*** il tasso si è rintanato **II** tr. **1** mettere al coperto, riporre, ritirare: ***die Ernte ~*** riporre il raccolto **2** sfondare (con l'auto): ***das Garagentor ~*** sfondare (con l'auto) la porta del garage **3a** rodare: ***den neuen Wagen ~*** rodare la macchina nuova **b** *(von Pferden)* abituare al tiro **4** retrarre: ***das Fahrgestell ~*** retrarre il carrello **III** rifl. **sich ~ 1** abituarsi alla guida (di un veicolo) **2** FIG. *(sich einspielen)* stabilirsi, prendere piede, consolidarsi ◆ ***in die Grube ~*** scendere nel pozzo (di una miniera).
Ein|fahr|gleis n. *(-es,-e)* binario *m.* d'arrivo. **Ein|fahr|sig|nal** n. *(-s,-e)* FERR. via *f.* libera, segnale *m.* d'entrata.
Ein|fahrt f. *(-,-en)* **1** *(Einfahren)* arrivo *m.*: ***Vorsicht bei der ~ des Zuges*** attenzione al treno in arrivo **2a** ingresso *m.*, entrata *f.*: ***die Werkstatt hat eine breite ~*** l'officina ha un ampio ingresso **b** *(vom Hafen)* imboccatura *f.* **c** *(von Autobahnen)* raccordo *m.* di entrata ◆ ***~ freihalten!*** lasciare libero il passaggio! passo carrabile; ***~ verboten*** divieto d'accesso. **Ein|fahrt(s)|er|laub|nis** f. *(-,-se)* permesso *m.* d'accesso. **Ein|fahrts|ge|lei|se** n. *(-s,-)*, **Ein|fahrt|gleis** n. *(-es,-e)* → **Einfahrgleis. Ein|fahrt(s)|stra|ße** f. *(-,-n)* (strada *f.* di) accesso *m.*
Ein|fall m. *(-[e]s,-fälle)* **1** idea *f.*: ***einen guten, glänzenden ~ haben*** avere un'idea buona, brillante; ***er kam auf den ~ (o ihm kam der ~), etw. zu tun*** gli venne l'idea di fare qcs. **2** LETT. il sopraggiungere, arrivo *m.* improvviso: ***der ~ der Nacht*** il sopraggiungere della notte **3a** *(Überfall)* invasione *f.*, calata *f.*: ***der ~ der Feinde*** l'invasione dei nemici **b** *(Eindringen)* irruzione *f.* **4** *(Einsturz)* crollo *m.* **5** FIS. incidenza *f.* ◆ ***Einfälle haben wie ein altes Haus*** avere idee balzane; ***ein launiger ~*** un capriccio; ***ein witziger ~*** un'arguzia.
ein̮fal|len intr. *(fällt, fiel, gefallen;* aus. *sein)* **1** venire in mente: ***mir fällt zu dem Thema nichts ein*** su questo argomento non mi viene in mente niente; *(sich erinnern)* ***sein Name fällt mir nicht ein*** non mi viene in mente il suo nome **2** irrompere, fare irruzione: ***in ein fremdes Land ~*** fare irruzione in un paese straniero **3** *(zusammenstürzen)* crollare, rovinare: ***das Gebäude fiel plötzlich ein*** l'edificio crollò improvvisamente **4** LETT. sopraggiungere, sopravvenire; calare: ***der Winter fiel ein*** sopraggiunse l'inverno **5a** *(von Licht)*

entrare: ***das Tageslicht fällt ein*** entra la luce del giorno **b** *(einstimmen)* entrare, attaccare: ***zuletzt fallen die Geigen ein*** infine entrano i violini **6** VENAT. *(von Federwild)* posarsi ◆ FIG. ***sich etwas ~ lassen*** farsi venire in mente qualcosa; ***ins Gelächter ~*** unirsi alla risata; ***das fällt mir nicht im Traum ein!*** nemmeno (*o* neanche) per sogno! ***was fällt dir ein!*** ma che ti salta in mente! **ein|fal|lend** p.pres. agg. **1** → **einfallen** **2** cadente, fatiscente, in rovina: ***ein -er Turm*** una torre in rovina **3** calante, che sopraggiunge; ***bei -er Nacht*** al calar(e) della notte **4** FIS. incidente.

ein|falls|los agg. povero di idee, senza fantasia. **Ein|falls|lo|sig|keit** f. *(-)* povertà *f.* di idee. **ein|falls|reich** agg. ricco, pieno di idee, ingegnoso. **Ein|falls|reich|tum** m. *(-s)* ricchezza *f.* di idee, ingegnosità *f.* **Ein|falls|tor** n. *(-[e]s,-e)* GEOGR. porta *f.*, via *f.* d'accesso. **Ein|fall|stra|ße** f. *(-,-n)* strada *f.*, via *f.* d'accesso (a una città). **Ein|falls|win|kel** m. *(-s,-)* FIS. angolo *m.* d'incidenza.

Ein|falt f. *(-)* **1** *(Beschränktheit)* stoltezza *f.*, scempiaggine *f.*, dabbenaggine *f.* **2** *(Naivität)* ingenuità *f.* **3** LETT. *(Reinheit)* candore *m.*, innocenza *f.* ◆ ***(du) heilige ~*** beata innocenza! **ein|fäl|tig I** agg. *(arglos)* semplice, ingenuo; *(nicht scharfsinnig)* sempliciotto, sciocco, stolto: ***ein -es Gemüt*** uno spirito, un animo semplice **II** avv. ingenuamente, candidamente ◆ ***-es Zeug*** baggianata. **Ein|fäl|tig|keit** f. *(-)* dabbenaggine *f.*, scempiaggine *f.* **Ein|falts|pin|sel** m. *(-s,-)* COLLOQ. SPREG. semplicione *m.*, sempliciotto *m.*, babbeo *m.*

ein_fal|zen tr. TIP. incartonare.

Ein|fa|mi|li|en|haus n. *(-es,-häuser)* casa *f.* unifamiliare.

ein_fan|gen *(fängt, fing, gefangen)* **I** tr. **1** catturare, acchiappare, prendere: ***einen Dieb, einen Vogel ~*** catturare un ladro, un uccello; **2** LETT. cogliere: ***der Autor hat die Stimmung sehr gut eingefangen*** l'autore ha colto molto bene l'atmosfera **II** rifl. COLLOQ. ***sich (D) etw. ~*** prendersi qcs.: ***sich eine Krankheit, eine Ohrfeige ~*** prendersi una malattia, un ceffone.

ein_fär|ben tr. **1** tingere: ***ein Hemd ~*** tingere una camicia **2** TIP. inchiostrare. **ein|far|big** agg. di un solo colore, in tinta unita; TECN. monocromatico: ***eine -e Tapete*** una tappezzeria in tinta unita. **Ein|fär|bung** f. *(-,-en)* tintura *f.*, coloratura *f.*

ein_fa|schen tr. AUSTR. fasciare.

ein_fas|sen tr. **1** *(begrenzen)* circondare, (re)cingere, recintare: ***etw. mit einem Zaun ~*** recintare qcs. con una staccionata **2** bordare: ***die Tischdecke mit einer Borte ~*** bordare la tovaglia con una passamaneria **3** *(Edelsteinen)* incastonare. **Ein_fas|sung** f. *(-,-en)* **1a** recinto *m.*, recinzione *f.* **b** *(Rahmen)* cornice *f.* **2a** bordo *m.*, orlo *m.* **b** *(Garnierung)* guarnizione *f.* **3** *(von Edelsteinen)* castone *m.*

Ein|fel|der|wirt|schaft f. *(-)* AGR. monocoltura *f.*

ein_fet|ten tr. **1** ungere: ***das Backblech ~*** ungere la teglia **2** lubrificare, ingrassare: ***ein Getriebe ~*** lubrificare un ingranaggio. **Ein|fet|tung** f. *(-,-en)* ingrassaggio *m.*, lubrificazione *f.*

ein_feuch|ten tr. inumidire: ***die Wäsche ~*** inumidire la biancheria.

ein_feu|ern intr. (aus. *haben*) REGION. riscaldare, fare fuoco.

ein_filt|rie|ren tr. COLLOQ. ***jdm einen Whisky ~*** propinare un whisky a qcn.

ein_fin|den *(fand, gefunden)* rifl. **sich ~** **1** trovarsi: ***die Gruppe findet sich um 9 Uhr ein*** il gruppo si trova alle 9 **2** ***sich in etw. ~*** adattarsi a qcs. **3** DIR. presentarsi, comparire: ***sich vor Gericht ~*** comparire in tribunale.

ein_flech|ten tr. *(flicht, flocht, geflochten)* **1** intrecciare; intessere: ***ein Band in die Haare ~*** intrecciare un nastro nei capelli; ***die Haare zu Zöpfen ~*** intrecciare i capelli **2** FIG. inserire, introdurre: ***etw. geschickt in ein Gespräch ~*** inserire abilmente qcs. in un discorso **3** *(beiläufig erwähnen)* ***etw. ~*** accennare a qcs. **Ein|flech|tung** f. *(-,-en)* **1** intrecciamento *m.* **2** inserimento *m.*, introduzione *f.*

ein|fli|cken tr. COLLOQ. **1** applicare, aggiungere; rappezzare **2** FIG. *(von Zitaten, Worten)* inserire in modo maldestro.

ein_flie|gen *(flog, geflogen)* **I** tr. **1** aerotrasportare, trasportare (in volo) **2** collaudare (un aereo) **II** rifl. **sich ~** fare pratica di volo **III** intr. (aus. *sein*) entrare (in volo). **Ein|flie|gen** n. *(-s)* volo *m.* di prova. **Ein|flie|ger** m. *(-s,-)* AER. pilota *m.* collaudatore.

ein_flie|ßen intr. *(floss, geflossen*; aus. *sein)* **1** penetrare, infiltrarsi: ***das Wasser ist in die Garage eingeflossen*** l'acqua è penetrata nel garage **2a** *(münden)* versarsi, gettarsi, affluire **b** *(von Luftströmen)* affluire, penetrare **3** FIG. ***etw. ~ lassen*** accennare a qcs., lasciare intendere qcs.

ein_flö|ßen tr. **1** instillare, infondere, ispirare: ***jdm Vertrauen ~*** ispirare fiducia a qcn.; ***jdm Angst, Ehrfurcht ~*** incutere paura, rispetto **2** *(von Medikamenten)* somministrare. **Ein|flö|ßung** f. *(-,-en)* **1** l'infondere **2** *(von Medikamenten)* somministrazione *f.*

Ein|flug m. *(-[e]s,-flüge)* incursione *f.* aerea.

ein|flü|ge|lig agg. **1** con un'ala sola **2** *(von Türen)* a un solo battente.

Ein|flug|er|laub|nis f. *(-,-se)* AER. permesso *m.* di entrata. **Ein|flug|loch** n. *(-[e]s,-löcher)* ZOOL. portella *f.* dell'alveare. **Ein|flug|schnei|se** f. *(-,-n)* AER. corridoio *m.* aereo.

Ein|fluss m. *(-es,-flüsse)* **1** influsso *m.*, influenza *f.*: ***einen guten, positiven ~ auf jdn, etw. ausüben*** esercitare un influsso benefico, positivo su qcn., qcs.; ***unter jds ~ sein, stehen*** subire l'influenza di qcn.; ***auf etw. (A) (keinen) ~ nehmen*** (non) influenzare qcs.; ***sein ~ schwindet*** il suo influsso diminuisce **2** influenza *f.*, autorevolezza *f.*, ascendente *m.*: ***~ besitzen*** avere ascendente; ***ein Mensch mit ~, von großem ~*** una persona molto autorevole, influente **3** *(Wirkung)* effetto *m.*, influsso *m.*: ***unter dem ~ eines Beruhigungsmittels, von Drogen stehen*** essere sotto l'effetto di un calmante, di droghe. **Ein|fluss|be|reich** m. *(-[e]s,-e)* sfera *f.* d'influenza. **Ein|fluss|nah|me** f. *(-,-n)* influenza *f.*: ***politische ~ auf jdn versuchen*** tentare di avere influenza politica su qcn. **ein|fluss|reich** agg. molto influente. **Ein|fluss|zo|ne** f. *(-,-n)* zona *f.* d'influenza.

ein_flüs|tern tr. **1** dire all'orecchio, sussurrare **2** suggerire, insinuare: ***jdm einen Verdacht ~*** insinuare un sospetto a qcn. **Ein|flüs|te|rung** f. *(-,-en)* insinuazione *f.*

ein_for|dern tr. esigere, richiedere (energicamente). **Ein|for|de|rung** f. *(-,-en)* richiesta *f.*

ein|för|mig I agg. uniforme, monotono: ***ein -es Leben führen*** condurre una vita monotona **II** avv. uniformemente, monotonamente. **Ein|för|mig|keit** f. *(-,-en)* uniformità *f.*, monotonia *f.*

ein_fres|sen rifl. *(frisst, fraß, gefressen)* ***sich in etw. (A) ~*** penetrare in qcs. corrodendolo, corrodere qcs.; FIG. ***Hass hat sich in ihn eingefressen*** l'odio lo ha roso.

ein_frie|den, ein_frie|di|gen tr. recingere, recintare. **Ein|frie|di|gung, Ein|frie|dung** f. *(-,-en)* **1** *(das Einfrieden)* recinzione *f.* **2** recinto *m.* **Ein|frie|dungs|mau|er** f. *(-,-n)* muro *m.* di cinta.

ein_frie|ren *(fror, gefroren)* **I** tr. *(Lebensmittel)* congelare; FIG. ***die diplomatischen Beziehungen, einen Kredit ~*** congelare le relazioni diplomatiche, un credito; ***Löhne und Gehälter ~*** congelare salari e stipendi **II** intr. (aus. *sein*) **1** gelare, gelarsi: ***die Wasserleitung ist eingefroren*** la conduttura dell'acqua è gelata; FIG. ***sein Lächeln fror ein*** il sorriso gli si gelò sulle labbra **2** rimanere bloccato (nel ghiaccio): ***das Boot ist im Eis eingefroren*** la barca è rimasta bloccata nel ghiaccio. **Ein|frier|tem|pe|ra|tur** f. *(-,-en)* temperatura *f.* di congelamento. **Ein|frie|rung** f. *(-,-en)* congelamento *m.*

ein_fu|gen tr. incastrare, connettere.

ein_fü|gen I tr. **1** incastrare, inserire: ***eine Kachel in die Wand ~*** incastrare una piastrella nel muro **2** FIG. inserire: ***einen Satz ~*** inserire una frase **II** rifl. **sich ~** inserirsi: ***sich in die neue Klasse ~*** inserirsi nella nuova classe. **Ein|fü|gung** f. *(-,-en)* inserimento *m.*

ein_füh|len rifl. **sich ~** immedesimarsi: ***sich in jdn ~*** immedesimarsi in qcn., mettersi nei panni di qcn.; ***sich in eine Lage ~*** immedesimarsi in una situazione. **ein|fühl|sam** agg. che ha capacità d'immedesimarsi, che s'immedesima; *(Worte)* di partecipazione emotiva. **Ein|füh|lung** f. *(-)* immedesimazione *f.*; PSIC. empatia *f.* **Ein|füh|lungs|ga|be** f. *(-)*, **Ein|füh|lungs|ver|mö|gen** n. *(-s)* capacità *f.* d'immedesimazione.

Ein|fuhr f. *(-,-en)* **1** *(Import)* importazione *f.*: ***die ~ von etw. beschränken, erleichtern*** limitare, facilitare l'importazione di qcs. **2** importazioni *f.pl.*, merce *f.* importata: ***die Ein- und Ausfuhr eines Landes*** le importazioni e le esportazioni di un paese.

ein|führ|bar agg. importabile, d'importazione.

Ein|fuhr|be|schrän|kung f. *(-,-en)* restrizione *f.* delle importazioni. **Ein|fuhr|be|wil|li|gung** f. *(-,-en)* → **Einfuhrerlaubnis.**

ein_füh|ren I tr. **1** *(vorsichtig hineinschieben)* introdurre, immettere, mettere: ***ein Zäpfchen ~*** mettere una supposta **2** *(importieren)* importare: ***Getreide ~*** importare frumento **3a** *(in Gebrauch nehmen)* introdurre: ***ein neues Lehrbuch ~*** introdurre un nuovo libro di testo **b** COMM. lanciare, promuovere: ***ein Produkt bei seiner Kundschaft ~*** promuovere un prodotto tra la clientela **4** introdurre, iniziare, avviare: ***die Schüler in die Mathematik ~*** iniziare gli scolari alla matematica, introdurre la matematica; ***den neuen Mitarbeiter (in sein Aufgabengebiet) ~*** avviare il nuovo collaboratore (nei suoi compiti) **5** *(vorstellen)* presentare, introdurre: ***jdn in die Gesellschaft, bei jdm ~*** presentare qcn. in società, a qcn. **II** rifl. **sich ~** **1** introdursi: ***sich in der Gemeinschaft gut ~*** introdursi bene nella comunità **2** COMM. ***die Ware hat sich gut eingeführt*** la merce è stata lanciata bene.

Ein|fuhr|er|laub|nis f. *(-,-se)*, **Ein|fuhr|ge|neh|mi|gung** f. *(-,-en)* permesso *m.* d'importazione. **Ein|fuhr|ha|fen** m. *(-s,-häfen)* porto *m.* d'entrata. **Ein|fuhr|han|del** m. *(-s)* commercio *m.* d'importazione, importazioni *f.pl.* **Ein|fuhr|kon|tin|gent** n. *(-s,-e)* contingente *m.* d'importazione. **Ein|fuhr|land** n. *(-[e]s,-länder)* paese *m.* importatore. **Ein|fuhr|li|zenz** f. *(-,-en)* licenza *f.* d'importazione.

Ein|fuhr|prä|mie f. *(-,-n)* premio *m.* d'importazione. **Ein|fuhr|sper|re** f. *(-,-n)* sospensione *f.* (*o* blocco *m.*) delle importazioni.
Ein|füh|rung f. *(-,-en)* **1** introduzione *f.*: ***die ~ einer Magensonde*** l'introduzione di una sonda gastrica **2a** COMM. importazione *f.*, entrata *f.* **b** lancio *m.*, promozione *f.*: ***die ~ einer neuen Marke*** il lancio di un nuovo marchio **3a** *(in ein neues Wissensgebiet)* avviamento *m.*, introduzione *f.*: ***~ in die italienische Sprache*** introduzione alla lingua italiana **b** *(Prinzipien)* principi *m.pl.*, elementi *m.pl.* **4** *(Vorstellung)* introduzione *f.*, presentazione *f.*: ***die ~ eines neuen Mitglieds*** l'introduzione di un nuovo membro **5** *(Amtseinführung)* insediamento *m.* **6** *(von Büchern)* introduzione *f.*, prefazione *f.* **Ein|füh|rungs|ge|setz** n. *(-es,-e)* DIR. legge *f.* introduttiva, disposizioni *f.pl.* preliminari: ***~ zum BGB*** disposizioni preliminari al Codice Civile. **Ein|füh|rungs|kam|pag|ne** f. *(-,-n)* COMM. campagna *f.* di lancio, promozione *f.* **Ein|füh|rungs|kurs** m. *(-es,-e)* **1** corso *m.* introduttivo **2** ECON. prima quotazione *f.* **Ein|füh|rungs|preis** m. *(-es,-e)* prezzo *m.* di promozione. **Ein|füh|rungs|vor|trag** m. *(-[e]s,-vorträge)* discorso *m.* introduttivo.
Ein|fuhr|ver|bot n. *(-[e]s,-e)* divieto *m.* d'importazione. **Ein|fuhr|wa|re** f. *(-,-n)* merce *f.* d'importazione (*o* importata). **Ein|fuhr|zoll** m. *(-[e]s,-zölle)* dazio *m.* d'importazione.
ein‿fül|len tr. **1** versare: ***Mehl, Zucker (in Säcke) ~*** versare farina, zucchero in sacchi, riempire i sacchi di farina, zucchero **2** *(in Flaschen)* imbottigliare. **Ein|füll|men|ge** f. *(-,-n)* capacità *f.* **Ein|füll|stut|zen** m. *(-s,-)* bocchettone *m.* di riempimento. **Ein|fül|lung** f. *(-,-en)* riempimento *m.*; *(in Flaschen)* imbottigliamento *m.*
ein|fü|ßig agg. **1** con un solo piede **2** METR. di un piede.
1.ein‿füt|tern tr. inserire, caricare: ***einem Computer Daten ~*** inserire dati in un computer.
2.ein‿füt|tern tr. AGR. piantare.
Ein|ga|be f. *(-,-n)* **1** *(Gesuch)* petizione *f.*, istanza *f.*, richiesta *f.*, domanda *f.*, ricorso *m.*: ***eine ~ machen*** fare una domanda; ***eine ~ auf dem Instanzenweg*** un ricorso gerarchico **2a** INFORM. *(von Daten)* inserimento *m.*, immissione *f.* **b** input *m.* **Ein|ga|be|ge|rät** n. *(-[e]s,-e)* INFORM. unità *f.* d'entrata. **Ein|ga|be|tas|te** f. *(-,-n)* INFORM. (tasto *m.* di) invio *m.*
Ein|gang m. *(-[e]s,-gänge)* **1** ingresso *m.*, entrata *f.*: ***der ~ des Museums*** l'ingresso del museo; ***das Haus hat zwei Eingänge*** la casa ha due entrate; ***am ~ des Dorfes*** all'entrata del paese; ***seine Heirat hatte ihm ~ in die vornehme Gesellschaft verschafft*** il suo matrimonio lo aveva introdotto nell'alta società **2a** inizio *m.*: ***zum ~ der Veranstaltung*** all'inizio della manifestazione **b** *(Einleitung)* introduzione *f.*, preambolo *m.* **3a** COMM. entrata *f.*: ***Ein- und Ausgänge*** entrate e uscite **b** *(in Buchhaltung)* carico *m.*: ***Ein- und Ausgang*** carico e scarico **c** COMM. *(von Post, Waren)* arrivo *m.*: ***die Eingänge registrieren, sortieren*** registrare, smistare gli arrivi; ***den ~ eines Briefes, einer Ware bestätigen*** confermare l'arrivo (BUROCR. accusare ricevuta) di una lettera, di una merce **d** *(Geld)* incasso *m.*, introito *m.*: ***~ vorbehalten*** salvo buon fine, salvo incasso ◆ ***in etw. (A, D) ~ finden*** avere accesso, essere ammesso a qcs.
ein|gän|gig **I** agg. facile, semplice: ***eine -e Melodie*** una melodia semplice **II** avv. semplicemente, in modo semplice, in modo chiaro: ***ein Problem ~ darstellen*** presentare un problema in modo chiaro.
ein|gangs **I** avv. all'inizio **II** prep. + gen. all'inizio di: ***~ der Straße*** all'inizio della strada; ***~ des letzten Jahrhunderts*** all'inizio del secolo scorso. **Ein|gangs|be|stä|ti|gung** f. *(-,-en)* conferma *f.* (d'arrivo di una merce). **Ein|gangs|buch** n. *(-[e]s,-bücher)* registro *m.* degli arrivi. **Ein|gangs|for|mel** f. *(-,-n)* esordio *m.* (nelle lettere). **Ein|gangs|span|nung** f. *(-)* EL. tensione *f.* d'entrata. **Ein|gangs|stem|pel** m. *(-s,-)* timbro *m.* d'arrivo. **Ein|gangs|stro|phe** f. *(-,-n)* strofa *f.* iniziale. **Ein|gangs|tür** f. *(-,-en)* porta *f.* d'ingresso. **Ein|gangs|ver|merk** m. *(-[e]s,-e)* promemoria *m.* degli arrivi. **Ein|gangs|wor|te** pl. parole *f.pl.* introduttive.
ein|ge|ar|bei|tet p.pass. agg. **1** → **einarbeiten** **2** impratichito: ***gut -e Kräfte*** maestranze ben addestrate, impratichite nel lavoro.
ein|ge|baut p.pass. agg. **1** → **einbauen** **2** ***-e Bücherwand*** libreria a muro.
ein‿ge|ben tr. *(gibt, gab, gegeben)* **1** somministrare: ***dem Kranken die Tropfen ~*** somministrare le gocce al malato **2** INFORM. *(Daten)* inserire, immettere **3** ispirare, suggerire: ***jdm eine gute Idee ~*** suggerire a qcn. una buona idea **4** ANT. *(Gesuch)* presentare, proporre.
ein|ge|bet|tet p.pass. agg. **1** → **einbetten** **2** situato, posto: ***das Haus ist zwischen Hügeln ~*** la casa è situata tra le colline ◆ ***er ist in die Fürsorge der Eltern ~*** si adagia tra le premure dei genitori.
ein|ge|bil|det p.pass. agg. **1** → **einbilden** **2** immaginario: ***eine -e Krankheit*** una malattia immaginaria **3** *(dünkelhaft)* presuntuoso, borioso, tronfio: ***bis dorthinaus ~*** tronfio oltre ogni limite; ***auf seine Herkunft ~ sein*** vantarsi della propria origine. **Ein|ge|bil|det|heit** f. *(-)* presunzione *f.*, boria *f.*
1.ein|ge|bo|ren agg. **1** indigeno: ***die -e Bevölkerung*** la popolazione indigena **2** *(angeboren)* innato: ***jdm -e Veranlagungen*** doti innate in qcn.
2.ein|ge|bo|ren agg. RELIG. *(von Christus)* unigenito.
Ein|ge|bo|re|ne m. e f. *(-n,-n)* indigeno *m.* (-a *f.*), nativo *m.* (-a *f.*). **Ein|ge|bo|re|nen|spra|che** f. *(-,-n)* lingua *f.* indigena.
ein|ge|buch|tet p.pass. agg. → **einbuchten** ◆ ***eine -e Küste*** una costa a insenature; ***eine -e Stirn*** una fronte rientrante.
Ein|ge|bung f. *(-,-en)* ispirazione *f.*: ***eine ~ haben, einer ~ folgen*** avere, seguire un'ispirazione.
ein|ge|bür|gert p.pass. agg. **1** → **einbürgern** **2** in uso, nell'uso.
ein|ge|denk agg.inv. memore: ***etw. (G) ~ sein, bleiben*** essere memore di qcs.
ein|ge|fah|ren p.pass. agg. **1** → **einfahren** **2** FIG. solcato, noto: ***sich auf, in -en Bahnen, Gleisen bewegen*** muoversi su strade note, su binari tracciati.
ein|ge|fal|len p.pass. agg. **1** → **einfallen** **2** FIG. smunto, macilento: ***~ aussehen*** avere un aspetto macilento; ***-e Wangen*** guance scavate; ***-e Augen*** occhi infossati.
ein|ge|fleischt agg. **1** incarnato, in carne e ossa: ***ein -er Teufel*** un diavolo in carne e ossa **2** incallito, inguaribile, ostinato: ***ein -er Optimist, Spieler*** un inguaribile ottimista, un giocatore incallito **3** *(eingerissen)* inveterato: ***eine -e Gewohnheit*** un'abitudine inveterata ◆ ***ein -er Junggeselle*** uno scapolo(ne) impenitente.
ein‿ge|frie|ren tr. *(gefror, gefroren)* congelare. **ein|ge|fro|ren** p.pass. agg. **1** → **einfrieren, eingefrieren** **2** bloccato dal ghiaccio, chiuso tra i ghiacci: ***ein -es Schiff*** una nave bloccata dai ghiacci.
ein|ge|fuchst agg. *(eingeübt)* impratichito.
ein|ge|gan|gen p.pass. agg. **1** → **eingehen** **2** COLLOQ. FIG. *(gestorben)* andato, morto: ***die Azalee ist mir im Winter ~*** l'azalea mi è morta durante l'inverno **3** COLLOQ. *(kein Glück haben)* ***~ sein*** essere stato sfortunato, aver avuto sfortuna.
ein|ge|hängt **I** p.pass. → **einhängen** **II** avv. a braccetto: ***~ gehen*** camminare a braccetto.
ein‿ge|hen *(ging, gegangen;* aus. *sein)* **I** intr. **1** entrare, arrivare: ***es geht täglich viel Geld ein*** ogni giorno entra molto denaro; ***die Rechnung ist heute bei uns eingegangen*** la fattura ci è arrivata oggi **2** COLLOQ. *(kapieren)* entrare (in testa): ***es geht mir nicht ein*** non mi entra **3** *(enger werden)* restringersi, ritirarsi: ***der Pullover ist eingegangen*** il maglione si è ristretto **4a** *(sterben)* morire: ***die Katze ist eingegangen*** il gatto è morto; ***bei der Hitze ~*** morire per il caldo **b** *(von Pflanzen)* deperire, morire **5** COLLOQ. *(aufhören zu existieren)* chiudere: ***der Laden, der Verlag geht ein*** il negozio, la casa editrice chiude **6a** ***auf jdn, etw. ~*** occuparsi, interessarsi di qcn., qcs.: ***auf eine Frage ~*** interessarsi di una questione **b** *(zustimmen)* ***auf etw. ~*** aderire a qcs., accettare (*o* accogliere) qcs.: ***auf einen Plan ~*** aderire a, accogliere un progetto **7** SPORT essere stracciato **II** tr. stipulare, concludere: ***einen Vertrag, ein Bündnis ~*** stipulare un contratto, un patto; ***ein Geschäft ~*** concludere un affare ◆ COLLOQ. ***bei etw. ~*** avere sfortuna, fallire in qcs.; ***die Ehe ~*** contrarre matrimonio; ***auf Einzelheiten ~*** entrare (*o* scendere) in particolari; ***ohne näher darauf einzugehen*** tralasciando i particolari; ***in die Geschichte, Geschichtsbücher ~*** passare alla storia, agli annali; ***ein Risiko ~*** correre un rischio; ***zur ewigen Ruhe ~*** passare a miglior vita; ***auf einen Scherz ~*** prestarsi a uno scherzo; ***(auf etw. [A]) eine Wette ~*** fare una scommessa (su qcs.). **ein|ge|hend** **I** p.pres. agg. **1** → **eingehen** **2a** *(ausführlich)* dettagliato, minuzioso **b** *(gründlich)* approfondito, accurato **3** COMM. in arrivo: ***aus- und -e Post*** posta in partenza e in arrivo **II** avv. a fondo: ***etw. ~ untersuchen*** esaminare a fondo qcs.
ein|ge|keilt p.pass. agg. **1** → **einkeilen** **2** bloccato, imbottigliato: ***wir waren in der Menge ~*** eravamo bloccati tra la folla; ***von etw. ~ sein*** essere bloccato da qcs.
ein|ge|klemmt p.pass. agg. **1** → **einklemmen** **2** MED. ***-er Bruch*** ernia strozzata.
Ein|ge|koch|te n. *(-n)* → **Eingemachte.**
ein|ge|lei|sig agg. → **eingleisig.**
ein|ge|le|sen p.pass. agg. **1** → **einlesen** **2** ***in etw. (A) gut ~ sein*** conoscere a fondo qcs., essere bene informato su qcs.
ein|ge|löst p.pass. agg. **1** → **einlösen** **2** ***nicht -er Wechsel*** cambiale insoluta, effetto insoluto.
ein|ge|macht p.pass. agg. **1** → **einmachen** **2** ***-e Tomaten*** pelati. **Ein|ge|mach|te** n. *(-n)* conserva *f.*, composta *f.* (di frutta o verdura).
ein‿ge|mein|den tr. incorporare nel comune. **Ein|ge|mein|dung** f. *(-,-en)* incorporazione *f.* in un comune.
ein|ge|nom|men p.pass. agg. → **einnehmen** ◆ ***für jdn ~ sein*** avere una propensione (*o* un debole) per qcn.; ***gegen jdn ~ sein*** essere

prevenuto contro qcn.; ***von jdm ~ sein*** → ***für jdn ~ sein***; ***von sich ~ sein*** essere presuntuoso, pieno di sé.

ein|ge|pfercht p.pass. agg. → **einpferchen** ◆ ***~ stehen*** essere pigiati come acciughe.

ein|ge|rich|tet p.pass. agg. **1** → **einrichten** **2** *(von Texten)* a cura (di), curato (da) ◆ ***sie ist sehr hübsch ~*** ha un appartamento molto grazioso, molto ben arredato.

ein|ge|ris|sen p.pass. agg. **1** → **einreißen** **2** FIG. radicato, inveterato: ***-e Laster*** vizi radicati **3** *(von Haut)* screpolato.

ein|ge|schickt p.pass. agg. **1** → **einschicken** **2** *(von Geld)* rimesso.

ein|ge|schlech|tig agg. BOT. dioico, unisessuale.

ein|ge|schlos|sen **I** p.pass. agg. **1** → **einschließen** **2** ***mit, nicht ~*** compreso, non compreso **II** avv. inclusivamente.

ein|ge|schnit|ten p.pass. **1** → **einschneiden** **2** incassato: ***ein in Felsen -es Tal*** una valle incassata nella roccia.

ein|ge|schos|sig agg. a un piano: ***-e Häuser*** case a un (solo) piano.

ein|ge|schränkt p.pass. agg. → **einschränken** ◆ ***~ leben*** vivere in ristrettezze. **Ein|ge|schränkt|heit** f. *(-,-en)* ristrettezze *f.pl.*

ein|ge|schrie|ben p.pass. agg. **1** → **einschreiben** **2** ***ein -er Brief*** una lettera raccomandata, una raccomandata.

ein|ge|ses|sen p.pass. agg. **1** → **einsitzen** **2** *(ansässig)* residente **3** indigeno, nativo, del luogo: ***die -e Bevölkerung*** la popolazione indigena. **Ein|ge|ses|se|ne** m. e f. *(-n,-n)* **1** residente *m.* e *f.* **2** indigeno *m.* (-a *f.*), nativo *m.* (-a *f.*).

Ein|ge|sot|te|ne n. *(-n)* AUSTR. → **Eingemachte.**

ein|ge|spielt p.pass. agg. → **einspielen** ◆ ***aufeinander ~ sein*** essere affiatati.

ein|ge|stan|de|ner|ma|ßen avv. per propria ammissione. **Ein|ge|ständ|nis** n. *(-ses,-se)* confessione *f.*, ammissione *f.*

ein_ge|ste|hen *(gestand, gestanden)* **I** tr. confessare, ammettere, riconoscere: ***eine Schuld ~*** confessare una colpa; ***er gestand seine Angst ein*** ammise la propria paura **II** rifl. ***sich (D) etw. ~*** riconoscere, ammettere qcs.: ***er will sich nicht ~, dass er im Unrecht ist*** non vuole ammettere di essere nel torto.

ein|ge|stellt p.pass. agg. **1** → **einstellen** **2** orientato: ***politisch ist er links ~*** politicamente è orientato a sinistra; ***auf etw. (A) ~ sein*** essere orientato su qcs. ◆ ***gegen jdn ~ sein*** essere contro qcn.

ein|ge|stri|chen p.pass. agg. **1** → **einstreichen** **2** MUS. a (*o* con) un taglio: ***-es C*** do a un taglio.

ein|ge|tra|gen p.pass. agg. **1** → **eintragen** **2** ***-es Warenzeichen*** marchio registrato; ***-er Verein*** associazione registrata.

ein|ge|wach|sen p.pass. agg. **1** → **einwachsen** **2** rigoglioso: ***ein -er Garten*** un giardino rigoglioso.

Ein|ge|weck|te n. *(-n)* REGION. → **Eingemachte.**

Ein|ge|wei|de n. *(-s,-)* viscere *m.* ◆ LETT. ***der Schmerz wühlt in seinen -n*** il dolore gli attanaglia le viscere. **Ein|ge|wei|de|bruch** m. *(-[e]s,-brüche)* ernia *f.* intestinale. **Ein|ge|wei|de|wurm** m. *(-[e]s, -würmer)* verme *m.* intestinale.

Ein|ge|weih|te m. e f. *(-n,-n)* **1** RELIG. iniziato *m.* (-a *f.*) **2** *(Experte)* esperto (-a *f.*), addetto *m.* (-a *f.*) ai lavori.

ein_ge|wöh|nen **I** rifl. **sich ~** abituarsi, ambientarsi: ***er muss sich in der neuen Stadt ~*** deve abituarsi alla, ambientarsi nella nuova città **II** tr. far ambientare: ***ein Tier im Zoo ~*** far ambientare un animale nello zoo. **Ein|ge|wöh|nung** f. *(-,-en)* ambientamento *m.*

ein|ge|wur|zelt p.pass. agg. **1** → **einwurzeln** **2** FIG. radicato: ***ein tief -er Hass*** un odio profondamente radicato ◆ ***wie ~ dastehen, stehenbleiben*** (re)stare lì impalato.

ein|ge|zo|gen p.pass. agg. **1** → **einziehen** **2** RAR. schivo, ritirato: ***ein -es Leben führen*** condurre una vita ritirata.

ein|ge|zwängt p.pass. agg. → **einzwängen** ◆ ***sich in etw. (A) ~ fühlen*** sentirsi costretto in qcs.

ein_gie|ßen tr. *(goss, gegossen)* versare: ***den Tee in die Tassen ~*** versare il tè nelle tazze.

ein_gip|sen tr. ingessare: ***den gebrochenen Arm ~ lassen*** fare ingessare il braccio rotto.

ein_git|tern tr. recintare, circondare con una cancellata.

Ein|glas n. *(-es,-gläser)* ANT. monocolo *m.*

ein_gla|sen tr. REGION. mettere sotto vetro.

ein_glei|sen tr. FERR. rimettere sul binario. **ein|glei|sig** agg. a binario unico, a un (solo) binario: ***-e Bahnlinie*** linea ferroviaria a binario unico ◆ ***~ denken*** ragionare a compartimenti stagni.

ein_glie|dern **I** tr. inserire: ***die Behinderten in den Arbeitsprozess ~*** inserire gli handicappati nel processo produttivo **II** rifl. **sich ~** integrarsi, inserirsi: ***sich in die Gemeinschaft ~*** inserirsi nella comunità. **Ein|glie|de|rung** f. *(-,-en)* **1** inserimento *m.*, accorpamento *m.* **2** FIG. integrazione *f.*

ein_gra|ben *(gräbt, grub, gegraben)* **I** tr. **1a** sotterrare, seppellire: ***einen Schatz ~*** sotterrare un tesoro; ***einen Toten ~*** seppellire un morto **b** interrare: ***ein Kabel ~*** interrare un cavo **2** *(einpflanzen)* piantare **3** imprimere (anche FIG.): ***die Schuhsohlen graben ihre Abdrücke in den Lehmboden ein*** le suole imprimono la loro impronta sul terreno argilloso **4** LETT. incidere, scolpire: ***eine Inschrift in die Marmortafel ~*** incidere un'iscrizione sulla lapide **II** rifl. **sich ~** **1** interrarsi: ***der Wurm hat sich eingegraben*** il verme si è interrato, si è nascosto sotto terra **2** imprimersi: ***sich (tief) in die Seele, ins Gedächtnis ~*** imprimersi (profondamente) nell'animo, nella memoria; ***in seine Stirn haben sich tiefe Falten eingegraben*** sulla sua fronte si sono impresse profonde rughe **3** scavarsi un solco: ***die Gewässer haben sich in das Gestein eingegraben*** le acque si sono scavate un solco nella roccia. **Ein|gra|bung** f. *(-,-en)* **1** *(Vergrabung)* sotterramento *m.*, seppellimento *m.* **2** interramento *m.*: ***die ~ der neuen Telefonleitung dauerte zwei Tage*** l'interramento della nuova linea telefonica durò due giorni.

ein_gra|vie|ren tr. incidere. **Ein|gra|vie|rung** f. *(-,-en)* incisione *f.*

ein_grei|fen intr. *(griff, gegriffen;* aus. *haben)* **1** intervenire: ***in einen Streit ~*** intervenire in una lite; ***helfend ~*** intervenire in aiuto **2** MECC. ingranare: ***das Zahnrad greift nicht ein*** la ruota dentata non ingrana **3** FIG. ***in etw. (A) ~*** intaccare, ledere qcs.: ***die Maßnahme greift in unsere Rechte ein*** il provvedimento lede i nostri diritti. **Ein|greif|trup|pe** f. *(-,-n)* forza *f.* d'intervento (rapido).

ein_gren|zen tr. **1** delimitare: ***den Acker mit einem Zaun ~*** delimitare il campo con un recinto **2** limitare, circoscrivere: ***ein Thema ~*** circoscrivere un tema. **Ein|gren|zung** f. *(-,-en)* delimitazione *f.*

Ein|griff m. *(-[e]s,-e)* **1** intervento *m.*: ***der ~ der Polizei kam rechtzeitig*** l'intervento della polizia fu tempestivo **2** intervento *m.* (chirurgico): ***sich einem ~ unterziehen*** sottoporsi a un intervento; ***einen ~ vornehmen*** praticare un intervento **3** intromissione *f.*: ***ein ~ in das Privatleben*** un'intromissione nella vita privata.

ein_grü|nen tr. seminare a prato.

ein_grup|pie|ren tr. raggruppare. **Ein|grup|pie|rung** f. *(-,-en)* raggruppamento *m.*

Ein|guss m. *(-es,-güsse)* METALL. **1** *(Hineingießen)* getto *m.* di colata **2** *(Öffnung an der Gießform)* foro *m.* di colata.

ein_ha|cken intr. (aus. *haben*) **1** ***auf jdn, etw. ~*** dare ripetuti colpi d'ascia su, contro qcn., qcs. **2** COLLOQ. FIG. ***auf jdn ~*** dare addosso a qcn.

ein_ha|ken **I** tr. agganciare **II** rifl. ***sich bei jdm ~*** prendere qcn. a braccetto (*o* sottobraccio) **III** intr. (aus. *haben*) COLLOQ. *(im Gespräch)* intervenire.

ein|halb|mal avv. mezza volta, la metà di: ***~ so viel*** la metà di tanto; ***~ mehr*** mezza volta in più.

Ein|halt, ***jdm, etw. ~ gebieten, tun*** porre un freno a qcn., qcs.

ein_hal|ten *(hält, hielt, gehalten)* **I** tr. **1** osservare, rispettare: ***eine strenge Diät, ein Versprechen ~*** osservare una dieta stretta, rispettare una promessa; ***den Sicherheitsabstand ~*** mantenere la distanza di sicurezza **2** SART. *(Weite verringern)* stringere **II** intr. (aus. *haben*) interrompersi: ***in, mit der Arbeit ~*** interrompersi nel lavoro; ***mit dem Lesen ~*** sospendere la lettura; ***mit den Zahlungen ~*** ritardare i pagamenti ◆ ***halt ein!*** fermati; *(sei still)* taci, silenzio! **Ein|hal|tung** f. *(-,-en)* **1** osservanza *f.*, rispetto *m.*, adempimento *m.* **2** *(Unterbrechung)* interruzione *f.*, sospensione *f.*

ein_häm|mern **I** tr. **1a** martellare **b** ***eine Inschrift ~*** scolpire un'incisione (martellando) **2** FIG. ficcare in testa: ***jdm Regeln ~*** ficcare in testa delle regole a qcn. **II** intr. (aus. *haben*) martellare, dare colpi di martello: ***auf etw. (A) ~*** martellare (su) qcs.; FIG. ***der Boxer hämmert auf seinen Gegner ein*** il pugile martella di colpi il suo avversario.

ein_hams|tern tr. → **einheimsen.**

ein_han|deln **I** tr. barattare: ***etw. gegen, für etw. ~*** barattare qcs. con qcs. **II** rifl. ***sich (D) etw. ~*** prendersi, procurarsi, buscarsi qcs.: ***sich ein paar Ohrfeigen, eine Krankheit ~*** prendersi un paio di ceffoni, una malattia.

ein|hän|dig agg. e avv. con una mano sola.

ein_hän|di|gen tr. ***jdm etw. ~*** mettere in mano, consegnare qcs. a qcn. **Ein|hän|di|gung** f. *(-,-en)* consegna *f.* (in mano).

ein_hän|gen **I** tr. **1a** appendere **b** *(den Hörer)* attaccare, agganciare **2** *(Tür)* incardinare **II** intr. (aus. *haben*) riattaccare, riagganciare: ***er hat eingehängt*** ha riattaccato (il ricevitore) **III** rifl. ***sich bei jdm ~*** prendere a braccetto (*o* sottobraccio) qcn.

ein_hau|chen tr. ispirare, infondere: ***jdm ein neues Leben ~*** infondere nuova vita in qcn.

ein_hau|en *(haute/hieb, gehauen)* **I** tr. **1** incidere, scolpire: ***in den Stein eine Inschrift ~*** incidere un'iscrizione nella pietra **2** piantare: ***einen Nagel (in die Wand) ~*** piantare un chiodo (nel muro) **3** *(zertrümmern)* sfondare, fracassare: ***jdm die Zähne ~*** fracassare i denti a qcn. **II** intr. (aus. *haben*) **1** ***auf jdn, auf ein Tier ~*** picchiare

sodo qcn., un animale **2** COLLOQ. mangiare a quattro palmenti.
ein|häu|sig agg. monoico. **Ein|häu|sig|keit** f. *(-)* monoicismo *m.*
ein‿he|ben tr. *(hob, gehoben)* **1** *(Tür)* incardinare **2** REGION. *(kassieren)* incassare.
ein‿hef|ten tr. **1** ordinare, raccogliere: ***Briefe in den Ordner ~*** ordinare lettere nel raccoglitore **2** *(mit Heftstichen nähen)* imbastire.
ein‿he|gen tr. recintare, recingere. **Ein|he|gung** f. *(-,-en)* **1** recinzione *f.* **2** *(Zaun)* recinto *m.*
ein‿hei|len intr. (aus. *sein*) MED. venire assimilato.
ein|hei|misch agg. **1** nativo, indigeno: ***die -e Bevölkerung*** la popolazione indigena **2** nostrano, locale, del paese: ***die -e Mannschaft*** la squadra locale. **Ein|hei|mi|sche** m. e f. *(-n,-n)* nativo *m.* (-a *f.*), persona *f.* del posto; ***einen -n nach dem Weg fragen*** chiedere la strada a uno del posto.
ein‿heim|sen tr. COLLOQ. **1** *(Erfolge)* mietere, raccogliere; *(Gewinn)* trarre **2** *(Prügel)* buscarsi.
ein‿hei|ra|ten intr. (aus. *haben*) entrare (con il matrimonio); ***in eine adelige Familie ~*** imparentarsi con una famiglia aristocratica.
Ein|heit f. *(-,-en)* **1a** unità *f.*, unione *f.*: ***die ~ wächst, zerfällt*** l'unione cresce, crolla (*o* si disgrega); ***zu einer ~ verschmelzen*** fondersi in un'unità; ***die ~ der Zeit, des Ortes und der Handlung*** l'unità di tempo, di luogo e d'azione **b** *(Gesamtheit)* insieme *m.*, unità *f.*: ***alle Teile bilden eine ~*** tutte le parti formano un insieme **c** identità *f.*: ***~ der Meinungen*** identità di vedute **2** MIL. unità *f.*: ***motorisierte ~*** unità motorizzata **3** *(Maß)* unità *f.*: ***die ~ unserer Währung ist die Lira*** l'unità della nostra moneta è la lira. **ein|heit|lich I** agg. **1** unitario: ***ein -es Ganzes*** un tutt'uno; ***ein -es Werk*** un'opera unitaria **2** *(unterschiedslos)* uniforme, omogeneo **3** unanime: ***eine -e Auffassung von etw. haben*** avere un'opinione unanime di qcs. **II** avv. **1** in modo unitario **2** uniformemente, allo stesso modo: ***~ vorgehen*** procedere uniformemente; ***etw. ~ regeln*** uniformare qcs. **Ein|heit|lich|keit** f. *(-)* **1** unitarietà *f.*, unità *f.* **2** *(Unterschiedslosigkeit)* uniformità *f.*, omogeneità *f.*
Ein|heits|for|mat n. *(-[e]s,-e)* formato *m.* standard. **Ein|heits|front** f. *(-,-en)* POL. fronte *m.* unitario (*o* unico). **Ein|heits|ge|werk|schaft** f. *(-,-en)* sindacato *m.* unitario. **Ein|heits|kurs** m. *(-es,-e)* corso *m.* unitario. **Ein|heits|kurz|schrift** f. *(-)* sistema *m.* stenografico unificato. **Ein|heits|lis|te** f. *(-,-n)* POL. lista *f.* unitaria. **Ein|heits|look** [-luk] m. *(-s)* aspetto *m.* uniforme; ***Häuser im ~*** case tutte uguali. **Ein|heits|maß** n. *(-es,-e)* misura *f.* standard. **Ein|heits|par|tei** f. *(-)* EX-RDT ***Sozialistische ~ Deutschlands*** Partito socialista unificato tedesco. **Ein|heits|staat** m. *(-[e]s,-en)* stato *m.* unitario (con governo centrale). **Ein|heits|ta|rif** m. *(-[e]s,-e)* tariffa *f.* unitaria. **Ein|heits|wert** m. *(-[e]s,-e)* valore *m.* unitario.
ein‿hei|zen I tr. **1** accendere: ***den Ofen ~*** accendere la stufa **2** *(durchwärmen)* riscaldare: ***das Zimmer ~*** riscaldare la stanza **II** intr. (aus. *haben*) COLLOQ. alzare il gomito ◆ ***jdm ganz schön ~*** dire a qcn. il fatto suo.
ein‿hel|fen intr. *(hilft, half, geholfen;* aus. *haben)* REGION. ***jdm ~*** suggerire a qcn.
ein|hel|lig I agg. unanime: ***-e Zustimmung*** consenso unanime **II** avv. all'unanimità, di comune accordo. **Ein|hel|lig|keit** f. *(-,-en)* unanimità *f.*
ein|hen|ke|lig agg. con un manico. **ein‿hen|keln** rifl. REGION. ***sich bei jdm ~*** prendere a braccetto qcn. **ein|henk|lig** → **einhenkelig.**
ein|her‿ge|hen intr. *(ging, gegangen;* aus. *sein)* **1** avanzare, incedere **2** accompagnarsi: ***Grippe geht oft mit heftigen Kopfschmerzen einher*** l'influenza si accompagna spesso a terribili mal di testa.
ein|her‿stol|zie|ren intr. (aus. *sein*) SPREG. incedere borioso.
ein‿hie|ven tr. MAR. issare a bordo.
ein|hö|cke|rig, ein|höck|rig agg. con, a una sola gobba.
ein‿ho|len tr. **1** *(erreichen)* raggiungere **2** riacquistare, riguadagnare: ***die verlorene Zeit ~*** riguadagnare il tempo perduto **3** COLLOQ. *(einkaufen)* andare a comprare (*o* a prendere) **4** *(sich geben lassen)* ricevere, raccogliere: ***einen Rat, Erkundigungen ~*** ricevere un consiglio, raccogliere informazioni **5** *(einziehen)* ammainare: ***die Fahne, das Segel ~*** ammainare la bandiera, la vela ◆ ***ärztlichen Rat ~*** consultare un medico; ***die Gäste ~*** ricevere gli ospiti con tutti gli onori; ***~ gehen*** andare a fare la spesa. **Ein|hol|korb** m. *(-[e]s, -körbe)* COLLOQ. → **Einkaufskorb. Ein|hol|netz** n. *(-es,-e)* COLLOQ. → **Einkaufsnetz. Ein|hol|ta|sche** f. *(-,-n)* COLLOQ. → **Einkaufstasche. Ein|ho|lung** f. *(-,-en)* **1** *(von Personen)* il ricevere, ricevimento *m.* **2** *(Erkundigung)* raccolta *f.* ◆ ***die ~ der Flagge*** l'ammainabandiera.
ein‿hö|ren rifl. **sich ~** ascoltare attentamente più volte.
Ein|horn n. *(-[e]s,-hörner)* unicorno *m.*, ANT. liocorno *m.* **Ein|horn|fisch** m. *(-es,-e)* → **Einhornwal. ein|hör|nig** agg. con un solo corno. **Ein|horn|wal** m. *(-s,-e)* narvalo *m.*
Ein|hu|fer m. *(-s,-)* animale *m.* solidungulo (*o* solipede).
ein‿hül|len I tr. avvolgere: ***den Kranken in Decken ~*** avvolgere il malato nelle coperte; FIG. ***der Nebel hat die Bergspitzen eingehüllt*** la nebbia ha avvolto le cime delle montagne **II** rifl. **sich ~** avvolgersi: ***sich in einen Mantel ~*** avvolgersi in un cappotto. **ein|hül|lend** p.pres. agg. **1** → **einhüllen 2** avvolgente.
ein|hun|dert agg.inv. cento.
ei|nig I agg. **1** *(übereinstimmend)* concorde, d'accordo: ***sich (D) mit jdm in etw. (D), über etw. (A) ~ sein, werden*** essere, mettersi d'accordo con qcn. su qcs.; ***ich gehe mit ihm darin ~, dass...*** concordo con lui sul fatto che...; ***mit sich selbst nicht ~ sein*** non essere in chiaro con se stesso **2** *(geeint)* unito, unico: ***eine -e Nation*** una nazione unita, un'unica nazione **II** avv. d'accordo.
ei|ni|ge I pron. *(attributiv)* **1** qualche: ***~ Hoffnung*** qualche speranza; ***seit -r Zeit*** da qualche tempo; ***mit -m guten Willen*** con un po' di buona volontà; ***es wird -n Ärger geben*** ci sarà qualche problema **2a** alcuni, alcune, qualche: ***~ Leute*** alcune persone, qualche persona; ***~ Mal(e)*** alcune volte, qualche volta; ***mit Ausnahme -r weniger*** con eccezione di pochi **b** ***~ hundert Bücher*** qualche centinaio di libri **c** COLLOQ. ***~ drei Kilo*** tre chili e un po' **II** pron.n. **einiges 1** qualcosa: ***hier fehlt noch -s*** qui manca ancora qualcosa **2** *(nicht wenig)* un bel po': ***das wird sicher -s kosten*** costerà sicuramente un bel po' **III** pron.pl. **einige 1** alcuni *m.pl.*, qualcuno: ***~ von uns wussten das*** alcuni di noi lo sapevano, qualcuno di noi lo sapeva; ***~ haben zugestimmt*** alcuni hanno acconsentito **2** *(etwas über)* COLLOQ. un po' oltre: ***er ist ~ dreißig Jahre alt*** ha superato la trentina.
ein‿igeln rifl. **sich ~ 1** chiudersi a riccio **2** MIL. trincerarsi.
ei|ni|gen I tr. **1** *(zu einer Einheit verbinden)* unire, unificare: ***das Volk ~*** unire il popolo **2** conciliare, mettere d'accordo **II** rifl. **sich ~** accordarsi, mettersi d'accordo: ***sich auf, über etw. (A) ~*** mettersi d'accordo su qcs.; ***sich dahin ~, dass...*** accordarsi nel senso che...
Ei|ni|ger m. *(-s,-)* **1** unificatore *m.* **2** conciliatore *m.*
ei|ni|ger|ma|ßen avv. **1** in certo qual modo, in una certa misura, piuttosto: ***eine ~ gelungene Arbeit*** un lavoro piuttosto riuscito **2** COLLOQ. *(sehr)* piuttosto, molto, abbastanza: ***er war ~ böse mit ihr*** era piuttosto arrabbiato con lei ◆ ***wie geht's dir? – ~*** come va? – discretamente, abbastanza (bene).
Ei|nig|keit f. *(-)* unità *f.*, unione *f.*; *(Übereinstimmung)* concordia *f.*: ***es herrscht (volle) ~ darüber, dass...*** regna una (perfetta) concordia sul fatto che... ◆ PROV. ***~ macht stark*** l'unione fa la forza.
Ei|ni|gung f. *(-,-en)* **1** unione *f.*, unificazione *f.*: ***die politische ~ Europas*** l'unificazione politica dell'Europa **2** conciliazione *f.*, intesa *f.*, accordo *m.*: ***eine ~ anstreben, erzielen*** perseguire, raggiungere un accordo; ***zu einer ~ kommen*** giungere a un accordo; ***gütliche ~*** accordo amichevole. **Ei|ni|gungs|ver|such** m. *(-[e]s,-e)* **1** *(Vereinigungsversuch)* tentativo *m.* di unificazione **2** tentativo *m.* di conciliazione. **Ei|ni|gungs|werk** n. *(-[e]s,-e)* **1** *(Vereinigungswerk)* opera *f.* di unificazione **2** opera *f.* di conciliazione.
ein‿imp|fen tr. **1** *(einspritzen)* inoculare: ***einem Versuchstier ein neues Serum ~*** inoculare in una cavia un nuovo siero **2** COLLOQ. FIG. instillare, inculcare: ***jdm die Liebe für die Freiheit ~*** instillare in qcn. l'amore per la libertà. **Ein|imp|fung** f. *(-,-en)* inoculazione *f.*
ein‿ja|gen tr. FIG. incutere: ***jdm Angst ~*** incutere paura a qcn.
ein|jäh|rig agg. **1** di un anno: ***ein -es Kind*** un bambino di un anno **2** *(ein Jahr dauernd)* (della durata) di un anno, annuo: ***ein -es Abonnement*** un abbonamento annuo **3** *(von Blütenpflanzen)* annuo.
Ein|jäh|ri|ge I m. *(-n,-n)* ANT. soldato *m.* volontario per un anno **II** n. *(-n)* ANT. SCOL. licenza *f.* media (a sedici anni).
ein‿jo|chen tr. ANT. aggiogare.
ein‿kal|ku|lie|ren tr. mettere in conto, calcolare, comprendere (nel prezzo): ***die Verpackungskosten in den Preis ~*** comprendere le spese d'imballaggio nel prezzo; ***ein Risiko ~*** calcolare un rischio.
Ein|kam|mer|sys|tem n. *(-s,-e)* sistema *m.* unicamerale, monocameralismo *m.*
ein‿kap|seln I tr. incapsulare **II** rifl. **sich ~** incapsularsi. **Ein|kap|se|lung, Ein|kaps|lung** f. *(-,-en)* incapsulatura *f.*
ein|ka|rä|tig agg. da un carato.
ein‿kas|sie|ren tr. **1** incassare, riscuotere **2** COLLOQ. arraffare (senza farsi scrupoli). **Ein|kas|sie|rung** f. *(-,-en)* incasso *m.*, riscossione *f.*
Ein|kauf m. *(-[e]s,-käufe)* **1** acquisto *m.*, comp(e)ra *f.*, spesa *f.*: ***Einkäufe machen, seine Einkäufe erledigen*** fare acquisti **2** *(Einkaufsabteilung)* (reparto *m.*) acquisti *m.pl.*: ***beim, im ~ arbeiten*** lavorare agli acquisti ◆ ***der ~ in ein Altersheim, in einen exklusiven Club*** l'assicurarsi un posto in un ospizio (pagando una certa somma), il diventare socio di un club esclusivo. **ein‿kau|fen I** tr. acquistare, comprare: ***etw. en detail, en gros ~*** comprare qcs. al minuto, all'ingrosso **II** intr. (aus. *haben*) **1** fare la spesa (*o* le com-

pere) **2** SCHERZ. ***ohne Geld, kostenlos*** ~ rubare merce nei negozi, taccheggiare **III** rifl. ***sich in eine Firma*** ~ diventare socio di una ditta. **Ein|käu|fer** m. *(-s,-)* **1** agente *m.* compratore (*o* d'acquisto), buyer *m.* **2** SPORT manager *m.*, procuratore *m.* **Ein|kaufs|ab|tei|lung** f. *(-,-en)* reparto *m.* acquisti. **Ein|kaufs|buch** n. *(-[e]s,-bücher)* registro *m.* degli acquisti. **Ein|kaufs|bum|mel** m. *(-s,-)* giro *m.* dei negozi, shopping *m.* **Ein|kaufs|cen|ter** [-sɛntɐ] n. *(-s,-)* → **Einkaufszentrum. Ein|kaufs|korb** m. *(-[e]s,-körbe)* cesta *f.* della spesa. **Ein|kaufs|netz** n. *(-es,-e)* rete *f.* per la spesa. **Ein|kaufs|preis** m. *(-es,-e)* prezzo *m.* di acquisto. **Ein|kaufs|rol|ler** m. *(-s,-)* carrello *m.* per la spesa. **Ein|kaufs|ta|sche** f. *(-,-n)* borsa *f.* della, per la spesa, sporta *f.* **Ein|kaufs|wa|gen** m. *(-s,-)* carrello *m.* della spesa (del supermercato). **Ein|kaufs|zent|rum** n. *(-s,-zentren)* centro *m.* commerciale.

ein‿keh|len tr. scanalare.

Ein|kehr f. *(-)* **1** sosta *f.* (in una locanda, trattoria): ~ ***halten*** fare una sosta (per uno spuntino, per una bevuta) **2** *(innere Sammlung)* raccoglimento *m.* (spirituale); *(Introspektion)* introspezione *f.* **ein‿keh|ren** intr. (aus. *sein*) **1** fermarsi, fare sosta: ***in einem, ein Gasthaus*** ~ fermarsi in una trattoria **2** LETT. giungere, comparire: ***da kehrte Ruhe ein*** allora venne la calma.

ein‿kei|len tr. incuneare, fissare con cunei.

ein|keim|blät|te|rig, ein|keim|blätt|rig agg. monocotiledone.

ein‿kel|lern tr. mettere, immagazzinare in cantina (per l'inverno).

ein‿ker|ben tr. incidere, intaccare, intagliare: ***etw. in einen Baumstamm*** ~ incidere qcs. sul tronco di un albero. **Ein|ker|bung** f. *(-,-en)* incisione *f.*, intaccatura *f.*, intaglio *m.*

ein‿ker|kern tr. (in)carcerare, imprigionare. **Ein|ker|ke|rung** f. *(-,-en)* (in)carcerazione *f.*, imprigionamento *m.*

ein‿kes|seln tr. stringere (*o* serrare) in una sacca, accerchiare. **Ein|kes|se|lung** f. *(-,-en)* accerchiamento *m.*

ein|klag|bar agg. DIR. esigibile. **ein‿kla|gen** tr. DIR. esigere, rivendicare.

ein‿klam|mern tr. mettere fra parentesi. **Ein|klam|me|rung** f. *(-,-en)* **1** il mettere fra parentesi **2** *(Klammer)* parentesi *f.*

Ein|klang m. *(-[e]s,-klänge)* **1** unisono *m.*: ***im*** ~ ***singen*** cantare all'unisono **2** FIG. armonia *f.*, accordo *m.*, unisono *m.*: ***mit jdm, etw. im, in*** ~ ***stehen, sein*** essere in armonia (*o* in accordo), armonizzare con qcn., con qcs.; ***etw. in*** ~ ***bringen*** far concordare (*o* conciliare) qcs. ◆ ***sich mit jdm in*** ~ ***über etw. (A) befinden*** condividere l'opinione di qcn. su qcs.

ein‿klap|pen tr. chiudere: ***das Bett, den Stuhl*** ~ chiudere il letto, la sedia (pieghevoli).

Ein|klas|sen|schu|le f. *(-,-n)* scuola *f.* pluriclasse (*o* a classe unica). **ein|klas|sig** agg. pluriclasse, a classe unica.

ein‿kle|ben tr. incollare, attaccare (con la colla).

ein‿klei|den I tr. **1a** ***jdn neu*** ~ rifare il guardaroba a qcn. **b** ***Soldaten*** ~ dotare i soldati di divise **2** FIG. rivestire, ammantare **3** *(ausdrücken)* esprimere: ***etw. in ein Gleichnis*** ~ spiegare qcs. con una parabola **II** rifl. **sich** ~ farsi il guardaroba. **Ein|klei|dung** f. *(-,-en)* **1** MIL. dotazione *f.* di divise **2** FIG. veste *f.*, forma *f.* **3** *(Ausdruck)* espressione *f.*

ein‿kleis|tern tr. COLLOQ. incollare.

ein‿klem|men I tr. **1** incastrare, prendere (in mezzo), schiacciare: ***ich habe (mir) die Finger eingeklemmt*** mi sono schiacciato le dita **2** *(festklemmen)* serrare, stringere: ***etw. in den Schraubstock*** ~ stringere qcs. nella morsa **3** *(von Hunden)* ***den Schwanz*** ~ mettere la coda fra le gambe **II** intr. (aus. *sein*) rimanere stretto (*o* incastrato, bloccato): ***nach dem Unfall war der Fahrer im Wagen eingeklemmt*** dopo l'incidente il guidatore era rimasto bloccato nell'auto.

ein‿klin|ken I tr. **1** ***die Tür*** ~ chiudere la porta (facendone scattare la serratura) **2** MECC. agganciare, impegnare **II** intr. (aus. *sein*) chiudersi (con scatto).

ein‿klop|fen tr. ***Nägel (in die Wand)*** ~ piantare chiodi (nella parete).

ein‿knei|fen tr. *(kniff, gekniffen)* **1** stringere, serrare **2** *(von Hunden)* ***den Schwanz*** ~ mettersi la coda fra le gambe; FIG. andarsene con la coda fra le gambe.

ein‿kni|cken I tr. piegare **II** intr. (aus. *sein*) piegarsi: ***die Knie knicken mir ein*** mi si piegano le ginocchia **III** rifl. ***sich (D) den Fuß*** ~ prendere una storta al piede.

ein|knöpf|bar agg. staccabile. **ein‿knöp|fen** tr. attaccare, mettere (abbottonando). **Ein|knöpf|fut|ter** n. *(-s,-)* ABBIGL. fodera *f.* staccabile.

ein‿knüp|peln intr. (aus. *haben*) ***auf jdn*** ~ picchiare qcn. col manganello, manganellare qcn.

ein‿ko|chen I tr. ***Gemüse, Obst*** ~ cuocere verdura, frutta (per conservarla) **II** intr. (aus. *haben*) addensarsi, ispessirsi: ***eine Soße*** ~ ***lassen*** fare addensare una salsa.

ein‿kom|men intr. *(kam, gekommen;* aus. *sein)* **1** ANT. *(von Geld)* entrare **2a** SPORT ***als Erster, Letzter*** ~ arrivare primo, ultimo (al traguardo) **b** *(von Schiffen)* ***(in den Hafen)*** ~ arrivare, entrare (in porto) **3** ***bei jdm um etw.*** ~ presentare (*o* fare) domanda per qcs. a qcn.: ***um eine Stelle*** ~ fare domanda per (ottenere) un posto **4** REGION. *(einfallen)* venire in mente. **Ein|kom|men** n. *(-s,-)* reddito *m.*, entrata *f.*: ***ein (hohes, niedriges)*** ~ ***haben*** avere un reddito (elevato, basso); ~ ***aus Grundbesitz, Privatvermögen*** reddito fondiario, patrimoniale; ***sein*** ~ ***angeben, versteuern*** dichiarare il proprio reddito, pagare l'imposta sul reddito. **Ein|kom|mens|gren|ze** f. *(-,-n)* ECON. limite *m.* di reddito. **ein|kom|mens|los** privo di reddito. **Ein|kom|mens|quel|le** f. *(-,-n)* fonte *f.* di reddito. **ein|kom|mens|schwach** agg. a basso reddito. **ein|kom|mens|stark** agg. ad alto reddito. **Ein|kom|men(s)|steu|er** f. *(-,-n)* imposta *f.* sul reddito. **Ein|kom|men(s)|steu|er|er|klä|rung** f. *(-,-en)* dichiarazione *f.* (*o* denuncia *f.*) dei redditi. **ein|kom|men(s)|steu|er|pflich|tig** agg. soggetto a imposta sul reddito. **Ein|kom|mens|ver|tei|lung** f. *(-)* ripartizione *f.* del reddito.

ein‿köp|fen tr. e intr. (aus. *haben*) SPORT segnare di testa.

Ein|korn n. *(-s)* piccolo farro *m.*

ein‿krat|zen I tr. incidere (grattando) **II** rifl. ***sich (bei jdm)*** ~ arruffianarsi (qcn.).

Ein|kreis|emp|fän|ger m. *(-s,-)* → **Einkreiser. ein‿krei|sen** tr. **1** ***ein Datum*** ~ segnare (*o* evidenziare) una data con un cerchio **2** MIL. accerchiare **3** FIG. ***eine Frage, ein Problem*** ~ centrare una questione, un problema. **Ein|krei|ser** m. *(-s,-)* RAD. ricevitore *m.* a un solo circuito (sintonizzato). **Ein|krei|sung** f. *(-,-en)* MIL. accerchiamento *m.*

ein‿kre|men → **eincremen.**

ein‿kreu|zen tr. ***eine Art, eine Rasse in eine andere*** ~ incrociare una specie, una razza con un'altra. **Ein|kreu|zung** f. *(-,-en)* incrocio *m.*

ein‿krie|gen COLLOQ. **I** tr. raggiungere, rimontare **II** rifl. **sich** ~ **1** ricomporsi, riacquistare il controllo: ***krieg dich ein!*** ricomponiti! **2** ***sich vor Lachen, vor Zorn nicht*** ~ ***können*** non (trat)tenersi dal ridere, dalla rabbia.

Ein|künf|te pl. redditi *m.pl.*, entrate *f.pl.*

ein‿ku|scheln FAM. **I** tr. ***jdn*** ~ rimboccare le coperte a qcn. **II** rifl. **sich** ~ accoccolarsi (nel letto, fra i cuscini).

1.ein‿la|den tr. *(lädt, lud, geladen)* invitare: ***jdn in sein Haus*** ~ invitare qcn. a casa propria; ***jdn zum Kaffee, auf ein Bier, ins Kino*** ~ invitare qcn. a prendere un caffè, a bere una birra, al cinema.

2.ein‿la|den tr. *(lädt, lud, geladen)* caricare: ***die Waren ins Schiff*** ~ caricare la merce sulla nave.

ein|la|dend p.pres. agg. **1** → **einladen 2** invitante: ***eine -e Speise*** un piatto invitante; ***ein -es Lächeln*** un sorriso invitante **3** ***eine -e Handbewegung*** un cenno d'invito.

1.Ein|la|dung f. *(-,-en)* **1** invito *m.*: ***eine*** ~ ***bekommen, annehmen, ablehnen, ausschlagen*** ricevere, accettare, rifiutare, declinare un invito; ***jdm eine*** ~ ***schicken*** mandare un invito a qcn.; ***auf*** ~ ***von*** su invito di **2a** *(Fest)* festa *f.* **b** *(Abendessen)* cena *f.*

2.Ein|la|dung f. *(-,-en)* caricamento *m.*, carico *m.*

Ein|la|dungs|kar|te f. *(-,-n)* biglietto *m.* d'invito.

Ein|la|ge f. *(-,-n)* **1** allegato *m.* **2** GASTR. = tutto ciò che si può cuocere nel brodo (pastina, gnocchi...) **3** intarsio *m.*: ***-n aus Elfenbein, Perlmutter*** intarsi in avorio, in madreperla **4** *(Schuheinlage)* sottopiede *m.*; *(Fußstütze)* plantare *m.* **5** *(Zahnfüllung)* medicazione *f.* (applicata al dente) **6** TELEV. TEATR. intermezzo *m.*, intervallo *m.*: ***musikalische*** ~ intermezzo musicale **7** BANC. deposito *m.* **8** *(in ein Unternehmen)* apporto *m.*, conferimento *m.* **9** *(im Kragen)* tendicollo *m.*, stecca *f.*

ein‿la|gern I tr. immagazzinare **II** rifl. **sich** ~ accumularsi, raccogliersi, depositarsi. **Ein|la|ge|rung** f. *(-,-en)* **1** immagazzinaggio *m.*, immagazzinamento *m.* **2** accumulo *m.*, deposito *m.*: ***-en aus Kalk*** depositi di calcare.

Ein|lass m. *(-es,-lässe)* **1a** entrata *f.*, accesso *m.*: ~ ***ab 7 Uhr*** entrata dalle ore 7; ***jdm*** ~ ***gewähren*** dare accesso a qcn., lasciar entrare qcn.; ***kein*** ~***!*** vietato l'accesso! ingresso vietato! **b** *(im Kino, Theater)* apertura *f.* **2** *(Eingang)* ingresso *m.*, entrata *f.* **ein‿las|sen** *(lässt, ließ, gelassen)* **I** tr. **1** fare (*o* lasciare) entrare, ammettere: ***in sein Zimmer lässt er niemanden ein*** nella sua stanza non fa entrare nessuno; ***ein wenig Licht, Luft*** ~ far entrare un po' di luce, un po' d'aria **2** *(mit Wasser)* riempire: ***die Badewanne, das Waschbecken*** ~ riempire (d'acqua) la vasca da bagno, il lavandino **3** *(einfügen)* incastrare, incassare, inserire **4a** REGION. *(einreiben)* ***etw.*** ~ dare la cera a qcs. **b** *(lackieren)* verniciare **II** rifl. **sich** ~ **1** ***sich mit***

jdm ~ avere rapporti (*o* avere a che fare) con qcn., mettersi con qcn. **2** *sich auf etw. (A)* ~ mettersi, entrare in qcs.; *(im negativen Sinn)* impegolarsi in qcs.: *sich auf ein Abenteuer* ~ mettersi in un'avventura; *sich auf keine Diskussion* ~ non voler entrare in una discussione; *darauf will ich mich nicht* ~ non voglio entrarci, non ci sto; *er lässt sich auf nichts ein* non ne vuole sapere, non ci sta. **Ein|lass|kar|te** f. *(-,-n)* **1** biglietto *m.* d'entrata **2** *(Erlaubnisschein)* permesso *m.* di entrata.

Ein|las|sung f. *(-,-en)* DIR. costituzione *f.* in giudizio.

Ein|lauf m. *(-[e]s,-läufe)* **1** arrivo *m.*: *der ~ des Schiffes, der Post* l'arrivo della nave, della posta; SPORT *der ~ beim Motorradrennen* l'ordine d'arrivo nella gara motociclistica **2** MED. clistere *m.* **3** GASTR. INTRAD. (specie di gnocchetti di farina) **4** RAR. *(Öffnung)* bocchettone *m.*

ein_lau|fen *(läuft, lief, gelaufen)* **I** intr. (aus. *sein*) **1a** arrivare: *der Zug läuft auf Gleis 8 ein* il treno arriva al binario 8; *täglich laufen viele Bestellungen ein* ogni giorno arrivano molti ordini; SPORT *in die Zielgerade* ~ giungere in dirittura d'arrivo **b** SPORT *(auf das Spielfeld)* ~ entrare in campo **2** *(hineinfließen)* scorrere, fluire (dentro) **3** *(von Stoff)* restringersi **II** rifl. *sich* ~ **1** SPORT riscaldarsi, fare riscaldamento (correndo) **2** MECC. essere rodato ◆ *die Schuhe* ~ adattare le scarpe al piede (portandole); *jdm die Tür* ~ = importunare qcn. con le proprie visite. **Ein|lau|fen** n. *(-s)* **1** arrivo *m.* **2** *(von Stoff)* restringimento *m.* **3** MECC. rodaggio *m.*

ein_läu|ten tr. suonare, annunciare (col suono): *die Glocken läuten die Vesper ein* le campane suonano il vespro; SPORT *die letzte Runde* ~ annunciare l'ultimo giro (suonando una campanella).

ein_le|ben rifl. *sich* ~ **1** inserirsi, ambientarsi: *sich in einer neuen Stadt, Umgebung* ~ ambientarsi in una nuova città, inserirsi in un nuovo ambiente; *sich bei einer Familie* ~ ambientarsi in una famiglia **2** FIG. immedesimarsi, calarsi, immergersi: *sich in ein Bild* ~ immergersi in un quadro.

Ein|le|ge|ar|beit f. *(-,-en)* (lavoro *m.* a) intarsio *m.*

ein_le|gen tr. **1a** mettere (dentro), inserire: *ein Lesezeichen (ins Buch)* ~ mettere un segnalibro (nel libro); *eine Kassette (in das Tonbandgerät)* ~ mettere una cassetta (nel registratore); *eine Pause* ~ inserire una pausa; *einen Sonderzug* ~ mettere un treno speciale **b** *(beilegen)* includere, accludere, allegare **c** mettere, inserire, ingranare: *den ersten, zweiten Gang* ~ mettere la prima, la seconda **2** GASTR. *etw. in Essig, in Öl* ~ mettere (*o* conservare) qcs. sotto aceto, sott'olio; *(marinieren)* marinare qcs. **3** BANC. depositare, versare (sul conto) **4** intarsiare: *etw. mit Elfenbein* ~ intarsiare qcs. con l'avorio **5** *(offiziell aussprechen)* proporre, presentare; DIR. interporre: *Appellation, Berufung* ~ interporre appello, fare ricorso; *Beschwerde, Protest (gegen etw.)* ~ presentare reclamo, elevare una protesta (contro qcs.); *sein Veto gegen etw.* ~ porre il proprio veto a qcs. ◆ *das Haar* ~ mettere i capelli in piega; *ein gutes Wort für jdn* ~ mettere una buona parola per qcn. **Ein|le|ger** m. *(-s,-)* BANC. titolare *m.* di un deposito, depositante *m.* **Ein|leg|soh|le** f. *(-,-n)* soletta *f.*, sottopiede *m.*

ein_lei|ten tr. **1** avviare, iniziare: *diplomatische Verhandlungen, eine Untersuchung* ~ avviare trattative diplomatiche, un'inchiesta; DIR. *ein Verfahren gegen jdn* ~ avviare un procedimento (giudiziario) contro qcn. **2** *(eröffnen)* aprire, iniziare, inaugurare **3** RAR. *(hineinleiten)* immettere **4** MED. *die Geburt* ~ provocare il parto ◆ *eine Anthologie* ~ scrivere l'introduzione a un'antologia. **ein|lei|tend I** p.pres. agg. **1** → **einleiten 2** introduttivo, di introduzione: *-e Worte sprechen* pronunciare parole di introduzione **II** avv. per iniziare. **Ein|lei|tung** f. *(-,-en)* **1** inizio *m.*, avvio *m.*: *die ~ eines Verfahrens fordern* richiedere l'avvio di un procedimento (giudiziario) **2a** *(eines Buches)* introduzione *f.* **b** avviamento *m.*, preparazione *f.*: *~ zu etw.* avviamento a qcs. **3** *(Eröffnung)* apertura *f.*, inaugurazione *f.*, avvio *m.* **4** MUS. preludio *m.* **5** *(von Abwässern)* immissione *f.*, adduzione *f.*

ein_len|ken I intr. **1** *(einbiegen;* aus. *sein)* svoltare, girare: *das Auto lenkte in eine Nebenstraße ein* l'auto svoltò in una strada laterale **2a** *(nachgeben;* aus. *haben)* cedere **b** cambiar tono, moderarsi: *als er ihre entschlossene Haltung sah, lenkte er ein* vedendo l'atteggiamento risoluto di lei, cambiò tono **II** tr. dirigere, far deviare: *das Flugzeug auf die Startbahn* ~ pilotare l'aereo sulla pista di decollo. **Ein|len|kung** f. *(-,-en)* **1** svolta *f.* **2** FIG. sterzata *f.*, cambiamento *m.* di tono.

ein_ler|nen tr. SPREG. far imparare (meccanicamente): *jdm etw.* ~ far imparare qcs. a qcn.

ein_le|sen *(liest, las, gelesen)* **I** rifl. *sich* ~ approfondire leggendo; familiarizzarsi con: *sich in die klassische Literatur* ~ familiarizzarsi con la letteratura classica **II** tr. INFORM. caricare dati (in memoria).

ein_leuch|ten intr. (aus. *haben*) apparire chiaro; *(überzeugen)* persuadere, convincere: *seine Erklärungen leuchteten ihr nicht ein* le sue spiegazioni non le apparivano chiare; *das will mir nicht* ~ non mi convince. **ein|leuch|tend** p.pres. agg. **1** → **einleuchten 2** *(verständlich)* chiaro, comprensibile: *eine -e Erklärung* una spiegazione chiara **3** *(plausibel)* plausibile: *eine -e Begründung* una motivazione plausibile.

ein_lie|fern tr. **1** *(abgeben)* consegnare, rimettere: *Waren* ~ consegnare merci; *Pakete bei der Post* ~ consegnare pacchi alla posta **2a** (tras)portare: *jdn ins Krankenhaus* ~ trasportare e ricoverare qcn. in ospedale **b** *(ins Gefängnis)* tradurre. **Ein|lie|fe|rung** f. *(-,-en)* **1** consegna *f.*, rimessa *f.* **2a** *(ins Krankenhaus)* trasporto *m.*, ricovero *m.* **b** *(ins Gefängnis)* trasferimento *m.*, traduzione *f.* **Ein|lie|fe|rungs|schein** m. *(-[e]s,-e)* bolletta *f.* di consegna, ricevuta *f.* **Ein|lie|fe|rungs|ter|min** m. *(-[e]s,-e)* termine *m.*, data *f.* di consegna.

ein|lie|gend I agg. allegato, accluso, incluso **II** avv. in allegato, unitamente, qui accluso. **Ein|lie|ger** m. *(-s,-)* **1** ANT. *(Landarbeiter)* bracciante *m.* **2** *(Mieter)* inquilino *m.* **Ein|lie|ger|woh|nung** f. *(-,-en)* appartamento *m.* dell'inquilino.

ein_lo|chen tr. **1** COLLOQ. sbattere in galera, mettere dentro **2** tr. e intr. *(Golf)* infilare una buca.

ein_lo|gie|ren [-ʒi:-] ANT. **I** tr. alloggiare: *jdn bei sich* ~ alloggiare qcn. presso di sé **II** rifl. *sich* ~ prendere alloggio.

ein|lös|bar agg. **1** *(von Pfand)* riscattabile **2** *(von Gutschein)* riscuotibile, esigibile. **ein_lö|sen** tr. **1** riscuotere, incassare: *einen Gutschein, einen Scheck* ~ riscuotere un buono, un assegno **2** *(auszahlen)* pagare, onorare: *einen Wechsel* ~ onorare una cambiale **3** *(zurückkaufen)* riscattare: *ein Schmuckstück* ~ riscattare un gioiello **4** mantenere, tenere fede a: *ein Versprechen* ~ mantenere una promessa. **Ein|lö|sung** f. *(-,-en)* **1** riscossione *f.*, incasso *m.*; *zur ~ bringen* incassare **2** pagamento *m.*; *(Auszahlung)* saldo *m.* **3** *(von Pfand)* riscatto *m.*, disimpegno *m.* **4** *(von Versprechen)* mantenimento *m.* **Ein|lö|sungs|pflicht** f. *(-)* **1** *(von Rückzahlungen)* obbligo *m.* di rimborso **2** *(von Zahlungen)* obbligo *m.* di pagamento. **Ein|lö|sungs|ter|min** m. *(-[e]s,-e)* termine *m.* di pagamento, scadenza *f.*

ein_lö|ten tr. fissare con saldatura.

ein_lot|sen tr. MAR. pilotare in porto.

ein_lul|len tr. COLLOQ. **1** *(einschläfern)* ninnare **2** FIG. *jdn mit Worten* ~ confondere qcn. con (troppe) parole.

Ein|mach f. *(-,-en)*, **Ein|ma|che** f. *(-,-n)* AUSTR. soffritto *m.* di farina.

ein_ma|chen tr. **1** cuocere per conservare: *Obst* ~ cuocere la frutta per conservarla **2** mettere in conserva; *(in Essig einlegen)* mettere sott'aceto ◆ COLLOQ. *du kannst dich ~ lassen* puoi andare a nasconderti. **Ein|mach|glas** n. *(-es,-gläser)* vaso *m.* da conserva. **Ein|mach|ver|fah|ren** n. *(-s,-)* procedimento *m.* di conservazione.

ein|mäh|dig agg. AGR. *(von Wiese)* che dà una sola fienagione.

ein_mah|nen tr. *etw.* ~ esigere il pagamento di qcs. **Ein|mah|nung** f. *(-,-en)* sollecito *m.* di pagamento.

ein|mal I avv. **1a** una volta: *~ und nicht wieder* una volta e basta, e mai più; *~ sagt er das, ~ jenes* una volta dice questo, un'altra quell'altro; *ist er ~ fort* una volta che se ne sia andato; COLLOQ. *~ mehr* ancora una volta **b** *(irgendwann)* una volta (o l'altra): *besuchen Sie uns ~!* venga a trovarci una volta (o l'altra)! **2** *(eines Tages)* un giorno: *es wird ~ die Zeit kommen, wo...* verrà il giorno in cui...; *du wirst es noch ~ bereuen* un giorno te ne pentirai **3** *(einst)* un tempo, una volta: *es war ~* c'era una volta; *sie war ~ ruhiger als heute* un tempo era più tranquilla **4** MAT. *~ vier ist vier* quattro per uno (fa) quattro **5** *(beim Bestellen) ~ Tee und ~ Eis* un tè e un gelato **II** part.at. **1** un po': *kommen Sie ~ her!* venga un po' qui! *denk dir ~* figurati (*o* immaginati) un po' **2** proprio: *ich möchte ~ sehen, ob sie das schafft* vorrei proprio vedere se ce la fa; *wenn es nun ~ so sein muss* se è proprio così, se proprio così deve essere **3** *(endlich mal)* una volta tanto, una buona volta: *darf ich auch ~ sprechen?* potrei parlare anch'io una volta tanto? ◆ *auf ~* improvvisamente; *(alle) auf ~* tutti insieme; *erst ~* innanzi tutto; *es ist nun ~ geschehen* quel che è fatto è fatto; *nicht ~* neppure, neanche; *noch ~ so groß, breit* grande, largo il doppio; *schon ~* già; *es ist nun ~ so* è così, non si può far nulla; *wieder ~* di nuovo; PROV. *~ ist keinmal* uno solo non fa numero. **Ein|mal|brand|ver|fah|ren** n. *(-s)* monocottura *f.* **Ein|mal|eins** n. *(-)* **1** tavola *f.* pitagorica, tabellina *f.* **2** abbicì *m.*: *das ist das ~ der Mathematik* questo è l'abbicì della matematica ◆ *das kleine ~* le tabelline dall'1 al 10; *das große ~* le tabelline dall'11 al 20. **Ein|mal|hand|schuh** m. *(-[e]s,-e)* guanto *m.* monouso. **Ein|mal|hand|tuch** n. *(-[e]s, -tücher)* asciugamano *m.* (di carta) monouso.

ein|ma|lig I agg. 1 unico: ***eine -e Zahlung*** un unico pagamento 2 unico, più unico che raro: ***eine -e Chance, Gelegenheit*** un'occasione unica 3 eccezionale: ***ein -es Konzert*** un concerto eccezionale II avv. 1 una sola volta 2 eccezionalmente, straordinariamente: ***diese Stadt ist ~ schön*** questa città è straordinariamente bella. **Ein|ma|lig|keit** f. *(-,-en)* 1 unicità *f.* 2 eccezionalità *f.*

Ein|mal|sprit|ze f. *(-,-n)* siringa *f.* monouso.

Ein|mann|be|trieb m. *(-[e]s,-e)* 1 azienda *f.* (*o* ditta *f.*) individuale. **Ein|mann|ge|sell|schaft** f. *(-,-en)* società *f.* individuale. **ein|män|nig** agg. BOT. monandro. **Ein|mann|wa|gen** m. *(-s,-)* vettura *f.* (di tram) senza bigliettaio.

Ein|mark|stück n. *(-[e]s,-e)* moneta *f.* da un marco.

Ein|marsch m. *(-[e]s,-märsche)* ingresso *m.* (in marcia). **ein‿mar|schie|ren** intr. (aus. *sein*) entrare marciando; *(von Truppen)* entrare, penetrare.

ein‿mas|sie|ren tr. applicare, far penetrare massaggiando: ***die Creme ~*** applicare la crema massaggiando.

Ein|mas|ter m. *(-s,-)* MAR. imbarcazione *f.* a un albero. **ein|mas|tig** agg. MAR. a un albero.

ein‿mau|ern tr. 1 *(ins Mauerwerk einschließen)* murare 2 *(ins Mauerwerk hineinarbeiten)* fissare al, nel muro.

ein|mei|ßeln tr. incidere, scolpire.

ein‿men|gen tr. e rifl. → **einmischen.**

Ein|me|ter|brett n. *(-[e]s,-er)* trampolino *m.* da un metro.

ein‿mie|ten I tr. 1 alloggiare 2 AGR. immagazzinare in un silo II rifl. **sich ~** prendere in affitto un alloggio.

ein‿mi|schen I tr. mischiare, mescolare II rifl. **sich ~** immischiarsi, intromettersi: ***er mischt sich in jede Angelegenheit ein*** si intromette in ogni faccenda. **Ein|mi|schung** f. *(-,-en)* intromissione *f.*, interferenza *f.*, ingerenza *f.*

ein|mo|na|tig agg. di un mese. **ein|mo|nat|lich** I agg. mensile II avv. mensilmente, una volta al mese.

ein‿mon|tie|ren tr. installare, montare: ***eine Tür, eine Anlage ~*** installare una porta, un impianto.

ein|mo|to|rig agg. monomotore.

ein‿mot|ten tr. mettere in naftalina: ***die Winterjacken ~*** mettere le giacche invernali in naftalina; FIG. ***wir haben unser altes Auto ~*** abbiamo giubilato la nostra vecchia auto ◆ ***du kannst dich ~ lassen!*** hai chiuso!

ein‿mum|meln, ein‿mum|men tr. FAM. imbacuccare.

ein‿mün|den intr. (aus. *sein*) sfociare, sboccare. **Ein|mün|dung** f. *(-,-en)* sbocco *m.*

ein|mü|tig I agg. unanime, concorde: ***-e Meinungen*** opinioni concordi II avv. in modo unanime, di comune accordo; all'unanimità: ***~ beschließen*** concordare all'unanimità. **Ein|mü|tig|keit** f. *(-)* unanimità *f.*

ein‿na|geln tr. inchiodare, fissare (con chiodi): ***einen Haken in die Wand ~*** fissare un gancio al muro.

ein‿nä|hen tr. 1 cucire (dentro), applicare: ***das Futter in den Mantel ~*** applicare la fodera al cappotto 2 *(Kleider)* restringere.

Ein|nah|me f. *(-,-n)* 1a *(Gewinn)* incasso *m.*, guadagno *m.* b *(Einkommen)* entrata *f.* introito *m.*: ***die -n belaufen sich auf...*** le entrate ammontano a...; ***-n und Ausgaben*** entrate e uscite 2 *(Eroberung)* presa *f.* espugnazione *f.*, conquista *f.* 3a assunzione *f.*: ***ihm wurde die ~ von Schlaftabletten verboten*** gli è stata vietata l'assunzione di sonniferi b ingestione *f.*, ingerimento *m.*: ***die ~ von giftigen Substanzen*** l'ingestione di sostanze tossiche. **Ein|nah|me|aus|fall** m. *(-[e]s,-ausfälle)* perdita *f.* di entrate. **Ein|nah|me|buch** n. *(-[e]s,-bücher)* libro *m.* delle entrate. **Ein|nah|me|soll** n. *(-[s],-[s])* previsione *f.* delle entrate.

ein‿näs|sen I tr. bagnare: ***das Kind nässt (das Bett) ein*** il bambino bagna il letto II rifl. **sich ~** farsela addosso.

ein‿ne|beln I tr. 1 annebbiare, offuscare 2 FIG. confondere: ***den Leser ~*** confondere il lettore II rifl. **sich ~** 1 MIL. occultarsi nella nebbia artificiale 2 impers. COLLOQ. ***es nebelt sich ein*** cala la nebbia. **Ein|ne|be|lung, Ein|neb|lung** f. *(-,-en)* 1 MIL. cortina *f.* fumogena 2 annebbiamento *m.*, ottenebramento *m.* (anche FIG.).

ein‿neh|men tr. *(nimmt, nahm, genommen)* 1a riscuotere, ricevere: ***die Steuern ~*** riscuotere le tasse b *(kassieren)* incassare: ***heute hat der Buchhändler viel (Geld) eingenommen*** oggi il libraio ha incassato molto c guadagnare (anche assol.): ***er gibt mehr aus, als er einnimmt*** spende più di quanto guadagna 2a assumere, prendere: ***Arzneimittel ~*** assumere medicinali b FIG. ***eine anmaßende Haltung ~*** assumere un atteggiamento arrogante 3a espugnare, conquistare: ***eine Stadt ~*** espugnare una città b FIG. ***seine Freundlichkeit nahm alle für ihn ein*** la sua gentilezza gli conquistò la simpatia di tutti 4 prendere, occupare: ***die Plätze ~*** occupare i posti; ***eine verantwortungsvolle Stelle ~*** occupare un posto di responsabilità; ***das Sofa nimmt die halbe Wand ein*** il sofà occupa mezza parete 5 ANT. *(von Ladung)* caricare, imbarcare ◆ ***das Abendessen ~*** cenare; ***jdn gegen etw. ~*** coalizzare (*o* trarre) qcn. contro qcs.: ***sie hat alle gegen seine Vorschläge eingenommen*** ha coalizzato tutti contro le sue proposte; ***sich ~ lassen von...*** lasciarsi influenzare da...; ***jds Stelle ~*** prendere il posto di qcn., rimpiazzare qcn. **ein|neh|mend** p.pres. agg. 1 → **einnehmen** 2 attraente, avvincente; *(sympathisch)* simpatico; ***ein -es Wesen besitzen, haben*** essere irresistibile; IRON. avere una natura pigliatutto, essere un pigliatutto. **Ein|neh|mer** m. *(-s,-)* ANT. esattore *m.*

ein‿ni|cken intr. (aus. *sein*) COLLOQ. appisolarsi.

ein‿nis|ten rifl. **sich ~** 1 SPREG. piantare le tende 2 MED. annidarsi 3 RAR. nidificare, annidarsi. **Ein|nis|tung** f. *(-,-en)* MED. nidazione *f.*

Ein|öd|bau|er m. *(-n* e RAR. *-s,-n)* contadino *m.* di fattoria isolata. **Ein|öde** f. *(-,-n)* deserto *m.*, luogo *m.* desolato. **Ein|öd|hof** m. *(-[e]s,-höfe)* fattoria *f.* isolata.

ein‿ölen I tr. ungere d'olio, oliare; *(von Getrieben)* lubrificare II rifl. **sich ~** ungersi di olio.

ein‿ope|rie|ren tr. MED. impiantare.

ein‿ord|nen I tr. 1 mettere in ordine, ordinare, classificare: ***alphabetisch ~*** ordinare alfabeticamente, mettere in ordine alfabetico 2 *(einreihen)* allineare II rifl. **sich ~** 1 incanalarsi: ***sich links ~*** incanalarsi a sinistra, nella corsia di sinistra 2 *(sich einfügen)* inserirsi, inquadrarsi ◆ ***ein Kunstwerk zeitlich ~*** datare un'opera d'arte. **Ein|ord|nung** f. *(-,-en)* 1 classificazione *f.*, ordinamento *m.* 2 *(Einreihung)* allineamento *m.*

ein‿pa|cken I tr. 1 *(einwickeln)* impacchettare, avviluppare, imballare; FIG. *(mit Kleidung)* coprire: ***jdn warm ~*** coprire bene qcn. 2 mettere in valigia: ***die Kleider (in den Koffer) ~*** mettere i vestiti in valigia 3 SPORT COLLOQ. stravincere II intr. (aus. *haben*) fare i bagagli III rifl. **sich ~** coprirsi, imbacuccarsi: ***um Erkältungen vorzubeugen, muss man sich gut ~*** per prevenire i raffreddori occorre coprirsi bene ◆ COLLOQ. ***damit kannst du ~*** lascia perdere, non attacca; COLLOQ. ***lass dich ~ (damit)*** è vecchio come il cucco, lascia perdere; ***er musste ~*** dovette tornare con le pive nel sacco; ***pack ein!*** vattene! fila! *(hör auf!)* smettila! **Ein|pa|ckung** f. *(-,-en)* 1 imballaggio *m.* 2 *(Verpackung)* confezione *f.*

ein‿par|ken tr. parcheggiare: ***das Auto in eine enge Lücke ~*** parcheggiare l'auto in un posto stretto.

Ein|par|tei|(en)|re|gie|rung f. *(-,-en)* governo *m.* monocolore. **Ein|par|tei|(en)|sys|tem** n. *(-s,-e)* sistema *m.* monopartitico, monopartitismo *m.*

ein‿pas|sen I tr. 1 *(anpassen)* adattare 2 *(einfügen)* inserire, incastrare II rifl. **sich ~** 1 *(sich anpassen)* adattarsi 2 *(sich einfügen)* inserirsi. **Ein|pas|sung** f. *(-,-en)* adattamento *m.*, inserimento *m.*

ein‿pau|ken tr. COLLOQ. 1 ficcare in testa: ***jdm etw. ~*** ficcare qcs. in testa a qcn. 2 ANT. ***jdn (für eine Prüfung) ~*** preparare qcn. (per un esame). **Ein|pau|ker** m. *(-s,-)* COLLOQ. = insegnante *m.* privato.

ein‿peit|schen RAR. I tr. imporre, inculcare: ***Gehorsam ~*** inculcare l'ubbidienza II intr. (aus. *haben*) dare frustate: ***auf das Pferd ~*** dare frustate al cavallo. **Ein|peit|scher** m. *(-s,-)* fomentatore *m.*, istigatore *m.*

ein‿pen|deln rifl. **sich ~** 1 attestarsi: ***sich auf ein bestimmtes, einem bestimmten Niveau ~*** attestarsi a (*o* su) un determinato livello 2 *(stabil werden)* stabilizzarsi 3 REGION. recarsi: ***täglich nach Wien ~*** recarsi quotidianamente a Vienna per lavoro. **Ein|pend|ler** m. *(-s,-)* pendolare *m.*

ein‿pen|nen intr. (aus. *sein*) COLLOQ. addormentarsi.

Ein|per|so|nen|haus|halt m. *(-[e]s,-e)* nucleo *m.* familiare composto da una sola persona. **Ein|per|so|nen|stück** n. *(-[e]s,-e)* TEATR. monologo *m.*

ein‿pfäh|len tr. cingere con una staccionata. **Ein|pfäh|lung** f. *(-,-en)* staccionata *f.*, palizzata *f.*

ein‿pfar|ren tr. incorporare in una parrocchia.

ein‿pfef|fern tr. pepare.

Ein|pfen|nig|stück n. *(-[e]s,-e)* moneta *f.* da un pfennig.

ein‿pfer|chen tr. 1 *(von Tieren)* chiudere in un recinto, stabbiare 2 *(zusammendrängen)* stipare.

ein‿pflan|zen tr. 1 piantare: ***Rosen im Garten ~*** piantare rose in giardino 2 FIG. inculcare, instillare: ***den Kindern Disziplin ~*** inculcare nei bambini la disciplina 3 MED. *(einoperieren)* impiantare, trapiantare.

ein‿pflo|cken tr. 1 fissare con picchetti, incavicchiare: ***das Zelt ~*** fissare la tenda con picchetti 2 delimitare con picchetti: ***die Weiden ~*** delimitare i pascoli con dei picchetti.

ein‿pfrop|fen tr. 1 AGR. innestare 2 FIG. inculcare: ***jdm moralische Prinzipien ~*** inculcare principi morali in qcn.

ein|pfün|dig agg. di, da mezzo chilo; *(in Großbritannien)* di, da una libbra.
Ein|pha|sen|ge|ne|ra|tor m. *(-s,-en)* alternatore *m.* monofase. **Ein|pha|sen|strom** m. *(-[e]s)* corrente *f.* monofase. **Ein|pha|sen-Wech|sel|strom** m. *(-[e]s)* corrente *f.* monofase alternata. **ein|pha|sig** agg. monofase.
ein‿pin|seln tr. spennellare: ***die Wunde mit Jod ~*** spennellare la ferita con tintura di iodio. **Ein|pin|se|lung** f. *(-,-en)* spennellatura *f.*
ein‿pla|nen tr. **1** *(in einem Plan einbeziehen)* programmare, contemplare (in un piano) **2** prevedere, preventivare: ***diese Umleitung war nicht eingeplant*** questa deviazione non era prevista. **Ein|pla|nung** f. *(-,-en)* programmazione *f.* pianificazione *f.*
ein‿pö|keln tr. mettere sotto sale.
ein‿pol|dern tr. arginare. **Ein|pol|de|rung** f. *(-,-en)* arginatura *f.*
ein|po|lig agg. unipolare. **Ein|pol|röh|re** f. *(-,-n)* tubo *m.* unipolare.
ein‿prä|gen I tr. **1** imprimere, incidere: ***ein Bild in eine, einer Münze ~*** imprimere un'effigie su una moneta **2** *(anerziehen)* inculcare **II** rifl. **sich ~** imprimersi in mente: ***dieses Erlebnis hat sich mir unauslöschlich eingeprägt*** questa esperienza mi si è impressa in mente in modo incancellabile. **ein|präg|sam I** agg. facile da ricordare; MUS. orecchiabile **II** avv. in modo incisivo. **Ein|prä|gung** f. *(-,-en)* impressione *f.*, incisione *f.*
ein‿pras|seln intr. (aus. *sein*) ***auf jdn ~*** piombare (*o* volare) addosso a qcn.: ***eine Flut von Schimpfworten prasselte auf ihn ein*** gli piombò addosso un'ondata d'insulti.
ein‿pres|sen tr. **1a** pigiare: ***Kleidungsstücke in den Koffer ~*** pigiare il vestiario in valigia **b** *(zusammendrücken)* comprimere, stringere **2** *(eindrucken)* imprimere, stampare **3** costringere, forzare: ***eine Idee in ein Schema ~*** costringere un'idea entro uno schema.
ein‿pro|gram|mie|ren tr. **1** ***etw. in einen Computer ~*** caricare qcs. su un computer **2** COLLOQ. mettere in programma: ***eine Reiseunterbrechung ~*** mettere in programma un'interruzione del viaggio.
ein‿prü|geln I tr. ***jdm etw. ~*** insegnare qcs. a qcn. a suon di bastonate **II** intr. (aus. *haben*) ***auf jdn ~*** bastonare qcn.
ein‿pu|dern tr. cospargere di talco.
ein‿pum|pen tr. pompare dentro.
ein‿pup|pen rifl. **sich ~ 1** ENTOM. impuparsi **2** REGION. ***sich (neu) ~*** (ri)farsi il guardaroba **3** FIG. chiudersi nel proprio bozzolo.
ein‿quar|tie|ren I tr. **1** MIL. acquartierare **2** alloggiare: ***jdn in einem Hotel ~*** alloggiare qcn. in un hotel **II** rifl. **sich ~ 1** MIL. acquartierarsi **2** prendere alloggio, stabilirsi. **Ein|quar|tie|rung** f. *(-,-en)* **1** MIL. acquartieramento *m.* **2** *(Unterkunft)* alloggiamento *m.*
Ein|rad n. *(-[e]s,-räder)* monociclo *m.* RAR. **ein|rä|de|rig, ein|räd|rig**, agg. a (*o* con) una sola ruota.
ein‿rah|men tr. **1a** incorniciare, inquadrare: ***ein Foto ~ lassen*** far incorniciare una fotografia **b** FIG. ***etw. ~*** fare da cornice a qcs.: ***sein Klavierspiel rahmte das Fest ein*** le sue esibizioni al pianoforte facevano da cornice alla festa **2** circondare, attorniare: ***grüne Wiesen rahmen das Haus ein*** prati verdi circondano la casa. **Ein-rah|mung** f. *(-,-en)* **1** incorniciatura *f.* **2** *(Rahmen)* cornice *f.*, contorno *m.*
ein‿ram|men tr. **1** conficcare, affondare: ***Pfähle in den Boden ~*** conficcare pali nel terreno **2** sfondare: ***das Tor mit einem Balken ~*** sfondare il portone con una trave.
ein‿ran|gie|ren [-ʒiː] tr. **1** → **einreihen 2** infilarsi in un buco, parcheggiare facendo manovre. **Ein|ran|gie|rung** f. *(-,-en)* **1** *(Einreihung)* allineamento *m.* **2** *(Einordnung)* ordinamento *m.*, classificazione *f.*
ein‿ras|ten intr. (aus. *sein*) TECN. scattare (in posizione); ***~ lassen*** innestare in posizione.
ein‿räu|chern tr. affumicare, riempire di fumo.
ein‿räu|men tr. **1** riporre, disporre: ***das Geschirr in den Küchenschrank ~*** riporre le stoviglie nella credenza **2** arredare: ***ein Zimmer ~*** arredare una stanza **3a** concedere, accordare: ***ein Darlehen ~*** concedere un prestito; ***gewisse Freiheiten ~*** accordare certe libertà **b** LETT. convenire, ammettere: ***ich räume ein, dass...*** convengo che... **ein|räu|mend** p.pres. agg. **1** → **einräumen 2** GRAMM. concessivo. **Ein|räu|mung** f. *(-,-en)* **1** *(Gewährung)* concessione *f.* **2** *(Zugeständnis)* ammissione *f.*
Ein|raum|woh|nung f. *(-,-en)* monocamera *f.*, monolocale *m.*
ein‿rech|nen tr. includere nel conto, comprendere nel prezzo.
Ein|re|de f. *(-,-n)* **1** DIR. eccezione *f.*: ***eine ~ vorbringen*** sollevare un'eccezione **2** *(Einwand)* obiezione *f.* **ein‿re|den I** tr. **1** ***jdm etw. ~*** dare ad intendere (*o* far credere) qcs. a qcn. **2** convincere, persuadere: ***jdm einen Plan, eine Idee ~*** convincere qcn. ad (appoggiare) un progetto, un'idea **II** intr. (aus. *haben*) riempire la testa, assillare: ***er redet dauernd auf mich ein*** mi assilla continuamente con le sue chiacchiere **III** rifl. ***sich (D) etw. ~*** mettersi in testa qcs.: ***das hast du dir nur eingeredet*** questo te lo sei messo in testa tu ◆ ***jdm Vernunft ~*** ricondurre qcn. alla ragione.
ein‿reg|nen I intr. (aus. *sein*) COLLOQ. FIG. ***auf jdn ~*** piovere addosso a qcn.: ***Einwände, Fragen regneten auf ihn ein*** gli piovevano addosso obiezioni da tutte le parti, era subissato di domande **II** rifl. **sich ~** impers. ***nach dem Gewitter hat es sich eingeregnet*** dopo il temporale è iniziata una pioggia continua.
ein‿re|gu|lie|ren I tr. regolare: ***die Heizung auf 20 Grad ~*** regolare il riscaldamento a 20 gradi **II** rifl. **sich ~** andare a posto. **Ein|re|gu|lie|rung** f. *(-,-en)* regolazione *f.*
ein‿rei|ben tr. *(rieb, gerieben)* far penetrare frizionando: ***die Creme ~*** far penetrare la crema frizionando. **Ein|rei|bung** f. *(-,-en)* MED. frizione *f.*
ein‿rei|chen tr. **1** presentare, inoltrare: ***seinen Abschied, ein Gesuch, eine Klage ~*** presentare le dimissioni, inoltrare un'istanza, sporgere querela **2** COLLOQ. proporre: ***jdn zur Beförderung ~*** proporre qcn. per una promozione. **Ein|rei|chung** f. *(-,-en)* presentazione *f.*, inoltro *m.* **Ein|rei|chungs|frist** f. *(-,-en)* periodo *m.* utile per la presentazione.
ein‿rei|hen I tr. **1** *(einordnen)* inserire: ***die Lehrlinge in den Produktionsablauf ~*** inserire gli apprendisti nel ciclo produttivo **2** *(zurechnen)* annoverare: ***jdn unter die Klassiker ~*** annoverare qcn. fra i classici **II** rifl. **sich ~** mettersi in fila.
Ein|rei|her m. *(-s,-)* SART. monopetto *m.* **ein|rei|hig** agg. SART. monopetto, a un petto.
Ein|rei|hung f. *(-,-en)* inserimento *m.*
Ein|rei|se f. *(-,-n)* entrata *f.* (in uno stato straniero). **Ein|rei|se|er|laub|nis** f. *(-,-se)*, **Ein|rei|se|ge|neh|mi|gung** f. *(-,-en)* permesso *m.* d'entrata. **ein‿rei|sen** intr. (aus. *sein*) entrare: ***in die Schweiz, nach Italien ~*** entrare in Svizzera, in Italia. **Ein|rei|se|vi|sum** n. *(-s, Visa* e *Visen)* visto *m.* d'entrata.
ein‿rei|ßen *(riss, gerissen)* **I** tr. **1** abbattere, demolire: ***eine Mauer ~*** abbattere un muro **2** strappare: ***versehentlich hat er seine Hose eingerissen*** inavvertitamente ha strappato i (*o* ha fatto uno strappo nei) pantaloni **II** intr. (aus. *sein*) **1** strapparsi: ***kräftige Stoffe reißen nicht leicht ein*** i tessuti resistenti non si strappano facilmente **2** rompersi, spezzarsi: ***das kann weh tun, wenn ein Fingernagel einreißt*** quando un'unghia si spezza può far male **3** *(sich verbreiten)* diffondersi: ***eine Unsitte reißt ein*** si diffonde un malcostume. **Ein|reiß|ha|ken** m. *(-s,-)* gancio *m.* per ancoraggio.
ein‿rei|ten *(ritt, geritten)* **I** tr. scozzonare **II** intr. (aus. *sein*) entrare cavalcando **III** rifl. **sich ~** abituarsi a un cavallo.
ein‿ren|ken I tr. **1** CHIR. ridurre: ***die Schulter ~*** ridurre la spalla **2** COLLOQ. sistemare, mettere a posto: ***eine Sache ~*** sistemare una questione **II** rifl. **sich ~** aggiustarsi, andare a posto: ***das wird sich schon wieder ~*** si rimetterà a posto. **Ein|ren|kung** f. *(-,-en)* CHIR. riduzione *f.*
ein‿ren|nen tr. *(rannte, gerannt)* sfondare (arrivando di corsa): ***die Tür ~*** sfondare la porta.
ein‿rich|ten I tr. **1** *(ausstatten)* allestire; ***ein Zimmer ~*** arredare una stanza **2** MED. ridurre, rimettere a posto: ***einen gebrochenen Arm ~*** rimettere a posto un braccio fratturato **3a** regolare, sistemare, mettere a punto: ***eine Maschine so ~, dass...*** regolare una macchina in modo che... **b** *(ermöglichen)* fare in modo che: ***ich kann, will, muss es so ~, dass...*** posso, voglio, devo fare in modo che... **4a** *(neu schaffen)* fondare, istituire: ***eine Filiale ~*** fondare una filiale **b** *(von Maschinen)* installare **5** MUS. TEATR. CINEM. RAD. ridurre: ***eine Oper für Klavier ~*** ridurre un'opera lirica per pianoforte; ***ein Drama für das Radio ~*** ridurre un dramma per la radio, fare la riduzione radiofonica di un dramma **II** rifl. **sich ~ 1** arredare la propria casa: ***sich einfach, mit Stilmöbeln ~*** arredare la propria casa semplicemente, con mobili in stile **2a** destreggiarsi, arrangiarsi, adattarsi: ***er muss sich ~*** si deve destreggiare; ***sich einzurichten wissen*** sapersi destreggiare **b** *(sparen)* limitarsi nelle spese, fare economia **3** ***sich auf jdn, etw. ~*** prepararsi per, a qcn., qcs.; COLLOQ. ***darauf bin ich nicht eingerichtet*** a questo non sono preparato ◆ COLLOQ. ***du kannst dich hier häuslich ~*** fai come se fossi a casa tua; ***sich häuslich ~*** accasarsi. **Ein|rich|ter** m. *(-s,-)* installatore *m.*
Ein|rich|tung f. *(-,-en)* **1a** *(Ausstattung)* allestimento *m.* **b** arredamento *m.*, mobilio *m.*: ***seine Wohnung hat eine geschmackvolle ~*** il suo appartamento ha un arredamento di buon gusto **2** *(Gründung)* fondazione *f.*, istituzione *f.*; *(von Konten)* apertura *f.* **3a** *(von Maschinen)* installazione *f.*, impianto *m.* **b** *(Regulierung)* regolazione *f.*, messa *f.* a punto **4** *(Vorrichtung)* dispositivo *m.*: ***eine automatische ~*** un dispositivo automatico **5** *(Institution)* istituzione *f.*, ente *m.*, servizio *m.*: ***soziale -en*** servizi sociali **6** FIG. *(Gewohnheit)* istituzione *f.*, appuntamento *m.* fisso, consuetudine *f.*: ***etw. zu einer***

regelmäßigen ~ machen trasformare qcs. in una consuetudine **7** MUS. TEATR. CINEM. RAD. riduzione *f.*, adattamento *m.* **Ein|rich|tungs|ge|gen|stand** m. *(-[e]s,-gegenstände)* pezzo *m.*, oggetto *m.* d'arredamento. **Ein|rich|tungs|haus** n. *(-[e]s,-häuser)* negozio *m.* d'arredamento. **Ein|rich|tungs|stück** n. *(-s,-e)* → **Einrichtungsgegenstand.**

ein_rie|geln I tr. rinchiudere col catenaccio **II** rifl. **sich ~** rinchiudersi col catenaccio.

Ein|riss m. *(-es,-e)* **1** strappo *m.* **2** *(von Haut)* screpolatura *f.*

Ein|ritt m. *(-[e]s,-e)* ingresso *m.* a cavallo.

ein_rit|zen tr. scalfire, incidere, intagliare. **Ein|rit|zung** f. *(-,-en)* scalfittura *f.*, incisione *f.*, intaglio *m.*

ein|roll|bar agg. *(von Sicherheitsgurten)* avvolgibile. **ein_rol|len I** tr. arrotolare **II** rifl. **sich ~** appallottolarsi **III** intr. (aus. *sein*) entrare: ***der Zug rollt gerade ein*** il treno sta entrando in stazione.

ein_ros|ten intr. (aus. *sein*) arrugginire, arrugginirsi (anche FIG.): ***ohne Sport rostet der Körper ein*** senza attività sportiva il fisico si arrugginisce.

ein_rü|cken I intr. (aus. *sein*) **1a** MIL. *(einmarschieren)* entrare marciando **b** ***(zum Militär, zur Armee) ~*** presentarsi alle armi, iniziare il servizio militare **2** entrare in servizio, in carica: ***in ein Staatsamt ~*** subentrare in una carica di stato **II** tr. **1** TIP. *(Zeile)* far rientrare; fare un capoverso **2** inserire: ***eine Nachricht ~*** inserire una notizia. **Ein|rü|ckung** f. *(-,-en)* **1** presentazione *f.* alle armi **2** *(von Nachrichten)* inserzione *f.* **3** TIP. rientranza *f.*

ein_rüh|ren tr. **1** *(anrühren)* rimescolare, stemperare **2** incorporare: ***ein Ei in die Creme ~*** incorporare un uovo nella crema **3** COLLOQ. → **einbrocken.**

ein_rüs|ten tr. EDIL. armare.

eins I agg.inv. **1** uno: ***~ und zwei macht, gibt, ist drei*** uno più due fa tre; ***~ zu null gewinnen*** vincere uno a zero; COLLOQ. ***~ zu null für dich!*** uno a zero per te! (questa volta hai vinto tu); ***mit der Linie ~ fahren*** andare con l'uno (linea del tram o del bus) **2** *(ein Uhr)* l'una: ***es ist, schlägt ~*** è, batte l'una; ***(ein) Viertel vor, nach ~*** l'una meno un quarto (*o* un quarto all'una), l'una e un quarto; ***gegen ~*** verso l'una; ***es ist halb ~*** è la mezza **II** pron.indef. *(ein)* uno, una ◆ COLLOQ. ***mir ist alles ~*** per me fa lo stesso; ***sie ist ~, zwei, drei (damit) fertig*** è pronta in un battibaleno (*o* in un batter d'occhio); ***in ~*** in uno, insieme; ***das läuft auf ~ hinaus*** in fondo è lo stesso; ***mit jdm ~ sein, werden*** essere, diventare una cosa sola con qcn.; *(einig sein, werden)* essere, mettersi d'accordo con qcn.; ***mit etw. ~ werden*** diventare tutt'uno con qcs.; ***sich mit jdm ~ wissen, fühlen*** sapere, sentire di essere d'accordo con qcn.

Eins f. *(-,-en)* **1** uno *m.*, numero *m.* uno: ***eine arabische, römische ~*** un uno arabo, romano **2** COLLOQ. *(Straßenbahn, Bus)* ***die ~ nehmen*** prendere l'uno **3** SCOL. *(sehr gut)* nove *m.*, dieci *m.*, ottimo *m.*

Ein|saat f. *(-,-en)* **1** *(Saatgut)* semenza *f.*, semente *f.* **2** *(Einsäen)* semina *f.*

ein_sä|ckeln tr. COLLOQ. intascare: ***Geld ~*** intascare i soldi.

1.ein_sa|cken tr. **1** insaccare, mettere nei sacchi **2** COLLOQ. *(Geld)* intascare; arraffare, prendere per sé.

2.ein_sa|cken intr. (aus. *sein*) COLLOQ. FIG. insaccarsi, affossarsi.

ein_sä|en tr. seminare: ***Weizen, ein Feld ~*** seminare frumento, seminare (tutto) un campo.

ein_sa|gen tr. REGION. e AUSTR. suggerire.

ein_sal|ben tr. ungere, cospargere di unguento. **Ein|sal|bung** f. *(-,-en)* unzione *f.*

ein_sal|zen tr. salare, mettere sotto sale: ***Heringe ~*** mettere sotto sale le aringhe ◆ COLLOQ. ***damit kannst du dich ~ lassen*** con questo non ci fai un fico secco. **Ein|sal|zung** f. *(-,-en)* salatura *f.*

ein|sam I agg. **1a** *(allein)* solo, solitario: ***ein -er Mensch*** una persona sola; ***ein -er Beschluss*** una decisione presa da solo **b** isolato, unico: ***ein -er Baum*** un albero isolato **2a** *(abgelegen)* appartato, solitario, sperduto: ***ein -er Weg*** un sentiero solitario **b** *(menschenleer)* disabitato, deserto: ***eine -e Gegend*** una zona deserta **II** avv. **1** solo: ***sich ~ fühlen*** sentirsi solo **2** *(abgelegen)* in disparte: ***das Haus liegt ziemlich ~*** la casa si trova un po' in disparte ◆ ***das ist -e Spitze, Klasse*** è il massimo. **Ein|sam|keit** f. *(-,-en)* **1** solitudine *f.*, isolamento *m.*: ***jdn aus seiner ~ reißen*** strappare qcn. dall'isolamento; ***die ~ fliehen, lieben*** fuggire, amare la solitudine; ***ein Leben in ~ führen*** trascorrere una vita in solitudine **2** *(einsame Gegend)* posto *m.* sperduto.

ein_sam|meln tr. raccogliere: ***Früchte ~*** raccogliere la frutta; ***Geld, Hefte ~*** raccogliere (*o* ritirare) soldi, quaderni. **Ein|samm|ler** m. *(-s,-)* raccoglitore *m.* **Ein|samm|lung** f. *(-,-en)* raccolta *f.*

ein_sar|gen tr. comporre nella bara ◆ COLLOQ. ***damit kannst du dich ~ lassen*** con questo non ci fai un fico secco.

Ein|sat|te|lung, Ein|satt|lung f. *(-,-en)* GEOGR. insellatura *f.*

Ein|satz m. *(-es,-sätze)* **1a** *(eingesetztes Teil)* aggiunta *f.*, inserimento *m.* **b** *(vom Topf, Koffer)* parte *f.* scomponibile **c** TECN. MECC. portaferro *m.*; METALL. carica *f.* **d** SART. applicazione *f.*; *(von Blusen)* davanti *m.*, pettorina *f.* **2a** *(bei Spiel, Wette)* posta *f.*: ***der ~ ist niedrig, hoch*** la posta è bassa, alta **b** *(Pfand)* pegno *m.*, deposito *m.* **3a** *(Verwendung)* impiego *m.*, utilizzazione *f.*: ***die Notlage erfordert den ~ starker Polizeikräfte*** la situazione d'emergenza richiede l'impiego di massicce forze di polizia; ***der ~ des ganzen Volkes*** la mobilitazione di tutta la popolazione **b** *(Anstrengung)* impegno *m.*, applicazione *f.*, dedizione *f.*: ***mit ~ aller Kräfte*** impegnando tutte le forze; ***unter ~ seines Lebens*** a rischio della vita, mettendo a repentaglio la propria vita; ***im politischen, sozialen ~ stehen*** essere impegnato politicamente, socialmente ***zum ~ bringen*** impiegare, utilizzare; ***zum ~ kommen*** essere addetto, impiegato **4** MIL. missione *f.*, azione *f.*: ***im ~ sein, stehen*** essere in azione (*o* in missione) **5** MUS. TEATR. entrata *f.*, attacco *m.*: ***der ~ der Flöten war ungenau*** i flauti non sono entrati a tempo; ***den ~ verpassen*** sbagliare l'attacco; ***den ~ geben*** dare l'attacco; FIG. dare il la **6a** SVIZZ. *(Amtseinführung)* ufficio *m.* **b** RELIG. funzione *f.*

Ein|satz|be|fehl m. *(-[e]s,-e)* MIL. ordine *m.* d'azione (*o* d'intervento). **ein|satz|be|reit** agg. **1** pronto all'azione, attivo; *(opferbereit)* pronto all'impegno, dedito **2** pronto per l'impiego, pronto a funzionare: ***die Schneeräumer standen ~ da*** gli spazzaneve erano lì pronti per l'impiego **3** MIL. pronto al combattimento. **Ein|satz|be|reit|schaft** f. *(-)* **1a** prontezza *f.* all'azione **b** *(Opferwilligkeit)* abnegazione *f.*, dedizione *f.* **2** condizioni *f.pl.* d'immediato funzionamento **3** MIL. efficienza *f.* operativa. **Ein|satz|dienst** m. *(-[e]s,-e)* servizio *m.* di pronto intervento. **ein|satz|fä|hig** agg. **1** impiegabile, utilizzabile **2** *(verfügbar)* disponibile **3** MIL. atto al combattimento. **ein|satz|freu|dig** agg. intraprendente, infaticabile. **Ein|satz|grup|pe** f. *(-,-n)*, **Ein|satz|kom|man|do** n. *(-s,-s)* MIL. unità *f.* operativa. **Ein|satz|lei|ter** m. *(-s,-)* comandante *m.* di un'unità operativa. **Ein|satz|plan** m. *(-s,-pläne)* piano *m.* operativo. **Ein|satz|stück** n. *(-s,-e)* pezzo *m.* intercambiabile. **Ein|satz|wa|gen** m. *(-s,-)* **1** *(Spezialwagen der Polizei)* mezzo *m.* speciale della polizia **2** *(von Buslinien)* vettura *f.* supplementare, di riserva. **Ein|satz|wil|le** f. *(-ns)* volontà *f.* d'impegnarsi a fondo. **Ein|satz|zei|chen** n. *(-s,-)* MUS. segnale *m.* d'attacco, attacco *m.*

ein_sau|en tr. VOLG. sporcare.

ein_säu|ern tr. **1** *(in Salz)* mettere sotto sale; *(in Essig)* mettere sott'aceto **2** AGR. mettere a fermentare. **Ein|säu|e|rung** f. *(-,-en)* **1** il mettere sotto sale; il mettere sott'aceto **2** fermentazione *f.*

ein_sau|gen tr. *(sog, gesogen)* **1** succhiare, assorbire **2** *(tief einatmen)* aspirare, inspirare profondamente. **Ein|saug|rohr** n. *(-s,-e)* tubo *m.* aspirante. **Ein|sau|gung** f. *(-,-en)* assorbimento *m.* **Ein|sau|gungs|ver|mö|gen** n. *(-s)* potere *m.* assorbente.

ein_säu|men tr. orlare, bordare: ***einen Rock ~*** orlare una gonna.

ein_schach|teln tr. stipare: ***Kleidungsstücke im Koffer ~*** stipare i vestiti nella valigia.

ein_scha|len tr. armare, montare le casseforme. **Ein|scha|ler** m. *(-s,-)* addetto *m.* alle casseforme.

ein_schal|ten I tr. **1a** accendere: ***das Licht, das Radio, eine Maschine ~*** accendere la luce, la radio, una macchina **b** *(Strom)* inserire **c** *(von Motoren)* avviare, mettere in moto **2** ingranare, innestare, mettere: ***den zweiten Gang ~*** mettere la seconda (marcia) **3** *(einfügen)* inserire, intercalare; LETT. interpolare **4** far intervenire: ***Sachverständige, die Polizei ~*** far intervenire gli esperti, la polizia **II** rifl. **sich ~ 1** accendersi **2** inserirsi, intervenire: ***sich in die Diskussion ~*** inserirsi nella discussione. **Ein|schal|ter** m. *(-s,-)* interruttore *m.* **Ein|schalt|he|bel** m. *(-s,-)* leva *f.* d'innesto. **Ein|schalt|mo|tor** m. *(-s,-en)* motorino *m.* d'avviamento. **Ein|schalt|quo|te** f. *(-,-n)* indice *m.* d'ascolto, audience *f.* **Ein|schal|tung** f. *(-,-en)* **1a** *(Anschalten)* accensione *f.* **b** *(von Motoren)* avviamento *m.*, messa *f.* in moto **2** MECC. innesto *m.* **3** EL. inserzione *f.* **4** *(Einfügung)* inserimento *m.* **5** *(Parenthese)* inciso *m.*, parentesi *f.* **6** LETT. interpolazione *f.*

Ein|scha|lung f. *(-,-en)* EDIL. armatura *f.*

ein_schär|fen tr. intimare, ingiungere. **Ein|schär|fung** f. *(-,-en)* intimazione *f.*, ingiunzione *f.*

ein_schar|ren tr. sotterrare, nascondere sottoterra; interrare.

ein_schät|zen tr. *(bewerten)* valutare, stimare; *(Finanzamt)* ***jdn hoch ~*** fare una stima elevata del reddito di qcn. **Ein|schät|zung** f. *(-,-en)* stima *f.*; *(Bewertung)* valutazione *f.*, giudizio *m.*: ***eine ~ geben*** dare, fornire una valutazione.

ein_schau|feln tr. gettare dentro (con la pala).

ein_schäu|men tr. **1** *(einseifen)* insaponare **2** imballare con materiale espanso.

ein_schen|ken tr. **1a** versare, servire: ***Bier, Kaffee ~*** servire la birra, il caffè **b** assol. versare da bere **2** *(füllen)* riempire: ***die Gläser ~*** riempire i bicchieri ◆ ***jdm klaren Wein ~*** = parlare francamente a qcn., dire la verità a qcn.

ein‿sche|ren tr. **1** rientrare in fila (*o* in colonna), incolonnarsi di nuovo **2** MAR. infilare.

ein‿schich|ten tr. disporre a strati. **ein|schich|tig I** agg. **1** a uno strato; *(bei der Arbeit)* a un (solo) turno **2** REGION. *(abgelegen)* solitario, isolato: ***ein -er Bauernhof*** un cascinale isolato **II** avv. **1** a un solo turno **2** *(einsam)* in modo solitario.

ein‿schi|cken tr. **1** inviare, spedire, inoltrare **2** TECN. convogliare.

ein‿schie|ben *(schob, geschoben)* **I** tr. **1** spingere dentro, introdurre **2** infornare: ***das Brot (in den Ofen) ~*** infornare il pane **3** inserire, aggiungere, frapporre: ***Bilder in den Text ~*** inserire illustrazioni nel testo **II** rifl. **sich ~ 1** intrufolarsi, insinuarsi **2** VENAT. rintanarsi. **Ein|schie|ben** n. *(-s)* **1** inserimento *m.*, introduzione *f.* **2** *(Dazwischenschieben)* interposizione *f.* **3** *(Zusatz)* aggiunta *f.* **4** *(Backofen)* il mettere in forno. **Ein|schieb|sel** n. *(-s,-)* inserto *m.*, inciso *m.*, interpolazione *f.* **Ein|schie|bung** f. *(-,-en)* aggiunta *f.*

Ein|schie|nen|bahn f. *(-,-en)* (ferrovia *f.*) monorotaia *f.* **Ein|schie|nen|hoch|bahn** f. *(-,-en)* monorotaia *f.* sopraelevata. **ein|schie|nig** agg. a una rotaia, a un binario.

ein‿schie|ßen *(schoss, geschossen)* **I** tr. **1** abbattere, demolire **2** MIL. esercitare nel tiro **3** provare: ***eine Pistole ~*** provare una pistola **4** SPORT ***(den Ball) ~*** tirare (la palla) in rete **5** *(einlegen)* investire: ***Geld ~*** investire denaro **6** REGION. *(einschieben)* infornare: ***den Kuchen ~*** infornare la torta **7** TIP. interfogliare **8** TESS. intessere **II** intr. (aus. *sein*) affluire, scorrere **III** rifl. ***sich auf etw. (A) ~*** esercitarsi nel tiro a qcs.; FIG. ***sich auf jdn ~*** prendere di mira qcn. ◆ ***die Milch schießt ein*** comincia la montata lattea.

ein‿schif|fen I tr. imbarcare, caricare (sulla nave): ***Passagiere ~*** imbarcare i passeggeri **II** rifl. **sich ~** imbarcarsi: ***er hat sich nach Südamerika eingeschifft*** si è imbarcato per il Sudamerica.

ein|schif|fig agg. ARCH. a una navata.

Ein|schif|fung f. *(-,-en)* imbarco *m.* **Ein|schif|fungs|ha|fen** m. *(-s,-häfen)* porto *m.* di imbarco.

ein‿schir|ren tr. *(aufzäumen)* bardare.

einschl. ⇒ *einschließlich* incluso (incl.).

ein‿schla|fen intr. *(schläft, schlief, geschlafen;* aus. *sein)* **1a** addormentarsi: ***~ können*** (riuscire a) prendere sonno; ***beim Lesen ~*** addormentarsi leggendo **b** FIG. ***schlaf nicht ein!*** non dormire! sveglia! *(mach schnell!)* sbrigati! **c** *(von Gliedmaßen)* ***mein Fuß ist (mir) eingeschlafen*** mi si è addormentato il piede **2** FIG. far dormire, essere noioso: ***bei dieser Vorlesung schläft man ein*** questa lezione fa dormire **3** FIG. *(sterben)* spirare, spegnersi **4** *(von Beziehungen)* raffreddarsi, languire.

ein|schlä|fe|rig → **einschläfrig**. **ein‿schlä|fern** tr. **1** addormentare, assopire (anche FIG.): ***das Gewissen ~*** addormentare la coscienza **2** *(narkotisieren)* narcotizzare; *(betäuben)* anestetizzare **3** sopprimere, abbattere: ***der Tierarzt hat das alte Pferd eingeschläfert*** il veterinario ha abbattuto il vecchio cavallo ◆ ***den Schmerz ~*** mitigare il dolore; ***den Verdacht ~*** sopire il sospetto.

ein|schlä|fernd p.pres. agg. **1** → **einschläfern 2** soporifero, che fa venire sonno **3** *(betäubend)* narcotico, narcotizzante. **Ein|schlä|fe|rung** f. *(-,-en)* **1** assopimento *m.* **2** *(Narkotisierung)* narcosi *f.* **3** *(von Tieren)* soppressione *f.* **ein|schlä|fig, ein|schläf|rig** agg. ***-es Bett*** letto a una piazza.

Ein|schlag m. *(-[e]s,-schläge)* **1** caduta *f.*; *(Einschlagstelle)* punto *m.* d'impatto: ***der ~ des Blitzes, der Bomben*** la caduta del fulmine, il punto d'impatto delle bombe **2** *(Wesenszug)* tratto *m.*, impronta *f.*: ***ihre Gesichtszüge lassen den starken mütterlichen ~ erkennen*** nei suoi lineamenti si riconoscono i tratti marcati della madre **3a** taglio *m.*, sfoltimento *m.*: ***der ~ der alten Bäume*** il taglio degli alberi vecchi **b** *(Holz)* legname *m.* **4** *(von Fahrzeugen)* angolo *m.* di sterzata **5** SART. bordo *m.*, risvolto *m.*, orlo *m.* **ein‿schla|gen** *(schlägt, schlug, geschlagen)* **I** tr. **1** conficcare, piantare: ***einen Nagel (in die Wand) ~*** piantare un chiodo nella parete **2a** frantumare, rompere: ***ein Fenster ~*** rompere una finestra **b** ***den Schädel ~*** sfondare il cranio **3a** *(einwickeln)* avvolgere **b** foderare: ***ein Buch ~*** foderare un libro **4** prendere, imboccare; intraprendere: ***eine Richtung, den kürzesten Weg ~*** prendere una direzione, la strada più breve; ***einen Studiengang ~*** intraprendere un corso di studi **5** *(Holz)* abbattere, tagliare **6** SART. ripiegare **II** intr. (aus. *haben*) **1a** esplodere, scoppiare: ***die Bombe schlägt ein*** la bomba esplode: FIG. ***die Nachricht schlug wie eine Bombe ein*** la notizia arrivò come un fulmine a ciel sereno **b** penetrare (esplodendo): ***die Granate schlug in die Mauer ein*** la granata penetrò (scoppiando) nel muro **2** *(vom Blitz)* cadere, abbattersi: ***der Blitz hat in die Kirche eingeschlagen*** il fulmine è caduto sulla chiesa **3** ***auf jdn, etw. ~*** picchiare, percuotere qcn. **4** stringere la mano (in segno d'intesa): ***in jds Hand ~*** stringere la mano a qcn.; ***schlag ein!*** qua la mano! **5** *(vom Lenkrad)* sterzare **6** riuscire (bene), avere successo; essere sulla buona strada: ***in diesem Beruf hat er gut eingeschlagen*** sta riuscendo bene in questa professione. **Ein|schlag|fa|den** m. *(-s,-fäden)* TESS. filo *m.* di trama. **ein|schlä|gig** agg. **1** *(betreffend)* relativo, che si riferisce a qcs. **2** *(von Behörden, Ämtern)* competente **3** DIR. ***~ vorbestraft*** già punito per lo stesso reato **4** *(von Geschäften)* del ramo, del settore. **Ein|schlag|kraft** f. *(-,-kräfte)* forza *f.* di impatto. **Ein|schlag|pa|pier** n. *(-s,-e)* carta *f.* per incartare. **Ein|schlag|stel|le** f. *(-,-n)* punto *m.* di impatto.

ein‿schlei|chen *(schlich, geschlichen)* rifl. **sich ~ 1** insinuarsi, introdursi furtivamente (anche FIG.): ***der Dieb hat sich ins Haus eingeschlichen*** il ladro si è introdotto in casa; ***dieser Verdacht hat sich in seinen Kopf eingeschlichen*** questo sospetto si è insinuato nella sua mente **2** *(von Fehlern)* sfuggire, scappare.

ein‿schlei|fen *(schliff, geschliffen)* **I** tr. **1** incidere, intagliare **2** FIG. inculcare **3** *(schleifend einpassen)* smerigliare **II** rifl. **sich ~** diventare un'abitudine. **Ein|schlei|fung** f. *(-,-en)* **1** intaglio *m.*, incisione *f.* **2** smerigliatura *f.*

ein‿schlep|pen tr. **1** trascinare, rimorchiare (dentro) **2** *(von Seuchen)* importare.

ein‿schleu|sen I tr. immettere, introdurre clandestinamente **II** rifl. **sich ~** introdursi clandestinamente. **Ein|schleu|sung** f. *(-,-en)* introduzione *f.* clandestina.

ein‿schlie|ßen *(schloss, geschlossen)* **I** tr. **1** rinchiudere, chiudere dentro (*o* a chiave): ***die Gefangenen ~*** rinchiudere i prigionieri **2** circondare, cingere: ***eine Hecke schließt den Park ein*** una siepe circonda il parco; ***den Feind ~*** accerchiare il nemico **3** *(einbeziehen)* comprendere, includere **II** rifl. **sich ~** chiudersi: ***sich im Haus ~*** chiudersi in casa. **ein|schließ|lich I** prep. + gen. incluso, compreso, comprensivo di: ***~ aller Unkosten*** comprensivo di tutte le spese; ***der Preis ~ Transport*** il prezzo comprensivo di trasporto; ***aller Besitz ~ Büchern und Kunstwerken*** tutta la proprietà compresi libri e opere d'arte **II** avv. compreso, incluso: ***bis Seite 300 ~*** fino a pagina 300 compresa; ***~ Mehrwertsteuer*** I.V.A. compresa; ***bis 30. Mai ~*** fino al 30 maggio compreso.

ein‿schlum|mern intr. (aus. *sein*) **1** LETT. assopirsi **2** FIG. ***sanft ~*** spirare serenamente **3** COLLOQ. *(von Beziehungen)* raffreddarsi.

Ein|schlupf m. *(-[e]s,-e* e *-schlüpfe)* foro *m.* d'accesso.

Ein|schluss m. *(-es,-schlüsse)* **1** GEOL. intercluso *m.*, inclusione *f.* **2** inclusione *f.*: ***Großbritannien mit ~ der Kolonien*** la Gran Bretagna con inclusione delle colonie, comprese le colonie **3** *(von Gefangenen)* reclusione *f.* ◆ ***mit, unter ~*** compreso, incluso. **Ein|schluss|klam|mer** f. *(-,-n)* parentesi *f.*

ein‿schmei|cheln rifl. ***sich bei jdm ~*** accattivarsi (*o* procurarsi) le simpatie di qcn., ingraziarsi qcn. **ein|schmei|chelnd I** p.pres. agg. **1** → **einschmeicheln 2** insinuante **3** *(angenehm)* soave, carezzevole, dolce **II** avv. **1** in modo insinuante **2** soavemente, dolcemente. **Ein|schmei|che|lung** f. *(-,-en)* lusinga *f.* **Ein|schmeich|ler** m. *(-s,-)* lusingatore *m.*, adulatore *m.* **Ein|schmeich|lung** → **Einschmeichelung.**

ein‿schmei|ßen tr. *(schmiss, geschmissen)* **1** COLLOQ. fracassare **2** COLLOQ. *(von Tabletten)* buttare giù.

ein‿schmel|zen tr. *(schmolz, geschmolzen)* fondere, liquefare. **Ein|schmel|zung** f. *(-,-en)* fusione *f.*

ein‿schmie|ren tr. COLLOQ. **1** ungere **2** *(von Getrieben)* lubrificare, ingrassare, oliare **3** *(auftragen)* spalmare: ***jdn mit Creme ~*** spalmare qualcuno di crema **4** *(schmutzig machen)* sporcare, imbrattare, insudiciare.

ein‿schmug|geln I tr. *(Waren)* contrabbandare; *(Flüchtlinge)* introdurre clandestinamente **II** rifl. **sich ~** introdursi clandestinamente.

ein‿schnap|pen intr. (aus. *sein*) **1** chiudersi a scatto **2** COLLOQ. offendersi, risentirsi: ***bei, wegen einer Kleinigkeit ~*** offendersi per una sciocchezza.

ein‿schnei|den *(schnitt, geschnitten)* **I** tr. **1** incidere, intagliare: ***seinen Namen in die Baumrinde ~*** incidere il proprio nome nella corteccia **2** GASTR. aggiungere (in pezzi): ***eine Banane in den Obstsalat ~*** aggiungere una banana (a fette) nella macedonia; ***Dokumentaraufnahmen in den Film ~*** inserire nel film spezzoni di documentario **II** intr. (aus. *haben*) **1** tagliare, stringere: ***das Gummiband schneidet ins Bein ein*** la fascia elastica taglia (*o* stringe) la gamba **2a** FIG. incidere: ***diese Entscheidung schneidet tief in sein Leben ein*** questa decisione incide profondamente sulla sua vita **b** ***tief ins Herz ~*** toccare profondamente il cuore, sconvolgere l'animo **III** rifl. **sich ~** conficcarsi, penetrare. **ein|schnei|dend** p.pres. agg. **1** → **einschneiden 2** incisivo: ***eine -e Wirkung*** un effetto incisivo **3** *(entscheidend)* radicale, decisivo: ***eine -e Entscheidung*** una decisione radicale. **ein|schnei|dig** agg. a un solo taglio.

ein‿schnei|en intr. (aus. *sein*) **1** coprirsi di neve: ***das Haus ist eingeschneit*** la casa è coperta di neve **2** *(festgehalten werden)* essere (*o* rimanere) bloccati dalla, nella neve.

Ein|schnitt m. *(-[e]s,-e)* **1a** incisione *f.*, taglio *m.*: ***der Arzt machte einen kleinen ~*** il medico praticò una piccola incisione **b** FIG. *(Veränderung)* taglio *m.* netto, svolta *f.*: ***das war ein tiefer ~ in meinem Leben*** questo ha avuto una profonda influenza nella mia vita **2** *(Kerbe)* tacca *f.*; dentello *m.* **3** *(Zäsur)* cesura *f.* **4** *(Graben)* scavo *m.*, solco *m.*; incavo *m.* **5** *(Pause)* pausa *f.*

ein‿schnit|zen tr. intagliare.

ein‿schnü|ren I tr. **1** *(zusammenbinden)* legare (saldamente), allacciare **2a** stringere: ***der Gürtel schnürt mir die Taille ein*** la cintura mi stringe la vita **b** FIG. serrare, chiudere: ***die Angst schnürte ihr die Kehle ein*** la paura le chiuse la gola **II** rifl. **sich ~** ANT. stringersi nel corsetto. **Ein|schnü|rung** f. *(-,-en)* **1** allacciatura *f.* **2** *(Einengung)* restringimento *m.*

ein‿schrän|ken I tr. limitare, ridurre: ***jds Freiheit, Rechte ~*** limitare la libertà, i diritti di qcn.; ***die Ausgaben ~*** ridurre le spese; *(einengen)* ***jdn in etw. (D) ~*** limitare qcn. in qcs. **II** rifl. **sich ~** fare economia, limitarsi nelle spese. **Ein|schrän|kung** f. *(-,-en)* **1** limitazione *f.*, restrizione *f.* **2** *(Vorbehalt)* riserva *f.* **Ein|schrän|kungs|klau|sel** f. *(-,-n)* clausola *f.* restrittiva.

ein|schraub|bar agg. a vite, avvitabile. **ein‿schrau|ben** tr. avvitare.

Ein|schreib|brief, Ein|schrei|be|brief m. *(-[e]s,-e)* lettera *f.* raccomandata, raccomandata *f.* **Ein|schrei|be|ge|bühr** f. *(-,-en)* **1** tassa *f.* d'iscrizione **2** *(von Briefen)* affrancatura *f.* per raccomandata. **ein‿schrei|ben** *(schrieb, geschrieben)* **I** tr. **1a** scrivere: ***die Übung (in das Heft) ~*** scrivere l'esercizio sul quaderno **b** COMM. scrivere, registrare: ***Einnahmen und Ausgaben ~*** registrare le entrate e le uscite **2a** *(eintragen)* iscrivere: ***jdn an der Schule, in eine Liste ~*** iscrivere qcn. a scuola, in una lista **b** *(immatrikulieren)* immatricolare **II** rifl. **sich ~ 1** iscriversi; immatricolarsi **2** esercitarsi a scrivere su un argomento ◆ ***einen Brief ~ lassen*** fare una raccomandata. **Ein|schrei|ben** n. *(-s,-)* raccomandata *f.*: ***(einen Brief, ein Paket) per, als ~ schicken*** spedire (una lettera, un pacco) per raccomandata. **Ein|schrei|be|sen|dung, Ein|schreib|sen|dung** f. *(-,-en)* spedizione *f.* per raccomandata. **Ein|schrei|bung** f. *(-,-en)* **1** *(Eintragung)* iscrizione *f.*, registrazione *f.* **2** *(bei Versteigerungen)* offerta *f.* scritta.

ein‿schrei|ten intr. *(schritt, geschritten;* aus. *sein)* **1** intervenire, prendere provvedimenti: ***gegen jdn, etw. streng ~*** prendere severi provvedimenti contro qcn., qcs. **2** DIR. ***gegen jdn gerichtlich ~*** adire le vie legali contro qcn.

ein‿schrum|peln, ein‿schrump|fen intr. (aus. *sein*) **1** avvizzire; *(von Haut)* raggrinzire **2** FIG. assottigliarsi, ridursi. **Ein|schrump|fung** f. *(-,-en)* **1** avvizzimento *m.*; *(von Haut)* raggrinzimento *m.* **2** FIG. assottigliamento *m.*, riduzione *f.*, contrazione *f.*

Ein|schub m. *(-[e]s,-schübe)* **1** inserimento *m.*; *(Zusatz)* aggiunta *f.*; *(Interpolation)* interpolazione *f.* **2** EL. pannello *m.* da innesto **3** → **Einschubdecke. Ein|schub|de|cke** f. *(-,-n)* controsoffitto *m.*, controsoffittatura *f.*

ein‿schüch|tern tr. intimidire, intimorire. **Ein|schüch|te|rung** f. *(-,-en)* intimidazione *f.*

ein‿schu|len tr. ***ein Kind (mit 6 Jahren) ~*** mandare a scuola un bambino (a 6 anni). **Ein|schu|lung** f. *(-,-en)* il mandare a scuola, inserimento *m.* nella scuola, a scuola. **Ein|schu|lungs|al|ter** n. *(-s)* età *f.* scolare.

Ein|schuss m. *(-es,-schüsse)* **1a** penetrazione *f.* (del proiettile) **b** *(Eintrittsstelle)* foro *m.* di entrata (del proiettile) **2** inserimento *m.*: ***der ~ des Satelliten in die Erdumlaufbahn*** l'inserimento del satellite nell'orbita terrestre **3** SPORT tiro *m.* in porta **4** TESS. inserzione *f.* della trama **5** BANC. deposito *m.* a garanzia.

ein‿schüt|ten tr. versare (dentro): ***Wasser in einen Krug ~*** versare acqua in una brocca.

ein‿schwär|zen tr. **1** annerire **2** ANT. *(einschmuggeln)* contrabbandare.

ein‿schwat|zen, REGION. **ein‿schwät|zen** intr. (aus. *haben*) COLLOQ. ***auf jdn ~*** riempire la testa di chiacchiere a qcn., attaccare bottone a qcn.

ein‿schwei|ßen tr. **1** saldare **2a** *(verpacken und zuschweißen)* imballare e sigillare con termosaldatrice, termosigillare **b** *(in Cellophan® verpacken)* incellofanare.

ein‿schwen|ken I intr. (aus. *sein*) **1a** svoltare, girare: ***links, rechts ~*** svoltare a sinistra, a destra **b** FIG. ***auf einen neuen Kurs ~*** iniziare un nuovo corso **2** *(von Raumschiffen)* ***in die Umlaufbahn ~*** entrare in, nell'orbita **II** tr. girare (*o* orientare) verso l'interno.

ein‿schwö|ren *(schwor/schwur, geschworen)* **I** tr. ***jdn auf etw. (A) ~*** impegnare (*o* obbligare, vincolare) qcn. a qcs. **II** rifl. **sich ~** impegnarsi, vincolarsi.

ein‿seg|nen tr. **1** benedire **2** *(konfirmieren)* confermare, cresimare. **Ein|seg|nung** f. *(-,-en)* **1** benedizione *f.* **2** *(Konfirmation)* confermazione *f.*, cresima *f.*

ein|seh|bar agg. **1** visibile (da fuori): ***ein nicht einsehbarer Garten*** un giardino non visibile dall'esterno **2** *(zugänglich)* accessibile **3** *(verständlich)* comprensibile. **ein‿se|hen** tr. *(sieht, sah, gesehen)* **1** vedere (dentro o dall'alto): ***von hier kann man das Haus nicht ~*** da qui non si può vedere la casa dentro **2** *(nachlesen)* vedere, esaminare, prendere in visione: ***die Akten, die Post ~*** esaminare gli atti, la posta **3** *(erkennen)* riconoscere, ammettere: ***seinen Fehler ~*** riconoscere il proprio errore **4** *(begreifen)* capire, vedere: ***ich sehe nicht ein, warum ich es tun sollte*** non vedo perché dovrei farlo. **Ein|se|hen, (k)ein ~ haben** (non) essere comprensivo.

ein‿sei|fen tr. **1** insaponare **2** COLLOQ. *(betrügen)* fregare, infinocchiare. **Ein|seif|pin|sel** m. *(-s,-)* pennello *m.* da barba.

ein|sei|tig I agg. **1** di un solo lato; ***-e Kopfschmerzen*** emicrania **2a** *(für einen Teil verbindlich)* unilaterale: ***eine -e Erklärung*** una dichiarazione unilaterale **b** *(parteiisch)* parziale, unilaterale: ***eine -e Beurteilung*** un giudizio unilaterale **3** *(beschränkt)* limitato, ristretto, unilaterale: ***eine -e Ausbildung*** una formazione unilaterale **4** TECN. unidirezionale **II** avv. **1** da una parte, da un lato: ***~ gelähmt*** paralizzato da una parte; ***der Stoff ist ~ gemustert*** la stoffa è stampata su un lato solo **2a** unilateralmente: ***einen Vertrag ~ brechen*** rompere un contratto unilateralmente **b** *(parteiisch)* in modo unilaterale (*o* parziale): ***etw. ~ berichten*** riferire qcs. in modo parziale **3** ***~ begabt sein*** essere portato per una cosa specifica. **Ein|sei|tig|keit** f. *(-,-en)* **1** unilateralità *f.* **2** *(Beschränktheit)* limitatezza *f.*, ristrettezza *f.* di vedute **3** *(Parteilichkeit)* parzialità *f.*

ein‿sen|den tr. *(sandte/sendete, gesandt/gesendet)* mandare, inviare, BUROCR. inoltrare. **Ein|sen|der** m. *(-s,-)* **1** chi invia, chi manda (una lettera, un articolo, un documento...) **2** *(Absender)* mittente *m.* **Ein|sen|de|schluss** m. *(-es)* termine *m.* ultimo di invio. **Ein|sen|de|ter|min** m. *(-s,-e)* termine *m.* d'invio. **Ein|sen|dung** f. *(-,-en)* **1** invio *m.*, spedizione *f.*, BUROCR. inoltro *m.* **2** *(Brief)* lettera *f.*; *(Postkarte)* cartolina *f.* (postale): ***zur Lösung des Rätsels sind viele -en bei der Redaktion eingelaufen*** per la soluzione dell'indovinello sono arrivate molte lettere e cartoline (*o* è arrivata molta posta) in redazione.

ein‿sen|ken I tr. affondare, interrare; *(einen Pfahl)* piantare **II** rifl. ***sich ins Gedächtnis, in die Seele ~*** restare impresso nella memoria, rimanere nell'anima. **Ein|sen|kung** f. *(-,-en)* **1** affondamento *m.* **2** *(Vertiefung)* avvallamento *m.*, cedimento *m.* (del terreno) **3** MECC. svasatura *f.*

Ein|ser m. *(-s,-)* COLLOQ. **1** uno *m.* **2** *(Zeugnisnote)* ottimo *m.*

ein‿set|zen I tr. **1** mettere (dentro), inserire, introdurre: ***einen Filter ~*** mettere un filtro; ***neue Fensterscheiben ~*** mettere (*o* montare) nuovi vetri alla finestra **2** *(einpflanzen)* piantare: ***Bäume ~*** piantare alberi **3** applicare, mettere: ***Ärmel, Flicken in etw. (A) ~*** applicare maniche, toppe a qcs. **4** *(beim Kartenspiel)* mettere giù, giocare: ***die Dame, den König ~*** giocare la donna, il re **5a** *(ernennen)* designare (come), nominare, DIR. istituire: ***den neuen Bürgermeister ~*** designare il nuovo sindaco; ***jdn als, zum Erben, Richter ~*** istituire (*o* costituire) qcn. erede, nominare qcn. giudice; ***einen Ausschuss ~*** nominare una commissione **b** *(in eine Position setzen)* insediare, porre: ***jdn in ein Amt ~*** insediare qcn. in una carica; ***jdn in seine Rechte wieder ~*** reintegrare qcn. nei suoi diritti **6a** *(verwenden)* impiegare, utilizzare, usare: ***Maschinen, Truppen ~*** impiegare macchine, truppe **b** FIG. impiegare, impegnare: ***seine ganzen Kräfte (für etw.) ~*** impiegare tutte le proprie forze (per qcs.) **7a** *(beim Spiel)* puntare, giocare **b** FIG. mettere in gioco, giocarsi **II** intr. (aus. *haben*) **1** (in)cominciare, iniziare: ***die Kälte hat eingesetzt*** è cominciato il freddo **2** MUS. attaccare **III** rifl. **sich ~ 1** ***sich (für etw.) ~*** impegnarsi (per qcs., a favore di qcs.) **2** ***sich für jdn ~*** intercedere per qcn., appoggiare qcn. ◆ ***etw. als, zum Pfand ~*** dare in pegno qcs.; ***Sonderzüge ~*** mettere (*o* fare ricorso a) treni speciali. **Ein|set|zung** f. *(-,-en)* **1** il mettere (dentro), inserimento *m.*, introduzione *f.*; *(Einbau)* montaggio *m.* **2a** *(Ernennung)* nomina *f.*, designazione *f.*; *(von Erben)* istituzione *f.* **b** *(in ein Amt)* insediamento *m.* **3** *(Verwendung)* uso *m.*, impiego *m.*

Ein|sicht f. *(-,-en)* **1** vista *f.*, visuale *f.*: ***die ~ auf etw. (A) versperren*** impedire la vista su qcs. **2** *(Nachlesen)* visione *f.*, esame *m.*: ***~ in etw. (A) nehmen*** prendere qcs. in visione; ***jdm ~ in etw. (A) gewähren*** permettere a qcn. di prendere visione di qcs. **3** *(Erkenntnis)* conoscenza *f.*: ***neue -en gewinnen*** acquistare nuove conoscenze

4 *(Vernunft)* giudizio *m.*, ragione *f.*: ***jdn zur ~ bringen*** portare qcn. alla ragione 5 *(Verständnis)* comprensione *f.*: ***zur ~ kommen, dass...*** comprendere (*o* convincersi) che...; ***haben Sie doch ~!*** abbiate comprensione! **ein|sich|tig I** agg. 1 comprensivo: ***ein -er Lehrer*** un insegnante comprensivo 2 *(vernünftig)* ragionevole, giudizioso, sensato: ***sich ~ zeigen*** mostrarsi ragionevole 3 *(verständlich)* comprensibile: ***es ist leicht ~, dass...*** è facilmente comprensibile che... **II** avv. 1 ragionevolmente, giudiziosamente 2 *(verständlich)* comprensibilmente. **Ein|sicht|nah|me** f. *(-,-n)* BUROCR. (presa *f.* in) visione *f.* **ein|sichts|fä|hig** agg. comprensivo, capace di comprendere. **ein|sichts|los** agg. privo di (*o* senza) comprensione. **ein|sichts|voll** agg. comprensivo, pieno di comprensione.

ein‿si|ckern intr. (aus. *sein*) infiltrarsi (anche FIG.). **Ein|si|cke|rung** f. *(-,-en)* infiltrazione *f.* (anche FIG.).

Ein|sie|de|lei f. *(-,-en)* eremo *m.*, eremitaggio *m.* **Ein|sied|ler** m. *(-s,-)* eremita *m.* **ein|sied|le|risch** agg. eremitico. **Ein|sied|ler|krebs** m. *(-es,-e)* ZOOL. eremita *m.*, bernardo *m.* l'eremita, paguro *m.* bernardo.

ein‿sie|geln tr. chiudere con un sigillo, sigillare.

Ein|sil|ber → **Einsilbler. ein|sil|big I** agg. 1 monosillabo, monosillabico 2 FIG. ***eine -e Antwort, Person*** una risposta laconica, una persona che parla a monosillabi (*o* di poche parole) **II** avv. a monosillabi: ***~ antworten, sprechen*** rispondere, parlare a monosillabi. **Ein|sil|big|keit** f. *(-,-en)* 1 monosillabicità *f.* 2 FIG. laconicità *f.* **Ein|silb|ler** m. *(-s,-)* monosillabo *m.*

ein‿sin|gen *(sang, gesungen)* **I** tr. 1 ***den Frühling ~*** annunciare la primavera col canto 2 RAR. ***ein Kind ~*** addormentare un bimbo col canto **II** rifl. **sich ~** scaldare la voce.

ein‿sin|ken intr. *(sank, gesunken;* aus. *sein)* 1 ***in etw. (D) ~*** affondare, sprofondare in qcs. 2 *(sich vertiefen)* infossarsi, affossarsi (anche FIG.): ***der Boden sinkt an dieser Stelle ein*** il terreno si affossa in questo punto 3a *(einfallen)* crollare: ***das Dach war fast völlig eingesunken*** il tetto era quasi completamente crollato **b** ***jdm sinken die Knie ein*** a qcn. cedono le ginocchia.

ein‿sit|zen *(saß, gesessen)* **I** tr. sformare (a forza di sedersi) **II** intr. (aus. *haben*) DIR. essere detenuto **III** rifl. **sich ~** sformarsi. **Ein|sit|zen|de** m. e f. *(-n,-n)* detenuto *m.* (-a *f.*).

Ein|sit|zer m. *(-s,-)* monoposto *m.* e *f.* **ein|sit|zig** agg. monoposto.

ein‿sor|tie|ren tr. assortire; ordinare, dividere (secondo criteri particolari): ***die Wäsche in den Schrank ~*** riordinare (*o* mettere a posto) la biancheria nell'armadio.

ein|spal|tig agg. a una colonna.

ein‿span|nen tr. 1 *(Zugtiere)* attaccare 2 mettere (tendendo): ***einen Film (in die Kamera) ~*** mettere una pellicola (nella macchina fotografica); ***die Saiten in den Tennisschläger ~*** mettere le corde alla racchetta da tennis; ***die Hose ~*** appendere i pantaloni a una gruccia (estensibile) 3 MECC. serrare, bloccare, montare 4 COLLOQ. *(arbeiten lassen)* mettere sotto, far lavorare, impegnare: ***jdn für sich ~*** far lavorare qcn. per sé; ***sich (für fremde Ziele) ~ lassen*** farsi, lasciarsi aggiogare (per scopi altrui). **Ein|spän|ner** m. *(-s,-)* 1 carrozza *f.* a un cavallo, calesse *m.* 2 *(verschlossener Mensch)* eremita *m.*, orso *m.* 3 *(Junggeselle)* scapolone *m.* 4 AUSTR. INTRAD. (bicchiere di caffè nero con panna). **ein|spän|nig I** agg. a un cavallo **II** avv. COLLOQ. SCHERZ. da scapolone.

ein‿spa|ren tr. ***etw.*** ~ risparmiare (*o* limitare) qcs., fare economia di qcs.: ***Energie, Posten ~*** risparmiare energia, limitare i posti di lavoro. **Ein|spa|rung** f. *(-,-en)* risparmio *m.*, economia *f.*

ein‿spei|cheln tr. insalivare.

ein‿spei|chern tr. immagazzinare. **Ein|spei|che|rung** f. *(-,-en)* immagazzinamento *m.*, immagazzinaggio *m.*

ein‿spei|sen tr. 1 TECN. *(Strom, Wasser)* immettere 2 INFORM. inserire, immettere. **Ein|spei|sung** f. *(-,-en)* immissione *f.*

ein‿sper|ren tr. 1 (rin)chiudere 2 COLLOQ. *(ins Gefängnis)* rinchiudere, mettere in galera.

ein‿spie|len I tr. 1 ***einen Tennisschläger, eine Gitarre ~*** provare una racchetta (da tennis), accordare una chitarra 2 SPORT ***eine Mannschaft ~*** preparare una squadra 3 *(auf Schallplatten aufnehmen)* incidere (su disco) 4 *(einblenden)* inserire 5 CINEM. recuperare, pareggiare, ammortizzare: ***der Film hat die horrenden Produktionskosten nicht eingespielt*** gli incassi del film non hanno coperto gli enormi costi di produzione **II** rifl. **sich ~** 1 MUS. TEATR. provare, imparare; ***sich in eine Rolle ~*** entrare bene in una parte, imparare bene una parte 2 SPORT prepararsi, allenarsi (giocando) 3 *(gut funktionieren)* assestarsi, funzionare (bene): ***nach anfänglichen Schwierigkeiten hat sich das neue Arbeitsverfahren eingespielt*** dopo le difficoltà iniziali il nuovo metodo di lavorazione si è assestato 4 TECN. stabilizzarsi, attestarsi ◆ ***sich aufeinander ~*** affiatarsi.

ein‿spin|nen rifl. *(spann, gesponnen)* **sich ~** 1 imbozzolarsi 2 FIG. imbozzolarsi, chiudersi: ***sich in seine Träumereien ~*** chiudersi nei propri sogni.

Ein|spra|che f. *(-,-n)* AUSTR. SVIZZ. → **Einspruch.**

ein|spra|chig agg. monolingue.

ein‿spre|chen *(spricht, sprach, gesprochen)* **I** tr. incidere, registrare: ***ein Hörspiel ~*** registrare un radiodramma **II** intr. (aus. *haben*) 1 ***auf jdn ~*** parlare con insistenza a qcn., riempire la testa di chiacchiere a qcn. 2 ANT. ***bei jdm ~*** far visita a qcn., passare da qcn. 3 ANT. ***gegen etw. ~*** obiettare su qcs., contestare qcs.

ein‿spren|gen tr. 1 spruzzare d'acqua, inumidire 2 *(begießen)* annaffiare 3 ***ein Loch in den Felsen ~*** fare un buco nella roccia con l'esplosivo 4 RAR. sfondare: ***die Tür ~*** sfondare la porta. **Ein|spreng|sel** n. *(-s,-)* 1 MINER. inclusione *f.* 2 FIG. inserto *m.*, inserzione *f.*

ein‿sprin|gen *(sprang, gesprungen)* **I** intr. (aus. *sein*) 1 ***für jdn ~*** subentrare al posto di qcn., sostituire qcn.: ***für den plötzlich erkrankten Hauptdarsteller ~*** sostituire l'interprete principale ammalatosi improvvisamente 2 ***für jdn mit etw. ~*** intervenire con qcs. in aiuto di qcn.: ***mit einem Kredit ~*** venire in aiuto con un credito 3 GINN. iniziare un esercizio (saltando, con un salto) 4 *(von Verschlüssen)* scattare 5 *(nach innen springen)* fare una rientranza: ***die Wand springt hier ein*** qui la parete fa una rientranza **II** rifl. **sich ~** SPORT allenarsi (nel salto): ***sich auf der neuen Schanze ~*** allenarsi sul nuovo trampolino, provare il nuovo trampolino.

Ein|spritz|dü|se f. *(-,-n)* iniettore *m.* **ein‿sprit|zen** tr. 1 iniettare 2 *(anfeuchten)* inumidire. **Ein|sprit|zer** m. *(-s,-)* iniettore *m.* **Ein|spritz|mo|tor** m. *(-s,-en)* motore *m.* a iniezione. **Ein|spritz|pum|pe** *(-,-n)* pompa *f.* d'iniezione. **Ein|sprit|zung** f. *(-,-en)* iniezione *f.*

Ein|spruch m. *(-[e]s,-sprüche)* 1 obiezione *f.*, reclamo *m.*: ***einen ~ erheben, abweisen*** sollevare (*o* muovere), respingere un'obiezione; ***einem ~ stattgeben*** accogliere un'obiezione 2 *(Veto)* veto *m.*: ***gegen etw. ~ erheben*** opporre il veto contro qcs. 3 DIR. ricorso *m.*: ***gegen etw. ~ einlegen*** fare ricorso contro qcs. **Ein|spruchs|frist** f. *(-,-en)* termine *m.* per la presentazione di, del ricorso. **Ein|spruchs|recht** n. *(-[e]s,-e)* 1 diritto *m.* a presentare ricorso, diritto *m.* d'appello 2 *(Vetorecht)* diritto *m.* di veto.

ein‿sprü|hen tr. spruzzare.

ein|spu|rig I agg. 1 a binario unico 2 *(von Straßen)* a corsia unica, a una sola corsia **II** avv. su una sola corsia: ***die Straße ist nur ~ befahrbar*** la strada è percorribile su una sola corsia.

Eins|sein n. *(-s)* LETT. piena unione *f.*, comunione *f.*

einst avv. 1 un tempo, una volta 2 *(künftig)* in futuro, un giorno. **Einst** n. *(-)* passato *m.*: ***das ~ und das Jetzt*** il passato e il presente.

ein‿stamp|fen tr. 1 stipare: ***das Kraut in den Bottich ~*** stipare i crauti nel barile 2 *(Papier)* macerare: ***~ lassen*** mandare al macero. **Ein|stamp|fung** f. *(-,-en)* pigiatura *f.* 2 *(von Papier)* macero *m.*

Ein|stand m. *(-[e]s,-stände)* 1 entrata *f.* in servizio 2 SPORT debutto *m.*, esordio *m.* (sportivo) 3 *(beim Tennis)* parità *f.* ◆ ***seinen ~ geben*** = festeggiare la propria entrata in servizio con una bicchierata. **Ein|stands|preis** m. *(-es,-e)* prezzo *m.* d'acquisto ◆ ***unter ~ verkaufen*** vendere al di sotto del prezzo d'acquisto. **Ein|stands|recht** n. *(-[e]s)* diritto *m.* di prelazione.

ein‿stan|zen tr. imprimere.

ein‿sta|peln tr. immagazzinare.

ein‿stau|ben tr. 1 impolverare, coprire di polvere 2 AUSTR. *(einstäuben)* cospargere, spolverare. **ein‿stäu|ben I** tr. 1 cospargere, spolverare: ***den Kuchen mit Puderzucker ~*** cospargere il dolce di, con zucchero a velo; ***die Haut mit Puder ~*** cospargere la pelle di talco 2 *(einsprühen)* spruzzare **II** rifl. ***sich mit etw. ~*** mettersi (*o* darsi) qcs.: ***sich mit Parfüm, Puder ~*** mettersi del profumo (*o* profumarsi), darsi la cipria (*o* incipriarsi).

ein‿ste|chen *(sticht, stach, gestochen)* **I** tr. 1 infilare: ***die Nadel in die Vene ~*** infilare l'ago nella vena 2a pungere, bucherellare: ***den Teig mit der Gabel ~*** bucherellare l'impasto con la forchetta **b** ***ein Loch in etw. (A) ~*** fare un foro in qcs. **II** intr. (aus. *haben*) 1 ***mit etw. in etw. (A) ~*** infilare, conficcare qcs. in qcs.: ***mit dem Spaten in den Erdboden ~*** conficcare la vanga nel terreno; ***mit der Gabel in die Kartoffeln ~*** infilare la forchetta nelle patate 2 ***auf jdn ~*** ferire, trafiggere qcn. 3 GIOC. fare briscola.

ein‿ste|cken tr. 1a infilare, inserire, introdurre: ***die Münzen in die Parkuhr ~*** introdurre le monete nel parchimetro; ***den Schlüssel ~*** infilare la chiave; ***den Stecker (in die Dose) ~*** inserire la spina (nella presa) **b** *(Post)* imbucare **c** *(Schwerte)* rinfoderare, inguainare 2 prendere, portare con sé: ***das Geld, das erforderliche Material ~*** prendere il denaro, portare con sé il materiale necessario 3 SPREG. intascare: ***den Gewinn eines Unternehmens ~*** intascare gli utili di un'impresa 4 COLLOQ. *(hinunterschlucken)* ingoiare, incassare:

Beleidigungen, Demütigungen **~** incassare offese, umiliazioni **5** COLLOQ. *(mühelos übertreffen)* bruciare: ***seine Gegner*** **~** bruciare i concorrenti **6** COLLOQ. *(ins Gefängnis bringen)* mettere dentro.
Ein|steck|kamm m. *(-[e]s,-kämme)* pettinino *m.* **Ein|steck|tuch** n. *(-[e]s,-tücher)* fazzoletto *m.* da taschino.
ein‿ste|hen intr. *(stand, gestanden; aus. haben)* **1** farsi garante, garantire: ***für jdn*** **~** garantire per qcn. **2** *(aufkommen)* rispondere: ***für den Schaden*** **~** rispondere del danno.
ein‿steh|len rifl. *(stiehlt, stahl, gestohlen)* **sich ~** RAR. entrare furtivamente, introdursi.
ein‿stei|gen intr. *(stieg, gestiegen; aus. sein)* **1** salire: ***in den Zug*** **~** salire sul, in treno; ***an einer Haltestelle*** **~** salire a una fermata **2** entrare: ***in die Politik, in ein Projekt*** **~** entrare in politica, entrare in (*o* partecipare a) un progetto **3** entrare furtivamente: ***in ein Haus*** **~** entrare furtivamente in una casa (per rubare) **4** SPORT attaccare ◆ ***in eine Felswand*** **~** iniziare la scalata di, attaccare una parete rocciosa. **Ein|stei|ger** m. *(-s,-)* COLLOQ. esordiente *m.*
Ein|stei|ni|um n. *(-s)* CHIM. einstenio *m.*
ein|stell|bar agg. regolabile. **ein‿stel|len I** tr. **1a** riporre, mettere, collocare: ***die Gläser in den Schrank*** **~** riporre (*o* mettere) i bicchieri nell'armadio **b** ***das Auto bei Freunden*** **~** lasciare l'auto da amici **2** *(anstellen)* assumere **3a** *(regulieren)* regolare, mettere a punto: ***den Plattenspieler leiser, lauter*** **~** abbassare, alzare il volume del giradischi; ***die Temperatur höher, niedriger*** **~** alzare, abbassare la temperatura **b** sintonizzare: ***das Radio auf einen Sender*** **~** sintonizzare la radio su un canale **4** TECN. mettere in fase: ***die Zündung*** **~** mettere in fase l'accensione **5** FOT. mettere a fuoco: ***die Entfernung*** **~** mettere a fuoco la distanza **6** *(aufhören)* interrompere, sospendere, cessare: ***den Betrieb*** **~** sospendere l'attività; ***das Feuer, die Arbeit*** **~** cessare il fuoco, interrompere il lavoro **7** DIR. archiviare: ***ein Verfahren*** **~** archiviare un processo **8** SPORT impostare: ***die Mannschaft auf Defensive*** **~** dare alla squadra un'impostazione difensiva **9** BUROCR. *(in Anschlag bringen)* calcolare, computare **10** SVIZZ. DIR. *(aberkennen)* privare: ***jdn in den bürgerlichen Rechten*** **~** privare qcn. dei diritti civili **11** SVIZZ. sospendere: ***jdn im Dienst*** **~** sospendere qcn. dal servizio **12** SPORT ***einen Rekord*** **~** uguagliare un record **II** rifl. **sich ~ 1** LETT. giungere, presentarsi: ***er stellt sich pünktlich bei der Arbeit ein*** si presenta puntuale al lavoro; ***endlich stellte sich der Frühling ein*** infine giunse la primavera **2** LETT. *(eintreten)* subentrare, insorgere: ***abends hatte sich Fieber eingestellt*** di sera era subentrata la febbre; ***der Verdacht stellte sich bei ihm ein*** insorse in lui il sospetto **3** *(sich vorbereiten)* ***sich auf etw. (A)*** **~** prepararsi a qcs. **4** *(sich anpassen)* ***sich auf jdn, etw.*** **~** adattarsi a qcn., a qcs. **Ein|stel|len** n. *(-s)* **1** collocazione *f.* **2** *(Abstellung)* deposito *m.* **3** *(Anstellung)* assunzione *f.* **4a** *(Regulierung)* regolazione *f.*, messa *f.* a punto **b** TECN. registrazione *f.*: ***das ~ des Verteilers*** la registrazione dello spinterogeno **5** FOT. messa *f.* a fuoco **6a** *(Unterbrechung)* interruzione *f.*, sospensione *f.* **b** *(Beendigung)* cessazione *f.*
ein|stel|lig agg. a una sola cifra.
Ein|stell|knopf m. *(-[e]s,-knöpfe)* bottone *m.* (*o* manopola *f.*) di regolazione. **Ein|stell|platz** m. *(-es,-plätze)* posto *m.* in parcheggio; *(für Autos)* posto *m.* auto, posto *m.* macchina. **Ein|stell|schrau|be** f. *(-,-n)* vite *f.* per la regolazione. **Ein|stell|ska|la** f. *(-,-skalen* e *-s)* RAD. scala *f.* di sintonizzazione.
Ein|stel|lung f. *(-,-en)* **1** → **Einstellen 2** DIR. archiviazione *f.*: ***die ~ eines Verfahrens*** l'archiviazione di un processo **3a** *(Meinung)* opinione *f.*: ***er hat eine falsche ~ ihm gegenüber*** ha un'opinione sbagliata di lui **b** *(Ansicht)* posizione *f.*, idea *f.*: ***jds politische ~ akzeptieren*** accettare la posizione politica di qcn. **4** *(Haltung)* atteggiamento *m.*, modo *m.* di vedere: ***eine kritische ~ zur Gesellschaft haben*** avere un atteggiamento critico nei confronti della società **5** CINEM. inquadratura *f.*, piano *m.*, campo *m.*: ***lange, kurze*** **~** campo lungo, primo piano. **Ein|stel|lungs|be|schluss** m. *(-es,-beschlüsse)* ordine *m.* di non luogo a procedere. **Ein|stel|lungs|ge|spräch** n. *(-[e]s,-e)* colloquio *m.* per l'assunzione. **Ein|stel|lungs|sper|re** f. *(-,-n)*, **Ein|stel|lungs|stopp** m. *(-s,-s)* blocco *m.* delle assunzioni. **Ein|stel|lungs|ter|min** m. *(-s,-e)* data *f.* di assunzione. **Ein|stell|vor|rich|tung** f. *(-,-en)* dispositivo *m.* di regolazione. **Ein|stell|win|kel** m. *(-s,-)* angolo *m.* di registrazione.
ein‿stem|men tr. **1** puntare, appoggiare: ***die Arme*** **~** appoggiare (*o* mettere) le mani sui fianchi **2** *(mit dem Stemmeisen arbeiten)* scalpellare.
eins|tens avv. ANT. → **einst.**
Ein|stich m. *(-[e]s,-e)* puntura *f.*
ein‿sti|cken tr. ricamare.
Ein|stieg m. *(-[e]s,-e)* **1a** salita *f.* **b** *(in öffentlichen Fahrzeugen)* entrata *f.*, salita *f.* **2a** *(Zugang)* accesso *m.*: ***der ~ in diesen Beruf ist schwierig*** l'accesso a questa professione è difficile **b** ***der ~ in ein Thema*** l'approccio a una tematica **3** ALP. attacco *m.*: ***der ~ in die Wand*** l'attacco della parete. **Ein|stieg|lu|ke** f. *(-,-n)* AER. portellone *m.* d'accesso.
Ein|stiegs|dro|ge f. *(-,-n)* droga *f.* leggera.
eins|tig agg. di un tempo, passato, ex.
ein‿stim|men I tr. **1** accordare: ***Instrumente*** **~** accordare strumenti **2** *(innerlich vorbereiten)* ***jdn auf etw.*** **~** preparare (psicologicamente) qcn. a qcs., far entrare qcn. nello spirito di qcs. **II** intr. (aus. *haben*) **1** *(sich beteiligen)* unirsi, prendere parte (a): ***in den Beifall, in den Gesang*** **~** unirsi all'applauso, al canto **2** ANT. aderire (a): ***in einen Plan*** **~** aderire a un progetto **III** rifl. ***sich auf etw. (A)*** **~** prepararsi (psicologicamente) a qcs., entrare nello spirito di qcs.
1.ein|stim|mig I agg. per una sola voce, monodico: ***-es Lied*** canto monodico **II** avv. all'unisono: ***~ singen*** cantare all'unisono.
2.ein|stim|mig I agg. unanime: ***ein -er Beschluss*** una decisione unanime **II** avv. di comune accordo, all'unanimità: ***jdn ~ wählen*** eleggere qcn. all'unanimità.
1.Ein|stim|mig|keit f. *(-)* MUS. unisono *m.*
2.Ein|stim|mig|keit f. *(-)* unanimità *f.*
Ein|stim|mung f. *(-,-en)* **1** MUS. accordatura *f.* **2** *(geistige Vorbereitung)* disposizione *f.* d'animo.
ein‿stip|pen tr. REGION. inzuppare, intingere: ***die Keks in die Milch*** **~** intingere i biscotti nel latte.
einst|ma|lig agg. RAR. → **einstig. einst|mals** avv. LETT. ANT. → **einst.**
ein|stö|ckig agg. a, di un piano.
ein‿stöp|seln tr. **1** inserire, mettere: ***den Korken*** **~** mettere il turacciolo **2** EL. TEL. attaccare, collegare: ***das Telefon*** **~** attaccare il telefono.
ein‿sto|ßen *(stößt, stieß, gestoßen)* **I** tr. **1** *(einrammen)* conficcare **2** *(zertrümmern)* sfondare, fracassare: ***den Gartenzaun mit dem Auto*** **~** sfondare il recinto del giardino con la macchina **II** rifl. **sich ~ 1** SPORT allenarsi al lancio del peso **2** ***sich (D) die Zähne*** **~** spaccarsi (*o* rompersi) i denti.
ein‿strah|len tr. irradiare. **Ein|strah|lung** f. *(-,-en)* irradiazione *f.*
ein‿strei|chen tr. *(strich, gestrichen)* **1** ***das Plakat mit Kleber*** **~** stendere la colla sul manifesto **2** verniciare, tinteggiare: ***die Wände weiß*** **~** tinteggiare le pareti di bianco **3** SPREG. intascare: ***er strich den ganzen Gewinn ein*** intascò l'intero guadagno **4** TEATR. *(durch Streichungen kürzen)* tagliare, accorciare ◆ ***unverdienten Ruhm*** **~** godere un'immeritata fama.
Ein|streu f. *(-)* lettiera *f.*, strame *m.* **ein‿streu|en** tr. **1** cospargere: ***den Kuchen mit Zucker*** **~** cospargere il dolce di zucchero **2** *(streuen)* spargere: ***Heu in den Stall*** **~** spargere fieno nella stalla **3** *(hier und da einfügen)* inserire, intramezzare: ***einige Beispiele in seine Rede*** **~** inserire alcuni esempi nel proprio discorso.
ein‿stri|cken tr. ***ein Muster, Goldfäden*** **~** lavorare un disegno a maglia, inserire fili dorati nel lavoro a maglia.
ein‿strö|men intr. (aus. *sein*) **1a** entrare, penetrare: ***bei der Überschwemmung strömte Wasser in den Keller ein*** durante l'alluvione l'acqua entrò in cantina **b** FIG. ***etw. strömt in jdn ein*** qcn. è pervaso da qcs.: ***Ruhe strömte in ihn ein*** fu pervaso dalla calma **2** *(hineingehen)* affluire.
ein‿stu|die|ren tr. **1** ***eine Rolle*** **~** studiare una parte, appropriarsi di una parte **2** provare: ***ein Ballett*** **~** provare un balletto. **ein|stu|diert** p.pass. agg. **1** → **einstudieren 2** studiato: ***-e Gesten, Bewegungen*** gesti, movimenti studiati. **Ein|stu|die|rung** f. *(-,-en)* **1** studio *m.*, preparazione *f.* **2** *(Inszenierung)* messa *f.* in scena, allestimento *m.*
ein‿stu|fen tr. **1** classificare: ***die Waren in Güteklassen*** **~** classificare le merci secondo la qualità; ***in die höchste Besoldungsgruppe eingestuft werden*** essere inquadrato nel livello retributivo più alto **2** SCOL. valutare. **ein|stu|fig** agg. monostadio, a uno stadio. **Ein|stu|fung** f. *(-,-en)* **1** classificazione *f.*: ***eine ~ vornehmen*** operare una classificazione **2** SCOL. valutazione *f.*
ein‿stül|pen I tr. ripiegare (in dentro) **II** rifl. **sich ~ 1** ripiegarsi (in dentro) **2** MED. invaginarsi.
ein|stün|dig agg. (della durata) di un'ora.
ein‿stür|men intr. (aus. *sein*) ***auf jdn (mit etw.)*** **~** lanciarsi, precipitarsi su qcn., gettarsi addosso a qcn. (con qcs.) ◆ FIG. ***mit Fragen auf jdn*** **~** subissare qcn. di domande.
Ein|sturz m. *(-es,-stürze)* crollo *m.* **ein‿stür|zen I** tr. demolire, abbattere **II** intr. (aus. *sein*) **1** crollare: ***die Mauer stürzt ein*** il muro crolla **2** FIG. assalire: ***peinliche Erinnerungen stürzten auf ihn ein*** ricordi penosi lo assalirono ◆ ***eine Welt stürzt für jdn ein*** a qcn. crolla il mondo addosso. **Ein|sturz|ge|fahr** f. *(-)* pericolo *m.* di crollo.
einst|wei|len avv. **1** *(vorläufig)* temporaneamente, per il momento,

per ora **2** *(inzwischen)* intanto, frattanto, nel frattempo. **einst|wei|lig** agg. BUROCR. temporaneo, provvisorio: ***eine -e Anordnung*** un provvedimento provvisorio ◆ ***eine -e Verfügung*** un provvedimento d'urgenza; ***-er Wartestand*** aspettativa.

Eins|wer|den n. *(-s)*, **Eins|wer|dung** f. *(-)* il diventare tutt'uno, unione *f.*, unificazione *f.*

ein|tä|gig I agg. di un giorno, di una giornata **II** avv. per un giorno. **Ein|tags|fie|ber** n. *(-s)* febbre *f.* effimera. **Ein|tags|flie|ge** f. *(-,-n)* **1** ENTOM. effimera *f.* **2** COLLOQ. FIG. = cosa *f.* (*o* faccenda *f.*) di breve durata.

ein_tan|zen rifl. **sich ~** esercitarsi nel ballo. **Ein|tän|zer** m. *(-s,-)* gigolò *m.*

ein_tas|ten TECN. **I** tr. **1** immettere, inviare (battendo su una tastiera o premendo un pulsante) **2** *(durch Tastendruck einschalten)* accendere **II** rifl. **sich ~ 1** *(von Nummern)* comporsi automaticamente **2** *(Inbetriebsetzung)* mettersi in funzione automaticamente.

ein_tä|to|wie|ren tr. tatuare. **Ein|tä|to|wie|rung** f. *(-,-en)* tatuaggio *m.*

ein_tau|chen I tr. **1** immergere: ***die Füße in warmes Wasser ~*** immergere i piedi nell'acqua calda **2** intingere: ***den Pinsel (in die Farbe) ~*** intingere il pennello (nel colore) **3** inzuppare: ***das Hörnchen in den Milchkaffee ~*** inzuppare il cornetto nel caffellatte **II** intr. (aus. *sein*) immergersi.

Ein|tausch m. *(-[e]s)* cambio *m.*, baratto *m.* **ein_tau|schen** tr. scambiare, dare in cambio, barattare: ***Eier gegen, für Brot ~*** barattare uova con pane, dare uova in cambio di pane.

ein|tau|send agg.inv. mille.

ein_ta|xie|ren tr. valutare, giudicare.

ein_tei|len I tr. **1** dividere, suddividere: ***die Stadt in Wahlbezirke ~*** dividere la città in circoscrizioni elettorali **2** *(klassifizieren)* classificare, ordinare: ***Pflanzen in, nach Gattungen ~*** classificare le piante in, secondo generi **3** *(disponieren)* distribuire, ripartire: ***sein Geld, seine Zeit gut ~*** ripartire bene il proprio denaro, distribuire bene il proprio tempo **4** *(zuweisen)* assegnare, destinare: ***jdn für die, zur Nachtschicht ~*** assegnare qcn. al servizio di notte **II** rifl. ***sich (D) etw. ~*** suddividersi, ripartirsi, organizzarsi qcs. ◆ INDUSTR. ***zeitlich ~*** tempificare. **ein|tei|lig** agg. monopezzo, a un pezzo (solo), intero: ***-er Badeanzug*** costume intero. **Ein|tei|lung** f. *(-,-en)* **1** divisione *f.*, suddivisione *f.* **2** *(Klassifizierung)* classificazione *f.* **3** *(Disponierung)* distribuzione *f.*, ripartizione *f.*, organizzazione *f.* **4** *(Zuweisung)* assegnazione *f.*, destinazione *f.* **Ein|tei|lungs|prin|zip** n. *(-s,-ien)* criterio *m.* di classificazione. **Ein|tei|lungs|zahl** f. *(-,-en)* numerale *m.* distributivo.

Ein|tel n. *(-s,-)* numero *m.* intero, intero *m.*

ein_tie|fen I tr. abbassare: ***den Fluss ~*** abbassare il letto di un fiume **II** rifl. **sich ~** abbassarsi, sprofondare: ***das Flussbett tieft sich langsam ein*** il letto del fiume si abbassa lentamente.

ein_tip|pen tr. battere (su una tastiera), immettere: ***die Kassiererin tippt die Preise ein*** la cassiera batte i prezzi.

ein|tö|nig agg. monotono. **Ein|tö|nig|keit** f. *(-,-en)* monotonia *f.*

Ein|topf m. *(-[e]s,-töpfe)* → **Eintopfgericht.**

ein_top|fen tr. piantare in vaso.

Ein|topf|ge|richt n. *(-[e]s,-e)* INTRAD. (piatto unico con patate, verdure e carne).

Ein|tracht f. *(-)* concordia *f.*, armonia *f.*: ***in Frieden und ~ miteinander leben*** vivere insieme in buona armonia, andare d'amore e d'accordo. **ein|träch|tig I** agg. concorde, armonioso, pacifico **II** avv. d'accordo, in armonia.

Ein|trag m. *(-[e]s,-träge)* **1** registrazione *f.*, iscrizione *f.* **2** *(Vermerk)* nota *f.*: ***einen ~ im Klassenbuch bekommen*** prendere una nota sul registro (di classe) ◆ ***etw. (D) ~ tun*** nuocere, recare danno a qcs. **ein_tra|gen** *(trägt, trug, getragen)* **I** tr. **1a** registrare, riportare, iscrivere: ***jdn in die Mitgliederliste ~*** registrare qcn. nella lista dei soci; ***etw. auf jds Namen ~*** intestare qcs. a qcn. **b** *(zu Protokoll geben)* protocollare, mettere a protocollo **2** *(einzeichnen)* tracciare, riportare: ***die Schiffsroute ~*** tracciare la rotta **3** BIOL. portare (dentro), raccogliere **4** *(Gewinn bringen)* rendere, fruttare: ***sein Geschäft trägt wenig ein*** il suo negozio rende poco **5** FIG. raccogliere: ***sein Verhalten trägt ihm viel Zustimmung ein*** col suo comportamento raccoglie molti consensi **II** rifl. **sich ~** iscriversi: ***sich in das Einwohnerverzeichnis ~*** iscriversi all'anagrafe. **ein|träg|lich** agg. redditizio, lucroso, remunerativo. **Ein|träg|lich|keit** f. *(-,-en)* lucrosità *f.*, remuneratività *f.* **Ein|tra|gung** f. *(-,-en)* **1** registrazione *f.*, iscrizione *f.*: ***~ von Urkunden*** registrazione di documenti; ***~ in die Wählerlisten, ins Grundbuch*** iscrizione nelle liste elettorali, nel libro fondiario (*o* iscrizione tavolare); ***~ der Hypothek*** iscrizione ipotecaria; ***~ von Amts wegen*** iscrizione d'ufficio **2** *(Einzeichnung)* tracciamento *m.* **Ein|tra|gungs|num|mer** f. *(-,-n)* numero *m.* di protocollo (*o* d'immatricolazione).

ein_trai|nie|ren I tr. inculcare, imprimere: ***gewisse Verhaltensmaßregeln ~*** inculcare certe norme di comportamento **II** rifl. **sich ~ 1** tenersi in esercizio **2** ***sich (D) etw. ~*** inculcarsi qcs.

ein_trän|ken, COLLOQ. ***jdm etw. ~*** far pagar caro qcs. a qcn.; ***es jdm ~*** farla pagare cara a qcn.

ein_träu|feln tr. instillare, versare goccia a goccia. **Ein|träu|fe|lung, Ein|träuf|lung** f. *(-,-en)* instillazione *f.*

ein_tref|fen intr. *(trifft, traf, getroffen;* aus. *sein)* **1** arrivare, giungere, sopraggiungere: ***rechtzeitig, verspätet ~*** arrivare in orario, in ritardo; ***um 8 Uhr auf dem Flughafen ~*** arrivare alle 8 all'aeroporto; ***sein Besucher traf unvermutet ein*** il suo visitatore giunse inaspettato **2** *(von Prophezeiungen)* avverarsi, accadere, avvenire. **Ein|tref|fen** n. *(-s)* arrivo *m.*

ein|treib|bar agg. esigibile, riscuotibile. **ein_trei|ben** tr. *(trieb, getrieben)* **1** *(Vieh)* riportare, ricondurre alla stalla **2** *(hineinschlagen)* spingere dentro **3** *(Geld)* riscuotere, incassare. **Ein|trei|ber** m. *(-s,-)* esattore *m.* **Ein|trei|bung** f. *(-,-en)* riscossione *f.*

ein_tre|ten *(tritt, trat, getreten)* **I** intr. (aus. *sein*) **1a** entrare: ***in ein Zimmer ~*** entrare in una stanza; ***in eine Partei, in einen Verein ~*** entrare in un partito, in un'associazione **b** *(mit etw. beginnen)* ***in das 20. Lebensjahr ~*** entrare nel ventesimo anno d'età; ***in eine Verhandlung ~*** iniziare una trattativa **2** sopraggiungere, venire; *(sich ereignen)* verificarsi, accadere: ***die Dunkelheit trat ein*** sopraggiunse l'oscurità; ***im Befinden des Kranken trat keine Besserung ein*** nello stato (di salute) del malato non sopraggiunse alcun miglioramento; ***die Krisis, Stille ist plötzlich eingetreten*** la crisi è venuta improvvisamente, si fece improvvisamente silenzio; ***es trat ein Wetterumsturz ein*** vi fu (*o* si produsse) un improvviso cambiamento del tempo **3** ***für jdn, etw. ~*** farsi garante per qcn., qcs., difendere la causa di qcn., qcs. **4** ***auf jdn ~*** calpestare qcn. **II** tr. **1** sfondare: ***die Polizisten haben die Tür eingetreten*** i poliziotti hanno sfondato la porta **2** *(in den Boden drücken)* pestare dentro, affondare **3** ***Schuhe ~*** adattare le scarpe nuove al piede (con l'uso) **III** rifl. ***sich (D) etw. (in den Fuß) ~*** conficcarsi qcs. nel piede. **ein|tre|tend** p.pres. → **eintreten** ◆ ***bei -er Nacht*** al calar della notte.

ein_trich|tern tr. COLLOQ. **1** *(Medizin)* propinare **2** ***jdm etw. ~*** mettere in testa qcs. a qcn.

Ein|tritt m. *(-[e]s,-e)* **1a** entrata *f.*, ingresso *m.*: ***der ~ (zu der Veranstaltung, ins Museum) ist frei*** l'ingresso (allo spettacolo, nel museo) è libero; ***~ verboten*** vietato l'ingresso **b** *(Eintrittsgeld)* ***es kostet keinen ~*** l'ingresso è gratuito **c** AERO ***der ~ in die Erdatmosphäre*** l'entrata nell'atmosfera terrestre **2** *(Beginn)* inizio *m.*, arrivo *m.*, principio *m.*: ***bei ~ der Nacht*** sul far della notte. **Ein|tritts|ge|bühr** f. *(-,-en)* tassa *f.* d'ammissione. **Ein|tritts|geld** n. *(-[e]s,-er)* prezzo *m.* dell'ingresso, ingresso *m.* **Ein|tritts|kar|te** f. *(-,-n)* biglietto *m.* d'ingresso. **Ein|tritts|recht** n. *(-[e]s)* diritto *m.* d'accesso. **Ein|tritts|schein** m. *(-[e]s,-e)* → **Eintrittskarte.**

ein_trock|nen intr. (aus. *sein*) **1** prosciugarsi **2** *(von Farben)* seccarsi, asciugarsi **3** *(verdorren)* seccarsi, inaridirsi.

ein_trop|fen, ein_tröp|feln I tr. versare goccia a goccia, instillare **II** intr. (aus. *haben*) gocciolare (dentro).

ein_trü|ben rifl. **sich ~** offuscarsi ◆ ***es trübt (sich) ein*** il cielo si offusca. **Ein|trü|bung** f. *(-,-en)* offuscamento *m.*, rannuvolamento *m.*

ein_tru|deln intr. (aus. *sein*) COLLOQ. arrivare senza fretta (in ritardo).

ein_tun|ken tr. REGION. → **eintauchen.**

ein|tü|rig agg. a una porta.

ein_tü|ten tr. incartocciare, mettere in cartocci.

ein_üben I tr. **1a** *(durch Üben lernen)* apprendere (*o* imparare) con l'esercizio: ***ein Gedicht ~*** imparare una poesia **b** provare: ***ein Lied, einen Tanz ~*** provare una canzone, una danza **2** *(durch Üben beibringen)* insegnare, far provare: ***mit der Klasse ein Theaterstück ~*** far provare alla classe un brano teatrale **3** *(aneignen)* far proprio, imparare, acquisire **II** rifl. **sich ~** esercitarsi: ***sich in die Kunst des Fechtens ~*** esercitarsi nell'arte della scherma. **Ein|übung** f. *(-,-en)* **1** studio *m.*, apprendimento *m.*, prova *f.* **2** acquisizione *f.*

ein|und|ein|halb agg.inv. uno e mezzo.

ein_ver|lei|ben *(verleibt ein/einverleibt, verleibte ein/einverleibte)* **I** tr. incorporare, annettere, assorbire (anche FIG.) **II** rifl. **sich ~ 1** SCHERZ. ***sich (D) den Kuchen ~*** ingollarsi il dolce **2** FIG. acquisire, fare proprio: ***sich (D) neue Erkenntnisse ~*** acquisire nuove conoscenze. **Ein|ver|lei|bung** f. *(-,-en)* **1** incorporamento *m.*, annessione *f.*, assorbimento *m.* **2** SCHERZ. ingollamento *m.*

Ein|ver|nah|me f. *(-,-n)* DIR. interrogatorio *m.* **ein_ver|neh|men** tr. *(vernimmt, vernahm, vernommen)* DIR. interrogare. **Ein|ver|neh|men** n. *(-s)* accordo *m.*, intesa *f.*: ***es besteht völliges ~ zwischen den beiden*** tra i due esiste un totale accordo; ***im ~ mit jdm han-***

deln agire d'accordo con qcn.; ***in bestem, im besten ~ leben*** vivere in perfetto accordo; ***in beiderseitigem ~*** di comune accordo; ***sich mit jdm ins ~ setzen, mit jdm ~ herstellen*** (cercare di) giungere a un accordo, accordarsi, mettersi d'accordo con qcn. **ein|ver|nehm|lich I** agg. concordato, comune **II** avv. di comune accordo.

ein|ver|stan|den agg. consenziente, d'accordo: ***mit jdm, mit einem Entschluss ~ sein*** essere d'accordo con qcn., con una decisione; ***sich mit etw. ~ erklären*** dichiararsi d'accordo su qcs. ◆ ***~!*** d'accordo! intesi! va bene! **ein|ver|ständ|lich I** agg. consensuale **II** avv. consensualmente. **Ein|ver|ständ|nis** n. *(-ses,-se)* **1** *(Zustimmung)* consenso *m.*, assenso *m.*, approvazione *f.*: ***sein ~ zu etw. geben, erklären*** dare il proprio consenso a qcs.; ***jds ~ einholen*** raccogliere il consenso di qcn. **2** *(Übereinstimmung)* affiatamento *m.*, accordo *m.*, intesa *f.*: ***zwischen ihnen herrscht völliges, stillschweigendes ~*** tra loro regna un'intesa completa, un tacito accordo ◆ DIR. ***heimliches ~*** collusione. **Ein|ver|ständ|nis|er|klä|rung** f. *(-,-en)* benestare *m.*, dichiarazione *f.* di assenso.

Einw. ⇒ *Einwohner* abitanti (ab.).

Ein|waa|ge f. *(-,-n)* COMM. **1** peso *m.* netto **2** *(Gewichtsverlust)* calo *m.*, perdita *f.* di peso.

1.ein‿wach|sen intr. *(wächst, wuchs, gewachsen;* aus. *sein)* **1** attecchire, crescere **2** *(vom Nagel)* incarnirsi, incarnarsi.

2.ein‿wach|sen tr. incerare: ***den Fußboden ~*** incerare il pavimento, dare la cera al pavimento.

Ein|wand m. *(-[e]s,-wände)* obiezione *f.*: ***gegen etw. einen ~ erheben (vorbringen), machen*** sollevare, fare (*o* muovere) un'obiezione contro qcs., a qcs.

Ein|wan|de|rer m. *(-s,-)* immigrato *m.* **ein‿wan|dern** intr. (aus. *sein*) immigrare. **Ein|wan|de|rung** f. *(-,-en)* immigrazione *f.* **Ein|wan|de|rungs|be|hör|de** f. *(-,-n)* ufficio *m.* immigrazione. **Ein|wan|de|rungs|land** n. *(-[e]s,-länder)* paese *m.* d'immigrazione.

ein|wand|frei I agg. **1** ineccepibile, perfetto: ***eine -e Arbeit*** un lavoro ineccepibile **2** *(untadelig)* irreprensibile: ***ein -es Verhalten*** un comportamento irreprensibile **3** *(eindeutig)* inequivocabile, lampante **II** avv. **1** ineccepibilmente, in modo ineccepibile, perfettamente, alla perfezione **2** *(untadelig)* irreprensibilmente **3** *(eindeutig)* inequivocabilmente, in modo inequivocabile: ***es ist ~ erwiesen*** è dimostrato in modo inequivocabile.

ein|wärts avv. in dentro, verso l'interno: ***~ biegen*** piegare in dentro, verso l'interno; ***~ gebogen*** rientrante; ***~ gehen*** camminare coi piedi rivolti in dentro.

ein‿wäs|sern tr. mettere a bagno.

ein‿we|ben tr. *(wob, gewoben)* intessere.

ein‿wech|seln I tr. cambiare (anche SPORT): ***können Sie mir einen Fünfzigmarkschein ~?*** mi può cambiare una banconota da cinquanta marchi? ***italienisches Geld in, gegen deutsche Mark ~*** cambiare denaro italiano in marchi tedeschi **II** intr. (aus. *sein*) VENAT. spostarsi. **Ein|wech|se|lung, Ein|wechs|lung** f. *(-,-en)* cambio *m.*

ein‿we|cken tr. mettere in conserva, invasare. **Ein|weck|glas** n. *(-es,-gläser)* vaso *m.* da conserva.

Ein|weg|fla|sche f. *(-,-n)* vetro *m.* a perdere. **Ein|weg|schei|be** f. *(-,-n)* vetro *m.* a specchio. **Ein|weg|sprit|ze** f. *(-,-n)* siringa *f.* monouso (*o* usa e getta). **Ein|weg|ver|pa|ckung** f. *(-,-en)* imballaggio *m.* non riutilizzabile.

ein‿wei|chen tr. **1** mettere in ammollo: ***die schmutzige Wäsche ~*** mettere in ammollo la biancheria sporca **2** ammollare, mettere a mollo: ***trockenes Brot in Milch ~*** ammollare il pane secco nel latte. **Ein|weich|mit|tel** n. *(-s,-)* detersivo *m.* per l'ammollo. **Ein|wei|chung** f. *(-,-en)* ammollo *m.*

ein‿wei|hen tr. **1** inaugurare: ***ein neues Stadion ~*** inaugurare un nuovo stadio; COLLOQ. SCHERZ. ***ein neues Kleid ~*** inaugurare un vestito nuovo **2** *(einführen)* iniziare: ***jdn in die Kunst der Malerei ~*** iniziare qcn. all'arte della pittura; ***jdn in ein Geheimnis ~*** mettere a parte qcn. di un segreto **3** RELIG. consacrare. **Ein|wei|hung** f. *(-,-en)* **1** inaugurazione *f.* **2** *(Einführung)* iniziazione *f.* **Ein|wei|hungs|fei|er** f. *(-,-n)* cerimonia *f.* inaugurale.

ein‿wei|sen tr. *(wies, gewiesen)* **1a** ricoverare: ***jdn ins Krankenhaus ~*** ricoverare qcn. in ospedale **b** *(ins Irrenhaus)* internare, far rinchiudere **2** istruire, addestrare, avviare, iniziare: ***jdn in eine neue Arbeit ~*** istruire qcn. in un nuovo lavoro, avviare qcn. a un nuovo lavoro **3** installare, insediare: ***jdn in ein Amt ~*** insediare qcn. in un ufficio ◆ ***in eine Parklücke ~*** dare le indicazioni per parcheggiare. **Ein|wei|sung** f. *(-,-en)* **1a** *(in Krankenhaus)* ricovero *m.* **b** *(in Irrenanstalt)* internamento *m.* **2** *(Einarbeitung)* istruzione *f.*, avviamento *m.*, addestramento *m.*

ein‿wen|den tr. *(wandte/wendete, gewandt/gewendet)* obiettare, eccepire, ridire: ***dagegen ist nichts einzuwenden*** non c'è nulla da ridire; ***dagegen ließe sich viel, manches ~*** su questo ci sarebbe molto, qualcosa da obiettare. **Ein|wen|dung** f. *(-,-en)* obiezione *f.*

ein‿wer|fen *(wirft, warf, geworfen)* **I** tr. **1a** buttare, gettare (dentro) **b** *(Brief)* imbucare **c** *(Münze)* introdurre, inserire **2** rompere, fracassare: ***eine Scheibe ~*** rompere un vetro **3** FIG. ***etw. ~*** obiettare, replicare a, ribattere qcs.: ***eine Bemerkung ~*** replicare a, ribattere un'osservazione **4** SPORT ***den Ball ~*** rimettere in gioco la palla **II** rifl. **sich ~** farsi sicuro nel tiro.

ein|wer|tig agg. CHIM. monovalente. **Ein|wer|tig|keit** f. *(-,-en)* monovalenza *f.*

ein‿wi|ckeln I tr. **1a** inviluppare, avviluppare, avvolgere: ***das Kind in eine(r) Decke ~*** avvolgere il bambino in una coperta **b** *(Pakete)* incartare **2** COLLOQ. FIG. abbindolare, infinocchiare, raggirare **II** rifl. **sich ~** avvilupparsi, avvolgersi: ***sich in einen Mantel ~*** avvolgersi in un mantello. **Ein|wi|ckel|pa|pier** n. *(-[e]s,-e)* carta *f.* da pacchi. **Ein|wi|cke|lung, Ein|wick|lung** f. *(-,-en)* avvolgimento *m.*; *(von Paketen)* incartamento *m.*

1.ein‿wie|gen tr. *(wog, gewogen)* pesare e incartare.

2.ein‿wie|gen tr. *(Baby)* addormentare cullando, cullare ◆ FIG. ***sich von falschen Versprechungen ~ lassen*** farsi cullare da false promesse.

ein‿wil|li|gen intr. (aus. *haben*) dare il consenso, (ac)consentire: ***in die Scheidung ~*** acconsentire al divorzio; ***in jds Vorschlag ~*** aderire a una proposta. **Ein|wil|li|gung** f. *(-,-en)* consenso *m.*, approvazione *f.*; benestare *m.*, adesione *f.*: ***~ zu etw., in etw. (A)*** consenso (*o* adesione) a qcs.

ein‿win|ken tr. dirigere, indirizzare (a gesti).

ein‿win|tern tr. ***Kartoffeln ~*** immagazzinare le patate per l'inverno.

ein‿wir|ken intr. (aus. *haben*) ***auf jdn, etw. ~*** influenzare qcn., qcs., agire, esercitare un'azione, avere un effetto su qcn., qcs.: ***erzieherisch, wohltuend auf jdn ~*** esercitare un'azione educativa, avere un effetto benefico su qcn.; ***auf die Haut ~ lassen*** lasciar agire sulla pelle. **Ein|wir|kung** f. *(-,-en)* azione *f.*, effetto *m.*, influenza *f.* **Ein|wir|kungs|mög|lich|keit** f. *(-,-en)* possibilità *f.* d'azione.

ein|wö|chent|lich I agg. settimanale **II** avv. settimanalmente, una volta (al)la settimana, ogni settimana. **ein|wö|chig** agg. di una settimana, che dura una settimana.

ein‿woh|nen I rifl. **sich ~** ambientarsi **II** intr. (aus. *haben*) RAR. ***bei jdm ~*** alloggiare presso qcn. **Ein|woh|ner** m. *(-s,-)* abitante *m.* **Ein|woh|ner|mel|de|amt** n. *(-[e]s,-ämter)* ufficio *m.* anagrafico, anagrafe *f.* **Ein|woh|ner|schaft** f. *(-,-en)* abitanti *m.pl.*, popolazione *f.* **Ein|woh|ner|ver|zeich|nis** n. *(-ses,-se)* registro *m.* dell'anagrafe, anagrafe *f.* **Ein|woh|ner|zahl** f. *(-,-en)* numero *m.* di, degli abitanti, popolazione *f.*

ein‿wüh|len I tr. (far) sprofondare **II** rifl. **sich ~** sprofondarsi: ***sich in die Kissen ~*** sprofondarsi nei cuscini.

Ein|wurf m. *(-[e]s,-würfe)* **1** *(in Automaten)* introduzione *f.*: ***nach ~ der Münze bitte die Kurbel drehen*** dopo aver introdotto la moneta girare la manovella **2a** *(Öffnung)* buca *f.*: ***der ~ am Briefkasten*** la buca nella cassetta per le lettere; ***etw. in, durch den ~ stecken*** mettere qcs. nella buca **b** *(Münzeinwurf)* fessura *f.* **3** SPORT rimessa *f.* in gioco **4a** FIG. *(Zwischenbemerkung)* osservazione *f.* **b** *(Einwand)* obiezione *f.*, replica *f.*

ein‿wur|zeln intr. (aus. *sein*) e rifl. **sich ~** **1** mettere (le) radici (anche FIG.): ***der Baum wurzelt ein*** l'albero mette le radici; ***in einem Ort ~*** mettere radici in un luogo **2** *(sich festsetzen)* radicarsi: ***dieses Vorurteil ist tief eingewurzelt*** questo pregiudizio (si) è profondamente radicato.

Ein|zahl f. *(-,-en)* GRAMM. singolare *m.*

ein|zahl|bar agg. pagabile con versamento. **ein‿zah|len** tr. **1** versare: ***Geld auf ein Konto ~*** versare soldi su un conto; ***die Miete auf das Konto des Vermieters ~*** versare l'affitto sul conto del padrone di casa **2** *(Aktien)* liberare. **Ein|zah|lung** f. *(-,-en)* **1** versamento *m.*; pagamento *m.* **2** *(von Aktien)* liberazione *f.* **Ein|zah|lungs|be|leg** m. *(-[e]s,-e)* ricevuta *f.* di versamento. **Ein|zah|lungs|for|mu|lar** n. *(-s,-e)* modulo *m.* di versamento. **Ein|zah|lungs|schal|ter** m. *(-s,-)* sportello *m.* dei versamenti.

ein‿zäu|nen tr. recintare, recingere. **Ein|zäu|nung** f. *(-,-en)* **1** recinzione *f.* **2** *(Zaun)* recinto *m.*, recinzione *f.*

ein|ze|hig agg. ZOOL. monodattilo.

ein‿zeich|nen tr. **1** disegnare, tracciare, segnare: ***den Weg auf der, in der (die) Karte ~*** tracciare la strada sulla cartina **2** annotare: ***etw. in eine(r) Liste ~*** annotare qcs. in una lista. **Ein|zeich|nung** f. *(-,-en)* **1** disegno *m.*, tracciato *m.* **2** *(Eintragung)* annotazione *f.*

ein|zei|lig agg. **1** di una riga **2** *(von Vers)* monostico.

Ein|zel n. *(-s,-)* SPORT singolare *m.*, singolo *m.*: ***~ für Frauen, Männer*** singolare femminile, maschile. **Ein|zel|ab|teil** n. *(-[e]s,-e)* FERR. scompartimento *m.* singolo. **Ein|zel|an|fer|ti|gung** f. *(-,-en)* **1** produzione *f.* di pezzi staccati, lavorazione *f.* singola **2** *(einzelner Artikel)* prodotto *m.* unico. **Ein|zel|an|schluss** m. *(-es,-anschlüsse)* TEL. singolo *m.* **Ein|zel|an|trieb** m. *(-[e]s,-e)* comando *m.* singolo. **Ein|zel|auf|stel|lung** f. *(-,-en)* nota *f.* (*o* lista *f.*, distinta *f.*) particolareggiata, dettagliata. **Ein|zel|aus|ga|be** f. *(-,-n)* edizione *f.* singola. **Ein|zel|aus|stel|lung** f. *(-,-en)* ART. personale *f.* **Ein|zel|band** m. *(-[e]s,-bände)* volume *m.* unico. **Ein|zel|be|hand|lung** f. *(-,-en)* trattamento *m.* individuale. **Ein|zel|bei|trag** m. *(-[e]s,-beiträge)* quota *f.* individuale. **Ein|zel|bett** n. *(-[e]s,-en)* letto *m.* singolo. **Ein|zel|bild** n. *(-[e]s,-er)* CINEM. fotogramma *m.* **Ein|zel|dar|stel|lung** f. *(-,-en)* monografia *f.* **Ein|zel|ding** n. *(-[e]s,-e)* **1** cosa *f.* singola, oggetto *m.* singolo **2** *(Einzelheit)* dettaglio *m.* **Ein|zel|dis|zip|lin** f. *(-,-en)* SPORT disciplina *f.* individuale. **Ein|zel|er|schei|nung** f. *(-,-en)* fenomeno *m.* isolato. **Ein|zel|exemp|lar** n. *(-s,-e)* esemplare *m.* unico. **Ein|zel|fahr|schein** m. *(-[e]s,-e)* biglietto *m.* di corsa singola. **Ein|zel|fall** m. *(-[e]s,-fälle)* **1** caso *m.* singolo: ***den ~ beurteilen*** giudicare il singolo caso **2** caso *m.* particolare (*o* isolato): ***sie ist mit dieser Erfahrung kein ~*** non è la sola ad aver avuto questa esperienza. **Ein|zel|gän|ger** m. *(-s,-)* solitario *m.* **Ein|zel|haft** f. *(-)* reclusione *f.* (in cella) individuale.

Ein|zel|han|del m. *(-s)* commercio *m.* al minuto. **Ein|zel|han|dels|kauf|mann** m. *(-[e]s,-leute)* commerciante *m.* al minuto. **Ein|zel|han|dels|preis** m. *(-es,-e)* prezzo *m.* al minuto.

Ein|zel|haus n. *(-es,-häuser)* casa *f.* unifamiliare.

Ein|zel|heit f. *(-,-en)* dettaglio *m.*, particolare *m.*: ***auf -en eingehen, sich mit -en befassen*** entrare, scendere nei particolari; ***sich in -en verlieren*** perdersi nei particolari; ***bis in die kleinsten -en*** fin nei minimi particolari.

Ein|zel|in|di|vi|du|um n. *(-s,-individuen)* singolo individuo *m.*, singolo *m.* **Ein|zel|in|te|res|se** n. *(-s,-n)* interesse *m.* del singolo, individuale. **Ein|zel|kampf** m. *(-[e]s,-kämpfe)* **1** MIL. combattimento *m.* individuale **2** SPORT competizione *f.* individuale. **Ein|zel|kauf|mann** m. *(-[e]s,-leute)* titolare *m.* **Ein|zel|kind** n. *(-[e]s,-er)* figlio *m.* unico; *(Tochter)* figlia *f.* unica. **Ein|zel|leis|tung** f. *(-,-en)* **1** prestazione *f.* individuale **2** *(besondere Leistung)* prestazione *f.* particolare.

Ein|zel|ler m. *(-s,-)* organismo *m.* unicellulare. **ein|zel|lig** agg. unicellulare.

ein|zeln I agg. **1** singolo: ***die -en Teile eines Motors*** le singole parti di un motore **2** *(abgesondert)* isolato, singolo, solo: ***ein -er Baum*** un albero isolato **3** *(verstreut)* sparso, isolato: ***-e Regenschauer*** rovesci di pioggia isolati **4** *(ohne Gegenstück)* scompagnato, spaiato: ***ein -er Schuh*** una scarpa spaiata **5** pl. *(manche)* alcuni, alcune: ***-e Tatsachen*** alcuni fatti **II** avv. **1a** singolarmente, uno per uno: ***die Fakten ~ betrachten*** considerare i fatti singolarmente **b** uno per, alla volta: ***~ eintreten, kommen*** entrare, venire uno per volta **2a** *(getrennt)* separatamente **b** ***Gläser, Teller ~ kaufen*** comprare bicchieri, piatti a pezzi singoli **3** ***~ stehend*** solo, isolato. **Ein|zel|ne I** m. e f. *(-n,-n)* **1** singolo *m.* (-a *f.*): ***ein -r kann wenig ausrichten*** uno, da solo, può concludere poco; ***der ~ ist machtlos*** il singolo (*o* l'individuo singolo) è impotente **2** pl. *(ohne Artikel)* alcuni *m.pl.*, alcune *f.pl.*: ***~ glauben, dass...*** alcuni credono che... **II** n. *(-n)* **1** particolare *m.*, dettaglio *m.*: ***ins ~ gehen*** scendere nel particolare; ***im -n*** nel particolare **2** *(einiges)* alcune cose *f.pl.*, alcuni (singoli) particolari *m.pl.*: ***-s hat mir gefallen*** alcune cose mi sono piaciute; ***-s ist noch zu klären*** alcuni particolari vanno ancora chiariti ◆ ***vom Einzelnen zum Allgemeinen, zum Ganzen gehen*** andare dal particolare al generale; ***jeder ~*** ognuno. **Ein|zel|nach|weis** m. *(-es,-e)* documento *m.* singolo; COMM. pezza *f.* d'appoggio (*o* giustificativa). **Ein|zel|num|mer** f. *(-,-n)* GIORN. numero *m.* unico. **Ein|zel|per|son** f. *(-,-en)* persona *f.* singola, singolo *m.* **Ein|zel|preis** m. *(-es,-e)* prezzo *m.* unitario. **Ein|zel|rad|auf|hän|gung** f. *(-,-en)* sospensione *f.* a ruote indipendenti. **Ein|zel|rei|se** f. *(-,-n)* viaggio *m.* per una persona. **Ein|zel|rich|ter** m. *(-s,-)* giudice *m.* unico. **Ein|zel|spiel** n. *(-[e]s,-e)* **1** SPORT *(Einzel)* singolare *m.*, singolo *m.* **2** SPORT *(Einzelaktion)* azione *f.* personale **3** MUS. assolo *m.* **Ein|zel|stim|me** f. *(-,-n)* voce *f.* solista. **Ein|zel|stück** n. *(-[e]s,-e)* pezzo *m.* unico. **Ein|zel|stun|de** f. *(-,-n)* lezione *f.* privata. **Ein|zel|tä|ter** m. *(-s,-)* unico colpevole *m.*: ***das ist nicht das Werk eines -s*** questa non è opera di un'unica persona. **Ein|zel|teil** n. *(-[e]s,-e)* parte *f.* (singola), pezzo *m.* (singolo): ***etw. in -e zerlegen*** scomporre qcs. nelle sue singole parti. **Ein|zel|un|ter|richt** m. *(-[e]s)* lezione *f.* individuale. **Ein|zel|ver|kauf** m. *(-[e]s,-verkäufe)* vendita *f.* al dettaglio (*o* al minuto). **Ein|zel|ver|trag** m. *(-[e]s,-verträge)* contratto *m.* individuale. **Ein|zel|wer|tung** f. *(-,-en)* SPORT valutazione *f.* individuale (dei concorrenti). **Ein|zel|we|sen** n. *(-s,-)* (essere *m.*) singolo *m.*, individuo *m.* **Ein|zel|zel|le** f. *(-,-n)* **1** cella *f.* singola **2** BIOL. cellula *f.* singola. **Ein|zel|zim|mer** n. *(-s,-)* camera *f.* singola.

ein|zieh|bar agg. **1** retrattile: ***ein -es Fahrgestell*** un carrello retrattile **2** *(konfiszierbar)* confiscabile **3** *(Schulden, Steuern)* riscuotibile **4** MIL. abile (al servizio militare). **ein_zie|hen** *(zog, gezogen)* **I** tr. **1** *(Band, Faden)* infilare, far passare (dentro) **2** *(einbauen)* (fram)mettere, (frap)porre, inserire: ***eine Zwischendecke ~*** mettere un controsoffitto **3** *(einatmen)* inspirare, respirare **4a** *(nach innen)* tirare in dentro, ritirare, ritrarre: ***die Ruder, den Bauch ~*** tirare in dentro i remi, la pancia; ***die Schnecke zieht die Fühler ein*** la lumaca ritrae le antenne; ***der Hund zog den Schwanz ein*** il cane si mise la coda fra le gambe **b** *(nach unten)* ***die Segel ~*** ammainare le vele **5a** *(aus dem Verkehr nehmen)* ritirare, togliere dalla circolazione: ***alte Banknoten ~*** ritirare vecchie banconote **b** *(beschlagnahmen)* confiscare, incamerare: ***jds Vermögen ~*** confiscare il patrimonio di qcn. **6** *(eintreiben)* riscuotere, incassare: ***Außenstände ~*** incassare crediti **7** FIG. prendere, raccogliere: ***Erkundigungen, Nachrichten (über jdn, etw.) ~*** prendere informazioni, raccogliere notizie (su qcn., su qcs.) **8** MIL. chiamare alle (*o* sotto le) armi, arruolare **9** TIP. ***einen Absatz ~*** far rientrare un capoverso **II** intr. (aus. *sein*) **1** trasferirsi, andare ad abitare: ***zu, bei jdm ~*** trasferirsi da qcn. **2a** *(einrücken)* arrivare (dentro), entrare: ***die Truppen zogen in die Stadt ein*** le truppe entrarono nella città **b** FIG. arrivare, iniziare: ***endlich zog der Sommer ein*** finalmente arrivò l'estate **3** *(eindringen)* penetrare, essere assorbito: ***die Creme zieht rasch in die Haut ein*** la crema viene rapidamente assorbita dalla pelle. **Ein|zie|hung** f. *(-,-en)* **1a** *(von Vermögen, Gütern)* confisca *f.*, sequestro *m.*: ***die ~ anordnen*** disporre la confisca **b** *(von Banknoten, Münzen, Wertpapieren)* ritiro *m.* **2** *(Einkassierung)* riscossione *f.*, incasso *m.*, esazione *f.* **3** MIL. arruolamento *m.*, chiamata *f.* alle (*o* sotto le) armi **4** FIG. richiesta *f.*: ***~ von Informationen, eines Gutachtens*** richiesta di informazioni, di una perizia.

ein|zig I agg. **1** unico, solo: ***er ist sein -er Freund*** è il suo unico amico; ***nicht ein -es Mal*** nemmeno una volta **2** *(unvergleichlich)* unico, incomparabile: ***er ist ~ in seiner Art*** è unico nel suo genere **3** rafforz. ***es war eine -e Katastrophe*** fu una vera e propria catastrofe **II** avv. **1** unicamente, solamente, soltanto: ***~ er konnte entscheiden*** lui soltanto (*o* solo) poteva decidere **2** rafforz. ***es war ein ~ schöner Tag*** era una giornata veramente bella; ***das ~ Richtige, Wahre*** la sola (*o* l'unica) cosa giusta, vera ◆ ***~ und allein*** solo e soltanto, unicamente. **ein|zig|ar|tig** agg. unico, incomparabile, singolare: ***von -er Schönheit*** d'incomparabile bellezza. **Ein|zig|ar|tig|keit** f. *(-,-en)* unicità *f.*, incomparabilità *f.*, singolarità *f.* **Ein|zi|ge I** m. e f. *(-n,-n)* unico *m.* (-a *f.*), solo *m.* (-a *f.*): ***du bist der ~, der sie kennt*** sei l'unico che la conosca; ***ihr -r*** il loro unico figlio; ***ihre ~*** la loro unica figlia; ***du bist mein -r!*** sei il mio unico amore! **II** n. *(-n)* unica (*o* sola) cosa *f.*: ***das ~, was wir tun können*** l'unica cosa che possiamo fare ◆ ***er als -r (als der ~) hat sich gewehrt*** lui è stato l'unico a difendersi. **Ein|zig|keit** f. *(-,-en)* → **Einzigartigkeit.**

Ein|zim|mer|woh|nung f. *(-,-en)* monolocale *m.*, monocamera *f.*

Ein|zug m. *(-[e]s,-züge)* **1** *(Einkassierung)* riscossione *f.*, incasso *m.* **2a** *(Einmarsch)* entrata *f.* (solenne), ingresso *m.*: ***seinen ~ in die Stadt halten*** fare il proprio ingresso in città **b** FIG. arrivo *m.*, inizio *m.*: ***der ~ des Frühlings*** l'arrivo della primavera **3** *(in eine Wohnung)* l'andare ad abitare, trasferimento *m.* **4** TIP. rientro *m.*

Ein|zü|ger m. *(-s,-)* **1** = problema di scacchi che si risolve in una mossa **2** SVIZZ. *(Kassierer)* cassiere *m.*

Ein|zugs|be|reich m. *(-s,-e)* bacino *m.* d'utenza. **Ein|zugs|er|mäch|ti|gung** f. *(-,-en)* BANC. incarico *m.* di addebito (su conto corrente). **Ein|zugs|ge|biet** n. *(-[e]s,-e)* GEOGR. bacino *m.* idrografico. **Ein|zugs|spe|sen** pl. spese *f.pl.* d'incasso. **Ein|zugs|ver|fah|ren** n. *(-s,-)* procedimento *m.* di riscossione.

ein_zwän|gen I tr. **1** far entrare a forza, spingere, pigiare **2** FIG. ***jdn in Konventionen ~*** costringere qcn. in convenzioni **II** rifl. ***sich ~*** entrare a forza.

Ein|zy|lin|der m. *(-s,-)*, **Ein|zy|lin|der|ma|schi|ne** f. *(-,-n)* motore *m.* monocilindrico.

Ei|pul|ver n. *(-s)* uova *f.pl.* in polvere.

Ei|re ['eri:, 'ɛərə] n.pr.n. *(-s)* Eire *m.*

ei|rund agg. ovale. **Ei|rund** n. *(-[e]s,-e)* ovale *m.*

Eis n. *(-es)* **1** ghiaccio *m.*: ***eine Schicht ~*** uno strato di ghiaccio; ***das ~ bricht, schmilzt*** il ghiaccio si rompe, si scioglie; ***etw. auf ~ legen*** mettere qcs. in ghiaccio; FIG. congelare (*o* sospendere momentaneamente) qcs.; FIG. ***das ~ ist gebrochen*** il ghiaccio è rotto; ***kalt wie ~ sein*** essere freddo come il ghiaccio **2** *(beim Eissport)* pista *f.* (da ghiaccio) **3** *(Speise)* gelato *m.*: ***~ am Stiel*** gelato da passeggio ◆ ***sich auf dünnes, aufs ~ begeben*** mettersi su un terreno insidioso. **Eis|bahn** f. *(-,-en)* pista *f.* di ghiaccio. **Eis|bär** m. *(-en,-en)* orso *m.* bianco (*o* polare). **Eis|be|cher** m. *(-s,-)* **1** *(Gefäß)* coppa *f.*

da gelato **2** *(Eis)* coppa *f.* di gelato. **Eis|beil** n. *(-[e]s,-e)* → **Eispickel.** **Eis|bein** n. *(-[e]s,-e)* **1** GASTR. stinco *m.* di maiale (in salamoia) **2** pl. COLLOQ. piedi *m.pl.* gelati: ***ich bekomme, kriege -e*** ho i piedi gelati. **Eis|berg** m. *(-[e]s,-e)* iceberg *m.* **Eis|beu|tel** m. *(-s,-)* borsa *f.* del ghiaccio. **eis|blau** agg. blu ghiaccio. **Eis|blink** m. *(-s,-e)* riflesso *m.* del ghiaccio (polare). **Eis|block** m. *(-[e]s,-blöcke)* blocco *m.* di ghiaccio. **Eis|blu|men** pl. arabeschi *m.pl.* di ghiaccio. **Eis|bo|den** m. *(-s,-böden)* terreno *m.* gelato. **Eis|bom|be** f. *(-,-n)* INTRAD. (tipo di semifreddo simile allo zuccotto). **Eis|bre|cher** m. *(-s,-)* nave *f.* rompighiaccio, rompighiaccio *m.* **Eis|bruch** m. *(-[e]s, -brüche)* seracco *m.* **Eis|bu|de** f. *(-,-n)* chiosco *m.* dei gelati. **Eis|ca|fé** n. *(-s,-s)* gelateria *f.*, REGION. cremeria *f.*

Ei|scha|le f. *(-,-n)* guscio *m.* d'uovo. **Ei|schnee** m. *(-s)* chiara *f.* d'uovo montata a neve, chiarata *f.*

Eis|creme f. *(-,-s)* gelato *m.* **Eis|de|cke** f. *(-,-n)* strato *m.* (*o* crosta *f.*) di ghiaccio. **Eis|die|le** f. *(-,-n)* gelateria *f.* **Eis|drift** f. *(-,-en)* → **Eistreiben.**

ei|sen I tr. mettere in ghiaccio.

Ei|sen n. *(-s,-)* **1** ferro *m.*: ***aus ~*** di ferro; ***~ schmieden, abschrecken*** battere, temprare il ferro; FIG. ***er ist wie von ~*** è di ferro, è inflessibile; ***~ schaffend*** siderurgico; ***~ verarbeitende Industrie*** industria siderurgica **2** *(Hufeisen)* ferro *m.* (di cavallo) **3** ANT. *(Schwert)* spada *f.*, ANT. ferro *m.* **4** *(Fangeisen)* tagliola *f.* **5** *(Bügeleisen)* ferro *m.* (da stiro) **6** *(Golfschläger)* mazza *f.* (da golf) ◆ ***mehrere, zwei ~ im Feuer haben*** avere molta carne al fuoco; ***das ~ schmieden, solange es heiß ist*** battere il ferro finché è caldo; ***ein heißes ~*** una questione scottante, una patata bollente; ***ein heißes ~ anfassen, anpacken, anrühren ~*** toccare una questione scottante; ***zum alten ~ gehören, zählen*** essere un ferrovecchio; ***etw. zum alten ~ legen, werfen*** mettere qcs. da parte, buttare via qcs. (perché giudicato superato). **Ei|sen|ab|fäl|le** pl. rottami *m.pl.* di ferro.

Ei|sen|bahn f. *(-,-en)* **1** ferrovia *f.*; *(Zug)* treno *m.*: ***mit der ~ fahren*** viaggiare in treno **2** strada *f.* ferrata **3** *(Spielzeug)* trenino *m.* ◆ ***es ist (die) höchste ~*** è tardi, non c'è tempo da perdere. **Ei|sen|bahn|an|schluss** m. *(-es,-anschlüsse)* **1** raccordo *m.* ferroviario **2** *(Weiterfahrt)* coincidenza *f.* **Ei|sen|bahn|ar|bei|ter** m. *(-s,-)* operaio *m.* delle ferrovie. **Ei|sen|bahn|be|am|te** m. *(-n,-n)* impiegato *m.* delle ferrovie. **Ei|sen|bahn|brü|cke** f. *(-,-n)* **1** *(über Gleise)* ponte *m.* (*o* cavalcavia *m.*) sulla ferrovia **2** *(mit Gleisen)* ponte *m.* ferroviario. **Ei|sen|bahn|damm** m. *(-es,-dämme)* massicciata *f.*, terrapieno *m.* (della ferrovia). **Ei|sen|bah|ner** m. *(-s,-)* ferroviere *m.* **Ei|sen|bahn|fäh|re** f. *(-,-n)* nave *f.* traghetto, traghetto *m.* ferroviario. **Ei|sen|bahn|fahr|plan** m. *(-[e]s,-pläne)* orario *m.* ferroviario. **Ei|sen|bahn|fahrt** f. *(-,-en)* viaggio *m.* in ferrovia, in treno. **Ei|sen|bahn|fracht** f. *(-,-en)* nolo *m.* ferroviario. **Ei|sen|bahn|fracht|brief** m. *(-[e]s,-e)* lettera *f.* di vettura (ferroviaria). **Ei|sen|bahn|ge|sell|schaft** f. *(-,-en)* società *f.*, compagnia *f.* ferroviaria privata. **Ei|sen|bahn|kno|ten|punkt** m. *(-[e]s,-e)* nodo *m.* ferroviario. **Ei|sen|bahn|li|nie** f. *(-,-n)* linea *f.* ferroviaria, tronco *m.* ferroviario. **Ei|sen|bahn|netz** n. *(-es,-e)* rete *f.* ferroviaria. **Ei|sen|bahn|per|so|nal** n. *(-s)* personale *m.* delle ferrovie (*o* ferroviario). **Ei|sen|bahn|schaff|ner** m. *(-s,-)* controllore *m.* (delle ferrovie). **Ei|sen|bahn|schran|ke** f. *(-,-n)* sbarra *f.* (del passaggio a livello). **Ei|sen|bahn|schwel|le** f. *(-,-n)* traversina *f.* **Ei|sen|bahn|sig|nal** n. *(-s,-e)* segnale *m.* ferroviario. **Ei|sen|bahn|stre|cke** f. *(-,-n)* linea *f.* ferroviaria. **Ei|sen|bahn|ta|rif** m. *(-s,-e)* tariffa *f.* ferroviaria. **Ei|sen|bahn|tun|nel** m. *(-s,-)* galleria *f.* ferroviaria, tunnel *m.* ferroviario. **Ei|sen|bahn|über|gang** m. *(-[e]s, -übergänge)* passaggio *m.* a livello. **Ei|sen|bahn|un|glück** n. *(-[e]s,-e)* disastro *m.* ferroviario. **Ei|sen|bahn|un|ter|füh|rung** f. *(-,-en)* sottopassaggio *m.* ferroviario. **Ei|sen|bahn|ver|bin|dung** f. *(-,-en)* collegamento *m.* ferroviario. **Ei|sen|bahn|ver|kehr** m. *(-s)* traffico *m.* ferroviario. **Ei|sen|bahn|wa|gen** m. *(-s,-)* vagone *m.* (passeggeri), carrozza *f.* ferroviaria. **Ei|sen|bahn|we|sen** n. *(-s)* ferrovie *f.pl.* **Ei|sen|bahn|zug** m. *(-[e]s,-züge)* convoglio *m.* ferroviario.

Ei|sen|band n. *(-[e],-bänder)* reggetta *f.*, moietta *f.* **Ei|sen|bau** m. *(-[e]s,-ten)* costruzione *f.* in ferro. **Ei|sen|berg|werk** n. *(-[e]s,-e)* miniera *f.* di ferro. **Ei|sen|be|schlag** m. *(-[e]s,-beschläge)* *(Schicht)* rivestimento *m.* di ferro; *(von Tür)* bandella *f.* di ferro. **Ei|sen|be|ton** m. *(-s,-s* e *-e)* cemento *m.* armato. **Ei|sen|blech** n. *(-[e]s,-e)* lamiera *f.* di ferro. **Ei|sen|chlo|rid** n. *(-[e]s)* cloruro *m.* di ferro (*o* ferrico). **Ei|sen|draht** m. *(-[e]s,-drähte)* filo *m.* di ferro. **Ei|sen|draht|seil** n. *(-[e]s,-e)* cavo *m.* (*o* fune *f.*) di filo di ferro. **Ei|sen|erz** n. *(-es,-e)* minerale *m.* di ferro. **Ei|sen|far|be** f. *(-,-n)* color *m.* ferro. **ei|sen|far|ben, ei|sen|far|big** agg. del colore del ferro, ferrigno. **Ei|sen|fei|le** f. *(-,-n)* lima *f.* di ferro, lima *f.* per la lavorazione di metallo. **Ei|sen|feil|spä|ne** pl. limatura *f.* di ferro. **ei|sen|fest** agg. duro (*o* saldo) come il ferro, ferreo. **Ei|sen|ge|halt** m. *(-[e]s,-e)* CHIM. contenuto *m.* in ferro. **Ei|sen|ge|win|nung** f. *(-,-en)* estrazione *f.* del ferro. **Ei|sen|git|ter** n. *(-s,-)* inferriata *f.* **Ei|sen|glanz** m. *(-es)* oligisto *m.* **Ei|sen|glim|mer** m. *(-s)* ematite *f.* micacea. **Ei|sen|gru|be** f. *(-,-n)* miniera *f.* di ferro. **Ei|sen|guss** m. *(-es,-güsse)* **1** colata *f.* di ghisa **2** *(Gegenstand aus Eisen)* oggetto *m.* in, di ferro. **ei|sen|hal|tig, ei|sen|häl|tig** agg. contenente ferro, ferroso; ferruginoso ◆ ***die Luft war ~*** volavano le pallottole. **Ei|sen|hal|tig|keit** f. *(-)* contenuto *m.* (*o* tenore *m.*) di ferro. **Ei|sen|ham|mer** m. *(-s,-hämmer)* **1** mazza *f.* per fucinare **2** maglio *m.* per fucinatura **3** *(Hammerwerk)* ferriera *f.* **Ei|sen|hand|lung** → **Eisenwarenhandlung.** **ei|sen|hart** agg. duro come il ferro. **Ei|sen|hut** m. *(-[e]s,-hüte)* **1** BOT. aconito *m.* **2** *(Helm)* elmo *m.* **Ei|sen|hüt|te** f. *(-,-n)* ferriera *f.* **Ei|sen|in|dus|trie** f. *(-,-n)* industria *f.* siderurgica. **Ei|sen|kern** m. *(-[e]s,-e)* anima *f.* (*o* nucleo *m.*) di ferro. **Ei|sen|kies** m. *(-es,-e)* pirite *f.* di ferro. **Ei|sen|kitt** m. *(-[e]s,-e)* mastice *m.* per metalli. **Ei|sen|kraut** n. *(-[e]s,-kräuter)* verbena *f.* **Ei|sen|kur** f. *(-,-en)* cura *f.* di ferro. **Ei|sen|lack** m. *(-[e]s, -e)* vernice *f.* antiruggine. **Ei|sen|le|gie|rung** f. *(-,-en)* ferrolega *f.*, lega *f.* di ferro. **Ei|sen|lun|ge** f. *(-)* siderosi *f.* polmonare. **Ei|sen|man|gel** m. *(-s)* carenza *f.* di ferro. **Ei|sen|men|ni|ge** f. *(-,-n)* minio *m.* di ferro. **Ei|sen|oxid, Ei|sen|oxyd** n. *(-[e]s,-e)* ossido *m.* di ferro. **Ei|sen|prä|pa|rat** n. *(-[e]s,-e)* FARM. preparato *m.* ferrico (*o* a base di ferro). **Ei|sen|quel|le** f. *(-,-n)* sorgente *f.* ferruginosa. **Ei|sen|rah|men** m. *(-s,-)* telaio *m.* di ferro. **Ei|sen|rost** m. *(-[e]s,-e)* **1** ruggine *f.* **2** *(Gitter)* grata *f.* di ferro. **Ei|sen|sä|ge** f. *(-,-n)* sega *f.* da ferro. **Ei|sen|säu|er|ling** m. *(-[e]s,-e)* acqua *f.* ferruginosa. **Ei|sen|säu|re** f. *(-)* acido *m.* ferrico. **Ei|sen|schla|cke** f. *(-,-n)* scoria *f.* di ferro. **Ei|sen|schmel|ze** f. *(-,-n)* fonderia *f.* (di ferro). **Ei|sen|schmied** m. *(-[e]s,-e)* fabbro *m.* ferraio. **Ei|sen|schmie|de** f. *(-,-n)* fucina *f.* **Ei|sen|schmie|de|wa|ren** pl. oggetti *m.pl.* di ferro battuto. **Ei|sen|schwarz** n. *(-[es])* **1** acetato *m.* di ferro **2** antimonio *m.* polverizzato **3** grafite *f.* polverizzata. **Ei|sen|span** m. *(-[e]s,-späne)* limatura *f.* di ferro. **Ei|sen|spat** n. *(-[e]s,-e)* ferro *m.* spatico, siderite *f.* **Ei|sen|stan|ge** f. *(-,-n)* barra *f.* di ferro. **Ei|sen|sul|fat** n. *(-[e]s,-e)* solfato *m.* ferrico. **Ei|sen|tink|tur** f. *(-,-en)* tintura *f.* di ferro. **Ei|sen|trä|ger** m. *(-s,-)* trave *f.* di ferro, longarina *f.* **Ei|sen|ver|bin|dung** f. *(-,-en)* CHIM. composto *m.* del ferro. **Ei|sen|vit|ri|ol** n. *(-s,-e)* vetriolo *m.* verde. **Ei|sen|wa|ren** pl. ferramenta *f.pl.* **Ei|sen|wa|ren|hand|lung** f. *(-,-en)* negozio *m.* di ferramenta. **Ei|sen|werk** n. *(-[e]s,-e)* ferriera *f.* **Ei|sen|zeit** f. *(-)* età *f.* del ferro. **ei|sen|zeit|lich** agg. dell'età del ferro.

ei|sern I agg. **1** di ferro: ***ein -es Tor*** un cancello di ferro **2** FIG. di ferro, ferreo: ***eine -e Disziplin, Gesundheit*** una disciplina, una salute di ferro; ***ein -er Wille*** una volontà di ferro **3** COLLOQ. *(unnachgiebig)* irremovibile **II** avv. **1** saldamente, fermamente, con fermezza; strettamente: ***sich ~ an etw. halten*** attenersi strettamente a qcs.; ***~ entschlossen sein*** essere fermamente deciso; ***~!*** certo! **2** *(hartnäckig)* ostinatamente: ***er schwieg ~*** taceva ostinatamente ◆ ***-e Hochzeit*** = 65° anniversario di matrimonio; ***der -e Kanzler*** il Cancelliere di ferro; ***das Eiserne Kreuz*** la croce di ferro; MED. ***-e Lunge*** polmone d'acciaio; ***-e Ration*** razione di riserva; ***Eiserner Vorhang*** TEATR. sipario tagliafuoco; POL. cortina di ferro.

Ei|ses|käl|te f. *(-)* freddo *m.* glaciale. **Eis|es|sig** m. *(-s)* acido *m.* acetico glaciale. **Eis|fab|rik** f. *(-,-en)* COLLOQ. fabbrica *f.* di ghiaccio (sintetico). **Eis|fach** n. *(-[e]s,-fächer)* scomparto *m.* del ghiaccio. **Eis|feld** n. *(-[e]s,-er)* campo *m.* gelato, ghiacciato. **eis|frei** agg. sgombro dal ghiaccio. **Eis|gang** m. *(-[e]s,-gänge)* deriva *f.* dei ghiacci sui fiumi. **eis|ge|kühlt** agg. ghiacciato: ***-e Getränke*** bevande ghiacciate. **Eis|ge|tränk** n. *(-[e]s,-e)* bevanda *f.* con ghiaccio. **eis|glatt** agg. COLLOQ. ***gib acht, heute ist es draußen ~*** stai attento, oggi fuori c'è uno strato di ghiaccio. **Eis|glät|te** f. *(-,-n)* patina *f.* di ghiaccio ◆ ***vor Schnee und ~ wird gewarnt*** si invita alla prudenza in caso di neve e ghiaccio (sulle strade). **eis|grau** agg. color ghiaccio; *(vom Haar)* canuto. **Eis|ha|ken** m. *(-s,-)* ALP. chiodo *m.* da ghiaccio. **Eis|ham|mer** m. *(-s,-hämmer)* ALP. martello *m.* da ghiaccio. **Eis|hauch** m. *(-[e]s,-e)* aria *f.*, vento *m.* gelido. **Eis|hei|li|gen** pl. = giorni di gelo durante il mese di maggio.

Eis|ho|ckey n. *(-s)* hockey *m.* su ghiaccio. **Eis|ho|ckey|schei|be** f. *(-,-n)* disco *m.* (per hockey su ghiaccio). **Eis|ho|ckey|stock** m. *(-[e]s,-stöcke)* bastone *m.* da hockey (su ghiaccio).

ei|sig I agg. gelido; FIG. glaciale, gelido: ***ein -er Blick*** uno sguardo gelido; ***ein -es Schweigen*** un silenzio glaciale **II** avv. freddamente, in modo gelido: ***jdn ~ empfangen*** accogliere qcn. in modo gelido; ***~ kalt*** freddo gelido. **Eis|jacht** f. *(-,-en)* slitta *f.* a vela. **Eis|kaf|fee** m. *(-s,-s)* GASTR. affogato *m.* al caffè. **eis|kalt I** agg. **1** (freddo) gelido; ***es ist ~*** fa un freddo polare; ***-es Wasser*** acqua gelida **2a** FIG. spietato: ***ein -er Mörder*** un assassino spietato **b** *(abweisend)* freddo:

ein -er Mensch una persona fredda **II** avv. freddamente, a sangue freddo: **~ handeln** agire a sangue freddo. **Eis|kap|pe** f. *(-,-n)* calotta *f.* polare. **Eis|kas|ten** m. *(-s,-kästen)* REGION. frigorifero *m.* **Eis|kel|ler** m. *(-s,-)* ghiacciaia *f.* (anche FIG.). **Eis|klub** m. *(-s,-s)* società *f.* di pattinaggio. **Eis|kraut** n. *(-[e]s,-kräuter)* BOT. erba *f.* diacciola. **Eis|krem** f. *(-,-s) (Speiseeis)* gelato *m.* **Eis|krus|te** f. *(-,-n)* crosta *f.* di ghiaccio. **Eis|kü|bel** m. *(-s,-)* secchiello *m.* del, da ghiaccio. **Eis|kunst|lauf** m. *(-[e]s)*, **Eis|kunst|lau|fen** n. *(-s)* pattinaggio *m.* artistico. **Eis|lauf** m. *(-[e]s)* pattinaggio *m.* **Eis|läu|fer** m. *(-s,-)* pattinatore *m.* su ghiaccio. **Eis|loch** n. *(-[e]s,-löcher)* buco *m.* nel ghiaccio. **Eis|ma|schi|ne** f. *(-,-n)* gelatiera *f.* **Eis|meer** n. *(-s)* **1** ***Nördliches ~*** Mar Glaciale Artico **2** *(große Eisfläche)* mare *m.* di ghiaccio. **Eis|pa|last** m. *(-[e]s,-paläste)* **1** palazzo *m.* del ghiaccio **2** COLLOQ. SCHERZ. *(Wohnung)* ghiacciaia *f.* **Eis|pi|ckel** m. *(-s,-)* piccozza *f.* (da ghiaccio).

Ei|sprung m. *(-[e]s,-sprünge)* MED. ovulazione *f.*

Eis|pul|ver n. *(-s,-)* polvere *f.* per fare il gelato. **Eis|prin|zes|sin** f. *(-,-nen)* diva *f.*, stella *f.* del pattinaggio artistico. **Eis|re|gen** n. *(-s,-)* pioggia *f.* ghiacciata. **Eis|re|vue** f. *(-,-n)* rivista *f.* (di pattinaggio artistico) sul ghiaccio. **Eis|sa|lon** m. *(-s,-s)* gelateria *f.* **Eis|schicht** f. *(-,-en)* strato *m.* di ghiaccio. **Eis|schie|ßen** n. *(-s)* SPORT curling *m.*, piastra *f.* sul ghiaccio. **Eis|schmel|ze** f. *(-,-n)* disgelo *m.* **Eis|schnell|lauf** m. *(-s)* pattinaggio *m.* di velocità. **Eis|schol|le** f. *(-,-n)* lastrone *m.* di ghiaccio. **Eis|schrank** m. *(-[e]s,-schränke)* **1** ghiacciaia *f.* **2** ANT. *(Kühlschrank)* frigorifero *m.* **Eis|schrau|be** f. *(-,-n)* → **Eishaken.** **Eis|spit|ze** f. *(-,-n)* rampone *m.* da ghiaccio. **Eis|sport** m. *(-[e]s,-e)* sport *m.* su ghiaccio. **Eis|sta|di|on** n. *(-s,-stadien)* palazzo *m.* del ghiaccio. **Eis|stau** m. *(-s,-s)* formazione *f.* di ghiaccio (nei fiumi). **Eis|stock** m. *(-[e]s,-stöcke)* SPORT piastra *f.* per il curling. **Eis|stock|schie|ßen** n. *(-s)* → **Eisschießen.** **Eis|ta|ge** pl. = giorni in cui la temperatura massima non giunge a 0°. **Eis|tanz** m. *(-[e]s,-tänze)* danza *f.* sul ghiaccio. **Eis|tor|te** f. *(-,-n)* torta *f.* gelato. **Eis|trei|ben** n. *(-s,-)* deriva *f.* dei ghiacci. **Eis|tü|te** f. *(-,-n)* cono *m.* gelato. **Eis|ver|käu|fer** m. *(-s,-)* gelataio *m.* **Eis|waf|fel** f. *(-,-n)* biscotto *m.* da gelato. **Eis|was|ser** n. *(-s,-)* acqua *f.* ghiacciata. **Eis|wein** m. *(-s,-e)* INTRAD. (tipo di vino prodotto con uve raccolte dopo la prima gelata). **Eis|wür|fel** m. *(-s,-)* cubetto *m.* di ghiaccio. **Eis|zap|fen** m. *(-s,-)* ghiacciolo *m.* **Eis|zeit** f. *(-,-en)* epoca *f.* glaciale. **eis|zeit|lich** agg. dell'epoca glaciale.

ei|tel agg. **1** vanitoso: ***~ wie ein Pfau sein*** essere vanitoso come un pavone **2** ANT. *(eingebildet)* presuntuoso: ***auf etw. ~ sein*** vantarsi di qcs. **3** ANT. futile: ***eitles Geschwätz*** chiacchiere futili **4** LETT. *(rein)* puro, autentico: ***~ Gold*** oro puro ◆ ***alles war ~ Sonnenschein, Freude*** = non c'era che gioia e contentezza. **Ei|tel|keit** f. *(-,-en)* **1** vanità *f.* **2** LETT. ANT. *(Nichtigkeit)* futilità *f.*

Ei|ter m. *(-s)* pus *m.*, materia *f.* purulenta; ***~ bildend*** piogeno. **Ei|ter|aus|schlag** m. *(-[e]s,-ausschläge)* piodermite *f.* **Ei|ter|beu|le** f. *(-,-n)* **1** ascesso *m.* **2** FIG. bubbone *m.* **Ei|ter|bläs|chen** n. *(-s,-)* pustolina *f.* **Ei|ter|er|re|ger** m. *(-s,-)* germe *m.* piogeno. **Ei|ter|flech|te** f. *(-,-n)* impetigine *f.* **Ei|ter|ge|schwür** n. *(-s,-e)* foruncolo *m.* **Ei|ter|herd** m. *(-[e]s,-e)* focolaio *m.* di pus (*o* purulento). **ei|te|rig** agg. → **eitrig.** **ei|tern** intr. (aus. *haben*) suppurare, formare pus. **Ei|ter|pfropf** m. *(-[e]s,-en)* grumo *m.* di pus. **Ei|ter|pi|ckel** m. *(-s,-)* foruncolo *m.* **Ei|te|rung** f. *(-,-en)* suppurazione *f.* **eit|rig** agg. purulento.

Ei|weiß n. *(-es,-e)* **1** albume *m.*, chiara *f.* (*o* bianco *m.*) d'uovo: ***Dotter und ~*** tuorlo e albume; ***zwei ~ zu Schnee schlagen*** montare a neve due chiare d'uovo **2** BIOL. proteina *f.* **ei|weiß|arm** agg. povero di proteine. **Ei|weiß|be|darf** m. *(-[e]s,-e)* fabbisogno *m.* proteico. **Ei|weiß|ge|halt** n. *(-[e]s,-e)* contenuto *m.* proteico. **ei|weiß|hal|tig** agg. contenente proteine, proteico: ***-e Diät*** dieta proteica. **Ei|weiß|har|nen** n. *(-s)* albuminuria *f.* **Ei|weiß|kör|per** m. *(-s,-)* BIOL. proteina *f.* **Ei|weiß|man|gel** m. *(-s,-mängel)* carenza *f.* proteica. **ei|weiß|reich** agg. ricco di proteine. **Ei|weiß|stoff** m. *(-[e]s,-e)* albumina *f.*

Ei|zel|le f. *(-,-n)* ovulo *m.*

E|ja|ku|la|ti|on f. *(-,-en)* eiaculazione *f.* **e|ja|ku|lie|ren** intr. (aus. *haben*) eiaculare.

E|jek|ti|on f. *(-,-en)* espulsione *f.*, eiezione *f.*; estromissione *f.* **E|jek|tiv** m. *(-s,-e)*, **E|jek|tiv|laut** m. *(-[e]s,-e)* suono *m.* eiettivo. **E|jek|tor** m. *(-s,-en)* eiettore *m.* **e|ji|zie|ren** tr. TECN. eiettare, espellere.

E|kart [e'ka:ɐ] m. *(-s,-s)* ECON. scarto *m.*

Ek|chy|mo|se f. *(-,-n)* ecchimosi *f.*

EKD ⇒ *Evangelische Kirche in Deutschland* Chiesa Evangelica in Germania.

e|kel agg. LETT. schifoso, ributtante.

1.E|kel m. *(-s)* disgusto *m.*, schifo *m.* ripugnanza *f.*; nausea *f.*: ***~ vor jdm, etw. empfinden*** provare schifo, disgusto per qcn., qcs.; ***zum ~ werden*** venire a nausea; ***einen ~ bekommen*** disgustarsi, nausearsi; ***~ erregen*** provocare nausea; ***~ erregend*** schifoso, nauseante.

2.E|kel n. *(-s,-)* COLLOQ. persona *f.* insopportabile, impossibile; *(von Kindern)* ***du ~!*** sei una peste!

e|kel|haft I agg. schifoso, ributtante, disgustoso; *(von Geruch)* nauseante **II** avv. in modo ributtante, schifoso; in maniera nauseante. **e|ke|lig** agg. → **eklig.** **e|keln I** intr. impers. (aus. *haben*) ***es ekelt mir, mich*** mi fa schifo, mi disgusta **II** rifl. **sich ~** provare schifo, ribrezzo: ***ich ekle mich vor Spinnen*** i ragni mi fanno schifo **III** tr. COLLOQ. *(hinausekeln)* allontanare con angherie. **E|kel|na|me** m. *(-ns,-n)* soprannome *m.*

Ekg, EKG ⇒ *Elektrokardiogramm* elettrocardiogramma (⇒ ecg.).

Ek|kle|si|as|tes m. *(-)* BIBL. Ecclesiaste *m.* **Ek|kle|si|as|ti|kus** m. *(-)* BIBL. Ecclesiastico *m.*

Ek|lat [e'kla(:)] m. *(-s,-s)* scalpore *m.*, clamore *m.* **ek|la|tant** agg. eclatante, clamoroso.

Ek|lek|ti|ker m. *(-s,-)* eclettico *m.* **ek|lek|tisch** agg. eclettico. **Ek|lek|ti|zis|mus** m. *(-)* eclettismo *m.*, eclecticismo *m.* **ek|lek|ti|zis|tisch** agg. eclettico.

ek|lig I agg. **1** *(ekelhaft)* schifoso, disgustoso **2** COLLOQ. *(unangenehm)* sgradevole, sgarbato **II** avv. terribilmente: ***~ frieren*** soffrire terribilmente il freddo.

Ek|lip|se f. *(-,-n)* eclisse *f.* **Ek|lip|tik** f. *(-,-en)* eclittica *f.* **ek|lip|tisch** agg. eclittico.

Ek|lo|ge f. *(-,-n)* egloga *f.*

Ek|ra|sit n. *(-s)* ecrasite *f.*

ek|rü agg. écru. **Ek|rü|sei|de** f. *(-,-n)* seta *f.* cruda.

Eks|ta|se f. *(-,-n)* estasi *f.*: ***in ~ versetzen, geraten (kommen)*** mandare, cadere in estasi. **Eks|ta|ti|ker** m. *(-s,-)* estatico *m.* **eks|ta|tisch** agg. estatico.

Ek|ta|se f. *(-,-n)* METR. ectasia *f.*, ectasi *f.*

Ek|ta|sie f. *(-,-n)* MED. ectasia *f.*, ettasia *f.*

Ek|to|derm n. *(-s,-e)* ectoderma *m.*

Ek|to|mie f. *(-,-n)* ectomia *f.*

Ek|to|pa|ra|sit m. *(-en,-en)* ectoparassita *m.*

Ek|zem n. *(-s,-e)* eczema *m.*

E|la|bo|rat n. *(-[e]s,-e)* **1** elaborato *m.* **2** SPREG. scribacchiatura *f.*, abborracciatura *f.* **e|la|bo|rie|ren** tr. elaborare.

E|lan [e'la:n, e'lã:] m. *(-s)* slancio *m.*

E|las|tik n. *(-s,-s)* e f. *(-,-en)* tessuto *m.* elastico, elastico *m.* **E|las|tik|bin|de** f. *(-,-n)* benda *f.* elastica. **e|las|tisch** agg. elastico (anche FIG.): ***eine -e Regelung*** un regolamento elastico. **E|las|ti|zi|tät** f. *(-,-en)* elasticità *f.* (anche FIG.). **E|las|ti|zi|täts|gren|ze** f. *(-,-n)* limite *m.* di elasticità, limite *m.* elastico. **E|las|ti|zi|täts|mo|dul** m. *(-s,-n)* modulo *m.* di elasticità. **E|las|to|mer** n. *(-s,-e)* elastomero *m.*

E|la|tiv m. *(-s,-e)* comparativo *m.* elativo.

elb|ab|wärts avv. secondo la corrente dell'Elba, discendendo l'Elba. **elb|auf|wärts** avv. contro la corrente dell'Elba, risalendo la corrente dell'Elba. **E|lbe** n.pr.f. *(-)* Elba *f.*

el|bisch agg. ANT. **1** *(elfenhaft)* da elfo **2** *(geisterhaft)* spettrale.

Elb|kahn m. *(-[e]s,-kähne)* **1** battello *m.* dell'Elba **2** SCHERZ. *(großer Schuh)* barca *f.*

Elch m. *(-[e]s,-e)* alce *m.* ◆ SCHERZ. ***ich dachte, mich küsst ein ~*** = sono caduto dalle nuvole.

E|le|a|te m. *(-n,-n)* eleatico *m.* **e|le|a|tisch** agg. eleatico.

E|le|fant m. *(-en,-en)* elefante *m.* ◆ ***sich wie ein ~ im Porzellanladen benehmen*** muoversi come un elefante in un negozio di porcellane (*o* avere la delicatezza di un pachiderma). **E|le|fan|ten|ba|by** n. *(-s,-s)* SPREG. bambino *m.* (-a *f.*) ciccione (-a). **E|le|fan|ten|bul|le** m. *(-n,-n)* elefante *m.* maschio. **E|le|fan|ten|ge|dächt|nis** n. *(-ses,-se)* memoria *f.* da elefante. **E|le|fan|ten|haut** f. *(-,-häute)* COLLOQ. pelle *f.* di elefante, pellaccia *f.* **E|le|fan|ten|hoch|zeit** f. *(-,-en)* ECON. unione *f.* di (*o* tra) due colossi. **E|le|fan|ten|rob|be** f. *(-,-n)* elefante *m.* marino. **E|le|fan|ten|rüs|sel** m. *(-s,-)* proboscide *f.* (dell'elefante). **E|le|fan|ten|zahn** m. *(-[e]s,-zähne)* zanna *f.* di elefante.

E|le|fan|ti|a|sis f. *(-, Elefantiasen)* elefantiasi *f.* **e|le|fan|tös** agg. SCHERZ. grandioso, straordinario.

e|le|gant I agg. elegante **II** avv. con eleganza, elegantemente: ***sich ~ aus der Affäre ziehen*** venire fuori in modo elegante da una situazione (scabrosa). **E|le|ganz** f. *(-)* eleganza *f.*

E|le|gie f. *(-,-n)* elegia *f.* **E|le|gi|en|dich|ter**, **E|le|gi|ker** m. *(-s,-)* poeta *m.* elegiaco, elegiaco *m.* **e|le|gisch** agg. elegiaco.

e|lek|tiv agg. elettivo.

E|lekt|ra|kom|plex m. *(-es)* complesso *m.* di Elettra.

e|lekt|ri|fi|zie|ren tr. elettrificare. **E|lekt|ri|fi|zie|rung** f. *(-,-en)* elettrificazione *f.* **E|lekt|rik** f. *(-)* → **Elektrotechnik.** **E|lekt|ri|ker** m. *(-s,-)* **1** → **Elektrotechniker** **2** elettricista *m.* **e|lekt|risch**

I agg. elettrico: ***-er Schlag*** scossa elettrica; ***der -e Stuhl*** la sedia elettrica **II** avv. elettricamente, a corrente elettrica ◆ ***-e Haushaltsgeräte*** elettrodomestici. **e|lekt|ri|sie|ren I** tr. **1** elettrizzare **2** *(begeistern)* entusiasmare, elettrizzare **II** rifl. **sich ~** prendersi la scossa. **E|lekt|ri|sier|ma|schi|ne** f. *(-,-n)* macchina *f.* elettrostatica. **E|lekt|ri|sie|rung** f. *(-,-en)* elettrizzazione *f.*

E|lekt|ri|zi|tät f. *(-)* elettricità *f.* **E|lekt|ri|zi|täts|er|zeu|gung** f. *(-,-en)* produzione *f.* di energia elettrica. **E|lekt|ri|zi|täts|ge|sell|schaft** f. *(-,-en)* società *f.* elettrica. **E|lekt|ri|zi|täts|leh|re** f. *(-)* elettrologia *f.* **E|lekt|ri|zi|täts|mes|ser** m. *(-s,-)* elettrometro *m.* **E|lekt|ri|zi|täts|netz** n. *(-es,-e)* rete *f.* elettrica. **E|lekt|ri|zi|täts|ver|sor|gung** f. *(-,-en)* approvvigionamento *m.* di energia elettrica. **E|lekt|ri|zi|täts|werk** n. *(-[e]s,-e)* centrale *f.* elettrica. **E|lekt|ri|zi|täts|wirt|schaft** f. *(-)* economia *f.* energetica. **E|lekt|ri|zi|täts|zäh|ler** m. *(-s,-)* contatore *m.* (di energia elettrica, COLLOQ. della luce).

E|lekt|ro|akus|tik f. *(-)* elettroacustica *f.* **e|lekt|ro|akus|tisch** agg. elettroacustico. **E|lekt|ro|an|trieb** m. *(-[e]s,-e)* trazione *f.* elettrica, elettrotrazione *f.* **E|lekt|ro|be|hand|lung** f. *(-,-en)* elettroterapia *f.* **E|lekt|ro|che|mie** f. *(-)* elettrochimica *f.* **e|lekt|ro|che|misch** agg. elettrochimico. **E|lekt|ro|chi|rur|gie** f. *(-)* elettrochirurgia *f.*

E|lekt|ro|de f. *(-,-n)* elettrodo *m.*

E|lekt|ro|dy|na|mik f. *(-)* elettrodinamica *f.* **e|lekt|ro|dy|na|misch** agg. elettrodinamico. **E|lekt|ro|en|ze|pha|lo|gramm** n. *(-s,-e)* elettroencefalogramma *m.* **E|lekt|ro|en|ze|pha|lo|gra|phie** f. *(-,-n)* elettroencefalografia *f.* **E|lekt|ro|fahr|zeug** n. *(-[e]s,-e)* veicolo *m.* elettrico. **E|lekt|ro|ge|rät** n. *(-[e]s,-e)* apparecchio *m.* elettrico, elettrodomestico *m.* **E|lekt|ro|gi|tar|re** f. *(-,-n)* chitarra *f.* elettrica. **E|lekt|ro|hand|werk** n. *(-[e]s,-e)* lavoro *m.* di elettrotecnica. **E|lekt|ro|herd** m. *(-[e]s,-e)* cucina *f.* elettrica. **E|lekt|ro|in|dust|rie** f. *(-,-n)* industria *f.* elettrotecnica. **E|lekt|ro|in|ge|ni|eur** m. *(-s,-e)* ingegnere *m.* elettrotecnico.

E|lekt|ro|kar|di|o|gramm n. *(-s,-e)* elettrocardiogramma *m.* **E|lekt|ro|kar|di|o|graph** m. *(-s,-en)* elettrocardiografo *m.* **E|lekt|ro|kar|di|o|gra|phie** f. *(-,-n)* elettrocardiografia *f.*

E|lekt|ro|kar|ren m. *(-s,-)* carrello *m.* elettrico (*o* ad accumulatori). **E|lekt|ro|kau|ter** m. *(-s,-)* elettrocauterio *m.*

E|lekt|ro|ly|se f. *(-,-n)* elettrolisi *f.* **E|lekt|ro|ly|se|zel|le** f. *(-,-n)* cella *f.* elettrolitica. **e|lekt|ro|ly|sie|ren** tr. elettrolizzare. **E|lekt|ro|ly|sier|ge|fäß** n. *(-es,-e)* → **Elektrolysezelle. E|lekt|ro|lyt** m. *(-en,-e* e RAR. *-s,-en)* elettrolito *m.* **e|lekt|ro|ly|tisch** agg. elettrolitico.

E|lekt|ro|mag|net m. *(-[e]s* e *-en,-en* e *-e)* elettromagnete *m.*, elettrocalamita *f.* **e|lekt|ro|mag|ne|tisch** agg. elettromagnetico. **E|lekt|ro|mag|ne|tis|mus** m. *(-)* elettromagnetismo *m.*

E|lekt|ro|mas|sa|ge [-ʒə] f. *(-,-n)* massaggio *m.* elettrico. **E|lekt|ro|me|cha|nik** f. *(-)* elettromeccanica *f.* **e|lekt|ro|me|cha|nisch** agg. elettromeccanico. **E|lekt|ro|me|ter** n. *(-s,-)* elettrometro *m.* **E|lekt|ro|mo|bil** n. *(-s,-e)* → **Elektrofahrzeug. E|lekt|ro|mon|teur** m. *(-s,-e)* elettricista *m.* montatore. **E|lekt|ro|mo|tor** m. *(-s,-en)* motore *m.* elettrico, elettromotore *m.* **e|lekt|ro|mo|to|risch** agg. elettromotore: ***-e Kraft*** forza elettromotrice.

1.E|lekt|ron, E|lekt|ron, E|lekt|ron n. *(-s,-en)* elettrone *m.*

2.E|lekt|ron n. *(-s)* elettro *m.*

E|lekt|ro|nen|bahn f. *(-,-en)* orbita *f.* dell'elettrone (*o* elettronica). **E|lekt|ro|nen|blitz|ge|rät** n. *(-[e]s,-e)* FOT. flash *m.* elettronico. **E|lekt|ro|nen|(ge|)hirn** n. *(-[e]s,-e)* COLLOQ. cervello *m.* elettronico. **E|lekt|ro|nen|hül|le** f. *(-,-n)* mantello *m.* elettronico. **E|lekt|ro|nen|mik|ro|skop** n. *(-s,-e)* microscopio *m.* elettronico. **E|lekt|ro|nen|or|gel** f. *(-,-n)* organo *m.* elettronico. **E|lekt|ro|nen|re|chen|ma|schi|ne** f. *(-,-n)*, **E|lekt|ro|nen|rech|ner** m. *(-s,-)* calcolatore *m.* elettronico. **E|lekt|ro|nen|röh|re** f. *(-,-n)* tubo *m.* elettronico. **E|lekt|ro|nen|schleu|der** f. *(-,-n)* betatrone *m.*, acceleratore *m.* di elettroni. **E|lekt|ro|nen|strahl** m. *(-[e]s,-en)* fascio *m.* di elettroni. **E|lekt|ro|nen|volt** n. *(-* e *-[e]s,-)* volt-elettrone *m.*, elettronvolt *m.*

E|lekt|ro|nik f. *(-)* elettronica *f.* **E|lekt|ro|ni|ker** m. *(-s,-)* tecnico *m.* elettronico; SCOL. perito *m.* elettronico. **e|lekt|ro|nisch** agg. elettronico.

E|lekt|ron|volt → **Elektronenvolt.**

E|lekt|ro|ofen m. *(-s,-öfen)* forno *m.* elettrico. **E|lekt|ro|pho|re|se** f. *(-)* elettroforesi *f.* **E|lekt|ro|ra|sie|rer** m. *(-s,-)* rasoio *m.* elettrico. **E|lekt|ro|schock** m. *(-[e]s,-s* e RAR. *-e)* elettroshock *m.*

E|lekt|ro|schwei|ßen n. *(-s)* saldatura *f.* elettrica. **E|lekt|ro|schwei|ßer** m. *(-s,-)* saldatore *m.* elettrico. **E|lekt|ro|schwei|ßung** f. *(-,-en)* → **Elektroschweißen.**

E|lekt|ro|skop n. *(-s,-e)* elettroscopio *m.* **E|lekt|ro|sta|tik** f. *(-)* elettrostatica *f.* **E|lekt|ro|tech|nik** f. *(-)* elettrotecnica *f.* **E|lekt|ro|tech|ni|ker** m. *(-s,-)* elettrotecnico *m.*, perito *m.* elettrotecnico. **E|lekt|ro|the|ra|pie** f. *(-,-n)* elettroterapia *f.* **E|lekt|ro|zeit|nah|me** f. *(-,-n)* cronometraggio *m.* elettronico.

E|le|ment n. *(-[e]s,-e)* **1** *(Bestandteil)* elemento *m.*, componente *f.* **2** *(Urstoff)* elemento *m.*: ***die vier -e*** i quattro elementi **3** pl. *(Naturgewalt)* elementi *m.pl.*: ***das Wüten der -e*** la furia degli elementi **4** pl. *(Grundbegriffe)* elementi *m.pl.*, principi *m.pl.* (fondamentali): ***-e der Mathematik*** elementi di matematica; *(Anfangsgründe)* rudimenti *m.pl.* **5** pl. SPREG. *(von Menschen)* elementi *m.pl.*: ***subversive, kriminelle -e*** elementi sovversivi, criminali **6** EL. pila *f.*: ***voltaisches ~*** pila voltaica ◆ ***sich in seinem ~ fühlen*** sentirsi nel proprio elemento (*o* perfettamente a proprio agio); ***das feuchte, nasse ~*** l'elemento liquido.

e|le|men|tar agg. **1** *(primitiv)* elementare, semplice **2** *(grundlegend)* fondamentale, basilare **3** *(ungestüm)* impetuoso, veemente: ***mit -er Kraft*** con forza impetuosa. **E|le|men|tar|er|eig|nis** n. *(-ses,-se)* cataclisma *m.*, catastrofe *f.* naturale. **E|le|men|tar|geist** m. *(-[e]s,-er)* spirito *m.* elementare. **E|le|men|tar|ge|walt** f. *(-,-en)* → **Elementarkraft. e|le|men|ta|risch** agg. RAR. impetuoso, veemente. **E|le|men|tar|kennt|nis** f. *(-,-se)* nozione *f.* elementare. **E|le|men|tar|klas|se** f. *(-,-n)* classe *f.* (di scuola) elementare. **E|le|men|tar|kraft** f. *(-,-kräfte)* forza *f.* elementare. **E|le|men|tar|la|dung** f. *(-,-en)* FIS. carica *f.* elementare. **E|le|men|tar|mag|net** m. *(-en* e *-[e]s,-e)* magnete *m.* elementare. **E|le|men|tar|schu|le** f. *(-,-n)* ANT. scuola *f.* elementare. **E|le|men|tar|teil|chen** n. *(-s,-)* particella *f.* elementare. **E|le|men|tar|un|ter|richt** m. *(-[e]s)* insegnamento *m.* elementare, istruzione *f.* primaria.

E|le|mi n. *(-s)* elemi *m.* **E|le|mi|öl** n. *(-[e]s,-e)* olio *m.* di elemi.

e|lend I agg. **1** *(armselig)* misero, povero **2a** *(kümmerlich)* misero, miserabile, meschino: ***ein -es Leben*** una vita miserabile **b** SPREG. ***-e Lügen*** misere bugie **3** *(krank)* ***es ist mir ~*** sto male **4** COLLOQ. rafforz. enorme, terribile: ***einen -en Hunger haben*** avere una fame tremenda **II** avv. **1** miseramente, poveramente **2** male: ***ich fühle mich ~*** mi sento male **3** rafforz. COLLOQ. tremendamente, maledettamente.

E|lend n. *(-s)* miseria *f.*: ***ins ~ geraten*** cadere in miseria; ***im ~ leben, sterben*** vivere, morire in miseria; ***das leibhaftige ~ sein*** essere la miseria personificata ◆ ***nur noch ein Häufchen ~ sein*** essere ridotto a uno straccio; SCHERZ. ***das heulende, graue ~ haben, bekommen*** essere depresso, abbattuto; COLLOQ. ***langes ~*** spilungone *m.*; ***es ist ein ~ mit ihm*** è la mia disperazione.

e|len|dig agg. REGION. → **elend. e|len|dig|lich** avv. miseramente: ***~ zugrunde gehen*** andare miseramente in rovina.

E|lends|da|sein n. *(-s)* misera esistenza *f.* **E|lends|ge|stalt** f. *(-,-en)* poveraccio *m.* **E|lends|quar|tier** n. *(-s,-e)* stamberga *f.*, tugurio *m.* **E|lends|vier|tel** n. *(-s,-)* quartiere *m.* povero.

E|le|va|ti|on f. *(-,-en)* LIT. ASTR. elevazione *f.* **E|le|va|tor** m. *(-s,-en)* TECN. elevatore *m.*

elf agg.inv. **1** undici: ***es waren ihrer ~*** erano in undici; ***es sind gerade ~ Jahre*** sono undici anni giusti; ***mit der Linie ~ fahren*** prendere l'undici (linea del tram o del bus) **2** *(elf Uhr)* le undici, le ore undici: ***gegen ~ Uhr*** verso le undici; ***um ~*** alle undici; ***es war halb ~*** erano le dieci e mezza; ***ein Viertel vor (auf), nach ~*** un quarto alle undici, le undici e un quarto.

1.Elf f. *(-,-en)* **1** undici *m.*; COLLOQ. ***die ~*** l'undici (il tram o il bus numero undici) **2** SPORT undici *m.pl.*, squadra *f.* (di calcio).

2.Elf m. *(-en,-en)*, **El|fe** f. *(-,-n)* elfo *m.*

Elf|eck n. *(-s,-e)* endecagono *m.* **elf|eckig** agg. endecagonale. **elf|ein|halb** agg.inv. undici e mezzo.

El|fen|bein n. *(-[e]s,-e)* avorio *m.* ◆ ***schwarzes ~*** avorio nero. **El|fen|bein|ar|beit** f. *(-,-en)* lavoro *m.* in avorio. **el|fen|bei|nern** agg. d'avorio, eburneo. **el|fen|bein|far|ben** agg. color avorio, eburneo. **El|fen|bein|küs|te** n.pr.f. *(-)* Costa *f.* d'Avorio. **El|fen|bein|schnit|zer** m. *(-s,-)* intagliatore *m.* d'avorio. **El|fen|bein|schnit|ze|rei** f. *(-,-en)* **1** intaglio *m.* d'avorio **2** arte *f.* dell'intaglio in avorio. **El|fen|bein|turm** m. *(-[e]s,-türme)* FIG. torre *f.* d'avorio: ***in seinem ~ leben*** vivere nella propria torre d'avorio.

el|fen|haft agg. da elfo. **El|fen|rei|gen** m. *(-s,-)* danza *f.* degli elfi.

El|fer m. *(-s,-)* **1** SPORT GERG. rigore *m.* **2** REGION. undici *m.*, numero *m.* undici. **el|fer|lei** agg.inv. di undici qualità. **El|fer|wet|te** f. *(-,-n)* totocalcio *m.* **elf|fach I** agg. undici volte tanto **II** avv. undici volte. **elf|hun|dert** agg.inv. millecento. **elf|jäh|rig** agg. undicenne, di undici anni. **elf|mal** avv. undici volte.

Elf|me|ter m. *(-s,-)* SPORT rigore *m.*: ***einen ~ schießen, ausführen, verwandeln, verschießen*** tirare (*o* calciare), battere, trasformare, sbagliare un rigore; ***einen ~ pfeifen, verhängen, gewähren, geben*** fischiare, assegnare, concedere, dare un rigore. **Elf|me|ter|mar|ke** f. *(-,-n)*, **Elf|me|ter|punkt** m. *(-[e]s,-e)* dischetto *m.* del rigore.

Elf|me|ter|schuss m. *(-es,-schüsse)* calcio *m.* di rigore. **Elf|me|ter|schie|ßen**, ***zum ~ kommen*** andare ai rigori. **Elf|me|ter|tor** n. *(-[e]s,-e)* rete *f.* dagli undici metri, goal *m.* su rigore.
elf|sil|big agg. endecasillabo.
elft, ***zu ~*** in undici. **elf|te** agg. **1** undicesimo, undecimo, decimoprimo **2** *(im Datum)* undici: ***am -n Mai*** l'undici maggio. **Elf|te** m. e f. *(-n,-n)* **1** undicesimo *m.* (-a *f.*) **2** *(als Monatstag)* undici *m.*: ***heute ist der ~*** oggi è l'undici. **Elf|tel** n. *(-s,-)* undicesimo *m.*: ***zwei, drei ~*** due, tre undicesimi. **elf|tens** avv. undicesimo, in undicesimo luogo.
E|li|as n.pr.m. Elia *m.*
e|li|die|ren tr. LING. elidere.
E|li|mi|na|ti|on f. *(-,-en)* eliminazione *f.* **e|li|mi|nie|ren** tr. eliminare. **E|li|mi|nie|rung** f. *(-,-en)* eliminazione *f.*
E|li|sa|beth n.pr.f. Elisabetta *f.* **e|li|sa|be|tha|nisch** agg. elisabettiano: ***das -e Drama*** il dramma elisabettiano.
E|li|si|on f. *(-,-en)* LING. elisione *f.*
e|li|tär agg. elitario. **E|li|te** f. *(-,-n)* élite *f.*, fior fiore *m.* **E|li|te|trup|pe** f. *(-,-n)* truppe *f.pl.* scelte.
E|li|xier n. *(-s,-e)* elisir *m.*
Ell|bo|gen m. *(-s,-)* gomito *m.*: ***sich auf die ~ stützen*** appoggiarsi sui gomiti; FIG. ***seine ~ gebrauchen, einsetzen*** farsi largo coi gomiti (*o* a gomitate). **Ell|bo|gen|frei|heit** f. *(-)* **1** spazio *m.* per muovere le braccia **2** FIG. libertà *f.* di movimento. **Ell|bo|gen|ge|lenk** n. *(-[e]s,-e)* articolazione *f.* del gomito. **Ell|bo|gen|ge|sell|schaft** f. *(-)* SPREG. = società in cui bisogna farsi largo a gomitate. **Ell|bo|gen|mensch** m. *(-en,-en)* SPREG. = persona che si fa strada a gomitate.
El|le f. *(-,-n)* **1** ulna *f.* **2** *(Längeneinheit)* cubito *m.* **3** FIG. metro *m.*: ***alles nach, mit gleicher ~ messen*** misurare tutto con lo stesso metro; ***nicht mit gleicher ~ messen*** usare due pesi e due misure ◆ ***er geht, als hätte er eine ~ verschluckt*** cammina come se avesse inghiottito il manico della scopa.
El|len|beu|ge f. *(-,-n)* incavo *m.* del braccio. **El|len|bo|gen** → **Ellbogen. el|len|lang** agg. FIG. lunghissimo, chilometrico.
El|lip|se f. *(-,-n)* **1** GEOM. ellisse *f.* **2** LING. ellissi *f.* **el|lip|sen|för|mig** agg. a forma di ellisse. **El|lip|sen|zir|kel** m. *(-s,-)* ellissografo *m.* **El|lip|so|id** n. *(-s,-e)* ellissoide *m.* **el|lip|tisch** agg. GEOM. LING. ellittico.
Elms|feu|er n. *(-s,-)* fuoco *m.* di sant'Elmo.
E|lon|ga|ti|on f. *(-,-en)* FIS. ASTR. elongazione *f.*
e|lo|quent agg. eloquente. **E|lo|quenz** f. *(-)* eloquenza *f.*
E|lo|xal® n. *(-s)* alluminio *m.* anodizzato. **E|lo|xal|ver|fah|ren** n. *(-s,-)* anodizzazione *f.* **e|lo|xie|ren** tr. anodizzare.
El|rit|ze f. *(-,-n)* sanguinerola *f.*, fregarolo *m.*
El|sass n.pr.n. *(-* e *-es)* Alsazia *f.* **El|säs|ser I** m. *(-s,-)* **1** alsaziano *m.*, abitante *m.* dell'Alsazia **2** *(Wein)* vino *m.* alsaziano **II** agg.inv. alsaziano, dell'Alsazia. **el|säs|sisch** agg. alsaziano. **El|sass-Loth|rin|gen** n.pr.n. Alsazia-Lorena *f.*
El|se n.pr.f. Elsa *f.*
Els|ter f. *(-,-n)* gazza *f.* ◆ ***diebische ~*** gazza ladra (anche FIG.); ***geschwätzig wie eine ~*** essere chiacchierone come una gazza.
El|ter n. e m. *(-s,-n)* STATIST. genitore *m.* **el|ter|lich** agg. **1** di, da genitore: ***seinen -en Pflichten nachkommen*** assolvere ai propri doveri di genitore **2** *(den Eltern gehörend)* dei genitori: ***das -e Haus*** la casa dei genitori. **El|tern** pl. genitori *m.pl.* ◆ COLLOQ. ***nicht von schlechten ~ sein*** non essere male, non lasciar a desiderare. **El|tern|abend** m. *(-[e]s,-e)* SCOL. riunione *f.* dei genitori, colloqui *m.pl.* (dei genitori) coi professori. **El|tern|aus|schuss** m. *(-es,-ausschüsse)*, **El|tern|bei|rat** m. *(-[e]s,-beiräte)* SCOL. rappresentanza *f.* dei genitori (al consiglio scolastico). **El|tern|haus** n. *(-es)* **1a** casa *f.* dei genitori **b** *(Vaterhaus)* casa *f.* paterna **2** *(Familie)* famiglia *f.*: ***aus einem strengen ~ stammen*** provenire da una famiglia rigida. **el|tern|los** agg. orfano (di padre e madre). **El|tern|paar** n. *(-[e]s,-e)* coppia *f.* di genitori. **El|tern|schaft** f. *(-,-en)* **1** genitori *m.pl.* **2** *(Elternsein)* l'essere genitori; *(Vatersein)* paternità *f.*; *(Muttersein)* maternità *f.* **El|tern|sprech|stun|de** f. *(-,-n)* SCOL. ora *f.* di ricevimento dei genitori. **El|tern|teil** m. *(-[e]s,-e)* genitore *m.* **El|tern|ver|tre|ter** m. *(-s,-)* SCOL. rappresentante *m.* dei genitori.
e|ly|sä|isch, e|ly|sisch agg. elisio, paradisiaco ◆ ***die -en Gefilde*** i campi elisi. **E|ly|si|um** n. *(-s, Elysien)* elisio *m.*
El|ze|vir ['ɛlzəvi:ɐ] f. *(-)* TIP. elzeviro *m.*, carattere *m.* elzeviriano.
em. ⇒ *emeritus, emeritiert* a riposo (a.r.).
E|mail [e'mai, e'ma:j] n. *(-s,-s)* smalto *m.*
E-Mail ['i:meɪl] f. *(-)* posta *f.* elettronica.
E|mail|far|be f. *(-,-n)* (colore *m.* a) smalto *m.* **E|mail|ge|schirr** n. *(-[e]s,-e)* stoviglie *f.pl.* smaltate. **E|mail|glas** n. *(-es,-gläser)* bicchiere *m.* smaltato. **E|mail|lack** m. *(-[e]s,-e)* smalto *m.* **E|mail|le** [e'maljə, e'maj, e'ma:j] f. *(-,-n)* → **Email. e|mail|lie|ren** [ema(l)'i:rən] tr. smaltare. **E|mail|lier|ofen** m. *(-s,-öfen)* forno *m.* per smaltatura. **E|mail|lier|werk** n. *(-[e]s,-e)* smalteria *f.* **E|mail|ma|le|rei** f. *(-,-en)* pittura *f.* a smalto.
E|ma|na|ti|on f. *(-,-en)* FILOS. FIS. emanazione *f.* **e|ma|nie|ren** tr. FILOS. FIS. emanare.
E|ma|nu|el n.pr.m. Emanuele *m.*
E|man|ze f. *(-,-n)* SPREG. suffragetta *f.* **E|man|zi|pa|ti|on** f. *(-,-en)* emancipazione *f.* **E|man|zi|pa|ti|ons|be|we|gung** f. *(-,-en)* movimento *m.* per l'emancipazione. **e|man|zi|pa|tiv, e|man|zi|pa|to|risch** agg. emancipatore. **e|man|zi|pie|ren I** tr. RAR. emancipare **II** rifl. **sich ~** emanciparsi. **e|man|zi|piert** p.pass. agg. **1** → **emanzipieren 2** emancipato. **E|man|zi|pie|rung** f. *(-,-en)* emancipazione *f.*
Em|bal|la|ge [ãba'la:ʒə] f. *(-,-n)* imballaggio *m.*
Em|bar|go n. *(-s,-s)* embargo *m.*: ***ein Land mit ~ belegen*** applicare l'embargo a un paese; ***ein ~ über jdn verhängen, durchsetzen*** imporre un embargo a qcn.
Emb|lem [ɛm'ble:m, ã'ble:m] n. *(-s,-e)* emblema *m.* **emb|le|ma|tisch** agg. emblematico.
Em|bo|lie f. *(-,-n)* embolia *f.* **Em|bo|lus** m. *(-, Emboli)* embolo *m.*
Emb|ryo m. *(-s,-nen)* embrione *m.* **Emb|ry|o|lo|gie** f. *(-)* embriologia *f.* **emb|ry|o|nal, emb|ry|o|nisch** agg. embrionale.
E|men|da|ti|on f. *(-,-en)* emendazione *f.* **e|men|die|ren** tr. emendare.
e|me|ri|tie|ren tr. UNIV. emeritare. **e|me|ri|tus** agg. UNIV. emerito, a riposo. **E|me|ri|tus** m. *(-, Emeriti)* UNIV. emerito *m.*
E|mer|si|on f. *(-,-en)* GEOL. emersione *f.*
E|mig|rant m. *(-en,-en)* **1** emigrante *m.* **2** *(aus politischen Gründen)* fuoriuscito *m.* **E|mig|ran|ten|li|te|ra|tur** f. *(-)* letteratura *f.* dei fuoriusciti. **E|mig|ran|ten|tum** n. *(-s)* **1** condizione *f.* di emigrante **2** *(aus politischen Gründen)* fuoriuscitismo *m.* **E|mig|ran|tin** f. *(-,-nen)* **1** emigrante *f.* **2** *(aus politischen Gründen)* fuoriuscita *f.* **E|mig|ra|ti|on** f. *(-,-en)* emigrazione *f.* ◆ ***innere ~*** emigrazione interna; ***in der ~ leben*** vivere da emigrante. **e|mig|rie|ren** intr. (aus. *sein*) emigrare. **E|mig|rier|te** m. e f. *(-n,-n)* emigrato *m.* (-a *f.*).
E|mil n.pr.m. Emilio *m.* **E|mi|lie** n.pr.f. Emilia *f.*
e|mi|nent I agg. eminente **II** avv. eminentemente. **E|mi|nenz** f. *(-,-en)* eminenza *f.* ◆ ***Eure ~!*** Vostra Eminenza! FIG. ***graue ~*** eminenza grigia.
E|mir m. *(-s,-e)* emiro *m.* **E|mi|rat** n. *(-[e]s,-e)* emirato *m.* ◆ ***Vereinigte Arabische Emirate*** Emirati Arabi Uniti.
E|mis|sär m. *(-s,-e)* emissario *m.*, agente *m.*
E|mis|si|on f. *(-,-en)* ECON. FIS. emissione *f.* **E|mis|si|ons|an|stalt, E|mis|si|ons|bank** f. *(-,-en)* istituto *m.* (*o* banca *f.*) d'emissione. **E|mis|si|ons|kurs** m. *(-es,-e)* corso *m.* (*o* prezzo *m.*) d'emissione. **E|mis|si|ons|schutz** m. *(-es,-e)* protezione *f.* da emissioni (inquinanti). **E|mis|si|ons|stopp** m. *(-[e]s,-s)* divieto *m.* d'emissione. **E|mis|si|ons|strom** m. *(-[e]s)* EL. corrente *f.* d'emissione. **E|mis|si|ons|wer|te** pl. valori *m.pl.* d'emissione.
E|mit|tent m. *(-en,-en)* ECON. FIS. emittente *m.* **E|mit|ter** [e'mɪtɐ, ɪ'mɪtɐ] m. *(-s,-)* emettitore *m.* **e|mit|tie|ren** tr. ECON. FIS. emettere.
e-Moll n. *(-)* mi *m.* minore.
Em|men|ta|ler I m. *(-s,-)* **1** abitante *m.* dell'Emmental **2** *(Käse)* (formaggio *m.*) Emmental *m.* **II** agg.inv. dell'Emmental.
E|mo|ti|on f. *(-,-en)* emozione *f.*: ***-en wecken*** risvegliare emozioni. **e|mo|ti|o|nal** agg. emozionale. **E|mo|ti|o|na|li|tät** f. *(-)* emozionalità *f.* **e|mo|ti|o|nell** agg. → **emotional. e|mo|ti|ons|ge|la|den** agg. eccitato, carico emotivamente: ***eine -e Atmosphäre*** un'atmosfera eccitata. **e|mo|tiv** agg. emotivo.
Emp|fang m. *(-[e]s,-fänge)* **1** ricevimento *m.*, arrivo *m.*: ***der ~ eines Briefes, einer Ware*** il ricevimento di una lettera, di una merce **2a** RAD. TELEV. ricezione *f.*: ***guter, schlechter, gestörter ~*** ricezione buona, cattiva, disturbata **b** ascolto *m.*: ***wir wünschen Ihnen einen guten ~*** vi auguriamo un buon ascolto; ***auf ~ sein*** essere in ascolto **3** accoglienza *f.*: ***jdm einen feierlichen ~ bereiten*** fare una festosa accoglienza a qcn. **4** *(festliche Veranstaltung)* ricevimento *m.*: ***einen ~ geben, veranstalten*** dare, organizzare un ricevimento; ***auf, bei einem ~*** a un ricevimento **5** *(im Hotel)* reception *f.*: ***am, beim ~*** alla reception ◆ ***Zahlung bei ~*** pagamento alla consegna; ***den ~ der Ware bescheinigen*** rilasciare ricevuta dietro consegna della merce; ***jdn, etw. in ~ nehmen*** ricevere qcn., prendere in consegna qcs.; RAD. TELEV. ***auf ~ schalten*** sintonizzarsi. **emp|fan|gen** tr. *(empfängt, empfing, empfangen)* **1** ricevere: ***einen Auftrag, ein Geschenk ~*** ricevere un incarico, un regalo; ***die heilige Kommunion ~*** ricevere (*o* fare) la comunione **2** *(aufnehmen)* accogliere, ricevere: ***einen Gast freundlich ~*** accogliere un ospite calorosamente **3** RAD. TELEV. ricevere **4** LETT. *(schwanger werden)* concepire.

Emp|fän|ger m. *(-s,-)* **1** *(von Briefen)* destinatario *m.* **2** *(von Waren)* consegnatario *m.* **3** beneficiario *m.*: ***der ~ eines Erbes*** il beneficiario di un'eredità **4** RAD. TELEV. apparecchio *m.* ricevente ◆ ***~ unbekannt*** destinatario sconosciuto; ***~ verzogen*** destinatario trasferito.

emp|fäng|lich agg. **1a** sensibile: ***für das Schöne, für Komplimente ~ sein*** essere sensibile al bello, ai complimenti **b** aperto, ricettivo: ***für soziale Fragen ~ sein*** essere aperto alle questioni sociali **2** *(anfällig)* predisposto, soggetto: ***im Winter ist er für Erkältungen ~*** in inverno è soggetto ai raffreddori. **Emp|fäng|lich|keit** f. *(-,-en)* **1** ricettività *f.*, apertura *f.* **2** MED. predisposizione *f.*

Emp|fang|nah|me f. *(-,-n)* presa *f.* in consegna.

Emp|fäng|nis f. *(-)* concepimento *m.* ◆ ***Unbefleckte ~*** Immacolata Concezione; ***eine ~ verhüten*** impedire una gravidanza. **emp|fäng|nis|ver|hü|tend** agg. contraccettivo, anticoncezionale. **Emp|fäng|nis|ver|hü|tung** f. *(-,-en)* contraccezione *f.*

Emp|fangs|an|ten|ne f. *(-,-n)* antenna *f.* ricevente. **emp|fangs|be|rech|tigt** agg. autorizzato a ricevere (*o* a ritirare). **Emp|fangs|be|schei|ni|gung, Emp|fangs|be|stä|ti|gung** f. *(-,-en)* ricevuta *f.*, quietanza *f.* **Emp|fangs|chef** m. *(-s,-s)* maître *m.*, direttore *m.* di sala. **Emp|fangs|da|me** f. *(-,-n)* receptionist *f.* **Emp|fangs|ge|rät** n. *(-[e]s,-e)* apparecchio *m.* ricevente. **Emp|fangs|raum** m. *(-[e]s,-räume)* **1** *(in Ämtern)* sala *f.* d'attesa (*o* d'aspetto) **2** *(in Wohnungen)* sala *f.* di ricevimento, salotto *m.* **Emp|fangs|saal** m. *(-[e]s,-säle)* salone *m.* di ricevimento. **Emp|fangs|sta|ti|on** f. *(-,-en)* **1** RAD. TELEV. stazione *f.* ricevente **2** COMM. *(Bestimmungsort)* destinazione *f.* **Emp|fangs|stö|rung** f. *(-,-en)* disturbo *m.* di (*o* nella) ricezione. **Emp|fangs|zim|mer** n. *(-s,-)* → **Empfangsraum.**

emp|feh|len *(empfiehlt, empfahl, empfohlen)* **I** tr. **1** raccomandare, consigliare: ***das empfehle ich dir wärmstens*** te lo consiglio caldamente **2** *(anvertrauen)* affidare, raccomandare: ***ich empfehle es dir zur treuen Verwahrung*** lo affido alla tua attenta custodia: ***seine Seele Gott ~*** raccomandare la propria anima a Dio **3** ossequiare, riverire: ***bitte ~ Sie mich Ihrer Gattin*** mi ossequi la Sua signora; ***sich ~ lassen*** mandare i propri rispetti, salutare **II** rifl. **sich ~** **1** dimostrarsi, rivelarsi: ***das Geschäft empfahl sich als vorteilhaft*** l'affare si dimostrò vantaggioso **2** *(seine Dienste anbieten)* offrirsi: ***sich als Facharbeiter ~*** offrirsi come operaio specializzato **3** *(sich verabschieden)* accomiatarsi, congedarsi **4** impers. essere consigliabile (*o* conveniente), essere raccomandabile: ***es empfiehlt sich aufzupassen*** è consigliabile fare attenzione ◆ ***seine Handlungsweise empfiehlt ihn nicht*** il suo modo d'agire non depone a suo favore; ***sich etw. empfohlen sein lassen*** prendersi a cuore qcs.

emp|feh|lend p.pres. agg. **1** → **empfehlen 2** *(anziehend)* simpatico, piacente **3** *(als Empfehlung)* di raccomandazione. **emp|feh|lens|wert** agg. consigliabile, raccomandabile.

Emp|feh|lung f. *(-,-en)* **1** raccomandazione *f.*, consiglio *m.*: ***auf jds ~ (hin)*** su consiglio, dietro raccomandazione di qcn. **2a** *(Fürsprache)* raccomandazione *f.*: ***auf ~ von jdm*** dietro raccomadazione di qcn. **b** pl. *(Referenz)* referenze *f.pl.*: ***die besten -en vorweisen können*** poter presentare le migliori referenze **3a** ossequi *m.pl.*, rispetti *m.pl.*: ***jdm eine ~ ausrichten, bestellen*** portare a qcn. i propri ossequi **b** *(in Briefen)* ***mit unseren besten -en*** con i nostri migliori saluti. **Emp|feh|lungs|brief** m. *(-[e]s,-e)*, **Emp|feh|lungs|schrei|ben** n. *(-s,-)* lettera *f.* di raccomandazione.

emp|find|bar agg. percettibile, sensibile. **Emp|fin|de|lei** f. *(-,-en)* SPREG. sentimentalismo *m.*

emp|fin|den *(empfand, empfunden)* **I** tr. **1** sentire, provare, avvertire: ***Kälte ~*** sentire freddo; ***Ekel, Freude ~*** provare disgusto, gioia; ***Liebe, Freundschaft für jdn, zu jdm ~*** provare amore, amicizia per qcn. **2** *(auffassen)* intendere, considerare: ***etw. als eine Beleidigung ~*** considerare qcs. (come) un'offesa (*o* sentirsi offesi da qcs.); ***etw. als eine Wohltat ~*** considerare qcs. (come) un beneficio **II** intr. (aus. *sein*) sentire: ***sie empfand vage, dass er Recht hatte*** vagamente sentiva che lui aveva ragione ◆ ***etw. schmerzlich (peinlich), übel ~*** essere addolorati, urtati da qcs. **Emp|fin|den** n. *(-s)* **1** *(Gefühl)* sentimento *m.* **2** *(Gespür)* sensibilità *f.*: ***für etw. ~ haben*** avere sensibilità per (*o* il senso di) qcs. ◆ ***meinem ~ nach*** secondo me (*o* sento che...); ***natürliches ~*** intuito.

emp|find|lich I agg. **1** sensibile: ***ein -er Mensch*** una persona sensibile; ***ein -er Film*** una pellicola sensibile **2** *(reizbar)* irritabile, suscettibile; *(übel nehmend)* permaloso **3** delicato: ***-e Möbel, Geräte*** mobili delicati, apparecchiature delicate **4** *(anfällig)* soggetto, predisposto: ***gegen Erkältungen ~ sein*** essere soggetto ai raffreddori **5** *(kränklich)* delicato, cagionevole (di salute) **6** *(schmerzlich)* sensibile, grave: ***ein -er Verlust*** una grave perdita **II** avv. **1** sensibilmente: ***es war ~ warm*** faceva sensibilmente caldo **2** in modo permaloso: ***~ reagieren*** reagire in modo permaloso **3** dolorosamente, duramente: ***ihr Tod hat ihn ~ getroffen*** la sua morte lo ha duramente colpito ◆ ***jdn an der -sten Stelle treffen*** toccare qcn. nel vivo. **Emp|find|lich|keit** f. *(-,-en)* **1** sensibilità *f.*: ***die ~ der Haut, eines Films, eines Radios*** la sensibilità della pelle, di una pellicola, di una radio **2** *(Reizbarkeit)* irritabilità *f.*, suscettibilità *f.* **3** *(empfindliche Beschaffenheit)* delicatezza *f.* **4** *(Anfälligkeit)* predisposizione *f.*

emp|find|sam agg. **1** *(feinfühlig)* sensibile **2** sentimentale: ***ein -er Roman*** un romanzo sentimentale. **Emp|find|sam|keit** f. *(-,-en)* **1** *(Feinfühligkeit)* sensibilità *f.* **2** *(als Geisteshaltung, bes. im 18. Jh.)* sentimentalismo *m.*

Emp|fin|dung f. *(-,-en)* **1** sensazione *f.* **2** *(Gefühl)* sentimento *m.*: ***jds -en erwidern*** ricambiare i sentimenti di qcn.; ***mit viel ~ singen*** cantare con molto sentimento. **emp|fin|dungs|fä|hig** agg. capace di (provare profondi) sentimenti, sensibile. **Emp|fin|dungs|fä|hig|keit** f. *(-)* sensibilità *f.*, sensitività *f.* **emp|fin|dungs|los** agg. insensibile. **Emp|fin|dungs|lo|sig|keit** f. *(-)* insensibilità *f.* **Emp|fin|dungs|ver|mö|gen** n. *(-s)* sensibilità *f.*, sensitività *f.* **Emp|fin|dungs|wort** n. *(-[e]s,-wörter)* interiezione *f.*

Em|pha|se f. *(-,-n)* enfasi *f.*, pathos *m.* **em|pha|tisch** agg. enfatico.

Em|phy|sem n. *(-s,-e)* enfisema *m.*

Em|pire [ã'pi:ɐ] n. *(-[s])* **1** STOR. Impero *m.* (napoleonico) **2** ART. *(Empirestil)* stile *m.* impero.

Em|pi|rem n. *(-s,-e)* elemento *m.* (*o* dato *m.*) empirico.

Em|pire|stil m. *(-[e]s,-e)* stile *m.* impero.

Em|pi|rie f. *(-)* empiria *f.* **Em|pi|ri|ker** m. *(-s,-)* empirico *m.* **em|pi|risch I** agg. empirico **II** avv. empiricamente. **Em|pi|ris|mus** m. *(-)* empirismo *m.* **Em|pi|rist** m. *(-en,-en)* empirista *m.* **em|pi|ris|tisch I** agg. empiristico **II** avv. empiristicamente.

em|por avv. LETT. in su, all'insù, in alto.

em|por_ar|bei|ten rifl. **sich ~** far carriera, farsi una posizione (lavorando): ***sich bis zum Direktor ~*** far carriera fino a diventare direttore (*o* arrivare alla posizione di direttore) ◆ FIG. ***sich wieder ~*** tornare a galla. **em|por_bli|cken** intr. (aus. *haben*) LETT. guardare in alto (*o* in su), volgere lo sguardo in alto.

Em|po|re f. *(-,-n)* **1** matroneo *m.* **2** *(im Theater)* galleria *f.*

em|pö|ren I tr. sdegnare, (fare) indignare; *(erzürnen)* mandare su tutte le furie: ***sein Verhalten empört mich*** il suo comportamento mi fa indignare **II** rifl. **sich ~** **1** indignarsi: ***sich über jdn, etw. ~*** indignarsi per qcn., qcs. **2** *(rebellieren)* ribellarsi, rivoltarsi: ***sich gegen jdn, etw. ~*** ribellarsi contro qcn., qcs. **em|pö|rend** p.pres. agg. **1** → **empören 2** inaudito, vergognoso. **Em|pö|rer** m. *(-s,-)* rivoltoso *m.*, sedizioso *m.*, ribelle *m.* **em|pö|re|risch** agg. rivoltoso, sedizioso.

em|por_fah|ren intr. *(fährt, fuhr, gefahren;* aus. *sein)* **1** ANT. *(aufschrecken)* (sob)balzare (in piedi), scattare **2a** salire: ***mit dem Fahrstuhl ~*** salire con l'ascensore **b** RELIG. ascendere **3** *(aufbrausen)* arrabbiarsi: ***wütend ~*** infuriarsi, avere uno scatto d'ira. **em|por_flie|gen** intr. *(flog, geflogen;* aus. *sein)* spiccare il volo, levarsi in volo. **em|por_he|ben** tr. *(hob, gehoben)* innalzare, levare. **em|por_kom|men** intr. *(kam, gekommen;* aus. *sein)* **1** emergere **2** FIG. emergere, far carriera. **Em|por|kömm|ling** m. *(-s,-e)* SPREG. arricchito *m.*, parvenu *m.*, arrivato *m.* **em|por_lo|dern** intr. (aus. *sein*) divampare verso l'alto. **em|por_ra|gen** intr. (aus. *haben*) ergersi, svettare. **em|por|ra|gend** p.pres. agg. **1** → **emporragen 2** svettante: ***-e Gipfel*** cime svettanti. **em|por_rich|ten** rifl. **sich ~** rizzarsi. **em|por_schau|en** intr. (aus. *haben*) guardare verso l'alto. **em|por_schla|gen** intr. *(schlägt, schlug, geschlagen;* aus. *sein)* ardere, divampare verso l'alto. **em|por_schnel|len** intr. (aus. *sein*) balzare in alto, saltare su ◆ FIG. ***die Preise schnellen empor*** i prezzi vanno (*o* salgono) alle stelle. **em|por_schwe|ben** intr. (aus. *sein*) librarsi verso l'alto, volteggiare in alto. **em|por_schwin|gen** *(schwang, geschwungen)* **I** tr. lanciare in alto **II** rifl. **sich ~** **1** (s)lanciarsi in alto **2** FIG. giungere: ***er schwang sich zu großen Leistungen empor*** giunse a (*o* raggiunse) grandi risultati. **em|por_stei|gen** intr. *(stieg, gestiegen;* aus. *sein)* **1** salire: ***ich bin rasch emporgestiegen*** sono salito di corsa; ***ich bin die Treppen emporgestiegen*** ho salito le scale **2** FIG. crescere, aumentare: ***die Angst stieg in ihm empor*** in lui cresceva la paura **3a** innalzarsi, sollevarsi, salire: ***das Feuerwerk steigt zum Himmel empor*** il fuoco d'artificio si innalza verso il cielo **b** *(von Vögeln)* alzarsi in volo **4** → **emporkommen.** **em|por_stre|ben** intr. (aus. *sein*) tendere verso l'alto, mirare in alto. **em|por_trei|ben** tr. *(trieb, getrieben)* spingere in alto, far salire.

Em|pö|rung f. *(-,-en)* **1** sdegno *m.*, indignazione *f.*: ***in ~ geraten*** indignarsi **2a** *(Aufstand)* rivolta *f.*, insurrezione *f.*, ribellione *f.*: ***eine offene ~*** un'aperta rivolta **b** *(Meuterei)* ammutinamento *m.* **Em|**

pö|rungs|schrei m. *(-[e]s,-e)* grido *m.* di rivolta.
em|por_zie|hen *(zog, gezogen)* **I** tr. tirare (in) su **2** rifl. **sich ~** innalzarsi, salire: ***ein Pfad zieht sich den Berg empor*** un sentiero sale (*o* si inerpica) (su) per la montagna.
em|py|re|isch agg. empireo. **Em|py|re|um** n. *(-s)* empireo *m.*
em|sig I agg. operoso, solerte **II** avv. con solerzia. **Em|sig|keit** f. *(-)* solerzia *f.*, diligenza *f.*, operosità *f.*
E|mu m. *(-s,-s)* emu *m.*
E|mul|ga|tor m. *(-s,-en)* emulsionante *m.* **e|mul|gie|ren** tr. emulsionare. **E|mul|si|on** f. *(-,-en)* emulsione *f.*
En|al|la|ge f. *(-)* enallage *f.*
En|ce|pha|lon n. *(-s, Encephala)* encefalo *m.*
End|ab|rech|nung f. *(-,-en)* bilancio *m.* finale, consuntivo *m.* **End|aus|schei|dung** f. *(-,-en)* SPORT finali *f.pl.* **End|be|scheid** m. *(-[e]s,-e)*, **End|be|schluss** m. *(-es,-beschlüsse)* sentenza *f.* (*o* decisione *f.*) definitiva. **end|be|tont** agg. GRAMM. tronco: ***-e Wörter*** parole tronche. **End|be|to|nung** f. *(-,-en)* accentazione *f.* della sillaba finale. **End|be|trag** m. *(-[e]s,-beträge)* importo *m.* finale. **End|chen** n. *(-s,-)* pezzetto *m.* **End|darm** m. *(-[e]s,-därme)* intestino *m.* crasso. **End|drei|ßi|ger** m. *(-s,-)* uomo *m.* che va per i quaranta (anni).
En|de n. *(-s,-n)* **1a** fine *f.*, termine *m.*: ***das ~ des Vortrags, des Films*** la fine della conferenza, del film; ***etw. zu ~ bringen, führen*** portare a termine (*o* terminare, finire, concludere) qcs.; ***sich dem ~ zuneigen*** volgere alla fine (*o* al termine) **b** ***~ Mai, der Woche*** alla fine di maggio, della settimana; ***am ~ des Jahres*** alla fine dell'anno; ***er ist ~ fünfzig, der Fünfziger*** ha quasi sessant'anni, è vicino ai sessanta **c** ***am ~ der Straße*** alla fine della strada, in fondo alla strada; ***am ~ des Zuges*** in fondo (*o* in coda) al treno **2** *(letztes Stück)* capo *m.*, estremità *f.*, estremo *m.*: ***die beiden -n der Schnur*** i due capi della corda; ***von einem ~ zum anderen*** da un'estremità all'altra **3** COLLOQ. *(Strecke)* pezzo *m.*, tratto *m.*: ***es ist noch ein gutes, ganzes, ziemliches ~ bis zum Bahnhof*** c'è ancora un bel pezzo fino alla stazione **4** *(Tod)* fine *f.*, morte *f.* **5** MAR. cima *f.* **6** TESS. cimosa *f.* ◆ ***am ~*** alla fine, infine; *(vielleicht)* forse, per caso; COLLOQ. ***am ~ sein*** essere sfinito; ***mit etw. am ~ sein*** essere alla fine, agli sgoccioli di qcs.; ***etw. am richtigen, falschen (verkehrten) ~ anfassen, anpacken*** prendere qcs. per il verso giusto, sbagliato; ***etw. (D) ein ~ bereiten*** mettere fine, porre termine a qcs.; ***bis zum bitteren ~*** fino alla fine; ***das dicke ~ kommt noch, nach*** il peggio deve ancora venire; ***~ der Durchsage*** fine della trasmissione (anche FIG.); ***kein ~ finden können*** non riuscire a smettere; ***etw. einem glücklichen ~ zuführen*** condurre a buon porto qcs.; ***des Lachens war kein ~*** non si finiva più di ridere; ***mit seinem Latein am ~ sein*** = non saper più come andare avanti; ***von einem ~ zum anderen laufen*** correre da una parte all'altra; ***letzten -s*** alla fin fine, in ultima analisi; ***das ~ vom Lied ist, dass...*** la triste conclusione è che...; ***das ist immer das ~ vom Lied*** è sempre la stessa storia, va sempre a finire così; ***mach ein ~!*** finiscila! falla finita! ***etw. (D) ein ~ machen*** porre, mettere fine a qcs.; ***ein böses, gutes ~ nehmen*** andare a finir male, bene, (*o* fare una brutta, bella fine); ***kein ~ nehmen*** non aver fine, essere interminabile; ***ein ~ mit Schrecken*** una fine terribile; ***am ~ der Welt liegen*** essere in capo al mondo; ***jdm bis ans ~ der Welt folgen*** seguire qcn. fino in capo al mondo; ***es geht mit ihm zu ~*** è alla fine, sta per morire; ***etw. geht zu ~*** qcs. sta per finire; ***mit etw. zu ~ kommen*** concludere, farla finita con qcs.; ***meine Geduld geht zu ~*** la mia pazienza ha un limite; ***etw. (bis) zu ~ lesen*** finire di leggere qcs.; ***zu welchem ~?*** a che scopo? PROV. SCHERZ. ***alles hat ein ~, nur die Wurst hat zwei*** = tutto ha una fine, c'è una fine per tutto; PROV. ***~ gut, alles gut*** tutto è bene quel che finisce bene. **End|ef|fekt** m. *(-[e]s,-e)* risultato *m.* (*o* effetto *m.*) finale ◆ ***im ~*** alla fine.
En|de|mie f. *(-,-n)* endemia *f.* **en|de|misch** agg. endemico.
en|den intr. (aus. *haben*) **1a** finire, terminare: ***die Straße endet an einem See*** la strada finisce a un lago; ***der Vortrag endet um 11 Uhr*** la conferenza termina alle 11; ***der Film endet tragisch*** il film finisce in modo tragico **b** finire, concludere, concludersi: ***mit Dankesworten ~*** concludere con parole di ringraziamento **2** *(sterben)* finire, morire **3** LING. terminare: ***auf, mit Vokal ~*** terminare in vocale. **End|er|folg** m. *(-[e]s,-e)* successo *m.* finale. **End|er|geb|nis** n. *(-ses,-se)* risultato *m.* finale. **End|er|zeug|nis** n. *(-ses,-se)* prodotto *m.* finito.
En|des|un|ter|zeich|ne|te m. e f. *(-n,-n)* sottoscritto *m.* (-a *f.*).
End|fas|sung f. *(-,-en)* stesura *f.* finale, definitiva. **End|ge|schwin|dig|keit** f. *(-,-en)* velocità *f.* massima.
end|gül|tig I agg. definitivo, conclusivo **II** avv. definitivamente ◆ DIR. ***~ entscheiden*** pronunciare un verdetto definitivo, inappellabile. **End|gül|tig|keit** f. *(-)* definitività *f.*
End|hal|te|stel|le f. *(-,-n)* capolinea *m.*
en|di|gen intr. (aus. *haben*) ANT. → **enden.**
En|di|vie f. *(-,-n)* indivia *f.*
End|kampf m. *(-[e]s,-kämpfe)* **1** lotta *f.* finale **2** SPORT partita *f.* (*o* gara *f.*) finale, finale *f.* **End|kon|so|nant** m. *(-en,-en)* consonante *f.* finale, finale *f.*
End|la|ger n. *(-s,-)*, **End|la|ger|stät|te** f. *(-,-n)* deposito *m.* per scorie radioattive. **End|la|ge|rung** f. *(-,-en)* stoccaggio *m.* finale.
end|lich I agg. **1** finito: ***eine -e Größe, Zahl*** una grandezza finita, un numero finito **2** *(vergänglich)* temporale **II** avv. **1** infine, finalmente, alla fine **2** *(Ausdruck der Ungeduld)* (ma) insomma, allora: ***bist du ~ fertig?*** insomma, sei pronto? **End|lich|keit** f. *(-)* finitezza *f.*
end|los I agg. **1** infinito, interminabile, senza fine: ***-e Geduld*** pazienza infinita **2** ininterrotto, interminabile: ***eine -e Autoschlange*** una colonna ininterrotta di macchine **II** avv. **1** interminabilmente **2** *(unaufhörlich)* ininterrottamente, incessantemente.
End|los|band n. *(-[e]s,-bänder)* modulo *m.* continuo. **End|lo|se** n. *(-n)* infinito *m.*: ***(bis) ins ~ warten*** aspettare all'infinito. **End|los|for|mu|lar** n. *(-s,-e)* modulo *m.* continuo. **End|lo|sig|keit** f. *(-,-en)* **1** *(Unendlichkeit)* infinità *f.*, eternità *f.* **2** *(Grenzenlosigkeit)* immensità *f.* **End|los|pa|pier** n. *(-[e]s,-e)* carta *f.* a modulo continuo.
End|lö|sung f. *(-,-en)* soluzione *f.* finale. **End|mo|rä|ne** f. *(-,-n)* morena *f.* terminale.
En|do|der|mis f. *(-, Endodermen)* BOT. endoderma *m.* **En|do|ga|mie** f. *(-,-n)* endogamia *f.* **en|do|gen** agg. endogeno. **En|do|kard** n. *(-s,-e)* endocardio *m.* **en|do|krin** agg. endocrino. **En|dor|phin** n. *(-s,-e)* endorfina *f.* **En|do|skop** n. *(-s,-e)* endoscopio *m.* **En|do|sko|pie** f. *(-,-n)* endoscopia *f.* **En|do|sperm** n. *(-s,-e)* endosperma *m.*
En|dos|se|ment [ãdosm'ã] n. *(-s,-s)* BANC. girata *f.* **en|dos|sie|ren** tr. BANC. girare, trasferire.
en|do|therm agg. endotermico.
End|pha|se f. *(-,-n)* fase *f.* finale. **End|pro|dukt** n. *(-[e]s,-e)* prodotto *m.* finito. **End|punkt** m. *(-[e]s,-e)* punto *m.* estremo. **End|reim** m. *(-[e]s,-e)* rima *f.* finale. **End|re|sul|tat** n. *(-[e]s,-e)* risultato *m.* finale. **End|run|de** f. *(-,-n)* SPORT girone *m.* finale, ultimo girone *m.* **End|sieg** m. *(-[e]s,-e)* vittoria *f.* finale. **End|sil|be** f. *(-,-n)* sillaba *f.* finale. **End|spiel** n. *(-[e]s,-e)* partita *f.* (*o* gara *f.*) finale, finale *f.*: ***das ~ erreichen, bestreiten*** arrivare in finale, disputare la finale. **End|spurt** m. *(-[e]s,-e)* scatto *m.* finale, sprint *m.*; *(bei Radrennen)* volata *f.* **End|sta|di|um** n. *(-s)* ultimo stadio *m.*, stadio *m.* finale. **End|stand** m. *(-[e]s,-stände)* → **Endergebnis. End|sta|ti|on** f. *(-,-en)* **1** stazione *f.* terminale, ultima fermata *f.* **2** *(Endhaltestelle)* capolinea *m.* (anche FIG.). **End|stück** n. *(-[e]s,-e)* ultimo pezzo *m.* **End|sum|me** f. *(-,-n)* somma *f.* finale, importo *m.* definitivo.
En|dung f. *(-,-en)* LING. desinenza *f.* **en|dungs|los** agg. LING. a desinenza zero.
End|ur|sa|che f. *(-,-n)* causa *f.* ultima. **End|ur|teil** n. *(-[e]s,-e)* **1** giudizio *m.* finale **2** DIR. sentenza *f.* definitiva. **End|ver|brau|cher** m. *(-s,-)* ECON. consumatore *m.* finale. **End|ver|brau|cher|preis** m. *(-es,-e)* prezzo *m.* al consumatore. **End|vo|kal** m. *(-s,-e)* vocale *f.* finale. **End|zeit** f. *(-)* tempo *m.* escatologico. **end|zeit|lich** agg. escatologico. **End|ziel** n. *(-[e]s,-e)* meta *f.* finale (*o* ultima). **End|zif|fer** f. *(-,-n)* ultima cifra *f.*, cifra *f.* finale. **End|zweck** m. *(-[e]s,-e)* fine *m.* ultimo.
E|ner|ge|tik f. *(-)* **1** FILOS. energetismo *m.* **2** FIS. energetica *f.* **e|ner|ge|tisch** agg. energetico. **E|ner|gie** f. *(-,-n)* energia *f.*: ***bei diesem Vorgang wird ~ frei*** in questo processo si libera (*o* si sprigiona) energia; ***alle -n für etw. aufbieten (aufbringen), aufwenden*** spendere, impiegare tutte le energie per qcs.; ***mit ~ geladen sein*** essere pieno di energia; ***etw. mit aller ~ behaupten*** affermare qcs. con molta energia. **e|ner|gie|arm** agg. **1** privo di energia **2** ***ein -es Land*** un paese con scarse risorse energetiche. **E|ner|gie|be|darf** m. *(-[e]s,-e)* fabbisogno *m.* di energia. **e|ner|gie|be|wusst** agg. conscio del fabbisogno di energia. **E|ner|gie|dach** n. *(-[e]s,-dächer)* tetto *m.* di pannelli solari. **E|ner|gie|form** f. *(-,-en)* forma *f.* di energia. **E|ner|gie|ge|halt** m. *(-[e]s,-e)* valore *m.* (*o* contenuto *m.*) energetico. **e|ner|gie|ge|la|den** agg. pieno d'energia. **E|ner|gie|haus|halt** m. *(-[e]s,-e)* bilancio *m.* energetico. **e|ner|gie|in|ten|siv** agg. ad alta intensità d'energia. **E|ner|gie|kri|se** f. *(-,-n)* crisi *f.* energetica. **E|ner|gie|leis|tung** f. *(-,-en)* prestazione *f.* ad alto consumo energetico. **E|ner|gie|lie|fe|rant** m. *(-en,-en)* fornitore *m.* di energia. **e|ner|gie|los** agg. privo di energia, senza forze, fiacco. **E|ner|gie|lo|sig|keit** f. *(-)* mancanza *f.* di energia, fiacchezza *f.* **E|ner|gie|po|li|tik** f. *(-)* politica *f.* energetica. **E|ner|gie|quel|le** f. *(-,-n)* fonte *f.* energetica, sorgente *f.* di energia. **e|ner|gie|reich** agg. **1** ricco di energia **2** ***-e Gebiete*** regioni con am-

pie riserve energetiche. **e|ner|gie|spa|rend** agg. che risparmia energia. **E|ner|gie|spen|der** m. *(-s,-)* energetico *m.* **E|ner|gie|trä|ger** m. *(-s,-)* materiale *m.* da cui si ricava energia. **E|ner|gie|um|wand|lung** f. *(-,-en)* trasformazione *f.* energetica, dell'energia. **E|ner|gie|ver|brauch** m. *(-[e]s)* consumo *m.* energetico, di energia. **E|ner|gie|ver|schwen|dung** f. *(-,-en)* spreco *m.* d'energia. **E|ner|gie|vor|rat** m. *(-[e]s,-vorräte)* riserva *f.* energetica, di energia.

e|ner|gisch I agg. 1 energico, forte, vigoroso: ***-e Maßnahmen*** misure energiche 2 *(entschlossen)* energico, deciso, risoluto: ***ein -er Mensch*** un uomo di polso II avv. 1 energicamente, vigorosamente 2 *(entschlossen)* energicamente, risolutamente.

E|ner|va|ti|on f. *(-,-en)* → **Enervierung. e|ner|vie|ren** tr. 1 snervare, sfinire: ***dieser Lärm enerviert mich*** questo chiasso mi snerva 2 MED. enervare. **E|ner|vie|rung** f. *(-,-en)* 1 sfinimento *m.* 2 MED. enervazione *f.*

eng I agg. 1 stretto, LETT. angusto: ***-e Gassen*** viuzze strette 2a attillato, aderente: ***-e Hosen*** pantaloni attillati (*o* stretti) b stretto: ***der Rock ist mir zu ~ geworden*** la gonna mi è diventata stretta 3 FIG. ristretto, limitato: ***einen -en Horizont haben*** avere un orizzonte limitato 4 FIG. *(nah)* stretto, intimo: ***in -em Kontakt mit jdm stehen*** stare in stretto contatto con qcn. II avv. 1 strettamente 2 fitto fitto, stretto: ***~ schreiben*** scrivere fitto fitto 3 FIG. in modo limitato, ristretto ◆ ***~ anliegend*** attilato, aderente, in modo attillato; ***~ anschließend*** uno attaccato all'altro; ***aufs Engste befreundet sein*** essere amici intimi; ***~ beschrieben*** scritto fittamente; ***~ geschrieben*** scritto (molto) fitto; ***im -sten Kreis feiern*** festeggiare tra pochi intimi; ***etw. -er machen*** restringere qcs.; ***etw. ~ sehen*** prendere qcs. alla lettera; ***im -eren Sinn*** in senso (più) stretto; ***~ umgrenzt*** ristretto, limitato; ***~ umschlungen*** avvinghiato; ***~ verbunden*** strettamente collegato; ***in -en Verhältnissen leben*** vivere in ristrettezze; ***~ verwandt*** affine; ***in die -e Wahl kommen*** entrare in ballottaggio.

En|ga|din, En|ga|din n.pr.n. *(-s)* Engadina *f.*

En|ga|ge|ment [ãgaʒə'mã:] n. *(-s,-s)* 1 impegno *m.*: ***das ~ für die bürgerlichen Rechte, gegen die Ausbeutung der dritten Welt*** l'impegno per i diritti civili, contro lo sfruttamento del terzo mondo 2 ingaggio *m.*, scrittura *f.*: ***ein ~ beim Film suchen*** cercare una scrittura cinematografica 3a ECON. *(Verpflichtung)* impegno *m.*, obbligo *m.* b *(Börse)* valore *m.* degli impegni assunti con contratti a termine 4 ANT. *(zum Tanz)* invito *m.* al ballo. **en|ga|gie|ren** [ãga'ʒi:rən] I tr. 1a scritturare: ***jdn ans Burgtheater ~*** scritturare qcn. al Burgtheater b ingaggiare, assumere: ***jdn als Privatlehrer ~*** assumere qcn. come insegnante privato 2 ANT. invitare a ballare II rifl. ***sich ~*** impegnarsi, adoperarsi: ***sich für etw., in etw. (D) ~*** impegnarsi per, in qcs. **En|ga|giert|heit** f. *(-,-en)* impegno *m.*

eng|brüs|tig agg. 1a di, dal torace stretto b FIG. stretto 2 *(kurzatmig)* col fiato corto. **En|ge** f. *(-,-n)* 1 strettezza *f.* 2 FIG. ristrettezza *f.*, limitatezza *f.* 3 ANT. *(Engpass)* gola *f.*, stretto passaggio *m.* ◆ ***in die ~ geraten*** entrare, finire in un vicolo cieco; ***jdn in die ~ treiben*** mettere qcn. alle strette.

En|gel m. *(-s,-)* 1 angelo *m.* 2 ESTENS. *(gütiger Mensch)* angelo *m.*, anima *f.* buona (*o* pia) ◆ ***du ahnungsloser ~!*** ma quanto sei ingenuo! ***ein ~ mit einem B davor*** = un birbante; ***der blaue ~*** l'angelo azzurro; ***~ der Finsternis*** angelo delle tenebre; ***die gefallenen ~*** gli angeli caduti, ribelli; ***guter ~*** angelo custode; ***die ~ singen, pfeifen hören*** = vedere le stelle; ***nicht gerade ein ~ sein*** non essere proprio un angioletto; ***~ des Todes*** l'angelo della morte. **En|ge|lein** n. *(-s,-)* angioletto *m.* **en|gel|gleich** I agg. angelico, celestiale II avv. in modo angelico, celestiale: ***~ singen*** cantare in modo angelico. **en|gel|gut** agg. buono come un angelo. **en|gel|haft** agg. e avv. → **engelgleich. En|gel|ma|che|rin** f. *(-,-nen)* COLLOQ. mammana *f.* **en|gel|rein** agg. puro, soave come un angelo.

En|gels|burg n.pr.f. *(-)* Castel *m.* Sant'Angelo. **En|gels|ge|duld** f. *(-)* pazienza *f.* di un santo (*o* di Giobbe). **en|gels|gleich** → **engelgleich. en|gels|gut** → **engelgut. En|gels|gü|te** f. *(-)* bontà *f.* angelica. **En|gels|mu|sik** f. *(-,-en)* musica *f.* angelica (*o* celestiale). **En|gels|stim|me** f. *(-,-n)* voce *f.* angelica (*o* celestiale).

En|gel|süß n. *(-es)* licopodio *m.*, felce *f.* dolce.

En|gels|zun|gen, ***mit ~*** con parole suadenti.

En|gel|wurz f. *(-,-en)* BOT. angelica *f.*

En|ger|ling m. *(-s,-e)* larva *f.* (del maggiolino).

eng|hal|sig agg. dal collo stretto, sottile. **eng|her|zig** I agg. gretto, meschino II avv. in modo gretto, meschino. **Eng|her|zig|keit** f. *(-,-en)* grettezza *f.*, meschinità *f.*

Eng|land n.pr.n. *(-s)* Inghilterra *f.* **Eng|län|der** m. *(-s,-)* 1 inglese *m.* 2 *(Schraubenschlüssel)* chiave *f.* inglese.

1.eng|lisch I agg. inglese: ***die -e Kultur*** la cultura inglese II avv. 1 all'inglese: ***~ reiten*** cavalcare all'inglese 2 ***~ schreiben, sprechen*** scrivere, parlare (in) inglese ◆ ***~ einkaufen*** = rubare; ***-e Krankheit*** = rachitismo.

2.eng|lisch agg. angelico.

Eng|lisch n. *(-[s])*, **Eng|li|sche** n. *(-n)* inglese *m.*, lingua *f.* inglese: ***fließend ~ sprechen*** parlare l'inglese correntemente; ***~ lehren, lernen*** insegnare, imparare (*o* studiare) l'inglese; ***auf (gut) Englisch*** in (buon) inglese; ***ein Lehrstuhl für ~*** una cattedra d'inglese; ***heute muss ich noch Mathematik und ~ lernen*** oggi devo ancora studiare matematica e inglese: ***etw. aus dem -(e)n ins Italienische übersetzen*** tradurre qcs. dall'inglese in italiano; ***die Personalpronomen im -(e)n*** i pronomi personali in inglese. **Eng|lisch|horn** n. *(-[e]s,-hörner)* corno *m.* inglese. **Eng|lisch|le|der** n. *(-s,-)* fustagno *m.* **eng|lisch|spra|chig** agg. 1 di lingua inglese, anglofono: ***eine -e Bevölkerung*** una popolazione anglofona 2 *(in englischer Sprache)* in inglese: ***eine -e Illustrierte*** una rivista in inglese. **Eng|lisch|tra|ben** n. *(-s)* trotto *m.* all'inglese. **Eng|lisch|un|ter|richt** m. *(-[e]s,-e)* 1 lezione *f.* di inglese 2 insegnamento *m.* di lingua e letteratura inglese.

eng|ma|schig agg. a maglia stretta ◆ FIG. ***ein -es Spionagenetz*** una fitta rete di spionaggio. **Eng|pass** m. *(-es,-pässe)* 1 strettoia *f.* 2 *(Notlage)* impasse *f.*, difficoltà *f.*, intoppo *m.*

En|gramm n. *(-s,-e)* engramma *m.*

En|gros|han|del m. *(-s)* commercio *m.* all'ingrosso. **En|gros|sist** m. *(-en,-en)* AUSTR. commerciante *m.* all'ingrosso, grossista *m.*

eng|spu|rig agg. a scartamento ridotto. **eng|stir|nig** agg. SPREG. di vedute limitate (*o* ristrette), limitato. **Eng|stir|nig|keit** f. *(-,-en)* limitatezza *f.* (di vedute). **eng|zei|lig** agg. a righe fitte.

en|har|mo|nisch agg. MUS. enarmonico.

e|nig|ma|tisch agg. enigmatico.

En|jam|be|ment [ãʒãbə'mã:] n. *(-s,-s)* enjambement *m.*

En|kaus|tik f. *(-)* 1 encausto *m.* 2 *(Kunst)* encaustica *f.*

En|kel m. *(-s,-)* 1 nipote *m.* e *f.* (di nonno) 2 pl. *(Nachkomme)* discendenti *m.pl.*, posteri *m.pl.* **En|ke|lin** f. *(-,-nen)* nipote *f.* **En|kel|kind** n. *(-[e]s,-er)* nipote *m.* e *f.*, nipotino *m.* (-a *f.*). **En|kel|sohn** m. *(-[e]s,-söhne)* nipote *m.* **En|kel|toch|ter** f. *(-,-töchter)* nipote *f.*

En|kla|ve f. *(-,-n)* enclave *f.*

En|kli|se f. *(-,-n)*, **En|kli|sis** f. *(-, Enklisen)* enclisi *f.* **En|kli|ti|kon** n. *(-s, Enklitika)* enclitica *f.* **en|kli|tisch** agg. enclitico.

en|ko|die|ren tr. tradurre in codice. **En|ko|die|rung** f. *(-,-en)* traduzione *f.* in codice.

En|ko|mi|on, En|ko|mi|um n. *(-s, Enkomien)* encomio *m.*

e|norm I agg. enorme II avv. 1 enormemente, in modo enorme 2 COLLOQ. *(sehr)* molto, terribilmente: ***dieses Auto ist ~ günstig*** questa auto è molto conveniente. **E|nor|mi|tät** f. *(-,-en)* enormità *f.*

En|quete [ã'kɛ:t(ə)] f. *(-,-n)* inchiesta *f.*

En|sem|ble [ã'sã:bl] n. *(-s,-s)* 1 complesso *m.*, gruppo *m.*, ensemble *m.*; *(eines Theaters)* compagnia *f.* teatrale 2 *(Gesamtheit)* insieme *m.*, complesso *m.* 3 *(Kleidungsstück)* completo *m.*, ensemble *m.*

ent|ar|ten intr. (aus. *sein*) degenerare: ***die Party ist zu einem Gelage entartet*** il party è degenerato in una gozzoviglia. **ent|ar|tet** p.pass. agg. 1 → **entarten** 2 degenerato ◆ STOR. ***-e Kunst*** arte degenerata. **Ent|ar|tung** f. *(-,-en)* degenerazione *f.*

ent|aschen tr. ***den Ofen ~*** togliere la cenere dalla stufa.

ent|as|ten, ent|äs|ten tr. sfrondare, sfoltire: ***einen Baum ~*** sfrondare un albero.

ent|äu|ßern rifl. ***sich etw. (G) ~*** privarsi di qcs.; disfarsi di qcs. **Ent|äu|ße|rung** f. *(-,-en)* alienazione *f.*

ent|beh|ren I tr. 1 ***jdn, etw. ~*** sentire la mancanza di qcn., qcs.: ***sie entbehrt ihn sehr*** sente molto la sua mancanza 2 *(verzichten)* rinunciare a, fare a meno di: ***ich kann deine Hilfe nicht mehr ~*** non posso più fare a meno del tuo aiuto; ***er kann sie nicht ~*** non può fare a meno di lei II intr. (aus. *haben*) LETT. ***etw. (G) ~*** mancare, essere privo di qcs.: ***sie entbehrt nicht der Intelligenz*** non è priva di intelligenza. **ent|behr|lich** agg. non necessario, non indispensabile; *(überflüssig)* superfluo. **Ent|behr|lich|keit** f. *(-,-en)* superfluità *f.* **Ent|beh|rung** f. *(-,-en)* 1 rinuncia *f.*, privazione *f.*: ***große -en auf sich nehmen, ertragen*** sopportare grandi privazioni 2 *(Not)* stenti *m.pl.*, bisogno *m.*, ristrettezze *f.pl.*: ***in ~ leben*** vivere in ristrettezze. **ent|beh|rungs|reich, ent|beh|rungs|voll** agg. pieno di stenti, di privazioni.

ent|bei|nen tr. disossare.

ent|bie|ten tr. *(entbot, entboten)* 1 porgere: ***jdm seine Grüße ~*** porgere i propri omaggi a qcn. 2 ANT. *(kommen lassen)* convocare.

ent|bin|den *(entband, entbunden)* I tr. 1a dispensare, esonerare, sollevare: ***jdn von einer Pflicht ~*** esonerare qcn. da un obbligo b sciogliere: ***jdn von einem Eid, Versprechen ~*** sciogliere qcn. da un giuramento, da una promessa 2 ***eine Frau ~*** far partorire una donna **II** intr. (aus. *haben*) partorire: ***sie hat zu Hause entbunden*** ha partorito a casa ◆ ***von einem Kind entbunden werden*** dare alla luce un bambino. **Ent|bin|dung** f. *(-,-en)* **1** esonero *m.*, dispensa *f.*, esenzione *f.* **2** *(Gebären)* parto *m.* **Ent|bin|dungs|ab|tei|lung** f. *(-,-en)* reparto *m.* maternità. **Ent|bin|dungs|an|stalt** f. *(-,-en)*, **Ent|bin|dungs|heim** n. *(-[e]s,-e)* clinica *f.* ostetrica. **Ent|bin|dungs|saal** m. *(-[e]s,-säle)* sala *f.* parto. **Ent|bin|dungs|zan|ge** f. *(-,-n)* forcipe *m.*

ent|blät|tern I tr. **1** sfogliare: ***der Wind entblättert die Bäume*** il vento fa cadere le foglie dagli alberi **II** rifl. **sich ~ 1** perdere le foglie **2** SCHERZ. *(sich ausziehen)* svestirsi, spogliarsi.

ent|blö|den rifl. ANT. ***sich (A) ~, etw. zu tun*** avere l'ardire di fare qcs.

ent|blö|ßen I tr. **1a** denudare: ***die Schulter ~*** denudare le spalle **b** FIG. spogliare: ***jdn von allem ~*** spogliare qcn. di tutto, di tutti i suoi averi **2** FIG. mettere a nudo: ***seine Gedanken vor jdm ~*** mettere a nudo i propri pensieri davanti a qcn. **3** SPORT ***die Abwehr ~*** indebolire la difesa **II** rifl. **sich ~** denudarsi, spogliarsi (anche FIG.) ◆ ***die Zähne ~*** mostrare i denti. **ent|blößt** p.pass. agg. **1** → **entblößen 2** ***-en Hauptes, mit -em Haupt*** a capo scoperto. **Ent|blö|ßung** f. *(-,-en)* **1** denudamento *m.*, scoprimento *m.* **2** *(Beraubung)* spoliazione *f.*

ent|brannt p.pass. agg. → **entbrennen** ◆ ***für etw., jdn ~ sein*** essere infiammato per qcs., qcn.

ent|bre|chen rifl. *(entbricht, entbrach, entbrochen)* ANT. ***sich nicht ~ können*** non poter fare a meno.

ent|brei|ten LETT. **I** tr. *(ausbreiten)* aprire: ***die Zeitung ~*** aprire il giornale **II** rifl. **sich ~** *(sich erstrecken)* estendersi.

ent|bren|nen intr. *(entbrannte, entbrannt; aus. sein)* **1** FIG. esplodere, scoppiare: ***ein heftiger Streit entbrannte plötzlich*** una violenta lite scoppiò all'improvviso **2** FIG. infiammarsi: ***in Zorn, Liebe für jdn, etw. (zu jdm, etw.) ~*** accendersi d'odio, d'amore per qcn., qcs.

ent|bü|ro|kra|ti|sie|ren tr. sburocratizzare.

ent|chlo|ren tr. declorare. **Ent|chlo|rung** f. *(-,-en)* declorazione *f.*

ent|christ|li|chen tr. scristinianizzare. **Ent|christ|li|chung** f. *(-,-en)* scristianizzazione *f.*

ent|cof|fe|i|nie|ren → **entkoffeinieren.**

ent|de|cken tr. **1** scoprire: ***eine Insel, ein Virus ~*** scoprire un'isola, un virus; ***ein neues Lokal, eine junge Sängerin ~*** scoprire un nuovo locale, una giovane cantante; ***einen Fehler ~*** scoprire un errore **2** LETT. rivelare, svelare: ***jdm ein Geheimnis ~*** svelare un segreto a qcn.; ***jdm sein Herz ~*** rivelare a qcn. il proprio amore ◆ ***sein Herz für jdn, etw. ~*** scoprire il proprio interesse per qcn., qcs. **Ent|de|cker** m. *(-s,-)* scopritore *m.* **Ent|de|ckung** f. *(-,-en)* scoperta *f.*: ***die ~ Amerikas*** la scoperta dell'America. **Ent|de|ckungs|ge|schich|te** f. *(-)* storia *f.* delle scoperte. **Ent|de|ckungs|rei|se** f. *(-,-n)* viaggio *m.* di esplorazione.

ent|dra|ma|ti|sie|ren tr. sdrammatizzare.

ent|dröh|nen tr. insonorizzare.

ent|dun|keln tr. rischiarare.

En|te f. *(-,-n)* **1** anatra *f.*: ***wie eine ~ watscheln*** camminare come un'anatra **2** COLLOQ. *(falsche Meldung)* notizia *f.* falsa, bufala *f.*, canard *m.* **3** ***kalte ~*** INTRAD. (bevanda fredda con vino, acqua minerale e scorza di limone) ◆ ***wie eine bleierne ~ schwimmen*** nuotare come un gatto di piombo; ***lahme ~*** polentone.

ent|eh|ren tr. **1** disonorare, diffamare **2** *(verführen)* sedurre. **Ent|eh|rung** f. *(-,-en)* diffamazione *f.*, disonore *m.*

ent|eig|nen tr. espropriare. **Ent|eig|nung** f. *(-,-en)* espropriazione *f.*, esproprio *m.* **Ent|eig|nungs|be|scheid** m. *(-[e]s,-e)* decreto *m.* d'espropriazione, provvedimento *m.* di confisca. **Ent|eig|nungs|ent|schä|di|gung** f. *(-,-en)* DIR. indennità *f.* di espropriazione.

ent|ei|len intr. (aus. *sein*) sfuggire; ***die Zeit enteilt*** il tempo vola.

ent|ei|sen tr. disgelare, sbrinare: ***die Tragflächen eines Flugzeugs ~*** disgelare le ali di un aereo.

ent|ei|se|nen tr. deferritizzare, depurare dal ferro.

Ent|ei|sung f. *(-,-en)* disgelamento *m.*, sbrinamento *m.*

En|ten|bra|ten m. *(-s,-)* anatra *f.* arrosto. **En|ten|flin|te** f. *(-,-n)* spingarda *f.* **En|ten|dunst** m. *(-[e]s,-dünste)* VENAT. migliarola *f.* **En|ten|flott** n. *(-[e]s)*, **En|ten|grüt|ze** f. *(-,-n)* lemna *f.*, lenticchia *f.* d'acqua. **En|ten|kü|ken** n. *(-s,-)* anatroccolo *m.* **En|ten|mu|schel** f. *(-,-n)* ZOOL. lepade *f.* **En|ten|schna|bel** m. *(-s,-schnäbel)* becco *m.* dell'anatra. **En|ten|teich** m. *(-[e]s,-e)* stagno *m.* per le anatre. **En|ten|zucht** f. *(-,-en)* allevamento *m.* di anatre.

en|te|ral agg. enterico.

En|ter|beil n. *(-[e]s,-e)* ascia *f.* d'arrembaggio.

ent|er|ben tr. diseredare.

En|ter|brü|cke f. *(-,-n)* ponte *m.* d'arrembaggio.

Ent|erb|te m. e f. *(-n,-n)* diseredato *m.* (-a *f.*) (anche FIG.): ***die -n der Gesellschaft*** i diseredati della società. **Ent|er|bung** f. *(-,-en)* diseredamento *m.*

En|ter|ha|ken m. *(-s,-)* raffio *m.*, grappino *m.* di arrembaggio.

En|te|rich m. *(-s,-e)* anatra *f.* maschio.

en|tern I tr. **1** arrembare **2** COLLOQ. *(erklettern)* ***eine Mauer ~*** arrampicarsi su un muro **II** intr. (aus. *sein*) MAR. ***in die Masten ~*** salire in testa d'albero.

En|te|ro|kly|se f. *(-,-n)* enteroclisi *f.* **En|te|ro|ko|li|tis** f. *(-, Enterokolitiden)* enterocolite *f.* **En|te|ro|sko|pie** f. *(-,-n)* enteroscopia *f.*

En|ter|tai|ner ['ɛntɐteɪnɐ] m. *(-s,-)* presentatore *m.*, intrattenitore *m.* **En|ter|tain|ment** [ɛntɐ'teɪnmənt] n. *(-s,-s)* spettacolo *m.* di evasione, di varietà.

En|te|rung f. *(-,-en)* arrembaggio *m.*

ent|fa|chen tr. **1** accendere: ***ein Feuer ~*** accendere un fuoco; *(von Brand)* appiccare **2** *(entfesseln)* scatenare: ***einen Krieg, den Zorn ~*** scatenare una guerra, l'ira.

ent|fah|ren intr. *(entfährt, entfuhr, entfahren;* aus. *sein)* sfuggire: ***ihm entfuhr ein Wort zuviel*** gli è sfuggita una parola di troppo; LETT. ***den Händen ~*** sfuggire dalle mani, di mano.

ent|fal|len intr. *(entfällt, entfiel, entfallen;* aus. *sein)* **1** sfuggire, cadere di mano (*o* dalle mani): ***der Füller ist mir ~*** la penna mi è caduta di mano **2** sfuggire di mente: ***seine Adresse ist mir ~*** il suo indirizzo mi è sfuggito di mente **3** ***auf jdn ~*** spettare, toccare a qcn.: ***auf jeden Gewinner ~ 1000 DM*** ad ogni vincitore spettano 1000 marchi **4a** *(ausfallen)* decadere **b** *(nicht stattfinden)* non aver luogo: ***der Unterricht wird heute ~*** oggi la lezione non avrà luogo.

ent|fal|ten I tr. **1** (di)spiegare, (di)stendere: ***die Straßenkarte, die Serviette ~*** spiegare la carta stradale, il tovagliolo **2a** FIG. (di)mostrare, manifestare: ***Geschmack, Kraft, Pracht ~*** dimostrare gusto, manifestare forza, ostentare sfarzo; ***vor jdm seine Gedanken ~*** manifestare i propri pensieri a qcn. **b** *(entwickeln)* sviluppare, svolgere: ***seine Begabung, Persönlichkeit ~*** sviluppare il proprio talento, la propria personalità **3** *(beginnen)* intraprendere: ***eine erfolgreiche Tätigkeit ~*** intraprendere una brillante attività **II** rifl. **sich ~ 1a** (di)spiegarsi, aprirsi **b** *(aufblühen)* schiudersi **2a** *(sich entwickeln)* svilupparsi, dispiegarsi **b** *(von Menschen)* realizzarsi: ***hier kann er sich beruflich ~*** qui si può realizzare professionalmente. **Ent|fal|tung** f. *(-,-en)* **1a** (di)spiegamento *m.*, apertura *f.* **b** *(von Blumen)* lo schiudersi **2a** FIG. dimostrazione *f.*, manifestazione *f.* **b** *(Entwicklung)* sviluppo *m.*, svolgimento *m.*: ***die ~ der Persönlichkeit*** lo sviluppo della personalità ◆ ***zur ~ bringen*** (di)spiegare; *(entwickeln)* sviluppare; ***zur ~ kommen, gelangen*** (di)spiegarsi; *(sich entwickeln)* svilupparsi.

ent|fär|ben I tr. scolorare, scolorire TESS. decolorare **II** rifl. **sich ~** scolorirsi, stingersi; *(von Gesicht)* sbiancare. **Ent|fär|ber** m. *(-s,-)* decolorante *m.* **Ent|fär|bung** f. *(-,-en)* scoloramento *m.*, TESS. decolorazione *f.* **Ent|fär|bungs|mit|tel** n. *(-s,-)* → **Entfärber.**

ent|fer|nen I tr. **1a** togliere, levare, rimuovere: ***Flecken, Staub ~*** togliere macchie, la polvere **b** CHIR. rimuovere, asportare: ***eine Geschwulst ~*** asportare un tumore **c** *(Menschen)* allontanare, mandare via: ***jdn aus, von der Schule ~*** allontanare qcn. da scuola; *(aus einem Amt)* rimuovere **2** *(in die Ferne bringen)* portare lontano, portare via (anche FIG.) **II** rifl. **sich ~ 1** allontanarsi (anche FIG.): ***die Schritte entfernten sich*** i passi si allontanarono; ***sich vom Thema, von der Wahrheit ~*** allontanarsi dal tema, discostarsi dalla verità; ***sich voneinander ~*** allontanarsi, diventare estranei **2** *(weggehen)* andarsene, allontanarsi: ***sich aus, von einer Gesellschaft ~*** andarsene da un ricevimento; *(verreisen)* partire. **ent|fernt I** agg. **1** → **entfernen 2** lontano, distante: ***die Schule ist weit ~ vom Haus (weit vom Haus ~)*** la scuola è molto lontana dalla casa; ***ein Ort ist 200 m, zehn Minuten ~*** il posto è distante (*o* dista) 200 m, 10 minuti; ***ich bin weit davon ~, ihm zu glauben*** sono ben lontano dal credergli **3** FIG. lontano: ***eine -e Ähnlichkeit*** una lontana somiglianza; ***-e Verwandten*** parenti lontani **II** avv. **1** ***mit jdm ~ verwandt sein*** essere parente alla lontana con qcn. **2a** lontanamente, vagamente: ***sich ~ an etw. erinnern*** ricordarsi vagamente di qcs. **b** ***nicht ~ (nicht im Entferntesten)*** neppure (*o* nemmeno, neanche) lontanamente: ***ich denke nicht im Entferntesten daran!*** non ci penso neppure lontanamente!

Ent|fer|nung f. *(-,-en)* **1a** distanza *f.*: ***die ~ beträgt 50 m*** la distanza è di 50 m; ***auf große ~*** da grande distanza, da molto lontano; ***in einer ~ von...*** a una distanza di...; ***in einiger ~ von*** a una certa distanza da; ***bei den großen -en ist das Auto unbedingt erforderlich*** per le grandi distanze è assolutamente indispensabile l'auto **b** *(Ferne)* lontananza *f.*: ***aus, in der ~*** da lontano **2a** *(Beseitigung)* rimozione *f.*, eliminazione *f.* **b** CHIR. asportazione *f.* **c** *(von Menschen)* allontanamento *m.*; *(aus einem Amt)* rimozione *f.* **3** *(Weggehen)* allontanamento *m.*: ***unerlaubte ~ von der Truppe*** allontanamento non autorizzato dalla truppa. **Ent|fer|nungs|mes|ser** m. *(-s,-)* FOT. telemetro *m.*

ent|fes|seln tr. **1** scatenare, provocare: ***einen Sturm der Entrüstung ~*** scatenare un'ondata di sdegno **2** LETT. ***jdn ~*** liberare qcn. dalle catene, ANT. scatenare qcn. **Ent|fes|se|lung** f. *(-,-en)* **1** lo scatenare, il provocare **2** LETT. liberazione *f.* (dalle catene), ANT. scatenamento *m.* **Ent|fes|se|lungs|künst|ler** m. *(-s,-)* illusionista *m.* (che si libera da corde, catene...). **Ent|fess|lung** RAR. → **Entfesselung.**

ent|fet|ten tr. sgrassare; *(Milch)* scremare. **Ent|fet|tung** f. *(-,-en)* sgrassatura *f.*; *(von Milch)* scrematura *f.* **Ent|fet|tungs|kur** f. *(-,-en)* cura *f.* dimagrante.

ent|feuch|ten tr. deumidificare. **Ent|feuch|ter** m. *(-s,-)* deumidificatore *m.*

ent|flamm|bar agg. infiammabile. **ent|flam|men I** tr. infiammare, accendere (spec. FIG.): RAR. ***das Feuer ~*** accendere il fuoco; ***jdn für eine Idee ~*** infiammare qcn. per un'idea; ***jds Hass, Liebe, Leidenschaft ~*** accendere l'odio, l'amore, la passione di qcn. **II** rifl. **sich ~** infiammarsi, accendersi: ***sich in Liebe (für jdn) ~*** accendersi d'amore (per qcn.) **III** intr. (aus. *sein*) accendersi (spec. FIG.): ***der Kampf entflammt von neuem*** si riaccende la lotta.

ent|flech|ten tr. *(entflicht/entflechtet, entflocht/entflechtete, entflochten)* **1** *(entwirren)* districare, sbrogliare **2** ECON. decentrare, decentralizzare. **Ent|flech|tung** f. *(-,-en)* **1** il districare, lo sbrogliare **2** ECON. decentramento *m.*, decentralizzazione *f.*; *(Auflösung von Kartellen)* decartellizzazione *f.*

ent|fle|cken tr. smacchiare. **Ent|fle|ckung** f. *(-,-en)* smacchiatura *f.*

ent|flei|schen tr. **1** scarnificare **2** *(Haut)* scarnare. **ent|fleischt** p.pass. agg. **1** → **entfleischen 2** *(sehr mager)* scarno: ***-e Hände*** mani scarne.

ent|fleu|chen intr. (aus. *sein*) → **entfliehen.**

ent|flie|gen intr. *(entflog, entflogen;* aus. *sein)* volare via, scappare (in volo) ◆ *(in einer Anzeige)* ***Kanarienvogel entflogen!*** smarrito canarino!

ent|flie|hen intr. *(entfloh, entflohen;* aus. *sein)* **1a** fuggire, scappare: ***aus dem Gefängnis ~*** fuggire (*o* evadere) dalla prigione **b** ***jdm ~*** sfuggire a qcn. **2** FIG. ***etw. (D) ~*** fuggire (*o* evadere) da qcs., sfuggire a qcs.: ***der alltäglichen Monotonie ~*** evadere dalla monotonia di tutti i giorni; ***seinem Schicksal ~*** sfuggire al proprio destino **3** *(rasch vergehen)* fuggire, volare.

ent|frem|den I tr. **1** (e)straniare, allontanare, alienare: ***jdn seiner Familie ~*** estraniare qcn. dalla famiglia; ***jdn jdm ~*** allontanare qcn. da qcn. **2** ***etw. seinem Zweck ~*** destinare qcs. a un altro scopo **II** rifl. **sich ~** (e)straniarsi, allontanarsi, alienarsi: ***sich der Umwelt ~*** estraniarsi dal mondo circostante; ***wir haben uns entfremdet*** ci siamo allontanati, siamo diventati estranei. **ent|frem|det** p.pass. agg. **1** → **entfremden 2** FILOS. alienato: ***der -e Mensch*** l'uomo alienato; ***-e Arbeit*** lavoro alienato. **Ent|frem|dung** f. *(-,-en)* **1** (e)straniamento *m.*, allontanamento *m.*, alienazione *f.* **2** FILOS. PSIC. alienazione *f.*

ent|fros|ten tr. sbrinare; *(Lebensmittel)* scongelare. **Ent|fros|ter** m. *(-s,-)* sbrinatore *m.* **Ent|fros|tung** f. *(-,-en)* sbrinamento *m.*; *(von Lebensmitteln)* scongelamento *m.*

ent|füh|ren tr. **1a** rapire **b** *(kidnappen)* sequestrare, rapire **2** *(Flugzeug)* dirottare **3** SCHERZ. *(wegnehmen)* rubare, portare via: ***darf ich Ihnen die Dame ~?*** posso rubarLe la dama? **Ent|füh|rer** m. *(-s,-)* **1a** rapitore *m.* **b** *(Kidnapper)* sequestratore *m.*, rapitore *m.* **2** *(Flugzeugentführer)* dirottatore *m.* **Ent|füh|rung** f. *(-,-en)* **1a** rapimento *m.*, LETT. ratto *m.* **b** *(Kidnapping)* sequestro *m.*, rapimento *m.*: ***erpresserische ~*** sequestro a scopo di estorsione **2** *(Flugzeugentführung)* dirottamento *m.*

ent|ga|sen tr. degassare, degassificare.

ent|ge|gen I prep. + dat. contro, contrariamente a, in opposizione a, in contrasto con: ***~ jds Befehlen, seiner Überzeugung handeln*** agire contro gli ordini di qcn., contro le proprie convinzioni **II** avv. **1** contro, incontro: ***dem Morgen, der Sonne ~*** incontro al mattino, al sole **2** *(entgegengesetzt)* contro, contrario: ***der Wind war uns ~*** il vento ci era contrario; ***das ist unseren Wünschen ~*** ciò è contrario ai nostri desideri.

ent|ge|gen‿ar|bei|ten intr. (aus. *haben*) ***jdm, etw. ~*** contrastare, ostacolare qcn., qcs. **ent|ge|gen‿bli|cken** intr. (aus. *haben*) LETT. ***jdm, etw. ~*** guardare verso qcn., qcs.; FIG. ***der Zukunft ~*** guardare al futuro. **ent|ge|gen‿brin|gen** tr. *(brachte, gebracht)* **1** portare, recare, porgere (venendo incontro) **2** FIG. (di)mostrare, portare, avere: ***jdm Freundschaft, Hass ~*** dimostrare amicizia per qcn., portare odio a qcn.; ***einer Sache Interesse ~*** dimostrare (*o* avere) interesse per una cosa. **ent|ge|gen‿ei|len** intr. (aus. *sein*) ***jdm, etw. ~*** affrettarsi incontro a qcn., verso qcs. **ent|ge|gen‿fah|ren** intr. *(fährt, fuhr, gefahren;* aus. *sein)* **1** andare incontro **2** *(entgegenkommen)* venire incontro. **ent|ge|gen‿fie|bern** intr. (aus. *haben*) ***jdm, etw. ~*** attendere con ansia (*o* con trepidazione) qcn., qcs. **ent|ge|gen‿füh|ren** tr. ***jdn jdm ~*** condurre, portare qcn. da (*o* incontro a) qcn. **ent|ge|gen‿ge|hen** intr. *(ging, gegangen;* aus. *sein)* **1** ***jdm ~*** andare incontro a qcn. **2** FIG. andare incontro, avvicinarsi: ***schweren Zeiten, einer Gefahr ~*** andare incontro a tempi difficili, a un pericolo; ***etw. geht seinem Ende entgegen*** qcs. si avvia al termine.

ent|ge|gen|ge|setzt p.pass. agg. **1** → **entgegensetzen 2** opposto, contrario: ***in -er Richtung*** in direzione opposta, in senso contrario; ***am -en Ende*** al capo opposto, all'estremità opposta; ***wir haben -e Meinungen*** abbiamo opinioni diametralmente opposte. **ent|ge|gen|ge|setz|ten|falls** avv. in caso contrario, BUROCR. salvo caso contrario.

ent|ge|gen‿hal|ten tr. *(hält, hielt, gehalten)* **1a** porgere, (s)tendere; ***das Dia dem Licht ~*** tenere la diapositiva controluce **b** ***jdm die Hand ~*** tendere (*o* porgere) la mano a qcn. **2** *(einwenden)* obiettare, controbattere (a): ***dieser Beschuldigung kann man nichts ~*** a questa accusa non si può obiettare nulla. **ent|ge|gen‿han|deln** intr. (aus. *haben*) ***jdm, etw. ~*** agire contro qcn., qcs., contrastare qcn., qcs., opporsi a qcn., qcs. **ent|ge|gen‿jauch|zen**, **ent|ge|gen‿ju|beln** intr. (aus. *haben*) ***jdm ~*** accogliere qcn. con grida di giubilo, acclamare qcn.

ent|ge|gen‿kom|men intr. *(kam, gekommen;* aus. *sein)* **1a** venire incontro (anche FIG.): ***er kam mir auf der Treppe entgegen*** mi venne incontro sulle scale; ***jds Wünschen ~*** venire incontro ai desideri di qcn. **b** ***jdm freundlich, mit Achtung ~*** trattare qcn. cordialmente, con rispetto **2** *(entsprechen)* (cor)rispondere: ***diese Rolle kommt meinen Vorstellungen entgegen*** questa parte corrisponde alle mie aspettative. **Ent|ge|gen|kom|men** n. *(-s)* **1a** (ac)condiscendenza *f.*; *(Verständnis)* comprensione *f.*: ***kein ~ finden*** non trovare comprensione; *(Gefälligkeit)* compiacenza *f.*, cortesia *f.* **b** *(Unterstützung)* sostegno *m.*, appoggio *m.* **2** *(Zugeständnis)* concessione *f.*: ***zu einem ~ bereit sein*** essere disposto a (fare) una concessione. **ent|ge|gen|kom|mend** p.pres. agg. **1** → **entgegenkommen 2** accomodante, (ac)condiscendente; *(gefällig)* cortese, gentile, affabile; *(verständnisvoll)* comprensivo. **ent|ge|gen|kom|men|der|wei|se** avv. in modo accomodante, accondiscendente; *(gefällig)* cortesemente, gentilmente; *(verständnisvoll)* con comprensione.

ent|ge|gen‿lau|fen intr. *(läuft, lief, gelaufen;* aus. *sein)* **1** correre incontro **2** FIG. andare contro, essere contrario: ***das läuft meinen Absichten ganz entgegen*** ciò è contrario alle mie intenzioni.

Ent|ge|gen|nah|me f. *(-,-n)* ricevimento *m.*; *(Annahme)* accettazione *f.* **ent|ge|gen‿neh|men** tr. *(nimmt, nahm, genommen)* ricevere; *(annehmen)* accettare, accogliere.

ent|ge|gen‿rü|cken intr. (aus. *sein*) MIL. muovere (contro). **ent|ge|gen‿ru|fen** tr. *(rief, gerufen)* ***jdm etw. ~*** urlare (*o* gridare) qcs. a qcn. (da lontano). **ent|ge|gen‿schi|cken** tr. mandare incontro. **ent|ge|gen‿se|hen** intr. *(sieht, sah, gesehen;* aus. *haben)* **1** ***jdm, etw. ~*** guardare (verso) qcn., qcs. (che sta arrivando) **2** FIG. ***etw. (D) ~*** guardare a qcs.: ***jds Entscheidung ~*** attendere la decisione di qcn.; ***dem Tod, der Zukunft ruhig ~*** guardare alla morte, al futuro con serenità.

ent|ge|gen‿set|zen I tr. **1** opporre: ***jdm, etw. Widerstand ~*** opporre resistenza a qcn., a qcs. **2** *(einwenden)* obiettare, controbattere, ribattere: ***ihren Argumenten konnte er nichts ~*** alle sue argomentazioni non poté obiettare nulla **3** *(gegenüberstellen)* contrapporre, opporre: ***dem Ideal das Leben ~*** contrapporre all'ideale la vita **II** rifl. ***sich jdm, etw. ~*** opporsi a qcn., qcs. **Ent|ge|gen|set|zung** f. *(-,-en)* **1** opposizione *f.*, contrapposizione *f.* **2** *(Einwand)* obiezione *f.*

ent|ge|gen‿ste|hen intr. *(stand, gestanden;* aus. *haben)* **1** essere contro, opporsi: ***einem Vorhaben stehen Schwierigkeiten entgegen*** a un progetto si oppongono difficoltà; ***seinen Behauptungen stehen die Aussagen vieler Zeugen entgegen*** contro le sue affermazioni vi sono le deposizioni di molti testimoni; ***dem steht nichts entgegen*** non c'è nulla in contrario **2** *(von Wind)* essere contrario. **ent|ge|gen‿stel|len I** tr. **1** opporre; mettere (*o* mandare) contro: ***dem Feind gut ausgerüstete Truppen ~*** opporre al nemico truppe ben equipaggiate **2** *(gegenüberstellen)* contrapporre, opporre **II** rifl. **sich ~** opporsi: ***sich jds Plänen ~*** opporsi ai piani di qcn. **ent|ge|gen‿stür|zen** intr. (aus. *sein*) **1** cadere addosso: ***der Inhalt des Schrankes stürzte mir entgegen*** il contenuto dell'armadio mi cadde addosso **2** *(entgegenrennen)* precipitarsi (verso), correre incontro. **ent|ge|gen‿tra|gen** tr. *(trägt, trug, getragen)* (andare a) portare. **ent|ge|gen‿trei|ben** intr. *(trieb, getrie-*

ben; aus. *sein)* andare incontro, andare verso (anche FIG.): ***seinem Untergang ~*** andare verso la propria rovina. **ent|ge|gen_tre|ten** intr. *(tritt, trat, getreten;* aus. *sein)* **1** ***jdm, etw. ~*** affrontare qcn., qcs.; ***dem Tod gefasst ~*** affrontare serenamente la morte **2** *(ankämpfen)* andare contro, lottare contro, opporsi (a): ***dem Missbrauch des Asylrechts ~*** opporsi all'abuso dell'asilo politico. **ent|ge|gen_wer|fen** *(wirft, warf, geworfen)* **I** tr. lanciare (contro *o* verso) **II** rifl. ***sich jdm, etw. ~*** lanciarsi contro qcn., qcs., affrontare qcn., qcs. **ent|ge|gen_wir|ken** intr. (aus. *haben*) ***einer Sache ~*** combattere una cosa, opporsi a una cosa. **ent|ge|gen_zie|hen** intr. *(zog, gezogen;* aus. *sein)* **1** andare (*o* muovere) incontro **2** MIL. muovere (contro).

ent|geg|nen intr. (aus. *haben*) controbattere, replicare. **Ent|geg|nung** f. *(-,-en)* replica *f.*

ent|ge|hen intr. *(entging, entgangen;* aus. *sein)* **1** sfuggire: ***seinen Verfolgern, einer Gefahr ~*** sfuggire ai propri persecutori, a un pericolo **2** *(unbemerkt bleiben)* sfuggire, scappare: ***dieser Fehler ist mir entgangen*** questo errore mi è sfuggito ◆ ***sich (D) etw. ~ lassen*** perdere, mancare, farsi sfuggire qcs.: ***sich (D) eine Gelegenheit nicht ~ lassen*** non perdere (*o* non farsi sfuggire) un'occasione; ***diesen Film darfst du dir nicht ~ lassen*** questo film non te lo devi perdere.

ent|geis|tert agg. **1** *(vor Erstaunen)* attonito, sbigottito, stupefatto **2** *(vor Entsetzen)* costernato. **ent|geis|ti|gen** tr. privare del carattere spirituale, materializzare.

Ent|gelt n. *(-[e]s,-e)* retribuzione *f.*, remunerazione *f.*, compenso *m.*: ***gegen ~*** dietro compenso; ***ohne ~*** gratuitamente, gratis.

ent|gel|ten tr. *(entgilt, entgalt, entgolten)* **1** *(büßen)* scontare, pagare: ***er soll es (mir) ~*** (me) la pagherà; ***er hat seinen Ungehorsam ~ müssen*** ha dovuto pagare per la sua disobbedienza **2** ricompensare, remunerare: ***etw. reichlich, mit Undank ~*** remunerare qcs. abbondantemente, ricompensare qcs. con l'ingratitudine. **ent|gelt|lich** agg. BUROCR. dietro pagamento.

ent|gif|ten tr. **1** depurare: ***Abgase, das Blut ~*** depurare i gas di scarico, il sangue **2** FIG. svelenire. **Ent|gif|tung** f. *(-,-en)* depurazione *f.*

ent|glei|sen intr. (aus. *sein*) **1** deragliare, uscire dai binari **2** FIG. passare la misura: ***wenn er zuviel trinkt, entgleist er leicht*** quando beve troppo, passa un po' la misura **3** FIG. *(aus dem Konzept kommen)* uscire dal seminato. **Ent|glei|sung** f. *(-,-en)* **1** deragliamento *m.* (anche FIG.) **2a** sbandata *f.* **b** *(taktlose Äußerung)* gaffe *f.*

ent|glei|ten intr. *(entglitt, entglitten;* aus. *sein)* **1a** scivolare, scappare, sfuggire: ***das Glas ist ihren Händen entglitten*** il bicchiere le è scivolato di mano **b** FIG. scivolare: ***das Gespräch entglitt ins Banale*** la conversazione scivolò nella banalità **2** *(verlorengehen)* sfuggire, sottrarsi: ***die Kontrolle ist ihm entglitten*** gli è sfuggito il controllo; ***die Kinder entglitten ihrer Mutter*** i bambini si sottrassero alla madre.

ent|glo|ri|fi|zie|ren tr. smitizzare, togliere l'alone di gloria da. **Ent|glo|ri|fi|zie|rung** f. *(-,-en)* smitizzazione *f.*

ent|got|ten tr. **1** → **entgöttern** **2** smitizzare. **ent|göt|tern** tr. dissacrare, privare del carattere divino. **ent|göt|tert** p.pass. agg. **1** → **entgöttern** **2** senza Dio (*o* dei): ***eine -e Welt*** un mondo senza Dio. **Ent|göt|te|rung** f. *(-,-en)* dissacrazione *f.* **Ent|got|tung** f. *(-,-en)* **1** → **Entgötterung** **2** smitizzazione *f.*

ent|gra|ten tr. MECC. sbavare.

ent|grä|ten tr. diliscare.

ent|gren|zen tr. FIG. allargare, ampliare: ***einen Begriff ~*** ampliare un concetto.

ent|haa|ren tr. depilare. **Ent|haa|rung** f. *(-,-en)* depilazione *f.* **Ent|haa|rungs|creme** f. *(-,-s)* crema *f.* depilatoria. **Ent|haa|rungs|mit|tel** n. *(-s,-)* depilatorio *m.* **Ent|haa|rungs|wachs** n. *(-es,-e)* ceretta *f.*

1.ent|hal|ten *(enthält, enthielt, enthalten)* **I** tr. contenere, racchiudere: ***die Flasche enthält einen Liter Mineralwasser*** la bottiglia contiene un litro di acqua minerale; FIG. ***die Rede enthält schwere Vorwürfe gegen seinen politischen Gegner*** il discorso racchiude pesanti rimproveri al suo avversario politico **II** rifl. **sich ~** **1** astenersi: ***sich der Süßigkeiten, der Stimme ~*** astenersi dai dolci, dal voto **2** trattenersi: ***sich des Lachens nicht ~ können*** non riuscire a trattenersi dal ridere.

2.ent|hal|ten p.pass. agg. **1** → **1.enthalten** **2** incluso, compreso: ***das ist im Preis ~*** è compreso nel prezzo ◆ ***wie oft ist 3 in 12 ~ ? – viermal*** quante volte sta il 3 nel 12? – quattro volte.

ent|halt|sam **I** agg. *(maßvoll)* sobrio, misurato, morigerato; *(abstinent)* astinente **II** avv. moderatamente; *(keusch)* castamente. **Ent|halt|sam|keit** f. *(-)* sobrietà *f.*, morigeratezza *f.*; *(Abstinenz)* astinenza *f.*; *(geschlechtlich)* continenza *f.* **Ent|halt|sam|keits|apos|tel** m. *(-s,-)* SCHERZ. apostolo *m.* dell'astinenza, della temperanza.

Ent|hal|tung f. *(-,-en)* **1** → **Enthaltsamkeit** **2** astensione *f.*

ent|här|ten tr. addolcire. **Ent|här|tung** f. *(-,-en)* addolcimento *m.*

ent|haup|ten tr. decapitare. **Ent|haup|tung** f. *(-,-en)* decapitazione *f.*

ent|häu|ten tr. scorticare, scuoiare; *(Fisch)* desquamare; *(Zwiebel)* pelare.

ent|he|ben tr. *(hob, gehoben)* **1** dispensare, esonerare, esentare, sollevare: ***aller Verpflichtungen enthoben werden*** essere esentato da tutti gli obblighi **2** destituire, dispensare: ***eines Amtes, des Dienstes ~*** destituire da una carica, dispensare dal servizio. **Ent|he|bung** f. *(-,-en)* **1** dispensa *f.*, esonero *m.*, esenzione *f.* **2** *(eines Amtes)* destituzione *f.*

ent|hei|li|gen tr. **1** *(schänden)* profanare **2** *(die Weihe aufheben)* sconsacrare. **Ent|hei|li|gung** f. *(-,-en)* **1** *(Schändung)* profanazione *f.* **2** *(Aufhebung der Weihe)* sconsacrazione *f.*

ent|hem|men tr. **1** PSIC. disinibire **2** *(Maschine)* sbloccare. **ent|hem|mend** p.pres. agg. **1** → **enthemmen** **2** PSIC. disinibitorio. **Ent|hem|mung** f. *(-,-en)* **1** PSIC. disinibizione *f.* **2** sbloccamento *m.*

ent|hül|len **I** tr. **1** scoprire: ***ein Denkmal ~*** scoprire un monumento **2** FIG. *(offenbaren)* svelare, rivelare: ***die Zukunft, ein Geheimnis ~*** rivelare il futuro, svelare un segreto; ***jdn als Lügner ~*** rivelare che qcn. è un bugiardo **II** rifl. **sich ~** rivelarsi, svelarsi, (di)mostrarsi: ***das Wunder enthüllte sich als Schwindel*** il prodigio si dimostrò una truffa. **Ent|hül|lung** f. *(-,-en)* **1a** scoprimento *m.* **b** ***die ~ eines Denkmals*** l'inaugurazione di un monumento **2** FIG. rivelazione *f.*: ***der „Spiegel" kündigte weitere -en an*** lo "Spiegel" preannunciò ulteriori rivelazioni.

ent|hül|sen tr. sgusciare.

ent|hu|ma|ni|sie|ren tr. disumanizzare. **Ent|hu|ma|ni|sie|rung** f. *(-,-en)* disumanizzazione *f.*

en|thu|si|as|mie|ren **I** tr. entusiasmare **II** rifl. **sich ~** entusiasmarsi: ***sich für jdn, etw. ~*** entusiasmarsi per qcn., qcs. **En|thu|si|as|mus** m. *(-)* entusiasmo *m.* **En|thu|si|ast** m. *(-en,-en)* entusiasta *m.* **en|thu|si|as|tisch** **I** agg. entusiastico **II** avv. entusiasticamente.

ent|ide|o|lo|gi|sie|ren tr. non ideologizzare, non ricondurre a un'ideologia.

En|ti|tät f. *(-,-en)* FILOS. entità *f.*, ente *m.*

ent|jung|fern tr. deflorare. **Ent|jung|fe|rung** f. *(-,-en)* deflorazione *f.*

ent| kal|ken tr. decalcificare. **Ent|kal|kung** f. *(-,-en)* decalcificazione *f.*

ent|kar|tel|li|sie|ren tr. ECON. decartellizzare.

ent|kei|men **I** tr. **1** sterilizzare **2** ***alte Kartoffeln ~*** togliere i germogli dalle patate vecchie **II** intr. (aus. *haben*) LETT. sbocciare, germogliare. **Ent|kei|mung** f. *(-,-en)* sterilizzazione *f.*

ent|ker|nen tr. snocciolare. **Ent|ker|ner** m. *(-s,-)* snocciolatore *m.* **Ent|ker|nung** f. *(-,-en)* snocciolamento *m.*

ent|klei|den tr. **1** *(ausziehen)* spogliare, svestire **2** spogliare, privare: ***er wurde seines Vermögens, seines Amtes entkleidet*** fu spogliato dei suoi averi, fu destituito dal suo ufficio.

Ent|klei|dung f. *(-,-en)* **1** *(Ausziehen)* lo svestire **2** spoliazione *f.*, privazione *f.* **Ent|klei|dungs|künst|le|rin** f. *(-,-nen)* spogliarellista *f.* **Ent|klei|dungs|num|mer, Ent|klei|dungs|sze|ne** f. *(-,-n)* spogliarello *m.*

ent|kno|ten tr. snodare.

ent|kof|fe|i|niert agg. ALIM. decaffeinato.

ent|koh|len tr. decarburare. **Ent|koh|lung** f. *(-,-en)* decarburazione *f.*

ent|ko|lo|ni|a|li|sie|ren tr. decolonizzare. **Ent|ko|lo|ni|a|li|sie|rung** f. *(-,-en)* decolonizzazione *f.*

ent|kom|men intr. *(entkam, entkommen;* aus. *sein)* **1** sfuggire: ***den Verfolgern ~*** sfuggire agli inseguitori **2** riparare, trovare scampo: ***ins Ausland ~*** riparare all'estero **3** ***aus dem Gefängnis ~*** scappare (*o* evadere) dalla prigione. **Ent|kom|men** n. *(-s)* scampo *m.*

ent|kop|peln tr. EL. RAD. disaccoppiare. **Ent|kop|pe|lung, Ent|kopp|lung** f. *(-,-en)* disaccoppiamento *m.*

ent|kor|ken tr. stappare, sturare: ***eine Flasche Wein ~*** sturare una bottiglia di vino.

ent|kräf|ten tr. **1** indebolire, spossare **2a** FIG. *(widerlegen)* confutare **b** DIR. invalidare, infirmare. **Ent|kräf|tung** f. *(-,-en)* **1a** indebolimento *m.*, MED. debilitazione *f.* **b** *(Entkräftetsein)* debolezza *f.*, spossatezza *f.* **2a** FIG. confutazione *f.* **b** DIR. invalidazione *f.*

ent|kramp|fen **I** tr. decontrarre **II** rifl. **sich ~** decontrarsi (anche FIG.). **ent|krampft** p.pass. agg. **1** → **entkrampfen** **2** FIG. rilassato. **Ent|kramp|fung** f. *(-,-en)* decontrazione *f.* (anche FIG.).

ent|kup|peln tr. FERR. sganciare, staccare.

ent|la|den *(entlädt, entlud, entladen)* **I** tr. **1a** scaricare: ***den Wagen, das Schiff ~*** scaricare la macchina, la nave **b** ***ein Gewehr ~*** scaricare un fucile **2** EL. scaricare: ***einen Akkumulator ~*** scaricare un accumulatore **II** rifl. **sich ~** **1** scatenarsi, scaricarsi, abbattersi: ***das Gewitter entlädt sich über dem Gebirge*** il temporale si scatena sulle montagne **2** FIG. scaricarsi, liberarsi: ***sein Zorn entlädt sich auf, über seine Frau*** la sua rabbia si scarica sulla moglie. **Ent|la|de|ram|pe** f. *(-,-n)* banchina *f.* di scarico. **Ent|la|dung** f. *(-,-en)* **1** scaricamento *m.*, scarico *m.* **2** *(von Feuerwaffen)* scarica *f.*, sparo *m.* **3** EL. scarica *f.* **4** FIG. scarica *f.*, esplosione *f.*, liberazione *f.*

ent|lang I prep. + acc. e + dat. (RAR. + gen.) lungo: ***den Fluss ~, ~ dem Fluss (des Flusses)*** lungo il fiume **II** avv. lungo: ***am Ufer ~*** lungo la riva, costeggiando la riva. **ent|lang_fah|ren** *(fährt, fuhr, gefahren)* **I** tr. **1** percorrere: ***eine Straße ~*** percorrere una strada **2** ***die Küste ~*** costeggiare la riva **II** intr. (aus. *sein*) ***an der Küste ~*** viaggiare lungo la riva. **ent|lang_füh|ren I** tr. accompagnare, condurre: ***jdn die Straße ~*** accompagnare qcn. lungo la strada **II** intr. (aus. *haben*) scorrere parallelamente: ***der Weg führt den Fluss entlang*** la strada scorre lungo (*o* costeggia) il fiume. **ent|lang_ge|hen** intr. *(ging, gegangen;* aus. *sein)* percorrere, andare lungo, costeggiare (a piedi): ***am Waldrand ~*** andare lungo i margini del bosco. **ent|lang_kom|men** intr. *(kam, gekommen;* aus. *sein)* venire, passare lungo: ***jdn die Straße ~ sehen*** vedere qcn. passare lungo la strada. **ent|lang_lau|fen** intr. *(läuft, lief, gelaufen;* aus. *sein)* **1** COLLOQ. → **entlanggehen 2** correre lungo: ***der Balkon läuft am Haus entlang*** il balcone corre lungo la casa.

ent|lar|ven tr. smascherare. **Ent|lar|vung** f. *(-,-en)* smascheramento *m.*

ent|las|sen tr. *(entlässt, entließ, entlassen)* **1** *(Gefangenen)* rilasciare, scarcerare **2** *(aus dem Krankenhaus)* dimettere **3** *(weggehen lassen)* lasciare andare (via) **4** MIL. congedare **5** *(kündigen)* licenziare **6** *(dispensieren)* liberare, sciogliere, esonerare: ***jdn aus einer Verpflichtung ~*** sciogliere qcn. da un obbligo **7** *(eines Amtes entheben)* deporre, destituire ◆ ***fristlos ~*** licenziare in tronco.

Ent|las|sung f. *(-,-en)* **1** *(aus dem Gefängnis)* rilascio *m.*, scarcerazione *f.*: ***vorzeitige, bedingte ~*** scarcerazione anticipata, liberazione condizionale **2** *(Kündigung)* dimissione *f.*, licenziamento *m.* **3** MIL. congedo *m.* **4** *(Dispensierung)* esonero *m.* **5** *(Amtsenthebung)* destituzione *f.* ◆ ***seine ~ einreichen*** rassegnare le dimissioni; MIL. ***~ aus dem Wehrdienst*** riforma. **Ent|las|sungs|ge|such** n. *(-[e]s, -e)* domanda *f.* di dimissioni: ***ein ~ einreichen*** presentare domanda di dimissioni. **Ent|las|sungs|grund** m. *(-[e]s,-gründe)* causa *f.* di licenziamento. **Ent|las|sungs|pa|pie|re** pl. MIL. foglio *m.* di congedo, congedo *m.* **Ent|las|sungs|schein** m. *(-[e]s,-e)* foglio *m.* (*o* certificato *m.*) di dimissioni. **Ent|las|sungs|zeug|nis** n. *(-ses, -se)* diploma *m.* di licenza, licenza *f.*

ent|las|ten tr. **1a** *(Arbeit abnehmen)* ***jdn ~*** alleggerire il lavoro di qcn., sgravare qcn. di lavoro: ***seine Eltern im Geschäft ~*** aiutare i genitori in negozio **b** *(erleichtern)* sgravare: ***sein Gewissen ~*** sgravare la propria coscienza **2** DIR. *(befreien)* discolpare, scagionare: ***die Zeugen entlasteten den Angeklagten*** i testimoni scagionarono l'imputato (*o* deposero a discarico dell'imputato) **3** COMM. ***jdn ~*** approvare l'operato di qcn.: ***die Kommission ~*** approvare l'operato della commissione **4** ECON. ***ein Konto ~*** pareggiare un conto estinguendo un debito ◆ ***das Herz ~*** non affaticare il cuore; ***die Umwelt mehr ~*** gravare meno sull'ambiente; ***den Verkehr ~*** decongestionare il traffico. **ent|las|tend** p.pres. agg. **1** → **entlasten 2a** DIR. a discarico: ***ein -er Beweis*** una prova a discarico **b** attenuante: ***-e Umstände*** circostanze attenuanti.

Ent|las|tung f. *(-,-en)* **1** *(Erleichterung)* alleggerimento *m.*, sgravio *m.* **2** DIR. discolpa *f.*, discarico *m.*: ***zu seiner ~*** a sua (*o* propria) discolpa **3** COMM. *(Billigung)* approvazione *f.* **4** *(von Verkehr)* decongestionamento *m.* **Ent|las|tungs|an|griff** m. *(-[e]s,-e)* **1** SPORT azione *f.* (*o* attacco *m.*) di alleggerimento **2** MIL. manovra *f.* di alleggerimento. **Ent|las|tungs|ma|te|ri|al** n. *(-s,-ien)* DIR. elementi *m.pl.* (*o* prove *f.pl.*) a discarico. **Ent|las|tungs|of|fen|si|ve** f. *(-,-n)* offensiva *f.* di diversione. **Ent|las|tungs|schlag** m. *(-[e]s, -schläge)* SPORT tiro *m.* di alleggerimento. **Ent|las|tungs|stra|ße** f. *(-,-n)* strada *f.* ausiliaria. **Ent|las|tungs|zeu|ge** m. *(-n,-n)* testimone *m.* a discarico. **Ent|las|tungs|zug** m. *(-[e]s,-züge)* treno *m.* straordinario (*o* supplementare).

ent|lau|ben I tr. sfrondare **II** rifl. **sich ~** perdere le foglie.

ent|lau|fen intr. *(entläuft, entlief, entlaufen;* aus. *sein)* **1a** *(weglaufen)* correre via **b** *(fliehen)* scappare (via), fuggire: ***aus dem Gefängnis ~*** fuggire dalla prigione (*o* di galera) **2** ***jdm ~*** scappare, sfuggire a qcn.: ***der Hund ist ihm ~*** gli è scappato il cane.

ent|lau|sen tr. spidocchiare. **Ent|lau|sung** f. *(-,-en)* spidocchiamento *m.*

ent|le|di|gen I intr. (aus. *haben*) LETT. ***jds, etw. ~*** liberarsi di qcn., di (*o* da) qcs.: ***sich seiner Schulden ~*** liberarsi delle proprie colpe **II** rifl. ***sich etw. (G) ~*** **1** togliersi (*o* levarsi) qcs. (di dosso) **2** *(nachkommen)* adempiere, eseguire qcs.: ***sich eines Antrags ~*** eseguire un ordine.

ent|lee|ren I tr. (s)vuotare **II** rifl. **sich ~** andare di corpo, evacuare. **Ent|lee|rung** f. *(-,-en)* **1** svuotamento *m.* **2** evacuazione *f.*

ent|le|gen agg. distante, lontano, remoto. **Ent|le|gen|heit** f. *(-)* LETT. **1** distanza *f.*, lontananza *f.* **2** *(Abgelegenheit)* isolamento *m.*

ent|leh|nen tr. LETT. prendere a prestito, assumere: ***einen Begriff aus der Philosophie ~*** prendere a prestito un concetto dalla filosofia. **Ent|leh|nung** f. *(-,-en)* prestito *m.*

ent|lei|ben rifl. **sich ~** LETT. suicidarsi.

ent|lei|hen tr. *(entlieh,entliehen)* prendere in prestito, farsi prestare: ***Bücher von einem Freund, aus der Bibliothek ~*** farsi prestare dei libri da un amico, prendere in prestito dei libri in biblioteca. **Ent|lei|her** m. *(-s,-)* **1** utente *m.* di una biblioteca **2** COMM. comodatario *m.*, mutuatario *m.* **Ent|lei|hung** f. *(-,-en)* prestito *m.*

Ent|lein n. *(-s,-)* anatroccolo *m.* ◆ SCHERZ. ***hässliches ~*** brutto anatroccolo.

ent|lo|ben rifl. **sich ~** rompere il fidanzamento. **Ent|lo|bung** f. *(-, -en)* rottura *f.* del fidanzamento.

ent|lo|cken tr. strappare, tirare fuori: ***jdm ein Geständnis ~*** strappare una confessione a qcn.; ***er konnte jener Trompete keinen Ton ~*** da quella tromba non riusciva a tirar fuori neanche una nota.

ent|loh|nen, SVIZZ. **ent|löh|nen** tr. pagare, retribuire, remunerare. **Ent|loh|nung**, SVIZZ. **Ent|löh|nung** f. *(-,-en)* paga *f.*, retribuzione *f.*, compenso *m.*

ent|lüf|ten tr. **1** *(durchlüften)* aerare, ventilare **2** deaerare, fare sfiatare: ***die Heizanlage ~*** far sfiatare l'impianto di riscaldamento. **Ent|lüf|ter** m. *(-s,-)* sfiatatoio *m.* **Ent|lüf|tung** f. *(-,-en)* aerazione *f.*, ventilazione *f.* **Ent|lüf|tungs|an|la|ge** f. *(-,-n)* impianto *m.* di aerazione. **Ent|lüf|tungs|fens|ter** n. *(-s,-)* presa *f.* d'aria. **Ent|lüf|tungs|hau|be** f. *(-,-n)* cappa *f.*

ent|mach|ten tr. spodestare, esautorare. **Ent|mach|tung** f. *(-,-en)* esautorazione *f.*

ent|man|nen tr. **1** *(kastrieren)* castrare, evirare **2** *(schwächen)* indebolire, infiacchire. **Ent|man|nung** f. *(-,-en)* **1** *(Kastration)* castrazione *f.*, evirazione *f.* **2** *(Schwächung)* indebolimento *m.*, infiacchimento *m.*

ent|mas|ten tr. MAR. disalberare.

ent|ma|te|ri|a|li|sie|ren tr. smaterializzare.

ent|men|schen, **ent|mensch|li|chen** tr. disumanizzare. **Ent|mensch|li|chung** f. *(-)* disumanizzazione *f.*

ent|mie|ten tr. sfittare, rendere sfitto.

ent|mi|li|ta|ri|sie|ren tr. smilitarizzare, demilitarizzare. **ent|mi|li|ta|ri|siert** p.pass. agg. → **entmilitarisieren** ◆ ***-e Zone*** zona smilitarizzata. **Ent|mi|li|ta|ri|sie|rung** f. *(-,-en)* smilitarizzazione *f.*, demilitarizzazione *f.*

ent|mi|nen tr. sminare. **Ent|mi|nung** f. *(-,-en)* sminamento *m.*

ent|mi|schen tr. **1** *(zerlegen)* scomporre **2** *(aussondern)* isolare. **Ent|mi|schung** f. *(-,-en)* scomposizione *f.*

ent|mis|ten tr. ripulire (*o* liberare) dal letame: ***den Stall ~*** ripulire la stalla dal letame.

ent|mün|di|gen tr. DIR. interdire, inabilitare. **Ent|mün|di|gung** f. *(-,-en)* DIR. interdizione *f.*

ent|mu|ti|gen tr. scoraggiare, demoralizzare, abbattere: ***sich ~ lassen*** lasciarsi scoraggiare, scoraggiarsi. **Ent|mu|ti|gung** f. *(-,-en)* scoraggiamento *m.*, demoralizzazione *f.*, abbattimento *m.*

ent|mys|ti|fi|zie|ren tr. demistificare.

ent|my|thi|sie|ren, **ent|my|tho|lo|gi|sie|ren** tr. demitizzare, smitizzare. **Ent|my|tho|lo|gi|sie|rung** f. *(-,-en)* demitizzazione *f.*, smitizzazione *f.*

Ent|nah|me f. *(-,-n)* prelievo *m.*: ***~ aus der Kasse*** prelievo dalla cassa; ***~ einer Blutprobe*** prelievo di un campione di sangue.

ent|na|ti|o|na|li|sie|ren tr. snazionalizzare. **Ent|na|ti|o|na|li|sie|rung** f. *(-,-en)* snazionalizzazione *f.*

ent|na|zi|fi|zie|ren tr. denazificare. **Ent|na|zi|fi|zie|rung** f. *(-,-en)* denazificazione *f.*

ent|neh|men tr. *(entnimmt, entnahm, entnommen)* **1** prelevare, ritirare: ***(aus) der Kasse 2000 DM ~*** prelevare (*o* ritirare) 2000 marchi dalla cassa; ***eine Blutprobe ~*** prelevare un campione di sangue **2a** estrarre, tirare fuori: ***der Handtasche einen Kamm ~*** tirare fuori dalla borsetta un pettine **b** prendere, trarre: ***Nachrichten aus der Zeitung ~*** prendere delle notizie dal giornale **3a** *(erfahren)* apprendere, capire: ***seinem Brief entnahm ich, dass er gekränkt war*** dalla sua lettera capii che era offeso **b** *(schließen)* desumere, dedurre: ***woraus entnimmst du das?*** da cosa lo desumi?

ent|ner|ven tr. snervare, estenuare. **Ent|ner|vung** f. *(-,-en)* snervamento *m.*

En|to|derm n. *(-s,-e)* endoderma *m.*, entoderma *m.*

ent|ölen tr. ***etw. ~*** ridurre il contenuto di olii (*o* di grassi) da qcs.

En|to|mo|lo|ge m. *(-n,-n)* entomologo *m.* **En|to|mo|lo|gie** f. *(-)* en-

tomologia *f.* **en|to|mo|lo|gisch** agg. entomologico.
En|to|zo|on n. *(-s,-Entozoen* e *-Entozoa)* entozoo *m.*
ent|per|sön|li|chen tr. spersonalizzare. **Ent|per|sön|li|chung** f. *(-,-en)* spersonalizzazione *f.*
ent|pflich|ten tr. esonerare, dispensare dagli obblighi d'ufficio.
ent|po|li|ti|sie|ren tr. spoliticizzare.
ent|pres|sen tr. estorcere: ***jdm ein Geständnis ~*** estorcere una confessione a qcn.
ent|pup|pen rifl. **sich ~ 1** ENTOM. sfarfallare, uscire dalla crisalide **2** COLLOQ. *(sich erweisen)* rivelarsi: ***sich als guter Diplomat, als Betrüger ~*** rivelarsi un buon diplomatico, un imbroglione ◆ COLLOQ. ***du hast dich ganz schön entpuppt!*** hai svelato la tua vera faccia! **Ent|pup|pung** f. *(-,-en)* ENTOM. sfarfallamento *m.*, uscita *f.* dalla crisalide.
ent|qua|li|fi|zie|ren tr. dequalificare.
ent|quel|len intr. *(entquillt, entquoll, entquollen;* aus. *sein)* LETT. sgorgare: ***Tränen ~ ihren Augen*** le sgorgano lacrime dagli occhi.
ent|rah|men tr. scremare: ***Milch ~*** scremare il latte. **Ent|rah|mer** m. *(-s,-)* scrematrice *f.*
ent|ra|ten intr. *(enträt, entriet, entraten;* aus. *haben)* ANT. ***jds, etw. (G) ~*** fare a meno di qcn., qcs.
ent|rät|seln I tr. **1** *(erklären)* chiarire, risolvere: ***ein Geheimnis ~*** chiarire un mistero **2** *(entziffern)* decifrare **II** rifl. **sich ~** chiarirsi.
ent|rat|ten tr. derattizzare. **Ent|rat|tung** f. *(-,-en)* derattizzazione *f.*
ent|rech|ten tr. privare dei diritti. **Ent|rech|tung** f. *(-,-en)* privazione *f.* dei diritti.
Ent|ree [ã'tre:] n. *(-s,-s)* **1** ingresso *m.*, anticamera *f.* **2** AUSTR. *(Eintrittsgeld)* ingresso *m.*, prezzo *m.* del biglietto d'ingresso **3** *(Vorspeise)* antipasto *m.* **4** MUS. ouverture *f.*, preludio *m.*
ent|rei|ßen tr. *(entriss, entrissen)* **1a** strappare (di mano) **b** FIG. strappare, estorcere: ***ein Geheimnis, einen Sieg ~*** strappare un segreto, una vittoria **2** LETT. sottrarre, strappare: ***jdn den Flammen, dem Tod ~*** sottrarre qcn. alle fiamme, alla morte; ***etw. der Vergessenheit ~*** strappare qcs. all'oblio.
ent|rich|ten tr. BUROCR. versare, pagare: ***Steuern ~*** pagare le tasse; ***den ganzen Betrag, einen Beitrag ~*** versare l'intero importo, un contributo; FIG. ***die Menschheit musste dem Fortschritt ihren Tribut ~*** l'umanità ha dovuto pagare il suo tributo al progresso. **Ent|rich|tung** f. *(-,-en)* versamento *m.*, pagamento *m.*
ent|rie|geln tr. levare il catenaccio.
ent|rin|den tr. scortecciare.
ent|rin|gen *(entrang, entrungen)* **I** tr. strappare (di mano) con la forza, lottando **II** rifl. **sich ~ 1** liberarsi, svincolarsi: ***sich jds Umarmung ~*** liberarsi dall'abbraccio di qcn. **2** *(von Lauten)* erompere, prorompere: ***ihrer Brust entrang sich ein Seufzer*** un singhiozzo proruppe dal suo petto.
ent|rin|nen intr. *(entrann, entronnen*; aus. *sein)* LETT. **1** scampare, sfuggire: ***dem Tod, einer Gefahr ~*** scampare alla morte, a un pericolo **2** LETT. *(verrinnen)* scorrere, passare, fuggire: ***die Zeit entrinnt*** il tempo fugge **3** *(herauslaufen)* scaturire, sgorgare ◆ ***es gibt kein Entrinnen*** non c'è scampo.
ent|rol|len I tr. srotolare, svolgere: ***ein Poster, eine Fahne ~*** srotolare un poster, una bandiera **II** rifl. **sich ~** dispiegarsi, aprirsi (anche FIG.) **III** intr. (aus. *sein*) rotolare via: ***den Händen ~*** rotolare (via) dalle mani; *(von Tränen)* ***den Augen ~*** sgorgare dagli occhi.
En|tro|pie f. *(-,-n)* entropia *f.*
ent|ros|ten tr. ***etw. ~*** togliere la ruggine da qcs. **Ent|ros|tungs|mit|tel** n. *(-s)* deossidante *m.*
ent|rü|cken tr. **1** spostare, rimuovere; allontanare **2** *(entziehen)* rapire, sottrarre, allontanare: ***die Krankheit hatte ihn der Wirklichkeit entrückt*** la malattia l'aveva allontanato dalla realtà ◆ ***den Sorgen ~*** liberare dagli affanni. **ent|rückt** p.pass. agg. **1** → **entrücken 2** *(geistesabwesend)* estraniato, assente **3** *(entfernt)* discosto, lontano: ***unseren Augen ~*** lontano dai nostri occhi **4** *(traumverloren)* rapito, estatico, in estasi: ***~ auf etw. blicken*** osservare rapiti qcs. **Ent|rückt|heit** f. *(-,-en)* rapimento *m.*, estasi *f.*, estraniamento *m.* **Ent|rü|ckung** f. *(-,-en)* **1** allontanamento *m.*, rimozione *f.* **2** → **Entrücktheit.**
ent|rüm|peln tr. sgomberare: ***eine Dachkammer ~*** sgomberare una soffitta. **Ent|rüm|pe|lung, Ent|rümp|lung** f. *(-,-en)* sgombero *m.*
ent|run|den tr. LING. rendere aprocheilo. **Ent|run|dung** f. *(-,-en)* LING. aprocheilia *f.*
ent|rüs|ten I tr. **1** indignare, sdegnare; scandalizzare: ***dieses Verhalten entrüstete ihn*** questo comportamento lo indignò **2** *(reizen)* irritare, adirare **II** rifl. ***sich über etw. ~*** **1** *(sich empören)* indignarsi, sdegnarsi per qcs. **2** *(sich ärgern)* adirarsi, irritarsi per qcs. **ent|rüs|tet** p.pass. agg. **1** → **entrüsten 2** indignato, sdegnato; scandalizzato. **Ent|rüs|tung** f. *(-,-en)* **1** indignazione *f.*, sdegno *m.* **2** *(Wut)* irritazione *f.*, collera *f.*
ent|saf|ten tr. ***etw. ~*** estrarre il succo di qcs. (con una centrifuga). **Ent|saf|ter** m. *(-s,-)* centrifuga *f.*
ent|sa|gen intr. (aus. *haben*) rinunciare: ***den Freuden des Lebens ~*** rinunciare ai piaceri della vita ◆ ***der Herrschaft ~*** abdicare. **Ent|sa|gung** f. *(-,-en)* **1** *(Entbehrung)* rinuncia *f.*; *(Opfer)* sacrificio *m.* **2** *(Abdankung)* abdicazione *f.* **ent|sa|gungs|reich** agg. pieno di rinunce: ***ein -es Leben*** una vita piena di rinunce. **ent|sa|gungs|voll I** agg. che richiede abnegazione, sacrificio: ***eine -e Arbeit*** un lavoro che richiede sacrificio **II** avv. con abnegazione: ***sich jdm, etw. ~ widmen*** dedicarsi a qcn., qcs. con abnegazione.
ent|sal|zen tr. dissalare; desalinizzare: ***das Meerwasser ~*** desalinizzare l'acqua di mare. **Ent|sal|zung** f. *(-,-en)* dissalazione *f.*, desalinizzazione *f.*
Ent|satz m. *(-es)* MIL. liberazione *f.* dall'assedio, sblocco *m.* **Ent|satz|heer** n. *(-[e]s,-e)* esercito *m.* di liberazione.
ent|säu|ern tr. disacidare.
ent|schä|di|gen tr. **1** risarcire, indennizzare, ripagare: ***jdn für etw. ~*** risarcire qcn. per qcs. **2** FIG. ripagare, ricompensare: ***der Erfolg entschädigte uns für die Mühe*** il successo ci ripagò della fatica.
Ent|schä|di|gung f. *(-,-en)* **1** risarcimento *m.* indennizzo *m.* **2** indennità *f.*: ***eine ~ gewähren*** accordare un'indennità. **Ent|schä|di|gungs|an|spruch** m. *(-[e]s,-ansprüche)* **1** diritto *m.* d'indennità (*o* al risarcimento) **2** rivendicazione *f.* per danno. **Ent|schä|di|gungs|kla|ge** *f.* *(-,-n)* azione *f.* di risarcimento dei danni. **Ent|schä|di|gungs|sum|me** f. *(-,-n)* indennità *f.*; indennizzo *m.*
ent|schär|fen tr. **1** disinnescare: ***eine Bombe ~*** disinnescare una bomba **2a** FIG. sdrammatizzare: ***ein Problem, eine Diskussion ~*** sdrammatizzare un problema, una discussione **b** SPORT ***einen Schuss ~*** neutralizzare un tiro, un colpo. **Ent|schär|fung** f. *(-,-en)* **1** disinnesco *m.* **2** FIG. sdrammatizzazione *f.*
Ent|scheid m. *(-[e]s,-e)* **1** *(Entscheidung)* decisione *f.* **2** DIR. sentenza *f.*
ent|schei|den *(entschied, entschieden)* **I** tr. **1a** decidere: ***die Schlacht ~*** decidere le sorti della battaglia; ***die Abfahrtszeit ~*** decidere l'orario di partenza **b** definire, risolvere: ***eine Streitigkeit, eine Situation ~*** risolvere una controversia, una situazione **2** giudicare: ***das Gericht wird den Fall ~*** il tribunale giudicherà il caso **II** intr. (aus. *haben*) ***über etw. (A) ~*** decidere di qcs.: ***dieses Ereignis entschied über mein Leben*** questo avvenimento decise della mia vita **III** rifl. ***sich für, gegen etw., jdn ~*** decidersi a favore, contro qcs., qcn.; ***ich kann mich nicht ~, ob...*** non riesco a decidere se...; ***morgen entscheidet es sich, ob...*** domani si deciderà se... ◆ ***das Los soll ~*** deciderà la sorte; ***das Los ~ lassen*** lasciar decidere la sorte; ***ein Spiel für sich ~*** aggiudicarsi una partita. **ent|schei|dend I** p.pres. agg. **1** → **entscheiden 2** decisivo, determinante; *(lösend)* risolutivo: ***im -en Augenblick*** al momento (*o* nell'attimo) decisivo; ***diese Erfahrung war ~ für seinen Berufswahl*** questa esperienza fu decisiva per la scelta della sua professione; ***der -e Angriff*** l'attacco risolutivo **II** avv. in modo decisivo, determinante.
Ent|schei|dung f. *(-,-en)* **1a** decisione *f.*, risoluzione *f.*: ***eine ~ treffen, begründen*** prendere, motivare una decisione; ***eine ~ scheuen, einer ~ ausweichen, aus dem Wege gehen*** evitare (*o* schivare) una decisione; ***zur ~ kommen*** giungere a una decisione; ***vor einer ~ stehen*** trovarsi di fronte a una decisione; ***aus eigener ~*** di propria iniziativa **b** *(Wahl)* scelta *f.*: ***die ~ fiel durch das Los*** la scelta fu affidata alla sorte; ***die ~ fiel auf den ersten Kandidaten*** la scelta cadde sul primo candidato **2** DIR. sentenza *f.*, verdetto *m.*: ***abweisende ~*** sentenza negativa, decisione di rigetto; ***eine ~ anfechten*** impugnare una sentenza; ***rechtskräftige ~*** sentenza (*o* decisione) passata in giudicato. **Ent|schei|dungs|be|fug|nis** f. *(-,-se)* facoltà *f.*, potere *m.* decisionale. **Ent|schei|dungs|fra|ge** f. *(-,-n)* questione *f.* di decisione. **Ent|schei|dungs|frei|heit** f. *(-,-en)* libertà *f.* di decisione (*o* decisionale). **ent|schei|dungs|freu|dig** agg. risoluto, deciso. **Ent|schei|dungs|ge|walt** f. *(-,-en)* potere *m.* decisionale. **Ent|schei|dungs|lauf** m. *(-[e]s,-läufe)* SPORT corsa *f.* eliminatoria. **Ent|schei|dungs|pflicht** f. *(-)* DIR. obbligatorietà *f.* della decisione, obbligo *m.* di decisione. **Ent|schei|dungs|recht** n. *(-[e]s,-e)* diritto *m.* di decisione. **ent|schei|dungs|reif** agg. DIR. maturo per la decisione. **Ent|schei|dungs|schlacht** f. *(-,-en)* battaglia *f.* decisiva. **ent|schei|dungs|schwer** agg. critico, cruciale. **Ent|schei|dungs|spiel** n. *(-[e]s,-e)* SPORT partita *f.* decisiva.
ent|schie|den I p.pass. agg. **1** → **entscheiden 2** deciso, risoluto, fermo: ***ein -er Gegner dieser Politik*** un fermo oppositore di questa politica **3** *(klar)* chiaro, netto, deciso: ***eine -e Vorliebe für die Geschichte haben*** avere una chiara propensione per la storia **II** avv. **1** decisamente, risolutamente, fermamente: ***etw. ~ unterstützen***

sostenere fermamente qcs. **2** *(eindeutig)* chiaramente, indubbiamente. **Ent|schie|den|heit** f. *(-,-en)* risolutezza *f.*, decisione *f.*, fermezza *f.*: ***etw. mit ~ verteidigen, ablehnen*** difendere, rifiutare qcs. con fermezza.

ent|schla|cken tr. depurare, disintossicare. **Ent|schla|ckung** f. *(-,-en)* depurazione *f.*, disintossicazione *f.*

ent|schla|fen intr. *(entschläft, entschlief, entschlafen;* aus. *sein)* LETT. addormentarsi, assopirsi; EUFEM. *(sterben)* ***sanft (im Herrn) ~*** addormentarsi serenamente (nel Signore). **Ent|schla|fe|ne** m. e f. *(-n,-n)* defunto *m.* (-a *f.*).

ent|schla|gen rifl. *(entschlägt, entschlug, entschlagen)* **sich ~** LETT. **1** liberarsi: ***sich aller Sorgen ~*** liberarsi di tutti gli affanni **2** privarsi: ***sich eines Vorteils ~*** privarsi di un vantaggio.

ent|schlam|men tr. ripulire dal fango.

ent|schlei|ern LETT. **I** tr. svelare, palesare (anche FIG.): ***einen Trick, ein Geheimnis ~*** svelare un un trucco, un segreto; ***das Gesicht ~*** scoprire il viso **II** rifl. **sich ~ 1** rivelarsi: ***sein Bericht entschleierte sich als reines Phantasiegebilde*** il suo racconto si rivelò pura fantasia **2** apparire: ***die Landschaft entschleierte sich allmählich*** il paesaggio apparve a poco a poco. **Ent|schlei|e|rung** f. *(-,-en)* **1** scoperta *f.*, scoprimento *m.* **2** rivelazione *f.*

ent|schlie|ßen rifl. *(entschloss, entschlossen)* **sich ~** decidersi, risolversi: ***sich zu etw. ~*** decidersi a qcs. ◆ ***sich anders ~*** cambiare idea. **Ent|schlie|ßung** f. *(-,-en)* decisione *f.*; *(Resolution)* risoluzione *f.*: ***zu einer ~ gelangen*** giungere a una decisione. **Ent|schlie|ßungs|an|trag** m. *(-[e]s,-anträge)* proposta *f.* di risoluzione.

ent|schlos|sen p.pass. agg. **1** → **entschließen 2** deciso, risoluto; *(energisch)* energico: ***fest ~ sein*** essere fermamente deciso; ***zu allem ~ sein*** essere deciso (*o* pronto) a tutto; ***sich stark und ~ zeigen*** mostrarsi fermo e risoluto; ***ein -er Mensch*** una persona decisa; ***ein -es Handeln*** un fare risoluto ◆ ***kurz ~*** senza esitare. **Ent|schlos|sen|heit** f. *(-)* risolutezza *f.*, decisione *f.*, fermezza *f.*; *(Energie)* energia *f.*

ent|schlum|mern intr. (aus. *sein*) **1** assopirsi, addormentarsi **2** EUFEM. *(sterben)* addormentarsi.

ent|schlüp|fen intr. (aus. *sein*) **1** sgattaiolare, sgusciare (via): ***durch die Hintertür ~*** sgattaiolare attraverso la porta sul retro; ***den Händen ~*** sfuggire dalle mani **2** sfuggire (di bocca): ***ihm ist eine unvorsichtige Bemerkung entschlüpft*** gli è sfuggita un'incauta osservazione.

Ent|schluss m. *(-es,-schlüsse)* **1** decisione *f.*, risoluzione *f.*: ***einen ~ fassen*** prendere una decisione; ***zu einem ~ kommen*** giungere a una decisione; ***bei einem ~ bleiben*** persistere in una decisione; ***aus freiem ~*** di propria volontà **2** *(Vorhaben)* proposito *m.*: ***jdn von einem ~ abbringen*** distogliere qcn. da un proposito.

ent|schlüs|seln tr. **1** *(entziffern)* decifrare **2** chiarire: ***ein Rätsel ~*** chiarire un enigma **3** *(dekodieren)* decodificare. **Ent|schlüs|se|lung** f. *(-,-en)* **1** deciframento *m.* **2** *(Dekodierung)* decodificazione *f.*, decodifica *f.*

ent|schluss|fä|hig agg. decisionale, capace di decisione. **Ent|schluss|fä|hig|keit** f. *(-)* capacità *f.* di decidere. **ent|schluss|freu|dig** agg. risoluto, deciso. **Ent|schluss|freu|dig|keit** f. *(-)* risolutezza *f.*, decisione *f.* **Ent|schluss|kraft** f. *(-)* fermezza *f.*, risolutezza *f.* **ent|schluss|los I** agg. indeciso, incerto **II** avv. in modo indeciso, incerto. **Ent|schluss|lo|sig|keit** f. *(-,-en)* indecisione *f.*, irresolutezza *f.*

ent|schuld|bar agg. scusabile, perdonabile. **ent|schul|den** tr. liberare dai debiti.

ent|schul|di|gen I rifl. **sich ~** scusarsi: ***sich wegen etw., für etw. ~*** scusarsi di, per qcs.; ***sich in aller Form, förmlich ~*** scusarsi formalmente **II** tr. **1** scusare, perdonare: ***~ Sie die Verspätung*** perdoni il ritardo; ***~ Sie bitte, wenn (dass)...*** mi scusi se... **2** scusare, giustificare: ***seine Abwesenheit ~*** giustificare la propria assenza; ***seine Probleme ~ sein Verhalten nicht*** i suoi problemi non giustificano il suo comportamento ◆ ***er lässt sich ~*** si scusa di non poter venire; PROV. ***wer sich entschuldigt, klagt sich an*** chi si scusa s'accusa.

Ent|schul|di|gung f. *(-,-en)* **1a** scusa *f.*, discolpa *f.*: ***um ~ bitten*** chiedere scusa; ***etw. zu seiner ~ anführen, vorbringen*** addurre qcs. a propria discolpa; ***nach einer (passenden) ~ suchen*** cercare una (buona) scusa; ***eine ~ gelten lassen*** accettare una scusa **b** *(als Höflichkeitsformel)* ***~!*** scusa! scusi! **2** *(Rechtfertigung)* giustificazione *f.*: ***beim Lehrer die ~ abgeben*** consegnare la giustificazione all'insegnante. **Ent|schul|di|gungs|brief** m. *(-[e]s,-e)* lettera *f.* di scuse. **Ent|schul|di|gungs|grund** m. *(-[e]s,-gründe)* giustificazione *f.*, scusa *f.* **Ent|schul|di|gungs|schrei|ben** n. *(-s,-)* → **Entschuldigungsbrief.**

Ent|schul|dung f. *(-,-en)* liquidazione *f.* dei debiti.

ent|schup|pen tr. squamare, togliere le squame a.

ent|schwe|ben intr. (aus. *sein*) LETT. o IRON. dileguarsi, svanire.

ent|schwe|feln tr. desolforare. **Ent|schwe|fe|lung, Ent|schwef|lung** f. *(-,-en)* desolforazione *f.*

ent|schwin|den intr. *(entschwand, entschwunden;* aus. *sein)* **1** scomparire, sparire, dileguarsi: ***den Blicken ~*** scomparire dalla vista **2** FIG. svanire, sfuggire: ***der Name ist mir, meinem Gedächtnis entschwunden*** il nome mi sfugge, mi è svanito dalla memoria **3** *(vergehen)* fuggire, trascorrere, passare.

ent|seelt agg. esanime. **Ent|see|lung** f. *(-)* FIG. indurimento *m.*

ent|sen|den tr. *(entsandte/entsendete, entsandt/entsendet)* mandare, inviare: ***Delegierte zu einem Kongress ~*** inviare delegati a un congresso. **Ent|sen|dung** f. *(-,-en)* invio *m.*

ent|set|zen I tr. **1** fare inorridire: ***jdn ~*** fare inorridire qcn. **2** MIL. liberare dall'assedio **3** ANT. *(absetzen)* destituire, rimuovere: ***jdn des Amtes ~*** rimuovere qcn. da una carica; ***jdn des Oberbefehls ~*** destituire qcn. dal comando supremo **II** rifl. **sich ~** inorridire, raccapricciare: ***alle entsetzten sich bei diesem Anblick*** tutti inorridirono a quella vista. **Ent|set|zen** n. *(-s)* orrore *m.*, spavento *m.*, raccapriccio *m.*: ***etw. mit ~ vernehmen*** apprendere con orrore qcs.; ***zu meinem ~*** con raccapriccio; ***~ erregend*** (agg.) orribile, terrificante, raccapricciante; (avv.) orribilmente, in modo terrificante (*o* raccapricciante). **Ent|set|zens|schrei** m. *(-[e]s,-e)* urlo *m.* di orrore. **ent|setz|lich I** agg. **1** orribile, terribile **2** COLLOQ. *(sehr groß)* tremendo, spaventoso: ***einen -en Hunger haben*** avere una fame tremenda **II** avv. terribilmente, tremendamente: ***~ kalt*** terribilmente freddo; ***es dauert ~ lange*** ci vuole un'eternità. **Ent|setz|lich|keit** f. *(-,-en)* orrore *m.* **Ent|set|zung** f. *(-,-en)* **1** MIL. liberazione *f.* dall'assedio, sblocco *m.* **2** ANT. *(Entfernung)* destituzione *f.*, rimozione *f.*

ent|seu|chen tr. **1** disinquinare; disinfestare: ***das Gebiet um Tschernobyl ~*** disinfestare la zona intorno a Cernobyl **2** *(desinfizieren)* disinfettare. **Ent|seu|chung** f. *(-,-en)* **1** disinquinamento *m.*; disinfestazione *f.* **2** *(Desinfektion)* disinfezione *f.*

ent|si|chern tr. ***eine Waffe ~*** togliere la sicura a un'arma.

ent|sie|geln tr. dissuggellare, dissigillare. **Ent|sie|ge|lung, Ent|sieg|lung** f. *(-,-en)* rottura *f.* del sigillo, dei sigilli.

ent|sin|ken intr. *(entsank, entsunken;* aus. *sein)* **1** cadere, scivolare **2** FIG. mancare, venir meno: ***ihm entsank der Mut*** gli venne meno il coraggio, si perse d'animo.

ent|sin|nen rifl. *(entsann, entsonnen)* **sich ~** ricordarsi: ***sich eines Vorfalls aus der Jugend ~*** ricordarsi di un fatto di gioventù; ***sich an jdn, etw. ~*** ricordarsi di qcn., di qcs.; ***ich entsinne mich dessen gut*** me ne ricordo bene; ***soviel ich mich entsinne*** per quanto mi ricordo, se non sbaglio (*o* se non erro).

ent|sinn|li|chen tr. **1** privare di concretezza: ***ein Wort ~*** far perdere a una parola il suo significato concreto (originario) **2** sublimare, privare di ogni carattere sensuale: ***die Darstellung der Liebe ~*** sublimare la rappresentazione dell'amore. **Ent|sinn|li|chung** f. *(-,-en)* **1** perdita *f.* di concretezza **2** perdita *f.* di sensualità.

ent|sitt|li|chen tr. corrompere, depravare. **Ent|sitt|li|chung** f. *(-,-en)* corruzione *f.*, depravazione *f.*

ent|sor|gen tr. ***ein Atomkraftwerk, eine Fabrik ~*** smaltire (e trattare) le scorie di una centrale atomica, gli scarichi di una fabbrica. **Ent|sor|gung** f. *(-,-en)* smaltimento *m.* e trattamento *m.* (di rifiuti, scorie, scarichi).

ent|span|nen I tr. **1a** rilassare, distendere: ***die Muskeln ~*** rilassare i muscoli **b** FIG. ridurre, allentare (la tensione); ***die politische Lage ~*** ridurre la tensione politica **2** allentare, mollare: ***einen Bogen ~*** allentare un arco; ***eine Feder ~*** scaricare una molla; ***den Dampf ~*** ridurre la tensione di vapore **II** rifl. **sich ~ 1a** rilassarsi, distendersi: ***ihr Gesicht entspannte sich*** il suo viso si distese **b** rilassarsi, riposarsi: ***sich im Urlaub ~*** rilassarsi in vacanza **2** FIG. distendersi, allentarsi; ***die politische Lage hat sich entspannt*** si è allentata la tensione politica. **ent|span|nend** p.pres. agg. **1** → **entspannen 2** rilassante, riposante, distensivo. **Ent|span|nung** f. *(-,-en)* **1** rilassamento *m.*, distensione *f.*; FIG. *(politisch)* distensione *f.* **2** *(Ausruhen)* riposo *m.*, relax *m.* **3** allentamento *m.*; *(von Federn)* scarico *m.* **Ent|span|nungs|po|li|tik** f. *(-)* politica *f.* della distensione. **Ent|span|nungs|übung** f. *(-,-en)* esercizio *m.* di rilassamento.

ent|spie|gelt agg. antiriflesso: ***-e Brillengläser*** lenti antiriflesso.

ent|spin|nen rifl. *(entspann, entsponnen)* **sich ~** sorgere, prodursi, svilupparsi.

ent|spre|chen intr. *(entspricht, entsprach, entsprochen;* aus. *haben)* **1** corrispondere, essere conforme: ***die Abschrift entspricht dem Original*** la copia è conforme all'originale; ***das Ergebnis entspricht nicht unseren Erwartungen*** il risultato non corrisponde alle nostre aspettative; ***diese Behauptung entspricht nicht den Tatsachen*** quest'affermazione non corrisponde ai fatti **2** *(glei-*

chen) corrispondere, equivalere: ***der griechische (Gott) Zeus entspricht dem römischen Jupiter*** il dio greco Zeus equivale al dio romano Giove **3** accogliere: ***einem Antrag ~*** accogliere una (*o* aderire a una) proposta; ***einem Wunsch ~*** accondiscendere a un desiderio **4** *(genügen)* soddisfare: ***sein Können entspricht nicht unseren Anforderungen*** le sue capacità non soddisfano le nostre richieste. **ent|spre|chend I** p.pres. agg. **1** → **entsprechen 2** corrispondente, conforme **3** adeguato, appropriato; *(von Behörden)* competente **4** *(gleichend)* equivalente **II** avv. adeguatamente, in modo adeguato: ***bei dieser Kälte musst du dich ~ anziehen*** con questo freddo devi vestirti adeguatamente **III** prep. + dat. **1** conformemente a, in conformità a: ***den Umständen ~*** conformemente alle circostanze **2** secondo, a norma di: ***den neuen Verordnungen ~*** a norma delle nuove disposizioni; ***~ seinem Vorschlag*** secondo la sua proposta. **Ent|spre|chung** f. *(-,-en)* **1** corrispondenza *f.*, conformità *f.* **2** *(Analogie)* analogia *f.*

ent|sprie|ßen intr. *(entspross, entsprossen;* aus. *sein)* **1** germogliare, spuntare: ***der Erde ~*** spuntare dalla terra **2** FIG. ***der Ehe entsprossen zwei Kinder*** dal matrimonio nacquero due figli.

ent|sprin|gen intr. *(entsprang, entsprungen;* aus. *sein)* **1** *(von Quellen, Flüssen)* scaturire, sgorgare, nascere **2a** FIG. provenire, derivare: ***dieser Bericht ist nur seiner Fantasie entsprungen*** questo resoconto è soltanto frutto della sua fantasia **b** ANT. *(entstammen)* ***einer alten Familie ~*** derivare da un'antica stirpe **3** scappare, evadere: ***dem Gefängnis ~*** evadere di, dalla prigione.

ent|spru|deln intr. (aus. *sein*) sgorgare, zampillare.

ent|staat|li|chen tr. *(Land, Betrieb)* denazionalizzare, snazionalizzare. **Ent|staat|li|chung** f. *(-,-en)* denazionalizzazione *f.*, snazionalizzazione *f.*

ent|sta|li|ni|sie|ren tr. destalinizzare. **Ent|sta|li|ni|sie|rung** f. *(-)* destalinizzazione *f.*

ent|stam|men intr. (aus. *sein*) **1** discendere, provenire: ***einer alten Offiziersfamilie ~*** discendere da una vecchia famiglia di ufficiali **2** risalire: ***dieser Begriff entstammt der Aufklärung*** questo concetto risale all'illuminismo.

ent|stau|ben tr. spolverare.

ent|ste|hen intr. *(entstand, entstanden;* aus. *sein)* **1** sorgere, nascere, formarsi, svilupparsi: ***wie ist das Leben auf der Erde entstanden?*** com'è nata la vita sulla terra? **2a** risultare, derivare: ***es werden für Sie keine Kosten ~*** non Le deriveranno delle spese; ***hoffentlich entsteht daraus kein Krieg*** speriamo che non ne derivi (*o* nasca) una guerra **b** derivare: ***das Wort „Sohn" ist aus dem althochdeutschen „sunn" entstanden*** la parola "Sohn" deriva dall'alto tedesco antico "sunn" ◆ ***den Eindruck ~ lassen, dass...*** dare l'impressione che...; ***was auch daraus ~ mag*** qualunque cosa ne risulti, qualunque cosa accada. **Ent|ste|hen** n. *(-s)* **1** origine *f.*, il nascere, il sorgere: ***im ~*** sul nascere **2** formazione *f.*, sviluppo *m.*: ***im ~ begriffen*** in via di sviluppo. **ent|ste|hend** p.pres. agg. → **entstehen** ◆ ***die daraus -en Kosten*** le spese risultanti; ***der -e Schaden*** il danno emergente. **Ent|ste|hung** f. *(-,-en)* **1a** nascita *f.*, origine *f.*: ***die ~ einer Partei*** la nascita di un partito **b** origini *f.pl.*, inizi *m.pl.*: ***die ~ der Geschichte*** le origini della storia **2** formazione *f.*, sviluppo *m.* ◆ ***die ~ der Krankheit*** l'insorgenza della malattia. **Ent|ste|hungs|ge|schich|te** f. *(-)* genesi *f.*, storia *f.* delle origini. **Ent|ste|hungs|ort** m. *(-[e]s,-e)* luogo *m.* d'origine. **Ent|ste|hungs|ur|sa|che** f. *(-,-n)* causa *f.*, origine *f.* **Ent|ste|hungs|zeit** f. *(-,-en)* origini *f.pl.*, periodo *m.* delle origini: ***die ~ eines Kunstwerkes*** l'epoca in cui è nata un'opera d'arte.

ent|stei|gen intr. *(entstieg, entstiegen;* aus. *sein)* **1** *(aussteigen)* scendere **2a** levarsi, sorgere: ***dem Krater entstiegen Schwefeldämpfe*** dal cratere si levavano vapori di zolfo **b** ***dem Wasser ~*** emergere dall'acqua.

ent|stei|nen tr. togliere il nocciolo a: ***Kirschen ~*** togliere il nocciolo alle ciliegie.

ent|stel|len tr. **1** sfigurare, deturpare, deformare: ***die Wunde entstellt ihn*** la ferita lo deturpa **2** *(fälschen)* alterare, falsare, travisare: ***eine Nachricht ~*** alterare una notizia. **Ent|stel|lung** f. *(-,-en)* **1** deturpazione *f.*, deformazione *f.* **2** *(Verunstaltung)* alterazione *f.*, travisamento *m.*

ent|stie|len tr. ***die Früchte ~*** togliere il picciolo ai frutti.

ent|stoff|li|chen tr. smaterializzare.

ent|stö|ren tr. RAD. TEL. schermare, eliminare i disturbi parassiti; ***die Leitung ~*** sopprimere l'eco. **Ent|stö|rung** f. *(-,-en)* RAD. TEL. schermatura *f.*, schermaggio *m.*, eliminazione *f.* dei disturbi parassiti. **Ent|stö|rungs|dienst** m. *(-[e]s,-e)* RAD. TEL. servizio *m.* tecnico, ufficio *m.* guasti.

ent|strö|men intr. (aus. *sein*) ***etw. (D) ~*** fuoriuscire da qcs.

ent|süh|nen tr. purificare (dal peccato). **Ent|süh|nung** f. *(-,-en)* purificazione *f.*

ent|sump|fen tr. bonificare. **Ent|sump|fung** f. *(-,-en)* bonifica *f.*

ent|ta|bu|ie|ren, ent|ta|bu|i|sie|ren tr. ***etw. ~*** privare qcs. del carattere di tabù.

ent|tar|nen tr. smascherare, scoprire: ***einen Spion ~*** smascherare una spia.

ent|täu|schen I tr. deludere: ***jdn, jds Vertrauen ~*** deludere qcn., la fiducia di qcn. **II** intr. ***das Fußballspiel enttäuschte*** la partita di calcio ha deluso, è stata deludente. **ent|täuscht** p.pass. agg. → **enttäuschen** ◆ ***ich bin von dir, von deinem (über dein) Verhalten ~*** sono deluso di te, del tuo comportamento; ***er sah sich in seinen Erwartungen ~*** si vide deluso nelle sue aspettative; SCHERZ. ***angenehm ~*** piacevolmente sorpreso. **Ent|täu|schung** f. *(-,-en)* delusione *f.*: ***mit jdm, etw. eine ~ erleben*** provare una delusione per qcn., qcs.; ***jdm eine bittere ~ bereiten*** dare un'amara delusione a qcn.; ***über eine ~ hinwegkommen*** superare una delusione; ***zu unserer großen ~*** con nostra grande delusione.

ent|thro|nen tr. detronizzare (anche FIG.). **Ent|thro|nung** f. *(-,-en)* detronizzazione *f.* (anche FIG.).

ent|trüm|mern tr. ***etw. ~*** sgomberare qcs. dalle macerie, rimuovere le macerie da qcs. **Ent|trüm|me|rung** f. *(-,-en)* sgombero *m.* (*o* rimozione *f.*) delle macerie.

ent|völ|kern I tr. spopolare **II** rifl. **sich ~** spopolarsi. **Ent|völ|ke|rung** f. *(-,-en)* spopolamento *m.*

entw. ⇒ *entweder* o.

ent|wach|sen intr. *(entwächst, entwuchs, entwachsen;* aus. *sein)* **1** crescere (troppo), essere troppo grande (*o* vecchio): ***den Kinderschuhen ~ sein*** = non essere più un bambino **2** LETT. crescere, venir su: ***dem Boden ~*** venir su dal suolo.

ent|waff|nen tr. disarmare (anche FIG.). **ent|waff|nend** p.pres. agg. **1** → **entwaffnen 2** FIG. disarmante: ***ein -es Lächeln*** un sorriso disarmante. **Ent|waff|nung** f. *(-,-en)* disarmo *m.*

ent|wal|den tr. disboscare. **Ent|wal|dung** f. *(-,-en)* disboscamento *m.*

ent|wan|zen tr. liberare dalle cimici.

ent|war|nen tr. segnalare il cessato allarme (*o* pericolo). **Ent|war|nung** f. *(-,-en)* (segnale *m.* di) cessato allarme *m.*: ***die Sirenen geben die ~*** le sirene danno il cessato allarme.

ent|wäs|sern I tr. **1a** *(Sumpf, Wiese)* prosciugare, bonificare **b** TECN. essiccare, drenare **c** CHIM. disidratare **2** MED. drenare **II** intr. (aus. *haben*) defluire. **Ent|wäs|se|rung** f. *(-,-en)* **1a** prosciugamento *m.*, bonifica *f.*: ***die ~ von Sümpfen*** la bonifica delle paludi **b** TECN. essiccazione *f.*, drenaggio *m.* **c** CHIM. disidratazione *f.* **2** MED. drenaggio *m.* **3** *(Kanalisation)* il defluire, canalizzazione *f.*

ent|we|der, ent|we|der cong., ***~... oder*** (o)... o, (o)... oppure...: ***er kommt ~ heute oder morgen*** viene (o) oggi o domani; ***~ lernst du (du lernst) mehr, oder du bestehst die Prüfung nicht*** o studi di più, oppure non superi l'esame; ***~ du machst jetzt deine Aufgaben, oder du gehst heute abend nicht weg*** o fai i compiti o non esci stasera. **Ent|we|der-oder** n. *(-,-)* aut aut *m.*

ent|wei|chen intr. *(entwich, entwichen;* aus. *sein)* **1** (fuori)uscire (da): ***Gas entweicht*** c'è una fuga di gas **2** *(entfliehen)* fuggire, scappare **3** sbiancarsi: ***aus seinem Gesicht entwich alles Blut, alle Farbe*** il suo viso si sbiancò. **Ent|weich|ge|schwin|dig|keit** f. *(-,-en)* FIS. velocità *f.* di fuga.

ent|wei|hen tr. **1** *(schänden)* profanare (anche FIG.) **2** *(die Weihe aufheben)* sconsacrare: ***eine Kirche ~*** sconsacrare una chiesa. **Ent|wei|hung** f. *(-,-en)* **1** *(Schändung)* profanazione *f.* **2** *(Aufhebung der Weihe)* sconsacrazione *f.*

ent|wen|den tr. *(entwendete/entwandte, entwendet/entwandt)* sottrarre, rubare. **Ent|wen|dung** f. *(-,-en)* sottrazione *f.*, furto *m.*

ent|wer|fen tr. *(entwirft, entwarf, entworfen)* **1** disegnare, TECN. progettare: ***Kleider, Häuser ~*** disegnare abiti, progettare case **2** *(skizzieren)* schizzare, abbozzare: ***ein Gemälde ~*** abbozzare un quadro **3** *(schriftlich festlegen)* abbozzare, buttare giù, stendere (a grandi linee): ***einen Vertrag ~*** abbozzare un contratto. **Ent|wer|fer** m. *(-s,-)* progettista *m.*; *(von Kleidern)* stilista *m.*; *(von Plakaten)* bozzettista *m.*

ent|wer|ten tr. **1** annullare; *(Marken, Fahrkarten)* obliterare, convalidare **2** *(im Wert mindern)* svalorizzare, deprezzare; *(Geld)* svalutare. **Ent|wer|ter** m. *(-s,-)* obliteratrice *f.* **Ent|wer|tung** f. *(-,-en)* **1** annullamento *m.*; *(von Marken, Fahrkarten)* obliterazione *f.*, convalida *f.* **2** *(Wertminderung)* svalorizzazione *f.*, deprezzamento *m.*; *(von Geld)* svalutazione *f.*

ent|we|sen tr. disinfestare. **Ent|we|sung** f. *(-,-en)* disinfestazione *f.*

ent|wi|ckeln I tr. **1** sviluppare, generare, produrre: ***Energie, Hitze ~*** sviluppare energia, calore **2a** *(entfalten)* sviluppare: ***Phantasie, seine Anlagen ~*** sviluppare fantasia, le proprie attitudini; ***einen***

großen Hass auf jdn ~ maturare un grande odio per qcn.; ***eine große Geschwindigkeit ~*** raggiungere una grande velocità **b** svolgere: ***eine lebhafte Tätigkeit ~*** svolgere una vivace attività **c** *(zeigen)* mostrare, dimostrare: ***Geschmack ~*** (di)mostrare gusto **3** *(erfinden)* realizzare, ideare; *(Heilmittel)* trovare **4** ***jdn, etw. zu etw. ~*** trasformare qcn., qcs. in qcs.: ***ein Land zu einer Industriemacht ~*** trasformare un paese in una potenza industriale; ***jdn zu einem Star ~*** fare di qcn. una star **5** FOT. sviluppare **II** rifl. **sich ~ 1a** svilupparsi: ***dieser Produktionszweig wird sich noch stark ~*** questo ramo produttivo si svilupperà ancora molto; ***sich günstig ~*** svilupparsi in modo favorevole **b** svilupparsi, formarsi: ***aus etw. entwickelt sich Gas, Dampf*** da qcs. si sviluppa gas, vapore **c** *(entstehen)* nascere, sorgere: ***daraus entwickelte sich ein Streit*** da ciò nacque una lite **2a** svilupparsi, evolversi: ***der Mensch hat sich in Jahrtausenden entwickelt*** l'uomo si è evoluto nel corso dei millenni **b** *(von Kindern, Mädchen)* svilupparsi, crescere **3** *(Fortschritte machen)* evolversi, progredire: ***die Lage entwickelt sich zufriedenstellend*** la situazione si evolve in modo soddisfacente **4** ***sich zu etw. ~*** diventare qcs., trasformarsi in qcs.; ***sie hat sich zur Frau entwickelt*** si è fatta donna. **Ent|wi|cke|lung** ANT. → **Entwicklung.**

Ent|wick|ler m. *(-s,-)* FOT. sviluppatore *m.*, rivelatore *m.* **Ent|wick|ler|bad** n. *(-[e]s,-bäder)* FOT. bagno *m.* di sviluppo.

Ent|wick|lung f. *(-,-en)* **1** *(Erzeugung)* sviluppo *m.*, produzione *f.*, formazione *f.* **2** *(Entfalten)* sviluppo *m.*; *(einer Tätigkeit)* svolgimento *m.* **3a** *(Wachstum)* sviluppo *m.*, evoluzione *f.*, formazione *f.*: ***die wirtschaftliche ~ eines Landes*** lo sviluppo economico di un paese **b** *(Entwicklungsalter)* (età *f.* dello) sviluppo *m.*: ***in der ~ sein, stehen*** essere nell'età della sviluppo; ***in der psychomotorischen ~ zurückbleiben*** essere ritardato (*o* in ritardo) nello sviluppo psicomotorio **4** *(Erfindung)* realizzazione *f.*, ideazione *f.*, elaborazione *f.*: ***das neue Modell ist noch in der ~*** il nuovo modello è ancora in fase di realizzazione **5** FOT. sviluppo *m.* **Ent|wick|lungs|al|ter** n. *(-s)* età *f.* dello sviluppo. **Ent|wick|lungs|dienst** m. *(-[e]s,-e)* servizio *m.* di cooperazione tecnica (coi paesi in via di sviluppo). **ent|wick|lungs|fä|hig** agg. che può ancora svilupparsi (*o* crescere, evolversi), sviluppabile. **Ent|wick|lungs|gang** m. *(-[e]s,-gänge)* (processo *m.* di) sviluppo *m.* **Ent|wick|lungs|ge|schich|te** f. *(-,-n)* storia *f.* dello sviluppo (*o* dell'evoluzione). **Ent|wick|lungs|grad** m. *(-[e]s,-e)* grado *m.* di sviluppo. **Ent|wick|lungs|hel|fer** m. *(-s,-)* cooperatore *m.* tecnico per i paesi in via di sviluppo. **ent|wick|lungs|hem|mend** agg. che rallenta (*o* frena) lo sviluppo. **Ent|wick|lungs|hil|fe** f. *(-,-n)* aiuti *m.pl.* ai paesi in via di sviluppo. **Ent|wick|lungs|jah|re** pl. → **Entwicklungsalter. Ent|wick|lungs|land** n. *(-[e]s,-länder)* paese *m.* in via di sviluppo. **Ent|wick|lungs|plan** m. *(-[e]s,-pläne)* piano *m.* (*o* programma *m.*) di sviluppo. **Ent|wick|lungs|pro|zess** m. *(-es,-e)* processo *m.* di sviluppo. **Ent|wick|lungs|psy|cho|lo|gie** f. *(-)* psicologia *f.* dell'età evolutiva. **Ent|wick|lungs|ro|man** m. *(-s,-e)* romanzo *m.* di formazione. **Ent|wick|lungs|stö|rung** f. *(-,-en)* MED. disturbo *m.* dello sviluppo. **Ent|wick|lungs|stu|fe** f. *(-,-n)* stadio *m.* di sviluppo. **Ent|wick|lungs|zeit** f. *(-,-en)* **1** periodo *m.* di sviluppo **2** → **Entwicklungsalter.**

ent|win|den *(entwand, entwunden)* **I** tr. ***jdm etw. ~*** strappare (*o* togliere) qcs. di mano a qcn. **II** rifl. ***sich jdm ~*** svincolarsi (*o* liberarsi) da qcn.

ent|wir|ren tr. **1** *(von Fäden)* sbrogliare, districare (anche FIG.) **2** *(lösen)* sciogliere (anche FIG.): ***einen Knoten, ein Rätsel ~*** sciogliere un nodo, risolvere un enigma. **Ent|wir|rung** f. *(-,-en)* **1** lo sbrogliare (anche FIG.) **2** *(von Knoten)* scioglimento *m.*; FIG. soluzione *f.*

ent|wi|schen intr. (aus. *sein*) COLLOQ. fuggire, scappare; COLLOQ. svignarsela; ***jdm ~*** sfuggire a qcn.

ent|wöh|nen I tr. **1** slattare, svezzare, divezzare: ***ein Baby ~*** svezzare un bebè **2** FIG. disabituare, disavvezzare: ***die lange Krankheit hat mich der Arbeit entwöhnt*** la lunga malattia mi ha disabituato al lavoro **II** rifl. ***sich etw. (D) ~*** svezzarsi da qcs., disabituarsi a qcs. **ent|wöhnt** p.pass. agg. **1** → **entwöhnen 2** ***etw. (D) ~ sein*** non essere più abituato a qcs. (*o* essere disabituato, disavvezzo a qcs.). **Ent|wöh|nung** f. *(-,-en)* **1** slattamento *m.*, svezzamento *m.*, divezzamento *m.* **2** FIG. divezzamento *m.*

ent|wöl|ken rifl. **sich ~** rasserenarsi (anche FIG.).

ent|wür|di|gen tr. degradare, umiliare, avvilire. **ent|wür|di|gend** p.pres. agg. **1** → **entwürdigen 2** umiliante, avvilente, degradante. **Ent|wür|di|gung** f. *(-,-en)* umiliazione *f.*, avvilimento *m.*, degradazione *f.*

Ent|wurf m. *(-[e]s,-würfe)* **1a** abbozzo *m.*: ***der ~ zu einem Roman, zu einem Vertrag*** l'abbozzo di un romanzo, di un contratto **b** *(Gesetzentwurf)* progetto *m.* (di legge) **2a** *(Zeichnung)* disegno *m.*; TECN. progetto *m.*: ***den ~ eines Gebäudes anfertigen, ausarbeiten*** realizzare il progetto di un edificio **b** *(Skizze)* schizzo *m.*, abbozzo *m.*, bozzetto *m.* **3** ANT. *(Vorhaben)* proposito *m.*, piano *m.* **Ent|wurf|zeich|nung** f. *(-,-en)* ART. studio *m.*, disegno *m.* preparatorio.

ent|wur|men tr. VETER. svermare.

ent|wur|zeln tr. sradicare (anche FIG.). **Ent|wur|ze|lung,** RAR. **Ent|wurz|lung** f. *(-,-en)* sradicamento *m.* (anche FIG.).

ent|zau|bern tr. **1** ***jdn ~*** liberare qcn. da un incantesimo **2** FIG. privare dell'incanto.

ent|zer|ren tr. **1a** ***etw. ~*** eliminare le distorsioni di qcs. **b** FOT. raddrizzare le linee convergenti di qcs. **2** FIG. rettificare, correggere. **Ent|zer|rer** m. *(-s,-)* dispositivo *m.* antidistorsioni. **Ent|zer|rung** f. *(-,-en)* **1** correzione *f.* delle distorsioni **2** FOT. restituzione *f.* fotogrammetrica.

ent|zie|hen *(entzog, entzogen)* **I** tr. **1** *(wegziehen)* tirare via (*o* indietro), ritrarre: ***jdm seine Hand ~*** ritrarre la mano da qcn. **2a** *(wegnehmen)* togliere, ritirare: ***jdm den Pass, das Sorgerecht ~*** ritirare il passaporto a qcn., togliere la tutela a qcn. **b** FIG. ***jdm das Wort ~*** togliere la parola a qcn.; ***einer Sache die Grundlage ~*** privare una cosa del suo fondamento **3a** *(nicht mehr gewähren)* togliere, non concedere più: ***jdm seine Hilfe ~*** non concedere più il proprio aiuto a qcn. **b** *(verbieten)* togliere: ***der Arzt entzog ihr Kaffee und Zigaretten*** il medico le tolse caffè e sigarette **4a** *(fern halten)* sottrarre: ***seine Verpflichtungen ~ ihn seiner Familie*** i suoi impegni lo sottraggono alla famiglia **b** *(in sich aufnehmen)* ***Unkraut entzieht dem Boden viele Nährstoffe*** le erbacce sottraggono al terreno molte sostanze nutritive **II** rifl. **sich ~ 1a** *(sich befreien)* ritrarsi, liberarsi: ***sich jds Umarmung ~*** liberarsi dall'abbraccio di qcn. **b** FIG. ***sich jds Charme, Einfluss ~*** sottrarsi al fascino, all'influsso di qcn. **2a** *(sich fern halten)* sottrarsi: ***sich jds Blick, Gesellschaft ~*** sottrarsi allo sguardo, alla compagnia di qcn. **b** ***sich der Verantwortung, seinen Verpflichtungen ~*** sottrarsi alla responsabilità, ai propri doveri **c** *(entgehen)* sottrarsi, sfuggire (a): ***sich einer Strafe, der Verhaftung ~*** sottrarsi a una punizione, all'arresto; ***das hat sich meiner Aufmerksamkeit entzogen*** questo è sfuggito alla mia attenzione. **Ent|zie|hung** f. *(-,-en)* → **Entzug. Ent|zie|hungs|an|stalt** f. *(-,-en)* centro *m.* di disintossicazione. **Ent|zie|hungs|er|schei|nung** f. *(-,-en)* sintomo *m.* da astinenza. **Ent|zie|hungs|kur** f. *(-,-en)* cura *f.* disintossicante. **Ent|zie|hungs|the|ra|pie** f. *(-,-n)* terapia *f.* disintossicante.

ent|zif|fer|bar agg. decifrabile. **ent|zif|fern** tr. decifrare. **Ent|zif|fe|rung** f. *(-,-en)* decifrazione *f.*

ent|zü|cken I tr. **1** incantare, estasiare, LETT. deliziare **2** *(begeistern)* entusiasmare **II** rifl. RAR. ***sich an etw. (D) ~*** incantarsi (*o* estasiarsi) di fronte a qcs., entusiasmarsi per qcs. **Ent|zü|cken** n. *(-s)* **1** incanto *m.*, estasi *f.*: ***(über etw. [A]) in ~ geraten*** andare in estasi (*o* in visibilio) per qcs.; ***jdn in ~ versetzen*** mandare qcn. in estasi (*o* in visibilio) **2** *(Begeisterung)* entusiasmo *m.*: ***jds ~ erregen*** suscitare l'entusiasmo di qcn. **ent|zü|ckend** p.pres. agg. **1** → **entzücken 2** incantevole, delizioso: ***meine Enkelin ist einfach ~*** la mia nipotina è semplicemente deliziosa **3** *(begeisternd)* entusiasmante. **Ent|zü|ckung** f. *(-,-en)* estasi *f.*, rapimento *m.*

Ent|zug m. *(-[e]s)* **1** ritiro *m.* **2** *(von Hilfe, Freundschaft, Vertrauen)* il togliere, il non concedere più **3** *(Verbot)* divieto *m.*, proibizione *f.* *(Drogen)* terapia *f.* di disintossicazione: ***auf ~ sein*** fare, seguire una terapia di disintossicazione; GERG. essere in parancia. **Ent|zugs|er|schei|nung** → **Entziehungserscheinung. Ent|zugs|the|ra|pie** → **Entziehungstherapie.**

ent|zünd|bar agg. infiammabile (anche FIG.). **Ent|zünd|bar|keit** f. *(-)* infiammabilità *f.* **ent|zün|den I** tr. accendere, infiammare (anche FIG.) **II** rifl. **sich ~ 1a** prendere fuoco, incendiarsi, LETT. infiammarsi: ***das Holz hat sich entzündet*** la legna ha preso fuoco **b** FIG. ***sich an etw. (D) ~*** accendersi, infiammarsi per qcs. **2** *(sich krankhaft röten)* infiammarsi **3** ***sich (D) eine Zigarette ~*** accendersi una sigaretta.

ent|zun|dern tr. TECN. disincrostare, disossidare, decalaminare; *(dekapieren)* decapare.

ent|zünd|lich agg. **1** → **entzündbar 2** MED. infiammatorio. **Ent|zünd|lich|keit** f. *(-)* **1** → **Entzündung 2** *(Feuergefährlichkeit)* infiammabilità *f.* **Ent|zün|dung** f. *(-,-en)* **1** accensione *f.* **2** MED. infiammazione *f.* **ent|zün|dungs|hem|mend** agg. antinfiammatorio. **Ent|zün|dungs|herd** m. *(-[e]s,-e)* MED. focolaio *m.* (dell'infiammazione). **Ent|zün|dungs|tem|pe|ra|tur** f. *(-,-en)* FIS. temperatura *f.* di accensione (*o* di infiammazione).

ent|zwei avv. **1** in due (pezzi): ***der Stock ist ~*** il bastone è rotto in due **2** *(in Stücke gegangen)* in (*o* a) pezzi, rotto: ***die Schüssel, das Kleid ist ~*** la scodella, il vestito è a pezzi ◆ ***vor Lachen ~ sein*** essere piegato in due dalle risate. **ent|zwei_bre|chen** *(bricht, brach,* *gebrochen)* **I** tr. spezzare, rompere (in due) **II** intr. (aus. *sein*) spezzarsi, rompersi (in due). **ent|zwei|en I** tr. dividere, separare **II** rifl. ***sich mit jdm ~*** rompere con qcn., separarsi da qcn.; *(sich zerstreiten)* essere in rotta con qcn. **ent|zwei‿ge|hen** intr. *(ging, gegangen;* aus. *sein)* andare in pezzi, rompersi. **ent|zwei‿ma|chen** tr. COLLOQ. mandare in pezzi, rompere. **ent|zwei‿rei|ßen** *(riss, gerissen)* **I** tr. strappare, stracciare; *(zerreißen)* lacerare **II** rifl. **sich ~** strapparsi, stracciarsi; *(sich zerreißen)* lacerarsi. **ent|zwei‿schnei|den** tr. *(schnitt, geschnitten)* tagliare (in due). **Ent|zwei|ung** f. *(-,-en)* rottura *f.*; *(Trennung)* divisione *f.*, separazione *f.*

E|nu|me|ra|ti|on f. *(-,-en)* enumerazione *f.* **e|nu|me|rie|ren** tr. enumerare.

en vogue [ã'vo:k], **~ *sein*** essere in voga.

En|ze|pha|li|tis f. *(-, Enzephalitiden)* encefalite *f.* **En|ze|pha|lo|gramm** n. *(-s,-e)* encefalogramma *m.* **En|ze|pha|lo|gra|phie** f. *(-,-n)* encefalografia *f.* **En|ze|pha|lo|ma|la|zie** f. *(-)* encefalomalacia *f.*

En|zi|an m. *(-s,-e)* **1** BOT. genziana *f.* **2** *(Enzianschnaps)* acquavite *f.* di genziana.

En|zyk|li|ka f. *(-, Enzykliken)* enciclica *f.* **en|zyk|lisch** agg. enciclico.

En|zyk|lo|pä|die f. *(-,-n)* enciclopedia *f.* **en|zyk|lo|pä|disch** agg. enciclopedico.

En|zym n. *(-s,-e)* enzima *m.* **en|zy|ma|tisch** agg. enzimatico.

E|o|sin n. *(-s)* eosina *f.* **e|o|si|nie|ren** tr. tingere (*o* colorare) con l'eosina.

e|o|zän agg. eocenico. **E|o|zän** n. *(-s)* eocene *m.*

e|pa|go|gisch agg. epagogico.

E|pak|te f. *(-,-n)* epatta *f.*

E|pa|na|lep|se, E|pa|na|lep|sis f. *(-, Epanalepsen)* epanalessi *f.*

E|pau|lett n. *(-s,-s)*, **E|pau|let|te** f. *(-,-n)* [epo'lɛt] spallina *f.*

E|pen|the|se, E|pen|the|sis f. *(-, Epenthesen)* epentesi *f.*

E|phe|be m. *(-n,-n)* efebo *m.* **e|phe|bisch** agg. efebico.

E|phed|rin n. *(-s)* efedrina *f.*

E|phe|li|den pl. efelidi *f.pl.*, lentiggini *f.pl.*

e|phe|mer agg. effimero. **E|phe|me|ra** pl. MED. febbre *f.* effimera. **E|phe|me|ri|de** f. *(-,-n)* **1** ENTOM. efemera *f.* **2** ASTR. ef(f)emeride *f.*

E|phe|ser m. *(-s,-)* efesino *m.*, abitante *m.* di Efeso. **E|phe|ser|brief** m. *(-[e]s,-e)* BIBL. lettera *f.* agli Efesini. **E|phe|sos, E|phe|sus** n.pr.n. *(-)* Efeso *m.*

E|phor m. *(-en,-en)* STOR. eforo *m.* **E|pho|rat** n. *(-[e]s,-e)* STOR. eforato *m.*

E|pi|de|mie f. *(-,-n)* epidemia *f.*: ***eine ~ ist ausgebrochen, abgeklungen*** è scoppiata, terminata un'epidemia. **E|pi|de|mi|o|lo|ge** m. *(-n,-n)* epidemiologo *m.* **E|pi|de|mi|o|lo|gie** f. *(-)* epidemiologia *f.* **e|pi|de|misch** agg. epidemico.

e|pi|der|mal agg. epidermico. **E|pi|der|mis** f. *(-, Epidermen)* epidermide *f.*

E|pi|ge|ne|se f. *(-,-n)* epigenesi *f.* **e|pi|ge|ne|tisch** agg. epigenetico.

e|pi|go|nal agg. da epigono. **E|pi|go|ne** m. *(-n,-n)* epigono *m.* **e|pi|go|nen|haft** agg. da epigono. **E|pi|go|nen|tum** n. *(-s)* epigonismo *m.*

E|pi|gramm n. *(-s,-e)* epigramma *m.* **E|pi|gram|ma|ti|ker** m. *(-s,-)* epigrammista *m.*, epigrammatista *m.* **e|pi|gram|ma|tisch** agg. epigrammatico.

E|pi|graph n. *(-s,-e)* epigrafe *f.* **E|pi|gra|phik** f. *(-)* epigrafia *f.* **E|pi|gra|phi|ker** m. *(-s,-)* epigrafista *m.*

E|pik f. *(-)* epica *f.*

E|pi|karp n. *(-s,-e)* epicarpo *m.*

E|pi|ker m. *(-s,-)* poeta *m.* epico, epico *m.*

E|pi|kri|se f. *(-,-n)* epicrisi *f.*

E|pi|kur n.pr.m. *(-s)* Epicuro *m.* **E|pi|ku|re|er** m. *(-s,-)* epicureo *m.* **e|pi|ku|re|isch** agg. epicureo. **E|pi|ku|re|is|mus** m. *(-)* epicureismo *m.* **e|pi|ku|risch** agg. epicureo.

E|pi|la|ti|on f. *(-,-en)* epilazione *f.*, depilazione *f.*

E|pi|lep|sie f. *(-,-n)* epilessia *f.* **E|pi|lep|ti|ker** m. *(-s,-)* epilettico *m.* **e|pi|lep|tisch** agg. epilettico.

e|pi|lie|ren tr. depilare.

E|pi|log m. *(-s,-e)* epilogo *m.*

E|pi|pha|ni|as n. *(-)* Epifania *f.*, giorno *m.* dell'Epifania. **E|pi|pha|nie** f. *(-)* epifania *f.*

E|pi|pho|ra f. *(-, Epiphorä)* **1** RET. epifora *f.*, epistrofe *f.* **2** MED. epifora *f.*

E|pi|phy|se f. *(-,-n)* epifisi *f.*

E|pi|phyt m. *(-en,-en)* epifita *f.*

E|pi|rot m. *(-en,-en)* epirota *m.*, abitante *m.* dell'Epiro. **e|pi|ro|tisch** agg. epirota. **E|pi|rus** n.pr.m. *(-)* Epiro *m.*

e|pisch agg. epico (anche FIG.): ***ein -es Gedicht*** un poema epico; ***eine -e Tat*** un'impresa epica; *(erzählerisch)* narrativo: ***-e Dichtung*** poesia narrativa, epos.

e|pis|ko|pal agg. episcopale, vescovile. **E|pis|ko|pa|lis|mus** m. *(-)* episcopalismo *m.* **E|pis|ko|pat** m. e n. *(-[e]s,-e)* episcopato *m.* **E|pis|ko|pus** m. *(-, Episcopi)* vescovo *m.*

E|pi|so|de f. *(-,-n)* episodio *m.* **E|pi|so|den|film** m. *(-[e]s,-e)* film *m.* a episodi. **e|pi|so|den|haft, e|pi|so|disch** agg. episodico.

E|pis|tel f. *(-,-n)* **1** epistola *f.* **2** *(Strafpredigt)* paternale *f.*, predica *f.*

E|pis|te|mo|lo|gie f. *(-)* epistemologia *f.* **e|pis|te|mo|lo|gisch** agg. epistemologico.

E|pi|taph n. *(-s,-e)*, **E|pi|ta|phi|um** n. *(-s, Epitaphien)* **1** *(Grabinschrift)* epitaffio *m.* **2** *(Gedenktafel)* lapide *f.* commemorativa.

E|pi|tha|la|mi|on, E|pi|tha|la|mi|um n. *(-s, Epithalamien)* epitalamio *m.*

E|pi|thel n. *(-s,-e)*, **E|pi|the|li|um** n. *(-s, Epithelien)* epitelio *m.*

E|pi|the|ton n. *(-s, Epitheta)* epiteto *m.*

E|pit|rit m. *(-en,-en)* epitrito *m.*

E|pi|zent|rum n. *(-s, Epizentren)* epicentro *m.*

E|pi|zo|on n. *(-s, Epizoen* e *Epizoa)* epizoo *m.*

e|po|chal agg. **1** epocale, storico: ***eine Erfindung von -er Bedeutung*** un'invenzione d'importanza epocale **2** *(Aufsehen erregend)* sensazionale, memorabile, che fa epoca: ***eine -e Party*** una festa memorabile. **E|po|che** f. *(-,-n)* epoca *f.* ◆ ***~ machen*** fare epoca; ***~ machend*** sensazionale, memorabile, che fa epoca.

E|po|de f. *(-,-n)* epodo *m.*

E|po|pöe f. *(-,-n)* ANT. epopea *f.*

E|pos n. *(-, Epen)* epos *m.*, poema *m.* epico.

Ep|pich m. *(-s,-e)* ap(p)io *m.*

Ep|si|lon n. *(-[s],-s)* epsilon *f.*

E|qua|li|zer ['i:kwəlaɪzə] m. *(-s,-)* equalizzatore *m.*

E|qui|lib|rist m. *(-en,-en)* equilibrista *m.*

E|qui|pa|ge [ekvi'pa:ʒə] f. *(-,-n)* **1** equipaggio *m.* **2** *(Ausrüstung)* equipaggiamento *m.* **E|qui|pe** [e'kɪp] f. *(-,-n)* équipe *f.*, squadra *f.* **e|qui|pie|ren** [ekvi'-] tr. equipaggiare. **E|quip|ment** [ɪ'kwɪpmənt] n. *(-s,-s)* attrezzatura *f.*, equipaggiamento *m.*

er pron.pers. m. (gen. **seiner**, dat. **ihm**, acc. **ihn**) **1** *(oft ausgelassen)* lui, egli: ***kommt ~ auch mit?*** viene anche lui? ***~ sagte kein einziges Wort*** (egli) non disse nemmeno una parola; ***~ selbst*** egli (*o* lui) stesso; ***da ist ~ ja!*** eccolo! **2** *(von Sachen und Tieren, meist ausgelassen)* esso, essa: ***siehst du diesen Koffer? ~ gehört mir*** vedi quella valigia? è mia **3** *(auf Gott bezogen)* Lui, Egli: ***Er schützt uns*** Lui ci protegge **4** ANT. *(Anrede an Untergegebene)* tu: ***bringe Er das seinem Herrn!*** portalo al tuo padrone!

Er m. *(-,-s)* COLLOQ. lui *m.*: ***ein ~ und eine Sie*** un lui e una lei.

er|ach|ten tr. LETT. reputare, stimare: ***etw. für, als überflüssig, wichtig ~*** reputare qcs. superfluo, importante. **Er|ach|ten** n. *(-s)* ***meinem ~ nach, meines -s*** a mio parere.

er|ah|nen tr. intuire: ***die Tragweite einer Erfindung ~*** intuire la portata di una invenzione.

er|ar|bei|ten I tr. **1** *(geistig erwerben)* studiare a fondo, far proprio: ***einen schwierigen Text ~*** studiare a fondo un testo difficile **2** *(ausarbeiten)* elaborare: ***einen Entwurf ~*** elaborare un progetto **II** rifl. ***sich (D) etw. ~*** **1** guadagnarsi qcs. (lavorando): ***sich ein Vermögen ~*** mettere insieme un patrimonio **2** *(geistig erwerben)* studiare a fondo, far proprio qcs.: ***sich die Grundlagen einer Wissenschaft ~*** far propri i fondamenti di una scienza. **Er|ar|bei|tung** f. *(-,-en)* **1** *(geistiges Erwerben)* studio *m.* approfondito **2** *(Ausarbeitung)* elaborazione *f.*, stesura *f.*, compilazione *f.*

er|äu|gen tr. adocchiare.

Erb|adel m. *(-s)* nobiltà *f.* ereditaria (*o* di sangue).

Erb|än|de|rung f. *(-,-en)* mutazione *f.* genetica. **Erb|an|la|ge** f. *(-,-n)* BIOL. disposizione *f.* ereditaria.

Erb|an|spruch m. *(-[e]s,-ansprüche)* diritto *m.* di successione. **Erb|an|teil** m. *(-[e]s,-e)* parte *f.* di eredità.

er|bar|men I rifl. ***sich (jds) ~*** avere pietà (di qcn.) **II** tr. impietosire, muovere a compassione: ***ihr Unglück erbarmte ihn*** la sua sfortuna lo impietosì ◆ ***Herr, erbarme dich unser (über uns)*** Signore, abbi pietà di noi; SCHERZ. ***wer erbarmt sich der übrig gebliebenen Spaghetti?*** = chi vuole mangiare gli spaghetti rimasti? **Er|bar|men** n. *(-s)* pietà *f.*: ***aus ~*** per pietà; ***kein ~ mit jdm fühlen*** non aver pietà di qcn. ◆ ***zum ~ sein*** far pietà; ***diese Aufführung ist zum ~*** questa rappresentazione è una cosa pietosa, un orrore. **er|bar|mens|wert, er|bar|mens|wür|dig** agg. compassionevole, miserando. **Er|bar|mer** m. *(-s)* RELIG. LETT. Misericorde *m.*

er|bärm|lich I agg. **1** *(elend)* miserando, miserevole, pietoso: ***ein -es Leben führen*** condurre una vita miserevole **2** *(schlecht)* pessimo: ***eine -e Arbeit*** un pessimo lavoro; *(minderwertig)* scadente: ***Waren von -er Qualität*** merce di qualità scadente **3** *(verabscheuenswert)* esecrabile, deplorevole **4** *(sehr groß)* tremendo: ***ein -er Lärm*** un rumore tremendo **II** avv. **1** *(elend)* miserevolmente, in modo pietoso **2** *(schlecht)* male **3** *(verabscheuenswert)* in modo esecrabile, deplorevole: ***sich ~ benehmen*** comportarsi in modo deplorevole **4** *(sehr)* tremendamente: ***die Wunde tut ihr ~ weh*** la ferita le fa tremendamente male; ***~ frieren*** avere un freddo tremendo. **Er|bärm|lich|keit** f. *(-,-en)* **1** *(Elend)* miseria *f.*, povertà *f.* **2** *(Kleinigkeit)* bazzecola *f.*, cosa *f.* da nulla **3** *(Gemeinheit)* meschinità *f.*, viltà *f.*, bassezza *f.*: ***die ~ seines Tuns war allen offenkundig*** la meschinità della sua azione fu chiara a tutti.

Er|bar|mung f. *(-)* ANT. pietà *f.* **er|bar|mungs|los** agg. spietato. **Er|bar|mungs|lo|sig|keit** f. *(-,-en)* spietatezza *f.* **er|bar|mungs|voll** agg. compassionevole, misericordioso. **er|bar|mungs|wür|dig** agg. LETT. → **erbarmenswert.**

er|bau|en I tr. **1** costruire, edificare, innalzare: ***ein Schloss ~*** costruire un castello **2** *(geistig erheben)* edificare: ***seine Rede erbaute alle*** il suo discorso edificò tutti **II** rifl. **sich ~** LETT. ricrearsi, edificarsi: ***sich an guter Musik ~*** ricrearsi con (della) buona musica ◆ ***von, über etw. nicht erbaut sein*** non essere entusiasta di qcs.; PROV. ***Rom ist nicht in, an einem Tage erbaut worden*** Roma non fu costruita in un giorno. **Er|bau|er** m. *(-s,-)* **1** *(Bauherr)* costruttore *m.* **2** *(Gründer)* fondatore *m.* **er|bau|lich** agg. ANT. edificante: ***es ist kein -er Anblick*** non è una visione edificante. **Er|bau|lich|keit** f. *(-,-en)* carattere *m.* edificante. **Er|bau|ung** f. *(-,-en)* edificazione *f.*: ***zur ~*** a scopo edificante. **Er|bau|ungs|buch** n. *(-[e]s,-bücher)* libro *m.* di devozioni. **Er|bau|ungs|li|te|ra|tur** f. *(-)* letteratura *f.* edificante. **Er|bau|ungs|schrift** f. *(-,-en)* scritto *m.* (*o* opera *f.*) devozionale.

Erb|bau|er m. *(-s,-n)* **1** agricoltore *m.* **2** STOR. *(Bauer mit erblichem Besitzrecht auf fremdem Land)* coltivatore *m.* in colonia perpetua **3** STOR. *(schollengebundener Bauer)* servo *m.* della gleba. **Erb|bau|recht** n. *(-[e]s)* **1** = diritto *m.* ereditario di costruzione su terreni altrui **2** *(Emphyteuse)* enfiteusi *f.*

Erb|be|gräb|nis n. *(-ses,-se)* tomba *f.* di famiglia. **erb|be|rech|tigt** agg. avente diritto alla successione (*o* eredità). **Erb|be|sitz** m. *(-es,-e)* possesso *m.* ereditario. **Erb|bild** n. *(-[e]s,-er)* genotipo *m.*

Erb|bi|o|lo|gie f. *(-)* genetica *f.* **erb|bi|o|lo|gisch** agg. genetico.

Er|be I n. *(-s)* eredità *f.*: ***sein ~ antreten, ausschlagen*** entrare in possesso di un'eredità, rifiutare un'eredità **II** m. *(-n,-n)* erede *m.*: ***jdn zum, als -n einsetzen, machen*** nominare (*o* designare) qcn. come erede ◆ ***gesetzlicher, rechtmäßiger ~*** erede legittimo; SCHERZ. ***der lachende ~*** il felice erede.

er|be|ben intr. (aus. *sein*) tremare, fremere: ***vor Furcht, Zorn ~*** tremare di paura, fremere d'ira; ***das Haus, die Erde erbebt*** la casa, la terra trema.

erb|ei|gen agg. ereditario. **Erb|ei|gen|schaft** f. *(-,-en)* carattere *m.* ereditario. **erb|ein|ge|ses|sen** agg. residente da molte generazioni. **Erb|ein|set|zung** f. *(-,-en)* DIR. istituzione *f.* di un erede. **er|ben** tr. **1** ereditare: ***etw. von jdm ~*** ereditare qcs. da qcn.; ***die Augen vom Vater ~*** ereditare gli occhi dal padre **2** COLLOQ. *(geschenkt bekommen)* ereditare, ricevere in regalo. **Er|ben|ge|mein|schaft** f. *(-,-en)* DIR. comunione *f.* ereditaria.

1.er|be|ten tr. ottenere con preghiere, impetrare.

2.er|be|ten → **erbitten.**

er|bet|teln tr. mendicare, ottenere mendicando: FIG. ***eine Erlaubnis ~*** mendicare un permesso.

er|beu|ten tr. catturare, far bottino di. **Er|beu|tung** f. *(-)* cattura *f.*

erb|fä|hig agg. DIR. successibile. **Erb|fak|tor** m. *(-s,-en)* fattore *m.* ereditario. **Erb|fall** m. *(-[e]s,-fälle)* DIR. caso *m.* di successione; accensione *f.* di eredità. **erb|fäl|lig** agg. toccato in eredità, ereditario. **Erb|feind** m. *(-[e]s,-e)* **1** nemico *m.* secolare **2** *(Teufel)* Maligno *m.* **Erb|feind|schaft** f. *(-,-en)* ostilità *f.* secolare.

Erb|fol|ge f. *(-,-n)* successione *f.* **Erb|fol|ge|krieg** m. *(-[e]s,-e)* guerra *f.* di successione. **Erb|fol|ger** m. *(-s,-)* successore *m.*

Erb|for|schung f. *(-)* genetica *f.* **Erb|gang** m. *(-[e]s,-gänge)* **1** BIOL. eredità *f.*, trasmissione *f.* ereditaria **2** *(Erbfolge)* successione *f.* **erb|ge|sund** agg. immune da tare ereditarie. **Erb|gut** n. *(-[e]s,-güter)* **1** BIOL. patrimonio *m.* ereditario **2** → **Erbhof 3** FIG. eredità *f.*, retaggio *m.* **Erb|hof** m. *(-[e]s,-höfe)* podere *m.* ereditario.

er|bie|ten rifl. *(erbot, erboten)* **sich ~** offrirsi.

Er|bin f. *(-,-nen)* erede *f.*

er|bit|ten tr. *(erbat, erbeten)* pregare, implorare, supplicare: ***Hilfe, Verzeihung von jdm ~*** implorare aiuto, perdono da qcn. ◆ ***sich nicht ~ lassen*** essere irremovibile; ***sich ~ lassen, etw. zu tun*** cedere alle preghiere (di qcn.) di fare qcs.

er|bit|tern I tr. irritare, esasperare **II** rifl. **sich ~** irritarsi: ***sich über etw., jdn ~*** irritarsi per qcs., con (*o* contro) qcn. **er|bit|tert I** p.pass. agg. **1** → **erbittern 2** accanito: ***ein -er Kampf*** una lotta accanita **II** avv. accanitamente, con accanimento: ***~ um etw. kämpfen*** lottare accanitamente per qcs. **Er|bit|te|rung** f. *(-,-en)* irritazione *f.*, esasperazione *f.*, rancore *m.*; *(Heftigkeit)* animosità *f.*, accanimento *m.*

Er|bi|um n. *(-s)* erbio *m.*

erb|krank agg. affetto da tara ereditaria. **Erb|krank|heit** f. *(-,-en)* malattia *f.* ereditaria.

er|blas|sen intr. (aus. *sein*) **1** impallidire: ***vor Zorn ~*** impallidire per l'ira **2** FIG. scomparire, sfigurare: ***vor ihrer Schönheit ~ alle anderen*** di fronte alla sua bellezza scompaiono tutte le altre **3** ANT. *(sterben)* morire.

Erb|las|sen|schaft f. *(-,-en)* DIR. eredità *f.*; *(Vermächtnis)* legato *m.*, lascito *m.* **Erb|las|ser** m. *(-s,-)* DIR. testatore *m.* **Erb|las|se|rin** f. *(-,-nen)* DIR. testatrice *f.* **erb|las|se|risch** agg. testamentario.

er|blei|chen intr. *(erbleichte/erblich, erbleicht/erblichen;* aus. *sein)* **1** → **erblassen 2** *(von Haaren)* incanutire.

Erb|lei|den n. *(-s,-)* → **Erbkrankheit. Erb|lei|he** f. *(-,-n)* → **Erbpacht. erb|lich** agg. ereditario: ***ein -er Titel*** un titolo ereditario ◆ ***~ belastet sein*** essere affetto da una tara ereditaria; SCHERZ. aver ereditato un talento. **Erb|lich|keit** f. *(-,-en)* ereditarietà *f.*

er|bli|cken tr. LETT. **1** scorgere, vedere: ***etw. in der Ferne ~*** scorgere qcs. in lontananza **2** *(halten für)* scorgere, ravvisare: ***in jdm seinen Feind ~*** scorgere in qcn. il proprio nemico ◆ FIG. ***das Licht der Welt ~*** venire al mondo.

er|blin|den intr. (aus. *sein*) **1** diventare cieco, perdere la vista **2** *(matt, glanzlos)* diventare opaco, appannarsi: ***der Spiegel erblindet*** lo specchio si appanna. **Er|blin|dung** f. *(-,-en)* perdita *f.* della vista.

er|blon|den intr. (aus. *sein*) SCHERZ. ossigenarsi (i capelli).

erb|los agg. **1** *(ohne Erben)* senza eredi **2** *(ohne Hinterlassenschaft)* senza eredità.

er|blü|hen intr. (aus. *sein*) LETT. fiorire, schiudersi, sbocciare; FIG. ***zu voller Schönheit ~*** sbocciare in tutta la propria bellezza.

Erb|mas|se f. *(-,-n)* **1** BIOL. patrimonio *m.* ereditario **2** DIR. asse *m.* ereditario. **erb|mä|ßig** avv. ereditariamente. **Erb|merk|mal** n. *(-[e]s,-e)* carattere *m.* ereditario. **Erb|mo|nar|chie** f. *(-,-n)* monarchia *f.* ereditaria. **Erb|on|kel** m. *(-s,-)* SCHERZ. zio *m.* ricco (da cui si spera di ereditare), zio *m.* d'America.

er|bor|gen rifl. LETT. ***sich (D) etw. ~*** prendere a prestito qcs.

er|bo|sen I tr. irritare, mandare in collera **II** rifl. **sich ~** irritarsi, stizzirsi: ***sich über jdn, etw. ~*** irritarsi con (*o* contro) qcn., per qcs.

er|bö|tig agg. ***~ sein*** essere pronto, disposto; ***sich ~ machen, erklären*** dichiararsi pronto, offrirsi. **Er|bö|tig|keit** f. *(-)* prontezza *f.*, disponibilità *f.*

Erb|pacht f. *(-,-en)* enfiteusi *f.* **Erb|päch|ter** m. *(-s,-)* enfiteuta *m.* **Erb|pacht|ver|trag** m. *(-[e]s,-verträge)* contratto *m.* enfiteutico.

Erb|pfle|ge f. *(-)* eugenetica *f.* **Erb|prinz** m. *(-en,-en)* principe *m.* ereditario.

er|brau|sen intr. (aus. *sein*) risuonare fragorosamente.

er|bre|chen *(erbricht, erbrach, erbrochen)* **I** tr. **1** *(aufbrechen)* aprire a forza, forzare, scassinare; *(von Siegeln)* rompere, spezzare; *(von Briefen)* dissigillare **2** vomitare, rigettare **II** rifl. **sich ~** vomitare, rigettare. **Er|bre|chen** n. *(-s)*, COLLOQ. ***bis zum ~*** fino alla nausea.

Erb|recht n. *(-[e]s,-e)* **1** diritto *m.* ereditario **2** *(Recht auf den Nachlass)* diritto *m.* di successione.

er|brin|gen tr. *(erbrachte, erbracht)* **1** portare, produrre, addurre: ***einen Beweis ~*** addurre una prova; ***die Forschungen haben nichts erbracht*** le ricerche non hanno portato a nulla **2** portare, apportare: ***einen Gewinn ~*** apportare un guadagno **3** *(aufbringen)* fornire: ***eine große Summe ~*** fornire una grossa somma.

Erbs|brei → **Erbsenbrei.**

Erb|scha|den m. *(-s,-schäden)* tara *f.* ereditaria, difetto *m.* ereditario.

Erb|schaft f. *(-,-en)* eredità *f.*, lascito *m.*: ***eine ~ antreten, machen, ausschlagen*** accedere a un'eredità, avere un'eredità, ereditare, rinunciare ad un'eredità. **erb|schaft|lich I** agg. successorio **II** avv. in via ereditaria. **Erb|schafts|an|spruch** m. *(-[e]s,-ansprüche)* rivendicazione *f.* di eredità. **Erb|schafts|kla|ge** f. *(-,-n)* (azione *f.* di) petizione *f.* d'eredità. **Erb|schaft(s)|steu|er** f. *(-,-n)* imposta *f.* di successione. **Erb|schafts|streit** m. *(-es)*, **Erb|schafts|strei|tig|keit** f. *(-,-en)* causa *f.* ereditaria.

Erb|schein m. *(-[e]s,-e)* certificato *m.* di successione. **Erb|schlei|cher** m. *(-s,-)* cacciatore *m.* di eredità. **Erb|schlei|che|rei** f. *(-,-en)* **1** caccia *f.* all'eredità **2** PSIC. captatività *f.*

Erb|se f. *(-,-n)* **1** pisello *m.*: ***grüne, getrocknete -e*** piselli verdi, secchi; ***die -n verlesen*** sgranare i piselli **2** COLLOQ. *(Kopf)* testa *f.*: ***etw. an der ~ haben*** essere un po' fuori di testa. **Erb|sen|brei** m. *(-s,-e)* passato *m.* di piselli. **erb|sen|groß** agg. grosso come un pisello. **Erb|sen|kraut** n. *(-[e]s,-kräuter)* pianta *f.* di piselli. **Erb|sen|stein** m. *(-s,-e)* GEOL. pisolite *f.* **Erb|sen|stroh** n. *(-[e]s)* paglia *f.* di piselli. **Erb|sen|sup|pe** f. *(-,-n)* minestra *f.* di piselli. **Erb|sen|zäh|ler** m. *(-s,-)* SPREG. spilorcio *m.* **Erb|sen|zäh|le|rei** f. *(-,-en)*

SPREG. spilorceria *f.* **Erbs|pü|ree** f. *(-s,-s)* → **Erbsenbrei. Erbs|stroh** → **Erbsenstroh.**

Erb|stück n. *(-[e]s,-e)* oggetto *m.* di famiglia; *(Schmuck)* gioiello *m.* di famiglia. **Erb|sün|de** f. *(-)* peccato *m.* originale.

Erbs|wurst f. *(-,-würste)* pasta *f.* di piselli insaccata.

Erb|tan|te f. *(-,-n)* zia *f.* ricca (da cui si spera di ereditare). **Erb|teil** n. *(-[e]s,-e)* **1** parte *f.* di eredità **2** FIG. eredità *f.*: ***seine künstlerische Begabung ist ein mütterliches ~*** il suo talento artistico è un'eredità materna. **Erb|tei|lung** f. *(-,-en)* spartizione *f.* di eredità. **Erb|trä|ger** m. *(-s,-)* gene *m.* **Erb|tum** n. *(-s,-tümer)* ANT. **1** → **Erbschaft 2** terreno *m.* ereditato. **erb|tüm|lich** agg. ereditario; ereditato. **erb|un|fä|hig** agg. DIR. incapace di succedere. **Erb|un|ter|tä|nig|keit** f. *(-)* STOR. servaggio *m.* ereditario. **erb|un|wür|dig** agg. DIR. indegno a succedere. **Erb|ver|trag** m. *(-[e]s,-verträge)* DIR. convenzione *f.* per un'eredità, patto *m.* successorio. **Erb|ver|zicht** m. *(-[e]s)* rinuncia *f.* all'eredità.

Erd|ach|se f. *(-)* asse *m.* terrestre.

er|dacht → **erdenken.**

Erd|al|ka|li|me|tall n. *(-s,-e)* metallo *m.* alcalino-terroso. **Erd|al|ter|tum** n. *(-s)* paleozoico *m.* **Erd|an|zie|hung** f. *(-)* gravitazione *f.* terrestre. **Erd|an|zie|hungs|kraft** f. *(-)* forza *f.* di gravità. **Erd|ap|fel** m. *(-s,-äpfel)* REGION. patata *f.* **Erd|ar|bei|ten** pl. (lavori *m.pl.* di) sterro *m.* **Erd|ar|bei|ter** m. *(-s,-)* sterratore *m.* **Erd|at|mo|sphä|re** f. *(-)* atmosfera *f.* terrestre.

er|dau|ern tr. SVIZZ. esaminare a fondo. **Er|dau|e|rung** f. *(-,-en)* SVIZZ. esame *m.* approfondito.

Erd|bahn f. *(-)* orbita *f.* terrestre. **Erd|ball** m. *(-[e]s)* globo *m.* terrestre.

Erd|be|ben n. *(-s,-)* terremoto *m.*, sisma *m.* **erd|be|ben|ge|fähr|det** agg. sismico. **Erd|be|ben|herd** m. *(-[e]s,-e)* ipocentro *m.* **Erd|be|ben|kun|de** f. *(-)* sismologia *f.* **Erd|be|ben|mes|ser** m. *(-s,-)* sismometro *m.* **erd|be|ben|si|cher** agg. asismico. **Erd|be|ben|schrei|ber** m. *(-s,-)* sismografo *m.* **Erd|be|ben|ska|la** f. *(-)* scala *f.* sismica. **Erd|be|ben|war|te** f. *(-,-n)* osservatorio *m.* sismico. **Erd|be|ben|wel|le** f. *(-,-n)* onda *f.* sismica.

Erd|bee|re f. *(-,-n)* fragola *f.* **Erd|beer|eis** n. *(-es)* gelato *m.* alla fragola. **erd|beer|far|ben, erd|beer|far|big** agg. color fragola, rosa fragola. **Erd|beer|mar|me|la|de** f. *(-,-n)* marmellata *f.* di fragole. **Erd|beer|tor|te** f. *(-,-n)* torta *f.* di fragole.

Erd|be|schleu|ni|gung f. *(-)* accelerazione *f.* di gravità. **Erd|be|schrei|bung** f. *(-)* ANT. geografia *f.* **Erd|be|stat|tung** f. *(-,-en)* sepoltura *f.*, inumazione *f.* **Erd|be|völ|ke|rung** f. *(-)* popolazione *f.* della terra. **Erd|be|we|gung** f. *(-,-en)* **1** GEOL. moto *m.* tellurico **2** movimento *m.* (*o* spostamento) di (masse di) terra. **Erd|be|woh|ner** m. *(-s,-)* terrestre *m.*, abitante *m.* della terra. **Erd|bir|ne** f. *(-,-n)* REGION. patata *f.* **Erd|bo|den** m. *(-s)* suolo *m.*, terra *f.* ◆ ***etw. dem ~ gleichmachen*** radere al suolo qcs.; ***wie vom ~ verschluckt sein*** essere come inghiottito dalla terra; ***vom ~ verschwinden*** sparire dalla faccia della terra; ***im ~ versinken wollen*** voler sprofondare sotto terra. **Erd|boh|rer** m. *(-s,-)* trivella *f.*, sonda *f.* geologica. **erd|braun** agg. → **erdfarben. Erd|bro|cken** m. *(-s,-)* → **Erdscholle. Erd|dich|te** f. *(-)* densità *f.* della terra. **Erd|dre|hung** f. *(-,-en)* rotazione *f.* terrestre.

Er|de f. *(-,-n)* **1a** terra *f.*, terreno *m.* **b** CHIM. terra *f.*: ***seltene -n*** terre rare **2a** *(Erdboden)* suolo *m.*, terra *f.*: ***auf die, zur ~ fallen*** cadere a terra, al suolo **b** *(Fußboden)* terra *f.*, pavimento *m.*: ***auf der ~ liegen*** giacere per terra, sul pavimento **c** *(Land)* terra *f.*, paese *m.*: ***auf deutscher ~*** in terra tedesca **3** *(Welt)* terra *f.*, mondo *m.*: ***auf der ~*** sulla terra, in questo mondo **4** *(Planet)* Terra *f.* **5** EL. terra *f.* ◆ FIG. ***auf der ~ bleiben, mit beiden Beinen auf der ~ stehen*** rimanere coi piedi per terra; ***zu ebener ~*** a pianterreno; ***Mutter ~*** madre natura; ***etw. aus der ~ stampfen*** creare qcs. dal nulla; ***etw. mit unter die ~ nehmen*** portare qcs. con sé nella tomba; ***jdn unter die ~ bringen*** portare qcn. alla tomba, far morire qcn. di crepacuore; ***wieder zu(r) ~ werden*** tornare polvere, morire.

Erd|elekt|ro|de f. *(-,-n)* EL. presa *f.* di terra.

er|den tr. EL. mettere a terra. **Er|den|bür|ger** m. *(-s,-)* cittadino *m.* di questa terra. **Er|den|glück** n. *(-s)* gioia *f.* terrena. **Er|den|gü|ter** pl. beni *m.pl.* terreni.

er|denk|bar agg. → **erdenklich. er|den|ken** *(erdachte, erdacht)* **I** tr. escogitare, ideare: ***eine Lösung ~*** escogitare una soluzione **II** rifl. ***sich (D) etw. ~*** inventarsi qcs.

Er|den|kind n. *(-[e]s,-er)* creatura *f.* mortale.

er|denk|lich agg. immaginabile, possibile: ***sich alle -e Mühe geben*** fare ogni sforzo immaginabile, fare tutto il possibile; ***alles ~ Gute wünschen*** augurare tutto il bene possibile.

Er|den|last f. *(-,-en)* miserie *f.pl.* di questo mondo. **Er|den|le|ben** n. *(-s,-)* vita *f.* terrena. **Er|den|los** n. *(-es,-e)* sorte *f.* terrena. **Er|den|rund** n. *(-[e]s)* mondo *m.*, globo *m.* terrestre. **Er|den|wal|len** n. *(-s)* ANT. pellegrinaggio *m.* terreno. **Er|den|win|kel** m. *(-s,-)* angolo *m.* (remoto) di mondo. **Er|den|wurm** m. *(-[e]s,-würmer)* FIG. verme *m.* di questa terra, uomo *m.* mortale.

Erd|er|schüt|te|rung f. *(-,-en)* scossa *f.* sismica. **Erd|fall** m. *(-[e]s,-fälle)* GEOL. sprofondo *m.* **Erd|far|be** f. *(-,-n)* PITT. terra *f.* **erd|far|ben, erd|far|big** agg. color (della) terra, terrigno. **Erd|fer|kel** n. *(-s,-)* oritteropo *m.* **erd|fern** agg. apogeo. **Erd|fer|ne** f. *(-)* apogeo *m.* **Erd|floh** m. *(-[e]s,-flöhe)* pulce *f.* di terra. **Erd|frucht** f. *(-,-früchte)* = frutto che matura sottoterra. **Erd|gas** n. *(-es,-e)* gas *m.* naturale. **erd|ge|bo|ren** agg. LETT. terrigeno; *(irdisch)* terreno; *(sterblich)* mortale. **Erd|ge|bo|re|ne, Erd|ge|bor|ne** m. e f. *(-n,-n)* mortale *m.* e *f.* **erd|ge|bun|den** agg. legato alla terra. **Erd|geist** m. *(-[e]s,-er)* spirito *m.* della terra. **Erd|ge|schich|te** f. *(-)* geologia *f.* **erd|ge|schicht|lich** agg. geologico. **Erd|ge|schoss,** AUSTR. **Erd|ge|schoß** n. *(-es,-e)* pianterreno *m.*, piano *m.* terra. **erd|haft** agg. conforme alla natura terrena; *(urwüchsig)* primitivo, naturale. **Erd|hälf|te** f. *(-,-n)* emisfero *m.* terrestre. **erd|hal|tig** agg. terroso. **Erd|hau|fen** m. *(-s,-)* mucchio *m.* di terra. **Erd|höh|le** f. *(-,-n)* **1** caverna *f.* **2** *(von Tieren)* tana *f.* **Erd|hörn|chen** n. *(-s,-)* tamia *m.* striato. **Erd|hü|gel** m. *(-s,-)* → **Erdhaufen. Erd|hum|mel** f. *(-,-n)* ENTOM. bombo *m.* terrestre.

er|dich|ten tr. LETT. inventare, immaginare, escogitare. **Er|dich|tung** f. *(-,-en)* invenzione *f.*, finzione *f.*

er|dig agg. **1** terroso **2** sporco di terra ◆ ***etw. schmeckt, riecht ~*** qcs. ha sapore, odora di terra.

Erd|ka|bel n. *(-s,-)* cavo *m.* interrato (*o* sotterraneo). **Erd|kern** m. *(-[e]s,-e)* nucleo *m.* terrestre. **Erd|kreis** m. *(-es)* LETT. orbe *m.* terraqueo, globo *m.* terrestre. **Erd|krus|te** f. *(-)* crosta *f.* terrestre. **Erd|ku|gel** f. *(-)* globo *m.* terrestre. **Erd|kun|de** f. *(-)* geografia *f.* **Erd|kund|ler** m. *(-s,-)* geografo *m.* **erd|kund|lich** agg. geografico. **Erd|lei|tung** f. *(-,-en)* EL. **1** terra *f.*, presa *f.* di terra, conduttura *f.* di terra **2** conduttura *f.* sotterranea. **Erd|licht** n. *(-[e]s)* ASTR. luce *f.* riflessa dalla terra. **Erd|loch** n. *(-[e]s,-löcher)* buca *f.* **erd|mag|ne|tisch** agg. magnetico terrestre. **Erd|mag|ne|tis|mus** m. *(-)* magnetismo *m.* terrestre. **Erd|männ|chen** n. *(-s,-)* gnomo *m.* **Erd|maus** f. *(-,-mäuse)* topo *m.* campagnolo, arvicola *f.* **Erd|mes|ser** m. *(-s,-)* geodeta *m.* **Erd|mes|sung** f. *(-)* geodesia *f.* **Erd|me|tall** n. *(-s,-e)* CHIM. metallo *m.* terroso. **Erd|mit|tel|al|ter** n. *(-s)* Mesozoico *m.* **Erd|mit|tel|punkt** m. *(-[e]s)* centro *m.* della terra. **Erd|nä|he** f. *(-)* perigeo *m.* **Erd|neu|zeit** f. *(-)* Cenozoico *m.*, Terziario *m.* **Erd|nuss** f. *(-,-nüsse)* arachide *f.*, nocciolina *f.* americana. **Erd|nuss|but|ter** f. *(-)* burro *m.* di arachidi. **Erd|ober|flä|che** f. *(-)* superficie *f.* terrestre.

Erd|öl n. *(-[e]s)* petrolio *m.*: ***~ exportierend*** esportatore di petrolio; ***~ fördernd*** produttore di petrolio. **Erd|öl|che|mie** f. *(-)* petrolchimica *f.*

er|dol|chen tr. pugnalare.

Erd|öl|feld n. *(-[e]s,-er)* campo *m.* petrolifero. **Erd|öl|för|der|län|der** pl. paesi *m.pl.* produttori di petrolio. **Erd|öl|för|de|rung** f. *(-,-en)* estrazione *f.* del, di petrolio. **Erd|öl|in|dust|rie** f. *(-)* industria *f.* petrolifera. **Erd|öl|lei|tung** f. *(-,-en)* oleodotto *m.* **Erd|öl|pro|dukt** n. *(-[e]s,-e)* prodotto *m.* petrolifero. **Erd|öl|raf|fi|ne|rie** f. *(-,-n)* raffineria *f.* di petrolio. **Erd|öl|su|che** f. *(-)* ricerca *f.* di giacimenti petroliferi. **Erd|öl|vor|kom|men** n. *(-s,-)* giacimento *m.* petrolifero.

Erd|pech n. *(-[e]s)* ANT. asfalto *m.* **Erd|rauch** m. *(-[e]s)* BOT. fumaria *f.* **Erd|räu|mer** m. *(-s,-)* escavatore *m.*, draga *f.* **Erd|reich** n. *(-[e]s)* terreno *m.*, terra *f.*

er|dreis|ten rifl. ***sich ~*** azzardarsi: ***er erdreistete sich, ihn anzulügen*** ebbe l'impudenza di mentirgli.

Erd|rin|de f. *(-)* → **Erdkruste.**

er|dröh|nen intr. (aus. *sein*) **1** rimbombare **2** *(widerhallen)* riecheggiare.

er|dros|seln tr. strozzare, strangolare. **Er|dros|se|lung, Er|dross|lung** f. *(-,-en)* strangolamento *m.*

Erd|ro|ta|ti|on f. *(-)* rotazione *f.* terrestre.

er|drü|cken tr. **1a** schiacciare: ***von einem Betonblock erdrückt werden*** essere schiacciato da un blocco di cemento **b** FIG. *(lasten)* opprimere, schiacciare, soffocare: ***seine Sorgen ~ ihn*** le sue preoccupazioni l'opprimono **2** stritolare: ***die Schlange erdrückt ihr Opfer*** il serpente stritola la sua vittima ◆ ***zum Erdrücken voll sein*** essere pieno da scoppiare, rigurgitante. **er|drü|ckend** p.pres. agg. **1** → **erdrücken 2** opprimente, soffocante: ***-e Sorgen*** preoccupazioni opprimenti **3** schiacciante: ***-e Beweise*** prove schiaccianti; ***eine -e Übermacht*** una schiacciante superiorità.

Erd|rusch m. *(-[e]s,-e)* ricavato *m.* della trebbiatura.

Erd|rutsch m. *(-[e]s,-e)* frana *f.*, smottamento *m.* **Erd|sa|tel|lit** m.

(-en,-en) satellite *m.* della terra. **Erd|schat|ten** m. *(-s,-)* cono *m.* d'ombra terrestre (ombra *f.* della terra sulla luna). **Erd|schicht** f. *(-,-en)* **1** strato *m.* di terra **2** GEOL. strato *m.* **Erd|schluss** m. *(-es, -schlüsse)* EL. dispersione *f.* a terra. **Erd|schol|le** f. *(-,-n)* zolla *f.* di terra. **Erd|sicht** f. *(-)* veduta *f.* aerea (della terra). **Erd|spal|te** f. *(-,-n)* crepa *f.* (*o* spaccatura *f.*) nel terreno. **Erd|stoß** m. *(-es, -stöße)* scossa *f.* di terremoto. **Erd|strich** m. *(-s,-e)* zona *f.*, regione *f.* **Erd|strom** m. *(-[e]s,-ströme)* corrente *f.* tellurica. **Erd|teil** m. *(-[e]s,-e)* parte *f.* del mondo; *(Kontinent)* continente *m.*: ***der Schwarze ~*** il continente nero.

er|dul|den tr. sopportare, patire; *(erleiden)* subire: ***eine Ungerechtigkeit ~*** sopportare un'ingiustizia. **Er|dul|dung** f. *(-)* sopportazione *f.*

Erd|um|dreh|ung f. *(-,-en)* rotazione *f.* terrestre (*o* della terra). **Erd|um|fang** m. *(-[e]s)* circonferenza *f.* terrestre. **Erd|um|krei|sung** f. *(-,-en)* giro *m.* intorno alla terra. **Erd|um|lauf|bahn** f. *(-,-en)* orbita *f.* terrestre. **Erd|um|run|dung** f. *(-,-en)*, **Erd|um|se|ge|lung** f. *(-,-en)* circumnavigazione *f.* della terra. **erd|um|span|nend** agg. mondiale, universale.

Er|dung f. *(-)* EL. messa *f.* a terra, collegamento *m.* a terra (*o* a massa). **Er|dungs|lei|tung** f. *(-,-en)* EL. conduttore *m.* di terra.

Erd|ur|zeit f. *(-)* Archeozoico *m.* **erd|ver|bun|den** agg. **1** attaccato alle cose terrene **2** *(naturverbunden)* legato alla natura. **Erd|ver|mes|sung** f. *(-,-en)* misurazione *f.* del terreno. **Erd|wachs** n. *(-es)* ozocerite *f.* **Erd|wall** m. *(-[e]s,-wälle)* terrapieno *m.* **Erd|wär|me** f. *(-)* calore *m.* terrestre. **Erd|zeit|al|ter** n. *(-s,-)* era *f.* geologica.

er|ei|fern rifl. **sich ~** infervorarsi, accalorarsi, agitarsi: ***sich über, für etw., jdn ~*** infervorarsi per qcs., qcn. **Er|ei|fe|rung** f. *(-,-en)* infervoramento *m.*, accaloramento *m.*; *(Erregung)* agitazione *f.*

er|eig|nen rifl. **sich ~** accadere, verificarsi. **Er|eig|nis** n. *(-ses,-se)* **1** avvenimento *m.*, evento *m.*: ***ein politisches ~*** un evento politico; ***der Gang der -se*** il corso degli eventi; ***das ~ des Jahres*** l'avvenimento dell'anno; ***die -se überstürzen sich*** gli eventi precipitano **2** *(Vorfall)* fatto *m.*, vicenda *f.*: ***ein sonderbares ~*** una strana vicenda ◆ ***ein freudiges ~*** un lieto evento. **er|eig|nis|los** agg. privo di eventi. **er|eig|nis|reich** agg. ricco di eventi.

er|ei|len tr. raggiungere, cogliere, sorprendere: ***der Tod hat ihn im Schlafen ereilt*** la morte lo ha sorpreso nel sonno.

e|rek|til agg. erettile. **E|rek|ti|on** f. *(-,-en)* FISIOL. erezione *f.*

E|re|mit m. *(-en,-en)* eremita *m.* **E|re|mi|ta|ge** [eremiˈtaːʒə] f. *(-,-n)* eremitaggio *m.* **E|re|mi|ten|da|sein** n. *(-s)* esistenza *f.* eremitica (*o* da eremita).

er|er|ben tr. ANT. *(erben)* ereditare. **er|erbt** p.pass. agg. **1** → **ererben** **2** ereditario: ***ein -es Vermögen*** un patrimonio ereditario.

e|re|thisch agg. MED. suscettibile, irritabile. **E|re|this|mus** m. *(-)* eretismo *m.*

1.er|fah|ren tr. *(erfährt, erfuhr, erfahren)* **1** venire a conoscenza di, apprendere, venire a sapere: ***etw. zufällig, aus der Zeitung ~*** apprendere qcs. per caso, dal giornale; ***von etw. ~*** venire a conoscenza di qcs.; ***etw. zu ~ suchen*** cercare di venire a sapere qcs. **2** *(fühlen)* provare, sentire: ***Solidarität ~*** provare solidarietà; ***etw. am eigenen Leib ~*** provare qcs. sulla propria pelle; ***Leid ~*** sentire dolore, soffrire **3a** subire: ***Unrecht ~*** subire ingiustizia **b** essere sottoposto a, subire: ***das Buch soll eine Überarbeitung ~*** il volume deve essere aggiornato.

2.er|fah|ren p.pass. agg. **1** → **1.erfahren** **2** esperto, pratico: ***auf einem Gebiet ~ sein*** essere esperto in un settore (*o* in materia).

3.er|fah|ren rifl. *(erfährt, erfuhr, erfahren)* ***sich (D) etw. ~*** vincere qcs. (in una gara motoristica).

Er|fah|re|ne m. e f. *(-n,-n)* esperto *m.* (-a *f.*). **Er|fah|ren|heit** f. *(-)* pratica *f.*, (lunga) esperienza *f.*: ***er pocht den anderen gegenüber auf seine ~*** si vanta con tutti della sua esperienza. **Er|fah|rung** f. *(-,-en)* esperienza *f.*: ***-en machen, sammeln*** fare, accumulare esperienze; ***auf einem Gebiet ~ haben*** avere esperienza (*o* essere esperto) in un campo; ***aus eigener ~ wissen, sprechen*** sapere, parlare per esperienza; ***über eine reiche ~ verfügen*** avere una ricca esperienza ◆ ***etw. in ~ bringen*** venire a conoscenza di qcs.; PROV. ***aus ~ wird man klug*** l'esperienza insegna. **Er|fah|rungs|aus|tausch** m. *(-[e]s,-e)* scambio *m.* di esperienze. **Er|fah|rungs|be|richt** m. *(-[e]s,-e)* resoconto *m.* di esperienze. **er|fah|rungs|ge|mäß, er|fah|rungs|mä|ßig I** agg. empirico, sperimentale: ***-e Werte*** valori sperimentali **II** avv. per esperienza, secondo l'esperienza, conforme all'esperienza; *(empirisch)* empiricamente, in modo empirico, sperimentale. **Er|fah|rungs|satz** m. *(-es,-sätze)* principio *m.* empirico. **Er|fah|rungs|schatz** m. *(-es,-schätze)* bagaglio *m.* di esperienze. **Er|fah|rungs|tat|sa|che** f. *(-,-n)* fatto *m.* empirico. **Er|fah|rungs|welt** f. *(-,-en)* mondo *m.* empirico. **Er|fah|rungs|wert** m. *(-[e]s,-e)* valore *m.* empirico. **Er|fah|rungs|wis|sen|schaft** f. *(-,-en)* scienza *f.* empirica.

er|fass|bar agg. comprensibile, intelligibile. **er|fas|sen** tr. **1** sopraffare, cogliere, prendere: ***Angst, Zweifel erfasste sie*** fu sopraffatta dalla paura, dal dubbio **2** FIG. *(begreifen)* afferrare, comprendere: ***ein Konzept richtig ~*** afferrare bene un concetto; COLLOQ. ***hast du es endlich erfasst?*** l'hai capito finalmente? **3** includere, comprendere: ***der Katalog erfasst auch die vergriffenen Ausgaben*** il catalogo include anche le edizioni esaurite **4** *(registrieren)* registrare, raccogliere, rilevare: ***Daten statistisch ~*** rilevare dati statistici **5a** RAR. afferrare, prendere: ***jdn am Arm ~*** afferrare qcn. per il braccio **b** FIG. ***etw. mit den Augen ~*** cogliere qcs. con lo sguardo **6a** investire: ***das Auto wurde vom Zug erfasst*** l'auto fu investita dal treno **b** risucchiare: ***von einem Strudel erfasst werden*** essere risucchiato da un vortice. **Er|fas|sung** f. *(-,-en)* **1** comprensione *f.*: ***die ~ eines Textes*** la comprensione di un testo **2** *(Einbezug)* inclusione *f.* **3a** *(von Daten)* rilevamento *m.*, registrazione *f.* **b** *(Sammlung)* raccolta *f.*

er|fech|ten rifl. ***sich (D) etw. ~*** conquistarsi qcs. (anche FIG.): ***sich Achtung ~*** conquistarsi la stima.

er|fin|den tr. *(erfand, erfunden)* inventare: ***eine neue Maschine, ein Märchen, eine Ausrede ~*** inventare una nuova macchina, una favola, una scusa ◆ ***das Pulver hat er nicht erfunden*** = non ha mica scoperto l'America. **Er|fin|der** m. *(-s,-)* inventore *m.* ◆ ***das war nicht im Sinne des -s*** non era inteso in tal senso, così. **Er|fin|der|geist** m. *(-[e]s)* spirito *m.* inventivo. **er|fin|de|risch** agg. inventivo, ingegnoso. **Er|fin|der|schutz** m. *(-es)* brevetto *m.* d'invenzione. **er|find|lich** agg. ***nicht ~ sein*** non essere comprensibile. **Er|fin|dung** f. *(-,-en)* invenzione *f.*: ***eine ~ machen*** inventare qcs.; ***was er sagt, ist reine ~*** quel che dice è pura invenzione. **Er|fin|dungs|ga|be** f. *(-)* inventiva *f.* **Er|fin|dungs|geist** m. *(-[e]s)* spirito *m.* (*o* genio *m.*) inventivo. **Er|fin|dungs|kraft** f. *(-,-kräfte)* → **Erfindungsgabe.** **er|fin|dungs|reich** agg. → **erfinderisch.** **Er|fin|dungs|reich|tum** m. *(-s)* inventiva *f.*

er|fle|hen tr. implorare, supplicare: ***von jdm Hilfe ~*** implorare l'aiuto di qcn.

er|flie|gen tr. *(erflog, erflogen)* raggiungere (*o* ottenere) volando: ***einen Rekord ~*** stabilire un record di volo.

Er|folg m. *(-[e]s,-e)* **1** successo *m.*: ***ein durchschlagender, voller ~*** un successo strepitoso, pieno; ***bei jdm, etw. ~ haben, erzielen*** avere successo, riportare successi con qcn., in qcs.; ***zum ~ führen*** portare a buon fine; ***von ~ begleitet, gekrönt sein*** essere accompagnato, coronato dal successo; ***~ versprechend*** che promette bene, promettente **2** *(Folge, Ergebnis)* conseguenza *f.*, risultato *m.*: ***mit dem ~, dass ich mich verirrte*** con il risultato che mi sono perso; ***er rechtfertigt seine Handlungsweise mit seinen -en*** giustifica il suo modo di agire con i risultati. **er|fol|gen** intr. (aus. *sein*) **1** *(folgen)* seguire: ***er fragte, aber es erfolgte keine Antwort*** fece una domanda, ma non seguì alcuna risposta **2** BUROCR. *(geschehen)* avvenire, avere luogo: ***Lieferung erfolgt gegen Nachnahme*** la consegna avviene in contrassegno. **er|folg|ge|krönt** agg. coronato da (*o* dal) successo. **Er|folg|ha|sche|rei** f. *(-,-en)* brama *f.* di successo. **er|folg|los I** agg. senza esito (*o* successo), infruttuoso, inutile: ***-e Bemühungen*** sforzi inutili; ***beruflich ~ sein*** non avere successo nella professione **II** avv. infruttuosamente, senza successo, inutilmente: ***~ handeln*** agire senza successo. **Er|folg|lo|sig|keit** f. *(-)* insuccesso *m.*, infruttuosità *f.* **er|folg|reich I** agg. **1** di successo: ***ein -er Schriftsteller*** uno scrittore di successo **2** *(wirksam)* efficace, fruttuoso: ***ein -es Medikament*** una medicina efficace **II** avv. con successo: ***einen Test ~ bestehen*** passare un test con successo. **Er|folgs|aus|sicht** f. *(-,-en)* possibilità *f.* di successo. **Er|folgs|au|tor** m. *(-s,-en)* autore *m.* di successo. **Er|folgs|be|tei|li|gung** f. *(-,-en)* partecipazione *f.* agli utili. **Er|folgs|bi|lanz** f. *(-,-en)* bilancio *m.* di successi. **Er|folgs|buch** n. *(-[e]s,-bücher)* libro *m.* di successo. **Er|folgs|den|ken** n. *(-s)* logica *f.* del successo, mentalità *f.* arrivista. **Er|folgs|er|leb|nis** n. *(-ses,-se)* successo *m.*, esperienza *f.* gratificante. **Er|folgs|haf|tung** f. *(-)* DIR. responsabilità *f.* oggettiva. **Er|folgs|ho|no|rar** n. *(-s,-e)* onorario *m.* calcolato in base al risultato finale. **Er|folgs|kurs** m. *(-es,-e)* strada *f.* del successo: ***auf ~ sein*** essere sulla strada del successo. **Er|folgs|mel|dung** f. *(-,-en)* comunicazione *f.* del successo (*o* del buon esito). **Er|folgs|mensch** m. *(-en,-en)* uomo *m.* di successo. **Er|folgs|nach|weis** m. *(-[e]s,-e)* prova *f.* (*o* attestazione *f.*) di buon rendimento. **er|folgs|ori|en|tiert** agg. che mira al successo, rampante. **Er|folgs|prä|mie** f. *(-,-n)* premio *m.* al merito. **Er|folgs|quo|te** f. *(-,-n)* percentuale *f.* di successi. **Er|folgs|rech|nung** f. *(-,-en)* conto *m.* profitti e perdite: ***monatliche ~*** determinazione mensile del reddito. **Er|folgs|re|zept** n. *(-es,-e)* ricetta *f.* per il successo. **er|folgs|si|cher** agg. **1** *(von Unternehmungen)* di sicuro successo

2 *(von Personen)* sicuro del proprio successo. **Er|folgs|stück** m. *(-[e]s,-e)* pièce *f.* di successo. **Er|folgs|zwang** m. *(-[e]s)* obbligo *m.* del successo: ***er steht unter ~*** ha l'obbligo del successo, deve vincere per forza.

er|for|der|lich agg. necessario, indispensabile. **er|for|der|li|chen|falls** avv. BUROCR. all'occorrenza. **er|for|dern** tr. esigere, richiedere: ***diese Reparatur erfordert einen Fachmann*** questa riparazione richiede un esperto. **Er|for|der|nis** n. *(-ses,-se)* **1** *(Bedürfnis)* esigenza *f.*, necessità *f.* **2** *(Voraussetzung)* requisito *m.*

er|forsch|bar agg. accessibile all'indagine, esplorabile. **er|for|schen** tr. **1** esplorare: ***eine unbekannte Gegend ~*** esplorare una zona sconosciuta **2a** studiare, indagare: ***das Verhalten der Tiere ~*** studiare il comportamento degli animali **b** esaminare: ***sein Gewissen ~*** esaminare la propria coscienza. **Er|for|scher** m. *(-s,-)* **1** ricercatore *m.*, studioso *m.* **2** *(eines Landes)* esploratore *m.* **Er|for|schung** f. *(-,-en)* **1** ricerca *f.*, studio *m.*, indagine *f.* **2** *(von Ländern)* esplorazione *f.*

er|fra|gen tr. **1** cercare di sapere (domandando): ***den Weg ~*** chiedere la strada, farsi insegnare la strada **2** *(durch Fragen erfahren)* apprendere, venire a sapere (domandando) ◆ ***etw. bei jdm ~*** ottenere da qcn. informazioni su qcs. **Er|fra|gung** f. *(-,-en)* interrogazione *f.*

er|fre|chen rifl. **sich ~** ANT. → **erdreisten.**

er|freu|en I tr. rallegrare, allietare: ***jdn mit etw. ~*** rallegrare qcn. con qcs.; ***sein Brief erfreut mich sehr*** la sua lettera mi rallegra molto **II** rifl. **sich ~ 1** rallegrarsi, trovar piacere: ***sich an etw. (D) ~*** rallegrarsi per qcs. **2** godere: ***sich bester Gesundheit, großen Vertrauens ~*** godere di ottima salute, di grande fiducia. **er|freu|lich** agg. **1** *(freudig)* lieto, bello: ***eine -e Nachricht*** una bella notizia **2** *(angenehm)* piacevole: ***das ist kein -er Anblick*** non è piacevole da vedere. **er|freu|li|cher|wei|se** avv. per fortuna, fortunatamente. **er|freut** p.pass. agg. **1** → **erfreuen 2** lieto: ***über etw. ~ sein*** essere lieto (*o* contento) di qcs. ◆ ANT. ***sehr ~!*** molto lieto! molto piacere!

er|frie|ren *(erfror, erfroren)* **I** intr. (aus. *sein*) **1a** morire assiderato, assiderare **b** *(vor Kälte erstarren)* congelarsi, intirizzirsi: ***ihm ~ die Finger*** gli si congelano le dita **2** gelare, congelare: ***bei dieser Kälte ~ die Knospen*** con questo freddo le gemme gelano **3** FIG. *(vom Lachen)* raggelarsi; *(vom Blut)* agghiacciarsi **II** rifl. ***sich (D) etw. ~*** congelarsi: ***ich habe mir die Hände erfroren*** mi sono congelato le mani. **Er|frie|rung** f. *(-,-en)* assideramento *m.*, congelamento *m.*: ***sich (D) -en zuziehen*** avere un assideramento. **Er|frie|rungs|tod** m. *(-es,-e)* morte *f.* per assideramento.

er|fri|schen I tr. **1** *(kühl machen)* rinfrescare **2** *(neu beleben)* ristorare, rinfrancare, rivitalizzare: ***der Regen erfrischt die Natur*** la pioggia rivitalizza la natura **II** rifl. **sich ~ 1** *(sich kühl machen)* rinfrescarsi **2** *(sich neu beleben)* ristorarsi, corroborarsi, rinfrancarsi. **er|fri|schend** p.pres. agg. **1** → **erfrischen 2** aperto: ***etw. mit -er Deutlichkeit sagen*** dire qcs. con aperta chiarezza **3** rinfrancante: ***ihre Aufrichtigkeit war ~*** la sua sincerità era rinfrancante. **Er|fri|schung** f. *(-,-en)* **1** ristoro *m.*; *(Abkühlung)* rinfrescata *f.*, refrigerio *m.*: ***das Bad war eine angenehme ~*** il bagno fu un piacevole refrigerio **2** spuntino *m.*: ***eine ~ anbieten, zu sich nehmen*** offrire, fare uno spuntino. **Er|fri|schungs|ge|tränk** n. *(-[e]s,-e)* bibita *f.* **Er|fri|schungs|raum** m. *(-[e]s,-räume)* buffet *m.* **Er|fri|schungs|stand** m. *(-[e]s,-stände)* chiosco *m.* delle bibite. **Er|fri|schungs|tuch** n. *(-[e]s,-tücher)* salvietta *f.* rinfrescante.

er|fro|ren p.pass. agg. **1** → **erfrieren 2** *(von Pflanzen)* bruciato dal gelo, gelato.

er|füh|len tr. sentire, intuire: ***jds Hemmung ~*** intuire gli scrupoli di qcn.

er|füll|bar agg. **1** *(realisierbar)* realizzabile, esaudibile **2** MAT. ***eine -e Gleichung*** un'equazione soddisfacibile, che può essere soddisfatta. **er|fül|len I** tr. **1** *(ganz füllen)* riempire (anche FIG.): ***etw. mit Sinn ~*** riempire qcs. di significato; ***sein Erfolg erfüllt sie mit Neid*** il suo successo la riempie di invidia **2** *(beschäftigen)* occupare, COLLOQ. prendere: ***die neue Aufgabe erfüllt sie ganz*** il nuovo compito la occupa completamente **3** adempiere: ***ein Versprechen, seine Pflicht ~*** adempiere una promessa, il proprio dovere **4** esaudire, soddisfare: ***einen Wunsch ~*** esaudire un desiderio **5** MAT. soddisfare: ***welcher Wert für x erfüllt diese Gleichung?*** quale valore di x soddisfa questa equazione? **II** rifl. **sich ~** compiersi, realizzarsi: ***die Prophezeiung hat sich erfüllt*** la profezia si è compiuta ◆ ***Zorn, Freude erfüllte ihn*** era preda dell'ira, era colmo di gioia. **er|füllt** p.pass. agg. **1** → **erfüllen 2** *(voll)* ***von, mit etw. ~*** pieno di qcs.: ***von Wut, Verzweiflung ~ sein*** essere furente, disperato; ***ein -es Leben*** una vita piena ◆ ***die Zeit ist ~*** i tempi sono maturi. **Er|füllt|heit** f. *(-)* pienezza *f.* **Er|fül|lung** f. *(-,-en)* **1** *(Befriedigung)* (piena) soddisfazione *f.*: ***in etw. ~ finden, suchen*** trovare, cercare piena soddisfazione in qcs. **2a** realizzazione *f.*: ***die ~ einer Vorhersage*** la realizzazione di un pronostico **b** adempimento *m.*, compimento *m.*: ***die ~ einer Aufgabe, Pflicht*** l'adempimento di un compito, di un dovere ◆ ***in ~ gehen*** realizzarsi, adempiersi. **Er|fül|lungs|frist** f. *(-,-en)* DIR. termine *m.* per l'adempimento. **Er|fül|lungs|ge|hil|fe** m. *(-,-n)* **1** DIR. ausiliario *m.* **2** COLLOQ. SPREG. *(Komplize)* complice *m.* **Er|fül|lungs|ort** m. *(-[e]s,-e)* DIR. luogo *m.* d'adempimento (di contratto): ***~ für die Lieferung, Zahlung*** luogo di esecuzione della consegna, di effettuazione del pagamento ◆ ***~ und Gerichtsstand*** foro competente. **Er|fül|lungs|po|li|tik** f. *(-)* STOR. *(in der Weimarer Republik)* = politica *f.* di accettazione (delle condizioni di pace). **Er|fül|lungs|zeit** f. *(-,-en)* tempo *m.* dell'adempimento.

er|fun|den p.pass. agg. → **erfinden** ◆ ***von A bis Z ~*** inventato di sana pianta.

erg, Erg n. *(-s,-)* FIS. erg *m.*

er|gän|zen I tr. **1a** completare: ***eine Einrichtung ~*** completare un arredamento **b** integrare: ***einen Text mit Fußnoten, die Vorräte ~*** integrare un testo con delle note a piè pagina, integrare le scorte **2** *(hinzufügen)* aggiungere: ***~ Sie die fehlenden Wörter!*** aggiungete le parole mancanti! **II** rifl. **sich ~** integrarsi, completarsi (a vicenda): ***die beiden Bilder ~ sich*** i due quadri si completano a vicenda; ***unsere Interessen ~ sich*** i nostri interessi si completano a vicenda. **er|gän|zend I** p.pres. agg. **1** → **ergänzen 2** integrante, suppletivo, aggiuntivo: ***eine -e Regel, Bemerkung*** una norma suppletiva, un'osservazione aggiuntiva **3** GEOM. *(zu einem rechten Winkel)* complementare; *(zu einem gestreckten Winkel)* supplementare **II** avv. a (*o* come) completamento: ***etw. ~ hinzufügen*** aggiungere qcs. a completamento.

Er|gän|zung f. *(-,-en)* **1** completamento *m.*, integrazione *f.*: ***-en anbringen*** fare delle integrazioni **2** GRAMM. complemento *m.* **Er|gän|zungs|ab|ga|be** f. *(-,-n)* ECON. imposta *f.* aggiuntiva. **Er|gän|zungs|band** n. *(-es,-bände)* volume *m.* supplementare, supplemento *m.* **Er|gän|zungs|far|be** f. *(-,-n)* colore *m.* complementare. **Er|gän|zungs|heft** n. *(-[e]s,-e)* fascicolo *m.* supplementare, supplemento *m.* **Er|gän|zungs|prü|fung** f. *(-,-en)* esame *m.* integrativo. **Er|gän|zungs|satz** m. *(-es,-sätze)* GRAMM. proposizione *f.* completiva. **Er|gän|zungs|steu|er** f. *(-,-n)* → **Ergänzungsabgabe.** **er|gän|zungs|wei|se** avv. in via supplementare. **Er|gän|zungs|win|kel** m. *(-s,-)* GEOM. *(zu einem rechten Winkel)* angolo *m.* complementare; *(zu einem gestreckten Winkel)* angolo *m.* supplementare.

er|gat|tern tr. COLLOQ. acchiappare al volo: ***die letzten Eintrittskarten ~*** acchiappare al volo gli ultimi biglietti d'ingresso.

er|gau|nern I tr. carpire (con la frode) **II** rifl. ***sich (D) etw. ~*** procurarsi qcs. (con la frode).

Erg.-Bd. ⇒ *Ergänzungsband* supplemento (suppl.).

1.er|ge|ben *(ergibt, ergab, ergeben)* **I** tr. **1** rendere, fruttare: ***die Sammlung ergab 1000 DM*** la colletta fruttò 1000 marchi **2** *(erweisen)* provare, dimostrare: ***die Untersuchung hat seine Unschuld ~*** l'istruttoria ha provato la sua innocenza **3** *(zum Resultat haben)* dare (come risultato), fare: ***60 geteilt durch 4 ergibt 15*** 60 diviso 4 fa 15 **II** rifl. **sich ~ 1** risultare, emergere: ***aus dem Bericht, der Umfrage ergibt sich, dass...*** dal rapporto, dal sondaggio emerge che...; ***daraus ergibt sich, dass...*** ne risulta (*o* segue) che... **2** *(sich hingeben)* darsi, dedicarsi, votarsi: ***sich seinen Lastern ~*** darsi ai vizi; ***sich der Kunst, dem Tanz ~*** votarsi all'arte, alla danza **3** *(sich fügen)* rassegnarsi, piegarsi: ***sich in sein Los ~*** rassegnarsi al proprio destino **4** arrendersi, capitolare: ***die Feinde mussten sich ~*** i nemici dovettero arrendersi; ***die Stadt ergab sich nach einer langen Belagerung*** la città capitolò dopo un lungo assedio ◆ ***wenn sich die Gelegenheit ergibt*** se si presenterà l'occasione.

2.er|ge|ben p.pass. agg. **1** → **1.ergeben 2** *(demütig)* umile, sottomesso **3** ANT. *(devot)* affezionato, devoto: ***jdm ~ sein*** essere devoto a qcn.; ***Ihr -er...*** suo devoto, devotissimo...

Er|ge|ben|heit f. *(-)* **1** rassegnazione *f.*: ***etw. mit ~ auf sich nehmen*** subire qcs. con rassegnazione **2a** *(Widmung)* dedizione *f.*: ***jdm mit stummer ~ dienen*** servire qcn. con cieca dedizione **b** *(Treue)* fedeltà *f.*: ***auf jds ~ zählen*** contare sulla fedeltà di qcn. **Er|ge|ben|heits|ad|res|se** f. *(-,-n)* lettera *f.* di devoto omaggio. **er|ge|benst...** agg. (superl. di *ergeben*) ANT. devotissimo: ***-er Diener!*** Suo devotissimo!

Er|geb|nis n. *(-ses,-se)* **1a** risultato *m.*, esito *m.*: ***das ~ der Wahl, einer ärztlichen Untersuchung*** il risultato delle elezioni, di un'indagine medica: ***zu einem ~ kommen, führen*** giungere, portare a un risultato; ***ein ~ erzielen*** riportare un risultato **b** risultato *m.*, frutto *m.*: ***das ~ seiner Arbeit*** il frutto del suo lavoro **2** MAT. risultato *m.* **er|geb|nis|los** agg. senza esito, infruttuoso, inefficace: ***je-***

der Versuch zur Rettung der Verunglückten war ~ ogni tentativo di salvare gli infortunati fu senza esito (*o* vano). **Er|geb|nis|lo|sig|keit** f. *(-)* **1** infruttuosità *f.*, inefficacia *f.* **er|geb|nis|reich** agg. ricco di risultati, efficace.

Er|ge|bung f. *(-)* LETT. rassegnazione *f.*: ***etw. mit ~ tragen*** sopportare qcs. con rassegnazione. **er|ge|bungs|voll** agg. devoto.

er|ge|hen *(erging, ergangen)* **I** intr. (aus. *sein*) **1** *(erlassen)* emanare, pubblicare: ***eine Verordnung ~ lassen*** emanare un decreto **2** *(gerichtet sein, geschickt werden)* venire inviato, mandato: ***das Programm erging an alle Interessierten*** il programma fu inviato a tutti gli interessati; ***an den Professor erging ein Ruf an die Universität*** il professore fu chiamato (ad insegnare) all'Università **3** impers. succedere, accadere: ***wie wird es uns ~?*** cosa ci accadrà? ***es ist ihr gut ergangen*** le è andata bene **II** rifl. **sich ~ 1** *(sich umständlich äußern)* profondersi, dilungarsi: ***sich in Lobreden ~*** profondersi in elogi **2** abbandonarsi: ***sich in Vermutungen ~*** abbandonarsi a congetture **3** *(spazieren gehen)* passeggiare ◆ ***etw. über sich ~ lassen*** subire, sopportare pazientemente qcs.; ***möge es ihm gut ~!*** che la fortuna gli sia propizia! **Er|ge|hen** n. *(-s)* stato *m.* (*o* condizioni *f.pl.*) di salute.

er|gei|zen tr. accumulare: ***ein Vermögen ~*** accumulare un patrimonio (con avarizia).

er|gie|big agg. **1 *~ sein*** rendere: ***dieses Waschmittel ist sehr ~*** questo detersivo rende molto **2a** *(fruchtbar)* fertile: ***ein -er Boden*** un terreno fertile **b** FIG. fecondo: ***ein -es Thema*** un tema fecondo **3** *(viel ergebend)* redditizio, fruttuoso: ***ein -es Geschäft*** un affare redditizio; ***die Untersuchung war ~*** l'indagine fu fruttuosa. **Er|gie|big|keit** f. *(-)* **1** *(Reichlichkeit)* ricchezza *f.* **2** *(Fruchtbarkeit)* fertilità *f.* **3** *(Ertrag)* rendimento *m.*

er|gie|ßen *(ergoss, ergossen)* **I** tr. effondere: ***der Mond ergießt sein Licht auf Felder und Wiesen*** la luna effonde la sua luce su campi e prati **II** rifl. **sich ~ 1** (ri)versarsi (anche FIG.): ***die Milch ergoss sich über den Fußboden*** il latte si versò sul pavimento; ***eine Menschenmasse ergoss sich über, auf die Straße*** una marea di persone si riversò in strada **2** *(münden)* sfociare, gettarsi. **Er|gie|ßung** f. *(-,-en)* effusione *f.*

er|glän|zen intr. (aus. *sein*) risplendere, scintillare: ***in der Ferne erglänzte das Meer*** in lontananza scintillava il mare.

er|glim|men intr. *(erglomm, erglommen;* aus. *sein)* LETT. ardere, rosseggiare: ***seine Augen erglommen vor Zorn*** i suoi occhi ardevano di rabbia; ***über den Dächern erglomm das erste Tageslicht*** sui tetti rosseggiavano le prime luci del giorno.

er|glü|hen intr. (aus. *sein*) **1** infuocarsi, ardere (anche FIG.): ***in Liebe für jdn ~*** ardere d'amore per qcn.; ***der Berg erglüht im Abendlicht*** la montagna arde alla luce del tramonto **2** *(rot werden)* arrossire: ***vor Scham ~*** arrossire di vergogna.

er|go avv. LETT. ergo, quindi.

Er|go|lo|gie f. *(-)* ergologia *f.* **Er|go|me|ter** n. *(-s,-)* ergometro *m.* **Er|go|no|mie, Er|go|no|mik** f. *(-)* ergonomia *f.* **er|go|no|misch** agg. ergonomico. **Er|go|the|ra|pie** f. *(-,-n)* ergoterapia *f.*

er|göt|zen I tr. LETT. **1** *(erfreuen)* dilettare, rallegrare, divertire **II** rifl. ***sich an etw. (D) ~*** divertirsi con qcs., provare piacere (*o* diletto) per qcs. **Er|göt|zen** n. *(-s)* LETT. diletto *m.*, divertimento *m.*, gioia *f.*: ***zu jds ~*** con divertimento di qcn. **er|götz|lich** agg. divertente, LETT. dilettevole. **Er|götz|lich|keit** f. *(-,-en)* LETT. divertimento *m.*, comicità *f.* **Er|göt|zung** f. *(-,-en)* divertimento *m.*, LETT. diletto *m.*

er|grau|en intr. (aus. *sein*) incanutire (anche FIG.).

er|grei|fen tr. *(ergriff, ergriffen)* **1** afferrare, prendere: ***einen Gegenstand ~*** afferrare un oggetto; ***jdn am, beim Arm ~*** afferrare qcn. per il braccio; FIG. ***das Feuer ergriff das Dach*** il fuoco s'impadronì del tetto **2** *(festnehmen)* catturare, acciuffare: ***einen Dieb ~*** prendere un ladro **3a** *(befallen)* cogliere, prendere, assalire: ***von Angst, Begeisterung, Reue ergriffen werden*** essere preso dalla paura, dall'entusiasmo, dal rimorso **b** *(von Krankheiten)* colpire **4** *(bewegen)* commuovere, toccare: ***seine Rede ergriff mich tief*** il suo discorso mi commosse profondamente ◆ ***einen Beruf ~*** intraprendere una professione; ***von etw. Besitz ~*** prendere possesso di qcs.; ***die Flucht ~*** prendere la fuga; ***eine Gelegenheit ~*** cogliere un'occasione; ***die Initiative ~*** prendere l'iniziativa; ***Maßnahmen, die Macht ~*** prendere provvedimenti, il potere; ***jds Partei ~*** mettersi dalla parte di qcn., prendere le difese di qcn.; ***das Wort ~*** prendere la parola. **er|grei|fend** p.pres. agg. **1** → **ergreifen 2** commovente, toccante. **Er|grei|fung** f. *(-,-en)* **1** presa *f.*: ***die ~ der Macht, der Initiative*** la presa del potere, dell'iniziativa **2** *(Festnahme)* cattura *f.*

er|grei|sen intr. (aus. *sein*) RAR. diventare molto vecchio.

er|grif|fen p.pass. agg. **1** → **ergreifen 2** *(bewegt)* commosso, toccato: ***von etw. ~ sein*** essere commosso da qcs. **Er|grif|fen|heit** f. *(-)* commozione *f.*

er|grim|men intr. (aus. *sein*) LETT. andare in collera. **er|grimmt** p.pass. agg. **1** → **ergrimmen 2 *über etw. (A) ~ sein*** essere furioso per qcs.

er|grün|den tr. esaminare (profondamente), penetrare: ***die Bedeutung einer Sache, ein Geheimnis ~*** penetrare il significato di una cosa, un segreto. **Er|grün|dung** f. *(-,-en)* conoscenza *f.* approfondita, esame *m.* approfondito.

er|grü|nen intr. (aus. *sein*) inverdire, LETT. verdeggiare.

Er|guss m. *(-es,-güsse)* **1a** MED. versamento *m.* **b** *(Bluterguss)* ematoma *m.* **c** *(Samenerguss)* eiaculazione *f.* **2** GEOL. effusione *f.* **3** FIG. SPREG. *(Gefühlsausbruch)* sfogo *m.* **Er|guss|ge|stein** n. *(-[e]s,-e)* GEOL. roccia *f.* effusiva.

er|ha|ben agg. **1** sublime: ***ein -es Gefühl*** un sentimento sublime **2** *(überlegen)* superiore, al di sopra: ***über jeden Verdacht, jeden Zweifel ~ sein*** essere al di sopra di ogni sospetto, di ogni dubbio **3** TECN. *(erhöht)* rilevato, in rilievo: ***-e Arbeit*** lavoro in rilievo. **Er|ha|ben|heit** f. *(-,-en)* **1** sublimità *f.* **2** *(Überlegenheit)* superiorità *f.* **3** *(Erhöhung)* rilievo *m.*, rialzo *m.*

Er|halt m. *(-[e]s)* BUROCR. **1** ricevimento *m.*, arrivo *m.*: ***der ~ Ihres Schreibens*** l'arrivo della Sua lettera **2** *(Bewahrung)* conservazione *f.*, mantenimento *m.*

1.er|hal|ten *(erhält, erhielt, erhalten)* **I** tr. **1a** *(empfangen)* ricevere: ***einen Auftrag, einen Brief ~*** ricevere un ordine, una lettera; ***eine Bezahlung ~*** ricevere un pagamento; ***etw. geschenkt (als, zum Geschenk) ~*** ricevere qcs. in dono **b** ottenere: ***eine Genehmigung, einen Urlaub ~*** ottenere un permesso, una vacanza **c** *(als Strafe bekommen)* ricevere, prendere **2** *(gewinnen)* ottenere, ricavare: ***aus Rüben erhält man Zucker*** dalle barbabietole si ricava lo zucchero **3a** *(bewahren)* (man)tenere, conservare: ***jdn am Leben, bei guter Laune ~*** tenere qcn. in vita, di buon umore **b** *(versorgen)* mantenere: ***seine Familie ~*** mantenere la propria famiglia **II** rifl. **sich ~ 1** (man)tenersi, conservarsi: ***sich gesund, bei Gesundheit ~*** mantenersi sano, in salute; ***im Kühlschrank erhält sich Gemüse lange frisch*** nel frigorifero la verdura si mantiene fresca a lungo **2 *sich (D) etw. ~*** conservar(si) qcs. ◆ ***ein Bild von jdm, etw. ~*** farsi un'idea di qcn., qcs.

2.er|hal|ten p.pass. agg. **1** → **erhalten 2 *gut ~*** ben conservato; in buono stato ◆ ***Betrag (dankend) ~*** per quietanza, importo ricevuto.

Er|hal|ter m. *(-s,-)* **1** *(Bewahrer)* chi mantiene, mantenitore *m.*, chi conserva **2** *(Ernäher)* sostentatore *m.*, sostegno *m.* **er|hält|lich** agg. disponibile: ***das Produkt ist in allen Apotheken ~*** il prodotto è disponibile (*o* in vendita) in tutte le farmacie. **Er|hal|tung** f. *(-)* **1** mantenimento *m.*, conservazione *f.*: ***die ~ eines Kunstwerks*** la conservazione di un'opera d'arte; ***die ~ des militärischen Gleichgewichts*** il mantenimento dell'equilibrio militare **2** *(Versorgung)* mantenimento *m.*, sostentamento *m.* **Er|hal|tungs|auf|wand** m. *(-[e]s)*, **Er|hal|tungs|kos|ten** pl. costi *m.pl.* di mantenimento. **Er|hal|tungs|trieb** m. *(-[e]s)* istinto *m.* di conservazione. **er|hal|tungs|wür|dig** agg. degno di essere conservato, che vale la pena conservare. **Er|hal|tungs|zu|stand** m. *(-s)* stato *m.* (di conservazione): ***in gutem, schlechtem ~ sein*** essere in buono, cattivo stato.

er|han|deln tr. **1** procurarsi, ottenere (trattando), acquistare: ***eine Ladung Obst billig ~*** acquistare un carico di frutta a poco prezzo **2** trattare, negoziare, concordare: ***gute Bedingungen ~*** negoziare buone condizioni.

er|hän|gen I tr. impiccare **II** rifl. **sich ~** impiccarsi. **Er|hän|gen** n. *(-s)* impiccagione *f.* **Er|häng|te** m. e f. *(-n,-n)* impiccato *m.* (-a *f.*).

er|här|ten I tr. **1** indurire, solidificare **2** FIG. rafforzare, corroborare, avvalorare: ***eine Behauptung, eine These durch Beweise ~*** rafforzare un'affermazione, avvalorare una tesi con prove; *(bestätigen)* confermare **II** intr. (aus. *sein*) indurirsi, solidificarsi **III** rifl. **sich ~** rafforzarsi: ***der Verdacht hat sich erhärtet*** il sospetto si è rafforzato. **Er|här|tung** f. *(-,-en)* **1** indurimento *m.* **2** FIG. corroboramento *m.*, avvaloramento *m.*; *(Bestätigung)* conferma *f.*

er|ha|schen tr. **1** acchiappare, afferrare; *(fangen)* catturare **2** FIG. ***nur wenige Worte ~*** afferrare solo poche parole; ***jds Blick ~*** catturare lo sguardo di qcn.

er|he|ben *(erhob, erhoben)* **I** tr. **1a** alzare, (sol)levare: ***den Arm ~*** alzare il braccio; ***die Augen, den Blick (zu jdm) ~*** alzare gli occhi, levare lo sguardo (verso qcn.); ***die Stimme ~*** alzare la voce **b** FIG. elevare, edificare: ***diese Musik will die Zuhörer ~*** questa musica vuole elevare gli ascoltatori **2 *jdn zum Kaiser ~*** innalzare qcn. a imperatore; ***jdn in den Adelsstand ~*** elevare qcn. al ceto nobiliare; ***etw. zum Prinzip ~*** fare di qcs. un principio **3** *(vorbringen)* (sol)levare: ***einen Einspruch, eine Klage ~*** sollevare un'obiezione, un lamento; *Anspruch auf etw. (A)* ~ rivendicare un diritto su qcs.; *gegen jdn Anklage* ~ levare un'accusa contro qcn., accusare qcn. **4** *(einfordern)* riscuotere, far pagare: *Steuern, Gebühren* ~ riscuotere tasse, contributi **5** *(behördlich feststellen)* registrare: *einen Schaden* ~ accertarsi di un danno; *Daten* ~ raccogliere dati **6** MAT. *eine Zahl zur Potenz, ins Quadrat* ~ elevare un numero a potenza, al quadrato **II** rifl. **sich** ~ **1** alzarsi, (sol)levarsi: *sich vom Platz, vom Stuhl* ~ alzarsi dal posto, dalla sedia; *sich in die Luft* ~ alzarsi in volo **2** *(emporragen)* ergersi, elevarsi, innalzarsi **3** *(aufkommen)* sorgere, sollevarsi: *ein Geschrei, ein Sturm erhebt sich* si leva una tempesta, un grido; *es erhebt sich ein neues Problem* sorge un nuovo problema **4** *sich gegen jdn, etw.* ~ sollevarsi, insorgere contro qcn., qcs. **5** *sich über jdn, etw.* ~ collocarsi al di sopra di qcn., di qcs.; *sich über den Durchschnitt* ~ porsi (*o* collocarsi) al di sopra della media ◆ *die Hand gegen jdn* ~ mettere le mani addosso a qcn.

er|he|bend p.pres. agg. **1** → **erheben** **2** *(erbaulich)* edificante, piacevole **3** *(bewegend)* commovente, toccante. **er|heb|lich** **I** agg. **1** rilevante, notevole, considerevole: *-e Verluste* perdite considerevoli; *-er Schaden* danno rilevante **2** grave: *unter -em Alkoholeinfluss stehen* essere in grave stato di ubriachezza **II** avv. **1** notevolmente, considerevolmente: *~ mehr arbeiten* lavorare notevolmente di più **2** gravemente: *~ verletzt sein* essere gravemente ferito. **Er|heb|lich|keit** f. *(-,-en)* rilevanza *f.*, rilievo *m.*: *von geringer ~* di scarsa rilevanza. **Er|he|bung** f. *(-,-en)* **1** rilievo *m.*, altura *f.* **2** elevazione *f.*, innalzamento *m.*: *seine ~ zum König* il suo innalzamento a re **3** FIG. elevazione *f.*: *geistige, innere ~* elevazione spirituale, interiore **4** *(Aufstand)* insurrezione *f.*, sollevazione *f.*, rivolta *f.* **5** *(Einziehung)* riscossione *f.*: *die ~ der Steuern* la riscossione delle tasse, il prelievo fiscale **6** *(Ermittlung)* rilevamento *m.*, rilevazione *f.*; *(Nachforschung)* indagine *f.*: *-en über etw. (A) anstellen* fare indagini su qcs. **Er|he|bungs|bo|gen** m. *(-s,-)* questionario *m.* (di rilevazione). **Er|he|bungs|zeit|raum** m. *(-[e]s,-räume)* **1** periodo *m.* di rilevazione **2** *(Einziehungszeitraum)* periodo *m.* di riscossione.

er|hei|ra|ten tr. acquisire col matrimonio.

er|hei|schen tr. LETT. richiedere, esigere.

er|hei|tern **I** tr. **1** rallegrare, divertire **2** ANT. rasserenare: *Mozarts Musik erheitert mich* la musica di Mozart mi rasserena **II** rifl. **sich** ~ rasserenarsi (anche FIG.): *der Himmel erheitert sich* il cielo si rasserena; *sein Gemüt erheiterte sich* il suo animo si rasserenò. **er|hei|ternd** p.pres. agg. **1** → **erheitern** **2** divertente. **er|hei|tert** p.pass. agg. **1** → **erheitern** **2** allegro, divertito. **Er|hei|te|rung** f. *(-,-en)* divertimento *m.*

er|hel|len **I** tr. **1** rischiarare; *(beleuchten)* illuminare (anche FIG.): *ein Lächeln erhellt sein Gesicht* un sorriso gli illumina il viso **2a** FIG. chiarire: *die Hintergründe eines Skandals ~* chiarire i retroscena di uno scandalo **b** *daraus erhellt, dass...* da ciò risulta chiaro (*o* si capisce) che... **II** rifl. **sich** ~ rischiararsi; *(sich beleuchten)* illuminarsi (anche FIG.). **Er|hel|lung** f. *(-,-en)* **1** rischiaramento *m.*; *(Beleuchten)* illuminazione *f.* **2** FIG. chiarimento *m.*

er|heu|cheln rifl. *sich (D) etw. ~* ottenere qcs. dissimulando. **er|heu|chelt** p.pass. agg. **1** → **erheucheln** **2** dissimulato, falso: *sein Mitleid war erheuchelt* la sua compassione era simulata.

er|hit|zen **I** tr. **1** scaldare: *etw. auf 100° ~* scaldare qcs. a 100° **2** FIG. accendere, scaldare: *jds Phantasie ~* accendere la fantasia di qcn. **II** rifl. **sich** ~ **1** scaldarsi **2** FIG. accendersi, (ri)scaldarsi: *sich bei einer Diskussion ~* scaldarsi in una discussione **3** accaldarsi: *sich beim Laufen ~* accaldarsi correndo. **Er|hit|zer** m. *(-s,-)* riscaldatore *m.*, preriscaldatore *m.* **er|hitzt** p.pass. agg. **1** → **erhitzen** **2** *ein -es Gesicht* un viso accaldato; *eine -e Stimmung* un'atmosfera surriscaldata. **Er|hit|zung** f. *(-,-en)* **1** riscaldamento *m.* **2** FIG. eccitazione *f.*

er|ho|ben p.pass. agg. **1** → **erheben** **2** edificato: *sich ~ fühlen* sentirsi edificato **3** alzato, alto: *mit -er Stimme sprechen* parlare a voce alta, ad alta voce; *-en Hauptes* a testa alta. **Er|ho|ben|sein** n. *(-s)* il sentirsi edificato.

er|hof|fen **I** tr. sperare **II** rifl. *sich von jdm etw. ~* sperare qcs. da qcn., aspettarsi qcs. da qcn.; *sich von jdm Hilfe ~* sperare nell'aiuto di qcn.

er|hö|hen **I** tr. **1** (ri)alzare, elevare; *das Haus um ein Stockwerk ~* alzare la casa di un piano **2** *(steigern, vermehren)* aumentare, incrementare: *die Löhne, die Produktion ~* aumentare i salari, incrementare la produzione; *etw. um das Doppelte, um das Dreifache ~* raddoppiare, triplicare qcs. **3** *jdn im Rang ~* avanzare qcn. di grado **4** MUS. aumentare (di un semitono) **II** rifl. **sich** ~ aumentare, salire: *die Zahl der Verletzten hat sich auf 50 erhöht* il numero dei feriti è salito a 50 ◆ BIBL. *wer sich erhöht, der wird erniedrigt werden* chi s'innalza sarà umiliato. **Er|hö|hung** f. *(-,-en)* **1** rialzo *m.*, elevazione *f.* **2** *(Steigerung)* aumento *m.*, incremento *m.*: *die ~ der Steuern* l'aumento delle tasse; FIG. *die ~ der Sicherheit* l'aumento di sicurezza **3** *(Erhebung)* elevazione *f.* **4** MUS. aumento *m.* **5** RAR. *(Anhöhe)* altura *f.*, rialzo *m.* **Er|hö|hungs|zei|chen** n. *(-s)* MUS. (segno *m.* di) alterazione *f.* ascendente.

er|ho|len rifl. **sich** ~ **1a** rimettersi (in forze), ristabilirsi: *sich von einer Krankheit ~* riprendersi da una malattia **b** *(vom Schrecken)* riprendersi, riaversi **c** *(ausspannen)* riposarsi, rilassarsi: *sich am Wochenende ~* rilassarsi nel fine settimana **2** ECON. riprendersi: *die Börse, der Markt erholt sich* la borsa, il mercato è in ripresa. **er|hol|sam** agg. che rinvigorisce, ritemprante; *(entspannend)* distensivo, rilassante: *ein -er Spaziergang* una passeggiata distensiva. **Er|ho|lung** f. *(-,-en)* **1a** recupero *m.* (delle forze), ripresa *f.*, ristabilimento *m.* **b** *(Ausruhen)* riposo *m.*, relax *m.*: *~ nötig haben* aver bisogno di riposo; *~ suchend* desideroso di riposo **2** ECON. ripresa *f.* **Er|ho|lungs|auf|ent|halt** m. *(-[e]s,-e)* **1** soggiorno *m.* di riposo e relax **2** RAR. → **Erholungsort.** **er|ho|lungs|be|dürf|tig** agg. bisognoso di riposo. **Er|ho|lungs|heim** n. *(-[e]s,-e)* **1** casa *f.* di cura, centro *m.* della salute **2** *(für Kinder)* colonia *f.* (estiva). **Er|ho|lungs|kur** f. *(-,-en)* cura *f.* di riposo. **Er|ho|lungs|ort** m. *(-[e]s,-e)* luogo *m.* di riposo, stazione *f.* climatica. **Er|ho|lungs|pau|se** f. *(-,-n)* ricreazione *f.*, pausa *f.* **Er|ho|lungs|stät|te** f. *(-,-n)* → **Erholungsort.** **Er|ho|lungs|ur|laub** m. *(-[e]s,-e)* vacanza *f.* di riposo.

er|hö|ren tr. esaudire, appagare: *jds Bitten ~* esaudire le preghiere di qcn. **Er|hö|rung** f. *(-,-en)* esaudimento *m.*, appagamento *m.*: *bei jdm ~ finden* essere esaudito da qcn.

e|ri|gi|bel agg. MED. erettile. **e|ri|gie|ren** intr. (aus. *sein*) MED. erigersi.

1.E|ri|ka n.pr.f. Erica *f.*

2.E|ri|ka f. *(-,-s e Eriken)* BOT. erica *f.* **E|ri|ka|ze|en** pl. ericacee *f.pl.*

er|in|ner|lich agg. che si ricorda, presente alla memoria: *soviel mir ~ ist* per quanto ricordo.

er|in|nern **I** tr. **1a** ricordare: *jdn an etw. ~* ricordare qcs. a qcn. **b** ricordare, far venire in mente: *er erinnert mich an meinen Vater* mi ricorda mio padre **2** (far) ricordare, richiamare alla memoria: *das erinnert mich an früher* mi richiama alla memoria il passato **3** ANT. far notare, osservare: *manches dazu zu ~ haben* aver parecchio da ridire **II** rifl. *sich an jdn, etw. ~* ricordarsi di qcn., qcs.; *wenn ich mich recht erinnere* se mi ricordo bene; *soviel ich mich erinnere* per quanto mi ricordo; *sich nur noch dunkel, vage ~* ricordarsi solo vagamente.

Er|in|ne|rung f. *(-,-en)* **1** *(Erinnerungsfähigkeit, Gedächtnis)* memoria *f.*: *etw. aus seiner ~ streichen* cancellare qcs. dalla (propria) memoria; *meine ~ lässt nach* la mia memoria sta perdendo colpi, sta diminuendo; *wenn mich die (meine) ~ nicht trügt, täuscht* se la memoria non m'inganna **2a** *(bewahrter Eindruck)* ricordo *m.*, LETT. reminiscenza *f.*: *alte -en auffrischen* rinvangare vecchi ricordi; *seinen -en nachhängen* abbandonarsi ai propri ricordi; *eine ~ verdrängen* rimuovere un ricordo; *von -en zehren* vivere di ricordi **b** *(Andenken)* ricordo *m.*, memoria *f.*: *jede ~ an den Krieg auslöschen* cancellare ogni ricordo della guerra **c** *(Erinnerungsstück)* *die Uhr ist eine ~ an meine Eltern* l'orologio è un ricordo dei miei genitori **3** *(Mahnung)* monito *m.*, avvertimento *m.* **4** pl. *(Selbstbiographie)* memorie *f.pl.*, ricordi *m.pl.* **5** DIR. sollecito *m.*, sollecitazione *f.* ◆ *jdm etw. in ~ bringen* richiamare qcs. alla memoria (*o* alla mente) di qcn.; *jdn, etw. in guter, schlechter ~ haben* avere un buon, cattivo ricordo di qcn., di qcs.; *jdn in dankbarer ~ behalten* ricordare caramente qcn.; *lass dir das eine ~ sein!* che ti serva di lezione! *jdm etw. in ~ rufen, in die ~ zurückrufen* richiamare qcs. alla mente di qcn.; *zur ~ an jdn, etw.* in memoria di qcn., qcs. **Er|in|ne|rungs|bild** n. *(-[e]s,-er)* ricordo *m.* visivo. **Er|in|ne|rungs|fä|hig|keit** f. *(-)* → **Erinnerungsvermögen.** **Er|in|ne|rungs|fei|er** f. *(-,-n)* commemorazione *f.* **Er|in|ne|rungs|fo|to** n. *(-s,-s)* foto *f.* ricordo. **Er|in|ne|rungs|lü|cke** f. *(-,-n)* vuoto *m.* di memoria. **er|in|ne|rungs|schwer** agg. carico di ricordi. **Er|in|ne|rungs|stück** n. *(-[e]s,-e)* ricordo *m.*, oggetto *m.* ricordo. **Er|in|ne|rungs|ver|lust** m. *(-s)* perdita *f.* di memoria, amnesia *f.* **Er|in|ne|rungs|ver|mö|gen** n. *(-s)* memoria *f.*, capacità *f.* mnemonica. **er|in|ne|rungs|voll** agg. pieno di ricordi. **Er|in|ne|rungs|wert** m. *(-[e]s)* valore *m.* affettivo.

E|rin|nye f. *(-,-n)*, **E|rin|nys** f. *(-, Erinnyen)* Erinni *f.*

E|ris|ap|fel m. *(-s)* MITOL. pomo *m.* della discordia.

E|ris|tik f. *(-)* eristica *f.*

E|rit|rea n.pr.n. *(-s)* Eritrea *f.* **E|rit|re|er** m. *(-s,-)* eritreo *m.* **e|rit|re|isch** agg. eritreo.

er|ja|gen tr. **1** *(Wild)* prendere (a caccia) **2** *(gewinnen)* cogliere: *den Erfolg ~* cogliere il successo.

er|kal|ten intr. (aus. *sein*) raffreddarsi (anche FIG.): *seine Gefühle*

sind erkaltet i suoi sentimenti si sono raffreddati. **er|käl|ten I** tr. raffreddare (anche FIG.) **II** rifl. **sich ~ 1** raffreddarsi, prendersi il raffreddore **2** prendere un colpo di freddo: ***sich (D) den Magen ~*** prendere un colpo di freddo allo stomaco **3** FIG. raffreddarsi: ***ihre Beziehung hatte sich erkältet*** la loro relazione si era raffreddata. **Er|kal|tung** f. *(-)* raffreddamento *m.* (anche FIG.). **Er|käl|tung** f. *(-,-en)* raffreddore *m.*, infreddatura *f.*: ***eine ~ bekommen, sich eine ~ zuziehen*** prendersi, buscarsi un raffreddore; ***an einer starken ~ leiden*** avere un forte raffreddore. **Er|käl|tungs|krank|heit** f. *(-,-en)* malattia *f.* da raffreddamento.

er|kämp|fen tr. conquistare, ottenere lottando, riportare.

er|kau|fen tr. **1** ***mit etw. ~*** acquistare a prezzo di qcs.; ***etw. mit vielen Opfern ~*** ottenere qcs. a prezzo di molti sacrifici **2** comprare, ottenere con la corruzione: ***Wählerstimmen ~*** comprare dei voti. **er|kauft** p.pass. agg. **1** → **erkaufen 2** pagato: ***ein teuer -er Sieg*** una vittoria pagata a caro prezzo.

er|ke|cken rifl. **sich ~** ANT. osare, avere l'ardire, l'impudenza.

er|kenn|bar agg. riconoscibile: ***leicht, schwer ~*** facile, difficile da riconoscersi; ***ohne -en Grund*** senza ragione apparente. **Er|kenn|bar|keit** f. *(-,-en)* riconoscibilità *f.*

er|ken|nen *(erkannte, erkannt)* **I** tr. **1a** riconoscere, conoscere: ***jdn am Gang ~*** riconoscere qcn. dall'andatura; ***eine Krankheit ~*** riconoscere (i sintomi di) una malattia; ***erkenne dich selbst!*** conosci te stesso! **b** riconoscere, ammettere: ***seinen Fehler ~*** riconoscere il proprio errore; ***etw. als, für richtig ~*** riconoscere giusto qcs. **2** riconoscere, distinguere: ***jdn schon von weitem ~*** riconoscere qcn. già da lontano; ***die Verkehrszeichen bei Nebel nicht ~ können*** non riuscire a distinguere i segnali stradali nella nebbia **3** LETT. ANT. *(begatten)* conoscere **II** intr. (aus. *haben*) **1** DIR. emettere la sentenza di: ***auf Freispruch, Todesstrafe ~*** emettere la sentenza di assoluzione, condannare alla pena capitale **2** SPORT decidere, fischiare: ***der Schiedsrichter erkannte auf Elfmeter*** l'arbitro fischiò un calcio di rigore ◆ ***jdm etw. zu ~ geben*** far conoscere, far capire qcs. a qcn.; ***sich zu ~ geben*** farsi riconoscere; ***es lässt sich noch nicht ~, ob...*** non si può ancora vedere se...

er|kennt|lich agg. ***sich ~ zeigen, ~ sein*** mostrarsi, essere riconoscente. **Er|kennt|lich|keit** f. *(-,-en)* riconoscenza *f.*

1.Er|kennt|nis f. *(-,-se)* **1a** conoscenza *f.*, cognizione *f.*: ***zu neuen -sen gelangen*** raggiungere nuove conoscenze; ***zur ~ kommen, dass...*** convincersi del fatto che...; ***an die Grenzen der ~ stoßen*** scontrarsi con i limiti della conoscenza **b** pl. informazioni *f.pl.*: ***die letzten -se des Geheimdienstes*** le ultime informazioni del servizio segreto **2** ammissione *f.*, il conoscere, il riconoscere: ***zur ~ seiner Irrtümer gelangen, kommen*** riconoscere i propri errori ◆ ***der Baum der ~*** l'albero della conoscenza.

2.Er|kennt|nis n. *(-ses,-se)* AUSTR. O ANT. sentenza *f.*

Er|kennt|nis|grund m. *(-[e]s,-gründe)* FILOS. principio *m.* di conoscenza. **Er|kennt|nis|kri|tik, Er|kennt|nis|leh|re** f. *(-)* → **Erkenntnistheorie. Er|kennt|nis|pro|zess** m. *(-es,-e)* processo *m.* conoscitivo. **er|kennt|nis|the|o|re|tisch** agg. gnoseologico. **Er|kennt|nis|the|o|rie** f. *(-)* gnoseologia *f.*, teoria *f.* della conoscenza. **Er|kennt|nis|ver|mö|gen** n. *(-s)* facoltà *f.* conoscitiva.

Er|ken|nung f. *(-)* **1** constatazione *f.*, individuazione *f.*: ***in ~ der Lage*** rendendosi conto della situazione **2** MED. diagnosi *f.* **Er|ken|nungs|dienst** m. *(-[e]s,-e)* (polizia *f.*) scientifica *f.* **Er|ken|nungs|mar|ke** f. *(-,-n)* MIL. piastrina *f.* di riconoscimento. **Er|ken|nungs|me|lo|die** f. *(-,-n)* RAD. TELEV. sigla *f.* musicale. **Er|ken|nungs|sze|ne** f. *(-,-n)* TEATR. scena *f.* di agnizione. **Er|ken|nungs|zei|chen** n. *(-s,-)* segno *m.* di riconoscimento.

Er|ker m. *(-s,-)* bovindo *m.* **Er|ker|fens|ter** n. *(-s,-)* finestra *f.* a bovindo. **Er|ker|zim|mer** n. *(-s,-)* stanza *f.* con bovindo.

er|kie|sen tr. *(erkor, erkoren)* LETT. scegliere, eleggere.

er|klär|bar agg. spiegabile; ***nicht ~*** inspiegabile. **Er|klär|bar|keit** f. *(-,-en)* spiegabilità *f.* **er|klä|ren I** tr. **1** spiegare: ***den pythagoreischen Lehrsatz, ein Gedicht, ein Bild ~*** spiegare il teorema di Pitagora, una poesia, un quadro; ***sein Zuspätkommen ~*** spiegare il proprio ritardo; ***das erklärt, warum...*** ciò spiega perché...; ***etw. an einem Beispiel ~*** spiegare qcs. con un esempio **2a** dichiarare, proclamare: ***jdm den Krieg, seine Liebe ~*** dichiarare guerra, il proprio amore a qcn. **b** dichiarare, definire: ***etw. für ungültig, nichtig ~*** dichiarare nullo qcs., DIR. invalidare qcs.; ***jdn für tot ~*** dichiarare morto qcn. **II** rifl. **sich ~ 1** spiegarsi: ***das erklärt sich von selbst, von allein*** questo si spiega da sé; ***der Preis erklärt sich aus der hohen Mehrwertsteuer*** il prezzo è dovuto all'IVA elevata **2a** dichiararsi, pronunciarsi: ***sich für, gegen jdn, etw. ~*** dichiararsi a (*o* pronunciarsi in) favore, contro qcn., qcs.; ***sich (für) schuldig, einverstanden, besiegt, bankrott ~*** dichiararsi colpevole, d'accordo, vinto, dichiarare fallimento; ***sich bereit ~ zu...*** dichiararsi pronto a...; ***sich zu etw. ~*** pronunciarsi su qcs. **b** ***sich jdm ~*** dichiarare il proprio amore a qcn. **er|klä|rend** p.pres. agg. **1** → **erklären 2** esplicativo, illustrativo. **Er|klä|rer** m. *(-s,-)* chi spiega, commentatore *m.*, interprete *m.* **er|klär|lich** agg. spiegabile, comprensibile: ***etw. ~ finden*** spiegarsi qcs., trovare qcs. comprensibile, (riuscire a) comprendere qcs. **er|klär|li|cher|wei|se** avv. in modo spiegabile. **er|klärt** p.pass. agg. **1** → **erklären 2** dichiarato, esplicito: ***ein -er Gegner*** un nemico dichiarato; ***der -e Favorit des Wettkampfes*** il favorito della gara; ***das -e Ziel der Revolution*** la meta esplicita della rivoluzione.

Er|klä|rung f. *(-,-en)* **1a** spiegazione *f.*: ***von jdm eine ~ fordern*** esigere una spiegazione da qcn.; ***jdm eine ~ schuldig sein*** dovere una spiegazione a qcn. **b** *(Deutung)* interpretazione *f.*, esegesi *f.* **2a** *(Mitteilung)* dichiarazione *f.*: ***eine ~ abgeben*** rilasciare una dichiarazione **b** DIR. deposizione *f.*: ***eine eidesstattliche ~*** una dichiarazione giurata. **er|klä|rungs|be|dürf|tig** agg. che necessita (di) una spiegazione.

er|kleck|lich agg. considerevole, notevole: ***eine -e Summe Geld*** una considerevole somma di denaro.

er|klet|tern tr. scalare. **Er|klet|te|rung** f. *(-,-en)* scalata *f.*, arrampicata *f.*

er|klim|men tr. *(erklomm, erklommen)* **1** scalare: ***einen Berg ~*** scalare una montagna **2** FIG. dare la scalata a: ***den Posten des Direktors ~*** dare la scalata al posto da direttore. **Er|klim|mung** f. *(-,-en)* scalata *f.*

er|klin|gen intr. *(erklang, erklungen;* aus. *sein)* risuonare.

er|klü|geln tr. escogitare, ideare.

er|kor → **erkiesen.**

er|kran|ken intr. (aus. *sein*) ammalarsi: ***an etw. (D) ~*** ammalarsi di qcs.; ***schwer ~*** ammalarsi gravemente. **Er|kran|kung** f. *(-,-en)* **1** l'ammalarsi **2** *(Krankheit)* malattia *f.* **Er|kran|kungs|fall** m. *(-[e]s,-fälle)* caso *m.* di malattia.

er|küh|nen rifl. **sich ~** LETT. osare, ardire.

er|kund|bar agg. accertabile, appurabile. **er|kun|den** tr. **1** esplorare: ***eine Insel ~*** esplorare un'isola **2** appurare, accertare: ***die Meinung der Bevölkerung ~*** appurare l'opinione della popolazione. **Er|kun|der** m. *(-s,-)* **1** esploratore *m.* **2** *(Erforscher)* investigatore *m.* **er|kun|di|gen** rifl. **sich ~** informarsi, chiedere (*o* prendere) informazioni, chiedere notizie: ***sich nach etw., über etw. ~*** informarsi su qcs., chiedere notizie di qcs. **Er|kun|di|gung** f. *(-,-en)* informazione *f.*: ***bei jdm über jdn, etw. -en einziehen, einholen*** prendere (*o* assumere) informazioni da qcn. su qcn., qcs. **Er|kun|dung** f. *(-,-en)* **1** esplorazione *f.* **2** MIL. ricognizione *f.*, perlustrazione *f.* **Er|kun|dungs|fahrt** f. *(-,-en)* giro *m.* di perlustrazione. **Er|kun|dungs|flug** m. *(-[e]s,-flüge)* volo *m.* di ricognizione.

er|küns|teln tr. FIG. affettare, fingere, simulare. **er|küns|telt** p.pass. agg. → **erkünsteln** ◆ ***eine -e Gelassenheit*** una calma innaturale.

er|kü|ren tr. LETT. scegliere, eleggere.

Er|lag m. *(-[e]s,-läge)* AUSTR. deposito *m.*, versamento *m.* **Er|lag|schein** m. *(-[e]s,-e)* AUSTR. bollettino *m.* di versamento.

er|lah|men intr. (aus. *sein*) **1** intorpidirsi, infiacchirsi **2** FIG. raffreddarsi, intiepidirsi: ***sein Interesse ist schnell erlahmt*** il suo interesse si è raffreddato in fretta.

er|lan|gen tr. raggiungere, ottenere, conseguire: ***eine Erlaubnis, die Freiheit ~*** ottenere un permesso, raggiungere la libertà; ***die absolute Mehrheit ~*** raggiungere la maggioranza assoluta. **Er|lan|gung** f. *(-)* raggiungimento *m.*, ottenimento *m.*, conseguimento *m.*

Er|lass m. *(-es,-e* e AUSTR. *-lässe)* **1a** decreto *m.*, ordinanza *f.*: ***einen ~ herausgeben*** emanare un decreto **b** emanazione *f.*: ***der ~ eines Gesetzes*** l'emanazione di una legge **2a** *(Befreiung)* esenzione *f.*, esonero *m.*, dispensa *f.*: ***der ~ einer Steuer*** l'esenzione da una tassa **b** condono *m.*, remissione *f.*: ***den ~ einer Strafe beantragen*** richiedere il condono di una pena. **er|las|sen** tr. *(erlässt, erließ, erlassen)* **1a** emanare, promulgare: ***eine Verfügung ~*** emanare una disposizione **b** ***die Amnestie ~*** concedere l'amnistia **2** ***jdm etw. ~*** condonare qcs. a qcn., esonerare, dispensare qcn. da qcs.; LETT. ***~ Sie mir die Antwort*** dispensatemi dal rispondere. **Er|las|sung** f. *(-,-en)* **1** emanazione *f.*, promulgazione *f.* **2** *(Befreiung)* dispensa *f.*, condono *m.*

er|lau|ben I tr. permettere, consentire, concedere: ***die Eltern ~ ihm, allein zu reisen*** i genitori gli permettono di viaggiare da solo; ***der Arzt hat ihm das Aufstehen erlaubt*** il medico gli ha permesso di alzarsi; ***meine Gesundheit erlaubt mir das nicht*** la mia salute non me lo permette **II** rifl. ***sich (D) etw. ~*** permettersi qcs.: ***sich mit jdm einen Scherz ~*** permettersi uno scherzo con qcn.; ***sich ein Urteil ~*** permettersi un giudizio; ***sich eine größere Wohnung ~ können*** potersi permettere un appartamento più grande; ***sich ein Glas Wein ~*** concedersi un bicchiere di vino; ***wir ~ uns, Ihnen mit-***

zuteilen ci permettiamo di comunicarLe... ◆ ***<u>darf</u> ich mir ~, Sie einzuladen?*** posso permettermi di invitarLa? ***<u>Eintritt</u> nicht erlaubt*** vietato l'ingresso; ***~ <u>Sie</u>?*** permette? è permesso? ***~ Sie mal!*** scusi (se glielo dico)! ***<u>was</u> ~ Sie sich eigentlich?*** ma come si permette?
Er|laub|nis f. *(-,-se)* **1** permesso *m.*: ***jdm die ~ zu etw. geben, erteilen, verweigern*** dare, concedere, negare a qcn. il permesso di qcs.; ***(jdn) um ~ bitten*** chiedere il permesso (a qcn.); ***mit Ihrer ~*** col Suo permesso **2** autorizzazione *f.*, concessione *f.*: ***~ zum Druck*** autorizzazione di stampa.
er|laucht agg. LETT. illustre, illustrissimo: ***ein -es Publikum*** un pubblico illustre. **Er|laucht** f. *(-,-en)* signoria *f.* illustrissima: ***Seine ~, der Graf*** l'illustrissimo Signor Conte.
er|lau|fen tr. *(erläuft, erlief, erlaufen)* SPORT **1** ***eine Flanke ~*** arrivare al cross **2** *(gewinnen)* vincere (correndo): ***einen Pokal ~*** vincere una coppa.
er|lau|schen tr. RAR. venire a sapere, scoprire (origliando).
er|läu|tern tr. *(erklären)* illustrare, spiegare; *(kommentieren)* commentare: ***einen Gesetzestext ~*** commentare il testo di una legge. **er|läu|ternd** p.pres. agg. **1** → **erläutern** **2** esplicativo, illustrativo. **Er|läu|te|rung** f. *(-,-en)* illustrazione *f.*, spiegazione *f.*; *(Kommentar)* commento *m.*, interpretazione *f.* **er|läu|te|rungs|wei|se** avv. come (*o* per) spiegazione, a mo' di spiegazione.
Er|le f. *(-,-n)* ontano *m.*, alno *m.*
er|le|ben I tr. **1a** *(durchmachen)* passare, vivere: ***Schlimmes ~*** passarne delle brutte; ***er hat schon viel erlebt*** ne ha già viste (*o* passate) di tutti i colori; *(haben)* ***eine Überraschung, eine Enttäuschung ~*** avere una sorpresa, una delusione **b** *(an sich erfahren)* conoscere, vivere, vedere: ***das Stück erlebt seine 200. Aufführung*** l'opera vede la sua 200ª rappresentazione; ***er hat bessere Zeiten erlebt*** ha visto (*o* conosciuto) tempi migliori; ***eine Niederlage ~*** subire una sconfitta **2** *(erreichen)* **etw. ~** vedere qcs., arrivare (*o* vivere) fino a qcs.: ***er hat seinen 80. Geburtstag noch erlebt*** è arrivato ancora fino al suo 80º compleanno; ***sie durfte es noch ~, dass die Mauer fiel*** poté ancora vedere la caduta del muro **3a** *(auf sich wirken lassen)* vivere, sentire: ***den Frühling ~*** sentire profondamente la bellezza della primavera; ***eine wunderbare Aufführung der Aida ~*** assistere a un'eccezionale rappresentazione dell'Aida **b** *(Menschen)* vedere, conoscere: ***so (zärtlich, zornig) habe ich ihn noch nie erlebt*** non l'ho mai visto così (tenero, arrabbiato) **II** rifl. **sich ~** sentirsi ◆ ***du <u>kannst</u> (noch) was von mir ~!*** te la faccio vedere io! te la vedrai con me! ***etw. am eigenen <u>Leibe</u> ~*** vivere (*o* provare) qcs. sulla propria pelle; ***das <u>muss</u> man erlebt haben!*** bisogna esserci passati! provare per credere! ***hat man <u>so</u> was schon erlebt!*** non si è mai vista una cosa simile! **Er|le|ben** n. *(-s)* esperienza *f.*, vissuto *m.* **Er|le|bens|fall** DIR. ***im ~*** in caso di sopravvivenza.
Er|leb|nis n. *(-ses,-se)* **1** esperienza *f.*: ***ein angenehmes, schönes ~*** una piacevole, bella esperienza **2** *(Ereignis)* avvenimento *m.* **3** *(aufregendes)* avventura *f.*: ***diese Reise war ein echtes ~*** questo viaggio è stato una vera e propria avventura. **Er|leb|nis|auf|satz** m. *(-es,-aufsätze)* SCOL. tema *m.* su un'esperienza vissuta. **Er|leb|nis|be|richt** m. *(-[e]s,-e)* testimonianza *f.* (di un'esperienza vissuta). **Er|leb|nis|dich|tung** f. *(-,-en)* letteratura *f.* autobiografica. **Er|leb|nis|fä|hig|keit** f. *(-)* PSIC. capacità *f.* ricettiva, ricettività *f.* **Er|leb|nis|hun|ger** m. *(-s)* sete *f.* di nuove esperienze. **er|leb|nis|hung|rig** agg. assetato di esperienze. **Er|leb|nis|ro|man** m. *(-s,-e)* romanzo *m.* autobiografico. **Er|leb|nis|welt** f. *(-,-en)* ambito *m.* (*o* mondo *m.*) dell'esperienza.
er|lebt p.pass. agg. **1** → **erleben** **2** ***eine -e Geschichte*** una storia vera ◆ LETT. ***-e Rede*** monologo interiore.
er|le|di|gen I tr. **1a** eseguire, sbrigare, BUROCR. evadere: ***die Post ~*** evadere la posta, sbrigare la corrispondenza **b** *(tun)* fare: ***ich habe noch viel zu ~*** ho ancora molto da fare; ***seine Einkünfte ~*** fare la spesa **c** *(kurz abhandeln)* liquidare, sbrigare: ***er hat alles in zwei Minuten erledigt*** ha liquidato tutto in due minuti **2** *(vernichten)* eliminare, liquidare, distruggere; *(zugrunde richten)* rovinare **II** rifl. **sich ~** risolversi; *(sich klären)* chiarirsi: ***das Problem hat sich erledigt*** il problema si è chiarito, risolto. **er|le|digt** p.pass. agg. **1** → **erledigen** **2** COLLOQ. sfinito, distrutto: ***ich bin völlig ~*** sono completamente distrutto **3** ANT. BUROCR. *(unbesetzt)* libero. **Er|le|di|gung** f. *(-,-en)* **1** disbrigo *m.*, evasione *f.*: ***die ~ einer Bestellung, der Korrespondenz*** l'evasione di un ordine, il disbrigo della corrispondenza **2** *(Besorgung, Dienstgeschäft)* commissione *f.*: ***ich muss noch einige -en machen*** ho ancora delle commissioni da sbrigare.
er|le|gen tr. **1** RAR. abbattere (un animale) **2** REGION. *(bezahlen)* pagare, versare: ***den Eintritt, eine Kaution ~*** pagare l'entrata, versare una cauzione. **Er|le|gung** f. *(-,-en)* **1** abbattimento *m.* (di un animale) **2** REGION. *(Bezahlung)* pagamento *m.*, versamento *m.*
er|leich|tern I tr. **1** alleggerire: ***das Gepäck ~*** alleggerire il bagaglio **2a** FIG. *(innerlich befreien)* sollevare: ***sein Brief hat mich erleichtert*** la sua lettera mi ha sollevato **b** sgravare, alleggerire: ***das Gewissen ~*** sgravare la coscienza **3** *(einfacher, bequemer machen)* facilitare, semplificare, agevolare: ***das erleichtert meine Aufgabe*** ciò facilita il mio compito **4** COLLOQ. SCHERZ. alleggerire: ***jdn um seine Brieftasche ~*** alleggerire qcn. del portafoglio **II** rifl. **sich ~ 1a** alleggerirsi, liberarsi: ***sich durch eine Aussprache ~*** liberarsi parlando con qcn. **b** sgravarsi, alleggerirsi: ***sich (D) sein Gewissen, Herz ~*** alleggerirsi la coscienza **2** COLLOQ. *(seine Notdurf verrichten)* liberarsi, andare di corpo **3** COLLOQ. *(es sich bequem machen)* mettersi comodo. **er|leich|tert** p.pass. agg. **1** → **erleichtern** **2** sollevato; *(ermutigt)* rianimato, confortato; *(befreit)* libero ◆ ***~ aufatmen*** trarre un sospiro di sollievo. **Er|leich|te|rung** f. *(-,-en)* **1** alleggerimento *m.* **2** *(innerliche Befreiung)* sollievo *m.*, liberazione *f.*: ***ein Seufzer der ~*** un sospiro di sollievo **3** facilitazione *f.*, agevolazione *f.*: ***-en genießen, gewähren*** godere di agevolazioni, accordare agevolazioni.
er|lei|den tr. *(erlitt, erlitten)* **1** subire: ***Kränkungen, Schaden, Unrecht ~*** subire offese, danni, torti; ***einen Rückfall ~*** avere una ricaduta **2** patire, soffrire (di): ***Schmerzen ~*** patire dolori ◆ ***Schiffbruch ~*** fare naufragio; ***den Tod ~*** perdere la vita.
er|len agg. di ontano, di legno d'ontano. **Er|len|holz** n. *(-es)* legno *m.* di ontano. **Er|len|zei|sig** m. *(-[e]s,-e)* ORNIT. lucherino *m.*
er|lern|bar agg. ***leicht, schwer ~*** facile, difficile da imparare (*o* da apprendere). **er|ler|nen** tr. imparare, apprendere. **Er|ler|nung** f. *(-)* apprendimento *m.*
1.er|le|sen *(erliest, erlas, erlesen)* **I** tr. LETT. ANT. prescegliere, cernere **II** rifl. ***sich (D) etw. ~*** apprendere (*o* imparare) qcs. leggendo.
2.er|le|sen p.pass. agg. **1** → **erlesen** **2** ***sein Wissen ist ~*** la sua cultura è frutto di letture **3** *(auserlesen)* squisito, eccellente, scelto: ***-e Speisen*** cibi scelti; ***ein -er Geschmack*** un gusto squisito. **Er|le|sen|heit** f. *(-,-en)* ricercatezza *f.*, squisitezza *f.*
er|leuch|ten I tr. illuminare (anche FIG.): ***von einer Idee erleuchtet werden*** avere un'illuminazione **II** rifl. **sich ~** illuminarsi (anche FIG.). **Er|leuch|tung** f. *(-,-en)* illuminazione *f.*, idea *f.* luminosa: ***eine ~ haben*** avere un'illuminazione.
er|lie|gen intr. *(erlag, erlegen;* aus. *sein)* **1** soccombere, cedere (completamente): ***einem Gegner ~*** soccombere a un avversario; ***einer Täuschung, einer Versuchung ~*** cedere a un inganno, a una tentazione **2** *(sterben)* morire: ***seinen Verletzungen ~*** morire per le ferite ◆ ***etw. zum Erliegen bringen*** fermare, arrestare qcs.; ***zum Erliegen kommen*** fermarsi, subire un arresto.
er|lis|ten tr. ottenere con l'astuzia, carpire.
Erl|kö|nig m. *(-[e]s)* re *m.* degli elfi.
er|lo|gen → **erlügen**.
Er|lös m. *(-es,-e)* ricavato *m.*, ricavo *m.*, realizzo *m.*
er|lö|schen intr. *(erlischt, erlosch, erloschen;* aus. *sein)* **1a** spegnersi: ***die Kerze, das Feuer erlischt*** la candela, il fuoco si spegne **b** FIG. spegnersi, estinguersi: ***ihre Liebe zu ihm ist schon lange erloschen*** il suo amore per lui si è spento da molto tempo **2a** *(aussterben)* estinguersi: ***mit ihm erlosch sein Geschlecht*** con lui si estinse la stirpe **b** *(aufhören)* ***der Anspruch erlischt nach 50 Jahren*** il diritto si estingue dopo 50 anni; *(von Mandaten)* scadere; *(von Firmen)* cessare di esistere. **Er|lö|schen** n. *(-s)* **1** spegnimento *m.* (anche FIG.) **2a** *(Aufhören)* fine *f.*, cessazione *f.* **b** DIR. estinzione *f.*: ***das ~ eines Vertrags, einer Hypotheke*** l'estinzione di un contratto, di un'ipoteca.
er|lö|sen tr. **1a** liberare, salvare: ***jdn aus großer Not ~*** salvare qcn. da un grande pericolo; ***jdn von einem Zauber ~*** liberare qcn. da un incantesimo; RELIG. ***erlöse uns von dem Bösen*** liberaci dal male; EUFEM. ***von seinen Leiden erlöst werden*** = morire **b** redimere (anche RELIG.): ***jdn von seinen Sünden ~*** redimere qcn. dai peccati **c** SCHERZ. ***jdn ~*** dare il cambio a qcn., sostituire qcn. **2** ANT. *(einnehmen)* ricavare, realizzare: ***beim Verkauf wenig ~*** ricavare poco dalla vendita. **Er|lö|ser** m. *(-s,-)* **1** liberatore *m.*; *(Retter)* salvatore *m.* **2** *(Jesus)* Redentore *m.* **Er|lö|sung** f. *(-)* **1** liberazione *f.*: ***die ~ von seinen Schmerzen*** la liberazione dai propri dolori **2** *(Loskaufen)* riscatto *m.*, RELIG. redenzione *f.*
er|lü|gen tr. *(erlog, erlogen)* inventare.
er|mäch|ti|gen tr. ***jdn (zu etw.) ~*** autorizzare qcn. (a qcs.): ***er ist ermächtigt, den Vertrag abzuschließen*** è autorizzato a (*o* gli è data facoltà di) concludere il contratto. **Er|mäch|ti|gung** f. *(-,-en)* autorizzazione *f.*: ***~ zur Führung der Verhandlung*** autorizzazione a condurre le trattative ◆ ***umfassende ~*** pieni poteri. **Er|mäch|ti|gungs|ge|setz** n. *(-es)* **1** DIR. decreto *m.* legislativo, legge *f.* delega **2** STOR. ***das ~ von 1933*** la legge sui pieni poteri del 1933.

er|mah|nen tr. **1** ***jdn (zu etw.) ~*** esortare qcn. (a qcs.); ***jdn zur Pünktlichkeit*** raccomandare a qcn. la puntualità **2** *(zurechtweisen)* ammonire, riprendere. **Er|mah|nung** f. *(-,-en)* **1** esortazione *f.*; *(Empfehlung)* raccomandazione *f.*: ***nicht auf die ~ hören*** non ascoltare le raccomandazioni **2** *(Zurechtweisung)* rimprovero *m.*, richiamo *m.*

er|man|geln intr. (aus. *haben*) **1** mancare: ***etw. (G) ~*** mancare di qcs., non avere qcs. **2** impers. ***ihm ermangelt es jeglicher Diplomatie*** manca completamente di diplomazia, non ha la minima diplomazia. **Er|man|ge|lung, Er|mang|lung** f. *(-,-en)* mancanza *f.*: ***in ~ eines Besseren*** in mancanza di meglio.

er|man|nen rifl. **sich ~** risolversi (a), trovare il coraggio (di): ***sich zu einem Geständnis ~*** trovare il coraggio di confessare.

er|mä|ßi|gen I tr. ridurre, diminuire, ribassare: ***etw. auf die Hälfte, um ein Viertel ~*** ridurre qcs. della metà, di un quarto **II** rifl. **sich ~** ridursi, essere ridotto: ***der Preis ermäßigt sich um 20 %*** il prezzo si riduce del 20 %. **er|mä|ßigt** p.pass. agg. **1** → **ermäßigen 2** ridotto, ribassato: ***zu -en Preisen*** a prezzi ribassati. **Er|mä|ßi|gung** f. *(-,-en)* **1** riduzione *f.*: ***die ~ der Steuern*** la riduzione delle tasse **2** sconto *m.*: ***auf die Eintrittskarte gibt es eine ~ von 20 %*** sul biglietto d'ingresso c'è uno sconto (*o* una riduzione) del 20 %.

er|mat|ten I tr. infiacchire: ***die Hitze hat mich ermattet*** il caldo mi ha infiacchito **II** intr. (aus. *sein*) **1a** stancarsi, diventare fiacco **b** FIG. scemare, diminuire: ***seine Interesse ist ermattet*** il suo interesse è scemato **2** RAR. *(an Glanz verlieren)* perdere lucentezza, sbiadire: ***die Perlen sind ermattet*** le perle hanno perso lucentezza. **er|mat|tet** p.pass. agg. **1** → **ermatten 2** fiacco, stanco: ***nach der langen Wanderung waren alle ~*** dopo la lunga camminata erano tutti fiacchi. **Er|mat|tung** f. *(-)* infiacchimento *m.*, fiacchezza *f.*

er|mess|bar agg. valutabile, misurabile. **er|mes|sen** tr. *(ermisst, ermaß, ermessen)* **1** valutare, misurare: ***es lässt sich nur schwer ~, ob...*** è difficile valutare se... **2** *(begreifen)* valutare, comprendere: ***die Bedeutung einer Sache ~*** valutare il significato di qcs. **Er|mes|sen** n. *(-s)* **1** valutazione *f.*, giudizio *m.*: ***nach meinem ~*** a mio giudizio; ***etw. in jds ~ stellen*** rimettere qcs. al giudizio di qcn., lasciare valutare qcs. da qcn. **2** discrezione *f.*: ***aus, nach eigenem ~ handeln*** agire a propria discrezione; ***das liegt in Ihrem ~*** ciò è a sua discrezione ◆ ***nach menschlichem ~*** secondo quanto si può (umanamente) prevedere; ***nach bestem ~*** nel modo più obiettivo possibile. **Er|mes|sens|fra|ge** f. *(-,-n)* questione *f.* discrezionale. **Er|mes|sens|frei|heit** f. *(-,-en)* libertà *f.* di giudizio, discrezionalità *f.* **Er|mes|sens|miss|brauch** m. *(-[e]s)* abuso *m.* di potere discrezionale, eccesso *m.* di potere. **Er|mes|sens|spiel|raum** m. *(-[e]s,-räume)* (margine *m.* di) discrezionalità *f.*

er|mit|teln I tr. **1** *(herausfinden)* rintracciare, individuare: ***eine Adresse, den Täter ~*** rintracciare un indirizzo, individuare il colpevole **2** *(feststellen)* accertare, verificare, appurare; *(errechnen)* calcolare, rilevare: ***den Durchschnitt, die Zahl der Besucher ~*** rilevare la media, calcolare il numero dei visitatori **II** intr. (aus. *haben*) DIR. ***in etw. (D), gegen jdn ~*** indagare (*o* fare accertamenti) su qcs., su qcn. **Er|mitt|lung** f. *(-,-en)* **1a** il rintracciare, individuazione *f.* **b** *(Feststellung)* accertamento *m.*, appuramento *m.*: ***die ~ der Vaterschaft*** l'accertamento della paternità **c** *(Errechnung)* calcolo *m.*, rilevamento *m.* **2a** *(polizeiliche Untersuchung)* indagine *f.*, inchiesta *f.*, accertamento *m.*: ***die ~ der Tatsachen*** l'accertamento dei fatti: ***eine ~ einleiten, anstellen, durchführen*** avviare, fare, condurre un'inchiesta (*o* un'indagine) **b** DIR. istruttoria *f.* **Er|mitt|lungs|ar|beit** f. *(-,-en)* lavoro *m.* di accertamento. **Er|mitt|lungs|aus|schuss** m. *(-es,-ausschüsse)* commissione *f.* inquirente. **Er|mitt|lungs|be|am|te** m. *(-n,-n)* funzionario *m.* inquirente. **Er|mitt|lungs|be|hör|de** f. *(-,-n)* autorità *f.* inquirente. **Er|mitt|lungs|er|geb|nis** n. *(-ses,-se)* risultato *m.* dell'inchiesta (*o* dell'indagine). **Er|mitt|lungs|rich|ter** m. *(-s,-)* giudice *m.* inquirente. **Er|mitt|lungs|ver|fah|ren** n. *(-s,-)* procedimento *m.* istruttorio, istruttoria *f.*, inchiesta *f.* preliminare: ***ein ~ (gegen jdn) einleiten*** avviare un'istruttoria (a carico di qcn.).

er|mög|li|chen tr. **1** rendere possibile: ***das Studium ~*** rendere possibile lo studio universitario **2** *(erlauben)* permettere, consentire: ***meine knappe Zeit ermöglicht mir nicht zu kommen*** il mio poco tempo non mi consente di venire.

er|mor|den tr. assassinare. **Er|mor|dung** f. *(-,-en)* assassinio *m.*

er|müd|bar agg. stancabile, affaticabile. **Er|müd|bar|keit** f. *(-)* facilità *f.* a stancarsi, ad affaticarsi. **er|mü|den I** intr. (aus. *sein*) **1** stancarsi, affaticarsi **2** TECN. *(von Material)* affaticarsi **II** tr. stancare, affaticare. **er|mü|dend** p.pres. agg. **1** → **ermüden 2** faticoso, stancante: ***eine -e Arbeit*** un lavoro faticoso. **Er|mü|dung** f. *(-)* **1** affaticamento *m.*; *(Müdigkeit)* fatica *f.* **2** TECN. *(von Material)* affaticamento *m.*, fatica *f.* **Er|mü|dungs|er|schei|nung** f. *(-,-en)* segno *m.* di affaticamento. **Er|mü|dungs|zu|stand** m. *(-[e]s,-zustände)* stato *m.* di affaticamento.

er|mun|tern I tr. **1a** incoraggiare, incitare: ***jdn zum Lernen ~*** incoraggiare qcn. allo studio **b** *(freundlich auffordern)* esortare: *(bei Tisch)* ***jdn zum Zugreifen ~*** esortare qcn. a servirsi **2** *(aufwecken)* svegliare: ***die frische Luft wird ihn ~*** l'aria fresca lo sveglierà **II** rifl. **sich ~ 1** *(wach werden)* svegliarsi, riprendersi **2** *(sich aufraffen)* decidersi: ***sich zu einer Arbeit ~*** decidersi a iniziare un lavoro. **Er|mun|te|rung** f. *(-,-en)* incoraggiamento *m.*; *(Aufforderung)* esortazione *f.*

er|mu|ti|gen I tr. incoraggiare, incitare: ***jdn durch Lob ~*** incoraggiare qcn. con elogi; ***die Truppen zum Angriff ~*** incitare le truppe all'attacco **II** rifl. **sich ~** incoraggiarsi, farsi (*o* prendere) coraggio. **Er|mu|ti|gung** f. *(-,-en)* incoraggiamento *m.*

er|näh|ren I tr. **1** nutrire; alimentare: ***jdn künstlich ~*** alimentare qcn. artificialmente; ***ein Kind mit der Flasche ~*** nutrire un bambino con il biberon **2** *(erhalten)* mantenere: ***die Familie ~*** mantenere la famiglia **II** rifl. **sich ~ 1** nutrirsi: ***sich ausschließlich von Gemüse ~*** nutrirsi esclusivamente di verdura **2** mantenersi: ***sich mit seiner Arbeit ~*** mantenersi con il proprio lavoro. **Er|näh|rer** m. *(-s,-)* chi nutre, chi mantiene, LETT. nutritore *m.* **Er|näh|rung** f. *(-,-en)* **1** nutrizione *f.*, alimentazione *f.*: ***eine gesunde ~*** un'alimentazione sana; ***künstliche ~*** alimentazione artificiale **2** mantenimento *m.*, sostentamento *m.*: ***für die ~ der Familie sorgen*** provvedere al mantenimento della famiglia. **Er|näh|rungs|fach|mann** m. *(-[e]s, -leute)* nutrizionista *m.* **Er|näh|rungs|for|schung** f. *(-)* ricerca *f.* alimentare. **Er|näh|rungs|la|ge** f. *(-)* situazione *f.* alimentare. **Er|näh|rungs|leh|re** f. *(-,-n)* dietetica *f.* **Er|näh|rungs|phy|si|o|lo|gie** f. *(-)* fisiologia *f.* della nutrizione. **Er|näh|rungs|plan** m. *(-[e]s, -pläne)* programma *m.* nutrizionale. **Er|näh|rungs|stö|rung** f. *(-,-en)* MED. disturbo *m.* nutrizionale. **Er|näh|rungs|wei|se** f. *(-,-n)* regime *m.* alimentare. **Er|näh|rungs|wis|sen|schaft** f. *(-,-en)* scienza *f.* dell'alimentazione.

er|nen|nen tr. *(ernannte, ernannt)* nominare: ***jdn zum Direktor, zu seinem (als seinen) Nachfolger ~*** nominare qcn. direttore, designare qcn. come successore; DIR. ***jdn zu seinem Erben ~*** istituire qcn. proprio erede. **Er|nen|nung** f. *(-,-en)* nomina *f.*: ***~ zu etw.*** nomina a qcs. **Er|nen|nungs|schrei|ben** n. *(-s,-)* lettera *f.* di nomina. **Er|nen|nungs|ur|kun|de** f. *(-,-n)* atto *m.* (*o* decreto *m.*) di nomina.

er|neu|en → **erneuern. Er|neu|er** → **Erneuerer. er|neu|er|bar** agg. rinnovabile. **Er|neu|e|rer** m. *(-s,-)* rinnovatore *m.* **er|neu|ern I** tr. **1** *(auswechseln)* sostituire, cambiare: ***eine Batterie, eine Glühbirne ~*** sostituire una pila, una lampadina **2** *(verlängern)* rinnovare: ***den Führerschein, einen Vertrag ~*** rinnovare la patente, un contratto **3a** *(renovieren)* restaurare: ***eine Fassade ~*** restaurare una facciata **b** *(modernisieren)* rimodernare, rammodernare, rimettere a nuovo **4** FIG. *(neu beleben)* far rivivere: ***eine Freundschaft ~*** far rivivere un'amicizia **II** rifl. **sich ~** rinnovarsi; rigenerarsi: ***die Zellen ~ sich*** le cellule si rigenerano. **Er|neu|e|rung** f. *(-,-en)* **1** *(Auswechslung)* sostituzione *f.*: ***die ~ einer Röhre, eines Kabels*** la sostituzione di un tubo, di un cavo **2** rinnovo *m.*: ***die ~ des Reisepasses*** il rinnovo del passaporto **3a** *(Renovierung)* restauro *m.* **b** *(Modernisierung)* rinnovamento *m.*, rimodernamento *m.*, rammodernamento *m.* **er|neu|e|rungs|be|dürf|tig** agg. che necessita di rinnovamento; *(von Gebäuden, Kunstwerken)* che necessita di restauro. **Er|neu|rer** → **Erneuerer. er|neut I** p.pass. agg. **1** → **erneuern 2** rinnovato: ***mit -er Kraft*** con forza rinnovata **3** nuovo, ulteriore: ***-e Fragen*** ulteriori domande **II** avv. di nuovo, nuovamente: ***~ auf etw. (A) hinweisen*** far notare nuovamente qcs. **Er|neu|ung** → **Erneuerung.**

er|nied|ri|gen I tr. **1** *(demütigen)* umiliare: ***jdn vor allen ~*** umiliare qcn. davanti a tutti **2a** *(niedriger machen)* abbassare **b** MUS. abbassare di un semitono **II** rifl. **sich ~** abbassarsi, umiliarsi: ***sich vor jdm ~*** umiliarsi davanti a qcn. **Er|nied|ri|gung** f. *(-,-en)* **1** umiliazione *f.* **2** diminuzione *f.*; riduzione *f.*: ***die ~ der Zinsen*** la diminuzione degli interessi. **Er|nied|ri|gungs|zei|chen** n. *(-s,-)* MUS. (segno *m.* di) alterazione *f.* discendente.

ernst agg. serio: ***ein -es Kind*** un bambino serio; ***sie schaffte es nicht, ~ zu bleiben*** non riuscì a restare seria; ***ein -es Gesicht machen*** fare una faccia seria; ***-e Musik*** musica seria; ***-e Bedenken haben*** avere dei seri dubbi; ***-e Absichten haben*** avere delle intenzioni serie; *(bedrohlich)* ***eine -e Verletzung*** una ferita seria; ***-e Sorgen haben*** avere delle preoccupazioni serie; ***~ gemeint*** inteso seriamente, detto sul serio; ***ein ~ gemeintes Angebot*** un'offerta seria; ***~ zu nehmend*** da considerare seriamente, da prendere sul serio; ***eine ~ zu nehmende Konkurrenz*** una concorrenza da non sottovalutare ◆ ***ist es etwas Ernstes?*** è qualcosa di serio? ***es ~***

meinen parlare seriamente, fare sul serio; ***jdn, etw. ~ nehmen*** prendere qcn., qcs. sul serio; ***jetzt wird's ~*** ora la faccenda si fa seria; ***mit jdm ein -es Wort reden*** parlare seriamente con qcn.

1.Ernst m. *(-es)* serietà *f.*: ***der ~ seiner Rede*** la serietà del suo discorso; ***etw. mit ~ machen*** fare qcs. con serietà; ***im ~, allen -es*** sul serio; *(Entschiedenheit)* ***der ~ seiner Pläne*** la serietà dei suoi progetti; ***der ~ der Lage*** la serietà della situazione ◆ ***es wird, es ist bitterer ~*** la faccenda si fa seria, è molto seria; ***ist das dein ~?*** dici sul serio? ***der ~ des Lebens*** la dura realtà; ***mit etw. ~ machen*** mettere in pratica qcs.; ***es ist mein (voller) ~*** dico, faccio sul serio, non scherzo affatto; ***der ~ der Stunde*** la gravità del momento, la gravità dell'ora; COLLOQ. ***mit tierischem ~*** con ostinata serietà.

2.Ernst n.pr.m. Ernesto *m.*

Ernst|fall m. *(-[e]s,-fälle)* caso *m.* di emergenza: ***im, auf, für den ~*** in caso di emergenza. **ernst|haft I** agg. serio: ***eine -e Miene aufsetzen*** fare una faccia seria; ***ein -es Risiko eingehen*** correre un rischio serio; ***eine -e Krankheit*** una malattia seria **II** avv. seriamente, in modo serio; sul serio: ***mit jdm ~ sprechen*** parlare seriamente con qcn.; ***glaubst du ~ daran?*** ci credi sul serio? **Ernst|haf|tig|keit** f. *(-,-en)* serietà *f.*; gravità *f.* **ernst|lich I** agg. serio, pesante, forte: ***-e Bedenken haben*** avere seri dubbi; ***eine -e Erkrankung*** una malattia seria, grave **II** avv. seriamente: ***jdn ~ bitten*** pregare vivamente qcn.; ***jdm ~ böse sein*** avercela seriamente con qcn.; ***~ in Gefahr sein*** essere seriamente in pericolo ◆ ***es ist mein -er Wille, Wunsch*** è mio fermo proposito, desiderio.

Ern|te f. *(-,-n)* **1a** raccolto *m.*: ***bei der ~ helfen*** aiutare per, durante il raccolto; ***die ~ einbringen*** mettere al riparo il raccolto **b** raccolta *f.*: ***die ~ beginnt Ende Mai*** la raccolta comincia alla fine di maggio **c** FIG. *(Gewinn)* raccolto *m.*, guadagno *m.*, frutto *m.* **2** *(von Getreide)* mietitura *f.* messe *f.*; *(von Heu)* fienagione *f.* **3** *(Weinernte)* vendemmia *f.* ◆ COLLOQ. FIG. ***ihm ist die ganze ~ verhagelt*** = gli è andato tutto storto (*o* di traverso); ***reiche ~ halten*** ricavare un abbondante raccolto; FIG. trarre buoni frutti. **Ern|te|aus|fall** m. *(-[e]s, -ausfälle)* perdita *f.* del raccolto. **Ern|te|dank|fest** n. *(-[e]s,-e)* RELIG. festa *f.* di ringraziamento per il raccolto. **Ern|te|er|geb|nis** n. *(-ses,-se)*, **Ern|te|er|trag** m. *(-[e]s,-erträge)* ricavato *m.* del raccolto, raccolto *m.* **Ern|te|fest** n. *(-[e]s,-e)* festa *f.* del raccolto. **Ern|te|hel|fer** m. *(-s,-)* aiutante *m.*, bracciante *m.* volontario. **Ern|te|kranz** m. *(-es,-kränze)* corona *f.* per la festa del raccolto. **ern|ten** tr. **1** raccogliere: ***Obst, Gemüse ~*** raccogliere la frutta, la verdura; *(Getreide)* mietere **2** FIG. *(erhalten)* ***großen Beifall ~*** raccogliere, riportare vasti consensi. **Ern|te|scha|den** m. *(-s,-schäden)* danno *m.* al raccolto. **Ern|te|se|gen** m. *(-s)* → **Ernteergebnis. Ern|te|ver|si|che|rung** f. *(-,-en)* assicurazione *f.* del raccolto (contro calamità naturali). **Ern|te|wa|gen** m. *(-s,-)* carro *m.* per il raccolto. **Ern|te|zeit** f. *(-,-en)* tempo *m.*, periodo *m.* del raccolto.

er|nüch|tern tr. **1** far passare la sbornia: ***der Kaffee ernüchterte ihn*** il caffè gli fece passare la sbornia **2** disincantare, disilludere: ***der Misserfolg hatte ihn ernüchtert*** l'insuccesso l'aveva disilluso. **Er|nüch|te|rung** f. *(-,-en)* **1** ritorno *m.* alla lucidità **2** *(Enttäuschung)* disillusione *f.*, disinganno *m.*

Er|o|be|rer m. *(-s,-)* conquistatore *m.* **Er|o|be|rin** f. *(-,-nen)* conquistatrice *f.* **er|o|bern I** tr. **1** conquistare: ***ein Gebiet ~*** conquistare una regione; ***eine Festung ~*** espugnare una fortezza; FIG. ***das Herz einer Frau ~*** conquistare il cuore di una donna **2** acquisire, ottenere: ***ein Mandat, einen Platz ~*** ottenere un mandato, un posto **II** rifl. ***sich (D) etw. ~*** conquistarsi, guadagnarsi qcs.; *(sichern)* assicurarsi qcs.: ***sich jds Sympathien ~*** conquistarsi (*o* accattivarsi) le simpatie di qcn.; ***sich neue Märkte ~*** conquistarsi nuovi mercati; ***sich jds Gunst ~*** cattivarsi il favore di qcn. ◆ ***sich den ersten, besten Platz ~*** assicurarsi il primo posto, il posto migliore; ***sich etw. im Sturm, im Flug ~*** conquistarsi qcs. in un batter d'occhio. **Er|o|be|rung** f. *(-,-en)* conquista *f.* (anche FIG.): ***-en machen*** fare conquiste; SCHERZ. ***auf -en ausgehen*** andare a far (*o* a caccia di) conquiste. **Er|o|be|rungs|krieg** m. *(-[e]s,-e)* guerra *f.* di conquista. **Er|o|be|rungs|zug** m. *(-[e]s,-züge)* MIL. spedizione *f.* di conquista.

e|ro|die|ren tr. GEOL. erodere.

er|öff|nen I tr. **1** aprire: ***ein Restaurant ~*** aprire un ristorante; ***ein Testament ~*** aprire un testamento; COMM. ***ein Konto bei einer Bank ~*** aprire un conto presso una banca **2a** *(beginnen)* aprire, iniziare: ***eine Sitzung, Diskussion ~*** aprire una seduta, una discussione; ***den Ball ~*** aprire le danze; ***auf etw. das Feuer ~*** aprire il fuoco su qcs. **b** avviare, aprire: ***ein Verfahren, eine Verhandlung ~*** avviare un procedimento, avviare (*o* aprire) una trattativa; ***den Konkurs ~*** aprire il procedimento fallimentare **c** inaugurare: ***eine Messe, eine Ausstellung ~*** inaugurare una fiera, una mostra **3** *(mitteilen)* comunicare, rivelare: ***jdm seine Projekte ~*** rivelare a qcn. i propri progetti **II** rifl. ***sich ~*** **1** aprirsi, schiudersi: ***eine neue Welt eröffnete sich ihm*** gli si aprì un mondo nuovo **2** *(sich anvertrauen)* ***sich jdm ~*** aprirsi con qcn.

Er|öff|nung f. *(-,-en)* **1a** apertura *f.*: ***die ~ eines Cafés, eines Kontos*** l'apertura di un bar, di un conto; ***~ des Konkursverfahrens*** apertura di fallimento **b** *(Anfang)* inizio *m.*: ***die ~ einer Debatte*** l'inizio di un dibattito **2** inaugurazione *f.*: ***die ~ der Theatersaison*** l'inaugurazione della stagione teatrale **3** *(Mitteilung)* comunicazione *f.*, rivelazione *f.* **4** DIR. pubblicazione *f.*: ***die ~ des Testaments*** l'apertura del testamento ◆ ***jdm eine ~ machen*** fare una rivelazione a qcn. **Er|öff|nungs|an|spra|che** f. *(-,-n)* discorso *m.* inaugurale. **Er|öff|nungs|an|trag** m. *(-[e]s,-anträge)* richiesta *f.* d'apertura del fallimento; *(von Gläubigern)* ricorso *m.* per dichiarazione di fallimento. **Er|öff|nungs|be|schluss** m. *(-es,-beschlüsse)* DIR. ordinanza *f.* di rinvio a giudizio. **Er|öff|nungs|bi|lanz** f. *(-,-en)* COMM. bilancio *m.* di apertura. **Er|öff|nungs|fei|er** f. *(-,-n)*, **Er|öff|nungs|fei|er|lich|keit** f. *(-,-en)* cerimonia *f.* inaugurale (*o* d'apertura). **Er|öff|nungs|pe|ri|o|de** f. *(-,-n)* MED. momento *m.* della dilatazione (prima del parto). **Er|öff|nungs|re|de** f. *(-,-n)* → **Eröffnungsansprache. Er|öff|nungs|vor|stel|lung** f. *(-,-en)* → **Eröffnungsfeier.**

e|ro|gen agg. erogeno: ***-e Zonen*** zone erogene.

er|ör|ten tr. **1** *(diskutieren)* discutere, dibattere: ***ein Problem ~*** discutere un problema **2** *(abhandeln)* trattare: ***etw. wissenschaftlich ~*** trattare qcs. in modo scientifico. **Er|ör|te|rung** f. *(-,-en)* **1** *(Diskussion)* discussione *f.*, dibattito *m.* **2** *(Untersuchung)* esame *m.*: ***eine gründliche ~ eines Problems anstellen*** fare un esame approfondito di un problema, trattare un problema in modo approfondito.

E|ros m. *(-)* eros *m.*

E|ro|si|on f. *(-,-en)* **1** GEOL. erosione *f.* **2** MED. abrasione *f.*; *(von Zahnschmelz)* erosione *f.* dentaria. **e|ro|siv** agg. erosivo.

E|ro|ten pl. amorini *m.pl.* **E|ro|tik** f. *(-)* erotismo *m.* **E|ro|ti|ker** m. *(-s,-)* poeta *m.* erotico, erotico *m.* **E|ro|ti|kon** n. *(-s, Erotika)* **1** opera *f.* erotica **2** *(Mittel)* coadiuvante *m.* erotico. **e|ro|tisch** agg. erotico. **e|ro|ti|sie|ren** tr. erotizzare. **E|ro|tis|mus** m. *(-, Erotismen)*, **E|ro|ti|zis|mus** m. *(-, Erotizismen)* erotismo *m.* **E|ro|to|ma|nie** f. *(-)* erotomania *f.*

Er|pel m. *(-s,-)* anatra *f.* maschio.

er|picht agg. avido, assetato: ***auf etw. (A) ~ sein*** essere avido di qcs.

er|press|bar agg. ricattabile. **Er|press|bar|keit** f. *(-,-en)* ricattabilità *f.* **er|pres|sen** tr. **1** ricattare: ***von jdm, durch jdn erpresst werden*** essere ricattati da qcn. **2** estorcere: ***von jdm Geld, ein Geständnis ~*** estorcere denaro, una confessione a qcn. **Er|pres|ser** m. *(-s,-)* ricattatore *m.*; estorsore *m.* **Er|pres|ser|brief** m. *(-[e]s,-e)* lettera *f.* ricattatoria. **er|pres|se|risch** agg. ricattatorio, ricattatore; estorsivo. **Er|pres|sung** f. *(-,-en)* **1** *(von Personen)* ricatto *m.* **2** *(von Sachen)* estorsione *f.* **Er|pres|sungs|brief** m. *(-[e]s,-e)* → **Erpresserbrief.**

er|pro|ben tr. **1** mettere alla prova, provare: ***jds Ehrlichkeit ~*** mettere alla prova la sincerità di qcn. **2a** provare: ***ein Medikament ~*** provare, testare un medicinale **b** *(von Geräten, Maschinen)* collaudare. **er|probt** p.pass. agg. **1** → **erproben 2a** provato, sperimentato; collaudato: ***ein klinisch -es Heilmittel*** un farmaco testato clinicamente; ***eine -e Methode*** un metodo sperimentato **b** *(bewährt)* esperto; ***ein -er Mitarbeiter*** un collaboratore di provata fiducia. **er|prob|ter|wei|se** avv. in modo sperimentato, collaudato. **Er|pro|bung** f. *(-,-en)* prova *f.*; *(von Geräten, Maschinen)* collaudo *m.* **Er|pro|bungs|flug** m. *(-[e]s,-flüge)* volo *m.* di prova. **er|pro|bungs|hal|ber** avv. in prova.

er|qui|cken I tr. **1** ristorare **2** *(beleben)* rianimare, (ri)confortare **II** rifl. ***sich ~*** ristorarsi, ritemprarsi: ***sich an einer Quelle ~*** ristorarsi a una fonte. **er|qui|ckend, er|quick|lich I** agg. **1** ristoratore **2** *(erfreulich)* (ri)confortante, che rianima **II** avv. in modo ristoratore. **Er|qui|ckung** f. *(-,-en)* **1** ristoro *m.* **2** *(Erfrischung)* conforto *m.*

er|raf|fen tr. arraffare.

er|rat|bar agg. risolvibile, che si può indovinare. **er|ra|ten** tr. *(errät, erriet, erraten)* indovinare, risolvere, sciogliere: ***ein Rätsel, ein Geheimnis ~*** sciogliere un enigma, un mistero.

er|ra|tisch agg. GEOL. erratico.

Er|ra|tum n. *(-s, Errata)* errore *m.* di stampa, refuso *m.*

er|re|chen|bar agg. calcolabile. **er|rech|nen I** tr. calcolare: ***einen Anteil ~*** calcolare un'aliquota **II** rifl. ***sich ~*** calcolarsi. **Er|rech|nung** f. *(-,-en)* calcolo *m.*

er|reg|bar agg. **1** eccitabile **2** *(reizbar)* irritabile. **Er|reg|bar|keit** f. *(-,-en)* **1** eccitabilità *f.* **2** *(Reizbarkeit)* irritabilità *f.*

er|re|gen I tr. **1a** eccitare, stimolare: ***jds Phantasie ~*** stimolare la fantasia di qcn. **b** *(sexuell)* eccitare **2a** *(aufregen)* emozionare, agitare: ***sein Verhalten erregte sie*** il suo comportamento l'agitò **b** FIG.

agitare: ***der Sturm erregte das Meer*** la tempesta agitò il mare **3** *(reizen)* irritare, mandare in collera **4** *(verursachen)* suscitare, provocare: ***Furcht, Heiterkeit, Besorgnis ~*** suscitare timore, ilarità, provocare preoccupazione; ***Aufsehen ~*** fare scalpore **5** EL. eccitare **II** rifl. **sich ~ 1** eccitarsi **2** *(sich ärgern)* irritarsi: ***sich über jdn, etw. ~*** irritarsi con qcn., per qcs. **er|re|gend** p.pres. agg. **1** → **erregen 2** eccitante, stimolante.

Er|re|ger m. *(-s,-)* **1** suscitatore *m.*, promotore *m.* **2** MED. agente *m.* (patogeno). **Er|re|ger|ma|schi|ne** f. *(-,-n)* EL. eccitatrice *f.* **Er|re|ger|strom** m. *(-[e]s,-ströme)* EL. corrente *f.* d'eccitazione.

er|re|gt I p.pass. agg. **1** → **erregen 2** animato, vivace: ***eine -e Debatte*** un dibattito animato **3** *(gereizt)* irritato **II** avv. animatamente, vivacemente, con eccitazione. **Er|regt|heit** f. *(-,-en)* **1** eccitazione *f.*, agitazione *f.* **2** *(Gereiztheit)* irritazione *f.*

Er|re|gung f. *(-,-en)* **1** eccitazione *f.* **2** *(Emotion)* emozione *f.*, agitazione *f.* **3** *(Erregtheit)* irritazione *f.* **4** *(Verursachung)* il provocare, il suscitare ◆ ***~ eines öffentlichen Ärgernisses*** oltraggio al pudore. **Er|re|gungs|zu|stand** m. *(-[e]s,-zustände)* stato *m.* di eccitamento (*o* di eccitazione).

er|reich|bar agg. **1** raggiungibile **2** *(von Menschen)* reperibile, raggiungibile: ***telefonisch ~ sein*** essere reperibile telefonicamente, raggiungibile per telefono. **Er|reich|bar|keit** f. *(-)* **1** raggiungibilità *f.* **2** *(von Menschen)* reperibilità *f.*

er|rei|chen tr. **1a** ***etw. ~*** raggiungere qcs., arrivare a qcs.: ***etw. mit der Hand ~*** arrivare a prendere qcs. con la mano **b** FIG. ***ein hohes Alter ~*** arrivare a una bella età; ***eine hohe Geschwindigkeit ~*** raggiungere un'alta velocità **2a** *(gelangen an, zu)* raggiungere: ***etw. zu Fuß, mit dem Auto ~*** raggiungere qcs. a piedi, con l'auto **b** ***den Anschluss, den Zug ~*** riuscire a prendere la coincidenza, il treno **3** *(in Verbindung treten mit)* raggiungere, reperire: ***wie, wo kann ich Sie ~?*** come, dove posso raggiungerLa? (*o* come posso mettermi in contatto con Lei, dove posso chiamarLa?) **4** *(durchsetzen)* ottenere, conseguire, raggiungere: ***seine Absicht, seinen Zweck ~*** realizzare il proprio intento, raggiungere il proprio scopo ◆ ***das Klassenziel nicht ~*** non essere promosso. **Er|rei|chung** f. *(-)* **1** raggiungimento *m.* **2** *(Durchsetzung)* conseguimento *m.* ◆ ***bei ~ der Altersgrenze*** per, al raggiungimento dei limiti d'età.

er|ret|ten tr. salvare: ***jdn aus großer Not, vor dem, vom Tod ~*** salvare qcn. da una grave situazione, salvare la vita a qcn. **Er|ret|ter** m. *(-s,-)* salvatore *m.* **Er|ret|tung** f. *(-,-en)* salvataggio *m.*

er|rich|ten tr. **1** innalzare, erigere, edificare: ***ein Denkmal, Gebäude ~*** erigere un monumento, un edificio **2** montare: ***ein Gerüst, ein Zelt ~*** montare un'impalcatura, una tenda **3** GEOM. tracciare: ***auf einer Geraden das Lot ~*** tracciare la perpendicolare di una retta **4** *(gründen)* istituire, costituire, fondare: ***eine Fabrik ~*** fondare una fabbrica. **Er|rich|tung** f. *(-,-en)* **1** innalzamento *m.*, erezione *f.*, edificazione *f.* **2** *(Gründung)* istituzione *f.*, costituzione *f.*, fondazione *f.*

er|rin|gen tr. *(errang, errungen)* conquistare, conseguire (con sforzo), riportare (lottando); *(Rekord)* stabilire.

er|rö|ten intr. (aus. *sein*) arrossire: ***über etw. (A), vor Scham ~*** arrossire per qcs., di vergogna. **Er|rö|ten** n. *(-s)* l'arrossire, rossore *m.*: ***jdn zum ~ bringen*** far arrossire qcn.

Er|run|gen|schaft f. *(-,-en)* **1** conquista *f.*: ***eine ~ der Technik*** una conquista della tecnica **2** SCHERZ. *(Anschaffung)* acquisto *m.* ◆ ***sie ist seine neueste ~*** è la sua ultima conquista.

Er|satz m. *(-es)* **1a** sostituto *m.*, rimpiazzo *m.*, (ri)cambio *m.*: ***als ~ für jdn einspringen*** sostituire qcn., subentrare a qcn. come sostituto; ***als ~ für etw.*** in cambio (*o* in sostituzione *f.*) di qcs. **b** MIL. complemento *m.* **c** SPORT riserva *f.* **2** *(Entschädigung)* indennizzo *m.*, risarcimento *m.*: ***~ für etw. beantragen, fordern, verlangen*** esigere un risarcimento per qcs.; ***~ für etw. bieten, leisten*** risarcire qcs., indennizzare di qcs. **3** *(Ersatzstoff)* surrogato *m.*, succedaneo *m.* **4** sostituzione *f.*; compensazione *f.* **Er|satz|bank** f. *(-,-bänke)* SPORT panchina *f.* (delle riserve). **Er|satz|be|frie|di|gung** f. *(-,-en)* PSIC. compensazione *f.*, appagamento *m.* sostitutivo. **Er|satz|deh|nung** f. *(-,-en)* LING. allungamento *m.* di compenso. **Er|satz|dienst** m. *(-[e]s)* servizio *m.* sostitutivo (del servizio di leva). **er|satz|dienst|pflich|tig** agg. obbligato a prestare servizio sostitutivo. **Er|satz|dro|ge** f. *(-,-n)* sostitutivo *m.* di una droga. **Er|satz|hand|lung** f. *(-,-en)* PSIC. spostamento *m.* **Er|satz|leis|tung** f. *(-,-en)* risarcimento *m.* **Er|satz|leu|te** pl. **1** MIL. soldati *m.pl.* di complemento **2** SPORT riserve *f.pl.* **er|satz|los I** agg. privo di sostituzione, senza essere sostituito **II** avv. senza sostituzione: ***einen Kurs ~ streichen*** cancellare un corso senza sostituirlo. **Er|satz|lö|sung** f. *(-,-en)* soluzione *f.* sostitutiva. **Er|satz|mann** m. *(-[e]s,-leute)* **1** sostituto *m.*, supplente *m.* **2** SPORT riserva *f.* **Er|satz|mit|tel** n. *(-s,-)* surrogato *m.*, succedaneo *m.* **Er|satz|pflicht** f. *(-,-en)* obbligo *m.* di risarcimento. **er|satz|pflich|tig** agg. con obbligo di risarcimento. **Er|satz|rad** n. *(-[e]s,-räder)* ruota *f.* di scorta. **Er|satz|rei|fen** m. *(-s,-)* pneumatico *m.* di scorta. **Er|satz|re|ser|ve** f. *(-,-n)* MIL. coscritti *m.pl.* **Er|satz|spie|ler** m. *(-s,-)* giocatore *m.* di riserva, riserva *f.* **Er|satz|stoff** m. *(-[e]s,-e)* surrogato *m.*, succedaneo *m.* **Er|satz|teil** n. *(-[e]s,-e)* pezzo *m.* di ricambio. **Er|satz|teil|la|ger** n. *(-s,-)* magazzino *m.* ricambi. **er|satz|wei|se** avv. in cambio, in sostituzione: ***~ für etw.*** in cambio di qcs.

er|sau|fen intr. *(ersäuft, ersoff, ersoffen;* aus. *sein)* **1** COLLOQ. *(ertrinken)* annegare **2** essere allagato, inondato: ***die Wiesen ~ im Regen*** i prati sono allagati dalla pioggia **3** FIG. ***der Motor ersäuft*** il motore s'ingolfa. **er|säu|fen** tr. annegare (anche FIG.): ***seinen Kummer im Alkohol ~*** annegare i propri dispiaceri nell'alcol.

er|scha|chern tr. COLLOQ. mercanteggiare.

er|schaf|fen tr. *(erschuf, erschaffen)* creare. **Er|schaf|fer** m. *(-s,-)* creatore *m.* **Er|schaf|fung** f. *(-,-en)* creazione *f.*: ***die ~ der Welt*** la creazione del mondo.

er|schal|len intr. *(erscholl/erschallte, erschollen/erschallt;* aus. *sein)* risuonare.

er|schau|dern intr. (aus. *sein*) rabbrividire, inorridire: ***vor Entsetzen ~*** rabbrividire dall'orrore.

er|schau|en tr. **1** scorgere **2** *(wahrnehmen)* percepire, intuire, scoprire.

er|schau|ern intr. (aus. *sein*) rabbrividire (anche FIG.): ***vor Angst ~*** rabbrividire per la paura.

er|schei|nen intr. *(erschien, erschienen;* aus. *sein)* **1a** apparire, comparire, presentarsi: ***am Horizont, im Traum, auf einer Versammlung ~*** apparire all'orizzonte, in sogno, comparire a una manifestazione **b** DIR. comparire: ***als Zeuge vor Gericht ~*** comparire in giudizio come testimone **2** *(veröffentlicht werden)* uscire, essere pubblicato: ***monatlich, wöchentlich ~*** uscire mensilmente, settimanalmente **3** sembrare, parere: ***es erscheint mir glaubhaft, bemerkenswert*** mi sembra credibile, degno di nota. **Er|schei|nen** n. *(-s)* **1a** venuta *f.*, comparsa *f.* **b** DIR. comparizione *f.* **2** *(Herausgabe)* uscita *f.*, pubblicazione *f.*

Er|schei|nung f. *(-,-en)* **1** *(Vorgang)* fenomeno *m.*, fatto *m.* **2** manifestazione *f.*, sintomo *m.*: ***krankhafte -en*** sintomi di malattia **3** *(Vision)* apparizione *f.*, visione *f.* **4** *(von Personen)* figura *f.*: ***eine stattliche, elegante ~*** una figura imponente, elegante ◆ ***(Fest der) ~ des Herrn*** (festa dell') Epifania; ***in ~ treten*** fare la propria apparizione, mostrarsi. **Er|schei|nungs|bild** n. *(-[e]s,-er)* **1** aspetto *m.* **2** MED. manifestazione *f.* **Er|schei|nungs|da|tum** n. *(-s,-daten)* data *f.* di pubblicazione. **Er|schei|nungs|fest** n. *(-[e]s)* Epifania *f.* **Er|schei|nungs|form** f. *(-,-en)* **1** aspetto *m.*, forma *f.* (esteriore) **2** MED. segno *m.*, sintomo *m.* **Er|schei|nungs|jahr** n. *(-[e]s,-e)* anno *m.* di pubblicazione. **Er|schei|nungs|leh|re** f. *(-)* fenomenologia *f.* **Er|schei|nungs|ort** m. *(-[e]s,-e)* luogo *m.* di pubblicazione. **Er|schei|nungs|welt** f. *(-)* mondo *m.* fenomenico.

er|schie|nen p.pass. agg. → **erscheinen** ◆ ***soeben ~*** di recente pubblicazione.

er|schie|ßen *(erschoss, erschossen)* **I** tr. **1** uccidere, colpire (a morte): ***jdn hinterrücks, auf der Flucht ~*** colpire qcn. alle spalle, uccidere (*o* sparare a) qcn. mentre fugge **2** *(hinrichten)* fucilare, passare per le armi **II** rifl. **sich ~** uccidersi, spararsi. **Er|schie|ßung** f. *(-,-en)* fucilazione *f.* **Er|schie|ßungs|kom|man|do** n. *(-s,-s)* plotone *m.* d'esecuzione.

er|schim|mern intr. (aus. *sein*) rilucere, rifulgere.

er|schlaf|fen I tr. indebolire, infiacchire **II** intr. (aus. *sein*) **1** afflosciarsi, cedere: ***ihre Beine erschlafften*** le cedettero le gambe **2a** FIG. spossarsi **b** *(von Disziplin)* allentarsi **c** *(von Leidenschaft)* intiepidirsi. **Er|schlaf|fung** f. *(-,-en)* **1** afflosciamento *m.*, rilassamento *m.* **2** *(Schwächung)* indebolimento *m.*, spossatezza *f.*

1.er|schla|gen tr. *(erschlägt, erschlug, erschlagen)* ammazzare, uccidere, colpire (a morte): ***jdn mit einem Beil ~*** ammazzare qcn. con un'ascia; ***vom Blitz ~ werden*** essere ucciso da un fulmine.

2.er|schla|gen p.pass. agg. **1** → **1.erschlagen 2** COLLOQ. FIG. *(todmüde)* spossato, sfinito: ***sich total ~ fühlen*** sentirsi veramente sfinito **3** COLLOQ. FIG. *(fassungslos)* esterrefatto, strabiliato: ***(wie) ~ sein*** essere esterrefatto.

er|schlei|chen *(erschlich, erschlichen)* **I** tr. carpire, accaparrare con raggiri, ottenere con l'inganno **II** rifl. ***sich (D) etw. ~*** accaparrarsi qcs. (con raggiri): ***sich (D) ein Erbe ~*** accaparrarsi un'eredità; FIG. ***sich (D) jds Gunst ~*** carpire il favore di qcn. **Er|schlei|chung** f. *(-,-en)* **1** raggiri *m.pl.* **2** DIR. *(von Erbe)* captazione *f.*

er|schlie|ßen *(erschloss, erschlossen)* **I** tr. **1a** aprire, rendere accessibile: ***für ein Produkt neue Märkte ~*** aprire nuovi mercati a un prodotto, rendere accessibili nuovi mercati a un prodotto; ***ein Land der Kultur ~*** portare la civiltà in un paese **b** FIG. ***jdm die Bedeutung eines Textes ~*** chiarire a qcn. il significato di un testo **2** *(nutz-*

bar machen) sfruttare: *Bodenschätze ~* sfruttare giacimenti **3** desumere, dedurre: *etw. aus Andeutungen ~* dedurre qcs. da accenni **II** rifl. **sich ~ 1** schiudersi, sbocciare **2** desumersi, dedursi, arguirsi: *die Bedeutung erschließt sich aus dem Kontext* il significato si desume dal contesto ◆ *Bauland ~* infrastrutturare un terreno. **Er|schlie|ßung** f. *(-,-en)* **1** apertura *f.* **2** sfruttamento *m.*: *die ~ einer Ölquelle* lo sfruttamento di un giacimento petrolifero **3** *(von Texten)* chiarimento *m.*

er|schmei|cheln I tr. ottenere, carpire con lusinghe **II** rifl. *sich (D) jds Gunst ~* insinuarsi nelle grazie di qcn.

er|schöpf|bar agg. esauribile. **er|schöp|fen I** tr. **1** esaurire: *seine Kräfte, alle Möglichkeiten ~* esaurire le proprie forze, tutte le possibilità **2** *(vollständig behandeln)* sviscerare, trattare a fondo, esaurire: *ein Thema ~* sviscerare un argomento **3** *(anstrengen)* esaurire, sfinire, estenuare: *jdn zu Tode ~* sfinire qcn. fino alla morte **II** rifl. **sich ~** esaurirsi: *seine Geduld erschöpft sich schnell* la sua pazienza si esaurisce in fretta; *meine Aufgabe erschöpft sich darin, am Telefon zu antworten* il mio compito si esaurisce nel rispondere al telefono. **er|schöp|fend I** p.pres. agg. **1** → **erschöpfen 2** esauriente, esaustivo: *ein -es Argument* un argomento esaustivo **II** avv. esaustivamente. **Er|schöp|fung** f. *(-,-en)* esaurimento *m.*

er|schos|sen p.pass. agg. **1** → **erschießen 2** COLLOQ. FIG. *(völlig) ~ sein* essere sfinito, allo stremo delle forze.

er|schrak → **erschrecken.**

er|schre|cken I tr. *(erschreckte, erschreckt) jdn ~* spaventare, impaurire qcn., far paura a qcn. **II** intr. *(erschrak, erschrocken;* aus. *sein)* spaventarsi: *vor jdm, über etw. (A) ~* spaventarsi di qcn., di (*o* per, alla vista di) qcs.; *zutiefst, zu Tode ~* spaventarsi a morte **III** rifl. *(erschreckte/erschrak, erschreckt/erschrocken)* **sich ~** COLLOQ. spaventarsi. **Er|schre|cken** n. *(-s)* spavento *m.* **er|schre|ckend** p.pres. agg. **1** → **erschrecken 2** spaventevole, spaventoso.

er|schro|cken → **erschrecken. Er|schro|cken|heit** f. *(-)* spavento *m.*

er|schüt|tern tr. **1** scuotere, far tremare **2** FIG. scuotere, sconvolgere: *jds Vertrauen ~* scuotere la fiducia di qcn. **er|schüt|tert** p.pass. agg. **1** → **erschüttern 2** scosso, commosso: *über etw. ~ sein* essere scosso per qcs. **Er|schüt|te|rung** f. *(-,-en)* **1** scossa *f.*, vibrazione *f.* **2** FIG. l'essere scosso, commozione *f.*, emozione *f.* **er|schüt|te|rungs|frei** agg. e avv. senza vibrazioni, a prova di vibrazioni.

er|schwe|ren tr. **1** rendere (più) difficile, complicare, aggravare: *der Nebel erschwert die Landung* la nebbia rende più difficile l'atterraggio; *mit deinem Schweigen erschwerst du deine Lage* con il tuo silenzio complichi la situazione **2** *(behindern)* ostacolare: *der starke Wind erschwert die Arbeit der Feuerwehr* il forte vento ostacola il lavoro dei vigili del fuoco. **er|schwe|rend** p.pres. agg. **1** → **erschweren 2** aggravante: *-e Umstände* circostanze aggravanti. **Er|schwer|nis** f. *(-,-se)* **1** *(Hindernis)* ostacolo *m.*, complicazione *f.* **2** *(Belastung)* aggravamento *m.*, aggravio *m.* **Er|schwer|nis|zu|la|ge** f. *(-,-n)* indennità *f.* per lavori pesanti. **Er|schwe|rung** f. *(-,-en)* → **Erschwernis.**

er|schwin|deln tr. ottenere con l'imbroglio.

er|schwin|gen tr. *(erschwang, erschwungen)* RAR. poter (*o* essere in grado di) pagare: *das kann ich nicht ~* questo non posso pagarlo, non è alla mia portata. **er|schwing|lich** agg. (finanziariamente) accessibile.

er|se|hen tr. *(ersieht, ersah, ersehen)* **1** *(entnehmen)* apprendere, desumere: *wie ich aus Ihrem Brief ersehe...* come apprendo dalla Sua lettera... **2** *(erkennen)* scorgere: *sofort seinen Vorteil ~* scorgere subito il proprio tornaconto **3** ANT. *(erwählen)* eleggere, scegliere: *jdn zum Führer ~* scegliere qcn. come guida.

er|seh|nen tr. desiderare ardentemente, agognare: *etw. heiß ~* desiderare ardentemente qcs.

er|setz|bar agg. sostituibile. **er|set|zen** tr. **1a** *(auswechseln)* sostituire, cambiare: *die durchgebrannte Glühbirne durch eine neue ~* sostituire la lampadina bruciata con una nuova **b** *(von Personen)* sostituire, rimpiazzare: *einen Spieler ~* rimpiazzare un giocatore **c** *(vertreten) jdn, etw. ~* fare le veci di qcn., compensare qcs.: *sie ersetzt dem Kind die Mutter* per il bambino (lei) fa le veci della madre; *die fehlende Begabung durch Fleiß ~* compensare la mancanza di talento con l'impegno **2** *(entschädigen)* risarcire, rimborsare, rifondere: *jdm die Auslagen ~* rimborsare le spese a qcn.; *den Schaden ~* risarcire (*o* rifondere) il danno. **Er|set|zung** f. *(-,-en)* **1a** *(Ersatz)* sostituzione *f.* **b** *(von Personen)* rimpiazzo *m.* **2** *(Entschädigung)* risarcimento *m.*, rimborso *m.*, riparazione *f.*

er|sicht|lich I agg. chiaro, evidente **II** avv. chiaramente, evidentemente ◆ *daraus wird ~, dass...* ne risulta che...

er|sin|nen tr. *(ersann, ersonnen)* escogitare, ideare.

er|sit|zen tr. *(ersaß, ersessen)* **1** SPREG. ottenere facendo mera presenza: *er hat seine Versetzung nur ersessen* ha ottenuto la promozione facendo mera presenza **2** DIR. usucapire. **Er|sit|zung** f. *(-,-en)* usucapione *m.*

er|spä|hen tr. **1** avvistare **2** FIG. individuare.

er|spa|ren I tr. **1** risparmiare (anche FIG.): *jdm etw. ~* risparmiare qcs. a qcn. **2** fare risparmiare: *die neue Maschine erspart Zeit* la nuova macchina fa risparmiare tempo **II** rifl. *sich (D) etw. ~* mettersi (*o* mettere) da parte qcs.: *sich (D) ein Vermögen ~* mettere da parte un patrimonio. **Er|spar|nis** f. *(-,-se)* risparmio *m.*, economia *f.*: *eine erhebliche ~ an Mühe* un notevole risparmio di fatica; *seine -se abheben* prelevare i propri risparmi. **er|spart** p.pass. → **ersparen** ◆ *es bleibt uns nichts ~* non ci viene risparmiato nulla. **Er|spa|rung** f. *(-,-en)* → **Ersparnis.**

er|spie|len tr. ottenere (*o* conquistarsi) giocando.

er|sprie|ßen intr. *(erspross, ersprossen;* aus. *sein)* germogliare, spuntare. **er|sprieß|lich** agg. **1a** utile, giovevole **b** *(fruchtbar)* fruttuoso, redditizio **2** COLLOQ. piacevole: *es war kein -er Anblick* non era una scena piacevole. **Er|sprieß|lich|keit** f. *(-,-en)* utilità *f.*

er|spü|ren tr. intuire.

erst I avv. **1** *(zunächst)* prima, in primo luogo, innanzitutto: *sprich ~ mit dem Direktor* parla prima con il direttore **2** *(zu Anfang)* in un primo tempo, all'inizio: *~ ging alles gut, dann stellten sich Komplikationen ein* all'inizio andava tutto bene, poi sono insorte delle complicazioni **3** *(nicht eher, später als)* solo, soltanto: *ich fahre ~ morgen ab* parto solo (*o* non prima di) domani; *ich habe sie ~ gestern gesehen* li ho visti solo (*o* non più tardi di, appena) ieri; *es ist ~ 9 Uhr* sono solo le nove; *er ist eben ~ angekommen* è arrivato soltanto adesso, è appena arrivato **4** *(noch)* ancora: *das Getreide muss ~ reifen* il grano deve ancora maturare **II** part.at. **1** *(in Wunschsätzen)* solo, almeno: *wenn du ~ hier wärst!* se solo fossi qui! **2** *(eine Steigerung ausdrückend)* davvero, addirittura, ancora di più: *er ist schon unerträglich, aber ~ seine Schwester!* lui è già insopportabile, ma sua sorella ancora di più! ◆ *~ als* solo quando; *~ dann* solo allora; *wenn du ~ einmal in mein Alter kommst* quando avrai la mia età; *das fang ich gar nicht ~ an* non lo comincio nemmeno; *das erlaub ich mir gar nicht ~* non me lo permetto proprio; *~ recht* più che mai; *~ recht nicht* meno che mai.

er|star|ken intr. (aus. *sein*) rafforzarsi, fortificarsi (anche FIG.): *sein Glaube erstarkte* la sua fede si fortificò (*o* si consolidò). **Er|star|kung** f. *(-)* rafforzamento *m.*, consolidamento *m.*

er|star|ren intr. (aus. *sein*) **1** *(von Metallen)* indurire, indurirsi **2** *(von Flüssigkeiten)* solidificarsi, congelarsi **3** *(von Blut, Milch)* coagularsi **4** *(vor Kälte)* irrigidirsi, intirizzire **5** FIG. raggelare, impietrire: *vor Schreck ~* impietrire per lo spavento; *sein Lächeln erstarrte ihm auf den Lippen* il sorriso gli si gelò sulle labbra **6** FIG. cristallizzarsi, fossilizzarsi, sclerotizzarsi: *in Konventionen ~* sclerotizzarsi in convenzioni. **Er|star|rung** f. *(-,-en)* **1** *(von Metallen)* indurimento *m.* **2** *(von Flüssigkeiten)* solidificazione *f.*, congelamento *m.* **3** *(vor Kälte)* irrigidimento *m.*, intirizzimento *m.* **4** FIG. *(Reglosigkeit)* torpore *m.*: *aus der ~ erwachen* svegliarsi dal torpore.

er|stat|ten tr. **1** risarcire: *jdm einen Schaden ~* risarcire un danno a qcn. **2** *(zurückzahlen)* rimborsare: *die Unkosten ~* rimborsare le spese ◆ *gegen jdn Anzeige ~* sporgere denuncia contro qcn.; *Bericht über etw. ~* fare rapporto su qcs. **Er|stat|tung** f. *(-,-en)* **1** risarcimento *m.* **2** *(Zurückzahlen)* rimborso *m.*

erst|auf‿füh|ren tr. (solo inf. e p.pass.) *ein Bühnenwerk ~* dare la prima di un'opera teatrale, rappresentare un'opera teatrale per la prima volta. **Erst|auf|füh|rung** f. *(-,-en)* prima rappresentazione *f.*, prima *f.* **Erst|auf|la|ge** f. *(-,-n)* prima edizione *f.*

er|stau|nen I tr. stupire, meravigliare, sorprendere: *jdn durch seine Fähigkeiten ~* stupire qcn. con le proprie capacità **II** intr. (aus. *sein*) *über etw. ~* stupirsi, meravigliarsi di qcs. **Er|stau|nen** n. *(-s)* stupore *m.*, meraviglia *f.*, sorpresa *f.* ◆ *in ~ geraten* stupirsi; *jdn in ~ (ver)setzen* fare stupire qcn.; *zu meinem großen ~* con mia gran sorpresa. **er|stau|nens|wert** agg. RAR. sorprendente, meraviglioso, straordinario.

er|staun|lich I agg. sorprendente, meraviglioso, straordinario **II** avv. sorprendentemente, molto: *~ jung aussehen* avere un aspetto molto giovane. **Er|staun|li|che** n. *(-n)* cose *f.pl.* sorprendenti: *sie hat -s (im Leben) geleistet* ha fatto cose sorprendenti (nella vita). **er|staun|li|cher|wei|se** avv. sorprendentemente.

er|staunt p.pass. agg. **1** → **erstaunen 2** stupito, stupefatto; *(verwundert)* meravigliato, sorpreso: *über etw. ~ sein* essere stupito di qcs. **Er|staunt|heit** f. *(-)* stupore *m.*, meraviglia *f.*

Erst|aus|ga|be f. *(-,-n)* prima edizione *f.* **Erst|be|sitz** m. *(-es)* prima proprietà *f.* **Erst|be|sit|zer** m. *(-s,-)* primo proprietario *m.* **erst|best...** agg. primo venuto, primo che capita: *bei der -en Gele-*

genheit alla prima occasione che capita. **Erst|be|stei|gung** f. *(-,-en)* ALP. prima ascensione *f.*, prima *f.* assoluta. **Erst|druck** m. *(-[e]s,-e)* bozze *f.pl.*, prove *f.pl.* di stampa.

ers|te agg. **1a** primo: ***im -n Stock wohnen*** abitare al primo piano; ***zum -n Mal(e)*** per la prima volta **b** *(im Datum)* ***am -n Mai*** il primo maggio; ***München, den -n Mai*** Monaco, primo maggio **2a** *(wichtigste)* principale, più importante: ***die ~ Rolle spielen*** avere il ruolo più importante **b** *(beste)* migliore: ***das ~ Hotel am Platze*** il migliore hotel disponibile ◆ ***als Erstes*** per prima cosa, innanzitutto; ***der ~ Beste*** il primo che capita, il primo venuto; ***auf den -n Blick*** a prima vista; ***fürs Erste*** per il momento, per ora; ***~ Hilfe*** pronto soccorso; ***zum Ersten*** per prima cosa, in primo luogo. **Ers|te** m. e f. *(-n,-n)* primo *m.* (-a *f.*): ***der ~ der Klasse*** il primo della classe; *(als Monatstag)* ***heute ist der ~*** oggi è il primo; ***am, zum -n des Monats*** il primo del mese ◆ SCHERZ. ***-r von hinten*** il primo dal fondo.

er|ste|chen tr. *(ersticht, erstach, erstochen)* trafiggere, pugnalare.

er|ste|hen *(erstand, erstanden)* **I** intr. (aus. *sein*) **1** risorgere: ***zu neuem Leben ~*** risorgere a nuova vita **2** *(entstehen)* ***aus etw. ~*** derivare, nascere da qcs.; ***aus deinem Zögern werden nur noch Nachteile ~*** dalla tua esitazione deriveranno solo svantaggi **II** tr. acquistare, comperare. **Er|ste|her** m. *(-s,-)* compratore *m.*, acquirente *m.*; *(bei Versteigerungen)* aggiudicatario *m.*

Ers|te-Hil|fe-Aus|rüs|tung f. *(-,-en)* equipaggiamento *m.* di pronto soccorso. **Ers|te-Hil|fe-Leis|tung** f. *(-,-en)* pronto soccorso *m.*

Er|ste|hung f. *(-,-en)* acquisto *m.*; *(bei Versteigerungen)* aggiudicazione *f.*

er|steig|bar agg. ALP. che si può scalare, accessibile. **Er|steig|bar|keit** f. *(-)* ALP. accessibilità *f.* **er|stei|gen** tr. *(erstieg, erstiegen)* salire (su), scalare: ***einen Berg ~*** scalare una montagna. **Er|stei|ger** m. *(-s,-)* scalatore *m.*

er|stei|gern tr. comperare a un'asta. **Er|stei|ge|rung** f. *(-,-en)* acquisto *m.* a un'asta.

Er|stei|gung f. *(-,-en)* scalata *f.*, ascensione *f.*

er|stel|len tr. **1** BUROCR. costruire, edificare **2** *(verfassen)* redigere, eseguire: ***ein Gutachten ~*** redigere una perizia **3** *(bereitstellen)* mettere a disposizione. **Er|stel|ler** m. *(-s,-)* esecutore *m.* **Er|stel|lung** f. *(-,-en)* **1** BUROCR. costruzione *f.*, edificazione *f.* **2** *(Verfassung)* redazione *f.* **3** messa *f.* a disposizione.

ers|tens avv. in primo luogo, per prima cosa.

er|ster|ben intr. *(erstirbt, erstarb, erstorben;* aus. *sein)* spegnersi: ***das Lächeln erstarb auf ihren Lippen*** il sorriso le si spense sulle labbra ◆ COLLOQ. ***vor, in Ehrfurcht ~*** = avere rispetto.

ers|te|re agg. primo (fra due).

Ers|ter-Klas|se-Ab|teil n. *(-[e]s,-e)* scompartimento *m.* di prima classe. **Ers|ter-Klas|se-Wa|gen** m. *(-s,-)* carrozza *f.* di prima classe.

Erst|er|stei|gung f. *(-,-en)* ALP. prima *f.* (ascensione *f.*). **erst|er|wähnt** agg. primo citato (*o* menzionato).

Erst|ge|bä|ren|de f. *(-n,-n)* primipara *f.* **erst|ge|bo|ren** agg. primogenito. **Erst|ge|bo|re|ne**, **Erst|ge|bor|ne** m., f. e n. *(-n,-n)* primogenito *m.* (-a *f.*).

Erst|ge|burt f. *(-,-en)* **1** *(Erstgeborene)* primogenito *m.* (-a *f.*) **2** DIR. primogenitura *f.* **Erst|ge|burts|recht** n. *(-[e]s)* diritto *m.* di primogenitura.

erst|ge|nannt agg. → **ersterwähnt.**

er|sti|cken I tr. **1** soffocare, asfissiare (anche FIG.): ***das Feuer mit Decken ~*** soffocare il fuoco con delle coperte; ***den Aufruhr im Blut ~*** soffocare la rivolta nel sangue **2** reprimere: ***etw. im Keim ~*** reprimere qcs. in germe **II** intr. (aus. *sein*) soffocare, asfissiare: ***an etw. (D) ~*** soffocare per (*o* restare soffocato da) qcs. ◆ ***im Geld, in Arbeit ~*** nuotare nell'oro, essere soffocato dal lavoro; ***vor Wut, Lachen ~*** scoppiare di rabbia, crepare (*o* scoppiare) dalle risa. **Er|sti|cken** n. *(-s)* soffocamento *m.*, asfissia *f.* ◆ ***zum ~ voll*** pieno da scoppiare. **Er|sti|ckung** f. *(-)* soffocamento *m.*, asfissia *f.* **Er|sti|ckungs|an|fall** m. *(-[e]s,-anfälle)* principio *m.* di soffocamento. **Er|sti|ckungs|tod** m. *(-[e]s,-e)* morte *f.* per soffocamento.

erst|klas|sig agg. di prima scelta (*o* qualità); *(erstrangig)* di prim'ordine.

Erst|kom|mu|ni|on f. *(-,-en)* prima comunione *f.*

erst|lich avv. ANT. → **erstens.**

Erst|ling m. *(-s,-e)* **1** opera *f.* prima **2** *(Erstgeborene)* primogenito *m.* **3** pl. primizie *f.pl.* **Erst|lings|aus|stat|tung** f. *(-,-en)* corredo *m.* per neonato. **Erst|lings|druck** m. *(-[e]s,-e)* bozze *f.pl.*, prove *f.pl.* di stampa. **Erst|lings|werk** n. *(-[e]s,-e)* opera *f.* prima.

erst|ma|lig agg. che ha luogo per la prima volta, primo. **erst|mals** avv. per la prima volta.

Erst|plat|zier|te m. e f. *(-n,-n)* primo *m.* classificato (-a *f.* -a).

er|strah|len intr. (aus. *sein*) rilucere, risplendere: ***im Lichterglanz ~*** risplendere per lo scintillio delle luci.

erst|ran|gig agg. di primo piano, di prim'ordine: ***ein -es Thema*** un argomento di primo piano (*o* di primaria importanza). **Erst|ran|gig|keit** f. *(-)* qualità *f.* superiore.

er|stre|ben tr. ***etw. ~*** aspirare, ambire a qcs. **er|stre|bens|wert** agg. desiderabile, auspicabile.

er|stre|cken rifl. **sich ~ 1** *(sich ausdehnen)* ***sich über etw. ~*** estendersi su qcs.; ***sich bis, an etw. (A) ~*** estendersi fino a qcs. **2** FIG. ***sich auf jdn, etw. ~*** concernere, riguardare qcn., qcs.: ***die Vorschriften ~ sich auch auf Ausländer*** le norme riguardano anche gli (*o* valgono anche per gli) stranieri **3** *(dauern)* durare: ***sich über eine Zeitspanne ~*** durare (*o* abbracciare) un certo lasso di tempo **4** AUSTR. *(verschieben)* spostare, prorogare. **Er|stre|ckung** f. *(-,-en)* estensione *f.*

er|strei|ten tr. *(erstritt, erstritten)* ottenere (*o* conquistare) combattendo ◆ ***sein Recht ~*** far valere i propri diritti combattendo.

Erst|schlag m. *(-[e]s,-schläge)* attacco *m.* atomico decisivo. **Erst|tags|stem|pel** m. *(-s,-)* timbro *m.* del giorno di emissione.

er|stun|ken COLLOQ. ***das ist ~ und erlogen*** è inventato di sana pianta, è una bugia bella e buona.

er|stür|men tr. prendere d'assalto, espugnare. **Er|stür|mung** f. *(-,-en)* espugnazione *f.*

erst|ver|öf|fent|li|chen tr. (solo inf. e p.pass.) pubblicare per la prima volta. **Erst|ver|öf|fent|li|chung** f. *(-,-en)* **1** prima pubblicazione *f.* **2** *(erstveröffentliches Werk)* inedito *m.*

Erst|wa|gen m. *(-s,-)* prima auto *f.* **Erst|wäh|ler** m. *(-s,-)* chi vota per la prima volta. **Erst|zu|las|sung** f. *(-,-en)* immatricolazione *f.*

er|su|chen tr. **1** ***jdn um etw. ~*** chiedere qcs. a qcn., pregare qcn. di (fare) qcs. **2** *(auffordern)* invitare: ***Sie werden ersucht, das Formular auszufüllen*** è invitato a compilare il modulo. **Er|su|chen** n. *(-s,-)* richiesta *f.*, preghiera *f.*: ***ein ~ an jdn richten, stellen*** rivolgere una richiesta a qcn.; ***einem ~ stattgeben, entsprechen*** accogliere, esaudire una richiesta; ***auf Ihr ~ hin*** dietro Sua richiesta.

er|tap|pen I tr. sorprendere, prendere (sul fatto): ***jdn beim Stehlen ~*** sorprendere qcn. che ruba, mentre ruba; ***jdn auf frischer Tat ~*** cogliere qcn. sul fatto (*o* con le mani nel sacco) **II** rifl. **sich ~** sorprendersi: ***sich beim Gedanken ~, dass...*** sorprendersi a pensare che...

er|tas|ten tr. trovare a tastoni: ***den Lichtschalter ~*** trovare l'interruttore della luce a tastoni.

er|tau|ben intr. (aus. *sein*) diventare sordo.

er|tei|len tr. **1** impartire, dare: ***jdm Unterricht, einen Befehl ~*** impartire lezioni, un ordine a qcn.; ***jdm Auskunft ~*** dare informazioni a qcn. **2a** concedere, accordare: ***jdm eine Erlaubnis ~*** concedere un permesso a qcn. **b** conferire: ***jdm volle Macht ~*** conferire (*o* dare) a qcn. pieni poteri **3** COMM. trasmettere: ***jdm einen Auftrag ~*** trasmettere un ordine a qcn. **Er|tei|lung** f. *(-,-en)* **1** l'impartire **2a** *(von Erlaubnis)* concessione *f.*, accordo *m.* **b** *(von Macht)* conferimento *m.*

er|tö|nen intr. (aus. *sein*) risuonare: ***der Saal ertönte von heftigem Geschrei*** nella sala risuonavano grida concitate; ***seine Stimme ~ lassen*** far sentire la propria voce.

er|tö|ten tr. mortificare, soffocare: ***seine Triebe ~*** mortificare i propri istinti.

Er|trag m. *(-[e]s,-träge)* **1** raccolto *m.*: ***die Felder bringen, liefern, erzielen bescheidene Erträge*** i campi danno raccolti modesti **2** *(Gewinn)* provento *m.*, utile *m.*, profitto *m.*: ***gute Erträge abwerfen*** dare buoni profitti, rendere bene ◆ ***vom ~ leben*** vivere di rendita.

er|trag|bar agg. sopportabile. **er|tra|gen** tr. *(erträgt, ertrug, ertragen)* sopportare, reggere, soffrire: ***jdn nicht, schlecht ~ können*** non riuscire a sopportare qcn., reggere male qcn.

er|trag|fä|hig agg. produttivo. **Er|trag|fä|hig|keit** f. *(-,-en)* produttività *f.*

er|träg|lich I agg. **1** sopportabile **2** COLLOQ. *(leidlich)* passabile **II** avv. passabilmente, abbastanza bene. **Er|träg|lich|keit** f. *(-,-en)* sopportabilità *f.*

er|trag|los agg. improduttivo, infruttuoso. **Er|trag|lo|sig|keit** f. *(-,-en)* improduttività *f.* **er|trag|reich** agg. molto produttivo, fruttuoso, che rende molto. **er|trags|arm** agg. poco produttivo. **er|trags|fä|hig** → **ertragfähig. Er|trags|fä|hig|keit** → **Ertragfähigkeit. Er|trag(s)|steu|er** f. *(-,-n)* imposta *f.* sul reddito.

er|trank → **ertrinken.**

er|trän|ken I tr. annegare, affogare (anche FIG.): ***seine Misserfolge in, im Alkohol ~*** affogare i propri insuccessi nell'alcol **II** rifl. **sich ~** annegarsi. **Er|trän|kung** f. *(-,-en)* annegamento *m.*

er|träu|men tr. sognare, immaginare: ***so schön hatte ich mir das nicht erträumt*** così bello non me l'ero immaginato (*o* non l'avevo immaginato).

er|trin|ken intr. *(ertrank, ertrunken;* aus. *sein)* **1** annegare, affogare **2** FIG. affogare, essere sommerso (da): ***wir ~ in Schulden, in Arbeit*** affoghiamo nei debiti, nel lavoro. **Er|trin|ken** n. *(-s)* annegamento *m.*
er|trot|zen tr. ottenere, strappare con l'ostinazione.
Er|trun|ke|ne m. e f. *(-n,-n)* annegato *m.* (-a *f.*).
er|tüch|ti|gen I tr. allenare, irrobustire (allenando) **II** rifl. **sich ~** allenarsi, irrobustirsi. **Er|tüch|ti|gung** f. *(-,-en)* allenamento *m.*, irrobustimento *m.*
er|üb|ri|gen I tr. risparmiare, avanzare **II** rifl. **sich ~** essere superfluo, essere inutile, non essere necessario: ***es erübrigt sich, das zu tun*** è inutile fare questo ◆ ***Zeit für jdn, etw. ~*** trovare tempo per qcn., qcs.; ***kein Geld für etw. ~ können*** non avere soldi per qcs. **Er|üb|ri|gung** f. *(-)* risparmio *m.*
e|ru|ie|ren tr. accertare: ***die Wahrheit ~*** accertare la verità. **E|ru|ie|rung** f. *(-,-en)* accertamento *m.*
e|rup|tie|ren intr. (aus. *sein*) eruttare. **E|rup|ti|on** f. *(-,-en)* GEOL. MED. eruzione *f.* **e|rup|tiv** agg. GEOL. MED. eruttivo. **E|rup|tiv|ge|stein** n. *(-[e]s,-e)* roccia *f.* eruttiva.
er|wa|chen intr. (aus. *sein*) (ri)svegliarsi, (ri)destarsi (anche FIG.): ***von dem Lärm ~*** svegliarsi per il rumore; ***aus dem Schlaf, aus der Narkose ~*** svegliarsi dal sonno, dalla narcosi; ***die Natur erwacht zu neuem Leben*** la natura si ridesta a nuova vita; ***sein Gewissen, seine Neugier erwachte*** la sua coscienza, la sua curiosità si risvegliò. **Er|wa|chen** n. *(-s)* risveglio *m.* (anche FIG.).
1.er|wach|sen intr. *(erwächst, erwuchs, erwachsen;* aus. *sein)* **1** derivare, risultare, nascere: ***daraus ~ mir hohe Kosten*** me ne derivano forti spese **2** ANT. *(heranwachsen)* crescere: ***zum Mann ~*** diventare uomo.
2.er|wach|sen p.pass. agg. **1** → **1.erwachsen 2** adulto, grande.
Er|wach|se|ne m. e f. *(-n,-n)* adulto *m.* (-a *f.*). **Er|wach|se|nen|bil|dung** f. *(-)* istruzione *f.* per adulti.
er|wä|gen tr. *(erwog, erwogen)* **1** ponderare, esaminare: ***das Für und Wider einer Sache ~*** ponderare il pro e il contro di una cosa; ***einen Plan reiflich ~*** esaminare a fondo un piano **2** *(in Betracht ziehen)* considerare, prendere in considerazione (l'idea di). **er|wä|gens|wert** agg. degno di essere preso in considerazione. **Er|wä|gung** f. *(-,-en)* riflessione *f.*, attento esame *m.*, considerazione *f.*: ***-en über etw. anstellen*** fare riflessioni su qcs.; ***etw. in ~ ziehen*** prendere in considerazione qcs.
er|wäh|len tr. LETT. **1** *(auswählen)* prescegliere, scegliere: ***(sich [D]) einen Beruf ~*** sceglier(si) un lavoro **2** *(wählen)* eleggere: ***jdn zum Kaiser ~*** eleggere qcn. imperatore. **Er|wähl|te** m. e f. *(-n,-n)* eletto *m.* (-a *f.*), prescelto *m.* (-a *f.*); RELIG. predestinato *m.* (-a *f.*). **Er|wäh|lung** f. *(-,-en)* **1** elezione *f.* **2** RELIG. predestinazione *f.*
er|wäh|nen tr. menzionare, ricordare (brevemente), accennare: ***er hat nichts von dem Streit mit seiner Frau erwähnt*** non ha minimamente accennato alla lite con la moglie ◆ ***jdn namentlich ~*** menzionare qcn. (per nome); ***wie oben erwähnt*** come summenzionato. **er|wäh|nens|wert** agg. degno di menzione, rilevante. **er|wähn|ter|ma|ßen** avv. come accennato. **Er|wäh|nung** f. *(-,-en)* menzione *f.*, accenno *m.*: ***~ finden, verdienen*** trovare menzione, essere degno di menzione.
er|wan|dern tr. percorrere a piedi.
er|wär|men I tr. **1** riscaldare: ***Wasser auf 40 Grad ~*** riscaldare acqua a 40 gradi **2** FIG. interessare: ***er schafft es nicht, sie für dieses Unternehmen zu ~*** non riesce a interessarla a quest'impresa **II** rifl. **sich ~ 1** riscaldarsi **2** FIG. interessarsi: ***sich für jdn, etw. ~*** interessarsi a qcn., a qcs. **Er|wär|mung** f. *(-,-en)* riscaldamento *m.*
er|war|ten I tr. **1a** aspettare, attendere **b** FIG. ***sie erwartet ein Kind*** aspetta un bambino **2** supporre, aspettarsi: ***das war zu ~*** c'era da aspettarselo; ***es steht zu ~*** è probabile; ***viel, wenig ~ lassen*** lasciar supporre molto, poco **II** rifl. ***sich (D) etw. von jdm ~*** aspettarsi qcs. da qcn. ◆ ***ich kann es kaum ~*** non vedo l'ora. **Er|war|ten** n. *(-s)* attesa *f.*, aspettativa *f.*: ***über, wider (alles) ~*** sopra, contro ogni aspettativa. **Er|war|tung** f. *(-,-en)* attesa *f.*, aspettativa *f.*: ***-en erfüllen, enttäuschen*** corrispondere ad aspettative, deludere aspettative; ***-en hegen*** nutrire aspettative; ***-en in jdn setzen*** riporre attese in qcn.; ***sich der ~ hingeben, dass...*** cullarsi nella speranza che... ◆ ***seiner ~ Ausdruck geben*** esprimere la propria aspettativa; ***jds -en gerecht werden*** corrispondere alle aspettative di qcn.; ***in ~ Ihrer Antwort*** in attesa di una Sua risposta; ***voller ~*** impaziente (per l'attesa). **er|war|tungs|froh** agg. avv. → **erwartungsvoll. er|war|tungs|ge|mäß** avv. secondo le aspettative. **Er|war|tungs|hal|tung** f. *(-,-en)* attesa *f.* **Er|war|tungs|ho|ri|zont** m. *(-[e]s,-e)* LETT. aspettative *f.pl.*: ***der ~ des Publikums*** le aspettative del pubblico. **er|war|tungs|voll I** agg. pieno di aspettative, impaziente (per l'attesa) **II** avv. impazientemente, con impazienza.

er|we|cken tr. **1** risvegliare, LETT. destare **2** FIG. destare, suscitare, risuscitare: ***(falsche) Hoffnungen ~*** destare (false) speranze; ***in jdm Interesse für etw. ~*** suscitare interesse per qcs. in qcn. **3** risuscitare: ***jdn vom Tod, zum Leben ~*** risuscitare qcn. da morte, far tornare in vita qcn. ◆ ***den Anschein ~*** far credere; ***den Eindruck ~*** dare l'impressione; ***Erinnerungen ~*** evocare ricordi; ***Vertrauen ~*** ispirare fiducia. **Er|we|ckung** f. *(-,-en)* **1** risveglio *m.* **2** FIG. risurrezione *f.*
er|weh|ren rifl. **sich ~ 1** difendersi: ***sich jds, etw. (G) ~*** difendersi da qcn., da qcs. **2** ***sich etw. (G) ~*** reprimere, trattenere qcs., trattenersi da qcs.: ***sich der Tränen, des Lachens nicht ~ können*** non poter trattenere le lacrime, le risa.
er|wei|chen I tr. **1** ammollire, ammorbidire, rendere molle **2** FIG. intenerire, commuovere: ***sich durch jds Tränen (nicht) ~ lassen*** (non) lasciarsi intenerire dalle lacrime di qcn. **II** intr. (aus. *sein*) ammollirsi, ammorbidirsi, diventare molle. **Er|wei|chung** f. *(-,-en)* **1** ammollimento *m.* **2** FIG. intenerimento *m.*
er|weis|bar agg. dimostrabile. **er|wei|sen** *(erwies, erwiesen)* **I** tr. **1** dimostrare, provare: ***jds Unschuld ~*** provare l'innocenza di qcn. **2a** *(bezeigen)* tributare, dimostrare: ***jdm Achtung, Ehre ~*** dimostrare grande rispetto, tributare onori a qcn. **b** rendere, fare: ***jdm einen Dienst, Gefallen ~*** rendere un servizio, fare un piacere a qcn. **II** rifl. **sich ~** (di)mostrarsi, rivelarsi: ***sich (gegen jdn) dankbar ~*** mostrarsi riconoscente (verso qcn.); ***sich als wahr ~*** rivelarsi vero; ***es wird sich gleich ~, ob...*** si scoprirà, si vedrà subito, se...
er|weis|lich agg. ANT. **I** dimostrabile, comprovabile **II** avv. come si può dimostrare; evidentemente. **Er|wei|sung** f. *(-,-en)* **1** dimostrazione *f.*, prova *f.* **2a** *(von Achtung)* tributo *m.* **b** *(von Diensten)* prestazione *f.*, resa *f.*
er|wei|tern I tr. **1** allargare, ingrandire; ***den Rock um zwei Zentimeter ~*** allargare la gonna di due centimetri; ***das Geschäft ~*** ingrandire il negozio; ***die Briefmarkensammlung ~*** arricchire la raccolta di francobolli **2** FIG. estendere, ampliare: ***seinen Horizont, seine Kenntnisse ~*** ampliare i propri orizzonti, le proprie conoscenze **3** MED. dilatare **4** MAT. ***einen Bruch ~*** = moltiplicare numeratore e denominatore di una frazione per uno stesso numero **II** rifl. **sich ~ 1** allargarsi, ingrandirsi **2** FIG. estendersi, ampliarsi **3** MED. dilatarsi: ***die Pupillen ~ sich*** le pupille si dilatano. **er|wei|tert** p.pass. agg. **1** → **erweitern 2** ***-e Pupillen*** pupille dilatate. **Er|wei|te|rung** f. *(-,-en)* **1** allargamento *m.*, ingrandimento *m.* **2** FIG. ampliamento *m.*, estensione *f.* **Er|wei|te|rungs|bau** m. *(-[e]s, -ten)* (lavori *m.pl.* di) ampliamento *m.*
Er|werb m. *(-[e]s,-e)* **1** acquisto *m.*, acquisizione *f.*: ***der ~ von Kenntnissen*** l'acquisizione di conoscenze **2** *(Kauf)* acquisto *m.*: ***der ~ einer Wohnung*** l'acquisto di un appartamento **3** *(berufliche Arbeit)* occupazione *f.*, mestiere *m.*: ***einem ~ nachgehen*** dedicarsi a un'occupazione **4** *(Verdienst)* guadagno *m.*, profitto *m.*
er|wer|ben tr. *(erwirbt, erwarb, erworben)* **1** ***etw. ~*** acquistare qcs., entrare (*o* venire) in possesso di qcs. **2** FIG. *(sich aneignen)* acquisire: ***(sich [D]) jds Achtung ~*** acquisire la considerazione di qcn. ◆ ***käuflich ~*** comprare. **Er|wer|ber** m. *(-s,-)* acquirente *m.*
er|werbs|be|schränkt agg. parzialmente inabile al lavoro. **Er|werbs|be|schrän|kung** f. *(-,-en)* parziale inabilità *f.* al lavoro. **er|werbs|fä|hig** agg. abile al lavoro. **Er|werbs|fä|hig|keit** f. *(-)* abilità *f.* al lavoro. **Er|werbs|le|ben** n. *(-s)* attività *f.* professionale ◆ ***im ~ stehen*** essere nel pieno dell'attività professionale.
er|werbs|los agg. disoccupato. **Er|werbs|lo|se** m. e f. *(-n,-n)* disoccupato *m.* (-a *f.*). **Er|werbs|lo|sig|keit** f. *(-,-en)* disoccupazione *f.*
Er|werbs|min|de|rung f. *(-,-en)* diminuzione *f.* della capacità lavorativa. **Er|werbs|mög|lich|keit** f. *(-,-en)* possibilità *f.* di lavoro. **Er|werbs|quel|le** f. *(-,-n)* fonte *f.* di guadagno, provento *m.* **Er|werbs|ren|te** f. *(-,-n)* pensione *f.* d'invalidità.
er|werbs|tä|tig agg. che vive del suo lavoro. **Er|werbs|tä|ti|ge** m. e f. *(-n,-n)* lavoratore *m.* (-trice *f.*). **Er|werbs|tä|tig|keit** f. *(-,-en)* attività *f.* lavorativa.
er|werbs|un|fä|hig agg. inabile al lavoro. **Er|werbs|un|fä|hi|ge** m. e f. *(-n,-n)* inabile *m.* e *f.* **Er|werbs|un|fä|hig|keit** f. *(-)* inabilità *f.* al lavoro, invalidità *f.*
Er|werbs|zweig m. *(-[e]s,-e)* settore *m.* economico.
Er|wer|bung f. *(-,-en)* **1** acquisizione *f.*, conseguimento *m.* **2** *(Kauf)* acquisto *m.*
er|wi|dern tr. **1** rispondere, replicare: ***er konnte (mir) darauf nichts ~*** non poté replicar(mi) nulla **2** ricambiare, contraccambiare: ***einen Gefallen, jds Liebe ~*** ricambiare un piacere, l'amore di qcn.; ***den Besuch ~*** ricambiare (*o* restituire) la visita; ***einen Gruß ~*** ricambiare (*o* rispondere a) un saluto ◆ ***Gleiches mit Gleichem ~*** rendere la pariglia, rendere pan per focaccia; ***das Feuer ~*** rispondere al fuoco. **Er|wi|de|rung** f. *(-,-en)* **1** risposta *f.*, replica *f.*: ***in ~ Ihres***

Angebots in risposta alla Sua offerta **2** il ricambiare, contraccambio *m.*: ***meine Liebe findet keine ~*** il mio amore non è ricambiato (*o* corrisposto).
er|wie|se|ner|ma|ßen avv. come si è dimostrato.
er|wir|ken tr. ottenere, conseguire. **Er|wir|kung** f. *(-,-en)* ottenimento *m.*, conseguimento *m.*
er|wirt|schaf|ten tr. conseguire (con una buona gestione): ***einen hohen Gewinn ~*** conseguire (*o* realizzare) un grande guadagno. **Er|wirt|schaf|tung** f. *(-,-en)* conseguimento *m.*, ottenimento *m.*
er|wi|schen tr. COLLOQ. **1a** *(festnehmen)* acciuffare, acchiappare: ***die Diebe ~*** acciuffare i ladri **b** *(erreichen)* acchiappare, riuscire a prendere: ***den Bus, Zug ~*** riuscire a prendere l'autobus, il treno **2a** *(ertappen)* beccare, cogliere: ***jdn beim Lügen ~*** cogliere qcn. a mentire **b** impers. *(auf eine Krankheit oder Wunde bezogen)* ***ausgerechnet jetzt muss es mich ~!*** proprio adesso mi deve beccare! ***zwei Soldaten hat es erwischt*** sono stati beccati (*o* colpiti) due soldati ◆ ***ihn hat es erwischt*** gli è andata male, storta; *(sich verlieben)* si è preso una cotta.
er|wor|ben p.pass. agg. **1** → **erwerben 2** MED. PSIC. contratto, acquisito: ***-e Reflexe*** riflessi acquisiti.
er|wünscht agg. **1** *(erwartet)* atteso, desiderato, sperato: ***die lang -e Gelegenheit*** l'occasione tanto attesa **2** *(willkommen)* gradito, desiderato: ***ihr Besuch ist hier nicht ~*** qui la sua visita non è desiderata.
er|wür|gen tr. strozzare, strangolare. **Er|wür|gung** f. *(-,-en)* strangolamento *m.*
E|ry|si|pel n. *(-s,-e)* erisipela *f.* (*o* risipola *f.*).
E|ry|them n. *(-s,-e)* eritema *m.*
E|ryth|ro|zyt m. *(-en,-en)* eritrocita *m.*
Erz n. *(-es,-e)* **1** minerale *m.* metallifero: ***-e gewinnen, verhütten, abbauen*** estrarre minerali metalliferi; ***abbauwürdiges ~*** minerale di cui conviene l'estrazione; ***gediegenes ~*** minerale massiccio **2a** RAR. *(Kupfer)* rame *m.* **b** *(Bronze)* bronzo *m.* ◆ ***wie aus, in ~ gegossen stehen*** starsene impalato. **Erz|ader** f. *(-,-n)* filone *m.* metallifero, vena *f.* metallifera.
er|zäh|len tr. raccontare, narrare: ***etw. über jdn ~*** raccontare qcs. su qcn.; ***etw. von jdm ~*** raccontare qcs. di qcn. ◆ ***das kannst du einem anderen, deiner Großmutter ~*** vallo a raccontare a un altro, a tua nonna; ***davon kann ich etwas ~*** ne so qualcosa io; ***Lügen ~*** dire bugie, menzogne; ***erzähl mir doch keine Märchen!*** non raccontarmi storie (*o* frottole!); ***mir kannst du nichts, viel ~*** non me la dai a intendere; ***dem werd ich was ~!*** adesso mi sente! **er|zäh|lend** p.pres. agg. **1** → **erzählen 2** narrativo. **er|zäh|lens|wert** agg. che merita di essere raccontato, interessante. **Er|zäh|ler** m. *(-s,-)* **1** narratore *m.* **2** *(Verfasser von Erzählungen)* autore *m.* di racconti, novelliere *m.* **er|zäh|le|risch** agg. narrativo. **Er|zähl|kunst** f. *(-)* arte *f.* del narrare. **Er|zäh|lung** f. *(-,-en)* narrazione *f.*, racconto *m.*
Erz|auf|be|rei|tung f. *(-,-en)* preparazione *f.* dei minerali. **Erz|bau, Erz|berg|bau** m. *(-[e]s)* industria *f.* mineraria (*o* estrattiva). **Erz|berg|werk** n. *(-[e]s,-e)* miniera *f.* (di minerali metalliferi).
Erz|bi|schof m. *(-s,-bischöfe)* arcivescovo *m.* **erz|bi|schöf|lich** agg. arcivescovile. **Erz|bis|tum** n. *(-s,-bistümer)* arcivescovado *m.*
erz|bö|se agg. cattivissimo. **Erz|di|ö|ze|se** f. *(-,-n)* arcidiocesi *f.*, archidiocesi *f.*
Erz|dru|se f. *(-,-n)* geode *m.*
erz|dumm agg. stupidissimo. **Erz|dumm|heit** f. *(-)* stupidità *f.* matricolata.
er|zei|gen I tr. mostrare, fare: ***jdm Respekt, Ehre ~*** mostrare rispetto a qcn.; ***jdm Ehre ~*** fare onore a qcn. **II** rifl. **sich ~** mostrarsi, rivelarsi: ***sich dankbar, hilfsbereit ~*** mostrarsi grato, pronto ad aiutare.
er|zen agg. di bronzo, bronzeo.
Erz|en|gel m. *(-s,-)* arcangelo *m.*
er|zeug|bar agg. fabbricabile, producibile, generabile. **er|zeu|gen** tr. **1a** *(produzieren)* produrre, fabbricare: ***Strom, Landmaschinen ~*** produrre corrente, fabbricare macchine agricole **b** *(bewirken)* generare: ***Reibung erzeugt Wärme*** l'attrito genera calore **2** *(entstehen lassen)* (in)generare, creare, suscitare: ***bei jdm Panik, starke Erregungen ~*** creare il panico, suscitare forti emozioni in qcn. ◆ ***Langeweile bei jdm ~*** fare annoiare qcn. **Er|zeu|ger** m. *(-s,-)* **1** *(Hersteller)* produttore *m.*: ***vom ~ zum Verbraucher*** dal produttore al consumatore **2** *(leiblicher Vater)* genitore *m.* **Er|zeu|ger|land** n. *(-[e]s,-länder)* paese *m.* produttore. **Er|zeu|ger|preis** m. *(-es,-e)* prezzo *m.* di fabbrica (*o* di produzione). **Er|zeug|nis** n. *(-ses,-se)* prodotto *m.*, opera *f.*: ***industrielle, literarische -se*** prodotti industriali, opere letterarie. **Er|zeu|gung** f. *(-,-en)* produzione *f.*, fabbricazione *f.* **Er|zeu|gungs|gram|ma|tik** f. *(-)* grammatica *f.* generativa. **Er|zeu|gungs|kos|ten** pl. costi *m.pl.* (*o* spese *f.pl.*) di produzione.
erz|faul agg. pigrissimo. **Erz|feind** m. *(-[e]s,-e)* nemico *m.* acerrimo (*o* mortale). **Erz|gau|ner** m. *(-s,-)* furfante *m.* matricolato.
Erz|ge|bir|ge n.pr.n. *(-s)* Monti *m.pl.* Metalliferi.
Erz|ge|win|nung f. *(-,-en)* estrazione *f.* di metalli. **Erz|gie|ßer** m. *(-s,-)* fonditore *m.* in bronzo. **Erz|gie|ße|rei** f. *(-,-en)* fonderia *f.* di bronzo. **Erz|gru|be** f. *(-,-n)* → **Erzbergwerk. erz|hal|tig** agg. metallifero.
Erz|ha|lun|ke m. *(-n,-n)* birbonaccio *m.*, bricconaccio *m.*
Erz|her|zog m. *(-[e]s,-herzöge* e *-e)* arciduca *m.* **Erz|her|zo|gin** f. *(-,-nen)* arciduchessa *f.* **erz|her|zog|lich** agg. arciducale. **Erz|her|zog|tum** n. *(-s,-tümer)* arciducato *m.*, granducato *m.*
Erz|hüt|te f. *(-,-n)* stabilimento *m.* per la lavorazione dei minerali metalliferi.
er|zieh|bar agg. educabile, da educare: ***ein schwer -es Kind*** un bambino difficile (da educare). **er|zie|hen** *(erzog, erzogen)* **I** tr. **1** educare: ***die Kinder zur Aufrichtigkeit ~*** educare i bambini alla sincerità; ***durch Strenge ~*** educare con severità **2** *(abrichten)* addestrare **3** *(von Pflanzen)* far crescere **II** rifl. **sich ~** educarsi: ***sich zur Toleranz ~*** educarsi alla tolleranza. **Er|zie|her** m. *(-s,-)* educatore *m.*; *(Hauslehrer)* precettore *m.*, istitutore *m.* **Er|zie|he|rin** f. *(-,-nen)* educatrice *f.* **er|zie|he|risch, er|zieh|lich** agg. educativo, istruttivo; *(pädagogisch)* pedagogico. **Er|zie|hung** f. *(-,-en)* educazione *f.*: ***eine gute, strenge ~ genießen*** ricevere una buona educazione, un'educazione severa; ***~ zur Höflichkeit*** educazione alle buone maniere; ***jdm eine gute ~ geben, zuteil werden lassen, angedeihen lassen*** dare una buona educazione a qcn.; ***ihr fehlt jede ~*** non ha nessuna educazione. **Er|zie|hungs|an|stalt** f. *(-,-en)* casa *f.* (*o* istituto *m.*) di correzione, riformatorio *m.* **Er|zie|hungs|bei|hil|fe** f. *(-,-n)* sussidio *m.* (statale), borsa *f.* di studio (statale). **Er|zie|hungs|be|ra|tung** f. *(-,-en)* consulenza *f.* pedagogica. **er|zie|hungs|be|rech|tigt** agg. ***~ sein*** essere autorizzato all'educazione. **Er|zie|hungs|be|rech|tig|te** m. e f. *(-n,-n)* tutore *m.* (tutrice *f.*). **Er|zie|hungs|geld** n. *(-[e]s,-er)* = sussidio statale per l'educazione dei bambini. **Er|zie|hungs|ge|walt** f. *(-)* potere *m.* educativo. **Er|zie|hungs|heim** n. *(-[e]s,-e)* casa *f.* di rieducazione. **Er|zie|hungs|me|tho|de** f. *(-,-n)* metodo *m.* educativo (*o* pedagogico). **Er|zie|hungs|mi|nis|te|ri|um** n. *(-s,-ministerien)* ministero *m.* dell'educazione. **Er|zie|hungs|ro|man** m. *(-s,-e)* romanzo *m.* di formazione. **Er|zie|hungs|we|sen** n. *(-s)* istruzione *f.* pubblica. **Er|zie|hungs|wis|sen|schaft** f. *(-)* pedagogia *f.* **Er|zie|hungs|wis|sen|schaft|ler** m. *(-s,-)* pedagogista *m.*
er|zie|len tr. **1** *(erreichen)* ottenere, conseguire; *(Rekorde)* stabilire **2** COMM. realizzare: ***einen Gewinn ~*** realizzare un utile ◆ ***ein Tor ~*** segnare una rete; ***eine Einigung ~*** raggiungere un accordo. **Er|zie|lung** f. *(-,-en)* raggiungimento *m.*, conseguimento *m.*
er|zit|tern intr. (aus. *sein*) tremare: ***vor Angst ~*** tremare dalla (*o* per la) paura; ***ihr Schrei ließ die Scheiben ~*** il suo urlo fece tremare i vetri.
Erz|ka|tho|lik m. *(-en,-en)* cattolico *m.* fervente. **erz|ka|tho|lisch** agg. cattolicissimo. **erz|kon|ser|va|tiv** agg. ultraconservatore.
Erz|la|ger n. *(-s,-)* giacimento *m.* (di minerale) metallifero.
Erz|lüg|ner m. *(-s,-)* bugiardone *m.* **Erz|pries|ter** m. *(-s,-)* arciprete *m.* **erz|pro|tes|tan|tisch** agg. protestante intransigente. **erz|re|ak|ti|o|när** agg. ultrareazionario. **Erz|ri|va|le** m. *(-n,-n)* rivale *m.* giurato. **Erz|schlei|che** f. *(-,-n)* luscengola *f.*, fienarola *f.*
er|zür|nen I tr. fare adirare **II** rifl. ***sich über etw. ~*** adirarsi per qcs. **Er|zür|nung** f. *(-)* ira *f.*, collera *f.*
Erz|va|ter m. *(-s,-väter)* RELIG. patriarca *m.*
Erz|ver|hüt|tung f. *(-,-en)* METALL. riduzione *f.* del minerale. **Erz|vor|kom|men** n. *(-s,-)* giacimento *m.* di minerale.
er|zwin|gen *(erzwang, erzwungen)* **I** tr. strappare, estorcere: ***etw. von jdm ~*** estorcere qcs. a qcn. (*o* ottenere con la forza qcs. da qcn.); ***ein Geständnis ~*** estorcere una confessione **II** rifl. ***sich (D) etw. ~*** aprirsi (a forza) qcs.: ***sich Zutritt ~*** aprirsi l'accesso. **Er|zwin|gung** f. *(-,-en)* lo strappare, l'estorcere. **Er|zwin|gungs|haft** f. *(-)* detenzione *f.* per reticenza. **er|zwun|ge|ner|ma|ßen** avv. forzatamente, per forza.
1.es pron.pers. n. (gen. **seiner**, dat. **ihm**, acc. **es**) **1a** *(als Subjekt, meist ausgelassen)* esso: ***was macht das Kind? – ~ spielt*** cosa fa il bambino? – gioca; ***wo ist dein Auto? – ~ ist in der Garage*** dov'è la tua auto? – è in garage; ***da kommt jemand, ~ ist Karl*** sta venendo qualcuno, è Carlo; ***wer ist da? – ich bin ~*** chi è? – sono io **b** questo, ciò: ***~ ist nett von Ihnen*** (questo) è gentile da parte Sua; ***~ kann sein*** (questo) può essere **2a** *(bei unpersönlichen Ausdrücken, unübersetzt)* ***~ schneit, regnet*** nevica, piove; ***~ ist schön, hier zu sein*** è bello essere qui; **b** *(man)* (si): ***~ meldete sich niemand*** non si presentò nessuno; *(am Telefon)* non rispose nessuno; ***~ schläft sich gut auf dieser Matratze*** su questo materasso si dorme bene; ***~ wurde viel getrunken*** si bevve molto; ***~ klingelt an der***

Tür suonano alla porta **c** *(für Satzinhalt, unübersetzt)* **~ freut mich, dass...** mi fa piacere che...; **~ scheint mir, dass...** mi pare che... **3** *(als Subjektsvorläufer, unübersetzt)* **~ war einmal ein König** c'era una volta un re; **~ kommt der Postbote** arriva il postino; **~ war Paul, der das sagte** è stato Paolo a dirlo; **~ ist Nacht, Tag** è notte, è giorno **4** *(als Ersatz für das Prädikativ)* (lo): **mein Vater war Arzt, ich bin ~ auch** mio padre era medico, e anch'io lo sono **5** *(als Objekt)* lo, la, ne: **das Kind schläft, wecke ~ nicht auf!** il bimbo dorme, non svegliarlo! **dein Auto ist toll, ich fahre ~ gern** la tua macchina è fantastica, la guido volentieri; **er wird ~ bereuen** se ne pentirà ◆ **ich bin ~ leid** sono stufo; **~ sei denn, dass...** a meno che...

2.es n. *(-)* mi *m.* bemolle.

3.es ⇒ *es-Moll* mi bemolle minore.

1.Es n. *(-)* MUS. → **2.es.**

2.Es n. *(-)* PSIC. Es *m.*

3.Es ⇒ *es-Dur* mi bemolle maggiore.

Es|cha|to|lo|gie f. *(-)* escatologia *f.* **es|cha|to|lo|gisch** agg. escatologico.

E|sche f. *(-,-n)* frassino *m.* **e|schen** agg. (di legno) di frassino. **E|schen|holz** n. *(-[e]s)* (legno *m.* di) frassino *m.*

Es-Dur n. *(-)* mi *m.* bemolle maggiore.

E|sel m.*(-s,-)* asino *m.*, somaro *m.* (anche FIG. COLLOQ.) ◆ **ich alter ~** che asino che sono! IRON. grande e grosso come sono; **dastehen wie Buridans ~** fare come l'asino di Buridano; **störrisch wie ein ~** cocciuto come un mulo; PROV. **wenn es dem ~ zu wohl wird, geht er aufs Eis tanzen** tanto va la gatta al lardo che ci lascia lo zampino; **ein ~ schilt den anderen Langohr** il ciuco dà del bue all'asino; **den Sack schlägt man, und den ~ meint man** chi non può battere l'asino batte il basto. **E|se|lei** f. *(-,-en)* asineria *f.*, asinaggine *f.* **e|sel|haft** agg. COLLOQ. asinesco, da somaro. **E|sel|hengst** m. *(-es,-e)* asino *m.* maschio. **E|se|lin** f. *(-,-nen)* asina *f.* **E|sels|brü|cke** f. *(-,-n)* SCOL. ponte *m.* dell'asino ◆ **jdm eine ~ bauen** = dare un suggerimento a qcn. **E|sels|ohr** n. *(-[e]s,-en)* **1** orecchio *m.* d'asino **2** FIG. *(in Bücherseiten)* orecchia *f.* **E|sels|rü|cken** m. *(-s,-)* **1** schiena *f.* d'asino **2** ARCH. arco *m.* a schiena d'asino. **E|sel|stu|te** f. *(-,-n)* → **Eselin. E|sel|trei|ber** m. *(-s,-)* **1** asinaio *m.* **2** FIG. MIL. *(Gebirgsjäger)* = alpino *m.*

Es|ka|la|ti|on f. *(-,-en)* escalation *f.* **es|ka|lie|ren I** tr. intensificare, inasprire **II** intr. (aus. *haben*) aumentare gradualmente, intensificarsi. **Es|ka|lie|rung** f. *(-,-en)* → **Eskalation.**

Es|ka|pa|de f. *(-,-n)* **1** EQUIT. scarto *m.* **2** *(Abenteuer)* avventura *f.* **Es|ka|pis|mus** m. *(-)* escapismo *m.*

Es|ki|mo m. *(-[s],-[s])* **1** eschimese *m.* (*o* esquimese *m.*) **2** ABBIGL. eskimo *m.* **Es|ki|mo|hund** m. *(-[e]s,-e)* husky *m.* **es|ki|mo|isch** agg. eschimese (*o* esquimese). **Es|ki|mo|ische** n. *(-)* lingua *f.* eschimese. **Es|ki|mo|rol|le** f. *(-,-n)* SPORT eskimo *m.*

Es|kor|te f. *(-,-n)* scorta *f.* **es|kor|tie|ren** tr. scortare.

es-Moll n. *(-)* mi *m.* bemolle minore.

E|so|te|rik f. *(-)* esoterismo *m.* **e|so|te|risch** agg. esoterico.

Es|pad|ril|le f. *(-,-s)* espadrilles *f.pl.*

Es|par|set|te f. *(-,-n)* lupinella *f.*, crocetta *f.*

Es|pe f. *(-,-n)* pioppo *m.* tremolo, tremolo *m.* **es|pen** agg. (di legno) di tremolo. **Es|pen|laub** n. *(-[e]s)* fogliame *m.* di tremolo ◆ **wie ~ zittern** tremare come una foglia.

1.Es|pres|so m. *(-[s],-s* e *Espressi)* (caffè *m.*) espresso *m.*

2.Es|pres|so n. *(-[s],-[s]) (Bar)* caffè *m.*, bar *m.*

Es|pres|so|ma|schi|ne f. *(-,-n)* macchina *f.* per caffè espresso.

Es|say ['ɛse, ɛ'se:] m. e n. *(-s,-s)* saggio *m.* **Es|say|ist** [ɛse'ɪst] m. *(-en,-en)* saggista *m.* **Es|say|is|tik** f. *(-)* saggistica *f.* **es|say|is|tisch** agg. saggistico.

ess|bar agg. commestibile, mangiabile, mangereccio: **-e Pilze** funghi commestibili. **Ess|bar|keit** f. *(-,-en)* commestibilità *f.* **Ess|be|steck** n. *(-[e]s,-e)* posate *f.pl.*

Es|se f. *(-,-n)* REGION. camino *m.*; *(von Fabrik)* ciminiera *f.*

Ess|ecke f. *(-,-n)* zona *f.* pranzo.

es|sen tr. *(isst, aß, gegessen)* mangiare: **kalt, warm ~** mangiare (un pasto) freddo, caldo; **französisch, italienisch ~** mangiare alla francese, all'italiana; **zu Mittag, zu Abend ~** pranzare, cenare; **aus der Schüssel, vom Teller ~** mangiare nella scodella, nel piatto ◆ **das Kind isst uns noch arm** = il bambino ci manda in rovina (mangiando troppo); **sich dick an etw. ~** abbuffarsi, fare una scorpacciata di qcs.; COLLOQ. **das ist (bereits) gegessen** = è fatto, è a posto; **~ gehen** andare a mangiare fuori; **gut und gern ~** mangiare spesso e volentieri; **sich krank ~** fare indigestione, mangiare tanto da stare male; **den Teller leer ~** vuotare il piatto; **sich satt, voll ~** mangiare a sazietà, a crepapelle; PROV. **es wird nichts so heiß gegessen, wie es gekocht wird** non ci si deve fasciare la testa prima di averla rotta. **Es|sen** n. *(-s,-)* **1** mangiare *m.*, cibo *m.*: **das ~ machen (kochen), zubereiten** fare, preparare da mangiare; **das ~ ist hier nicht gut** qui non si mangia bene; **wir sitzen gerade beim ~** stiamo mangiando, siamo a tavola **2** *(Mahlzeit)* pasto *m.*: **ein warmes ~** un pasto caldo ◆ **das ~ auftragen, auf den Tisch bringen** portare (il cibo) in tavola; **zum ~ bleiben** restare (*o* rimanere) a mangiare; **jdn zum ~ einladen** invitare qcn. a mangiare; MIL. **das ~ fassen** andare a prendere il rancio; **ein ~ geben** dare un pranzo, una cena; **nach dem ~** dopo mangiato, dopo i pasti; **vor dem ~** prima di mangiare, prima dei pasti; PROV. **~ und Trinken hält Leib und Seele zusammen** pancia piena cuor contento. **Es|sen|aus|ga|be** f. *(-)* distribuzione *f.* del rancio.

1.Es|se|ner agg.inv. di Essen.

2.Es|se|ner m. *(-s,-)* esseno *m.*

Es|sen|fe|ger m. *(-s,-)* → **Essenkehrer.**

Es|sen|ge|ruch m. *(-[e]s,-gerüche)* odore *m.* di cibo. **Es|sen|kar|te** f. *(-,-n)* → **Essenmarke.**

Es|sen|keh|rer m. *(-s,-)* spazzacamino *m.*

Es|sen|mar|ke f. *(-,-n)* buono *m.* pasto. **Es|sens|zeit** f. *(-,-en)* ora *f.* del pasto, ora *f.* di mangiare.

Es|senz f. *(-,-en)* essenza *f.*: **natürliche -en** essenze naturali. **es|sen|zi|al, es|sen|zi|ell** agg. essenziale.

Es|ser m. *(-s,-)* mangiatore *m.*: **ein guter, schlechter ~ sein** essere, non essere un forte mangiatore, una buona forchetta. **Es|se|rei** f. *(-,-en)* COLLOQ. abbuffamento *m.*

Ess|ge|schirr n. *(-[e]s,-e)* stoviglie *f.pl.* **Ess|ge|wohn|heit** f. *(-,-en)* abitudine *f.* alimentare. **Ess|gier** f. *(-)* ingordigia *f.*, voracità *f.* **ess|gie|rig** agg. vorace, ingordo.

Es|sig m. *(-s,-e)* aceto *m.*: **in ~ legen, einmachen** mettere sott'aceto; **den Salat mit Öl und ~ anmachen** condire l'insalata con olio e aceto ◆ **es ist ~ damit** non se ne fa niente; **zu ~ werden** inacetire; FIG. andare in fumo. **Es|sig|flie|ge** f. *(-,-n)* drosofila *f.* **Es|sig|geist** m. *(-[e]s)* CHIM. acetone *m.* **Es|sig|gur|ke** f. *(-,-n)* cetriolo *m.* sott'aceto. **Es|sig|mut|ter** f. *(-)* madre *f.* (dell'aceto). **es|sig|sau|er** agg. **-saure Tonerde** acetato di alluminio; **-saures Kalium** acetato di potassio. **Es|sig|säu|re** f. *(-)* acido *m.* acetico.

Ess|ka|sta|nie f. *(-,-n)* castagna *f.* **Ess|kul|tur** f. *(-,-en)* cultura *f.* alimentare. **Ess|löf|fel** m. *(-s,-)* cucchiaio *m.* da tavola: **zwei ~ voll** due cucchiaiate. **ess|löf|fel|wei|se** avv. a cucchiaiate, a cucchiai. **Ess|mar|ke** → **Essenmarke. Ess|sucht** f. *(-)* → **Essgier. Ess|stäb|chen** n. *(-s,-)* bacchetta *f.* (per mangiare). **Ess|tisch** m. *(-[e]s,-e)* tavolo *m.* da pranzo. **Ess|wa|ren** pl. viveri *m.pl.*; *(Lebensmittel)* alimentari *m.pl.*. **Ess|zim|mer** n. *(-s,-)* stanza (*o* sala *f.*) da pranzo.

Es|tab|lish|ment [ɪs'tɛblɪʃmənt] n. *(-s,-s)* establishment *m.*

Es|tam|pe [ɛs'tã:p(ə)] f. *(-,-n)* stampa *f.*

Es|te m. *(-n,-n)* estone *m.*

Es|ter m. *(-s,-)* estere *m.*

Es|tin f. *(-,-nen)* estone *f.*

Est|land n.pr.n. *(-[e]s)* Estonia *f.* **Est|län|der** m. *(-s,-)* estone *m.* **est|län|disch, est|nisch** agg. estone. **Est|nisch** n. *(-s)* **Est|ni|sche** n. *(-n)* estone *m.*, lingua *f.* estone.

Est|ra|de f. *(-,-n)* **1** *(Bühne)* palco *m.*; *(Podium)* podio *m.*; *(Tribüne)* tribuna *f.* **2** TEATR. rivista *f.*

Est|ra|gon m. *(-s)* dragoncello *m.*

Est|rich m. *(-s,-e)* **1** pavimento *m.*, battuto *m.* **2** SVIZZ. *(Dachraum)* sottotetto *m.*

Es|zett n. *(-,-)* INTRAD. (nome del segno ß).

E|ta n. *(-[s],-s)* eta *f.*

e|tab|lie|ren I tr. **1** fondare; stabilire: **eine neue Kunstrichtung ~** fondare una nuova corrente artistica; **eine Ordnung ~** stabilire un ordinamento **2** *(einrichten)* impiantare, aprire: **ein Geschäft ~** aprire un negozio **II** rifl. **sich ~ 1a** *(sich niederlassen)* stabilirsi **b** *(sich festsetzen)* affermarsi: **dieses Unternehmen hat sich schnell etabliert** quest'impresa si è affermata rapidamente **2** sistemarsi: **sich in einer kleinen Wohnung ~** sistemarsi in un piccolo appartamento. **E|tab|lie|rung** f. *(-,-en)* lo stabilire, stabilimento *m.*; sistemazione *f.* **E|tab|lis|se|ment** [etablɪs(ə)'mã] n. *(-s,-s* e SVIZZ. *-e)* **1** *(Unternehmen)* attività *f.*; *(Betrieb)* stabilimento *m.* **2a** locale *m.* pubblico **b** *(Bordell)* casa *f.* chiusa, di tolleranza.

E|ta|ge [e'ta:ʒə] f. *(-,-n)* piano *m.*: **in, auf der vierten ~** al quarto piano; **er bewohnt eine ~** il suo alloggio occupa un intero piano. **E|ta|gen|bett** n. *(-[e]s,-en)* letto *m.* a castello. **e|ta|gen|för|mig** agg. a (diversi) piani. **E|ta|gen|haus** n. *(-es,-häuser)* casa *f.* a più piani. **E|ta|gen|woh|nung** f. *(-,-en)* alloggio *m.*, appartamento *m.*

E|ta|min n. *(-s)*, **E|ta|mi|ne** f. *(-)* stamigna *f.*

E|tap|pe f. *(-,-n)* **1a** tappa *f.*: **eine Strecke in zwei -n zurücklegen** fare un percorso in due tappe; **viele -n durchlaufen** percorrere molte tappe; **eine ~ auf dem Weg zum Sieg** una tappa sulla via della vittoria **b** stadio *m.*, tappa *f.*: ***eine wichtige, neue ~ seines Lebens*** una tappa importante, uno stadio nuovo della sua vita; ***die -n eines Prozesses*** gli stadi di un processo **2** MIL. retrovia *f.*, retrovie *f.pl.*: ***in der ~ liegen*** essere nelle retrovie. **E|tap|pen|dienst** m. *(-[e]s,-e)* servizio *m.* di retrovia. **E|tap|pen|ge|biet** n. *(-[e]s,-e)* zona *f.* di retrovie, retrovie *f.pl.* **E|tap|pen|lauf** m. *(-[e]s,-läufe)*, **E|tap|pen|ren|nen** n. *(-s,-)* corsa *f.* a tappe. **E|tap|pen|schwein** m. *(-[e]s,-e)* MIL. SPREG. imboscato *m.* (nelle retrovie). **E|tap|pen|sieg** m. *(-[e]s,-e)* successo *m.* (*o* vittoria *f.*) di tappa. **e|tap|pen|wei|se** avv. a tappe. **E|tap|pen|ziel** n. *(-[e]s,-e)* arrivo *m.* della tappa, traguardo *m.* di tappa.

E|tat [e'ta:] m. *(-s,-s)* **1** bilancio *m.* preventivo; budget *m.*: ***einen ~ aufstellen*** stabilire un budget, fare un bilancio preventivo; ***den ~ unterschreiten, überschreiten*** stare, non stare nel bilancio **2** possibilità *f.pl.* (finanziarie): ***das geht über, übersteigt meinen ~*** questo va oltre le mie possibilità ◆ ANT. ***über seinen ~ leben*** spendere più di quanto si guadagna. **E|tat|auf|stel|lung** f. *(-,-en)* stesura *f.* del bilancio. **E|tat|aus|gleich** m. *(-[e]s,-e)* pareggio *m.* del bilancio. **E|tat|jahr** n. *(-[e]s,-e)* anno *m.* finanziario. **E|tat|kür|zung** f. *(-,-en)* riduzione *f.* del bilancio. **e|tat|mä|ßig** agg. **1** previsto dal bilancio, secondo il bilancio **2** *(von Beamten)* di ruolo. **E|tat|pos|ten** m. *(-s,-)* voce *f.* del bilancio. **E|tat|über|schrei|tung** f. *(-,-en)* superamento *m.* del bilancio.

etc. ⇒ *et cetera* eccetera (ecc., etc.).

e|te|pe|te|te [e:təpe'te:tə] agg. COLLOQ. **1** *(geziert)* affettato, blasé; *(zimperlich)* smorfioso, lezioso **2** *(peinlich ordentlich)* minuzioso, pedante.

E|ter|nit®, **E|ter|nit**® n. e m. *(-s)* eternit *m.*

E|thik f. *(-,-en)* etica *f.* **E|thi|ker** m. *(-s,-)* studioso *m.* di filosofia morale. **e|thisch** agg. etico.

Eth|nie f. *(-,-n)* etnia *f.* **eth|nisch** agg. etnico: ***-e Minderheiten*** minoranze etniche; ***-e Säuberung*** pulizia etnica. **Eth|no|graph** m. *(-en,-en)* etnografo *m.* **Eth|no|gra|phie** f. *(-,-n)* etnografia *f.* **eth|no|gra|phisch** agg. etnografico. **Eth|no|lo|ge** m. *(-n,-n)* etnologo *m.* **Eth|no|lo|gie** f. *(-,-n)* etnologia *f.* **eth|no|lo|gisch** agg. etnologico.

Eth|no|zent|ris|mus m. *(-)* etnocentrismo *m.*

E|tho|lo|ge m. *(-n,-n)* etologo *m.* **E|tho|lo|gie** f. *(-)* etologia *f.* **e|tho|lo|gisch** agg. etologico.

E|thos n. *(-)* ethos *m.*

E|ti|kett n. *(-[e]s,-e[n]* e *-s)* etichetta *f.*: ***ein ~ auf etw. ankleben, aufkleben*** incollare, appiccicare un'etichetta su qcs.; ***etw. mit einem ~ versehen*** apporre, mettere un'etichetta a qcs.; ***die Bestandteile stehen auf dem ~*** gli ingredienti sono (indicati) sull'etichetta; FIG. ***jdn mit einem ~ versehen*** affibbiare un'etichetta a qcn.

E|ti|ket|te f. *(-,-n)* **1** REGION. → **Etikett** **2** *(Zeremoniell)* etichetta *f.*: ***die ~ einhalten, verletzen*** osservare, violare l'etichetta; ***gegen die ~ verstoßen*** venir meno all'etichetta. **E|ti|ket|ten|schwin|del** m. *(-s,-)* contraffazione *f.* del marchio. **e|ti|ket|tie|ren** tr. etichettare (anche FIG.). **E|ti|ket|tie|rung** f. *(-,-en)* etichettatura *f.*

et|lich I pron.indef. **1** *(attributiv)* alcuno, qualche; *(viel)* parecchio: ***-e Mängel*** parecchie lacune; ***-e Mal(e)*** diverse volte, più volte **2** pl. *(absolut)* COLLOQ. alcuni; *(viele)* parecchi: ***-e unter den Besuchern*** parecchi fra i visitatori **II** pron.indef.n. **etliches** qualche cosa, qualcosa, alcune cose: ***~ Nützliche für die Stadt tun*** fare qualcosa di utile per la città; ***das ließ ~ zu wünschen übrig*** ci si poteva aspettare qualcosa di meglio.

Et|ru|ri|en n.pr.n. *(-s)* Etruria *f.* **Et|rus|ker** m. *(-s,-)* etrusco *m.* **et|rus|kisch** agg. etrusco.

Etsch n.pr.f. *(-)* Adige *m.*

E|tü|de f. *(-,-n)* MUS. studio *m.*

E|tui [ɛt'vi:, e'tyi:] n. *(-s,-s)* astuccio *m.*, custodia *f.*; *(von Zigaretten)* portasigarette *m.*: ***die Brille ins ~ legen, stecken*** mettere (*o* riporre) gli occhiali nella custodia.

et|wa I avv. **1a** *(ungefähr)* circa, press'a poco: ***wann ~?*** press'a poco quando? ***in ~ einem Jahr*** circa tra un anno **b** ***in ~*** a grandi linee: ***wir stimmen in ~ überein*** a grandi linee siamo d'accordo **2** *(zum Beispiel)* ad esempio, per esempio: ***sie ~ hätte anders geantwortet*** lei ad esempio avrebbe risposto diversamente **II** part.at. **1a** forse: ***hast du es ~ auch erhalten?*** l'hai forse ricevuto anche tu? **b** mica: ***ist sie ~ krank?*** non è mica malata? ***sie wollte dich nicht ~ beleidigen*** non voleva mica offenderti; ***nicht ~, dass...*** non è mica che... **2** *(womöglich)* ***wenn ~...*** se per caso, caso mai...

et|wa|ig agg. eventuale, possibile.

et|was I pron.indef. **1** qualcosa, qualche cosa: ***~ Gutes, Neues*** qualcosa di buono, di nuovo; ***~ zum Lesen*** qualcosa da leggere; ***das ist ~ ganz anderes*** è qualcosa di completamente diverso; ***~ muss passiert sein*** deve essere successo qualcosa; ***nun zu ~ anderem*** passiamo a qualcos'altro, ad altro; ***er hat ~ von einem Künstler*** ha qualcosa dell'artista **2a** un po' di: ***möchtest du ~ Eis?*** vuoi un po' di gelato? ***ich brauche ~ Zeit*** ho bisogno di un po' di tempo **b** *(ein Teil)* un pezzo, una parte **II** avv. un po': ***es ist schon ~ spät*** è già un po' tardi; ***~ zuviel*** un po' troppo; ***ich möchte noch ~ lesen*** vorrei leggere ancora un po' ◆ ***er hat ~ an sich*** ha un certo non so che; ***das hat ~ für sich*** sembra ragionevole, convincente; ***das wäre ~ für mich*** andrebbe proprio bene per me; ***~ gegen jdn haben*** avere qualcosa contro qcn., avercela con qcn.; ***~ gelten, können*** valere qualcosa, essere abile (*o* capace); ***kaum ~*** appena; COLLOQ. ***die beiden haben ~ miteinander*** tra quei due c'è del tenero; ***ohne ~ zu tun*** senza fare nulla; ***das ist doch schon ~!*** è già qualcosa! ***so ~!*** una cosa simile! ***so ~ von Unverfrorenheit!*** una tale sfacciataggine! ***so ~ wie...*** qualcosa come..., una specie di...; ***sonst noch ~?*** desidera altro? ***aus dem Jungen wird einmal ~*** il ragazzo diventerà qualcuno. **Et|was** n. *(-,-)* ***ein kleines ~*** un esserino ◆ ***das, ein gewisses ~*** quel, un certo non so che.

E|ty|mo|lo|ge m. *(-n,-n)* etimologo *m.* **E|ty|mo|lo|gie** f. *(-,-n)* etimologia *f.* **e|ty|mo|lo|gisch I** agg. etimologico **II** avv. etimologicamente. **e|ty|mo|lo|gi|sie|ren** tr. etimologizzare. **E|ty|mon** n. *(-s, Etyma)* etimo *m.*

Et|zel n.pr.m. Attila *m.*

EU ⇒ *Europäische Union* Unione europea (Ue).

euch I pron.pers. dat. (nom. **ihr**) **1a** a voi, vi: ***ich glaube ~*** vi credo; ***hat er ~ seine Adresse gegeben?*** vi ha dato il suo indirizzo? **b** *(reflexiv)* ***wascht ~ die Hände!*** lavatevi le mani! **2** *(nach Präpositionen)* voi: ***ich komme mit, zu ~*** vengo con voi, da voi; ***ein Freund von ~*** un vostro amico **II** pron.pers. acc. (nom. **ihr**) **1a** voi, vi: ***hat sie ~ noch nicht angerufen?*** non vi ha ancora telefonato? **b** *(reflexiv)* ***schämt ~!*** vergognatevi! **2** *(nach Präpositionen)* ***ich denke oft an ~*** penso spesso a voi.

Euch pron.pers. dat. e acc. (nom. **Ihr**) ANT. Voi.

Eu|cha|ris|tie f. *(-,-n)* eucarestia *f.* **eu|cha|ris|tisch** agg. eucaristico.

Eu|dä|mo|nis|mus m. *(-)* eudemonismo *m.* **eu|dä|mo|nis|tisch** agg. eudemonistico.

1.eu|er pron.poss. **1** *(attributiv)* (il) vostro: ***~ Haus, Lehrer*** la vostra casa, il vostro insegnante; ***eu(e)re Mutter*** vostra madre; ***ich habe eu(e)re Briefe erhalten*** ho ricevuto le vostre lettere **2** *(absolut)* (m. **eurer**, f. **eure**, n. **eures**; pl. **eure**) il vostro: ***das ist nicht unsere Schuld, sondern eure*** non è colpa nostra, ma vostra; ***unsere Meinung unterscheidet sich von der euren*** la nostra opinione diverge dalla vostra.

2.eu|er → **ihr.**

Eu|er pron.poss. **1** *(attributiv)* (il) Suo, (il) Vostro: ***~, Eu(e)re Exzellenz, Majestät*** Sua Eccellenza, Vostra Maestà **2** *(absolut)* il Suo, il Vostro ◆ ***die Euren*** i vostri (parenti).

eu|er|seits → **eurerseits. eu|ers|glei|chen** → **euresgleichen. eu|ert|hal|ben** → **eurethalben.**

Eu|gen, Eu|gen n.pr.m. Eugenio *m.*

Eu|ge|nik f. *(-)* eugenetica *f.*, eugenica *f.* **eu|ge|nisch** agg. eugenetico, eugenico.

Eu|ka|lyp|tus m. *(-,- e Eukalypten)*, **Eu|ka|lyp|tus|baum** m. *(-[e]s,-bäume)* eucalipto *m.* **Eu|ka|lyp|tus|öl** n. *(-[e]s,-e)* olio *m.* di eucalipto.

Euk|lid n.pr.m. Euclide *m.* **euk|li|disch** agg. euclideo, di Euclide.

Eu|le f. *(-,-n)* **1a** gufo *m.*; *(Steinkauz)* civetta *f.*; *(Schleiereule)* barbagianni *m.* **b** pl. *(Familie)* strigidi *m.pl.* **2** *(Schimpfwort)* ***eine alte ~*** una vecchia strega (*o* megera) **3** REGION. *(Handbesen)* scopetta *f.*, scopino *m.* **4** → **Eulenfalter** ◆ ***-n nach Athen tragen*** portare nottole ad Atene. **eu|len|äu|gig** agg. con occhi da gatto. **Eu|len|fal|ter** m. *(-s,-)* nottua *f.* **Eu|len|spie|ge|lei** f. *(-,-en)* burla *f.*, beffa *f.*, tiro *m.* birbone. **Eu|len|vö|gel** pl. strigidi *m.pl.*

Eu|mel m. *(-s,-)* **1** SPREG. scemo *m.*, stupido *m.* **2** COLLOQ. *(Gegenstand)* cosa *f.*, roba *f.*, coso *m.*

Eu|nuch m. *(-en,-en)*, **Eu|nu|che** m. *(-n,-n)* eunuco *m.*

Eu|phe|mis|mus m. *(-, Euphemismen)* eufemismo *m.* **eu|phe|mis|tisch I** agg. eufemistico **II** avv. eufemisticamente, in modo eufemistico, per eufemismo.

Eu|pho|nie f. *(-,-n)* eufonia *f.* **eu|pho|nisch** agg. eufonico.

Eu|phor|bia f. *(-, Euphorbien)*, **Eu|phor|bie** f. *(-,-n)* euforbia *f.*

Eu|pho|rie f. *(-,-n)* euforia *f.*: ***in ~ verfallen*** diventare euforico; ***jdn in ~ versetzen*** rendere euforico qcn.; ***sich im Zustand der ~ befinden*** essere in stato di euforia. **eu|pho|risch** agg. euforico. **eu|pho|ri|sie|ren** tr. euforizzare.

Euph|rat n.pr.m. *(-[s])* Eufrate *m.*

Eu|ra|si|en n.pr.n. *(-s)* Eurasia *f.* **Eu|ra|si|er** m. *(-s,-)* eur(o)asiatico *m.* **eu|ra|sisch** agg. eur(o)asiatico, eurasiano.

eu|re → **1.euer. Eu|re** n. *(-n)* **1** *(das euch Gehörende)* ***das ~*** il vostro,

i vostri averi **2** il vostro dovere, ciò che vi compete: ***ihr müsst das ~ tun*** dovete fare il vostro dovere.
eu|rer → **1.euer.**
eu|rer|seits avv. da (*o* per) parte vostra: ***ihr müsst auch ~ daran denken*** anche voi per parte vostra dovete pensarci; ***bestehen ~ noch Fragen?*** avete ancora domande?
eu|res → **1.euer.**
eu|res|glei|chen pron. vostro pari: ***ihr und ~*** voi e quelli come voi.
eu|ret|hal|ben ANT., **eu|ret|we|gen** avv. a causa vostra: ***~ bin ich zu spät gekommen*** a causa vostra sono arrivato troppo tardi; *(für euch)* per voi: ***ich tue es nur ~*** lo faccio solo per voi. **eu|ret|wil|len** avv. ***um ~*** per voi, per amor vostro.
Eu|rhyth|mie f. *(-)* euritmia *f.*
eu|ri|ge pron.poss. m., n. e f. ANT. il vostro, la vostra.
Eu|ri|pi|des n.pr.m. Euripide *m.*
Eu|ro m. *(-[s],-[s])* euro *m.*
Eu|ro|cheque [-ʃɛk] m. *(-s,-s)* → **Euroscheck. Eu|ro|dol|lars** pl. eurodollari *m.pl.* **Eu|ro|kom|mu|nis|mus** m. *(-)* eurocomunismo *m.* **Eu|ro|kom|mu|nist** m. *(-en,-en)* eurocomunista *m.* **Eu|ro|markt** m. *(-[e]s)* euromercato *m.*
Eu|ro|pa n.pr.n. *(-s)* Europa *f.* **Eu|ro|pa|ab|ge|ord|ne|te** m. e f. *(-n,-n)* deputato *m.* (-a *f.*) europeo (-a), eurodeputato *m.* (-a *f.*) **Eu|ro|pa|cup** [-kap] m. *(-s)* → **Europapokal. Eu|ro|pä|er** m. *(-s,-)* europeo *m.* **eu|ro|pä|id** agg. europoide. **Eu|ro|pä|i|de** m. e f. *(-n,-n)* europoide *m.* e *f.* **eu|ro|pä|isch** agg. **1** europeo, d'Europa **2** europeista: ***der -e Gedanke*** l'idea europeista ◆ ***Europäische Wirtschaftsgemeinschaft*** Comunità Economica Europea; ***Europäische Union*** Unione europea. **eu|ro|pä|i|sie|ren** tr. europeizzare. **Eu|ro|pä|i|sie|rung** f. *(-)* europeizzazione *f.* **Eu|ro|pa|meis|ter** m. *(-s,-)* campione *m.* d'Europa (*o* europeo). **Eu|ro|pa|meis|ter|schaft** f. *(-,-en)* campionato *m.* europeo, europei *m.pl.* **Eu|ro|pa|par|la|ment** n. *(-[e]s)* parlamento *m.* europeo, europarlamento *m.* **Eu|ro|pa|par|la|men|ta|ri|er** m. *(-s,-)* parlamentare *m.* europeo, europarlamentare *m.* **Eu|ro|pa|po|kal** m. *(-s,-e)* coppa *f.* europea. **Eu|ro|pa|rat** m. *(-[e]s)* Consiglio *m.* d'Europa. **Eu|ro|pa|re|kord** m. *(-[e]s,-e)* record *m.* europeo. **Eu|ro|pa|stra|ße** f. *(-,-n)* strada *f.* (*o* autostrada *f.*) europea. **Eu|ro|pa|uni|on** f. *(-)* Unione *f.* europea.
eu|ro|pid agg. europide. **Eu|ro|pi|de** m. e f. *(-n,-n)* europide *m.* e *f.*
Eu|ro|scheck m. *(-s,-s)* eurocheque *m.* **Eu|ro|vi|si|on** f. *(-)* eurovisione *f.*: ***etw. in ~ übertragen*** trasmettere qcs. in eurovisione. **Eu|ro|vi|si|ons|sen|dung** f. *(-,-en)* programma *m.* in eurovisione. **Eu|ro|wäh|rung** f. *(-,-en)* moneta *f.* europea.
Eu|ry|di|ke n.pr.f. Euridice *f.*
Eus|ta|chisch, *-e Röhre, Tube* tromba (*o* tuba) di Eustachio.
Eu|ter n. *(-s,-)* ZOOL. mammella *f.*
Eu|tha|na|sie f. *(-)* eutanasia *f.*
eu|troph agg. eutrofico. **Eu|tro|phie** f. *(-)* MED. eutrofia *f.*
ev. ⇒ *evangelisch* evangelico.
e. V., E. V. ⇒ *eingetragener Verein* associazione iscritta (*o* registrata).
Ev. ⇒ *Evangelium* vangelo.
E|va ['e:fa, 'e:va] **I** n.pr.f. Eva *f.* **II** f. *(-,-s)* donna *f.*: ***sie ist schon eine kleine ~*** è già una donnina. **E|va|kos|tüm** → **Evaskostüm.**
E|va|ku|a|ti|on f. *(-,-en)* → **Evakuierung. e|va|ku|ie|ren** tr. **1** evacuare, sfollare **2** TECN. ***einen Behälter ~*** eliminare (*o* togliere) l'aria da un contenitore. **E|va|ku|ier|te** m. e f. *(-n,-n)* sfollato *m.* (-a *f.*). **E|va|ku|ie|rung** f. *(-,-en)* **1** evacuazione *f.*, sfollamento *m.* **2** TECN. eliminazione *f.* dell'aria.
E|va|lu|a|ti|on f. *(-,-en)* valutazione *f.* **e|va|lu|ie|ren** tr. valutare.
E|van|ge|li|ar n. *(-s,-e)*, **E|van|ge|li|a|ri|um** n. *(-s, Evangeliarien)*, **E|van|ge|li|en|buch** n. *(-[e]s,-bücher)* evangeliario *m.* **E|van|ge|li|sa|ti|on** f. *(-,-en)* → **Evangelisierung. e|van|ge|lisch** agg. evangelico. **e|van|ge|lisch-lu|the|risch** agg. evangelico-luterano. **e|van|ge|lisch-re|for|miert** agg. evangelico-riformato. **e|van|ge|li|sie|ren** tr. evangelizzare. **E|van|ge|li|sie|rung** f. *(-,-en)* evangelizzazione *f.* **E|van|ge|list** m. *(-en,-en)* evangelista *m.* **E|van|ge|li|um** n. *(-s, Evangelien)* vangelo *m.* (anche FIG.).
E|va|po|ra|ti|on f. *(-,-en)* evaporazione *f.* **e|va|po|rie|ren** TECN. **I** tr. far evaporare **II** intr. (aus. *sein*) evaporare.
E|va|si|on f. *(-,-en)* evasione *f.*, fuga *f.* (anche FIG.).
E|vas|kos|tüm, *im ~* in costume adamitico (*o* RAR. evitico).
E|vent [i'vɛnt] m. e n. *(-s,-s)* GERG. evento *m.*
E|ven|tu|al|an|trag m. *(-[e]s,-anträge)* DIR. proposta *f.* eventuale.
E|ven|tu|al|bud|get n. *(-s,-s)* → **Eventualhaushalt. E|ven|tu|al|fall** m. *(-[e]s,-fälle)* caso *m.* eventuale (*o* possibile). **E|ven|tu|al|haus|halt** m. *(-[e]s,-e)* bilancio *m.* preventivo. **E|ven|tu|a|li|tät** f. *(-,-en)* eventualità *f.*: ***für alle -en gerüstet sein*** essere preparato a ogni eventualità. **e|ven|tu|ell I** agg. eventuale **II** avv. eventualmente; *(vielleicht)* forse.
e|vi|dent I agg. evidente, chiaro **II** avv. evidentemente, chiaramente. **E|vi|denz** f. *(-)* evidenza *f.*, chiarezza *f.* ◆ AUSTR. ***in ~ halten*** tenere (aggiornato); *(registrieren)* registrare; *(im Auge behalten)* tener presente.
E|vo|ka|ti|on f. *(-,-en)* **1** evocazione *f.* **2** DIR. avocazione *f.*
E|vo|lu|ti|on f. *(-,-en)* evoluzione *f.* **e|vo|lu|ti|o|när I** agg. evolutivo **II** avv. evolutivamente, in modo evolutivo. **E|vo|lu|ti|o|nis|mus** m. *(-)* evoluzionismo *m.* **e|vo|lu|ti|o|nis|tisch** agg. evoluzionistico. **E|vo|lu|ti|ons|leh|re** f. *(-)*, **E|vo|lu|ti|ons|the|o|rie** f. *(-,-n)* teoria *f.* dell'evoluzione.
e|vol|vie|ren tr. svolgere, sviluppare.
e|vo|zie|ren tr. **1** evocare **2** DIR. citare.
evtl. ⇒ *eventuell* eventualmente.
Ew. ⇒ *Euer, Eure* Vostro (Vs.).
E|wer m. *(-s,-)* chiatta *f.*
EWG ⇒ *Europäische Wirtschaftsgemeinschaft* Comunità Economica Europea (CEE).
e|wig I agg. **1** eterno, perenne, perpetuo: ***zum -en Andenken*** a perpetuo ricordo; ***-er Schnee*** nevi perenni; ***-er Frieden*** pace eterna **2a** COLLOQ. eterno: ***ein -er Student, Verlierer*** un eterno studente, perdente **b** *(unaufhörlich)* continuo, senza fine: ***-e Klagen*** lamenti continui **II** avv. **1** eternamente, perennemente, per sempre **2a** COLLOQ. per sempre, all'infinito: ***etw. ~ wiederholen*** ripetere qcs. all'infinito; ***ich werde mir deswegen ~ Vorwürfe machen!*** mi rimprovererò sempre di questo! **b** *(dauernd)* continuamente **3** rafforz. molto, moltissimo: ***das tut mir ~ leid*** mi dispiace moltissimo; ***jdn ~ nicht mehr gesehen haben*** non avere più visto qcn. da un'eternità ◆ ***auf ~*** per sempre; ***für immer und ~*** per sempre, in eterno; ***der Ewige Jude*** l'Ebreo Errante; ***das -e Licht*** Luce Eterna; ***das dauert ja ~ und drei Tage*** ci vuole un'eternità; ***seit -en Zeiten*** da tempo immemorabile (*o* da un'eternità).
1.E|wi|ge m. *(-n)* RELIG. (Padre *m.*) Eterno *m.*
2.E|wi|ge n. *(-n)* eterno *m.*
E|wig|gest|ri|ge m. e f. *(-n,-n)* fossile *m.* **E|wig|keit** f. *(-,-en)* eternità *f.*: ***die ~ Gottes*** l'eternità di Dio; ***an die ~ denken*** pensare all'eternità; ***in ~*** in eterno, per l'eternità; BIBL. ***von ~ zu ~*** nei secoli dei secoli; ***das soll in alle ~ so bleiben*** deve restare così per sempre; COLLOQ. ***es dauert ja eine ~!*** dura un'eternità (*o* una vita)! ***jdn seit einer ~ (seit -en) nicht mehr sehen*** non vedere qcn. da un'eternità ◆ ***in die ~ eingehen (abberufen werden)*** andare all'eternità, morire. **E|wig|keits|wert** m. *(-[e]s)* valore *m.* eterno; ***ein Werk von ~*** un'opera immortale. **e|wig|lich** avv. LETT. eternamente, in eterno. **E|wig|weib|li|che** n. *(-n)* LETT. eterno femminino *m.*
Ew. M. ⇒ *Eure (Eurer) Majestät* Vostra Maestà (V.M.).
EWS ⇒ *Europäisches Währungssystem* Sistema Monetario Europeo (SME).
ex avv. **1** ***~ trinken*** bere tutto d'un fiato, vuotare il bicchiere (in un sorso): ***~!*** vuotiamo il bicchiere! **2** ***~ sein*** essere finito: ***ihre Liebe ist schon längst ~*** il loro amore è finito già da molto tempo **3** COLLOQ. *(tot)* morto, spacciato.
e|xakt I agg. esatto: ***die -en Wissenschaften*** le scienze esatte; *(von Arbeit, Menschen)* preciso **II** avv. con esattezza, con precisione; *(genau)* esattamente. **E|xakt|heit** f. *(-,-en)* esattezza *f.*; *(Genauigkeit)* precisione *f.*
E|xal|ta|ti|on f. *(-,-en)* PSIC. esaltazione *f.* **e|xal|tie|ren** rifl. ***sich über jdn, etw. ~*** esaltarsi (*o* entusiasmarsi) per qcn., qcs. **e|xal|tiert I** p.pass. agg. **1** → **exaltieren 2** ***ein -es Verhalten*** un comportamento da esaltato **II** avv. ***sich ~ benehmen*** comportarsi da esaltato; ***~ lachen*** ridere in modo isterico. **E|xal|tiert|heit** f. *(-,-en)* esaltazione *f.*; *(Hysterie)* isterismo *m.*
E|xa|men n. *(-s,-)* esame *m.* (anche FIG.): ***ein mündliches, schriftliches ~ ablegen (machen), bestehen*** sostenere (*o* dare), superare un esame orale, scritto; ***durchs ~ fallen,*** COLLOQ. ***beim ~ durchfliegen (durchrasseln)*** essere bocciato (COLLOQ. stangato) all'esame; ***ins ~ gehen*** presentarsi all'esame. **E|xa|mens|ar|beit** f. *(-,-en)* prova *f.* scritta (di esame), compito *m.* d'esame. **E|xa|mens|kan|di|dat** m. *(-en,-en)* candidato *m.* (all'esame). **E|xa|mi|nand** m. *(-en,-en)* esaminando *m.* **E|xa|mi|na|tor** m. *(-en,-en)* esaminatore *m.* **e|xa|mi|nie|ren** tr. esaminare: ***jdn in einem Fach ~*** esaminare qcn. in una materia; ***etw. gründlich ~*** esaminare qcs. a fondo; ***die Zeugen ~*** esaminare i testimoni.
E|xan|them n. *(-s,-e)* esantema *m.* **e|xan|the|ma|tisch** agg. esantematico.
E|xarch m. *(-en,-en)* esarca *m.* **E|xar|chat** n. *(-[e]s,-e)* esarcato *m.*
E|xed|ra f. *(-, Exedren)* esedra *f.*
E|xe|ge|se f. *(-,-n)* esegesi *f.* **E|xe|get** m. *(-en,-en)* esegeta *m.* **e|xe|**

ge|tisch I agg. esegetico **II** avv. esegeticamente, mediante esegesi.

e|xe|ku|tie|ren tr. **1** ANT. eseguire, compiere **2a** *(hinrichten)* giustiziare **b** ANT. *(strafen)* condannare, punire **3** AUSTR. *(pfänden)* pignorare. **E|xe|ku|ti|on** f. *(-,-en)* **1a** *(Hinrichtung)* esecuzione *f.* (capitale) **b** ANT. *(Bestrafung)* condanna *f.* **2** *(Durchführung)* compimento *m.*, esecuzione *f.*: ***die ~ eines Urteils*** l'esecuzione di una condanna **3** AUSTR. *(Pfändung)* pignoramento *m.* **E|xe|ku|ti|ons|kom|man|do** n. *(-s,-s)* plotone *m.* di esecuzione. **e|xe|ku|tiv** agg. esecutivo. **E|xe|ku|tiv|aus|schuss** m. *(-es,-ausschüsse)* comitato *m.* esecutivo. **E|xe|ku|ti|ve** f. *(-,-n)* esecutivo *m.* **E|xe|ku|tiv|ge|walt** f. *(-)* potere *m.* esecutivo. **E|xe|ku|tor** m. *(-s,-en)* **1** esecutore *m.* **2** AUSTR. *(Gerichtsvollzieher)* ufficiale *m.* giudiziario (che esegue il pignoramento). **e|xe|ku|to|risch** agg. esecutorio.

E|xem|pel n. *(-s,-)* **1** esempio *m.*: ***ein ~ für etw. liefern, aufstellen*** dare l'esempio per qcs. **2** ANT. *(Rechenaufgabe)* esercizio *m.*, quesito *m.* (di matematica) ◆ ***an jdn, etw. ein ~ statuieren*** stabilire una punizione esemplare per qcn., qcs.; ***die Probe aufs ~ machen*** fare la prova su campione.

E|xemp|lar n. *(-s,-e)* **1** esemplare *m.*: ***ein seltenes ~*** un esemplare raro **2** EDIT. esemplare *m.*, copia *f.*: ***von seinem Buch wurden 10 000 -e verkauft*** del suo libro furono vendute 10 000 copie **3** SCHERZ. *(Menschen)* tipo *m.*, soggetto *m.*, esemplare *m.* **e|xemp|la|risch I** agg. esemplare **II** avv. in modo esemplare.

e|xemp|li|fi|zie|ren tr. esemplificare.

E|xe|qui|en pl. esequie *f.pl.*

e|xer|zie|ren I tr. **1** MIL. esercitare, addestrare **2** COLLOQ. *(üben)* esercitare **II** intr. (aus. *haben*) MIL. fare le esercitazioni. **E|xer|zier|platz** m. *(-es,-plätze)* piazza *f.* d'armi. **E|xer|zi|ti|um** n. *(-s, Exerzitien)* **1** *(Schularbeit)* compito *m.* **2** RELIG. esercizi *m.pl.* (spirituali).

Ex|ha|la|ti|on f. *(-,-en)* MED. GEOL. esalazione *f.*

ex|haus|tiv agg. esaustivo.

Ex|haus|tor m. *(-s,-en)* TECN. esaustore *m.*, aspiratore *m.*

ex|hi|bie|ren I tr. esibire **II** rifl. **sich ~** esibirsi. **Ex|hi|bie|rung** f. *(-,-en)* esibizione *f.* **Ex|hi|bi|ti|o|nis|mus** m. *(-)* esibizionismo *m.* **Ex|hi|bi|ti|o|nist** m. *(-en,-en)* esibizionista *m.* **ex|hi|bi|ti|o|nis|tisch** agg. esibizionistico.

ex|hu|mie|ren tr. esumare, riesumare. **Ex|hu|mie|rung** f. *(-,-en)* esumazione *f.*

E|xil n. *(-s,-e)* esilio *m.*: ***ins ~ gehen*** andare in esilio; ***im ~ leben*** vivere in esilio; ***aus dem ~ zurückkehren*** tornare dall'esilio. **e|xi|lie|ren** tr. esiliare, mandare in esilio. **E|xil|li|te|ra|tur** f. *(-)* letteratura *f.* dell'esilio. **E|xil|re|gie|rung** f. *(-,-en)* governo *m.* in esilio.

e|xi|mie|ren tr. DIR. esimere, dispensare.

e|xis|tent agg. esistente. **E|xis|tenz** f. *(-,-en)* **1** *(Vorhandensein, Leben)* esistenza *f.* **2** *(Lebensgrundlage)* sostentamento *m.*; posizione *f.*, vita *f.*: ***jdm eine sichere ~ bieten*** offrire a qcn. una posizione sicura; ***sich (D) eine (neue) ~ aufbauen*** costruirsi una (nuova) vita **3** *(Mensch)* uomo *m.*, figura *f.*: ***eine verkrachte (gescheiterte), dunkle ~*** un fallito, una figura oscura. **E|xis|tenz|angst** f. *(-,-ängste)* angoscia *f.* esistenziale. **e|xis|tenz|be|dro|hend** agg. che minaccia l'esistenza. **E|xis|tenz|be|rech|ti|gung** f. *(-,-en)* ragion *f.* d'essere, diritto *m.* d'esistenza. **e|xis|tenz|fä|hig** agg. vitale, in grado di esistere. **E|xis|tenz|grund|la|ge** f. *(-,-n)* fondamento *m.* dell'esistenza.

e|xis|ten|zi|al agg. FILOS. esistenziale. **E|xis|ten|zi|a|lis|mus** m. *(-)* esistenzialismo *m.* **E|xis|ten|zi|a|list** m. *(-en,-en)* esistenzialista *m.* **E|xis|ten|zi|al|phi|lo|so|phie** f. *(-)* → **Existenzphilosophie. e|xis|ten|zi|ell** agg. **1** esistenziale: ***-e Fragen*** domande esistenziali **2** FILOS. *(in Heidegger)* esistentivo.

E|xis|tenz|kampf m. *(-[e]s,-kämpfe)* lotta *f.* per l'esistenza. **E|xis|tenz|mi|ni|mum** n. *(-s)* minimo *m.* indispensabile per vivere. **E|xis|tenz|phi|lo|so|phie** f. *(-)* filosofia *f.* esistenzialista.

e|xis|tie|ren intr. (aus. *haben*) **1** *(vorhanden sein)* esistere **2** *(leben)* vivere.

exkl. ⇒ *exklusive* escluso.

ex|klu|siv I agg. **1** esclusivo: ***eine -e Boutique*** una boutique esclusiva **2** chiuso, ristretto: ***eine -e Gesellschaft*** una società chiusa **II** avv. in esclusiva: ***~ veröffentlichen*** pubblicare in esclusiva. **Ex|klu|siv|be|richt** m. *(-[e]s,-e)* notizia *f.* in esclusiva. **ex|klu|si|ve I** prep. + gen. escluso, eccettuato, non compreso, con esclusione di, tranne **II** avv. escluso: ***bis Mittwoch ~*** fino a mercoledì escluso. **Ex|klu|siv|in|ter|view** n. *(-s,-s)* intervista *f.* esclusiva. **Ex|klu|si|vi|tät** f. *(-)* esclusività *f.*, carattere *m.* chiuso. **Ex|klu|siv|recht** n. *(-[e]s,-e)* (diritto *m.* in) esclusiva *f.*

Ex|kom|mu|ni|ka|ti|on f. *(-,-en)* scomunica *f.* **ex|kom|mu|ni|zie|ren** tr. scomunicare.

Ex|kre|ment n. *(-[e]s,-e)* MED. escremento *m.*

Ex|kre|ti|on f. *(-,-en)* MED. ZOOL. escrezione *f.* **ex|kre|to|risch** agg. MED. ZOOL. escretorio.

Ex|kul|pa|ti|on f. *(-,-en)* DIR. discolpa *f.* **ex|kul|pie|ren I** tr. discolpare **II** rifl. **sich ~** discolparsi.

Ex|kurs m. *(-es,-e)* excursus *m.*, digressione *f.* **Ex|kur|si|on** f. *(-,-en)* escursione *f.* (a fini didattici o culturali). **Ex|kur|si|o|nist** m. *(-en,-en)* escursionista *m.*

Ex|lib|ris n. *(-,-)* ex libris *m.*

Ex|mis|si|on f. *(-,-en)* DIR. sfratto *m.* **ex|mit|tie|ren** tr. DIR. sfrattare.

E|xo|dus m. *(-,-se)* esodo *m.*

E|xo|ga|mie f. *(-,-n)* esogamia *f.*

e|xo|gen agg. esogeno.

E|xo|karp n. *(-s,-e)* esocarp(i)o *m.*

E|xor|di|um n. *(-s, Exordia)* esordio *m.*

e|xor|zie|ren, e|xor|zi|sie|ren tr. esorcizzare. **E|xor|zis|mus** m. *(-, Exorzismen)* esorcismo *m.* **E|xor|zist** m. *(-en,-en)* esorcista *m.*

E|xot m. *(-en,-en)* specie *f.* esotica (animale o vegetale).

e|xo|te|risch agg. essoterico, exoterico.

e|xo|therm agg. esotermico.

E|xo|tik f. *(-)* esotismo *m.* **E|xo|ti|ka** pl. oggetti *m.pl.* d'arte esotici. **e|xo|tisch** agg. esotico. **E|xo|tis|mus** m. *(-, Exotismen)* LING. esotismo *m.*

Ex|pan|der m. *(-s,-)* SPORT estensore *m.* a molla. **ex|pan|die|ren** intr. (aus. *haben, sein*) espandersi. **Ex|pan|si|on** f. *(-,-en)* espansione *f.* **Ex|pan|si|ons|ge|schwin|dig|keit** f. *(-)* FIS. velocità *f.* d'espansione. **Ex|pan|si|ons|kraft** f. *(-)* FIS. forza *f.* espansiva. **Ex|pan|si|ons|po|li|tik** f. *(-)* politica *f.* espansionistica. **ex|pan|siv** agg. **1** espansionistico, di espansione **2** FIS. espansivo. **Ex|pan|siv|kraft** f. *(-)* forza *f.* d'espansione, espansionistica.

Ex|pat|ri|a|ti|on f. *(-,-en)* l'esiliare, privazione *f.* della cittadinanza. **ex|pat|ri|ie|ren** tr. esiliare, privare della cittadinanza.

Ex|pe|di|ent m. *(-en,-en)* spedizioniere *m.* **ex|pe|die|ren** tr. spedire. **Ex|pe|di|ti|on** f. *(-,-en)* **1** spedizione *f.*: ***eine ~ zum Nordpol*** una spedizione al polo nord **2** COMM. reparto *m.* spedizioni.

Ex|pek|to|rans n. *(-, Expektoranzien* e *Expektorantia)*, **Ex|pek|to|ran|ti|um** n. *(-s, Expektoranzien* e *Expektorantia)* espettorante *m.* **ex|pek|to|rie|ren I** tr. espettorare **II** rifl. **sich ~** ANT. = dare sfogo ai propri sentimenti.

Ex|pe|ri|ment n. *(-[e]s,-e)* **1** esperimento *m.*: ***ein ~ durchführen, vorführen*** condurre, fare un esperimento **2** *(gewagtes Unternehmen)* impresa *f.* arrischiata, rischio *m.*: ***sich auf keine -e einlassen*** non correre rischi. **ex|pe|ri|men|tell I** agg. sperimentale **II** avv. sperimentalmente. **Ex|pe|ri|men|tier|büh|ne** f. *(-,-n)* teatro *m.* sperimentale. **ex|pe|ri|men|tie|ren** tr. sperimentare, fare esperimenti: ***mit, an Tieren ~*** fare esperimenti sugli, con gli animali. **Ex|per|te** m. *(-n,-n)* esperto *m.*

Expl. ⇒ *Exemplar* esemplare.

Ex|plan|tat n. *(-[e]s,-e)* espianto *m.*

Ex|pli|ka|ti|on f. *(-,-en)* esplicazione *f.* **ex|pli|zie|ren** tr. esplicare. **ex|pli|zit I** agg. esplicito **II** avv. esplicitamente.

ex|plo|dier|bar agg. esplosivo. **ex|plo|die|ren** intr. (aus. *sein*) esplodere (anche FIG.): ***vor Wut ~*** scoppiare di, esplodere per la rabbia.

Ex|plo|ra|ti|on f. *(-,-en)* esplorazione *f.* **Ex|plo|ra|tor** m. *(-s,-en)* esploratore *m.* **ex|plo|rie|ren** tr. **1** esplorare **2** *(durch Befragung untersuchen)* sondare.

Ex|plo|si|on f. *(-,-en)* esplosione *f.*, deflagrazione *f.*: ***eine Bombe zur ~ bringen*** far esplodere una bomba; FIG. *(Gefühlsausbruch)* ***sein Ärger entlud sich in einer ~*** la sua rabbia esplose; ***eine ~ der Geburtenrate*** un'esplosione del tasso di natalità. **ex|plo|si|ons|ar|tig** agg. esplosivo, come (*o* simile a) un'esplosione. **Ex|plo|si|ons|ge|fahr** f. *(-,-en)* pericolo *m.* d'esplosione. **Ex|plo|si|ons|herd** m. *(-[e]s,-e)* focolaio *m.* di un'esplosione (anche FIG.). **Ex|plo|si|ons|mo|tor** m. *(-s,-en)* motore *m.* a scoppio. **ex|plo|si|ons|si|cher** agg. antiesplosivo, antideflagrante.

ex|plo|siv agg. **1** esplosivo (anche FIG.) **2** LING. esplosivo, occlusivo. **Ex|plo|siv|ge|schoss,** AUSTR. **Ex|plo|siv|ge|schoß** n. *(-es,-e)* proiettile *m.* esplosivo. **Ex|plo|siv|laut** m. *(-[e]s,-e)* (consonante) esplosiva *f.*, occlusiva *f.* **Ex|plo|siv|stoff** m. *(-[e]s,-e)* (materiale *m.*) esplosivo *m.*

Ex|po|nat n. *(-[e]s,-e)* pezzo *m.* d'esposizione (*o* esposto).

Ex|po|nent m. *(-en,-en)* **1** esponente *m.*, rappresentante *m.*: ***ein ~ der Partei*** un esponente del partito **2** MAT. esponente *m.* **Ex|po|nen|ti|al|funk|ti|on** f. *(-,-en)* funzione *f.* esponenziale. **ex|po|nen|ti|ell** agg. MAT. esponenziale.

ex|po|nie|ren I tr. esporre **II** rifl. **sich ~** esporsi: ***sich mit gewagten Vorschlägen ~*** esporsi con proposte azzardate.

Ex|port m. *(-[e]s,-e)* export *m.*, esportazione *f.*: ***der ~ von Kohlen*** l'esportazione di carbone; ***den ~ erhöhen, drosseln*** incrementare, contenere l'esportazione; ***die -e nach Übersee einschränken*** limitare le esportazioni oltreoceano. **Ex|port|ab|hän|gig|keit** f. *(-)* dipendenza *f.* dalle esportazioni. **Ex|port|ar|ti|kel** m. *(-s,-)* articolo *m.* da esportazione. **Ex|port|bier** n. *(-s,-e)* birra *f.* da esportazione. **Ex|por|te** pl. esportazioni *f.pl.* **Ex|por|teur** [-tø:r] m. *(-s,-e)* esportatore *m.* **Ex|port|ge|schäft** n. *(-[e]s,-e)* **1** *(Firma)* ditta *f.* esportatrice **2** *(Handel)* commercio *m.* di esportazioni. **ex|por|tie|ren** tr. esportare. **ex|port|in|ten|siv** agg. orientato (*o* rivolto) prevalentemente alle esportazioni. **Ex|port|kauf|mann** m. *(-[e]s,-leute)* addetto *m.* alle esportazioni. **Ex|port|prä|mie** f. *(-,-n)* premio *m.* d'esportazione. **Ex|port|über|schuss** m. *(-es,-überschüsse)* esportazioni *f.pl.* in eccesso, eccedenza *f.* d'esportazione. **Ex|port|wa|re** f. *(-,-n)* merce *f.* d'esportazione.

Ex|po|sé n. *(-s,-s)* **1** *(Erläuterung, Darstellung)* traccia *f.*, abbozzo *m.*, schizzo *m.*: ***das ~ eines Romans, einer wissenschaftlichen Untersuchung*** la traccia di un romanzo, l'abbozzo di una ricerca scientifica **2** CINEM. *(Handlungsskizze)* scaletta *f.* **Ex|po|si|ti|on** f. *(-,-en)* **1** traccia *f.*, scaletta *f.*: ***die ~ eines Aufsatzes*** la traccia di un tema **2** MUS. TEATR. esposizione *f.* **3** RAR. *(Ausstellung)* esposizione *f.*, mostra *f.*

ex|press avv. **1** ANT. *(eilig)* espresso, (per) via espresso **2** REGION. *(extra)* espressamente, espressivamente. **Ex|press** m. *(-es,-e)* AUSTR. (treno *m.*) espresso *m.* **Ex|press|dienst** m. *(-[e]s,-e)* servizio *m.* espresso. **Ex|press|gut** n. *(-[e]s,-güter)* merce *f.* per (corriere) espresso.

Ex|pres|si|on f. *(-,-en)* espressione *f.* **Ex|pres|si|o|nis|mus** m. *(-)* espressionismo *m.* **Ex|pres|si|o|nist** m. *(-en,-en)* espressionista *m.* **ex|pres|si|o|nis|tisch** agg. espressionistico. **ex|pres|siv** **I** agg. espressivo **II** avv. espressivamente, in modo espressivo. **Ex|pres|si|vi|tät** f. *(-)* espressività *f.*

Ex|press|rei|ni|gung f. *(-,-en)* lavaggio *m.* rapido.

Ex|prop|ria|ti|on f. *(-,-en)* FILOS. POL. espropriazione *f.*, esproprio *m.* **ex|prop|ri|ie|ren** tr. FILOS. POL. espropriare.

ex|qui|sit agg. squisito.

Ex|spi|ra|ti|on f. *(-,-en)* MED. espirazione *f.* **ex|spi|ri|ie|ren** intr. (aus. *haben*) MED. espirare.

Ex|su|dat n. *(-[e]s,-e)* essudato *m.*

ex|tem|po|rie|ren tr. TEATR. improvvisare.

Ex|ten|si|on f. *(-,-en)* estensione *f.* **ex|ten|siv** agg. estensivo: ***eine -e Bewirtschaftung*** una coltivazione estensiva.

Ex|te|ri|eur [ɛkste'riø:ɐ] n. *(-s,-s* e *-e)* LETT. **1** *(Außenseite)* (lato *m.*) esterno *m.* **2** *(äußere Erscheinung)* aspetto *m.* esteriore.

ex|tern agg. TECN. esterno: ***ein -es Bauelement*** un componente esterno; ***eine -e Studentin*** una studentessa esterna. **ex|ter|na|li|sie|ren** tr. esternare. **Ex|ter|na|li|sie|rung** f. *(-,-en)* esternazione *f.* **Ex|ter|nat** n. *(-s,-e)* esternato *m.* **Ex|ter|ne** m. e f. *(-n,-n)* esterno *m.* (-a *f.*).

ex|ter|ri|to|ri|al agg. extraterritoriale. **Ex|ter|ri|to|ri|a|li|tät** f. *(-)* extraterritorialità *f.*

ex|tra **I** avv. **1** *(gesondert)* a parte: ***etw. ~ bezahlen*** pagare qcs. a parte **2a** *(zusätzlich)* extra, in più **b** extra: ***~ weite Hosen*** pantaloni extra large **3** *(eigens)* espressamente, appositamente; COLLOQ. apposta: ***ich habe ~ für dich gekocht!*** ho cucinato apposta per te **II** agg. REGION. e AUSTR. speciale, extra ◆ ***es geht mir nicht ~*** non va, non mi sento tanto bene. **Ex|tra** n. *(-s,-s)* **1** accessorio *m.*, optional *m.*: ***das Schiebedach ist ein ~*** il tettuccio apribile è un optional **2** pl. *(Extraausgaben)* extra *m.pl.*: ***die -s inbegriffen*** compresi gli extra. **Ex|tra|aus|ga|be** f. *(-,-n)* **1** spesa *f.* extra, extra *m.*, spesa *f.* straordinaria **2** EDIT. edizione *f.* straordinaria. **Ex|tra|blatt** n. *(-[e]s)* GIORN. edizione *f.* straordinaria. **ext|ra|fein** agg. COLLOQ. sopraffino.

ex|tra|hie|ren tr. MED. CHIM. estrarre.

Ex|tra|klas|se f. *(-,-n)* qualità *f.* superiore: ***Erdbeeren der ~*** fragole di qualità superiore (*o* extra); ***ein Sportler der ~*** un fuoriclasse.

ext|ra|kor|po|ral agg. MED. extracorporeo.

Ex|trakt m. *(-[e]s,-e)* estratto *m.* **Ex|trak|ti|on** f. *(-,-en)* MED. CHIM. estrazione *f.* **ex|trak|tiv** agg. CHIM. estrattivo.

ext|ra|or|di|när agg. ANT. straordinario. **Ext|ra|or|di|na|ri|um** n. *(-s, Extraordinarien)* bilancio *m.* (statale) straordinario. **Ext|ra|or|di|na|ri|us** m. *(-, Extraordinarien)* professore *m.* straordinario.

Ext|ra|po|la|ti|on f. *(-,-en)* MAT. estrapolazione *f.* **ext|ra|po|lie|ren** tr. estrapolare: ***Daten ~*** estrapolare dei dati.

Ext|ra|ra|ti|on f. *(-,-en)* razione *f.* extra. **Ext|ra|sys|to|le** f. *(-,-n)* extrasistole *f.* **Ext|ra|tour** f. *(-,-en)* **1** corsa *f.* supplementare **2** COLLOQ. bizzarria *f.*, estrosità *f.* **ext|ra|ute|rin** agg. extrauterino.

ext|ra|va|gant **I** agg. stravagante **II** avv. stravagantemente, in modo stravagante. **Ext|ra|va|ganz** f. *(-,-en)* stravaganza *f.*

ext|ra|ver|tiert agg. PSIC. estroverso.

Ext|ra|wurst f. *(-,-würste)* **1** COLLOQ. trattamento *m.* speciale (*o* particolare): ***jdm eine ~ braten*** fare un trattamento speciale a qcn.; ***eine ~ (gebraten) kriegen*** ricevere un trattamento speciale **2** AUSTR. INTRAD. (tipo di würstel). **Ext|ra|zug** m. *(-[e]s,-züge)* SVIZZ. treno *m.* speciale.

ext|rem **I** agg. **1** estremo **2** *(radikal)* estremista, radicale **II** avv. estremamente ◆ ***er steht (politisch) ~ rechts*** è (politicamente) estremista di destra. **Ext|rem** n. *(-s,-e)* estremo *m.*: ***äußerste -e*** estremi opposti; ***etw. bis ins, zum ~ treiben*** spingere qcs. all'estremo; ***von einem ~ ins andere fallen*** passare da un estremo all'altro ◆ PROV. ***die -e berühren sich*** gli estremi si toccano. **Ext|rem|fall** m. *(-s,-fälle)* caso *m.* estremo. **Ext|re|mis|mus** m. *(-, Extremismen)* estremismo *m.* **Ext|re|mist** m. *(-en,-en)* estremista *m.* **Ext|re|mis|tin** f. *(-,-nen)* estremista *f.* **ext|re|mis|tisch** agg. estremista. **Ext|re|mi|tät** f. *(-,-en)* **1** *(äußerstes Ende)* estremità *f.*: ***die unteren, die oberen -en*** le estremità inferiori, superiori **2** *(Extremsein)* estremismo *m.* **Ext|rem|punkt** m. *(-[e]s,-e)* MAT. punto *m.* estremo (di una curva). **Ext|rem|si|tu|a|ti|on** f. *(-,-en)* situazione *f.* estrema. **Ext|rem|sport** m. *(-[e]s,-e)* sport *m.* estremo. **Ext|rem|sport|art** f. *(-,-en)* sport *m.* estremo. **Ext|rem|wert** m. *(-[e]s,-e)* MAT. valore *m.* estremo.

ext|ro|ver|tiert → **extravertiert.**

Ext|ru|der m. *(-s,-)* TECN. estrusore *m.* **ext|ru|die|ren** tr. TECN. estrudere.

Ex|ul|ze|ra|ti|on f. *(-,-en)* MED. esulcerazione *f.*

Ex|vo|to n. *(-s,-s* e *Exvoten)* ex voto *m.*

Exz. ⇒ *Exzellenz* eccellenza (Ecc.).

ex|zel|lent agg. eccellente. **Ex|zel|lenz** f. *(-,-en)* eccellenza *f.*: ***Eure ~*** Sua Eccellenza. **ex|zel|lie|ren** tr. eccellere.

Ex|zen|ter m. *(-s,-)* MECC. eccentrico *m.* **Ex|zent|rik** f. *(-)* **1** eccentricità *f.* **2** clownerie *f.* **Ex|zent|ri|ker** m. *(-s,-)* **1** eccentrico *m.*, stravagante *m.* **2** clown *m.* **ex|zent|risch** agg. eccentrico (anche FIG.). **Ex|zent|ri|zi|tät** f. *(-,-en)* eccentricità *f.* (anche FIG.).

ex|zep|ti|o|nell agg. eccezionale.

ex|zer|pie|ren tr. ***ein Buch ~*** estrarre brani da un libro. **Ex|zerpt** n. *(-[e]s,-e)* estratto *m.*, sunto *m.*

Ex|zess m. *(-es,-e)* eccesso *m.*: ***etw. bis zum ~ treiben*** spingere qcs. all'eccesso. **ex|zes|siv** agg. eccessivo.

Eye|li|ner ['ailainɐ] m. *(-s,-)* eye-liner *m.*

F

f, F n. *(-,-)* **1** *(Buchstabe)* f, F, effe *f.* e *m.*: ***ein großes F, ein kleines f*** una F maiuscola, una f minuscola **2** MUS. *(Note)* fa *m.*
f ⇒ **1** MUS. *forte* forte (f) **2** *f-Moll* fa minore.
F ⇒ *F-Dur* fa maggiore.
f. ⇒ *folgende* seguente (s., sg.).
Fa. ⇒ *Firma* ditta.
Fa|bel f. *(-,-n)* **1** favola *f.* **2** *(Unwahres, erfundene Geschichte)* favola *f.*, fandonia *f.* **3** *(Handlung)* trama *f.*, LETT. fabula *f.*: ***die ~ eines Dramas*** la trama (*o* il soggetto) di un dramma: ***etw. gehört ins Reich der ~*** = qcs. è inventato di sana pianta. **Fa|bel|buch** n. *(-[e]s,-bücher)* libro *m.* di favole. **Fa|bel|dich|ter** m. *(-s,-)* favolista *m.*, favoleggiatore *m.* **Fa|be|lei** f. *(-,-en)* favoleggiamento *m.* **fa|bel|haft I** agg. **1** *(wunderbar)* favoloso, fantastico **2** COLLOQ. *(außergewöhnlich)* straordinario, incredibile **II** avv. straordinariamente: ***sie ist ~ elegant*** è straordinariamente elegante. **fa|beln** intr. (aus. *haben*) favoleggiare, fantasticare: ***von Abenteuern ~*** favoleggiare di avventure. **Fa|bel|tier** n. *(-[e]s,-e)* animale *m.* favoloso (*o* leggendario). **Fa|bel|welt** f. *(-,-en)* mondo *m.* fantastico, mondo *m.* delle favole. **Fa|bel|we|sen** n. *(-s,-)* essere *m.* favoloso (*o* leggendario).
Fa|bi|an n.pr.m. Fabiano *m.*
Fab|rik f. *(-,-en)* fabbrica *f.*: ***in die ~ gehen*** andare (a lavorare) in fabbrica; ***eine ~ gründen, bauen, besitzen*** mettere su, costruire, possedere una fabbrica. **Fab|rik|an|la|ge** f. *(-,-n)* impianto *m.* (*o* stabilimento *m.*) industriale. **Fab|ri|kant** m. *(-en,-en)* → **Fabrikbesitzer. Fab|rik|ar|beit** f. *(-,-en)* lavoro *m.* di (*o* in) fabbrica. **Fab|rik|ar|bei|ter** m. *(-s,-)* operaio *m.* di fabbrica. **Fab|ri|kat** n. *(-[e]s,-e)* prodotto *m.* (industriale). **Fab|ri|ka|ti|on** f. *(-,-en)* fabbricazione *f.*, produzione *f.* **Fab|ri|ka|ti|ons|feh|ler** m. *(-s,-)* difetto *m.* di fabbrica (*o* di produzione). **Fab|ri|ka|ti|ons|ge|heim|nis** n. *(-ses,-se)* segreto *m.* di produzione. **Fab|ri|ka|ti|ons|pro|gramm** n. *(-[e]s,-e)* programma *m.* di produzione. **Fab|ri|ka|ti|ons|ver|fah|ren** n. *(-s,-)* processo *m.* (*o* metodo *m.*) produttivo. **fab|ri|ka|to|risch** agg. di fabbricazione, industriale. **Fab|rik|be|sit|zer** m. *(-s,-)* industriale *m.* **Fab|rik|be|trieb** m. *(-[e]s,-e)* **1** *(Fabrik)* fabbrica *f.*, industria *f.* **2** *(Arbeitsablauf)* processo *m.* produttivo, lavorazione *f.* **Fab|rik|er|zeug|nis** n. *(-ses,-se)* prodotto *m.* industriale. **Fab|rik|ge|bäu|de** n. *(-s,-)* stabilimento *m.* (industriale). **Fab|rik|ge|län|de** n. *(-s,-)* zona *f.* industriale. **Fab|rik|hal|le** f. *(-,-n)* capannone *m.* (industriale). **Fab|rik|mar|ke** f. *(-,-n)* marchio *m.* di fabbrica. **fab|rik|mä|ßig** agg. di fabbrica, in serie. **fab|rik|neu** agg. nuovo di fabbrica. **Fab|rik|num|mer** f. *(-,-n)* numero *m.* di serie. **Fab|rik|preis** m. *(-es,-e)* prezzo *m.* di fabbrica: ***etw. zum ~ verkaufen*** vendere qcs. al prezzo di fabbrica. **Fab|rik|schiff** n. *(-[e]s,-e)* nave *f.* fattoria. **Fab|rik|schorn|stein** m. *(-[e]s,-e)* ciminiera *f.* **Fab|rik|stadt** f. *(-,-städte)* città *f.* industriale. **Fab|rik|wa|re** f. *(-,-n)* merce *f.* (*o* articolo *m.*) di fabbrica.
fab|ri|zie|ren tr. **1** ANT. fabbricare, produrre **2** COLLOQ. *(zusammenbasteln)* costruire, mettere insieme.
Fa|bu|lant m. *(-en,-en)* **1** favolista *m.*, favoleggiatore *m.* **2** *(Lügner)* contastorie *m.* **fa|bu|lie|ren** intr. (aus. *haben*) fantasticare, inventare storie. **fa|bu|lös** agg. COLLOQ. **1** *(wunderbar)* fantastico, favoloso **2** *(unwahrscheinlich)* fantastico, improbabile.
Fa|cet|te [fa'sɛtə] f. *(-,-n)* faccetta *f.*, sfaccettatura *f.* **Fa|cet|ten|au|ge** n. *(-s,-n)* ENTOM. occhio *m.* composto. **Fa|cet|ten|glas** n. *(-es)* vetro *m.* sfaccettato. **Fa|cet|ten|schliff** m. *(-[e]s,-e)* sfaccettatura *f.* **fa|cet|tie|ren** tr. sfaccettare.
Fach n. *(-[e]s, Fächer)* **1a** scomparto *m.*: ***die Aktentasche hat drei Fächer*** la cartella ha tre scomparti **b** *(vom Schrank)* ripiano *m.*: ***die Wäsche ins ~ legen*** riporre la biancheria sul ripiano **2a** *(Arbeitsgebiet)* branca *f.*, ramo *m.*, settore *m.*; *(Beruf)* mestiere *m.*: ***sein ~ verstehen, beherrschen*** conoscere (*o* sapere) il proprio mestiere, essere molto bravo nel proprio campo; ***vom ~ sein*** essere del mestiere **b** *(Materie)* materia *f.*, disciplina *f.*: ***das ~ Mathematik unterrichten*** insegnare matematica **3a** ARCH. scomparto *m.*, campo *m.* **b** cassettone *m.* **4** TESS. passo *m.* **5** TEATR. genere *m.*: ***ins dramatische ~ wechseln*** passare al genere drammatico ◆ ***das schlägt in sein ~*** questo è di sua competenza. **Fach|ar|bei|ter** m. *(-s,-)* operaio *m.* specializzato, lavoratore *m.* qualificato. **Fach|ar|bei|ter|brief** m. *(-[e]s,-e)*, **Fach|ar|bei|ter|zeug|nis** n. *(-ses, -se)* diploma *m.* di lavoratore specializzato. **Fach|arzt** m. *(-es,-ärzte)* (medico *m.*) specialista *m.* **fach|ärzt|lich** agg. specialistico, medico-specialistico. **Fach|auf|satz** m. *(-es,-aufsätze)* saggio *m.* specialistico. **Fach|aus|bil|dung** f. *(-,-en)* specializzazione *f.* **Fach|aus|druck** m. *(-[e]s,-ausdrücke)* termine *m.* tecnico (*o* specialistico). **Fach|be|griff** m. *(-[e]s,-e)* concetto *m.* tecnico (*o* specialistico). **Fach|be|ra|ter** m. *(-s,-)* consulente *m.* del settore. **Fach|be|ra|tung** f. *(-,-en)* consulenza *f.* specialistica. **Fach|be|reich** m. *(-es,-e)* **1** branca *f.* specialistica, settore *m.*, campo *m.* **2** *(an der Universität)* disciplina *f.* **Fach|be|zeich|nung** f. *(-,-en)* → **Fachausdruck. fach|be|zo|gen** agg. specializzato. **Fach|bib|li|o|thek** f. *(-,-en)* biblioteca *f.* specializzata. **Fach|buch** n. *(-[e]s, -bücher)* libro *m.* (*o* testo *m.*) tecnico. **Fach|buch|hand|lung** f. *(-,-en)* libreria *f.* specializzata. **Fach|chi|ne|sisch** n. *(-[s])* COLLOQ. = gergo *m.* da specialisti ◆ ***das ist für mich ~*** per me è arabo.
fä|cheln I intr. (aus. *haben*) **1** LETT. impers. spirare, alitare: ***es fächelte eine leichte Brise*** spirava una leggera brezza **2** muoversi, ondeggiare: ***die Blätter ~ im Wind*** le foglie si muovono (*o* tremolano) per il vento **II** tr. **1** *(hin und her bewegen)* scuotere, far ondeggiare (*o* muovere): ***der Wind fächelt das hohe Gras*** il vento fa ondeggiare l'erba alta **2** *(anwehen)* fare aria: ***jdn mit der Zeitung ~*** fare aria a qcn. con il giornale **III** rifl. **sich ~** farsi aria (*o* vento), sventagliarsi.
fa|chen RAR. tr. attizzare.
Fä|cher m. *(-s,-)* **1** ventaglio *m.* **2** ORNIT. coda *f.* a ventaglio. **fä|cher|för|mig** agg. a ventaglio. **Fä|cher|ge|wöl|be** n. *(-s,-)* volta *f.* a ventaglio. **fä|che|rig** agg. → **fächerförmig.**
fä|chern I tr. **1** dividere in (s)comparti **2** suddividere: ***ein Arbeitsgebiet ~*** suddividere un settore di attività **3** disporre a ventaglio: ***die Spielkarten ~*** disporre le carte da gioco a forma di ventaglio **II** rifl. **sich ~** diramarsi. **Fä|che|rung** f. *(-,-en)* compartimentazione *f.*
Fach|fra|ge f. *(-,-n)* questione *f.* specialistica. **Fach|frau** f. *(-,-en)* esperta *f.*, specialista *f.* **fach|fremd** agg. non del mestiere. **Fach|ge|biet** n. *(-[e]s,-e)* settore *m.*, campo *m.*, ramo *m.* **Fach|ge|lehr|te** m. e f. *(-n,-n)* specialista *m.* e *f.* **fach|ge|mäß, fach|ge|recht I** agg. specializzato **II** avv. a regola d'arte: ***etw. ~ ausführen*** eseguire qcs. a regola d'arte. **Fach|ge|schäft** n. *(-[e]s,-e)* negozio *m.* specializzato. **Fach|ge|spräch** n. *(-[e]s,-e)* discussione *f.* tecnica. **Fach|grup|pe** f. *(-,-n)* **1** gruppo *m.* di lavoro (*o* di studio) **2** *(Berufsgruppe)* categoria *f.* (lavorativa). **Fach|han|del** m. *(-s)* commercio *m.* specializzato. **Fach|hoch|schu|le** f. *(-,-n)* accademia *f.* tecnica. **Fach|idi|ot** m. *(-en,-en)* = persona *f.* esperta esclusivamente nel proprio campo. **Fach|jar|gon** m. *(-s,-s)* gergo *m.* da specialisti. **Fach|ka|ta|log** m. *(-[e]s,-e)* **1** catalogo *m.* specialistico **2** BIBLIOT. catalogo *m.* per soggetti. **Fach|ken|ner** m. *(-s,-)* esperto *m.*, specialista *m.* **Fach|kennt|nis** f. *(-,-se)* conoscenza *f.* specialistica (*o* tecnica). **Fach|kom|pe|tenz** f. *(-,-en)* competenza *f.* specialistica (*o* tecnica). **Fach|kraft** f. *(-,-kräfte)* specialista *m.* e *f.* **Fach|kreis** m. *(-es,-e)* cerchia *f.* degli esperti: ***in -en*** nei circoli competenti. **Fach|kun|de** f. *(-)* SCOL. materie *f.pl.* specialistiche. **fach|kun|dig I** agg. esperto, competente **II** avv. con competenza. **Fach|leh|rer** m. *(-s,-)* insegnante *m.* di una materia. **fach|lich** agg. professionale, specializzato. **Fach|li|te|ra|tur** f. *(-)* letteratura *f.* specializzata. **Fach|mann** m. *(-[e]s, -leute* e RAR. *-männer)* esperto *m.*, specialista *m.*: ***~ für etw., auf einem Gebiet sein*** essere esperto in qcs., in un settore ◆ PROV. ***da staunt der ~, und der Laie wundert sich*** c'è veramente da restare a bocca aperta. **fach|

män|nisch agg. da specialista (*o* esperto), specialistico ◆ ***eine -e Arbeit*** un lavoro a regola d'arte. **fach|mä|ßig** agg. → **fachgemäß. Fach|mes|se** f. *(-,-n)* fiera *f.* specialistica, salone *m.* **Fach|ober|schu|le** f. *(-,-n)* istituto *m.* tecnico. **Fach|pres|se** f. *(-)* stampa *f.* specializzata. **Fach|re|fe|rat** n. *(-[e]s,-e)* **1** *(fachbezogener Vortrag)* relazione *f.* (*o* conferenza *f.*) tecnica **2** BUROCR. settore *m.* **Fach|rich|tung** f. *(-,-en)* ramo *m.*, branca *f.* **Fach|schaft** f. *(-,-en)* **1** *(Fachleute)* esperti *m.pl.* **2** UNIV. studenti *m.pl.* di un indirizzo. **Fach|schu|le** f. *(-,-en)* scuola *f.* professionale. **Fach|sim|pe|lei** f. *(-,-en)* COLLOQ. = conversazione *f.* (incentrata solo) su questioni tecniche (*o* di lavoro). **fach|sim|peln** intr. (aus. *haben*) COLLOQ. = conversare solo di questioni tecniche, di argomenti professionali (*o* di lavoro). **Fach|spra|che** f. *(-,-n)* linguaggio *m.* tecnico. **Fach|stu|di|um** n. *(-s,-studien)* studio *m.* speciale, settoriale; *(Ausbildung)* educazione *f.* professionale. **Fach|ter|mi|nus** m. *(-,-termini)* termine *m.* tecnico. **fach|über|grei|fend** agg. interdisciplinare. **Fach|über|set|zung** f. *(-,-en)* traduzione *f.* tecnica. **Fach|ver|band** m. *(-[e]s,-verbände)* associazione *f.* professionale. **Fach|ver|käu|fer** m. *(-s,-)* venditore *m.* specializzato. **Fach|welt** f. *(-)* esperti *m.pl.*, specialisti *m.pl.*

Fach|werk n. *(-[e]s)* **1** ARCH. intelaiatura *f.*, graticcio *m.* **2** *(Fachwerkbau)* costruzione *f.* a graticcio **3** opera *f.* specialistica, trattato *m.* specialistico. **Fach|werk|bau** m. *(-[e]s,-ten)* costruzione *f.* a graticcio (*o* a intelaiatura). **Fach|werk|haus** n. *(-[e]s,-häuser)* casa *f.* a graticcio (*o* a pareti intelaiate).

Fach|wis|sen n. *(-s)* conoscenze *f.pl.* specialistiche. **Fachkenntnis. Fach|wis|sen|schaft** f. *(-,-en)* disciplina *f.* speciale, specialità *f.* **Fach|wort** n. *(-[e]s,-wörter)* termine *m.* tecnico. **Fach|wör|ter|buch** n. *(-[e]s,-bücher)* dizionario *m.* tecnico. **Fach|zeit|schrift** f. *(-,-en)* rivista *f.* specializzata. **Fach|zei|tung** f. *(-,-en)* giornale *m.* specializzato.

Fa|ckel f. *(-,-n)* fiaccola *f.*, torcia *f.*, LETT. face *f.* **fa|ckeln** intr. (aus. *haben*) COLLOQ. tentennare, esitare: ***gar nicht lange ~*** non esitare a lungo. **Fa|ckel|trä|ger** m. *(-s,-)* tedoforo *m.* **Fa|ckel|zug** m. *(-[e]s,-züge)* fiaccolata *f.*

Fac|to|ring ['fæktərıŋ] n. *(-s)* factoring *m.*

fad agg. REGION., **fa|de** agg. **1** insipido, scipito: ***diese Suppe ist, schmeckt ~*** questa minestra è insipida **2** *(langweilig)* noioso, insulso **3** REGION. *(zimperlich)* sciocco.

fä|deln I tr. infilare: ***Perlen auf eine Schnur ~*** infilare delle perle in uno spago **II** intr. (aus. *haben*) sfilacciarsi, sfrangiarsi: ***der Stoff fädelt*** la stoffa si sfilaccia.

Fa|den m. *(-s,- e Fäden)* **1a** filo *m.* (anche FIG.): ***einen ~ einfädeln (auf die Nadel fädeln), abschneiden*** infilare, tagliare un filo; ***hast du Nadel und ~?*** hai ago e filo? ***den ~ der Unterhaltung verlieren, wieder aufnehmen*** perdere, riprendere il filo del discorso **b** *(von Käse, Sirup)* ***Fäden ziehen*** fare i fili, filare **2** pl. MED. punti *m.pl.*: ***die Fäden ziehen*** togliere i punti **3** pl. fila *f.pl.*: ***er hält, hat alle Fäden in der Hand*** tiene le fila di tutto, dirige tutto; ***alle Fäden laufen in seiner Hand zusammen*** tutto passa dalle sue mani **4** MAR. braccio *m.* ◆ ***an einem (dünnen, seidenen) ~ hängen*** essere appeso a un filo; ***keinen guten ~ an jdm lassen*** tagliare i panni addosso a qcn., fare pelo e contropelo a qcn.; ***da beißt die Maus keinen ~ ab*** = è sicuro, non c'è nulla da cambiare; ***der rote ~*** il filo rosso; ***silberne Fäden im Haar haben*** = avere qualche capello bianco; ***keinen guten ~ miteinander spinnen*** non filare d'amore e d'accordo; ***keinen trockenen ~ (mehr) am Leib haben*** essere bagnato fino all'osso. **Fa|den|dich|te** f. *(-)* TESS. compattezza *f.* della trama. **fa|den|dünn** agg. sottile come un filo; FIG. *(von Stimmen)* flebile. **Fa|den|en|de** n. *(-,-n)* estremità *f.* (*o* capo *m.*) di un filo. **fa|den|för|mig** agg. filiforme. **fa|den|ge|ra|de I** agg. dritto come un filo **II** AVV. **1** a filo **2** SART. secondo il drittofilo (*o* in drittofilo). **Fa|den|glas** n. *(-es)* vetro *m.* filato. **Fa|den|hef|tung** f. *(-,-en)* cucitura *f.* a filo di refe. **Fa|den|kreuz** n. *(-es,-e)* OTT. reticolo *m.*, croce *f.* di collimazione. **Fa|den|lauf** m. *(-[e]s)* TESS. SART. drittofilo *m.* **fa|den|los** agg. senza filo. **Fa|den|nu|deln** pl. vermicelli *m.pl.*, capelli *m.pl.* d'angelo. **Fa|den|pil|ze** pl. ficomiceti *m.pl.* **fa|den|schei|nig** agg. **1** *(abgetragen)* logoro, liso **2** FIG. misero: ***eine -e Ausrede*** una misera scusa. **Fa|den|stär|ke** f. *(-,-n)* robustezza *f.* del filo. **Fa|den|wurm** m. *(-[e]s,-würmer)* filaria *f.* **Fa|den|zäh|ler** m. *(-s,-)* lentino *m.* contafili, contafili *m.*

Fad|heit f. *(-,-en)* **1** *(Geschmacklosigkeit)* insipidezza *f.*, scipitezza *f.* **2** *(Geistlosigkeit)* insulsaggine *f.* **3** *(Langweiligkeit)* noiosità *f.*

fä|dig agg. filamentoso, a fili.

Fa|ding ['feıdıŋ] n. *(-s)* RAD. evanescenza *f.*, fading *m.*

fa|di|sie|ren rifl. **sich ~** AUSTR. COLLOQ. annoiarsi.

Fa|gott n. *(-[e]s,-e)* MUS. fagotto *m.* **Fa|got|tist** m. *(-en,-en)* suonatore *m.* di fagotto, fagottista *m.*

Fä|he f. *(-,-n)* VENAT. volpe *f.* femmina.

fä|hig agg. *(tüchtig)* capace, valente, bravo; *(begabt)* dotato; *(geschickt)* abile: ***ein -er Chirurg*** un abile chirurgo; ***zu etw. ~ sein*** essere capace a fare qcs.; ***zu allem ~ sein*** essere capace di tutto, pronto a tutto. **Fä|hig|keit** f. *(-,-en)* **1** capacità *f.*: ***geistige -en*** facoltà mentali **2** *(Imstandesein)* abilità *f.*, capacità *f.*, destrezza *f.*: ***die ~ haben, etw. zu tun*** avere la capacità di fare qcs.; ***die Not hat in ihm unerwartete -en geweckt*** l'emergenza ha risvegliato in lui capacità inaspettate **3** *(Begabung)* talento *m.*, dote *f.*; attitudine *f.*: ***künstlerische ~ besitzen*** avere talento artistico; ***bei deinen -en*** con le tue doti.

fahl agg. **1** pallido: ***vor Angst wurde sie ~ im Gesicht*** diventò pallida per la paura; ***ein -es Licht*** una luce fioca **2** *(farblos)* smorto, scialbo: ***-e Farben*** colori smorti. **Fahl|erz** n. *(-es)* minerale *m.* di rame grigio, tetraedrite *f.* **fahl|gelb** agg. giallo pallido. **Fahl|heit** f. *(-)* pallore *m.* **Fahl|le|der** n. *(-s)* cuoio *m.* chiaro, naturale.

Fähn|chen n. *(-s,-)* **1a** bandierina *f.* **b** *(Wimpel)* gagliardetto *m.*, pennoncino *m.* **2** SPREG. *(Kleid)* abituccio *m.*, straccetto *m.*

fahn|den intr. (aus. *haben*) ***nach jdm, etw. ~*** ricercare qcn., qcs.; dare la caccia a qcn., qcs. **Fahn|der** m. *(-s,-)* investigatore *m.* **Fahn|dung** f. *(-,-en)* ricerca *f.*: ***~ nach jdm*** ricerca di qcn. **Fahn|dungs|ap|pa|rat** m. *(-[e]s,-e)* apparato *m.* investigativo. **Fahn|dungs|fo|to** n. *(-s,-s)* foto *f.* segnaletica. **Fahn|dungs|lis|te** f. *(-,-n)* elenco *m.* (*o* lista *f.*) dei ricercati.

Fah|ne f. *(-,-n)* **1a** bandiera *f.*: ***die ~ hissen, schwenken, einholen*** issare, sventolare, ammainare la bandiera; ***schwarz umflorte ~*** bandiera abbrunata, listata a lutto; ***~ auf halbmast*** bandiera a mezz'asta; ***mit fliegenden, wehenden -n*** a bandiere spiegate; ***die Stadt ist mit -n geschmückt*** la città è imbandierata; ***die ~ hochhalten*** tenere alta la bandiera (anche FIG.) **b** FIG. bandiera *f.*, vessillo *m.*: ***die, seine ~ nach dem Wind drehen, hängen*** cambiare bandiera secondo il vento; ***etw. auf seine ~ schreiben*** fare di qcs. il proprio vessillo **2** FIG. partito *m.*, causa *f.*; ideale *m.*: ***jds ~ folgen*** abbracciare la causa di qcn. **3** EDIT. bozza *f.* (di stampa): ***-n korrigieren*** correggere (le) bozze **4** ORNIT. BOT. vessillo *m.*, stendardo *m.* ◆ ***eine ~ haben*** = puzzare di alcol; LETT. ***zu den -n eilen*** accorrere sotto le armi; ***zu den -n rufen*** chiamare alle armi. **Fah|nen|ab|zug** m. *(-[e]s,-abzüge)* EDIT. bozza *f.* (di stampa). **Fah|nen|ap|pell** m. *(-s,-e)* (appello *m.* con) alzabandiera *m.* **Fah|nen|eid** m. *(-[e]s,-e)* giuramento *m.* di fedeltà alla bandiera. **Fah|nen|flucht** f. *(-)* diserzione *f.* **fah|nen|flüch|tig** agg. che diserta. **Fah|nen|flüch|ti|ge** m. *(-n,-n)* disertore *m.* **Fah|nen|jun|ker** m. *(-s,-)* **1** STOR. alfiere *m.* **2** MIL. allievo *m.* ufficiale. **Fah|nen|kor|rek|tur** f. *(-,-en)* correzione *f.* di, delle bozze. **Fah|nen|mast** m. *(-[e]s,-en)* asta *f.*, pennone *m.* della bandiera. **Fah|nen|schwin|ger** m. *(-s,-)* sbandieratore *m.* **Fah|nen|stan|ge** f. *(-,-n)* → **Fahnenmast** ◆ ***Ende der ~*** stallo, punto morto. **Fah|nen|stock** m. *(-[e]s,-stöcke)* → **Fahnenmast. Fah|nen|trä|ger** m. *(-s,-)* portabandiera *m.* **Fah|nen|tuch** n. *(-[e]s,-e)* drappo *m.* della bandiera. **Fah|nen|wei|he** f. *(-,-n)* benedizione *f.* della bandiera. **Fähn|lein** n. *(-s,-)* **1** bandierina *f.* **2** STOR. drappello *m.*, compagnia *f.* **Fähn|rich** m. *(-s,-e)* **1** STOR. portabandiera *m.*, alfiere *m.* **2** *(Offiziersanwärter)* allievo *m.* ufficiale.

Fahr|ab|tei|lung f. *(-,-en)* reparto *m.* motorizzato. **Fahr|auf|nah|me** f. *(-,-n)* CINEM. carrellata *f.* **Fahr|aus|weis** m. *(-es,-e)* **1** biglietto *m.*; BUROCR. documento *m.* di viaggio **2** SVIZZ. *(Führerschein)* patente *f.* di guida.

Fahr|bahn f. *(-,-en)* **1** carreggiata *f.*; *(Spur)* corsia *f.*: ***von der ~ abkommen*** uscire di strada **2** *(von Fahrrädern)* pista *f.* **Fahr|bahn|mar|kie|rung** f. *(-,-en)* segnaletica *f.* orizzontale. **Fahr|bahn|ver|en|gung** f. *(-,-en)* restringimento *m.* della carreggiata. **Fahr|bahn|wech|sel** m. *(-s,-)* cambio *m.* di carreggiata.

fahr|bar agg. **1** mobile; *(gleitend)* scorrevole **2** ANT. *(von Straßen)* carrozzabile, praticabile. **fahr|be|reit** agg. pronto per partire; *(vom Fahrzeug)* in condizioni di marcia. **Fahr|büh|ne** f. *(-,-n)* piattaforma *f.* (del montacarichi, dell'ascensore). **Fahr|damm** m. *(-[e]s,-dämme)* REGION. → **Fahrbahn.**

Fähr|de f. *(-,-n)* LETT. periglio *m.*

Fahr|dienst m. *(-[e]s,-e)* **1** servizio *m.* (di viaggio) **2** FERR. servizio *m.* movimento. **Fahr|dienst|lei|ter** m. *(-s,-)* FERR. capomovimento *m.* **Fahr|draht** m. *(-[e]s,-drähte)* filo *m.* aereo (di tram, filobus).

Fäh|re f. *(-,-n)* traghetto *m.*

fah|ren *(fährt, fuhr, gefahren)* **I** intr. (aus. *sein*) **1a** andare: ***dieser Zug fährt nach Bonn*** questo treno va a Bonn; ***ans Meer, nach Rom ~*** andare al mare, a Roma; ***das Auto fährt langsam in die, aus der Garage*** l'auto entra nel, esce dal garage lentamente **b** viaggiare, andare: ***mit dem, im Auto ~*** andare in auto; ***mit der***

Bahn ~ andare, viaggiare in ferrovia; **im Konvoi, in einer Kolonne ~** viaggiare in convoglio, in colonna; **mit großer, hoher Geschwindigkeit ~** viaggiare ad alta velocità; **erster, zweiter Klasse ~** viaggiare in prima, seconda classe **2** *(Auto fahren)* guidare: **wie der Teufel ~** guidare come un pazzo; **gut, schlecht, vorsichtig ~** guidare bene, male, con prudenza; **das Auto, der Zug fährt 150 km in der Stunde** l'auto, il treno fa 150 km all'ora, va ai 150 all'ora; **100 km/h ~** guidare ai 100 all'ora; **seit 10 Jahren unfallfrei ~** guidare da 10 anni senza (avere) incidenti; **rechts ~** tenere la destra; **rückwärts ~** fare marcia indietro **3** *(abfahren)* partire, andare: **sie fährt morgen in die Schweiz** parte domani per la Svizzera, domani va in Svizzera; **wann fährt der nächste Zug?** quando parte il prossimo treno? **4** (andare a) sbattere: **mit dem Auto gegen einen Baum ~** sbattere (con) l'auto contro un albero **5a** *(verkehren)* passare: **wie oft fährt der Bus?** ogni quanto passa l'autobus? **b** passare; passarsi: **mit der Hand über die Augen, durchs Haar ~** passarsi una mano sugli occhi, fra i capelli **6** *(zurechtkommen)* COLLOQ. trovarsi bene; andare d'accordo: **gut, schlecht mit jdm ~** andare, non andare d'accordo con qcn. **7** scappare, sfuggire: **mir ist das Messer aus der Hand gefahren** mi è scappato di mano il coltello **II** tr. **1a** guidare: **ein Motorrad, einen Wagen ~** guidare una moto, una vettura **b** manovrare, condurre: **einen Kran ~** manovrare una gru **c** *(besitzen)* avere, possedere: **einen VW ~** avere una Volkswagen **2** percorrere: **eine Strecke in 2 Stunden ~** percorre un tragitto in due ore **3** *(transportieren)* trasportare, portare: **die Kinder zur Schule ~** portare i bambini a scuola; **Holz, Eisen ~** trasportare legname, ferro **4a ~ lassen** *(aufgeben)* abbandonare: **alle Hoffnungen ~ lassen** abbandonare ogni speranza **b** *(loslassen)* lasciare andare: **die Beute ~ lassen** lasciare la preda **III** rifl. **sich ~ 1** impers. andare, viaggiare: **bei Regen fährt es sich schlecht** quando piove si viaggia male **2** *(funktionieren)* funzionare, andare: **das neue Auto fährt sich ausgezeichnet** la nuova auto va a meraviglia ◆ **gegen jdn eine Attacke ~** attaccare qcn.; **Auto ~** guidare l'auto; **aus dem Bett ~** saltare giù dal letto; VOLG. **einen ~ lassen** fare un peto; **ein Gedanke fuhr ihm durch den Kopf** un pensiero gli passò per la mente (*o* per la testa); **aus der Haut ~** uscire dai gangheri; **in die Höhe ~** balzare in piedi; **fahr zur Hölle!** va' all'inferno! **was ist denn in dich gefahren?** che ti piglia? che cosa ti è preso? **ein Auto kaputt ~** distruggere una macchina (guidando); **Karussell ~** andare in giostra; **in die Kleider ~** infilarsi i vestiti; **jdm über den Mund ~** = interrompere bruscamente qcn.; **einen Rekord ~** stabilire un record (in una gara motoristica); **aus dem Schlaf ~** svegliarsi di soprassalto; **der Schreck fuhr ihm in die Glieder** il terrore lo fece rabbrividire; **zur See ~** fare il marinaio; **Ski ~** sciare; **eine Sonderschicht, Überstunden ~** fare un turno speciale, straordinari; **in die Welt ~** girare per il mondo; **fahr wohl!** addio! **fah|rend** p.pres. agg. **1** → **fahren 2** in moto, in corsa: **aus einem -en Auto springen** saltare da un auto in corsa **3** *(nicht seßhaft)* ambulante, girovago: **ein -es Volk** un popolo girovago **4** DIR. **-e Habe, Güter** beni mobili ◆ **-er Ritter** cavaliere errante. **Fah|ren|de** m. *e* f. *(-n,-n)* ANT. ambulante *m.* e *f.*, girovago *m.* (-a *f.*).

Fah|ren|heit|ska|la f. *(-)* scala *f.* Fahrenheit.

Fah|rens|mann m. *(-[e]s,-leute* e *-männer)* MAR. marinaio *m.*

Fah|rer m. *(-s,-)* **1** conducente *m.*, guidatore *m.*; *(Autofahrer)* automobilista *m.*; *(Motorradfahrer)* motociclista *m.*; *(Radfahrer)* ciclista *m.*; *(als Beruf)* autista *m.*: **er ist ~ von Beruf** fa l'autista di professione **2** *(Fahrzeugführer)* manovratore *m.* **Fah|re|rei** f. *(-)* SPREG. andirivieni *m.* (con un veicolo). **Fah|rer|flucht** f. *(-)* fuga *f.* del conducente: **~ begehen** darsi alla fuga. **Fah|rer|haus** n. *(-es, -häuser)* cabina *f.* di guida. **fah|re|risch** agg. **sein -es Können** la sua abilità nella guida. **Fah|rer|la|ger** n. *(-s,-)* box *m.* **Fah|rer|er|laub|nis** f. *(-,-se)* BUROC. **1** autorizzazione *f.* alla guida **2** *(Führerschein)* patente *f.* di guida. **Fah|rer|sitz** m. *(-es,-e)* posto *m.* (*o* sedile *m.*) del conducente.

Fahr|gast m. *(-[e]s,-gäste)* passeggero *m.* **Fahr|gast|raum** m. *(-[e]s,-räume)* AUT. abitacolo *m.* **Fahr|gast|schiff** n. *(-[e]s,-e)* nave *f.* passeggeri.

Fahr|ge|fühl n. *(-s)* senso *m.* della guida. **Fahr|geld** n. *(-[e]s)* prezzo *m.* del biglietto (*o* della corsa). **Fahr|ge|le|gen|heit** f. *(-,-en)* possibilità *f.* (*o* mezzo *m.*) di trasporto. **Fahr|ge|mein|schaft** f. *(-,-en)* = gruppetto *m.* di persone che viaggiano sulla stessa auto (per dividere le spese). **Fahr|ge|schwin|dig|keit** f. *(-,-en)* velocità *f.* di marcia, velocità *f.* **Fahr|ge|stell** n. *(-s,-e)* **1** AUT. telaio *m.* **2** AER. carrello *m.* **3** COLLOQ. SCHERZ. *(Beine)* gambe *f.pl.*: **ein verbogenes ~** le gambe storte. **Fahr|ha|be** f. *(-)* SVIZZ. bene *m.* mobile. **Fahr|hau|er** m. *(-s,-)* MIN. aiuto *m.* caposquadra.

fah|rig agg. **1** irrequieto, nervoso: **-e Bewegungen** gesti irrequieti **2** *(zerstreut)* distratto, svanito, svagato. **Fah|rig|keit** f. *(-,-en)* **1** irrequietezza *f.*, nervosità *f.* **2** *(Zerstreutheit)* distrazione *f.*, svagatezza *f.*

Fahr|kar|te f. *(-,-n)* biglietto *m.*: **eine einfache ~** un biglietto di sola andata, di corsa semplice; **eine ~ hin und zurück** un biglietto di andata e ritorno; **eine ~ lösen, entwerten** acquistare, obliterare un biglietto. **Fahr|kar|ten|aus|ga|be** f. *(-,-n)* **1** distribuzione *f.*, vendita *f.* dei biglietti **2** *(Fahrkartenschalter)* biglietteria *f.* **Fahr|kar|ten|au|to|mat** m. *(-en,-en)* distributore *m.* automatico di biglietti. **Fahr|kar|ten|kon|trol|le** f. *(-,-n)* controllo *m.* dei biglietti. **Fahr|kar|ten|kon|trol|leur** m. *(-s,-e)* controllore *m.* **Fahr|kar|ten|schal|ter** m. *(-s,-)* sportello *m.* di, della biglietteria.

Fahr|kom|fort m. *(-s)* comfort *m.* di marcia. **Fahr|korb** m. *(-[e]s, -körbe)* cabina *f.* (d'ascensore, di funivia). **Fahr|kos|ten** pl. spese *f.pl.* di viaggio. **Fahr|kunst** f. *(-)* abilità *f.* nella guida.

fahr|läs|sig I agg. **1** negligente, trascurato **2** DIR. colposo: **-e Tötung** omicidio colposo **II** avv. negligentemente, con trascuratezza. **Fahr|läs|sig|keit** f. *(-,-en)* **1** negligenza *f.*, trascuratezza *f.* **2** DIR. **grobe ~** grave incuranza *f.*

Fahr|leh|rer m. *(-s,-)* AUT. istruttore *m.* (*o* insegnante *m.*) di guida. **Fahr|leis|tung** f. *(-,-en)* AUT. prestazione *f.* su strada.

Fähr|mann m. *(-[e]s,-leute* e *-männer)* barcaiolo *m.*

Fahr|nis f. *(-,-se)* DIR. bene *m.* mobile.

Fähr|nis f. *(-,-se)* LETT. periglio *m.*

Fahr|plan m. *(-s,-pläne)* **1** *(von Straßenbahn, Bus, Zug)* orario *m.*: **den ~ einhalten** rispettare l'orario **2** COLLOQ. FIG. piani *m.pl.*: **jdm den ~ verderben** rovinare, mandare a monte i piani a qcn. **fahr|plan|mä|ßig** agg. in orario, regolare: **-e Ankunft, Abfahrt** arrivo, partenza in orario.

Fahr|pra|xis f. *(-)* pratica *f.*, esperienza *f.* di guida.

Fahr|preis m. *(-es,-e)* prezzo *m.* del biglietto; *(von Taxi)* prezzo *m.* della corsa. **Fahr|preis|an|zei|ger** m. *(-s,-)* tassametro *m.* **Fahr|preis|er|hö|hung** f. *(-,-en)* aumento *m.* del prezzo del biglietto. **Fahr|preis|er|mä|ßi|gung** f. *(-,-en)* riduzione *f.* sul prezzo del biglietto. **Fahr|preis|er|stat|tung** f. *(-,-en)* rimborso *m.* del biglietto. **Fahr|preis|zo|ne** f. *(-,-n)* zona *f.* di corsa.

Fahr|prü|fung f. *(-,-en)* esame *m.* (d'idoneità per la patente) di guida.

Fahr|rad n. *(-[e]s,-räder)* bicicletta *f.*: **~ fahren, auf einem ~ fahren** andare in bicicletta. **Fahr|rad|fah|rer** m. *(-s,-)* ciclista *m.* **Fahr|rad|ket|te** f. *(-,-n)* catena *f.* della bicicletta. **Fahr|rad|sport** m. *(-[e]s)* ciclismo *m.* **Fahr|rad|stän|der** m. *(-s,-)* rastrelliera *f.* (per biciclette). **Fahr|rad|tour** f. *(-,-en)* giro *m.* in bicicletta. **Fahr|rad|weg** m. *(-[e]s,-e)* pista *f.* ciclabile.

Fahr|rin|ne f. *(-,-n)* canale *m.*, acqua *f.* navigabile.

Fahr|schein m. *(-[e]s,-e)* → **Fahrkarte. Fahr|schein|ent|wer|ter** m. *(-s,-)* obliteratrice *f.* **Fahr|schein|heft** n. *(-[e]s,-e)* carnet *m.* di biglietti.

Fähr|schiff n. *(-[e]s,-e)* → **Fähre.**

Fahr|schu|le f. *(-,-n)* **1** scuola *f.* (di) guida, autoscuola *f.* **2** COLLOQ. (lezione *f.* di) scuola *f.* guida. **Fahr|schü|ler** m. *(-s,-)* allievo *m.* di scuola guida. **Fahr|si|cher|heit** f. *(-)* sicurezza *f.* (di un veicolo). **Fahr|spur** f. *(-,-en)* corsia *f.* (di marcia). **Fahr|stil** m. *(-s,-e)* stile *m.* di guida. **Fahr|strahl** m. *(-s,-en)* MAT. raggio *m.* vettore. **Fahr|stra|ße** f. *(-,-n)* strada *f.* carrozzabile, carrozzabile *f.* **Fahr|stre|cke** f. *(-,-n)* **1** tratto *m.* di strada, percorso *m.* **2** FERR. linea *f.*

Fahr|stuhl m. *(-s,-stühle)* **1** ascensore *m.* **2** *(Krankenfahrstuhl)* sedia *f.* a rotelle, carrozzella *f.* **Fahr|stuhl|füh|rer** m. *(-s,-)* ascensorista *m.* **Fahr|stuhl|schacht** m. *(-[e]s,-schächte)* pozzo *m.* dell'ascensore.

Fahr|stun|de f. *(-,-n)* lezione *f.* di guida.

Fahrt f. *(-,-en)* **1a** viaggio *m.*, tragitto *m.*: **nach zwei Stunden ~** dopo due ore di viaggio; **auf der ~ nach Wien** in viaggio verso Vienna **b** *(von Schiffen)* rotta *f.*, navigazione *f.* **2a** corsa *f.*: **der Zug verlangsamt die ~, ist in (voller) ~** il treno rallenta la corsa, è in (piena) corsa **b** andatura *f.*: **gute, wenig ~ machen** avere una buona andatura, avere un'andatura lenta **c** MAR. forza *f.*: **volle ~ voraus!** avanti a tutta forza! **3** ANT. *(Ausflug)* gita *f.*, escursione *f.*: **auf ~ gehen** andare in gita **4** MIN. scala *f.* **5** MAR. cabotaggio *m.*: **eine große, kleine ~ machen** essere di grande, piccolo cabotaggio; **auf großer ~** di lungo corso ◆ **eine ~ ins Blaue** un giro (*o* una gita) senza meta; **freie ~ haben** avere via libera; **eine ~ ins Grüne** una gita in campagna; **(ich wünsche Ihnen) gute ~!** (Le auguro) buon viaggio! FIG. COLLOQ. **jdn in ~ bringen** mandare in bestia qcn.; **in ~ kommen, geraten** avviarsi, prendere l'avvio, riscaldarsi, *(in Zorn geraten)* arrabbiarsi, infuriarsi; **in ~ sein** aver preso l'avvio, essere in vena; *(zornig sein)* essere in collera.

fahr|taug|lich agg. idoneo alla guida. **Fahr|taug|lich|keit** f. *(-)* idoneità *f.* alla guida.
Fahrt|aus|weis m. *(-es,-e)* biglietto *m.*, documento *m.* di viaggio. **Fahrt|be|reich** m. *(-es,-e)* MAR. cabotaggio *m.* **Fahrt|dau|er** f. *(-)* durata *f.* del viaggio.
Fähr|te f. *(-,-n)* **1** *(von Tieren)* orma *f.*, traccia *f.*, pista *f.*: ***auf eine ~ stoßen*** trovare le tracce **2** FIG. pista *f.*, traccia *f.*: ***jdn auf eine falsche ~ locken, bringen*** mettere qcn. su una falsa pista; ***jdm auf der ~ sein*** essere sulle tracce di qcn.
Fahr|tech|nik f. *(-)* tecnica *f.* di guida. **Fahr|ten|buch** n. *(-[e]s, -bücher)* tabella *f.* di marcia; MAR. giornale *m.* di bordo. **Fahr|ten|schwim|mer** m. *(-s,-)* **1** = chi ha superato il secondo esame di nuoto **2** COLLOQ. secondo patentino *m.* di nuoto. **Fahr|test** m. *(-[e]s,-s* e *-e)* test *m.* sull'idoneità alla guida. **Fahrt|kos|ten** pl. → **Fahrkosten.** **Fahr|trep|pe** f. *(-,-n)* scala *m.* mobile. **Fahrt|rich|tung** f. *(-,-en)* direzione *f.* di marcia; *(von Schiffen)* rotta *f.* **Fahrt|rich|tungs|an|zei|ger** m. *(-s,-)* indicatore *m.* di direzione, freccia *f.* **Fahrt|schrei|ber** m. *(-s,-)* tachigrafo *m.* **fahr|tüch|tig** agg. **1** in grado di guidare, idoneo alla guida **2** *(von Fahrzeugen)* in grado di partire. **Fahr|tüch|tig|keit** f. *(-)* capacità *f.* di guidare, idoneità *f.* alla guida. **Fahrt|un|ter|bre|chung** f. *(-,-en)* interruzione *f.* del viaggio, sosta *f.* **Fahrt|wind** m. *(-[e]s,-e)* vento *m.* della corsa. **Fahr|ver|bin|dung** f. *(-,-en)* comunicazione *f.* **Fahr|ver|bot** n. *(-[e]s,-e)* sospensione *f.* della patente. **Fahr|was|ser** n. *(-s,-)* **1** acqua *f.* navigabile **2** FIG. elemento *m.*, campo *m.*: ***ins politische ~ abgleiten*** scivolare nel (terreno) politico ◆ ***in seinem, im richtigen ~ sein*** trovarsi nel proprio elemento; ***in jds ~ schwimmen, segeln*** mettersi sulla scia di qcn., essere fortemente influenzato da qcn. **Fahr|weg** m. *(-[e]s,-e)* **1** *(Fahrstrecke)* tratto *m.* di strada **2** strada *f.* carrozzabile, carrozzabile *f.* **Fahr|wei|se** f. *(-,-n)* guida *f.*, modo *m.* di guidare. **Fahr|werk** n. *(-[e]s,-e)* **1** AER. carrello *m.* **2** AUT. telaio *m.* **Fahr|wind** m. *(-[e]s,-e)* MAR. → **Fahrtwind.** **Fahr|zeit** f. *(-,-en)* tempo *m.* della corsa, durata *f.* del viaggio.
Fahr|zeug n. *(-[e]s,-e)* (auto)veicolo *m.*, automezzo *m.*; *(Schiff)* imbarcazione *f.* **Fahr|zeug|auf|kom|men** n. *(-s)* densità *f.* di traffico. **Fahr|zeug|bau** m. *(-s)* costruzione *f.* di (auto)veicoli. **Fahr|zeug|brief** m. *(-[e]s,-e)* libretto *m.* di circolazione. **Fahr|zeug|füh|rer** m. *(-s,-)* conducente *m.*, guidatore *m.* **Fahr|zeug|hal|ter** m. *(-s,-)* padroncino *m.*, proprietario *m.* di veicolo. **Fahr|zeug|in|sas|se** f. *(-,-n)* occupante *m.* del veicolo, passeggero *m.* **Fahr|zeug|park** m. *(-s,-s)* parco *m.* automezzi. **Fahr|zeug|rah|men** m. *(-s,-)* telaio *m.* **Fahr|zeug|ver|kehr** m. *(-s)* traffico *m.* automobilistico.
Fai|ble ['fɛ:bl] n. *(-s,-s)* debole *m.*: ***ein ~ für jdn, etw. haben*** avere un debole per qcn., per qcs.
fair [fɛ:ɐ] **I** agg. corretto, leale **II** avv. correttamente, lealmente.
Fair|ness f. *(-)* correttezza *f.*, lealtà *f.*
fä|kal agg. fecale. **Fä|ka|li|en** pl. feci *f.pl.*
Fa|kir m. *(-s,-e)* fachiro *m.*
Fak|si|mi|le n. *(-s,-s)* facsimile *m.* **fak|si|mi|lie|ren** tr. ***etw. ~*** fare un facsimile di qcs.
Fakt n. e m. *(-[e]s,-en* e *-s)* fatto *m.* **Fak|ten|wis|sen** n. *(-s)* conoscenza *f.* dei fatti, dati *m.pl.*: ***das ist reines ~*** è pura conoscenza dei fatti.
Fak|ti|on f. *(-,-en)* fazione *f.*
fak|tisch **I** agg. effettivo, reale **II** avv. effettivamente, di fatto. **fak|ti|tiv** agg. causativo, fattitivo. **Fak|ti|tiv** n. *(-s,-e)*, **Fak|ti|ti|vum** n. *(-s, Faktitiva)* GRAMM. (verbo *m.*) causativo *m.*
Fak|tor m. *(-s,-en)* **1** fattore *m.*, agente *m.*: ***verschiedene -en wirken zusammen*** diversi fattori interagiscono; ***von politischen -en bestimmt sein*** essere determinato da fattori politici **2** MAT. fattore *m.*: ***eine Summe in (ihre) -en zerlegen*** scomporre una somma in (*o* nei suoi) fattori **3** TIP. proto *m.* **4** ANT. fattore *m.*, amministratore *m.*, gerente *m.*
Fak|to|rei f. *(-,-en)* COMM. ANT. succursale *f.*, filiale *f.*
fak|to|ri|ell agg. fattoriale.
Fak|to|tum n. *(-s,-s* e *Faktoten)* factotum *m.*
Fak|tum n. *(-s, Fakten* e ANT. *Fakta)* fatto *m.*, dato *m.* di fatto: ***sich auf Fakten stützen*** appoggiarsi ai dati di fatto; ***von den Fakten ausgehen*** partire dai dati di fatto.
Fak|tur f. *(-,-en)* COMM. ANT. fattura *f.* **fak|tu|rie|ren** tr. ANT. fatturare. **Fak|tu|rier|ma|schi|ne** f. *(-,-n)* ANT. fatturatrice *f.* **Fak|tu|rist** m. *(-en,-en)* fatturista *m.*
Fa|kul|tas f. *(-, Fakultäten)* abilitazione *f.* all'insegnamento. **Fa|kul|tät** f. *(-,-en)* **1** facoltà *f.* (universitaria): ***pädagogische, philosophische, naturwissenschaftliche, rechtswissenschaftliche, wirtschaftswissenschaftliche ~*** facoltà di pedagogia, di lettere e filosofia, di scienze naturali, di giurisprudenza, di economia e commercio; ***sich an der medizinischen ~ einschreiben*** iscriversi alla facoltà di medicina **2** MAT. fattoriale *m.*, facoltà *f.* ◆ SCHERZ. FIG. ***(ein Kollege) von der anderen ~ sein*** essere dell'altra sponda. **fa|kul|ta|tiv** agg. facoltativo.
Fa|lan|gist m. *(-en,-en)* falangista *m.*
falb agg. LETT. falbo. **Fal|be** m. *(-n,-n)* cavallo *m.* lionato, baio *m.* falbo.
Fal|bel f. *(-,-n)* falpalà *m.*, balza *f.* **fal|beln, fäl|beln** tr. **1** pieghettare **2** *(mit Falbeln besetzen)* guarnire con balze.
Fal|ke m. *(-n,-n)* falco *m.* (anche POL.). **Fal|ken|au|ge** n. *(-s,-n)* occhio *m.* di falco (*o* di lince). **Fal|ken|bei|ze** f. *(-,-n)* → **Falkenjagd.** **Fal|ke|nier** m. *(-s,-e)* → **Falkner.** **Fal|ken|jagd** f. *(-,-en)* caccia *f.* col falcone. **Falk|ner** m. *(-s,-)* falconiere *m.* **Falk|ne|rei** f. *(-,-en)* **1** falconeria *f.* **2** *(Gestell für Greifvögel)* falconiera *f.*
1.Fall m. *(-[e]s, Fälle)* **1a** caduta *f.*: ***einen bösen ~ tun*** fare una brutta caduta; ***der Fallschirm öffnet sich im ~*** il paracadute si apre in caduta; FIS. ***der freie ~*** la caduta libera **b** *(des Barometers, Thermometers)* abbassamento *m.* **c** ECON. caduta *f.*, ribasso *m.*: ***der ~ der Aktien*** la caduta delle azioni **2** *(Geräusch)* (rumore *m.* della) caduta *f.*, tonfo *m.*: ***ich hörte einen ~*** sentii un tonfo **3** *(Untergang, Niedergang)* caduta *f.*, crollo *m.*, rovina *f.*: ***der ~ Trojas*** la caduta di Troia **4a** caso *m.*: ***hier sind nur zwei Fälle möglich*** qui i casi sono due; ***das ist nicht der ~*** non è questo il caso; ***auf alle Fälle, auf jeden, keinen ~*** in tutti i casi, in ogni, in nessun caso; ***im äußersten, vorliegenden ~*** nel caso estremo, particolare (*o* specifico); ***im besten, schlimmsten ~*** nel migliore, peggiore dei casi; ***nehmen wir den ~ an, dass...*** (am)mettiamo il caso che...; ***gesetzt den ~, dass...*** mettiamo (*o* poniamo) il caso che...; ***im -e, dass...*** nel caso che (*o* in cui)...; ***ein seltsamer, typischer ~*** un caso strano, tipico **b** DIR. ***der ~ Maier gegen Müller*** il caso Maier contro Müller; ***einen ~ untersuchen*** indagare su un caso **c** MED. ***ein ~ von Cholera*** un caso di colera; ***ein hoffnungsloser ~*** un caso disperato **d** GRAMM. ***erster, zweiter, dritter, vierter ~*** (caso) nominativo, genitivo, dativo, accusativo ◆ ***zu ~ bringen*** far cadere; *(scheitern lassen)* mandare a monte, far fallire, far cadere; ***für alle Fälle*** per (*o* a) ogni evenienza (*o* eventualità); ***für den ~, dass...*** nel caso che...; ***in meinem ~*** al posto mio; ***klarer ~!*** (è) chiaro! ***zu ~ kommen*** cadere; *(scheitern)* andare a monte, fallire, cadere; ***das ist (nicht) mein ~*** (non) fa per me, (non) mi piace; ***jds ~ sein*** essere il tipo di qcn.; ***von ~ zu ~*** caso per caso, secondo i casi.
2.Fall n. *(-[e]s,-en)* drizza *f.*
Fall|beil n. *(-[e]s,-e)* ghigliottina *f.* **Fall|bei|spiel** n. *(-[e]s,-e)* caso *m.* esemplificativo, esempio *m.* **Fall|be|schleu|ni|gung** f. *(-)* accelerazione *f.* di gravità. **Fall|bie|gung** f. *(-,-en)* AUSTR. flessione *f.* **Fall|bö** f. *(-,-en)* forte corrente *f.* discendente, vuoto *m.* d'aria. **Fall|brü|cke** f. *(-,-n)* ponte *m.* levatoio.
Fal|le f. *(-,-n)* **1a** trappola *f.*: ***eine ~ für (gegen) Mäuse aufstellen*** mettere una trappola per topi; ***in die ~ gehen*** cadere (*o* finire) in trappola (anche FIG.) **b** FIG. trappola *f.*, tranello *m.*, trabocchetto *m.*: ***jdm eine ~ stellen*** tendere una trappola a qcn.; ***jdn in eine ~ locken*** attirare qcn. in una trappola; ***jdm in die ~ gehen*** cadere nella trappola di qcn.; ***in der ~ sitzen*** essere in trappola **2** COLLOQ. *(Bett)* ***in die ~ gehen, sich in die ~ hauen*** andare, mettersi a cuccia (*o* a letto) **3a** *(am Türschloss)* scrocco *m.* **b** SVIZZ. *(Türklinke)* maniglia *f.* (della porta).
fal|len intr. *(fällt, fiel, gefallen;* aus. *sein)* **1** cadere, cascare: ***die Äpfel ~ vom Baum*** le mele cadono dall'albero; ***zu Boden, ins Wasser ~*** cadere a terra, in acqua; ***vom Rad, aus dem Bett ~*** cadere dalla bici, dal letto; ***jdm fällt etw. aus der Hand, auf den Boden*** a qcn. cade qcs. di mano, in terra; ***es fällt Regen, Schnee*** cade la pioggia, la neve; ***weich, aufs Knie, unglücklich ~*** cadere sul morbido, sulle ginocchia, farsi male cadendo; ***auf die Nase ~*** cadere e battere il naso (*o* battere il naso cadendo); ***über einen Stein ~*** cadere inciampando in un sasso; ***~ lassen*** lasciare (*o* fare) cadere; ***eine Bemerkung, eine Anschuldigung ~ lassen*** fare un'osservazione, far cadere un'accusa; ***kein Wort darüber ~ lassen*** non dire una parola (di ciò); COLLOQ. ***sich (aufs Bett, in den Sessel) ~ lassen*** lasciarsi cadere (sul letto, sulla poltrona); FIG. ***seine Pläne ~ lassen*** rinunciare ai propri progetti; ***das Thema ~ lassen*** lasciar cadere l'argomento; ***Personen ~ lassen*** abbandonare, non appoggiare più le persone **2a** *(sterben)* cadere: ***im Krieg, an der Front ~*** cadere (*o* morire) in guerra, al fronte **b** *(erobert werden)* ***die Festung fiel nach einem Monat*** la fortezza cadde dopo un mese **3** *(sinken, sich senken)* calare, scendere, abbassarsi: ***die Wasserhöhe ist (um einen Meter) gefallen*** il livello dell'acqua si è abbassato (di un metro); ***das Barometer, die Temperatur fällt*** il barometro, la temperatura si abbassa; ***die Papiere, die Preise ~*** i titoli, i prezzi scendono; ***der Vorhang fällt*** cala il sipario; FIG. ***der Nebel fällt*** scende

la nebbia **4a** *(nach unten hängen)* (ri)cadere, cascare: ***die Haare ~ ihr auf die Schultern*** i capelli le ricadono sulle spalle; ***der Rock fällt gut*** la gonna cade bene **b** *(abfallen)* cadere, scendere: ***der Felsen fällt schroff nach unten*** la rupe cade a picco **5** *(eindringen)* penetrare, entrare: ***das Mondlicht fällt ins Zimmer*** la luce della luna penetra nella stanza **6a** *(sich werfen)* gettarsi, cadere: ***jdm zu Füßen, um den Hals ~*** cadere ai piedi di qcn., gettarsi al collo di qcn. **b** ***dem Gegner in die Flanke, in den Rücken ~*** attaccare (*o* colpire) l'avversario nel fianco, alle spalle **7** *(treffen)* cadere, posarsi: ***ihr Blick fiel auf ihn*** il suo sguardo si posò su di lui; FIG. ***der Verdacht, die Wahl fiel auf ihn*** il sospetto, la scelta cadde su di lui **8** *(stattfinden)* cadere, ricorrere: ***dieses Jahr fällt Weihnachten auf einen Freitag*** quest'anno Natale cade di venerdì **9** *(in Besitz kommen)* andare, passare: ***1919 fiel die Stadt an Italien*** nel 1919 la città passò all'Italia; ***das Erbe wird an ihn ~*** l'eredità andrà a lui **10** *(zu etw. gehören)* rientrare (in), far parte (di): ***in, unter eine Kategorie, unter ein Gesetz ~*** rientrare in una categoria, in una legge **11** *(ausgesprochen werden)* essere pronunciato (*o* detto): ***gestern fiel sein Name*** ieri fu fatto il suo nome; ***es sind scharfe Worte gefallen*** sono volate parole dure **12a** *(getroffen werden)* essere preso: ***die Entscheidung, der Urteilsspruch wird morgen ~*** la decisione verrà presa domani, il verdetto verrà emesso domani **b** *(ausgeführt werden)* essere fatto (*o* eseguito, realizzato): ***das Tor fiel in der 40. Minute*** la rete fu realizzata al 40° (minuto) **13** *(beseitigt werden)* essere eliminato (*o* abolito), cadere: ***bald werden diese Vorurteile ~*** presto questi pregiudizi cadranno **14** *(in einen Zustand geraten)* cadere: ***in tiefen Schlaf, in Ungnade ~*** cadere in un sonno profondo, in disgrazia; ***zum Opfer ~*** cadere vittima ◆ ***jdm in den Arm ~*** mettere i bastoni fra le ruote a qcn.; COLLOQ. ***durchs Examen ~*** essere bocciato all'esame; ***nicht auf den Kopf gefallen sein*** non essere (uno) stupido; ***nicht auf den Mund gefallen sein*** avere la parola pronta; ***in Ohnmacht ~*** svenire, cadere svenuto; ***aus der Rolle ~*** sfigurare; ***ein Schuss fällt*** esplode (*o* viene sparato) un colpo; ***in Schwermut ~*** abbattersi, affliggersi gravemente; ***etw. unter den Tisch ~ lassen*** far passare qcs. sotto silenzio; ***die Tür fällt ins Schloss*** la porta scatta nella serratura; ***aus allen Wolken ~*** cadere dalle nuvole; ***jdm ins Wort ~*** = interrompere qcn.; ***die Würfel sind gefallen*** il dado è tratto.

Fal|len n. *(-s)* **1** caduta *f.* **2** *(Sinken)* calo *m.*, abbassamento *m.*, diminuzione *f.*

fäl|len tr. **1a** abbattere; *(Holz)* tagliare **b** FIG. ***jdn ~*** abbattere (*o* atterrare) qcn. **2a** *(aussprechen)* pronunciare, emettere: ***einen Urteilsspruch ~*** emettere un verdetto **b** ***eine Entscheidung ~*** prendere una decisione **3** MIL. ***das Bajonett, die Lanze ~*** abbassare la baionetta, la lancia (prima di attaccare) **4** CHIM. precipitare, separare **5** GEOM. ***die Senkrechte ~*** abbassare la perpendicolare.

Fall|gat|ter → **Fallgitter. Fall|ge|schwin|dig|keit** f. *(-)* FIS. velocità *f.* di caduta. **Fall|ge|setz** n. *(-es,-e)* FIS. legge *f.* sulla caduta libera (*o* dei gravi). **Fall|git|ter** n. *(-s,-)* STOR. saracinesca *f.* **Fall|gru|be** f. *(-,-n)* fossa *f.* per la cattura di animali, trappola *f.* **Fall|ham|mer** m. *(-s,-hämmer)* MECC. maglio *m.* a caduta libera, berta *f.* **Fall|hö|he** f. *(-,-n)* FIS. altezza *f.* di caduta. **Fall|holz** n. *(-es)* legname *m.* caduto, secco (che si trova in terra).

fal|lie|ren intr. **1** (aus. *haben*) fallire **2** (aus. *sein*) REGION. non riuscire, non venire: ***der Auflauf ist mir falliert*** il soufflé non mi è riuscito.

fäl|lig agg. **1a** che scade, in scadenza: ***-e Wechsel*** cambiali in scadenza; ***~ sein*** scadere **b** *(von Zinsen)* che maturano, maturati: ***die Zinsen sind am Ende des Jahres ~*** gli interessi maturano a fine anno **c** che avviene, che ha luogo: ***die Bezahlung ist im April ~*** il pagamento deve essere effettuato in aprile; ***eine Motorüberholung wird ~*** è ora di fare una revisione del motore **2** atteso; *(vorausgesehen)* previsto: ***das Urteil ist heute ~*** la sentenza è attesa (*o* prevista) per oggi; ***eine neue Straßenverkehrsordnung wäre ~*** sarebbe necessario un nuovo codice della strada; ***der Bus ist in 10 Minuten ~*** l'autobus dovrebbe arrivare fra 10 minuti ◆ ***jetzt bist du aber ~!*** adesso le prendi! adesso prendi un sacco di legnate!

Fäl|lig|keit f. *(-,-en)* **1** scadenza *f.* **2** *(von Zinsen)* maturazione *f.* **Fäl|lig|keits|tag** m. *(-[e]s,-e)* giorno *m.* (*o* data *f.*) di scadenza. **Fäl|lig|keits|ter|min** m. *(-s,-e)* (termine *m.* di) scadenza *f.*

Fal|li|ment n. *(-s,-e)* ANT. fallimento *m.*

fal|lit agg. ANT. fallito, insolvente. **Fal|lit** m. *(-en,-en)* ANT. fallito *m.*

Fall|li|nie f. *(-,-n)* **1** linea *f.* di massima pendenza **2** ALP. direttissima *f.*

Fäll|mit|tel → **Fällungsmittel.**

Fall|obst n. *(-[e]s)* frutta *f.* caduta a terra, RAR. frutta *f.* di casco; FIG. *(Boxen)* pera *f.* cotta.

Fal|lott → **Falott.**

Fall|reep n. *(-[e]s,-e)* MAR. scalandrone *m.* **Fall|rohr** n. *(-[e]s,-e)* tubo *m.* di scolo (discendente). **Fall|rück|zie|her** m. *(-s,-)* SPORT rovesciata *f.*

falls cong. nel caso (che), se: ***~ es regnen sollte, fahren wir mit dem Auto*** nel caso dovesse piovere, prendiamo la macchina; ***~ ich morgen Zeit habe, komme ich bei dir vorbei*** se domani ho tempo faccio un salto da te.

Fall|schirm m. *(-[e]s,-e)* paracadute *m.*: ***mit dem ~ abspringen*** lanciarsi con il paracadute. **Fall|schirm|ab|sprung** m. *(-[e]s, -absprünge)* lancio *m.* col paracadute. **Fall|schirm|ab|wurf** m. *(-[e]s,-abwürfe)* aviolancio *m.* **Fall|schirm|jä|ger** m. *(-s,-)* MIL. paracadutista *m.*: ***bei den -n sein, dienen*** essere, prestare servizio nei paracadutisti. **Fall|schirm|sprin|gen** n. *(-s)* paracadutismo *m.* **Fall|schirm|sprin|ger** m. *(-s,-)* paracadutista *m.*

Fall|strick m. *(-[e]s,-e)* insidia *f.*, tranello *m.*, trabocchetto *m.*: ***eine Prüfung voller -e*** un esame pieno di insidie; ***jdm -e legen*** tendere tranelli a qcn. **Fall|strom|ver|ga|ser** m. *(-s,-)* carburatore *m.* invertito.

Fall|sucht f. *(-)* mal *m.* caduco, epilessia *f.* **fall|süch|tig** agg. epilettico.

Fall|tür f. *(-,-en)* botola *f.*; *(Falle)* trabocchetto *m.*

Fäl|lung f. *(-,-en)* **1** abbattimento *m.*, taglio *m.* **2** CHIM. precipitazione *f.*, separazione *f.* **Fäl|lungs|mit|tel** n. *(-s,-)* CHIM. (agente *m.*) precipitante *m.*

fall|wei|se avv. caso per caso.

Fall|werk n. *(-[e]s,-e)* berta *f.* spezzarottami (*o* spezzaghisa), martino *m.* **Fall|wind** m. *(-[e]s,-e)* vento *m.* discendente (di montagna); *(katabatischer Wind)* vento *m.* catabatico.

Fa|lott m. *(-en,-en)* AUSTR. imbroglione *m.*, furfante *m.*

falsch I agg. **1a** finto: ***ein -er Zahn*** un dente finto; *(künstlich)* artificiale **b** posticcio: ***ein -er Zopf*** una treccia posticcia **2a** falso: ***unter -em Namen*** sotto falso nome; ***-es Geld, ein -er Ausweis*** denaro falso, un documento falso; ***-e Personalien angeben*** fornire false generalità; ***-e Bescheidenheit, Scham*** falsa modestia, falso pudore **b** *(unaufrichtig)* ***ein -er Freund*** un falso amico **3** *(fehlerhaft)* sbagliato: ***die Übung ist ~*** l'esercizio è sbagliato; ***die Aussprache ist ~*** la pronuncia è sbagliata **II** avv. **1** male: ***~ verstehen*** capire male, fraintendere; ***~ informiert sein*** essere male informato; ***~ handeln*** agire male, in modo non appropriato **2** *(nicht richtig)* male, in modo sbagliato: ***ein Fremdwort ~ schreiben*** scrivere male, in modo sbagliato una parola straniera; ***~ rechnen*** calcolare male, (in modo) sbagliato; COOLOQ. ***~ liegen*** = comportarsi in modo inadeguato alla situazione ◆ FIG. ***jdn ~ anfassen, behandeln*** prendere qcn. per il verso sbagliato; ***an den Falschen, an die Falsche geraten*** sbagliare persona; ***-es Haarteil*** toupet; ***etw. ~ machen*** sbagliare qcs.; ***~ schwören*** giurare il falso; ***~ singen*** stonare; ***ein -es Spiel mit jdm treiben*** condurre un gioco sporco con qcn.; ***~ spielen*** barare (al gioco); ***die Uhr geht ~*** l'orologio è sbagliato; ***~ verbunden sein*** sbagliare numero (telefonico); FIG. ***da bist du ~ verbunden!*** ti sbagli! **Falsch** m. *(-es)* falsità *f.*: ***an ihm ist kein ~*** in lui non c'è nessuna (*o* alcuna) falsità; ***ohne ~ sein*** essere schietto, sincero. **Falsch|aus|sa|ge** f. *(-,-en)* DIR. falsa testimonianza *f.* **Falsch|be|ur|kun|dung** f. *(-,-en)* DIR. falsità *f.* in atti. **Falsch|bu|chung** f. *(-,-en)* COMM. errore *m.* di registrazione. **Falsch|eid** m. *(-[e]s,-e)* falso giuramento *m.*, spergiuro *m.* **fäl|schen** tr. falsificare, contraffare: ***eine Unterschrift, Urkunde ~*** falsificare una firma, un documento. **Fäl|scher** m. *(-s,-)* falsario *m.*; falsificatore *m.* **Falsch|geld** n. *(-[e]s)* denaro *m.* falso. **Falsch|heit** f. *(-,-en)* **1** falsità *f.* **2** SPREG. *(Unaufrichtigkeit)* falsità *f.*, doppiezza *f.* **fälsch|lich I** agg. erroneo, falso: ***eine -e Behauptung*** un'affermazione erronea **II** avv. **1** *(irrtümlich)* erroneamente, falsamente: ***~ annehmen*** ritenere erroneamente **2** ingiustamente: ***~ anklagen, verdächtigen*** accusare, sospettare ingiustamente. **fälsch|li|cher|wei|se** avv. erroneamente; falsamente. **Falsch|mel|dung** f. *(-,-en)* notizia *f.* falsa. **Falsch|mün|zer** m. *(-s,-)* falsario *m.* **Falsch|mün|ze|rei** f. *(-,-en)* falsificazione *f.* di denaro. **Falsch|spie|ler** m. *(-s,-)* baro *m.*

Fäl|schung f. *(-,-en)* **1** falsificazione *f.*, contraffazione *f.*: ***die ~ einer Urkunde*** la falsificazione di un documento **2** falso *m.*: ***das Manuskript ist eine ~*** il manoscritto è un falso **3** *(von Lebensmitteln)* adulterazione *f.*, sofisticazione *f.* **fäl|schungs|si|cher** agg. non falsificabile.

Fal|sett n. *(-[e]s,-e)* falsetto *m.* **fal|set|tie|ren** intr. (aus. *haben*) cantare in falsetto. **Fal|set|tist** m. *(-en,-en)* falsettista *m.* **Fal|sett|stim|me** f. *(-,-n)* voce *f.* di testa, falsetto *m.*

Fal|si|fi|kat n. *(-[e]s,-e)* falso *m.* **Fal|si|fi|ka|ti|on** f. *(-,-en)* falsificazione *f.* **fal|si|fi|zie|ren** tr. **1** falsificare **2** confutare: ***eine Doktrin ~*** confutare una dottrina. **Fal|sum** m. *(-s, Falsa)* **1** *(Betrug)* imbroglio *m.* **2a** falsificazione *f.*, contraffazione *f.* **b** *(Falsifikat)* falso *m.* **falt|bar** agg. pieghevole. **Falt|blatt** n. *(-[e]s,-blätter)* pieghevole *m.* **Falt|boot** n. *(-[e]s,-e)* canotto *m.* pieghevole. **Fält|chen** n. *(-s,-)* **1** pieghina *f.*, piegolina *f.* **2** *(von Haut)* rughetta *f.* **Fal|te** f. *(-,-n)* **1a** piega *f.*: ***lose -n*** pieghe sciolte; ***-n ausbügeln*** stirare le pieghe; ***-n werfen*** fare pieghe **b** grinza *f.* **2** *(Runzel)* ruga *f.*: ***eine tiefe ~*** una ruga profonda **3** GEOL. piega *f.* ◆ ***die Stirn in -n legen, ziehen*** corrugare la fronte. **fäl|teln** tr. pieghettare. **fal|ten I** tr. **1** piegare **2** *(von der Stirn)* corrugare **II** rifl. **sich ~ 1** piegarsi **2** *(von der Haut)* raggrinzirsi, diventare rugoso ◆ ***die Arme ~*** incrociare le braccia; ***die Hände ~*** (con)giungere le mani. **Fal|ten|bil|dung** f. *(-,-en)* **1** raggrinzimento *m.* **2** GEOL. corrugamento *m.* **Fal|ten|ge|bir|ge** n. *(-s,-)* GEOL. montagna *f.* di corrugamento. **Fal|ten|haut** f. *(-,-häute)* MED. pelle *f.* grinzosa, lassità *f.* cutanea. **fal|ten|los** agg. **1** senza pieghe, liscio **2** *(runzellos)* senza rughe, liscio. **Fal|ten|rock** m. *(-[e]s,-röcke)* gonna *f.* a pieghe. **Fal|ten|wurf** m. *(-[e]s,-würfe)* drappeggio *m.*, ANT. panneggio *m.*

Fal|ter m. *(-s,-)* farfalla *f.*

fal|tig agg. **1a** a pieghe **b** *(zerknittert)* sgualcito, spiegazzato **2** *(runzelig)* rugoso, grinzoso: ***-e Hände*** mani rugose. **Falt|kar|te** f. *(-,-n)* cartina *f.* geografica (pieghevole). **Falt|kar|ton** m. *(-s,-s)*, **Falt|schach|tel** f. *(-,-n)* scatolone *m.*, scatola *f.* pieghevole. **Falt|tür** f. *(-,-en)* porta *f.* a soffietto. **Fal|tung** f. *(-,-en)* **1** piegatura *f.* **2** GEOL. corrugamento *m.*

Falz m. *(-es,-e)* **1** TIP. piegatura *f.* **2a** *(Rille)* scanalatura *f.* **b** *(von Holzbrettern)* incassatura *f.* **3** MECC. aggraffatura *f.* **Falz|bein** n. *(-[e]s,-e)* TIP. piegacarta *f.* **fal|zen** tr. **1** TIP. piegare **2** MECC. aggraffare **3** *(mit Rillen versehen)* scanalare. **Fal|zer** m. *(-s,-)* TIP. piegatore *m.* **fal|zig** agg. **1** piegato **2** *(gerillt)* scanalato. **Falz|ma|schi|ne** f. *(-,-n)* **1** TIP. piegatrice *f.* **2** MECC. aggraffatrice *f.* **Fal|zung** f. *(-,-en)* **1** piegatura *f.* **2** *(Rille)* scanalatura *f.* **Falz|zie|gel** m. *(-s,-)* tegola *f.* ad incastro.

Fa|ma f. *(-)* fama *f.*, voce *f.*

fa|mi|li|är agg. **1** familiare, di famiglia: ***aus -en Gründen*** per motivi familiari, di famiglia **2** *(vertraulich)* familiare, confidenziale: ***ein -er Ausdruck, Ton*** un'espressione, un tono familiare. **Fa|mi|li|a|ri|tät** f. *(-,-en)* familiarità *f.*, confidenza *f.* **Fa|mi|lie** f. *(-,-n)* famiglia *f.*: ***eine ~ gründen*** formare una (*o* mettere su) famiglia; ***eine dreiköpfige ~*** una famiglia di tre persone; ***eine kinderreiche ~*** una famiglia numerosa; ***er gehört zur ~*** appartiene alla famiglia, è di casa; ***das liegt bei uns in der ~*** è tipico della nostra famiglia; ***aus guter, adliger ~ stammen*** essere di buona famiglia, di stirpe nobile; ***~ Schmidt ist umgezogen*** la famiglia Schmidt ha traslocato ◆ FIG. ***das kommt in den besten -n vor*** succede nelle migliori famiglie; ***das bleibt in der ~*** resta tra di noi, in famiglia; ***die Heilige ~*** la Sacra Famiglia. **Fa|mi|li|en|ähn|lich|keit** f. *(-,-en)* somiglianza *f.* di famiglia. **Fa|mi|li|en|al|bum** n. *(-s,-alben* e *-s)* album *m.* di famiglia. **Fa|mi|li|en|an|ge|hö|ri|ge** m. e f. *(-n,-n)* componente *m.*, membro *m.* della famiglia. **Fa|mi|li|en|an|ge|le|gen|heit** f. *(-,-en)* questione *f.* familiare, affare *m.* di famiglia. **Fa|mi|li|en|an|schluss** m. *(-es,-anschlüsse)* possibilità *f.* di convivere con la famiglia. **Fa|mi|li|en|ban|de** pl. legame *m.* familiare, vincolo *m.*, legame *m.* di parentela. **Fa|mi|li|en|be|sitz** m. *(-es,-e)* proprietà *f.* di famiglia. **Fa|mi|li|en|be|trieb** m. *(-[e]s,-e)* azienda *f.* a conduzione familiare. **Fa|mi|li|en|bild** n. *(-[e]s,-er)* ritratto *m.* di famiglia. **Fa|mi|li|en|fei|er** f. *(-,-n)*, **Fa|mi|li|en|fest** n. *(-[e]s,-e)* festa *f.* di famiglia. **Fa|mi|li|en|fla|sche** f. *(-,-n)* bottiglia *f.* formato famiglia. **Fa|mi|li|en|for|schung** f. *(-)* genealogia *f.* **Fa|mi|li|en|für|sor|ge** f. *(-)* previdenza *f.*, assistenza *f.* (della famiglia). **Fa|mi|li|en|grab** n. *(-[e]s,-gräber)*, **Fa|mi|li|en|gruft** f. *(-,-grüfte)* tomba *f.* di famiglia. **Fa|mi|li|en|kreis** m. *(-es,-e)* cerchia *f.* familiare: ***im ~*** in famiglia, in seno alla famiglia. **Fa|mi|li|en|kun|de** f. *(-)* genealogia *f.* **Fa|mi|li|en|le|ben** n. *(-s)* vita *f.* familiare, di famiglia, domestica. **Fa|mi|li|en|mit|glied** n. *(-[e]s,-er)* componente *m.* (*o* membro *m.*) della famiglia, famigliare *m.* **Fa|mi|li|en|na|me** m. *(-ns,-n)* **1** nome *m.* di famiglia **2** *(Nachname)* cognome *m.* **Fa|mi|li|en|ober|haupt** m. *(-[e]s,-häupter)* capofamiglia *m.* **Fa|mi|li|en|pa|ckung** f. *(-,-en)* confezione *f.* (*o* formato *m.*) famiglia. **Fa|mi|li|en|pla|nung** f. *(-,-en)* pianificazione *f.* familiare. **Fa|mi|li|en|po|li|tik** f. *(-)* politica *f.* della famiglia. **Fa|mi|li|en|recht** n. *(-[e]s)* diritto *m.* di famiglia. **Fa|mi|li|en|sinn** m. *(-[e]s)* senso *m.* della famiglia. **Fa|mi|li|en|sitz** m. *(-es,-e)* tenuta *f.*, podere *m.*, possedimento *m.* di famiglia. **Fa|mi|li|en|stand** m. *(-[e]s)* stato *m.* civile. **Fa|mi|li|en|stück** n. *(-[e]s,-e)* oggetto *m.* (antico) di famiglia. **Fa|mi|li|en|un|ter|halt** m. *(-[e]s,-e)* mantenimento *m.* (*o* sostentamento *m.*) della famiglia. **Fa|mi|li|en|va|ter** m. *(-s,-väter)* padre *m.* di famiglia. **Fa|mi|li|en|ver|band** m. *(-[e]s,-verbände)* nucleo *m.* familiare. **Fa|mi|li|en|ver|hält|nis|se** pl. rapporti *m.pl.* familiari, situazione *f.* familiare. **Fa|mi|li|en|vor|stand** m. *(-[e]s,-vorstände)* → **Familienoberhaupt. Fa|mi|li|en|zu|la|ge** f. *(-,-n)* assegni *m.pl.* familiari, aggiunta *f.* di famiglia. **Fa|mi|li|en|zu|wachs** m. *(-es)* bambino *m.*: ***~ erwarten, bekommen*** aspettare un bambino.

fa|mos agg. COLLOQ. *(fabelhaft)* fantastico; *(ausgezeichnet)* eccellente, magnifico; *(großartig)* grandioso: ***das ist ja ~!*** è fantastico! **Fa|mu|la|tur** f. *(-,-en)* pratica *f.* d'ospedale, tirocinio *m.* **fa|mu|lie|ren** intr. (aus. *haben*) fare pratica d'ospedale. **Fa|mu|lus** m. *(-,-se* e *Famuli)* praticante *m.* (in ospedale).

Fan [fɛn] m. *(-s,-s)* fan *m.*

Fa|nal n. *(-s,-e)* **1** *(Feuerzeichen)* fanale *m.*, faro *m.* **2** FIG. avvisaglia *f.*

Fa|na|ti|ker m. *(-s,-)* fanatico *m.* **fa|na|tisch I** agg. fanatico **II** avv. fanaticamente, in modo fanatico. **Fa|na|tis|mus** m. *(-)* fanatismo *m.* **Fan|club** m. *(-s,-s)* → **Fanklub.**

fand → **finden.**

Fan|fa|re f. *(-,-n)* fanfara *f.* **Fan|fa|ren|klang** m. *(-[e]s,-klänge)* suono *m.* di, della fanfara. **Fan|fa|ren|stoß** m. *(-es,-stöße)* squillo *m.* di fanfara.

Fang m. *(-[e]s, Fänge)* **1a** cattura *f.* **b** caccia *f.*: ***auf ~ ausgehen*** andare a caccia **2** *(Fischfang)* pesca *f.* **3** preda *f.*: ***der Jäger trägt seinen ~ nach Hause*** il cacciatore porta a casa la sua preda; *(Beute)* bottino *m.* **4** FIG. affare *m.*, acquisto *m.*: ***einen guten ~ tun, machen*** fare un buon affare **5a** VENAT. fauci *f.pl.* **b** *(Fangzähne)* zanne *f.pl.* **c** *(Krallen)* artigli *m.pl.* ◆ ***etw. in den Fängen haben*** avere qcs. tra le grinfie; ***jdm in die Fänge geraten*** finire nelle grinfie di qcn. **Fang|arm** m. *(-[e]s,-e)* tentacolo *m.* **Fang|ball** m. *(-[e]s,-bälle)* gioco *m.* della palla ◆ FIG. ***mit jdm ~ spielen*** rigirarsi qcn. come si vuole. **Fang|boot** n. *(-[e]s,-e)* → **Fangschiff. Fang|ein|rich|tung** f. *(-,-en)* dispositivo *m.* d'intercettazione (delle telefonate anonime). **Fang|ei|sen** n. *(-)* tagliola *f.*

Fan|ge|mein|de f. *(-)* tifoseria *f.*

fan|gen I *(fängt, fing, gefangen)* tr. **1** prendere, pigliare, afferrare: ***den Ball mit beiden Händen ~*** afferrare la palla con entrambe le (*o* due) mani **2a** catturare, prendere: ***der Dieb wurde gefangen*** il ladro venne catturato; ***im Netz, mit der Angel ~*** prendere nella rete, all'amo **b** FIG. *(faszinieren)* ***seine Erzählung hat mich gefangen*** il suo racconto mi ha preso **3** COLLOQ. *(überlisten)* ingannare, raggirare: ***lass dich nicht ~!*** non lasciarti ingannare! **II** rifl. **sich ~ 1** impigliarsi, rimanere impigliato (*o* preso): ***sich in einer Falle ~*** rimanere preso in una trappola **2a** riprendere l'equilibrio, riprendersi: ***sie stolperte über die Stufe, aber konnte sich noch ~*** inciampò contro il gradino, ma riuscì a riprendere l'equilibrio; FIG. ***die Börse hat sich schnell gefangen*** la borsa si è ripresa rapidamente **b** *(seelisch)* riprendersi, riaversi ◆ ***eine ~*** prendersele; ***Feuer ~*** prendere fuoco; ***sich im Netz der Lügen ~*** rimanere intrappolato in una rete di bugie; ***eine Ohrfeige ~*** prendersi uno schiaffo. **Fan|gen** n. *(-s)*, ***~ spielen*** giocare a prendersi. **Fän|ger** m. *(-s,-)* colui che prende; *(Fischer)* pescatore *m.*; *(Jäger)* cacciatore *m.*

Fang|flot|te f. *(-,-n)* flotta *f.* pescherecccia. **Fang|fra|ge** f. *(-,-n)* domanda *f.* capziosa. **fang|frisch** agg. appena pescato. **Fang|garn** n. *(-[e]s,-e)* VENAT. PESC. rete *f.* **Fang|ge|biet** n. *(-[e]s,-e)* zona *f.* di pesca. **Fang|ge|rät** n. *(-[e]s,-e)* strumento *m.* per la cattura. **Fang|gru|be** f. *(-,-n)* VENAT. fossa *f.* per la cattura. **Fang|grün|de** pl. fondali *m.pl.* pescosi. **Fang|gür|tel** m. *(-s,-)* AGR. anello *m.* di protezione (contro gli insetti). **fän|gisch** agg. *(von Fallen)* pronto per la cattura. **Fang|lei|ne** f. *(-,-n)* MAR. cavo *m.* di ormeggio, barbetta *f.* **Fang|mes|ser** n. *(-s,-)* coltello *m.* da caccia. **Fang|netz** n. *(-es,-e)* **1** rete *f.* da pesca **2** VENAT. rete *f.* da cattura; *(für Insekten)* retino *m.*

Fan|go m. *(-s)* MED. fango *m.* **Fan|go|bad** n. *(-[e]s,-bäder)* bagno *m.* di fango. **Fan|go|pa|ckung** f. *(-,-en)* fangatura *f.*, impacco *m.* di fango.

Fang|rie|men m. *(-s,-)* SPORT *(bei Skibindungen)* laccetto *m.* (*o* cinghietto *m.*) di sicurezza. **Fang|schal|tung** f. *(-,-en)* dispositivo *m.* di cattura. **Fang|schiff** n. *(-[e]s,-e)* peschereccio *m.* **Fang|schuss** m. *(-[e]s,-schüsse)* VENAT. colpo *m.* di grazia. **fang|si|cher** agg. SPORT sicuro nella presa (della palla). **Fang|spiel** n. *(-[e]s,-e)* acchiappino *m.* **Fang|stoß** m. *(-es,-stöße)* → **Fangschuss. Fang|vor|rich|tung** f. *(-,-en)* **1** dispositivo *m.* d'arresto **2** → **Fangeinrichtung. Fang|zahn** m. *(-[e]s,-zähne)* zanna *f.* **Fang|zaun** m. *(-[e]s,-zäune)* paravalanghe *m.*, *(bei Skirennen)* barriera *f.*, rete *f.* di protezione.

Fan|klub m. *(-s,-s)* club *m.* di fans, fan club *m.*

Fant m. *(-[e]s,-e)* ANT. giovincello *m.*

Fan|ta|sia f. *(-,-s)* **1** ETNOL. *(bei den Arabern)* fantasia *f.* **2** → **Fantasie.**

Fan|ta|sie f. *(-,-n)* **1** fantasia *f.*: ***eine blühende, wilde, ausschweifende, schöpferische, krankhafte ~*** una fantasia fervida, sbrigliata, sfrenata, creatrice, malata; ***die kindliche ~*** la fantasia infantile; ***der ~ freien Lauf lassen*** dar libero sfogo alla fantasia; ***jds ~ anregen*** stimolare la fantasia di qcn.; ***das ist reine ~*** sono pure fantasie; ***sich in -n flüchten, verlieren*** abbandonarsi alle, perdersi nelle proprie fantasie; MUS. ***eine ~ von Mozart spielen*** suonare una fantasia di Mozart **2** pl. MED. allucinazioni *f.pl.* **fan|ta|sie|arm I** agg. povero di fantasia **II** avv. con poca fantasia. **fan|ta|sie|be|gabt** agg. fantasioso. **Fan|ta|sie|bild** n. *(-[e]s,-er)* (immagine *f.* della) fantasia *f.* **Fan|ta|sie|ge|bil|de** n. *(-s,-)* costruzione *f.*, prodotto *m.* della fantasia. **fan|ta|sie|los I** agg. privo di fantasia, senza fantasia **II** avv. senza fantasia. **Fan|ta|sie|lo|sig|keit** f. *(-,-en)* mancanza *f.* di fantasia. **Fan|ta|sie|mus|ter** n. *(-s,-)* disegno *m.* fantasia. **Fan|ta|sie|preis** m. *(-es,-e)* prezzo *m.* esorbitante, folle. **fan|ta|sie|reich I** agg. fantasioso, ricco di fantasia **II** avv. con molta fantasia.

fan|ta|sie|ren intr. (aus. *haben*) **1** fantasticare: ***von seiner Zukunft ~*** fantasticare sul proprio futuro **2** MED. vaneggiare, delirare **3** MUS. improvvisare: ***auf der Violine ~*** improvvisare al violino. **Fan|ta|sie|ren** n. *(-s)* **1** fantasticheria *f.* **2** MED. vaneggiamento *m.* **3** MUS. improvvisazione *f.*

Fan|ta|sie|schrift f. *(-,-en)* TIP. caratteri *m.pl.* fantasia. **Fan|ta|sie|stück** n. *(-[e]s,-e)* MUS. fantasia *f.* **fan|ta|sie|voll I** agg. pieno di fantasia, fantasioso **II** avv. con molta fantasia. **Fan|ta|sie|vor|stel|lung** f. *(-,-en)* rappresentazione *f.*, prodotto *m.* della fantasia.

Fan|tast m. *(-en,-en)* sognatore *m.* **Fan|tas|te|rei** f. *(-,-en)* fantasticheria *f.* **fan|tas|tisch I** agg. **1** fantastico, favoloso: ***-e Erzählungen, Welten, Figuren*** racconti, mondi fantastici, figure fantastiche: ***seine Geschichte klang ziemlich ~*** il suo racconto sembrò abbastanza bizzarro **2a** *(wunderbar)* fantastico, formidabile; ***eine -e Person, Tänzerin*** una persona fantastica, una ballerina formidabile **b** COLLOQ. *(unglaublich)* pazzesco, folle, incredibile; ***-e Geschwindigkeit*** velocità pazzesca **3** PSIC. fantasmatico **II** avv. in modo fantastico, favoloso: ***~ Klavier spielen*** suonare il piano in modo fantastico.

Fan|ta|sy ['fæntəzɪ] f. *(-)* fantasy *f.*

Fan|zine [fæn'zi:n] n. *(-s,-s)* fanzine *f.*, fanzina *f.*

Fa|rad n. *(-[s],-)* farad *m.* **Fa|ra|day|kä|fig** ['færədɪ] m. *(-s,-e)* gabbia *f.* di Faraday.

Farb|ab|stim|mung f. *(-,-en)* **1** FOT. determinazione *f.* del colore **2** armonizzazione *f.* dei colori. **Farb|ab|stu|fung** f. *(-,-en)* gradazione *f.* di colore. **Farb|ab|wei|chung** f. *(-,-en)* **1** OTT. aberrazione *f.* cromatica, cromatismo *m.* **2** FOT. viraggio *m.* **Farb|ab|zug** m. *(-[e]s,-abzüge)* FOT. copia *f.* a colori. **Farb|auf|nah|me** f. *(-,-n)* **1** fotocolor *m.* **2** foto *f.* a colori, fotocolor *m.* **Farb|band** n. *(-[e]s, -bänder)* nastro *m.* (inchiostrato). **Farb|bild** n. *(-[e]s,-er)* fotografia *f.* a colori. **Farb|druck** m. *(-[e]s,-e)* stampa *f.* a colori.

Far|be f. *(-,-n)* **1** colore *m.*; *(Farbton)* tinta *f.*: ***die -n abstimmen*** accordare (*o* intonare) i colori; ***in grellen -n*** a tinte vivaci **2** *(Farbstoff)* colorante *m.*, colore *m.*: ***diese ~ ist giftig*** questo colorante è velenoso **3** *(Anstrichfarbe)* vernice *f.*: ***deckende ~*** vernice coprente **4** *(Gesichtsfarbe)* colorito *m.*, colore *m.*: ***die ~ verlieren*** perdere il colorito, impallidire; ***wieder ~ bekommen*** riacquistare colore **5** *(beim Kartenspiel)* seme *m.*: ***~ zugeben, bekennen*** rispondere al seme ◆ ***in allen -n schillern*** brillare di tutti i colori, essere multicolore (*o* variopinto); ***die -n dick auftragen*** caricare le tinte; COLLOQ. ***diese -n beißen sich*** questi colori fanno a pugni; FIG. ***~ bekennen*** mettere le carte in tavola; ***in ~*** a colori; ***in den schwärzesten -n malen, schildern (beschreiben)*** dipingere, rappresentare a tinte fosche; ***die -n eines Landes vertreten*** portare i colori di un paese; ***die ~ wechseln*** diventare (*o* farsi) di tutti i colori; FIG. cambiar partito.

farb|echt agg. che non stinge, inalterabile. **Farb|ef|fekt** m. *(-[e]s, -e)* effetto *m.* coloristico.

Fär|be|mit|tel n. *(-s,-)* (sostanza *f.*) colorante *m.* **fär|ben I** tr. **1a** colorare **b** *(von Stoffen)* tingere: ***rot ~*** tingere di rosso **2** COLLOQ. *(abfärben)* stingere, perdere colore **3** FIG. colorire: ***eine Erzählung ~*** colorire un racconto **II** rifl. **sich ~ 1** colorarsi, tingersi: ***im Herbst ~ sich die Blätter in gelben und roten Tönen*** in autunno le foglie si tingono in toni gialli e rossi **2** ***sich rot ~*** arrossire.

far|ben|blind agg. daltonico. **Far|ben|blind|heit** f. *(-)* daltonismo *m.* **far|ben|freu|dig, far|ben|froh** agg. a (*o* dai) colori vivaci. **Far|ben|ge|bung** → **Farbgebung. Far|ben|holz|schnitt** → **Farbholzschnitt. Far|ben|hö|ren** n. *(-s)* MED. audizione *f.* cromatica, sinestesia *f.* **Far|ben|kas|ten** → **Farbkasten. Far|ben|klecks** → **Farbklecks. Far|ben|kleck|ser** m. *(-s,-)* imbrattatele *m.*, pittore *m.* da strapazzo. **Far|ben|in|dust|rie** f. *(-,-n)* industria *f.* dei coloranti. **far|ben|kräf|tig** agg. dai colori forti. **Far|ben|leh|re** f. *(-)* teoria *f.* dei colori. **Far|ben|pa|let|te** f. *(-,-n)* tavolozza *f.* **far|ben|präch|tig** agg. dai colori sfarzosi. **Far|ben|pro|be** f. *(-,-n)* prova *f.* di colore. **far|ben|reich** agg. variopinto. **Far|ben|sinn** m. *(-[e]s,-e)* **1** *(von Wahrnehmung)* percezione *f.* dei colori **2** *(Geschmack)* senso *m.* del colore. **Far|ben|ska|la** → **Farbskala. Far|ben|spiel** n. *(-[e]s,-e)* gioco *m.* di colori. **Far|ben|sym|bo|lik** f. *(-)* simbolismo *m.* cromatico.

Fär|ber m. *(-s,-)* tintore *m.* **Fär|ber|baum** m. *(-[e]s,-bäume)* sommacco *m.*

Farb|er|de f. *(-,-n)* terra *f.* colorante.

Fär|ber|dis|tel f. *(-,-n)* cartamo *m.*, zafferano *m.* falso. **Fär|be|rei** f. *(-,-en)* **1** *(das Färben)* tintura *f.* **2** *(Betrieb)* tintoria *f.* **Fär|ber|flech|te** f. *(-,-n)* roccella *f.* **Fär|ber|gins|ter** m. *(-s,-)* ginestrella *f.* **Fär|ber|pflan|zen** pl. piante *f.pl.* tintorie. **Fär|ber|rin|de** f. *(-,-n)* corteccia *f.* di quercitrone. **Fär|ber|rö|te** f. *(-,-n)* robbia *f.*, garanza *f.* **Fär|ber|waid** m. *(-[e]s,-e)* BOT. guado *m.*

Farb|fern|se|hen n. *(-s)* televisione *f.* a colori. **Farb|fern|se|her** m. *(-s,-)* COLLOQ. tivù *f.* a colori. **Farb|fern|seh|ge|rät** n. *(-es, -e)* televisore *m.* a colori. **Farb|fern|seh|ka|me|ra** f. *(-,-s)* telecamera *f.* a colori.

Farb|fes|ti|ger m. *(-s,-)* COSMET. fissatore *m.* colorante. **Farb|film** m. *(-[e]s,-e)* film *m.* a colori. **Farb|fil|ter** m. *(-s,-)* FOT. filtro *m.* colorato. **Farb|fleck** m. *(-[e]s,-e)* macchia *f.* di colore. **Farb|fo|to** n. *(-s,-s)* foto *f.* a colori. **Farb|fo|to|gra|fie** f. *(-,-n)* fotografia *f.* a colori. **Farb|ge|bung, Farb|ge|stal|tung** f. *(-,-en)* coloritura *f.*, colore *m.* **Farb|holz** n. *(-es,-hölzer)* legno *m.* colorante. **Farb|holz|schnitt** m. *(-[e]s,-e)* xilografia *f.* a colori.

far|big agg. **1** colorato, a colori: ***-e Ansichtskarten*** cartoline a colori **2** di colore: ***eine -e Tänzerin*** una ballerina di colore **3** FIG. *(lebhaft)* colorito, vivace: ***eine -e Schilderung*** una descrizione colorita. **Far|bi|ge** m. e f. *(-n,-n)* uomo *m.* (*o* donna *f.*) di colore. **Far|big|keit** f. *(-,-en)* **1** colorazione *f.*, colore *m.* **2** *(Buntheit)* policromia *f.*, varietà *f.* dei colori **3** FIG. *(Lebhaftigkeit)* vivacità *f.*, colore *m.*

Farb|kar|te f. *(-,-n)* campionario *m.* dei colori. **Farb|kas|ten** m. *(-s,-kästen)* cassetta *f.* dei colori. **Farb|klecks** m. *(-es,-e)* macchia *f.* di colore. **Farb|kon|trast** m. *(-es,-e)* contrasto *m.* di colore (*o* cromatico). **Farb|kör|per** m. *(-s,-)* **1** OTT. solido *m.* dei colori **2** PITT. pigmento *m.* **Farb|lack** m. *(-[e]s,-e)* smalto *m.* colorato. **Farb|leh|re** → **Farbenlehre. farb|lich** agg. coloristico, cromatico. **Farb|li|tho|gra|phie** f. *(-,-n)* litografia *f.* a colori.

farb|los agg. **1a** incolore, senza colore: ***-e Flüssigkeit*** liquido incolore **b** *(ohne färbende Mittel)* neutro: ***-er Nagellack*** smalto (per unghie) neutro **2** *(blass)* scolorito, pallido: ***ein -es Gesicht*** un volto pallido **3** FIG. incolore, scialbo, inespressivo. **Farb|lo|sig|keit** f. *(-,-en)* **1** mancanza *f.* (*o* assenza *f.*) di colore **2** *(Blässe)* pallore *m.* **3** FIG. inespressività *f.*

Farb|mi|ne f. *(-,-n)* mina *f.* colorata. **Farb|mi|schung** f. *(-,-en)* mescolanza *f.* di colori. **Farb|mo|ni|tor** m. *(-s,-e[n])* monitor *m.* a colori. **Farb|nu|an|ce** [-nyã:sə] f. *(-,-n)* sfumatura *f.* di colore, nuance *f.* **Farb|pa|pier** n. *(-s,-e)* FOT. carta *f.* per stampe a colori. **Farb|pho|to** → **Farbfoto. Farb|pro|be** → **Farbenprobe. Farb|punkt** m. *(-[e]s,-e)* OTT. punto *m.* di colore. **Farb|schicht** f. *(-,-en)* strato *m.* di colore. **Farb|schnitt** m. *(-[e]s,-e)* TECN. taglio *m.* colorato. **Farb|ska|la** f. *(-,-skalen)* **1** gamma *f.* di colori **2** scala *f.* dei colori, gamma *f.* cromatica. **Farb|spekt|rum** n. *(-s,-spektren e -spektra)* spettro *m.* cromatico (*o* di colori). **Farb|stift** m. *(-[e]s, -e)* matita *f.* (*o* penna *f.*) colorata. **Farb|stoff** m. *(-[e]s,-e)* **1** (sostanza *f.*) colorante *m.*; tinta *f.* **2** BIOL. pigmento *m.* **Farb|stoff|trä|ger** m. *(-s,-)* BIOL. cromatoforo *m.* **Farb|su|cher** m. *(-s,-)* mirino *m.* a colori. **Farb|tem|pe|ra|tur** f. *(-,-en)* FOT. temperatura *f.* del colore. **Farb|ton** m. *(-s,-töne)* tinta *f.*, tono *m.*, tonalità *f.* (di colore). **farb|ton|rich|tig** agg. isocromatico. **Farb|tu|be** f. *(-,-n)* tubetto *m.* di colore. **Farb|tup|fen, Farb|tup|fer** m. *(-s,-)* macchia *f.* di colore.

Fär|bung f. *(-,-en)* **1** colorazione *f.*, tintura *f.*: ***die ~ der Seide*** la tintura della seta **2a** colore *m.*, tinta *f.*: ***eine dunkelbraune ~ annehmen*** prendere un colore brunastro **b** *(bei der Mikroskopie)* colorazione *f.* **3** FIG. sfumatura *f.*, coloritura *f.*: ***eine ironische ~*** una sfumatura ironica.

Farb|ver|än|de|rung f. *(-,-en)* variazione *f.* (*o* alterazione *f.*) di colore. **Farb|ver|grö|ße|rung** f. *(-,-en)* ingrandimento *m.* di una foto a colori. **Farb|wal|ze** f. *(-,-n)* TIP. rullo *m.* (*o* cilindro *m.*) inchiostratore. **Farb|wech|sel** m. *(-s,-)* **1** cambiamento *m.* (*o* variazione *f.*) di colore **2** ZOOL. mimetismo *m.* **Farb|werk** n. *(-[e]s,-e)* TIP. apparecchio *m.* inchiostratore. **Farb|zu|sam|men|stel|lung** f. *(-,-en)* combinazione *f.* di colori.

Far|ce [-sə] f. *(-,-n)* **1** TEATR. farsa *f.*; FIG. ***etw. zur ~ erniedrigen*** ridurre qcs. a una farsa **2** GASTR. farcia *f.*, ripieno *m.* **far|cie|ren** [-si:rən] tr. farcire, infarcire.

Fa|rin m. *(-s)* **1** zucchero *m.* non raffinato **2** *(Puderzucker)* zucchero *m.* a velo.

Farm f. *(-,-en)* fattoria *f.* **Far|mer** m. *(-s,-)* fattore *m.*, proprietario *m.* di fattoria.

Farn m. *(-[e]s,-e)* felce *f.* **farn|ar|tig** agg. simile a una felce. **Farn|blatt** n. *(-[e]s,-blätter)* foglia *f.* di felce. **Farn|kraut** n. *(-[e]s,-kräuter)* → **Farn.** **Farn|pflan|ze** f. *(-,-n)* **1** BIOL. pteridofita *f.* **2** pianta *f.* di felce, felce *f.* **Farn|we|del** m. *(-s,-)* ventaglio *m.* di felce.

Far|re m. *(-n,-n)*, **Far|ren** m. *(-s,-)* ANT. e REGION. torello *m.* **När|se** f. *(-,-n)* giovenca *f.*

Fa|san m. *(-[e]s,-e* e *-en)* fagiano *m.* **Fa|sa|nen|ge|he|ge** n. *(-s,-)*, **Fa|sa|ne|rie** f. *(-,-n)* fagianaia *f.*, fagianiera *f.* **Fa|sa|nen|zucht** f. *(-,-en)* allevamento *m.* di fagiani.

Fa|sche f. *(-,-n)* AUSTR. fascia *f.*, benda *f.* **fa|schen** tr. AUSTR. fasciare.

fa|schie|ren tr. AUSTR. tritare. **Fa|schier|ma|schi|ne** f. *(-,-n)* AUSTR. tritacarne *m.* **Fa|schier|te** n. *(-n)* AUSTR. carne *f.* tritata.

Fa|schi|ne f. *(-,-n)* fascina *f.*

Fa|sching m. *(-s,-e* e *-s)* REGION. carnevale *m.* **Fa|schings|ball** m. *(-s,-bälle)* ballo *m.* di carnevale. **Fa|schings|diens|tag** m. *(-[e]s,-e)* martedì *m.* grasso. **Fa|schings|kos|tüm** n. *(-s,-e)* costume *m.* di carnevale. **Fa|schings|krap|fen** m. *(-s,-)* krapfen *m.* di carnevale. **Fa|schings|scherz** m. *(-es,-e)* scherzo *m.* di carnevale. **Fa|schings|zeit** f. *(-)* (periodo *m.* di) carnevale *m.* **Fa|schings|zug** m. *(-[e]s,-züge)* corteo *m.* di carnevale.

Fa|schis|mus m. *(-)* fascismo *m.* (anche ESTENS.). **Fa|schist** m. *(-en,-en)* fascista *m.* **fa|schis|tisch I** agg. fascista, fascistico **II** avv. da fascista. **fa|schis|to|id** agg. fascistoide.

Fa|se f. *(-,-n)* spigolo *m.* smussato, smusso *m.*

Fa|se|lei f. *(-,-n)* COLLOQ. SPREG. ciance *f.pl.*, chiacchiere *f.pl.* **Fa|se|ler** m. *(-s,-)*, **Fa|sel|hans** m. *(-[e]s,-e* e *-hänse)* COLLOQ. SPREG. parolaio *m.*, chiacchierone *m.* **fa|se|lig** agg. COLLOQ. SPREG. sconsiderato. **fa|seln** tr. COLLOQ. SPREG. chiacchierare a vuoto, sragionare.

fa|sen tr. smussare.

Fa|ser f. *(-,-n)* fibra *f.*: ***ein Gewebe aus synthetischen -n*** un tessuto in (*o* di) fibra sintetica; ***optische ~*** fibra ottica; ANAT. ***die -n eines Muskels*** le fibre di un muscolo ◆ FIG. ***mit allen -n (seines Herzens)*** con tutta l'anima. **Fa|ser|ge|schwulst** f. *(-[e]s,-geschwülste)* fibroma *m.* **Fa|ser|ge|we|be** n. *(-s,-)* ANAT. tessuto *m.* fibroso. **Fa|ser|glas** n. *(-es)* fibra *f.* di vetro. **fa|se|rig** agg. fibroso, filamentoso. **fa|sern** intr. (aus. *haben*) sfilacciarsi. **Fa|ser|pflan|ze** f. *(-,-n)* pianta *f.* tessile. **Fa|ser|plat|te** f. *(-,-n)* EDIL. cartone *m.* da fibra. **fa|ser|scho|nend** agg. che rispetta le fibre. **Fa|ser|schrei|ber** m. *(-s,-)* penna *f.* in fibra. **Fa|ser|stoff** m. *(-[e]s,-e)* fibra *f.* tessile. **Fa|se|rung** f. *(-,-en)* sfilacciatura *f.*

Fa|shion [fɛʃn, 'fæʃən] f. *(-)* moda *f.*, fashion *f.* **fa|shi|o|na|bel** [faʃio'na:bl], **fa|shio|na|ble** ['fɛʃənəbl, 'fæʃnəbl] agg. alla moda, di moda.

fa|sig agg. → **faserig.**

Fas|ler m. *(-s,-)* → **Faseler.**

Fas|nacht f. *(-)* REGION. → **Fastnacht.**

fas|rig agg. → **faserig.**

Fass n. *(-es, Fässer)* **1a** botte *f.*, fusto *m.*: ***ein ~ (Bier) anstechen, anzapfen*** spillare (birra) da una botte **b** FIG. COLLOQ. ***dick wie ein ~ sein*** essere una botte, un grassone; ***wie ein ~ trinken*** bere come un otre **2** GERG. *(Könner)* asso *m.*, bomba *f.* ◆ FIG. COLLOQ. ***ein ~ aufmachen*** = dare una festa; ***Bier vom ~*** birra alla spina; FIG. ***ein ~ ohne Boden sein*** essere un pozzo senza fondo; ***das bringt das ~ zum Überlaufen, das schlägt dem ~ den Boden aus*** questo è il colmo, questa è la goccia che fa traboccare il vaso.

Fas|sa|de f. *(-,-n)* **1** facciata *f.* **2** FIG. SPREG. *(Äußeres)* facciata *f.*, apparenza *f.*: ***hinter die ~ gucken*** guardare dietro la facciata **3** COLLOQ. *(Gesicht)* faccia *f.*, muso *m.*: ***jdm die ~ lackieren*** rompere il muso a qcn.

fass|bar agg. **1** afferrabile **2a** FIG. *(konkret)* concreto **b** *(begreiflich)* comprensibile. **Fass|bar|keit** f. *(-,-en)* **1** afferrabilità *f.* **2** FIG. comprensibilità *f.*, chiarezza *f.*

Fass|bier n. *(-s,-e)* birra *f.* alla spina. **Fass|bin|der** m. *(-s,-)* bottaio *m.* **Fass|bo|den** m. *(-s,-böden)* fondo *m.* della botte. **Fäss|chen** n. *(-s,-)* barile *m.*, botticella *f.*, caratello *m.* **Fass|dau|be** f. *(-,-n)* doga *f.*

fas|sen I tr. **1a** afferrare, prendere: ***jdn bei, an der Hand, am Arm ~*** afferrare qcn. per la mano, per il braccio; ***etw. mit beiden Händen ~*** prendere qcs. con tutt'e due le mani; FIG. ***einen Entschluss, Beschluss ~*** prendere una decisione; *(bei Hunden)* ***fass!*** prendi! afferra! **b** *(gefangen nehmen)* catturare, acciuffare **2** *(erfassen)* cogliere, impossessarsi di: ***das kalte Grausen fasste ihn*** un brivido di terrore lo colse, s'impossessò di lui **3** MIL. prendere, ricevere: ***Essen ~*** prendere il rancio **4** *(verstehen)* afferrare, comprendere: ***den Sinn des Ganzen nicht ~*** non comprendere il senso di tutto l'insieme; ***er kann es nicht ~*** non riesce a capacitarsene **5** *(aufnehmen können)* contenere, avere una capacità di: ***der Saal fasst 1000 Menschen*** la sala contiene, può contenere 1000 persone; ***der Eimer fasst zehn Liter*** il secchio ha una capacità di dieci litri **6** *(Edelsteine)* incastonare, montare **7** *(formulieren)* esprimere (a parole): ***den Dank in Worte ~*** esprimere la riconoscenza a parole, con parole adatte **II** intr. (aus. *haben*) **1** *(greifen)* ***nach etw. ~*** afferrare qcs.; ***in Schmutz ~*** toccare lo sporco; ***in den Schnee ~*** affondare le mani nella neve **2** *(eingreifen)* fare presa, mordere, ingranare **III** rifl. **sich ~ 1** calmarsi, dominarsi, riprendersi **2** esprimersi: ***sich kurz ~*** essere breve, esprimersi in poche parole ◆ ***(festen) Fuß ~*** prendere piede; ***einen Gedanken ~*** concepire un pensiero, un'idea; ***sich in Geduld ~*** avere pazienza, rassegnarsi; ***ins Leere ~*** annaspare nel vuoto; ***Mut ~*** farsi coraggio; ***Wurzeln ~*** mettere radici; ***das ist (doch) nicht zu ~!*** è incredibile! ***Zuneigung zu jdm ~*** affezionarsi a qcn.

Fas|set|te → **Facette.**

fäs|ser|wei|se avv. a, in botti. **Fass|holz** n. *(-es)* legname *m.* per, da botti. **Fäss|lein** n. *(-s,-)* barilotto *m.*, botticella *f.*

fass|lich I agg. comprensibile, intelligibile, chiaro **II** avv. in modo comprensibile, chiaro. **Fass|lich|keit** f. *(-,-en)* comprensibilità *f.*, intelligibilità *f.*, chiarezza *f.*

Fas|son [fa'sõ:, fa'so:n] f. *(-,-s* e *-en)* SART. **1** fattura *f.*, taglio *m.*, foggia *f.*, façon *f.*: ***nach neuester ~*** all'ultima moda **2** *(Form)* forma *f.*: ***der Hut hat die ~ verloren*** il cappello ha perso la forma ◆ COLLOQ. *(dick werden)* ***aus der ~ geraten*** perdere la linea; FIG. perdere il contegno; ***jeder muss (soll), kann nach seiner, auf seine ~ selig werden*** ognuno deve, può vivere a modo suo. **fas|so|nie|ren** tr. **1** sagomare, profilare **2** AUSTR. *(Haar)* sfumare. **Fas|son|schnitt** m. *(-[e]s,-e)* AUSTR. taglio *m.* sfumato. **Fas|son|stahl** m. *(-[e]s,-stähle)* METALL. profilato *m.*

Fas|sung f. *(-,-en)* **1** montatura *f.*: ***die ~ der Brille*** la montatura degli occhiali **2** *(von Edelsteinen)* incastonatura *f.*, montatura *f.* **3a** *(Formulierung)* forma *f.*, modo *m.*, formulazione *f.*: ***in kürzerer ~*** in forma abbreviata **b** versione *f.*, stesura *f.*: ***die letzte ~ eines Romans*** l'ultima stesura di un romanzo **4** *(Selbstbeherrschung)* padronanza *f.* di sé, calma *f.*, controllo *m.*: ***aus der ~ geraten, kommen*** perdere il controllo (di sé), perdere le staffe; ***jdn aus der ~ bringen*** far perdere il controllo (*o* le staffe) a qcn. **5** ART. *(im Mittelalter und Barock)* pittura *f.* (di scultura in legno o in pietra) **6** *(Verstehen)* l'afferrare, il comprendere, il capire ◆ ***er ist durch nichts aus der ~ zu bringen*** non si scompone per niente.

Fas|sungs|kraft f. *(-)* intelligenza *f.*, capacità *f.* di comprendere: ***das geht über meine ~*** questo va oltre le mie capacità di comprensione, non arrivo a comprenderlo. **fas|sungs|los** agg. sbalordito, esterrefatto. **Fas|sungs|lo|sig|keit** f. *(-,-en)* sbalordimento *m.* **Fas|sungs|raum** m. *(-[e]s)* capacità *f.*, capienza *f.* **Fas|sungs|ver|mö|gen** n. *(-s)* **1** → **Fassungsraum 2** capacità *f.* intellettiva, intelligenza *f.*

Fass|wein m. *(-[e]s,-e)* vino *m.* in botti. **fass|wei|se** avv. a, in botti.

fast avv. **1** quasi, pressoché: ***~ in allen Fällen, in ~ allen Fällen*** quasi in tutti i casi, in quasi tutti i casi **2** per poco non: ***~ wäre ich gefallen*** per poco non (*o* a momenti) cadevo, poco mancò che cadessi.

Fast|ebe|ne f. *(-,-n)* GEOGR. penepiano *m.*

Fas|tel|abend m. *(-[e]s)* REGION. → **Fastnacht.** **fas|ten** intr. (aus. *haben*) **1** digiunare **2** RELIG. osservare il digiuno quaresimale. **Fas|ten I** n. *(-s)* il digiunare, digiuno *m.* **II** pl. RELIG. quaresima *f.*, tempo *m.* di digiuno. **Fas|ten|pre|digt** f. *(-,-en)* predica *f.* quaresimale, quaresimale *m.* **Fas|ten|sonn|tag** m. *(-[e]s,-e)* domenica *f.* di quaresima. **Fas|ten|spei|se** f. *(-,-n)* cibo *m.* quaresimale. **Fas|ten|zeit** f. *(-,-en)* **1** periodo *m.* di, del digiuno **2** quaresima *f.*

Fast|food ['fa:st'fu:d-] n. *(-[s])* fast food *m.* **Fast|food|res|tau|rant** n. *(-s,-s)* (ristorante *m.*) fast food *m.*

Fast|nacht f. *(-)* (ultimi giorni *m.pl.* di) carnevale *m.* **fast|nächt|lich** agg. carnevalesco, di carnevale, ANT. carnascialesco. **Fast|nachts|ball** m. *(-s,-bälle)* ballo *m.* di carnevale. **Fast|nachts|diens|tag** m. *(-[e]s,-e)* martedì *m.* grasso. **Fast|nachts|lied** n. *(-[e]s,-er)* canto *m.* di carnevale. **Fast|nachts|spiel** n. *(-s,-e)* commedia *f.* carnascialesca. **Fast|nachts|um|zug** m. *(-[e]s,-umzüge)* corteo *m.* di carnevale. **Fast|nachts|zeit** f. *(-)* (periodo *m.* di) carnevale *m.* **Fast|nachts|zug** → **Fastnachtsumzug.**

Fast|tag m. *(-[e]s,-e)* giorno *m.* di digiuno.

Fas|zi|na|ti|on f. *(-,-en)* fascino *m.* **fas|zi|nie|ren** tr. affascinare, incantare, ammaliare.
fa|tal I agg. **1** *(folgenschwer)* fatale, funesto **2** *(peinlich)* penoso, spiacevole **II** avv. fatalmente. **fa|ta|ler|wei|se** avv. **1** fatalmente **2** spiacevolmente. **Fa|ta|lis|mus** m. *(-)* fatalismo *m.* **Fa|ta|list** m. *(-en,-en)* fatalista *m.* **fa|ta|lis|tisch** agg. fatalistico. **Fa|ta|li|tät** f. *(-,-en)* fatalità *f.*
Fa|tum n. *(-s, Fata)* fato *m.*
Fatz|ke m. *(-n e -s,-n e -s)* COLLOQ. SPREG. bellimbusto *m.*, gagà *m.*
fau|chen intr. (aus. *haben*) soffiare, sbuffare.
faul agg. **1** pigro: ***ein -er Schüler*** uno scolaro pigro **2a** marcio, guasto: ***-er Geruch*** odore di marcio **b** ANT. *(von Zahn)* cariato **3** COLLOQ. SPREG. ***ein -er Friede*** una pace traballante; ***ein -er Witz*** uno scherzo di cattivo gusto; ***eine -e Ausrede*** una scusa che non sta in piedi **4a** *(von Schuldner)* moroso **b** ***ein -er Wechsel*** una cambiale scoperta ◆ ***auf der -en Haut liegen*** poltrire nell'ozio; ***nicht ~*** prontamente; ***eine -e Sache*** una sporca (*o* losca) faccenda; COLLOQ. ***ein -er Sack, ein -es Stück*** un poltrone, un poltronaccio; ***ein -er Zauber*** una ciarlataneria; PROV. ***~ bekommt nichts ins Maul*** chi dorme non piglia pesci; ***etwas ist ~ im Staate Dänemark*** c'è del marcio in Danimarca.
Faul|baum m. *(-[e]s,-bäume)* frangola *f.* **Faul|brand** m. *(-[e]s, -brände)* AGR. carie *f.*
Fäu|le f. *(-)* putredine *f.*, marciume *m.*: ***in ~ übergehen*** marcire.
fau|len intr. (aus. *sein, haben*) **1** marcire, guastarsi, andare a male **2** MED. cariarsi.
fau|len|zen intr. (aus. *haben*) oziare, poltrire. **Fau|len|zer** m. *(-s,-)* **1** SPREG. pigrone *m.*, poltrone *m.*, fannullone *m.* **2** AUSTR. COLLOQ. falsariga *f.* **3** ANT. COLLOQ. sdraio *f.* **Fau|len|ze|rei** f. *(-,-en)* SPREG. pigrizia *f.*, poltroneria *f.* **Fau|len|zer|le|ben** n. *(-s)* vita *f.* oziosa, da poltrone.
Faul|heit f. *(-,-en)* pigrizia *f.*, indolenza *f.* ◆ COLLOQ. SPREG. ***vor ~ stinken*** essere un pigraccio.
fau|lig I agg. putrido, marcio **II** avv. di marcio: ***~ riechen, schmecken*** avere odore, sapere di marcio.
Fäul|nis f. *(-)* putrefazione *f.*, marcio *m.* (anche FIG.): ***in ~ übergehen*** putrefarsi. **Fäul|nis|er|re|ger** m. *(-s,-)* germe *m.* della putrefazione, batterio *m.* saprogeno. **Fäul|nis|ge|ruch** m. *(-[e]s, -gerüche)* odore *m.* di marcio.
Faul|pelz m. *(-es,-e)* COLLOQ. SPREG. pigrone *m.*, poltrone *m.*, fannullone *m.* **Faul|schlamm** m. *(-[e]s,-schlämme)* sapropelite *f.*, sapropel *m.* **Faul|tier** n. *(-s,-e)* **1** ZOOL. bradipo *m.*, poltrone *m.* **2** COLLOQ. → **Faulpelz.**
Faun m. *(-[e]s,-e)* fauno *m.* **Fau|na** f. *(-, Faunen)* fauna *f.* **fau|nisch** agg. faunesco.
Faust f. *(-, Fäuste)* pugno *m.*: ***die ~ ballen, öffnen*** stringere, aprire il pugno ◆ ***auf eigene ~*** di testa propria, di propria iniziativa; ***mit eiserner ~*** con pugno di ferro; ***die ~ im Nacken spüren*** essere sotto il giogo, essere vittima di una dura repressione; ***das passt wie die ~ aufs Auge*** è (come) un pugno in un occhio; *(genau passen)* va benissimo; FIG. ***die ~ in der Tasche machen, ballen*** = reprimere la collera; ***mit der ~ auf den Tisch schlagen*** battere i pugni sul tavolo; ***jdm die Fäuste zeigen*** mostrare i pugni a qcn., minacciare qcn. **Faust|ab|wehr** f. *(-,-en)* SPORT parata *f.* di pugno.
Fäust|chen n. *(-s,-)* piccolo pugno *m.*, pugnetto *m.* ◆ ***sich (D) ins ~ lachen*** ridersela sotto i baffi.
Faust|de|gen m. *(-s,-)* pugnale *m.* **faust|dick** agg. grosso come un pugno ◆ COLLOQ. ***~ auftragen*** esagerare; ***das ist ~ gelogen, das ist eine -e Lüge*** è una bugia grossolana; ***es ~ hinter den Ohren haben*** essere un furbo matricolato.
Fäus|tel m. *(-s,-)* maglio *m.*
faus|ten tr. SPORT colpire (*o* tirare) col, di pugno; *(wegfausten)* respingere di pugno.
Faust|feu|er|waf|fe f. *(-,-n)* pistola *f.* **faust|groß** agg. grande come un pugno. **Faust|hand|schuh** m. *(-es,-e)* (guanto *m.* a) manopola *f.* **Faust|hieb** m. *(-[e]s,-e)* → **Faustschlag.**
faus|tisch agg. faustiano.
Faust|kampf m. *(-es,-kämpfe)* incontro *m.* di pugilato. **Faust|kämp|fer** m. *(-s,-)* pugile *m.* **Faust|keil** m. *(-s,-e)* amigdala *f.* **Fäust|ling** m. *(-s,-e)* **1** → **Fausthandschuh 2** ARM. pistola *f.* corta. **Faust|pfand** n. *(-[e]s,-pfänder)* DIR. pegno *m.* mobile. **Faust|recht** n. *(-[e]s)* diritto *m.* del più forte. **Faust|re|gel** f. *(-,-n)* regola *f.* empirica, semplice. **Faust|sä|ge** f. *(-,-n)* sega *f.* a mano. **Faust|schlag** m. *(-[e]s,-schläge)* pugno *m.*: ***jdm einen ~ versetzen*** tirare un pugno a qcn. **Faust|waf|fe** f. *(-,-n)* pistola *f.*
Fau|vis|mus [fo-] m. *(-)* fauvismo *m.* **Fau|vist** m. *(-en,-en)* fauve *m.*
Faux|pas [fo'pa] m. *(-,-)* passo *m.* falso: ***einen ~ begehen*** fare un passo falso.
fa|vo|ri|sie|ren tr. favorire. **Fa|vo|rit** m. *(-en,-en)* favorito *m.* (anche SPORT). **Fa|vo|ri|ten|rol|le** f. *(-,-n)* ruolo *m.* del favorito. **Fa|vo|ri|ten|tum** n. *(-s)* favoritismo *m.*
Fax n. *(-,-[e])* fax *m.*: ***ein ~ durchgeben, schicken, bekommen (erhalten)*** far passare, inviare, ricevere un fax; *(Apparat)* ***ein ~ kaufen*** acquistare un fax.
Fa|xe f. *(-,-n)* **1** buffonata *f.*, stupidaggine *f.*: COLLOQ. ***mach ja keine -n!*** non fare stupidaggini! **2** *(Grimasse)* smorfia *f.*, boccaccia *f.*, versaccio *m.*: ***-n machen*** fare le boccacce.
fa|xen tr. faxare.
Fa|xen|ma|cher m. *(-s,-)* buffone *m.*, pagliaccio *m.*
Fax|ge|rät n. *(-[e]s,-e)* fax *m.*
Fa|yence [fa'jã:s] f. *(-,-n)* maiolica *f.*: ***Delfter -n*** le maioliche di Delft.
Fa|ze|tie f. *(-,-n)* facezia *f.*
fa|zi|al agg. MED. facciale. **Fa|zi|a|lis** m. *(-)* MED. nervo *m.* facciale.
Fa|zit n. *(-s,-s)* **1** risultato *m.* **2** ANT. totale *m.*, somma *f.* ◆ ***das ~ aus etw. ziehen*** tirare le somme di qcs.
FCKW ⇒ *Fluorchlorkohlenwasserstoff* fluorclorocarburo (CFC).
FDGB ⇒ EX-RDT *Freier Deutscher Gewerkschaftsbund* Associazione dei sindacati liberi tedeschi.
FDJ ⇒ EX-RDT *Freie Deutsche Jugend* Gioventù libera tedesca. **FDJler** [ɛfde:'jɔtlɐ] m. *(-s,-)* EX-RDT membro *m.* della FDJ (Gioventù libera tedesca).
FDP ⇒ *Freie Demokratische Partei* Partito liberal-democratico.
F-Dur n. *(-)* fa *m.* maggiore.
feb|ril agg. MED. febbrile.
Feb|ru|ar m. *(-[s],-e)* febbraio *m.*: ***Anfang, Ende ~*** all'inizio, alla fine di febbraio; ***Mitte ~*** a metà febbraio; ***im ~*** a (*o* in) febbraio; ***am ersten, zweiten ~*** il primo, il due (di) febbraio.
Fech|ser m. *(-s,-)* pollone *m.*
Fecht|aus|rüs|tung f. *(-,-en)* equipaggiamento *m.* da scherma. **Fecht|bahn** f. *(-,-en)* pedana *f.* da scherma. **Fecht|bo|den** m. *(-s,-böden)* sala *f.* per (tirare di) scherma. **Fecht|bru|der** m. *(-s, -brüder)* ANT. → **Fechter. Fecht|de|gen** m. *(-s,-)* spada *f.* (da scherma). **fech|ten** intr. *(ficht, focht, gefochten;* aus. *haben)* **1** tirare di scherma: ***mit dem Säbel ~*** tirare di sciabola; ***auf Hieb, auf Stoß ~*** tirare di taglio, di punta; ***einen Gang ~*** fare un assalto **2** FIG. ***mit harten Worten ~*** discutere accanitamente, condurre una discussione accesa **3** LETT. *(kämpfen)* combattere: ***um (für), gegen etw. ~*** combattere per, contro qcs. **4** COLLOQ. *(betteln)* chiedere l'elemosina. **Fech|ten** n. *(-s)* scherma *f.* **Fech|ter** m. *(-s,-)* **1** schermitore *m.* **2** *(Kämpfer)* combattente *m.* **3** COLLOQ. accattone *m.*, vagabondo *m.* **fech|te|risch** agg. schermistico, di scherma. **Fecht|hand|schuh** m. *(-es,-e)* guanto *m.* da scherma. **Fecht|hieb** m. *(-s,-e)* tiro *m.* di scherma. **Fecht|ja|cke** f. *(-,-n)* giubbetto *m.* da schermitore. **Fecht|kampf** m. *(-[e]s,-kämpfe)* incontro *m.* di scherma. **Fecht|mas|ke** f. *(-,-n)* maschera *f.* da scherma. **Fecht|sport** m. *(-s)* scherma *f.*
Fe|da|jin m. *(-s,-)* fe(d)dayn *m.*, fedain *m.*
Fe|der f. *(-,-n)* **1** penna *f.*, piuma *f.*: ***-n bekommen*** mettere le piume; ***ein mit -n gefülltes Kissen*** un cuscino di piume; ***ein Hut mit -n*** un cappello piumato **2** TECN. molla *f.*: ***die -n des Sofas*** le molle del divano **3a** *(Schreibfeder)* pennino *m.*: ***eine goldene ~*** un pennino d'oro **b** AUSTR. *(Füllfederhalter)* stantuffo *m.* (della penna) **4** *(in Holzverbindungen)* linguetta *f.*: ***~ und Nut*** maschio e femmina, linguetta e scanalatura **5** VENAT. *(vom Wildschwein)* setola *f.* ◆ ***etw. ist aus seiner ~ geflossen*** qcs. è uscito dalla sua penna; ***jdm etw. in die ~ diktieren*** dettare qcs. a qcn.; FIG. ***sich mit fremden -n schmücken*** farsi bello con le penne del pavone; ***eine gute ~ führen*** saper tenere la penna in mano; COLLOQ. ***-n lassen*** rimetterci le penne; ***leicht wie eine ~*** leggero come una piuma; COLLOQ. ***in den -n liegen*** = stare a letto; COLLOQ. ***aus den -n müssen*** = doversi alzare; ***eine scharfe ~ führen*** = essere un critico mordace; ***ein Werk unter der ~ haben*** stare scrivendo un'opera; ***zur ~ greifen*** mettere mano alla penna, (mettersi a) scrivere.
Fe|der|ball m. *(-s,-bälle)* volano *m.* **Fe|der|ball|spiel** n. *(-s)* **1** gioco *m.* del volano **2** partita *f.* a, di volano. **Fe|der|bein** n. *(-[e]s,-e)* AUT. AER. gamba *f.* ammortizzatrice. **Fe|der|bett** n. *(-es,-en)* piumino *m.* **Fe|der|blatt** n. *(-[e]s,-blätter)* molla *f.* a lamina, foglia *f.* (di molla). **Fe|der|boa** f. *(-,-s)* boa *m.* di piume di struzzo. **Fe|der|brett** n. *(-[e]s,-er)* pedana *f.* elastica. **Fe|der|busch** m. *(-es,-büsche)* pennacchio *m.* **Fe|der|de|cke** f. *(-,-n)* piumino *m.* **Fe|der|fuch|ser** m. *(-s,-)* SPREG. **1** pedante *m.*, pignolo *m.* **2** scribacchino *m.*, scrittore *m.* da strapazzo. **fe|der|füh|rend** agg. responsabile, competente. **Fe|der|füh|rung** f. *(-,-en)* responsabilità *f.*, competenza *f.*: ***unter (der) ~ des Innenministers*** di competenza del ministro degli interni. **Fe|der|ge|wicht** n. *(-[e]s,-e)*

SPORT peso *m.* piuma. **Fe|der|gras** n. *(-es,-gräser)* stipa *f.* pennata. **Fe|der|hal|ter** m. *(-s,-)* penna *f.*, cannello *m.* (*o* cannuccia *f.*) della penna. **Fe|der|held** m. *(-en,-en)* IRON. = grande scrittore *m.* **Fe|der|hut** m. *(-[e]s,-hüte)* cappello *m.* piumato. **fe|de|rig** agg. coperto di piume, piumoso. **Fe|der|kas|ten** m. *(-s,kästen)* portapenne *m.* **Fe|der|kern** m. *(-s,-e)* molle *f.pl.* (di materasso). **Fe|der|kern|mat|rat|ze** f. *(-,-n)* materasso *m.* a molle. **Fe|der|kiel** m. *(-s,-e)* rachide *f.*, costola *f.* della penna. **Fe|der|kis|sen** n. *(-s,-)* cuscino *m.* di piume. **Fe|der|kleid** n. *(-[e]s,-er)* piumaggio *m.* **Fe|der|kraft** f. *(-,-kräfte)* forza *f.* elastica, elasticità *f.* **fe|der|leicht** agg. leggero come una piuma. **Fe|der|le|sen**, ***nicht viel -[s] (mit jdm, etw.) machen*** non fare complimenti (con qcn., qcs.); ***ohne viel -[s], ohne langes ~*** senza tante storie, senza tanti complimenti; ***zu viel -s*** troppe storie. **Fe|der|ling** m. *(-s,-e)* mallofago *m.* **Fe|der|mäpp|chen** n. *(-s,-)* portapenne *m.* **Fe|der|mes|ser** n. *(-s,-)* coltello *m.* a serramanico.

fe|dern I intr. (aus. *haben*) essere elastico, molleggiare; ***mit, in den Knien ~*** molleggiare sulle ginocchia **II** tr. **1** MECC. molleggiare, ammortizzare: ***der Kinderwagen ist gut gefedert*** la carrozzina è ben molleggiata **2** *(Vögel)* spennare **3** *(Bettbezug)* riempire di piume **III** rifl. **sich ~** perdere le piume. **fe|dernd** p.pres. agg. **1** → **federn 2** elastico, molleggiante.

Fe|der|nel|ke f. *(-,-n)* garofano *m.* piumato. **Fe|der|ring** m. *(-s,-e)* MECC. rosetta *f.* (*o* rondella *f.*) elastica. **Fe|der|schmuck** m. *(-[e]s)* ornamento *m.* di piume. **Fe|der|stiel** m. *(-[e]s,-e)* AUSTR. → **Federhalter. Fe|der|strich** m. *(-s,-e)* tratto *m.* di penna ◆ FIG. COLLOQ. ***etw. mit einem, durch einen ~ aus der Welt schaffen*** tirare una riga (*o* fare una croce) sopra qcs.

Fe|de|rung f. *(-,-en)* **1** MECC. sospensioni *f.pl.*, sospensione *f.* (elastica) **2** molleggio *m.*, elasticità *f.*

Fe|der|vieh n. *(-s)* COLLOQ. pennuti *m.pl.*, volatili *m.pl.* **Fe|der|waa|ge** f. *(-,-n)* bilancia *f.* a molla. **Fe|der|weiß** n. *(-es)* talco *m.* **Fe|der|wei|ße** m. *(-n,-n)* mosto *m.* in fermentazione. **Fe|der|wild** n. *(-[e]s)* selvaggina *f.* a piuma. **Fe|der|wol|ke** f. *(-,-n)* cirro *m.* **Fe|der|zan|ge** f. *(-,-n)* pinzetta *f.* **Fe|der|zeich|nung** f. *(-,-en)* disegno *m.* a penna.

fed|rig → **federig.**

Fee f. *(-,-n)* fata *f.*

Feed-back ['fi:dbæk] n. *(-s)* feedback *m.*

Fee|ling ['fi:lɪŋ] n. *(-s,-s)* **1** *(Einklang)* feeling *m.*, sintonia *f.* **2** *(Empfindung)* sensibilità *f.*: ***für etw. ~ haben*** avere sensibilità per qcs. **3** *(Stimmung)* atmosfera *f.*: ***das ~ des Konzertes*** l'atmosfera del concerto.

feen|haft agg. **1** *(zauberhaft)* favoloso, incantevole, di fiaba **2** *(der Feenwelt)* da fata, delle fate, LETT. feerico. **Feen|kö|ni|gin** f. *(-,-nen)* regina *f.* delle fate. **Feen|mär|chen** n. *(-s,-)* fiaba *f.* di fate. **Feen|reich** n. *(-[e]s,-e)* regno *m.* delle fate. **Fee|rie** f. *(-,-n)* feerie *f.*

Fe|ge f. *(-,-n)* setaccio *m.*, crivello *m.*

Fe|ge|feu|er n. *(-s)* purgatorio *m.*

fe|gen I tr. **1** *(mit dem Besen)* spazzare, scopare **2** FIG. scacciare, cacciare (via): ***der König wurde vom Thron gefegt*** il re fu cacciato dal trono **3** REGION. e SVIZZ. *(blank reiben)* lustrare, lucidare **4** *(vom Hirsch)* ***das Geweih ~*** fregare le corna **II** intr. (aus. *sein*) **1** turbinare, passare vorticosamente: ***der Wind fegte über die Ebene, durch die Straßen*** il vento turbinava sulla pianura, per le strade (*o* spazzava la pianura, le strade) **2** *(durchsausen)* sfrecciare: ***mit dem Motorrad über die Straßen ~*** sfrecciare con la moto per le strade ◆ SPORT ***jdn vom Platz ~*** sbaragliare qcn. **Fe|ger** m. *(-s,-)* **1** RAR. *(Besen)* spazzolone *m.* **2** COLLOQ. SVIZZ. *(lebhaftes Kind)* terremoto *m.*, diavoletto *m.* **3** RAR. *(Geck)* bellimbusto *m.*, gagà *m.* **4** *(kesses Mädchen)* = ragazza *f.* spigliata e vitale.

Feh n. *(-[e]s,-e)* (pelliccia *f.* di) vaio *m.*

Feh|de f. *(-,-n)* faida *f.* (anche ESTENS.); ***politische -n*** faide politiche ◆ ***mit jdm in ~ liegen, eine ~ mit jdm ausfechten, austragen*** essere in contrasto con qcn. **Feh|de|brief** m. *(-[e]s,-e)* cartello *m.* di sfida. **Feh|de|hand|schuh** m. *(-es,-e)* ***jdm den ~ (hin)werfen, vor die Füße werfen*** lanciare (*o* gettare) il guanto a qcn., sfidare qcn.; ***den ~ aufnehmen, aufheben*** raccogliere il guanto, accettare la sfida.

fehl avv. ***~ am Platz, Ort sein*** essere fuori posto; FIG. essere fuori luogo, inopportuno. **Fehl**, ***ohne ~ (und Tadel)*** senza macchia. **Fehl|an|zei|ge** f. *(-,-n)* **1** MIL. (rapporto *m.*) negativo *m.* **2** COLLOQ. niente *m.*, nulla *m.*: ***hast du ihn schon angerufen? – ja, aber es war eine ~*** gli hai già telefonato? – sì, ma senza esito (*o* sì, ma non c'era). **fehl|bar** agg. **1** RAR. fallibile **2** SVIZZ. colpevole di reato minore. **Fehl|bar|keit** f. *(-,-en)* fallibilità *f.* **Fehl|be|die|nung** f. *(-,-en)* uso *m.* scorretto (*o* sbagliato). **fehl|be|set|zen** tr. ***eine Rolle mit jdm ~*** sbagliare nell'assegnare un ruolo (*o* TEATR. una parte) a qcn. **Fehl|be|set|zung** f. *(-,-en) (von Rolle, Stellung)* assegnazione *f.* sbagliata (*o* non appropriata). **Fehl|be|stand** m. *(-[e]s,-bestände)* quantità *f.* mancante, deficienza *f.* **Fehl|be|trag** m. *(-[e]s,-beträge)* ammanco *m.*, disavanzo *m.*: ***mit einem ~ abschließen*** chiudere con un disavanzo; ***einen ~ decken*** coprire un disavanzo. **Fehl|bit|te** f. *(-,-n)* preghiera *f.* (*o* richiesta *f.*) vana; ***eine ~ tun*** pregare invano. **Fehl|deu|tung** f. *(-,-en)* spiegazione *f.* (*o* interpretazione *f.*) sbagliata. **Fehl|di|ag|no|se** f. *(-,-n)* diagnosi *f.* sbagliata (*o* errata). **Fehl|druck** m. *(-[e]s,-e)* TIP. stampa *f.* difettosa. **Fehl|ein|schät|zung** f. *(-,-en)* stima *f.* (*o* valutazione *f.*) errata.

feh|len I intr. (aus. *haben*) **1** mancare: ***hier ~ zwei Gläser*** qui mancano due bicchieri; ***etw. fehlt mir, es fehlt mir an etw. (D)*** mi manca qcs.; ***du hast mir sehr gefehlt*** mi sei mancato molto; ***die Lehrerin fehlt schon eine, seit einer Woche*** l'insegnante manca (*o* è assente) già da una settimana; ***es fehlte nicht viel, dass...*** poco mancò che...; ***ihm fehlt jegliches Verantwortungsbewusstsein*** non ha il minimo senso di responsabilità **2** LETT. *(Sünden begehen)* ***gegen jdn ~*** mancare nei confronti di qcn., peccare contro qcn. **II** tr. ANT. fallire, sbagliare: ***das Ziel ~*** fallire il colpo, mancare il bersaglio ◆ ***an mir soll es nicht ~*** non mancherò, sono disposto; ***es fehlt an Medikamenten*** scarseggiano i medicinali; ***es sich (D) an nichts ~ lassen*** non farsi mancare nulla, trattarsi bene; ***er hat es an nichts ~ lassen*** ha provveduto a tutto; ***bei ihm fehlt's wohl (im Kopf)*** ha qualcosa che non gira, ha una rotella fuori posto; ***das hat mir, uns gerade noch gefehlt!*** questa proprio mi, ci mancava! SCOL. ***unentschuldigt ~*** fare assenze ingiustificate; ***was fehlt dir? – mir fehlt nichts*** cos'hai? (*o* non ti senti bene?) – non ho niente (*o* sto bene); ***weit gefehlt!*** totalmente sbagliato! questo proprio no! ***wo fehlt's?*** cosa c'è che non va? **feh|lend** p.pres. agg. **1** → **fehlen 2** mancante **3** *(abwesend)* assente: ***jdn als ~ melden*** dare qcn. per assente. **Feh|len|de I** m. e f. *(-n,-n)* assente *m.* e *f.* **II** n. *(-n)* ciò che manca, parte *f.* mancante.

Fehl|ent|schei|dung f. *(-,-en)* decisione *f.* sbagliata.

Feh|ler m. *(-s,-)* **1** errore *m.*, sbaglio *m.*: ***grammatikalische ~*** errori di grammatica (*o* grammaticali); ***ein grober, schwerer ~*** un errore grossolano, madornale; ***es war ein ~, so schnell nachzugeben*** è stato uno sbaglio cedere così in fretta; ***einen ~ begehen*** commettere un errore; ***ihr unterlief ein ~*** le è sfuggito un errore (*o* ha avuto una svista); ***einen ~ wieder gutmachen*** riparare a un errore **2** *(Schuld)* colpa *f.*: ***das war mein ~*** è stata colpa mia **3** *(Schwäche)* punto *m.* debole, vizio *m.*, difetto *m.*: ***der ~ bei der Angelegenheit liegt darin, dass...*** il punto debole della questione sta nel fatto che...; ***sein ~ ist, dass er zu viel raucht*** ha il vizio di fumare troppo; ***wir alle haben unsere ~*** tutti abbiamo i nostri difetti **4** *(Mangel)* difetto *m.*: ***ein körperlicher ~*** un difetto fisico; ***Ware mit kleinen -n*** merce con piccoli difetti ◆ ***durch ~ wird man klug*** sbagliando s'impara. **feh|ler|frei** agg. **1** *(richtig)* privo di errori, corretto **2** *(nicht mangelhaft)* senza difetti, perfetto. **Feh|ler|gren|ze** f. *(-,-en)* limite *m.* di errore, tolleranza *f.* **feh|ler|haft** agg. **1** *(unrichtig)* scorretto, errato **2** *(mangelhaft)* difettoso, imperfetto. **Feh|ler|haf|tig|keit** f. *(-,-en)* **1** *(Unrichtigkeit)* scorrettezza *f.* **2** *(Mangelhaftigkeit)* imperfezione *f.* **feh|ler|los** agg. → **fehlerfrei. Feh|ler|lo|sig|keit** f. *(-,-en)* mancanza *f.* di errori, perfezione *f.*

Feh|ler|näh|rung f. *(-,-en)* alimentazione *f.* sbagliata (*o* scorretta).

Feh|ler|quel|le f. *(-,-n)* fonte *f.* di errori. **Feh|ler|strom** m. *(-[e]s, -ströme)* corrente *f.* di guasto. **Feh|ler|su|che** f. *(-)* ricerca *f.* dell'errore (*o* di errori): ***bei der ~ sein*** essere alla ricerca (*o* a caccia) degli errori. **Feh|ler|zahl** f. *(-,-en)* numero *m.* di errori.

Fehl|far|be f. *(-,-n)* **1** *(beim Kartenspiel)* colore *m.* mancante **2** *(von Zigarren)* = sigaro *m.* con foglia esterna scolorita. **Fehl|ge|burt** f. *(-,-en)* aborto *m.* spontaneo. **fehl_ge|hen** intr. *(ging, gegangen;* aus. *sein)* LETT. **1** *(den falschen Weg einschlagen)* sbagliare strada **2** *(nicht treffen)* andare a vuoto, mancare il bersaglio **3** *(sich irren)* sbagliarsi. **Fehl|ge|wicht** n. *(-[e]s,-e)* ammanco *m.* di peso, calo *m.* **fehl_grei|fen** intr. *(griff, gegriffen;* aus. *haben)* sbagliare, errare. **Fehl|griff** m. *(-[e]s,-e)* sbaglio *m.*, scelta *f.* sbagliata. **Fehl|hand|lung** f. *(-,-en)* → **Fehlleistung. Fehl|in|for|ma|ti|on** f. *(-,-en)* informazione *f.* sbagliata. **Fehl|in|ter|pre|ta|ti|on** f. *(-,-en)* interpretazione *f.* sbagliata. **fehl_in|ter|pre|tie|ren** tr. ***etw. ~*** interpretare male qcs., dare un'interpretazione sbagliata di qcs. **Fehl|in|ves|ti|ti|on** f. *(-,-en)* investimento *m.* sbagliato. **Fehl|kal|ku|la|ti|on** f. *(-,-en)* calcolo *m.* errato. **Fehl|kauf** m. *(-[e]s, -käufe)* cattivo acquisto *m.*, acquisto *m.* sbagliato. **Fehl|kon|struk|ti|on** f. *(-,-en)* costruzione *f.* inadeguata (*o* inadatta). **Fehl|leis|tung** f. *(-,-en)* PSIC. lapsus *m.*: ***eine freudsche ~*** un lapsus freudiano. **fehl_lei|ten** tr. **1** ***jdn ~*** fare sbagliare strada a qcn. **2**

(von Post) ***etw.*** ~ recapitare qcs. a un indirizzo sbagliato. **fehl‿mel|den** tr. fare una comunicazione errata. **Fehl|mel|dung** f. *(-,-en)* comunicazione *f.* errata. **Fehl|ord|nung** f. *(-,-en)* MINER. impurità *f.* **Fehl|pass** m. *(-es,-pässe)* SPORT passaggio *m.* sbagliato. **fehl‿schie|ßen** intr. *(schoss, geschossen;* aus. *haben)* fallire il colpo, non cogliere nel segno. **Fehl|schlag** m. *(-[e]s,-schläge)* **1** *(Misserfolg)* insuccesso *m.* **2** SPORT colpo *m.* mancato, a vuoto. **fehl‿schla|gen** intr. *(schlägt, schlug, geschlagen;* aus. *sein)* fallire, fare fiasco. **Fehl|schluss** m. *(-es,-schlüsse)* conclusione *f.* errata. **Fehl|schuss** m. *(-es,-schüsse)* colpo *m.* mancato, a vuoto. **Fehl|sich|tig|keit** f. *(-,-en)* disturbo *m.* visivo. **Fehl|spe|ku|la|ti|on** f. *(-,-en)* speculazione *f.* sbagliata. **Fehl|start** m. *(-[e]s,-s)* falsa partenza *f.* **fehl‿tre|ten** intr. *(tritt, trat, getreten;* aus. *sein)* mettere il piede in fallo. **Fehl|tritt** m. *(-[e]s,-e)* **1** passo *m.* falso **2** LETT. *(sittliche Verfehlung)* fallo *m.* **Fehl|ur|teil** n. *(-s,-e)* giudizio *m.* sbagliato, DIR. sentenza *f.* sbagliata. **Fehl|ver|hal|ten** n. *(-s,-)* comportamento *m.* illecito. **Fehl|zün|dung** f. *(-,-en)* accensione *f.* difettosa ◆ FIG. COLLOQ. ***~ haben*** essere duro di comprendonio.

Fehn n. *(-[e]s,-e)* REGION. palude *f.* **Fehn|ko|lo|nie** f. *(-,-n)* colonia *f.* di bonifica. **Fehn|kul|tur** f. *(-,-en)* bonifica *f.* (di zona paludosa).

Fei f. *(-,-en)* ANT. fata *f.* **fei|en** tr. ***jdn gegen etw.*** ~ rendere qcn. invulnerabile (*o* immune) da qcs.; ***er ist gegen die Kälte gut gefeit*** è immune al freddo, è ben temprato al, contro il freddo.

Fei|er f. *(-,-n)* **1** festa *f.*, festeggiamento *m.*: ***eine ~ begehen*** celebrare una festa **2** *(Zeremonie)* cerimonia *f.*: ***die ~ verlief würdevoll*** la cerimonia si svolse degnamente ◆ ***zur ~ des Tages*** per festeggiare la ricorrenza.

Fei|er|abend m. *(-s,-e)* **1** *(Ruhezeit nach der Arbeit)* riposo *m.* serale: ***den ~ genießen*** godersi il riposo dopo la giornata di lavoro **2** *(Dienstschluss)* fine *f.* dell'orario di lavoro, chiusura *f.*: ***~ machen*** smettere di lavorare, finire la giornata ◆ ***wenn er diesmal wieder nicht zur Verabredung kommt, dann ist bei mir ~*** se anche questa volta non arriva all'appuntamento, con me ha chiuso. **Fei|er|abend|be|schäf|ti|gung** f. *(-,-en)* occupazione *f.* serale. **Fei|er|abend|heim** n. *(-[e]s,-e)* EX-RDT casa *f.* di riposo. **fei|er|abend|lich** agg. serale, del tempo libero.

Fei|e|rei f. *(-,-en)* COLLOQ. SPREG. festa *f.* (continua), il fare festa: ***mir geht diese ewige ~ auf die Nerven*** questo continuo far festa mi dà ai nervi.

fei|er|lich I agg. solenne, grave: ***eine -e Ansprache halten*** tenere un discorso solenne **II** avv. solennemente: ***~ versprechen*** promettere solennemente ◆ ***etw. ~ begehen*** celebrare qcs.; COLLOQ. ***es ist ja (schon) nicht mehr ~*** non è certo divertente, non se ne può più. **Fei|er|lich|keit** f. *(-,-en)* **1** *(Würde)* solennità *f.*, gravità *f.* **2a** *(Feier)* festeggiamento *m.*: ***die -en dauern drei Tage*** i festeggiamenti durano tre giorni **b** *(Zeremonie)* cerimonia *f.*, celebrazione *f.*: ***an einer ~ teilnehmen*** partecipare a una cerimonia.

fei|ern I tr. **1a** festeggiare: ***jdn, jds Geburtstag ~*** festaggiare qcn., il compleanno di qcn. **b** *(zelebrieren)* celebrare: ***einen Triumph ~*** celebrare un trionfo **2** *(ehren)* acclamare, esaltare: ***jdn als Helden ~*** acclamare qcn. (come un) eroe **II** intr. (aus. *haben*) **1** *(von einer Gesellschaft)* far festa, festeggiare **2** *(mit der Arbeit aussetzen)* non sprecarsi con il lavoro, prendersela comoda. **Fei|er|schicht** f. *(-,-en)* turno *m.* morto (*o* saltato), turno *m.* di riposo. **Fei|er|stun|de** f. *(-,-n)* manifestazione *f.* celebrativa, commemorazione *f.*: ***in dieser ~*** in questo momento solenne. **Fei|er|tag** m. *(-[e]s,-e)* festività *f.*, giorno *m.* di festa (*o* festivo): ***an Sonn- und -en*** (la) domenica e (i giorni) festivi; ***gesetzlicher ~*** festività (*o* festa) riconosciuta; ***heute ist für mich ein ~*** oggi per me è un giorno di festa. **fei|er|täg|lich** agg. festivo. **fei|er|tags** avv. nei giorni festivi: ***sonn- und ~*** (la) domenica e (i giorni) festivi.

feig, fei|ge agg. **1** *(ohne Mut)* vile, vigliacco: ***sei nicht ~!*** non fare il vigliacco! ***das sind -e Ausreden*** queste sono vili scuse **2** *(gemein)* infame, vile: ***ein -er Verräter*** un infame traditore.

Fei|ge f. *(-,-n)* **1** fico *m.*: ***indische ~*** fico d'India **2** VOLG. *(Vulva)* fica *f.* **3** VOLG. *(Hure)* puttana *f.* **Fei|gen|baum** m. *(-[e]s,-bäume)* (albero *m.* di) fico *m.* **Fei|gen|blatt** n. *(-[e]s,-blätter)* foglia *f.* di fico. **Fei|gen|kak|tus** m. *(-,-kakteen)* fico *m.* d'India.

Feig|heit f. *(-,-en)* viltà *f.*, vigliaccheria *f.*, codardia *f.* **feig|her|zig** agg. ANT. codardo. **Feig|her|zig|keit** f. *(-,-en)* ANT. codardia *f.* **Feig|ling** m. *(-s,-e)* SPREG. vile *m.*, vigliacco *m.*, codardo *m.*

Feig|war|ze f. *(-,-n)* condiloma *m.*

feil agg. **1** LETT. acquistabile **2** ANT. *(verkäuflich)* in vendita **3** FIG. *(bestechlich)* corruttibile. **feil‿bie|ten** tr. *(bot, geboten)* mettere, porre in vendita. **Feil|bie|tung** f. *(-,-en)* **1** messa *f.* in vendita, offerta *f.* **2** AUSTR. *(Versteigerung)* asta *f.*

Fei|le f. *(-,-n)* lima *f.* ◆ ***an eine Arbeit die letzte ~ legen*** dare gli ultimi ritocchi (*o* l'ultimo tocco di lima) a un lavoro. **fei|len I** tr. limare (anche FIG.) **II** intr. (aus. *haben*) FIG. lavorare di lima. **Fei|len|hau|er** m. *(-s,-)* costruttore *m.* (*o* tagliatore *m.*) di lime.

feil‿hal|ten tr. *(hält, hielt, gehalten)* ANT. porre (*o* offrire) in vendita.

Fei|licht n. *(-s)* ANT. → **Feilstaub.**

Feil|klo|ben m. *(-s,-)* morsetto *m.* a mano (*o* a vite).

feil|schen intr. (aus. *haben*) mercanteggiare, contrattare: ***um etw. ~*** contrattare sul prezzo di qcs.

Feil|span m. *(-[e]s,-späne)*, **Feil|staub** m. *(-[e]s,-e)* limatura *f.*; pl. trucioli *m.pl.* di limatura. **Feil|stock** m. *(-[e]s,-stöcke)* morsa *f.*

fein I agg. **1** *(dünn)* fine, sottile: ***-er Regen*** pioggia fine; ***-es Haar*** capelli sottili; ***-e Linien ziehen*** tracciare linee sottili; FIG. ***ein -es Gehör*** un udito fine; ***eine -e Nase haben*** avere un olfatto fine, un buon naso; ***-e Unterschiede*** differenze sottili **2a** *(zart)* delicato, fine: ***ein -es Gesicht, Profil*** un viso, un profilo delicato **b** *(gescheit)* fino: ***ein -er Kopf*** una testa fina, un cervello fino **3a** *(exquisit)* fine, squisito, raffinato: ***ein -es Kleid*** un abito fine; ***-e Küche*** cucina raffinata; ***-es Gebäck*** pasticceria squisita, fine **b** *(vornehm)* fine, raffinato: ***-e Manieren*** modi raffinati; ***eine sehr -e Frau*** una signora molto fine **4** *(rein)* fino: ***-es Gold*** oro fino **5** *(genau)* preciso, esatto; *(empfindlich)* sensibile: ***ein -es Instrument*** uno strumento preciso, di precisione **6** COLLOQ. bello, splendido, magnifico: ***~, dass du wieder da bist!*** è bello che tu sia tornato! **II** avv. **1** finemente; sottilmente: ***~ gemahlen*** macinato finemente; ***~ geschnitten*** tagliato finemente; FIG. ***ein ~ geschnittenes Profil, Gesicht*** un profilo, un viso fine; ***~ gestreift*** a righe sottili **2** *(zart)* delicatamente, in modo delicato **3** elegantemente, con distinzione: ***sich ~ benehmen*** comportarsi con distinzione; ***sich ~ anziehen*** vestirsi in modo elegante ◆ ***das hast du ~ gemacht!*** ben fatto! COLLOQ. ***~ heraus sein*** averla passata liscia; COLLOQ. ***sich ~ machen*** farsi bello, vestirsi bene; ***von der -sten Sorte*** di prima qualità.

Fein|ab|stim|mung f. *(-,en)* regolazione *f.* precisa; RAD. TELEV. sintonizzazione *f.* fine. **Fein|ar|beit** f. *(-,-en)* lavoro *m.* di precisione. **Fein|bä|cker** m. *(-s,-)* pasticcere *m.* **Fein|bä|cke|rei** f. *(-,-en)* pasticceria *f.* **fein|be|ar|bei|ten** tr. rifinire, finire. **Fein|blech** n. *(-[e]s,-e)* lamiera *f.* sottile.

Feind m. *(-[e]s,-e)* nemico *m.*, avversario *m.*: ***der bittere, erklärte, geschworene ~*** nemico acerrimo, dichiarato, giurato; ***der ~ rückt näher*** il nemico si avvicina; ***ein ~ des Fortschritts*** un nemico del progresso ◆ EUFEM. ***der böse ~*** il maligno; ***sich jdn zum ~ machen*** inimicarsi qcn.; ***ran an den ~ !*** all'attacco! ***jdm ~ sein*** essere ostile a qcn. **Feind|be|rüh|rung** f. *(-,-en)* MIL. scontro *m.* (di truppe nemiche). **Feind|ein|wir|kung** f. *(-,-en)* MIL. azione *f.* nemica. **Fein|des|hand** f. *(-)* ***in ~*** in mano al nemico. **Fein|des|land** n. *(-[e]s,-länder)* ANT. territorio *m.* nemico. **Fein|des|macht** f. *(-,-mächte)* forza *f.* nemica, esercito *m.* nemico. **Feind|fahrt** f. *(-,-en)* incursione *f.* contro il nemico. **Fein|din** f. *(-,-nen)* nemica *f.*

feind|lich I agg. nemico, ostile, avverso: ***gegen jdn, jdm gegenüber eine -e Haltung einnehmen*** assumere un comportamento ostile verso qcn.; ***-e Truppen*** truppe nemiche **II** avv. in modo ostile, ostilmente: ***gegen jdn ~ gesinnt sein*** nutrire sentimenti ostili verso qcn. **Feind|lich|keit** f. *(-,-en)* ostilità *f.*, avversione *f.*

Feind|schaft f. *(-,-en)* inimicizia *f.*, ostilità *f.*; *(Hass)* odio *m.*: ***sich jds ~ zuziehen*** attirarsi l'ostilità di qcn.; ***mit jdm in ~ leben, liegen*** nutrire reciproca ostilità; ***eine ~ auf Leben und Tod*** un odio mortale. **feind|schaft|lich, feind|se|lig I** agg. ostile; nemico **II** avv. in modo ostile, ostilmente. **Feind|se|lig|keit** f. *(-,-en)* ostilità *f.*: ***die -en eröffnen, einstellen*** aprire, sospendere le ostilità. **Feind|sen|der** m. *(-s,-)* MIL. radio *f.* (*o* trasmittente *f.*) nemica.

Fei|ne f. *(-)* ANT. finezza *f.* **Fein|ein|stel|lung** f. *(-,-en)* **1** → **Feinabstimmung 2** FOT. *(Bildschärfe)* messa *f.* a fuoco fine. **fei|nen** tr. MINER. affinare. **fein|fa|se|rig** agg. a fibra sottile. **Fein|frost** m. *(-[e]s)* REGION. surgelati *m.pl.* **fein|füh|lend** delicato, di sentimenti delicati. **fein|füh|lig** agg. **1** sensibile, delicato **2** *(einfühlsam)* comprensivo. **Fein|füh|lig|keit** f. *(-,-en)* sensibilità *f.*, delicatezza *f.* **Fein|ge|bäck** n. *(-[e]s)* pasticceria *f.* finissima. **Fein|ge|fühl** n. *(-[e]s)* **1** delicatezza *f.*, sensibilità *f.* (d'animo) **2** *(Takt)* tatto *m.*, discrezione *f.* **Fein|ge|halt** m. *(-[e]s,-e)* fino *m.*, titolo *m.* **Fein|ge|wicht** n. *(-[e]s,-e)* titolo *m.*, fino *m.* **Fein|ge|win|de** n. *(-s,-)* MECC. filettatura *f.* fine. **fein|glied|rig** agg. di corporatura minuta, delicata. **Fein|gold** n. *(-[e]s)* oro *m.* puro, fino. **Fein|guss** m. *(-es,-güsse)* microfusione *f.*

Fein|heit f. *(-,-en)* **1** finezza *f.*: ***die ~ einer Stickerei*** la finezza di un ricamo; FIG. ***die ~ einer Bemerkung*** la finezza di un'osservazione **2** *(Vorzüglichkeit)* delicatezza *f.*, finezza *f.*, squisitezza *f.* **3** *(Vornehmheit)* distinzione *f.*, finezza *f.* **4** *(Genauigkeit)* precisione *f.*, esattezza *f.*, sensibilità *f.* **Fein|heits|grad** m. *(-[e]s,-e)* indice *m.*, grado *m.* di finezza.

Fein|ke|ra|mik f. *(-)* ceramica *f.* fine.
fein|kör|nig agg. a grana fine. **Fein|korn** n. *(-[e]s)* FOT. grana *f.* fine. **Fein|korn|emul|si|on** f. *(-,-en)* FOT. emulsione *f.* a grana fine.
Fein|kost f. *(-)* specialità *f.pl.* gastronomiche. **Fein|kost|ge|schäft** n. *(-[e]s,-e)*, **Fein|kost|hand|lung** f. *(-,-en)* negozio *m.* di specialità gastronomiche, gastronomia *f.* **Fein|kost|wa|ren** pl. → **Feinkost.**
Fein|kup|fer n. *(-s)* rame *m.* affinato. **fein|ma|schig** agg. a maglie strette: ***ein -es Netz*** una rete a maglie strette. **Fein|ma|schig|keit** f. *(-)* compattezza *f.* **Fein|me|cha|nik** f. *(-,-en)* meccanica *f.* di precisione. **Fein|me|cha|ni|ker** m. *(-s,-)* meccanico *m.* di precisione. **Fein|mess|ge|rät** n. *(-[e]s,-e)* strumento *m.* (per misurazioni) di precisione. **Fein|mes|sung** f. *(-,-en)* misurazione *f.* di precisione. **Fein|me|tall** n. *(-s,-e)* metallo *m.* fino. **fein|ner|vig** agg. delicato di nervi, sensibile. **fein|po|rig** agg. a pori sottili. **Fein|re|gu|lie|rung** f. *(-,-en)* regolazione *f.* fine, microregolazione *f.* **fein_schlei|fen** tr. *(schliff, geschliffen)* MECC. microfinire. **Fein|schliff** m. *(-[e]s,-e)* microfinitura *f.*, rettifica *f.* di finitura. **Fein|schme|cker** m. *(-s,-)* buongustaio *m.* **Fein|schnitt** m. *(-[e]s,-e)* trinciato *m.* fine. **Fein|sil|ber** n. *(-s)* argento *m.* puro. **fein|sin|nig** agg. fine, sensibile. **Fein|sin|nig|keit** f. *(-,-en)* **1** sensibilità *f.*, finezza *f.* **Fein|stell|schrau|be** f. *(-,-n)* vite *f.* micrometrica. **Fein|strumpf|ho|se** f. *(-,-n)* collant *m.* velato. **Fein|un|ze** f. *(-e,-n)* oncia *f.* di oro fino. **Fein|waa|ge** f. *(-,-n)* bilancia *f.* di precisione. **Fein|wä|sche** f. *(-)* biancheria *f.* delicata, capi *m.pl.* delicati. **Fein|wasch|mit|tel** n. *(-s,-)* detersivo *m.* per capi delicati.
feist agg. SPREG. grasso. **Feist** n. *(-[e]s)* VENAT. grasso *m.* **Feis|te** f. *(-)*, **Feist|heit** f. *(-)* SPREG. grassezza *f.*, pinguedine *f.* **Feis|tig|keit** f. *(-)* SPREG. → **Feistheit.**
fei|xen I intr. (aus. *haben*) COLLOQ. ghignare, ridere; *(grinsen)* sogghignare: ***jdm ins Gesicht ~*** ridere in faccia a qcn. **II** rifl. ***sich (D) eins ~*** farsi una risata.
Fel|ber m. *(-s,-)* REGION. salice *m.*
Fel|chen m. *(-s,-)* coregone *m.*
Feld n. *(-[e]s,-er)* **1** campo *m.*; campi *m.pl.*; terra *f.* (anche FIG.): ***das ~ bestellen, anbauen, bebauen*** coltivare la terra, i campi; ***auf dem ~ arbeiten*** lavorare nei campi; ***die Früchte des -es*** i frutti della terra **2** *(Spielfeld, Schlachtfeld)* campo *m.*: ***der Spieler wurde vom ~, des -es verwiesen*** il giocatore venne espulso dal campo (di gioco); ***auf dem ~ der Ehre fallen*** cadere sul campo dell'onore, cadere in battaglia; ***im ~ stehen, ins ~ ziehen*** essere, scendere in campo **3** *(Bereich)* campo *m.*, settore *m.*, ambito *m.*: ***auf dem ~ der Literatur*** nell'ambito della letteratura (*o* in campo letterario) **4** casella *f.*, spazio *m.*: ***die -er eines Formulars, Schachbrettes*** le caselle di un questionario, di una scacchiera **5** *(Hintergrund)* sfondo *m.*, campo *m.*: ***die Flagge hat einen schwarzen Adler auf rotem ~*** la bandiera ha un'aquila nera in campo rosso **6** FIS. campo *m.*: ***elektrostatisches ~*** campo elettrostatico **7a** SPORT *(Gruppe)* gruppo *m.*: ***sich vom ~ lösen*** staccarsi dal gruppo **b** *(von Pferden)* lotto *m.* ◆ ***das ~ behaupten*** rimanere padrone del campo (anche FIG.); ***das ~ beherrschen*** dominare il campo, essere padrone del campo (anche FIG.); ***Beweise gegen jdn ins ~ bringen, führen*** addurre prove contro qcn.; ***auf freiem ~*** in aperta campagna; MIL. in campo aperto; ***das ~ räumen*** cedere il campo, ritirarsi; ***aus dem ~ schlagen*** mettere in fuga, vincere; ***jdm das ~ streitig machen*** entrare in concorrenza con qcn.; ***jdm das ~ überlassen*** lasciare il campo a qcn.; ***das ist ein weites ~*** su questo c'è ancora molto da dire; LETT. ***für, gegen etw., jdn zu ~ ziehen*** combattere per, contro qcs., qcn., scendere in campo contro qcs., qcn.
Feld|ar|til|le|rie f. *(-,-n)* MIL. artiglieria *f.* da campagna. **Feld|arzt** m. *(-es,-ärzte)* medico *m.* militare. **Feld|bahn** f. *(-,-en)* (ferrovia *f.*) decauville *f.* **Feld|bau** m. *(-[e]s)* agricoltura *f.* **Feld|be|rei|ni|gung** f. *(-,-en)* → **Flurbereinigung. Feld|be|stel|lung** f. *(-,-en)* lavorazione *f.* della terra, dei campi. **Feld|bett** n. *(-[e]s,-en)* letto *m.* da campo, brandina *f.* pieghevole. **Feld|blu|me** f. *(-,-n)* fiore *m.* di campo. **Feld|dich|te** f. *(-)* FIS. densità *f.* di campo. **Feld|ener|gie** f. *(-,-n)* FIS. energia *f.* del campo magnetico. **Feld|er|re|gung** f. *(-,-en)* EL. eccitazione *f.* del campo. **Feld|fla|sche** f. *(-,-n)* borraccia *f.* **Feld|flur** f. *(-)* terreno *m.* agricolo (*o* coltivabile). **Feld|for|schung** f. *(-,-en)* SOCIOL. LING. ricerca *f.* sul campo. **Feld|frucht** f. *(-,-früchte)* prodotto *m.* (*o* frutto *m.*) della terra, prodotto *m.* agricolo. **Feld|got|tes|dienst** m. *(-[e]s,-e)* messa *f.* al campo. **feld|grau** agg. grigio militare. **Feld|grau** n. *(-s)* grigio *m.* militare: ***in ~*** in grigio militare. **Feld|hau|bit|ze** f. *(-,-n)* obice *m.* **Feld|herr** m. *(-n,-en)* ANT. **1** generale *m.* **2** *(Heerführer)* condottiero *m.* **Feld|ho|ckey** n. *(-s)* hockey *m.* su prato. **Feld|huhn** n. *(-[e]s,-hühner)* starna *f.* **Feld|jä|ger** m. *(-s,-)* soldato *m.* della polizia militare. **Feld|kü|che** f. *(-,-n)* cucina *f.* da campo. **Feld|la|ger** n. *(-s,-)* ANT. accampamento *m.* **Feld|la|za|rett** n. *(-[e]s,-e)* ospedale *m.* da campo. **Feld|li|nie** f. *(-,-n)* FIS. linea *f.* di forza. **Feld|mark** f. *(-,-en)* → **Feldflur. Feld|mar|schall** m. *(-s,-marschälle)* feldmaresciallo *m.* **Feld|ma|schi|ne** f. *(-,-n)* macchina *f.* agricola. **Feld|maß** n. *(-es,-e)* misura *f.* di superficie. **Feld|maus** f. *(-,-mäuse)* topo *m.* campagnolo. **Feld|mes|ser** m. *(-s,-)* ANT. agrimensore *m.* **Feld|min|ze** f. *(-)* menta *f.* selvatica. **Feld|post** f. *(-)* posta *f.* militare. **Feld|rau|te** f. *(-,-n)* BOT. fumaria *f.* **Feld|sa|lat** m. *(-[e]s)* BOT. **1** dolcetta *f.*, valerianella *f.* **2** *(Rapunzel)* raperonzolo *m.* **Feld|scher** m. *(-s,-e)* **1** STOR. chirurgo *m.* militare **2** EX-RDT assistente *m.* sanitario militare, infermiere *m.* militare. **Feld|spat** m. *(-[e]s,-e)* feldspato *m.* **Feld|spu|le** f. *(-,-n)* EL. bobina *f.* di campo, bobina *f.* induttrice. **Feld|ste|cher** m. *(-s,-)* binocolo *m.* (*o* cannocchiale *m.*) da campo. **Feld|stär|ke** f. *(-)* FIS. intensità *f.* di campo. **Feld|stu|die** f. *(-,-n)* → **Feldforschung. Feld|the|o|rie** f. *(-)* LING. teoria *f.* del campo semantico. **Feld|ver|such** m. *(-[e]s,-e)* prova *f.* sul campo. **Feld|ver|weis** m. *(-es,-e)* SPORT espulsione *f.* (dal campo). **Feld|waa|ge** f. *(-,-n)* FIS. magnetometro *m.* **Feld|we|bel** m. *(-s,-)* **1** ANT. maresciallo *m.* **2** MIL. sergente *m.* maggiore **3** SCHERZ. virago *f.*, carabiniere *m.*: ***diese Lehrerin ist ein ~*** quest'insegnante è un carabiniere. **Feld|weg** m. *(-[e]s,-e)* viottolo *m.*, sentiero *m.* di campagna. **Feld|wick|lung** f. *(-,-en)* EL. bobina *f.* di campo. **Feld|zei|chen** n. *(-s,-)* insegna *f.* militare, bandiera *f.* **Feld|zug** m. *(-[e]s,-züge)* **1** campagna *f.* militare **2** FIG. campagna *f.*: ***einen ~ gegen das Rauchen starten*** iniziare una campagna contro il fumo.
Fel|ge f. *(-,-n)* **1** cerchione *m.* **2** GINN. volteggio *m.* **3** AGR. dissodamento *m.* di maggese. **fel|gen** tr. cerchiare: ***ein Rad ~*** cerchiare una ruota. **Fel|gen|brem|se** f. *(-,-n)* freno *m.* sul cerchione.
Fe|li|den pl. felidi *m.pl.*
Fe|lix n.pr.m. Felice *m.* **Fe|li|zi|tas** n.pr.f. Felicita *f.*
Fell n. *(-[e]s,-e)* **1a** pelle *f.* (di animale); *(dichtbehaarte Haut)* pelo *m.*, pelame *m.*, pelliccia *f.*: ***das ~ des Bären, des Hundes*** la pelliccia (*o* la pelle) dell'orso, il pelo del cane: ***einem Tier das ~ abziehen*** scuoiare un animale **b** *(von Pferden)* mantello *m.* **2** *(von Trommeln)* membrana *f.* ◆ ***ein dickes ~ haben*** avere la scorza dura; *(sich nicht aufregen)* = non smuoversi; ***jdm das ~ gerben*** conciare qcn. per le feste (*o* pestare qcn.); ***dir, dich juckt das ~*** hai voglia di prenderle; ***nur noch ~ und Knochen sein*** essere solo più pelle e ossa; ***sein ~ zu Markte tragen*** rischiare la pelle; ***jdm das ~ über die Ohren ziehen*** = imbrogliare (*o* fregare) qcn.; ***jdm schwimmen die, alle -e davon (weg)*** a qcn. vanno in fumo tutti i sogni; ***jds ~ versaufen*** fare una bevuta alla memoria di qcn.; ***jdm das ~ versohlen*** → ***jdm das ~ gerben.***
Fel|la|che m. *(-n,-n)* fellah *m.*
Fell|ei|sen n. *(-s,-)* ANT. zaino *m.* **Fell|han|del** m. *(-s)* commercio *m.* di pelli. **Fell|händ|ler** m. *(-s,-)* commerciante *m.* in pelli. **Fell|ja|cke** f. *(-,-n)* giacca *f.* di pelliccia. **Fell|müt|ze** f. *(-,-n)* berretto *m.* di pelliccia.
Fels m. *(-en,-en)* roccia *f.*; *(Felsblock)* masso *m.*, macigno *m.* ◆ ***fest wie ein ~ in der Brandung sein, stehen*** essere, stare saldo come una roccia. **Fels|bild** n. *(-[e]s,-er)* pittura *f.* rupestre. **Fels|block** m. *(-[e]s,-blöcke)*, **Fels|bro|cken** m. *(-s,-)* masso *m.*, macigno *m.*
Fel|sen m. *(-s,-)* **1** rupe *f.* **2** → **Fels. Fel|sen|bein** n. *(-[e]s,-e)* ANAT. rocca *f.* petrosa. **fel|sen|fest I** agg. saldo, fermo, incrollabile **II** avv. saldamente, fermamente, incrollabilmente: ***~ glauben*** credere fermamente; ***~ überzeugt sein*** essere fermamente convinto. **Fel|sen|ge|bir|ge** n. *(-s,-)* montagna *f.* rocciosa. **Fel|sen|grab** n. *(-[e]s,-gräber)* tomba *f.* rupestre. **Fel|sen|küs|te** f. *(-,-n)* costa *f.* rocciosa. **Fel|sen|nest** n. *(-[e]s,-er)* **1** rocca *f.* **2** *(Versteck)* = nascondiglio *m.* innaccessibile fra le rocce. **Fel|sen|schlucht** f. *(-,-en)* gola *f.* (fra le rocce). **Fel|sen|spit|ze** f. *(-,-n)* spuntone *m.* (della roccia). **Fel|sen|ufer** n. *(-s,-)* riva *f.* rocciosa. **Fel|sen|vor|sprung** → **Felsvorsprung. Fel|sen|wand** → **Felswand.**
fel|sig agg. roccioso; *(Landschaft)* rupestre.
Fels|in|schrift f. *(-,-en)* iscrizione *f.* rupestre.
Fel|sit m. *(-s,-e)* felsite *f.*
Fels|klet|te|rei f. *(-,-en)*, RAR. **Fels|klet|tern** n. *(-s)* scalata *f.* in roccia. **Fels|kup|pe** f. *(-,-n)* calotta *f.* rocciosa (di una montagna). **Fels|ma|le|rei** f. *(-,-en)* pittura *f.* rupestre. **Fels|mas|siv** n. *(-s,-e)* massiccio *m.* roccioso. **Fels|na|del** f. *(-,-n)* guglia *f.*, ago *m.* **Fels|na|se** f. *(-,-n)* → **Felsvorsprung. Fels|schlucht** → **Felsenschlucht. Fels|spalt** m. *(-[e]s,-e)*, **Fels|spal|te** f. *(-,-n)* crepaccio *m.*, fenditura *f.* **Fels|spit|ze** → **Felsenspitze. Fels|sturz** m. *(-es,-stürze)* caduta *f.* massi. **Fels|vor|sprung** m. *(-[e]s,-vorsprünge)* sporgenza *f.* (*o* prominenza *f.*) rocciosa, sperone *m.* roccioso.

Fels|wand f. *(-,-wände)* parete f. (rocciosa). **Fels|zeich|nung** f. *(-,-en)* → **Felsbild.**

Fe|lu|ke f. *(-,-n)* feluca f.

Fe|me f. *(-,-n)*, **Fe|me|ge|richt** n. *(-[e]s,-e)* feme f. **Fe|me|mord** m. *(-[e]s,-e)* (condanna f. a) morte f. decisa dalla feme.

fe|mi|nin agg. **1** LETT. femminile, femmineo **2** *(von Männern)* femmineo, effeminato **3** GRAMM. femminile. **Fe|mi|ni|num** n. *(-s, Feminina)* **1** genere m. femminile **2** *(Substantiv)* sostantivo m. (di genere) femminile. **Fe|mi|nis|mus** m. *(-, Feminismen)* **1** femminismo m. **2** BIOL. femminilismo m. **Fe|mi|nist** m. *(-en,-en)* femminista m. **Fe|mi|nis|tin** f. *(-,-nen)* femminista f. **fe|mi|nis|tisch** agg. **1** femminista **2** BIOL. relativo al (*o* del) femminilismo.

Fench m. *(-[e]s,-e)* BOT. panico m.

Fen|chel m. *(-s,-)* finocchio m. **Fen|chel|brot** n. *(-[e]s,-e)* pane m. con semi di finocchio. **Fen|chel|tee** m. *(-s)* tisana f. ai semi di finocchio.

Fen|der m. *(-s,-)* MAR. parabordo m.

Fenn n. *(-[e]s,-e)* palude f., terreno m. paludoso.

Fen|nich m. *(-[e]s,-e)* → **Fench.**

Fens|ter n. *(-s,-)* **1a** finestra f.: ***das ~ öffnen, schließen*** aprire, chiudere la finestra; ***ans ~ treten*** affacciarsi alla finestra; ***ein ~ zum Hof*** una finestra sul cortile; ***das ~ geht auf die Straße*** la finestra dà sulla strada; ***aus dem ~ sehen, schauen, zum ~ hinausschauen*** guardare (fuori) dalla finestra **b** FIG. ***ein Umschlag mit ~*** una busta con (*o* a) finestra **2** *(von Wagen, Zügen)* finestrino m.: ***das ~ herunter-, hochkurbeln*** abbassare, alzare il finestrino **3** *(Fensterglas)* vetro m.: ***die ~ putzen*** pulire i vetri della finestra; *(große Fensterscheibe)* vetrata f. **4** COLLOQ. *(Schaufenster)* vetrina f. ◆ ***Geld zum ~ hinauswerfen*** gettare i soldi dalla finestra; ***aus dem, zum ~ hinausreden, hinaussprechen*** parlare al vento; *(für die Öffentlichkeit reden)* = tenere un comizio; ***weg vom ~ sein*** = non contare più nulla, venire dimenticato. **Fens|ter|bank** f. *(-,-bänke)*, **Fens|ter|brett** n. *(-[e]s,-er)* davanzale m. **Fens|ter|brief|um|schlag** m. *(-[e]s,-umschläge)* busta f. con (*o* a) finestra. **Fens|ter|brüs|tung** f. *(-,-en)* parapetto m. della finestra. **Fens|ter|flü|gel** m. *(-s,-)* battente m. della finestra. **Fens|ter|front** f. *(-,-en)* facciata f. (di casa). **Fens|ter|git|ter** n. *(-s,-)* inferriata f. (della finestra). **Fens|ter|glas** n. *(-es)* **1** vetro m. (della finestra) **2** *(vom Auto)* cristallo m., vetro m. (del finestrino). **Fens|ter|griff** m. *(-[e]s,-e)* maniglia f. **Fens|ter|he|ber** m. *(-s,-)* AUT. alzacristalli m. **Fens|ter|kitt** m. *(-[e]s,-e)* stucco m. per finestre. **Fens|ter|kur|bel** f. *(-,-n)* → **Fenstergriff. Fens|ter|la|den** m. *(-s,-läden)* imposta f., persiana f.

fens|terln intr. (aus. *haben*) REGION. ***bei der Geliebten ~*** = andare dall'amata (passando dalla finestra).

fens|ter|los agg. senza finestre, cieco: ***ein -es Bad*** un bagno cieco. **Fens|ter|lu|ke** f. *(-,-n)* finestrella f., finestrino m. **Fens|ter|ni|sche** f. *(-,-n)* vano m. della finestra. **Fens|ter|öff|nung** f. *(-,-en)* vano m. (*o* luce f.) della finestra, finestra f. **Fens|ter|platz** m. *(-es,-plätze)* posto m. vicino al finestrino. **Fens|ter|put|zer** m. *(-s,-)* lavavetri m. **Fens|ter|rah|men** m. *(-s,-)* telaio m. della finestra, chiassile m. **Fens|ter|ro|se** f. *(-,-n)* ARCH. rosone m. **Fens|ter|schei|be** f. *(-,-n)* vetro m. **Fens|ter|sims** m. e n. *(-es,-e)* davanzale m. (esterno). **Fens|ter|sturz** m. *(-es,-stürze)* **1** caduta f. dalla finestra **2** ARCH. architrave m. della finestra ◆ STOR. ***der Prager ~*** la defenestrazione di Praga. **Fens|ter|tag** m. *(-,-e)* = giorno m. lavoratiro tra due giorni festivi. **Fens|ter|zar|ge** f. *(-,-n)* infisso m. (di finestra).

Fer|di|nand n.pr.m. Ferdinando m.

Fer|ge m. *(-n,-n)* LETT. barcaiolo m.

Fe|ri|al|ar|beit AUSTR. → **Ferienarbeit. Fe|ri|al|tag** AUSTR. → **Ferientag.**

Fe|ri|en pl. **1** ferie f.pl.: ***~ haben, nehmen*** avere, prendere le ferie **2** *(Urlaub)* vacanze f.pl., villeggiatura f.: ***in die ~ fahren, gehen*** andare in ferie ◆ SCOL. ***die großen ~*** le vacanze estive. **Fe|ri|en|ar|beit** f. *(-,-en)* **1** *(Ferienjob)* lavoretto m. estivo **2** *(Aufgabe)* compito m. delle vacanze. **Fe|ri|en|auf|ent|halt** m. *(-[e]s,-e)* soggiorno m., villeggiatura f. **Fe|ri|en|aus|tausch** m. *(-[e]s)* scambio m. (internazionale di studenti durante le vacanze). **Fe|ri|en|dorf** n. *(-[e]s,-dörfer)* villaggio m. vacanze (*o* turistico). **Fe|ri|en|gast** m. *(-[e]s,-gäste)* ospite m. (di hotel, pensioni); *(Urlauber)* villeggiante m. **Fe|ri|en|job** m. *(-s,-s)* lavoretto m. estivo. **Fe|ri|en|ko|lo|nie** f. *(-,-n)* colonia f. **Fe|ri|en|kurs** m. *(-es,-e)* **1** corso m. estivo **2** *(Sprachkurs im Ausland)* corso m. (di lingua) all'estero. **Fe|ri|en|la|ger** n. *(-s,-)* campo m. di vacanza. **Fe|ri|en|ort** m. *(-[e]s,-e)* luogo m. (*o* località f.) di villeggiatura. **Fe|ri|en|plä|ne** pl. progetti m.pl. di ferie (*o* di vacanze). **Fe|ri|en|rei|se** f. *(-,-n)* viaggio m. (di vacanza). **Fe|ri|en|son|der|zug** → **Ferienzug. Fe|ri|en|stim|mung** f. *(-)* aria f. di vacanze, clima m. vacanziero. **Fe|ri|en|tag** m. *(-[e]s,-e)* giorno m. di ferie (*o* di vacanza). **Fe|ri|en|woh|nung** f. *(-,-en)* appartamento m. (per la villeggiatura). **Fe|ri|en|zeit** f. *(-,-en)* periodo m. di ferie (*o* di vacanze), ferie f.pl., vacanze f.pl. **Fe|ri|en|ziel** n. *(-[e]s,-e)* meta f. di villeggiatura. **Fe|ri|en|zug** m. *(-[e]s,-züge)* treno m. speciale (per le ferie).

Fer|kel n. *(-s,-)* **1** porcellino m., maialino m., lattonzo(lo) m. **2** SPREG. *(von Menschen)* sporcaccione m. (-a f.), sudicione m. (-a f.). **Fer|ke|lei** f. *(-,-en)* COLLOQ. porcheria f. **fer|keln** intr. (aus. *haben*) **1** figliare (di scrofa) **2a** COLLOQ. *(schmutzige Bemerkungen machen)* dire porcherie (*o* sconcezze) **b** *(sich unanständig benehmen)* fare porcherie **3** COLLOQ. *(etwas beschmutzen)* insudiciare.

Fer|ma|te f. *(-,-n)* MUS. fermata f., corona f.

Fer|ment n. *(-s,-e)* fermento m. **Fer|men|ta|ti|on** f. *(-,-en)* fermentazione f. **fer|men|tie|ren** tr. fermentare.

Fer|mi|um n. *(-s)* fermio m.

fern I agg. lontano: ***-e Länder*** paesi lontani; ***~ von zu Haus sein*** essere lontano da casa; ***in -er Zukunft, Vergangenheit*** in un lontano futuro, nel lontano passato; ***in nicht zu -er Zeit*** fra non molto **II** avv. ***~ halten*** tenere lontano; ***sich ~ halten*** tenersi lontano; ***~ liegen*** essere lontano; ***es liegt mir ~, das zu tun*** non ho nessuna intenzione di farlo; ***~ liegend*** lontano, remoto; ***jmd, etw. ~ stehen*** essere estraneo a qcn., qcs., essere lontano da qcn., qcs. **III** prep. + dat. LETT. lontano da: ***~ der gewohnten Umgebung*** lontano dall'ambiente abituale ◆ ***von -(e) her*** da lontano; ***von nah und ~*** da ogni dove; ***Ferner Osten*** Estremo Oriente; ***das sei ~ von mir!*** lungi da me! *(behüte!)* Dio me ne scampi e liberi! ***von ~*** da lontano, a distanza. **fern|ab** avv. LETT. lontano, distante: ***~ gelegen*** situato lontano. **Fern|ab|fra|ge** f. *(-,-n)* domanda f. a distanza. **Fern|ab|le|sung** f. *(-,-en)* lettura f. a distanza. **Fern|amt** n. *(-[e]s,-ämter)* ufficio m. telefonico per chiamate interurbane. **Fern|auf|klä|rer** m. *(-s,-)* ricognitore m. a lungo raggio. **Fern|auf|klä|rungs|flug|zeug** n. *(-[e]s,-e)* aereo m. da ricognizione a lungo raggio. **Fern|auf|nah|me** f. *(-,-n)* **1** foto f. panoramica **2** telefoto f., telefotografia f., fototelegrafia f. **Fern|aus|lö|ser** m. *(-s,-)* scatto m. a distanza. **fern_be|die|nen** tr. comandare a distanza, telecomandare. **Fern|be|die|nung** f. *(-,-en)* telecomando m., comando m. a distanza. **fern_blei|ben** intr. *(blieb, geblieben; aus. sein)* essere assente, non andare, mancare: ***wegen Krankheit dem Kindergarten ~*** mancare dall'asilo per una malattia. **Fern|blei|ben** n. *(-s)* assenza f., assenze f.pl.

fer|ne ANT. LETT. → **fern.**

Fer|ne f. *(-,-n)* **1** lontananza f.; *(Abstand)* distanza f.: ***in die ~ blicken*** guardare in lontananza (*o* lontano); ***aus der, aus weiter ~*** da lontano, da molto lontano; ***in weiter ~*** a grande distanza, molto lontano **2** LETT. *(entfernte Gegend)* paese m. lontano.

Fern|ein|stel|lung f. *(-,-en)* **1** regolazione f. a distanza, teleregolazione f. **2** MIL. puntamento m. a distanza.

fer|ner (compar. di *fern*) **I** agg. **1** più lontano **2** BUROCR. ulteriore, futuro, successivo **II** avv. in seguito, poi; *(in Zukunft)* in futuro, in avvenire **III** cong. inoltre.

Fer|ner m. *(-s,-)* REGION. ghiacciaio m.

fer|ner|hin, AUSTR. **fer|ners I** avv. in seguito, poi; *(in Zukunft)* in futuro, in avvenire **II** cong. inoltre.

Fern|fah|rer m. *(-s,-)* camionista m., guidatore m. di tir. **Fern|fahrt** f. *(-,-en)* **1** trasporto m. a lunga distanza **2** SPORT gara f. su grande distanza. **Fern|fo|to|gra|fie** f. *(-,-n)* telefoto f. **Fern|gas|ver|sor|gung** f. *(-,-en)* rifornimento m. di gas a lunga distanza. **fern|ge|lenkt** p.pass. agg. **1** → **fernlenken 2** teleguidato, telecomandato. **Fern|ge|spräch** n. *(-[e]s,-e)* telefonata f. (*o* comunicazione f.) interurbana, in teleselezione. **fern|ge|steu|ert** p.pass. agg. **1** → **fernsteuern 2** teleguidato, telecomandato. **Fern|glas** n. *(-es,-gläser)* binocolo m. **fern_gu|cken** COLLOQ. → **fernsehen. Fern|hei|zung** f. *(-,-en)* teleriscaldamento m., riscaldamento m. a distanza. **fern|her** avv. da lontano. **fern|hin** avv. lontano. **Fern|ka|bel** n. *(-s,-)* TEL. cavo m. interurbano.

Fern|ko|pie f. *(-,-n)* telecopia f., (tele)fax m. **fern_ko|pie|ren** tr. telecopiare. **Fern|ko|pie|rer** m. *(-s,-)* telecopiatore m., telecopiatrice f.

Fern|kurs m. *(-es,-e)*, **Fern|kur|sus** m. *(-,-kurse)* corso m. per corrispondenza. **Fern|las|ter** m. *(-s,-)* COLLOQ., **Fern|last|wa|gen** m. *(-s,-)* autotreno m., tir m. **Fern|lei|he** f. *(-,-n)* BIBLIOT. **1** ufficio m. prestito esterno **2** → **Fernleihverkehr. Fern|leih|ver|kehr** m. *(-s)* BIBLIOT. prestito m. esterno. **Fern|lei|tung** f. *(-,-en)* TEL. linea f. interurbana.

fern_len|ken tr. teleguidare, telecomandare. **Fern|len|kung** f. *(-)* telecomando m., comando m. (*o* guida f.) a distanza, teleguida f. **Fern|lenk|waf|fe** f. *(-,-n)* arma f. teleguidata.

Fern|licht n. *(-[e]s,-er)* luce *f.* abbagliante, abbagliante *m.* **Fern|mel|de|amt** n. *(-[e]s,-ämter)* ufficio *m.* (delle) poste e telecomunicazioni. **Fern|mel|de|an|la|ge** f. *(-,-n)* impianto *m.* di telecomunicazioni. **Fern|mel|de|tech|nik** f. *(-)* tecnica *f.* delle telecomunicazioni. **Fern|mel|de|turm** m. *(-[e]s,-türme)* torre *f.* radioemittente. **Fern|mel|de|we|sen** n. *(-s)* telecomunicazioni *f.pl.*
Fern|mes|sung f. *(-)* telemisura *f.* **fern|münd|lich I** agg. telefonico **II** avv. telefonicamente, per telefono. **Fern|ob|jek|tiv** n. *(-s,-e)* teleobiettivo *m.*
Fern|ost n.pr.m. *(-)* Estremo Oriente *m.*: ***aus ~*** dall'Estremo Oriente. **fern|öst|lich** agg. dell'Estremo Oriente.
Fern|rohr n. *(-[e]s,-e)* **1** cannocchiale *m.* **2** *(Teleskop)* telescopio *m.* **Fern|ruf** m. *(-[e]s)* BUROCR. numero *m.* telefonico. **Fern|schal|ter** m. *(-s,-)* teleruttore *m.*
Fern|schrei|ben n. *(-s,-)* telex *m.* **Fern|schrei|ber** m. *(-s,-)* telescrivente *f.* **fern|schrift|lich** avv. per telescrivente: ***etw. ~ mitteilen*** comunicare qcs. per telescrivente.
Fern|seh|an|la|ge f. *(-,-n)* impianto *m.* televisivo. **Fern|seh|an|sa|ger** m. *(-s,-)* annunciatore *m.* televisivo. **Fern|seh|an|sa|ge|rin** f. *(-,-nen)* annunciatrice *f.* televisiva. **Fern|seh|an|stalt** f. *(-,-en)* ente *m.* televisivo, rete *f.* televisiva. **Fern|seh|an|ten|ne** f. *(-,-n)* antenna *f.* televisiva. **Fern|seh|ap|pa|rat** m. *(-[e]s,-e)* apparecchio *m.* televisivo, televisore *m.* **Fern|seh|auf|nah|me** f. *(-,-n)* ripresa *f.* televisiva. **Fern|seh|be|richt** m. *(-[e]s,-e)* servizio *m.* televisivo; *(live übertragene Sendung)* telecronaca *f.* **Fern|seh|bild** n. *(-[e]s,-er)* immagine *f.* televisiva (*o* teletrasmessa). **Fern|seh|emp|fang** m. *(-[e]s)* ricezione *f.* televisiva. **Fern|seh|emp|fän|ger** m. *(-s,-)* → **Fernsehapparat.**
fern_se|hen intr. *(sieht, sah, gesehen*; aus. *haben)* guardare la televisione.
Fern|se|hen n. *(-s)* **1** televisione *f.*: ***beim ~ arbeiten*** lavorare alla televisione; ***~ schauen,*** COLLOQ. ***gucken*** guardare la televisione; ***das ~ bringt einen alten Film*** in televisione danno (*o* c'è) un vecchio film; ***was kommt im ~?*** cosa c'è in (*o* alla) televisione? ***etw. wird im, vom ~ übertragen*** qcs. viene trasmesso in (*o* dalla) televisione **2** COLLOQ. *(Fernsehapparat)* televisione *f.*, FAM. tivù *f.*
Fern|se|her m. *(-s,-)* COLLOQ. **1** *(Fernsehapparat)* televisore *m.*, televisione *f.*, FAM. tivù *f.*: ***ein tragbarer ~*** un televisore portatile **2** *(Fernsehzuschauer)* telespettatore *m.*
Fern|seh|film m. *(-[e]s,-e)* telefilm *m.*; *(in Fortsetzungen)* sceneggiato *m.* **Fern|seh|ge|bühr** f. *(-,-en)* canone *m.* televisivo. **Fern|seh|ge|rät** n. *(-[e]s,-e)* → **Fernsehapparat. Fern|seh|in|ter|view** [-vju] n. *(-s,-s)* intervista *f.* televisiva. **Fern|seh|jour|na|list** [-ʒur-] m. *(-en,-en)* giornalista *m.* televisivo. **Fern|seh|ka|me|ra** f. *(-,-s)* telecamera *f.* **Fern|seh|ka|nal** m. *(-s,-kanäle)* canale *m.* televisivo. **Fern|seh|nach|rich|ten** pl. telegiornale *m.* **Fern|seh|pro|gramm** n. *(-s,-e)* programma *m.* televisivo. **Fern|seh|pub|li|kum** n. *(-s)* pubblico *m.* televisivo, telespettatori *m.pl.* **Fern|seh|re|por|ta|ge** [-'ta:ʒə] f. *(-,-n)* servizio *m.* televisivo. **Fern|seh|re|por|ter** m. *(-s,-)* inviato *m.* televisivo; *(von live übertragenen Sendungen)* telecronista *m.* **Fern|seh|röh|re** f. *(-,-n)* tubo *m.* catodico (del televisore), cinescopio *m.* **Fern|seh|schirm** m. *(-[e]s,-e)* (tele)schermo *m.*, video *m.* **Fern|seh|sen|der** m. *(-s,-)* stazione *f.* televisiva, canale *m.* televisivo. **Fern|seh|sen|dung** f. *(-,-en)* trasmissione *f.* televisiva. **Fern|seh|spiel** n. *(-[e]s,-e)* dramma *m.* per la televisione, teledramma *m.* **Fern|seh|spot** m. *(-s,-s)* spot *m.* televisivo. **Fern|seh|stu|dio** n. *(-s,-s)* studio *m.* televisivo. **Fern|seh|team** [-ti:m] n. *(-s,-s)* troupe *f.* televisiva. **Fern|seh|tech|ni|ker** m. *(-s,-)* tecnico *m.* televisivo. **Fern|seh|teil|neh|mer** m. *(-s,-)* utente *m.* televisivo, teleutente *m.* **Fern|seh|turm** m. *(-[e]s,-türme)* torre *f.* della televisione. **Fern|seh|über|tra|gung** f. *(-,-en)* trasmissione *f.* televisiva, teletrasmissione *f.* **Fern|seh|zu|schau|er** m. *(-s,-)* spettatore *m.* televisivo, telespettatore *m.*
fern|sich|tig RAR. **I** agg. **1** presbite **2** *(weitblickend)* lungimirante **II** avv. con lungimiranza. **Fern|sich|tig|keit** RAR. f. *(-)* presbiopia *f.*, presbitismo *m.*
Fern|sprech|amt n. *(-[e]s,-ämter)* (ufficio *m.*) servizi *m.pl.* telefonici. **Fern|sprech|an|la|ge** f. *(-,-n)* impianto *m.* telefonico. **Fern|sprech|an|sa|ge|dienst** m. *(-[e]s,-e)* informazioni *f.pl.* telefoniche (registrate). **Fern|sprech|an|schluss** m. *(-es,-anschlüsse)* allacciamento *m.* telefonico. **Fern|sprech|ap|pa|rat** m. *(-[e]s,-e)* apparecchio *m.* telefonico. **Fern|sprech|auf|trags|dienst** m. *(-[e]s)* servizio *m.* abbonati. **Fern|sprech|aus|kunft** f. *(-)* informazioni *f.pl.* elenco abbonati. **Fern|sprech|au|to|mat** m. *(-en,-en)* apparecchio *m.* telefonico (*o* telefono *m.*) a gettoni. **Fern|sprech|be|nut|zer** m. *(-s,-)* utente *m.* (del telefono). **Fern|sprech|buch** n. *(-[e]s,-bücher)* elenco *m.* telefonico, guida *f.* del telefono.
fern_spre|chen intr. *(spricht, sprach, gesprochen*; aus. *haben)* telefonare. **Fern|spre|cher** m. *(-s,-)* telefono *m.*: ***ein öffentlicher ~*** un telefono pubblico.
Fern|sprech|ge|bühr f. *(-,-en)* tariffa *f.* telefonica. **Fern|sprech|ka|bi|ne** f. *(-,-n)* → **Fernsprechzelle. Fern|sprech|lei|tung** f. *(-,-en)* linea *f.* telefonica. **Fern|sprech|netz** n. *(-es,-e)* rete *f.* telefonica. **Fern|sprech|teil|neh|mer** m. *(-s,-)* abbonato *m.* (al telefono), utente *m.* (del telefono). **Fern|sprech|ver|bin|dung** f. *(-,-en)* collegamento *m.* telefonico. **Fern|sprech|ver|mitt|lung** f. *(-,-en)* centralino *m.* (telefonico). **Fern|sprech|ver|zeich|nis** n. *(-ses,-se)* ANT. → **Fernsprechbuch. Fern|sprech|zel|le** f. *(-,-n)* cabina *f.* telefonica (*o* del telefono).
Fern|spruch m. *(-[e]s,-sprüche)* telegramma *m.*
fern_steu|ern tr. → **fernbedienen. Fern|steu|e|rung** f. *(-)* → **Fernbedienung.**
Fern|stra|ße f. *(-,-n)* strada *f.* di grande comunicazione. **Fern|stu|dent** m. *(-en,-en)* studente *m.* (universitario) che studia per corrispondenza. **Fern|stu|di|um** n. *(-s,-studien)* studio *m.* (universitario) per corrispondenza. **Fern|ther|mo|me|ter** n. *(-s,-)* teletermometro *m.* **Fern|tou|ris|mus** m. *(-)* turismo *m.* in paesi lontani. **Fern|trau|ung** f. *(-,-en)* matrimonio *m.* per procura. **Fern|uni|ver|si|tät** f. *(-,-en)* università *f.* per corrispondenza. **Fern|ver|ar|bei|tung** f. *(-,-en)* teleelaborazione *f.*, teleprocessing *m.* **Fern|ver|kehr** m. *(-s)* **1** traffico *m.* a lungo percorso **2** TEL. traffico *m.* telefonico. **Fern|ver|kehrs|stra|ße** → **Fernstraße. Fern|waf|fe** f. *(-,-n)* arma *f.* a lunga gittata. **Fern|wahl** f. *(-)* teleselezione *f.* **Fern|weh** n. *(-[e]s)* desiderio *m.* di viaggiare in paesi lontani. **Fern|ziel** n. *(-[e]s,-e)* meta *f.* futura, traguardo *m.* futuro. **Fern|zug** m. *(-[e]s,-züge)* treno *m.* per lunghi percorsi.
Fer|rit m. *(-s,-e)* ferrite *f.* **Fer|rit|an|ten|ne** f. *(-,-n)* antenna *f.* di ferrite.
Fer|ro|le|gie|rung f. *(-,-en)* ferrolega *f.*
fer|ro|mag|ne|tisch agg. ferromagnetico. **Fer|ro|mag|ne|tis|mus** m. *(-)* ferromagnetismo *m.*
Fer|se f. *(-,-n)* calcagno *m.*, tallone *m.* ◆ ***jdm auf den -n folgen*** seguire (subito) qcn., venire (subito) dietro a qcn.; ***jdn auf den -n haben*** avere qcn. alle calcagna (*o* alle costole); ***sich an jds -n hängen, heften*** mettersi alle costole di qcn.; ***jdm auf den -n sein, sitzen*** stare alle calcagna (*o* alle costole) di qcn.; ***jdm die -n zeigen*** mostrare le calcagna a qcn., darsela a gambe di fronte a qcn.
Fer|sen|au|to|ma|tik f. *(-,-en)* attacco *m.* posteriore automatico. **Fer|sen|bein** n. *(-[e]s,-e)* (osso *m.* del) calcagno *m.*, tallone *m.* **Fer|sen|geld**, ***~ geben*** COLLOQ. darsela a gambe, svignarsela.
fer|tig I agg. **1** pronto: ***das Essen ist ~*** il pranzo è pronto; ***bist du ~?*** sei pronto? ***~ zur Abreise*** pronto per la partenza **2** *(vollendet)* terminato, finito, ultimato: ***der Film ist noch nicht ~*** il film non è ancora ultimato **3** *(vollkommen)* completo: ***ein -er Schauspieler*** un attore completo **4** *(ausgereift)* maturo, fatto; COLLOQ. ***er ist noch nicht ~*** non è ancora cresciuto, è immaturo **5** COLLOQ. *(erschöpft)* distrutto, a pezzi **6** COLLOQ. *(verblüfft)* sbalordito **7** COLLOQ. *(zahlungsunfähig)* ***~ sein*** essere rovinato (*o* sul lastrico) **8** COLLOQ. *(kaputt)* fatto, andato **II** avv. **1** fino alla fine, fino in fondo, tutto: ***~ essen*** finire di mangiare; ***den Koffer ~ packen*** finire di preparare la valigia; ***~ kochen*** finire di cuocere, cuocere (bene) **2** ***Kleider, Speisen ~ kaufen*** comprare abiti confezionati, piatti già pronti **3a** ***~ bekommen, ~ bringen, ~ kriegen, ~ stellen*** finire, terminare, ultimare; *(zustande bringen)* ***etw. ~ bringen*** riuscire a (fare) qcs.: ***er hat es ~ gebracht, ihn zu beschwichtigen*** è riuscito a calmarlo **b** *(imstande sein)* essere capace (di): ***der bringt es ~, sich auch noch zu beklagen!*** quello è anche capace (*o* avrebbe anche il coraggio) di lamentarsi! **4a** ***~ machen*** *(zu Ende bringen)* finire, terminare, ultimare **b** COLLOQ. *(erschöpfen)* sfinire, spossare **c** COLLOQ. *(abkanzeln)* ***jdn ~ machen*** strapazzare qcn., fare una lavata di capo a qcn. **d** COLLOQ. *(völlig besiegen)* distruggere, annientare, stracciare **e** COLLOQ. *(umbringen)* fare fuori, uccidere **f** ***sich ~ machen*** prepararsi: ***sich zum Ausgehen, fürs Theater ~ machen*** prepararsi a uscire, per il teatro ◆ ***damit wären wir ~!*** abbiamo finito! ecco fatto! ***fix und ~*** (bell'e) pronto, prontissimo; *(erschöpft)* completamente distrutto, a pezzi; *(ruiniert)* finito; ***~, los!*** pronti, via! ***mit etw. ~ sein*** avere finito (*o* terminato, ultimato) qcs.; ***mit den Nerven ~ sein*** avere i nervi a pezzi; ***mit jdm ~ sein*** non volerne più sapere di qcn., non voler avere più nulla a che fare con qcn.; ***sieh zu, wie du damit ~ wirst!*** vedi di cavartela da solo! arrangiati! ***du bleibst zu Hause, und ~!*** tu resti a casa e basta! ***mit etw. ~ werden*** finire (*o* terminare, ultimare) qcs.; FIG. risolvere qcs., venire a capo di qcs., cavarsela con qcs.; *(überwinden)* superare qcs.; ***mit jdm ~ werden*** spuntarla con qcn., tenere testa a qcn., avere la meglio su qcn.

Fer|tig|bau m. *(-[e]s,-ten)* **1** costruzione *f.* a elementi prefabbricati **2** *(Gebäude)* prefabbricato *m.* **Fer|tig|bau|wei|se** f. *(-,-n)* costruzione *f.* a elementi prefabbricati; ***in ~ gebaut sein*** essere prefabbricato.
fer|ti|gen tr. fare; *(herstellen)* fabbricare, produrre; ABBIGL. confezionare.
Fer|tig|er|zeug|nis n. *(-ses,-se)* → **Fertigprodukt. Fer|tig|ge|richt** n. *(-[e]s,-e)* piatto *m.* già pronto, precotto *m.* **Fer|tig|haus** n. *(-es,-häuser)* casa *f.* prefabbricata.
Fer|tig|keit f. *(-,-en)* **1** abilità *f.*, destrezza *f.*, perizia *f.*: *(Technik)* tecnica *f.* **2** *(Fähigkeit)* capacità *f.*: ***künstlerische -en*** capacità artistiche; ***keine besonderen -en erfordern*** non richiedere particolari capacità.
Fer|tig|klei|dung f. *(-)* confezione *f.* **Fer|tig|pro|dukt** n. *(-[e]s,-e)* prodotto *m.* finito. **Fer|tig|stel|lung** f. *(-,-en)* fine *f.*, ultimazione *f.*, terminazione *f.* **Fer|tig|teil** n. *(-[e]s,-e)* elemento *m.* prefabbricato.
Fer|ti|gung f. *(-,-en)* fabbricazione *f.*, produzione *f.*, ABBIGL. confezione *f.* **Fer|ti|gungs|kos|ten** pl. costi *m.pl.* di produzione (*o* di fabbricazione). **Fer|ti|gungs|me|tho|de** f. *(-,-n)* metodo *m.* di lavorazione. **Fer|ti|gungs|pro|gramm** n. *(-s,-e)* programma *m.* di produzione. **Fer|ti|gungs|pro|zess** m. *(-es,-e)* processo *m.* di produzione. **Fer|ti|gungs|stra|ße** f. *(-,-n)* linea *f.* (*o* catena *f.*) di lavorazione. **Fer|ti|gungs|ver|fah|ren** n. *(-s,-)* procedimento *m.* di lavorazione.
Fer|tig|wa|re f. *(-,-n)* → **Fertigprodukt.**
fes n. *(-,-)* fa *m.* bemolle.
1.Fes n. *(-,-)* → **fes.**
2.Fes m. *(-[es],-[e])* fez *m.*
fesch agg. AUSTR. COLLOQ. **1** *(modisch)* elegante, chic: ***ein -er Hut*** un cappello chic **2** *(flott)* vivace, svelto.
1.Fes|sel f. *(-,-n)* **1a** catena *f.*, ceppo *m.*: ***jdn in -n legen*** mettere qcn. in catene; ***jdm -n anlegen*** incatenare qcn.; ***die -n abwerfen, sprengen*** spezzare le catene **b** pl. *(Handfesseln)* manette *f.pl.* **2** FIG. *(Hemmung)* vincolo *m.*, legame *m.*, pastoia *f.*
2.Fes|sel f. *(-,-n)* **1** pastoia *f.* **2** *(bei Menschen)* caviglia *f.*
Fes|sel|bal|lon m. *(-s,-s* e *-e)* pallone *m.* frenato. **fes|sel|frei** agg. senza catene, sciolto dalle catene. **Fes|sel|ge|lenk** n. *(-s,-e)* pastoia *f.* **fes|sel|los** agg. **1** → **fesselfrei 2** *(zügellos)* senza freni, sfrenato. **Fes|sel|lo|sig|keit** f. *(-)* libertà *f.*, sfrenatezza *f.*
fes|seln tr. **1a** incatenare, mettere in catene (*o* ai ferri) : ***jdn an Händen und Füßen ~*** legare qcn. mani e piedi **b** *(mit Handschellen)* ammanettare **2** FIG. *(faszinieren)* affascinare, incantare, avvincere: ***jdn an sich ~*** avvincere, attrarre qcn. a sé **3** SPORT *(bei Ringen)* bloccare **4** MIL. frenare, contenere ◆ FIG. ***ans Bett ~*** inchiodare a letto. **fes|selnd I** p.pres. agg. **1** → **fesseln 2** avvincente, appassionante **II** avv. in modo avvincente: ***ein ~ geschriebenes Buch*** un libro scritto in modo avvincente. **Fes|se|lung, Fess|lung** f. *(-,-en)* incatenamento *m.*
fest I agg. **1** solido (anche FIG.): ***-e Nahrung*** cibi solidi; ***ein -es Wissen*** una solida cultura **2** *(hart)* duro, sodo, compatto **3** *(stabil, solide)* resistente, solido, robusto: ***-e Schuhe*** scarpe resistenti, solide **4** *(eng haftend)* stretto, saldo; *(stark)* forte: ***ein -er Händedruck*** una forte stretta di mano **5** *(energisch)* deciso, fermo, energico: ***mit -en Schritten*** con passo deciso (*o* sicuro) **6a** *(unerschütterlich)* fermo, stabile, saldo: ***-e Grundsätze*** saldi principi; ***ein -er Charakter*** un carattere fermo **b** *(definitiv)* certo, definitivo, saldo: ***-e Regeln*** regole salde, certe **7** *(konstant)* fisso: ***einen -en Arbeitsplatz haben*** avere un posto fisso; ***-e Kunden, Preise*** clienti, prezzi fissi **II** avv. **1** *(eng haftend)* strettamente, saldamente **2** *(energisch)* energicamente, fermamente, in modo deciso: ***~ versprechen*** promettere fermamente; ***~ überzeugt sein*** essere fermamente convinto; ***sich (D) etw. ~ vornehmen*** avere il fermo proposito di qcs. **3** *(definitiv)* definitivamente, in modo certo **4** *(ständig)* stabilmente **5** COLLOQ. molto, tanto: ***du musst ~ essen, damit du groß wirst*** devi mangiare tanto per crescere; ***~ arbeiten*** lavorare sodo, duramente **6** ***~ besoldet*** a salario fisso; ***~ gefügt*** ben strutturato; ***~ gegründet*** saldo, solido (anche FIG.); ***~ umrissen*** ben delimitato; ***~ verwurzelt*** dalle radici profonde, FIG. profondamente radicato ◆ ***~ angestellt sein*** avere un impiego fisso, sicuro; ***~ in der Bibel sein*** essere un buon conoscitore della Bibbia; ***auf -em Boden*** sulla terra ferma; COLLOQ. ***einen -en Freund haben*** avere un ragazzo fisso; ***-e Gestalt annehmen*** prendere una forma definita; MIL. ***ein -er Platz*** un luogo fortificato; ***-er Regen*** pioggia fitta, abbondante; ***-er Schlaf*** sonno profondo.
Fest n. *(-[e]s,-e)* **1** festa *f.*: ***rauschende -e*** feste sfarzose; ***das ~ ist in vollem Gang*** la festa è in pieno svolgimento; ***ein ~ geben*** dare una festa; ***zu einem ~ gehen*** andare a una festa **2** festività *f.*, festa *f.* (religiosa): ***bewegliche -e sind Ostern und Pfingsten, unbewegliche -e sind Weihnachten und Allerheiligen*** Pasqua e Pentecoste sono feste mobili, Natale e Ognissanti sono feste fisse ◆ ***man muss die -e feiern, wie sie fallen*** = passata la festa, gabbato lo santo; ***frohes ~!*** buona festa! COLLOQ. ***es ist mir ein ~*** per me è un piacere. **Fest|abend** m. *(-s,-e)* sera *f.* di festa. **Fest|akt** m. *(-[e]s,-e)* cerimonia *f.*
Fest|an|ge|bot n. *(-[e]s,-e)* offerta *f.* definitiva. **Fest|an|ge|stell|te** m. e f. *(-n,-n)* impiegato *m.* (-a *f.*) in pianta stabile. **Fest|an|stel|lung** f. *(-,-en)* impiego *m.* (*o* posto *m.*) fisso.
fest‿ba|cken intr. (aus. *haben*) REGION. ***an etw. (D) ~*** attaccarsi, rimanere attaccato a qcs. **fest‿bei|ßen** rifl. *(biss, gebissen)* **sich ~ 1** attaccarsi con i denti, mordere tenacemente **2** FIG. ostinarsi, accanirsi: ***sich an einem Problem ~*** accanirsi nel (tentativo di) risolvere un problema.
Fest|be|leuch|tung f. *(-,-en)* luminaria *f.*
Fest|be|sol|de|te m. e f. *(-n,-n)* salariato *m.* (-a *f.*) fisso (-a). **Fest|be|trag** m. *(-[e]s,-beträge)* importo *m.* fisso.
fest‿bin|den tr. *(band, gebunden)* legare saldamente (*o* strettamente): ***den Hund an einem Baum ~*** legare stretto il cane a un albero. **fest‿blei|ben** intr. *(blieb, geblieben;* aus. *sein)* rimanere saldo (*o* fermo), non cedere.
Fest|brenn|stoff m. *(-[e]s,-e)* combustibile *m.* solido.
fest‿dre|hen tr. stringere, avvitare. **fest‿drü|cken** tr. comprimere; *(stark drücken)* premere forte.
fes|te avv. COLLOQ. → **fest** ◆ ***immer ~ drauflos!*** sempre avanti, forza!
Fes|te f. *(-,-n)* **1** ANT. *(Festung)* fortezza *f.*, castello *m.* **2** LETT. *(Firmament)* firmamento *m.*
fes|ten intr. (aus. *haben*) REGION. SVIZZ. festeggiare, fare una festa.
Fest|es|sen n. *(-s,-)* banchetto *m.*, lauto pranzo *m.*
fest‿fah|ren *(fährt, fuhr, gefahren)* intr. (aus. *sein*) e rifl. **sich ~ 1** arenarsi, incagliarsi, impantanarsi **2** FIG. arenarsi, insabbiarsi, arrivare a un punto morto: ***die Verhandlungen haben sich, sind festgefahren*** le trattative si sono arenate. **fest‿fres|sen** rifl. *(frisst, fraß, gefressen)* **sich ~ 1** AUT. grippare, gripparsi **2** attaccarsi: ***der Schmutz hat sich auf dem Holz festgefressen*** lo sporco si è attaccato al legno **3** FIG. insediarsi, inculcarsi: ***ein Vorurteil frisst sich in jdm fest*** un pregiudizio s'inculca in qcn. **fest‿frie|ren** intr. *(fror, gefroren;* aus. *sein)* congelarsi.
Fest|ga|be f. *(-,-n)* LETT. regalo *m.* per una festa. **Fest|ge|la|ge** n. *(-s,-)* IRON. banchetto *m.* (troppo) sontuoso.
Fest|geld n. *(-[e]s,-er)* BANC. deposito *m.* vincolato. **fest|ge|setzt** p.pass. agg. **1** → **festsetzen 2** fisso, fissato, stabilito: ***zur -en Zeit*** all'ora fissata.
Fest|ge|wand n. *(-[e]s,-gewänder)* vestito *m.* da cerimonia, di gala.
Fest|got|tes|dienst m. *(-[e]s,-e)* funzione *f.* (*o* liturgia *f.*) festiva.
fest‿ha|ken I tr. agganciare, fissare agganciando **II** rifl. **sich ~ 1** agganciarsi, impigliarsi **2** FIG. fissarsi, imprimersi.
Fest|hal|le f. *(-,-n)* salone *m.* delle feste.
fest‿hal|ten *(hält, hielt, gehalten)* **I** tr. **1** tenere stretto (*o* fermo): ***jds Hände ~*** tenere le mani di qcn. **2** *(gefangenhalten)* trattenere (in prigione) **3** *(fixieren)* fissare, fermare: ***etw. in Wort und Bild ~*** fermare qcs. nelle parole e nelle immagini: ***etw. mit der Kamera ~*** immortalare qcs. con la macchina fotografica **4** *(feststellen)* tenere a mente, tenere presente; constatare **II** rifl. **sich ~** tenersi, appoggiarsi, reggersi: ***sich an jdm, etw. ~*** appoggiarsi a qcn., qcs. **III** intr. (aus. *haben*) restare fedele, attenersi (a): ***an einem Grundsatz ~*** restare fedele a un principio; ***an seiner Überzeugung ~*** persistere nella propria convinzione ◆ COLLOQ. ***halt dich (gut) fest, wir haben gewonnen*** tienti forte, abbiamo vinto.
fes|ti|gen I tr. rafforzare, consolidare, fortificare: ***eine Freundschaft ~*** consolidare un'amicizia; ***das harte Leben hat ihn gefestigt*** la vita dura lo ha fortificato **II** rifl. **sich ~** rafforzarsi, consolidarsi: ***eine Währung, jds Gesundheit hat sich gefestigt*** una moneta, la salute di qcn. si è rafforzata; ***die Beziehungen zwischen Ost und West haben sich gefestigt*** i rapporti tra est e ovest si sono consolidati. **Fes|ti|ger** m. *(-s,-)* fissatore *m.*
Fes|tig|keit f. *(-)* **1** solidità *f.*, stabilità *f.*: ***die ~ eines Materials, eines politischen Systems*** la solidità di un materiale, la stabilità di un sistema politico **2a** FIG. *(Entschlossenheit)* fermezza *f.* **b** *(Standhaftigkeit)* saldezza *f.* **Fes|tig|keits|gren|ze** f. *(-,-n)* EDIL. limite *m.* (*o* carico *m.*) di rottura. **Fes|tig|keits|leh|re** f. *(-)* scienza *f.* della resistenza dei materiali. **Fes|tig|keits|prü|fung** f. *(-,-en)* TECN. prova *f.* di resistenza.
Fes|ti|val ['fɛstivəl, 'fɛstival] n. *(-s,-s)* festival *m.*
fest‿kei|len tr. inchiavettare. **fest‿klam|mern I** tr. assicurare (con spranghe); fissare (con mollette) **II** rifl. ***sich an jdm, etw. ~*** aggrapparsi a qcn., qcs. **fest‿kle|ben I** tr. incollare, attaccare **II**

intr. (aus. *sein*) essere incollato (*o* attaccato).
Fest|kleid n. *(-[e]s,-er)* abito *m.* (*o* vestito *m.*) di gala, da cerimonia. **Fest|klei|dung** f. *(-)* abbigliamento *m.* di gala (*o* da cerimonia).
fest_klem|men I tr. bloccare, fermare, serrare **II** rifl. **sich ~** bloccarsi, fermarsi.
Fest|kör|per m. *(-s,-)* corpo *m.* solido.
fest_kral|len rifl. **sich ~ 1** aggrapparsi con gli artigli, avvinghiarsi **2** FIG. aggrapparsi, appigliarsi: ***sich an einer Idee ~*** appigliarsi a un'idea.
Fest|land n. *(-[e]s,-länder)* **1** *(Kontinent)* continente *m.* **2** terraferma *f.* **fest|län|disch** agg. continentale. **Fest|land(s)|block** m. *(-[e]s,-blöcke)* massa *f.* continentale. **Fest|land(s)|so|ckel** m. *(-s,-)* zoccolo *m.* continentale.
fest_lau|fen *(läuft, lief, gelaufen)* intr. (aus. *sein*) e rifl. **sich ~** incagliarsi, arenarsi, incastrarsi (anche FIG.).
fest|leg|bar agg. fissabile, definibile. **fest_le|gen I** tr. **1** fissare, stabilire, definire: ***die Reiseroute ~*** stabilire il tragitto del viaggio **2** *(Kapital)* immobilizzare **3** FIG. ***jdn auf etw. (A) ~*** vincolare qcn. a qcs. **II** rifl. ***sich (auf etw. [A]) ~*** vincolarsi, impegnarsi (in qcs.). **Fest|le|gung** f. *(-,-en)* **1** determinazione *f.*, definizione *f.* **2** *(von Kapital)* investimento *m.* vincolato, immobilizzazione *f.*
fest|lich I agg. festoso, gioioso **II** avv. **1** festosamente, splendidamente: ***jdn ~ bewirten*** dare a qcn. una splendida ospitalità **2** a festa: ***sich ~ kleiden*** vestirsi a festa ◆ ***den Geburtstag ~ begehen*** festeggiare il compleanno. **Fest|lich|keit** f. *(-,-en)* **1** festosità *f.* **2** *(festliches Ereignis)* festività *f.*, solennità *f.*, festa *f.*
fest_lie|gen intr. *(lag, gelegen;* aus. *haben)* **1** essere arenato, incagliato **2** *(von Kapital)* essere immobilizzato, bloccato **3** *(bestimmt sein)* essere fissato, definito, stabilito.
Fest|lohn m. *(-[e]s,-löhne)* paga *f.* minima, minimo *m.* salariale.
Fest|ma|che|bo|je f. *(-,-n)* boa *f.* d'ormeggio.
fest_ma|chen I tr. **1** fermare, fissare **2a** *(fest vereinbaren)* combinare, stabilire: ***einen Termin ~*** stabilire una data **b** *(abschließen)* concludere: ***ein Geschäft ~*** concludere un affare **3** *(Schiff)* ormeggiare, attraccare **II** intr. (aus. *haben*) ormeggiarsi, attraccare.
Fest|mahl n. *(-[e]s,-mähler)* LETT. convito *m.*, simposio *m.*
Fest|me|ter m. e n. *(-s,-)* stero *m.*, metro *m.* cubo (di legname).
fest_na|geln tr. **1** fissare con chiodi, inchiodare **2** COLLOQ. *(festlegen)* inchiodare, bloccare; ***jdn auf seine Behauptungen ~*** inchiodare qcn. alle sue asserzioni. **fest_nä|hen** tr. cucire, attaccare col filo.
Fest|nah|me f. *(-,-n)* arresto *m.*, fermo *m.* **fest_neh|men** tr. *(nimmt, nahm, genommen)* arrestare, fermare.
Fest|of|fer|te f. *(-,-n)* COMM. offerta *f.* ferma.
Fes|ton [fɛs'tõ:] n. *(-s,-s)* festone *m.* **fes|to|nie|ren** tr. adornare con festoni.
Fest|ord|ner m. *(-s,-)* = aiutante *m.* per l'organizzazione di una festa. **Fest|plat|te** f. *(-,-n)* INFORM. disco *m.* fisso. **Fest|platz** m. *(-es,-plätze)* piazza *f.* (*o* luogo *m.*) della festa. **Fest|preis** m. *(-es,-e)* ECON. prezzo *m.* di calmiere.
Fest|re|de f. *(-,-n)* discorso *m.* ufficiale (inaugurale *o* commemorativo). **fest_re|den** rifl. ***sich an einem Thema ~*** fissarsi, dilungarsi su un tema (parlando). **Fest|red|ner** m. *(-s,-)* oratore *m.* ufficiale.
Fest|saal m. *(-[e]s,-säle)* → **Festhalle.**
fest_sau|gen rifl. *(saugte/sog, gesaugt/gesogen)* **sich ~** attaccarsi (succhiando).
Fest|schmuck m. *(-[e]s)* addobbo *m.* festivo.
fest_schrau|ben tr. avvitare, fissare avvitando (*o* con viti). **fest_schrei|ben** tr. *(schrieb, geschrieben)* fissare (per scritto).
Fest|schrift f. *(-,-en)* pubblicazione *f.* celebrativa, scritto *m.* celebrativo.
fest_set|zen I tr. **1a** fissare, stabilire: ***den Preis auf 100 DM ~*** fissare il prezzo a 100 DM; ***das Datum der Hochzeit ~*** fissare la data delle nozze; ***die Schadenshöhe ~*** stabilire (*o* accertare) l'entità del danno **b** *(durch Übereinkunft)* pattuire, stipulare **2** *(gefangensetzen)* arrestare **II** rifl. **sich ~ 1** raccogliersi, attaccarsi **2** COLLOQ. stabilirsi, prendere dimora: ***sich an einem Ort ~*** stabilirsi in un posto **3** MIL. prendere posizione ◆ FIG. ***in ihr setzte sich der Gedanke fest, dass...*** in lei si fece strada il pensiero che... **Fest|set|zung** f. *(-,-en)* **1** il fissare, lo stabilire **2** *(Gefangennahme)* arresto *m.*
fest_sit|zen intr. *(saß, gesessen;* aus. *haben)* **1** stare saldo, essere saldamente attaccato **2a** non potersi muovere, non poter andare avanti, essere bloccato (anche FIG.) **b** AUT. essere in panne **c** MAR. essere arenato (*o* incagliato).
Fest|spiel n. *(-[e]s,-e)* **1** TEATR. rappresentazione *f.* di gala **2** pl. *(Festival)* festival *m.*: ***die Bayreuther, Salzburger -e*** il festival di Bayreuth, di Salisburgo. **Fest|spiel|haus** n. *(-es,-häuser)* teatro *m.* del festival. **Fest|spiel|stadt** f. *(-,-städte)* città *f.* del festival.
fest_stamp|fen tr. comprimere, costipare, pigiare. **fest_ste|cken I** tr. fermare, fissare: ***den Zopf, eine Blume im Knopfloch ~*** fissare la treccia, mettere un fiore all'occhiello **II** intr. (aus. *sein*) LETT. essere bloccati: ***in einem Stau ~*** essere bloccato in un ingorgo. **fest_ste|hen** intr. *(stand, gestanden;* aus. *haben)* **1** *(festgelegt sein)* essere fissato, stabilito **2** *(sicher sein)* essere sicuro, certo: ***es steht fest, dass...*** è certo che...; ***der Sieger des Rennens steht noch nicht fest*** il vincitore della corsa non è ancora certo.
fest|stell|bar agg. **1** accertabile, appurabile **2** *(bemerkbar)* osservabile, constatabile **3** *(blockierbar)* bloccabile, fissabile. **Fest|stell|brem|se** f. *(-,-n)* freno *m.* a mano (*o* di stazionamento).
fest_stel|len tr. **1** accertare, appurare: ***jds Mitschuld ~*** accertare (*o* provare) la corresponsabilità di qcn. **2** *(bemerken)* osservare, notare, constatare: ***man stellte fest, dass...*** si constatò che... **3** *(festmachen)* fissare, bloccare. **Fest|stel|ler** m. *(-s,-)* fissamaiuscole *m.*
Fest|stell|he|bel m. *(-s,-)* leva *f.* di bloccaggio. **Fest|stell|schrau|be** f. *(-,-n)* vite *f.* d'arresto. **Fest|stell|tas|te** f. *(-,-n)* tasto *m.* fissamaiuscole.
Fest|stel|lung f. *(-,-en)* **1** *(Ermittlung)* accertamento *m.*, verifica *f.*: ***~ der Todesursache*** accertamento delle cause della morte **2** *(Bemerkung)* osservazione *f.*, constatazione *f.* **3** *(Erklärung)* dichiarazione *f.*: ***eine ~ zu etw. machen, treffen*** fare, rilasciare una dichiarazione su qcs. **Fest|stel|lungs|kla|ge** f. *(-,-n)* DIR. azione *f.* (*o* domanda *f.*) di accertamento.
Fest|stell|vor|rich|tung f. *(-,-en)* dispositivo *m.* d'arresto.
Fest|stim|mung f. *(-,-en)* **1** atmosfera *f.* festiva **2** *(Gemütslage)* stato *m.* d'animo festoso.
Fest|stoff|ra|ke|te f. *(-,-n)* razzo *m.* a propellente solido.
Fest|ta|fel f. *(-,-n)* tavola *f.* imbandita a festa.
Fest|tag m. *(-[e]s,-e)* giorno *m.* di festa, festa *f.*, festività *f.*: ***zu seinem ~ hat er viele Glückwünsche erhalten*** per la sua festa ha ricevuto molti auguri ◆ ***kirchlicher ~*** festività, festa religiosa. **fest|täg|lich I** agg. festivo, solenne **II** avv. a festa. **fest|tags** avv. nei giorni di festa (*o* festivi). **Fest|tags|klei|dung** f. *(-,-en)* vestito *m.* della festa.
fest_tre|ten tr. *(tritt, trat, getreten)* rendere compatto calpestando, calpestare: ***die Erde ~*** calpestare il terreno.
Fest|um|zug m. *(-[e]s,-umzüge)* processione *f.*, corteo *m.*
Fes|tung f. *(-,-en)* **1** fortezza *f.*: ***eine ~ stürmen, belagern*** muovere all'assalto di, cingere d'assedio una fortezza **2** → **Festungshaft. Fes|tungs|an|la|ge** f. *(-,-n)* opere *f.pl.* di fortificazione. **Fes|tungs|ar|til|le|rie** [-artılǝri:] f. *(-,-n)* artiglieria *f.* da fortezza. **Fes|tungs|bau** m. *(-[e]s,-ten)* **1** *(Festung)* fortezza *f.* **2** *(Bau einer Festung)* costruzione *f.* di una fortezza **3** *(Kunst, Festungen zu bauen)* arte *f.* delle fortificazioni. **Fes|tungs|gra|ben** m. *(-s,-gräben)* fossato *m.* di una, della fortezza. **Fes|tungs|haft** f. *(-)* reclusione *f.* in (una) fortezza. **Fes|tungs|wall** m. *(-[e]s,-wälle)* muraglia *m.* di una, della fortezza. **Fes|tungs|werk** n. *(-[e]s,-e)* → **Festungsanlage.**
Fest|ver|an|stal|tung f. *(-,-en)* festa *f.*, festeggiamento *m.*
fest|ver|zins|lich agg. a tasso fisso.
Fest|vor|stel|lung f. *(-,-en)* spettacolo *m.* festivo. **Fest|vor|trag** m. *(-[e]s,-vorträge)* discorso *m.* solenne, allocuzione *f.*
fest_wach|sen intr. *(wächst, wuchs, gewachsen;* aus. *sein)* ***an etw. (D) ~*** attaccarsi (stabilmente), crescere attaccato a qcs. **fest_wur|zeln** intr. (aus. *sein*) radicarsi.
Fest|zeit f. *(-,-en)* periodo *m.* di festa. **Fest|zelt** n. *(-[e]s,-e)* tendone *m.* da fiera.
fest_zie|hen tr. *(zog, gezogen)* stringere: ***die Schleife ~*** stringere il fiocco.
Fest|zug → **Festumzug.**
fest_zur|ren tr. MAR. legare stretto (*o* forte).
fe|tal → **fötal.**
Fe|te ['fe:tǝ] f. *(-,-n)* COLLOQ. festicciola *f.*
Fe|tisch m. *(-s,-e)* feticcio *m.* **fe|ti|schi|sie|ren** tr. idolatrare. **Fe|ti|schis|mus** m. *(-)* feticismo *m.* **Fe|ti|schist** m. *(-en,-en)* feticista *m.* **fe|ti|schis|tisch** agg. feticistico.
fett I agg. **1** grasso: ***-e Speisen, -e Haut*** cibi grassi, pelle grassa **2** *(gut genährt)* ben nutrito, (ben) pasciuto, grasso: ***~ werden*** ingrassare **3** *(korpulent)* corpulento, grosso **4** *(ölig)* untuoso **5** *(üppig)* ricco, fertile: ***-e Weiden*** ricchi pascoli **6** *(reich)* ricco, cospicuo, abbondante: ***eine -e Beute, Erbschaft, Ernte*** un ricco bottino, una cospicua eredità, un abbondante raccolto **7** TIP. in neretto, in grassetto: ***-e Buchstaben*** lettere in neretto **8** REGION. COLLOQ. *(völlig betrunken)* ubriaco fradicio **II** avv. **1** ***~ kochen, essen*** cucinare grasso (*o*

con molti grassi), mangiare cibi grassi; **~ *füttern*** mettere all'ingrasso **2** TIP. in neretto, in grassetto: **~ *drucken*** stampare in neretto; **~ *gedruckt*** (stampato) in neretto (*o* in grassetto) ◆ ***einen -en Bissen erwischen*** = fare un lucroso affare; ***davon wird man nicht ~*** = non c'è da ingrassare, c'è poco da guadagnare; COLLOQ. ***-e Jahre*** anni di vacche grasse; ***das macht den Kohl, das Kraut nicht ~*** = questo è (perfettamente) inutile, non serve a niente.

Fett n. *(-[e]s,-e)* **1** grasso *m.*: ***pflanzliches, tierisches ~*** grasso vegetale, animale; ***etw. mit ~ bestreichen*** spalmare qcs. di grasso, ingrassare qcs. **2** FISIOL. grasso *m.*, adipe *m.* **3** CHIM. lipide *m.* ◆ ***das ~ abschöpfen*** sgrassare, scremare; ***~ ansetzen*** ingrassare, COLLOQ. metter su ciccia; ***im eigenen ~ ersticken*** affogare nell'abbondanza; ***sein ~ kriegen, (ab)bekommen*** = pagare le conseguenze (di qcs.); ***im eigenen ~ schmoren*** cuocere nel proprio brodo; SCHERZ. ***~ schwimmt oben*** il grasso galleggia; ***im ~ sitzen, schwimmen*** nuotare nell'oro; ***von seinem eigenen ~ zehren*** vivere delle proprie risorse. **Fett|ab|la|ge|rung** f. *(-,-en)* MED. FISIOL. deposito *m.* (*o* accumulo *m.*) di grasso. **Fett|am|mer** f. *(-,-n)* ORNIT. ortolano *m.* **Fett|an|satz** m. *(-es,-sätze)* → **Fettablagerung. fett|arm** agg. povero di grassi, magro. **fett|ar|tig** agg. lipoideo. **Fett|au|ge** n. *(-s,-n)* occhio *m.* di grasso. **Fett|bauch** m. *(-[e]s,-bäuche)* COLLOQ. SPREG. pancione *m.* **fett|bäu|chig** agg. COLLOQ. panciuto. **Fett|be|darf** m. *(-[e]s)* fabbisogno *m.* di grasso. **Fett|bil|dung** f. *(-,-en)* formazione *f.* di grasso, FISIOL. adipogenesi *f.* **Fett|de|pot** [-depo:] n. *(-s,-s)* FISIOL. deposito *m.* di grasso. **fett|dicht** agg. impermeabile al grasso. **Fett|druck** m. *(-[e]s,-e)* TIP. stampa *f.* in neretto, in grassetto. **Fett|drü|se** f. *(-,-n)* ghiandola *f.* sebacea.

Fet|te f. *(-)* LETT. → **Fettheit.**

Fett|em|bo|lie f. *(-,-n)* embolia *f.* grassosa.

fet|ten tr. ingrassare, lubrificare.

Fett|fleck m. *(-[e]s,-e)*, **Fett|fle|cken** m. *(-s,-)* macchia *f.* di grasso (*o* di unto). **Fett|fle|cken|krank|heit** f. *(-)* batteriosi *f.*

Fett|flos|se f. *(-,-n)* pinna *f.* adiposa. **Fett|gans** f. *(-,-gänse)* oca *f.* da ingrasso. **Fett|ge|halt** m. *(-[e]s,-e)* contenuto *m.* (*o* percentuale *f.*) di grasso. **Fett|ge|schwulst** f. *(-,-geschwülste)* lipoma *f.* **Fett|ge|we|be** n. *(-s,-)* tessuto *m.* adiposo. **fett|hal|tig** agg. grasso, contenente grassi: ***-e Nahrungsmittel*** alimenti grassi. **Fett|här|tung** f. *(-,-en)* indurimento *m.* degli olii, idrogenazione *f.*

Fett|heit f. *(-)* grassezza *f.*; *(Obesität)* obesità *f.*

Fett|hen|ne f. *(-,-n)* sedo *m.*, erba *f.* di S. Giovanni.

fet|tig agg. grasso: ***-e Haare*** capelli grassi. **Fet|tig|keit** f. *(-)* → **Fettheit.**

Fett|kalk m. *(-[e]s)* calce *f.* grassa. **Fett|kloß** m. *(-es,-klöße)* COLLOQ. pancione *m.*, ciccione *m.* **Fett|klum|pen** m. *(-s,-)* massa *f.* di grasso (*o* adiposa). **Fett|koh|le** f. *(-,-n)* carbone *m.* grasso. **Fett|le|be** f. *(-)* REGION. vita *f.* opulenta ◆ ***~ machen*** = mangiar bene e godersi la vita. **Fett|le|ber** f. *(-,-n)* MED. fegato *m.* grasso. **fett|lei|big** agg. pingue, obeso. **Fett|lei|big|keit** f. *(-)* pinguedine *f.*, obesità *f.* **fett|lös|lich** agg. liposolubile. **Fett|näpf|chen**, COLLOQ. ***(bei jdm) ins ~ treten*** fare una gaffe con qcn. **Fett|pa|pier** n. *(-s,-e)* carta *f.* oleata. **Fett|pflan|ze** f. *(-,-n)* pianta *f.* grassa. **Fett|pols|ter** n. *(-s,-)* **1** FISIOL. pannicolo *m.* adiposo **2** ECON. riserva *f.* di capitale. **Fett|pres|se** f. *(-,-n)* ingrassatore *m.* a siringa. **fett|reich** agg. ricco di grassi (*o* di sostanze grasse). **Fett|rei|he** f. *(-)* serie *f.* alifatica. **Fett|sack** m. *(-[e]s,-säcke)* COLLOQ. SPREG. sacco *m.* di lardo. **Fett|säu|re** f. *(-,-n)* acido *m.* grasso: ***(un)gesättigte -n*** acidi grassi (in)saturi. **Fett|sei|fe** f. *(-,-n)* CHIM. sapone *m.* grasso. **Fett|spal|tung** f. *(-,-en)* scissione *f.* dei grassi. **Fett|stift** m. *(-[e]s,-e)* **1** matita *f.* grassa **2** COSMET. (stick *m.* di) burro *m.* (di) cacao. **Fett|sucht** f. *(-)* obesità *f.* **Fett|wanst** m. *(-es,-wänste)* COLLOQ. SPREG. pancione *m.*, trippone *m.* **Fett|wulst** m. *(-es,-wülste)* cuscinetto *m.* di grasso. **Fett|zel|le** f. *(-,-n)* cellula *f.* di tessuto adiposo.

Fe|tus → **Fötus.**

fet|zen I tr. COLLOQ. strappare, stracciare; ***etw. in Stücke ~*** fare a pezzi qcs. **II** intr. (aus. *sein*) **1** COLLOQ. *(rennen)* correre **2** GERG. *(mitreißen)* essere uno sballo: ***diese Musik fetzt*** questa musica è uno sballo. **Fet|zen** m. *(-s,-)* **1** pezzetto *m.*, brandello *m.* (anche FIG.): ***ein ~ Stoff, Papier*** un pezzetto di stoffa, di carta; ***~ eines Gesprächs*** brandelli di un discorso; ***in ~ gehen*** cadere a brandelli **2** COLLOQ. SPREG. *(billiges Kleid)* straccetto *m.* **3** AUSTR. *(Scheuertuch)* straccio *m.*, strofinaccio *m.* ◆ ***streiten, dass die ~ fliegen*** far volare i piatti (litigando), tirarsi i piatti in testa. **fet|zig** agg. **1** AUSTR. scadente: ***ein -er Stoff*** un tessuto scadente **2** GERG. *(mitreißend)* da sballo.

feucht agg. umido, bagnato: ***~ werden*** inumidirsi ◆ SCHERZ. ***ein -er Abend*** una serata di bevute (*o* libagioni); ***~ aufbewahren*** conservare in un ambiente umido; ***-e Hände*** mani sudate; ***er ist noch ~ hinter den Ohren*** ha ancora il latte alla bocca. **Feuch|te** f. *(-)* umidità *f.* **Feuch|te|mes|ser** → **Feuchtigkeitsmesser. feuch|ten I** tr. **1** *(feucht machen)* umettare, inumidire **2** *(benetzen)* bagnare **II** intr. (aus. *haben*) orinare (di animali). **III** rifl. **sich ~** inumidirsi.

feucht|fröh|lich agg. allegro per le abbondanti bevute (*o* libagioni). **feucht|heiß** agg. caldo umido.

Feuch|tig|keit f. *(-)* umidità *f.* ◆ ***vor ~ schützen*** tenere il luogo asciutto. **Feuch|tig|keits|creme** f. *(-,-s)* crema *f.* idratante. **Feuch|tig|keits|ge|halt** m. *(-[e]s,-e)* contenuto *m.* di umidità. **Feuch|tig|keits|grad** m. *(-[e]s,-e)* grado *m.* (*o* percentuale *f.*) di umidità. **Feuch|tig|keits|mes|ser** m. *(-s,-)* igrometro *m.* **feuch|tig|keits|spen|dend** agg. idratante.

feucht|kalt agg. freddo umido. **feucht|schwül** agg. umido e afoso. **feucht|warm** agg. caldo umido.

feu|dal I agg. **1** feudale **2** *(aristokratisch)* aristocratico, signorile **3** *(prachtvoll)* sontuoso, sfarzoso **II** avv. **1** da signore: ***~ leben*** vivere da signore **2** *(prachtvoll)* sontuosamente, con sfarzo. **Feu|dal|adel** m. *(-s)* nobiltà *f.* (*o* aristocrazia *f.*) feudale. **Feu|dal|ge|sell|schaft** f. *(-,-en)* società *f.* feudale. **Feu|dal|herr** m. *(-n,-en)* feudatario *m.*, signore *m.* feudale. **Feu|dal|herr|schaft** f. *(-,-en)* dominio *m.* feudale, feudalesimo *m.*

Feu|da|lis|mus n. *(-)* feudalesimo *m.* **feu|da|lis|tisch** agg. feudale. **Feu|da|li|tät** f. *(-)* feudalità *f.*

Feu|dal|recht n. *(-[e]s,-e)* diritto *m.* feudale. **Feu|dal|staat** m. *(-[e]s,-en)* stato *m.* feudale. **Feu|dal|sys|tem** m. *(-s,-e)* sistema *m.* (*o* ordinamento *m.*) feudale, feudalesimo *m.* **Feu|dal|we|sen** n. *(-s)* feudalesimo *m.*

Feu|er n. *(-s,-)* **1a** fuoco *m.*: ***~ anzünden, (anmachen), (an)legen, anschüren, löschen*** accendere, appiccare, attizzare, spegnere il fuoco; *(Herd)* ***den Topf aufs ~ stellen*** mettere la pentola sul fuoco; ***~ speiend*** che sputa fuoco; *(vom Vulkan)* in eruzione **b** MIL. ***~ geben, eröffnen*** far fuoco, aprire il fuoco **c** *(Brand)* incendio *m.*, fuoco *m.*: ***durch ~ zerstört werden*** essere distrutto da un incendio **d** *(Flammen)* fiamme *f.pl.*: ***im ~ umkommen*** morire tra le fiamme **2** MAR. *(Leuchtfeuer)* faro *m.* **3** *(Glanz)* scintillio *m.*, splendore *m.*: ***das ~ eines Brillanten*** lo scintillio di un brillante **4** *(Temperament)* temperamento *m.*, spirito *m.* **5** *(Begeisterung)* ardore *m.*, fervore *m.*: ***das ~ der Jugend*** l'ardore giovanile (*o* della gioventù) ◆ ***das ~ glimmt unter der Asche*** il fuoco cova sotto la cenere; FIG. *(von Wunden)* ***wie ~ brennen*** bruciare come fuoco; ***bei ihm ist gleich ~ unterm Dach*** = è un tipo facile all'ira; ***~ fangen*** prendere fuoco; FIG. accendersi, infiammarsi; *(sich verlieben)* innamorarsi, accendersi d'amore; ***für etw. ~ und Flamme sein*** = essere entusiasta di qcs.; ***für jdn durchs ~ gehen*** buttarsi nel fuoco per qcn.; ***gib mir ~!*** fammi accendere! ***für jdn die Hand ins ~ legen*** mettere la mano sul fuoco per qcn.; COLLOQ. FIG. ***jdm ~ unter dem Hintern machen*** accendere il fuoco sotto il sedere a qcn.; ***jdn unter ~ nehmen*** attaccare qcn., fare fuoco su qcn.; ***jdm ~ reichen*** fare accendere (la sigaretta) a qcn.; FIG. ***das ~ schüren*** soffiare sul fuoco; ***etw. mit ~ und Schwert ausrotten*** mettere qcs. a ferro e fuoco; FIG. ***mit dem ~ spielen*** scherzare col fuoco; ***im ~ stehen*** = essere sottoposto a critiche, essere attaccato; ***~ und Wasser sein*** essere come il giorno e la notte, come il diavolo e l'acqua santa; ***dieser Wein hat ~*** questo vino ha corpo, è un vino generoso; ***zwischen zwei ~ geraten*** trovarsi fra due fuochi. **Feu|er|alarm** m. *(-[e]s,-e)* allarme *m.* antincendio. **Feu|er|an|zün|der** m. *(-s,-)* esca *f.* per il fuoco. **Feu|er|ba|ke** f. *(-,-n)* meda *f.* luminosa. **Feu|er|ball** m. *(-[e]s,-bälle)* palla *f.* (*o* globo *m.*) di fuoco. **Feu|er|be|fehl** m. *(-[e]s,-e)* MIL. ordine *m.* di aprire il fuoco (*o* di far fuoco). **Feu|er|be|kämp|fung** f. *(-,-en)* lotta *f.* contro l'incendio (*o* gli incendi), operazioni *f.pl.* antincendio. **feu|er|be|reit** agg. pronto a far fuoco. **Feu|er|berg** m. *(-[e]s,-e)* LETT. ANT. vulcano *m.* **feu|er|be|stän|dig** agg. refrattario, resistente al fuoco. **Feu|er|be|stän|dig|keit** f. *(-)* refrattarietà *f.*, resistenza *f.* al fuoco. **Feu|er|be|stat|tung** f. *(-,-en)* cremazione *f.* **Feu|er|bock** m. *(-[e]s,-böcke)* alare *m.* **Feu|er|boh|ne** f. *(-,-n)* fagiolo *m.* di Spagna. **Feu|er|büch|se** f. *(-,-n)* **1** ANT. *(Gewehr)* archibugio *m.*, schioppo *m.* **2** cassa *f.* di combustione, camera *f.* del fumo. **Feu|er|chen** n. *(-s,-)* f(u)ocherello *m.* **Feu|er|dorn** m. *(-[e]s,-en)* agazzino *m.* **Feu|er|ei|fer** m. *(-s)* fervore *m.*, ardore *m.* **Feu|er|ein|stel|lung** f. *(-,-en)* cessate *m.* il fuoco, cessazione *f.* del fuoco: ***Befehl zur ~ geben*** ordinare il cessate il fuoco. **Feu|er|es|se** f. *(-,-n)* cappa *f.* del camino. **feu|er|fest** agg. resistente al fuoco, al calore del forno. **Feu|er|fes|tig|keit** → **Feuerbeständigkeit. Feu|er|fres|ser** m. *(-s,-)* COLLOQ. → **Feuerschlucker. Feu|er|fuchs** m. *(-es,-füchse)* (cavallo) sauro *m.* bruciato.

Feu|er|ge|fahr f. *(-,-en)* pericolo *m.* (*o* rischio *m.*) d'incendio. **feu|er|ge|fähr|lich** agg. infiammabile. **Feu|er|ge|fähr|lich|keit** f. *(-)* infiammabilità *f.*

Feu|er|ge|fecht n. *(-[e]s,-e)* scontro *m.* a fuoco. **Feu|er|geist** m. *(-[e]s,-er)* **1** MITOL. spirito *m.* del fuoco **2** *(von Menschen)* ingegno *m.* vivace. **Feu|er|ge|schwin|dig|keit** f. *(-,-en)* velocità *f.* di fuoco. **Feu|er|ha|ken** m. *(-s,-)* attizzatoio *m.* **Feu|er|hal|le** f. *(-,-n)* AUSTR. crematorio *m.* **feu|er|hem|mend** agg. ignifugo. **Feu|er|herd** m. *(-[e]s,-e)* focolaio *m.* dell'incendio. **Feu|er|holz** n. *(-es)* legna *f.* da ardere. **Feu|er|kraft** f. *(-)* potenza *f.* di fuoco.

Feu|er|land n.pr.n. *(-s)* Terra *f.* del Fuoco.

Feu|er|lei|ter f. *(-,-n)* **1** scala *f.* antincendio (*o* d'emergenza) **2** *(Klappleiter)* scala *f.* aerea (*o* porta). **Feu|er|li|lie** f. *(-,-n)* giglio *m.* selvatico. **Feu|er|li|nie** f. *(-,-n)* linea *f.* del fuoco.

Feu|er|lö|scher m. *(-s,-)* estintore *m.* **Feu|er|lösch|fahr|zeug** n. *(-[e]s,-e)* autopompa *f.* **Feu|er|lösch|hyd|rant** m. *(-en,-en)* idrante *m.* **Feu|er|lösch|mit|tel** n. *(-s,-)* materiale *m.* antincendio, ignifugo. **Feu|er|lösch|pum|pe** f. *(-,-n)* pompa *f.* antincendio. **Feu|er|lösch|schaum** m. *(-[e]s,-schäume)* schiuma *f.* antincendio. **Feu|er|lösch|schlauch** m. *(-[e]s,-schläuche)* manichetta *f.* antincendio. **Feu|er|lösch|zug** m. *(-[e]s,-züge)* squadra *f.* di autopompe.

Feu|er|mal n. *(-[e]s,-e)* voglia *f.* di vino (sulla pelle). **Feu|er|ma|le|rei** f. *(-,-en)* pirografia *f.* **Feu|er|mau|er** f. *(-,-n)* muro *m.* spartifuoco. **Feu|er|mel|der** m. *(-s,-)* allarme *m.* antincendio.

feu|ern I intr. (aus. *haben*) **1a** accendere il fuoco, fare un fuoco **b** *(mit Brennmaterial versorgen)* alimentare il fuoco **2** MIL. *(schießen)* sparare, aprire il fuoco: ***auf den Feind ~*** aprire il fuoco sul nemico **II** tr. **1** COLLOQ. *(zornig werfen)* scagliare, scaraventare, lanciare: ***sie feuerte die Tasche auf den Boden*** scagliò la borsa per terra **2** COLLOQ. licenziare in tronco: ***einen Manager ~*** licenziare in tronco un dirigente **3** FIG. REGION. *(brennen)* bruciare: ***die Wunde feuert*** la ferita brucia ◆ ***den Ofen ~*** accendere la stufa; COLLOQ. ***jdm eine ~*** dare uno schiaffo a qcn.

Feu|er|nel|ke f. *(-,-n)* saponaria *f.* di Levante, croce *f.* di Malta. **Feu|er|pau|se** f. *(-,-n)* MIL. interruzione *f.* (*o* sospensione *f.*) del fuoco. **Feu|er|po|li|zei** f. *(-)* corpo *m.* dei vigili del fuoco, dei pompieri. **Feu|er|pro|be** f. *(-,-n)* prova *f.* del fuoco (anche FIG.). **Feu|er|qual|le** f. *(-,-n)* medusa *f.* urticante. **Feu|er|rad** n. *(-[e]s,-räder)* girandola *f.*, fuoco *m.* artificiale. **Feu|er|rost** m. *(-[e]s,-e)* griglia *f.*, graticola *f.* **feu|er|rot** agg. rosso fuoco. **Feu|er|sa|la|man|der** m. *(-s,-)* salamandra *f.* maculata. **Feu|er|säu|le** f. *(-,-n)* colonna *f.* di fuoco. **Feu|ers|brunst** f. *(-,-brünste)* LETT. incendio *m.* **Feu|er|scha|den** m. *(-s,-schäden)* danno *m.* causato dal fuoco. **Feu|er|schein** m. *(-[e]s,-e)* bagliore *m.* del, di fuoco. **Feu|er|schiff** n. *(-[e]s,-e)* navefaro *f.* **Feu|er|schirm** m. *(-[e]s,-e)* parafuoco *m.* **Feu|er|schlu|cker** m. *(-s,-)* mangiatore *m.* di fuoco. **Feu|er|schott** n. *(-[e]s,-en)* paratia *f.* tagliafuoco. **Feu|er|schutz** m. *(-es)* **1** protezione *f.* antincendio **2** MIL. fuoco *m.* di copertura. **Feu|er|schutz|mit|tel** n. *(-s,-)* materiale *m.* antincendio, ignifugo. **Feu|er|schwamm** m. *(-[e]s,-schwämme)* fungo *m.* ignario. **Feu|er|schwei|ßung** f. *(-,-en)* saldatura *f.* a fuoco. **Feu|ers|ge|fahr** → **Feuergefahr. feu|er|si|cher I** agg. ignifugo: ***-er Anzug*** tuta ignifuga **II** avv. lontano dal fuoco: ***etw. ~ aufbewahren*** tenere qcs. lontano dal fuoco. **Feu|ers|not** f. *(-)* incendio *m.* **Feu|er|sprit|ze** f. *(-,-n)* pompa *f.* antincendio. **Feu|er|stahl** m. *(-[e]s)* acciarino *m.* **Feu|er|stät|te** f. *(-,-n)* **1** focolare *m.* **2** luogo *m.* dell'incendio. **Feu|er|stein** m. *(-[e]s,-e)* **1** pietra *f.* focaia **2** *(vom Feuerzeug)* pietrina *f.* **3** MIN. selce *f.* piromaca. **Feu|er|stel|le** f. *(-,-n)* → **Feuerstätte. Feu|er|stoß** m. *(-es,-stöße)* MIL. raffica *f.* **Feu|er|stuhl** m. *(-[e]s,-stühle)* GERG. moto *f.* **Feu|er|tau|fe** f. *(-,-n)* battesimo *m.* del fuoco. **Feu|er|teu|fel** m. *(-s,-)* COLLOQ. incendiario *m.* **Feu|er|tod** m. *(-[e]s,-e)* LETT. morte *f.* sul rogo, rogo *m.*: ***jdn zum ~ verurteilen*** condannare qcn. al rogo; ***den ~ sterben*** morire sul rogo. **Feu|er|ton** m. *(-[e]s,-e)* argilla *f.* refrattaria. **Feu|er|trep|pe** f. *(-,-n)* → **Feuerleiter. Feu|er|über|fall** m. *(-[e]s,-überfälle)* MIL. attacco *m.* con armi da fuoco.

Feu|e|rung f. *(-,-en)* **1** impianto *m.* di combustione **2** *(Feuerraum)* camera *f.* di combustione; fornace *f.* **3** *(Feuern)* accensione *f.* **4** *(Heizung)* riscaldamento *m.* **5** *(Brennstoff)* combustibile *m.* **Feu|e|rungs|an|la|ge** f. *(-,-n)* impianto *m.* di combustione.

Feu|er|ver|si|che|rung f. *(-,-en)* assicurazione *f.* contro gli incendi. **feu|er|ver|zin|ken** tr. (solo inf. e p.pass.) zincare a caldo. **Feu|er|vo|gel** m. *(-s,-vögel)* mignattino *m.* **Feu|er|wa|che** f. *(-,-n)* **1** vigile *m.* del fuoco **2** *(Feuerwehrhaus)* caserma *f.* dei vigili del fuoco. **Feu|er|waf|fe** f. *(-,-n)* arma *f.* da fuoco. **Feu|er|wal|ze** f. *(-,-n)* MIL. barriera *f.* di fuoco. **Feu|er|warn|an|la|ge** f. *(-,-n)* allarme *m.* antincendio. **Feu|er|was|ser** n. *(-s)* COLLOQ. = acquavite *f.*

Feu|er|wehr f. *(-,-en)* vigili *m.pl.* del fuoco, pompieri *m.pl.* **Feu|er|wehr|haupt|mann** m. *(-[e]s,-leute)* comandante *m.* dei vigili del fuoco. **Feu|er|wehr|haus** n. *(-es,-häuser)* caserma *f.* dei vigili del fuoco. **Feu|er|wehr|mann** m. *(-[e]s,-leute* e *-männer)* vigile *m.* del fuoco, pompiere *m.*

Feu|er|werk n. *(-[e]s,-e)* fuochi *m.pl.* d'artificio, spettacolo *m.* pirotecnico. **Feu|er|wer|ker** m. *(-s,-)* **1** pirotecnico *m.* **2** MIL. *(Sachverständiger für Sprengstoff)* artificiere *m.* **Feu|er|werks|kör|per** m. *(-s,-)* fuoco *m.* d'artificio.

Feu|er|zan|ge f. *(-,-n)* molle *f.pl.* (per il fuoco). **Feu|er|zan|gen|bow|le** f. *(-,-n)* INTRAD. (tipo di vino brûlé). **Feu|er|zei|chen** n. *(-s,-)* **1** segnalazione *f.* luminosa **2** MAR. faro *m.* **Feu|er|zeug** n. *(-[e]s,-e)* accendino *m.*

Feuil|le|ton [fœjə'tõ(:)] n. *(-s,-s)* **1** *(Teil einer Zeitung)* inserto *m.* culturale, pagine *f.pl.* della cultura **2** *(literarischer Aufsatz)* articolo *m.* culturale. **feuil|le|to|nis|tisch** agg. **1** da, dell'inserto culturale **2** SPREG. *(halbwissenschaftlich)* di bassa divulgazione.

feu|rig agg. **1** focoso: ***ein -es Temperament*** un temperamento focoso **2** *(scharf)* piccante: ***ein -es Gericht*** un piatto piccante **3a** ANT. *(glühend)* infuocato, ardente: ***-e Kohlen*** carboni ardenti **b** FIG. infuocato, di fuoco: ***ein -er Blick*** uno sguardo infuocato; ***mit -en Worten*** con parole infuocate **4a** LETT. *(feuerrot)* rosso fuoco, fiammeggiante: ***ein -er Sonnenuntergang*** un tramonto rosso fuoco **b** LETT. *(funkelnd)* sfavillante, scintillante **5** *(von Wein)* generoso, vigoroso.

feu|rio inter. ANT. al fuoco.

Fex m. REGION. *(-es,-e)* e AUSTR. *(-en,-en)* matto *m.*

1.Fez m. *(-es,-e)* fez *m.*

2.Fez m. *(-es)* COLLOQ. **1** *(Spaß)* divertimento *m.*, spasso *m.* **2** *(Unsinn)* sciocchezza *f.*, stupidaggine *f.*

ff. ⇒ *folgende* seguenti (segg.)

FF ⇒ *französischer Franc* franco francese (Fr.fr.).

Fi|a|ker m. *(-s,-)* AUSTR. ANT. **1** fiacchere *m.*, carrozza *f.* pubblica **2** *(Kutscher)* fiaccheraio *m.*

Fi|a|le f. *(-,-n)* ARCH. guglia *f.*, pinnacolo *m.*

Fi|as|ko n. *(-s,-s)* fiasco *m.*, insuccesso *m.*: ***~ machen*** fare fiasco.

Fi|bel f. *(-,-n)* **1** ANT. abbecedario *m.* **2a** ARCH. fibbia *f.*, fibula *f.* **b** *(Nadel)* spilla *f.*

Fi|ber f. *(-,-n)* MED. BIOL. fibra *f.* **Fi|ber|glas** n. *(-es)* fibra *f.* di vetro.

Fib|ril|le f. *(-,-n)* fibrilla *f.*

Fib|rin n. *(-s)* fibrina *f.*

Fib|rom n. *(-s,-e)* fibroma *m.*

fib|rös agg. fibroso.

Fich|te f. *(-,-n)* abete *m.* rosso. **fich|ten** agg. di abete rosso. **Fich|ten|hain** m. *(-[e]s,-e)* abetaia *f.* **Fich|ten|harz** n. *(-es,-e)* resina *f.* di abete rosso. **Fich|ten|holz** n. *(-es,-hölzer)* legno *m.* d'abete rosso. **Fich|ten|kreuz|schna|bel** m. *(-s,-schnäbel)* ORNIT. crociere *m.* **Fich|ten|lo|he** f. *(-,-n)* scorza *f.* di abete (per la concia delle pelli).

Fich|ten|na|del f. *(-,-n)* ago *m.* di abete. **Fich|ten|na|del|bad** n. *(-[e]s,-bäder)* schiuma *f.* (da bagno) all'essenza di pino. **Fich|ten|na|del|ex|trakt** m. *(-[e]s,-e)* essenza *f.* di pino.

Fich|ten|spin|ner m. *(-s,-)* falena *f.* **Fich|ten|wald** m. *(-[e]s,-wälder)* → **Fichtenhain.**

Fick m. *(-s,-s)* VOLG. scopata *f.*

fi|cken tr. **1** VOLG. scopare **2** GERG. *(herannehmen)* far sgobbare ◆ VOLG. ***fick dir bloß nicht ins (aufs) Knie*** non fare lo smorfioso. **Fi|cker** m. *(-s,-)* VOLG. scopatore *m.* **fi|cke|rig** agg. **1** REGION. irrequieto **2** VOLG. *(geil)* arrapato.

Fick|fack m. *(-[e]s,-e)* REGION. **1** *(Vorwand)* pretesto *m.* **2** *(Ausflucht)* sotterfugio *m.* **fick|fa|cken** intr. (aus. *haben*) REGION. *(Ausflüchte machen)* cercare scuse, pretesti. **Fick|fa|cker** m. *(-s,-)* REGION. **1** chi cerca scuse **2** *(unbeständiger Mensch)* banderuola *f.* **Fick|fa|cke|rei** f. *(-,-en)* REGION. **1** *(Betrügerei)* raggiro *m.* **2** *(Unsinn)* sciocchezza *f.*

Fick|müh|le f. *(-,-n)* REGION. **1** *(Mühlespiel)* filetto *m.* **2** *(verzwickte Lage)* pasticcio *m.*, guaio *m.* **fick|rig** agg. → **fickerig.**

Fi|de|i|kom|miss [fideikɔ̃'mɪs] n. *(-es,-e)* fedecommesso *m.*

Fi|de|is|mus m. *(-)* fideismo *m.* **Fi|de|ist** m. *(-en,-en)* fideista *m.* **fi|de|is|tisch** agg. fideistico.

fi|del agg. COLLOQ. allegro, di buon umore.

Fi|del f. *(-,-n)* viella *f.*

Fi|de|li|tas, Fi|de|li|tät f. *(-)* → **Fidulität.**

Fid|schi n.pr.pl. Figi *f.pl.*

Fi|du|li|tät f. *(-,-en)* = festoso incontro *m.* di goliardi.

Fi|duz, ***kein ~ zu etw. haben*** non avere il coraggio di fare qcs.

Fie|ber n. *(-s,-)* febbre *f.* (anche FIG.): ***hohes ~*** febbre alta; ***mit ~ im Bett liegen*** essere a letto con la febbre; ***vierzig Grad ~*** febbre a quaranta; ***das ~ steigt, fällt*** la febbre sale, cala; ***ich habe ~ bekommen*** mi è venuta la febbre. **Fie|ber|an|fall** m. *(-[e]s,-anfälle)* attacco *m.* di febbre, MED. accesso *m.* febbrile. **Fie|ber|fan|ta|**

sie f. *(-,-n)* delirio *m.* (febbrile). **fie|ber|frei** agg. sfebbrato, senza febbre. **Fie|ber|frost** m. *(-[e]s,-fröste)* brividi *m.pl.* di febbre. **fie|ber|glän|zend** agg. ***-e Augen*** occhi lucidi di febbre, febbricitanti. **fie|ber|glü|hend** agg. che arde di febbre, febbricitante. **fie|ber|haft** agg. febbrile (anche FIG.): ***-e Unruhe*** agitazione febbrile. **fie|be|rig** agg. → **fiebrig. fie|ber|krank** agg. febbricitante, che ha la febbre. **Fie|ber|kraut** n. *(-[e]s,-kräuter)* biondella *f.*, COLLOQ. cacciafebbre *f.* **Fie|ber|kur|ve** f. *(-,-n)* diagramma *m.* della temperatura (corporea). **fie|ber|los** agg. senza febbre, sfebbrato. **Fie|ber|mes|ser** m. *(-s,-)* COLLOQ. termometro *m.* **Fie|ber|mit|tel** n. *(-s,-)* antipiretico *m.*, febbrifugo *m.* **Fie|ber|mü|cke** f. *(-,-n)* anofele *f.*

fie|bern intr. (aus. *haben*) **1a** avere la febbre, essere febbricitante **b** FIG. essere in grande agitazione **2** *(heftig erstreben)* ***nach etw. ~*** bramare, agognare qcs.

Fie|ber|rin|de f. *(-,-n)* corteccia *f.* di china. **Fie|ber|schau|er** m. *(-s,-)* brivido *m.* di febbre. **fie|ber|sen|kend** agg. antipiretico. **Fie|ber|ta|bel|le** f. *(-,-n)* diagramma *m.*, tabella *f.* della febbre. **Fie|ber|ther|mo|me|ter** n. *(-s,-)* termometro *m.* (clinico). **Fie|ber|wahn** m. *(-[e]s)* delirio *m.* (febbrile). **Fie|ber|zu|stand** m. *(-[e]s, -zustände)* stato *m.* febbrile.

fieb|rig I agg. **1** *(von Fieber befallen)* febbricitante **2** *(mit Fieber)* ***eine -e Erkältung*** un raffreddore con febbre **3** FIG. febbrile **II** avv. **1** ***~ glänzende Augen*** occhi lucidi di febbre **2** FIG. febbrilmente, in modo febbrile.

Fie|del f. *(-,-n)* SCHERZ. o SPREG. violino *m.* **fie|deln** tr. SCHERZ. o SPREG. strimpellare il violino.

Fie|der f. *(-,-n)* **1** ANT. piumetta *f.* **2** BOT. fogliolina *f.* **fie|de|rig** agg. **1** ORNIT. pennuto **2** BOT. pennato. **fie|dern** rifl. **sich ~** mutare le penne. **Fie|de|rung** f. *(-,-en)* piumaggio *m.*

Fied|ler m. *(-s,-)* SCHERZ. o SPREG. suonatore *m.*, strimpellatore *m.* di violino.

fied|rig agg. → **fiederig.**

fiel → **fallen.**

fie|pen intr. (aus. *haben*) **1** VENAT. fischiare **2a** *(von Hund)* mugolare **b** *(von Vogel)* pigolare.

fie|ren tr. MAR. filare, lascare.

fies COLLOQ. **I** agg. schifoso, ripugnante: ***ein -er Kerl*** un tipo ripugnante **II** avv. in modo schifoso, ripugnante ◆ ***es ist mir ~*** mi fa schifo; ***es schmeckt ~*** ha un sapore schifoso. **Fies|ling** m. *(-s,-e)* SPREG. = persona *f.* ripugnante, schifosa.

fif|ty-fif|ty ['fɪftɪ'fɪftɪ] avv. fifty-fifty, a metà: ***~ machen*** fare a metà, dividere in parti uguali ◆ ***~ stehen*** essere incerto, in sospeso.

Fi|ga|ro m. *(-s,-s)* SCHERZ. figaro *m.*

Fi|gur f. *(-,-en)* **1** *(Körperform)* figura *f.*, personale *m.*, linea *f.*: ***eine schlanke, gute ~ haben*** avere una figura snella, un bel personale; ***auf seine ~ achten*** fare attenzione, badare alla linea **2** *(Person)* figura *f.*, personaggio *m.*: ***eine herausragende ~ seiner Zeit*** una figura dominante del suo tempo; ***eine mythologische ~*** una figura mitologica; ***die -en eines Romans*** i personaggi di un romanzo **3** COLLOQ. *(Typ)* tipo *m.*: ***eine seltsame, verdächtige ~*** un tipo strano, sospetto **4** *(Abbildung)* figura *f.*, illustrazione *f.* **5** *(Statue)* figura *f.*: ***-en aus Holz, aus Porzellan*** figure di, in legno, porcellana **6** *(beim Schachspiel)* pezzo *m.*: ***mit einer ~ ziehen*** muovere un pezzo; ***die -en aufstellen*** disporre i pezzi **7a** GEOM. figura *f.*: ***eine geometrische, ebene ~*** una figura geometrica, piana **b** SPORT ***auf dem Eis -en laufen*** eseguire figure (pattinando) sul ghiaccio **8** RET. ***rhetorische -en*** figure retoriche ◆ ***eine gute, klägliche, schlechte ~ machen, abgeben*** fare una bella figura (*o* una figurona), una figura pietosa, una brutta figura; ***ein Bild in ganzer ~*** un ritratto a figura intera.

Fi|gu|ral|mu|sik f. *(-)* musica *f.* figurata.

Fi|gu|rant m. *(-en,-en)* figurante *m.*, comparsa *f.* (anche FIG.).

Fi|gu|ra|ti|on f. *(-,-en)* ART. MUS. figurazione *f.* **fi|gu|ra|tiv** agg. **1** ART. figurativo **2** LING. figurato.

fi|gur|be|tont agg. che sottolinea (*o* fa risaltare) la figura: ***ein -es Kleid*** un vestito che sottolinea la figura.

Fi|gür|chen n. *(-s,-)* figurina *f.*, figuretta *f.*

Fi|gu|ren|lau|fen n. *(-s)* pattinaggio *m.* artistico. **fi|gu|ren|reich** agg. **1** ricco di illustrazioni, pieno di figure **2** *(von literarischen Werken)* ricco di personaggi **3** *(beim Tanz)* ricco di figure, molto figurato. **Fi|gu|ren|tanz** m. *(-es,-tänze)* danza *f.* figurata. **Fi|gu|ren|the|a|ter** n. *(-s,-)* teatro *m.* di marionette (*o* burattini).

fi|gu|rie|ren intr. (aus. *haben*) figurare, comparire. **fi|gu|riert** p.pass. agg. **1** → **figurieren 2** MUS. figurato **3** ***ein -er Stoff*** una stoffa fantasia (*o* a disegni).

Fi|gu|ri|ne f. *(-,-n)* **1** ART. figurina *f.*, statuetta *f.* **2** *(Modellbild)* figurino *m.*, modello *m.*

fi|gür|lich I agg. **1** ART. figurativo; ***eine -e Darstellung*** una raffigurazione **2** LING. figurato **II** avv. *(übertragen)* in senso figurato.

fik|til agg. fittile.

Fik|ti|on f. *(-,-en)* **1** finzione *f.*: ***literarische ~*** finzione letteraria **2** FILOS. ipotesi *f.* per assurdo. **fik|tiv** agg. fittizio.

Fi|la|ment n. *(-s,-e)* BOT. ASTR. filamento *m.*

Fi|la|ria f. *(-, Filariae* e *Filarien)* filaria *f.*

Fi|let [fi'le:] n. *(-s,-s)* **1** GASTR. filetto *m.* **2** TESS. filet *m.* **Fi|let|ar|beit** f. *(-,-en)* lavoro *m.* al filet. **Fi|let|de|cke** f. *(-,-n)* centrino *m.* (*o* centrotavola *m.*) al filet. **Fi|let|hand|schuh** m. *(-[e]s,-e)* guanto *m.* a rete.

fi|le|tie|ren tr. *(Fisch)* filettare.

Fi|let|na|del f. *(-,-n)* ago *m.* per (lavorare al) filet. **Fi|let|steak** [-ste:k] n. *(-s,-s)* bistecca *f.* di filetto.

Fi|li|a|le f. *(-,-n)* filiale *f.*, succursale *f.* **Fi|li|al|lei|ter** m. *(-s,-)* direttore *m.* di, della filiale.

fi|lie|ren I tr. → **filetieren II** intr. (aus. *haben*) fare un lavoro al filet.

fi|lig|ran agg. in, di filigrana. **Fi|lig|ran** n. *(-s,-e)*, **Fi|lig|ran|ar|beit** f. *(-,-en)* filigrana *f.*

Film m. *(-[e]s,-e)* **1** *(für Aufnahmen)* pellicola *f.*, film *m.*: ***einen neuen ~ in die Kamera einlegen*** mettere una nuova pellicola nella macchina fotografica; ***den ~ entwickeln*** sviluppare la pellicola **2a** film *m.*: ***einen ~ (ab)drehen, machen, ansehen*** girare, fare, vedere un film; ***der ~ läuft seit einer Woche*** il film viene proiettato da una settimana **b** COLLOQ. ***in einen ~ gehen*** andare a vedere un film, andare al cinema **3** *(Filmindustrie)* cinema *m.*: COLLOQ. ***zum ~ wollen*** voler entrare nel mondo del cinema, diventare attore; ***beim ~ sein*** fare del cinema **4** *(dünne Schicht)* sottile strato *m.*, film *m.*: ***ein öliger ~*** un sottile strato oleoso; ***ein schützender ~*** un film protettivo. **Film|ama|teur** [-tøːɐ] m. *(-s,-e)* cineamatore *m.* **Film|ar|chiv** n. *(-s,-e)* cineteca *f.* **Film|ate|li|er** [-atəlie:] n. *(-s,-s)* studio *m.* cinematografico, teatro *m.* di posa. **Film|auf|nah|me** f. *(-,-n)* ripresa *f.* cinematografica. **Film|au|tor** m. *(-s,-en)* sceneggiatore *m.* **Film|be|ar|bei|tung** f. *(-,-en)* adattamento *m.* cinematografico. **Film|be|richt** m. *(-[e]s,-e)* reportage *m.* (cinematografico), TELEV. filmato *m.*

Fil|me|ma|cher m. *(-s,-)* film-maker *m.*

fil|men I tr. **1** filmare **2** COLLOQ. *(lächerlich machen)* rendere ridicolo **II** intr. (aus. *haben*) fare, girare (un) film: ***im Schwarzwald ~*** girare un film nella Foresta Nera; ***er spielt kaum mehr Theater, er filmt nur noch*** non recita quasi più in teatro, fa soltanto film.

Fil|mer m. *(-s,-)* cineasta *m.*

Film|fan m. *(-s,-s)* cinefilo *m.* **Film|him|mel** m. *(-s)* firmamento *m.* cinematografico. **fil|misch I** agg. filmico, cinematografico **II** avv. cinematograficamente. **Film|ka|me|ra** f. *(-,-s)* macchina *f.* da presa, cinepresa *f.*, cinecamera *f.* **Film|kas|set|te** f. *(-,-n)* FOT. cassetta *f.*, cartuccia *f.* (di pellicola). **Film|ko|mö|die** f. *(-,-n)* commedia *f.* (cinematografica). **Film|kom|po|nist** m. *(-en,-en)* autore *m.* di musica da film. **Film|kri|ti|ker** m. *(-s,-)* critico *m.* cinematografico. **Film|lein|wand** f. *(-,-wände)* schermo *m.* (cinematografico). **Film|ma|ga|zin** n. *(-s,-e)* rivista *f.* cinematografica. **Film|ma|nu|skript** n. *(-[e]s,-e)* copione *m.* **Film|mu|sik** f. *(-, -en)* **1** colonna *f.* sonora: ***die ~ zu einem Western schreiben*** scrivere la colonna sonora (*o* le musiche) di un western **2** *(Gattung)* musica *f.* da film.

Fil|mo|thek f. *(-,-en)* filmoteca *f.*, cineteca *f.*

Film|pro|du|zent m. *(-en,-en)* produttore *m.* cinematografico. **Film|pro|jek|tor** m. *(-s,-en)* proiettore *m.* **Film|prüf|stel|le** f. *(-,-n)* ufficio *m.* di censura cinematografica. **Film|riss**, COLLOQ. ***einen ~ haben*** avere un vuoto (di memoria). **Film|rol|le** f. *(-,-n)* **1** rullino *m.* (di pellicola) **2** *(schauspielerische Rolle)* ruolo *m.* (*o* parte *f.*) in un film. **Film|schau|spie|ler** m. *(-s,-)* attore *m.* cinematografico. **Film|spu|le** f. *(-,-n)* bobina *f.* di pellicola. **Film|star** m. *(-s,-s)* stella *f.* del cinema, divo *m.* (*o* diva *f.*) del cinema. **Film|stern|chen** n. *(-s,-)* stellina *f.* del cinema, starlet *f.* **Film|strei|fen** m. *(-s,-)* FOT. CINEM. pellicola *f.* **Film|stu|dio** n. *(-s,-s)* → **Filmatelier. Film|the|a|ter** n. *(-s,-)* sala *f.* cinematografica. **Film|trans|port** m. *(-[e]s)* avanzamento *m.* della pellicola. **Film|ver|leih, Film|ver|trieb** m. *(-[e]s,-e)* distribuzione *f.* cinematografica. **Film|zyk|lus** m. *(-,-zyklen)* rassegna *f.* cinematografica (*o* di film).

Fi|lou [fi'lu:] m. e n. *(-s,-s)* SCHERZ. briccone *m.*, birbone *m.*

Fil|ter m. e n. *(-s,-)* filtro *m.* **Fil|ter|ein|satz** m. *(-es,-einsätze)* cartuccia *f.* di filtrazione, elemento *m.* filtrante. **fil|ter|fein** agg. macinato finemente. **Fil|ter|kaf|fee** m. *(-s,-s)* = caffè *m.* preparato per filtrazione. **Fil|ter|kör|per** m. *(-s,-)* TECN. filtro *m.* **Fil|ter|kreis** m. *(-es,-e)* EL. circuito *m.* (di) filtro (*o* filtrante). **Fil|ter|mund|stück** n. *(-[e]s,-e)* bocchino *m.* con filtro.

fil|tern tr. filtrare.

Fil|ter|pa|pier n. *(-s,-e)* carta *f.* da filtro. **Fil|ter|rück|stand** m.

(-[e]s,-rückstände) residuo *m.* di filtrazione. **Fil|ter|sieb** n. *(-[e]s, -e)* reticella *f.* del filtro. **Fil|ter|tü|te** f. *(-,-n)* filtro *m.* di carta. **Fil|te|rung** f. *(-,-en)* → **Filtration. Fil|ter|zi|ga|ret|te** f. *(-,-n)* sigaretta *f.* con filtro.

Filt|rat n. *(-[e]s,-e)* filtrato *m.* **Filt|ra|ti|on** f. *(-,-en)* filtrazione *f.*, filtraggio *m.*

filt|rie|ren tr. → **filtern. Filt|rier|pa|pier** → **Filterpapier. Filt|rier|sack** m. *(-[e]s,-säcke)* FARM. filtro *m.* per liquidi, manica *f.* d'Ippocrate. **Filt|rie|rung** f. *(-,-en)* filtrazione *f.*

Filz m. *(-es,-e)* **1** feltro *m.* **2** *(Filzhut)* feltro *m.*, cappello *m.* di feltro **3** BOT. tomento *m.* **4a** COLLOQ. SPREG. *(geiziger Mensch)* avaraccio *m.*, spilorcio *m.* **b** *(bäurischer Mensch)* zoticone *m.* **5** REGION. *(Moor)* palude *f.* **6** POL. SPREG. consociativismo *m.* **Filz|de|cke** f. *(-,-n)* coperta *f.* di feltro.

1.fil|zen I intr. **1** (aus. *haben*, RAR. *sein*) infeltrire, infeltrirsi **2** COLLOQ. *(fest schlafen;* aus. *haben)* dormire della grossa **II** tr. COLLOQ. *(durchsuchen)* perquisire, controllare, frugare.

2.fil|zen agg. di feltro.

Filz|hut m. *(-[e]s,-hüte)* cappello *m.* di feltro. **fil|zig** agg. **1** feltrato, feltroso **2** BOT. tomentoso **3** COLLOQ. spilorcio. **Filz|laus** f. *(-,-läuse)* piattola *f.* **Filz|schei|be** f. *(-,-n)* rondella *f.* di feltro. **Filz|schrei|ber** m. *(-s,-)*, **Filz|stift** m. *(-[e]s,-e)* pennarello *m.*

Fim|mel m. *(-s,-)* COLLOQ. mania *f.*, pallino *m.*, fissa(zione) *f.*

Fi|na|le n. *(-s,-* e *-s)* **1** MUS. finale *m.* **2** SPORT finale *f.*: ***sich für das ~ qualifizieren*** qualificarsi per la finale; ***ins ~ einziehen, kommen*** andare, arrivare in finale; ***im ~ stehen*** essere in finale. **Fi|na|lis|mus** m. *(-)* FILOS. finalismo *m.* **Fi|na|list** m. *(-en,-en)* SPORT finalista *m.* **Fi|na|li|tät** f. *(-,-en)* finalità *f.* **Fi|nal|satz** m. *(-es,-sätze)* proposizione *f.* finale, finale *f.*

Fi|nan|ci|er [finã'sie:] m. *(-s,-s)* ANT. → **Finanzier.**

Fi|nanz f. *(-)* COLLOQ. **1** *(Geldwesen)* finanza *f.*, finanze *f.pl.* **2** *(Finanzleute)* finanza *f.*, finanzieri *m.pl.* **Fi|nanz|ab|tei|lung** f. *(-,-en)* sezione *f.* finanziaria. **Fi|nanz|adel** m. *(-s)* → **Finanzaristokratie. Fi|nanz|amt** n. *(-[e]s,-ämter)* intendenza *f.* di finanza. **Fi|nanz|aris|to|kra|tie** f. *(-,-n)* alta finanza *f.* **Fi|nanz|aus|gleich** m. *(-[e]s,-e)* perequazione *f.* finanziaria. **Fi|nanz|aus|schuss** m. *(-es, -ausschüsse)* commissione *f.* finanziaria. **Fi|nanz|be|am|te** m. *(-n,-n)* intendente *m.* di finanza. **Fi|nanz|be|ra|ter** m. *(-s,-)* consulente *m.* finanziario. **Fi|nanz|buch|hal|tung** f. *(-,-en)* contabilità *f.* finanziaria.

Fi|nan|zen pl. finanze *f.pl.* **Fi|nan|zer** m. *(-s,-)* AUSTR. COLLOQ. finanziere *m.*, guardia *f.* di finanza.

Fi|nanz|ge|sell|schaft f. *(-,-en)* società *f.* finanziaria, finanziaria *f.* **Fi|nanz|ge|setz** n. *(-es,-e)* legge *f.* finanziaria. **Fi|nanz|ho|heit** f. *(-)* sovranità *f.* fiscale.

fi|nan|zi|ell I agg. finanziario: ***von -em Interesse*** d'interesse finanziario **II** avv. finanziariamente. **Fi|nan|zi|er** [finan'tsie:] m. *(-s,-s)* **1** *(Geldmann)* finanziere *m.* **2** *(Geldgeber)* finanziatore *m.*

fi|nan|zie|ren tr. **1** finanziare **2** COMM. *(auf Kredit kaufen)* comprare a credito ◆ ***neu ~*** ricapitalizzare. **Fi|nan|zie|rung** f. *(-,-en)* finanziamento *m.*, sovvenzione *f.*: ***eine lang-, kurzfristige ~ gewähren*** erogare un finanziamento a lungo, a breve termine (*o* a lunga, a breve scadenza). **Fi|nan|zie|rungs|plan** m. *(-[e]s,-pläne)* piano *m.* di finanziamenti.

Fi|nanz|jahr n. *(-[e]s,-e)* anno *m.* finanziario. **Fi|nanz|kon|trol|le** f. *(-,-n)* controllo *m.* finanziario. **Fi|nanz|kraft** f. *(-,-kräfte)* risorse *f.pl.* finanziarie. **fi|nanz|kräf|tig** agg. finanziariamente solido: ***-e Firma*** azienda finanziariamente solida. **Fi|nanz|kri|se** f. *(-,-n)* crisi *f.* finanziaria. **Fi|nanz|la|ge** f. *(-,-n)* situazione *f.* finanziaria. **Fi|nanz|mann** m. *(-[e]s,-männer* e *-leute)* → **Finanzier. Fi|nanz|mi|nis|ter** m. *(-s,-)* ministro *m.* delle finanze. **Fi|nanz|mi|nis|te|ri|um** n. *(-s,-ministerien)* ministero *m.* delle finanze. **Fi|nanz|mit|tel** pl. fondi *m.pl.* di finanziamento. **Fi|nanz|mo|no|pol** n. *(-s,-e)* monopolio *m.* fiscale. **Fi|nanz|plan** m. *(-[e]s,-pläne)* piano *m.* (*o* programma *m.*) finanziario. **Fi|nanz|po|li|tik** f. *(-)* politica *f.* finanziaria. **fi|nanz|po|li|tisch** agg. politico-finanziario: ***aus -en Gründen*** per motivi di politica finanziaria. **Fi|nanz|recht** n. *(-[e]s)* diritto *m.* finanziario. **Fi|nanz|sach|ver|stän|di|ge** m. *(-n,-n)* esperto *m.* finanziario. **fi|nanz|schwach** agg. finanziariamente debole. **Fi|nanz|sprit|ze** f. *(-,-n)* COLLOQ. iniezione *f.* di capitali. **fi|nanz|stark** agg. finanziariamente forte. **Fi|nanz|ver|wal|tung** f. *(-,-en)* amministrazione *f.* delle finanze, finanziaria. **Fi|nanz|welt** f. *(-)* mondo *m.* della finanza. **Fi|nanz|we|sen** n. *(-s)* finanze *f.pl.* **Fi|nanz|wirt|schaft** f. *(-)* economia *f.* finanziaria. **Fi|nanz|wis|sen|schaft** f. *(-)* scienza *f.* finanziaria.

Fin|del|haus n. *(-es,-häuser)* ANT. ospizio *m.* per trovatelli, brefotrofio *m.* **Fin|del|kind** n. *(-[e]s,-er)* trovatello *m.*

fin|den *(fand, gefunden)* **I** tr. **1a** trovare: ***einen Schlüsselbund ~*** trovare un mazzo di chiavi; ***wie finde ich denn das?*** e dove lo trovo? come faccio a trovarlo? FIG. ***eine passende Antwort ~*** trovare una risposta adatta; ***keine Worte ~*** non trovare le parole **b** *(entdecken)* ***die Lösung, einen Fehler ~*** trovare la soluzione, un errore **c** *(bekommen, erlangen)* ***eine Arbeitsstelle, eine Wohnung ~*** trovare un lavoro, un appartamento **d** *(vorfinden)* ***den Kühlschrank leer ~*** trovare il frigorifero vuoto; ***ich finde meine Vorahnungen bestätigt*** trovo confermati i miei presentimenti **2a** *(beurteilen)* trovare, pensare: ***ich finde, dass...*** trovo che...; ***das finde ich auch*** anch'io la penso così; ***ich finde es besser*** trovo (*o* ritengo) che sia meglio, mi pare meglio; ***ich finde das nicht schön*** trovo (*o* mi pare) che non sia bello; ***ich finde, hier ist alles teurer*** trovo che qui è tutto più caro; ***wie findest du meinen neuen Pulli?*** che ne pensi del mio pullover nuovo? **b** ***etw. an jdm, etw. ~*** trovare qcs. in qcn., qcs.: ***keinen Gefallen an etw. ~*** non trovare niente di piacevole in qcs.; ***ich weiß nicht, was sie an ihm findet*** non so che cosa ci trova (in lui); ***nichts Schlimmes daran ~*** non trovarci niente di male **3** *(empfinden)* provare, sentire: ***ich finde es kalt hier*** sento freddo qui **II** rifl. **sich ~ 1a** ritrovarsi, incontrarsi: ***ihre Blicke fanden sich*** i loro sguardi s'incontrarono **b** FIG. ritrovarsi: ***er hat sich (wieder) gefunden*** ha (ri)trovato se stesso **2** *(Freunde werden)* familiarizzare, fare amicizia **3** *(den Weg finden)* orientarsi **4** *(als Passiv)* ritrovarsi, essere ritrovato, essere rinvenuto: ***der Schlüssel hat sich (wieder) gefunden*** si è ritrovata la chiave **5** impers. ***es fand sich, dass...*** risultò (*o* si scoprì) che... **6** ***sich in etw. (A) ~*** adattarsi, rassegnarsi a qcs.: ***du musst dich darein ~*** bisogna che tu ti metta il cuore in pace, che te ne faccia una ragione **III** intr. (aus. *haben*) trovare la strada (*o* la via): ***nach Hause ~*** trovare la via di casa; FIG. ***zu Gott, zur Musik ~*** arrivare a Dio, alla musica ◆ ***reißenden Absatz ~*** andare a ruba; ***Beachtung ~*** essere considerato; ***Beifall ~*** trovare consenso; COLLOQ. ***am Morgen nicht aus dem Bett ~*** non riuscire a scendere dal letto al mattino; ***ich finde nichts dabei*** non ci trovo niente di male; ***den Tod ~*** trovare la morte; ***Verwendung ~*** trovare impiego; ***das wird sich noch ~*** la cosa si aggiusterà.

Fin|der m. *(-s,-)* ritrovatore *m.*, rinvenitore *m.* **Fin|der|lohn** m. *(-[e]s)* ricompensa *f.* (per chi trova un oggetto smarrito).

fin|dig agg. ingegnoso, furbo. **Fin|dig|keit** f. *(-)* ingegnosità *f.*, furberia *f.* **Find|ling** m. *(-s,-e)* **1** GEOL. masso *m.* erratico **2** *(Findelkind)* trovatello *m.* **Find|lings|block** m. *(-[e]s,-blöcke)* masso *m.* erratico. **Fin|dung** f. *(-,-en)* ritrovamento *m.*, scoperta *f.*

Fi|nes|se f. *(-,-n)* **1a** *(Trick)* astuzia *f.*, trucco *m.* **b** *(Schlauheit)* astuzia *f.*, arguzia *f.* **2** *(Feinheit)* finezza *f.*, sottigliezza *f.*

fing → **fangen.**

Fin|ger m. *(-s,-)* **1** dito *m.*: ***einen ~ breit*** largo un dito; COLLOQ. ***einen bösen, schlimmen ~ haben*** aver male a un dito; ***einen Ring am ~ tragen*** portare un anello al dito; ***mit den -n schnipsen*** schioccare le dita; ***mit dem ~ auf jdn weisen, zeigen*** indicare qcn. col dito; FIG. ***sich (D) die ~ mit etw. wund schreiben*** consumarsi le dita a furia di scrivere qcs. **2** *(Handschuhfinger)* dito *m.* (del guanto) ◆ ***an den -n abzählen*** contare sulle dita (anche FIG.); FIG. COLLOQ. ***das kann man sich an den (fünf, zehn) -n abzählen*** è facile immaginarlo, è prevedibile, si capisce; ***jd bekommt jdn, etw. in die ~*** a qcn. capita qcn., qcs. tra le mani; ***jdm in die ~ fallen, geraten*** cadere tra le grinfie di qcn.; ***seine ~ in etw. (D) haben*** avere lo zampino in qcs.; SCHERZ. ***eine(n) an jedem ~ haben*** *(von Männern)* avere molte donne; *(von Frauen)* avere molti corteggiatori; ***jdm (jdn) jucken die ~ nach etw.*** qcn. muore dalla voglia di qcs.; ***klebrige ~ haben*** essere lesto di mano; ***der kleine ~*** il mignolo; ***etw. mit dem kleinen ~ machen*** saper fare qcs. a menadito; ***etw. im kleinen ~ haben*** sapere qcs. sulla punta delle dita (*o* a menadito); ***das sagt mir mein kleiner ~*** me lo dice il dito mignolo; ***jdm auf die ~ klopfen*** dare una lezione a qcn.; *(Vorwürfe machen)* rimproverare qcn.; ***jd kriegt jdn, etw. in die ~*** → ***jd bekommt jdn, etw. in die ~***; ***keinen ~ krumm machen*** non alzare, muovere un dito; ***krumme, lange ~ machen*** → ***klebrige ~ haben***; ***die ~ von etw. lassen*** non mettere il naso, non immischiarsi in qcs.; ***sich (D) die ~ (alle zehn ~) lecken*** leccarsi le dita; ***sich (D) die ~ (alle zehn ~) nach etw. lecken*** morire dalla voglia di (avere) qcs.; ***keinen ~ rühren*** non alzare, muovere un dito; ***sich (D) etw. aus den -n saugen*** inventare qcs. di sana pianta; ***sich (D) nicht gern die ~ schmutzig machen*** non (aver voglia di) sporcarsi le mani; ***sich (D) in den ~ schneiden*** sbagliarsi di grosso; ***jdm auf die ~ sehen*** tenere d'occhio qcn.; ***die ~ im Spiel haben*** essere in mezzo, avere le mani in pasta; ***etw. mit spitzen -n anfassen*** prendere qcs. con la punta delle dita; ***sich (D) die ~ verbrennen*** scottarsi le dita, rimanere scottato; ***jdn um den (kleinen) ~ wickeln*** = manovrare qcn., riuscire a ottenere tutto quello che si vuole da qcn.; ***~ weg!*** giù le mani! ***den ~ auf die***

Wunde legen mettere il dito sulla piaga; ***mit -n, mit dem ~ auf jdn zeigen*** segnare, mostrare qcn. a dito; ***das Geld zerrinnt ihm unter den -n*** ha le mani bucate; PROV. ***wenn man ihm den kleinen ~ gibt, nimmt er gleich die ganze Hand*** se gli si dà un dito, si prende il braccio.

Fin|ger|ab|druck m. *(-[e]s,-abdrücke)* impronta *f.* digitale: ***Fingerabdrücke abnehmen*** prendere le impronte digitali. **Fin|ger|ab|druck|ver|fah|ren** n. *(-s)* dattiloscopia *f.* **Fin|ger|bee|re** f. *(-,-n)* polpastrello *m.* **fin|ger|breit** agg. e avv. largo un dito. **Fin|ger|breit** m. *(-,-)* dito *m.*, larghezza *f.* di un dito: ***drei ~ länger*** tre dita più lungo. **fin|ger|dick** agg. grosso un dito. **Fin|ger|ent|zün|dung** f. *(-,-en)* patereccio *m.* **fin|ger|fer|tig** agg. dalle (*o* con le) dita agili, svelte. **Fin|ger|fer|tig|keit** f. *(-)* destrezza *f.* nelle dita. **Fin|ger|glied** n. *(-[e]s,-er)* falange *f.* (del dito). **Fin|ger|ha|keln** n. *(-s)* = gioco *m.* a chi è più forte tirandosi le dita. **Fin|ger|hut** m. *(-[e]s,-hüte)* **1** ditale *m.* (per cucire) **2** BOT. digitale *f.* ◆ ***ein ~ voll Wasser*** un dito d'acqua. **Fin|ger|knö|chel** m. *(-s,-)* nocca *f.* **Fin|ger|kraut** n. *(-[e]s,-kräuter)* fragolaccia *f.* **Fin|ger|kup|pe** f. *(-,-n)* → **Fingerspitze.** **fin|ger|lang** agg. lungo un dito. **Fin|ger|ling** m. *(-s,-e)* **1** *(als Schutz)* ditale *m.* **2** *(vom Fingerhandschuh)* dito *m.* **fin|ger|los** agg. senza dita.

fin|gern I intr. (aus. *haben*) **1** ***an etw. (D) ~*** gingillarsi con qcs., rigirare qcs. tra le dita **2** ***nach etw. (D) ~*** frugare in cerca di qcs. **II** tr. **1** tirare fuori (a fatica): ***ein Geldstück aus der Tasche ~*** tirare fuori una moneta dalla tasca **2** COLLOQ. sistemare, mettere a posto abilmente: ***kannst du die Sache ~?*** puoi sistemare la cosa? **3** COLLOQ. *(stehlen)* sgraffignare.

Fin|ger|na|gel m. *(-s,-nägel)* unghia *f.* (della mano): ***an den Fingernägeln kauen*** mangiarsi le unghie. **Fin|ger|ring** m. *(-[e]s,-e)* anello *m.* (al dito). **Fin|ger|satz** m. *(-es)* MUS. diteggiatura *f.* **Fin|ger|schnal|zer** m. *(-s,-)* schiocco *m.* delle dita. **Fin|ger|spiel** n. *(-[e]s,-e)* ombre *f.pl.* cinesi. **Fin|ger|spit|ze** f. *(-,-n)* punta *f.* delle dita ◆ COLLOQ. FIG. ***mir kribbelt es in den -n*** non sto più nella pelle; ***das muss man in den -n haben*** è questione di sensibilità. **Fin|ger|spit|zen|ge|fühl** n. *(-s)* tatto *m.*, sensibilità *f.* **Fin|ger|spra|che** f. *(-)* linguaggio *m.* dei sordomuti, dattilologia *f.* **Fin|ger|übung** f. *(-,-en)* MUS. esercizio *m.* per le dita. **Fin|ger|wurm** m. *(-[e]s,-würmer)* COLLOQ. panereccio *m.* **Fin|ger|zeig** m. *(-[e]s,-e)* indicazione *f.*, cenno *m.*, segno *m.*: ***jdm einen ~ geben*** dare un'indicazione a qcn.; ***ein ~ des Schicksals*** un segno del destino.

fin|gie|ren tr. fingere, simulare. **fin|giert** p.pass. agg. **1** → **fingieren** **2** finto, fittizio, simulato.

Fi|nish ['fınıʃ] n. *(-s,-s)* **1** rifinitura *f.*, tocco *m.* finale **2a** SPORT finish *m.* **b** *(Endkampf)* finale *f.* **fi|ni|shen** ['fınıʃn] intr. (aus. *haben*) EQUIT. incitare per lo sprint finale.

Fink m. *(-en,-en)* fringuello *m.* **Fin|ken|bau|er** m. e n. *(-s,-)* gabbia *f.* per (i) fringuelli. **Fink|mei|se** f. *(-,-n)* cinciallegra *f.*

1.Fin|ne f. *(-,-n)* **1** *(Pustel)* brufolo *m.*, foruncoletto *m.* **2** *(vom Hammer)* penna *f.* (del martello) **3** BIOL. cisticerco *m.* **4** ZOOL. pinna *f.* dorsale (di pescecane e balena).

2.Fin|ne m. *(-n,-n)* finlandese *m.* **Fin|nin** f. *(-,-nen)* finlandese *f.* **fin|nisch** agg. finlandese, LETT. finnico ◆ ***der Finnische Meerbusen*** il golfo di Finlandia. **Fin|nisch** n. *(-[s])*, **Fin|ni|sche** n. *(-n)* finlandese *m.* **fin|nisch-ug|risch** agg. ugro-finnico. **Finn|land** n.pr.n. *(-s)* Finlandia *f.* **Finn|län|der** m. *(-s,-)* finlandese *m.* **finn|län|disch** agg. finlandese, LETT. finnico. **Finn|lan|di|sie|rung** f. *(-)* STOR. finlandizzazione *f.* **Finn|mark** f. *(-,-)* marco *m.* finlandese. **fin|no|ug|risch** → **finnisch-ugrisch.**

Finn|wal m. *(-[e]s,-e)* balenottera *f.*

fins|ter agg. **1** scuro, buio: ***eine -e Gasse*** una stradina buia; ***es wird ~*** fa buio **2a** *(zwielichtig)* sinistro, losco: ***ein -er Gesell*** un uomo sinistro, un losco figuro **b** *(mit schlechtem Ruf)* malfamato: ***ein -es Lokal*** un locale malfamato **3** *(verdüstert)* truce, fosco: ***ein -es Gesicht machen*** fare una faccia truce; ***ein -er Blick*** uno sguardo fosco ◆ ***~ aussehen*** essere, risultare sospetto; ***im Finstern*** al buio; ***bei -er Nacht*** a notte fonda; ***im Finstern tappen*** andare a tastoni, brancolare nel buio (anche FIG.). **Fins|ter|keit** f. *(-)* → **Finsternis.** **Fins|ter|ling** m. *(-s,-e)* SPREG. persona *f.* sinistra, losca. **fins|tern** intr. (aus. *haben*) ANT. annottare. **Fins|ter|nis** f. *(-,-se)* **1a** buio *m.*, oscurità *f.*, tenebre *f.pl.* **b** BIBL. tenebre *f.pl.*: ***das Reich der ~*** il regno delle tenebre **2** ASTR. eclissi *f.* ◆ COLLOQ. ***eine ägyptische ~*** un buio pesto.

Fin|te f. *(-,-n)* **1** sotterfugio *m.*, pretesto *m.* **2** SPORT *(Boxen)* finta *f.* **fin|ten|reich** agg. pieno di sotterfugi. **fin|tie|ren** intr. (aus. *haben*) SPORT fintare.

fin|ze|lig, finz|lig agg. sottile, minuto.

Fi|o|ret|te f. *(-,-n)*, **Fi|o|ri|tur** f. *(-,-en)* MUS. fioritura *f.*, coloratura *f.*

Fips m. *(-es,-e)* smilzo *m.* **fip|sig** agg. COLLOQ. smilzo.

Fir|le|fanz m. *(-es,-e)* **1** *(Tand)* cianfrusaglia *f.* **2** *(Unsinn)* fanfaluca *f.*, sciocchezza *f.* **3** *(leichtsinniger Mensch)* sventato *m.* **Fir|le|fan|ze|rei** f. *(-,-en)* sciocchezze *f.pl.*, fanfaluche *f.pl.*

firm agg. ***in etw. (D) ~ sein*** essere pratico, esperto di qcs.

Fir|ma f. *(-, Firmen)* **1** ditta *f.*, impresa *f.*, azienda *f.*: ***eine ~ gründen*** fondare una ditta **2** *(Firmenbezeichnung)* ragione *f.* sociale.

Fir|ma|ment n. *(-[e]s)* LETT. firmamento *m.*

fir|men tr. cresimare.

Fir|men|auf|druck m. *(-s,-e)* timbro *m.* della ditta. **Fir|men|be|zeich|nung** f. *(-,-en)* ragione *f.* sociale. **Fir|men|chef** m. *(-s,-s)* direttore *m.* d'azienda. **fir|men|ei|gen** agg. aziendale, di proprietà aziendale. **Fir|men|in|ha|ber** m. *(-s,-)* titolare *m.* della ditta. **fir|men|in|tern** agg. interno all'azienda. **Fir|men|kopf** m. *(-[e]s,-köpfe)* → **Firmenaufdruck.** **Fir|men|schild** n. *(-[e]s,-er)* insegna *f.* della ditta. **Fir|men|spre|cher** m. *(-s,-)* portavoce *m.* ufficiale della ditta. **Fir|men|stem|pel** m. *(-s,-)* → **Firmenaufdruck.** **Fir|men|zei|chen** n. *(-s,-)* marchio *m.* di fabbrica.

fir|mie|ren tr. COMM. firmare: ***das Unternehmen firmiert als Meyer, mit (unter) dem Namen Meyer*** l'azienda firma con, a nome (di) Meyer. **Fir|mie|rung** f. *(-,-en)* COMM. apposizione *f.* della firma.

Firm|ling m. *(-s,-e)* cresimando *m.* **Firm|pa|te** m. *(-n,-n)* padrino *m.* della cresima. **Fir|mung** f. *(-,-en)* cresima *f.*, confermazione *f.*

Firm|ware ['fɘːmwɛə] f. *(-,-s)* firmware *m.*

firn agg. ENOL. vecchio, invecchiato. **Firn** m. *(-[e]s,-e[n])* nevaio *m.*, nevi *f.pl.* perenni. **Firn|be|cken** n. *(-s,-)* bacino *m.* del, di nevaio. **fir|nen** intr. (aus. *haben*) ENOL. invecchiare. **Fir|ner** m. *(-s,-)* ghiacciaio *m.* **Fir|ne|wein** m. *(-[e]s,-e)* vino *m.* invecchiato, vecchio. **Firn|feld** n. *(-[e]s,-er)* nevaio *m.* **Firn|gren|ze, Firn|li|nie** f. *(-,-n)* limite *m.* del nevaio.

Fir|nis m. *(-ses,-se)* **1** vernice *f.* **2** FIG. vernice *f.*, fumo *m.*, apparenza *f.*: ***seine Höflichkeit ist nur ~*** la sua cortesia è soltanto vernice. **fir|nis|sen** tr. verniciare.

First m. *(-[e]s,-e)* **1** *(vom Dach)* colmo *m.*, linea *f.* di colmo, comignolo *m.* **2** LETT. *(vom Berg)* cresta *f.* **First|bal|ken** m. *(-s,-)* trave *f.* di colmo (*o* di testa). **First|zie|gel** m. *(-s,-)* coppo *m.*, tegola *f.* di colmo.

fis ⇒ *fis-Moll* fa diesis minore.

fis, Fis n. *(-,-)* fa *m.* diesis.

Fis ⇒ *fis-Dur* fa diesis maggiore.

Fisch m. *(-[e]s,-e)* **1** pesce *m.*: ***-e (mit der Angel, dem Netz) fangen, angeln*** prendere (*o* pigliare) pesci (con la lenza, la rete); ***der ~ beißt an, schnappt nach dem Köder*** il pesce abbocca all'amo; ***~ verarbeitend*** della lavorazione del pesce; ittico **2a** pl. ASTROL. ***im Zeichen der -e geboren sein*** essere nato nel, sotto il segno dei Pesci **b** *(von Menschen)* ***ich bin (ein) ~*** sono (un) Pesci (*o* sono dei Pesci) ◆ ***dicker ~*** → ***großer ~***; ***faule -e*** frottole, scuse sciocche; ***weder ~, noch Fleisch*** né carne, né pesce; ***die -e füttern*** = vomitare in acqua (per il mal di mare); ***die großen -e fressen die kleinen*** i pesci grossi mangiano i piccoli; ***großer ~*** pezzo grosso; ***ein kalter ~*** un pezzo di ghiaccio (*o* un iceberg); ***das sind kleine -e!*** sono sciocchezze (*o* bazzecole)! ***wie ein ~ schwimmen*** nuotare come un pesce; ***gesund (und munter) wie ein ~ im Wasser*** sano come un pesce; ***stumm wie ein ~*** muto come un pesce; ***wie ein ~ auf dem Trockenen*** come un pesce fuor d'acqua. **Fisch|ad|ler** m. *(-s,-)* falco *m.* pescatore. **fisch|arm** agg. poco pescoso. **fisch|ar|tig** agg. simile a un pesce, pisciforme. **Fisch|au|ge** n. *(-s,-n)* occhio *m.* di pesce. **Fisch|band** n. *(-[e]s,-bänder)* cerniera *f.* **Fisch|bein** n. *(-[e]s)* stecca *f.* di balena. **Fisch|be|stand** m. *(-[e]s,-bestände)* patrimonio *m.* ittico, fauna *f.* ittica. **Fisch|be|steck** n. *(-[e]s,-e)* posate *f.pl.* da pesce. **Fisch|bla|se** f. *(-,-n)* vescica *f.* natatoria. **Fisch|blut** n. *(-[e]s)* sangue *m.* di pesce ◆ ***~ in den Adern haben*** = essere freddo, essere un pezzo di ghiaccio. **Fisch|brü|he** f. *(-,-n)* brodo *m.* di pesce. **Fisch|brut** f. *(-)* avannotti *m.pl.* **Fisch|damp|fer** m. *(-s,-)* peschereccio *m.* **Fisch|ech|se** f. *(-,-n)* ittiosauro *m.* **Fisch|ei** n. *(-[e]s,-er)* uovo *m.* di pesce.

fi|schen I tr. **1** pescare (anche assol.): ***(Forellen) mit der Angel ~*** pescare (trote) con la lenza; FIG. ***im Trüben ~*** pescare nel torbido **2a** COLLOQ. *(herausholen, -ziehen)* pescare, tirare fuori: ***jdn, etw. aus dem Wasser ~*** tirare fuori qcn., qcs. dall'acqua; ***ein Keks aus der Dose ~*** pescare un biscotto dalla scatola **b** FIG. *(festnehmen)* acciuffare: ***einen Dieb aus der Menge ~*** prendere un ladro fra la folla **II** intr. (aus. *haben*) frugare, rovistare: ***in der Schachtel, Tasche nach etw. ~*** frugare nella scatola, nella tasca in cerca di qcs. ◆ ***nach Komplimenten ~*** andare a caccia di complimenti.

Fi|scher m. *(-s,-)* pescatore *m.* **Fi|scher|boot** n. *(-[e]s,-e)* battel-

lo *m.* (*o* barca *f.*) da pesca. **Fi|scher|dorf** n. *(-[e]s,-dörfer)* villaggio *m.* di pescatori.
Fi|sche|rei f. *(-)* pesca *f.*: ***von der ~ leben*** vivere di pesca. **Fi|sche|rei|flot|te** f. *(-,-n)* flotta *f.* peschereccia (*o* da pesca). **Fi|sche|rei|gren|ze** f. *(-,-n)* (limite *m.* delle) acque *f.pl.* di pesca. **Fi|sche|rei|in|dust|rie** f. *(-)* industria *f.* del pesce (*o* ittica). **Fi|sche|rei|recht** n. *(-[e]s,-e)* **1** diritto *m.* di pesca **2** *(Rechtsvorschriften)* leggi *f.pl.* sulla pesca. **Fi|sche|rei|we|sen** n. *(-s)* pesca *f.*
Fi|scher|netz n. *(-s,-e)* rete *f.* da pesca.
Fisch|fab|rik f. *(-,-en)* fabbrica *f.* del pesce. **Fisch|fang** m. *(-[e]s)* pesca *f.*: ***auf ~ gehen*** andare a pesca. **Fisch|fang|ge|biet** n. *(-[e]s,-e)* zona *f.* (*o* area *f.*) di pesca. **Fisch|flos|se** f. *(-,-n)* pinna *f.* **Fisch|fut|ter** n. *(-s)* mangime *m.* per i pesci. **Fisch|ga|bel** f. *(-,-n)* forchetta *f.* da pesce. **Fisch|ge|richt** n. *(-[e]s,-e)* piatto *m.* di pesce. **Fisch|ge|schäft** n. *(-[e]s,-e)* pescheria *f.*
Fisch|grat I n. *(-s,-s)* (disegno *m.*) spigato *m.* **II** m. *(-s,-s)* spigato *m.*, tessuto *m.* a spina di pesce. **Fisch|grä|te** f. *(-,-n)* **1** lisca *f.* di pesce **2** COLLOQ. *(Rippe eines Fisches)* spina *f.* (*o* lisca *f.*) di pesce. **Fisch|grä|ten|mus|ter** n. *(-s,-)* disegno *m.* (*o* motivo *m.*) a spina di pesce, spigato *m.*
Fisch|grün|de pl. fondale *m.* pescoso. **Fisch|han|del** m. *(-s)* commercio *m.* ittico (*o* del pesce). **Fisch|hand|lung** f. *(-,-en)* → **Fischgeschäft. Fisch|haut** f. *(-,-häute)* pelle *f.* del pesce. **fi|schig** agg. **1** che puzza di pesce **2** ***-e Augen*** occhi vitrei. **Fisch|kas|ten** m. *(-s,-kästen)* → **Fischbehälter. Fisch|kö|der** m. *(-s,-)* esca *f.* (per i pesci). **Fisch|kon|ser|ve** f. *(-,-n)* pesce *m.* in scatola. **Fisch|kun|de** f. *(-)* ittiologia *f.* **Fisch|kund|ler** m. *(-s,-)* ittiologo *m.* **Fisch|kut|ter** m. *(-s,-)* motopeschereccio *m.* **Fisch|la|den** m. *(-s,-läden)* → **Fischgeschäft. Fisch|laich** m. *(-[e]s,-e)* uova *f.pl.* di pesce (deposte). **Fisch|leim** m. *(-[e]s,-e)* colla *f.* di pesce, ALIM. ittiocolla *f.* **Fisch|markt** m. *(-[e]s,-märkte)* mercato *m.* del pesce. **Fisch|mehl** n. *(-[e]s)* farina *f.* di pesce. **Fisch|mes|ser** n. *(-s,-)* coltello *m.* da pesce. **Fisch|netz** → **Fischernetz. Fisch|ot|ter** m. *(-s,-)* lontra *f.* **fisch|reich** agg. ricco di pesce, pescoso. **Fisch|rei|her** m. *(-s,-)* airone *m.* **Fisch|reu|se** f. *(-,-n)* nassa *f.* **Fisch|ro|gen** n. *(-s,-)* uova *f.pl.* di pesce (non ancora deposte). **Fisch|schup|pe** f. *(-,-n)* squama *f.*, scaglia *f.* (di pesce). **Fisch|schup|pen|krank|heit** f. *(-)* ittiosi *f.* **Fisch|schwanz** m. *(-es,-schwänze)* coda *f.* di, del pesce; *(Schwanzflosse)* pinna *f.* caudale. **Fisch|schwarm** m. *(-[e]s,-schwärme)* banco *m.* di pesci. **Fisch|speer** m. *(-[e]s,-e)* fiocina *f.* **Fisch|spei|se** f. *(-,-n)* → **Fischgericht. Fisch|stäb|chen** n. *(-s,-)* bastoncino *m.* di pesce. **Fisch|sup|pe** f. *(-,-n)* zuppa *f.* di pesce. **Fisch|teich** m. *(-[e]s,-e)* vivaio *m.*, peschiera *f.* **Fisch|tran** m. *(-[e]s)* olio *m.* di pesce. **Fisch|ver|gif|tung** f. *(-,-en)* intossicazione *f.* da pesce. **Fisch|ver|käu|fer** m. *(-s,-)* pescivendolo *m.* **Fisch|wan|de|rung** f. *(-,-en)* migrazione *f.* (di pesci). **Fisch|weib** n. *(-[e]s,-er)* pesce *m.* femmina. **Fisch|wei|her** m. *(-s,-)* vivaio *m.*, peschiera *f.* **Fisch|wil|de|rei** f. *(-)* pesca *f.* di frodo. **Fisch|zucht** f. *(-,-en)* pescicoltura *f.*, piscicoltura *f.* **Fisch|züch|ter** m. *(-s,-)* pescicoltore *m.*, piscicoltore *m.* **Fisch|zug** m. *(-[e]s,-züge)* **1** pesca *f.* (con la rete) **2** FIG. colpo *m.*, affare *m.*: ***einen guten ~ machen*** fare un buon affare (*o* un bel colpo).
Fis-Dur n. *(-)* fa *m.* diesis maggiore.
Fi|si|ma|ten|ten pl. COLLOQ. **1** storie *f.pl.*, scuse *f.pl.*: ***keine ~!*** poche storie! niente scuse! **2** *(Streich)* marachelle *f.pl.*, monellerie *f.pl.*
Fis|kal m. *(-s,-e)* STOR. fiscale *m.* **fis|ka|lisch** agg. fiscale. **Fis|kus** m. *(-,-Fisken* e RAR. *Fiskusse)* fisco *m.*, erario *m.*
fis-Moll n. *(-)* fa *m.* diesis minore.
Fi|so|le f. *(-,-n)* AUSTR. fagiolino *m.*
fis|se|lig agg. **1** (molto) fine, finissimo: ***-es Haar*** capelli finissimi **2** molto complesso, impegnativo: ***eine -e Arbeit*** un lavoro molto impegnativo. **fis|seln** intr. (aus. *haben*) REGION. impers. ***es fisselt*** pioviggina. **Fis|sel|re|gen** m. *(-s)* pioggerellina *f.*
fis|sil agg. fissile. **Fis|si|li|tät** f. *(-)* fissilità *f.* **Fis|si|on** f. *(-,-en)* **1** BIOL. scissione *f.* **2** NUCL. fissione *f.*
Fis|sur f. *(-,-en)* fissura *f.*
Fis|tel f. *(-,-n)* **1** MED. fistola *f.* **2** *(Fistelstimme)* falsetto *m.* **fis|te|lig** agg. in falsetto, stridulo. **fis|teln** intr. (aus. *haben*) parlare (*o* fare una voce) in falsetto; *(singen)* cantare in falsetto. **Fis|tel|stim|me** f. *(-,-n)* voce *f.* in falsetto.
fit agg. in forma.
Fit|ness f. *(-)* fitness *f.* **Fit|ness|cen|ter** n. *(-s,-)*, **Fit|ness|stu|dio** n. *(-s,-s)* centro *m.* (di) fitness.
fit|ten tr. TECN. adattare.
Fit|tich m. *(-[e]s,-e)* LETT. ala *f.* ◆ ***jdn unter seine -e nehmen*** prendere qcn. sotto la propria ala.
Fit|ting n. *(-s,-s)* TECN. raccordo *m.*, giunto *m.*
Fitz|chen, **Fit|zel|chen** n. *(-s,-)* REGION. pezzetto *m.*, avanzo *m.*
Five o'clock tea ['faivə'klɔk'ti:] m. *(-,-s)* tè *m.* delle cinque.
fix I agg. **1** fisso: ***-e Kosten, Preise*** costi, prezzi fissi; ***eine -e Idee*** un'idea fissa, un chiodo fisso **2a** COLLOQ. *(flink)* svelto, lesto **b** *(geschickt)* sveglio, in gamba: ***ein -er Kerl*** un tipo sveglio **II** avv. **1** in modo fisso, stabilmente: ***~ angestellt sein*** avere un impiego fisso; ***~ besoldet*** SVIZZ. a stipendio fisso **2a** COLLOQ. *(schnell)* velocemente, in fretta: ***mach ~! nun aber ~!*** fa' in fretta! sbrigati! spicciati! **b** *(geschickt)* con abilità, con prontezza, prontamente **III** inter. AUSTR. ***~!*** maledizione! ◆ ***nicht ganz ~ sein*** non essere del tutto sveglio, essere un po' picchiato; ***~ und fertig*** bell'e pronto, bell'e fatto; *(erschöpft)* distrutto, a pezzi; *(ruiniert)* finito.
Fix m. *(-[es],-e)* GERG. buco *m.*
Fix|an|ge|stell|te m. *(-n,-n)* AUSTR. impiegato *m.* fisso.
fi|xa|tiv agg. fissativo. **Fi|xa|tiv** n. *(-s,-e)* fissativo *m.*
fi|xen intr. (aus. *haben*) **1** ECON. vendere allo scoperto, speculare al ribasso **2** GERG. *(Droge einspritzen)* bucarsi, farsi. **Fi|xer** m. *(-s,-)* **1** ECON. ribassista *m.* **2** GERG. *(Drogenabhängiger)* tossico *m.*
fix|fer|tig avv. SVIZZ. bell'e pronto, bell'e fatto; *(erschöpft)* distrutto, a pezzi; *(ruiniert)* finito.
Fi|xier|bad n. *(-[e]s,-bäder)* FOT. bagno *m.* di fissaggio, fissatore *m.*
fi|xie|ren I tr. **1** fissare: ***einen Termin ~*** fissare (*o* stabilire) una data; ***etw. schriftlich, vertraglich ~*** mettere qcs. per iscritto, fissare qcs. per contratto **2a** *(befestigen)* attaccare, fissare **b** MED. ***einen Knochenbruch ~*** immobilizzare un arto **3** *(anstarren)* fissare **4** *(mit Fixativ behandeln)* ***etw. ~*** fissare qcs., dare il fissativo a qcs. **5a** SPORT ***den Gegner ~*** immobilizzare l'avversario (nella lotta) **b** ***das Gewicht ~*** tenere sollevato il peso **II** rifl. ***sich auf, an jdn, etw. ~*** fissarsi su qcn., su qcs.
Fi|xier|mit|tel n. *(-s,-)* FOT. fissatore *m.*, fissativo *m.* **Fi|xier|salz** n. *(-es)* iposolfito *m.* di sodio.
Fi|xie|rung f. *(-,-en)* **1** il fissare **2** FOT. fissaggio *m.* **3** PSIC. fissazione *f.*
Fix|kos|ten pl. costi *m.pl* fissi, spese *f.pl.* fisse. **Fix|punkt** m. *(-[e]s,-e)* punto *m.* fisso (*o* di riferimento). **Fix|stern** m. *(-[e]s,-e)* stella *f.* fissa.
Fi|xum n. *(-s, Fixa)* fisso *m.*
Fix|zeit f. *(-,-en)* orario *m.* di lavoro (fisso).
Fjord m. *(-[e]s,-e)* fiordo *m.*
FKK ⇒ *Freikörperkultur* nudismo, naturismo. **FKK-An|hän|ger** m. *(-s,-)*, COLLOQ. **FKKler** [ɛfka:'ka:lɐ] m. *(-s,-)* nudista *m.*, naturista *m.* **FKK-Strand** m. *(-[e]s,-Strände)* spiaggia *f.* nudista (*o* per nudisti, per naturisti).
flach I agg. **1** piatto, piano: ***-e Teller*** piatti piani; ***-e Nase, Stirn*** naso piatto, fronte piana **2** *(von Gebieten)* pianeggiante, piano: ***eine -e Gegend*** una regione piatta, pianeggiante **3** *(niedrig)* basso: ***ein -es Gebäude*** un edificio basso; ***-e Schuhe*** scarpe basse **4** *(nicht tief)* basso, poco profondo: ***-es Gewässer*** acque basse **5** FIG. piatto, scialbo, monotono; *(oberflächlich)* superficiale: ***eine -e Diskussion*** una discussione scialba **II** avv. **1** in piano **2a** ***~ atmen*** avere un respiro leggero e regolare **b** ***~ schmecken*** sapere di poco **3** *(oberflächlich)* superficialmente ◆ ***ein -es Boot*** una chiatta; ***die -e Hand*** il palmo della mano; ***die -e Klinge*** il piatto della lama.
Flach n. *(-[e]s,-e)* fondale *m.* basso, bassofondo *m.* **Flach|bahn|ge|schütz** → **Flachfeuergeschütz. Flach|ball** m. *(-[e]s,-bälle)* SPORT **1** *(beim Tennis)* palla *f.* bassa, rasente la rete **2** *(beim Fußball)* (palla *f.*) rasoterra *m.* **Flach|bau** m. *(-[e]s,-ten)* costruzione *f.* bassa, ARCH. basso fabbricato *m.* **Flach|bo|gen** m. *(-s,-* e *-bögen)* arco *m.* a sesto ribassato, arco *m.* scemo. **flach|brüs|tig** agg. piatto, senza seno. **Flach|dach** n. *(-[e]s,-dächer)* tetto *m.* piano. **Flach|druck** m. *(-[e]s,-e)* stampa *f.* planografica, planografia *f.*
Flä|che f. *(-,-n)* **1** superficie *f.*, area *f.* **2** *(ebenes Gebiet)* piano *m.*, pianura *f.* **3** *(von Würfeln)* faccia *f.*
Flach|ei|sen n. *(-s,-)* (ferro *m.*) piatto *m.*, barra *f.* piatta.
Flä|chen|be|rech|nung f. *(-,-en)* calcolo *m.* della superficie (*o* dell'area). **Flä|chen|blitz** m. *(-es,-e)* lampo *m.* diffuso. **Flä|chen|brand** m. *(-[e]s,-brände)* incendio *m.* di vaste proporzioni. **flä|chen|de|ckend** agg. che copre tutta la zona, esteso a tutta la zona. **Flä|chen|ein|heit** f. *(-,-en)* unità *f.* di superficie. **Flä|chen|er|trag** m. *(-[e]s,-erträge)* raccolto *m.* per ettaro (*o* per altra unità di superficie). **flä|chen|gleich** agg. MAT. equivalente. **Flä|chen|in|halt** m. *(-[e]s,-e)* MAT. superficie *f.*, area *f.* **Flä|chen|maß** n. *(-es,-e)* (unità *f.* di) misura *f.* di superficie. **Flä|chen|nut|zung** f. *(-,-en)* utilizzazione *f.* di un'area. **Flä|chen|nut|zungs|plan**, AUSTR. **Flä|chen|wid|mungs|plan** m. *(-[e]s,-pläne)* piano *m.* regolatore. **Flä|chen|win|kel** m. *(-s,-)* MAT. angolo *m.* piano.
flach_fal|len intr. *(fällt, fiel, gefallen;* aus. *sein)* COLLOQ. andare a monte. **Flach|fei|le** f. *(-,-n)* lima *f.* piatta. **Flach|feu|er|ge|schütz** n. *(-es,-e)* cannone *m.* a tiro teso. **Flach|glas** n. *(-es)*

vetro *m.* in lastre. **Flach|hang** m. *(-[e]s,-hänge)* pendio *m.* lieve. **Flach|heit** f. *(-,-en)* **1** piattezza *f.* (anche FIG.) **2** *(Trivialität)* banalità *f.*, futilità *f.* **Flach|ka|bel** n. *(-s,-)* cavo *m.* piatto (*o* a nastro). **Flach|kiel** m. *(-[e]s,-e)* chiglia *f.* (*o* carena *f.*) piatta. **Flach|kopf** m. *(-[e]s,-köpfe)* stupido *m.* (-a *f.*). **flach|köp|fig** agg. **1** stupido; *(oberflächlich)* superficiale, leggero **2** MECC. a testa piatta (*o* piana). **Flach|küs|te** f. *(-,-n)* costa *f.* pianeggiante. **Flach|land** n. *(-[e]s)* territorio *m.* pianeggiante; *(Ebene)* piana *f.*, pianura *f.* **flach‿le|gen** rifl. **sich ~** COLLOQ. mettersi a letto. **flach‿lie|gen** intr. *(lag, gelegen;* aus. *haben)* COLLOQ. = essere a letto, essere malato. **Flach|mann** m. *(-[e]s,-männer)* SCHERZ. = fiaschetta *f.* da liquore ◆ ***einen ~ machen*** = morire. **Flach|mei|ßel** m. *(-s,-)* scalpello *m.* piatto. **Flach|pass** m. *(-es,-pässe)* passaggio *m.* rasoterra. **Flach|re|li|ef** n. *(-s,-s* e *-e)* bassorilievo *m.*

Flachs m. *(-es)* **1** lino *m.* **2** COLLOQ. scherzo *m.*: ***~ machen*** scherzare. **Flachs|bau** m. *(-[e]s)* coltivazione *f.* del lino. **flachs|blond** agg. biondo come il grano. **Flachs|bre|che** f. *(-,-n)* scotola *f.*

Flach|schuss m. *(-es,-schüsse)* SPORT rasoterra *m.*, tiro *m.* radente.

flach|sen intr. (aus. *haben*) COLLOQ. **1** scherzare, dire sciocchezze: ***sie hat nur geflachst*** ha solo scherzato **2** *(necken)* ***mit jdm ~*** stuzzicare, punzecchiare qcn.

fläch|sen → **flächsern.**

Flach|se|rei f. *(-,-en)* COLLOQ. spiritosaggine *f.*

fläch|sern agg. di lino.

Flachs|feld n. *(-[e]s,-er)* campo *m.* di lino. **Flachs|haar** n. *(-[e]s,-e)* capelli *m.pl.* biondi (come il grano). **Flachs|sa|men** m. *(-s,-)* seme *m.* di lino. **Flachs|spin|ne|rei** f. *(-,-en)* **1** filatura *f.* del lino **2** *(Fabrik)* linificio *m.*

Flach|was|ser n. *(-s)* acqua *f.* bassa (*o* poco profonda). **Flach|zan|ge** f. *(-,-n)* pinze *f.pl.* a punte piatte. **Flach|zie|gel** m. *(-s,-)* tegola *f.* piana, embrice *m.*

fla|cke|rig agg. guizzante, tremolante. **fla|ckern** intr. (aus. *haben*) **1** *(zucken)* tremolare, vacillare: ***die Flamme flackert*** la fiamma tremola; ***seine Augen flackerten vor Zorn*** i suoi occhi fiammeggiavano d'ira **2** *(vom elektrischen Licht)* accendersi a intermittenza. **flack|rig** → **flackerig.**

Fla|con → **Flakon.**

Fla|den m. *(-s,-)* **1** focaccia *f.*, schiacciata *f.* **2** *(Kuhfladen)* sterco *m.* (di vacca).

Fla|der f. *(-,-n)* venatura *f.*, vena *f.* (del legno). **Fla|der|holz** n. *(-es,-hölzer)* legno *m.* venato. **fla|de|rig** agg. venato, marezzato. **Fla|de|rung** f. *(-,-en)* venatura *f.*, marezzo *m.*

Flä|dle|sup|pe f. *(-,-n)* GASTR. INTRAD. (tipo di minestra con pezzetti di frittata).

Fla|gel|lant m. *(-en,-en)* **1** STOR. flagellante *m.* **2** PSIC. sadomasochista *m.* **Fla|gel|lat** m. *(-en,-en)* BIOL. flagellato *m.* **Fla|gel|la|ti|on** f. *(-,-en)* flagellazione *f.* **Fla|gel|le** f. *(-,-n)* **1** BIOL. flagello *m.* **2** *(Peitsche)* frusta *f.*

Fla|geo|lett [flaʒo'lɛt] n. *(-s,-e* e *-s)* flagioletto *m.*, flautino *m.*

Flag|ge f. *(-,-n)* bandiera *f.*: ***die ~ hissen, setzen, aufziehen*** issare la bandiera; ***die ~ einholen*** ammainare la bandiera; ***das Schiff fährt, läuft unter dänischer ~*** la nave batte bandiera danese; ***die ~ auf Halbmast setzen*** abbassare la bandiera a mezz'asta ◆ ***unter falscher ~ segeln*** = vivere sotto falso nome; ***die ~ streichen*** = arrendersi; ***~ zeigen*** = manifestare (apertamente) la propria opinione. **flag|gen** intr. (aus. *haben*) esporre la bandiera. **Flag|gen|al|pha|bet** n. *(-[e]s)* MAR. alfabeto *m.* di bandiere. **Flag|gen|ga|la** f. *(-,-s)* MAR. gran pavese *m.* **Flag|gen|gruß** m. *(-es,-grüße)* saluto *m.* con (la) bandiera. **Flag|gen|mast** m. *(-[e]s,-en)* asta *f.* della bandiera. **Flag|gen|sig|nal** n. *(-[e]s,-e)* segnale *m.* (*o* segnalazione *f.*) con bandiere. **Flag|gen|stock** m. *(-[e]s,-stöcke)* MAR. asta *f.* della bandiera. **Flagg|of|fi|zier** m. *(-s,-e)* MIL. ammiraglio *m.* **Flagg|schiff** n. *(-[e]s,-e)* nave *f.* ammiraglia; *(Wagen)* ***das ist das ~ der Autofirma*** questa è l'ammiraglia della casa automobilistica.

flag|rant agg. evidente, lampante; ***ein -er Widerspruch*** un'evidente contraddizione.

Flair [flɛːɐ̯] n. e m. *(-s)* **1** nota *f.*: ***sie hatte ein ~ von Extravaganz*** aveva una nota stravagante; ***sie hatte ein gewisses ~*** aveva un certo non so che **2** SVIZZ. *(Gespür)* fiuto *m.*, intuizione *f.*

Flak f. *(-,-* e *-s)* **1** cannone *m.* antiaereo **2** *(Flakartillerie)* contraerea *f.* **Flak|ar|til|le|rie** f. *(-,-n)* artiglieria *f.* contraerea. **Flak|bat|te|rie** f. *(-,-n)* batteria *f.* contraerea. **Flak|feu|er** n. *(-s,-)* fuoco *m.* antiaereo. **Flak|ge|schütz** n. *(-es,-e)* cannone *m.* antiaereo. **Flak|hel|fer** m. *(-s,-)* STOR. volontario *m.* presso l'artiglieria contraerea.

Fla|kon [fla'kõː] n. e m. *(-s,-s)* flacone *m.*, boccetta *f.*

Flam|beau [flã'boː] m. *(-s,-s)* candelabro *m.*

flam|bie|ren tr. GASTR. fiammeggiare. **flam|biert** p.pass. agg. **1** → **flambieren** **2** alla fiamma, flambé. **Flam|bo|yant|stil** [flãboa'jãː-] m. *(-[e]s)* stile *m.* flamboyant, gotico *m.* fiammeggiante.

Fla|me m. *(-n,-n)* fiammingo *m.* **Fla|min, Flä|min** f. *(-,-nen)* fiamminga *f.*

Fla|min|go m. *(-s,-s)* fenicottero *m.*, fiammingo *m.*

flä|misch agg. fiammingo. **Flä|misch** n. *(-[s])*, **Flä|mi|sche** n. *(-n)* fiammingo *m.*, lingua *f.* fiamminga.

Flämm|chen n. *(-s,-)* fiammella *f.*

Flam|me f. *(-,-n)* **1** fiamma *f.*: ***die ~ züngelt*** la fiamma guizza; ***die -n lodern*** le fiamme divampano; ***in (hellen) -n stehen*** essere in fiamme; ***in (Rauch und) -n aufgehen*** essere distrutto dalle fiamme; ***die -n ersticken*** soffocare le fiamme **2** *(von Gasherd)* fornello *m.*, fuoco *m.*: ***ein Gasherd mit drei -n*** una cucina (a gas) a tre fuochi; ***auf kleiner, großer ~ kochen*** cuocere a fuoco lento, vivo **3** ANT. FIG. *(Geliebte)* fiamma *f.* ◆ ***die -n der Hölle*** le fiamme, il fuoco dell'inferno. **flam|men** intr. (aus. *haben*) **1** LETT. ANT. ardere, bruciare **2** FIG. LETT. *(funkeln)* sfavillare, fiammeggiare: ***seine Augen ~ vor Wut*** i suoi occhi fiammeggiano d'ira. **fläm|men** tr. GASTR. fiammeggiare. **Flam|men|bo|gen** m. *(-s,-* e *bögen)* REGION. arco *m.* voltaico. **flam|mend** p.pres. agg. **1** → **flammen** **2** fiammeggiante; *(funkelnd)* scintillante: ***-es Rot*** rosso fiammante **3a** *(leidenschaftlich)* infiammato: ***eine -e Rede*** un discorso infiammato **b** FIG. *(feurig)* infuocato: ***mit -en Worten*** con parole infuocate. **Flam|men|meer** n. *(-[e]s,-e)* LETT. mare *m.* di fuoco. **Flam|men|tod** m. *(-[e]s,-e)* LETT. morte *f.* tra le fiamme; *(auf dem Scheiterhaufen)* morte *f.* sul rogo. **Flam|men|wer|fer** m. *(-s,-)* **1** MIL. lanciafiamme *m.* **2** SCHERZ. *(Feuerzeug)* accendino *m.*

Flamm|ofen m. *(-s,-öfen)* forno *m.* a riverbero. **Flamm|punkt** m. *(-[e]s,-e)* punto *m.*, grado *m.* di combustione. **Flamm|rohr** n. *(-[e]s,-e)* tubo *m.* di fiamma.

Flan|dern n.pr.n. *(-s)* Fiandra *f.*, Fiandre *f.pl.* **fland|risch** agg. fiammingo, delle Fiandre.

Fla|nell m. *(-s,-e)* flanella *f.* **Fla|nell|an|zug** m. *(-[e]s,-anzüge)* vestito *m.* di flanella. **fla|nel|len** agg. di flanella. **Fla|nell|ho|se** f. *(-,-n)* pantaloni *m.pl.* di flanella.

fla|nie|ren intr. (aus. *haben*) andare a zonzo.

Flan|ke f. *(-,-n)* **1** *(Teil des Rumpfes)* fianco *m.* (anche FIG.): ***den Feind in der ~ fassen, dem Feind in die ~ fallen*** attaccare il nemico sul fianco **2a** SPORT *(von Ballspiel)* traversone *m.*, cross *m.*: ***eine ~ hereingeben, schlagen*** effettuare un cross **b** *(Sturmteil)* ala *f.* **c** *(Teil des Spielfeldes)* fascia *f.*: ***über die linke ~ spielen*** giocare sulla fascia sinistra **d** *(beim Turnen)* volteggio *m.* di fianco **3** *(vom Berg)* falda *f.* **4a** RAR. *(Seite)* fianco *m.*, lato *m.* **b** *(von Fahrzeugen)* fiancata *f.* **flan|ken** intr. (aus. *haben*) SPORT **1** crossare, fare (*o* effettuare) un cross, un traversone **2** GINN. effettuare un volteggio di fianco. **Flan|ken|an|griff** m. *(-[e]s,-e)* MIL. attacco *m.* sul fianco. **Flan|ken|ball** m. *(-[e]s,-bälle)* SPORT cross *m.*, traversone *m.* **Flan|ken|hieb** m. *(-[e]s,-e)* SPORT fianconata *f.* **flan|kie|ren** tr. **1** ***jdn ~*** affiancare qcn. **2** MIL. attaccare sul fianco. **flan|kie|rend** p.pres. agg. **1** → **flankieren** **2** *(unterstützend)* di appoggio, di sostegno **3** *(zusätzlich)* supplementare, aggiuntivo.

Flansch m. *(-[e]s,-e)* flangia *f.* **flan|schen** tr. flangiare, munire di flangia. **Flan|schen|dich|tung** f. *(-,-en)* guarnizione *f.* per flangia. **Flan|schen|ver|bin|dung** f. *(-,-en)* giunto *m.* a flangia.

Flap|pe f. *(-,-n)* REGION. muso *m.*, becco *m.*: ***halt die ~!*** chiudi il becco! ***eine ~ ziehen*** fare il muso, tenere il broncio.

Flap|per ['flæpɐ] m. *(-s)* maschietta *f.*

Flaps m. *(-es,-e)* COLLOQ. zotico *m.* **flap|sig** COLLOQ. **I** agg. zotico, rozzo **II** avv. in modo rozzo.

Fla-Ra|ke|te f. *(-,-n)* missile *m.* antiaereo.

Fläsch|chen n. *(-s,-)* bottiglietta *f.*, boccetta *f.*

Fla|sche f. *(-,-n)* **1** bottiglia *f.*: ***eine ~ entkorken, verkorken, füllen*** stappare (*o* sturare), tappare, riempire una bottiglia; ***Bier, Wein in -n*** birra, vino in bottiglia; ***zur ~ greifen*** attaccarsi alla bottiglia; COLLOQ. ***einer ~ den Hals brechen*** tirare il collo a una bottiglia **2** *(Saugflasche)* biberon *m.*, poppatoio *m.*: ***dem Kind die ~ geben*** dare il biberon al bambino **3a** COLLOQ. *(unfähiger Mensch)* buono *m.* a nulla, inetto *m.* **b** *(Versager)* fallito *m.* **c** SPORT schiappa *f.*, brocco *m.* **4** *(für Gase)* bombola *f.* **5** TECN. *(beim Flaschenzug)* puleggia *f.* ◆ ***in -n füllen, auf -n ziehen*** imbottigliare. **Fla|schen|bier** n. *(-[e]s,-e)* birra *f.* in bottiglia. **Fla|schen|bürs|te** f. *(-,-n)* scovolino *m.* **fla|schen|för|mig** agg. a forma di bottiglia. **Fla|schen|gä|rung** f. *(-,-en)* fermentazione *f.* in bottiglia. **Fla|schen|gas** n. *(-es,-e)* gas *m.* in bombola. **Fla|schen|ge|stell** n. *(-[e]s,-e)* scaffale *m.* portabottiglie. **Fla|schen|glas** n. *(-es)* vetro *m.* di bottiglia; *(für Flaschen)* vetro *m.* da bottiglie. **fla|schen|grün** agg. verde bottiglia. **Fla|schen|hals** m. *(-es,-hälse)* **1** collo *m.* della bottiglia **2** COLLOQ. *(Engpaß)* strettoia *f.* **Fla|schen|kind** n. *(-[e]s,-er)* = bambino *m.* allattato artificialmente. **Fla|schen|kür|**

bis m. *(-ses,-se)* BOT. lagenaria *f.*, zucca *f.* da vino **Fla|schen|milch** f. *(-)* latte *m.* in bottiglia. **Fla|schen|nah|rung** f. *(-,-en)* preparato *m.* (alimentare) per biberon. **Fla|schen|öff|ner** m. *(-s,-)* apribottiglie *m.* **Fla|schen|pfand** n. *(-[e]s,-pfänder)* deposito *m.* per il vuoto, per il vetro. **Fla|schen|post** f. *(-)* messaggio *m.* in, nella bottiglia. **fla|schen|reif** agg. maturo (*o* pronto) per l'imbottigliamento. **Fla|schen|schiff** n. *(-[e]s,-e)* nave *f.* in bottiglia. **Fla|schen|wär|mer** m. *(-s,-)* scaldabiberon *m.* **Fla|schen|wein** m. *(-[e]s,-e)* vino *m.* in bottiglia. **fla|schen|wei|se** avv. in bottiglia ◆ ***etw. ~ trinken*** bere qcs. a litri, a fiumi. **Fla|schen|zug** m. *(-[e]s,-züge)* carrucola *f.* **Fla|schen|zug|rol|le** f. *(-,-n)* ruota *f.* di carrucola. **Fläsch|lein** n. *(-s,-)* → **Fläschchen. Flasch|ner** m. *(-s,-)* REGION. stagnaio *m.*

Fla|ser f. *(-,-n)* marezzo *m.*, venatura *f.* **fla|se|rig** agg. venato, marezzato.

Flash [flɛʃ] m. *(-s,-s)* flash *m.*

Flat|ter f. *(-)* COLLOQ. ***die ~ machen*** tagliare la corda. **Flat|ter|ech|se** f. *(-,-n)* ZOOL. drago *m.* volante. **Flat|te|rer** m. *(-s,-)*, **Flat|ter|geist** m. *(-[e]s,-er)* irrequieto *m.* **Flat|ter|gras** n. *(-es,-gräser)* gramigna *f.* migliaria. **flat|ter|haft** agg. SPREG. volubile. **Flat|ter|haf|tig|keit** f. *(-)* volubilità *f.*; *(Oberflächlichkeit)* superficialità *f.* **flat|te|rig** agg. **1** volubile **2a** *(unruhig)* irrequieto **b** *(unregelmäßig)* irregolare: ***der Puls ist ~*** il polso è irregolare. **Flat|ter|ma|ki** m. *(-s,-s)* cinocefalo *m.* **Flat|ter|mann** m. *(-[e]s,-männer)* COLLOQ. **1** SCHERZ. pollo *m.* arrosto **2** *(nervöser Mann)* agitato *m.* **3** *(Aufgeregtheit)* agitazione *f.* ◆ ***einen ~ haben*** *(vor einem Auftritt)* avere la febbre da palcoscenico; *(vor einer Prüfung)* avere l'ansia da esame. **Flat|ter|mi|ne** f. *(-,-n)* MIL. ANT. mina *f.* a contatto, a pressione.

flat|tern intr. **1** (aus. *sein*) svolazzare: ***der Schmetterling, das Huhn flattert*** la farfalla, il pollo svolazza; ***die Blätter ~ durch die Luft*** i fogli svolazzano per aria **2** (aus. *haben*) sventolare: ***die Fahne flattert im Wind*** la bandiera sventola al vento **3a** *(sich unruhig bewegen;* aus. *haben)* muoversi nervosamente, agitarsi **b** *(vom Herz)* palpitare, pulsare irregolarmente **4** *(vibrieren;* aus. *haben)* vibrare: ***die Lenkung flattert*** il volante vibra **5** COLLOQ. *(vom Auto;* aus. *haben)* sfarfallare ◆ ***heute ist ein Strafzettel ins Haus geflattert*** oggi è piovuta una multa. **Flat|tern** n. *(-s)* **1** svolazzamento *m.* **2** *(vom Wind bewegt)* sventolio *m.* **3** *(vom Herz)* palpitazione *f.* **4** *(vom Motor)* sfarfallamento *m.*; *(von Rädern)* shimmy *m.* **flat|ternd** p.pres. agg. **1** → **flattern 2** svolazzante **3** *(wehend)* sventolante **4** *(vom Puls)* aritmico. **Flat|ter|sinn** m. *(-[e]s)* → **Flatterhaftigkeit. Flat|ter|tier** n. *(-[e]s,-e)* chirottero *m.*

flat|tie|ren intr. (aus. *haben*) ANT. **1** adulare **2** REGION. *(bitten)* pregare.

Fla|tu|lenz f. *(-,-en)* flatulenza *f.*

flau I agg. **1** fiacco: ***ich fühle mich ~*** mi sento fiacco; ***die Stimmung war ~*** l'atmosfera era fiacca; ***-e Zeit*** stagione morta; ECON. ***-e Börse*** borsa fiacca **2a** *(fade)* insipido **b** *(von Farbe)* sbiadito, slavato **II** avv. **1a** a rilento: ***die Geschäfte gehen ~*** gli affari vanno a rilento **b** *(schlecht)* male **2** *(fade)* in modo insipido ◆ ***mir ist, wird ~ (im Magen)*** ho un languore di stomaco; ***der Wind wird ~*** il vento cala. **Flau|heit** f. *(-)* **1** fiacchezza *f.*; languore *m.* **2** *(Geschäftsstille)* ristagno *m.*

1.Flaum m. *(-[e]s)* sugna *f.*

2.Flaum m. *(-[e]s)* **1** *(vom Vogel)* piumaggio *m.* **2** *(feiner Haarwuchs)* peluria *f.*, lanugine *f.*

Flau|ma|cher m. *(-s,-)* maldicente *m.*, malalingua *f.*

Flaum|bart m. *(-[e]s,-bärte)* prima barba *f.*, peluria *f.*, lanugine *f.* **Flaum|fe|der** f. *(-,-n)* piuma *f.* **Flaum|haar** n. *(-[e]s,-e)* peluzzo *m.* **flaum|haa|rig** agg. lanuginoso. **flau|mig** agg. **1** *(von Haarwuchs bedeckt)* lanuginoso **2a** piumoso, coperto di piume **b** *(weich)* morbido. **flaum|weich** agg. morbido come le piume.

Flaus m. *(-es,-e)* ANT., **Flausch** m. *(-[e]s,-e)* **1** TESS. ratina *f.* **2** *(Mantel)* cappotto *m.* di ratina.

Flau|se f. *(-,-n)* **1a** *(Spinnerei)* idea *f.* bizzarra (*o* strampalata) **b** sciocchezza *f.*, fandonia *f.*: ***er hat nur -n im Kopf*** in testa ha solo sciocchezze **2** *(Ausrede)* (magra) scusa *f.*: ***mach keine -n!*** non trovare scuse! non fare storie!

Flau|te f. *(-,-n)* **1** MAR. bonaccia *f.*, calma *f.* **2** *(Geschäftsstille)* ristagno *m.*, stasi *f.* **3** *(Leistungsschwäche)* fiacchezza *f.*

Fläz m. *(-es,-e)* COLLOQ. zotico *m.*, tanghero *m.* **flä|zen** rifl. **sich ~** COLLOQ. stravaccarsi. **flä|zig I** agg. zotico **II** avv. da zotico.

Flech|se f. *(-,-n)* tendine *m.* **flech|sig** agg. **1** *(mit vielen Sehnen)* tendinoso **2** *(kräftig)* nerboruto.

Flecht|ar|beit f. *(-,-en)* lavoro *m.* d'intreccio, intreccio *m.* **Flech|te** f. *(-,-n)* **1** LETT. *(Zopf)* treccia *f.* **2** BOT. lichene *m.* **3** MED. dermatosi *f.* squamosa ◆ ***fressende ~*** lupus; ***nässende ~*** eczema. **flech|ten** tr. *(flicht, flocht, geflochten)* intrecciare, intessere: ***einen Korb ~*** intrecciare un cestino di paglia ◆ ***einen Zopf ~*** fare una treccia. **Flech|ter** m. *(-s,-)* cestaio *m.* **Flecht|wei|de** f. *(-,-n)* vimine *m.* **Flecht|werk** n. *(-[e]s,-e)* **1** *(Geflecht)* intreccio *m.* **2** ARCH. graticcio *m.*

Fleck m. *(-[e]s,-e[n])* **1** macchia *f.*, chiazza *f.*: ***einen ~ von, aus etw. entfernen*** togliere una macchia da qcs., smacchiare qcs. **2** *(Fläche)* zona *f.*: ***ein weißer ~ auf der Landkarte*** una zona bianca sulla carta geografica **3** *(Stelle, Ort)* posto *m.*: ***ein hübscher ~*** un posto grazioso **4** REGION. *(Flicken)* toppa *f.* **5** pl. *(Kaldaune)* trippa *f.* ◆ ***am falschen ~*** fuori luogo, in un momento inopportuno; ***-e bekommen*** macchiarsi; ***blauer ~*** livido; ***das Herz auf dem rechten ~ haben*** essere una persona di cuore; ***sich nicht vom ~ rühren*** non muovere un passo; ***nicht vom ~ können*** = non potersi muovere, allontanare; ***mit etw. (nicht) vom ~ kommen*** (non) andare avanti con qcs., (non) procedere in qcs.; ***vom ~ weg*** seduta stante, immediatamente; ***einen ~ auf der (weißen) Weste haben*** avere una macchia sull'onore; ***der wunde ~*** il punto debole. **Fleck|chen** n. *(-s,-)* **1** macchiolina *f.* **2** *(Ort)* posticino *m.*, angolo *m.*: ***ein ruhiges ~*** un posticino tranquillo **3** *(von Erde)* pezzetto *m.*, fazzoletto *m.* **fle|cken** REGION. **I** intr. (aus. *haben*) **1** *(Flecke machen)* macchiare, lasciare macchie **2** *(Flecke annehmen)* macchiarsi (facilmente) **3** FIG. *(vorangehen)* andare avanti, procedere **II** tr. risuolare: ***die Schuhe ~ lassen*** far risuolare le scarpe. **Fle|cken** m. *(-s,-)* **1** *(Fleck)* macchia *f.*, chiazza *f.* **2** *(kleine Ortschaft)* borgo *m.*, borgata *f.* **Fle|cken|ent|fer|ner** m. *(-s,-)* smacchiatore *m.* **Fle|cken|ent|fer|nung** f. *(-,-en)* smacchiatura *f.* **Fle|cken|ent|fer|nungs|mit|tel** n. *(-s,-)* → **Fleckenentferner. fle|cken|los** agg. senza macchie; FIG. senza macchia. **Fle|cken|rei|ni|ger** m. *(-s,-)* → **Fleckenentferner. Fle|cken|was|ser** n. *(-s,-wässer)* smacchiatore *m.* (liquido).

Fle|ckerl n. *(-s,-n)* AUSTR. **1** *(kleiner Fleck)* macchiolina *f.* **2** INTRAD. (tipo di pasta). **Fle|ckerl|tep|pich** m. *(-s,-e)* tappeto *m.* patchwork.

Fleck|fie|ber n. *(-s)* febbre *f.* petecchiale. **fle|ckig I** agg. macchiato, chiazzato **II** avv. a macchie, a chiazze. **Fleck|mit|tel** n. *(-s,-)* → **Fleckenentferner. Fleck|stift** m. *(-[e]s,-e)* matita *f.* per smacchiare. **Fleck|ty|phus** m. *(-)* tifo *m.* petecchiale. **Fleck|was|ser** → **Fleckenwasser.**

Fled|de|rer m. *(-s,-)* sciacallo *m.* **fled|dern** tr. depredare.

Fle|der|maus f. *(-,-mäuse)* pipistrello *m.* **Fle|der|wisch** m. *(-[e]s,-e)* **1** *(Federbüschel)* piumino *m.* per spolverare **2** COLLOQ. *(vom Menschen)* = (persona *f.*) superficiale *m.*

Fleece [fli:s] n. *(-)* pile *m.* **Fleece|ja|cke** f. *(-,-n)* pile *m.*

Fleet n. *(-[e]s,-e)* canale *m.* navigabile.

Fle|gel m. *(-s,-)* **1** *(ungeschliffener Junge)* villano *m.*, zotico *m.* **2** AGR. correggiato *m.* **Fle|ge|lei** f. *(-,-en)* maleducazione *f.*, villania *f.* **fle|gel|haft** agg. zotico, villano. **Fle|gel|haf|tig|keit** f. *(-,-en)* villania *f.*, zoticaggine *f.* **fle|ge|lig** agg. → **flegelhaft. Fle|gel|jah|re** pl. anni *m.pl.* della scapigliatura giovanile. **fle|geln** rifl. COLLOQ. **sich ~** stravaccarsi.

fle|hen intr. (aus. *haben*) ***zu jdm ~*** supplicare qcn.; ***bei jdm um etw. ~*** implorare qcs. da qcn. **fle|hend** p.pres. agg. **1** → **flehen 2** supplichevole, implorante. **fle|hent|lich** agg. LETT. **1** *(flehend)* supplichevole **2** *(inständig)* fervido.

Fleisch n. *(-[e]s)* **1** carne *f.* (anche FIG.): ***mageres, rohes ~*** carne magra, carne cruda; ***das ~ ist schwach*** la carne è debole **2** *(Fruchtfleisch)* polpa *f.* **3** TIP. bianco *m.* ◆ ***aus ~ und Blut*** in carne e ossa; LETT. ***sein eigen(es) ~ und Blut*** sangue del proprio sangue; ***das geht ihm in ~ und Blut über*** gli entra nel sangue; COLLOQ. ***vom ~ fallen*** mandar giù la ciccia; ***~ fressend*** carnivoro; ***sich ins eigene ~ schneiden*** darsi la zappa sui piedi; ***den Weg allen -es gehen*** = seguire il destino di tutti i mortali; RELIG. ***~ werden*** farsi carne, incarnarsi. **Fleisch|bank** f. *(-,-bänke)* AUSTR. banco *m.* del macellaio. **Fleisch|be|schau** f. *(-,-en)* ispezione *f.* (veterinaria) delle carni. **Fleisch|be|schau|er** m. *(-s,-)* ispettore *m.* delle carni, veterinario *m.* ispettore. **Fleisch|blu|me** f. *(-,-n)* fior *m.* di cuculo. **Fleisch|brü|he** f. *(-,-n)* brodo *m.* di carne. **Fleisch|ein|la|ge** f. *(-,-n)* pezzetto *m.* (*o* polpettina *f.*) di carne: ***Suppe mit ~*** minestra con pezzetti (*o* polpettine) di carne.

Flei|scher m. *(-s,-)* macellaio *m.* **Flei|sche|rei** f. *(-,-en)* → **Fleischerladen. Flei|scher|ha|ken** m. *(-s,-)* gancio *m.* per la carne, gancio *m.* da macellaio. **Flei|scher|la|den** m. *(-s,-läden)* macelleria *f.* **Flei|scher|meis|ter** m. *(-s,-)* macellaio *m.* (professionista). **Flei|scher|mes|ser** n. *(-s,-)* coltello *m.* da macellaio.

flei|schern agg. di carne.

Flei|sches|lust f. *(-,-lüste)* **1** piacere *m.* carnale (*o* della carne) **2** LETT. ANT. *(Begierde)* concupiscenza *f.*

Fleisch|es|ser m. *(-s,-)* carnivoro *m.* **Fleisch|ex|trakt** m. *(-[e]s,-e)* estratto *m.* di carne. **Fleisch|far|be** f. *(-,-n)* color *m.* carne, incarnato *m.*, carnicino *m.* **fleisch|far|ben, fleisch|far|big** agg. color carne, rosa incarnato, carnicino. **Fleisch|flie|ge** f. *(-,-n)* mosca *f.* della carne. **Fleisch|fon|due** [-fõ'dy:] n. *(-s,-s)* e f. *(-,-s)* fonduta *f.* bourguignonne (*o* borgognona). **Fleisch|fül|lung** f. *(-,-en)* ripieno *m.* di carne. **Fleisch|gang** m. *(-[e]s,-gänge)* portata *f.* di carne. **Fleisch|ge|richt** n. *(-[e]s,-e)* piatto *m.* (*o* pietanza *f.*) di carne. **Fleisch|ge|schwulst** f. *(-,-geschwülste)* sarcoma *m.* **Fleisch|hau|er** m. *(-s,-)* AUSTR. macellaio *m.*

flei|schig agg. carnoso. **Flei|schig|keit** f. *(-)* carnosità *f.*

Fleisch|klop|fer m. *(-s,-)* batticarne *m.* **Fleisch|kloß** m. *(-es,-klöße)* polpetta *f.* di carne. **Fleisch|klotz** m. *(-es,-klötze)* ceppo *m.* (del macellaio). **Fleisch|kon|ser|ve** f. *(-,-n)* carne *f.* in scatola. **fleisch|lich** agg. **1** ANT. di carne, carneo **2** LETT. ANT. carnale, della carne: ***die -en Lüste*** i piaceri carnali. **fleisch|los** agg. **1** senza carne: ***-e Gerichte*** cibi di magro **2** magro, scarno: ***ein -es Gesicht*** un viso scarno. **Fleisch|ma|de** f. *(-,-n)* marmeggia *f.* **Fleisch|ma|schi|ne** f. *(-,-n)* AUSTR. → **Fleischwolf. Fleisch|mes|ser** n. *(-s,-)* coltello *m.* da carne. **Fleisch|nah|rung** f. *(-)* alimentazione *f.* a base di carne (*o* a base carnea). **Fleisch|pas|te|te** f. *(-,-n)* sfoglia *f.* con ripieno di carne. **Fleisch|plat|te** f. *(-,-n)* piatto *m.* di carne. **Fleisch|saft** m. *(-[e]s)* sugo *m.* di carne. **Fleisch|sa|lat** m. *(-[e]s,-e)* INTRAD. (insalata di salsicce con maionese e cetrioli). **Fleisch|schau** f. *(-,-en)* SVIZZ. → **Fleischbeschau. Fleisch|schau|er** m. *(-s,-)* SVIZZ. → **Fleischbeschauer. Fleisch|sei|te** f. *(-,-n)* carniccio *m.* **Fleisch|tag** m. *(-[e]s,-e)* giorno *m.* di grasso. **Fleisch|ton** m. *(-[e]s,-töne)* → **Fleischfarbe. Fleisch|topf** m. *(-[e]s,-töpfe)* pentolone *m.*, marmitta *f.* ◆ ***sich nach den -töpfen Ägyptens zurücksehnen*** = rimpiangere i tempi dell'abbondanza. **Fleisch|ver|gif|tung** f. *(-,-en)* intossicazione *f.* da carni avariate, botulismo *m.* **Fleisch|war|ze** f. *(-,-n)* MED. porro *m.* **Fleisch|wolf** m. *(-[e]s,-wölfe)* tritacarne *m.* **Fleisch|wun|de** f. *(-,-n)* ferita *f.* (nella carne). **Fleisch|wurst** f. *(-,-würste)* INTRAD. (tipo di salume).

Fleiß m. *(-es)* diligenza *f.*, impegno *m.*; *(Eifer)* sollecitudine *f.*, assiduità *f.*, zelo *m.* ◆ ANT. ***mit ~*** con intenzione; PROV. ***ohne ~ kein Preis*** chi non semina non raccoglie, chi non risica non rosica. **Fleiß|ar|beit** f. *(-,-en)* lavoro *m.* impegnativo. **flei|ßig I** agg. **1** diligente: ***ein -er Student*** uno studente diligente **2** *(eifrig)* zelante, sollecito **3** *(von Arbeit)* accurato **II** avv. **1** diligentemente **2** *(eifrig)* sollecitamente, con zelo, con sollecitudine.

Flei|ver|kehr m. *(-s)* (accorc. *Flug-Eisenbahn-Verkehr*) servizio *m.* merci aero-ferroviario.

flek|tier|bar agg. LING. variabile. **flek|tie|ren** tr. LING. flettere. **flek|tie|rend** p.pres. agg. **1** → **flektieren 2** flessivo: ***-e Sprachen*** lingue flessive.

flen|nen intr. (aus. *haben*) COLLOQ. SPREG. frignare. **Flen|ne|rei** f. *(-,-en)* SPREG. piagnucolio *m.* **Flenn|lie|se** f. *(-,-n)* SPREG. piagnucolona *f.*

flet|schen tr. *(von Tieren)* ***die Zähne ~*** digrignare, mostrare i denti.

fle|xi|bel agg. (compar. *flexibler*, superl. *flexibelst...*) **1** flessibile (anche FIG.): ***flexible Arbeitszeit*** orario (di lavoro) flessibile **2** → **flektierbar. fle|xi|bi|li|sie|ren** tr. rendere flessibile. **Fle|xi|bi|li|tät** f. *(-)* flessibilità *f.* (anche FIG.). **Fle|xi|on** f. *(-,-en)* **1** LING. flessione *f.* **2** GEOL. flessura *f.* **Fle|xi|ons|en|dung** f. *(-,-en)* desinenza *f.* **Fle|xo|druck** m. *(-[e]s)* stampa *f.* flessografica. **Fle|xor** m. *(-s,-en)* flessore *m.*, muscolo *m.* flessore. **Fle|xur** f. *(-,-en)* **1** ANAT. ansa *f.* **2** GEOL. flessura *f.*

Fli|bus|ti|er m. *(-s,-)* filibustiere *m.*

Flick m. *(-[e]s,-e)* REGION. → **Flicken. Flick|ar|beit** f. *(-,-en)* rattoppo *m.* **fli|cken** tr. **1** rattoppare, rappezzare: ***notdürftig ~*** rabberciare **2** COLLOQ. rammendare: ***ein Loch im Strumpf ~*** rammendare la calza bucata **3** COLLOQ. *(reparieren)* riparare. **Fli|cken** m. *(-s,-)* toppa *f.*, pezza *f.*: ***einen ~ aufsetzen, einsetzen*** mettere una toppa; ***einen ~ auf den Ellenbogen setzen*** applicare una toppa sul gomito. **Fli|cken|de|cke** f. *(-,-n)* coperta *f.* patch-work. **Fli|cke|rei** f. *(-,-en)* rattoppatura *f.*, rappezzo *m.* **Fli|cke|rin** f. *(-,-nen)* rammendatrice *f.*

Flick|flack m. *(-s,-s)* GINN. = (serie *f.* di) capovolte *f.pl.* all'indietro.

Flick|schnei|der m. *(-s,-)* SPREG. sartorucolo *m.*, sarto *m.* da strapazzo. **Flick|schus|ter** m. *(-s,-)* ciabattino *m.* **Flick|werk** n. *(-[e]s)* SPREG. lavoro *m.* raffazzonato. **Flick|wort** n. *(-[e]s,-wörter)* riempitivo *m.*

Flie|der m. *(-s,-)* **1** lillà *m.* **2** REGION. *(Holunder)* sambuco *m.* **Flie|der|baum** m. *(-[e]s,-bäume)* → **Fliederstrauch. Flie|der|bee|re** f. *(-,-n)* REGION. coccola *f.* di sambuco. **flie|der|blau** agg. → **fliederfarben. Flie|der|blü|te** f. *(-,-n)* fiore *m.* di lillà. **Flie|der|busch** m. *(-[e]s,-büsche)* **1** cespuglio *m.* di lillà **2** REGION. *(Holunderbusch)* arbusto *m.* di sambuco. **flie|der|far|ben** agg. lilla, lillà. **Flie|der|strauch** m. *(-[e]s,-sträucher)* **1** arbusto *m.* di lillà **2** REGION. *(Holunderstrauch)* arbusto *m.* di sambuco.

Flie|ge f. *(-,-n)* **1** mosca *f.* **2** *(Bärtchen)* mosca *f.*, pizzetto *m.* **3** *(Art von Krawatte)* cravattino *m.*, farfallino *m.* **4** *(vom Fischen)* mosca *f.* ◆ ***-n fressend*** muscivoro; ***zwei -n mit einer Klappe schlagen*** prendere due piccioni con una fava; ***wie die -n sterben*** morire come (le) mosche; ***keiner ~ etw. zuleide tun*** non far male a una mosca.

flie|gen *(flog, geflogen)* **I** intr. (aus. *sein*) **1** *(von Vögeln, Flugzeugen)* volare **2a** *(im Flugzeug fliegen)* volare, andare in aereo: ***nach Berlin ~*** andare a Berlino in aereo; ***fährst du mit dem Auto oder fliegst du?*** vai in macchina o in aereo? prendi l'auto o l'aereo? **b** viaggiare in aereo: ***wegen seiner Geschäfte muss er das ganze Jahr ~*** viaggia in aereo tutto l'anno per affari **3** *(von Fahnen)* sventolare; *(von Haaren)* svolazzare **4** COLLOQ. *(stürzen)* fare un volo, cadere, volare **5** COLLOQ. *(weggeworfen werden)* finire, volare: ***alle Rechnungen flogen sofort in den Papierkorb*** tutte le fatture finirono immediatamente nel cestino **6** COLLOQ. *(ausgeschlossen, entlassen werden)* essere cacciato via **7** volare, precipitarsi: ***nach Hause ~*** precipitarsi a casa; ***jdm um, an den Hals ~*** volare al collo di qcn. **II** tr. **1** *(Flugzeuge)* guidare, pilotare **2** *(transportieren)* trasportare (in volo), portare (in aereo) **3** percorrere, coprire (in volo): ***die Strecke Mailand-Frankfurt ~*** coprire il tratto Milano-Francoforte **III** rifl. ***diese Maschine fliegt sich gut*** quest'aereo è facile da pilotare ◆ COLLOQ. ***AUF jdn, etw. ~*** andare pazzo per qcn., qcs.; ***in die Höhe ~*** levarsi in volo; LETT. ***am ganzen Körper ~*** fremere in tutto il corpo; ***aus der Kurve ~*** volare fuori strada a una curva; ***ein Lächeln fliegt über ihr Gesicht*** un sorriso le aleggia sul viso; ***in die Luft ~*** saltare in aria; COLLOQ. ***durch die Prüfung ~*** essere stangato all'esame; ***über die Alpen, den Nordpol ~*** sorvolare le Alpi, il Polo Nord. **Flie|gen** n. *(-s)* volo *m.*: ***beim ~*** in volo, volando.

Flie|gen|baum m. *(-[e]s,-bäume)* olmo *m.*

flie|gend p.pres. agg. **1** → **fliegen 2** ***-e Haare, Fahnen*** capelli al vento, bandiere spiegate **3** di volo, di bordo: ***das -e Personal*** il personale di volo **4** ambulante: ***ein -er Händler*** un venditore ambulante ◆ ***in -er Eile, Hast*** in fretta e furia; ***-e Hitze*** vampata di calore, caldana; ***der Fliegende Holländer*** l'Olandese volante (*o* il Vascello Fantasma); ***-e Untertassen*** dischi volanti.

Flie|gen|draht m. *(-[e]s,-drähte)* zanzariera *f.* (metallica). **Flie|gen|dreck** m. *(-[e]s)* cacca *f.* di mosca. **Flie|gen|fän|ger** m. *(-s,-)* **1** carta *f.* moschicida **2** → **Fliegenschnäpper. Flie|gen|fens|ter** n. *(-s,-)* finestra *f.* con zanzariera. **Flie|gen|fi|schen** n. *(-s)* pesca *f.* a mosca. **Flie|gen|ge|wicht** n. *(-[e]s,-e)* SPORT peso *m.* mosca. **Flie|gen|git|ter** n. *(-s,-)* zanzariera *f.* **Flie|gen|klap|pe, Flie|gen|klat|sche** f. *(-,-n)* acchiappamosche *m.* **Flie|gen|netz** n. *(-es,-e)* zanzariera *f.* **Flie|gen|pa|pier** n. *(-s,-e)* carta *f.* moschicida. **Flie|gen|pilz** m. *(-es,-e)* ovolo *m.* malefico. **Flie|gen|schnäp|per** m. *(-s,-)* muscicapa *f.*, pigliamosche *m.* **Flie|gen|schrank** m. *(-[e]s,-schränke)* moscaiola *f.*

Flie|ger m. *(-s,-)* **1a** pilota *m.*, ANT. aviatore *m.* **b** COLLOQ. *(Soldat der Luftwaffe)* aviere *m.* **2** ZOOL. volatore *m.*: ***Fasane sind schlechte ~*** i fagiani sono dei cattivi volatori **3** COLLOQ. *(Flugzeug)* aereo *m.* **4** SPORT velocista *m.*

Flie|ger|ab|wehr f. *(-)* MIL. (difesa *f.*) antiaerea *f.* **Flie|ger|ab|wehr|ka|no|ne** f. *(-,-n)* cannone *m.* antiaereo (*o* contraereo). **Flie|ger|ab|wehr|ra|ke|te** f. *(-,-n)* missile *m.* antiaereo (*o* contraereo). **Flie|ger|ab|wehr|waf|fen** pl. armi *f.pl.* antiaeree.

Flie|ger|alarm m. *(-s,-e)* allarme *m.* aereo. **Flie|ger|an|griff** m. *(-[e]s,-e)* attacco *m.* aereo. **Flie|ge|rei** f. *(-)* **1** *(Flugwesen)* aviazione *f.* **2** *(Fliegen)* volo *m.*, il volare. **Flie|ger|horst** m. *(-[e]s,-e)* MIL. campo *m.* d'aviazione. **flie|ge|risch** agg. aereo, dell'aviazione. **Flie|ger|kar|te** f. *(-,-n)* carta *f.* aeronautica. **Flie|ger|of|fi|zier** m. *(-s,-e)* ufficiale *m.* pilota. **Flie|ger|ren|nen** n. *(-s,-)* corsa *f.* per velocisti. **Flie|ger|schu|le** f. *(-,-n)* scuola *f.* di volo. **Flie|ger|staf|fel** f. *(-,-n)* squadriglia *f.* aerea. **Flie|ger|trup|pe** f. *(-,-n)* MIL. aviazione *f.*, aeronautica *f.*

flie|hen *(floh, geflohen)* **I** intr. (aus. *sein*) fuggire, scappare: ***vor der Polizei, ins Ausland ~*** fuggire davanti alla polizia, all'estero **II** tr. LETT. (s)fuggire, rifuggire: ***jdn ~*** sfuggire qcn.; ***den Lärm der Diskos ~*** (ri)fuggire il chiasso delle discoteche ◆ ***der Schlaf flieht mich*** ho l'insonnia; ***die Zeit flieht*** il tempo vola; ***zu jdm ~*** rifugiarsi da (*o* presso) qcn. **Flieh|burg** f. *(-,-en)* STOR. rocca *f.* (di rifugio). **flie|hend** p.pres. agg. **1** → **fliehen 2a** in fuga **b** FIG. fuggevole **3** ***eine -e Stirn*** una fronte sfuggente. **Flieh|kraft** f. *(-,-kräfte)* forza *f.* centrifuga. **Flieh|kraft|kupp|lung** f.

(-,-en) MECC. frizione *f.* centrifuga.
Flie|se f. *(-,-n)* piastrella *f.*, mattonella *f.*: ***etw. mit -n auslegen*** rivestire qcs. di, con piastrelle. **flie|sen** tr. piastrellare. **Flie|sen|le|ger** m. *(-s,-)* piastrellista *m.*
Fließ|ar|beit f. *(-)* lavorazione *f.* a catena, catena (montaggio): ***etw. in ~ herstellen*** produrre qcs. in, con catena di montaggio.
Fließ|band n. *(-[e]s,-bänder)* catena *f.* di montaggio: ***am ~ arbeiten*** lavorare alla catena (di montaggio). **Fließ|band|ar|bei|ter** m. *(-s,-)* operaio *m.* alla catena (di montaggio). **Fließ|band|mon|ta|ge** [-ʒə] f. *(-,-n)* montaggio *m.* a catena.
Fließ|ei n. *(-[e]s,-er)* uovo *m.* senza guscio.
flie|ßen intr. *(floss, geflossen;* aus. *sein)* **1** scorrere, fluire (anche FIG.): ***der Fluss fließt durch die Stadt, ins Meer, in die Donau*** il fiume scorre attraverso la città, sfocia (*o* sbocca) in mare, nel Danubio; ***der Verkehr fließt langsam*** il traffico scorre lentamente; ***der Champagner floss in Strömen*** lo champagne scorreva a fiumi; ***viel Blut wird ~*** scorrerà molto sangue; ***alles fließt*** tutto scorre **2** *(laufen)* colare: ***der Schweiß fließt ihm von der Stirn, übers Gesicht*** il sudore gli cola dalla fronte, sul viso **3a** *(herauskommen)* sgorgare, fluire (fuori): ***aus einer Quelle ~*** sgorgare da una fonte **b** FIG. ***die Worte ~ ihm leicht aus der Feder*** le parole gli fluiscono facilmente dalla penna ◆ ***der Gewinn fließt in seine Tasche*** il guadagno finisce nelle sue tasche; ***das Haar fließt ihr bis zur Gürtellinie*** i capelli le (ri)cadono fino alla vita; ***die Nachrichten ~ spärlich*** le notizie filtrano in misura scarsa. **flie|ßend I** p.pres. agg. **1** → **fließen 2** ***-es Wasser*** acqua corrente **3** *(von Geweben)* fluente: ***ein -es Gewand*** una veste fluente **4** *(flüssig)* fluido: ***-er Stil*** stile fluido **5** FIG. labile, incerto: ***-e Grenze*** confine labile **II** avv. correntemente: ***eine Sprache ~ sprechen*** parlare correntemente una lingua.
Fließ|fer|ti|gung f. *(-,-en)* produzione *f.* alla catena di montaggio. **Fließ|laut** m. *(-[e]s,-e)* (consonante *f.*) liquida *f.* **Fließ|pa|pier** n. *(-s,-e)* carta *f.* assorbente. **fließ|pres|sen** tr. METALL. estrudere. **Fließ|was|ser** n. *(-s)* AUSTR. acqua *f.* corrente.
Flim|mer m. *(-s)* LETT. **1** sfarfallio *m.*, luce *f.* tremolante, vacillante **2** FIG. *(Scheinglanz)* orpello *m.* **Flim|mer|epi|thel** n. *(-s,-e)* BIOL. epitelio *m.* cigliato. **flim|mer|frei** agg. TELEV. senza sfarfallamento. **Flim|mer|här|chen** n. *(-s,-)* ciglio *m.* vibratile. **flim|me|rig** agg. → **flimmernd.** **Flim|mer|kas|ten** m. *(-s,-kästen)*, **Flim|mer|kis|te** f. *(-,-n)* SCHERZ. tivù *f.* **flim|mern I** intr. (aus. *haben*) **1** scintillare, luccicare: ***die Meeresoberfläche flimmert in der Sonne*** la superficie del mare scintilla al sole **2** *(von Licht, Luft)* tremolare **3** sfarfallare, ballare: ***das Fernsehbild flimmert stark*** l'immagine televisiva balla molto **4** impers. ***es flimmert mir vor den Augen*** mi trema la vista **II** tr. REGION. *(blank putzen)* lustrare ◆ MED. ***das Herz flimmert*** il cuore va in fibrillazione. **Flim|mern** n. *(-s)* **1** scintillio *m.*, tremolio *m.* **2** CINEM. TELEV. sfarfallamento *m.*, sfarfallio *m.* **flim|mernd** p.pres. agg. **1** → **flimmern 2** scintillante, tremolante. **flimm|rig** agg. → **flimmernd.**
flink agg. **1** svelto, pronto, lesto: ***-e Hände haben, ~ bei der Hand sein*** essere svelto di mano; ***eine -e Zunge, ein -es Mundwerk haben*** avere la risposta pronta **2** *(munter)* vispo: ***ein -es Mädchen*** una ragazza vispa. **Flink|heit** f. *(-)* sveltezza *f.*, prontezza *f.*
Flint m. *(-[e]s,-e)* → **Flintstein.**
Flin|te f. *(-,-n)* fucile *m.* (da caccia) ◆ COLLOQ. ***die ~ ins Korn werfen*** gettare la spugna. **Flin|ten|ku|gel** f. *(-,-n)* pallino *m.* da fucile. **Flin|ten|lauf** m. *(-[e]s,-läufe)* canna *f.* del fucile. **Flin|ten|schuss** m. *(-es,-schüsse)* fucilata *f.*
Flint|glas n. *(-es)* flint *m.*, vetro *m.* flint. **Flint|stein** m. *(-[e]s,-e)* ANT. pietra *f.* focaia.
Flip m. *(-s,-s)* flip *m.*
Flip|flop n. *(-s,-s)*, **Flip|flop|schal|tung** f. *(-,-en)* flipflop *m.*
Flip|per m. *(-s,-)* flipper *m.* **flip|pern** intr. (aus. *haben*) giocare a flipper. **flip|pig** agg. COLLOQ. **1** flippato: ***ein -er Typ*** un tipo flippato **2** *(wahnsinnig)* da sballo: ***-e Musik*** musica da sballo.
flir|ren intr. (aus. *haben*) LETT. luccicare tremolando.
Flirt [fœrt, flɪrt] m. *(-s,-s)* flirt *m.*: ***einen ~ mit jdm haben*** avere un flirt con qcn. **flir|ten** intr. (aus. *haben*) flirtare, amoreggiare: ***mit jdm ~*** flirtare con qcn.
Flitt|chen n. *(-s,-)* COLLOQ. sgualdrina *f.*
Flit|ter m. *(-s,-)* **1** lustrino *m.*, paillette *f.* **2** SPREG. *(wertloser Schmuck)* paccottiglia *f.* **Flit|ter|glanz** m. *(-es)* → **Flitterkram.** **Flit|ter|gold** n. *(-[e]s)* orpello *m.* **Flit|ter|kram** m. *(-[e]s)* COLLOQ. paccottiglia *f.* **Flit|ter|staat** m. *(-[e]s)* abito *m.* con paillettes. **Flit|ter|tand** m. *(-[e]s)* ANT. → **Flitterkram.** **Flit|ter|wo|chen** pl. luna *f.* di miele. **Flit|ter|wöch|ner I** m. *(-s,-)* sposino *m.* in luna di miele **II** pl. coppia *f.* di sposi in luna di miele.
Flitz m. *(-es,-e)* ANT. freccia *f.* **Flitz|bo|gen, Flit|ze|bo|gen** m. *(-s,-)* COLLOQ. arco *m.* ◆ FIG. ***gespannt sein wie ein ~*** fremere di curiosità. **flit|zen** intr. (aus. *sein*) sfrecciare, scattare: ***um die Ecke ~*** sfrecciare dietro l'angolo. **Flit|zer** m. *(-s,-)* bolide *m.*, freccia *f.*
floa|ten ['floʊtn] intr. (aus. *haben*) ECON. fluttuare. **Floa|ting** ['floʊtɪŋ] n. *(-s,-s)* ECON. floating *m.*, fluttuazione *f.*
Flo|bert|ge|wehr n. *(-[e]s,-e)* flobert *m.*, fucile *m.* flobert.
F-Loch n. *(-[e]s,-Löcher)* MUS. apertura *f.* a effe.
flocht → **flechten.**
Flo|cke f. *(-,-n)* **1a** fiocco *m.* **b** *(Schneeflocke)* fiocco *m.*, falda *f.* **2** *(von Pferden)* macchia *f.* bianca (sulla fronte) **3** pl. COLLOQ. *(Geld)* soldi *m.pl.*, grana *f.* **flo|cken** intr. (aus. *haben*) formare fiocchi; *(sich zusammenballen)* raggrumarsi. **Flo|cken|bil|dung** f. *(-,-en)* **1** formazione *f.* di fiocchi **2** CHIM. flocculazione *f.* **Flo|cken|blu|me** f. *(-,-n)* centaurea *f.* **flo|cken|för|mig** agg. a (*o* in) fiocchi. **flo|cken|wei|se** avv. a (*o* in) fiocchi. **flo|ckig** agg. fioccoso; *(in Form von Flocken)* a (*o* in) fiocchi. **Flock|sei|de** f. *(-)* bavella *f.* **Flo|ckungs|mit|tel** n. *(-s,-)* flocculante *m.*, coagulante *m.*
flog → **fliegen.**
floh → **fliehen.**
Floh m. *(-[e]s, Flöhe)* **1** pulce *f.*: ***Flöhe knacken*** schiacciare le pulci **2** pl. COLLOQ. *(Geld)* soldi *m.pl.*, grana *f.* ◆ ***er hört die Flöhe husten, niesen*** = si crede tanto furbo (*o* intelligente); ***ich will lieber (einen Sack) Flöhe hüten als...*** preferirei (fare) qualunque cosa piuttosto di (*o* che)...; ***jdm einen ~ ins Ohr setzen*** mettere un ghiribizzo in testa a qcn. **Floh|biss** m. *(-es,-e)* morso *m.* di pulce.
flö|hen tr. spulciare.
Floh|kraut n. *(-[e]s,-kräuter)* pulicaria *f.* **Floh|krebs** m. *(-es,-e)* pulce *f.* di mare, anfipode *m.* **Floh|markt** m. *(-[e]s,-märkte)* mercato *m.* delle pulci.
Flom, Flo|men m. *(-s)* sugna *f.*
Flop m. *(-s,-s)* **1** *(Misserfolg)* flop *m.*, fiasco *m.* **2** *(Niete)* frana *f.*, disastro *m.* **3** SPORT salto *m.* (in alto) alla Fosbury.
Flop|py f. *(-, Floppies)*, **Flop|py Disk** f. *(-,-s)* floppy *m.* (disk).
1.Flor m. *(-s,-e)* **1a** fioritura *f.* **b** FIG. fioritura *f.*, sviluppo *m.* **2** *(Menge)* miriade *f.*: ***ein ~ duftender Blumen*** una miriade di fiori profumati ◆ ***im ~ sein*** essere in fiore; ***die Wirtschaft kommt wieder in ~*** l'economia fiorisce.
2.Flor m. *(-s,-e)* **1** TESS. crespo *m.* **2** *(Schleier)* velo *m.* **3** → **Florband** **4** *(von Plüsch, Samt, Teppichen)* pelo *m.*
Flo|ra f. *(-, Floren)* **1** BOT. BIOL. flora *f.* **2** *(Buch)* atlante *m.* botanico.
Flor|band n. *(-[e]s,-bänder)* fascia *f.* da lutto.
Flo|ren|ti|ner I m. *(-s,-)* **1** fiorentino *m.*, abitante *m.* di Firenze **2** *(Gebäck)* INTRAD. (dolcetto di mandorle, noci e canditi) **3** → **Florentinerhut II** agg.inv. fiorentino, di Firenze. **Flo|ren|ti|ner|hut** m. *(-[e]s,-hüte)* cappello *m.* di paglia di Firenze. **flo|ren|ti|nisch** agg. fiorentino, di Firenze.
Flo|renz n.pr.n. *(-)* Firenze *f.*
Flo|res|zenz f. *(-,-en)* fioritura *f.*; *(Blütenstand)* infiorescenza *f.*
Flo|rett n. *(-[e]s,-e)* SPORT fioretto *m.*: ***mit dem ~ fechten*** tirare di scherma col fioretto; ***im ~ gewinnen*** vincere nel fioretto. **Flo|rett|fech|ten** n. *(-s)* (scherma *f.* col) fioretto *m.* **Flo|rett|fech|ter** m. *(-s,-)* schermitore *m.* di fioretto, fiorettista *m.*
Flo|rett|sei|de f. *(-)* fioretto *m.*, seta *f.* di scarto.
Flo|ri|an n.pr.m. Floriano *m.*
flo|rid agg. MED. ***eine -e Krankheit*** una malattia a evoluzione rapida, una malattia galoppante.
flo|rie|ren intr. (aus. *haben*) fiorire, prosperare.
Flo|ri|leg n. *(-s,-e)*, **Flo|ri|le|gi|um** n. *(-s, Florilegien)* florilegio *m.*
Flo|rin m. *(-s,-e* e *-s)* fiorino *m.*
Flo|rist m. *(-en,-en)* **1** cultore *m.* di floristica, RAR. florista *m.* **2** *(Beruf)* fiorista *m.*, fioraio *m.*
Flos|kel f. *(-,-n)* frase *f.* retorica (*o* vuota). **flos|kel|haft** agg. retorico, vuoto.
floss → **fließen.**
Floß n. *(-es, Flöße)* **1** zattera *f.*, galleggiante *m.* **2** PESC. galleggiante *m.* **flöß|bar** agg. **1** adatto alla fluitazione **2** *(mit Flößen befahrbar)* navigabile (con zattere). **Floß|brü|cke** f. *(-,-n)* ponte *m.* galleggiante (di tronchi).
Flos|se f. *(-,-n)* **1** pinna *f.*: ***die ~ des Haifisches*** la pinna dello squalo; ***mit (den) -n schwimmen*** nuotare con le pinne **2** MAR. pinna *f.* (*o* chiglia *f.*) di deriva, chiglia *f.* a pinna **3** AER. pinna *f.*, (piano *m.*) stabilizzatore *m.* **4a** SCHERZ. *(Hand)* zampa *f.* **b** pl. *(Füße)* piedi *m.pl.*
flö|ßen I tr. **1** flottare, far fluitare **2** *(mit dem Floß befördern)* trasportare su zattera (*o* zattere) **II** intr. (aus. *sein*) navigare su zattera.

Flos|sen|fü|ßer, Flos|sen|füß|ler m. *(-s,-)* pinnipede *m.*
Flö|ßer m. *(-s,-)* zatteriere *m.* **Flö|ße|rei** f. *(-)* fluitazione *f.*
Floß|fahrt f. *(-,-en)* viaggio *m.* in zattera. **Floß|holz** n. *(-es,-hölzer)* legname *m.* fluitato.
Flo|ta|ti|on f. *(-,-en)* MIN. flottazione *f.*
Flö|te f. *(-,-n)* **1** flauto *m.*: ***die, auf der ~ blasen (spielen)*** suonare il flauto **2** *(Glas)* flûte *m.* **flö|ten I** intr. (aus. *haben*) **1** suonare il flauto **2** *(mit schmeichelnder Stimme sprechen)* parlare con voce flautata **3** REGION. *(pfeifen)* fischiettare **4a** COLLOQ. ***~ gehen*** *(verlorengehen)* andare a farsi benedire **b** *(entzweigehen)* andare in pezzi. **Flö|ten|blä|ser** m. *(-s,-)* flautista *m.* **Flö|ten|kon|zert** n. *(-[e]s,-e)* **1** *(Musikwerk)* concerto *m.* per flauto **2** *(mit Flötenmusik)* concerto *m.* di flauto. **Flö|ten|mu|sik** f. *(-,-en)* musica *f.* per flauto. **Flö|ten|re|gis|ter** n. *(-s,-)* registro *m.* di flauto. **Flö|ten|spie|ler** m. *(-s,-)* → **Flötenbläser. Flö|ten|ton** m. *(-[e]s,-töne)* suono *m.* di flauto ◆ ***jdm die Flötentöne beibringen*** = insegnare le buone maniere a qcn. **Flö|ten|zug** m. *(-[e]s,-züge)* → **Flötenregister.**
flo|tie|ren tr. MIN. flottare.
Flö|tist m. *(-en,-en)* → **Flötenbläser.**
flott COLLOQ. **I** agg. **1** svelto, rapido, veloce: ***ein -er Kellner*** un cameriere svelto **2** *(schwungvoll)* vivace, allegro: ***eine -e Melodie*** un motivetto allegro **3a** *(hübsch)* carino, bello **b** *(schick)* chic, elegante **4** *(lebenslustig)* spensierato, allegro: ***ein -es Leben*** una vita spensierata **5a** FIG. *(fahrtüchtig)* in ordine, a posto: ***das Motorrad ist wieder ~*** la moto è di nuovo a posto (*o* va di nuovo); ***~ machen, ~ bekommen*** rimettere in sesto, in ordine: ***wir müssen das Auto bis zum Wochenende ~ bekommen*** dobbiamo avere l'auto a posto per il week-end **b** MAR. ***~ sein*** galleggiare; *(frei schwimmend sein)* essersi disincagliato; ***~ machen*** disincagliare **II** avv. **1** rapidamente, velocemente, in fretta **2a** *(schwungvoll)* vivacemente **b** *(lebenslustig)* spensieratamente, allegramente ◆ ***-e Geschäfte*** buoni affari; ***mach mal ein bisschen ~!*** sbrigati! spicciati!
1.Flot|te f. *(-,-n)* MAR. flotta *f.*
2.Flot|te f. *(-,-n)* TESS. **1** *(Färbeflotte)* bagno *m.* colorante, tinta *f.* **2** *(Waschflotte)* bagno *m.* di lavaggio **3** *(Bleichflotte)* bagno *m.* di candeggio.
Flot|ten|ba|sis f. *(-,-basen)* base *f.* navale. **Flot|ten|pa|ra|de** f. *(-,-n)* parata *f.* navale. **Flot|ten|stütz|punkt** m. *(-[e]s,-e)* → **Flottenbasis. Flot|ten|ver|band** m. *(-[e]s,-verbände)* formazione *f.* navale.
flot|tie|ren intr. (aus. *haben*) **1** galleggiare, nuotare **2** ECON. fluttuare, oscillare. **flot|tie|rend** p.pres. agg. **1** → **flottieren 2** ECON. fluttuante, oscillante, instabile.
Flot|til|le [flɔ'tɪl(j)ə] f. *(-,-n)* flottiglia *f.*
flott|weg avv. rapidamente, velocemente, in fretta.
Flöz n. *(-es,-e)* strato *m.* (di minerale), filone *m.* (orizzontale): ***~ führend*** stratificato, stratiforme. **Flöz|ab|bau** m. *(-[e]s)* sfruttamento *m.* di un, del filone.
Flu|at n. *(-[e]s,-e)* fluosilicato *m.*
Fluch m. *(-[e]s, Flüche)* **1** maledizione *f.*: ***ein ~ liegt auf, über jdm, etw.*** una maledizione grava su qcn., qcs.; ***einen ~ gegen jdn ausstoßen*** lanciare (*o* scagliare) una maledizione contro qcn. **2** *(Kraftausdruck)* imprecazione *f.*; *(gegen Gott)* bestemmia *f.*: ***Flüche ausstoßen, aussprechen*** lanciare imprecazioni ◆ ***~ über dich!*** (sii) maledetto! **fluch|be|la|den** agg. maledetto.
flu|chen intr. (aus. *haben*) **1** ***jdm, etw. ~*** maledire qcn., qcs. **2** *(Kraftausdrücke ausstoßen)* imprecare; *(gotteslästerlich)* bestemmiare: ***auf, über jdn, etw. ~*** imprecare contro qcn., qcs.; ***wie ein Fuhrmann ~*** bestemmiare come un carrettiere. **Flu|cher** m. *(-s,-)* bestemmiatore *m.*
1.Flucht f. *(-,-en)* **1** fuga *f.*: ***auf der ~ sein*** essere in fuga; ***die ~ ergreifen*** darsi alla fuga, prendere la fuga; ***jdn in die ~ schlagen*** mettere in fuga qcn.; ***sich durch die ~ retten*** salvarsi con la fuga; ***die ~ aus dem Gefängnis*** la fuga (*o* l'evasione) dalla prigione; ***jds ~ decken*** coprire la fuga di qcn.; ***jdm zur ~ verhelfen*** aiutare qcn.a fuggire; FIG. ***die ~ vor sich selbst*** la fuga da se stesso **2** VENAT. salto *m.*
2.Flucht f. *(-,-en)* EDIL. **1** fuga *f.*, serie *f.*: ***eine ~ von Zimmern*** una fuga di stanze **2** *(von Mauern)* filo *m.*, allineamento *m.* **3** RAR. *(Spielraum)* gioco *m.*
flucht|ar|tig I agg. precipitoso, frettoloso **II** avv. precipitosamente, in fretta e furia.
fluch|ten I tr. allineare; *(Mauer)* mettere a filo **II** intr. (aus. *haben*) essere allineato.
flüch|ten I intr. (aus. *sein*) fuggire: ***vor der Polizei ~*** fuggire di fronte alla polizia **II** tr. mettere in salvo (*o* al sicuro) **III** rifl. **sich ~** rifugiarsi, mettersi in salvo: ***sich zu jdm ~*** rifugiarsi da qcn.
Flucht|fahr|zeug n. *(-[e]s,-e)* veicolo *m.* usato per la fuga. **Flucht|ge|fahr** f. *(-)* pericolo *m.* di fuga (*o* di evasione). **Flucht|ge|schwin|dig|keit** f. *(-)* FIS. velocità *f.* di fuga. **Flucht|hel|fer** m. *(-s,-)* complice *m.* nella fuga, *(Schlepper)* passatore *m.* **Flucht|hil|fe** f. *(-)* complicità *f.* nell'evasione.
flüch|tig I agg. **1a** fuggitivo, fuggiasco; BUROCR. latitante; ***~ werden*** fuggire, scappare **b** *(geflüchtet)* fuggito; *(aus dem Gefängnis)* evaso **2** FIG. *(von kurzer Dauer, vorübergehend)* fugace, fuggevole: ***ein -er Blick*** uno sguardo fugace; ***eine -e Begegnung*** un fugace incontro **3a** *(oberflächlich)* superficiale, vago: ***eine -e Bekanntschaft*** una conoscenza superficiale **b** *(ungenau)* impreciso, poco accurato, sbrigativo: ***eine -e Arbeit*** un lavoro sbrigativo **4** CHIM. volatile; *(von Öl)* essenziale **II** avv. **1** fugacemente, fuggevolmente, di sfuggita **2a** *(oberflächlich)* superficialmente, vagamente **b** *(ungenau)* in modo impreciso, poco accurato, sbrigativo; *(schnell)* rapidamente: ***etw. ~ lesen*** leggere rapidamente qcs. **Flüch|tig|keit** f. *(-,-en)* **1** fugacità *f.*, LETT. fuggevolezza *f.* **2** *(Oberflächlichkeit)* superficialità *f.* **3** *(Ungenauigkeit)* imprecisione *f.*; *(Schnelligkeit)* rapidità *f.* **4** → **Flüchtigkeitsfehler 5** CHIM. volatilità *f.* **Flüch|tig|keits|feh|ler** m. *(-s,-)* errore *m.* di distrazione, disattenzione *f.*
Flücht|ling m. *(-s,-e)* profugo *m.*, rifugiato *m.*, fuoruscito *m.* **Flücht|lings|aus|weis** m. *(-es,-e)* documento *m.* d'identità rilasciato ai profughi. **Flücht|lings|la|ger** n. *(-s,-)* campo *m.* (di) profughi. **Flücht|lings|treck** m. *(-s,-s)* esodo *m.* di, dei profughi.
Flucht|li|nie f. *(-,-n)* **1** allineamento *m.* **2** *(Linie)* linea *f.* di fuga. **Flucht|punkt** m. *(-[e]s,-e)* punto *m.* di fuga. **Flucht|ver|dacht** m. *(-[e]s)* → **Fluchtgefahr. Flucht|ver|such** m. *(-[e]s,-e)* tentativo *m.* di fuga (*o* di evasione). **Flucht|weg** m. *(-[e]s,-e)* via *f.* di fuga.
fluch|wür|dig agg. LETT. esecrabile, esecrando.
Flug m. *(-[e]s, Flüge)* **1a** volo *m.*: ***der ~ eines Vogels, eines Flugzeugs, einer Rakete*** il volo di un uccello, di un aereo, di un missile; ***etw. im ~ auffangen*** afferrare qcs. al volo **b** FIG. ***der ~ der Fantasie*** il volo della fantasia **c** *(Flugreise)* ***ein ~ über den Ozean*** un volo transoceanico; ***einen ~ buchen*** prenotare un volo; ***der ~ nach Frankfurt*** il volo per Francoforte **d** *(Raumflug)* ***der ~ zum Mond*** il volo sulla luna **2** SPORT salto *m.* (con gli sci) **3** VENAT. *(von Vögeln)* stormo *m.* ◆ ***(wie) im ~ vergehen*** volare (via).
Flug|ab|wehr → **Fliegerabwehr. Flug|ab|wehr|ka|no|ne** → **Fliegerabwehrkanone. Flug|ab|wehr|ra|ke|te** → **Fliegerabwehrrakete.**
Flug|angst f. *(-)* paura *f.* di volare. **Flug|ar|til|le|rie** [-artɪləri] f. *(-)* (artiglieria *f.*) contraerea *f.* **Flug|asche** f. *(-)* cenere *f.* volatile. **Flug|bahn** f. *(-,-en)* traiettoria *f.* **Flug|ball** m. *(-[e]s,-bälle)* SPORT **1** palla *f.* alta, pallonetto *m.* **2** *(Volley)* volée *f.*, colpo *m.* al volo. **Flug|be|glei|ter** m. *(-s,-)* assistente *m.* di volo, steward *m.* **Flug|be|glei|te|rin** f. *(-,-nen)* assistente *f.* di volo, hostess *f.* **Flug|be|reich** m. *(-[e]s,-e)* autonomia *f.* di volo. **flug|be|reit** agg. pronto per il volo. **Flug|be|trieb** m. *(-[e]s)* **1** servizio *m.* aereo **2** *(Starten und Landen)* arrivi *m.pl.* e partenze *f.pl.* (di aerei): ***es herrscht heute reger ~*** oggi ci sono molti arrivi e partenze. **Flug|blatt** n. *(-[e]s,-blätter)* volantino *m.* **Flug|blatt|ak|ti|on** f. *(-,-en)* volantinaggio *m.* **Flug|boot** n. *(-[e]s,-e)* idrovolante *m.* **Flug|da|ten|schrei|ber** m. *(-s,-)* → **Flugschreiber. Flug|deck** n. *(-[e]s,-s)* ponte *m.* di volo. **Flug|dra|chen** m. *(-s,-)* ZOOL. drago *m.* (volante). **Flug|ech|se** f. *(-,-n)* → **Flugsaurier.**
Flü|gel m. *(-s,-)* **1** ala *f.* (anche FIG.): ***mit den -n schlagen*** battere le ali; ***die ~ ausbreiten, anlegen*** spiegare, ripiegare le ali; ***der ~ eines Flugzeugs, eines Gebäudes, einer Partei*** l'ala di un aereo, di un edificio, di un partito **2** *(von Fenster, Tür)* battente *m.*, imposta *f.* **3** ANAT. ala *f.*, parte *f.* **4** MUS. piano(forte) *m.* a coda **5** SPORT *(Flügelstürmer)* ala *f.* ◆ ***jdm die ~ beschneiden*** tarpare le ali a qcn.; ***die ~ hängen lassen*** scoraggiarsi, perdersi d'animo; ***jdm die ~ stutzen*** → ***jdm die beschneiden***; ***sich die ~ verbrennen*** scottarsi; LETT. ***jdm ~ verleihen*** = spronare qcn. **Flü|gel|ad|ju|tant** m. *(-en,-en)* ANT. braccio *m.* destro del comandante. **Flü|gel|al|tar** m. *(-[e]s,-altäre)* polittico *m.* **Flü|gel|är|mel** m. *(-s,-)* SART. manica *f.* ad aletta. **Flü|gel|de|cke** f. *(-,-n)* elitra *f.*
Flug|elek|tro|nik f. *(-)* avionica *f.*, aeroelettronica *f.*
Flü|gel|fens|ter n. *(-s,-)* finestra *f.* a due ante (*o* battenti). **Flü|gel|flä|che** f. *(-,-n)* AER. superficie *f.* alare. **flü|gel|för|mig** agg. a forma di ala, ad ala. **Flü|gel|frucht** f. *(-,-früchte)* BOT. samara *f.* **Flü|gel|hau|be** f. *(-,-n)* cuffia *f.* (*o* cappuccio *m.*) con le ali. **Flü|gel|horn** n. *(-[e]s,-hörner)* MUS. corno *m.* tenore. **Flü|gel|hut** m. *(-[e]s,-hüte)* elmo *m.* alato. **Flü|gel|kampf** m. *(-[e]s,-kämpfe)* POL. lotta *f.* tra correnti. **flü|gel|lahm** agg. **1** *(von Vögeln)* con le ali spezzate **2** FIG. abbattuto, mortificato. **flü|gel|los** agg. senza ali, attero (*o* aptero). **Flü|gel|lö|we** m. *(-n,-n)* leone *m.* alato. **Flü|gel|mann** m. *(-[e]s,-männer* e *-leute)* **1** MIL. capofila *m.*, caporiga *m.* **2**

SPORT ala *f.* **Flü|gel|mut|ter** f. *(-,-n)* madrevite *f.* ad alette. **Flü|gel|rad** n. *(-[e]s,-räder)* elica *f.* **Flü|gel|ross** n. *(-es,-e)* cavallo *m.* (*o* destriero *m.*) alato. **Flü|gel|schlag** m. *(-[e]s,-schläge)* colpo *m.* (*o* battito *m.*) d'ala. **Flü|gel|schrau|be** f. *(-,-n)* vite *f.* ad alette. **Flü|gel|spann|wei|te** f. *(-,-en)* apertura *f.* alare. **Flü|gel|stür|mer** m. *(-s,-)* SPORT ala *f.* **Flü|gel|ta|sche** f. *(-,-n)* SART. tasca *f.* verticale (di pantaloni). **Flü|gel|tür** f. *(-,-en)* porta *f.* a due ante (*o* battenti).

flug|fä|hig agg. **1** *(von Tieren)* capace di volare **2** *(von Flugzeugen)* in grado di volare. **Flug|feld** n. *(-[e]s,-er)* campo *m.* d'aviazione. **Flug|funk** m. *(-[e]s)* radiotelegrafia *f.* di bordo. **Flug|gast** m. *(-[e]s,-gäste)* passeggero *m.* (di aereo).

flüg|ge agg. pronto a volare, a prendere il volo: FIG. COLLOQ. ***unsere Kinder sind bald ~*** i nostri ragazzi saranno presto pronti a prendere il volo.

Flug|ge|rät n. *(-[e]s)* flotta *f.* aerea. **Flug|ge|schwa|der** n. *(-s,-)* MIL. squadra *f.* aerea. **Flug|ge|sell|schaft** f. *(-,-en)* compagnia *f.* aerea.

Flug|ha|fen m. *(-s,-häfen)* aeroporto *m.*: ***zum ~ fahren*** andare all'aeroporto; ***auf dem ~ sein*** essere all'aeroporto; ***auf dem ~ in Rom landen, zwischenlanden*** atterrare, fare scalo all'aeroporto di Roma ◆ COMM. ***frei ~*** franco aeroporto. **Flug|ha|fen|ar|bei|ter** m. *(-s,-)* aeroportuale *m.*

Flug|hal|le f. *(-,-n)* aviorimessa *f.* **Flug|haut** f. *(-,-häute)* membrana *f.* dell'ala. **Flug|hö|he** f. *(-,-n)* quota *f.* di volo. **Flug|hund** m. *(-[e]s,-e)* pteropo *m.* **Flug|ka|pi|tän** m. *(-s,-e)* capitano *m.* pilota. **Flug|kör|per** m. *(-s,-)* **1** *(Rakete)* missile *m.* **2** *(Raumschiff)* navicella *f.* spaziale, veicolo *m.* spaziale. **Flug|lärm** m. *(-s)* rumore *m.* di, degli aerei. **Flug|leh|rer** m. *(-s,-)* istruttore *m.* di volo. **Flug|lei|ter** m. *(-s,-)* controllore *m.* di volo. **Flug|lei|tung** f. *(-,-en)* controllo *m.* di volo. **Flug|lei|tungs|turm** m. *(-[e]s,-türme)* torre *f.* di controllo. **Flug|li|nie** f. *(-,-n)* **1** *(beflogene Strecke)* linea *f.* **2** *(Fluggesellschaft)* compagnia *f.* aerea. **Flug|loch** n. *(-[e]s,-löcher)* **1** *(im Bienenstock)* foro *m.* (dell'alveare) **2** *(in Taubenschlägen)* apertura *f.* (della piccionaia). **Flug|lot|se** m. *(-n,-n)* → **Flugleiter.**

Flug|mo|dell n. *(-s,-e)* aeromodello *m.* **Flug|mo|dell|bast|ler** m. *(-s,-)* aeromodellista *m.* **Flug|mo|dell|bau** m. *(-[e]s)* aeromodellismo *m.*

Flug|na|vi|ga|ti|on f. *(-)* navigazione *f.* aerea. **Flug|ob|jekt** n. *(-[e]s,-e)* oggetto *m.* volante: ***unbekanntes ~*** oggetto volante non identificato. **Flug|pas|sa|gier** [-ʒiːɐ] m. *(-s,-e)* passeggero *m.* (d'aereo). **Flug|per|so|nal** n. *(-s)* personale *m.* di volo. **Flug|plan** m. *(-[e]s,-pläne)* piano *m.* di volo. **Flug|platz** m. *(-[e]s,-plätze)* campo *m.* d'aviazione, aerodromo *m.* **Flug|post** f. *(-)* posta *f.* aerea. **Flug|rei|se** f. *(-,-n)* viaggio *m.* (in) aereo. **Flug|rei|sen|de** m. e f. *(-n,-n)* → **Flugpassagier.**

flugs avv. ANT. di volo (*o* di volata), in un baleno, all'istante.

Flug|sand m. *(-[e]s)* sabbia *f.* trasportata dal vento. **Flug|sau|ri|er** m. *(-s,-)* pterosauro *m.* **Flug|schein** m. *(-[e]s,-e)* **1** biglietto *m.* aereo **2** *(Pilotenschein)* brevetto *m.* di volo. **Flug|schiff** n. *(-[e]s,-e)* ANT. aeronave *f.* **Flug|schnei|se** f. *(-,-n)* corridoio *m.* aereo. **Flug|schrei|ber** m. *(-s,-)* AER. scatola *f.* nera. **Flug|schrift** f. *(-,-en)* volantino *m.* **Flug|schu|le** f. *(-,-n)* scuola *f.* di volo. **Flug|schü|ler** m. *(-s,-)* allievo *m.* pilota. **Flug|si|che|rung** f. *(-,-en)* controllo *m.* del traffico aereo. **Flug|si|mu|la|tor** m. *(-s,-en)* simulatore *m.* di volo. **Flug|sport** m. *(-[e]s)* sport *m.* del volo. **Flug|steig** m. *(-[e]s,-e)* molo *m.* (di aeroporto). **Flug|stre|cke** f. *(-,-n)* tratta *f.* di volo. **Flug|stütz|punkt** m. *(-[e]s,-e)* base *f.* aerea. **flug|taug|lich** agg. idoneo al volo. **Flug|taug|lich|keit** f. *(-)* idoneità *f.* al volo. **Flug|ti|cket** n. *(-s,-s)* biglietto *m.* aereo. **flug|un|fä|hig** agg. ZOOL. terricolo. **Flug|ver|bin|dung** f. *(-,-en)* collegamento *m.* aereo. **Flug|ver|kehr** m. *(-s)* traffico *m.* aereo. **Flug|weg** m. *(-[e]s,-e)* AER. rotta *f.* **Flug|we|sen** n. *(-s)* aviazione *f.* **Flug|wet|ter** n. *(-s)* condizioni *f.pl.* (meteorologiche) di volo. **Flug|wild** n. *(-[e]s)* → **Federwild. Flug|zeit** f. *(-,-en)* durata *f.* del volo.

Flug|zeug n. *(-[e]s,-e)* aeroplano *m.*, aereo *m.*: ***mit dem ~ reisen, fliegen*** viaggiare in aereo; ***das ~ nehmen*** prendere l'aereo; ***ein ~ führen, steuern*** guidare, pilotare un aereo. **Flug|zeug|ab|sturz** m. *(-es,-abstürze)* caduta *f.* (di un aereo). **Flug|zeug|ab|wehr** → **Flugabwehr. Flug|zeug|ab|wehr|ka|no|ne** → **Flugabwehrkanone. Flug|zeug|ent|füh|rer** m. *(-s,-)* dirottatore *m.* (di aereo). **Flug|zeug|ent|füh|rung** f. *(-,-en)* dirottamento *m.* (aereo). **Flug|zeug|füh|rer** m. *(-s,-)* pilota *m.* (d'aviazione, d'aereo). **Flug|zeug|hal|le** f. *(-,-n)* aviorimessa *f.*, aerorimessa *f.*, hangar *m.* **Flug|zeug|mut|ter|schiff** n. *(-[e]s,-e)* → **Flugzeugträger. Flug|zeug|staf|fel** f. *(-,-n)* squadriglia *f.* di aerei. **Flug|zeug|trä|ger** m. *(-s,-)* portaerei *f.* **Flug|zeug|un|glück** n. *(-[e]s,-e)* disastro *m.* aereo, sciagura *f.* aerea.

flu|id agg. fluido. **Flu|i|dum** n. *(-s, Fluida)* **1** fluido *m.* **2** FIG. *(Ausstrahlung)* attrattiva *f.*, aura *f.*

Flu|ke f. *(-,-n)* pinna *f.* caudale.

Fluk|tu|a|ti|on f. *(-,-en)* fluttuazione *f.* **fluk|tu|ie|ren** intr. (aus. *haben*) fluttuare.

Flun|der f. *(-,-n)* passera *f.* di mare ◆ ***platt wie eine ~ sein*** essere piatta come un asse da stiro.

Flun|ke|rei f. *(-,-en)* COLLOQ. frottola *f.*, balla *f.* **Flun|ke|rer** m. *(-s,-)* COLLOQ. contafrottole *m.* **flun|kern** intr. (aus. *haben*) COLLOQ. (rac)contare frottole.

Flunsch m. *(-[e]s,-e)* broncio *m.*: ***einen ~ ziehen*** fare il broncio.

1.Flu|or n. *(-s)* fluoro *m.*

2.Flu|or m. *(-s, Fluores)* MED. perdita *f.*

Flu|o|res|zenz f. *(-)* fluorescenza *f.* **flu|o|res|zie|ren** intr. (aus. *haben*) essere fluorescente. **Flu|o|rid** n. *(-[e]s,-e)* fluoruro *m.* **flu|o|ri|die|ren, flu|o|rie|ren, flu|o|ri|sie|ren** tr. **1** fluorizzare: ***das Trinkwasser ~*** fluorizzare l'acqua potabile **2** CHIM. fluorurare. **Flu|o|rit** m. *(-[e]s,-e)* fluorite *f.* **Flu|o|ro|phor** m. *(-s,-e)* (gruppo *m.*) fluoroforo *m.* **Flu|o|ro|si|li|kat** n. *(-[e]s,-e)* fluosilicato *m.* **Flu|or|was|ser|stoff** m. *(-[e]s,-e)* acido *m.* fluoridrico.

1.Flur m. *(-[e]s,-e)* **1** *(Korridor)* corridoio *m.*: ***auf dem, im ~*** in corridoio **2** *(Vorraum)* ingresso *m.*, atrio *m.*

2.Flur f. *(-,-en)* **1** *(Nutzland)* campagna *f.* (coltivata) **2** *(Feld)* campo *m.* ◆ FIG. ***allein auf weiter ~ sein, stehen*** = essere solo e abbandonato; ***durch Feld und ~*** per la campagna. **Flur|be|rei|ni|gung** f. *(-,-en)* DIR. ricomposizione *f.* fondiaria. **Flur|buch** n. *(-[e]s,-bücher)* catasto *m.* fondiario. **Flur|för|de|rer** m. *(-s,-)* INDUSTR. veicolo *m.* per trasporti interni. **Flur|scha|den** m. *(-s,-schäden)* danno *m.* alle colture.

Flu|se f. *(-,-n)* REGION. cimatura *f.* **flu|sen** intr. (aus. *haben*) sfilacciarsi. **flu|sig** agg. REGION. sfilacciato.

Fluss m. *(-es, Flüsse)* **1** *(Wasserlauf)* fiume *m.*: ***der ~ entspringt in den Alpen, mündet ins Meer*** il fiume nasce dalle Alpi, sfocia nel mare **2** flusso *m.*: ***der ~ des Verkehrs, des Gesprächs*** il flusso del traffico, del discorso; ***magnetischer ~*** flusso magnetico **3** METALL. fondente *m.* ◆ ***den ~ abwärts, aufwärts*** seguendo la corrente, risalendo il fiume (*o* la corrente); ***etw. in ~ bringen*** mettere in moto, avviare qcs.; ***in ~ geraten, kommen*** avviarsi, cominciare; *(von Metall)* fondersi, essere in fusione; ***es läuft kein ~ den Berg hinan*** tutti i fiumi finiscono nel mare; ***im ~ sein*** essere in corso; MED. ***weisser ~*** leucorrea. **fluss|ab, fluss|ab|wärts** avv. verso valle, secondo corrente; ***~ fahren*** viaggiare seguendo la corrente. **Fluss|arm** m. *(-[e]s,-e)* braccio *m.* (*o* ramo *m.*) di fiume. **fluss|auf, fluss|auf|wärts** avv. verso monte, contro corrente. **Fluss|barsch** m. *(-[e]s,-e)* pesce *m.* persico. **Fluss|be|cken** n. *(-s,-)* bacino *m.* fluviale. **Fluss|bett** n. *(-[e]s,-en)* letto *m.* (*o* alveo *m.*) del fiume. **Fluss|bie|gung** f. *(-,-en)* ansa *f.* (di, del fiume). **Flüss|chen** n. *(-s,-)* fiumicello *m.* **Fluss|del|ta** n. *(-s,-s* e *-delten)* delta *m.* (di, del fiume). **Fluss|di|a|gramm** n. *(-s,-e)* diagramma *m.* di flusso. **Fluss|dich|te** f. *(-,-n)* FIS. densità *f.* di flusso. **Fluss|ebe|ne** f. *(-,-n)* pianura *f.* fluviale. **Fluss|fahrt** f. *(-,-en)* gita *f.* sul fiume. **Fluss|fisch** m. *(-[e]s,-e)* pesce *m.* di fiume. **Fluss|gott** m. *(-es,-götter)* divinità *f.* fluviale.

flüs|sig I agg. **1** liquido (anche FIG.): ***-e Treibstoffe, Gelder*** propellente, denaro liquido; ***-e Nahrung*** dieta liquida **2** *(fließend)* fluido, scorrevole (anche FIG.): ***ein -er Stil*** uno stile scorrevole **II** avv. correntemente, con scioltezza: ***eine Fremdsprache ~ sprechen*** parlare correntemente una lingua straniera; ***~ schreiben*** scrivere in modo scorrevole; ***Geld ~ machen*** mettere a disposizione del denaro ◆ SCHERZ. ***ich bin nicht ~*** sono a secco, al verde. **Flüs|sig|gas** n. *(-es,-e)* gas *m.* liquido.

Flüs|sig|keit f. *(-,-en)* **1** *(flüssiger Stoff)* liquido *m.* **2** fluidità *f.*, scorrevolezza *f.*: ***~ des Stils*** fluidità dello stile. **Flüs|sig|keits|brem|se** f. *(-,-n)* freno *m.* idraulico. **Flüs|sig|keits|pres|se** f. *(-,-n)* pressa *f.* idraulica.

Flüs|sig|kris|tall|an|zei|ge f. *(-,-n)* display *m.* a cristalli liquidi.

Fluss|krebs m. *(-es,-e)* gambero *m.* di fiume, astaco *m.* **Fluss|lauf** m. *(-[e]s,-läufe)* corso *m.* del fiume. **Flüss|lein** n. *(-s,-)* → **Flüsschen. Fluss|mit|tel** n. *(-s,-)* METALL. fondente *m.* **Fluss|mün|dung** f. *(-,-en)* foce *f.* (del fiume). **Fluss|netz** n. *(-es,-e)* rete *f.* fluviale. **Fluss|pferd** n. *(-[e]s,-e)* ippopotamo *m.* **Fluss|re|ge|lung, Fluss|re|gu|lie|rung** f. *(-,-en)* regolazione *f.* fluviale. **Fluss|sand** m. *(-[e]s)* sabbia *f.* di fiume. **Fluss|säu|re** f. *(-,-n)* acido *m.* fluoridrico. **Fluss|schiff|fahrt** f. *(-,-en)* navigazione *f.* fluviale. **Fluss|spat** m. *(-[e]s,-e* e *-späte)* fluorite *f.* **Fluss|stahl** m. *(-[e]s,-stähle)* ferro *m.* omogeneo, acciaio *m.* dolce. **Fluss|tal** n. *(-[e]s,-täler)* valle *f.* (solcata da un fiume). **Fluss|ufer** n. *(-s,-)* riva *f.*

(*o* sponda *f.*) del, di fiume. **Fluss|weg** m. *(-[e]s,-e)* via *f.* fluviale: ***auf dem ~*** per via fluviale.

flüs|tern intr. (aus. *haben*) **1** sussurrare, bisbigliare: ***jdm etw. ins Ohr ~*** sussurrare qcs. all'orecchio di qcn. **2** LETT. *(säuseln)* mormorare, sussurrare ◆ ***das kann ich dir ~!*** te lo assicuro! puoi giurarci! ***dem werd(e) ich was ~!*** gliene dirò quattro! mi sentirà! ***wer hat ihm denn das geflüstert?*** chi glielo ha raccontato? **Flüs|tern** n. *(-s)* sussurrio *m.*, bisbiglio *m.* **Flüs|ter|pro|pa|gan|da** f. *(-)* propaganda *f.* in sordina. **Flüs|ter|stim|me** f. *(-,-n)* voce *f.* sussurrata. **Flüs|ter|pa|ro|len** pl. dicerie *f.pl.* **Flüs|ter|ton** m. *(-[e]s)* sussurro *m.*, bisbiglio *m.*: ***im ~ sprechen*** parlare sussurrando (*o* bisbigliando). **Flüs|ter|tü|te** f. *(-,-n)* SCHERZ. megafono *m.* **Flüs|ter|witz** m. *(-es,-e)* = barzelletta *f.* politica contro il regime.

Flut f. *(-,-en)* **1** alta marea *f.*, flusso *m.*: ***Ebbe und ~*** alta e bassa marea; ***die ~ steigt, kommt*** si alza la marea **2** pl. *(Wassermasse)* flutti *m.pl.*, acque *f.pl.*: ***das U-Boot taucht in den -en unter*** il sottomarino si immerge nelle acque **3** FIG. marea *f.*, fiume *m.*, profluvio *m.*: ***eine ~ von Briefen, Worten*** un fiume di lettere, di parole. **Flut|bre|cher** m. *(-s,-)* frangiflutti *m.* **flu|ten I** intr. (aus. *sein*) fluttuare, ondeggiare (anche FIG.); ***Licht flutete ins Zimmer*** la luce inondò (*o* invase) la stanza; ***über die Ufer ~*** straripare **II** tr. MAR. allagare, riempire d'acqua ◆ ***~!*** immersione! **Flut|gren|ze** f. *(-,-n)* limite *m.* della marea. **Flut|hö|he** f. *(-,-n)* livello *m.* (*o* altezza *f.*) della marea. **Flut|licht** n. *(-[e]s)* illuminazione *f.* artificiale, (impianto *m.* di) proiettori *m.pl.* **Flut|licht|an|la|ge** f. *(-,-n)* (impianto *m.* di) proiettori *m.pl.* di illuminazione.

flut|schen intr. COLLOQ. **1** (aus. *sein*) scivolare, sgusciare: ***etw. flutscht jdm aus der Hand*** qcs. scivola, sguscia di mano a qcn. **2** (aus. *haben*) procedere bene.

Flut|wel|le f. *(-,-n)* **1** onda *f.* di marea **2** *(bei Seebeben)* onda *f.* di maremoto. **Flut|zeit** f. *(-,-en)* (durata *f.* della) alta marea *f.*

flu|vi|al, flu|vi|a|til agg. fluviale.

fm ⇒ *Festmeter* metro cubo (mc, m^3).

FM ⇒ *Frequenzmodulation* modulazione di frequenza (FM).

f-Moll n. *(-)* fa *m.* minore.

focht → **fechten.**

Fock f. *(-,-en)* vela *f.* di trinchetto. **Fock|mast** m. *(-[e]s,-en)* (albero *m.* di) trinchetto *m.* **Fock|ra|he** f. *(-,-n)* pennone *m.* di trinchetto. **Fock|se|gel** n. *(-s,-)* → **Fock.**

fö|de|ral agg. federale. **Fö|de|ra|lis|mus** m. *(-)* federalismo *m.* **Fö|de|ra|list** m. *(-en,-en)* federalista *m.* **fö|de|ra|lis|tisch** agg. federalistico. **Fö|de|ra|ti|on** f. *(-,-en)* federazione *f.* **fö|de|ra|tiv** agg. federativo. **Fö|de|ra|tiv|staat** m. *(-[e]s,-en)* stato *m.* federale, confederazione *f.* **fö|de|riert** agg. (con)federato. **Fö|de|rier|te** m. *(-n,-n)* stato *m.* (con)federato.

foh|len intr. (aus. *haben*) figliare (di cavalli). **Foh|len** n. *(-s,-)* puledro *m.*

Föhn m. *(-[e]s,-e)* **1** föhn (*o* foehn) *m.* **2** fon *m.* **föh|nen I** intr. (aus. *haben*) impers. ***es föhnt*** soffia il föhn. **II** tr. asciugare con il fon. **Föhn|wind** m. *(-[e]s,-e)* → **Föhn.**

Föh|re f. *(-,-n)* REGION. pino *m.*

fo|kal agg. focale. **Fo|kal|dis|tanz** f. *(-,-en)* OTT. distanza *f.* focale. **Fo|kal|in|fek|ti|on** f. *(-,-en)* MED. infezione *f.* focale. **Fo|kus** m. *(-,-se)* **1** OTT. fuoco *m.* **2** MED. focus *m.*

Fol|ge f. *(-,-n)* **1** conseguenza *f.*: ***etw. zur ~ haben*** avere qcs. come conseguenza, portare a qcs.; ***die -n (von etw.) bedenken, tragen*** pensare alle conseguenze (di qcs.), (sop)portare (*o* subire) le conseguenze (di qcs.); ***-n nach sich ziehen*** avere delle conseguenze; ***in ~ von etw.*** in conseguenza (*o* in seguito) a qcs.; ***an den -n eines Unfalls sterben*** morire in seguito a un incidente **2** *(Reihe)* successione *f.*, serie *f.*: ***in bunter, rascher ~*** in ordine sparso, in rapida successione **3a** *(von Zeitschriften)* numero *m.* **b** *(von Sendungen)* puntata *f.*; *(Teil)* parte *f.* ◆ ***für die, in der ~*** in seguito, successivamente; *(in Zukunft)* in futuro; ***etw. (D) ~ leisten*** aderire a (*o* accogliere, accettare) qcs.; ***einem Befehl, einem Rat, einem Wunsch ~ leisten*** obbedire a un ordine, seguire un consiglio, soddisfare un desiderio. **Fol|ge|er|schei|nung** f. *(-,-en)* conseguenza *f.*, effetto *m.*

fol|gen intr. (aus. *sein*) **1** ***jdm, etw. ~*** seguire qcn., qcs. (anche FIG.); ***jdm heimlich, auf Schritt und Tritt ~*** seguire qcn. di nascosto, passo a passo; ***jdm mit den Augen ~*** seguire qcn. con gli occhi; ***einer Straße ~*** seguire (*o* percorrere) una strada; ***einem Konzert, einem Unterricht ~*** seguire (*o* assistere a) un concerto, una lezione; ***der Mode ~*** seguire la moda; ***einem Gedankengang, dem Faden des Gesprächs ~*** seguire un ragionamento, il filo del discorso; ***jds Beispiel, Rat ~*** seguire l'esempio, il consiglio di qcn.; ***jds Befehl, Vorschlag ~*** eseguire l'ordine di qcn., accogliere la proposta di qcn.; ***seinen Instinkten, seinen Lastern ~*** seguire i propri istinti, assecondare i propri vizi; ***jdm in den Tod ~*** seguire qcn. nella morte; ***jdm in seinen Überlegungen nicht ~ können*** non riuscire a seguire (*o* non stare dietro a) qcn. nei suoi ragionamenti **2** *(zeitlich)* succedere, seguire: ***jdm in einem Amt ~*** succedere a qcn. in una carica; ***auf Kennedy folgte Johnson*** a Kennedy succedette Johnson (*o* il successore di Kennedy fu Johnson); ***ein Unglück folgt dem anderen, auf das andere*** le disgrazie si susseguono **3** *(folgern)* ***aus etw. ~*** (con)seguire, risultare, derivare da qcs.: ***daraus folgt, dass...*** ne segue che... **4** *(gehorchen*; aus. *haben)* obbedire, ubbidire: ***jdm aufs Wort ~*** ubbidire ciecamente a qcn.; ***gut, schlecht ~*** essere, non essere ubbidiente ◆ ***Fortsetzung folgt*** segue (*o* continua), il seguito alla prossima puntata; ***seinem Kopf ~*** fare di testa propria; COMM. ***Rechnung folgt*** segue fattura; ***wie folgt*** come segue, quanto segue. **fol|gend I** p.pres. agg. **1** → **folgen 2a** seguente, questo: ***-es, das -e wichtige Ereignis*** il seguente importante avvenimento; ***sie sagte -e beleidigende(n) Worte*** disse queste parole offensive **b** *(temporal)* seguente, successivo: ***am -en Tag*** il giorno seguente **II** pron. **folgender** m. (**folgende** f., **folgendes** n., **folgende** pl.) seguente, questo: ***die Lage ist -e*** la situazione è la seguente; ***das Problem ist -es*** il problema è il seguente. **Fol|gen|de I** m. e f. *(-n,-n)* seguente *m.* e *f.*, questo *m.* (-a *f.*) **II** n. *(-n)* **1** *(das anschließend Erwähnte)* ciò che segue, quanto segue, questo: ***er sagte mit -s*** disse quanto segue; ***wir teilen Ihnen das ~ mit*** Le comunichiamo quanto segue **2** *(das anschließend Geschehende)* ciò che accade in seguito, seguito *m.*: ***wir konnten das ~ nicht voraussehen*** non potemmo prevedere ciò che in seguito accadde ◆ ***in, im -n*** in seguito, più avanti. **fol|gen|der|ge|stalt** RAR., **fol|gen|der|ma|ßen, fol|gen|der|wei|se** avv. nel modo seguente, come segue, così.

fol|gen|los agg. senza conseguenze, senza effetto. **fol|gen|reich** agg. ricco di sviluppi, di conseguenze. **fol|gen|schwer** agg. grave, gravido di conseguenze.

fol|ge|recht RAR., **fol|ge|rich|tig I** agg. conseguente, consequenziale **II** avv. conseguentemente, consequenzialmente. **Fol|ge|rich|tig|keit** f. *(-)* coerenza *f.*, consequenzialità *f.*

fol|gern tr. arguire, dedurre, capire: ***etw. falsch ~*** capire male qcs.; ***daraus lässt sich ~, dass...*** da ciò consegue (*o* si può dedurre) che... **Fol|ge|rung** f. *(-,-en)* deduzione *f.*, conseguenza *f.*, conclusione *f.*: ***-en ziehen, ableiten*** trarre conclusioni (*o* conseguenze).

Fol|ge|satz m. *(-es,-sätze)* (proposizione *f.*) consecutiva *f.* **Fol|ge|scha|den** m. *(-s,-schäden)* danno *m.* conseguente (*o* indiretto). **fol|ge|wid|rig I** agg. incoerente, inconseguente **II** avv. incoerentemente. **Fol|ge|wid|rig|keit** f. *(-,-en)* incoerenza *f.*, inconseguenza *f.* **Fol|ge|zeit** f. *(-,-en)* periodo *m.* successivo (*o* seguente); ***in der ~*** in seguito, successivamente.

folg|lich avv. per conseguenza, quindi, perciò.

folg|sam agg. ubbidiente, docile. **Folg|sam|keit** f. *(-)* ubbidienza *f.*, docilità *f.*

Fo|li|ant m. *(-en,-en)* (grosso) volume *m.* in folio.

Fo|lie f. *(-,-n)* **1a** plastica *f.* da imballaggio; *(für Lebensmittel)* pellicola *f.* (trasparente) **b** *(Aluminiumfolie)* foglio *m.* d'alluminio **2** *(Metallblech)* lamina *f.* **3** FIG. *(Hintergrund)* sfondo *m.* **Fo|li|en|kar|tof|fel** f. *(-,-n)* patata *f.* al cartoccio. **fo|li|en|ver|packt** agg. imballato nella plastica; *(für Lebensmittel)* avvolto nella pellicola.

fo|li|ie|ren tr. **1** ***eine Handschrift ~*** numerare le pagine di un manoscritto **2** *(mit Folie unterlegen)* rivestire di pellicola trasparente. **Fo|lio** n. *(-s,-s* e *Folien)* → **Folioformat. Fo|li|o|band** m. *(-[e]s,-bände)* (volume *m.*) in folio *m.* **Fo|li|o|for|mat** n. *(-[e]s,-e)* formato *m.* in folio.

Fo|li|um n. *(-s, Folia* e *Folien)* BOT. foglia *f.*

Folk m. *(-s)* folk *m.* **Folk|lo|re** f. *(-)* folclore *m.* **Folk|lo|rist** m. *(-en,-en)* folclorista *m.* **Folk|lo|ris|tin** f. *(-,-nen)* folclorista *f.* **folk|lo|ris|tisch** agg. folcloristico. **Folk|sän|ger** m. *(-s,-)* cantante *m.* folk, folk-singer *m.*

Fol|li|kel m. *(-s,-)* follicolo *m.* **Fol|li|kel|hor|mon** n. *(-s,-e)* ormone *m.* follicolare. **Fol|li|kel|sprung** m. *(-[e]s,-sprünge)* ovulazione *f.* **fol|li|ku|lar, fol|li|ku|lär** agg. follicolare.

Fol|säu|re f. *(-)* acido *m.* folico.

Fol|ter f. *(-,-n)* **1** tortura *f.* (anche FIG.): ***jdn der ~ unterwerfen*** mettere (*o* sottoporre) qcn. alla tortura **2** → **Foltergerät** ◆ ***jdn auf die ~ spannen*** far stare qcn. sulle spine. **Fol|ter|bank** f. *(-,-bänke)* tavolo *m.* di tortura. **Fol|te|rer** m. *(-s,-)* → **Folterknecht. Fol|ter|ge|rät** n. *(-[e]s,-e)*, **Fol|ter|in|stru|ment** n. *(-[e]s,-e)* strumento *m.* di tortura. **Fol|ter|kam|mer** f. *(-,-n)*, **Fol|ter|kel|ler** m. *(-s,-)* camera *f.* della tortura. **Fol|ter|knecht** m. *(-[e]s,-e)* aguzzino *m.* (anche FIG.). **fol|tern** tr. torturare (anche FIG.). **Fol|ter|qual** f. *(-,-en)* **1** tortura *f.* **2** FIG. *(Qual)* tormento *m.*, pena *f.* **Fol|te|rung** f. *(-,-en)* tortura *f.* (anche FIG.). **Fol|**

ter|werk|zeug n. *(-[e]s,-e)* → **Foltergerät.**

Fön ® → **Föhn.**

Fond [fɔ̃:] m. *(-s,-s)* **1** sfondo *m.*, fondo *m.* **2** *(vom Auto)* sedile *m.* posteriore **3** *(Basis)* base *f.* **4** GASTR. sugo *m.* (della carne).

Fon|dant [fɔ̃'dã:] m. e n. *(-s,-s)* GASTR. fondente *m.*, fondant *m.*

Fonds [fɔ̃:] m. *(-,-)* **1** ECON. fondo *m.*, capitale *m.* **2** pl. *(Anleihen)* prestiti *m.pl.* **3** RAR. FIG. bagaglio *m.*

Fon|due [fɔ̃'dy:] n. *(-s,-s)* e f. *(-,-s)* **1** fonduta *f.* svizzera **2** *(Fleischfondue)* fonduta *f.* borgognona (*o* bourguignonne).

fö|nen → **föhnen.**

fono-, Fono- usw. → **phono-, Phono-.**

Fon|tä|ne f. *(-,-n)* **1** getto *m.* d'acqua, zampillo *m.* **2** *(Springbrunnen)* fontana *f.* a getto (*o* a zampillo).

Fon|ta|nel|le f. *(-,-n)* ANAT. fontanella *f.*

Foot|ball ['futbɔ:l] m. *(-[s])* football *m.* americano.

fop|pen tr. burlare, canzonare, prendere in giro. **Fop|per** m. *(-s,-)* burlatore *m.*, canzonatore *m.* **Fop|pe|rei** f. *(-,-en)* burla *f.*, canzonatura *f.*

Force [fɔrs] f. *(-,-n)* ANT. forza *f.*, violenza *f.*, costrizione *f.* ◆ ***das ist seine ~*** ciò è la sua forza. **for|cie|ren** [fɔr'si:rən] tr. **1** forzare, accelerare: ***wir wollen die Modernisierung nicht ~*** non vogliamo accelerare troppo la modernizzazione **2** MIL. assalire, attaccare.

För|de f. *(-,-n)* fiordo *m.* (di costa pianeggiante).

För|der|an|la|ge f. *(-,-n)* impianto *m.* di trasporto, trasportatore *m.* **För|der|bahn** f. *(-,-en)* (ferrovia *f.* tipo) decauville *f.* **För|der|band** n. *(-[e]s,-bänder)* nastro *m.* trasportatore.

For|de|rer m. *(-s,-)* **1** richiedente *m.* **2** *(Herausforderer)* sfidante *m.*

För|de|rer m. *(-s,-)* promotore *m.*, fautore *m.* **För|de|rer|kreis** → **Förderkreis.**

För|der|gut n. *(-[e]s,-güter)* **1** materiale *m.* trasportato **2** MIN. materiale *m.* estratto.

För|de|rin f. *(-,-nen)* promotrice *f.*, fautrice *f.*

För|der|klas|se f. *(-,-n)* SCOL. classe *f.* differenziale. **För|der|koh|le** f. *(-,-n)* carbone *m.* estratto. **För|der|korb** m. *(-[e]s,-körbe)* gabbia *f.* d'estrazione. **För|der|kreis** m. *(-es,-e)* gruppo *m.* (*o* circolo *m.*) promotore. **För|der|kurs** m. *(-es,-e)* corso *m.* integrativo. **För|der|land** n. *(-[e]s,-länder)* paese *m.* che estrae materie prime. **För|der|leis|tung** f. *(-,-en)* **1** capacità *f.* di trasporto, portata *f.*: ***die ~ einer Pumpe*** la portata di una pompa **2** *(vom Bergwerk)* produzione *f.* **för|der|lich** agg. utile, giovevole. **För|der|lich|keit** f. *(-)* utilità *f.*, efficacia *f.* **För|der|ma|schi|ne** f. *(-,-n)* MIN. convogliatore *m.*

for|dern tr. **1** chiedere, esigere, pretendere: ***Rechenschaft, Schadenersatz ~*** chiedere ragione, il risarcimento dei danni; ***höhere Löhne ~*** esigere salari più elevati; ***der Lehrer fordert zu viel von seinen Schülern*** l'insegnante pretende troppo dai suoi alunni **2** *(herausfordern)* sfidare: ***jdn zum Zweikampf ~*** sfidare qcn. a duello **3** DIR. ***jdn vor Gericht ~*** citare qcn. in tribunale ◆ ***Freispruch ~*** chiedere l'assoluzione; ***Opfer, Menschenleben ~*** mietere vittime, vite umane.

för|dern tr. **1a** promuovere, favorire, incentivare: ***die Ausfuhr, den Handel, die Künste ~*** favorire le esportazioni, il commercio, promuovere le arti **b** *(unterstützen)* sostenere, incoraggiare, favorire: ***junge Talente ~*** sostenere giovani talenti **c** *(verstärken)* (as)secondare, incoraggiare: ***eine Neigung ~*** assecondare un'inclinazione **d** *(anregen)* stimolare: ***die Fantasie ~*** stimolare la fantasia **2** MIN. estrarre: ***Braunkohle, Erdöl ~*** estrarre lignite, petrolio **3** TECN. trasportare, convogliare ◆ ***zu Tage ~*** portare alla luce, scoprire. **För|der|preis** m. *(-es,-e)* borsa *f.* di studio. **För|der|schacht** m. *(-[e]s,-schächte)* MIN. pozzo *m.* d'estrazione. **För|der|seil** n. *(-[e]s,-e)* MIN. cavo *m.* (*o* fune *f.*) di estrazione. **För|der|stre|cke** f. *(-,-n)* MIN. galleria *f.* di carreggio. **För|der|stu|fe** f. *(-,-n)* = biennio *m.* di orientamento dopo la scuola elementare. **För|der|turm** m. *(-[e]s,-türme)* MIN. torre *f.* di estrazione.

For|de|rung f. *(-,-en)* **1** *(Antrag)* richiesta *f.*; *(Anspruch)* pretesa *f.*; *(Erfordernis)* esigenza *f.*: ***-en (an jdn) stellen, erheben*** avanzare richieste (a qcn.); ***eine ~ erfüllen, einer ~ nachkommen*** soddisfare un'esigenza (*o* una richiesta); ***eine ~ geltend machen*** accampare una pretesa; ***von einer ~ ablassen*** abbandonare una pretesa **2** COMM. credito *m.*: ***die ausstehende ~ beträgt...*** il credito pendente ammonta a...; ***anerkannte, bestrittene, eingefrorene, bevorrechtigte ~*** credito ammesso, contestato, congelato, privilegiato; ***eine ~ an jdn haben*** avere un credito con qcn. **3** DIR. citazione *f.*: ***eine ~ vor Gericht*** una citazione in tribunale **4** ANT. sfida *f.*: ***~ auf Säbel*** sfida alla sciabola.

För|de|rung f. *(-,-en)* **1a** incentivazione *f.*, promozione *f.*, incoraggiamento *m.*, incremento *m.* **b** *(Unterstützung)* sostegno *m.*, incoraggiamento *m.*: ***~ des künstlerischen Nachwuchses*** sostegno alla nuova generazione di artisti **2** MIN. estrazione *f.* **3** TECN. trasporto *m.* **För|de|rungs|maß|nah|me** f. *(-,-n)* misura *f.* di sostegno, incentivo *m.* **För|de|rungs|mit|tel** pl. incentivo *m.* **För|de|rungs|pro|gramm** n. *(-s,-e)* programma *m.* di incentivazione.

För|der|ver|ein m. *(-[e]s,-e)* associazione *f.* (*o* società *f.*) promotrice. **För|der|wa|gen** m. *(-s,-)* MIN. carrello *m.* **För|der|werk** n. *(-[e]s,-e)* TECN. trasportatore *m.*, convogliatore *m.*

Fö|re f. *(-)* SPORT sciabilità *f.*

Fo|rel|le f. *(-,-n)* trota *f.* **Fo|rel|len|teich** m. *(-[e]s,-e)* vivaio *m.* di trote. **Fo|rel|len|zucht** f. *(-,-en)* allevamento *m.* di trote.

fo|ren|sisch agg. forense, legale: ***-e Chemie, Medizin*** chimica forense, medicina legale; ***-e Gutachten*** perizie legali.

Fo|rint, Fo|rint m. *(-[s],-s)* fiorino *m.* (ungherese).

For|ke f. *(-,-n)* REGION. forcone *m.*

For|le f. *(-,-n)* REGION. pino *m.* silvestre.

Form f. *(-,-en)* **1a** *(Gestalt)* forma *f.*: ***etw. (D) ~ geben*** dare forma a qcs.; ***~ gebend*** formatore, formativo; ***die ~ des Gedichts*** la forma della poesia; ***in verständlicher ~*** in forma comprensibile; ***in ~ etw. (G), von etw.*** in forma di qcs. **b** *(körperlicher Zustand)* ***gut in ~ sein*** essere in forma; ***nicht, schlecht in ~ sein*** non essere in forma; ***glänzend in ~ sein*** essere in splendida forma; ***in ~ bleiben, seine ~ halten*** tenersi in forma, mantenere la forma **c** pl. *(weibliche Rundungen)* forme *f.pl.*: ***üppige -en*** forme procaci **2a** *(festgelegte Verhaltensweisen)* forma *f.*, forme *f.pl.*: ***auf ~ achten, halten*** badare alla forma, osservare le forme; ***die ~ wahren, verletzen*** salvare, infrangere le forme **b** *(Manieren)* ***ein Mensch ohne -en*** una persona priva di buone maniere **3** GASTR. METALL. forma *f.*, stampo *m.*: ***den Teig in die ~ füllen*** mettere l'impasto nella forma **4** *(Linie)* linea *f.*; *(Schnitt)* taglio *m.*: ***ein in ~ und Farbe auffallendes Kleid*** un vestito appariscente per il taglio e per il colore ◆ ***in aller ~*** nelle debite forme, con tutte le regole; ***eine böse, hässliche ~ annehmen*** prendere una brutta piega; ***feste -en annehmen*** prendere forma, forme concrete; ***aus der ~ gehen, geraten*** deformarsi, sformarsi; *(dick werden)* sformarsi, ingrassare; ***der ~ halber, wegen*** pro forma. **for|mal I** agg. **1** formale: ***die -e Struktur des Textes*** la struttura formale del testo **2** *(äußerlich)* esteriore **II** avv. **1** *(förmlich)* formalmente **2** elegantemente: ***er hat das Problem ~ gelöst*** ha risolto il problema elegantemente.

Form|al|de|hyd m. *(-s)* formaldeide *f.*

For|ma|lie f. *(-,-n)* formalità *f.*

For|ma|lin n. *(-s)* formalina *f.*

for|ma|li|sie|ren tr. **1** formalizzare **2** *(systematisieren)* sistematizzare. **For|ma|li|sie|rung** f. *(-,-en)* **1** formalizzazione *f.* **2** *(Systematisierung)* sistematizzazione *f.* **For|ma|lis|mus** m. *(-, Formalismen)* formalismo *m.* **For|ma|list** m. *(-en,-en)* formalista *m.* **For|ma|lis|tin** f. *(-,-nen)* formalista *f.* **for|ma|lis|tisch** agg. formalistico. **For|ma|li|tät** f. *(-,-en)* formalità *f.*: ***die Erfüllung der -en*** l'adempimento delle formalità ◆ ***sich nicht mit -en aufhalten*** andare subito al sodo. **for|ma|li|ter** avv. formalmente, dal punto di vista formale. **for|mal|ju|ris|tisch, for|mal|recht|lich** agg. conforme alla lettera della legge, giuridicamente ineccepibile.

Form|an|stieg m. *(-[e]s)* SPORT miglioramento *m.* della forma (fisica).

For|mat n. *(-[e]s,-e)* **1** formato *m.* **2** *(Bedeutung einer Person)* statura *f.*, levatura *f.*: ***es fehlt ihm an ~*** non ha la statura (necessaria) **3** *(große Bedeutung)* rilievo *m.*: ***eine Persönlichkeit von ~*** una personalità di rilievo (*o* di spicco) **4** *(hohes Niveau)* alto livello *m.*: ***ein Schauspiel von ~*** una rappresentazione di alto livello.

for|ma|tie|ren tr. INFORM. formattare. **For|ma|tie|rung** f. *(-,-en)* INFORM. formattazione *f.*

For|ma|ti|on f. *(-,-en)* **1** formazione *f.*, configurazione *f.* **2a** MIL. formazione *f.*, schieramento *m.*: ***in geschlossener ~*** in formazione serrata **b** *(Gruppe)* unità *f.* **3** GEOL. stratificazione *f.* **4** BOT. formazione *f.* vegetale. **For|ma|ti|ons|flug** m. *(-[e]s,-flüge)* volo *m.* in formazione. **For|ma|ti|ons|tanz** m. *(-es,-tänze)* danza *f.* figurata di gruppo. **for|ma|tiv** agg. formativo.

form|bar agg. plasmabile (anche FIG.). **Form|bar|keit** f. *(-)* plasmabilità *f.* **form|be|stän|dig** agg. indeformabile. **Form|be|stän|dig|keit** f. *(-)* indeformabilità *f.* **Form|blatt** n. *(-[e]s,-blätter)* modulo *m.* **Form|ei|sen** n. *(-s,-)* profilato *m.* di ferro.

For|mel f. *(-,-n)* formula *f.*: ***etw. auf eine ~ bringen*** ridurre qcs. a una formula; ***mathematische -n*** formule matematiche.

For|mel-1-Fah|rer [-'ains-] m. *(-s,-)*, **For|mel-1-Pi|lot** m. *(-en,-en)* pilota *m.* di Formula 1. **For|mel-1-Ren|nen** n. *(-s,-)* corsa *f.* di Formula 1. **For|mel-1-Wa|gen** m. *(-s,-)* auto *f.* di Formula 1, COLLOQ. Formula 1 *f.*

for|mel|haft agg. stereotipato, convenzionale: ***-er Ausdruck*** espressione stereotipata, formula. **For|mel|haf|tig|keit** f. *(-,-en)* con-

venzionalità *f.* **For|mel|kram** m. *(-[e]s)* SPREG. accozzaglia *f.* di formule.
for|mell I agg. formale: ***ein -er Besuch*** una visita formale **II** avv. formalmente: ***~ im Recht sein*** essere formalmente nel giusto.
For|mel|samm|lung f. *(-,-en)* formulario *m.*: ***eine juristische, physikalische ~*** un formulario giuridico, di fisica. **For|mel|spra|che** f. *(-,-n)* linguaggio *m.* simbolico. **For|mel|we|sen** n. *(-s)* → **Formelkram.** **For|mel|zei|chen** n. *(-s,-)* simbolo *m.*
for|men I tr. **1** ***etw. ~*** dare forma a qcs., modellare, plasmare qcs.: ***mit der Hand ~*** modellare a mano **2** *(innerlich bilden)* formare, plasmare: ***jds Persönlichkeit ~*** formare la personalità di qcn. **II** rifl. **sich ~** prendere forma. **For|men|leh|re** f. *(-)* LING. BIOL. MUS. morfologia *f.* **for|men|reich** agg. multiforme. **For|men|reich|tum** m. *(-[e]s)* ricchezza *f.* di forme. **For|men|sinn** m. *(-[e]s)* senso *m.* della forma, sensibilità *f.* per la forma.
For|mer m. *(-s,-)* formatore *m.*, fabbricante *m.* di forme (*o* stampi). **For|me|rei** f. *(-,-en)* (reparto *m.*) formatura *f.*
Form|feh|ler m. *(-s,-)* errore *m.* di forma, irregolarità *f.* formale. **Form|fra|ge** f. *(-,-n)* questione *f.* formale (*o* di forma). **Form|ge|bung** f. *(-,-en)* formatura *f.*, modellatura *f.* **Form|ge|fühl** n. *(-[e]s)* → **Formensinn.** **form|ge|recht I** agg. formale **II** avv. formalmente. **Form|ge|stal|ter** m. *(-s,-)* designer *m.* **Form|ge|stal|tung** f. *(-,-en)* design *m.* **form|ge|wandt** agg. *(vom Verhalten)* conforme alle regole, alle forme; *(von Menschen)* perfettamente educato. **Form|gie|ßer** m. *(-s,-)* formatore *m.*, fonditore *m.* di forme.
for|mi|da|bel agg. (compar. *formidabler*; superl. *formidabelst...*) formidabile.
for|mie|ren I tr. **1** mettere in formazione, schierare **2** *(bilden)* formare, costituire **II** rifl. **sich ~ 1** schierarsi, disporsi: ***sich zu einer Kolonne ~*** disporsi in colonna **2** *(sich organisieren)* organizzarsi. **For|mie|rung** f. *(-,-en)* **1** formazione *f.*, schieramento *m.* **2** *(Bildung)* costituzione *f.*
förm|lich I agg. **1** formale, ufficiale: ***-e Beschwerde erheben*** presentare (*o* avanzare) formale protesta **2** *(konventionell)* formale, convenzionale **II** avv. **1** formalmente **2** *(steif)* formalmente, convenzionalmente **3** *(geradezu)* veramente, davvero: ***sie erschrak ~*** si è veramente spaventata. **Förm|lich|keit** f. *(-,-en)* **1** formalità *f.*: ***eine juristische ~*** una formalità giuridica **2** formalità *f.*, esteriorità *f.*: ***alle -en beiseite lassen*** tralasciare le (*o* non badare alle) formalità.
form|los agg. **1** informe, amorfo: ***ein -es Gebilde*** una massa informe **2a** *(inoffiziell)* informale: ***ein -er Antrag*** una richiesta informale **b** *(zwanglos)* ***ein -er Empfang*** un'accoglienza informale. **Form|lo|sig|keit** f. *(-,-en)* **1** *(von Beschaffenheit)* mancanza *f.* di forma, informità *f.* **2** *(vom Verhalten)* mancanza *f.* di formalità.
For|mol ® n. *(-s)* formolo *m.*
Form|sa|che f. *(-,-n)* questione *f.* di forma, formalità *f.*: ***das ist reine ~*** è una pura formalità. **Form|sand** m. *(-[e]s)* METALL. sabbia *f.* per formatura. **form|schön** agg. di bella forma. **Form|schön|heit** f. *(-,-en)* bellezza *f.* formale. **Form|schwan|kung** f. *(-,-en)* SPORT forma *f.* fisica incostante. **Form|sinn** → **Formensinn.** **Form|stein** m. *(-[e]s,-e)* pietra *f.* lavorata, scolpita. **Form|stren|ge** f. *(-)* rigore *m.* formale. **Form|tief** n. *(-s,-s)* SPORT cattiva forma *f.* (fisica). **form|treu** agg. indeformabile.
For|mu|lar n. *(-s,-e)* modulo *m.*, formulario *m.*: ***ein ~ ausfüllen*** riempire un modulo. **for|mu|lie|ren** tr. formulare: ***einen Antrag ~*** formulare una domanda. **For|mu|lie|rung** f. *(-,-en)* formulazione *f.*; ***die endgültige ~*** la messa a punto definitiva.
For|mung f. *(-,-en)* **1** forma *f.*, configurazione *f.*: ***die ~ des Kopfes*** la forma della testa **2** *(Bildung)* formazione *f.*: ***die ~ der Persönlichkeit*** la formazione della personalità. **form|voll|en|det** agg. di forma perfetta. **Form|vor|schrift** f. *(-,-en)* DIR. obbligo *m.* (*o* prescrizione *f.*) di forma, norma *f.* **Form|wech|sel** m. *(-s,-)* mutamento *m.* di forma. **form|wid|rig** agg. irregolare, contrario alle norme.
forsch I agg. deciso, energico, risoluto: ***ein -es Auftreten*** un comportamento energico **II** avv. risolutamente, energicamente. **For|sche** f. *(-)* COLLOQ. modo *m.* deciso (*o* energico), risolutezza *f.*
for|schen intr. (aus. *haben*) **1a** ricercare, compiere ricerche (scientifiche): ***nach neuen Energiequellen ~*** ricercare nuove fonti di energia; ***in alten Manuskripten ~*** compiere ricerche su antichi manoscritti **b** ***nach jdm ~*** ricercare qcn. **2** indagare, investigare: ***nach den Ursachen des Verbrechens ~*** indagare sulle cause del delitto ◆ ***in jds Gesicht ~*** scrutare il viso di qcn. **for|schend I** p.pres. agg. **1** → **forschen 2** scrutatore, indagatore: ***ein -er Blick*** uno sguardo indagatore **II** avv. ***jdn ~ ansehen*** scrutare qcn., osservare qcn. con sguardo indagatore. **For|scher** m. *(-s,-)* ricercatore *m.* **For|scher|blick** m. *(-s,-e)* sguardo *m.* penetrante, scrutatore. **For|scher|drang** m. *(-[e]s)* impulso *m.* verso la ricerca, spinta *f.* alla ricerca. **For|scher|geist** m. *(-[e]s)* **1** spirito *m.* di ricerca **2** animo *m.* indagatore. **For|sche|rin** f. *(-,-nen)* ricercatrice *f.* **for|sche|risch** agg. di ricerca: ***-e Tätigkeit*** attività di ricerca.
Forsch|heit f. *(-)* risolutezza *f.*, energia *f.*
For|schung f. *(-,-en)* **1a** ricerca *f.*, studio *m.*: ***-en betreiben*** fare ricerche **b** ricerca *f.*, studi *m.pl.*, scienza *f.*: ***die neueste (wissenschaftliche) ~*** la più recente ricerca scientifica; ***angewandte ~*** ricerca applicata; ***in der ~ tätig sein*** lavorare nella ricerca **2** indagine *f.*: ***die ~ nach etw.*** l'indagine su qcs. **For|schungs|an|stalt** f. *(-,-en)* istituto *m.* di ricerca. **For|schungs|bei|trag** m. *(-[e]s,-beiträge)* contributo *m.* alla ricerca. **For|schungs|be|richt** m. *(-[e]s,-e)* relazione *f.* su(i risultati di) una ricerca. **For|schungs|er|geb|nis** n. *(-ses,-se)* risultato *m.* di una, della ricerca. **For|schungs|ge|biet** n. *(-[e]s,-e)* campo *m.* di ricerca. **For|schungs|ge|mein|schaft** f. *(-,-en)* gruppo *m.* di ricerca. **For|schungs|in|sti|tut** n. *(-s,-e)* istituto *m.* di ricerca. **For|schungs|la|bo|ra|to|ri|um** n. *(-s,-laboratorien)* laboratorio *m.* di ricerca. **For|schungs|rei|se** f. *(-,-n)* viaggio *m.* di esplorazione. **For|schungs|rei|sen|de** m. *(-n,-n)* esploratore *m.* **For|schungs|sa|tel|lit** m. *(-en,-en)* satellite *m.* per ricerche. **For|schungs|schiff** n. *(-[e]s,-e)* nave *f.* per ricerche oceanografiche. **For|schungs|se|mes|ter** n. *(-s,-)* semestre *m.* sabbatico. **For|schungs|sta|ti|on** f. *(-,-en)* stazione *f.* di ricerca; ASTR. osservatorio *m.* **For|schungs|stät|te** f. *(-,-n)* luogo *m.* di ricerca. **For|schungs|sti|pen|di|um** n. *(-s,-stipendien)* borsa *f.* di studio per scopi di ricerca. **For|schungs|zent|rum** n. *(-s,-zentren)* centro *m.* di ricerca. **For|schungs|zweck** m. *(-[e]s,-e)* scopo *m.* della ricerca.
Forst m. *(-[e]s,-e)* foresta *f.* **Forst|amt** n. *(-[e]s,-ämter)* ufficio *m.* forestale. **Forst|be|am|te** m. *(-n,-n)* impiegato *m.* forestale. **Forst|be|hör|de** f. *(-,-n)* ente *m.* forestale. **Forst|be|zirk** m. *(-[e]s,-e)* distretto *m.* forestale. **Förs|ter** m. *(-s,-)* guardaboschi *m.*, guardaparco *m.*; guardia *f.* forestale. **Förs|te|rei** f. *(-,-en)* **1** posto *m.* di guardia forestale **2** → **Forsthaus.** **Forst|fach** n. *(-[e]s)* silvicoltura *f.* **Forst|fre|vel** m. *(-s,-)* contravvenzione *f.* alle leggi forestali. **Forst|ge|hil|fe** m. *(-n,-n)* aiuto *m.* guardaboschi. **forst|ge|recht** agg. **1** esperto di silvicoltura **2** conforme alle norme della silvicoltura. **Forst|haus** n. *(-[e]s,-häuser)* casa *f.*, ufficio *m.* del guardaboschi. **forst|lich** agg. forestale. **Forst|mann** m. *(-[e]s, -männer* e *-leute)* → **Förster.** **Forst|meis|ter** m. *(-s,-)* ispettore *m.* forestale. **Forst|recht** n. *(-[e]s)* diritto *m.* forestale. **Forst|re|vier** n. *(-s,-e)* distretto *m.* forestale. **Forst|schäd|ling** m. *(-s,-e)* parassita *m.* delle foreste. **Forst|ver|wal|tung** f. *(-,-en)* amministrazione *f.* del patrimonio forestale. **Forst|we|sen** n. *(-s)* silvicoltura *f.* **Forst|wirt|schaft** f. *(-,-en)* economia *f.* forestale. **Forst|wis|sen|schaft** f. *(-)* scienze *f.pl.* forestali.
For|sy|thie [fɔr'zy:tsiə, -tiə] f. *(-,-n)* forsizia *f.*
fort avv. **1** via: *(abwesend)* ***er ist schon lange ~*** è già via (*o* assente) da molto tempo; *(verschwunden)* ***der Ring ist ~*** l'anello non si trova più; *(weg)* ***er geht von uns ~*** si allontana da noi, ci lascia; ***ich muss ~*** devo andarmene; ***~ damit!*** COLLOQ. ***~ mit Schaden!*** porta via, metti via; COLLOQ. ***~ mit ihm!*** (che) se ne vada! **2** *(weiter)* avanti: ***das geht immer so ~*** va sempre avanti così ◆ ***in einem ~*** ininterrottamente; ***und so ~*** e così via; LETT. ***~ und ~*** continuamente.
Fort [fo:ɐ] n. *(-s,-s)* fortino *m.*
fort|ab, fort|an avv. d'ora in poi, d'ora innanzi.
fort‿be|ge|ben rifl. *(begibt, begab, begeben)* **sich ~** allontanarsi, andarsene: ***sich aus dem Land ~*** allontanarsi dal paese.
Fort|be|stand m. *(-[e]s)* sussistenza *f.*, sopravvivenza *f.* **fort‿be|ste|hen** intr. *(bestand, bestanden;* aus. *haben)* sussistere, sopravvivere.
fort‿be|we|gen I tr. rimuovere, spostare **II** rifl. **sich ~** procedere, avanzare: ***sich mit dem Rollstuhl ~*** procedere con la sedia a rotelle. **Fort|be|we|gung** f. *(-,-en)* **1** spostamento *m.*: ***die ~ einer Last*** lo spostamento di un peso **2** il procedere, andatura *f.* **Fort|be|we|gungs|or|gan** n. *(-s,-e)* organo *m.* motorio.
fort‿bil|den I tr. ***jdn ~*** perfezionare l'istruzione di qcn. **II** rifl. **sich ~** aggiornarsi; perfezionarsi, continuare gli studi. **Fort|bil|dung** f. *(-,-en)* perfezionamento *m.*; aggiornamento *m.* **Fort|bil|dungs|kos|ten** pl. spese *f.pl.* di aggiornamento professionale. **Fort|bil|dungs|kurs** m. *(-es,-e)* corso *m.* di perfezionamento (*o* di aggiornamento). **Fort|bil|dungs|schu|le** f. *(-,-n)* AUSTR. SVIZZ. scuola *f.* d'avviamento professionale.
fort‿bla|sen tr. *(bläst, blies, geblasen)* soffiare via; FIG. ***die Angst war wie fortgeblasen*** la paura era svanita come per incanto.
fort‿blei|ben *(blieb, geblieben;* aus. *sein)* **1** rimanere (*o* restare)

lontano **2** *(nicht kommen)* mancare, non venire.

fort‿brin|gen *(brachte, gebracht)* **I** tr. **1** *(wegbringen)* portare via **2** *(bewegen)* rimuovere, allontanare: ***das Kind nicht vom Schaufenster ~ können*** non riuscire ad allontanare il bambino dalla vetrina; ***zu schwach sein, um eine Last ~ zu können*** essere troppo debole per poter rimuovere un peso **3** COLLOQ. *(Tiere, Pflanzen)* far crescere **II** rifl. COLLOQ. **sich ~** tirare avanti, guadagnarsi da vivere.

Fort|dau|er f. *(-)* il perdurare, continuità *f.* **fort‿dau|ern** intr. (aus. *haben*) perdurare, continuare. **fort|dau|ernd I** p.pres. agg. **1** → **fortdauern 2** continuo, persistente **II** avv. continuamente.

fort‿den|ken tr. *(dachte, gedacht)* cancellare dal pensiero: ***ich kann ihn mir nicht aus meinem Leben ~*** non riesco a immaginare la mia vita senza di lui.

fort‿drän|gen tr. spingere via.

fort‿dür|fen intr. *(darf, durfte, gedurft;* aus. *haben)* potersene andare.

For|te n. *(-s,-s* e *Forti)* MUS. forte *m.*

fort‿ei|len intr. (aus. *sein*) andarsene in fretta, scappare via.

fort‿ent|wi|ckeln I tr. sviluppare, perfezionare ulteriormente: ***ein Modell ~*** perfezionare ulteriormente un modello **II** rifl. **sich ~** svilupparsi, evolversi, diventare: ***seine Idee hat sich mit der Zeit zu einem Projekt fortentwickelt*** con il tempo la sua idea è diventata un progetto. **Fort|ent|wi|cke|lung, Fort|ent|wick|lung** f. *(-,-en)* sviluppo *m.*, evoluzione *f.*

fort‿er|ben rifl. **sich ~ 1** tramandarsi: ***sich vom Vater auf den Sohn ~*** tramandarsi di padre in figlio **2** *(von Krankheit)* trasmettersi: ***etw. erbt sich in weiblicher Linie fort*** qcs. si trasmette per ereditarietà materna.

fort‿fah|ren *(fährt, fuhr, gefahren)* **I** intr. **1** (aus. *sein*) andare via, andarsene **2** (aus. *haben, sein*) continuare, proseguire: ***in seiner Arbeit ~*** continuare nel proprio lavoro; ***~, etw. zu tun*** continuare a fare qcs. **II** tr. *(wegtransportieren)* trasportare via, portare via.

Fort|fall m. *(-[e]s)* sparizione *f.*, cessazione *f.*, il venir meno: ***der ~ der Grenzen, von Handelsbeschränkungen*** la caduta dei confini, la cessazione di restrizioni al commercio. **fort‿fal|len** intr. *(fällt, fiel, gefallen;* aus. *sein)* venire a mancare, cadere, cessare: ***~ lassen*** lasciar cadere; ***meine Zweifel sind fortgefallen*** i miei sospetti sono caduti.

fort‿flat|tern intr. (aus. *sein*) svolazzare (via).

fort‿flie|gen intr. *(flog, geflogen;* aus. *sein)* volare via, allontanarsi (volando).

fort‿füh|ren tr. **1** *(fortsetzen)* continuare, proseguire: ***den Betrieb ~*** continuare l'attività aziendale **2** *(wegführen)* condurre via. **Fort|füh|rung** f. *(-)* **1** *(Fortsetzung)* continuazione *f.*, proseguimento *m.* **2** *(Wegführung)* trasporto *m.*, rimozione *f.*

Fort|gang m. *(-[e]s)* **1** partenza *f.* (definitiva): ***sein ~ aus der Stadt*** la sua partenza dalla città **2** continuazione *f.*, proseguimento *m.*: ***der ~ der Arbeiten*** il proseguimento dei lavori ◆ ***seinen ~ nehmen*** continuare, proseguire.

fort‿ge|ben tr. *(gibt, gab, gegeben)* dare via, dare fuori: ***die Wolle wird zur Verarbeitung fortgegeben*** la lana viene data fuori per la lavorazione. **fort‿ge|hen** intr. *(ging, gegangen;* aus. *sein)* **1a** andare via, andarsene: ***geh fort!*** vattene! ***er ging plötzlich fort*** se ne andò improvvisamente **b *von jdm, etw. ~*** lasciare, abbandonare qcn., qcs. **2** *(weitergehen)* continuare, durare: ***so kann es nicht ~*** così non può continuare. **fort|ge|schrit|ten** p.pass. agg. **1** → **fortschreiten 2** avanzato; progredito, evoluto: ***ein industriell -es Gebiet*** una zona industrialmente evoluta; ***ein Mensch in -em Alter*** una persona in età avanzata. **Fort|ge|schrit|te|ne** m. e f. *(-n,-n)* non principiante *m.* e *f.*: ***ein Kurs für ~*** un corso avanzato, per non principianti. **fort|ge|setzt I** p.pass. agg. **1** → **fortsetzen 2** continuo, continuato, ininterrotto **II** avv. continuamente, in continuazione, di continuo. **fort‿gie|ßen** tr. *(goss, gegossen)* buttare, gettare via. **fort‿ha|ben** tr. *(hatte, gehabt)* COLLOQ. aver tolto, eliminato; avere allontanato. **fort|hin** avv. ANT. in seguito; *(künftig)* in avvenire, in futuro. **fort‿hol|len I** tr. portare via **II** rifl. COLLOQ. ***sich (D) etw. ~*** prendersi, buscarsi qcs.

For|ti|fi|ka|ti|on f. *(-,-en)* ANT. fortificazione *f.* **for|ti|fi|ka|to|risch** agg. ANT. fortificatorio. **for|ti|fi|zie|ren** tr. ANT. fortificare.

For|tis|si|mo n. *(-s,-s* e *Fortissimi)* MUS. fortissimo *m.*

fort‿ja|gen I tr. cacciare via, scacciare: ***jdn mit Schimpf und Schande ~*** scacciare via qcn. come un cane **II** intr. (aus. *sein*) sfrecciare via: ***auf dem Motorrad ~*** sfrecciare via in motocicletta. **fort‿kom|men** intr. *(kam, gekommen;* aus. *sein)* **1** andare via, allontanarsi **2** *(abtransportiert werden)* essere (*o* venire) portato via: ***das Gerümpel muss ~*** il ciarpame dev'essere portato via **3** *(verlorengehen)* andare smarrito (*o* perduto), sparire: ***einige Akten sind fortgekommen*** alcuni documenti sono andati persi **4a** andare avanti, avanzare, procedere: ***bei Dunkelheit konnte man nicht ~*** al buio non si riusciva ad avanzare **b** FIG. *(vorankommen)* avanzare, progredire, far progressi: ***mit seiner Arbeit gut ~*** far progressi nel proprio lavoro ◆ ***schau (mach), dass du fortkommst*** vedi di andartene! levati di torno! **Fort|kom|men** n. *(-s,-)* **1a** *(Vorwärtskommen)* avanzamento *m.*, il procedere **b** carriera *f.*, avanzamento *m.* **2** *(Lebensunterhalt)* sostentamento *m.*; ***sein ~ finden, haben*** avere di che vivere. **fort‿kön|nen** intr. *(kann, konnte, gekonnt;* aus. *haben)* potersene andare, poter andare via. **fort‿krie|chen** intr. *(kroch, gekochen;* aus. *sein)* allontanarsi strisciando, strisciare via. **fort‿krie|gen** tr. COLLOQ. **1** riuscire a portare via, rimuovere: ***die schweren Kisten nicht ~*** non riuscire a portar via i contenitori pesanti **2** *(vorwärts bringen)* spostare, spingere avanti. **fort‿las|sen** tr. *(lässt, ließ, gelassen)* **1** lasciare andare via; ***meine Eltern lassen mich nicht fort*** i miei genitori non mi lasciano uscire **2** *(auslassen)* tralasciare, omettere: ***einen Satz ~*** omettere una frase. **Fort|las|sung** f. *(-,-en)* omissione *f.* **fort‿lau|fen** intr. *(läuft, lief, gelaufen;* aus. *sein)* **1a** fuggire, scappare via: ***von zu Hause ~*** fuggire di casa; ***der Hund ist uns fortgelaufen*** ci è scappato (via) il cane **b** FIG. *(verlassen)* ***seine Frau ist ihm fortgelaufen*** sua moglie l'ha lasciato **2** *(weitergehen)* continuare, procedere: ***der Weg läuft noch hundert Meter fort*** il sentiero continua ancora per cento metri ◆ ECON. ***die Zinsen laufen fort*** gli interessi corrono. **fort|lau|fend I** p.pres. agg. **1** → **fortlaufen 2** continuo, ininterrotto; *(progressiv)* progressivo **II** avv. continuamente, in modo ininterrotto; progressivamente: ***~ nummeriert*** numerato progressivamente. **fort‿le|ben** intr. (aus. *haben*) continuare a vivere, sopravvivere: ***er lebt in unseren Gedanken fort*** egli sopravvive nei nostri pensieri. **Fort|le|ben** n. *(-s)* sopravvivenza *f.*, (il) continuare a vivere: ***das ~ nach dem Tod*** la vita ultraterrena, dopo la morte. **fort‿le|gen** tr. mettere via, riporre. **fort‿lo|ben** tr. ***jdn ~*** lodare qcn. per liberarsene. **fort‿lo|cken** tr. allontanare con lusinghe, attirare via.

Fort|luft f. *(-)* TECN. aria *f.* di smaltimento.

fort‿ma|chen I intr. **1** (aus. *haben*) COLLOQ. continuare (a fare): ***sie machte immer so fort*** continuava sempre a fare così; IRON. ***mach nur so fort!*** continua pure così! **2** REGION. (aus. *sein*) trasferirsi: ***letztes Jahr ist er nach Bonn fortgemacht*** l'anno scorso si è traferito a Bonn **II** rifl. **sich ~** COLLOQ. svignarsela **III** tr. *(entfernen)* ***einen Fleck ~*** togliere una macchia ◆ ***mach dich fort!*** vattene! sparisci! **fort‿mar|schie|ren** intr. (aus. *sein*) **1** allontanarsi marciando **2** *(weitermarschieren)* continuare a marciare. **fort‿müs|sen** intr. *(muss, musste, gemusst;* aus. *haben)* dover andarsene, dover andare via. **fort‿neh|men** tr. *(nimmt, nahm, genommen)* togliere, levare (via): ***nimm dem Kind das Messer fort!*** togli il coltello al bambino! ***seine Eltern haben ihn vom Gymnasium fortgenommen*** i suoi genitori l'hanno tolto dal ginnasio; FIG. ***der Tod hat ihn seiner Familie fortgenommen*** la morte lo ha portato via alla sua famiglia. **fort‿pa|cken** rifl. **sich ~** COLLOQ. svignarsela, filarsela: ***pack dich fort!*** sparisci! fila (via)!

fort‿pflan|zen I rifl. **sich ~ 1** riprodursi: ***sich durch Zellteilung ~*** riprodursi per cariogenesi **2** propagarsi, diffondersi: ***der Schall, das Licht pflanzt sich fort*** il suono, la luce si propaga **II** tr. **1** riprodurre **2** RAR. *(verbreiten)* diffondere, propagare: ***eine Krankheit ~*** trasmettere una malattia. **Fort|pflan|zung** f. *(-,-en)* **1** riproduzione *f.*: ***(un)geschlechtliche ~*** riproduzione (a)sessuale **2** *(Verbreitung)* propagazione *f.*; *(von Licht, Schall)* diffusione *f.* **fort|pflan|zungs|fä|hig** agg. riproduttivo, procreativo. **Fort|pflan|zungs|fä|hig|keit** f. *(-)* capacità *f.* riproduttiva. **Fort|pflan|zungs|ge|schwin|dig|keit** f. *(-)* FIS. velocità *f.*, di propagazione (*o* di diffusione). **Fort|pflan|zungs|or|gan** n. *(-[e]s,-e)* organo *m.* riproduttivo, di riproduzione. **Fort|pflan|zungs|trieb** m. *(-[e]s,-e)* istinto *m.* riproduttivo.

fort‿räu|men tr. sgomberare, rimuovere, togliere. **fort‿rei|sen** intr. (aus. *sein*) partire, andarsene. **fort‿rei|ßen** tr. *(riss, gerissen)* **1** trascinare (via), travolgere (anche FIG.): ***der Baum wurde vom Strom fortgerissen*** l'albero fu trascinato via dalla corrente; ***sich von der Begeisterung ~ lassen*** lasciarsi travolgere dall'entusiasmo **2** strappare: ***jdm etw. ~*** strappare (via) qcs. a qcn. **fort‿rei|ten** intr. *(ritt, geritten;* aus. *sein)* allontanarsi a cavallo. **fort‿ren|nen** intr. *(rannte, gerannt;* aus. *sein)* correre via, allontanarsi di corsa. **fort‿rol|len I** tr. far rotolare (via) **II** intr. (aus. *sein*) rotolare via. **fort‿rü|cken I** tr. spostare, scostare **II** intr. (aus. *sein*) spostarsi, scostarsi. **fort‿rüh|ren** rifl. **sich ~** muoversi, spostarsi: ***dass du nicht fortrührst!*** non ti muovere!

Fort|satz m. *(-es,-sätze)* MED. prolungamento *m.*; *(Anhang)* appendice *f.*; *(von Knochen)* apofisi *f.*

fort_schaf|fen tr. portare via; *(forträumen)* rimuovere, sgomberare. **fort_sche|ren** rifl. **sich ~** COLLOQ. andarsene (via): ***scher dich fort!*** vattene! **fort_scheu|chen** tr. scacciare, cacciare via (anche FIG.): ***Fliegen, trübe Gedanken ~*** scacciare le mosche, i brutti pensieri. **fort_schi|cken** tr. mandare via: ***einen Hausierer ~*** mandare via un venditore ambulante; *(verschicken)* ***einen Brief ~*** mandare via, spedire una lettera. **fort_schie|ben** tr. *(schob, geschoben)* spingere via. **fort_schlei|chen** *(schlich, geschlichen)* intr. (aus. *sein*) e rifl. **sich ~ 1** allontanarsi strisciando **2** *(unbemerkt)* sgattaiolare via, andarsene di soppiatto. **fort_schlep|pen I** tr. trascinare via; *(gewaltsam wegtragen)* portare via a forza **II** rifl. ***sich mühsam ~*** trascinarsi, camminare a fatica. **fort_schleu|dern** tr. scagliare, scaraventare via. **fort_schmei|ßen** tr. *(schmiss, geschmissen)* COLLOQ. gettare, buttare via. **fort_schrei|ben** tr. *(schrieb, geschrieben)* **1** aggiornare: ***eine Tabelle ~*** aggiornare una tabella **2** *(weiterführen)* continuare, proseguire: ***ein Projekt ~*** continuare un progetto. **Fort|schrei|bung** f. *(-,-en)* registrazione *f.* progressiva: ***die ~ der statistischen Daten*** la registrazione progressiva dei dati statistici.

fort_schrei|ten intr. *(schritt, geschritten;* aus. *sein)* **1a** avanzare, andare avanti, procedere (anche FIG.): ***die Krankheit schreitet fort*** la malattia avanza; ***der Bau schreitet schnell fort*** la costruzione procede rapidamente **b** *(von der Zeit)* trascorrere, passare **2** *(Fortschritte machen)* progredire, fare progressi. **fort|schrei|tend** p.pres. agg. **1** → **fortschreiten 2** progressivo, crescente: ***eine -e Preissteigerung*** un aumento progressivo dei prezzi ◆ ***mit -em Alter*** col passare degli anni. **Fort|schritt** m. *(-[e]s,-e)* progresso *m.*: ***dem ~ dienen*** servire il progresso; ***an den ~ glauben*** credere nel progresso; ***das ist schon ein ~!*** questo è già un passo avanti! ***-e machen, erzielen*** fare progressi, progredire. **Fort|schritt|ler** m. *(-s,-)* progressista *m.* **fort|schritt|lich** agg. progressista. **Fort|schritt|lich|keit** f. *(-,-en)* progressismo *m.* **fort|schritts|feind|lich** agg. reazionario, conservatore. **Fort|schritts|glau|be** m. *(-ns)* fede *f.* nel progresso. **fort|schritts|gläu|big** agg. che crede nel progresso: ***er ist sehr ~*** crede molto nel progresso.

fort_schwem|men tr. trascinare, portare via. **fort_schwim|men** intr. *(schwamm, geschwommen;* aus. *sein)* **1** allontanarsi nuotando, a nuoto **2** andarsene con la corrente: ***der Hut schwamm fort*** il cappello se ne andò con la corrente.

fort_set|zen I tr. **1** *(wegsetzen)* spostare, mettere da parte **2** *(weiterführen)* continuare, proseguire (in): ***ein Gespräch ~*** continuare un colloquio; ***den Weg zu Fuß ~*** proseguire la strada a piedi **II** rifl. **sich ~** continuare, proseguire, estendersi: ***die Hügel setzen sich nach Süden fort*** le colline si estendono verso sud. **Fort|set|zung** f. *(-,-en)* **1** continuazione *f.*, proseguimento *m.*, prosecuzione *f.* **2** puntata *f.*: ***in der nächsten ~*** nella prossima puntata; ***in -en abgedruckt, gesendet*** pubblicato, trasmesso a puntate ◆ ***~ folgt*** continua; ***~ auf, von Seite 20*** continua a, da pagina 20. **Fort|set|zungs|ro|man** m. *(-s,-e)* romanzo *m.* a puntate.

fort_sprin|gen intr. *(sprung, gesprungen;* aus. *sein)* saltare via, andarsene saltando. **fort_spü|len** tr. **1** cancellare, pulire (via) **2** trascinare via: ***das Wasser hat das Haus fortgespült*** l'acqua ha trascinato via la casa. **fort_steh|len** rifl. *(stiehlt, stahl, gestohlen)* **sich ~** svignarsela, sgattaiolare via. **fort_stel|len** tr. mettere via, riporre. **fort_sto|ßen** tr. *(stößt, stieß, gestoßen)* spingere via. **fort_stre|ben** intr. (aus. *haben*) desiderare (di), anelare ad andarsene. **fort_stür|men** intr. (aus. *sein*) allontanarsi a precipizio. **fort_stür|zen** intr. (aus. *sein*) COLLOQ. andarsene di corsa, precipitosamente. **fort_tö|nen** intr. (aus. *haben*) riecheggiare, continuare a vibrare. **fort_tra|gen** tr. *(trägt, trug, getragen)* portare via. **fort_trei|ben** *(trieb, getrieben)* **I** tr. **1** scacciare, cacciare via **2** *(vorwärts treiben)* sospingere avanti **3** FIG. continuare, andare avanti a fare: ***es nicht lange so ~ können*** non poter continuare a lungo a fare così **II** intr. (aus. *sein*) andare alla deriva, essere sospinto via (dalla corrente).

For|tu|na f. *(-)* LETT. fortuna *f.*, dea *f.* Fortuna. **For|tune** [fɔr'ty:n], **For|tü|ne** f. *(-)* fortuna *f.*, successo *m.*

fort_wäh|ren intr. (aus. *haben*) perdurare, persistere. **fort|wäh|rend I** p.pres. agg. **1** → **fortwähren 2** continuo, ininterrotto **II** avv. continuamente, ininterrottamente. **fort_wäl|zen I** tr. far rotolare via, spingere via rotolando **II** rifl. **sich ~** rotolare (in) avanti. **fort_wen|den** *(wandte, gewandt)* **I** tr. volgere altrove, levare **II** rifl. **sich ~** volgersi altrove, voltarsi dall'altra parte. **fort_wer|fen** *(wirft, warf, geworfen)* **I** tr. gettare via, buttare via (anche FIG.) **II** rifl. **sich ~ 1** buttarsi via, abbassarsi **2** ***sich an jdn, etw. ~*** rovinarsi per qcn., qcs. **fort_wir|ken** intr. (aus. *haben*) continuare ad avere effetto, ad agire. **fort_wi|schen** tr. **1** togliere (strofinando) **2** cancellare: ***etw. an der Tafel ~*** cancellare qcs. dalla lavagna. **fort_wol|len** intr. *(will, wollte, gewollt;* aus. *haben)* volersene andare (via). **fort_wün|schen I** tr. ***jdn ~*** desiderare che qcn. se ne vada **II** rifl. **sich ~** desiderare (di) andarsene. **fort_wurs|teln** intr. (aus. *haben*) COLLOQ. continuare con il solito tran tran, andare avanti alla meno peggio. **fort_zah|len** tr. continuare a pagare. **Fort|zah|lung** f. *(-,-en)* il continuo pagare, reiterato pagamento *m.* **fort_zau|bern** tr. fare svanire, fare sparire (per incanto). **fort_zie|hen** *(zog, gezogen)* **I** tr. tirare, trascinare via (anche FIG.) **II** intr. (aus. *sein*) andare via, cambiare casa, trasferirsi.

Fo|rum n. *(-s, Foren* e *Fora)* **1** forum *m.*: ***an einem ~ über politische Fragen teilnehmen*** partecipare a un forum su questioni politiche **2** *(Gremium)* pubblico *m.* (competente) **3** *(in altrömischen Städten)* foro *m.* **Fo|rums|dis|kus|si|on** f. *(-,-en)* forum *m.*

Fo|se f. *(-,-n)* VOLG. puttana *f.*

fos|sil agg. fossile. **Fos|sil** n. *(-s,-ien)* fossile *m.* **Fos|si|li|sa|ti|on** f. *(-)* fossilizzazione *f.* **fos|si|li|sie|ren** intr. (aus. *sein*) fossilizzarsi.

fö|tal agg. fetale.

fo|to..., Fo|to... BIOL. CHEM. usw. auch → **photo..., Photo...**

1.Fo|to n. *(-s,-s)* foto *f.*: ***ein ~ von jdm, etw. machen, schießen*** fare una foto a qcn., qcs.; ***ein unscharfes, verwackeltes ~*** una foto sfocata, mossa.

2.Fo|to m. *(-s,-s)* COLLOQ. macchina *f.* fotografica.

Fo|to|al|bum n. *(-s,-alben)* album *m.* di, per fotografie. **Fo|to|ama|teur** [-tøːɐ] m. *(-s,-e)* fotoamatore *m.* **Fo|to|ap|pa|rat** n. *(-[e]s,-e)* macchina *f.* fotografica. **Fo|to|ar|chiv** n. *(-s,-e)* archivio *m.* fotografico. **Fo|to|ate|li|er** [-atəlie:] n. *(-s,-s)* atelier *m.*, studio *m.* fotografico. **Fo|to|aus|rüs|tung** f. *(-,-en)* attrezzatura *f.* fotografica. **Fo|to|che|mie** f. *(-)* fotochimica *f.* **Fo|to|fi|nish** [-fɪnɪʃ] n. *(-s,-s)* SPORT fotofinish *m.* **fo|to|gen** agg. fotogenico. **Fo|to|ge|ni|tät** f. *(-)* fotogenicità *f.* **Fo|to|ge|schäft** n. *(-[e]s,-e)* negozio *m.* di articoli fotografici.

Fo|to|graf m. *(-en,-en)* fotografo *m.* **Fo|to|gra|fie** f. *(-,-n)* fotografia *f.*: ***eine verwackelte, scharfe ~*** una fotografia mossa, nitida; ***eine ~ von jdm, etw. machen*** fare una fotografia a qcn., qcs. **fo|to|gra|fie|ren I** tr. fotografare **II** rifl. **sich ~** fotografarsi: ***dieses Gesicht fotografiert sich gut, schlecht*** questo viso è, non è fotogenico. **fo|to|gra|fisch I** agg. fotografico **II** avv. in modo fotografico.

Fo|to|ko|pie f. *(-,-n)* fotocopia *f.* **fo|to|ko|pie|ren** tr. fotocopiare. **Fo|to|ko|pie|rer** m. *(-s,-)* COLLOQ. fotocopiatrice *f.* **Fo|to|ko|pier|ge|rät** n. *(-[e]s,-e)* macchina *f.* fotocopiatrice.

Fo|to|la|bor n. *(-s,-s)* laboratorio *m.* fotografico. **Fo|to|ma|te|ri|al** n. *(-s,-ien)* materiale *m.* fotografico. **Fo|to|mo|dell** n. *(-s,-e)* fotomodello *m.* (-a *f.*). **Fo|to|mon|ta|ge** [-ʒə] f. *(-,-n)* fotomontaggio *m.* **Fo|to|pa|pier** n. *(-s,-)* carta *f.* fotosensibile. **Fo|to|re|por|ter** m. *(-s,-s)* fotoreporter *m.* **Fo|to|sa|fa|ri** f. *(-,-s)* safari *m.* fotografico. **Fo|to|satz** m. *(-es,-sätze)* TIP. fotocomposizione *f.* **Fo|to|thek** f. *(-,-en)* fototeca *f.* **fo|to|trop** agg. *(von Brillengläsern)* fotocromatico. **Fo|to|zel|le** f. *(-,-n)* fotocellula *f.* **Fo|to|zeit|schrift** f. *(-,-en)* rivista *f.* di fotografia.

Fö|tus m. *(-* e *-ses,-se* e *Föten)* feto *m.*

Fot|ze f. *(-,-n)* VOLG. **1** fica *f.* **2** REGION. *(Ohrfeige)* schiaffo *m.* **fot|zen** tr. REGION. VOLG. schiaffeggiare.

foul [faul] agg. SPORT falloso. **Foul** [faul] n. *(-s,-s)* SPORT fallo *m.*: ***ein ~ an jdm begehen*** commettere un fallo su qcn.

Fou|lard [fu'la:ɐ] m. *(-s,-s)* foulard *m.*

fou|len ['faulən] intr. (aus. *haben*) giocare in modo falloso, commettere fallo. **Foul|spiel** n. *(-s)* gioco *m.* falloso.

Fox m. *(-[e]s,-e)* **1** → **Foxterrier 2** → **Foxtrott. Fox|ter|ri|er** m. *(-s,-)* fox terrier *m.* **Fox|trott** m. *(-s,-e* e *-s)* foxtrot (*o* foxtrot) *m.*

Fo|yer [foa'je:] n. *(-s,-s)* foyer *m.*, ridotto *m.*

FPÖ ⇒ *Freiheitliche Partei Österreichs* Partito liberale austriaco.

fr ⇒ *Franc* franco (fr).

fr. ⇒ *frei* (fco, f.co, F.co).

Fr. ⇒ **1** *Frau* signora (sig.ra) **2** *Franken* franco svizzero (fr).

Fracht f. *(-,-en)* **1** *(Ladung)* carico *m.*; *(Frachtgut)* merce *f.*: ***die ~ ein-, ausladen, löschen*** caricare, scaricare, svincolare la merce; ***die ~ umschlagen*** (s)caricare la merce (da un mezzo di trasporto a un altro) **2a** *(Beförderungspreis)* (prezzo *m.* del) trasporto *m.* **b** COMM. porto *m.* **c** MAR. nolo *m.* ◆ ***in ~ nehmen*** accettare per il trasporto, prendere per l'inoltro; ***etw. per ~ schicken*** spedire qcs. **Fracht|brief** m. *(-[e]s,-e)* lettera *f.* di vettura (*o* di carico). **Fracht|damp|fer** m. *(-s,-)* → **Frachter. Frach|ten|bahn|hof** m. *(-s,-höfe)*, AUSTR. **Frach|ten|sta|ti|on** f. *(-,-en)* stazione *f.* merci. **Frach|ter** m. *(-s,-)* nave *f.* da carico, mercantile *m.*, bastimento *m.*, cargo *m.*

Fräch|ter m. *(-s,-)* **1** *(Versender)* mittente *m.* **2** *(Unternehmer)* spedizioniere *m.*

fracht|frei agg. franco destino, franco di porto, esente da tasse di porto: ***-e Lieferung*** spedizione franco destino (*o* in porto franco). **Fracht|füh|rer** m. *(-s,-)* trasportatore *m.* **Fracht|gut** n. *(-[e]s, -güter)* merce *f.* (da spedire), spedizione *f.*: ***etw. als ~ schicken*** spedire qcs. come merce ◆ FERR. ***als ~ schicken*** spedire (*o* inoltrare) a piccola velocità. **Fracht|kos|ten** pl. **1** spese *f.pl.* di trasporto **2** MAR. nolo *m.* **Fracht|raum** m. *(-[e]s,-räume)* area *f.* di carico. **Fracht|schiff** n. *(-[e]s,-e)* → **Frachter. Fracht|stück** n. *(-s,-e)* collo *m.* **Fracht|ver|kehr** m. *(-s)* movimento *m.*, traffico *m.* di merci. **Fracht|ver|trag** m. *(-[e]s,-verträge)* contratto *m.* di trasporto.

Frack m. *(-s, Fräcke* e *-s)* frac *m.*, marsina *f.* ◆ COLLOQ. ***jdm den ~ vollhauen*** dare un fracco di botte a qcn.; COLLOQ. ***den ~ vollkriegen*** prendersi un fracco di botte. **Frack|hemd** n. *(-[e]s,-en)* camicia *f.* da frac. **Frack|sau|sen,** COLLOQ. ***~ haben*** = avere paura. **Frack|schoß** m. *(-es,-schöße)* falda *f.* della marsina. **Frack|zwang** m. *(-[e]s)* obbligo *m.* del frac ◆ ***es herrscht ~*** è d'obbligo il frac.

Fra|ge f. *(-,-n)* **1** domanda *f.*: ***auf eine ~ antworten, eine ~ beantworten*** rispondere a una domanda; ***eine ~ bejahen, verneinen*** rispondere affermativamente, negativamente a una domanda; ***an jdn eine ~ haben, richten*** avere una domanda per qcn., rivolgere una domanda a qcn.; ***an jdn eine ~ stellen, jdm eine ~ vorlegen*** porre (*o* fare) una domanda a qcn.; ***einer ~ ausweichen*** sviare una domanda; ***jdn mit -n bestürmen*** tempestare qcn. di domande; ***gestatten Sie eine ~?*** permette una domanda? ***so eine ~!*** che domanda! ***-n zur Person*** domande personali **2** *(Problem)* questione *f.*, quesito *m.*, problema *m.*: ***eine offene ~*** una questione aperta, insoluta; ***eine schwebende ~*** una questione in sospeso; ***das ist (nur) eine ~ der Geduld, Zeit*** è (solo) una questione di pazienza, di tempo; ***eine ~ anschneiden, aufwerfen*** intavolare un problema, sollevare una questione; ***das ist noch sehr die ~*** il problema è poi ancora questo ◆ ***außer ~ sein, stehen*** essere fuori discussione; ***das ist gar keine ~*** di questo non si discute nemmeno; ***ohne ~*** indubbiamente; ***in ~*** → **infrage.**

Fra|ge|bo|gen m. *(-s,-bögen)* questionario *m.*: ***einen ~ ausfüllen*** riempire, compilare un questionario. **Fra|ge|für|wort** n. *(-[e]s, -wörter)* pronome *m.* interrogativo.

fra|gen (pret. *fragte*/RAR. *frug*) **I** tr. **1a** chiedere, domandare: ***jdn etw., jdn nach etw. ~*** chiedere qcs. a qcn.; ***du hast mich nicht danach gefragt*** non me l'hai chiesto; ***ich wurde gefragt, ob ich etwas davon wisse*** mi fu chiesto se ne sapevo qualcosa **b** ***(jdn) um Rat, um Erlaubnis ~*** chiedere consiglio, il permesso a qcn. **2** chiedere, informarsi: ***nach, wegen, um Arbeit ~*** chiedere lavoro; ***jdn nach seinen Eltern ~*** chiedere a qcn. dei suoi genitori, informarsi sui genitori di qcn.; ***wegen der Lohnerhöhung ~*** chiedere informazioni sull'aumento di stipendio **3a** *(sich kümmern)* chiedere, preoccuparsi di: ***kein Mensch fragt nach ihm*** nessuno chiede di lui **b** *(interessieren)* ***danach frage ich nicht*** non m'interessa **c** *(verlangen)* richiedere: ***Fremdsprachenkenntnisse sind heute sehr gefragt*** la conoscenza di lingue straniere oggi è molto richiesta **4** assol. fare domande: ***dumm, klug ~*** fare domande stupide, intelligenti; ***wenn ich ~ darf?*** se posso chiedere? ***frag nicht so viel!*** non fare troppe domande! **II** rifl. **sich ~ 1** domandarsi, chiedersi: ***ich frage mich, ob...*** mi chiedo se... **2** impers. ***es fragt sich, ob...*** si tratta di vedere, resta da vedere se... ◆ ***frag lieber nicht!*** non ne parliamo, non parliamone! COLLOQ. ***da fragst du noch?*** e me lo chiedi? (dovrebbe essere chiaro); ***nach dem Verlierer fragt niemand*** dello sconfitto non vuol saperne nessuno; COLLOQ. ***da fragst du mich zuviel!*** mi chiedi troppo! (non lo so); PROV. ***wer viel fragt, geht viel irre*** = chiedere troppo confonde le idee. **fra|gend I** p.pres. agg. **1** → **fragen 2** interrogativo: ***ein -er Blick*** uno sguardo interrogativo **II** avv. interrogativamente: ***jdn ~ ansehen*** guardare qcn. in modo interrogativo. **Fra|gen|ka|ta|log** m. *(-[e]s,-e)* elenco *m.* di domande, questionario *m.* **Fra|gen|kom|plex, Fra|gen|kreis** m. *(-es,-e)* complesso *m.* di questioni, di problemi. **Fra|ger** m. *(-s,-)* chi fa domande. **Fra|ge|rei** f. *(-,-en)* SPREG. mania *f.* di fare domande, domande *f.pl.* continue. **Fra|ge|satz** m. *(-es,-sätze)* frase *f.* interrogativa. **Fra|ge|stel|ler** m. *(-s,-)* chi pone (*o* formula) domande. **Fra|ge|stel|lung** f. *(-,-en)* **1** formulazione *f.* di domanda **2** *(von Problemen)* modo *m.* di porre il problema. **Fra|ge|stun|de** f. *(-,-n)* ora *f.* fissata per le interrogazioni (parlamentari). **Fra|ge-und-Ant|wort-Spiel** n. *(-s,-e)* quiz *m.* **Fra|ge|wort** n. *(-[e]s,-wörter)* → **Fragefürwort. Fra|ge|zei|chen** n. *(-s,-)* punto *m.* interrogativo (anche FIG.): ***ein ~ setzen*** mettere un punto interrogativo; ***etw. mit einem ~ versehen*** dubitare di qcs., mettere in dubbio qcs. ◆ COLLOQ. ***wie ein ~ dastehen, dasitzen*** = stare curvo.

fra|gil agg. fragile. **Fra|gi|li|tät** f. *(-)* fragilità *f.*

frag|lich agg. **1** *(ungewiss)* dubbio, incerto **2** *(infrage kommend)* in questione: ***der -e Punkt*** il punto in questione, di cui si tratta. **frag|los** avv. indubbiamente, fuor di dubbio. **Frag|lo|sig|keit** f. *(-,-en)* indubitabilità *f.*

Frag|ment n. *(-[e]s,-e)* frammento *m.* **frag|men|tär, frag|men|ta|risch I** agg. frammentario **II** avv. frammentariamente. **frag|men|tie|ren** tr. frammentare.

frag|wür|dig agg. **1** discutibile, dubbio **2** SPREG. *(verdächtig)* sospetto, di dubbia fama. **Frag|wür|dig|keit** f. *(-,-en)* **1** discutibilità *f.* **2** SPREG. *(Verdächtigkeit)* carattere *m.* sospetto.

fraise|far|ben [frɛːz-] agg. color fragola.

Frai|sen pl. REGION. crampi *m.pl.* (nei bambini piccoli).

Frak|ti|on f. *(-,-en)* POL. **1** frazione *f.*, gruppo *m.* parlamentare: ***eine ~ bilden*** formare un gruppo parlamentare **2** CHIM. frazione *f.* **frak|ti|o|nell** agg. ***-e Gruppen*** frazioni. **Frak|ti|o|nier|ap|pa|rat** m. *(-[e]s,-e)* apparecchio *m.* per distillazione frazionata. **frak|ti|o|nie|ren** tr. CHIM. frazionare. **Frak|ti|o|nie|rung** f. *(-,-en)* CHIM. POL. frazionamento *m.* **Frak|ti|ons|füh|rer** m. *(-s,-)*, **Frak|ti|ons|vor|sit|zen|de** m. *(-n,-n)* capogruppo *m.* (parlamentare). **Frak|ti|ons|zwang** m. *(-[e]s)* obbligo *m.* di appartenenza a un gruppo parlamentare.

Frak|tur f. *(-,-en)* **1** MED. frattura *f.* **2** → **Frakturschrift** ◆ ***~ (mit jdm) reden*** = parlar chiaro (con qcn.), dire (a qcn.) la propria opinione chiara e tonda. **Frak|tur|satz** m. *(-es,-sätze)* testo *m.* in caratteri gotici. **Frak|tur|schrift** f. *(-)* scrittura *f.* gotica, gotico *m.*

Frame [freːm] m. *(-n,-n)* FERR. telaio *m.*

Franc m. *(-,-s)* franco *m.*: ***belgischer, französischer ~*** franco belga, francese.

1.Fran|chi|se [frɑ̃'ʃiːzə] f. *(-,-n)* franchigia *f.*

2.Fran|chise ['fræntʃaɪz] n. *(-)*, **Fran|chi|sing** ['fræntʃaɪzɪŋ] n. *(-s)* franchising *m.*

Fran|ci|um n. *(-s)* francio *m.*

fran|co → **franko.**

frank, ***~ und frei*** chiaro e tondo.

Fran|ka|tur f. *(-,-en)* affrancatura *f.*

Fran|ke m. *(-n,-n)* **1** STOR. franco *m.* **2** *(Einwohner von Franken)* francone *m.*, abitante *m.* della Franconia.

1.Fran|ken m. *(-s,-)* franco *m.* (svizzero).

2.Fran|ken n.pr.n. *(-s)* Franconia *f.* **Fran|ken|reich** n. *(-[e]s)* STOR. regno *m.* dei Franchi. **Fran|ken|wald** n.pr.m. *(-[e]s)* selva *f.* di Franconia. **Fran|ken|wein** m. *(-[e]s,-e)* vino *m.* di Franconia.

Frank|furt n.pr.n. *(-s)* Francoforte *f.*: ***~ am Main, an der Oder*** Francoforte sul Meno, sull'Oder. **Frank|fur|ter I** m. *(-s,-)* abitante *m.* di Francoforte **II** agg.inv. francofortese, di Francoforte **III** f. *(-,-)* INTRAD. (salsiccia di maiale magro). **frank|fur|tisch** agg. francofortese, di Francoforte.

fran|kie|ren tr. affrancare. **Fran|kier|ma|schi|ne** f. *(-,-n)* (macchina *f.*) affrancatrice *f.* **Fran|kie|rung** f. *(-,-en)* affrancatura *f.*

frän|kisch agg. **1** STOR. franco **2** *(von Franken)* francone, della Franconia.

Fränk|li n. *(-s,-)* SCHERZ. franco *m.* (svizzero).

fran|ko agg. COMM. ANT. *(frei)* franco.

Fran|ko|ka|na|di|er m. *(-s,-)* franco-canadese *m.* **fran|ko|ka|na|disch** agg. franco-canadese. **fran|ko|phil** agg. francofilo. **Fran|ko|phi|lie** f. *(-)* francofilia *f.* **fran|ko|phob** agg. francofobo. **Fran|ko|pho|bie** f. *(-)* francofobia *f.* **fran|ko|phon** agg. francofono.

Fran|ko|stem|pel m. *(-s,-)* timbro *m.* (per affrancatura), affrancatura *f.*

Frank|reich n.pr.n. *(-[e]s)* Francia *f.*

Frank|ti|reur [frɑ̃ti'røːɐ] m. *(-s,-e* e *-s)* franco tiratore *m.*

Fran|se f. *(-,-n)* frangia *f.* **fran|sen** intr. (aus. *haben*) sfrangiarsi, sfilacciarsi. **fran|sig** agg. **1** a (*o* con) frange **2** *(ausgefranst)* sfrangiato, sfilacciato.

Franz n.pr.m. Francesco *m.* ◆ ***~ von Assisi*** San Francesco d'Assisi.

Franz|band m. *(-[e]s,-bände)* legatura *f.* in pelle. **Franz|brannt|wein** m. *(-[e]s)* lozione *f.* antireumatica.

fran|zen intr. (aus. *haben*) SPORT fare da navigatore. **Fran|zer** m. *(-s,-)* SPORT navigatore *m.*

Fran|zis|ka n.pr.f. Francesca *f.*

Fran|zis|ka|ner m. *(-s,-)* francescano *m.* **Fran|zis|ka|ne|rin** f. *(-,-nen)* francescana *f.* **Fran|zis|ka|ner|or|den** m. *(-s,-)* ordine *m.* francescano (*o* dei francescani). **fran|zis|ka|nisch** agg. francescano.

Fran|zis|kus n.pr.n. Francesco *m.*

Fran|zi|um → **Francium.**

Franz|mann m. *(-[e]s,-männer)* ANT. francese *m.* **Fran|zo|se** m. *(-n,-n)* **1** francese *m.* **2** *(Schraubenschlüssel)* chiave *f.* a doppio martello, chiave *f.* inglese **3** → **Franzosenkrankheit 4** REGION.

(Schabe) scarafaggio *m.* **fran|zo|sen|feind|lich** agg. francofobo. **fran|zo|sen|freund|lich** agg. francofilo, gallofilo. **Fran|zo|sen|krank|heit** f. *(-)* mal *m.* francese. **fran|zö|si|sie|ren** tr. francesizzare, infrancesare. **Fran|zö|sin** f. *(-,-nen)* francese *f.* **fran|zö|sisch I** agg. francese **II** avv. **1** alla francese: ~ ***essen*** mangiare alla francese **2** ~ ***schreiben, sprechen*** scrivere, parlare (in) francese ◆ ***die Französische Revolution*** la Rivoluzione Francese. **Fran|zö|sisch** n. *(-[s])*, **Fran|zö|si|sche** n. *(-n)* francese *m.*, lingua *f.* francese: ~ ***lehren, lernen*** insegnare, imparare (*o* studiare) il francese; ***fließend*** ~ ***sprechen*** parlare francese correntemente; ***ein Lehrstuhl für*** ~ una cattedra di francese; ***heute muss ich noch Mathematik und*** ~ ***lernen*** oggi devo ancora studiare matematica e francese; ***etw. aus dem -(e)n ins Italienische übersetzen*** tradurre qcs. dal francese in italiano; ***die Personalpronomen im -en*** i pronomi personali in francese ◆ ***auf (gut)*** ~ in (buon) francese; ~ ***einkaufen*** = rubare; ***sich (auf)*** ~ ***verabschieden (verdrücken, empfehlen), (auf)*** ~ ***Abschied nehmen*** andarsene, filarsela all'inglese.

frap|pant agg. sorprendente, impressionante.

Frap|pé n. *(-s,-s)* frappé *m.*

frap|pie|ren tr. **1** sorprendere, stupire, colpire **2** *(Sekt, Wein)* mettere in ghiaccio.

Fräs|ar|beit f. *(-,-en)* fresatura *f.* **Fräs|dorn** m. *(-[e]s,-e)* albero *m.* (*o* mandrino *m.*) portafresa. **Frä|se** f. *(-,-n)* **1** fresa *f.* **2** → **Fräsmaschine. frä|sen** tr. fresare. **Frä|ser** m. *(-s,-)* **1** fresa *f.* **2** *(Facharbeiter)* fresatore *m.* **Fräs|ma|schi|ne** f. *(-,-n)* fresatrice *f.*

fraß → **fressen. Fraß** m. *(-es,-e)* **1a** pasto *m.* (di animali): ***den Raubtieren,*** FIG. ***den Zeitungen etw. zum*** ~ ***vorwerfen*** dare qcs. in pasto alle belve, ai giornali **b** COLLOQ. schifezza *f.*: ***ein grässlicher, ungenießbarer*** ~ una schifezza tremenda, immangiabile **2** *(Abfressen von Bäumen)* rosicchiamento *m.* **Fraß|gift** n. *(-[e]s,-e)* antiparassitario *m.* per ingestione.

Fräs|tisch m. *(-[e]s,-e)* piano *m.* di fresatura.

Fra|ter m. *(-s, Fratres)* frate *m.*, fratello *m.*, converso *m.* **Fra|ter|ni|sa|ti|on** f. *(-,-en)* fraternizzazione *f.* **fra|ter|ni|sie|ren** intr. (aus. *haben*) fraternizzare. **Fra|ter|ni|sie|rung** f. *(-,-en)* → **Fraternisation. Fra|ter|ni|tät** f. *(-,-en)* **1** fratellanza *f.* **2** RELIG. fraternità *f.*

Fratz m. *(-es,-e* e AUSTR. *-en,-en)* **1** FAM. bimbo *m.* (-a *f.*) **2** REGION. *(ungezogenes Kind)* birba *f.*, monello *m.* (-a *f.*).

Frat|ze f. *(-,-n)*, **Frat|zen|ge|sicht** n. *(-[e]s,-er)* **1** smorfia *f.*, verso *m.*, boccaccia *f.*: ***jdm eine*** ~ ***schneiden*** fare una smorfia a qcn. **2** SPREG. *(Gesicht)* faccia *f.* (brutta), muso *m.* **frat|zen|haft** agg. grottesco, distorto, deforme: ***ein -es Gesicht*** un viso grottesco, contratto in una smorfia.

Frau f. *(-,-en)* **1** donna *f.*: ***eine junge, ältere*** ~ una donna giovane, di mezza età; ***die Rolle der*** ~ il ruolo della donna; ***eine allein stehende, geschiedene, berufstätige*** ~ una donna sola, separata, che lavora **2** *(Ehefrau)* moglie *f.*, LETT. SCHERZ. consorte *f.*: ***zur*** ~ ***geben, nehmen, haben*** dare, prendere in moglie, avere per moglie; ***meine*** ~ mia moglie; ANT. ~ ***Professor Müller*** la moglie del professor Müller **3** *(Hausherrin)* padrona *f.*, signora *f.*: ***die*** ~ ***des Hauses*** la padrona di casa **4** *(Anrede)* signora *f.*: ~ ***Müller*** la signora Müller; ***gnädige*** ~ gentile signora; ~ ***Richterin*** signor giudice; ~ ***Doktor*** dottoressa; ***Grüße an die*** ~ ***Gemahlin, an die*** ~ ***Mutter*** saluti alla Sua signora, a Sua madre; *(in Briefen)* ***sehr geehrte*** ~ ***Krämer*** gentile signora Krämer ◆ ***Unsere Liebe*** ~ Nostra Signora; ANT. ***die weise*** ~ mammana. **Frau|chen** n. *(-s,-)* **1** donnina *f.*; *(alte Frau)* vecchina *f.*, vecchietta *f.* **2** FAM. *(Ehefrau)* mogliettina *f.* **3** *(Herrin eines Hundes)* padroncina *f.* **Frau|en|ar|beit** f. *(-,-en)* **1** lavoro *m.* femminile **2** *(für Frauen geeignete Arbeit)* lavoro *m.* da donna **3** *(Betätigung für die Belange von Frauen)* lavoro *m.* a sostegno dei diritti della donna. **Frau|en|ar|beits|schutz** → **Frauenschutz. Frau|en|arzt** m. *(-es,-ärzte)* ginecologo *m.* **Frau|en|ärz|tin** f. *(-,-nen)* ginecologa *f.* **Frau|en|be|auf|trag|te** f. *(-n,-n)* delegata *f.* per la tutela dei diritti della donna. **Frau|en|bei|la|ge** f. *(-,-n)* GIORN. rubrica *f.* femminile, angolo *m.* delle lettrici. **Frau|en|be|ruf** m. *(-[e]s,-e)* professione *f.* femminile. **Frau|en|be|we|gung** f. *(-,-en)* movimento *m.* delle donne, femminismo *m.* **Frau|en|eis** n. *(-es)* gesso *m.* cristallizzato (*o* cristallino). **Frau|en|eman|zi|pa|ti|on** f. *(-)* emancipazione *f.* femminile (*o* della donna). **Frau|en|fach|schu|le** f. *(-,-n)* scuola *f.* professionale femminile. **Frau|en|farn** m. *(-[e]s,-e)* felce *f.* femmina. **Frau|en|feind** m. *(- [e]s,-e)* → **Frauenhasser. frau|en|feind|lich** agg. **1** ostile alle donne, antifemminista: ***eine -e Entscheidung, Haltung*** una decisione che sfavorisce le donne, un atteggiamento ostile alle donne **2** *(misogyn)* misogino. **Frau|en|fra|ge** f. *(-)* questione *f.* femminile, problema *m.* della donna. **Frau|en|fuß|ball** m. *(-[e]s)* calcio *m.* femminile. **Frau|en|ge|fäng|nis** n. *(-ses,-se)* carcere *m.* femminile. **Frau|en|ge|schich|ten** pl. COLLOQ. storie *f.pl.*, relazioni *f.pl.* (con donne). **Frau|en|ge|stalt** f. *(-,-en)* figura *f.* femminile. **Frau|en|grup|pe** f. *(-,-n)* collettivo *m.* di donne. **Frau|en|haar** n. *(-[e]s,-e)* **1** capello *m.* di donna **2** BOT. capelvenere *m.* **frau|en|haft I** agg. femminile, di (*o* da) donna, LETT. femmineo **II** avv. da donna, in modo femminile. **Frau|en|has|ser** m. *(-s,-)* misogino *m.* **Frau|en|haus** n. *(-es,-häuser)* casa *f.* della donna. **Frau|en|heil|kun|de** f. *(-)* ginecologia *f.* **Frau|en|held** m. *(-en,-en)* donnaiolo *m.*, dongiovanni *m.* **Frau|en|kleid** n. *(-[e]s,-er)* abito *m.* femminile, vestito *m.* da donna. **Frau|en|kli|nik** f. *(-,-en)* clinica *f.* ginecologica. **Frau|en|klos|ter** n. *(-s,-klöster)* convento *m.* femminile (*o* di suore). **Frau|en|krank|heit** f. *(-,-en)*, **Frau|en|lei|den** n. *(-s,-)* malattia *f.* femminile. **Frau|en|mann|schaft** f. *(-,-en)* squadra *f.* femminile. **Frau|en|man|tel** m. *(-s,-mäntel)* BOT. alchimilla *f.*, ventaglina *f.* **Frau|en|or|den** m. *(-s,-)* ordine *m.* di suore. **Frau|en|recht|le|rin** f. *(-,-nen)* **1** STOR. suffragista *f.*, suffragetta *f.* **2** *(heute)* sostenitrice *f.* dei diritti delle donne. **Frau|en|schuh** m. *(-[e]s,-e)* **1** RAR. scarpa *f.* da donna **2** BOT. pianella *f.* della Madonna, cipripedio *m.* **Frau|en|schutz** m. *(-es)* DIR. tutela *f.* dei diritti della donna (nel mondo del lavoro). **Frau|en|sei|te** f. *(-,-n)* → **Frauenbeilage. Frau|ens|leu|te** pl. ANT. donne *f.pl.* **Frau|ens|per|son** f. *(-,-en)* ANT. donna *f.* **Frau|en|sta|ti|on** f. *(-,-en)* reparto *m.* donne. **Frau|en|stim|me** f. *(-,-n)* voce *f.* femminile (*o* di donna). **Frau|en|ver|band** m. *(-[e]s,-verbände)*, **Frau|en|ver|ein** m. *(-[e]s,-e)* associazione *f.* femminile. **Frau|en|wahl|recht** n. *(-[e]s)* suffragio *m.* femminile. **Frau|en|zeit|schrift** f. *(-,-en)* rivista *f.* femminile. **Frau|en|zim|mer** n. *(-s,-)* SPREG. SCHERZ. donna *f.*

Fräu|lein n. *(-s,-)* signorina *f.*: ***guten Tag,*** ~ ***Müller!*** buongiorno, signorina Müller! ~ ***Else*** la signorina Elsa; COLLOQ. *(Verkäuferin)* ***fragen Sie das*** ~! chieda alla signorina! *(Kellnerin)* ~***, zahlen bitte!*** signorina, il conto per favore! ***das*** ~ ***vom Amt*** la signorina dei telefoni, la telefonista; ANT. ***Ihr*** ~ ***Tochter*** la signorina Sua figlia.

frau|lich agg. femminile, da donna. **Frau|lich|keit** f. *(-)* femminilità *f.*

Freak [fri:k] m. *(-s,-s)* **1** freak *m.* **2** *(fanatischer Anhänger)* maniaco *m.*, fanatico *m.*

frech I agg. **1a** sfacciato, impertinente, insolente: ***ein -er Kerl*** un tipo sfacciato **b** *(schamlos)* spudorato, sfrontato **2** *(respektlos)* irriverente, irrispettoso: ***eine -e Karikatur*** una caricatura irriverente **3** *(kühn)* audace, temerario **II** avv. **1a** sfacciatamente, sfrontatamente, in modo impertinente **b** *(schamlos)* spudoratamente **2** *(keck und respektlos)* in modo irriverente (*o* irrispettoso) ◆ ~ ***wie Oskar, wie ein Rohrspatz sein*** = essere molto sfacciato, avere una faccia di bronzo; ***mit -er Stirn*** con faccia tosta. **Frech|dachs** m. *(-es,-e)* SCHERZ. (piccolo) sfacciato *m.*, impertinente *m.*, insolente *m.* **Frech|heit** f. *(-,-en)* **1a** sfacciataggine *f.*, impertinenza *f.*, insolenza *f.*: ***eine bodenlose*** ~ una sfacciataggine inaudita **b** *(Schamlosigkeit)* spudoratezza *f.*, sfrontatezza *f.* **2** *(Respektlosigkeit)* irriverenza *f.* **Frech|ling** m. *(-s,-e)* sfacciato *m.*, impertinente *m.*, insolente *m.*, faccia *f.* tosta.

Free|sie f. *(-,-n)* fresia *f.*

Fre|gat|te f. *(-,-n)* **1** MAR. fregata *f.* **2** COLLOQ. *(aufgetakelte Frau)* albero *m.* di Natale. **Fre|gat|ten|ka|pi|tän** m. *(-s,-e)* capitano *m.* di fregata.

Fre|gatt|vo|gel m. *(-s,-vögel)* ORNIT. fregata *f.*

frei I agg. **1a** libero: ***-e Wahl haben*** avere libera scelta; ***eine -e Übersetzung*** una traduzione libera; ***-e Marktwirtschaft*** libera economia di mercato (*o* economia di libero mercato); ***-e Neutronen*** neutroni liberi **b** privo, libero: ~ ***von Sorgen, Verpflichtungen*** privo di preoccupazioni, libero da obblighi; ~ ***von Steuern*** esente da tasse **c** *(unabhängig)* indipendente, libero: ***ein -er Journalist, Mitarbeiter*** un giornalista indipendente, un libero collaboratore **2a** *(offen)* aperto: ***unter -em Himmel*** a cielo aperto; ***auf -em Felde, auf -er Strecke*** in aperta campagna **b** *(unverbunden)* ***das Haus steht*** ~ la casa è isolata **3** *(unbesetzt)* libero, vacante: ***ein -er Sitz*** un posto libero; ***ein -er Arbeitsplatz*** posto di lavoro vacante **4** *(kostenlos)* gratuito, libero: ***-er Eintritt*** ingresso libero; ***-e Eintrittskarten*** biglietti (d'ingresso) gratuiti; ***-en Zutritt haben*** avere libero accesso **5** *(freimütig)* franco, aperto, disinvolto: ***mit -em Ton*** in tono disinvolto; ***-e Ansichten*** idee aperte, liberali **6** SPORT non marcato **II** avv. **1** liberamente: ~ ***entscheiden*** decidere liberamente; ~ ***lebend*** *(von Tieren)* libero; ~ ***herumlaufen*** girare, andare in giro liberamente **2** *(offen)* apertamente: ***seine Meinung*** ~ ***äußern*** esprimere apertamente la propria opinione; ***etw.*** ~ ***heraussagen*** dire qcs. apertamente (*o* chiaro e tondo) **3** COMM. franco: ~ ***an Bord*** franco (a) bordo; ~ ***Bahnhof, Flughafen*** franco stazione, aeroporto; ~ ***deutsche Grenze*** franco frontiera tedesca; ~ ***Haus*** franco destino, domicilio; ~ ***Werk*** franco fabbrica (*o* partenza), porto assegnato ◆ ***der Film ist*** ~ ***für Jugendliche ab 14 Jah-***

ren ~ il film è vietato ai minori di 14 anni; ~ ***ausgehen*** restare impunito; COLLOQ. passarla liscia; ~ ***erfinden*** inventare di sana pianta; ***auf -em Fuß*** a piede libero; ~ ***haben*** *(kostenlos erhalten)* avere, ricevere gratuitamente; ***aus -er Hand zeichnen*** disegnare a mano libera; ***morgen ist ~!*** domani è vacanza; ~ ***und ledig sein*** essere libero e disponibile; COLLOQ. ~ ***machen*** *(Urlaub machen)* non lavorare, far vacanza; *(ausziehen)* svestire; ***sich ~ machen*** *(sich befreien)* liberarsi; *(sich ausziehen)* svestirsi, scoprirsi; ~ ***nach Kleist*** tratto liberamente da Kleist; ***eine Rede ~ halten*** tenere un discorso a braccio; ~ ***schalten und walten*** agire liberamente; ***ich bin so ~*** mi prendo la libertà; ~ ***sprechen*** parlare (in pubblico) senza leggere, andare a braccio; ***aus -en Stücken*** spontaneamente, di propria volontà; CHIM. ~ ***werden*** liberarsi.

Freia n.pr.f. → **Freja.**

Frei|bad n. *(-[e]s,-bäder)* piscina *f.* all'aperto. **Frei|bal|lon** m. *(-s,-s)* mongolfiera *f.*, aerostato *m.* **Frei|bank** f. *(-,-bänke)* = spaccio *m.* di carne di seconda qualità (*o* di bassa macelleria). **frei_be|kom|men** tr. *(bekam, bekommen)* **1** avere libero: ***einen Tag ~*** avere un giorno libero, ottenere un permesso (dal lavoro) **2** far liberare: ***einen Gefangenen ~*** (far) liberare un prigioniero.

Frei|be|ruf|ler m. *(-s,-)* libero professionista *m.* **frei|be|ruf|lich** agg. e avv. come (*o* da) libero professionista: ~ ***tätig sein*** essere un libero professionista. **Frei|be|ruf|li|che** m. e f. *(-n,-n)* libero professionista *m.* (libera professionista *f.*).

Frei|be|trag m. *(-[e]s,-beträge)* importo *m.* esente (da imposta).

Frei|beu|ter m. *(-s,-)* pirata *m.*; FIG. SPREG. filibustiere *m.*, pirata *m.* **Frei|beu|te|rei** f. *(-)* pirateria *f.* (anche FIG.). **frei|beu|te|risch** agg. piratesco; FIG. SPREG. senza scrupoli. **Frei|bier** n. *(-s)* birra *f.* gratuita. **frei|blei|bend** agg. COMM. non impegnativo, senza impegno. **Frei|bord** m. *(-[e]s,-e)* MAR. opera *f.* morta. **Frei|brief** m. *(-[e]s,-e)* **1** STOR. lettera *f.* di privilegio **2** *(Erlaubnis)* autorizzazione *f.*, permesso *m.*: ***einen ~ für etw. haben*** avere una speciale autorizzazione per fare qcs. ◆ ***jdm einen ~ geben, ausstellen*** dare carta bianca a qcn.

Frei|burg n.pr.n. Friburgo *f.* **Frei|bur|ger** m. *(-s,-)* abitante *m.* di Friburgo.

Frei|de|mo|krat m. *(-en,-en)* liberal-democratico *m.* **frei|de|mo|kra|tisch** agg. liberal-democratico, del partito liberaldemocratico.

Frei|den|ker m. *(-s,-)* libero pensatore *m.* **frei|den|ke|risch** agg. di, da libero pensatore. **Frei|den|ker|tum** n. *(-s)* libero pensiero *m.*

1.Freie m. e f. *(-n,-n)* STOR. uomo *m.* libero.

2.Freie n. *(-n)* aperto *m.*, aria *f.* libera: ***im -n*** all'aperto; ***ins ~ gehen, treten*** uscire all'aperto.

frei|en I tr. sposare **II** intr. (aus. *haben*) ***um ein Mädchen ~*** chiedere in sposa una ragazza. **Frei|er** m. *(-s,-)* **1** ANT. SCHERZ. pretendente *m.* **2** EUFEM. *(Kunde)* cliente *m.* (di prostituta). **Frei|ers|fü|ße** pl. SCHERZ. ***auf -n gehen, wandeln*** = cercare moglie. **Frei|ers|mann** m. *(-[e]s,-leute)* ANT. → **Freier.**

Frei|exem|plar n. *(-[e]s,-e)* copia *f.* gratuita, (in) omaggio. **Frei|fahr|kar|te** f. *(-,-n)* biglietto *m.* gratuito. **Frei|fahrt** f. *(-,-en)* viaggio *m.* gratuito. **Frei|frau** f. *(-,-en)* baronessa *f.* **Frei|fräu|lein** n. *(-s,-)* baronessina *f.* **Frei|ga|be** f. *(-,-n)* **1** liberazione *f.*, rilascio *m.* **2a** sblocco *m.*, svincolo *m.*: ***die ~ der Waren*** lo svincolo delle merci; ***die ~ der Mieten*** lo sblocco degli affitti; ECON. ***die ~ der Zinsen*** la liberalizzazione dei tassi **b** *(Aufhebung der Beschlagnahme)* dissequestro *m.*, derequisizione *f.*; il rendere pubblico. **Frei|gän|ger** m. *(-s,-)* detenuto *m.* in (regime di) semilibertà.

frei_ge|ben tr. *(gibt, gab, gegeben)* **1** liberare, lasciare libero: ***eine Geisel ~*** liberare un ostaggio; ***seine Frau gibt ihn nicht frei*** sua moglie non lo lascia libero **2** *(Sperre aufheben)* sbloccare, svincolare; *(beschlagnahmtes Gut)* derequisire **3** liberalizzare: ***die Drogen ~*** liberalizzare le droghe **4** *(Straßen, Plätze)* aprire: ***für den Verkehr ~*** aprire al traffico **5a** approvare, autorizzare: ***ein Projekt ~*** approvare un progetto **b** ***ein Flugzeug zum Start, zur Landung ~*** autorizzare un aereo al decollo, all'atterraggio **6** *(Urlaub geben)* ***jdm einen Tag ~*** dare a qcn. un giorno libero; *(in der Schule)* ***eine Woche ~*** dare una settimana di vacanza ◆ ***etw. für die Öffentlichkeit ~*** rendere pubblico qcs.; ***etw. zum Verkauf ~*** permettere la vendita di qcs. **frei|ge|big** agg. generoso: ~ ***gegenüber jdm sein*** essere generoso con qcn.; ***mit etw. ~ sein*** essere generoso di qcs. **Frei|ge|big|keit** f. *(-)* generosità *f.*

Frei|ge|he|ge n. *(-s,-)* area *f.* recintata (per animali).

Frei|geist m. *(-[e]s,-er)* → **Freidenker. Frei|geis|te|rei** f. *(-)* → **Freidenkertum. frei|geis|tig** agg. → **freidenkerisch.**

Frei|ge|län|de n. *(-s,-)* spazio *m.* aperto, area *f.* all'aperto. **Frei|ge|las|se|ne** m. e f. *(-n,-n)* STOR. liberto *m.* (-a *f.*). **Frei|ge|päck** n. *(-[e]s)* bagaglio *m.* in franchigia: ***zulässiges ~*** bagaglio ammesso.

Frei|ge|richt n. *(-[e]s,-e)* fema *f.* **Frei|graf** m. *(-en,-en)* presidente *m.* della fema. **Frei|gren|ze** f. *(-,-n)* limite *m.* di esenzione (fiscale). **Frei|gut** n. *(-[e]s,-güter)* **1** merce *f.* in franchigia **2** STOR. allodio *m.* **frei_ha|ben** tr. COLLOQ. essere in vacanza, avere il giorno libero, dei giorni liberi. **Frei|ha|fen** m. *(-s,-häfen)* porto *m.* franco. **frei_hal|ten** tr. *(hält, hielt, gehalten)* tenere, lasciare libero: ***Einfahrt ~*** lasciare libero il passaggio; ***jdm, für jdn einen Platz ~*** tenere (libero) un posto per qcn. ◆ ***die Tischrunde ~*** = pagare per la tavolata. **Frei|hand|bib|li|o|thek, Frei|hand|bü|che|rei** f. *(-,-en)* biblioteca *f.* a consultazione libera. **Frei|han|del** m. *(-s)* libero scambio *m.*, liberismo *m.* **Frei|han|dels|zo|ne** f. *(-,-n)* zona *f.* di libero scambio. **frei|hän|dig** agg. **1** a mano libera: ~ ***zeichnen*** disegnare a mano libera **2** BUROCR. privato: ***-er Verkauf*** vendita a trattativa privata; ***-e Vergabe*** licitazione privata ◆ ~ ***Rad fahren*** andare in bicicletta senza mani. **Frei|hand|zeich|nen** n. *(-s)* disegno *m.* a mano libera.

Frei|heit f. *(-,-en)* **1** libertà *f.*: ***persönliche, bürgerliche ~*** libertà individuale, civile; ~ ***der Rede*** libertà di parola; ~ ***der Religionsausübung*** libertà religiosa, di culto; ***dichterische ~*** licenza poetica; ***seine ~ bewahren, verlieren, wiedererlangen*** salvaguardare, perdere, riacquistare la propria libertà; ***jdm die ~ schenken, entziehen*** restituire la libertà a qcn., privare qcn. della libertà; ***jdn der ~ berauben*** privare qcn. della libertà; ***jdn in ~ setzen*** mettere qcn. in libertà, liberare qcn.; ***etw. in (voller) ~ entscheiden*** decidere qcs. in (piena) libertà; ***sich (D) die ~ nehmen, etw. zu tun*** prendersi la libertà di fare qcs.; DIR. ~ ***unter Polizeiaufsicht*** libertà vigilata **2a** *(Vorrecht)* diritto *m.* **b** *(Privileg)* privilegio *m.*: ***-en genießen*** godere di privilegi ◆ ***sich (gegen jdn) -en erlauben, (heraus)nehmen*** prendersi delle libertà (con qcn.); DIR. ~ ***der Meere*** libertà dei mari; ***die ~ des Willens*** il libero arbitrio. **frei|heit|lich** agg. liberale. **Frei|heits|be|griff** m. *(-[e]s,-e)* concetto *m.* di libertà. **Frei|heits|be|rau|bung** f. *(-,-en)* privazione *f.* della libertà personale. **Frei|heits|be|schrän|kung** f. *(-,-en)* restrizione *f.*, limitazione *f.* della libertà. **Frei|heits|drang** m. *(-[e]s)* desiderio *m.*, brama *f.* di libertà. **Frei|heits|ent|zie|hung** f. *(-,-en)* DIR. privazione *f.* della libertà. **Frei|heits|ent|zug** m. *(-[e]s,-entzüge)* DIR. detenzione *f.*: ***jdn zu sechs Monaten ~ verurteilen*** condannare qcn. a sei mesi di detenzione. **frei|heits|feind|lich, frei|heits|ge|fähr|dend** agg. che minaccia la libertà. **Frei|heits|grad** m. *(-[e]s,-e)* FIS. grado *m.* di libertà. **Frei|heits|kampf** m. *(-[e]s,-kämpfe)* lotta *f.* per la libertà. **Frei|heits|kämp|fer** m. *(-s,-)* chi lotta per la libertà; LETT. campione *m.* della libertà. **Frei|heits|krieg** m. *(-[e]s,-e)* guerra *f.* d'indipendenza (*o* di liberazione). **frei|heits|lie|bend** agg. amante della libertà. **Frei|heits|stra|fe** f. *(-,-n)* DIR. pena *f.* detentiva: ***lebenslängliche ~*** ergastolo. **Frei|heits|sta|tue** f. *(-,-n)* statua *f.* della libertà.

frei|he|raus avv. liberamente; *(aufrichtig)* francamente, con franchezza: ***etw. ~ bekennen*** riconoscere qcs. con franchezza.

Frei|herr m. *(-n,-en)* barone *m.* **frei|herr|lich** agg. baronale.

Frei|kar|te f. *(-,-n)* biglietto *m.* gratuito. **frei_kau|fen I** tr. riscattare **II** rifl. ***sich ~*** riscattarsi; FIG. ***sich von einer Schuld ~*** riscattarsi da una colpa. **Frei|kir|che** f. *(-,-n)* RELIG. chiesa *f.* libera. **frei_kom|men** intr. *(kam, gekommen;* aus. *sein)* **1** liberarsi **2** *(befreit werden)* essere liberato. **Frei|kör|per|kul|tur** f. *(-)* nudismo *m.* **Frei|korps** n. *(-,-)* STOR. MIL. corpo *m.* di volontari, corpo *m.* franco. **Frei|la|de|bahn|hof** m. *(-[e]s,-höfe)* stazione *f.* merci. **Frei|land** n. *(-[e]s)* coltura *f.* in pieno campo. **Frei|land|ge|mü|se** n. *(-s,-)* verdura *f.* non di serra. **frei_las|sen** tr. *(lässt, ließ, gelassen)* mettere in libertà, rilasciare: ***jdn gegen Kaution ~*** rilasciare qcn. su cauzione. **Frei|las|sung** f. *(-,-en)* rilascio *m.*, liberazione *f.*: ***vorläufige ~*** libertà provvisoria; ~ ***gegen Kaution*** rilascio su cauzione.

Frei|lauf m. *(-[e]s,-läufe)* MECC. ruota *f.* libera. **Frei|lauf|brem|se** f. *(-,-n)* MECC. contropedale *m.* **frei_lau|fen** rifl. *(läuft, lief, gelaufen)* ***sich ~*** SPORT liberarsi (correndo), smarcarsi. **Frei|lauf|na|be** f. *(-,-n)* TECN. mozzo *m.* a scatto libero.

frei_le|gen tr. **1** *(bloßlegen)* scoprire, mettere a nudo, allo scoperto **2** *(aufdecken)* portare alla luce; *(ausgraben)* dissotterrare. **Frei|le|gung** f. *(-,-en)* **1** scoprimento *m.* **2** *(Ausgrabung)* dissotterramento *m.* **Frei|lei|tung** f. *(-,-en)* EL. linea *f.* aerea.

frei|lich avv. **1** *(jedoch)* ma, però: ***er hat den Zug noch bekommen, ~ im letzten Moment*** riuscì ancora a prendere il treno, ma all'ultimo momento **2** *(zwar)* certo, sì: ***man muss ~ bedenken, dass...*** certo bisogna considerare che... **3** REGION. *(bejahend)* certo, naturalmente: ***ja ~!*** sì, certo!

Frei|licht|büh|ne f. *(-,-n)* → **Freilichttheater. Frei|licht|ki|no** n. *(-s,-s)* cinema *m.* all'aperto. **Frei|licht|ma|le|rei** f. *(-,-en)* pittura *f.* en plein air. **Frei|licht|mu|se|um** n. *(-s,-museen)* INTRAD. (museo etnografico all'aperto con ricostruzione di abitazioni tipiche). **Frei|licht|the|a|ter** n. *(-s,-)* teatro *m.* all'aperto.

Frei|los n. *(-es,-e)* **1** biglietto *m.* di lotteria gratuito **2** SPORT passaggio *m.* di turno per sorteggio.

Frei|luft|kul|tur f. *(-)* naturismo *m.* **Frei|luft|schu|le** f. *(-,-n)* scuola *f.* all'aperto.

frei_ma|chen **I** tr. **1** *(frankieren)* affrancare **2** scoprire, spogliare: ***machen Sie den Oberkörper frei für die Röntgenaufnahme!*** si scopra il torace per la radiografia! **3** *(Zoll zahlen)* sdoganare **II** intr. (aus. *haben*) non lavorare: ***morgen machen wir frei*** domani non lavoriamo **III** rifl. **sich ~** **1** *(sich dienstfreie Zeit nehmen)* liberarsi **2** scoprirsi, spogliarsi: ***machen Sie sich für die Untersuchung frei!*** si spogli per la visita! **Frei|ma|chung** f. *(-,-en)* affrancatura *f.*

Frei|mar|ke f. *(-,-n)* francobollo *m.*

Frei|mau|rer m. *(-s,-)* massone *m.* **Frei|mau|re|rei** f. *(-)* massoneria *f.* **frei|mau|re|risch** agg. massonico. **Frei|mau|rer|lo|ge** [-ˈloʒə] f. *(-,-n)* loggia *f.* massonica.

Frei|mut m. *(-s)* franchezza *f.*, schiettezza *f.* **frei|mü|tig** agg. franco, schietto. **Frei|mü|tig|keit** f. *(-)* → **Freimut.**

frei_neh|men tr. + rifl. prender(si) una vacanza: ***sich (D) einen Tag ~*** prendersi un giorno libero (*o* di libertà).

Frei|pass m. *(-es,-pässe)* **1** pass *m.* **2** *(Schutzbrief)* salvacondotto *m.* **Frei|platz** m. *(-es,-plätze)* posto *m.* gratuito. **frei|prak|ti|zie|rend** agg. che lavora in proprio. **frei_pres|sen** tr. liberare dietro (*o* in seguito a un) ricatto. **Frei|raum** m. *(-[e]s,-räume)* PSIC. SOCIOL. spazio *m.*: ***jdm den ~ nehmen*** togliere spazio a qcn. **frei|re|li|gi|ös** agg. aconfessionale. **Frei|sass** *(-en,-en)*, **Frei|sas|se** m. *(-n,-n)* STOR. contadino *m.* libero. **frei|schaf|fend** agg. che lavora in proprio: ***ein -er Architekt*** un architetto che lavora in proprio, libero professionista. **Frei|schaf|fen|de** m. e f. *(-n,-n)* libero professionista *m.* (libera professionista *f.*). **Frei|schar** f. *(-,-en)* corpo *m.* di volontari. **Frei|schär|ler** m. *(-s,-)* **1** *(Freiwilliger)* volontario *m* **2** STOR. partigiano *m.* **frei_schau|feln** **I** tr. sgomberare (*o* liberare) spalando **II** rifl. **sich ~** liberarsi spalando. **frei_schie|ßen** *(schoss, geschossen)* **I** tr. ***jdn ~*** aprire la strada a qcn. sparando **II** rifl. **sich ~** farsi strada sparando. **Frei|schlag** m. *(-[e]s,-schläge)* SPORT tiro *m.* libero. **frei_schlep|pen** tr. disincagliare. **Frei|schütz** m. *(-en,-en)*, **Frei|schüt|ze** m. *(-n,-n)* franco tiratore *m.* **frei_schwim|men** rifl. *(schwamm, geschwommen)* **sich ~** **1** = superare il primo esame di nuoto **2** FIG. *(selbständig werden)* rendersi autonomo, indipendente. **Frei|schwim|mer** m. *(-s,-)* **1** = chi ha superato il primo esame di nuoto **2** COLLOQ. patentino *m.* (del primo esame) di nuoto: ***den ~ machen*** prendere il primo patentino di nuoto. **frei_set|zen** tr. **1** FIS. CHIM. MED. liberare: ***Energie ~*** liberare energia **2a** *(bereitstellen)* ***Arbeitskräfte für neue Aufgaben ~*** rendere il personale disponibile (*o* libero) per nuovi incarichi **b** EUFEM. = licenziare. **Frei|sinn** m. *(-[e]s)* ANT. spirito *m.* libero. **frei|sin|nig** agg. ANT. liberale. **frei_spie|len** tr. SPORT smarcare.

frei_spre|chen tr. *(spricht, sprach, gesprochen)* **1** DIR. assolvere, prosciogliere (anche FIG.): ***jdn von der Anklage des Verrats ~*** assolvere qcn. dall'accusa di tradimento; ***von Überheblichkeit kann man ihn nicht ~*** dalla superbia non lo si può assolvere **2** *(von Lehrlingen)* = dichiarare idoneo alla libera professione. **frei|spre|chend** p.pres. agg. **1** → **freisprechen** **2** assolutorio: ***-es Urteil*** sentenza assolutoria (*o* di assoluzione). **Frei|spre|chung** f. *(-,-en)*, **Frei|spruch** m. *(-[e]s,-sprüche)* assoluzione *f.*, proscioglimento *m.* ◆ ***auf ~ erkennen*** riconoscere innocente.

Frei|staat m. *(-[e]s,-en)* ANT. libero stato *m.*, repubblica *f.* **Frei|statt**, **Frei|stät|te** f. *(-,-stätten)* LETT. asilo *m.*, rifugio *m.*

frei_ste|hen intr. *(stand, gestanden;* aus. *haben)* essere libero: ***es steht jdm frei, etw. zu tun*** qcn. è libero di fare qcs. (*o* sta a qcn. decidere se fare qcs.); ***es steht ihm frei, zu bleiben*** è libero di restare; *(leer sein)* ***die Wohnungen stehen frei*** gli appartamenti sono liberi; SPORT ***der Spieler steht frei*** il giocatore è libero. **frei|ste|hend** p.pres. agg. **1** → **freistehen** **2** libero: ***-e Wohnungen*** appartamenti liberi; ***ein -er Spieler*** un giocatore libero.

Frei|stel|le f. *(-,-n)* posto *m.* gratuito. **frei_stel|len** tr. **1** ***jdm ~, etw. zu tun*** lasciare a qcn. la scelta di fare qcs., lasciare qcn. libero di fare qcs. **2** esonerare: ***jdn vom Dienst ~*** esonerare qcn. dal servizio. **Frei|stel|lung** f. *(-,-en)* esenzione *f.*

Frei|stem|pel m. *(-s,-)* affrancatura *f.* a timbro. **Frei|stemp|ler** m. *(-s,-)* (macchina *f.*) affrancatrice *f.* **Frei|stil** m. *(-s)* **1** → **Freistilschwimmen** **2** → **Freistilringen.** **Frei|stil|rin|gen** n. *(-s)* SPORT lotta *f.* libera. **Frei|stil|schwim|men** n. *(-s)* SPORT stile *m.* libero. **Frei|stoß** m. *(-es,-stöße)* SPORT calcio *m.* di punizione: ***direkter, indirekter ~*** calcio di punizione diretto, a due; ***einen ~ ausführen*** battere un calcio di punizione. **Frei|stück** n. *(-[e]s,-e)* → **Freiexemplar.** **Frei|stun|de** f. *(-,-n)* ora *f.* libera.

Frei|tag m. *(-[e]s,-e)* venerdì *m.*: ***am ~ gehe ich ins Kino*** venerdì andrò al cinema; *(freitags)* di venerdì (*o* il venerdì) vado al cinema; ***eines -s*** un venerdì; ***jeden ~*** ogni venerdì ◆ ***der Stille ~*** Venerdì Santo. **Frei|tag|abend** m. *(-s,-e)* venerdì *m.* sera, sera *f.* di (*o* del) venerdì. **frei|tag|abends** avv. il venerdì sera. **Frei|tag|mor|gen** m. *(-s,-)* venerdì *m.* mattina, mattina *f.* di (*o* del) venerdì. **frei|tags** avv. il venerdì, di venerdì; ***~ abends*** il venerdì sera.

Frei|te f. *(-,-n)* ANT. ***auf die ~ gehen*** = cercar moglie.

Frei|tisch m. *(-[e]s,-e)* ANT. mensa *f.* gratuita. **Frei|tod** m. *(-[e]s,-e)* EUFEM. libera morte *f.*, suicidio *m.*: ***den ~ wählen*** scegliere la libera morte. **frei|tra|gend** agg. portante. **Frei|trep|pe** f. *(-,-n)* ARCH. scalinata *f.* (*o* scala *f.*) esterna. **Frei|übung** f. *(-,-en)* SPORT esercizio *m.* a corpo libero. **Frei|um|schlag** m. *(-[e]s,-umschläge)* busta *f.* (pre)affrancata. **Frei|wa|che** f. *(-,-n)* MAR. franchigia *f.* **frei|weg** avv. COLLOQ. senz'altro, senza esitare. **Frei|wild** n. *(-[e]s)* FIG. = persona *f.* indifesa.

frei|wil|lig **I** agg. volontario, spontaneo: ***-er Dienst*** servizio volontario **II** avv. volontariamente, spontaneamente: ***er hat sich ~ gemeldet*** si è presentato spontaneamente. **Frei|wil|li|ge** m. e f. *(-n,-n)* volontario *m.* (-a *f.*). **Frei|wil|lig|keit** f. *(-)* libera volontà *f.*

Frei|wurf m. *(-[e]s,-würfe)* SPORT tiro *m.* libero. **Frei|zei|chen** n. *(-s,-)* TEL. segnale *m.* di libero.

Frei|zeit f. *(-)* **1** tempo *m.* libero **2** *(Zusammenkunft)* incontro *m.*, meeting *m.* **Frei|zeit|an|zug** m. *(-[e]s,-anzüge)* abito *m.* per il tempo libero. **Frei|zeit|be|klei|dung** f. *(-,-en)* → **Freizeitkleidung.** **Frei|zeit|be|schäf|ti|gung** f. *(-,-en)* attività *f.* del tempo libero, hobby *m.* **Frei|zeit|ge|stal|tung** f. *(-,-en)* impiego *m.* del tempo libero. **Frei|zeit|in|dust|rie** f. *(-,-n)* industria *f.* del tempo libero. **Frei|zeit|klei|dung** f. *(-,-en)* abbigliamento *m.* per il tempo libero. **Frei|zeit|wert** m. *(-[e]s)*, ***einen hohen ~ haben*** offrire molte possibilità per il tempo libero. **Frei|zeit|zent|rum** n. *(-s,-zentren)* centro *m.* ricreativo.

frei|zü|gig **I** agg. **1a** *(von freien Moralbegriffen)* libero **b** spinto: ***ein Film, reich an -en Szenen*** un film con molte scene spinte **c** succinto: ***-e Kleidung*** abbigliamento succinto **2** *(großzügig)* generoso **3** girovago: ***das -e Leben der Artisten*** la vita girovaga degli artisti **II** avv. ***~ leben*** vivere in modo libero, liberamente. **Frei|zü|gig|keit** f. *(-,-en)* **1** *(Großzügigkeit)* generosità *f.* **2** disinvoltura *f.*: ***seine ~ im Umgang mit Frauen*** la sua disinvoltura nel rapporto con le donne **3** DIR. libertà *f.* di circolazione, di movimento.

fremd agg. **1** straniero: ***-e Länder*** paesi stranieri **2** *(nicht eigen)* altrui: ***-er Besitz*** proprietà altrui; ***-e Angelegenheiten*** faccende altrui **3** estraneo: ***das Problem ist mir ~*** il problema mi è estraneo **4** *(unbekannt)* sconosciuto, ignoto: ***eine -e Umgebung*** un ambiente sconosciuto **5** *(ungewohnt)* inconsueto: ***das ist ein -er Zug an ihm*** è un tratto inconsueto per lui (*o* del suo carattere) ◆ ***in -e Hände gelangen, kommen*** cadere in mani estranee; ***ich bin hier ~*** non sono di qui (*o* del posto); ***unter -em Namen*** sotto falso nome, in incognito; ***der Name ist mir ~*** il nome mi è nuovo; ***das ist nicht für -e Ohren bestimmt*** (ciò) non deve essere udito da (orecchi) estranei; ***für -e Rechnung*** per conto terzi; ***einander ~ werden*** diventare estranei l'un l'altro, estraniarsi. **Fremd|ar|bei|ter** m. *(-s,-)* ANT. lavoratore *m.* straniero. **fremd|ar|tig** agg. insolito, strano. **Fremd|ar|tig|keit** f. *(-,-en)* **1** estraneità *f.* **2** *(Merkwürdigkeit)* stranezza *f.* **Fremd|be|sitz** m. *(-es,-e)* DIR. possesso *m.* di terzi. **Fremd|be|stäu|bung** f. *(-,-en)* BOT. allogamia *f.* **Fremd|be|stim|mung** f. *(-,-en)* POL. SOCIOL. dipendenza *f.* **fremd|be|stimmt** agg. dipendente; *(bedingt)* condizionato.

1.Frem|de m. e f. *(-n,-n)* **1** straniero *m.* (-a *f.*), forestiero (-a *f.*) **2** *(Unbekannte)* sconosciuto *m.* (-a *f.*), estraneo *m.* (-a *f.*).

2.Frem|de f. *(-)* LETT. paese *m.* straniero, estero: ***in die ~ ziehen*** lasciare la patria; ***in der ~ leben*** vivere all'estero.

Fremd|ein|wir|kung f. *(-,-en)* agente *m.* di disturbo esterno. **frem|deln** intr. (aus. *haben*) = essere timido di fronte a estranei. **Frem|den|bett** n. *(-[e]s,-en)* letto *m.* (per ospiti). **Frem|den|feind|lich|keit** f. *(-)* xenofobia *f.* **Frem|den|füh|rer** m. *(-s,-)* guida *f.* (turistica), cicerone *m.* **Frem|den|füh|re|rin** f. *(-,-nen)* guida *f.* turistica, cicerone *m.* **Frem|den|hass** m. *(-es)* → **Fremdenfeindlichkeit.** **Frem|den|heim** n. *(-[e]s,-e)* → **Fremdenpension.** **Frem|den|le|gi|on** f. *(-)* legione *f.* straniera. **Frem|den|le|gi|o|när** m. *(-s,-e)* soldato *m.* della legione straniera, legionario *m.* **Frem|den|pass** m. *(-es,-pässe)* passaporto *m.* per stranieri. **Frem|den|pen|si|on** f. *(-,-en)* pensione *f.* **Frem|den|po|li|zei** f. *(-,-en)* ufficio *m.* stranieri (della questura). **Frem|den|ver|kehr** m. *(-s)* turismo *m.*: ***vom ~ leben*** vivere di turismo, con i proventi del turismo. **Frem|den|ver|kehrs|amt** m. *(-[e]s,-ämter)* ufficio *m.* per il, del turismo

◆ *örtliches* ~ pro loco. **Frem|den|zim|mer** n. *(-s,-)* **1** camera *f.* degli (*o* per gli) ospiti **2** *(im Hotel)* camera *f.* **Fremd|fi|nan|zie|rung** f. *(-,-en)* finanziamento *m.* passivo, esterno. **fremd_ge|hen** intr. *(ging, gegangen;* aus. *sein)* andare con un'altra, con un altro. **Fremd|heit** f. *(-,-en)* estraneità *f.* **Fremd|herr|schaft** f. *(-,-en)* POL. dominazione *f.* straniera (*o* dominio *m.* straniero). **Fremd|ka|pi|tal** n. *(-s,-e* e AUSTR. *-ien)* capitale *m.* altrui (*o* di terzi), capitale *m.* di prestito. **Fremd|kör|per** m. *(-s,-)* **1** MED. BIOL. corpo *m.* estraneo **2** FIG. intruso. **Fremd|kre|dit** m. *(-s,-e)* credito *m.* da terzi. **fremd|län|disch** agg. straniero, esotico. **Fremd|ling** m. *(-s,-e)* LETT. forestiero *m.* **Fremd|mit|tel** pl. mezzi *m.pl.* altrui (*o* di terzi).

Fremd|spra|che f. *(-,-n)* lingua *f.* straniera ◆ ***Deutsch als ~*** tedesco per stranieri. **Fremd|spra|chen|kor|res|pon|den|tin** f. *(-,-nen)* corrispondente *f.* in lingue estere. **Fremd|spra|chen|un|ter|richt** m. *(-[e]s)* insegnamento *m.* delle lingue straniere. **fremd|spra|chig** agg. **1** *(eine fremde Sprache sprechend)* di lingua straniera, LING. alloglotto: ***die -en Minderheiten des Landes*** le minoranze alloglotte (*o* linguistiche) del paese **2a** *(bezogen auf Bücher, Unterricht)* in lingua straniera: ***-er Unterricht*** insegnamento in lingua straniera **b** straniero: ***-e Literatur*** letteratura straniera. **fremd|sprach|lich** agg. di lingua straniera, delle lingue straniere: ***ein -es Buch*** un libro su una lingua straniera.

fremd|stäm|mig agg. di origine straniera, allogeno. **Fremd|stäm|mig|keit** f. *(-,-en)* origine *f.* straniera. **Fremd|stoff** m. *(-[e]s,-e)* **1** MED. allergene *m.* **2** *(Zusatzstoff)* additivo *m.* **Fremd|tü|me|lei** f. *(-,-en)* SPREG. mania *f.* esterofila, esteromania *f.* **Fremd|ver|schul|den** n. *(-s)* colpa *f.* altrui. **Fremd|wäh|rung** f. *(-,-en)* valuta *f.* estera. **Fremd|wort** n. *(-[e]s,-wörter)* parola *f.* straniera, forestierismo *m.* ◆ ***das ist für ihn ein ~*** non sa neanche che cosa sia. **Fremd|wör|ter|buch** n. *(-[e]s,-bücher)* vocabolario *m.* delle parole straniere (*o* dei forestierismi).

fre|ne|tisch agg. frenetico, appassionato, caloroso: ***ein -er Beifall*** un applauso frenetico.

fre|quent agg. frequente. **Fre|quen|tant** m. *(-en,-en)* ANT. frequentatore *m.* **Fre|quen|ta|ti|on** f. *(-,-en)* ANT. frequentazione *f.* **fre|quen|tie|ren** tr. LETT. frequentare.

Fre|quenz f. *(-,-en)* **1** EL. FIS. MED. frequenza *f.* **2** *(Zustrom)* affluenza *f.*: ***die ~ des Konzertes*** l'affluenza al concerto ◆ ***Straße mit starker ~*** strada ad alta densità di circolazione. **Fre|quenz|be|reich** m. *(-[e]s,-e)* gamma *f.* di frequenze. **Fre|quenz|mes|ser** m. *(-s,-)* frequenzi(o)metro *m.* **Fre|quenz|mo|du|la|ti|on, Fre|quenz|mo|du|lie|rung** f. *(-,-en)* modulazione *f.* di frequenza. **Fre|quenz|ska|la** f. *(-,-skalen)* scala *f.* delle frequenze. **Fre|quenz|um|for|mer, Fre|quenz|wand|ler** m. *(-s,-)* convertitore *m.* di frequenza.

Fres|ke f. *(-,-n)* RAR., **Fres|ko** n. *(-s, Fresken)* affresco *m.* **Fres|ko|ma|le|rei** f. *(-,-en)* pittura *f.* a fresco.

Fres|sa|li|en pl. SCHERZ. pappatoria *f.*

Fres|se f. *(-,-n)* VOLG. **1** becco *m.*: ***(halt die) ~!*** chiudi il becco! **2** *(Gesicht)* muso *m.*, grugno *m.*: ***jdm die ~ polieren*** spaccare il muso a qcn.; ***jdm eins vor die ~ geben*** dare un pugno sul muso a qcn. ◆ ***die ~ weit aufreißen*** avere il becco lungo; FIG. ***auf die ~ fallen*** rompersi le corna; ***eine große ~ haben*** darsi delle arie.

fres|sen *(frisst, fraß, gefressen)* **I** tr. **1a** *(von Tieren)* mangiare; *(von Raubtieren)* divorare: ***aus der Hand ~*** mangiare dalla mano, prendere il cibo dalla mano; ***den Tieren zu ~ geben*** dare da mangiare agli animali; ***die Krippe leer ~*** vuotare la mangiatoia; SCHERZ. ***er frisst dich doch nicht!*** non ti mangia mica! **b** FIG. ***Kilometer ~*** divorare chilometri **2** COLLOQ. mangiare (smodatamente): ***er frisst für drei*** mangia per tre **3** FIG. divorare, distruggere: ***die Krankheit frisst seine Lungen*** la malattia gli divora i polmoni; ***die Revolution frisst ihre Kinder*** la rivoluzione divora i propri figli **4** *(verbrauchen)* consumare: ***der Wagen frisst viel Benzin*** il motore consuma, beve molto **II** intr. (aus. *haben*) *(langsam zerstören)* corrodere: ***der Rost frisst am Eisen*** la ruggine corrode il ferro; FIG. ***der Kummer frisst an ihrer Gesundheit*** le preoccupazioni logorano la sua salute **III** rifl. **sich** ~ ***der Rost frisst sich weiter*** la ruggine avanza; ***der Bohrer frisst sich durch das Holz*** il trapano penetra nel legno; ***die Motten ~ sich in die Wolle*** le tarme divorano la lana ◆ ***jdn arm ~*** mandare in rovina qcn. (campando alle sue spalle); ***er hat es gefressen!*** l'ha bevuta! *(verstehen)* ***jetzt hat er es endlich gefressen!*** finalmente l'ha capito! ***etw. in sich ~*** inghiottire qcs., rodersi dentro per qcs.; COLLOQ. ***sich satt ~*** mangiare a sazietà; ***sich voll ~*** rimpinzarsi, mangiare a crepapelle; ***jdn zum Fressen gern haben*** voler bene da morire a qcn.; ***das Kind ist zum Fressen niedlich*** il bambino è così grazioso che me lo mangerei; PROV. ***friss oder stirb!*** o mangiar questa minestra o saltar dalla finestra. **Fres|sen** n. *(-s)* **1** *(Futter)* pasto *m.*; cibo *m.* **2a** COLLOQ. *(Essen)* cibo *m.*, mangiare *m.* **b** *(Mahl)* pasto *m.* ◆ ***es ist ein gefundenes ~ für mich*** è una (vera) manna per me. **Fres|ser** m. *(-s,-)* **1** *(von Tieren)* mangiatore *m.*, divoratore *m.* **2** COLLOQ. SPREG. *(Vielfraß)* crapulone *m.*, mangione *m.* **Fres|se|rei** f. *(-,-en)* COLLOQ. SPREG. scorpacciata *f.*, mangiata *f.* **Fress|ge|la|ge** n. *(-s)* COLLOQ. pappatoria *f.* **Fress|gier** f. *(-)* ingordigia *f.*; voracità *f.* **fress|gie|rig** agg. ingordo, vorace. **Fress|korb** m. *(-[e]s,-körbe)* COLLOQ. cestino *m.*, paniere *m.* dei viveri, delle vivande ◆ ***jdm den ~ höher hängen*** tenere qcn. a corto di viveri (*o* soldi), a stecchetto. **Fress|napf** m. *(-[e]s,-näpfe)* ciotola *f.*, scodella *f.* **Fress|pa|ket** n. *(-s,-e)* COLLOQ. pacco *m.* viveri. **Fress|sack** m. *(-[e]s,-säcke)* COLLOQ. SPREG. crapulone *m.*, mangione *m.* **Fress|sucht** f. *(-)* fame *f.* insaziabile; MED. bulimia *f.* **Fress|trog** m. *(-s,-tröge)* mangiatoia *f.* **Fress|werk|zeu|ge** pl. ZOOL. apparato *m.* boccale. **Fress|zel|le** f. *(-,-n)* fagocito *m.*

Frett n. *(-[e]s,-e)*, **Frett|chen** n. *(-s,-)* furetto *m.*

fret|ten rifl. **sich** ~ REGION. COLLOQ. **1** escoriarsi **2** *(sich abmühen)* affaticarsi ◆ ***sich durchs Leben ~*** campare stentatamente. **fret|tie|ren** tr. VENAT. cacciare con il furetto.

Freu|de f. *(-,-n)* **1** gioia *f.*: ***außer sich vor ~ sein*** essere fuori di sé dalla gioia; ***eine tiefe, wahnsinnige ~*** una gioia profonda, matta (*o* pazzesca) **2** *(Genugtuung)* piacere *m.*: ***die ~ am Lesen*** il piacere di leggere; ***die ~ über deinen Besuch*** il piacere della tua visita; ***die -n der Liebe*** le gioie dell'amore; ***die kleinen -n des Daseins*** i piccoli piaceri della vita; ***~ an etw. finden*** trovare piacere in qcs. ◆ ***jdm (eine) ~ bereiten*** fare piacere, arrecare gioia a qcn.; ***es ist mir eine besondere ~*** è per me un vero piacere; ***das ist eine ~!*** che gioia! ***~ an etw. haben*** gioire, godere di qcs., essere contento di qcs.; ***seine helle ~ haben*** provare una gioia immensa; ***Freud und Leid*** gioie e dolori; ***jdm (eine) ~ machen*** → ***jdm (eine) ~ bereiten***; ***mit -n!*** con piacere! SCHERZ. ***das mache ich aus Spaß an der ~*** lo faccio perché mi piace, perché mi va; ***vor ~ an die Decke springen*** non stare più in sé dalla gioia, fare i salti di gioia; ***zu unserer größten ~*** con nostro sommo piacere. **freu|de|los** → **freudlos. Freu|de|lo|sig|keit** → **Freudlosigkeit. freu|den|arm** agg. LETT. infelice, sconsolato. **Freu|den|aus|bruch** m. *(-[e]s,-ausbrüche)* esplosione *f.* di gioia. **Freu|den|be|cher** m. *(-s,-)* LETT. calice *m.* del piacere. **Freu|den|bot|schaft** f. *(-,-en)* lieta notizia *f.* **Freu|den|ge|heul** n. *(-[e]s)* **Freu|den|ge|schrei** n. *(-[e]s)* grido *m.* di gioia. **Freu|den|haus** n. *(-es,-häuser)* casa *f.* di tolleranza. **freu|den|los** → **freudlos. Freu|den|mäd|chen** n. *(-s,-)* LETT. EUFEM. donna *f.* di piacere. **Freu|den|mahl** n. *(-[e]s,-mähler* e *-e)* convito *m.*, banchetto *m.* **Freu|den|rausch** m. *(-[e]s)* → **Freudentaumel. freu|den|reich** agg. LETT. lieto, felice: ***ein -es Ereignis*** un lieto evento. **Freu|den|ruf, Freu|den|schrei** m. *(-[e]s,-e)* grido *m.* di gioia. **Freu|den|sprung** m. *(-[e]s,-sprünge)* salto *m.* di gioia. **Freu|den|tag** m. *(-[e]s,-e)* giorno *m.* lieto. **Freu|den|tanz** m. *(-es,-tänze)* ***wilde, wahre Freudentänze aufführen, vollführen*** fare salti di gioia. **Freu|den|tau|mel** m. *(-s)* gioiosa ebbrezza *f.* ◆ ***in einen ~ geraten, verfallen*** essere fuori di sé dalla gioia. **Freu|den|trä|nen** pl. lacrime *f.pl.* di gioia. **freu|de|strah|lend** agg. e avv. raggiante di gioia. **freu|de|trun|ken** agg. e avv. LETT. ebbro di gioia.

Freu|di|a|ner m. *(-s,-)* freudiano *m.* **freu|di|a|nisch** agg. freudiano.

freu|dig **I** agg. lieto, gioioso: ***ein -es Ereignis*** un lieto evento **II** avv. gioiosamente, con gioia; ***~ überrascht sein*** essere piacevolmente sorpreso. **Freu|dig|keit** f. *(-,-en)* RAR. letizia *f.*, gioia *f.* **freud|los** agg. infelice, triste. **Freud|lo|sig|keit** f. *(-,-en)* infelicità *f.*

freu|en **I** rifl. ***sich (auf, über jdn, etw.) ~*** rallegrarsi, essere lieto, contento (di qcn., qcs.): ***ich freue mich sehr über dein Geschenk*** sono molto contento del tuo regalo; ***er freute sich (darüber), dass er den ersten Preis gewonnen hatte*** si rallegrò di aver vinto il primo premio; ***er freut sich auf den baldigen Besuch seines Bruders*** è contento per l'imminente visita di suo fratello: ***die Kinder ~ sich (darauf), dass sie nächste Woche in die Ferien fahren*** i bambini si rallegrano di andare in vacanza la prossima settimana; ***er freute sich wie ein Kind*** era contento come un bambino; ***sich an etw. (D) ~*** essere contento di qcs.; ***sich des schönen Wetters ~*** rallegrarsi per il bel tempo **II** tr. **1** ***jdn ~*** rallegrare qcn., fare piacere a qcn.: ***dein Besuch hat mich gefreut*** la tua visita mi ha fatto piacere **2** impers. ***es freut mich, dass...*** mi fa piacere, che...; ***es hat mich sehr gefreut!*** è stato un piacere! ◆ ***sie freut sich an ihrer Arbeit*** le piace il suo lavoro, il suo lavoro le dà gioia; ***sich seines Lebens ~*** godersi la vita; ***freut mich sehr*** piacere, molto lieto; COLLOQ. ***sich ~ wie ein Schneekönig*** essere contento come una pasqua.

Freund m. *(-[e]s,-e)* **1** amico *m.*: ***mein bester ~*** il mio miglior amico; ***jdn zum ~ haben, besitzen*** avere qcn. per amico; ***jdn zum ~ ge-***

winnen farsi amico qcn., diventare amico di qcn.; ***unter -en sein*** essere tra amici; ***-e werden*** diventare amici; ***mit jdm gut ~ sein*** essere un buon amico di qcn.; ***gemeinsame -e*** amici comuni; ***naher ~*** amico intimo; ***in jdm einen ~ finden*** trovare un amico in qcn. **2** *(Partner)* ragazzo *m.*; *(Bekannter)* amico *m.*: ***einen festen ~ haben*** avere un ragazzo fisso; ***sie hat einen neuen ~*** ha un nuovo amico **3** FIG. *(Liebhaber)* amante *m.*: ***(k)ein ~ von etw. sein*** (non) essere amante di qcs. ◆ ***wie geht's alter ~!*** come va, vecchio mio! ***dicke -e*** amici per la pelle; ***~ und Feind*** = chiunque; EUFEM. ***~ Hein*** la morte; COLLOQ. IRON. ***du bist mir ein schöner ~!*** sei un bell'amico! che razza d'amico sei! ***kein ~ von (vielen) Worten sein*** essere di poche parole; PROV. ***-e in der Not gehen hundert auf ein Lot*** gli amici si riconoscono nel momento del bisogno.

Freund|chen n. *(-s,-)* SCHERZ. ***warte nur, (mein) ~*** aspetta un attimo (*o* calma), caro mio!

Freun|des|kreis m. *(-es,-e)* cerchia *f.* di amici. **Freun|din** f. *(-,-nen)* **1** amica *f.* **2** *(Partnerin)* ragazza *f.*; *(Bekannte)* amica *f.*

freund|lich I agg. **1** amichevole; *(liebenswürdig)* gentile, cortese, affabile: ***zu jdm, gegen jdn ~ sein*** essere gentile verso, con qcn.; ***wären Sie so ~,...*** sarebbe così gentile... **2** *(angenehm)* piacevole, gradevole: ***-es Klima*** un clima gradevole; *(vom Wetter)* sereno **3** *(anmutig)* ridente, ameno: ***ein -es Städtchen*** una ridente, simpatica cittadina **II** avv. gentilmente, cortesemente ◆ ***jdm ~ gesinnt sein*** essere ben disposto verso qcn.; ***mit -en Grüßen*** cordiali saluti; ***bitte recht ~!*** sorridere prego! ***wie ~ von Ihnen!*** troppo gentile da parte Sua! **freund|li|cher|wei|se** avv. cortesemente, gentilmente. **Freund|lich|keit** f. *(-,-en)* **1** gentilezza *f.*, cortesia *f.*, affabilità *f.*: ***jdn mit ~ empfangen*** ricevere qcn. con gentilezza **2** *(Gefallen)* cortesia *f.*, favore *m.*, gentilezza *f.*: ***jdm eine ~ erweisen*** fare un favore a qcn.; ***hätten Sie die ~...*** vuol essere così gentile..., sia così gentile..., per cortesia... **3** *(Annehmlichkeit)* gradevolezza *f.*, piacevolezza *f.*: ***die ~ der Umgebung*** la piacevolezza dell'ambiente.

freund|nach|bar|lich avv. da buon vicino, di buon vicinato: ***~ mit jdm verbunden sein*** avere con qcn. rapporti di buon vicinato.

Freund|schaft f. *(-,-en)* **1** amicizia *f.*: ***mit jdm ~ schließen*** stringere amicizia con qcn.; ***eine ~ vertiefen*** approfondire un'amicizia; ***jdm in ~ verbunden sein*** essere legato a qcn. da amicizia; ***eine dicke, feste, unverbrüchliche ~*** un'amicizia stretta, salda, indissolubile; ***die ~ unter Beweis stellen*** mettere a prova l'amicizia; ***etw. aus ~ tun*** fare qcs. per amicizia; ***~ unter Völkern, zwischen Nachbarn*** amicizia tra i popoli, fra vicini di casa **2** *(Freunde)* amici *m.pl.*, amicizie *f.pl.*: ***seine ganze ~*** tutti i suoi amici ◆ ***in aller ~*** in tutta amicizia, sincerità; ***mit jdm ~ auf Leben und Tod schließen*** diventare amico per la pelle di qcn. **freund|schaft|lich I** agg. amichevole **II** avv. amichevolmente, in modo amichevole ◆ ***jdm ~ verbunden sein*** essere legato a qcn. da rapporti (*o* vincoli) d'amicizia. **Freund|schaft|lich|keit** f. *(-)* amichevolezza *f.* **Freund|schafts|ban|de** pl. LETT. legami *m.pl.* d'amicizia: ***~ knüpfen*** stringere legami d'amicizia. **Freund|schafts|be|weis** m. *(-es,-e)* prova *f.* d'amicizia: ***jdm einen ~ geben, erweisen*** dare prova d'amicizia a qcn. **Freund|schafts|be|zei|gung** f. *(-,-n)* attestazione *f.* di amicizia. **Freund|schafts|bund** m. *(-[e]s,-bünde)* legame *m.* di amicizia. **Freund|schafts|dienst** m. *(-[e]s,-e)* aiuto *m.*, servizio *m.* da amico: ***jdm einen ~ erweisen*** rendere a qcn. un servizio da amico. **Freund|schafts|preis** m. *(-es,-e)* prezzo *m.* da amico. **Freund|schafts|spiel** n. *(-[e]s,-e)* SPORT partita *f.* amichevole. **Freund|schafts|ver|trag** m. *(-[e]s,-verträge)* POL. patto *m.*, trattato *m.* d'amicizia.

fre|vel agg. LETT. ANT. empio. **Fre|vel** m. *(-s,-)* LETT. empietà *f.*, nefandezza *f.*; *(Sakrileg)* sacrilegio *m.*: ***einen ~ begehen*** commettere una nefandezza. **fre|vel|haft** agg. LETT. empio; *(schändlich)* infame; *(verbrecherisch)* delittuoso. **Fre|vel|haf|tig|keit** f. *(-,-en)* LETT. empietà *f.* **Fre|vel|mut** m. *(-[e]s)* ANT. **1** empietà *f.* **2** *(Tollkühnheit)* temerarietà *f.* **fre|veln** intr. (aus. *haben*) LETT. **1** commettere un'empietà: ***gegen die Gesetze ~*** violare, trasgredire le leggi; ***gegen jdn, etw., an jdm, etw. ~*** commettere un'empietà contro qcn., qcs. **2** *(sündigen)* peccare. **fre|vent|lich** agg. ANT. → **frevelhaft. Frev|ler** m. *(-s,-)* LETT. **1** empio *m.* **2** *(Gotteslästerer)* sacrilego *m.*, empio *m.* **frev|le|risch** agg. → **frevelhaft.**

Frey|ja n.pr.f. Freia *f.*

Frhr. ⇒ *Freiherr* barone.

Fri|aul n.pr.n. *(-s)* Friuli *m.* **Fri|au|ler** m. *(-s,-)* friulano *m.*

fri|de|ri|zi|a|nisch agg. STOR. fridericiano, federiciano.

Frie|da n.pr.f. Frida *f.*

Frie|de m. *(-ns,-n)* ANT. → **Frieden** ◆ ***~ zu Utrecht*** la pace di Utrecht; ***der Westfälische ~*** la pace di Westfalia.

Frie|den m. *(-s,-)* **1a** pace *f.*: ***~ schließen*** concludere la pace; ***~ stiften*** metter pace; ***den ~ unterzeichnen, brechen*** firmare, violare la pace; ***einen ehrenvollen ~ aushandeln*** concordare una pace onorevole **b** *(Friedenszeit)* ***es herrscht ~*** regna la pace, è un periodo di pace; ***im ~*** in pace **2** *(Ruhe)* pace *f.*, quiete *f.*: ***der häusliche, eheliche ~*** la pace domestica, coniugale; ***keinen ~ finden, geben*** non trovare, non dare pace ◆ EUFEM. ***zum ewigen ~ eingehen*** raggiungere la pace eterna; ***~ halten*** stare buono, tranquillo; ***jdn (mit etw.) in ~ lassen*** lasciare qcn. in pace (con qcs.); ***seinen ~ mit jdm machen*** fare (la) pace con qcn.; ***in Ruhe und ~ leben*** vivere in pace e in armonia; RELIG. ***RUHE in ~!*** riposi in pace! RELIG. ***~ sei mit euch!*** la pace sia con voi! FIG. ***dem ~ nicht trauen*** = essere scettico; ***um des lieben -s Willen*** per amor di pace; PROV. ***Friede(n) ernährt, Unfriede(n) verzehrt*** la pace nutre, la discordia consuma. **Frie|dens|be|din|gung** f. *(-,-en)* condizione *f.* di pace. **Frie|dens|be|we|gung** f. *(-,-en)* movimento *m.* pacifista (*o* per la pace). **Frie|dens|bruch** m. *(-[e]s,-brüche)* violazione *f.* della pace. **Frie|dens|de|monst|ra|ti|on** f. *(-,-en)* dimostrazione *f.* pacifista, manifestazione *f.* per la pace. **Frie|dens|dik|tat** n. *(-[e]s,-e)* pace *f.* imposta (a dure condizioni). **Frie|dens|fah|ne** f. *(-,-n)* bandiera *f.* bianca. **Frie|dens|fürst** m. *(-en)* BIBL. principe *m.* della pace, Gesù *m.* Cristo. **frie|dens|ge|fähr|dend** agg. che minaccia (*o* compromette) la pace. **Frie|dens|hand** f. *(-)* ***die ~ ausstrecken, jdm die ~ reichen*** fare un gesto di pace, offrire la pace a qcn. **Frie|dens|heer** n. *(-[e]s,-e)* esercito *m.* permanente (in tempo di pace). **Frie|dens|ini|ti|a|ti|ve** f. *(-,-n)* **1** iniziativa *f.* di pace **2** → **Friedensbewegung. Frie|dens|kon|fe|renz** f. *(-,-en)* conferenza *f.* per la pace. **Frie|dens|kurs** m. *(-es)* via *f.* politica in favore della pace. **Frie|dens|kuss** m. *(-es,-küsse)* RELIG. bacio *m.* della pace. **Frie|dens|lie|be** f. *(-)* pacifismo *m.*, amore *m.* della pace. **Frie|dens|mis|si|on** f. *(-,-en)* missione *f.* di pace. **Frie|dens|no|bel|preis** m. *(-es,-e)* premio *m.* Nobel (*o* nobel *m.*) per la pace. **Frie|dens|pfei|fe** f. *(-)* calumet *m.* della pace ◆ COLLOQ. ***(mit jdm) die ~ rauchen*** fumare (con qcn.) il calumet della pace. **Frie|dens|pflicht** f. *(-)* divieto *m.* di lotta (nel diritto del lavoro). **Frie|dens|po|li|tik** f. *(-)* politica *f.* di pace. **Frie|dens|rich|ter** m. *(-s,-)* giudice *m.* di pace. **Frie|dens|schluss** m. *(-es,-schlüsse)* conclusione *f.* della pace. **Frie|dens|stif|ter** m. *(-s,-)* paciere *m.* **Frie|dens|tau|be** f. *(-)* colomba *f.* della pace. **Frie|dens|ver|hand|lun|gen** pl. trattative *f.pl.* di pace, negoziati *m.pl.* per la pace: ***~ führen*** condurre trattative di pace; ***in ~ eintreten*** intavolare negoziati per la pace. **Frie|dens|ver|trag** m. *(-[e]s,-verträge)* trattato *m.* di pace. **Frie|dens|zei|chen** n. *(-s,-)* segno *m.* di pace. **Frie|dens|zeit** f. *(-,-en)* periodo *m.* di pace: ***in -en*** in tempi di pace.

Frie|de|ri|ke n.pr.f. Federica *f.*

frie|de|voll → **friedvoll. fried|fer|tig** agg. pacifico. **Fried|fer|tig|keit** f. *(-)* carattere *m.* pacifico, natura *f.* pacifica.

Fried|hof m. *(-[e]s,-höfe)* cimitero *m.*, camposanto *m.*: ***auf den ~ gehen*** andare al cimitero; ***auf dem ~ liegen*** giacere al camposanto. **Fried|hofs|ka|pel|le** f. *(-,-n)* cappella *f.* del camposanto. **Fried|hofs|ru|he** f. *(-)* **1** pace *f.* cimiteriale **2** FIG. mortorio *m.* **Fried|hofs|spar|gel** m. *(-s,-)* SCHERZ. **1** *(schlechte Zigarre)* = sigaro *m.* cattivo **2** *(Zigarette)* = sigaretta *f.*

fried|lich I agg. **1** pacifico: ***etw. auf -em Weg lösen*** risolvere qcs. seguendo una via pacifica **2a** *(ruhig)* pacifico, pacioso, tranquillo: ***ein -er Mensch*** una persona pacifica **b** placido, quieto, pieno di pace: ***ein -er Anblick*** una scena piena di pace **II** avv. **1** pacificamente, in modo pacifico **2a** *(versöhnlich)* in pace, tranquillamente **b** *(ruhig)* placidamente, quietamente ◆ EUFEM. ***~ einschlafen*** addormentarsi, morire in pace. **Fried|lich|keit** f. *(-)* natura *f.* pacifica, tranquillità *f.* **fried|lie|bend** agg. amante della pace. **fried|los** agg. **1** irrequieto, turbolento **2** STOR. *(vogelfrei)* proscritto, messo al bando. **Fried|lo|sig|keit** f. *(-)* inquietudine *f.*; assenza *f.* di pace.

Fried|rich n.pr.m. Federico *m.* ◆ ***~ der Große*** Federico il Grande. **Fried|richs|dor** m. *(-s,-e)* NUMISM. federico *m.*

fried|sam agg. e avv. → **friedlich. Fried|sam|keit** f. *(-)* → **Friedlichkeit. fried|voll** agg. ricco di pace interiore, sereno.

frie|ren *(fror, gefroren)* **I** intr. **1** (aus. *haben*) avere freddo: ***an den Händen, Füßen ~*** avere freddo alle mani, ai piedi; ***die Füße ~ mir*** ho freddo ai piedi **2** *(von der Temperatur;* aus. *haben)* gelare: ***heute Nacht hat es gefroren*** questa notte è gelato **3** *(zu Eis werden, sich mit Eis bedecken;* aus. *sein)* (con)gelarsi: ***die Fensterscheiben sind gefroren*** i vetri sono gelati **II** tr. impers. ***es friert mich*** ho freddo; ***mich friert an den Fingern*** ho freddo alle dita, ho le dita gelate ◆ COLLOQ. ***es friert Stein und Bein*** fa un freddo cane; COLLOQ. ***~ wie ein Schneider*** avere un freddo cane. **Frie|ren** n. *(-s)* **1** sensazione *f.* di freddo **2** *(Einfrieren)* congelamento *m.* **frie|rend** p.pres. agg. **1** → **frieren 2** infreddolito.

1.Fries m. *(-es,-e)* ARCH. fregio *m.*
2.Fries m. *(-es,-e)* → **1.Friese.**
1.Frie|se f. *(-,-n)* TESS. rascia *f.*
2.Frie|se m. *(-n,-n)* frisone *m.*
Frie|sel m. e n. *(-s,-n),* **Frie|sel|fie|ber** n. *(-s)* febbre *f.* miliare.
Frie|sin f. *(-,-nen)* frisona *f.* **frie|sisch** agg. frisone, frisio ◆ ***-e Pferde*** cavalli di Frisia. **Fries|land** n.pr.n. *(-[e]s)* Frisia *f.* **Fries|län|der** m. *(-s,-)* frisone *m.* **fries|län|disch** agg. → **friesisch.**
fri|gid, fri|gi|de agg. frigido. **Fri|gi|di|tät** f. *(-)* frigidità *f.*
Fri|ka|del|le f. *(-,-n)* polpetta *f.* (di carne). **Fri|kas|see** n. *(-s,-s)* fricassea *f.* ◆ SCHERZ. ***aus jdm ~ machen*** far polpette di qcn. **fri|kas|sie|ren** tr. *(Fleisch)* preparare per la fricassea.
fri|ka|tiv agg. LING. fricativo. **Fri|ka|tiv|laut** m. *(-[e]s,-e)* LING. (consonante *f.*) fricativa *f.*
Frik|ti|on f. *(-,-en)* **1** TECN. ECON. frizione *f.*, attrito *m.* **2** MED. frizione *f.* **Frik|ti|ons|in|stru|ment** n. *(-[e]s,-e)* MUS. strumento *m.* a frizione. **Frik|ti|ons|kupp|lung** f. *(-,-en)* TECN. frizione *f.*
Fris|bee® ['frɪzbɪ] n. frisbee *m.*: ***~ spielen*** giocare a frisbee.
frisch I agg. **1a** fresco: ***-e Milch, -er Fisch*** latte, pesce fresco; *(unverbraucht)* ***-e Luft*** aria fresca (*o* buona); *(kühl)* ***ein -er Wind*** un vento fresco (*o* freddo); FIG. ***-e Erinnerungen*** ricordi freschi **b** *(eben getan)* fresco, recente: ***eine -e Wunde, ein -er Fleck*** una ferita fresca, una macchia recente **c** *(gesund)* ***eine -e Gesichtsfarbe*** un colorito fresco, roseo **2a** *(erneuert)* fresco, nuovo: ***-er Nachschub, -e Truppen*** rifornimento fresco, truppe fresche **b** *(sauber)* pulito: ***-e Wäsche*** biancheria pulita (*o* fresca di bucato) **3** COLLOQ. *(ungebraucht)* nuovo: ***ein -es Taschentuch*** un fazzoletto nuovo **II** avv. di fresco, di recente, appena: COLLOQ. SCHERZ. ***~ gebacken*** di prima nomina, neoeletto; ***~ gebackenes Brot*** pane fresco; ***ein ~ gebackener Ehemann, Doktor*** uno sposino novello, uno fresco di laurea (*o* un neolaureato); ***~ gefallener Schnee*** neve fresca, caduta di recente; ***Vorsicht, ~ gestrichen!*** attenzione, vernice fresca! ◆ ***das Bett ~ beziehen*** cambiare le lenzuola, mettere le lenzuola pulite; ***etw. ~ halten*** tenere qcs. al fresco (*o* in fresco); ***sich ~ machen*** rinfrescarsi; COLLOQ. ***~ und munter sein*** essere vivo e vegeto, in piena forma; ***-en Mut fassen*** prendere di nuovo coraggio; ***mit -em Mut*** con rinnovato coraggio; ***jdn auf -er Tat ertappen*** cogliere qcn. sul fatto (*o* in flagrante); PROV. ***~ gewagt ist halb gewonnen*** chi ben comincia è a metà dell'opera.
frisch|auf avv. avanti, su, via. **frisch|ba|cken** agg. fresco, appena sfornato: ***-es Brot*** pane fresco. **Frisch|blut** n. *(-[e]s)* MED. sangue *m.* fresco. **Fri|sche** f. *(-)* **1** freschezza *f.*: ***die ~ ihres Gesichts*** la freschezza del suo viso **2** *(Rüstigkeit)* vigore *m.*: ***in körperlicher und geistiger ~*** nel (pieno) vigore fisico e spirituale **3** *(Lebhaftigkeit)* vivacità *f.*: ***die ~ der Farben*** la vivacità dei colori **4** *(Kühle)* frescura *f.*, fresco *m.* ◆ COLLOQ. ***(bis morgen) in alter ~!*** (a domani,) sempre in forma! **Frisch|ei** n. *(-[e]s,-er)* uovo *m.* fresco.
fri|schen I tr. METALL. affinare **II** intr. (aus. *haben*) VENAT. figliare.
Frisch|fisch m. *(-[e]s,-e)* pesce *m.* fresco. **Frisch|fleisch** n. *(-[e]s)* carne *f.* fresca. **frisch-fröh|lich** agg. allegro e contento. **Frisch|ge|mü|se** n. *(-s,-)* verdura *f.* fresca. **Frisch|ge|wicht** n. *(-[e]s)* peso *m.* netto all'origine.
Frisch|hal|te|beu|tel m. *(-s,-)* sacchetto *m.* (di plastica) per alimenti (a lunga conservazione). **Frisch|hal|te|pa|ckung** f. *(-,-en)* imballaggio *m.* per alimenti a lunga conservazione; ***in ~*** sigillato. **Frisch|hal|tung** f. *(-)* conservazione *f.*
Frisch|kä|se m. *(-s,-)* formaggio *m.* fresco. **Frisch|kost** f. *(-)* **1** alimentazione *f.* a base di frutta e verdura fresche **2** *(Speisen)* cibi *m.pl.* (*o* piatti *m.pl.*) a base di frutta o verdura fresca. **Frisch|ling** m. *(-s,-e)* **1** VENAT. cinghialetto *m.* **2** SCHERZ. nuovo *m.*, novellino *m.*: ***er ist noch ein ~ in der Branche*** è nuovo del, nel ramo. **Frisch|luft** f. *(-)* aria *f.* fresca. **Frisch|milch** f. *(-)* latte *m.* fresco. **Frisch|was|ser** n. *(-s)* **1** acqua *f.* fresca **2** MAR. acqua *f.* dolce. **frisch|weg** avv. risolutamente, senza imbarazzo.
Frisch|zel|le f. *(-,-n)* cellula *f.* viva. **Frisch|zel|len|be|hand|lung** f. *(-,-en),* **Frisch|zel|len|the|ra|pie** f. *(-,-n)* trattamento *m.*, terapia *f.* con (trapianto di) cellule vive.
Fri|seur [fri'zøːɐ] m. *(-s,-e)* parrucchiere *m.*; *(für Männer)* barbiere *m.* **Fri|seur|hand|werk** n. *(-[e]s)* acconciatura *f.* **Fri|seu|rin** f. *(-,-nen)* → **Friseuse. Fri|seur|sa|lon** m. *(-s,-s)* salone *m.* da parrucchiere. **Fri|seu|se** [fri'zøːzə] f. *(-,-n)* parrucchiera *f.*
fri|sie|ren I tr. **1** pettinare, acconciare **2** FIG. COLLOQ. camuffare, truccare: ***ein Ergebnis, die Bilanz ~*** truccare un risultato, ritoccare il bilancio; ***das Motorrad ~*** truccare la moto **II** rifl. **sich ~** pettinarsi, acconciarsi. **Fri|sier|kom|mo|de** f. *(-,-n)* ANT. → **Frisiertoilette. Fri|sier|man|tel** m. *(-s,-mäntel)* → **Frisierumhang. Fri|sier|sa|lon** m. *(-s,-s)* → **Friseursalon. Fri|sier|toi|let|te** f. *(-,-n)* toeletta *f.* **Fri|sier|um|hang** m. *(-[e]s,-umhänge)* mantellina *f.* da toeletta.
Fri|sör m. *(-s,-e)* → **Friseur. Fri|sö|se** f. *(-,-n)* → **Friseuse.**
frisst → **fressen.**
Frist f. *(-,-en)* **1** termine *m.* (di tempo): ***die ~ ist abgelaufen*** il termine è scaduto; ***eine ~ einhalten, setzen, überschreiten*** osservare, fissare, oltrepassare un termine; ***innerhalb einer ~ von drei Tagen*** entro (un termine di) tre giorni; ***innerhalb kürzester ~*** al più presto **2** *(Aufschub)* proroga *f.*, dilazione *f.*: ***eine weitere Woche ~ erhalten*** ottenere un'ulteriore settimana di proroga **3** *(Zeitpunkt)* tempo *m.* (determinato), momento *m.*: ***zu jeder ~*** in ogni momento; ***auf ~*** a tempo determinato; ***auf kurze ~*** per breve tempo. **Frist|ab|lauf** m. *(-[e]s,-abläufe)* scadenza *f.* **fris|ten** tr. RAR. prolungare, prorogare ◆ ***sein Leben, Dasein ~*** campare, tirare avanti. **Fris|ten|lö|sung, Fris|ten|re|ge|lung** f. *(-,-en)* = norma legislativa sulla non punibilità dell'aborto volontario entro i primi tre mesi di gravidanza. **frist|ge|mäß, frist|ge|recht** avv. entro i termini stabiliti, tempestivamente. **frist|los** avv. senza preavviso, in tronco: ***jdn ~ kündigen*** licenziare qcn. senza preavviso. **Frist|über|schrei|tung** f. *(-,-en)* superamento *m.* del termine. **Fris|tung** f. *(-,-en)* proroga *f.*, dilazione *f.* **Frist|wech|sel** m. *(-s,-)* cambiale *f.* a scadenza fissa.
Fri|sur f. *(-,-en)* **1** pettinatura *f.*, acconciatura *f.* **2** FIG. il truccare.
Frit|ta|te f. *(-,-n)* frittata *f.* **Frit|te** f. *(-,-n)* TECN. fritta *f.* **frit|ten** intr. (aus. *haben*) **1** TECN. agglomerarsi **2** REGION. → **frittieren. Frit|teu|se** [fri'tøzə] f. *(-,-n)* friggitrice *f.* **frit|tie|ren** tr. friggere. **Frit|tü|re** f. *(-,-n)* **1** *(Fett)* grasso *m.* per friggere **2** *(Speise)* frittura *f.* **3** → **Fritteuse.**
fri|vol agg. **1** frivolo, futile **2** *(schlüpfrig)* indecente, sconveniente. **Fri|vo|li|tät** f. *(-,-en)* **1** frivolezza *f.*, futilità *f.* **2** *(schlüpfrige Äußerung)* scurrilità *f.*, sconcezza *f.* **3** SART. chiacchierino *m.*
Frl. ⇒ *Fräulein* signorina (sig.na).
froh I agg. **1** allegro, contento: ***über, um etw. ~ sein*** essere contento di qcs.; ***-en Mutes sein*** essere di buon umore **2** *(erfreulich)* lieto, buono: ***eine -e Nachricht*** una buona notizia **II** avv. ***~ gelaunt*** allegro, gaio; ***~ gestimmt*** di buon umore ◆ ***seines Lebens nicht mehr ~ werden*** non provare più gioia per la vita, non avere più voglia di vivere; ***Frohe Ostern, Weihnachten!*** Buona Pasqua, Buon Natale! **Froh|bot|schaft** f. *(-)* RELIG. lieta novella *f.* **froh|ge|mut** agg. sereno, lieto, gaio. **Froh|heit** f. *(-)* ANT. letizia *f.*, allegrezza *f.*
fröh|lich I agg. **1** *(von Freude erfüllt)* gioioso, felice, lieto **2** allegro, gaio: ***eine -e Runde*** una cerchia allegra **II** avv. FIG. COLLOQ. allegramente. **Fröh|lich|keit** f. *(-)* **1** gioia *f.*, letizia *f.* **2** *(Lustigkeit)* allegria *f.*
froh|lo|cken intr. (aus. *haben*) LETT. **1** trionfare: ***zu früh ~*** cantar troppo presto vittoria **2** *(jauchzen)* esultare, giubilare: ***über etw. ~*** esultare per qcs. **3** ANT. *(lobpreisen)* glorificare: ***dem Herrn ~*** glorificare il Signore.
Froh|mut m. *(-[e]s)* serenità *f.*, lietezza *f.*, gaiezza *f.* **froh|mü|tig** agg. lieto, sereno, gaio. **Froh|na|tur** f. *(-,-en)* carattere *m.* allegro, LETT. indole *f.* gaia. **Froh|sinn** m. *(-[e]s)* serenità *f.*, gioiosità *f.*, lietezza *f.* **froh|sin|nig** agg. sereno, gioioso, lieto.
fromm agg. (compar. *frommer/frömmer*, superl. *frommst.../frömmst...*) **1** pio, devoto: ***eine -e Seele*** un'anima pia; ***ein -es Leben führen*** condurre una vita pia; ***ein -er Wunsch*** un pio desiderio; ***eine -e Lüge*** una bugia pietosa **2** *(scheinheilig)* ipocrita **3** ANT. *(tüchtig)* buono, bravo **4** *(von Tieren)* docile, mansueto: ***~ wie ein Lamm sein*** essere mansueto come un agnello.
1.From|me m. e f. *(-n,-n)* pio *m.* (-a *f.*).
2.From|me, ANT. ***zu jds Nutz und -n*** per il bene di qcn.
Fröm|me|lei f. *(-,-en)* bigotteria *f.* **fröm|meln** intr. (aus. *haben*) SPREG. fare il bigotto. **fröm|melnd** p.pres. agg. **1** → **frömmeln 2** bigotto.
from|men tr. impers. ANT. ***es frommt*** giova: ***was frommt es dir?*** a che ti serve? **Fromm|heit** f. *(-)* ANT., **Fröm|mig|keit** f. *(-)* devozione *f.* **Frömm|ler** m. *(-s,-)* bigotto *m.*, baciapile *m.* **Frömm|le|rei** → **Frömmelei. frömm|le|risch** agg. → **frömmelnd.**
Fron f. *(-)* **1** STOR. corvée *f.*: ***die Befreiung (der Bauern) von der ~*** la liberazione (dei contadini) dalla corvée **2** FIG. corvée *f.*, giogo *m.* **Fron|ar|beit** f. *(-,-en)* **1** STOR. corvée *f.* **2** SVIZZ. volontariato *m.*
1.Fron|de f. *(-,-n)* ANT. → **Fron.**
2.Fron|de ['frɔ̃:də] f. *(-,-n)* fronda *f.*, opposizione *f.*
fron|den intr. ANT. → **fronen.**
Fron|deur [frɔ̃'døːɐ] m. *(-s,-e)* frondista *m.*
Fron|dienst m. *(-[e]s,-e)* **1** → **Fron 2** SVIZZ. volontariato *m.*
fron|die|ren [frɔ̃'diːrən] intr. (aus. *haben*) fare la fronda.
fro|nen intr. (aus. *haben*) **1** STOR. fare la corvée **2** FIG. lavorare duramente.
frö|nen intr. (aus. *haben*) essere schiavo (*o* in balia) di: ***seinen Lei-***

denschaften ~ essere schiavo delle proprie passioni.
Fron|leich|nam m. *(-[e]s)* Corpus *m.* Domini. **Fron|leich|nams|fest** n. *(-[e]s,-e)* festa *f.* del Corpus Domini. **Fron|leich|nams|pro|zes|si|on** f. *(-,-en)* processione *f.* del Corpus Domini.
Front f. *(-,-en)* **1** *(von Gebäuden)* facciata *f.*: ***vordere, rückwärtige ~*** facciata anteriore, posteriore **2a** MIL. fronte *m.*, prima linea *f.*: ***an der ~*** al fronte; ***in vorderster ~*** in primissima linea; ***die ~ verläuft den Rhein entlang*** il fronte si snoda lungo il Reno; FIG. ***in ~ gehen*** mettersi in testa, in prima linea; ***auf breiter ~*** su un ampio fronte **b** POL. fronte *m.*, coalizione *f.*: ***die -en verhärten sich*** le posizioni si inaspriscono; ***die gegnerische ~*** il fronte dell'opposizione; ***geschlossene ~*** coalizione compatta, fronte unito **c** METEOR. fronte *m.*: ***eine ~ kalter Luftmassen*** un fronte di aria fredda **3** SPORT testa *f.*: ***in ~ gehen, liegen*** passare, essere in testa ◆ MIL. ***die ~ abschreiten*** passare in rivista le truppe; FIG. ***gegen jdn, etw. ~ machen*** opporsi, far resistenza a qcn., qcs.; FIG. ***klare -en schaffen, ziehen*** = mettere in chiaro le cose. **Front|ab|schnitt** m. *(-[e]s,-e)* MIL. POL. settore *m.* del fronte.
fron|tal I agg. frontale **II** avv. frontalmente: ***mit jdm ~ zusammenstoßen*** scontrarsi (frontalmente) con qcn. **Fron|tal|an|griff** m. *(-[e]s,-e)* attacco *m.* frontale. **Fron|ta|li|tät** f. *(-)* frontalità *f.* **Fron|tal|zu|sam|men|stoß** m. *(-es,-stöße)* scontro *m.*, collisione *f.* frontale.
Front|an|trieb m. *(-[e]s,-e)* trazione *f.* anteriore. **Front|be|gra|di|gung** f. *(-,-en)* MIL. allineamento *m.* (del fronte). **Front|be|richt** m. *(-[e]s,-e)* bollettino *m.* dal fronte. **Front|brei|te** f. *(-,-n)* **1** ampiezza *f.*, estensione *f.* del fronte **2** *(von Gebäuden)* larghezza *f.*, ampiezza *f.* della facciata. **Front|dienst** m. *(-[e]s,-e)*, **Front|ein|satz** m. *(-es,-einsätze)* MIL. servizio *m.* al fronte (*o* in prima linea). **Front|gie|bel** m. *(-s,-)* ARCH. frontone *m.*
Fron|tis|piz n. *(-es,-e)* frontespizio *m.*
Front|kämp|fer m. *(-s,-)* combattente *m.* di prima linea. **Front|la|der** m. *(-s,-)* **1** carrello *m.* elevatore **2** *(Waschmaschine)* lavatrice *f.* a carica anteriore. **Front|la|za|rett** n. *(-[e]s,-e)* MIL. ospedale *m.* da campo. **Front|li|nie** f. *(-,-n)* linea *f.* del fronte. **Front|mann** m. *(-es,-männer)* solista *m.* di un gruppo musicale. **Front|mo|tor** m. *(-s,-en)* motore *m.* anteriore. **Front|plat|te** f. *(-,-n)* frontalino *m.*: ***abnehmbare ~*** frontalino estraibile. **Front|schei|be** f. *(-,-n)* parabrezza *m.* **Front|schwein** m. *(-[e]s,-e)* GERG. → **Frontsoldat. Front|sei|te** f. *(-,-n)* facciata *f.*, fronte *m.* **Front|sol|dat** m. *(-en,-en)* soldato *m.* in prima linea. **Front|stel|lung** f. *(-,-en)* opposizione *f.* ferma, radicale. **Front|teil** n. *(-[e]s,-e)* → **Frontplatte. Front|ur|laub** m. *(-s,-e)* MIL. licenza *f.* dal fronte. **Front|ver|här|tung** f. *(-,-en)* irrigidimento *m.*, inasprimento *m.* delle posizioni. **Front|ver|lauf** m. *(-[e]s,-verläufe)* linea *f.* del fronte. **Front|wand** f. *(-,-wände)* facciata *f.*, parete *f.* frontale. **Front|wech|sel** m. *(-s,-)* POL. cambiamento *m.*, rovesciamento *m.* di fronte; *(Meinungsänderung)* cambiamento *m.* di opinione; SPREG. voltafaccia *m.*
Fron|vogt m. *(-[e]s,-vögte)* STOR. sorvegliante *m.* dei lavori di corvée.
fror → **frieren.**
Frosch m. *(-[e]s, Frösche)* **1** rana *f.*, ranocchio *m.*: ***der ~ quakt*** la rana gracida **2** *(Knallfrosch)* petardo *m.* **3** MUS. bietta *f.*, nasetto *m.* ◆ FIG. ***sich wie ein ~ aufblasen*** gonfiarsi come un pallone; ***einen ~ im Hals haben*** avere un rospo in gola, essere rauco; ***sei kein ~!*** non fare il guastafeste; *(zier dich nicht)* non fare lo smorfioso! **Frosch|au|ge** n. *(-s,-n)* **1** occhio *m.* della rana **2** FIG. ***-n haben*** avere occhi da rospo. **Frosch|biss** m. *(-es,-e)* BOT. morso *m.* di rana. **Frösch|chen** n. *(-s,-)* ranocchio *m.* **Frosch|ge|qua|ke** n. *(-s)* gracidio *m.* delle rane. **Frosch|laich** m. *(-[e]s,-e)* uovo *m.* di rana. **Frosch|lurch** m. *(-[e]s,-e)* ZOOL. anuro *m.* **Frosch|mann** m. *(-[e]s,-männer)* uomo *m.* rana. **Frosch|maul** n. *(-[e]s,-mäuler)* **1** bocca *f.* della rana **2** ARCH. abbaino *m.* (semicircolare) ◆ ***zieh doch kein ~!*** non fare il broncio! **Frosch-Mäu|se-Krieg** m. *(-[e]s)* batracomiomachia *f.* **Frosch|per|spek|ti|ve** f. *(-)* prospettiva *f.* dal basso, da sotto in su. **Frosch|schen|kel** m. *(-s,-)* coscia *f.* di rana. **Frosch|teich** m. *(-[e]s,-e)* stagno *m.*, pantano *m.* **Frosch|test** m. *(-[e]s,-s e -e)* MED. prova *f.* della rana.
Frost m. *(-[e]s, Fröste)* **1** gelo *m.*: ***der ~ steckt noch im Boden*** il terreno è ancora gelato **2** *(Frösteln)* brivido *m.*: ***von heftigem ~ geschüttelt werden*** essere scosso da violenti brividi (di freddo). **frost|an|fäl|lig** agg. sensibile al gelo. **Frost|an|fäl|lig|keit** f. *(-)* sensibilità *f.* al gelo. **Frost|auf|bruch** m. *(-[e]s,-aufbrüche)* spaccatura *f.* prodotta dal gelo. **frost|be|stän|dig** agg. resistente al gelo. **Frost|beu|le** f. *(-,-n)* **1** gelone *m.* **2** REGION. freddoloso *m.* **Frost|brand** m. *(-[e]s)* congelamento *m.* di terzo grado. **Frost|ein|bruch** m. *(-[e]s,-einbrüche)* gelata *f.*

frös|te|lig agg. **1** *(kalt)* gelido **2** freddoloso. **frös|teln** intr. (aus. *haben*) **1** aver freddo, gelare **2** impers. ***es fröstelt mich*** ho i brividi di freddo, rabbrividisco dal freddo. **Frös|teln** n. *(-s)* brividi *m.pl.* di freddo.
frost|emp|find|lich agg. sensibile al gelo. **Frost|emp|find|lich|keit** f. *(-)* sensibilità *f.* al gelo. **fros|ten** tr. **1** TECN. *(einfrieren)* congelare **2** RAR. *(frieren)* gelare. **Fros|ter** m. *(-s,-)* scomparto *m.* del ghiaccio. **frost|frei** agg. senza gelo. **Frost|ge|fahr** f. *(-,-en)* pericolo *m.* di gelo. **Frost|gren|ze** f. *(-,-n)* METEOR. ***~ bei 1000 Metern*** ghiaccio oltre i 1000 metri. **fros|tig I** agg. gelido, freddo, glaciale (anche FIG.) **II** avv. freddamente, gelidamente (anche FIG.): ***jdn ~ empfangen*** accogliere qcn. con freddezza. **Fros|tig|keit** f. *(-,-en)* freddezza *f.* (anche FIG.). **frost|kalt** agg. gelido. **frost|klar** agg. *(vom Himmel)* freddo e terso. **frost|klir|rend** agg. gelido, glaciale. **fröst|lig** agg. → **fröstelig. Frost|scha|den** m. *(-s,-schäden)* danno *m.* causato dal gelo. **Frost|schutz|mit|tel** m. *(-s,-)* anticongelante *m.*, antigelo *m.* **frost|si|cher** agg. resistente al gelo. **Frost|ver|wit|te|rung** f. *(-,-en)* GEOL. disgregazione *f.* da gelo. **Frost|wet|ter** n. *(-s,-)* tempo *m.* di gelo, gelo *m.*
Frot|té m. AUSTR., **Frot|tee** n. e m. *(-[s],-s)* spugna *f.*, tessuto *m.* di spugna. **Frot|tee|hand|schuh** → **Frottierhandschuh. Frot|tee|hand|tuch** n. *(-[e]s,-tücher)* COLLOQ. → **Frottierhandtuch. Frot|tee|kleid** n. *(-[e]s,-er)* abito *m.* in spugna. **Frot|tee|stoff** m. *(-[e]s,-e)* tessuto *m.* a spugna. **Frot|tee|tuch** n. *(-[e]s,-tücher)* COLLOQ. → **Frottierhandtuch. frot|tie|ren I** tr. strofinare, frizionare **II** rifl. **sich ~** asciugarsi (strofinandosi con l'asciugamano). **Frot|tie|ren** n. *(-s)* strofinamento *m.*, frizione *f.* **Frot|tier|ge|we|be** n. *(-s,-)* spugna *f.*, tessuto *m.* di spugna. **Frot|tier|hand|schuh** m. *(-s,-e)* **1** guanto *m.* per frizioni **2** guanto *m.* di spugna, manopola *f.* **Frot|tier|hand|tuch** n. *(-[e]s,-tücher)* asciugamano *m.* di spugna. **Frot|tier|man|tel** m. *(-s,-mäntel)* accappatoio *m.* di spugna. **Frot|tier|tuch** n. *(-[e]s,-tücher)* → **Frottierhandtuch.**
Frot|ze|lei f. *(-,-en)* punzecchiamento *m.*, punzecchiatura *f.* **frot|zeln I** tr. punzecchiare; *(spotten)* sfottere: ***jdn wegen etw. (D) ~*** punzecchiare qcn. su qcs. **II** intr. (aus. *haben*) scherzare: ***über jdn, etw. ~*** scherzare su qcn., qcs.
Frucht f. *(-, Früchte)* **1a** frutto *m.*: ***eine fleischige, saftige ~*** un frutto carnoso, succoso; ***Früchte tragen*** dare frutti; ***kandierte Früchte*** frutta candita **b** REGION. *(Getreide)* cereali *m.pl.*: ***die ~ steht gut*** il grano promette bene **2** FIG. *(Ergebnis)* frutto *m.*, risultato *m.*: ***die Früchte seiner Arbeit ernten*** raccogliere i frutti del proprio lavoro; ***reiche Früchte tragen*** dare, portare buoni frutti **3** *(Leibesfrucht)* feto *m.* **4** DIR. COMM. utile *m.*, profitto *m.* ◆ ***Früchte bringen*** fruttare; RELIG. ***die ~ ihres Leibes*** il frutto del suo seno; ANT. ***eine ~ der Liebe*** un figlio illegittimo; ***die verbotene ~*** il frutto proibito. **Frucht|an|satz** m. *(-es,-ansätze)* BOT. fruttificazione *f.* **frucht|bar** agg. **1** fruttifero, fertile: ***-e Erde, -er Boden*** terra, terreno fertile **2a** fecondo, prolifico **b** MED. ***die -en Tage*** i giorni fecondi **c** FIG. ***ein -er Dichter*** un poeta fecondo **3** *(erfolgreich)* fruttuoso: ***eine -e Diskussion, Forschung*** una discussione, una ricerca fruttuosa ◆ ***~ machen*** fecondare; *(vom Boden)* fertilizzare; ***nicht ~*** sterile. **Frucht|bar|keit** f. *(-)* fertilità *f.*, fecondità *f.* (anche FIG.). **Frucht|bar|keits|kult** m. *(-[e]s,-e)* culto *m.* della fertilità. **Frucht|baum** m. *(-[e]s,-bäume)* albero *m.* da frutto. **Frucht|be|cher** m. *(-s,-)* **1** coppa *f.* gelato con frutta **2** BOT. cupola *f.* **Frucht|bil|dung** f. *(-,-en)* BOT. fruttificazione *f.* **Frucht|bla|se** f. *(-,-n)* sacca *f.* delle acque, cavità *f.* amniotica, sacco *m.* amniotico. **Frucht|blatt** n. *(-[e]s,-blätter)* BOT. carpello *m.* **Frucht|bon|bon** m. e n. *(-s;-s)* caramella *f.* alla frutta. **frucht|brin|gend** agg. **1** fruttifero **2** FIG. *(nützlich)* fruttuoso, fecondo: ***eine -e Unterhaltung*** una conversazione fruttuosa. **Frücht|chen** n. *(-s,-)* **1** piccolo frutto *m.* **2** COLLOQ. SPREG. fannullone *m.*, buono *m.* a nulla: ***ein sauberes ~*** un bel tipo, tomo. **Früch|te|brot** n. *(-[e]s,-e)* INTRAD. (specie di panforte). **Frucht|ein|waa|ge** f. *(-,-n)* contenuto *m.* di frutta. **Frucht|eis** n. *(-es,-e)* gelato *m.* alla frutta.
fruch|ten intr. (aus. *haben*) giovare, servire; fruttare: ***deine Worte haben nichts gefruchtet*** le tue parole non sono servite a nulla.
früch|te|reich agg. → **fruchtreich. Frucht|er|trag** m. *(-[e]s,-erträge)* raccolto *m.* della frutta. **Frucht|fa|ser** f. *(-,-n)* fibra *f.* (vegetale) del frutto. **Frucht|fleisch** n. *(-es)* polpa *f.* del frutto, della frutta . **Frucht|flie|gen** pl. ENTOM. drosofilidi *m.pl.* **Frucht|fol|ge** f. *(-,-n)* AGR. rotazione *f.* delle colture. **Frucht|ge|häu|se** n. *(-s,-)* torsolo *m.* **Frucht|ge|lee** n. *(-s,-s)* gelatina *f.* di frutta. **Frucht|ge|schmack** m. *(-[e]s,-geschmäcke)* sapore *m.*, gusto *m.* alla frutta. **Frucht|händ|ler** m. *(-s,-)* commerciante *m.* di frutta; *(Obstverkäufer)* fruttivendolo *m.* **Frucht|holz** n. *(-es,-hölzer)* rami *m.pl.* fruttiferi. **Frucht|hül|le** f. *(-,-n)* **1** BIOL. amnio *m.* **2** BOT. pericarpo *m.* **fruch|tig I** agg. *(von Wein)* fruttato: ***eine -e Marme-***

lade una marmellata con sapore di frutta. **Frucht|jo|ghurt** m. e n. *(-s,-s)* yogurt *m.* alla frutta. **Frucht|kap|sel** f. *(-,-n)* BOT. capsula *f.* **Frucht|kno|ten** m. *(-s,-)* BOT. ovario *m.* **Frucht|korb** m. *(-[e]s, -körbe)* cestino *m.* di frutta.
Frücht|lein n. *(-s,-)* piccolo frutto *m.*, frutticello *m.*
frucht|los agg. **1** *(nutzlos)* infruttuoso: ***-e Bemühungen*** sforzi infruttuosi **2** RAR. *(unfruchtbar)* infruttifero, sterile. **Frucht|lo|sig|keit** f. *(-,-en)* infruttuosità *f.*: ***die ~ seiner Arbeit*** l'infruttuosità del suo lavoro.
Frucht|mark n. *(-s)* polpa *f.* di frutta. **Frucht|markt** m. *(-[e]s, -märkte)* mercato *m.* della frutta. **Frucht|pres|se** f. *(-,-n)* spremifrutta *m.* **frucht|reich** agg. ricco di frutti. **Frucht|saft** m. *(-[e]s,-säfte)* succo *m.* di frutta. **Frucht|saft|ge|tränk** n. *(-[e]s,-e)* bibita *f.* alla frutta. **Frucht|sa|lat** m. *(-[e]s,-e)* macedonia *f.* (di frutta). **Frucht|säu|re** f. *(-,-n)* CHIM. acido *m.* di frutto. **Frucht|sekt** m. *(-[e]s)* spumante *m.* alla frutta. **Frucht|stand** m. *(-[e]s, -stände)* infruttescenza *f.* **frucht|tra|gend** agg. fruttifero, da frutto: ***ein -er Baum*** un albero da frutto. **Frucht|was|ser** n. *(-s)* liquido *m.* amniotico. **Frucht|wech|sel** m. *(-s,-)*, **Frucht|wech|sel|wirt|schaft** f. *(-)* rotazione *f.* delle colture. **Frucht|wein** m. *(-[e]s,-e)* vino *m.* alla frutta. **Frucht|zu|cker** m. *(-s,-)* fruttosio *m.*, levulosio *m.*
Fruc|to|se f. *(-)* fruttosio *m.*
frug → **fragen.**
fru|gal I agg. frugale **II** avv. frugalmente, in modo frugale. **Fru|ga|li|tät** f. *(-)* frugalità *f.*
früh I agg. **1** mattutino: ***am -en Morgen*** di mattina presto **2a** primo: ***im -en Sommer*** al principio (*o* all'inizio) dell'estate; ***im -en Mittelalter*** nel primo medioevo **b** FIG. primo, giovane: ***der -e Heine*** il primo Heine; ***ein -es Gedicht*** una poesia giovanile **3** prematuro, precoce: ***ein -er Tod*** una morte prematura; ***ein -er Winter*** un inverno precoce **4** *(vom Obst)* primaticcio: ***-e Kirschen*** ciliege primaticce **II** avv. **1** di buon'ora, di buon mattino: ***heute, morgen ~*** stamattina, domani mattina presto; ***morgens ~*** di buon mattino; ***von ~ bis spät*** dalla mattina alla sera; ***von ~ auf*** dalla prima infanzia, fin da bambino **2a** presto: ***es ist noch ~ (am Tage, an der Zeit)*** è ancora presto; ***die Uhr geht 5 Minuten zu ~*** l'orologio va avanti di 5 minuti; ***Pfingsten fällt dieses Jahr ~*** quest'anno Pentecoste cade presto **b** per tempo, subito: ***etw. ~ erfahren*** venire a sapere qcs. per tempo **c** *(vorzeitig)* ***~ verstorben*** morto prematuramente; ***~ vollendet*** di talento precoce, precocemente perfetto ◆ ***~ übt sich, wer ein Meister werden will*** nessuno nasce maestro. **Früh** f. *(-)* REGION. → **Frühe** ◆ ***in der ~*** di mattina; FIG. *(Frühzeit)* agli albori, agli inizi. **Früh|ap|fel** m. *(-s,-äpfel)* mela *f.* primaticcia. **Früh|auf|ste|her** m. *(-s,-)* mattiniero *m.* **Früh|ba|rock** n. e m. *(-s)* primo barocco *m.* **Früh|beet** n. *(-[e]s,-e)* AGR. letto *m.* caldo. **Früh|be|ga|bung** f. *(-,-en)* talento *m.* precoce. **Früh|bri|se** f. *(-,-n)* brezza *f.* mattutina. **Früh|blü|her** m. *(-s,-)* = pianta con fioritura precoce. **Früh|chen** n. *(-s,-)* prematuro *m.* **früh|christ|lich** agg. paleocristiano. **Früh|diag|no|se** f. *(-,-n)* diagnosi *f.* precoce. **Früh|dienst** m. *(-[e]s,-e)* servizio *m.* mattutino, turno *m.* del mattino. **Früh|druck** m. *(-[e]s,-e)* incunabolo *m.* **Frü|he** f. *(-)* LETT. mattina *f.*, alba *f.*: ***in der ersten ~ des Lebens*** nei primi anni di vita ◆ ***in aller ~*** di buon'ora, al mattino presto. **Früh|ehe** f. *(-,-n)* matrimonio *m.* precoce.
frü|her (compar. di *früh*) **I** agg. **1** *(ehemalig)* precedente, di prima, ex: ***der -e Direktor*** l'ex direttore **2** *(vergangen)* di prima, passato, antico: ***in -en Zeiten*** in tempi antichi **II** avv. **1** prima: ***~ als du*** prima di te; ***~ oder später*** prima o poi, presto o tardi **2** prima, una volta: ***~ war er Lehrer*** una volta era insegnante; ***~, als er lehrte*** prima, quando insegnava; ***wir kennen uns von ~*** ci conosciamo già da prima.
Früh|er|ken|nung f. *(-,-en)* riconoscimento *m.* precoce.
frü|hest... agg. (superl. di *früh*) **1** primissimo, il primo: ***die -en Knospen*** le primissime gemme; ***mit dem -en Zug kommen*** venire col primo treno **2** il più lontano, il più remoto: ***in -en Zeiten*** nei tempi più remoti ◆ ***am -en*** più presto di tutti, prima di tutti. **frü|hes|tens** avv. al più presto. **frü|hest|mög|lich** avv. il più presto possibile, al più presto: ***geben Sie uns bitte einen -en Termin*** Vi preghiamo di fissare un appuntamento per il più presto possibile. **Früh|form** f. *(-)* SPORT buona forma *f.* iniziale. **Früh|ge|burt** f. *(-,-en)* **1** parto *m.* prematuro **2** *(Kind)* prematuro *m.* **Früh|ge|mü|se** n. *(-s,-)* primizie *f.pl.* **Früh|ge|schich|te** f. *(-)* protostoria *f.* **früh|ge|schicht|lich** agg. protostorico. **Früh|go|tik** f. *(-)* primo gotico *m.* **früh|go|tisch** agg. del primo gotico. **Früh|got|tes|dienst** m. *(-[e]s,-e)* LIT. prima funzione *f.*, messa *f.* mattutina. **Früh|gym|nas|tik** f. *(-)* ginnastica *f.* mattutina. **Früh|herbst** m. *(-[e]s,-e)* inizio *m.* dell'autunno.
früh|in|va|lid AUSTR., **früh|in|va|li|de** agg. precocemente invalido. **Früh|in|va|li|de** m. e f. *(-n,-n)* invalido *m.* (-a *f.*) precoce. **Früh|in|va|li|di|tät** f. *(-,-en)* invalidità *f.* precoce.
Früh|jahr n. *(-[e]s,-e)* primavera *f.* **früh|jahrs** avv. in, di primavera. **Früh|jahrs|an|fang** m. *(-[e]s,-anfänge)* inizio *m.* della primavera. **Früh|jahrs|be|stel|lung** f. *(-,-en)* coltivazione *f.* primaverile. **Früh|jahrs|kol|lek|ti|on** f. *(-,-en)* collezione *f.* primaverile (*o* primavera-estate). **Früh|jahrs|mü|dig|keit** f. *(-)* spossatezza *f.* primaverile. **Früh|jahrs|putz** m. *(-es)* pulizie *f.pl.* di primavera. **Früh|jahrs-Tag|und|nacht|glei|che** f. *(-,-n)* equinozio *m.* di primavera.
Früh|ka|pi|ta|lis|mus m. *(-)* primo capitalismo *m.*, capitalismo *m.* nascente. **früh|ka|pi|ta|lis|tisch** agg. del primo capitalismo.
Früh|kar|tof|fel f. *(-,-n)* patata *f.* novella. **früh|kind|lich** agg. della prima infanzia. **Früh|kon|zert** n. *(-[e]s,-e)* matinée *f.* (musicale). **Früh|kul|tur** f. *(-,-en)* civiltà *f.* arcaica. **Früh|licht** n. *(-[e]s)* LETT. prime luci *f.pl.* dell'alba.
Früh|ling m. *(-s,-e)* primavera *f.* (anche FIG.): ***der ~ kommt, es wird ~*** arriva la primavera; ***im ~*** in primavera; ***über den ~, den ~ über*** durante la primavera; ***im ~ seines Lebens stehen*** essere nella primavera della vita; ***einen neuen, seinen zweiten ~ erleben*** vivere la propria seconda primavera. **früh|lings** avv. in, di primavera. **Früh|lings|an|fang** m. *(-[e]s,-anfänge)* inizio *m.* della primavera: ***am 21. März ist ~*** il 21 marzo inizia la primavera. **Früh|lings|ge|fühl** n. *(-s,-e)* **1** = sentimento di leggerezza e ottimismo **2** ***-e haben, bekommen*** vivere una seconda primavera (innamorarsi in età matura). **früh|lings|haft** agg. primaverile. **Früh|lings|mo|nat** m. *(-[e]s,-e)* **1** LETT. *(März)* marzo *m.* **2** pl. mesi *m.pl.* di primavera. **Früh|lings|rol|le** f. *(-,-n)* GASTR. involtino *m.* primavera. **Früh|lings|tag** m. *(-[e]s,-e)* giorno *m.* di primavera. **Früh|lings|wet|ter** n. *(-s)* tempo *m.* primaverile.
Früh|mensch m. *(-en,-en)* uomo *m.* primordiale. **Früh|mes|se** f. *(-,-n)* LIT. messa *f.* prima. **Früh|mit|tel|al|ter** n. *(-s)* primo (*o* alto) medioevo *m.* **früh|mit|tel|hoch|deutsch** agg. FILOL. alto tedesco protomedio. **früh|mor|gens** avv. di buon mattino. **Früh|nach|rich|ten** pl. RAD. notiziario *m.* del mattino. **Früh|ne|bel** m. *(-s,-)* nebbia *f.* mattutina. **früh|neu|hoch|deutsch** agg. FILOL. alto tedesco protomoderno. **Früh|obst** n. *(-[e]s)* frutta *f.* primaticcia. **früh|reif** agg. **1** precoce: ***ein -es Mädchen*** una ragazza precoce **2** *(vom Obst)* primaticcio. **Früh|reif** m. *(-s)* brina *f.* mattutina. **Früh|rei|fe** f. *(-)* precocità *f.* **Früh|ren|te** f. *(-,-n)* prepensionamento *m.* **Früh|rent|ner** m. *(-s,-)* prepensionato *m.* **Früh|ro|man|tik** f. *(-)* primo romanticismo *m.*, protoromanticismo *m.* **Früh|schicht** f. *(-,-en)* primo turno *m.* (di lavoro). **Früh|schop|pen** m. *(-s,-)* bevuta *f.* mattutina. **Früh|som|mer** m. *(-s,-)* inizio *m.* dell'estate. **Früh|sport** m. *(-[e]s)* ginnastica *f.* mattutina. **Früh|start** m. *(-[e]s,-s)* SPORT falsa partenza *f.*
frühs|tens → **frühestens.**
Früh|stück n. *(-s,-e)* (prima) colazione *f.*: ***(das) ~ machen, einnehmen, beim ~ sitzen*** fare colazione; ***etw. zum ~ essen*** mangiare qcs. a colazione. **früh|stü|cken I** tr. mangiare a, per colazione **II** intr. (aus. *haben*) fare colazione.
Früh|warn|sys|tem n. *(-s,-e)* sistema *m.* di preallarme. **Früh|werk** n. *(-[e]s,-e)* opera *f.* giovanile.
Früh|zeit f. *(-)* primo periodo *m.*: ***die ~ der Industrialisierung*** il primo periodo dell'industrializzazione. **früh|zei|tig I** agg. **1** precoce, prematuro **2** *(vom Obst)* primaticcio **II** avv. **1** prematuramente **2** *(früh)* presto. **Früh|zei|tig|keit** f. *(-)* precocità *f.*, prematurità *f.*
Früh|zug m. *(-[e]s,-züge)* treno *m.* del mattino.
Fruk|ti|fi|ka|ti|on f. *(-,-en)* fruttificazione *f.* **fruk|ti|fi|zie|ren** intr. (aus. *haben*) fruttificare. **Fruk|to|se** → **Fructose.**
Frust m. *(-[e]s)* COLLOQ. → **Frustration. frus|ten** tr. COLLOQ. → **frustrieren. Frust|ra|ti|on** f. *(-,-en)* frustrazione *f.* **frust|rie|ren** tr. frustrare. **Frust|rie|rung** f. *(-,-en)* frustrazione *f.*
F-Schlüs|sel m. *(-s)* chiave *f.* di fa, di basso.
Fuchs m. *(-es, Füchse)* **1** volpe *f.* **2** *(Fuchspelz)* pelliccia *f.* di volpe, volpe *f.* **3** COLLOQ. FIG. volpe *f.*, volpone *m.*: ***ein schlauer ~*** una vecchia volpe **4** COLLOQ. SPREG. *(Rothaariger)* rosso *m.* (-a *f.*), pel *m.* di carota **5** *(Pferd)* sauro *m.* **6** *(Tagfalter)* vanessa *f.* **7** GERG. UNIV. matricola *f.* **8** ANT. *(Goldmünze)* moneta *f.* d'oro, zecchino *m.* ◆ REGION. ***die Füchse brauen*** = sale la nebbia; ***wo sich ~ und Hase gute Nacht sagen*** in capo al mondo; ***Füchse prellen*** essere più furbo di una volpe, *(übel mitspielen)* giocare un brutto tiro; ***den Weg hat der ~ gemessen*** = la strada è più lunga del previsto. **Fuchs|bau** m. *(-es,-e)* tana *f.* di volpe. **Füchs|chen** n. *(-s,-)* volpacchiotto *m.* **Fuchs|ei|sen** n. *(-s,-)* tagliola *f.* per volpi. **fuch|sen** COLLOQ. **I** tr. fare arrabbiare **II** rifl. **sich ~** arrabbiarsi.

Fuch|sie f. *(-,-n)* fucsia *f.*

fuch|sig agg. **1** rossiccio **2** FIG. *(zornig)* arrabbiato, furioso. **Füch|sin** f. *(-,-nen)* volpe *f.* femmina. **Fuchs|jagd** f. *(-,-en)* caccia *f.* alla volpe. **Fuchs|loch** n. *(-[e]s,-löcher)* tana *f.* di volpe. **Fuchs|ma|jor** m. *(-s,-e)* GERG. UNIV. = capo *m.* delle matricole. **Fuchs|pelz** m. *(-es,-e)* pelliccia *f.* di volpe, volpe *f.* **Fuchs|räu|de** f. *(-,-n)* rogna *f.* della volpe. **fuchs|rot** agg. rossiccio. **Fuchs|schwanz** m. *(-es,-schwänze)* **1** coda *f.* di volpe (anche BOT.) **2** *(Säge)* saracco *m.* **fuchs|teu|fels|wild, fuchs|wild** agg. furibondo, infuriato.

Fuch|tel f. *(-,-n)* **1** daga *f.* **2** COLLOQ. dominio *m.*, giogo *m.*: ***jdn unter der ~ haben (halten), unter die ~ nehmen*** far rigare dritto qcn. **3** REGION. AUSTR. = donna *f.* litigiosa. **fuch|teln** intr. (aus. *haben*) COLLOQ. agitare: ***mit den Händen, Armen ~*** gesticolare, sbracciarsi. **fuch|tig** agg. furioso, furente.

fud|deln, fu|deln intr. (aus. *haben*) REGION. **1** abborracciare, raffazzonare **2** *(im Kartenspiel betrügen)* barare.

Fu|der n. *(-s,-)* **1** carrata *f.*, carro *m.*: ***ein ~ Heu*** un carro di fieno **2** COLLOQ. *(große Menge)* mucchio *m.*, sacco *m.* **3** ANT. *(Hohlmaß)* botte *f.* (misura per vino pari a 1000-1800 l). **fu|der|wei|se** avv. COLLOQ. in grossa quantità.

fuff|zehn REGION. → **fünfzehn** ◆ ***'ne Fuffzehn machen*** fare un quarto d'ora di pausa; ***jetzt ist aber ~*** adesso basta. **fuff|zig** REGION. → **fünfzig. Fuff|zi|ger** m. *(-s,-)* REGION. (moneta *f.* da) cinquanta pfennig ◆ ***ein falscher ~*** = un uomo infido.

Fug, ***mit ~ und Recht*** a buon diritto.

fu|gal agg. MUS. fugato. **Fu|ga|to** n. *(-s,-s)* MUS. fugato *m.*

1.Fu|ge f. *(-,-n)* **1** commettitura *f.*, commessura *f.*, giuntura *f.* **2** LING. giuntura *f.* ◆ ***aus den -n gehen, geraten, sein*** sconnettersi (*o* scompaginarsi, venire sconvolto); COLLOQ. ingrassare; ***etw. kracht in allen -n*** qcs. rischia di cadere in pezzi (*o* di sfasciarsi).

2.Fu|ge f. *(-,-n)* MUS. fuga *f.*

fu|gen tr. EDIL. **1** commettere, congiungere, unire **2** ***eine Mauer ~*** turare (*o* rifinire) le commessure di un muro.

fü|gen I tr. **1** EDIL. commettere, congiungere, unire: ***Holzbretter, Steine ~*** commettere tavole di legno, pietre **2** MECC. collegare, unire, accoppiare **3a** *(anfügen)* aggiungere, disporre, mettere (unendo): ***einen Ziegel auf den anderen ~*** mettere un mattone sull'altro **b** FIG. ***zu den Geschenken eine große Geldsumme ~*** aggiungere ai regali una grossa somma di denaro **4** *(einfügen)* incastrare **5** ***eine Mauer aus Ziegeln ~*** alzare un muro di mattoni **6** *(bewirken)* disporre, volere: ***der Zufall fügte es, dass...*** (il) caso volle che...; ***Gott fügt alles zum Besten*** Dio dispone tutto per il meglio **II** rifl. **sich ~ 1** incastrarsi, inserirsi, adattarsi: FIG. ***das neue Rathaus fügt sich harmonisch in das Stadtbild*** il nuovo municipio s'inserisce armonicamente nel quadro architettonico della città **2** *(geschehen)* avvenire, accadere (casualmente): ***es fügte sich, dass...*** accadde che... **3a** LETT. *(sich anpassen)* adattarsi, adeguarsi **b** *(gehorchen)* ubbidire, piegarsi: ***sich jds Willen ~*** piegarsi alla volontà di qcn. **c** *(sich ergeben)* rassegnarsi, piegarsi: ***sich in sein Schicksal ~*** piegarsi al proprio destino.

Fu|gen|kel|le f. *(-,-n)* cazzuola *f.* **fu|gen|los** agg. senza giunzioni (*o* giunti), METALL. monolitico.

Fu|gen-s n. *(-,-)* LING. esse *f.* di congiunzione.

Fu|gen|stil m. *(-[e]s,-e)* MUS. stile *m.* fugato. **Fu|gen|the|ma** n. *(-s,-themen)* MUS. tema *m.* della fuga.

Fu|gen|zei|chen n. *(-s,-)*. LING. segno *m.* di congiunzione.

füg|lich avv. a ragione, a buon diritto.

füg|sam agg. docile, arrendevole, ubbidiente. **Füg|sam|keit** f. *(-)* docilità *f.*, arrendevolezza *f.*, ubbidienza *f.*

Fu|gung f. *(-,-en)* commettitura *f.*, giunzione *f.*, giuntura *f.*

Fü|gung f. *(-,-en)* **1** disposizione *f.*, volere *m.*, disegno *m.*: ***durch göttliche ~*** per un disegno divino; ***eine ~ des Himmels, des Schicksals*** un disegno del cielo, del destino **2** *(schicksalhaftes Geschehen)* combinazione *f.*, coincidenza *f.*, caso *m.*: ***eine glückliche, wunderbare ~*** una fortunata, meravigliosa combinazione **3** *(Resignation)* rassegnazione *f.*, accettazione *f.* **4** GRAMM. costrutto *m.*

fühl|bar agg. sensibile, notevole, rilevante.

füh|len I tr. **1** *(körperlich)* sentire, avvertire, provare: ***Stiche in der Brust ~*** sentire (*o* avvertire) fitte al petto; ***Hunger ~*** sentire (*o* avere) fame **2** *(seelisch)* provare, sentire: ***Mitleid mit jdm ~*** provare compassione per qcn.; ***Zuneigung zu jdm ~*** provare affetto per qcn.; ***ich fühle (es), dass ich Recht habe*** sento di avere ragione **3** *(tasten)* toccare, sentire, tastare: ***jdm den Puls ~*** sentire (*o* tastare) il polso a qcn. **II** intr. (aus. *haben*) ***nach etw. ~*** cercare qcs. (tastando, a tastoni), sentire qcs. (al tatto) **III** rifl. **sich ~** sentirsi: ***sich nicht wohl ~*** non sentirsi bene; ***wie ~ Sie sich?*** come si sente? ***sich schuldig, verantwortlich ~*** sentirsi colpevole, responsabile; ***sich wie Gott, als Held ~*** sentirsi (*o* credersi) un dio, un eroe ◆ ***der fühlt sich aber!*** si crede chissà chi! quante arie si dà!

Füh|ler m. *(-s,-)* **1** ZOOL. antenna *f.* **2** *(Messfühler)* sensore *m.* ◆ ***seine ~ ausstrecken*** drizzare le antenne.

Fühl|horn n. *(-[e]s,-hörner)* RAR. ZOOL. antenna *f.*

fühl|los agg. insensibile. **Fühl|lo|sig|keit** f. *(-)* ANT. insensibilità *f.* **fühl|sam** agg. RAR. → **einfühlsam.**

Füh|lung f. *(-,-en)* contatto *m.*, rapporto *m.*: ***mit jdm in ~ kommen, stehen*** venire, essere in contatto con qcn.; ***mit jdm ~ (auf)nehmen, haben*** prendere, avere contatti con qcn. **Füh|lung|nah|me** f. *(-,-n)* (presa *f.* di) contatto *m.*: ***in ~ mit jdm gehen*** prendere contatto con qcn.

fuhr → **fahren.**

Fuhr|be|trieb m. *(-[e]s,-e)* → **Fuhrunternehmen.**

Fuh|re f. *(-,-n)* **1** *(Wagenlast)* carrata *f.*, carrettata *f.*, carro *m.*; *(Ladung)* carico *m.*: ***eine ~ Sand*** un carico di sabbia **2a** *(Fahrt)* viaggio *m.*, trasporto *m.* **b** *(vom Taxi)* corsa *f.*

füh|ren I tr. **1a** condurre, portare: ***einen Blinden ~*** condurre (*o* guidare) un cieco; ***jdn an, bei der Hand ~*** condurre (*o* tenere) qcn. per mano; ***den Hund an der Leine ~*** tenere il cane al guinzaglio; *(beim Tanzen)* ***er kann gut ~*** sa portare bene; ***die Braut zum Altar ~*** condurre la sposa all'altare; ***jdn in eine Ausstellung, durch die Stadt ~*** condurre (*o* accompagnare) qcn. a una mostra, far visitare la città a qcn. **b** FIG. ***wohin führt Sie die Reise?*** dove La porta il viaggio? ***ein Land in den Krieg, aus der Krise ~*** condurre un paese alla guerra, far uscire un paese dalla crisi; ***die Klasse zum Abitur ~*** portare la classe alla maturità; ***das führt uns zur Katastrophe, zu keinem Resultat*** ciò ci condurrà alla catastrofe, non ci porterà a nessun risultato; ***der Hinweis führte auf die Spur des Mörders*** la segnalazione portò sulle tracce dell'assassino **2** *(hinbewegen)* portare: ***etw. an die Lippen, zum Munde ~*** portare qcs. alle labbra, alla bocca; ***einem Kind die Hand (beim Schreiben) ~*** tenere la mano a un bambino (mentre scrive) **3** PED. guidare, educare **4a** *(leiten)* dirigere, condurre: ***ein Geschäft, Restaurant ~*** dirigere un negozio, un ristorante; ***jdm den Haushalt ~*** badare alla casa di qcn., sbrigare le faccende di casa a qcn. **b** *(Delegationen)* guidare **c** MIL. comandare **5** *(anlegen)* costruire, portare, far passare *o* arrivare: ***die neue U-Bahn-Linie wird bis zum Flughafen geführt*** la nuova linea della metropolitana verrà fatta arrivare fino all'aeroporto **6a** *(handhaben)* maneggiare, usare: ***den Bogen meisterlich ~*** usare magistralmente l'archetto **b** *(bedienen)* manovrare, azionare **7** *(Fahrzeuge, Schiffe)* guidare, condurre; *(Flugzeuge, Boote)* pilotare **8** ***etw. bei, mit sich ~*** avere (*o* portare) qcs. con sé **9a** *(mitführen)* trasportare: ***der Fluss führt viel Schotter*** il fiume trasporta molti detriti **b** *(haben)* avere: ***der Zug führt einen Speisewagen*** il treno ha un vagone ristorante **c** EL. condurre **10** avere, tenere: ***einen Artikel, eine Ware ~*** avere (*o* tenere) un articolo, una merce **11** *(als Kennzeichen haben)* portare, avere: ***einen Namen, einen Titel ~*** portare un nome, avere un titolo **12a** *(registriert haben)* avere registrato: ***jdn in seiner Kartei ~*** avere schedato qcn. **b** *(betreuen)* tenere, curare: ***über etw. Buch ~*** tenere la contabilità di qcs. **13** *(als Funktionsverb)* ***das Protokoll, einen Prozess ~*** fare il verbale, un processo; ***mit jdm einen Briefwechsel ~*** tenere una corrispondenza con qcn.; ***Regie ~*** fare la regia; ***Krieg ~*** fare guerra; ***den Beweis ~*** addurre una prova; ***ein trauriges Leben ~*** condurre (*o* fare) una vita triste; ***über jdn, etw. Klage, Beschwerde ~*** lamentarsi di qcn., qcs. **II** intr. (aus. *haben*) **1** portare, condurre (anche FIG.): ***wohin führt diese Straße?*** dove porta questa strada? ***die Tür führt in den Garten*** la porta conduce in giardino; ***das führt zu nichts Gutem*** ciò non porta a nulla di buono **2a** *(an der Spitze sein)* essere al primo posto, essere il primo: ***Italien führt in der Schuherzeugung*** l'Italia è al primo posto nella produzione calzaturiera; SPORT ***beim Rennen ~*** condurre la corsa **b** SPORT condurre, essere in vantaggio: ***die Mannschaft führt mit 2:1*** la squadra conduce 2 a 1 **III** rifl. **sich ~** comportarsi, condursi: ***der Häftling führt sich gut*** il detenuto si comporta bene ◆ ***das würde zu weit ~*** questo (ci) porterebbe troppo lontano; ***wohin soll das (noch) ~?*** dove si andrà a finire? **füh|rend** p.pres. agg. **1** → **führen 2a** preminente, di primo piano, di primaria importanza: ***eine -e Rolle spielen*** avere un ruolo di primo piano **b** *(von Personen)* eminente, di spicco: ***ein -er Politiker*** un eminente politico **3** SPORT in testa, al comando ◆ ***auf seinem Gebiet ~ sein*** primeggiare nel proprio campo.

Füh|rer m. *(-s,-)* **1a** guida *f.*, capo *m.*, leader *m.*: ***ein geistiger, politischer ~*** una guida spirituale, politica **b** STOR. *(Bezeichnung Hitlers)* Führer *m.* **2** *(Reise-, Bergführer)* guida *f.*: ***sich (D) einen ~ für eine Besteigung nehmen*** prendere (*o* ingaggiare) una guida per un'ascensione; ***ein ~ von Berlin, für Deutschland*** una guida di Berlino, della Germania **3** SVIZZ. *(Fahrer)* conducente *m.*; *(von*

Flugzeugen) pilota *m.* **Füh|rer|aus|weis** m. *(-es,-e)* SVIZZ. → **Führerschein. Füh|rer|haus** n. *(-es,-häuser)* cabina *f.* (di guida *o* di comando). **Füh|re|rin** f. *(-,-nen)* guida *f.*, capo *m.* **füh|rer|los** agg. **1** senza guida (*o* capo) **2a** *(ohne Fahrer)* senza conducente **b** AER. senza pilota. **Füh|rer|na|tur** f. *(-,-en)* **1** persona *f.* a cui piace comandare, leader *m.*: ***eine ~ sein*** essere un leader (*o* avere la vocazione del capo) **2** *(Hang zum Führen)* propensione *f.* al comando, stoffa *f.* del capo. **Füh|rer|prin|zip** n. *(-s)* principio *m.* autoritario. **Füh|rer|rol|le** f. *(-,-n)* ruolo *m.* di capo (*o* di guida). **Füh|rer|schaft** f. *(-)* **1** guida *f.*, comando *m.*, direzione *f.*: ***die ~ übernehmen*** assumere il comando **2** *(Führungsspitze)* vertice *m.*, capi *m.pl.*

Füh|rer|schein m. *(-[e]s,-e)* patente *f.* (di guida): ***den ~ machen*** prendere la patente; ***jdm den ~ entziehen*** ritirare la patente a qcn. **Füh|rer|schein|ent|zug** m. *(-[e]s,-entzüge)* ritiro *m.* della patente. **Füh|rer|schein|prü|fung** f. *(-,-en)* esame *m.* per la patente.

Füh|rer|sitz m. *(-es,-e)* posto *m.* del conducente (*o* di guida). **Füh|rer|staat** m. *(-[e]s,-en)* stato *m.* autoritario. **Füh|rer|stand** m. *(-[e]s,-stände)* cabina *f.* di manovra (*o* di guida).

Fuhr|ge|schäft n. *(-[e]s,-e)* → **Fuhrunternehmen.**

füh|rig agg. **1** VENAT. docile, ubbidiente **2** *(geführig)* sciabile. **Füh|rig|keit** f. *(-)* **1** VENAT. docilità *f.*, ubbidienza *f.* **2** *(Geführigkeit)* sciabilità *f.*

Fuhr|knecht m. *(-[e]s,-e)* ANT. → **Fuhrmann. Fuhr|lohn** m. *(-[e]s,-löhne)* **1** compenso *m.* per il trasporto **2** AUSTR. ANT. *(für eine Taxifahrt)* prezzo *m.* della corsa. **Fuhr|mann** m. *(-[e]s,-leute* e RAR. *-männer)* **1** carrettiere *m.*, vetturale *m.* **2** ASTR. Auriga *m.* **Fuhr|park** m. *(-[e]s,-e)* parco *m.* macchine (*o* vetture).

Füh|rung f. *(-,-en)* **1** direzione *f.*, guida *f.*, conduzione *f.*: ***die ~ übernehmen, abgeben*** assumere, lasciare la direzione; ***die ~ in die Hand nehmen, aus der Hand geben*** prendere in mano, cedere la guida **2** *(leitende Personengruppe)* direzione *f.*, (organo *m.*) direttivo *m.* **3** PED. guida *f.* **4** *(Besichtigung)* visita *f.* (guidata) **5a** *(führende Position)* primato *m.*, leadership *f.*: ***(auf einem Gebiet) die ~ haben*** primeggiare, essere al primo posto (in un campo) **b** ECON. POL. leadership *f.*: ***an die ~ einer Partei gelangen*** conquistare la leadership di un partito **6a** SPORT comando *m.*, testa *f.* (della classifica): ***in ~ gehen, liegen*** passare, essere in testa (*o* al comando) **b** *(Vorsprung)* vantaggio *m.*: ***in der 25. Minute ging die Mannschaft in ~*** al 25° (minuto) la squadra si portò in vantaggio **7** *(Verhalten)* condotta *f.*, comportamento *m.*: DIR. ***gute ~*** buona condotta **8** *(Handhaben)* uso *m.*, maneggio *m.*; *(Bedienen)* azionamento *m.*, il manovrare **9** TECN. guida *f.* **10** BUROCR. *(Fahren)* guida *f.* ◆ COMM. ***die ~ der Bücher*** la tenuta dei libri contabili; ***die ~ eines Namens, eines Titels*** il portare un nome, un titolo. **Füh|rungs|an|spruch** m. *(-[e]s)* rivendicazione *f.* del primato. **Füh|rungs|auf|ga|be** f. *(-,-n)* mansione *f.* direttiva. **Füh|rungs|gre|mi|um** n. *(-s,-gremien)* direzione *f.*, (organo *m.*) direttivo *m.* **Füh|rungs|kraft** f. *(-,-kräfte)* dirigente *m.*: ***wir suchen Führungskräfte*** cercasi dirigenti. **füh|rungs|los** agg. senza guida. **Füh|rungs|macht** f. *(-,-mächte)* grande potenza *f.*, potenza *f.* egemone. **Füh|rungs|ring** m. *(-[e]s,-e)* ARM. anello *m.* (*o* corona *f.*) di forzamento. **Füh|rungs|rol|le** → **Führerrolle. Füh|rungs|schicht** f. *(-,-en)* classe *f.* dirigente. **Füh|rungs|schie|ne** f. *(-,-n)* TECN. (rotaia *f.* di) guida *f.* **Füh|rungs|schwä|che** f. *(-)* incapacità *f.* a comandare, mancanza *f.* di polso. **Füh|rungs|spit|ze** f. *(-,-n)* direzione *f.*, (organo *m.*) direttivo *m.*, vertice *m.* **Füh|rungs|stab** m. *(-[e]s,-stäbe)* **1** MIL. stato *m.* maggiore **2** → **Führungsgremium. Füh|rungs|tor** n. *(-[e]s,-e)* gol *m.* (*o* rete *f.*) di, del vantaggio. **Füh|rungs|trup|pe** f. *(-,-n)* MIL. reparto *m.* comando. **Füh|rungs|wech|sel** m. *(-s,-)* cambio *m.* nella direzione (*o* ai vertici): ***in der Firma gab es einen ~*** ci fu un cambio nella direzione dell'azienda. **Füh|rungs|zeug|nis** n. *(-ses,-se)* attestato *m.* (*o* certificato *m.*) di buona condotta.

Fuhr|un|ter|neh|men n. *(-s,-)* impresa *f.* di trasporti. **Fuhr|un|ter|neh|mer** m. *(-s,-)* titolare *m.* di un'impresa di trasporti. **Fuhr|werk** n. *(-[e]s,-e)* **1** carro *m.*, veicolo *m.* da trasporto **2** AUSTR. camion *m.* **fuhr|wer|ken** intr. (aus. *haben*) **1** COLLOQ. sfaccendare, darsi da fare **2** REGION. AUSTR. *(mit Lastwagen)* trasportare.

Füll|au|to|mat m. *(-en,-en)* → **Füllmaschine.**

Fül|le f. *(-)* **1** abbondanza *f.*, ricchezza *f.*, copiosità *f.*, gran quantità *f.*: ***eine ~ von Angeboten*** una gran quantità di offerte; ***es gab Wein die ~*** c'era vino in abbondanza; ***eine ~ von Einfällen*** un sacco di idee **2** LETT. pienezza *f.*: ***die ~ ihrer Stimme*** la pienezza della sua voce; ***~ des Glücks*** piena felicità; ***aus der ~ des Herzens*** con tutto il cuore **3** *(Körperfülle)* corpulenza *f.*, pinguedine *f.*: ***zur ~ neigen*** tendere alla pinguedine **4** REGION. *(in Speisen)* ripieno *m.* ◆ ***in Hülle und ~*** in abbondanza, a bizzeffe, a iosa.

fül|len **I** tr. **1** riempire: ***eine Flasche, einen Korb (mit etw.) ~*** riempire una bottiglia, un cesto (con, di qcs.); ***etw. bis zum Rand ~*** riempire qcs. fino all'orlo, colmare qcs. **2** *(ausfüllen)* riempire, occupare: ***der Artikel füllt 10 Seiten*** l'articolo occupa dieci pagine **3** GASTR. mettere il ripieno, farcire: ***Tomaten, den Braten ~*** mettere il ripieno nei pomodori, farcire l'arrosto **4** *(Zahn)* otturare, piombare **5** *(einfüllen)* versare dentro: ***etw. in Säcke ~*** insaccare qcs.; ***den Wein in Flaschen ~*** imbottigliare il vino **II** rifl. **sich ~** riempirsi: ***das Stadion füllt sich*** lo stadio si riempie; ***ihre Augen füllten sich mit Tränen*** i suoi occhi si riempirono di lacrime; COLLOQ. ***sich (D) den Bauch ~*** riempirsi la pancia.

Fül|len n. *(-s,-)* LETT. puledro *m.*

Fül|ler m. *(-s,-)* **1** COLLOQ. *(Füllfederhalter)* penna *f.* **2** GERG. GIORN. zeppa *f.*, tappabuco *m.* **Füll|fe|der** f. *(-,-n)* REGION. → **Füllfederhalter. Füll|fe|der|hal|ter** m. *(-s,-)* (penna *f.*) stilografica *f.* **Füll|ge|wicht** n. *(-[e]s)* peso *m.* netto all'origine. **Füll|hal|ter** → **Füllfederhalter. Füll|horn** n. *(-[e]s,-hörner)* cornucopia *f.*, corno *m.* dell'abbondanza.

fül|lig agg. **1** pieno, grassoccio **2** *(voluminös)* pieno, corposo ◆ ***-es Haar*** folta capigliatura.

Füll|ma|schi|ne f. *(-,-n)* **1** riempitrice *f.* **2** *(Flaschenabfüllmaschine)* imbottigliatrice *f.* **Füll|mas|se** f. *(-,-n)* GASTR. ripieno *m.*, farcia *f.* **Füll|mau|er** f. *(-,-n)* muro *m.* a sacco. **Füll|ofen** m. *(-s,-öfen)* stufa *f.* a fuoco continuo. **Füll|ort** m. *(-[e]s,-örter)* MIN. stazione *f.* di caricamento. **Füll|sel** n. *(-s,-)* **1** riempitivo *m.*: ***der Artikel ist nur ein ~*** l'articolo è solo un riempitivo **2** *(Fleischfüllung)* ripieno *m.* (di carne), farcia *f.*

Fül|lung f. *(-,-en)* **1** riempimento *m.*, riempitura *f.* **2** *(in Speisen)* ripieno *m.* **3** *(im Zahn)* otturazione *f.*, (im)piombatura *f.* **4** *(in Matratzen, Kissen)* imbottitura *f.* **5** *(Teil der Tür)* specchio *m.*, pannello *m.*

Füll|wort n. *(-[e]s,-wörter)* LING. LETT. riempitivo *m.*, particella *f.* espletiva.

ful|mi|nant **I** agg. brillante, splendido: ***eine -e Rede, Persönlichkeit*** uno splendido discorso, una brillante personalità **II** avv. brillantemente, splendidamente.

Ful|mi|nat n. *(-[e]s,-e)* fulminato *m.*

Fu|ma|ro|le f. *(-,-n)* fumarola *f.*

Fum|mel m. *(-s,-)* COLLOQ. abito *m.* da poco, straccetto *m.* **fum|me|lig** agg. COLLOQ. **1** noioso, pignolo: ***eine -e Arbeit*** un lavoro noioso, che richiede pignoleria **2** *(nervös)* nervosetto. **fum|meln** **I** intr. (aus. *haben*) COLLOQ. **1** armeggiare: ***am Reißverschluss ~*** armeggiare attorno alla chiusura lampo **2** *(liebkosen)* ***mit jdm ~*** pomiciare con qcn. **3** SPORT GERG. dribblare insistentemente **II** tr. rovistare, frugare: ***das Geld aus der Hosentasche ~*** cercare i soldi frugando nella tasca dei pantaloni.

Fund m. *(-[e]s,-e)* **1** ritrovamento *m.*, rinvenimento *m.*: ***einen seltsamen ~ machen*** ritrovare qcs. di raro **2a** oggetto *m.* ritrovato, ritrovamento *m.* **b** *(Entdeckung)* scoperta *f.* **c** ARCHEOL. reperto *m.*

Fun|da|ment n. *(-[e]s,-e)* **1** fondamenta *f.pl.*: ***ein ~ legen*** gettare le fondamenta; ***etw. bis aufs ~ abreißen*** distruggere qcs. fino alle fondamenta **2a** *(Sockel einer Maschine)* basamento *m.*, base *f.* **b** FIG. ***das ~ zu etw. legen*** porre le basi per qcs.; ***auf einem starken ~ ruhen*** poggiare su una base solida; ***die sittlichen -e*** i fondamenti morali.

fun|da|men|tal **I** agg. fondamentale, basilare **II** avv. fondamentalmente, in modo fondamentale. **Fun|da|men|tal|bass** m. *(-es,-bässe)* MUS. (nota *f.*) fondamentale *f.* **Fun|da|men|tal|be|griff** m. *(-[e]s,-e)* concetto *m.* fondamentale, di base.

Fun|da|men|ta|lis|mus m. *(-)* fondamentalismo *m.*: ***islamischer ~*** fondamentalismo islamico. **Fun|da|men|ta|list** m. *(-en,-en)* fondamentalista *m.* **fun|da|men|ta|lis|tisch** agg. fondamentalista, fondamentalistico.

fun|da|men|tie|ren tr. **1** ***etw. ~*** gettare le fondamenta di qcs. **2** FIG. fondare, basare, gettare le basi per: ***eine Theorie ~*** fondare una teoria. **Fun|da|men|tie|rung** f. *(-,-en)* fondazione *f.*: ***die ~ eines Hauses, einer Lehre*** la fondazione di una casa, di una dottrina.

Fund|amt n. *(-[e]s,-ämter)* AUSTR. → **Fundbüro.**

Fun|da|ti|on f. *(-,-en)* **1a** SVIZZ. fondamenta *f.pl.* **b** → **Fundamentierung** **2** *(Stiftung)* fondazione *f.*

Fund|bü|ro n. *(-s,-s)* ufficio *m.* oggetti smarriti. **Fund|ge|gen|stand** m. *(-[e]s,-gegenstände)* **1** oggetto *m.* ritrovato **2** ARCHEOL. reperto *m.* **Fund|geld** n. *(-[e]s)* = ricompensa *f.* per chi ritrova un oggetto smarrito. **Fund|gru|be** f. *(-,-n)* FIG. miniera *f.*, pozzo *m.* (inesauribile).

Fun|di m. *(-s,-s)* POL. GERG. → **Fundamentalist.**

fun|die|ren tr. **1** fondare, creare **2** *(begründen)* consolidare: ***eine Theorie mit Beweisen ~*** consolidare una teoria con delle prove

3 ECON. assicurare finanziariamente. **fun|diert** p.pass. agg. 1 → **fundieren** 2 consolidato, sicuro, costruito su solide basi: ***-e Kenntnisse vorweisen*** dimostrare solide conoscenze; ***eine -e Schuld*** un debito consolidato; ***ein gut -es Unternehmen*** una ditta ben consolidata.

fün|dig agg. MIN. produttivo, ricco ◆ ***~ werden*** trovare un giacimento; *(entdecken)* fare una scoperta.

Fund|ort n. *(-[e]s,-e)* 1 luogo *m.* del ritrovamento 2 MIN. luogo *m.* del giacimento. **Fund|recht** n. *(-[e]s,-e)* diritto *m.* del rinvenitore. **Fund|sa|che** f. *(-,-n)* oggetto *m.* ritrovato. **Fund|stät|te** f. *(-,-n)* → **Fundort. Fund|stel|le** f. *(-,-n)* 1 → **Fundort** 2 → **Fundbüro. Fund|stück** n. *(-[e]s,-e)* 1 → **Fundsache** 2 ARCHEOL. reperto *m.* **Fund|un|ter|schla|gung** f. *(-,-en)* DIR. appropriazione *f.* indebita di un oggetto ritrovato.

Fun|dus m. *(-,-)* 1 TEATR. attrezzatura *f.* teatrale, materiale *m.* scenico 2 *(Grundstock)* fondo *m.*, base *f.*: ***ein reicher ~ von, an Erfahrungen*** una ricca base di esperienze 3 MED. fondo *m.* 4 STOR. *(Grundstück)* fondo *m.*, terreno *m.*

fünf agg.inv. 1 cinque: ***~ Finger*** cinque dita; ***es sind gerade ~ Jahre*** sono appena cinque anni; ***es waren ihrer ~, sie waren zu -en*** erano in cinque; ***in ~ Tagen*** fra cinque giorni; ***mit der Linie ~ fahren*** andare col cinque (linea del tram o del bus) 2 *(fünf Uhr)* le cinque: ***gegen ~ Uhr*** verso le cinque; ***um ~ (Uhr)*** alle cinque; ***es war, schlug halb ~*** erano, battevano le quattro e mezza; ***ein Viertel vor (RAR. auf), nach ~*** un quarto alle cinque, le cinque e un quarto ◆ ***sich (D) etw. an den ~ Fingern abzählen können*** = capire qcs. da solo; COLLOQ. ***~ gerade sein lassen*** = non andare troppo per il sottile, lasciar correre; ***seine ~ Sinne beisammen haben*** avere il cervello a posto. **Fünf** f. *(-,-en)* 1 cinque *m.* 2 COLLOQ. *(Straßenbahn, Bus)* ***die ~*** il cinque 3 SCOL. *(ungenügend)* cinque *m.*, insufficiente *m.*: ***eine ~ in Chemie bekommen*** prendere un cinque in chimica **4a** *(Spielkarte)* cinque *m.*: ***die ~ ablegen*** scartare il cinque **b** *(Würfel)* ***eine ~ würfeln*** fare cinque con i dadi. **Fünf|ak|ter** m. *(-s,-)* dramma *m.* in cinque atti. **fünf|bän|dig** agg. in cinque volumi. **fünf|blät|te|rig, fünf|blätt|rig** agg. pentalobato. **Fünf|eck** n. *(-[e]s,-e)* pentagono *m.* **fünf|eckig** agg. pentagonale. **fünf|ein|halb** agg.inv. cinque e mezzo.

Fün|fer m. *(-s,-)* COLLOQ. 1 *(Münze)* moneta *f.* (*o* pezzo *m.*) da cinque (pfennig) 2 *(beim Lotto)* cinquina *f.* 3 → **Fünf. fün|fer|lei** I agg.inv. cinque... (diversi), di cinque tipi II pron. cinque cose *f.pl.* (diverse). **Fün|fer|rei|he** f. *(-,-n)* fila *f.* da, di cinque: ***etw. in -n aufstellen*** disporre qcs. in fila per cinque.

fünf|fach I agg. quintuplo II avv. cinque volte: ***etw. ~ vergrößern*** ingrandire qcs. cinque volte, quintuplicare qcs. **Fünf|fa|che** n. *(-n)* quintuplo *m.*, cinque volte *f.pl.*: ***etw. um das ~ erhöhen*** quintuplicare qcs. **Fünf|flach** n. *(-[e]s,-e)*, **Fünf|fläch|ner** m. *(-s,-)* pentaedro *m.* **Fünf|fran|ken|stück** n. *(-[e]s,-e)* SVIZZ. moneta *f.* da cinque franchi. **fünf|fü|ßig** agg. METR. di cinque piedi. **Fünf|füß|ler** m. *(-s,-)* pentametro *m.* **Fünf|gang|ge|trie|be** n. *(-s,-)* AUT. cambio *m.* a cinque velocità. **fünf|ge|schos|sig** agg. → **fünfstöckig. fünf|hun|dert** agg.inv. cinquecento.

Fünf|jah|res|plan m. *(-[e]s,-pläne)* piano *m.* quinquennale. **fünf|jäh|rig** agg. di cinque anni. **fünf|jähr|lich** I agg. quinquennale II avv. ogni cinque anni. **Fünf|jahr|plan** → **Fünfjahresplan.**

Fünf|kampf m. *(-[e]s)* pentathlon *m.* **fünf|kan|tig** agg. pentagonale. **Fünf|ling** m. *(-s,-e)* quinto gemello *m.*: ***-e gebären*** partorire cinque gemelli. **fünf|mal** avv. (per) cinque volte. **fünf|ma|lig** agg. di cinque volte. **Fünf|mark|stück** n. *(-[e]s,-e)* moneta *f.* da cinque marchi. **fünf|mo|na|tig** agg. di cinque mesi. **fünf|mo|nat|lich** agg. ogni cinque mesi. **Fünf|pass** m. *(-es,-pässe)* ARCH. pentalobo *m.* **Fünf|pfen|nig|stück** n. *(-[e]s,-e)* moneta *f.* da cinque pfennig. **fünf|pro|zen|tig** agg. al, del cinque per cento. **Fünf|pro|zent|klau|sel** f. *(-,-n)* POL. RFT clausola *f.* del cinque per cento. **fünf|sai|tig** agg. a cinque corde. **fünf|sei|tig** agg. a, di cinque lati. **fünf|sil|big** agg. pentasillabo, quinario. **fünf|stel|lig** agg. di cinque cifre. **fünf|stö|ckig** agg. a, di cinque piani. **Fünf|strom|land** n.pr.n. *(-[e]s)* Punjab *m.* **fünf|stün|dig** agg. di cinque ore. **fünf|stünd|lich** agg. ogni cinque ore.

fünft, zu ~ in cinque.

Fünf|ta|ge|fie|ber n. *(-s)* febbre *f.* quintana. **Fünf|ta|ge|wo|che** f. *(-,-n)* settimana *f.* (lavorativa) di cinque giorni. **fünf|tä|gig** agg. di cinque giorni. **fünf|täg|lich** agg. ogni cinque giorni.

fünf|tau|send agg.inv. cinquemila. **Fünf|tau|sen|der** m. *(-s,-)* cinquemila *m.*, montagna *f.* di cinquemila metri.

fünf|te agg. 1 quinto: ***das ~ Schuljahr*** il quinto anno di scuola 2 *(im Datum)* cinque: ***Berlin, den -n März*** Berlino, cinque marzo; ***am -n März*** il cinque marzo. **Fünf|te** I m. e f. *(-n,-n)* quinto *m.* (-a *f.*): ***er ist der ~ in der Reihe*** è il quinto della fila; ***jeder ~*** uno su cinque, ogni cinque II m. *(-n,-n)* cinque *m.*: ***am -n des Monats*** il cinque del mese ◆ ***Beethovens ~*** la Quinta di Beethoven; ***Heinrich der ~*** Enrico quinto.

fünf|tei|lig agg. di, in cinque parti.

fünf|tel agg.inv. quinto: ***ein ~ Liter*** un quinto di litro. **Fünf|tel** n. *(-s,-)* quinto *m.*: ***zwei, drei ~*** due, tre quinti. **fünf|teln** tr. dividere in cinque parti. **fünf|tens** avv. in quinto luogo.

Fünf|uhr|tee m. *(-s)* tè *m.* delle cinque. **Fünf|und|drei|ßig|stun|den|wo|che** f. *(-,-n)* settimana *f.* (lavorativa) di trentacinque ore. **fünf|und|ein|halb** agg.inv. rafforz. → **fünfeinhalb. fünf|wer|tig** agg. CHIM. pentavalente. **fünf|wö|chent|lich** agg. ogni cinque settimane. **fünf|wö|chig** agg. di cinque settimane.

fünf|zehn agg.inv. quindici. **fünf|zehn|hun|dert** agg.inv. millecinquecento. **fünf|zehn|jäh|rig** agg. quindicenne.

fünf|zig agg.inv. 1 *(Zahl)* cinquanta. 2 *(Alter)* cinquanta *m.pl.*, cinquantina *f.*: ***in die ~ kommen*** arrivare alla cinquantina; ***Ende (der) ~*** alla fine dei cinquanta. **Fünf|zig** f. *(-,-en)* cinquanta *m.* **fünf|ziger** agg.inv. (del) cinquanta: ***der ~ Jahrgang*** l'annata (del) cinquanta; ***die ~ Jahre*** gli anni cinquanta. **Fünf|zi|ger** m. *(-s,-)* 1 COLLOQ. moneta *f.* da cinquanta (pfennig) 2 cinquantenne *m.* 3 pl. → **Fünfzigerjahre** 4 *(Wein)* vino *m.* del cinquanta. **Fünf|zi|ge|rin** f. *(-,-nen)* cinquantenne *f.* **Fünf|zi|ger|jah|re** → **fünfziger. fünf|zig|jäh|rig** agg. 1 *(fünfzig Jahre alt)* cinquantenne, di cinquant'anni 2 cinquantennale, cinquantenario. **Fünf|zig|mark|schein** m. *(-[e]s,-e)* banconota *f.* da cinquanta marchi. **Fünf|zig|pfen|nig|mar|ke** f. *(-,-n)* francobollo *m.* da cinquanta pfennig. **Fünf|zig|pfen|nig|stück** n. *(-[e]s,-e)* moneta *f.* da cinquanta pfennig. **fünf|zigs|te** agg. cinquantesimo. **fünf|zigs|tel** agg. cinquantesimo. **Fünf|zigs|tel** n. *(-s,-)* cinquantesimo *m.*, cinquantesima parte *f.*

Fünf|zim|mer|woh|nung f. *(-,-en)* appartamento *m.* di cinque stanze.

fun|gi|bel agg. DIR. LETT. fungibile, sostituibile. **Fun|gi|bi|li|tät** f. *(-)* DIR. LETT. fungibilità *f.* **fun|gie|ren** intr. (aus. *haben*) fungere: ***als Ersatz, Verbindungsmann ~*** fungere da sostituto, da intermediario.

fun|gi|zid agg. fungicida. **Fun|gi|zid** n. *(-[e]s,-e)* fungicida *m.*

Funk m. *(-s)* **1a** radiotrasmissione *f.*, radiodiffusione *f.*: ***ein Taxi über ~ anfordern*** chiamare un taxi via radio **b** → **Funkgerät** 2 *(Rundfunk)* radio *f.*: ***im ~ sprechen*** parlare alla radio. **Funk|ama|teur** [-tøːɐ] m. *(-s,-e)* radioamatore *m.* **Funk|an|la|ge** f. *(-,-n)* impianto *m.* radio(fonico), radiotrasmittente. **Funk|ba|ke** f. *(-,-n)* radiofaro *m.* **Funk|be|ar|bei|tung** f. *(-,-en)* riduzione *f.* radiofonica, adattamento *m.* radiofonico. **Funk|be|trieb** m. *(-[e]s)* trasmissioni *f.pl.* (della radio). **Funk|bild** n. *(-[e]s,-er)* radiotelefotografia *f.*, telefoto *f.* **Funk|brü|cke** f. *(-,-n)* ponte *m.* radio.

Fünk|chen n. *(-s,-)* 1 piccola scintilla *f.* 2 FIG. *(bisschen)* briciola *f.*, briciolo *m.*: ***kein ~ Verstand haben*** non avere un briciolo di comprendonio.

Funk|dienst m. *(-[e]s,-e)* servizio *m.* radiofonico.

Fun|ke m. *(-ns,-n)* 1 scintilla *f.* (anche FIG.): ***-n sprühen, stieben*** fare (*o* sprizzare) scintille, sfavillare; ***-n sprühend*** che fa (*o* sprizza) scintille; ***eine -n sprühende Rede*** un discorso brillante (sfavillante); ***der ~ zündet*** scocca la scintilla 2 *(bisschen)* briciola *f.*, briciolo *m.*: ***ein ~ (von) Hoffnung*** un briciolo (*o* un po') di speranza 3 INTRAD. (maschera del carnevale di Colonia) ◆ ***der ~ glimmt unter der Asche*** il fuoco cova sotto la cenere; ***etw. so tun, dass die -n fliegen*** = fare qcs. impegnandosi al massimo; ***keinen -n Leben mehr haben*** non dare più segno di vita; ***mit etw. den -n ins Pulverfass werfen*** suscitare un vespaio con qcs.; FIG. ***der ~ sprang über*** fu un colpo di fulmine; ***etw. so tun, dass die -n sprühen, stieben*** → ***etw. so tun, dass die -n fliegen.***

fun|keln intr. (aus. *haben*) scintillare, brillare, sfavillare (anche FIG.): ***die Sterne, Perlen ~*** le stelle, le perle brillano. **Fun|keln** n. *(-s)* scintillazione *f.* **fun|kel|na|gel|neu** agg. COLLOQ. nuovo di zecca.

fun|ken I tr. radiotrasmettere, trasmettere via (*o* per) radio: ***SOS ~*** trasmettere l'SOS via radio II intr. (aus. *haben*) 1 *(Funken sprühen)* scintillare, fare scintille 2 COLLOQ. *(richtig funktionieren)* funzionare, andare bene 3 COLLOQ. *(schießen)* sparare ◆ ***pass auf, gleich funkt es!*** stai attento che (te) le prendi! ***es hat gefunkt*** ha funzionato; *(es wurde Liebe daraus)* è stato un colpo di fulmine; *(es gab Auseinandersetzungen)* c'è stato un violento litigio; ***endlich hat es bei ihm gefunkt!*** finalmente ha capito!

Fun|ken|ent|la|dung f. *(-,-en)* EL. scarica *f.* (disruttiva). **Fun|ken|flug** m. *(-[e]s,-flüge)* scintille *f.pl.* (trasportate dal vento). **Fun|ken|in|duk|tor** m. *(-s,-en)* EL. rocchetto *m.* d'induzione, induttore *m.* **Fun|ken|kam|mer** f. *(-,-n)* 1 FERR. parascintille *m.* 2 EL.

rivelatore *m.* di particelle. **Fun|ken|ma|rie|chen** n. *(-s,-)* INTRAD. (maschera del carnevale di Colonia). **Fun|ken|re|gen** m. *(-s)* pioggia *f.* di scintille. **Fun|ken|sonn|tag** m. *(-[e]s)* INTRAD. (festa popolare di fine inverno). **Fun|ken|stre|cke** f. *(-,-n)* EL. **1** distanza *f.* esplosiva, distanza *f.* degli elettrodi **2** *(elektrisches Gerät)* spinterometro *m.* **3** TELEV. scaricatore *m.* di sovratensione. **Fun|ken|te|le|gra|phie** ANT. → **Funktelegraphie.**

funk|ent|stö|ren tr. RAD. schermare. **Funk|ent|stö|rung** f. *(-,-en)* RAD. schermatura *f.*

Fun|ker m. *(-s,-)* radiotelegrafista *m.*

Funk|er|zäh|lung f. *(-,-en)* racconto *m.* scritto per la radio. **Funk|fas|sung** f. *(-,-en)* → **Funkbearbeitung. Funk|fea|ture** [-'fi:tʃɐ] n. *(-s,-s)* servizio *m.* (*o* reportage *m.*) radiofonico. **Funk|feu|er** n. *(-s,-)* radiofaro *m.* **funk|ge|mäß** agg. (adatto) per la radio: ***die -e Bearbeitung eines Dramas*** la riduzione per la radio (*o* radiofonica) di un dramma. **Funk|ge|rät** n. *(-[e]s,-e)* **1** apparecchio *m.* radiofonico, radio *f.* **2** *(Sende- und Empfangsgerät)* apparecchio *m.* radiotrasmittente, radiotrasmittente *f.* **Funk|haus** n. *(-es,-häuser)* **1** stazione *f.* radiotrasmittente **2** *(Gebäude)* studi *m.pl.*, sede *f.* della radio. **Funk|kol|leg** n. *(-s,-s)* corso *m.* di lezioni radiotrasmesse. **Funk|kon|takt** m. *(-[e]s,-e)* contatto *m.* radio. **Funk|mel|dung** f. *(-,-en)* radiomessaggio *m.* **Funk|mess|ge|rät** n. *(-[e]s,-e)* apparecchio *m.* radar. **Funk|mess|tech|nik** f. *(-)* radartecnica *f.* **Funk|na|vi|ga|ti|on** f. *(-)* radionavigazione *f.* **Funk|or|tung** f. *(-,-en)* radiolocalizzazione *f.* **Funk|peil|ge|rät** n. *(-[e]s,-e)* radiogoniometro *m.* **Funk|pei|lung** f. *(-,-en)* radiogoniometria *f.* **Funk|ruf** m. *(-[e]s,-e)* chiamata *f.* radiotelegrafica. **Funk|schat|ten** m. *(-s,-)* TECN. zona *f.* d'ombra. **Funk|sig|nal** n. *(-[e]s,-e)* segnale *m.* radio. **Funk|sprech|ge|rät** n. *(-[e]s,-e)* radiotelefono *m.* **Funk|sprech|ver|kehr** m. *(-s)* radiotelefonia *f.* **Funk|spruch** m. *(-[e]s,-sprüche)* radiomessaggio *m.* **Funk|sta|ti|on** f. *(-,-en)* stazione *f.* radio. **Funk|stil|le** f. *(-)* interruzione *f.* delle trasmissioni radio. **Funk|stö|rung** f. *(-,-en)* radiodisturbo *m.* **Funk|strei|fe** f. *(-,-n)* pattuglia *f.* (della polizia) radioequipaggiata ◆ ***die ~ holen, rufen*** chiamare la polizia. **Funk|strei|fen|wa|gen** m. *(-s,-)* radiomobile *f.*, autoradio *f.* (della polizia). **Funk|ta|xi** n. *(-s,-s)* radiotaxi *m.* **Funk|tech|nik** f. *(-,-en)* radiotecnica *f.* **funk|tech|nisch** agg. radiotecnico. **Funk|te|le|fon** n. *(-s,-e)* radiotelefono *m.* **Funk|te|le|gra|phie** f. *(-)* radiotelegrafia *f.* **funk|te|le|gra|phisch** agg. radiotelegrafico. **Funk|te|le|gramm** n. *(-s,-e)* radiotelegramma *m.*

Funk|ti|on f. *(-,-en)* **1** funzione *f.*: ***seine ~ erfüllen*** adempiere la propria funzione; MAT. ***lineare, biquadratische -en*** funzioni lineari, biquadratiche **2** BUROCR. funzione *f.*, carica *f.*: ***jdn von seiner ~ entbinden*** sollevare qcn. dalla propria carica (*o* dalle proprie funzioni); ***eine wichtige, leitende ~*** una carica importante, direttiva ◆ ***in ~ treten, sein*** entrare, essere in funzione; ***außer ~ (setzen)*** (mettere) fuori uso. **funk|ti|o|nal** agg. funzionale. **funk|ti|o|na|li|sie|ren** tr. rendere funzionale. **Funk|ti|o|na|li|sie|rung** f. *(-,-en)* il rendere funzionale. **Funk|ti|o|na|lis|mus** m. *(-)* ARCH. PSIC. funzionalismo *m.* **Funk|ti|o|na|list** m. *(-en,-en)* esponente *m.* del funzionalismo. **funk|ti|o|na|lis|tisch** agg. funzionalista.

Funk|ti|o|när m. *(-s,-e)* funzionario *m.*

funk|ti|o|nell I agg. funzionale: ***eine -e Arbeitsweise*** un metodo di lavoro funzionale; MED. ***-e Störung*** disturbo funzionale **II** avv. in modo funzionale.

funk|ti|o|nie|ren intr. (aus. *haben*) **1** funzionare (anche FIG.): ***das Gerät, die Zusammenarbeit funktioniert (reibungslos)*** l'apparecchio, la collaborazione funziona (senza problemi) **2** COLLOQ. FIG. essere in quadro, in sé: ***seitdem seine Frau ihn verlassen hat, funktioniert er nicht mehr*** da quando la moglie lo ha lasciato non è più in quadro.

Funk|ti|ons|ab|lauf m. *(-[e]s,-abläufe)* svolgimento *m.* delle funzioni, funzionamento *m.* **Funk|ti|ons|ein|heit** f. *(-,-en)* unità *f.* funzionale. **funk|ti|ons|fä|hig** agg. in grado di funzionare. **funk|ti|ons|ge|recht I** agg. funzionale **II** avv. in modo funzionale: ***etw. ~ konstruieren*** costruire qcs. in modo funzionale. **Funk|ti|ons|glei|chung** f. *(-,-en)* equazione *f.* funzionale. **funk|ti|ons|los** agg. privo di, senza funzione. **Funk|ti|ons|prü|fung** f. *(-,-en)* MED. esame *m.* della funzionalità. **Funk|ti|ons|schwä|che** f. *(-,-en)* debolezza *f.* funzionale. **funk|ti|ons|si|cher** agg. di sicuro funzionamento. **Funk|ti|ons|stö|rung** f. *(-,-en)* MED. disfunzione *f.* **Funk|ti|ons|tas|te** *(-,-n)* INFORM. tasto *m.* (di) funzione. **funk|ti|ons|tüch|tig** agg. funzionante, efficiente. **Funk|ti|ons|verb** n. *(-s,-en)* verbo *m.* funzionale. **Funk|ti|ons|wech|sel** m. *(-s)* cambiamento *m.* di funzione; MED. modificazione *f.* funzionale. **Funk|ti|ons|zu|la|ge** f. *(-,-n)* indennità *f.* di carica.

Funk|trupp m. *(-s,-s)* MIL. squadra *f.* di radiotelegrafisti. **Funk|turm** m. *(-[e]s,-türme)* torre *f.* della (antenna) radio. **Funk|über|tra|gung** f. *(-,-en)* radiotrasmissione *f.*, trasmissione *f.* radio. **Funk|uhr** f. *(-,-en)* orologio *m.* a controllo radio. **Funk|ver|bin|dung** f. *(-,-en)* collegamento *m.* radio. **Funk|ver|kehr** m. *(-s)* radiocomunicazioni *f.pl.* **Funk|wa|gen** m. *(-s,-)* autoradio *f.*: ***die ~ der Polizei*** le autoradio della polizia. **Funk|weg** m. *(-[e]s,-e)* ***etw. auf dem ~ übermitteln*** trasmettere qcs. via (*o* per) radio. **Funk|wel|len** pl. onde *f.pl.* radio. **Funk|wer|bung** f. *(-)* pubblicità *f.* radiofonica. **Funk|we|sen** n. *(-s)* **1** radiotelegrafia *f.* **2** *(Rundfunk)* radiofonia *f.* **Funk|wet|ter|dienst** m. *(-[e]s,-e)* servizio *m.* meteorologico della radio. **Funk|zei|chen** n. *(-s,-)* segnale *m.* radio.

Fun|sel RAR. → **Funzel.**

Fun|zel f. *(-,-n)* COLLOQ. lampada *f.* fioca. **fun|ze|lig** agg. COLLOQ. fioco, debole: ***ein -es Licht*** una luce fioca. **fun|zeln** intr. (aus. *haben*) COLLOQ. = emanare una luce fioca. **funz|lig** → **funzelig.**

für prep. + acc. (anche artcl. **fürs**) **1a** *(zur Angabe der Bestimmung)* per: ***der Brief ist ~ dich*** la lettera è per te; ***ein Film ~ Kinder*** un film per bambini **b** *(zur Angabe des Zwecks)* per, in vista di: ***~ eine Prüfung lernen*** studiare per un esame **2** *(zugunsten)* per, a favore di: ***~ Kandidaten X stimmen*** votare per il canditato X; ***~ tiefgreifende Reformen sein*** essere a favore di riforme radicali **3** COLLOQ. *(als Mittel gegen)* per: ***diese Tablette ist gut ~ Kopfschmerzen*** questa pastiglia fa bene per il mal di testa **4** *(wegen)* per, di: ***sich ~ sein Zuspätkommen entschuldigen*** scusarsi per il proprio ritardo **5a** *(anstelle)* al posto di, per: ***sie hat die Arbeit ~ ihn gemacht*** ha fatto il lavoro per lui, al posto suo; ***ich freue mich ~ dich*** sono contento per te; ***~ jdn einspringen*** subentrare al posto di qcn., sostituire qcn. **b** *(gegen)* in cambio di, in sostituzione di: ***jdm ~ das alte Buch ein neues geben*** dare a qcn. un libro nuovo in cambio di quello vecchio; *(als Gegenleistung)* per, in cambio di: ***was verlangt er ~ seine Mühe?*** cosa vuole in cambio del disturbo? **6** *(wie)* per: ***~ zwei essen*** mangiare per due **7** *(stellvertretend für)* per, a nome di: ***~ alle sprechen*** parlare a nome di tutti **8a** *(nach jds Beurteilung)* per, secondo: ***das ist ~ mich dasselbe*** per me è la stessa cosa **b** *(was jdn betrifft)* per quel che (*o* per quanto) riguarda, quanto a: ***ich ~ meine Person, ich ~ meinen Teil*** per quel che riguarda me; ***~ uns ist die Angelegenheit erledigt*** per quanto ci riguarda la faccenda è chiusa **9** *(im Verhältnis zu)* in rapporto a, per: ***~ die Jahreszeit ist es zu kühl*** fa troppo freddo per la stagione; ***~ seine Größe ist er zu dick*** è troppo grasso in rapporto alla statura **10** *(zur Angabe einer Zeitspanne, eines Zeitpunkts)* per: ***~ einige Tage*** per alcuni giorni; ***das Treffen ist ~ Freitag festgelegt*** l'incontro è fissato per venerdì **11** *(zur Angabe einer Aufeinanderfolge)* per: ***Wort ~ Wort übersetzen*** tradurre parola per parola; ***Tag ~ Tag dieselbe Strecke fahren*** fare ogni giorno lo stesso tragitto **12** *(Zugehörigkeit)* di: ***Institut ~ Philosophie*** Istituto di Filosofia; ***Lehrer ~ Geschichte*** professore di storia **13** *(zur Angabe des Gegenwertes)* per: ***etw. ~ 500 DM kaufen*** comprare qcs. per 500 marchi **14** *(in Abhängigkeit von einem Satzteil)* ***etw. ~ möglich, richtig halten*** ritenere qcs. possibile, giusto; ***jdn ~ verrückt erklären*** dichiarare qcn. pazzo; ***~ jdn sorgen*** badare a qcn.; ***sich ~ etw. interessieren*** interessarsi di qcs.; ***~ etw. geeignet, typisch, schädlich sein*** essere adatto a, tipico di, dannoso per qcs.; ***als Ersatz, Vorbereitung ~ etw.*** in sostituzione di, come preparazione per qcs. ◆ ***ein ~ alle Mal*** una volta per tutte; ***an und ~ sich*** in verità, propriamente parlando; ***-s Erste*** in primo luogo; ***~ nichts und wieder nichts*** = per un pugno di mosche; ***eine Sache ~ sich*** una cosa a sé, a parte; ***die Sache hat etw. ~ sich*** potrebbe darsi benissimo; ***~ sich sprechen*** parlare fra sé; ***~ sich leben*** vivere ritirato, solo; LETT. ***~ und ~*** continuamente; ***was ~ ein?*** quale? ***das Für und Wider*** il pro e il contro.

Fu|ra|ge [fu'ra:ʒə] f. *(-)* **1** MIL. ANT. *(Mundvorrat)* vettovaglie *f.pl.*, provvigioni *f.pl.* **2** *(Futter)* foraggio *m.* **fu|ra|gie|ren** intr. (aus. *haben*) **1** MIL. ANT. *(Mundvorrat beschaffen)* provvedere al vettovagliamento **2** *(Futter beschaffen)* provvedere al foraggiamento.

für|bass avv. ANT. SCHERZ. avanti, oltre.

Für|bit|te f. *(-,-n)* intercessione *f.*: ***(bei jdm) ~ für jdn einlegen*** intercedere per qcn. (presso qcn.). **für‿bit|ten** intr. (solo inf.) intercedere: ***für jdn ~*** intercedere per qcn. **Für|bit|ter** m. *(-s,-)* ANT. intercessore *m.* **Für|bit|te|rin** f. *(-,-nen)* ANT. interceditrice *f.*

Fur|che f. *(-,-n)* **1a** solco *m.*: ***mit dem Pflug -n ziehen*** tracciare solchi con l'aratro **b** ARCH. solco *m.*, scanalatura *f.* **2** *(Runzel)* ruga *f.*: ***eine ~ auf der Stirn*** una ruga sulla fronte. **fur|chen I** tr. **1** solcare: ***das Schiff furcht die See*** la nave solca il mare **2** *(in Falten legen)* corrugare: ***die Stirn ~*** corrugare la fronte **II** rifl. **sich ~** corrugarsi, incresparsi: ***seine Stirn, die Wasseroberfläche furcht sich*** la sua fronte si corruga, la superficie dell'acqua si increspa. **Fur|chen|zie|her** m. *(-s,-)* aratro *m.* assolcatore, assolcatore *m.*

fur|chig agg. rugoso, grinzoso.
Furcht f. *(-)* **1** paura *f.*: **~ vor etw. empfinden, haben** provare, avere paura di qcs.; **jdm ~ einjagen, jdn in ~ versetzen** incutere paura a qcn.; **vor ~ zittern** tremare dalla paura; **in ~ geraten** spaventarsi; **~ einflößend, erregend, gebietend** pauroso, spaventoso, che incute paura, terribile **2** ANT. *(Ehrfurcht)* timore *m.* ◆ **ein Ritter ohne ~ und Tadel** un cavaliere senza macchia e senza paura. **furcht|bar I** agg. **1** terribile, tremendo, spaventoso (anche FIG.): **ein -er Anblick** uno spettacolo spaventoso; **eine -e Kälte** un freddo terribile; **ein -er Krach** un baccano tremendo **2** COLLOQ. *(sehr groß)* grandissimo, immenso: **er hat mir einen -en Gefallen getan** mi ha fatto un piacere immenso **II** avv. **1** terribilmente, tremendamente, spaventosamente **2** COLLOQ. *(überaus)* estremamente, terribilmente: **alles ist ~ teuer** è tutto estremamente caro. **Furcht|bar|keit** f. *(-,-en)* spaventosità *f.*, terribilità *f.*
fürch|ten I tr. temere: **das Schlimmste ~** temere il peggio; **keine Auseinandersetzung, keinen Feind ~** non temere alcun confronto, alcun nemico; **ich fürchte, es ist zu spät** temo (che) sia troppo tardi; ANT. **Gott ~** aver timore di Dio **II** intr. (aus. *haben*) *(sich Sorgen machen)* **für, um jdn, etw. ~** temere, preoccuparsi per qcn., qcs.; **für jds Gesundheit ~** temere per la salute di qcn.; **um seine Arbeit ~** preoccuparsi per il proprio posto di lavoro **III** rifl. **sich ~** avere paura, temere: **sich vor jdm, etw. ~** aver paura di qcn., qcs.; **sich vor dem Tod ~** aver paura di morire; **sich im Dunkeln ~** aver paura del buio; **du brauchst dich nicht zu ~** non devi aver paura, non hai nulla da temere. **Fürch|ten** n. *(-)*, **hier ist es zum ~** c'è da aver paura; **jdn das ~ lehren** infondere in qcn. il timore. **fürch|ter|lich** agg. e avv. → **furchtbar. furcht|los I** agg. intrepido, impavido; *(mutig)* coraggioso **II** avv. impavidamente; *(mutig)* coraggiosamente. **Furcht|lo|sig|keit** f. *(-)* mancanza *f.* di paura, intrepidezza *f.* **furcht|sam I** agg. **1** *(ängstlich)* timoroso: **ein -er Blick** uno sguardo timoroso; *(verängstigt)* impaurito **2** *(schüchtern)* timido **II** avv. timorosamente, timidamente: **sich ~ nähern** avvicinarsi timidamente. **Furcht|sam|keit** f. *(-)* timore *m.*, paura *f.*; *(Schüchternheit)* timidezza *f.*
Fur|chung f. *(-,-en)* **1** BIOL. scissione *f.* **2** *(von Boden)* solcatura *f.*
für|der, für|der|hin avv. ANT. d'ora in poi, in avvenire.
für|ei|nan|der avv. l'uno per l'altro.
Fu|rie f. *(-,-n)* MITOL. furia *f.* (anche FIG.): **sich auf jdn wie eine ~ stürzen** avventarsi su qcn. come una furia.
Fu|rier m. *(-s,-e)* MIL. ANT. furiere *m.*
fu|ri|os agg. furioso; *(hitzig)* impetuoso, veemente; *(leidenschaftlich)* appassionato. **Fu|ri|o|so** n. *(-s,-s* e *Furiosi)* MUS. furioso *m.*
für|lieb ANT. **mit jdm, etw. ~ nehmen** accontentarsi di qcn., qcs.
für|nehm agg. ANT. SCHERZ. raffinato, fine: **~ tun** fare il raffinato.
Fur|nier n. *(-s,-e)* impiallacciatura *f.* **fur|nie|ren** tr. impiallacciare. **Fur|nier|holz** n. *(-es,-hölzer)* legname *m.* da impiallacciatura. **Fur|nier|plat|te** f. *(-,-n)* piallaccio *m.* **Fur|nier|pres|se** f. *(-,-n)* pressa *f.* per impiallacciare. **Fur|nie|rung** f. *(-,-en)* impiallacciatura *f.*
Fu|ror m. *(-s)* LETT. furore *m.* **Fu|ro|re** f. *(-)* e n. *(-s)*, **~ machen** far furore, destare grande entusiasmo.
fürs → **für.**
Für|sor|ge f. *(-)* **1** *(Bemühung)* cura *f.*, premura *f.*: **mütterliche, liebende ~** cura materna, amorevole; **jdn mit ~ umgeben** circondare qcn. di premure **2** *(Hilfstätigkeit)* assistenza *f.*: **ärztliche ~** assistenza medica, sanitaria; **öffentliche ~** assistenza sociale, pubblica **3a** *(Einrichtung)* ente *m.* assistenziale **b** *(staatliches Sozialamt)* previdenza *f.* sociale: **die öffentliche ~ beanspruchen** far ricorso all'assistenza sociale **4** COLLOQ. sussidio *m.*: **von der ~ leben** vivere dei sussidi assistenziali. **Für|sor|ge|an|stalt** f. *(-,-en)* ANT. istituto *m.* di assistenza (*o* di accoglienza) per l'infanzia. **Für|sor|ge|emp|fän|ger** m. *(-s,-)* beneficiario *m.* di sussidio sociale. **Für|sor|ge|er|zie|hung** f. *(-)* educazione *f.* dell'infanzia abbandonata (affidata a un ente assistenziale). **Für|sor|ge|heim** n. *(-[e]s,-e)* → **Fürsorgeanstalt. für|sor|gend** agg. premuroso, pieno di cure, di premure; *(vorsorgend)* previdente. **Für|sor|ge|pflicht** f. *(-,-en)* DIR. obbligo *m.* di assistenza. **Für|sor|ger** m. *(-s,-)* assistente *m.* sociale. **Für|sor|ge|rin** f. *(-,-nen)* assistente *f.* sociale. **für|sor|ge|risch** agg. assistenziale. **Für|sor|ge|un|ter|stüt|zung** f. *(-,-en)* sussidio *m.* assistenziale pubblico. **Für|sor|ge|zög|ling** m. *(-s,-e)* ANT. bambino *m.*, ragazzo *m.* affidato alla pubblica assistenza. **für|sorg|lich** agg. premuroso, pieno di cure: **sich ~ zeigen** mostrarsi premuroso. **Für|sorg|lich|keit** f. *(-)* premurosità *f.*, premura *f.*
Für|spra|che f. *(-,-n)* intercessione *f.*: **bei jdm (für jdn) ~ einlegen** intercedere presso qcn. (per qcn.); **auf jds ~** per intercessione (*o* dietro raccomandazione) di qcn. **Für|sprech** m. *(-s,-e)* **1** ANT. intercessore *m.* **2** SVIZZ. avvocato *m.*, difensore *m.* **Für|spre|cher** m. *(-s,-)* **1** intercessore *m.*; *(Schützer)* protettore *m.* **2** SVIZZ. → **Fürsprech.**
Fürst m. *(-en,-en)* **1** principe *m.*: **der regierende ~** il principe regnante; **weltliche, geistliche -en** principi laici, ecclesiastici **2** *(Herrscher)* sovrano *m.* ◆ **wie ein ~ leben** fare vita da principe; EUFEM. **der ~ der Hölle** il principe delle tenebre. **Fürst|abt** m. *(-[e]s -äbte)* abate *m.* principe. **Fürst|bi|schof** m. *(-[e]s,-bischöfe)* vescovo *m.* principe. **fürs|ten** tr. **1** **jdn ~** conferire a qcn. il titolo di principe **2** *(zum Fürstentum erklären)* elevare al rango di principato. **Fürs|ten|die|ner** m. *(-s,-)* ANT. SPREG. cortigiano *m.* **Fürs|ten|ge|schlecht** n. *(-[e]s,-er)*, **Fürs|ten|haus** n. *(-es,-häuser)* dinastia *f.* di principi, principesca. **Fürs|ten|hof** m. *(-[e]s,-höfe)* corte *f.* principesca. **Fürs|ten|knecht** m. *(-[e]s,-e)* → **Fürstendiener. Fürs|ten|schu|le** f. *(-,-n)* STOR. collegio *m.* principesco. **Fürs|ten|sitz** m. *(-es,-e)* residenza *f.* del principe, principesca. **Fürs|ten|stand** m. *(-[e]s)* dignità *f.*, titolo *m.* di principe: **jdn in den ~ erheben** conferire a qcn. il titolo di principe. **Fürs|ten|tag** m. *(-[e]s,-e)* STOR. dieta *f.* dei principi. **Fürs|ten|tum** n. *(-s,-tümer)* principato *m.* **Fürst|erz|bi|schof** m. *(-[e]s,-bischöfe)* arcivescovo *m.* principe. **Fürs|tin** f. *(-,-nen)* principessa *f.* **fürst|lich I** agg. principesco (anche FIG.) **II** avv. principesco, in modo principesco; **jdn ~ bewirten** trattare qcn. da re; FIG. *(prunkhaft)* principescamente, sfarzosamente. **Fürst|lich|keit** f. *(-,-en)* **1** principe *m.*: **die -en** i principi **2** fasto *m.* principesco.
Furt f. *(-,-en)* guado *m.*
für|treff|lich ANT. o IRON. **I** agg. eccellente, ottimo **II** avv. eccellentemente, ottimamente.
Für|tuch n. *(-[e]s,-tücher)* REGION. grembiule *m.*
Fu|run|kel m. e n. *(-s,-)* foruncolo *m.* **Fu|run|ku|lo|se** f. *(-,-n)* foruncolosi *f.*
für|wahr avv. LETT. ANT. in verità, veramente.
Für|witz m. *(-es)* ANT. **1** curiosità *f.* indiscreta, impertinenza *f.* **2** *(vorlaute Art)* saccenteria *f.* **für|wit|zig** agg. ANT. **1** impertinente **2** *(vorlaut)* saccente.
Für|wort n. *(-[e]s,-wörter)* pronome *m.* **für|wört|lich** agg. pronominale.
Furz m. *(-es, Fürze)* VOLG. **1** peto *m.*, scoreggia *f.*: **einen ~ (fahren) lassen** fare un peto **2** *(Kleinigkeit)* fesseria *f.* ◆ VOLG. FIG. **aus einem ~ einen Donnerschlag machen** fare di una cazzata un caso di stato; **kein ~ da** non c'è, non c'era un cane. **fur|zen** intr. (aus. *haben*) VOLG. scoreggiare, spetezzare. **furz|tro|cken** agg. VOLG. molto secco (anche FIG.).
Fu|sche|lei f. *(-,-en)* **1** il gironzolare **2** *(schlampige Arbeit)* lavoro *m.* abborracciato, raffazzonato. **fu|scheln, fu|schen** intr. REGION. **1** (aus. *sein*) gironzolare **2** (aus. *haben*) lavorare male, con i piedi **3a** *(betrügen;* aus. *haben)* ingannare **b** *(täuschen)* confondere, illudere **4** *(tastend suchen;* aus. *haben)* rovistare.
Fu|sel m. *(-s,-)* COLLOQ. acquavite *f.* scadente. **fu|seln** intr. (aus. *haben*) REGION. **1** sfilacciarsi **2** *(schlecht arbeiten)* lavorare male, con poca cura **3** *(unleserlich schreiben)* scrivere in modo illeggibile.
1.fu|se|lig agg. di acquavite scadente: **-er Geschmack** sapore di acquavite scadente.
2.fu|se|lig agg. **1** *(von Arbeit)* pignolo, minuto **2** *(nervös)* agitato, irrequieto.
Fu|sel|öl n. *(-[e]s,-e)* fuselolo *m.*
Fü|si|lier m. *(-s,-e)* SVIZZ. fuciliere *m.* **fü|si|lie|ren** tr. fucilare. **Fü|sil|la|de** f. *(-,-n)* fucilazione *f.* in massa.
Fu|si|on f. *(-,-en)* TECN. NUCL. fusione *f.* (anche FIG.): **die ~ zweier Konzerne** la fusione di due gruppi industriali. **fu|si|o|nie|ren** intr. (aus. *haben*) fondersi, unirsi. **Fu|si|o|nie|rung** f. *(-,-en)* fusione *f.* **Fu|si|ons|re|ak|tor** m. *(-s,-en)* NUCL. reattore *m.* a fusione.
Fuß m. *(-es, Füße)* **1** piede *m.*: **zu ~ gehen** andare a piedi; **auf den Füßen stehen** stare in piedi; **Schuhe an den Füßen haben** avere le scarpe ai piedi; **mit bloßen Füßen** a piedi nudi; **nasse Füße bekommen** bagnarsi i piedi; **trockenen -es** senza bagnarsi i piedi **2a** *(Pfote)* zampa *f.* **b** *(Huf)* zoccolo *m.* **3a** *(tragender Teil)* piede *m.*, gamba *f.*: **die Füße des Tisches** le gambe del tavolo; *(von Glas)* stelo *m.* **b** *(Stütze)* base *f.*: **der ~ einer Lampe, einer Säule** la base di una lampada, di una colonna **4** *(unterer Teil)* piedi *m.pl.*: **am ~ des Berges, des Bettes** ai piedi della montagna, del letto **5** *(Längenmaß*; pl. *Fuß)* piede *m.* ◆ **sich die Füße nach etw. ablaufen** darsi da fare (invano) per ottenere qcs.; COLLOQ. **sich die Füße in den Bauch stehen** aspettare un'eternità; **bei ~!** qui! (comando a un cane); **Füße bekommen haben** prendere il volo, sparire; **sich auf eigene Füße stellen** rendersi indipendente; **auf eigenen Füßen stehen** essere indipendente, mantenersi da sé; **wie eingeschlafene Füße schmecken** = essere senza sapore; **auf die Füße fallen** cadere in piedi (anche FIG.); **jdm zu Füßen fallen** get-

tarsi ai piedi di qcn.; ***(festen) ~ fassen*** prendere piede, attecchire; *(sich einen festen Platz schaffen)* sistemarsi; ***jdm auf dem -e folgen*** stare alle calcagna di qcn.; ***auf freiem ~ sein*** essere a piede libero; ***auf freien ~ setzen*** mettere a piede libero; ***mit jdm auf freundschaftlichem, gespanntem ~ leben, stehen*** essere in rapporti tesi, amichevoli con qcn.; ***mit einem ~ im Grabe stehen*** essere con un piede nella fossa; ***auf großem ~ leben*** vivere da signore; *(große Schuhgröße haben)* SCHERZ. avere dei fettoni; ***jdm über, vor die Füße laufen*** = incontrare qcn. casualmente; ***leichten -es*** con passo leggero; ***jdm zu Füßen liegen*** essere ai piedi di qcn.; ***mit dem linken ~ zuerst aufgestanden sein*** essersi alzato con il piede sinistro; ***auf schwachen Füßen stehen*** non aver fondamento; ***keinen ~ mehr über jds Schwelle setzen*** non mettere più piede in casa di qcn.; ***mit beiden Füßen (fest) auf der Erde, im Leben stehen*** stare con i piedi per terra; ***stehenden -es*** su due piedi; ***über seine eigenen Füße stolpern*** essere maldestro; ***jdm auf den ~, auf jds Füße treten*** pestare i piedi a qcn. (anche FIG.); *(zur Eile antreiben)* far fretta a qcn.; ***jdn, etw. mit Füßen treten*** calpestare qcs., qcn.; FIG. offendere; *(schlecht behandeln)* trattare male qcn., qcs.; *(Fußtritte geben)* prendere a calci; ***keinen ~ vor die Tür setzen*** non mettere il naso fuori (di casa); ***sich die Füße vertreten*** sgranchirsi le gambe; FIG. ***jdm etw. vor die Füße werfen*** gettare qcs. in faccia a qcn.; ***gut, schlecht zu ~ sein*** essere un buon, cattivo camminatore. **Fuß|ab|druck** m. *(-[e]s,-abdrücke)* impronta *f.* del piede. **Fuß|ab|strei|fer** m. *(-s,-)* **Fuß|ab|tre|ter** m. *(-s,-)* REGION. zerbino *m.* **Fuß|ab|wehr** f. *(-,-en)* SPORT parata *f.* di piede. **Fuß|an|gel** f. *(-,-n)* tagliola *f.* **Fuß|bad** n. *(-[e]s,-bäder)* pediluvio *m.*: ***ein ~ nehmen*** fare un pediluvio.

Fuß|ball m. *(-[e]s,-bälle)* **1** calcio *m.*, football *m.*, COLLOQ. gioco *m.* del pallone: ***~ spielen*** giocare a calcio (*o* COLLOQ. a pallone) **2** *(Ball)* pallone *m.* da calcio. **Fuß|ball|braut** f. *(-,-bräute)* COLLOQ. = donna *f.* trascurata dal compagno per il calcio. **Fuß|ball|bun|des|trai|ner** m. *(-s,-)* allenatore *m.* della nazionale (di calcio tedesca). **Fuß|ball|elf** f. *(-)* undici *m.pl.*, squadra *f.* (di calcio).

Fuß|bal|len m. *(-s,-)* ANAT. eminenze *f.pl.* della pianta del piede.

Fuß|bal|ler m. *(-s,-)* COLLOQ. calciatore *m.* **fuß|bal|le|risch** agg. calcistico. **fuß|bal|lern** intr. (aus. *haben*) COLLOQ. giocare a calcio. **Fuß|ball|fan** m. *(-s,-s)* tifoso *m.* di calcio. **Fuß|ball|feld** n. *(-[e]s,-er)* → **Fußballplatz. Fuß|ball|klub** m. *(-s,-s)* → **Fußballverein. Fuß|ball|län|der|spiel** n. *(-s,-e)* partita *f.* (di calcio) internazionale. **Fuß|ball|mann|schaft** f. *(-,-en)* squadra *f.* di calcio. **Fuß|ball|match** n. e m. *(-es,-es)* → **Fußballspiel. Fuß|ball|meis|ter|schaft** f. *(-,-en)* campionato *m.* di calcio. **Fuß|ball|na|ti|o|nal|mann|schaft** f. *(-,-en)* nazionale *f.* di calcio. **Fuß|ball|platz** m. *(-es,-plätze)* campo *m.* da calcio. **Fuß|ball|schuh** m. *(-[e]s,-e)* scarpetta *f.* da calcio, da calciatore. **Fuß|ball|spiel** n. *(-[e]s,-e)* partita *f.* di calcio. **Fuß|ball|spie|ler** m. *(-s,-)* calciatore *m.*, giocatore *m.* di calcio. **Fuß|ball|spie|le|rin** f. *(-,-nen)* calciatrice *f.*, giocatrice *f.* di calcio. **Fuß|ball|sta|di|on** n. *(-s,-stadien)* stadio *m.* (di calcio). **Fuß|ball|to|to** n. e m. *(-s,-s)* totocalcio *m.* **Fuß|ball|trai|ner** m. *(-s,-)* allenatore *m.* di calcio. **Fuß|ball|ver|band** m. *(-[e]s,-verbände)* federazione *f.* (del) calcio. **Fuß|ball|ver|ein** m. *(-s,-e)* società *f.* calcistica.

Fuß|bank f. *(-,-bänke)* panchetto *m.*, poggiapiedi *m.* **Fuß|be|klei|dung** f. *(-,-en)* calzatura *f.*

Fuß|bo|den m. *(-s,-böden)* pavimento *m.* ◆ FIG. ***bei ihr kann man vom ~ essen*** = casa sua è (come) uno specchio. **Fuß|bo|den|be|lag** m. *(-[e]s,-beläge)* rivestimento *m.* del pavimento. **Fuß|bo|den|hei|zung** f. *(-,-en)* riscaldamento *m.* nel pavimento (a pannelli radianti). **Fuß|bo|den|le|ger** m. *(-s,-)* piastrellista *m.*

fuß|breit agg. largo un piede. **Fuß|breit** m. *(-)* (larghezza *f.* di un) piede *m.* ◆ ***keinen ~ von etw. abweichen*** non smuoversi di un millimetro.

Fuß|brem|se f. *(-,-n)* freno *m.* a pedale. **Füß|chen** n. *(-s,-)* piedino *m.*; *(von Pfoten)* zampina *f.*, zampetta *f.* **Fuß|ei|sen** n. *(-s,-)* ferro *m.*, ceppi *m.pl.*

Fus|sel f. *(-,-n)* e m. *(-s,-[n])* pelucco *m.* REGION. pippolo *m.* di lana. **fus|se|lig** agg. **1** peluccoso, che fa pelucchi **2** COLLOQ. *(unkonzentriert)* irrequieto ◆ ***sich den Mund ~ reden*** parlare al vento, sprecare il fiato. **fus|seln** intr. (aus. *haben*) sfilacciarsi, fare i pelucchi. **Fus|seln** n. *(-s)* pilling *m.*

fu|ßeln intr. (aus. *sein*), **fü|ßeln** intr. (aus. *haben*) **1** fare piedino: ***mit jdm ~*** fare piedino a qcn. **2** sgambettare, camminare svelto.

fu|ßen I tr. fondare, basare: ***er fußt seine Berechnungen darauf, dass...*** basa i suoi calcoli sul fatto che... **II** intr. (aus. *haben*) **1** basarsi, fondarsi, poggiare: ***diese Theorie fußt auf systematischen Beobachtungen*** questa teoria si fonda su osservazioni sistematiche **2** VENAT. *(von Raubvögeln)* posare, stare.

Fuß|en|de n. *(-s,-n)* parte *f.* inferiore (*o* alla base, ai piedi), fondo *m.*: ***am ~ des Bettes*** al fondo, ai piedi del letto. **Fuß|fall** m. *(-[e]s,-fälle)* ***einen ~ vor jdm machen, tun*** prosternarsi ai piedi di qcn. **fuß|fäl|lig** avv. cadendo in ginocchio, prosternandosi: ***jdn ~ um etw. bitten*** pregare in ginocchio qcn. di qcs. **Fuß|feh|ler** m. *(-s,-)* SPORT *(bei Hockey, Tennis)* fallo *m.* di piede. **Fuß|fes|sel** f. *(-,-n)* **1** pastoia *f.* **2** GINN. presa *f.* alla caviglia. **fuß|frei** agg. (che arriva) fino ai piedi.

Fuß|gän|ger m. *(-s,-)* pedone *m.* **Fuß|gän|ger|am|pel** f. *(-,-n)* semaforo *m.* pedonale. **Fuß|gän|ger|schutz|weg** m. *(-[e]s,-e)*, SVIZZ. **Fuß|gän|ger|strei|fen** m. *(-s,-)* → **Fußgängerübergang. Fuß|gän|ger|tun|nel** m. *(-s,-)* sottopassaggio *m.* (*o* sottopasso *m.*) pedonale. **Fuß|gän|ger|über|gang** m. *(-[e]s,-übergänge)*, **Fuß|gän|ger|über|weg** m. *(-[e]s,-e)* passaggio *m.*, attraversamento *m.* pedonale. **Fuß|gän|ger|zo|ne** f. *(-,-n)* zona *f.* pedonale.

Fuß|ge|her m. *(-s,-)* AUSTR. → **Fußgänger. Fuß|ge|lenk** n. *(-[e]s,-e)* caviglia *f.* **fuß|ge|recht** agg. anatomico: ***-e Schuhe*** scarpe anatomiche. **Fuß|he|bel** m. *(-s,-)* pedale *m.* **fuß|hoch** agg. e avv. fino alle caviglie. **Fuß|knö|chel** m. *(-s,-)* malleolo *m.* **fuß|krank** agg. malato ai piedi. **Fuß|la|ge** f. *(-,-n)* MED. posizione *f.* podalica. **Fuß|lap|pen** m. *(-s,-)* pezza *f.* per i piedi. **Fuß|lei|den** n. *(-s,-)* MED. podalgia *f.* **Fuß|leis|te** f. *(-,-n)* battiscopa *m.*

fuss|lig → **fusselig.**

Füß|ling m. *(-s,-e)* piede *m.* (di calza). **Fuß|marsch** m. *(-[e]s,-märsche)* marcia *f.* **Fuß|mat|te** f. *(-,-n)* **1** stuoino *m.*, zerbino *m.* **2** AUT. tappetino *m.* **Fuß|na|gel** m. *(-s,-nägel)* unghia *f.* del piede. **Fuß|no|te** f. *(-,-n)* nota *f.* a piè di pagina. **Fuß|pfad** m. *(-[e]s,-e)* sentiero *m.* **Fuß|pfle|ge** f. *(-)* pedicure *f.* **Fuß|pfle|ger** m. *(-s,-)* pedicure *m.*, callista *m.* **Fuß|pfle|ge|rin** f. *(-,-nen)* pedicure *f.*, callista *f.* **Fuß|pilz** m. *(-es,-e)* COLLOQ. fungo *m.* (al piede), MED. micosi *f.* del piede. **Fuß|punkt** m. *(-[e]s,-e)* **1** MAT. piede *m.* **2** nadir *m.* **Fuß|ras|te** f. *(-,-n)* predellino *m.* (di motociclette). **Fuß|rü|cken** m. *(-s,-)* dorso *m.* del piede. **Fuß|schal|ter** m. *(-s,-)* interruttore *m.* a pedale. **Fuß|schal|tung** f. *(-,-en)* comando *m.* (del cambio) a pedale. **Fuß|sche|mel** m. *(-s,-)* sgabello *m.*, poggiapiedi *m.* **Fuß|schweiß** m. *(-es)* sudore *m.* ai piedi. **Fuß|soh|le** f. *(-,-n)* pianta *f.* del piede. **Fuß|sol|dat** m. *(-en,-en)* fante *m.*, soldato *m.* di fanteria. **Fuß|spit|ze** f. *(-,-n)* punta *f.* del piede: ***auf den -n gehen*** camminare in punta di piedi. **Fuß|spur** f. *(-,-en)*, **Fuß|stap|fe** f. *(-,-n)*, **Fuß|stap|fen** m. *(-s,-)* orma *f.*, impronta *f.* del piede ◆ FIG. ***in jds ~ treten*** seguire le orme di qcn. **Fuß|steig** m. *(-[e]s,-e)* **1** marciapiede *m.* **2** ANT. *(Fußweg)* sentiero *m.* **Fuß|stüt|ze** f. *(-,-n)* **1** *(Schuheinlage)* plantare *m.* **2** (ap)poggiapiedi *m.* **Fuß|tap|fe** f. *(-,-n)* → **Fußstapfe. Fuß|tritt** m. *(-[e]s,-e)* **1** calcio *m.*, pedata *f.* (anche FIG.): ***jdm einen ~ versetzen*** trattare qcn. a pedate, dare calci in faccia a qcn.; ***einen ~ bekommen*** venir messo alla porta (essere licenziato) **2** ANT. *(Schritt)* passo *m.* **Fuß|trup|pe** f. *(-,-n)* fanteria *f.* **Fuß|volk** n. *(-[e]s)* **1** (bassa) manovalanza *f.* **2** ANT. → **Fußtruppe** ◆ COLLOQ. ***unters ~ geraten sein*** = cadere in basso. **Fuß|wan|de|rung** f. *(-,-en)* escursione *f.* a piedi, camminata *f.* **Fuß|wa|schung** f. *(-,-en)* LIT. lavanda *f.* dei piedi. **Fuß|weg** m. *(-[e]s,-e)* **1** sentiero *m.* **2** cammino *m.*, strada *f.* a piedi: ***das ist zehn Minuten ~ entfernt*** ci vogliono dieci minuti a piedi (*o* di cammino). **fuß|wund I** agg. ferito ai piedi **II** avv. coi piedi feriti. **Fuß|wur|zel** f. *(-,-n)* tarso *m.* **Fuß|ze|he** f. *(-,-n)* dito *m.* del piede.

Fus|ta|ge [fu'sta:ʒə] f. *(-,-n)* recipiente *m.* vuoto, vuoto *m.*

Fus|tik|holz n. *(-es)* fustik *m.*

Fut f. *(-,-en)* VOLG. fica *f.*

Fu|thark ['fu:θark] n. *(-s,-e)* alfabeto *m.* runico.

Fu|ti|li|tät f. *(-,-en)* futilità *f.*

futsch, SCHERZ. **fut|schi|ka|to** agg. COLLOQ. perduto, perso, (bell'e) andato: ***alles ist ~*** tutto è perduto; ***das ganze Geld ist ~*** tutti i soldi sono bell'e andati ◆ ***~ ist ~*** quel che è andato è andato.

1.Fut|ter n. *(-s)* **1** *(für Haustiere)* foraggio *m.*; *(für Wildtiere)* pastura *f.*; *(für Geflügel)* becchime *m.*, mangime *m.*: ***den Hühnern ~ geben*** dare il mangime ai polli **2** SCHERZ. *(Essen)* cibo *m.* **3** FIG. nutrimento *m.* ◆ COLLOQ. ***gut im ~ sein, stehen*** essere ben pasciuto; COLLOQ. ***jdn im ~ erhalten*** dar da mangiare a qcn.

2.Fut|ter n. *(-s,-)* **1** fodera *f.* **2a** *(Holzauskleidung bei Türen und Fenstern)* rivestimento *m.*, telaio *m.* **b** *(Auskleidung eines Behälters)* camicia *f.* interna **3** MECC. mandrino *m.*

Fut|te|ra|ge [futə'ra:ʒə] f. *(-)* provviste *f.pl.*, viveri *m.pl.*

Fut|te|ral n. *(-s,-e)* fodero *m.*, custodia *f.*, astuccio *m.*

Fut|te|ra|li|en pl. COLLOQ. → **Futterage.**

Fut|ter|beu|tel m. *(-s,-)* musetta *f.*, sacchetta *f.* **Fut|ter|ge|trei|de** n. *(-s,-)* cereali *m.pl.* da foraggio, biade *f.pl.* **Fut|ter|haus** n. *(-[e]s,-häuser)* **1** EX-RDT magazzino *m.*, deposito *m.* di foraggi **2** →

Futterhäuschen. **Fu̲t|ter|häus|chen** n. *(-s,-)* casetta *f.* per mangime (*o* becchime). **Fu̲t|ter|kar|tof|fel** f. *(-,-n)* patata *f.* da foraggio. **Fu̲t|ter|krip|pe** f. *(-,-n)* mangiatoia *f.*, greppia *f.* ◆ FIG. COLLOQ. ***ran an die ~!*** a mangiare! FIG. COLLOQ. *(einträgliche Stellung)* ***an die ~ kommen, an der ~ sitzen*** mangiare alla greppia. **Fu̲t|ter|kü|che** f. *(-,-n)* luogo *m.* dove si prepara il foraggio.

Fu̲t|ter|le|der n. *(-s,-)* plantare *m.* in pelle. **Fu̲t|ter|mau|er** f. *(-,-n)* muro *m.* di sostegno, di rinforzo.

Fu̲t|ter|mehl n. *(-s)* farina *f.* da foraggio. **Fu̲t|ter|mit|tel** n. *(-s,-)* foraggio *m.* **fu̲t|tern** intr. (aus. *haben*) **1** COLLOQ. rimpinzarsi **2** → **1.füttern.**

1.fü̲t|tern tr. **1** foraggiare: ***Schweine fett ~*** ingrassare i maiali **2** imboccare: ***ein Kind, einen Kranken ~*** imboccare un bambino, un malato **3a** riempire, rimpinzare: ***jdn mit Süßigkeiten ~*** riempire qcn. di dolci **b** ***einen Computer mit Daten, Daten in einen Computer ~*** caricare dati in un computer.

2.fü̲t|tern tr. **1** foderare; ***mit Stroh ~*** impagliare **2** EDIL. rivestire.

Fu̲t|ter|napf m. *(-[e]s,-näpfe)* imbeccatoio *m.* **Fu̲t|ter|neid** m. *(-[e]s)* COLLOQ. invidia *f.*, gelosia *f.* **Fu̲t|ter|pflan|ze** f. *(-,-n)* pianta *f.* da foraggio, foraggera *f.* **Fu̲t|ter|platz** m. *(-es,-plätze)* **1** *(für Wild, Vieh)* pascolo *m.*, pastura *f.* **2** *(Futterkrippe)* mangiatoia *f.*, greppia *f.* **Fu̲t|ter|rau|fe** f. *(-,-n)* rastrelliera *f.*, greppia *f.* **Fu̲t|ter|rü|be** f. *(-,-n)* barbabietola *f.* da foraggio. **Fu̲t|ter|sack** m. *(-s,-säcke)* → **Futterbeutel.** **Fu̲t|ter|schnei|de|ma|schi|ne, Fu̲t|ter|schneid|ma|schi|ne** f. *(-,-n)* trinciaforaggi *m.* **Fu̲t|ter|schüs|sel** f. *(-,-n)* → **Futternapf.**

Fu̲t|ter|sei|de f. *(-)* seta *f.* da fodere.

Fu̲t|ter|si|lo m. e n. *(-s,-s)* silo *m.* per foraggi. **Fu̲t|ter|stel|le** f. *(-,-n)* → **Futterplatz.**

Fu̲t|ter|stoff m. *(-[e]s,-e)* stoffa *f.* da fodere, fodera *f.* **Fu̲t|ter|taft** m. *(-[e]s,-e)* taffetà *m.* da fodere.

Fu̲t|ter|trog m. *(-[e]s,-tröge)* trogolo *m.*

1.Fü̲t|te|rung f. *(-,-en)* nutrizione *f.*, foraggiamento *m.*

2.Fü̲t|te|rung f. *(-,-en)* **1** foderatura *f.*, rivestimento *m.*; *(mit Pelz)* impellicciatura *f.* **2** *(Futter)* fodera *f.*

Fu̲t|ter|ver|wer|ter m. *(-s,-)* ***ein guter, schlechter ~ sein*** essere un animale che assimila bene, male il mangime; FIG. COLLOQ. = ingrassare pur mangiando poco, non ingrassare pur mangiando molto.

Fu|tu̲r n. *(-s,-e)* GRAMM. futuro *m.*: ***erstes ~*** futuro semplice; ***zweites ~*** futuro anteriore. **fu|tu̲|risch** agg. GRAMM. del futuro.

Fu|tu|ri̲s|mus m. *(-)* futurismo *m.* **Fu|tu|ri̲st** m. *(-en,-en)* futurista *m.* **fu|tu|ri̲s|tisch** agg. **1** futurista **2** *(supermodern)* avveniristico, futuristico.

Fu|tu|ro|lo̲|ge m. *(-n,-n)* futurologo *m.* **Fu|tu|ro|lo|gi̲e** f. *(-)* futurologia *f.* **fu|tu|ro|lo̲|gisch** agg. futurologico.

Fu̲|zel m. *(-s,-)* AUSTR. → **Fussel.** **fu̲|zeln** intr. (aus. *haben*) AUSTR. COLLOQ. scrivere piccolo, a caratteri minuti.

G

g, G n. *(-,-)* **1** *(Buchstabe)* g, G, gi *f.* e *m.*: ***ein großes G, ein kleines g*** una G maiuscola, una g minuscola **2** MUS. *(Note)* sol *m.*
g ⇒ **1** *Gramm* grammo *m.* (g) **2** MUS. *g-Moll* sol minore **3** AUSTR. *Groschen* groschen.
G ⇒ **1** *Geld(kurs)* corso *m.* denaro **2** MUS. *G-Dur* sol maggiore.
gab → **geben.**
Ga|bar|di|ne ['gabardi:n] m. *(-s,-)* e f. *(-,-)* gabardine *f.*
Ga|be f. *(-,-n)* **1a** LETT. offerta *f.*, donazione *f.*; ***milde ~*** elemosina, carità **b** *(Geschenk)* dono *m.* **2** FIG. *(Fähigkeit)* dono *m.*, dote *f.*, facoltà *f.*: ***die ~ des Gesanges*** il dono del canto; ***große -n haben*** avere grandi doti **3a** MED. *(Dosis)* dose *f.*: ***in kleinen -n*** a piccole dosi **b** *(Verabreichung)* somministrazione *f.* **4** SVIZZ. vincita *f.*, premio *m.*
Ga|bel f. *(-,-n)* **1** forchetta *f.*: ***mit Messer und ~ essen*** mangiare con coltello e forchetta; ***etw. auf die ~ nehmen, schieben, spießen*** infilzare qcs. sulla forchetta **2** *(Heugabel)* forca *f.*, forcone *m.*: ***dreizinkige ~*** tridente **3a** *(Gabelung)* biforcazione *f.*, bivio *m.* **b** *(Astgabel)* forcella *f.* **c** *(Teil des Fahrrads, des Telefons)* forcella *f.*: ***den Hörer auf die ~ legen, werfen*** appendere (*o* attaccare) il ricevitore **4** → **Gabeldeichsel 5** *(beim Schachspiel)* forchetta *f.*, inforcatura *f.* ◆ SCHERZ. ***mit der fünfzinkigen ~ essen*** = mangiare con le mani; ***eine ~ voll*** una forchettata; *(in Bezug auf Heugabeln)* forcata. **Ga|bel|bis|sen** m. *(-s,-)* INTRAD. (involtino di aringa in salsa piccante). **Ga|bel|deich|sel** f. *(-,-n)* (timone *m.* a) forca *f.*, stanghe *f.pl.* **ga|bel|för|mig** agg. forcuto, a forchetta (*o* forcella). **Ga|bel|früh|stück** n. *(-[e]s,-e)* spuntino *m.* **Ga|bel|hirsch** m. *(-[e]s,-e)* giovane cervo *m.* (con corna a due punte). **ga|be|lig** agg. forcuto, biforcato. **Ga|bel|kreuz** n. *(-es,-e)* croce *f.* dei cedroni (*o* a ipsilon). **ga|beln I** rifl. **sich ~ 1** *(von Ästen, Wegen)* biforcarsi, dividersi **2** FIG. (sud)dividersi **II** tr. **1** inforcare **2** *(mit der Gabel aufspießen)* infilzare con la forchetta; *(essen)* mangiare (con la forchetta) **III** intr. (aus. *haben*) ***nach etw. ~*** infilzare qcs. con la forchetta. **Ga|bel|punkt** m. *(-[e]s,-e)* punto *m.* di biforcazione. **Ga|bel|schlüs|sel** m. *(-s,-)* chiave *f.* a forchetta (*o* a bocca). **Ga|bel|stap|ler** m. *(-s,-)* carrello *m.* elevatore (a forche frontali). **Ga|be|lung** f. *(-,-en)* biforcazione *f.*, biforcatura *f.* **Ga|bel|wei|he** f. *(-,-n)* nibbio *m.* (reale). **Ga|bel|zin|ke** f. *(-,-n)* rebbio *m.*, COLLOQ. dente *m.* (della forchetta, del forcone).
Ga|ben|tisch m. *(-[e]s,-e)* tavolo *m.* dei doni.
Ga|bi n.pr.f. Gabri *f.*
Gab|ler m. *(-s,-)* → **Gabelhirsch. gab|lig** → **gabelig. Gab|lung** → **Gabelung.**
Gab|ri|el n.pr.m. Gabriele *m.* **Gab|ri|e|le** n.pr.f. Gabriella *f.*
Ga|bun n.pr.n. *(-s)* Gabon *m.* **Ga|bu|ner** m. *(-s,-)* gabonese *m.*, abitante *m.* del Gabon. **ga|bu|nisch** agg. gabonese, del Gabon.
ga|ckeln, ga|ckern intr. (aus. *haben*) **1** *(von Hühnern)* fare coccodè **2** COLLOQ. *(von Menschen)* vociare, schiamazzare, cicalare.
Ga|den m. *(-s,-)* REGION. **1** casetta *f.* (di una sola stanza *o* di un piano) **2** *(Stube)* camera *f.*
Gad|get ['gædʒɪt] n. *(-s,-s)* gadget *m.*
Gaf|fel f. *(-,-n)* MAR. picco *m.* **Gaf|fel|se|gel** n. *(-s,-)* MAR. (vela *f.* di) randa *f.*
gaf|fen intr. (aus. *haben*) SPREG. ***nach etw. ~*** guardare, fissare sbigottito (*o* a bocca aperta) qcs.; *(neugierig)* fissare incuriosito qcs. **Gaf|fer** m. *(-s,-)* SPREG. curioso(ne) *m.*, spettatore *m.* ozioso. **Gaf|fe|rei** f. *(-)* il curiosare, curiosità *f.* (molesta).
Gag [gɛk] m. *(-s,-s)* gag *f.*, trovata *f.* comica: ***ein abgegriffener ~*** una gag banale, trita.
Ga|gat m. *(-[e]s,-e)* gagate *f.*, giaietto *m.*
Ga|ge ['ga:ʒə] f. *(-,-n)* compenso *m.*, cachet *m.*
gäh|nen intr. (aus. *haben*) **1** sbadigliare: ***herzhaft ~*** sbadigliare di gusto **2** FIG. spalancarsi: ***vor uns gähnte ein Abgrund*** dinanzi a noi si spalancò un abisso. **Gäh|nen** n. *(-s)* sbadiglio *m.* **gäh|nend** p.pres. agg. **1** → **gähnen 2** FIG. profondo.
Ga|la f. *(-)* **1** gala *f.*: ***in großer ~*** in gran gala **2** → **Galavorstellung** ◆ SCHERZ. ***in ~ erscheinen, sich in ~ werfen*** vestirsi in gran gala (*o* mettersi in ghingheri). **Ga|la|abend** m. *(-[e]s,-e)* serata *f.* di gala. **Ga|la|an|zug** m. *(-[e]s,-anzüge)* abito *m.* di gala. **Ga|la|auf|füh|rung** f. *(-,-en)* → **Galavorstellung. Ga|la|di|ner** m. *(-s,-s)* pranzo *m.* di gala. **Ga|la|emp|fang** m. *(-[e]s,-empfänge)* ricevimento *m.* di gala. **Ga|la|kon|zert** n. *(-es,-e)* concerto *m.* di gala.
ga|lak|tisch agg. galattico.
Ga|lak|to|se f. *(-,-n)* galattosio *m.*
Ga|la|lith n. *(-s)* galalite *f.*
ga|la|mä|ßig I agg. di, da (gran) gala **II** avv. in gran gala.
Ga|lan m. *(-s,-e)* **1** galante *m.* **2** COLLOQ. SPREG. *(Liebhaber)* corteggiatore *m.*, spasimante *m.* **ga|lant I** agg. galante, cortese **II** avv. in modo galante (*o* cortese), galantemente. **Ga|lan|te|rie** f. *(-,-n)* galanteria *f.*
Ga|la|ter pl. galati *m.pl.*
Ga|la|uni|form f. *(-,-en)* uniforme *f.* di gala, alta uniforme *f.* **Ga|la|vor|stel|lung** f. *(-,-en)* galà *m.*
Ga|la|xie f. *(-,-n)* galassia *f.* **Ga|la|xis** f. *(-, Galaxien)* galassia *f.*
Ga|le|as|se f. *(-,-n)* galeazza *f.*
Ga|lee|re f. *(-,-n)* STOR. galea *f.*, galera *f.*: ***jdn auf die ~ schicken*** mandare qcn. alle galere. **Ga|lee|ren|skla|ve** m. *(-n,-n)*, **Ga|lee|ren|sträf|ling** m. *(-s,-e)* STOR. galeotto *m.*
ga|le|nisch agg. galenico.
Ga|le|o|ne f. *(-,-n)* galeone *m.*
Ga|le|o|te f. *(-,-n)* galeotta *f.*
Ga|le|rie f. *(-,-n)* **1a** ARCH. galleria *f.* **b** *(Empore)* matroneo *m.* **2a** *(Gemäldegalerie)* galleria *f.* d'arte **b** *(Pinakothek)* pinacoteca *f.* **c** FIG. ***eine ~ berühmter Menschen*** una galleria di uomini illustri **d** FIG. *(sehr viele Dinge der gleichen Art)* ***eine ganze ~ von etw. haben*** avere un'intera galleria di qcs. **3** *(balkonartiger Umgang)* ballatoio *m.* (anche MIL.) **4** TEATR. galleria *f.*, loggione *m.*, balconata *f.* **5** AUSTR. SVIZZ. *(Halbtunnel)* galleria *f.*, tunnel *m.* ◆ ***für die ~ spielen*** = cercare l'applauso della piccionaia. **Ga|le|rist** m. *(-en,-en)* gallerista *m.*
Gal|gen m. *(-s,-)* **1** forca *f.*: ***jdn an den ~ bringen*** mandare qcn. sulla forca; ***jdn zum ~ verurteilen*** condannare qcn. alla forca; ***am ~ enden, an den ~ kommen*** finire sulla forca; FIG. fare una brutta fine; ***reif für den ~ sein*** essere un pendaglio da forca **2** CINEM. TELEV. giraffa *f.* **3** *(Hebevorrichtung)* braccio *m.* da carico. **Gal|gen|frist** f. *(-,-en)* ultima (breve) dilazione *f.*, respiro *m.*: ***noch drei Tage ~ haben*** avere ancora tre giorni di respiro. **Gal|gen|ge|sicht** n. *(-[e]s,-er)* SPREG. faccia *f.* da galera, brutto ceffo *m.* **Gal|gen|hu|mor** m. *(-s)* umorismo *m.* patibolare. **Gal|gen|strick** m. *(-[e]s,-e)*, **Gal|gen|vo|gel** m. *(-s,-vögel)* COLLOQ. **1** pendaglio *m.* da forca, avanzo *m.* di galera **2** *(Taugenichts)* fannullone *m.* **3** *(Kind)* birba *f.*, furfantello *m.*
Ga|li|ci|en n.pr.n. Galizia *f.* (spagnola). **ga|li|cisch** agg. gallego. **Ga|li|ci|sche** n. *(-n)* gallego *m.*, lingua *f.* gallega.
Ga|li|läa n.pr.n. *(-s)* BIBL. Galilea *f.* **Ga|li|lä|er** m. *(-s,-)* galileo *m.* **ga|li|lä|isch** agg. galileo.
Ga|li|ma|thi|as m. e n. *(-)* chiacchiere *f.pl.*; *(Unsinn)* assurdità *f.pl.*
Ga|li|on n. *(-s,-s)* polena *f.* **Ga|li|o|ne** → **Galeone. Ga|li|ons|fi|gur** f. *(-,-en)* **1** polena *f.* **2** FIG. personaggio *m.* di spicco (*o* in vista), bandiera *f.*, leader *m.* riconosciuto: ***er ist die ~ seiner Partei*** è la bandiera del suo partito. **Ga|li|o|te** → **Galeote.**
gä|lisch agg. gaelico. **Gä|lisch** n. *(-[s])*, **Gä|li|sche** n. *(-n)* gaelico *m.*
Ga|li|zi|en n.pr.n. Galizia *f.* (dell'Europa orientale).
Gall|ap|fel m. *(-s,-äpfel)* galla *f.*
1.Gal|le f. *(-,-n)* **1** bile *f.*, LETT. fiele *m.* (anche FIG.): **2** → **Gallenblase** ◆ ***er hat es an der ~*** ha problemi alla cistifellea; ***grün wie ~ sein, werden*** essere, diventare verde dalla bile; ***jdm kommt, steigt die ~ hoch, jdm läuft die ~ über, jdm schwillt die ~*** a qcn. sale il sangue alla testa, qcn. vede rosso (per la rabbia); ***Gift und ~***

speien sputare fiele (*o* veleno).
2.Gal|le f. *(-,-n)* BOT. VETER. galla *f.*
gal|le(n)|bit|ter agg. amaro come il fiele, amarissimo. **Gal|len|bla|se** f. *(-,-n)* cistifellea *f.*, colecisti *f.*, vescica *f.* biliare. **Gal|len|bla|sen|ent|zün|dung** f. *(-,-en)* colecistite *f.* **Gal|len|flüs|sig|keit** f. *(-)* bile *f.* **Gal|len|gang** m. *(-,-gänge)* (dotto *m.*) coledoco *m.* **Gal|len|grieß** m. *(-es,-e)* sabbia *f.* delle vie biliari. **Gal|len|ko|lik** f. *(-,-en)* colica *f.* biliare. **Gal|len|lei|den** n. *(-s,-)* malattia *f.* biliare. **Gal|len|pilz** m. *(-es,-e)*, **Gal|len|röhr|ling** m. *(-s,-e)* porcino *m.* del fiele. **Gal|len|säu|re** f. *(-)* acido *m.* biliare. **Gal|len|stein** m. *(-[e]s,-e)* calcolo *m.* biliare. **Gal|len|tee** m. *(-s,-s)* tisana *f.* antispastica (*o* calmante) per le coliche biliari. **gal|len|trei|bend** agg. colagogo. **Gal|len|we|ge** pl. vie *f.pl.* biliari.
Gal|lert, Gal|lert n. *(-[e]s,-e)* gelatina *f.* **gal|lert|ar|tig** agg. gelatinoso. **Gal|ler|te** f. *(-,-n)* → **Gallert.**
Gal|li|en n.pr.n. *(-s)* Gallia *f.* **Gal|li|er** m. *(-s,-)* gallo *m.*, abitante *m.* della Gallia.
gal|lig agg. **1** *(gallenbitter)* amaro come il fiele **2** FIG. bilioso, collerico.
gal|li|ka|nisch agg. gallicano. **Gal|li|ka|nis|mus** m. *(-)* gallicanesimo *m.*, gallicanismo *m.*
gal|lisch agg. gallico.
Gal|li|um n. *(-s)* CHIM. gallio *m.*
Gal|li|zis|mus m. *(-, Gallizismen)* gallicismo *m.*, francesismo *m.*
Gal|lo|ma|ne m. *(-n,-n)* gallomane *m.* **Gal|lo|ma|nie** f. *(-)* gallomania *f.*
Gal|lo|ne f. *(-,-n)* gallone *m.*
gal|lo|phil agg. gallofilo, francofilo. **gal|lo|phob** agg. gallofobo, francofobo. **gal|lo|ro|ma|nisch** agg. galloromanzo.
Gall|wes|pe f. *(-,-n)* cinipide *f.*
Ga|lon [ga'lõ:] m. *(-s,-s)*, **Ga|lo|ne** f. *(-,-n)* SART. gallone *m.* **ga|lo|nie|ren** tr. SART. gallonare.
Ga|lopp m. *(-s,-s* e *-e)* **1** galoppo *m.*: ***in vollem, gestrecktem ~*** al gran galoppo, di galoppo serrato; ***im ~ reiten*** andare al galoppo **2** MUS. galop *m.*, galoppo *m.* ◆ COLLOQ. FIG. ***im ~*** al galoppo, di gran carriera; COLLOQ. SPREG. ***im ~ durch die Kinderstube reiten*** = non sapersi comportare. **Ga|lop|per** m. *(-s,-)* galoppatore *m.* **ga|lop|pie|ren** intr. (aus. *haben*) galoppare. **ga|lop|pie|rend** agg. **1** al galoppo: ***ein -es Pferd, ein -er Reiter*** un cavallo, un cavaliere al galoppo **2** FIG. galoppante: ***-e Inflation*** inflazione galoppante; ***-e Leukämie*** leucemia galoppante (*o* fulminante). **Ga|lopp|ren|nen** n. *(-s,-)* corsa *f.* al galoppo. **Ga|lopp|ritt** m. *(-[e]s,-e)* galoppata *f.*
Ga|lo|sche f. *(-,-n)* **1** caloscia *f.*, galoche *f.* **2** COLLOQ. SPREG. *(alter Schuh)* scarpaccia *f.*
galt → **gelten.**
Gal|va|ni|sa|ti|on f. *(-,-en)* MED. METALL. galvanizzazione *f.* **gal|va|nisch** agg. galvanico: ***-es Bad*** bagno galvanico. **gal|va|ni|sie|ren** tr. MED. METALL. galvanizzare. **Gal|va|ni|sie|rung** f. *(-,-en)* MED. METALL. galvanizzazione *f.* **Gal|va|nis|mus** m. *(-)* galvanismo *m.*
Gal|va|no n. *(-s,-s)* TIP. galvano *m.* **Gal|va|no|kaus|tik** f. *(-)* galvanocaustica *f.*, elettrocauterizzazione *f.* **Gal|va|no|kau|ter** m. *(-s,-)* galvanocauterio *m.* **Gal|va|no|plas|tik** f. *(-)* galvanoplastica *f.*, elettroplastica *f.* **Gal|va|no|skop** n. *(-s,-e)* galvanoscopio *m.* **Gal|va|no|tech|nik** f. *(-)* galvanotecnica *f.*
Ga|ma|sche f. *(-,-n)* **1** ghetta *f.*, uosa *f.* **2** *(Wickelgamasche)* mollettiera *f.* ◆ COLLOQ. ***vor jdm, etw. -n haben*** avere fifa di qcn., qcs., *(Respekt haben)* provare rispetto per qcn., qcs. **Ga|ma|schen|dienst** m. *(-[e]s,-e)* SPREG. naia *f.*
Gam|be f. *(-,-n)* viola *f.* da gamba.
Gam|bit n. *(-s,-s)* GIOC. *(beim Schachspiel)* gambetto *m.*
Gamb|ri|nus n.pr.m. Gambrino *m.*
Ga|met m. *(-en,-en)* gamete *m.*
Gam|ma n. *(-[s],-s)* gamma *m.* e *f.* **Gam|ma|glo|bu|lin** n. *(-s,-e)* gammaglobulina *f.* **Gam|ma|strah|len** pl. raggi *m.pl.* gamma.
Gam|mel m. *(-s)* COLLOQ. robaccia *f.* **gam|me|lig I** agg. COLLOQ. **1** *(von Nahrungsmitteln)* guasto, andato a male **2** *(von Kleidungsstücken)* sciatto, trasandato **II** avv. in modo trasandato. **gam|meln** intr. (aus. *haben*) COLLOQ. **1** *(von Nahrungsmitteln)* andare a male: ***das Obst beginnt zu ~*** la frutta sta andando a male **2a** fare il fricchettone **b** *(trödeln)* poltrire, cincischiare. **Gamm|ler** m. *(-s,-)* COLLOQ. fricchettone *m.* **Gamm|le|rin** f. *(-,-nen)* fricchettona *f.* **Gamm|ler|tum** n. *(-s)* vita *f.* da fricchettoni. **gamm|lig** agg. → **gammelig.**
Gams m. f. e n. *(-,-[en])* VENAT. REGION. camoscio *m.* **Gams|bart, Gäms|bart** m. *(-[e]s,-bärte)* pennacchio *m.* di peli di camoscio. **Gams|bock, Gäms|bock** m. *(-[e]s,-böcke)* camoscio *m.* (maschio). **Gämse** f. *(-,-n)* camoscio *m.* **Gams|le|der, Gäms|le|der** n. *(-s)* pelle *f.* di camoscio, camoscio *m.* **Gams|wild, Gäms|wild** n. *(-[e]s)* VENAT. camosci *m.pl.* **Gams|wurz, Gäms|wurz** f. *(-,-en)* BOT. doronico *m.*
Ga|na|sche f. *(-,-n)* EQUIT. ganascia *f.*
Ga|neff m. *(-[s],-e* e *-s)* AUSTR. furfante *m.*, gaglioffo *m.*
gang, *~ und gäbe sein* = essere moneta corrente.
1.Gang m. *(-[e]s, Gänge)* **1** andatura *f.*, passo *m.*: ***einen aufrechten, schwerfälligen ~ haben*** avere un'andatura eretta, un passo pesante; ***schwankenden -es*** con passo vacillante **2a** *(Bewegung)* andamento *m.*, movimento *m.*, moto *m.* **b** *(Betrieb)* funzionamento *m.*, funzione *f.* **3a** *(Spaziergang)* camminata *f.*, passeggiata *f.*: ***einen ~ durch den Park machen*** fare una passeggiata nel parco **b** *(Besorgung)* faccenda *f.*, commissione *f.*: ***einige Gänge zu machen haben*** avere delle commissioni da fare, delle faccende da sbrigare **c** l'andare, andata *f.*: ***auf dem ~ zur Schule*** andando a scuola; ***einen schweren ~ tun (müssen)*** (dover) affrontare un incontro difficile, dover fare una visita spiacevole **4** *(Ablauf)* corso *m.*, andamento *m.*, decorso *m.*: ***der ~ der Ereignisse*** il corso degli eventi **5** SPORT *(beim Boxen)* ripresa *f.*; *(beim Fechten)* assalto *m.* **6** AUT. marcia *f.*: ***in den vierten ~ schalten*** mettere (*o* ingranare) la quarta; ***im dritten ~ fahren*** viaggiare in terza; ***den ~ einlegen, herausnehmen*** ingranare, disinnestare la marcia **7a** *(umschlossener Weg)* passaggio *m.* **b** *(Hausflur)* corridoio *m.*, andito *m.*: ***auf dem ~*** in corridoio **c** *(im Krankenhaus)* corsia *f.* **8** MED. dotto *m.*, condotto *m.* **9a** GEOL. *(Ader)* filone *m.*, vena *f.* **b** *(Stollen)* galleria *f.* **10** GASTR. piatto *m.*, portata *f.*: ***erster ~*** primo piatto, primo *m.* **11** *(Umdrehung eines Gewindes)* passo *m.* ◆ ***etw. in ~ bringen, setzen*** mettere in moto, avviare qcs.; ***seinen (geordneten) ~ gehen*** seguire il proprio corso; ***etw. in ~ halten*** mantenere in funzione; ***gegen ihn ist etw. im ~*** si sta progettando qcs. contro di lui; ***im, in ~ sein*** essere in movimento, in azione; ***einen ~ nach Kanossa machen*** andare a Canossa; ***in ~ kommen*** entrare in moto (*o* in funzione), avviarsi; ***mit etw. zu -e kommen*** venire a capo di qcs.; MECC. ***toter ~*** gioco lasco; ***in vollem ~*** in piena azione; ***das ist der ~ der Welt*** così va il mondo; COLLOQ. ***einen ~ zulegen, zurückschalten*** mettere una marcia in più, ridurre il tempo di marcia.
2.Gang [gɛŋ] f. *(-,-s)* banda *f.*, gang *f.*; *(von Jugendlichen)* banda *f.* (giovanile).
Gang|art f. *(-,-en)* **1** andatura *f.*, passo *m.* **2** GEOL. ganga *f.*
gang|bar agg. praticabile: ***ein leicht -er Weg*** una strada facilmente praticabile, FIG. una via percorribile, una possibilità praticabile. **Gang|bar|keit** f. *(-)* praticabilità *f.* (anche FIG.).
Gän|gel|band n. *(-[e]s,-bänder)* ANT. danda *f.* ◆ ***jdn am ~ führen, haben, halten*** tenere qcn. al guinzaglio; ***am ~ gehen*** essere tenuto al guinzaglio. **Gän|ge|lei** f. *(-,-en)* COLLOQ. FIG. il tenere al guinzaglio. **gän|geln** tr. FIG. tenere al guinzaglio, dominare, controllare.
Gan|ges n.pr.m. *(-)* Gange *m.*
Gang|ge|stein n. *(-[e]s,-e)* roccia *f.* intrusiva.
gän|gig agg. **1** *(gebräuchlich)* corrente, comune, in uso: ***die -e Meinung*** l'opinione corrente **2** *(gut verkaufbar)* richiesto, di facile smercio **3** *(von Münzen)* corrente, in corso **4** funzionante, in movimento: ***etw. ~ machen*** far funzionare, azionare qcs. **5** VENAT. *(von Hunden)* ubbidiente. **Gän|gig|keit** f. *(-)* **1** *(Gebräuchlichkeit)* l'essere in uso **2** commerciabilità *f.*, l'essere di facile smercio.
Gang|li|en|sys|tem n. *(-s,-e)* sistema *m.* gangliare. **Gang|li|en|zel|le** f. *(-,-n)* cellula *f.* gangliare. **Gang|li|on** n. *(-s, Ganglien)* ganglio *m.*
Gan|grän f. *(-,-en)* e n. *(-s,-e)* cancrena *f.*, gangrena *f.* **gan|grä|nes|zie|ren** intr. (aus. *haben*) andare in cancrena. **gan|grä|nös** agg. cancrenoso, gangrenoso.
Gang|schal|tung f. *(-,-en)* cambio *m.* (di velocità). **Gang|spill** n. *(-[e]s,-e)* salpancore *m.*, argano *m.* dell'ancora.
Gangs|ter ['gɛŋstɐ] m. *(-s,-)* gangster *m.* **Gangs|ter|ban|de** f. *(-,-n)* banda *f.* di gangster. **Gangs|ter|braut** f. *(-,-bräute)* donna *f.* del gangster. **Gangs|ter|me|tho|de** f. *(-,-n)* metodo *m.* da gangster. **Gangs|ter|tum** n. *(-s)* gangsterismo *m.*
Gang|way ['gæŋwei] f. *(-,-s)* MAR. AER. passerella *f.*
Ga|no|ve m. *(-n,-n)* furfante *m.*, gaglioffo *m.*
Gans f. *(-, Gänse)* oca *f.* (anche FIG.): ***die Gänse schnattern*** le oche starnazzano; ***eine ~ mästen, rupfen*** ingrassare, spennare un'oca; *(Schimpfwort)* ***blöde, dumme ~!*** stupida oca! **Gäns|chen** n. *(-s,-)* ochetta *f.* (anche FIG.). **Gän|se|ar|ti|gen** pl. anseriformi *m.pl.* **Gän|se|blu|me** f. *(-,-n)*, **Gän|se|blüm|chen** n. *(-s,-)* margheritina *f.*, pratolina *f.* **Gän|se|bra|ten** m. *(-s,-)* arrosto *m.* d'oca, oca *f.* arrosto. **Gän|se|brust** f. *(-,-brüste)* GASTR. petto *m.* d'oca. **Gän|se|dis|tel** f. *(-,-n)* cicerbita *f.* **Gän|se|fe|der** f. *(-,-n)* penna *f.* d'oca. **Gän|se|fett** n. *(-[e]s)* grasso *m.* d'oca. **Gän|se|fuß** m. *(-es,-füße)* chenopodio *m.* **Gän|se|füß|chen** n. *(-s,-)* COLLOQ. virgoletta *f.* **Gän|se|haut** f. *(-)* FIG. pelle *f.* d'oca: ***eine ~ bekommen, kriegen***

avere la pelle d'oca; ***mir läuft eine ~ über den Rücken*** mi viene la pelle d'oca. **Gän|se|keu|le** f. *(-,-n)* coscia *f.* d'oca. **Gän|se|kiel** m. *(-[e]s,-e)* penna *f.* d'oca. **Gän|se|klein** n. *(-s)* frattaglie *f.pl.* d'oca. **Gän|se|le|ber** f. *(-,-n)* fegato *m.* d'oca. **Gän|se|le|ber|pas|te|te** f. *(-,-n)* paté *m.* di fegato d'oca. **Gän|se|marsch** m. ***im ~*** in fila indiana. **Gän|se|rich** m. *(-s,-e)* maschio *m.* dell'oca. **Gän|se|sä|ger** m. *(-s,-)* smergo *m.* maggiore. **Gän|se|schmalz** n. *(-es)* strutto *m.* d'oca. **Gän|se|wein** m. *(-[e]s)* SCHERZ. vino *m.* di fonte, di fontana. **Gan|ter** m. *(-s,-)* REGION. → **Gänserich.**

Ga|ny|med I n.pr.m. Ganimede *m.* **II** m. *(-s,-e)* = giovane servitore *m.*

ganz I agg. **1** tutto, intero: ***die -e Familie*** tutta la famiglia, la famiglia intera; ***den -en Winter über*** tutto l'inverno; *(alle)* tutti: ***die -en Kinder, Leute*** tutti i bambini, tutta la gente **2** COLLOQ. completo: ***-e Arbeit machen*** fare un lavoro completo, perfetto **3** *(ungeteilt)* intero: ***-e Zahlen*** numeri interi; ***eine -e Note*** una nota intera **4** COLLOQ. *(ziemlich viel)* notevole: ***eine -e Menge*** una notevole quantità; ***-e drei Stunden*** la bellezza di tre ore; ***es kostet -e 100 Mark*** costa ben 100 marchi **5** COLLOQ. soltanto, non più di: ***-e drei Mann*** soltanto tre uomini; ***ein Auto für -e 1000 DM*** una macchina per soli 1000 marchi **6** COLLOQ. *(unbeschädigt)* intero, integro: ***das Glas ist ~ geblieben*** il bicchiere è rimasto intero; ***etw. wieder ~ machen*** riparare qcs.; ***kein -es Paar Schuhe besitzen*** non possedere un paio di scarpe intere **II** agg.inv. tutto: ***in ~ Europa*** in tutta Europa; ***~ Frankfurt*** tutta Francoforte **III** avv. **1** interamente, completamente, del tutto: ***etw. ~ vergessen*** dimenticare qcs. completamente; ***~ voll*** tutto pieno; ***nicht ~ eine Stunde*** poco meno di un'ora; ***sie ist ~ die Mutter*** è tutta sua madre; ***er war ~ Eleganz*** era d'una eleganza perfetta **2** rafforz. *(sehr)* molto, assai: ***ein ~ großer Dichter*** un poeta grandissimo; ***~ leise*** piano piano; ***~ allein*** solo soletto; ***~ etwas anderes*** tutt'altra cosa; ***er ist ~ der Typ dazu*** è proprio il tipo per questo **3** COLLOQ. *(ziemlich)* abbastanza: ***~ erträgliche Arbeit*** lavoro abbastanza sopportabile, passabile; ***~ hübsch*** bellino; ***~ gut*** discreto; ***~ zufrieden*** piuttosto contento ◆ ***~ und gar*** completamente; ***~ und gar nicht*** nient'affatto; ***~ gewiss nicht*** sicuramente no, no davvero; ***~ gewiss*** certamente, sicuramente; ***ein -er Kerl*** un uomo tutto d'un pezzo; COLLOQ. ***nicht ~ sein*** non essere del tutto a posto, essere un po' matto; ***~ Ohr sein*** essere tutt'orecchi; ***~ zu schweigen von...*** per non parlare di... **Gan|ze** n. *(-n)* il tutto, l'insieme, il complesso: ***das ~ im Auge behalten*** mantenere la visione d'insieme; ***etw. als -s betrachten*** osservare qcs. nell'insieme; ***das ~ hat keinen Sinn*** tutto questo non ha senso ◆ ***aufs ~ gehen*** giocare il tutto per tutto; ***aufs (große) ~ gesehen*** visto nel complesso; ***nichts -s und nichts Halbes sein*** non essere né carne né pesce; ***im (Großen und) -n*** in tutto, nel complesso; ***es geht ums ~*** è in gioco tutto; ***etw. im -n verkaufen*** vendere in blocco, all'ingrosso. **Gän|ze, *in seiner, ihrer ~*** nella sua totalità; ***zur ~*** totalmente, completamente.

Ganz|fab|ri|kat n. *(-[e]s,-e)* prodotto *m.* finito.

Ganz|heit f. *(-,-en)* **1** interezza *f.*, integrità *f.* **2** *(Ganzes)* totalità *f.*, insieme *m.*: ***etw. in seiner ~ beurteilen*** giudicare qcs. nella sua totalità. **ganz|heit|lich** agg. complessivo: ***-e Betrachtung*** visione complessiva. **Ganz|heits|me|di|zin** f. *(-)* medicina *f.* olistica. **Ganz|heits|me|tho|de** f. *(-,-n)* PED. metodo *m.* globale.

ganz|jäh|rig I agg. che dura tutto l'anno **II** avv. tutto l'anno: ***~ geöffnet*** aperto tutto l'anno. **Ganz|le|der|band** m. *(-[e]s,-bände)* EDIT. volume *m.* rilegato in pelle. **ganz|lei|nen** agg. **1** TESS. di puro lino **2** EDIT. in tutta tela. **Ganz|lei|nen** n. *(-s)* **1** TESS. puro lino *m.* **2** EDIT. ***in ~*** (rilegato) in tutta tela. **Ganz|lei|nen|band** m. *(-[e]s,-bände)* EDIT. volume *m.* rilegato in tela.

gänz|lich I agg. completo, totale: ***ein -er Mangel an Mitgefühl*** una totale mancanza di compassione **II** avv. completamente, del tutto: ***das ist ~ ausgeschlossen*** è completamente escluso. **Ganz|pa|ckung** f. *(-,-en)* MED. impacco *m.* totale. **ganz|sei|tig** agg. a tutta pagina. **ganz|tä|gig** agg. che dura tutto il giorno, a tempo pieno. **ganz|tags** avv. (per) tutto il giorno. **Ganz|tags|ar|beit** f. *(-,-en)* lavoro *m.* a tempo pieno. **Ganz|tags|schu|le** f. *(-,-n)* scuola *f.* a tempo pieno. **Ganz|ton** m. *(-s,-töne)* MUS. tono *m.* intero. **Ganz|ton|lei|ter** f. *(-,-n)* MUS. scala *f.* esatonale (*o* a toni interi). **Ganz|wort|me|tho|de** f. *(-,-n)* → **Ganzheitsmethode.**

1.gar I agg. **1** *(gekocht)* cotto, pronto **2** *(vom Ackerboden)* preparato, lavorato **II** avv. a puntino, (fino) al punto giusto: ***etw. ~ kochen*** cuocere qcs. al punto giusto.

2.gar I avv. **1** *(überhaupt)* assolutamente, affatto: ***das ist ~ nicht wahr*** non è affatto vero **2** REGION. *(sehr)* molto, proprio: ***das schmeckt ~ gut*** è proprio buono **II** part.at. **1** *(verstärkend bei Vermutungen)* forse, mica: ***hast du das ~ vergessen?*** l'hai forse dimenticato? ***er wird doch nicht ~ krank sein?*** non sarà mica malato? **2** *(verstärkend bei Behauptungen)* davvero, veramente: ***er ist ~ zu allem fähig*** è davvero capace di tutto **3** *(Verstärkung von zu oder so)* proprio, davvero: ***das tue ich ~ zu gerne*** lo faccio proprio volentieri; ***sie ist ~ so bescheiden*** è proprio modesta **4** *(eine Steigerung ausdrückend)* ancora (*o* persino) di più: ***er ist ja schon unhöflich, aber ~ seine Frau*** lui è già scortese, ma sua moglie ancora di più; *(sogar)* addirittura, persino: ***...und ~ vor allen Leuten!*** ...e addirittura davanti a tutti! ◆ ***~ manche*** non pochi; ***~ nicht*** niente affatto; ***~ nicht übel*** niente male; ***~ nicht zu reden von...*** per non parlare di...; ***~ nichts*** proprio nulla, niente di niente; ***~ niemand*** proprio nessuno.

Ga|ra|ge [ga'ra:ʒə] f. *(-,-n)* **1** garage *m.*, autorimessa *f.* **2** RAR. *(Autowerkstatt)* autofficina *f.* **ga|ra|gie|ren** tr. AUSTR. SVIZZ. mettere in garage.

Ga|rant m. *(-en,-en)* garante *m.* **Ga|ran|tie** f. *(-,-n)* garanzia *f.* (anche FIG.): ***eine einjährige ~ auf, für das Gerät*** una garanzia di un anno sull'apparecchio; ***jdm ~ auf etw. geben*** garantire qcs. a qcn.; ***für etw. ~ übernehmen*** garantire qcs., dare garanzia su qcs.; ***die ~ auf, für etw. läuft ab*** la garanzia di, su qcs. scade; ***der Schaden geht noch auf ~, fällt noch unter die ~*** il danno è ancora coperto dalla garanzia; ***unter ~ stehen, sein*** essere in garanzia ◆ ***er hat unter ~ kein Geld mehr*** garantito che non ha più un soldo. **Ga|ran|tie|ab|kom|men** n. *(-s,-)* accordo *m.* (*o* trattato *m.*) di garanzia. **Ga|ran|tie|fonds** m. *(-,-)* fondo *m.* di garanzia. **Ga|ran|tie|frist** f. *(-,-en)* → **Garantiezeit. ga|ran|tie|ren I** tr. garantire: ***jdm etw. ~*** garantire qcs. a qcn. **II** intr. (aus. *haben*) ***für etw. ~*** farsi garante (*o* garantire) per qcs. **Ga|ran|tie|schein** m. *(-[e]s,-e)* certificato *m.* di garanzia, garanzia *f.* **Ga|ran|tie|zeit** f. *(-,-en)* periodo *m.* di garanzia.

Gar|aus m. *(-)* SCHERZ. ***jdm den ~ machen*** fare la pelle a qcn.; ***etw. (D) den ~ machen*** farla finita con qcs.

Gar|be f. *(-n,-n)* **1** AGR. covone *m.*: ***-n binden*** legare covoni **2** *(von Geschossen)* raffica *f.*: ***eine ~ abgeben, abfeuern*** scaricare una raffica di colpi **3** *(von Lichtstrahlen)* fascio *m.* **4** BOT. → **Schafgarbe. Gar|ben|bin|de|ma|schi|ne** f. *(-,-n)* AGR. accovonatore *m.*

Gar|çon|ni|ère [garsɔ'nie:rə] f. *(-,-n)* AUSTR. monolocale *m.*

Gar|da|see n.pr.m. *(-s)* lago *m.* di Garda.

Gar|de f. *(-,-n)* **1** STOR. MIL. *(Leibgarde)* guardia *f.* del corpo **2** STOR. *(Gardekorps)* corpo *m.* di guardia **3** *(Gruppe)* gruppo *m.*: ***eine ~ von Dienern*** un gruppo di domestici ◆ ***zur alten ~ gehören*** essere della vecchia guardia.

Gar|de|nie f. *(-,-n)* gardenia *f.*

Gar|de|of|fi|zier m. *(-s,-e)* ufficiale *m.* della guardia.

Gar|de|ro|be f. *(-,-n)* **1** guardaroba *m.*: ***den Mantel an die ~ hängen, an der ~ abgeben, ablegen*** appendere il cappotto in guardaroba, lasciare il cappotto al guardaroba **2** *(Kleidung)* guardaroba *m.*, vestiario *m.*: ***sich eine neue ~ zulegen*** rifarsi il guardaroba; ***er besitzt wenig ~*** ha poco vestiario **3** *(Ankleideraum eines Künstlers im Theater)* camerino *m.* **Gar|de|ro|ben|frau** f. *(-,-en)* guardarobiera *f.* **Gar|de|ro|ben|mar|ke** f. *(-,-n)* contromarca *f.* (del guardaroba). **Gar|de|ro|ben|schrank** m. *(-[e]s,-schränke)* armadio *m.* guardaroba, guardaroba *m.* **Gar|de|ro|ben|stän|der** m. *(-s,-)* attaccapanni *m.* **Gar|de|ro|bi|er** [gardəro'bie:] m. *(-s,-s)* TEATR. vestiarista *m.* **Gar|de|ro|bi|e|re** [gardərobi'ɛrə] f. *(-,-n)* **1** TEATR. *(Frau, die den Künstlern beim Ankleiden hilft)* vestiarista *f.* **2** ANT. *(Garderobenfrau)* guardarobiera *f.*

Gar|di|ne f. *(-,-n)* tenda *f.*, tendina *f.*: ***eine ~ abnehmen, aufhängen*** togliere, appendere una tendina ◆ COLLOQ. ***hinter schwedischen Gardinen sitzen*** essere in gattabuia. **Gar|di|nen|leis|te** f. *(-,-n)* riloga *f.* **Gar|di|nen|pre|digt** f. *(-,-en)* SCHERZ. predica *f.*, ramanzina *f.*: ***jdm eine ~ halten*** fare una ramanzina a qcn. **Gar|di|nen|stan|ge** f. *(-,-n)* asta *f.* della tendina.

Gar|dist m. *(-en,-en)* soldato *m.* della guardia, guardia *f.*

Ga|re f. *(-)* **1** GASTR. stato *m.* di cottura **2** AGR. *(Bodengare)* terreno *m.* preparato, lavorato. **ga|ren I** tr. portare a cottura **II** intr. (aus. *haben*) cuocere.

gä|ren *(gor e gärte, gegoren e* RAR. *gegärt)* **I** intr. **1** (aus. *sein, haben*) fermentare, essere in fermentazione: ***der Most gärt*** il mosto fermenta; ***der Wein ist zu Essig gegoren*** il vino è diventato aceto **2** (aus. *sein, haben*) lievitare: ***der Teig gärt*** la pasta lievita **3a** (aus. *haben*) FIG. ribollire: ***in ihm gärte der Hass*** l'odio ribolliva in lui **b** impers. FIG. essere in fermento: ***es gärt im Volk*** il popolo è in fermento **II** tr. far fermentare. **gä|rend** p.pres. agg. **1** fermentante, in fermentazione **2** FIG. in fermento: ***das -e Volk*** il popolo in fermento.

Gär|mit|tel n. *(-s,-)* fermento *m.*

Garn n. *(-[e]s,-e)* **1** filo *m.*; TESS. filato *m.*: ***~ ab-, aufspulen*** dipanare, avvolgere il filo **2** FIG. frottola *f.*: ***(s)ein ~ spinnen*** raccontare frottole **3** *(Netz)* rete *f.* (anche FIG.): ***jdm ins ~ gehen*** cadere nella rete di qcn.; ***jdn ins ~ locken*** prendere in trappola qcn.

Gar|ne|le f. *(-,-n)* gamberetto *m.*

gar|nie|ren tr. guarnire, decorare: ***die Torte mit Guss ~*** guarnire la torta con della glassa; ***ein Kleid ~*** applicare delle guarnizioni ad un vestito. **Gar|nier|sprit|ze** f. *(-,-n)* siringa *f.* (da cucina). **Gar|nie|rung** f. *(-,-en)* GASTR. guarnizione *f.*, decorazione *f.*

Gar|ni|son f. *(-,-en)* **1** guarnigione *f.*: ***in ~ liegen, sein*** stare, essere di guarnigione; ***mit einer ~ belegen*** munire di una guarnigione **2** *(Besatzung)* presidio *m.* **Gar|ni|sons|la|za|rett** n. *(-[e]s,-e)*, **Gar|ni|sons|spi|tal** n. *(-s,-spitäler)* AUSTR. SVIZZ. ospedale *m.* militare.

Gar|ni|tur f. *(-,-en)* **1a** completo *m.*, parure *f.*: ***eine ~ Unterwäsche*** una parure (*o* un coordinato) di biancheria intima **b** servizio *m.*: ***eine ~ Gläser*** un servizio di bicchieri **c** *(Satz)* serie *f.*, assortimento *m.*: ***eine ~ Knöpfe*** un assortimento di bottoni **2** GASTR. SART. *(Besatz)* guarnizione *f.*, decorazione *f.* **3a** *(Zubehör)* accessori *m.pl.* **b** TECN. *(Beschlag)* guarnizione *f.*, rifinitura *f.* ◆ ***erste ~*** (la) prima scelta, il meglio.

Garn|knäu|el m. e n. *(-s,-)* gomitolo *m.* di filo. **Garn|rol|le** f. *(-,-n)* rocchetto *m.* di filo. **Garn|spu|le** f. *(-,-n)* spola *f.* (*o* bobina *f.*) di filo.

Gar|rot|te f. *(-,-n)* garrota *f.* **gar|rot|tie|ren** tr. garrotare.

gars|tig agg. **1** *(ungezogen)* maleducato, screanzato: ***~ gegen jdn sein*** essere maleducato con qcn. **2** *(abstoßend)* orribile, ripugnante **3** RAR. uggioso: ***ein -es Wetter*** un tempo uggioso. **Gars|tig|keit** f. *(-,-en)* **1** bruttezza *f.*, ripugnanza *f.* **2** *(Ungezogenheit)* maleducazione *f.*

Gär|stoff m. *(-[e]s,-e)* → **Gärmittel.**

Gärt|chen n. *(-s,-)* giardinetto *m.* **gär|teln** intr. (aus. *haben*) REGION. avere l'hobby del giardinaggio. **Gar|ten** m. *(-s, Gärten)* **1** giardino *m.*: ***einen ~ anlegen*** allestire un giardino; ***zoologischer, botanischer ~*** giardino zoologico, orto botanico; ***hängende Gärten*** giardini pensili **2** *(Nutzgarten)* orto *m.* ◆ COLLOQ. ***quer durch den ~*** = un po' di tutto; ***der ~ Gottes*** il paradiso. **Gar|ten|an|la|ge** f. *(-,-n)* giardini *m.pl.* **Gar|ten|ar|beit** f. *(-,-en)* lavoro *m.* di giardinaggio. **Gar|ten|bank** f. *(-,-bänke)* panca *f.* di giardino. **Gar|ten|bau** m. *(-[e]s)* giardinaggio *m.*: ***~ treiben*** fare del giardinaggio. **Gar|ten|blu|me** f. *(-,-n)* fiore *m.* da giardino. **Gar|ten|erd|bee|re** f. *(-,-n)* fragola *f.* (coltivata). **Gar|ten|er|de** f. *(-,-n)* terriccio *m.* (da giardinaggio). **Gar|ten|fest** n. *(-es,-e)* festa *f.* in giardino. **Gar|ten|ge|rät** n. *(-[e]s,-e)* attrezzo *m.* da giardinaggio. **Gar|ten|haus** n. *(-es,-häuser)* **1** padiglione *m.* (nel giardino) **2** COLLOQ. *(Hinterhaus)* retro *m.* (di casa) con giardino. **Gar|ten|ko|lo|nie** f. *(-,-n)* gruppo *m.* di appezzamenti coltivati. **Gar|ten|kres|se** f. *(-,-n)* crescione *m.* inglese (*o* degli orti), agretto *m.* **Gar|ten|kunst** f. *(-)* giardinaggio *m.* **Gar|ten|lau|be** f. *(-,-n)* pergola *f.*, pergolato *m.* **Gar|ten|lo|kal** n. *(-[e]s,-e)* locale *m.* con giardino. **Gar|ten|mö|bel** n. *(-s,-)* mobile *f.* da giardino. **Gar|ten|par|ty** f. *(-,-partys* e *-parties)* garden-party *m.* **Gar|ten|res|tau|rant** n. *(-[e]s,-s)* ristorante *m.* con giardino. **Gar|ten|schäd|ling** m. *(-s,-e)* insetto *m.* nocivo alle piante da giardino. **Gar|ten|schau** f. *(-,-en)* esposizione *f.* di orticoltura. **Gar|ten|sche|re** f. *(-,-n)* forbici *f.pl.* da giardiniere, cesoie *f.pl.* **Gar|ten|schlä|fer** m. *(-s,-)* topo *m.* quercino. **Gar|ten|schlauch** m. *(-[e]s,-schläuche)* tubo *m.* d'irrigazione. **Gar|ten|stadt** f. *(-,-städte)* città *f.* giardino. **Gar|ten|stuhl** m. *(-[e]s,-stühle)* sedia *f.* da giardino. **Gar|ten|tisch** m. *(-[e]s,-e)* tavolo *m.* da giardino. **Gar|ten|tor** n. *(-[e]s,-e)* cancello *m.* d'ingresso (al giardino). **Gar|ten|weg** m. *(-[e]s,-e)* viottolo *m.* (*o* sentiero *m.*) di giardino. **Gar|ten|wirt|schaft** f. *(-,-en)* → **Gartenlokal.** **Gar|ten|zaun** m. *(-[e]s,-zäune)* recinto *m.* (*o* steccato *m.*) del giardino. **Gar|ten|zwerg** m. *(-[e]s,-e)* **1** *(in Gärten)* nano *m.* ornamentale **2** SPREG. nanerottolo *m.*

Gärt|ner m. *(-s,-)* **1** giardiniere *m.* **2** *(für Nutzgarten)* ortolano *m.* **Gärt|ne|rei** f. *(-,-en)* **1** giardinaggio *m.* **2** *(Unternehmen)* vivaio *m.* **Gärt|ne|rin|art** f. *(-)* GASTR. ***nach ~*** con verdure miste. **gärt|ne|risch** agg. da giardiniere, da giardino. **Gärt|ner|kunst** f. *(-)* arte *f.* del giardinaggio. **gärt|nern** intr. (aus. *haben*) **1** *(im Garten arbeiten)* occuparsi di giardinaggio, fare del giardinaggio **2** *(Gärtner sein)* fare il giardiniere.

Gä|rung f. *(-,-en)* **1** fermentazione *f.*: ***in ~ geraten, übergehen*** iniziare a fermentare **2** FIG. fermento *m.*: ***revolutionäre -en*** fermenti rivoluzionari. **Gä|rungs|mit|tel** → **Gärmittel.** **Gä|rungs|pro|zess** m. *(-es,-e)* processo *m.* di fermentazione. **Gä|rungs|stoff** m. *(-[e]s,-e)* → **Gärmittel.**

Gas n. *(-es,-e)* **1a** gas *m.*: ***flüssiges, technisches, brennbares, giftiges ~*** gas liquido, industriale, combustibile, tossico; ***das ~ strömt aus*** il gas fuoriesce; ***in ~ verwandeln*** gassificare **b** MIL. *(Giftgas)* ***mit ~ angreifen*** attaccare con gas tossici **2a** *(Brenngas)* gas *m.*: ***das ~ anzünden, öffnen (aufdrehen), abdrehen (abstellen)*** accendere, aprire, chiudere il gas; ***sich mit ~ vergiften*** avvelenarsi con il gas **b** *(Gasherd)* COLLOQ. fornello *m.*, gas *m.*, fuoco *m.*: ***den Kochtopf aufs ~ stellen*** mettere la pentola sul fuoco **3a** *(Treibstoff eines Fahrzeuges)* ***~ geben, wegnehmen*** dare gas (*o* accelerare), togliere il piede dall'acceleratore **b** COLLOQ. *(Gaspedal)* acceleratore: ***aufs ~ treten*** pigiare l'acceleratore **4** *(Gaskammer)* camera *f.* a gas ◆ ***jdm das ~ abdrehen*** = rovinare, strozzare qcn. economicamente; ***~ geben*** sbrigarsi, affrettarsi; COLLOQ. ***zuviel ~!*** calma, andiamoci piano! **Gas|ab|le|ser** m. *(-s,-)* letturista *m.* del gas. **Gas|an|griff** m. *(-[e]s,-e)* attacco *m.* con i gas (tossici). **Gas|an|schluss** m. *(-es,-anschlüsse)* allacciamento *m.* del gas. **Gas|an|zei|ger** m. *(-s,-)* rivelatore *m.* (di fughe) di gas. **Gas|an|zün|der** m. *(-s,-)* accendigas *m.* **gas|ar|tig** agg. gassoso. **Gas|aus|strö|mung** f. *(-,-en)* fuoriuscita *f.* di gas. **Gas|aus|tausch** m. *(-[e]s,-e)* BIOL. MED. scambio *m.* gassoso. **Gas|ba|de|ofen** m. *(-s,-öfen)* scaldabagno *m.* a gas. **Gas|be|häl|ter** m. *(-s,-)* serbatoio *m.* per il (*o* del) gas. **gas|be|heizt** agg. riscaldato a gas: ***eine -e Wohnung*** un appartamento con il riscaldamento a gas. **Gas|be|leuch|tung** f. *(-,-en)* illuminazione *f.* a gas. **Gas|be|trieb** m. *(-[e]s,-e)* funzionamento *m.* a gas. **Gas|boi|ler** m. *(-s,-)* boiler *m* a gas. **Gas|bom|be** f. *(-,-n)* bomba *f.* a gas. **Gas|brand** m. *(-[e]s,-brände)* MED. cancrena *f.* gassosa. **Gas|bren|ner** m. *(-s,-)* becco *m.*, bruciatore *m.* **Gas|dich|te** f. *(-,-n)* densità *f.* del gas. **Gas|druck** m. *(-[e]s,-e)* pressione *f.* del gas. **ga|sen** intr. **1** (aus. *sein*) COLLOQ. correre, scorrazzare: ***durch die Gegend ~*** scorrazzare di qua e di là **2** impers. (aus. *haben*) ***es gast*** c'è odore di gas **3** (aus. *haben*) TECN. erogare gas **4** (aus. *haben*) COLLOQ. scoreggiare. **Gas|ent|la|dung** f. *(-,-en)* FIS. scarica *f.* in gas (rarefatto). **Gas|ent|la|dungs|lam|pe** f. *(-,-n)* TECN. lampada *f.* a gas luminescente. **Gas|ent|wei|chung** f. *(-,-en)* fuga *f.* di gas. **Gas|ent|wick|lung** f. *(-,-en)* sviluppo *m.*, formazione *f.* di gas. **Gas|ex|plo|si|on** f. *(-,-en)* esplosione *f.* di gas. **Gas|fern|ver|sor|gung** f. *(-,-en)* rifornimento *f.* di gas a distanza. **Gas|feu|e|rung** f. *(-,-en)* combustione *f.* a gas. **Gas|feu|er|zeug** n. *(-[e]s,-e)* accendino *m.* (a gas). **Gas|flam|me** f. *(-,-n)* fiamma *f.* di gas. **Gas|fla|sche** f. *(-,-n)* bombola *f.* di gas. **gas|för|mig** agg. gassoso, aeriforme. **gas|ge|kühlt** agg. raffreddato a gas. **Gas|ge|misch** n. *(-[e]s,-e)* miscela *f.* gassosa. **Gas|ge|ne|ra|tor** m. *(-s,-en)* gassogeno *m.* **Gas|ge|ruch** m. *(-[e]s)* odore *m.* di gas. **Gas|ge|win|nung** f. *(-)* estrazione *f.*, produzione *f.* di gas. **Gas|glüh|licht** n. *(-[e]s,-er)* luce *f.* incandescente a gas. **Gas|hahn** m. *(-[e]s,-hähne)* rubinetto *m.* del gas. **Gas|he|bel** m. *(-s,-)* acceleratore *m.* **Gas|hei|zung** f. *(-,-en)* riscaldamento *m.* a gas. **Gas|herd** m. *(-[e]s,-e)* cucina *f.*, fornello *f.* a gas. **Gas|hül|le** f. *(-,-n)* involucro *m.* gassoso. **ga|sie|ren** tr. TESS. gasare. **ga|sig** agg. gassoso. **Gas|kam|mer** f. *(-,-n)* camera *f.* a gas. **Gas|ko|cher** m. *(-s,-)* fornello *m.* a gas. **Gas|koh|le** f. *(-,-n)* carbone *m.* da gas (*o* di storta). **Gas|krieg** m. *(-[e]s,-e)* guerra *f.* chimica. **Gas|lam|pe** f. *(-,-n)* lampada *f.* a gas. **Gas|la|ter|ne** f. *(-,-n)* lampione *f.* a gas. **Gas|lei|tung** f. *(-,-en)* conduttura *f.* del gas. **Gas|licht** n. *(-[e]s,-er* e *-e)* luce *f.* a gas. **Gas-Luft-Ge|misch** n. *(-[e]s,-e)* TECN. miscela *f.* di aria e gas. **Gas|mann** m. *(-es,-männer)* COLLOQ. → **Gasableser.** **Gas|mas|ke** f. *(-,-n)* maschera *f.* antigas. **Gas|mes|ser** m. *(-s,-)* → **Gaszähler.** **Gas|mo|tor** m. *(-s,-en)* motore *m.* a gas. **Gas|ofen** m. *(-s,-öfen)* stufa *f.* a gas. **Gas|öl** n. *(-[e]s,-e)* gasolio m. **Ga|so|lin** n. *(-s)* gasolina *f.* **Gas|pe|dal** n. *(-s,-e)* pedale *m.* dell'acceleratore: ***aufs ~ treten*** pigiare l'acceleratore; ***den Fuß vom ~ nehmen*** togliere, alzare il piede dall'acceleratore. **Gas|pis|to|le** f. *(-,-n)* pistola *f.* a gas. **Gas|rech|nung** f. *(-,-en)* bolletta *f.* del gas. **Gas|rei|ni|gung** f. *(-,-en)* TECN. depurazione *f.* del gas. **Gas|rohr** n. *(-[e]s,-e)* tubo *m.* del gas.

Gäss|chen n. *(-s,-)* viuzza *f.*, vicoletto *m.*

Gas|schlauch m. *(-[e]s,-schläuche)* tubo *m.* (di gomma) del gas. **Gas|schutz** m. *(-es)* protezione *f.* antigas.

Gas|se f. *(-,-n)* **1** via *f.*: ***eine enge, schmale ~*** una viuzza, un vicolo; ***auf der ~*** nel vicolo **2** *(Durchgang)* corridoio *m.*, passaggio *m.*: ***eine ~ zwischen den Felswänden*** un corridoio tra le pareti rocciose; ***eine ~ bilden*** aprire, lasciare un passaggio ◆ ***sich eine ~ durch die Menge bahnen*** farsi largo (*o* aprirsi un varco) tra la folla.

Gas|sen|bu|be m. *(-n,-n)* → **Gassenjunge.** **Gas|sen|dreck,** ***frech wie ~ sein*** essere molto sfacciato. **Gas|sen|hau|er** m. *(-s,-)* canzonaccia *f.* **Gas|sen|jun|ge** m. *(-n,-n)* SPREG. ragazzo *m.* di strada, ragazzaccio *m.* **Gas|sen|witz** m. *(-es,-e)* barzelletta *f.* sporca.

Gas|si, ***~ gehen*** andare a passeggio (con il cane).

Gas|si|che|rung f. *(-,-en)* valvola *f.* di sicurezza antigas.

Gäss|lein n. *(-s,-)* viuzza *f.*, vicolo *m.*
Gas|spür|ge|rät n. *(-[e]s,-e)* indicatore *m.*, rilevatore *m.* di gas.
1.Gast m. *(-[e]s, Gäste)* **1** ospite *m.* e *f.*, invitato *m.*: ***willkommene, gern gesehene, ungebetene Gäste*** ospiti graditi, benaccetti, indesiderati (o sgraditi); ***bei jdm zu ~ sein*** essere ospite di qcn.; ***jdn zu Gast(e) laden, bitten*** invitare qcn. a pranzo, a cena; ***jdn zu Gast haben*** ospitare qcn. **2** *(Kunde eines Lokals)* avventore *m.*, cliente *m.*; *(regelmäßiger Besucher)* frequentatore *m.*; *(von Hotels)* ospite *m.*: ***Gäste aufnehmen*** accettare ospiti **3** *(Gastspieler)* ***als ~ Bruno Ganz*** con la partecipazione straordinaria di Bruno Ganz **4** SPORT *(Gastmannschaft)* ospiti *m.pl.* ◆ ***ein seltsamer ~*** un tipo strano.
2.Gast m. *(-[e]s,-en* e *Gäste)* MAR. uomo *m.* dell'equipaggio, marinaio *m.*
Gas|tan|ker m. *(-s,-)* nave *f.* cisterna per trasporto di gas.
Gast|ar|bei|ter m. *(-s,-)* lavoratore *m.* straniero. **Gast|ar|bei|te|rin** f. *(-,-nen)* lavoratrice *f.* straniera. **Gast|di|ri|gent** m. *(-en,-en)* direttore *m.* (d'orchestra) straordinario. **Gast|do|zent** m. *(-en,-en)* docente *m.* ospite. **Gäs|te|bett** n. *(-[e]s,-en)* letto *m.* per gli ospiti. **Gäs|te|buch** n. *(-[e]s,-bücher)* **1** libro *m.* degli ospiti **2** *(in Lokalen)* registro *m.* (dei clienti). **Gäs|te|hand|tuch** n. *(-[e]s,-tücher)* asciugamano *m.* per gli ospiti. **Gäs|te|haus** n. *(-es, -häuser)* foresteria *f.*
Gas|te|rei f. *(-,-en)* ANT. banchetto *m.*
Gäs|te|zim|mer n. *(-s,-)* camera *f.* degli ospiti.
gast|frei agg. ospitale. **Gast|frei|heit** f. *(-)* ospitalità f. **gast|freund|lich** agg. ospitale. **Gast|freund|lich|keit, Gast|freund|schaft** f. *(-)* ospitalità *f.* **Gast|ge|ber** m. *(-s,-)* **1** ospite *m.*, padrone *m.* di casa, ospitante *m.* **2** SPORT *(Mannschaft)* squadra *f.* ospitante. **Gast|ge|be|rin** f. *(-,-nen)* ospite *f.*, padrona *f.* di casa. **Gast|ge|schenk** n. *(-[e]s,-e)* dono *m.* dell'ospite. **Gast|haus** n. *(-es,-häuser)*, **Gast|hof** m. *(-[e]s,-höfe)* **1** ristorante *m.*, trattoria *f.* **2** *(mit Unterkunft)* albergo *m.*, ANT. locanda *f.* **Gast|hö|rer** m. *(-s,-)* uditore *m.* *(an der Universität)*. **Gast|hö|re|rin** f. *(-,-nen)* uditrice *f.*
gas|tie|ren intr. (aus. *haben*) **1** *(von Künstlern)* essere ospite (straordinario), esibirsi (come ospite): ***das Orchester gastiert in Bonn*** l'orchestra si esibisce (*o* suona) a Bonn **2** SPORT giocare (fuori casa): ***nächste Woche gastiert Borussia in Mailand*** la prossima settimana il Borussia va a giocare a Milano. **Gast|land** n. *(-[e]s, -länder e -e)* paese *m.* ospitante. **gast|lich** agg. ospitale: ***ein -er Empfang*** un'accoglienza ospitale. **Gast|lich|keit** f. *(-)* ospitalità *f.* **Gast|mahl** n. *(-[e]s,-mähler* e *-e)* LETT. banchetto *m.*, convito *m.* **Gast|mann|schaft** f. *(-,-en)* SPORT squadra *f.* ospite.
Gas|tod m. *(-[e]s)* morte *f.* per gas: ***den ~ sterben*** morire asfissiato dal gas.
Gast|pflan|ze f. *(-,-n)* BOT. pianta *f.* parassita. **Gast|pro|fes|sor** m. *(-en,-en)* professore *m.* ospite. **Gast|recht** n. *(-[e]s,-e)* diritto *m.* di ospitalità: ***das ~ genießen*** godere del diritto di ospitalità; ***jdm ~ gewähren*** dare ospitalità a qcn., DIR. STOR. concedere a qcn. (il diritto di) ospitalità.
gast|risch agg. gastrico. **Gast|ri|tis** f. *(-, Gastritiden)* MED. gastrite *f.*
Gast|ro|en|te|ri|tis f. *(-, Gastroenteritiden)* gastroenterite *f.* **Gast|ro|en|te|ro|lo|ge** m. *(-n,-n)* gastroenterologo *m.* **Gast|ro|en|te|ro|lo|gie** f. *(-)* gastroenterologia *f.*
Gast|rol|le f. *(-,-n)* **1** partecipazione *f.* straordinaria (di artisti) **2** FIG. SCHERZ. breve comparsa *f.*, apparizione *f.*: ***bei jener Firma habe ich nur eine ~ gegeben*** in quella ditta ho fatto solo una breve comparsa, ho lavorato solo temporaneamente.
Gast|ro|nom m. *(-en,-en)* gastronomo *m.* **Gast|ro|no|mie** f. *(-)* **1** *(Gaststättengewerbe)* ristorazione *f.* **2** *(feine Kochkunst)* gastronomia *f.* **gast|ro|no|misch** agg. **1** della ristorazione **2** gastronomico.
Gast|ro|skop n. *(-s,-e)* MED. gastroscopio *m.* **Gast|ro|sko|pie** f. *(-,-n)* MED. gastroscopia *f.*
Gast|spiel n. *(-[e]s,-e)* **1** *(von Künstlern)* spettacolo *m.* ospite **2** FIG. SCHERZ. apparizione *f.*, breve comparsa *f.*: ***ein ~ geben*** fare una breve apparizione **3** SPORT trasferta *f.*, partita *f.* fuori casa. **Gast|spiel|rei|se** f. *(-,-n)* SPORT trasferta *f.*: ***auf ~ sein*** essere in trasferta. **Gast|stät|te** f. *(-,-n)* ristorante *m.*, trattoria *f.* **Gast|stät|ten|ge|wer|be** n. *(-s,-)* industria *f.* alberghiera. **Gast|stu|be** f. *(-,-n)* **1** saletta *f.* (di un ristorante) **2** *(Lokal)* (piccola) trattoria *f.*, ristorantino *m.* **Gast|vor|stel|lung** f. *(-,-en)* spettacolo *m.* ospite. **Gast|wirt** m. *(-[e]s,-e)* oste *m.*, albergatore *m.* **Gast|wirt|schaft** f. *(-,-en)* → **Gaststätte. Gast|zim|mer** n. *(-s,-)* **1** camera *f.* degli ospiti **2** *(von Lokalen)* sala *f.*
Gas|tur|bi|ne f. *(-,-n)* turbina *f.* a gas. **Gas|uhr** f. *(-,-en)* → **Gaszähler. Gas|ver|gif|tung** f. *(-,-en)* intossicazione *f.*, avvelenamento *m.* da gas. **Gas|ver|sor|gung** f. *(-,-en)* rifornimento *m.* di gas. **Gas|werk** n. *(-[e]s,-e)* officina *f.* (di produzione) del gas. **Gas|zäh|ler** m. *(-s,-)* contatore *m.* del gas.
Gat, Gatt n. *(-[e]s,-en* e *-s)* MAR. **1** *(Loch für Tau)* bugna *f.* **2** *(Speigatt)* ombrinale *m.* **3** *(Hellegatt)* cala *f.*
Gat|te m. *(-n,-n)* **1** LETT. consorte *m.*, coniuge *m.* **2** ANT. *(Eheleute)* ***die -n*** i coniugi. **gat|ten** rifl. **sich ~** LETT. sposarsi (anche FIG.): ***die zwei Eigenschaften ~ sich*** le due qualità si sposano bene; ***sich (mit) einer Sache ~*** sposare una causa. **Gat|ten|lie|be** f. *(-)* LETT. amore *m.* coniugale. **Gat|ten|mord** m. *(-[e]s,-e)* uxoricidio *m.* **Gat|ten|wahl** f. *(-,-en)* **1** LETT. scelta *f.* del coniuge **2** ZOOL. scelta *f.* del compagno.
Gat|ter n. *(-s,-)* **1** recinto *m.*, recinzione *f.* **2** *(Gittertor)* cancello *m.* **3** TECN. → **Gattersäge 4** TESS. cantra *f.* **Gat|te|rich** m. *(-s,-e)* SCHERZ. marito *m.* **Gat|ter|sä|ge** f. *(-,-n)* sega(trice) *f.* alternativa multipla. **Gat|ter|tor** n. *(-s,-e)* cancello *m.* (del recinto).
gat|tie|ren tr. TESS. mescolare, mischiare; MIN. preparare la carica.
Gat|tin f. *(-,-nen)* LETT. consorte *f.*
Gat|tung f. *(-,-en)* **1** genere *m.*, categoria *f.*: ***musikalische, literarische ~*** genere musicale, letterario **2** BOT. ZOOL. genere *m.*: ***eine ausgestorbene ~*** un genere estinto; ***zu einer ~ gehören*** appartenere ad un genere. **Gat|tungs|be|griff** m. *(-[e]s,-e)* concetto *m.* generale. **Gat|tungs|na|me** m. *(-n,-n)* **1** nome *m.* comune **2** BOT. ZOOL. nome *m.* di genere.
Gau m. e REGION. n. *(-[e]s,-e)* **1** ANT. territorio *m.*, regione *f.*, distretto *m.* **2** STOR. INTRAD. (unità organizzativa territoriale del partito nazista).
GAU ⇒ NUCL. *Größter anzunehmender Unfall* massimo incidente ipotizzabile in una centrale nucleare.
Gäu n. *(-[e]s,-e)* **1** AUSTR. territorio *m.*, regione *f.*, distretto *m.* **2** SVIZZ. *(Land)* campagna *f.* ◆ ***ins ~ gehen*** stare dietro (a una ragazza); ***jdm ins ~ kommen*** finire fra i piedi a qcn.
Gau|be f. *(-,-n)* REGION. abbaino *m.*
Gauch m. *(-[e]s,-e* e *Gäuche)* ANT. **1** cuculo *m.* **2** *(Narr)* folle *m.*, pazzo *m.* **Gauch|heil** m. *(-[e]s,-e)* anagallide *f.*, mordigallina *f.*
Gau|dee f. *(-,-n)* AUSTR., **Gau|di** f. *(-)* e n. *(-s)* COLLOQ., **Gau|di|um** n. *(-s)* spasso *m.*, divertimento *m.*
gauf|rie|ren tr. TESS. goffrare.
Gau|kel|bild n. *(-[e]s,-er)* LETT. miraggio *m.*, illusione *f.* **Gau|ke|lei** f. *(-,-en)* **1** illusione *f.*, finzione *f.* **2** LETT. *(Trick)* trucco *m.*, inganno *m.* **gau|kel|haft** agg. LETT. → **gauklerisch. Gau|kel|kunst** f. *(-)* LETT. illusionismo *m.*; *(Taschenspielerkunst)* prestidigitazione *f.* **gau|keln** intr. **1** (aus. *sein*) svolazzare **2** (aus. *haben*) praticare l'illusionismo. **Gau|kel|spiel, Gau|kel|werk** n. *(-[e]s,-e)* LETT. gioco *m.* di illusionismo, finzione *f.* **Gauk|ler** m. *(-s,-)* **1a** ANT. saltimbanco *m.*, acrobata *m.* **b** illusionista *m.*; *(Taschenspieler)* prestigiatore *m.*, mago *m.* **2** ORNIT. falco *m.* giocoliere. **gauk|le|risch** agg. illusorio, ingannevole.
Gaul m. *(-[e]s, Gäule)* **1** ronzino *m.* **2** REGION. *(Pferd)* cavallo *m.* ◆ ***jdm geht der ~ durch*** qcn. perde le staffe; ***jdm wie einem lahmen ~ zureden*** = cercare insistentemente di convincere qcn.; PROV. ***einem geschenkten ~ schaut, sieht man nicht ins Maul*** a caval donato non si guarda in bocca.
Gau|lei|ter m. *(-s,-)* STOR. INTRAD. (gerarca nazista a capo di un distretto).
Gaul|lis|mus [go'lɪsmʊs] m. *(-)* gaullismo (*o* gollismo) *m.* **Gaul|list** m. *(-en,-en)* gaullista (*o* gollista) *m.* **gaul|lis|tisch** agg. gaullista, gollista.
Gau|men m. *(-s,-)* palato *m.*: ***der harte (o knöcherne), weiche ~*** il palato duro, molle; FIG. ***einen feinen ~ haben*** avere un palato fine ◆ ***das ist etwas für einen verwöhnten ~*** questo è per un palato raffinato; MED. ***gespaltener ~*** palatoschisi; ***den ~ kitzeln, dem ~ schmeicheln*** stuzzicare il palato (*o* l'appetito); ***einen trockenen ~ haben*** avere l'ugola secca. **Gau|men|bein** n. *(-[e]s,-e)* osso *m.* palatino. **Gau|men|bo|gen** m. *(-s,-bögen)* volta *f.* palatina, arco *m.* palatino. **Gau|men|freu|de** f. *(-,-n)* LETT., **Gau|men|kit|zel** m. *(-s,-)* delizia *f.* (del palato); *(Speise)* leccornia *f.* **Gau|men|laut** m. *(-[e]s,-e)* suono *m.* palatale, palatale *f.* **Gau|men|man|del** f. *(-,-n)* tonsilla *f.* **Gau|men|plat|te** f. *(-,-n)* lastra *f.* palatina. **Gau|men|se|gel** n. *(-s,-)* velopendulo *m.*, velo *m.* palatino, palato *m.* molle. **Gau|men|se|gel|laut** m. *(-[e]s,-e)* suono *m.* velare, velare *f.* **Gau|men|spal|te** f. *(-,-n)* MED. palatoschisi *f.* **Gau|men|zäpf|chen** n. *(-s,-)* ugola *f.*
Gau|ner m. *(-s,-)* SPREG. **1** furfante *m.*, briccone *m.*, birbante *m.*; *(Betrüger)* imbroglione *m.*, truffatore *m.* **2** COLLOQ. *(schlauer Mensch)* dritto *m.*, furbone *m.* **Gau|ne|rei** f. *(-,-en)* furfanteria *f.*, bricconata *f.*; *(Betrügerei)* imbroglio *m.*, truffa *f.* **gau|ner|haft** agg. furfantesco; *(betrügerisch)* disonesto, truffaldino. **gau|**

ne|risch agg. di, da furfante; *(von Betrügern)* di, da imbroglione. **gau|nern** intr. (aus. *haben*) fare bricconate; *(betrügen)* fare imbrogli, imbrogliare. **Gau|ner|spra|che** f. *(-,-n)* gergo *m.* della malavita. **Gau|ner|stück** n. *(-[e]s,-e)* → **Gaunerei.**
Gau|pe → **Gaube.**
1.Gaut|sche f. *(-,-n)* → **Gautschpresse.**
2.Gaut|sche f. *(-,-n)* REGION. altalena *f.*
1.gaut|schen tr. **1** TECN. pressare (la carta) **2** ANT. TIP. festeggiare la promozione all'esame di tirocinio: ***einen Lehrling ~*** far fare il bagno a un apprendista.
2.gaut|schen intr. (aus. *haben*) dondolarsi.
Gautsch|pres|se f. *(-,-n)* pressa *f.* (da carta).
Ga|vot|te [ga'vɔt(ə)] f. *(-,-n)* gavotta *f.*
Ga|ze ['ga:zə] f. *(-,-n)* garza *f.*
Ga|zel|le f. *(-,-n)* gazzella *f.*
Ga|zet|te [ga'zɛtə] f. *(-,-n)* gazzetta *f.*
GBl. ⇒ *Gesetzblatt* (equivalente della Gazzetta Ufficiale; G.U.).
G-Dur n. *(-)* sol *m.* maggiore.
ge|ach|tet p.pass. agg. → **achten** ◆ ***bei jdm ~ sein*** essere stimato da qcn.
Ge|äch|te|te m. e f. *(-n,-n)* proscritto *m.* (-a *f.*), persona *f.* bandita.
Ge|ächze n. *(-s)* gemiti *m.pl.*
Ge|äder n. *(-s,-)* **1** venatura *f.* **2** *(von Menschen)* vene *f.pl.*
Ge|al|ber, COLLOQ. **Ge|al|be|re** n. *(-s)* (continue) stupidaggini *f.pl.*, sciocchezze *f.pl.*
ge|ar|tet agg. **1** tale, simile, siffatto **2** ***gut, schlecht ~ sein*** essere di indole buona, cattiva.
Ge|äse n. *(-s,-)* VENAT. **1** bocca *f.*, muso *m.* **2** *(Äsung)* pastura *f.*, pascolo *m.*
Ge|äst n. *(-[e]s)* rami *m.pl.*, ramificazione *f.*
geb. ⇒ **1** *geboren* nato (n.) **2** *gebunden* rilegato (ril.).
Ge|bäck n. *(-[e]s,-e)* **1** pasticceria *f.* secca, paste *f.pl.* secche, pasticcini *m.pl.* **2** RAR. *(Kuchen)* torta *f.* (secca). **Ge|ba|cke|ne** n. *(-n)* cibo *m.* cotto al forno. **Ge|bäck|scha|le** f. *(-,-n)* biscottiera *f.* **Ge|bäck|stück** n. *(-[e]s,-e)* pasta *f.* **Ge|bäck|zan|ge** f. *(-,-n)* pinza *f.* per dolci.
Ge|bal|ge n. *(-s)* COLLOQ. baruffa *f.*, zuffa *f.*
Ge|bälk n. *(-[e]s,-e)* **1** travatura *f.*, travi *f.pl.* **2** ARCH. trabeazione *f.* ◆ ***es knistert** (o **kracht) im ~*** la barca fa acqua da tutte le parti. **Ge|bälk|trä|ger** m. *(-s,-)* telamone *m.*, atlante *m.*
Ge|bal|ler, Ge|bal|le|re n. *(-s)* COLLOQ. colpi *m.pl.*, spari *m.pl.*, botti *m.pl.* (continui).
Ge|bän|de n. *(-s)* STOR. soggolo *m.*
ge|bar → **gebären.**
Ge|bär|de f. *(-,-n)* gesto *m.*: ***eine drohende ~ machen*** fare un gesto di minaccia; ***sich durch -n verständigen*** capirsi a gesti. **ge|bär|den** rifl. **sich ~** comportarsi, atteggiarsi: ***sich sonderbar, wie ein Wahnsinniger ~*** comportarsi in modo strano, da matto. **Ge|bär|den|spiel** n. *(-[e]s,-e)* mimica *f.* **Ge|bär|den|spra|che** f. *(-,-n)* linguaggio *m.* mimico.
ge|ba|ren ANT. → **gebärden.**
ge|bä|ren tr. *(gebiert, gebar, geboren)* partorire, dare alla luce; ***geboren werden*** nascere: ***ich wurde am 6. März 1950 in Bonn geboren*** nacqui (*o* sono nato) il 6 marzo 1950 a Bonn.
Ge|ba|ren n. *(-s,-)* condotta *f.*, comportamento *m.*, atteggiamento *m.*
Ge|bä|re|rin f. *(-,-nen)* LETT. partoriente *f.*, madre *f.* **ge|bär|fä|hig** agg. fertile, che può avere figli. **ge|bär|freu|dig** agg. prolifico. **Ge|bär|kli|nik** f. *(-,-en)* clinica *f.* ostetrica.
Ge|bär|mut|ter f. *(-,-mütter)* utero *m.* **Ge|bär|mut|ter|kni|ckung** f. *(-,-en)* retroversione *f.* (*o* retroflessione *f.*) uterina. **Ge|bär|mut|ter|mund** m. *(-[e]s,-münder)* bocca *f.* dell'utero. **Ge|bär|mut|ter|sen|kung** f. *(-,-en)* isteroptosi *f.*, abbassamento *m.* dell'utero. **Ge|bär|mut|ter|spie|gel** m. *(-s,-)* speculum *m.* (usato dal ginecologo). **Ge|bär|mut|ter|vor|fall** m. *(-[e]s,-vorfälle)* prolasso *m.* dell'utero.
Ge|ba|rung f. *(-,-en)* **1** → **Gebaren 2a** AUSTR. *(Buchführung)* contabilità *f.*; *(Geschäftsführung)* gestione *f.*, amministrazione *f.* **b** → **Gebarungsbericht. Ge|ba|rungs|be|richt** m. *(-[e]s,-e)* AUSTR. rendiconto *m.* di gestione.
ge|baucht agg. panciuto, convesso. **ge|bauch|pin|selt,** SCHERZ. ***sich ~ fühlen*** sentirsi molto lusingato (*o* onorato); *(sehr befriedigt)* essere molto soddisfatto.
Ge|bäu|de n. *(-s,-)* **1** edificio *m.*, palazzo *m.*; *(Bauwerk)* fabbricato *m.* **2** FIG. edificio *m.*, struttura *f.*, sistema *m.*; *(von Lügen)* castello *m.* **Ge|bäu|de|kom|plex** m. *(-es,-e)* complesso *m.* edilizio (*o* di fabbricati). **Ge|bäu|de|steu|er** f. *(-,-n)* imposta *f.* sui fabbricati. **Ge|bäu|de|teil** m. *(-[e]s,-e)* parte *f.* di (un) fabbricato.
ge|baut p.pass. agg. **1** → **bauen 2** di fisico (*o* costituzione), fatto: ***gut ~ sein*** avere un bel fisico; ***ein stark -er Mann*** un uomo dal fisico possente; SCHERZ. ***so wie du ~ ist, schaffst du das doch sicher!*** col tuo fisico ci riuscirai sicuramente!
ge|be|freu|dig agg. generoso.
Ge|bein n. *(-[e]s,-e)* **1** pl. ossa *f.pl.*; *(Skelett)* scheletro *m.* **2** LETT. ANT. *(Glieder)* membra *f.pl.*; *(Körper)* corpo *m.*
Ge|bel|fer n. *(-s)* COLLOQ. **1** → **Gebell 2** grida *f.pl.*, bisticci *m.pl.*
Ge|bell n. *(-[e]s)* latrati *m.pl.*, abbaio *m.*
ge|ben *(gibt, gab, gegeben)* **I** tr. **1a** dare: ***jdm die Hand, ein Trinkgeld ~*** dare la mano, una mancia a qcn.; ***Küsse, Ohrfeigen, Tritte ~*** dare baci, schiaffi, calci; ***Antworten, Befehle, Ratschläge*** dare risposte, ordini, consigli; FIG. ***jdm seine ganze Liebe, sein Wort ~*** dare tutto il proprio amore, la propria parola a qcn. **b** *(bezahlen)* ***was hast du für die Tasche gegeben?*** quanto (gli) hai dato per la borsa? **c** *(verkaufen)* ***ich kann Ihnen dieses Reststück zu einem Sonderpreis ~*** le posso dare questo ultimo pezzo a un prezzo speciale **d** *(erteilen)* ***einen Auftrag, Stunden ~*** dare un incarico, lezioni **e** *(verleihen)* ***jdm Hoffnung, Mut ~*** dare speranza, coraggio a qcn. **f** *(bieten, gewähren)* ***jdm eine Chance ~*** dare una chance a qcn.; SPORT ***einen Elfmeter ~*** dare un calcio di rigore **g** *(veranstalten)* ***ein Fest, ein Konzert ~*** dare una festa, un concerto **h** *(aufführen)* ***was wird heute abend im Theater gegeben?*** che cosa danno stasera a teatro? **i** *(hervorbringen)* ***der Baum gibt viele Kirschen*** l'albero dà molte ciliege **2** *(telefonisch verbinden)* passare, dare: ***geben Sie mir bitte Frau Schulz!*** mi passi per favore la signora Schulz **3a** *(bringen)* portare: ***ein Paket auf die Post ~*** portare un pacco alla posta **b** mettere: ***etw. in die schmutzige Wäsche ~*** mettere qcs. nella biancheria sporca **4** *(unterrichten)* insegnare: ***sie gibt Chemie*** insegna chimica **5** TEATR. *(spielen)* interpretare, recitare: ***den Hamlet, eine Rolle ~*** interpretare l'Amleto, un ruolo **6** *(ergeben)* fare, dare (come risultato): ***drei mal drei gibt neun*** tre per tre fa nove **7** *(werden)* diventare: ***er wird einen guten Lehrer ~*** diventerà un bravo insegnante **8** ***etw. von sich ~*** esprimere, pronunciare, dire qcs.; ***viel Unsinn von sich ~*** dire molte sciocchezze; ***keinen Laut, Ton von sich ~*** non fiatare, tacere **9** impers. ***es gibt*** c'è (*o* LETT. vi è); ci sono (*o* LETT. vi sono): ***es gibt ein Buch, viele Bücher*** c'è un libro, ci sono molti libri; ***was gibt's Neues?*** cosa c'è di nuovo? ***heute wird es noch Schnee ~*** oggi ci sarà ancora la neve (*o* nevicherà ancora); ***was gibt's heute zum Mittagessen, im Fernsehen?*** cosa c'è oggi a pranzo? cosa danno oggi alla televisione? ***was gibt's?*** che c'è? cos'è successo? **10** SPORT ***den Ball ~*** passare la palla **11** COLLOQ. *(erbrechen)* ***etw. von sich ~*** vomitare qcs. **12** REGION. COLLOQ. *(legen, stellen)* mettere **II** intr. (aus. *haben*) **1** ***(viel, wenig) auf etw. (A) ~*** dare (molto, poco) valore (*o* peso) a qcs. **2** *(beim Tennis)* servire, battere: ***du gibst, du bist dran zu ~*** tocca a te battere **III** rifl. **sich ~ 1** *(sich benehmen)* comportarsi: ***sich freundlich, überlegen ~*** comportarsi in modo amichevole, fare il superiore (*o* darsi arie di superiorità) **2a** *(aufhören)* finire, cessare, passare: ***alles Übrige wird sich ~*** tutto il resto andrà a posto da solo **b** *(nachlassen)* diminuire: ***die Schmerzen haben sich gegeben*** i dolori sono diminuiti (*o* si sono calmati) **3** *(sich finden)* esserci, trovarsi: ***ich werde dich besuchen, wenn sich eine Gelegenheit gibt*** ti verrò a trovare, se ci sarà occasione **4** ***sich besiegt, gefangen ~*** arrendersi, farsi prendere ◆ ***etw. dafür ~*** dare qcs. in cambio; ***ich gäbe viel darum, zu wissen...*** pagherei chissà cosa per sapere...; ***etw. in** (o **zum) Druck ~*** dare qcs. alle stampe; ***sich jdm zu erkennen ~*** farsi riconoscere da qcn.; ***es jdm ~*** dirne quattro a qcn.; *(jdn verprügeln)* picchiare qcn.; ***gebe Gott!*** provveda Dio! ***Karten ~*** dare (*o* fare) le carte; ***jdm Kredit ~*** fare credito a qcn.; ***nein, das gibt es nicht!*** no, non è possibile! no, non posso crederci! ***nichts auf etw. (A) ~*** non tenerci a qcs.; ***da gibt's (gar) nichts*** non c'è niente da fare; ***jdm eine Spritze ~*** fare un'iniezione a qcn.; ***jdn, sich verloren ~*** dare qcn., darsi per disperso; ***jdm etw. zu verstehen ~*** fare (*o* lasciare) capire qcs. a qcn.; ***wenn du nicht sofort aufhörst mit dem Geschrei, gibt's was!*** se non la finisci subito di urlare le prendi!
ge|be|ne|deit agg. benedetto. **Ge|be|ne|dei|te** f. *(-n)* RELIG. (Maria *f.*) Benedetta.
Ge|ber m. *(-s,-)* **1** ANT. datore *m.*, donatore *m.* **2** TEL. *(Sendegerät)* trasmettitore *m.* **3** EL. trasduttore *m.* **Ge|ber|lau|ne** f. *(-)* generosità *f.*: ***in ~ sein*** essere in vena di generosità.
Ge|bet n. *(-[e]s,-e)* preghiera *f.*, LETT. orazione *f.*: ***sein ~ verrichten*** recitare (*o* dire) le preghiere; ***ein ~ für jdn, um etw.*** una preghiera per qcn., qcs.; ***zum ~ die Hände falten*** giungere le mani in preghiera; LETT. ***das ~ des Herrn*** il paternostro ◆ ***Ewiges ~*** veglia *f.* di adorazione del Santissimo; COLLOQ. ***jdn ins ~ nehmen*** = fare una paternale a qcn. **Ge|bet|buch** n. *(-[e]s,-bücher)* **1** libro *m.* di, delle preghiere **2** SCHERZ. *(Spielkarten)* carte *f.pl.* da gioco.

ge|be|ten → **bitten.**
Ge|bets|man|tel m. *(-s,-mäntel)* taled *m.* **Ge|bets|rad** n. *(-[e]s, -räder)* ruota *f.* della preghiera. **Ge|bets|rie|men** m. *(-s,-)* filatterio *m.* **Ge|bets|tep|pich** m. *(-[e]s,-e)* tappeto *m.* da preghiera.
Ge|bet|tel n. *(-s)* COLLOQ. SPREG. accattonaggio *m.*
ge|biert → **gebären.**
Ge|biet n. *(-[e]s,-e)* **1a** zona *f.*, regione *f.*, area *f.*: ***ein felsiges, besetztes ~*** una regione rocciosa, una zona occupata; METEOR. ***ein ~ tiefen Luftdrucks*** un'area di bassa pressione **b** territorio *m.*: ***das ~ der Bundesrepublik Deutschland*** il territorio della Repubblica federale tedesca **2** FIG. campo *m.*, settore *m.*, materia *f.*: ***auf wirtschaftlichem ~*** in materia economica; ***auf allen -en*** in tutti i campi; ***auf seinem ~ Fachmann sein*** essere esperto nel proprio campo; ***ein ~ beherrschen*** dominare una materia.
ge|bie|ten *(gebot, geboten)* **I** tr. comandare, imporre, esigere: ***absolutes Schweigen ~*** esigere silenzio assoluto; ***die schwierige Lage gebietet uns äußerste Vorsicht*** la situazione difficile c'impone estrema prudenza **II** intr. (aus. *haben*) ***über etw. (A) ~*** dominare qcs.; *(verfügen)* disporre di qcs.
ge|bie|tend p.pres. agg. **1** → **gebieten 2** imperante, dominante.
Ge|bie|ter m. *(-s,-)* ANT. signore *m.*, sovrano *m.* **ge|bie|te|risch** **I** agg. imperioso **II** avv. imperiosamente. **Ge|biets|an|spruch** m. *(-[e]s,-ansprüche)* rivendicazione *f.* territoriale. **Ge|biets|ho|heit** f. *(-)* sovranità *f.* territoriale. **Ge|biets|kör|per|schaft** f. *(-)* DIR. ente *m.* locale. **ge|biets|wei|se** avv. in territori, in zone.
Ge|bil|de n. *(-s,-)* **1** *(Werk)* creazione *f.*, prodotto *m.*, opera *f.*: ***ein ~ der Phantasie*** un frutto della fantasia **2** *(Form)* forma *f.*, formazione *f.*, struttura *f.*: ***ein kompliziertes ~ aus Teilchen*** una complessa struttura di particelle. **ge|bil|det** p.pass. agg. **1** → **bilden** **2** *(Bildung habend)* colto, istruito. **Ge|bil|de|te** m. e f. *(-n,-n)* istruito *m.* (-a *f.*), persona *f.* colta.
Ge|bim|mel n. *(-s)* COLLOQ. scampanellio *m.*
Ge|bin|de n. *(-s,-)* **1** fascio *m.*; *(Strauß)* mazzo *m.*; *(Kranz)* ghirlanda *f.*; ***ein ~ von Ähren*** un covone **2** *(Garnbündel)* matassa *f.* **3a** EDIL. capriata *f.*, incavallatura *f.* **b** fila *f.* di lastre d'ardesia (sul tetto) **4** AUSTR. fusto *m.*, botte *f.*
Ge|bir|ge n. *(-s,-)* **1a** montagne *f.pl.*, monti *m.pl.*; *(Gebirgskette)* catena *f.* montuosa **b** montagna *f.*: ***ins ~ fahren*** andare in montagna; FIG. ***ein ~ von Büchern*** una montagna di libri **2** MIN. roccia *f.* **ge|bir|gig** agg. montuoso, montagnoso. **Ge|bir|gig|keit** f. *(-)* montuosità *f.* **Ge|birg|ler** m. *(-s,-)* montanaro *m.* **Ge|birgs|ar|til|le|rie** f. *(-)* artiglieria *f.* da montagna. **Ge|birgs|bach** m. *(-[e]s, -bäche)* ruscello *m.*, torrente *m.* di montagna. **Ge|birgs|bahn** f. *(-,-en)* ferrovia *f.* di montagna. **Ge|birgs|be|woh|ner** m. *(-s,-)* → **Gebirgler. Ge|birgs|bil|dung** f. *(-,-en)* formazione *f.* delle montagne, *(Orogenese)* orogenesi *f.* **Ge|birgs|dorf** n. *(-[e]s,-dörfer)* villaggio *m.* (*o* paese *m.*) montano. **Ge|birgs|ge|gend** f. *(-,-en)* regione *f.* montuosa. **Ge|birgs|grat** m. *(-[e]s,-e)* cresta *f.* **Ge|birgs|jä|ger** m. *(-s,-)* MIL. alpino *m.* **Ge|birgs|kamm** m. *(-[e]s, -kämme)* crinale *m.* **Ge|birgs|kar|te** f. *(-,-n)* carta *f.* orografica. **Ge|birgs|ket|te** f. *(-,-n)* catena *f.* montuosa. **Ge|birgs|land|schaft** f. *(-,-en)* paesaggio *m.* montano. **Ge|birgs|mas|siv** n. *(-s,-e)* massiccio *m.* montuoso. **Ge|birgs|sat|tel** m. *(-s,-sättel)* sella *f.*, insellatura *f.* **Ge|birgs|schlucht** f. *(-,-en)* gola *f.* (di montagna). **Ge|birgs|see** m. *(-s,-n)* lago *m.* di montagna (*o* montano). **Ge|birgs|stock** m. *(-s,-stöcke)* → **Gebirgsmassiv. Ge|birgs|stra|ße** f. *(-,-n)* strada *f.* di montagna. **Ge|birgs|zug** m. *(-[e]s, -züge)* → **Gebirgskette.**
Ge|biss n. *(-es,-e)* **1** dentatura *f.*, denti *m.pl.* **2** dentiera *f.*: ***ein künstliches ~ einsetzen, tragen, herausnehmen*** mettere, portare, togliere una dentiera **3** *(am Pferdezaum)* morso *m.* **Ge|biss|ab|druck** m. *(-[e]s,-e)* MED. impronta *f.* dei denti. **ge|bis|sen** → **beißen. Ge|biss|re|gu|lie|rung** f. *(-,-en)* correzione *f.* della dentatura.
Ge|bla|se n. *(-s)* COLLOQ. il continuo soffiare. **Ge|blä|se** n. *(-s,-)* TECN. **1** soffieria *f.*, mantici *m.pl.* **2** INDUSTR. soffiatrice *f.* **3** *(Maschine zum Verdichten von Gas)* compressore *m.* **4** MOT. ventilatore *m.* **Ge|blä|se|mo|tor** m. *(-s,-en)* **1** motore *m.* sovralimentato, motore *m.* fornito di compressore **2** compressore *m.*, sovralimentatore *m.*
ge|bli|chen → **2.bleichen.**
ge|blie|ben → **bleiben.**
Ge|blök n. *(-[e]s)*, **Ge|blö|ke** n. *(-s)* COLLOQ. *(vom Schaf)* belato *m.*; *(vom Rind)* muggito *m.*
ge|blumt AUSTR., **ge|blümt** agg. a fiori, fiorato, a fiorami; FIG. ***ein -er Stil*** uno stile fiorito.
Ge|blüt n. *(-[e]s)* **1** ANT. *(Blut)* sangue *m.* **2a** LETT. FIG. sangue *m.*, natura *f.*: ***er hat es im ~*** lo ha nel sangue, è qualcosa d'innato **b** sangue *m.*, stirpe *f.*: ***von edlem ~*** di sangue nobile.
ge|bo|gen → **biegen.**
ge|bo|ren p.pass. agg. **1** → **gebären** **2a** nato: ***ich bin in Köln geboren*** sono nato a Colonia **b** *(mit Mädchennamen)* ***Frau Schultz, -e Meier*** la signora Schultz, nata Meier; ***-er Deutscher*** tedesco di nascita **c** FIG. ***ein -er Kaufmann*** un commerciante nato ◆ ***für, zu etw. ~ sein*** essere nato per (fare) qcs., avere una predisposizione naturale per qcs.
ge|bor|gen → **bergen. Ge|bor|gen|heit** f. *(-)* sicurezza *f.*, l'essere al sicuro.
ge|bors|ten → **bersten.**
Ge|bot n. *(-[e]s,-e)* **1a** *(moralisches, religiöses Gesetz)* norma *f.*, precetto *m.*: ***ein sittliches ~*** un precetto morale **b** RELIG. ***die Zehn -e*** i dieci comandamenti **2** obbligo *m.*: ***ein ~ (miss)achten, beachten*** (non) rispettare un obbligo; ***~ für Radfahrer*** obbligo per i ciclisti **3** imperativo *m.*, necessità *f.*: ***das ~ der Stunde*** l'imperativo dell'ora **4** COMM. offerta *f.*: ***ein höheres ~ machen, abgeben*** fare un'offerta più alta, alzare un'offerta ◆ ***jdm zu ~, -e stehen*** essere a disposizione di qcn.; ***ihm stehen große Mittel zu ~, -e*** dispone di molti mezzi.
1.ge|bo|ten → **bieten.**
2.ge|bo|ten p.pass. agg. **1** → **gebieten** **2** *(nötig)* necessario: ***es ist Vorsicht ~*** è necessaria prudenza; ***es ist dringend ~*** è urgente **3** RELIG. ***-e Feiertage*** feste comandate, di precetto.
Ge|bots|schild n. *(-[e]s,-er)* cartello *m.* stradale con segnale d'obbligo. **Ge|bots|zei|chen** n. *(-s,-)* segnale *m.* d'obbligo.
Gebr. ⇒ COMM. *Gebrüder* fratelli (f.lli).
Ge|brä|ch n. *(-[e]s,-e)* MIN. minerale *m.* friabile.
ge|bracht → **bringen.**
Ge|brä|me n. *(-s,-)* ANT. *(an Kleidern)* guarnizione *f.*, fregio *m.*
ge|brannt p.pass. agg. **1** → **brennen** **2** FIG. *(lebenserfahren)* scottato ◆ COLLOQ. ***-e Magnesia*** ossido di magnesio; ***-e Mandeln*** mandorle tostate; *(von Keramik)* ***zweimal ~*** a doppia cottura; PROV. ***ein -es Kind scheut das Feuer*** chi si scottò con l'acqua calda teme persin la fredda.
ge|bra|ten p.pass. agg. **1** → **braten** **2** GASTR. arrostito, arrosto.
Ge|bräu n. *(-[e]s,-e)* SPREG. broda *f.*, brodaglia *f.*
Ge|brauch m. *(-[e]s,-bräuche)* **1** uso *m.*: ***der häufige ~ von Beruhigungsmitteln*** l'uso prolungato di tranquillanti; ***~ von etw. machen*** fare uso di qcs., usare (*o* utilizzare) qcs.; ***in, im ~ sein*** essere in uso; ***vor ~ gut schütteln!*** agitare bene prima dell'uso! **2** pl. usi *m.pl.*, usanze *f.pl.*: ***den Gebräuchen eines Landes folgen*** seguire gli usi di un paese ◆ ***außer ~ kommen*** cadere in disuso; ***etw. in, im ~ haben*** servirsi di qcs., adoperare qcs.; ***etw. in ~ nehmen*** adottare qcs.; ***sparsam im ~ sein*** consumarsi lentamente, durare a lungo.
ge|brau|chen tr. **1a** usare, adoperare, utilizzare: ***nicht zu ~ sein*** essere inservibile; ***noch gut zu ~ sein*** essere ancora utilizzabile **b** COLLOQ. ***zu nichts zu ~ sein*** non essere buono a nulla; *(missbrauchen)* ***jdn zu etw. ~*** approffittare di qcn. per qcs. **2** COLLOQ. ***etw. ~ können*** aver bisogno di qcs.: ***ich könnte das Auto (gut) ~*** mi farebbe comodo, mi sarebbe utile l'auto; ***das kann ich nicht ~*** non so che farmene.
ge|bräuch|lich agg. usato, in uso: ***etw. ist bei jdm (nicht) ~*** qcs. (non) è in uso da, presso qcn. **Ge|bräuch|lich|keit** f. *(-,-en)* uso *m.*, impiego *m.*
Ge|brauchs|an|lei|tung, Ge|brauchs|an|wei|sung f. *(-,-en)* istruzioni *f.pl.* per l'uso. **Ge|brauchs|ar|ti|kel** m. *(-s,-)* COMM. articolo *m.* di consumo. **ge|brauchs|fä|hig** agg. utilizzabile, funzionante. **ge|brauchs|fer|tig** agg. pronto per l'uso. **Ge|brauchs|ge|gen|stand** m. *(-[e]s,-gegenstände)* oggetto *m.* d'uso comune. **Ge|brauchs|gra|fik** f. *(-)* graphic design *m.* **Ge|brauchs|gra|fi|ker** m. *(-s,-)* graphic designer *m.* **Ge|brauchs|gut** n. *(-[e]s,-güter)* bene *m.*, genere *m.* di consumo. **Ge|brauchs|mu|sik** f. *(-)* musica *f.* d'uso. **Ge|brauchs|wert** m. *(-[e]s,-e)* valore *m.* d'uso, intrinseco.
ge|braucht p.pass. agg. **1** → **gebrauchen** **2** → **brauchen** **3** *(alt)* usato, di seconda mano; *(von Kleidern)* smesso: ***etw. ~ kaufen*** comprare qcs. di seconda mano **4** *(schmutzig)* sporco. **Ge|braucht|wa|gen** m. *(-s,-)* automobile *f.* usata, di seconda mano.
Ge|braus n. *(-es)*, **Ge|brau|se** n. *(-s)* mugghio *m.*, fragore *m.*; *(von Wasser)* scroscio *m.*
Ge|brech n. *(-[e]s,-e)* **1** VENAT. grifo *m.* di cinghiale **2** MIN. → **Gebräch. Ge|bre|che** n. *(-s,-)* → **Gebräch.**
ge|bre|chen intr. impers. *(gebricht, gebrach, gebrochen;* aus. *haben)* LETT. ***es gebricht mir an etw. (A)*** mi manca qcs.; ***es gebricht seiner Rede an Klarheit*** al suo discorso manca la chiarezza.
Ge|bre|chen n. *(-s,-)* LETT. *(Schaden)* difetto *m.*, imperfezione *f.*;

(Krankheit) acciacco *m.*: ***mit ~ behaftet*** pieno di acciacchi. **ge|brech|lich** agg. **1** gracile, debole **2** *(zerbrechlich)* fragile. **Ge|brech|lich|keit** f. *(-,-en)* **1** gracilità *f.*, debolezza *f.* **2** *(Zerbrechlichkeit)* fragilità *f.*

ge|bro|chen I p.pass. agg. **1** → **brechen 2** spezzato, rotto: ***eine -e Linie*** una linea spezzata; ***-e Strahlen*** raggi deviati, rifratti **3** MUS. ***ein -er Dreiklang*** un accordo arpeggiato **4** ***-e Farben*** colori sporchi **5** FIG. *(Mensch)* rovinato, finito; *(Verhältnis)* rotto, finito **6** LING. metafonico **7** stentato: ***sich in -em Deutsch verständigen*** comunicare in un tedesco stentato **II** avv. stentatamente: ***eine Sprache ~ sprechen*** parlare una lingua stentatamente. **Ge|bro|chen|heit** f. *(-,-en)* **1a** l'essere rotto **b** FIG. l'essere rovinato **2** *(von Sprache)* stentatezza *f.*

Ge|brö|ckel n. *(-s)* frantumi *m.pl.*, briciole *f.pl.*

Ge|bro|del n. *(-s)* gorgoglio *m.*

Ge|brü|der pl. fratelli *m.pl.*

Ge|brüll n. *(-[e]s)*, **Ge|brül|le** n. *(-s)* **1** *(von Löwen)* ruggito *m.*; *(von Rindern)* muggito *m.* **2** COLLOQ. mugghio *m.*, fragore *m.* **3** *(Geschrei)* grida *f.pl.*, urla *f.pl.*

Ge|brumm n. *(-[e]s)*, **Ge|brum|me** n. *(-s)* brontolio *m.*

ge|bü|gelt p.pass. agg. **1** → **bügeln 2** stirato: ***eine frisch -e Bluse*** una camicetta stirata di fresco.

Ge|bühr f. *(-,-en)* **1a** *(Abgabe)* tassa *f.*, diritto *m.*, canone *m.*: ***eine ~ entrichten, erlassen*** pagare una tassa, esonerare da una tassa **b** *(Kosten)* tariffa *f.*, porto *m.* **c** *(Honorar)* onorario *m.*, parcella *f.*, competenze *f.pl.* **2** *(Schuldigkeit)* ***nach ~*** adeguatamente, a dovere; ***über ~*** eccessivamente, più del dovuto ◆ ***~ bezahlt (der) Empfänger*** tassa a carico del destinatario. **ge|büh|ren I** intr. (aus. *haben*) spettare, competere, essere dovuto: ***dem Alter gebührt Rücksicht*** all'età si deve rispetto; impers. ***es gebührt ihm höchste Ehre*** gli spetta il massimo onore **II** rifl. impers. ***es gebührt sich*** si conviene, è decoroso, conveniente; ***wie es sich gebührt*** come si conviene. **Ge|büh|ren|an|zei|ger** m. *(-s,-)* TEL. contascatti *m.* **ge|büh|rend I** p.pres. agg. **1** → **gebühren 2** dovuto, debito, meritato: ***jdm die -e Anerkennung zuteil werden lassen*** dare a qcn. il dovuto riconoscimento **II** avv. debitamente, come si conviene (*o* si addice): ***jdn ~ ehren, feiern*** onorare, festeggiare qcn. debitamente. **ge|büh|ren|der|ma|ßen, ge|büh|ren|der|wei|se** avv. debitamente, come si conviene (o si deve, si addice). **Ge|büh|ren|ein|heit** f. *(-,-en)* TEL. scatto *m.* **Ge|büh|ren|er|hö|hung** f. *(-,-en)* aumento *m.* delle tasse. **Ge|büh|ren|er|lass** m. *(-es,-e)* esenzione *f.*, sgravio *m.* fiscale; COMM. franchigia *f.* **Ge|büh|ren|er|mä|ßi|gung** f. *(-,-en)* riduzione *f.* delle tasse. **ge|büh|ren|frei** agg. esente da tasse, franco di commissione, in franchigia. **Ge|büh|ren|frei|heit** f. *(-)* → **Gebührenerlaß. Ge|büh|ren|mar|ke** f. *(-,-n)* marca *f.* da bollo. **Ge|büh|ren|ord|nung** f. *(-,-en)* tariffa *f.* dei diritti. **ge|büh|ren|pflich|tig** agg. soggetto a tassa, tassabile; a pagamento: ***-e Autobahn*** autostrada a pagamento. **Ge|büh|ren|satz** m. *(-es,-sätze)* tariffa *f.* **ge|bühr|lich** agg. → **gebührend. Ge|bühr|nis** f. *(-,-se)* BUROCR. → **Gebühr.**

Ge|bums n. *(-es,-e)*, **Ge|bum|se** n. *(-s)* tonfo *m.*

ge|bun|den → **binden. Ge|bun|den|heit** f. *(-,-en)* l'essere vincolato, legato.

Ge|burt f. *(-,-en)* **1a** nascita *f.*: ***von ~ an*** dalla nascita; ***bei der ~*** alla nascita; ***er ist von ~ Schweizer*** di nascita è svizzero **b** FIG. *(Entstehung)* nascita *f.*, origine *f.* **2** *(Entbindung)* parto *m.* (anche FIG.) **3** natali *m.pl.*, stirpe *f.*: ***von adliger ~*** di nobili natali. **Ge|bur|ten|be|schrän|kung** f. *(-,-en)* limitazione *f.* delle nascite. **Ge|bur|ten|buch** n. *(-[e]s,-bücher)* registro *m.* delle nascite. **Ge|bur|ten|kon|trol|le** f. *(-)* controllo *m.* delle nascite. **Ge|bur|ten|re|ge|lung, Ge|bur|ten|reg|lung** f. *(-,-en)* regolazione *f.* delle nascite. **Ge|bur|ten|rück|gang** m. *(-[e]s,-rückgänge)* diminuzione *f.* delle nascite, denatalità *f.* **ge|bur|ten|schwach** agg. con basso (*o* debole) tasso di natalità. **ge|bur|ten|stark** agg. con alto (*o* forte) tasso di natalità. **Ge|bur|ten|über|schuss** m. *(-es,-überschüsse)* eccedenza *f.* delle nascite (sui decessi). **Ge|bur|ten|zahl** f. *(-,-en)*, **Ge|bur|ten|zif|fer** f. *(-,-n)* quoziente *m.* di natalità, natalità *f.*

ge|bür|tig agg. nativo; *(bezüglich auf Geburtsland)* oriundo: ***er ist aus Rom, aus Ungarn ~*** è nativo di Roma, è oriundo ungherese; ***-er Wiener*** viennese di nascita.

Ge|burts|adel m. *(-s)* nobiltà *f.* di sangue. **Ge|burts|an|zei|ge** f. *(-,-n)* **1** *(an Freunde und Bekannte)* partecipazione *f.* (*o* annuncio *m.*) di nascita **2** *(beim Standesamt)* denuncia *f.* (*o* dichiarazione *f.*) di nascita. **Ge|burts|da|tum** n. *(-s,-daten)* data *f.* di nascita. **Ge|burts|feh|ler** m. *(-s,-)* difetto *m.* congenito. **Ge|burts|haus** n. *(-es,-häuser)* casa *f.* natale. **Ge|burts|hel|fer** m. *(-s,-)* ostetrico *m.* **Ge|burts|hel|fe|rin** f. *(-,-nen)* ostetrica *f.* **Ge|burts|hil|fe** f. *(-)* ostetricia *f.* **Ge|burts|jahr** n. *(-[e]s,-e)* anno *m.* di nascita. **Ge|burts|land** n. *(-[e]s,-länder)* paese *m.* natale (*o* di nascita). **Ge|burts|mal** n. *(-es,-e)* MED. voglia *f.* **Ge|burts|ort** m. *(-[e]s,-e)* luogo *m.* di nascita. **Ge|burts|recht** n. *(-[e]s,-e)* STOR. diritto *m.* di nascita (*o* di sangue). **Ge|burts|re|gis|ter** n. *(-s,-)* SVIZZ. → **Geburtenbuch. Ge|burts|schein** m. *(-[e]s,-e)* → **Geburtsurkunde. Ge|burts|stadt** f. *(-,-städte)* città *f.* natale (*o* di nascita).

Ge|burts|tag m. *(-[e]s,-e)* **1** compleanno *m.*: ***jdm alles Gute zum ~ wünschen, jdm zum ~ gratulieren*** fare gli auguri di, augurare buon compleanno a qcn.; ***herzlichen Glückwunsch zum ~!*** sinceri auguri di buon compleannno! ***wann hast du ~?*** quand'è il tuo compleanno? **2** BUROCR. data *f.* di nascita. **Ge|burts|tags|fei|er** f. *(-,-n)* festa *f.* di compleanno. **Ge|burts|tags|ge|schenk** n. *(-[e]s,-e)* regalo *m.* di compleanno. **Ge|burts|tags|kind** n. *(-[e]s,-er)* SCHERZ. (il) festeggiato *m.* **Ge|burts|tags|ku|chen** m. *(-s,-)*, **Ge|burts|tags|tor|te** f. *(-,-n)* torta *f.* di compleanno.

Ge|burts|ur|kun|de f. *(-,-n)* certificato *m.* di nascita. **Ge|burts|we|hen** pl. doglie *f.pl.* (del parto). **Ge|burts|zan|ge** f. *(-,-n)* forcipe *m.*

Ge|büsch n. *(-[e]s,-e)* cespugli *m.pl.*

Geck m. *(-en,-en)* **1** SPREG. *(Stutzer)* bellimbusto *m.* **2** REGION. *(Fastnachtsnarr)* burlone *m.* **ge|cken|haft** agg. da bellimbusto. **Ge|cke|rei** f. *(-,-en)* **1** SPREG. *(Stutzertum)* atteggiamento *m.* da bellimbusto **2** SPREG. ANT. *(Narrheit)* stravaganza *f.*, follia *f.*

1.ge|dacht → **denken.**

2.ge|dacht → **gedenken.**

Ge|däch|tnis n. *(-ses,-se)* **1** memoria *f.*: ***ein hervorragendes, schlechtes ~*** un'ottima, una cattiva memoria; ***aus dem ~ zitieren*** citare a memoria; ***mein ~ lässt nach, lässt mich im Stich*** la mia memoria viene meno, mi tradisce; ***sich etw. ins ~ zurückrufen*** richiamare qcs. alla memoria **2** *(Andenken)* ricordo *m.*, memoria *f.*, rimembranza *f.*: ***zum ~ an*** in ricordo di **3** SVIZZ. *(Gedenkfeier)* commemorazione *f.* ◆ ***etw. im ~ behalten, bewahren*** tenere a mente, ricordare qcs.; COLLOQ. ***ein kurzes ~ haben*** avere la memoria corta; SCHERZ. ***ein ~ wie ein Sieb haben*** = avere una pessima memoria; ***etw. aus dem ~ verlieren*** dimenticarsi di qcs. **Ge|dächt|nis|aus|stel|lung** f. *(-,-en)* → **Gedenkausstellung. Ge|dächt|nis|fei|er** f. *(-,-n)*, **Ge|dächt|nis|fest** n. *(-[e]s,-e)* commemorazione *f.* **Ge|dächt|nis|got|tes|dienst** m. *(-[e]s,-e)* funzione *f.* (*o* messa *f.*) commemorativa. **Ge|dächt|nis|hil|fe** f. *(-,-n)* → **Gedächtnisstütze. Ge|dächt|nis|kunst** f. *(-)* mnemotecnica *f.* **Ge|dächt|nis|lü|cke** f. *(-,-n)* vuoto *m.* di memoria. **Ge|dächt|nis|re|de** f. *(-,-n)* discorso *m.* commemorativo. **Ge|dächt|nis|schrift** f. *(-,-en)* scritto *m.* commemorativo. **ge|dächt|nis|schwach** agg. debole di memoria. **Ge|dächt|nis|schwä|che** f. *(-,-n)* debolezza *f.* di memoria. **Ge|dächt|nis|schwund** m. *(-[e]s)* perdita *f.* della memoria. **Ge|dächt|nis|stö|rung** f. *(-,-en)* amnesia *f.* **Ge|dächt|nis|stüt|ze** f. *(-,-n)* espediente *m.* mnemonico. **Ge|dächt|nis|tag** m. *(-[e]s,-e)* giornata *f.* commemorativa. **Ge|dächt|nis|übung** f. *(-,-en)* esercizio *m.* mnemonico.

ge|dackt agg. MUS. *(von Orgelpfeifen)* chiuso, coperto.

Ge|dan|ke m. *(-ns,-n)*, RAR. **Ge|dan|ken** m. *(-s,-)* **1** pensiero *m.*, idea *f.*: ***ein kluger, vernünftiger ~*** un'idea intelligente; ***das bringt mich auf einen -n*** questo mi fa venire un'idea; ***auf den -n kommen, etw. zu tun*** avere l'idea di fare qcs.; ***jdm schwebt der ~ vor, etw. zu tun*** qcn. ha in mente l'idea di fare qcs.; ***der bloße ~ (daran)...*** il solo pensiero di..., solo al pensiero, solo a pensarci; ***einen -n fassen*** concepire un'idea, un pensiero; ***sich an einen -n gewöhnen*** abituarsi a un'idea; ***aus seinen -n gerissen werden*** essere distolto dai propri pensieri; ***in -n versunken, vertieft, verloren sein*** essere immerso, assorto, perduto nei propri pensieri; ***seinen -n nachhängen, sich seinen -n überlassen*** abbandonarsi ai propri pensieri; ***seine -n sammeln, zusammennehmen*** raccogliere le idee **2** opinione *f.*, idea *f.*: ***über etw. seine eigenen -n haben*** avere le proprie opinioni su qcs.; ***seine -n für sich behalten*** tener per sé le proprie idee; ***sich (D) seine -n über etw. machen*** farsi un'idea, un'opinione su (*o* di) qcs. **3** *(Plan)* progetto *m.*, piano *m.*: ***ein ausgezeichneter ~*** un progetto eccellente; ***einen -n in die Tat umsetzen*** tradurre un progetto in realtà **4** *(Begriff)* concetto *m.*, idea *f.*: ***der ~ der Freiheit, des Friedens*** il concetto di libertà, di pace ◆ ***jdn auf andere -n bringen*** distrarre qcn.; ***der ~ liegt mir fern*** non ci penso nemmeno; ***etw. in -n tun*** fare qcs. per sbaglio, senza pensarci; ***in -n sein*** essere distratto; ***in -n bei jdm sein*** essere vicino a qcn. col pensiero; ***kein ~ (daran)!*** neanche per sogno! neanche per idea! ***auf andere -n kommen*** volgere la mente ad altro, distrarsi; ***jds -n lesen können*** riuscire a leggere nel pensiero di qcn.; ***sich (D) wegen jdm, etw., über jdn, etw. -n machen*** darsi pensiero per qcn., qcs.; ***sich über etw. (A) -n machen*** riflettere a lungo su qcs.; ***jdm schwirrt ein ~ durch den Kopf*** a qcn. frulla un'idea per la testa; ***mit dem -n spielen, etw. zu tun*** accarezzare l'idea di fare qcs.; ***den -n verlieren*** perdere il filo (del discorso); ***seine -n woanders haben*** avere la testa altrove.

Ge|dan|ken|ar|beit f. *(-)* lavoro *m.* intellettuale. **ge|dan|ken|arm** agg. povero di idee. **Ge|dan|ken|ar|mut** f. *(-)* povertà *f.* di idee. **Ge|dan|ken|aus|tausch** m. *(-[e]s)* scambio *m.* di idee, di vedute. **Ge|dan|ken|blitz** m. *(-es,-e)* SCHERZ. lampo *m.* di genio. **Ge|dan|ken|flug** m. *(-[e]s,-flüge)* fantasticheria *f.* **Ge|dan|ken|fol|ge** f. *(-)* sequenza *f.* (logica) di pensieri. **Ge|dan|ken|frei|heit** f. *(-)* libertà *f.* di pensiero. **Ge|dan|ken|fül|le** f. *(-)* abbondanza *f.* di pensieri. **Ge|dan|ken|gang** m. *(-[e]s,-gänge)* ragionamento *m.*: ***einem ~ folgen*** seguire un ragionamento. **Ge|dan|ken|ge|bäu|de** n. *(-s,-)* costruzione *f.* concettuale. **Ge|dan|ken|gut** n. *(-)* patrimonio *m.* ideale, idee *f.pl.*, bagaglio *m.* ideologico. **Ge|dan|ken|le|sen** n. *(-s)* **1** lettura *f.* del pensiero **2** RAR. *(Telepathie)* telepatia *f.* **ge|dan|ken|los I** agg. distratto, disattento, sbadato **II** avv. distrattamente, sbadatamente, sovrappensiero. **Ge|dan|ken|lo|sig|keit** f. *(-,-en)* **1** *(Unüberlegtheit)* sconsideratezza *f.*, avventatezza *f.* **2** *(Unaufmerksamkeit)* disattenzione *f.*, sbadataggine *f.*, distrazione *f.*: ***aus ~*** per distrazione. **Ge|dan|ken|ly|rik** f. *(-,-en)* poesia *f.* filosofica. **ge|dan|ken|reich** agg. ricco di idee. **ge|dan|ken|schnell I** agg. immediato, fulmineo **II** avv. immediatamente, in un batter d'occhio. **Ge|dan|ken|schnel|le** f. *(-)* rapidità *f.* fulminea ◆ ***in, mit ~*** in un batter d'occhio. **ge|dan|ken|schwer** agg. LETT. gravido di pensieri. **Ge|dan|ken|split|ter** m. *(-s,-)* aforisma *m.* **Ge|dan|ken|sprung** m. *(-[e]s,-sprünge)* salto *m.* concettuale. **Ge|dan|ken|strich** m. *(-es,-e)* trattino *m.* **Ge|dan|ken|tie|fe** f. *(-)* profondità *f.* di pensiero. **Ge|dan|ken|über|tra|gung** f. *(-,-en)* trasmissione *f.* del pensiero, telepatia *f.* **Ge|dan|ken|ver|bin|dung** f. *(-,-en)* **1** connessione *f.* concettuale: ***etw. mit etw. in eine ~ bringen*** stabilire una connessione concettuale tra qcs. e qcs. **2** PSIC. *(Gedankenassoziation)* associazione *f.* di idee. **ge|dan|ken|ver|lo|ren** agg. assorto in pensieri; *(geistesabwesend)* distratto. **ge|dan|ken|voll** agg. **1** pensieroso, assorto in pensieri **2** RAR. *(gedankenreich)* ricco di idee. **Ge|dan|ken|vor|be|halt** m. *(-[e]s,-e)* DIR. riserva *f.* mentale. **Ge|dan|ken|welt** f. *(-)* → **Gedankengut.**

ge|dank|lich I agg. **1** mentale, intellettuale: ***-e Anstrengung*** sforzo mentale **2** ideale, concettuale: ***der -e Inhalt des Buches*** il contenuto concettuale del libro **II** avv. concettualmente, mentalmente: ***ein Problem ~ durchdringen, erfassen, verarbeiten*** penetrare, comprendere, elaborare un problema dal punto di vista concettuale.

Ge|därm n. *(-[e]s,-e)*, RAR. **Ge|där|me** n. *(-s,-)* intestino *m.*, viscere *f.pl.*

Ge|deck n. *(-[e]s,-e)* **1** *(Besteck und Teller)* coperto *m.* **2** *(Menü)* menu *m.* ◆ ***zwei -e auflegen*** apparecchiare per due. **ge|deckt** p.pass. agg. **1** → **decken 2** *(von Farben)* smorto, spento.

ge|dehnt p.pass. agg. **1** → **dehnen 2** ***~ sprechen*** parlare con voce strascicata.

Ge|deih, *auf ~ und Verderb* nella buona e nella cattiva sorte. **ge|dei|hen** intr. *(gedieh, gediehen;* aus. *sein)* **1** *(von Kindern, Pflanzen, Tieren)* crescere (*o* venir su) bene: ***die Tomaten ~ heuer gut*** quest'anno i pomodori crescono bene **2** *(von Plänen, Vorhaben)* procedere, fare progressi: ***mit etw. ~*** fare progressi in qcs.; ***etw. ist so weit gediehen, dass...*** qcs. è giunta al punto che...; ***wie weit ist das Projekt gediehen?*** a che punto è il progetto? **Ge|dei|hen** n. *(-s)* **1** il prosperare **2** *(Pflanze, Lebewesen)* crescita *f.* **3** *(Erfolg)* (buon) successo *m.*, buon esito *m.* **ge|deih|lich** agg. LETT. proficuo.

Ge|denk|aus|stel|lung f. *(-,-en)* mostra *f.* commemorativa. **ge|den|ken** intr. *(gedachte, gedacht;* aus. *haben)* **1** LETT. ***jds, etw. (G) ~*** commemorare qcn., qcs. **2** *(beabsichtigen)* ***~, etw. zu tun*** avere intenzione di fare qcs. **Ge|denk|fei|er** f. *(-,-n)* commemorazione *f.* **Ge|denk|mi|nu|te** f. *(-,-n)* minuto *m.* di silenzio (per una commemorazione). **Ge|denk|mün|ze** f. *(-,-n)* moneta *f.* commemorativa. **Ge|denk|re|de** f. *(-,-n)* discorso *m.* commemorativo. **Ge|denk|plat|te** f. *(-,-n)* → **Gedenktafel. Ge|denk|stät|te** f. *(-,-n)* monumento *m.* commemorativo. **Ge|denk|stein** m. *(-[e]s,-e)* lapide *f.* commemorativa. **Ge|denk|ta|fel** f. *(-,-n)* targa *f.* commemorativa. **Ge|denk|tag** m. *(-[e]s,-e)* giornata *f.* commemorativa.

ge|deucht → **dünken.**

Ge|dicht n. *(-[e]s,-e)* poesia *f.*: ***ein ~ verfassen, aufsagen, auswendig lernen*** comporre, recitare, imparare a memoria una poesia ◆ ***ein ~ sein*** essere un sogno, una meraviglia. **Ge|dicht|samm|lung** f. *(-,-en)* raccolta *f.* di poesie.

ge|die|gen agg. **1** puro: ***-es Gold*** oro puro **2** *(sorgfältig gearbeitet)* accurato **3a** *(solide)* solido, robusto: ***ein -es Möbelstück*** un mobile solido **b** FIG. saldo, solido: ***ein -er Charakter*** un carattere saldo; ***ein -es Wissen*** una cultura solida **4** COLLOQ. *(komisch)* strano, strambo: ***du bist aber ~*** sei proprio strano. **Ge|die|gen|heit** f. *(-)* **1** *(Reinheit)* purezza *f.* **2** *(Sorgfältigkeit)* accuratezza *f.* **3** *(Festigkeit)* solidità *f.*; FIG. fermezza *f.*

ge|dient agg. congedato, in congedo: ***-e Soldaten*** soldati in congedo.

Ge|din|ge n. *(-s,-)* MIN. cottimo *m.*: ***im ~ arbeiten*** lavorare a cottimo. **Ge|din|ge|ar|bei|ter** m. *(-s,-)* MIN. lavoratore *m.* a cottimo, cottimista *m.*

Ge|don|ner n. *(-s)* fragore *m.* (di tuoni).

ge|dop|pelt agg. ANT. doppio.

Ge|drän|ge n. *(-s,-)* **1** calca *f.*, ressa *f.* **2** SPORT mischia *f.* ◆ ***ins ~ kommen, geraten*** essere messo alle strette. **Ge|drän|gel** n. *(-s)* calca *f.*, ressa *f.* **ge|drängt** p.pass. agg. **1** → **drängen 2** *(zusammengepresst)* pigiato, calcato **3** FIG. *(gerafft)* conciso, stringato: ***ein -er Stil*** uno stile conciso. **Ge|drängt|heit** f. *(-,-en)* concisione *f.*, stringatezza *f.*

Ge|dröhn n. *(-[e]s)* rimbombo *m.* (incessante).

ge|dro|schen → **dreschen.**

ge|druckt p.pass. agg. → **drucken** ◆ COLLOQ. ***wie ~ lügen*** mentire spudoratamente; ***wie ~ sprechen*** parlare come un libro stampato.

ge|drückt p.pass. agg. **1** → **drücken 2** FIG. *(niedergeschlagen)* abbattuto, depresso: ***in -er Stimmung sein*** sentirsi depresso. **Ge|drückt|heit** f. *(-)* abbattimento *m.*, depressione *f.*

ge|drun|gen p.pass. agg. **1** → **dringen 2** *(mittelgroß und breit)* tarchiato, tozzo.

Ge|du|del n. *(-s)* COLLOQ. SPREG. solfa *f.*, nenia *f.*

Ge|duld f. *(-)* pazienza *f.*: ***mit jdm (keine) ~ haben*** (non) avere pazienza, essere (im)paziente con qcn.; ***etw. mit, in ~ (er)tragen*** sopportare qcs. pazientemente; ***jdn um ~ bitten*** pregare qcn. di avere pazienza; ***die ~ verlieren*** perdere la pazienza; ***meine ~ ist am Ende*** la mia pazienza è alla fine; ***auch meine ~ geht zu Ende*** anche la mia pazienza ha un limite; ***(nur) ~!*** (un attimo di) pazienza! ◆ ***eine engelhafte, himmlische ~ haben, zeigen*** avere la pazienza di un santo; ***sich in ~ fassen, üben*** armarsi di (santa) pazienza; COLLOQ. ***mir reißt die ~*** mi scappa la pazienza; PROV. ***mit ~ und Spucke fängt man eine Mucke*** con il tempo e la paglia maturano le nespole. **ge|dul|den** rifl. **sich ~** pazientare, avere pazienza. **ge|dul|det** p.pass. agg. **1** → **dulden, gedulden 2** tollerato, sopportato. **ge|dul|dig I** agg. paziente **II** avv. pazientemente ◆ ***~ wie ein Lamm sein*** essere mite come un agnello, avere la pazienza di un santo; ***Papier ist ~*** = si possono scrivere impunemente le più grosse sciocchezze. **Ge|dulds|fa|den** m., COLLOQ. ***jdm reißt der ~*** a qcn. scappa la pazienza. **Ge|dulds|pro|be** f. *(-,-n)* prova *f.* (di pazienza); ***jdn auf eine (harte) ~ stellen*** mettere a dura prova la pazienza di qcn. **Ge|duld(s)|spiel** n. *(-s,-e)* gioco *m.* di pazienza.

ge|dun|gen p.pass. agg. → **dingen** ◆ ***-er Mörder*** assassino prezzolato, sicario.

ge|dun|sen agg. gonfio. **Ge|dun|sen|heit** f. *(-)* gonfiore *m.*

Ge|düns|te|te n. *(-n)* AUSTR. stufato *m.*

ge|ehrt p.pass. agg. → **ehren** ◆ (nelle lettere) ***sehr -e Frau Müller*** gentile signora Müller; ***sehr -er Herr*** egregio signore; ***sehr -e Damen und Herren*** egregi signori, COMM. spettabile ditta.

ge|eig|net p.pass. agg. **1** → **eignen 2** adatto, idoneo, LETT. atto: ***für eine Arbeit ~ sein*** essere adatto a, per un lavoro; ***zum Lehrer ~ sein*** essere adatto a insegnare, a fare l'insegnante; ***der -e Moment*** il momento adatto, opportuno.

Geest f. *(-)* INTRAD. (arido altopiano lungo le coste del Mare del nord).

gef. ⇒ MIL. *gefallen* caduto.

Ge|fahr f. *(-,-en)* pericolo *m.*: ***außer ~ sein*** essere fuori pericolo; ***bei ~*** in caso di pericolo; ***in ~ sein, schweben*** essere in pericolo; ***jdn, etw. in ~ bringen*** mettere qcn., qcs. in pericolo; ***in ~ geraten, kommen*** trovarsi in pericolo; ***sich in ~ begeben*** mettersi in pericolo; ***jdn, sich einer ~ aussetzen*** esporre qcn., esporsi a un pericolo; ***eine ~ abwehren, abwenden, heraufbeschwören*** evitare, scansare, scongiurare un pericolo; ***der ~ trotzen, ins Auge sehen*** sfidare il pericolo; ***eine öffentliche ~ bedeuten*** rappresentare un pericolo pubblico ◆ ***auf eigene ~*** a proprio rischio (e pericolo); ***es besteht (die) ~, dass...*** c'è pericolo (*o* c'è il rischio) che...; ***~ bringend*** pericoloso; ***(auch) auf die ~ hin, dass...*** (anche) a rischio di...; ***~ laufen, zu...*** correre il rischio di...; ***unter ~ des eigenen Lebens*** a rischio della propria vita; PROV. ***wer sich in ~ begibt, kommt darin um*** chi ama il pericolo, perirà in esso.

ge|fähr|den tr. mettere in pericolo: ***jdn, die Gesundheit ~*** mettere in pericolo qcn., la salute; ***den Erfolg eines Unternehmens ~*** compromettere il successo di un'impresa; ***das eigene Leben ~*** mettere a repentaglio la propria vita. **ge|fähr|det** p.pass. agg. **1** → **gefährden** **2** a rischio: ***-e Jugendliche*** giovani a rischio.

ge|fahr|dro|hend I agg. minaccioso **II** avv. minacciosamente.

Ge|fähr|dung f. *(-,-en)* pericolo *m.*, minaccia *f.*

Ge|fah|ren|be|reich m. *(-[e]s,-e)* zona *f.* pericolosa. **Ge|fah|ren|quel|le** f. *(-,-n)* fonte *f.* di pericoli. **Ge|fah|ren|stel|le** f. *(-,-n)* punto *m.* pericoloso. **Ge|fah|ren|zo|ne** f. *(-,-n)* → **Gefahrenbereich.** **Ge|fah|ren|zu|la|ge** f. *(-,-n)* indennità *f.* per lavori pericolosi.

ge|fähr|lich I agg. pericoloso, rischioso: ***eine -e Situation*** una situazione pericolosa, difficile; ***ein -er Plan*** un piano pericoloso, rischioso; ***ein -es Spiel treiben*** fare un gioco pericoloso; COLLOQ. *(schlimm)* ***das ist nicht so ~*** non è grave **II** avv. pericolosamente: ***~ leben*** vivere pericolosamente; ***~ erkrankt*** gravemente ammalato, in pericolo di vita ◆ ***das -e Alter*** l'età critica. **Ge|fähr|lich|keit** f. *(-,-en)* pericolosità *f.*; *(von Krankheit)* gravità *f.*

ge|fahr|los I agg. sicuro, privo di pericoli **II** avv. senza pericolo. **Ge|fahr|lo|sig|keit** f. *(-)* sicurezza *f.*, mancanza *f.* di pericolo.

Ge|fährt n. *(-[e]s,-e)* LETT. veicolo *m.* **Ge|fähr|te** m. *(-n,-n)* LETT. compagno *m.*, amico *m.* **Ge|fähr|tin** f. *(-,-nen)* LETT. compagna *f.*, amica *f.*

ge|fahr|voll agg. pericoloso, pieno di pericoli, rischioso.

Ge|fäl|le n. *(-s,-)* **1** pendenza *f.*: ***die Straße hat ein ~ von 6 %*** la strada ha una pendenza del 6 %; AUT. ***gefährliches ~*** discesa pericolosa **2a** *(Höhenunterschied)* dislivello *m.*; FIG. divario *m.*, disparità *f.*, differenza *f.* **b** *(von Temperatur)* abbassamento *m.* **c** *(von Druck)* caduta *f.* **3** FIS. *(Gradient)* gradiente *m.* ◆ COLLOQ. EUFEM. ***ein gutes ~ haben*** = reggere bene l'alcol.

1.ge|fal|len *(gefällt, gefiel, gefallen)* **I** intr. (aus. *haben*) piacere: ***der Film hat mir ~*** il film mi è piaciuto; ***mir gefällt an ihm seine Offenheit*** mi piace di lui la sua sincerità; ***sie versucht immer zu ~*** cerca sempre di piacere **II** rifl. ***sich (D) in etw. (D) ~*** compiacersi di, provare piacere in qcs.; ***er gefällt sich darin, seine Mitarbeiter öffentlich abzukanzeln*** si compiace di, prova piacere a fare pubblicamente la paternale ai suoi collaboratori ◆ COLLOQ. ***sich (D) etw. ~ lassen*** sopportare qcs.; COLLOQ. ***das lasse ich mir (schon eher) ~!*** così va meglio! ***das lasse ich mir von ihm nicht ~!*** questo da lui non lo sopporto, non lo accetto; ***was gefällt dir am besten?*** che cosa ti piace di più? ***wie gefällt es Ihnen hier?*** come si trova qui? si trova bene qui? ***es will und will mir nicht ~*** proprio non mi va, non mi piace!

2.ge|fal|len p.pass. agg. **1** → **fallen** **2** disonorato: ***ein -es Mädchen*** una ragazza disonorata.

Ge|fal|len I m. *(-s,-)* piacere *m.*, favore *m.*: ***jdm einen ~ tun*** fare un piacere a qcn.; ***tu mir den ~*** fammi il (santissimo) piacere **II** n. *(-s)* piacere *m.*: ***an etw. (D) ~ finden, haben*** trovare piacere in qcs., compiacersi di qcs.; ***~ erregen, erwecken*** suscitare piacere ◆ ***nach ~*** a piacimento; ***jdm etw. zu ~ tun*** fare qcs. a qcn. per fargli piacere; ***jdm zu ~ reden*** dire a qcn. ciò che gli fa piacere.

Ge|fal|le|ne m. *(-n,-n)* caduto *m.* **Ge|fal|le|nen|denk|mal** n. *(-s,-denkmäler)* monumento *m.* ai caduti.

ge|fäl|lig agg. **1** cortese, servizievole: ***jdm ~ sein*** fare una cortesia a qcn.; ***sich jdm ~ erweisen, zeigen*** mostrarsi cortese nei confronti di qcn. **2** gradevole: ***ein -es Äußeres, Aussehen haben*** avere un aspetto gradevole; ***-e Musik*** musica orecchiabile **3** gradito, desiderato: ***ein Bier ~?*** desidera una birra? ***sonst noch was ~?*** desidera altro? ◆ COMM. ***zur -en Beachtung*** alla cortese attenzione; COMM. ***in Bezug auf Ihr -es Schreiben*** in riferimento alla Sua gradita lettera; COLLOQ. ***da, hier ist was ~!*** qui succede (*o* capita) qualcosa! **ge|fäl|li|ger|wei|se** avv. per cortesia, per favore.

Ge|fäl|lig|keit f. *(-,-en)* **1** piacere *m.*, favore *m.*: ***jdm eine ~ erweisen*** fare un favore a qcn.; ***jdn um eine ~ bitten*** chiedere un piacere a qcn. **2** cortesia *f.*, gentilezza *f.*: ***etw. aus reiner ~ tun*** fare qcs. per pura cortesia. **Ge|fäl|lig|keits|ak|zept** n. *(-[e]s,-e)* → **Gefälligkeitswechsel.** **ge|fäl|lig|keits|hal|ber** avv. COLLOQ. per favore. **Ge|fäl|lig|keits|wech|sel** m. *(-s,-)* BANC. cambiale *f.* (*o* accettazione *f.*) di favore. **ge|fäl|ligst** avv. **1** ***mach ~ die Tür zu!*** vuoi chiudere quella (benedetta) porta!? **2** ANT. *(freundlicherweise)* cortesemente, gentilmente.

Ge|fall|sucht f. *(-)* smania *f.* di piacere (agli altri). **ge|fall|süch|tig** agg. smanioso di piacere.

Ge|fäl|tel n. *(-s)* pieghe *f.pl.*

ge|fal|tet p.pass. agg. → **falten** ◆ ***mit -en Händen*** a mani giunte.

ge|fan|gen p.pass. agg. **1** → **fangen** **2a** *(im Krieg)* prigioniero: ***~ halten*** tenere prigionero; ***~ nehmen*** prender prigionero, catturare **b** *(inhaftiert)* detenuto, recluso **c** FIG. LETT. ***~ halten*** incatenare, avvincere: ***ihr Gesang hielt das Publikum ~*** il suo canto avvinse il pubblico **d** FIG. *(fesseln)* ***~ nehmen*** avvincere, rapire: ***die Schönheit der Landschaft nahm uns ~*** la bellezza del paesaggio ci rapì **e** LETT. ***~ setzen*** arrestare, imprigionare. **Ge|fan|ge|ne** m. e f. *(-n,-n)* **1** *(im Krieg)* prigioniero *m.* (-a *f.*): ***~ machen, freilassen*** fare, liberare prigionieri **2** *(Häftling)* detenuto *m.* (-a *f.*), carcerato *m.* (-a *f.*). **Ge|fan|ge|nen|auf|se|her** m. *(-s,-)* carceriere *m.* **Ge|fan|ge|nen|aus|tausch** m. *(-[e]s,-e)* scambio *m.* di prigionieri. **Ge|fan|ge|nen|be|frei|ung** f. *(-,-en)* liberazione *f.* di prigionieri. **Ge|fan|ge|nen|für|sor|ge** f. *(-)* assistenza *f.* ai detenuti. **Ge|fan|ge|nen|la|ger** n. *(-s,-)* campo *m.* di prigionia, campo *m.* di concentramento (per prigionieri di guerra). **Ge|fan|ge|nen|zel|le** f. *(-,-n)* cella *f.* (dei prigionieri). **Ge|fan|gen|nah|me** f. *(-,-n)* cattura *f.* **Ge|fan|gen|schaft** f. *(-,-en)* **1** MIL. prigionia *f.*; *(Haft)* detenzione *f.*, carcerazione *f.*: ***in ~ geraten*** cadere prigioniero; ***aus der ~ entlassen werden, heimkehren*** essere rilasciato, ritornare dalla prigionia **2** *(Unfreiheit)* cattività *f.*

Ge|fäng|nis n. *(-ses,-se)* prigione *f.*, carcere *m.*: ***jdn ins ~ bringen, werfen*** mandare, gettare qcn. in prigione; ***ins ~ kommen*** finire in prigione; ***im ~ sitzen*** essere in prigione; ***aus dem ~ ausbrechen*** evadere dal carcere; *(Gefängnisstrafe)* ***darauf steht ~*** per questo (reato) c'è la prigione; ***drei Jahren ~ bekommen, zu, mit drei Jahren ~ verurteilt, bestraft werden*** essere condannato a tre anni di carcere. **Ge|fäng|nis|arzt** m. *(-es,-ärzte)* medico *m.* del carcere. **Ge|fäng|nis|auf|se|her** m. *(-s,-)* guardia *f.* carceraria, agente *m.* di custodia. **Ge|fäng|nis|geist|li|che** m. *(-n,-n)* cappellano *m.* delle carceri. **Ge|fäng|nis|in|sas|se** m. *(-n,-n)* detenuto *m.*, recluso *m.* **Ge|fäng|nis|stra|fe** f. *(-,-n)* pena *f.* detentiva, reclusione *f.*: ***eine ~ absitzen, verbüßen*** scontare, espiare una pena. **Ge|fäng|nis|wär|ter** m. *(-s,-)* secondino *m.* **Ge|fäng|nis|zel|le** f. *(-,-n)* cella *f.* (carceraria).

Ge|fa|sel n. *(-s)* COLLOQ. SPREG. ciance *f.pl.*

Ge|fäß n. *(-es,-e)* **1** vaso *m.*, recipiente *m.*: ***etw. in ein ~ füllen*** riempire un recipiente di qcs.; ***die kommunizierenden -e*** i vasi comunicanti **2** ANAT. vaso *m.*: ***die -e erweitern, verengen sich*** i vasi si dilatano, si contraggono **3** BOT. fascio *m.* vascolare **4** *(an Degen, Säbel)* guardia *f.*, elsa *f.* **Ge|fäß|chi|rur|gie** f. *(-)* chirurgia *f.* vascolare. **ge|fäß|er|wei|ternd** agg. vasodilatatore. **Ge|fäß|er|wei|te|rung** f. *(-,-en)* vasodilatazione *f.* **Ge|fäß|krank|heit** f. *(-,-en)* angiopatia *f.* **Ge|fäß|krampf** m. *(-es,-krämpfe)* angiospasmo *m.* **Ge|fäß|sys|tem** n. *(-s,-e)* sistema *m.* vascolare.

ge|fasst I p.pass. agg. **1** → **fassen** **2** calmo, controllato **II** avv. con calma, calmo ◆ ***sich auf etw. ~ machen*** aspettarsi qcs.; ***auf das Schlimmste ~ sein*** rassegnarsi al peggio; ***auf etw. (A) ~ sein*** essere preparato a qcs.; FAM. ***mach dich auf was ~!*** stai fresco! **Ge|fasst|heit** f. *(-)* calma *f.*, controllo *m.*

ge|fäß|ver|en|gend agg. vasocostrittore. **Ge|fäß|ver|en|gung** f. *(-,-en)* vasocostrizione *f.* **Ge|fäß|ver|schluss** m. *(-es,-verschlüsse)*, **Ge|fäß|ver|stop|fung** f. *(-,-en)* occlusione *f.* dei vasi. **Ge|fäß|wand** f. *(-,-wände)* parete *f.* vascolare.

Ge|fecht n. *(-[e]s,-e)* combattimento *m.*, scontro *m.*; FIG. ***ein hitziges ~*** una disputa accalorata ◆ ***jdn außer ~ setzen*** mettere qcn. fuori combattimento (anche FIG.); ***im Eifer des -s*** nel fervore della mischia; ***etw. ins ~ führen*** mettere qcs. in campo. **Ge|fechts|aus|bil|dung** f. *(-,-en)* istruzioni *f.pl.* per il combattimento. **ge|fechts|be|reit** agg. pronto al combattimento. **Ge|fechts|be|reit|schaft** f. *(-)* stato *m.* d'allarme. **Ge|fechts|feld** n. *(-[e]s,-er)* campo *m.* di battaglia. **ge|fechts|klar** agg. MAR. → **gefechtsbereit.** **Ge|fechts|kopf** m. *(-[e]s,-köpfe)* testa *f.* esplosiva. **Ge|fechts|stand** m. *(-[e]s,-stände)* posto *m.*, sede *f.* di comando tattico.

ge|fei|ert p.pass. agg. **1** → **feiern** **2** *(gepriesen)* celebre.

ge|feit p.pass. agg. **1** → **feien** **2** ***gegen etw. ~*** immune da qcs.; ***~ machen*** immunizzare.

Ge|fer|tig|te m. e f. *(-n,-n)* ANT. sottoscritto *m.* (-a *f.*).

ge|fes|tigt p.pass. agg. **1** → **festigen** **2a** FIG. consolidato: ***eine -e Tradition*** una tradizione consolidata **b** fermo, saldo: ***eine -e Persönlichkeit*** una personalità salda.

Ge|fie|del n. *(-s)* COLLOQ. SPREG. → **Gegeige.**

Ge|fie|der n. *(-s,-)* piumaggio *m.*, piume *f.pl.*, penne *f.pl.* **ge|fie|dert** agg. **1** piumato, pennuto **2** BOT. pennato.

Ge|fil|de n. *(-s,-)* LETT. campi *m.pl.*, campagna *f.* ◆ MITOL. ***die ~ Elysiums, der Seligen*** i campi Elisi.

ge|fin|gert agg. BOT. digitato.

gefl. ⇒ *gefällig* cortese, gentile.

Ge|fla|cker n. *(-s)* tremolio *m.*

ge|flammt agg. a fiamme, fiammato; *(gemasert)* marezzato.

Ge|flat|ter n. *(-s)* svolazzamento *m.*; *(von Fahne)* sventolio *m.*

Ge|flecht n. *(-[e]s,-e)* **1** intreccio *m.*; reticolato *m.* **2** *(Gitterwerk)* graticcio *m.*

ge|fle̲ckt p.pass. agg. **1** → **flecken 2** macchiato; *(von Tieren)* maculato; pezzato.
Ge|fle̲n|ne n. *(-s)* COLLOQ. SPREG. continuo piagnucolio *m.*
Ge|fli̲m|mer n. *(-s)* scintillio *m.*
ge|fli̲s|sent|lich I agg. **1** intenzionale **2** BUROCR. ANT. cortese: ***zur -en Beachtung*** alla cortese attenzione **II** avv. intenzionalmente, di proposito, apposta.
ge|flo̲ch|ten → **flechten.**
ge|flo̲|gen → **fliegen.**
ge|flo̲|hen → **fliehen.**
ge|flo̲s|sen → **fließen.**
Ge|flu̲|che n. *(-s)* COLLOQ. SPREG. continue imprecazioni *f.pl.*; bestemmie *f.pl.*
Ge|flü̲|gel n. *(-s)* pollame *m.* **Ge|flü̲|gel|farm** f. *(-,-en)* allevamento *m.* di pollame, azienda *f.* avicola. **Ge|flü̲|gel|sa|lat** m. *(-[e]s,-e)* insalata *f.* di pollo. **Ge|flü̲|gel|sche|re** f. *(-,-n)* trinciapollo *m.* **ge|flü̲|gelt** agg. alato ◆ ***-es Wort*** detto proverbiale. **Ge|flü̲|gel|zucht** f. *(-,-en)* avicoltura *f.* **Ge|flü̲|gel|züch|ter** m. *(-s,-)* avicoltore *m.*
Ge|flun|ker n. *(-s)* COLLOQ. SPREG. frottole *f.pl.*, fandonie *f.pl.*
Ge|flüs|ter n. *(-s)* bisbiglio *m.*
ge|fo̲ch|ten → **fechten.**
Ge|fo̲l|ge n. *(-s,-)* seguito *m.*, scorta *f.* ◆ ***jds ~ bilden*** scortare qcn.; ***im ~ von etw.*** in conseguenza di qcs. **Ge|fo̲lg|schaft** f. *(-,-en)* **1** *(treue Anhänger)* seguaci *m.pl.*, seguito *m.* **2** fedeltà *f.*, attaccamento *m.* ◆ ***jdm ~ leisten*** seguire (fedelmente) qcn. **Ge|fo̲lgs|mann** m. *(-es,-leute)* seguace *m.*
Ge|fra̲|ge n. *(-s)* incessanti domande *f.pl.*, interrogatorio *m.* **ge|fra̲gt** p.pass. agg. **1** → **fragen 2** richiesto: ***ein -es Produkt*** un prodotto richiesto.
ge|frä̲ßig agg. ingordo; vorace. **Ge|frä̲|ßig|keit** f. *(-)* voracità *f.*; ingordigia *f.*
Ge|fre̲i|te m. *(-n,-n)* MIL. caporale *m.*
ge|fre̲s|sen p.pass. → **fressen** ◆ ***jdn, etw. ~ haben*** detestare, non sopportare qcn., qcs.
Ge|fri̲er|an|la|ge f. *(-,-n)* impianto *m.* di congelamento.
ge|fri̲e|ren *(gefror, gefroren)* **I** intr. (aus. *sein*) gelare, ghiacciare: ***Wasser gefriert bei 0°*** l'acqua gela a 0°; FIG. ***das Blut gefror ihr in den Adern*** il sangue le gelò nelle vene; ***sein Lächeln gefror ihm auf den Lippen*** il sorriso gli si gelò sulle labbra **II** tr. congelare: ***Lebensmittel ~*** congelare generi alimentari. **Ge|fri̲er|fach** n. *(-[e]s,-fächer)* scomparto *m.* del ghiaccio. **Ge|fri̲er|fleisch** n. *(-[e]s)* carne *f.* congelata. **Ge|fri̲er|ge|mü|se** n. *(-s,-)* verdura *f.* congelata. **ge|fri̲er|ge|trock|net** agg. liofilizzato. **Ge|fri̲er|ket|te** f. *(-)* INDUSTR. catena *f.* del freddo. **Ge|fri̲er|punkt** m. *(-[e]s,-e)* punto *m.* di congelamento: ***auf, über, unter dem ~*** al, sopra il, sotto il punto di congelamento. **Ge|fri̲er|schrank** m. *(-[e]s,-schränke)* congelatore *m.* **Ge|fri̲er|schutz|mit|tel** n. *(-s,-)* anticongelante *m.* **Ge|fri̲er|trock|nung** f. *(-,-en)* liofilizzazione *f.* **Ge|fri̲er|tru|he** f. *(-,-n)* → **Gefrierschrank. ge|fro̲|ren** → **frieren.**
Ge|fu̲ch|tel n. *(-s)* COLLOQ. gesticolio *m.*
Ge|fü̲|ge n. *(-s,-)* **1** struttura *f.*: ***das ~ eines Satzes, eines Gebäudes*** la struttura di una frase, di un edificio **2** *(innerer Aufbau)* compagine *f.*, struttura *f.*: ***das ~ des Staates*** la compagine dello stato.
ge|fü̲|gig agg. arrendevole, docile ◆ ***~ werden*** arrendersi, cedere; ***jdn seinem Willen ~ machen*** sottomettere qcn. alla propria volontà; ***sich (D) jdn ~ machen*** addomesticare qcn. **Ge|fü̲|gig|keit** f. *(-)* arrendevolezza *f.*, docilità *f.*
Ge|fü̲hl n. *(-s,-e)* **1** sensibilità *f.*; *(Tastsinn)* tatto *m.*, tocco *m.*: ***dem ~ nach ist das aus Holz*** al tatto questo è di legno; ***das ~ für kalt, warm*** la sensibilità al freddo, al caldo; ***ich habe kein ~ mehr in den Fingern*** non ho più sensibilità alle dita **2** sentimento *m.*: ***ein ~ der Dankbarkeit, des Hasses*** un sentimento di gratitudine, di odio; ***seine -e verbergen, beherrschen, unterdrücken*** nascondere, dominare, reprimere i propri sentimenti; ***ein ~ erwidern*** ricambiare un sentimento; LETT. ***für jdn zärtliche -e hegen*** nutrire un tenero sentimento per qcn.; ***den -en freien Lauf lassen*** dare (libero) sfogo ai sentimenti; ***mit gemischten -en*** con sentimenti contrastanti; ***mit ~*** con sentimento; *(ausdrucksvoll)* con espressione **3a** *(Empfindung)* sensazione *f.*: ***ein ~ der Angst, der Scham*** una sensazione di paura, di vergogna; ***ein ~ empfinden*** provare una sensazione **b** *(Ahnung)* ***ich habe das ~, dass...*** ho la sensazione, l'impressione che..., sento che...; ***etw. im ~ haben*** avere il senso di qcs. **4** *(Fähigkeit)* senso *m.*: ***ein ~ für etw. haben*** avere il senso di qcs.; ***das ~ für das Schöne, für die Kunst*** il senso del bello, il senso artistico; ***das ~ für Rhythmus, für Recht*** il senso del ritmo, della giustizia ◆ ***das ist das höchste der -e*** è il massimo a cui si può arrivare; ***ohne ~ sein*** essere insensibile. **ge|fü̲hl|los I** agg. **1** insensibile, intorpidito: ***vor Kälte waren ihre Finger ~*** le sue dita erano intorpidite dal freddo **2** *(herzlos)* insensibile, duro, senza cuore **II** avv. in modo insensibile; *(hart)* duramente. **Ge|fü̲hl|lo|sig|keit** f. *(-,-en)* insensibilità *f.*, mancanza *f.* di sensibilità. **ge|fü̲hls|arm** agg. povero di sentimento. **Ge|fü̲hls|aus|bruch** m. *(-[e]s,-ausbrüche)* sfogo *m.* (emotivo). **ge|fü̲hls|be|dingt** agg. dettato, ispirato dal sentimento. **ge|fü̲hls|be|tont I** agg. di sentimento **II** avv. con sentimento. **Ge|fü̲hls|du|se|lei** f. *(-,-n)* COLLOQ. sentimentalismo *m.* **ge|fü̲hls|du|se|lig** agg. COLLOQ. sentimentale. **ge|fü̲hls|kalt** agg. freddo, insensibile. **Ge|fü̲hls|käl|te** f. *(-)* freddezza *f.* d'animo, insensibilità *f.* **Ge|fü̲hls|le|ben** n. *(-s)* vita *f.* emotiva. **ge|fü̲hls|mä|ßig** agg. emotivo; sentimentale: ***eine -e Reaktion*** una reazione emotiva. **Ge|fü̲hls|mensch** m. *(-en,-en)* sentimentale *m.* e *f.* **Ge|fü̲hls|sa|che** f. *(-,-n)*, ***das ist (reine) ~*** è (puramente) una questione di sensibilità. **Ge|fü̲hls|sinn** m. *(-[e]s)* senso *m.* del tatto. **Ge|fü̲hls|wal|lung** f. *(-,-en)* fermento *m.*, confusione *f.* di sentimenti. **Ge|fü̲hls|wert** m. *(-[e]s,-e)* valore *m.* affettivo. **ge|fü̲hl|voll I** agg. pieno di sentimento; SPREG. *(sentimental)* sentimentale **II** avv. con sentimento; con espressione.
ge|fü̲h|rig agg. sciabile. **Ge|fü̲h|rig|keit** f. *(-)* sciabilità *f.*
ge|fü̲llt p.pass. agg. **1** → **füllen 2** colmo, pieno **3** GASTR. ripieno, farcito.
Ge|fu̲m|mel n. *(-s)* il gesticolare, l'armeggiare in modo confuso.
ge|fu̲n|den → **finden.**
Ge|fu̲n|kel n. *(-s)* scintillio *m.*, luccichio *m.*
ge|ga̲|belt agg. a forchetta, a forcella.
Ge|ga̲|cker n. *(-s)* schiamazzo *m.* (di polli).
ge|ga̲n|gen → **gehen.**
ge|ge̲|ben p.pass. agg. **1** → **geben 2** dato, determinato: ***unter -en Umständen*** in determinate condizioni; ***etw. als ~ voraussetzen, hinnehmen*** dare qcs. per scontato **3** *(geeignet)* adatto, giusto: ***zu -er Zeit*** al momento giusto, a tempo debito; ***die -e Person sein*** essere la persona adatta ◆ ***im -en Fall*** all'occorrenza. **ge|ge̲|be|nen|falls** avv. eventualmente, se si dà il caso, all'occorrenza. **Ge|ge̲|ben|heit** f. *(-,-en)* **1** *(Tatsache)* dato *m.* di fatto **2** condizione *f.*, situazione *f.* (reale): ***sich den örtlichen -en anpassen*** adattarsi alle condizioni locali.
Ge|ge̲i|ge n. *(-s)* strimpellio *m.* di violini.
ge|gen I prep. + acc. **1** *(etw. hin)* verso, in direzione di: ***sich ~ das Fenster drehen*** voltarsi verso la finestra; ANT. ***~ Süden*** verso, a sud; ***es geht ~ den Winter*** si va verso l'inverno **2a** *(etw. zu)* contro: ***~ den Tisch stoßen*** urtare contro il tavolo; ***~ den Wind rennen*** correre contro vento **b** *(an)* a, contro: ***etw. ~ die Wand lehnen*** appoggiare qcs. contro (*o* al) muro **c** *(wider)* ***~ jdn, etw. protestieren, kämpfen, gewinnen*** protestare, combattere, vincere contro qcn., qcs.; ***~ seinen Willen, alle Erwartungen*** contro la sua volontà, ogni aspettativa; ***drei ~ einen*** tre contro uno; ***~ die Natur*** contro natura; ***ich habe nichts ~ ihn*** non ho niente contro di lui; ***~ etw. sein*** essere contrario a qcs. **3** *(zum Schutz)* contro, per: ***Tabletten ~ Kopfschmerzen*** compresse contro (*o* per) il mal di testa; ***sich ~ Einbruch versichern*** assicurarsi contro il furto **4** *(temporal)* verso: ***er kommt ~ 5 Uhr*** viene verso le cinque; ***~ Ostern, Mittag, Abend*** verso Pasqua, mezzogiorno, sera **5a** ANT. *(gegenüber)* nei confronti di, verso: ***höflich, aufrichtig, hart ~ jdn sein*** essere gentile, sincero, duro nei confronti di qcn. **b** *(im Vergleich)* in confronto a, rispetto a: ***~ ihn sieht sie sehr jung aus*** rispetto a lui (lei) sembra molto giovane **6** *(in Austausch)* ***~ Zahlung, Quittung, Rezept*** contro pagamento, ricevuta, con ricetta **II** avv. circa: ***~ hundert Mann*** circa un centinaio di uomini. **Ge̲|gen|an|ge|bot** n. *(-[e]s,-e)* controfferta *f.* **Ge̲|gen|an|griff** m. *(-[e]s,-e)* contrattacco *m.* **Ge̲|gen|an|sicht** f. *(-,-en)* opinione *f.* opposta. **Ge̲|gen|an|trag** m. *(-[e]s,-anträge)* controproposta *f.* **Ge̲|gen|an|zei|ge** f. *(-,-n)* MED. controindicazione *f.* **Ge̲|gen|aus|sa|ge** f. *(-,-n)* DIR. deposizione *f.* contraria. **Ge̲|gen|be|fehl** m. *(-[e]s,-e)* contrordine *m.* **Ge̲|gen|be|haup|tung** f. *(-,-en)* replica *f.* **Ge̲|gen|be|such** m. *(-[e]s,-e)* restituzione *f.* della visita. **Ge̲|gen|be|we|gung** f. *(-,-en)* movimento *m.* contrario; SOCIOL. POL. corrente *f.* contraria (*o* movimento *m.* contrario). **Ge̲|gen|be|weis** m. *(-es,-e)* **1** prova *f.* del contrario: ***einen ~ erbringen, liefern*** provare il contrario **2** DIR. controprova *f.* **Ge̲|gen|bild** n. *(-[e]s,-er)* **1a** immagine *f.* contrapposta **b** OTT. immagine *f.* contraria **2** *(Pendant)* immagine *f.* di riscontro, pendant *m.* **Ge̲|gen|bil|let** n. *(-[e]s,-s* e *-e)* contromarca *f.* **Ge̲|gen|bu|chung** f. *(-,-en)* COMM. registrazione *f.* di contropartita. **Ge̲|gen|bür|ge** m. *(-n,-n)* DIR. controgarante *m.*
Ge̲|gend f. *(-,-en)* **1** *(Gebiet)* regione *f.*, zona *f.* **2** *(Umgebung)* dintorni *m.pl.*: ***in der ~ des Schlosses*** nei dintorni del castello; ***die ~ um Frankfurt*** i dintorni di Francoforte; ***sie wohnen in dieser ~***

abitano da queste parti **3** *(Landschaft)* paesaggio *m.* ◆ ***in unserer ~*** dalle nostre parti; ***durch die ~ fahren*** andare a zonzo, gironzolare; COLLOQ. ***der Preis liegt in der ~ um DM100*** il prezzo si aggira intorno ai cento marchi.

Ge|gen|dar|stel|lung f. *(-,-en)* **1** *(in der Presse)* rettifica *f.* **2** replica *f.* **Ge|gen|dienst** m. *(-[e]s,-e)* contraccambio *m.*: ***zu einem ~ bereit sein*** essere pronto a contraccambiare; ***jdm einen ~ leisten, erweisen*** contraccambiare qcs. a qcn. **Ge|gen|druck** m. *(-[e]s)* pressione *f.* in senso contrario.

ge|gen|ei|nan|der avv. l'uno contro l'altro, l'uno contrapposto all'altro; l'uno verso l'altro (*o* l'un l'altro): ***~ spielen, kämpfen*** giocare, combattere l'uno contro l'altro; ***~ halten*** tenere l'uno contro l'altro; *(vergleichen)* confrontare, paragonare; ***~ prallen*** scontrarsi; ***~ stehen*** essere contrapposto; ***~ stellen*** contrapporre, confrontare.

Ge|gen|er|klä|rung f. *(-,-en)* controdichiarazione *f.* **Ge|gen|fahr|bahn** f. *(-,-en)* corsia *f.* opposta. **Ge|gen|far|be** f. *(-,-n)* colore *m.* complementare. **Ge|gen|feu|er** n. *(-s,-)* controfuoco *m.* **Ge|gen|for|de|rung** f. *(-,-en)* controrichiesta *f.*; DIR. COMM. contropretesa *f.* **Ge|gen|fra|ge** f. *(-,-n)* controdomanda *f.* **Ge|gen|füß|ler** m. *(-s,-)* ANT. antipode *m.* **Ge|gen|ga|be** f. *(-,-n)* LETT. dono *m.*, regalo *m.* in contraccambio. **Ge|gen|ge|ra|de** f. *(-,-n)* SPORT rettilineo *m.* (della pista dello stadio). **Ge|gen|ge|schenk** n. *(-[e]s,-e)* → **Gegengabe.** **Ge|gen|ge|wicht** n. *(-[e]s,-e)* contrappeso *m.* (anche FIG.): ***das ~ zu etw. sein*** fare da contrappeso a qcs., controbilanciare qcs. **Ge|gen|gift** n. *(-[e]s,-e)* antidoto *m.* **Ge|gen|grund** m. *(-[e]s,-gründe)* obiezione *f.*, argomentazione *f.* contraria. **Ge|gen|gruß** m. *(-es,-grüße)* risposta *f.* al saluto. **Ge|gen|hieb** m. *(-[e]s,-e)* → **Gegenschlag.** **Ge|gen|kan|di|dat** m. *(-en,-en)* candidato *m.* concorrente. **Ge|gen|kla|ge** f. *(-,-n)* DIR. controquerela *f.* **Ge|gen|kraft** f. *(-,-kräfte)* FIS. forza *f.* antagonista, contraria (anche FIG.). **Ge|gen|kul|tur** f. *(-,-en)* controcultura *f.* **Ge|gen|leis|tung** f. *(-,-en)* → **Gegendienst.**

ge|gen_len|ken intr. (aus. *haben*) controsterzare.

Ge|gen|licht n. *(-[e]s)* controluce *m.* **Ge|gen|licht|blen|de** f. *(-,-n)* FOT. paraluce *m.* **Ge|gen|lie|be** f. *(-,-n)* amore *m.* ricambiato ◆ ***auf ~ stoßen, ~ finden*** incontrare il consenso, il favore. **Ge|gen|maß|nah|me** f. *(-,-n)* contromisura *f.* **Ge|gen|mit|tel** n. *(-s,-)* rimedio *m.*; *(von Gift)* antidoto *m.* **Ge|gen|mut|ter** f. *(-,-mütter)* TECN. controdado *m.*, dado *m.* di bloccaggio. **Ge|gen|of|fen|si|ve** f. *(-,-n)* controffensiva *f.* **Ge|gen|papst** m. *(-,-päpste)* antipapa *m.* **Ge|gen|par|tei** f. *(-,-en)* **1** avversari *m.pl.*; SPORT *(Mannschaft)* squadra *f.* avversaria **2** DIR. controparte *f.*, parte *f.* avversa. **Ge|gen|pol** m. *(-s,-e)* polo *m.* opposto. **Ge|gen|pro|be** f. *(-,-n)* controprova *f.* **Ge|gen|rech|nung** f. *(-,-en)* MAT. controprova *f.* **Ge|gen|re|de** f. *(-,-n)* **1** LETT. replica *f.* **2** *(Einwand)* obiezione *f.* **Ge|gen|re|for|ma|ti|on** f. *(-)* STOR. controriforma *f.* **Ge|gen|re|gie|rung** f. *(-,-en)* governo *m.* ombra; *(im Exil)* governo *m.* fantasma. **Ge|gen|re|vo|lu|ti|on** f. *(-,-en)* controrivoluzione *f.* **ge|gen|re|vo|lu|ti|o|när** agg. controrivoluzionario. **Ge|gen|rich|tung** f. *(-,-en)* direzione *f.* contraria, senso *m.* contrario. **Ge|gen|satz** m. *(-es,-sätze)* **1** contrasto *m.*, dissidio *m.*: ***ein eklatanter, schroffer ~*** un contrasto netto, stridente; ***im ~ zu jdm, etw. stehen, sein*** essere in contrasto con qcn., dissentire da qcs.; ***der ~ der Meinungen*** il contrasto di opinioni; ***tiefe, unüberbrückbare Gegensätze*** contrasti profondi, insuperabili; ***die Gegensätze verschärfen sich*** i contrasti si acuiscono, si inaspriscono **2** *(Gegenteil)* contrario *m.*, opposto *m.*: ***der ~ von 'lang' ist 'kurz'*** il contrario di 'lungo' è 'corto'; ***die Gegensätze ziehen sich an*** gli opposti si attraggono **3** *(Widerspruch)* contraddizione *f.*: ***im ~ zu etw. stehen*** essere in contraddizione con qcs. ◆ ***im ~ zu*** contrariamente a, in contrasto con, a differenza di; ***sich in ~ zu jdm, etw. setzen*** opporsi a qcn., qcs. **ge|gen|sätz|lich I** agg. **1** opposto, contrario **2** *(widerstreitend)* contrastante **II** avv. **1** in modo opposto **2** in modo contrastante. **Ge|gen|sätz|lich|keit** f. *(-,-en)* opposizione *f.*, contrapposizione *f.* **Ge|gen|satz|wort** n. *(-[e]s,-wörter)* LING. opposto *m.*

Ge|gen|schlag m. *(-[e]s,-schläge)* contrattacco *m.*, controffensiva *f.* (anche FIG.): ***einen ~ führen*** contrattaccare; ***zum ~ ausholen*** preparare un contrattacco. **Ge|gen|schrift** f. *(-,-en)* replica *f.* (scritta).

Ge|gen|sei|te f. *(-,-n)* **1** lato *m.* opposto, parte *f.* opposta **2** *(Gegenpartei)* parte *f.* avversa. **ge|gen|sei|tig I** agg. reciproco, mutuo **II** avv. reciprocamente, l'un l'altro. **Ge|gen|sei|tig|keit** f. *(-,-en)* reciprocità *f.*: ***auf ~ beruhen*** essere reciproco.

Ge|gen|sinn, ***im ~*** in senso contrario. **Ge|gen|spie|ler** m. *(-s,-)* **1** avversario *m.*, antagonista *m.* **2** TEATR. antagonista *m.* **Ge|gen|spi|o|na|ge** [-na:ʒə] f. *(-)* controspionaggio *m.* **Ge|gen|sprech|an|la|ge** f. *(-,-n)* interfono *m.*; *(Sprechanlage)* citofono *m.*

Ge|gen|stand m. *(-[e]s,-stände)* **1** oggetto *m.* (anche FIG.): ***keine Gegenstände aus dem Fenster werfen*** non gettare alcun oggetto dal finestrino; *(Thema)* ***etw. zum ~ einer Diskussion machen*** porre qcs. come oggetto di una discussione; *(Ziel)* ***zum ~ heftiger Kritik werden*** diventare oggetto di una dura critica **2** AUSTR. *(Schulfach)* materia *f.*

ge|gen|stän|dig agg. BOT. opposto.

ge|gen|ständ|lich I agg. **1** oggettivo, concreto **2** ART. ***-e Kunst*** arte figurativa **II** avv. **1** in modo concreto **2** ART. figurativamente, in modo figurativo. **Ge|gen|ständ|lich|keit** f. *(-)* **1** oggettività *f.*, concretezza *f.* **2** ART. arte *f.* figurativa.

Ge|gen|stand|punkt m. *(-[e]s,-e)* punto *m.* di vista opposto.

ge|gen|stands|los agg. **1** nullo; *(überflüssig)* superfluo, inutile: ***-e Bemühungen*** sforzi inutili **2** *(unbegründet)* infondato, immotivato **3** ART. astratto.

ge|gen_steu|ern intr. → **gegenlenken.** **Ge|gen|stim|me** f. *(-,-n)* **1** voto *m.* contrario: ***ohne ~*** all'unanimità **2** FIG. *(Gegenmeinung)* opinione *f.* contraria, parere *m.* contrario **3** MUS. voce *f.* di controcanto. **Ge|gen|stoß** m. *(-es,-stöße)* **1** contraccolpo *m.* **2** MIL. contrattacco *m.*

Ge|gen|strom m. *(-[e]s)* corrente *f.* contraria. **ge|gen|stro|mig, ge|gen|strö|mig** agg. controcorrente. **Ge|gen|strö|mung** f. *(-)* **1** → **Gegenstrom** **2** FIG. corrente *f.* contraria, opposizione *f.*

Ge|gen|stück n. *(-[e]s,-e)* **1** (oggetto *m.* di) riscontro *m.*, pendant *m.*, corrispondente *m.* **2** → **Gegenteil.**

Ge|gen|teil n. *(-[e]s,-e)* contrario *m.*, opposto *m.*: ***er ist das genaue ~ seines Freundes*** è l'esatto contrario del suo amico; ***das ~ bewirken*** sortire l'effetto contrario; ***sich vom ~ überzeugen*** convincersi del contrario; ***jds Worte ins ~ verkehren*** dare alle parole di qcn. l'opposto significato ◆ ***im ~*** al contrario, anzi: ***das missfällt mir nicht, im ~!*** questo non mi dispiace, anzi! **ge|gen|tei|lig I** agg. contrario, opposto: ***im -en Fall*** in caso contrario **II** avv. al contrario, all'opposto.

Ge|gen|tor n. *(-[e]s,-e)*, **Ge|gen|tref|fer** m. *(-s,-)* **1** gol *m.* in risposta (a un altro) **2** *(Ausgleichstor)* gol *m.* del pareggio.

ge|gen|über I prep. + dat. **1** *(lokal)* di fronte a, dirimpetto a: ***die Post liegt ~ dem Bahnhof, dem Bahnhof ~*** la posta è di fronte alla stazione **2** *(in Bezug auf)* nei confronti (*o* nei riguardi, verso) di, con: ***er ist mir ~ immer unhöflich*** è sempre scortese con me **3** *(im Vergleich zu)* a confronto di, in confronto a, rispetto a: ***~ letztem Jahr geht es mir gut*** in confronto all'anno scorso sto bene **II** avv. di fronte, dirimpetto: ***der ~ sitzende Herr*** il signore che siede di fronte. **Ge|gen|über** n. *(-s,-)* **1** persona *f.* (che sta, siede) di fronte **2a** *(gegenüber wohnende Person)* dirimpettaio *m.* **b** *(gegenüberliegendes Haus)* casa *f.* di fronte (*o* dirimpetto) **3** LETT. *(Entgegengesetztsein)* contrasto *m.*: ***das ~ von Geist und Seele*** il contrasto fra spirito e anima.

ge|gen|über_lie|gen intr. *(lag, gelegen;* aus. *haben)* stare, essere dirimpetto (*o* di fronte, in faccia). **ge|gen|über|lie|gend** p.pres. agg. → **gegenüberliegen** ◆ ***das -e Haus*** la casa di fronte (*o* dirimpetto). **ge|gen|über_se|hen** rifl. *(sieht, sah, gesehen)* ***sich jdm, etw. ~*** (ri)trovarsi di fronte a qcn., qcs. **ge|gen|über_set|zen I** tr. far sedere di fronte **II** rifl. **sich ~** sedersi di fronte. **ge|gen|über_sit|zen** intr. *(saß, gesessen;* aus. *haben)* sedere di fronte (*o* dirimpetto).

ge|gen|über_ste|hen *(stand, gestanden)* **I** intr. (aus. *haben*) **1** stare (*o* essere) di fronte **2** FIG. ***jdm, etw. feindlich, gleichgültig ~*** essere ostile, indifferente a (*o* nei confronti di) qcn., qcs. **II** rifl. **sich ~ 1** trovarsi (*o* essere) a confronto **2** SPORT trovarsi di fronte, affrontarsi.

ge|gen|über_stel|len tr. **1a** porre (*o* mettere) di fronte **b** DIR. mettere a confronto **2** *(vergleichen)* confrontare, raffrontare, paragonare: ***die verschiedenen Fassungen eines Gedichts ~*** raffrontare le diverse versioni di una poesia **3** *(entgegensetzen)* opporre, contrapporre. **Ge|gen|über|stel|lung** f. *(-,-en)* **1** DIR. confronto *m.* **2** *(Vergleich)* confronto *m.*, raffronto *m.* **3** *(Entgegensetzung)* opposizione *f.*, contrapposizione *f.*

ge|gen|über_tre|ten intr. *(tritt, trat, getreten;* aus. *sein)* **1** ***jdm ~*** comparire dinanzi a qcn. **2** ***jdm, etw. entschlossen, mutig ~*** affrontare qcn., qcs. con decisione, con coraggio.

Ge|gen|un|ter|schrift f. *(-,-en)* controfirma *f.* **Ge|gen|ver|kehr** m. *(-s)* **1** traffico *m.* in senso contrario **2** ***Straße mit ~*** strada a doppio senso (di circolazione). **Ge|gen|ver|si|che|rung** f. *(-,-en)* riassicurazione *f.* **Ge|gen|vor|schlag** m. *(-[e]s,-vorschläge)* controproposta *f.*

Ge|gen|wart f. *(-)* **1a** presente *m.*: ***die Kunst der ~*** l'arte contemporanea **b** GRAMM. (tempo *m.*) presente *m.*: ***ein Verb in die ~ set-***

zen coniugare un verbo al presente **2** *(Anwesenheit)* presenza *f.*: ***in meiner ~*** in (*o* alla) mia presenza. **ge|gen|wär|tig I** agg. **1a** presente, attuale: ***sein -er Zustand*** il suo stato attuale **b** *(zeitgenössisch)* contemporaneo, di oggi, odierno, dei nostri giorni **2** ANT. *(anwesend)* presente: ***bei etw. ~ sein*** essere presente a qcs. **II** avv. attualmente, al momento, al presente ◆ ***etw. ~ haben*** avere presente (*o* ricordarsi di) qcs.; ***etw. ~ halten*** tenere presente qcs.; ***jd, etw. ist mir (nicht) ~*** (non) ho presente qcn., qcs. **ge|gen|warts|be|zo|gen** agg. riferito al presente, attuale, attualizzato; ***ein -er Roman*** un romanzo ambientato nel presente. **Ge|gen|warts|form** f. *(-,-en)* GRAMM. forma *f.* presente. **Ge|gen|warts|fra|ge** f. *(-,-n)* questione *f.* (*o* problema *m.*) attuale. **ge|gen|warts|fremd** agg. antiquato, anacronistico; *(von Menschen)* d'altri tempi. **Ge|gen|warts|kunst** f. *(-)* arte *f.* contemporanea. **ge|gen|warts|nah, ge|gen|warts|na|he I** agg. attuale, di attualità **II** avv. in modo moderno. **Ge|gen|warts|prob|lem** n. *(-[e]s,-e)* → **Gegenwartsfrage.**

Ge|gen|wehr f. *(-)* resistenza *f.*, difesa *f.*: ***~ leisten*** opporre resistenza, difendersi; ***sich ohne ~ verhaften lassen*** farsi arrestare senza opporre resistenza. **Ge|gen|wert** m. *(-[e]s,-e)* controvalore *m.* **Ge|gen|wind** m. *(-[e]s)* vento *m.* contrario. **Ge|gen|wir|kung** f. *(-,-en)* reazione *f.*

ge|gen_zeich|nen tr. controfirmare (con sigla). **Ge|gen|zeich|nung** f. *(-,-en)* controfirma *f.*

Ge|gen|zeu|ge m. *(-n,-n)* testimone *m.* (che afferma il contrario); DIR. teste *m.* a prova contraria. **Ge|gen|zug** m. *(-[e]s,-züge)* **1** contromossa *f.* (anche FIG.) **2** SPORT contrattacco *m.*; *(beim Fußball)* contropiede *m.* **3** FERR. treno *m.* (che si muove) in direzione contraria.

ge|ges|sen → **essen.**

ge|gli|chen → **gleichen.**

ge|glit|ten → **gleiten.**

ge|glom|men → **glimmen.**

Geg|ner m. *(-s,-)* **1a** avversario *m.*, oppositore *m.*: ***einen ~ besiegen, schlagen, ausschalten, überlisten*** sconfiggere, battere, eliminare, ingannare un avversario **b** *(Antagonist)* antagonista *m.*, rivale *m.* **2** *(Feind)* nemico *m.* (anche FIG.) **3** SPORT avversario *m.* **geg|ne|risch** agg. **1** avversario, di opposizione, degli avversari (*o* degli oppositori) **2** *(feindlich)* nemico **3** SPORT avversario. **Geg|ner|schaft** f. *(-,-en)* **1a** opposizione *f.*: ***zu jdm in ~ stehen*** opporsi a qcn. **b** *(Antagonismus)* antagonismo *m.*, rivalità *f.* **c** *(Feindseligkeit)* ostilità *f.*, avversione *f.* **2a** *(Gesamtheit der Gegner)* avversari *m.pl.*, oppositori *m.pl.* **b** *(Feinde)* nemici *m.pl.* **c** *(Antagonisten)* antagonisti *m.pl.*, rivali *m.pl.* **c** SPORT avversari *m.pl.*

ge|gol|ten → **gelten.**

ge|gönnt p.pass. agg. → **gönnen** ◆ ***das sei dir ~!*** sono contento per te! te lo meriti veramente!

ge|go|ren → **gären.**

ge|gos|sen → **gießen.**

gegr. ⇒ *gegründet* fondato.

ge|grif|fen p.pass. → **greifen** ◆ ***das ist zu hoch ~*** è esagerato.

ge|grillt p.pass. agg. **1** → **grillen 2** alla griglia.

Ge|grin|se n. *(-s)* COLLOQ. sghignazzate *f.pl.*

Ge|grö|le n. *(-s)* COLLOQ. SPREG. **1** grida *f.pl.*, schiamazzi *m.pl.* **2** *(lautes Singen)* canto *m.* sguaiato.

geh. ⇒ *geheftet* in brossura (bross.).

Ge|ha|be n. *(-s)* affettazione *f.* **ge|ha|ben** rifl. **sich** ~ AUSTR. comportarsi ◆ ANT. ***gehab dich wohl!*** addio! stammi bene! ***~ Sie sich wohl!*** addio! mi stia bene! **Ge|ha|ben** n. *(-s,-)* **1** comportamento *m.*, condotta *f.* **2** → **Gehabe.**

ge|habt p.pass. → **haben** ◆ ***(alles) wie ~*** (tutto) come al solito.

Ge|hack|te n. *(-n)* carne *f.* tritata.

1.Ge|halt m. *(-[e]s,-e)* **1** contenuto *m.*: ***der religiöse ~ eines Kunstwerks*** il contenuto religioso di un'opera d'arte **2a** *(Anteil eines Stoffes)* contenuto *m.*, percentuale *f.* **b** *(an Gold, Silber)* titolo *m.* **c** *(von Nahrungsmitteln)* sostanza *f.*, valore *m.* nutritivo.

2.Ge|halt n. e AUSTR. m. *(-[e]s,-hälter)* stipendio *m.*, paga *f.* (di impiegato): ***ein festes ~*** uno stipendio fisso; ***4000 DM ~, ein ~ von 4000 DM beziehen, bekommen*** percepire uno stipendio di 4000 marchi; ***das ~ (aus)zahlen, erhöhen*** pagare (*o* corrispondere), aumentare lo stipendio.

ge|hal|ten I agg. **1** ***zu etw. ~ sein*** essere tenuto (*o* obbligato) a qcs. **2** LETT. misurato, moderato, contenuto: ***eine -e Freude*** una gioia contenuta **II** avv. LETT. in modo misurato.

ge|halt|lich I agg. degli stipendi **II** avv. dal punto di vista retributivo.

ge|halt|los agg. **1** privo di contenuto, vuoto, inconsistente **2** *(von Kost, Nahrungsmitteln)* povero, privo di valore nutritivo **3** ***-es Silber*** argento senza titolo. **Ge|halt|lo|sig|keit** f. *(-)* **1** mancanza *f.* di contenuto, inconsistenza *f.*; *(Oberflächlichkeit)* superficialità *f.* **2** ***die ~ gewisser Speisen*** la povertà di certi cibi. **ge|halt|reich** agg. **1** ricco di contenuti **2** *(von hohem Nährwert)* ricco, nutriente: ***-e Speisen*** cibi nutrienti.

Ge|halts|ab|rech|nung f. *(-,-en)* **1** conteggio *m.* dello stipendio **2** *(Betriebsabteilung)* ufficio *m.* paghe. **Ge|halts|ab|zug** m. *(-[e]s,-abzüge)* trattenuta *f.* (*o* ritenuta *f.*) sullo stipendio. **Ge|halts|an|spruch** m. *(-[e]s,-ansprüche)* **1** diritto *m.* allo stipendio **2** → **Gehaltsforderung. Ge|halts|auf|bes|se|rung** f. *(-,-en)* miglioramento *m.* (*o* aumento *m.*) di stipendio. **Ge|halts|aus|zah|lung** f. *(-,-en)* liquidazione *f.* degli stipendi. **Ge|halts|emp|fän|ger** m. *(-s,-)* stipendiato *m.* **Ge|halts|er|hö|hung** f. *(-,-en)* aumento *m.* di stipendio. **Ge|halts|for|de|rung** f. *(-,-en)* richiesta *f.* (salariale). **Ge|halts|grup|pe** f. *(-,-n)* fascia *f.* retributiva. **Ge|halts|kür|zung** f. *(-,-en)* riduzione *f.* dello stipendio. **Ge|halts|nach|zah|lung** f. *(-,-en)* conguaglio *m.* retributivo. **Ge|halts|stu|fe** f. *(-,-n)* livello *m.* retributivo. **Ge|halts|vor|rü|ckung** f. *(-,-en)* AUSTR. aumento *m.* di stipendio. **Ge|halts|vor|schuss** m. *(-es,-vorschüsse)* anticipo *m.* sullo stipendio. **Ge|halts|zah|lung** f. *(-,-en)* pagamento *m.* dello stipendio. **Ge|halts|zu|la|ge** f. *(-,-n)* maggiorazione *f.* (*o* aumento *m.*) di stipendio.

ge|halt|voll agg. **1** ricco di contenuti, significativo **2** *(von Kost, Speisen)* nutriente, sostanzioso.

Ge|häm|mer n. *(-s)* martellio *m.*

Ge|hän|ge n. *(-s,-)* **1a** pendaglio *m.* **b** *(Ohrring)* pendente *m.* **c** *(von Blumen)* festone *m.*, ghirlanda *f.* **2** AUSTR. → **Abhang. ge|han|gen** → **hängen. Ge|häng|te** m. e f. *(-n,-n)* impiccato *m.* (-a *f.*).

ge|har|nischt I agg. **1** che indossa la (*o* una) corazza **2** FIG. energico, duro, forte: ***eine -e Antwort*** una risposta dura **II** avv. energicamente, duramente.

ge|häs|sig I agg. odioso; *(boshaft)* maligno, perfido **II** avv. in modo odioso; *(boshaft)* malignamente, perfidamente. **Ge|häs|sig|keit** f. *(-,-en)* odiosità *f.*; *(Boshaftigkeit)* malignità *f.*, perfidia *f.*

ge|hau|en → **hauen.**

ge|häuft I agg. **1** ricolmo **2** *(häufig)* frequente, ripetuto **II** avv. frequentemente, spesso.

Ge|häu|se n. *(-s,-)* **1** involucro *m.*, custodia *f.*: ***das ~ der Kamera*** la custodia della macchina fotografica **2** *(Kerngehäuse)* torsolo *m.* **3** *(Schneckenhaus)* guscio *m.* **4** *(Uhrgehäuse)* cassa *f.* **5a** MECC. scatola *f.* **b** *(von Kugellagern)* alloggiamento *m.*, sede *f.* **c** *(einer elektrischen Maschine, Pumpe)* carcassa *f.* **6** SPORT GERG. porta *f.*

ge|hef|tet p.pass. agg. **1** → **heften 2** *(in der Buchbinderei)* in brossura.

geh|be|hin|dert agg. impedito nel camminare.

Ge|heck n. *(-[e]s,-e)* **1** cucciolata *f.* **2** *(Brut)* nidiata *f.*

Ge|he|ge n. *(-s,-)* **1** VENAT. riserva *f.* (recintata) **2** *(in Tierparks, Zoos)* recinto *m.* ◆ ***jdm ins ~ kommen, geraten*** rompere le uova nel paniere a qcn., finire fra i piedi a qcn.

ge|hei|ligt p.pass. agg. **1** → **heiligen 2** ***ein -es Recht*** un sacrosanto diritto **3** IRON. ***-e Räume*** sancta sanctorum.

ge|heim agg. **1a** segreto: ***-e Botschaft, Wahl*** messaggio, voto segreto **b** *(verborgen)* segreto, nascosto, recondito: ***die -sten Gedanken*** i pensieri più reconditi **2** *(geheimnisvoll)* misterioso, inspiegabile: ***-e Kräfte besitzen*** avere poteri misteriosi ◆ ***etw. (vor jdm) ~ halten*** tener segreto (*o* nascosto) qcs. (a qcn.); ***im Geheimen*** in segreto; ***Geheime Staatspolizei*** polizia segreta di stato, gestapo; ***streng ~!*** strettamente riservato! top secret! **Ge|heim|ab|kom|men** n. *(-s,-)* patto *m.* (*o* trattato *m.*) segreto. **Ge|heim|agent** m. *(-en,-en)* agente *m.* segreto. **Ge|heim|bund** m. *(-[e]s,-bünde)* società *f.* (*o* associazione *f.*) segreta. **Ge|heim|bünd|ler** m. *(-s,-)* affiliato *m.* a (*o* membro *m.* di) una società segreta. **Ge|heim|dienst** m. *(-[e]s,-e)* servizi *m.pl.* segreti. **Ge|heim|fach** n. *(-[e]s,-fächer)* scomparto *m.* segreto. **Ge|heim|gang** m. *(-[e]s,-gänge)* passaggio *m.* segreto. **Ge|heim|hal|tung** f. *(-,-en)* segretezza *f.* **Ge|heim|leh|re** f. *(-,-n)* dottrina *f.* occulta (*o* segreta).

Ge|heim|nis n. *(-ses,-se)* **1** segreto *m.*: ***ein ~ anvertrauen, bewahren, lüften*** confidare, mantenere, svelare un segreto; ***jdm ein ~ entreißen*** strappare un segreto a qcn.; ***aus etw. kein ~ machen*** non far segreto (*o* mistero) di qcs.; ***sie haben keine -se voreinander*** tra loro non ci sono segreti; ***in die -se einer Sache eingeweiht werden*** essere iniziato ai segreti di una cosa **2** *(etwas Unerforschtes)* mistero *m.* ◆ ***ein offenes,*** RAR. ***öffentliches ~*** un segreto di Pulcinella. **Ge|heim|nis|krä|mer** m. *(-s,-)* → **Geheimnistuer. Ge|heim|nis|krä|me|rei** f. *(-,-en)* → **Geheimnistuerei. Ge|heim|nis|tu|er** m. *(-s,-)* (uomo *m.*) misterioso *m.*, chi fa il misterioso. **Ge|heim|nis|tu|e|rei** f. *(-,-en)* mania *f.* di fare misteri, comportamento *m.* misterioso. **ge|heim|nis|um|wit|tert** agg. avvolto nel mistero. **ge|heim|nis|voll I** agg. misterioso **II** avv. misteriosamente, in modo misterioso; ***tu nicht so ~!*** non fare tanti misteri! non fare il misterioso!

Ge|heim|num|mer f. *(-,-n)* numero *m.* (*o* codice *m.*) segreto. **Ge|heim|po|li|zei** f. *(-,-en)* polizia *f.* segreta. **Ge|heim|po|li|zist** m. *(-en,-en)* agente *m.* della polizia segreta. **Ge|heim|rat** m. *(-[e]s,-räte)* STOR. consigliere *m.* segreto. **Ge|heim|rats|ecken** pl. stempiatura *f.*: ***~ haben, bekommen*** essere, diventare stempiato. **Ge|heim|schrift** f. *(-,-en)* scrittura *f.* in codice (*o* cifrata). **Ge|heim|text** m. *(-[e]s,-e)* testo *m.* cifrato (*o* in codice). **Ge|heim|tin|te** f. *(-,-n)* inchiostro *m.* simpatico. **Ge|heim|tipp** m. *(-s,-s)* informazione *f.* confidenziale, COLLOQ. soffiata *f.* **Ge|heim|tür** f. *(-,-en)* porta *f.* segreta, passaggio *m.* segreto. **Ge|heim|waf|fe** f. *(-,-n)* arma *f.* segreta (anche FIG.). **Ge|heim|wis|sen|schaft** f. *(-,-en)* scienza *f.* occulta.

Ge|heiß n. *(-es)* LETT. ordine *m.*: ***auf jds ~*** per ordine di qcn.

ge|hemmt I p.pass. agg. **1** → **hemmen 2** PSIC. inibito **II** avv. in modo inibito. **Ge|hemmt|heit** f. *(-,-en)* PSIC. inibizione *f.*

ge|hen I intr. *(ging, gegangen; aus. sein)* **1** camminare: ***barfuß, am Stock, rückwärts, im Zickzack ~*** camminare scalzi, col bastone, all'indietro, a zigzag **2a** andare (a piedi): ***ins Theater, zur Arbeit, auf und ab ~*** andare a teatro, al lavoro, su e giù; ***tanzen, einkaufen ~*** andare a ballare, andare a fare la spesa; ***in die Brombeeren ~*** andare per more **b** *(weggehen)* andare (via), andarsene: ***grußlos ~*** andarsene senza salutare; ***~ wir?*** andiamo (via)? **c** EUFEM. *(sterben)* andarsene: ***sie ist von uns gegangen*** se n'è andata, ci ha lasciati **d** *(abfahren)* partire: ***der Bus geht in zehn Minuten*** l'autobus parte fra dieci minuti **e** *(führen)* andare: ***wohin geht diese Straße?*** dove va questa strada? **f** *(durchgehen)* passare: ***dieser Weg geht durch den Wald*** questo sentiero passa per il bosco **g** *(übersteigen)* andare al di là di qcs., oltre qcs.: ***das geht über meine Möglichkeiten*** questo va oltre le mie possibilità; ***seine Arbeit geht ihm über alles*** per lui il lavoro passa davanti a tutto **h** *(verstoßen)* ***gegen etw., jdn ~*** andare contro (*o* contrastare) qcs., essere diretto contro qcn. **3a** impers. andare: ***es geht ihm gut*** sta bene; ***wie geht es dir?*** come va?, come stai? **b** *(verlaufen)* andare, procedere: ***es geht alles nach Plan*** tutto procede secondo i piani; ***es wird schon ~*** andrà bene **4** ***in Trauer, in Zivil, in Schwarz ~*** vestire a lutto, essere in borghese, vertirsi di nero **5** *(verkäuflich sein)* andare, vendersi: ***dieses Produkt geht bei uns sehr gut*** questo prodotto da noi si vende molto bene **6** REGION. lavorare: ***als Kellner ~*** lavorare come, da (*o* fare il) cameriere **7** COLLOQ. ***(miteinander) ~*** stare (insieme), uscire: ***er geht seit einem Jahr mit meiner Schwester*** sta con mia sorella da un anno; ***sie geht mit allen*** va con tutti **8** *(funktionieren)* andare, funzionare (anche FIG.): ***die Uhr geht nicht mehr*** l'orologio non va più **9** *(ausführbar sein)* farsi, funzionare: ***wie geht dieses Spiel?*** come si fa, come funziona questo gioco? **10a** *(läuten)* suonare: ***die Klingel geht*** il campanello suona **b** COLLOQ. fare, suonare: ***wie ~ doch die ersten Zeilen (des Gedichts)?*** come fanno già i primi versi (della poesia)? **11** *(wehen)* soffiare, spirare: ***gestern ging ein starker Wind*** ieri soffiava un vento forte **12** *(sich bewegen)* muoversi, muovere: ***er hörte die Tür ~*** sentì muovere la porta **13** lievitare: ***die Torte ist nicht gegangen*** la torta non è lievitata **14** COLLOQ. *(akzeptabel sein)* andare (bene): ***die erste Zeit ging es noch, aber dann wurden die Schmerzen unerträglich*** all'inizio andava ancora, ma poi i dolori divennero insopportabili; ***soll ich Ihnen eine größere Tasche geben, oder geht es so?*** devo darLe una borsa più grande o va bene (anche) così? **15a** essere: ***etw. geht schwer, einfach*** qcs. è difficile, facile **b** impers. *(möglich sein)* essere possibile, potersi fare: ***leider geht es nicht anders*** purtroppo non si può fare diversamente; ***ohne sein Zutun geht es nicht*** senza il suo aiuto non è possibile **16a** *(passen)* entrare: ***das geht nicht in die Reisetasche*** questo non entra (*o* sta) in valigia; ***in die Flasche geht nur ein Liter*** nella bottiglia (ci) sta solo un litro **b** FIG. essere contenuto, stare: ***wie oft geht 3 in 12?*** quante volte il 3 sta nel 12? ***wie viele Birnen ~ auf ein Kilo?*** quante pere vengono per (*o* in) un chilo? **17a** *(in einem Bereich tätig werden)* entrare, darsi: ***zum Theater, zum Film ~*** darsi al teatro, entrare nel cinema; ***in die Politik ~*** entrare in politica **b** *(mit etw. beginnen)* mettersi: ***an die Arbeit, auf Reisen, in Deckung ~*** mettersi al lavoro, in viaggio, al coperto **18** essere (*o* venire) diviso: ***das Vermögen geht in drei gleiche Teile*** il patrimonio viene diviso in tre parti uguali **19** *(reichen)* arrivare: ***sein Bruder geht ihm nur bis an die Schultern*** suo fratello gli arriva solo (fino) alle spalle; ***seine Großzügigkeit geht bis zur Verschwendung*** la sua generosità arriva sino allo sperpero **20** *(sich richten)* ***nach etw. ~*** seguire qcs., conformarsi a qcs.: ***nach der ersten Deklination ~*** seguire la prima declinazione; ***nach der Regel ~*** attenersi alla regola **21** *(gerichtet sein)* essere rivolto, dare su: ***die Wohnung geht auf den Hof, nach der Straße*** l'alloggio dà sul cortile, verso (la) strada **II** tr. **1** percorrere, fare (a piedi): ***den Weg in einer Stunde ~*** percorrere la strada in un'ora; ***gehst du ein Stück mit uns?*** fai un pezzo di strada con noi? **2** *(einschlagen)* prendere, fare: ***den falschen Weg ~*** prendere la strada sbagliata **III** rifl. impers. ***es geht sich gut, schlecht (mit diesen Schuhen)*** si cammina bene, male (con queste scarpe) ◆ COLLOQ. ***ach, geh (doch)!*** ma va' là! ***wer ist an meine Papieren, an das Geld gegangen?*** chi ha messo le mani nelle mie carte?, sul denaro? ***ans Werk ~*** mettersi all'opera; ***auf die 40 ~*** andare per i 40; ***ins Ausland ~*** trasferirsi all'estero; COLLOQ. ***bei ihr geht nichts*** con lei si va in bianco; ***in Betrieb ~*** entrare in funzione; ***zu, ins Bett ~*** andare a letto; ***in die Brüche ~*** andare in rovina; ***in Druck ~*** andare in stampa; COLLOQ. ***alles geht drunter und drüber*** va tutto sottosopra; ***um die Ecke ~*** girare, voltare l'angolo; COLLOQ. ***bei jdm ein und aus ~*** essere di casa da qcn.; ***zu Ende ~*** stare per finire finire; ***in Erfüllung ~*** esaudirsi, realizzarsi; SPORT ***in Führung ~*** passare in testa (*o* al comando); ***geh mir mit dieser alten Geschichte*** smettila con questa vecchia storia; ***vor Gericht ~*** agire in giudizio; ***es geht das Gerücht, dass...*** corre voce che...; ***es sich gut ~ lassen*** passarsela bene; ***jdm zu Herzen ~*** toccare il cuore di qcn., colpire profondamente qcn.; ***die Summe geht in die Hunderte*** la somma arriva alle tre cifre; ***in sich ~*** far l'esame di coscienza; ***an Land ~*** toccare terra; ***~ lassen*** COLLOQ. lasciare in pace, lasciar perdere; ***lass mich ~!*** lasciami in pace; ***lass das Messer ~!*** lascia stare il coltello; ***es ~ lassen, wie es geht*** lasciare che le cose vadano come vanno; ***sich ~ lassen*** lasciarsi andare; *(in Bezug auf Kleidung)* essere trasandato; ***lass das ~!*** non lo toccare! ***einen ~ lassen*** fare un peto, scoreggiare; COLLOQ. ***alles unter sich ~ lassen*** bagnare, sporcare il letto; ***es geht ihm ans Leben*** ne va della sua vita; ***es geht auf Leben und Tod*** si tratta di vita o di morte; ***es geht auf (o gegen) Mitternacht, Mittag*** è quasi mezzanotte, mezzogiorno; ***müßig ~*** andare a zonzo; ***nach wem geht es?*** da chi dipende? ***nichts geht mehr*** il gioco è fatto; ***sicher in etw. ~*** andare sul sicuro in qcs.; ***so gut es geht*** alla meglio; ***über die Straße, den Platz ~*** attraversare la strada, la piazza; ***der Zug geht über Köln*** il treno passa per Colonia; ***es geht nichts über...*** non c'è di meglio che...; ***es geht um etw.*** si tratta di qcs.; ***es geht um seine Karriere*** è in gioco la sua (*o* ne va della sua) carriera; ***auf allen vieren ~*** andare carponi; ***vonstatten ~*** svolgersi; ***vor sich ~*** accadere, verificarsi; ***das geht zu weit*** questo è troppo; ***wie geht's? es geht*** come va? non c'e male, così così; ***wie lange geht man bis dahin?*** quanto ci si mette a piedi? ***wo man geht und steht*** dappertutto; ***durch alle Zeitungen ~*** andare su tutti i giornali; ***zugrunde ~*** andare in rovina; PROV. ***wer langsam geht, kommt auch ans Ziel*** chi va piano va sano e va lontano. **Ge|hen** n. *(-s)* **1** il camminare **2** SPORT marcia *f.*

Ge|henk|te m. e f. *(-n,-n)* impiccato *m.* (-a *f.*).

Ge|her m. *(-s,-)* **1** camminatore *m.* **2** SPORT marciatore *m.*

Ge|het|ze n. *(-s)* COLLOQ. pungolo *m.*, incitamento *m.*

ge|heu|chelt p.pass. agg. **1** → **heucheln 2** falso: ***mit -er Liebenswürdigkeit*** con falsa gentilezza.

ge|heu|er agg. ***nicht (ganz) ~*** **1** sinistro: ***es ist hier nicht ~*** questo è un luogo sinistro **2** sospetto: ***das kommt mir nicht (ganz) ~ vor*** la cosa mi pare sospetta ◆ ***es ist mir nicht ~*** non mi sento a mio agio.

Ge|heul n. *(-[e]s)* **1** ululato *m.* **2** COLLOQ. *(Wehklagen)* pianto *m.*, lamento *m.*

geh|fä|hig agg. in grado, capace di camminare.

Geh|feh|ler m. *(-s,-)* difetto *m.* di deambulazione. **Geh|hil|fe** f. *(-,-n)* sostegno *m.* (*o* ausilio *m.*) per la deambulazione.

Ge|hil|fe m. *(-n,-n)* **1** lavorante *m.* **2** *(Helfer)* assistente *m.* **3** DIR. *(Komplize)* complice *m.* **Ge|hil|fen|prü|fung** f. *(-,-en)* = esame di fine apprendistato. **Ge|hil|fin** f. *(-,-nen)* **1** lavorante *f.* **2** *(Helferin)* assistente *f.* **3** DIR. *(Komplizin)* complice *f.*

Ge|hirn n. *(-[e]s,-e)* cervello *m.*; MED. encefalo *m.*: ***sein ~ anstrengen*** affaticarsi il cervello, la mente ◆ COLLOQ. ***jdm das ~ waschen*** fare il lavaggio del cervello a qcn.; ***sich (D) das ~ zermartern*** lambiccarsi il cervello, scervellarsi. **Ge|hirn|blu|tung** f. *(-,-en)* emorragia *f.* cerebrale. **Ge|hirn|ent|zün|dung** f. *(-,-en)* encefalite *f.* **Ge|hirn|er|schüt|te|rung** f. *(-,-en)* commozione *f.* cerebrale. **Ge|hirn|er|wei|chung** f. *(-,-en)* encefalomalacia *f.* **Ge|hirn|ge|schwulst** f. *(-,-geschwülste)* → **Gehirntumor. Ge|hirn|haut** f. *(-,-häute)* meninge *f.* **Ge|hirn|haut|ent|zün|dung** f. *(-,-en)* meningite *f.* **Ge|hirn|kas|ten** m. *(-s,-kästen)* SCHERZ. zucca *f.* **Ge|hirn|rin|de** f. *(-,-n)* corteccia *f.* cerebrale. **Ge|hirn|scha|le** f. *(-,-n)* cranio *m.*, scatola *f.* cranica. **Ge|hirn|schlag** m. *(-[e]s,*

-schläge) apoplessia *f.* cerebrale, colpo *m.* apoplettico. **Ge|hirn|schwund** m. *(-[e]s)* atrofia *f.* cerebrale. **Ge|hirn|tu|mor** m. *(-s,-e)* tumore *m.* al cervello. **Ge|hirn|wä|sche** f. *(-)* lavaggio *m.* del cervello. **Ge|hirn|zel|le** f. *(-,-n)* cellula *f.* cerebrale.

ge|ho|ben p.pass. agg. **1** → **heben** **2** *(ausgesucht)* scelto, ricercato **3** *(heiter)* allegro: ***in -er Stimmung sein*** essere allegro, di buon umore **4** elevato, di responsabilità: ***-er Dienst*** impiego di responsabilità; ***-e Position*** posizione elevata.

Ge|höft n. *(-[e]s,-e)* fattoria *f.*

ge|hol|fen → **helfen.**

Ge|hol|per s. *(-s)* COLLOQ. traballio *m.*

Ge|hölz n. *(-[e]s,-e)* **1** *(Wäldchen)* boschetto *m.*, macchia *f.* **2** pl. *(Holzgewächse)* boscaglia *f.*

Ge|hol|ze n. *(-s)* SPORT gioco *m.* duro, falloso.

Ge|hop|se n. *(-s)* COLLOQ. saltellio *m.*

Ge|hör n. *(-[e]s,-e)* **1** udito *m.*: ***ein gutes, schlechtes ~ haben*** avere un buon udito, un udito debole **2** *(Tonempfindung)* orecchio *m.*: ***nach dem ~ spielen*** suonare a orecchio; ***~ haben für etw.*** avere orecchio per qcs.; ***absolutes ~*** orecchio assoluto **3** DIR. audizione *f.*: ***rechtliches ~*** audizione in tribunale **4** ascolto *m.*: ***(kein) ~ finden*** (non) trovare ascolto; ***jdm, etw. ~ schenken*** dare ascolto, prestare attenzione a qcn., a qcs. ◆ ***das Publikum um ~ bitten*** chiedere l'attenzione del pubblico; ***zu ~ bringen, kommen*** eseguire, essere eseguito; ***sich ~ verschaffen*** farsi ascoltare.

ge|hor|chen intr. (aus. *haben*) **1** ubbidire (*o* obbedire): ***jdm blind ~*** ubbidire ciecamente a qcn.; ***aufs Wort ~*** ubbidire all'istante **2** *(von Maschinen, Körperteilen)* rispondere ◆ ***der Not ~*** sottostare alla necessità.

ge|hö|ren I intr. (aus. *haben*) **1** ***jdm ~*** appartenere a, essere di qcn.: ***wem gehört dieses Haus?*** di chi è questa casa? **2** ***zu jdm, etw. ~*** fare parte di, appartenere a qcn., qcs.: ***er gehört (mit) zu unseren Freunden, zu den besten Komponisten*** fa parte dei nostri amici, è uno dei migliori compositori **3** andare (messo), dovere andare: ***die Gläser ~ nicht in diesen Schrank*** i bicchieri non vanno (messi) in questo armadio; ***der Kranke gehört ins Bett*** il malato deve, dovrebbe stare a letto **4a** volerci, esserci bisogno: ***dazu gehört nicht viel*** non ci vuole molto **b** volerci, andare bene: ***zu diesem Kleid gehört ein rotes Tuch*** con questo vestito ci vuole un foulard rosso **5** COLLOQ. spettare: ***ihm gehört eine Strafe*** gli spetta una punizione **II** rifl. **sich ~** doversi, convenirsi: ***benimm dich, wie es sich gehört!*** comportati come si deve! ◆ ***der gehört eingesperrt!*** dovrebbero rinchiuderlo! ***das gehört vor Gericht*** ciò è di competenza del tribunale; ***das gehört nicht zur Sache*** questo non c'entra.

Ge|hör|feh|ler m. *(-s,-)* difetto *m.* uditivo. **Ge|hör|gang** m. *(-[e]s,-gänge)* condotto *m.* (*o* canale *m.*) uditivo.

ge|hö|rig I agg. **1** ***jdm ~*** appartenente a qcn., proprio di qcn.: ***das ihm -e Haus*** la casa di sua proprietà **2a** *(gebührend)* spettante, dovuto: ***-en Respekt haben*** avere il dovuto rispetto **b** richiesto, necessario: ***die -en Fähigkeiten*** i requisiti richiesti **3** *(beträchtlich)* considerevole, grande: ***ein -er Schreck*** un grande spavento **II** avv. considerevolmente, a dovere, come si deve: ***die Preise sind ~ gestiegen*** i prezzi sono considerevolmente aumentati; ***jdn ~ verprügeln*** bastonare qcn. a dovere (*o* di santa ragione) ◆ ***es jdm ~ sagen*** dire a qcn. quello che si merita.

Ge|hör|knö|chel|chen pl. ANAT. ossicini *m.pl.* (dell'orecchio).

ge|hör|los agg. non udente. **Ge|hör|lo|sen|schu|le** f. *(-,-n)* scuola *f.* per non udenti. **Ge|hör|lo|sig|keit** f. *(-)* sordità *f.*

Ge|hörn n. *(-[e]s,-e)* corna *f.pl.*

Ge|hör|nerv m. *(-s,-en)* nervo *m.* acustico.

ge|hörnt agg. **1** provvisto di corna, cornuto **2** COLLOQ. FIG. *(vom Ehepartner)* cornuto. **Ge|hörn|te** m. *(-n,-n)* **1** *(bertrogener Ehepartner)* cornuto *m.* **2** EUFEM. *(Teufel)* maligno *m.*

Ge|hör|or|gan n. *(-s,-e)* organo *m.* dell'udito.

ge|hor|sam I agg. ubbidiente (*o* obbediente) **II** avv. con ubbidienza (*o* obbedienza) ◆ ***jdm ~ sein*** ubbidire a qcn.; ANT. *(in Briefen)* ***-ster Diener*** servo umilissimo. **Ge|hor|sam** m. *(-s)* ubbidienza *f.* (*o* obbedienza *f.*): ***bedingungsloser ~ gegenüber jdm (gegen jdn)*** totale, piena ubbidienza nei confronti di qcn. ◆ ***jdm ~ leisten*** ubbidire a qcn.; ***sich (D) ~ verschaffen*** farsi ubbidire; ***jdm den ~ verweigern*** ribellarsi a qcn. **Ge|hor|sams|pflicht** f. *(-)* dovere *m.* dell'ubbidienza. **Ge|hor|sams|ver|wei|ge|rung** f. *(-,-en) mil.* insubordinazione *f.*

Ge|hör|scha|den m. *(-s,-schäden)* → **Gehörfehler.** **Ge|hör|sinn** m. *(-[e]s)* senso *m.* dell'udito.

Geh|re f. *(-,-n)* → **Gehrung.** **geh|ren** tr. tagliare obliquamente.

Geh|rock m. *(-s,-röcke)* SART. finanziera *f.*

Geh|rung f. *(-,-en)* taglio *m.* obliquo, ANT. augnatura *f.*

Geh|steig m. *(-[e]s,-e)* marciapiede *m.*

Ge|hu|pe n. *(-s)* COLLOQ. rumore *m.* di clacson.

Ge|hüp|fe n. *(-s)* COLLOQ. → **Gehopse.**

Ge|hus|te n. *(-s)* COLLOQ. colpi *m.pl.* di tosse.

Geh|ver|band m. *(-[e]s,-verbände)* ingessatura *f.* (non rigida). **Geh|ver|such** m. *(-[e]s,-e)* tentativo *m.* di camminare: ***die ersten -e*** i primi passi *m.pl.* **Geh|weg** m. *(-[e]s,-e)* **1** *(Gehsteig)* marciapiede *m.* **2** sentiero *m.* per pedoni. **Geh|werk** n. *(-[e]s,-e)* meccanismo *m.* (di orologio).

Gei|er m. *(-s,-)* avvoltoio *m.* (anche FIG.) ◆ ***hol's der ~!*** al diavolo! ***weiß der ~, wo das ist!*** chissà dove diavolo è! **Gei|er|na|se** f. *(-,-n)* naso *m.* aquilino.

Gei|fer m. *(-s)* **1** bava *f.* **2** FIG. veleno *m.* **Gei|fe|rer** m. *(-s,-)* LETT. persona *f.* velenosa. **gei|fern** intr. (aus. *haben*) **1** sbavare **2** *(keifen)* FIG. svelenirsi.

Gei|ge f. *(-,-n)* violino *m.*: ***auf der ~ spielen*** suonare il violino; ***die erste ~ spielen*** essere il primo violino ◆ COLLOQ. FIG. ***die erste, zweite ~ spielen*** essere il numero uno, non avere molta voce in capitolo; COLLOQ. ***nach jds ~ tanzen*** stare ai comandi di qcn. **gei|gen I** intr. (aus. *haben*) **1** COLLOQ. suonare il violino **2** VOLG. scopare **II** tr. COLLOQ. ***etw. ~*** suonare qcs. al violino ◆ COLLOQ. ***jdm die Meinung ~*** cantarle chiare a qcn. **Gei|gen|bau|er** m. *(-s,-)* liutaio *m.* **Gei|gen|bo|gen** m. *(-s,-bögen)* archetto *m.* di violino. **Gei|gen|hals** m. *(-es,-hälse)* manico *m.* di violino. **Gei|gen|harz** n. *(-es,-e)* colofonia *f.*, pece *f.* greca. **Gei|gen|kas|ten** m. *(-s,-kästen)* custodia *f.* da, del violino. **Gei|gen|sai|te** f. *(-,-n)* corda *f.* di violino. **Gei|gen|spie|ler** → **Geiger.** **Gei|gen|steg** m. *(-[e]s,-e)* ponticello *m.* del violino. **Gei|gen|strich** m. *(-[e]s,-e)* archeggio *m.* **Gei|gen|wir|bel** m. *(-s,-)* pirolo *m.* del violino. **Gei|ger** m. *(-s,-)* violinista *m.*

Gei|ger|zäh|ler m. *(-s,-)* contatore *m.* Geiger.

geil agg. **1** lascivo, libidinoso, lussurioso; ***auf jdn, etw. ~ sein*** essere voglioso di qcn., qcs., volere avidamente qcn., qcs. **2** GERG. figo, forte: ***~!*** che figo! che figata! ***das ist ~!*** è una figata! è una libidine! ***ein -er Typ*** un figo **3a** *(von Pflanzen)* rigoglioso **b** *(vom Boden)* grasso. **Geil|heit** f. *(-,-en)* **1** lascivia *f.*, libidine *f.*, lussuria *f.* **2** *(von Pflanzen)* rigogliosità *f.*

Gei|sel f. *(-,-n)* e RAR. m. *(-s,-)* ostaggio *m.*: ***-n stellen*** dare qcn. in ostaggio; ***jdn als, zur ~ nehmen*** prendere qcn. in ostaggio. **Gei|sel|nah|me** f. *(-,-n)* presa *f.* in ostaggio, cattura *f.* di ostaggi.

Gei|sha ['ge:ʃa, 'gaiʃa] f. *(-,-s)* geisha *f.*

Geiß f. *(-,-en)* capra *f.* **Geiß|bart** m. *(-[e]s)* arunco *m.* **Geiß|blatt** n. *(-[e]s)* caprifoglio *m.* **Geiß|bock** m. *(-s,-böcke)* caprone *m.*, becco *m.*

Gei|ßel f. *(-,-n)* flagello *m.* (anche FIG.). **Gei|ßel|bru|der** m. *(-s,-brüder)* STOR. flagellante *m.* **gei|ßeln I** tr. flagellare, fustigare, sferzare: ***die Sklaven ~*** fustigare gli schiavi; FIG. ***den Verfall der Sitten ~*** fustigare i costumi corrotti **II** rifl. **sich ~** flagellarsi. **Gei|ßel|tier|chen** pl. ZOOL. flagellati *m.pl.* **Gei|ße|lung** f. *(-,-en)* flagellazione *f.*, fustigazione *f.* (anche FIG.).

Geiß|fuß m. *(-es,-füße)* **1** BOT. castalda *f.*, podagraria *f.* **2** piede *m.* di cervo **3** *(Winkelmesser)* sgorbia *f.* triangolare **4** MED. elevatore *m.* (per estrazione di radici). **Geiß|klee** m. *(-s)* BOT. citiso *m.*

Geiß|ler m. *(-s,-)* flagellante *m.*

Geist I m. *(-[e]s)* **1a** *(Verstand)* spirito *m.*, mente *f.*: ***~ und Körper*** mente e corpo; ***seinen ~ anstrengen*** sforzare il cervello **b** *(Scharfsinn)* spirito *m.*, ingegno *m.*: ***ein Mann von, ohne ~*** un uomo di, privo di spirito; ***seinen ~ sprühen lassen, vor ~ sprühen*** essere brillante **2** *(Gesinnung)* spirito *m.*: ***der ~ der Zeit*** lo spirito del tempo; ***ein freundschaftlicher ~*** uno spirito amichevole **II** m. *(-[e]s,-er)* **1a** spirito *m.*, mente *f.*: ***die großen -er unserer Zeit*** le grandi menti del nostro tempo; ***ein beschränkter, erfinderischer ~*** una mente ristretta, uno spirito inventivo **b** anima *f.*: ***der gute ~ unseres Hauses*** l'anima della nostra casa **2** *(geistiges Wesen)* spirito *m.*: ***der Heilige ~*** lo Spirito Santo; ***der böse ~*** lo spirito del male **3** *(Gespenst)* spirito *m.*, spettro *m.*: ***die Stunde der -er*** l'ora degli spiriti; ***-er beschwören*** esorcizzare gli spiriti **III** m. *(-[e]s,-e)* CHIM. spirito *m.*, essenza *f.* ◆ COLLOQ. ***jdm auf den ~ gehen*** dare sui nervi a qcn.; LETT. ***den, seinen ~ aufgeben*** esalare l'ultimo respiro; FIG. SCHERZ. ***meine Uhr hat ihren ~ aufgegeben*** il mio orologio è defunto; SCHERZ. ***ein dienstbarer ~*** un domestico, una persona di servizio; ***im -e*** col pensiero; ***in jds ~*** secondo lo spirito, la volontà di qcn.; ***an diesem Punkt scheiden sich die -er*** su questo punto siamo in disaccordo, le nostre opinioni divergono; COLLOQ. ***von allen guten -ern verlassen sein*** aver perso la testa; ***ich weiß, wes -es Kind er ist*** so come la pensa; ***der ~ ist willig, aber das Fleisch ist schwach*** lo spirito è forte, ma la carne debole. **geist|bil|dend** agg. formativo, che forma, educa lo spirito.

Geis|ter|be|schwö|rer m. *(-s,-)* negromante *m.* **Geis|ter|be|schwö|rung** f. *(-,-en)* negromanzia *f.* **Geis|ter|fah|rer** m. *(-s,-)* INTRAD. (automobilista che ha imboccato l'autostrada contro mano). **Geis|ter|ge|schich|te** f. *(-,-n)* storia *f.* di fantasmi. **Geis|ter|glau|be** m. *(-ns,-n)* il credere ai fantasmi; credenza *f.* negli spiriti. **geis|ter|haft** agg. spettrale. **Geis|ter|hand,** ***wie von, durch ~*** come mosso da uno spirito. **geis|tern** intr. (aus. *sein*) aggirarsi, muoversi come un fantasma; FIG. ***dieser Gedanke geistert mir durch den Kopf*** questo pensiero mi frulla per il capo. **Geis|ter|se|her** m. *(-s,-)* visionario *m.* **Geis|ter|stadt** f. *(-,-städte)* città *f.* fantasma. **Geis|ter|stun|de** f. *(-,-n)* SCHERZ. ora *f.* dei fantasmi.

geis|tes|ab|we|send **I** agg. assente, assorto, distratto **II** avv. distrattamente. **Geis|tes|ab|we|sen|heit** f. *(-)* distrazione *f.* **Geis|tes|ar|beit** f. *(-,-en)* lavoro *m.* intellettuale. **geis|tes|arm** agg. povero di spirito. **Geis|tes|ar|mut** f. *(-)* povertà *f.* di spirito. **Geis|tes|art** f. *(-)* mentalità *f.*, psicologia *f.* **Geis|tes|blitz** m. *(-es,-e)* lampo *m.* di genio. **Geis|tes|frei|heit** f. *(-)* libertà *f.* spirituale. **Geis|tes|ga|ben** pl. doti *f.pl.* intellettuali. **Geis|tes|ge|gen|wart** f. *(-)* presenza *f.* di spirito. **geis|tes|ge|gen|wär|tig** **I** agg. che dimostra presenza di spirito **II** avv. con presenza di spirito. **Geis|tes|ge|schich|te** f. *(-)* storia *f.* del pensiero, delle idee. **geis|tes|ge|stört** agg. affetto da disturbi mentali. **Geis|tes|ge|stör|te** m. e f. *(-n,-n)* disturbato *m.* (-a *f.*) mentale, squilibrato *m.* **Geis|tes|grö|ße** f. *(-,-n)* **1** grandezza *f.* di spirito **2** *(Mensch)* persona *f.* di grande spirito. **Geis|tes|hal|tung** f. *(-,-en)* atteggiamento *m.* mentale, mentalità *f.*

geis|tes|krank agg. malato di mente. **Geis|tes|kran|ke** m. e f. *(-n,-n)* malato *m.* (-a *f.*) di mente. **Geis|tes|krank|heit** f. *(-,-en)* malattia *f.* mentale.

Geis|tes|schär|fe f. *(-)* acume *m.* **geis|tes|schwach** agg. debole di mente, deficiente. **Geis|tes|schwä|che** f. *(-)* debolezza *f.* di mente, deficienza *f.* mentale. **Geis|tes|stö|rung** f. *(-,-en)* disturbo *m.* mentale, squilibrio *m.* (mentale). **Geis|tes|tä|tig|keit** f. *(-,-en)* attività *f.* mentale. **Geis|tes|ver|fas|sung** f. *(-)* disposizione *f.* di spirito. **geis|tes|ver|wandt** agg. affine spiritualmente. **Geis|tes|ver|wandt|schaft** f. *(-)* affinità *f.* spirituale. **Geis|tes|ver|wir|rung** f. *(-)* turba *f.* mentale. **Geis|tes|wis|sen|schaf|ten** pl. scienze *f.pl.* umane, FILOS. scienze *f.pl.* dello spirito. **Geis|tes|wis|sen|schaft|ler** m. *(-s,-)* studioso *m.* di scienze umane, umanista *m.* **geis|tes|wis|sen|schaft|lich** agg. delle scienze umane, umanistico. **Geis|tes|zu|stand** m. *(-[e]s,-zustände)* stato *m.* mentale.

geis|tig **I** agg. **1a** spirituale **b** *(intellektuell)* intellettuale, mentale, di pensiero: ***ein -er Beruf*** una professione intellettuale; ***-e Fähigkeiten*** facoltà mentali; ***das -e Auge*** l'occhio della mente; DIR. ***-es Eigentum*** proprietà intellettuale **2** *(alkoholisch)* alcolico **II** avv. **1** spiritualmente **2** *(intellektuell)* intellettualmente, di pensiero: COLLOQ. ***~ wegtreten*** non essere presente, essere distratto; mentalmente, di mente: ***~ behindert, zurückgeblieben sein*** essere malato di mente (*o* handicappato mentale), essere ritardato mentale ◆ DIR. ***-er Diebstahl*** plagio; ***~ umnachtet sein*** essere alienato. **Geis|tig|keit** f. *(-)* spiritualità *f.*

geist|lich **I** agg. **1** *(religiös)* religioso, sacro: ***-e Musik*** musica sacra; ***-es Buch*** libro di devozione; ***-es Recht*** diritto canonico **2** *(kirchlich)* ecclesiastico, religioso: ***der -e Stand*** il sacerdozio; ***-er Orden*** ordine ecclesiastico **II** avv. ***jdm ~ beistehen*** offrire a qcn. il conforto della religione. **Geist|li|che** m. *(-n,-n)* religioso *m.*, ecclesiastico *m.* **Geist|lich|keit** f. *(-)* clero *m.*

geist|los agg. stupido, insulso. **Geist|lo|sig|keit** f. *(-,-en)* **1** stupidità *f.* **2** *(geistlose Äußerung)* stupidaggine *f.*, insulsaggine *f.*

geist|reich **I** agg. ingegnoso, ricco d'ingegno; *(witzig)* spiritoso, arguto **II** avv. ***~ plaudern*** conversare brillantemente. **geist|rei|cheln** intr. (aus. *haben*) SPREG. fare lo spiritoso. **geist|tö|tend** agg. noioso, di una noia mortale. **geist|voll** agg. → **geistreich.**

Geiz m. *(-es,-e)* **1** avarizia *f.*, taccagneria *f.*, spilorceria *f.* **2** BOT. *(Seitentrieb)* cacchio *m.* **gei|zen** intr. (aus. *haben*) **1** ***mit etw. ~*** essere avaro di qcs., lesinare qcs.; ***er geizt mit jedem Pfennig*** cerca di risparmiare ogni centesimo; ***mit Worten ~*** essere parco di parole **2** ANT. *(gieren)* ***nach etw. ~*** essere avido di qcs., ambire a qcs. **Geiz|hals** m. *(-es,-hälse)* SPREG. avaraccio *m.*, spilorcio *m.*, taccagno *m.* **gei|zig** **I** agg. avaro, tirchio, spilorcio **II** avv. avaramente. **Geiz|kra|gen** m. *(-s,- e -krägen)* → **Geizhals.**

Ge|jam|mer n. *(-s)* COLLOQ. lamenti *m.pl.*, lagnanze *f.pl.*

Ge|jauch|ze n. *(-s)* COLLOQ. grida *f.pl.* di gioia.

Ge|joh|le n. *(-s)* COLLOQ. urla *f.pl.* (continue).

Ge|ju|bel n. *(-s)* COLLOQ. giubilo *m.*, esultanza *f.*

ge|kannt → **kennen.**

ge|kehrt p.pass. agg. → **kehren** ◆ ***in sich ~*** assorto, chiuso in se stesso.

Ge|kei|fe n. *(-s)* COLLOQ. strilli *m.pl.*, sgridate *f.pl.*

Ge|keu|che n. *(-s)* COLLOQ. affanno *m.*, respiro *m.* affannoso.

Ge|ki|cher n. *(-s)* COLLOQ. risatine *f.pl.*

Ge|kläff n. *(-[e]s)*, **Ge|kläf|fe** n. *(-s)* COLLOQ. latrati *m.pl.*

Ge|klap|per n. *(-s)* COLLOQ. sbatacchio *m.*

Ge|klat|sche n. *(-s)* **1** battimani *m.* **2** *(Tratscherei)* pettegolezzi *m.pl.*

Ge|klim|per n. *(-s)* COLLOQ. strimpellio *m.*

Ge|klin|gel n. *(-s)* COLLOQ. scampanellio *m.*

Ge|klirr n. *(-[e]s)*, **Ge|klir|re** n. *(-s)* tintinnio *m.*

ge|klom|men → **klimmen.**

Ge|klop|fe n. *(-s)* il picchiare, battere; *(an der Tür)* il bussare.

Ge|klüft n. *(-[e]s,-e)*, **Ge|klüf|te** n. *(-s,-)* LETT. baratri *m.pl.*

ge|klun|gen → **klingen.**

Ge|knal|le n. *(-s)* COLLOQ. scoppi *m.pl.*, botti *m.pl.*

Ge|knat|ter n. *(-s)* COLLOQ. scoppiettio *m.*

ge|knickt **I** p.pass. agg. → **knicken** **2** FIG. COLLOQ. abbacchiato **II** avv. in modo abbacchiato.

ge|knif|fen → **kneifen.**

Ge|knir|sche n. *(-s)* scricchiolio *m.*

Ge|knis|ter n. *(-s)* fruscio *m.*

ge|kom|men → **kommen.**

ge|konnt **I** p.pass. agg. **1** → **können** **2** abile, valente: ***eine -e Leistung*** una buona prestazione **II** avv. abilmente: ***~ Fußball spielen*** (saper) giocare abilmente a pallone.

ge|kö|pert agg. TESS. spigato, spinato, a spina di pesce.

ge|körnt agg. granuloso, granulato ◆ ***-e Brühe*** estratto di carne in granuli.

Ge|kräch|ze n. *(-s)* gracchiamento *m.*

Ge|kra|kel n. *(-s)* COLLOQ. **1** scarabocchiatura *f.* **2** scarabocchi *m.pl.*, sgorbi *m.pl.*

Ge|kränkt|heit f. *(-,-en)* l'essere offeso.

Ge|krätz n. *(-es)* METALL. raspatura *f.*

Ge|krat|ze n. *(-s)* COLLOQ. il grattare.

Ge|kreisch n. *(-[e]s)*, **Ge|krei|sche** n. *(-s)* stridio *m.*

Ge|kreu|zig|te m. *(-n,-n)* crocifisso *m.*, persona *f.* crocifissa; *(Christus)* Crocifisso *m.*

Ge|krit|zel n. *(-s)* → **Gekrakel.**

ge|kro|chen → **kriechen.**

Ge|krö|se n. *(-s,-)* **1** ANAT. mesentere *m.*, mesenterio *m.* **2** GASTR. frattaglie *f.pl.*

ge|krümmt **I** p.pass. agg. **1** → **krümmen** **2** curvo: ***eine -e Linie*** una linea curva **II** avv. curvo: ***~ sitzen*** stare seduto curvo.

ge|küns|telt **I** agg. affettato, falso **II** avv. in modo affettato, falso.

Ge|küs|se n. *(-s)* COLLOQ. sbaciucchiamenti *m.pl.*

Gel n. *(-s,-e)* gel *m.*

Ge|läch|ter n. *(-s,-)* risata *f.*, risate *f.pl.*, risa *f.pl.*: ***ein großes ~ anstimmen*** farsi grandi risate; ***ein schallendes ~*** una risata fragorosa, una sonora risata; ***in ~ ausbrechen*** scoppiare a ridere ◆ ***sich zum ~ (der Leute) machen*** rendersi ridicolo; ***jdn dem ~ preisgeben*** rendere ridicolo qcn., esporre qcn. al ludibrio.

ge|la|ck|mei|ert agg. COLLOQ. imbrogliato, truffato. **Ge|la|ck|mei|er|te** m. *(-n,-n)* COLLOQ. il truffato, l'imbrogliato: ***der ~ bin ich*** sono io ad avere la peggio.

1.ge|la|den p.pass. agg. **1** → **1.laden** **2** carico: ***der Revolver war nicht ~*** il revolver non era carico (*o* era scarico); ***Vorsicht, die Pistole ist ~*** attenzione la pistola è carica; ***die Elektrode ist positiv, negativ ~*** l'elettrodo è carico positivamente, negativamente (*o* ha carica positiva, negativa) **3** FIG. carico: ***die Atmosphäre war mit Spannung ~*** l'atmosfera era carica di tensione; ***mit Energie ~ sein*** essere pieno di energia **4** COLLOQ. ***(auf jdn) ~ sein*** essere furioso, furibondo (con qcn.).

2.ge|la|den p.pass. agg. **1** → **2.laden** **2** ***die -en Gäste*** gli invitati.

Ge|la|ge n. *(-s,-)* gozzoviglia *f.*

Ge|lä|ger n. *(-s,-)* ENOL. deposito *m.* di fermentazione.

ge|la|gert p.pass. agg. **1** → **lagern** **2** MECC. ***~ sein*** girare su cuscinetti **3** ***der Fall ist so ~*** il caso si pone in questi termini.

ge|lähmt p.pass. agg. **1** → **lähmen** **2a** paralizzato, paralitico: ***ein -er Arm*** un braccio paralizzato; ***auf einer Seite ~ sein*** essere paralizzato da un lato **b** FIG. paralizzato: ***vor Furcht, Schreck ~*** paralizzato dalla paura, dallo spavento. **Ge|lähm|te** m. e f. *(-n,-n)* paralitico *m.* (-a *f.*).

Ge|län|de n. *(-s,-)* **1** terreno *m.*: ***ebenes, unebenes, hügeliges ~*** terreno pianeggiante, accidentato, collinoso **2** *(Gebiet)* zona *f.*, area *f.*: ***das ~ der Messe*** l'area della fiera; ***ein ~ zur Bebauung erschließen*** rendere edificabile un'area ◆ ***auf freiem ~*** all'aperto.

Ge|län|de|auf|nah|me f. *(-,-n)* rilevamento *m.* topografico. **Ge|län|de|fahrt** f. *(-,-en)* percorso *m.* fuoristrada. **Ge|län|de|fahr|zeug** n. *(-[e]s,-e)* veicolo *m.* fuoristrada, fuoristrada *m.* **Ge|län|de|gang** m. *(-es)* marcia *f.* ridotta. **ge|län|de|gän|gig** agg. adatto ai percorsi fuoristrada. **Ge|län|de|kun|de** f. *(-)* topografia *f.* **Ge|län|de|lauf** m. *(-[e]s,-läufe)* SPORT corsa *f.* campestre. **Ge|län|de|marsch** m. *(-[e]s,-märsche)* MIL. marcia *f.* **Ge|län|de|prü|fung** f. *(-,-en)* EQUIT. prova *f.* di resistenza.

Ge|län|der n. *(-s,-)* ringhiera *f.*; *(an Brücken)* parapetto *m.* **Ge|län|de|ritt** m. *(-[e]s,-e)* cavalcata *f.* in campagna. **Ge|län|de|spiel** n. *(-[e]s,-e)* gioco *m.* a squadre (all'aperto). **Ge|län|de|wa|gen** m. *(-s,-)* fuoristrada *m.*

ge|lang → **gelingen.**

ge|lan|gen intr. (aus. *sein*) arrivare, giungere: ***(bis) zu jdm ~*** arrivare a qcn.; ***an etw. (A), zu etw. ~*** arrivare, giungere a qcs.; ***ans Ziel ~*** arrivare alla meta, raggiungere la meta; ***in jds Hände ~*** giungere nelle mani di qcn.; ***zum Abschluss ~*** giungere al termine; ***zur Macht ~*** giungere al potere; ***etw. an jdn ~ lassen*** far pervenire qcs. a qcn. ◆ ***zur Darstellung ~*** essere rappresentato; ***zur Entwicklung ~*** svilupparsi; ***jdm zu Ohren ~*** giungere alle orecchie di qcn.; ***zu Reichtum ~*** fare fortuna; ***zur Überzeugung ~*** giungere alla convinzione, convincersi.

ge|lappt agg. BOT. lobato.

Ge|lass n. *(-es, -e)* stanzetta *f.*

ge|las|sen p.pass. **I** agg. **1** → **lassen 2** pacato, calmo: ***~ bleiben*** restare calmo **II** avv. pacatamente, tranquillamente: ***etw. ~ hinnehmen*** accettare qcs. tranquillamente. **Ge|las|sen|heit** f. *(-)* pacatezza *f.*, calma *f.*

Ge|läs|ter n. *(-s)* il continuo sparlare, continue maldicenze *f.pl.*

Ge|la|ti|ne f. *(-)* gelatina *f.* **ge|la|ti|nie|ren I** intr. (aus. *sein*) gelatinizzarsi **II** tr. gelatinizzare. **ge|la|ti|nös** agg. gelatinoso.

Ge|lau|fe n. *(-s)* viavai *m.*, andirivieni *m.* **ge|lau|fen** → **laufen.**

ge|läu|fig I agg. **1** comune, corrente: ***eine -e Redensart*** un modo di dire comune **2** *(fließend)* fluente, sciolto **II** avv. **1** comunemente, correntemente **2** fluentemente, correntemente: ***Englisch ~ sprechen*** parlare inglese correntemente ◆ ***jdm ~ sein*** essere familiare a qcn. **Ge|läu|fig|keit** f. *(-,-en)* **1** *(Vertrautheit)* familiarità *f.* **2** *(Fertigkeit)* scioltezza *f.*, speditezza *f.*

ge|launt agg. ***gut, schlecht ~ sein*** essere di buonumore, di cattivo umore; ***froh ~*** allegro; ***zu etw. ~ sein*** essere nella disposizione d'animo per qcs.

Ge|läu|te n. *(-s)* scampanio *m.*

gelb I agg. giallo: ***Gelbe Rübe*** carota **II** avv. di giallo: ***etw. ~ färben*** tingere qcs. di giallo ◆ ***~ werden*** ingiallire; ***~ vor Neid*** verde dall'(*o* d')invidia; ***einen Spieler die -e Karte zeigen*** mostrare il cartellino giallo a un giocatore, ammonire un giocatore. **Gelb** n. *(-s,-)* giallo *m.*: ***bei ~ fahren*** passare con il giallo; ***das -e vom Ei*** il rosso (*o* tuorlo) d'uovo; FIG. *(das Beste)* il meglio. **Gel|be** m. e f. *(-n,-n)* uomo *m.* (donna *f.*) di razza gialla. **Gelb|fie|ber** n. *(-s)* febbre *f.* gialla. **Gelb|fil|ter** m. e n. *(-s,-)* FOT. filtro *m.* giallo. **Gelb|gie|ßer** m. *(-s,-)* ANT. ottonaio *m.* **gelb|grün** agg. giallo-verde. **Gelb|guss** m. *(-es,-güsse)* ottone *m.* **Gelb|kör|per** m. *(-s,-)* MED. corpo *m.* luteo. **Gelb|kör|per|hor|mon** n. *(-s)* progesterone *m.* **gelb|lich** agg. giallognolo; ***~ grün*** giallo-verde. **gelb|rot** agg. giallorosso. **Gelb|rü|be** f. *(-,-n)* REGION. carota *f.* **Gelb|schei|be** f. *(-,-n)* → **Gelbfilter. Gelb|schna|bel** m. *(-s,-schnäbel)* ANT. sbarbatello *m.* **Gelb|sucht** f. *(-)* itterizia *f.* **gelb|süch|tig** agg. itterico. **Gelb|sün|der** m. *(-s,-)* giocatore *m.* ammonito (*o* diffidato). **Gelb|wurz** f. *(-)* curcuma *f.*

Geld n. *(-es,-er)* **1** denaro *m.*, soldi *m.pl.*: ***~ ausgeben, abheben*** spendere, prelevare denaro; ***~ anlegen, bei der Bank einzahlen*** investire, versare in banca denaro; ***~ drucken*** stampare banconote; ***~ wechseln*** cambiare il denaro; ***~ verjubeln, verprassen, verschleudern*** scialacquare, dissipare, sperperare denaro; ***gesetzliches ~*** moneta a corso legale; ***bares, flüssiges ~*** denaro contante, liquido; ***ein Haufen ~*** un mucchio di soldi; FIG. ***leichtes, schmutziges ~*** denaro facile, sporco; FIG. ***heißes ~*** denaro che scotta; ***etw. für ~ tun*** fare qcs. per denaro **2** *(Kapital)* capitali *m.pl.*, fondi *m.pl.*: ***öffentliche, flüssige -er*** fondi pubblici, liquidi; ***festgelegte -er*** capitali immobilizzati; ***-er beantragen, veruntreuen*** richiedere, sottrarre fondi ◆ ***sein ~ arbeiten lassen*** far fruttare il proprio denaro; ***mit seinem ~ gerade auskommen*** sbarcare il lunario; ***bei ~ sein*** avere molti soldi; ***kein ~ bei sich haben*** non avere soldi con sé; ***das ist mit ~ nicht zu bezahlen*** (ciò) è impagabile; ***das dicke ~, ~ wie Heu haben*** avere soldi a palate; ***das ganze ~ durchbringen*** spendere l'intero patrimonio; ***ins ~ gehen*** costare molto; ***ich habe nur großes ~*** ho solo bigliettoni (*o* banconote), non ho moneta; ***~ und Gut verlieren*** perdere l'intero patrimonio; ***das ~ zum Fenster hinauswerfen*** buttare il denaro dalla finestra; ***kleines ~*** spiccioli; ***zu ~ kommen*** arrichirsi, diventare ricco; ***(das große) ~ machen*** fare (molti) soldi, quattrini; ***~ scheffeln*** guadagnare soldi a palate; ***~ schlagen*** battere moneta; ***im ~ schwimmen*** nuotare nell'oro; ***nicht aufs ~ sehen*** non badare a spese; ***um ~ spielen*** giocare a soldi; ***sein ~ in etw. stecken*** investire il proprio denaro in qcs.; ***etw. für teures ~ erwerben, kaufen*** acquistare qcs. a caro prezzo; ***etw. für ~ tun*** fare qcs. per denare; ***falsches ~ in Verkehr bringen*** spacciare moneta falsa; ***mit ~ um sich werfen*** spendere e spandere; ***sein ~ wert sein*** avere un prezzo giusto, adeguato; ***nicht für ~ und gute Worte*** a nessun costo, in nessun caso; COLLOQ. ***jdm ~ aus der Tasche ziehen*** spillare denaro a qcn.; *(jdn rupfen)* spennare qcn.; ***etw. zu ~ machen*** vendere qcs.; PROV. ***~ allein macht nicht glücklich (aber es beruhigt)*** il denaro non fa la felicità (ma fa vivere tranquilli); ***das ~ regiert die Welt*** il denaro fa girare il mondo. **Geld|adel** m. *(-s)* aristocrazia *f.* del denaro. **Geld|an|ge|le|gen|heit** f. *(-,-en)* faccenda *f.*, questione *f.* di denaro. **Geld|an|la|ge** f. *(-,-n)* investimento *m.* (finanziario). **Geld|an|leihe** f. *(-,-n)* prestito *m.* di denaro. **Geld|an|wei|sung** f. *(-,-en)* vaglia *m.* **Geld|aris|to|kra|tie** f. *(-,-n)* → **Geldadel. Geld|aus|ga|be|au|to|mat** m. *(-en,-en)* cassa *f.* automatica prelievi. **Geld|be|trag** m. *(-[e]s,-beträge)* somma *f.* di denaro. **Geld|beu|tel** m. *(-s,-)* **1** portamonete *m.*, borsellino *m.* **2** *(Geld)* soldi *m.pl.*, denaro *m.* ◆ COLLOQ. ***den Daumen auf den ~ halten*** tenere stretti i cordoni della borsa; ***einen dicken ~ haben*** avere il portafoglio ben fornito; COLLOQ. ***tief in den ~ greifen*** tirare fuori, spendere molti soldi; ***einen großen ~ haben*** avere il portafoglio gonfio; COLLOQ. ***auf dem ~ sitzen*** = essere avaro. **Geld|bör|se** f. *(-,-n)* LETT. → **Geldbeutel (1). Geld|brief** m. *(-[e]s,-e)* assicurata *f.*, lettera *f.* assicurata, con valori. **Geld|bu|ße** f. *(-,-n)* multa *f.*, ammenda *f.* **Geld|ein|la|ge** *(-,-n)* versamento *m.* di denaro; *(Kapitaleinlage)* apporto *m.* di capitale. **Geld|ein|wurf** m. *(-[e]s,-einwürfe)* fessura *f.* per la moneta. **Geld|ent|wer|tung** f. *(-,-en)* svalutazione *f.* (monetaria). **Geld|er|werb** m. *(-[e]s,-e)* **1** guadagno *m.*: ***seinem ~ nachgehen*** guadagnarsi da vivere **2** attività *f.* lavorativa a scopo di lucro. **Gel|des|wert, *mit, für Geld und ~*** esclusivamente per denaro. **Geld|for|de|rung** f. *(-,-en)* credito *m.* in denaro. **Geld|fra|ge** f. *(-,-n)* problema *m.* finanziario; questione *f.* di soldi, di denaro. **Geld|ge|ber** m. *(-s,-)* finanziatore *m.* **Geld|ge|schäft** n. *(-[e]s,-e)* operazione *f.* finanziaria.

Geld|gier f. *(-)* SPREG. avidità *f.* (di denaro). **geld|gie|rig** agg. avido.

Geld|hahn, COLLOQ. ***jdm den ~ abdrehen, zudrehen*** tagliare i fondi a qcn. **Geld|hei|rat** f. *(-,-en)* matrimonio *m.* d'interesse. **Geld|herr|schaft** f. *(-,-en)* plutocrazia *f.* **Geld|in|sti|tut** n. *(-[e]s,-e)* istituto *m.* finanziario. **Geld|ka|pi|tal** n. *(-s,-e* e AUSTR. *-kapitalien)* capitale *m.* liquido. **Geld|klem|me** f. *(-,-n)* stretta *f.* monetaria. **Geld|kurs** m. *(-es,-e)* cambio *m.*, corso *m.* delle valute. **Geld|leis|tung** f. *(-,-en)* BUROCR. sovvenzione *f.*

geld|lich I agg. finanziario: ***-e Schwierigkeiten*** difficoltà finanziarie **II** avv. finanziariamente: ***jdn ~ unterstützen*** sostenere qcn. finanziariamente.

Geld|man|gel m. *(-s)* mancanza *f.* di denaro. **Geld|markt** m. *(-[e]s,-märkte)* mercato *m.* monetario. **Geld|men|ge** f. *(-,-n)* denaro *m.* in circolazione, volume *m.* monetario. **Geld|mit|tel** pl. mezzi *m.pl.* finanziari, risorse *f.pl.* finanziarie. **Geld|not** f. *(-,-nöte)* mancanza *f.* di denaro. **Geld|quel|le** f. *(-,-n)* fonte *f.* di guadagno, risorsa *f.* finanziaria. **Geld|rol|le** f. *(-,-n)* rotolo *m.* di monete. **Geld|sack** m. *(-[e]s,-säcke)* **1** ANT. portamonete *m.* **2** TECN. sacco *m.* per il trasporto del denaro **3** COLLOQ. SPREG. ricco *m.* spilorcio ◆ ***auf seinem ~ sitzen*** essere tirchio. **Geld|schein** m. *(-[e]s,-e)* banconota *f.*

Geld|schnei|der m. *(-s,-)* COLLOQ. strozzino *m.* **Geld|schnei|de|rei** f. *(-,-en)* COLLOQ. strozzinaggio *m.*

Geld|schrank m. *(-[e]s,-schränke)* cassaforte *f.* **Geld|schrank|kna|cker** m. *(-s,-)* scassinatore *m.* (di casseforti). **Geld|sen|dung** f. *(-,-en)* rimessa *f.* di denaro. **Geld|spen|de** f. *(-,-n)* offerta *f.* (in denaro); *(Almosen)* elemosina *f.* **Geld|stra|fe** f. *(-,-n)* multa *f.*, ammenda *f.*; DIR. pena *f.*, sanzione *f.* pecuniaria. **Geld|stück** n. *(-[e]s,-e)* moneta *f.* **Geld|sum|me** f. *(-,-n)* somma *f.* di denaro. **Geld|über|wei|sung** f. *(-,-en)* bonifico *m.*, versamento *m.*, trasferimento *m.* di denaro. **Geld|um|lauf** m. *(-[e]s)* circolazione *f.* monetaria. **Geld|um|tausch** m. *(-[e]s,-e)* cambio *m.* di valuta. **Geld|ver|kehr** m. *(-s)* traffico *m.* monetario, movimento *m.* di capitali. **Geld|ver|le|gen|heit** f. *(-,-en)* FIG. imbarazzo *m.* finanziario, difficoltà *f.* finanziaria.

Geld|wä|scher m. *(-s,-)* riciclatore *m.* di denaro sporco. **Geld|wä|sche|rei** f. *(-,-en)* riciclaggio *m.* di denaro sporco.

Geld|wech|sel m. *(-s,-)* cambio *m.* di valuta. **Geld|wechs|ler** m.

(-s,-) cambiavalute *m.* **Geld|wert** m. *(-[e]s,-e)* valore *m.* in contanti; valore *m.* monetario, *(Kaufkraft)* potere *m.* d'acquisto. **Geld|we|sen** n. *(-s)* sistema *m.* monetario. **Geld|wirt|schaft** f. *(-,-en)* economia *f.* monetaria. **Geld|zah|lung** f. *(-,-en)* pagamento *m.* in denaro. **Geld|zu|wen|dung** f. *(-,-en)* sovvenzione *f.*

ge|least [-'li:zt] p.pass. agg. **1** → **leasen 2** ***ein -er Wagen*** un'auto in leasing.

ge|leckt p.pass. agg. **1** → **lecken 2** SCHERZ. leccato.

Ge|lee [ʒe'le:, ʒə'le:] n. e m. *(-s,-s)* gelatina *f.* **Ge|lée ro|yale** [ʒəlerwa'jal] n. *(-,-)* pappa *f.* reale.

Ge|le|ge n. *(-s,-)* covata *f.*; *(Fischlaich)* uova *f.pl.* di pesci

ge|le|gen p.pass. agg. **1** → **liegen 2** opportuno: ***das kommt (mir) ~*** arriva a proposito; ***mir ist nicht, viel daran ~*** non ci tengo (*o* non m'importa), ci tengo (*o* m'importa) molto; ***zu -er Zeit*** a tempo debito. **Ge|le|gen|heit** f. *(-,-en)* **1** occasione *f.*, opportunità *f.*: ***eine günstige ~*** un'occasione favorevole; ***die ~ ergreifen, nutzen, verpassen*** cogliere, sfruttare, perdere l'occasione; ***jdm die ~ geben, etw. zu tun*** dare a qcn. l'opportunità di fare qcs.; ***bei passender, nächster ~*** al momento opportuno, alla prossima occasione; ***bei der ersten besten ~*** alla prima occasione; ***dazu bietet sich keine ~*** non si presenterà un'occasione per questo; ***wenn sich die ~ ergibt*** quando si presenterà l'occasione **2** *(Anlass)* occasione *f.*, circostanza *f.*: ***ein Anzug für jede ~*** un vestito per ogni occasione; ***zu festlichen -en*** in occasione di festa, nelle feste; BUROCR. ***bei ~ seines Besuches*** in occasione della sua visita **3** *(günstiges Angebot)* occasione *f.*, offerta *f.* speciale **4** EUFEM. *(Toilette)* ritirata *f.* ◆ ***die ~ beim Schopf(e) fassen, ergreifen, packen*** cogliere l'occasione al volo, prendere la palla al balzo; PROV. ***~ macht Diebe*** l'occasione fa l'uomo ladro. **Ge|le|gen|heits|ar|beit** f. *(-,-en)* lavoro *m.* occasionale. **Ge|le|gen|heits|ar|bei|ter** m. *(-s,-)* lavoratore *m.* occasionale, avventizio *m.* **Ge|le|gen|heits|ge|di|cht** n. *(-[e]s,-e)* poesia *f.* d'occasione. **Ge|le|gen|heits|kauf** m. *(-[e]s, -käufe)* acquisto *m.* d'occasione, occasione *f.* **ge|le|gent|lich I** agg. occasionale: ***-e Schauer*** rovesci occasionali **II** avv. **1** occasionalmente, all'occasione **2** *(manchmal)* occasionalmente, di tanto in tanto **III** prep. + gen. BUROCR. in occasione di: ***~ einer Reise*** in occasione di un viaggio.

ge|leh|rig agg. *(anstellig)* abile; che impara facilmente, docile. **Ge|leh|rig|keit** f. *(-)* facilità *f.* d'apprendimento, docilità *f.*; *(Anstelligkeit)* abilità *f.* **ge|lehr|sam** agg. **1** → **gelehrig 2** ANT. → **gelehrt. Ge|lehr|sam|keit** f. *(-)* erudizione *f.*, dottrina *f.* **ge|lehrt** p.pass. agg. **1** → **lehren 2** erudito, dotto. **Ge|lehr|te** m. e f. *(-n,-n)* erudito *m.* (-a *f.*), dotto *m.* (-a *f.*); *(Wissenschaftler)* studioso *m.* (-a *f.*), scienziato *m.* (-a *f.*). **Ge|lehr|ten|spra|che** f. *(-)* lingua *f.* dotta, linguaggio *m.* erudito. **Ge|lehr|ten|streit** m. *(-[e]s,-e)* controversia *f.* dotta, tra eruditi. **Ge|lehr|ten|stu|be** f. *(-,-n)* studio *m.* di erudito. **Ge|lehrt|heit** f. *(-)* → **Gelehrsamkeit.**

Ge|lei|er n. *(-s)* SPREG. solfa *f.*

Ge|lei|se n. *(-s,-)* LETT. o AUSTR. → **Gleis.**

Ge|leit n. *(-[e]s,-e)* LETT. **1** accompagnamento *m.*; *(Eskorte)* scorta *f.*, seguito *m.* **2** *(begleitende Worte)* presentazione *f.*: ***zum ~*** (parole di) presentazione ◆ ***freies, sicheres ~*** salvacondotto; ***jdm das ~ geben*** scortare qcn.; ***jdm das ~ gewähren*** concedere la scorta a qcn.; ***jdm das letzte ~ geben*** scortare qcn. all'estrema dimora. **Ge|leit|brief** m. *(-[e]s,-e)* salvacondotto *m.* **ge|lei|ten** tr. accompagnare, scortare. **Ge|leit|schutz** m. *(-es)* scorta *f.*, scorta *f.* (navale) per convogli: ***jdm ~ geben*** scortare qcn. **Ge|leit|wort** n. *(-[e]s,-e)* presentazione *f.* (formale). **Ge|leit|zug** m. *(-[e]s,-züge)* convoglio *m.* (navale) scortato: ***im ~ fahren*** viaggiare sotto scorta.

ge|lenk agg. ANT. → **gelenkig. Ge|lenk** n. *(-[e]s,-e)* **1** ANAT. BOT. articolazione *f.*: ***ein schwaches, steifes ~*** un'articolazione debole, rigida **2** TECN. giunto *m.*, snodo *m.*; cerniera *f.* **Ge|lenk|band** n. *(-[e]s,-bänder)* **1** ANAT. legamento *m.* **2** MECC. catena *f.* a cerniera. **Ge|lenk|ent|zün|dung** f. *(-,-en)* artrite *f.* **Ge|lenk|fahr|zeug** n. *(-[e]s,-e)* autosnodato *m.* **ge|len|kig I** agg. sciolto, elastico: ***ein -er Körper*** un fisico sciolto; TECN. snodato, flessibile **II** avv. agilmente, elasticamente, in modo sciolto. **Ge|len|kig|keit** f. *(-)* scioltezza *f.*, elasticità *f.* **Ge|lenk|kap|sel** f. *(-,-n)* capsula *f.* articolare. **Ge|lenk|knor|pel** m. *(-s,-)* cartilagine *f.* articolare. **Ge|lenk|pfan|ne** f. *(-,-n)* glena *f.*, glene *f.* **Ge|lenk|pup|pe** f. *(-,-n)* manichino *m.* **Ge|lenk|rheu|ma|tis|mus** m. *(-,-rheumatismen)* reumatismo *m.* articolare. **Ge|lenk|schmerz** *(-es,-en)* artralgia *f.* **Ge|lenk|schmie|re** f. *(-)* sinovia *f.* **Ge|lenk|ver|stei|fung** f. *(-,-en)* anchilosi *f.* **Ge|lenk|wel|le** f. *(-,-n)* AUT. albero *m.* di trasmissione.

ge|lernt p.pass. agg. **1** → **lernen 2** provetto, qualificato ◆ ***~ ist ~*** una volta imparato non si dimentica più; ***etw. will ~ sein*** qcs. richiede molto esercizio, studio.

ge|le|sen → **lesen.**

Ge|leucht n. *(-[e]s)*, **Ge|leuch|te** n. *(-s)* **1** LETT. illuminazione *f.*, luce *f.* **2** MIN. lampada *f.* da miniera.

Ge|lich|ter n. *(-s)* ANT. SPREG. gentaglia *f.*, canaglia *f.*

Ge|lieb|te m. e f. *(-n,-n)* **1** amante *m.* e *f.* **2** ANT. amato *m.* (-a *f.*) **3** LETT. *(als Anrede)* amore *m.*

ge|lie|fert p.pass. agg. → **liefern** ◆ COLLOQ. ***~ sein*** essere finito, rovinato, spacciato.

ge|lie|hen → **leihen.**

ge|lie|ren [ʒe-, ʒə-] intr. (aus. *haben*) gelatinizzare, diventare gelatinoso. **Ge|lier|mit|tel** n. *(-s,-)* sostanza *f.* gelatinizzante. **Ge|lier|zu|cker** m. *(-s)* zucchero *m.* gelatinizzante.

ge|lind, ge|lin|de agg. **1a** *(mild)* mite, moderato: ***ein -es Klima*** un clima mite **b** *(nicht stark)* leggero, blando, lieve: ***-er Regen*** pioggerellina **c** esiguo, piccolo: ***eine -e Geldstrafe*** una piccola multa **2** blando, eufemistico: ***'Taktlosigeit' ist ein -er Ausdruck für ein solches Benehmen*** 'mancanza di tatto' è un'espressione eufemistica per un tale comportamento **3** COLLOQ. FIG. *(nicht gering)* non poco: ***-e Wut, -es Erstaunen*** non poca rabbia, non poco stupore ◆ ***~ gesagt*** a dir poco; ***-ere Saiten aufziehen*** venire a più miti consigli.

ge|lin|gen intr. *(gelang, gelungen;* aus. *sein)* **1** riuscire: ***etw. gelingt jdm gut, schlecht*** qcs. riesce bene, male a qcn. **2** impers. ***es gelingt mir schlecht*** mi riesce male; ***es will mir nicht ~*** non mi riesce. **Ge|lin|gen** n. *(-s)* successo *m.*, riuscita *f.*, buon esito *m.*: ***auf ein gutes ~ anstoßen*** brindare al successo.

Ge|lis|pel n. *(-s)* bisbiglio *m.*, sussurrio *m.*

ge|lit|ten p.pass. agg. → **leiden** ◆ ***(bei jdm) gut ~ sein*** essere amato, benvoluto (da qcn.).

1.gell I agg. acuto, stridulo, squillante **II** avv. acutamente, in modo stridulo.

2.gell inter. REGION. → **2.gelt.**

gel|len intr. (aus. *haben*) risuonare forte, rintronare ◆ ***mir ~ die Ohren*** mi fischiano le orecchie. **gel|lend** agg. e avv. → **gell.**

ge|lo|ben I tr. giurare: ***jdm Treue ~*** giurare fedeltà a qcn.; ***etw. feierlich ~*** promettere solennemente qcs. **II** rifl. **1** ***sich (D) etw. ~*** ripromettersi, proporsi fermamente qcs. **2** ***sich (gegenseitig) etw. ~*** promettersi, giurarsi (reciprocamente) qcs. **Ge|löb|nis** n. *(-ses,-se)* **1** promessa *f.* solenne, voto *m.*: ***ein ~ ablegen, tun*** fare un voto; ***ein ~ einhalten, brechen*** rispettare, infrangere un voto **2** RFT *(von Rekruten)* giuramento *m.*

1.ge|lobt → **loben.**

2.ge|lobt p.pass. agg. → **geloben** ◆ ***das Gelobte Land*** la Terra Promessa.

ge|lockt p.pass. agg. **1** → **locken 2** *(Haar)* riccio, ricciuto, ricciolutо.

ge|lo|gen → **lügen.**

ge|löst I p.pass. agg. **1** → **lösen 2** rilassato: ***eine -e Atmosphäre*** un'atmosfera rilassata **II** avv. rilassatamente. **Ge|löst|heit** f. *(-)* rilassatezza *f.*

Gel|se f. *(-,-n)* AUSTR. zanzara *f.*

1.gelt agg. ALLEV. infecondo, sterile.

2.gelt inter. REGION. COLLOQ. vero, eh, no: ***das ist schön, ~?*** è bello, vero?

gel|ten intr. *(gilt, galt, gegolten;* aus. *haben)* **1a** *(gültig sein)* valere, essere valido: ***der Pass gilt nicht mehr*** il passaporto non è più valido; ***das gilt für ihn*** vale per lui **b** vigere, essere in vigore: ***die neuen Gesetze ~ ab 1993*** le nuove leggi sono in vigore a partire dal 1993 **c** *(wert sein)* valere, aver valore: ***diese Münze gilt nicht viel*** questa moneta non vale molto; ***was er sagt, gilt*** quello che dice vale, ha peso **2** passare, essere considerato: ***als, für gescheit ~*** essere considerato intelligente; ***er gilt als Experte*** passa per, è considerato un esperto **3** *(gerichtet sein)* ***jdm, etw. ~*** essere rivolto a qcn., qcs.; ***sein Interesse gilt den politischen Ereignissen*** il suo interesse è rivolto agli avvenimenti politici **4** impers. *(auf etw. ankommen)* ***es gilt*** si tratta, ne va di: ***es gilt das Leben*** ne va della vita; ***es gilt, sich zu entscheiden*** bisogna decidersi ◆ ***bei jdm viel, wenig, nichts ~*** avere molta, poca, nessuna influenza su qcn.; ***das gilt nicht!*** non vale, non è corretto! ***es gilt!*** d'accordo! ***das gilt mir gleich*** è lo stesso per me; ***etw., jdn ~ lassen*** riconoscere qcn., ammettere qcs.; ***was gilt die Wette?*** quanto scommettiamo? **gel|tend** agg. **1** valido, valevole; *(Gesetz, Recht)* vigente, in vigore **2** *(herrschend)* dominante, generale: ***die -e Meinung*** l'opinione corrente ◆ ***etw. ~ machen*** far valere qcs.; ***sich ~ machen*** farsi valere. **Gel|tend|ma|chen** n. *(-s)* il far valere. **Gel|tung** f. *(-,-en)* **1** valore *m.*, validità *f.*: ***~ haben, besitzen, in ~ sein*** avere valore (*o* validità), essere valido **2** *(Wirksamkeit)* efficacia *f.* ◆ ***zur ~ bringen, kommen*** fare, farsi valere; ***an ~ verlieren*** perdere peso, autorità, influenza; ***jdm, etw. ~ verschaffen*** far valere qcn., qcs.; ***sich ~ verschaffen*** farsi valere, acquistare autorità. **Gel|tungs|be|**

dürf|nis n. *(-ses)* ambizione *f.*, bisogno *m.* di farsi valere, di mettersi in luce. **Gel|tungs|dau|er** f. *(-)* periodo *m.* di validità, validità *f.* **Gel|tungs|drang** m. *(-[e]s)* → **Geltungsbedürfnis. Gel|tungs|sucht** f. *(-)* smania *f.* di mettersi in luce. **gel|tungs|süch|tig** agg. smanioso di mettersi in luce.

Ge|lüb|de n. *(-s,-)* voto *m.*: ***ein ~ tun, brechen*** fare, rompere un voto; ***an, durch ein ~ gebunden sein*** essere vincolato a, da un voto; RELIG. ***die ewigen ~ ablegen*** prendere i voti perenni.

Ge|lump n. *(-[e]s)*, **Ge|lum|pe** n. *(-s)* **1** COLLOQ. SPREG. *(Plunder)* robe *f.pl.*, stracci *m.pl.* **2** SPREG. *(Gesindel)* gentaglia *f.*

ge|lun|gen 1 p.pass. agg. → **gelingen 2** divertente, buffo.

Ge|lüst n. *(-[e]s,-e)*, **Ge|lüs|te** n. *(-s,-)* voglia *f.*, desiderio *m.*: ***ein ~ nach etw. (D), auf etw. (A) haben*** avere voglia di qcs. **ge|lüs|ten** tr. impers. avere voglia: ***es gelüstet mich nach Schokolade*** ho voglia di cioccolato; ***es gelüstet mich, etw. zu tun*** ho voglia di fare qcs. **ge|lüs|tig** agg. voglioso, desideroso.

ge|mach avv. adagio, con calma: ***nur ~!*** calma! **Ge|mach** n. *(-[e]s, -mächer/*ANT. *-e)* LETT. stanza *f.* ◆ ***sich in seine Gemächer zurückziehen*** ritirarsi nei propri appartamenti. **ge|mäch|lich I** agg. **1** *(ruhig)* calmo, tranquillo; *(langsam)* lento **2** *(behaglich)* comodo, pacifico **II** avv. **1** con calma, tranquillamente; *(langsam)* piano, adagio **2** *(behaglich)* comodamente. **Ge|mäch|lich|keit** f. *(-)* **1** calma *f.*, tranquillità *f.* **2** *(Behaglichkeit)* comodità *f.*

ge|macht p.pass. agg. **1** → **machen 2** ***für, zu etw. (nicht) ~ sein*** (non) essere fatto per (fare) qcs. **3** COLLOQ. *(erfolgreich)* arrivato: ***ein -er Mann*** un uomo arrivato ◆ ***~!*** d'accordo! ***-e Sache!*** affare fatto!

1.Ge|mächt n. *(-[e]s,-e)*, **Ge|mäch|te** n. *(-s,-)* ANT. attributi *m.pl.* virili.

2.Ge|mächt n. *(-[e]s,-e)*, **Ge|mäch|te** n. *(-s,-)* **1** ANT. creatura *f.* **2** SPREG. *(Machwerk)* abborracciatura *f.*

Ge|mahl m. *(-[e]s,-e)* consorte *m.*: ***Grüße an Ihren Herrn ~*** saluti al Suo consorte. **Ge|mah|lin** f. *(-,-nen)* consorte *f.*: ***Grüße an Ihre Frau ~*** saluti alla Sua consorte, alla Sua signora.

ge|mah|nen intr. (aus. *haben*) ***jdn an etw. (A) ~*** rammentare, ricordare qcs. a qcn.

Ge|mäl|de n. *(-[e]s,-)* **1** dipinto *m.*, quadro *m.*: ***ein ~ anfertigen, rahmen*** fare, incorniciare un quadro **2** *(Darstellung)* FIG. quadro *m.*, descrizione *f.* **Ge|mäl|de|aus|stel|lung** f. *(-,-en)* mostra *f.* di pittura. **Ge|mäl|de|ga|le|rie** f. *(-,-n)* pinacoteca *f.* **Ge|mäl|de|samm|lung** f. *(-,-en)* collezione *f.* di quadri.

Ge|man|sche n. *(-s)* → **Manscherei.**

Ge|mar|kung f. *(-,-en)* **1** *(Gemeindeflur)* territorio *m.* **2** ANT. *(Grenze)* confine *f.*

ge|mäß I prep.+ dat. secondo, in conformità a, ai sensi di: ***der Vereinbarung ~*** secondo l'accordo; ***~ Artikel 1 der Hausordnung*** ai sensi dell'articolo 1 del regolamento di condominio **II** agg. adatto, adeguato, conforme: ***jdm, etw. ~ sein*** essere adatto a qcn., qcs.; ***eine der Tat -e Strafe*** una punizione adeguata al misfatto. **ge|mä|ßigt** agg. **1** moderato: ***der -e Flügel der Partei*** l'ala moderata del partito **2** temperato: ***ein -es Klima*** un clima temperato.

Ge|mäu|er n. *(-s,-)* **1** muraglia *f.* **2** *(Ruine)* rudere *m.*, rovina *f.*

Ge|mau|le n. *(-s)* COLLOQ. SPREG. brontolio *m.*

Ge|mau|schel n. *(-s)* → **Mauscheln.**

Ge|me|cker n. *(-s)*, RAR. **Ge|me|cke|re** n. *(-s)* **1** belio *m.* **2** SPREG. *(Nörgelei)* brontolio *m.*

ge|mein I agg. **1** grossolano, volgare: ***-e Gesichtszüge*** lineamenti grossolani; ***-e Beschimpfungen*** insulti volgari **2a** *(niederträchtig)* basso, meschino: ***ein -es Benehmen*** un comportamento meschino **b** *(böse)* cattivo, perfido **3** *(frech)* sfacciato, sfrontato **4** COLLOQ. *(unerfreulich)* sgradevole, spiacevole **5a** comune, semplice: ***das -e Volk*** la gente comune; ***-er Soldat*** soldato semplice **b** BOT. ZOOL. comune **6** ANT. *(gemeinsam)* comune: ***das -e Wohl*** il bene comune **II** avv. COLLOQ. *(sehr)* tremendamente: ***es ist ~ kalt*** fa tremendamente freddo ◆ ***etw. (mit jdm, etw.) ~ haben*** avere qcs. in comune (con qcn., qcs.); ***sich mit zwielichtigen Gestalten ~ machen*** frequentare tipi equivoci; ***sei nicht so ~!*** non essere così villano! ***nichts mit jdm ~ haben wollen*** non voler avere nulla a che fare con qcn. **Ge|mein|be|sitz** m. *(-es,-e)* proprietà *f.* (*o* possesso *m.*) comune.

Ge|mein|de f. *(-,-n)* **1a** comune *m.*: ***eine ländliche ~*** un comune rurale **b** COLLOQ. *(Gemeindeamt)* comune *m.*: ***auf die, zur ~ gehen*** andare in comune **2** RELIG. comunità *f.*: ***die jüdische ~*** la comunità ebraica **3a** *(Bewohner der Gemeinde)* abitanti *m.pl.* del comune **b** *(Mitglieder einer kirchlichen Gemeinde)* comunità *f.* dei fedeli, parrocchiani *m.pl.* **4** *(Anhängerschaft)* cerchia *f.*, entourage *m.* **Ge|mein|de|ab|ga|be** f. *(-,-n)* imposta *f.* comunale. **Ge|mein|de|amt** n. *(-[e]s,-ämter)* ufficio *m.* comunale. **Ge|mein|de|be|am|te** m. *(-n,-n)* impiegato *m.* comunale. **Ge|mein|de|be|zirk** m. *(-[e]s,-e)* distretto *m.* (*o* circoscrizione *f.*) comunale. **ge|mein|de|ei|gen** agg. comunale, municipale, di proprietà del comune. **Ge|mein|de|flur** f. *(-,-en)* territorio *m.* rurale del comune. **Ge|mein|de|glied** n. *(-[e]s,-er)* membro *m.* della comunità. **Ge|mein|de|gut** n. *(-[e]s,-güter)* → **Gemeindeflur. Ge|mein|de|haus** n. *(-[e]s,-häuser)* **1** *(Rathaus)* municipio *m.* **2** ECCL. casa *f.* parrocchiale, canonica *f.* **Ge|mein|de|hel|fer** m. *(-s,-)* ECCL. diacono *m.* **Ge|mein|de|hel|fe|rin** f. *(-,-nen)* ECCL. diaconessa *f.* **Ge|mein|de|ord|nung** f. *(-,-en)* regolamento *m.* comunale. **Ge|mein|de|rat** m. *(-[e]s,-räte)* **1** consiglio *m.* comunale **2** *(Mitglied des Gemeinderates)* consigliere *m.* comunale. **Ge|mein|de|rä|tin** f. *(-,-nen)* consigliere *f.* comunale. **Ge|mein|de|schrei|ber** m. *(-s,-)* segretario *m.* comunale. **Ge|mein|de|steu|er** f. *(-,-n)*, **Ge|mein|de|um|la|ge** f. *(-,-n)* → **Gemeindeabgabe.**

ge|mein|deutsch agg. **1** *(gesamtdeutsch)* pantedesco **2** *(umgangsdeutsch)* in tedesco corrente.

Ge|mein|de|ver|band m. *(-[e]s,-verbände)* consorzio *m.* di comuni. **Ge|mein|de|ver|tre|tung** f. *(-,-en)* → **Gemeinderat. Ge|mein|de|ver|wal|tung** f. *(-,-en)* amministrazione *f.* comunale. **Ge|mein|de|vor|stand** m. *(-[e]s,-vorstände)* **1** giunta *f.* comunale **2** → **Gemeindevorsteher. Ge|mein|de|vor|ste|her** m. *(-s,-)* sindaco *m.* **Ge|mein|de|wahl** f. *(-,-en)* elezioni *f.pl.* comunali.

ge|meind|lich agg. comunale, municipale.

Ge|mei|ne m. *(-n,-n)* TIP. minuscolo *m.*

Ge|mein|ei|gen|tum n. *(-s,-eigentümer)* proprietà *f.* comune. **ge|mein|fass|lich** agg. di facile comprensione. **ge|mein|ge|fähr|lich** agg. che costituisce (un) pericolo pubblico: ***ein -er Verbrecher*** un criminale pericoloso. **Ge|mein|ge|fähr|lich|keit** f. *(-,-en)* pericolo *m.* pubblico (*o* comune). **Ge|mein|ge|fühl** n. *(-s,-e)* sensazione *f.* (fisica) elementare; PSIC. cenestesia *f.* **Ge|mein|geist** m. *(-[e]s)* → **Gemeinsinn. Ge|mein|gut** n. *(-es,-güter)* bene *m.* (*o* patrimonio *m.*) comune ◆ ***zum ~ werden*** diventare di pubblico dominio. **Ge|mein|heit** f. *(-,-en)* **1** *(Niedertracht)* bassezza *f.*, meschinità *f.* **2** *(gemeine Handlung)* cattiveria *f.*, malvagità *f.*: ***eine bodenlose ~ begehen*** fare una cattiveria enorme **3** COLLOQ. *(Pech)* scalogna *f.*: ***so eine ~!*** che scalogna! **ge|mein|hin** avv. generalmente, comunemente. **Ge|mein|kos|ten** pl. spese *f.pl.* generali. **Ge|mein|nutz** m. *(-es)* utilità *f.* pubblica, interesse *m.* collettivo. **ge|mein|nüt|zig** agg. di pubblica utilità, di interesse collettivo. **Ge|mein|platz** m. *(-[e]s,-plätze)* luogo *m.* comune. **Ge|mein|recht** n. *(-[e]s,-e)* diritto *m.* comune. **ge|mein|recht|lich** agg. di diritto comune.

ge|mein|sam I agg. comune: ***etw. mit jdm ~ haben*** avere qcs. in comune con qcn.; ***allen ~*** comune a tutti; ***-er Nenner*** denominatore comune **II** avv. in comune, collettivamente, insieme: ***etw. ist ihnen ~*** hanno qcs. in comune; ***etw. ~ besprechen*** discutere insieme di qcs. ◆ ***-e Sache machen*** far comunella. **Ge|mein|sam|keit** f. *(-,-en)* **1** *(gemeinsames Merkmal)* comunanza *f.*, affinità *f.* **2** *(Verbundenheit)* comunione *f.*, unione *f.*

Ge|mein|schaft f. *(-,-en)* **1** comunione *f.*, unione *f.*: ***eheliche ~*** unione matrimoniale; ***eine ~ bilden*** costituire un'unione **2** comunità *f.*: ***eine kirchliche ~*** una comunità religiosa; ***einer ~ beitreten*** entrare in una comunità ◆ ***Europäische ~*** Comunità Europea; ***Europäische ~ für Atomenergie*** Comunità Europea dell'Energia Atomica; ***keine ~ mit jdm haben*** non aver nulla in comune con qcn.; ***häusliche ~*** nucleo famigliare; ***in ~ mit*** insieme a, in collaborazione con. **ge|mein|schaft|lich I** agg. comune, collettivo **II** avv. in comune, collettivamente, insieme ◆ ***auf, für -e Rechnung*** su conto comune. **Ge|mein|schafts|an|schluss** m. *(-es, -anschlüsse)* TEL. linea *f.* collettiva. **Ge|mein|schafts|an|ten|ne** f. *(-,-n)* antenna *f.* collettiva (*o* centralizzata). **Ge|mein|schafts|ar|beit** f. *(-,-n)* lavoro *m.* collettivo, d'équipe. **Ge|mein|schafts|er|zie|hung** f. *(-,-en)* coeducazione *f.* **Ge|mein|schafts|ge|fühl** n. *(-[e]s)* spirito *m.* di solidarietà. **Ge|mein|schafts|geist** m. *(-[e]s)* spirito *m.* comunitario. **Ge|mein|schafts|kun|de** f. *(-)* SCOL. INTRAD. (storia, geografia e civiltà nell'istruzione elementare).**Ge|mein|schafts|le|ben** n. *(-s)* vita *f.* comunitaria. **Ge|mein|schafts|pra|xis** f. *(-,-praxen)* poliambulatorio *m.* **Ge|mein|schafts|pro|duk|ti|on** f. *(-,-en)* coproduzione *f.* **Ge|mein|schafts|raum** m. *(-[e]s,-räume)* soggiorno *m.* (*o* sala *f.*) comune. **Ge|mein|schafts|schu|le** f. *(-,-n)* scuola *f.* interconfessionale. **Ge|mein|schafts|wer|bung** f. *(-)* campagna *f.* pubblicitaria collettiva.

Ge|mein|schuld|ner m. *(-s,-)* debitore *m.* fallito. **Ge|mein|sinn** m. *(-[e]s)* senso *m.* civico, civismo *m.* **Ge|mein|spra|che** f. *(-,-n)* lingua *f.* comune. **ge|mein|ver|ständ|lich** agg. di facile comprensione. **Ge|mein|we|sen** n. *(-s,-)* comunità *f.*, collettività *f.* **Ge|mein|wirt|schaft** f. *(-,-en)* economia *f.* collettiva. **Ge|mein|wohl** n. *(-s)* bene *m.* comune.

ge|mel|det p.pass. agg. **1** → **melden 2** *(registriert)* registrato, iscritto all'anagrafe ◆ ***als vermisst ~ sein*** essere dichiarato disperso.

Ge|men|ge n. *(-s,-)* **1** miscuglio *m.*, misto *m.*, mescolanza *f.* **2** ANT. *(Handgemenge)* zuffa *f.*, mischia *f.* ◆ ***mit jdm ins ~ kommen, geraten*** venire alle mani con qcn.

Ge|meng|sel n. *(-s,-)* guazzabuglio *m.*

ge|mes|sen I p.pass. agg. **1** → **messen 2** compassato, misurato: ***in -en Worten*** con parole compassate; ***-en Schrittes*** con passo misurato **II** avv. in modo compassato. **Ge|mes|sen|heit** f. *(-)* misuratezza *f.*, compostezza *f.*

Ge|met|zel n. *(-s,-)* massacro *m.*, carneficina *f.*, strage *f.*

ge|mie|den → **meiden.**

Ge|mi|na|ta f. *(-, Geminaten)* FON. geminata *f.* **Ge|mi|na|ti|on** f. *(-,-en)* **1** FON. geminazione *f.* **2** RET. epanalessi *f.* **ge|mi|nie|ren** tr. FON. geminare, raddoppiare.

Ge|misch n. *(-[e]s,-e)* **1** miscela *f.*, miscuglio *m.* **2** *(Treibstoff)* miscela *f.* **ge|mischt I** p.pass. agg. **1** → **mischen 2** misto: ***-er Salat*** insalata mista **3** ***mit -en Gefühlen*** con sentimenti contrastanti **II** avv. ***auf der Party ging es ziemlich ~ zu*** il party è andato così così. **ge|mischt|spra|chig** agg. plurilingue, multilingue. **Ge|mischt|wa|ren** pl. generi *m.pl.* vari. **Ge|mischt|wa|ren|hand|lung** f. *(-,-en)* emporio *m.* **ge|mischt|wirt|schaft|lich** agg. di (*o* a) economia mista.

ge|mit|telt agg. medio: ***-e Werte*** valori medi.

Gem|me f. *(-,-n)* **1** cammeo *m.* **2** BOT. gemma *f.*

ge|mocht → **mögen.**

ge|mol|ken → **melken**

ge|mop|pelt, COLLOQ. ***das ist doppelt ~*** è una ripetizione inutile.

Ge|mo|ser n. *(-s)* brontolio *m.*

Ge|mot|ze n. *(-s)* COLLOQ. SPREG. brontolio *m.*, continua critica *f.*

Gems|bart → **Gamsbart. Gems|bock** → **Gamsbock. Gem|se** → **Gämse. Gems|le|der** → **Gamsleder. Gems|wurz** → **Gamswurz.**

Ge|mun|kel n. *(-s)* COLLOQ. voci *f.pl.*, dicerie *f.pl.*: ***das ~ um jdn, etw.*** le dicerie su qcn., qcs.

Ge|mur|mel n. *(-s)* mormorio *m.*, borbottio *m.*

Ge|mur|re n. *(-s)* SPREG. brontolio *m.*

Ge|mü|se n. *(-s,-)* verdura *f.*, ortaggi *m.pl.*: ***~ anbauen, putzen*** coltivare ortaggi, pulire della verdura; ***junges ~*** verdura tenera, SCHERZ. ragazzini *m.pl.* **Ge|mü|se|an|bau, Ge|mü|se|bau** m. *(-[e]s)* orticoltura *f.* **Ge|mü|se|beet** n. *(-[e]s,-e)* aiuola *f.* di ortaggi. **Ge|mü|se|bei|la|ge** f. *(-,-n)* contorno *m.* di verdura. **Ge|mü|se|brü|he** f. *(-,-n)* REGION. brodo *m.* vegetale. **Ge|mü|se|ein|topf** m. *(-[e]s,-eintöpfe)* piatto *m.* unico di verdure. **Ge|mü|se|frau** f. *(-,-en)* COLLOQ. erbivendola *f.* **Ge|mü|se|gar|ten** m. *(-s,-gärten)* orto *m.* ◆ COLLOQ. ***quer durch den ~*** = di tutto un po'. **Ge|mü|se|händ|ler** m. *(-s,-)* verduraio *m.*, erbivendolo *m.* **Ge|mü|se|la|den** m. *(-s,-läden)* negozio *m.* di verdura. **Ge|mü|se|pflan|ze** f. *(-,-n)* ortaggio *m.* **Ge|mü|se|sup|pe** f. *(-,-n)* minestra *f.* di verdura.

ge|müß|igt ANT. → **bemüßigt.**

ge|musst → **müssen.**

ge|mus|tert p.pass. agg. **1** → **mustern 2** a disegni: ***bunt ~*** a disegni variopinti.

Ge|müt n. *(-[e]s,-er)* **1a** animo *m.*, indole *f.*: ***ein kindliches, sanftes, sonniges ~ haben*** avere l'animo di un bambino, un animo delicato, un carattere solare; ***-er beruhigen, erhitzen, erschüttern*** placare, scaldare, scuotere gli animi **b** *(Anteilnahme)* cuore *m.*: ***er hat kein ~*** non ha cuore **2** *(Mensch)* anima *f.*: ***ein empfindliches ~*** un'anima sensibile ◆ ***ein ~ haben wie ein Fleischerhund*** avere il cuore di pietra; ***sich (D) etw. zu -e führen*** prendersi a cuore qcs.; *(genießen)* gustarsi qcs.; *(aufmerksam lesen)* leggere qcs. con attenzione; ***heiteren -es*** con animo sereno, serenamente; ***ein ~ haben wie ein Schaukelpferd*** essere ingenuo; ***etw. schlägt jdm aufs ~*** qcs. deprime qcn.; COLLOQ. ***du hast vielleicht ein sonniges ~!*** sei proprio un ingenuo! **ge|müt|haft** agg. emotivo.

ge|müt|lich I agg. **1** accogliente, confortevole: ***ein -es Lokal*** un locale accogliente **2a** *(familiär)* intimo, caldo, raccolto: ***eine -e Atmosphäre*** un'atmosfera raccolta **b** *(angenehm)* piacevole, gradevole, simpatico: ***ein -er Abend*** una piacevole serata **c** *(in aller Ruhe)* tranquillo, sereno: ***ein -es Tempo*** una velocità moderata **3** *(freundlich)* gioviale, affabile, alla buona: ***ein -er Typ*** un tipo gioviale **II** avv. **1** comodamente, in modo accogliente: ***eine Wohnung ~ einrichten*** rendere confortevole un alloggio **2** *(angenehm)* piacevolmente, gradevolmente **3** *(gemächlich)* tranquillamente, con calma ◆ ***es sich (D) ~ machen*** mettersi comodo (*o* a proprio agio).

Ge|müt|lich|keit f. *(-)* **1** confortevolezza *f.*; *(von Lokalen)* atmosfera *f.* accogliente **2** *(von einer Atmosphäre)* intimità *f.*, calore *m.* **3** *(Ruhe)* calma *f.*, tranquillità *f.*: ***in aller ~*** in tutta calma, con tutto comodo ◆ ***da hört sich die ~ auf!*** questo è troppo!

ge|müts|arm agg. arido, freddo. **Ge|müts|art** f. *(-,-en)* indole *f.*, carattere *m.* **Ge|müts|be|we|gung** f. *(-,-en)* moto *m.* dell'animo, emozione *f.*; *(Rührung)* commozione *f.* **ge|müts|krank** agg. malinconico. **Ge|müts|krank|heit** f. *(-,-en)* malinconia *f.* **Ge|müts|la|ge** f. *(-,-n)* stato *m.* d'animo. **Ge|müts|le|ben** n. *(-s)* vita *f.* emotiva. **Ge|müts|lei|den** n. *(-s,-)* → **Gemütskrankheit. Ge|müts|mensch** m. *(-en,-en)* COLLOQ. persona *f.* placida, posapiano *m.* e *f.* **Ge|müts|re|gung** f. *(-,-en)* → **Gemütsbewegung. Ge|müts|ru|he** f. *(-)* calma *f.*, tranquillità *f.*: ***in aller ~*** con bella calma, con tutto comodo. **Ge|müts|stim|mung** f. *(-,-en)* → **Gemütslage. Ge|müts|tie|fe** f. *(-)* profondità *f.* d'animo. **Ge|müts|un|ru|he** f. *(-)* inquietudine *f.*, irrequietezza *f.* **Ge|müts|ver|fas|sung** f. *(-,-en)*, **Ge|müts|zu|stand** m. *(-[e]s,-zustände)* → **Gemütslage.**

ge|müt|voll I agg. pieno di sentimento, di cuore **II** avv. con sentimento, con trasporto.

gen prep. + acc. ANT. verso, in direzione di.

Gen n. *(-s,-e)* gene *m.*

gen. ⇒ *genannt* nominato.

Gen. ⇒ *Genossenschaft* cooperativa *f.* (coop.).

ge|na|gelt p.pass. agg. **1** → **nageln 2** ***-e Schuhe*** scarpe chiodate.

ge|näht p.pass. → **nähen** ◆ PROV. ***doppelt ~ hält besser*** la prudenza non è mai troppa.

ge|nannt → **nennen**

ge|nant [ʒe'nant] agg. **1** penoso, spiacevole **2** REGION. *(schamhaft)* timido, vergognoso.

ge|nas → **genesen.**

ge|nä|schig agg. LETT. ghiotto, goloso.

ge|nau I agg. **1** esatto, preciso: ***eine -e Angabe*** un'indicazione precisa; ***die -e Uhrzeit*** l'ora esatta; ***eine sehr -e Messung*** una misurazione molto precisa **2a** *(von Menschen)* preciso, scrupoloso: ***in allem sehr ~ sein*** essere molto preciso in tutto **b** *(sparsam)* parsimonioso; *(geizig)* avaro **II** avv. **1a** con precisione, in modo preciso: ***~ arbeiten*** lavorare in modo preciso; ***meine Uhr geht ~*** il mio orologio è preciso; ***sich ~ an einen Befehl halten*** attenersi strettamente a un ordine **b** esattamente, precisamente, di preciso: ***ich weiß es nicht ~*** non lo so di preciso **c** *(gründlich)* bene, a fondo, attentamente: ***etw. ~ untersuchen*** esaminare qcs. a fondo **2** *(gerade)* proprio, esattamente: ***~ das wollte ich sagen!*** proprio questo volevo dire! ***er kam ~ zur rechten Zeit*** arrivò proprio al momento giusto; ***das ist ~ das Gegenteil!*** è esattamente il contrario! ***das ist ~ dasselbe!*** è proprio la stessa cosa! ◆ ***nichts Genaues wissen*** non sapere nulla di preciso; ***~ genommen*** a rigore (di termini); ***es mit etw. (nicht so) ~ nehmen*** (non) badare molto a qcs.; ***die Schuhe passen ~*** le scarpe calzano perfettamente; ***peinlich ~*** meticoloso, pignolo; ***~ um vier Uhr*** alle quattro precise (*o* in punto). **Ge|nau|ig|keit** f. *(-,-en)* **1a** precisione *f.*, esattezza *f.* **b** *(Wiedergabe)* fedeltà *f.* **2a** *(von Menschen)* precisione *f.*, scrupolosità *f.* **b** *(Sparsamkeit)* parsimonia *f.*; *(Geiz)* avarizia *f.* **ge|nau|so** avv. altrettanto, allo stesso modo: ***dieser Wein schmeckt ~ gut wie der andere*** questo vino è buono (esattamente) quanto (*o* come) l'altro; ***das gilt ~ für dich, wie für ihn*** questo vale sia per te che per lui; ***er macht es (ganz) ~*** lo fa proprio nello stesso modo.

Gen|darm [ʒan'darm, ʒãn'darm] m. *(-en,-en)* AUSTR. SVIZZ. gendarme *m.* **Gen|dar|me|rie** f. *(-,-n)* AUSTR. SVIZZ. gendarmeria *f.*

Ge|ne|a|lo|ge m. *(-,-n)* genealogista *m.* **Ge|ne|a|lo|gie** f. *(-,-n)* genealogia *f.* **ge|ne|a|lo|gisch** agg. genealogico.

ge|nehm agg. gradito: ***jdm ~ sein*** essere gradito (*o* bene accetto) a qcn., andare bene (*o* piacere) a qcn.; ***ist das ein dir -es Angebot?*** ti va bene questa offerta?

ge|neh|mi|gen I tr. **1** autorizzare, permettere: ***eine Veranstaltung ~*** autorizzare una manifestazione **2** *(bewilligen)* accogliere: ***einen Antrag, Vorschlag ~*** accogliere una istanza, una proposta; *(Gesetze)* approvare **II** rifl. ***sich (D) ein Eis, ein Gläschen Wein ~*** SCHERZ. concedersi un gelato, un bicchierino (di vino) ◆ ***sich einen ~*** bersi un cicchetto. **Ge|neh|mi|gung** f. *(-,-en)* **1** autorizzazione *f.*, permesso *m.*, concessione *f.*: ***eine ~ einholen, erteilen, verweigern*** (ri)chiedere, dare, negare un'autorizzazione **2** *(Bewilligung)* accoglimento *m.*, accettazione *f.*; *(von Gesetzen)* approvazione *f.* **Ge|neh|mi|gungs|pflicht** f. *(-)* obbligo *m.* d'autorizzazione. **ge|neh|mi|gungs|pflich|tig** agg. soggetto ad autorizzazione; soggetto ad approvazione.

ge|neigt p.pass. agg. **1** → **neigen 2** ***mit -em Haupt*** a capo chino (*o* basso) **3a** FIG. ***zu etw. ~*** propenso (*o* disposto) a qcs. **b** ***jdn für***

etw. ~ machen convincere qcn. a (fare) qcs. **4a** LETT. ***jdm, etw. ~ sein*** avere un'inclinazione per qcn., qcs. **b** ***sich (D) jdn (für etw.) ~ machen*** conquistare la benevolenza di qcn., ingraziarsi qcn. (per qcs.) ◆ ***-er Leser!*** benigno lettore! ***jdm ein -es Ohr leihen, schenken*** prestare orecchio a qcn. **Ge|neigt|heit** f. *(-)* **1** l'essere propenso (*o* disposto), propensione *f.* **2** *(Wohlwollen)* benevolenza *f.*

Ge|ne|ral m. *(-s,-e)* generale *m.*

Ge|ne|ral|ab|so|lu|ti|on f. *(-,-en)* RELIG. assoluzione *f.* generale. **Ge|ne|ral|ad|mi|ral** m. *(-s,-e)* **1** ammiraglio *m.* di squadra **2** STOR. ammiraglio *m.* più anziano. **Ge|ne|ral|am|nes|tie** f. *(-,-n)* amnistia *f.* generale.

Ge|ne|ra|lat n. *(-[e]s,-e)* generalato *m.*

Ge|ne|ral|bass m. *(-es,-bässe)* MUS. basso *m.* continuo. **Ge|ne|ral|be|voll|mäch|tig|te** m. e f. *(-n,-n)* procuratore *m.* generale. **Ge|ne|ral|bun|des|an|walt** m. *(-[e]s,-anwälte)* procuratore *m.* generale. **Ge|ne|ral|di|rek|tor** m. *(-s,-en)* direttore *m.* generale. **Ge|ne|ral|gou|ver|neur** m. *(-s,-e)* governatore *m.* generale. **Ge|ne|ral|in|spek|teur** m. *(-s,-e)* ispettore *m.* generale. **Ge|ne|ral|in|spek|ti|on** f. *(-,-en)* ispezione *f.* generale. **Ge|ne|ral|in|ten|dant** m. *(-en,-en)* sovrintendente *m.*

Ge|ne|ra|li|sa|ti|on f. *(-,-en)* → **Generalisierung.**

ge|ne|ra|li|sie|ren intr. (aus. *haben*) generalizzare. **Ge|ne|ra|li|sie|rung** f. *(-,-en)* generalizzazione *f.*

Ge|ne|ra|lis|si|mus m. *(-, Generalissimi)* generalissimo *m.*

Ge|ne|ra|li|tät f. *(-)* **1** ANT. generalità *f.* **2** MIL. generali *m.pl.*, ANT. generalità *f.* **ge|ne|ra|li|ter** avv. ANT. in generale, generalmente.

Ge|ne|ral|ka|pi|tel n. *(-s,-)* ECCL. capitolo *m.* generale. **Ge|ne|ral|kom|man|do** n. *(-s,-s)* MIL. comando *m.* generale di corpo d'armata. **Ge|ne|ral|kon|sul** m. *(-s,-n)* console *m.* generale. **Ge|ne|ral|kon|su|lat** n. *(-[e]s,-e)* consolato *m.* generale. **Ge|ne|ral|leut|nant** m. *(-s,-s)* tenente *m.* generale; generale *m.* di corpo d'armata. **Ge|ne|ral|ma|jor** m. *(-s,-e)* maggiore *m.* generale; generale *m.* di divisione. **Ge|ne|ral|mu|sik|di|rek|tor** m. *(-s,-en)* INTRAD. (direttore artistico e direttore d'orchestra di un teatro d'opera o di una grande orchestra). **Ge|ne|ral|nen|ner** m. *(-s,-)* denominatore *m.* comune (anche FIG.). **Ge|ne|ral|obe|re** m. *(-n,-n)* ECCL. (padre *m.*) generale *m.* **Ge|ne|ral|oberst** m. *(-en* e *-s,-en* e *-e)* generale *m.* di corpo d'armata. **Ge|ne|ral|pau|se** f. *(-,-n)* MUS. grande pausa *f.* **Ge|ne|ral|prä|ven|ti|on** f. *(-,-en)* DIR. prevenzione *f.* generale. **Ge|ne|ral|pro|be** f. *(-,-n)* prova *f.* generale. **Ge|ne|ral|sek|re|tär** m. *(-s,-e)* segretario *m.* generale. **Ge|ne|ral|staa|ten** pl. STOR. stati *m.pl.* generali (parlamento olandese). **Ge|ne|ral|staats|an|walt** m. *(-[e]s,-anwälte)* DIR. procuratore *m.* generale. **Ge|ne|ral|stab** m. *(-[e]s,-stäbe)* MIL. stato *m.* maggiore. **Ge|ne|ral|stäb|ler** m. *(-s,-)* ufficiale *m.* di stato maggiore. **Ge|ne|ral|stän|de** pl. STOR. stati *m.pl.* generali (in Francia). **Ge|ne|ral|streik** m. *(-[e]s,-s* e RAR. *-e)* sciopero *m.* generale. **Ge|ne|ral|su|per|in|ten|dent** m. *(-en,-en)* sovrintendente *m.* generale (a capo di una chiesa protestante regionale). **Ge|ne|ral|sy|no|de** f. *(-,-n)* **1** sinodo *m.* evangelico **2** ANT. *(in Bezug auf katholische Kirche)* concilio *m.* **ge|ne|ral|über|ho|len** tr. *(solo inf. e p.)* **1** sottoporre a revisione generale: ***sein Auto ~ lassen*** far fare una revisione generale alla macchina **2** COLLOQ. ***sich ~ lassen*** farsi rimettere in sesto, sottoporsi a una cura. **Ge|ne|ral|über|ho|lung** f. *(-,-en)* **1** revisione *f.* generale **2** COLLOQ. *(Heilverfahren)* cura *f.*, terapia *f.* **Ge|ne|ral|ver|samm|lung** f. *(-,-en)* assemblea *f.* generale. **Ge|ne|ral|ver|tre|ter** m. *(-s,-)* rappresentante *m.* generale. **Ge|ne|ral|vi|kar** m. *(-s,-e)* vicario *m.* generale. **Ge|ne|ral|voll|macht** f. *(-,-en)* procura *f.* generale, mandato *m.* generale.

Ge|ne|ra|ti|on f. *(-,-en)* generazione *f.*: ***etw. von ~ zu ~ weitergeben*** tramandare qcs. di generazione in generazione; ***die jüngeren, neuen, kommenden -en*** le giovani, nuove, future generazioni; ***es wird noch -en dauern*** ci vorranno ancora delle generazioni; FIG. ***ein Computer der ersten ~*** un computer della prima generazione. **Ge|ne|ra|ti|o|nen|ver|trag** m. *(-[e]s,-verträge)* patto *m.* generazionale. **Ge|ne|ra|ti|ons|kon|flikt** m. *(-[e]s,-e)* conflitto *m.* generazionale. **Ge|ne|ra|ti|ons|wech|sel** m. *(-s,-)* **1** ricambio *m.* generazionale **2** BIOL. metagenesi *f.*

ge|ne|ra|tiv agg. generativo.

Ge|ne|ra|tor m. *(-s,-en)* **1** generatore *m.* **2** *(Gasgenerator)* ga(s)sogeno *m.*

ge|ne|rell **I** agg. generale **II** avv. generalmente, in modo generale.

ge|ne|rös agg. LETT. generoso, magnanimo.

Ge|ne|se f. *(-,-n)* genesi *f.*

ge|ne|sen intr. *(genest, genas, genesen;* aus. *sein)* LETT. guarire: ***von einer Krankheit ~*** guarire da una malattia ◆ ANT. ***eines Kindes ~*** dare alla luce un bambino. **Ge|ne|sen|de** m. e f. *(-n,-n)* convalescente *m.*

Ge|ne|sis f. *(-)* BIBL. Genesi *f.*

Ge|ne|sung f. *(-)* guarigione *f.*: ***sich auf dem Weg der ~ befinden*** essere in via di guarigione; ***baldige ~ wünschen*** augurare una pronta guarigione. **Ge|ne|sungs|heim** n. *(-[e]s,-e)* convalescenziario *m.* **Ge|ne|sungs|pro|zess** m. *(-es,-e)* processo *m.* di guarigione. **Ge|ne|sungs|ur|laub** m. *(-[e]s,-e)* MIL. licenza *f.* di convalescenza.

Ge|ne|tik f. *(-)* genetica *f.* **Ge|ne|ti|ker** m. *(-s,-)* genetista *m.* **ge|ne|tisch** agg. genetico.

Ge|ne|ver m. *(-s,-)* INTRAD. (tipo di acquavite olandese).

Genf n.pr.n. *(-s)* Ginevra *f.* **Gen|fer** **I** m. *(-s,-)* ginevrino *m.*, abitante *m.* di Ginevra **II** agg.inv. di Ginevra, ginevrino: ***der ~ See*** il lago di Ginevra; ***die ~ Konvention*** la Convenzione di Ginevra.

Gen|for|schung f. *(-)* ricerca *f.* genetica.

ge|ni|al **I** agg. geniale **II** avv. in modo geniale. **ge|ni|a|lisch** **I** agg. geniale, da genio **II** avv. da genio, come un genio. **Ge|ni|a|li|tät** f. *(-)* genialità *f.*

Ge|nick n. *(-[e]s,-e)* nuca *f.*: ***einen Schlag ins ~ bekommen*** prendersi un colpo alla nuca ◆ ***sich das ~ brechen*** rompersi l'osso del collo, FIG. rovinarsi, andare in malora; COLLOQ. ***jdm das ~ brechen*** mandare in malora qcn.; COLLOQ. ***ein steifes ~ haben*** avere il torcicollo. **Ge|nick|fang** m. *(-[e]s,-fänge)* VENAT. colpo *m.* alla nuca, colpo *m.* di grazia. **Ge|nick|schuss** m. *(-es,-schüsse)* colpo *m.* alla nuca.

Ge|nie [ʒe-] n. *(-s,-s)* genio *m.*: ***ein ~ von einem Maler*** un pittore di genio; ***ein verkanntes ~*** un genio incompreso; IRON. ***ein verhindertes ~*** = uno stupido.

ge|nie|ren [ʒe-] **I** rifl. **sich ~** essere in imbarazzo, avere soggezione, vergognarsi: ***sich vor jdm ~*** avere soggezione di qcn.; ***~ Sie sich nicht!*** non faccia complimenti! **II** tr. ANT. disturbare, dare fastidio. **Ge|nie|rer** m. *(-s,-)* COLLOQ. soggezione *f.*, vergogna *f.* **ge|nier|lich** agg. COLLOQ. **1** *(peinlich)* imbarazzante **2** *(schüchtern)* timido, che ha soggezione.

ge|nieß|bar agg. **1** *(essbar)* commestibile, mangiabile; *(trinkbar)* bevibile: ***das Fleisch, das Bier ist nicht mehr ~*** la carne è immangiabile, la birra è imbevibile **2** FIG. SCHERZ. *(erträglich)* sopportabile: ***er ist heute nicht ~*** oggi è insopportabile. **Ge|nieß|bar|keit** f. *(-)* commestibilità *f.* **ge|nie|ßen** tr. *(genoss, genossen)* **1a** *(Speise, Getränk)* gustare, assaporare: ***er hat heute noch nichts genossen*** oggi non ha ancora mangiato nulla; ***das Essen ist nicht zu ~*** il cibo è cattivo **b** FIG. *(ausstehen)* sopportare: ***sie ist heute nicht zu ~*** oggi è insopportabile **2** godersi, gustare: ***seine Ferien ~*** godersi le vacanze **3** ***etw. genießen*** godere di qcs.: ***jds Achtung, Schutz ~*** godere del rispetto, della protezione di qcn.; ***eine gute Erziehung genossen haben*** aver ricevuto una buona educazione. **Ge|nie|ßer** m. *(-s,-)* gaudente *m.*: ***ein stiller ~ sein*** godersela in pace. **ge|nie|ße|risch** **I** agg. voluttuoso **II** avv. voluttuosamente.

Ge|nie|streich m. *(-[e]s,-e)* tratto *m.*, colpo *m.* di genio. **Ge|nie|trup|pe** f. *(-,-n)* SVIZZ. MIL. genio *m.* pionieri.

Ge|ni(p)|pi n. *(-s)* BOT. genepì *m.* **Ge|nip|kraut** n. *(-[e]s,-kräuter)* BOT. genepì *m.*

ge|ni|tal agg. genitale. **Ge|ni|ta|le** n. *(-s, Genitalien)* organo *m.* genitale.

Ge|ni|tiv m. *(-s,-e)* genitivo *m.*: ***im ~ stehen*** essere al genitivo. **Ge|ni|tiv|at|tri|but** n. *(-[e]s,-e)* genitivo *m.* con funzione attributiva (*o* di specificazione). **Ge|ni|tiv|ob|jekt** n. *(-[e]s,-e)* complemento *m.* (*o* oggetto *m.*) diretto espresso al genitivo. **Ge|ni|ti|vus** m. *(-, Genitivi)* → **Genitiv.**

Ge|ni|us m. *(-, Genien)* **1** *(beschützender Geist)* genio *m.* **2** LETT. → **Genie.**

Gen|klo|nie|rung f. *(-,-en)* clonazione *f.* **Gen|ma|ni|pu|la|ti|on** f. *(-,-en)* manipolazione *f.* genetica. **Gen|mu|ta|ti|on** f. *(-,-en)* mutazione *f.* genetica. **Ge|nom** m. *(-s,-e)* genoma *m.*

ge|nom|men → **nehmen.**

ge|noppt p.pass. agg. **1** → **noppen** **2** ***-er Stoff*** stoffa bouclé.

ge|noss → **genießen.**

Ge|nos|se m. *(-n,-n)* **1** compagno *m.* (anche POL.) **2** ECON. ANT. membro *m.* di una cooperativa.

ge|nos|sen → **genießen.**

Ge|nos|sen|schaft f. *(-,-en)* cooperativa *f.*, consorzio *m.* **Ge|nos|sen|schaf|ter, Ge|nos|sen|schaft|ler** m. *(-s,-)* socio *m.* di cooperativa. **ge|nos|sen|schaft|lich** agg. cooperativo, cooperativistico, consorziale. **Ge|nos|sen|schafts|bank** f. *(-,-en)* banca *f.* (popolare) cooperativa. **Ge|nos|sen|schafts|bau|er** m. *(-s,-n)* coltivatore *m.* consorziato. **Ge|nos|sen|schafts|we|sen** n. *(-s)* cooperativismo *m.* **Ge|nos|sin** f. *(-,-nen)* compagna *f.* (anche POL.).

ge|nö|tigt p.pass. agg. **1** → **nötigen** **2** costretto: ***~ sein, etw. zu tun***

essere costretto a fare qcs.; ***sich ~ sehen, fühlen, etw. zu tun*** vedersi, sentirsi costretto a fare qcs.

Ge|no|typ m. *(-s,-en)* genotipo *m.* **ge|no|ty|pisch** agg. genotipico.

Ge|no|zid m. e n. *(-[e]s,-e* e *Genozidien)* genocidio *m.*

Gen|re ['ʒã:rə] n. *(-s,-s)* genere *m.*: ***die verschiedenen literarischen -s*** i diversi generi letterari ◆ ***das ist nicht mein ~*** questo non è il mio genere. **Gen|re|bild** n. *(-[e]s,-er)* quadro *m.* di genere. **gen|re|haft** agg. di genere. **Gen|re|ma|le|rei** f. *(-,-en)* pittura *f.* di genere.

Gent [dʒɛnt] m. *(-s,-s)* IRON. damerino *m.*, gagà *m.*

Gen|tech|nik f. *(-)* → **Genmanipulation. Gen|tech|no|lo|gie** f. *(-)* ingegneria *f.* genetica.

Gen|tle|man ['dʒɛntlmən] m. *(-s,-men)* gentleman *m.* **gen|tle|man|like** [-laɪk] come un, da gentleman.

Gen|trans|fer m. *(-s,-s)* trasferimento *m.* dei geni.

Ge|nua n.pr.n. *(-s)* Genova *f.* **Ge|nu|e|se** m. *(-n,-n)* genovese *m.*, abitante *m.* di Genova. **Ge|nu|e|ser** agg.inv. di Genova: ***der ~ Hafen*** il porto di Genova. **ge|nu|e|sisch** agg. genovese.

ge|nug avv. **1** abbastanza, sufficientemente, a sufficienza: ***~ Zeit, Zeit ~*** abbastanza tempo; ***lang ~*** abbastanza lungo; ***~ von etw. haben*** averne abbastanza di qcs.; ***er kann nicht ~ bekommen, kriegen*** non ne ha mai abbastanza (*o* basta), non è mai soddisfatto; ***~ zu essen haben*** avere abbastanza da mangiare **2a** esclam. basta: ***jetzt habe ich aber ~!*** ***~ davon!*** adesso ne ho abbastanza, adesso basta! **b** LETT. + gen. ***~ der Worte*** basta con le chiacchiere **3** *(nachgestellt)* ***alt ~*** l'età giusta; ***groß ~*** la grandezza giusta; ***wenig ~*** assai poco; ***schlimm ~*** assai grave ◆ ***etw. ~ sein lassen*** finirla con qcs.; ***Manns ~ sein, um zu...*** essere uomo capace di...; ***sich (D) selbst ~ sein*** bastare a se stesso. **Ge|nü|ge,** LETT. ***einer Sache ~ tun, leisten*** appagare, soddisfare qcs.; ***~ (an etw.) finden, haben*** trovare soddisfazione in qcs., rimanere soddisfatto da qcs.; ***jdm, etw. geschieht ~*** qcn., qcs. viene accontentato; ***zur ~*** a sufficienza, quanto basta. **ge|nü|gen** intr. (aus. *haben*) **1a** bastare, essere sufficiente; ***jdm, etw. ~*** bastare a qcn., qcs.; ***mir ~ 100 Mark*** mi bastano 100 marchi **b** impers. ***es genügt, ihn zu sehen*** basta guardarlo **2** soddisfare sufficientemente, corrispondere: ***den Anforderungen, Ansprüchen nicht ~*** non corrispondere alle esigenze; *(Pflichten)* assolvere. **ge|nü|gend I** agg. sufficiente: ***in Latein „~" haben*** avere (un voto) sufficiente in latino; ***~ Arbeit, Zeit haben*** avere lavoro, tempo sufficiente, a sufficienza **II** avv. sufficientemente, abbastanza. **ge|nüg|sam I** agg. sobrio, parco, di poche pretese **II** avv. sobriamente, con sobrietà, con poco. **Ge|nüg|sam|keit** f. *(-,-en)* sobrietà *f.*, frugalità *f.* **ge|nug‿tun** intr. *(tut, tat, getan;* aus. *haben)* ANT. ***jdm, etw. ~*** dare soddisfazione a qcn., a qcs. ◆ ***sich (D) nicht ~ können, etw. zu tun*** non poter fare a meno di fare qcs. **Ge|nug|tu|ung** f. *(-)* soddisfazione *f.*: ***über etw. (A) ~ empfinden*** essere soddisfatto di qcs.; *(Wiedergutmachung)* ***jdm ~ geben*** dare soddisfazione a qcn. ◆ ***es ist mir eine große ~*** è per me un vero piacere; ***~ leisten für etw.*** riparare a qcs.; ***sich ~ verschaffen*** prendersi soddisfazione; ***zu unserer ~*** con nostra soddisfazione.

ge|nu|in agg. **1** *(echt)* genuino, autentico **2** MED. *(angeboren)* genetico, ereditario.

Ge|nus n. *(-, Genera)* GRAMM. genere *m.*

Ge|nuss m. *(-es,-nüsse)* **1** *(Speise, Getränke)* consumo *m.*, ingestione *f.*: ***der ~ von Alkohol*** il consumo di alcolici; ***am ~ eines Giftpilzes erkranken*** ammalarsi per aver mangiato un fungo avvelenato **2** piacere *m.*, godimento *m.*: ***ein ästhetischer ~*** un piacere estetico ◆ DIR. ***in den ~ von etw. kommen*** entrare nel godimento di qcs., beneficiare di qcs.

ge|nuss|freu|dig agg. epicureo. **Ge|nuss|gift** n. *(-[e]s,-e)* FIG. droga *f.*, piacere *m.* (voluttuario) dannoso. **ge|nüss|lich I** agg. voluttuoso **II** avv. voluttuosamente, con voluttà: ***etw. ~ verspeisen*** mangiare qcs. voluttuosamente. **Ge|nuss|mensch** m. *(-en,-en)* gaudente *m.*, edonista *m.* **Ge|nuss|mit|tel** n. *(-s,-)* genere *m.* voluttuario. **ge|nuss|reich** agg. piacevole, delizioso. **Ge|nuss|sucht** f. *(-)* avidità *f.* di piaceri. **ge|nuss|süch|tig** agg. avido di piaceri, godereccio. **ge|nuss|voll I** agg. molto piacevole, squisito **II** avv. voluttuosamente.

Ge|o|che|mie f. *(-)* geochimica *f.* **ge|o|che|misch** agg. geochimico. **Ge|o|dä|sie** f. *(-)* geodesia *f.* **Ge|o|dät** m. *(-en,-en)* geodeta *m.* **ge|o|dä|tisch** agg. geodetico. **Ge|o|ge|nie, Ge|o|go|nie** f. *(-)* geogonia *f.*

Ge|o|graf, Ge|o|gra|fie, ge|o|gra|fisch → **Geograph, Geographie, geographisch. Ge|o|graph** m. *(-en,-en)* geografo *m.* **Ge|o|gra|phie** f. *(-)* geografia *f.* **ge|o|gra|phi|sch I** agg. geografico **II** avv. geograficamente.

Ge|o|lo|ge m. *(-n,-n)* geologo *m.* **Ge|o|lo|gie** f. *(-)* geologia *f.* **ge|o|lo|gisch** agg. geologico.

Ge|o|man|tie f. *(-)* geomanzia *f.*

Ge|o|me|ter m. *(-s,-)* ANT. → **Geodät. Ge|o|met|rie** f. *(-)* geometria *f.*: ***angewandte, analytische ~*** geometria applicata, analitica. **ge|o|met|risch** agg. geometrico.

Ge|o|mor|pho|lo|gie f. *(-)* geomorfologia *f.* **ge|o|mor|pho|lo|gisch** agg. geomorfologico.

Ge|o|phy|sik f. *(-)* geofisica *f.* **ge|o|phy|si|ka|lisch** agg. geofisico. **Ge|o|phy|si|ker** m. *(-s,-)* geofisico *m.*

Ge|o|phyt m. *(-en,-en)* BOT. geofita *f.* **Ge|o|po|li|tik** f. *(-)* geopolitica *f.* **ge|o|po|li|tisch** agg. geopolitico.

ge|ord|net p.pass. agg. **1** → **ordnen 2** *(geregelt)* ordinato, regolato.

Ge|org n.pr.m. Giorgio *m.*

Ge|or|gi|en n.pr.n. *(-s)* Georgia *f.* (regione del Caucaso). **Ge|or|gi|er** m. *(-s)* georgiano *m.*

Ge|or|gi|ne I n.pr.f. Giorgina *f.* **II** f. *(-,-n)* giorgina *f.*, dalia *f.*

ge|or|gisch agg. georgiano. **Ge|or|gisch** n. *(-[s])*, **Ge|or|gi|sche** n. *(-n)* georgiano *m.*, lingua *f.* della Georgia.

Ge|o|sphä|re f. *(-)* geosfera *f.* **ge|o|sta|ti|o|när** agg. geostazionario. **Ge|o|tek|to|nik** f. *(-)* geotettonica *f.* **ge|o|tek|to|nisch** agg. geotettonico. **Ge|o|ther|mik** f. *(-)* geotermica *f.* **ge|o|ther|misch** agg. geotermico. **ge|o|trop, ge|o|tro|pisch** agg. geotropico. **Ge|o|tro|pis|mus** m. *(-)* geotropismo *m.* **ge|o|zent|risch** agg. geocentrico.

Ge|päck n. *(-[e]s)* **1** bagaglio *m.*, bagagli *m.pl.*: ***das ~ aufgeben, verstauen*** spedire, sistemare i bagagli; ***ein schweres, leichtes ~*** un bagaglio pesante, leggero **2** MIL. equipaggiamento *m.* da campo ◆ ***neue Ideen im ~ haben*** avere idee nuove nel cassetto. **Ge|päck|ab|fer|ti|gung** f. *(-,-en)* spedizione *f.* bagagli. **Ge|päck|ab|la|ge** f. *(-,-n)* deposito *m.* per bagagli. **Ge|päck|an|nah|me** f. *(-,-n)* accettazione *f.* bagagli. **Ge|päck|auf|be|wah|rung** f. *(-,-en)* deposito *m.* bagagli. **Ge|päck|auf|ga|be** f. *(-,-n)* → **Gepäckannahme. Ge|päck|aus|ga|be** f. *(-,-n)* (ri)consegna *f.* bagagli. **Ge|päck|be|för|de|rung** f. *(-,-en)* inoltro *m.* bagagli. **Ge|päck|kar|ren** m. *(-s,-)* carrello *m.* portabagagli. **Ge|päck|marsch** m. *(-[e]s,-märsche)* MIL. marcia *f.* con equipaggiamento. **Ge|päck|netz** n. *(-es,-e)* rete *f.* portabagagli. **Ge|päck|raum** m. *(-[e]s,-räume)* spazio *m.* per i bagagli. **Ge|päck|schal|ter** m. *(-s,-)* sportello *m.* (di) accettazione bagagli. **Ge|päck|schein** m. *(-[e]s,-e)* scontrino *m.* bagagli. **Ge|päck|stück** n. *(-[e]s,-e)* bagaglio *m.* (singolo), collo *m.* **Ge|päck|trä|ger** m. *(-s,-)* **1** facchino *m.* **2** *(eines Fahrrades)* portapacchi *m.* **Ge|päck|wa|gen** m. *(-s,-)* FERR. bagagliaio *m.*

ge|pan|zert p.pass. agg. **1** → **panzern 2** corazzato, blindato ◆ ***ein -er Krieger*** un guerriero con (la) corazza.

Ge|pard m. *(-s,-e)* ghepardo *m.*

ge|perlt p.pass. agg. **1** → **perlen 2** decorato con perle, perlato: ***ein -er Armreifen*** un braccialetto decorato con perle.

ge|pfef|fert p.pass. agg. **1** → **pfeffern 2a** COLLOQ. FIG. *(von Preisen, Rechnungen)* salato **b** *(scharf)* pungente, severo **c** *(derb)* pepato, piccante.

Ge|pfei|fe n. *(-s)* COLLOQ. fischio *m.* continuo. **ge|pfif|fen** → **pfeifen.**

ge|pflegt I p.pass. agg. **1** → **pflegen 2** curato, ben tenuto: ***ein -er Garten*** un giardino ben tenuto; ***eine -e Erscheinung sein*** avere un aspetto curato **II** avv. con cura, accuratamente ◆ ***-e Atmosphäre*** = un'atmosfera in cui ci si sente a proprio agio; ***eine -e Ausdrucksweise*** un linguaggio scelto; ***ein -es Restaurant*** un ristorante curato nei particolari; ***-e Weine*** vini scelti. **Ge|pflegt|heit** f. *(-)* cura *f.*, accuratezza *f.*

Ge|pflo|gen|heit f. *(-,-en)* abitudine *f.*, uso *m.*

ge|pfropft p.pass. agg. → **pfropfen** ◆ ***~ voll*** pieno zeppo, strapieno.

Ge|pie|pe, Ge|piep|se n. *(-s)* COLLOQ. pigolio *m.*

Ge|plän|kel n. *(-s,-)* schermaglia *f.* (anche FIG.).

Ge|plap|per n. *(-s)* COLLOQ. ciance *f.pl.*

Ge|plärr n. *(-[e]s)*, **Ge|plär|re** n. *(-s)* COLLOQ. strilli *m.pl.*

Ge|plät|scher n. *(-s)* mormorio *m.* (anche FIG.).

ge|plät|tet p.pass. agg. **1** → **plätten 2** COLLOQ. sbalordito, allibito.

Ge|plau|der n. *(-s)* chiacchiere *f.pl.*, ciance *f.pl.*

Ge|po|che n. *(-s)* colpi *m.pl.* ripetuti.

ge|pols|tert p.pass. agg. **1** → **polstern 2a** COLLOQ. *(reich)* pieno di soldi, ricco **b** *(ziemlich dick)* ben in carne.

Ge|pol|ter n. *(-s)* strepito *m.*, fracasso *m.*; *(Schimpfen)* lo sbraitare.

Ge|prä|ge n. *(-s,-)* **1** *(von Münzen)* conio *m.*, coniatura *f.* **2** FIG. *(Eigenart)* impronta *f.*, caratteristica *f.*: ***ein ~ geben, verleihen*** dare, conferire un'impronta; ***ein ganz besonderes ~*** un'impronta del tutto particolare.

Ge|prah|le n. *(-s)* vanteria *f.*, millanteria *f.*

Ge|prän|ge n. *(-s)* LETT. fasto *m.*, pompa *f.*

Ge|pras|sel n. *(-s)* **1** *(von Regen)* scroscio *m.*, il continuo scrosciare **2** *(von Feuer)* crepitio *m.*
ge|prie|sen → **preisen.**
ge|prüft p.pass. agg. → **prüfen** ◆ ***staatlich*** ~ abilitato; *(von Sachen)* a norma di legge.
ge|punk|tet p.pass. agg. **1** a pois: ***eine -e Bluse*** una camicia a pois **2** punteggiato: ***eine -e Linie*** una linea punteggiata.
Ge|qua|ke n. *(-s)* COLLOQ. qua qua *m.* (anche FIG.).
Ge|quä|ke n. *(-s)* COLLOQ. SPREG. **1** gracidio *m.*, il gracchiare **2** *(Wimmern)* piagnucolio *n.*
ge|quält agg. **1** → **quälen 2** *(von Menschen)* afflitto **3** ***ein -er Stil*** uno stile stentato ◆ ~ ***lächeln*** fare un sorriso sforzato.
Ge|quas|sel, Ge|quat|sche n. *(-s)* COLLOQ. chiacchiere *f.pl.*, ciance *f.pl.*
Ge|quen|gel, Ge|quen|ge|le, Ge|queng|le n. *(-s)* piagnisteo *m.*
Ge|quie|ke n. *(-s)* squittio *m.*; *(vor Vergnügen)* mugolio *m.*
Ge|quiet|sche n. *(-s)* **1** stridore *m.*: ***das ~ der Bremsen*** lo stridore dei freni **2** *(von Türen, Betten)* cigolio *m.* **3** *(schriller Laut)* strillo *m.*
ge|quol|len → **quellen.**
Ger m. *(-[e]s,-e)* STOR. lancia *f.*, giavellotto *m.*
1.ge|ra|de agg. *(von Zahlen)* pari.
2.ge|ra|de I agg. **1a** diritto, dritto: ***eine ~ Linie*** una linea retta; ***ein -r Weg*** una strada diritta; ***eine ~ Strecke*** un tratto (di strada) diritto, un rettilineo **b** eretto, diritto: ***eine ~ Haltung*** una posizione eretta: ~ ***Glieder haben*** essere dritto **2** diretto: ***in -er Linie von etw. abstammen*** discendere in linea diretta da qcs. **3** *(aufrichtig)* retto, leale: ***ein -r Mensch sein, von -r Gesinnung sein*** essere una persona retta; ***ein -r Charakter*** un carattere leale **4** *(genau)* esatto: ***das ~ Gegenteil sein*** essere l'esatto contrario **II** avv. **1** diritto: ~ ***halten*** tenere diritto; ***sich ~ halten*** tenersi, stare diritto; ***die Pflanze ist ~ gewachsen*** la pianta è cresciuta diritta; ~ ***legen*** posare, mettere diritto; ~ ***setzen*** drizzare, mettere diritto (*o* in piedi); ~ ***sitzen*** sedere diritto; ~ ***stehen*** stare diritto, in posizione eretta; EUFEM. ***nicht mehr ~ stehen können*** non reggersi in piedi; ~ ***stellen*** drizzare, mettere diritto (*o* in piedi); ***einen Draht ~ biegen*** raddrizzare un fil di ferro; FIG. ***eine Sache ~ biegen*** sistemare una questione; ~ ***richten,*** ~ ***machen*** raddrizzare **2** *(momentan)* adesso, in questo momento: ***ich esse ~*** sto mangiando; ***er war ~ beim Lernen*** stava studiando **3** *(soeben)* appena, or ora: ***sie ist ~ weggegangen*** è appena andata via; *(knapp)* ***er kam ~ rechtzeitig an*** arrivò appena in tempo; ***der Zucker reicht ~ noch*** lo zucchero basta appena **4** *(für kurze Zeit)* un attimo, un secondo: ***gib mir ~ (mal) den Füller*** dammi un attimo la penna **5** *(genau)* proprio, direttamente: ***sie wohnt ~ um die Ecke*** abita proprio dietro l'angolo **III** part.at. **1** proprio, appunto: ~ ***das wollte ich sagen*** volevo dire proprio questo; ~ ***heute muss es regnen!*** proprio oggi deve piovere! *(ausgerechnet)* ***warum ~ dieses Buch?*** perché proprio questo libro? **2** proprio, quel che si dice: ***er ist nicht ~ schnell*** non è quel che si dice un tipo veloce ◆ ***da wir ~ davon reden*** a proposito di questo; ***fünf ~ sein lassen*** non prendere tutto alla lettera; ***das kommt ~ recht*** questo giunge a proposito; ***das fehlte ~ noch!*** non ci mancava che questo! ***nun, jetzt ~ nicht*** ora meno che mai; ***er ist ~ so alt wie du*** ha esattamente la tua età. **Ge|ra|de** f. *(-n,-n)* **1** MAT. retta *f.*, linea *f.* retta **2** SPORT *(gerade Rennstrecke)* rettilineo *m.*, dirittura *f.*: ***in die ~ einbiegen*** entrare in dirittura **3** *(beim Boxen)* diretto *m.*: ***jdm eine linke ~ versetzen*** assestare un diretto sinistro a qcn.
ge|ra|de|aus avv. diritto: ***geh immer ~*** vai sempre diritto ◆ ~ ***sein*** essere sincero, schietto.
ge|ra|de|he|raus I avv. franco, schietto: ***sie ist immer sehr ~*** è sempre molto schietta **II** avv. COLLOQ. ain modo franco, schietto: ~ ***sagen*** parlare franco.
ge|ra|de|hin avv. direttamente, senza riguardi; *(unbeschwert)* con leggerezza. **ge|ra|den|wegs** → **geradewegs.**
ge|rä|dert p.pass. agg. **1** → **rädern 2** COLLOQ. esausto, stremato: ***sich (wie) ~ fühlen*** sentirsi stremato.
ge|ra|de|so avv. **1** proprio così **2a** ~ ***gut*** altrettanto bene **b** ~ ***viel*** altrettanto.
ge|ra|de_ste|hen intr. *(stand, gestanden;* aus. *haben)* *(die Verantwortung übernehmen)* ***für etw.*** ~ rispondere, assumersi la responsabilità di qcs. **ge|ra|de|wegs** avv. direttamente. **ge|ra|de|zu** avv. addirittura: ***es ist ~ unglaublich*** è addirittura incredibile ◆ REGION. ***er ist immer sehr ~*** non ha mai peli sulla lingua.
Ge|rad|flüg|ler m. *(-s,-)* ortottero *m.* **Ge|rad|heit** f. *(-)* rettitudine *f.*, dirittura *f.*; *(Offenheit)* lealtà *f.* **ge|rad|läu|fig** agg. che procede in linea retta. **ge|rad|li|nig I** agg. rettilineo; FIG. *(aufrichtig)* sincero **II** avv. in modo rettilineo; in linea diretta; ***von jdm ~ abstammen*** discendere da qcn. in linea diretta. **Ge|rad|li|nig|keit** f. *(-)* linearità *f.* **ge|rad|sin|nig** agg. sincero, leale; *(ehrlich)* onesto.
Ge|raf|fel n. *(-s)* ciarpame *m.* anticaglie *f.pl.*
ge|ram|melt, COLLOQ. ~ ***voll*** pieno zeppo, traboccante (di persone).
Ge|ran|gel n. *(-s)* COLLOQ. **1** rissa *f.* **2** SPREG. lotta *f.*
Ge|ra|nie f. *(-,-n),* **Ge|ra|ni|um** n. *(-s, Geranien)* geranio *m.*
Ge|rank n. *(-s)* intreccio *m.* di tralci.
ge|rannt → **rennen.**
ge|rap|pelt → **gerammelt.**
Ge|ra|schel n. *(-s)* fruscio *m.*
Ge|ras|sel n. *(-s)* strepito *n.*, fragore *m.*
Ge|rät n. *(-[e]s,-e)* **1a** *(Werkzeug)* attrezzo *m.*, arnese *m.*, utensile *m.*: ***landwirtschaftliches ~*** attrezzo agricolo **b** *(Instrument)* strumento *m.*; *(Apparat)* apparecchio *m.*: ***ein empfindliches ~*** uno strumento sensibile, delicato; ***feinmechanisches ~*** strumento di alta precisione **2a** *(Ausrüstung)* attrezzi *m.pl.*, attrezzatura *f.*, equipaggiamento *m.* **b** SPORT attrezzo *m.*: ***an den -en turnen*** fare ginnastica con gli attrezzi ◆ ***das ~ abschalten*** spegnere la radio (*o* la televisione). **Ge|rä|te|haus** n. *(-[e]s,-häuser)* magazzino *m.* delle attrezzature (dei pompieri).
1.ge|ra|ten intr. *(geriet, geraten;* aus. *sein)* **1** *(gelangen)* trovarsi, finire, capitare: ***in ein abgelegenes Gebiet ~*** capitare in una zona isolata; ***wohin bin ich ~?*** dove sono finito? ***unter ein Auto ~*** finire sotto un'auto; ***in Schwierigkeiten ~*** trovarsi in difficoltà **2a** essere colpito, colto: ***in Angst, Wut, Zweifel, Begeisterung ~*** essere colto dalla paura, dalla rabbia, dal dubbio, dall'entusiasmo **b** cadere, trovarsi: ***in Versuchung, Widerspruch, Vergessenheit, Ekstase ~*** cadere in tentazione, in contraddizione, nell'oblio, in estasi; ***in Armut ~*** cadere in povertà; ***in Gefangenschaft ~*** cadere prigioniero **3** *(gelingen)* riuscire, venire bene: ***alles, was er tut, gerät ihm*** gli riesce tutto ciò che fa; ***die Torte ist gut ~*** la torta è venuta bene; FIG. ***ihre Kinder ~ (gut)*** i suoi figli crescono bene ◆ ***an jdn, etw.*** ~ imbattersi in qcn., qcs.; ***außer sich ~*** essere fuori di sé, non stare più nella pelle; ***in Bewegung ~*** mettersi in moto, in movimento; ***in Brand ~*** incendiarsi; ***an den Falschen ~*** cascar male; *(Adresse)* sbagliare indirizzo; ***außer Fassung ~*** perdere la bussola, le staffe; ***zum Guten, Wohl ~*** tornare a beneficio; ***einander in die Haare ~*** accapigliarsi, azzuffarsi; ***zu kurz ~ sein*** essere troppo piccolo, basso; ***nach jdm ~*** assomigliare a qcn.; ***in Schulden ~*** indebitarsi; ***in Streit ~*** mettersi a litigare.
2.ge|ra|ten p.pass. agg. **1** → **1.geraten 2** *(ratsam)* consigliabile, opportuno, indicato: ***etw. für ~ halten*** ritenere qcs. consigliabile.
Ge|rä|te|schup|pen m. *(-s,-)* capanno *m.* degli attrezzi. **Ge|rä|te|tur|nen** n. *(-s)* ginnastica *f.* agli attrezzi, attrezzistica *f.* **Ge|rä|te|tur|ner** m. *(-s,-)* attrezzista *m.* e *f.* **Ge|rä|te|übung** f. *(-,-en)* SPORT esercizio *m.* agli attrezzi.
Ge|ra|te|wohl, *aufs* ~ a casaccio.
Ge|rät|schaf|ten pl. attrezzi *m.pl.*, arnesi *m.pl.*
Ge|rat|ter n. *(-s)* COLLOQ. fracasso *m.* continuo (di treno, macchina).
Ge|rät|tur|nen → **Geräteturnen.**
Ge|räu|cher|te n. *(-n)* carne *f.* affumicata.
Ge|rau|fe n. *(-s)* COLLOQ. tafferuglio *m.*, rissa *f.*
ge|raum agg. *(temporal)* lungo: ***seit -er Zeit*** da lungo tempo ◆ ***vor -er Zeit*** tanto, molto tempo fa.
ge|räu|mig agg. spazioso, ampio. **Ge|räu|mig|keit** f. *(-)* spaziosità *f.*
Ge|rau|ne n. *(-s)* bisbiglio *m.*, mormorio *m.*
Ge|räusch n. *(-[e]s,-e)* rumore *m.*: ***ein ~ machen, verursachen*** produrre un rumore; ***ein seltsames, störendes ~ vernehmen*** percepire un rumore strano, fastidioso; ***beim leisesten ~*** al minimo rumore; FIG. ***viel ~ machen*** far molto rumore, far parlare molto di sé.
Ge|räusch|ar|chiv n. *(-s,-e)* fonoteca *f.* **ge|räusch|arm** agg. silenzioso. **Ge|räusch|däm|mung** f. *(-,-en)* isolamento *m.* acustico. **Ge|räusch|dämp|fung** f. *(-,-en)* insonorizzazione *f.* **Ge|rau|sche** n. *(-s)* COLLOQ. fruscio *m.* **ge|räusch|emp|fin|dlich** agg. sensibile ai rumori. **Ge|räusch|ku|lis|se** f. *(-,-n)* rumori *m.pl.* di fondo. **ge|räusch|los I** agg. che non fa rumore, silenzioso **II** avv. silenziosamente, senza far rumore; FIG. ~ ***verschwinden*** andarsene alla chetichella. **Ge|räusch|lo|sig|keit** f. *(-)* silenziosità *f.* **Ge|räusch|ma|cher** m. *(-s,-)* RAD. TELEV. rumorista *m.* **Ge|räusch|mes|ser** m. *(-s,-)* fonometro *m.* **Ge|räusch|mi|ne** f. *(-,-n)* mina *f.* acustica. **Ge|räusch|pe|gel** m. *(-s,-)* livello *m.* del rumore. **ge|räusch|voll** agg. rumoroso.
Ge|räus|per n. *(-s)* raschio *m.*
ger|ben tr. conciare ◆ ***jdm das Fell (o die Schwarte) ~*** conciare qcn. per le feste. **Ger|ber** m. *(-s,-)* conciatore *m.* **Ger|be|rei** f.

(-,-en) conceria *f.* **Ger|ber|lo|he** f. *(-,-n)* TECN. scorzetta *f.* **Gerb|säu|re** f. *(-,-n)* acido *m.* tannico. **Gerb|stoff** m. *(-[e]s,-e)* conciante *m.* **Ger|bung** f. *(-,-en)* concia *f.*, conciatura *f.*

Gerd n.pr.m. Gerardo *m.*

ge|recht I agg. **1** giusto, equo: ***ein -er Lehrer, ein -es Urteil*** un insegnante, un giudizio equo; ***gegen jdn ~ sein*** essere giusto verso (*o* nei confronti di) qcn. **2** *(gerechtfertigt)* giustificato, legittimo; *(begründet)* motivato: ***eine -e Forderung, Sache*** una richiesta, una questione legittima **3** *(entsprechend)* adatto, giusto: ***ein für die kalte Jahreszeit -es Schuhwerk*** calzature adatte per la stagione fredda **II** avv. equamente, in modo giusto: ***~ urteilen, verteilen*** giudicare, suddividere equamente; ***~ handeln*** agire in modo giusto ◆ ***einer Anforderung ~ werden*** soddisfare un'esigenza; ***einer Aufgabe ~ werden*** essere all'altezza di un compito; ***-er Gott!*** santo Iddio! ***-er Himmel!*** in nome del cielo! ***jdm, etw. ~ werden*** rendere giustizia a qcn., qcs.; ***seinem Namen ~ werden*** fare onore al proprio nome; ***einem Wunsch ~ werden*** soddisfare un desiderio. **Ge|re|chte** m. e f. *(-n,-n)* BIBL. **1** giusto *m.* **2** *(Gott)* Dio *m.* ◆ ***der Schlaf des -n*** il sonno del giusto.

Ge|rech|tig|keit f. *(-)* **1a** giustizia *f.*, equità *f.*: ***soziale ~*** equità sociale; ***die ~ eines Urteils*** l'equità di un giudizio; ***~ fordern, erfahren*** chiedere, ottenere giustizia; ***jdm ~ angedeihen, widerfahren, zuteil werden lassen*** rendere giustizia a qcn.; ***sich (D) ~ verschaffen*** farsi giustizia da sé **b** *(Kardinaltugend)* giustizia *f.* **2** *(Justiz)* giustizia *f.*: ***~ üben, walten lassen*** esercitare la giustizia, fare giustizia; ***der ~ anheim fallen*** incorrere nella giustizia; ***jdn den Händen der ~ übergeben*** consegnare qcn. nelle mani della giustizia; ***die ~ nimmt ihren Lauf*** la giustizia fa il proprio corso **3** ANT. *(Legitimität)* legittimità *f.*, fondatezza *f.* **4** ANT. → **Gerechtsame** ◆ ***ausgleichende ~*** rivincita; ***die ~ Gottes*** la giustizia divina. **Ge|rech|tig|keits|ge|fühl** n. *(-s)* sentimento *m.* di giustizia. **Ge|rech|tig|keits|lie|be** f. *(-)* amore *m.* della giustizia. **Ge|rech|tig|keits|sinn** m. *(-[e]s)* senso *m.* di giustizia. **Ge|recht|sa|me** f. *(-,-n)* DIR. ANT. privilegio *m.*

Ge|re|de n. *(-s)* **1** COLLOQ. chiacchiere *f.pl.* **2** *(Klatsch)* pettegolezzi *m.pl.*, dicerie *f.pl.* **3** SVIZZ. *(Gespräch)* discorso *m.* ◆ ***jdn, etw. ins ~ bringen*** spettegolare su qcn., qcs.; ***ins ~ kommen, geraten*** dar luogo a pettegolezzi.

ge|re|gelt p.pass. agg. **1** → **regeln 2** *(regelmäßig)* regolare: ***ohne -e Arbeit sein, keiner -en Tätigkeit nachgehen*** non avere un lavoro fisso.

ge|rei|chen intr. (aus. *haben*) LETT. ***jdm zum Vorteil, Nachteil, Schaden ~*** tornare a vantaggio, svantaggio, danno di qcn.

ge|reift p.pagg. agg. **1** → **reifen 2** *(reif)* maturo, maturato.

ge|reizt I p.pass. agg. **1** → **reizen 2** irritato, nervoso **II** avv. in modo irritato. **Ge|reizt|heit** f. *(-)* irritazione *f.*

Ge|ren|ne n. *(-s)* corse *f.pl.* continue, andirivieni *m.*

ge|ret|tet p.pass. agg. **1** → **retten 2** salvo: ***seine Ehre ist ~!*** il suo onore è salvo! COLLOQ. ***wenn er auch kommt, ist der Abend ~*** se viene anche lui la serata è salva.

ge|reu|en tr. LETT. ANT. **1** rimpiangere: ***dein Benehmen wird dich noch ~*** rimpiangerai il tuo comportamento **2** impers. ***es gereut mich, dass...*** rimpiango il fatto che..., mi dispiace che...

Ger|fal|ke m. *(-n,-n)* girifalco *m.*

Ger|hard n.pr.m. Gherardo *m.*, Gerardo *m.*

Ger|i|a|ter m. *(-s,-)* geriatra *m.*, gerontoiatra *m.* **Ge|ri|at|rie** f. *(-)* geriatria *f.*, gerontoiatria *f.* **ge|ri|at|risch** agg. geriatrico.

1.Ge|richt n. *(-[e]s,-e)* **1** tribunale *m.*, giudizio *m.*: ***~ erster Instanz*** tribunale (*o* giudice) di primo grado; ***jdn vor ~ laden (fordern, stellen, bringen), rufen*** citare (*o* condurre, portare), chiamare qcn. in giudizio; ***vor ~ erscheinen, aussagen*** comparire, deporre in tribunale; ***vor ~ gehen*** agire in giudizio; ***das ~ anrufen*** appellarsi al tribunale (*o* alla giustizia), adire il tribunale; ***sich dem ~ stellen*** costituirsi in giudizio; ***das Jüngste, Letzte ~*** il giudizio universale, finale; ***das Oberste ~*** la Suprema Corte di giustizia; ***das zuständige ~*** il tribunale competente **2** *(Richterkollegium)* corte *f.*: ***das ~ zieht sich (zur Beratung) zurück*** la corte si ritira (per deliberare) ◆ ***mit jdm scharf, hart ins ~ gehen*** criticare aspramente qcn.; *(hart bestrafen)* punire severamente qcn.; ***über jdn ~ halten, zu ~ sitzen*** giudicare qcn.; ***Hohes ~!*** signori della corte! ***sich dem ~ stellen*** consegnarsi alla giustizia; ***vor ~ kommen, stehen*** comparire davanti al tribunale; ***jdn dem ~ vorführen*** intentare un processo a qcn.

2.Ge|richt n. *(-[e]s,-e)* **1** piatto *m.*, pietanza *f.*: ***ein ~ aus Fleisch*** un piatto di carne; ***ein ~ bestellen, zubereiten, auftragen*** ordinare, preparare, servire un piatto **2** *(Gang einer Mahlzeit)* portata *f.*

ge|richt|lich I agg. **1** giudiziario, legale: ***eine -e Verordnung, Bestimmung*** un decreto giudiziario, una disposizione legale; ***ein -es Nachspiel haben*** avere conseguenze legali **II** avv. in giudizio, per via legale: ***jdn ~ belangen, vorladen*** citare qcn. in giudizio; ***~ gegen jdn vorgehen, verfahren*** procedere per via legale (*o* adire le vie legali) contro qcn. ◆ ***-e Medizin*** medicina legale.

Ge|richts|ak|te f. *(-,-n)* atto *m.* giudiziario; ***etw. in den -n führen*** mettere agli atti qcs. **Ge|richts|arzt** m. *(-es,-ärzte)* medico *m.* legale. **ge|richts|ärzt|lich** agg. medico-legale. **Ge|richts|as|ses|sor** m. *(-en,-en)* aggiunto *m.* giudiziario. **Ge|richts|bar|keit** f. *(-,-en)* giurisdizione *f.*, competenza *f.* giudiziaria: ***die ~ ausüben*** esercitare la giurisdizione. **Ge|richts|be|hör|de** f. *(-,-n)* autorità *f.* giudiziaria. **Ge|richts|be|richt|er|stat|ter** m. *(-s,-)* cronista *m.* giudiziario. **Ge|richts|be|schluss** m. *(-es,-beschlüsse)* decreto *m.* giudiziario. **Ge|richts|be|zirk** m. *(-[e]s,-e)* circoscrizione *f.* giudiziaria. **Ge|richts|bo|te** m. *(-n,-n)* ANT., **Ge|richts|die|ner** m. *(-s,-)* ANT. usciere *m.* giudiziario. **Ge|richts|ent|scheid** m. *(-[e]s,-e)*, **Ge|richts|ent|schei|dung** f. *(-,-en)* → **Gerichtsurteil.** **Ge|richts|fe|ri|en** pl. ferie *f.pl.* giudiziarie. **Ge|richts|ge|bäu|de** n. *(-s,-)* palazzo *m.* di giustizia, tribunale *m.* **Ge|richts|ge|büh|ren** pl. → **Gerichtskosten.** **Ge|richts|herr** m. *(-n,-en)* STOR. = signore *m.* con potere giurisdizionale. **Ge|richts|hof** m. *(-[e]s,-höfe)* corte *f.* di giustizia; ***der Oberste ~*** la Suprema Corte di giustizia. **Ge|richts|ho|heit** f. *(-)* competenza *f.* giurisdizionale. **Ge|richts|kanz|lei** f. *(-,-en)* cancelleria *f.* del, di tribunale. **Ge|richts|kos|ten** pl. spese *f.pl.* giudiziali. **ge|richts|kun|dig** agg. → **gerichtsnotorisch.** **Ge|richts|me|di|zin** f. *(-)* medicina *f.* legale. **ge|richts|no|to|risch** agg. noto alla corte. **Ge|richts|ord|nung** f. *(-,-en)* ordinamento *f.* giudiziario. **Ge|richts|ort** m. *(-[e]s,-e)* sede *f.* di tribunale. **Ge|richts|prä|si|dent** m. *(-en,-en)* presidente *m.* della corte. **Ge|richts|re|fe|ren|dar** m. *(-s,-e)* uditore *m.* giudiziario. **Ge|richts|saal** m. *(-[e]s,-säle)* aula *f.* **Ge|richts|schrei|ber** m. *(-s,-)* cancelliere *m.* (di tribunale). **Ge|richts|spra|che** f. *(-)* linguaggio *m.* forense. **Ge|richts|stand** m. *(-[e]s,-stände)* foro *m.* competente. **Ge|richts|ta|fel** f. *(-,-n)* albo *m.* pretorio. **Ge|richts|tag** m. *(-[e]s,-e)* giorno *m.* d'udienza. **Ge|richts|ter|min** m. *(-s,-e)* data *f.* dell'udienza. **Ge|richts|ur|teil** n. *(-s,-e)* sentenza *f.* del tribunale, sentenza *f.* giudiziaria. **Ge|richts|ver|fah|ren** n. *(-s,-)* procedimento *m.* giudiziario. **Ge|richts|ver|fas|sung** f. *(-,-en)* ordinamento *m.* giudiziario. **Ge|richts|ver|hand|lung** f. *(-,-en)* dibattimento *m.*, udienza *f.*: ***die ~ eröffnen*** aprire il dibattimento. **Ge|richts|voll|zie|her** m. *(-s,-)* ufficiale *m.* giudiziario. **Ge|richts|weg** m. *(-[e]s,-)* via *f.* legale: ***gegen jdn, etw. auf dem ~ vorgehen*** adire le vie legali contro qcn. **Ge|richts|we|sen** n. *(-s)* **1** affari *m.pl.* giudiziari **2** *(Justiz)* giustizia *f.*

ge|rie|ben p.pass. agg. **1** → **reiben 2** COLLOQ. *(schlau)* astuto, scaltro. **Ge|rie|ben|heit** f. *(-)* astuzia *f.*, scaltrezza *f.*

ge|rie|hen → **2.reihen.**

ge|rie|ren rifl. ***sich als jd ~*** atteggiarsi a, farsi passare per qcn.

Ge|rie|sel n. *(-s)* **1** il piovigginare **2** FIG. stillicidio *m.*

ge|ring I agg. **1** piccolo: ***eine -e Abweichung*** una piccola deviazione; ***er verträgt nicht die -ste Kritik*** non sopporta la minima critica **2a** poco, scarso: ***-e Lust haben*** avere poca voglia; ***-e Aussicht*** scarsa probabilità; ***mit -en Ausnahmen*** con poche eccezioni **b** basso, esiguo: ***-e Kosten, Löhne*** spese basse, salari esigui **3** *(kurz)* breve: ***eine -e Entfernung*** una breve distanza **4** LETT. basso, umile: ***von -er Herkunft*** di bassa origine **5** LETT. RAR. *(minderwertig)* scadente **II** avv. **1** *(wenig)* (di) poco: ***etw. ~ verändern*** mutare qcs. di poco **2** male: ***von jdm ~ denken*** avere poca stima di qcn., disprezzare qcn.; ***~ achten, ~ schätzen*** tenere in poco conto, *(verachten)* disprezzare ◆ ***nicht das Geringste*** assolutamente nulla; ***nicht im Geringsten*** per niente, per nulla; ***um ein Geringes*** per poco; ***kein Geringerer, nichts Geringeres als...*** nientemeno che...

Ge|ring|ach|tung f. *(-)* scarsa stima *f.*; *(Verachtung)* disprezzo *m.*

ge|rin|gelt agg. ad anelli.

ge|ring|fü|gig I agg. di poco conto, insignificante: ***eine -e Straftat*** un delitto di poco conto, di lieve entità **II** avv. poco, in modo insignificante: ***jdn, etw. ~ beeinflussen*** avere scarsa influenza su qcn., qcs. **Ge|ring|fü|gig|keit** f. *(-,-en)* **1** futilità *f.*, irrilevanza *f.*: ***Einstellung des Verfahrens wegen ~*** archiviazione del procedimento per irrilevanza penale del fatto **2** *(Kleinigkeit)* piccolezza *f.*, bazzecola *f.* **ge|ring|hal|tig** agg. MINER. di scarso valore. **ge|ring|schät|zig I** agg. sprezzante, sdegnoso **II** avv. in modo sprezzante, sdegnosamente. **Ge|ring|schät|zig|keit** f. *(-)* sdegnosità *f.* **Ge|ring|schät|zung** f. *(-)* disistima *f.*; *(Verachtung)* disprezzo *m.* **ge|rings|ten|falls** avv. LETT. alla peggio, nel peggiore dei casi. **ge|ringst|mög|lich... I** agg. (il) minore possibile **II** avv. il meno possibile. **ge|ring|wer|tig** agg. RAR. di poco valore.

ge|rinn|bar agg. → **gerinnungsfähig.** **Ge|rinn|bar|keit** f. *(-)* coagulabilità *f.* **Ge|rin|ne** n. *(-s,-)* ANT. gora *f.*, roggia *f.* **ge|rin|nen** intr. *(gerann, geronnen;* aus. *sein)* **1** coagulare, coagularsi **2** *(von Milch)* cagliare. **Ge|rinn|sel** n. *(-s,-)* **1** coagulo *m.*, grumo *m.* di sangue; *(Blutpfropf)* embolo *m.* **2** ANT. *(Rinnsal)* rigagnolo *m.* **Ge|rin|nung** f. *(-)* coagulazione *f.* **ge|rin|nungs|fä|hig** agg. coagulabile. **Ge|rin|nungs|fä|hig|keit** f. *(-)* coagulabilità *f.* **Ge|rin|nungs|fak|tor** m. *(-s,-en)* fattore *m.* di coagulazione.

Ge|rip|pe n. *(-s,-)* **1a** scheletro *m.*, ossatura *f.* **b** *(eines toten Tieres)* carcassa *f.* **2** FIG. *(magerer Mensch)* scheletro *m.*: ***ein wandelndes ~*** uno scheletro ambulante **3a** *(Gerüst)* impalcatura *f.*, scheletro *m.* **b** AER. ARCH. intelaiatura *f.*, ossatura *f.* **c** BOT. nervatura *f.* **4** *(inhaltlicher Aufbau)* struttura *f.*, schema *m.* **ge|rippt** p.pass. agg. **1** → **rippen** **2** a coste: ***ein -er Samt*** un velluto a coste **3** BOT. nervato.

Ge|riss n. *(-es)* REGION. COLLOQ. rivalità *f.*: ***ein ~ um etw.*** una grande rivalità per qcs.

ge|ris|sen p.pass. agg. **1** → **reißen** **2** *(schlau)* astuto, scaltro: ***ein -er Geschäftsmann*** uno scaltro uomo d'affari ◆ FIG. ***zwischen zwei Sachen hin und her ~ sein*** essere combattuto fra due cose; ***aus dem Zusammenhang ~*** estrapolato dal contesto. **Ge|ris|sen|heit** f. *(-)* astuzia *f.*, scaltrezza *f.*

ge|rit|ten p.pass. agg. → **reiten** ◆ ***~ kommen*** arrivare a cavallo.

ge|ritzt, ***die Sache ist ~*** la questione è risolta.

Germ m. *(-[e]s,-)* REGION. lievito *m.*

Ger|ma|ne m. *(-n,-n)* STOR. germano *m.* **Ger|ma|nen|tum** n. *(-s)* germanesimo *m.* **Ger|ma|nia** f. *(-)* Germania *f.* (figura di donna come simbolo dello stato). **Ger|ma|ni|en** n.pr.n. *(-s)* STOR. Germania *f.* **Ger|ma|nin** f. *(-,-nen)* STOR. germana *f.* **ger|ma|nisch** agg. germanico. **ger|ma|ni|sie|ren** tr. germanizzare. **Ger|ma|nis|mus** m. *(-, Germanismen)* LING. germanismo *m.* **Ger|ma|nist** m. *(-en,-en)* germanista *m.* **Ger|ma|nis|tik** f. *(-)* germanistica *f.* **Ger|ma|nis|tin** f. *(-,-nen)* germanista *f.* **ger|ma|nis|tisch** agg. germanistico. **Ger|ma|ni|um** n. *(-s)* germanio *m.* **ger|ma|no|phil** agg. germanofilo. **Ger|ma|no|phi|lie** f. *(-)* germanofilia *f.* **ger|ma|no|phob** agg. germanofobo. **Ger|ma|no|pho|bie** f. *(-)* germanofobia *f.*

Ger|mer m. *(-s,-)* veratro *m.*

ger|mi|nal agg. germinale. **Ger|mi|na|ti|on** f. *(-,-en)* germinazione *f.*

gern, RAR. **ger|ne** avv. (compar. *lieber*, superl. *am liebsten*) **1** volentieri: ***ich tu es ~*** lo faccio volentieri; ***er reist ~*** viaggia volentieri, gli piace viaggiare **2** senz'altro, sicuramente: ***das glaube ich ~*** ci credo senz'altro, lo credo bene **3** apposta: ***das hat sie nicht ~ getan*** non l'ha fatto apposta **4** *(als Ausdruck eines Wunsches)*: ***das hätte ich ~ gelesen*** l'avrei letto volentieri; ***ich hätte ~ ein Bier*** vorrei una birra **5** COLLOQ. preferibilmente, meglio: ***Kakteen wachsen ~ in heißem Klima*** i cactus crescono preferibilmente nei climi caldi ◆ ***~ geschehen*** l'ho fatto volentieri; ***bei jdm ~ gesehen sein*** essere benvoluto da qcn.; ***ein ~ gesehener Besuch*** una visita gradita, ospiti graditi; ***gut und ~*** senza dubbio; COLLOQ. ***er kann mich ~ haben*** vada a quel paese; IRON. ***das habe ich ~, wenn ich stundenlang warten muss*** mi fa un gran piacere dover aspettare per delle ore; ***sie haben sich ~*** si trovano simpatici; ***von Herzen (o herzlich) ~*** di tutto cuore; ***zu ~*** proprio volentieri.

Ger|ne|groß m. *(-,-e)* SCHERZ. pallone *m.* gonfiato, gradasso *m.*: ***den ~ spielen*** fare il gradasso. **Ger|ne|klug** m. *(-,-e)* SCHERZ. saputello *m.*

Ge|rö|chel n. *(-s)* rantolio *m.*

1.ge|ro|chen → **rächen.**

2.ge|ro|chen → **riechen.**

Ge|röll n. *(-[e]s,-e)*, **Ge|röl|le** n. *(-s,-)* detrito *m.* **Ge|röll|hal|de** f. *(-,-n)* ghiaione *m.*, macereto *m.* **Ge|röll|schutt** m. *(-[e]s)* detriti *m.pl.* rocciosi.

ge|ron|nen → **rinnen.**

Ge|ront m. *(-en,-en)* STOR. geronte *m.* **Ge|ron|to|lo|ge** m. *(-n,-n)* gerontologo *m.* **Ge|ron|to|lo|gie** f. *(-)* gerontologia *f.*

ge|rö|tet p.pass. agg. **1** → **röten** **2** arrossato: ***-e Haut, -er Hals*** pelle, gola arrossata; ***vom Weinen -e Augen*** occhi arrossati dal pianto.

Gers|te f. *(-,-n)* orzo *m.* **Gers|tel** n. *(-s,-[n])* **1** AUSTR. orzo *m.* mondato **2** COLLOQ. *(Geld)* grana *f.* **Gers|ten|flo|cken** pl. fiocchi *m.pl.* di orzo. **Gers|ten|grüt|ze** f. *(-,-n)* **1** tritello *m.* (*o* cruschello *m.*) d'orzo **2** *(Speise)* semolino *m.* d'orzo. **Gers|ten|korn** n. *(-[e]s, -körner)* **1** chicco *m.* d'orzo **2** MED. *(Hordeolum)* orzaiolo *m.* **Gers|ten|saft** m. *(-[e]s)* SCHERZ. birra *f.* **Gers|ten|schrot** m. e n. *(-[e]s)* → **Gerstengrütze (1).** **Gers|ten|sup|pe** f. *(-,-n)* minestra *f.* d'orzo. **Gers|ten|zu|cker** m. *(-s)* zucchero *m.* d'orzo.

Ger|te f. *(-,-n)* **1** verga *f.* **2** *(Reitpeitsche)* frustino *m.*, scudiscio *m.* **ger|ten|schlank** agg. sottile come un giunco.

Ger|trud n.pr.f. Gertrude *f.*

Ge|ruch m. *(-[e]s, Gerüche)* **1a** odore *m.*, profumo *m.*: ***ein ~ nach (o von) etw.*** un odore di qcs.; ***ein ~ von Blumen hängt in der Luft*** c'è un odore di fiori nell'aria **b** ***übler ~*** cattivo odore, fetore *m.*, puzzo *m.*; ***die Bildung von Gerüchen verhindern*** impedire il formarsi di (cattivi) odori **2** *(Geruchssinn)* olfatto *m.*, odorato *m.* **3** FIG. *(Ruf)* fama *f.*, LETT. odore *m.*: ***in üblen ~ kommen*** acquistare cattiva fama; ***in schlechtem, keinem guten ~ stehen*** non godere buona fama; ***im ~ der Heiligkeit stehen*** essere in odore di santità ◆ ***jdn in bösen ~ bringen*** denigrare qcn.; ***Gerüche an (o in) etw. (D) beseitigen*** deodorare qcs. **ge|ruch|frei** → **geruchsfrei.** **ge|ruch|los** agg. inodore. **Ge|ruch|lo|sig|keit** f. *(-,-en)* mancanza *f.* di odore. **Ge|ruchs|be|läs|ti|gung** f. *(-,-en)* fastidio *m.* dovuto ai cattivi odori. **ge|ruchs|bin|dend** agg. deodorante. **ge|ruchs|emp|find|lich** agg. sensibile agli odori. **Ge|ruchs|emp|fin|dung** f. *(-,-en)* **1** percezione *f.* degli odori **2** *(Geruchssinn)* senso *m.* dell'olfatto. **ge|ruchs|frei** agg. inodore. **Ge|ruchs|nerv** m. *(-s,-en)* nervo *m.* olfattivo. **Ge|ruchs|or|gan** n. *(-s,-e)* organo *m.* dell'olfatto. **Ge|ruchs|sinn** m. *(-es)* senso *m.* dell'olfatto, olfatto *m.*, odorato *m.*: ***ein guten ~ haben*** avere un buon olfatto. **Ge|ruchs|stoff** m. *(-[e]s,-e)* sostanza *f.* odorosa. **Ge|ruchs|stö|rung** f. *(-,-en)* disturbo *m.* olfattivo. **Ge|ruchs|ver|mö|gen** n. *(-s)* → **Geruchssinn.** **Ge|ruchs|ver|schluss** m. *(-es,-verschlüsse)* IDR. sifone *m.* (*o* pozzetto *m.*) intercettatore.

Ge|rücht n. *(-[e]s,-e)* voce *f.*; *(Flause)* diceria *f.*, chiacchiera *f.*: ***ein ~ aufbringen, verbreiten, in die Welt setzen*** mettere in giro una voce; ***es geht das ~, dass...*** corre voce che...; ***über ihn kursieren viele Gerüchte*** su di lui corrono molte voci; ***das halte ich nur für ein ~!*** per me è solo una chiacchiera! **Ge|rüch|te|kü|che** f. *(-,-n)* COLLOQ. portineria *f.* **Ge|rüch|te|ma|cher** m. *(-s,-)* vociferatore *m.*

ge|ruch|til|gend agg. deodorante.

ge|rücht|wei|se avv. come voce, per sentito dire; ***etw. ~ hören, erfahren*** sentire delle voci su qcs.

Ge|ru|fe n. *(-s)* continuo chiamare. **ge|ru|fen** p.pass. agg. → **rufen** ◆ ***wie ~ kommen*** capitare (*o* arrivare) a proposito.

ge|ru|hen intr. (aus. *haben*) ANT. degnarsi, compiacersi, avere la compiacenza.

ge|ru|hig agg. ANT. → **ruhig.**

ge|rührt p.pass. agg. → **rühren** ◆ ***wie vom Donner ~ dastehen*** rimanere di stucco.

ge|ruh|sam **I** agg. tranquillo **II** avv. tranquillamente, in santa pace, con tutta calma. **Ge|ruh|sam|keit** f. *(-)* tranquillità *f.*, calma *f.*; *(Behaglichkeit)* agio *m.*, comodità *f.*

Ge|rum|pel n. *(-s)* baccano *m.*, fracasso *m.*

Ge|rüm|pel n. *(-s)* ciarpame *m.*, robaccia *f.*, vecchiume *m.*

Ge|run|di|um n. *(-s, Gerundien)* gerundio *m.* **Ge|run|div** n. *(-s,-e)*, **Ge|run|di|vum** n. *(-s, Gerundiva)* gerundivo *m.*

ge|run|gen → **ringen.**

Ge|rüst n. *(-[e]s,-e)* **1a** EDIL. impalcatura *f.*, ponteggio *m.*: ***ein ~ aufbauen (o aufstellen)*** montare un'impalcatura **b** *(Tragwerk)* ossatura *f.*, scheletro *m.*, struttura *f.* (portante): ***das ~ einer Brücke, eines Hauses*** la struttura portante di un ponte, di una casa **c** MECC. intelaiatura *f.* **2** FIG. schema *f.*, struttura *f.*: ***das ~ eines Dramas*** lo schema di un dramma. **Ge|rüst|bau** m. *(-[e]s)* montaggio *m.* di impalcature (*o* ponteggi). **Ge|rüst|bau|er** m. *(-s,-)* ponteggiatore *m.*, pontatore *m.*

ge|rüs|tet p.pass. agg. **1** → **rüsten** **2** ***für etw., alles ~ sein*** essere preparato a qcs., al peggio.

Ge|rüt|tel n. *(-s)* sc(u)otimento *m.*, scossoni *m.pl.*, scosse *f.pl.* **ge|rüt|telt** p.pass. agg. → **rütteln** ◆ ANT. ***~ voll*** pieno fino all'orlo; ***ein ~ Maß an...*** una buona dose di...

ges, Ges n. *(-,-)* sol *m.* bemolle.

ges ⇒ *ges-Moll* sol bemolle minore.

Ges ⇒ *Ges-Dur* sol bemolle maggiore.

ges. ⇒ **1** *gesamt* complessivo, totale **2** *gesetzlich* legislativo, di legge.

ge|sägt p.pass. agg. **1** → **sägen** **2** BOT. seghettato.

ge|sal|zen p.pass. agg. **1** → **salzen** **2** *(Preise)* salato, molto caro **3a** *(derb)* piccante, pepato, spinto: ***ein -er Witz*** una barzelletta spinta **b** *(kräftig)* forte, pesante: ***eine -e Ohrfeige*** un forte (*o* sonoro) schiaffo **c** duro, pesante, scortese: ***ein -er Brief*** una lettera (molto) dura. **Ge|sal|ze|ne** n. *(-n)* carne *f.* in salamoia.

ge|samt agg. **1** complessivo, intero, totale, globale: ***der -e Betrag*** l'importo totale; ***die -e Schülerschaft*** l'intera (*o* tutta la) scolaresca; *(in voller Zahl)* al completo **2** *(alle)* ***die -en Räumen*** tutte le stanze: ◆ ANT. ***im Gesamten*** complessivamente, in totale, in tutto. **Ge|samt|an|sicht** f. *(-,-en)* veduta *f.* d'insieme. **Ge|samt|auf|la|ge** f. *(-,-n)* EDIT. tiratura *f.* complessiva. **Ge|samt|aus|ga|be** f.

(-,-n) edizione *f.* completa (delle opere), opera omnia *f.* **Ge|samt|be|trag** m. *(-[e]s,-beträge)* importo *m.* totale (*o* complessivo). **Ge|samt|bild** n. *(-[e]s,-er)* quadro *m.* generale (*o* completo). **ge|samt|deutsch** agg. della Germania unita. **Ge|samt|deutsch|land** n. *(-s)* Germania *f.* unita. **Ge|samt|ein|druck** m. *(-[e]s,-eindrücke)* impressione *f.* generale. **Ge|samt|er|be** m. *(-n,-n)* unico erede *m.*, erede *m.* universale. **Ge|samt|er|geb|nis** n. *(-ses,-se)* **1** risultato *m.* finale (*o* generale) **2** SPORT → **Gesamtwertung. ge|samt|eu|ro|pä|isch** agg. paneuropeo. **ge|samt|ge|sell|schaft|lich** agg. dell'intera società, di tutta la società. **Ge|samt|ge|wicht** n. *(-[e]s)* peso *m.* complessivo (*o* totale). **Ge|samt|ge|winn** m. *(-[e]s,-e)* vincita *f.* complessiva (*o* totale).

ge|samt|haft REGION. **I** agg. → **gesamt II** avv. complessivamente, in totale, in tutto.

Ge|samt|heit f. *(-)* **1** totalità *f.*, complesso *m.*: ***in seiner ~*** nel suo complesso **2** *(Allgemeinheit)* comunità *f.*

Ge|samt|hoch|schu|le f. *(-,-n)* università *f.* unificata (unione di università, accademia pedagogica e scuola professionale superiore). **Ge|samt|in|te|res|se** n. *(-s,-n)* interesse *m.* generale (*o* comune). **Ge|samt|klas|se|ment** [-klasə'mã:] n. *(-s,-s* e SVIZZ. *-e)* → **Gesamtwertung. Ge|samt|kunst|werk** n. *(-[e]s,-e)* opera *f.* d'arte totale. **Ge|samt|no|te** f. *(-,-n)* voto *m.* complessivo. **Ge|samt|schau** f. *(-,-en)* visione *f.* generale; *(Zusammenfassung)* sintesi *f.* **Ge|samt|schuld** f. *(-,-en)* DIR. debito *m.* (*o* obbligazione *f.*) solidale. **Ge|samt|schuld|ner** m. *(-s,-)* DIR. debitore *m.* solidale (*o* obbligato in solido). **Ge|samt|schu|le** f. *(-,-n)* ***(integrierte) ~*** scuola *f.* media unificata (*o* integrata, polivalente). **Ge|samt|sieg** m. *(-[e]s,-e)* vittoria *f.* finale (in gare di più prove). **Ge|samt|sie|ger** m. *(-s,-)* vincitore *m.* finale (*o* assoluto). **Ge|samt|sum|me** f. *(-,-n)* → **Gesamtbetrag. Ge|samt|un|ter|richt** m. *(-[e]s,-e)* insegnamento *m.* interdisciplinare. **Ge|samt|werk** n. *(-[e]s,-e)* opera *f.* completa, opera *f.* omnia. **Ge|samt|wert** m. *(-[e]s,-e)* valore *m.* complessivo. **Ge|samt|wer|tung** f. *(-,-en)* classifica *f.* generale. **Ge|samt|wir|kung** f. *(-)* effetto *m.* generale. **Ge|samt|wohl** n. *(-[e]s)* bene *m.* comune (*o* collettivo).

ge|sandt → **senden.**

Ge|sand|te m. e f. *(-n,-n)* DIPL. **1** inviato *m.* (-a *f.*), delegato *m.* (-a *f.*) **2** STOR. ECCL. legato *m.*; *(Nuntius)* nunzio *m.* apostolico. **Ge|sand|ten|pos|ten** m. *(-s,-)* legazione *f.* **Ge|sand|tin** f. *(-,-nen)* DIPL. inviata *f.*, delegata *f.*

Ge|sandt|schaft f. *(-,-en)* legazione *f.* **ge|sandt|schaft|lich** agg. di legazione; legatizio. **Ge|sandt|schafts|rat** m. *(-[e]s,-räte)* consigliere *m.* di legazione.

Ge|sang m. *(-[e]s,-sänge)* **1a** canto *m.*: ***mit, unter fröhlichem ~*** con, fra lieti canti; ***Unterricht in ~ nehmen*** prendere lezioni di canto; ***der ~ der Vögel, der Geige*** il canto degli uccelli, il suono del violino **b** *(Lied)* canto *m.*, canzone *f.*, RELIG. cantico *m.* **2** LETT. ***ein ~ der Ilias*** un canto dell'Iliade. **ge|sang|ar|tig** agg. simile a un canto, melodioso. **Ge|sang|aus|bil|dung** f. *(-)* educazione *f.* al canto (*o* della voce). **Ge|sang(s)|buch** n. *(-[e]s,-bücher)* libro *m.* dei canti; *(Hymnar)* innario *m.* ◆ ***das falsche ~ haben*** = stare dalla parte sbagliata, essere svantaggiato per le proprie convinzioni politiche. **Ge|sang(s)|leh|rer** m. *(-s,-)* maestro *m.* di canto. **Ge|sang(s)|leh|re|rin** f. *(-,-nen)* maestra *f.* di canto. **ge|sang|lich I** agg. di canto, canoro; ***eine -e Begabung*** una predisposizione per il canto **II** avv. in modo melodioso. **Ge|sangs|pä|da|go|ge** m. *(-n,-n)* → **Gesang(s)lehrer. Ge|sangs|pä|da|go|gin** f. *(-,-nen)* → **Gesang(s)lehrerin. Ge|sang(s)|schu|le** f. *(-,-n)* scuola *f.* di canto. **Ge|sang(s)|stück** n. *(-[e]s,-e)* brano *m.* cantato. **Ge|sang(s)|un|ter|richt** m. *(-[e]s)* lezione *f.* di canto. **Ge|sang(s)|ver|ein** m. *(-[e]s,-e)* società *f.* corale ◆ ***mein lieber Herr ~!*** accidenti! perbacco!

Ge|säß n. *(-es,-e)* sedere *m.*, deretano *m.* **Ge|säß|ba|cke** f. *(-,-n)* natica *f.*, POP. chiappa *f.* **Ge|säß|mus|kel** m. *(-s,-n)* gluteo *m.* **Ge|säß|ta|sche** f. *(-,-n)* tasca *f.* posteriore (dei pantaloni).

ge|sät p.pass. agg. → **säen** ◆ ***dünn ~*** scarso; ***wie ~*** disseminato.

ge|sat|telt p.pass. agg. → **satteln** ◆ ***für eine Prüfung ~ sein*** essere (ben) preparato per un esame.

ge|sät|tigt p.pass. agg. **1** → **sättigen 2** CHIM. ECON. saturo: ***von etw. ~ sein*** essere saturo di qcs.; ***der Markt ist ~*** il mercato è saturo.

Ge|sätz n. *(-es,-e)* INTRAD. (strofa tipica della poesia dei maestri cantori).

Ge|sau|se n. *(-s)* sibilare, sibili *m.pl.*

Ge|säu|sel n. *(-s)* **1** fruscio *m.*, lo stormire: ***das ~ der Blätter*** lo stormire delle foglie **2** SCHERZ. SPREG. *(Geflüster)* sussurrio *m.*, bisbiglio *m.*

gesch. ⇒ *geschieden* separato, divorziato.

Ge|schä|dig|te m. e f. *(-n,-n)* danneggiato *m.* (-a *f.*).

ge|schaf|fen p.pass. agg. → **schaffen** ◆ ***für jdn, etw.*** (*o* ***zu jdm, etw.***) ***wie ~ sein*** essere fatto apposta per qcn., qcs.

ge|schafft p.pass. agg. **1** → **schaffen 2** *(erschöpft)* sfinito.

Ge|schäft n. *(-[e]s,-e)* **1a** affare *m.*: ***mit jdm (gute, schlechte) -e machen*** fare (buoni, cattivi) affari con qcn.; ***ein ~ anbahnen, tätigen, abschließen*** avviare, trattare, concludere un affare; ***wie gehen die -e?*** come vanno gli affari? ***die -e blühen, stocken*** gli affari prosperano, ristagnano; ***dunkle -e machen*** fare loschi affari; ***sich von den -en zurückziehen*** ritirarsi dagli affari; COLLOQ. ***aus einem ~ aussteigen*** uscire da un affare **b** operazione *f.*: ***kurz-, langfristige -e*** operazioni a breve, lungo termine; ***ein ~ abwickeln*** eseguire un'operazione **c** affari *m.pl.*: ***mit jdm im ~ sein, ins ~ kommen*** essere, entrare in affari con qcn.; ***~ ist ~*** gli affari sono affari **2a** *(Laden)* negozio *m.*: ***ein ~ eröffnen*** (*o* ***gründen***)***, übernehmen, führen, aufgeben*** aprire, rilevare, gestire, chiudere un negozio; ***die -e öffnen um 9 und schließen um 18 Uhr*** i negozi aprono alle 9 e chiudono alle 18 **b** COLLOQ. *(Büro, Firma)* ***ins ~ gehen*** andare in ufficio *o* al lavoro **3** *(Angelegenheit)* faccenda *f.*, affare *m.*: ***ein ~ zu erledigen haben*** avere una faccenda da sbrigare; ***das ist ein undankbares ~*** è una faccenda ingrata **4** DIR. negozio *m.* (giuridico) ◆ ***dick im ~ sein*** fare carriera; ***ein großes, kleines ~ erledigen, verrichten, machen*** fare la popò, la pipì; ***sich (D) ein undankbares ~ aufladen*** prendersi una bella gatta da pelare, assumersi un compito ingrato; ***in -en unterwegs sein*** essere in giro per affari; ***sein ~ verstehen*** sapere il fatto proprio. **Ge|schäft|chen** n. *(-s,-)* **1** affaruccio *m.* **2** *(Lädchen)* negozietto *m.* ◆ ***sein ~ verrichten, erledigen, machen*** fare i propri bisognini.

ge|schäf|te|hal|ber avv. per affari. **Ge|schäf|te|ma|cher** m. *(-s,-)* affarista *m.* **Ge|schäf|te|ma|che|rei** f. *(-,-en)* affarismo *m.*

ge|schäf|tig agg. attivo, operoso; *(beflissen)* zelante, solerte ◆ ***~ tun*** fingere di darsi un gran daffare. **Ge|schäf|tig|keit** f. *(-)* attività *f.*, operosità *f.*; *(Beflissenheit)* zelo *m.*, solerzia *f.*

Ge|schaftl|hu|ber m. *(-s,-)* barbero *m.* pignolo.

ge|schäft|lich I agg. **1** d'affari, commerciale: ***-e Beziehungen*** relazioni d'affari; ***in -en Angelegenheiten*** per (ragioni di) affari **2** *(formell)* formale, professionale: ***in einem -en Ton sprechen*** parlare con un tono professionale **II** avv. **1** ***jdn ~ sprechen*** parlare d'affari (*o* di lavoro) con qcn. **2** per (ragioni di) affari: ***~ in Rom zu tun haben*** essere impegnato a Roma per affari; ***~ verhindert sein*** essere impedito per ragioni d'affari; ***ich muss ~ nach New York*** devo andare a New York per affari.

Ge|schäfts|ab|lauf m. *(-[e]s,-abläufe)* andamento *m.* degli affari. **Ge|schäfts|ab|schluss** m. *(-es,-abschlüsse)* conclusione *f.* di un affare. **Ge|schäfts|an|teil** m. *(-[e]s,-e)* (quota *f.* di) partecipazione *f.* **Ge|schäfts|auf|ga|be** f. *(-,-n)*, **Ge|schäfts|auf|lö|sung** f. *(-,-en)* cessazione *f.* d'esercizio (*o* d'attività): ***die Preise wegen ~ herabsetzen*** ridurre i prezzi per cessata attività. **Ge|schäfts|au|to** n. *(-s,-s)* → **Geschäftswagen. Ge|schäfts|bank** f. *(-,-en)* banca *f.* d'affari. **Ge|schäfts|be|din|gun|gen** pl. condizioni *f.pl.* di transazione (*o* dell'operazione). **Ge|schäfts|be|reich** m. *(-[e]s,-e)* (sfera *f.* di) competenza *f.*, campo *m.* d'attività ◆ ***Minister ohne ~*** ministro senza portafoglio. **Ge|schäfts|be|richt** m. *(-[e]s,-e)* resoconto *m.* (*o* rendiconto *m.*) di gestione. **Ge|schäfts|be|zie|hung** f. *(-,-en)* relazione *f.* d'affari. **Ge|schäfts|brief** m. *(-[e]s,-e)* lettera *f.* commerciale (*o* d'affari). **Ge|schäfts|buch** n. *(-[e]s,-bücher)* libro *m.* commerciale (*o* contabile). **Ge|schäfts|er|öff|nung** f. *(-,-en)* apertura *f.* di un negozio. **ge|schäfts|fä|hig** agg. DIR. capace d'agire. **Ge|schäfts|fä|hig|keit** f. *(-,-en)* DIR. capacità *f.* d'agire: ***beschränkte, mangelnde ~*** capacità d'agire limitata, incapacità d'agire. **Ge|schäfts|frau** f. *(-,-en)* **1** donna *f.* d'affari **2a** *(Kauffrau)* commerciante *f.* **b** *(Inhaberin eines Geschäfts)* titolare *f.* (*o* proprietaria *f.*) di negozio, negoziante *f.* **Ge|schäfts|freund** m. *(-[e]s,-e)* corrispondente *m.* **ge|schäfts|füh|rend** agg. **1** di gestione, amministrativo: ***der -e Prokurist*** il procuratore amministrativo **2** *(amtierend)* in carica, responsabile ◆ ***die -e Regierung*** il governo d'affari. **Ge|schäfts|füh|rer** m. *(-s,-)* gestore *m.*, gerente *m.*; *(eines Unternehmens)* amministratore *m.* **Ge|schäfts|füh|rung** f. *(-,-en)* amministrazione *f.*, gestione *f.*; *(Direktion)* direzione *f.*

Ge|schäfts|gang m. *(-[e]s,-gänge)* **1** → **Geschäftsablauf 2** *(Dienstweg)* via *f.* gerarchica **3** *(geschäftlicher Gang)* commissione *f.*: ***einen ~ machen*** fare una commissione. **Ge|schäfts|ge|ba|ren** n. *(-s)* gestione *f.* d'affari, condotta *f.* negli affari, modo *m.* di gestire gli affari. **Ge|schäfts|ge|ba|rung** f. *(-,-en)* AUSTR. → **Geschäftsführung. Ge|schäfts|ge|heim|nis** n. *(-ses,-se)* segreto *m.* aziendale. **Ge|schäfts|geist** m. *(-[e]s)* → **Geschäftssinn. Ge|schäfts|grund|la|ge** f. *(-,-n)* base *f.* negoziale (*o* di un'operazione). **Ge|schäfts|haus** n. *(-es,-häuser)* **1** palazzo *m.* per uffici *o* negozi **2** *(Firma)* ditta *f.*, azienda *f.* (commerciale). **Ge|schäfts|herr** m. *(-n,-en)* SVIZZ. → **Geschäftsmann. Ge|schäfts|in|ha|ber** m. *(-s,-)* titolare *m.* (*o* proprietario *m.*) di negozio. **Ge|schäfts|in|te|res|se** n. *(-s,-n)* interesse *m.* commerciale. **Ge|schäfts|jahr** n. *(-[e]s,-e)* anno *m.* amministrativo, esercizio *m.*: ***das ~ (ab)schließen*** chiudere l'esercizio; *(von 360 Tagen)* anno *m.* commerciale. **Ge|schäfts|ka|pi|tal** n. *(-s,-e* e *-kapitalien)* capitale *m.* d'esercizio (*o* d'impresa). **Ge|schäfts|kos|ten** pl. costi *m.pl.* di gestione, spese *f.pl.* d'esercizio ◆ ***auf ~*** a spese (*o* a carico) della ditta. **ge|schäfts|kun|dig** agg. pratico di affari. **Ge|schäfts|la|ge** f. *(-,-n)* **1** posizione *f.* commerciale **2** *(wirtschaftliche Lage)* situazione *f.* economica, stato *m.* degli affari. **Ge|schäfts|le|ben** n. *(-s)* affari *m.pl.*: ***im ~ stehen*** essere negli affari; ***sich aus dem ~ zurückziehen*** ritirarsi dagli affari. **Ge|schäfts|lei|tung** f. *(-)* → **Geschäftsführung. Ge|schäfts|leu|te** → **Geschäftsmann. Ge|schäfts|lis|te** f. *(-,-n)* SVIZZ. ordine *m.* del giorno. **Ge|schäfts|mann** m. *(-[e]s, Geschäftsleute* e RAR. *-männer)* **1** uomo *m.* d'affari **2a** *(Kaufmann)* commerciante *m.* **b** *(Inhaber eines Geschäfts)* titolare *m.* (*o* proprietario *m.*) di negozio, negoziante *m.* **ge|schäfts|mä|ßig I** agg. **1** (secondo l'uso) commerciale **2** *(sachlich)* distaccato, impersonale **II** avv. **1** secondo l'uso commerciale **2** *(sachlich)* in modo distaccato (*o* impersonale). **Ge|schäfts|ord|nung** f. *(-,-en)* regolamento *m.* interno. **Ge|schäfts|pa|pie|re** pl. documenti *m.pl.* commerciali. **Ge|schäfts|part|ner** m. *(-s,-)* **1** partner *m.* commerciale **2** socio *m.* (in un negozio). **Ge|schäfts|po|li|tik** f. *(-)* politica *f.* gestionale. **Ge|schäfts|raum** m. *(-[e]s,-räume)* locale *m.* commerciale. **Ge|schäfts|rei|se** f. *(-,-n)* viaggio *m.* d'affari: ***auf ~ gehen, sein*** fare un, essere in viaggio d'affari. **Ge|schäfts|rück|gang** m. *(-[e]s,-rückgänge)* rallentamento *m.* (*o* recesso *m.*) degli affari. **ge|schäfts|schä|di|gend** agg. che compromette il buon andamento del negozio, che nuoce agli affari. **Ge|schäfts|schluss** m. *(-es)* (ora *f.* di) chiusura *f.* (di negozi e uffici). **Ge|schäfts|sinn** m. *(-[e]s)* senso *m.* degli affari, POP. bernoccolo *m.* degli affari. **Ge|schäfts|sitz** m. *(-es,-e)* sede *f.* commerciale (di negozio). **Ge|schäfts|stel|le** f. *(-,-n)* **1** sede *f.*, ufficio *m.*, agenzia *f.* **2** *(bei Gericht)* cancelleria *f.* **Ge|schäfts|still|stand** m. *(-[e]s)* ristagno *m.* negli affari. **Ge|schäfts|stra|ße** f. *(-,-n)* via *f.* commerciale. **Ge|schäfts|stun|den** pl. → **Geschäftszeit. Ge|schäfts|tä|tig|keit** f. *(-,-en)* attività *f.* commerciale. **Ge|schäfts|trä|ger** m. *(-s,-)* DIPL. (ministro *m.*) residente *m.* **ge|schäfts|tüch|tig** agg. abile negli affari. **Ge|schäfts|um|fang** m. *(-[e]s)* volume *m.* (*o* giro *m.*) d'affari. **ge|schäfts|un|fä|hig** agg. DIR. incapace di agire. **Ge|schäfts|ver|bind|lich|keit** f. *(-,-en)* debito *m.* commerciale. **Ge|schäfts|ver|bin|dung** f. *(-,-en)* rapporto *m.* (*o* relazione *f.*) d'affari: ***-en (mit jdm) aufnehmen*** (o ***anknüpfen)*** entrare in rapporti d'affari (con qcn). **Ge|schäfts|ver|kehr** m. *(-s)* movimento *m.* d'affari. **Ge|schäfts|ver|mö|gen** n. *(-s,-)* capitale *m.* d'esercizio. **Ge|schäfts|ver|tei|lung** f. *(-,-en)* ripartizione *f.* degli affari. **Ge|schäfts|vier|tel** n. *(-s,-)* quartiere *m.* commerciale. **Ge|schäfts|vor|gang** m. *(-[e]s,-vorgänge)* operazione *f.* commerciale. **Ge|schäfts|wa|gen** m. *(-s,-)* vettura *f.* della ditta, auto *f.* di servizio. **Ge|schäfts|welt** f. *(-)* mondo *m.* degli affari. **Ge|schäfts|wert** m. *(-[e]s,-e)* ECON. (valore *m.* di) avviamento *m.* **Ge|schäfts|zei|chen** n. *(-s,-)* marchio *m.* d'impresa. **Ge|schäfts|zeit** f. *(-,-en)* orario *m.* dei negozi: ***durchgehende ~*** orario continuato. **Ge|schäfts|zent|rum** n. *(-s,-zentren)* centro *m.* commerciale. **Ge|schäfts|zim|mer** n. *(-s,-)* ufficio *m.* **Ge|schäfts|zweig** m. *(-[e]s,-e)* ramo *m.* (*o* settore *m.*, branca *f.*) d'attività.

ge|schah → **geschehen.**

Ge|schä|ker n. *(-s)* (il) continuo scherzare; *(Flirten)* il flirtare.

ge|schätzt p.pass. agg. **1** → **schätzen 2** stimato, apprezzato, quotato: ***ein sehr -er Künstler*** un artista molto apprezzato ◆ COMM. ***Ihr -es Schreiben*** la Vostra pregiata lettera.

ge|scha|mig, ge|schä|mig REGION. agg. vergognoso; *(schüchtern)* timido.

Ge|schau|kel n. *(-s)* COLLOQ. dondolio *m.*

ge|scheckt agg. pezzato, macchiato.

ge|sche|hen intr. *(geschieht, geschah, geschehen;* aus. *sein)* succedere, accadere, avvenire: ***ein Unfall, ein Wunder ist ~*** è successo un incidente, un miracolo; ***was ist ~*** che cosa è successo? ***es kann dir nichts ~*** non ti può succedere nulla; ***was auch immer ~ mag*** qualunque cosa accada; ***er wusste nicht, wie ihm geschah*** non capì cosa gli stava succedendo ◆ ***gern ~*** non c'è di che; ***~ ist ~*** cosa fatta capo ha; ***es kann ~*** può darsi; ***es ~ lassen, dass...*** lasciare, permettere che...; ***was geschieht mit den alten Kleidern?*** che ne facciamo dei vecchi abiti? ***es muss doch etw. ~!*** si deve, bisogna fare qcs.! ***es ist nun einmal ~*** quel che è stato è stato, ormai è fatta; FAM. ***das geschieht dir ganz recht!*** ti sta proprio bene! ***was soll jetzt ~?*** che si deve fare ora? ***es ist um ihn ~*** per lui è finita (*o* non c'è rimedio); *(hoffnungslos verliebt sein)* è perdutamente innamorato; ***ihm ist Unrecht ~*** gli è stato fatto un torto; RELIG. ***dein Wille geschehe*** sia fatta la tua volontà.

Ge|sche|hen n. *(-s,-)* avvenimento *m.*, evento *m.* **Ge|sche|he|ne** n. *(-n)* passato *m.*, avvenuto *m.* **Ge|scheh|nis** n. *(-ses,-se)* avvenimento *m.*

ge|scheit I agg. **1** assennato, giudizioso **2** *(klug)* intelligente, arguto **3** COLLOQ. *(vernünftig)* ragionevole **II** avv. intelligentemente, in modo intelligente ◆ FAM. ***nichts Gescheites zu tun wissen*** non saper combinare niente di buono; ***bist du wohl nicht ganz ~!*** sei impazzito, ti dà di volta il cervello? ***aus etw. nicht ~ werden*** non raccapezzarsi in qcs. **Ge|scheit|heit** f. *(-)* **1** assennatezza *f.*, giudizio *m.*, ragionevolezza *f.* **2** *(Intelligenz)* intelligenza *f.*

Ge|schenk n. *(-[e]s,-e)* regalo *m.*, dono *m.*: ***jdm ein ~ machen, geben*** fare, dare un regalo a qcn.; ***jdm etw. zum ~ machen*** dare qcs. in dono a qcn. ◆ ***ein ~ des Himmels*** un dono del cielo, una vera benedizione; PROV. ***kleine -e erhalten die Freundschaft*** con piccoli regali si mantiene l'amicizia. **Ge|schenk|ar|ti|kel** m. *(-s,-)* articolo *m.* (da) regalo. **Ge|schenk|pa|ckung** f. *(-,-en)* confezione *f.* regalo. **Ge|schenk|pa|pier** n. *(-s,-e)* carta *f.* da regalo. **Ge|schenk|sen|dung** f. *(-,-en)* BUROCR. invio *m.* omaggio. **ge|schenk|wei|se** avv. in regalo.

ge|schert agg. REGION. COLLOQ. rozzo, zotico. **Ge|scher|te** m. *(-n,-n)* REGION. COLLOQ. zoticone *m.*

Ge|schich|te f. *(-,-n)* **1** storia *f.*: ***Alte, Mittlere, Neue(re), Neueste ~*** storia antica, medievale, moderna, contemporanea; ***der Gang, Lauf der ~*** il corso della storia; ***in die ~ (ein)gehen*** passare alla storia; ***Professor für ~*** professore di storia **2** *(Vergangenheit)* passato *m.*: ***das gehört der ~ an*** questo appartiene al passato **3a** *(Erzählung)* storia *f.*, racconto *m.* **b** *(Angelegenheit)* faccenda *f.*, storia *f.*: ***das ist wieder die alte ~*** è di nuovo la solita storia; ***eine verzwickte ~*** una faccenda complicata; ***die ~ ist für mich erledigt*** la faccenda per me è chiusa; IRON. ***das ist ja eine schöne, nette ~*** è proprio un bel pasticcio, una bella storia ◆ ***das sind alte -n*** è storia vecchia, è acqua passata; ***alte -n wieder aufwärmen*** rivangare vecchie storie; ***erzähl doch keine ~!*** non raccontar frottole! COLLOQ. ***die ganze ~ kostet 1000 DM*** tutta questa roba costa 1000 marchi; ***aus etw. große -n machen*** fare di qcs. un affare di stato; ***mach keine -n!*** non fare storie! ***~ machen*** fare storia; ***eine ~ mit jdm haben*** avere una storia (d'amore) con qcn. **Ge|schich|ten|buch** n. *(-[e]s,-bücher)* libro *m.* di racconti. **Ge|schich|ten|er|zäh|ler** m. *(-s,-)* narratore *m.*

ge|schicht|lich I agg. storico: ***von -er Bedeutung*** d'importanza storica **II** avv. storicamente. **Ge|schicht|lich|keit** f. *(-)* storicità *f.*

Ge|schichts|at|las m. *(-ses,-se* e *-atlanten)* atlante *m.* storico. **Ge|schichts|auf|fas|sung** f. *(-,-en)* concezione *f.* storica, della storia. **Ge|schichts|be|wusst|sein** n. *(-s)* coscienza *f.* storica. **Ge|schichts|bild** n. *(-[e]s,-er)* visione *f.* storica. **Ge|schichts|buch** n. *(-[e]s,-bücher)* testo *m.*, libro *m.* di storia. **Ge|schichts|dra|ma** n. *(-s,-dramen)* dramma *m.* storico. **Ge|schichts|fäl|schung** f. *(-,-en)* falso *m.* storico. **Ge|schichts|for|scher** m. *(-s,-)* storico *m.* **Ge|schichts|for|schung** f. *(-,-en)* indagine *f.*, ricerca *f.* storica. **Ge|schichts|klit|te|rung** f. *(-,-en)* esposizione *f.* falsata, alterata della storia. **ge|schichts|los** agg. senza storia. **Ge|schichts|ma|le|rei** f. *(-)* pittura *f.* di soggetti storici. **Ge|schichts|phi|lo|so|phie** f. *(-)* filosofia *f.* della storia. **ge|schichts|phi|lo|so|phisch** agg. di filosofia della storia. **Ge|schichts|schrei|ber** m. *(-s,-)* ANT. storiografo *m.* **Ge|schichts|schrei|bung** f. *(-)* storiografia *f.* **Ge|schichts|un|ter|richt** m. *(-[e]s,-e)* insegnamento *m.* della storia; *(Stunde)* lezione *f.* di storia. **Ge|schichts|ver|stän|dnis** n. *(-ses,-se)* senso *m.* della storia. **Ge|schichts|werk** n. *(-[e]s,-e)* opera *f.* storiografica. **Ge|schichts|wis|sen|schaft** f. *(-)* storiografia *f.* **Ge|schichts|zahl** f. *(-,-en)* data *f.* storica.

1.Ge|schick n. *(-[e]s,-e)* LETT. destino *m.*, sorte *f.*: ***ein grausames ~ traf ihn, entriss ihn uns*** una sorte terribile lo colpì, lo strappò a noi; ***sich in sein ~ ergeben*** rassegnarsi al proprio destino.

2.Ge|schick n. *(-[e]s)* attitudine *f.*; *(Eignung)* garbo *m.*: ***fürs, zum Basteln ~ haben*** aver attitudine per il bricolage ◆ REGION. ***eine Sache wieder ins ~ bringen*** accomodare, sistemare una faccenda; ***~ haben, mit Kindern umzugehen*** saperci fare con i bambini.

Ge|schick|lich|keit f. *(-)* destrezza *f.*, abilità *f.* **Ge|schick|lich|keits|prü|fung** f. *(-,-en)* SPORT prova *f.* di abilità. **Ge|schick|lich|keits|spiel** n. *(-[e]s,-e)* gioco *m.* di abilità.

ge|schickt I agg. **1** abile, capace: ***ein -er Tischler*** un abile falegname; **~ sein in der Herstellung von etw.** essere abile nella produzione di qcs. **2** *(schlau)* abile, astuto; *(klug)* arguto: **ein -er Politiker** un politico abile; **ein -er Diskussionsleiter** un moderatore arguto **3** REGION. *(geeignet)* idoneo, adatto **II** avv. abilmente, con destrezza: **~ ausgedacht** escogitato con abilità. **Ge|schickt|heit** f. *(-)* abilità *f.*, capacità *f.*

Ge|schie|be n. *(-s)* **1** il continuo spingere **2** GEOL. materiale *m.* detritico, rocce *f.pl.* detritiche.

ge|schie|den → **scheiden. Ge|schie|de|ne** m. e f. *(-n,-n)* divorziato *m.* (-a *f.*).

ge|schie|nen → **scheinen.**

Ge|schie|ße n. *(-s)* COLLOQ. sparatoria *f.*, spari *m.pl.* continui.

Ge|schimp|fe n. *(-s)* insulti *m.pl.*, imprecazioni *f.pl.*

Ge|schirr n. *(-[e]s,-e)* **1** stoviglie *f.pl.*, piatti *m.pl.*; vasellame *m.*: **das ~ abwaschen, abspülen** lavare i piatti, rigovernare **2** ANT. *(Gefäß)* contenitore *m.* **3** *(Riemenzeug)* bardatura *f.*, finimenti *m.pl.*: **dem Pferd das ~ anlegen** bardare il cavallo, mettere i finimenti al cavallo ◆ **tüchtig ins ~ gehen, sich ins ~ legen** tirare con forza, forte; FIG. lavorare sodo faticando. **Ge|schirr|auf|zug** m. *(-[e]s, -aufzüge)* montavivande *m.* **Ge|schirr|ma|cher** m. *(-s)* sellaio *m.* **Ge|schirr|schrank** m. *(-[e]s,-schränke)* credenza *f.* **Ge|schirr|spü|len** n. *(-s)* il lavare i piatti. **Ge|schirr|spü|ler** m. *(-s,-)*, **Ge|schirr|spül|ma|schi|ne** f. *(-,-n)* lavastoviglie *f.* **Ge|schirr|tuch** n. *(-[e]s,-tücher)* canovaccio *m.* (per asciugare i piatti).

Ge|schiss n. *(-es)* COLLOQ. putiferio *m.*, chiasso *m.*: **viel ~ um etw. machen** fare un gran chiasso per qcs.

ge|schis|sen → **scheißen.**

Ge|schlab|ber n. *(-s)* **1** il bere rumorosamente **2** bevanda *f.* disgustosa.

ge|schla|fen → **schlafen.**

ge|schla|gen p.pass. agg. **1** → **schlagen 2a** FIG. *(ruiniert)* rovinato **b** *(hart getroffen)* colpito: **ein vom Schicksal, mit einer Krankheit -er Mann** un uomo colpito dal destino, da una malattia **3** *(ganz)* intero: **er kam eine -e Stunde zu spät** arrivò in ritardo di un'ora buona ◆ **sich ~ geben, bekennen** darsi per vinto.

Ge|schlecht n. *(-[e]s,-er)* **1** sesso *m.*: **das weibliche, männliche ~** il sesso femminile, maschile; **Menschen beiderlei -s** persone di entrambi i sessi; FIG. **das starke, schwache ~** il sesso forte, debole; **das dritte ~** gli omosessuali; **das schöne ~** il gentil sesso **2a** *(Gattung)* genere *m.*, specie *f.*: **das menschliche ~** la specie umana **b** GRAMM. *(Genus)* genere *m.* **3** *(Generation)* generazione *f.*: **das lebende, (zu)künftige ~** la generazione attuale, futura **4** *(Sippe)* stirpe *f.*, famiglia *f.*; casato *m.*: **aus altem ~** di antica stirpe **5** *(Geschlechtsorgane)* organi *m.pl.* genitali **6** sessualità *f.*, sesso *m.* **Ge|schlech|ter|buch** n. *(-[e]s,-bücher)* registro *m.* delle famiglie nobili, albo *m.* della nobiltà. **Ge|schlech|ter|fol|ge** f. *(-)* successione *f.* delle generazioni. **Ge|schlech|ter|kun|de** f. *(-)* genealogia *f.* **Ge|schlech|ter|rol|le** f. *(-,-n)* → **Geschlechtsrolle. Ge|schlech|ter|tren|nung** f. *(-,-en)* suddivisione *f.* secondo il sesso.

ge|schlecht|lich agg. sessuale: **-e Aufklärung** educazione sessuale ◆ **mit jdm ~ verkehren** avere rapporti sessuali con qcn. **Ge|schlecht|lich|keit** f. *(-)* sessualità *f.*

ge|schlechts|ab|hän|gig agg. legato al sesso. **Ge|schlechts|akt** m. *(-[e]s,-e)* atto *m.* sessuale, coito *m.* **Ge|schlechts|ap|pa|rat** m. *(-[e]s,-e)* apparato *m.* genitale. **Ge|schlechts|be|stim|mung** f. *(-,-en)* determinazione *f.* del sesso. **Ge|schlechts|chro|mo|som** n. *(-s,-en)* cromosoma *m.* del sesso. **Ge|schlechts|drü|se** f. *(-,-n)* ghiandola *f.* sessuale. **Ge|schlechts|ge|nos|se** m. *(-n,-n)* individuo *m.* dello stesso sesso. **Ge|schlechts|hor|mon** n. *(-s,-e)* ormone *m.* sessuale. **ge|schlechts|krank** agg. affetto da malattia venerea. **Ge|schlechts|krank|heit** f. *(-,-en)* malattia *f.* venerea. **Ge|schlechts|le|ben** n. *(-s)* vita *f.* sessuale. **ge|schlechts|los** agg. asessuato, senza sesso. **Ge|schlechts|merk|mal** n. *(-[e]s,-e)* carattere *m.* sessuale: **primäre, sekundäre -e** caratteri sessuali primari, secondari. **ge|schlechts|neut|ral** agg. asessuale, privo di connotazioni sessuali. **Ge|schlechts|or|gan** n. *(-s,-e)* organo *m.* genitale. **ge|schlechts|reif** agg. sessualmente maturo. **Ge|schlechts|rei|fe** f. *(-)* maturità *f.* sessuale. **Ge|schlechts|rol|le** f. *(-,-n)* SOCIOL. ruolo *m.* dei sessi. **ge|schlechts|spe|zi|fisch** agg. specifico del sesso. **Ge|schlechts|teil** n. e m. *(-[e]s,-e)* organo *m.* genitale. **Ge|schlechts|trieb** m. *(-[e]s)* istinto *m.* sessuale. **Ge|schlechts|um|wan|dlung** f. *(-,-en)* **1** BIOL. mutazione *f.* genetica **2** MED. cambiamento *m.* di sesso. **Ge|schlechts|un|ter|schied** m. *(-[e]s,-e)* differenza *f.* sessuale, di sesso. **Ge|schlechts|ver|ir|rung** f. *(-,-en)* perversione *f.* sessuale. **Ge|schlechts|ver|kehr** m. *(-[e]s)* rapporto *m.* sessuale. **Ge|schlechts|wort** n. *(-[e]s,-wörter)* LING. articolo *m.* **Ge|schlechts|zel|le** f. *(-,-n)* gamete *m.*

Ge|schleck n. *(-[e]s)*, **Ge|schle|cke** n. *(-s)* COLLOQ. **1** *(Schlecken)* piluccare, spilluzzicare **2** *(Naschwerk)* leccornia *f.*

ge|schli|chen → **schleichen.**

ge|schlif|fen p.pass. agg. **1** → **schleifen 2** *(kultiviert)* forbito: **eine -e Ausdrucksweise** un modo di esprimersi forbito **3** FIG. *(scharf)* tagliente. **Ge|schlif|fen|heit** f. *(-,-en)* forbitezza *f.*

Ge|schling n. *(-[e]s,-e)*, **Ge|schlin|ge** n. *(-s,-)* coratella *f.*

ge|schlis|sen → **schleißen.**

ge|schlof|fen → **schliefen.**

ge|schlos|sen I p.pass. agg. **1** → **schließen 2a** unito, compatto: **in -en Reihen** a file compatte, serrate **b** *(einmütig)* unanime, unito **3** LING. **ein -er Vokal** una vocale chiusa **II** avv. **1** stretto, serrato: **~ hinter jdm stehen** stare stretti dietro a qcn. **2a** *(einmütig)* unanimemente, all'unanimità **b** *(alle miteinander)* **~ zu jdm gehen** andare tutti (insieme) da qcn. ◆ **-e Anstalt** sanatorio, casa di cura, manicomio (senza permesso di uscita); **mit -en Beinen** a gambe unite; **-er Bruch** frattura semplice; **ein -es Ganzes** un insieme organico, un tutto unico; **eine -e Ortschaft** un agglomerato di case, un centro abitato. **Ge|schlos|sen|heit** f. *(-)* **1a** *(Einheitlichkeit)* unità *f.*, compattezza *f.* **b** *(Einmütigkeit)* unanimità *f.* **2** *(abgerundete Form)* compiutezza *f.*

Ge|schluch|ze n. *(-s)* COLLOQ. il continuo singhiozzare.

ge|schlun|gen → **schlingen.**

Ge|schmack m. *(-[e]s, Geschmäcke e* SCHERZ. *Geschmäcker)* **1** gusto *m.* (anche FIG.): **feiner ~** gusto squisito; **das ist mein, nach meinem ~** questo è di mio gusto; **jds ~ treffen** incontrare il gusto di qcn.; **an etw. (D) ~ finden, etw. (D) ~ abgewinnen** trovare gusto in qcs.; **auf den ~ kommen** prenderci gusto; **ein Mensch von gutem ~** una persona di buon gusto; **~ haben** avere buon gusto **2** *(Art, wie etw. schmeckt)* sapore *m.*, gusto *m.* ◆ **gut im ~** saporito; **nach dem neuesten ~** all'ultima moda; **die Geschmäcker sind verschieden** tutti i gusti sono gusti. **ge|schmack|bil|dend** → **geschmacksbildend. ge|schma|ckig** agg. AUSTR. COLLOQ. **1** *(gut gewürzt)* gustoso, saporito **2** *(vornehm)* raffinato, di buon gusto. **ge|schmäck|le|risch** agg. estetizzante. **ge|schmack|lich** agg. di (*o* del) gusto. **ge|schmack|los I** agg. **1** *(ohne Geschmack)* insapore; *(fade)* insipido **2** *(unschön)* di cattivo gusto **II** avv. senza gusto, con cattivo gusto. **Ge|schmack|lo|sig|keit** f. *(-,-en)* **1** mancanza *f.* di gusto, cattivo gusto *m.* **2** *(Äußerung, Handlung)* cosa *f.* di cattivo gusto. **ge|schmacks|bil|dend** agg. educativo per il gusto. **Ge|schmacks|emp|fin|dung** f. *(-,-en)* gusto *m.* **Ge|schmacks|knos|pe** f. *(-,-n)* papilla *f.* gustativa. **Ge|schmacks|nerv** m. *(-s,-en)* nervo *m.* gustatorio. **ge|schmacks|neut|ral** agg. di sapore neutro. **Ge|schmacks|pro|be** f. *(-,-n)* degustazione *f.* **Ge|schmacks|rich|tung** f. *(-,-en)* **1** tendenza *f.* del gusto, gusto *m.* dominante **2** ALIM. gusto *m.* **Ge|schmacks|sa|che** f. *(-,-n)* questione *f.* di gusto: **das ist ~** è questione di gusti. **Ge|schmacks|sinn** m. *(-[e]s)* senso *m.* del gusto. **Ge|schmacks|stoff** m. *(-[e]s,-e)* sostanza *f.* aromatica, aroma *m.* **Ge|schmacks|ver|ir|rung** f. *(-,-en)* pervertimento *m.*, corruzione *f.* del gusto. **Ge|schmacks|zu|satz** m. *(-es,-zusätze)* GASTR. aroma *m.* **ge|schmack|voll I** agg. di buon gusto **II** avv. con buon gusto.

ge|schmal|zen, ge|schmalzt p.pass. agg. → **schmalzen** ◆ **-e Nudeln** pasta al burro; **ein -er Preis** un prezzo salato.

Ge|schmat|ze n. *(-s)* COLLOQ. il mangiare rumorosamente, (continuo) schiocco *m.* delle labbra (mangiando).

Ge|schmau|se n. *(-s)* COLLOQ. gozzoviglie *f.pl.*

Ge|schmei|chel n. *(-s)* COLLOQ. adulazione *f.*

ge|schmei|chelt p.pass. agg. **1** lusingato: **sich ~ fühlen** sentirsi lusingato **2** *(schöner als in der Wirklichkeit)* lusinghiero: **das Porträt ist ~** il ritratto è più bello dell'originale.

Ge|schmei|de n. *(-s,-)* LETT. monili *m.pl.*, gioie *f.pl.* **ge|schmei|dig I** agg. **1a** *(biegsam)* flessibile, elastico **b** METALL. plastico, malleabile **2** *(gelenkig)* flessuoso, snodato, agile **3** morbido: **-es Leder** cuoio morbido **4** *(wendig)* versatile, duttile **II** avv. **1** agilmente, con elasticità: **sich ~ bewegen** muoversi agilmente **2** *(wendig)* con versatilità. **Ge|schmei|dig|keit** f. *(-)* **1a** *(Biegsamkeit)* flessibilità *f.* **b** METALL. plasticità *f.*, malleabilità *f.* **2** *(Gelenkigkeit)* flessuosità *f.*, agilità *f.* **3** *(Wendigkeit)* versatilità *f.*, duttilità *f.*

Ge|schmeiß n. *(-es)* **1** SPREG. *(Ungeziefer)* insetti *m.pl.* **2** SPREG. *(widerliche Menschen)* gentaglia *f.*

Ge|schmet|ter n. *(-s)* **1** *(von Musik)* strombettio *m.* **2** *(lautes Singen)* il cantare a squarciagola.

Ge|schmier n. *(-[e]s)*, **Ge|schmie|re** n. *(-s)* COLLOQ. **1** *(Schmierigkeit)* untume *m.*, sudiciume *m.* **2** *(Gekritzel)* scarabocchio *m.*

ge|schmis|sen → **schmeißen.**

ge|schmol|zen → **schmelzen.**

Ge|schmor|te n. *(-n)* stufato *m.*

Ge|schmun|zel n. *(-s)* COLLOQ. sorriso *m.* di soddisfazione (*o* di compiacimento).
Ge|schmus n. *(-es)*, **Ge|schmu|se** n. *(-s)* COLLOQ. coccole *f.pl.*, moine *f.pl.*
Ge|schnä|bel n. *(-s)* COLLOQ. sbaciucchio *m.*, sbaciucchiamento *m.*
Ge|schnar|che n. *(-s)* COLLOQ. continuo russare *m.*
Ge|schnat|ter n. *(-s)* **1** COLLOQ. schiamazzo *m.* **2** *(Schwätzen)* cicaleccio *m.*
Ge|schnet|zel|te n. *(-s)* REGION. INTRAD. (piatto con pezzettini di carne accompagnati da una salsa).
ge|schnie|gelt p.pass. agg. **1** → **schniegeln** **2** azzimato: ***~ und gebügelt*** tutto azzimato, in ghingheri.
ge|schnit|ten p.pass. agg. **1** → **schneiden** **2** ***mandelförmig -e Augen*** occhi a mandorla; ***ein schön -es Gesicht*** un viso dai bei tratti (*o* dai bei lineamenti) **3** ***ein eng, weit, elegant -er Mantel*** un cappotto di taglio stretto, largo, elegante.
ge|schno|ben → **schnauben.**
Ge|schnör|kel n. *(-s)* COLLOQ. ghirigori *m.pl.*, fronzoli *m.pl.*
Ge|schnüf|fel n. *(-s)* COLLOQ. **1** *(Schnüffeln)* il continuo annusare **2** FIG. il continuo curiosare.
ge|scho|ben → **schieben.**
ge|schol|len → **schallen.**
ge|schol|ten → **schelten.**
Ge|schöpf n. *(-[e]s,-e)* **1a** *(von Lebewesen)* creatura *f.* **b** individuo *m.*, tipo *m.*: ***ein undankbares ~*** un (individuo) ingrato **2** *(Schöpfung)* creazione *f.*, prodotto *m.*: ***ein ~ seiner Einbildung*** un prodotto (*o* frutto) della sua immaginazione.
ge|scho|ren → **scheren.**
Ge|schoss, AUSTR. **Ge|schoß** n. *(-es,-e)* **1** proiettile *m.*, ARM. proietto *m.*; *(Kugel)* pallottola *f.* **2** *(Etage)* piano *m.* **Ge|schoss|bahn**, AUSTR. **Ge|schoß|bahn** f. *(-,-en)* traiettoria *f.* del proiettile.
ge|schos|sen → **schießen.**
Ge|schoss|ha|gel, AUSTR. **Ge|schoß|ha|gel** m. *(-s)* grandine *f.* di proiettili.
ge|schraubt p.pass. agg. **1** → **schrauben** **2** COLLOQ. *(gekünstelt)* affettato, manierato. **Ge|schraubt|heit** f. *(-)* affettazione *f.*
Ge|schrei n. *(-s)* **1** grida *f.pl.*, urla *f.pl.*: ***lautes ~ erheben*** levare alte grida **2** *(Lärm)* rumore *m.*, fracasso *m.*: ***viel ~ über etw. machen*** fare molto rumore per qcs. ◆ ***viel ~ und wenig Wolle*** tanto rumore per nulla.
Ge|schrei|be n. *(-s)* COLLOQ. il continuo scrivere. **Ge|schreib|sel** n. *(-s)* COLLOQ. SPREG. scribacchiatura *f.*
ge|schrie|ben → **schreiben.**
ge|schri|en → **schreien.**
ge|schrit|ten → **schreiten.**
ge|schult p.pass. agg. → **schulen** ◆ ***ein -er Intellekt*** un intelletto fine, acuto; ***ein -es Ohr*** un orecchio esercitato; ***musikalisch, humanistisch, politisch ~ sein*** avere una formazione musicale, umanistica, politica; ***eine -e Stimme*** una voce educata.
ge|schun|den → **schinden.**
Ge|schütz n. *(-es,-e)* pezzo *m.* (di artiglieria), bocca *f.* da fuoco ◆ ***schweres, grobes ~ auffahren*** ricorrere a mezzi violenti, usare la maniera forte. **Ge|schütz|be|die|nung** f. *(-)* **1** MIL. servizio *m.* ai pezzi **2** *(Mannschaft)* serventi *m.pl.* ai pezzi. **Ge|schütz|bet|tung** f. *(-,-en)* piattaforma *f.* del cannone. **Ge|schütz|don|ner** m. *(-s,-)* rombo m. dei cannoni. **Ge|schütz|feu|er** n. *(-s,-)* fuoco *m.* d'artiglieria. **Ge|schütz|füh|rer** m. *(-s,-)* MIL. capopezzo *m.* **Ge|schütz|rohr** n. *(-[e]s,-e)* canna *f.* di, del cannone. **Ge|schütz|stand** m. *(-[e]s,-stände)* piazzola *f.* da, del cannone. **Ge|schütz|turm** m. *(-[e]s,-türme)* MIL. torretta *f.*
Ge|schwa|der n. *(-s,-)* squadra *f.*, squadriglia *f.*
Ge|schwa|fel n. *(-s)* COLLOQ. SPREG. chiacchiere *f.pl.*, ciance *f.pl.*
ge|schwän|gert p.pass. agg. **1** → **schwängern** **2** impregnato, pregno: ***die Luft war von*** (o ***mit) einem süßen Duft ~*** l'aria era impregnata da (*o* pregna di) un dolce profumo.
ge|schwänzt agg. caudato, con la coda.
Ge|schwätz n. *(-es)* **1** COLLOQ. chiacchiere *f.pl.*, ciance *f.pl.* **2** *(Klatsch)* maldicenze *f.pl.*, pettegolezzi *m.pl.* **Ge|schwat|ze**, REGION. **Ge|schwät|ze** n. *(-s)* COLLOQ. SPREG. chiacchierio *m.*, cicaleccio *m.* **ge|schwät|zig** agg. chiacchierone. **Ge|schwät|zig|keit** f. *(-,-en)* loquacità *f.*
ge|schweift agg. **1** caudato, con la coda **2** *(bogenförmig)* arcuato, ad arco.
ge|schwei|ge cong. tanto meno, men che meno: ***so etwas sagt man nicht, ~ (denn) zum Spaß*** una cosa del genere non si dice, tanto meno (poi) per scherzo.
ge|schwellt p.pass. agg. → **1.schwellen** ◆ ***mit -er Brust*** tutto impettito.
ge|schwie|gen → **schweigen.**
ge|schwind I agg. REGION. veloce, svelto **II** avv. velocemente, rapidamente, in fretta.
ge|schwin|delt p.pass. agg. → **schwindeln** ◆ ***das ist ~!*** non è vero!
Ge|schwin|dig|keit f. *(-,-en)* **1** velocità *f.*: ***die ~ herabsetzen, beschränken, erhöhen, beibehalten*** ridurre, limitare, aumentare, mantenere la velocità; ***mit großer ~*** ad alta velocità, FAM. a tutta birra; ***mit affenartiger ~*** a velocità pazzesca **2** *(Schnelligkeit)* rapidità *f.*, celerità *f.* **Ge|schwin|dig|keits|be|gren|zung, Ge|schwin|dig|keits|be|schrän|kung** f. *(-,-en)* limitazione *f.* della velocità. **Ge|schwin|dig|keits|gren|ze** f. *(-,-n)* limite *m.* di velocità. **Ge|schwin|dig|keits|kon|trol|le** f. *(-,-n)* controllo *m.* della velocità. **Ge|schwin|dig|keits|mes|ser** m. *(-s,-)* tachimetro *m.* **Ge|schwin|dig|keits|über|schrei|tung** f. *(-,-en)* eccesso *m.* di velocità. **Ge|schwin|dig|keits|zu|nah|me** f. *(-)* aumento *m.* della velocità.
Ge|schwind|schritt m. *(-[e]s,-e)* ANT. passo *m.* forzato.
Ge|schwirr n. *(-s)* frullio *m.*
Ge|schwis|ter n. *(-s,-)* **1** pl. fratelli *m.pl.* e sorelle *f.pl.*, fratelli *m.pl.*: ***Wilhelm und Eleonore sind ~*** Guglielmo e Eleonora sono fratello e sorella, sono fratelli; ***drei ~, zwei Brüder und eine Schwester haben*** avere tre fratelli, due fratelli e una sorella **2** → **Geschwisterteil.** **Ge|schwis|ter|kind** n. *(-[e]s,-er)* ANT. o REGION. *(Nichte, Neffe)* nipote *m.* e *f.*; *(Cousin, Cousine)* cugino *m.* (-a *f.*). **ge|schwis|ter|lich I** agg. fraterno **II** avv. fraternamente: ***~ teilen*** dividere fraternamente. **Ge|schwis|ter|lie|be** f. *(-)* **1** amore *m.* fraterno **2** *(inzestuöse Beziehung)* amore *m.* tra fratelli. **Ge|schwis|ter|paar** n. *(-[e]s,-e)* fratello *m.* e sorella *f.* **Ge|schwis|ter|teil** m. *(-[e]s,-e)* *(Bruder)* fratello *m.*; *(Schwester)* sorella *f.*
ge|schwitzt p.pass. agg. → **schwitzen** ◆ ***nass ~ sein*** essere bagnato di sudore.
ge|schwol|len I p.pass. agg. **1** → **2.schwellen** **2** FIG. SPREG. presuntuoso, borioso; *(Stil, Ausdrucksweise)* ampolloso **II** avv. ***~ reden, schreiben*** parlare, scrivere in modo ampolloso.
ge|schwom|men → **schwimmen.**
ge|schwo|ren p.pass. agg. → **schwören** ◆ ***ein -er Feind von jdm, etw. sein*** essere un nemico giurato di qcn., qcs. **Ge|schwo|re|ne** m. e f. *(-n,-n)* **1** ANT. giurato *m.* (-a *f.*) **2** giudice *m.* popolare. **Ge|schwo|re|nen|ge|richt** n. *(-[e]s,-e)* AUSTR. corte *f.* d'assise. **Ge|schwo|re|nen|lis|te** f. *(-,-n)* lista *f.* dei giudici. **Ge|schwor|ne** → **Geschworene.**
Ge|schwulst f. *(-,-schwülste)* **1** *(Tumor)* tumore *m.*: ***eine gutartige, bösartige ~*** un tumore benigno, maligno **2** MED. *(krankhafte Schwellung)* tumefazione *f.* **ge|schwulst|ar|tig** agg. tumorale. **Ge|schwulst|bil|dung** f. *(-,-en)* formazione *f.* tumorale, cancerosa.
ge|schwun|gen p.pass. agg. **1** → **schwingen** **2** arcuato, ad arco.
Ge|schwür n. *(-s,-e)* ulcera *f.* **Ge|schwür|bil|dung** f. *(-,-en)* ulcerazione *f.* **ge|schwü|rig** agg. ulceroso.
Ges-Dur n. *(-)* sol *m.* bemolle maggiore.
ge|se|gelt p.pass. agg. → **segeln** ◆ ***~ kommen*** arrivare veleggiando; *(geworfen werden)* essere lanciato, volare; ***alles kam aus dem Fenster ~*** tutto volò fuori dalla finestra; *(sich stürzen)* precipitarsi, andare di corsa: ***in ein Zimmer ~ kommen*** precipitarsi in una stanza.
ge|seg|net p.pass. agg. **1** → **segnen** **2a** ***-e Mahlzeit!*** buon appetito! **b** *(herrlich)* ***eine -e Ernte*** un buon raccolto; ***ein -es Stück Land*** un terreno fertile **c** ***im -en Alter von 90 Jahren*** alla veneranda età di 90 anni **d** LETT. ANT. ***-en Leibes sein*** essere incinta ◆ ***einen -en Appetit haben*** avere un ottimo appetito; ***mit etw. (nicht) ~ sein*** (non) possedere, (non) avere qcs.: ***die Ehe war mit Kindern ~*** il matrimonio ebbe la benedizione dei figli; ***einen -en Schlaf haben*** avere il sonno pesante.
ge|seh|en p.pass. agg. → **sehen** ◆ ***auf die Dauer ~*** a lungo andare; BUROCR. ***~ und genehmigt*** visto e approvato; ***gern ~*** benvisto; ***menschlich ~*** dal punto di vista umano; ***von seinem Standpunkt aus ~*** dal suo punto di vista.
Ge|seich n. *(-s)* COLLOQ. SPREG. chiacchiere *f.pl.* (senza senso).
Ge|sei|er, Ge|sei|re n. *(-s)* COLLOQ. SPREG. ciance *f.pl.* inutili; *(Gejammer)* lamentele *f.pl.*, piagnucolio *m.*
Ge|selch|te n. *(-n)* AUSTR. e REGION. carne *f.* affumicata.
Ge|sell m. *(-en,-en)* ANT. LETT. → **Geselle** ◆ ***ein fahrender ~*** un artigiano, uno studente vagante. **Ge|sel|le** m. *(n,-n)* **1** operaio *m.* specializzato **2** *(Bursche, Kerl)* ragazzo *m.*, tipo *m.*: ***ein wüster ~*** uno scapestrato; ***ein schlauer ~*** un volpone; ***ein lustiger ~*** un buontempone, un compagnone **3** RAR. *(Gefährte)* compagno *m.*
ge|sel|len rifl. **1** ***sich zu jdm, etw. ~*** unirsi, accompagnarsi a qcn., qcs. **2** *(dazukommen)* aggiungersi: ***zu seinem Autounfall gesell-***

ten sich noch berufliche Probleme all'incidente d'auto (gli) si aggiunsero ancora i problemi professionali.

Ge|sel|len|brief m. *(-[e]s,-e)* attestato *m.* di fine apprendistato. **Ge|sel|len|prü|fung** f. *(-,-en)* INTRAD. (esame *m.* di fine apprendistato, d'abilitazione). **Ge|sel|len|stück** n. *(-[e]s,-e)* saggio *m.* di prova (per il diploma di operaio specializzato).

ge|sel|lig agg. **1a** socievole: ***er ist nicht sehr ~*** non è molto socievole **b** *(von Tieren)* gregale **2** amichevole, in compagnia: ***ein -er Abend*** una serata in compagnia. **Ge|sel|lig|keit** f. *(-,-en)* **1** socievolezza *f.*; *(Gesellschaftsleben)* vita *f.* di società: ***die ~ pflegen*** curare la vita di società **2** *(geselliges Beisammensein)* trattenimento *m.* **Ge|sel|lin** f. *(-,-nen)* **1** operaia *f.* specializzata *f.* **2** *(Gefährtin)* compagna *f.*

Ge|sell|schaft f. *(-,-en)* **1** società *f.*: ***bürgerliche, klassenlose ~*** società borghese, società senza classi **2a** compagnia *f.*: ***eine fröhliche, langweilige ~*** un'allegra compagnia, una compagnia noiosa; ***sich in schlechter ~ befinden*** frequentare cattive compagnie; ***in jds ~ sein*** essere in compagnia di qcn. **b** *(gesellige Veranstaltung)* trattenimento *m.*, ricevimento *m.*: ***eine ~ geben*** dare un ricevimento **3** *(gesellschaftliche Oberschicht)* (alta) società *f.*: ***jdn in die ~ einführen*** introdurre qcn. in società; ***zur ~ gehören*** appartenere all'alta società; ***die feine, gute, vornehme ~*** la buona società, il bel mondo **4** circolo *m.*: ***eine literarische ~ gründen*** fondare un circolo letterario **5** ECON. *(Vereinigung)* società *f.*: ***gemeinnützige, eingetragene ~*** società di utilità pubblica, società registrata ◆ FIG. ***sich in guter ~ befinden*** essere in buona compagnia; ***~ mit beschränkter Haftung*** società a responsabilità limitata; ***bürgerlich-rechtliche ~*** società di diritto civile; ***eine ~ errichten*** costituire una società; ***geschlossene ~*** circolo chiuso, SOCIOL. società chiusa; ***~ Jesu*** compagnia di Gesù; ***jdm ~ leisten*** fare compagnia a qcn.; SOCIOL. ***offene ~*** società aperta; DIR. ***rechtsfähige ~*** società avente personalità giuridica; ***zur ~ etw. mittrinken*** bere qcs. insieme, per la compagnia. **Ge|sell|schaf|ter** m. *(-s,-)* **1** compagno *m.*, membro *m.* di una compagnia **2** ECON. socio *m.*: ***stiller ~*** associato; ***haftender ~*** socio responsabile; ***beschränkt haftender ~*** (socio) accomandatario; ***persönlich haftender ~*** (socio) accomandante. **Ge|sell|schaf|te|rin** f. *(-,-nen)* **1** compagna *f.*; *(Gesellschaftsdame)* dama *f.* di compagnia **2** ECON. socia *f.*

ge|sell|schaft|lich I agg. **1** sociale: ***-e Bedingungen*** condizioni sociali; ***die -e Stellung*** la posizione sociale **2** di (alta) società, mondano: ***-e Formen besitzen*** avere buone maniere *f.pl.*, buona creanza *f.* **II** avv. **1** socialmente **2** *(in der guten Gesellschaft)* in (alta) società.

Ge|sell|schafts|an|teil m. *(-[e]s,-e)* quota *f.* sociale. **Ge|sell|schafts|an|zug** m. *(-[e]s,-anzüge)* abito *m.* da sera. **Ge|sell|schafts|da|me** f. *(-,-n)* dama *f.* di compagnia. **ge|sell|schafts|fä|hig** agg. presentabile, accettabile (in società). **Ge|sell|schafts|form** f. *(-,-en)* forma *f.* sociale. **Ge|sell|schafts|in|seln** n.pr.pl., ***die ~*** le Isole della Società. **Ge|sell|schafts|klas|se** f. *(-,-n)* classe *f.* sociale. **Ge|sell|schafts|klatsch** m. *(-[e]s)* pettegolezzi *m.pl.* mondani. **Ge|sell|schafts|klei|dung** f. *(-)* abbigliamento *m.* da sera. **Ge|sell|schafts|kri|tik** f. *(-)* critica *f.* sociale. **Ge|sell|schafts|leh|re** f. *(-)* sociologia *f.* **Ge|sell|schafts|ord|nung** f. *(-,-en)* ordine *m.* sociale, struttura *f.* sociale. **Ge|sell|schafts|po|li|tik** f. *(-)* politica *f.* sociale. **ge|sell|schafts|po|li|tisch** agg. di politica sociale. **Ge|sell|schafts|raum** m. *(-[e]s,-räume)* sala *f.* di ricevimento, salotto *m.* **Ge|sell|schafts|rei|se** f. *(-,-n)* viaggio *m.* in comitiva. **Ge|sell|schafts|ro|man** m. *(-s,-e)* romanzo *m.* sociale. **Ge|sell|schafts|schicht** f. *(-,-en)* strato *m.* sociale. **Ge|sell|schafts|spiel** n. *(-s,-e)* gioco *m.* di società. **Ge|sell|schafts|steu|er** f. *(-,-n)* ECON. imposta *f.* sulle società. **Ge|sell|schafts|struk|tur** f. *(-,-en)* struttura *f.* sociale. **Ge|sell|schafts|sys|tem** n. *(-s,-e)* sistema *m.* sociale. **ge|sell|schafts|ver|än|dernd** agg. che trasforma, cambia la società. **Ge|sell|schafts|ver|mö|gen** n. *(-s,-)* capitale *m.* sociale. **Ge|sell|schafts|ver|trag** m. *(-[e]s,-verträge)* **1** statuto *m.* sociale, contratto *m.* di società **2** SOCIOL. POL. contratto *m.* sociale. **Ge|sell|schafts|wis|sen|schaft** f. *(-,-en)* **1** sociologia *f.* **2** pl. scienze *f.pl.* sociali.

Ge|senk n. *(-[e]s,-e)* **1** stampo *m.* **2** MIN. pozzo *m.* d'affondamento, pozzetto *m.* **Ge|sen|ke** n. *(-s,-)* avvallamento *m.*

ge|senkt p.pass. agg. **1** → **senken 2** ***mit -em Haupt*** a capo chino.

ge|ses|sen → **sitzen.**

Ge|setz n. *(-es,-e)* legge *f.*: ***das ~ über die Ehescheidung*** la legge sul divorzio; ***die geltenden -e*** le leggi in vigore; ***das ~ vom freien Fall*** la legge di caduta libera; ***ein ungeschriebenes ~*** una legge non scritta (anche FIG.); ***ein ~ erlassen*** emanare (*o* promulgare) una legge; ***ein ~ abschaffen, aufheben*** abrogare una legge; ***ein ~ annehmen (verabschieden), anwenden, beraten*** approvare, applicare, discutere una legge; ***ein ~ brechen, übertreten, umgehen*** infrangere, trasgredire, eludere una legge; ***gegen ein ~ verstoßen*** contravvenire a una legge; ***ein ~ tritt in, außer Kraft*** una legge entra in vigore, decade ◆ ***das ~ von Angebot und Nachfrage*** la legge della domanda e dell'offerta; ***sich auf ein ~ berufen*** richiamarsi ad una legge; ***-e beschließen*** legiferare; ***auf dem Boden der -e stehen*** essere nella legalità; ***das ~ des Dschungels*** la legge della giungla; ***das ~ des Handelns*** la logica dell'azione; ***mit dem ~ in Konflikt geraten, kommen*** entrare in conflitto con la legge; ***laut ~*** a norma di legge; ***eine Lücke im ~ finden*** trovare una scappatoia legale; ***im Namen des -es*** in nome della legge; ***nach dem ~ der Serie*** secondo il calcolo delle probabilità; ***zum ~ werden*** passare in legge. **Ge|setz|an|trag** m. *(-[e]s,-anträge)* proposta *f.* di legge. **Ge|setz|aus|le|gung** f. *(-,-en)* interpretazione *f.* della legge. **Ge|setz|blatt** n. *(-[e]s,-blätter)* INTRAD. (pubblicazione corrispondente alla gazzetta ufficiale). **Ge|setz|buch** n. *(-[e]s,-bücher)* codice *m.*: ***Bürgerliches ~*** codice civile. **Ge|setz|ent|wurf** m. *(-[e]s,-entwürfe)* disegno *m.* di legge. **Ge|set|zes|bre|cher** m. *(-s,-)* chi viola la legge. **Ge|set|zes|hü|ter** m. *(-s,-)* IRON. *(Polizist)* tutore *m.* dell'ordine. **Ge|set|zes|kraft** f. *(-)* forza *f.* di legge, vigore *m.*: ***~ haben*** essere in vigore. **ge|set|zes|kun|dig** agg. pratico della legge. **Ge|set|zes|lü|cke** f. *(-,-n)* vuoto *m.* legislativo. **Ge|set|zes|no|vel|le** f. *(-,-n)* emendamento *m.* **Ge|set|zes|samm|lung** f. *(-,-en)* raccolta *f.* di leggi. **Ge|set|zes|spra|che** f. *(-)* linguaggio *m.* giuridico. **Ge|set|zes|ta|feln** pl. BIBL. tavole *f.pl.* della legge. **Ge|set|zes|text** m. *(-[e]s,-e)* testo *m.* di legge. **Ge|set|zes|vor|la|ge** f. *(-,-n)* progetto *m.* di legge.

ge|setz|ge|bend agg. legislativo: ***-e Gewalt, Versammlung*** potere legislativo, assemblea legislativa. **Ge|setz|ge|ber** m. *(-s,-)* legislatore *m.* **ge|setz|ge|be|risch** agg. → **gesetzgebend. Ge|setz|ge|bung** f. *(-,-en)* legislazione *f.*

ge|setz|lich I agg. di legge, legale: ***-e Bestimmungen*** disposizioni di legge; ***auf -em Wege*** per via legale; *(gesetzmäßig)* legittimo: ***-er Nachfolger*** successore legittimo; ***~ Reserven*** riserve statutarie **II** avv. legalmente, per legge ◆ ***~ geschützt*** brevettato. **Ge|setz|lich|keit** f. *(-)* legalità *f.* **ge|setz|los** agg. senza legge, fuori legge. **Ge|setz|lo|sig|keit** f. *(-,-en)* mancanza *f.* di leggi; *(Missachtung von Gesetzen)* anarchia *f.* **ge|setz|mä|ßig I** agg. **1** *(regelmäßig)* regolare, normale **2** legittimo, legale: ***der -e Besitzer*** il legittimo proprietario **II** avv. regolarmente, legalmente. **Ge|setz|mä|ßig|keit** f. *(-)* regolarità *f.*, normalità *f.*, legalità *f.* **Ge|setz|samm|lung** → **Gesetzessammlung.**

ge|setzt p.pass. agg. **1** → **setzen 2a** FIG. posato: ***ein -er Typ*** un tipo posato **b** ***-es Alter*** età matura ◆ ***ein -er Spieler*** testa di serie. **ge|setz|ten|falls** avv. ammesso che, se si dà il caso che. **Ge|setzt|heit** f. *(-)* posatezza *f.*

Ge|setz|über|tre|tung f. *(-,-en)* trasgressione *f.* (*o* contravvenzione) della legge.

ge|setz|wid|rig agg. illegale, illegittimo. **Ge|setz|wid|rig|keit** f. *(-,-en)* illegalità *f.*

Ge|seuf|ze n. *(-s)* sospiri *m.pl.* (continui).

1.Ge|sicht n. *(-[e]s,-er)* **1a** faccia *f.*, viso *m.*: ***jdm ins ~ sehen*** guardare qcn. in faccia; FIG. *(Person)* ***ein neues ~*** una faccia nuova **b** *(Miene)* ***ein beleidigtes, saures, böses ~ machen*** fare una faccia offesa, scura (*o* corrucciata), cattiva; ***jdm etw. vom ~ ablesen*** leggere qcs. in viso a qcn.; COLLOQ. ***mach kein so dummes ~!*** non fare quella faccia da stupido! **2** FIG. *(Aussehen)* volto *m.*, aspetto *m.*: ***das ~ der Stadt, einer Epoche*** il volto della città, di un'epoca; *(Form)* faccia *f.*, forma *f.*: ***die Arbeitslosigkeit hat viele -er*** la disoccupazione ha molte facce **3** ANT. *(Sehvermögen)* vista *f.* ◆ ***ein anderes ~ aufsetzen*** cambiare faccia, espressione; ***ein anderes ~ bekommen*** cambiare aspetto, apparire sotto un'altra luce; COLLOQ. ***das Essen fällt jdm aus dem ~*** qcn. sta vomitando; ***jdm wie aus dem ~ geschnitten sein*** essere tale e quale a qcn.; ***das steht ihm im ~ geschrieben*** gli sta scritto in faccia (*o* in fronte); ***ein ~ haben*** avere un volto, un aspetto definito; MED. ***ein hippokratisches ~*** una faccia da moribondo; ***jdm ins ~ lachen, lügen*** ridere, mentire in faccia a qcn.; ***jdm etw. ins ~ sagen, schleudern*** dire, buttare qcs. in faccia a qcn.; ***jdm nicht ins ~ sehen, blicken können*** non riuscire a guardare in faccia qcn.; COLLOQ. ***er ist ihm ins ~ gesprungen*** gli è volato agli occhi; ***den Tatsachen ins ~ sehen*** guardare le cose in faccia; ***ein langes ~ machen*** fare il muso lungo; ***ein ~ machen wie drei, sieben, acht, vierzehn Tage Regenwetter*** = fare una faccia da funerale; ***das ~ retten*** → ***das ~ wahren***; ***ein ~ schneiden*** fare delle smorfie; ***über das ganze ~ strahlen*** sprizzare gioia da tutti i pori; ***jdn, etw. aus dem ~ verlieren*** perdere di vista qcn., qcs.; ***das ~ (vor Schmerz) verzerren***

storcere il viso (per il dolore); *das ~ verlieren, wahren* perdere, salvare la faccia; *sein wahres ~ zeigen* mostrare il proprio vero volto; *ein ~ ziehen* fare una faccia scocciata; *das zweite ~* la seconda vista, preveggenza; *zu ~ bekommen* vedere; *jdm zu ~ kommen* capitare sotto gli occhi a qcn.; *jdm zu ~ stehen* star bene, donare a qcn.

2.Ge|sicht n. *(-[e]s,-e)* visione *f.*: *-e haben* avere delle visioni.

Ge|sichts|aus|druck m. *(-[e]s,-ausdrücke)* espressione *f.* del viso. **Ge|sichts|cre|me** f. *(-,-n)* crema *f.* per il viso. **Ge|sichts|er|ker** m. *(-s,-)* COLLOQ. SCHERZ. naso *m.* **Ge|sichts|far|be** f. *(-,-n)* colorito *m.* (del viso). **Ge|sichts|feld** n. *(-[e]s,-er)* campo *m.* visivo. **Ge|sichts|kreis** m. *(-es,-e)* **1** FIG. vista *f.*: *aus dem ~ verschwinden* scomparire dalla vista; *jdn aus dem ~ verlieren* perdere di vista qcn.; *in jds ~ treten* comparire alla vista di qcn. **2** FIG. orizzonte *m.*: *seinen ~ erweitern, verengen* allargare, restringere il proprio orizzonte. **Ge|sichts|läh|mung** f. *(-,-en)* paralisi *f.* facciale. **ge|sichts|los** agg. FIG. amorfo. **Ge|sichts|mas|ke** f. *(-,-n)* maschera *f.* **Ge|sichts|milch** f. *(-)* latte *m.* per il viso. **Ge|sichts|mus|kel** m. *(-s,-n)* muscolo *m.* facciale. **Ge|sichts|nerv** m. *(-s,-en)* nervo *m.* facciale. **Ge|sichts|pa|ckung** f. *(-,-en)* maschera *f.* di bellezza. **Ge|sichts|par|tie** f. *(-,-n)* parte *f.* del viso. **Ge|sichts|plas|tik** f. *(-,-en)* plastica *f.* facciale. **Ge|sichts|punkt** m. *(-[e]s,-e)* punto *m.* di vista: *etw. unter einem neuen ~, von einem neuen ~ aus betrachten* vedere qcs. sotto, da un nuovo punto di vista. **Ge|sichts|schnitt** m. *(-[e]s,-e)* taglio *m.* del viso. **Ge|sichts|sinn** m. *(-[e]s)* senso *m.* della vista, vista *f.* **Ge|sichts|täu|schung** f. *(-,-en)* illusione *f.* ottica. **Ge|sichts|ver|lust** m. *(-[e]s)* il perdere la faccia: *ohne ~* senza perdere la faccia. **Ge|sichts|was|ser** n. *(-s,-wässer)* lozione *m.* tonica per il viso, tonico *m.* **Ge|sichts|win|kel** m. *(-s,-)* **1** angolo *m.* visivo **2** *(Gesichtspunkt)* angolo *m.* visuale, visuale *f.*, punto *m.* di vista. **Ge|sichts|zug** m. *(-[e]s,-züge)* lineamento *m.*, tratto *m.* del viso.

Ge|sims n. *(-es,-e)* cornicione *m.*, cornice *f.*

Ge|sin|de n. *(-s,-)* ANT. servitù *f.* **Ge|sin|del** n. *(-s)* SPREG. gentaglia *f.*, canaglia *f.* **Ge|sin|de|ord|nung** f. *(-,-en)* regolamento *m.* per la servitù. **Ge|sin|de|stu|be** f. *(-,-n)* stanza *f.* per la servitù.

Ge|sin|ge n. *(-s)* COLLOQ. SPREG. il (continuo) cantare.

ge|sinnt agg. disposto, intenzionato: *jdm, gegen jdn freundlich, übel ~ sein* essere bendisposto (*o* benintenzionato), maldisposto (*o* malintenzionato) verso qcn.; *er ist anders ~ als ich* la pensa diversamente da me, è di un altro parere; *demokratisch, christlich ~ sein* essere di idee democratiche, di sentimenti cristiani. **Ge|sin|nung** f. *(-,-en)* modo *m.* di pensare, princìpi *m.pl.*, idee *f.pl.*; modo *m.* di sentire, sentimenti *m.pl.*: *freundschaftliche ~* sentimenti d'amicizia; *politische ~* convinzioni politiche; *knechtische, niedere ~* animo servile, ignobile (*o* viltà *f.*). **Ge|sin|nungs|ge|nos|se** m. *(-n,-n)* compagno *m.* (di fede politica). **ge|sin|nungs|los** agg. senza princìpi (morali). **Ge|sin|nungs|lo|sig|keit** f. *(-)* mancanza *f.* di princìpi (morali). **Ge|sin|nungs|lump** m. *(-en,-en)* COLLOQ. SPREG. banderuola *f.*, voltagabbana *m.* **Ge|sin|nungs|schnüf|fe|lei** f. *(-,-en)* SPREG. atteggiamento *m.* inquisitorio. **Ge|sin|nungs|tä|ter** m. *(-s,-)* delinquente *m.* per motivi ideologici. **ge|sin|nungs|treu** agg. fedele ai propri princìpi. **Ge|sin|nungs|treue** f. *(-)* fedeltà *f.* ai propri princìpi. **Ge|sin|nungs|wan|del** m. *(-s)*, **Ge|sin|nungs|wech|sel** m. *(-s,-)* cambiamento *m.* d'idee, voltafaccia *m.* (politico).

ge|sit|tet **I** agg. civile, beneducato **II** avv. civilmente. **Ge|sit|tung** f. *(-)* LETT. civiltà *f.*, buona creanza *f.*

ge|smokt agg. a nido d'ape: *-es Oberteil* bustino a nido d'ape.

ges-Moll n. *(-)* sol *m.* bemolle minore.

Ge|socks n. *(-es)* COLLOQ. SPREG. → **Gesindel.**

Ge|söff n. *(-[e]s,-e)* COLLOQ. intruglio *m.*

ge|sof|fen → **saufen.**

ge|so|gen → **saugen.**

ge|son|dert **I** p.pass. agg. **1** → **1.sondern** **2** separato, a parte: *-e Rechnungen* conti separati **II** avv. separatamente, a parte.

ge|son|nen p.pass. agg. → **sinnen** ◆ *~ sein, etw. zu tun* avere intenzione di fare qcs.

ge|sot|ten p.pass. agg. **1** → **sieden** **2** *-e Eier* uova sode. **Ge|sot|te|ne** n. *(-n)* bollito *m.*, lesso *m.*

ge|spal|ten p.pass. agg. **1** → **spalten** **2** *-e Oberlippe* labbro leporino **3** PSIC. *-es Bewusstsein* coscienza dissociata.

Ge|span m. *(-[e]s e -en,-e[n])* ANT. compagno *m.*

Ge|spän|ge n. *(-s)* fibbie *f.pl.*

Ge|spann n. *(-[e]s,-e)* **1** tiro *m.*: *ein ~ Pferde* un tiro di cavalli; *ein ~ mit vier Pferden* un tiro a quattro **2** *(Paar)* coppia *f.*: *ein merkwürdiges ~* una strana coppia.

ge|spannt **I** p.pass. agg. **1** → **spannen** **2** FIG. teso: *-e Beziehungen* rapporti tesi **3** *(neugierig, erwartungsvoll)* curioso, ansioso: *in -er Erwartung* in ansiosa attesa; *auf jdn, etw. ~ sein* essere curioso di qcn., qcs., aspettare con ansia qcn., qcs.; *ich bin ~, was er tun wird* sono curioso di vedere quello che farà **II** avv. **1** con tensione **2** *(neugierig)* con curiosità, ansiosamente ◆ SCHERZ. *~ sein wie ein Regenschirm* essere molto curioso (in vista di qcs.); *mit jdm auf -em Fuß sein, stehen* essere in rapporti tesi con qcn. **Ge|spannt|heit** f. *(-)* **1** tensione *f.* **2** *(Neugierigkeit)* curiosità *f.*, ansietà *f.*

Ge|spenst n. *(-[e]s,-er)* **1** fantasma *m.*, spettro *m.*: *in diesem Haus geht ein ~ um* in questa casa si aggira un fantasma; *wie ein ~ aussehen* parere uno spettro **2** FIG. spettro *m.*, minaccia *f.*: *das ~ des Krieges* lo spettro della guerra ◆ FIG. *-er sehen* = avere timori infondati; *du siehst ja -er!* hai preso un abbaglio! **Ge|spens|ter|furcht** f. *(-)* paura *f.* dei fantasmi. **Ge|spens|ter|ge|schich|te** f. *(-,-n)* storia *f.* di fantasmi. **Ge|spens|ter|glau|be(n)** m. *(-[n]s,-[n])* credenza *f.* nei fantasmi. **ge|spens|ter|haft** agg. spettrale. **ge|spens|tern** intr. (aus. *haben*) aggirarsi come un fantasma. **Ge|spens|ter|stun|de** f. *(-)* ora *f.* dei fantasmi. **ge|spens|tig, ge|spens|tisch** **I** agg. spettrale, tetro, pauroso **II** avv. come uno spettro, paurosamente.

Ge|sper|re n. *(-s,-)* **1a** TECN. arresto *m.*, dispositivo *m.* d'arresto **b** *(Sperrrad und Sperrklinke)* arpionismo *m.* **2** VENAT. nidiata *f.*

ge|spickt p.pass. agg. **1** → **spicken** **2** FIG. imbottito, zeppo: *eine mit Fehlern -e Arbeit* un lavoro zeppo di errori; *eine -e Brieftasche* un portafoglio gonfio.

ge|spie|en → **speien.**

1.Ge|spie|le n. *(-s)* COLLOQ. SPREG. **1** il (continuo) giocare **2** *(von Musik)* il (continuo) suonare.

2.Ge|spie|le m. *(-n,-n)* compagno *m.* di giochi. **Ge|spie|lin** f. *(-,-nen)* compagna *f.* di giochi.

ge|spielt p.pass. agg. **1** → **spielen** **2a** *(vorgetäuscht)* simulato, finto: *-es Interesse* interesse simulato **b** *mit -er Gleichgültigkeit* con studiata indifferenza.

ge|spien → **speien.**

Ge|spinst n. *(-[e]s,-e)* filato *m.*, tela *f.*

ge|spon|nen → **spinnen.**

1.Ge|spons m. *(-es,-e)* ANT. o SCHERZ. sposo *m.*

2.Ge|spons n. *(-es,-e)* ANT. o SCHERZ. sposa *f.*

Ge|spött n. *(-[e]s)* scherno *m.*: *sein ~ mit jdm treiben* farsi beffe di qcn.; *jdn zum ~ machen* mettere qcn. in ridicolo; *zum ~ werden* diventare lo zimbello. **Ge|spöt|tel** n. *(-s)* beffe *f.pl.*

Ge|spräch n. *(-[e]s,-e)* **1** discorso *m.*, dialogo *m.*, colloquio *m.*, conversazione *f.*: *ein ~ mit jdm über etw. führen* discorrere (*o* parlare) con qcn. di qcs., avere un colloquio con qcn. su qcs.; *mit jdm ein ~ anknüpfen* intavolare un discorso con qcn.; *sich an einem ~ beteiligen* prendere parte a una conversazione; *das ~ auf etw. (A) bringen* far cadere il discorso su qcs.; *mit jdm ins ~ kommen* attaccare discorso con qcn.; *in ein ~ verwickelt sein* essere coinvolto in una conversazione **2** *(Telefongespräch)* telefonata *f.*, chiamata *f.*: *ein dienstliches, dringendes ~* una telefonata di servizio, urgente; *ein ~ abnehmen, anmelden* prendere, prenotare una chiamata; *legen Sie das ~ auf mein Zimmer!* mi passi la chiamata in camera! ◆ POL. *die -e aufnehmen* iniziare i colloqui; *mit jdm im ~ bleiben* rimanere in contatto con qcn.; *sich in ein ~ einmischen* intromettersi in una conversazione; *ein ~ mit Köln führen* essere in comunicazione con Colonia (al telefono); *im ~* parlando; *für etw. im ~ sein* essere in discussione per qcs.; *das ~ des Tages sein* essere l'argomento del giorno; *ein ~ nach Berlin vermitteln* mettere in comunicazione con Berlino.

ge|sprä|chig agg. loquace, ciarliero. **Ge|sprä|chig|keit** f. *(-)* loquacità *f.*

ge|sprächs|be|reit agg. pronto al dialogo. **Ge|sprächs|ein|heit** f. *(-,-en)* scatto *m.* (telefonico). **Ge|sprächs|form** f. *(-,-en)* forma *f.* di dialogo (*o* dialogica). **Ge|sprächs|ge|gen|stand** m. *(-[e]s,-gegenstände)* oggetto *m.*, tema *m.* di conversazione. **Ge|sprächs|lei|ter** m. *(-s,-)* moderatore *m.* **Ge|sprächs|par|ti|kel** f. *(-,-n)* interiezione *f.* con funzione fatica. **Ge|sprächs|part|ner** m. *(-s,-)* interlocutore *m.* **Ge|sprächs|run|de** f. *(-,-n)* gruppo *m.* di discussione. **Ge|sprächs|stoff** m. *(-[e]s,-e)* materia *f.* (*o* argomento *m.*) di conversazione: *~ liefern, abgeben* fornire argomento di conversazione. **Ge|sprächs|teil|neh|mer** m. *(-s,-)* partecipante *m.* a una conversazione. **Ge|sprächs|the|ra|pie** f. *(-,-n)* PSIC. colloqui *m.pl.* psicoterapici. **ge|sprächs|wei|se** avv. discorrendo, parlando.

ge|spreizt **I** p.pass. agg. **1** → **spreizen** **2** *(gestelzt)* affettato, artificioso **II** avv. in modo affettato, artificiosamente. **Ge|spreizt|heit** f. *(-,-en)* affettazione *f.*, artificiosità *f.*

Ge|spren|ge n. *(-s,-)* fastigio *m.* a guglie (sulla parte centrale di un altare gotico).

ge|sprengt p.pass. agg. → **sprengen** ◆ **~ *kommen*** arrivare al galoppo.

ge|spren|kelt p.pass. agg. **1** → **sprenkeln** **2** macchiettato, picchiettato.

Ge|sprit|ze n. *(-s)* COLLOQ. spruzzamento *m.*

Ge|spritz|te m. *(-n,-n)* REGION. vino *m.* con soda.

ge|spro|chen → **sprechen.**

ge|spros|sen → **sprießen.**

Ge|spru|del n. *(-s)* zampillio *m.*

ge|sprun|gen → **springen.**

Ge|spür n. *(-s)* senso *m.*, fiuto *m.*: ***ein sicheres ~ für etw. haben*** avere un sicuro fiuto per qcs.; ***ohne ~ für etw. sein*** non avere il senso di qcs.

gest. ⇒ *gestorben* defunto.

Ge|sta|de n. *(-s,-)* LETT. riva *f.*

Ge|stalt f. *(-,-en)* **1** forma *f.*: ***~ annehmen, gewinnen*** prendere forma; ***etw. (D) ~ geben, verleihen*** dare forma a qcs. **2** *(äußere Erscheinung)* aspetto *m.*, sembianza *f.*: ***der Teufel in ~ einer Schlange*** il diavolo con l'aspetto (*o* sotto le spoglie) di un serpente **3a** *(Körperbau)* corporatura *f.*: ***schlank, schön von ~*** di corporatura slanciata, ben fatto **b** *(Statur)* figura *f.*, statura *f.*: ***eine hohe ~*** una figura alta; ***von mittlerer ~*** di media statura **4** figura *f.*, personaggio *m.*: ***eine legendäre ~*** una figura leggendaria; ***die zentrale ~ des Romans*** la figura centrale del romanzo ◆ ***sich in seiner wahren ~ zeigen*** mostrare la propria vera natura. **ge|stalt|bar** agg. **1** plasmabile: ***ein -er Stoff*** un materiale plasmabile **2** arredabile: ***ein -er Raum*** uno spazio arredabile. **ge|stal|ten I** tr. **1a** dare forma, formare, plasmare: ***einen Stoff literarisch ~*** dar forma letteraria ad una materia **b** creare, realizzare: ***wer hat dieses Schaufenster gestaltet?*** chi ha realizzato questa vetrina? **2** *(machen)* rendere: ***die Geschichte aufregender ~*** rendere più emozionante la storia **3** *(wandeln)* trasformare: ***etw. zu etw. ~*** trasformare qcs. in qcs. **4** *(einrichten)* arredare **5** organizzare: ***das Spiel, eine Feier ~*** organizzare il gioco, una festa **II** rifl. **sich ~ 1** configurarsi, prendere forma: ***wie wird sich die Zukunft ~?*** come si configurerà (*o* come sarà) il futuro? ***die Sache hat sich anders gestaltet, als wir dachten*** la faccenda ha preso una piega diversa da come pensavamo **2** rivelarsi: ***sich zu einem Erfolg ~*** rivelarsi, diventare un successo. **ge|stal|ten|reich** agg. ricco di personaggi. **Ge|stal|ter** m. *(-s,-)* creatore *m.*, ideatore *m.* **ge|stal|te|risch** agg. creativo, artistico: ***-e Anlagen*** capacità creative. **ge|stal|tet** p.pass. agg. **1** → **gestalten** **2** formato, fatto: ***wohl ~*** ben fatto. **ge|stalt|haft** agg. simile a (*o* come di) una figura umana: ***eine -e Erscheinung*** un'apparizione come di una figura umana. **Ge|stalt|leh|re** f. *(-)* GRAMM. morfologia *f.* **ge|stalt|lich** agg. formale. **ge|stalt|los** agg. informe, amorfo. **Ge|stalt|lo|sig|keit** f. *(-)* mancanza *f.* di forma, carattere *m.* amorfo. **Ge|stalt|psy|cho|lo|gie** f. *(-)* psicologia *f.* della forma (*o* della Gestalt).

Ge|stal|tung f. *(-,-en)* **1a** *(Form)* formazione *f.*, forma *f.*, configurazione *f.* **b** *(Aufbau)* strutturazione *f.*, organizzazione *f.* **c** *(von Reden und literarischen Werken)* struttura *f.* **2** *(Schöpfung)* creazione *f.*, costruzione *f.* ◆ ***die ~ der Dinge*** lo stato delle cose, la situazione. **Ge|stal|tungs|kraft** f. *(-,-kräfte)* forza *f.* creativa. **Ge|stal|tungs|prin|zip** n. *(-s,-ien)* principio *m.* formativo.

Ge|stam|mel n. *(-s)* balbettio *m.*

Ge|stampf n. *(-[e]s)*, **Ge|stamp|fe** n. *(-s)* calpestio *m.*

ge|stand → **gestehen.**

Ge|stän|de n. *(-s,-)* VENAT. **1** nido *m.* **2** *(Ständer)* zampe *f.pl.* (di uccelli).

1.ge|stan|den p.pass. agg. → **gestehen** ◆ ***offen ~*** sinceramente, a dire il vero.

2.ge|stan|den p.pass. agg. **1** → **stehen** **2** *(erfahren)* esperto **3** *(reif)* maturo: ***ein -er Mann*** un uomo maturo.

ge|stän|dig agg. (reo) confesso: ***~ sein*** avere confessato, essere reo confesso. **Ge|ständ|nis** n. *(-ses,-se)* confessione *f.*: ***ein ~ erzwingen, ablegen, widerrufen*** estorcere, rendere, ritrattare una confessione; ***jdn zu einem ~ bewegen*** indurre qcn. a (fare) una confessione.

Ge|stän|ge n. *(-s,-)* TECN. aste *f.pl.*, tiranteria *f.*

Ge|stank m. *(-[e]s)* puzzo *m.* **Ge|stän|ker** n. *(-s)* = (il) continuo piantare grane.

Ge|sta|po f. *(-)* STOR. (accorc. *Geheime Staatspolizei*) Gestapo *f.*

ge|stat|ten I tr. **1** *(erlauben)* permettere, concedere **2** *(ermöglichen)* permettere, consentire: ***wenn die Umstände es ~*** se le circostanze lo consentono **II** rifl. **sich ~** permettersi, concedersi: ***wir dürfen uns diesen Luxus ~*** possiamo concederci questo lusso; ***sich ~, etw. zu tun*** permettersi, prendersi la libertà di fare qcs. ◆ ***~ Sie?*** permette?

Ges|te f. *(-,-n)* gesto *m.* (anche FIG.).

Ge|steck n. *(-[e]s,-e)* **1** composizione *f.* di fiori, corbeille *f.* **2** REGION. *(Hutschmuck)* ornamento *m.*

ge|steckt p.pass. agg. → **stecken** ◆ ***~ voll*** pieno zeppo, gremito.

ge|ste|hen tr. *(gestand, gestanden)* **1a** *(bekennen)* confessare **b** *(offen aussprechen)* dichiarare, confessare: ***jdm seine Liebe ~*** dichiarare a qcn. il proprio amore **2** *(zugeben)* ammettere, convenire ◆ ***um die Wahrheit zu ~*** a dire il vero.

Ge|ste|hungs|kos|ten pl. costi *m.pl.* di produzione. **Ge|ste|hungs|preis** m. *(-es,-e)* costo *m.* di produzione.

Ge|stein n. *(-[e]s,-e)* roccia *f.* **Ge|steins|art** f. *(-,-en)* tipo *m.* di roccia. **Ge|steins|bil|dung** f. *(-,-en)* formazione *f.* delle rocce, petrogenesi *f.* **Ge|steins|boh|rer** m. *(-s,-)* perforatrice *f.* da roccia. **Ge|steins|fa|ser** f. *(-,-n)* fibra *f.* minerale. **Ge|steins|kun|de** f. *(-)* petrografia *f.*, petrologia *f.* **Ge|steins|pro|be** f. *(-,-n)* campione *m.* di roccia. **Ge|steins|schicht** f. *(-,-en)* strato *m.* roccioso.

Ge|stell n. *(-[e]s,-e)* **1a** sostegno *m.*, appoggio *m.* **b** *(Unterbau)* piedistallo *m.*, supporto *m.* **2** *(Regal)* scaffale *m.*, scansia *f.* **3** *(Rahmen)* telaio *m.*, armatura *f.* **4** COLLOQ. *(langer, dürrer Mann)* spilungone *m.* **5** *(Brillengestell)* montatura *f.* (degli, per occhiali) ◆ COLLOQ. ***zieh dein ~ weg!*** sposta i piedi!

ge|stellt p.pass. agg. → **stellen** ◆ ***eine -e Aufnahme*** una messa in posa; ***das Foto wirkt ~*** la foto sembra innaturale; ***gut, schlecht ~ sein*** essere messo bene, male finanziariamente; ***auf sich selbst ~ sein*** guadagnarsi la vita da sé.

Ge|stel|lung f. *(-,-en)* BUROCR. apprestamento *m.* **Ge|stel|lungs|be|fehl** m. *(-[e]s,-e)* ANT. ordine *m.* di presentazione alla leva. **ge|stel|lungs|pflich|tig** agg. soggetto a coscrizione, coscrivibile.

ge|stelzt I p.pass. agg. **1** → **stelzen** **2** *(steif)* rigido: ***ein -er Gang*** un'andatura rigida **3** *(gespreizt)* affettato, artificioso: ***eine -e Ausdrucksweise*** un modo di esprimersi affettato **II** avv. in modo affettato (*o* artificioso).

ges|tern avv. ieri: ***~ nacht*** ieri notte; ***~ vor acht Tagen*** otto giorni ieri ◆ COLLOQ. ***von ~ sein, nicht von ~ sein*** essere stupido, non essere nato ieri; ***Ideen von ~*** idee superate, antiquate. **Ges|tern** n. *(-)* ieri *m.*, passato *m.*: ***denke nicht mehr an das ~*** non pensare più al passato; ***das ~ und das Heute*** il passato e il presente, ieri e oggi.

Ge|sti|chel n. *(-s)* punzecchio *m.*

ge|stie|felt agg. con gli stivali: ***der Gestiefelte Kater*** il gatto con gli stivali ◆ ANT. SCHERZ. ***~ und gespornt*** pronto (per partire).

ge|stie|gen → **steigen.**

ge|stielt agg. peduncolato.

Ges|tik f. *(-)* gesti *m.pl.* **Ges|ti|ku|la|ti|on** f. *(-,-en)* gesticolazione *f.* **ges|ti|ku|lie|ren** intr. (aus. *haben*) gesticolare.

ge|stimmt p.pass. agg. **1** → **stimmen** **2** disposto, di umore...: ***gut, schlecht ~ sein*** essere di buon, cattivo umore; ***optimistisch, melancholisch, depressiv ~ sein*** vedere le cose in modo ottimista, essere (di animo) malinconico, essere depresso ◆ ***dazu bin ich nicht ~*** non mi sento, non sono in vena; ***zum Feiern ~ sein*** essere in vena di festeggiare.

Ge|stimmt|heit f. *(-,-en)* LETT. disposizione *f.* d'animo, umore *m.*

Ges|ti|on f. *(-,-en)* RAR. gestione *f.*

Ge|stirn n. *(-[e]s,-e)* astro *m.* **ge|stirnt** agg. stellato.

ge|sto|ben → **stieben.**

Ge|stö|ber n. *(-s,-)* tormenta *f.* (*o* bufera *f.*) di neve.

ge|sto|chen I p.pass. agg. **1** → **stechen** **2** *(sorgfältig)* accurato, preciso **II** avv. molto: ***~ scharfe Bilder*** immagini molto nitide.

ge|stoh|len p.pass. agg. → **stehlen** ◆ ***das kann mir gestohlen bleiben!*** non me ne importa niente! non voglio più saperne! ***du kannst mir gestohlen bleiben!*** vai al diavolo!

Ge|stöhn n. *(-[e]s)*, **Ge|stöh|ne** n. *(-s)* COLLOQ. gemiti *m.pl.* (*o* lamenti *m.pl.*) continui.

ge|stört p.pass. agg. **1** → **stören** **2** FIG. *(getrübt)* turbato ◆ ***geistig ~ sein*** avere disturbi psichici, essere uno squilibrato.

ge|sto|ßen → **stoßen.**

Ge|stot|ter n. *(-s)* COLLOQ. balbettio *m.*

Ge|stram|pel n. *(-s)* COLLOQ. sgambettio *m.*

Ge|sträuch n. *(-[e]s,-e)* cespugli *m.pl.*

ge|streckt p.pass. agg. **1** → **strecken** **2** ***in -em Galopp*** al gran galoppo (anche FIG.) **3** GEOM. ***-er Winkel*** angolo piatto **4** ***-es Bein*** gamba tesa.

ge|streift agg. a strisce, a righe, rigato: ***eine rot -e Bluse*** una camicetta a righe rosse; ***ein -er Stoff*** un tessuto rigato; BOT. striato.

Ge|strei|te n. *(-s)* SPREG. continui litigi *m.pl.*

ge|streng agg. ANT. severo, duro ◆ ANT. ***ein -er Herr*** un esimio signore.
Ge|streu n. *(-[e]s)* **1** strame *m.*, lettiera *f.* **2** *(notdürftige Schlafstätte)* paglia *f.*
ge|stri|chen p.pass. agg. **1** → **streichen 2** pieno fino all'orlo, raso: ***ein -er Löffel (voll) Zucker*** un cucchiaio raso di zucchero ◆ ***Vorsicht, frisch ~!*** attenzione, vernice fresca! ***~ voll*** pieno fino all'orlo; COLLOQ. ***die Nase ~ voll haben*** averne le tasche piene.
Ge|strick n. *(-[e]s,-e)* lavoro *m.* a maglia.
gest|rig agg. **1** di ieri: ***die -e Vorstellung*** la rappresentazione di ieri **2** *(rückständig)* antiquato.
Gest|ri|ge I m. e f. *(-n,-n)* passatista *m.* e *f.*: **II** n. *(-n)* passato *m.*, ieri *m.*
ge|stromt agg. tigrato, a strisce.
ge|stuft p.pass. agg. **1** → **stufen 2** ARCH. ***-e Giebel*** pignone a gradini.
Ge|strüpp n. *(-[e]s,-e)* **1** sterpaglia *f.* **2** FIG. *(Gewirr)* groviglio *m.*, intrico *m.*
Ge|stühl n. *(-[e]s,-e)* sedili *m.pl.*; *(in der Kirche)* banchi *m.pl.*; *(im Chor)* stalli *p.ml.*, scranni *m.pl.*
Ge|stüm|per n. *(-s)* COLLOQ. abborracciamento *m.*, acciarpamento *m.*
ge|stun|ken → **stinken.**
Ges|tus m. *(-)* gesti *m.pl.*
Ge|stüt n. *(-[e]s,-e)* **1** scuderia *f.* **2** *(Pferdezüchterei)* allevamento *m.* di cavalli. **Ge|stüt|hengst** m. *(-es,-e)* stallone *m.* della scuderia. **Ge|stüt|pferd** n. *(-[e]s,-e)* cavallo *m.* di, della scuderia. **Ge|stüts|brand** n. *(-[e]s,-brände)* marchio *m.* di, della scuderia.
Ge|such n. *(-[e]s,-e)* domanda *f.*, istanza *f.*: ***ein ~ einreichen, befürworten, ablehnen*** presentare, appoggiare, respingere un'istanza. **Ge|such|stel|ler** m. *(-s,-)* BUROCR. ANT. richiedente *m.*
ge|sucht p.pass. agg. **1** → **suchen 2** *(gekünstelt)* artificioso, ricercato, affettato **3** *(begehrt)* richiesto, ricercato. **Ge|sucht|heit** f. *(-)* ricercatezza *f.*, affettazione *f.*
Ge|su|del n. *(-s)* COLLOQ. lo sporcare.
Ge|sül|ze n. *(-s)* COLLOQ. chiacchiere *f.pl.*, ciance *f.pl.*
ge|sulzt p.pass. agg. **1** → **sulzen 2** GASTR. in gelatina.
Ge|summ n. *(-[e]s)*, **Ge|sum|me** n. *(-s)* (continuo) ronzio *m.*
Ge|sums n. *(-es)* COLLOQ. storie *f.pl.*: ***viel ~ um etw. machen*** fare un sacco di storie per qcs.
ge|sund agg. (compar. *gesünder*/RAR. *gesunder*, superl. *gesündest...*/ RAR. *gesundest...*) **1** sano: ***ein -es Kind*** un bambino sano; ***-e Zähne*** denti sani **2** *(gesundheitsfördernd)* salutare, salubre: ***die Seeluft ist ~ für ihn*** l'aria di mare gli è salutare; ***ein -es Klima*** un clima salubre **3** *(geheilt)* guarito: ***noch nicht ~ sein*** non essere ancora guarito **4** *(richtig, vernünftig)* giusto, ragionevole, sano: ***-e Urteile, Prinzipien*** giudizi ragionevoli, sani principi ◆ ***bleib schön ~!*** stammi bene! ***die Firma ist nicht ~*** la ditta è in crisi; ***~ und munter wie ein Fisch im Wasser*** sano come un pesce; ***das ist ~ für ihn*** gli sta bene, ben gli sta, gli servirà da lezione; ***jdn ~ machen, pflegen*** (far) guarire qcn., curare qcn. fino alla guarigione; ***der -e Menschenverstand*** il buon senso comune; ***~ und munter*** vivo e vegeto; ***eine -e Natur haben*** avere una costituzione sana; COLLOQ. ***nicht ganz ~ sein*** non essere del tutto a posto; ***sonst bist du ~?*** sei sicuro di star bene? sei matto? **ge|sund‿be|ten** tr. guarire con le preghiere.
Ge|sund|brun|nen m. *(-s,-)* LETT. toccasana *m.*
Ge|sun|de m. e f. *(-n,-n)* persona *f.* sana. **ge|sun|den** intr. (aus. *sein*) LETT. **1** *(gesund werden)* guarire **2** *(sich erholen)* riprendere forze.
Ge|sund|heit f. *(-)* **1** salute *f.*: ***eine eiserne, schwache ~*** una salute di ferro, cagionevole; ***er ist die ~ selbst*** è il ritratto della salute; ***auf jds ~ trinken*** bere alla salute di qcn.; ***bei guter ~ sein*** essere in buona salute; ***jds ~ angreifen*** nuocere alla salute di qcn.; ***seine ~ ist sehr angegriffen*** la sua salute è gravemente pregiudicata; ***vor ~ strotzen*** scoppiare di salute; *(beim Niesen und Trinken)* ***~!*** salute! **2** ECON. prosperità *f.*: ***die ~ der Wirtschaft*** la prosperità dell'economia ◆ ***~ tanken*** fare il pieno di salute. **ge|sund|heit|lich I** agg. di salute, alla salute: ***aus -en Gründen*** per motivi di salute; ***-e Schäden*** danni alla salute **II** avv. quanto alla salute, di salute: ***~ geht es ihm gut*** di salute sta bene. **Ge|sund|heits|amt** n. *(-[e]s,-ämter)* ufficio *m.* d'igiene. **Ge|sund|heits|apos|tel** m. *(-s,-)* salutista *m.* **Ge|sund|heits|be|hör|de** f. *(-,-n)* → **Gesundheitsamt. Ge|sund|heits|er|zie|hung** f. *(-)* educazione *f.* sanitaria. **ge|sund|heits|för|dernd** agg. salutare, salubre. **ge|sund|heits|ge|fähr|dend** agg. nocivo alla (*o* dannoso per la) salute. **ge|sund|heits|hal|ber** avv. per motivi di salute. **Ge|sund|heits|leh|re** f. *(-,-n)* igiene *f.* **Ge|sund|heits|pfle|ge** f. *(-)* igiene *f.* **Ge|sund|heits|po|li|tik** f. *(-)* politica *f.* sanitaria. **Ge|sund|heits|rück|sich|ten** pl. motivi *m.pl.*, ragioni *f.pl.* di salute. **ge|sund|heits|schä|di|gend, ge|sund|heits|schäd|lich** agg. nocivo alla (*o* dannoso per la) salute. **Ge|sund|heits|schuh** m. *(-[e]s,-e)* calzatura *f.* (*o* scarpa *f.*) ortopedica. **Ge|sund|heits|schutz** m. *(-es)* misure *f.pl.* per la tutela della salute. **Ge|sund|heits|we|sen** n. *(-s)* servizi *m.pl.* sanitari. **Ge|sund|heits|zeug|nis** n. *(-ses,-se)* certificato *m.* di buona salute. **Ge|sund|heits|zu|stand** m. *(-[e]s)* stato *m.* (*o* condizioni *f.pl.*) di salute: ***in schlechtem ~ sein*** essere in cattive condizioni di salute.
ge|sund‿ma|chen rifl. **sich ~** COLLOQ. ristabilire le proprie finanze.
ge|sund‿schrei|ben *(schrieb, geschrieben)* tr. dichiarare guarito: ***jdn ~*** certificare la sanità (fisica) di qcn.; ***sich ~ lassen*** farsi fare un certificato di sanità (fisica).
ge|sund‿schrump|fen I tr. COLLOQ. ***etw. ~*** ridimensionare qcs. per motivi finanziari **II** rifl. **sich ~** ridimensionarsi per motivi finanziari.
ge|sund‿stoßen *(stößt, stieß, gestoßen)* rifl. **sich ~** → **gesundmachen.**
Ge|sun|dung f. *(-)* risanamento *m.*; *(Genesung)* guarigione *f.*
ge|sun|gen → **singen.**
ge|sun|ken → **sinken.**
get. ⇒ *getauft* battezzato.
Ge|tä|fel n. *(-s)* rivestimento *m.* di legno, tavolato *m.*
ge|tan → **tun.**
Ge|tän|del n. *(-s)* **1** trastullo *m.* **2** *(Flirten)* amoreggiamento *m.*
Ge|tau|mel n. *(-s)* barcollamento *m.*
ge|teilt p.pass. agg. **1** → **teilen 2** contrastante, discordante: ***-er Meinung sein*** essere di diverso avviso, avere un'opinione discordante; ***mit -en Gefühlen*** con sentimenti contrastanti ◆ MAT. ***12 ~ durch 4 ist 3*** 12 diviso 4 fa 3.
Ge|tier n. *(-[e]s)* animali *m.pl.*
ge|ti|gert agg. tigrato, striato.
Ge|tön n. *(-[e]s)*, **Ge|tö|ne** n. *(-s)* **1** suono *m.* prolungato **2** COLLOQ. *(angeberisches Gerede)* vanteria *f.*, millanteria *f.*
ge|tönt p.pass. agg. **1** → **tönen 2** ***-e Brillengläser*** lenti colorate.
Ge|to|se, Ge|tö|se n. *(-s)* fragore *m.*, frastuono *m.*
ge|tra|gen I p.pass. agg. **1** → **tragen 2** MUS. sostenuto **II** avv. in modo sostenuto. **Ge|tra|gen|heit** f. *(-)* sostenutezza *f.*
Ge|tram|pel n. *(-s)* calpestio *m.*, scalpiccio *m.*
Ge|tränk n. *(-[e]s,-e)* bevanda *f.*; *(alkoholfrei)* bibita *f.*: ***inklusive -e*** bevande incluse; ***ein starkes, heißes ~*** una bevanda forte, calda; ***alkoholfreies ~*** bibita analcolica; ***geistige, alkoholische -e*** bevande alcoliche (*o* alcolici). **Ge|trän|ke|au|to|mat** m. *(-en,-en)* distributore *m.* (automatico) di bevande. **Ge|trän|ke|kar|te** f. *(-,-n)* lista *f.* delle bevande. **Ge|trän|ke|stand** m. *(-[e]s, -stände)* chiosco *m.* delle bibite. **Ge|trän|ke|steu|er** n. *(-,-n)* tassa *f.* sugli alcolici.
Ge|trap|pel n. *(-s)* scalpiccio *m.*, calpestio *m.*
Ge|tratsch n. *(-[e]s)*, **Ge|trat|sche** n. *(-s)* chiacchiera *f.*; *(Klatsch)* pettegolezzo *m.*, diceria *f.*
ge|trau|en rifl. **sich ~** osare: ***sich ~***, RAR. ***sich (D) ~, etw. zu tun*** avere il coraggio di (*o* osare) fare qcs.
Ge|trei|de n. *(-s,-)* cereali *m.pl.*, granaglie *f.pl.*, grani *m.pl.* **Ge|trei|de|an|bau** m. *(-[e]s)* cerealicoltura *f.* **Ge|trei|de|art** f. *(-,-en)* specie *f.* di cereale. **Ge|trei|de|aus|saat** f. *(-,-en)* semina *f.* di cereali. **Ge|trei|de|bau** m. *(-[e]s)* → **Getreideanbau. Ge|trei|de|bör|se** f. *(-,-n)* ECON. borsa *f.* dei cereali. **Ge|trei|de|ern|te** f. *(-,-n)* **1** mietitura *f.* dei cereali **2** *(Ergebnis der Ernte)* raccolto *m.* (dei cereali). **Ge|trei|de|feld** n. *(-[e]s,-er)* campo *m.* di cereali. **Ge|trei|de|flo|cken** pl. fiocchi *m.pl.* di cereali. **Ge|trei|de|han|del** m. *(-s)* commercio *m.* di cereali. **Ge|trei|de|korn** n. *(-[e]s, -körner* e *-e)* chicco *m.* (di cereali). **Ge|trei|de|pro|ber** m. *(-s,-)* pesa *f.* per cereali. **Ge|trei|de|pro|dukt** n. *(-[e]s,-e)* prodotto *m.* cereale. **Ge|trei|de|rost** m. *(-[e]s)* ruggine *f.* del grano. **Ge|trei|de|schnitt** m. *(-[e]s,-e)* falciatura *f.*, mietitura *f.* (dei cereali). **Ge|trei|de|si|lo** n. e m. *(-s,-s)* silo *m.* per cereali. **Ge|trei|de|spei|cher** m. *(-s,-)* granaio *m.* **Ge|trei|de|vor|rat** m. *(-[e]s,-vorräte)* riserva *f.* di cereali. **Ge|trei|de|wirt|schaft** f. *(-,-en)* economia *f.* cerealicola.
ge|trennt|ge|schlech|tig agg. BOT. dioico. **Ge|trennt|schrei|bung** f. *(-,-en)* scrittura *f.* separata.
ge|treu I agg. **1** fedele: ***ein -er Diener*** un servitore fedele **2** *(entsprechend)* fedele, conforme: ***eine -e Reproduktion*** una riproduzione fedele; ***~ seinen Anweisungen*** conforme alle sue indicazioni **II** avv. fedelmente ◆ ***~ zu jdm stehen*** essere fedele a qcn.
Ge|treue m. e f. *(-n,-n)* fedele *m.* e *f.*; *(Anhänger)* seguace *m.* e *f.*
ge|treu|lich → **getreu.**

Ge|trie|be n. *(-s,-)* MECC. **1a** meccanismo *m.* **b** *(Rädergetriebe)* rotismo *m.* **c** *(Zahnradgetriebe)* ingranaggio *m.* (anche FIG.) **2** *(Wechselgetriebe)* cambio *m.* (di velocità): ***synchronisiertes ~*** cambio sincronizzato **3** *(Triebwerk)* trasmissione *f.* **4** FIG. movimento *m.*, viavai *m.*; ***das ~ der Großstadt fliehen*** sfuggire il caos della grande città. **Ge|trie|be|brem|se** f. *(-,-n)* freno *m.* motore.

ge|trie|ben → **treiben. Ge|trie|ben|heit** f. *(-)* irrequietezza *f.*, agitazione *f.*

Ge|trie|be|öl n. *(-[e]s,-e)* olio *m.* del cambio. **Ge|trie|be|scha|den** m. *(-s,-schäden)* danno *m.* al cambio; *(Defekt)* difetto *m.* del cambio.

Ge|tril|ler n. *(-s)* trilli *m.pl.*

Ge|trip|pel n. *(-s)* sgambettio *m.*

1.ge|trof|fen → **treffen.**

2.ge|trof|fen → **triefen.**

ge|tro|gen → **trügen.**

Ge|trom|mel n. *(-[e]s)* il (continuo) tambureggiare.

ge|trost I agg. fiducioso; ***-en Mutes*** di buon animo **II** avv. fiduciosamente; *(ruhig)* tranquillamente, senza timore. **ge|trös|ten** rifl. ***sich etw. (G) ~*** LETT. RAR. confidare, sperare in qcs.: ***sich jds Großzügigkeit ~*** confidare nella generosità di qcn. **Ge|trost|heit** f. *(-)* fiducia *f.*

ge|trübt p.pass. agg. **1** → **trüben 2** torbido **3** FIG. offuscato, turbato: ***sein Gedächnis ist ~*** la sua mente è offuscata.

ge|trun|ken → **trinken.**

Get|to n. *(-s,-s)* ghetto *m.* **get|to|i|sie|ren** tr. ghettizzare (anche FIG.). **Get|to|i|sie|rung** f. *(-,-en)* ghettizzazione *f.*

Ge|tue n. *(-s)* COLLOQ. **1** smancerie *f.pl.* **2** *(Wichtigtuerei)* boriosità *f.*, arie *f.pl.* **3** *(Aufhebens)* armeggio *m.*, l'affaccendarsi a vuoto.

Ge|tüm|mel n. *(-s,-)* **1** trambusto *m.*, confusione *f.*; ***sich ins dickste ~ stürzen*** buttarsi nella mischia **2** *(Tumult)* tumulto *m.*, baraonda *f.*

ge|tupft p.pass. agg. **1** → **tupfen 2** a puntini.

Ge|tu|schel n. *(-s)* COLLOQ. **1** mormorio *m.*, bisbiglìo *m.* **2** *(Geflüster)* chiacchiere *f.pl.*, pettegolezzi *m.pl.*

ge|übt p.pass. agg. **1** → **üben 2** esperto, abile; *(erfahren)* pratico: ***mit -em Auge*** con occhio esperto. **Ge|übt|heit** f. *(-,-en)* esperienza *f.*, pratica *f.*

Ge|vat|ter m. *(-s,-n)* **1** ANT. padrino *m.*: ***~ stehen*** far da padrino; ***jdn zu ~ bitten*** pregare qcn. di fare da padrino **2** ANT. e SCHERZ. compare *m.* **Ge|vat|te|rin** f. *(-,-nen)* **1** madrina *f.* **2** *(Freundin)* comare *f.* **Ge|vat|ter|schaft** f. *(-,-en)* ANT. comparatico *m.*

Ge|viert n. *(-[e]s,-e)* **1** quadrilatero *m.* **2** *(Quadrat)* quadratone *m.*, quadrato *m.* ◆ ***hundert Meter im ~*** cento metri quadrati.

Ge|wächs n. *(-es,-e)* **1a** vegetale *m.*, pianta *f.* **2** *(von Wein)* prodotto *m.*; ***das ist ein 1990er ~*** è un (vino del) 1990 **3** *(Auswuchs)* escrescenza *f.* **4** *(Typ)* tipo *m.*: ***dieser Mann ist ein eigenartiges ~*** quest'uomo è un tipo strano.

ge|wach|sen → **wachsen** ◆ ***wie aus dem Boden ~*** come sbucato dal nulla; ***jdm ans Herz ~ sein*** essere molto affezionato a qcn.; ***ein gut -es Mädchen*** una ragazza ben fatta; ***jdm, etw. ~ sein*** essere all'altezza di qcn., qcs.

Ge|wächs|haus n. *(-es,-häuser)* serra *f.*

Ge|wa|ckel, Ge|wa|cke|le, Ge|wack|le n. *(-s)* traballio *m.*, il vacillare.

ge|wagt p.pass. agg. **1** → **wagen 2** azzardato, rischioso: ***ein -es Geschäft*** un affare azzardato **3** osé, spinto. **Ge|wagt|heit** f. *(-,-en)* temerarietà *f.*, audacia *f.*

ge|wählt I p.pass. agg. **1** → **wählen 2** scelto, ricercato: ***eine -e Sprache benutzen*** usare un linguaggio ricercato **II** avv. in modo ricercato, scelto. **Ge|wählt|heit** f. (-) ricercatezza *f.*, raffinatezza *f.*

ge|wahr, *jdn, etw. (jds, etw.) ~ werden* accorgersi di qcn., qcs.; *(sehen)* scorgere qcn., qcs.

Ge|währ f. *(-)* garanzia *f.*: ***(alle) ~ leisten, bieten*** offrire (ogni) garanzia; ***ohne ~*** senza garanzia, non garantito ◆ ***die ~ übernehmen*** garantire, assumersi la responsabilità.

ge|wah|ren tr. **1** scorgere **2** *(wahrnehmen)* percepire.

ge|wäh|ren tr. **1** concedere, accordare: ***Asyl, (einen) Aufschub ~*** concedere asilo, una proroga; ***Rabatt ~*** accordare uno sconto **2** *(bieten)* offrire: ***dieses Abkommen gewährt einige Vorteile*** questo accordo offre alcuni vantaggi **3** *(von Wünschen)* esaudire: ***jdm eine Bitte ~*** esaudire la preghiera di qcn. **4** *(geben)* dare, recare: ***jdm Trost ~*** recare conforto a qcn. ◆ ***jdn ~ lassen*** lasciare qcn. libero di fare, lasciare fare qcn.; ***jdm in etw. (A) Einblick ~*** concedere a qcn. di prendere in visione qcs.

ge|währ|leis|ten tr. garantire. **Ge|währ|leis|tung** f. *(-,-en)* garanzia *f.*

1.Ge|wahr|sam m. *(-s)* **1** custodia *f.*: ***etw. in ~ geben, haben*** dare, avere qcs. in custodia **2** *(Haft)* arresto *m.*: ***in ~ sein*** essere in (stato di) arresto ◆ ***etw. in ~ bringen*** mettere al sicuro qcs.; ***in ~ nehmen*** prendere in custodia; *(verhaften)* arrestare; ***in sicherem ~*** al sicuro.

2.Ge|wahr|sam n. *(-s,-e)* ANT. prigione *f.*

Ge|währs|mann m. *(-[e]s,-männer* e *-leute)* garante *m.* **Ge|währs|zei|chen** n. *(-s,-)* marchio *m.* di garanzia.

Ge|wäh|rung f. *(-,-en)* concessione *f.*; *(Erfüllung)* esaudimento *m.* ◆ ***in ~ Ihrer Bitte*** soddisfacendo alla Sua domanda.

ge|walmt agg. spiovente: ***ein -es Dach*** un tetto spiovente.

Ge|walt f. *(-,-en)* **1a** *(Macht)* potere *m.*: ***gesetzgebende, ausführende (vollziehende), richterliche ~*** potere legislativo, esecutivo, giudiziario; ***elterliche, väterliche ~*** patria potestà; ***geistliche, weltliche ~*** potere spirituale, temporale **b** *(Herrschaft)* controllo *m.*, dominio *m.*: ***die ~ über sein Fahrzeug verlieren*** perdere il controllo del proprio veicolo; ***in jds ~ geraten, sein, stehen*** finire, essere sotto il controllo di qcn. **2a** violenza *f.*: ***~ leiden müssen*** dover subire violenza **b** *(physische Kraft)* forza *f.*: ***~ anwenden*** ricorrere alla, usare la forza; ***mit sanfter ~*** con uno sforzo misurato **3** FIG. violenza *f.*, forza *f.*, furia *f.*: ***die ~ des Sturms*** la furia della tempesta ◆ ***mit aller ~*** a più non posso, a tutta forza; *(unbedingt)* per forza, ad ogni costo; ***jdm, etw. ~ androhen, antun*** fare, usare violenza a qcn., qcs.; ***sich (D) ~ antun*** farsi forza; *(sich töten)* suicidarsi; ***jdn, etw. in seine ~ bekommen, bringen*** impadronirsi di qcn., qcs.; ***sich, etw. in der ~ haben*** controllarsi, controllare qcs.; ***jdn, etw. in seiner ~ haben*** avere qcn., qcs. in proprio potere; ***höhere ~*** forza maggiore; ***~ über Leben und Tod*** potere di vita e di morte; ***~ geht vor Recht*** contro la forza ragion non vale; ***rohe ~*** forza bruta; ***unumschränkte ~ über etw. haben*** avere pieni poteri su qcs. **Ge|walt|akt** m. *(-[e]s,-e)* atto *m.* di forza (*o* di violenza). **Ge|walt|an|wen|dung** f. *(-,-en)* uso *m.* della forza. **Ge|walt|ein|wir|kung** f. *(-,-en)* effetto *m.* della forza.

Ge|wal|ten|tei|lung f. *(-)* divisione *f.* (*o* separazione *f.*) dei poteri. **ge|walt|frei** agg. → **gewaltlos.**

Ge|walt|ha|ber m. *(-s,-)* detentore *m.* del potere. **Ge|walt|herr|schaft** f. *(-,-en)* tirannia *f.*, dispotismo *m.* **Ge|walt|herr|scher** m. *(-s,-)* tiranno *m.*, despota *m.*

ge|wal|tig I agg. **1** *(mächtig)* potente **2** *(riesig)* enorme, immenso, imponente: ***mit -er Kraft*** con forza immensa; ***einen -en Eindruck machen*** fare un'enorme impressione **3** *(heftig)* violento, forte, intenso **II** avv. rafforz. COLLOQ. enormemente, immensamente: ***sich ~ irren*** sbagliarsi di grosso.

ge|wäl|ti|gen tr. MIN. sgombrare, rendere accessibile.

Ge|wal|tig|keit f. *(-)* **1** *(Macht)* potenza *f.* **2** *(Heftigkeit)* violenza *f.*, forza *f.* **3** enormità *f.*, immensità *f.*, imponenza *f.*

Ge|walt|kur f. *(-,-en)* cura *f.* energica, drastica. **ge|walt|los** agg. non violento. **Ge|walt|marsch** m. *(-[e]s,-märsche)* marcia *f.* forzata. **Ge|walt|maß|nah|me** f. *(-,-n)* misura *f.* coercitiva. **Ge|walt|mensch** m. *(-en,-en)* persona *f.* violenta (*o* brutale), violento *m.*, bruto *m.* **ge|walt|sam I** agg. violento: ***eines -en Todes sterben, ein -es Ende nehmen*** morire di morte violenta **II** avv. violentemente, con la forza: ***eine Tür ~ öffnen*** forzare una porta. **Ge|walt|sam|keit** f. *(-,-en)* **1** violenza *f.*, forza *f.* **2** *(gewaltsame Tat)* violenza *f.*, azione *f.* violenta. **Ge|walt|schuss** m. *(-es,-schüsse)* SPORT tiro *m.* violento. **Ge|walt|streich** m. *(-[e]s,-e)* colpo *m.* di mano.

Ge|walt|tat f. *(-,-en)* atto *m.* di violenza; *(Attentat)* attentato *m.*: ***eine ~ verüben*** compiere un attentato; ***einer ~ zum Opfer fallen*** cadere vittima di un attentato. **Ge|walt|tä|ter** m. *(-s,-)* violento *m.*, bruto *m.*; *(Verbrecher)* criminale *m.*; *(Attentäter)* attentatore *m.* **ge|walt|tä|tig** agg. violento, brutale. **Ge|walt|tä|tig|keit** f. *(-,-en)* **1** violenza *f.*, brutalità *f.* **2** → **Gewalttat.**

Ge|walt|ver|bre|chen n. *(-s,-)* crimine *m.* (brutale). **Ge|walt|ver|bre|cher** m. *(-s,-)* criminale *m.* (violento, brutale). **Ge|walt|ver|zicht** m. *(-[e]s,-e)* rinuncia *f.* all'uso della forza (*o* delle armi). **Ge|walt|ver|zichts|ab|kom|men** n. *(-s,-)* accordo *m.* di rinuncia all'uso delle armi.

Ge|wand n. *(-[e]s,-wänder)* **1** LETT. veste *f.*; *(Kleidung)* vesti *f.pl.*, abbigliamento *m.*: ***liturgische Gewänder*** vesti liturgiche **2** FIG. veste *f.*: ***in neuem ~ erscheinen*** essere pubblicato in una nuova veste; ***im ~ des Ehrenmanns*** sotto la veste (*o* le spoglie) del galantuomo **3** REGION. *(Kleid)* abito *m.*, vestito *m.*

Ge|wän|de n. *(-s,-)* ARCH. strombatura *f.*, sguancio *m.*

ge|wan|den tr. ANT. o SCHERZ. vestire: ***jdn festlich ~*** vestire qcn. a festa. **Ge|wand|haus** n. *(-es,-häuser)* STOR. emporio *m.* di stoffe. **Ge|wand|meis|ter** m. *(-s,-)* costumista *m.*

ge|wandt I p.pass. agg. **1** → **wenden 2a** *(geschickt)* abile, sicuro: ***in etw. (D) ~ sein*** essere abile in qcs., saper(ci) fare in qcs. **b** *(gelenkig)* agile, sciolto **3** *(von Schreib-, Redeweise)* elegante **II** avv.

abilmente, con destrezza; *(gelenkig)* agilmente; *(elegant)* elegantemente. **Ge|wandt|heit** f. *(-)* **1** abilità *f.*, destrezza *f.* **2** *(Gelenkigkeit)* agilità *f.*, scioltezza *f.* **3** *(Wendigkeit)* eleganza *f.*: ***sich mit ~ bewegen*** muoversi con eleganza.

Ge|wan|dung f. *(-,-en)* LETT. O REGION. abiti *m.pl.*

ge|wann → **gewinnen.**

Ge|wann n. *(-[e]s,-e)*, **Ge|wan|ne** n. *(-s,-)* STOR. parcella *f.* comunale. **Ge|wann|flur** f. *(-,-en)* → **Gewann.**

ge|wapp|net p.pass. → **wappnen** ◆ FIG. ***ich bin ~*** sono preparato.

ge|wär|tig, *etw. (G) ~ sein* essere in attesa di qcs. **ge|wär|ti|gen** LETT. **I** tr. attendere, aspettare: ***eine Rüge zu ~ haben*** doversi aspettare una rampogna **II** rifl. **sich ~** aspettarsi.

Ge|wäsch n. *(-[e]s)* SPREG. chiacchiere *f.pl.* (*o* ciance *f.pl.*) inutili.

ge|wa|schen p.pass. agg. → **waschen** ◆ ***frisch -e Wäsche*** biancheria di bucato.

Ge|wäs|ser n. *(-s,-)* acqua *f.*, acque *f.pl.*: ***schiffbares, stehendes, stilles ~*** acque navigabili, stagnanti, tranquille ◆ ***fließende ~*** corsi d'acqua. **Ge|wäs|ser|kun|de** f. *(-)* idrografia *f.* **Ge|wäs|ser|schutz** m. *(-es)* tutela *f.* delle acque.

Ge|we|be n. *(-s,-)* **1** tessuto *m.*, stoffa *f.*: ***ein synthetisches, leinenes, wollenes ~*** un tessuto sintetico, di lino, di lana **2** MED. BIOL. tessuto *m.*: ***ein gesundes ~ verpflanzen*** trapiantare un tessuto sano **3** FIG. trama *f.*, rete *f.*: ***ein ~ von Lügen*** una rete di menzogne. **Ge|we|be|flüs|sig|keit** → **Gewebsflüssigkeit. Ge|we|be|kul|tur** f. *(-,-en)* coltura *f.* tessutale. **Ge|we|be|leh|re** f. *(-)* istologia *f.* **Ge|we|be|pro|be** f. *(-,-n)* campione *m.* di tessuto (per esame istologico). **Ge|we|be|trans|plan|ta|ti|on** f. *(-,-en)* MED. trapianto *m.* di tessuto. **Ge|webs|flüs|sig|keit** f. *(-)* linfa *f.* **Ge|webs|tod** m. *(-[e]s)* necrosi *f.* **Ge|webs|ver|än|de|rung** f. *(-,-en)* alterazione *f.* dei tessuti. **Ge|webs|ver|pflan|zung** f. *(-,-en)* → **Gewebetransplantation.**

Ge|wehr n. *(-[e]s,-e)* **1** fucile *m.*: ***das ~ laden, anlegen (in Anschlag bringen)*** caricare, puntare il fucile; ***das Bajonett aufs ~ stecken*** inastare la baionetta **2** VENAT. *(Hauer)* zanne *f.pl.* ◆ MIL. ***~ ab!*** pied'arm! ***ran an die -e!*** all'armi! ***~ bei Fuß*** all'erta, in allarme; ***präsentiert das ~!*** presentat'arm! ***ins, unters ~ treten*** mettersi in riga (col fucile); MIL. ***~ über!*** spall'arm!

Ge|wehr|gra|na|te f. *(-,-n)* granata *f.* da fucile. **Ge|wehr|griff** m. *(-[e]s,-e)* MIL. (esercizio *m.* di) maneggio *m.* del fucile. **Ge|wehr|kol|ben** m. *(-s,-)* calcio *m.* del, di fucile. **Ge|wehr|lauf** m. *(-[e]s,-läufe)* canna *f.* del, di fucile. **Ge|wehr|schloss** n. *(-es,-schlösser)* otturatore *m.* del fucile. **Ge|wehr|schrank** m. *(-[e]s,-schränke)* armadio *m.* dei, per fucili (da caccia). **Ge|wehr|schuss** m. *(-es,-schüsse)* colpo *m.* di fucile. **Ge|wehr|schüt|ze** m. *(-n,-n)* fuciliere *m.* **Ge|wehr|stän|der** m. *(-s,-)* rastrelliera *f.* (di fucili).

Ge|weih n. *(-[e]s,-e)* corna *f.pl.*: ***verzweigtes ~*** corna ramificate; ***das ~ abwerfen*** cambiare le corna.

1.ge|weiht agg. VENAT. munito di, con le corna.

2.ge|weiht p.pass. agg. **1** → **weihen 2a** benedetto, santo **b** consacrato: ***-e Erde*** terra consacrata, sacra ◆ ***zum Priester ~*** ordinato sacerdote.

ge|wellt p.pass. agg. **1** → **wellen 2** ondulato, a onde: ***-es Haar*** capelli ondulati; ***-es Gelände*** regione collinosa.

Ge|wer|be n. *(-s,-)* **1** mestiere *m.*; *(Beruf)* professione *f.*: ***ein ~ erlernen*** imparare un mestiere; ***ein ~ ausüben, betreiben*** esercitare una professione **2a** *(gewerbliche Tätigkeit)* attività *f.*, lavoro *m.*: ***ein dunkles, einträgliches ~*** un'attività losca, redditizia **b** *(Kleinbetrieb)* piccola industria *f.* ◆ COLLOQ. SCHERZ. ***das horizontale ~, das älteste ~ der Welt*** il mestiere più antico del mondo. **Ge|wer|be|amt** → **Gewerbeaufsichtsamt. Ge|wer|be|arzt** m. *(-es,-ärzte)* **1** medico *m.* aziendale **2** medico *m.* dell'ispettorato del lavoro. **Ge|wer|be|auf|sicht** f. *(-,-en)* ispezione *f.* (del lavoro). **Ge|wer|be|auf|sichts|amt** n. *(-[e]s,-ämter)* ispettorato *m.* del lavoro. **Ge|wer|be|be|rech|ti|gung** f. *(-)* diritto *m.* di esercitare una professione. **Ge|wer|be|be|trieb** m. *(-[e]s,-e)* piccola industria *f.* **Ge|wer|be|frei|heit** f. *(-,-en)* libertà *f.* professionale. **Ge|wer|be|ge|biet** n. *(-[e]s,-e)* zona *f.* industriale. **Ge|wer|be|in|spek|tor** m. *(-s,-en)* ispettore *m.* del lavoro. **Ge|wer|be|leh|rer** m. *(-s,-)* insegnante *m.* di istituto professionale. **Ge|wer|be|ord|nung** f. *(-,-en)* ordinamento *m.* in materia di mestieri e professioni. **Ge|wer|be|recht** n. *(-[e]s,-e)* diritto *m.* aziendale. **Ge|wer|be|schein** m. *(-[e]s,-e)* licenza *f.* (di esercizio). **Ge|wer|be|schu|le** f. *(-,-n)* istituto *m.* professionale. **Ge|wer|be|steu|er** f. *(-,-n)* imposta *f.* sull'industria. **Ge|wer|be|tä|tig|keit** f. *(-,-en)* attività *f.* professionale; *(vom Betrieb)* attività *f.* aziendale. **ge|wer|be|trei|bend** agg. che esercita una professione, un mestiere. **Ge|wer|be|trei|ben|de** m. e f. *(-n,-n)* esercente *m.* e *f.*; *(Kleinindustrieller)* piccolo industriale *m.* **Ge|wer|be|ver|ein** m. *(-[e]s,-e)* unione *f.* industriale. **Ge|wer|be|zweig** m. *(-[e]s,-e)* ramo *m.* professionale; *(von der Industrie)* ramo *m.* aziendale. **ge|werb|lich** agg. industriale; *(vom Handel)* commerciale; *(vom Handwerk)* artigiano. **ge|werbs|mä|ßig** agg. professionale, di professione, di mestiere: ***-er Bettler*** accattone di professione; ***-e Unzucht*** prostituzione.

Ge|werk n. *(-[e]s,-e)* ANT. **1** mestiere *m.*, professione *f.* **2** *(Handwerk)* artigianato *m.* **3** *(Zunft)* corporazione *f.*

Ge|werk|schaft f. *(-,-en)* sindacato *m.*: ***freie -en*** sindacati liberi. **Ge|werk|schaf|ter, Ge|werk|schaft|ler** m. *(-s,-)* **1** iscritto *m.* al sindacato **2** *(Funktionär)* sindacalista *m.* **ge|werk|schaft|lich I** agg. sindacale **II** avv. sindacalmente: ***~ organisiert sein*** essere organizzati in sindacato. **Ge|werk|schafts|ap|pa|rat** m. *(-[e]s,-e)* apparato *m.* sindacale. **Ge|werk|schafts|ar|beit** f. *(-,-en)* attività *f.* sindacale. **Ge|werk|schafts|be|we|gung** f. *(-,-en)* movimento *m.* sindacale. **Ge|werk|schafts|bund** m. *(-[e]s,-bünde)* confederazione *f.* sindacale. **Ge|werk|schafts|füh|rer** m. *(-s,-)* leader *m.* sindacale. **Ge|werk|schafts|haus** n. *(-es,-häuser)* sede *f.* del, di sindacato. **Ge|werk|schafts|mit|glied** n. *(-[e]s,-er)* membro *m.* del sindacato, iscritto *m.* al sindacato. **Ge|werk|schafts|sek|re|tär** m. *(-s,-e)* segretario *m.* sindacale. **Ge|werk|schafts|sit|zung** f. *(-,-en)* riunione *f.* sindacale. **Ge|werk|schafts|ver|band** m. *(-[e]s,-verbände)* → **Gewerkschaftsbund. Ge|werk|schafts|ver|samm|lung** f. *(-,-en)* assemblea *f.* sindacale. **Ge|werk|schafts|vor|sit|zen|de** m. e f. *(-n,-n)* dirigente *m.* e *f.* sindacale.

Ge|we|se n. *(-s)* **1** scalpore *m.*, chiasso *m.*: ***~ von etw. machen*** far chiasso per qcs. **2** REGION. *(Anwesen)* podere *m.*

ge|we|sen p.pass. agg. **1** → **1.sein 2** ex, di un tempo: ***ein -er Schauspieler*** un ex attore. **Ge|we|se|ne** n. *(-n)* passato *m.*

ge|wi|chen → **weichen.**

ge|wichst agg. COLLOQ. astuto, furbo.

Ge|wicht n. *(-[e]s,-e)* **1** peso *m.* (anche SPORT): ***nach ~ verkaufen*** vendere a peso; ***sein ~ halten*** mantenere il proprio peso; ***an ~ zunehmen*** aumentare di peso; ***volles ~*** peso pieno; ***im ~ von 1 kg*** del peso di 1 kg; ***zulässiges ~*** peso ammesso; ***spezifisches ~*** peso specifico; *(Gewichtsstein)* ***geeichtes ~*** peso verificato **2** FIG. *(Wichtigkeit)* peso *m.*, importanza *f.*: ***auf etw. (A) ~ legen, etw. (D) ~ beilegen, beimessen*** dare peso, importanza a qcs.; ***von ~ sein, ins ~ fallen*** essere importante, di grande importanza; ***politisches ~ haben*** avere peso politico ◆ ***großes ~ haben*** pesare molto; FIG. *(wichtig sein)* avere il proprio peso; ***sein ganzes ~ in die Waagschale werfen*** far valere tutta la propria influenza; ***wenig ~ haben*** pesare poco; FIG. *(unwichtig sein)* essere poco importante; ***totes ~*** peso morto.

ge|wich|ten tr. STATIST. ponderare; *(abwägen)* soppesare, ponderare.

Ge|wicht|he|ben n. *(-s)* SPORT sollevamento *m.* pesi. **Ge|wicht|he|ber** m. *(-s,-)* SPORT pesista *m.*, sollevatore *m.* di pesi.

ge|wich|tig I agg. **1** ANT. ponderoso, pesante **2** SCHERZ. *(korpulent)* corpulento **3a** *(bedeutungsvoll)* significativo, importante: ***eine -e Mitteilung*** una comunicazione importante **b** *(einflussreich)* influente, importante: ***eine -e Persönlichkeit*** una personalità influente **II** avv. **1** pesantemente **2** FIG. gravemente, seriamente. **Ge|wich|tig|keit** f. *(-)* peso *m.*, importanza *f.*

Ge|wichts|ab|nah|me f. *(-,-n)* calo *m.*, perdita *f.*, diminuzione *f.* di peso. **Ge|wichts|ana|ly|se** f. *(-,-n)* CHIM. gravimetria *f.* **Ge|wichts|an|ga|be** f. *(-,-n)* indicazione *f.* del peso. **Ge|wichts|aus|gleich** m. *(-[e]s,-e)* bilanciamento *m.* del peso. **Ge|wichts|be|stim|mung** f. *(-,-en)* determinazione *f.* del peso. **Ge|wichts|ein|heit** f. *(-,-en)* unità *f.* di peso. **Ge|wichts|klas|se** f. *(-,-n)* SPORT categoria *f.* di peso. **ge|wichts|los** agg. **1** senza peso, leggero **2** FIG. *(bedeutungslos)* insignificante, senza (alcun) peso. **Ge|wichts|satz** m. *(-es,-sätze)* pesiera *f.*, serie *f.* pesi. **Ge|wichts|stein** m. *(-[e]s,-e)* peso *m.* (della bilancia). **Ge|wichts|ver|la|ge|rung** f. *(-,-en)* spostamento *m.* del peso ◆ FIG. ***eine politische ~*** una variazione negli equilibri politici. **Ge|wichts|ver|lust** m. *(-[e]s,-e)* perdita *f.* di peso. **Ge|wichts|zoll** m. *(-[e]s,-zölle)* dazio *m.* specifico. **Ge|wichts|zu|nah|me** f. *(-,-n)* aumento *m.* di peso.

Ge|wich|tung f. *(-,-en)* ponderazione *f.*

ge|wieft agg. COLLOQ. furbo, scaltro. **Ge|wieft|heit** f. *(-,-en)* furbizia *f.*, scaltrezza *f.*

ge|wiegt p.pass. agg. **1** → **2.wiegen 2** COLLOQ. abile, esperto; *(schlau)* astuto: ***ein -er Unterhändler*** un negoziatore esperto.

Ge|wie|her n. *(-s)* **1** nitriti *m.pl.* **2** *(Gelächter)* COLLOQ. risata *f.* sguaiata.

ge|wie|sen → **weisen.**

ge|willt, *~ sein, etw. zu tun* essere intenzionato a fare qcs.

Ge|wim|mel n. *(-s)* brulichio *m.*, formicolio *m.*
Ge|wim|mer n. *(-s)* gemiti *m.pl.*; *(von Babys)* vagiti *m.pl.*
Ge|win|de n. *(-s,-)* **1** filetto *m.*, filettatura *f.* **2** ANT. *(Kranz)* ghirlanda *f.* **Ge|win|de|boh|rer** m. *(-s,-)* MECC. maschio *m.* per filettare. **Ge|win|de|gang** m. *(-[e]s,-gänge)* MECC. filetto *m.*, spira *f.* **Ge|win|de|schnei|der** m. *(-s,-)* filettatore *m.*
Ge|winn m. *(-[e]s,-e)* **1** guadagno *m.*, profitto *m.*, utile *m.*: ***aus etw. ~ schlagen, ziehen*** trarre profitto (*o* realizzare un guadagno) da qcs.; ***einen ~ erzielen, machen*** realizzare un guadagno (*o* un profitto); ***~ bringen, abwerfen*** dare un profitto (*o* un utile), rendere; ***etw. mit ~ verkaufen*** vendere qcs. traendone profitto, guadagnare dalla vendita di qcs. **2** *(in Bilanzen)* utile *m.*, utili *m.pl.*: ***mit ~ abschließen*** chiudere con un utile (*o* in attivo); ***~ nach Steuern*** utile al netto delle imposte; ***einen ~ ausweisen*** dichiarare un utile; ***~ ausschütten, verteilen*** corrispondere gli utili; ***jdn am ~ beteiligen*** far partecipare qcn. agli utili **3** *(Nutzen)* tornaconto *m.*, vantaggio *m.*: ***seinen ~ suchen*** cercare il proprio tornaconto; ***einen ~ von etw. haben*** trarre vantaggio da qcs. **4** vincita *f.*; premio *m.*: ***-e ausschütten*** distribuire premi; ***jedes dritte Los ist ein ~*** si vince una volta su tre **5a** ***~ bringend*** redditizio, lucrativo; *(nutzbringend)* proficuo: ***ein ~ bringendes Geschäft*** un affare redditizio **b** in modo redditizio; in modo proficuo: ***seine Zeit ~ bringend verbringen*** trascorrere il proprio tempo in modo proficuo ◆ ***er hat keinen ~ davon*** non ci guadagna niente; ***ein Buch mit großem ~ lesen*** trarre grande profitto dalla lettura di un libro. **Ge|winn|ab|schöp|fung** f. *(-,-en)* tassazione *f.* degli utili. **Ge|winn|an|teil** m. *(-[e]s,-e)* ECON. quota *f.* di partecipazione agli utili, quota *f.* di utile. **Ge|winn|aus|schüt|tung** f. *(-,-en)* ECON. distribuzione *f.*, ripartizione *f.* degli utili. **ge|winn|be|rech|tigt** agg. partecipante agli utili. **Ge|winn|be|tei|li|gung** f. *(-,-en)* ECON. partecipazione *f.* agli utili. **ge|winn|brin|gend** → **Gewinn.** **Ge|winn|chan|ce** [-ʃã:sə] f. *(-,-n)* **1** possibilità *f.* di guadagno **2** *(im Spiel)* possibilità *f.* di vincita.
ge|win|nen *(gewann, gewonnen)* **I** tr. **1a** vincere: ***den Krieg, einen Prozess, die Wahlen, ein Spiel ~*** vincere la guerra, un processo, le elezioni, un gioco; ***(einen Preis) in der Lotterie ~*** vincere (un premio) alla lotteria **b** assol. ***wir müssen ~!*** dobbiamo vincere! ***nach Punkten, haushoch, knapp ~*** vincere ai punti, in modo netto, di misura **2** *(erhalten)* ottenere, guadagnare, conquistar(si): ***jds Zuneigung, Gunst ~*** ottenere l'affetto, il favore di qcn.; ***jds Sympathie ~*** conquistarsi la simpatia di qcn.; ***Achtung vor jdm ~*** ottenere la considerazione di qcn.; ***jdn für sich ~*** conquistarsi le simpatie di qcn.; ***jdn zum Freund ~*** conquistarsi l'amicizia di qcn.; ***Mut zu etw. ~*** trovare il coraggio per fare qcs. ***jdn für eine Sache ~*** conquistare qcn. ad una causa **3a** *(verdienen)* guadagnare (anche FIG.): ***Zeit, Boden ~*** guadagnare tempo, terreno; ***viel Geld am Verkauf ~*** guadagnare molto denaro dalla vendita; ***dabei ist nichts, viel zu ~*** non c'è nulla, c'è molto da guadagnare **b** LETT. *(erreichen)* guadagnare, raggiungere: ***das Ufer ~*** guadagnare la riva; ***das Freie ~*** arrivare all'aria aperta; ***die hohe See ~*** raggiungere il mare aperto **4** *(bekommen)* assumere, acquistare: ***eine besondere Bedeutung, ein besonderes Gewicht ~*** assumere un significato, un peso particolare **5** estrarre, ricavare: ***Zucker aus Rüben ~*** ricavare lo zucchero dalle barbabietole; ***Kohle ~*** estrarre il carbone **II** intr. (aus. *haben*) acquistare: ***an Schönheit, Sicherheit ~*** acquistare in bellezza, in sicurezza; ***das Bild hat durch den neuen Rahmen sehr gewonnen*** con la nuova cornice il quadro ha acquistato molto; ***sie hat in letzter Zeit sehr gewonnen*** negli ultimi tempi è migliorata molto ◆ ***den Abstand von etw. ~*** prendere le distanze da qcs.; ***es gewinnt den Anschein, dass...*** pare che..., fa l'effetto di...; ***an Bedeutung ~*** assumere maggiore importanza; ***einen Eindruck ~*** ricevere un'impressione; ***Geschmack an etw. ~*** prendere gusto a qcs.; ***jdn als Kunden ~*** acquisire qcn. fra i propri clienti; ***die Oberhand ~*** prendere il sopravvento. **ge|win|nend I** p.pres. agg. **1** → **gewinnen 2** attraente, accattivante: ***eine -e Art*** modi accattivanti **II** avv. in modo attraente, accattivante: ***~ lächeln*** sorridere in modo accattivante.
Ge|win|ner m. *(-s,-)* vincitore *m.* **Ge|win|ne|rin** f. *(-,-nen)* vincitrice *f.* **Ge|win|ner|stra|ße, *auf der ~ sein*** avere la vittoria in pugno.
Ge|winn|klas|se f. *(-,-n)* categoria *f.* (dei vincitori). **Ge|winn|lis|te** f. *(-,-n)* elenco *m.*, lista *f.* dei vincitori. **Ge|winn|los** n. *(-es,-e)* numero *m.* vincente. **Ge|winn|num|mer** f. *(-,-n)* numero *m.* vincente. **ge|winn|reich** agg. redditizio, lucroso. **Ge|winn|satz** m. *(-es,-sätze)* SPORT set *m.* vincente, decisivo. **Ge|winn|span|ne** f. *(-,-n)* margine *m.* di profitto. **Ge|winn|stre|ben** n. *(-s)* ricerca *f.* del profitto. **Ge|winn|sucht** f. *(-)* avidità *f.* di lucro. **ge|winn|süch|tig** agg. avido di lucro. **ge|winn|träch|tig** agg. che lascia presagire una vittoria, un guadagno. **Ge|winn-und-Ver|lust-Rech|nung** f. *(-,-en)* COMM. conto *m.* profitti e perdite.
Ge|win|nung f. *(-)* **1** MIN. estrazione *f.* **2** *(Erzeugung)* produzione *f.*
Ge|winn|zahl f. *(-,-en)* → **Gewinnnummer.**
Ge|win|sel n. *(-s)* SPREG. **1** mugolio *m.* **2** *(Klagen)* piagnucolio *m.*
Ge|winst m. *(-[e]s,-e)* ANT. → **Gewinn.**
Ge|wir|bel n. *(-s)* turbinio *m.*
ge|wirkt p.pass. agg. **1** → **wirken 2** TESS. a maglia.
Ge|wirr n. *(-[e]s)*, **Ge|wir|re** n. *(-s)* **1** groviglio *m.*, garbuglio *m.*: ***ein ~ von Fäden, Drähten*** un groviglio di fili **2** FIG. ***ein ~ von Straßen*** un groviglio, un labirinto di strade; ***ein ~ von Stimmen*** un brusio, una confusione di voci; ***ein ~ von Paragraphen*** un guazzabuglio di paragrafi.
Ge|wis|per n. *(-s)* bisbiglio *m.*
ge|wiss I agg. **1** *(nicht genau bestimmbar)* certo: ***ein gewisser Herr Braun*** un certo signor Braun; ***eine gewisse Ähnlichkeit*** una certa somiglianza; ***in gewissem Sinn, in gewisser Beziehung*** in un certo senso, in qualche modo; ***bis zu einem gewissen Grad*** fino a un certo punto **2** certo, sicuro: ***seines Sieges, seiner Hilfe, ihrer Liebe ~ sein*** essere sicuro della propria vittoria, del suo aiuto, del suo amore; ***etw. für ~ halten*** ritenere certo qcs.; ***etw. als ~ behaupten*** affermare qcs. per certo **II** avv. **1** certamente, sicuramente, senza dubbio: ***~ nicht*** certamente no, no davvero; ***ich werde ~ kommen*** verrò sicuramente **2** certo, eccome: ***aber ~ (doch)!*** ma certo! ◆ ***ich bin meiner Sache ~*** sono sicuro del fatto mio; ***das gewisse Etwas*** quel certo non so che.
Ge|wis|sen n. *(-s,-)* coscienza *f.*: ***ein reines, schlechtes ~ haben*** avere la coscienza pulita (*o* a posto), la coscienza sporca (*o* una cattiva coscienza); ***sein ~ beruhigen, erleichtern*** tranquillizzare, alleggerirsi la coscienza; ***an jds ~ appellieren*** appellarsi alla coscienza di qcn.; ***etw. plagt, quält mein ~*** qcs. tormenta la mia coscienza, mi rimorde la coscienza ◆ ***das ärztliche ~*** la coscienza professionale di medico; ***jdn, etw. auf dem ~ haben*** avere qcn., qcs. sulla coscienza; ***etw. mit gutem ~ tun*** fare qcs. in (*o* secondo) coscienza; ***jdm ins ~ reden*** fare la morale a qcn.; ***sich (D) kein ~ aus etw. machen*** non farsi scrupolo di qcs., non darsi pensiero di qcs.; ***nach Recht und ~*** secondo giustizia e coscienza; ***etw. ruhigen -s tun*** fare qcs. con la coscienza tranquilla; ***jdm schlägt das ~*** a qcn. si desta la coscienza; ***das ~ zum Schweigen bringen*** far tacere la voce della coscienza; ***etw. wider besseres (Wissen und) ~ tun*** fare qcs. contro (scienza e) coscienza; PROV. ***ein gutes ~ ist ein sanftes Ruhekissen*** = con la coscienza pulita (*o* a posto) si dorme tranquilli. **ge|wis|sen|haft I** agg. coscienzioso, scrupoloso **II** avv. coscienziosamente, scrupolosamente. **Ge|wis|sen|haf|tig|keit** f. *(-)* coscienziosità *f.*, scrupolosità *f.*: ***etw. mit ~ tun*** fare qcs. con coscienziosità. **ge|wis|sen|los I** agg. senza coscienza, privo di scrupoli **II** avv. senza coscienza. **Ge|wis|sen|lo|sig|keit** f. *(-,-en)* **1** mancanza *f.* di coscienza (*o* di scrupoli) **2** *(gewissenlose Handlung)* azione *f.* priva di scrupoli. **Ge|wis|sens|biss** m. *(-es,-e)* rimorso *m.* di coscienza, scrupolo *m.*: ***-e haben, empfinden*** avere, sentire rimorsi; ***sich -e wegen etw., über etw. machen*** farsi scrupoli per qcs. **Ge|wis|sens|ent|schei|dung** f. *(-,-en)* decisione *f.* (presa) in coscienza. **Ge|wis|sens|er|for|schung** f. *(-,-en)* esame *m.* di coscienza. **Ge|wis|sens|fra|ge** f. *(-,-n)* questione *f.* (*o* caso *m.*, problema *m.*) di coscienza. **Ge|wis|sens|frei|heit** f. *(-)* libertà *f.* di coscienza. **Ge|wis|sens|grün|de** pl. motivi *m.pl.* di coscienza; ***Kriegsdienstverweigerung aus -n*** obiezione di coscienza. **Ge|wis|sens|kon|flikt** m. *(-[e]s,-e)*, **Ge|wis|sens|not** f. *(-,-nöte)* conflitto *m.* di coscienza: ***in ~ geraten*** entrare in conflitto con la propria coscienza. **Ge|wis|sens|wurm** m. *(-[e]s)* SCHERZ. rimorso *m.* **Ge|wis|sens|zwang** m. *(-[e]s)* coercizione *f.*, costrizione *f.* morale: ***unter ~ stehen*** essere sotto coercizione morale.
ge|wis|ser|ma|ßen avv. in un certo senso, per così dire: ***er vertritt ~ den Chef*** rappresenta in un certo senso il capo.
Ge|wiss|heit f. *(-)* certezza *f.*, sicurezza *f.*: ***die ~, am besten zu handeln*** la sicurezza di agire per il meglio; ***~ über etw. haben, bekommen (erlangen)*** avere, raggiungere la certezza in qcs.; ***sich (D) ~ über etw. (A) verschaffen*** accertarsi di qcs.; ***zur ~ werden*** diventare una certezza.
ge|wiss|lich avv. certissimamente.
Ge|wit|ter n. *(-s,-)* **1** temporale *m.*: ***ein schweres, heftiges ~*** un violento temporale; ***ein ~ droht, entlädt sich*** minaccia, scoppia un temporale; ***ein ~ kommt, zieht auf, braut sich zusammen, ist im Anzug*** arriva, si prepara, si annuncia un temporale, c'è aria di temporale; ***ein ~ zieht vorüber*** si allontana un temporale **2** FIG. burrasca *f.*, bufera *f.*: ***ein häusliches ~*** una burrasca in famiglia. **Ge|wit|ter|ecke** f. *(-)* zona *f.* di temporali. **Ge|wit|ter|front** f.

(-,-en) fronte *m.* temporalesco. **Ge|wit|ter|him|mel** m. *(-s)* cielo *m.* temporalesco. **ge|wit|te|rig** → **gewittrig. ge|wit|tern** intr. (aus. *haben*) impers. ***es gewittert*** fa temporale; FIG. c'è aria di temporale. **Ge|wit|ter|nei|gung** f. *(-)* tendenza *f.* a manifestazioni temporalesche. **Ge|wit|ter|re|gen** m. *(-s,-)* pioggia *f.* torrenziale, dirotta. **ge|wit|ter|schwül** agg. afoso (come prima di un temporale). **Ge|wit|ter|stim|mung** f. *(-)* aria *f.* di temporale (anche FIG.). **Ge|wit|ter|sturm** m. *(-[e]s,-stürme)* tempesta *f.*, bufera *f.* **Ge|wit|ter|wand** f. *(-,-wände)* nuvoloni *m.pl.* temporaleschi. **Ge|wit|ter|wol|ke** f. *(-,-n)* nuvola *f.* temporalesca. **ge|witt|rig** agg. **1** temporalesco, di temporale: ***-e Niederschläge*** rovesci temporaleschi. **2** FIG. di tempesta, tempestoso, burrascoso.

Ge|wit|zel n. *(-s)* arguzie *f.pl.* **ge|wit|zigt** agg. scaltrito, smaliziato. **ge|witzt** agg. scaltro, furbo, astuto. **Ge|witzt|heit** f. *(-)* scaltrezza *f.*, furbizia *f.*, astuzia *f.*

GewO ⇒ *Gewerbeordnung* (regolamento in materia di professioni e mestieri).

ge|wo|ben → **weben.**

Ge|wo|ge n. *(-s)* l'ondeggiare, il fluttuare (anche FIG.): ***im ~ der Menschenmassen, der Eindrücke*** nel fluttuare delle masse, delle impressioni.

ge|wo|gen p.pass. agg. **1** → **wiegen 2a** *(zugetan)* affezionato: ***jdm sehr ~ sein*** essere molto affezionato a qcn. **b** *(wohlwollend)* bendisposto, benevolo: ***jdm, etw. ~ sein*** essere bendisposto verso (*o* nei confronti di) qcn., qcs. ◆ ***großzügig, gut ~*** buon peso; LETT. ***~ und zu leicht befunden*** a conti fatti, non è all'altezza (*o* non è adatto). **Ge|wo|gen|heit** f. *(-)* benevolenza *f.*; *(Zugetansein)* affetto *m.*

ge|wöh|nen I tr. abituare: ***jdn an etw. (A) ~*** abituare qcn. a qcs. **II** rifl. ***sich an etw. (A) ~*** abituarsi a qcs.

Ge|wohn|heit f. *(-,-en)* abitudine *f.*: ***aus ~*** per abitudine; ***die Macht der ~*** la forza dell'abitudine; ***eine schlechte, üble ~*** una cattiva abitudine; ***nach meiner, gegen meine ~*** secondo, contro le mie abitudini; ***eine ~ ablegen, annehmen*** smettere, prendere un'abitudine; ***in die ~ verfallen, zu rauchen*** prendere l'abitudine di fumare; ***etw. wird jdm zur ~*** qcs. diventa abituale a, per qcn. **ge|wohn|heits|ge|mäß** avv. come d'abitudine. **ge|wohn|heits|mä|ßig I** agg. abituale **II** avv. abitualmente, per abitudine. **Ge|wohn|heits|mensch** m. *(-en,-en)* abitudinario *m.* (-a *f.*). **Ge|wohn|heits|recht** n. *(-[e]s)* diritto *m.* consuetudinario. **ge|wohn|heits|recht|lich** agg. del diritto consuetudinario. **Ge|wohn|heits|tier** n. *(-[e]s,-e)* SCHERZ. = persona *f.* schiava delle proprie abitudini. **Ge|wohn|heits|trin|ker** m. *(-s,-)* bevitore *m.* abituale. **Ge|wohn|heits|ver|bre|cher** m. *(-s,-)* delinquente *m.* abituale.

ge|wöhn|lich I agg. **1** *(normal)* normale, comune: ***im -en Leben*** nella vita quotidiana **2** *(üblich)* solito, consueto, usuale: ***die -en Beschäftigungen*** le solite occupazioni **3** *(durchschnittlich)* ordinario, comune: ***ein -er Mensch*** un tipo comune, una persona qualunque **4** *(gemein)* volgare, poco fine: ***ein -es Benehmen*** un comportamento volgare **II** avv. **1** ***(für) ~*** di solito, solitamente; ***wie ~*** come al solito **2** *(ordinär)* in modo volgare, grossolano: ***sich ~ benehmen*** comportarsi in modo volgare. **Ge|wöhn|lich|keit** f. *(-)* volgarità *f.*, grossolanità *f.*

ge|wohnt agg. **1** abituale, solito, consueto: ***zur -en Zeit*** alla solita ora; ***in -er Weise*** al solito modo, come al solito **2** abituato: ***die Mühe ~ sein*** essere abituato alla fatica; ***ich bin es ~, allein zu sein*** sono abituato a stare da solo. **ge|wöhnt** p.pass. agg. → **gewohnt (2). ge|wohn|ter|ma|ßen** avv. come al solito. **Ge|wöh|nung** f. *(-)* assuefazione *f.*: ***die ~ an Drogen, an Alkohol*** l'assuefazione alle droghe, all'alcol; ***die ~ an ein Klima*** l'acclimatazione.

Ge|wöl|be n. *(-s,-)* **1** volta *f.* **2** *(Raum mit gewölbter Decke)* locale *m.* con soffitto a volta. **Ge|wöl|be|bo|gen** m. *(-s,-)* arco *m.* a volta. **Ge|wöl|be|pfei|ler** m. *(-s,-)* piedritto *m.* della volta. **Ge|wöl|be|rip|pe** f. *(-,-n)* costolone *m.* della volta. **Ge|wöl|be|rü|cken** m. *(-s,-)* estradosso *m.* **ge|wölbt** p.pass. agg. **1** → **wölben 2** ARCH. a volta.

Ge|wölk n. *(-[e]s)* nuvole *f.pl.*, nubi *f.pl.*

ge|wollt p.pass. agg. **1** → **wollen 2** *(künstlich)* artificioso, innaturale: ***-e Lustigkeit*** allegria innaturale.

ge|won|nen → **gewinnen.**

ge|wor|ben → **werben.**

ge|wor|den → **werden.**

ge|wor|fen → **werfen.**

ge|wrun|gen → **wringen.**

Ge|wühl n. *(-[e]s)* **1** *(Durcheinander)* confusione *f.*, trambusto *m.*; *(von Leuten)* mischia *f.*, ressa *f.*: ***sich ins ~ stürzen*** buttarsi nella mischia **2** il (continuo) rovistare, frugare.

ge|wun|den p.pass. agg. **1** → **winden 2** tortuoso, contorto (anche FIG.) ◆ ***eine -e Treppe*** una scala a chiocciola.

ge|wun|ken → **winken.**

ge|wür|felt p.pass. agg. **1** → **würfeln 2** *(kariert)* quadrettato, a quadri **3** REGION. *(schlau)* sveglio, furbo.

Ge|würm n. *(-[e]s)* (mucchio *m.* di) vermi *m.pl.*

Ge|würz n. *(-es,-e)* spezie *f.pl.* **Ge|würz|gur|ke** f. *(-,-n)* cetriolo *m.* sott'aceto. **ge|wür|zig** agg. aromatico. **Ge|würz|kraut** n. *(-[e]s, -kräuter)* erba *f.* aromatica. **Ge|würz|ku|chen** m. *(-s,-)* INTRAD. (dolce con miele, noci e spezie). **Ge|würz|mi|schung** f. *(-,-en)* spezie *f.pl.* miste. **Ge|würz|nel|ke** f. *(-,-n)* chiodo *m.* di garofano. **Ge|würz|pflan|ze** f. *(-,-n)* pianta *f.* aromatica. **Ge|würz|stän|der** m. *(-s,-)* mensola *f.* per le spezie. **Ge|würz|wein** m. *(-[e]s,-e)* vino *m.* aromatizzato.

ge|wusst → **wissen.**

Gey|sir m. *(-s,-e)* geyser *m.*

gez. ⇒ *gezeichnet* firmato (f.to).

Ge|zänk n. *(-[e]s)*, **Ge|zan|ke** n. *(-s)* litigio *m.*, disputa *f.*

Ge|zap|pel n. *(-s)* COLLOQ. dimenamento *m.*, dimenio *m.*

Ge|zei|ten pl. maree *f.pl.* **Ge|zei|ten|kraft|werk** n. *(-[e]s,-e)* centrale *f.* maremotrice. **Ge|zei|ten|ta|fel** f. *(-,-n)* tabella *f.* delle maree. **Ge|zei|ten|wech|sel** m. *(-s,-)* alternanza *f.* delle maree. **Ge|zei|ten|wel|le** f. *(-,-n)* onda(ta) *f.* di marea.

Ge|zer|re n. *(-s)* il continuo tirare, strappo *m.* (anche FIG.).

Ge|ze|ter n. *(-s)* strilli *m.pl.*, grida *f.pl.*

Ge|zie|fer n. *(-s)* **1** ANT. *(Ungeziefer)* insetti *m.pl.* **2** REGION. *(Haustiere)* animali *m.pl.* domestici.

ge|zie|hen → **zeihen.**

ge|zielt I p.pass. agg. **1** → **zielen 2** mirato: ***-e Fragen stellen*** fare domande mirate **II** avv. in modo mirato.

ge|zie|men I intr. (aus. *haben*) ANT. confarsi, addirsi: ***das geziemt dir nicht*** questo non ti si addice **II** rifl. ***sich ~*** impers. ***es geziemt sich*** si conviene, si addice. **ge|zie|mend,** ANT. **ge|ziem|lich I** agg. **1** LETT. conveniente: ***in -er Weise*** in modo conveniente **2** dovuto: ***mit -em Respekt*** col dovuto rispetto **II** avv. convenientemente, come si deve.

Ge|zie|re n. *(-s)* affettazione *f.*, leziosaggine *f.* **ge|ziert I** p.pass. agg. **1** → **zieren 2** *(affektiert)* affettato, lezioso **II** avv. in modo affettato, lezioso: ***sich ~ benehmen*** comportarsi con affettazione. **Ge|ziert|heit** f. *(-)* → **Geziere.**

Ge|zirp n. *(-[e]s)*, **Ge|zir|pe** n. *(-s)* (il) frinire *m.*, stridio *m.*

Ge|zisch n. *(-[e]s)*, **Ge|zi|sche** n. *(-s)* sibilio *m.* **Ge|zi|schel** n. *(-s)* SPREG. bisbiglio *m.*, mormorio *m.*

ge|zo|gen → **ziehen.**

Ge|zün|gel n. *(-s)* (il) guizzare *m.*

Ge|zweig n. *(-[e]s)* LETT. rami *m.pl.*

Ge|zwit|scher n. *(-s)* cinguettio *m.*

ge|zwun|gen p.pass. agg. **1** → **zwingen 2a** *(unnatürlich)* forzato, innaturale: ***ein -es Lächeln*** un sorriso forzato **b** *(geziert)* affettato **c** *(steif)* stentato, impacciato **II** avv. **1** *(unnatürlich)* in modo forzato, innaturale **2** *(künstlich)* in modo affettato, con affettazione. **ge|zwun|ge|ner|ma|ßen** avv. forzatamente, per forza. **Ge|zwun|gen|heit** f. *(-)* affettazione *f.*

GG ⇒ RFT *Grundgesetz* Costituzione.

ggf. ⇒ *gegebenenfalls* eventualmente.

g. g. T, ggT ⇒ *größter gemeinsamer Teiler* massimo comun divisore (M.C.D.).

Gha|na|er m. *(-s,-)* ghaneano. **gha|na|isch** agg. ghaneano.

Ghet|to → **Getto.**

Ghi|bel|li|ne → **Gibelline.**

Ghost|wri|ter ['goustraıtə] m. *(-s,-)* ghost writer *m.*

Gib|bon m. *(-s,-s)* gibbone *m.*

Gi|bel|li|ne m. *(-n,-n)* ghibellino *m.*

Gib|ral|tar n.pr.m. *(-s)* Gibilterra *f.* ◆ ***Straße von ~*** Stretto di Gibilterra.

1.Gicht f. *(-,-en)* METALL. **1** bocca *f.* dell'altoforno **2** *(Beschickung des Hochofens)* carica *f.*

2.Gicht f. *(-)* MED. gotta *f.*, podagra *f.* **Gicht|an|fall** m. *(-[e]s,-anfälle)* attacco *m.* di gotta. **Gicht|bee|re** f. *(-,-n)* REGION. ribes *m.* nero. **gicht|brü|chig** agg. ANT. gottoso. **Gicht|gas** n. *(-es,-e)* gas *m.* d'altoforno. **gich|tig, gich|tisch** agg. gottoso. **Gicht|kno|ten** m. *(-s,-)* tofo *m.* gottoso. **gicht|krank** agg. gottoso, malato di gotta.

Gi|ckel m. *(-s,-)* REGION. gallo m.

gi|ckeln, gi|ckern intr. (aus. *haben*) REGION. ridacchiare, ridere sotto i baffi.

gicks COLLOQ. ***weder ~ noch gacks wissen, sagen, verstehen*** non sapere nulla di nulla, non dire né a né ba, non capire un'acca.

Gie|bel m. *(-s,-)* ARCH. **1** pignone *m.* **2** *(dekoratives Motiv)* cuspide *f.*

3 *(von Tempeln)* timpano *m.*, frontone *m.* **Gie|bel|dach** n. *(-[e]s, -dächer)* tetto *m.* a spioventi (*o* a capanna). **Gie|bel|feld** n. *(-[e]s, -er)* ARCH. timpano *m.* **Gie|bel|fens|ter** n. *(-s,-)* 1 *(Fenster im Giebel)* finestra *f.* del frontone 2 *(Fenster mit Giebel)* finestra *f.* sormontata da un frontone. **Gie|bel|haus** n. *(-es,-häuser)* casa *f.* con tetto a capanna (*o* a doppia falda). **gie|be|lig** agg. cuspidale, a cuspide. **Gie|bel|sei|te** f. *(-,-n)* lato *m.* con frontone, lato *m.* culminante in forma cuspidale. **Gie|bel|wand** f. *(-,-wände)* parete *f.* (*o* muro *m.*) culminante in forma cuspidale. **gieb|lig** → **giebelig.**

Gie|men n. *(-s)* corneggio *m.*

Gie|per m. *(-s)* REGION. voglia *f.*: ***einen ~ auf etw. haben*** avere voglia di qcs. **gie|pern** intr. (aus. *haben*) REGION. ***nach etw. ~*** avere voglia di qcs. **giep|rig** agg. REGION. avido, vorace.

Gier f. *(-)* 1 avidità *f.*, cupidigia *f.*, brama *f.*: ***blinde, maßlose ~ nach etw.*** cieca, smisurata avidità di qcs. 2 *(Essgier)* avidità *f.*, voracità *f.*, ingordigia *f.*

gie|ren intr. (aus. *haben*) 1 ***nach etw. ~*** bramare qcs., essere avido di qcs. 2 MAR. deviare, non obbedire al timone.

Gier|fäh|re f. *(-,-n)* traghetto *m.* a cavo.

gie|rig I agg. 1 avido, bramoso 2 *(essgierig)* avido, vorace, ingordo: ***nach, auf etw. ~ sein*** essere avido di qcs. **II** avv. 1 avidamente, con avidità: ***~ lesen*** leggere con avidità 2 *(essgierig)* voracemente, avidamente, con ingordigia. **Gie|rig|keit** f. *(-)* RAR. → **Gier.**

Gieß|bach m. *(-[e]s,-bäche)* torrente *m.* **Gieß|bad** n. *(-[e]s,-bäder)* doccia *f.*

gie|ßen *(goss, gegossen)* **I** tr. **1a** versare: ***Wein in die Gläser ~*** versare del vino nei bicchieri; ***Wasser auf*** (o ***über) den Braten ~*** versare dell'acqua sull'arrosto **b** *(versehentlich ausgießen)* rovesciare, versare: ***Kaffee über die Tischdecke ~*** rovesciare del caffè sulla tovaglia **2** LETT. spandere: ***der Mond gießt sein Licht über die Felder*** la luna spande la sua luce sui campi **3** annaffiare (*o* innaffiare): ***die Pflanzen, den Garten ~*** annaffiare le piante, il giardino **4** *(in Formen gießen)* colare, gettare **5** *(schmelzen)* fondere **II** intr. (aus. *haben*) impers. ***es gießt*** piove (a dirotto), diluvia ◆ ***sich einen hinter die Binde ~*** bersi un bicchiere; ***es gießt wie aus Eimern, Kübeln*** piove a catinelle; ***es gießt in Strömen*** piove a dirotto; PROV. ***Öl ins Feuer ~*** gettare olio sul fuoco.

Gie|ßer m. *(-s,-)* fonditore *m.* **Gie|ße|rei** f. *(-,-en)* METALL. 1 *(Schmelzen)* fusione *f.* 2 *(vom Betrieb)* → **Gießhütte. Gie|ße|rei|be|trieb** m. *(-[e]s,-e)* → **Gießhütte.**

Gieß|form f. *(-,-en)* forma *f.* (*o* stampo *m.*) da fonderia. **Gieß|harz** n. *(-es,-e)* TECN. resina *f.* da getto (*o* per colata). **Gieß|hüt|te** f. *(-,-n)* fonderia *f.* **Gieß|kan|ne** f. *(-,-n)* 1 annaffiatoio *m.*, innaffiatoio *m.* 2 SCHERZ. *(Penis)* pisello *m.* **Gieß|kan|nen|prin|zip** n. *(-s)* ***etw. nach dem ~ verteilen*** = distribuire indistintamente qcs. **Gieß|ma|schi|ne** f. *(-,-n)* fonditrice *f.* **Gieß|ofen** m. *(-s, -öfen)* forno *m.* fusorio, altoforno *m.* **Gieß|ver|fah|ren** n. *(-s,-)* procedimento *m.* (*o* processo *m.*) di fusione, fusione *f.*

Gift n. *(-[e]s,-e)* veleno *f.* (anche FIG.): ***ein tödliches, schleichendes ~*** un veleno letale, lento; ***der Kaffee ist ~ für ihn*** il caffè per lui è veleno ◆ ***ein blondes ~*** una bionda fatale, una bella biondona; ***~ und Galle speien, spucken*** schizzare veleno; ***auf jdn ~ und Galle sein*** avere il dente avvelenato contro qcn.; ***jdm ~ geben*** avvelenare qcn.; ***~ nehmen*** prendere il veleno, avvelenarsi; COLLOQ. ***darauf kannst du ~ nehmen!*** puoi metterci la mano sul fuoco! puoi giurarci! ***voller ~ sein, stecken*** avere il dente avvelenato, essere pieno di veleno; ***durch ~ umkommen*** morire avvelenato; ***sein ~ verspritzen, versprühen*** sputare veleno. **Gift|be|cher** m. *(-s,-)* STOR. coppa *f.* avvelenata, calice *m.* del veleno. **Gift|drü|se** f. *(-,-n)* ghiandola *f.* velenifera.

gif|ten I tr. COLLOQ. fare inviperire, mandare in bestia: ***ihr Erfolg giftet ihn*** il suo successo lo manda in bestia **II** rifl. **sich ~** inviperirsi, imbestialirsi **III** intr. (aus. *haben*) sputare veleno.

gift|fest agg. immune da veleno. **gift|frei** agg. atossico. **Gift|gas** n. *(-es,-e)* gas *m.* tossico. **gift|grün** agg. verde brillante. **gift|hal|tig** agg. velenoso, tossico.

gif|tig I agg. 1 velenoso, tossico: ***-e Schlangen, Gase*** serpenti velenosi, gas tossici **2** FIG. COLLOQ. *(bösartig)* astioso, velenoso: ***eine -e Bemerkung*** un'osservazione astiosa **3** *(von Farben)* brillante, squillante **4** SPORT *(verbissen)* rabbioso, feroce **II** avv. con astio, in modo astioso, velenoso: ***jdn ~ anschauen*** guardare qcn. con astio ◆ ***jdn ~ machen*** far adirare qcn.; ***auf jdn ~ sein*** essere invelenito contro qcn. **Gif|tig|keit** f. *(-)* 1 velenosità *f.*, tossicità *f.* 2 FIG. *(Bösartigkeit)* astiosità *f.*, velenosità *f.*

Gift|krö|te f. *(-,-n)* COLLOQ. SPREG. persona *f.* velenosa, vipera *f.* **Gift|kü|che** f. *(-,-n)* FIG. fucina *f.* di maldicenze. **Gift|leh|re** f. *(-)* tossicologia *f.* **Gift|mi|scher** m. *(-s,-)* COLLOQ. avvelenatore *m.* **Gift|mi|sche|rin** f. *(-,-nen)* COLLOQ. avvelenatrice *f.*

Gift|mord m. *(-[e]s,-e)* omicidio *m.* per avvelenamento, LETT. veneficio *m.* **Gift|mör|der** m. *(-s,-)* avvelenatore *m.* **Gift|mör|de|rin** f. *(-,-nen)* avvelenatrice *f.*

Gift|müll m. *(-[e]s)* rifiuti *m.pl.* tossici. **Gift|nu|del** f. *(-,-n)* 1 SCHERZ. sigaro *m.* (di qualità scadente); *(Zigarette)* sigaretta *f.* (di qualità scadente) 2 → **Giftkröte. Gift|pfeil** m. *(-[e]s,-e)* 1 freccia *f.* avvelenata 2 FIG. *(boshafte Bemerkung)* frecciata *f.* **Gift|pflan|ze** f. *(-,-n)* pianta *f.* velenosa. **Gift|pilz** m. *(-es,-e)* fungo *m.* velenoso. **Gift|schlan|ge** f. *(-,-n)* serpente *m.* velenoso. **Gift|schrank** m. *(-[e]s,-schränke)* 1 armadietto *m.* dei veleni 2 COLLOQ. FIG. armadio *m.* dei libri proibiti. **Gift|sta|chel** m. *(-s,-)* pungiglione *m.* **Gift|stoff** m. *(-[e]s,-e)* sostanza *f.* tossica. **Gift|zahn** m. *(-[e]s,-zähne)* 1 ZOOL. dente *m.* velenifero 2 FIG. *(Wut)* dente *m.* avvelenato, rabbia *f.* ◆ ***jdm die Giftzähne ausbrechen, ziehen*** rendere qcn. inoffensivo. **Gift|zet|tel** m. *(-s,-)* SCOL. REGION. pagella *f.* **Gift|zwerg** m. *(-[e]s,-e)* COLLOQ. nano *m.* malefico.

1.Gig n. *(-s,-s)* ANT. *(Einspänner)* barroccino *m.*, calesse *m.*

2.Gig f. *(-,-s)* e RAR. n. *(-s,-s)* MAR. iole *f.*

Gi|gant m. *(-en,-en)* gigante *m.* (anche FIG.). **gi|gan|tisch** agg. gigantesco. **Gi|gan|tis|mus** m. *(-)* gigantismo *m.* **Gi|gan|to|gra|phie** f. *(-)* gigantografia *f.* **Gi|gan|to|ma|chie** f. *(-)* gigantomachia *f.* **Gi|gan|to|ma|nie** f. *(-)* mania *f.* di gigantismo.

Gi|go|lo ['ʒi:golo] m. *(-s,-s)* 1 ANT. gigolo *m.* 2 *(Eintänzer)* ballerino *m.* scritturato.

Gi|gue [ʒi:k] f. *(-,-n)* giga *f.*

gil|ben intr. (aus. *haben*) LETT. ingiallire.

Gil|de f. *(-,-n)* 1 STOR. gilda *f.*, corporazione *f.* 2 *(Genossenschaft)* associazione *f.* **Gil|de|haus** n. *(-es,-häuser)* casa *f.* (*o* sede *f.*) della corporazione. **Gil|de|meis|ter** m. *(-s,-)* capo *m.* della corporazione. **Gil|den|hal|le** f. *(-,-n)* → **Gildehaus. Gil|den|schaft** f. *(-,-en)* corporazione *f.*

Gi|let [ʒi'le:] n. *(-s,-s)* gilè *m.*, gilet *m.*

Gim|pel m. *(-s,-)* 1 ORNIT. ciuffolotto *m.* 2 COLLOQ. SPREG. sempliciotto *m.*, babbeo *m.* **Gim|pel|fang** m. *(-[e]s)* FIG. caccia *f.* agli allocchi. **gim|pel|haft** agg. da stupido, da babbeo.

Gin [dʒɪn] m. *(-s,-s)* gin *m.*

ging → **gehen.**

Gin|ger ['dʒɪndʒɐ] m. *(-s,-)* zenzero *m.*

Gin|gi|vi|tis f. *(-, Gingivitiden)* gengivite *f.*

Gin|seng ['gɪnzɛŋ] m. *(-s,-s)* ginseng *m.*

Gins|ter m. *(-s,-)* ginestra *f.*

1.Gip|fel m. *(-s,-)* 1 cima *f.*, vetta *f.*: ***einen ~ besteigen, bezwingen*** salire, vincere una cima **2** *(Höhepunkt)* culmine *m.*, colmo *m.*, apice *m.*: ***auf dem ~ der Macht, des Ruhms sein*** essere all'apice del potere, al culmine della celebrità **3** POL. *(Gipfeltreffen)* vertice *m.* ◆ ***auf dem ~ des Erfolges*** sulla cresta dell'onda; ***das ist (doch) der ~!*** questo è (proprio) il colmo!

2.Gip|fel m. *(-s,-)* SVIZZ. GASTR. cornetto *m.*

Gip|fel|buch n. *(-[e]s,-bücher)* ALP. libro *m.* di vetta. **Gip|fel|ge|spräch** n. *(-[e]s,-e)* discorso *m.* al vertice. **Gip|fel|hö|he** f. *(-,-n)* AER. plafond *m.*, altezza *f.* massima. **gip|fe|lig** agg. a punta.

Gip|fel|kon|fe|renz f. *(-,-en)* conferenza *f.* al vertice. **Gip|fel|kreuz** n. *(-[e]s,-e)* ALP. croce *f.* di vetta. **Gip|fel|leis|tung** f. *(-,-en)* 1 primato *m.*, record *m.* 2 *(Meisterwerk)* capolavoro *m.*

gip|feln intr. (aus. *haben*) culminare, raggiungere i massimi livelli: ***in etw. (D) ~*** culminare in qcs.

Gip|fel|punkt m. *(-[e]s,-e)* punto *m.* culminante, culmine *m.* **Gip|fel|stür|mer** m. *(-s,-)* FIG. persona *f.* irruente. **Gip|fel|tref|fen** n. *(-s,-)* incontro *m.* al vertice. **gipf|lig** → **gipfelig.**

Gips m. *(-es,-e)* 1 gesso *m.*: ***eine Büste aus ~*** un busto di gesso; ***etw. in ~ gießen, formen*** fondere (*o* colare) qcs. in gesso; ***den ~ anrühren*** mescolare il gesso **2** *(Gipsverband)* gesso *m.*, ingessatura *f.*: ***den Arm im ~ haben*** avere il braccio ingessato; ***den Arm in ~ legen*** ingessare il braccio ◆ COLLOQ. ***~ im Kopf haben*** avere segatura al posto del cervello. **Gips|ab|druck** m. *(-[e]s,-abdrücke)*, **Gips|ab|guss** m. *(-es,-abgüsse)* calco *m.* in gesso. **Gips|bein** n. *(-[e]s,-e)* COLLOQ. gamba *f.* ingessata. **Gips|bett** n. *(-[e]s,-en)* MED. busto *m.* di gesso. **Gips|bin|de** f. *(-,-n)* → **Gipsverband. Gips|büs|te** f. *(-,-n)* busto *m.* di, in gesso.

gip|sen tr. **1a** *(mit Gips reparieren)* riparare col gesso **b** *(mit Gips überziehen)* tirare a gesso **c** ***die Decke ~*** stuccare il soffitto **2** COLLOQ. MED. ingessare **3** ENOL. gessare. **Gip|ser** m. *(-s,-)* stuccatore *m.* **gip|sern** agg. di gesso, gessoso.

Gips|fi|gur f. *(-,-en)* figura *f.* in gesso, gesso *m.* **Gips|form** f. *(-,-en)* stampo *m.* in gesso. **Gips|kopf** m. *(-[e]s,-köpfe)* SPREG. *(Dummkopf)* testa *f.* di legno. **Gips|kor|sett** n. *(-s,-e* e *-s)* → **Gipsbett. Gips|kra|wat|te** f. *(-,-n)* MED. collare *m.* (di gesso). **Gips|mas|ke** f. *(-,-n)* maschera *f.* di gesso. **Gips|mo|dell** n. *(-s,-e)* modello *m.*

in gesso. **Gips|plat|te** f. *(-,-n)* lastra *f.* di gesso. **Gips|ver|band** m. *(-[e]s,-verbände)* ingessatura *f.*: ***einen ~ anlegen*** ingessare.
Gi|raf|fe f. *(-,-n)* giraffa *f.*
Gi|rant [ʒi'rant] m. *(-en,-en)* BANC. girante *m.* e *f.* **Gi|rat** [ʒi'ra:t] m. *(-en,-en)*, **Gi|ra|tar** m. *(-s,-e)* BANC. giratario *m.* (-a *f.*). **gi|rie|ren** tr. BANC. girare: ***einen Scheck ~*** girare un assegno; ***einen Wechsel auf, an jdn ~*** girare una cambiale a beneficio di qcn.
Gir|lan|de f. *(-,-n)* ghirlanda *f.*
Gir|litz m. *(-es,-e)* verzellino *m.*
Gi|ro ['ʒi:ro] n. *(-s,-s* e austr. *Giri)* BANC. giroconto *m.* ◆ ***ausgefülltes ~*** girata piena; ***offenes ~*** girata in bianco; ***mit ~ versehen*** con girata. **Gi|ro|bank** f. *(-,-en)* → **Girokasse. Gi|ro|ein|la|gen** pl. depositi *m.pl.* attraverso giroconto. **Gi|ro|kas|se** f. *(-,-n)* banca *f.* (che svolge operazioni di giroconto). **Gi|ro|kon|to** n. *(-s,-s* e *-konten)* conto *m.* (per operazioni di giroconto).
Gi|ron|dis|ten [ʒirɔ̃'dɪstn] pl. STOR. girondini *m.pl.*
Gi|ro|scheck m. *(-s,-s)* assegno *m.* **Gi|ro|ver|kehr** m. *(-s)* → **Giro.**
gir|ren intr. (aus. *haben*) tubare (anche FIG.).
gis, Gis n. *(-,-)* sol *m.* diesis.
gis ⇒ *gis-Moll* sol diesis minore.
Gis ⇒ *Gis-Dur* sol diesis maggiore.
gi|schen ANT. → **gischten. Gischt** m. *(-[e]s,-e)* e f. *(-,-en)* schiuma *f.*, spuma *f.*, spruzzi *m.pl.* d'acqua: ***~ spritzend*** spumeggiante. **gisch|ten** intr. (aus. *haben*) spumeggiare.
Gis-Dur n. *(-)* sol *m.* diesis maggiore.
Gi|se|la n.pr.f. Gisella *f.*
gis-Moll n. *(-)* sol *m.* diesis minore.
gis|sen intr. (aus. *sein*) MAR. AER. stimare la posizione (geografica).
Gi|tar|re f. *(-,-n)* chitarra *f.*: ***~ spielen*** suonare la chitarra; ***jdn auf der ~ begleiten*** accompagnare qcn. alla chitarra; ***zur ~ singen*** cantare accompagnandosi con la chitarra. **Gi|tar|ren|spie|ler** m. *(-s,-)*, **Gi|tar|rist** m. *(-en,-en)* chitarrista *m.*
Git|ter n. *(-s,-)* **1** grata *f.*, inferriata *f.* **2** CHIM. FIS. MAT. reticolo *m.* **3** ELETTRON. griglia *f.* ◆ COLLOQ. ***hinter -n*** dietro le sbarre, in prigione; ***jdn hinter ~ bringen*** far condannare qcn. **git|ter|ar|tig** agg. a graticcio. **Git|ter|bett** n. *(-[e]s,-en)* letto *m.* (per bambini) a sponde alte. **Git|ter|fens|ter** n. *(-s,-)* finestra *f.* con grata (*o* con inferriata). **Git|ter|mast** m. *(-[e]s,-en* e *-e)* traliccio *m.*
git|tern tr. recintare con una cancellata.
Git|ter|netz n. *(-es,-e)* reticolo *m.* (*o* reticolato *m.*) geografico, quadrettatura *f.* **Git|ter|rost** m. *(-[e]s,-e)* graticola *f.*, griglia *f.* **Git|ter|span|nung** f. *(-,-en)* ELETTRON. tensione *f.* di griglia. **Git|ter|stab** m. *(-[e]s,-stäbe)* sbarra *f.* (di inferriata). **Git|ter|stoff** m. *(-[e]s,-e)* TESS. canovaccio *m.* **Git|ter|struk|tur** f. *(-,-en)* FIS. struttura *f.* reticolare. **Git|ter|tor** n. *(-[e]s,-e)*, **Git|ter|tür** f. *(-,-en)* cancello *m.* **Git|ter|zaun** m. *(-s,-zäune)* staccionata *f.* **Git|ter|zie|gel** m. *(-s,-)* EDIL. forato *m.* con fori a rombo.
Glace [gla:s] f. *(-,-s)* **1** *(Glasur aus Zucker)* glassa *f.* **2** *(geleeartiger Fond)* glassa *f.*, gelatina *f.*
Gla|cé [gla:'se:] m. *(-[s],-s)* **1** tessuto *m.* glacé, lucido **2** pl. → **Glacéhandschuh. Gla|cé|hand|schuh** m. *(-[e]s,-e)* guanto *m.* glacé, lucido ◆ ***jdn, etw. mit -en anfassen*** trattare qcn., qcs. coi guanti (di velluto). **Gla|cé|le|der** n. *(-s,-)* pelle *f.* lucida.
gla|cie|ren [gla'si:rən] tr. **1** *(Fleisch)* glassare, mettere in gelatina **2** ANT. *(zum Gefrieren bringen)* far gelare **3** ANT. → **glasieren.**
Gla|cis [gla'si:] n. *(-)* glacis *m.*, terrapieno *m.*, spalto *m.* (di un'opera fortificata).
Gla|di|a|tor m. *(-s,-en)* gladiatore *m.*
Gla|di|o|le f. *(-,-n)* gladiolo *m.*
gla|go|li|tisch agg. glagolitico. **Gla|go|li|za** f. *(-)* scrittura *f.* glagolitica.
Gla|mour ['glæmə] m. e n. *(-s)* glamour *m.* **gla|mou|rös** agg. pieno di fascino.
Glans f. *(-, Glandes)* glande *m.*
Glanz m. *(-es)* **1** splendore *m.*, lucentezza *f.*, brillantezza *f.*: ***seinen ~ einbüßen, verlieren*** perdere la lucentezza; ***~ geben*** splendere, risplendere; ***der ~ des Goldes*** il lucchichio dell'oro **2a** FIG. splendore *m.*, fulgore *m.*: ***den ~ der Jugend verlieren*** perdere lo splendore della giovinezza **b** *(Ruhm)* lustro *m.*: ***etw. (D) ~ geben*** dare lustro a qcs. **c** pompa *f.*, magnificenza *f.*: ***etw. mit großem ~ feiern*** festeggiare qcs. con grande pompa ◆ ***die Schuhe auf ~ polieren*** lucidare le scarpe; COLLOQ. ***sich in vollem ~ zeigen*** mostrarsi in tutto il proprio splendore; ***im höchsten ~ erstrahlen*** essere radioso; ***mit ~*** brillantemente; COLLOQ. ***mit ~ und Gloria*** brillantemente (anche IRON.); ***sich im -e seines Ruhmes sonnen*** bearsi dello splendore della propria fama; IRON. ***welch ~ in meiner Hütte!*** quale onore (per me)! **Glanz|ab|zug** m. *(-[e]s,-abzüge)* fotografia *f.* (su carta) lucida. **Glanz|au|ge** n. *(-s,-n)* MED. occhio *m.* lucido. **Glanz|bürs|te** f. *(-,-n)* spazzola *f.* per lucidare (le scarpe).
glän|zen I tr. lucidare; *(Metall)* brunire; *(Leder)* lustrare **II** intr. (aus. *haben*) **1** splendere, risplendere, brillare (anche FIG.): ***die Sterne ~ am Himmel*** le stelle splendono in cielo; ***vor Freude ~*** (ri)splendere di gioia **2** *(auffallen)* brillare, distinguersi: ***durch sein Wissen, Können, in einer Rolle ~*** brillare per il proprio sapere, la propria abilità, in un ruolo; IRON. ***durch seine Abwesenheit ~*** brillare per la propria assenza ◆ PROV. ***es ist nicht alles Gold, was glänzt*** non è tutto oro quel che luccica. **glän|zend I** p.pres. agg. **1** → **glänzen 2** splendido, splendente, lucente **3** FIG. splendido: ***ein -es Fest*** una splendida festa **4** FIG. brillante: ***ein -er Schauspieler*** un brillante attore; ***eine -e Zukunft liegt vor ihm*** davanti a lui c'è un brillante futuro **II** avv. brillantemente, magnificamente: ***sich ~ verstehen*** capirsi magnificamente; ***es geht ihm ~*** sta magnificamente (bene) ◆ ***ihre Augen sind ~ schwarz*** i suoi occhi sono neri e lucenti; ***~ schwarz*** nero lucido.
glanz|er|füllt agg. radioso, luminoso. **Glanz|idee** f. *(-,-n)* COLLOQ. idea *f.* luminosa. **Glanz|koh|le** f. *(-)* vitrite *f.* **Glanz|le|der** n. *(-s,-)* pelle *f.* lucida (*o* verniciata). **Glanz|leis|tung** f. *(-,-en)* prestazione *f.* splendida. **Glanz|licht** n. *(-[e]s,-er)* **1** riflesso *m.* **2** PITT. effetto *m.* di luce ◆ ***etw. (D) -er aufsetzen*** dare un effetto (*o* tocco) particolare a qcs. **glanz|los** agg. **1** senza splendore (*o* lucentezza), opaco **2** FIG. smorto, non brillante: ***ein -er Abend*** una serata smorta. **Glanz|lo|sig|keit** f. *(-,-en)* **1** mancanza *f.* di lucentezza, opacità *f.* **2** FIG. l'essere smorto. **Glanz|num|mer** f. *(-,-n)* attrazione *f.* principale. **Glanz|pa|pier** n. *(-s,-e)* carta *f.* patinata. **Glanz|pap|pe** f. *(-)* cartone *m.* lucido. **Glanz|punkt** m. *(-[e]s,-e)* apogeo *m.*, culmine *m.*, clou *m.* **Glanz|rol|le** f. *(-,-n)* TEATR. cavallo *m.* di battaglia, pezzo *m.* forte. **Glanz|stär|ke** f. *(-)* amido *m.*, appretto *m.* **Glanz|stift** m. *(-[e]s,-e)* lucidalabbra *m.*: ***~ auftragen*** mettersi (*o* darsi) il lucidalabbra. **Glanz|stück** n. *(-[e]s,-e)* capolavoro *m.*, pezzo *m.* forte: ***das ~ eines Künstlers*** il capolavoro di un artista; ***das ~ einer Sammlung*** il pezzo forte di una collezione. **glanz|voll I** agg. splendido, brillante **II** avv. splendidamente, brillantemente: ***eine Prüfung ~ bestehen*** superare brillantemente un esame. **Glanz|zeit** f. *(-,-en)* periodo *m.* aureo, apogeo *m.*
1.Glas n. *(-es, Gläser)* **1** vetro *m.*: ***~ blasen, schleifen*** soffiare, molare il vetro **2** *(Trinkgefäß aus Glas)* bicchiere *m.*: ***ein ~ Bier*** un bicchiere di birra; ***jdm ein ~ einschenken*** versare da bere a qcn.; ***sein ~ austrinken*** bere tutto, vuotare il proprio bicchiere **3** *(Glasbehälter)* vaso *m.*, vasetto *m.*, barattolo *m.* (di vetro): ***ein ~ (mit) Honig, Kompott*** un barattolo di miele, di frutta cotta **4** *(Brillenglas)* lente *f.* (per occhiali); pl. lenti *f.pl.*, occhiali *m.pl.*: ***dicke Gläser tragen*** portare lenti spesse **5** *(Fernglas)* binocolo *m.* ◆ ***mit den Gläsern anstoßen*** fare un brindisi, brindare; COLLOQ. ***du bist nicht aus ~!*** non sei trasparente! SCHERZ. ***ein ~ über den Durst trinken, zu tief ins ~ gucken (o schauen)*** bere un bicchiere (*o* qualche bicchierino) di troppo, alzare il gomito; ***ein Bild hinter, unter ~ (und Rahmen) setzen*** mettere il vetro a un quadro (incorniciare un quadro).
2.Glas n. *(-es,-en)* MAR. mezz'ora *f.* ◆ ***es schlägt acht -en*** suona il cambio della guardia.
Glas|aal m. *(-[e]s,-e)* ITTIOL. ceca *f.* **Glas|ar|beit** f. *(-,-en)* lavoro *m.* (*o* oggetto) in vetro. **glas|ar|tig** agg. vetroso. **Glas|au|ge** n. *(-s,-n)* occhio *m.* di vetro. **Glas|be|häl|ter** m. *(-s,-)* contenitore *m.* di vetro. **Glas|be|ton** m. *(-s)* vetrocemento *m.* **Glas|blä|ser** m. *(-s,-)* vetraio *m.*, soffiatore *m.* del vetro. **Glas|blä|se|rei** f. *(-,-en)* **1** *(Werkstatt)* vetreria *f.* **2** soffiatura *f.* del vetro. **Glas|boh|rer** m. *(-s,-)* trapano *m.* per vetro.
Gläs|chen n. *(-s,-)* bicchierino *m.* ◆ COLLOQ. ***etw. mit einem ~ begießen*** festeggiare qcs. con una bevuta, bagnare qcs.
Glas|con|tai|ner [-kɔn'te:nɐ, -kən'teɪnə] m. *(-s,-)* contenitore *m.* per il vetro (da riciclare).
1.gla|sen intr. (aus. *haben*) mettere un vetro.
2.gla|sen intr. (aus. *haben*) MAR. suonare la mezz'ora.
Gla|ser m. *(-s,-)* vetraio *m.* ◆ SCHERZ. ***ist, war dein Vater ~?*** non sei mica trasparente! **Gla|ser|di|a|mant** m. *(-en,-en)* diamante *m.* tagliavetro. **Gla|se|rei** f. *(-,-en)* vetreria *f.* **Gla|ser|kitt** m. *(-[e]s)* mastice *m.* (*o* stucco *m.*) da vetraio. **Gla|ser|klang** m. *(-[e]s)* LETT. tintinnio *m.* di bicchieri. **Gla|ser|meis|ter** m. *(-s,-)* mastro *m.* vetraio.
glä|sern agg. **1** *(aus Glas)* di vetro **2** *(glasartig)* vitreo: ***ein -er Blick*** uno sguardo vitreo; FIG. ***ein -er Mensch*** un uomo di vetro.
Glas|fa|ser f. *(-,-n)* **1** fibra *f.* di vetro **2** *(optische Faser)* fibra *f.* ottica. **Glas|fa|ser|ka|bel** n. *(-s,-)* cavo *m.* in fibra ottica. **Glas|fa|ser|kunst|stoff** m. *(-[e]s)* vetroresina *f.*
Glas|fens|ter n. *(-s,-)* vetrata *f.*, invetriata *f.* **Glas|fi|ber** f. *(-,-n)* → **Glasfaser. Glas|fi|ber|stab** m. *(-[e]s,-stäbe)* SPORT asta *f.* in fibra

di vetro (usata nel salto in alto). **Glas|fluss** m. *(-es)* **1** brillante *m.* chimico (*o* artificiale); *(Strass)* strass *m.* **2** *(Schmelze)* fritta *f.* **Glas|ge|fäß** n. *(-es,-e)* recipiente *m.* di vetro. **Glas|glo|cke** f. *(-,-n)* campana *f.* di vetro: FIG. ***jdn unter eine ~ tun*** mettere qcn. sotto una campana di vetro. **Glas|gra|veur** [-'vø:r] m. *(-s,-e)* incisore *m.* su vetro. **Glas|har|mo|ni|ka** f. *(-,-s* e *-harmoniken)* glasharmonika *f.*, armonica *f.* a cristalli rotanti. **glas|hart** agg. **1** duro come il cristallo **2** SPORT molto potente: ***ein -er Aufschlag*** una battuta molto potente. **Glas|haus** n. *(-es,-häuser)* serra *f.* ◆ PROV. ***wer (selbst) im ~ sitzt, soll nicht mit Steinen werfen*** chi ha la testa di vetro non vada a battaglia di sassi. **glas|hell** agg. trasparente come il vetro. **Glas|hüt|te** f. *(-,-n)* vetreria *f.*, fabbrica *f.* del vetro.

gla|sie|ren tr. **1** vetrinare, rivestire di vetrina, smaltare a vetro: ***Keramikgeschirr ~*** vetrinare stoviglie di ceramica **2** GASTR. glassare. **Gla|sie|rung** f. *(-,-en)* **1** vetrinatura *f.* **2** GASTR. glassatura *f.*

gla|sig agg. **1** vitreo, inespressivo: ***-e Augen*** occhi vitrei **2** *(durchsichtig, klar)* trasparente.

Glas|in|dust|rie f. *(-)* industria *f.* vetraria. **Glas|ke|ra|mik** f. *(-)* ceramica *f.* vetrinata, vetroceramica *f.* **Glas|kir|sche** f. *(-,-n)* amarena *f.*, amarasca *f.*, visciola *f.* **Glas|kitt** m. *(-[e]s,-e)* mastice *m.* da vetraio. **glas|klar** agg. **1** cristallino, chiarissimo; *(durchsichtig)* trasparentissimo **2** *(sehr deutlich)* chiarissimo, evidentissimo: ***-e Absichten*** intenzioni chiarissime. **Glas|kno|chen** pl. osteogenesi *f.* imperfetta. **Glas|kol|ben** m. *(-s,-)* **1** globo *m.* di vetro, ampolla *f.* di vetro **2** *(von Glühbirnen)* bulbo *m.* **3** CHIM. pallone *m.* di vetro. **Glas|kopf** m. *(-[e]s,-köpfe)* ***grüner ~*** malachite; ***roter ~*** ematite rossa; ***schwarzer ~*** psilomelano. **Glas|kör|per** m. *(-s,-)* (corpo *m.*) vitreo *m.* **Glas|ku|gel** f. *(-,-n)* **1** palla *f.* (*o* pallina *f.*) di vetro **2** *(Murmel)* biglia *f.* (di vetro).

Glas|ma|ler m. *(-s,-)* pittore *m.* su vetro. **Glas|ma|le|rei** f. *(-)* pittura *f.* vetraria (*o* su vetro). **Glas|ma|le|rin** f. *(-,-nen)* pittrice *f.* su vetro.

Glas|mas|se f. *(-,-n)* → **Glasschmelze. Glas|me|na|ge|rie** f. *(-)* zoo *m.* di vetro. **Glas|nu|deln** pl. spaghetti *m.pl.* di riso. **Glas|pa|last** m. *(-[e]s,-paläste)* palazzo *m.* di vetro. **Glas|pa|pier** n. *(-s,-e)* carta *f.* vetrata. **Glas|per|le** f. *(-,-n)* perla *f.* di vetro. **Glas|plat|te** f. *(-,-n)* lastra *f.* di vetro. **Glas|pul|ver** n. *(-s,-)* polvere *f.* di vetro, vetro *m.* in polvere. **Glas|rah|men** m. *(-s,-)* **1** cornice *f.* a giorno **2** *(Rahmen aus Glas)* cornice *f.* di vetro. **Glas|rei|ni|ger** m. *(-s,-)* **1** lavavetri *m.* **2** *(Reinigungsmittel)* detergente *m.* per vetri. **Glas|rohr** n. *(-[e]s,-e)* tubo *m.* di vetro. **Glas|röhr|chen** n. *(-s,-)* tubetto *m.* di vetro. **Glas|röh|re** f. *(-,-n)* → **Glasrohr. Glas|schei|be** f. *(-,-n)* (lastra *f.* di) vetro *m.* **Glas|scher|be** f. *(-,-n)* frammento *m.* (*o* pezzo *m.*, coccio *m.*) di vetro, vetro *m.* **Glas|schlei|fer** m. *(-s,-)* molatore *m.* (di vetro). **Glas|schliff** m. *(-[e]s,-e)* molatura *f.* del vetro. **Glas|schmel|ze** f. *(-,-n)* massa *f.* di vetro (fusa); *(Schmelze)* fritta *f.* **Glas|schmuck** m. *(-[e]s)* bigiotteria *f.* di vetro. **Glas|schnei|der** m. *(-s,-)* tagliavetro *m.* **Glas|schrank** m. *(-[e]s,-schränke)* vetrina *f.* **Glas|spiel** n. *(-[e]s,-e)* glasspiel *m.*, armonica *f.* a bicchieri. **Glas|split|ter** m. *(-s,-)* scheggia *f.* di vetro. **Glas|staub** m. *(-[e]s)* → **Glaspulver. Glas|sturz** m. *(-es,-stürze)* REGION. coprivivande *m.* di vetro.

Glast m. *(-[e]s)* REGION. → **Glanz. glas|tig** REGION. → **glänzend.**

Glas|tisch m. *(-[e]s,-e)* tavolo *m.* di vetro. **Glas|ton|ne** f. *(-,-n)* bidone *m.* per il vetro (da riciclare). **Glas|tür** f. *(-,-en)* **1** porta *f.* a vetri, vetrata *f.* **2** *(von Schränken)* sportello *m.* a vetri, anta *f.* di vetro.

Gla|sur f. *(-,-en)* **1** vetrina *f.*, vetrinatura *f.* **2** GASTR. glassa *f.*, glassatura *f.*

Glas|ve|ran|da f. *(-,-veranden)* veranda *f.* a vetri. **Glas|vit|ri|ne** f. *(-,-n)* → **Glasschrank. Glas|wand** f. *(-,-wände)* parete *f.* di vetro, vetrata *f.* **glas|wei|se** avv. a (*o* in) bicchieri. **Glas|wer|ker** m. *(-s,-)* vetraio *m.* **Glas|wol|le** f. *(-)* lana *f.* di vetro.

glatt I agg. (compar. *glatter*/COLLOQ. *glätter*, superl. *glattest...*/COLLOQ. *glättest...*) **1a** liscio: ***eine -e Fläche*** una superficie liscia; ***-e Haut*** pelle liscia (*o* levigata); ***-es Haar*** capelli lisci **b** FIG. ***ein -er Stil*** uno stile piano, scorrevole **2a** *(rutschig)* sdrucciolevole, scivoloso: ***hier ist es ~*** qui si scivola **b** *(glitschig)* scivoloso, viscido **c** FIG. ***ein -es Benehmen*** un comportamento viscido **3a** *(mühelos)* facile, liscio, senza complicazioni *o* difficoltà: ***eine -e Landung*** un facile atterraggio; ***ein -es Geschäft*** un affare liscio **b** MED. semplice, senza complicazioni: ***ein -er Bruch*** una frattura semplice **4** COLLOQ. *(offensichtlich)* evidente, bell'e buono: ***das ist eine -e Lüge!*** questa è una bugia bell'e buona! **5** *(klar, eindeutig)* netto, chiaro: ***eine -e Weigerung*** un netto rifiuto **II** avv. **1** *(mühelos)* facilmente, senza complicazioni *o* difficoltà, liscio: ***es ist alles ~ (vonstatten) gegangen*** è andato tutto liscio; ***~ bügeln*** stirare bene; FIG. ***einen Fehler, Ausrutscher ~ bügeln*** rimediare a un errore, a una gaffe; ***~ hobeln*** piallare; ***~ kämmen*** lisciare col pettine, pettinare bene; ***~ legen*** lisciare, spianare; COLLOQ. ***~ machen*** *(ausgleichen)* sistemare, mettere a posto; *(bezahlen)* saldare, regolare, pagare; ***~ polieren*** levigare, lucidare; ***~ rasieren*** rasare bene; ***~ rühren*** mescolare bene; *(Mayonnaise)* sbattere bene; ***~ schleifen*** levigare, smerigliare; *(Glas)* molare; COMM. ***~ stellen*** regolare, saldare; *(erledigen)* eseguire, sbrigare, sistemare; ***~ streichen*** spianare, lisciare; ***~ ziehen*** stirare, (di)stendere tirando **2** COLLOQ. *(offensichtlich)* chiaramente, evidentemente: ***das ist ~ erfunden*** la (questo) è chiaramente inventato **3a** *(klar, eindeutig)* nettamente, chiaramente: ***jdm ~ überlegen sein*** essere nettamente superiore a qcn.; ***jdm etw. ~ ins Gesicht sagen*** dire qcs. chiaramente in faccia a qcn. **b** *(entschieden)* decisamente, senz'altro: ***etw. ~ ablehnen, ableugnen*** rifiutare decisamente qcs., negare senz'altro qcs. **4** ***sich ~ benehmen*** comportarsi in modo viscido **5** rafforz. ***~ auf der Hand liegen*** essere molto evidente; ***die Rechnung geht ~ auf*** il calcolo è esatto; *(ganz)* ***ich hatte es ~ vergessen*** l'avevo proprio (*o* completamente) dimenticato ◆ ***~ wie ein Aal*** viscido come un'anguilla; ***~ anliegen*** aderire; *(von Kleidungsstücken)* essere aderente (*o* attillato); ***eine -e Eins*** un bel dieci, un dieci pieno; ***das kostet ~ 100 Mark*** costa 100 marchi tondi tondi; ***~ links, rechts stricken*** lavorare a rovescio, a diritto.

Glät|te f. *(-)* **1a** lucidezza *f.*, levigatezza *f.* **b** ***die ~ der Wasserfläche*** la superficie liscia dell'acqua **2** *(von Eis, Straßen)* scivolosità *f.* **3** SPREG. viscidità *f.*: ***die ~ seines Benehmens ist unsympathisch*** il suo comportamento viscido è antipatico.

Glatt|eis n. *(-es)* **1a** strato *m.* ghiacciato (scivoloso), ghiaccio *m.*: ***auf dem ~ ausrutschen*** scivolare sul ghiaccio; ***bei ~ vorsichtig fahren, gehen*** guidare con prudenza su strada sdrucciolevole, camminare con prudenza su terreno scivoloso **b** METEOR. gelicidio *m.* **2** FIG. terreno *m.* scivoloso (*o* insidioso) ◆ ***jdn aufs ~ führen*** tendere un'insidia (*o* un tranello) a qcn.; ***aufs ~ geraten*** finire in una situazione difficile. **Glatt|eis|bil|dung** f. *(-,-en)* formazione *f.* di uno strato ghiacciato (sul terreno). **Glatt|eis|ge|fahr** f. *(-)* pericolo *m.* di strada ghiacciata.

glät|ten I tr. **1a** lisciare, spianare, levigare: ***ein Brett, die Stirn ~*** levigare un asse, spianare la fronte **b** *(Papier, Falten)* stirare, (di)stendere tirando **c** *(satinieren)* satinare **d** EL. livellare, spianare **2** FIG. placare, calmare: ***jds Wut ~*** placare l'ira di qcn. **3** SVIZZ. *(bügeln)* stirare **II** rifl. ***sich ~*** **1a** spianarsi, distendersi **b** *(von Meer)* calmarsi **2** FIG. placarsi, calmarsi.

glat|ter|dings avv. del tutto, assolutamente.

glatt|haa|rig agg. dai, con i capelli lisci. **Glatt|heit** f. *(-,-en)* → **Glätte. Glatt|ho|bel** m. *(-s,-)* pialla *f.* (per lisciare). **Glatt|strich** m. *(-[e]s,-e)* stabilitura *f.*

Glät|tung f. *(-,-en)* **1a** lisciatura *f.*, levigatura *f.* **b** *(Satinieren)* satinatura *f.* **c** EL. livellamento *m.*, spianamento *m.* **2** FIG. il placare, il calmare.

glatt|wan|dig agg. con le (*o* dalle) pareti lisce. **glatt|weg** avv. COLLOQ. senza esitare, semplicemente; *(kurzerhand)* senz'altro, apertamente. **glatt|zün|gig** agg. mellifluo. **Glatt|zün|gig|keit** f. *(-)* mellifluità *f.*

Glat|ze f. *(-,-n)* **1** pelata *f.*: ***eine ~ haben, bekommen*** essere, diventare calvo **2** *(Skinhead)* testa *f.* rapata, naziskin *m.* e *f.* **Glatz|kopf** m. *(-[e]s,-köpfe)* **1** testa *f.* pelata (*o* calva) **2** *(glatzköpfiger Mann)* (uomo *m.*) calvo *m.* **glatz|köp|fig** agg. pelato, calvo.

Glau|be m. *(-ns)* **1a** fede *f.*, il credere (a) : ***jdm, etw. -n schenken*** prestar fede (*o* credere) a qcn., a qcs.; ***(keinen) -n finden*** (non) essere creduto; ***jdn in dem -n lassen, dass...*** lasciar credere a qcn. che... **b** *(Vertrauen)* (ferma) fiducia *f.*, il credere (in): ***den -n an jdn, etw. haben*** avere fiducia (*o* credere) in qcn., in qcs. **c** *(Überzeugung)* convinzione *f.*: ***festen -ns sein, dass...*** avere la ferma convinzione (*o* essere fermamente convinto) che...; ***jdn bei seinem -n lassen*** lasciare qcn. alle sue convinzioni; ***sich in dem -n wiegen, dass...*** cullarsi nella convinzione che... **2a** RELIG. fede *f.*: ***der ~ an Gott*** la fede in Dio; ***~, Hoffnung und Liebe*** fede, speranza e carità; ***für seinen -n einstehen*** professare la propria fede; ***von seinem -n abfallen*** abbandonare la fede; ***der ~ versetzt Berge*** la fede smuove le montagne **b** *(Konfession)* fede *f.*, religione *f.* ◆ ***guter ~*** buona fede; ***im guten -n handeln*** agire in buona fede; ***auf Treu und -n*** in piena fiducia, in buona fede.

glau|ben I tr. credere: ***ich glaubte, du seist verreist*** credevo che fossi partito; *(als Antwort)* ***ich glaube, ja*** credo di sì; ***wer hätte das geglaubt!*** chi l'avrebbe mai creduto! ***er glaubt ihr jedes Wort ~*** crede a ogni sua parola; ***ich glaubte dich in Rom, in Urlaub*** ti credevo (*o* credevo che fossi) a Roma, in vacanza; ***man glaubt ihr die Schauspielerin*** la si crederebbe (*o* direbbe) un'attrice **II** intr. (aus.

haben) **1** ***jdm, etw. ~*** credere a qcn., a qcs.; ***ich glaube seinen Worten nicht*** non credo alle sue parole; ***niemand glaubte ihr*** nessuno le credeva **2a** ***an jdn, etw. ~*** credere in qcn., in qcs.: ***an Gott, ans Jenseits ~*** credere in Dio, nell'aldilà; ***ich glaube (nicht) daran*** (non) ci credo **b** *(vertrauen)* avere fiducia (in) **III** rifl. ***sich im Recht, in Sicherheit, verraten ~*** credersi nel giusto, al sicuro, tradito ◆ ***jd muss dran ~*** qcn. deve morire (*o* a qcn. tocca morire); COLLOQ. *(an der Reihe sein)* tocca a qcn.; ***man könnte ~, dass...*** si direbbe che...; ***jdn etw. ~ machen wollen*** voler far credere (*o* dare ad intendere) qcs. a qcn.; ***das ist doch nicht (o kaum) zu ~!*** da non credere! incredibile! ***wer's glaubt, wird selig!*** beato chi ci crede! chi ci crede è bravo! ***das glaube ich wohl!*** lo credo bene! ***jdm aufs Wort ~*** credere a qcn. sulla parola.

Glau|ben m. *(-s)* RAR. → **Glaube.**

Glau|bens|ar|ti|kel m. *(-s,-)* articolo *m.* di fede. **Glau|bens|be|kennt|nis** n. *(-ses,-se)* **1** professione *f.* di fede **2a** RELIG. credo *m.*: ***das ~ sprechen*** recitare il credo **b** *(Überzeugung)* credo *m.*, fede *f.* **Glau|bens|bru|der** m. *(-s,-brüder)* correligionario *m.* **Glau|bens|din|ge** pl. questioni *m.pl.* di fede. **Glau|bens|ei|fer** m. *(-s)* fervore *m.* (*o* zelo *m.*) religioso. **glau|bens|fest** agg. fermo nella fede, dalla fede ferma. **Glau|bens|fes|tig|keit** f. *(-)* fermezza *f.* di fede. **Glau|bens|fra|ge** f. *(-,-n)* questione *f.* di fede. **Glau|bens|frei|heit** f. *(-)* libertà *f.* religiosa (*o* di culto). **Glau|bens|ge|mein|schaft** f. *(-,-en)* comunità *f.* religiosa. **Glau|bens|ge|nos|se** m. *(-n,-n)* correligionario *m.* **Glau|bens|krieg** m. *(-[e]s,-e)* guerra *f.* di religione. **Glau|bens|leh|re** f. *(-,-n)* dottrina *f.* religiosa. **glau|bens|los** agg. senza fede, miscredente. **Glau|bens|re|gel** f. *(-,-n)* regola *f.* di fede. **Glau|bens|sa|che** f. *(-,-n)* COLLOQ. materia *f.* di fede: ***das ist reine ~*** questa è pura materia di fede. **Glau|bens|satz** m. *(-[e]s,-sätze)* dogma *f.* **glau|bens|stark** agg. forte nella fede. **Glau|bens|streit** m. *(-[e]s)* disputa *f.* (*o* controversia *f.*) religiosa. **glau|bens|voll** agg. LETT. profondamente religioso (*o* pio). **Glau|bens|wech|sel** m. *(-s,-)* conversione *f.* (religiosa). **glau|bens|wert** agg. degno di fede. **Glau|bens|zwang** m. *(-[e]s)* costrizione *f.* religiosa. **Glau|bens|zwei|fel** m. *(-s,-)* dubbio *m.* religioso (*o* in materia di fede).

Glau|ber|salz n. *(-es)* glauberite *f.*, sale *m.* di Glauber.

glaub|haft I agg. **1** credibile, attendibile: ***eine -e Entschuldigung*** una scusa credibile **2** *(überzeugend)* convincente **II** avv. in modo credibile, convincente: ***etw. ~ nachweisen*** dimostrare qcs. in modo convincente ◆ ***jdm etw. ~ machen*** convincere qcn. di qcs. **Glaub|haf|tig|keit** f. *(-)* credibilità *f.*, attendibilità *f.*: ***die ~ einer Aussage*** l'attendibilità di un'affermazione.

gläu|big I agg. **1a** credente, religioso **b** *(fromm)* pio, devoto **2** *(gutgläubig)* credulone **II** avv. **1** devotamente, piamente, con devozione: ***~ beten*** pregare con devozione **2** *(gutgläubig)* come un credulone ◆ ***ein -er Christ*** un cristiano. **Gläu|bi|ge** m. e f. *(-n,-n)* credente *m.* e *f.*, fedele *m.* e *f.*

Gläu|bi|ger m. *(-s,-)* creditore *m.*: ***die ~ befriedigen, abfinden*** soddisfare, liquidare i creditori; ***ein bevorrechtigter, säumiger ~*** un creditore privilegiato, moroso. **Gläu|bi|ger|an|spruch** m. *(-[e]s, -ansprüche)* pretesa *f.* (*o* richiesta *f.*) del creditore. **Gläu|bi|ger|aus|schuss** m. *(-es,-ausschüsse)* comitato *m.* dei creditori. **Gläu|bi|ge|rin** f. *(-,-nen)* creditrice *f.* **Gläu|bi|ger|ver|samm|lung** f. *(-,-en)* assemblea *f.* (*o* riunione *f.*) dei creditori. **Gläu|bi|ger|ver|zug** m. *(-[e]s)* mora *f.* del creditore.

Gläu|big|keit f. *(-)* **1** *(Frömmigkeit)* devozione *f.*, religiosità *f.*, fede *f.* **2** *(Arglosigkeit)* credulità *f.*

glaub|lich agg. credibile: ***es ist kaum ~*** (ciò) è poco credibile.

glaub|wür|dig I agg. degno di fede, credibile, attendibile: ***aus -en Quellen*** da fonti attendibili **II** avv. in modo credibile, attendibile: ***etw. ~ rechtfertigen*** giustificare qcs. in modo attendibile. **Glaub|wür|dig|keit** f. *(-)* credibilità *f.*: ***an ~ gewinnen, einbüßen*** guadagnare, perdere credibilità.

Glau|kom n. *(-s,-e)* glaucoma *m.*

Glau|ko|nit m. *(-s,-e)* glauconite *f.*

gla|zi|al agg. glaciale. **Gla|zi|al** n. *(-s,-e)* epoca *f.* glaciale. **Gla|zi|al|see** m. *(-s,-n)* lago *m.* (di origine) glaciale. **Gla|zi|al|zeit** f. *(-,-en)* → **Glazial. Gla|zi|o|lo|ge** m. *(-n,-n)* glaciologo *m.* **Gla|zi|o|lo|gie** f. *(-)* glaciologia *f.* **gla|zi|o|lo|gisch** agg. glaciologico.

Glei|bo|den m. *(-s,-böden)* GEOL. terreno *m.* umido, ricco di minerali.

gleich I agg. **1** *(nicht verschieden)* uguale, stesso: ***-e Kleider tragen*** indossare vestiti uguali; ***die -e Farbe, das -e Modell*** lo stesso colore, lo stesso modello (*o* un modello uguale) **2** *(derselbe, dasselbe)* stesso, medesimo: ***im -en Haus*** nella stessa casa; ***am -en Tag*** lo stesso giorno; ***-e Absichten haben*** avere le stesse intenzioni **3** *(gleichgültig)* indifferente: ***ihm ist es ~, was du tust*** gli è indifferente (*o* non gli importa) quello che fai tu; ***ob wir gehen oder nicht, ist mir ~*** che andiamo o no, per me è lo stesso **4** MAT. uguale: ***zweimal drei ~ sechs*** due per tre uguale sei **II** avv. **1** *(sofort)* subito, immediatamente: ***ich bin ~ wieder da*** torno subito; ***~ nach dem Mittagessen*** subito dopo pranzo **2** *(ebenso)* altrettanto, ugualmente: ***das ist ~ wichtig*** ciò è altrettanto importante; ***~ groß sein*** essere altrettanto grande (*o* essere grande uguale); ***~ alt sein*** essere vecchio uguale **3** ***~ bleiben*** restare (*o* rimanere) invariato, immutato; ***sich in seinem Charakter ~ bleiben*** mantenere costante il proprio carattere; COLLOQ. ***das, es bleibt sich ~*** non ha alcuna importanza, è lo stesso, è del tutto indifferente; ***von ~ bleibender Stimmung*** di umore costante; ***das Wetter ist ~ bleibend regnerisch*** il tempo è costantemente piovoso; ***~ gesinnt*** con idee, opinioni affini; FIG. ***~ gestimmt sein*** avere lo stesso stato d'animo, essere in sintonia; ***~ lautend*** *(mit gleichem Klang)* dallo stesso suono; LING. omofono; *(mit gleichen Worten)* con le stesse parole; ***eine ~ lautende Abschrift*** una copia fedele; *(mit gleichem Wortlaut)* ***~ lautende Aussagen*** affermazioni di ugual tenore; ***~ lautende Wörter*** omonimi **4** *(dicht bei)* vicinissimo: ***~ hinter ihm*** subito (*o* appena) dietro di lui **5a** *(mit Zahlwörten: auf einmal)* in una sola volta, (tutto) in un colpo: ***~ vier Whiskys trinken*** bere quattro whisky in un colpo **b** ben: ***sie hat ~ sechs Geschwister*** ha ben sei fratelli **III** part. **1** *(noch)* già: ***wie heißt er ~?*** com'è già che si chiama? **2** *(als Ausdruck von Resignation)* pure, anche: ***lass es ~ bleiben*** lascia pure stare; ***ich hab es ~ gewusst*** lo sapevo anche, (e) pensare che lo sapevo; ***das dachte ich mir ~*** c'era da immaginarselo **IV** prep.+ dat. LETT. ***~ jdm, einer Sache*** come (*o* al pari di) qcn., qcs.: ***~ einer Nachtigall singen*** cantare come un usignolo ◆ ***bis ~!*** a fra poco! a più tardi! ***vor dem Gesetz sind alle ~*** la legge è uguale per tutti; ***Gleich und Gleich gesellt sich gern*** Dio li fa e poi li accoppia; ***~ heute*** oggi stesso; ***jdm mit -er Münze heimzahlen*** pagare qcn. con la stessa moneta; COMM. ***mit -er Post*** in plico a parte; ***es wird ~ regnen*** a momenti piove; ***das sieht ihm ~*** questa è una delle sue, è degna di lui; ***warum nicht ~ so?*** perché non si fa subito così? ***von etw. ~ weit entfernt*** equidistante da qcs.; ***~ welcher, welches*** non importa chi, quale; ***zur -en Zeit*** contemporaneamente.

gleich|ach|sig agg. coassiale. **gleich|al|te|rig, gleich|alt|rig** agg. coetaneo. **gleich|ar|tig** agg. **1** simile, affine: ***-e Schwierigkeiten, Fälle*** difficoltà, casi simili **2** *(gleich)* uguale: ***nicht alle Fälle sind ~*** non tutti i casi sono uguali. **Gleich|ar|tig|keit** f. *(-)* somiglianza *f.*, affinità *f.*, analogia *f.* **gleich|auf** avv. a pari merito, ex aequo. **gleich|be|deu|tend** agg. ***mit etw. ~ sein*** essere equivalente a, sinonimo di qcs. **Gleich|be|hand|lung** f. *(-)* pari trattamento *m.*, parità *f.* di trattamento. **gleich|be|rech|tigt** agg. con pari diritti, equiparato nei diritti. **Gleich|be|rech|ti|gung** f. *(-)* equiparazione *f.* dei diritti, parità *f.*: ***für die ~ kämpfen*** lottare per l'equiparazione dei diritti; ***die ~ der Frau*** la parità della donna.

1.Glei|che n. *(-n)* ***ein -s tun*** fare la stessa cosa; ***jdm ein -s wünschen*** augurare altrettanto a qcn.; ***-s mit -m vergelten*** rendere pan per focaccia; ***das ~ gilt für alle*** lo stesso (*o* la stessa cosa) vale per tutti; ***er ist immer der ~*** lui è sempre lo stesso; ***immer das ~ wollen*** volere sempre la stessa cosa; ***es kommt, läuft auf das (o aufs) ~ hinaus*** fa lo stesso; LETT. ***etw. ins ~ bringen*** appianare, aggiustare qcs.

2.Glei|che f. *(-,-n)* **1** ***etw. in die ~ bringen*** appianare, aggiustare qcs. **2** AUSTR. → **Gleichenfeier.**

glei|chen *(glich, geglichen)* **I** intr. (aus. *haben*) ***jdm ~*** (r)assomigliare a qcn. **II** rifl. **sich (D)** ***~*** (r)assomigliarsi ◆ ***sich aufs Haar, wie ein Ei dem andern ~*** rassomigliarsi come due gocce d'acqua. **Glei|chen|fei|er** f. *(-,-n)* AUSTR. = festa *f.* per la copertura del tetto.

gleich|er|big agg. omozigote. **glei|cher|ge|stalt** avv. LETT. ANT., **glei|cher|ma|ßen** avv. nella stessa misura, allo stesso modo, ugualmente. **glei|cher|wei|se** avv. ugualmente, allo stesso modo. **gleich|falls** avv. parimenti, altrettanto ◆ ***danke, ~!*** grazie, altrettanto! **gleich|far|big** agg. dello stesso colore. **gleich|för|mig I** agg. **1** uniforme, regolare **2** *(eintönig)* monotono **II** avv. **1** uniformemente, in modo regolare, metodico: ***sein Leben verläuft sehr ~*** la sua vita si svolge in modo regolare **2** *(eintönig)* con monotonia. **Gleich|för|mig|keit** f. *(-)* **1** uniformità *f.*, regolarità *f.* **2** *(Eintönigkeit)* monotonia *f.* **gleich|ge|schlech|tig** agg. dello stesso sesso. **gleich|ge|schlecht|lich** agg. **1** *(homosexuell)* omosessuale **2** → **gleichgeschlechtig. Gleich|ge|schlecht|lich|keit** f. *(-)* omosessualità *f.* **gleich|ge|sinnt** agg. con idee, opinioni affini.

Gleich|ge|wicht n. *(-,-e)* equilibrio *m.* (anche FIG.): ***das ~ halten, verlieren*** mantenere, perdere l'equilibrio; ***aus dem ~ kommen*** perdere l'equilibrio; ***sein inneres ~ finden, wiedergewinnen, be-***

wahren trovare, ritrovare, conservare il proprio equilibrio interiore; ***aus dem ~ geraten*** perdere il proprio equilibrio ◆ ***sich leicht aus dem ~ bringen lassen*** lasciarsi sbilanciare facilmente; ***den Etat ins ~ bringen*** portare in pareggio (*o* pareggiare) il bilancio. **gleich|ge|wich|tig** agg. equilibrato. **Gleich|ge|wichts|la|ge** f. *(-,-n)* posizione *f.* (*o* condizione *f.*) d'equilibrio. **Gleich|ge|wichts|leh|re** f. *(-)* statica *f.* **Gleich|ge|wichts|or|gan** n. *(-s,-e)* organo *m.* dell'equilibrio. **Gleich|ge|wichts|sinn** m. *(-[e]s)* senso *m.* dell'equilibrio. **Gleich|ge|wichts|stö|rung** f. *(-,-en)* alterazione *f.* dell'equilibrio.

gleich|gül|tig I agg. 1 indifferente: ***gegen etw., jdm gegenüber ~ sein*** essere indifferente a qcs., nei confronti di qcn.; ***es ist ~, ob/wie...*** è indifferente (*o* non importa) se/come... 2 *(belanglos)* insignificante II avv. con indifferenza: ***sich ~ geben, zeigen*** mostrarsi indifferenti ◆ ***er ist ihr nicht ~*** non le è indifferente. **Gleich|gül|tig|keit** f. *(-)* indifferenza *f.*, disinteresse *m.*

Gleich|heit f. *(-,-en)* uguaglianza *f.*, parità *f.* **Gleich|heits|(grund)|satz** m. *(-es,-sätze)*, **Gleich|heits|prin|zip** n. *(-s,-ien)* DIR. principio *m.* di uguaglianza. **Gleich|heits|zei|chen** n. *(-s,-)* MAT. segno *m.* di uguaglianza.

Gleich|klang m. *(-[e]s,-klänge)* armonia *f.*, consonanza *f.*; FIG. sintonia *f.* **gleich‿kom|men** intr. *(kam, gekommen;* aus. *sein)* 1 *(entsprechen)* ***etw. (D) ~*** corrispondere, equivalere a qcs.: ***das kommt einer Beleidigung gleich*** ciò equivale a un'offesa 2 uguagliare: ***niemand kommt ihm an Großzügigkeit gleich*** in generosità non lo uguaglia nessuno.

Gleich|lauf m. *(-[e]s)* sincronismo *m.* ◆ ***in ~ setzen*** sincronizzare. **gleich‿lau|fen** intr. *(läuft, lief, gelaufen;* aus. *sein)* TECN. funzionare in sincronia. **gleich|lau|fend** agg. parallelo: ***zwei -e Geraden, Entwicklungen*** due rette parallele, due sviluppi paralleli. **gleich|läu|fig** I agg. sincrono II avv. in sincronia. **Gleich|läu|fig|keit** f. *(-)* sincronismo *m.*

gleich‿ma|chen 1 *(angleichen)* pareggiare, uguagliare 2 *(einebnen)* livellare, spianare ◆ ***etw. dem Erdboden ~*** radere al suolo qcs. **Gleich|ma|che|rei** f. *(-,-en)* SPREG. livellamento *m.*: ***gesellschaftliche ~*** livellamento sociale. **gleich|ma|che|risch** agg. livellatore: ***-e Theorien, Maßnahmen*** teorie, misure livellatrici.

Gleich|maß n. *(-es)* 1 proporzione *f.*, armonia *f.*: ***das ~ eines Körpers*** l'armonia di un corpo 2 *(Einheitlichkeit)* uniformità *f.*: ***das ~ des Alltags*** l'uniformità della vita quotidiana. **gleich|mä|ßig** I agg. 1 *(ebenmäßig)* proporzionato, regolare, armonico 2 regolare, costante: ***-e Atemzüge, Bewegungen*** respiri regolari, movimenti costanti II avv. 1 equamente: ***etw. ~ verteilen*** suddividere equamente qcs. 2 *(regelmäßig)* in modo regolare, costantemente. **Gleich|mä|ßig|keit** f. *(-)* 1 *(Ebenmäßigkeit)* proporzione *f.*, regolarità *f.*, armonia *f.* 2 *(Regelmäßigkeit)* regolarità *f.*, uniformità *f.*

Gleich|mut m. *(-[e]s)* imperturbabilità *f.*: ***etw. mit stoischem ~ hinnehmen*** accettare qcs. con stoica imperturbabilità. **gleich|mü|tig** I agg. imperturbabile II avv. in modo imperturbabile: ***sich ~ zeigen*** mostrarsi imperturbabile. **Gleich|mü|tig|keit** f. *(-)* → **Gleichmut.**

gleich|na|mig agg. 1 omonimo 2 MAT. con denominatore uguale. **Gleich|na|mig|keit** f. *(-)* omonimia *f.*

Gleich|nis n. *(-ses,-se)* 1 BIBL. parabola *f.*: ***das ~ vom guten Hirten*** la parabola del buon pastore 2 *(Allegorie)* allegoria *f.*: ***in -sen reden*** parlare per allegorie. **gleich|nis|haft** agg. *(in der Art einer Parabel)* come una parabola; *(allegorisch)* allegorico. **gleich|nis|wei|se** avv. simbolicamente, metaforicamente, allegoricamente.

gleich|ran|gig agg. dello stesso rango, di pari importanza.

gleich‿rich|ten tr. EL. raddrizzare. **Gleich|rich|ter** m. *(-s,-)* EL. raddrizzatore m. **Gleich|rich|ter|röh|re** f. *(-,-n)* EL. valvola *f.* raddrizzatrice. **Gleich|rich|tung** f. *(-)* EL. raddrizzamento *m.*

gleich|sam avv. per così dire, quasi, in un certo senso.

gleich‿schal|ten I tr. 1 sincronizzare, coordinare 2 *(vereinheitlichen)* uniformare, livellare II rifl. **sich ~** adeguarsi, uniformarsi. **Gleich|schal|tung** f. *(-,-en)* 1 sincronizzazione *f.*, coordinamento *m.* 2 *(Vereinheitlichung)* uniformazione *f.*, allineamento *m.*, livellamento *m.*

gleich|schen|ke|lig, gleich|schenk|lig agg. isoscele.

Gleich|schritt m. *(-[e]s)* cadenza *f.* (del passo), passo *m.* (cadenzato): ***im ~ marschieren*** marciare al passo ◆ ***im ~, marsch!*** passo, marsc'!

gleich‿se|hen intr. *(sieht, sah, gesehen;* aus. *haben)* ***jdm, etw. ~*** assomigliare, somigliare, rassomigliare a qcn., qcs. ◆ COLLOQ. ***das sieht dir gleich*** questa è una delle tue; ***etw., nichts ~*** essere, non essere presentabile.

gleich|sei|tig agg. equilatero. **Gleich|sei|tig|keit** f. *(-)* l'essere equilatero.

gleich‿set|zen I tr. equiparare, mettere sullo stesso piano II rifl. ***sich mit jdm, etw. ~*** identificarsi, mettersi sullo stesso piano con qcn., qcs. **Gleich|set|zung** f. *(-,-en)* equiparazione *f.* **Gleich|set|zungs|ak|ku|sa|tiv** m. *(-s)* complemento *m.* predicativo dell'oggetto. **Gleich|set|zungs|glied** n. *(-[e]s,-er)* predicativo *m.* **Gleich|set|zungs|no|mi|na|tiv** m. *(-s)* complemento *m.* predicativo del soggetto. **Gleich|set|zungs|satz** m. *(-es,-sätze)* proposizione *f.* predicativa.

Gleich|stand m. *(-[e]s)* 1 SPORT parità *f.*, pareggio *m.* 2 POL. *(Gleichgewicht)* equilibrio *m.* **gleich‿ste|hen** intr. *(stand, gestanden;* aus. *haben)* 1 essere alla pari (*o* allo stesso livello): ***jdm (in etw.) ~*** essere allo stesso livello di qcn. (per qcs.) 2 SPORT essere pari (*o* in parità).

gleich‿stel|len tr. equiparare, parificare: ***die Arbeiter den, mit den Angestellten ~*** equiparare gli operai agli impiegati. **Gleich|stel|lung** f. *(-,-en)* equiparazione *f.*, parificazione *f.*

gleich‿stim|men tr. MUS. accordare. **gleich|stim|mig** agg. unisono; FIG. ***-e Erklärungen*** dichiarazioni concordi. **Gleich|stim|mung** f. *(-,-en)* accordatura *f.*

Gleich|strom m. *(-[e]s)* corrente *f.* continua. **Gleich|strom|ge|ne|ra|tor** m. *(-s,-en)* generatore *m.* di corrente continua. **Gleich|strom|mo|tor** m. *(-s,-en)* motore *m.* a corrente continua.

gleich‿tun intr. *(tut, tat, getan;* aus. *haben)* ***es jdm ~*** uguagliare qcn.; *(nachahmen)* emulare qcn.: ***es jdm an Ehrgeiz, in seinem Beruf ~*** uguagliare qcn. per ambizione, emulare qcn. nel proprio lavoro.

Glei|chung f. *(-,-en)* equazione *f.*: ***eine ~ zweiten Grades, mit zwei Unbekannten lösen*** risolvere un'equazione di secondo grado, a due incognite ◆ ***seine ~ ging nicht auf*** non riuscì a risolvere il problema.

gleich|viel, gleich|viel avv. non importa, è (*o* fa) lo stesso: ***~, ob...*** fa lo stesso se...; ***~, wohin...*** non importa dove...

gleich|wer|tig agg. di ugual valore, equivalente. **Gleich|wer|tig|keit** f. *(-)* uguale valore *m.*, equivalenza *f.*

gleich|wie cong. come.

gleich|win|ke|lig, gleich|wink|lig agg. equiangolo.

gleich|wohl, gleich|wohl I avv. tuttavia, ciononostante, nondimeno II cong. RAR. benché, malgrado.

gleich|zei|tig I agg. contemporaneo, simultaneo II avv. 1 contemporaneamente, simultaneamente, insieme: ***sie sind ~ abgefahren*** sono partiti contemporaneamente; ***sie sprechen alle ~*** parlano tutti insieme 2 *(zugleich)* nello stesso tempo, al tempo stesso, nel contempo: ***das Faxgerät ist ~ ein Anrufbeantworter*** il fax è nello stesso tempo una segreteria telefonica. **Gleich|zei|tig|keit** f. *(-)* contemporaneità *f.*, simultaneità *f.*

gleich‿zie|hen intr. *(zog, gezogen;* aus. *haben)* SPORT ***in etw. mit jdm ~*** uguagliare qcn. in qcs., raggiungere qcn. in qcs.

Gleis n. *(-es,-e)* 1 binario *m.*: ***Überschreiten der -e verboten*** vietato attraversare i binari; ***der Zug läuft auf ~ 7 ein*** il treno arriva al binario 7; ***ein totes ~*** un binario morto, FIG. un punto morto 2 *(Metallschiene des Gleises)* rotaia *f.* ◆ ***sich in ausgefahrenen -en bewegen*** muoversi sui soliti binari, continuare come sempre; ***jdn, etw. aus dem ~ bringen*** far uscire di carreggiata qcn., qcs.; ***auf, in ein falsches ~ geraten*** prendere una brutta piega; ***aus dem ~ kommen*** uscire di carreggiata, uscire dai binari; ***etw. auf ein totes ~ schieben*** far arenare, insabbiare qcs.; ***im ~ sein*** essere, stare in carreggiata; ***jdn, etw. aus dem ~ werfen*** → ***jdm, etw. aus dem ~ bringen***; FIG. ***wieder ins (rechte) ~ bringen, kommen*** rimettere, rimettersi in carreggiata. **Gleis|an|la|ge** f. *(-,-n)* binari *m.pl.* **Gleis|an|schluss** m. *(-es,-anschlüsse)* raccordo *m.* ferroviario. **Gleis|ar|bei|ten** pl. lavori *m.pl.* sui binari. **Gleis|bau** m. *(-s,-ten)* posa *f.* del binario. **Gleis|bett** n. *(-[e]s,-en)*, **Gleis|bet|tung** f. *(-,-en)* massicciata *f.* (ferroviaria). **Gleis|brem|se** f. *(-,-n)* freno *m.* su rotaia. **Gleis|drei|eck** n. *(-[e]s,-e)* triangolo *m.* di binari. **Gleis|ket|te** f. *(-,-n)* cingolo *m.* **Gleis|ket|ten|fahr|zeug** n. *(-[e]s,-e)* veicolo *m.* cingolato. **Gleis|kör|per** m. *(-s,-)* binari *m.pl.*, sede *f.* dei binari.

Gleis|ner m. *(-s,-)* ANT. ipocrita *m.* **Gleis|ne|rei** f. *(-,-en)* ANT. ipocrisia *f.* **gleis|ne|risch** agg. ANT. ipocrita.

Gleiß m. *(-es)* LETT. splendore *m.*

Glei|ße f. *(-,-n)* cicuta *f.* minore.

glei|ßen intr. *(gleißte/gliss, gegleißt/geglissen;* aus. *haben)* LETT. abbagliare, risplendere.

Gleis|ver|le|gung f. *(-,-en)* posa *f.* del binario.

Gleit|bahn f. *(-,-en)* 1a *(Rutschbahn)* scivolo *m.* b guida *f.* (*o* via *f.*) di scorrimento 2a AER. pista *f.* d'atterraggio b linea *f.* del volo planato. **Gleit|boot** n. *(-[e]s,-e)* idroscivolante *m.* **Gleit|bü|gel** m. *(-s,-)* EL. presa *f.* ad archetto.

glei|ten intr. *(glitt, geglitten)* **1a** (aus. *sein*) scivolare: ***über das Wasser, das Eis ~*** scivolare sull'acqua, sul ghiaccio; ***über das Parkett ~*** scivolare sulla pista da ballo; ***ins Wasser, zu Boden ~*** scivolare nell'acqua, a terra; ***aus dem Sattel ~*** scivolare giù dalla sella; FIG. ***das Geld gleitet ihm aus den Händen*** i soldi gli scivolano via dalle mani **b** *(sich leicht bewegen)* scorrere: ***der Kolben gleitet gut*** lo stantuffo scorre bene **c** *(ausrutschen)* scivolare, sdrucciolare, slittare **2** *(schwebend fliegen)* librarsi (in volo): ***der Vogel gleitet (durch die Luft)*** l'uccello si libra (nell'aria) **3** COLLOQ. (aus. *haben*) avere l'orario (di lavoro) flessibile ◆ ***die Hand über etw. (A) ~ lassen*** fare scorrere la mano sopra qcs. **glei|tend I** p.pres. agg. **1** → **gleiten 2** ECON. mobile, scalare **3 *-e Arbeitszeit*** orario (di lavoro) flessibile **II** avv. scivolando, scorrendo. **Glei|ter** m. *(-s,-)* aliante *m.* **Gleit|flug** m. *(-[e]s,-flüge)* volo *m.* planato: ***im ~ landen*** atterrare planando. **Gleit|flug|zeug** n. *(-[e]s,-e)* → **Gleiter. Gleit|hang** m. *(-[e]s,-hänge)* scarpata *f.* pianeggiante (sui fiumi). **Gleit|ku|fe** f. *(-,-n)* AER. pattino *m.* **Gleit|la|ger** n. *(-s,-)* MECC. cuscinetto *m.* liscio, radente, a strisciamento. **Gleit|mit|tel** n. *(-s,-)* TECN. lubrificante *m.* **Gleit|schie|ne** f. *(-,-n)* rotaia *f.* di guida. **Gleit|schritt** m. *(-s,-e)* passo *m.* strisciato. **Gleit|schutz** m. *(-es,-e)* AUT. dispositivo *m.* antisdrucciolevole. **Gleit|se|geln** n. *(-s)* parapendio *m.* **gleit|si|cher** agg. antisdrucciolevole, antiscivolo. **Gleit|wachs** n. *(-es,-e)* sciolina *f.* **Gleit|win|kel** m. *(-s,-)* angolo *m.* di planata. **Gleit|zeit** f. *(-,-en)* **1** *(gleitende Arbeitszeit)* orario *m.* flessibile **2** *(bei gleitender Arbeitszeit)* limiti *m.pl.* dell'orario flessibile. **Gleit|zoll** m. *(-s,-zölle)* dazio *m.* mobile.

Glen|check ['glɛntʃɛk] m. *(-[s],-s)* TESS. principe *m.* di Galles.

Glet|scher m. *(-s,-)* ghiacciaio *m.*: ***der ~ schmilzt, kalbt*** il ghiacciaio si scioglie, dal ghiacciaio si staccano dei pezzi. **Glet|scher|bach** m. *(-[e]s,-bäche)* torrente *m.* glaciale. **Glet|scher|brand** m. *(-[e]s)* eritema *m.* solare (prodotto da riverbero sui ghiacciai). **Glet|scher|bril|le** f. *(-,-n)* occhiali *m.pl.* (protettivi) da ghiacciaio. **Glet|scher|feld** n. *(-es,-er)* ghiacciaio *m.*, distesa *f.* ghiacciata. **Glet|scher|kun|de** f. *(-)* glaciologia *f.* **Glet|scher|milch** f. *(-)* acqua *f.* di ablazione. **Glet|scher|müh|le** f. *(-,-n)* marmitta *f.* glaciale. **Glet|scher|spal|te** f. *(-,-n)* crepaccio *m.* **Glet|scher|topf** m. *(-[e]s,-töpfe)* → **Gletschermühle. Glet|scher|tor** n. *(-s,-e)* bocca *f.* (*o* porta *f.*) di, del ghiacciaio. **Glet|scher|zun|ge** f. *(-,-n)* lingua *f.* di, del ghiacciaio.

Glib|ber m. *(-s)* liquido *m.* gelatinoso. **glibb|rig** agg. viscido: ***-e Frösche, Quallen*** rane, meduse viscide.

glich → **gleichen.**

Glied n. *(-[e]s,-er)* **1a** membro *m.*, arto *m.* **b** *(Körper)* pl. membra *f.pl.*, corpo *m.*: ***die Angst fuhr mir in die, durch alle -er*** la paura mi entrò in corpo; ***an allen -ern zittern*** tremare per tutto il corpo **c** *(Penis)* membro *m.* **d** *(von Fingern, Zehen)* falange *f.* **2** *(Teil eines Ganzen)* membro *m.*, elemento *m.*: ***ein nützliches ~ der Gesellschaft*** un membro utile della società; ***das ~ einer Gleichung, eines Satzes*** il membro di un'equazione, di una proposizione **3** *(Teil einer Kette)* anello *m.* **4** SPORT MIL. *(Reihe)* fila *f.*, riga *f.*: ***aus dem ~ treten*** uscire dalla fila; ***im ~ stehen*** stare in fila **5** LETT. ANT. *(Generation)* generazione *f.*: ***bis ins siebente ~*** fino alla settima generazione ◆ ***du wirst dir noch die -er brechen!*** ti romperai l'osso del collo! ***in Reih und ~*** in fila; ***kein ~ rühren können*** non poter muovere un muscolo; ***der Schreck sitzt mir in den -ern*** lo spavento mi entra in corpo, mi pervade il corpo; ***alle -er von sich strecken*** stendere braccia e gambe. **Glie|der|bau** m. *(-s)* struttura *f.* fisica, corporatura *f.* **Glie|der|fü|ßer** m. *(-s,-)* artropodo *m.* **Glie|der|ket|te** f. *(-,-n)* catena *f.* a maglie. **glie|der|lahm** agg. fiacco, stanco, debole. **Glie|der|maß|stab** m. *(-[e]s,-stäbe)* metro *m.* pieghevole (*o* a stecche). **glie|dern I** tr. suddividere, articolare: ***das Buch ist in drei Kapitel gegliedert*** il libro è articolato in tre capitoli **II** rifl. **sich ~** (sud)dividersi, articolarsi: ***der Vortrag gliedert sich in zwei Teile*** la conferenza si divide in due parti. **Glie|der|pup|pe** f. *(-,-n)* **1** *(Schaufensterpuppe)* manichino *m.* **2** *(Spielzeug)* marionetta *f.* **Glie|der|rei|ßen** n. *(-s)* dolori *m.pl.* articolari, reumatismi *m.pl.* **Glie|der|satz** m. *(-es,-sätze)* GRAMM. periodo *m.* **Glie|der|schmerz** m. *(-es,-en)* dolore *m.* articolare, reumatismo *m.* **Glie|der|schwe|re** f. *(-)* fiacchezza *f.* **Glie|der|tie|re** pl. articolati *m.pl.* **Glie|de|rung** f. *(-,-en)* **1a** articolazione *f.* **b** *(Aufbau)* struttura *f.*: ***die ~ eines Aufsatzes*** la struttura di un tema **2** *(Einteilung)* suddivisione *f.*, ripartizione *f.*: ***die ~ des Ganzen in Teile*** la suddivisione del tutto in parti **3** *(Gruppe)* gruppo *m.*, sezione *f.*: ***die -en der Gewerkschaft*** le sezioni del sindacato. **Glied|ma|ße** f. *(-,-n)* membro *m.*, arto *m.* **Glied|satz** m. *(-es,-sätze)* proposizione *f.* secondaria, subordinata. **Glied|staat** m. *(-[e]s,-en)* stato *m.* membro (di una federazione); *(eines Bundesstaates)* stato *m.* federale. **glied|wei|se** avv. fila per fila.

glim|men intr. *(glimmte/glomm, geglimmt/geglommen;* aus. *haben)* **1** ardere (senza fiamma), covare: ***unter der Asche glimmt noch das Feuer*** il fuoco cova ancora sotto la cenere **2** FIG. brillare, scintillare: ***Hass glimmt in ihren Augen*** l'odio brilla nei suoi occhi ◆ ***eine letzte Hoffnung glimmt in ihr*** ha ancora un barlume di speranza. **Glimm|ent|la|dung** f. *(-,-en)* ELETTRON. scarica *f.* a bagliore, luminescente. **Glim|mer** m. *(-s,-)* **1** MINER. mica *f.* **2** *(schwacher Glanz)* chiarore *m.*, barlume *m.* **glim|me|rig** agg. ANT. **1** MINER. micaceo **2** rilucente. **glim|mern** intr. (aus. *haben*) rilucere debolmente, dare un barlume. **Glim|mer|schie|fer** m. *(-s,-)* micascisto *m.* **glimm|rig** → **glimmerig. Glimm|stän|gel** m. *(-s,-)* COLLOQ. sigaretta *f.* **Glimm|sten|gel** → **Glimmstängel.**

glimpf|lich I agg. mite, indulgente: ***eine -e Strafe*** una pena mite **II** avv. **1** con riguardo, delicatamente: ***mit jdm ~ umgehen*** trattare qcn. con riguardo **2** senza danno, a buon mercato: ***~ davonkommen*** cavarsela a buon mercato; ***das ging, lief noch einmal ~ ab*** è andata ancora bene. **Glimpf|lich|keit** f. *(-)* riguardo *m.*, indulgenza *f.*

Gli|om n. *(-s,-e* e *-a)* glioma *m.*

Glis|sa|de f. *(-,-n)* passo *m.* strisciato. **Glis|san|do** n. *(-s,-s* e *Glissandi)* MUS. glissando *m.*

Glitsch|bahn f. *(-,-en)*, **Glit|sche** f. *(-,-n)* scivolo *m.* (sul ghiaccio). **glit|schen** intr. **1** (aus. *sein*) COLLOQ. scivolare: ***jdm aus der Hand ~*** scivolare di mano a qcn. **2** (aus. *haben, sein*) scivolare, fare scivolate: ***über den gefrorenen See ~*** scivolare sul lago ghiacciato. **glit|sche|rig, glit|schig** agg. COLLOQ. sdrucciolevole, liscio. **glitsch|rig** → **glitscherig.**

glit|ze|rig agg. COLLOQ. scintillante. **glit|zern** intr. (aus. *haben*) scintillare. **Glit|zern** n. *(-s)* scintillio *m.*, lampeggio *m.* **glitz|rig** → **glitzerig.**

glo|bal I agg. **1** *(weltumspannend)* mondiale, globale **2a** globale, complessivo: ***-e Kenntnisse*** conoscenze globali **b** *(allgemein)* globale, generale **II** avv. **1** in tutto il mondo **2a** globalmente, complessivamente **b** *(allgemein)* globalmente, generalmente: ***~ gesehen, betrachtet*** visto globalmente ◆ ***-es Dorf*** villaggio globale. **Glo|bal|strah|lung** f. *(-,-en)* radiazione *f.* solare e celeste. **Glo|bal|ver|ein|ba|rung** f. *(-,-en)* negoziati *m.pl.* globali.

Glo|be|trot|ter ['glo:bətrɔtɐ, 'gloʊbtrɔtə] m. *(-s,-)* giramondo *m.*

Glo|bin n. *(-s)* globina *f.*

Glo|bu|lin n. *(-s,-e)* globulina *f.*

Glo|bus m. *(-* e *-ses,-se* e *Globen)* mappamondo *m.*; *(Erdkugel)* globo *m.*

Glöck|chen n. *(-s,-)* campanella *f.*

Glo|cke f. *(-,-n)* **1a** campana *f.*: ***die -n läuten, ziehen*** suonare le campane; ***die ~ tönt, schweigt, läutet Sturm*** la campana suona, tace, suona a martello; ***die ~ schlägt zehn (Uhr)*** suonano le dieci **b** *(Schutzdeckel)* campana *f.*; *(für Lebensmittel)* coprivivande *m.* **2** FIG. cappa *f.*: ***eine ~ von Rauch hängt über dem Tal*** una cappa di fumo copre la valle **3** *(Herrenhut)* bombetta *f.*; *(Damenhut)* cloche *f.* **4** *(vom Florett)* coccia *f.* **5** *(Lampenschirm)* paralume *m.* **6** SART. *(Umhang)* mantella *m.* a ruota ◆ COLLOQ. ***etw. an die große ~ hängen*** strombazzare qcs. ai quattro venti; COLLOQ. ***wissen, was die ~ geschlagen hat*** conoscere la gravità della situazione; ***die ~ läuten hören, aber nicht wissen, wo sie hängt*** = parlare senza cognizione di causa; REGION. ***die ~ ziehen*** suonare il campanello. **Glo|cken|bal|ken** m. *(-s,-)* TECN. cicogna *f.* **Glo|cken|blu|me** f. *(-,-n)* BOT. campanula *f.*, campanella *f.* **Glo|cken|bo|je** f. *(-,-n)* MAR. boa *f.* a campana. **Glo|cken|bron|ze** f. *(-)* bronzo *m.* da campana. **glo|cken|för|mig** agg. (fatto) a campana. **Glo|cken|ge|läut** n. *(-[e]s,-e)*, **Glo|cken|ge|läu|te** n. *(-s,-)* **1** scampanio *m.*: ***unter ~*** al suono delle campane **2** *(Läutwerk)* soneria *f.* **Glo|cken|gie|ßer** m. *(-s,-)* fonditore *m.* di campane. **Glo|cken|gie|ße|rei** f. *(-,-en)* fonderia *f.* di campane. **Glo|cken|guss** m. *(-es,-güsse)* fusione *f.*, getto *m.* della campana. **Glo|cken|gut** n. *(-[e]s)* → **Glockenspeise. Glo|cken|hei|de** f. *(-,-n)* BOT. erica *f.* **glo|cken|hell I** agg. squillante, chiaro **II** avv. in modo squillante: ***ihre Stimme tönte ~*** la sua voce risuonava in modo squillante. **Glo|cken|klang** m. *(-[e]s,-klänge)* suono *m.*, rintocco *m.* di campana. **Glo|cken|klöp|pel** m. *(-s,-)* battacchio *m.*, battaglio *m.* **Glo|cken|läu|ten** n. *(-s)* suono *m.* di campana, scampanio *m.* **Glo|cken|schlag** m. *(-[e]s,-schläge)* rintocco *m.*, tocco *m.* di campana ◆ COLLOQ. ***mit dem ~, auf den ~*** molto puntuale. **Glo|cken|schwen|gel** m. *(-s,-)* batacchio *m.* **Glo|cken|spei|se** f. *(-,-n)* lega *f.*, bronzo *m.* da campane. **Glo|cken|spiel** n. *(-[e]s,-e)* **1** carillon *m.*, soneria *f.* (*o* concerto *m.*) di campane **2** *(strumento musicale)* campanelli *m.pl.* **Glo|cken|stu|be** f. *(-,-n)* cella *f.* campanaria. **Glo|cken|stuhl** m. *(-[e]s,-stühle)* ceppo *m.*,

mozzo *m.* della campana. **Glo|cken|tier|chen** n. *(-s,-)* ENTOM. vorticella *f.* **Glo|cken|ton** m. *(-[e]s,-töne)* suono *m.* di campana, di campane. **Glo|cken|turm** m. *(-[e]s,-türme)* torre *f.* campanaria, campanile *m.* **glo|ckig** agg. a campana.
Glöck|ner m. *(-s,-)* campanaro *m.*
1.Glo|ria n. *(-s)* e f. *(-)* gloria *f.*; *(Ehre)* onore *m.*
2.Glo|ria n. *(-s,-s)* LIT. gloria *m.*
Glo|ri|a|sei|de f. *(-)* TESS. gloria *f.*, seta *f.* gloria.
Glo|rie f. *(-,-n)* **1** LETT. *(Ruhm)* gloria *f.*; *(Glanz)* splendore *m.* **2** *(Heiligenschein)* aureola *f.* **3** METEOR. gloria *f.* **Glo|ri|en|schein** m. *(-[e]s,-e)* aureola *f.*
glo|ri|fi|zie|ren tr. glorificare, magnificare.
Glo|ri|o|le f. *(-,-n)* aureola *f.*
glo|ri|os, glor|reich agg. *(großartig)* grandioso; *(glanzvoll)* splendido, magnifico: IRON. ***eine -e Idee!*** che idea grandiosa!
Glos|sar n. *(-s,-e)* **1** glossario *m.* **2** *(Erläuterung)* glosse *f.pl.* **Glos|sa|ri|um** n. *(-s, Glossarien)* ANT. → **Glossar.**
Glos|sa|tor m. *(-s,-en)* glossatore *m.* **Glos|se** f. *(-,-n)* **1** glossa *f.*, chiosa *f.*: ***eine ~ verfassen*** fare una glossa **2** *(spöttische Bemerkung)* osservazione *f.* ironica. **Glos|sem** n. *(-s,-e)* glossema *m.* **glos|sie|ren** tr. **1** commentare polemicamente, criticare **2** glossare, chiosare.
Glot|tis f. *(-, Glottides)* glottide *f.*
Glotz|au|ge n. *(-s,-n)* **1** COLLOQ. occhio *m.* spalancato, grosso: ***-n machen*** strabuzzare gli occhi, far tanto d'occhi **2** MED. esoftalmo *m.* **glotz|äu|gig** agg. **1** dagli occhi spalancati **2** MED. esoftalmico.
Glot|ze f. *(-,-n)* COLLOQ. tivù *f.*: ***vor der ~ sitzen*** star davanti alla tivù, guardare la tivù. **glot|zen** intr. (aus. *haben*) COLLOQ. **1** guardare con (gli) occhi fissi: ***glotz nicht so blöd*** non fare quella faccia stupida **2** *(fernsehen)* guardare la televisione. **Glotz|kas|ten** m. *(-s, -kästen e -)*, **Glotz|kis|te** f. *(-,-n)* COLLOQ. tivù *f.*
Glo|xi|nie f. *(-,-n)* BOT. gloxinia *f.*
gluck inter. **1** coccodè **2** *(von Flüssigkeiten)* glu glu ◆ COLLOQ. ***~,~ machen*** tracannare (bevande alcoliche).
Glück n. *(-[e]s,-e)* **1** fortuna *f.*; buona sorte *f.*: ***zum ~*** per fortuna; ***viel ~!*** buona fortuna! (tanti) auguri! ***(kein) ~ haben*** (non) aver fortuna, essere fortunato (sfortunato); ***~ bringen*** portare fortuna; ***~ bringend*** che porta fortuna, fortunato; ***~ verheißend*** di buon augurio, auspicio; ***sein ~ suchen*** cercar fortuna; ***~ muss man haben*** è una questione di fortuna; ***das ~ ist mit ihm, lacht ihm*** la fortuna gli arride; ***jdm zu etw. (für etw.) viel ~ wünschen*** augurare a qcn. buona fortuna per qcs.; ***sein ~ versuchen, probieren*** tentare la fortuna (*o* la sorte); ***~ im Unglück haben*** aver fortuna nella sfortuna; ***dem ~ nachhelfen*** aiutare la fortuna; ***das ~ beim Schopfe fassen, packen*** afferrare la fortuna per i capelli **2** *(Glückseligkeit)* felicità *f.*, gioia *f.*: ***jds ~ sein*** essere la gioia di qcn.; ***häusliches ~*** felicità domestica; ***irdisches ~*** felicità terrena, di questo mondo; ***jds ~ trüben*** turbare la felicità di qcn. ◆ ***~ ab! ~ auf!*** in bocca al lupo! ***es ist dein ~, dass...*** buon per te che..., per tua fortuna...; ***das hat mir zu meinem ~ noch gefehlt!*** ci mancava anche questo! ***auf gut ~*** a caso, alla cieca; ***sein ~ machen*** far fortuna; ***er kann von ~ reden, sagen*** può dirsi fortunato; ***jeder ist seines -es Schmied*** ognuno è artefice della propria fortuna; ***in ~ und Unglück zusammenhalten*** essere uniti nella buona e nella cattiva sorte; ***mehr ~ als Verstand haben*** avere più fortuna che cervello; ***jds ~ im Wege stehen*** intralciare la fortuna di qcn.; PROV. ***~ und Glas, wie leicht bricht das*** la fortuna è volubile; ***~ im Spiel, Unglück in der Liebe*** fortunato in amore non giochi a carte, sfortunato al gioco, fortunato in amore. **Glück|ab** n. *(-s)* buona fortuna *f.*, auguri *m.pl.* (saluto degli aviatori). **Glück|auf** n. *(-s)* buona fortuna *f.*, auguri *m.pl.* (saluto dei minatori).
Glu|cke f. *(-,-n)* **1** chioccia *f.*: ***wie eine ~ über die Kinder wachen*** sorvegliare i bambini come una chioccia **2** *(Nachtfalter)* lasiocampida *f.* **glu|cken** intr. (aus. *haben*) **1** chiocciare **2** COLLOQ. *(faulenzen)* poltrire: ***ich habe den ganzen Sonntag zu Hause gegluckt*** ho poltrito tutta la domenica.
glü|cken intr. (aus. *sein*) **1** riuscire, andare bene: ***der Kuchen ist mir diesmal nicht geglückt*** questa volta la torta non mi è riuscita (bene) **2** impers. ***es glückte ihm nicht, das Buch zu finden*** non riuscì a trovare il libro.
glu|ckern intr. **1** (aus. *haben*) gorgogliare: ***das Wasser gluckert im Abfluss*** l'acqua gorgoglia nello scarico **2** (aus. *sein*) scorrere gorgogliando.
glück|haft agg. **1** fortunato, coronato da successo: ***ein -es Unternehmen*** un'impresa coronata da successo **2** *(glücklich)* felice: ***eine -e Stunde*** un'ora felice.
Gluck|hen|ne f. *(-,-n)* chioccia *f.*
glück|lich I agg. **1** fortunato; *(erfolgreich)* fortunato, riuscito: ***der -e Sieger*** il fortunato vincitore; ***sich ~ schätzen*** ritenersi fortunato; ***eine -e Landung*** un atterraggio riuscito; ***einen -en Ausgang haben*** avere buon esito **2** *(vorteilhaft)* propizio, favorevole, felice: ***eine -e Lage*** una situazione favorevole; ***ein -er Einfall, eine -e Wahl*** un'idea, una scelta felice **3** *(von Freude erfüllt)* felice; lieto: ***jdn ~ machen*** rendere felice qcn.; ***über etw. (A) ~ sein*** essere felice di qcs.; ***ein -es neues Jahr!*** felice anno nuovo! **II** avv. **1** felicemente: ***~ verheiratet sein*** essere felicemente sposato **2** COLLOQ. *(endlich)* finalmente: ***ist er ~ weg?*** se n'è andato finalmente? ◆ ***eine -e Hand bei etw. haben*** essere fortunato in qcs.; ***~ treffen*** capitare bene. **glück|li|cher|wei|se** avv. fortunatamente.
Glücks|brin|ger m. *(-s,-)* portafortuna *m.*, amuleto *m.* **Glücks|bu|de** f. *(-,-n)* banco *m.* della lotteria. **glück|se|lig** agg. beato. **Glück|se|lig|keit** f. *(-)* beatitudine *f.*; *(Freude)* felicità *f.*
gluck|sen intr. (aus. *haben*) **1** gorgogliare **2** ridere a singhiozzo.
Glücks|fall m. *(-[e]s,-fälle)* caso *m.* fortunato, colpo *m.* di fortuna. **Glücks|fee** f. *(-,-n)* SCHERZ. fatina *f.* buona. **Glücks|ge|fühl** n. *(-s,-e)* senso *m.* di felicità. **Glücks|göt|tin** f. *(-,-nen)* dea *f.* della fortuna. **Glücks|gü|ter** pl. doni *m.pl.* della sorte: ***mit -n gesegnet sein*** essere benedetto dalla sorte. **Glücks|kä|fer** m. *(-s,-)* maggiolino *m.* **Glücks|kind** n. *(-[e]s,-er)* fortunato *m.*, fortunello *m.*, chi è nato con la camicia. **Glücks|klee** m. *(-s)* quadrifoglio *m.* **Glücks|männ|chen** n. *(-s,-)* COLLOQ. radice *f.* di mandragola. **Glücks|pfen|nig** m. *(-s,-e)* moneta *f.* portafortuna. **Glücks|pilz** m. *(-es,-e)* fortunello *m.*, chi ha avuto un colpo di fortuna. **Glücks|rad** n. *(-es,-räder)* **1** ruota *f.* della fortuna **2** *(Glück)* fortuna *f.* **Glücks|rit|ter** m. *(-s,-)* avventuriero *m.* **Glücks|sa|che** f. *(-,-n)* ***das ist reine ~*** è solo (o puramente) questione di fortuna. **Glücks|schwein** n. *(-[e]s,-e)* maialino *m.* portafortuna. **Glücks|spiel** n. *(-[e]s,-e)* gioco *m.* d'azzardo. **Glücks|stern** m. *(-[e]s,-e)* buona stella *f.* **Glücks|sträh|ne** f. *(-,-n)* momento *m.* fortunato: ***eine ~ haben*** attraversare un momento fortunato. **Glücks|tag** m. *(-[e]s,-e)* giorno *m.* fortunato. **glück|strah|lend** agg. raggiante (di gioia), felice. **Glücks|tref|fer** m. *(-s,-)* colpo *m.* di fortuna.
Glück|wunsch m. *(-[e]s,-wünsche)* augurio *m.*; *(Gratulation)* congratulazioni *f.pl.*, felicitazioni *f.pl.*: ***jdm seinen ~ aussprechen, senden, übermitteln*** fare, mandare gli auguri a qcn.; ***Glückwünsche zum bestandenen Examen, zur Vermählung*** congratulazioni per il buon esito degli esami, felicitazioni (agli sposi); ***herzliche Glückwünsche zum Geburtstag*** (cari) auguri di buon compleanno. **Glück|wunsch|kar|te** f. *(-,-n)* biglietto *m.* d'auguri. **Glück|wunsch|schrei|ben** n. *(-s,-)* lettera *f.* di congratulazioni. **Glück|wunsch|te|le|gramm** n. *(-[e]s,-e)* telegramma *m.* di auguri, di congratulazioni.
Glu|co|se → **Glukose.**
Glüh|bir|ne f. *(-,-n)* lampadina *f.* **Glüh|draht** m. *(-[e]s,-drähte)* EL. filamento *m.*
glü|hen I intr. (aus. *haben*) **1** ardere (senza fiamma) (anche FIG.): ***vor Zorn, in Liebe ~*** ardere di sdegno, d'amore; ***er glüht danach, sie zu sehen*** arde dal desiderio di vederla; ***die Asche glüht noch*** la cenere arde ancora **2** FIG. rosseggiare, essere infocato: ***der Berg glüht in der Abendsonne*** la montagna rosseggia all'ultimo sole; ***ihr Gesicht glühte*** il suo viso era infocato **3** scottare, bruciare: ***vor Fieber ~*** scottare dalla febbre; ***die Sonne glüht heute*** oggi il sole scotta **II** tr. arroventare, rendere incandescente. **glü|hend I** p.pres. agg. **1** → **glühen 2** incandescente, arroventato: ***-es Metall*** metallo incandescente **3a** FIG. ardente: ***-e Liebe*** amore ardente **b** infocato, di fuoco: ***ein -es Gesicht*** un viso infocato; ***-e Augen*** occhi di fuoco **II** avv. ardentemente: ***~ heiß*** cocente ◆ ***-e Hitze*** calura; ***etw. in -en Farben schildern*** descrivere qcs. con entusiasmo.
Glüh|fa|den m. *(-s,-fäden)* EL. filamento *m.* **Glüh|far|be** f. *(-,-n)* colore *m.* del metallo incandescente. **glüh|fri|schen** tr. malleabilizzare. **Glüh|hit|ze** f. *(-,-n)* RAR. → **Gluthitze.** **Glüh|ka|tho|de** f. *(-,-n)* EL. catodo *m.* caldo. **Glüh|ker|ze** f. *(-,-n)* candela *f.* (di avviamento), candeletta *f.* di riscaldamento. **Glüh|kopf|mo|tor** m. *(-s,-en)* motore *m.* a testa calda (*o* semi-Diesel). **Glüh|lam|pe** f. *(-,-n)* lampada *f.* a incandescenza. **Glüh|licht** n. *(-[e]s,-er)* luce *f.* ad incandescenza. **Glüh|ofen** m. *(-s,-öfen)* METALL. forno *m.* di (*o* per) ricottura. **Glüh|strumpf** m. *(-[e]s,-strümpfe)* retina *f.* incandescente (di lampade a gas). **Glüh|wein** m. *(-[e]s,-e)* vino *m.* brûlé. **Glüh|würm|chen** n. *(-s,-)* COLLOQ. lucciola *f.*
Glu|ko|se f. *(-)* glucosio.
glupsch I agg. torvo, bieco **II** avv. torvamente, biecamente: ***jdn ~ ansehen*** guardare qcn. biecamente. **Glupsch|au|ge** n. *(-s,-n)* occhio *m.* sporgente ◆ ***-n bekommen, machen, kriegen*** strabuzzare gli occhi.
Glut f. *(-,-en)* **1** brace *f.*: ***die ~ anfachen, schüren*** attizzare la brace

2 FIS. incandescenza *f.* 3a *(Leidenschaftlichkeit)* ardore *m.* b LETT. fiamma *f.*, vampa *f.*: ***die ~ des Verlangens*** la vampa del desiderio 4 *(Röte)* rossore *m.*, vampa(ta) *f.* di rossore: ***die ~ ihrer Wangen*** il rossore delle sue guance 5 *(Hitze)* grande calura *f.*, arsura *f.*, vampa *f.*

Glu|ta|mat n. *(-[e]s,-e)* glutammato *m.*

Glu|ta|min|säu|re f. *(-)* acido *m.* glutammico.

glut|äu|gig agg. dallo sguardo ardente.

Glu|ten n. *(-s)* glutine *m.*

Glut|hit|ze f. *(-,-n)* (grande) calura *f.*, gran caldo *m.*, arsura *f.* **glut|rot** agg. rosso: ***~ vor Scham*** rosso dalla vergogna.

Gly|kä|mie f. *(-)* glicemia *f.* **Gly|kol** n. *(-s,-e)* glicol(e) *m.* **Gly|ko|se** → **Glukose.** **Gly|ko|sid** n. *(-[e]s,-e)* glucoside *m.*

Glyp|tik f. *(-)* 1 glittica *f.* 2 arte *f.* dell'incisione su pietra o metallo **Glyp|to|thek** f. *(-,-en)* glittoteca *f.*

Gly|ze|rin n. *(-s)* glicerina *f.* **Gly|ze|rin|sal|be** f. *(-,-n)* pomata *f.* alla glicerina.

Gly|zi|n(i)e f. *(-,-n)* glicine *m.*

GmbH ⇒ *Gesellschaft mit beschränkter Haftung* società a responsabilità limitata (s.r.l.).

GMD ⇒ *Generalmusikdirektor* (direttore artistico e d'orchestra).

g-Moll n. *(-)* sol *m.* minore.

Gna|de f. *(-,-n)* 1a grazia *f.*, favore *m.*: ***um ~ bitten*** chiedere grazia; ***die ~ des Königs*** il favore del re b RELIG. grazia *f.*: ***von Gottes -n*** per grazia divina 2 clemenza *f.*: ***um ~ flehen*** implorare clemenza; ***~ walten lassen*** usare clemenza ◆ ***von jds ~ abhängen*** dipendere dalle grazie di qcn.; ***aus ~ (und Barmherzigkeit)*** per misericordia; ***Euer -n*** Vostra Grazia; ***vor jds Augen, vor jdm ~ finden*** trovare grazia agli occhi di qcn.; IRON. ***die ~ haben, etw. zu tun*** avere la compiacenza di fare qcs.; ***Ihre -n*** Vostra Grazia; ***bei jdm in -n stehen*** essere nelle grazie di qcn.; ***ohne ~*** senza pietà; ***~ vor, für Recht ergehen lassen*** essere clemente; ***auf ~ und Ungnade*** incondizionatamente. **gna|den** intr. (aus. *haben*), ***gnade dir Gott!*** che Dio ti aiuti! che Dio te la mandi buona! **Gna|den|akt** m. *(-[e]s,-e)* atto *m.* di clemenza. **Gna|den|be|weis** m. *(-es,-e)* dimostrazione *f.* (*o* prova *f.*) di clemenza. **Gna|den|bild** n. *(-[e]s,-er)* immagine *f.* miracolosa. **Gna|den|brot** n. *(-[e]s)* mantenimento *m.* (*o* sostentamento *m.*) gratuito ◆ ***jdm, einem alten Pferd das ~ geben, gewähren*** mantenere qcn., un vecchio cavallo per carità (*o* per pietà). **Gna|den|er|lass** m. *(-es,-e)* amnistia *f.* **Gna|den|frist** f. *(-,-en)* dilazione *f.*: ***eine ~ von drei Tagen gewähren*** concedere tre giorni di dilazione. **Gna|den|ge|schenk** n. *(-[e]s,-e)* elemosina *f.* **Gna|den|ge|such** n. *(-[e]s,-e)* domanda *f.* di grazia. **Gna|den|in|stanz** f. *(-,-en)* organo *m.* che può concedere la grazia. **Gna|den|kraut** n. *(-[e]s,-kräuter)* graziola *f.* **gna|den|los** agg. spietato, senza pietà. **gna|den|reich** agg. 1 *(gnädig)* clemente, indulgente: ***ein -er Herrscher*** un sovrano clemente 2 *(gnadenvoll)* pieno di grazia. **Gna|den|schuss** m. *(-es,-schüsse)*, **Gna|den|stoß** m. *(-es,-stöße)* colpo *m.* di grazia. **Gna|den|tisch** m. *(-es,-e)* altare *m.* **Gna|den|tod** m. *(-[e]s,-e)* LETT. eutanasia *f.* **gna|den|voll** agg. (pieno) di grazia. **Gna|den|weg** m. *(-[e]s,-e)* via *f.* della grazia: ***auf dem ~*** in via di grazia.

gnä|dig I agg. 1 *(schonungsvoll)* clemente, indulgente (anche IRON.): ***sei so ~, es zu tun!*** abbi la clemenza di fare ciò! 2 *(wohlwollend)* benevolo 3 *(barmherzig)* misericordioso 4 *(in höflicher Anrede)* gentile: ***-e Frau*** gentile signora; IRON. ***meine Gnädige, Gnädigste*** mia cara **II** avv. 1 *(schonungsvoll)* con clemenza, con indulgenza 2 *(wohlwollend)* benevolmente 3 *(barmherzig)* misericordiosamente ◆ ***es ist ~ abgegangen*** è andata liscia; ***~ davonkommen*** cavarsela a buon mercato; ***Gott sei dir ~!*** che Dio ti aiuti!, che Dio te la mandi buona! IRON. ***machen Sie es ~ mit ihm!*** sia clemente con lui!

Gnatz m. *(-es,-e)* 1 MED. *(Grind)* tigna *f.* 2 *(mürrischer Mensch)* burbero *m.* **gnat|zen** intr. (aus. *haben*) COLLOQ. essere burbero, scontroso.

Gneis m. *(-es,-e)* gneis *m.*

Gnom m. *(-en,-en)* gnomo *m.*

Gno|me f. *(-,-n)* gnome *f.*

gno|men|haft agg. da gnomo, simile ad uno gnomo.

Gno|mi|ker m. *(-s,-)* poeta *m.* gnomico. **gno|misch** agg. gnomico.

Gno|se|o|lo|gie f. *(-)* gnoseologia *f.* **Gno|sis** f. *(-)* gnosi *f.* **Gnos|ti|ker** n. *(-s,-)* gnostico *m.* **Gnos|ti|zis|mus** m. *(-)* gnosticismo *m.*

Gnu n. *(-s,-s)* gnu *m.*

Goal|kee|per ['go:lki:pɐ] m. *(-s,-)* portiere *m.*

Go|be|lin [gobə'lɛ̃] m. *(-s,-s)* gobelin *m.*

Go|ckel m. *(-s,-)*, **Go|ckel|hahn** m. *(-[e]s,-hähne)* SCHERZ. gallo *m.* ◆ ***sich wie ein ~ benehmen*** fare il galletto.

Go|der m. *(-s,-)* AUSTR. COLLOQ. pappagorgia *f.* **Go|derl** n. *(-s,-n)*, ***jdm das ~ kratzen*** = solleticare la vanità di qcn.

Goi m. *(-[s], Gojim)* goi *m.*

Go|kart m. *(-[s],-s)* go-kart *m.*

Gold n. *(-[e]s)* 1a oro *m.*: ***24-karätiges, massives ~*** oro a 24 carati, massiccio; ***mit ~ überziehen*** placcare d'oro; ***in ~ fassen*** legare in oro; ***ein ~ führender Fluss*** un fiume aurifero b *(Goldmedaille)* ***das olympische ~*** l'oro olimpico c *(Goldmünze)* ***etw. in ~ bezahlen*** pagare qcs. in oro (*o* con monete d'oro) 2 *(Goldgegenstände, -arbeiten)* ori *m.pl.* 3 *(goldene Farbe)* (color *m.*) oro *m.*: ***das ~ ihres Haares*** l'oro dei suoi capelli ◆ ***etw. mit ~ aufwiegen*** pagare qcs. a peso d'oro; ***das ist nicht mit ~ aufzuwiegen, zu bezahlen*** vale tant'oro quanto pesa; ***flüssiges ~*** oro nero, petrolio; ***es ist nicht alles ~, was glänzt*** non è tutto oro quel che luccica; ***nach ~ graben*** estrarre (*o* scavare) l'oro; ***~ in der Kehle haben*** avere l'ugola d'oro; ***schwarzes ~*** carbone; ***treu wie ~ sein*** essere molto fedele; ***um alles ~ in der Welt*** per tutto l'oro del mondo; ***das ist -es wert!*** questo vale oro! FAM. vale un occhio! **Gold|ader** f. *(-,-n)* vena *f.* (*o* filone *m.*) d'oro. **gold|ähn|lich** agg. simile all'oro. **Gold|am|mer** f. *(-,-n)* zigolo *m.* giallo. **Gold|am|sel** f. *(-,-n)* rigogolo *m.* **Gold|auf|la|ge** f. *(-,-n)* rivestimento *m.* in oro. **Gold|bar|ren** m. *(-s,-)* lingotto *m.* d'oro. **Gold|barsch** m. *(-[e]s,-e)* pesce *m.* dei percidi. **Gold|berg|werk** n. *(-[e]s,-e)* miniera *f.* d'oro (*o* aurifera). **Gold|be|stand** m. *(-[e]s,-bestände)* riserva *f.* aurea. **Gold|blatt** n. *(-[e]s,-blätter)* foglia *f.* d'oro. **gold|blond** agg. biondo oro. **Gold|bras|se** f. *(-,-n)* orata *f.* **Gold|de|ckung** f. *(-)* copertura *f.* aurea. **Gold|dol|lar** m. *(-[s],-s)* dollaro-oro *m.*

gol|den I agg. 1a d'oro, LETT. aureo: ***eine -e Kette, Uhr*** una catenina, un orologio d'oro b FIG. ***ein -es Gemüt, Herz haben*** avere un cuore d'oro 2 *(goldfarbig)* dorato, color oro 3 *(herrlich)* meraviglioso, magnifico: ***die -e Freiheit, Jugendzeit*** la meravigliosa libertà, giovinezza 4 *(wertvoll)* prezioso: ***-e Worte*** consigli preziosi 5 *(heiter)* allegro, sereno: ***einen -en Humor haben*** avere un umore allegro **II** avv. come l'oro: ***~ glänzen*** splendere come l'oro ◆ ***-e Hochzeit*** nozze d'oro; ***massiv ~*** d'oro massiccio; ***die -e Mitte*** il giusto mezzo; MAT. ***-e Schnitt*** sezione aurea; ***der -e Schuss*** l'ultimo trip; ***der Goldene Sonntag*** la domenica prima di Natale.

Gold|esel m. *(-s,-)* COLLOQ. miniera *f.* d'oro, gallina *f.* dalle uova d'oro. **Gold|fa|den** m. *(-s,-fäden)* filo *m.* d'oro. **gold|far|ben, gold|far|big** agg. color oro. **Gold|fa|san** m. *(-[e]s,-e[n])* 1 fagiano *m.* dorato 2 GERG. pezzo *m.* grosso, alto papavero *m.* (del partito nazionalsocialista). **Gold|fie|ber** n. *(-s)* febbre *f.* dell'oro. **Gold|fin|ger** m. *(-s,-)* anulare *m.* **Gold|fisch** m. *(-[e]s,-e)* 1 ITTIOL. carassio *m.* dorato 2 SCHERZ. ragazza *f.* ricca: ***einen ~ angeln*** = sposare una ragazza ricca. **Gold|flim|mer** m. *(-s)*, **Gold|flit|ter** m. *(-s,-)* paillettes *f.pl.* (*o* lustrini *m.pl.*) d'oro. **Gold|fuchs** m. *(-es, -füchse)* 1 sauro *m.* dorato 2 ANT. *(Goldmünze)* moneta *f.* d'oro. **Gold|fül|lung** f. *(-,-en)* otturazione *f.* in oro. **Gold|ge|halt** m. *(-[e]s,-e)* titolo *m.* dell'oro. **gold|gelb** agg. giallo oro. **gold|ge|lockt** agg. dai riccioli d'oro. **Gold|ge|wicht** m. *(-[e]s,-e)* carato *m.* **Gold|ge|win|nung** f. *(-,-en)* estrazione *f.* dell'oro. **Gold|gier** f. *(-)* sete *f.* dell'oro. **Gold|gräl|ber** m. *(-s,-)* cercatore *m.* d'oro. **Gold|gru|be** f. *(-,-n)* miniera *f.* d'oro (anche FIG.). **Gold|grund** m. *(-[e]s,-gründe)* (s)fondo *m.* dorato. **gold|hal|tig**, AUSTR. **gold|häl|tig** agg. aurifero, contenente oro. **Gold|hams|ter** m. *(-s,-)* mesocriceto *m.*

gol|dig agg. 1 COLLOQ. *(niedlich)* adorabile, d'oro: ***ein -es Kätzchen*** un gattino adorabile 2 REGION. *(sehr nett)* molto gentile, carino: ***das ist ~ von dir*** è carino da parte tua 3 *(golden leuchtend)* dorato.

Gold|jun|ge m. *(-n,-n)* 1 ragazzo *m.* d'oro, tesoro *m.* di ragazzo, FAM. cocco *m.* 2 SPORT vincitore *m.* di una medaglia d'oro (*o* di un oro). **Gold|kä|fer** m. *(-s,-)* cetonia *f.* **Gold|kind** n. *(-[e]s,-er)* bambino *m.* d'oro, tesoro *m.* di bambino, FAM. cocco *m.* **Gold|klum|pen** m. *(-s,-)* pepita *f.* d'oro. **Gold|kro|ne** f. *(-,-n)* corona *f.* d'oro. **Gold|kurs** m. *(-es,-e)* corso *m.* dell'oro. **Gold|lack** m. *(-[e]s,-e)* 1 BOT. violaciocca *f.* gialla 2 *(goldfarbiger Lack)* vernice *f.* dorata. **Gold|lauf|kä|fer** m. *(-s,-)* scarabeo *m.* dorato. **Gold|le|gie|rung** f. *(-,-en)* lega *f.* d'oro. **Gold|leis|te** f. *(-,-n)* 1 fascia *f.* dorata 2 *(für Bilderrahmen)* listello *m.* dorato. **Gold|ma|cher|kunst** f. *(-)* alchimia *f.* **Gold|mark** f. *(-,-)* marco *m.* oro. **Gold|me|dail|le** [-daljə] f. *(-,-n)* medaglia *f.* d'oro. **Gold|mi|ne** f. *(-,-n)* miniera *f.* d'oro ◆ ***auf einer ~ sitzen*** guadagnare molto denaro. **Gold|mün|ze** f. *(-,-n)* moneta *f.* d'oro. **Gold|pa|pier** n. *(-[e]s,-e)* carta *f.* dorata. **Gold|pa|ri|tät** f. *(-,-en)* parità *f.* aurea. **Gold|preis** m. *(-es)* prezzo *m.* dell'oro. **Gold|rah|men** m. *(-s,-)* cornice *f.* dorata. **Gold|rand** m. *(-[e]s, -ränder)* bordo *m.* dorato. **Gold|rausch** m. *(-[e]s)* → **Goldfieber.** **Gold|re|gen** m. *(-s,-)* 1 BOT. citiso *m.*, maggiociondolo *m.* 2 *(Feuerwerkskörper)* pioggia *f.* di stelle 3 FIG. *(unerwarteter Reichtum)* pioggia *f.* d'oro. **Gold|re|ser|ve** f. *(-,-n)* riserva *f.* aurea. **gold|**

rich|tig I agg. COLLOQ. pienamente giusto, giustissimo **II** avv. in modo pienamente giusto, corretto. **Gold|ring** m. *(-[e]s,-e)* anello *m.* d'oro. **Gold|schatz** m. *(-es,-schätze)* **1** tesoro *m.* di oggetti d'oro **2** FIG. *(Liebling)* tesoro *m.*

Gold|schmied m. *(-[e]s,-e)* **1** orafo *m.* **2** ENTOM. → **Goldlaufkäfer.** **Gold|schmie|de|ar|beit** f. *(-,-en)* lavoro *m.* d'oreficeria. **Gold|schmie|de|kunst** f. *(-)* arte *f.* dell'orafo, oreficeria *f.*

Gold|schnitt m. *(-[e]s,-e)* EDIT. taglio *m.* dorato. **Gold|stan|dard** m. *(-s)* sistema *m.* aureo, gold standard *m.* **Gold|staub** m. *(-[e]s,-e)* polvere *m.* d'oro. **Gold|sti|cke|rei** f. *(-,-en)* ricamo *m.* in oro. **Gold|stück** n. *(-[e]s,-e)* **1** pezzo *m.* (*o* moneta *f.*) d'oro **2** FIG. *(lieber Mensch)* tesoro *m.* **Gold|su|cher** m. *(-s,-)* cercatore *m.* d'oro. **Gold|waa|ge** f. *(-,-n)* bilancia *f.* dell'orefice ◆ ***alles, jedes Wort auf die ~ legen*** soppesare (attentamente) ogni cosa, ogni parola. **Gold|wäh|rung** f. *(-)* valuta *f.* aurea, valuta *f.* oro. **Gold|wa|ren** pl. ori *m.pl.*, orerie *f.pl.* **Gold|wä|sche** f. *(-)* lavaggio *m.* (*o* lavatura *f.*) dell'oro. **Gold|wert** m. *(-[e]s)* valore *m.* oro. **Gold|wes|pe** f. *(-,-n)* crisidide *f.* **Gold|zahn** m. *(-[e]s,-zähne)* dente *m.* d'oro.

1.Golf m. *(-[e]s,-e)* golfo *m.*

2.Golf n. *(-s)* golf *m.*: ***~ spielen*** giocare a golf. **Golf|ball** m. *(-[e]s,-bälle)* palla *f.* da golf. **gol|fen** intr. (aus. *haben*) giocare a golf. **Gol|fer** m. *(-s,-)* → **Golfspieler.** **Golf|platz** m. *(-es,-plätze)* campo *m.* da golf. **Golf|schlä|ger** m. *(-s,-)* mazza *f.* (*o* bastone *m.*) da golf. **Golf|spiel** n. *(-[e]s,-e)* (gioco *m.* del) golf *m.* **Golf|spie|ler** m. *(-s,-)* giocatore *m.* di golf, golfista *m.*

Golf|strom m. *(-[e]s)* corrente *f.* del Golfo.

Gol|ga|tha, Gol|go|ta I n.pr.n. Golgota *m.* **II** m. FIG. calvario *m.*

Go|li|ath I n.pr.m. Golia *m.* **II** m. *(-s,-s)* gigante *m.*

Go|na|de f. *(-,-n)* gonade *f.*

Gon|del f. *(-,-n)* **1** gondola *f.* **2** *(an Ballon, Luftschiff)* navicella *f.* **3** *(Ampel)* vaso *m.* da fiori sospeso. **Gon|del|bahn** f. *(-,-en)* **1** funivia *f.*, funicolare *f.* **2** SVIZZ. *(Sessellift)* seggiovia *f.* **gon|deln** intr. (aus. *sein*) COLLOQ. **1** SCHERZ. andare in barca (*o* navigare) lentamente, tranquillamente **2** *(fahren, reisen)* viaggiare, girare: ***durch die Welt ~*** girare il mondo.

Gong m. e RAR. n. *(-s,-s)* gong *m.*: ***den ~ schlagen*** suonare il gong. **gon|gen** intr. (aus. *haben*) suonare il gong. **Gong|schlag** m. *(-[e]s,-schläge)* colpo *m.* di gong.

Go|ni|o|me|ter n. *(-s,-)* goniometro *m.* **Go|ni|o|met|rie** f. *(-)* goniometria *f.* **go|ni|o|met|risch** agg. goniometrico.

gön|nen tr. **1** ***jdm etw. ~*** essere veramente contento (*o* rallegrarsi, compiacersi sinceramente) che qcn. abbia (fatto, ottenuto) qcs.; ***die Beförderung gönne ich ihm*** sono veramente contento della sua promozione; ***jdm sein Glück ~*** compiacersi della felicità di qcn.; ***jdm etw. nicht ~*** invidiare qcs. a qcn., invidiare qcn. per qcs. **2a** *(zugestehen)* concedere, accordare; ***sie gönnte ihm keinen Blick, kein freundliches Wort*** non lo degnò di uno sguardo, non gli rivolse una parola gentile **b** *(erlauben)* permettere, lasciare **II** rifl. ***sich (D) etw. ~*** concedersi (*o* permettersi) qcs. ◆ IRON. ***das gönne ich ihm!*** gli sta bene! ben gli sta! ***jdm etw. von Herzen ~*** augurare di cuore qcs. a qcn. **Gön|ner** m. *(-s,-)* protettore *m.*; *(Wohltäter)* benefattore *m.*; *(Mäzen)* mecenate *m.* **gön|ner|haft I** agg. **1** da protettore, benefattore **2** che fa cadere dall'alto, sufficiente, sussiegoso, superiore **II** avv. facendo cadere dall'alto, con (aria di) sufficienza. **Gön|ne|rin** f. *(-,-nen)* protettrice *f.*; *(Wohltäterin)* benefattrice *f.*; *(Mäzen)* mecenate *f.* **gön|ne|risch** RAR. → **gönnerhaft.** **Gön|ner|mie|ne** f. *(-,-n)* SPREG. aria *f.* superiore (*o* di sufficienza): ***eine ~ aufsetzen*** assumere un'aria di sufficienza. **Gön|ner|schaft** f. *(-)* **1** protezione *f.* **2** *(Gönner)* protettori *m.pl.*; *(Wohltäter)* benefattori *m.pl.*; *(Mäzene)* mecenati *m.pl.*

Go|nor|rhö(e) f. *(-,-[e]n)* gonorrea *f.* **go|nor|rho|isch** agg. gonorroico.

Gö|pel m. *(-s,-)* MECC. maneggio *m.*, argano *m.*

gor → **gären.**

Gör n. *(-[e]s,-en)* **1** moccioso *m.*, marmocchio *m.* **2** *(Mädchen)* mocciosetta *f.*, ragazzetta *f.*

gor|disch agg. gordiano: ***Gordischer Knoten*** nodo gordiano.

Gö|re f. *(-,-n)* REGION. mocciosetta *f.*, ragazzetta *f.*

Gor|go|nen|haupt n. *(-[e]s,-häupter)* **1** (testa *f.* di) gorgone *f.* **2** FIG. *(furchtbarer Anblick)* spettacolo *m.* tremendo, orribile.

Go|ril|la m. *(-s,-s)* gorilla *m.* (anche FIG.).

Gosch f. *(-,-en)*, **Go|sche(n)** f. *(-,-[n])* REGION. becco *m.*, bocca *f.*: ***halt die ~!*** chiudi il becco! ◆ ***eine große ~ haben*** darsi delle arie, vantarsi.

goss → **gießen.**

Gos|se f. *(-,-n)* **1** cunetta *f.*, canale(tto) *m.* (di scolo), tombino *m.* **2** FIG. fango *m.*: ***jdn aus der ~ ziehen, auflesen*** tirare fuori, raccogliere qcn. dal fango; ***in der ~ aufwachsen, landen*** crescere, finire nel fango; ***aus der ~ kommen*** venire dalla strada, provenire dai bassifondi; ***jdn, jds Namen durch die ~ schleifen, ziehen*** trascinare qcn. (*o* il nome di qcn.) nel fango.

1.Go|te REGION. **I** m. *(-n,-n)* padrino *m.* **II** f. *(-,-n)* madrina *f.*

2.Go|te m. *(-n,-n)* goto *m.*

Go|tik f. *(-)* (periodo *m.*) gotico *m.* **go|tisch** agg. gotico.

1.Go|tisch f. *(-)* gotico *m.*, scrittura *f.* gotica.

2.Go|tisch n. *(-[s])*, **Go|ti|sche** n. *(-s)* gotico *m.*, lingua *f.* gotica.

Gott m. *(-es, Götter)* **1** Dio *m.*, ANT. Iddio *m.*: ***der liebe ~*** il buon Dio; ***~, der Allmächtige*** Iddio onnipotente; ***das Reich Gottes*** il regno di Dio; ***zu ~ beten, dass...*** pregare Iddio, Dio che... **2** *(im Polytheismus)* dio *m.*, divinità *f.*, LETT. nume *m.*: ***die altgermanischen Götter*** le antiche divinità germaniche **3** *(als Satzanfang)* ***(ach) ~...*** oddio... ◆ ***ach, du lieber ~!*** accidenti! ***allmächtiger ~!*** Dio mio! ***~ behüte! ~ bewahre!*** Dio me ne guardi! oddio, no! ***ein Bild für (die) Götter*** uno spettacolo divino, meraviglioso, unico; ***~ sei Dank!*** grazie a Dio! RAR. ***singen, spielen, dass ~ erbarm*** cantare, giocare da far pena; ***leben wie ~ in Frankreich*** vivere come un papa; ***gebe ~, dass...*** volesse Iddio che...; Dio voglia che... ***~ sei's geklagt!*** purtroppo! ***~ sei gelobt!*** Dio sia lodato! ***wie ~ sie geschaffen hat*** come mamma l'ha fatta, nuda; ***gnade dir, euch ~!*** guai a te, a voi! ***~ sei's getrommelt und gepfiffen!*** Dio ti ringrazio! ***großer ~!*** gran Dio! Dio mio! ***grüß ~!*** buongiorno! ***guter ~!*** buon Dio! Dio mio! ***helf ~!*** salute! *(Eidesformel)* ***so wahr mir ~ helfe*** con l'aiuto di Dio; ***wie ein junger ~*** come un dio, da dio, divinamente; ***leider -es*** purtroppo, disgraziatamente; ***jdn, etw. zu seinem ~ machen*** fare di qcn., qcs. il proprio dio; ***den lieben ~ einen guten Mann sein lassen*** tirare a campare, vivere alla giornata; ***mein ~!*** Dio mio! ***in -es Namen*** per me, se proprio vuoi; ***~ segne dich!*** Dio ti benedica! ***jds ~ sein*** essere il dio di (*o* un dio per) qcn.; ***~ hab ihn selig!*** Dio l'abbia in gloria! ***~ soll mich strafen, wenn...*** che Dio mi fulmini se...; ***dem lieben ~ den Tag stehlen*** = non fare niente tutto il giorno; ***~ verdamm mich!*** accidenti a me! maledizione! ***vergelt's ~!*** Dio te ne renda merito! ***du bist wohl ganz (und gar) von ~ verlassen!*** hai perso completamente la ragione! non sei a posto! ***~ weiß wann, wie...*** Dio sa quando, come...; ***weiß ~*** veramente; ***~ und die Welt*** = tutto; *(alle Leute)* tutti; ***von ~ und der Welt nichts wissen wollen*** non voler sapere niente di niente; ***so (o wenn) ~ will*** se Dio vuole; ***um -es willen*** per l'amor di Dio! per carità! *(Ausruf der Angst)* Dio mio! ***das wissen die Götter!*** lo sa solo Dio! lo sa il cielo! ***~ ist mein Zeuge, dass...*** Dio mi è testimone che...; PROV. ***hilf dir selbst, so hilft dir ~*** aiutati che Dio ti aiuta; ***-es Mühlen mahlen langsam*** = ogni crimine troverà alla fine il suo giudice, la punizione alla fine arriverà. **gott|ähn|lich I** agg. simile a un dio, divino **II** avv. come un dio. **gott|be|gna|det** agg. **1** benedetto da Dio **2** *(mit außergewöhnlichen Gaben)* divino, straordinario, eccellente. **gott|be|hü|te** AUSTR., **gott|be|wah|re** inter. mai e poi mai, in nessun caso. **Gott|er|bar|men,** ***zum ~*** da far pena (*o* pietà), in modo pietoso.

Göt|ter|baum m. *(-[e]s,-bäume)* albero *m.* del paradiso, ailanto *m.* **Göt|ter|bild** n. *(-[e]s,-bilder)* **1** idolo *m.* **2** *(überaus schönes Bild)* spettacolo *m.* unico (*o* meraviglioso). **Göt|ter|bo|te** m. *(-n,-n)* messaggero *m.* degli dei. **Göt|ter|däm|me|rung** f. *(-)* crepuscolo *m.* degli dei. **Göt|ter|fun|ke** m. *(-ns,-n)* scintilla *f.* divina. **Göt|ter|gat|te** m. *(-n,-n)* SCHERZ. marito *m.* adorato.

gott|er|ge|ben agg. rassegnato (*o* sottomesso) al volere di Dio.

göt|ter|gleich agg. divino, simile a un dio. **Göt|ter|mahl** n. *(-[e]s,-e)* **1** banchetto *m.* degli dei **2** FIG. pranzo *m.* divino; *(Abendessen)* cena *f.* divina. **Göt|ter|sa|ge** f. *(-,-n)* mito *m.* **Göt|ter|spei|se** f. *(-,-n)* **1** ambrosia *f.* (anche FIG.) **2** GASTR. INTRAD. (budino di gelatina). **Göt|ter|trank** m. *(-[e]s)* **1** nettare *m.* degli dei **2** FIG. nettare *m.*, delizia *f.* **Göt|ter|va|ter** m. *(-s)* padre *m.* degli dei.

Got|tes|acker m. *(-s,-)* camposanto *m.*, cimitero *m.* **Got|tes|an|be|te|rin** f. *(-,-nen)* mantide *f.* religiosa. **Got|tes|be|weis** m. *(-es,-e)* prova *f.* (*o* dimostrazione *f.*) dell'esistenza di Dio. **Got|tes|dienst** m. *(-[e]s,-e)* ufficio *m.* divino, messa *f.*: ***den ~ besuchen*** andare a messa; ***~ halten*** dire messa. **got|tes|dienst|lich** agg. liturgico. **Got|tes|frie|de** m. *(-ns)* tregua *f.* di Dio. **Got|tes|furcht** f. *(-)* timor *m.* di Dio. **got|tes|fürch|tig** avv. timorato di Dio ◆ ***dreist und ~*** in modo impertinente. **Got|tes|ga|be** f. *(-,-n)* dono *m.* divino (*o* di Dio, del cielo). **Got|tes|ge|richt** n. *(-[e]s,-e)* **1** punizione *f.* divina, castigo *m.* divino **2** → **Gottesurteil.** **Got|tes|gna|de** f. *(-)* grazia *f.* di Dio (*o* divina). **Got|tes|gna|den|tum** n. *(-s)* STOR. legittimismo *m.*, origine *f.* divina del potere sovrano. **Got|tes|haus** n. *(-es,-häuser)* casa *f.* di Dio (*o* del Signore). **Got|tes|kind|schaft** f. *(-)* rapporto *m.* (personale) con Dio. **Got|tes|lamm** n.*(-[e]s)* agnello *m.* di Dio.

Got|tes|läs|te|rer m. *(-s,-)* bestemmiatore *m.*; blasfemo *m.* **got|**

tes|läs|ter|lich agg. blasfemo, empio: ***-e Worte*** parole blasfeme; *(sakrilegisch)* sacrilego, profano. **Got|tes|läs|te|rung** f. *(-,-en)* bestemmia *f.*
Got|tes|leug|ner m. *(-s,-)* ateo *m.* **Got|tes|lohn** m. *(-[e]s)* ricompensa *f.* divina ◆ ***um (einen) ~*** gratis, per la gloria. **Got|tes|mann** m. *(-[e]s,-männer)* uomo *m.* di Dio. **Got|tes|mut|ter** f. *(-)* madre *f.* di Dio, Madonna *f.* **Got|tes|reich** n. *(-[e]s)* regno *m.* di Dio (*o* dei cieli). **Got|tes|sohn** m. *(-[e]s,-söhne)* figlio *m.* di Dio. **Got|tes|staat** m. *(-[e]s,-en)* teocrazia *f.*, stato *m.* teocratico. **Got|tes|tisch** m. *(-[e]s,-e)* mensa *f.* del Signore, altare *m.* **Got|tes|ur|teil** n. *(-[e]s,-e)* giudizio *m.* divino (*o* di Dio). **Got|tes|ver|eh|rung** f. *(-)* adorazione *f.* di Dio.

Gott|fried n.pr.m. Goffredo *m.*

gott|ge|fäl|lig agg. pio, devoto. **gott|ge|ge|ben** agg. (man)dato dal cielo. **gott|ge|weiht** agg. votato a Dio, pio, devoto. **gott|ge|wollt** agg. voluto da Dio. **gott|gläu|big** agg. 1 ANT. credente, pio, devoto 2 *(in der Nazizeit)* aconfessionale.

Gott|hard n.pr.m. *(-)* Gottardo *m.* ◆ ***Sankt ~*** San Gottardo. **Gott|hard|bahn** f. *(-)* linea *f.* del Gottardo.

Gott|heit f. *(-,-en)* divinità *f.*

Göt|tin f. *(-,-nen)* dea *f.*

Göt|tin|gen n.pr.n. *(-s)* Gottinga *f.* **Göt|tin|ger I** m. *(-s,-)* abitante *m.* di Gottinga **II** agg.inv. di Gottinga.

gött|lich agg. 1 divino: ***-es Recht*** diritto divino 2 COLLOQ. *(herrlich)* divino, stupendo, meraviglioso ◆ ***-e Tugenden*** virtù teologali. **Gött|lich|keit** f. *(-)* divinità *f.*, natura *f.* divina.

gott|lob avv. grazie a Dio.

gott|los agg. 1 ateo; ***eine -e Philosophie*** una filosofia atea 2 *(Gott nicht achtend)* empio, senza Dio: ***ein -es Leben*** una vita empia; *(ruchlos)* scellerato. **Gott|lo|se** m. e f. *(-n,-n)* senzadio *m.* e *f.*; *(Atheist)* ateo *m.* (-a *f.*). **Gott|lo|sig|keit** f. *(-)* 1 ateismo *m.* 2 *(Nichtachtung Gottes)* empietà *f.*

Gott|mensch m. *(-en,-en)* Dio *m.* incarnato (*o* fatto uomo). **Gott|sei|bei|uns, Gott|sei|bei|uns** m. *(-)* Demonio *m.*, Maligno *m.*

gott|se|lig agg. ANT. santo, pio; *(fromm)* devoto.

gotts|er|bärm|lich, COLLOQ. **gotts|jäm|mer|lich I** agg. 1 pietoso, miserevole 2 *(äußerst groß, stark)* terribile, tremendo, enorme **II** avv. 1 miserevolmente, compassionevolmente, da far pietà 2 *(sehr)* terribilmente, tremendamente, molto: ***~ frieren*** avere un freddo tremendo.

Gott|va|ter m. *(-s)* Dio *m.* padre. **gott|ver|dammt, gott|ver|flucht** agg. dannato, maledetto. **gott|ver|ges|sen** agg. 1 empio, scellerato 2 COLLOQ. *(gottverlassen)* dimenticato da Dio, desolato. **gott|ver|las|sen** agg. 1 abbandonato da Dio 2 *(öde)* dimenticato da Dio, desolato: ***ein -er Ort*** un posto dimenticato da Dio. **Gott|ver|trau|en** n. *(-s)* fede *f.* in Dio. **gott|voll** agg. COLLOQ. spassosissimo, divertentissimo, comicissimo.

Göt|ze m. *(-n,-n)* 1 *(Abgott)* idolo *m.*: ***-n anbeten*** adorare gli idoli 2 FIG. idolo *m.*, dio *m.*: ***die -n der heutigen Gesellschaft*** gli idoli della società odierna. **Göt|zen|bild** n. *(-[e]s,-er)* idolo *m.*, immagine *f.* idolatrata. **Göt|zen|die|ner** m. *(-s,-)* idolatra *m.* **Göt|zen|dienst** m. *(-[e]s)* idolatria *f.*

Gou|ache [gu'aʃ] f. *(-,-n)* gouache *m.*, guazzo *m.* **Gou|ache|ma|le|rei** f. *(-,-en)* pittura *f.* a guazzo.

Gour|mand [gʊr'mã:] m. *(-s,-s)* gourmand *m.*, buongustaio *m.*, goloso *m.* **Gour|met** [gʊr'me:] m. *(-s,-s)* gourmet *m.*, buongustaio *m.*

Gout [gu:] m. *(-s,-s)* gusto *m.* **gou|tie|ren** tr. gustare.

Gou|ver|ne|ment [guvɛrnə'mã:] n. *(-s,-s)* 1 governatorato *m.* 2 *(Verwaltungsbezirk)* provincia *f.*, distretto *m.* amministrativo. **Gou|ver|neur** [guvɛr'nø:ɐ] m. *(-s,-e)* governatore *m.*

Gr. ⇒ *Gros* grossa.

Grab n. *(-[e]s, Gräber)* 1 tomba *f.*, fossa *f.*; sepolcro *m.*: ***ein ~ ausheben, ausschachten, schaufeln*** scavare una tomba 2 FIG. tomba *f.*, fine *f.* ◆ ***bis ins, ans ~*** fino alla morte; ***bis über das ~ hinaus*** fin oltre la morte, in eterno; ***jdn ins ~ bringen*** causare la morte di qcn., FIG. portare qcn. alla tomba; ***ein feuchtes ~ finden*** = morire annegato; ***jdm ins ~ folgen*** seguire qcn. nella tomba, morire subito dopo qcn.; ***ein frühes ~ finden*** incontrare una morte prematura; ***mit einem Fuß im -e stehen*** avere un piede nella fossa; ***sich (D) selbst sein ~ graben*** scavarsi la fossa (da sé); ***das Heilige ~*** il santo sepolcro; COLLOQ. ***er würde sich im ~ herumdrehen, wenn er wüsste...*** si rigirerebbe nella tomba se sapesse...; ***ein Geheimnis mit ins ~ nehmen*** portarsi un segreto nella tomba; ***am Rande des -es stehen*** avere un piede nella fossa; ***sich (D) selbst sein ~ schaufeln*** → ***sich (D) selbst sein ~ graben***; ***jdn zu -e tragen*** accompagnare qcn. al cimitero; ***etw. zu -e tragen*** lasciar morire qcs., rinunciare definitivamente a qcs.; ***das ~ des Unbekannten Soldaten*** la tomba del milite ignoto; COLLOQ. ***verschwiegen wie ein ~ sein*** essere una tomba. **Grab|bei|ga|be** f. *(-,-n)* arredi *m.pl.* funebri.

grab|beln intr. (aus. *haben*) 1 frugare; *(herumtasten)* ***nach etw. ~*** cercare qcs. a tastoni 2 *(kraulen)* grattare dolcemente.

Grab|denk|mal n. *(-[e]s,-mäler* e *-e)* monumento *m.* funebre.

gra|ben *(gräbt, grub, gegraben)* **I** tr. 1 scavare: ***einen Brunnen, ein Loch ~*** scavare un pozzo, una buca; LETT. ***die Sorgen hatten Falten in sein Gesicht gegraben*** le preoccupazioni avevano scavato rughe nel suo viso 2 *(grabend gewinnen)* estrarre (scavando): ***Torf ~*** estrarre torba 3 intagliare, incidere: ***eine Inschrift in die Rinde eines Baumes ~*** incidere un'iscrizione nella corteccia di un albero 4 affondare: ***die Zähne ins Brot ~*** affondare i denti nel pane **II** intr. (aus. *haben*) 1 scavare: ***mit dem Spaten im Garten ~*** vangare in giardino 2 ***nach etw. ~*** scavare cercando qcs., cercare qcs. sottoterra **III** rifl. ***sich ~*** 1 penetrare, sprofondarsi: ***die Hinterreifen des Wagens gruben sich immer tiefer in den Schlamm*** le ruote posteriori della macchina sprofondavano sempre più nella melma 2 FIG. *(einprägen)* imprimersi: ***dieser Vorfall grub sich in mein Gedächtnis*** questo avvenimento s'impresse nella mia memoria.

Gra|ben m. *(-s, Gräben)* 1 fosso *m.*, fossato *m.*: ***einen ~ ausheben*** scavare un fossato; ***im ~ landen*** finire nel fosso 2 MIL. trincea *f.*: ***im vordersten ~ liegen*** essere in prima linea 3 GEOL. fossa *f.* 4 SPORT riviera *f.*: ***einen ~ nehmen*** saltare una riviera.

Grä|ber m. *(-s,-)* **1a** *(wer eingräbt)* chi sotterra, sotterratore *m.* **b** *(wer ausgräbt)* chi dissotterra, dissotterratore *m.* 2 → **Grabstichel.** **Grä|ber|feld** n. *(-[e]s,-er)* fosse *f.pl.*, tombe *f.pl.* **Grä|ber|fund** m. *(-[e]s,-e)* reperto *m.* archeologico funerario (*o* tombale).

Gra|bes|dun|kel n. *(-s)* buio *m.* fitto. **Gra|bes|käl|te** f. *(-)* gelo *m.* tombale. **Gra|bes|ru|he** f. *(-)* pace *f.* eterna. **Gra|bes|stil|le** f. *(-)* silenzio *m.* di tomba, sepolcrale. **Gra|bes|stim|me** f. *(-,-n)* voce *f.* sepolcrale, cupa.

Grab|ge|läu|te n. *(-s)* rintocchi *m.pl.* funebri. **Grab|ge|sang** m. *(-[e]s,-gesänge)* canto *m.* funebre. **Grab|hü|gel** m. *(-s,-)* tumulo *m.* **Grab|in|schrift** f. *(-,-en)* iscrizione *f.* sepolcrale (*o* funeraria), epitaffio *m.* **Grab|kam|mer** f. *(-,-n)* camera *f.* sepolcrale. **Grab|le|gung** f. *(-,-en)* 1 RELIG. ART. deposizione *f.* 2 RAR. *(Bestattung)* inumazione *f.* **Grab|mal** n. *(-[e]s,-mäler* e *-e)* monumento *m.* sepolcrale, funerario; mausoleo *m.* **Grab|plat|te** f. *(-,-n)* pietra *f.* tombale (*o* sepolcrale). **Grab|re|de** f. *(-,-n)* orazione *f.* funebre. **Grab|schän|dung** f. *(-,-en)* violazione *f.*, profanazione *f.* di tomba (*o* di sepolcro). **Grab|schmuck** m. *(-[e]s)* ornamenti *m.pl.* sepolcrali. **Grab|schrift** f. *(-,-en)* → **Grabinschrift. Grab|stät|te** f. *(-,-n)* → **Grab. Grab|stein** m. *(-[e]s,-e)* lapide *f.* **Grab|sti|chel** m. *(-s,-)* bulino *m.*, cesello *m.* **Grab|tuch** n. *(-[e]s,-tücher)* drappo *m.* funebre ◆ ***~ Christi*** Sacra Sindone *f.*

Gra|bung f. *(-,-en)* scavo *m.*: ***archäologische -en*** scavi archeologici.

Grab|ur|ne f. *(-,-n)* urna *f.* funeraria.

Grac|chen n.pr.pl. STOR. Gracchi *m.pl.*

Gracht f. *(-,-en)* canale *m.*

grad avv. COLLOQ. → **gerade.**

grad. ⇒ *graduiert* in possesso di maturità tecnica specializzata.

Grad m. *(-[e]s,-e)* **1a** grado *m.*: ***einen hohen, geringen ~ der Reife erreichen*** raggiungere un alto, uno scarso grado di maturità; ***ein Verwandter zweiten -es*** un parente di secondo grado; ***Verbrennungen vierten -es*** ustioni di quarto grado; ***eine Gleichung zweiten -es*** un'equazione di secondo grado; ***im höchsten -e*** in sommo grado; rafforz. ***in hohem ~ unsympathisch sein*** essere molto antipatico **b** *(Rang)* grado *m.*, titolo *m.*: ***ein Offizier im ~ eines Majors*** un ufficiale col grado di maggiore; ***akademischer ~*** titolo accademico **c** gradazione *f.*: ***diese Farbe ist um einige -e heller*** questo colore è più chiaro di alcune gradazioni 2 *(Maßeinheit)* grado *m.*: ***es sind 40 ~ im Schatten*** ci sono 40 gradi all'ombra; ***das Thermometer zeigt minus 3 ~, 3 ~ minus*** il termometro segna meno tre (gradi); ***5 ~ über, unter Null*** cinque gradi sopra, sotto zero; ***ein Winkel von 45 ~*** un angolo di 45 gradi; ***etw. um 180 ~ drehen*** far fare una rotazione di 180 gradi; GEOGR. ASTR. ***auf dem fünfzigsten ~ südlicher Breite*** a cinquanta gradi di latitudine sud; ***auf dem zwanzigsten ~ östlicher Länge*** a venti gradi di longitudine est ◆ ***sich um 180 ~ ändern, drehen*** = cambiare radicalmente opinione; ***bis zu einem gewissen ~ übereinstimmen*** essere d'accordo fino a un certo punto.

Gra|da|ti|on f. *(-,-en)* 1 RET. FOT. gradazione *f.* 2 gradazione *f.*, successione *f.* graduale: ***die ~ der Schwierigkeiten*** la gradazione delle difficoltà.

Grad|bo|gen m. *(-s,-)* goniometro *m.*, rapportatore *m.* **Grad|ein|tei|lung** f. *(-,-en)* graduazione *f.*, divisione *f.* in gradi.

Gra|di|ent m. *(-en,-en)* gradiente *m.*

gra|die|ren tr. 1 graduare **2a** *(verstärken)* aumentare la gradazione **b** *(konzentrieren)* concentrare. **Gra|die|rung** f. *(-,-en)* 1 gra-

duazione *f.*, suddivisione *f.* in gradi 2 GEOL. gradazione *f.* 3 CHIM. concentrazione *f.* **Gra|dier|werk** n. *(-[e]s,-e)* stabilimento *m.* di graduazione.
grad|li|nig → **geradlinig.**
Grad|mes|ser m. *(-s,-)* indice *m.*: ***ein ~ für Qualität*** un indice di qualità. **Grad|netz** n. *(-es,-e)* reticolo *m.* geografico (*o* delle coordinate geografiche).
gra|du|al agg. RAR. di grado, che riguarda il grado. **Gra|du|a|le** n. *(-s, Gradualien)* LIT. graduale *m.* **gra|du|ell** agg. 1 di grado: ***kein prinzipieller, sondern ein -er Unterschied*** non una differenza di principio ma di grado 2 *(gradweise)* graduale, per gradi: ***ein -er Übergang*** un passaggio graduale. **gra|du|ie|ren** tr. 1 graduare 2 ***jdn ~*** conferire a qcn. un grado accademico. **gra|du|iert** p.pass. agg. 1 → **graduieren** 2 *(mit akademischem Grad)* = in possesso di un titolo accademico 3 *(mit Reife einer Fachhochschule)* = in possesso di maturità tecnica specializzata.
grad|wei|se avv. gradualmente, per gradi.
Graf m. *(-en,-en)* conte *m.* **Gra|fen|kro|ne** f. *(-,-n)* corona *f.* comitale. **Gra|fen|stand** m. *(-[e]s)* rango *m.* di conte. **Gra|fen|ti|tel** m. *(-s,-)* titolo *m.* di conte.
Gra|fik f. *(-,-en)* 1 grafica *f.* 2 *(Werk)* opera *f.* grafica. **Gra|fi|ker** m. *(-s,-)* grafico *m.* **gra|fisch I** agg. grafico: ***die -en Künste*** le arti grafiche **II** avv. graficamente: ***etw. ~ darstellen*** rappresentare qcs. graficamente. **Gra|fik|kar|te** f. *(-,-n)* scheda *f.* grafica.
Gräf|in f. *(-,-nen)* contessa *f.*
Gra|fit, gra|fit|grau → **Graphit, graphitgrau.**
gräf|lich I agg. di conte, comitale **II** avv. come un conte. **Graf|schaft** f. *(-,-en)* contea *f.*
Gral n.pr.m. *(-[e]s)* Graal *m.* **Grals|rit|ter** m. *(-s,-)* cavaliere *m.* del Graal. **Grals|sa|ge** f. *(-,-n)* leggenda *f.* del Graal.
gram, ***jdm ~ sein*** avere del rancore contro qcn. **Gram** m. *(-[e]s)* cruccio *m.*, afflizione *f.*, pena *f.*: ***ein tiefer ~ frisst (o nagt, zehrt) an ihm*** una profonda pena lo divora, si strugge per un cruccio profondo; ***vor, aus ~ sterben*** morire di crepacuore.
grä|men I tr. affliggere, crucciare **II** rifl. ***sich über (o um) jdn, etw. ~*** affliggersi, crucciarsi per qcn., qcs.; ***sich zu Tode ~*** morire di struggimento; ***das soll mich wenig ~*** di questo non voglio crucciarmi.
gram|er|füllt agg. afflitto, angosciato. **gram|ge|beugt** agg. accasciato dalla pena.
gräm|lich agg. stizzoso, bisbetico. **Gräm|lich|keit** f. *(-)* carattere *m.* bisbetico.
Gramm n. *(-s,-e)* grammo *m.*: ***100 ~ Schinken*** un etto di prosciutto; ***der Preis eines -s Heroin (eines ~ Heroins)*** il prezzo di un grammo di eroina.
Gram|ma|tik f. *(-,-en)* grammatica *f.*: ***die generative, historische ~*** la grammatica generativa, storica; *(Buch)* ***eine ~ der deutschen Sprache*** una grammatica della lingua tedesca. **gram|ma|ti|ka|lisch** → **grammatisch. gram|ma|ti|ka|li|sie|ren** tr. grammaticalizzare. **Gram|ma|ti|ka|li|tät** f. *(-)* grammaticalità *f.* **Gram|ma|ti|ker** m. *(-s,-)* grammatico *m.* **gram|ma|tisch I** agg. 1 grammaticale, di grammatica: ***ein -er Fehler*** un errore grammaticale 2 *(nach der Grammatik korrekt)* grammaticalmente corretto **II** avv. grammaticalmente.
Gramm|atom n. *(-s,-e)* grammo-atomo *m.* **Gramm|mo|le|kül** n. *(-s,-e)* grammo-molecola *f.*
Gram|mo|phon® n. *(-s,-e)* grammofono *m.* **Gram|mo|phon|na|del** f. *(-,-n)* puntina *f.* da grammofono.
gram|ne|ga|tiv agg. gram-negativo. **gram|po|si|tiv** agg. gram-positivo.
gram|ver|sun|ken agg. sprofondato nell'angoscia. **gram|voll** agg. pieno di crucci, angosciato.
Gran n. *(-[e]s,-e)* 1 FARM. grano *m.* 2 ANT. FIG. grammo *m.*: ***er hat bei der Kur kein ~ abgenommen*** durante la cura non è sceso (dimagrito) di un grammo 3 → **Grän. Grän** n. *(-[e]s,-e)* ANT. OREF. grano *m.*
1.Gra|nat m. *(-[e]s,-e)* gamberetto *m.* di sabbia (*o* grigio).
2.Gra|nat m. *(-[e]s,-e;* AUSTR. *-en,en)* 1 MINER. granato *m.* 2 AUSTR. COLLOQ. *(Falschspieler)* baro *m.* **Gra|nat|ap|fel** m. *(-s,-äpfel)* melagrana *f.* **Gra|nat|ap|fel|baum** m. *(-[e]s,-bäume)* melograno *m.*
Gra|na|te f. *(-,-n)* 1 granata *f.*: ***im Hagel der -n*** sotto una pioggia di granate; ***etw. mit -n beschießen*** lanciare granate su qcs. 2 GERG. SPORT cannonata *f.* **Gra|nat|hül|se** f. *(-,-n)* bossolo *m.* **Gra|nat|schmuck** m. *(-[e]s)* gioiello *m.* di granati. **Gra|nat|split|ter** m. *(-s,-)* scheggia *f.* di granata. **Gra|nat|trich|ter** m. *(-s,-)* cratere *m.* di granata. **Gra|nat|wer|fer** m. *(-s,-)* lanciagranate *m.*
Gran|de m. *(-n,-n)* grande *m.* (nobile spagnolo).
gran|di|os agg. grandioso.
Gra|nit m. *(-s,-e)* granito *m.*: ***hart wie ~*** granitico ◆ ***bei jdm auf ~ beißen*** trovare un osso duro da rodere (con qcn.). **gra|nit|ar|tig** agg. granitico, simile a granito. **Gra|nit|block** m. *(-[e]s,-blöcke)* blocco *m.* di granito. **gra|ni|ten** agg. 1 *(aus Granit)* granitico, di granito 2 FIG. granitico: ***-e Überzeugungen*** convinzioni granitiche. **gra|ni|tisch** agg. GEOL. MINER. granitico.
Gran|ne f. *(-,-n)* 1 *(von Gräsern)* arista *f.*, resta *f.*; *(vom Getreide)* tega *f.* 2 *(von Säugetieren)* pelo *m.* ispido.
Grant m. *(-s)* REGION. COLLOQ. malumore *m.*; *(Ärger)* stizza *f.* **gran|tig** agg. scorbutico; *(ärgerlich)* stizzoso.
Gra|nu|lat n. *(-[e]s,-e)* granulato *m.* **Gra|nu|la|ti|on** f. *(-,-en)* granulazione *f.* **gra|nu|lie|ren I** tr. granulare **II** intr. (aus. *haben, sein*) MED. granulare, granularsi. **Gra|nu|lit** m. *(-s,-e)* granulite *f.* **Gra|nu|lom** n. *(-s,-e)* granuloma *m.* **gra|nu|lös** agg. 1 granuloso 2 MINER. granulare.
Grape|fruit ['gre:pfru:t, 'greɪp-] f. *(-,-s)* pompelmo *m.*
Gra|phem n. *(-s,-e)* LING. grafema *m.*
Gra|phik → **Grafik. Gra|phi|ker** → **Grafiker. gra|phisch** → **grafisch.**
Gra|phit m. *(-s,-e)* grafite *f.* **gra|phit|grau** agg. color grafite.
Gra|pho|lo|ge m. *(-n,-n)* grafologo *m.* **Gra|pho|lo|gie** f. *(-)* grafologia *f.* **gra|pho|lo|gisch** agg. grafologico.
grap|schen COLLOQ. **I** tr. acchiappare, afferrare **II** intr. (aus. *haben*) ***nach etw. ~*** arraffare qcs.
Gras n. *(-es, Gräser)* 1 erba *f.*: ***~ mähen*** tagliare l'erba; ***durch das hohe ~ gehen*** camminare nell'erba alta; ***~ fressend*** erbivoro 2 GERG. *(Rauschgift)* erba *f.* ◆ COLLOQ. ***ins ~ beißen*** *(morire)* mordere la polvere; ***das ~ von unten besehen*** *(essere morto)* vedere l'erba dalla parte delle radici; ***über etw. ist ~ gewachsen*** è acqua passata; COLLOQ. IRON. ***das ~ wachsen hören*** aver l'orecchio fine, fare il sapientone; ***wo er hinhaut (hintritt), da wächst kein ~ mehr*** dà certi colpi da far paura.
Gras|affe m. *(-n,-n)* COLLOQ. pivello *m.*, sbarbatello *m.* **gras|ar|tig** agg. erbaceo. **Gras|bahn** f. *(-,-en)* SPORT circuito *m.* erboso, pista *f.* erbosa. **Gras|bo|den** m. *(-s,-böden)* terreno *m.* erboso. **Gras|bü|schel** n. *(-s,-)* ciuffo *m.* d'erba. **Gras|but|ter** f. *(-)* burro *m.* maggese. **Gräs|chen** n. *(-s,- e Gräserchen)* erbetta *f.* **Gras|de|cke** f. *(-,-n)* manto *m.* erboso.
gra|sen intr. (aus. *haben*) 1 *(weiden)* pascolare 2 COLLOQ. ***nach etw. ~*** andare alla ricerca di qcs., cercare qcs.
Gras|flä|che f. *(-,-n)* superficie *f.* (*o* area *f.*) erbosa. **Gras|fleck** m. *(-[e]s,-e e -en)* 1 → **Grasfläche** 2 macchia *f.* d'erba. **Gras|frosch** m. *(-[e]s, -frösche)* rana *f.* temporaria. **Gras|fut|ter** n. *(-s)* foraggio *m.* fresco. **gras|grün** agg. verde erba. **Gras|halm** m. *(-[e]s,-e)* filo *m.* d'erba. **Gras|hüp|fer** m. *(-s,-)* cavalletta *f.*
gra|sig agg. 1 *(grasartig)* erbaceo 2 *(mit Gras bewachsen)* erboso.
Gras|land n. *(-[e]s)* 1 prato *m.* 2 *(Weide)* pascolo *m.* **Gras|mü|cke** f. *(-,-n)* capinera *f.* **Gras|nar|be** f. *(-,-n)* zolla *f.* erbosa. **Gras|nel|ke** f. *(-,-n)* BOT. armeria *f.* **Gras|platz** m. *(-[e]s,-plätze)* luogo *m.* (*o* LETT. sito *m.*) erboso.
Grass n. *(-)* → **Gras 2.**
Gras|sa|men m. *(-s,-)* semente *f.* da prato.
gras|sie|ren intr. (aus. *haben*) imperversare, dilagare: ***in dem Land grassiert die Malaria*** nel paese imperversa la malaria; ***diese Mode hat besonders unter den Jugendlichen grassiert*** questa moda è dilagata soprattutto fra i giovani.
gräss|lich I agg. 1 *(entsetzlich)* orrendo, orribile 2 tremendo, atroce, mostruoso: ***ein -es Verbrechen*** un delitto atroce **II** avv. 1 *(entsetzlich)* orrendamente, orribilmente 2 *(schrecklich)* tremendamente, atrocemente 3 *(überaus)* estremamente: ***~ müde sein*** essere estremamente stanco. **Gräss|lich|keit** f. *(-,-en)* orrore *m.*; *(Entsetzlichkeit)* atrocità *f.*, mostruosità *f.*
Gras|so|de f. *(-,-n)* zolla *f.* erbosa tagliata. **Gras|step|pe** f. *(-,-n)* prateria *f.* **Gras|strei|fen** m. *(-s,-)* striscia *f.* erbosa. **Gras|tep|pich** m. *(-s,-e)* tappeto *m.* erboso. **Gras|wirt|schaft** f. *(-,-en)* economia *f.* pastorizia.
Grat m. *(-[e]s,-e)* 1 *(Schnittkante)* spigolo *m.* 2 *(Gebirgsgrat)* cresta *f.* 3a ARCH. (linea *f.* di) colmo *m.* b *(Rippe)* nervatura *f.* 4 TECN. bava *f.*, bavatura *f.* ◆ ***sich auf schmalem ~ bewegen*** essere sul filo del rasoio.
Grä|te f. *(-,-n)* lisca *f.*, spina *f.* (di pesce) ◆ COLLOQ. ***sich die -n brechen*** rompersi le ossa. **grä|ten|los** agg. senza lische.
Gra|ti|al n. *(-s,-e e -ien)*, **Gra|ti|a|le** n. *(-,-s e Gratialien)* 1 *(Trinkgeld)* mancia *f.* 2 *(Dankgebet)* preghiera *f.* di ringraziamento.
Gra|ti|fi|ka|ti|on f. *(-,-en)* gratifica *f.*, gratificazione *f.*
grä|tig agg. 1 pieno di lische, liscoso 2 COLLOQ. *(übellaunig)* scontroso, scorbutico.
gra|ti|nie|ren tr. gratinare.
gra|tis I agg. gratuito: ***der Eintritt ist ~*** l'ingresso è gratuito (*o* libero) **II** avv. gratis, gratuitamente ◆ COLLOQ. ***~ und franko*** gratuita-

mente, gratis. **Gra|tis|ak|tie** f. *(-,-n)* ECON. azione *f.* gratuita. **Gra|tis|bei|la|ge** f. *(-,-n)* supplemento *m.* gratuito. **Gra|tis|vor|stel|lung** f. *(-,-en)* spettacolo *m.* gratuito.
grätsch|bei|nig agg. a gambe divaricate. **Grät|sche** f. *(-,-n)* GINN. divaricata *f.* **grät|schen I** tr. GINN. divaricare in avanti: ***die Beine ~*** divaricare le gambe in avanti **II** intr. (aus. *sein*) saltare a gambe divaricate. **Grätsch|sprung** m. *(-[e]s,-sprünge)* **1** salto *m.* a gambe divaricate **2** *(Spagat)* spaccata *f.* **Grätsch|stel|lung** f. *(-,-en)* posizione *f.* a gambe divaricate: ***~ einnehmen*** mettersi a gambe divaricate.
Gra|tu|lant m. *(-en,-en)* chi si congratula. **Gra|tu|la|ti|on** f. *(-,-en)* congratulazione *f.* **gra|tu|lie|ren I** intr. (aus. *haben*) **1** congratularsi: ***jdm zu etw. ~*** congratularsi con qcn. per qcs. **2** *(Glück wünschen)* fare gli auguri: ***jdm zum Geburtstag ~*** fare gli auguri di compleanno a qcn. **II** rifl. **sich (D)** ~ essere contento, dichiararsi fortunato: ***sich (D) zu etw., jdm ~ können*** poter essere contento di qcs., qcn. ◆ COLLOQ. ***gratuliere!*** congratulazioni!
Grat|wan|de|rung f. *(-,-en)* ALP. percorso *m.* in cresta ◆ ***sich auf einer ~ befinden*** trovarsi in una situazione critica.
grau agg. **1** grigio: ***die -e Substanz*** la materia grigia; ***~ meliert*** con del grigio, tendente al grigio, *(vom Haar)* brizzolato **2** *(fahl)* smorto: ***eine ~ Gesichtsfarbe*** un colorito smorto **3** *(trostlos)* grigio, tetro **4** COLLOQ. *(an der Grenze der Legalität)* ai limiti della legalità ◆ ***der -e Alltag*** il grigiore della vita quotidiana; ***-es Elend*** miseria nera; ***der Himmel ist ~ in ~*** il cielo è buio, bigio; ***alles ~ in ~ malen, sehen*** vedere tutto nero, dipingere a colori foschi; ***-e Vorstellungen*** idee confuse, poco chiare; ***die -e Vorzeit*** i secoli (*o* i tempi) più remoti; ***darüber lasse ich mir keine -en Haare wachsen*** non mi dispero per questo; ***(alt und) ~ werden*** incanutire; ***in -er Zukunft*** in un lontano futuro. **Grau** n. *(-s,-)* **1** *(Farbe)* grigio *m.* **2** *(Trostlosigkeit)* grigiore *m.*, monotonia *f.* **3** indeterminatezza *f.*, oscurità *f.*: ***sich im ~ der Vorzeit verlieren*** perdersi nell'indeterminatezza di tempi remoti. **grau|äu|gig** agg. dagli, con gli occhi grigi. **Grau|bart** m. *(-[e]s,-bärte)* **1** COLLOQ. uomo *m.* con la barba grigia **2** RAR. *(grauer Bart)* barba *f.* grigia. **grau|blau** agg. grigio-azzurro. **grau|braun** agg. grigio-bruno. **Grau|brot** n. *(-[e]s,-e)* pane *m.* bigio (misto di segala e frumento).
Grau|bün|den n.pr.n. *(-s)* Grigioni *m.pl.* **Grau|bünd|ner** m. *(-s,-)* abitante *m.* dei Grigioni, grigionese *m.* **grau|bünd|ne|risch** agg. dei Grigioni, grigionese.
Grau|chen n. *(-s,-)* SCHERZ. asinello *m.*
Gräu|el m. *(-s,-)* orrore *m.*, atrocità *f.*: ***die ~ des Krieges*** gli orrori della guerra ◆ ***etw. ist mir ein ~*** provo orrore di qcs., qcs. mi ripugna. **Gräu|el|mär|chen** n. *(-s,-)* fiaba *f.*, storia *f.* orripilante. **Gräu|el|nach|richt** f. *(-,-en)* notizia *f.* sensazionalistica raccapricciante. **Gräu|el|pro|pa|gan|da** f. *(-)* propaganda *f.* basata su notizie (sensazionali) orripilanti. **Gräu|el|tat** f. *(-,-en)* atrocità *f.*, azione *f.* orribile.
1.grau|en intr. (aus. *haben*) **1a** LETT. *(vom Morgen)* albeggiare: ***der Tag graut*** albeggia **b** *(vom Abend)* imbrunire **2** RAR. *(ergrauen)* incanutire ◆ ***beim Grauen des Tages*** all'alba.
2.grau|en I rifl. ***sich (vor etw.) ~*** spaventarsi, avere paura (di qcs.) **II** impers. ***es graut jdm, jdn vor etw.*** qcn. ha paura di qcs. **Grau|en** n. *(-s,-)* **1** *(Furcht)* paura *f.*, terrore *m.*: ***jdm ~ einflößen*** incutere paura a qcn.; ***von ~ gepackt werden*** essere preso dal terrore; ***~ erregend*** orrendo, orribile, raccapricciante **2** *(Ereignis)* evento *m.* orribile (*o* raccapricciante): ***ein Bild des -s bieten*** offrire uno spettacolo raccapricciante. **grau|en|er|re|gend** → **Grauen. grau|en|haft, grau|en|voll** agg. **1** → **grauenerregend 2** tremendo, spaventoso: ***eine -e Unordnung*** un disordine spaventoso.
grau|haa|rig agg. **1** dai, con i capelli grigi **2** *(von Tieren)* dal pelo grigio. **Grau|kopf** m. *(-[e]s,-köpfe)* **1** testa *f.* grigia **2** *(von Person)* persona *f.* dai capelli grigi.
grau|len I tr. ***jdn aus einem Ort ~*** fare andar via, cacciare qcn. da un luogo in modo sgarbato **II** rifl. → **2.grauen III** impers. → **2.grauen. grau|lich** agg. pauroso, lugubre, spaventoso.
1.gräu|lich agg. grigiastro.
2.gräu|lich I agg. **1** *(scheußlich)* orribile, atroce, orrendo **2** COLLOQ. *(sehr übel)* tremendo, terribile: ***ein -er Gestank*** una puzza terribile **II** avv. rafforz. atrocemente, terribilmente: ***es tut ~ weh*** fa terribilmente male.
Gräup|chen n. *(-s,-)* granello *m.* d'orzo mondato. **Grau|pe** f. *(-,-n)* **1** grano *m.* d'orzo mondato **2** *(Körner von Zinn)* grani *m.pl.* di cassiterite ◆ ***(große) -n im Kopf haben*** avere dei grilli per la testa.
Grau|pel f. *(-,-n)* chicco *m.* di grandine. **grau|peln** intr. impers. (aus. *haben*) grandinare. **Grau|pel|re|gen** m. *(-s,-)* pioggia *f.* mista a grandine. **Grau|pel|schau|er** m. *(-s,-)* temporale *m.* misto a grandine.
graus agg. orrendo, orribile, tremendo. **Graus** m. *(-es)* terrore *m.*, orrore *m.* ◆ SCHERZ. ***o ~!*** che orrore! COLLOQ. ANT. ***es ist ein ~ mit jdm, etw.*** è terribile con qcn. **grau|sam I** agg. **1** crudele: ***~ gegen jdn, zu jdm sein*** essere crudele con qcn. **2** *(unangenehm stark)* terribile, tremendo: ***eine -e Verlegenheit*** un terribile imbarazzo; ***eine -e Enttäuschung*** una tremenda delusione; ***ein -er Winter*** un tremendo inverno, un inverno molto rigido; ***-en Durst haben*** avere una sete tremenda (*o* feroce) **II** avv. **1** crudelmente **2** *(überaus)* tremendamente, terribilmente. **Grau|sam|keit** f. *(-,-en)* crudeltà *f.*
Grau|schim|mel m. *(-s,-)* cavallo *m.* leardo, storno *m.* **Grau|schlei|er** m. *(-s,-)* alone *m.* grigio, colore *m.* grigiastro (del bucato mal lavato).
grau|sen I rifl. ***sich vor etw. ~*** **1** spaventarsi, avere paura di qcs. **2** REGION. *(sich ekeln)* provare disgusto per qcs.: ***er graust sich vor Schlangen*** prova disgusto per i serpenti, i serpenti lo disgustano, gli fanno schifo **II** impers. ***es graust jdm, jdn vor etw.*** qcn. ha paura di qcs. **Grau|sen** n. *(-s)* **1** paura *f.*, terrore *m.* **2** *(Ekel)* disgusto *m.* **grau|sig I** agg. **1** terribile, tremendo, pauroso (anche FIG.): ***ein -es Verbrechen*** un terribile delitto; ***eine -e Kälte*** un freddo tremendo **2** *(eklig)* disgustoso, schifoso **II** avv. **1** *(überaus)* tremendamente **2** ***das schmeckt ~*** ha un gusto schifoso, è disgustoso.
graus|lich COLLOQ. REGION. **I** agg. **1** *(entsetzlich)* orrendo, orribile **2** *(eklig)* disgustoso, schifoso **II** avv. **1** *(entsetzlich)* orrendamente, orribilmente **2** *(eklig)* in modo disgustoso, schifoso.
Grau|specht m. *(-[e]s,-e)* picchio *m.* cinerino. **Grau|tier** n. *(-[e]s,-e)* SCHERZ. asino *m.*, somaro *m.* **Grau|werk** n. *(-[e]s)* pelle *f.* di vaio, petit-gris *m.*
Gra|veur [gra'vøːɐ] m. *(-s,-e)* incisore *m.*
Gra|vier|an|stalt f. *(-,-en)* laboratorio *m.* d'incisione. **Gra|vier|ar|beit** f. *(-,-en)* **1** lavoro *m.* d'incisione **2** *(Gravierung)* incisione *f.* **gra|vie|ren** tr. incidere. **gra|vie|rend** agg. gravoso, serio: ***ein -es Problem*** un problema gravoso; *(schwerwiegend)* grave: ***ein -er Verlust*** una grave perdita. **Gra|vie|rung** f. *(-,-en)* incisione *f.*
Gra|vis m. *(-,-)* accento *m.* grave.
Gra|vi|tät f. *(-)* ANT. gravità *f.*, sostenutezza *f.*
Gra|vi|ta|ti|on f. *(-)* FIS. ASTR. gravitazione *f.* **Gra|vi|ta|ti|ons|feld** n. *(-[e]s,-er)* campo *m.* gravitazionale.
gra|vi|tä|tisch I agg. sostenuto, grave **II** avv. in modo sostenuto; *(gemessen)* gravemente.
gra|vi|tie|ren intr. (aus. *haben*) **1** FIS. gravitare **2** *(tendieren)* tendere: ***nach, zu etw. ~*** tendere a, verso qcs.
Gra|vur f. *(-,-en)* incisione *f.* **Gra|vü|re** f. *(-,-n)* **1** incisione *f.* **2** *(Tiefdruckplatte)* matrice *f.* calcografica.
1.Gra|zie f. *(-)* grazia *f.*: ***mit ~*** con grazia; FIG. SCHERZ. abilmente, elegantemente.
2.Gra|zie f. *(-,-n)* MITOL. Grazia *f.*: ***die drei -n*** le tre Grazie.
gra|zil agg. gracile; *(schlank)* snello, sottile. **Gra|zi|li|tät** f. *(-)* gracilità *f.*
gra|zi|ös I agg. grazioso, aggraziato: ***eine -e Gangart*** un modo di camminare aggraziato **II** avv. graziosamente, in modo aggraziato.
Grä|zist m. *(-en,-en)* grecista *m.* **Grä|zi|tät** f. *(-)* grecità *f.*
Green|horn ['griːnhɔːn] n. *(-s,-s)* novellino *m.*, pivello *m.*, pivellino *m.*
Gre|gor n.pr.m. Gregorio. **gre|go|ri|a|nisch** agg. gregoriano: ***der -e Gesang*** il canto gregoriano.
Greif m. *(-[e]s, e -en,-en)* grifone *m.*
Greif|arm m. *(-[e]s,-e)* braccio *m.* prensile. **Greif|bag|ger** m. *(-s,-)* escavatore *m.* a benna prensile. **greif|bar** agg. **1a** afferrabile **b** *(erreichbar)* che si può prendere: ***die Unterlagen sind ~*** la documentazione è a portata di mano; COLLOQ. ***der Arzt war nicht ~*** il medico non era reperibile **2** *(verfügbar)* disponibile **3a** *(konkret)* tangibile, concreto: ***-e Ergebnisse*** risultati tangibili; ***-e Gestalt annehmen*** assumere forma concreta **b** *(offenkundig)* chiaro, palese: ***ein -er Beweis seiner Schuld*** una prova palese della sua colpa ◆ ***~ in der Nähe, nahe*** vicinissimo.
grei|fen *(griff, gegriffen)* **I** tr. **1** afferrare, prendere: ***etw. mit der Hand, mit der Zange ~*** afferrare qcs. con la mano, con le tenaglie; FIG. ***einen Ton falsch ~*** prendere male una nota **2** *(fangen)* catturare, prendere, acciuffare **II** intr. (aus. *haben*) **1** stendere la mano: ***nach etw., jdm ~*** stendere la mano per afferrare qcs., qcn.; ***jdm ins Haar ~*** afferrare qcn. per i capelli **2** mettere mano, ricorrere a: ***zur Flasche, Feder ~*** mettere mano alla bottiglia, alla penna; ***zu den Waffen ~*** prendere, impugnare le armi; ***zur Zigarette ~*** ricorrere alle sigarette, mettersi a fumare; FIG. ***zu strengeren Methoden ~*** ricorrere a metodi più rigidi **3** *(anfangen)* accingersi: ***zum Buch ~*** prendere il libro in mano, accingersi a leggere **4** *(berühren)* portare la mano a, toccare, tastare: ***in die Tasche ~*** mettere la mano

in tasca, nella borsa, FIG. mettere mano alla borsa; ***nach dem Hut ~*** portare la mano al cappello **5a** TECN. far presa: ***die Reifen ~ auf dem Boden*** i pneumatici fanno presa sul terreno; ***die Schraube greift nicht*** la vite non fa presa **b** FIG. *(wirken)* essere efficace, convincere: ***diese Methode greift nicht*** questo metodo non è efficace **III** rifl. ***sich an die Stirn, an den Kopf ~*** portarsi la mano alla fronte, alla testa (per lo stupore); FIG. ***sich ins Haar ~*** mettersi le mani nei capelli ◆ ***auf der Geige, auf dem Klavier einen Akkord ~*** suonare un accordo sul violino, sul pianoforte; ***jdm unter die Arme ~*** sorreggere qcn.; ***ans Herz ~*** toccare il cuore, commuovere; SPORT GERG. ***hinter sich ~ müssen*** prendere un goal (da portiere); ***zu hoch ~*** sbagliare per eccesso; ***ins Leere ~*** mancare la presa; ***etw. ist aus der Luft gegriffen*** qcs. è stato inventato di sana pianta; ***nach der Macht ~*** mirare al potere; ***nach den Sternen ~*** mirare in alto; ***in die Tasten ~*** suonare il pianoforte; ***tief in die Tasche ~*** sborsare molto denaro; ***um sich ~*** propagarsi, estendersi. **Grei|fen** n. *(-s)*, ***das ist zum ~ nah(e)*** è vicinissimo ◆ ***~ spielen*** giocare a prendersi. **Grei|fer** m. *(-s,-)* **1** TECN. benna *f.* mordente, prensile **2** GERG. poliziotto *m.*, investigatore *m.* **Greif|vo|gel** m. *(-s,-vögel)* uccello *m.* rapace. **Greif|zan|ge** f. *(-,-n)* pinza *f.* **Greif|zir|kel** m. *(-s,-)* compasso *m.* per spessori.

grei|nen intr. (aus. *haben*) piagnucolare, frignare.

greis agg. LETT. vecchio; *(vom Alter ergraut)* canuto: ***-es Alter*** età avanzata, vecchiaia. **Greis** m. *(-es,-e)* vecchio *m.*, vegliardo *m.* **Grei|sin** f. *(-,-nen)* vecchia *f.*, vegliarda *f.* **Grei|sen|al|ter** n. *(-s)* età *f.* senile. **grei|sen|haft** agg. vecchio, senile. **Grei|sen|haf|tig|keit** f. *(-)* vecchiaia *f.*, LETT. senilità *f.*

Greiß|ler m. *(-s,-)* AUSTR. bottegaio *m.* **Greiß|le|rei** f. *(-,-n)* AUSTR. negozio *m.* di (generi) alimentari.

grell I agg. **1** *(vom Licht)* abbagliante, accecante **2** *(von der Farbe)* vivo, squillante; *(auffallend)* sgargiante, vistoso **3** *(schrill)* acuto, stridulo: ***-e Stimmen, Schreie*** voci stridule, grida acute **II** avv. **1** con luce abbagliante **2** in modo stridulo: ***~ tönen*** suonare in modo stridulo ◆ ***~ gegen etw. abstechen*** essere in contrasto stridente con qcs.; ***~ beleuchtet*** illuminato da una luce intensa. **Grel|le** f. *(-,-n)*, **Grell|heit** f. *(-,-en)* **1** vivacità *f.*: ***die ~ von Licht, Farbe*** la vivacità di luce, di colore **2** *(von Lauten)* acutezza *f.* **grell|rot** agg. rosso vivo.

Gre|mi|um n. *(-s, Gremien)* commissione *f.*

Gre|na|dier m. *(-s,-e)* granatiere *m.*

Grenz|ab|fer|ti|gung f. *(-,-en)* disbrigo *m.* delle formalità di frontiera. **Grenz|bahn|hof** m. *(-[e]s,-höfe)* stazione *f.* (ferroviaria) di frontiera. **Grenz|baum** m. *(-[e]s,-bäume)* **1** barriera *f.* di confine **2** *(Schlagbaum)* barra *f.* **Grenz|be|am|te** m. *(-n,-n)* doganiere *m.* **Grenz|be|fes|ti|gung** f. *(-,-en)* fortificazione *f.* di frontiera. **Grenz|be|geh|ung** f. *(-,-en)* camminamento *m.* per il controllo del confine. **Grenz|be|las|tung** f. *(-,-en)* TECN. carico *m.* massimo, limite. **Grenz|be|reich** m. *(-[e]s,-e)* **1** *(Umkreis)* area *f.* di confine, di frontiera **2** *(Begrenzung)* limite *m.* **Grenz|be|rich|ti|gung** f. *(-,-en)* rettifica(zione) *f.* dei confini. **Grenz|be|woh|ner** m. *(-s,-)* abitante *m.* di una zona di frontiera, di confine. **Grenz|be|stim|mung** f. *(-,-en)* definizione *f.* dei confini. **Grenz|be|zirk** m. *(-[e]s,-e)* distretto *m.* di frontiera.

Gren|ze f. *(-,-n)* **1** *(Staatsgrenze)* confine *m.*, frontiera *f.*: ***geographische, politische, natürliche -n*** confini geografici, politici, naturali; ***über die ~ gehen, fahren*** passare il confine, la frontiera; ***die ~ überschreiten, passieren, erreichen*** varcare, passare, raggiungere il confine, la frontiera; ***die -n öffnen, sperren*** aprire, chiudere le frontiere; ***jdn über die ~ abschieben*** respingere qcn. oltre confine; ***an der ~ mit Frankreich*** al confine con la Francia; ***die ~ verläuft längs des Waldes*** il confine corre lungo il bosco; FIG. ***die ~ zwischen Gut und Böse*** il confine fra bene e male **2** *(Begrenzung)* limite *m.*: ***jdm, etw. -n setzen, ziehen*** porre dei limiti a qcn., qcs.; ***die ~ des Möglichen, Erlaubten überschreiten*** superare i limiti del possibile, del lecito; ***die -n einhalten*** rispettare i limiti; ***über die -n hinausgehen*** passare i limiti; ***an die ~ des Grotesken rühren*** sfiorare il limite del grottesco; ***alles hat seine -n*** tutto ha un limite; ***seine Geldgier kennt keine -n*** la sua avidità di denaro non conosce, non ha limiti; ***seine, keine -n kennen*** conoscere, non conoscere i propri limiti; ***meine Geduld hat auch (ihre) -n*** anche la (mia) pazienza ha un limite ◆ ***über die grüne ~ gehen, fliehen*** varcare il confine clandestinamente; ***sich in -n halten*** mantenersi entro i limiti. **gren|zen** intr. (aus. *haben*) **1** confinare: ***Italien grenzt an die Schweiz*** l'Italia confina con la Svizzera; ***mein Garten grenzt an seinen*** il mio giardino confina con il suo **2** *(rühren)* sfiorare, rasentare: ***das grenzt an Frechheit*** ciò sfiora la sfacciataggine; ***seine Rettung grenzt ans Wunderbare*** il suo salvataggio ha del prodigioso. **gren|zen|los I** agg. **1** sconfinato, illimitato, immenso: ***eine -e Freude, eine -e Trauer*** una gioia immensa, un dolore infinito **2** *(maßlos)* smisurato **II** avv. illimitatamente; immensamente: ***~ eitel sein*** essere immensamente vanitoso. **Gren|zen|lo|sig|keit** f. *(-)* immensità *f.* **Gren|zer** m. *(-s,-)* COLLOQ. **1** *(Grenzbewohner)* abitante *m.* di una zona di frontiera **2** doganiere *m.*

Grenz|fall m. *(-[e]s,-fälle)* caso *m.* limite. **Grenz|fluss** m. *(-es,-flüsse)* fiume *m.* di confine. **Grenz|for|ma|li|tät** f. *(-,-en)* formalità *f.pl.* doganali alla frontiera. **Grenz|gän|ger** m. *(-s,-)* frontaliere *m.* **Grenz|ge|biet** n. *(-[e]s,-e)* zona *f.* di confine, frontiera. **Grenz|ge|wäs|ser** n. *(-s,-)* corso *m.* d'acqua di confine. **Grenz|jä|ger** m. *(-s,-)* ANT. doganiere *m.* **Grenz|kar|te** f. *(-,-n)* trittico *m.* doganale. **Grenz|kon|flikt** m. *(-[e]s,-e)* scontro *m.* di frontiera. **Grenz|kon|trol|le** f. *(-,-n)* controllo *m.* alla frontiera. **Grenz|land** n. *(-[e]s,-länder)* regione *f.* di confine. **Grenz|li|nie** f. *(-,-n)* linea *f.* di confine. **Grenz|nut|zen** m. *(-s)* profitto *m.* marginale. **Grenz|ort** m. *(-[e]s,-e)* località *f.* di confine. **Grenz|po|li|zei** f. *(-,-en)* polizia *f.* di frontiera. **Grenz|pos|ten** m. *(-s,-)* posto *m.* di frontiera, di confine. **Grenz|prob|lem** n. *(-s,-e)* **1** questione *f.*, problema *m.* delle frontiere **2** questione *f.*, problema *m.* limite. **Grenz|schutz** m. *(-es)* **1** difesa *f.* della frontiera, del confine **2** *(Grenzwache)* guardia *f.* confinaria. **Grenz|si|tu|a|ti|on** f. *(-,-en)* situazione *f.* limite. **Grenz|sper|re** f. *(-,-n)* chiusura *f.* dei confini, delle frontiere. **Grenz|sta|ti|on** f. *(-,-en)* → **Grenzbahnhof. Grenz|stein** m. *(-[e]s,-e)* cippo *m.* di confine. **Grenz|strei|tig|keit** f. *(-,-en)* controversia *f.* relativa ai confini. **Grenz|über|gang** m. *(-[e]s,-übergänge)* **1** attraversamento *m.* del confine, della frontiera **2** *(Grenzposten)* posto *m.* (*o* varco *m.*) di frontiera. **Grenz|über|tritt** m. *(-[e]s,-e)* attraversamento *m.* del confine, della frontiera. **Grenz|ver|kehr** m. *(-s,-e)* traffico *m.* di frontiera. **Grenz|ver|let|zung** f. *(-,-en)* violazione *f.* del confine. **Grenz|wa|che** f. *(-,-n)* → **Grenzjäger. Grenz|wert** m. *(-[e]s,-e)* **1** valore *m.* limite **2** MAT. limite *m.* **Grenz|wis|sen|schaft** f. *(-,-en)* scienza *f.* di confine. **Grenz|zieh|ung** f. *(-,-en)* tracciamento *m.*, delimitazione *f.* del confine. **Grenz|zwi|schen|fall** m. *(-[e]s,-zwischenfälle)* incidente *f.* di frontiera, di confine.

Gret|chen n.pr.n. Margherita *f.* **Gret|chen|fra|ge** f. *(-,-n)* INTRAD. (domanda decisiva, esistenziale). **Gret|chen|fri|sur** f. *(-)* INTRAD. (lunghe trecce bionde). **Gre|te, Gretl** n.pr.f. → **Gretchen.**

Grie|be f. *(-,-n)* **1** cicciolo *m.* **2** *(Stückchen Speck)* lardello *m.*

Griebs m. *(-es,-e)* REGION. torsolo *m.* (di mela o di pera) ◆ ***jdn am ~ packen*** prendere qcn. alla gola.

Grie|che m. *(-n,-n)* greco *m.* **Grie|chen|land** n.pr.n. *(-s)* Grecia *f.* **Grie|chen|tum** n. *(-s)* grecità *f.* **Grie|chin** f. *(-,-nen)* greca *f.* **grie|chisch** agg. greco. **Grie|chisch** n. *(-[s])*, **Grie|chi|sche** n. *(-n)* greco *m.*, lingua *f.* greca. **grie|chisch-ka|tho|lisch** agg. greco-cattolico. **grie|chisch-or|tho|dox** agg. greco-ortodosso. **grie|chisch-rö|misch** agg. greco-romano. **grie|chisch-u|niert** agg. → **griechisch-katholisch.**

Grie|fe f. *(-,-n)* → **Griebe.**

Grie|sel|bär m. *(-en,-en)* COLLOQ. orso *m.* grigio.

grie|seln intr. (aus. *haben*) REGION. rabbrividire: ***etw. grieselt jdm,*** impers. ***es grieselt jdm über etw.*** qcs. fa rabbrividire qcn.

Gries|gram m. *(-[e]s,-e)* musone *m.* **gries|grä|mig, gries|gräm|lich** agg. musone, di cattivo umore.

Grieß m. *(-es,-e)* semolino *m.* **Grieß|brei** m. *(-[e]s,-e)* pappa *f.* di semolino. **grie|ßeln** intr. (aus. *haben*) **1** *(körnig werden)* diventare granuloso **2** impers. ***es grießelt*** grandina. **Grieß|kloß** m. *(-es, -klöße)* gnocco *m.* di semolino. **Grieß|sup|pe** f. *(-,-n)* minestra *f.* di semolino.

griff → **greifen. Griff** m. *(-[e]s,-e)* **1a** *(das Greifen)* l'afferrare, piglio *m.*, presa *f.*: ***einen ~ nach etw. tun*** stendere la mano per afferrare (*o* prendere) qcs. **b** ***der ~ zur Flasche, zur Zigarette*** il ricorrere alla bottiglia, alle sigarette **c** MUS. *(Fingersatz)* diteggiatura *f.*: ***auf einem Musikinstrument -e üben*** fare esercizi di diteggiatura su uno strumento **2** *(Handgriff)* impugnatura *f.*, presa *f.*: ***ein falscher ~*** una presa mancata, MUS. una stonatura **3a** manico: ***der ~ eines Koffers, eines Schirms*** il manico di una valigia, di un ombrello **b** *(Klinke)* maniglia *f.*: ***der ~ einer Tür*** la maniglia di una porta **4** TESS. qualità *f.* (del tessuto) al tatto: ***dieser Stoff hat einen weichen ~*** questa stoffa è morbida al tatto **5** VENAT. artiglio *m.* (di uccelli rapaci) ◆ ***ein Problem in den ~ bekommen*** risolvere un problema; ***mit ein paar -en fertig sein*** essere pronto in poche mosse (facendo poca fatica); ***etw. mit geübten -en tun*** avere la mano nel fare qcs., fare qcs. con mano esperta, con destrezza; ***mit jdm, etw. einen glücklichen, guten ~ getan haben*** aver fatto un buon acquisto con qcn., qcs., aver avuto la mano felice nella scelta di qcn., qcs.; ***etw. im ~ haben*** avere molta esperienza pratica di qcs., saperci fare con qcs.; *(unter Kontrolle haben)* avere qcs. sotto controllo; ***einen ~ in die Kasse tun*** manomettere la cassa; MIL. ***-e klop-***

pen esercitarsi nel maneggio del fucile; mit -en und Kniffen con abili maneggi; mit einem ~ in quattro e quattr'otto, al volo. **griff|be|reit** agg. a portata di mano. **Griff|brett** n. (-[e]s,-er) tastiera f. (di strumenti a corda).

Grif|fel m. (-s,-) 1 gessetto m. 2 BOT. stilo m. 3 COLLOQ. (Finger) dito m. **grif|fig** agg. 1 maneggevole 2 TECN. che ha (o fa) buona presa, mordente 3 (von Geweben) resistente, robusto 4 -es Mehl farina grossa, macinata meno finemente. **Grif|fig|keit** f. (-) 1 maneggevolezza f. 2 TECN. mordenza f., (buona) presa f.: die ~ der Reifen la mordenza dei pneumatici 3 (von Geweben) resistenza f., robustezza f.

Griff|loch n. (-[e]s,-löcher) 1 foro m. per presa (o appiglio) 2 (von Blasinstrumenten) foro m. (di strumenti a fiato). **griff|los** agg. 1 senza manico; (ohne Klinke) senza maniglia 2 GINN. senza toccare l'attrezzo.

Grill m. (-s,-s) griglia f.: Fisch vom ~ pesce alla griglia (o ai ferri); Würstel auf dem ~ rösten fare le salsicce ai ferri, cuocere le salsicce alla griglia. **Gril|la|de** [gri'ja:də] f. (-,-n) carne f. ai ferri.

Gril|le f. (-,-n) 1 grillo m. 2 FIG. ANT. grilli m.pl.: -n im Kopf haben avere i grilli per la testa; jdm die -n vertreiben, austreiben levare i grilli dalla testa a qcn.

gril|len tr. cuocere alla griglia, grigliare ◆ sich in der Sonne ~ arrostirsi al sole.

Gril|len|fän|ger m. (-s,-) malinconico m., lunatico m. **Gril|len|fän|ge|rei** f. (-,-en) malinconia f. **gril|len|haft** agg. lunatico, capriccioso. **Gril|len|haf|tig|keit** f. (-) lunaticità f.

Grill|ge|richt n. (-[e]s,-e) piatto m. di carne alla griglia, grigliata f. **gril|lie|ren** [grɪli:rən, gri'ji:rən] tr. → grillen.

gril|lig agg. → grillenhaft.

Grill|platz m. (-es,-plätze) piazzola f. per grigliate. **Grill|res|tau|rant** n. (-[e]s,-s), **Grill|room** [-ru:m] m. (-s,-s) grill-room m.

Gri|mas|se f. (-,-n) smorfia f., (besonders mit dem Mund) boccaccia f.: -n schneiden, ziehen fare le smorfie. **Gri|mas|sen|schnei|der** m. (-s,-) chi fa smorfie (o boccacce).

grimm agg. ANT. → grimmig. **Grimm** m. (-[e]s) furore m., ira f.

Grimm|darm m. (-[e]s,-därme) colon m.

1.grim|men tr. ANT. stizzire, irritare.

2.grim|men intr. (aus. haben) impers. es grimmt mir, mich im Bauch ho mal di pancia. **Grim|men** n. (-s) mal m. di pancia.

grim|mig agg. 1 (voller Grimm) adirato, furibondo; feroce: ein -er Löwe un leone feroce 2 (übermäßig) atroce, tremendo, terribile: eine -e Kälte un freddo atroce; ein -er Hunger una fame tremenda. **Grim|mig|keit** f. (-) → Grimm.

Grind m. (-[e]s,-e) 1 COLLOQ. tigna f. 2 VENAT. testa f. (di cervo). **grin|dig** agg. tignoso.

Grind|wal m. (-[e]s,-e) globicefalo m. nero, delfino m. pilota.

grin|sen intr. (aus. haben) 1 ghignare, sogghignare 2 (breit lächeln) sghignazzare ◆ COLLOQ. sich eins ~ = provare piacere del male altrui, essere maligno. **Grin|sen** n. (-s) ghigno m., sogghigno m.

grip|pal agg. → grippös. **Grip|pe** f. (-,-n) influenza f.: die, eine ~ haben avere l'influenza. **Grip|pe|an|fall** m. (-[e]s,-anfälle) attacco m. d'influenza. **Grip|pe|epi|de|mie** f. (-,-n) epidemia f. influenzale. **grip|pe|krank** agg. influenzato, malato d'influenza. **Grip|pe|vi|rus** n. e m. (-,-viren) virus m. dell'influenza. **Grip|pe|wel|le** f. (-,-n) ondata f. d'influenza. **grip|pig** agg. → grippekrank. **grip|pös** agg. influenzale.

Grips m. (-es,-e) COLLOQ. comprendonio m., meningi f.pl.: streng mal deinen ~ an! spremiti un po' le meningi! keinen ~ (im Kopf) haben non avere sale in zucca.

Gris|li|bär, Grizz|ly|bär m. (-en,-en) grizzly m.

grob (compar. gröber, superl. gröbst...) I agg. 1 grezzo: ein -er Stoff una stoffa grezza 2 grosso: -er Sand sabbia grossa 3 grossolano: -e Gesichtszüge tratti grossolani del viso; (schlimm) ein -er Fehler un errore grossolano 4 SPREG. sgarbato, villano: ein -er Mensch un villano; ein -es Benehmen un comportamento sgarbato 5 (ungefähr) approssimativo: die -e Entfernung schätzen calcolare la distanza approssimativa; etw. in -en Zügen beschreiben, in -en Umrissen schildern descrivere qcs. per sommi capi 6 (schwer) pesante: -e Arbeiten lavori pesanti II avv. 1 sgarbatamente, in modo villano 2 (schlimm) di grosso, gravemente 3 (ungefähr) grosso modo, all'incirca ◆ ~ gemahlen macinato grosso; ~ gerechnet all'incirca; COLLOQ. aus dem Gröbsten heraus sein aver superato il peggio; COLLOQ. jdm ~ kommen trattare sgarbatamente qcn.; MAR. -e See mare grosso; -e Späße scherzi pesanti; in -em Ton facendo la voce grossa; -er Unfug scempio; gegen jdn ~ werden → jdm ~ kommen; -e Worte parole grosse; PROV. auf einen -en Klotz gehört ein -er Keil rendere pan per focaccia. **Grob|blech** n. (-[e]s,-e) lamiera f. grossa. **Grob|ein|stel|lung** f. (-,-en) messa f. a punto approssimativa. **grob|fa|se|rig** agg. di fibra grossa. **Grob|fei|le** f. (-,-n) lima f. grossa. **Grob|heit** f. (-,-en) 1 grossolanità f., rozzezza f., villania f. 2a (grobe Äußerung) villania f.: jdm -en sagen dire villanie a qcn. b (grobe Handlung) sgarbo m., sgarbataggine f. **Gro|bi|an** m. (-[e]s,-e) villanzone m., zoticone m. **grob|klot|zig** agg. villano, zotico. **grob|kno|chig** agg. di ossatura grossa, dalle ossa grosse. **Grob|korn** n. (-[e]s) grano m. grosso. **grob|kör|nig** agg. 1 a grana grossa (anche FOT.) 2 METALL. a grano grosso. **gröb|lich** I agg. grossolano, grave II avv. 1 di grosso, della grossa: sich ~ irren sbagliarsi di grosso 2 gravemente: jdn ~ beleidigen offendere qcn. gravemente. **grob|ma|schig** agg. a maglie larghe, a maglia grossa. **grob|schläch|tig** agg. grosso, goffo, pesante. **Grob|schmied** m. (-[e]s,-e) ANT. fabbro m. ferraio. **Grob|schnitt** m. (-[e]s,-e) taglio m. grosso (di tabacco).

Gröd|ner Tal n.pr.n. Val f. Gardena.

Grog m. (-s,-s) grog m.

grog|gy ['grɔgi] agg. 1 SPORT groggy 2 COLLOQ. (erschöpft) sfinito, esausto.

grö|len tr. e intr. (aus. haben) sbraitare, schiamazzare; (laut singen) cantare a squarciagola. **grö|lend** p.pres. agg. 1 → grölen 2 -e Stimmen sbraiti; -er Beifall applausi e schiamazzi. **Grö|le|rei** f. (-,-en) lo sbraitare, schiamazzo m.

Groll m. (-[e]s) LETT. rancore m., astio m.: einen ~ auf jdn (wegen etw.) haben, gegen jdn hegen nutrire astio verso qcn. (per qcs.), serbare rancore a qcn.; seinen ~ über jds Unfreundlichkeit vergessen dimenticare il proprio rancore per la scortesia di qcn. **grol|len** intr. (aus. haben) 1 nutrire astio, serbare rancore: jdm wegen etw. ~ serbare rancore a qcn. per qcs. 2 (vom Donner) rumoreggiare, brontolare. **Grol|len** n. (-s) brontolio m. (del tuono).

Grön|land n.pr.n. (-s) Groenlandia f.

1.Grön|län|der m. (-s,-) groenlandese m.

2.Grön|län|der m. (-s,-) ANT. kajak m.

Grön|län|de|rin f. (-,-nen) groenlandese f. **Grön|land|fah|rer** m. (-s,-) pescatore m. di balene. **grön|län|disch** agg. groenlandese.

Groom [gru:m] m. (-s,-s) 1 ANT. (junger Diener) servo m., paggio m. 2 (Reitknecht) palafreniere m.

1.Gros [gro:] n. (-,-) grosso m., massa f.: das ~ der Truppen il grosso delle truppe.

2.Gros n. (-es,-e) grossa f., dodici dozzine f.pl.

Gro|schen m. (-s,-) 1 AUSTR. INTRAD. (un centesimo di scellino) 2 STOR. grosso m. 3a COLLOQ. (Zehnpfennigstück) moneta f. da dieci pfennig b pl. SCHERZ. soldo m., monetina f.: sich ein paar ~ dazu verdienen guadagnarsi qualche soldo in più ◆ COLLOQ. nicht bei ~ sein essere un po' tocco, non avere tutti i venerdì; COLLOQ. dafür gebe ich keinen ~ per questo non dò un centesimo; COLLOQ. der ~ fällt bei ihm pfennigweise è duro di comprendonio; COLLOQ. endlich ist der ~ bei ihm gefallen! finalmente l'ha capita! das ist allerhand fürn ~ è roba da non credersi! der Mann hat nicht fürn ~ Verstand quello non ha il minimo cervello; COLLOQ. das ist keinen ~ wert non vale un soldo. **Gro|schen|blatt** n. (-[e]s,-blätter) giornaletto m. da quattro soldi. **Gro|schen|ro|man** m. (-s,-e) romanzetto m. da quattro soldi. **gro|schen|wei|se** avv. 1 soldo a soldo 2 COLLOQ. FIG. (allmählich) poco per volta, lentamente.

groß (compar. größer, superl. größt...) I agg. 1 grande, grosso: -e Bäume, Fragen grandi alberi, questioni grosse; eine -e Menge, Familie, Summe una grande quantità, famiglia, una grossa somma; in -er Eile, in -en Zügen in gran fretta, a grandi linee; zum -en Teil in gran parte; ein -er Irrtum un grosso errore 2a (hochgewachsen) alto, grande: er ist fast 2 Meter ~ è alto quasi 2 metri; er ist so ~ wie du è grande come te b (erwachsen) grande, adulto: sie hat schon -e Kinder ha già dei figli adulti; wenn ich erst ~ bin quando sarò grande c (älter) maggiore: sein -er (o größerer) Bruder suo fratello maggiore 3 (lang) lungo: eine -e Leiter una scala lunga; -e Schritte lunghi passi; eine -e Pause un lungo intervallo 4 (hoch) alto, elevato, grande: -e Unkosten spese elevate 5 (hauptsächlich) principale, essenziale: die -en Zusammenhänge i nessi principali 6 (großartig) straordinario, fantastico: das ist ganz ~! è una cosa fantastica! im Improvisieren ist er (ganz) ~ è molto bravo nell'improvvisare 7 (von Buchstaben) maiuscolo II avv. 1 in grande (stile): ~ feiern festeggiare in grande; ~ angelegt in grande stile, grandioso 2 molto: sich ~ freuen rallegrarsi molto; sich nicht ~ um etw. kümmern non curarsi molto di qcs. ◆ jdn ~ ansehen guardare qcn. con tanto d'occhi; etw. ~ und breit erzählen raccontare qcs. particolareggiatamente; die -e Dame spielen fare la (o atteggiarsi a) gran signora; ~ von jdm denken avere un'alta opinione di qcn.; ~ fühlen avere nobili sentimenti; im Großen und Ganzen nel complesso, nell'insieme; das -e Geld verdienen guadagnare molto;

~ gemustert con (*o* a) grandi disegni; **~ gewachsen** alto, di alta statura; **im Großen verkaufen, handeln** vendere, commerciare all'ingrosso; **ein ~ karierter Stoff** una stoffa a grossi quadri, a quadroni; **Karl der Große** Carlo Magno; **Groß und Klein** grandi e piccoli, chiunque; FAM. **~ machen** fare la cacca; **mir -er Mehrheit** a larga maggioranza; **-e Reden schwingen** fare discorsi ampollosi; **ein Wort ~ schreiben** scrivere una parola con la maiuscola; *(mit Großbuchstaben)* scrivere una parola in lettere maiuscole; **er steht jetzt ganz ~ da** sta avendo un grande successo; **was ist da noch ~ zu tun!** che c'è da fare ancora! **mit größtem Vergnügen** con grande piacere; **~ werden** crescere, diventare grande. **Groß|ab|neh|mer** m. *(-s,-)* compratore *m.* all'ingrosso. **Groß|ad|mi|ral** m. *(-s,-e* e RAR. *-admiräle)* grande ammiraglio *m.* **Groß|ak|ti|o|när** m. *(-s,-e)* grande azionista *m.* **Groß|alarm** m. *(-[e]s,-e)* allarme *m.* generale. **Groß|an|griff** m. *(-[e]s,-e)* grande attacco *m.*, attacco *m.* in grande. **groß|ar|tig I** agg. **1** grandioso, fantastico, magnifico: **ein -er Einfall** un'idea grandiosa **2** *(vorzüglich)* eccellente **II** avv. **1** grandiosamente, in grande stile, magnificamente **2** *(vorzüglich)* in modo eccellente: **der Wein schmeckt ~** il vino ha un sapore eccellente **3** *(großspurig)* con presunzione, in modo presuntuoso: **~ tun** comportarsi con presunzione. **Groß|ar|tig|keit** f. *(-)* **1** grandiosità *f.* **2** *(Herrlichkeit)* magnificenza *f.* **Groß|auf|nah|me** f. *(-,-n)* **1** CINEM. TELEV. primissimo piano *m.* **2** FOT. fotografia *f.* ingrandita. **Groß|auf|trag** m. *(-[e]s,-aufträge)* grossa ordinazione *f.* **Groß|bank** f. *(-,-en)* grande banca *f.* **Groß|bau|er** m. *(-n* e *-s,-n)* contadino *m.* ricco. **Groß|baum** m. *(-[e]s,-bäume)* boma *m.* **Groß|bau|stel|le** f. *(-,-n)* grande cantiere *m.* **Groß|be|trieb** m. *(-[e]s,-e)* grande azienda *f.* **groß|blät|te|rig, groß|blätt|rig** agg. a (*o* dalle) foglie grandi. **groß|blu|mig** agg. **1** BOT. dai fiori grandi **2** con grandi fiori: **eine -e Tapete** una tappezzeria con grandi fiori (*o* a fiorami). **Groß|brand** m. *(-[e]s,-brände)* grande incendio *m.* **Groß|bri|tan|nien** n.pr.n. *(-s)* Gran Bretagna *f.* **groß|bri|tan|nisch** agg. britannico. **Groß|buch|sta|be** m. *(-ns,-n)* lettera *f.* maiuscola. **Groß|bür|ger** m. *(-s,-)* alto-borghese *m.*, appartenente *m.* all'alta borghesia. **Groß|bür|ger|tum** m. *(-s)* alta borghesia *f.* **groß|deutsch** agg. **1** STOR. grande tedesco: **-es Programm** programma grande tedesco **2** *(im dritten Reich)* della Grande Germania. **Groß|deutsch|land** n.pr.n. *(-s)* (la) Grande Germania *f.*

Grö|ße f. *(-,-n)* **1** grandezza *f.*: **die ~ eines Gebäudes, eines Gefäßes** la grandezza di un edificio, di un recipiente; **in natürlicher ~** a grandezza naturale; **eine physische ~** una grandezza fisica **2a** *(Dimension)* dimensione *f.*, misura *f.*, formato *m.*: **Schachteln unterschiedlicher ~, in allen -n** scatole di diverse, di tutte le misure **b** FIG. entità *f.*: **die ~ eines Verbrechens** l'entità di un crimine **3** *(Länge)* lunghezza *f.* **4** ABBIGL. taglia *f.*: **sie trägt ~ 40** porta la (taglia) 40 **5** *(Höhe)* altezza *f.*, statura *f.*: **ein Mann mittlerer ~** un uomo di media statura (*o* di taglia media) **6a** *(Bedeutsamkeit)* importanza *f.* **b** *(Großartigkeit)* grandezza *f.*: **die ~ eines Schriftstellers, Künstlers** la grandezza di uno scrittore, di un artista **c** *(sittlicher Wert)* statura *f.*: **die moralische, seelische ~ eines Menschen** la statura morale, spirituale di una persona **7** personalità *f.*: **eine ~ auf seinem Gebiet sein** essere una personalità nel proprio campo.

Groß|ein|kauf m. *(-[e]s,-einkäufe)* acquisto *m.* in grande quantità; *(von Lebensmitteln)* spesa *f.* grossa. **Groß|ein|satz** m. *(-[e]s,-einsätze)* **1** grande impiego *m.*, impiego *m.* (*o* sforzo *m.*) massiccio **2** grande azione *f.*: **ein ~ der Polizei** una grande azione di polizia. **Groß|el|tern** pl. nonni *m.pl.* **Groß|en|kel** m. *(-s,-)* pronipote *m.*

Grö|ßen|klas|se f. *(-,-n)* **1** classe *f.* di grandezza **2** ASTR. *(von Sternen)* magnitudine *f.*, grandezza *f.* **Grö|ßen|ord|nung** f. *(-,-en)* ordine *m.* di grandezza.

gro|ßen|teils avv. in gran parte.

Grö|ßen|un|ter|schied m. *(-[e]s,-e)* differenza *f.* di grandezza. **Grö|ßen|ver|hält|nis** n. *(-ses,-se)* **1** scala *f.*: **im ~ 1 zu 50** in scala 1 a 50 **2** *(Proportion)* proporzione *f.* **Grö|ßen|wahn, Grö|ßen|wahn|sinn** m. *(-[e]s)* mania *f.* di grandezza, megalomania *f.* **grö|ßen|wahn|sin|nig** agg. megalomane. **Grö|ßen|zahl** f. *(-,-en)* ordine *m.* di grandezza.

grö|ßer agg. (compar. di *groß*) **1** → **groß** **2** maggiore: **eine -e Summe, Menge** una somma, quantità maggiore; **mit -em Maßstab** in scala maggiore; **der -e der beiden Brüder** il maggiore (*o* più grande) dei due fratelli.

grö|ße|ren|teils, grö|ßern|teils avv. per la maggior parte, in massima parte.

Groß|fahn|dung f. *(-,-en)* ricerca *f.* a tappeto. **Groß|fa|mi|lie** f. *(-,-n)* ETNOL. grande famiglia *f.* **Groß|fer|ti|gung** f. *(-,-en)* produzione *f.* all'ingrosso. **Groß|feu|er** n. *(-s,-)* → **Großbrand.** **groß|flä|chig** agg. vasto, ampio. **Groß|fo|lio** n. *(-s,-s* e *-folien)* in-folio *m.* grande. **Groß|for|mat** n. *(-[e]s,-e)* formato *m.* grande. **groß|for|ma|tig I** agg. di grande formato **II** avv. in grande formato. **Groß|fürst** m. *(-en,-en)* granduca *m.* **Groß|fürs|tin** f. *(-,-nen)* granduchessa *f.* **Groß|ga|ra|ge** f. *(-,-n)* autorimessa *f.*, garage *m.* **Groß|grund|be|sitz** m. *(-es,-e)* latifondo *m.* **Groß|grund|be|sit|zer** m. *(-s,-)* latifondista *m.*

Groß|han|del m. *(-s)* commercio *m.* all'ingrosso. **Groß|han|dels|preis** m. *(-[e]s,-e)* prezzo *m.* all'ingrosso. **Groß|händ|ler** m. *(-s,-)* commerciante *m.* all'ingrosso, grossista *m.* **Groß|hand|lung** f. *(-,-en)* negozio *m.* (di vendita) all'ingrosso.

groß|her|zig agg. LETT. **1** nobile, magnanimo **2** *(großzügig)* generoso. **Groß|her|zig|keit** f. *(-)* LETT. **1** magnanimità *f.* **2** *(Großzügigkeit)* generosità *f.*

Groß|her|zog m. *(-s,-herzöge* e *-e)* granduca *m.* **Groß|her|zo|gin** f. *(-,-nen)* granduchessa *f.* **groß|her|zog|lich** agg. granducale. **Groß|her|zog|tum** n. *(-s,-tümer)* granducato *m.*

Groß|hirn|rin|de f. *(-,-n)* corteccia *f.* cerebrale. **Groß|hun|dert** n. *(-s,-e)* ANT. dieci dozzine *f.pl.* **Groß|in|dust|rie** f. *(-,-n)* grande industria *f.* **Groß|in|dust|ri|el|le** m. e f. *(-n,-n)* grande industriale *m.* **Groß|in|qui|si|tor** m. *(-s,-en)* STOR. grande inquisitore *m.*

Gros|sist m. *(-en,-en)* → **Großhändler.**

groß|jäh|rig agg. ANT. maggiorenne. **Groß|jäh|rig|keit** f. *(-)* maggiore età *f.* **groß|ka|lib|rig** agg. di grosso calibro. **Groß|kampf|tag** m. *(-[e]s,-e)* **1** MIL. giornata *f.* di battaglia **2** COLLOQ. *(schwerer Arbeitstag)* giornata *f.* campale. **Groß|ka|pi|tal** n. *(-[e]s,-e* e AUSTR. *-kapitalien)* grande capitale *m.* **Groß|ka|pi|ta|list** m. *(-en,-en)* grande capitalista *m.* **groß|ka|riert** agg. COLLOQ. *(anmaßend)* presuntuoso, arrogante: **ein -es Benehmen** un comportamento presuntuoso. **Groß|kauf|mann** m. *(-[e]s,-leute)* → **Großhändler.** **Groß|knecht** m. *(-[e]s,-e)* ANT. capoccia *m.* **Groß|kon|zern** m. *(-[e]s,-e)* grande gruppo *m.* industriale. **Groß|kop|fer|te** REGION., **Groß|kop|fe|te** m. *(-n,-n)* COLLOQ. pezzo *m.* grosso, alto papavero *m.* **groß|köp|fig** agg. dalla testa grossa. **Groß|kotz** m. *(-en,-en)* COLLOQ. spaccone *m.*, fanfarone *m.* **groß|kot|zig** agg. COLLOQ. (da) spaccone, (da) fanfarone: **eine -e Haltung** un atteggiamento da spaccone; **ein -er Mensch** uno spaccone. **Groß|kreis** m. *(-es,-e)* cerchio *m.* massimo. **Groß|kreuz** n. *(-es,-e)* gran croce *f.* **Groß|kun|de** m. *(-n,-n)* → **Großabnehmer.** **Groß|kund|ge|bung** f. *(-,-en)* grande manifestazione *f.* (*o* dimostrazione *f.*).

groß|ma|chen rifl. **sich mit etw. vor jdm ~** vantarsi di qcs. con qcn.

Groß|macht f. *(-,-mächte)* POL. grande potenza *f.* **groß|mäch|tig** agg. ANT. potentissimo. **Groß|macht|po|li|tik** f. *(-)* politica *f.* di (*o* da) grande potenza.

Groß|ma|ma f. *(-,-s)* FAM. nonna *f.* **Groß|manns|sucht** f. *(-)* megalomania *f.* **groß|manns|süch|tig** agg. megalomane. **Groß|markt** m. *(-[e]s,-märkte)* mercato *m.* all'ingrosso. **groß|ma|schig** agg. a maglie larghe. **Groß|mast** m. *(-es,-en* e *-e)* albero *m.* maestro. **Groß|maul** n. *(-s,-mäuler)* millantatore *m.*, spaccone *m.* **groß|mäu|lig** agg. da millantatore, da spaccone. **Groß|meis|ter** m. *(-s,-)* gran maestro *m.* **Groß|mo|gul** m. *(-s,-n)* Gran Mogol *m.* **Groß|muf|ti** m. *(-s,-s)* Gran Muftì *m.*

Groß|mut f. *(-)* magnanimità *f.*; *(Großzügigkeit)* generosità *f.* **groß|mü|tig I** agg. magnanimo, generoso: ~ **gegen jdn sein** essere generoso con qcn. **II** avv. generosamente. **Groß|mü|tig|keit** f. *(-)* → **Großmut.**

Groß|mut|ter f. *(-,-mütter)* nonna *f.* ◆ COLLOQ. **das kannst du deiner ~ erzählen** vallo a raccontare a tua nonna. **groß|müt|ter|lich** agg. **1** da, della nonna **2** *(nachsichtig)* indulgente. **Groß|nef|fe** m. *(-n,-n)* pronipote *m.* **Groß|nich|te** f. *(-,-n)* pronipote *f.* **Groß|on|kel** m. *(-s,-)* prozio *m.* **Groß|pa|ckung** f. *(-,-en)* confezione *f.* famiglia. **Groß|pa|pa** m. *(-s,-s)* FAM. nonno *m.* **groß|po|rig** agg. a grandi pori. **Groß|putz** m. *(-es)* REGION. pulizia *f.* generale, grandi pulizie f.pl. **Groß|quart** n. *(-es)* TIP. quarto *m.* grande.

Groß|raum m. *(-[e]s,-räume)* vasta area *f.*: **im ~ Berlin** nell'area di Berlino. **Groß|raum|bü|ro** n. *(-s,-s)* ufficio *m.* open space. **Groß|raum|flug|zeug** n. *(-[e]s,-e)* aereo *m.* di grande portata. **groß|räu|mig** agg. spazioso, ampio. **Groß|raum|wa|gen** m. *(-s,-)* **1** tram *m.* snodato **2a** *(von Zug)* carrozza *f.* pullman **b** *(Güterwagen)* vagone *m.* merci (per trasporti speciali). **Groß|raum|wirt|schaft** f. *(-)* economia *f.* dei grandi spazi.

Groß|rei|ne|machen, Groß|rein|ma|chen n. *(-s)* COLLOQ. pulizia *f.* generale. **Groß|satz** m. *(-es,-sätze)* GRAMM. periodo *m.* **Groß|schnau|ze** f. *(-,-n)* COLLOQ. → **Großsprecher.** **groß|schnau|zig, groß|schnäu|zig** agg. COLLOQ. → **großsprecherisch.** **Groß|schrei|bung** f. *(-,-en)* scrittura *f.*, grafia *f.* con iniziale maiuscola. **Groß|se|gel** n. *(-s,-)* MAR. vela *f.* maestra. **Groß|sen|der** m. *(-s,-)* trasmettitore *m.* per grandi distanze, a grande raggio.

Groß|spre|cher m. *(-s,-)* fanfarone *m.*, spaccone *m.* **Groß|spre|che|**

rei f. *(-,-en)* fanfaronata *f.*, spacconata *f.* **groß|spre|che|risch** agg. da fanfarone, da spaccone.

groß|spu|rig I agg. presuntuoso, tronfio **II** avv. presuntuosamente. **Groß|spu|rig|keit** f. *(-)* presunzione *f.*

Groß|stadt f. *(-,-städte)* grande città *f.* **Groß|städ|ter** m. *(-s,-)* abitante *m.* e *f.* di una grande città. **groß|städ|tisch** agg. di, della grande città. **Groß|stadt|kind** n. *(-es,-kinder)* **1** bambino *m.* di città **2** *(Großstadtmensch)* figlio *m.* della grande città. **Groß|stadt|mensch** m. *(-en,-en)* abitante *m.* e *f.* della grande città. **Groß|stadt|ver|kehr** m. *(-s)* traffico *m.* della grande città (*o* metropolitano).

größt... agg. (superl. di *groß*) (il) maggiore, (il) massimo: ***zum -en Teil*** in massima parte; ***unser -er Sohn*** il nostro figlio maggiore (*o* più grande); ***mit -em Vergnügen*** con massimo piacere, con massima gioia.

Groß|tan|te f. *(-,-n)* prozia *f.* **Groß|tat** f. *(-,-en)* grande impresa *f.*

Größ|te m. e f. *(-n,-n)* figlio *m.* (-a *f.*) maggiore.

Groß|teil m. *(-[e]s,-e)* gran parte *f.*; *(Hauptteil)* maggior parte *f.*, maggioranza *f.* **größ|ten|teils** avv. in massima parte. **größt|mög|lich...** agg. massimo possibile: ***die -e Sicherheit*** la massima sicurezza possibile. **groß|tö|nend I** agg. altisonante; *(hochtrabend)* ampolloso **II** avv. in modo altisonante, ampolloso.

Groß|tu|er m. *(-s,-)* spaccone *m.*, fanfarone *m.* **Groß|tu|e|rei** f. *(-)* vanteria *f.*, millanteria *f.* **groß|tu|e|risch** agg. che si dà delle arie. **groß_tun** *(tat, getan)* **I** intr. (aus. *haben*) ***vor jdm mit etw. ~*** darsi delle arie con qcn. per qcs., fare sfoggio di qcs. con qcn. **II** rifl. **sich ~** vantarsi, darsi delle arie.

Groß|un|ter|neh|men n. *(-s,-)* grande impresa *f.*

Groß|va|ter m. *(-s,-väter)* nonno *m.* ◆ SCHERZ. ***als der ~ die Großmutter nahm*** ai tempi che furono. **groß|vä|ter|lich** agg. **1** da, del nonno **2** *(nachsichtig)* indulgente. **Groß|va|ter|ses|sel** m. *(-s,-)* COLLOQ. poltrona *f.* (del nonno) con poggiatesta.

Groß|ver|brau|cher m. *(-s,-)* grande consumatore *m.* **Groß|ver|die|ner** m. *(-s,-)* chi guadagna molto, bene. **Groß|vieh** n. *(-[e]s)* bestiame *m.* (grosso). **Groß|we|sir** m. *(-s,-e)* STOR. gran visir *m.* **Groß|wet|ter|la|ge** f. *(-,-n)* situazione *f.* meteorologica generale. **Groß|wild** n. *(-[e]s)* selvaggina *f.* grossa. **Groß|wild|jagd** f. *(-,-en)* caccia *f.* grossa. **groß_zie|hen** tr. *(zog, gezogen)* allevare.

groß|zü|gig I agg. **1a** generoso: ***ein -er Mensch*** una persona generosa; ***ein -es Trinkgeld*** una mancia generosa **b** *(von Gesinnung)* grande, superiore **2** *(tolerant)* tollerante, di larghe vedute, liberale **II** avv. generosamente, magnanimamente. **Groß|zü|gig|keit** f. *(-)* generosità *f.*; *(Toleranz)* larghezza *f.* di vedute.

gro|tesk agg. grottesco. **Gro|tesk** f. *(-)* TIP. carattere *m.* grottesco. **Gro|tes|ke** f. *(-,-n)* **1** PITT. SCULT. grottesca *f.* **2** *(Dichtung, Prosa)* grottesco *m.*

Grot|te f. *(-,-n)* grotta *f.* **Grot|ten|olm** m. *(-[e]s,-e)* ZOOL. proteo *m.*

grub → **graben.**

Grub|ber m. *(-s,-)* AGR. TECN. coltivatore *m.*

Grüb|chen n. *(-s,-)* fossetta *f.* **Gru|be** f. *(-,-n)* **1a** fossa *f.*, buca *f.*: ***eine ~ ausheben, graben*** scavare una fossa **b** ANT. *(Grab)* fossa f.: ***jdn in die ~ bringen*** portare qcn. alla tomba **2** *(Bergwerk)* cava *f.*, miniera *f.*: ***in der ~ arbeiten*** lavorare in miniera ◆ ANT. e COLLOQ. ***in die, zur ~ fahren*** andare all'altro mondo; FIG. ***jdm eine ~ graben*** preparare un tranello a qcn.; PROV. ***wer andern eine ~ gräbt, fällt selbst hinein*** chi di spada ferisce di spada perisce.

Grü|be|lei f. *(-,-en)* lambiccamento *m.*; il rimuginare. **grü|beln** intr. (aus. *haben*) lambiccarsi (il cervello), almanaccare: ***über etw. ~*** almanaccare su qcs.; *(brüten)* rimuginare.

Gru|ben|ar|bei|ter m. *(-s,-)* minatore *m.* **Gru|ben|aus|bau** m. *(-[e]s,-ten)* armamento *m.* della miniera. **Gru|ben|bahn** f. *(-,-en)* ferrovia *f.* da miniera. **Gru|ben|bau** m. *(-[e]s,-e)* miniera *f.* **Gru|ben|brand** m. *(-[e]s,-brände)* incendio *m.* in (una) miniera. **Gru|ben|ex|plo|si|on** f. *(-,-en)* esplosione *f.* in (una) miniera. **Gru|ben|gas** n. *(-es,-e)* grisou (*o* grisù) *m.*; metano *m.* **Gru|ben|holz** n. *(-es)* legname *m.* per miniera. **Gru|ben|lam|pe** f. *(-,-n)*, **Gru|ben|licht** n. *(-[e]s,-er)* lampada *f.* da minatore. **Gru|ben|un|glück** n. *(-[e]s,-e)* disgrazia *f.* in (una) miniera. **Gru|ben|wehr** f. *(-,-en)* MIN. squadra *f.* di soccorso.

Grüb|ler m. *(-s,-)* almanaccatore *m.*, almanaccone *m.* **grüb|le|risch** agg. che almanacca, che rimugina tra sé.

Gru|de f. *(-,-n)* coke *m.* di lignite.

Gruft f. *(-, Grüfte)* **1** cripta *f.* **2** *(offenes Grab)* fossa *f.*

Gruf|ti m. *(-s,-s)* GERG. mummia *f.*, matusa *m.*

Grum|met n. *(-s)* seconda fienagione *f.*, grumereccio *m.*

grün I agg. **1** verde: ***-er Salat*** insalata verde; ***die Ampel ist ~*** il semaforo è verde **2** *(unreif)* acerbo, non maturo, verde: ***-es Obst*** frutta acerba; ***das Holz ist noch ~*** la legna è ancora verde; FIG. ***ein -er Junge*** un ragazzo inesperto, uno sbarbatello **3** *(roh)* crudo: ***-e Heringe*** aringhe crude **II** avv. di verde: ***~ angezogen*** vestito di verde ◆ ***sich ~ und blau ärgern*** essere verde di rabbia; ***es wird mir ~ und gelb vor den Augen*** mi gira la testa; ***~ und gelb vor Neid*** verde d'invidia; COLLOQ. ***jdn ~ und blau (o gelb) schlagen*** fare qcn. blu (*o* nero) di botte., caricare qcn. di botte; ***jdm nicht ~ sein*** non esser visto di buon occhio da qcn.; ***vom -en Tisch aus*** teoricamente; ***~ wählen*** votare verde (*o* i verdi); ***-e Ware*** verdura, ortaggi; ***-e Weihnachten*** Natale senza neve; ***wieder ~ werden*** rinverdire; ***auf keinen -en Zweig kommen*** non riuscire, non avere il minimo successo; PROV. ***wer sich ~ macht, den fressen die Ziegen*** chi pecora si fa il lupo se la mangia. **Grün** n. *(-s)* **1a** verde *m.*, colore *m.* verde: ***dunkles, tiefes ~*** verde scuro; ***giftiges ~*** verde bandiera; ***sattes ~*** verde carico **b** *(von der Ampel)* ***die Ampel zeigt (o steht auf) ~*** il semaforo è verde; ***bei ~*** con il verde **2** *(Pflanzen)* verde *m.*: ***das erste ~ des Frühlings*** il primo verde della primavera **3** SPORT *(beim Golf)* green *m.* **4** *(beim Kartenspiel)* picche *f.pl.* ◆ ***im -en*** all'aperto, in campagna; ***das ist dasselbe in ~*** è la stessa (identica) cosa, è la stessa minestra; ***ins -e fahren*** fare una gita in campagna; ***bei Mutter ~*** all'aperto, in campagna. **Grün|al|ge** f. *(-,-n)* BOT. alga *f.* verde, cloroficea *f.* **Grün|an|la|ge** f. *(-,-n)* zona *f.*, area *f.* verde (in un centro abitato). **grün|äu|gig** agg. dagli occhi verdi. **grün|blau** agg. verde azzurro, verde acqua.

Grund m. *(-[e]s, Gründe)* **1** terreno *m.*, suolo *m.*: ***sandiger, felsiger ~*** terreno sabbioso, roccioso **2** *(Grundlage)* fondamento *m.*, base *f.*: ***den ~ zu etw. legen*** gettare le basi per qcs.; ***auf ~ der Regeln*** in base alle regole **3** *(Grundbesitz)* proprietà *f.* terriera (*o* fondiaria); *(Grundstück)* terreno *m.*, fondo *m.*: ***~ und Boden*** proprietà terriera, terreni **4a** *(Boden eines Gewässers, Gefäßes)* fondo *m.*: ***auf dem ~ des Meeres*** sul fondo del mare; ***der ~ der Tasse*** il fondo della tazza **b** FIG. intimo *m.*, profondo *m.*, fondo *m.*: ***im -e seines Herzens*** nell'intimo del suo cuore, in fondo al cuore; ***aus dem ~ seines Wesens*** dal profondo del suo essere; ***im tiefsten ~ des Waldes*** nel più profondo del bosco **5** *(Hintergrund)* sfondo *m.*: ***blaue Streifen auf rotem ~*** strisce blu su sfondo rosso **6** *(Anlass)* motivo *m.*, ragione *f.*; *(Ursache)* causa *f.*: ***aus welchem ~?*** per quale motivo? ***aus persönlichen, politischen, zwingenden Gründen*** per motivi personali, politici, impellenti; ***(keinen) ~ zur Annahme, Aufregung, Besorgnis haben*** (non) aver motivo di supporre, di agitarsi, di preoccuparsi; ***ein ~ zum Feiern*** un motivo per festeggiare; ***Gründe vorbringen, angeben*** addurre ragioni; ***dafür hat er seine Gründe!*** ha le sue ragioni! ***aus dem einfachen ~, dass...*** per il semplice motivo che (*o* semplicemente perché)... **7** ANT. *(kleines Tal)* valletta *f.* ◆ ***von ~ auf*** completamente; ***von ~ aus*** radicalmente; ***es besteht ~ zur Annahme, dass...*** c'è motivo di supporre che...; ***in ~ und Boden*** profondamente, completamente; ***etw. in ~ und Boden wirtschaften*** mandare in rovina qcs.; *(von Schiff)* ***in den ~ bohren*** colare a picco, affondare; ***die ersten Gründe*** i principi, i primi elementi; ***einer Sache auf den ~ gehen*** andare a fondo di una cosa; ***im -e genommen*** in fondo, in fin dei conti, in sostanza; MAR. ***auf ~ geraten*** arenarsi, incagliarsi; *(im Wasser)* ***~ haben*** toccare; ***einer Sache auf den ~ kommen*** venire a capo di una cosa; ***auf ~ laufen*** → ***auf ~ geraten; das Glas bis auf den ~ leeren*** vuotare il bicchiere (fino in fondo); ***mit, ohne ~*** a ragione, a torto (*o* senza motivo); ***auf ~ stoßen*** toccare il fondo; ***den ~ unter den Füßen verlieren*** sentirsi mancare il terreno sotto i piedi; ***auf ~ (von), zu -e*** → **aufgrund, zugrunde.**

Grund|ak|kord m. *(-[e]s,-e)* MUS. accordo *m.* fondamentale. **Grund|an|ge|lei** f. *(-,-en)* pesca *f.* di fondo. **grund|an|stän|dig** agg. profondamente onesto. **Grund|an|strich** m. *(-[e]s,-e)* colore *m.* di fondo, prima mano *f.* (di colore). **Grund|aus|bil|dung** f. *(-,-en)* MIL. addestramento *m.* (delle) reclute. **Grund|bass** m. *(-es,-bässe)* basso *m.* fondamentale. **Grund|bau** m. *(-[e]s,-ten)* EDIL. lavoro *m.* di fondazione, fondazione *f.*, sostruzione *f.*; *(Fundament)* fondamenta *f.pl.* **Grund|bau|stein** m. *(-[e]s,-e)* particella *f.* elementare. **Grund|be|deu|tung** f. *(-,-en)* **1** significato *m.* fondamentale **2** LING. significato *m.* originario, primitivo. **Grund|be|din|gung** f. *(-,-en)* condizione *f.* essenziale. **Grund|be|griff** m. *(-[e]s,-e)* **1** concetto *m.* (*o* idea *f.*) fondamentale **2** pl. elementi *m.pl.* (*o* principi *m.pl.*) essenziali, basi *f.pl.* **Grund|be|sitz** m. *(-es,-e)* proprietà *f.* terriera, fondo *m.*, podere *m.* **Grund|be|sit|zer** m. *(-s,-)* proprietario *m.* terriero. **Grund|be|stand|teil** m. *(-s,-e)* elemento *m.* fondamentale. **Grund|buch** n. *(-[e]s)* catasto *m.*: ***etw. ins ~ eintragen*** registrare qcs. al catasto. **Grund|buch|amt** n. *(-[e]s,-ämter)* ufficio *m.* del catasto. **Grund|deutsch** n. *(-es)* tedesco *m.* di base. **grund|ehr|lich** agg. profondamente onesto. **Grund|ei|gen|tum** n. *(-s,-tümer)* proprietà *f.* terriera. **Grund|ei|gen|tü|mer** m. *(-s,-)* → **Grundbesitzer. Grund|ein|heit** f. *(-,-en)* **1** FIS. unità *f.* fondamentale **2** unità *f.* di base (di un'organizzazione). **Grund|eis** n. *(-es)* ghiaccio *m.* di fondo.

Grün|del, Grün|del f. *(-,-n)* ghiozzo *m.*

grün|den I tr. **1** fondare: ***eine Stadt, eine Partei, eine Firma ~*** fondare una città, un partito, una ditta; ***eine Familie ~*** fondare (*o* formare) una famiglia **2** fondare, basare: ***etw. ist auf eine persönliche (o auf einer persönlichen) Erfahrung gegründet*** qcs. è basato su un'esperienza personale **II** intr. (aus. *haben*) e rifl. **sich ~** fondarsi, basarsi: ***seine Gewissheit gründet sich auf seine (o seiner) Erfahrung*** la sua certezza si basa sulla sua esperienza; ***er gründet sich darauf, dass...*** si basa sul fatto che... **Grün|der** m. *(-s,-)* fondatore *m.* **Grün|der|ak|tie** f. *(-,-n)* ECON. azione *f.* di fondazione. **Grün|der|jah|re** pl. INTRAD. (periodo immediatamente seguente l'unificazione tedesca: 1871-1873). **Grund|er|werb** m. *(-[e]s,-e)* acquisto *m.* di terreni. **Grund|er|werbs|steu|er** f. *(-,-n)* imposta *f.* sull'acquisto di terreni. **Grün|der|zeit** f. *(-)* → **Gründerjahre.** **grund|falsch** agg. completamente falso. **Grund|far|be** f. *(-,-n)* **1** colore *m.* primario **2** PITT. mestica *f.* **Grund|feh|ler** m. *(-s,-)* errore *m.* fondamentale. **Grund|fes|ten,** FIG. ***etw. in seinen ~, bis in seine ~ erschüttern*** scuotere qcs. dalle fondamenta, scardinare qcs. **Grund|flä|che** f. *(-,-n)* base *f.*, superficie *f.* della base. **Grund|form** f. *(-,-en)* **1** *(Hauptform)* forma *f.* fondamentale, tipica **2** *(ursprüngliche Form)* forma *f.* primitiva, originaria **3** GRAMM. *(Infinitiv)* infinito *m.* **Grund|fra|ge** f. *(-,-n)* questione *f.* fondamentale. **Grund|ge|bühr** f. *(-,-en)* tassa *f.* fissa. **Grund|ge|dan|ke** m. *(-ns,-n)* idea *f.* (*o* concetto *m.*) fondamentale. **Grund|ge|halt** n. *(-[e]s,-gehälter)* stipendio *m.* base. **grund|ge|scheit** agg. molto intelligente, intelligentissimo. **Grund|ge|setz** n. *(-es,-e)* **1** legge *f.* fondamentale **2** *(Statut)* statuto *m.* **3** *(Verfassung der Bundesrepublik)* costituzione *f.* **Grund|grö|ße** f. *(-,-n)* MAT. FIS. grandezza *f.* fondamentale. **Grund|hal|tung** f. *(-,-en)* atteggiamento *m.* fondamentale. **grund|häss|lich** agg. bruttissimo. **Grund|herr** m. *(-n,-en)* signore *m.* (feudale). **Grund|herr|schaft** f. *(-,-en)* dominio *m.* feudale. **Grund|hold** m. *(-en,-en)*, **Grund|hol|de** m. *(-n,-n)* servo *m.* della gleba.

grun|die|ren tr. mesticare, dare il colore di fondo. **Grun|dier|far|be** f. *(-,-n)* mestica *f.*, colore *m.* di fondo. **Grun|die|rung** f. *(-,-en)* mano *f.* di fondo, prima mano *f.* (di colore).

Grund|in|dust|rie f. *(-,-n)* industria *f.* di base. **Grund|ka|pi|tal** n. *(-s,-ien)* capitale *m.* sociale (*o* azionario). **Grund|kennt|nis|se** pl. nozioni *f.pl.* fondamentali, basilari. **Grund|kre|dit** m. *(-[e]s,-e)* credito *m.* fondiario. **Grund|kurs** m. *(-es,-e)* corso *m.* elementare (*o* di livello base). **Grund|la|ge** f. *(-,-n)* fondamento *m.*, base *f.*: ***auf eine neue ~ stellen*** porre su nuove basi; ***auf der ~ von etw.*** sulla base di qcs.; ***jeder ~ entbehren*** non aver fondamento, essere infondato. **Grund|last** f. *(-,-en)* **1** pl. DIR. oneri *m.pl.* reali, fondiari **2** STOR. corvé *f.* **3** EL. carico *m.* costante. **grund|le|gend I** agg. basilare, fondamentale **II** avv. fondamentalmente. **Grund|le|gung** f. *(-,-en)* EDIL. fondazione *f.*, il porre le fondamenta.

gründ|lich I agg. *(von Bildung, Kenntnissen)* approfondito, profondo; *(sorgfältig)* scrupoloso, accurato **II** avv. **1** a fondo, in modo approfondito **2** *(sorgfältig)* scrupolosamente, accuratamente **3** COLLOQ. rafforz. per bene, per benino: ***eine ~ ausgeführte Arbeit*** un lavoro svolto per bene ◆ COLLOQ. ***es jdm ~ geben*** dire a qcn. chiaro e tondo (quello che si pensa di lui, la propria opinione); COLLOQ. ***sich in jdm ~ täuschen*** sbagliarsi della grossa su qcn. **Gründ|lich|keit** f. *(-)* **1** profondità *f.* **2** *(Sorgfältigkeit)* scrupolosità *f.*, accuratezza *f.*

Gründ|ling m. *(-s,-e)* gobione *m.*

Grund|li|nie f. *(-,-n)* base *f.*, linea *f.* della base. **Grund|lohn** m. *(-[e]s,-löhne)* salario *m.* (*o* paga *f.*) base. **grund|los I** agg. **1** *(unbegründet)* infondato, immotivato **2** *(vom Weg)* sprofondato, impraticabile **II** avv. senza motivo, senza ragione. **Grund|lo|sig|keit** f. *(-)* infondatezza *f.* **Grund|mau|er** f. *(-,-n)* **1** muro *m.* di fondazione **2** pl. fondazione *f.*, fondamenta *f.pl.* **Grund|mo|rä|ne** f. *(-,-n)* morena *f.* frontale (*o* terminale). **Grund|mus|ter** n. *(-s,-)* modello *m.* (*o* schema *m.*) di fondo. **Grund|nah|rungs|mit|tel** n. *(-s,-)* alimento *m.* di base.

Grün|don|ners|tag m. *(-[e]s,-e)* giovedì *m.* santo.

Grund|ord|nung f. *(-,-en)* ordinamento *m.* di fondo. **Grund|pfand|recht** n. *(-[e]s,-e)* DIR. diritto *m.* immobiliare di garanzia. **Grund|pfei|ler** m. *(-s,-)* **1** pilastro *m.* di fondazione **2** FIG. pilastro *m.*, colonna *f.* **Grund|plat|te** f. *(-,-n)* **1** EDIL. piastra *f.* di fondazione **2** MECC. piastra *f.* portastampi. **Grund|prin|zip** n. *(-s,-ien)* principio *m.* basilare, di fondo. **Grund|rech|nungs|art** f. *(-,-en)* operazione *f.* (aritmetica) fondamentale. **Grund|recht** n. *(-[e]s,-e)* diritto *m.* fondamentale. **Grund|re|gel** f. *(-,-n)* regola *f.* fondamentale. **Grund|ren|te** f. *(-,-n)* **1** reddito agricolo, rendita *f.* fondiaria **2** *(Mindestrente)* pensione *f.* minima. **Grund|riss** m. *(-es,-e)* **1** MAT. EDIL. pianta *f.* **2** *(Kompendium)* compendio *m.*

Grund|satz m. *(-es,-sätze)* principio *m.*: ***an seinen Grundsätzen festhalten*** attenersi ai propri principi; ***ein Mann mit, von Grundsätzen sein*** essere un uomo di principi; ***nach bestimmten, festen Grundsätzen handeln*** agire secondo certi principi; ***von seinen Grundsätzen (nicht) abgehen*** (non) derogare ai propri principi; ***sich etw. zum ~ machen*** farsi di qcs. un principio. **Grund|satz|ent|schei|dung** f. *(-,-en)* decisione *f.* di massima. **Grund|satz|er|klä|rung** f. *(-,-en)* dichiarazione *f.* di principio. **grund|sätz|lich I** agg. **1** di principio, di massima: ***eine -e Vereinbarung*** un accordo di massima **2** fondamentale, basilare, sostanziale: ***etw. von -er Wichtigkeit*** qcs. di fondamentale importanza **II** avv. **1** in linea di massima (*o* di principio): ***etw. ~ feststellen*** stabilire qcs. in linea di massima; ***etw. ~ verneinen, ablehnen*** negare, rifiutare qcs. in linea di principio **2** fondamentalmente, sostanzialmente: ***~ einverstanden sein*** essere sostanzialmente d'accordo; ***ich trinke ~ nicht*** non bevo per principio. **Grund|satz|pro|gramm** n. *(-[e]s,-e)* piattaforma *f.* programmatica. **Grund|satz|ur|teil** n. *(-s,-e)* massima sentenza *f.* giudiziaria (su caso di difficile e controversa interpretazione).

Grund|schuld f. *(-,-en)* DIR. debito *m.* fondiario.

Grund|schu|le f. *(-,-n)* scuola *f.* elementare. **Grund|schü|ler** m. *(-s,-)* alunno *m.* di scuola elementare. **Grund|schul|leh|rer** m. *(-s,-)* insegnante *m.* di scuola elementare, maestro *m.*

grund|stän|dig agg. BOT. *(von Blättern)* basilare.

Grund|stein m. *(-[e]s,-e)* EDIL. prima pietra *f.*: ***den ~ zu einem Haus legen, setzen*** porre la prima pietra di una casa ◆ ***der ~ zu etw. sein*** essere il fondamento, l'inizio di qcs.; FIG. ***den ~ zu etw. legen*** gettare le basi per lo sviluppo di qcs. **Grund|stein|le|gung** f. *(-,-en)* posa *f.* della prima pietra. **Grund|stel|lung** f. *(-,-en)* **1** SPORT posizione *f.* iniziale, di partenza **2** MUS. posizione *f.* fondamentale. **Grund|steu|er** f. *(-,-n)* imposta *f.* fondiaria. **Grund|stim|me** f. *(-,-n)* voce *f.* di basso, basso *m.* **Grund|stock** m. *(-s,-stöcke)* fondo *m.*, nucleo *m.* originario. **Grund|stoff** m. *(-s,-e)* **1** CHIM. elemento *m.* **2** *(Rohstoff)* materia *f.* prima. **Grund|stoff|in|dust|rie** f. *(-,-n)* industria *f.* delle materie prime.

Grund|stück n. *(-s,-e)* terreno *m.*, immobile *m.* **Grund|stücks|ei|gen|tü|mer** m. *(-s,-)* proprietario *m.* terriero. **Grund|stücks|mak|ler** m. *(-s,-)* agente *m.* immobiliare.

Grund|stu|fe f. *(-)* **1** SCOL. livello *m.* elementare (terzo e quarto anno di scuola) **2** GRAMM. grado *m.* positivo (dell'aggettivo). **Grund|text** m. *(-[e]s,-e)* testo *m.* originario. **Grund|ton** m. *(-s,-töne)* **1** nota *f.* fondamentale, tonica *f.* **2** *(Farbton)* colore *m.* di fondo. **Grund|übel** n. *(-s,-)* male *m.* di fondo. **Grund|um|satz** m. *(-es)* MED. metabolismo *m.* basale.

Grün|dung f. *(-,-en)* **1** fondazione *f.*, costituzione *f.*: ***die ~ einer Gesellschaft*** la fondazione di una società **2** EDIL. fondazione *f.* **Grün|dungs|aus|schuss** m. *(-es,-ausschüsse)* comitato *m.* fondatore. **Grün|dungs|fei|er** f. *(-,-n)* festa *f.* della fondazione. **Grün|dungs|jahr** n. *(-s,-e)* anno *m.* di fondazione. **Grün|dungs|ka|pi|tal** n. *(-s,-e)* capitale *m.* di fondazione. **Grün|dungs|mit|glied** n. *(-[e]s,-er)* membro *m.* fondatore. **Grün|dungs|ur|kun|de** f. *(-,-n)* atto *m.* di costituzione. **Grün|dungs|ver|samm|lung** f. *(-,-en)* assemblea *f.* costitutiva.

Grün|dün|gung f. *(-)* sovescio *m.*

Grund|ur|sa|che f. *(-,-n)* ragione *f.* (*o* causa *f.*) fondamentale. **grund|ver|kehrt** agg. totalmente sbagliato, falso. **Grund|ver|mö|gen** n. *(-s,-)* patrimonio *m.* immobiliare. **grund|ver|schie|den** agg. totalmente diverso, diametralmente opposto. **Grund|vo|raus|set|zung** f. *(-,-en)* presupposto *m.* fondamentale. **Grund|wahr|heit** f. *(-,-en)* verità *f.* fondamentale (*o* di fondo). **Grund|was|ser** n. *(-s)* acqua *f.* freatica (*o* sotterranea), falda *f.* acquifera. **Grund|was|ser|spie|gel** m. *(-s,-)* livello *m.* della falda freatica. **Grund|wehr|dienst** m. *(-[e]s,-e)* servizio *m.* militare obbligatorio. **Grund|wert** m. *(-[e]s,-e)* **1** *(im ethischen Sinn)* valore *m.* fondamentale **2** ECON. valore *m.* base. **Grund|wis|sen** n. *(-s)* nozioni *f.pl.* fondamentali. **Grund|wis|sen|schaft** f. *(-,-en)* scienza *f.* fondamentale. **Grund|wort** n. *(-[e]s,-wörter)* elemento *m.* base (di parole composte). **Grund|wort|schatz** m. *(-[e]s)* vocabolario *m.* (*o* lessico *m.*) di base. **Grund|zahl** f. *(-,-en)* **1** *(Kardinalzahl)* numero *m.* cardinale **2** base *f.* (numerica). **Grund|zins** m. *(-es,-en)* STOR. censo *m.* fondiario. **Grund|zug** m. *(-[e]s,-züge)* tratto *m.* fondamentale. **Grund|zu|stand** m. *(-[e]s,-zustände)* FIS. stato *m.* normale.

1.Grü|ne n. *(-n)* **1** verde *m.*: ***die Farbe spielt ins ~*** il colore tende al verde **2** COLLOQ. *(Gemüse)* verdura *f.* **3** *(Kräuter zum Würzen)* gusti *m.pl.* ◆ ***im -n, ins ~*** nel verde (*o* in mezzo alla natura).

2.Grü|ne m. *(-n,-n)* **1** COLLOQ. *(Polizist)* poliziotto *m.* **2** COLLOQ. *(Geldschein)* 20 marchi *m.pl.*

3.Grü|ne f. *(-)* RAR. ***die ~ der Wälder*** il verde dei boschi.
4.Grü|ne m. e f. *(-n,-n)* POL. verde *m.* e *f.*; pl. *(Partei)* ***die -n*** i verdi.
grü|nen intr. (aus. *haben*) **1** LETT. verdeggiare; *(grün werden)* inverdire **2** FIG. fiorire: ***die Liebe grünt noch einmal*** l'amore fiorisce ancora una volta.
Grün|fil|ter m. *(-s,-)* filtro *m.* verde. **Grün|flä|che** f. *(-,-n)* area *f.* (*o* zona *f.*) verde. **Grün|fut|ter** n. *(-s)* foraggio *m.* fresco. **grün|gelb** agg. verde giallo. **Grün|gür|tel** m. *(-s,-)* = cintura *f.* verde intorno a un centro abitato. **Grün|kohl** m. *(-[e]s)* cavolo *m.* verde. **Grün|kram** m. *(-[e]s)* REGION. verdura *f.* **Grün|land** n. *(-[e]s)* prati *m.pl.*; *(Weide)* pascoli *m.pl.* **grün|lich** agg. verdognolo. **Grün|ling** m. *(-s,-e)* **1** ORNIT. verdone *m.* **2** *(unreifer Mensch)* sbarbatello *m.*, pivello *m.* **Grün|pflan|ze** f. *(-,-n)* pianta *f.* verde (ornamentale). **Grün|rock** m. *(-[e]s,-röcke)* SCHERZ. **1** *(Förster)* guardia *f.* forestale **2** *(Jäger)* cacciatore *m.* **Grün|schna|bel** m. *(-s,-schnäbel)* sbarbatello *m.*, pivello *m.* **Grün|span** m. *(-[e]s)* verderame *m.* **Grün|specht** m. *(-[e]s,-e)* picchio *m.* verde. **Grün|stich** m. *(-[e]s,-e)* FOT. tono *m.* verdastro. **Grün|strei|fen** m. *(-s,-)* spartitraffico *m.* erboso.
grun|zen intr. (aus. *haben*) grugnire. **Grun|zen** n. *(-s)* grugnito *m.*
Grün|zeug n. *(-[e]s)* **1** *(Kräuter zum Würzen)* gusti *m.pl.* **2** *(Gemüse)* verdura *f.* **3** SCHERZ. → **Grünling (2).**
Grüpp|chen n. *(-s,-)* gruppetto *m.* **Grup|pe** f. *(-,-n)* **1** gruppo *m.*: ***eine ~ Kinder, von Kindern*** un gruppo di bambini; ***etw. in, zu -n zusammenstellen*** raccogliere qcs. in gruppi; ***nach -n (ein)ordnen*** ordinare in gruppi; ***in -n einteilen*** (sud)dividere in gruppi **2** classe *f.*, categoria *f.*: ***die ~ der starken Verben*** la classe dei verbi forti **3** MIL. squadra *f.*, plotone *m.* **Grup|pen|abend** m. *(-s,-e)* riunione *f.* serale (di un gruppo). **Grup|pen|ak|kord** m. *(-[e]s)* cottimo *m.* collettivo. **Grup|pen|ar|beit** f. *(-,-en)* lavoro *m.* di gruppo. **Grup|pen|auf|nah|me** f. *(-,-n)* foto(grafia) *f.* di gruppo. **Grup|pen|aus|stel|lung** f. *(-,-en)* mostra *f.* collettiva. **Grup|pen|be|wusst|sein** n. *(-[e]s)* **1** coscienza *f.* di (appartenere ad un) gruppo **2** *(Sinn für die Gemeinschaft)* senso *m.* sociale. **Grup|pen|bild** n. *(-[e]s,-er)* → **Gruppenaufnahme. Grup|pen|dy|na|mik** f. *(-)* dinamica *f.* di gruppo. **Grup|pen|fo|to** n. *(-s,-s)* foto *f.* di gruppo. **Grup|pen|füh|rer** m. *(-s,-)* **1** capogruppo *m.*, caposquadra *m.* **2** MIL. comandante *m.* di plotone. **Grup|pen|rei|se** f. *(-,-n)* viaggio *m.* di gruppo. **Grup|pen|sex** m. *(-[es])* sesso *m.* di gruppo. **Grup|pen|the|ra|pie** f. *(-,-en)* terapia *f.* di gruppo. **Grup|pen|un|ter|richt** m. *(-[e]s,-e)* **1** *(Unterricht für mehrere Personen)* lezione *f.* collettiva **2** *(Unterricht, bei dem die Schüler in Gruppen arbeiten)* lezione *f.* in (*o* a) gruppi. **Grup|pen|ver|si|che|rung** f. *(-,-en)* assicurazione *f.* collettiva. **grup|pen|wei|se** avv. a gruppi.
grup|pie|ren I tr. raggruppare, radunare **II** rifl. **sich ~** raggrupparsi, radunarsi: ***sich zu einem Kreis ~*** radunarsi in cerchio. **Grup|pie|rung** f. *(-,-en)* raggruppamento *m.*, disposizione *f.* in gruppi.
Grus m. *(-es,-e)* **1** GEOL. frantume *m.* di roccia **2** → **Gruskohle.**
Gru|sel|film m. *(-[e]s,-e)* film *m.* dell'orrore (*o* del terrore). **Gru|sel|ge|schich|te** f. *(-,-n)* storia *f.* dell'orrore (*o* del terrore). **gru|se|lig** agg. pauroso, raccapricciante. **Gru|sel|mär|chen** n. *(-s,-)* → **Gruselgeschichte. gru|seln I** intr. (aus. *haben*) impers. rabbrividire: ***es hat mir, mich vor, bei diesem Anblick gegruselt*** a quella vista sono rabbrividito (*o* mi è venuta la pelle d'oca) **II** rifl. **sich ~** rabbrividire.
gru|sig agg. minuto. **Grus|koh|le** f. *(-)* carbone *m.* minuto.
Gruß m. *(-es, Grüße)* saluto *m.*: ***jdm Grüße von jdm ausrichten, überbringen, bestellen, sagen*** portare (*o* porgere) a qcn. i saluti da parte di qcn.; LETT. ***jdm einen ~ entbieten*** porgere un saluto a qcn. ◆ STOR. ***der deutsche ~*** il saluto nazista; ***mit freundlichen, herzlichen Grüßen*** cordiali saluti; ***~ und Kuß*** saluti e baci; ***zum ~*** in segno di saluto. **Gruß|ad|res|se** f. *(-,-n)* indirizzo *m.* (*o* lettera *f.*) di saluto. **Gruß|be|kannt|schaft** f. *(-,-en)* conoscenza *f.* formale. **Gruß|bot|schaft** f. *(-,-en)* messaggio *m.* di saluto. **grü|ßen I** tr. salutare: ***grüße sie vielmals von mir!*** salutala tanto da parte mia! ***jdn ~ lassen*** mandare i propri saluti a qcn. **II** intr. ***von jdm ~*** portare i saluti di qcn., salutare da parte di qcn. **III** rifl. **sich ~** salutarsi: ***grüßt du dich mit ihm?*** voi due vi salutate? ◆ COLLOQ. ***grüß dich!*** salve! ***militärisch ~*** fare il saluto militare. **Gruß|for|mel** f. *(-,-n)* formula *f.* di saluto. **Gruß|kar|te** f. *(-,-n)* cartolina *f.* (di saluti). **gruß|los** avv. senza salutare. **Gruß|te|le|gramm** n. *(-s,-e)* telegramma *m.* di saluto. **Gruß|wort** n. *(-[e]s,-e)* frase *f.* (*o* breve discorso *m.*) di saluto.
Grütz|beu|tel m. *(-s,-)* ateroma *f.*
Grüt|ze f. *(-,-n)* **1** ALIM. tritello *m.* **2** COLLOQ. comprendonio *m.* ◆ ***nicht viel ~ im Kopf haben*** non avere molto sale in zucca. **Grütz|kopf** m. *(-[e]s,-köpfe)* COLLOQ. REGION. zuccone *m.*, zucca *f.* vuota.
Gruy|ère [gry'jɛ:r] m. *(-s)* groviera *f.* (*o* gruviera *f.*).
G-Sai|te f. *(-,-n)* corda *f.* del sol.
Gschaftl|hu|ber → **Geschaftlhuber.**
gscha|mig agg. REGION. → **geschamig.**
G-Schlüs|sel m. *(-s,-)* → **Violinschlüssel.**
GSG 9 ⇒ *Grenzschutzgruppe 9* (unità speciale antiterrorismo della polizia tedesca).
Gspu|si n. *(-s,-s)* **1** REGION. *(Liebschaft)* flirt *m.* **2** *(Schatz)* tesoro *m.*
Gu|a|ja|kol n. *(-s)* guaiacolo *m.*
Gu|a|na|ko n. e m. *(-s,-s)* ZOOL. guanaco *m.*
Gu|a|no m. *(-s)* guano *m.*
Gu|ar|di|an m. *(-s,-e)* padre *m.* guardiano.
Gu|asch → **Gouache.**
gu|cken intr. (aus. *haben*) COLLOQ. **1** guardare, vedere: ***guck mal hier(her)!*** guarda un po' qui! ***lass mich mal ~!*** fammi vedere! **2** spuntare: ***das Tuch guckt aus der Tasche*** il fazzoletto spunta dalla tasca ◆ ***zu tief ins Glas ~*** alzare il gomito. **Gu|cker** m. *(-s,-)* COLLOQ. **1** *(Fernglas)* binocolo *m.* **2** *(Neugierige)* curioso *m.* **2** *(Augen)* occhi *m.pl.* **Guck|fens|ter** n. *(-s,-)* finestrella *f.* spia. **Guck|in|die|luft** m. *(-)* = persona che camminando non bada a dove mette i piedi. **Guck|in|die|welt** m. *(-)* COLLOQ. = bambino *m.* vispo, sveglio. **Guck|kas|ten** m. *(-s,-)* COLLOQ. tivù *f.* **Guck|loch** n. *(-[e]s,-löcher)* spioncino *m.*
Gu|el|fe m. *(-n,-n)* guelfo *m.*
1.Gue|ril|la [ge'rɪlja] f. *(-,-s)* **1** *(Guerrillakrieg)* guerriglia *f.* **2** *(Bande)* banda *f.* di guerriglieri.
2.Gue|ril|la [ge'rɪlja] m. *(-[s],-s)* ANT. guerrigliero *m.*
Gue|ril|la|krieg m. *(-[e]s,-e)* guerriglia *f.*
Gu|gel|hupf m. *(-[e]s,-e)* REGION. → **Napfkuchen.**
Guil|lo|ti|ne [gɪljo'tine] f. *(-,-n)* ghigliottina *f.* **guil|lo|ti|nie|ren** tr. ghigliottinare.
Gui|nee [gi'ne:ə] f. *(-,-n)* ghinea *f.*
Gu|lag m. *(-[s])* gulag *m.*
Gu|lasch n. e m. *(-[e]s,-e e -s)* gulasch *m.* **Gu|lasch|ka|no|ne** f. *(-,-n)* MIL. SCHERZ. cucina *f.* da campo.
Gul|den m. *(-s,-)* fiorino *m.* **gül|den** agg. LETT. aureo.
Gül|le f. *(-)* REGION. liquame *m.*, colaticcio *m.* **Gül|len|fass** n. *(-es,-fässer)* REGION. → **Jauchefass.**
Gul|ly ['gʊli] m. e n. *(-s,-s)* pozzetto *m.* di raccolta.
gül|tig I agg. valido, valevole; DIR. in vigore: ***~ von, ab...*** in vigore dal... **II** avv. ***etw. ~ erklären, machen*** convalidare, rendere valido qcs. **Gül|tig|keit** f. *(-)* validità *f.*; *(von Geld)* l'essere in corso. **Gül|tig|keits|dau|er** f. *(-)* periodo *m.* di validità. **Gül|tig|keits|er|klä|rung** f. *(-,-en)* convalida *f.*
1.Gum|mi m. e n. *(-s,-[s])* **1** gomma *f.* **2** → **Gummiarabikum.**
2.Gum|mi m. *(-s,-s)* **1** → **Radiergummi 2** COLLOQ. → **Gummischutz.**
3.Gum|mi n. *(-s,-s)* → **Gummiband. Gum|mi|ab|satz** m. *(-es,-absätze)* tacco *m.* di gomma. **Gum|mi|ara|bi|kum** n. *(-s)* gomma *f.* arabica. **gum|mi|ar|tig** agg. gommoso. **Gum|mi|ball** m. *(-[e]s,-bälle)* palla *f.* di gomma. **Gum|mi|band** n. *(-[e]s,-bänder)* elastico *m.* **Gum|mi|baum** m. *(-[e]s,-bäume)* **1** albero *m.* della gomma **2** *(Zimmerpflanze)* ficus *m.* **Gum|mi|be|rei|fung** f. *(-,-en)* AUT. gommatura *f.* **Gum|mi|bon|bon** m. e n. *(-s,-s)* caramella *f.* gommosa. **Gum|mi|druck** m. *(-[e]s)* **1** *(Flexodruck)* flessografia *f.* **2** *(Offsetdruck)* stampa *f.* offset. **gum|mie|ren** tr. (in)gommare. **Gum|mie|rung** f. *(-,-en)* gommatura *f.* **gum|mig** agg. gommoso. **Gum|mi|gutt** n. *(-s)* gommagutta *f.* **Gum|mi|hand|schuh** m. *(-[e]s,-e)* guanto *m.* di gomma. **Gum|mi|harz** n. *(-es,-e)* gommoresina *f.* (*o* gommaresina *f.*). **Gum|mi|knie** pl. COLLOQ. ginocchia *f.pl.* che tremano (per la stanchezza, lo sforzo). **Gum|mi|knüp|pel** m. *(-s,-)* sfollagente *m.*, manganello *m.* di gomma. **Gum|mi|lack** m. *(-[e]s,-e)* gommalacca *f.* **Gum|mi|lin|se** f. *(-,-n)* FOT. zoom *m.* **Gum|mi|man|tel** m. *(-s,-mäntel)* impermeabile *m.* di gomma. **Gum|mi|pup|pe** f. *(-,-n)* bambola *f.* di gomma. **Gum|mi|re|ge|ne|rat** n. *(-[e]s)* gomma *f.* rigenerata. **Gum|mi|rei|fen** m. *(-s,-)* pneumatico *m.* **Gum|mi|ring** m. *(-[e]s,-e)* **1** elastico *m.* **2** *(ringförmige Gummidichtung)* guarnizione *f.* di gomma. **Gum|mi|schlauch** m. *(-[e]s,-schläuche)* tubo *m.* di gomma. **Gum|mi|schuh** m. *(-[e]s,-e)* **1** scarpa *f.* di gomma **2** *(Überschuh)* sovrascarpa *f.* di gomma, caloscia *f.* **Gum|mi|schür|ze** f. *(-,-n)* grembiule *m.* di gomma. **Gum|mi|schutz** m. *(-[e]s)* COLLOQ. preservativo *m.* **Gum|mi|soh|le** f. *(-,-n)* suola *f.* di gomma. **Gum|mi|stem|pel** m. *(-s,-)* timbro *m.* di gomma. **Gum|mi|stie|fel** m. *(-s,-)* stivale *m.* di gomma. **Gum|mi|strumpf** m. *(-[e]s,-strümpfe)* calza *f.* elastica. **Gum|mi|tier** n. *(-s,-e)* animaletto *m.* di gomma. **Gum|mi|un|ter|la|ge** f. *(-,-n)* tela *f.* gommata, cerata. **Gum|mi|werk** n. *(-[e]s,-e)* fabbrica *f.* di gomma. **Gum|mi|zel|le** f. *(-,-n)* cella *f.* imbottita. **Gum|mi|zug** m. *(-[e]s,-züge)* elastico *m.*
Gün|sel m. *(-s,-)* ajuga *f.*

Gunst f. *(-)* favore *m.*: ***jds ~ erringen, gewinnen, verlieren, genießen*** riscuotere, guadagnarsi, perdere il favore di qcn., godere del favore di qcn.; ***jdm eine ~ erweisen, gewähren*** fare un favore a qcn.; ***um jds ~ werben*** propiziarsi il favore di qcn. ◆ ***die ~ des Augenblicks nutzen*** sfruttare il momento favorevole; ***nach ~ urteilen*** giudicare con parzialità; ***sich bei jdm in ~ setzen*** entrare nelle grazie di qcn.; ***in jds ~, bei jdm in ~ stehen*** godere il favore di qcn., essere nelle grazie di qcn.; ***zu -en*** → **zugunsten. Gunst|be|weis** m. *(-es,-e)*, **Gunst|be|zei|gung** f. *(-,-en)* dimostrazione *f.* di benevolenza. **Gunst|ge|werb|le|rin** f. *(-,-nen)* SCHERZ. donna *f.* che concede i suoi favori, prostituta *f.* **güns|tig I** agg. **1** favorevole; *(vorteilhaft)* vantaggioso, conveniente: ***-e Bedingungen, Preise*** condizioni favorevoli, prezzi vantaggiosi; ***-es Klima, Wetter*** clima, tempo favorevole; ***im -sten Fall*** nel miglior caso **2** ANT. *(wohlwollend)* benevolo **II** avv. **1** favorevolmente, con favore: ***etw. ~ beurteilen*** giudicare qcs. favorevolmente; *(vorteilhaft)* vantaggiosamente: ***hier kauft man ~*** qui si compra bene, a poco prezzo **2** ANT. *(wohlgesinnt)* benevolmente, in modo benevolo: ***jdm ~ gesinnt sein*** essere ben disposto verso qcn. ◆ ***die Sache hat sich ~ für dich entwickelt*** la cosa si è volta a tuo favore; ***es steht ~ für dich*** hai buone probabilità; ***das trifft sich ~*** che bella combinazione! (il momento è favorevole). **güns|ti|gen|falls, güns|tigs|ten|falls** avv. nel caso più favorevole, nel migliore dei casi. **Günst|ling** m. *(-s,-e)* favorito *m.* **Günst|lings|wirt|schaft** f. *(-)* SPREG. (politica *f.* di) favoritismi *m.pl.*

Gur|gel f. *(-,-n)* gola *f.*: ***jdm die ~ zudrücken*** strangolare qcn.; FIG. ***jdm an die ~ springen, fahren*** saltare, avventarsi alla gola di qcn. ◆ COLLOQ. ***sein ganzes Vermögen durch die ~ jagen*** scialacquare, sperperare l'intero patrimonio per il bere; COLLOQ. ***sich (D) die ~ ölen, schmieren*** bagnarsi la gola; COLLOQ. FIG. ***jdm die ~ zudrehen, zudrücken, zuschnüren*** rovinare qcn. **Gur|gel|mit|tel** n. *(-s,-)* collutorio *m.* **gur|geln I** intr. (aus. *haben*) **1** *(den Hals spülen)* fare gargarismi **2a** gorgogliare: ***die Bäche ~*** i ruscelli gorgogliano **b** *(mit gurgelnder Stimme sprechen)* parlare in gola **II** tr. borbottare: ***unverständliche Worte ~*** borbottare parole incomprensibili ◆ COLLOQ. ***einen ~*** bagnarsi la gola. **Gur|gel|was|ser** n. *(-s,-)* → **Gurgelmittel.**

Gürk|chen n. *(-s,-)* cetriolino *m.* **Gur|ke** f. *(-,-n)* **1** cetriolo *m.*: ***sauersüße ~*** cetrioli in agrodolce **2a** SCHERZ. *(große Nase)* nasone *m.*, peperone *m.* **b** VOLG. *(Penis)* cazzo *m.* **3** COLLOQ. SPREG. *(altes Auto)* carretta *f.* **4** SCHERZ. = persona *f.* buffa. **Gur|ken|kraut** n. *(-[e]s)* **1** *(Borretsch)* borra(g)gine *f.* **2** *(Dill)* aneto *m.* **Gur|ken|sa|lat** m. *(-[e]s,-e)* insalata *f.* di cetrioli.

gur|ren intr. (aus. *haben*) tubare.

Gurt m. *(-[e]s,-e)* **1** cinghia *f.*, cintura *f.*: ***den ~ anschnallen, umschnallen*** allacciare la cintura **2a** *(Patronengurt)* cartucciera *f.* **b** *(von Maschinengewehr)* nastro *m.* **3** ARCH. fascia *f.* **4** MECC. nastro *m.*, cinghia *f.* **Gurt|band** n. *(-[e]s,-bänder)* gros-grain *m.* **Gurt|bo|gen** m. *(-s,- e -bögen)* arco *m.* di volta.

Gür|tel m. *(-s,-)* **1** cintura *f.*; *(für Hosen)* cinghia *f.* **2** *(umgebende Zone)* cinta *f.* ◆ COLLOQ. ***den ~ enger schnallen*** stringere (*o* tirare) la cinghia. **Gür|tel|li|nie** f. *(-,-n)* cintola *f.* ◆ COLLOQ. ***ein Schlag unter die ~*** un colpo basso. **Gür|tel|rei|fen** m. *(-s,-)* pneumatico *m.* cinturato. **Gür|tel|ro|se** f. *(-)* fuoco *m.* di Sant'Antonio, fuoco *m.* sacro. **Gür|tel|schnal|le** f. *(-,-n)* fibbia *f.* della cintura. **Gür|tel|ta|sche** f. *(-,-n)* borsa *f.* attaccata alla cintura, marsupio *m.* **Gür|tel|tier** n. *(-s,-e)* armadillo *m.*

gur|ten intr. (aus. *haben*) **1** assicurare la sella **2** *(im Auto)* mettersi la cintura di sicurezza.

gür|ten I tr. cingere: ***jdn mit dem Schwert ~*** cingere la spada a qcn. **II** rifl. **sich ~ 1** cingersi **2** ANT. FIG. armarsi.

Gurt|ge|sims n. *(-es,-e)* ARCH. fascia *f.*

Gürt|ler m. *(-s,-)* **1** sellaio *m.* (che fa cinture) **2** *(Metallverarbeiter)* ottonaio *m.*

Gurt|muf|fel m. *(-s,-)* COLLOQ. = chi non allaccia la cintura di sicurezza. **Gurt|straf|fer** m. *(-s,-)* AUT. pretensionatore *m.*

GUS ⇒ *Gemeinschaft Unabhängiger Staaten* Comunità di Stati indipendenti (CSI).

Guss m. *(-es, Güsse)* **1a** *(das Gießen)* fusione *f.*; getto *m.*, colata *f.* **b** *(Gussstück)* getto *m.*, pezzo *m.* fuso **2a** *(von Flüssigkeiten)* getto *m.* **b** *(Regenguss)* rovescio *m.* **c** *(Zuckerguss)* glassa *f.* ◆ ***(wie) aus einem ~*** compiuto, finito. **Guss|be|ton** m. *(-s)* calcestruzzo *m.* colato. **Guss|ei|sen** n. *(-s,-)* ghisa *f.* **guss|ei|sern** agg. di ghisa. **Guss|form** f. *(-,-en)* stampo *m.* (da fusione). **Guss|re|gen** m. *(-s,-)* rovescio *m.* (di pioggia). **Guss|rohr** n. *(-s,-e)* tubo *m.* di ghisa. **Guss|stahl** m. *(-s)* acciaio *m.* fuso. **Guss|stück** n. *(-[e]s,-e)* getto *m.*, pezzo *m.* fuso.

Gus|tav n.pr.m. Gustavo *m.*

Gus|tel, Gus|ti n.pr.f. Augustina *f.*

gus|tie|ren tr. **1** → **goutieren 2** AUSTR. degustare.

Gus|to m. *(-s,-s)* **1** *(Neigung)* gusto *m.*, piacere *m.* **2** *(Appetit)* voglia *f.*, desiderio *m.*

gut (compar. *besser*, superl. *best...*) **I** agg. **1a** buono: ***ein -er Wein*** un buon vino; ***ein -es Gedächtnis*** una buona memoria; *(günstig)* ***eine -e Gelegenheit*** una buona occasione; ***er hat einen -en Ruf*** di lui si parla bene, ha una buona nomea; *(anständig)* ***-es Benehmen*** un buon comportamento; ***aus -em Hause*** di buona famiglia; *(ethisch gut)* ***eine -e Tat*** una buona azione; ***ein -es Herz haben*** avere buon cuore; ***für einen -en Zweck*** per un buon fine; ***zu jdm, gegen jdn ~ sein*** essere buono con qcn.; ***ein -es Gewissen haben*** avere la coscienza a posto, pulita **b** *(freundlich)* buono, gentile: ***ein -er Freund von ihm*** un suo buon amico; ***seien Sie bitte so ~ und geben Sie mir das Buch*** sia gentile e mi dia quel libro **c** buono, bravo: ***ein -er Arzt*** un buon, un bravo medico; IRON. ***du bist ~!*** bravo te! **d** *(Note)* buono; ***sehr ~*** ottimo **e** *(mindestens)* ***eine -e Stunde*** un'ora buona, almeno un'ora **f** *(wirksam)* buono, efficace: ***ein -es Mittel für, gegen den Schnupfen*** un buon rimedio per, contro il raffreddore **g** *(korrekt)* buono, corretto: ***ein -es Deutsch sprechen*** parlare un buon tedesco **2a** bello: ***-es Wetter*** bel tempo; ***eines -en Tages*** un bel giorno **b** bello, felice: ***ein -es Leben führen*** fare una bella vita; ***ein -es neues Jahr!*** felice anno nuovo! **c** *(nicht gewöhnlich)* ***der -e Anzug*** l'abito buono, della festa; ***die -e Stube*** la stanza bella (il salotto buono) **3** *(groß)* buono: ***mit -em Appetit essen*** mangiare di buon appetito; ***ein -er Teil der Schuld*** una buona parte di colpa **4** *(echt)* vero, genuino: ***-e Butter*** burro genuino **II** avv. **1a** bene: ***~ lesen können*** saper leggere bene; ***~ gehen*** *(gelingen)* riuscire (bene); ***es wird alles ~ gehen*** andrà tutto bene; ***das Geschäft geht ~*** il negozio va bene; ***~ gehend*** *(von Geschäften)* bene avviato; ***halt dich ~ fest!*** tienti bene! *(anständig)* ***sich ~ benehmen*** comportarsi bene; ***~ bezahlt*** ben pagato; ***~ dotiert*** ben retribuito **b** ***mir geht es (nicht) ~*** (non) sto bene; ***hier ist ~ leben*** qui si sta bene; ***~ aussehen*** avere un bell'aspetto; ***~ aussehend*** di bell'aspetto; ***~ sitzend*** che sta bene; ***~ situiert*** benestante, agiato; ***~ unterrichtet*** ben informato; ***~ gekleidet*** ben vestito; ***~ gelaunt*** di buon umore; ***ein ~ gelungenes Fest*** una festa riuscita; ***~ gemeint*** detto, fatto con buone intenzioni; ***ein ~ gemeinter Rat*** un consiglio dato a fin di bene, con buone intenzioni; ***~ gepflegt*** curato, ben tenuto; ***~ gesinnt*** ben disposto, bene intenzionato (*o* benintenzionato) **2** *(mindestens)* buono, almeno, per lo meno: ***das wiegt ~ fünf Kilo*** pesa cinque chili buoni, almeno cinque chili **3** *(leicht)* bene, facilmente, con facilità: ***~ lernen*** imparare facilmente; ***jdm etw. nicht ~ sagen können*** non riuscire a dire facilmente qcs. a qcn. (perché imbarazzante) **4** *(abgemacht)* va bene, d'accordo: ***~, ich komme*** va bene, vengo ◆ ***also ~!*** allora va bene! d'accordo! COLLOQ. ***bei jdm ~ angeschrieben sein*** essere nelle grazie di qcn.; ***seine Chancen stehen ~*** ha buone probabilità; COLLOQ. ***da(mit) kommt er aber bei mir ~ an!*** a me non (me) la fa! ***damit ~!*** ecco fatto; *(Schluss damit)* basta così; ***~ daran tun (zu gehen)*** far bene (ad andare); ***-er Dinge sein*** essere di buon umore; COLLOQ. ***~ dran sein*** aver fortuna; ***da können wir ja, ebenso ~ aufhören*** a questo punto possiamo anche smettere; ***etwas Gutes*** qualcosa di buono; COLLOQ. ***für etw. ~ sein*** riuscire (bene) in qcs., a fare qcs.; COLLOQ. ***~ und gern*** sicuramente (tanto), per lo meno; ***es ~ getroffen haben*** avere fortuna; ***-er Hoffnung sein*** essere in stato interessante; ***mir ist (nicht) ~*** (non) sto bene; IRON. ***jenseits von Gut und Böse sein*** *(weltfremd sein)* essere aldilà del bene e del male, aldilà di (*o* distaccato da) tutto; ***es kann ~ sein*** può darsi benissimo; ***~ bei Kasse sein*** essere ben fornito di soldi; ***du hast ~ lachen*** hai un bel ridere; ***lass es ~ sein!*** lascia perdere! sii contento! ***zu -er Letzt*** infine; ***mach's ~!*** stammi bene! ***mehr als ~ ist*** più del ragionevole; ***es ~ mit jdm meinen*** volere il bene di qcn.; ***nichts Gutes*** niente di buono; ***du hast ~ reden*** hai un bel dire; ***hinterher ist ~ reden, kann man ~ reden*** facile parlare col senno di poi (*o* del senno di poi son piene le fosse); ***~ riechen, schmecken*** avere un buon odore, un buon sapore; ***schon ~!*** sta bene; ***es ist schon alles ~*** è tutto a posto; ***das ist ja alles ~ und schön, aber...*** va tutto bene, ma...; COLLOQ. ***es ~ sein lassen*** lasciar stare, lasciar andare; FAM. ***jdm ~ sein*** amare qcn., voler bene a qcn.; ***~ sitzen*** star bene (addosso), non fare difetti; COLLOQ. ***so ~ es geht*** alla meglio, alla meno peggio; ***einer ist so ~ wie der andere*** uno vale l'altro; ***so ~ wie möglich*** alla bell'e meglio, meglio che si può; ***so ~ wie nichts*** nulla o quasi; ***so ~ wie sicher*** praticamente sicuro; ***mit jdm ~ stehen*** essere in buoni rapporti con qcn.; ***einen -en Tag haben*** avere una buona giornata, una giornata fortunata; ***das tut nicht ~*** non è bello, ha brutte conseguenze; ***der Tee tut ihm ~*** il tè gli fa bene; ***das hat noch -e Weile*** c'è ancora tempo; ***~ werden*** *(von Wunden)* guarire;

FIG. mettersi a posto; COLLOQ. ***das kann ja ~ werden!*** stiamo freschi! COLLOQ. ***die beiden sind wieder ~ miteinander, einander wieder ~*** i due si sono rappacificati; ***bei etwas -em Willen*** con un po' di buona volontà; LETT. ***jdm -e Worte geben*** pregare qcn.; ***wozu ist das ~?*** a che serve? ***dafür bin ich mir zu ~*** non mi abbasso a far questo; ***das ist ~ zum Trinken*** è buono da bere; PROV. ***-e Miene zum bösen Spiel machen*** fare buon viso a cattivo gioco.

Gut n. *(-[e]s, Güter)* **1** bene *m.*: ***bewegliche, liegende (unbewegliche) Güter*** beni mobili, immobili; ***zeitliche, irdische, geistige Güter*** beni temporali, terreni, spirituali **2** *(Landgut)* tenuta *f.*, proprietà *f.* (in campagna) **3** *(Frachtgut)* merce *f.*: ***leichtverderbliche, gefährliche, sperrige Güter*** merci deteriorabili, pericolose, ingombranti **4** ANT. materiale *m.*: ***irdenes ~*** terraglie *f.pl.* **5** MAR. manovre *f.pl.*: ***laufendes, stehendes ~*** manovre correnti, fisse (*o* dormienti) ◆ ***Gesundheit ist das höchste ~*** la salute prima di tutto, la salute è il bene più prezioso; ***um alle Güter der Welt*** per tutto l'oro del mondo; PROV. ***unrecht ~ gedeihet nicht, tut selten gut*** la farina del diavolo va in crusca.

gut|ach|ten intr. fare una perizia. **Gut|ach|ten** n. *(-s,-)* perizia *f.*: ***ärztliches, juristisches ~*** perizia medica, legale; ***ein ~ anfordern, abgeben, erstellen*** richiedere, fare, eseguire una perizia. **Gut|ach|ter** m. *(-s,-)* perito *m.*, esperto *m.* **gut|acht|lich I** agg. peritale, di perito **II** avv. ***sich ~ über etw. äußern*** esprimere il proprio parere (di esperto) su qcs.

gut|ar|tig agg. **1** buono, bravo: ***ein -es Kind*** un bambino buono, un bravo bambino; *(von Tieren)* mansueto, docile **2** benigno: ***ein -er Tumor*** un tumore benigno. **Gut|ar|tig|keit** f. *(-)* **1** bontà *f.*; *(von Tieren)* mansuetudine *f.*, docilità *f.* **2** *(von Geschwulsten)* carattere *m.* benigno. **gut_brin|gen** tr. *(brachte, gebracht)* → **gutschreiben. gut|bür|ger|lich** agg. **1** *(von Familien)* perbene, rispettabile, ammodo **2** casalingo, familiare: ***-e Küche, Gaststätte*** cucina casalinga, ristorante familiare.

Güt|chen n. *(-s,-)* piccola tenuta *f.*, poderetto *m.*

Gut|dün|ken n. *(-s)* discrezione *f.*; arbitrio *m.*: ***nach deinem ~*** a tua discrezione; ***nach eigenem ~ entscheiden*** decidere di proprio arbitrio.

1.Gu|te m. e f. *(-n,-n)* buono *m.* (-a *f.*).

2.Gu|te n. *(-n)* **1** bene *m.*: ***alles ~ wünschen*** augurare ogni bene; ***-s tun*** fare del bene; ***das gereicht dir zum -n*** è per il tuo bene **2** *(guter Teil)* buono *m.*, lato *m.* buono: ***er hat auch sein -s*** ha anche i suoi lati buoni; ***das ~ an der Angelegenheit*** il lato buono della faccenda ◆ ***das ~ daran ist, dass...*** per fortuna (che)...; ***sich im -en trennen*** separarsi amichevolmente; ***etw. im -n sagen*** dire qcs. in modo pacifico, senza litigare; ***im -n wie im Bösen*** nel bene e nel male; ***alles ~ zum Namenstag*** auguri di buon onomastico; ***-s mit Bösem vergelten*** rendere male per bene; ***von jdm -s sagen*** parlare bene di qcn.; ***sich zum -n wenden*** prendere una buona piega; IRON. ***das ist (denn doch) des -n zuviel!*** questo è troppo!

Gü|te f. *(-)* **1** bontà *f.*: ***die ~ selbst sein*** essere la bontà in persona **2** *(von Ware)* (buona) qualità *f.*: ***von erster, ausgezeichneter ~*** di prima qualità, di qualità eccellente; ***die ~ eines Produkts*** la bontà di un prodotto ◆ ***hätten Sie die ~...*** mi farebbe la cortesia...; ***in ~*** amichevolmente, con le buone; COLLOQ. ***du meine, liebe ~!*** santo cielo! **Gü|te|klas|se** f. *(-,-n)* classe *f.*, categoria *f.* (di qualità). **Gü|te|kon|trol|le** f. *(-,-n)* controllo *m.* (della) qualità.

Gu|te|nacht|kuss m. *(-es,-küsse)* bacio *m.* della buona notte. **Gu|te|nacht|lied** n. *(-[e]s,-er)* ninnananna *f.*

Gü|ter|ab|fer|ti|gung f. *(-,-en)* spedizione *f.* di merci. **Gü|ter|an|nah|me** f. *(-)* accettazione *f.* merci. **Gü|ter|aus|tausch** m. *(-[e]s,-e)* scambio *m.* di merci. **Gü|ter|bahn|hof** m. *(-[e]s,-höfe)* scalo *m.* merci. **Gü|ter|fern|ver|kehr** m. *(-s,-e)* trasporto *m.* di merci a grande distanza (*o* a lungo raggio). **Gü|ter|ge|mein|schaft** f. *(-)* comunione *f.* dei beni. **Gü|ter|nah|ver|kehr** *(-s,-e)* trasporto *m.* di merci a breve distanza (*o* a breve raggio). **Gü|ter|recht** n. *(-[e]s)* diritto *m.* patrimoniale. **Gü|ter|stand** m. *(-[e]s)* stato *m.* patrimoniale. **Gü|ter|ta|rif** m. *(-s,-e)* tariffa *f.* merci. **Gü|ter|tren|nung** f. *(-,-en)* separazione *f.* dei beni. **Gü|ter|ver|kehr** m. *(-s,-e)* traffico *m.*, trasporto *m.* di merci. **Gü|ter|wa|gen** m. *(-s,-)* vagone *m.* merci. **Gü|ter|zug** m. *(-[e]s,-züge)* treno *m.* merci.

Gü|te|ter|min m. *(-s,-e)* DIR. udienza *f.* di conciliazione. **Gü|te|ver|fah|ren** n. *(-s,-)* procedimento *m.* di conciliazione. **Gü|te|zei|chen** n. *(-s,-)* marchio *m.* di qualità.

Gut|fin|den n. *(-s)* SVIZZ. → **Gutdünken. gut|gläu|big** agg. (che è) in buona fede. **Gut|gläu|big|keit** f. *(-)* buona fede *f.* **gut_haben** tr. ***etw. bei jdm ~*** essere creditore (*o* in credito) di qcs. verso qcn. **Gut|ha|ben** n. *(-s,-)* **1** credito *m.* **2** *(Geldsumme)* deposito *m.*: ***ein ~ auf der Bank haben*** avere un deposito in banca. **gut_hei|ßen** tr. *(hieß, geheißen)* approvare. **Gut|heit** f. *(-)* bontà *f.* **gut|her|zig** agg. di buon cuore, buono. **Gut|her|zig|keit** f. *(-)* bontà *f.* d'animo.

gü|tig I agg. benevolo, benigno; *(freundlich)* gentile: ***sich ~ gegen jdn zeigen*** mostrarsi benevolo verso qcn. **II** avv. benevolmente, benignamente; *(freundlich)* gentilmente ◆ ***-er Himmel!*** santo cielo!

güt|lich I agg. amichevole: ***eine -e Einigung*** un accordo amichevole; ***auf -em Wege*** in via amichevole **II** avv. amichevolmente ◆ ***sich an etw. (D) ~ tun*** gustare qcs., godere di qcs.

gut_ma|chen tr. **1** ***ein Unrecht, ein Versehen ~*** riparare un torto, rimediare a una mancanza; SPORT ***einen Vorsprung ~*** ricuperare uno svantaggio **2** *(revanchieren)* ricambiare: ***wie kann ich Ihre Hilfe ~?*** come posso ricambiare il Suo aiuto? **3** *(verdienen)* guadagnare. **gut|mü|tig** agg. bonario. **Gut|mü|tig|keit** f. *(-)* bonarietà *f.*, bontà *f.* **gut|nach|bar|lich** agg. ***-e Beziehungen*** rapporti di buon vicinato. **gut_sa|gen** intr. (aus. *haben*) ***für jdn, etw. ~*** garantire per qcn., qcs.

Guts|be|sit|zer m. *(-s,-)* proprietario *m.* terriero.

Gut|schein m. *(-[e]s,-e)* buono *m.*: ***einen ~ einlösen*** riscuotere un buono.

gut_schrei|ben tr. *(schrieb, geschrieben)* accreditare: ***einen Betrag auf jds Konto ~*** accreditare una somma sul conto di qcn. **Gut|schrift** f. *(-,-en)* accredito *m.*, accreditamento *m.*: ***zu Ihrer ~*** a Suo credito. **Gut|schrift|an|zei|ge** f. *(-,-n)* avviso *m.* di accredito.

Gut|sel n. *(-s,-)* REGION. caramella *f.*

Guts|haus n. *(-es,-häuser)* casa *f.* padronale. **Guts|herr** m. *(-n,-en)* → **Gutsbesitzer. Guts|herr|schaft** f. *(-,-en)* proprietari *m.pl.* di una tenuta. **Guts|hof** m. *(-[e]s,-höfe)* tenuta *f.*, podere *m.*

gut_spre|chen intr. *(sprach, gesprochen;* aus. *haben)* REGION. → **gutsagen. gut_ste|hen** intr. *(stand, gestanden;* aus. *haben)* ***für jdn ~*** farsi garante di qcn.

Guts|ver|wal|ter m. *(-s,-)* amministratore *m.* di una tenuta.

Gut|ta|per|cha f. e n. *(-[s])* guttaperca *f.*

gut|tu|ral agg. gutturale. **Gut|tu|ral** m. *(-s,-e)* FON. suono *m.* gutturale.

gut|wil|lig I agg. volenteroso; *(gehorsam)* ubbidiente **II** avv. volentieri, di buona voglia. **Gut|wil|lig|keit** f. *(-)* buona volontà *f.*

Gym|kha|na [-'ka:na] n. *(-s,-s)* gincana *f.*, gimcana *f.*

gym|na|si|al agg. liceale, di liceo; *(in bez. auf die unteren Klassen)* ginnasiale, di ginnasio. **Gym|na|si|al|leh|rer** m. *(-s,-)* insegnante *m.* liceale (*o* di liceo). **Gym|na|si|al|pro|fes|sor** m. *(-s,-en)* professore *m.* di liceo. **Gym|na|si|ast** m. *(-en,-en)* studente *m.* liceale (*o* di liceo), liceale *m.*; *(von unteren Klassen)* studente *m.* ginnasiale, ginnasiale *m.* **Gym|na|si|um** n. *(-s, Gymnasien)* liceo *m.*; *(Unterstufe)* ginnasio *m.* ◆ ***humanistisches ~*** liceo classico; ***naturwissenschaftliches ~*** liceo scientifico; ***neusprachliches ~*** liceo linguistico.

Gym|nas|tik f. *(-)* ginnastica *f.*: ***~ treiben, machen*** fare ginnastica. **Gym|nas|ti|ker** m. *(-s,-)* ginnasta *m.* **Gym|nas|tik|un|ter|richt** m. *(-[e]s,-e)* lezione *f.* di ginnastica. **gym|nas|ti|sch** agg. ginnico, ginnastico: ***-es Gerät*** attrezzo ginnico.

Gym|no|sper|men pl. gimnosperme *f.pl.*

Gy|nä|ko|lo|ge m. *(n,-n)* ginecologo *m.* **Gy|nä|ko|lo|gie** f. *(-)* ginecologia *f.* **gy|nä|ko|lo|gisch** agg. ginecologico.

Gy|nä|ze|um n. *(-s, Gynezeen)* STOR. BOT. gineceo *m.*

gy|ro|mag|ne|tisch agg. FIS. giromagnetico. **Gy|ro|skop** n. *(-s,-e)* giroscopio *m.*

H

h, H n. *(-,-)* **1** *(Buchstabe)* h, H, acca *f.* e *m.*: ***ein großes H, ein kleines h*** una H maiuscola, una h minuscola **2** MUS. *(Note)* si *m.*

h ⇒ **1** *Stunde* ora (h) **2** MUS. *h-Moll* si minore.

H ⇒ *H-Dur* si maggiore.

1.ha ⇒ *Hektar* ettaro (ha).

2.ha inter. ah, oh.

Haa|ger m. *(-s,-)* **I** abitante *m.* dell'Aia **II** agg.inv. dell'Aia.

Haar n. *(-[e]s,-e)* **1** *(einzelnes Haar)* capello *m.*; *(Kopfhaare)* capelli *m.pl.*, capigliatura *f.*: ***(sich) die -e waschen, kämmen, färben*** lavar(si), pettinar(si), tinger(si) i capelli; ***sich die -e schneiden, wachsen lassen*** farsi tagliare, crescere i capelli; ***kurzes, langes ~ tragen*** portare i capelli corti, lunghi; ***sich die -e legen lassen*** farsi fare la messa in piega; ***ihm fallen die -e aus*** perde i capelli; ***graues, weißes, blondes ~*** capelli grigi, bianchi, biondi; ***dichtes, krauses, glattes, lockiges, struppiges ~*** capelli folti, crespi, lisci, ricci, arruffati **2** *(Körperhaar)* pelo *m.* (anche FIG.): ***dieser Hund hat ein weiches ~*** questo cane ha il pelo morbido; ***sich die -e an den Beinen, unter den Achseln rasieren*** depilarsi le gambe, le ascelle **3** *(von Pflanzen)* peluria *f.* ◆ ***aufs ~, auf ein ~*** precisamente, appuntino; ***graue -e bekommen*** incanutire; ***mir stehen die -e zu Berge*** mi si rizzano i capelli; ***sich in die -e fahren*** accapigliarsi, litigare; ***sich durch die -e fahren*** passarsi la mano nei capelli; ***jdn an, bei den -en fassen*** prendere per i capelli qcn.; ***ein ~ in der Suppe finden*** cercare il pelo nell'uovo; ***jdm die -e vom Kopf fressen*** abbuffarsi a spese di qcn.; ***sich in die -e geraten*** → ***sich in die -e fahren***; ***kein gutes ~ an jdm, etw. lassen*** dire peste e corna di qcn., qcs.; ***an einem ~ hängen*** essere attaccato, appeso a un filo; FIG. ***bei, an den -en herbeigezogen*** tirato per i capelli; ***jdm kein ~ krümmen*** non torcere un capello a qcn.; ***-e lassen müssen*** doverci rimettere; dover rimetterci le penne; ***sich in den -en liegen*** accapigliarsi, azzuffarsi; FIG. ***sich (D) die -e raufen*** mettersi le mani nei capelli; ***das kannst du dir in die -e schmieren*** quello te lo puoi togliere dalla testa; ***-e spalten*** spaccare il capello in quattro; ***mir sträuben sich die -e*** → ***mir stehen die -e zu Berge***; ***um ein ~ wäre er mir entwischt*** per un pelo mi sfuggiva, c'è mancato poco che mi sfuggisse; ***um kein ~, nicht um ein ~*** per nulla; ***sich (D) über etw. (A), wegen etw. keine grauen -e wachsen lassen*** non guastarsi il sangue per qcs.; ***-e auf den Zähnen haben*** essere bisbetico; PROV. ***lange -e, kurzer Verstand*** testa grossa cervello piccolo. **Haar|an|satz** m. *(-[e]s,-ansätze)* attaccatura *f.* dei capelli. **Haar|aus|fall** m. *(-[e]s)* caduta *f.* dei capelli; MED. alopecia *f.* **Haar|balg** m. *(-[e],-bälge)* follicolo *m.* **Haar|band** n. *(-[e]s,-bänder)* nastro *m.* per capelli. **Haar|be|sen** m. *(-s,-)* scopa *f.* di setole. **Haar|bo|den** m. *(-s)* cuoio *m.* capelluto. **haar|breit I** agg. grosso quanto un capello **II** avv. a un pelo, vicinissimo. **Haar|breit**, ***nicht um ein, um kein ~*** neppure di un pelo, di un poco. **Haar|bürs|te** f. *(-,-n)* spazzola *f.* per capelli. **Haar|bü|schel** n. *(-s,-)* ciocca *f.* di capelli; *(von Tieren)* ciuffo *m.* di peli. **Haar|cre|me** f. *(-,-s)* brillantina *f.* **haa|ren** intr. (aus. *haben*) e rifl. **sich ~** perdere il pelo. **Haar|ent|fer|ner** m. *(-s,-)* **Haar|ent|fer|nungs|mit|tel** n. *(-s,-)* crema *f.* depilatoria. **Haar|er|satz** m. *(-es,-ersätze)* **1** *(Perücke)* parrucca *f.* **2a** *(Toupet)* toupet *m.*, posticcio *m.* **b** *(für Männer)* parrucchino *m.* **Haa|res|brei|te**, ***um ~*** per un pelo, per poco; ***um ~ wäre ein Unfall passiert*** per un pelo non è successo un incidente. **Haar|far|be** f. *(-,-n)* colore *m.* dei capelli; *(von Tieren)* colore *m.* del pelo. **Haar|fär|be|mit|tel** n. *(-s,-)* tintura *f.* per capelli. **Haar|farn** m. *(-[e]s,-e)* BOT. pianta *f.* delle imenofillacee. **haar|fein** agg. sottile quanto un capello, sottilissimo. **Haar|fes|ti|ger** m. *(-s,-)* fissatore *m.* per capelli. **Haar|filz** m. *(-es,-e)* TESS. feltro *m.* di crine. **Haar|garn** n. *(-[e]s,-e)* filato *m.* di crine. **Haar|ge|fäß** n. *(-es,-e)* vaso *m.* capillare. **haar|ge|nau** COLLOQ. **I** agg. preciso, esattissimo **II** avv. con grande, con la massima precisione.

haa|rig agg. **1** peloso, villoso; *(vom Kopf)* capelluto **2** *(unangenehm)* scabroso: ***ein -er Fall*** un caso scabroso. **Haar|kamm** m. *(-[e]s,-kämme)* pettine *m.* **Haar|klam|mer** f. *(-,-n)* fermaglio *m.* per capelli. **Haar|kleid** n. *(-[e]s)* LETT. *(Fell)* manto *m.*, mantello *m.* **haar|klein I** agg. dettagliato, minuzioso **II** avv. dettagliatamente, minuziosamente. **Haar|klem|me** f. *(-,-n)* → **Haarklammer**. **Haar|kno|ten** m. *(-s,-)* crocchia *f.*, chignon *m.* **Haar|künst|ler** m. *(-s,-)* SCHERZ. parrucchiere *m.* **Haar|künst|le|rin** f. *(-,-nen)* SCHERZ. pettinatrice *f.*, parrucchiera *f.* **Haar|kranz** m. *(-es,-kränze)* **1** chierica *f.* **2** *(Frisur)* crocchia *f.* **Haar|lack** m. *(-[e]s,-e)* lacca *f.* per capelli. **Haar|ling** m. *(-s,-e)* mallofago *m.* **Haar|lo|cke** f. *(-,-n)* ricciolo *m.*, riccio *m.* **haar|los** agg. **1** calvo **2** *(ohne Körperhaar)* glabro, senza peli. **Haar|na|del** f. *(-,-n)* forcina *f.*; *(Ziernadel)* spillone *m.* **Haar|na|del|kur|ve** f. *(-,-n)* curva *f.* a U, tornante *m.* **Haar|netz** n. *(-es,-e)* retina *f.*, reticella *f.* per capelli. **Haar|pfle|ge** f. *(-)* cura *f.* dei capelli, igiene *f.* del capello. **Haar|pin|sel** m. *(-s,-)* pennello *m.* di setole. **Haar|pracht** f. *(-)* SCHERZ. chioma *f.* fluente. **Haar|pu|der** m. *(-s,-)* shampoo *m.* secco. **Haar|riss** m. *(-es,-e)* incrinatura *f.* capillare. **Haar|röhr|chen** n. *(-s,-)* FIS. tubo *m.* capillare. **haar|scharf I** agg. **1** vicinissimo **2** *(sehr genau)* precisissimo **II** avv. **1** *(sehr nah)* a un pelo **2** con massima, estrema precisione: ***etw. ~ beweisen*** provare qcs. con la massima precisione ◆ ***an etw. (A) ~ vorbeigehen*** sfiorare qcs. (passando). **Haar|schei|tel** m. *(-s,-)* scriminatura *f.*, riga *f.*: ***den ~ ziehen*** fare la scriminatura. **Haar|schlei|fe** f. *(-,-n)* fiocco *m.* (per capelli). **Haar|schmuck** m. *(-[e]s)* ornamento *m.* per i capelli. **Haar|schnei|der** m. *(-s,-)* ANT. barbiere *m.*, parrucchiere *m.* **Haar|schnitt** m. *(-[e]s,-e)* taglio *m.* di capelli. **Haar|schopf** m. *(-[e]s,-schöpfe)* ciuffo *m.* di capelli. **Haar|schur** f. *(-,-en)* tosatura *f.* **Haar|schwund** m. *(-[e]s)* → **Haarausfall**. **Haar|sieb** n. *(-[e]s,-e)* setaccio *m.* di crine.

Haar|spal|ter m. *(-s,-)* SPREG. cavillatore *m.*, pedante *m.* **Haar|spal|te|rei** f. *(-,-en)* SPREG. cavillosità *f.*, pedanteria *f.*, lo spaccare il capello in quattro. **haar|spal|te|risch** SPREG. **I** agg. cavilloso **II** avv. pedantemente.

Haar|span|ge f. *(-,-n)* fermacapelli *m.*, fermaglio *m.* per capelli. **Haar|spit|ze** f. *(-,-n)* punta *f.* di capello. **Haar|spray** m. e n. *(-s,-s)* lacca *f.* per capelli. **Haar|stern** m. *(-[e]s,-e)* cometa *f.* **Haar|stop|pel** f. *(-,-n)* peluria *f.* **Haar|sträh|ne** f. *(-,-n)* ciocca *f.* di capelli. **Haar|strang** m. *(-[e]s,-stränge)* **1** lunga ciocca *f.* di capelli **2** BOT. peucedano *m.* **haar|sträu|bend** agg. orripilante, orribile. **Haar|teil** n. *(-[e]s,-e)* toupet *m.*, posticcio *m.* **Haar|tol|le** f. *(-,-n)* ciuffo *m.* di capelli. **Haar|tracht** f. *(-,-en)* ANT. acconciatura *f.*, foggia *f.* di pettinatura. **Haar|tro|cken|ge|rät** n. *(-[e]s,-e)*, **Haar|trock|ner** m. *(-s,-)* asciugacapelli *m.*, fon *m.* **Haar|wasch|mit|tel** n. *(-s,-)* shampoo *m.* **Haar|was|ser** n. *(-s,-wässer)* lozione *f.* per capelli. **Haar|wech|sel** m. *(-s,-)* muta *f.* del pelo. **Haar|wick|ler** m. *(-s,-)* bigodino *m.* **Haar|wild** n. *(-[e]s)* VENAT. selvaggina *f.* di pelo. **Haar|wuchs** m. *(-es)* **1a** crescita *f.* dei capelli **b** *(von Körperhaaren)* crescita *f.* dei peli **c** *(von Tieren)* crescita *f.* del pelo **2a** *(Bestand an Kopfhaaren)* capigliatura *f.* **b** *(Fell)* pelo *m.* **Haar|wuchs|mit|tel** n. *(-s,-)* rigeneratore *m.* dei capelli. **Haar|wur|zel** f. *(-,-n)* **1** radice *f.* del capello **2** BOT. barba *f.* ◆ ***bis an die -n erröten*** arrossire fino alla punta dei capelli. **Haar|zwie|bel** f. *(-,-n)* bulbo *m.* pilifero.

Hab, ***~ und Gut*** averi *m.pl.*, patrimonio *m.*, sostanze *f.pl.*

Ha|ba|kuk n.pr.m. Abacuc *m.*

Ha|be f. *(-)* bene *m.*, avere *m.*, possesso *m.* ◆ DIR. ***fahrende, bewegliche ~*** beni mobili; ***liegende -e*** beni immobili.

Ha|be|as|kor|pus|ak|te f. *(-)* habeas corpus *m.*

ha|ben (ich *habe*, du *hast*, er *hat*, wir *haben*, ihr *habt*, sie *haben*; *hatte*; *gehabt*) **I** tr. **1a** avere: ***Freunde, Zeit, gute Beziehungen, Macht ~*** avere amici, tempo, buoni rapporti, potere; ***Fieber ~*** avere la febbre; ***jdn zum Freund, zur Frau ~*** avere qcn. per amico, per moglie **b** *(besitzen)* ***ein Haus, ein Auto ~*** avere una casa, un'auto; ***nichts ~*** non avere nulla **c** *(fühlen)* ***Hunger, Kopfschmerz, Angst ~***

avere fame, mal di testa, paura **2** COLLOQ. ***etw. (wieder) ~*** usarsi, portarsi qcs.: ***man hat wieder kurze Röcke*** si portano di nuovo le gonne corte **3** COLLOQ. avere preso: ***die Polizei hat den Dieb*** la polizia ha preso il ladro; ***endlich habe ich dich!*** ti ho preso finalmente! **4** impers. esserci: ***heute hat es 30° im Schatten*** oggi ci sono 30° all'ombra **5** FIG. *(mit jdm schlafen)* ***jdn ~*** possedere qcn.; ***sie ist für jeden zu ~*** si concede a tutti **II** intr. **1** *(müssen, sollen)* ***etw. zu tun ~*** dovere fare qcs.: ***er hat noch zu arbeiten*** deve ancora lavorare; ***ich habe viel zu tun*** ho molto da fare **2** *(als Hilfsverb)* avere, essere: ***er hat geschlafen*** ha dormito; ***sie hat sich die Haare schneiden lassen*** si è fatta tagliare i capelli ◆ ***das hat er so an sich*** questo è un suo modo di fare; ***einen Freund an jdm ~*** avere (*o* trovare) un amico in qcn.; ***es an der Leber, am Magen ~*** aver mal di fegato, soffrire di stomaco (*o* essere malato di fegato, di stomaco); ***das hat nichts auf sich*** non fa nulla, non ha importanza; ***was hat es damit auf sich?*** cosa significa? ***es bequem ~*** avere una vita comoda; ***da ~ wir's!*** ci siamo! eccoci! lo sapevo che sarebbe andata così! ***was hast du dagegen?*** cos'hai da ridire? cos'hai in contrario? ***und damit hat es sich!*** e con questo (*o* e così) siamo a posto! e adesso basta! ***hab Dank!*** ti ringrazio! ***was hast du davon?*** cosa ci guadagni? ***dich hat's wohl!*** tu sei matto! ***hab dich nicht so!*** non esagerare! ***wir ~ Donnerstag, den 21. Mai*** oggi è giovedì 21 maggio; ***es eilig ~*** avere fretta; ***da hast du es*** eccotelo! ***etw. feil ~*** avere da vendere qcs.; ***einiges, etw. für sich ~*** essere vantaggioso; ***etw. gegen jdn ~*** avere qcs. contro qcn., avercela con qcn.; SCOL. ***etw. (nicht) gehabt ~*** (non) aver trattato qcs.; ***jdn gern ~*** voler bene a qcn.; ***das werden wir gleich ~*** la sistemiamo subito (anche FIG.); ***ich hab's!*** ci sono! ***wo hast du das Geld her?*** dove hai preso i soldi? COLLOQ. ***haste, was kannste*** il più in fretta possibile; COLLOQ. ***das habe ich bis hierhin*** ne ho fin qui, non ne posso più; ***etw. hinter sich ~*** aver superato qcs., essersi tolti qcs.; ***jdn hinter sich ~*** avere qcn. alle spalle, essere sostenuti da qcn.; ***das hat es in sich*** è difficile, presenta delle difficoltà; *(von Alkohol)* è forte; IRON. ***wir ~ es ja!*** ce lo possiamo permettere! ***er hat es ja!*** ne ha (i mezzi)! è un riccone! COLLOQ. ***jetzt hab ich's!*** ora ci sono! ho trovato! ***etw. nicht ~ können*** non sopportare qcs.; ***zu leben ~*** avere di che vivere; ***es mit jdm nicht leicht ~*** non aver vita facile con qcn.; ***jdn lieb ~*** voler bene a qcn.; ***etw. lieber ~*** preferire qcs.; ***was hast du mit ihm gehabt?*** cosa c'è stato tra voi? ***es mit jdm ~*** avere una relazione con qcn.; ***es mit etw. ~*** avercela con qcs., avere la passione di qcs.; ***Recht ~*** avere ragione; ***etw. satt ~*** averne abbastanza di qcs.; ***es schlecht ~*** trovarsi male, passarsela male; ***es mit jdm schwer ~*** trovare difficile, avere delle difficoltà con qcn.; ***Gott hab ihn selig*** che Dio l'abbia in gloria; ***sich ~*** fare lo schizzinoso, comportarsi in modo affettato; *(übertreiben)* esagerare; ***wir ~ Sommer*** è estate; ***jdn unter sich ~*** avere qcn. sotto di sé, comandare qcn.; ***viel von jdm ~*** avere molto di qcn., somigliare molto a qcn.; ***etw. vor sich ~*** dover fare qcs.; ***was hast du denn?*** che cos'hai? cosa ti succede? ***hat sich was!*** non se ne parla nemmeno! ***es weit ~*** avere molta strada da fare; ***wen ~ wir denn da!*** guarda un po' chi c'è! (*o* chi abbiamo qui!); ***wer hat, der hat (was man hat, das hat man)*** c'è chi può (*o* beato chi può); ***wie ~ wir es denn?*** cosa si permette? ***den Wievielten ~ wir heute?*** quanti ne abbiamo oggi? ***etw. nicht ~ wollen*** non permettere qcs.; ***(noch) zu ~ sein*** essere (ancora) in vendita, FIG. *(von Personen)* essere (ancora) libero; ***schwer, leicht zu ~ sein*** essere difficile, facile da trovare; COLLOQ. ***noch/wieder zu ~ sein*** essere ancora/di nuovo libero; ***er ist nicht dafür zu ~*** non vuole entrarci, non ci sta; ***dafür bin ich immer zu ~*** ci sto sempre. **Ha|ben** n. *(-s)* **1** avere *m.*: ***Soll und ~*** dare e avere **2** *(Guthaben)* deposito *m.* **3** → **Habenseite. Ha|be|nichts** m. *(-[es],-e)* SPREG. spiantato *m.* **Ha|ben|sei|te** f. *(-,-n)* COMM. pagina *f.* dell'avere. **Ha|ben|zin|sen** pl. interessi *m.pl.* attivi.

Ha|be|rer m. *(-s,-)* AUSTR. COLLOQ. **1** *(Verehrer)* spasimante *m.* **2** *(Freund)* amico *m.*, compagno *m.*

Ha|ber|geiß f. *(-,-en)* REGION. **1** *(Spukgestalt)* spettro *m.*, fantasma *m.* **2** *(Strohpuppe)* spaventapasseri *m.* di paglia.

Hab|gier f. *(-)* avidità *f.* **hab|gie|rig I** agg. avido **II** avv. avidamente. **hab|haft** agg. ***jds, einer Sache ~ werden*** acciuffare qcn., impadronirsi (*o* impossessarsi) di qcs.

Ha|bicht m. *(-s,-e)* astore *m.* **Ha|bichts|au|ge** n. *(-s,-n)* FIG. occhio *m.* di falco. **Ha|bichts|kraut** n. *(-[e]s,-kräuter)* pelosella *f.* **Ha|bichts|na|se** f. *(-,-n)* naso *m.* aquilino.

Ha|bi|li|tand m. *(-en,-en)* candidato *m.* alla libera docenza. **Ha|bi|li|ta|ti|on** f. *(-,-en)* SCOL. abilitazione *f.* **Ha|bi|li|ta|ti|ons|schrift** f. *(-,-en)* dissertazione *f.*, saggio *m.* per l'abilitazione (alla libera docenza). **ha|bi|li|ta|tus** agg. SCOL. abilitato. **ha|bi|li|tie|ren I** tr. abilitare (alla libera docenza) **II** intr. (aus. *haben*) conseguire l'abilitazione (alla libera docenza) **III** rifl. ***sich für etw. ~*** conseguire l'abilitazione per la libera docenza di qcs.

1.Ha|bit m. e n. *(-s,-e)* abito *m.*, veste *f.*, divisa *f.*

2.Ha|bit ['hɛbit] m. e n. *(-s,-s)* PSIC. abitudine *f.*

Ha|bi|tat n. *(-s,-e)* **1** BIOL. habitat *m.* **2** *(Unterwasserstation)* osservatorio *m.* sottomarino. **Ha|bi|tué** [(h)abi'tye:] m. *(-s,-s)* AUSTR. abitué *m.*, cliente *m.* abituale. **ha|bi|tu|ell** agg. **1** abituale **2** MED. recidivo, recidivante: ***-e Krankheiten*** malattie recidivanti. **Ha|bi|tus** m. *(-)* **1** aspetto *m.*, apparenza *f.*: ***seinem ~ nach könnte er Lehrer sein*** dall'aspetto potrebbe essere un insegnante **2** abito *m.*: ***geistiger, moralischer ~*** abito mentale, morale **3** BIOL. *(Körperbeschaffenheit)* struttura *f.*

Habs|burg, STOR. ***das Haus ~*** la casa d'Asburgo. **Habs|bur|ger** m. *(-s,-)* Asburgo *m.* **habs|bur|gisch** agg. asburgico, d'Asburgo.

Hab|schaft f. *(-,-en)* ANT. beni *m.pl.*, averi *m.pl.* **Hab|se|lig|keit** f. *(-,-en)* beni *m.pl.*, (*o* averi *m.pl.*) di poco conto. **Hab|sucht** f. *(-)* → **Habgier. hab|süch|tig** agg. → **habgierig.**

Habt|acht|stel|lung f. *(-,-en)* AUSTR. MIL. attenti.

Há|çek ['a:tʃɛk] n. *(-s,-s)* LING. pipa *f.*, pipetta *f.*

hach inter. ah.

Ha|ché [(h)a'ʃe:] → **Haschee.**

Ha|chel n. *(-s,-)* e f. *(-,-n)* AUSTR. affettaverdure *m.* **ha|cheln** tr. AUSTR. affettare (con l'affettaverdure).

Hach|se f. *(-,-n)* REGION. **1** stinco *m.* **2** COLLOQ. SCHERZ. *(Bein)* gamba *f.*

Hack n. *(-s)* → **Hackfleisch. Hack|bank** f. *(-,-bänke)* bancone *m.* (di macelleria). **Hack|bau** m. *(-[e]s)* coltivazione *f.* a zappa. **Hack|beil** n. *(-s,-e)* accetta *f.* **Hack|block** m. *(-s,-blöcke)* ceppo *m.* **Hack|bra|ten** m. *(-s,-)* polpettone *m.* **Hack|brett** n. *(-[e]s,-er)* **1** tagliere *m.* **2** *(Musikinstrument)* salterio *m.* tedesco.

1.Ha|cke f. *(-,-n)* **1** zappa *f.* **2** AUSTR. *(Beil)* scure *f.*, ascia *f.*

2.Ha|cke f. *(-,-n)* **1** calcagno *m.*, tallone *m.* **2** REGION. *(vom Schuh)* tacco *m.*: ***sich die -n schieftreten*** consumare i tacchi; ***die -n zusammenschlagen*** battere i tacchi ◆ ***sich jdm an die -n hängen, heften*** mettersi alle calcagna (*o* alle costole) di qcn.; ***jdm (dicht) auf den -n sein, bleiben, sitzen*** stare alle calcagna (*o* alle costole) di qcn.; REGION. ***die -n voll haben, einen in der ~ haben*** essere ubriaco; ***sich die -n nach etw. ablaufen*** girare a lungo in cerca di qcs.; ***jdm nicht von den -n gehen*** non dare tregua a qcn. **Ha|cke|beil** REGION. → **Hackbeil. ha|cken I** tr. **1** spaccare, tagliare: ***Holz ~*** spaccare legna **2a** *(zerkleinern)* sminuzzare: ***Zwiebeln, Petersilie ~*** sminuzzare delle cipolle, del prezzemolo **b** *(von Fleisch)* tritare **3a** zappare: ***das Beet ~*** zappare l'aiuola **b** estirpare (con la zappa): ***das Unkraut ~*** estirpare le erbacce **4** *(von Vögeln)* beccare **II** intr. (aus. *haben*) **1** zappare (anche FIG.): ***aufs Klavier ~*** zappare sul pianoforte **2** *(von Vögeln)* ***nach jdm, etw. ~*** dare delle beccate a qcn., a qcs. **3** SPORT *(beim Fußball)* giocare in modo sleale **4** INFORM. inserirsi nei sistemi informatici altrui **III** rifl. ***sich ~*** **1** litigare **2** ***sich (D) in den Finger ~*** tagliarsi un dito ◆ COLLOQ. ***auf jdn ~*** avere qualcosa da criticare in qcn.; ***bei dir hackt's wohl!*** tu sei pazzo! **Ha|cken** m. *(-s,-)* → **2.Hacke. Ha|cken|trick** m. *(-s,-s)* SPORT colpo *m.* di tacco.

Ha|cke|pe|ter m. *(-s)* COLLOQ. **1** carne *f.* tritata **2** *(Tatarbeefsteak)* bistecca *f.* alla tartara.

Ha|cker m. *(-s,-)* **1** REGION. vignaiolo *m.* **2** SPORT *(beim Fußball)* giocatore *m.* sleale **3** INFORM. hacker *m.*, pirata *m.* del computer. **Hä|cker** m. *(-s,-)* → **Hacker (1). Hä|cker|ling** m. *(-s,-e)* → **Häcksel. Hack|fleisch** n. *(-es)* carne *f.* tritata ◆ ***aus jdm, jdn zu ~ machen*** far polpette di qcn. **Hack|klotz** m. *(-es,-klötze)* ceppo *m.* **Hack|ma|schi|ne** f. *(-,-n)* sarchiatrice *f.* **Hack|mes|ser** n. *(-s,-)* scure *f.*, mannaia *f.* **Hack|ord|nung** f. *(-)* ZOOL. gerarchia *f.*

Häck|sel m. e n. *(-s)* paglia *f.* tritata ◆ COLLOQ. ***~ im Kopf haben*** avere segatura nel cervello. **Häck|sel|ma|schi|ne** f. *(-,-n)* trinciapaglia *m.*, trinciaforaggi *m.* **häck|seln** intr. (aus. *haben*) tritare la paglia. **Häcks|ler** m. *(-s,-)* → **Häckselmaschine.**

Hack|steak n. *(-s,-s)* hamburger *m.*

1.Ha|der m. *(-s)* **1** alterco *m.*, litigio *m.*: ***mit jdm in ~ liegen*** essere in lite con qcn.; ***mit jdm ~ suchen*** cercare lite con qcn. **2** *(Aufbegehren)* ribellione *f.*, protesta *f.* ◆ ***~ säen*** seminare zizzania.

2.Ha|der m. *(-s,-[n])* REGION. straccio *m.* **Ha|de|rer** m. *(-s,-)* zanna *f.* (di cinghiale). **Ha|der|lump** m. *(-en,-en)* AUSTR. farabutto *m.*, mascalzone *m.* **ha|dern** intr. (aus. *haben*) **1** *(rechten)* protestare, fare questioni **2** ***mit etw., jdm ~*** accusare (*o* prendersela con) qcs., qcn. **ha|dern|hal|tig** agg. ***-es Papier*** carta di stracci.

Ha|des n.pr.m. *(-)* LETT. Ade *m.*

Had|ri|an, Had|ri|an n.pr.m. *(-s)* Adriano *m.*

1.Ha|fen m. *(-s, Häfen)* porto *m.*: ***einen ~ anlaufen*** toccare un porto; ***in den ~ einlaufen*** entrare in porto; ***aus dem ~ auslaufen*** uscire dal porto; ***im ~ liegen, ankern*** (re)stare, essere ancorato in porto ◆ SCHERZ. ***der ~ der Ehe*** l'approdo del matrimonio.

2.Ha|fen m. *(-s, Häfen)* **1** REGION. *(irdenes Gefäß, Glasgefäß)* vaso *m.* **2** TECN. *(Schmelzhafen)* crogiolo *m.*

Ha|fen|amt n. *(-[e]s,-ämter)* capitaneria *f.* di porto. **Ha|fen|an|la|gen** pl. opere *f.pl.* portuali. **Ha|fen|ar|bei|ter** m. *(-s,-)* portuale *m.* **Ha|fen|be|cken** n. *(-s,-)* darsena *f.* **Ha|fen|be|hör|de** f. *(-,-n)* autorità *f.pl.* portuali. **Ha|fen|damm** m. *(-[e]s,-dämme)* **1** *(Mole)* molo *m.* **2** *(Damm)* diga *f.* foranea. **Ha|fen|ein|fahrt** f. *(-,-en)* entrata *f.* del porto. **Ha|fen|ge|bühr** f. *(-,-en)* → **Hafengeld. Ha|fen|ge|län|de** n. *(-s,-)* zona *f.* portuale. **Ha|fen|geld** n. *(-[e]s,-er)* diritti *m.pl.* portuali. **Ha|fen|ka|pi|tän** m. *(-s,-e)* capitano *m.* del porto. **Ha|fen|kom|man|dant** m. *(-en,-en)* comandante *m.* del porto. **Ha|fen|lot|se** m. *(-n,-n)* pilota *m.* portuale. **Ha|fen|meis|ter** m. *(-s,-)* → **Hafenkapitän. Ha|fen|ord|nung** f. *(-,-en)* regolamento *m.* portuario. **Ha|fen|po|li|zei** f. *(-,-en)* polizia *f.* portuale. **Ha|fen|rund|fahrt** f. *(-,-en)* giro *m.* del porto. **Ha|fen|stadt** f. *(-,-städte)* città *f.* portuale. **Ha|fen|um|schlag** m. *(-[e]s)* movimento *m.* di merci (in un porto). **Ha|fen|vier|tel** n. *(-s,-)* quartiere *m.* portuale, del porto.

Ha|fer m. *(-s,-)* avena *f.* ◆ ***ihn sticht der ~*** imbaldanzisce, ringalluzzisce. **Ha|fer|brei** m. *(-[e]s,-e)* pappa *f.* di avena. **Ha|fer|feld** n. *(-[e]s,-er)* campo *m.* di avena. **Ha|fer|flo|cken** pl. fiocchi *m.pl.* di avena. **Ha|fer|korn** n. *(-[e]s,-körner)* chicco *m.* di avena.

Ha|ferl, Hä|ferl n. *(-s,-n)* AUSTR. COLLOQ. **1** *(Tasse)* tazza *f.* **2** *(Nachttopf)* vaso *m.* da notte.

Ha|ferl|schuh m. *(-[e]s,-e)* scarpa *f.* alla tirolese.

Ha|fer|mehl n. *(-[e]s)* farina *f.* di avena. **Ha|fer|sack** m. *(-[e]s,-säcke)* sacca *f.* dell'avena. **Ha|fer|schleim** m. *(-[e]s,-e)* → **Haferbrei.**

Haff n. *(-[e]s,-s* e RAR. *-e)* laguna *f.* (baltica).

Haf|lin|ger m. *(-s,-)* avelignese *m.* **Haf|lin|ger|ge|stüt** n. *(-[e]s,-e)* allevamento *m.* di avelignesi.

Haf|ner, Häf|ner m. *(-s,-)* **1** *(Töpfer)* vasaio *m.* **2** *(Ofensetzer)* fumista *f.*

Haf|ni|um n. *(-s)* afnio *m.*

1.Haft f. *(-)* **1** arresto *m.*: ***jdn in ~ nehmen*** mettere qcn. agli arresti; ***sich in ~ befinden, sein*** essere in arresto **2** *(Haftstrafe)* reclusione *f.*, detenzione *f.*: ***jdn zu zwei Monaten ~ verurteilen*** condannare qcn. a due mesi di reclusione ◆ ***jdn aus der ~ entlassen*** rimettere in libertà qcn.; ***lebenslängliche ~*** ergastolo.

2.Haft m. *(-[e]s,-e[n])* ANT. **1** fermaglio *m.* **2** *(Haken)* gancio *m.*

Haft|an|stalt f. *(-,-en)* penitenziario *m.* **Haft|aus|set|zung** f. *(-,-en)* sospensione *f.* temporanea della pena.

haft|bar agg. ***für etw. ~ sein*** essere responsabile di qcs., rispondere di qcs.; ***jdn für etw. ~ machen*** rendere qcn. responsabile di qcs., dare a qcn. la responsabilità di qcs. **Haft|bar|keit** f. *(-)* responsabilità *f.* **Haft|bar|ma|chung** f. *(-)* responsabilizzazione *f.*

Haft|be|din|gun|gen pl. condizioni *f.pl.* di carcerazione (*o* detenzione). **Haft|be|fehl** m. *(-[e]s,-e)* mandato *m.* d'arresto, ordine *m.* di cattura. **Haft|dau|er** f. *(-)* durata *f.* della detenzione, periodo *m.* di detenzione.

Haf|tel n. *(-s,-)* gancetto *m.* **häf|teln** tr. agganciare, affibbiare.

1.haf|ten intr. (aus. *haben*) **1a** essere (*o* rimanere) attaccato, aderire: ***gut, schlecht ~*** aderire bene, male; ***Erde haftet an den Schuhen*** la terra è attaccata alle scarpe; ***die Reifen dieses Autos ~ gut auf der regennassen Straße*** i pneumatici di quest'auto aderiscono bene sulla strada bagnata **b** FIG. ***im Gedächtnis ~*** imprimersi nella memoria **2** *(von Gerüchen, Parfüm)* impregnare **3** FIG. rimanere, restare addosso: ***ein Verdacht haftet an jdm*** un sospetto rimane addosso a qcn. **4a** ***an etw. (D) ~ bleiben*** rimanere (*o* stare) attaccato a qcs. **b** FIG. ***im Gedächtnis ~ bleiben*** rimanere impresso nella memoria; ***davon ist nichts ~ geblieben*** non me ne è rimasto in mente niente.

2.haf|ten intr. (aus. *haben*) **1** ***für jdn, etw. ~*** garantire per qcn., qcs., essere garante di qcs.; ***mit seinem Vermögen ~*** garantire con il proprio patrimonio **2** DIR. *(verantwortlich sein)* ***für jdn, etw. ~*** rispondere, essere responsabile di qcn., qcs.: ***persönlich, unbeschränkt ~*** rispondere personalmente, illimitatamente; ***er haftet (mir) dafür, dass nichts passiert*** mi garantisce che non succede niente.

1.haf|tend p.pres. agg. **1** → **1.haften 2** indelebile (anche FIG.).

2.haf|tend p.pres. agg. **1** → **2.haften 2** responsabile: ***ein persönlich -er Gesellschafter*** un socio responsabile in prima persona.

Haft|ent|las|sung f. *(-,-en)* scarcerazione *f.* **Haft|ent|schä|di|gung** f. *(-,-en)* DIR. riparazione *f.* per arresto illegale.

1.haft|fä|hig agg. DIR. idoneo a sopportare la reclusione.

2.haft|fä|hig agg. adesivo. **Haft|fä|hig|keit** f. *(-)* aderenza *f.*

Haft|frist f. *(-,-en)* DIR. termine *m.* di garanzia. **Haft|glas** n. *(-es,-gläser)* lente *f.* a contatto. **Haft|grund** m. *(-[e]s,-gründe)* motivo *m.* dell'arresto. **Häft|ling** m. *(-s,-e)* detenuto *m.* **Haft|or|gan** m. *(-s,-e)* ZOOL. BOT. ventosa *f.*

Haft|pflicht f. *(-)* DIR. responsabilità *f.* (civile): ***gesetzliche, vertragliche ~*** responsabilità legale, contrattuale. **haft|pflich|tig** agg. responsabile (civilmente). **Haft|pflicht|ver|si|che|rung** f. *(-,-en)* assicurazione *f.* contro terzi (*o* contro la responsabilità civile).

Haft|prü|fung f. *(-,-en)* riesame *m.* del mandato di cattura. **Haft|psy|cho|se** f. *(-)* psicosi *f.* da detenzione.

Haft|pul|ver n. *(-s,-)* polvere *f.* adesiva. **Haft|rei|fen** m. *(-s,-)* pneumatico *m.* (particolarmente) aderente.

Haft|rich|ter m. *(-s,-)* = giudice *m.* presso la pretura competente per la convalida dell'arresto.

Haft|sal|be f. *(-,-n)* pomata *f.* con alto potere di assorbimento. **Haft|scha|le** f. *(-,-n)* → **Haftglas. Haft|schicht** f. *(-,-en)* strato *m.* adesivo.

Haft|stra|fe f. *(-,-n)* ANT. pena *f.* detentiva. **Haft|sum|me** f. *(-,-n)* cauzione *f.*, caparra *f.* **haft|un|fä|hig** agg. non idoneo a sopportare la reclusione.

1.Haf|tung f. *(-)* aderenza *f.*, contatto *m.*

2.Haf|tung f. *(-,-en)* **1** garanzia *f.*, DIR. responsabilità *f.* civile (verso terzi): ***die ~ (für etw.) tragen, übernehmen*** assumere la responsabilità (di qcs.), garantire (qcs.); ***die ~ ablehnen*** declinare la responsabilità; ***von der ~ befreien*** sollevare dalla responsabilità; ***zivilrechtliche ~*** responsabilità civile **2** responsabilità *f.*: ***Gesellschaft mit beschränkter ~*** società a responsabilità limitata; ***gesamtschuldnerische ~*** responsabilità solidale dei soci accomandatari; ***~ ohne Verschulden*** responsabilità oggettiva. **Haf|tungs|aus|schluss** m. *(-es,-ausschlüsse)* DIR. esclusione *f.* della responsabilità. **Haf|tungs|gren|ze** f. *(-,-n)* limite *m.* di responsabilità. **Haf|tungs|über|nah|me** f. *(-,-n)* assunzione *f.* di responsabilità.

Haft|un|ter|bre|chung f. *(-,-en)* sospensione *f.* della detenzione. **Haft|ur|laub** m. *(-[e]s,-e)* permesso *m.* di scarcerazione (concesso per motivi speciali). **Haft|ver|mö|gen** n. *(-s)* potere *m.* adesivo, aderenza *f.* **Haft|ver|scho|nung** f. *(-,-en)* libertà *f.* provvisoria. **Haft|ze|her** m. *(-s,-)* geco *m.* **Haft|zel|le** f. *(-,-n)* cella *f.*

Hag m. *(-[e]s,-e)* LETT. boschetto *m.*

Ha|ge|bu|che f. *(-,-n)* carpine *m.*, carpino *m.* **Ha|ge|but|te** f. *(-,-n)* coccola *f.* della rosa canina. **Ha|ge|but|ten|tee** m. *(-s,-s)* infuso *m.* di rosa canina. **Ha|ge|dorn** m. *(-[e]s,-e)* biancospino *m.*

Ha|gel m. *(-s,-)* **1** grandine *f.* **2** FIG. *(von Prügeln, Vorwürfen)* grandinata *f.*, gragnola *f.* **3** *(Schrot)* migliarola *f.* **ha|gel|dicht** agg. fitto come la grandine. **Ha|gel|korn** n. *(-[e]s,-körner)* **1** chicco *m.* di grandine **2** MED. calazio *m.* **ha|geln** intr. (aus. *haben*) **1** impers. ***es hagelt*** grandina **2** FIG. grandinare, piovere: ***es hagelt Prügel, Vorwürfe*** grandinano le botte, piovono i rimproveri ◆ COLLOQ. ***es hagelt Taubeneier*** grandinano chicchi grossi come uova. **Ha|gel|scha|den** m. *(-s,-schäden)* danno *m.* causato dalla grandine. **Ha|gel|schau|er** m. *(-s,-)* breve intensa grandinata *f.* **Ha|gel|schlag** m. *(-[e]s,-schläge)* violenta grandinata *f.* **Ha|gel|sturm** m. *(-s,-stürme)* tempesta *f.* con grandine. **Ha|gel|ver|si|che|rung** f. *(-,-en)* assicurazione *f.* contro i danni causati dalla grandine. **Ha|gel|wet|ter** n. *(-s)* temporale *m.* con grandinata. **Ha|gel|zu|cker** m. *(-s)* zucchero *m.* granellato.

ha|ger agg. magro, secco, scarno. **Ha|ger|keit** f. *(-)* magrezza *f.*, secchezza *f.*

Ha|ge|stolz m. *(-es,-e)* ANT. scapolone *m.*

Ha|gi|o|graph m. *(-en,-en)* agiografo *m.* **Ha|gi|o|gra|pha, Ha|gi|o|gra|phen** pl. BIBL. agiografi *m.pl.* **Ha|gi|o|gra|phie** f. *(-,-n)* agiografia *f.* **ha|gi|o|gra|phisch** agg. agiografico.

ha|ha, ha|ha|ha inter. ah ah, ah ah ah.

Hä|her m. *(-s,-)* ghiandaia *f.*

Hahn m. *(-[e]s, Hähne)* **1** gallo *m.*: ***der ~ kräht*** il gallo canta **2** *(Wetterfahne)* banderuola *f.*, galletto *m.* **3** *(Wasserhahn)* rubinetto *m.*: ***den ~ aufdrehen, abdrehen (zudrehen)*** aprire, chiudere il rubinetto (anche FIG.) **4** *(an Schusswaffen)* cane *m.*: ***den ~ spannen*** alzare il cane ◆ ***der gallische ~*** il gallo di Francia; COLLOQ. ***der ~ im Korb sein*** essere come il gallo in un pollaio; COLLOQ. ***danach kräht kein ~*** non gliene infischia niente a nessuno; ***jdm den roten ~ aufs Dach setzen*** appiccare il fuoco alla casa di qcn.; ***wie ein ~ auf dem Mist umherstolzieren*** pavoneggiarsi; ***von etw. so viel verstehen wie ein ~ vom Eierlegen*** non intendersi affatto di qcs.; ***der welsche ~*** → ***der gallische ~***. **Hähn|chen** n. *(-s,-)* galletto *m.* **Hah|nen|bal|ken** m. *(-s,-)* trave *f.* di colmo. **Hah|nen|fe|der** f. *(-,-n)* penna *f.* di gallo. **Hah|nen|fuß** m. *(-es,-füße)* ranuncolo *m.* **Hah|nen|fuß|ge|wäch|se** pl. ranuncolacee *f.pl.* **Hah|nen|**

kamm m. *(-s,-kämme)* **1** cresta *f.* del gallo **2** BOT. COLLOQ. cresta *f.* di gallo **3** COLLOQ. *(Haartolle)* cresta *f.* da galletto, ciuffo *m.* dritto. **Hah|nen|kampf** m. *(-[e]s,-kämpfe)* combattimento *m.* di galli. **Hah|nen|schrei** m. *(-[e]s,-e)* canto *m.* del gallo: ***beim, mit dem ersten ~ aufstehen*** alzarsi al, con il primo canto del gallo. **Hah|nen|sporn** m. *(-es,-sporen* e *-e)* sprone *m.* del gallo. **Hah|nen|tritt** m. *(-[e]s,-e)* **1** germe *m.* dell'uovo **2** *(beim Pferd)* passo *m.* di gallo **3** → **Hahnentrittmuster. Hah|nen|tritt|mus|ter** n. *(-s,-)* TESS. pied-de-poule *m.*

Hah|ni|um n. *(-s)* hahnio *m.*

Hahn|rei m. *(-s,-e)* SPREG. cornuto *m.*, becco *m.*: ***jdn zum ~ machen*** fare cornuto qcn.

Hai m. *(-[e]s,-e)*, **Hai|fisch** m. *(-[e]s,-e)* pescecane *m.*, squalo *m.*

Hain m. *(-[e]s,-e)* LETT. ANT. boschetto *m.* **Hain|bu|che** f. *(-,-n)* carpine *m.*, carpino *m.*

Ha|i|ti n.pr.m. *(-s)* Haiti *f.* **Ha|i|ti|a|ner** m. *(-s,-)* haitiano *m.* **ha|i|ti|a|nisch** agg. haitiano. **Ha|i|ti|er** m. *(-s,-)* → **Haitianer. ha|i|tisch** agg. → **haitianisch.**

Häk|chen n. *(-s,-)* **1** uncinetto *m.*, gancetto *m.* **2** COLLOQ. FIG. *(diakritisches Zeichen)* uncino *m.* **Hä|kel|ar|beit** f. *(-,-en)* lavoro *m.* all'uncinetto. **Hä|kel|de|cke** f. *(-,-n)* coperta *f.* all'uncinetto. **Ha|ke|lei** f. *(-,-en)* SPORT GERG. aggancio *m.*, sgambetto *m.* **Hä|ke|lei** f. *(-,-en)* **1** → **Häkelarbeit 2** COLLOQ. FIG. battibecco *m.*, bisticcio *m.* **3** SPORT GERG. → **Hakelei. Hä|kel|garn** n. *(-[e]s,-e)* filo *m.* per lavori all'uncinetto. **Hä|kel|mus|ter** n. *(-s,-)* modello *m.* per lavori all'uncinetto. **ha|keln** intr. (aus. *haben*) SPORT fare lo sgambetto; *(beim Rugby)* colpire di tacco; *(beim Ringen)* agganciarsi. **hä|keln I** tr. fare all'uncinetto **II** intr. (aus. *haben*) lavorare (all'uncinetto): ***an einer Decke ~*** lavorare a una coperta **III** rifl. ***sich (mit jdm) ~*** REGION. punzecchiarsi, beccarsi (con qcn.). **Hä|kel|na|del** f. *(-,-n)* uncinetto *m.*

ha|ken I tr. **1a** agganciare **b** *(mit einem Haken fassen)* uncinare, afferrare con l'uncino **2** SPORT agganciare **II** intr. (aus. *haben*) **1** essere (*o* rimanere) agganciato (*o* attaccato); ***der Schlüssel hakt*** la chiave è rimasta bloccata (nella toppa) **2** impers. FIG. ***es hakt*** c'è un intoppo. **Ha|ken** m. *(-s,-)* **1a** uncino *m.*, rampino *m.* **b** *(für Kleider)* gancio *m.*, ganghero *m.*: ***den Mantel an, auf einen ~ hängen*** appendere il cappotto a un gancio **c** *(an Türen)* ganghero *m.* **2** COLLOQ. FIG. difficoltà *f.*, problema *m.*, impedimento *m.*: ***da liegt, sitzt der ~*** questo è il problema; ***die Sache hat einen ~*** ci sono delle difficoltà **3** *(beim Boxen)* gancio *m.*: ***rechter, linker ~*** gancio destro, sinistro **4** VENAT. zanna *f.* ◆ ***ein Fahrzeug auf (an) den ~ nehmen*** rimorchiare, trainare un veicolo; SPORT GERG. ***mit ~ und Ösen*** con ogni mezzo; ***einen ~ schlagen*** fare uno scarto improvviso; FIG. fare un voltafaccia. **Ha|ken|büch|se** f. *(-,-n)* archibugio *m.* **ha|ken|för|mig** agg. uncinato, (fatto) a uncino, a rampino, a forma di gancio. **Ha|ken|kreuz** n. *(-es,-e)* croce *f.* uncinata, svastica *f.* **Ha|ken|na|se** f. *(-,-n)* naso *m.* adunco. **Ha|ken|pflug** m. *(-[e]s,-pflüge)* aratro *m.* a chiodo. **Ha|ken|schlüs|sel** m. *(-s,-)* chiave *f.* a gancio (*o* a falce, a dente). **Ha|ken|stan|ge** f. *(-,-n)* pertica *f.* uncinata. **Ha|ken|ver|schluss** m. *(-es,-verschlüsse)* chiusura *f.* a gancio (nei vestiti). **Ha|ken|wurm** m. *(-[e]s,-würmer)* anchilostoma *m.* **Ha|ken|zahn** m. *(-[e]s,-zähne)* ZOOL. dente *m.* canino; *(vom Pferd)* scaglione *m.* **ha|kig** agg. → **hakenförmig. Häk|lein** n. *(-s,-)* → **Häkchen.**

Ha|la|li n. *(-s,-s* e *-)* VENAT. hallalì *m.*

halb I agg. **1a** mezzo, metà f. (di): ***ein -er Tag*** mezza giornata; ***auf -em Weg, auf -er Strecke*** a metà strada; ***sein -es Vermögen*** metà del suo patrimonio; ***drei und eine -e Meile, drei[und]einhalb Meilen*** tre miglia e mezza **b** inv. *(mit geographischen Namen ohne Artikel)* ***~ Rom, Europa*** mezza Roma, mezz'Europa **c** *(bei Zeitangaben)* ***alle -e[n] Stunden*** ogni mezz'ora; ***um ~ sieben*** alle sei e mezzo (*o* mezza); ***es hat ~ geschlagen*** è suonata la mezza **2** FIG. *(unvollständig)* mezzo, incompleto: ***eine -e Wahrheit*** una mezza verità **3** FIG. *(fast)* mezzo, quasi: ***er ist noch ein -es Kind*** è ancora quasi un bambino; ***~ erfroren*** mezzo congelato; ***~ blind*** semicieco, mezzo cieco; ***~ erstickt*** mezzo soffocato; ***~ fertig*** semilavorato, semifinito; ***~ fest*** semisolido, *(nicht ganz fest)* non fissato completamente; ***~ gar*** poco cotto, mezzo cotto; ***~ leer*** semivuoto, mezzo vuoto; ***~ links*** da, in posizione di mezzala sinistra; ***~ nackt*** seminudo, mezzo nudo; ***~ offen*** semiaperto, DIR. in semilibertà; ***~ rechts*** da, in posizione di mezzala destra; ***~ reif*** mezzo maturo; ***~ tot*** mezzo morto; ***~ verdaut*** mezzo digerito, FIG. indigesto; ***~ verhungert*** mezzo morto di fame; ***~ voll*** mezzo pieno, pieno a metà; ***ein Glas ~ voll gießen*** riempire un bicchiere a metà, riempire mezzo bicchiere; ***~ wach*** mezzo sveglio **4** MUS. ***ein -er Ton*** un semitono **II** avv. (a) mezzo, a metà: ***die Tür öffnete sich ~*** la porta si aprì a metà; ***das Fenster ~ schließen*** socchiudere la finestra; *(unvollständig)* ***etw. ~ tun*** fare qcs. a metà ◆ ***mit -em Auge*** con la coda dell'occhio; ***nur ~ dabei sein*** esserci solo a metà; ***eine -e Ewigkeit*** un'eternità; ***mit -em Herzen*** con poco entusiasmo; ***nichts Halbes und nichts Ganzes (sein)*** essere fatto a metà; ***-e Geschwister*** fratellastri *m.pl.* e/o sorellastre *f.pl.*; ***mit -em Ohr zuhören*** ascoltare con un orecchio solo; ***noch ~ schlafen*** essere ancora mezzo addormentato (*o* semiaddormentato); ***~ so: dieses Haus ist ~ so hoch wie jenes*** questa casa è alta la metà di quella; ***das ist ~ so schlimm*** non è così grave (*o* tanto grave); ***es ist nicht ~ so teuer*** non costa neanche la metà; ***~ so viel*** la metà; COLLOQ. ***(mit jdm) ~ und ~, halbe-halbe machen*** fare a metà con qcn.; ***~ und ~*** mezzo e mezzo, metà e metà: ***~ und ~ entschlossen sein*** essere mezzo deciso; ***~ lachend, ~ weinend*** un po' ridendo, un po' piangendo; ***das macht mich ~ verrückt*** mi fa impazzire; PROV. ***frisch gewagt ist ~ gewonnen*** chi non risica non rosica.

Halb|af|fe m. *(-n,-n)* lemure *m.*, proscimmia *f.* **halb|amt|lich I** agg. ufficioso **II** avv. ufficiosamente, a titolo ufficioso. **Halb|au|to|mat** m. *(-en,-en)* macchina *f.* semiautomatica. **Halb|au|to|ma|tik** f. *(-,-en)* semiautomatismo *m.* **halb|au|to|ma|tisch** agg. semiautomatico. **Halb|bild** n. *(-[e]s,-er)* mezzo busto *m.* **Halb|bil|dung** f. *(-)* cultura *f.* superficiale. **halb|bit|ter** agg. semiamaro, mezzo amaro. **Halb|blut** n. *(-[e]s,-blüter)* **1** *(von Pferden)* mezzosangue *m.* **2** *(Mischling)* mezzosangue *m.*, di sangue misto. **Halb|blü|ti|ge** m. *(-n,-n)* mezzosangue *m.*, di sangue misto. **Halb|bru|der** m. *(-s,-brüder)* fratellastro *m.* **halb|bür|tig** agg. ***-e Geschwister*** fratellastri e/o sorellastre. **halb|dun|kel** agg. semibuio, semioscuro. **Halb|dun|kel** n. *(-s)* semioscurità *f.*: ***im ~ liegen*** essere nella semioscurità. **Hal|be** m., f. e n. *(-n,-n)* COLLOQ. mezzetta *f.*, mezzo litro *m.* (di alcolici). **Halb|edel|stein** m. *(-[e]s,-e)* pietra *f.* dura. **hal|be-hal|be,** COLLOQ. ***~ machen*** → **halb. hal|ber** prep. + gen. (sempre posposta) per, a causa di: ***dringender Geschäfte ~*** per affari urgenti; per, per amor di: ***der Freundschaft ~*** per amicizia. **Halb|er|zeug|nis** n. *(-ses,-se)* → **Halbfabrikat. Halb|esel** m. *(-s,-)* emiono *m.* **Halb|fab|ri|kat** n. *(-[e]s,-e)* (prodotto *m.*) semilavorato *m.*, semifinito *m.* **Halb|fer|tig|wa|re** f. *(-,-n)* → **Halbfabrikat. halb|fett** agg. **1** TIP. (in) neretto, (in) grassetto **2** ALIM. parzialmente scremato. **Halb|fi|na|le** n. *(-s,-)* semifinale *f.* **Halb|fi|na|list** m. *(-en,-en)* semifinalista *m.* **Halb|flie|gen|ge|wicht** n. *(-[e]s,-e)*, **Halb|flie|gen|ge|wicht|ler** m. *(-s,-)* **1** *(beim Ringen/Boxen)* peso *m.* mosca **2** *(beim Gewichtheben)* peso *m.* gallo. **Halb|flüg|ler** m. *(-s,-)* cimice *f.* **Halb|franz** n. *(-)* EDIT. mezza pelle *f.*: ***in ~ binden*** (ri)legare in mezza pelle. **Halb|ge|fro|re|ne** n. *(-n,-n)* semifreddo *m.* **Halb|ge|schoss,** AUSTR. **Halb|ge|schoß** n. *(-es,-e)* ARCH. mezzanino *m.* **Halb|ge|schwis|ter** pl. fratellastri *m.pl.* e/o sorellastre *f.pl.* **Halb|ge|viert** n. *(-s,-e)* TIP. quadratino *m.* **Halb|glat|ze** f. *(-,-n)* mezza pelata *f.* **Halb|gott** m. *(-[e]s,-götter)* semidio *m.* **Halb|heit** f. *(-,-en)* **1** *(Unvollkommenheit)* imperfezione *f.*, incompletezza *f.* **2** *(halbe Maßnahmen)* mezzi termini *m.pl.*, mezze misure *f.pl.*: ***sich mit -en zufrieden geben*** accontentarsi di mezze misure. **halb|her|zig I** agg. scarsamente interessato, poco entusiasta **II** avv. senza molto interesse, con poco entusiasmo. **Halb|her|zig|keit** f. *(-,-en)* scarso entusiasmo *m.*, scarso interesse *m.* **halb|hoch I** agg. di mezza altezza **II** avv. a mezza altezza. **Halb|idi|ot** m. *(-en,-en)* COLLOQ. SPREG. mezzo scemo *m.* **hal|bie|ren I** tr. **1** dividere a metà (*o* in due) **2** *(um die Hälfte verringern)* dimezzare **II** rifl. **sich ~** dimezzarsi. **Hal|bie|rung** f. *(-,-en)* dimezzamento *m.* **Halb|in|sel** f. *(-,-n)* penisola *f.*

Halb|jahr n. *(-[e]s,-e)* semestre *m.*: ***im ersten ~ 1990*** nel primo semestre, nei primi sei mesi del 1990. **Halb|jah|res|bei|trag** m. *(-[e]s,-beiträge)* premio *m.* semestrale (di assicurazione). **Halb|jah|res|kurs** m. *(-es,-e)* corso *m.* semestrale. **halb|jäh|rig** agg. **1** di sei mesi, dell'età di sei mesi: ***ein -es Kind*** un bambino di sei mesi **2** di sei mesi, semestrale: ***ein -er Kurs*** un corso semestrale. **halb|jähr|lich I** agg. semestrale, che avviene ogni sei mesi **II** avv. semestralmente, ogni sei mesi: ***eine Kontrolle ~ durchführen*** eseguire un controllo ogni sei mesi.

Halb|ju|de m. *(-n,-n)* mezzo ebreo *m.* **Halb|ket|ten|fahr|zeug** n. *(-[e]s,-e)* veicolo *m.* semicingolato, semicingolato *m.* **Halb|kon|so|nant** m. *(-en,-en)* semiconsonante *f.* **Halb|kreis** m. *(-es,-e)* semicerchio *m.* **halb|kreis|för|mig** agg. semicircolare, a forma di semicerchio. **Halb|ku|gel** f. *(-,-n)* **1** GEOM. semisfera *f.* **2** GEOGR. emisfero *m.*: ***nördliche, südliche ~*** emisfero boreale, australe. **halb|lang I** agg. **1** di mezza lunghezza; ***-e Ärmel, Haare*** mezze maniche, capelli a mezza lunghezza **2** *(von Lauten)* semilungo **II** avv. a metà lunghezza; ***die Kleider ~ tragen*** portare vestiti a mezza lunghezza ◆ COLLOQ. ***(nun) mach (aber, mal) ~!*** adesso non esagerare! **halb|laut** agg. e avv. a mezza voce. **Halb|le|der** n. *(-s)* legatura *f.* in mezza pelle. **Halb|le|der|band** m. *(-[e]s,-bände)* volume *m.* in mezza pelle. **halb|lei|nen** agg. di mezza tela. **Halb|lei|nen** n. *(-s)* **1** mezza tela *f.* **2** legatura *f.* in mezza tela. **Halb|lei|nen|band** m. *(-[e]s,-bände)* volume *m.* rilegato in mezza tela. **Halb|lein|wand** f. *(-)* → **Halbleinen. Halb|lei|ter** m. *(-s,-)* semiconduttore *m.* **Halb|lin|ke** m. e f. *(-n,-n)* SPORT mezzala *f.* sinistra, interno *m.* sinistro. **halb|mast** avv. a mezz'asta: ***~ flaggen, die Fahnen auf ~ setzen*** issare le bandiere a mezz'asta. **Halb|mes|ser** m. *(-s,-)* MAT. raggio *m.* **Halb|me|tall** n. *(-s,-e)* semimetallo *m.* **halb|me|ter|dick** agg. spesso mezzo metro. **halb|mi|li|tä|risch** agg. paramilitare. **Halb|mo|nats|schrift** f. *(-,-en)* rivista *f.* quindicinale, quindicinale *m.* **Halb|mond** m. *(-[e]s,-e)* mezzaluna *f.* **halb|mond|för|mig I** agg. semilunare, a (forma di) mezzaluna **II** avv. a forma di mezzaluna. **Halb|pacht** f. *(-,-en)* mezzadria *f.* **Halb|päch|ter** m. *(-s,-)* mezzadro *m.* **halb|part,** COLLOQ. ***(mit jdm) ~ machen*** fare a metà (con qcn.). **Halb|pen|si|on** f. *(-)* mezza pensione *f.*: ***Zimmer mit ~*** camera a mezza pensione; ***~ haben*** stare (*o* essere) a mezza pensione; ***~ nehmen*** fare la, una mezza pensione. **Halb|por|zel|lan** n. *(-s,-e)* terraglia *f.* **Halb|pro|dukt** n. *(-[e]s,-e)* semilavorato *m.* **Halb|rech|te** m. e f. *(-n,-n)* SPORT mezzala *f.* destra, interno *m.* destro. **Halb|re|li|ef** n. *(-s,-s* e *-e)* mezzorilievo *m.* **Halb|rock** m. *(-[e]s,-röcke)* sottogonna *f.* **halb|rund** agg. semirotondo; *(halbkreisförmig)* semicircolare. **Halb|rund** n. *(-[e]s,-e)* semicerchio *m.* **Halb|säu|le** f. *(-,-n)* mezza colonnina *f.* **Halb|schat|ten** m. *(-s,-)* penombra *f.* **Halb|schlaf** m. *(-s)* dormiveglia *m.*: ***im ~ liegen*** essere nel dormiveglia. **Halb|schuh** m. *(-[e]s,-e)* scarpa *f.* bassa. **Halb|schwer|ge|wicht** n. *(-[e]s,-e)*, **Halb|schwer|ge|wicht|ler** m. *(-s,-)* peso *m.* medio-massimo. **Halb|schwes|ter** f. *(-,-n)* sorellastra *f.* **Halb|sei|de** f. *(-,-n)* mezza seta *f.* **halb|sei|den** agg. **1** di mezza seta **2** FIG. SPREG. equivoco, dubbio, di dubbia fama: ***ein -es Geschäft*** un affare equivoco. **halb|sei|tig I** agg. **1** che interessa mezzo lato: ***-e Lähmung*** emiplegia **2** *(von Büchern, Zeitungen)* di mezza pagina **II** avv. da mezzo lato: ***~ gelähmt*** emiplegico. **halb|staat|lich** agg. parastatale. **halb|stark** agg. COLLOQ. SPREG. teppista. **Halb|star|ke** m. *(-n,-n)* teppista *m.* **Halb|stie|fel** m. *(-s,-)* stivaletto *m.* **halb|stock(s)** avv. MAR. → **halbmast. Halb|strauch** m. *(-[e]s,-sträucher)* suffrutice *m.* **halb|stün|dig** agg. di mezz'ora. **halb|stünd|lich** agg. e avv. ogni mezz'ora: ***der Bus kommt ~*** l'autobus passa ogni mezz'ora. **Halb|stür|mer** m. *(-s,-)* SPORT mezzala *f.*, centrocampista *m.*

halb|tä|gig agg. di mezza giornata. **halb|täg|lich** agg. e avv. ogni mezza giornata. **halb|tags** avv. (a, per) mezza giornata: ***~ arbeiten, beschäftigt sein*** lavorare a, essere occupato mezza giornata. **Halb|tags|ar|beit** f. *(-,-en)* lavoro *m.* a mezza giornata. **Halb|tags|kraft** f. *(-,-kräfte)* impiegato *m.* a mezza giornata. **Halb|tags|schu|le** f. *(-,-n)* scuola *f.* a orario normale (solo al mattino).

Halb|teil m. e n. *(-s,-e)* → **Hälfte. Halb|ton** m. *(-s,-töne)* **1** MUS. semitono *m.* **2** PITT. mezza tinta *f.* **Halb|to|ta|le** f. *(-,-n)* CINEM. campo *m.* medio. **halb|tro|cken** agg. semisecco, demi-sec. **Halb|vers** m. *(-es,-e)* emistichio *m.* **Halb|vo|kal** m. *(-s,-e)* semivocale *f.* **Halb|wahr|heit** f. *(-,-en)* mezza verità *f.* **Halb|wai|se** f. *(-,-n)* orfano *m.* di padre (*o* di madre). **halb|wegs** avv. **1** *(einigermaßen)* non del tutto, più o meno: ***das ist mir ~ klar*** non mi è del tutto chiaro **2** ANT. *(auf halbem Weg)* a metà strada. **Halb|welt** f. *(-)* demi-monde *m.* **Halb|wel|ter|ge|wicht** n. *(-[e]s,-e)*, **Halb|wel|ter|ge|wicht|ler** m. *(-s,-)* welter *m.* junior. **Halb|werts|zeit** f. *(-,-en)* FIS. tempo *m.* di dimezzamento. **Halb|wis|sen** n. *(-s)* istruzione *f.* superficiale. **Halb|wol|le** f. *(-)* misto *m.* (di) lana. **halb|wol|len** agg. di misto lana. **halb|wüch|sig** agg. adolescente. **Halb|wüch|si|ge** m. *(-n,-n)* adolescente *m.* **Halb|zeit** f. *(-,-en)* SPORT **1** tempo *m.*: ***erste, zweite ~*** primo, secondo tempo **2** *(Pause)* intervallo *m.* **Halb|zeug** n. *(-[e]s,-e)* semilavorato *m.*

Hal|de f. *(-,-n)* **1** pendio *m.*, declivio *m.* **2** MINER. discarica *f.*, cumulo *m.* di scorie ◆ ***auf ~ liegen*** essere (disponibile) a magazzino.

Hälf|te f. *(-,-n)* **1** metà *f.*: ***in der ersten ~ des 19. Jahrhunderts*** nella prima metà del secolo XIX; ***das ist um die ~ billiger*** questo costa la metà; ***die Kosten zur ~ tragen*** sostenere metà dei costi; ***auf der ~ des Weges*** a metà strada; COLLOQ. ***die größere, kleinere ~ vom Kuchen*** la metà più grossa, più piccola della torta **2** SPORT metà *f.* campo: ***die gegnerische ~*** la metà campo avversaria ◆ ***von etw. die ~ abstreichen (können, müssen)*** (poter, dover) credere solo la metà di qcs.; SCHERZ. ***meine bessere, schönere ~*** la mia dolce metà; ***zur ~*** a metà. **hälf|ten** tr. RAR. dimezzare.

1.Half|ter f. *(-,-n)* e n. *(-s,-)* fondina *f.*; *(della sella)* fonda *f.*

2.Half|ter m. e n. *(-s,-)* cavezza *f.* **half|tern** tr. ***das Pferd ~*** mettere la cavezza al cavallo.

hälf|tig I agg. diviso in due parti **II** avv. a metà: ***etw. ~ teilen*** dividere qcs. a metà. **Hälf|tung** f. *(-,-en)* dimezzamento *m.*

Hall m. *(-[e]s,-e)* **1** suono *m.* **2** *(Echo)* eco *f.* e *m.*

Hal|le f. *(-,-n)* **1a** padiglione *m.*: ***unser Stand ist in ~ 2*** il nostro stand è nel padiglione 2 **b** *(Fabrikhalle)* capannone *m.* **2a** *(Empfangshalle)* atrio *m.*, hall *f.* **b** *(Saal)* sala *f.*, salone *m.* **3a** SPORT ***in der ~*** al coperto: ***das Spiel findet in der ~ statt*** la partita si gioca al coperto **b** *(Schwimmhalle)* piscina *f.* al coperto.

Hall|ef|fekt m. *(-[e]s,-e)* effetto *m.* eco.

hal|le|lu|ja inter. alleluia. **Hal|le|lu|ja** n. *(-s,-s)* alleluia *m.*

hal|len intr. (aus. *haben*) risuonare, rimbombare; *(widerhallen)* riecheggiare.

Hal|len|bad n. *(-[e]s,-bäder)* piscina *f.* coperta. **Hal|len|bau** m. *(-s,-ten)* capannone *m.* **Hal|len|kir|che** f. *(-,-n)* chiesa *f.* a sala. **Hal|len|schwimm|bad** → **Hallenbad.**

Hal|len|ser m. *(-s,-)* abitante *m.* di Halle.

Hal|len|sport m. *(-[e]s)* sport *m.* da palestra, praticato al coperto.

Hal|lig f. *(-,-en)* INTRAD. (isola del Mar del Nord coperta dall'alta marea).

Hal|li|gal|li n. *(-s)* COLLOQ. ***~ machen*** darci dentro, festeggiare come si deve: ***gestern Abend haben wir richtig ~ gemacht*** ieri sera abbiamo proprio dato dentro.

Hal|li|masch m. *(-[e]s,-e)* BOT. chiodino *m.*, famigliola *f.*

Hall|jahr n. *(-[e]s,-e)* anno *m.* del giubileo.

hal|lo inter. **1** ehi, ohe: ***~, ist da jemand?*** ehi, c'è qualcuno (là)? **2** *(Meldung am Telefon)* pronto **3** COLLOQ. *(Grußformel)* ciao, salve: ***~, wie geht's?*** ciao, come va? **Hal|lo** n. *(-s,-s)* COLLOQ. strepito *m.*, chiasso *m.*, vocio *m.* allegro: ***jdn mit großem ~ empfangen*** accogliere qcn. con un gran strepito. **Hal|lod|ri** m. *(-s,-s)* REGION. COLLOQ. sventato *m.*, sconsiderato *m.*; *(von Kindern)* discolo *m.*, briccone *m.*

Hall|statt|kul|tur f. *(-)* ARCHEOL. civiltà *f.* di Hallstatt.

Hal|lu|zi|na|ti|on f. *(-,-en)* allucinazione *f.*: ***an, unter -en leiden*** soffrire di allucinazioni. **hal|lu|zi|na|tiv** agg. allucinato. **hal|lu|zi|nie|ren** intr. (aus. *haben*) avere allucinazioni. **hal|lu|zi|no|gen** agg. allucinogeno. **Hal|lu|zi|no|gen** n. *(-s,-e)* MED. allucinogeno *m.*

Halm m. *(-[e]s,-e)* stelo *m.*, gambo *m.*; *(von Getreide)* culmo *m.*; *(von Gras, Stroh)* filo *m.* ◆ ***das Getreide auf dem ~ kaufen*** comprare il grano non ancora mietuto.

Hal|ma n. *(-s)* alma *m.*

Hälm|chen n. *(-s,-)* fuscello *m.*, ramoscello *m.* **Halm|flie|ge** f. *(-,-n)* cloropide *m.* **Halm|frucht** f. *(-,-früchte)* cereale *m.*

Ha|lo m. *(-[s],-s* e *-nen)* FIS. MED. alone *m.*

ha|lo|gen agg. alogeno. **Ha|lo|gen** n. *(-s,-e)* alogeno *m.* **Ha|lo|ge|nid** n. *(-[e]s,-e)* alogenuro *m.* **ha|lo|ge|nie|ren** tr. alogenare. **Ha|lo|gen|lam|pe** f. *(-,-n)* lampada *f.* alogena. **Ha|lo|gen|schein|wer|fer** m. *(-s,-)* faro *m.* alogeno.

Ha|lo|id n. *(-[e]s,-e)* aloide *m.*

Ha|lo|phyt m. *(-en,-en)* alofita *f.*

1.Hals m. *(-es, Hälse)* **1** collo *m.*: ***bis an den, bis zum ~*** fino al collo; FIG. ***bis zum ~ in Arbeit, Schulden stecken*** avere lavoro fin sopra i capelli, essere indebitato fino al collo; ***sich (D) den ~ brechen*** rompersi l'osso del collo; ***den ~ nach etw. (A) strecken, recken, (ver)drehen, sich den ~ verrenken*** storcersi il collo; ***jdm um den ~ fallen*** gettarsi al collo di qcn.; ***der ~ einer Flasche, einer Vase*** il collo di una bottiglia, di un vaso **2** *(Kehle)* gola *f.*: ***einen trockenen, entzündeten ~ haben*** avere la gola secca, infiammata; ***einen rauhen ~ haben*** essere (un po') rauco; ***mein ~ tut weh*** ho mal di gola; ***im ~ stecken bleiben*** rimanere in gola **3** *(von Saiteninstrumenten)* collo *m.*, manico *m.* **4** MED. collo *m.*: ***der ~ der Gebärmutter*** il collo dell'utero ◆ FIG. ***jdm den ~ abschneiden*** mandare in rovina, rovinare qcn.; ***viel am ~ haben*** avere lavoro fin sopra i capelli; ***jdn, etw. am ~ haben*** avere qcs., qcn. a proprio carico (*o* sulle spalle); ***sich die Schwindsucht, die Pest an den ~ ärgern*** guastarsi il sangue, arrabbiarsi; ***jdn, etw. auf dem ~ haben*** → ***jdn, etw. am ~ haben;*** COLLOQ. ***bleib mir (damit) vom ~!*** levati di torno! FIG. ***jdm den ~ brechen*** → ***jdm den ~ abschneiden***; ***etw. in den falschen ~ bekommen*** fraintendere qcs.; ***etw. gerät in den falschen ~*** qcs. va di traverso; COLLOQ. ***einer Flasche den ~ brechen*** tirare il collo a (*o* stappare) una bottiglia; ***sich (D) etw. in den ~ gießen*** → ***sich etw. in den ~ kippen***; COLLOQ. ***es im ~ haben*** avere mal di gola; ***sich (D) jdn, etw. vom ~ halten*** tenere lontano qcn., qcs.; ***das hängt mir zum ~ heraus*** ne ho fin sopra i capelli; ***das Herz schlägt mir bis zum ~ hinauf*** ho il cuore in gola; COLLOQ. ***sich (D) etw. in den ~ kippen*** scolarsi qcs.; ***~ über Kopf*** a rotta di collo, a rompicollo; ***sich ~ über Kopf in etw. (A) stürzen*** buttarsi a testa bassa, tuffarsi in qcs.; ***das kann ihm den ~ kosten*** ciò gli può costare la vita; ***sich um ~ und Kragen bringen*** rischiare la vita; ***den ~ nicht voll genug kriegen können*** → ***den ~ nicht vollkriegen***; ***aus vollem ~ lachen*** ridere a crepapelle; ***sich (D) jdn, etw. auf den ~***

laden farsi carico di (*o* accollarsi) qcn., qcs.; COLLOQ. einen langen ~ machen allungare il collo (per vedere qcs.); sich die Lunge aus dem ~ schreien spolmonarsi, sgolarsi; sich um den, seinen ~ reden rovinarsi (con parole incaute, avventate); seinen ~ riskieren rischiare di rompersi l'osso del collo; FIG. rischiare molto; sich (D) jdn, etw. vom ~ schaffen levarsi qcn., qcs. di torno (*o* di dosso), liberarsi di qcn., qcs.; jdm die Polizei, seinen ärgsten Feind auf den ~ schicken mandare da qcn. la polizia, il suo peggior nemico; aus vollem ~ schreien gridare a squarciagola; die Worte blieben ihm im ~ stecken le parole gli morirono in gola; einen steifen ~ haben avere il torcicollo; bis über den ~ fin sopra i capelli; jdm den ~ umdrehen → jdm den ~ abschneiden; sich nach jdm, etw. den ~ verrenken allungare il collo per vedere qcn., qcs.; den ~ nicht vollkriegen können non averne mai abbastanza, non essere mai sazio; das wächst mir zum ~ heraus, hinauf → das hängt mir zum ~ heraus; FIG. das Wasser steht ihm bis zum, an den ~ ha l'acqua alla gola; sich jdm an den ~ werfen gettarsi al collo di qcn.; FIG. attaccarsi a qcn.

2.Hals m. *(-es,-en)* MAR. **1** angolo *m.* di mura **2** *(Tau)* mura *f.*

Hals|ab|schnei|der m. *(-s,-)* strozzino *m.*, usuraio *m.* **hals|ab|schnei|de|risch** agg. da strozzino. **Hals|aus|schnitt** m. *(-[e]s,-e)* scollatura *f.*, scollo *m.*: ein weiter ~ un'ampia scollatura. **Hals|band** m. *(-[e]s,-bänder)* **1** *(vom Hund)* collare *m.* **2** ANT. collana *f.*, collare *m.* **Hals|ber|ge** f. *(-,-n)* STOR. **1** gorgiera *f.*, goletta *f.* **2** *(Kettenhemd)* corazza *f.* a maglia.

hals|bre|che|risch I agg. **1** *(sehr gewagt)* temerario, spericolato **2** *(lebensgefährlich)* pericoloso, rischioso: eine -e Klettertour una scalata rischiosa **II** avv. a rotta di collo; *(gefährlich)* in modo spericolato: ~ fahren guidare in modo spericolato.

Häls|chen n. *(-s,-)* piccolo collo *m.*

Hal|se f. *(-,-n)* MAR. virata *f.* in poppa.

Hals|ei|sen n. *(-s,-)* STOR. collare *m.* di ferro, gogna *f.*

1.hal|sen tr. RAR. abbracciare.

2.hal|sen intr. (aus. *haben*) MAR. virare di poppa, strambare.

Hals|ent|zün|dung f. *(-,-en)* infiammazione *f.* della gola. **hals|fern** agg. non accollato, dal collo largo: ein -er Kragen un colletto largo. **Hals|ge|richt** n. *(-[e]s,-e)* STOR. tribunale *m.* criminale. **Hals|ket|te** f. *(-,-n)* **1** collana *f.*, catenina *f.* **2** *(Hundehalsband)* collare *m.* **Hals|kra|gen** m. *(-s,-)* **1** colletto *m.*, bavero *m.* **2** *(für Hunde)* collare *m.* elisabetta, elisabetta *f.* **Hals|krau|se** f. *(-,-n)* gorgiera *f.*, collare *m.* **Hals|län|ge** f. *(-,-n)* SPORT incollatura *f.*: um eine ~ zurück liegen essere staccati di un'incollatura. **hals|nah** agg. accollato, (dal collo) stretto. **Hals-Na|sen-Oh|ren-Arzt** m. *(-es,-Ärzte)* otorinolaringoiatra *m.* **Hals-Na|sen-Oh|ren-Heil|kun|de** f. *(-)* otorinolaringoiatria *f.* **Hals|nerv** m. *(-s,-en)* nervo *m.* cervicale. **Hals|schlag|ader** f. *(-,-n)* carotide *f.* **Hals|schmer|zen** pl. mal *m.* di gola: ~ haben avere mal di gola. **Hals|schmuck** m. *(-[e]s)* collana *f.*: ein ~ aus Perlen una collana di perle.

Hals|star|re f. *(-)* torcicollo *m.* **hals|star|rig I** agg. SPREG. testardo, caparbio **II** avv. ostinatamente, caparbiamente. **Hals|star|rig|keit** f. *(-)* SPREG. testardaggine *f.*, caparbietà *f.*

Hals|stück n. *(-[e]s,-e)* ALIM. collo *m.* **Hals|tuch** n. *(-[e]s,-tücher)* foulard *m.*, fazzoletto *m.* (da collo), sciarpa *f.*

Hal|sung f. *(-,-en)* VENAT. collare *m.*

Hals|weh n. *(-s)* COLLOQ. → **Halsschmerzen. Hals|wei|te** f. *(-,-n)* larghezza *f.*, misura *f.* del collo. **Hals|wir|bel** m. *(-s,-)* vertebra *f.* cervicale.

1.halt part.at. REGION. proprio: das ist ~ so! è (proprio) così! da muss man ~ warten! bisogna aspettare! non resta che aspettare!

2.halt inter. alt, stop; *(genug)* basta, alt ◆ MIL. ~! wer da? altolà!

Halt m. *(-[e]s,-e e -s)* **1a** *(Stütze)* sostegno *m.*, appoggio *m.* (anche FIG.) ein moralischer ~ un sostegno morale; bei jdm, in etw. (D) einen ~ suchen cercare appoggio, aiuto presso qcn., in qcs.; an jdm, etw. einen (festen) ~ haben, finden trovare un (sicuro) appoggio in qcn., in qcs. **b** *(Griff)* appiglio *m.*: den ~ verlieren perdere l'appiglio, la presa **2** *(Pause)* sosta *f.*, pausa *f.* ◆ jdm, etw. ~ gebieten porre un freno a qcn., qcs.; ~ machen fermarsi, fare sosta; FIG. vor nichts (und niemandem) ~ machen non fermarsi davanti a nulla (e a nessuno), essere senza scrupoli; vor jdm, etw. nicht ~ machen non fermarsi davanti a qcn., qcs., non risparmiare qcn., qcs.; ohne ~ senza fermarsi.

halt|bar agg. **1** conservabile, inalterabile **2a** *(strapazierfähig)* resistente, robusto: ein -er Überzug una fodera robusta **b** *(von Farben)* indelebile **3** *(glaubhaft)* valido, credibile: -e Gründe argomenti validi **4** MIL. che si può tenere, difendibile: die Stellung war nicht mehr ~ non si poteva più tenere la posizione **5** SPORT parabile ◆ ALIM. lang -e Lebensmittel alimenti a lunga conservazione; Lebensmittel ~ machen conservare alimenti; mindestens ~ bis... da consumarsi preferibilmente entro il... **Halt|bar|keit** f. *(-)* **1** inalterabilità *f.* **2** *(Strapazierfähigkeit)* resistenza *f.*, robustezza *f.* **3** *(Gültigkeit)* validità *f.* **4** MIL. possibilità *f.* di essere difeso (*o* tenuto), RAR. difendibilità *f.*

Hal|te|bo|gen m. *(-s,-)* MUS. legatura *f.* **Hal|te|bucht** f. *(-,-en)* piazzola *f.* **Hal|te|griff** m. *(-[e]s,-e)* **1** sostegno *m.*, appiglio *m.*, maniglia *f.* **2** SPORT immobilizzazione *f.* **Hal|te|gurt** m. *(-[e]s,-e)* cintura *f.* di sicurezza. **Hal|te|li|nie** f. *(-,-n)* linea *f.* d'arresto.

hal|ten *(hält, hielt, gehalten)* **I** tr. **1a** tenere: etw. am Griff ~ tenere qcs. per il manico; jdn an, bei der Hand ~ tenere qcn. per mano; etw. in der Hand, im Arm ~ tenere qcs. in mano, in braccio; halt mir bitte die Tasche tienimi la borsa per favore; etw. über das Feuer ~ tenere qcs. sul fuoco; den Kopf gerade, hoch ~ tenere la testa dritta, alta; das Fenster geschlossen ~ tenere la finestra chiusa; das Auto, die Bücher gut, schlecht ~ tenere bene, male l'auto, i libri; die Vase hält das Wasser nicht il vaso non tiene l'acqua; Abstand, Schritt ~ tenere le distanze, il passo **b** eine Rede, Unterricht ~ tenere un discorso, lezione **c** MUS. den Takt ~ tenere il tempo **d** MIL. eine Position ~ tenere una posizione **e** *(festhalten)* tenere, reggere: die Leiter ~ reggere la scala; FIG. sie konnte ihren Mann nicht ~ non è riuscita a (trat)tenere con sé il marito **f** *(haben)* avere, tenere: (sich) einen Hund ~ tenere un cane; etw. zur Verfügung ~ tenere qcs. a disposizione **2** *(stützen)* sorreggere, sostenere: das Regal wird von zwei Dübeln gehalten lo scaffale è sorretto da due tasselli **3** *(aufhalten)* trattenere, fermare: haltet ihn! fermatelo! ich will dich nicht länger ~ non voglio trattenerti più a lungo; was hält dich hier? che cosa ti trattiene qui? **4** *(achten)* osservare, rispettare: die Gesetze ~ rispettare le leggi; Diät ~ osservare (*o* fare) una dieta **5** *(einhalten)* mantenere: ein Versprechen, sein Wort ~ mantenere una promessa, la propria parola; eine Verbindung, einen Kontakt ~ mantenere un legame, un contatto **6** *(beibehalten)* mantenere: Ordnung, Frieden, die Wärme ~ mantenere l'ordine, la pace, il calore; jdn am Leben ~ mantenere qcn. in vita; etw. in Spannung, Bewegung, Gang ~ mantenere qcs. in tensione, in movimento, tenere qcs. in moto; die Temperatur auf 0° ~ mantenere la temperatura a 0°; das hält fit, jung mantiene in forma, giovane **7** *(innehaben)* detenere: einen Rekord ~ detenere un record **8** *(führen)* gestire, tenere: einen Laden ~ gestire un negozio **9** *(behandeln)* trattare: jdn gut, streng ~ trattare bene, con severità qcn. **10** celebrare: Gottesdienst, Hochzeit ~ celebrare la messa, un matrimonio **11** SPORT parare **12a** *(beurteilen)* ritenere, giudicare, considerare: jdn für intelligent ~ giudicare qcn. intelligente; er hält dich für seinen Freund ti considera amico suo; etw. für angebracht, falsch, unmöglich ~ ritenere qcs. opportuno, sbagliato, impossibile; jdn hoch ~ stimare qcn. **b** *(denken)* pensare: was hältst du davon? che cosa ne pensi? che cosa ne dici? **c** *(verwechseln)* jdn für jdn anders ~ scambiare, prendere qcn. per qcn.; wofür ~ Sie mich? per chi mi prende? **II** intr. (aus. *haben*) **1** *(anhalten)* fermarsi: das Auto hielt plötzlich l'auto si fermò improvvisamente; ~ Sie bitte hier si fermi qui per favore **2** *(stehen bleiben)* sostare, fermarsi: der Bus musste lange, einen Moment ~ l'autobus dovette fermarsi a lungo, un momento **3** *(achten)* tenere, tenerci: auf Ordnung ~ tenere all'ordine; sie hält viel auf Etikette ci tiene molto all'etichetta **4** *(nicht entzwei gehen)* tenere: das Eis, der Leim hält il ghiaccio, la colla tiene; wird das Seil ~? la corda terrà? **5a** *(dauern)* durare, tenere: ihre Ehe hielt nicht lange il loro matrimonio non durò a lungo; die Frisur hat nicht lange gehalten la pettinatura non ha tenuto a lungo **b** tenere, reggere: das Material hält nicht il materiale non tiene **6** *(bewerten, beurteilen)* avere considerazione: von jdm, etw. wenig, viel ~ avere poca, molta considerazione di qcn., qcs. **7** *(von Waffen)* mirare, puntare: nach links, auf etw. (A) ~ mirare a sinistra, su qcs. **III** rifl. **sich ~ 1a** *(sich festhalten)* tenersi, reggersi: sich am Geländer ~ reggersi al mancorrente; sich auf den Beinen ~ reggersi sulle gambe; *(sich stützen)* appoggiarsi, sorreggersi (anche FIG.) **b** FIG. tenersi: sich abseits ~ tenersi in disparte; sich verborgen, bereit ~ tenersi nascosto, pronto; sich im Gleichgewicht, in Grenzen ~ tenersi in equilibrio, nei limiti; sich rechts ~ tenersi a destra; sich gerade ~ stare, tenersi diritto; das Flugzeug hält sich in 10 000 m Höhe l'aereo si tiene a 10 000 m di quota **c** *(Richtung nehmen)* procedere: sich ostwärts ~ procedere verso est **2a** mantenersi: sich jung, gesund ~ mantenersi giovani, in salute; sich bei Kräften ~ mantenersi in forze; das schöne Wetter hält sich si mantiene il bel tempo **b** conservarsi (anche FIG.): das Fleisch hält sich zwei Tage la carne si conserva per due giorni; sie hat sich für ihr Alter gut gehalten per la sua età si è conservata bene **3** *(sich aufhalten)* trattenersi: ***er hält sich hier eine Woche*** si trattiene qui una settimana **4** *(sich beherrschen)* trattenersi, frenarsi: ***sich vor Lachen nicht mehr ~ können*** non riuscire a trattenersi dal ridere **5** *(sich wenden)* ***sich an jdn ~*** rivolgersi a qcn.; FIG. appoggiarsi a qcn. **6** attenersi: ***sich an die Gesetze, an die Tatsachen, an den Vertrag ~*** attenersi alla legge, ai fatti, al contratto **7** ***sich (D) etw. ~*** avere, possedere qcs.; *(sich leisten)* permettersi, concedersi qcs.; ***sich kein Auto ~*** non potersi permettere un'auto ◆ ***für wie alt ~ Sie mich?*** quanti anni mi dà? ***an sich ~*** controllarsi, dominarsi; ***auf etw., sich ~*** tener(ci) molto a qcs., alla propria persona; ***auf etw. zu ~*** dirigersi verso qcs.; ***wie muss man es damit ~?*** come ci si deve regolare? COLLOQ. ***dicht ~*** tacere; ***etw. in Ehren ~*** onorare qcs.; ***jdn kurz ~*** dare pochi soldi a qcn.; ***jdn auf dem Laufenden ~*** tenere qcn. al corrente; ***etw. ans Licht ~*** avvicinare qcs. alla luce; COLLOQ. ***es mit jdm ~*** parteggiare per qcn., stare dalla parte di qcn.; *(ein Liebesverhältnis haben)* intendersela, avere una relazione con qcn.; ***Mittagsschlaf ~*** fare la pennichella; ***halt den Mund!*** chiudi la bocca! sta' zitto! ***jdm etw. unter die Nase ~*** mettere qcs. sotto il naso a qcn.; ***mit jdm, etw. Schritt ~*** tenere il passo con qcn., qcs.; ***Selbstgespräche ~*** parlare tra sé e sé; ***das hält keine acht Tage*** = questo dura da Natale a Santo Stefano; ***Wache ~*** essere attento, fare attenzione; MIL. montare di guardia; ***sich die Waage ~*** equilibrarsi; FIG. ***sich über Wasser ~*** tenersi a galla; ***das kannst du ~, wie du willst*** puoi pensare cosa vuoi, cosa ti pare; ***Winterschlaf ~*** essere in letargo; ***wir wissen nicht, woran wir uns ~ sollen*** non sappiamo come regolarci, che pesci pigliare; ***sich eine Zeitung ~*** essere abbonato ad un giornale; ***was das Zeug hält*** a più non posso; ***zu jdm ~*** stare dalla parte di qcn. **Hal|ten** n. *(-s)* il fermarsi, arresto *m.* fermata *f.* ◆ ***etw. zum ~ bringen*** fermare, arrestare qcs.; ***~ verboten*** divieto di fermata.

Hal|te|platz m. *(-es,-plätze)* area *f.* di sosta. **Hal|ter** m. *(-s,-)* **1** *(Stiel)* manico *m.* **2** *(Stütze)* sostegno *m.* **3** *(Federhalter)* cannello *m.* **4** *(Strumpfhalter)* reggicalze *m.* **5** *(Büstenhalter)* reggiseno *m.* **6** *(Fahrzeug-, Tierhalter)* proprietario *m.*

hal|tern tr. fissare (a un supporto). **Hal|te|rung** f. *(-,-en)* **1** fissaggio *m.*, attacco *m.* **2** *(Stütze)* supporto *m.*, sostegno *m.*

Hal|te|schwung m. *(-[e]s,-schwünge)* SPORT derapata *f.* **Hal|te|seil** n. *(-[e]s,-e)* **1** cavo *m.* di fissaggio, di ancoraggio **2** MAR. cavo *m.* di ormeggio. **Hal|te|stel|le** f. *(-,-n)* fermata *f.* (del tram, bus): ***an einer ~ einsteigen, aussteigen*** salire, scendere a una fermata. **Hal|te|tau** n. *(-[e]s,-e)* → **Halteseil. Hal|te|ver|bot** n. *(-[e]s,-e)* **1** divieto *m.* di sosta **2** *(Bereich)* area *f.* con divieto di sosta. **Hal|te|ver|bots|schild** n. *(-[e]s,-er)* segnale *m.* di divieto di sosta.

halt|los agg. **1** privo di ritegno; *(labil)* labile **2** *(wankelmütig)* volubile, incostante, instabile **3a** *(unbegründet)* infondato, inconsistente: ***ein -es Gerücht*** una voce infondata **b** *(unhaltbar)* insostenibile. **Halt|lo|sig|keit** f. *(-)* **1** volubilità *f.*, incostanza *f.*, instabilità *f.* **2** *(Unbegründetheit)* infondatezza *f.*, inconsistenza *f.* **Halt|schild** n. *(-[e]s,-er)* ANT. segnale *m.* di stop.

Hal|tung f. *(-,-en)* **1** *(Körperhaltung)* portamento *m.*, MED. postura *f.*: ***eine gerade, aufrechte ~*** un portamento eretto **2** posizione *f.*: ***in unbequemer, gebückter ~*** in posizione scomoda, curva **3a** *(Auftreten, innere Einstellung)* atteggiamento *m.*: ***eine autoritäre, drohende ~ einnehmen*** assumere un atteggiamento autoritario, minaccioso; ***eine konservative, fortschrittliche ~ haben*** avere un atteggiamento conservatore, progressista **b** *(Verhalten)* contegno *m.*, comportamento *m.*: ***eine vorbildliche ~*** un contegno esemplare **4** *(Beherrschtheit)* (auto)controllo *m.*, contegno *m.*: ***die ~ bewahren, verlieren*** mantenere, perdere il controllo **5** *(Tierhaltung)* allevamento *m.* **Hal|tungs|feh|ler** m. *(-s,-)* **1** MED. difetto *m.* di postura **2** SPORT posizione *f.* scorretta

Halt|ver|bot n. *(-[e]s,-e)* → **Halteverbot.**

Ha|lun|ke m. *(-n,-n)* farabutto *m.*, mascalzone *m.*; SCHERZ. *(Schlingel)* briccone *m.*, birbone *m.* **Ha|lun|ken|streich** m. *(-[e]s,-e)* mascalzonata *f.*; SCHERZ. bricconata *f.*, bricconeria *f.*

Häm n. *(-s)* eme *m.*

Häm|an|gi|om n. *(-s,-e)* emangioma *m.* **Hä|ma|tin** n. *(-s)* ematina *f.* **Hä|ma|tit** m. *(-s,-e)* ematite *f.* **Hä|ma|to|lo|gie** f. *(-)* ematologia *f.* **hä|ma|to|lo|gisch** agg. ematologico. **Hä|ma|tom** n. *(-s,-e)* ematoma *m.* **Hä|mat|u|rie** f. *(-,-n)* ematuria *f.*

Ham|burg n.pr.n. *(-s)* Amburgo *f.*

1.Ham|bur|ger I m. *(-s,-)* amburghese *m.*, abitante *m.* di Amburgo **II** agg.inv. amburghese, di Amburgo: ***der ~ Hafen*** il porto di Amburgo.

2.Ham|bur|ger ['hæmbə:gə] m. *(-s,- e -s)* hamburger *m.*

ham|bur|gern intr. (aus. *haben*) parlare come gli amburghesi. **ham|bur|gisch** agg. amburghese, di Amburgo.

Hä|me f. *(-)* cattiveria *f.*, malignità *f.*; malizia *f.*

Hä|min n. *(-s,-s)* emina *f.*

hä|misch I agg. maligno, perfido; malizioso: ***ein -es Grinsen*** un perfido sogghigno **II** avv. malignamente; maliziosamente.

Ha|mit m. *(-en,-en)* camita *m.* **ha|mi|tisch** agg. camitico.

Ham|let n.pr.m. Amleto *m.*

Ham|mel m. *(-s,-)* **1** montone *m.* castrato, castrato *m.* **2** *(Hammelfleisch)* carne *f.* di (montone) castrato **3** *(Dummkopf)* babbeo *m.*, scemo *m.*: ***blöder ~!*** stupido babbeo! **Ham|mel|bein** n. *(-[e]s,-e)* zampa *f.* di (montone) castrato ◆ COLLOQ. ***jdm die -e langziehen*** tirare le orecchie a qcn., riprendere qcn.; COLLOQ. ***jdn bei den -en nehmen, kriegen*** dare una lavata di capo (*o* una strigliata) a qcn. **Ham|mel|bra|ten** m. *(-s,-)* arrosto *m.* di (montone) castrato, montone *m.* arrosto. **Ham|mel|her|de** f. *(-,-n)* **1** gregge *m.* di montoni **2** FIG. SPREG. branco *m.* di pecoroni. **Ham|mel|keu|le** f. *(-,-n)*, **Ham|mel|schle|gel** m. *(-s,-)* cosciotto *m.* di castrato, di montone. **Ham|mel|sprung** m. *(-[e]s,-sprünge)* INTRAD. (tipo di votazione in uso presso il parlamento tedesco).

Ham|mer m. *(-s, Hämmer)* **1** martello *m.*; *(aus Holz)* mazzuolo *m.* **2** *(vom Klavier)* martelletto *m.* **3** *(an der Tür)* batacchio *m.*, battaglio *m.*, battente *m.* **4** ANAT. martello *m.* **5a** SPORT martello *m.* **b** GERG. *(wuchtiger Schuss)* cannonata *f.* **6** ANT. *(Hammerwerk)* ferriera *f.* **7a** COLLOQ. *(großartige Sache)* cannonata *f.*: ***der Film ist ein ~*** il film è una cannonata **b** *(Unverschämtheit)* vergogna *f.*: ***die Steuererhöhung ist einfach ein ~!*** l'aumento delle tasse è semplicemente una vergogna! **c** *(grober Fehler)* svarione *m.*, errore *m.* grossolano: ***im Diktat sind einige Hämmer*** nel dettato ci sono alcuni errori grossolani ◆ ***zwischen ~ und Amboss sein*** essere tra l'incudine e il martello; COLLOQ. ***einen ~ haben*** essere un po' svitato; POL. ***~ und Sichel*** falce e martello; ***unter den ~ kommen*** essere messo all'asta; ***etw. unter den ~ bringen*** mettere all'asta.

häm|mer|bar agg. malleabile. **Häm|mer|chen** n. *(-s,-)* martelletto *m.* **Ham|mer|hai** m. *(-[e]s,-e)* pesce *m.* martello. **Ham|mer|kla|vier** m. *(-s,-e)* ANT. pianoforte *m.*, forte-piano *m.* **Ham|mer|kopf** m. *(-[e]s,-köpfe)* testa *f.* del martello. **Häm|mer|lein** n. *(-s,-)* martelletto *m.* **häm|mern I** intr. (aus. *haben*) **1** battere con il martello, martellare **2a** *(klopfen)* picchiare: ***an, gegen die Tür ~*** picchiare (*o* bussare forte) alla porta **b** FIG. battere: ***mir hämmert das Herz vor Aufregung*** mi batte il cuore dall'emozione **3** pestare: ***auf dem Klavier, auf der Schreibmaschine ~*** pestare sul pianoforte, sulla macchina da scrivere **II** tr. **1** lavorare a martello, martellare: ***Kupfer, Blech ~*** martellare il rame, la lamiera **2** *(kunstlos spielen)* strimpellare ◆ COLLOQ. ***jdm etw. in den Schädel ~*** mettere qcs. in testa a qcn.; SPORT GERG. ***den Ball ins Tor ~*** tirare in porta con forza. **Häm|mern** n. *(-s)* martellatura *f.*; martellamento *m.* **Ham|mer|schlag** m. *(-[e]s,-schläge)* martellata *f.*, colpo *m.* di martello **Ham|mer|schmied** m. *(-[e]s,-e)* ANT. fabbro *m.* (di ferriera). **Ham|mer|schmie|de** f. *(-,-n)* → **Hammerwerk. Ham|mer|wer|fen** n. *(-s)* SPORT lancio *m.* del martello. **Ham|mer|wer|fer** m. *(-s,-)* SPORT lanciatore *m.* di martello, martellista *m.* **Ham|mer|werk** n. *(-[e]s,-e)* **1** ferriera *f.* **2** *(im Klavier)* meccanica *f.* (dei martelletti). **Ham|mer|wurf** m. *(-[e]s, -würfe)* → **Hammerwerfen. Ham|mer|ze|he** f. *(-,-n)* MED. dito *m.* a martello.

Hä|mo|di|a|ly|se f. *(-,-n)* emodialisi *f.* **Hä|mo|glo|bin** n. *(-s)* emoglobina *f.* **Hä|mo|glo|bin|u|rie** f. *(-)* emoglobinuria *f.* **Hä|mo|ly|se** f. *(-,-n)* emolisi *f.* **Hä|mo|phi|lie** f. *(-,-n)* emofilia *f.* **Hä|mor|rha|gie** f. *(-,-n)* emorragia *f.* **hä|mor|rho|i|dal, hä|mor|ri|dal** agg. emorroidale. **Hä|mor|rho|i|den, Hä|mor|ri|den** pl. emorroidi *f.pl.* **Hä|mos|ta|se** f. *(-,-n)* emostasi *f.* **Hä|mo|zyt** m. *(-en,-en)* emocito *m.*

Ham|pe|lei f. *(-,-en)* dimenio *m.* **Ham|pel|mann** m. *(-[e]s,-männer)* marionetta *f.*, burattino *m.* (anche FIG.): ***jdn zu seinem ~ machen, einen ~ aus jdm machen*** fare di qcn. un burattino. **ham|peln** intr. (aus. *haben*) COLLOQ. agitarsi, dimenarsi.

Hams|ter m. *(-s,-)* criceto *m.* **Hams|ter|ba|cke** f. *(-,-n)* FAM. guancia *f.* paffuta. **Hams|te|rer** m. *(-s,-)* COLLOQ. accaparratore *m.* **Hams|ter|kauf** m. *(-[e]s,-käufe)* accaparramento *m.* **hams|tern** tr. ***etw. ~*** accaparrare qcs.

Hand f. *(-, Hände)* **1** mano *f.*: ***jdm die ~ geben, reichen, drücken*** dare, porgere, stringere la mano a qcn.; ***sich die Hände schütteln, geben*** stringersi, darsi la mano; ***sich (D) die Hände waschen*** lavarsi le mani; ***jdn an die, bei der ~ nehmen*** condurre qcn. per mano (anche FIG.); ***etw. zur ~ nehmen*** prendere in mano qcs.; ***etw. in der ~, in seinen Händen halten*** tenere qcs. in mano, nelle proprie mani; ***jdn bei der ~ fassen, halten*** prendere, tenere qcn. per mano; ***die Hände falten, ringen*** congiungere, torcersi le mani; ***Hände hoch!*** mani in alto! **2** *(Handschrift)* scrittura *f.*: ***eine schöne, unleserliche ~ haben*** avere una bella scrittura, una scrittura illeggibile

3 SPORT *(Handspiel)* fallo *m.* di mano 4 *(Maßangabe;* pl. *Hand)* palmo *m.*: eine ~ breit largo un palmo; manciata *f.*: eine ~ voll Münzen una manciata di spiccioli ◆ sich die ~ für jdn, etw. abhacken, abschlagen lassen → die ~ ins Feuer legen; man kann es sich an beiden Händen abfingern, abzählen lo si può intuire facilmente; seine Hände von jdm abziehen smettere di dare il proprio appoggio a qcn.; an jds ~ con l'aiuto di qcn.; jdn an der ~ haben avere qcn. a portata di mano; um jds ~ anhalten → um jds ~ bitten; bei etw. (selbst mit) ~ anlegen dare una mano in qcs.; jdm in die ~, Hände arbeiten dare una mano a qcn., fare il gioco di qcn.; ~ in ~ arbeiten lavorare gomito a gomito; COLLOQ. tausend Mark auf die ~ mille marchi sull'unghia; seine ~ aufhalten accettare una mancia; jdm etw. aus der ~ nehmen togliere qcs. di mano a qcn.; aus der hohlen ~ heraus su due piedi; (jdm) aus der ~ fressen *(von Tieren)* mangiare dalle mani (di qcn.); FIG. essere servile; mit den Händen essen mangiare con le mani; etw. bei der ~ haben avere qcs. a mano (*o* a portata di mano); er bekommt jdn, etw. in die ~, in die Hände gli capita qcn., qcs. tra le mani; die bessere Hand la mano destra; aus bester ~ di fonte molto autorevole; ANT. um jds ~ bitten chiedere la mano di qcn.; ~ drauf! qua la mano! jdm etw. in die ~ drücken far scivolare qcs. in mano a qcn., dare di nascosto qcs. a qcn.; aus erster ~ di prima mano; jdm in die Hände fallen cadere nelle mani di qcn.; in festen Händen sein essere (sentimentalmente) legati; mit fester ~ con mano ferma; für jdn, etw. die ~ ins Feuer legen metter la mano sul fuoco per qcn., qcs.; die flache ~ il palmo della mano; ihm geht alles flott von der ~ → ihm geht alles leicht von der ~; freie ~ geben, lassen, haben dare, lasciare, avere carta bianca; aus freier ~ a mano libera; für vier Hände a quattro mani; ~ und Fuß haben essere ben fatto (*o* ben pensato); weder ~ noch Fuß haben non avere né capo né coda; sich mit Händen und Füßen verständlich machen farsi capire a gesti; sich mit Händen und Füßen gegen jdn, etw. sträuben, wehren difendersi da qcn., qcs. con le unghie e coi denti; seine ~ darauf geben dare la propria parola su qcs.; jdm etw. an die ~ geben mettere qcs. a disposizione di qcn.; etw. aus der ~ geben rinunciare a qcs.; FIG. mir sind die Hände, Hände und Füße gebunden ho le mani legate, sono legato mani e piedi; jdm bei etw. an die ~ gehen dare una mano a qcn. in qcs.; von ~ zu ~ gehen passare di mano in mano; durch jds ~, Hände gehen passare fra le mani di qcn.; ~ in ~ gehen camminare mano nella mano (*o* tenendosi per mano); FIG. mit etw. ~ in ~ gehen andare di pari passo con qcs., accompagnare qcs.; jdm in bestimmter Weise von der ~ gehen essere svolto (*o* eseguito) da qcn. in un certo modo; ihm geht alles leicht von der ~ riesce a fare tutto facilmente; eine glückliche ~ bei etw. haben avere la mano felice in qcs.; als Lehrer hat er keine glückliche ~ come insegnante non è portato; das steht in Gottes ~ lo sa il cielo; das ist mit den Händen zu greifen si può toccare con mano, è evidente; eine grüne ~ haben avere il pollice verde; in guten Händen sein essere in buone mani; jdn in der ~ haben tenere qcn. in pugno; sich in der ~ haben dominarsi, controllarsi; alle Hände über jdn halten avere gran cura di qcn.; seine Hände auf etw. halten tenere d'occhio qcs.; etw. in Händen halten disporre di qcs.; das Heft in der ~ haben tenere le redini; sein Herz in die ~ nehmen essere molto coraggioso; ~ aufs Herz! siamo sinceri! seine ~ hinhalten → seine ~ aufhalten; eine hohle ~ haben essere corruttibile; in die Hände klatschen applaudire; klebrige Hände haben avere le mani lunghe; jdm in die Hände kommen arrivare, capitare nelle mani di qcn.; den Kopf in die Hände stützen tenersi la testa fra le mani; die Hände über den Kopf zusammenschlagen levare le mani al cielo; AUSTR. ANT. küss die ~! bacio le mani! riverisco! von langer ~ vorbereitet preparato da lungo tempo; jdm die ~ (zum Bund) fürs Leben reichen offrire la propria mano a qcn., sposare qcn.; mit leeren Händen a mani vuote; die ~ an etw. (A) legen metter mano a qcs.; die letzte ~ an etw. legen dare l'ultima mano (*o* gli ultimi ritocchi) a qcs.; ~ an sich legen suicidarsi; seine ~ auf etw. legen mettere le mani su (*o* impossessarsi di) qcs.; etw. in jds ~, Hände legen affidare qcs. a qcn. (*o* alle mani di qcn.); etw. aus der ~ legen mettere da parte, riporre qcs.; ihm geht alles leicht von der ~ gli riesce tutto facilmente; aus der ~ lesen leggere la mano; in jds ~ liegen essere in potere di qcn., dipendere da qcn.; auf der ~ liegen toccarsi con mano, essere evidente; zwei linke Hände haben essere maldestro; FIG. etw. mit der linken ~ machen fare qcs. con la mano sinistra; zur linken ~, linker ~ a sinistra; eine lockere, lose ~ haben essere manesco; eine milde ~ haben → eine offene ~ haben; mit der ~ geschrieben scritto a mano; von der ~ in den Mund leben vivere alla giornata; etw. in die ~ nehmen occuparsi di qcs.; eine offene ~ haben avere la mano larga (*o* essere largo di mano); die öffentliche ~ il potere pubblico; aus privater ~ da privati; jds rechte ~ sein essere il braccio destro di qcn.; zur rechten ~, rechter ~ a destra; FIG. sich einander die ~ reichen können essere fatti della stessa pasta; FIG. reine Hände haben avere le mani pulite; keine ~ rühren non muovere un dito; jdm rutscht die ~ aus gli scappa la mano (e dà uno schiaffo a qcn.); mit sanfter ~ delicatamente; FIG. saubere Hände haben → reine Hände haben; in schlechte Hände geraten capitare in cattive mani; jdm die Hände schmieren corrompere qcn.; schmutzige Hände haben avere le mani sporche (anche FIG.); sich die Hände nicht schmutzig machen non sporcarsi le mani (anche FIG.); die schöne ~ → die bessere Hand; die Hände in den Schoß legen riposarsi; *(sich untätig verhalten)* stare con le mani in mano; seine schützende ~ über jdn halten proteggere qcn.; die ~ vor den Augen nicht sehen können non riuscire a vedere a un palmo dal naso; wir sind in seiner ~ gli siamo (*o* ci ha) in pugno; bei etw. sichere ~ haben avere la mano sicura in qcs.; bei etw. die ~, die Hände im Spiel (mit) haben avere le mani in pasta; jdm etw. in die ~, in die Hände spielen procurare qcs. a qcn., far pervenire qcs. nelle mani di qcn.; in die Hände spucken lavorare di gran lena, darci dentro; mit starker ~ → mit fester ~; in jds ~ stehen → in jds ~ liegen; die Hände auf der Tasche halten tenere stretti i cordoni della borsa; jdn auf Händen tragen portare qcn. in palmo di mano; zu treuen Händen a mani fidate; alle, beide Hände voll zu tun haben avere molto da fare, essere molto impegnato; in jds ~, Hände übergehen passare nelle mani (*o* in possesso) di qcn.; etw. unter den Händen haben avere qcs. per (*o* tra) le mani; etw. unter der Hand verkaufen vendere qcs. sottobanco; jdm die Hände versilbern → jdm die Hände schmieren; jdm etw. in die ~ versprechen promettere solennemente qcs. a qcn.; zu vier Händen a quattro mani; mit vollen Händen a piene mani; von ~ genäht cucito a mano; von jds ~ per mano di qcn.; von ~ zu ~ gehen passare di mano in mano; hinter vorgehaltener ~ in segreto; seine Hände in Unschuld waschen lavarsene le mani; eine ~ wäscht die andere una mano lava l'altra; Hände weg! giù le mani! etw. von der ~ weisen rifiutare qcs.; zu Händen Herrn M. alla cortese attenzione del sig. M.; mit beiden Händen zugreifen cogliere al volo; etw. zur ~ haben → etw. bei der ~ haben; zur ~ sein essere a portata di mano; aus zweiter ~ di seconda mano.

Hand|ab|stim|mung f. *(-,-en)* 1 TECN. sintonizzazione *f.* manuale 2 votazione *f.* per alzata di mano. **Hand|ab|wehr** f. *(-)* parata *f.* di mano. **Hand|ab|zug** m. *(-[e]s,-abzüge)* TIP. FOT. copia *f.* (fatta) a mano. **Hand|än|de|rung** f. *(-,-en)* SVIZZ. passaggio *m.* di proprietà (terriera). **Hand|an|trieb** m. *(-[e]s)* comando *m.* manuale. **Hand|ap|pa|rat** m. *(-[e]s,-e)* 1 *(im Telefon)* cornetta *f.*, ricevitore *m.* 2 → **Handbibliothek.**

Hand|ar|beit f. *(-,-en)* 1 lavoro *m.* manuale 2 *(handgearbeiteter Gegenstand)* manufatto *m.* 3 *(Näharbeit)* cucito *m.* 4 SCOL. → **Handarbeitsunterricht** ◆ in ~ hergestellt fatto a mano. **hand|ar|bei|ten** intr. (aus. *haben*) fare lavori di cucito. **Hand|ar|bei|ter** m. *(-s,-)* lavoratore *m.* manuale. **Hand|ar|beits|ge|schäft** n. *(-[e]s,-e)* merceria *f.* **Hand|ar|beits|korb** m. *(-[e]s,-körbe)* cestino *m.* da lavoro. **Hand|ar|beits|un|ter|richt** m. *(-[e]s)* SCOL. lezione *f.* di lavoro manuale.

Hand|auf|he|ben n. *(-s)* alzata *f.* di mano: durch ~ abstimmen votare per alzata di mano. **Hand|auf|le|gen** n. *(-s)*, **Hand|auf|le|gung** f. *(-)* imposizione *f.* delle mani.

Hand|ball m. *(-[e]s,-bälle)* 1 *(Spiel)* palla *f.* a mano 2 *(Ball)* pallone *m.* per la palla a mano. **Hand|bal|len** m. *(-s,-)* (eminenza *f.*) tenar *m.* **Hand|bal|ler** m. *(-s,-)* COLLOQ. → **Handballspieler.** **Hand|ball|spiel** n. *(-[e]s)* (gioco *m.* della) palla *f.* a mano. **Hand|ball|spie|ler** m. *(-s,-)* giocatore *m.* di palla a mano.

Hand|be|cken n. *(-s,-)* lavandino *m.* **Hand|beil** n. *(-[e]s,-e)* accetta *f.*, scure *f.* **Hand|be|sen** m. *(-s,-)* scopino *m.*, granatina *f.* **Hand|be|trieb** m. *(-[e]s)* 1 → **Handantrieb** 2 COLLOQ. SCHERZ. masturbazione *f.* **hand|be|trie|ben** agg. azionato a mano. **Hand|beu|ger** m. *(-s,-)* flessore *m.* della mano. **Hand|be|we|gung** f. *(-,-en)* 1 movimento *m.* della mano 2 *(Handzeichen)* gesto *m.* (*o* cenno *m.*) della mano. **Hand|boh|rer** m. *(-s,-)* trapano *m.* a mano. **Hand|brau|se** f. *(-,-n)* docciatore *m.* **hand|breit** I agg. largo un palmo II avv. un palmo: das Fenster ~ öffnen aprire la finestra di un palmo. **Hand|breit** f. *(-,-)* palmo *m.*: eine, zwei ~ höher sein essere un palmo, due palmi più alto; keine ~ weichen non cedere nemmeno di un palmo. **Hand|brem|se** f. *(-,-n)* freno *m.* a mano: die ~ ziehen, lösen tirare, togliere il freno a mano. **Hand|buch** n. *(-[e]s,-bücher)* manuale *m.*: ein ~ für den Computer un manuale per il computer.

Händ|chen n. *(-s,-)* manina *f.* ◆ ~ halten tenersi (teneramente) per mano; COLLOQ. **~ haltend** tenendosi per mano; **für etw. ein ~ haben** essere portati per qcs. **Händ|chen|hal|ten** n. *(-s)* COLLOQ. il tenersi per mano.

Hand|cre|me f. *(-,-s)* crema *f.* per le mani. **Hand|druck** m. *(-[e]s,-e)* stampa *f.* a mano. **Hän|de|druck** m. *(-[e]s,-drücke)* stretta *f.* di mano: **ein warmer ~** una calorosa stretta di mano; **sich mit ~ verabschieden** congedarsi con una stretta di mano. **Hän|de|klat|schen** n. *(-s)* battimani *m.*

1.Han|del m. *(-s)* **1** commercio *m.*: **~ und Gewerbe** commercio e industria; **~ treiben** esercitare il commercio; **~ treibend** dedito al commercio, che esercita il commercio: **ein ~ treibendes Volk** un popolo di commercianti (*o* STOR. di mercanti); **in den ~ kommen** entrare, essere messo in commercio; **einen schwunghaften ~ mit etw. anfangen** avviare un fiorente commercio di qcs.; **etw. in den ~ bringen** mettere in commercio qcs.; **etw. aus dem ~ ziehen** mettere qcs. fuori commercio; **nicht mehr im ~ sein** non essere più in commercio; **~ mit dem Ausland (be)treiben** commerciare con l'estero; **~ mit Gebrauchtwagen, mit Waffen** commercio in auto usate, traffico d'armi **2** *(Laden)* negozio *m.*, rivendita *f.*: **ein kleiner ~ mit Wein** una piccola rivendita di vini **3** *(Vereinbarung)* affare *m.*, transazione *f.*: **einen ~ abschließen, rückgängig machen** concludere, annullare un affare ◆ **mit jdm in den ~ kommen** entrare in affari con qcn.; ANT. **~ und Wandel** gli affari, il commercio.

2.Han|del m. *(-s, Händel)* lite *f.*: **Händel mit jdm haben, suchen** avere una, cercare la lite con qcn.; *(Rauferei)* zuffa *f.*, rissa *f.*: **mit jdm in Händel geraten** azzuffarsi con qcn.

Hand|elf|me|ter m. *(-s,-)* rigore *m.* dovuto a un fallo di mano.

han|deln I intr. (aus. *haben*) **1** agire: **recht, weislich ~** agire bene, saggiamente; **an jdm, gegen jdn schlecht, als Freund ~** agire male, da amico nei confronti di qcn. **2a** *(Handel treiben)* commerciare: **mit, in Lederwaren, Wein ~** commerciare in pellami, in vini; **im Großen, im Kleinen ~** commerciare all'ingrosso, al minuto (*o* al dettaglio); **mit dem Ausland ~** commerciare con l'estero **b** *(illegal)* trafficare: **mit Waffen ~** trafficare in armi **3** *(feilschen)* (con)trattare, mercanteggiare: **um den Preis ~** trattare sul prezzo; **er lässt mit sich nicht ~** con lui non si può trattare **4a über ein Thema ~** trattare (*o* parlare di) un argomento **b** *(zum Thema haben)* **von etw.** (o **über etw. [A])** **~** trattare di qcs.; **der Film handelt vom Leben Michelangelos** il film tratta della vita di Michelangelo **II** tr. passivo **gehandelt werden 1** venire trattato, essere venduto: **der Weizen wird zu 22 DM den Zentner gehandelt** il grano viene trattato a 22 marchi il zentner; **die Aktien werden an der Börse gehandelt** le azioni sono trattate in borsa **2** FIG. *(betrachtet werden)* venire considerato: **er wird als der neue Nachfolger gehandelt** viene dato come nuovo successore **III** rifl. impers. trattarsi: **worum handelt es sich?** di che si tratta? **es handelt sich um ein großes Problem** si tratta di un problema grosso; **es kann sich nur noch um Sekunden, Minuten ~** è una questione di secondi, minuti.

Han|dels|ab|kom|men n. *(-s,-)* accordo *m.* commerciale. **Han|dels|agent** m. *(-en,-en)* agente *m.* commerciale (*o* di commercio). **Han|dels|aka|de|mie** f. *(-,-n)* AUSTR. istituto *m.* tecnico commerciale. **Han|dels|ar|ti|kel** m. *(-s,-)* → **Handelsware. Han|dels|at|ta|ché** [-ata'ʃe:] m. *(-s,-s)* addetto *m.* commerciale (di ambasciata). **Han|dels|aus|tausch** m. *(-[e]s)* scambi *m.pl.* commerciali, ECON. interscambio *m.* **Han|dels|bank** f. *(-,-en)* banca *f.* commerciale (*o* di commercio). **Han|dels|be|richt** m. *(-[e]s,-e)* rapporto *m.* (*o* relazione *f.*) commerciale. **Han|dels|be|schrän|kung** f. *(-,-en)* restrizione *f.* (*o* limitazione *f.*) al commercio. **Han|dels|be|trieb** m. *(-[e]s,-e)* azienda *f.* (*o* impresa *f.*) commerciale. **Han|dels|be|zeich|nung** f. *(-,-en)* denominazione *f.* commerciale. **Han|dels|be|zie|hung** f. *(-,-en)* rapporto *m.* (*o* relazione *f.*) commerciale. **Han|dels|bi|lanz** f. *(-,-en)* **1** bilancio *m.* (di un'impresa commerciale) **2** *(eines Landes)* bilancia *f.* commerciale. **Han|dels|bör|se** f. *(-,-n)* borsa *f.* merci. **Han|dels|brief** m. *(-[e]s,-e)* lettera *f.* commerciale. **Han|dels|bü|cher** pl. libri *m.pl.* contabili (*o* commerciali). **han|dels|ei|nig, han|dels|eins, ~ sein, werden** essere d'accordo, accordarsi (per una transazione commerciale). **Han|dels|em|bar|go** n. *(-s,-s)* embargo *m.* (commerciale). **han|dels|fä|hig** agg. commerciabile; *(von Wertpapieren)* negoziabile. **Han|dels|fir|ma** f. *(-,-firmen)* ditta *f.* commerciale. **Han|dels|flot|te** f. *(-,-n)* flotta *f.* mercantile. **Han|dels|frei|heit** f. *(-)* libertà *f.* di commercio, libero commercio *m.* **han|dels|gän|gig** agg. **-e Ware** merce corrente. **Han|dels|ge|hil|fe** m. *(-n,-n)* → **Handlungsgehilfe. Han|dels|ge|richt** n. *(-[e]s,-e)* tribunale *m.* commerciale. **han|dels|ge|richt|lich I** agg. del (*o* relativo al) tribunale commerciale **II** avv. **~ eingetragen** iscritto presso il tribunale commerciale. **Han|dels|ge|schäft** n. *(-[e]s,-e)* **1a** impresa *f.* (*o* azienda *f.*) commerciale **b** *(Geschäft)* negozio *m.* **2** *(Rechtsgeschäft)* affare *m.*, operazione *f.* commerciale. **Han|dels|ge|sell|schaft** f. *(-,-en)* società *f.* commerciale ◆ **offene ~** società in nome collettivo. **Han|dels|ge|setz** n. *(-es,-e)* legge *f.* commerciale. **Han|dels|ge|setz|buch** n. *(-[e]s)* codice *m.* commerciale. **Han|dels|ge|wer|be** n. *(-s)* attività *f.* commerciale. **Han|dels|gut** n. *(-[e]s,-güter)* merce *f.*, mercanzia *f.* **Han|dels|ha|fen** m. *(-s,-häfen)* porto *m.* mercantile. **Han|dels|haus** n. *(-es,-häuser)* casa *f.* commerciale (*o* di commercio). **Han|dels|kam|mer** f. *(-,-n)* camera *f.* di commercio. **Han|dels|kauf** m. *(-[e]s,-käufe)* compravendita *f.* (commerciale). **Han|dels|ket|te** f. *(-,-n)* **1** catena *f.* di, della distribuzione **2** *(Zusammenschluss von Geschäften)* catena *f.* (commerciale). **Han|dels|klas|se** f. *(-,-n)* categoria *f.*, qualità *f.* (della merce): **frische Eier, ~ A** uova fresche di categoria A. **Han|dels|kom|pa|nie** f. *(-,-n)* → **Handelsgesellschaft. Han|dels|kor|res|pon|dent** m. *(-en,-en)* corrispondente *m.* commerciale. **Han|dels|kor|res|pon|denz** f. *(-,-en)* corrispondenza *f.* commerciale. **Han|dels|krieg** m. *(-[e]s,-e)* guerra *f.* commerciale. **Han|dels|kri|se** f. *(-,-n)* crisi *f.* commerciale. **Han|dels|leh|rer** m. *(-s,-)* insegnante *m.* di materie commerciali. **Han|dels|mak|ler** m. *(-s,-)* mediatore *m.* di commercio. **Han|dels|mann** m. *(-[e]s,-leute* e RAR. *-männer)* ANT. (venditore *m.*) ambulante *m.* **Han|dels|ma|ri|ne** f. *(-,-n)* marina *f.* mercantile. **Han|dels|mar|ke** f. *(-,-n)* marchio *m.* commerciale, di fabbrica. **Han|dels|mi|nis|ter** m. *(-s,-)* ministro *m.* del commercio. **Han|dels|mi|nis|te|ri|um** n. *(-s,-ministerien)* ministero *m.* del commercio. **Han|dels|mis|si|on** f. *(-,-en)* DIPL. missione *f.* commerciale. **Han|dels|na|me** m. *(-ns,-n)* **1** ragione *f.* sociale **2** → **Handelsmarke. Han|dels|or|ga|ni|sa|ti|on** f. *(-,-en)* organizzazione *f.* (*o* ente *m.*) commerciale. **Han|dels|po|li|tik** f. *(-)* politica *f.* commerciale. **han|dels|po|li|tisch** agg. della politica commerciale. **Han|dels|rech|nung** f. *(-,-en)* fattura *f.* commerciale. **Han|dels|recht** n. *(-[e]s)* diritto *m.* commerciale. **han|dels|recht|lich** agg. di (*o* relativo al) diritto commerciale. **Han|dels|re|gis|ter** n. *(-s,-)* registro *m.* delle imprese: **ins ~ eintragen** iscrivere nel registro delle imprese. **Han|dels|rei|sen|de** m. *(-n,-n)* commesso *m.* viaggiatore, piazzista *m.* **Han|dels|schiff** n. *(-[e]s,-e)* nave *f.* mercantile. **Han|dels|schiff|fahrt** f. *(-)* navigazione *f.* mercantile. **Han|dels|schran|ken** pl. restrizioni *f.pl.* al commercio. **Han|dels|schu|le** f. *(-,-n)* scuola *f.* (*o* istituto *m.*) commerciale; *(früher)* (scuole *f.pl.*) commerciali *f.pl.* **Han|dels|schü|ler** m. *(-s,-)* allievo *m.* di istituto commerciale. **Han|dels|span|ne** f. *(-,-n)* margine *m.* di guadagno (*o* di utile). **Han|dels|stadt** f. *(-,-städte)* città *m.* commerciale. **Han|dels|stand** m. *(-[e]s)* (ceto *m.* dei) commercianti *m.pl.* **Han|dels|stra|ße** f. *(-,-n)* via *f.* commerciale. **han|dels|üb|lich** agg. d'uso commerciale, secondo gli usi commerciali.

Hän|del|sucht f. *(-)* ANT. litigiosità *f.* **hän|del|süch|tig** agg. ANT. litigioso; *(raufsüchtig)* rissoso. **Hän|del|süch|tig|keit** f. *(-)* ANT. litigiosità *f.*; *(Raufsüchtigkeit)* rissosità *f.*

Han|dels|un|ter|neh|men n. *(-s,-)* impresa *f.* commerciale. **Han|dels|ver|bin|dung** f. *(-,-en)* relazione *f.* commerciale. **Han|dels|ver|kehr** m. *(-s)* scambi *m.pl.* (*o* traffici *m.pl.*) commerciali. **Han|dels|ver|mitt|ler** m. *(-s,-)* intermediario *m.* commerciale, mediatore *m.* d'affari. **Han|dels|ver|trag** m. *(-[e]s,-verträge)* accordo *m.* commerciale; *(zwischen Staaten)* trattato *m.* commerciale. **Han|dels|ver|tre|ter** m. *(-s,-)* rappresentante *m.* commerciale (*o* di commercio). **Han|dels|ver|tre|tung** f. *(-,-en)* rappresentanza *f.* (commerciale). **Han|dels|vo|lu|men** pl. volume *m.* degli scambi (commerciali) con l'estero. **Han|dels|wa|re** f. *(-,-n)* articolo *m.* commerciale, merce *f.* **Han|dels|weg** m. *(-[e]s,-e)* **1** via *f.* commerciale **2** *(Handelskette)* catena *f.* di, della distribuzione. **Han|dels|wert** m. *(-[e]s,-e)* valore *m.* commerciale. **Han|dels|we|sen** n. *(-s)* commercio *m.* **Han|dels|wis|sen|schaf|ten** pl. scienze *f.pl.* commerciali. **Han|dels|zei|chen** n. *(-s,-)* → **Handelsmarke. Han|del|trei|ben|de** m. *(-n,-n)* commerciante *m.*, STOR. mercante *m.*

hän|de|rin|gend I agg. che si torce le mani **II** avv. **1** torcendosi le mani **2** *(verzweifelt)* disperatamente, come un disperato. **Hän|de|schüt|teln** n. *(-s)* stretta *f.* di mano. **Hän|de|wa|schen** n. *(-s)* il lavarsi le mani.

Hand|fe|ger m. *(-s,-)* REGION. → **Handbesen. Hand|fer|tig|keit** f. *(-,-en)* manualità *f.*, abilità *f.* manuale. **Hand|fes|seln** pl. manette *f.pl.*: **jdm ~ anlegen** ammanettare qcn., mettere le manette a qcn. **hand|fest** agg. **1** robusto, grosso: **eine -e Person** una persona robusta **2** *(nahrhaft)* sostanzioso **3a** *(gewichtig)* di particolare peso, grosso: **ein -er Skandal** un grosso scandalo **b** *(deutlich)* chiaro, evidente, palese: **-e Beweise, Lügen** evidenti prove, bugie.

Hand|fes|te f. *(-,-n)* STOR. documento *m.* **Hand|feu|er|lö|scher** m. *(-s,-)* estintore *m.* a mano. **Hand|feu|er|waf|fe** f. *(-,-n)* arma *f.* da fuoco portatile. **Hand|flä|che** f. *(-,-n)* palmo *m.* della mano. **Hand|flüg|ler** m. *(-s,-)* pipistrello *m.* **Hand|gas** n. *(-es)* manetta *f.* del gas: ***das ~ betätigen*** azionare la manetta del gas. **hand|ge|ar|bei|tet** agg. lavorato (*o* fatto) a mano. **Hand|ge|brauch** m. *(-[e]s)* uso *m.* quotidiano: ***Besteck für den, zum ~*** posate per (*o* da) tutti i giorni; ***Bücher für den ~*** libri di frequente consultazione. **hand|ge|bun|den** agg. rilegato a mano. **hand|ge|druckt** agg. stampato a mano. **hand|ge|fer|tigt** agg. → **handgearbeitet. hand|ge|knüpft** agg. annodato a mano. **Hand|geld** n. *(-[e]s,-er)* **1** caparra *f.*, acconto *m.* **2** MIL. ingaggio *m.* **Hand|ge|lenk** n. *(-[e]s,-e)* (articolazione *f.* del) polso *m.* ◆ ***aus dem ~ (heraus)*** estemporaneamente, improvvisamente; *(mit Leichtigkeit)* con facilità, agevolmente, senza difficoltà; ***ein lockeres, loses ~ haben*** alzare facilmente le mani, essere manesco; ***etw. aus dem ~ schütteln, tun*** fare qcs. con estrema facilità, riuscire bene in qcs. **hand|ge|macht** agg. → **handgearbeitet. hand|ge|mein,** ***(miteinander) ~ werden*** venire alle mani, azzuffarsi. **Hand|ge|men|ge** n. *(-s,-)* zuffa *f.*, tafferuglio *m.*; *(Schlägerei)* rissa *f.*: ***ins ~ kommen*** azzuffarsi, scontrarsi, venire alle mani. **hand|ge|näht** agg. cucito a mano. **Hand|ge|päck** n. *(-[e]s)* bagaglio *m.* a mano. **Hand|ge|päck|auf|be|wah|rung** f. *(-,-en)* deposito *m.* bagagli (a mano). **Hand|ge|rät** n. *(-[e]s,-e)* GINN. piccolo attrezzo *m.* **hand|ge|recht** agg. → **handlich. hand|ge|schöpft** agg. ***-es Papier*** carta fatta a mano. **hand|ge|schrie|ben** agg. scritto a mano, manoscritto. **hand|ge|strickt** agg. **1** fatto a mano: ***ein -er Pullover*** un maglione fatto a mano **2** FIG. *(zusammengeschustert)* dilettantesco, approssimativo. **hand|ge|webt** agg. tessuto a mano. **Hand|gra|na|te** f. *(-,-n)* bomba *f.* a mano.

hand|greif|lich I agg. **1a** *(konkret fassbar)* tangibile, palpabile: ***ein -er Beweis*** una prova tangibile **b** *(sichtbar)* evidente, chiaro, palese **2** *(tätlich)* manesco: ***~ werden*** diventare manesco **II** avv. **1** *(sichtbar)* chiaramente, in modo evidente **2** ***sich ~ auseinandersetzen*** venire alle mani, passare (*o* scendere) a vie di fatto. **Hand|greif|lich|keit** f. *(-,-en)* **1** evidenza *f.*, chiarezza *f.* **2** *(Tätlichkeit)* zuffa *f.*, rissa *f.*: ***es kam zu -en*** si venne alle mani. **Hand|griff** m. *(-[e]s,-e)* **1** impugnatura *f.*; *(Henkel)* manico *m.*; *(Klinke)* maniglia *f.*; *(Kurbel)* manovella *f.*; *(von Motor-, Fahrrädern)* manopola *f.* **2a** *(greifende Bewegung)* presa *f.*: ***ein fester ~*** una presa forte, sicura **b** *(kurze Tätigkeit mit der Hand)* il maneggiare, manipolazione *f.*; mossa *f.*: ***einen falschen ~ tun*** fare una mossa sbagliata; ***jeder ~ muss sitzen*** ogni mossa deve essere perfetta, ben calcolata **c** FIG. *(kleine Mühe)* lavoretto *m.* ◆ ***etw. mit einem ~, mit ein paar -en erledigen*** sbrigare qcs. in quattr'e quattr'otto; ***keinen ~ tun*** non alzare un dito.

hand|groß agg. grande un palmo.

hand|hab|bar agg. maneggevole. **Hand|hab|bar|keit** f. *(-)* maneggevolezza *f.* **Hand|ha|be** f. *(-,-n)* **1** appiglio *m.*, pretesto *m.*: ***eine juristische, gesetzliche ~*** un appiglio giuridico, legale **2** RAR. → **Handgriff. hand|ha|ben** tr. *(handhabt, handhabte, gehandhabt)* **1a** *(Waffe, Gerät)* maneggiare, manipolare: ***etw. geschickt ~*** maneggiare qcs. abilmente **b** *(führen)* manovrare, far funzionare **c** *(gebrauchen)* adoperare, usare **2a** *(Vorschriften, Gesetze)* applicare **b** *(verwalten)* amministrare, gestire. **Hand|ha|bung** f. *(-,-en)* **1a** maneggio *m.*, manipolazione *f.* **b** *(Führung)* manovra *f.*, messa *f.* in funzione **c** *(Gebrauch)* uso *m.*, utilizzo *m.* **2a** *(von Vorschriften, Gesetzen)* applicazione *f.* **b** *(Verwendung)* amministrazione *f.*, gestione *f.*

Hand|har|mo|ni|ka f. *(-,-s e -harmoniken)* fisarmonica *f.*

Han|di|cap → **Handikap. han|di|ca|pen** → **handikapen. Han|di|kap** ['hɛndikɛp] n. *(-s,-s)* handicap *m.*, impedimento *m.*, svantaggio *m.* (anche SPORT). **han|di|ka|pen** tr. ['hɛndikɛpn] handicappare (anche SPORT).

Hand-in-Hand-Ar|bei|ten n. *(-s)* stretta collaborazione *f.* **Hand-in-Hand-Ge|hen** n. *(-s)* l'andare di pari passo.

Hand|kan|ten|schlag m. *(-[e]s,-schläge)* colpo *m.* di taglio (nelle arti marziali). **Hand|kä|se** m. *(-s,-)* INTRAD. (tipo di formaggio). **Hand|kar|ren** m. *(-s,-)* carriola *f.* **Hand|kof|fer** m. *(-s,-)* valigetta *f.*, ventiquattr'ore *f.* **hand|ko|lo|riert** agg. colorato a mano. **Hand|kom|mu|ni|on** f. *(-,-en)* comunione *f.* (eucaristica) ricevuta in mano. **Hand|kur|bel** f. *(-,-n)* manovella *f.* **Hand|kuss** m. *(-es,-küsse)* baciamano *m.*: ***jdn mit einem ~ begrüßen*** salutare qcn. col baciamano ◆ ***etw. mit ~ (an)nehmen, tun*** accettare, fare qcs. molto volentieri. **hand|lang** agg. lungo un palmo.

Hand|lan|ger m. *(-s,-)* **1** manovale *m.* **2** SPREG. *(Büttel)* gregario *m.* **Hand|lan|ger|ar|beit** f. *(-,-en)* lavoro *m.* da gregario. **Hand|lan|ger|dienst** m. *(-[e]s,-e)* complicità *f.*: ***jdm -e leisten, -e für jdn tun*** fare da complice a qcn. **hand|lan|gern** intr. (aus. *haben*) COLLOQ. fare un lavoro da manovale.

Hand|lauf m. *(-[e]s,-läufe)* corrimano *m.*, mancorrente *m.*

Händ|ler m. *(-s,-)* commerciante *m.*: ***ein ~ in Stoffen*** un commerciante in stoffe; ***ambulanter, fliegender ~*** venditore ambulante. **Händ|le|rin** f. *(-,-nen)* commerciante *f.* **Händ|ler|vier|tel** n. *(-s,-)* quartiere *m.* commerciale.

Hand|le|se|kunst f. *(-)*, **Hand|le|sen** n. *(-s)* chiromanzia *f.* **Hand|le|se|rin** f. *(-,-nen)* chiromante *f.* **Hand|le|xi|kon** n. *(-s,-s)* piccola enciclopedia *f.* **hand|lich I** agg. **1** maneggevole: ***ein -es Gerät, Auto*** un apparecchio, un'auto maneggevole **2** SVIZZ. *(tüchtig)* svelto, pronto **II** avv. SVIZZ. *(mit der Hand)* con la mano. **Hand|lich|keit** f. *(-)* maneggevolezza *f.*

Hand|li|nie f. *(-,-n)* linea *f.* della mano. **Hand|li|ni|en|deu|tung** f. *(-,-en)* → **Handlesekunst.**

Hand|lung f. *(-,-en)* **1a** *(Tat)* azione *f.*, atto *m.*: ***eine bewusste, strafbare ~ begehen*** commettere un atto intenzionale, un'azione punibile; ***gerichtliche -en vornehmen*** intraprendere azioni legali **b** ***eine religiöse, feierliche ~*** una funzione, una cerimonia religiosa **2** *(Geschehen)* azione *f.*, intreccio *m.*, trama *f.*: ***die Einheit der ~*** l'unità d'azione **3** ANT. *(Laden)* negozio *m.*, bottega *f.* ◆ ***staatsfeindliche ~*** azione antistatale, contro lo stato; ***eine zoologische ~*** un negozio di animali. **Hand|lungs|art** f. *(-,-en)* → **Handlungsweise. Hand|lungs|be|voll|mäch|tig|te** m. e f. *(-n,-n)* procuratore *m.* (commerciale), mandatario *m.* (commerciale), institore *m.* **hand|lungs|fä|hig** agg. DIR. capace, in grado d'agire. **Hand|lungs|fä|hig|keit** f. *(-)* DIR. capacità *f.* d'agire. **Hand|lungs|frei|heit** f. *(-,-en)* libertà *f.* d'azione. **Hand|lungs|ge|hil|fe** m. *(-n,-n)* DIR. commesso *m.*, impiegato *m.* (di commercio). **hand|lungs|reich** agg. ricco d'azione. **Hand|lungs|rei|sen|de** m. e f. *(-n,-n)* commesso *m.* viaggiatore; *(Vertreter)* rappresentante *m.* e *f.* **hand|lungs|un|fä|hig** agg. DIR. incapace d'agire. **Hand|lungs|un|fä|hig|keit** f. *(-)* DIR. incapacità *f.* d'agire. **Hand|lungs|voll|macht** f. *(-,-en)* procura *f.*, mandato *m.* (commerciale). **Hand|lungs|wei|se** f. *(-,-n)* modo *m.* d'agire.

Hand|ma|le|rei f. *(-,-en)* **1** il dipingere a mano **2** pittura *f.* a mano. **Hand|mehr** n. *(-s)* SVIZZ. maggioranza *f.* (con votazione per alzata di mano). **Hand|or|gel** f. *(-,-n)* ANT. **1** *(Drehorgel)* organino *m.* **2** *(Ziehharmonika)* fisarmonica *f.* **Hand|pfle|ge** f. *(-)* manicure *f.* **Hand|pres|se** f. *(-,-n)* torchio *m.* a mano. **Hand|pup|pe** f. *(-,-n)* burattino *m.* **Hand|rad** n. *(-[e]s,-räder)* MECC. volante *m.*, volantino *m.* **Hand|ram|me** f. *(-,-n)* mazzaranga *f.*, mazzapicchio *m.* **Hand|rei|chung** f. *(-,-en)* **1** aiuto *m.*, assistenza *f.*: ***~ für jdn leisten*** dare una mano a qcn. **2** *(Richtlinie)* direttiva *f.*, norma *f.* **Hand|rü|cken** m. *(-s,-)* dorso *m.* della mano. **Hand|sä|ge** f. *(-,-n)* sega *f.* a mano. **Hand|satz** m. *(-es,-sätze)* composizione *f.* (tipografica) a mano. **Hand|schel|le** f. *(-,-n)* manetta *f.*: ***jdm -n anlegen*** ammanettare qcn., mettere le manette a qcn.; ***jdm -n abnehmen*** togliere le manette a qcn.; ***jdn mit -n abführen*** portare via qcn. in manette. **Hand|schlag** m. *(-[e]s,-schläge)* stretta *f.* di mano: ***jdn, sich, einander durch, per, mit ~ begrüßen*** salutare qcn., salutarsi con una stretta di mano; ***etw. durch ~ besiegeln, bekräftigen*** sigillare qcs. (*o* un accordo riguardo a qcs.) con una stretta di mano ◆ COLLOQ. ***keinen ~ tun*** non alzare un dito. **Hand|schrei|ben** n. *(-s,-)* **1** (scritto *m.*) autografo *m.* **2** ANT. *(Empfehlungsschreiben)* lettera *f.* di raccomandazione.

Hand|schrift f. *(-,-en)* **1** scrittura *f.*, grafia *f.*: ***eine klare, unleserliche ~*** una grafia chiara, illeggibile **2** FIG. mano *f.*: ***die ~ des Künstlers tragen, verraten*** avere, tradire la mano dell'artista **3** *(handgeschriebener Text)* manoscritto *m.* ◆ COLLOQ. FIG. ***eine gute, kräftige ~ haben, schreiben*** picchiare sodo. **Hand|schrif|ten|deu|tung** f. *(-)* grafologia *f.* **Hand|schrif|ten|kun|de** f. *(-)* paleografia *f.* **Hand|schrif|ten|kun|di|ge** m. e f. *(-n,-n)* paleografo *m.* (-a *f.*). **hand|schrift|lich** agg. **1** *(mit der Hand geschrieben)* scritto a mano **2** manoscritto: ***-e Quellen*** fonti manoscritte.

Hand|schuh m. *(-[e]s,-e)* guanto *m.*: ***ein Paar gefütterte -e*** un paio di guanti imbottiti; ***seine -e abstreifen, überstreifen*** sfilarsi, infilarsi i guanti ◆ ***jdn mit seidenen -en anfassen*** trattare qcn. coi guanti; ***den ~ aufnehmen*** raccogliere il guanto, accettare la sfida; ***jdm den ~ hinwerfen, ins Gesicht schleudern, vor die Füße werfen,*** gettare a qcn. il guanto di sfida. **Hand|schuh|fach** n. *(-[e]s,-fächer)* vano *m.* (*o* cassetto *m.*) portaoggetti. **Hand|schuh|ma|cher** m. *(-s,-)* guantaio *m.*

Hand|schutz m. *(-es,-e)* **1** protezione *f.* della mano **2** guanto *m.* (protettivo). **Hand|set|zer** m. *(-s,-)* TIP. compositore *m.* a mano. **hand|sig|niert** agg. autografato, con autografo: ***ein vom Verfasser -es Buch*** un libro autografato dall'autore. **Hand|spie|gel** m. *(-s,-)* specchio *m.* (con manico). **Hand|spiel** n. *(-s,-e)* SPORT fallo *m.* di mano. **Hand|stand** m. *(-[e]s,-stände)* GINN. verticale *f.* (sulle mani): ***einen ~ machen*** fare la verticale. **Hand|streich** m. *(-[e]s,-e)* MIL. colpo *m.* di mano: ***im ~ nehmen*** prendere di sorpresa. **Hand|ta|sche** f. *(-,-n)* borsa *f.*, borsetta *f.* (per signora). **Hand|ta|schen|räu|ber** m. *(-s,-)* borsaiolo *m.* **Hand|tel|ler** m. *(-s,-)* palmo *m.* (*o* palma *f.*) della mano. **Hand|tuch** m. *(-[e]s, -tücher)* **1** asciugamano *m.*: ***ein frisches ~*** un asciugamano pulito **2** COLLOQ. FIG. *(schmales Grundstück)* fazzoletto *m.* ◆ SCHERZ. ***ein schmales ~*** una persona magrissima; COLLOQ. ***das ~ werfen, schmeißen*** gettare la spugna. **Hand|tuch|hal|ter** m. *(-s,-)* portasciugamani *m.* **Hand|um|dre|hen,** ***im ~*** in un batter d'occhio, in un battibaleno. **hand|ver|le|sen** agg. **1** raccolto a mano **2** FIG. SCHERZ. scelto con cura. **Hand|voll** f. *(-,-)* **1** manciata *f.*, manata *f.*: ***eine ~ Rote(r) Johannisbeeren*** una manciata di ribes **2** *(wenige)* pugno *m.*, manipolo *m.*: ***eine ~ Freiwillige(r)*** un pugno di volontari. **Hand|wa|gen** m. *(-s,-)* carriola *f.* **hand|warm I** agg. tiepido **II** avv. ***etw. ~ waschen*** lavare qcs. in acqua tiepida. **Hand|wä|sche** f. *(-)* bucato *m.* a mano. **Hand|we|be|rei** f. *(-,-en)* tessitura *f.* a mano. **Hand|web|stuhl** m. *(-s,-stühle)* telaio *m.* a mano.

Hand|werk n. *(-s,-e)* **1a** mestiere *m.*, ANT. arte *f.*: ***ein ~ ausüben, betreiben, erlernen*** esercitare, praticare, imparare un mestiere; ***ein ~ ergreifen*** intraprendere un mestiere **b** *(Beruf)* mestiere *m.*: ***sein ~ beherrschen, kennen, verstehen*** conoscere il proprio mestiere, FIG. sapere il fatto proprio **2** *(Berufsstand)* artigianato *m.*, artigiani *m.pl.* ◆ ***jdm das ~ legen*** porre fine ai misfatti (*o* alle malefatte) di qcn.; ***jdm ins ~ pfuschen*** rubare il mestiere a qcn., FIG. intromettersi nei fatti altrui. **hand|wer|keln** intr. (aus. *haben*) SCHERZ. fare del bricolage. **Hand|wer|ker** m. *(-s,-)* artigiano *m.* **Hand|wer|ker|schaft** f. *(-)* categoria *f.* degli artigiani. **Hand|wer|ker|stand** m. *(-[e]s)* artigianato *m.* **hand|werk|lich I** agg. **1** artigiano, artigianale **2** *(fachgemäß)* fatto a regola d'arte **II** avv. **1** artigianalmente **2** *(fachgemäß)* a regola d'arte. **Hand|werks|be|trieb** m. *(-[e]s,-e)* azienda *f.* artigiana. **Hand|werks|bur|sche** m. *(-n,-n)* ANT., **Hand|werks|ge|sel|le** m. *(-n,-n)* garzone *m.* artigiano. **Hand|werks|kam|mer** f. *(-,-n)* camera *f.* dell'artigianato, artigianato *m.* **Hand|werks|meis|ter** m. *(-s,-)* artigiano *m.* (diplomato), ANT. mastro *m.*, padrone *m.* di bottega artigiana. **Hand|werks|rol|le** f. *(-,-n)* registro *m.* degli artigiani (alla camera dell'artigianato). **Hand|werks|zeug** n. *(-[e]s)* arnesi *m.pl.* da artigiano; FIG. arnesi del mestiere.

Hand|win|de f. *(-,-n)* argano *m.* a mano. **Hand|wör|ter|buch** n. *(-[e]s,-bücher)* piccolo dizionario *m.* **Hand|wur|zel** f. *(-,-n)* carpo *m.* **Hand|wur|zel|kno|chen** m. *(-s,-)* osso *m.* del carpo. **Hand|zei|chen** n. *(-s,-)* **1** segno *m.* (*o* cenno *m.*, gesto *m.*) della mano **2** *(bei Abstimmung)* alzata *f.* di mano: ***per ~ abstimmen*** votare per alzata di mano **3** *(Unterschrift von Analphabeten)* croce *f.*: ***ein ~ setzen*** mettere una croce.

Han|dy ['hɛndi] n. *(-s,-s)* COLLOQ. telefonino *m.*, cellulare *m.*

Hand|zeich|nung f. *(-,-en)* disegno *m.* a mano libera. **Hand|zet|tel** m. *(-s,-)* volantino *m.*

ha|ne|bü|chen agg. incredibile, inaudito ◆ ***~ lügen*** mentire spudoratamente.

Hanf m. *(-[e]s)* **1** canapa *f.*: ***~ brechen*** raccogliere la canapa **2** → **Hanfsamen. Hanf|bre|che** f. *(-,-n)* maciulla *f.*, gramola *f.* **han|fen, hän|fen** agg. di canapa. **Hanf|dar|re** f. *(-,-n)* **1** stufa *f.* per seccare la canapa **2** *(Tätigkeit)* seccamento *m.* della canapa. **Hanf|garn** n. *(-[e]s,-e)* filo *m.* (*o* filato *m.*) di canapa. **Hanf|lei|nen** n. *(-s,-)*, **Hanf|lein|wand** f. *(-,-wände)* tela *f.* di canapa. **Hänf|ling** m. *(-s,-e)* **1** ORNIT. fanello *m.*, montanello *m.* **2** COLLOQ. SPREG. mingherlino *m.*, stecchino *m.* **Hanf|sa|men** m. *(-s,-)* seme *m.* di canapa. **Hanf|seil** n. *(-[e]s,-e)* corda *f.* di canapa, canapo *m.*

Hang m. *(-[e]s, Hänge)* **1a** *(Abhang)* pendio *m.*, china *f.* **b** versante *m.*: ***der westliche ~ des Berges*** il versante occidentale della montagna **2** *(Tendenz)* inclinazione *f.*, propensione *f.*: ***~ zu etw. haben*** avere la tendenza a fare qcs. **3** GINN. sospensione *f.* **Hang|ab|fahrt** f. *(-,-en)* SPORT discesa *f.* su pendio. **hang|ab|wärts** avv. giù dal pendio, giù dalla china.

Han|gar, Han|gar m. *(-s,-s)* hangar *m.*, aviorimessa *f.*

Hang|brü|cke f. *(-,-n)* viadotto *m.*

Hän|ge|ba|cke f. *(-,-n)* guancia *f.* cascante. **Hän|ge|bahn** f. *(-,-en)* **1** *(für Personen)* funivia *f.* **2** *(für Waren)* teleferica *f.* **Hän|ge|bank** f. *(-,-bänke)* MIN. stazione *f.* esterna. **Hän|ge|bauch** m. *(-[e]s,-bäuche)* ventre *m.* (*o* pancia *f.*) cascante. **Hän|ge|bo|den** m. *(-s,-böden)* soppalco *m.* **Hän|ge|brü|cke** f. *(-,-n)* ponte *m.* sospeso. **Hän|ge|brust** f. *(-,-brüste)*, **Hän|ge|bu|sen** m. *(-s,-)* seno *m.* cadente. **Hän|ge|glei|ten** n. *(-s)* volo *m.* con il deltaplano. **Hän|ge|glei|ter** m. *(-s,-)* deltaplanista *m.* **Hän|ge|lam|pe** f. *(-,-n)* lampada *f.* a sospensione, lampadario *m.* **Hän|ge|lip|pe** f. *(-,-n)* labbro *m.* pendulo. **han|geln I** intr. (aus. *sein*) **1** procedere reggendosi a forza di braccia **2** ALP. procedere a contrasto **II** rifl. ***sich an etw. (D) ~*** procedere appesi a qcs.: ***sich an einem Seil über den Bach ~*** attraversare un ruscello appesi a una fune. **Hän|ge|mat|te** f. *(-,-n)* amaca *f.*

han|gen intr. *(hing, gehangen;* aus. *haben)* REGION. ANT. → **1.hängen** ◆ ***mit Hangen und Bangen*** con grande apprensione.

1.hän|gen intr. *(hing, gehangen;* aus. *haben*, REGION. *sein)* **1** essere appeso: ***am Kleiderhaken, im Schrank ~*** essere appeso all'attaccapanni, nell'armadio; ***die Wäsche hängt auf der Leine*** il bucato è appeso (*o* steso) sul filo; ***das Bild hängt schief*** il quadro è storto **2a** essere attaccato (anche FIG.): ***der Köder hängt am Angelhaken*** l'esca è attaccata all'amo; FIG. ***an jdm, etw. ~*** essere attaccato (*o* affezionato) a qcn., qcs. **b** restare impigliato: ***an einem Strauch ~*** restare impigliato a un cespuglio **c** FIG. ***an jdm, etw. ~*** essere fisso su qcn., qcs.: ***seine Augen hingen an ihr*** il suo sguardo era fisso su di lei **3** pendere: ***die Lampe hängt von der Decke*** la lampada pende dal soffitto; ***nach einer Seite ~*** pendere da un lato **4** *(sich hinauslehnen)* sporgersi: COLLOQ. ***aus dem Fenster ~*** sporgersi dalla finestra **5** *(schweben bleiben)* essere sospeso: ***der Dunst hängt über dem Tal*** la foschia è sospesa sulla valle **6** COLLOQ. *(stocken)* essere pendente (*o* in corso): ***der Prozess hängt noch*** il processo è ancora in corso **7** COLLOQ. *(zurück sein)* essere indietro: ***er hängt in Latein*** è indietro in latino **8** COLLOQ. REGION. ciondolare; *(sich befinden)* trovarsi; *(lange bleiben)* starsene: ***immer im Wirtshaus ~*** starsene sempre in osteria **9** FIG. *(abhängen)* ***das hängt nur an ihm*** dipende solo da lui; ***woran hängt's denn?*** da cosa dipende? **10** *(durch Erhängen getötet werden)* essere (*o* venire) impiccato **11a** ***~ bleiben:*** *(festhängen)* ***an etw. (D) ~ bleiben*** restare attaccato (*o* impigliato) a (*o* in) qcs. **b** COLLOQ. *(stecken bleiben)* fermarsi, arrestarsi **c** ***bei Freunden ~ bleiben*** trattenersi da (*o* presso) amici **d** *(im Gedächtnis bleiben)* ***davon ist mir wenig ~ geblieben*** non mi è rimasto (*o* non ricordo) molto **e** *(von Geld)* restare, rimanere **f** ***die Distel ist am Mantel ~ geblieben*** il cardo è rimasto attaccato al cappotto **g** SCOL. *(sitzen bleiben)* essere bocciato **h** SPORT *(ausscheiden)* essere eliminato **i** ***es bleibt alles an mir ~*** ricade tutto sulle mie spalle ◆ ***sie ~ aneinander*** sono inseparabili; ***an einem Faden ~*** essere appeso a un filo; ***die Haare ~ ihm ins Gesicht*** i capelli gli scendono sul viso; ***an jds Hals, jdm am Hals ~*** abbracciare qcn.; FIG. stare attaccato a qcn.; ***den Kopf ~ lassen*** chinare il capo; FIG. perdersi d'animo, demoralizzarsi, scoraggiarsi; ***den Schwanz ~ lassen*** tenere la coda bassa; ***die Arme ~ lassen*** lasciare penzolare le braccia; FIG. ***er lässt die Arme ~*** gli cascano le braccia; ***die Jacke in der Garderobe ~ lassen*** dimenticare la giacca (appesa) nel guardaroba; ***sich ~ lassen*** lasciarsi andare; ***jdn ~ lassen*** bocciare qcn., *(jdn im Stich lassen)* piantare in asso qcn.; COLLOQ. ***der Anzug hing ihm am Leibe*** l'abito gli stava troppo grande; FIG. ***in der Luft ~*** essere in sospeso; SCHERZ. ***ihm hängt der Magen (bis) in die Kniekehlen*** ha un buco nello stomaco (per la fame); ***im Sessel ~*** stare stravaccato sulla poltrona; COLLOQ. ***an der Strippe, am Telefon ~*** stare attaccato al telefono; ***der Baum hängt voller Früchte*** l'albero è carico di frutti; ***der Schrank hängt voller Kleider*** l'armadio è pieno di vestiti.

2.hän|gen I tr. **1** appendere: ***ein Handtuch an den Haken ~*** appendere un asciugamano al gancio; ***die Bluse zum Trocknen ~*** appendere (*o* stendere) la camicetta ad asciugare **2** *(befestigen)* attaccare: ***den Köder an den Angelhaken ~*** attaccare l'esca all'amo **3** chinare, abbassare: ***den Kopf ~ lassen*** chinare il capo **4** *(erhängen)* impiccare **II** rifl. **sich ~ 1** appendersi: ***sich ans Reck ~*** appendersi alla sbarra; ***sich jdm an den Arm ~*** appendersi al braccio di qcn. **2** attaccarsi (anche FIG.): ***das Kind hängt sich an der Rock der Mutter*** il bambino si attacca (*o* aggrappa) alla gonna della mamma; ***sich ans Leben ~*** attaccarsi alla vita; ***sich an jdn ~*** attaccarsi (*o* affezionarsi) a qcn. **3** inseguire: ***die Polizei hängte sich an den Dieb*** la polizia inseguiva il ladro **4** COLLOQ. *(sich hinauslehnen)* sporgersi: ***sich aus dem Fenster ~*** sporgersi dalla finestra **5** *(sich erhängen)* impiccarsi ◆ SPREG. ***sich in eine Angelegenheit ~*** intromettersi in una faccenda; ***das Herz an jdn, etw. ~*** affezionarsi a qcn., qcs.; ***alles Geld auf den Leib ~*** spendere tutti i soldi in vestiti; ***etw. an den Nagel ~*** gettare qcs. alle ortiche, rinunciare a qcn.; ***etw. über die Schulter ~*** mettere qcs. in spalla; ***sich an die Strippe, ans Telefon ~*** attaccarsi al telefono. **Hän|gen** n. *(-s)* **1** l'appendere **2** *(Befestigen)* l'attaccare **3** *(Erhängen)* impiccagione *f.* ◆ ***mit ~ und Würgen*** con grande fatica, a stento. **hän|gend** p.pres. agg. **1** → **1.hängen 2** sospeso, pensile: ***-e Gärten*** giardini pensili **3** spiovente: ***-e Schultern*** spalle spioventi **4** strapiombante: ***-e Felswände*** pareti rocciose strapiombanti, a strapiombo.

Han|gen|de n. *(-n)* MIN. tetto *m.*

Hän|ge|ohr n. *(-[e]s,-en)* orecchie *f.pl.* pendenti. **Hän|ge|par|tie** f. *(-,-n)* GIOC. partita *f.* (rimasta) in sospeso. **Hän|ger** m. *(-s,-)* **1a** ABBIGL. soprabito *m.* a sacco **b** *(für Kinder)* vestito *m.* a sacco **2** COLLOQ. *(Anhänger)* rimorchio *m.* **Hän|ge|schloss** n. *(-es, -schlösser)* lucchetto *m.* **Hän|ge|schrank** m. *(-[e]s,-schränke)* armadietto *m.* pensile. **Hän|ge|schul|ter** f. *(-,-n)* spalla *f.* curva. **Hän|ge|wei|de** f. *(-,-n)* salice *m.* piangente. **Hän|ge|werk** n. *(-[e]s,-e)* **1** *(von Decken)* capriata *f.* **2** *(von Brücken)* armatura *f.* (sospesa).

hän|gig agg. **1** *(abschüssig)* ripido, scosceso **2** DIR. SVIZZ. *(anhängig)* pendente.

Hang|la|ge f. *(-,-n)* **1** posizione *f.* in pendenza: ***ein Grundstück, ein Haus in ~*** un terreno in pendenza, una casa sul pendio **2** *(Abhang)* pendio *m.* **Hang|tä|ter** m. *(-s,-)* delinquente *m.* recidivo.

Han|ke f. *(-,-n)* anca *f.* (di cavallo).

Han|ni|bal n.pr.m. Annibale *m.*

Han|no|ve|ra|ner I m. *(-s,-)* **1** abitante *m.* di Hannover **2** *(Pferderasse)* hannoveriano *m.* **II** agg.inv. di Hannover.

Hans n.pr.m. Gianni *m.* ◆ ***der Blanke ~*** mare del Nord; ***~ im Glück*** uno nato con la camicia, fortunello; ***~ Guckindieluft*** = persona che camminando non bada a dove mette i piedi; ***~ Hasenfuß*** = pauroso, fifone; ***ich will ~ heißen, wenn...*** mi venga un colpo se...; ***~ Langohr*** asino, somaro; ***~ Liederlich*** = persona di cui non ci si può fidare; ***~ Taps*** persona maldestra; PROV. ***jeder ~ findet seine Grete*** Dio li fa e poi li accoppia.

Han|sa → **Hanse.**

Häns|chen n.pr.n. Giannino *m.* ◆ PROV. ***was ~ nicht lernt, lernt Hans nimmermehr*** cosa non si impara da giovani non si impara più.

Hans|dampf, Hans|dampf m. *(-[e]s,-e)* COLLOQ. ***~ in allen Gassen*** faccendone *m.*

Han|se f. *(-)* STOR. Hansa *f.* **Han|se|at** m. *(-en,-en)* **1** *(von Kaufmann)* membro *m.* della lega anseatica **2** *(Bewohner)* abitante *m.* di una città anseatica. **han|se|a|tisch** agg. anseatico. **Han|se|bund** m. *(-[e]s)* lega *f.* anseatica.

Han|sel, Hän|sel n.pr.m. Giannino *m.*, Nino *m.*: ***~ und Gretel*** Hansel e Gretel. **Hän|se|lei** f. *(-,-en)* beffa *f.*, canzonatura *f.* **hän|seln** tr. prendere in giro, canzonare, beffeggiare.

Han|se|stadt f. *(-,-städte)* città *f.* anseatica. **han|se|städ|tisch** agg. di una città anseatica, anseatico.

Han|si n.pr.m. e f. Gianni *m.*, Gianna *f.*

han|sisch agg. **1** dell'Hansa, anseatico **2** → **hansestädtisch.**

Hansl → **Hansel.**

Hans|narr, Hans|narr m. *(-en,-en)* sciocco *m.*, semplicione *m.*

Hans|wurst m. *(-[e]s,-e* e scherz. *-würste)* **1** INTRAD. (figura comica del teatro tedesco) **2** buffone *m.*, pagliaccio *m.* **Hans|wurs|te|rei** f. *(-,-en)*, **Hans|wurs|ti|a|de** f. *(-,-n)* **1** TEATR. farsa *f.* **2** *(Scherz)* scherzo *m.*, burla *f.*

Han|tel f. *(-,-n)* **1** GINN. peso *m.*, manubrio *m.*: ***mit -n trainieren*** allenarsi con i pesi; ***-n wuchten*** sollevare i pesi **2** *(beim Gewichtheben)* bilanciere *m.* **han|teln** intr. (aus. *haben*) sollevare pesi, fare esercizi con i pesi (*o* con il manubrio).

han|tie|ren intr. (aus. *haben*) **1** *(geschäftig sein)* trafficare: ***am Herd ~*** trafficare ai fornelli **2** *(handhaben)* ***mit etw. ~*** maneggiare qcs. **Han|tie|ren** n. *(-s)* **1** *(Beschäftigung)* occupazione *f.* **2** *(Handhaben)* il maneggiare *m.*

han|tig agg. REGION. **1a** *(bitter)* amaro **b** *(herb)* aspro **2** *(unfreundlich)* scortese.

ha|pe|rig REGION. **I** agg. ristagnante **II** avv. stentatamente. **ha|pern** intr. (aus. *haben*) impers. **1** mancare: ***es hapert am Geld*** mancano i soldi **2** *(nicht klappen)* non farcela, FAM. zoppicare: ***in, mit der Mathematik hapert es bei ihm*** in matematica zoppica, è debole ◆ ***wo hapert's denn?*** dov'è il problema?

hap|lo|id agg. aploide.

Häpp|chen n. *(-s,-)* **1** *(kleiner Happen)* bocconcino *m.* **2** *(Appetithappen)* stuzzichino *m.*

Hap|pen m. *(-s,-)* **1** *(Bissen)* boccone *m.* **2** FIG. affare *m.*: ***ein fetter ~*** un buon affare ◆ ***einen, keinen ~ essen*** mangiare un boccone, non mangiare neppure un boccone.

Hap|pe|ning ['hɛpənɪŋ] n. *(-s,-s)* happening *m.*

hap|pig agg. **1** REGION. *(gierig)* avido; *(gefräßig)* ingordo: ***~ nach etw. sein*** essere ingordo di qcs. **2** COLLOQ. *(stark)* forte, intenso **3** COLLOQ. *(sehr hoch, groß)* esagerato: ***-e Preise*** prezzi esagerati (*o* salati) ◆ ***das ist ein bisschen ~*** questo è un po' troppo.

hap|py ['hɛpi] agg.inv. contentissimo, felicissimo. **Hap|py End, Hap|py|end** ['hɛpi'ɛnt] n. *(-[s],-s)* lieto fine *m.*; ***zu einem ~ kommen*** avere un lieto fine.

hap|rig → **haperig.**

Ha|ra|ki|ri n. *(-[e]s,-s)* harakiri *m.*, karakiri *m.* (anche FIG.): ***~ machen, begehen*** fare harakiri.

Här|chen n. *(-s,-)* *(Körperhaar)* pelino *m.*, peluzzo *m.*

Hard|core|film ['ha:dkɔ:-] m. *(-[e]s,-e)* film *m.* hard-core. **Hard Co|ver, Hard|co|ver** ['ha:d'kʌvə] n. *(-s,-s)* libro *m.* rilegato, hardcover *m.* **Hard-Co|ver-Ein|band** m. *(-[e]s,-Einbände)* copertina *f.* rigida. **Hard Rock** ['ha:d 'rɔk] m. *(-[e])* hard rock *m.*, rock *m.* duro. **Hard|ware** ['ha:dwɛə] f. *(-,-s)* hardware *m.*

Ha|rem m. *(-s,-s)* harem *m.* **Ha|rems|wäch|ter** m. *(-s,-)* eunuco *m.*

hä|ren agg. di crine, pelo.

Hä|re|sie f. *(-,-n)* eresia *f.* **Hä|re|ti|ker** m. *(-s,-)* eretico *m.* **hä|re|tisch** agg. eretico.

Har|fe f. *(-,-n)* **1** arpa *f.*: ***die ~ zupfen, auf der ~ spielen*** pizzicare, suonare l'arpa **2** AGR. arpa *f.*, essiccatoio *m.* per il fieno. **har|fen** intr. (aus. *haben*) arpeggiare, suonare l'arpa. **Har|fe|nist** m. *(-en,-en)* arpista *m.* **Har|fe|nis|tin** f. *(-,-nen)* arpista *f.* **Har|fen|spie|ler,** ANT. **Harf|ner** m. *(-s,-)* → **Harfenist.**

Har|ke f. *(-,-n)* rastrello *m.* ◆ ***jdm zeigen, was eine ~ ist*** mostrare a qcn. come si fa. **har|ken** tr. rastrellare: ***den Gartenweg ~*** rastrellare il viale del giardino; *(wegharken)* ***das Laub vom Rasen ~*** rastrellare via le foglie dal prato; *(sammeln)* ***Heu ~*** rastrellare il fieno.

Har|le|kin m. *(-s,-)* **1** Arlecchino *m.* **2** FIG. buffone *m.*, pagliaccio *m.* **Har|le|ki|na|de** f. *(-,-n)* arlecchinata *f.*, buffonata *f.*, pagliacciata *f.* **har|le|ki|nisch** agg. arlecchinesco, buffonesco.

Harm m. *(-[e]s)* ANT. profonda pena *f.*, afflizione *f.*, affanno *m.*

här|men I tr. affliggere, far soffrire **II** rifl. ***sich (um jdn, etw.) ~*** affliggersi (*o* affannarsi) per qcn., qcs.

harm|los I agg. **1a** *(ungefährlich)* innocuo, inoffensivo: ***ein -es Beruhigungsmittel, Tier*** un tranquillante, un animale innocuo **b** ***eine -e Krankheit, Verletzung*** una malattia non grave, una ferita leggera **2** *(arglos)* privo di malizia, innocente: ***eine -e Frage, Person*** una domanda innocente, persona senza malizia **II** avv. **1** *(ungefährlich)* in modo innocuo (*o* inoffensivo) **2** *(arglos)* senza malizia, innocentemente. **Harm|lo|sig|keit** f. *(-,-en)* **1** *(Ungefährlichkeit)* innocuità *f.* **2** *(Arglosigkeit)* innocenza *f.*, candore *m.*

Har|mo|nie f. *(-,-n)* armonia *f.*: ***in ~ mit jdm, etw. leben*** vivere in armonia con qcn. **Har|mo|nie|leh|re** f. *(-)* MUS. armonia *f.* **har|mo|nie|ren** intr. (aus. *haben*) **1** armonizzare, armonizzarsi: ***die Akkorde, Farben ~ gut miteinander*** gli accordi, i colori si armonizzano bene **2** *(gut miteinander auskommen)* andare d'accordo, intendersi. **Har|mo|nik** f. *(-)* MUS. armonia *f.*

Har|mo|ni|ka f. *(-,-s* e *Harmoniken)* armonica *f.*

har|mo|nisch I agg. **1** FIS. MAT. MUS. armonico **2** FIG. armonioso, armonico **II** avv. **1** armonicamente: ***~ klingen*** essere armonioso **2** FIG. armoniosamente, armonicamente. **har|mo|ni|sie|ren** tr. **1** MUS. armonizzare **2** FIG. armonizzare, rendere armonioso, (far) concordare. **Har|mo|ni|sie|rung** f. *(-,-en)* armonizzazione *f.*

Har|mo|ni|um m. *(-s, Harmonien)* (h)armonium *m.*, RAR. armonio *m.*

Harn m. *(-[e]s,-e)* MED. urina (*o* orina) *f.*: ***~ lassen, ausscheiden*** urinare; ***den ~ halten*** trattenere l'urina. **Harn|bla|se** f. *(-,-n)* vescica *f.* (urinaria). **Harn|drang** m. *(-[e]s)* stimolo *m.* alla minzione; *(pathologisch)* tenesmo *m.* vescicale. **har|nen** intr. (aus. *haben*) urinare, orinare. **Harn|fla|sche** f. *(-,-n)* pappagallo *m.* **Harn|grieß** m. *(-es,-e)* → **Harnsand.**

Har|nisch m. *(-s,-e)* armatura *f.*; *(Panzer)* corazza *f.* ◆ ***jdn in ~ bringen*** mandare in bestia (*o* far uscire dai gangheri) qcn.; ***in ~ geraten*** andare in bestia, uscire dai gangheri; ***in ~ sein*** essere imbestialito.

Harn|las|sen n. *(-s)* urinazione *f.*, minzione *f.* **Harn|lei|ter** m. *(-s,-)* uretere *m.* **Harn|pro|be** f. *(-,-n)* campione *m.* di urina. **Harn|röh|re** f. *(-,-n)* uretra *f.* **Harn|ruhr** f. *(-)* diabete *m.* mellito. **Harn|sand** m. *(-[e]s)* renella *f.* **Harn|säu|re** f. *(-,-n)* acido *m.* urico. **Harn|sper|re** f. *(-)* anuresi *f.*, anuria *f.* **Harn|stein** m. *(-[e]s,-e)* calcolo *m.* delle vie urinarie, urolito *m.* **Harn|stoff** m. *(-[e]s)* urea *f.* **Harn|stren|ge** f. *(-)* → **Harnzwang. harn|trei|bend** agg. diuretico: ***-e Mittel*** diuretici. **Harn|un|ter|su|chung** f. *(-,-en)* analisi *f.* dell'urina. **Harn|ver|gif|tung** f. *(-,-en)* uremia *f.* **Harn|ver|hal|tung** f. *(-,-en)* **1** ritenzione *f.* urinaria **2** *(Ischurie)* iscuria *f.* **Harn|we|ge** pl. vie *f.pl.* urinarie. **Harn|zwang** m. *(-[e]s)* stranguria *f.*

Har|pu|ne f. *(-,-n)* arpione *m.*, fiocina *f.* **Har|pu|nen|ge|schütz** n. *(-es,-e)* lanciafiocina *f.* **Har|pu|nen|ka|no|ne** f. *(-,-n)* cannoncino *m.* lanciafiocine. **Har|pu|nen|wer|fer, Har|pu|nier** m. *(-s,-)* fiociniere *m.*, fiocinatore *m.* **har|pu|nie|ren** tr. arpionare. fiocinare. **Har|pu|nie|rer** → **Harpunier.**

Har|py|ie f. *(-,-n)* arpia *f.*

har|ren intr. (aus. *haben*) ***jds, etw. (auf jdn, etw.) ~*** attendere, aspettare (con ansia, a lungo) qcn., qcs.: ***viele Aufgaben ~ seiner*** lo attendono molti compiti; ***wir ~ ihrer*** la attendiamo. **Har|ren** n. *(-s)* attesa *f.*, LETT. aspettazione *f.*

harsch I agg. **1** ruvido, duro; *(Wind)* gelido **2** → **harschig 3** FIG. *(barsch)* brusco, duro, ruvido **II** avv. bruscamente, duramente. **Harsch** m. *(-es)* neve *f.* crostosa (*o* ghiacciata). **har|schen** intr. (aus. *haben*) diventare crostoso, formare una crosta. **har|schig** agg. ***-er Schnee*** neve crostosa (*o* ghiacciata).

hart I agg. (compar. *härter*, superl. *härtest...*) **1a** duro: ***~ wie Stahl duro*** come l'acciaio; ***-es Brot, Holz, Wasser*** pane, legno duro, acqua dura; ***~ werden*** indurirsi (*o* diventare duro); FIG. indurirsi, incrudelire; ***etw. ~ machen*** indurire (*o* rendere duro) qcs. **b** *(von Eiern)* sodo, duro **c** FIG. *(robust)* ***-e Burschen*** tipi duri **2** *(stabil)* forte, stabile: ***-e Währung*** moneta forte **3a** ***-e Farben*** colori forti (*o* accesi) **b** ***-e Drogen, Getränke*** droghe pesanti, superalcolici **4** *(in Bezug auf die Aussprache)* duro; ***ein -es Italienisch sprechen*** parlare un italiano duro **5a** *(mühevoll)* duro, pesante: ***eine -e Arbeit*** un duro lavoro; ***ein -er Schlag*** un duro colpo **b** *(schwer)* duro, difficile: ***ein -es Leben*** una vita dura **6a** *(streng)* duro, severo: ***-e Urteile, Worte*** giudizi duri, parole dure; ***eine -e Politik, Schule*** una politica dura, una scuola severa; ***gegen sich, jdn, zu jdm ~ sein*** essere duro con se stesso, con qcn. **b** *(vom Winter)* rigido **7** *(heftig, wuchtig)* violento, duro: ***ein -er Aufprall, Kampf*** un duro impatto, combattimento **II** avv. **1** duramente: ***~ arbeiten*** lavorare sodo **2** *(streng)* duramente, severamente: ***jdn ~ anfassen, bestrafen*** trattare, punire duramente qcn. **3** *(heftig, wuchtig)* violentemente, duramente: ***~ aufschlagen*** colpire violentemente, con violenza; ***~ reagieren*** reagire duramente, con durezza; ***~ bremsen*** frenare bruscamente **4** ***~ an (D)*** molto vicino (*o* vicinissimo) a, rasente a: ***~ am Abgrund vorbeifahren*** viaggiare rasentando il burrone, sull'orlo del burrone; FIG. ***~ an der Grenze der Legalität*** ai limiti estremi della legalità **5** ***ein ~ bedrängter Gegner*** un avversario messo alle strette, in grande difficoltà; ***~ gebrannt*** indurito con la cottura; ***~ gefroren*** ghiacciato; ***~ gekocht*** indurito con la cottura, *(von Eiern)* sodo; ***~ gesinnt*** duro (d'animo); FIG. ***~ gesotten*** indurito, insensibile; ***ein ~ gesottener Sünder, Lügner*** un peccatore, un bugiardo incallito (*o* impenitente, incorreggibile); ***~ umkämpft*** aspramente combattuto, conteso ◆ ***das kommt mich ~ an*** mi riesce difficile, per me è duro; ***~ bleiben*** rimanere rigido (sulle proprie posizioni), non cedere, non mollare; ***es geht ~ auf ~*** il gioco si fa duro; ***~ im Nehmen sein*** essere corazzato, avere le spalle larghe; FIG. ***eine -e Nuss*** un osso duro; ***~ auf etw. zuhalten*** puntare dritto su qcs.; ***jdm ~ zusetzen*** mettere alle strette qcn. **Hart|blei** n. *(-[e]s)* piombo *m.* duro (*o* antimoniale).

Här|te f. *(-)* **1a** durezza *f.*: ***die ~ des Stahls*** la durezza dell'acciaio **b** *(Strenge)* ***die ~ des Gesetzes*** la durezza della legge; ***mit äußerster ~ gegen jdn, etw. vorgehen*** procedere con la massima severità nei confronti di qcn. **c** *(Heftigkeit)* ***die ~ des Aufpralls*** la durezza dell'impatto **d** CHIM. ***die ~ des Wassers*** la durezza dell'acqua **2** *(vom Klima)* rigore *m.*: ***die ~ des Winters*** il rigore dell'inverno **3** FIG. grinta *f.*: ***er besitzt für dieses Unternehmen nicht die nötige ~*** non ha la grinta necessaria per quest'impresa **4** *(Stabilität)* stabilità *f.*, solidità *f.*: ***die ~ der deutschen Mark*** la solidità del marco tedesco **5** *(harte Bedingung)* difficoltà *f.*, condizione *f.* difficile: ***die sozialen -n*** le difficili condizioni sociali ◆ COLLOQ. ***das ist die ~!*** questo è troppo! che sfacciataggine! **Här|te|fall** m. *(-[e]s,-fälle)* DIR. caso *m.* di ingiustizia (determinato da rigida applicazione di norme giuridiche). **Här|te|fonds** m. *(-,-)* fondo *m.* per l'assistenza sociale. **Här|te|grad** m. *(-[e]s,-e)* (grado *m.* di) durezza *f.* **Här|te|klau|sel** f. *(-,-n)* DIR. → **Härteparagraph. Här|te|mit|tel** n. *(-s,-)* indurente *m.*

här|ten I tr. indurire; *(Stahl)* temprare **II** intr. (aus. *haben*) indurirsi **III** rifl. **sich ~** RAR. irrobustirsi. **Här|ten** n. *(-s)* → **Härtung.**

Här|te|ofen m. *(-,-öfen)* forno *m.* per tempra. **Här|te|pa|ra|graph** m. *(-en,-en)* DIR. clausola *f.* che mitiga provvedimenti ingiusti. **Här|te|prü|fung** f. *(-,-en)* prova *f.* di durezza. **Här|ter** m. *(-s,-)* → **Härtemittel. Här|te|rei** f. *(-,-en)* reparto *m.* trattamenti termici. **Här|te|ska|la** f. *(-,-s* e *-skalen)* scala *f.* di durezza. **Här|te|stu|fe** f. *(-,-n)* grado *m.* di durezza. **Här|te|test** m. *(-s,-s)* **1** → **Härteprüfung 2** FIG. dura prova *f.*, sfida *f.* **Här|te|ver|fah|ren** n. *(-s,-)* tempra *f.*

Hart|fa|ser f. *(-,-n)* fibra *f.* dura. **Hart|fa|ser|plat|te** f. *(-,-n)* lastra *f.* di truciolato. **Hart|fut|ter** n. *(-s)* granaglie *f.pl.* **Hart|geld** n. *(-[e]s)* monete *f.pl.* **Hart|ge|stein** n. *(-[e]s,-e)* roccia *f.* dura, pietra *f.* dura. **Hart|glas** n. *(-es)* vetro *m.* temprato. **Hart|gum|mi** m. e n. *(-s,-s)* ebanite *f.* **Hart|guss** m. *(-es,-güsse)* getto *m.* in conchiglia. **hart|her|zig** agg. duro di cuore. **Hart|her|zig|keit** f. *(-)* durezza *f.* di cuore. **Hart|holz** n. *(-es,-hölzer)* legno *m.* duro. **hart|hö|rig** agg. **1** ANT. *(schwerhörig)* duro d'orecchio **2** FIG. sordo, insensibile. **Hart|hö|rig|keit** f. *(-)* sordità *f.* (anche FIG.). **Hart|kä|se** m. *(-s,-)* formaggio *m.* duro. **hart|köp|fig I** agg. testardo, testone: ***~ sein*** essere duro di comprendonio **II** avv. testardamente. **Hart|köp|fig|keit** f. *(-)* testardaggine *f.* **hart|lei|big** agg. **1** *(stur)* testardo, ostinato **2** ANT. *(verstopft)* stitico. **Hart|lei|big|keit** f. *(-)* **1** testardaggine *f.*, ostinatezza *f.* **2** ANT. *(Verstopfung)* stitichezza *f.*

Härt|ling m. *(-s,-e)* **1** GEOL. testa *f.* di roccia denudata **2** ANT. agrestino *m.*

Hart|lot n. *(-[e]s,-e)* lega *f.* saldante forte, per brasatura forte. **hart|lö|ten** tr. saldare, brasare forte. **hart|mäu|lig** agg. di bocca dura, duro di bocca (detto di cavalli). **Hart|mäu|lig|keit** f. *(-)* durezza *f.* di bocca (di cavalli). **Hart|me|tall** n. *(-s,-e)* metallo *m.* duro.

hart|nä|ckig I agg. testardo, ostinato, caparbio; ***den Anordnungen -en Widerstand leisten*** opporre un'ostinata resistenza agli ordini; ***ein -er Husten*** una tosse ostinata **II** avv. ostinatamente: ***~ schweigen*** tacere ostinatamente; ***auf etw. (D) ~ bestehen*** ostinarsi in qcs. **Hart|nä|ckig|keit** f. *(-)* **1** testardaggine *f.*, ostinazione *f.*, caparbietà *f.*: ***die ~ seiner Schwester, seiner Verweigerung*** la testardaggine di sua sorella, l'ostinazione del suo rifiuto; *(Verbissenheit)* accanimento *m.* **2** ostinatezza *f.*: ***die ~ der Verkühlung*** l'ostinatezza del raffreddore.

Hart|pa|ckung f. *(-,-en)* scatola *f.* di sigarette (di cartone duro). **Hart|platz** m. *(-es,-plätze)* SPORT campo *m.* di terra battuta. **Hart|rie|gel** m. *(-s,-)* corniolo *m.* **hart|rin|dig** agg. di corteccia dura. **hart|scha|lig** agg. dalla buccia dura. **Hart|spi|ri|tus** m. *(-)* metaldeide *f.*, meta *f.*

Här|tung f. *(-,-en)* **1** indurimento *m.* **2** METALL. tempra *f.* **Här|tungs|bad** n. *(-[e]s,-bäder)* bagno *m.* di tempra.

Hart|wäh|rung f. *(-,-en)* valuta *f.* forte, pregiata.

Hart|wei|zen m. *(-s)* grano *m.* duro. **Hart|wurst** f. *(-,-würste)* salame *m.*

1.Harz n. *(-es,-e)* resina *f.*

2.Harz n.pr.m. *(-es)* Harz *m.*

har|zen I tr. **1** resinare: ***eine Tanne ~*** resinare un abete **2** *(mit Harz bestreichen)* spalmare di resina **II** intr. (aus. *haben*) secernere resina.

Har|zer m. *(-s,-)* **1** abitante *m.* dello Harz **2** → **Harzer Käse. Har|zer Kä|se** m. *(- -s,- -)* INTRAD. (tipo di formaggio magro). **Har|zer Rol|ler** m. *(- -s,- -)* canarino *m.* (dello Harz). **Harz|ge|bir|ge** n. *(-s)* montagne *f.pl.* dello Harz.

harz|hal|tig, har|zig agg. resinoso.

Harz|leim m. *(-s,-e)* colla *f.* di resina. **Harz|säu|re** f. *(-,-n)* acido *m.* resinico (*o* resinolico).

Ha|sard n. *(-s)* → **Hasardspiel** ◆ ***~ spielen*** giocare d'azzardo (anche FIG.). **Ha|sar|deur** [-'døːɐ] m. *(-s,-e)* giocatore *m.* d'azzardo. **Ha|sar|deu|se** [-'døːzə] f. *(-,-n)* giocatrice *f.* d'azzardo. **ha|sar|die|ren** intr. (aus. *haben*) ANT. azzardare, (ar)rischiare. **Ha|sard|spiel** n. *(-[e]s,-e)* **1** gioco *m.* d'azzardo **2** FIG. impresa *f.* rischiosa (*o* arrischiata).

Hasch n. *(-s)* COLLOQ. → **Haschisch.**

Ha|schee n. *(-s,-s)* INTRAD. (piatto di carne tritata o a piccoli pezzi in salsa piccante).

1.ha|schen I tr. acchiappare, acciuffare **II** rifl. GIOC. ***sich (gegenseitig) ~*** acchiapparsi, acciuffarsi **III** intr. (aus. *haben*) ***nach etw. ~*** cercare di afferrare qcs.; FIG. andare a caccia di, essere avido di qcs.

2.ha|schen intr. (aus. *haben*) COLLOQ. fumare hascisc.

Ha|schen n. *(-s)* REGION. (gioco *m.* di) acchiappino *m.*: ***~ spielen*** giocare ad acchiappino, a rincorrersi.

Häs|chen n. *(-s,-)* leprotto *m.*

1.Ha|scher m. *(-s,-)* AUSTR. COLLOQ. povero diavolo *m.*, poveraccio *m.*

2.Ha|scher m. *(-s,-)* COLLOQ. fumatore *m.* di hascisc.

Hä|scher m. *(-s,-)* ANT. sbirro *m.*, sgherro *m.*

ha|schie|ren intr. (aus. *haben*) tritare la carne.

Ha|schisch n. e m. *(-[s])* hascisc *m.*: ***~ rauchen*** fumare hascisc.

Hasch|mich, COLLOQ. ***einen ~ haben*** essere un po' tocco.

Ha|se m. *(-n,-n)* **1** lepre *f.*: ***-n jagen, hetzen*** andare a caccia di lepri, cacciare lepri; ***der ~ hoppelt*** la lepre salta; ***einen -n braten*** cucinare una lepre arrosto; *(Hasengericht)* ***es gibt heute -n*** oggi c'è la lepre **2** REGION. *(Kaninchen)* coniglio *m.* **3a** FIG. *(Feigling)* coniglio *m.*, codardo *m.*: ***furchtsam wie ein ~ sein*** avere un cuor di coniglio **b** lepre *f.*, saetta *f.*: ***davonlaufen wie ein ~*** correre (via) come una lepre **4** SPORT *(Tempomacher)* battistrada *m.* ◆ COLLOQ. ***ein alter ~ sein*** essere una vecchia volpe; ***falscher ~*** polpettone; ***wo sich Fuchs und ~ gute Nacht sagen*** in capo al mondo; COLLOQ.

kein heuriger ~ sein non essere più un novellino; COLLOQ. *erkennen, wissen, wie der ~ läuft* sapere dove il diavolo tiene la coda, essere ben informato; *mal sehen, wie der ~ läuft* vedremo che piega prenderanno le cose; *mein Name ist ~ (ich weiß von nichts)* non c'entro, faccio finta di niente; COLLOQ. *da liegt der ~ im Pfeffer* qui casca l'asino.

1.Ha|sel m. *(-s,-)* leucisco *m.*

2.Ha|sel f. *(-,-n)* → **Haselnussstrauch.**

Ha|sel|busch m. *(-[e]s,-büsche)* → **Haselnussstrauch. Ha|sel|huhn** n. *(-[e]s,-hühner)* francolino *m.* di monte. **Ha|sel|kätz|chen** n. *(-s,-)* BOT. gattino *m.* del nocciolo. **Ha|sel|maus** f. *(-,-mäuse)* moscardino *m.*, nocciolino *m.*, topo *m.* delle nocciole. **Ha|sel|nuss** f. *(-,-nüsse)* nocciola *f.*: *Haselnüsse auflesen* raccogliere le nocciole. **Ha|sel|nuss|strauch, Ha|sel|strauch** m. *(-[e]s,-sträucher)* nocciòlo *m.* **Ha|sel|wurz** f. *(-,-en)* asaro *m.*, renella *f.*

Ha|sen|au|ge n. *(-s,-n)* lagoftalmo *m.*, ANT. occhio *m.* di lepre. **Ha|sen|bra|ten** m. *(-s,-)* lepre *f.* arrosto. **Ha|sen|fell** n. *(-s,-e)* pelle *f.* di lepre. **Ha|sen|fuß** m. *(-es,-füße)* **1** zampa *f.* di lepre **2** FIG. COLLOQ. coniglio *m.*, vigliacco *m.* **ha|sen|fü|ßig** agg. vile, codardo. **Ha|sen|herz** n. *(-ens,-en)* FIG. cuor *m.* di coniglio. **ha|sen|her|zig** agg. dal cuor di coniglio, codardo. **Ha|sen|jagd** f. *(-,-en)* caccia *f.* alla lepre. **Ha|sen|jun|ge** n. *(-n,-n)* AUSTR. → **Hasenklein. Ha|sen|klee** m. *(-s)* trifoglio *m.* arvense, trifoglione *m.* **Ha|sen|klein** n. *(-s)* frattaglie *f.pl.*, testa *f.* e collo *m.* di lepre. **Ha|sen|pa|nier,** *das ~ ergreifen* darsela a gambe. **Ha|sen|pfef|fer** m. *(-s,-)* frattaglie *f.pl.* di lepre in salmì. **Ha|sen|pfo|te** f. *(-,-n)* zampa *f.* di lepre. **ha|sen|rein** agg. *(von Jagdhund)* = che stana le lepri senza inseguirle ◆ FIG. COLLOQ. *nicht ganz ~* = sospetto. **Ha|sen|schar|te** f. *(-,-n)* labbro *m.* leporino. **ha|sen|schar|tig** agg. col labbro leporino. **Ha|sen|schrot** m. e n. *(-[e]s,-e)* pallini *m.pl.* per la caccia alla lepre. **Hä|sin** f. *(-,-nen)* lepre *f.* femmina. **Häs|lein** n. *(-s,-)* leprotto *m.*

Has|pe f. *(-,-n)* cardine *m.*, ganghero *m.* **Has|pel** f. *(-,-n)* RAR. m. *(-s,-)* aspo *m.* **has|peln I** tr. annaspare, avvolgere sull'aspo **II** intr. (aus. *haben*) COLLOQ. FIG. annaspare. **hasp|lig** COLLOQ. **I** agg. agitato, che annaspa **II** avv. confusamente, in modo agitato.

Hass m. *(-es)* **1** odio *m.*: *blinder, kalter, wilder ~* odio cieco, freddo rancore, odio furioso; *von ~ erfüllt* pieno d'odio; *~ auf, gegen jdn empfinden, fühlen* provare odio contro qcn.; *~ gegen jdn, etw. nähren, hegen* nutrire, serbare odio contro qcn., qcs.; *sich (D) jds ~ zuziehen* attirarsi l'odio di qcn.; *~ auf jdn, etw. haben, kriegen, richten* avere in odio, detestare qcn., qcs. **2** COLLOQ. *(Zorn)* collera *f.*, ira *f.* **has|sen I** tr. odiare, detestare: *jdn im Stillen, tödlich ~* odiare qcn. in silenzio, mortalmente **II** rifl. *sich (einander) ~* odiarsi ◆ *jdn, etw. auf den Tod,* COLLOQ. *wie die Pest ~* odiare qcn., qcs. a morte, come la peste. **has|sens|wert** agg. odioso. **Has|ser** m. *(-s,-)* odiatore *m.* **hass|er|füllt** agg. pieno d'odio.

häss|lich agg. brutto: *ein -er Junge* un ragazzo brutto; *-e Worte* brutte parole; *ein -er Husten* una brutta tosse; *-es Wetter* brutto tempo ◆ *jdn, etw. ~ machen* imbruttire qcn., qcs.; *Ärger macht ~* la rabbia imbruttisce; *~ wie die Nacht, ~ wie die Sünde* brutto come la fame; *über jdn ~ sprechen* parlar male di qcn.; *~ werden* imbruttire. **Häss|lich|keit** f. *(-,-en)* **1** bruttezza *f.*: *von abstoßender ~ sein* essere di una bruttezza ripugnante **2** cattiveria *f.*: *jdm -en ins Gesicht sagen* dire cattiverie in faccia a qcn. **Hass|lie|be** f. *(-)* amore odio *m.*, odio amore *m.* **hass|ver|zerrt** agg. stravolto dall'odio.

Hast f. *(-)* fretta *f.*: *in (mit) großer, wilder ~* in gran fretta, in fretta e furia (*o* a precipizio); *voller ~* in fretta e furia.

has|te, COLLOQ. *(was) ~, was kannste* a più non posso; *~ was, biste was* se hai soldi sei qualcuno.

has|ten intr. (aus. *sein*) affrettarsi, andare in fretta, correre: *nach Hause ~* correre a casa; *(überstürzen)* precipitarsi. **has|tig I** agg. affrettato, frettoloso: *-e Atemzüge, Schritte* respiri, passi affrettati **II** avv. in fretta, frettolosamente. **Has|tig|keit** f. *(-)* fretta *f.*, precipitazione *f.*

Hät|sche|lei f. *(-,-en)* SPREG. eccesso *m.* di coccole, vizi *m.pl.* **Hät|schel|kind** n. *(-[e]s,-er)* bimbo *m.* viziato; *(bevorzugtes Kind)* cocco *m.* **hät|scheln** tr. **1** coccolare, accarezzare **2** *(verwöhnen)* coccolare troppo, viziare **3** FIG. accarezzare, coltivare: *eine Idee, einen alten Plan ~* accarezzare un'idea, un vecchio progetto.

hat|schen intr. (aus. *sein*) REGION. **1** camminare con passo strascicato, strascicare i piedi **2** *(hinken)* zoppicare **3** COLLOQ. *(gehen)* andarsene, girare: *von einem Geschäft zum anderen ~* girare da un negozio all'altro. **hat|schert** agg. AUSTR. COLLOQ. pesante; *(hinkend)* zoppicante.

hat|schi, hat|schi inter. ecci, etcì.

Hat|trick ['hættrik] m. *(-s,-s)* SPORT **1** tre reti *f.pl.* consecutive (realizzate dallo stesso giocatore in un tempo) **2** *(dreimaliger Erfolg)* triplice vittoria *f.*

Hatz f. *(-,-en)* **1** VENAT. caccia *f.* a seguito **2** FIG. *(Verfolgung)* caccia *f.*, persecuzione *f.* **3** COLLOQ. *(Hetzen)* fretta *f.*, agitazione *f.* **Hatz|hund** m. *(-[e]s,-e)* cane *m.* da seguito.

hat|zi, hat|zi → **hatschi.**

Hatz|rü|de m. *(-n,-n)* → **Hatzhund.**

Hau m. *(-[e]s,-e)* **1** tagliata *f.*, abbattuta *f.* **2** COLLOQ. *(Schlag)* colpo *m.*, botta *f.* ◆ FIG. *einen ~ haben* avere il cervello fuori posto. **hau|bar** agg. *-e Bäume* alberi da tagliare (*o* da abbattere).

Häub|chen n. *(-s,-)* cuffietta *f.*

Hau|be f. *(-,-n)* **1a** cuffia *f.* (femminile) **b** REGION. *(Mütze)* berretto *m.* **c** STOR. *(Sturmhaube)* morione *m.* **2a** *(Motorhaube)* cofano *m.* (del motore) **b** *(eines Flugmotors)* cappottatura *f.* **3** *(Trockenhaube)* casco *m.* (asciugacapelli): *unter der ~ sitzen* stare sotto il casco **4** ZOOL. ciuffo *m.* **5a** *(Kaffeehaube)* copricaffettiera *f.* **b** *(Teehaube)* copriteiera *f.* **6** VENAT. *(Blendkappe)* cappuccio *m.* (per falconi) ◆ *jdn unter die ~ bringen* maritare (*o* sposare) qcn.; *unter die ~ kommen* maritarsi, sposarsi; *unter der ~ sein* essere maritata (*o* sposata). **Hau|ben|mei|se** f. *(-,-n)* cincia *f.* dal ciuffo.

Hau|bit|ze f. *(-,-n)* obice *m.* ◆ *voll wie eine ~ sein* essere ubriaco fradicio.

Hauch m. *(-[e]s,-e)* **1a** alito *m.*, fiato *m.*, respiro *m.*: *es ist so kalt, dass man den ~ vor dem Mund sieht* fa così freddo che si vede il fiato **b** LETT. *den letzten ~ von sich geben* esalare l'ultimo respiro **c** FIG. *(leichter Luftzug)* alito *m.*, soffio *m.* (di vento): *kein ~ war zu spüren* non c'era un alito di vento **2** *(leichter Duft)* leggero profumo *m.*; *(Geruch)* leggero odore *m.* **3** *(dünne Schicht)* velo *m.*, strato *m.* leggero: *ein ~ Puder* un velo di cipria **4** *(Atmosphäre)* atmosfera *f.*, aria *f.* **5** *(Anflug)* ombra *f.*, velo *m.*, traccia *f.*, accenno *m.*: *der ~ eines Lächelns* l'accenno di un sorriso. **hauch|dünn** agg. **1** sottilissimo, finissimo: *eine -e Folie* una pellicola sottilissima **2** SPORT *ein -er Sieg* una magra vittoria ◆ *etw. ~ auftragen* spalmare uno strato sottilissimo (*o* leggerissimo) di qcs. **hau|chen I** intr. (aus. *haben*) alitare, emettere il fiato: *gegen die Scheiben, in die Hände ~* alitare sui vetri, scaldarsi le mani col fiato **II** tr. dire con un filo di voce, sussurrare (a fior di labbra): *jdm etw. ins Ohr ~* sussurrare qcs. all'orecchio di qcn. ◆ *jdm einen Kuss auf die Stirn ~* sfiorare con un bacio la fronte di qcn. **hauch|fein** agg. finissimo, leggerissimo. **Hauch|laut** m. *(-[e]s,-e)* suono *m.* aspirato, aspirata *f.* **hauch|zart** agg. finissimo, sottilissimo, velatissimo: *-e Strümpfe* calze molto velate.

Hau|de|gen m. *(-s,-)* **1** ANT. spada *f.* (a due tagli) **2** FIG. *(kampferfahrener, draufgängerischer Soldat)* soldato *m.* esperto.

Haue f. *(-,-n)* **1** REGION. zappa *f.* **2** FAM. *(Schläge)* botte *f.pl.*, busse *f.pl.*: *~ kriegen, verdienen* prendere, meritarsi botte.

hau|en *(hieb/ haute, gehauen/* REGION. *gehaut)* **I** tr. **1** COLLOQ. (pret. *haute/*RAR. *hieb*) *jdn ~* picchiare qcn., darle a qcn. **2** COLLOQ. *(schleudern;* pret. *haute)* buttare, gettare, scaraventare: *etw. in eine Ecke ~* gettare qcs. in un angolo **3** COLLOQ. *(mit einem Gerät machen;* pret. *haute)* fare, ricavare (con un arnese): *ein Bild aus, in Marmor ~* ricavare una scultura dal marmo, fare una scultura in marmo; *Stufen in den Fels (in den Stein), ins Eis ~* scavare gradini nella roccia, nel ghiaccio; *eine Gruppe in Holz ~* scolpire un gruppo nel legno **4** COLLOQ. *(hineinschlagen;* pret. *haute)* piantare, conficcare: *einen Pflock in den Boden ~* piantare un palo nel terreno **5a** REGION. *(fällen;* pret. *haute)* abbattere, tagliare **b** *(mähen;* pret. *haute)* falciare, tagliare **6** REGION. *(zerhauen;* pret. *haute)* tagliare (a pezzi); *(Holz)* spaccare **7** MIN. *(losschlagen;* pret. *haute)* estrarre: *Kohle ~* estrarre carbone **II** intr. (aus. *haben*) **1a** COLLOQ. (pret. *haute/*RAR. *hieb*) battere, dare un colpo: *jdm auf den Kopf, die Schulter ~* dare un colpo in testa a qcn., battere a qcn. sulla spalla; *jdm ins Gesicht ~* colpire qcn. in viso; *jdm mit dem Schwert ~* colpire qcn. con la spada **b** (pret. *hieb/*COLLOQ. *haute*) *auf jdn mit einem Stock ~* picchiare qcn. con un bastone **2** *mit einer Waffe (um sich) ~* vibrare (*o* menare) colpi (intorno a sé) con un'arma **3a** COLLOQ. *(stoßen)* battere, picchiare: *gegen die Tür, auf die Tasten ~* picchiare alla porta, sui tasti; *mit der Faust auf den Tisch ~* battere il pugno sul tavolo **b** RAR. (pret. *haute*; aus. *sein*) *mit dem Knie gegen, an das Tischbein ~* battere il ginocchio contro la gamba del tavolo **4** *(auftreffen;* pret. *haute;* aus. *sein)* cadere, piombare **III** rifl. COLLOQ. **1** (pret. *haute/*RAR. *hieb*) *sich (mit jdm) ~* picchiarsi, fare a botte (con qcn.) **2** *(sich fallen lassen;* pret. *haute)* gettarsi, buttarsi: *sich aufs Bett, in den Sessel ~* buttarsi sul letto, sulla poltrona ◆ *jdn zu Brei ~* ridurre qcn. in poltiglia (*o* in polpette); *jdm eine ~* dare uno schiaffo a qcn.; *sich grün und blau ~*

darsele di santa ragione; ***jdn krumm und lahm ~*** fare a pezzi qcn., rompere le ossa a qcn.; ***alles kurz und klein ~*** spaccare (*o* sfasciare) tutto; ***jdn zu Mus ~*** → ***jdn zu Brei ~***; ***jdn übers Ohr ~*** prendere per il naso (*o* imbrogliare) qcn.; ***jdm eins hinter die Ohren ~*** → ***jdm eine ~***; ***jdm etw. um die Ohren ~*** sbattere qcs. in testa a qcn.; ***jdn, etw. in Stücke ~*** fare a pezzi qcn., qcs.; ***jdn windelweich ~*** darle di santa ragione a qcn. **Hau|er** m. *(-s,-)* **1** MIN. minatore *m.* **2** VENAT. zanna *f.* (del cinghiale) **3** REGION. *(Weinbauer)* vignaiolo *m.* **Häu|er** m. *(-s,-)* AUSTR. minatore *m.*

Häuf|chen n. *(-s,-)* mucchietto *m.* ◆ ***wie ein ~ Unglück dastehen (dasitzen), aussehen*** starsene come, sembrare un cane bastonato; ***nur noch ein ~ Unglück (Elend) sein*** essere uno straccio, essere disperato.

Hau|fe m. *(-ns,-n)* ANT. → **Haufen.**

häu|feln tr. **1** ***Kartoffeln ~*** rincalzare le patate **2** *(zu Häufchen aufschichten)* ***Erde ~*** fare mucchietti di terra.

Hau|fen m. *(-s,-)* **1** mucchio *m.*, cumulo *m.*: ***ein ~ Zuckerrüben, Sand*** un mucchio di barbabietole da zucchero, di sabbia: ***etw. auf einen ~ legen, werfen*** ammucchiare qcs.; *(von übereinanderliegenden Dingen)* catasta *f.*: ***ein ~ Holz*** una catasta di legna **2** COLLOQ. *(große Anzahl)* mucchio *m.*, sacco *m.*: ***ein ~ Arbeit, Schulden*** un mucchio di lavoro, di debiti **3** *(Menge von Menschen)* folla *f.*, massa *f.*, schiera *f.*: ***ein ~ Neugieriger*** una folla di curiosi; *(Ansammlung)* assembramento *m.* **4** ANT. MIL. truppa *f.* ◆ COLLOQ. ***auf einen ~*** in un colpo solo; ***jdn über den ~ fahren, rennen*** stendere (*o* travolgere) qcn.; ***der Hund muss noch seinen ~ machen*** il cane deve ancora fare i suoi bisogni, la cacca; ***jdn über den ~ schießen*** stendere (*o* fare fuori) qcn. (sparando); ***etw. über den ~ werfen*** mandare all'aria (*o* stravolgere) qcs.

häu|fen I tr. ammucchiare, accumulare; *(übereinander)* accatastare: ***Heu, Schätze ~*** ammucchiare il fieno, ricchezze; ***Gemüse auf den Teller ~*** riempire il piatto di verdura; FIG. ***Schuld auf Schuld, Unglück auf Unglück ~*** accumulare colpe, una disgrazia a un'altra **II** rifl. **sich ~ 1** ammucchiarsi, accumularsi **2** *(bedeutend zunehmen)* aumentare notevolmente: ***diese Vorfälle ~ sich in letzter Zeit*** ultimamente questi casi sono in notevole aumento ◆ ***Ehre auf jdn ~*** coprire qcn. di onori.

Hau|fen|dorf n. *(-[e]s,-dörfer)* agglomerato *m.* **hau|fen|wei|se** avv. **1** a mucchi **2** *(in Mengen)* a palate, in gran quantità **3a** *(in Scharen)* a schiere, a frotte **b** *(massenhaft)* in gran numero, in massa. **Hau|fen|wol|ke** f. *(-,-n)* METEOR. cumulo *m.*

häu|fig I agg. **1** frequente: ***-e Reisen*** frequenti viaggi **2** *(von Personen)* assiduo, abituale: ***ein -er Kunde, Gast*** un cliente abituale, un ospite assiduo **II** avv. spesso, frequentemente, di frequente: ***das kommt ~ vor*** accade spesso. **Häu|fig|keit** f. *(-,-en)* frequenza *f.* **Häu|fig|keits|zahl** f. *(-,-en)*, **Häu|fig|keits|zif|fer** f. *(-,-n)* tasso *f.* di frequenza, frequenza *f.*

Häuf|lein n. *(-s,-)* → **Häufchen. Häu|fung** f. *(-,-en)* **1** *(Anhäufung)* accumulo *m.*, cumulo *m.* **2** FIG. *(wachsende Anzahl)* quantità *f.* crescente; *(häufiges Vorkommen)* il ripetersi.

Hauf|werk n. *(-s)* MIN. **1** minerale *m.* scavato **2** *(gelöstes Gestein)* pietrame *m.* sciolto.

Hau|he|chel f. *(-,-n)* ononide *f.* **Hau|klotz** m. *(-es,-klötze)* ceppo *m.* **Hau|mes|ser** n. *(-s,-)* machete *m.*

Haupt n. *(-[e]s, Häupter)* **1a** *(Kopf)* capo *m.*, testa *f.*: ***mit entblößtem (bloßen), geneigtem ~*** a capo scoperto, chino; ***erhobenen -es, mit erhobenem ~*** a testa alta **b** LETT. *(Gipfel)* cima *f.*: ***die schneebedeckten Häupter der Berge*** le cime innevate delle montagne **2** *(Anführer)* capo *m.*: ***das ~ des Komplotts, der Familie*** il capo del complotto, il capofamiglia ◆ ***bemoostes ~*** studente anziano; ***jdm eins aufs ~ geben*** fare una lavata di capo a qcn.; ***ein gekröntes ~*** una testa coronata; ***an ~ und Gliedern*** completamente, da cima a fondo; LETT. ***ein graues, greises ~*** una persona anziana, un anziano; ***jdn aufs ~ schlagen*** sbaragliare qcn.; ***sein ~ verhüllen*** nascondere il viso. **Haupt|ab|schnitt** m. *(-[e]s,-e)* parte *f.* (*o* sezione *f.*) principale. **Haupt|ak|ti|on** f. *(-,-en)* → **Haupt- und Staatsaktion. Haupt|al|tar** m. *(-[e]s,-altäre)* altar *m.* maggiore. **haupt|amt|lich** agg. principale, a tempo pieno: ***-e Tätigkeit*** attività a tempo pieno. **Haupt|an|ge|klag|te** m. e f. *(-n,-n)* principale imputato *m.* (-a *f.*). **Haupt|ar|beit** f. *(-,-en)* maggior parte *f.* del lavoro: ***die ~ habe ich schon erledigt*** ho già svolto la maggior parte (*o* il più) del lavoro. **Haupt|au|gen|merk** n. *(-[e]s)* ***sein ~ auf etw. richten*** rivolgere l'attenzione principalmente a qcs. **Haupt|bahn** f. *(-,-en)* linea *f.* (ferroviaria) principale. **Haupt|bahn|hof** m. *(-[e]s,-höfe)* stazione *f.* principale, centrale. **Haupt|bal|ken** m. *(-s,-)* trave *f.* maestra. **Haupt|be|ruf** m. *(-[e]s,-e)* professione *f.* principale, primo lavoro *f.* **Haupt|be|stand|teil** m. *(-[e]s,-e)* componente *f.* principale. **Haupt|buch** n. *(-[e]s,-bücher)* libro *m.* mastro. **Haupt|dar|stel|ler** m. *(-s,-)* interprete *m.* principale, protagonista *m.* **Haupt|ein|gang** m. *(-[e]s,-eingänge)* ingresso *m.* principale.

Häup|tel n. *(-s,-[n])* REGION. cespo *m.*, testa *f.*: ***ein ~ Salat*** una testa di insalata. **Häup|tel|sa|lat** m. *(-[e]s,-e)* REGION. lattuga *f.*

Haupt|er|be m. *(-n,-n)* erede *m.* principale. **Haup|tes|län|ge** f. *(-)* ***um ~*** di, per una testa: ***jdn um ~ überragen*** superare qcn. di tutta la testa. **Haupt|fach** n. *(-es,-fächer)* materia *f.* (*o* insegnamento *m.*) principale, fondamentale. **Haupt|feh|ler** m. *(-s,-)* errore *m.* fondamentale; *(Hauptmangel)* difetto *m.* principale. **Haupt|feind** m. *(-[e]s,-e)* nemico *m.* capitale. **Haupt|feld|we|bel** m. *(-s,-)* maresciallo *m.* capo. **Haupt|fra|ge** f. *(-,-n)* questione *f.* (*o* problema *m.*) principale, fondamentale. **Haupt|funk|ti|on** f. *(-,-en)* funzione *f.* principale, fondamentale. **Haupt|gang** m. *(-[e]s,-gänge)* **1** *(zentraler Flur)* corridoio *m.* principale **2** → **Hauptgericht. Haupt|ge|bäu|de** n. *(-s,-)* edificio *m.* principale. **Haupt|ge|dan|ke** m. *(-ns,-n)* idea *f.* (*o* pensiero *m.*) dominante, fondamentale. **Haupt|ge|frei|te** m. *(-n,-n)* caporal *m.* maggiore. **Haupt|ge|richt** m. *(-[e]s,-e)* portata *f.* (*o* piatto *m.*) principale.

Haupt|ge|schäft n. *(-es,-e)*, **Haupt|ge|schäfts|stel|le** f. *(-,-n)* sede *f.* centrale. **Haupt|ge|schäfts|zeit** f. *(-,-en)* ora *f.* (*o* ore *f.pl.*) di punta.

Haupt|ge|wicht n. *(-[e]s,-e)* massimo peso *m.*, massima importanza *f.*: ***das ~ auf etw.(A) legen*** dare la massima importanza a qcs.

Haupt|ge|winn m. *(-[e]s,-e)* primo premio *m.*: ***einen ~ in der Lotterie haben*** vincere il primo premio alla lotteria. **Haupt|ge|win|ner** m. *(-s,-)* vincitore *m.* del primo premio. **Haupt|ge|win|ne|rin** f. *(-,-nen)* vincitrice *f.* del primo premio.

Haupt|grund m. *(-[e]s,-gründe)* ragione *f.* (*o* motivo *m.*) principale. **Haupt|haar** n. *(-es)* LETT. chioma *f.* **Haupt|hahn** m. *(-[e]s,-hähne)* rubinetto *m.* centrale, principale. **Haupt|kampf** m. *(-[e]s,-kämpfe)* SPORT incontro *m.* principale. **Haupt|kas|se** f. *(-,-n)* cassa *f.* centrale. **Haupt|ka|ta|log** m. *(-[e]s,-e)* catalogo *m.* generale. **Haupt|kir|che** *(-,-n)* cattedrale *f.* **Haupt|kla|ge** f. *(-,-n)* DIR. azione *f.* principale. **Haupt|last** f. *(-,-en)* peso *m.* (*o* carico *m.*) maggiore.

Häupt|ling m. *(-s,-e)* capo *m.* **häupt|lings** avv. a capofitto, di testa.

Haupt|mahl|zeit f. *(-,-en)* pasto *m.* principale. **Haupt|mann** m. *(-[e]s,-leute)* **1** MIL. capitano *m.* **2** STOR. *(Truppenführer)* condottiero *m.* **3** ANT. *(Bandenführer)* capobanda *m.* **Haupt|mie|ter** m. *(-s,-)* affittuario *m.*, locatario *m.* **Haupt|nen|ner** m. *(-s,-)* MAT. denominatore *m.* comune. **Haupt|nie|der|las|sung** f. *(-,-en)* sede *f.* centrale. **Haupt|per|son** f. *(-,-en)* **1** CIN. TEATR. protagonista *m.* e *f.*, personaggio *m.* principale **2** FIG. protagonista *m.* e *f.*: ***sich als ~ fühlen*** sentirsi protagonista. **Haupt|por|tal** n. *(-s,-e)* portale *m.* principale. **Haupt|post** f. *(-,* RAR. *-en)*, **Haupt|post|amt** n. *(-[e]s,-ämter)* posta *f.* centrale. **Haupt|pro|be** f. *(-,-n)* prova *f.* generale. **Haupt|punkt** m. *(-[e]s,-e)* punto *m.* fondamentale, principale. **Haupt|quar|tier** n. *(-s,-e)* MIL. quartier *m.* generale. **Haupt|re|gel** f. *(-,-n)* regola *f.* fondamentale. **Haupt|rei|se|zeit** f. *(-,-en)* periodo *m.* (*o* stagione *f.*) delle grandi vacanze. **Haupt|rol|le** f. *(-,-n)* parte *f.* (*o* ruolo *m.*) principale: ***die ~ übernehmen, spielen*** assumere, recitare la parte principale (anche FIG.). **Haupt|sa|che** f. *(-,-n)* cosa *f.* principale, essenziale: ***das ist die ~*** questo è quel che maggiormente importa; COLLOQ. ***~, du kommst*** l'importante è che tu venga ◆ ***in der ~*** essenzialmente, soprattutto; ***auf die ~ zurückkommen*** tornare al tema principale (del discorso). **haupt|säch|lich I** agg. principale, fondamentale, essenziale **II** avv. principalmente, essenzialmente, soprattutto. **Haupt|sai|son** f. *(-,-s)* alta stagione *f.* **Haupt|satz** m. *(-[e]s,-sätze)* **1** GRAMM. proposizione *f.* (*o* frase *f.*) principale, principale *f.* **2** *(grundlegender Satz)* principio *m.* fondamentale **3** MUS. *(Hauptthema)* tema *m.* principale. **Haupt|schiff** n. *(-[e]s,-e)* navata *f.* centrale. **Haupt|schlacht** f. *(-,-en)* battaglia *f.* decisiva. **Haupt|schlag|ader** f. *(-,-n)* aorta *f.* **Haupt|schlüs|sel** m. *(-s,-)* chiave *f.* universale, passe-partout *m.* **Haupt|schrift|lei|ter** m. *(-s,-)* ANT. redattore *m.* capo. **Haupt|schul|ab|schluss** m. *(-es,-abschlüsse)* INTRAD. (licenza conseguita al termine della Hauptschule).

Haupt|schuld f. *(-,-en)* **1** *(größtes Verschulden)* colpa *f.* maggiore **2** COMM. debito *m.* maggiore. **Haupt|schul|di|ge** m. e f. *(-n,-n)* maggiore colpevole *m.* e *f.* **Haupt|schuld|ner** m. *(-s,-)* principale (*o* maggior) debitore *m.*

Haupt|schu|le f. *(-,-n)* INTRAD. (corso di studi quinquennale che segue la scuola elementare). **Haupt|se|gel** n. *(-s,-)* vela *f.* maestra. **Haupt|sitz** m. *(-es,-e)* sede *f.* centrale. **Haupt|stadt** f. *(-,-städte)* capitale *f.* **haupt|städ|tisch** agg. della capitale. **Haupt|stra|ße** f. *(-,-n)* strada *f.* principale; *(in der Stadt)* via *f.* (*o* strada *f.*) principale. **Haupt|stre|cke** f. *(-,-n)* FERR. tratta *f.* principale.

Haupt|sün|de f. *(-,-n)* peccato *m.* capitale: ***die sieben -n*** i sette peccati capitali. **Haupt|teil** m. *(-[e]s,-e)* parte *f.* principale. **Haupt|the|ma** n. *(-s,-themen)* tema *f.* principale, centrale. **Haupt|ti|tel** m. *(-s,-)* **1** titolo *m.* (principale) **2** EDIT. *(Titelseite)* frontespizio *m.* **Haupt|ton** m. *(-s,-töne)* **1** MUS. tonica *f.* **2** LING. accento *m.* primario (*o* principale). **Haupt|tref|fer** m. *(-s,-)* → **Hauptgewinn.** **Haupt- und Staats|ak|ti|on** f. *(-,-en)* ***eine ~ aus etw. machen*** fare di qcs. un affare di stato. **Haupt|ver|die|ner** m. *(-s,-)* persona *f.* che guadagna di più (all'interno della famiglia). **Haupt|ver|fah|ren** n. *(-s,-)* DIR. giudizio *m.* di primo grado. **Haupt|ver|hand|lung** f. *(-,-en)* DIR. dibattimento *m.* **Haupt|ver|kehrs|stra|ße** f. *(-,-n)* strada *f.* ad alta densità di circolazione, a traffico intenso. **Haupt|ver|kehrs|zeit** f. *(-,-en)* ora *f.* (*o* ore *f.pl.*) di punta. **Haupt|ver|samm|lung** f. *(-,-en)* assemblea *f.* generale. **Haupt|ver|wal|tung** f. *(-,-en)* amministrazione *f.* generale. **Haupt|wa|che** f. *(-,-n)* centrale *f.* di polizia. **Haupt|werk** n. *(-[e]s,-e)* **1** opera *f.* principale **2** MUS. *(Orgelmanual)* manuale *m.* del grand'organo **3** *(in der Industrie)* stabilimento *m.* principale. **Haupt|wir|kung** f. *(-,-en)* effetto *m.* principale, massimo. **Haupt|wort** n. *(-[e]s,-wörter)* sostantivo *m.* **haupt|wört|lich I** agg. sostantivo **II** avv. sostantivamente, come sostantivo: ***~ gebraucht*** usato sostantivamente, sostantivato. **Haupt|zeu|ge** m. *(-n,-n)* testimone *m.* principale. **Haupt|ziel** n. *(-[e]s,-e)* meta *f.* principale. **Haupt|zug** m. *(-[e]s,-züge)* tratto *m.* (*o* lineamento *m.*) fondamentale.

hau ruck inter. oh issa. **Hau|ruck|ver|fah|ren** n. *(-s,-)* ***ein Problem im ~ lösen*** risolvere un problema con le maniere forti; ***ein Gestz im ~ durchbringen*** forzare l'approvazione di una legge.

Haus n. *(-es, Häuser)* **1a** casa *f.*: ***ein ~ bauen, bewohnen, einrichten*** costruire, abitare, arredare una casa; ***ein ~ (ver)mieten, (ver)kaufen*** affittare una casa, (vendere) comprare una casa; ***ein ~ renovieren, umbauen, abreißen*** restaurare, ristrutturare, demolire una casa; ***der Herr, die Frau des -es*** il padrone, la padrona di casa **b** *(eigene Wohnung)* ***zu Haus(e) sein, nach Haus(e) gehen*** essere, andare a casa; ***jdn nach -e begleiten, von zu -e abholen*** accompagnare, andare a prendere qcn. a casa; ***jdm sein ~ verbieten*** proibire a qcn. di frequentare la propria casa; ***von zu (***COLLOQ. ***von) Haus(e) fortbleiben*** rimanere lontano da casa; ***tun Sie, als ob Sie zu Haus(e) wären*** faccia come se fosse a casa Sua; ***ich bin für niemanden zu Haus(e)*** non ci sono per nessuno **c** *(Haushalt)* ***das ~ besorgen*** badare alla casa; ***jdm das ~ führen*** accudire alla casa di qcn. **d** ASTROL. casa *f.*: ***in einem ~ stehen*** essere in una casa **2** *(Firma)* casa *f.*, ditta *f.*: ***der Chef ist zur Zeit nicht im ~*** il capo al momento non è in ditta **3a** *(Theater)* teatro *m.*: ***ein ausverkauftes ~*** un teatro esaurito; ***vor ausverkauftem ~ spielen*** giocare davanti a spalti gremiti **b** *(Hotel)* albergo *m.*: ***~ Meeresblick*** albergo con vista sul mare **4a** *(Familie)* famiglia *f.*, casa *f.*: ***aus gutem Haus(e)*** di buona famiglia **b** *(Dynastie)* casa *f.*, casata *f.*: ***das ~ Habsburg*** la casa d'Asburgo; ***von königlichem -e abstammen*** discendere da una casa reale **5** *(des Parlaments)* camera *f.*: ***die beiden Häuser vertagen sich*** le due camere si aggiornano **6** SCHERZ. tipo *m.*, persona *f.*: ***ein gelehrtes, gemütliches ~*** un pozzo di scienza, un bonaccione; ***wie geht's, altes ~?*** come va, vecchio mio? ◆ ***Häuser auf jdn bauen*** fidarsi ciecamente di qcn.; ***aus dem -e sein*** vivere fuori casa (non più con i genitori); ***außer ~ essen, sein*** mangiare, essere fuori (di casa); LETT. ***sein (das) ~ bestellen*** rimettere in sesto i propri affari; *(Testament machen)* lasciare le disposizioni testamentarie; COLLOQ. ***jdm das ~ einrennen, einlaufen*** essere sempre tra i piedi a qcn., andare continuamente a importunare qcn.; ***die Lieferung erfolgt frei ~*** la spedizione verrà effettuata franco destino (*o* domicilio); ***ein gastfreies ~ haben*** essere molto ospitale; ***ein großes ~ führen*** vivere in grande stile; ***weder ~ noch Herd haben*** non avere né casa né tetto; ***nicht mehr Herr im eigenen ~ sein*** non essere più padrone in casa propria; ***das ~ des Herrn*** la casa del Signore; ***~ und Hof*** l'intero patrimonio; ***das Hohe ~*** la camera alta, il parlamento; ***das ~ hüten*** guardare la casa, essere obbligato a stare in casa; ***Zustellung ins ~*** recapito a domicilio; COLLOQ. ***ihm steht etw. ins ~*** gli si prospetta qcs.; COLLOQ. ***jdm ins ~ platzen, schneien, geschneit kommen*** capitare a qcn. (in casa) tra capo e collo; COLLOQ. ***das ~ auf den Kopf stellen*** rivoltare la casa (cercando qcs.); ***ein offenes ~*** una casa aperta (agli ospiti, agli amici); EUFEM. ***öffentliches ~*** casa chiusa; ***von Haus(e) aus reich, Arzt sein*** essere ricco di famiglia, essere medico originariamente; ***von ~ zu ~ gehen*** andare di casa in casa; ***etw. von zu -e bekommen*** ricevere qcs. da casa; ***viele Grüße von zu -e*** tanti saluti dalla mia famiglia; ***einen Schritt vor das ~ tun*** uscire un attimo di casa; ***das Weiße ~*** la Casa Bianca; ***in Rom zu ~ sein*** abitare a Roma, FIG. essere di casa a Roma; ***wo sind Sie zu ~?*** dove sta di casa? SPORT GERG. ***zu Haus(e) spielen*** giocare in casa; FIG. ***nirgends zu -e sein*** non sentirsi in nessun posto (come) a casa; FIG. ***auf einem bestimmten Gebiet, in einem Fach zu -e sein*** essere versato in un campo specifico, in una materia; PROV. ***mein ~, meine Welt*** in casa sua ciascuno è re.

Haus|ab|wäs|ser pl. scarichi *m.pl.* civili. **Haus|al|tar** m. *(-s,-altäre* AUSTR. *-e)* altare *m.* domestico. **Haus|an|ge|stell|te** f. *(-n,-n)* domestica *f.*, cameriera *f.* **Haus|an|schluss** m. *(-es,-anschlüsse)* EL. TEL. allacciamento *m.* domestico. **Haus|an|zug** m. *(-[e]s,-anzüge)* abito *m.* da casa. **Haus|apo|the|ke** f. *(-,-n)* armadietto *m.* farmacia. **Haus|ar|beit** f. *(-,-en)* **1** lavoro *m.* di casa **2** *(schriftliche Arbeit)* lavoro *m.* (*o* compito *m.*) a casa. **Haus|ar|rest** m. *(-[e]s,-e)* arresto *m.* domiciliare: ***jdn unter ~ stellen*** mettere qcn. agli arresti domiciliari; ***unter ~ stehen*** essere agli arresti domiciliari. **Haus|arzt** m. *(-[e]s,-ärzte)* medico *m.* di famiglia. **Haus|auf|ga|be** f. *(-,-n)* compito *m.* a, per casa: ***die -n aufgeben*** dare (*o* assegnare) i compiti a casa: ***viele, wenig -n aufhaben, aufbekommen*** avere molti, pochi compiti da fare; ***die, seine -n machen*** fare i compiti. **haus|ba|cken** agg. **1** comune, prosaico **2** ANT. fatto in casa, casareccio. **Haus|ball** m. *(-[e]s,-bälle)* ballo *m.* in casa. **Haus|bank** f. *(-,-en)* banca *f.* di cui si è regolare cliente. **Haus|bar** f. *(-,-s)* (mobile *m.*) bar *m.* **Haus|bau** m. *(-s,-ten)* costruzione *f.* di una casa. **Haus|be|set|zer** m. *(-s,-)* occupante *m.* (abusivo) di una casa. **Haus|be|set|zung** f. *(-,-en)* occupazione *f.* (abusiva) di una casa. **Haus|be|sit|zer** m. *(-s,-)* proprietario *m.* della, di una casa, padrone *m.* di casa. **Haus|be|sor|ger** m. *(-s,-)* AUSTR. portinaio *m.* **Haus|be|such** m. *(-[e]s,-e)* visita *f.* a domicilio. **Haus|be|woh|ner** m. *(-s,-)* abitante *m.* della casa; condomino *m.*; *(Mieter)* inquilino *m.* **Haus|boot** n. *(-[e]s,-e)* casa *f.* galleggiante.

Haus|brand m. *(-[e]s)* combustibile *m.* per riscaldamento domestico. **Haus|brand|koh|le** f. *(-)* carbone *m.* per riscaldamento domestico.

Haus|brief|kas|ten m. *(-s,-kästen)* cassetta *f.* delle lettere (di casa). **Haus|buch** n. *(-[e]s,-bücher)* libro *m.* più letto in famiglia. **Haus|bur|sche** m. *(-n,-n)* ragazzo *m.*, fattorino *m.* d'albergo. **Häus|chen** n. *(-s,-)* **1** casetta *f.*, casina *f.* **2** FAM. *(Toilette)* gabinetto *m.*: ***aufs ~ gehen*** andare al gabinetto ◆ COLLOQ. ***(ganz, rein) aus dem ~ sein, geraten, fahren*** essere fuori di testa, essere sovraeccitato, dare in smanie; COLLOQ. ***jdn aus dem ~ bringen*** far andare qcn. fuori di sé. **Haus|da|me** f. *(-,-n)* governante *f.* **Haus|die|ner** m. *(-s,-)* → **Hausbursche.** **Haus|dra|chen** m. *(-s,-)* COLLOQ. SPREG. santippe *f.*, cerbero *m.* **Haus|durch|su|chung** f. *(-,-en)* → **Haussuchung.** **Haus|ecke** f. *(-,-n)* angolo *m.* della casa, cantone *m.* **haus|ei|gen** agg. proprio (della casa), autonomo. **Haus|ei|gen|tü|mer** m. *(-s,-)* → **Hausbesitzer.** **Haus|ein|gang** m. *(-[e]s,-eingänge)* entrata *f.* (*o* ingresso *m.*) di casa. **hau|sen** intr. (aus. *haben*) **1a** COLLOQ. SPREG. vivere (miseramente): ***in einer Hütte ~*** vivere in una casupola **b** SPREG. *(abgesondert wohnen)* vivere appartato **2** SCHERZ. *(wohnen)* alloggiare **3** COLLOQ. SPREG. *(wüten)* devastare, fare strage: ***der Sturm hat schlimm in diesem Obstanbaugebiet gehaust*** la tempesta ha devastato la zona dei frutteti **4** SVIZZ. *(sparen)* amministrare bene, risparmiare.

Hau|sen m. *(-s,-)* storione *m.* ladano, ladano *m.* **Hau|sen|bla|se** f. *(-,-n)* colla *f.* di pesce.

Hau|ser m. *(-s,-)* REGION. → **Haushälter.** **Häu|ser|block** m. *(-s,-s* e *-blöcke)* isolato *m.* **Häu|ser|flucht** f. *(-,-en)* → **Häuserreihe.** **Häu|ser|front** f. *(-,-en)* fila *f.* di case. **Häu|ser|mak|ler** m. *(-s,-)* agente *m.* immobiliare. **Häu|ser|rei|he** f. *(-,-n)* fila *f.* di case. **Haus|flur** m. *(-[e]s,-e)* ingresso *m.* (di una, della casa).

Haus|frau f. *(-,-en)* **1** donna *f.* di casa, casalinga *f.*, massaia *f.* **2** REGION. o AUSTR. affittacamere *f.* **Haus|frau|en|art, *nach (auf) ~*** casareccio, fatto in casa. **Haus|frau|en|pflicht** f. *(-,-en)* dovere *m.* di casalinga. **haus|frau|lich** agg. casalingo, di donna di casa, di massaia.

Haus|freund m. *(-[e]s,-e)* amico *m.* di famiglia (anche SCHERZ. EUFEM.). **Haus|frie|de(n)** m. *(-[n]s)* pace *f.* domestica: ***den -n stören, wiederherstellen*** turbare, ristabilire la pace domestica. **Haus|frie|dens|bruch** m. *(-s,-brüche)* DIR. violazione *f.* di domicilio: ***~ begehen*** commettere violazione di domicilio. **Haus|gans** f. *(-,-gänse)* oca *f.* domestica. **Haus|gast** m. *(-[e]s,-gäste)* cliente *m.* (di ristorante, hotel): ***Parkplatz für Hausgäste*** parcheggio riservato ai clienti. **Haus|ge|brauch** m. *(-[e]s)* uso *m.* domestico: ***für den ~*** per uso domestico, FIG. per proprio uso e consumo. **Haus|ge|flü|gel** n. *(-s)* pollame *m.* da cortile. **Haus|ge|hil|fe** m. *(-n,-n)* domestico *m.* **Haus|ge|hil|fin** f. *(-,-nen)* domestica *f.* **Haus|geist** m. *(-[e]s,-er)* **1** genio *m.* della casa **2** SCHERZ. *(Hausangestellte)* domestico *m.* prezioso e fedele. **haus|ge|macht** agg. fatto in casa, casareccio. **Haus|ge|mein|schaft** f. *(-,-en)* comunità *f.* abitativa. **Haus|ge|nos|se** m. *(-n,-n)* coinquilino *m.* **haus|ge|schlach|tet** p.pass. agg. di macellazione propria: ***-e Erzeugnisse*** prodotti di macellazione propria. **Haus|ge|sin|de** n. *(-s)* servitù *f.*, domestici *m.pl.* **Haus|glo|cke** f. *(-,-n)* campanello *m.* (della porta). **Haus|gott** m. *(-[e]s,-götter)* dio *m.* tutelare della casa, lare *m.*

Haus|halt m. *(-[e]s,-e)* **1** (faccende *f.pl.* di) casa *f.*: ***den ~ führen, besorgen, erledigen, machen*** fare, sbrigare i lavori di casa; ***im ~ helfen*** aiutare in casa **2** *(Familie)* nucleo *m.* familiare, casa *f.*, famiglia *f.* **3** ECON. bilancio *m.*: ***der öffentliche, außerordentliche ~*** il bilancio pubblico, straordinario; ***den ~ beschließen*** deliberare il bilancio; ***den ~ ausgleichen, verabschieden, vorlegen*** pareggiare, votare (*o* approvare), presentare il bilancio. **Haus|halt|ar|ti|kel** → **Haushaltsartikel. haus‿hal|ten** intr. *(hält, hielt, gehalten; aus. haben)* **1** ***mit etw.*** ~ fare economia di qcs. **2** ANT. attendere alle faccende domestiche. **Haus|hal|ter, Haus|häl|ter** m. *(-s,-)* **1** persona *f.* economa **2a** ANT. *(Haushaltsführer)* massaio *m.* **b** *(Hausvater)* capofamiglia *m.* **Haus|häl|te|rin** f. *(-,-nen)* governante *f.* **haus|häl|te|risch I** agg. economo **II** avv. ***mit etw. ~ umgehen*** fare economia di qcs. **Haus|halts|ar|ti|kel** m. *(-s,-)* articolo *m.* per la casa. **Haus|halts|aus|gleich** m. *(-[e]s,-e)* pareggio *m.* del bilancio. **Haus|halts|aus|schuss** m. *(-es,-ausschüsse)* commissione *f.* per il bilancio. **Haus|halts|buch** n. *(-[e]s,-bücher)* libro *m.* delle spese (*o* dei conti). **Haus|halts|de|bat|te** f. *(-,-n)* dibattito *m.* sul bilancio pubblico. **Haus|halts|de|fi|zit** n. *(-s,-e)* deficit *m.* di, nel bilancio. **Haus|halts|ent|wurf** m. *(-[e]s,-entwürfe)* proposta *f.* di bilancio. **Haus|halts|füh|rung** f. *(-,-en)* conduzione *f.* (dell'economia) della casa. **Haus|halts|geld** n. *(-[e]s)* denaro *m.* per le spese di casa. **Haus|halts|ge|rät** n. *(-[e]s,-e)* utensile *m.* domestico: ***elektrische -e*** elettrodomestici. **Haus|halts|ge|setz** n. *(-es,-e)* legge *f.* sul bilancio. **Haus|halts|hil|fe** f. *(-,-n)* collaboratrice *f.* domestica. **Haus|halts|jahr** n. *(-[e]s,-e)* **1** AMM. anno *m.* finanziario **2** anno *m.* di apprendistato (per collaboratrice domestica). **Haus|halts|kas|se** f. *(-,-n)* bilancio *m.* familiare. **Haus|halts|mit|tel** pl. fondi *m.pl.*, stanziamenti *m.pl.* (del bilancio): ***~ abrufen, in Anspruch nehmen*** utilizzare fondi; ***~ anfordern, beantragen*** chiedere lo stanziamento di fondi; ***~ bereitstellen, zur Verfügung stellen, zuteilen*** stanziare fondi; ***~ streichen*** annullare gli stanziamenti. **Haus|halts|pa|ckung** f. *(-,-en)* confezione *f.* famiglia. **Haus|halts|plan** m. *(-[e]s,-pläne)* bilancio *m.* preventivo: ***den ~ aufstellen, vorlegen*** stabilire, presentare il bilancio preventivo. **Haus|halts|pla|nung** f. *(-,-en)* preventivo *m.* di bilancio. **Haus|halts|po|li|tik** f. *(-)* politica *f.* finanziaria.

Haus|hal|tung f. *(-,-en)* → **Haushalt. Haus|hal|tungs|schu|le** f. *(-,-n)* scuola *f.* (professionale) di economia domestica. **Haus|hal|tungs|vor|stand** m. *(-[e]s,-vorstände)* capofamiglia *m.*

Haus|halts|wa|ren pl. casalinghi *m.pl.*

Haus-Haus-Ver|kehr m. *(-[e]s,-e)* servizio *m.* (di ritiro e consegna) a domicilio.

Haus|herr m. *(-n,-en)* **1** padrone *m.* di casa **2** SPORT *(von Mannschaft)* padroni *m.pl.* di casa, squadra *f.* di casa. **Haus|her|rin** f. *(-,-nen)* padrona *f.* di casa. **haus|hoch I** agg. **1** alto come una casa, altissimo **2** *(überlegen)* netto, schiacciante: ***ein haushoher Sieg*** una vittoria schiacciante **II** avv. di molto, nettamente: ***jdm ~ überlegen*** essere di molto superiore a qcn.; ***~ gewinnen*** vincere in modo netto; *(riesig)* enormemente. **Haus|hof|meis|ter** m. *(-[e]s,-)* maggiordomo *m.* **Haus|hö|he** f. *(-,-n)* altezza *f.* di una casa. **Haus|huhn** n. *(-[e]s,-hühner)* pollo *m.* domestico. **Haus|hund** m. *(-[e]s,-e)* cane *m.* (domestico).

hau|sie|ren intr. (aus. *haben*) ***mit etw. ~ (gehen)*** vendere qcs. (*o* fare il venditore ambulante) girando di casa in casa ◆ ***Betteln und Hausieren verboten!*** vietato l'ingresso ai mendicanti e ai venditori ambulanti; COLLOQ. ***immer mit derselben alten Geschichte ~ gehen*** scocciare, importunare tutti con la solita vecchia storia. **Hau|sie|rer** m. *(-s,-)* (venditore *m.*) ambulante *m.*

Haus|in|schrift f. *(-,-en)* iscrizione *f.* sopra la porta di casa. **haus|in|tern I** agg. interno (alla ditta): ***ein -er Beschluss*** una decisione interna **II** all'interno (della ditta). **Haus|ja|cke** f. *(-,-n)* giacca *f.* da casa.

1.Haus|ka|pel|le f. *(-,-n)* cappella *f.* privata.

2.Haus|ka|pel|le f. *(-,-n)* orchestrina *f.* (di un locale). **Haus|kat|ze** f. *(-,-n)* gatto *m.* domestico. **Haus|kleid** n. *(-[e]s,-er)* vestito *m.* da casa. **Haus|kor|rek|tur** f. *(-,-en)* prima bozza *f.* **Haus|leh|rer** m. *(-s,-)* precettore *m.*, insegnante *m.* privato, istitutore *m.* **Haus|leh|re|rin** f. *(-,-nen)* istitutrice *f.* **Haus|leu|te** pl. **1** *(Hausbesitzer)* padroni *m.pl.* di casa **2** SVIZZ. coinquilini *m.pl.* **häus|lich I** agg. domestico, casalingo: ***-e Arbeiten*** lavori domestici; ***ein -es Leben führen*** fare vita di casa, casalinga; *(die Familie betreffend)* familiare: ***die -en Verhältnisse*** i rapporti familiari; ***im -en Kreis*** nella cerchia familiare **II** avv. ***~ leben*** far vita ritirata, casalinga ◆ ***ein -es Mädchen*** una brava casalinga; SCHERZ. ***sich bei jdm ~ niederlassen*** installarsi, piantare le tende a casa di qcn.; ***~ sein*** stare molto volentieri in casa. **Häus|lich|keit** f. *(-)* **1a** inclinazione *f.* alla (*o* amore *m.* per la) vita familiare, domestica **b** *(Heim)* casa *f.*, famiglia *f.* **2** *(Sparsamkeit)* parsimonia *f.*, economia *f.* **Haus|ma|cher|art** f. *(-)* ***nach ~*** casareccio, fatto in casa. **Haus|ma|cher|wurst** f. *(-,-würste)* salsiccia *f.* casareccia. **Haus|macht** f. *(-)* **1** potere *m.*, autorità *f.* (all'interno di un gruppo) **2** *(Landbesitz)* patrimonio *m.* fondiario di una dinastia. **Haus|mäd|chen** n. *(-s,-)* **Haus|magd** f. *(-,-mägde)* domestica *f.* **Haus|mann** m. *(-[e]s,-männer)* **1** ANT. *(Hausmeister)* portinaio *m.* **2** casalingo *m.* **Haus|manns|kost** f. *(-)* **1** cucina *f.* casalinga **2** FIG. *(durchschnittliche Qualität)* qualità *f.* mediocre. **Haus|mar|ke** f. *(-,-n)* **1** marchio *m.* di famiglia **2a** *(Markenfabrikat)* prodotto *m.* di marca **b** COLLOQ. prodotto *m.* acquistato abitualmente **3** COLLOQ. *(Wein)* vino *m.* della casa. **Haus|mei|er** m. *(-s,-)* maestro *m.* di palazzo, maggiordomo *m.* **Haus|meis|ter** m. *(-s,-)* **1** custode *m.*, portinaio *m.* **2** SVIZZ. padrone *m.* di casa. **Haus|mit|tei|lung** f. *(-,-en)* comunicazione *f.* interna. **Haus|mit|tel** n. *(-s,-)* rimedio *m.* popolare. **Haus|müll** m. *(-[e]s)* rifiuti *m.pl.* domestici. **Haus|mu|sik** f. *(-,-en)* musica *f.* (eseguita, suonata) in famiglia. **Haus|mut|ter** f. *(-,-mütter)* **1** ANT. madre *f.* di famiglia **2** *(Vorsteherin)* direttrice *f.*, amministratrice *f.* **Haus|müt|ter|chen** n. *(-s,-)* SCHERZ. donnina *f.* di casa. **Haus|num|mer** f. *(-,-n)* numero *m.* civico. **Haus|or|den** m. *(-s,-)* ordine *m.* conferito da una casa regnante. **Haus|ord|nung** f. *(-,-en)* ordinamento *m.* interno. **Haus|per|so|nal** n. *(-s)* domestici *m.pl.*, servitù *f.* **Haus|pfle|ge** f. *(-)* cure *f.*, assistenza *f.* (medica) a domicilio. **Haus|pfle|ge|rin** f. *(-,-nen)* donna *f.* delle pulizie. **Haus|pos|til|le** f. *(-,-n)* libro *m.* di devozioni domestiche. **Haus|putz** m. *(-es)* pulizie *f.pl.* generali: ***(einen) ~ machen*** fare le pulizie generali. **Haus|rat** m. *(-[e]s)* suppellettili *f.pl.* domestiche. **Haus|recht** n. *(-[e]s)* DIR. diritto *m.* del proprietario ◆ ***das ~ verletzen*** violare il domicilio. **Haus|samm|lung** f. *(-,-en)* colletta *f.* (a domicilio). **Haus|schlach|tung** f. *(-,-en)* macellazione *f.* propria. **Haus|schlüs|sel** m. *(-s,-)* chiave *f.* di casa. **Haus|schuh** m. *(-[e]s,-e)* pantofola *f.* **Haus|schwamm** m. *(-[e]s,-schwämme)* merulio *m.*, fungo *m.* del legno. **Haus|schwein** m. *(-[e]s,-e)* maiale *m.* (domestico).

Hausse ['(h)o:s(ə)] f. *(-,-n)* ECON. rialzo *m.*: ***auf ~ spekulieren*** speculare al rialzo.

Haus|se|gen m. *(-s,-)* SCHERZ. ***bei jdm hängt der ~ schief*** da qcn. c'è burrasca in famiglia.

Haus|si|er [(h)o'sie:] m. *(-s,-s)* rialzista *m.*, speculatore *m.* al rialzo. **haus|sie|ren** intr. (aus. *haben*) giocare al rialzo.

Haus|stand m. *(-[e]s)* famiglia *f.*, casa *f.*: ***einen ~ gründen*** metter su casa (*o* famiglia). **Haus|su|chung** f. *(-,-en)* perquisizione *f.* domiciliare. **Haus|su|chungs|be|fehl** m. *(-[e]s,-e)* mandato *m.* di perquisizione. **Haus|te|le|fon** n. *(-s,-e)* telefono *m.* interno. **Haus|tier** n. *(-[e]s,-e)* animale *m.* domestico. **Haus|toch|ter** f. *(-,-töchter)* giovane governante *f.* **Haus|tor** n. *(-[e]s,-e)* portone *m.* di casa. **Haus|trunk** m. *(-[e]s)* vinello *m.*

Haus|tür f. *(-,-en)* porta *f.* di casa. **Haus|tür|ge|schäft** n. *(-[e]s,-e)* vendita *f.* porta a porta.

Haus|va|ter m. *(-s,-väter)* **1** ANT. padre *m.* di famiglia **2** *(Vorsteher)* direttore *m.* di un istituto. **Haus|ver|bot** n. *(-[e]s,-e)* divieto *m.* di accesso (ad un edificio); ***jdm ~ erteilen*** proibire a qcn. di entrare in casa. **Haus|ver|wal|ter** m. *(-s,-)* amministratore *m.* (di, dello stabile). **Haus|ver|wal|tung** f. *(-,-en)* amministrazione *f.* della casa. **Haus|wart** m. *(-[e]s,-e)* portiere *m.* **Haus|war|tin** f. *(-,-nen)* SVIZZ. portinaia *f.* **Haus|we|sen** n. *(-s)* economia *f.* domestica, LETT. governo *m.* della casa. **Haus|wirt** m. *(-[e]s,-e)* **1** padrone *m.* di casa **2** ANT. *(Familienoberhaupt)* capofamiglia *m.*

Haus|wirt|schaft f. *(-,-en)* **1** economia *f.* domestica **2** ECON. economia *f.* di sussistenza. **haus|wirt|schaft|lich** agg. che concerne il governo della casa; domestico: ***-es Gerät*** utensile domestico. **Haus|wirt|schafts|ge|hil|fin** f. *(-,-nen)* collaboratrice *f.* domestica. **Haus|wirt|schafts|schu|le** f. *(-,-n)* → **Haushaltungsschule.**

Haus|wurz f. *(-,-en)* BOT. sempreviva *f.* **Haus|zeit|schrift** f. *(-,-en)* rivista *f.*, pubblicazione *f.* aziendale. **Haus|zelt** n. *(-[e]s,-e)* tenda *f.* canadese. **Haus|zins** m. *(-es,-en)* REGION. pigione *f.*, affitto *m.*

Haut f. *(-, Häute)* **1a** pelle *f.*, MED. cute *f.*: ***eine faltige, rissige ~*** una pelle rugosa, screpolata; ***sich die ~ abschürfen*** escoriarsi; ***die ~ hat sich gerötet*** la pelle si è arrossata; *(Tierhaut)* pelle *f.*: ***die knusprige ~ des Hähnchens*** la pelle croccante del pollo **b** *(Fell)* pelle *f.*, pelliccia *f.*: ***einem Tier die ~ abziehen*** scuoiare un animale; ***die***

Häute gerben conciare le pelli **c** *(Schale)* ***die ~ der Tomate*** la pelle del pomodoro **2** *(oberflächliche Schicht)* pelle *f.*, pellicola *f.*; membrana *f.*: ***die ~ der Milch*** la pelle del latte **3** FIG. *(Leben)* vita *f.*, pelle *f.*: ***seine ~ retten*** salvare la pelle; ***sich seiner ~ wehren*** difendere la propria pelle **4** COLLOQ. *(Person)* persona *f.*: ***eine gute, ehrliche ~*** una brava persona, una persona onesta; ***eine wunderliche ~*** un tipo originale ◆ ***aus der ~ fahren*** adirarsi, uscire dai gangheri; ***auf der faulen ~ liegen, sich auf die faule ~ legen*** stare con le mani in mano; ***sich in seiner ~ nicht wohl fühlen*** non sentirsi bene dentro di sé, non avere l'animo tranquillo; ***mit ~ und Haar*** completamente; COLLOQ. ***mit heiler ~ davonkommen*** scamparla, salvare la pelle; *(ungeschoren davonkommen)* passarla liscia; ***aus seiner ~ nicht heraus können*** non poter essere diverso da come si è (*o* smentire la propria natura); ***nur noch ~ und Knochen sein, aus ~ und Knochen bestehen*** non essere più che pelle ossa; COLLOQ. ***seine ~ zu Markte tragen*** mettere a repentaglio la propria vita; *(Prostitution treiben)* vendersi; ***bis auf die ~ nass sein*** essere bagnato fino alle ossa; ***ich möchte nicht in seiner ~ stecken*** non vorrei essere nei suoi panni (*o* nella sua pelle); ***jdm unter die ~ gehen (dringen)*** toccare qcn. da vicino, direttamente; ***seine ~ so teuer wie möglich verkaufen*** vendere cara la pelle; ***sich einer Sache mit ~ und Haar verschreiben*** darsi a qcs. anima e corpo. **Haut|ab|schür|fung** f. *(-,-en)* escoriazione *f.* **Haut|arzt** m. *(-es,-ärzte)* dermatologo *m.* **Haut|at|mung** f. *(-)* respirazione *f.* cutanea. **Haut|aus|schlag** m. *(-[e]s,-ausschläge)* eruzione *f.* cutanea. **Häut|chen** n. *(-s,-)* pellicina *f.*; *(Membrane)* membrana *f.* **Haut|cre|me** f. *(-,-s)* crema *f.* per la pelle.

Haute Coif|fure [(h)o:tkwa'fy:ɐ] f. *(-,-)* Haute-Coiffure *f.* **Haute Cou|ture** [(h)o:tku'ty:ɐ] f. *(-,-)* alta moda *f.* **Haute Cou|tu|ri|er** [(h)o:tkuty'rie] m. *(-s,-s)* creatore *m.* di alta moda, haute couturier *m.* **Haute|fi|nance** [(h):tfɪ'nã:s] f. *(-)* alta finanza *f.* **Haute|lisse** [(h)o:t'lɪs] f. *(-)* TESS. catena *f.* alta. **Haute|lisse|stuhl** m. *(-[e]s,-stühle)* telaio *m.* a catena alta.

häu|ten I tr. scuoiare, spellare; *(schälen)* sbucciare **II** rifl. **sich ~** cambiare pelle, spellarsi: ***die Schlangen ~ sich*** i serpenti perdono la pelle (*o* depongono la spoglia). **haut|eng** agg. molto aderente (al corpo): ***ein -es Kleid*** un vestito molto aderente.

Haut|ent|zün|dung f. *(-,-en)* dermatite *f.*

Haute|vo|lee [(h)o:tvo'le:] f. *(-)* alta società *f.*

Haut|far|be f. *(-,-n)* colore *m.* della pelle, carnagione *f.* **Haut|fet|zen** m. *(-s,-)* brandello *m.*, lembo *m.* di pelle. **Haut|flech|te** f. *(-,-n)* eczema *m.* **Haut|flüg|ler** m. *(-s,-)* imenotteri *m.pl.* **haut|freund|lich** agg. che non irrita la pelle. **häu|tig** agg. **1** *(wie Haut beschaffen)* membranoso **2** ANAT. cutaneo. **Haut|ju|cken** n. *(-s)* prurito *m.* cutaneo. **Haut|kli|nik** f. *(-,-en)* clinica *f.* dermatologica. **Haut|kon|takt** m. *(-[e]s,-e)* contatto *m.* epidermico. **Haut|krank|heit** f. *(-,-en)* malattia *f.* della pelle, dermatosi *f.* **Haut|krebs** m. *(-es,-e)* cancro *m.* della pelle, MED. carcinoma *m.* dell'epidermide. **haut|nah I** agg. **1** sottocutaneo **2** immediato, aderente alla realtà, realistico: ***-e Bilder, Darstellung*** immagini immediate, rappresentazione realistica **II** avv. **1** a fior di pelle **2** *(unmittelbar wirkend)* in modo realistico, vivo **3** SPORT GERG. ***einen Spieler ~ decken*** marcare stretto (*o* francobollare) un giocatore. **haut|näh|rend** agg. che nutre la pelle. **Haut|pfle|ge** f. *(-)* cura *f.* della pelle. **Haut|pilz** m. *(-es,-e)* dermatofita *m.* **Haut|plas|tik** f. *(-,-en)* dermatoplastica *f.* **Haut|re|flex** m. *(-es,-e)* riflesso *m.* cutaneo. **Haut|rei|zung** f. *(-,-en)* irritazione *f.* cutanea.

Haut|re|li|ef ['(h)o:-] n. *(-s,-s* e *-e)* altorilievo *m.*

Haut|rö|tung f. *(-,-en)* arrossamento *m.* della pelle. **haut|scho|nend** agg. che non irrita la pelle. **Haut|schrift** f. *(-)* dermografia *f.* **Haut|schup|pe** f. *(-,-n)* FISIOL. scaglia *f.* **Haut|sin|nes|or|gan** n. *(-[e]s,-e)* organo *m.* sensoriale cutaneo. **haut|sym|pa|thisch** agg. → **hautfreundlich. Haut|trans|plan|ta|ti|on** f. *(-,-en)* trapianto *m.* cutaneo. **Haut|über|tra|gung** f. *(-,-en)* → **Hauttransplantation. Häu|tung** f. *(-,-en)* **1** scorticamento *m.*, scorticatura *f.*, scuoiamento *m.* **2a** *(Schälen der menschlichen Haut)* spellatura *f.* **b** ZOOL. *(Abstreifen der Haut)* muta *f.* **Haut|ver|pflan|zung** f. *(-,-en)* → **Hauttransplantation. Haut|wolf** m. *(-[e]s)* **1** lupus *m.* **2** *(Intertrigo)* intertrigine *f.* **Haut|wun|de** f. *(-,-n)* ferita *f.* cutanea.

Hau|werk → **Haufwerk.**

Ha|van|na I n.pr.n. *(-s)* l'Avana: ***in ~*** all'Avana **II** f. *(-,-s)* avana *m.* (sigaro) **III** m. *(-s)* avana *m.* (tabacco). **Ha|van|na|zi|gar|re** f. *(-,-en)* sigaro *m.* avana.

Ha|va|rie f. *(-,-n)* **1** avaria *f.*: ***~ haben, erleiden*** avere, subire un'avaria; ***eine ~ am Motor beheben*** riparare un'avaria al motore; ***nach dem Zusammenstoß lag der Tanker mit ~ vor Anker*** dopo la collisione la petroliera era ancorata in avaria **2a** AUSTR. *(Unfall)* incidente *m.* **b** *(Schaden)* danno *m.* alla macchina. **ha|va|rie|ren** intr. (aus. *haben*) **1** AER. MAR. avere (*o* subire) un'avaria **2** AUSTR. *(einen Unfall haben)* avere un incidente. **ha|va|riert** p.pass. agg. **1** → **havarieren 2** ***ein -es Flugzeug, Schiff*** un aereo, una nave in avaria **3** AUSTR. ***ein schwer -er Wagen*** un'auto gravemente danneggiata (da un incidente). **Ha|va|rist** m. *(-en,-en)* MAR. **1** proprietario *m.* di una nave in avaria **2** *(havariertes Schiff)* nave *f.* in avaria.

Ha|ve|lock ['ha:vəlɔk] m. *(-s,-s)* INTRAD. (cappotto con mantella).

Ha|waii n.pr.n. *(-s)* → **Hawaii-Inseln.**

Ha|wai|i|a|ner m. *(-s,-)* hawaiano *m.* **Ha|waii|gi|tar|re** f. *(-,-n)* chitarra *f.* hawaiana. **Ha|waii-In|seln** pl. (isole *f.pl.*) Hawaii *f.pl.* **ha|wai|isch** agg. hawaiano, delle (isole) Hawaii.

Ha|xe REGION. → **Hachse.**

Ha|zi|en|da f. *(-,-s* e *Hazienden)* hacienda *f.*

Hb ⇒ *Hämoglobin* emoglobina *f.* (Hb.).

Hbf. ⇒ *Hauptbahnhof* stazione *f.* centrale: ***Mailand Hbf.*** Milano C. (*o* C.le).

H-Bom|be f. *(-,-n)* bomba *f.* H.

h. c. ⇒ *honoris causa* honoris causa (h.c.).

H-Dur n. *(-s)* si *m.* maggiore.

he inter. **1** ehi: ***~ (du), komm her!*** ehi (tu), vieni qua! ***~, was soll denn das?*** ehi, che cosa stai facendo (*o* cosa combini)? **2** *(als Verstärkung einer Frage)* eh: ***was macht ihr denn da, ~?*** che cosa fate qui, eh?

Head|hun|ter ['hɜdhʌntə] m. *(-s,-)* FIG. cacciatore *m.* di teste.

Hea|ring ['hɪərɪŋ] n. *(-[s],-s)* hearing *m.*

Hea|vy|me|tal ['hɛvɪ 'mɛtl] n. *(-,-[s])* heavy metal *m.*

Heb|am|me f. *(-,-n)* ostetrica *f.*; *(früher)* levatrice *f.*

He|be n.pr.f. Ebe *f.*

He|be|bal|ken m. *(-s,-)*, **He|be|baum** m. *(-[e]s,-bäume)* palanchino *m.* **He|be|bock** m. *(-[e]s,-böcke)* martinetto *m.*, cric *m.* **He|be|büh|ne** f. *(-,-n)* ponte *m.* (sollevatore), sollevatore *m.* **He|be|kran** m. *(-[e]s,-kräne* e TECN. *-e)* gru *f.*

He|bel m. *(-s,-)* leva *f.*: MECC. ***ein-, zweiarmiger ~*** leva a un braccio, a due bracci; ***etw. mit einem ~ anheben, verschieben*** sollevare, spostare qcs. con una leva; MECC. ***einen ~ betätigen (bedienen)*** azionare una leva; ***einen ~ (her)umlegen, herunterdrücken, hochdrücken*** spostare, abbassare, alzare una leva ◆ ***den ~ an der richtigen Stelle ansetzen*** trovare il mezzo giusto (*o* la via giusta); ***alle ~ in Bewegung setzen*** tentare tutti i mezzi possibili, usare ogni mezzo; ***am längeren ~ sitzen*** avere il coltello dalla parte del manico. **He|bel|arm** m. *(-[e]s,-e)* FIS. braccio *m.* della leva. **He|bel|ge|setz** n. *(-es,-e)* FIS. principio *m.* della leva. **He|bel|griff** m. *(-[e]s,-e)* SPORT leva *f.* **He|bel|kraft** f. *(-,-kräfte)* FIS. forza *f.* sviluppata da una leva. **he|beln** tr. RAR. sollevare con una leva; *(fortbewegen)* rimuovere con una leva. **He|bel|wir|kung** f. *(-,-en)* azione *f.* della leva.

he|ben *(hob, gehoben)* **I** tr. **1** (sol)levare, alzare (anche FIG.): ***ein Gewicht ~*** sollevare un peso; ***etw. in die Höhe ~*** levare in alto qcs.; ***die Hand ~*** alzare la mano; ***die Augen, den Blick (zu jdm, etw.) ~*** levare gli occhi, lo sguardo (verso qcn., qcs.); ***die Faust gegen jdn ~*** agitare il pugno contro qcn.; ***seine Stimme ~*** alzare la voce; FIG. ***(jdm) die Stimmung ~*** sollevare il morale (a qcn.) **2** *(hochnehmen)* mettere (su, in alto): ***jdn auf die Schultern ~*** mettersi qcn. in spalla; ***das Kind auf die Mauer ~*** mettere il bambino sul muretto **3a** *(heraufholen)* (ri)portare su, in superficie: ***ein gesunkenes Schiff ~*** riportare a galla (*o* ricuperare) una nave affondata **b** *(ausgraben)* ***einen Schatz ~*** disseppellire (*o* riportare alla luce) un tesoro **4a** *(steigern)* aumentare, accrescere: ***den Umsatz ~*** aumentare il fatturato **b** *(verbessern)* migliorare, elevare: ***den Geschmack, die Lebenshaltung ~*** migliorare i gusti, elevare il tenore di vita **5** *(hervortreten lassen)* far risaltare, far spiccare **6** SPORT ***den Ball über den Torwart ins Tor ~*** superare il portiere con un pallonetto **7** REGION. *(halten)* tenere **8** REGION. *(einziehen)* riscuotere, incassare **II** rifl. **sich ~ 1** (sol)levarsi, alzarsi: ***der Vorhang hob sich*** il sipario si alzò; ***sich in die Luft ~*** alzarsi in volo; ***der Nebel hebt sich*** la nebbia si alza; ***sich auf die Zehenspitzen ~*** alzarsi in punta di piedi **2** *(emporragen)* ergersi, innalzarsi, levarsi **3a** *(sich steigern)* aumentare, accrescersi: ***der Handel hob sich in jenen Jahren wieder*** il commercio aumentò di nuovo in quegli anni **b** *(sich verbessern)* migliorare, elevarsi, alzarsi: ***das kulturelle Niveau hat sich in letzter Zeit deutlich gehoben*** il livello culturale negli ultimi tempi si è notevolmente elevato **4** REGION. *(sich festhalten)* tenersi (forte) **III** intr. (aus. *haben*) SPORT sollevare pesi, fare sollevamento pesi ◆ ***sich einen Bruch ~*** = farsi venire l'ernia sollevando un peso; ***einen ~*** berne uno, farsi un bicchierino.

He|be|prahm m. *(-[e]s,-e* e *-prähme)* pontone *m.* gru (per la riparazione di navi).

He|ber m. *(-s,-)* CHIM. pipetta *f.*; *(Ballsport)* pallonetto *m.*
He|be|satz m. *(-es,-sätze)* aliquota *f.* d'imposta. **He|be|schmaus** m. *(-es,-schmäuse)* festa *f.* della copertura del tetto (di una casa). **He|be|stan|ge** f. *(-,-n)* leva *f.* **He|be|werk** n. *(-[e]s,-e)* impianto *m.* di sollevamento (per navi). **He|be|zeug** n. *(-[e]s,-e)* elevatore *m*, burbera *f.*
Heb|rä|er m. *(-s,-)* ebreo *m.*, israelita *m.* **Heb|rä|er|brief** m. *(-[e]s)* lettera *f.* agli Ebrei. **Heb|rä|e|rin** f. *(-,-nen)* ebrea *f.*, israelita *f.* **Heb|ra|i|cum** n. *(-s)* esame *m.* di religione ebraica. **heb|rä|isch** agg. ebraico. **Heb|rä|isch** n. *(-[s])*, **Heb|rä|i|sche** n. *(-n)* ebraico *m.*, lingua *f.* ebraica. **Heb|ra|ist** m. *(-en,-en)* ebraista *m.*
Heb|ri|den n.pr.pl. (isole *f.pl.*) Ebridi *f.pl.*
He|bung f. *(-,-en)* **1** MAR. ricupero *m.* **2** *(von Schätzen)* disseppellimento *m.* **2a** *(Steigerung)* aumento *m.*, innalzamento *m.* **b** *(Verbesserung)* elevamento *m.*, miglioramento *m.* **3** GEOL. elevazione *f.*, innalzamento *m.* (della crosta terrestre) **4** METR. arsi *f.*
He|chel f. *(-,-n)* TESS. pettine *m.* ◆ ***jdn, etw. durch die ~ ziehen*** sparlare (*o* parlar male) di qcn., qcs. **He|che|lei** f. *(-,-en)* pettegolezzo *m.* **He|chel|ma|schi|ne** f. *(-,-n)* TESS. pettinatrice *f.*
1.he|cheln I tr. TESS. pettinare **II** intr. (aus. *haben*) COLLOQ. ***über jdn, etw. ~*** sparlare (*o* parlar male) di qcn., qcs., malignare su qcn., qcs.
2.he|cheln intr. (aus. *haben*) ansimare (spec. di cane).
Hech|se → **Hachse.**
Hecht m. *(-[e]s,-e)* **1** luccio *m.* **2** COLLOQ. *(Draufgänger)* spavaldo *m.*; *(Frauenheld)* dongiovanni *m.* **3** → **Hechtsprung 4** COLLOQ. *(verbrauchte Luft)* aria *f.* viziata; *(dichter Tabaksqualm)* tanfo *m.* di fumo ◆ ***der ~ im Karpfenteich sein*** portare scompiglio. **hecht|blau** agg. grigio-azzurro. **Hecht|dorsch** m. *(-[e]s,-e)* nasello *m.* **hech|ten** intr. (aus. *haben*) tuffarsi, fare un tuffo ◆ *(vom Torwart)* ***nach dem Ball ~*** parare in tuffo. **Hecht|sprung** m. *(-[e]s,-sprünge)* SPORT tuffo *m.*; *(beim Turnen)* salto *m.* carpiato. **Hecht|sup|pe,** SCHERZ. ***es zieht wie ~*** tira un gran vento.
Heck n. *(-[e]s,-e* e *-s)* **1** MAR. poppa *f.* **2** AER. coda *f.* **3** AUT. parte *f.* posteriore. **Heck|an|trieb** m. *(-[e]s,-e)* trazione *f.* posteriore.
1.He|cke f. *(-,-n)* **1** siepe *f.* **2** *(Gesträuch)* boscaglia *f.*, macchia *f.*
2.He|cke f. *(-,-n)* ANT. **1a** covata *f.*, nidiata *f.* **b** *(von Säugetieren)* cucciolata *f.* **2** *(Brutzeit)* periodo *m.* della cova **he|cken** tr. ANT. **1** *(ausbrüten)* covare **2** *(werfen)* figliare.
He|cken|kir|sche f. *(-,-n)* caprifoglio *m.*, madreselva *f.* **He|cken|ro|se** f. *(-,-n)* rosa *f.* selvatica. **He|cken|sche|re** f. *(-,-n)* cesoie *f.pl.* (da siepe). **He|cken|schüt|ze** m. *(-n,-n)* franco *m.* tiratore, cecchino *m.*
Heck|flos|se f. *(-,-n)* AUT. pinna *f.* **Heck|klap|pe** f. *(-,-n)* cofano *m.* del bagagliaio. **heck|las|tig** agg. AUT. carico posteriormente. **Heck|la|ter|ne** f. *(-,-n)*, **Heck|licht** n. *(-[e]s,-er)* MAR. fanale *m.* di poppa.
Heck|meck m. *(-s)* storie *f.pl.*: ***mach nicht soviel ~*** non fare tante storie.
Heck|mo|tor m. *(-s,-en)* AUT. motore *m.* posteriore.
Heck|pfen|nig m. *(-s,-s)* SCHERZ. monetina *f.* portafortuna.
Heck|schei|be f. *(-,-n)* lunotto *m.* (posteriore). **Heck|schei|ben|wi|scher** m. *(-s,-)* tergilunotto *m.* **Heck|tür** f. *(-,-en)* **1** portellone *m.* (posteriore) **2** RAR. → **Heckklappe.**
he|da inter. ehi(là), olà.
He|de f. *(-,-n)* REGION. stoppa *f.* **he|den** agg. di stoppa.
He|de|rich m. *(-s,-e)* ramolaccio *m.*
Hedge|ge|schäft ['hɛdʒ-] n. *(-[e]s,-e)* ECON. operazione *f.* di copertura, copertura *f.* (di compravendita).
He|do|ni|ker m. *(-s,-)* → **Hedonist. He|do|nis|mus** m. *(-)* edonismo *m.* **He|do|nist** m. *(-en,-en)* edonista *m.* (anche FIG.). **he|do|nis|tisch** agg. edonistico (anche FIG.).
Hedsch|ra f. *(-)* egira *f.*
Heer n. *(-[e]s,-e)* **1** esercito *m.*: ***stehendes ~*** esercito permanente (*o* stanziale); ***im ~ dienen*** servire nell'esercito **2** FIG. esercito *m.*, moltitudine *f.*, schiera *f.* **Heer|bann** m. *(-[e]s)* STOR. **1** eribanno *m.*, chiamata *f.* alle armi **2** *(Heer)* esercito *m.* (raccolto con l'eribanno) **3** *(Strafe)* pena *f.* per i renitenti. **Hee|res|be|richt** m. *(-[e]s,-e)* bollettino *m.* di guerra. **Hee|res|dienst** m. *(-[e]s)* servizio *m.* militare (nell'esercito). **Hee|res|flie|ger** m. *(-s,-)* MIL. **1** aviatore *m.*, pilota *m.* **2** *(Truppengattung)* aviazione *f.* militare. **Hee|res|grup|pe** f. *(-,-n)* gruppo *m.* di armate. **Hee|res|lei|tung** f. *(-,-en)* comando *m.* dell'esercito. **Hee|res|zug** RAR. → **Heerzug. Heer|fahrt** f. *(-,-en)* STOR. spedizione *f.* militare. **Heer|füh|rer** m. *(-s,-)* comandante *m.* dell'esercito; STOR. condottiero *m.* **Heer|la|ger** n. *(-s,-)* accampamento *m.* militare. **Heer|schar** f. *(-,-en)* schiera *f.* di soldati ◆ ***die himmlischen -en*** le schiere celesti, di angeli. **Heer|schau** f. *(-,-en)* rivista *f.* (*o* parata *f.*) militare. **Heer|stra|ße** f. *(-,-n)* strada *f.* militare. **Heer|we|sen** n. *(-s)* esercito *m.*
Heer|zug m. *(-[e]s,-züge)* **1** colonna *f.* di soldati **2** *(Feldzug)* campagna *f.* (*o* spedizione *f.*) militare.
He|fe f. *(-,-n)* **1a** lievito *m.* **b** FIG. fermento *m.*, lievito *m.* **2** SPREG. *(Abschaum)* feccia *f.* **He|fe|brot** n. *(-[e]s,-e)* pane *m.* lievitato. **He|fe|kloß** m. *(-es,-klöße)* gnocco *m.* (preparato col lievito). **He|fe|ku|chen** m. *(-s,-)* INTRAD. (tipo di torta il cui impasto viene fatto lievitare prima della cottura). **He|fen|brot** ANT. → **Hefebrot. He|fe|pilz** m. *(-es,-e)* saccaromicete *m.* **He|fe|teig** m. *(-[e]s,-e)* pasta *f.* lievitata. **he|fig I** agg. contenente lievito; *(nach Hefe schmeckend)* che sa di lievito **II** avv. ***~ schmecken*** sapere di lievito.
1.Heft n. *(-[e]s,-e)* **1** *(Schreibheft)* quaderno *m.* **2a** *(von Zeitschriften)* fascicolo *m.*, numero *m.* **b** *(Lieferung)* dispensa *f.*, fascicolo *m.*: ***in einzelnen -en erscheinen*** essere pubblicato a dispense **3** *(Broschüre)* opuscolo *m.*
2.Heft n. *(-[e]s,-e)* impugnatura *f.*: ***das ~ des Messers*** l'impugnatura del coltello; *(eines Werkzeuges)* manico *m.*, impugnatura *f.* ◆ ***das ~ ergreifen (in die Hand nehmen)*** assumere il comando; ***das ~ in der Hand haben, behalten*** dominare la situazione, mantenere il controllo della situazione.
Heft|chen n. *(-s,-)* **1** *(kleines Schreibheft)* quadernetto *m.* **2** *(dünne Broschüre)* opuscoletto *m.* **3a** *(Druckschrift)* giornaletto *m.* **b** *(Groschenroman)* romanzetto *m.* **4** carnet *m.*, blocchetto *m.*: ***ein ~ Fahrscheine*** un carnet di biglietti.
Hef|tel → **Haftel. hef|teln** → **häfteln.**
hef|ten I tr. **1a** *(anbringen)* attaccare, fissare **b** appuntare, attaccare: ***jdm einen Orden an die Brust ~*** appuntare una decorazione sul petto di qcn. **2** SART. imbastire: ***die Ärmel ~*** imbastire le maniche **3** FIG. fissare: ***den Blick auf etw.(A) ~*** fissare lo sguardo su qcs. **4** pinzare: ***lose Blätter ~*** pinzare dei fogli sciolti, volanti **5** EDIT. *(nähen)* cucire **II** rifl. **sich ~ 1** *(von den Augen, vom Blick)* fissarsi **2** ***sich an jdn ~*** attaccarsi a qcn. ◆ ***sich an jds Fersen ~*** stare alle calcagna di qcn. **Hef|ter** m. *(-s,-)* **1** *(Schnellhefter)* raccoglitore *m.* **2** *(Heftmaschine)* pinzatrice *f.* **Heft|fa|den** m. *(-s,-fäden)* filo *m.* per (*o* da) imbastire. **Heft|garn** n. *(-[e]s,-e)* filato *m.* per imbastire.
hef|tig I agg. **1** *(stark)* forte, violento: ***ein -er Sturm, Schmerz*** una violenta tempesta, un forte dolore; ***eine -e Leidenschaft*** una violenta passione; ***ein -er Schneefall*** una forte (*o* abbondante) nevicata **2** *(abrupt)* brusco: ***-e Bewegungen*** movimenti bruschi **3** *(aufbrausend)* impetuoso, irruente **II** avv. **1** violentemente, con forza, forte: ***~ gegen etw. stoßen*** urtare violentemente contro qcs.; ***es regnet, schneit ~*** piove forte (*o* a dirotto), nevica molto **2** *(abrupt)* bruscamente **3** *(leidenschaftlich)* appassionatamente: ***~ diskutieren*** discutere appassionatamente ◆ ***~ aneinander geraten*** litigare furiosamente; ***~ werden*** imbestialire, montare su tutte le furie. **Hef|tig|keit** f. *(-,-en)* **1** violenza *f.*: ***die ~ der Kämpfe*** la violenza dei combattimenti; ***mit ~ reagieren*** reagire con violenza **2** *(Aufbrausen)* impetuosità *f.*, veemenza *f.*
Heft|klam|mer f. *(-,-n)* **1** punto *m.* metallico **2** *(Büroklammer)* fermaglio *m.*, clips *f.* **Heft|ma|schi|ne** f. *(-,-n)* pinzatrice *f.*, cucitrice *f.* **Heft|pflas|ter** n. *(-s,-)* cerotto *m.*: ***ein ~ über eine Wunde kleben*** mettere un cerotto su una ferita; ***das ~ abziehen*** togliere il cerotto. **Heft|rand** m. *(-[e]s,-ränder)* margine *m.* (forato) per la fascicolatura. **Heft|schwei|ßung** f. *(-,-en)* MECC. puntatura *f.*, imbastitura *f.* **Heft|stich** m. *(-[e]s,-e)* imbastitura *f.* **heft|wei|se** avv. a fascicoli, a dispense. **Heft|zwe|cke** f. *(-,-n)* puntina *f.* da disegno.
He|ge f. *(-)* protezione *f.*, salvaguardia *f.* ◆ ***~ und Pflege*** cure zelanti.
He|ge|li|a|ner m. *(-s,-)* hegeliano *m.* **he|ge|li|a|nisch** agg. hegeliano. **He|ge|li|a|nis|mus** m. *(-)* hegelismo *m.* **he|gelsch** agg. hegeliano.
He|ge|meis|ter m. *(-s,-)* guardia *f.* forestale.
he|ge|mo|ni|al agg. egemonico. **He|ge|mo|ni|al|staat** m. *(-[e]s,-en)* stato *m.* egemone. **He|ge|mo|nie** f. *(-,-n)* egemonia *f.* **he|ge|mo|nisch** agg. egemonico.
he|gen tr. **1** *(schützen)* proteggere, salvaguardare **2** *(pflegen)* ***jdn, etw. ~*** curare, assistere qcn., prendersi cura di qcn., qcs. **3** nutrire, avere: ***Verdacht gegen jdn ~*** nutrire sospetti contro; ***eine Schwäche für jdn ~*** avere un debole per qcn.; ***Groll gegen jdn ~*** serbare rancore a, verso qcn. ◆ ***jdn ~ und pflegen*** prendersi premurosamente cura di qcn. **He|ger** m. *(-s,-)* guardacaccia *m.* **He|ge|rei|ter** m. *(-s,-)* guardaboschi *m.* a cavallo. **He|ge|zeit** f. *(-,-en)* periodo *m.* in cui vige il divieto di caccia.
Hehl, ***kein (keinen) ~ aus etw. machen*** non fare mistero di qcs.; ***etw. ohne ~ eingestehen*** ammettere apertamente qcs. **heh|len** tr. **1** ANT. celare, occultare **2** RAR. *(von Diebesgut)* ricettare. **Heh|ler** m. *(-s,-)* ricettatore *m.* **Heh|le|rei** f. *(-,-en)* ricettazione *f.*
hehr agg. LETT. augusto, sublime. **Heh|re, Hehr|heit** f. *(-)* LETT. ANT. maestosità *f.*, sublimità *f.*

hei inter. oh, ehi.

heia INFANT. *~ machen* fare la nanna. **Heia** f. *(-,-[s])* INFANT. lettino *m.* ◆ *in die ~ gehen* andare a nanna. **Hei|a|bett** n. *(-[e]s,-en)* → **Heia. hei|a|po|peia** → **eiapopeia.**

hei|da → **hei.**

1.Hei|de m. *(-n,-n)* pagano *m.* ◆ *wie ein ~ fluchen* bestemmiare come un turco.

2.Hei|de f. *(-,-n)* **1** brughiera *f.* **2** → **Heidekraut 3** REGION. *(kleiner Wald)* macchia *f.* **Hei|de|ge|wächs** n. *(-es,-e)* ericacea *f.* **Hei|de|korn** n. *(-[e]s)* grano *m.* saraceno. **Hei|de|kraut** n. *(-[e]s)* brugo *m.*, crecchia *f.*, brentolo *m.* **Hei|de|kraut|ge|wächs** → **Heidegewächs. Hei|de|land** n. *(-[e]s)* brughiera *f.*

Hei|del|bee|re f. *(-,-n)* mirtillo *m.* **Hei|del|beer|kraut** n. *(-[e]s)* (pianta *f.* di, del) mirtillo *m.*

Hei|de|ler|che f. *(-,-n)* lodola *f.* dei prati, mattolina *f.*

Hei|den|angst f. *(-)* COLLOQ. paura *f.* matta, tremenda. **Hei|den|ar|beit** f. *(-)* COLLOQ. lavoraccio *m.*, lavorone *m.* **Hei|den|christ** m. *(-en,-en)* pagano *m.* convertito (al cristianesimo). **Hei|den|chris|ten|tum** n. *(-s)* mondo *m.* pagano convertito (al cristianesimo). **Hei|den|geld** n. *(-[e]s)* COLLOQ. sacco *m.* di soldi (*o* di denaro): *das kostet ein ~* costa un sacco di soldi (*o* un occhio della testa). **Hei|den|lärm** m. *(-s e* RAR. *-es)* COLLOQ. chiasso *m.* terribile, fracasso *m.* infernale. **hei|den|mä|ßig** agg. COLLOQ. grande, enorme; *(sehr viel)* moltissimo: *~ Geld verdienen* guadagnare moltissimo denaro. **Hei|den|res|pekt** m. *(-[e]s)* profondo rispetto *m.* **Hei|den|rös|chen** → **Heideröschen. Hei|den|schreck** m. *(-[e]s)* spavento *m.* terribile. **Hei|den|spaß** m. *(-es)* COLLOQ. gran divertimento *m.* ◆ *das machte ihm einen ~* ciò lo faceva divertire moltissimo; *das ist ein ~* è un gran divertimento. **Hei|den|spek|ta|kel** m. *(-s)* → **Heidenlärm. Hei|den|tum** n. *(-s)* **1** paganesimo *m.* **2** *(heidnische Welt)* mondo *m.* pagano.

Hei|de|rauch m. *(-[e]s)* nebbia *f.* secca. **Hei|de|rös|chen** *(-s,-)*, **Hei|de|ro|se** f. *(-,-n)*, **Hei|de|rös|lein** n. *(-s,-)* rosa *f.* canina.

hei|di inter. via ◆ *~ gehen* andar perduto; *alles ist ~* tutto è perduto.

Hei|din f. *(-,-nen)* pagana *f.*

Heid|jer m. *(-s,-)* INTRAD. (abitante della brughiera di Lüneburg).

heid|nisch I agg. pagano **II** avv. da pagano, paganamente.

Heid|schnu|cke f. *(-,-n)* INTRAD. (razza di pecore allevate nella regione di Lüneburg).

Hei|duck m. *(-en,-en)* aiduco *m.*

Hei|er|mann m. *(-[e]s,-männer)* COLLOQ. INTRAD. (moneta da cinque marchi).

hei|kel, ANT. **heik|lig** agg. **1** *(schwierig)* spinoso, scabroso **2** REGION. *(wählerisch)* schizzinoso.

heil agg. **1a** *(unverletzt)* sano e salvo, illeso **b** intero, intatto, integro: *nach dem Transport war die Vase noch ~* dopo il trasporto il vaso era ancora intatto **2** *(geheilt)* guarito ◆ *er ist mit -er Haut davongekommen* l'ha scampata, ha salvato la pelle; INFANT. *~ machen* aggiustare, riparare; *~ werden* guarire. **Heil** n. *(-s)* **1a** *(Glück)* fortuna *f.* **b** benessere *m.*, felicità *f.*: *für sein ~ sorgen* preoccuparsi del proprio benessere **2a** *(als Wunsch-, Grußformel) ~ dir!* alla tua salute! *~ dem Sieger!* viva il vincitore! **3** RELIG. salvezza *f.*: *das ewige ~* la salvezza eterna ◆ COLLOQ. *sein ~ in der Flucht suchen* cercare scampo nella fuga; *sein ~ versuchen* tentare la sorte. **Hei|land** m. *(-[e]s,-e)* **1** *(Christus)* Salvatore *m.*, Redentore *m.* **2** LETT. salvatore *m.*: *jds ~ sein* essere il salvatore di (*o* la salvezza per) qcn. **Heil|an|stalt** f. *(-,-en)* casa *f.* di cura. **Heil|an|zei|ge** f. *(-,-n)* FARM. indicazione *f.* **Heil|bad** n. *(-[e]s,-bäder)* **1** bagno *m.* termale **2** *(Kurort)* località *f.* termale. **heil|bar** agg. curabile, guaribile. **Heil|bar|keit** f. *(-)* curabilità *f.* **Heil|be|hand|lung** f. *(-,-en)* trattamento *m.* terapeutico. **Heil|be|helf** m. *(-[e]s,-e)* AUSTR. medicina *f.*, farmaco *m.* **Heil|be|ruf** m. *(-[e]s,-e)* professione *f.* medica. **heil|brin|gend** agg. **1** benefico, salutare: *eine -e Kur* una cura salutare **2** RELIG. salvifico, di salvezza. **Heil|brin|ger** m. *(-s,-)* RELIG. Salvatore *m.*, Redentore *m.* **Heil|butt** m. *(-[e]s,-e)* ippoglosso *m.*

hei|len I tr. **1** guarire: *jdn von einer Krankheit, durch eine, mit einer Diät ~* guarire qcn. da una malattia, con una dieta **2** FIG. riparare: *einen Schaden ~* riparare un danno **3** *(befreien)* liberare: *jdn von einem Vorurteil ~* liberare qcn. da un pregiudizio **II** intr. (aus. *sein*) guarire: *seine Brandwunde heilt schnell* la sua bruciatura guarisce rapidamente. **Hei|ler** m. *(-s,-)* salvatore *m.*

Heil|er|de f. *(-,-n)* terra *f.* (*o* argilla *f.*) medicamentosa. **Heil|fas|ten** n. *(-s)* digiuno *m.* (a scopo) terapeutico. **heil|froh** agg. COLLOQ. contento come una pasqua. **Heil|für|sor|ge** f. *(-)* assistenza *f.* sanitaria. **Heil|ge|hil|fe** m. *(-n,-n)* ANT. assistente *m.* sanitario.

Heil|gym|nast m. *(-en,-en)* cinesiterapista *m.* **Heil|gym|nas|tik** f. *(-)* cinesiterapia *f.*, ginnastica *f.* medica. **Heil|gym|nas|tin** f. *(-,-nen)* cinesiterapista *f.*

Heil|haut f. *(-) gute, schlechte ~* pelle che cicatrizza facilmente, con difficoltà.

hei|lig I agg. **1** santo: *die -e Messe* la santa messa; *der Heilige Stuhl, Geist* la Santa Sede, lo Spirito Santo **2** sacro: *die Heilige Schrift* la Sacra Scrittura; *eine -e Handlung, Pflicht* un'azione sacra, un sacro dovere; *mein Wort ist mir ~* la parola data per me è sacra; *er schwor bei allem, was ihm ~ war* giurò su quanto aveva di più caro (al mondo) **3** ANT. *(fromm)* santo, pio: *ein -es Leben* una santa vita **4** grave, solenne: *eine -e Stille* una solenne quiete **5** COLLOQ. *(entsetzlich)* spaventoso, terribile: *eine -e Armut* una povertà spaventosa **II** avv. **1** solennemente: *etw. (hoch und) ~ versprechen* promettere solennemente qcs. **2** *(fromm)* devotamente, santamente **3** REGION. *(wahrhaftig)* davvero, veramente ◆ *das ist mein -er Ernst* sono serissimo, non scherzo affatto; *ihnen ist nichts ~* non hanno rispetto di nulla; *den Sonntag ~ halten* santificare la domenica; *~ machend* santificante; *~ sprechen* canonizzare, fare (*o* dichiarare) santo; *alle -en Zeiten* ogni morte di papa. **Hei|lig|abend** m. *(-s)* sera *f.* (della vigilia) di Natale. **Hei|li|ge** m. e f. *(-n,-n)* santo *m.* (-a *f.*): *die -n um Fürbitte anrufen* invocare l'intercessione dei santi ◆ *ein sonderbarer (o seltsamer, komischer) -r* un tipo strano, bizzarro. **Hei|li|ge|drei|kö|nigs|tag** m. *(Heilige[n]dreikönigstag[e]s, Heilige[n]dreikönigstage)* epifania *f.*

hei|li|gen tr. **1** santificare: *die Feiertage ~* santificare le feste; *geheiligt werde dein Name* sia santificato il tuo nome **2** consacrare: *eine Kirche ~* consacrare una chiesa ◆ *der Zweck heiligt die Mittel* il fine giustifica i mezzi. **Hei|li|gen|bild** n. *(-[e]s,-er)* immagine *f.* di santo, santino *m.* **Hei|li|gen|fi|gur** f. *(-,-en)* statua *f.* di santo. **Hei|li|gen|le|ben** n. *(-s,-)* vita *f.* di santo. **Hei|li|gen|schein** m. *(-[e]s,-e)* aureola *f.*; FIG. *sich mit einem ~ umgeben* circondarsi di un'aureola (di santità). **Hei|li|gen|schrein** m. *(-[e]s,-e)* reliquiario *m.* **Hei|li|gen|ver|eh|rung** f. *(-,-en)* culto *m.* (*o* venerazione *f.*) dei santi. **Hei|lig|geist|kir|che** f. *(-)* chiesa *f.* del Santo Spirito. **Hei|lig|keit** f. *(-)* **1** santità *f.*: *Seine ~* Sua Santità **2** *(Unantastbarkeit)* inviolabilità *f.* **Hei|lig|spre|chung** f. *(-,-en)* canonizzazione *f.* **Hei|lig|tum** n. *(-s,-tümer)* **1** *(heiliger Ort)* luogo *m.* sacro; *(Gebäude)* santuario *m.* (anche FIG.) **2** *(heiliger Gegenstand)* reliquia *f.* (anche FIG.). **Hei|li|gung** f. *(-,-en)* **1** santificazione *f.* **2** *(Weihen)* consacrazione *f.*

Heil|kli|ma n. *(-s,-s)* clima *m.* salutare. **heil|kli|ma|tisch** agg. climatico, salubre. **Heil|kraft** f. *(-,-kräfte)* virtù *f.* terapeutica, potere *m.* curativo. **heil|kräf|tig** agg. terapeutico, curativo; BOT. officinale, medicinale. **Heil|kraut** n. *(-[e]s,-kräuter)* → **Heilpflanze. Heil|kun|de** f. *(-)* medicina *f.*, scienza *f.* medica. **heil|kun|dig** agg. esperto di, in medicina. **Heil|kun|di|ge** m. e f. *(-n,-n)* esperto *m.* (-a *f.*) di, in medicina, terapeuta *m.* e *f.* **heil|kund|lich** agg. medico, che riguarda la medicina. **Heil|kunst** f. *(-,-künste)* arte *f.* medica.

heil|los I agg. **1** spaventoso, terribile: *ein -es Durcheinander* una spaventosa confusione **2** ANT. *(nichtswürdig)* abietto, miserabile **II** avv. spaventosamente, terribilmente: *~ veraltet* terribilmente invecchiato.

Heil|mag|ne|tis|mus m. *(-)* mesmerismo *m.* **Heil|me|tho|de** f. *(-,-n)* metodo *m.* terapeutico. **Heil|mit|tel** n. *(-s,-)* rimedio *m.*, farmaco *m.* (anche FIG.): *chemische, natürliche ~* rimedi chimici, naturali. **Heil|pä|da|go|ge** m. *(-n,-n)* pedagogo *m.* (che lavora con handicappati e minori a rischio). **Heil|pflan|ze** f. *(-,-n)* pianta *f.* officinale (*o* medicinale). **Heil|prak|ti|ker** m. *(-s,-)* guaritore *m.* **Heil|quel|le** f. *(-,-n)* fonte *f.* termale. **Heil|ruf** m. *(-s,-e)* grido *m.* di evviva. **Heil|sal|be** f. *(-,-n)* pomata *f.*, unguento *m.* **heil|sam** agg. **1** salutare, di giovamento, giovevole: *ein -er Schock* uno choc salutare; FIG. *eine -e Lehre* una salutare lezione **2** ANT. → **heilkräftig. Heil|sam|keit** f. *(-)* giovamento *m.* **Heils|ar|mee** f. *(-)* esercito *m.* della salvezza. **Heils|ar|mee|sol|dat** m. *(-en,-en)* membro *m.* dell'esercito della salvezza. **Heils|bot|schaft** f. *(-)* messaggio *m.* evangelico, vangelo *m.* **Heils|brin|ger** m. *(-s)* Salvatore *m.* **Heil|schlaf** m. *(-s)* **1** sonno *m.* salutare (*o* ristoratore) **2** *(Schlafkur)* cura *f.* del sonno. **Heil|schlamm** m. *(-[e]s,-e* e *-schlämme)* fanghi *m.pl.* terapeutici. **Heil|se|rum** n. *(-s)* siero *m.* (iperimmune). **Heils|ge|schich|te** f. *(-)* storia *f.* della salvezza. **Heils|leh|re** f. *(-)* dottrina *f.* salvifica (*o* della salvazione). **Heils|ord|nung** f. *(-)* ordinamento *m.* salvifico divino (del mondo). **Heils|plan** m. *(-[e]s)* progetto *m.* salvifico (divino). **Heil|stät|te** f. *(-,-n)* casa *f.* di cura. **Heil|trank** m. *(-[e]s,-tränke)* pozione *f.* **Hei|lung** f. *(-,-en)* **1** *(Genesung)* guarigione *f.* **2** *(Kur)* cura *f.* **Hei|lungs|pro|zess** m. *(-es,-e)* processo *m.* di guarigione. **Heil|ver|fah|ren** n. *(-s,-)* cure *f.pl.* mediche, terapia *f.* **Heil|was|ser** n. *(-s)* acqua *f.* termale. **Heil|wir|kung** f. *(-,-en)* effetto *m.* terapeutico (*o* curativo). **Heil|zweck**, *zu -en* a scopo terapeutico.

heim avv. *(nach Hause)* a casa; *(ins Heimatland)* in patria, a casa; *(in den Heimatort)* nella città natale, a casa. **Heim** n. *(-[e]s,-e)* **1** casa *f.*, dimora *f.*, focolare *m.* domestico: ***ein gemütliches ~*** una dimora accogliente **2** casa *f.*, asilo *m.*; *(für Alte, Arme)* ricovero *m.*, ospizio *m.*; *(für Jugendliche)* ostello *m.*; *(Erziehungsanstalt)* collegio *m.*; *(für Asylanten)* centro *m.* di accoglienza: ***in ein ~ kommen, eingewiesen werden*** finire in un ospizio; ***in einem ~ untergebracht sein*** essere ricoverato in un ospizio **3** *(für Verein)* circolo *m.* **Heim|abend** m. *(-s,-e)* serata *f.*, riunione *f.* serale (in un circolo). **Heim|ar|beit** f. *(-,-en)* lavoro *m.* a domicilio: ***etw. in ~ herstellen, anfertigen*** fare qcs. a domicilio. **Heim|ar|bei|ter** m. *(-s,-)* lavorante *m.* a domicilio.

Hei|mat f. *(-)* **1** patria *f.*: ***eine zweite, neue ~*** una seconda, una nuova patria; ***in die ~ entlassen werden*** rimpatriare; ***sich nach der fernen ~ sehnen*** aver nostalgia della patria lontana; ***in der ~*** in patria, a casa; LETT. ***die ewige ~*** la patria celeste **2** *(Ursprungsland)* patria *f.*, paese *m.* d'origine: ***die ~ der Tiger ist Indien*** la patria delle tigri è l'India. **hei|mat|be|rech|tigt** agg. **1** che ha diritto di residenza **2** SVIZZ. che ha diritto di cittadinanza. **Hei|mat|dich|ter** m. *(-s,-)* poeta *m.* regionale. **Hei|mat|dich|tung** f. *(-,-en)* letteratura *f.* regionale, SPREG. campanilistica. **Hei|mat|er|de** f. *(-)* terra *f.* natia, suolo *m.* natio: ***die ~ wieder betreten*** rimettere piede in terra natia. **Hei|mat|film** m. *(-[e]s,-e)* film *m.* di cultura locale. **Hei|mat|for|scher** m. *(-s,-)* studioso *m.* di storia e natura locale. **Hei|mat|front** f. *(-)* STOR. fronte *m.* interno. **Hei|mat|ge|mein|de** f. *(-,-n)* comune *m.* di origine. **Hei|mat|ha|fen** m. *(-s,-häfen)* porto *m.* d'immatricolazione. **Hei|mat|kun|de** f. *(-)* SCOL. INTRAD. (storia, geografia e civiltà della propria regione). **hei|mat|kund|lich** agg. di (*o* relativo alla) Heimatkunde. **Hei|mat|kunst** f. *(-)* arte *f.* regionale. **Hei|mat|land** n. *(-[e]s,-länder)* terra *f.* natale. **hei|mat|lich I** agg. natio, natale, patrio, del proprio paese: ***die -en Berge*** le montagne natie, del mio paese **II** avv. come al proprio paese, come a casa propria: ***diese Gegend mutet mich ~ an*** questa regione mi ricorda casa mia. **Hei|mat|lied** n. *(-[e]s,-er)* inno *m.* del proprio paese.

hei|mat|los agg. senza patria; *(staatenlos)* apolide; *(heimatvertrieben)* profugo, rifugiato (dall'Europa dell'est). **Hei|mat|lo|se** m. e f. *(-n,-n)* profugo *m.* (-a *f.*), rifugiato *m.* (-a *f.*). **Hei|mat|lo|sig|keit** f. *(-)* l'essere senza patria; *(Staatenlosigkeit)* l'essere privo di cittadinanza.

Hei|mat|mu|se|um n. *(-s,-museen)* museo *m.* di storia e cultura locale. **Hei|mat|ort** m. *(-[e]s,-e)* luogo *m.* natio. **Hei|mat|recht** n. *(-[e]s,-e)* diritto *m.* di cittadinanza; *(Wohnrecht)* diritto *m.* di residenza. **Hei|mat|schutz** m. *(-es)* = tutela *f.* delle bellezze naturali e del patrimonio artistico del paese. **Hei|mat|spra|che** f. *(-,-n)* lingua *f.* natia. **Hei|mat|staat** m. *(-[e]s,-en)* patria *f.*, stato *m.* d'origine. **Hei|mat|stadt** f. *(-,-städte)* città *f.* natale. **Hei|mat|tref|fen** n. *(-s,-)* STOR. incontro *m.* di profughi. **hei|mat|ver|trie|ben** agg. STOR. profugo (dall'Europa dell'est). **Hei|mat|ver|trie|be|ne** m. e f. *(-n,-n)* STOR. profugo *m.* (-a *f.*).

heim‿be|ge|ben rifl. *(begibt, begab, begeben)* **sich ~** recarsi a casa. **heim‿be|glei|ten** tr. accompagnare a casa. **heim‿brin|gen** tr. *(brachte, gebracht)* portare a casa.

Heim|chen n. *(-s,-)* **1** grillo *m.* domestico **2** COLLOQ. FIG. ***ein ~ am Herd(e)*** = donnetta *f.* tutta casa e famiglia. **Heim|com|pu|ter** m. *(-s,-)* home computer *m.* **heim‿dür|fen** intr. *(darf, durfte, gedurft;* aus. *haben)* poter andare a casa. **heim|ei|gen** agg. dell'asilo, dell'ospizio. **Heim|ein|wei|sung** f. *(-,-en)* ricovero *m.* in un ospizio (*o* asilo). **hei|me|lig** agg. accogliente, intimo. **Hei|me|lig|keit** f. *(-)* atmosfera *f.* intima, accogliente. **Heim|er|folg** m. *(-[e]s,-e)* SPORT vittoria *f.* interna. **Heim|er|zie|hung** f. *(-,-en)* educazione *f.* in collegio. **heim‿fah|ren** *(fährt, fuhr, gefahren)* **I** intr. (aus. *sein*) andare a casa **II** tr. portare a casa in auto. **Heim|fahrt** f. *(-,-en)* viaggio *m.* verso casa, ritorno *m.* (a casa). **Heim|fall** m. *(-[e]s)* DIR. **1** devoluzione *f.*, reversione *f.* **2** STOR. albinaggio *m.* **heim‿fal|len** intr. *(fällt, fiel, gefallen;* aus. *sein)* ***jdm ~*** ricadere in possesso di qcn., ritornare proprietà di qcn. **heim‿fin|den** intr. *(fand, gefunden;* aus. *haben)* trovare la strada di casa, del ritorno. **heim‿flie|gen** intr. *(flog, geflogen;* aus. *sein)* volare a casa. **heim‿füh|ren** tr. condurre, portare a casa. **Heim|gang** m. *(-[e]s)* ANT. FIG. dipartita *f.* **heim‿ge|ben** tr. *(gibt, gab, gegeben)* REGION. → **heimzahlen. Heim|ge|gan|ge|ne, Heim|ge|gang|ne** m. e f. *(-n,-n)* defunto *m.* (-a *f.*), trapassato *m.* (-a *f.*). **heim‿ge|hen** intr. *(ging, gegangen;* aus. *sein)* **1** andare a casa **2** EUFEM. *(sterben)* passare a miglior vita **3** impers. ***jetzt geht's heim*** adesso andiamo a casa. **heim‿gei|gen** intr. (aus. *haben*) COLLOQ. ***jdm ~*** sistemare qcn. (per le feste). **heim|ge|schä|digt** agg. segnato (negativamente) dalla permanenza in ospizio. **heim‿ho|len** tr. **1** portare a casa: ***jdn aus dem Krankenhaus ~*** andare a prendere qcn. all'ospedale **2** EUFEM. ***Gott hat ihn heimgeholt*** Dio l'ha preso con sé. **Heim|in|dust|rie** f. *(-,-n)* industria *f.* che si basa su collaborazioni esterne. **hei|misch** agg. **1** *(einheimisch)* indigeno, locale **2** *(häuslich)* di casa **3** *(vertraut)* come a casa propria, a proprio agio: ***sich ~ fühlen*** sentirsi a proprio agio; ***in einer fremden Stadt ~ werden*** ambientarsi in una città straniera **4** FIG. *(bewandert)* pratico, esperto: ***in einer Wissenschaft ~ werden*** diventare esperto in una scienza.

Heim|kehr f. *(-)* ritorno *m.* (a casa); *(in die Heimat)* ritorno *m.* (in patria), rimpatrio *m.* **heim‿keh|ren** intr. (aus. *sein*) **1** *(nach Hause)* rincasare, ritornare a casa: ***von der Arbeit ~*** rincasare dal lavoro **2** *(in die Heimat)* rimpatriare, ritornare in patria: ***aus der Gefangenschaft, aus dem Krieg ~*** essere reduce dalla prigionia, dalla guerra. **Heim|keh|rer** m. *(-s,-)* chi ritorna a casa, in patria; *(aus dem Krieg)* reduce *m.*

Heim|kind n. *(-[e]s,-er)* bambino *m.* cresciuto in un brefotrofio. **Heim|ki|no** n. *(-s,-s)* SCHERZ. **1** cinema *m.* in casa, proiezione *f.* casalinga **2** *(Fernsehen)* televisione *f.* **heim‿kom|men** intr. *(kam, gekommen;* aus. *sein)* tornare, venire a casa; rincasare. **heim‿kön|nen** intr. *(kann, konnte, gekonnt;* aus. *haben)* poter (ri)tornare a casa. **Heim|kunft** f. *(-)* arrivo *m.* a casa. **heim‿lau|fen** intr. *(läuft, lief, gelaufen;* aus. *sein)* correre a casa. **Heim|lei|ter** m. *(-s,-)* direttore *m.* (di collegio, ospizio). **Heim|lei|te|rin** f. *(-,-nen)* direttrice *f.* (di collegio, ospizio). **heim‿leuch|ten** intr. (aus. *haben*) **1** ANT. far lume fino a casa **2a** COLLOQ. *(eine Abfuhr erteilen)* ***jdm ~*** aggiustare, sistemare qcn. (per le feste): ***ich werde dir ~!*** ti sistemo io! te la faccio vedere io! **b** *(fortjagen)* scacciare a suon di botte.

heim|lich I agg. **1a** segreto: ***eine -e Absprache*** un accordo segreto; ***ein -er Liebhaber*** un amante segreto **b** *(unbemerkt)* furtivo, nascosto: ***-e Blicke*** sguardi furtivi **2** *(verborgen)* nascosto; recondito: ***-e Gründe, Gedanken*** motivi, pensieri reconditi **II** avv. **1** segretamente, di nascosto: ***etw. ~ tun*** fare qcs. in segreto, segretamente **2** *(unbemerkt)* di soppiatto, furtivamente; ***sich ~ einschleichen*** introdursi furtivamente **3** *(geheimniskrämerisch)* ***~ tun*** fare il misterioso ◆ STOR. ***das -e Gericht*** il tribunale della Vema; COLLOQ. ***~, still und leise*** senza far rumore, alla chetichella; ***~ verschwinden*** svignarsela alla chetichella. **Heim|lich|keit** f. *(-,-en)* **1** segretezza *f.* **2** *(geheimnisvolles Tun)* affari *m.pl.* segreti, faccende *f.pl.* segrete ◆ ***in aller ~*** in tutta (*o* grande) segretezza, in gran segreto. **Heim|lich|tu|er** m. *(-s,-)* SPREG. chi fa le cose di soppiatto, in segreto. **Heim|lich|tu|e|rei** f. *(-,-en)* SPREG. fare *m.* misterioso.

Heim|mann|schaft f. *(-,-en)* SPORT squadra *f.* di casa. **heim‿müs|sen** intr. *(muss, musste, gemusst;* aus. *haben)* dovere andare a casa. **Heim|mut|ter** f. *(-,-mütter)* direttrice *f.* (di ospizio, di asilo). **heim‿neh|men** tr. *(nimmt, nahm, genommen)* portare a casa. **Heim|nie|der|la|ge** f. *(-,-n)* SPORT sconfitta *f.* interna. **Heim|nie|re** f. *(-,-n)* rene *m.* artificiale per la dialisi a casa. **Heim|or|gel** f. *(-,-n)* MUS. organo *m.* elettrico (per uso domestico). **Heim|rei|se** f. *(-,-n)* viaggio *m.* di ritorno (a casa): ***die ~ antreten*** intraprendere il viaggio di ritorno; ***auf der ~*** durante il viaggio di ritorno. **heim‿rei|sen** intr. (aus. *sein*) rientrare a casa, tornare a casa; *(in die Heimat)* tornare in patria. **Heim|re|kord** m. *(-[e]s,-e)* SPORT record *m.* stabilito in casa. **Heim|sau|na** f. *(-,-saunen)* sauna *f.* in casa, per uso domestico. **heim‿schi|cken** tr. mandare a casa. **heim‿seh|nen** rifl. **sich ~** sentire nostalgia (della casa, della patria). **Heim|sieg** m. *(-[e]s,-e)* SPORT vittoria *f.* (conseguita) in casa. **Heim|son|ne** f. *(-,-n)* lampada *f.* a raggi ultravioletti (per uso domestico). **Heim|spiel** n. *(-[e]s,-e)* SPORT partita *f.* giocata (*o* disputata) in casa; ***ein ~ haben*** giocare in casa. **Heim|statt** f. *(-)* casa *f.*, abitazione *f.*, domicilio *m.* **Heim|stät|te** f. *(-,-n)* **1** → **Heimstatt 2** INTRAD. (casetta con giardino concessa con diritto di precedenza a profughi, reduci e prigionieri di guerra). **heim‿su|chen** tr. **1** colpire; LETT. funestare, affliggere; ***ein Erdbeben suchte die Gegend heim*** un terremoto colpì la zona; ***von einer Krankheit heimgesucht werden*** essere afflitto da una malattia **2** SCHERZ. *(besuchen)* far visita. **Heim|su|chung** f. *(-,-en)* **1** tribolazione *f.*, disgrazia *f.* **2** RELIG. visitazione *f.*: ***Mariä ~*** la visitazione di Maria **3** AUSTR. *(Haussuchung)* perquisizione *f.* domiciliare. **Heim|tier** n. *(-[e]s,-e)* animale *m.* domestico. **heim‿tra|gen** tr. *(trägt, trug, getragen)* portare a casa. **heim‿trau|en** rifl. **sich ~** osare (avere il coraggio di) tornare a casa: ***er traut sich nicht heim*** non osa tornare a casa.

Heim|tü|cke f. *(-,-n)* malignità *f.*, perfidia *f.* **Heim|tü|cker** m. *(-s,-)* maligno *m.* (-a *f.*). **heim|tü|ckisch I** agg. maligno, perfido; *(schleichend)* insidioso, subdolo: FIG. ***eine -e Krankheit*** una malattia insidiosa **II** avv. **1** *(hinterlistig)* malignamente, con perfidia **2**

(hinterhältig) in modo insidioso, subdolamente.
Heim|vor|teil m. *(-[e]s)* SPORT vantaggio *m.* di giocare in casa. **heim|wärts** agg. verso casa, in direzione di casa. **Heim|weg** m. *(-[e]s,-e)* **1** via *f.* di casa **2** *(Heimkehr)* ritorno *m.*: ***auf dem ~*** sulla via del ritorno. **Heim|weh** n. *(-[e]s)* nostalgia *f.* (di casa): ***nach jdm, einem Ort ~ haben*** avere nostalgia di qcn., di un luogo; ***krank vor ~ sein*** soffrire di nostalgia; ***von ~ befallen werden*** essere colto da nostalgia. **heim|weh|krank** agg. malato di nostalgia. **Heim|wehr** f. *(-)* STOR. AUSTR. milizia *f.* popolare. **Heim|wer|ker** m. *(-s,-)* chi esegue da sé lavori artigianali. **Heim|we|sen** n. *(-s,-)* SVIZZ. podere *m.*; *(Haus)* casa *f.* **heim‿wol|len** intr. *(will, wollte, gewollt;* aus. *haben)* volere andare a casa. **heim‿zah|len** tr. far pagare: ***das werde ich ihm ~!*** questa gliela faccio pagare; ***jdm etw. mit, in gleicher Münze ~*** ripagare qcn. della stessa moneta (per qcs.). **heim‿zie|hen** *(zog, gezogen)* **I** intr. (aus. *haben*) andare, tornare a casa **II** tr. impers. ***es zieht mich heim*** mi viene voglia di andare a casa. **heim|zu** avv. verso casa.
Hein, ***Freund ~*** la Morte.
Hei|ner n.pr.m. Enrico *m.*
Hei|ni m. *(-s,-s)* COLLOQ. SPREG. babbeo *m.*, cretino *m.*; *(unerträglicher Mensch)* tipo *m.* odioso.
Hein|rich n.pr.m. Enrico *m.* ◆ ***den flotten ~ haben*** avere la cacarella; ***den müden ~ spielen*** prendersela comoda.
1.Heinz n.pr.m. Rico *m.*
2.Heinz m. *(-en,-en)*, **Hein|ze** m. *(-n,-n)* REGION. **1** cavalletto *m.* per il fieno **2** *(Stiefelknecht)* cavastivali *m.*
Hein|zel|bank f. *(-,-bänke)* AUSTR. banco *m.* da lavoro. **Hein|zel|männ|chen** n. *(-s,-)* gnomo *m.*
Hei|rat f. *(-,-en)* matrimonio *m.*: ***eine ~ eingehen*** contrarre matrimonio. **hei|rat|bar** agg. da marito. **hei|ra|ten I** tr. sposare: ***jdn aus Liebe, des Geldes wegen ~*** sposare qcn. per amore, per interesse (*o* denaro) **II** intr. (aus. *haben*) sposarsi: ***sie haben geheiratet*** si sono sposati; ***zum zweitenmal ~*** sposarsi in seconde nozze, per la seconda volta; ***kirchlich, standesamtlich ~*** sposarsi in chiesa, in municipio (*o* civilmente); ***sie hat aufs Land, nach Australien, ins Ausland geheiratet*** è andata sposa in campagna, in Australia, all'estero; COLLOQ. EUFEM. ***~ müssen*** doversi sposare (perché in attesa di un figlio) ◆ ***Geld ~*** sposare una ragazza ricca. **Hei|rats|an|non|ce** f. *(-,-n)* annuncio *m.* matrimoniale. **Hei|rats|an|trag** m. *(-[e]s,-anträge)* proposta *f.* di matrimonio. **Hei|rats|an|zei|ge** f. *(-,-n)* **1** partecipazione *f.* di matrimonio **2** → **Heiratsannonce. Hei|rats|er|laub|nis** f. *(-,-se)* permesso *m.* di matrimonio. **hei|rats|fä|hig** agg. *(von Frauen)* in età da marito; *(von Männern)* in età da prender moglie. **Hei|rats|in|sti|tut** n. *(-[e]s,-e)* agenzia *f.* matrimoniale. **hei|rats|lus|tig** agg. che ha voglia (*o* è desideroso) di sposarsi. **Hei|rats|markt** m. *(-[e]s,-märkte)* SCHERZ. **1** annunci *m.pl.* matrimoniali **2** *(Veranstaltung)* festa *f.* tra singles. **Hei|rats|schwin|del** m. *(-s,-)* truffa *f.* con promessa di matrimonio. **Hei|rats|schwind|ler** m. *(-s,-)* chi truffa con promessa di matrimonio. **Hei|rats|ur|kun|de** f. *(-,-n)* atto *m.* di matrimonio. **Hei|rats|ver|mitt|ler** m. *(-s,-)* mediatore *m.* (*o* sensale *m.*) di matrimoni. **Hei|rats|ver|mitt|lung** f. *(-,-en)* mediazione *f.* di matrimoni.
hei|sa inter. ANT. evviva; *(Ausruf der Ermunterung)* forza.
hei|schen tr. domandare, chiedere; *(verlangen)* esigere, reclamare.
hei|ser I agg. rauco, roco: ***~ werden*** diventare rauco, arrochire **II** avv. con voce roca: ***~ sprechen*** parlare con voce roca ◆ ***sich ~ schreien*** sgolarsi. **Hei|ser|keit** f. *(-)* raucedine *f.*
heiß I agg. **1a** (molto) caldo: ***ein -es Bad nehmen*** fare un bagno caldo; *(von Flüssigkeiten)* bollente: ***-es Wasser*** acqua bollente; *(fiebrig)* ***das Kind ist ~*** il bambino è bollente, scotta **b** *(vom Klima)* molto caldo, torrido: ***ein -er Sommer*** un'estate torrida **2** *(heftig)* acceso, infiammato; accanito: ***ein -es Wortgefecht*** un battibecco acceso; ***ein -er Kampf*** uno scontro accanito **3a** *(leidenschaftlich)* appassionato, ardente: ***eine -e Liebe*** un amore ardente; *(innig)* fervido: ***ein -es Gebet*** una fervida preghiera; ***ein -er Wunsch*** un vivo desiderio **b** *(aufreizend)* eccitante, caldo: ***ein -er Rhythmus*** un ritmo caldo **c** GIOC. ***~!*** fuoco! **4** *(heikel)* scottante, che scotta: ***ein -es Problem*** un problema scottante; ***-e Ware*** merce che scotta **5** GERG. *(großartig)* grandioso, fantastico **6** FIS. ***-e Chemie*** chimica delle sostanze radioattive **7** *(von Tieren)* in calore **II** avv. **1a** caldamente: ***etw. ~ empfehlen*** consigliare caldamente qcs. **b** *(leidenschaftlich)* ardentemente, appassionatamente; *(inbrünstig)* fervidamente: ***etw. ~ wünschen, ersehnen*** desiderare, bramare qcs. ardentemente; ***~ geliebt*** amatissimo **2** *(heftig)* in modo acceso, accanito; ***~ umkämpft*** molto conteso; ***~ umstritten*** molto discusso, molto dibattuto ◆ COLLOQ. ***auf jdn, etw. ~ sein*** desiderare ardentemente qcn., qcs.; ***jdm wird der Boden unter den Füßen ~*** a qcn. scotta la terra sotto i piedi; ***-en Dank*** grazie di cuore; ***man muss das Eisen schmieden, solange es ~ ist*** il ferro va battuto finché (*o* mentre) è caldo; ***ein -es Eisen*** una questione scottante; ***heute ist es ~*** oggi fa molto caldo; SPORT ***ein -er Favorit*** un superfavorito; SCHERZ. ***dich haben sie wohl als Kind zu ~ gebadet*** devi aver battuto la testa da piccolo; ***nichts wird so ~ gegessen, wie es gekocht wird*** non è tanto grave quanto sembra inizialmente; COLLOQ. ***hier geht's ~ her!*** qui l'atmosfera è infuocata (*o* rovente)! ***-e Höschen*** hot pants; ***weder ~ noch kalt sein*** non essere né carne né pesce; FIG. ***einen -en Kopf haben*** essere una testa calda; ***~ machen*** scaldare, riscaldare; COLLOQ. ***jdn ~ machen*** eccitare (sessualmente) qcn.; ***~ aus der Pfanne*** scottante, di estrema attualità; ***jdm wird das Pflaster unter den Füßen ~*** → ***jdm wird der Boden unter den Füßen ~***; ***sich ~ reden*** infervorarsi nella discussione; ***mir lief es ~ und kalt den Rücken hinunter, herunter*** mi vennero i brividi; ***ein -er Schlitten*** un bolide scattante; ***-e Tränen vergießen*** versare calde lacrime; ***~ werden*** scaldarsi, riscaldarsi; PROV. ***was ich nicht weiß, macht mich nicht ~*** occhio non vede cuore non duole.
hei|ßa, hei|ßa|sa inter. → **heisa.**
heiß|blü|tig agg. focoso, impetuoso.
hei|ßen *(hieß, geheißen)* **I** tr. **1a** *(bezeichnen als)* chiamare, definire: ***das heißt du Pünktlichkeit?*** questa la chiami puntualità? ***das heiße ich einen tiefen Schlaf*** questo lo chiamo dormir sodo **b** *(nennen)* chiamare: ANT. ***sie haben das Kind Klaus geheißen*** hanno chiamato il bambino Klaus; ***jdn einen Freund, einen Dieb ~*** considerare qcn. un amico, dare a qcn. del ladro **2** *(auffordern)* ordinare a, dire a, imporre a: ***er hieß die Leute warten*** ordinò alla gente di attendere; ***wer hat ihn eintreten (ge)heißen?*** chi gli ha detto di entrare? ***jdn schweigen ~*** imporre a qcn. il silenzio **II** intr. (aus. *haben*) **1** chiamarsi: ***wie heißt du mit Nachnamen?*** come ti chiami di cognome? ***ich heiße Schulze*** mi chiamo (*o* il mio nome è) Schulze; ***sie heißt nach ihrer Tante*** si chiama come (*o* porta il nome di) sua zia **2a** *(bedeuten)* significare: ***er weiß genau, was es heißt, jdn höflich zu behandeln*** sa esattamente cosa significa trattare qcn. con gentilezza; ***was heißt hier Frieden?*** che cosa significa qui la parola pace? ***dieses Abkommen heißt nichts anderes als Kapitulation*** questo trattato non significa altro che la resa **b** *(einem Fremdwort entsprechen)* ***wie heißt „guten Tag" auf italienisch?*** come si dice "guten Tag" in italiano? *(lauten)* ***wie heißt der genaue Titel?*** com'è il titolo esatto? ***unser Motto heißt: „der Kunde ist König"*** la nostra massima è: "il cliente ha sempre ragione"; ***bei Machiavelli heißt es...*** in Machiavelli si legge (*o* sta scritto)... **3** impers. *(gesagt werden)* correre voce: ***es heißt, sie sei krank*** corre voce (*o* si dice) che sia malata **4** impers. *(nötig sein)* ***hier heißt es, sofort handeln*** qui si tratta di (*o* è necessario) agire subito; ***da heißt es, die Augen aufmachen*** ora bisogna aprire gli occhi ◆ ***das heißt*** cioè, vale a dire; ***was soll das ~*** che discorso è questo? ***das will schon (et)was, nicht viel ~*** questo ha già la sua importanza (*o* un suo significato), non vuol dire molto; ***jdn willkommen ~*** dare il benvenuto a qcn.
Heiß|hun|ger m. *(-s)* fame *f.* da lupo: ***einen ~ haben*** avere una fame da lupo; ***einen ~ auf Käse haben*** avere una gran voglia di (mangiare del) formaggio. **heiß|hung|rig** agg. molto affamato. **heiß‿lau|fen I** intr. *(läuft, lief, gelaufen;* aus. *sein)* surriscaldarsi **II** rifl. **sich ~** surriscaldarsi.
Heiß|luft f. *(-)* aria *f.* calda. **Heiß|luft|bad** n. *(-[e]s,-bäder)* bagno *m.* ad aria calda. **Heiß|luft|be|hand|lung** f. *(-,-en)* trattamento *m.* con aria calda, termoaeroterapia *f.* **Heiß|luft|du|sche** f. *(-,-n)*, **Heiß|luft|ge|rät** n. *(-[e]s,-e)* **1** ventilatore *m.* d'aria calda **2** TECN. → **Heißlufttrockner. Heiß|luft|hei|zung** f. *(-,-en)* riscaldamento *m.* ad aria. **Heiß|luft|herd** m. *(-[e]s,-e)* forno *m.* ad aria. **Heiß|luft|trock|ner** m. *(-s,-)* essiccatoio *m.* ad aria calda.
Heiß|man|gel f. *(-,-n)* mangano *m.* a caldo. **Heiß|sporn** m. *(-s,-e)* persona *f.* impetuosa, irruente. **heiß|spor|nig** agg. RAR. impetuoso, irruente.
Heiß|was|ser|be|rei|ter m. *(-s,-)* boiler *m.*, scaldaacqua *m.* **Heiß|was|ser|hei|zung** f. *(-,-en)* riscaldamento *m.* ad acqua (con radiatori). **Heiß|was|ser|spei|cher** m. *(-s,-)* serbatoio *m.* dell'acqua calda.
hei|ter I agg. **1a** *(fröhlich)* allegro, lieto, sereno **b** allegro, divertente: ***eine -e Geschichte*** una storia allegra **2** *(wolkenlos)* sereno, terso: ***ein -er Tag, Himmel*** una giornata serena, un cielo sereno; ***~ bis wolkig*** sereno variabile **II** avv. lietamente, serenamente, con allegria: ***er nimmt das Leben ~*** prende la vita con allegria ◆ COLLOQ. IRON. ***das ist ja ~!*** andiamo bene! ***in -er Laune, Stimmung sein*** essere di buon umore, allegro; COLLOQ. IRON. ***das kann ~ werden*** ne vedremo delle belle; ***der Himmel, es wird ~*** il cielo si ras-

serena, il tempo volge al bello. **Hei|ter|keit** f. *(-)* **1** serenità *f.*, allegria *f.*: ***~ des Gemütes*** serenità d'animo; ***eine unbekümmerte ~*** una spensierata allegria; ***~ ausstrahlen, um sich verbreiten*** diffondere allegria attorno a sè; ***von ~ erfüllt*** pieno di allegria **2** ilarità *f.*: ***~ erregen (auslösen)*** suscitare ilarità; ***zur allgemeinen ~ beitragen*** suscitare l'ilarità generale **3** *(vom Himmel)* serenità *f.* **Hei|ter|keits|aus|bruch** m. *(-[e]s,-ausbrüche)* scoppio *m.* d'ilarità. **Hei|ter|keits|er|folg** m. *(-[e]s,-e)* ilarità *f.*: ***mit etw. einen (großen) ~ haben*** suscitare (grande) ilarità con qcs.

Heiz|an|la|ge f. *(-,-n)* impianto *m.* di riscaldamento. **heiz|bar** agg. riscaldabile. **Heiz|de|cke** f. *(-,-n)* termocoperta *f.*

hei|zen I tr. **1** accendere: ***bei uns wird ab 15. Oktober geheizt*** da noi si accende (a partire) dal 15 ottobre **2** (ri)scaldare: ***das Haus, den Saal ~*** riscaldare la casa, la sala **3** alimentare: ***den Ofen mit Holz ~*** alimentare la stufa con (della) legna **II** intr. (aus. *haben*) scaldare: ***der Ofen heizt schlecht*** la stufa non scalda bene **III** rifl. **sich ~** riscaldarsi: ***das Zimmer heizt sich gut*** la stanza si riscalda facilmente. **Hei|zer** m. *(-s,-)* fuochista *m.*

Heiz|flä|che f. *(-,-n)* superficie *f.* irradiante (*o* riscaldante). **Heiz|gas** m. *(-es,-e)* gas *m.* combustibile. **Heiz|ge|rät** n. *(-[e]s,-e)* stufetta *f.* elettrica. **Heiz|kes|sel** m. *(-s,-)* caldaia *f.* **Heiz|kis|sen** n. *(-s,-)* termoforo *m.* **Heiz|kör|per** m. *(-s,-)* termosifone *m.*, radiatore *m.*, calorifero *m.* **Heiz|kos|ten** pl. spese *f.pl.* (*o* costi *m.pl.*) di riscaldamento. **Heiz|kraft** f. *(-)* potere *m.* calorifico. **Heiz|kraft|werk** n. *(-[e]s,-e)* centrale *f.* termoelettrica e di riscaldamento. **Heiz|lüf|ter** m. *(-s,-)* termoventilatore *m.* **Heiz|ma|te|ri|al** n. *(-s,-ien)* combustibile *m.* **Heiz|öl** n. *(-[e]s,-e)* olio *m.* combustibile. **Heiz|pe|ri|o|de** f. *(-,-n)* periodo *m.* di riscaldamento. **Heiz|plat|te** f. *(-,-n)* piastra *f.* elettrica, fornello *m.* elettrico. **Heiz|son|ne** f. *(-,-n)* radiatore *m.* parabolico. **Heiz|stoff** m. *(-[e]s,-e)* combustibile *m.* **Heiz|strah|ler** m. *(-s,-)* stufa *f.* elettrica.

Hei|zung f. *(-,-en)* **1** riscaldamento *m.*: ***die ~ anstellen, abstellen*** accendere, spegnere il riscaldamento **2** COLLOQ. *(Heizkörper)* radiatore *m.* **Hei|zungs|an|la|ge** → **Heizanlage. Hei|zungs|kel|ler** m. *(-s,-)* locale *m.* caldaia. **Hei|zungs|mon|teur** m. *(-s,-e)* (tecnico *m.*) installatore *m.* di impianti di riscaldamento. **Hei|zungs|rohr** → **Heizrohr. Hei|zungs|tank** m. *(-[e]s,-s)* serbatoio *m.* del combustibile.

Heiz|werk n. *(-[e]s,-e)* centrale *f.* termica. **Heiz|wert** m. *(-[e]s,-e)* potere *m.* calorifico.

He|ka|te n.pr.f. Ecate *f.*

He|ka|tom|be f. *(-,-n)* miriade *f.*, moltitudine *f.*: ***der Überschwemmung fielen -n von Menschen zum Opfer*** l'alluvione ha provocato un'ecatombe.

Hek|tar, Hek|tar n. e SVIZZ. m. *(-s)* ettaro *m.* **Hek|ta|re** f. *(-)* SVIZZ. → **Hektar. Hek|tar|er|trag** m. *(-[e]s,-erträge)* resa *f.* (*o* rendimento *m.*) di un ettaro.

Hek|tik f. *(-)* frenesia *f.* ◆ ***etw. voller ~ tun*** fare qcs. freneticamente. **hek|tisch I** agg. **1** *(aufgeregt)* frenetico, febbrile **2** MED. ANT. tisico **II** avv. freneticamente, febbrilmente.

Hek|to|gramm n. *(-[e]s,-e)* etto(grammo) *m.* **Hek|to|graph** m. *(-en,-en)* ciclostile *m.* **Hek|to|gra|phie** f. *(-,-n)* **1** ciclostilatura *f.* **2** *(hergestellte Kopie)* ciclostilato *m.* **hek|to|gra|phie|ren** tr. ciclostilare. **Hek|to|li|ter** m. e n. *(-s,-)* ettolitro *m.*

Hek|tor n.pr.m. Ettore *m.* ◆ COLLOQ. ***rangehen wie ~ an die Buletten*** mettersi di buona lena.

Hek|to|watt, Hek|to|watt n. *(-s,-)* ettowatt *m.*

He|ku|ba n.pr.f. Ecuba *f.* ◆ ***jdm ~ sein, werden*** essere, diventare indifferente a qcn.

Hel f. *(-)* MITOL. **1** regno *m.* dei morti **2** *(Göttin)* dea *f.* (del regno) dei morti.

He|lan|ca n. *(-)* filanca *f.*

Held m. *(-en,-en)* **1** eroe *m.*: ***tragischer ~*** eroe tragico; ***der ~ des Tages sein*** essere l'eroe del giorno; ***den -en spielen*** fare l'eroe **2** COLLOQ. genio *m.*, cima *f.*: ***in Latein ist er kein ~*** in latino non è una cima **3** TEATR. *(Hauptperson)* protagonista *m.* ◆ ***sich als ~ aufspielen*** vantarsi, fare il gradasso; IRON. ***du bist mir ein ~*** sei proprio un vigliacco; IRON. ***na, du kleiner ~*** allora, piccolo campione...; ***im Lügen ist er ein ~*** nel mentire non è secondo a nessuno; IRON. ***die -en sind müde geworden*** = il morale delle truppe si è abbassato. **Hel|den|brust** f. *(-)* SCHERZ. petto *m.* possente. **Hel|den|dar|stel|ler** m. *(-s,-)* TEATR. attore *m.* protagonista. **Hel|den|dich|tung** f. *(-)* epica *f.* eroica. **Hel|den|epos** n. *(-, -epen)* poema *m.* eroico. **Hel|den|fried|hof** m. *(-[e]s,-höfe)* cimitero *m.* dei caduti. **Hel|den|ge|denk|tag** m. *(-[e]s,-e)* giornata *f.* commemorativa dei caduti. **hel|den|haft, hel|den|mä|ßig** agg. eroico. **Hel|den|mut** m. *(-[e]s)* eroismo *m.* **hel|den|mü|tig** agg. eroico. **Hel|den|sa|ge** f. *(-,-n)* saga *f.*, leggenda *f.* epica, eroica. **Hel|den|stück** n. *(-[e]s,-e)*, **Hel|den|tat** f. *(-,-en)* impresa *f.* eroica, atto *m.* eroico, eroismo *m.* (anche IRON.). **Hel|den|te|nor** m. *(-s,-tenöre)* tenore *m.* eroico. **Hel|den|tod** m. *(-[e]s,-e)* morte *f.* eroica ◆ ***den ~ sterben*** morire da eroe. **Hel|den|tum** n. *(-s)* eroismo *m.*

Hel|der m. e n. *(-s,-)* terra *f.* nuova non protetta da argini.

Hel|din f. *(-,-nen)* **1** eroina *f.* **2** TEATR. *(Hauptperson)* protagonista *f.* **hel|disch** agg. eroico.

He|le|ne, STOR. MITOL. **He|le|na** n.pr.f. Elena *f.*

hel|fen *(hilft, half, geholfen)* **I** intr. (aus. *haben*) **1** ***jdm ~*** aiutare qcn.; ***ich helfe ihm, das Gepäck, den Koffer zu tragen*** lo aiuto a portare il bagaglio, la valigia; ***jdm auf dem Feld, beim Einkaufen ~*** aiutare qcn. nei campi, a fare la spesa; ***jdm mit Rat und Tat ~*** aiutare qcn. con le parole e con i fatti **2** servire, giovare, essere d'aiuto: ***diese Tablette hilft bei, gegen Kopfschmerzen*** questa pastiglia serve (*o* va bene) contro il mal di testa; ***das hilft nicht*** non serve, non è d'aiuto **3** impers. ***es hilft jdm, dass...*** a qcn. serve (*o* giova, è d'aiuto) il fatto che... **II** rifl. ***sich (D) (gegenseitig) ~*** aiutarsi vicendevolmente ◆ ***jdm aus dem Auto ~*** aiutare qcn. a scendere dalla macchina; ***jdm auf die Beine ~*** aiutare qcn. a rialzarsi, FIG. aiutare qcn. a rimettersi in piedi (finanziariamente); ***so wahr mir Gott helfe!*** com'è vero Iddio! ***helfe uns Gott!*** (che) Dio ci assista! ***sich nicht anders ~ können*** non poter fare altrimenti; ***ich kann mir nicht ~, aber für mich ist er schuldig*** dì cosa vuoi, ma per me è colpevole; ***jdm in den Mantel ~*** aiutare qcn. a infilarsi il cappotto; ***ihm ist nicht zu ~*** non si può fare niente per lui, non c'è modo di aiutarlo; ***dem Verletzten war nicht mehr zu ~*** il ferito non potè essere salvato; ***da hilft alles nichts*** non c'è altra alternativa, non c'è altra possibilità; FIG. ***jdm auf die Spur ~*** condurre qcn. sulla pista giusta; ***jdm über die Straße ~*** aiutare qcn. ad attraversare la strada; ***jdm aus der Verlegenheit ~*** aiutare qcn. a trarsi d'impiccio; ***dir werde, will ich ~!*** ti sistemo (*o* aggiusto) io, me la pagherai; ***sich (D) zu ~ wissen*** riuscire ad arrangiarsi, sapersela cavare; ***ich wusste mir nicht mehr zu ~*** non sapevo più che fare, non avevo vie d'uscita; PROV. ***hilf dir selbst, so hilft dir Gott*** aiutati che Dio (*o* il ciel) ti aiuta. **Hel|fer** m. *(-s,-)* **1** soccorritore *m.*: ***die ~ kamen sofort zur Unfallstelle*** i soccorritori giunsero subito sul luogo dell'incidente **2** consulente *m.*: ***~ in Steuersachen*** consulente fiscale **3a** *(Gehilfe)* aiutante *m.*, assistente *m.* **b** *(Komplize)* complice *m.* ◆ ***ein freiwilliger ~*** un volontario. **Hel|fe|rin** f. *(-,-nen)* **1** soccorritrice *f.* **2** *(Beraterin)* consulente *f.* **3a** *(Gehilfin)* aiutante *f.*, assistente *f.* **b** *(Komplizin)* complice *f.* **Hel|fers|hel|fer** m. *(-s,-)* complice *m.*

Hel|ge f. *(-,-n)*, **Hel|gen** m. *(-s,-)* → **Helling.**

Hel|go|län|der I m. *(-s,-)* abitante *m.* di Helgoland **II** agg. inv. di Helgoland. **hel|go|län|disch** agg. di Helgoland.

He|li|an|thus m. *(-, Helianthen)* girasole *m.*

1.He|li|kon n. *(-s,-s)* MUS. elicone *m.*

2.He|li|kon n.pr.m. *(-[e]s)* Elicona *m.*

He|li|kop|ter m. *(-s,-)* elicottero *m.*

He|li|o|dor m. *(-s,-e)* eliodoro *m.* **He|li|o|graph** m. *(-en,-en)* eliografo *m.* **He|li|o|gra|phie** f. *(-)* **1** segnalazioni *f.pl.* con l'eliografo **2** TIP. eliografia *f.* **he|li|o|gra|phisch** agg. eliografico. **He|li|o|gra|vü|re** f. *(-,-n)* **1** eliotipia *f.*, fototipia *f.* **2** *(Druck)* riproduzione *f.* eliotipica (*o* fototipica). **He|li|o|skop** n. *(-s,-e)* elioscopio *m.* **He|li|os|tat** m. *(-[e]s e -en,-en)* eliostato *m.* **He|li|o|the|ra|pie** f. *(-)* elioterapia *f.* **he|li|o|trop** agg. eliotropico.

1.He|li|o|trop n. *(-s,-e)* eliotropio *m.*

2.He|li|o|trop m. *(-s,-e)* MINER. eliotropio *m.* **he|li|o|zen|trisch** agg. eliocentrico.

He|li|port m. *(-s,-s)* eliporto *m.* **He|li|ski|ing** n. *(-[s])* eliskì *m.*

He|li|um n. *(-s)* elio *m.* **He|li|um|röh|re** f. *(-,-n)* lampada *f.* all'elio.

hell I agg. **1** chiaro: ***-e Farben, Haare*** colori, capelli chiari; ***-es Bier*** birra chiara (*o* bionda); ***eine Bluse in -em Rot*** una camicetta rosso chiaro **2** *(lichterfüllt)* luminoso, chiaro: ***ein -es Zimmer*** una stanza luminosa; *(gut beleuchtet)* ben illuminato **3a** *(vom Himmel)* chiaro: ***es wird schon ~*** si fa già chiaro (*o* si fa già giorno); ***im Sommer ist (bleibt) es länger ~*** in estate resta chiaro più a lungo; ***der Himmel ist wieder -er geworden*** il cielo si è di nuovo rischiarato, è tornato chiaro **b** FIG. sereno, privo di nubi: ***eine -e Zukunft*** un sereno avvenire **4** *(viel Licht ausstrahlend)* luminoso, chiaro: ***eine -e Glühbirne*** una lampadina luminosa **5** *(hoch klingend, klar)* chiaro, limpido, argentino: ***ein -es Gelächter*** una risata argentina; LING. ***ein -er Vokal*** una vocale chiara **6a** *(klug)* intelligente, sveglio: ***ein -er Kopf*** una mente sveglia (*o* acuta) **b** *(geistig klar)* lucido: ***-e Augenblicke*** momenti di lucidità **7a** *(sehr groß)* enorme, grandissimo: ***-e Freude, Entrüstung*** enorme gioia, sdegno; ***in -er Verzweiflung*** al colmo della disperazione **b** *(rein)* puro, vero (e proprio): ***das ist -er Wahnsinn!*** questa è pura follia! ***ein -er Unsinn*** una vera assurdità **II** avv. **1** ***~ getönt sein*** avere una tinta chiara (*o* un colore chiaro) **2** *(leuchtend)* in modo chiaro, luminoso: ***dieser Stern leuchtet sehr ~*** questa stella è molto luminosa; ***~ leuchtend*** luminoso; ***~ glänzend*** splendente, lucente, brillante; ***~ lodernd*** fiammeggiante, *(von Flammen)* divampante **3** *(hoch klingend, klar)* in modo chiaro (*o* limpido): ***ihre Stimme klingt ~*** la sua voce ha un suono limpido; ***~ auflachen*** scoppiare in una sonora risata **4** rafforz. molto, enormemente: ***~ begeistert*** molto entusiasta ◆ ***am -en Tag*** in pieno giorno.

Hel|las n.pr.n. *(-)* Ellade *f.*

hell|auf avv. molto, assai: ***~ lachen*** farsi delle grandi risate.

hell|äu|gig agg. dagli, con gli occhi chiari. **hell|blau** agg. celeste, azzurro (chiaro). **hell|blond** agg. **1** ***-e Haare*** capelli biondo chiaro **2** ***eine -e Frau*** una donna dai capelli biondo chiaro. **hell|braun** agg. marrone chiaro, marroncino; *(von Haaren)* castano chiaro.

Hell|dun|kel n. *(-s)* chiaroscuro *m.* **Hell-Dun|kel-A|dap|(ta|)ti|on** f. *(-,-en)* FISIOL. adattamento *m.* (dell'occhio) alla luce. **Hell|dun|kel|ma|le|rei** f. *(-,-en)* pittura *f.* a chiaroscuro.

1.Hel|le f. *(-)* chiarore *m.*, luminosità *f.*, luce *f.*

2.Hel|le n. *(-n,-n)* (birra *f.*) chiara *f.*, bionda *f.*: ***ein -s, zwei ~, bitte!*** una (birra) chiara, due (birre) chiare, per favore!

Hel|le|bar|de f. *(-,-n)* alabarda *f.* **Hel|le|bar|dier** m. *(-s,-)*, **Hel|le|bar|dist** m. *(-en,-en)* alabardiere *m.*

Hel|le|gat(t) n. *(-[e]s,-s* e *-en)* MAR. cala *f.*

hel|len rifl. **sich ~** LETT. rischiararsi.

Hel|le|ne m. *(-n,-n)* elleno *m.* **Hel|le|nen|tum** n. *(-s)* mondo *f.* ellenico, civiltà *f.* ellenica. **Hel|le|nin** f. *(-,-nen)* ellena *f.* **hel|le|nisch** agg. ellenico. **hel|le|ni|sie|ren** tr. ellenizzare. **Hel|le|nis|mus** m. *(-)* ellenismo *m.* **Hel|le|nist** m. *(-en,-en)* ellenista *m.* **Hel|le|nis|tik** f. *(-)* studio *m.* della civiltà greca. **hel|le|nis|tisch** agg. ellenistico. **Hel|le|no|phi|lie** f. *(-)* grecofilia *f.*

Hel|ler m. *(-s,-)* heller *m.* ◆ ***keinen, nicht einen ~ für jdn (her)geben*** non dare un soldo (*o* un centesimo) per qcn.; ***keinen (roten, lumpigen) ~ haben*** non avere un centesimo (*o* un soldo); ***bis auf den letzten ~*** fino all'ultimo centesimo (*o* all'ultima lira); ***auf ~ und Pfennig*** → ***bis auf den letzten ~; keinen, nicht einen (roten, lumpigen) ~ wert sein*** non valere un centesimo (*o* un soldo bucato).

Hel|les|pont n.pr.m. *(-[e]s)* Ellesponto *m.*

hell|far|ben, hell|far|big agg. (di colore) chiaro.

Hell|gat(t) → **Hellegat(t).**

hell|gelb agg. giallo chiaro (o pallido), giallino. **hell|grau** agg. grigio chiaro. **hell|grün** agg. verde chiaro (*o* pallido), verdino. **hell|grun|dig** agg. dallo sfondo chiaro. **hell|haa|rig** agg. dai capelli chiari. **hell|häu|tig** agg. dalla, con la pelle chiara. **hell|hö|rig** agg. **1** ANT. dall'udito fino: ***~ sein*** avere l'udito fino **2** ***eine -e Wohnung*** un appartamento non (bene) insonorizzato ◆ ***jdn ~ machen*** rendere attento qcn., mettere qcn. sul chi va là; ***~ werden*** prestare orecchio, rizzare le orecchie. **Hell|hö|rig|keit** f. *(-)* udito *m.* fino.

hellicht → **helllicht.**

Hel|lig|keit f. *(-,-en)* **1** chiarezza *f.*, luminosità *f.*, luce *f.* **2** *(Lichtstärke)* luminosità *f.* **Hel|lig|keits|reg|ler** m. *(-s,-)* regolatore *m.* della luminosità.

Hel|ling f. *(-,-en* e *Helligen)* scalo *m.* di costruzione.

hell|licht agg. **1** RAR. chiaro, luminoso **2** ***-er Tag*** pieno giorno: ***am, beim -en Tag*** in pieno giorno.

hell|rot agg. rosso chiaro (*o* pallido).

hell_se|hen intr. (solo inf.) avere il dono della chiaroveggenza, prevedere il futuro. **Hell|se|her** m. *(-s,-)* chiaroveggente *m.* **Hell|se|he|rin** f. *(-,-nen)* chiaroveggente *f.* **Hell|se|he|rei** f. *(-)* chiaroveggenza *f.* **hell|se|he|risch I** agg. da chiaroveggente **II** avv. come un chiaroveggente. **Hell|sicht** f. *(-)* → **Hellsichtigkeit. hell|sich|tig I** agg. lucido **II** avv. lucidamente, con lucidità. **Hell|sich|tig|keit** f. *(-)* lucidità *f.* **hell|wach** agg. ben sveglio.

1.Helm m. *(-[e]s,-e)* **1a** elmo *m.*: ***einen ~ aufsetzen, tragen, abnehmen*** mettersi, portare, togliersi l'elmo **b** *(Stahlhelm)* elmetto *m.* **2a** *(Kopfschutz)* casco *m.* **b** MIN. elmetto *m.* **3** → **Helmdach.**

2.Helm m. *(-[e]s,-e)* **1** manico *m.* (di martello, ascia) **2** RAR. *(Pinne)* barra *f.* del timone.

Helm|busch m. *(-[e]s,-büsche)* pennacchio *m.* (dell'elmo). **Helm|dach** n. *(-[e]s,-dächer)* tetto *m.* del campanile.

Hel|min|then pl. elminti *m.pl.* **Hel|min|thi|a|sis** f. *(-, Helminthiasen)* elmintiasi *f.*

Helm|kraut n. *(-[e]s)* scutellaria *f.* **Helm|schmuck** m. *(-[e]s)* cimiero *m.* **Helm|sturz** m. *(-es,-stürze)* visiera *f.* (dell'elmo). **Helm|zier** f. *(-,-den)* ARALD. cimiero *m.*

He|lot m. *(-en,-en)*, **He|lo|te** m. *(-n,-n)* ilota *m.* **He|lo|ten|tum** n. *(-s)* STOR. (condizione *f.* di) schiavitù *f.* (a Sparta).

Hel|ve|ti|en n.pr.n. *(-s)* Elvezia *f.* **Hel|ve|ti|er** m. *(-s,-)* elvetico *m.* **hel|ve|tisch** agg. elvetico.

hem → **hm.**

Hemd n. *(-[e]s,-en)* **1** camicia *f.* (da uomo): ***ein ~ anziehen, tragen, ausziehen*** mettersi, portare (*o* indossare), togliersi una camicia; ***das ~ in die Hose stecken*** infilarsi la camicia nei pantaloni; ***ein ~ zuknöpfen, aufknöpfen*** abbottonare, sbottonare una camicia **2** *(Unterhemd)* canottiera *f.* **3** *(Nachthemd)* camicia *f.* da notte ◆ ***jdn bis aufs ~ ausplündern*** lasciare qcn. in camicia; ***sich bis aufs (letzte) ~ ausziehen*** dare via anche la camicia; ***jdn bis aufs ~ ausziehen*** → ***jdn bis aufs ~ ausplündern; sich das ~ ausziehen lassen*** farsi portare via la camicia; ***halbes ~*** mingherlino; *(Gernegroß)* spacconcello; ***kein (ganzes) ~ mehr am, auf dem Leib haben*** essere povero in canna; ***das letzte ~ hergeben, vom Leib reißen*** → ***bis aufs (letzte) ~ ausziehen; alles bis aufs ~ verlieren*** ridursi in camicia; ***seine Gesinnung, Meinung wie das ~ wechseln*** essere una banderuola. **Hemd|är|mel** AUSTR. → **Hemdsärmel. hemd|är|me|lig** AUSTR. → **hemdsärmelig. Hemd|blu|se** f. *(-,-n)* camicia *f.* (da donna di taglio maschile). **Hemd|blu|sen|kleid** n. *(-[e]s,-er)* chemisier *m.* **Hemd|brust** f. *(-,-brüste)* sparato *m.* **Hemd|chen** n. *(-s,-)* canottiera *f.* (da donna o bambino). **Hem|den|fab|rik** f. *(-,-en)* camiceria *f.*, fabbrica *f.* di camicie. **Hem|den|ge|schäft** n. *(-[e]s,-e)* camiceria *f.*, negozio *m.* di camicie. **Hem|den|knopf** m. *(-[e]s,-knöpfe)* bottone *m.* della, da camicia. **Hem|den|kra|gen** m. *(-s,-)* colletto *m.* della camicia. **Hem|den|ma|cher** m. *(-s,-)* camiciaio *m.* **Hem|den|nä|he|rin** f. *(-,-nen)* camiciaia *f.* **Hem|den|stoff** m. *(-[e]s,-e)* tessuto *m.* (*o* stoffa *f.*) per camicia. **Hemd|ho|se** f. *(-,-n)* tuta *f.*; *(für Kinder)* tutina *f.* **Hemd|knopf** → **Hemdenknopf. Hemd|kra|gen** → **Hemdenkragen.**

Hemds|är|mel m. *(-s,-)* manica *f.* della camicia: ***in -n*** in maniche di camicia. **hemds|är|me|lig** agg. **1** in maniche di camicia **2** COLLOQ. *(salopp)* molto disinvolto (*o* informale), alla buona.

He|mi|ple|gie f. *(-)* emiplegia *f.* **He|mi|ple|gi|ker** m. *(-s,-)* emiplegico *m.* **he|mi|ple|gisch** agg. emiplegico.

He|mip|te|ren pl. emitteri *m.pl.* **He|mi|sphä|re** f. *(-,-n)* emisfero *m.*: ***die nördliche, südliche ~*** l'emisfero nord, sud. **he|mi|sphä|risch** agg. emisferico. **He|mis|ti|chi|on, He|mis|ti|chi|um** n. *(-s, Hemistichien)* emistichio *m.*

hem|men tr. **1** frenare, arrestare (anche FIG.): ***ein Fahrzeug, die Fahrt des Zuges, den Lauf des Schicksals ~*** frenare un veicolo, un treno in corsa, arrestare il corso del destino; ***den Fortschritt, die wirtschaftliche Entwicklung ~*** frenare il progresso, lo sviluppo economico **2** *(verlangsamen)* rallentare: ***den Schritt ~*** rallentare il passo **3a** *(behindern)* intralciare, ostacolare: ***jdn in seiner Arbeit ~*** intralciare qcn. nel suo lavoro **b** PSIC. inibire. **hem|mend I** p.pres. agg. **1** che frena, rallenta, ostacola **2** PSIC. inibitore, inibitorio **II** avv. ***auf. jdn, etw. ~ einwirken*** avere un effetto inibitore su (*o* inibire) qcn., qcs. **Hemm|nis** n. *(-ses,-se)* freno *m.*; *(Hindernis)* ostacolo *m.*, impedimento *m.* **Hemm|schuh** m. *(-[e]s,-e)* **1** calzatoia *f.*, scarpa *f.* **2** FIG. ostacolo *m.*, impedimento *m.*; ***jdm einen ~ in den Weg legen*** mettere il bastone fra le ruote a qcn. **Hemm|stoff** m. *(-[e]s,-e)* CHIM. inibitore *m.*

Hem|mung f. *(-,-en)* **1a** il frenare, arresto *m.* **b** *(Verlangsamung)* rallentamento *m.* **c** *(Verhinderung)* ostacolamento *m.*, impedimento *m.* **2a** pl. PSIC. inibizioni *f.pl.*: ***voller -en sein*** essere pieno di inibizioni; ***seine -en überwinden*** superare le proprie inibizioni **b** *(innerer Widerstand)* freno *m.*; *(Bedenken)* scrupolo *m.*: ***moralische -en*** freni morali; ***keine -en haben, kennen*** non avere scrupoli **3** *(in Uhren)* scappamento *m.* **4** CHIM. inibizione *f.* **hem|mungs|los I** agg. **1** sfrenato, senza freni **2** *(bedenkenlos)* privo di (*o* senza) scrupoli **II** avv. sfrenatamente, senza freno. **Hem|mungs|lo|sig|keit** f. *(-,-en)* **1** sfrenatezza *f.*, mancanza *f.* di freni **2** *(Bedenkenlosigkeit)* mancanza *f.* di scrupoli.

Hemm|wir|kung f. *(-,-en)* azione *f.* frenante.

Hen|de|ka|gon n. *(-s,-e)* endecagono *m.* **Hen|de|ka|syl|la|bus** m. *(-s,-syllaben)* endecasillabo *m.*

Hen|di|a|dy|oin n. *(-s,-)*, **Hen|di|a|dys** n. *(-,-)* endiadi *f.*

Hendl n. *(-s,-n)* REGION. pollo *m.*, galletto *m.*; *(Brathuhn)* pollo *m.* arrosto.

Hengst m. *(-[e]s,-e)* stallone *m.*; *(von Eseln, Kamelen, Zebras)* maschio *m.* (di asino, cammello, zebra). **Hengst|foh|len** n. *(-s,-)* puledro *m.*

Hen|kel m. *(-s,-)* manico *m.*, ansa *f.* **Hen|kel|glas** n. *(-es,-gläser)* bicchiere *m.* col manico. **Hen|kel|korb** m. *(-[e]s,-körbe)* canestro *m.*, paniere *m.*, cesta *f.* con manico (*o* con due manici). **Hen|kel|krug** m. *(-[e]s,-krüge)* brocca *f.* con manico (*o* con due manici), con ansa (*o* con due anse). **Hen|kel|mann** m. *(-[e]s,-männer)* COLLOQ. gavetta *f.* **Hen|kel|topf** m. *(-[e]s,-töpfe)* pentola *f.* con manico (*o* a due manici).

hen|ken tr. ANT. impiccare.

Hen|ker m. *(-s,-)* boia *m.*, carnefice *m.* ◆ ***beim ~!*** → ***zum ~!*** ***den ~ nach etw. fragen*** fregarsene, infischiarsene altamente di qcs.; ***hol's der ~!*** al diavolo! all'inferno! ***hol mich der ~!*** che il diavolo mi porti! che mi prenda un accidente! ***sich den ~ um etw. scheren*** → ***den ~ nach etw. fragen***; ***weiß der ~!*** lo sa il diavolo! ***zum ~!*** al diavolo! all'inferno! ***zum ~ gehen, sich zum ~ scheren*** andare al diavolo, all'inferno. **Hen|kers|beil** n. *(-[e]s,-e)* mannaia *f.*, scure *f.* del boia. **Hen|kers|frist** f. *(-,-en)* ultima dilazione *f.*, proroga *f.* estrema. **Hen|kers|hand** f. *(-,-hände)* mano *m.* del boia: ***durch ~ fallen*** morire per mano del boia. **Hen|kers|knecht** m. *(-[e]s,-e)* aiutante *m.* del boia. **Hen|kers|mahl** n. *(-[e]s,-mähler* e *-e)*, **Hen|kers|mahl|zeit** f. *(-,-en)* **1** STOR. ultimo pasto *m.* del condannato a morte **2** SCHERZ. *(Abschiedsmahl)* pranzo *m.* d'addio.

Hen|na f. *(-)*, n. *(-[s])* henna *f.*, henné *m.*

Hen|ne f. *(-,-n)* gallina *f.* ◆ PROV. ***eine blinde ~ findet auch mal ein Korn*** = anche un cieco a volte può cogliere nel segno.

Hen|ne|gat(t) n. *(-[e]s,-en* e *-s)* MAR. losca *f.*

He|no|the|is|mus m. *(-)* enoteismo *m.*

Hen|ri|quat|re [ãri'katr] m. *(-[s],-s)* barba *f.* alla Enrico IV.

Hen|ry ['hɛnri] n. *(-,-)* FIS. henry *m.*

he|pa|tisch agg. epatico. **He|pa|ti|tis** f. *(-, Hepatitiden)* epatite *f.* **He|pa|to|lo|gie** f. *(-)* epatologia *f.*

He|phais|tos, He|phäst, He|phäs|tus n.pr.m. Efesto *m.*

Hep|ta|chord m. e n. *(-[e]s,-e)* eptacordo *m.*, ettacordo *m.* **Hep|ta|gon** n. *(-s,-e)* ettagono *m.*, eptagono *m.* **Hep|ta|me|ron** n. *(-s)* eptamerone *m.*, eptamerone *m.* **Hep|ta|me|ter** m. *(-s,-)* (verso *m.*) ettametro *m.* **Hep|tan** n. *(-s)* eptano *m.* **Hep|to|de** f. *(-,-n)* eptodo *m.*

her avv. **1** qua, qui: ***kommen Sie ~!*** venga qua! ***~ zu mir!*** vieni qui da me! ***wo sind Sie ~?*** di dov'è Lei? **2** *(temporal)* da: ***es ist nicht weit ~*** non è (da) molto; ***es ist schon lange ~*** è già (da) un pezzo, è già molto tempo fa; ***es ist zwei Jahre ~*** sono due anni, sono trascorsi due anni **3a** rafforz. *(in Verbindung mit „von")* ***von dort ~*** di là; ***vom Himmel ~*** dal cielo **b** *(temporal)* ***von alters ~*** fin dai tempi antichi **c** dal punto di vista di, per quanto riguarda: ***das ist von der Form ~ sehr interessant*** dal punto di vista della forma (*o* per quanto riguarda la forma) è molto interessante ◆ ***~ damit*** da' (*o* date) qua; ***es ist eine Ewigkeit ~*** è passata un'eternità, una vita; ***Geld ~*** fuori i soldi; ***~ die Hand*** qua la mano; ***hinter etw., jdn ~ sein*** star dietro a qcs., qcn.; FIG. ***mit seinen Kenntnissen ist es nicht weit ~*** le sue cognizioni sono scarse; ***mit seiner Intelligenz, mit seiner Arbeit ist es nicht weit ~*** non è molto intelligente, il suo lavoro non vale molto; ***wie lange ist es ~, dass...*** quanto tempo è che...; ***wo haben Sie das ~?*** da chi l'ha avuto? da chi l'ha preso? da chi l'ha sentito? COLLOQ. ***wo ist er ~?*** di dov'è? ***die ganze Zeit ~*** per tutto questo tempo (fino ad oggi).

He|ra n.pr.f. Era *f.*

he|rab avv. giù, giù da, quaggiù: ***vom Turm ~*** giù dalla torre; ***bis ins Tal ~*** giù fino a valle; ***von oben ~*** giù dall'alto; ***vom Himmel ~*** giù dal cielo; FIG. ***jdn von oben ~ ansehen, behandeln*** guardare, trattare qcn. dall'alto al basso. **he|rab_bau|meln** intr. (aus. *haben*) penzolare in giù. **he|rab_beu|gen** tr. piegare in giù, chinare (giù). **he|rab_bli|cken** intr. (aus. *haben*) guardare in basso (*o* giù); FIG. ***auf jdn mitleidig ~*** guardare qcn. con un misto di commiserazione e di superiorità. **he|rab_drü|cken** tr. **1** premere in giù, spingere giù **2** FIG. *(Preise)* far calare, ridurre. **he|rab_fah|ren** intr. *(fährt, fuhr, gefahren;* aus. *sein)* andare giù. **he|rab_fal|len** intr. *(fällt, fiel, gefallen;* aus. *sein)* cadere giù. **he|rab_flie|ßen** intr. *(floss, geflossen;* aus. *sein)* defluire, scorrere in giù. **he|rab|ge|setzt** p.pass. agg. **1** → **herabsetzen** **2** ridotto: ***zu -en Preisen*** a prezzi ridotti. **he|rab_glei|ten** intr. *(glitt, geglitten;* aus. *sein)* scivolare giù, verso il basso. **he|rab_hän|gen** intr. *(hing, gehangen;* aus. *haben)* pendere, penzolare (verso il basso). **he|rab_hel|fen** intr. *(hilft, half, geholfen;* aus. *haben)* ***jdm ~*** aiutare qcn. a scendere. **he|rab_kom|men** intr. *(kam, gekommen;* aus. *sein)* scendere, venire giù.

he|rab_las|sen *(lässt, ließ, gelassen)* **I** tr. **1** calare (giù): ***einen Korb ~*** calare una cesta **2** calare, abbassare: ***den Vorhang ~*** calare il sipario **II** rifl. **sich ~** **1** calarsi (giù) **2** FIG. abbassarsi, degnarsi, accondiscendere: ***sich ~, etw. zu tun*** abbassarsi a fare qcs. **he|rab|las|send** **I** p.pres. agg. **1** → **herablassen** **2** FIG. accondiscendente, condiscendente **II** avv. con aria di condiscendenza. **He|rab|las|sung** f. *(-)* condiscendenza *f.*

he|rab_lau|fen intr. *(läuft, lief, gelaufen;* aus. *sein)* scendere di corsa, correre giù. **he|rab_min|dern** tr. **1** ridurre, diminuire: ***die Geschwindigkeit ~*** ridurre la velocità **2** *(herabwürdigen)* sminuire: ***jds Fähigkeiten ~*** sminuire le capacità di qcn. **he|rab_rin|nen** intr. *(rann, geronnen;* aus. *sein)* scorrere giù. **he|rab_rol|len** intr. (aus. *sein*) colare giù, scorrere: ***Tränen rollen ihr die Wangen herab*** le lacrime le scorrono giù per le guance. **he|rab_ru|fen** tr. *(rief, gerufen)* chiamare giù. **he|rab_schau|en** intr. (aus. *haben*) → **herabblicken.** **he|rab_schie|ßen** *(schoss, geschossen)* **I** tr. abbattere (con una fucilata) **II** intr. (aus. *sein*) piombare: ***der Raubvogel schoss auf das Wild herab*** il rapace piombò sulla preda. **he|rab_schwe|ben** intr. (aus. *sein*) scendere dolcemente, scivolare giù. **he|rab_se|hen** intr. *(sieht, sah, gesehen;* aus. *haben)* → **herabblicken.** **he|rab_sen|ken** rifl. **sich ~** calarsi giù; FIG. LETT. ***die Nacht senkt sich über die Stadt herab*** cala la notte sulla città. **he|rab_set|zen** tr. **1** ridurre, abbassare: ***Preise, Kosten ~*** abbassare i prezzi, ridurre le spese **2** *(herabwürdigen)* sminuire: ***jds Verdienste ~*** sminuire i meriti di qcn. **He|rab|set|zung** f. *(-,-en)* **1** riduzione *f.*, diminuzione *f.* **2** *(Herabwürdigung)* discredito *m.* **he|rab_sin|ken** intr. *(sank, gesunken;* aus. *sein)* **1** diminuire: ***bis zum Gefrierpunkt ~*** diminuire fino al punto di congelamento **2** FIG. LETT. calare, scendere: ***die Nacht sinkt herab*** scende la notte **3** FIG. decadere, (s)cadere: ***auf ein niedrigeres Niveau ~*** scadere ad un livello più basso. **he|rab_sprin|gen** intr. (aus. *sein*) saltare giù. **he|rab_stei|gen** intr. *(stieg, gestiegen;* aus. *sein)* scendere giù: ***vom Baum ~*** scendere giù dall'albero; ***vom Pferd ~*** smontare da cavallo. **he|rab_strö|men** intr. (aus. *sein*) scorrere giù a torrenti. **he|rab_stür|zen** intr. (aus. *sein*) precipitare. **he|rab_tröp|feln** intr. (aus. *sein*) gocciolare giù; *(vom Regen)* piovigginare. **he|rab_trop|fen** intr. (aus. *sein*) gocciolare, colare giù. **he|rab_wür|di|gen** **I** tr. screditare, svilire, svalutare **II** rifl. **sich ~** abbassarsi, umiliarsi. **He|rab|wür|di|gung** f. *(-,-en)* **1** discredito *m.*, svalutazione *f.* **2** *(Erniedrigung)* umiliazione *f.* **he|rab_zie|hen** tr. *(zog, gezogen)* tirare giù.

He|rak|les n.pr.m. Eracle *m.*, Ercole *m.* **He|rak|li|de** m. *(-n,-n)* Eraclide *m.*

He|rak|lit n.pr.m. Eraclito *m.*

He|ral|dik f. *(-)* araldica *f.* **He|ral|di|ker** m. *(-s,-)* araldista *m.* **he|ral|disch** agg. araldico.

he|ran avv. (COLLOQ. **ran**) (qui) vicino, accanto, avanti: ***nur ~!*** avvicinati pure, avanti! ***~ zu mir*** vieni, venite accanto a me; ***~ sein*** essere (arrivato) vicino. **he|ran_ar|bei|ten** rifl. ***sich an jdn, etw. ~*** farsi strada fino a qcn., qcs., avanzare a fatica verso qcn., qcs. **he|ran_bil|den** **I** tr. formare: ***jdn zum Wissenschaftler ~*** far diventare qcn. uno scienziato **II** rifl. **sich ~** formarsi. **He|ran|bil|dung** f. *(-)* formazione *f.* **he|ran_brau|sen** intr. (aus. *sein*) avvicinarsi rombando. **he|ran_brin|gen** tr. *(brachte, gebracht)* **1** avvicinare, accostare, portare vicino **2** FIG. accostare, avvicinare: ***jdn an ein Problem ~*** accostare qcn. a un problema. **he|ran_drän|gen** **I** tr. stringere, avvicinare spingendo **II** rifl. ***sich an jdn, etw. ~*** stringersi addosso a qcn., qcs. **he|ran_drin|gen** intr. *(drang, gedrungen;* aus. *sein)* avvicinarsi, giungere vicino. **he|ran_dür|fen** intr. *(darf, durfte, gedurft;* aus. *haben)* COLLOQ. **1** *(herankommen dürfen)* poter venire avanti **2** *(herangehen, heranfahren dürfen)* poter andare avanti. **he|ran_fah|ren** intr. *(fährt, fuhr, gefahren;* aus. *sein)* avvicinarsi. **he|ran_füh|ren** **I** tr. **1** condurre vicino: ***jdn an das Ufer ~*** condurre qcn. vicino alla riva **2** *(in die Nähe von etw. führen)* avvicinare, portare vicino, accostare **3** FIG. avvicinare, accostare: ***jdn an die Malerei, an ein Problem ~*** iniziare qcn. alla pittura, avvicinare qcn. ad un problema **II** intr. (aus. *haben*) condurre vicino, portare verso: ***der Weg führt an die Berghütte heran*** il sentiero porta al rifugio. **he|ran_ge|hen** intr. *(ging, gegangen;* aus. *sein)* **1** avvicinarsi **2** FIG. ***an etw. (A) ~*** accingersi, mettersi a fare qcs. **he|ran_hal|ten** tr. *(hält, hielt, gehalten)* tenere vicino. **he|ran_ho|len** tr. **1** ***jdn ~*** far venire qcn. vicino **2** ***etw. ~*** prendere e portare qcs. vicino.

he|ran_kom|men intr. *(kam, gekommen;* aus. *sein)* avvicinarsi, arrivare: ***endlich kam der Tag heran, an dem...*** finalmente arrivò il giorno in cui...; ***man kann an den Minister nicht ~*** il ministro è inavvicinabile ◆ ***die Dinge an sich (A) ~ lassen*** aspettare che le cose accadano; ***ich lasse nichts an mich ~*** lascio che niente mi possa toccare. **he|ran_kön|nen** intr. *(kann, konnte, gekonnt;* aus. *haben)* potersi avvicinare. **he|ran_las|sen** tr. *(lässt, ließ, gelassen)* lasciare avvicinare. **he|ran_ma|chen** rifl. COLLOQ. **1** ***sich an jdn ~*** avvicinarsi, farsi vicino a qcn.; FIG. abbordare qcn. **2** ***sich an eine Arbeit ~*** mettersi a fare, mettere mano a un lavoro. **he|ran_müs|sen** intr. *(muss, musste, gemusst;* aus. *haben)* doversi avvicinare; *(an Aufgaben, Arbeiten)* dover mettersi sotto. **he|ran_na|hen** intr. (aus. *sein*) avvicinarsi, arrivare. **he|ran_neh|men** tr. *(nimmt, nahm, genommen)* ***jdn zu etw. ~*** impiegare qcn. per qcs., pretendere qcs. da qcn.: ***der Bauer nahm die Kinder zur Feldarbeit heran*** il contadino impiegò i bambini per il lavoro nei campi. **he|ran_pir|schen** rifl. VENAT. ***sich an das Wild ~*** avvicinarsi quatto quatto alla selvaggina, aggattonare la selvaggina. **he|ran‿rei|chen** intr. (aus. *haben*) **1** ***an etw. ~*** arrivare a qcs., raggiungere qcs. **2** FIG. uguagliare: ***an Goethe reicht er nicht heran*** non uguaglia Goethe, non ha la statura di un Goethe. **he|ran‿rei|fen** intr. (aus. *sein*) maturare, crescere: ***zum Mann ~*** diventare uomo. **he|ran‿rü|cken I** tr. avvicinare (spingendo), accostare, spingere avanti **II** intr. (aus. *sein*) avvicinarsi, accostarsi, avanzare. **he|ran‿schaf|fen** tr. avvicinare, portare vicino. **he|ran‿schlei|chen** intr. *(schlich, geschlichen;* aus. *sein)* avvicinarsi (*o* avanzare) strisciando, strisciare vicino. **he|ran‿schlep|pen I** tr. trascinare vicino, portare vicino a fatica **II** rifl. **sich ~** trascinarsi vicino.

he|ran‿spren|gen intr. (aus. *sein*) avvicinarsi a cavallo. **he|ran‿tas|ten** rifl. ***sich an etw. ~*** avvicinarsi (*o* avanzare) a tastoni (anche FIG.). **he|ran‿tra|gen** tr. *(trägt, trug, getragen)* **1** portare vicino **2** *(vorbringen)* sottoporre, presentare: ***ein Gesuch an jdn ~*** sottoporre una richiesta a qcn. **he|ran‿trau|en** rifl. COLLOQ. ***sich an jdn, etw. ~*** osare avvicinarsi a, fidarsi ad avvicinare qcn., qcs. **he|ran‿tre|ten** intr. *(tritt, trat, getreten;* aus. *sein)* **1** ***an jdn, etw. ~*** avvicinarsi a qcn., qcs.; FIG. ***der Tod trat an ihn heran*** la morte lo colse **2** affrontare: ***an eine Frage ~*** affrontare una questione **3** *(sich wenden)* rivolgersi: ***an jdn mit einer Bitte ~*** rivolgersi a qcn. con una preghiera. **he|ran‿wach|sen** intr. *(wächst, wuchs, gewachsen;* aus. *sein)* crescere, diventare grande: ***zur Frau ~*** diventare donna ◆ ***die -de Generation*** la nuova generazione (che viene su ora). **He|ran|wach|sen|de** m. e f. *(-n,-n)* **1** adolescente *m.* e *f.* **2** DIR. = giovane *m.* e *f.* fra i 18 e i 21 anni. **he|ran‿wa|gen** rifl. **1** ***sich an jdn, etw. ~*** osare avvicinarsi a qcn., qcs. **2** FIG. ***sich an ein Problem ~*** osare affrontare un problema. **he|ran‿wol|len** intr. *(will, wollte, gewollt;* aus. *haben)* volersi avvicinare. **he|ran‿zie|hen** *(zog, gezogen)* **I** tr. **1** avvicinare tirando, tirare a sé **2** *(großziehen)* allevare, tirar su **3** *(ausbilden)* formare, educare **4** consultare, chiamare: ***zur Klärung dieses Problems wurden Fachleute herangezogen*** per chiarire questo problema vennero consultati degli esperti **5** *(verwenden)* impiegare, utilizzare: ***etw. zum Vergleich ~*** utilizzare qcs. come termine di paragone; ***jdn zur Arbeit ~*** impiegare qcn. in un lavoro **II** intr. (aus. *sein*) avvicinarsi, avanzare, arrivare: ***das Gewitter zieht von Osten heran*** il temporale arriva da est.

he|rauf avv. (COLLOQ. **rauf**) su, sopra, quassù: ***von unten ~*** dal basso in alto; ***da, dort ~*** su di là; ***~ und herab, hinab*** su e giù; COLLOQ. ***komm rauf!*** vieni su! ***vom Tal ~*** su per la valle; COLLOQ. ***von München ~ nach Hamburg*** da Monaco ad (*o* su verso) Amburgo. **he|rauf‿ar|bei|ten** rifl. **sich ~ 1** aprirsi un varco (verso l'alto), salire aprendosi un varco **2** *(sich hocharbeiten)* farsi strada (nel lavoro). **he|rauf‿be|ge|ben** rifl. **sich ~** recarsi su. **he|rauf‿be|mü|hen I** tr. ***jdn ~*** chiedere a qcn. di salire, di venire su **II** rifl. **sich ~** scomodarsi a salire, a venire su. **he|rauf‿be|schwö|ren** tr. *(schwor/schwur, geschworen)* **1** provocare: ***ein Unglück ~*** provocare una disgrazia **2** evocare: ***die Geister, die Vergangenheit ~*** evocare gli spiriti, il passato. **he|rauf‿be|we|gen** rifl. **sich ~** salire. **he|rauf‿bit|ten** tr. *(bat, gebeten)* pregare di salire: ***jdn zu sich ~*** pregare qcn. di salire su (in casa). **he|rauf‿brin|gen** tr. *(brachte, gebracht)* portare su. **he|rauf‿däm|mern** intr. (aus. *sein*) sorgere (anche FIG.). **he|rauf‿dür|fen** intr. *(darf, durfte, gedurft;* aus. *haben)* COLLOQ. **1** *(heraufkommen, -gehen, -fahren dürfen)* poter salire **2** *(heraufgebracht werden dürfen)* poter essere portato su, poter essere fatto salire. **he|rauf‿ei|len** intr. (aus. *sein*) salire in fretta. **he|rauf‿fah|ren** intr. *(fährt, fuhr, gefahren;* aus. *sein)* salire, venire su. **he|rauf‿füh|ren I** tr. condurre, portare su **II** intr. (aus. *haben*) salire. **he|rauf‿hel|fen** intr. *(hilft, half, geholfen;* aus. *haben)* ***jdm ~*** aiutare qcn. a salire. **he|rauf‿ho|len** tr. (andare a prendere per) portare su. **he|rauf‿klap|pen** tr. ribaltare in su, sollevare. **he|rauf‿klet|tern** intr. (aus. *sein*) salire arrampicandosi.

he|rauf‿kom|men intr. *(kam, gekommen;* aus. *sein)* **1** venire su, salire: ***komm (doch) herauf!*** vieni su! COLLOQ. ***darf ich raufkommen?*** posso salire? **2** *(vom Mond, von der Sonne)* sorgere, spuntare **3a** FIG. salire, aumentare: ***Hochwassergefahr kommt herauf*** sale il pericolo dell'acqua alta **b** preannunciarsi, avvicinarsi: ***ein Gewitter kommt herauf*** si avvicina un tempesta. **he|rauf‿kön|nen** intr. *(kann, konnte, gekonnt;* aus. *haben)* COLLOQ. **1** *(heraufkommen, -gehen, -fahren können)* poter salire **2** *(heraufgebracht werden können)* poter essere portato su, poter essere fatto salire. **he|rauf‿las|sen** tr. *(lässt, ließ, gelassen)* COLLOQ. lasciar salire: ***lass mich rauf!*** lasciami salire! **he|rauf‿lau|fen** intr. *(läuft, lief, gelaufen;* aus. *sein)* correre su, salire di corsa. **he|rauf‿müs|sen** intr. *(muss, musste, gemusst;* aus. *haben)* COLLOQ. **he|rauf‿neh|men** tr. *(nimmt, nahm, genommen)* → **heraufholen.** **he|rauf‿rei|chen I** intr. (aus. *haben*) arrivare, giungere **II** tr. ***jdm etw. ~*** porgere qcs. a qcn. (su), far arrivare su qcs. a qcn. **he|rauf‿ren|nen** intr. *(rannte, gerannnt;* aus. *sein)* correre su.

he|rauf‿ru|fen tr. *(rief, gerufen)* COLLOQ. chiamare: ***von der Straße ~*** chiamare dalla strada. **he|rauf‿schaf|fen** tr. portare su, far arrivare su. **he|rauf‿schau|en** intr. (aus. *haben*) guardare in su, all'insù. **he|rauf‿schi|cken** tr. mandare su. **he|rauf‿schie|ben** tr. *(schob, geschoben)* spingere su. **he|rauf‿schlei|chen** intr. *(schlich, geschlichen;* aus. *sein)* strisciare su, salire strisciando. **he|rauf‿se|hen** tr. *(sieht, sah, gesehen)* vedere (di sotto in su). **he|rauf‿set|zen** tr. **1** mettere su, quassù **2** *(erhöhen)* aumentare: ***die Preise ~*** aumentare i prezzi. **he|rauf‿sol|len** intr. (aus. *haben*) COLLOQ. dover salire. **he|rauf‿sprin|gen** intr. *(sprang, gesprungen;* aus. *sein)* saltare su, quassù. **he|rauf‿stei|gen** intr. *(stieg, gestiegen;* aus. *sein)* **1** salire **2** *(anbrechen)* sorgere, spuntare: ***eine neue Epoche steigt herauf*** sorge una nuova epoca. **he|rauf‿tra|gen** tr. *(trägt, trug, getragen)* portare su. **he|rauf‿trei|ben** tr. COLLOQ. → **hinauftreiben.** **he|rauf‿wol|len** intr. *(will, wollte, gewollt;* aus. *haben)* COLLOQ. voler salire. **he|rauf‿zie|hen** *(zog, gezogen)* **I** tr. tirare su, alzare, sollevare **II** intr. (aus. *sein*) **1** avvicinarsi, prepararsi: ***ein Gewitter zieht herauf*** si avvicina un temporale **2** trasferirsi di sopra: ***in den zweiten Stock ~*** trasferirsi (sopra) al secondo piano.

he|raus avv. (COLLOQ. **raus**) **1** fuori, qua fuori: ***von innen ~*** dal di dentro **2a** ***~ sein*** essere venuto fuori, essere uscito: ***aus einer schwierigen Lage noch nicht ~ sein*** non essere ancora uscito da una difficile situazione **b** *(von Blumen, Blüten, Zähnen)* essere spuntato **c** *(von Büchern, Filmen)* essere uscito **d** *(entfernt sein)* essere stato tolto: ***der Splitter ist ~*** la scheggia è stata tolta **e** *(sich davon entfernt haben)* essersi allontanato, essere uscito: ***sie ist aus dem Zentrum ~*** si è allontanata (*o* è uscita) dal centro **f** *(festgelegt sein)* essere (stato) stabilito (*o* deciso): ***es ist noch nicht ~, wer seinen Posten übernimmt*** non è ancora deciso chi prenderà il suo posto ◆ COLLOQ. ***~ aus dem Bett*** fuori dal letto, àlzati; ***Brust ~!*** petto in fuori; ***~ damit!*** da' qua! ***fein ~ sein*** essere dalla parte dei vincenti; COLLOQ. ***~ mit dem Geld!*** fuori i soldi! ***offen ~, rund ~*** a dirla apertamente; ***~ mit der Sprache!*** su, parla! ***Wache ~*** fuori la guardia. **he|raus‿ar|bei|ten I** tr. **1** tirar fuori, ricavare: ***eine Statue aus dem Stein ~*** ricavare una statua dalla pietra **2** *(hervorheben)* sviscerare, estrarre, ricavare: ***eine Idee ~*** mettere in chiaro un'idea **II** rifl. **sich ~ 1** tirarsi fuori a fatica: ***sich aus den Schneemassen ~*** tirarsi fuori dalla massa di neve **2** tirarsi fuori, rimettersi in sesto (a forza di lavorare): ***sich aus armseligen Verhältnissen ~*** tirarsi fuori da condizioni misere. **He|raus|ar|bei|tung** f. *(-,-en)* il tirar fuori, il mettere in evidenza.

he|raus‿bei|ßen *(biss, gebissen)* **I** tr. **1** togliere, strappare con un morso **2** *(beim Beißen verlieren)* perdere mordendo **II** rifl. **1** ***sich (D) etw. ~*** perdere qcs. mordendo **2** FIG. trarsi d'impiccio. **he|raus‿be|kom|men** tr. *(bekam, bekommen)* **1a** riuscire a cavare, a estrarre: ***einen Nagel aus einem Brett ~*** riuscire a estrarre un chiodo da un'asse **b** ***einen Fleck ~*** far venir via una macchia **c** FIG. ***aus jdm kein Wort ~*** non riuscire a cavare una parola di bocca a qcn. **2** *(Geld)* ricevere di resto **3a** COLLOQ. strappare, (riuscire a) scoprire: ***ein Geheimnis ~*** strappare un segreto **b** *(entziffern)* ***eine Inschrift ~*** decifrare un'iscrizione; *(lösen)* ***Rätsel, Rechenaufgaben ~*** riuscire a risolvere enigmi, problemi; ***eine Lösung ~*** ricavare una soluzione **c** *(befreien)* far venir fuori, tirare fuori, liberare: ***jdn aus dem Gefängnis ~*** far venir fuori qcn. di prigione. **he|raus‿beu|gen** rifl. **sich ~** sporgersi, chinarsi in fuori: ***sich aus dem Fenster ~*** sporgersi dalla finestra. **he|raus‿bil|den** rifl. **sich ~** formarsi, svilupparsi, prodursi (da). **He|raus|bil|dung** f. *(-,-en)* formazione *f.*, sviluppo *m.*, produzione *f.*

he|raus‿bit|ten tr. *(bat, gebeten)* ***jdn ~*** pregare qcn. di venire fuori. **he|raus‿bli|cken** intr. (aus. *haben*) → **herausschauen.** **he|raus‿boh|ren** tr. estrarre col trapano. **he|raus‿bre|chen** *(bricht, brach, gebrochen)* **I** tr. staccare rompendo **II** intr. (aus. *sein*) **1** staccarsi (rompendosi) **2** *(von Gefühlen)* erompere, prorompere. **he|raus‿brin|gen** tr. *(brachte, gebracht)* **1** portare fuori **2** COLLOQ. → **herausbekommen 3a** *(veröffentlichen)* far uscire, pubblicare **b** *(auf den Markt bringen)* far uscire, lanciare (sul mercato), presentare **4** *(hervorbringen)* tirare fuori, articolare: ***kein Wort ~ können*** non poter articolare parola; ***aus ihm ist nichts herauszubringen*** non gli si cava una parola di bocca. **he|raus‿brül|len** tr. ***etw. ~*** urlare qcs., dare sfogo a qcs.: ***seine ganze Wut ~*** dare sfogo a tutta la propria rabbia. **he|raus‿des|til|lie|ren** tr. **1** estrarre per distillazione **2** FIG. *(herausarbeiten)* estrarre, ricavare. **he|raus‿dre|hen** tr. svitare, togliere svitando. **he|raus‿drü|cken** tr. **1** spremere, far uscire spremendo

2 *(Brust, Bauch)* spingere in fuori. **he|raus‿dür|fen** intr. *(darf, durfte, gedurft;* aus. *haben)* poter uscire, avere il permesso di uscire. **he|raus‿ei|tern** intr. (aus. *sein*) uscire per suppurazione.

he|raus‿fah|ren *(fährt, fuhr, gefahren)* **I** tr. **1** portare, trasportare fuori **2** SPORT ottenere (in una corsa): ***eine gute Zeit ~*** ottenere un buon tempo **II** intr. (aus. *sein*) **1** uscire: ***aus der Garage ~*** uscire dal garage **2** impers. COLLOQ. ***es fuhr mir so heraus, dass...*** mi scappò di bocca che... ◆ ***aus dem Bett ~*** saltare giù dal letto; ***fahr zu uns aufs Land heraus*** vieni da noi in campagna. **he|raus‿fal|len** intr. *(fällt, fiel, gefallen;* aus. *sein)* **1** cadere fuori **2** FIG. ricadere fuori, non rientrare. **he|raus‿fil|tern** tr. **1** filtrare, estrarre per filtrazione **2** *(aussondern)* filtrare, scegliere, selezionare. **he|raus‿fin|den** *(fand, gefunden)* **I** tr. **1** ritrovare, rintracciare: ***etw. aus einem Haufen ~*** ritrovare qcs. in un mucchio **2** *(entdecken)* scoprire, scovare: ***einen Fehler ~*** scoprire un errore **II** intr. (aus. *haben*) e rifl. **sich ~** trovare il modo di uscire, trovare una via d'uscita (anche FIG.): ***aus dem Park ~*** trovare il modo di uscire dal parco; ***am Morgen kann er nicht aus dem Bett ~*** al mattino fa fatica ad alzarsi. **he|raus‿fi|schen** tr. **1** pescare, tirare fuori (dall'acqua) **2** COLLOQ. FIG. pescarsi, prendersi, scegliere. **he|raus‿flie|gen** *(flog, geflogen)* **I** intr. (aus. *sein*) **1** volare fuori **2** COLLOQ. *(herausfallen)* volare, cadere fuori **II** tr. portare via, evacuare con aerei. **he|raus‿flie|ßen** intr. *(floss, geflossen;* aus. *sein)* scorrere (fuori).

He|raus|for|de|rer m. *(-s,-)* sfidante *m.* **he|raus‿for|dern** tr. **1** sfidare: ***jdn zum Duell ~*** sfidare qcn. a duello; SPORT ***den Titelinhaber ~*** sfidare il detentore del titolo **2** *(provozieren)* provocare, suscitare; *(anregen)* stimolare: ***eine Krise, einen Protest ~*** provocare una crisi, una protesta; ***herbe Kritik ~*** suscitare aspre critiche.

he|raus|for|dernd **I** p.pres. agg. → **herausfordern** **II** avv. con (aria di) sfida, in modo provocatorio. **He|raus|for|de|rung** f. *(-,-en)* **1** sfida *f.*: ***jds ~ annehmen*** accettare la sfida di qcn.; ***jdm eine ~ überbringen*** lanciare una sfida a qcn. **2** *(Provozierung)* provocazione *f.*; *(Anregung)* stimolo *m.*

he|raus‿füh|len tr. percepire, subodorare. **he|raus‿füh|ren** **I** tr. **1** condurre (fuori), portare fuori, far uscire **2** FIG. tirar fuori, far uscire: ***jdn aus einer Krise ~*** far uscire qcn. da una crisi **II** intr. (aus. *haben*) condurre, portare fuori: ***der Weg führt aus dem Dorf heraus*** il sentiero conduce fuori dal paese.

He|raus|ga|be f. *(-)* **1a** consegna *f.* **b** *(Zurückgabe)* restituzione *f.* **2** *(Veröffentlichung)* pubblicazione *f.* **3** *(von Briefmarken, Münzen)* emissione *f.* **he|raus‿ge|ben** *(gibt, gab, gegeben)* **I** tr. **1** dare, porgere, passare (fuori): ***etw. durchs Fenster ~*** passare qcs. attraverso la finestra **2a** *(aushändigen)* consegnare, dare: ***die Beute, die Geiseln ~*** consegnare il bottino, gli ostaggi **b** *(zurückgeben)* restituire: ***die gestohlene Ware ~*** restituire la merce rubata **3** *(veröffentlichen)* pubblicare **4** *(Briefmarken, Münzen)* emettere **II** intr. (aus. *haben*) dare il resto: ***können Sie (mir) ~?*** ha (da darmi) il resto? ***(jdm) zuviel, falsch ~*** dare troppo di resto (a qcn.), sbagliarsi a dare il resto (a qcn.); ***(jdm) auf 50 Mark ~*** dare (a qcn.) il resto di 50 marchi. **He|raus|ge|ber** m. *(-s,-)* **1** curatore *m.* **2** *(Verleger)* editore *m.* **he|raus|ge|ge|ben** p.pass. agg. **1** → **herausgeben** **2** ***~ vom Verlag x, von Prof. Maier*** pubblicato (*o* edito) dalla casa editrice x, a cura del Prof. Maier.

he|raus‿ge|hen intr. *(ging, gegangen;* aus. *sein)* **1** andare (fuori), uscire: ***aus dem Gebäude ~*** uscire dall'edificio **2** *(sich entfernen lassen)* andare (*o* venire) via: ***der Fleck geht leicht heraus*** la macchia va via facilmente **3** *(sich herausziehen lassen)* venir fuori, uscire: ***der Korken geht nicht heraus*** il turacciolo non viene fuori ◆ ***aus sich ~*** aprirsi, superare la propria timidezza.

he|raus‿grei|fen tr. *(griff, gegriffen)* prendere (da un gruppo), scegliere (anche FIG.): ***ein Beispiel ~*** scegliere (*o* citare) un esempio. **he|raus‿gu|cken** intr. (aus. *haben*) COLLOQ. **1** ***aus, zum Fenster ~*** guardar fuori dalla finestra **2** *(zu sehen sein)* vedersi, spuntare (da), uscire (da): ***dein Kleid guckt unter dem Mantel heraus*** il vestito ti spunta dal cappotto. **he|raus‿ha|ben** tr. COLLOQ. **1** avere tolto (*o* levato), aver fatto uscire: ***den Korken (aus der Flasche) ~*** aver tolto il turacciolo (alla bottiglia); ***einen Nichtstuer aus dem Büro ~ wollen*** voler allontanare un fannullone dall'ufficio **2a** *(verstanden haben)* aver capito **b** *(gelöst haben)* aver risolto **c** *(entdeckt haben)* avere scoperto. **he|raus‿hal|ten** *(hält, hielt, gehalten)* **I** tr. **1** tenere fuori: ***die Hunde aus dem Haus ~*** tenere i cani fuori (di casa) **2** COLLOQ. *(fernhalten)* tenere lontano (*o* fuori): ***halte meine Familie aus dieser Sache heraus!*** tieni la mia famiglia fuori da questa storia! **II** rifl. COLLOQ. ***sich aus einer Sache ~*** tenersi fuori da una cosa.

1.he|raus‿hän|gen intr. *(hing, gehangen;* aus. *haben)* **1** pendere fuori, essere appeso (fuori): ***zum Fenster ~*** pendere dalla finestra **2** *(herausgucken)* venir fuori, spuntare, uscire: ***die Bluse hängt aus dem Rock heraus*** la camicetta esce dalla gonna ◆ FIG. ***jdm hängt die Zunge heraus*** qcn. ha la lingua di fuori (*o* penzoloni); ***jdm hängt etw. zum Hals heraus*** qcn. ne ha fin sopra i capelli di qcs.

2.he|raus‿hän|gen tr. **1** appendere fuori **2** COLLOQ. *(herauskehren)* ostentare, mettere in mostra, esibire: ***den Adelstitel ~*** ostentare il proprio titolo nobiliare.

he|raus‿hau|en *(haute, gehauen)* **I** tr. **1a** staccare, cavare (a forza di colpi): ***einen Stein aus der Mauer ~*** cavare una pietra dal muro **b** *(fällen)* abbattere, tagliare **2** *(hervortreten lassen)* ricavare, scolpire: ***eine Inschrift aus dem Stein ~*** scolpire un'iscrizione su una pietra **2** COLLOQ. ***jdn aus etw. ~*** strappare qcn. a qcs., liberare qcn. da qcs. **II** rifl. **sich ~** aprirsi un varco, farsi strada. **he|raus‿he|ben** *(hob, gehoben)* **I** tr. **1** tirare fuori, togliere (sollevando) **2** *(hervorheben)* mettere in risalto **II** rifl. **sich ~** staccarsi, spiccare. **he|raus‿hel|fen** intr. *(hilft, half, geholfen*; aus. *haben)* **1a** ***jdm aus dem Auto, aus dem Bus ~*** aiutare qcn. a uscire dall'auto, a scendere dall'autobus **b** ***jdm aus dem Mantel ~*** aiutare qcn. a togliersi il cappotto **2** FIG. aiutare a uscire, tirare fuori: ***jdm aus der Klemme ~*** tirare qcn. fuori dai guai.

he|raus‿ho|len tr. **1a** portare fuori: ***etw. in den Garten, aus der Garage ~*** portare qcs. (fuori) in giardino, dal garage **b** *(herausnehmen)* tirar fuori: ***den Mantel aus dem Schrank ~*** tirar fuori il cappotto dall'armadio; FIG. ***eine Antwort aus jdm ~*** strappare una risposta a qcn. **2** *(befreien)* liberare, tirare fuori; *(aus dem Gefängnis)* far evadere **3a** COLLOQ. ***alles, das Beste aus sich ~*** dare tutto, il meglio di sé; ***aus etw. das Letzte ~*** trarre il massimo (rendimento) da qcs. **b** *(erzielen)* ottenere, raggiungere, conseguire **c** ***viel Geld aus etw. ~*** ricavare molti soldi da qcs. **4** COLLOQ. *(von jdm erfahren)* tirar fuori, cavare (fuori): ***man holt aus ihm kein Wort heraus*** non gli si cava una parola di bocca **5** COLLOQ. *(herausarbeiten)* mettere in evidenza, evidenziare **6** SPORT ***einen großen Vorsprung ~*** ottenere un grande vantaggio.

he|raus‿hö|ren tr. **1** riconoscere, distinguere, sentire (fra altri suoni, altre voci): ***seine Stimme konnte man trotz des Lärms leicht ~*** la sua voce si riconosceva facilmente nonostante il rumore **2** FIG. cogliere, avvertire, intuire: ***aus jds Worten Verwunderung ~*** avvertire stupore nelle parole di qcn. **he|raus‿keh|ren** tr. ostentare, mettere in mostra, esibire: ***den Direktor, den starken Mann ~*** ostentare la propria carica di direttore, darsi arie di uomo forte. **he|raus‿klet|tern** intr. (aus. *sein*) uscire (arrampicandosi), arrampicarsi fuori. **he|raus‿klin|geln** tr. far venire alla porta suonando ◆ ***den Arzt nachts ~*** chiamare il medico per una visita notturna. **he|raus‿klop|fen** tr. **1** ***Staub aus etw. ~*** togliere la polvere da qcs. (battendo) **2** ***jdn ~*** far uscire qcn. bussando, chiamare qcn. bussando.

he|raus‿kom|men intr. *(kam, gekommen*; aus. *sein)* **1a** uscire, venir fuori: ***aus dem Haus, aus dem Gefängnis ~*** uscire di casa, di prigione; ***du kommst viel zu wenig heraus*** esci troppo poco **b** *(von Blumen, Knospen)* spuntare **2a** *(sich herausziehen)* uscire, tirarsi fuori: ***aus einer peinlichen Situation ~*** uscire da una situazione imbarazzante **b** FIG. ***aus dem Staunen nicht ~*** non riprendersi (*o* riaversi) dallo stupore **3** COLLOQ. *(entdeckt, bekannt werden)* venir (*o* saltar) fuori, venire scoperto **4** *(auf den Markt kommen, bringen; veröffentlicht werden)* uscire: ***der Roman, der Film, das neue Modell kommt im März heraus*** il romanzo, il film, il nuovo modello uscirà a marzo; ***die Firma wird bald mit einem neuen Produkt ~*** la ditta uscirà presto con un nuovo prodotto **5** *(sich als Ergebnis zeigen)* risultare: ***wieviel kommt (bei der Rechnung) heraus?*** quanto è il risultato? quanto fa? FIG. COLLOQ. ***dabei kommt nichts Gutes heraus*** da ciò non uscirà (*o* non si ricaverà) nulla di buono; ***das kommt dabei heraus, wenn man lügt*** questo è il risultato, quando si mente **6** *(deutlich, sichtbar werden)* venir (fuori), risaltare: ***die Tiefe der Schlucht kommt auf diesem Foto gut heraus*** la profondità del burrone è resa molto bene da questa foto **7** *(bestimmte Fähigkeiten verlieren)* perdere l'esercizio, dimenticare; ***ich bin aus dem Training herausgekommen*** sono fuori allenamento **8** COLLOQ. *(kein Ende finden)* non finire (più): ***aus dem Erzählen, Fragen nicht mehr ~*** non finirla più di raccontare, di chiedere **9** COLLOQ. *(gezogen werden)* uscire, essere estratto **10** COLLOQ. *(die erste Karte ausspielen)* scendere, uscire ◆ ***mit einem Anliegen ~*** → ***mit einem Wunsch ~***; ***das kommt auf dasselbe, aufs eins heraus*** il risultato è sempre quello, è la stessa cosa; ***groß ~*** spopolare, avere un grande successo; ***beim Tanzen ~*** perdere il passo (*o* il ritmo) ballando; ***mit einem Wunsch ~*** esprimere un desiderio.

he|raus‿kön|nen intr. *(kann, konnte, gekonnt*; aus. *haben)* COLLOQ.

poter uscire, riuscire a uscire (anche FIG.). **he|raus_krat|zen** tr. togliere raschiando, raschiare via. **he|raus_krie|gen** tr. COLLOQ. **1** → **herausbekommen 2** *(herausbringen)* pronunciare; *(Laute)* articolare. **he|raus_kris|tal|li|sie|ren I** tr. **1** ottenere (*o* ricavare) sotto forma cristallina **2** *(klar herausarbeiten)* enucleare **II** rifl. **sich ~ 1** separarsi sotto forma cristallina, cristallizzarsi **2** *(sich klar herausbilden)* formarsi, delinearsi (nettamente). **he|raus_las|sen** tr. *(lässt, ließ, gelassen)* COLLOQ. **1** lasciare (*o* fare) uscire **2** FIG. lasciarsi scappare (*o* sfuggire), rivelare: ***ein Geheimnis ~*** lasciarsi sfuggire un segreto. **he|raus_lau|fen** *(läuft, lief, gelaufen)* **I** intr. (aus. *sein*) **1** correre fuori, uscire correndo **2** → **herausfließen II** tr. SPORT ***einen Sieg ~*** ottenere una vittoria (nella corsa). **he|raus_le|gen** tr. mettere (*o* stendere) fuori. **he|raus_le|sen** tr. *(liest, las, gelesen)* **1** capire, intuire (leggendo): ***aus seinem Brief habe ich tiefe Verzweiflung herausgelesen*** nella sua lettera ho intuito una profonda disperazione **2** COLLOQ. *(heraussuchen)* scegliere, selezionare. **he|raus_lo|cken** tr. **1a** attirare fuori, far uscire **b** FIG. ***jdn aus seiner Reserve ~*** far uscire qcn. dalla sua riservatezza **2** ***etw. aus jdm ~*** strappare (*o* carpire) qcs. a qcn. **he|raus_lö|sen** tr. **1** *(aussondern)* scegliere, selezionare **2** estrapolare: ***etw. aus dem Zusammenhang ~*** estrapolare qcs. dal contesto. **he|raus_lü|gen I** tr. ***jdn ~*** salvare qcn. mentendo **II** rifl. **sich ~** (cercare di) salvarsi mentendo. **he|raus_ma|chen** COLLOQ. **I** tr. togliere, levare **II** rifl. **sich ~ 1a** crescere, venire su: ***sich gut ~*** crescere bene **b** *(sich erholen)* rimettersi **2a** *(sich in wirtschaftlicher, sozialer Hinsicht entwickeln)* farsi una posizione: ***sich toll ~*** farsi un'ottima posizione, diventare qcn. **b** *(in persönlicher Hinsicht)* farsi, diventare un bel ragazzo (*o* un bell'uomo): ***dein Sohn hat sich prächtig herausgemacht*** tuo figlio è diventato uno splendido ragazzo; *(von Mädchen)* farsi, diventare una bella ragazza.

he|raus_müs|sen intr. *(muss, musste, gemusst*; aus. *haben)* COLLOQ. **1** *(herausgehen müssen)* dover uscire **2** *(aufstehen müssen)* doversi alzare: ***morgens muss ich früh heraus*** la mattina devo alzarmi presto **3** *(gesagt werden müssen)* dover essere detto, dover saltare fuori: ***die Wahrheit muss heraus*** va detta la verità **4** *(gezogen werden müssen)* dover essere estratto (*o* tolto): ***der Zahn muss heraus*** il dente va tolto. **he|raus_neh|men** *(nimmt, nahm, genommen)* **I** tr. **1** prendere (fuori), tirare fuori, togliere **2** *(operativ entfernen)* togliere; MED. asportare **3a** ***jdn aus der Schule ~*** togliere qcn. da scuola **b** SPORT *(ersetzen)* togliere, sostituire **II** rifl. ***sich jdm gegenüber zu viele Freiheiten, zuviel, allerhand ~*** prendersi troppe libertà con qcn.; ***sich das Recht ~, etw. zu tun*** arrogarsi il diritto di fare qcs.

he|raus_plat|zen intr. (aus. *haben*) COLLOQ. **1** scoppiare in una sonora risata **2a** *(etw. spontan äußern)* uscirsene, saltar fuori: ***mit einer Frage, Neuigkeit ~*** uscirsene con una domanda, con una novità **b** *(rasch, unerwartet antworten)* sbottare. **he|raus_pres|sen** tr. **1** spremere (fuori) **2** FIG. strappare, estorcere; *(Geld)* spremere. **he|raus_put|zen I** tr. agghindare, fare bello; *(Gegenstände)* addobbare **II** rifl. **sich ~** agghindarsi, farsi bello. **he|raus_quel|len** intr. *(quillt, quoll, gequollen;* aus. *sein)* **1** sgorgare, scaturire, uscire **2** FIG. *(herauskommen)* uscire, venir fuori.

he|raus_ra|gen intr. (aus. *haben*) **1** ergersi, innalzarsi **2** *(sich abheben)* emergere, distinguersi, essere superiore (a). **he|raus|ra|gend** p.pres. agg. straordinario, eccezionale.

he|raus_re|den rifl. **sich ~** COLLOQ. **1** scusarsi, discolparsi, scagionarsi (dicendo): ***er redete sich damit heraus, dass...*** si scusò dicendo che... **2** ***sich auf etw. (A), jdn ~*** trovare (*o* addurre) qcs., qcn. come scusa. **he|raus_rei|ßen** tr. *(riss, gerissen)* **1a** strappare (anche FIG.): ***jdn aus seiner Familie, aus seiner Einsamkeit ~*** strappare qcn. alla sua famiglia, alla sua solitudine **b** *(Pflanzen)* estirpare **c** *(Zähne)* estrarre, cavare **2a** COLLOQ. *(von Schwierigkeiten befreien)* cavare dagli impicci, aiutare (ad uscire), salvare (da) **b** ***eine schlechte Note wieder ~*** rimediare a un brutto voto.

he|raus_ren|nen intr. *(rannte, gerannt*; aus. *sein)* correre fuori, uscire correndo (*o* di corsa). **he|raus_rü|cken I** tr. **1** spingere (fuori *o* in fuori) **2** COLLOQ. *(hergeben)* dare (via), mollare; *(Geld)* tirare fuori, sganciare **II** intr. (aus. *sein*) **1** ***zu jdm ~*** spostarsi verso qcn. **2** COLLOQ. ***mit einem Wunsch, mit der Wahrheit ~*** esprimere un desiderio, confessare la verità ◆ ***(nicht) mit der Sprache ~*** (non) spiegarsi, (non) parlare.

he|raus_ru|fen *(rief, gerufen)* **I** tr. **1** dire gridando, gridare (fuori, da): ***etw. aus dem Fenster ~*** gridare qcs. dalla finestra **2** ***jdn ~*** chiamare fuori qcn.: ***der Tenor wurde dreimal herausgerufen*** il tenore ebbe tre chiamate. **he|raus_rut|schen** intr. (aus. *sein*) **1** scivolare fuori, uscire **2** COLLOQ. *(ungewollt entfahren)* scappare, uscire di bocca. **he|raus_sa|gen** tr. dire, esprimere (francamente): ***seine Überzeugungen frei ~*** esprimere liberamente le proprie convinzioni. **he|raus_schaf|fen** tr. portare fuori, tirare fuori. **he|raus_schä|len I** tr. **1a** levare dalla buccia **b** *(durch Schälen entfernen)* togliere sbucciando **2** FIG. *(aus dem Zusammenhang lösen)* estrapolare, isolare **II** rifl. **sich ~** (di)mostrarsi (*o* rivelarsi) chiaramente: ***aus seiner Rede schälten sich seine wahren Absichten heraus*** dal discorso emersero le sue vere intenzioni ◆ ***sich aus seinen Sachen ~*** liberarsi dei vestiti, spogliarsi. **he|raus_schal|len** intr. (aus. *haben*) risuonare (fuori), uscire.

he|raus_schau|en intr. (aus. *haben*) REGION. **1** guardar fuori: ***aus dem, zum Fenster ~*** guardar fuori dalla finestra **2** *(herausgucken)* spuntar fuori, uscire ◆ ***es schaut nicht viel dabei heraus*** non ne uscirà molto, non se ne ricaverà molto. **he|raus_schi|cken** tr. mandare fuori. **he|raus_schie|ßen** *(schoss, geschossen)* **I** tr. **1** colpire, abbattere **2** REGION. ***einen Preis ~*** vincere un premio in una gara di tiro **II** intr. (aus. *sein*) **1** sparare: ***aus dem Fenster ~*** sparare dalla finestra **2a** FIG. *(heftig hervorquellen)* sgorgare a fiotti, uscire abbondantemente **b** *(herausstürzen)* precipitarsi fuori. **he|raus_schin|den** tr. *(geschunden)* COLLOQ. REGION. ricavare, trarre: ***einen Rabatt ~*** strappare uno sconto; ***einen Elfmeter ~*** aver cercato il rigore. **he|raus_schla|gen** *(schlägt, schlug, geschlagen)* **I** tr. **1** togliere (battendo): ***den Zapfen aus dem Fass ~*** togliere il tappo alla botte **2** COLLOQ. *(gewinnen)* ricavare, trarre **3** *(herausreißen)* abbattere **II** intr. (aus. *sein*) divampare (verso l'esterno), uscire. **he|raus_schlep|pen** tr. trascinare fuori. **he|raus_schleu|dern** tr. **1** scaraventare fuori, scagliare fuori; *(bei Unfällen)* sbalzare fuori **2** FIG. ***Anklagen, eine Antwort ~*** lanciare accuse, sbottare con una risposta.

he|raus_schme|cken I tr. ***etw. ~*** sentire (*o* riconoscere) il gusto di qcs. (in mezzo ad altri ingredienti) **II** intr. (aus. *haben*) sentirsi (in mezzo ad altri ingredienti): ***die Zwiebel schmeckt stark heraus*** si sente molto la (*o* il gusto di) cipolla. **he|raus_schmei|ßen** tr. *(schmiss, geschmissen)* COLLOQ. buttare fuori. **he|raus_schmug|geln** tr. **1a** far uscire di nascosto **b** *(unter Umgehung des Zolls)* esportare clandestinamente, contrabbandare **2** *(Menschen)* fare espatriare (clandestinamente). **he|raus_schnei|den** tr. *(schnitt, geschnitten)* **1** ritagliare (da) **2** *(Geschwülste)* estirpare, asportare. **he|raus_schrau|ben** tr. svitare, togliere (svitando). **he|raus_schrei|ben** tr. *(schrieb, geschrieben)* trascrivere, copiare (da). **he|raus_schrei|en** tr. *(schrie, geschrie[e]n)* gridare, esprimere gridando. **he|raus_se|hen** tr. *(sieht, sah, gesehen)* ***aus dem, zum Fenster ~*** guardar fuori dalla finestra.

he|rau|ßen avv. qui fuori.

he|raus_sol|len intr. (aus. *haben*) COLLOQ. dover venire fuori, dover uscire. **he|raus_sprin|gen** intr. *(sprang, gesprungen;* aus. *sein)* **1** saltar fuori, uscire: ***aus dem Fenster, aus den Schienen ~*** saltar fuori dalla finestra, uscire dai binari (*o* deragliare) **2** *(sich aus etw. lösen)* saltare (*o* venire) via, staccarsi **3** *(heraustreten)* spiccare, risaltare ◆ ***was springt dabei für mich heraus?*** che cosa me ne viene (*o* ci guadagno)? **he|raus_sprit|zen I** intr. (aus. *sein*) spruzzare, sprizzare (fuori) **II** tr. spruzzare, sprizzare (fuori). **he|raus_spru|deln I** intr. (aus. *sein*) sgorgare, scaturire **II** tr. ***Worte ~*** far scaturire le parole. **he|raus_staf|fie|ren** → **herausputzen. he|raus_ste|chen** intr. *(sticht, stach, gestochen;* aus. *haben)* distaccarsi, spiccare, distinguersi (anche FIG.). **he|raus_ste|cken I** tr. **1** metter fuori: ***den Kopf aus dem Fenster ~*** sporgere la testa dalla finestra **2** COLLOQ. → **herauskehren II** intr. (pret. *stak*; aus. *haben*) emergere. **he|raus_ste|hen** intr. *(stand, gestanden*; aus. *haben)* → **herausragen.**

he|raus_stel|len I tr. **1a** metter fuori **b** SPORT ***einen Spieler ~*** mettere fuori squadra (*o* escludere dalla formazione) un giocatore **2a** *(hervorheben)* porre in risalto, fare spiccare, mettere in evidenza (*o* in luce) **b** ***die Ergebnisse, seine Ansprüche ~*** sottolineare i risultati, mettere in chiaro le proprie pretese **II** rifl. **sich ~ 1** rivelarsi, dimostrarsi: ***sich als falsch ~*** dimostrarsi falso **2** *(bewiesen, entdeckt werden)* venire fuori, essere dimostrato (*o* scoperto): ***es wird sich ~, ob er die Wahrheit gesagt hat*** si scoprirà se ha detto la verità.

he|raus_stre|cken tr. sporgere (fuori): ***den Kopf zum Fenster ~*** sporgere la testa dalla finestra ◆ ***jdm die Zunge ~*** fare la lingua a qcn. **he|raus_strei|chen** *(strich, gestrichen)* **1** cancellare (da) **2** FIG. *(übertrieben loben)* decantare, esaltare: ***seine eigenen Verdienste ~*** vantare i propri guadagni. **he|raus_strö|men** intr. (aus. *sein*) **1** scorrere fuori, (fuori)uscire, riversarsi **2** FIG. riversarsi. **he|raus_stür|zen** intr. (aus. *sein*) **1** precipitare (fuori) **2** *(nach draußen eilen)* precipitarsi fuori. **he|raus_su|chen** tr. scegliere, selezionare. **he|raus_tra|gen** tr. *(trägt, trug, getragen)* portare fuori. **he|raus_tren|nen** tr. separare, staccare (da).

he|raus‿tre|ten intr. *(tritt, trat, getreten;* aus. *sein)* **1** venire fuori, uscire **2** *(hervortreten)* sporgere. **he|raus‿trom|meln** tr. COLLOQ. ***jdn nachts ~*** buttare giù dal letto qcn. (a forza di bussare). **he|raus‿tun** tr. *(tat, getan)* COLLOQ. mettere fuori, tirare fuori; *(wegnehmen)* togliere. **he|raus‿wach|sen** intr. *(wächst, wuchs, gewachsen;* aus. *sein)* **1** crescere fuori, uscire (crescendo) **2** *(von Menschen)* (crescere tanto da) non stare più (in): ***er ist aus dem Anzug herausgewachsen*** non sta più nel vestito ◆ ***das wächst mir zum Halse heraus*** ne ho le tasche piene.

he|raus‿wa|gen rifl. **sich ~ 1** osare uscire, arrischiarsi a uscire **2** FIG. ***sich mit einer Frage, einem Vorschlag ~*** azzardare una domanda, una proposta. **he|raus‿wa|schen** tr. *(wäscht, wusch, gewaschen)* **1** far andare via (lavando), lavare via **2** REGION. *(mit der Hand waschen)* ***etw. ~*** dare una lavata veloce a qcs. **he|raus‿wer|fen** tr. *(wirft, warf, geworfen)* **1a** buttare (*o* gettare) fuori **b** FIG. ***das Geld ~*** buttare il denaro dalla finestra **2** COLLOQ. *(hinauswerfen)* buttare fuori, mandare via: ***jdn aus dem Haus ~*** buttare qcn. fuori casa. **he|raus‿win|den** rifl. *(wand, gewunden)* **sich ~** tirarsi fuori, trarsi d'impiccio, cavarsela. **he|raus‿win|ken** tr. **1** far uscire con un cenno **2** ***jdn aus der Parklücke ~*** aiutare qcn. a uscire con la macchina (facendo cenni). **he|raus‿wol|len** intr. *(will, wollte, gewollt;* aus. *haben)* voler venire fuori, voler uscire ◆ ***nicht mit der Sprache ~*** rifiutarsi di parlare. **he|raus‿zer|ren** tr. tirare fuori a forza, trascinare fuori. **he|raus‿zie|hen** *(zog, gezogen)* **I** tr. **1a** tirare fuori, estrarre: ***einen Revolver ~*** estrarre un revolver **b** *(herausnehmen)* togliere; *(Truppen)* ritirare **2** *(herausschreiben)* trascrivere, copiare (da) **II** intr. (aus. *sein*) uscire: ***aus einem Sumpfgebiet ~*** uscire da una zona paludosa **III** rifl. **sich ~** tirarsi fuori: ***sich aus dem Wasser ~*** tirarsi fuori dall'acqua.

herb I agg. **1a** aspro, acre: ***ein -er Wein, Geruch*** un vino aspro, un odore acre **b** amaro: ***ein -es Parfüm*** un profumo amaro **2** FIG. doloroso, amaro: ***ein -er Verlust*** una dolorosa perdita **3** austero: ***eine -e Schönheit*** una bellezza austera **4** FIG. aspro: ***-e Worte*** parole aspre **II** avv. **1** amaramente: ***~ enttäuscht sein*** essere amaramente delusi **2** aspramente: ***~ kritisieren*** criticare aspramente.

Her|ba|list m. *(-en,-en)* erborista *m.* **Her|ba|ri|um** n. *(-s, Herbarien)* erbario *m.*

her|be ANT. → **herb. Her|be** f. *(-)* → **Herbheit.**

her|bei avv. qui, qua: ***alle Mann ~!*** (venite) tutti qui! **her|bei‿be|mü|hen I** tr. ***jdn ~*** chiedere a qcn. di avvicinarsi **II** rifl. **sich ~** scomodarsi (a venire qua). **her|bei‿be|or|dern** tr. ***jdn ~*** ordinare a qcn. di venire (qui). **her|bei‿brin|gen** tr. *(brachte, gebracht)* **1** portare (qui) **2** FIG. apportare, procurare: ***Beweise ~*** produrre prove. **her|bei‿ei|len** intr. (aus. *sein*) accorrere. **her|bei‿flie|gen** intr. *(flog, geflogen;* aus. *sein)* **1** arrivare in volo **2** FIG. *(rasch herbeikommen)* arrivare di volata. **her|bei‿füh|ren** tr. **1** *(bewirken)* provocare, causare, (ap)portare **2** RAR. condurre (qui), fare venire (qui): ***besondere Umstände haben mich herbeigeführt*** sono state circostanze particolari a condurmi qui. **her|bei‿ho|len** tr. andare a prendere ◆ ***~ lassen*** mandare a chiamare. **her|bei‿kom|men** intr. *(kam, gekommen;* aus. *sein)* venire, avvicinarsi. **her|bei‿las|sen** rifl. *(lässt, ließ, gelassen)* **sich ~** prestarsi, accondiscendere: ***sich zu Erklärungen ~*** prestarsi a dare spiegazioni. **her|bei‿lau|fen** intr. *(läuft, lief, gelaufen;* aus. *sein)* arrivare di corsa, accorrere. **her|bei‿lo|cken** tr. attirare (qui).

her|bei‿re|den tr. attirare (*o* richiamare) con le parole: ***die Gesundheit kann man nicht ~*** la salute non si richiama con le parole; ***Arbeitsplätze lassen sich nicht ~*** i posti di lavoro non si creano a parole. **her|bei‿ren|nen** intr. *(rannte, gerannt;* aus. *sein)* arrivare di corsa, accorrere. **her|bei‿ru|fen** tr. *(rief, gerufen)* chiamare, fare venire. **her|bei‿schaf|fen** tr. procurare. **her|bei‿schlep|pen** tr. trascinare (qui): ***Klaus schleppte alle Spielsachen herbei*** Klaus ha trascinato qui tutti i suoi giocattoli. **her|bei‿seh|nen** tr. **1** desiderare **2** *(Künftiges)* aspettare con ansia. **her|bei‿strö|men** intr. (aus. *sein*) affluire (*o* accorrere) in massa. **her|bei‿stür|zen** intr. (aus. *sein*) accorrere in gran fretta. **her|bei‿win|ken** tr. chiamare con un cenno. **her|bei‿wün|schen** → **herbeisehnen. her|bei‿zau|bern** tr. ***etw. ~*** procurare qcs. come per magia. **her|bei‿zie|hen** *(zog, gezogen)* **I** tr. **1** tirare (a sé): ***jdn mit Gewalt ~*** tirare qcn. con forza **II** rifl. ***sich (D) etw. ~*** tirare qcs. a sé, tirarsi vicino qcs. **her|bei‿zi|tie|ren** tr. convocare.

her‿be|kom|men tr. *(bekam, bekommen)* **1** trovare, ottenere: ***wo soll ich das denn ~?*** dove posso trovarlo? FAM. dove vado a pescarlo? **2** ***jdn ~*** fare venire (qui) qcn. **her‿be|mü|hen I** tr. ***jdn ~*** pregare qcn. di venire (qui) **II** rifl. **sich ~** scomodarsi (a venire). **her‿be|or|dern** tr. ***jdn ~*** ordinare a qcn. di venire (qui).

Her|ber|ge f. *(-,-n)* **1** ANT. *(Gasthaus)* locanda *f.* **2a** alloggio *m.*: ***jdn um ~ bitten*** chiedere alloggio a qcn. **b** *(für Flüchtlinge)* asilo *m.* **3** *(Jugendherberge)* ostello *m.* **Her|bergs|va|ter** m. *(-s,-väter)* gestore *m.* di ostello.

her‿be|stel|len tr. mandare a chiamare, fare arrivare. **her‿be|ten** tr. ripetere (*o* recitare) meccanicamente.

Herb|heit, ANT. **Her|big|keit** f. *(-)* **1** sapore *m.*, odore *m.* acre, asprezza *f.* **2** FIG. durezza *f.*, asprezza *f.*: ***die ~ seiner Worte hat sie verletzt*** la durezza delle sue parole l'ha ferita.

her‿bit|ten tr. *(bat, gebeten)* ***jdn zu sich ~*** pregare qcn. di venire.

Her|bi|zid n. *(-[e]s,-e)* erbicida *m.*

Herb|ling m. *(-s,-e)* frutto *m.* tardivo acerbo.

her‿brin|gen tr. *(brachte, gebracht)* portare (qui).

Herbst m. *(-[e]s,-e)* **1** autunno *m.* (anche FIG.): ***ein nebliger ~*** un autunno nebbioso; ***es wird ~*** arriva l'autunno; ***im ~*** in autunno; ***über den ~, den ~ über*** durante l'autunno; ***der ~ des Lebens*** l'autunno della vita **2a** REGION. *(Weinlese)* vendemmia *f.* **b** *(Obsternte)* raccolta *f.* (di frutti autunnali) ◆ STOR. ***der deutsche ~*** l'autunno tedesco. **Herbst|an|fang** m. *(-[e]s,-anfänge)* inizio *m.* dell'autunno. **Herbst|blu|me** f. *(-,-n)* fiore *m.* autunnale. **herbs|ten** intr. (aus. *haben*) **1** impers. ***es herbstet*** arriva l'autunno **2** REGION. *(Trauben ernten)* vendemmiare. **Herbst|fä|den** pl. fili *m.pl.* della Vergine. **Herbst|far|ben** pl. colori *m.pl.* autunnali (*o* dell'autunno). **Herbst|fe|ri|en** pl. SCOL. vacanze *m.pl.* autunnali. **Herbst|kleid** n. *(-[e]s,-er)* **1** abito *m.* autunnale **2** *(von Vögeln)* piumaggio *m.* autunnale. **Herbst|kol|lek|ti|on** f. *(-,-en)* ABBIGL. collezione *f.* per l'autunno, collezione *f.* autunno-inverno. **Herbst|laub** n. *(-[e]s)* fogliame *m.* autunnale. **herbst|lich** agg. autunnale ◆ ***es ist schon ~ kalt*** fa già freddo come in autunno; ***das Laub färbt sich ~*** le foglie assumono i colori dell'autunno. **Herbst|ling** m. *(-s,-e)* **1** *(Herbstfrucht)* frutto *m.* autunnale **2** *(spätgeborenes Kalb)* vitello *m.* nato in autunno **3** *(Reizker)* lattario *m.* **Herbst|meis|ter** m. *(-s,-)* SPORT campione *m.* del girone di andata, campione *m.* d'inverno. **Herbst|mo|nat** m. *(-[e]s,-e)* **1** mese *m.* autunnale **2** ANT. settembre *m.* **Herbst|mond** m. *(-[e]s,-e)* LETT. ANT. settembre *m.* **Herbst|ne|bel** m. *(-s,-)* nebbia *f.* autunnale. **Herbst|punkt** m. *(-[e]s)* punto *m.* equinoziale (in autunno). **Herbst|tag** m. *(-[e]s,-e)* giornata *f.* autunnale. **Herbst-Tag|und|nacht|glei|che** f. *(-)* equinozio *m.* d'autunno. **Herbst|zeit|lo|se** f. *(-,-n)* colchico *m.* (autunnale), freddolina *f.*

herb|süß agg. agrodolce.

Her|cu|la|ne|um n.pr.m. *(-s)* Ercolano *m.* **her|cu|la|nisch** agg. di Ercolano. **Her|cu|la|num** → **Herculaneum.**

Herd m. *(-[e]s,-e)* **1a** cucina *f.*: ***ein elektrischer ~*** una cucina elettrica; ***ein ~ mit vier Flammen*** una cucina a quattro fuochi **b** fornello *m.*: ***den ~ anschalten, ausschalten*** accendere, spegnere il fornello **c** ANT. focolare *m.* **2** *(Ausgangsstelle)* focolaio *m.*: ***der ~ der Entzündung, des Brandes*** il focolaio dell'infiammazione, dell'incendio **3** GEOL. epicentro *m.*: ***der ~ des Erdbebens*** l'epicentro del terremoto **4** TECN. focolare *m.* ◆ ***am ~ stehen*** stare ai fornelli; ***das Mittagessen auf dem ~ haben*** avere il pranzo sul fuoco; ***weder Haus noch ~ haben*** non avere né casa né tetto; ***der häusliche, heimische ~*** il focolare domestico; PROV. ***eigener ~ ist Goldes wert*** casa mia, casa mia, per piccina che tu sia, tu mi sembri una badia.

Her|de f. *(-,-n)* **1** gregge *m.*, branco *m.*, mandria *f.*: ***eine ~ Schafe, Elefanten, Büffeln*** un gregge di pecore, un branco di elefanti, una mandria di bufali **2** FIG. *(Masse)* gregge *m.*: ***mit der ~ laufen, der ~ folgen*** seguire il gregge **3** *(kirchliche Gemeinde)* parrocchiani *m.pl.* **Her|den|mensch** m. *(-en,-en)* SPREG. pecorone *m.* **Her|den|tier** n. *(-[e]s,-e)* **1** animale *m.* di gregge, di branco, animale *m.* gregario **2** SPREG. → **Herdenmensch. Her|den|trieb** m. *(-[e]s)* istinto *m.* gregario, gregarismo *m.* **her|den|wei|se** avv. **1** a branchi **2** FIG. *(scharenweise)* a frotte.

Herd|feu|er n. *(-s,-)* fuoco *m.* (del focolare). **Herd|in|fek|ti|on** f. *(-,-en)* infezione *f.* focale. **Herd|plat|te** f. *(-,-n)* **1** *(Kochplatte)* piastra *f.* (elettrica) **2** *(eines Kohleherdes)* piastra *f.* della cucina economica. **Herd|ring** m. *(-[e]s,-e)* anello *f.* della cucina economica.

her‿dür|fen intr. *(darf, durfte, gedurft;* aus. *haben)* COLLOQ. **1** *(herkommen, -gehen, -fahren dürfen)* poter venire (qui) **2** *(hergebracht werden dürfen)* poter essere portato (qui).

he|re|di|tär agg. ereditario. **He|re|di|tät** f. *(-,-en)* ANT. **1** *(Erbschaft)* eredità *f.* **2** *(Erbfolge)* successione *f.*

her‿ei|len intr. (aus. *sein*) accorrere (qui).

he|rein avv. (COLLOQ. **rein**) dentro: ***~ mit euch!*** entrate! ***~!*** avanti! ***nur ~!*** entrate pure; ***hier ~!*** per di qua! ***von draußen ~*** dal di fuori. **he|rein‿ar|bei|ten** tr. COLLOQ. recuperare; ***den freien Nachmittag ~*** recuperare il pomeriggio libero. **he|rein‿be|kom|men** tr. *(bekam, bekommen)* COLLOQ. ricevere. **he|rein‿be|mü|hen I** tr. ***jdn ~*** pregare qcn. di entrare **II** rifl. **sich ~** accomodarsi, entrare. **he|rein‿bit|ten** tr. *(bat, gebeten)* pregare di entrare. **he|rein‿bre|chen** intr. *(bricht, brach, gebrochen;* aus. *sein)* **1** *(von großen Wassermassen)* riversarsi **2** abbattersi inaspettatamente: ***ein Unheil brach über das Land herein*** inaspettatamente una sciagura si abbattè sul paese (*o* il paese fu colpito da una sciagura inaspettata) **3** arrivare improvvisamente: ***die Nacht, der Winter bricht herein*** improvvisamente (*o* di colpo) si fa notte, arriva l'inverno. **he|rein‿brin|gen** tr. *(brachte, gebracht)* **1** portare dentro **2** *(wettmachen)* ricuperare. **he|rein‿drän|gen** intr. (aus. *haben*) entrare spingendo, penetrare a forza: ***die Menge drängte (sich) in den Laden herein*** la folla penetrò a forza nel negozio. **he|rein‿drin|gen** intr. *(drang, gedrungen;* aus. *sein)* penetrare. **he|rein‿dür|fen** intr. *(darf, durfte, gedurft;* aus. *haben)* COLLOQ. **1** *(hereinkommen, -gehen, -fahren dürfen)* poter entrare **2** *(hereingebracht werden dürfen)* poter essere portato dentro. **he|rein‿ei|len** intr. (aus. *sein*) entrare di fretta. **he|rein‿fah|ren** *(fährt, fuhr, gefahren)* **I** intr. (aus. *sein*) entrare (dentro) **II** tr. portare (dentro): ***das Auto in die Garage ~*** portare l'auto in garage.

He|rein|fall m. *(-[e]s,-fälle)* imbroglio *m.*, POP. fregatura *f.* **he|rein‿fal|len** intr. *(fällt, fiel, gefallen;* aus. *sein)* **1** cadere dentro **2a** COLLOQ. FIG. farsi, lasciarsi imbrogliare (*o* abbindolare): ***ich bin auf einen Betrüger hereingefallen*** mi sono fatto abbindolare da un imbroglione **b** *(auf Scherze)* cascarci, caderci: ***er ist darauf hereingefallen*** ci è cascato. **he|rein‿flie|gen** intr. *(flog, geflogen;* aus. *sein)* **1** volare dentro **2** COLLOQ. *(hereinfallen)* farsi, lasciarsi imbrogliare. **he|rein‿füh|ren** tr. condurre dentro, far entrare. **He|rein|ga|be** f. *(-,-n)* SPORT passaggio *m.* al centro; *(Vorlage)* traversone *m.* **he|rein‿ge|ben** tr. *(gibt, gab, gegeben)* **1** *(hereinreichen)* passare (dentro) **2** SPORT passare al centro; *(eine Vorlage geben)* fare un traversone. **he|rein‿hel|fen** intr. *(hilft, half, geholfen;* aus. *haben)* ***jdm ~*** aiutare qcn. a entrare. **he|rein‿ho|len** tr. **1** portare dentro, far entrare **2** COLLOQ. *(hereinbringen)* recuperare. **he|rein‿klet|tern** intr. (aus. *haben*) entrare, arrivare (qui) arrampicandosi: ***er kletterte über den Balkon zu uns herein*** arrivò fino da noi arrampicandosi sul balcone. **he|rein‿kom|men** intr. *(kam, gekommen;* aus. *sein)* **1** entrare, venire dentro **2** *(von Verkaufsgütern)* arrivare, essere (*o* venire) consegnato. **he|rein‿kön|nen** intr. *(kann, konnte, gekonnt;* aus. *haben)* COLLOQ. **1** *(hereinkommen, -gehen, -fahren können)* poter entrare **2** *(hereingebracht werden können)* poter essere portato dentro. **he|rein‿krie|gen** tr. COLLOQ. ricevere. **he|rein‿las|sen** tr. *(lässt, ließ, gelassen)* COLLOQ. lasciare entrare. **he|rein‿lau|fen** intr. *(läuft, lief, gelaufen;* aus. *sein)* **1** entrare di corsa **2** *(von Flüssigkeiten)* penetrare, entrare.

he|rein‿le|gen tr. **1** mettere (qui) dentro **2** COLLOQ. imbrogliare, abbindolare. **he|rein‿lo|cken** tr. attirare (dentro), far entrare. **he|rein‿lot|sen** tr. MAR. far entrare, pilotare: ***das Schiff in den Hafen ~*** fare entrare la nave nel porto. **he|rein‿müs|sen** intr. *(muss, musste, gemusst;* aus. *haben)* COLLOQ. **1** *(hereinkommen, -gehen, -fahren müssen)* dover entrare **2** *(hereingebracht werden müssen)* dover essere portato dentro. **he|rein‿neh|men** tr. *(nimmt, nahm, genommen)* **1** portare dentro, ritirare **2** *(in eine Gruppe, Liste aufnehmen)* inserire, aggiungere. **he|rein‿plat|zen** intr. (aus. *sein*) COLLOQ. piombare (dentro), arrivare inaspettato: ***er platzte mitten in der Nacht bei uns herein*** piombò a casa nostra in piena notte. **he|rein‿ras|seln** intr. (aus. *sein*) COLLOQ. **1** farsi, lasciarsi imbrogliare (*o* abbindolare) **2** *(in Schwierigkeiten geraten)* mettersi nei guai. **he|rein‿rei|chen** tr. passare (dentro). **he|rein‿rei|ten** intr. *(ritt, geritten;* aus. *sein)* entrare a cavallo. **he|rein‿ren|nen** intr. *(rannte, gerannt;* aus. *sein)* entrare di corsa, correre dentro. **he|rein‿rin|nen** intr. *(rann, geronnen;* aus. *sein)* entrare, penetrare. **he|rein‿ru|fen** tr. *(rief, gerufen;* aus. *haben)* **1** chiamare dentro **2** *(hereinkommen lassen)* far entrare, far accomodare.

he|rein‿schau|en tr. **1** REGION. *(hereinsehen)* guardare dentro **2** COLLOQ. *(vorbeischauen)* ***bei jdm ~*** fare una breve visita a qcn. **he|rein‿schei|nen** intr. *(schien, geschienen;* aus. *haben)* entrare, filtrare. **he|rein‿schi|cken** tr. mandare dentro. **he|rein‿schie|ben I** tr. *(schob, geschoben)* spingere (qui) dentro **II** rifl. **sich ~** spingersi (qui) dentro. **he|rein‿schie|ßen** *(schoss, geschossen)* **I** tr. sparare dentro **II** intr. (aus. *sein*) entrare come un razzo. **he|rein‿schlei|chen** *(schlich, geschlichen)* **I** intr. (aus. *sein*) entrare strisciando, strisciare dentro **II** rifl. **sich ~** entrare strisciando. **he|rein‿schlep|pen** tr. trascinare dentro. **he|rein‿schmug|geln** tr. fare entrare di contrabbando. **he|rein‿schnei|en I** intr. (aus. *haben*) **1** impers. nevicare dentro **2** COLLOQ. *(unerwartet kommen;* aus. *sein)* arrivare all'improvviso.

he|rein‿se|hen intr. *(sieht, sah, gesehen;* aus. *haben)* **1** vedere dentro **2** COLLOQ. *(hereinschauen)* ***bei jdm ~*** fare una visita a qcn. **he|rein‿sol|len** intr. (aus. *haben*) COLLOQ. **1** *(hereinkommen, -gehen, -fahren sollen)* dover entrare **2** *(hereingebracht werden sollen)* dover essere portato dentro. **he|rein‿spa|zie|ren** intr. (aus. *sein*) COLLOQ. entrare (qui) dentro. **he|rein‿sprin|gen** intr. *(sprang, gesprungen;* aus. *sein)* saltare (qui) dentro. **he|rein‿ste|cken** tr. infilare dentro. **he|rein‿steh|len** rifl. *(stiehlt, stahl, gestohlen)* **sich ~** entrare di soppiatto. **he|rein‿stei|gen** intr. *(stieg, gestiegen;* aus. *sein)* entrare scavalcando. **he|rein‿stel|len** tr. mettere dentro. **he|rein‿stol|zie|ren** intr. (aus. *sein*) entrare pavoneggiandosi. **he|rein‿strö|men** intr. (aus. *sein*) **1** *(von Flüssigkeiten)* affluire **2** *(von Menschen)* affluire, entrare in massa. **he|rein‿stür|men, he|rein‿stür|zen** intr. (aus. *sein*) entrare come una furia, precipitarsi dentro in gran fretta. **he|rein‿tra|gen** tr. *(trägt, trug, getragen)* portare (qui) dentro. **he|rein‿tre|ten** intr. *(tritt, trat, getreten;* aus. *sein)* RAR. entrare, venire dentro. **he|rein‿trop|fen** intr. (aus. *haben*) gocciolare dentro.

he|rein‿wa|gen rifl. **sich ~** osare entrare. **he|rein‿wer|fen** tr. *(wirft, warf, geworfen)* buttare (*o* gettare) dentro. **he|rein‿wol|len** intr. *(will, wollte, gewollt;* aus. *haben)* COLLOQ. **1** *(hereinkommen, -gehen, -fahren wollen)* voler entrare **2** *(hereingebracht werden wollen)* voler essere portato dentro. **he|rein‿zer|ren** tr. trascinare dentro. **he|rein‿zie|hen** *(zog, gezogen)* **I** tr. tirare dentro **II** intr. (aus. *sein*) impers. ***es zieht herein*** ci sono degli spifferi.

her‿fah|ren *(fährt, fuhr, gefahren)* **I** intr. (aus. *sein*) **1** venire qui (con un veicolo) **2** ***hinter jdm ~*** seguire qcn. (con un veicolo) **II** tr. portare, condurre qui (con un veicolo). **Her|fahrt** f. *(-,-en)* viaggio *m.* di andata; *(Rückfahrt)* viaggio *m.* di ritorno. **her‿fal|len** intr. *(fällt, fiel, gefallen;* aus. *sein)* ***über jdn, etw. ~*** scagliarsi contro qcn., qcs., avventarsi su qcn., qcs., saltare (*o* piombare) addosso a qcn., qcs.; ***gierig über das Essen ~*** avventarsi avidamente sul cibo; FIG. ***über jdn mit Fragen ~*** assalire qcn. di domande. **her‿fin|den** intr. *(fand, gefunden;* aus. *haben)* trovare la strada per arrivare (qui).

her‿flie|gen intr. *(flog, geflogen;* aus. *sein)* arrivare (qui) in volo; *(mit dem Flugzeug)* arrivare (qui) in aereo. **Her|flug** m. *(-[e]s, -flüge)* volo *m.* in arrivo o di ritorno.

her‿füh|ren tr. condurre, portare (qui).

Her|gang m. *(-[e]s,-gänge)* andamento *m.*, svolgimento *m.* dei fatti.

her‿ge|ben I tr. *(gibt, gab, gegeben)* **1a** dare (via) **b** *(überreichen)* dare (qua): ***gib mir bitte das Heft her*** dammi (*o* passami) il quaderno per favore; ***gib die Pistole her!*** dammi la pistola! **2** *(zur Verfügung stellen)* mettere a disposizione, donare: ***seine Ersparnisse für etw. ~*** donare i propri risparmi per qcs. **3** COLLOQ. *(bieten)* offrire, dare: ***dieses Buch gibt nicht viel her*** questo libro non offre molto **II** rifl. ***sich zu, für etw. ~*** prestarsi a qcs. ◆ ***laufen, was seine Beine ~*** correre fino allo stremo delle forze; ***einiges ~ müssen*** dover rendere, lavorare molto; ***seinen Namen zu etw. ~*** prestare il proprio nome per qcs.

her|ge|bracht p.pass. agg. **1** → **herbringen 2** *(traditionsgemäß)* tradizionale. **her|ge|brach|ter|ma|ßen** avv. secondo l'usanza tradizionale.

her‿ge|hen intr. *(ging, gegangen;* aus. *sein)* **1** camminare, procedere: ***neben, vor jdm ~*** camminare al fianco di qcn., camminare davanti a (*o* precedere) qcn.; ***hinter jdm, etw. ~*** andare dietro a qcn., qcs., seguire qcn., qcs. **2** REGION. *(herkommen)* venire qui **3** impers. esserci: ***es geht hier laut her*** c'è chiasso; ***auf dem Fest ging es hoch her*** alla festa c'era molta animazione ◆ impers. ***über jdn ~*** sparlare, parlare male di qcn.; COLLOQ. ***über etw. ~*** consumare, fare fuori qcs. **her|ge|holt** p.pass. agg. **1** → **herholen 2** FIG. ***weit ~*** tirato per i capelli. **her‿ge|hö|ren** intr. (aus. *haben*) essere al proprio posto: ***da gehörst du her*** il tuo posto è qui.

her|ge|lau|fen p.pass. agg. **1** → **herlaufen 2** di dubbie origini; SPREG. ***ein -er Habenichts, Kerl*** un vagabondo. **Her|ge|lau|fe|ne** m. e f. *(-n,-n)* vagabondo *m.* (-a *f.*).

her|ge|stellt p.pass. agg. **1** → **herstellen 2** *(wieder gesund)* ristabilito, guarito.

her‿ha|ben tr. aver preso (anche FIG.): ***wo hat er wohl das Geld her?*** dove avrà preso i soldi? ***wo hat er wohl diese Idee, diesen Ausdruck her?*** da chi ha preso questa idea, questa espressione? ***wo hast du diese Begabung her?*** da chi hai preso questa capacità? **her‿hal|ten** *(hält, hielt, gehalten)* **I** tr. porgere; tendere: ***halt bitte deinen Teller her*** porgi il tuo piatto per favore; ***die Hand ~*** tendere la mano **II** intr. (aus. *haben*) essere usato, venire usato: ***als Vorwand, Sündenbock ~ müssen*** essere usato come pretesto, capro espiatorio ◆ ***~ müssen*** essere lo zimbello; *(das Opfer sein)* farne le spese, essere la vittima. **her‿ho|len** tr. andare a prendere. **her‿hö|ren** intr. (aus. *haben*) ascoltare: ***alle mal ~!*** ascoltate tutti!

He|ring m. *(-s,-e)* **1** aringa *f.*: ***grüner ~*** aringa fresca; ***geräucherte, marinierte -e*** aringhe affumicate, marinate **2** COLLOQ. SCHERZ. *(dünne Person)* acciuga *f.*, stecchino *m.*: ***er ist dürr wie ein ~*** è secco come un'acciuga **3** *(Zeltpflock)* picchetto *m.* ◆ ***gepfercht, dicht gedrängt wie die -e*** stretti, pigiati come sardine (*o* acciughe). **He|rings|fang** m. *(-[e]s)* pesca *f.* delle aringhe. **He|rings|fän|ger** m. *(-s,-)* battello *m.* per la pesca delle aringhe. **He|rings|fi|let** n. *(-s,-s)* filetto *m.* d'aringa. **He|rings|fi|sche|rei** f. *(-)* → **Heringsfang. He|rings|kö|nig** m. *(-s,-e)* pesce *m.* san Pietro, sampietro *m.* **He|rings|milch** f. *(-)* latte *m.* d'aringa. **He|rings|ro|gen** m. *(-s,-)* uova *f.pl.* d'aringa. **He|rings|sa|lat** m. *(-[e]s,-e)* insalata *f.* d'aringhe.

he|rin|nen avv. REGION. qui dentro.

her‿ja|gen I intr. (aus. *sein*) ***hinter jdm, etw. ~*** incalzare qcn., qcs.; *(hinterherlaufen)* inseguire (correndo) qcn., qcs. **II** tr. cacciare, inseguire: ***ein Tier vor sich ~*** inseguire un animale.

her‿kom|men intr. *(kam, gekommen;* aus. *sein)* **1** venire (qui): ***komm her!*** vieni qui! **2a** *(den Ursprung haben)* derivare, trarre origine, provenire: ***wo kommt dieser Brauch her?*** da dove deriva questa usanza? **b** *(herstammen)* venire, arrivare, essere originario: ***wo kommst du her?*** da dove vieni? di dove sei? ◆ ***wo sollen die (nötigen) finanziellen Mittel ~?*** dove trovare i mezzi finanziari (necessari)? **Her|kom|men** n. *(-s)* **1** *(Brauch)* usanza *f.*, consuetudine *f.* **2** *(Herkunft)* discendenza *f.*, origine *f.* **her|kömm|lich** agg. **1** tradizionale: ***eine -e Sitte*** una tradizione (*o* un'usanza) **2** *(konventionell)* convenzionale: ***-e Waffen*** armi convenzionali. **her|kömm|li|cher|wei|se** avv. tradizionalmente, secondo l'usanza.

her‿kön|nen intr. *(kann, konnte, gekonnt;* aus. *haben)* **1** *(herkommen, -fahren, -gehen können)* poter venire (qui) **2** *(hergebracht werden können)* poter essere portato qui.

her‿krie|gen tr. **1** COLLOQ. → **herbekommen 2** REGION. prendere.

Her|ku|les I n.pr.m. astr. Ercole *m.* **II** m. *(-,-se)* FIG. ercole *m.* **Her|ku|les|ar|beit** f. *(-,-en)* fatica *f.* d'Ercole (anche FIG.). **Her|ku|les|kä|fer** m. *(-s,-)* scarabeo *m.* ercole. **Her|ku|les|keu|le** f. *(-,-n)* BOT. ditola *f.*, ditella *f.* **Her|ku|les|kraut** n. *(-[e]s)* acanto *m.* **her|ku|lisch** agg. erculeo.

Her|kunft f. *(-,-künfte)* **1** origine *f.*, nascita *f.*: ***von adliger, niederer ~*** di origini nobili, umili **2** *(Ursprung)* provenienza *f.*, origine *f.*: ***von unbekannter ~*** di provenienza sconosciuta. **Her|kunfts|an|ga|be** f. *(-,-n)* **Her|kunfts|be|zeich|nung** f. *(-,-en)* denominazione *f.* di origine. **Her|kunfts|land** n. *(-[e]s,-länder)* paese *m.* d'origine. **Her|kunfts|ort** m. *(-[e]s,-e)* luogo *m.* d'origine, di provenienza. **Her|kunfts|wör|ter|buch** n. *(-[e]s,-bücher)* dizionario *m.* etimologico. **Her|kunfts|zei|chen** n. *(-s,-)* → **Herkunftsbezeichnung.**

her‿lan|gen tr. porgere (qui). **her‿lau|fen** intr. *(läuft, lief, gelaufen;* aus. *sein)* **1** correre (qui), accorrere, venire correndo: ***hinter jdm ~*** correre dietro a qcn.; ***neben jdm ~*** correre accanto a qcn. **2** *(herkommen)* venire qui (a piedi). **her‿las|sen** tr. *(lässt, ließ, gelassen)* COLLOQ. lasciar venire qui. **her‿le|gen** tr. COLLOQ. mettere qui. **her‿lei|ern** tr. recitare in modo meccanico.

her‿lei|ten I tr. **1** condurre qui **2a** *(ableiten)* dedurre, derivare: ***eine Formel ~*** dedurre una formula **b** *(zurückführen)* ***etw. aus, von etw. ~*** far risalire, ricondurre qcs. a qcs. **II** rifl. **sich ~** discendere, trarre origine, derivare: ***sich aus dem, vom Englischen ~*** derivare dall'inglese. **Her|lei|tung** f. *(-,-en)* derivazione *f.*, deduzione *f.*

Her|lit|ze, Her|lit|ze f. *(-,-n)* BOT. corniola *f.*

her‿lo|cken tr. COLLOQ. attirare (qua). **her‿ma|chen** COLLOQ. **I** rifl. **sich ~ 1** avvicinarsi, venire qui: ***mach dich her!*** vieni qui! **2** *(in Angriff nehmen)* ***sich über etw. ~*** accingersi a fare qcs., metter mano a qcs., cominciare qcs.: ***sich über ein Buch ~*** cominciare (a leggere) un libro **3a** *(herfallen)* scagliarsi, avventarsi: ***sich über das Essen ~*** avventarsi sul cibo **b** ***sich über jdn, etw. ~*** attaccare (*o* dare addosso a) qcn., buttarsi su qcs. **II** intr. (aus. *haben*) **1** fare figura: ***viel, wenig, nichts von sich ~*** fare molta figura, poca figura, non far figura **2** ***mit etw. ziemlich was, viel, gar nichts ~*** stare piuttosto, molto, niente affatto bene con qcs. ◆ ***von etw. viel ~*** fare spiccare, mettere in rilievo qcs., vantarsi di qcs.

Her|mann n.pr.m. Ermanno *m.*

Her|maph|ro|di|e f. *(-)*, **Her|maph|ro|di|tis|mus** m. *(-)* ermafrodismo *m.* **Her|maph|ro|dit** m. *(-en,-en)* ermafrodito *m.*, ermafrodita *m.* **her|maph|ro|di|tisch** agg. ermafrodito, ermafrodita. **Her|maph|ro|di|tis|mus** m. *(-)* ermafroditismo *m.*

Her|me f. *(-,-n)* erma *f.*

1.Her|me|lin n. *(-s,-e)* ermellino *m.*

2.Her|me|lin m. *(-s,-e)* **1** (pelliccia *f.* di) ermellino *m.* **2** ARALD. ermellino *m.* **Her|me|lin|kra|gen** m. *(-s,-)* collare *m.* di ermellino.

Her|me|neu|tik f. *(-)* ermeneutica *f.* **her|me|neu|tisch** agg. ermeneutico.

Her|mes n.pr.m. Ermete *m.*

Her|me|tik f. *(-)* ANT. alchimia *f.* **her|me|tisch I** agg. **1** ermetico, a tenuta stagna: ***-er Verschluss*** chiusura ermetica **2** *(dunkel)* oscuro, ermetico: ***eine -e Bedeutung*** un significato oscuro; ***ein -er Dichter*** un poeta ermetico **II** avv. ermeticamente: ***~ verschließen*** chiudere ermeticamente. **her|me|ti|sie|ren** tr. chiudere ermeticamente, sigillare. **Her|me|tis|mus** m. *(-)* ermetismo *m.*

Her|mi|ne n.pr.f. Erminia *f.*

her‿müs|sen intr. *(muss, musste, gemusst;* aus. *haben)* COLLOQ. **1** dover venire (qua): ***dafür muss ein Spezialist her*** per questo deve venire uno specialista **2** *(hierher gebracht werden)* dover essere consegnato, portato qua **3** *(angeschafft werden müssen)* dover essere procurato: ***es muss Geld her*** va procurato del denaro.

her|nach avv. *(danach)* dopo: ***am Tag ~*** il giorno dopo; *(in näherer Zukunft)* poi, dopo, più tardi.

her‿neh|men tr. *(nimmt, nahm, genommen)* **1** prendere: ***wo soll er das Geld ~?*** dove va prendere il denaro? ***wo nehme ich die Zeit dazu her?*** dove trovo il tempo per questo? **2a** *(verprügeln)* picchiare, bastonare **b** *(jdm sehr zusetzen)* affaticare, sottoporre a sforzi notevoli ◆ ***sich (D) jdn ~*** dare una strapazzata, una lavata di capo a qcn.

Her|nie f. *(-,-n)* MED. BOT. ernia *f.*

her|nie|der avv. quaggiù, giù. **her|nie|der‿fal|len** intr. *(fällt, fiel, gefallen;* aus. *sein)* LETT. cadere (giù). **her|nie|der‿ge|hen** intr. *(ging, gegangen;* aus. *sein)* LETT. scendere, venire (giù). **her|nie|der‿schwe|ben** intr. (aus. *sein*) LETT. scendere dolcemente. **her|nie|der‿sen|ken** rifl. LETT. **sich ~** calarsi (giù). **her|nie|der‿sin|ken** intr. *(sank, gesunken;* aus. *sein)* LETT. calare, scendere.

he|roben avv. REGION. quassù.

He|ro|des n.pr.m. Erode *m.* **He|ro|di|as** n.pr.f. Erodiade *f.*

He|ro|dot n.pr.m. Erodoto *m.*

He|roe m. *(-n,-n)* MITOL. eroe *m.* **He|ro|en|kult, He|ro|en|kul|tus** m. *(-)* culto *m.* degli eroi. **He|ro|en|tum** n. *(-s)* eroismo *m.* **He|ro|ik** f. *(-)* eroicità *f.*

1.He|ro|in n. *(-s)* eroina *f.*: ***sich ~ spritzen*** iniettarsi eroina.

2.He|ro|in f. *(-,-nen)* eroina *f.* **He|ro|i|ne** f. *(-,-n)* TEATR. eroina *f.*

he|ro|in|süch|tig agg. eroinomane.

he|ro|isch I agg. eroico **II** avv. eroicamente, da eroe. **he|ro|i|sie|ren** tr. eroicizzare. **He|ro|is|mus** m. *(-)* eroismo *m.*

He|rold m. *(-[e]s,-e)* **1** STOR. araldo *m.* **2** *(Bote)* messaggero *m.*, araldo *m.* **He|rolds|stab** m. *(-[e]s,-stäbe)* mazza *f.* araldica.

He|ros m. *(-, Heroen)* **1** MITOL. eroe *m.* **2** *(Held)* eroe *m.*

Her|pes m. *(-)* herpes *m.*, erpete *m.*

Herr m. *(-[e]n,-en)* **1a** signore *m.*: ***ein junger, alter ~*** un giovanotto, un signore anziano; ***ein vornehmer ~*** un signore distinto **b** *(als Anrede)* signor *m.*, signore *m.*: ***sehr geehrter (verehrter), lieber ~ Müller*** egregio, caro signor Müller; ***~ Doktor, Direktor, Minister*** dottore, signor direttore, signor ministro; ***meine Damen und -en*** signore e signori; ***~ Ober, bitte!*** cameriere, prego! ***was wünschen Sie, mein ~? (was wünscht der ~?)*** il signore desidera? **c** LETT. ***Ihr ~ Gemahl*** il Suo signor marito **2** *(Besitzer)* signore *m.*, padrone *m.*: ***der ~ des Hauses*** il padrone di casa; ***der junge ~*** il padroncino **3** *(Adelige)* signore *m.* (feudale): ***ein adliger ~*** un signore nobile; FIG. ***wie ein großer ~ leben*** vivere da gran signore; ***den großen -n spielen*** darsi arie da gran signore **4** *(Gott)* Signore *m.*: ***den -n anrufen*** invocare il Signore; ***~ Jesus*** Nostro Signore Gesù ◆ COLLOQ. ***Alter ~*** *(Vater)* vecchio; SPORT ***Alte -en*** (categoria) veterani; ***sein eigener ~ sein*** non dipendere da nessuno; ***mein ~ und Gebieter*** il mio signore e padrone; ***der geistliche ~*** il parroco; ***der ~ im Haus sein*** essere padrone in casa; SCHERZ. ***der hohe ~*** il gran capo; ***~ der Lage sein, bleiben*** essere padrone della situazione; ***aus aller -en Länder(n)*** da ogni dove; COLLOQ. ***meine -en!*** caspita! accidenti! IRON. ***ein sauberer ~*** un bel tomo; COLLOQ. SCHERZ. ***die -en der Schöpfung*** i signori uomini, i maschi; ***nicht mehr ~ seiner Sinne sein*** non essere padrone di sé; ***über jdn, etw., sich ~ sein*** dominare qcn., qcs., dominarsi; ***über jdn, etw. ~ werden*** impadronirsi di qcn., qcs.; ***etw. (G) ~ werden*** padroneggiare qcs.; PROV. ***wie der ~, so 's Gescherr*** tal padrone, tal servitore. **Herr|chen** n. *(-s,-)* **1** signorino *m.*, padroncino *m.* **2** *(Hundebesitzer)* padrone *m.* (di un cane).

Her|rei|se f. *(-,-n)* venuta *f.*; *(Rückkehr)* viaggio *m.* di ritorno, ritorno *m.*: ***Hin- und ~*** andata e ritorno; ***auf der ~*** tornando qui, al ritorno. **her‿rei|sen** intr. (aus. *sein*) viaggiare fino qui; *(zurückkeh-*

ren) ritornare, fare il viaggio di ritorno.

Her|ren|abend m. *(-s,-e)* serata *f.* per uomini. **Her|ren|an|zug** m. *(-[e]s,-anzüge)* abito *m.* da uomo. **Her|ren|ar|ti|kel** m. *(-s,-)* articolo *m.* da uomo. **Her|ren|aus|stat|ter** m. *(-s,-)* negozio *m.* d'abbigliamento maschile. **Her|ren|be|glei|tung** f. *(-)* compagnia *m.* maschile, accompagnatore *m.*: ***in ~ sein*** avere un accompagnatore, essere in compagnia maschile. **Her|ren|be|kannt|schaft** f. *(-,-en)* conoscenza *m.* maschile (di una donna): ***eine ~ machen*** conoscere un uomo. **Her|ren|be|klei|dung** f. *(-,-en)* abbigliamento *m.* maschile. **Her|ren|be|such** m. *(-[e]s,-e)* visita *f.* maschile. **Her|ren|dienst** m. *(-[e]s)* STOR. corvé *f.* **Her|ren|dop|pel** n. *(-s,-)* SPORT doppio *m.* maschile. **Her|ren|ein|zel** n. *(-s,-)* SPORT singolo *m.* maschile. **Her|ren|fahr|rad** n. *(-[e]s,-räder)* bicicletta *f.* da uomo. **Her|ren|fri|seur, Her|ren|fri|sör** m. *(-s,-e)* parrucchiere *m.* per uomo. **Her|ren|ge|sell|schaft** f. *(-,-en)* **1** *(Zusammensein von Herren)* compagnia *f.* di (soli) uomini **2** *(für Frauen)* compagnia *f.* maschile: ***in ~ sein*** essere in compagnia di un uomo, di uomini. **Her|ren|haus** n. *(-[e]s,-häuser)* **1** casa *f.* padronale **2** STOR. *(Kammer des preußischen Landtags und des österreichischen Reichsrats)* senato *m.* **Her|ren|hemd** n. *(-[e]s,-en)* camicia *f.* da uomo. **Her|ren|jah|re** pl. → **Lehrjahr. Her|ren|klei|dung** f. *(-,-en)* vestiario *m.* da uomo. **Her|ren|le|ben** n. *(-s)* vita *f.* signorile: ***ein ~ führen*** condurre una vita signorile. **her|ren|los** agg. senza padrone, senza proprietario; *(von Tieren)* randagio. **Her|ren|ma|ga|zin** n. *(-s,-e)* rivista *f.* maschile. **Her|ren|mensch** m. *(-en,-en)* dominatore *m.* **Her|ren|mo|de** f. *(-)* moda *f.* maschile. **Her|ren|ober|be|klei|dung** → **Herrenbekleidung. Her|ren|par|tie** f. *(-,-n)* **1** gita *f.* per uomini **2** *(Herrengesellschaft)* compagnia *f.* di (soli) uomini. **Her|ren|ras|se** f. *(-)* SPREG. razza *f.* bianca, razza *f.* dominante. **Her|ren|rei|ter** m. *(-s,-)* cavallerizzo *m.* **Her|ren|sa|lon** m. *(-s,-s)* (salone *m.* da) parrucchiere *m.* per signori. **Her|ren|sat|tel** m. *(-s,-sättel)* sella *f.* da uomo. **Her|ren|schnei|der** m. *(-s,-)* sarto *m.* da uomo. **Her|ren|schnitt** m. *(-[e]s,-e)* taglio *m.* (di capelli) alla maschietta. **Her|ren|schuh** m. *(-[e]s,-e)* scarpa *f.* da uomo. **Her|ren|sitz** m. *(-es,-e)* **1** EQUIT. posizione *f.* a cavalcioni **2** *(Herrenhaus)* residenza *f.* signorile. **Her|ren|stand** m. *(-[e]s,-stände)* ceto *m.* signorile, signori *m.pl.* **Her|ren|tier** n. *(-s,-e)* primate *m.* **Her|ren|toi|let|te** f. *(-,-n)* toilette *f.* per uomini. **Her|ren|tor|te** f. *(-,-n)* INTRAD. (tipo di torta non molto dolce, con liquore). **Her|ren|tum** n. *(-s)* modi *m.pl.* dispotici, da padrone. **Her|ren|un|ter|wä|sche** f. *(-)* biancheria *f.* maschile, (abbigliamento *m.*) intimo *m.* maschile. **Her|ren|win|ker** m. *(-s,-)* SCHERZ. tirabaci *m.* **Her|ren|zim|mer** n. *(-s,-)* studio *m.*, stanza *f.* del padrone di casa.

Herr|gott m. *(-s)* **1** COLLOQ. iddio *m.*, domineddio *m.* **2** REGION. *(Kruzifix)* Cristo Crocifisso *m.* ◆ ***~ im Himmel*** Dio buono; ***der liebe ~*** il buon Dio; ***dem lieben ~ die Zeit stehlen*** perdere tempo; *(Ausruf)* ***~ noch mal!*** dio santo (*o* santo dio!). **Herr|gotts|frü|he,** COLLOQ. ***in aller ~*** di buon mattino, di buon'ora. **Herr|gotts|kä|fer** m. *(-s,-)* coccinella *f.* **Herr|gotts|schnit|zer** m. *(-s,-)* REGION. scultore *m.* di crocifissi.

her‿rich|ten I tr. **1** preparare, mettere in ordine: ***ein Zimmer für die Gäste ~*** preparare una stanza per gli ospiti **2** *(instand setzen)* sistemare, rendere agibile: ***ein altes Haus ~*** sistemare una vecchia casa; COLLOQ. ***er wurde im Krankenhaus wieder hergerichtet*** all'ospedale l'hanno rimesso in sesto **II** rifl. **sich ~** prepararsi: ***sich für den Opernbesuch ~*** prepararsi per andare all'opera. **Her|rich|tung** f. *(-,-en)* **1** preparazione *f.* **2** *(Instandsetzung)* sistemazione *f.*

Her|rin f. *(-,-nen)* **1** signora *f.*, padrona *f.*: ***die ~ des Hauses*** la padrona di casa **2** ANT. *(Anrede)* signora *f.* **her|risch I** agg. imperioso, dispotico; *(hochmütig)* altezzoso, altero: ***ein -es Wesen*** un carattere dispotico **II** avv. imperiosamente, dispoticamente; *(hochmütig)* altezzosamente: ***etw. ~ fordern*** esigere qcs. imperiosamente; ***~ auftreten*** farla da padrone.

herr|je, herr|je|mi|ne inter. COLLOQ. Dio mio, Gesù mio.

herr|lich I agg. **1** splendido, magnifico: ***ein -er Urlaub*** una splendida vacanza **2** *(hervorragend)* eccellente, squisito: ***ein -er Wein*** un vino eccellente **II** avv. **1** splendidamente, magnificamente **2** in modo delizioso: ***das Abendessen schmeckt ~*** la cena è deliziosa ◆ ***~ und in Freuden leben*** fare la bella vita. **Herr|lich|keit** f. *(-,-en)* **1** splendore *m.*, magnificenza *f.*: ***die ~ der Natur*** la magnificenza della natura **2** pl. splendori *m.pl.*, bellezze *f.pl.*: ***die -en der Unterwasserwelt*** le bellezze del mondo subacqueo **3** ANT. *(Anrede)* Signoria *f.*: ***Eure ~*** Vostra Signoria ◆ IRON. ***ist das die ganze ~?*** è tutto qui?

Herrn|hu|ter m. *(-s,-)* fratello *m.* moravo.

Herr|schaft f. *(-,-en)* **1a** dominazione *f.*, dominio *m.*: ***unter englischer ~ stehen*** essere sotto la dominazione inglese **b** sovranità *f.*, potere *m.*: ***die ~ des Volkes*** la sovranità popolare; ***sich der ~ bemächtigen, die ~ an sich reißen*** conquistare il, impadronirsi del potere; ***die ~ antreten, führen (ausüben)*** assumere, esercitare il potere; ***die ~ über jdn, etw. innehaben*** detenere il potere su qcn., qcs.; ***die ~ erstreben*** aspirare al potere; ***zur ~ gelangen, kommen*** giungere al potere **c** FIG. *(Beherrschung)* controllo *m.*: ***die ~ über etw. verlieren*** perdere il controllo di qcs. **2a** pl. *(Anrede)* signori *m.pl.*: ***meine sehr verehrten -en!*** egregi signori! ***was wünschen die -en?*** i signori desiderano? **b** signore *m.*, padrone *m.*: ***die -en sind ausgegangen*** i signori sono usciti **3** STOR. signoria *f.* ◆ ***die allerhöchsten -en*** le Loro Maestà, le Loro Altezze; SCHERZ. ***(meine) alten -en*** i miei vecchi (genitori); COLLOQ. ***~ noch mal!*** perdiana! **herr|schaft|lich I** agg. **1** padronale **2** *(vornehm)* signorile: ***eine -e Wohnung*** un appartamento signorile **II** avv. signorilmente. **Herr|schafts|an|spruch** m. *(-[e]s,-ansprüche)* rivendicazione *f.* di potere (*o* di dominio). **Herr|schafts|be|reich** m. *(-[e]s,-e)* dominio *m.* **Herr|schafts|ge|biet** n. *(-[e]s,-e)* territorio *m.* soggetto al dominio. **Herr|schafts|schicht** f. *(-,-en)* ceto *m.* dominante. **Herr|schafts|sys|tem** n. *(-s,-e)* sistema *m.* di potere.

Herrsch|be|gier|de f. *(-)* avidità *f.* di potere. **herrsch|be|gie|rig I** agg. avido di potere **II** avv. con avidità di potere.

herr|schen intr. (aus. *haben*) **1** dominare, regnare: ***über ein Volk ~*** regnare su un popolo **2** regnare, esserci: ***es herrscht Schweigen*** regna il silenzio; ***heute herrscht eine drückende Schwüle*** oggi c'è un'afa opprimente; ***es herrscht die Überzeugung, dass...*** regna la convinzione che... **3** *(anherrschen)* dire bruscamente: ***„Schluss jetzt!" – herrschte er*** "adesso basta!" – disse bruscamente. **herr|schend** p.pres. agg. **1** → **herrschen 2** al potere: ***die -e Klasse*** la classe dominante, al potere; FIG. ***die -e Meinung*** l'opinione dominante, imperante **3** vigente: ***die -en Zustände*** le condizioni vigenti. **Herr|scher** m. *(-s,-)* **1** sovrano *m.*: ***ein absoluter ~*** un sovrano assoluto; ***~ über ein Land sein*** essere sovrano di un paese **2** *(Beherrscher)* dominatore *m.* **Herr|scher|ge|schlecht** n. *(-[e]s,-er)* dinastia *f.* regnante. **Herr|scher|ge|walt** f. *(-,-en)* potere *m.* sovrano. **Herr|scher|haus** n. *(-[e]s,-häuser)* casa *f.* regnante. **Herr|sche|rin** f. *(-,-nen)* sovrana *f.* **Herr|scher|na|tur** f. *(-,-en)* natura *f.* dominatrice.

Herrsch|sucht f. *(-)* avidità *f.* di dominio, sete *f.* di potere. **herrsch|süch|tig I** agg. avido di potere (*o* di dominio) **II** avv. con avidità di potere.

her‿rü|cken I tr. spingere in qua, accostare **II** intr. (aus. *sein*) avvicinarsi, accostarsi. **her‿ru|fen** tr. *(rief, gerufen)* chiamare qua, a sé. **her‿rüh|ren** intr. (aus. *haben*) derivare, avere origine: ***von jdm, etw. ~*** derivare da qcn., da qcs. **her‿sa|gen** tr. **1** dire a memoria, recitare: ***das ganze Gedicht richtig ~*** recitare correttamente tutta la poesia **2** *(hinsagen)* dire senza pensare: ***ein Gebet ~*** recitare meccanicamente una preghiera. **her‿schaf|fen** tr. portare qua, procurare. **her‿schau|en** intr. (aus. *haben*) → **hersehen. her‿schi|cken** tr. mandare qua. **her‿schie|ben** tr. spingere (in qua): ***etw. vor sich ~*** spingere, FIG. rimandare, posticipare qcs. **her‿schlep|pen I** tr. trascinare qua **II** rifl. **sich ~** trascinarsi in qua, verso questa parte. **her‿schrei|ben** *(schrieb, geschrieben)* **I** tr. scrivere (qui) **II** rifl. **sich ~** scriversi a partire da, trarre origine da. **her‿se|hen** intr. *(sieht, sah, gesehen;* aus. *haben)* guardare qua, da questa parte. **her‿seh|nen** tr. ***jdn, etw. ~*** avere nostalgia di qcn., qcs. (*o* desiderare che qcn., qcs. sia qui). **her‿set|zen I** tr. mettere, porre qui: ***setzen Sie Ihre Unterschrift her!*** metta la Sua firma qui **II** rifl. **sich ~** mettersi a sedere qua, sedersi qua: ***setz dich her (zu mir)!*** siediti qui (vicino a me)! **her‿sin|gen** tr. *(sang, gesungen)* cantare (senza espressione). **her‿stam|men** intr. (aus. *haben*) **1** *(abstammen)* discendere, derivare **2** *(herkommen)* venire, provenire: ***wo stammt das her?*** da dove viene questo?

her‿stel|len I tr. **1** produrre, fabbricare: ***in Serie, von Hand ~*** produrre in serie, fabbricare a mano; ***einen Film ~*** produrre un film **2** *(vermitteln)* stabilire: ***Beziehungen, eine telefonische Verbindung ~*** stabilire rapporti, un collegamento telefonico **3** *(aufs Neue herstellen)* ristabilire: ***den Frieden, die Ordnung ~*** ristabilire la pace, l'ordine **4** mettere qua: ***stell dein Gepäck her*** metti qua il tuo bagaglio **II** rifl. **sich ~ 1** mettersi qua **2** *(erreicht werden)* realizzarsi, stabilirsi. **Her|stel|ler** m. *(-s,-)* **1** produttore *m.*, fabbricante *m.* **2** EDIT. direttore *m.* tecnico. **Her|stel|ler|fir|ma** f. *(-,-firmen)* ditta *f.* produttrice. **Her|stel|lung** f. *(-,-en)* **1** produzione *f.*, fabbricazione *f.*: ***die serienmäßige ~ von Waren*** la produzione in serie di merci **2** *(Zustandebringen)* lo stabilire; avvio *m.*: ***die ~ von Handelsbeziehungen*** l'avvio di relazioni commerciali **3** restaurazione *f.*: ***die ~ eines Altbaus*** la restaurazione di un vecchio edificio **4** EDIT. ufficio *m.* tecnico. **Her|stel|lungs|da|tum** n. *(-s,-daten)* data *f.* di fabbricazione, di produzione. **Her|stel|lungs|feh|ler** m. *(-s,-)* difetto *m.* di fabbricazione. **Her|stel|lungs|kos|ten** pl. costi *m.pl.* di produzione. **Her|stel|lungs|land** n. *(-es,-länder)* paese *m.* produttore. **Her|stel|lungs|preis** m. *(-es,-e)* prezzo *m.* di fabbrica. **Her|stel|lungs|ver|fah|ren** n. *(-s,-)* processo *m.* produttivo, di fabbricazione.

her_tra|gen tr. *(trägt, trug, getragen)* portare qua. **her_trei|ben** tr. *(trieb, getrieben)* spingere: ***die Schafe vor sich ~*** spingere le pecore avanti a sé.

Hertz n. *(-,-)* FIS. hertz *m.*

he|rü|ber avv. (COLLOQ. **rüber**) da questa parte, di qua.

he|rü|ber_bit|ten tr. *(bat, gebeten)* ***jdn ~*** pregare qcn. di venire da questa parte. **he|rü|ber_bli|cken** intr. (aus. *haben*) guardare da questa parte. **he|rü|ber_brin|gen** tr. *(brachte, gebracht)* portare (di) qua: ***etw. über die Grenze ~*** portare qcs. al di qua della frontiera. **he|rü|ber_dür|fen** intr. *(darf, durfte, gedurft;* aus. *haben)* COLLOQ. **1** *(herüberkommen, -gehen, -fahren dürfen)* poter venire (di) qua **2** *(herübergebracht werden dürfen)* poter essere trasportato di qua. **he|rü|ber_fah|ren** *(fährt, fuhr, gefahren)* **I** intr. (aus. *sein*) venire di qua (con un veicolo) **II** tr. portare, condurre qcn. (di) qua (con un veicolo). **he|rü|ber_flie|gen** *(flog, geflogen)* **I** intr. (aus. *sein)* volare di qua **II** tr. portare (di) qua con l'aereo. **he|rü|ber_füh|ren I** tr. condurre, guidare di qua **II** intr. (aus. *haben*) condurre di qua: ***die Brücke führt herüber*** il ponte conduce da questa parte. **he|rü|ber_ge|ben** tr. *(gibt, gab, gegeben)* porgere, passare (da questa parte). **he|rü|ber_ge|hen** intr. *(ging, gegangen;* aus. *sein)* venire (di) qua. **he|rü|ber_gu|cken** intr. (aus. *haben*) COLLOQ. → **herüberschauen. he|rü|ber_hel|fen** intr. *(hilft, half, geholfen*; aus. *haben*) ***jdm ~*** aiutare qcn. a passare di qua. **he|rü|ber_ho|len** tr. andare a prendere per portare di qua. **he|rü|ber_klet|tern** intr. (aus. *sein*) passare da questa parte arrampicandosi. **he|rü|ber_kom|men** intr. *(kam, gekommen;* aus. *sein)* venire (qua): ***zu jdm ~*** venire a trovare qcn.; ***auf einen Drink ~*** venire a prendere un drink. **he|rü|ber_kön|nen** intr. *(kann, konnte, gekonnt;* aus. *haben)* **1** *(herüberkommen, -gehen, -fahren können)* poter venire (di) qua **2** *(herübergebracht werden können)* poter essere portato (di) qua. **he|rü|ber_las|sen** tr. *(lässt, ließ, gelassen)* lasciare venire (di) qua. **he|rü|ber_lau|fen** intr. *(läuft, lief, gelaufen;* aus. *sein)* **1** correre (di) qua **2** COLLOQ. *(eilig vorbeikommen)* ***zu jdm ~*** fare un salto da qcn. **he|rü|ber_müs|sen** intr. *(muss, musste, gemusst;* aus. *haben)* dover venire di qua. **he|rü|ber_rei|chen I** tr. porgere, passare (da questa parte) **II** intr. (aus. *haben*) arrivare: ***die Leine reicht genau herüber*** la corda arriva giusta. **he|rü|ber_ret|ten I** tr. trarre in salvo **II** rifl. **sich ~** trarsi in salvo. **he|rü|ber_ru|fen** intr. *(rief, gerufen;* aus. *haben)* chiamare (in questa direzione). **he|rü|ber_schau|en** intr. (aus. *haben*) **1** guardare da questa parte **2** COLLOQ. *(eilig vorbeikommen)* ***zu jdm ~*** fare un salto da qcn. **he|rü|ber_schi|cken** tr. mandare di qua. **he|rü|ber_schie|ben** tr. *(schob, geschoben)* spingere di qua. **he|rü|ber_se|hen** intr. *(sieht, sah, gesehen*; aus. *haben)* → **herüberschauen. he|rü|ber_sol|len** intr. (aus. *haben)* dover venire di qua. **he|rü|ber_sprin|gen** intr. *(sprang, gesprungen;* aus. *sein)* **1** saltare di qua **2** COLLOQ. ***zu jdm ~*** fare un salto da qcn. **he|rü|ber_stel|len** tr. mettere di qua. **he|rü|ber_tra|gen** tr. *(trägt, trug, getragen)* portare (di) qua. **he|rü|ber_wer|fen** tr. *(wirft, warf, geworfen)* lanciare, gettare (di) qua. **he|rü|ber_wol|len** intr. *(will, wollte, gewollt;* aus. *haben)* voler venire (di) qua. **he|rü|ber_zie|hen** *(zog, gezogen)* **I** tr. **1** tirare (di) qua **2** FIG. ***jdn zu sich ~*** cattivarsi qcn. **II** intr. (aus. *sein*) trasferirsi qua, quaggiù.

he|rum avv. (COLLOQ. **rum**) **1** intorno, attorno: ***hier, dort ~*** qui, là intorno; ***da ~*** da questa parte, da quella parte; ***um mich, den Tisch ~*** intorno a me, attorno al tavolo; ***um Berlin ~*** nel circondario di (*o* intorno a) Berlino **2a** COLLOQ. *(ungefähr)* circa, intorno: ***das kostet um (die) 50 DM ~*** questo costa circa 50 marchi; ***sie ist um die 40 ~*** ha circa quarant'anni **b** *(temporal)* verso, intorno: ***es war um Ostern ~*** era verso Pasqua; ***um das Jahr 1900 ~*** intorno al 1900 ◆ ***um die Ecke ~*** dietro l'angolo; ***im Kreis ~*** in cerchio, in tondo; COLLOQ. ***es sind schon viele Monate ~*** sono già passati (*o* trascorsi) molti mesi; ***die Nachricht ist bereits ~*** la notizia è già stata diffusa; ***um jdn ~ sein*** dedicarsi, star dietro a qcn.; ***der Urlaub ist ~*** la vacanza è finita; ***verkehrt ~ sein*** essere al contrario.

he|rum_al|bern intr. (aus. *haben*) COLLOQ. fare lo sciocco. **he|rum_är|gern** rifl. **sich ~** FAM. arrabbiarsi (continuamente). **he|rum_bal|gen** rifl. **sich ~** azzuffarsi. **he|rum_bas|teln** intr. (aus. *haben*) COLLOQ. lavoricchiare. **he|rum_be|kom|men** tr. *(bekam, bekommen)* **1** riuscire a capovolgere, girare **2** COLLOQ. *(überreden können)* riuscire a convincere, a persuadere. **he|rum_bie|gen** tr. *(bog, gebogen)* piegare dall'altra parte. **he|rum_bin|den** tr. *(band, gebunden)* ***etw. um etw. ~*** avvolgere qcs. intorno a qcs. **he|rum_blät|tern** intr. (aus. *haben*) ***in einen Katalog ~*** scartabellare in un catalogo. **he|rum_bli|cken** intr. (aus. *haben*) guardare intorno.

he|rum_brin|gen tr. *(brachte, gebracht)* COLLOQ. **1** persuadere, convincere **2** *(überall bekanntmachen)* spifferare, spiattellare **3** *(verbringen)* ***die Zeit ~*** far passare il tempo **4** riuscire a girare: ***ich bringe den Schlüssel nicht herum*** non riesco a (far) girare la chiave. **he|rum_bum|meln** intr. COLLOQ. **1** (aus. *sein*) gironzolare **2** *(müßig arbeiten;* aus. *haben)* bighellonare, gingillarsi. **he|rum_dok|tern** intr. (aus. *haben*) **1** ***an etw. (D) ~*** armeggiare, trafficare intorno a qcs. **2** ***an jdm ~*** armeggiare intorno a qcn. (per guarirlo).

he|rum_dre|hen I tr. **1a** girare (su se stesso): ***den Schlüssel im Schloss ~*** girare la chiave nella serratura **b** COLLOQ. *(umdrehen)* voltare, girare: ***die Matratze ~*** girare il materasso **2** ***jdn ~*** far cambiare opinione a qcn. **II** intr. (aus. *haben*) ***an etw. (D) ~*** armeggiare intorno a qcs. **III** rifl. **sich ~** girarsi, rigirarsi: ***sich auf die andere Seite ~*** girarsi sull'altro fianco; ***sich im Bett ~*** rigirarsi nel letto ◆ ***jdm die Worte im Munde ~*** cambiare le parole in bocca a qcn.; ***mir dreht sich der Magen herum*** mi si rivolta lo stomaco. **he|rum_drü|cken I** tr. girare premendo **II** rifl. **1** ***sich um eine Entscheidung, Antwort ~*** evitare una decisione, di rispondere **2** *(sich herumtreiben)* COLLOQ. gironzolare, andare in giro: ***sich in Lokalen ~*** andarsene in giro per (i) locali; ***wo hat er sich wieder herumgedrückt?*** ma dove è andato a cacciarsi? **he|rum_druck|sen** intr. (aus. *haben*) esprimersi in modo titubante. **he|rum_ex|pe|ri|men|tie|ren** intr. (aus. *haben*) COLLOQ. fare (continui) esperimenti, sperimentare continuamente senza successo. **he|rum_fah|ren** *(fährt, fuhr, gefahren)* **I** intr. (aus. *sein*) **1a** girare, fare un giro (con un veicolo): ***um das Schloss ~*** fare un giro intorno al castello **b** *(planlos spazierenfahren)* andare in giro, girare (con un veicolo) **2** *(sich umdrehen)* girarsi di scatto **3** (aus. *sein, haben*) COLLOQ. passare, passarsi: ***mit der Hand im Gesicht ~*** passarsi una mano sul viso **4** *(gestikulieren)* COLLOQ. gesticolare **II** tr. portare in giro (con un veicolo): ***jdn in der Stadt ~*** portare qcn. in giro per la città. **he|rum_fin|gern** intr. (aus. *haben*) COLLOQ. **1** armeggiare: ***am Radio ~*** armeggiare intorno alla radio. **2** ***an jdm ~*** palpeggiare, palpare qcn. **he|rum_flat|tern** intr. (aus. *haben*) svolazzare intorno. **he|rum_fle|geln** intr. (aus. *haben*) COLLOQ. starsene stravaccato. **he|rum_flie|gen** intr. *(flog, geflogen;* aus. *sein)* **1** ***um etw. ~*** volare intorno a qcs. **2** *(ohne bestimmtes Ziel fliegen)* volare qua e là, svolazzare. **he|rum_fra|gen** tr. chiedere in giro, domandare qua e là. **he|rum_fuch|teln** intr. (aus. *haben*) COLLOQ. ***mit etw. ~*** dimenare qcs. **he|rum_füh|ren I** tr. **1** portare, condurre in giro **2** ***etw. um etw. ~*** far passare (*o* girare) qcs. intorno a qcs.: ***eine Mauer um das Haus ~*** costruire un muro attorno alla casa **II** intr. (aus. *haben*) girare: ***die Straße führt um die Stadt herum*** la strada gira intorno alla città ◆ ***jdn bei, an der Nase ~*** raggirare qcn., menare qcn. per il naso. **he|rum_fuhr|wer|ken** intr. (aus. *haben*) COLLOQ. armeggiare, trafficare. **he|rum_fum|meln** intr. (aus. *haben*) COLLOQ. **1** rovistare tastando **2** *(herumbasteln)* armeggiare, trafficare **3** *(anfassen)* ***an jdm ~*** palpeggiare qcn. **he|rum_ge|ben** tr. *(gibt, gab, gegeben)* distribuire, far girare, far circolare.

he|rum_ge|hen intr. *(ging, gegangen;* aus. *sein)* **1** girare, andare in giro: ***im Haus ~*** andare in giro per la casa; ***im Kreis ~*** girare in tondo **2a** COLLOQ. girare, fare il giro: ***um den Block ~*** fare il giro dell'isolato; ***der Weg geht um den See herum*** il sentiero gira intorno al lago **b** FIG. *(bekannt werden)* fare il giro, diffondersi: ***die Nachricht ging in der Stadt herum*** la notizia fece il giro della città **3** *(weitergereicht werden)* fare il giro, circolare, girare: ***eine Liste ~ lassen*** far circolare una lista **4** *(ausweichen)* ***um etw. ~*** evitare, aggirare qcs., girare attorno a qcs.: ***um ein Problem ~*** evitare un problema **5** COLLOQ. *(vergehen)* passare: ***die Zeit geht herum*** il tempo passa ◆ ***etw. geht mir im Kopf herum*** qcs. mi gira per la testa, mi occupa la mente. **he|rum_geis|tern** intr. (aus. *haben*) COLLOQ. aggirarsi come uno spettro; FIG. aleggiare. **he|rum_gon|deln** intr. (aus. *sein*) girovagare. **he|rum_ha|cken** intr. (aus. *haben*) COLLOQ. **1** zappare qua e là **2** *(kritisieren)* trovare da ridire: ***auf jdm, etw. ~*** trovar da ridire sul conto di qcn., su qcs. **he|rum_han|tie|ren** intr. (aus. *haben*) armeggiare. **he|rum_hor|chen** intr. (aus. *haben*) sentire in giro, ascoltare di qua e di là. **he|rum_ir|ren** intr. (aus. *sein*) girovagare, girare, vagare. **he|rum_kno|beln** intr. (aus. *haben*) COLLOQ. arrovellarsi il cervello: ***lange an etw. (D) ~*** arrovellarsi il cervello su qcs. **he|rum_kom|man|die|ren I** tr. comandare, dare ordini a **II** intr. (aus. *haben*) dare ordini. **he|rum_kom|men** intr. *(kam, gekommen;* aus. *sein)*

COLLOQ. **1a** svoltare, girare: ***sie kam gerade um die Ecke herum*** stava girando l'angolo **b** riuscire a girare, svoltare: ***ich komme mit dem Auto nicht herum*** non riesco a girare con la macchina **2** *(umschließen)* ***um etw.*** **~** riuscire ad abbracciare (*o* racchiudere fra le braccia) qcs. **3** *(vermeiden)* ***um etw.(A)*** **~** evitare, scansare qcs.; ***um ein Hindernis, eine Frage*** **~** aggirare un ostacolo, eludere una domanda **4** *(reisen)* viaggiare, girare, andare in giro: ***viel, weit*** **~** viaggiare molto **5** *(bewältigen)* ***mit der Arbeit nicht*** **~** non riuscire a portare a termine un lavoro. **he|rum_krie|gen** tr. COLLOQ. **1** ***jdn*** **~** far cambiare opinione a qcn. **2** *(hinter sich bringen)* passare, trascorrere. **he|rum_kri|ti|sie|ren** intr. (aus. *haben*) COLLOQ. ***an etw. (D)*** **~** trovar da ridire su qcs. **he|rum_kur|ven** intr. (aus. *sein*) COLLOQ. andare in giro, girare (con un veicolo). **he|rum_kut|schie|ren I** intr. (aus. *sein*) → **herumkurven II** tr. scarrozzare. **he|rum_lat|schen** intr. (aus. *haben*) ciabattare in giro. **he|rum_lau|fen** intr. *(läuft, lief, gelaufen;* aus. *sein)* **1** correre in giro **2a** *(ziellos herumgehen)* andare in giro, girare, vagare: ***müßig*** **~** bighellonare **b** FIG. *(auftreten)* andare in giro: ***so kann er doch nicht ~!*** non può mica andare in giro in questo stato! **3** *(um etw. herumführen)* girare: ***die Straße läuft um den Park herum*** la strada gira intorno al parco.

he|rum_lie|gen intr. *(lag, gelegen;* aus. *haben)* **1** giacere attorno, intorno; essere situato attorno, intorno: ***die Dörfer liegen um den See herum*** i paesi sono situati intorno al lago **2** *(verstreut liegen)* essere sparso: ***etw.*** **~ *lassen*** lasciare qcs. in giro **3** *(faul daliegen)* starsene sdraiato (in ozio): ***müßig*** **~** poltronare. **he|rum|lie|gend** agg. sparso.

he|rum_lun|gern intr. (aus. *sein, haben*) COLLOQ. bighellonare, andare a zonzo. **he|rum_mä|keln** intr. (aus. *haben*) → **herumkritisieren. he|rum_me|ckern, he|rum_mot|zen** intr. (aus. *haben*) brontolare. **he|rum_murk|sen** intr. (aus. *haben*) COLLOQ. lavoricchiare. **he|rum_nör|geln** intr. (aus. *haben*) → **herumkritisieren. he|rum_pla|gen, he|rum_quä|len** rifl. **sich ~** COLLOQ. arrabattarsi. **he|rum_ra|ten** *(rät, riet, geraten)*, **he|rum_rät|seln** intr. (aus. *haben*) scervellarsi (*o* spremersi il cervello) per indovinare, per trovare: ***an etw. (D)*** **~** scervellarsi su qcs. **he|rum_re|den** intr. (aus. *haben*) **1** FIG. girare attorno: ***um das Thema*** **~** girare attorno all'argomento **2** *(unnütz reden)* parlare a vanvera. **he|rum_rei|chen** tr. (aus. *haben*) COLLOQ. **1** offrire, far passare (*o* girare): ***reich bitte das Gebäck herum*** per favore offri i biscotti **2** *(etw. umfassen)* riuscire a cingere. **he|rum_rei|sen** intr. (aus. *sein*) COLLOQ. viaggiare, girare, andare in giro. **he|rum_rei|ßen** *(riss, gerissen)* **I** tr. girare bruscamente, di colpo: ***das Steuer, das Lenkrad*** **~** sterzare bruscamente; *(vom Pferd)* voltare bruscamente **II** intr. (aus. *haben*) ***an etw. (D)*** **~** scompigliare qcs. **he|rum_rei|ten** intr. *(ritt, geritten;* aus. *sein)* **1** COLLOQ. girare, gironzolare a cavallo **2** *(im Kreis reiten)* cavalcare intorno ◆ COLLOQ. ***auf etw. (D)*** **~** (continuare) a battere su qcs.; COLLOQ. ***auf. jdm*** **~** dare addosso a qcn. **he|rum_rüh|ren** intr. (aus. *haben*) ***in etw.*** **~** rimestare qcs.; FIG. *(erwähnen)* rivangare qcs. **he|rum_schar|wen|zeln** intr. (aus. *haben*) ***um jdn*** **~** fare moine a qcn. **he|rum_schla|gen** *(schlägt, schlug, geschlagen)* **I** tr. avvolgere: ***Papier um die Schachtel*** **~** avvolgere la scatola con la carta **II** rifl. **sich ~ 1** azzuffarsi, picchiarsi **2** *(sich abmühen)* darsi da fare. **he|rum_schlei|fen** tr. COLLOQ. trascinare, portare in giro. **he|rum_schlep|pen** tr. **1** trascinarsi (*o* tirarsi) dietro, trascinare in giro (*o* con sé): FIG. ***wochenlang einen Zweifel, eine Grippe mit sich*** **~** trascinarsi dietro un dubbio, un'influenza per settimane; **2** COLLOQ. ***jdn*** **~** portare in giro qcn. **he|rum_schlin|gen** *(schlang, geschlungen)* **I** tr. **1** cingere, avvolgere **II** rifl. **sich ~** attorcigliarsi. **he|rum_schnüf|feln** intr. (aus. *haben*) COLLOQ. andare fiutando; FIG. *(spionieren)* spiare. **he|rum_schwei|fen** intr. (aus. *sein*) andare vagando, girovagare. **he|rum_schwen|ken** tr. sventolare, agitare; SCHERZ. far girare (ballando). **he|rum_set|zen I** tr. mettere intorno **II** rifl. **sich ~** mettersi, sedersi attorno. **he|rum_sit|zen** intr. *(saß, gesessen;* aus. *sein)* **1** COLLOQ. *(müßig sitzen)* starsene seduto (con le mani in mano) **2** *(um etw. sitzen)* sedere intorno. **he|rum_spa|zie|ren** intr. (aus. *sein*) COLLOQ. andare a passeggio. **he|rum_spie|len** intr. (aus. *haben*) giocherellare: ***spiel nicht mit der Schere herum!*** non giocherellare con le forbici! FIG. ***an etw.*** **~** lavoricchiare intorno a qcs.; ***auf einem Instrument*** **~** strimpellare uno strumento. **he|rum_spre|chen** rifl. *(spricht, sprach, gesprochen)* **sich ~ 1** *(von Gerücht)* diffondersi, spargersi **2** impers. ***es sprach sich herum, dass...*** si è sparsa la voce (*o* si dice in giro) che... **he|rum_stän|kern** intr. (aus. *haben*) provocare malcontento, seminare zizzania. **he|rum_ste|hen** intr. *(stand, gestanden;* aus. *haben)* **1** stare (in piedi) attorno **2** essere sparso: ***Abfall steht überall herum*** c'è immondizia sparsa ovunque ◆ ***müßig*** **~** starsene in ozio, poltrire. **he|rum_stö|bern** intr. (aus. *haben*) COLLOQ. rovistare, frugare. **he|rum_sto|chern** intr. (aus. *haben*) **1** frugare (con qcs.); FIG. ***in jds Vergangenheit*** **~** frugare nel passato di qcn. **2** *(im Teller)* piluccare. **he|rum_sto|ßen** intr. *(stößt, stieß, gestoßen;* aus. *haben)* COLLOQ. spostare, sbattere di qua e di là. **he|rum_strei|chen** tr. *(strich, gestrichen)* COLLOQ. **1** vagare, girare **2** *(herumschleichen)* andare di soppiatto, andare quatto quatto. **he|rum_strei|ten** rifl. ***sich mit jdm um etw.*** **~** questionare con qcn. su qcs. **he|rum_streu|nen** intr. (aus. *sein*, RAR. *haben*) girovagare. **he|rum_tan|zen** intr. (aus. *haben*) **1** ballare, saltellare **2** *(um etw. tanzen)* danzare intorno ◆ ***jdm auf der Nase, auf dem Kopf*** **~** mettere qcn. sotto i piedi. **he|rum_tap|pen** intr. (aus. *sein*) brancolare. **he|rum_tas|ten** intr. (aus. *haben*) tastare intorno. **he|rum_te|le|fo|nie|ren** intr. (aus. *haben*) COLLOQ. fare un giro di telefonate. **he|rum_ti|gern** intr. (aus. *sein*) COLLOQ. gironzolare. **he|rum_tra|gen** tr. *(trägt, trug, getragen)* **1a** *(mit sich tragen)* portarsi dietro, in giro: ***das Wörterbuch mit sich*** **~** portarsi dietro il dizionario **b** *(hin und her tragen)* portare in giro: ***das Kind auf dem Arm*** **~** portare in giro il bambino in braccio **2** FIG. *(Probleme, Ideen)* rimuginare **3** SPREG. spifferare, spiattellare.

he|rum_trei|ben *(trieb, getrieben)* **I** tr. mandare intorno **II** rifl. **sich ~** COLLOQ. vagare, gironzolare, girovagare: ***sich in Kneipen*** **~** vagare da una birreria all'altra. **He|rum|trei|ber** m. *(-s,-)* COLLOQ. **1** SPREG. vagabondo *m.*, girovago *m.* **2** SCHERZ. gironzolone *m.*

he|rum_tre|ten intr. *(tritt, trat, getreten;* aus. *sein)* COLLOQ. calpestare (costantemente): ***auf etw. (D)*** **~** calpestare qcs.; FIG. ***auf jdm*** **~** calpestare, maltrattare costantemente qcn. **he|rum_trö|deln** intr. (aus. *haben*) gingillarsi. **he|rum_tum|meln** rifl. **sich ~** saltellare qua e là. **he|rum_tun** intr. *(tat, getan;* aus. *haben)* COLLOQ. armeggiare, sfaccendare. **he|rum_tur|nen** intr. COLLOQ. **1** (aus. *haben*) fare esercizi ginnici per gioco **2** (aus. *sein*) ***auf dem Dach*** **~** girare sul tetto. **he|rum_wäl|zen** intr. e rifl. **sich ~** rigirarsi in continuazione. **he|rum_wer|fen** *(wirft, warf, geworfen)* **I** tr. **1** *(in eine andere Richtung drehen)* girare, voltare **2** COLLOQ. sparpagliare intorno, gettare qua e là **II** rifl. **sich ~** rivoltarsi, rigirarsi continuamente: ***sich im Bett*** **~** rivoltarsi continuamente nel letto. **he|rum_wi|ckeln** tr. COLLOQ. avvolgere, avviluppare: ***Papier um etw.*** **~** avvolgere la carta attorno a qcs. **he|rum_wir|beln I** tr. far girare vorticosamente **II** intr. (aus. *sein*) girare vorticosamente intorno, turbinare. **he|rum_wirt|schaf|ten** intr. (aus. *haben*) COLLOQ. darsi d'attorno, armeggiare. **he|rum_wurs|teln** intr. (aus. *haben*) COLLOQ. ***an etw. (D)*** **~** lavoricchiare, sfaccendare attorno a qcs. **he|rum_zan|ken** intr. (aus. *haben*) e rifl. **sich ~** bisticciare di continuo. **he|rum_zie|hen** *(zog, gezogen)* **I** intr. (aus. *sein*) **1** ***um etw.*** **~** girare tutt'intorno a qcs. **2** COLLOQ. *(wandern)* girovagare da un luogo all'altro **II** tr. COLLOQ. tirare in qua e in là **III** rifl. ***sich um etw.*** **~** girare attorno a qcs. **he|rum|zie|hend** p.pres. agg. **1** → **herumziehen 2** girovago, nomade.

he|run|ten avv. REGION. e AUSTR. qui sotto.

he|run|ter avv. (COLLOQ. **runter**) giù, abbasso: ***den Weg*** **~** giù per il sentiero; **~ *vom Tisch*** giù dal tavolo; ***da*** **~** giù di qua; COLLOQ. **~ *mit euch!*** venite giù da lì! ***hinauf und*** **~** su e giù ◆ COLLOQ. ***völlig mit den Nerven*** **~ *sein*** essere completamente giù di nervi. **he|run|ter_be|kom|men** tr. *(bekam, bekommen)* COLLOQ. **1** *(nach unten schaffen können)* riuscire a portare giù **2** *(entfernen können)* riuscire a togliere **3** *(hinunterschlucken können)* riuscire a far andare giù. **he|run|ter_be|mü|hen I** tr. pregare di venire giù **II** rifl. **sich ~** scomodarsi a venire giù. **he|run|ter_be|ten** tr. COLLOQ. snocciolare (preghiere). **he|run|ter_beu|gen** rifl. **sich ~** chinarsi giù. **he|run|ter_bie|gen** tr. *(bog, gebogen)* piegare in giù. **he|run|ter_bit|ten** tr. *(bat, gebeten)* pregare di scendere. **he|run|ter_bli|cken** tr. → **heruntersehen. he|run|ter_bren|nen** intr. *(brannte, gebrannt;* aus. *sein)* **1** bruciare completamente **2** bruciare, ardere: ***die Sonne brennt auf den Strand herunter*** il sole brucia sulla spiaggia. **he|run|ter_brin|gen** tr. *(brachte, gebracht)* **1** portare giù **2** FIG. COLLOQ. *(schädigen)* rovinare **3** FIG. COLLOQ. buttare giù: ***die lange Krankheit hat ihn sehr heruntergebracht*** la lunga malattia lo ha buttato molto giù **4** COLLOQ. *(hinunterschlucken können)* riuscire a mandar giù. **he|run|ter_drü|cken** tr. **1** spingere in giù **2** FIG. COLLOQ. *(Preise)* tirare giù, abbassare. **he|run|ter_dür|fen** intr. *(darf, durfte, gedurft;* aus. *haben)* COLLOQ. **1** *(herunterkommen, -gehen, -fahren dürfen)* poter scendere **2** *(heruntergebracht werden dürfen)* poter essere portato giù. **he|run|ter_fah|ren** *(fährt, fuhr, gefahren)* **I** intr. (aus. *sein*) scendere giù (con un mezzo) **II** tr. portare giù (con un mezzo). **he|run|ter_fal|len** intr. *(fällt, fiel, gefallen;* aus. *sein)* cadere giù. **he|run|ter_flie|gen** intr. *(flog, geflogen;* aus. *sein)* **1** volare giù **2** FIG. COLLOQ. *(herunterfallen)* volare, cadere giù. **he|run|ter_ge|**

hen intr. *(ging, gegangen;* aus. *sein)* **1** scendere giù **2** COLLOQ. andar giù per: ***die Straße ~*** andare giù per la strada **3** COLLOQ. *(sinken)* andar giù, scendere, diminuire. **he|run|ter|ge|kom|men** p.pass. agg. **1** → **herunterkommen 2** malridotto, malandato: ***ein -er Betrieb*** un'azienda malridotta; ***~ aussehen*** sembrare giù, avere un aspetto malandato. **he|run|ter‿han|deln** tr. COLLOQ. ***den Preis ~*** tirare giù il prezzo contrattando. **he|run|ter‿hän|gen** intr. *(hing, gehangen;* aus. *sein)* COLLOQ. pendere (giù). **he|run|ter‿hau|en** tr. COLLOQ. **1** abbattere **2** ***jdm eine ~*** mollare, appioppare un ceffone a qcn. **he|run|ter‿hel|fen** intr. *(hilft, half, geholfen;* aus. *haben)* aiutare a scendere. **he|run|ter‿ho|len** tr. **1** andare a prendere, portare giù **2** FIG. COLLOQ. *(abschießen)* abbattere. **he|run|ter‿klap|pen** tr. abbassare, chiudere abbassando. **he|run|ter‿knal|len I** tr. COLLOQ. ***jdm eine ~*** appioppare a qcn. un bel ceffone **II** intr. (*herunterfallen;* aus. *sein*) cadere giù. **he|run|ter‿krie|gen** tr. COLLOQ. → **herunterbekommen. he|run|ter‿kom|men** intr. *(kam, gekommen;* aus. *sein)* **1** venire giù, scendere **2a** FIG. COLLOQ. *(wirtschaftlich sinken)* decadere **b** FIG. COLLOQ. *(schwach werden)* andare giù, deperire **3** FIG. COLLOQ. *(sich verbessern)* tirarsi su, migliorare: ***von einer schlechte Note nicht ~*** non riuscire a migliorare la votazione. **he|run|ter‿kön|nen** intr. *(kann, konnte, gekonnt;* aus. *haben)* COLLOQ. poter scendere. **he|run|ter‿las|sen** tr. *(lässt, ließ, gelassen)* COLLOQ. far venire giù, far scendere. **he|run|ter‿lau|fen** intr. *(läuft, lief, gelaufen;* aus. *sein)* correre, scorrere giù. **he|run|ter‿lei|ern** tr. dire meccanicamente, snocciolare. **he|run|ter‿le|sen** tr. *(liest, las, gelesen)* leggere meccanicamente, tutto d'un fiato. **he|run|ter‿ma|chen** tr. COLLOQ. ***jdn, etw. ~*** denigrare qcn., qcs., umiliare qcn., dir male di, stroncare qcs. **he|run|ter‿müs|sen** intr. *(muss, musste, gemusst;* aus. *haben)* dover scendere. **he|run|ter‿neh|men** tr. *(nimmt, nahm, genommen)* prendere, tirare giù. **he|run|ter‿pur|zeln** intr. (aus. *sein*) rotolare giù. **he|run|ter‿put|zen** tr. COLLOQ. ***jdn ~*** fare una ramanzina a qcn. **he|run|ter‿ras|seln I** tr. recitare meccanicamente, tutto d'un fiato **II** intr. (aus. *sein*) ruzzolare giù. **he|run|ter‿rei|chen I** tr. porgere giù **II** intr. (aus. *haben*) COLLOQ. arrivare giù. **he|run|ter‿rei|ßen** tr. *(riss, gerissen)* **1** strappare giù **2** *(reißend entfernen)* strappar via: ***ein Plakat von der Mauer ~*** strappare via un manifesto dal muro **3** tirare, buttare giù: ***die Vase vom Tisch ~*** buttare giù il vaso dal tavolo; FIG. COLLOQ. *(allzu schnell vortragen)* ***einen Aufsatz ~*** buttare giù un tema **4** COLLOQ. *(heruntermachen)* ***jdn ~*** tagliare i panni addosso a qcn. **he|run|ter‿ren|nen** intr. *(rannte, gerannt;* aus. *sein)* correre giù, scendere di corsa. **he|run|ter‿ru|fen** tr. *(rief, gerufen)* chiamare giù, far venire giù. **he|run|ter‿sa|gen** tr. → **herunterleiern. he|run|ter‿schal|ten** intr. (aus. *haben*) innestare una marcia inferiore. **he|run|ter‿schlu|cken** tr. COLLOQ. inghiottire, ingoiare, mandare giù (anche FIG.): ***manches ~ müssen*** dover ingoiare qcs. **he|run|ter‿schnur|ren** tr. sciorinare. **he|run|ter‿se|hen** intr. *(sieht, sah, gesehen;* aus. *haben)* **1** guardar giù **2** ***an jdm, etw. ~*** guardare qcn., qcs. dall'alto al basso, squadrare qcn., qcs. **he|run|ter‿set|zen** tr. → **herabsetzen. he|run|ter‿sol|len** intr. (aus. *haben*) COLLOQ. dover scendere. **he|run|ter‿spie|len** tr. COLLOQ. **1** suonare meccanicamente **2** FIG. *(abwerten)* minimizzare, sdrammatizzare. **he|run|ter‿stei|gen** intr. *(stieg, gestiegen;* aus. *sein)* scendere. **he|run|ter‿sto|ßen** tr. *(stößt, stieß, gestoßen)* spingere giù, buttare giù con una spinta. **he|run|ter‿stu|fen** tr. retrocedere. **he|run|ter‿stür|zen I** intr. (aus. *sein*) precipitare giù **II** rifl. **sich ~** precipitarsi giù. **he|run|ter‿tra|gen** tr. *(trägt, trug, getragen)* portare giù. **he|run|ter‿wer|fen** tr. *(wirft, warf, geworfen)* **1** buttare giù **2** COLLOQ. *(herunterfallen lassen)* lasciar cadere giù. **he|run|ter‿wirt|schaf|ten** tr. COLLOQ. mandare in rovina. **he|run|ter‿wol|len** intr. *(will, wollte, gewollt;* aus. *haben)* COLLOQ. voler scendere. **he|run|ter‿wür|gen** tr. COLLOQ. inghiottire con difficoltà (anche FIG.). **he|run|ter‿zie|hen** *(zog, gezogen)* **I** tr. **1** tirare giù **2** *(ziehend entfernen)* tirare via, sfilare **3** FIG. rovinare (moralmente, socialmente) **II** intr. (aus. *sein*) **1** trasferirsi giù, (di) sotto, scendere **2** ***die Straße ~*** sfilare giù per la strada.

her|vor avv. in fuori, fuori: ***~ mit euch!*** venite fuori! **her|vor‿bli|cken** intr. (aus. *haben*) sbirciare fuori, fare capolino (da): ***hinter den Gardinen ~*** sbirciare da dietro la tenda. **her|vor‿bre|chen** intr. *(bricht, brach, gebrochen;* aus. *sein)* **1a** sbucare fuori **b** spuntare: ***die Sonne bricht aus den Wolken hervor*** il sole spunta tra le nuvole; ***die erste Blumen brechen hervor*** spuntano i primi fiori **2** FIG. *(von Gefühlen)* prorompere, scoppiare. **her|vor‿brin|gen** tr. *(brachte, gebracht)* **1** portare fuori **2** *(erzeugen)* produrre, dare: ***der Apfelbaum bringt viele Früchte hervor*** il melo produce molti frutti; FIG. ***unsere Stadt hat viele Dichter hervorgebracht*** la nostra città ha dato i natali a molti poeti **3** FIG. *(schaffen)* far nascere, creare **4** *(herausbringen)* tirare fuori: ***keinen Laut, kein Wort ~*** non tirar fuori una parola. **her|vor‿drän|gen I** tr. spingere in fuori **II** rifl. **sich ~** spingersi avanti. **her|vor‿drin|gen** intr. *(drang, gedrungen;* aus. *sein)* uscire con impeto, sbucare. **her|vor‿ge|hen** intr. *(ging, gegangen;* aus. *sein)* **1** provenire: ***aus einer Künstlerfamilie ~*** provenire da una famiglia di artisti; ***aus dieser Beziehung ging ein Kind hervor*** da questa relazione nacque un bambino **2** venire fuori, uscire: ***aus einem Kampf als Sieger ~*** uscire vincitore da una lotta **3** FIG. risultare: ***aus seinen Worten geht hervor, dass...*** dalle sue parole risulta che... **her|vor‿gu|cken** intr. (aus. *haben*) COLLOQ. **1** → **hervorblicken 2** spuntare, sbucare fuori: ***dein Kleid guckt unter dem Mantel hervor*** il vestito ti spunta fuori dal cappotto. **her|vor‿he|ben** *(hob, gehoben)* **I** tr. **1** far spiccare, mettere in risalto **2** *(nachdrücklich betonen)* rilevare, sottolineare: ***ich möchte ~, dass...*** vorrei rilevare che... **II** rifl. **sich ~** emergere, spiccare. **her|vor‿ho|len** tr. estrarre, tirare fuori. **her|vor‿keh|ren** tr. mettere in evidenza, far risaltare. **her|vor‿kom|men** intr. *(kam, gekommen;* aus. *sein)* venir fuori, uscire, sbucare. **her|vor‿kra|men** tr. tirare fuori (rovistando) (anche FIG.): ***alte Fotos ~*** tirare fuori vecchie fotografie. **her|vor‿lo|cken** tr. **1** attirare fuori, far uscire **2** ***etw. aus jdm ~*** strappare (*o* carpire) qcs. a qcn. **her|vor‿quel|len** intr. *(quillt, quoll, gequollen;* aus. *sein)* **1** scaturire, sgorgare fuori **2** *(hervortreten)* uscire: ***seine Augen quollen hervor*** gli occhi gli uscirono dalle orbite.

her|vor‿ra|gen intr. (aus. *haben*) **1a** sporgere fuori **b** EDIL. aggettare **2** *(sich auszeichnen)* spiccare, eccellere: ***sie ragt unter den Schülern durch ihren Fleiß hervor*** eccelle tra gli scolari per il suo zelo. **her|vor|ra|gend I** p.pres. agg. **1** → **hervorragen 2a** eminente, illustre: ***ein -er Wissenschaftler*** un eminente scienziato **b** eccellente: ***von -er Qualität*** di eccellente qualità **II** avv. in modo eccellente: ***~ spielen*** giocare in modo eccellente.

her|vor‿rie|seln intr. (aus. *sein*) sgorgare (con lieve mormorio). **Her|vor|ruf** m. *(-[e]s,-e)* chiamata *f.* (alla ribalta). **her|vor‿ru|fen** tr. *(rief, gerufen)* **1** chiamare fuori; *(Schauspieler, Künstler)* chiamare alla ribalta **2** suscitare, provocare: ***Bewunderung, Erstaunen ~*** suscitare ammirazione, provocare stupore. **her|vor‿schie|ßen** intr. *(schoss, geschossen;* aus. *sein)* **1** spuntare fuori (in fretta) **2** *(hervorschnellen)* lanciarsi, precipitarsi fuori. **her|vor‿schnel|len** intr. (aus. *sein*) saltare fuori, sbucare, uscire di scatto. **her|vor‿sprie|ßen** intr. *(spross, gesprossen;* aus. *sein)* spuntare, germogliare.

her|vor‿sprin|gen intr. *(sprang, gesprungen;* aus. *sein)* **1** saltare fuori: ***aus dem Gebüsch ~*** saltare fuori dal cespuglio **2** *(stark hervortreten)* sporgere. **her|vor|sprin|gend** p.pres. agg. **1** → **hervorspringen 2** prominente, sporgente: ***eine -e Nase*** un naso prominente.

her|vor‿sprit|zen intr. (aus. *sein*) schizzare fuori. **her|vor‿spru|deln I** intr. (aus. *sein*) zampillare fuori, sgorgare **II** tr. ***die Worte hastig ~*** buttar fuori un fiume di parole.

her|vor‿ste|chen intr. *(sticht, stach, gestochen;* aus. *haben)* **1** spuntare **2** FIG. spiccare, risaltare: ***das Rot sticht hervor*** il rosso risalta. **her|vor|ste|chend** p.pres. agg. **1** → **hervorstechen 2** che salta agli occhi: ***-e Merkmale*** caratteristiche che saltano agli occhi.

her|vor‿ste|hen intr. *(stand, gestanden;* aus. *sein)* sporgere. **her|vor|ste|hend** p.pres. agg. **1** → **hervorstehen 2** prominente, sporgente. **her|vor‿sto|ßen** tr. *(stößt, stieß, gestoßen)* **1** spingere fuori **2** FIG. *(stoßweise sprechen)* esclamare. **her|vor‿stre|cken** tr. emettere. **her|vor‿strö|men** intr. (aus. *sein*) fluire fuori. **her|vor‿stür|zen** intr. (aus. *sein*) precipitarsi fuori. **her|vor‿su|chen** tr. scegliere, selezionare. **her|vor‿tre|ten** intr. *(tritt, trat, getreten;* aus. *sein)* **1** (fuori)uscire, venire fuori: ***aus dem Dunkeln ~*** uscire dall'oscurità **2** manifestarsi: ***seine Laster traten sehr früh hervor*** i suoi vizi si manifestarono molto presto **3** spuntare fuori, sporgere: ***seine Backenknochen treten hervor*** ha gli zigomi sporgenti **4** *(an die Öffentlichkeit treten)* ***mit etw. ~*** distinguersi, farsi un nome con qcs. **her|vor‿tun** rifl. *(tat, getan)* **sich ~** distinguersi, segnalarsi, mettersi in evidenza (*o* in mostra, in vista): ***sich als brillanter Werbefachmann ~*** distinguersi come brillante pubblicitario; *(sich wichtig tun)* ***er tut sich immer so hervor*** si mette sempre così in mostra. **her|vor‿wa|gen** rifl. **sich ~** osare uscire. **her|vor‿zie|hen** tr. *(zog, gezogen)* tirare fuori.

her|wärts avv. verso questa parte, di qua; *(auf dem Herweg)* venendo in qua; *(auf dem Rückweg)* sulla via del ritorno.

Her|weg m. *(-[e]s,-e)* venuta *f.*; *(Rückweg)* ritorno *m.*

her‿win|ken I intr. (aus. *haben*) fare un cenno verso questa parte **II** tr. *(herbeiwinken)* ***jdn ~*** fare cenno a qcn. di avvicinarsi. **her‿wol|len** intr. *(will, wollte, gewollt;* aus. *haben)* voler venire qui.

Herz n. *(gen. -e[n]s, dat. -[en]; pl. -en)* **1a** cuore *m.* (anche FIG.): ***das ~ hämmert (klopft, pocht, schlägt), hat versagt*** il cuore batte, ha ceduto; ***ein weiches, hartes ~ haben*** avere un cuore tenero, duro; ***kein ~ haben*** non avere cuore; ***ein ~ aus Stein haben*** avere un cuore di pietra; ***seine Worte kommen von -en*** le sue parole vengono dal cuore; ***leichten -ens*** a cuor leggero; ***-en aus Schokolade*** cuori di cioccolato **b** *(Brust)* ***jdn ans, an sein ~ drücken*** stringere qcn. al cuore (*o* a sé) **c** *(zentraler Teil)* ***das ~ der Artischocke, der Stadt, von Europa*** il cuore del carciofo, il cuore (*o* il centro) della città, dell'Europa **2** *(Liebling)* caro *m.* (-a *f.*), tesoro *m.* e *f.* **3** *(im Kartenspiel)* cuori *m.pl.*: ***drei ~ auf der Hand haben*** avere in mano tre cuori ◆ ***jdm sein ~ ausschütten*** aprire il proprio cuore, confidarsi (*o* sfogarsi) con qcn.; ***alles, was das ~ begehrt*** tutto quanto si può desiderare; ***ihm blutet das ~*** gli sanguina (*o* piange) il cuore; ***jdm das ~ brechen*** spezzare il cuore a qcn.; ***er hat viele -en gebrochen*** ha spezzato molti cuori, ha fatto strage di cuori; ***es nicht übers ~ bringen, etw. zu tun*** non avere il coraggio di fare qcs.; ***ihm dreht sich das ~ im Leib(e) herum*** ha una spina nel cuore; ***ein enges ~ haben*** avere una mentalità ristretta; ***sein ~ für etw. entdecken*** scoprire la propria passione per qcs.; ***die, alle -en im Sturm erobern*** conquistare il cuore di tutti; ***sich (D) ein ~ fassen*** farsi coraggio (*o* animo); ***das ~ auf dem rechten Fleck haben*** essere (una persona) di buon cuore; ***von ganzem -en*** di tutto cuore, *(aus voller Überzeugung)* con tutto il cuore; ***mit ganzem -en bei etw. sein*** essere pienamente partecipe di qcs.; ***zu -en gehen*** toccare il cuore, commuovere; ***sich (D) etw. zu -en gehen lassen*** affliggersi per qcs.; ***sein ~ gehört dem Sport*** il suo cuore è per lo sport, lo sport gli sta a cuore; ***von -en gern*** molto volentieri; ***sie ist ihm ans ~ gewachsen*** lui le è molto affezionato (*o* lui è molto attaccato, legato a lei); ***ein gutes ~ haben*** avere buon cuore; ***nicht das ~ haben, etw. zu tun*** non avere il coraggio di fare qcs.; ***ein ~ für jdn, etw. haben*** amare qcn., qcs.; ***was hast du auf dem -en?*** che cosa ti affligge?, che cosa ti preoccupa? ***es am -(en), mit dem -(en) haben*** essere malato di cuore; ***haben Sie doch ein ~!*** sia indulgente! ***mit halbem -en*** con scarso entusiasmo; ***Hand aufs ~!*** siamo sinceri! ***nach seinem -en handeln*** agire seguendo il cuore, seguire il cuore; ***sein ~ an jdn, etw. hängen*** dedicarsi anima e corpo a qcn., qcs., *(unbedingt besitzen wollen)* lasciarci il cuore; COLLOQ. ***ihm fällt, rutscht das ~ in die Hose(n)*** si perde d'animo, gli viene a mancare il coraggio; ***das ~ hüpft ihm vor Freude*** → ***ihm lacht das ~ im Leibe***; ***ihm krampft sich das ~ zusammen*** gli si stringe il cuore; ***ihm lacht das ~ im Leib(e)*** il cuore gli balza in petto dalla gioia; ***etw. jdm ans ~ legen*** affidare qcs. alle cure di qcn., raccomandare vivamente qcs. a qcn.; ***es wurde ihm leichter ums ~*** si sentì alleggerito; ***das liegt ihm am -en*** ciò gli sta a cuore; ***das ~ eines Löwens haben*** avere un cuore da leone; ***seinem -en Luft machen*** sfogarsi; ***mit (viel) ~*** con (grande) fervore; ***aus seinem -en keine Mördergrube machen*** parlare con il cuore in mano, aprire il proprio cuore senza ritegno; ***das ist nach meinem -en*** questo è di mio gusto; ***sie steht seinem -en nahe*** gli è molto cara; ***das ~ in die Hand, in beide Hände nehmen*** pigliar cuore, farsi coraggio; ***sich (D) etw. zu -en nehmen*** prendersi a cuore qcs.; ***jdn, etw. auf ~ und Nieren prüfen*** sottoporre qcn., qcs. ad un severo esame (*o* ad un esame approfondito); ***jdm sein ~ öffnen*** aprire il proprio cuore a qcn.; ***sich (D) etw. vom -en reden*** levarsi un peso dal cuore (parlando); ***etw. reinen -ens behaupten*** affermare qcs. a cuore aperto; ***jds ~ rühren*** toccare il cuore di qcn.; LETT. ***jdm sein ~ schenken*** donare il proprio cuore a qcn.; ***das lässt mein ~ höher schlagen*** mi fa battere forte il cuore; ***vor Angst schlägt ihm das ~ bis zum Hals (hinauf)*** ha il cuore in gola per la paura; ***jdn ins, in sein ~ schließen*** affezionarsi a qcn.; ***ihm schnürt sich das ~ zusammen*** → ***ihm krampft sich das ~ zusammen***; ***schweren -ens*** a malincuore; ***ihm wird das ~ schwer*** gli si gonfia il cuore di tristezza, di malinconia; ***jdm das ~ schwer machen*** rattristare qcn.; ***ein ~ und eine Seele sein*** essere due cuori e un'anima sola; ***du sprichst mir aus dem -en*** mi leggi nell'animo; ***sich in die -en der Leute stehlen*** conquistarsi la simpatia della gente; ***an gebrochenem -en sterben*** morire di crepacuore; ***ihm stand das ~ (vor Schreck) still, ihm stockte das ~ vor Schreck*** gli sobbalzò il cuore per lo spavento; ***seinem -en einen Stoß geben*** scuotersi, farsi coraggio; ***aus tiefstem -en*** dal profondo del cuore; LETT. ***ein Kind unter dem -en tragen*** portare un bimbo in seno; ***jdn im -en tragen*** portare qcn. nel cuore, amare qcn.; BOT. ***Tränendes ~*** cuor di Maria; ***jdn ins ~ treffen*** offendere qcn. profondamente; ***sein ~ an jdn verlieren*** perdere la testa per qcn., innamorarsi di qcn.; ***mir wird es warm ums ~*** mi si commuove il cuore; ***dieser Anblick zerreißt mir das ~*** questo spettacolo mi colpisce profondamente; ***das ~ zerspringt ihm vor Freude*** il cuore gli scoppia di gioia; ***das ~ auf der Zunge haben*** avere il cuore sulle labbra; PROV. ***wes das ~ voll ist, des geht der Mund über*** per l'abbondanza del cuor, la bocca parla.

her‿zäh|len tr. contare: ***man kann sie an den Fingern ~*** si contano sulle (*o* sulla punta delle) dita.

herz|al|ler|liebst... agg. ANT. **1** incantevole, delizioso **2** diletto: ***mein -er Freund*** mio diletto amico. **Herz|al|ler|liebs|te** m. e f. *(-n,-n)* ANT. diletto *m.* (-a *f.*). **Herz|an|fall** m. *(-[e]s,-anfälle)* attacco *m.* cardiaco (*o* di cuore): ***einen ~ haben, bekommen*** avere un attacco di cuore. **Herz|ano|ma|lie** f. *(-,-n)* malformazione *f.* cardiaca. **Herz|ass, Herz|ass** n. *(-es,-e)* asso *m.* di cuori. **Herz|asth|ma** n. *(-s)* asma *m.* cardiaco. **Herz|at|ta|cke** f. *(-,-n)* → **Herzanfall.**

her‿zau|bern tr. → **herbeizaubern.**

herz|be|klem|mend agg. opprimente. **Herz|be|klem|mung** f. *(-,-en)* oppressione *f.* cardiaca. **Herz|be|schwer|den** pl. disturbi *m.pl.* cardiaci. **Herz|beu|tel** m. *(-s,-)* pericardio *m.* **herz|be|we|gend I** agg. commovente **II** avv. in modo commovente. **Herz|blatt** n. *(-[e]s,-blätter)* **1** BOT. fogliolina *f.* centrale **2** *(Liebling)* tesoro *m.* **herz|blätt|rig** agg. con le foglie a (forma di) cuore. **Herz|block** m. *(-[e]s,-blöcke)* blocco *m.* (*o* arresto *m.*) cardiaco. **Herz|blu|me** f. *(-,-n)* BOT. cuor *m.* di Maria. **Herz|blut** n. *(-[e]s)* sangue *m.*; *(Leben)* vita *f.*: ***etw. mit seinem ~ schreiben*** scrivere qcs. col proprio sangue; ***sein ~ für jdn hingeben*** dare la vita per qcn. **herz|bre|chend** agg. straziante. **Herz|bru|der** → **Herzensbruder.** **Herz|bu|be, Herz|bu|be** m. *(-n,-n)* fante *m.* di cuori. **Herz|chen** n. *(-s,-)* **1** cuoricino *m.* (anche VEZZ.) **2** SPREG. *(gutgläubiger Mensch)* credulone *m.*, sempliciotto *m.* **Herz|chi|rurg** m. *(-en,-en)* cardiochirurgo *m.* **Herz|chi|rur|gie** f. *(-)* cardiochirurgia *f.* **Herz|da|me, Herz|da|me** f. *(-,-n)* donna *f.* di cuori. **Herz|drü|cken, *nicht an ~ sterben*** non aver peli sulla lingua.

Her|ze n. *(-ns,-n)* LETT. ANT. cor(e) *m.*

Her|ze|go|wi|na n.pr.f. *(-)* Erzegovina *f.*

her‿zei|gen tr. far vedere, mostrare.

Her|ze|leid n. *(-[e]s)* cordoglio *m.*, profondo dolore *m.*

Herz|em|bo|lie f. *(-,-n)* embolia *f.* cardiaca.

her|zen tr. stringere al cuore, abbracciare.

Her|zens|an|ge|le|gen|heit f. *(-,-en)* **1** *(Liebesangelegenheit)* affare *m.* di cuore **2** cosa *f.* (*o* faccenda *f.*) di grande importanza: ***das ist ihm eine ~*** per lui questa è una cosa di grande importanza (*o* ciò gli sta particolarmente a cuore). **Her|zens|angst** f. *(-)* angoscia *f.* **Her|zens|be|dürf|nis** n. *(-ses,-se)* intimo bisogno *m.*, intima necessità *f.*: ***die Pflege der Kranken ist ihr ein ~*** sente un intimo bisogno di curare gli ammalati. **Her|zens|bil|dung** f. *(-)* sensibilità *f.*, nobiltà *f.* d'animo: ***ein Mann von großer ~*** un uomo di grande sensibilità. **Her|zens|bre|cher** m. *(-s,-)* rubacuori *m.* **Her|zens|bru|der** m. *(-s,-brüder)* **1** fratello *m.* prediletto **2** → **Herzensfreund.** **Her|zens|dieb** m. *(-[e]s,-e)* rubacuori *m.* **Her|zens|freu|de** f. *(-,-n)* profonda gioia *f.* **Her|zens|freund** m. *(-[e]s,-e)* ANT. amico *m.* del cuore, amico *m.* prediletto. **her|zens|froh** agg. contentissimo. **Her|zens|grund, *aus ~*** dal profondo del cuore. **her|zens|gut** agg. di buon cuore, buono come il pane. **Her|zens|gü|te** f. *(-)* profonda bontà *f.*, bontà *f.* d'animo. **Her|zens|kind** n. *(-[e]s,-kinder)* figliolo *m.* caro, amato: ***mein geliebtes ~*** mio caro figliolo. **Her|zens|lust, *nach ~*** a piacere, finché si vuole; ***nach ~ essen*** mangiare a sazietà. **Her|zens|sa|che** f. *(-,-n)* affare *m.* di cuore. **Her|zens|wär|me** f. *(-)* calore *m.* (umano). **Her|zens|wunsch** m. *(-[e]s,-wünsche)* intimo, vivo desiderio *m.*

Herz|ent|zün|dung f. *(-,-en)* infiammazione *f.* cardiaca, cardite *f.* **herz|er|freu|end, herz|er|fri|schend I** agg. che rallegra il cuore, giocondo, lieto **II** avv. lietamente. **herz|er|grei|fend I** agg. commovente, che stringe il cuore **II** avv. in modo commovente. **herz|er|qui|ckend** agg. e avv. → **herzerfrischend.** **herz|er|schüt|ternd** agg. straziante. **herz|er|wei|chend I** agg. commovente **II** avv. in modo commovente. **Herz|er|wei|te|rung** f. *(-)* cardiodilatazione *f.*, cardioectasia *f.* **Herz|feh|ler** m. *(-s,-)* vizio *m.* cardiaco. **Herz|flim|mern** n. *(-s)* fibrillazione *f.* (cardiaca). **Herz|form** f. *(-,-en)* forma *f.* a cuore: ***ein Kuchen in ~*** un dolce a forma di cuore. **herz|för|mig** agg. a (forma di) cuore. **Herz|fre|quenz** f. *(-)* frequenza *f.* cardiaca. **Herz|funk|ti|on** f. *(-)* funzione *f.*, attività *f.* cardiaca. **Herz|ge|gend** f. *(-)* regione *f.* cardiaca. **herz|ge|liebt** agg. amato. **Herz|ge|räusch** n. *(-[e]s,-e)* soffio *m.* al cuore. **Herz|gru|be** f. *(-,-n)* fossetta *f.* epigastrica.

herz|haft I agg. **1** ANT. coraggioso, impavido: ***ein -er Entschluss*** una decisione coraggiosa **2** *(entschlossen)* deciso, risoluto **3a** *(kräftig)* forte, vigoroso: ***ein -er Händedruck, Schluck*** una forte stretta di mano, una buona sorsata; ***ein -es Lachen*** una sonora risata **b** *(von kräftigem Geschmack)* forte: ***-e Speisen lieben*** amare i cibi forti **II** avv. **1** *(mutig)* coraggiosamente **2** con decisione, risolutamente:

~ ***handeln*** agire risolutamente **3a** *(kräftig)* con forza, vigorosamente: ***jdm ~ die Hand drücken*** stringere energicamente la mano a qcn. **b** *(von Speisen)* ***~ schmecken*** avere un sapore forte, essere forte. **Herz|haf|tig|keit** f. *(-)* **1** ANT. *(Mut)* coraggio *m.*, ardimento *m.* **2** *(Entschlossenheit)* decisione *f.*, risolutezza *f.* **3** *(von Speisen)* sapore *m.* forte.

her_zie|hen *(zog, gezogen)* **I** tr. **1** COLLOQ. tirare in qua: ***etw. zu sich ~*** tirare qcs. verso di sé (*o* a sé) **2** ***etw. hinter sich ~*** tirarsi (*o* trascinarsi) dietro qcs.: ***einen Handwagen hinter sich ~*** tirarsi dietro un carretto **II** intr. **1** *(herankommen;* aus. *sein)* avanzare, venire avanti: ***die Wolken ziehen her*** le nuvole avanzano in questa direzione **2** COLLOQ. *(hierherziehen;* aus. *sein)* trasferirsi qui, venire ad abitare qui **3** (aus. *sein*) ***vor, hinter, neben jdm, etw. ~*** procedere davanti, dietro, di fianco a qcn., qcs. **4** COLLOQ. (aus. *haben, sein*) ***über jdn ~*** spettegolare su qcn., tagliare i panni addosso a qcn.

her|zig agg. grazioso, carino.

Herz|in|farkt m. *(-[e]s,-e)* infarto *m.* cardiaco. **Herz|in|nen|haut** f. *(-)* endocardio *m.* **herz|in|nig|(lich)** ANT. **I** agg. intimo, profondo **II** avv. calorosamente, appassionatamente: ***jdn ~ lieben*** amare appassionatamente qcn. **Herz|in|suf|fi|zi|enz** f. *(-,-en)* insufficienza *f.* cardiaca. **Herz|ja|gen** n. *(-s)* tachicardia *f.* **Herz-Je|su** m. *(-)* Sacro Cuore *m.* (di Gesù). **Herz|kam|mer** f. *(-,-n)* ventricolo *m.* **Herz|kir|sche** f. *(-,-n)* duracina *f.*, durone *m.* **Herz|klap|pe** f. *(-,-n)* valvola *f.* cardiaca. **Herz|klap|pen|feh|ler** m. *(-s,-)* vizio *m.* valvolare (*o* cardiaco). **Herz|klop|fen** n. *(-s)* **1** batticuore *m.* **2** MED. cardiopalma *m.*, cardiopalmo *m.* **Herz|kol|laps** m. *(-es,-e)* collasso *m.* cardiaco. **Herz|kö|nig, Herz|kö|nig** m. *(-s,-e)* re *m.* di cuori. **herz|krank** agg. malato di cuore, MED. cardiopatico. **Herz|krank|heit** f. *(-,-en)* malattia *f.* di cuore, MED. cardiopatia *f.* **Herz|kranz|ge|fäß** n. *(-es,-e)* coronaria *f.* **Herz-Kreis|lauf-Er|kran|kung** f. *(-,-en)* malattia *f.* cardiocircolatoria. **Herz|kur|ve** f. *(-,-n)* cardioide *f.* **Herz|lei|den** n. *(-s,-)* → **Herzkrankheit.**

herz|lich I agg. **1** cordiale; *(freundlich)* amichevole: ***ein -er Empfang*** un'accoglienza cordiale; ***-e Worte*** parole cordiali; ***zu jdm ~ sein*** essere cordiale con qcn.; ***miteinander ~ sein*** avere rapporti cordiali **2** *(liebevoll)* affettuoso: ***ein -er Kuss*** un bacio affettuoso **3** *(aufrichtig)* sincero, cordiale: ***eine -e Freundschaft*** una cordiale amicizia; ***eine -e Bitte*** una preghiera che viene dal cuore **II** avv. **1** cordialmente, con cordialità: ***jdn ~ behandeln*** trattare qcn. cordialmente **2** *(liebevoll)* affettuosamente **3** *(aufrichtig)* sinceramente, di cuore: ***jdm etw. ~ wünschen*** augurare di cuore qcs. a qcn. **4** rafforz. molto, assai, ben: ***~ gern, wenig*** ben volentieri (*o* di cuore), ben poco (*o* pochissimo); ***~ lachen*** ridere di cuore ◆ ***jdn aufs Herzlichste begrüßen*** salutare qcn. molto cordialmente; ***-es Beileid*** sentite condoglianze; ***-en Dank!*** grazie di cuore! ***-st dein, euer Peter*** il tuo, il vostro affezionatissimo Peter; ***-e Glückwünsche zum Geburtstag*** sinceri auguri di buon compleanno; ***mit -en Grüßen*** cordiali saluti; ***~ willkommen!*** benvenuto! benvenuti! **Herz|lich|keit** f. *(-,-en)* **1** cordialità *f.* **2** *(Aufrichtigkeit)* sincerità *f.* **3a** pl. *(herzliche Äußerung)* cordialità *f.pl.* **b** *(herzliche Verhaltensweise)* modi *m.pl.* cordiali.

herz|lieb agg. carissimo, adorato. **Herz|lieb|chen** n. *(-s,-)* LETT. diletta *f.* (-o *m.*).

herz|los I agg. **1** senza cuore, insensibile: ***ein -er Mensch*** un uomo senza cuore **2** *(unbarmherzig)* spietato: ***eine -e Verhaltensweise*** un comportamento spietato **II** avv. spietatamente. **Herz|lo|sig|keit** f. *(-,-en)* **1** mancanza *f.* di cuore, insensibilità *f.* **2** *(Unbarmherzigkeit)* spietatezza *f.*

Herz-Lun|gen-Ma|schi|ne f. *(-,-en)* macchina *f.* cuore-polmoni.

Herz|mas|sa|ge f. *(-,-n)* massaggio *m.* cardiaco. **Herz|mit|tel** n. *(-s,-)* cardiotonico *m.*, cardiostimolante *m.*

Herz|mus|kel m. *(-s,-)* muscolo *m.* cardiaco, miocardio *m.* **Herz|mus|kel|ent|zün|dung** f. *(-,-en)* miocardite *f.* **Herz|mus|kel|in|farkt** m. *(-[e]s,-e)* → **Herzinfarkt.**

herz|nah agg. vicino al cuore. **Herz|neu|ro|se** f. *(-,-n)* nevrosi *f.* cardiaca, cardionevrosi *f.*

Her|zog m. *(-[e]s,-zöge* e RAR. *-e)* duca *m.* **Her|zo|gin** f. *(-,-nen)* duchessa *f.* **her|zog|lich** agg. ducale. **Her|zogs|wür|de** f. *(-)* dignità *f.* ducale. **Her|zog|tum** n. *(-[e]s,-tümer)* ducato *m.*

Herz|ohr n. *(-[e]s,-en)* ANAT. auricola *f.*, orecchietta *f.* (del cuore). **Herz|ope|ra|ti|on** f. *(-,-en)* operazione *f.* al cuore. **Herz|pa|ti|ent** m. *(-en,-en)* **1a** persona *f.* operata di cuore **b** *(am Herz zu operierender Patient)* persona *f.* da operare al cuore **2** *(herzkranke Person)* cardiopatico *m.* **Herz|rhyth|mus** m. *(-)* ritmo *m.* cardiaco. **Herz|rhyth|mus|stö|rung** f. *(-,-en)* aritmia *f.* cardiaca. **Herz|schlag** m. *(-[e]s,-schläge)* **1a** battito *m.* cardiaco (*o* del cuore) **b** FIG. ***hier spürt man den ~ der Stadt*** qui si sente pulsare il cuore della città **2** *(Herztod)* arresto *m.* cardiaco, COLLOQ. colpo *m.* **Herz|schmer|zen** pl. mal *m.* di cuore, male *m.* al cuore. **Herz|schritt|ma|cher** m. *(-s,-)* pace-maker *m.* **Herz|schwä|che** f. *(-,-n)* → **Herzinsuffizienz. Herz|spen|der** m. *(-s,-)* donatore *m.* di cuore. **Herz|spe|zi|a|list** m. *(-en,-en)* cardiologo *m.* **herz|stär|kend** agg. cardiotonico, cardiocinetico: ***-es Mittel*** (farmaco) cardiotonico, cardiocinetico. **Herz|stich** m. *(-[e]s,-e)* fitta *f.* al cuore. **Herz|still|stand** m. *(-[e]s)* arresto *m.* cardiaco, paralisi *f.* cardiaca. **Herz|stück** n. *(-[e]s)* FIG. cuore *m.*, nucleo *m.*, parte *m.* centrale. **Herz|tä|tig|keit** f. *(-)* attività *f.* cardiaca. **Herz|tod** m. *(-[e]s,-e)* (morte *f.* per) arresto *m.* cardiaco. **Herz|ton** m. *(-[e]s,-töne)* tono *m.* cardiaco. **Herz|trans|plan|ta|ti|on** f. *(-,-en)* trapianto *m.* di, del cuore. **Herz|trop|fen** pl. gocce *f.pl.* per il cuore.

her|zu avv. LETT. (in) qua. **her|zu_ei|len** intr. (aus. *sein*) accorrere (in qua). **her|zu_kom|men** intr. *(kam, gekommem;* aus. *sein)* venire (in qua), avvicinarsi.

Herz|ver|grö|ße|rung f. *(-,-en)* ipertrofia *f.* del cuore. **Herz|ver|pflan|zung** f. *(-,-en)* → **Herztransplantation. Herz|ver|sa|gen** n. *(-s,-)* collasso *m.* cardiaco. **Herz|weh** n. *(-[e]s)* **1** ANT. → **Herzschmerzen 2** *(großer Kummer)* affanno *m.*, dolore *m.*

herz|wirk|sam agg. cardiostimolante. **herz|zer|rei|ßend I** agg. straziante **II** avv. in modo straziante.

her|zy|nisch agg. GEOL. ercinico.

Hes|pe|ri|den n.pr.pl. Esperidi *f.pl.* **Hes|pe|ri|en** n.pr.pl. Esperia *f.*

Hes|se m. *(-n,-n)* assiano *m.*, abitante *m.* dell'Assia. **Hes|sen** n.pr.n. *(-s)*, **Hes|sen|land** n.pr.n. *(-[e]s)* Assia *f.* **Hes|sin** f. *(-,-nen)* assiana *f.*, abitante *f.* dell'Assia. **hes|sisch** agg. assiano, dell'Assia.

he|te|ro agg. GERG. etero. **He|te|ro** m. *(-s,-s)* GERG. etero *m.* **he|te|ro|dox** agg. eterodosso. **He|te|ro|do|xie** f. *(-,-n)* eterodossia *f.* **he|te|ro|gen** agg. eterogeneo. **He|te|ro|ge|ni|tät** f. *(-)* eterogeneità *f.* **He|te|ro|go|nie** f. *(-)* eterogonia *f.* **he|te|ro|morph** agg. eteromorfo. **He|te|ro|no|mie** f. *(-)* eteronomia *f.* **He|te|ro|nym** n. *(-s,-e)* eteronimo *m.*

He|te|ro|se|xu|a|li|tät f. *(-)* eterosessualità *f.* **he|te|ro|se|xu|ell** agg. eterosessuale. **He|te|ro|se|xu|el|le** m. e f. *(-n,-n)* eterosessuale *m.* e *f.*

He|te|ro|som n. *(-s,-en)* eterocromosoma *m.* **he|te|ro|zy|got** agg. eterozigote. **he|te|ro|zyk|lisch** agg. eterociclico.

He|t(h)i|ter m. *(-s,-)* (h)ittita *m.* **he|t(h)i|tisch** agg. (h)ittita.

Hetz|blatt n. *(-[e]s,-blätter)* giornale *m.* scandalistico. **Het|ze** f. *(-,-n)* **1** *(große Eile)* furia *f.*, grande agitazione *f.* **2** persecuzione *f.*: ***eine ~ gegen jdn, etw. betreiben*** attuare una persecuzione contro qcn., qcs. **3** *(Hetzjagd)* caccia *f.* a inseguimento. **het|zen I** tr. **1a** ***ein Tier, einen Dieb ~*** dare la caccia a (*o* braccare, inseguire) un animale, un ladro **b** ***die Hunde, die Polizisten auf jdn ~*** lanciare i cani all'inseguimento di qcn., sguinzagliare i poliziotti dietro a qcn.; ***jdn zu Tode ~*** dare la caccia a qcn. finché non muore, FIG. dare una caccia spietata a qcn. **2** FIG. *(zur Eile antreiben)* ***jdn ~*** fare fretta a qcn. **II** intr. (aus. *haben*) e rifl. ***sich ~*** **1** affannarsi; *(hastig arbeiten)* lavorare in fretta e furia (*o* freneticamente) **2** ***gegen jdn, etw. ~*** fare una campagna persecutoria contro qcn., qcs. **3a** istigare: ***die Leute aufeinander, gegeneinander ~*** istigare gli uni contro gli altri **b** ***zum Krieg ~*** istigare alla guerra **3** (aus. *sein*) precipitarsi, correre (a perdifiato). **Het|zer** m. *(-s,-)* persecutore *m.*, istigatore *m.* **Het|ze|rei** f. *(-,-en)* **1** persecuzione *f.*, istigazione *f.* **2** *(übergroße Eile)* furia *f.*, affanno *m.* **het|ze|risch** agg. che aizza, istiga. **Hetz|hund** m. *(-[e]s,-e)* cane *m.* da seguito. **Hetz|jagd** f. *(-,-en)* **1** caccia *f.* a inseguimento, braccata *f.* **2** *(Verfolgung)* caccia *f.*, persecuzione *f.* **Hetz|kam|pag|ne** f. *(-,-n)* campagna *f.* persecutoria. **Hetz|re|de** f. *(-,-n)* discorso *m.* che incita all'odio.

Heu n. *(-[e]s)* **1** fieno *m.*: ***~ ernten, machen, wenden*** raccogliere, fare, girare il fieno **2** COLLOQ. *(viel Geld)* soldi *m.pl.* a palate, barca *f.* di soldi **3** GERG. *(Marihuana)* erba *f.* ◆ ***Geld wie ~ haben*** avere soldi a palate. **Heu|bo|den** m. *(-s,-böden)* **1** fienile *m.* **2** SCHERZ. *(im Theater)* piccionaia *f.*

Heu|che|lei f. *(-,-en)* ipocrisia *f.*, falsità *f.* **heu|cheln I** tr. fingere, simulare **II** intr. (aus. *haben*) fingere, fare l'ipocrita. **Heuch|ler** m. *(-s,-)* ipocrita *m.* **Heuch|le|rin** f. *(-,-nen)* ipocrita *f.* **heuch|le|risch I** agg. ipocrita, falso **II** avv. ipocritamente, da ipocrita. **Heuch|ler|mie|ne** f. *(-,-n)* faccia *f.* da ipocrita.

Heu|die|le f. *(-,-n)* SVIZZ. → **Heuboden. heu|en** intr. (aus. *haben*) fare (*o* raccogliere) il fieno.

heu|er avv. REGION. quest'anno.

1.Heu|er m. *(-s,-)* REGION. → **Heumacher.**

2.Heu|er f. *(-,-n)* MAR. **1** paga *f.*, ingaggio *m.* **2** *(Anstellung)* imbarco *m.* **Heu|er|baas** m. *(-es,-e)* MAR. ingaggiatore *m.* (di marinai). **Heu|er|bü|ro** n. *(-s,-s)* MAR. ufficio *m.* di collocamento marittimi.

heu|ern tr. MAR. **1** ingaggiare **2** *(mieten)* noleggiare.
Heu|ern|te f. *(-,-n)* raccolta *f.* del fieno, fienagione *f.* **Heu|e(r)t** m. *(-s,-e)* → **Heumonat.**
Heu|fie|ber n. *(-s)* febbre *f.* da fieno. **Heu|fuh|re** f. *(-,-n)* carro *m.* da, di fieno. **Heu|ga|bel** f. *(-,-n)* forcone *m.* (da fieno). **Heu|hüp|fer** m. *(-s,-)* COLLOQ. → **Heuschrecke.**
Heul|bo|je f. *(-,-n)* **1** boa *f.* con sirena automatica (*o* con segnalazione a fischio) **2a** SCHERZ. *(Heulpeter)* piagnone *m.* **b** SPREG. *(schlecht singender Sänger)* urlatore *m.* **heu|len** intr. (aus. *haben*) **1a** ululare, urlare: ***der Hund, die Sirene heult*** il cane ulula, la sirena urla **b** *(vom Sturm, Wind)* ululare, mugghiare **c** *(vom Motor)* andare su di giri **2** COLLOQ. *(laut, heftig weinen)* piangere (forte): ***vor Wut hätte ich ~ können*** dalla rabbia mi sarei messo a piangere ◆ ***das große Heulen kriegen*** scoppiare a piangere, abbandonarsi al pianto; ***wie ein Schlosshund ~*** piangere disperatamente, a dirotto; ***mit den Wölfen ~*** seguire il branco, adeguarsi agli altri; ***mit Heulen und Zähneklappern, Zähneknirschen*** tremando di paura; *(widerwillig)* a denti stretti; BIBL. con pianto e stridor di denti; ***es ist zum Heulen!*** c'è da piangere! **Heu|ler** m. *(-s,-)* **1** COLLOQ. urlo *m.*, strillo *m.* **2** *(Feuerwerkskörper)* fischione *m.* **3** *(junger Seehund)* piccolo *m.* di foca ◆ ***das ist (ja) der letzte ~!*** è incredibile! *(von Kleidungsstücken)* è l'ultimo grido! **Heu|le|rei** f. *(-,-en)* ululati *m.pl.*, urla *f.pl.*, urlio *m.* **2** COLLOQ. *(Weinen)* piagnisteo *m.*; *(Wehklagen)* lamenti *m.pl.* **Heul|lie|se** f. *(-,-n)* piagnona *f.* **Heul|pe|ter** m. *(-s,-)* piagnone *m.* **Heul|su|se** f. *(-,-n)* → **Heulliese.** **Heul|ton|ne** f. *(-,-n)* → **Heulboje.**
Heu|mahd f. *(-,-en)* taglio *m.* dell'erba da fieno. **Heu|mo|nat**, **Heu|mond** m. *(-[e]s,-e)* (mese *m.* della) fienagione *f.* **Heu|och|se** m. *(-n,-n)* testone *m.*, asino *m.* **Heu|pferd** n. *(-[e]s,-e)* → **Heuschrecke.** **Heu|re|chen** m. *(-s,-)* rastrello *m.* (da fieno). **Heu|rei|ter** m. *(-s,-)* AUSTR. cavalletto *m.* da fieno (a treppiede).
heu|re|ka inter. **~!** eureka!
Heu|reu|ter m. *(-s,-)* → **Heureiter.**
heu|rig agg. REGION. di quest'anno. **Heu|ri|ge** m. *(-n,-n)* AUSTR. **1a** vino *m.* nuovo, (vino *m.*) novello *m.* **b** *(Lokal)* osteria *f.* (dove si beve il vino novello) **2** *(Kartoffel)* patata *f.* novella.
Heu|ris|tik f. *(-)* euristica *f.* **heu|ris|tisch** agg. euristico.
Heu|schnup|fen m. *(-s,-)* raffreddore *m.* da fieno. **Heu|scho|ber** m. *(-s,-)* mucchio *m.* di fieno. **Heu|schre|cke** f. *(-,-n)* cavalletta *f.*, locusta *f.* **Heu|schre|cken|schwarm** m. *(-[e]s,-schwärme)* sciame *m.* di cavallette. **Heu|sta|del** m. *(-s,-)* REGION. fienile *m.*
heut COLLOQ., **heu|te** avv. oggi: ***~ bleibe ich zu Hause*** oggi resto a casa; ***ab, seit ~, von ~ an, ab*** da oggi, a partire da oggi; ***~ in, vor einer Woche*** fra una settimana (a partire da oggi), una settimana (a) oggi; ***die Jugendlichen von ~*** i giovani d'oggi ◆ ***~ Abend*** stasera (*o* questa sera); ***Eier von ~*** uova (fresche) di giornata; ***~ früh*** stamattina presto; ***~ Morgen*** stamattina (*o* questa mattina, LETT. stamane); ***von ~ auf morgen*** dall'oggi al domani; ***lieber ~ als morgen*** meglio prima che poi; ***~ oder morgen*** nell'immediato futuro; ***~ Nachmittag*** oggi pomeriggio (*o* questo pomeriggio); ***~ Nacht*** stanotte (*o* questa notte); PROV. ***was du ~ kannst besorgen, das verschiebe nicht auf morgen*** non rimandare a domani quello che potresti fare oggi; ***morgen, morgen, nur nicht ~, sagen alle faulen Leute*** chi ha tempo non aspetti tempo; ***~ mir, morgen dir*** oggi a me, domani a te; ***~ rot, morgen tot*** oggi in figura, domani in sepoltura. **Heu|te** n. *(-)* oggi *m.* **heu|tig** agg. **1** di oggi, odierno: ***die -e Versammlung, Zeitung*** la riunione odierna, il giornale di oggi **2** *(gegenwärtig)* odierno, d'oggi: ***die -e Mode*** la moda d'oggi; *(modern)* moderno ◆ ***bis zum -en Tag*** fino ad oggi. **Heu|ti|ge** m. *(-n,-n)* uomo *m.* d'oggi. **heu|ti|gen|tags** avv. ANT. al giorno d'oggi, attualmente, oggi. **heut|zu|ta|ge** avv. al giorno d'oggi, oggigiorno, oggi(dì).
Heu|wa|gen m. *(-s,-)* carro *m.* di fieno. **Heu|wen|der** m. *(-s,-)* voltafieno *m.*
He|xa|chord m. e n. *(-[e]s,-e)* esacordo *m.* **He|xa|de|zi|mal|sys|tem** n. *(-s)* sistema *m.* esadecimale. **He|xa|e|der** n. *(-s,-)* esaedro *m.* **he|xa|ed|risch** agg. esaedrico. **He|xa|gon** n. *(-s,-e)* esagono *m.* **he|xa|go|nal** agg. esagonale. **He|xa|gramm** n. *(-s,-e)* esagramma *m.*, stella *f.* di David(e). **He|xa|me|ter** m. *(-s,-)* esametro *m.* **he|xa|met|risch** agg. **1** *(den Hexameter betreffend)* dell'esametro **2** *(in Hexametern verfasst)* in esametri. **He|xan** n. *(-s,-e)* esano *m.* **He|xa|po|den** pl. esapodi *m.pl.*
He|xe f. *(-,-n)* strega *f.*; FIG. ***diese alte ~!*** quella vecchia strega! ***eine kleine ~*** una piccola maliarda. **he|xen** **I** intr. (aus. *haben*) fare stregonerie **II** tr. suscitare, provocare per incanto ◆ COLLOQ. ***ich kann doch nicht ~*** non posso mica fare miracoli; COLLOQ. ***ich müsste ~ können, um...*** dovrei avere la bacchetta magica per...; COLLOQ. ***wie gehext*** come per incanto, con rapidità prodigiosa.
he|xen|ar|tig agg. simile a, come una strega. **He|xen|be|sen** m. *(-s,-)* **1** scopa *f.* della strega **2** BOT. scopazzo *m.* **He|xen|ein|mal|eins** n. *(-)* quadrato *m.* magico. **He|xen|glau|be** m. *(-ns)* il credere alle streghe, credenza *f.* nelle streghe. **he|xen|haft** agg. → **hexenartig.** **He|xen|häus|chen** n. *(-s,-)* casetta *f.* di panpepato. **He|xen|jagd** f. *(-,-en)* caccia *f.* alle streghe (anche FIG.). **He|xen|kes|sel** m. *(-s,-)* ginepraio *m.*, pasticcio *m.*, imbroglio *m.*: ***in einen ~ geraten*** finire in un ginepraio; ***im ~ sitzen*** essere in un ginepraio. **He|xen|kü|che** f. *(-,-n)* **1** cucina *f.* della strega **2** *(Hexenkessel)* ginepraio *m.* **He|xen|meis|ter** m. *(-s,-)* mago *m.*, stregone *m.* **He|xen|milch** f. *(-)* latte *m.* di strega. **He|xen|pro|zess** m. *(-es,-e)* processo *m.* per stregoneria. **He|xen|sab|bat** m. *(-s,-e)* **1** sabba *m.* delle streghe **2** FIG. pandemonio *m.* **He|xen|schuss** m. *(-es,-schüsse)* colpo *m.* della strega, MED. lombaggine *f.* **He|xen|stich** m. *(-[e]s,-e)* punto *m.* (a) strega. **He|xen|tanz** m. *(-es,-tänze)* ridda *f.* di streghe, tregenda *f.* **He|xen|ver|bren|nung** f. *(-,-en)* supplizio *m.* sul rogo, condanna *f.* al rogo (delle streghe). **He|xen|wahn** m. *(-[e]s)* → **Hexenglaube.** **He|xen|werk** n. *(-[e]s,-e)* → **Hexerei.** **He|xer** m. *(-s,-)* mago *m.*, stregone *m.* **He|xe|rei** f. *(-,-en)* stregoneria *f.*
He|xo|de f. *(-,-n)* EL. esodo *m.*
hfl ⇒ *holländischer Gulden* fiorino olandese.
hg. ⇒ *herausgegeben* edito (ed.).
Hg. ⇒ *Herausgeber* editore (ed.).
HGB ⇒ *Handelsgesetzbuch* codice di commercio (C.C.).
Hi|a|tus m. *(-,-)* iato *m.*
Hi|ber|na|kel n. *(-s,-n)* BOT. ibernacolo *m.* **Hi|ber|na|ti|on** f. *(-,-en)* ibernazione *f.*
Hi|bis|kus m. *(-, Hibisken)* ibisco *m.*
hick inter. hic.
Hick|hack n. e m. *(-s,-s)* COLLOQ. **1** *(nutzlose Streiterei)* bisticcio *m.* inutile **2** *(Hinundhergerede)* chiacchiere *f.pl.* a vuoto.
Hi|cko|ry ['hikori, 'hikərɪ] **I** m. *(-s,-s)* hickory *m.* (albero) **II** n. *(-s)* hickory *m.* (legname).
hick|sen intr. (aus. *haben*) REGION. avere il singhiozzo.
hid|ro|tisch agg. diaforetico.
hie, REGION. ***~ und da*** qua e là, *(von Zeit zu Zeit)* di quando in quando; ***~..., ~...*** da un lato..., dall'altro..., un po'..., un po'...
hieb → **hauen.**
Hieb m. *(-[e]s,-e)* **1** colpo *m.*: ***ein ~ mit der Peitsche, mit dem Säbel*** un colpo di frusta, un colpo (*o* un fendente) di sciabola; ***einen ~ auffangen, abwehren*** parare un colpo; ***jdm einen ~ versetzen*** assestare un colpo a qcn. (anche FIG.) **2** *(Hiebwunde)* ferita *f.* (da taglio) **3** pl. COLLOQ. *(Prügel)* botte *f.pl.*: ***gleich gibt es, setzt es -e*** adesso sono botte **4** FIG. *(Tadel)* frecciata *f.*: ***das ist ein ~ auf mich*** questa è una frecciata per me; ***-e austeilen, einstecken*** lanciare, subire frecciate **5** *(von Bäumen)* taglio *m.* (di alberi a scopo di ringiovanimento) **6** *(an Feilen)* taglio *m.* ◆ COLLOQ. ***auf einen ~*** in un colpo solo, in una volta; ***der ~ hat gesessen*** il colpo è ben assestato (anche FIG.); COLLOQ. ***einen ~ haben*** essere un po' tocco; PROV. ***auf den ersten ~ fällt kein Baum*** al primo colpo non cade la quercia.
hie|bei avv. REGION. o ANT. → **hierbei.**
hieb- und stich|fest agg. a prova di bomba: ***ein -es Alibi*** un alibi a prova di bomba. **Hieb|waf|fe** f. *(-,-n)* arma *f.* da taglio. **Hieb|wun|de** f. *(-,-n)* ferita *f.* da taglio.
hie|durch avv. REGION. o ANT. → **hierdurch.** **hie|für** avv. REGION. o ANT. → **hierfür.** **hie|ge|gen** avv. REGION. o ANT. → **hiergegen.**
hielt → **halten.**
hie|nie|den avv. quaggiù, su questa terra.
hier avv. **1** qui, qua: ***~ gegenüber, draußen*** qui di fronte, qui fuori; ***von ~ bis zum Bahnhof*** da qui alla stazione; ***hier steht, ist geschrieben...*** qui c'è scritto...; ***~ sein*** essere qui, essere presente; COLLOQ. ***nicht von ~ sein*** non essere di qui; ***nimm das ~!*** prendi questo qui; *(nachgestellt)* ***was ist denn das ~?*** che cos'è questo qui? ***was gibt es ~ zu lachen?*** che cosa c'è da ridere qui? ***~ behalten*** tenere qui; ***~ bleiben*** rimanere, restare qui **2** *(zu diesem Zeitpunkt)* qui, a questo punto: ***~ beginnt etw. Neues*** a questo punto inizia qcs. di nuovo ◆ *(am Telefon)* ***~ (spricht) Meier*** Meier, casa Meier; *(anwesend)* ***Hier!*** presente! ***~ bin ich*** eccomi qui; COLLOQ. ***er ist ein bisschen ~*** è un po' corto di mente; ***~ und da (~ und dort)*** qua e là; *(von Zeit zu Zeit)* di quando in quando; ***~ entlang*** di qua; ***~ und heute (~ und jetzt)*** immediatamente; ***~ oben*** quassù; ***~ unten*** quaggiù; ***von ~ ab, an*** di qui in poi. **hier|amts, hier|amts** avv. pron. AUSTR. BUROCR. in quest'ufficio. **hie|ran, hie|ran** avv. pron. **1** a ciò, qui **2** → **daran.**
Hie|rar|chie f. *(-,-n)* gerarchia *f.*: ***in einer ~ aufsteigen, absteigen*** salire, scendere in una gerarchia. **hie|rar|chisch** agg. gerarchico.

hie|rar|chi|sie|ren tr. gerarchizzare.
hie|ra|tisch agg. ieratico.
hie|rauf avv. pron. **1** quassù: **~ *liegen, legen*** giacere, mettere quassù **2** *(mit Satzteil + auf)* ***sich ~ berufen*** richiamarsi a questo **3** *(danach)* dopo (di ciò), poi **4** *(infolgedessen)* perciò, quindi. **hie|rauf|hin** avv. perciò, quindi. **hie|raus** avv. pron. di qui, da qui, da questo, ne: ***~ wird Schokolade gemacht*** da questo si fa il cioccolato; ***~ folgt, geht hervor*** ne consegue. **hier|bei** avv. pron. **1a** qui accanto **b** BUROCR. qui accluso **2** *(währenddessen)* durante ciò, in quest'occasione **3** *(hinsichtlich darauf)* riguardo a ciò. **hier|durch** avv. pron. **1** per di qua: ***~ gehen*** andare per di qua **2** *(infolgedessen)* con ciò, perciò **3** BUROCR. con la presente, con questa mia. **hie|rein** avv. qui dentro. **hier|für** avv. pron. **1** per ciò, per questo: ***~ Verständnis haben*** avere comprensione per questo **2** *(im Hinblick darauf)* riguardo a questo **3** *(als Gegenleistung)* in cambio (di ciò), invece: ***etw. ~ geben*** dare qcs. in cambio (di ciò). **hier|ge|gen** avv. pron. **1** qui contro, contro questo **2** *(im Gegensatz)* per contro, invece.
hier|her avv. (verso) qua, qui: ***bis ~ und nicht weiter*** fin qui e non oltre; ***~ bemühen*** pregare di venire qui; ***sich ~ bemühen*** scomodarsi a venire qui; ***~ gehören*** far parte di ciò, farne parte; ***du gehörst ~*** qui è il tuo posto, il tuo posto è qui; ***das (, was du sagst,) gehört nicht ~*** questo (quello che dici) non c'entra; ***~ gehörig*** pertinente, attinente, appartenente a questo (gruppo, categoria); ***~ kommen*** venire qua, qui; ***~ rücken*** spingere in qua; spostarsi in qua; ***sich ~ wagen*** osare venire qui; ***~ ziehen*** trasferirsi qui; portare qui; FIG. ***was zieht dich hierher?*** che cosa ti porta qui.
hier|he|rauf avv. su per di qua. **hier|he|rum** avv. pron. qui intorno, qui attorno: COLLOQ. ***das Büro muss ~ sein*** l'ufficio dev'essere qui intorno.
hier|hin avv. qua, qui, verso questa parte: ***bald ~, bald dorthin*** or qua or là; ***~ und dorthin laufen*** correre di qua e di là; ***bis ~*** fin qui, fino a questo punto. **hier|hi|nab** avv. giù di qua. **hier|hi|nauf** avv. su di qua. **hier|hi|naus** avv. da qui, da qua (in questa direzione). **hier|hi|nein** avv. qui dentro (in questa direzione).
hier|hin|ter avv. pron. qui dietro.
hier|hi|nüber avv. di là, dall'altra parte. **hier|hi|nun|ter** avv. qui sotto.
hie|rin avv. pron. **1** qui dentro, in questo **2** *(in dieser Hinsicht)* in questo: ***~ hat er recht*** in questo ha ragione. **hier|lands** avv. ANT. → **hierzulande. hier|mit** avv. pron. **1** con questo; FIG. con questo, con queste parole: ***~ habe ich Schwierigkeiten*** con questo ho delle difficoltà **2** BUROCR. *(durch dieses Schreiben)* con la presente. **hier|nach** avv. pron. **1** *(dementsprechend)* conformemente a questo, a ciò: ***~ müssen Sie sich richten*** deve orientarsi secondo questo **2** *(demnach)* quindi, in conseguenza a ciò: ***~ handelt es sich um einen Unfall*** quindi si tratta di un incidente **3** *(danach)* dopo di ciò. **hier|ne|ben** avv. pron. qui accanto, accanto a questo, a ciò.
Hie|ro|gly|phe f. *(-,-n)* geroglifico *m.* **hie|ro|gly|phisch** agg. geroglifico (anche FIG.). **Hi|e|ro|kra|tie** f. *(-,-n)* ierocrazia *f.* **Hi|e|ro|mant** m. *(-en,-en)* ieromante *m.*, geromante *m.* **Hi|e|ro|man|tie** f. *(-)* ieromanzia *f.*, geromanzia *f.*
Hi|e|ro|ny|mus n.pr.m. Girolamo *m.*, Gerolamo *m.*
hier|orts avv. qui, in questo luogo.
Hier|sein n. *(-s)* soggiorno *m.*, permanenza *f.* nel luogo: ***der Grund seines -s*** il motivo della sua presenza qui. **hier|selbst** avv. ANT. qui, in questo posto.
hie|rüber avv. pron. **1** qui sopra **2** *(währenddessen)* durante questo, durante ciò **3** *(mit Satzteil +* **über***)* ***~ freue ich mich*** me ne rallegro, mi rallegro di questo. **hie|rum** avv. pron. **1** qui intorno **2** *(mit Satzteil + um)* ***es geht nicht ~*** non si tratta di questo. **hie|run|ter** avv. pron. **1** qui sotto **2** *(Teil, Anteil)* tra questi, tra queste **3** *(mit Satzteil + unter)* ***~ leidet er schwer*** ne soffre gravemente, soffre gravemente di questo, di questa malattia; ***was verstehst du ~?*** cosa intendi con questo ? **hier|von** avv. pron. **1** di qui, da qui: ***viele Kilometer ~ entfernt*** molti chilometri lontano da qui **2** *(davon)* di questo, ne: ***~ eine Verkleinerung machen*** farne una riduzione, fare una riduzione di questo **3** *(mit Satzteil + von)* ***~ abgesehen*** a parte questo; ***~ hängt alles ab*** dipende tutto da questo **4** *(als Folge)* da questo, quindi: ***~ ergibt sich, dass...*** da questo risulta che... **5** *(Teil, Anteil)* di, tra questi; di, tra queste: ***es waren 50 Passagiere, die Hälfte ~ Österreicher*** c'erano 50 passeggeri, la metà di questi era austriaca. **hier|vor** avv. pron. **1** qui davanti, davanti a questo, a ciò **2** *(mit Satzteil + vor)* ***~ fürchtet er sich*** teme questo. **hier|zu** avv. pron. **1** a ciò, a questo **2** *(zu diesem Zweck)* per questo **3** *(im Hinblick darauf)* riguardo a ciò: ***~ kommt, dass...*** inoltre... **hier|zu|lan|de** avv. in questo paese, qui da noi. **hier|zwi|schen** avv. pron. qui tra questi.
hie|sig agg. locale, di qui, di questo luogo. **Hie|si|ge** m. *(-n,-n)* nativo *m.* di qui, indigeno *m.*: ***kein -r sein*** non essere nato qui.
hieß → **heißen.**
hie|ven tr. MAR. o COLLOQ. issare, tirare su: ***die Segel, den Anker ~*** issare le vele, levare l'ancora.
Hi-Fi-An|la|ge ['haifi-, 'haɪ'faɪ-] f. *(-,-n)*, **Hi-Fi-Turm** m. *(-[e]s, Türme)* impianto *m.* hi-fi.
Hift|horn n. *(-[e]s,-hörner)* STOR. corno *m.* da caccia.
high [haɪ] agg. GERG. su (di giri). **High|fi|de|li|ty** [-fɪ'dɛlɪtɪ] f. *(-)* high-fidelity *f.*, alta fedeltà *f.* **High|light** [-laɪt] n. *(-[s],-s)* apogeo *m.*, culmine *m.* **High|tech** [-'tɛk] n. *(-[s])* high-tech *f.*, alta tecnologia *f.*
hi|hi, hi|hi|hi inter. hi hi, hi hi hi.
Hi|ja|cker ['haidʒɛkɐ] m. *(-s,-)* pirata *m.* dell'aria.
Hil|da, Hil|de n.pr.f. Elda *f.*
Hil|de|gard n.pr.f. Ildegarda *f.*
Hil|fe f. *(-,-n)* **1** aiuto *m.*, soccorso *m.*: ***jdm, dem Gedächtnis zu ~ kommen*** venire in aiuto di qcn., della memoria; ***jdm zu ~ eilen*** accorrere in aiuto di qcn.; ***ärztliche ~*** soccorso medico; ***(jdm) ~ geben, leisten, anbieten*** dare, prestare, offrire aiuto (a qcn.); ***jdn zu ~ rufen*** chiamare qcn. in aiuto; ***um ~ rufen, flehen, schreien*** chiedere, implorare, gridare aiuto; ***~ bringend*** soccorrevole; ***~ suchend*** che cerca aiuto, cercando aiuto, in cerca d'aiuto **2** *(finanzielle Unterstützung)* aiuti *m.pl.*: ***auf ~ angewiesen sein*** dipendere dagli aiuti economici; ***eine ~ beantragen, beziehen, erhalten*** richiedere, percepire, ottenere aiuti **3** *(Hilfskraft)* aiuto *m.*, aiutante *m.*: ***eine ~ einstellen, suchen*** assumere, cercare un aiuto ◆ ***jds ~ in Anspruch nehmen*** ricorrere all'aiuto di qcn.; ***das bildet eine ~ für ihn*** questo è un aiuto (*o* è di aiuto) per lui; ***erste ~*** pronto soccorso; ***das ist ~ in der Not*** è una vera manna dal cielo; ***jdm eine große ~ (in etw.) sein*** essere un grande aiuto (in qcs.) per qcn.; ***um ~ rufen*** gridare (*o* invocare) aiuto; ***jdn, etw. zu ~ nehmen*** ricorrere a qcn., qcs.; ***(zu) ~!*** aiuto! ***mit ~ von*** → **mithilfe.**
Hil|fe|er|su|chen n. *(-s,-)* richiesta *f.* d'aiuto. **hil|fe|fle|hend** agg. che implora (*o* implorante) aiuto. **Hil|fe|leis|tung** f. *(-,-en)* aiuto *m.*, (prestazione *f.* di) soccorso *m.* ◆ ***unterlassene ~*** omissione di soccorso. **Hil|fe|ruf** m. *(-[e]s,-e)* **1** grido *m.* d'aiuto **2** *(Aufruf)* chiamata *f.* di soccorso. **Hil|fe|schrei** m. *(-[e]s,-e)* grido *m.* d'aiuto. **Hil|fe|stel|lung** f. *(-,-en)* GINN. assistenza *f.*, aiuto *m.*; FIG. aiuto *m.*: ***den Rebellen ~ geben*** dare aiuto ai ribelli.
hilf|los I agg. **1** *(schutzlos)* indifeso, inerme: ***ein -es Kind*** un bimbo indifeso **2** *(ratlos)* perplesso, irresoluto: ***ein -er Blick*** uno sguardo perplesso **3** *(unbeholfen)* goffo, maldestro **II** avv. **1** senza prestare aiuto, senza intervenire: ***etw. ~ mit ansehen*** assistere a qcs. senza intervenire **2** *(ratlos)* con perplessità, irresolutezza **3** *(unbeholfen)* goffamente, in modo maldestro. **Hilf|lo|sig|keit** f. *(-)* **1** mancanza *f.* d'aiuto **2** *(Unbeholfenheit)* goffaggine *f.* **3** PSIC. stato *m.* di impotenza. **hilf|reich** agg. **1a** *(hilfsbereit)* pronto ad aiutare **b** *(helfend)* soccorrevole **2** *(nützlich)* utile ◆ ***jdm eine -e Hand bieten*** offrire a qcn. il proprio aiuto; ***jdm ~ zur Seite stehen*** dare man forte a qcn.
Hilfs|ak|ti|on f. *(-,-en)* azione *f.* (*o* operazione *f.*) di soccorso. **Hilfs|ar|bei|ter** m. *(-s,-)* manovale *m.*; *(beim Ackerbau)* bracciante *m.* **Hilfs|ar|bei|te|rin** f. *(-,-nen)* manovale *f.*; *(beim Ackerbau)* bracciante *f.* **hilfs|be|dürf|tig** agg. **1** bisognoso d'aiuto **2** *(notleidend)* bisognoso, indigente. **Hilfs|be|dürf|tig|keit** f. *(-)* indigenza *f.* **hilfs|be|reit** agg. pronto ad aiutare (*o* a soccorrere), servizievole. **Hilfs|be|reit|schaft** f. *(-)* prontezza *f.* nell'aiutare, nel soccorrere. **Hilfs|dienst** m. *(-[e]s,-e)* **1** servizio *m.* di soccorso **2** MIL. servizio *m.* ausiliario. **Hilfs|fonds** m. *(-,-)* fondo *m.* per l'assistenza (ai bisognosi). **Hilfs|geist|li|che** m. *(-n,-n)* ECCL. coadiutore *m.* **Hilfs|gel|der** pl. sussidio *m.* **Hilfs|kon|struk|ti|on** f. *(-,-en)* **1** GEOM. linee *f.pl.* ausiliarie **2** EDIL. struttura *f.* (ausiliaria) provvisoria. **Hilfs|kraft** f. *(-,-kräfte)* personale *m.* ausiliario. **Hilfs|leh|rer** m. *(-s,-)* supplente *m.* **Hilfs|leis|tung** → **Hilfeleistung. Hilfs|li|nie** f. *(-,-n)* GEOM. linea *f.* ausiliaria. **Hilfs|maß|nah|me** f. *(-,-n)* misura *f.* (*o* provvedimento *m.*) di soccorso. **Hilfs|mit|tel** n. *(-s,-)* **1** strumento *m.* (ausiliario), sussidio *m.*: ***technische, didaktische ~*** strumenti tecnici, sussidi didattici **2** *(Zuschuss)* sussidio *m.*, aiuto *m.* finanziario. **Hilfs|mo|tor** m. *(-[e]s,-en)* motore *m.* ausiliario; *(am Fahrrad)* motorino *m.* (per biciclette). **Hilfs|or|gan** n. *(-s,-e)* organo *m.* (*o* ente *m.*) umanitario. **Hilfs|or|ga|ni|sa|ti|on** f. *(-,-en)* organizzazione *f.* umanitaria. **Hilfs|po|li|zist** m. *(-en,-en)* poliziotto *m.* ausiliario. **Hilfs|pre|di|ger** m. *(-s,-)* ECCL. vicario *m.* (parrocchiale), viceparroco *m.* **Hilfs|pro|gramm** n. *(-s,-e)* INFORM. programma *m.* di utilità. **Hilfs|quel|le** f. *(-,-n)* **1** *(in der Wissenschaft)* fonte *f.* **2** *(Ressource)* risorsa *f.* **3** → **Hilfsmittel (2). Hilfs|**

schiff n. (-[e]s,-e) nave f. ausiliaria. **Hilfs|schu|le** f. (-,-n) ANT. scuola f. differenziale. **Hilfs|schwes|ter** f. (-,-n) aiuto-infermiera f. **Hilfs|trup|pe** f. (-,-n) MIL. truppe f.pl. ausiliarie. **Hilfs|verb** n. (-[e]s,-en) verbo m. ausiliare. **hilfs|wei|se** avv. in aiuto. **Hilfs|werk** n. (-[e]s,-e) ente m. (o opera f.) assistenziale. **hilfs|wil|lig** agg. che si offre di aiutare (o di prestare soccorso). **Hilfs|wil|li|ge** m. (-n,-n) STOR. = chi si arruolava volontario nei reparti che collaboravano con le truppe di occupazione naziste. **Hilfs|wis|sen|schaft** f. (-,-en) scienza f. ausiliaria. **Hilfs|zeit|wort** n. (-,-wörter) → Hilfsverb.

Hi|lum n. (-, Hila) BOT. funicolo m.

Hi|lus m. (-, Hili) ANAT. ilo m.

Him|bee|re f. (-,-n) lampone m. **Him|beer|eis** n. (-es) gelato m. al lampone. **him|beer|far|ben, him|beer|far|big** agg. color lampone. **Him|beer|geist** m. (-[e]s,-e) distillato m. di lampone. **him|beer|rot** agg. rosso lampone. **Him|beer|saft** m. (-[e]s,-säfte) succo m. di lamponi. **Him|beer|strauch** m. (-[e]s,-sträucher) lampone m.

Him|mel m. (-s,-) 1 cielo m.: wolkenloser, bedeckter ~ cielo sereno, coperto 2 RELIG. (Paradies) cielo m.: in den ~ kommen salire al, andare in cielo 3 (Baldachin) baldacchino m. ◆ VOLG. ~, Arsch und Zwirn! Cristo santo! der ~ behüte, bewahre uns il cielo ci scampi e liberi; dem ~ sei Dank grazie al cielo; GASTR. INTRAD. ~ und Erde (piatto a base di purea di mele e di patate); FIG. ~ und Erde in Bewegung setzen muovere mari e monti; den ~ auf Erden haben avere il paradiso in terra; aus allen -n fallen cadere dalle nuvole; das fällt nicht (einfach) vom ~ questo non piove dal cielo; unter freiem ~ übernachten pernottare a cielo aperto; ihm, für ihn hängt der ~ voller Geigen nuota in un mare di delizie; gerechter ~! oh, cielo! aus allen -n gerissen werden cadere dalle nuvole; LETT. der ~ grollt tuona, il cielo rimbomba; jdn, etw. in den ~ heben innalzare (o portare) qcn., qcs. al cielo, mettere qcn., qcs. sugli altari; gütiger ~ → gerechter ~! (wie ein Blitz) aus heiterem ~ (come un fulmine) a ciel sereno; (Fluch) ~, Herrgott, Sakrament! santo dio! Cristo santo! (Kinderspiel) ~ und Hölle paradiso e inferno; ~ und Hölle in Bewegung setzen muovere mari e monti; COLLOQ. ~, Kreuz, Donnerwetter! santo cielo! LETT. der ~ lacht splende il sole; (ach) du lieber ~! santo cielo! (als Stern) am literarischen ~ glänzen brillare (come un astro) nel firmamento letterario; (Fluch) ~ noch mal! santo cielo! den ~ offen sehen toccare il cielo con un dito; LETT. die Schleusen des -s haben sich geöffnet si sono aperte le cateratte del cielo; das schreit zum ~ questo grida vendetta (al cielo); im sieb[en]ten ~ sein essere al settimo cielo, toccare il cielo con un dito; COLLOQ. das stinkt zum ~ è uno scandalo! aus allen -n stürzen cadere dalle nuvole; LETT. unter griechischem ~ sotto il cielo di Grecia, in Grecia; jdm den ~ (auf Erde) versprechen promettere a qcn. mari e monti; weiß der ~! lo sa il cielo! um (des) -s willen! per l'amor del cielo! per l'amor di Dio! der ~ sei mein Zeuge il cielo mi sia testimone.

him|mel|an avv. LETT. verso il cielo. **him|mel|angst** agg. jdm ist, wird ~ ha una paura matta (o del diavolo). **Him|mel|bett** n. (-[e]s,-en) letto m. a baldacchino. **him|mel|blau** agg. celeste. **Him|mel|don|ner|wet|ter** inter. ~ noch (ein)mal! tuoni e fulmini! fulmini e saette!

Him|mel|fahrt f. (-) 1a RELIG. (Auffahrt) ascensione f. b Mariä ~ assunzione di Maria 2 COLLOQ. FIG. (riskante Unternehmung) salto m. nel buio. **Him|mel|fahrts|fest** n. (-[e]s,-e) → Himmelfahrtstag. **Him|mel|fahrts|kom|man|do** n. (-s,-s) MIL. 1 = impresa f. rischiosa 2 gruppo m. impegnato in un'impresa rischiosa. **Him|mel|fahrts|na|se** f. (-,-n) COLLOQ. naso m. all'insù. **Him|mel|fahrts|tag** m. (-[e]s,-e) giorno m. (o festa f.) dell'Ascensione, Ascensione f.

Him|mel|herr|gott inter. COLLOQ. ~ noch (ein)mal! dio santo! dio buono! **him|mel|hoch** I agg. altissimo II avv. di gran lunga: jdm ~ überlegen sein essere di gran lunga superiori a qcn. ◆ ~ jauchzend, zu Tode betrübt sein = avere forti sbalzi di umore. **Him|mel|hund** m. (-[e]s,-e) 1 (Schuft) canaglia m. 2 (Teufelskerl) infame m. **him|meln** intr. (aus. haben) 1 volgere rapito gli occhi al cielo, guardare come estatico 2 REGION. EUFEM. (sterben) salire al cielo. **Him|mel|reich** n. (-[e]s) regno m. dei cieli.

Him|mels|ach|se f. (-) asse m. celeste. **Him|mels|äqua|tor** m. (-s) equatore m. celeste. **Him|mels|bahn** f. (-,-en) orbita f. (celeste). **Him|mels|blau** n. (-[e]s) blu m. del cielo, celeste m. **Him|mels|bo|gen** m. (-s) → Himmelsgewölbe. **Him|mels|bo|te** m. (-n,-n) LETT. messo m. celeste. **Him|mels|braut** f. (-,-bräute) LETT. sposa f. di Cristo, monaca f. **Him|mels|brot** n. (-[e]s) manna f.

Him|mel|schlüs|sel m. e n. (-s,-), **Him|mel|schlüs|sel|chen** n. (-s,-) primula f. **him|mel|schrei|end** agg. che grida vendetta (al cielo).

Him|mels|er|schei|nung f. (-,-en) fenomeno m. celeste. **Him|mels|fes|te** f. (-,-n) LETT. volta f. celeste, firmamento m. **Him|mels|fürst** m. (-[e]s) RELIG. Re m. del cielo. **Him|mels|ga|be** f. (-,-n) dono m. celeste (o del cielo). **Him|mels|ge|wöl|be** n. (-s) volta f. celeste. **Him|mels|glo|bus** m. (-) mappamondo m. celeste. **Him|mels|kar|te** f. (-,-n) carta f. (o planisfero m.) celeste. **Him|mels|kö|ni|gin** f. (-) RELIG. Regina f. dei cieli. **Him|mels|kör|per** m. (-s,-) corpo m. celeste. **Him|mels|ku|gel** f. (-,-n) globo m. celeste. **Him|mels|kun|de** f. (-) astronomia f. **Him|mels|kup|pel** f. (-) → Himmelsgewölbe. **Him|mels|lei|ter** f. (-) BIBL. scala f. di Giacobbe. **Him|mels|me|cha|nik** f. (-) meccanica f. celeste. **Him|mels|pfor|te** f. (-) → Himmelstür. **Him|mels|pol** m. (-s,-e) polo m. celeste. **Him|mels|rich|tung** f. (-,-en) punto m. cardinale ◆ aus allen, in alle -en da, in ogni direzione. **Him|mels|schlüs|sel, Him|mels|schlüs|sel|chen** → Himmelschlüssel, Himmelschlüsselchen. **Him|mels|strah|lung** f. (-,-en) radiazioni f.pl. cosmiche. **Him|mels|strich** m. (-[e]s,-e) regione f. (o zona f.) del cielo: FIG. unter diesem ~ sotto questa parte di cielo, in questa zona della terra. **Him|mels|stür|mer** m. (-s,-) idealista m., utopista m. **Him|mels|tor** n. (-[e]s), **Him|mels|tür** f. (-) LETT. porta f. del cielo.

him|mel|stür|mend agg. smisurato, smodato. **Him|mel|stür|mer** → Himmelsstürmer.

Him|mels|wa|gen m. (-s) ASTR. grande carro m. **Him|mels|zei|chen** n. (-s,-) segno m. zodiacale. **Him|mels|zelt** n. (-es) → Himmelsgewölbe. **Him|mels|zie|ge** f. (-,-n) 1 ORNIT. beccaccino m. 2 COLLOQ. SPREG. (einfältige Frau) oca f.

him|mel|wärts avv. verso il cielo. **him|mel|weit** agg. enorme, immenso ◆ sie sind ~ verschieden sono diversissimi, tra loro c'è un abisso.

himm|lisch agg. 1a celeste: die -e Seligkeit la beatitudine celeste b (überirdisch, übermenschlich) celestiale: eine -e Musik, Geduld una musica, una pazienza celestiale 2 (wunderbar) incantevole ◆ das -e Reich il regno dei cieli; der -e Vater il Padre celeste. **Himm|li|schen** pl. (i) celesti m.pl., (gli) dèi m.pl.

hin I avv. 1a (lokal: nach) verso quel luogo: das Wohnzimmer liegt zur Straße ~ il soggiorno dà verso strada; (dahin) là: man kann mit dem Bus bis ~ fahren con l'autobus si può arrivare fino là; ist es weit bis ~? ci vuole molto per arrivarci? b (entlang) lungo: an der Grenze ~ lungo il confine 2 (temporal) verso: gegen Mittag ~ verso mezzogiorno 3 rafforz. über die ganze Stadt ~ per tutta la città; über, durch viele Tage ~ per molti giorni; nach außen ~ esteriormente, apparentemente; auf die Zukunft ~ planen pianificare per il (o in vista del) futuro; auf einen Verdacht ~ sulla base di un sospetto; nach der Stadt ~ verso la città 4a COLLOQ. ~ sein (verloren sein) essere perduto: ihr Ansehen ist ~ ha perso credito b (kaputt sein) essere rotto, guasto c (erschöpft sein) essere sfinito d (zugrunde gerichtet sein) essere alla fine e (tot sein) essere spacciato f (hingerissen sein) essere rapito, estasiato g (hingegangen, -gefahren sein) essere andato h (dauern) durare, esserci: bis Weihnachten ist es noch lange ~ fino a Natale ce ne vuole ancora ◆ auf die Gefahr ~,... a rischio di...; ~ ist ~ quel che è fatto è fatto, quel che è stato è stato; ~ und her qui (o qua) e là, su e giù; ~ und her gehen camminare su e giù; ~ und her fahren fare la spola; COLLOQ. das ist ~ wie her ciò non cambia; COLLOQ. das langt, reicht nicht ~ und nicht her questo assolutamente non basta; ein ewiges Hin und Her un continuo andirivieni; er ist ~ und her gefahren è andato e tornato; ~ und her überlegen riflettere in lungo e in largo; Freund ~, Freund her, er hätte es ihm sagen sollen amico o non amico, questo avrebbe dovuto dirglielo; vor sich ~ reden parlare fra sé e sé; ~ und wieder talvolta, di tanto in tanto; wo ist er ~? dov'è andato? wo gehst du ~? dove vai? ~ und zurück andata e ritorno.

hi|nab avv. (in) giù ◆ den Strom, den Fluss ~ seguendo la corrente. **hi|nab_fah|ren** intr. (fährt, fuhr, gefahren; aus. sein) andare giù, scendere. **hi|nab_fal|len** intr. (fällt, fiel, gefallen; aus. sein) cadere giù, cadere (di) sotto. **hi|nab_rei|ßen** tr. (riss, gerissen) trascinare giù. **hi|nab_sen|ken** I tr. calare giù: das Boot ins Wasser ~ calare la barca in acqua II rifl. sich ~ scendere (verso il basso). **hi|nab_stür|zen** I tr. gettare giù, buttare giù II intr. (aus. sein) e rifl. sich ~ precipitare giù (o sotto, di sotto). **hi|nab_tau|chen** intr. (aus. sein) tuffarsi sotto, immergersi. **hi|nab_zie|hen** (zog, gezogen) I tr. tirare giù II intr. (aus. sein) andare giù, scendere: ins Tal ~ scendere a valle.

hi|nan avv. LETT. (in) su, insù, in alto. **hi|nan_ge|hen** intr. (ging, gegangen; aus. sein) LETT. salire. **hi|nan_stei|gen** (stieg, gestiegen)

LETT. **I** tr. salire: ***den Berg ~*** salire la montagna (*o* andare su per il monte) **II** intr. (aus. *sein*) salire.
hin_ar|bei|ten intr. (aus. *haben*) ***auf etw. (A) ~*** mirare a (*o* sforzarsi di raggiungere) qcs.
hi|nauf avv. (COLLOQ. **rauf**) **1** (in) su, in alto: ***zum Gipfel ~*** su verso la cima; ***etwas weiter ~*** un po' più su; *(dahinauf)* lassù: ***ich begleite dich bis ~*** ti accompagno fin lassù **2** *(in einer Rangordnung)* su: ***vom Lehrling bis zum Direktor ~*** dall'apprendista su fino al direttore ◆ ***den Strom, den Fluss ~*** contro corrente; ***wo willst du ~?*** dove vuoi salire? **hi|nauf_ar|bei|ten** rifl. **sich ~ 1** salire a (*o* con) fatica: ***sich den Berg ~*** salire (sul)la montagna con fatica **2** *(hocharbeiten)* farsi strada col lavoro: ***sich zum Direktor ~*** (con il lavoro) conquistarsi la posizione di direttore. **hi|nauf_bit|ten** tr. *(bat, gebeten)* ***jdn (zu sich) ~*** pregare qcn. di venire su. **hi|nauf_bli|cken** intr. (aus. *haben*) ***an (o zu) jdm, etw. ~*** guardare in alto verso qcn., qcs. **hi|nauf_brin|gen I** tr. *(brachte, gebracht)* portare, accompagnare su (*o* lassù) **II** rifl. **sich ~** AUSTR. FIG. farsi una posizione. **hi|nauf_dür|fen** intr. *(darf, durfte, gedurft;* aus. *haben)* COLLOQ. **1** *(hinaufkommen dürfen)* poter arrivare su **2** *(hinaufgehen, -fahren dürfen)* poter salire su **3** *(hinaufgebracht werden dürfen)* poter essere portato su **4** *(hinaufgestellt, -gelegt werden dürfen)* poter essere messo su. **hi|nauf_fal|len** intr. *(fällt, fiel, gefallen;* aus. *sein)* SCHERZ. ***die Treppe ~*** fare una carriera inaspettata. **hi|nauf_ge|hen** intr. *(ging, gegangen;* aus. *sein)* **1a** andare su, salire: ***in den dritten Stock, auf das Podium ~*** salire al terzo piano, sul podio **b** ***die Treppe, den Berg, den Turm ~*** salire le scale, salire sulla montagna, sulla torre **2** ***mit den Preisen ~*** aumentare, fare salire i prezzi **3** impers. ***es geht hinauf*** si sale (*o* la strada sale) **4** COLLOQ. *(sich erhöhen)* alzarsi, salire: ***die Mieten gehen hinauf*** gli affitti salgono. **hi|nauf_hel|fen** intr. *(hilft, half, geholfen;* aus. *haben)* ***jdm (auf etw) ~*** aiutare qcn. a salire (su qcs.) ◆ ***jdm die Treppe ~*** aiutare qcn. a salire le scale. **hi|nauf_kom|men** intr. *(kam, gekommen;* aus. *sein)* **1** *(nach oben kommen)* venire su, salire **2** *(hinaufgelangen)* arrivare in (*o* sulla) cima: ***auf das Gerüst ~*** arrivare in cima all' (*o* sulla cima dell') impalcatura **3** FIG. *(in eine höhere Stellung kommen)* migliorare la propria posizione. **hi|nauf_kön|nen** intr. *(kann, konnte, gekonnt;* aus. *haben)* COLLOQ. **1** *(hinaufkommen können)* poter arrivare su **2** *(hinaufgehen, -fahren können)* poter salire su **3** *(hinaufgebracht werden können)* poter essere portato su **4** *(hinaufgestellt, -gelegt werden können)* poter essere messo su. **hi|nauf_las|sen** tr. *(lässt, ließ, gelassen)* lasciare salire. **hi|nauf_müs|sen** intr. *(muss, musste, gemusst;* aus. *haben)* **1** *(hinaufkommen müssen)* COLLOQ. dover arrivare su **2** *(hinaufgehen, -fahren müssen)* dover andare su **3** *(hinaufgebracht werden müssen)* dover essere portato su **4** *(hinaufgestellt, -gelegt werden müssen)* dover essere messo su. **hi|nauf_rei|chen I** tr. ***jdm etw. ~*** passare (su) qcs. a qcn. **II** intr. (aus. *haben*) ***bis zu etw. ~*** arrivare fino a qcs.: ***das Gerüst reicht bis zum Dach hinauf*** l'impalcatura arriva fino al tetto. **hi|nauf_schaf|fen** tr. trasportare su. **hi|nauf_schau|en** tr. guardare (in) su, verso l'alto. **hi|nauf_schnel|len** intr. (aus. *sein*) salire (*o* aumentare) a balzi. **hi|nauf_schrau|ben I** tr. alzare, far salire: ***die Preise ~*** alzare i prezzi **II** rifl. **sich ~** salire volteggiando, compiendo delle volute: ***das Flugzeug schraubt sich hinauf*** l'aereo sale volteggiando. **hi|nauf_set|zen** tr. **1** mettere (là) in alto, là sopra **2** *(hinaufschrauben)* alzare, far salire. **hi|nauf_sol|len** intr. (aus. *haben*) **1** *(hinaufkommen sollen)* COLLOQ. dover arrivare su **2** *(hinaufgehen, -fahren sollen)* dover andare su **3** *(hinaufgebracht werden sollen)* dover essere portato su **4** *(hinaufgestellt, -gelegt werden sollen)* dover essere messo su. **hi|nauf_stei|gen** intr. *(stieg, gestiegen;* aus. *sein)* salire verso l'alto; *(aufsteigen)* salire lassù. **hi|nauf_stei|gern** tr. accrescere (*o* aumentare) di molto: ***die Produktion ~*** aumentare di molto la produzione. **hi|nauf_trei|ben** tr. *(trieb, getrieben)* **1** spingere su **2** *(erhöhen)* far salire, aumentare.
hi|nauf|wärts avv. in su, all'insù, verso l'alto.
hi|nauf_wol|len intr. *(will, wollte, gewollt;* aus. *haben)* COLLOQ. **1** *(hinaufkommen wollen)* voler arrivare su **2** *(hinaufgehen, -fahren wollen)* voler andare su **3** *(hinaufgebracht werden wollen)* voler essere portato su **4** *(hinaufgestellt, -gelegt werden wollen)* voler essere messo su.
hi|nauf_zie|hen *(zog, gezogen)* **I** tr. **1** tirare su: ***den Schlitten den Hang ~*** tirare la slitta su per il pendio **2** FIG. attirare (in alto): ***etwas zieht ihn ins Gebirge hinauf*** qualcosa lo attira in montagna (*o* verso la montagna) **II** intr. (aus. *sein*) **1** traslocare a un piano superiore, andare ad abitare (al piano) di sopra: ***in die dritte Etage ~*** trasferirsi al terzo piano **2** *(nach [dort] oben fahren, gehen)* andare verso l'alto, salire: ***nach Norden ~*** andare verso nord **III** rifl. **sich ~ 1** tirarsi su **2** *(sich nach oben ausdehnen)* espandersi verso l'alto.
hi|naus avv. (COLLOQ. **raus**) **1** fuori: ***zur Tür ~*** fuori dalla porta; ***dort, hier ~*** fuori per di là, per di qua **2** COLLOQ. ***wo... ~?*** dove...? FIG. ***wo führt das ~?*** dove conduce ciò? **3** RAFFORZ. ***auf Jahre, Monate ~*** per molti anni, mesi; ***ein Zimmer nach vorn, hinten ~*** una camera sul davanti, retro; ***über die Brücke ~*** oltre il ponte; *(temporal)* ***über Mittag ~*** (fin) oltre mezzogiorno; ***über die achtzig ~*** oltre (gli) ottant'anni ◆ FIG. ***auf etw. ~ sein*** tendere, mirare à qcs.; ***darüber ~*** inoltre; ***~ mit dir!*** fuori di qui! esci! COLLOQ. *(hinausgegangen sein)* ***~ sein*** essere uscito; ***über etw. ~ sein*** essere superiore a qcs.; *(etw. überwunden haben)* aver superato qcs.; ***wo soll das ~?*** dove si andrà a finire? **hi|naus_be|för|dern** tr. **1** (tras)portare fuori: ***ein Klavier ~*** trasportare fuori un pianoforte **2** COLLOQ. mandare, cacciare fuori: ***jdn aus (der Tür) ~*** cacciare fuori (dalla porta) qcn. **hi|naus_beu|gen I** tr. sporgere **II** rifl. **sich ~** sporgersi: ***sich zum Fenster ~*** sporgersi dalla finestra. **hi|naus_brin|gen** tr. *(brachte, gebracht)* **1** portare fuori **2** *(nach draußen begleiten)* accompagnare fuori ◆ FIG. ***es über etw. ~*** superare qcs.; ***er hat es nie über den einfachen Angestellten hinausgebracht*** non è mai diventato nulla di più di un semplice impiegato. **hi|naus_den|ken** intr. *(dachte, gedacht;* aus. *haben)* FIG. andare oltre (con il pensiero). **hi|naus_drän|gen I** tr. **1** spingere fuori **2** espellere **II** intr. (aus. *haben*) accalcarsi (per uscire): ***die Leute drängten aus dem Kino hinaus*** la gente si accalcava all'uscita del cinema **III** rifl. **sich ~** spingersi, accalcarsi (verso l'esterno). **hi|naus_dür|fen** intr. *(darf, durfte, gedurft;* aus. *haben)* **1** *(hinausgehen, -fahren, -kommen dürfen)* poter uscire **2** COLLOQ. *(hinausgebracht werden dürfen)* poter essere portato fuori **3** COLLOQ. *(hinausgestellt, -gesetzt werden dürfen)* poter essere messo fuori **4** COLLOQ. *(weitergehen dürfen)* poter proseguire. **hi|naus_ekeln** tr. COLLOQ. ***jdn ~*** fare scappare qcn. per il disgusto.
hi|naus_fah|ren *(fährt, fuhr, gefahren)* **I** intr. (aus. *sein*) **1** uscire (con un veicolo): ***aus der Garage ~*** uscire dal garage; ***an den Stadtrand ~*** andare in periferia **2** oltrepassare, superare: ***über die Grenzlinie ~*** oltrepassare la linea di confine **II** tr. **1** (tras)portare fuori (con un veicolo) **2** *(nach draußen fahren)* condurre, guidare (fuori): ***ein Schiff aus dem Hafen ~*** condurre una nave fuori dal porto. **hi|naus_fin|den** intr. *(fand, gefunden;* aus. *haben)* trovare l'uscita. **hi|naus_flie|gen** intr. *(flog, geflogen;* aus. *sein)* **1** volare fuori **2** COLLOQ. essere buttato fuori; FIG. *(hinausgejagt werden)* essere cacciato fuori, essere espulso ◆ ***über das Ziel ~*** superare il traguardo; ***in hohem Bogen ~*** essere buttato fuori di volata. **hi|naus_füh|ren I** tr. **1** condurre fuori: ***diese Tür führt zum Garten hinaus*** questa porta conduce in giardino **II** intr. (aus. *haben*) **1** condurre fuori, portare fuori **2** *(überschreiten)* oltrepassare, andare oltre (anche FIG.): ***das führt (weit) über unsere Pläne hinaus*** questo va (ben) oltre i nostri progetti.
hi|naus_ge|hen intr. *(ging, gegangen;* aus. *sein)* **1a** uscire, andare fuori **b** impers. ***hier geht es hinaus*** si esce da questa parte **2** dare, guardare: ***das Zimmer geht auf den Garten hinaus*** la camera dà sul giardino; ***nach Norden ~*** essere esposto a nord **3** *(überschreiten)* oltrepassare, superare, andare oltre: ***das geht über meine Kräfte hinaus*** questo supera le mie forze. **hi|naus_ge|lan|gen** intr. (aus. *sein*) **1** giungere, arrivare fuori **2** *(weiter gelangen)* arrivare oltre: ***über das letzte Ergebnis ~*** migliorare il risultato più recente. **hi|naus_ge|lei|ten** tr. accompagnare fuori. **hi|naus_grau|len** tr. COLLOQ. → **hinausekeln**. **hi|naus_grei|fen** intr. *(griff, gegriffen;* aus. *haben)* **1** tendere fuori la mano **2** FIG. andare oltre. **hi|naus_he|ben** *(hob, gehoben)* **I** tr. **1** sollevare, alzare (verso l'esterno) **2** *(erhöhen)* elevare **II** rifl. ***sich über jdn ~*** ritenersi superiore a qcn. **hi|naus_ja|gen I** tr. **1a** scacciare, cacciare fuori **b** FIG. *(fristlos entlassen)* licenziare in tronco **2** *(abfeuern)* sparare (fuori); FIG. ***eine Nachricht ~*** pubblicare una notizia in fretta e furia **II** intr. precipitarsi fuori, uscire come un fulmine.
hi|naus_ka|ta|pul|tie|ren tr. **1** catapultare fuori **2** GERG. sbattere, buttare fuori. **hi|naus_kom|men** intr. *(kam, gekommen;* aus. *sein)* **1** venire fuori, uscire: ***auf die Straße, zur Tür ~*** uscire sulla strada, dalla porta **2** ***über etw. ~*** superare, oltrepassare qcs.; (anche FIG.) ◆ ***etw. kommt auf eins, dasselbe hinaus*** il risultato è lo stesso (*o* non cambia). **hi|naus_kom|pli|men|tie|ren** intr. (aus. *haben*) **1** indurre ad accomiatarsi **2** *(höflich verabschieden)* accomiatarsi con modi gentili. **hi|naus_kön|nen** intr. *(kann, konnte, gekonnt;* aus. *haben)* COLLOQ. poter uscire. **hi|naus_lau|fen** intr. *(läuft, lief, gelaufen;* aus. *sein)* **1** correre fuori, uscire di corsa **2** *(mit etw. enden)* (andare a) finire: ***es läuft darauf hinaus, dass...*** andrà a finire (*o* finirà) che... **3** *(als Ziel haben)* aspirare, mirare ◆ ***es läuft auf eins, das Gleiche, dasselbe hinaus*** è lo stesso, la stessa

cosa. **hi|naus‿leh|nen** rifl. **sich ~** sporgersi ◆ ***nicht ~*** vietato sporgersi. **hi|naus‿lie|gen** intr. *(lag, gelegen;* aus. *haben)* dare, guardare: ***das Zimmer liegt nach der Straße hinaus*** la camera dà sulla strada.

hi|naus‿ma|chen rifl. **sich ~** sbrigarsi a uscire. **hi|naus‿ma|növ|rie|ren** intr. (aus. *haben*) condurre fuori (con manovre); FIG. ***jdn, etw. aus Schwierigkeiten ~*** togliere qcs., qcn. dai guai. **hi|naus‿müs|sen** intr. *(muss, musste, gemusst;* aus. *haben)* COLLOQ. dover uscire. **hi|naus‿po|sau|nen** tr. COLLOQ. → **ausposaunen. hi|naus‿ra|gen** intr. (aus. *haben*) **1** sporgere **2** FIG. *(sich über jdn erheben)* emergere. **hi|naus‿re|den** rifl. **sich ~ 1** REGION. inventare scuse **2** *(sich rechtfertigen)* ***sich auf jdn ~*** giustificarsi con qcn. **hi|naus‿rei|chen I** intr. (aus. *haben*) ***über etw. ~*** superare, oltrepassare qcs.; ***über den Durchschnitt ~*** emergere rispetto alla media **II** tr. porgere, dare fuori.

hi|naus‿sche|ren rifl. **sich ~** VOLG. andarsene: ***scher dich hinaus!*** sparisci! vattene! **hi|naus‿schi|cken** tr. **1** mandare fuori **2** *(senden)* inviare. **hi|naus‿schie|ben I** tr. *(schob, geschoben)* **1** spingere fuori **2** *(verschieben)* rimandare, posticipare, differire: ***etw. von einem Tag zum anderen, um eine Woche ~*** rimandare qcs. da un giorno all'altro, di una settimana **II** rifl. **sich ~ 1** *(sich hinauszögern)* essere rimandato **2** *(hinausgehen)* COLLOQ. sgusciare fuori. **hi|naus‿schie|ßen** intr. *(schoss, geschossen;* aus. *sein)* **1** sparare fuori **2** FIG. *(schnell hinauslaufen)* uscire come un razzo ◆ FIG. ***übers Ziel ~*** oltrepassare il segno. **hi|naus‿schmei|ßen** tr. *(schmiss, geschmissen)* COLLOQ. sbattere fuori. **hi|naus‿se|hen** intr. *(sieht, sah, gesehen;* aus. *haben)* vedere fuori. **hi|naus‿sol|len** intr. *(soll, sollte, gesollt;* aus. *haben)* COLLOQ. dover uscire.

hi|naus‿sprin|gen intr. *(sprang, gesprungen;* aus. *sein)* **1** saltare fuori: ***zum Fenster ~*** saltare dalla finestra **2** *(hinauslaufen)* precipitarsi, correre fuori. **hi|naus‿steh|len** rifl. *(stahl, gestohlen)* **sich ~** uscire di soppiatto, sgusciare fuori. **hi|naus‿stel|len I** tr. **1** mettere, porre fuori **2** SPORT espellere temporaneamente **II** rifl. **sich ~** mettersi fuori. **hi|naus‿stür|men** intr. (aus. *sein*) uscire precipitosamente.

hi|naus‿trei|ben *(trieb, getrieben)* **I** tr. spingere fuori **II** intr. (aus. *sein*) spingersi fuori: ***auf das Meer ~*** spingersi in alto mare. **hi|naus‿tre|ten** *(tritt, trat, getreten)* **I** intr. (aus. *sein*) uscire **II** tr. spingere, lanciare fuori (con un calcio). **hi|naus‿wach|sen** intr. *(wächst, wuchs, gewachsen;* aus. *sein)* ***über etw. ~*** crescere oltre qcs., superare qcs.; FIG. superare qcs.: ***über sich selbst ~*** superare se stesso. **hi|naus‿wa|gen** rifl. **sich ~ 1** osare uscire **2** *(sich weiterwagen)* arrischiarsi: ***sich über eine Absperrung ~*** arrischiarsi oltre uno sbarramento ◆ ***sich ins Leben ~*** affacciarsi alla vita.

hi|naus‿wei|sen *(wies, gewiesen)* **I** tr. scacciare, mandare via **II** intr. (aus. *haben*) ***auf etw. ~*** indicare qcs. (in lontananza) ◆ FIG. ***über sich selbst, auf eine andere Bedeutung ~*** evocare una realtà più vasta, sottintendere un altro significato. **hi|naus‿wer|fen** tr. *(wirft, warf, geworfen)* **1a** gettare fuori: ***Abfälle, einen Blick aus dem Fenster*** gettare rifiuti, gettare uno sguardo dalla finestra **b** *(rausschmeißen)* ***jdn aus dem Haus ~*** buttare qcn. fuori di casa **2** *(wegwerfen)* buttare, gettare via: ***Geld zum Fenster ~*** buttare i soldi dalla finestra **3** *(entlassen)* ***jdn ~*** buttare fuori qcn., dare il benservito a qcn. **hi|naus‿wol|len** *(will, wollte, gewollt;* aus. *haben)* **1** voler uscire **2** *(erstreben)* FIG. mirare, tendere: ***auf einen Kompromiss ~*** mirare ad un compromesso; ***(zu) hoch ~*** mirare (troppo) in alto.

hi|naus‿zie|hen *(zog, gezogen)* **I** tr. **1** tirare, trascinare fuori **2a** *(verzögern)* protrarre, tirare per le lunghe: ***eine Diskussion ~*** protrarre una discussione **b** rimandare, rinviare: ***die Abfahrt ~*** rinviare la partenza **II** intr. (aus. *sein*) **1** trasferirsi: ***aufs Land ~*** trasferirsi in campagna **2** *(nach draußen gehen)* uscire, spostarsi fuori: ***aus der Stadt ~*** uscire dalla città; ***der Rauch zieht durchs Fenster hinaus*** il fumo esce dalla finestra **III** rifl. **sich ~ 1** protrarsi: ***etw. zieht sich hinaus*** qcs. va per le lunghe **2** *(sich hinziehen)* essere rimandato, posticipato: ***die Abreise zieht sich hinaus*** la partenza è ritardata. **hi|naus‿zö|gern I** tr. rinviare, rimandare, differire **II** rifl. **sich ~** essere posticipato, ritardato.

hin‿bau|en I tr. costruire: ***an den See ein Hotel ~*** costruire un albergo sul lago **II** rifl. COLLOQ. ***sich vor jdm ~*** pararsi davanti a qcn. (in modo minaccioso). **hin‿be|ge|ben** rifl. *(begibt, begab, begeben)* **sich ~** recarsi, andare. **hin‿be|kom|men** tr. *(bekam, bekommen)* COLLOQ. → **hinkriegen. hin‿bie|gen** tr. *(bog, gebogen)* COLLOQ. **1** *(in Ordnung bringen)* sistemare, mettere a posto **2** piegare: ***(sich) jdn ~*** plagiare qcn. **hin‿blät|tern** tr. COLLOQ. sborsare, versare: ***für etw. ganz schön ~*** sborsare un sacco di soldi per qcs. **Hin|blick** m. *(-[e]s,-e)* ***im, in ~ auf etw. (A)*** considerando, in considerazione di qcs.; *(in Bezug auf)* in, con riferimento a qcs. **hin‿bli|cken** intr. (aus. *haben*) ***zu, nach jdm, etw. ~*** volgere lo sguardo verso qcn., qcs., guardare qcn., qcs. **hin‿brei|ten I** tr. **1** stendere, dispiegare **2** *(hinlegen)* disporre **II** rifl. **sich ~** stendersi, aprirsi: ***die Ebene breitete sich vor ihm hin*** la pianura si apriva davanti a lui. **hin‿brin|gen** tr. *(brachte, gebracht)* **1** portare lì **2** COLLOQ. *(fertigbringen)* ***etw. ~*** riuscire a fare (qcs.) **3** *(verbringen)* trascorrere, passare: ***die Zeit mit Lesen ~*** passare il tempo leggendo. **hin‿brü|ten** intr. (aus. *haben*) rimuginare: ***vor sich ~*** rimuginare fra sé. **hin‿bü|geln** tr. COLLOQ. riuscire. **hin‿däm|mern** intr. (aus. *sein, haben*) ***vor sich ~*** vegetare.

Hin|de f. *(-,-n)* ANT. LETT. cerva *f.*

hin‿deich|seln tr. (aus. *haben*) sistemare, mettere a posto. **hin‿den|ken** intr. *(dachte, gedacht;* aus. *haben)* pensare: ***wo denkst du (denn) hin?*** che ti salta in mente?

hin|der|lich agg. che è di impedimento, d'ostacolo: ***jdm, etw. ~ sein*** essere d'impedimento a qcn., ostacolare qcs.; ***-e Bekleidung*** vestiti scomodi. **hin|dern** tr. ANT. **1** ostacolare: ***den Verkehr ~*** ostacolare il traffico **2** *(unmöglich machen)* impedire: ***jdn an, bei etw. (D) ~*** impedire qcs. a qcn.; ***jdn am Essen ~*** impedire a qcn. di mangiare; ***jdn daran ~ zu antworten*** impedire a qcn. di rispondere. **Hin|der|nis** n. *(-ses,-se)* **1** ostacolo *m.*, impedimento *m.*: ***ein ~ überwinden, nehmen*** superare un ostacolo; ***ein ~ umgehen, überspringen*** aggirare, oltrepassare un ostacolo; ***ein ~ aus dem Weg räumen*** liberare, sgomberare la via da un ostacolo; ***jdm -se bereiten*** frapporre ostacoli a qcn., ostacolare qcn.; ***auf ein ~ stoßen*** imbattersi in (*o* incontrare) un ostacolo **2** SPORT ostacolo *m.*: ***ein ~ nehmen*** saltare (*o* superare) un ostacolo ◆ FIG. ***jdm -se in den Weg legen*** ostacolare la strada a qcn., mettere i bastoni tra le ruote a qcn. **Hin|der|nis|fah|ren** n. *(-s)* EQUIT. dressage *m.* **Hin|der|nis|feu|er** n. *(-s,-)* AER. segnalazione *f.* luminosa di ostacolo. **Hin|der|nis|lauf** m. *(-[e]s,-läufe)* SPORT corsa *f.* (*o* gara *f.*) a ostacoli. **Hin|der|nis|läu|fer** m. *(-s,-)* SPORT ostacolista *m.* **Hin|der|nis|ren|nen** n. *(-s,-)* **1** EQUIT. corsa *f.* a ostacoli **2** → **Hindernislauf.**

Hin|de|rung f. *(-,-en)* impedimento *m.* **Hin|de|rungs|grund** m. *(-[e]s,-gründe)* motivo *m.* d'impedimento: ***das ist kein ~*** ciò non è motivo d'impedimento.

hin‿deu|ten intr. (aus. *haben*) **1a** ***auf jdn, etw. ~*** indicare (*o* additare) qcn., qcs. **b** *(etw. anzeigen)* far pensare: ***alle Anzeichen deuten auf eine Grippe hin*** tutti i sintomi fanno pensare ad un'influenza **2** *(hinweisen)* alludere, accennare: ***auf eine Veränderung ~*** alludere ad un cambiamento.

Hin|di n. *(-)* hindi *m.* **Hin|din** f. *(-,-nen)* ANT. → **Hinde.**

hin‿don|nern I intr. (aus. *sein*) **1** muoversi, spostarsi con fragore **2** COLLOQ. *(mit Wucht hinfallen)* cadere, precipitare violentemente **II** tr. COLLOQ. *(mit Wucht hinwerfen)* scagliare con violenza. **hin‿drän|gen I** tr. spingere: ***jdn zu etw.*** spingere qcn. contro qcs. **II** rifl. **sich ~** spingersi (verso). **hin‿dre|hen** tr. COLLOQ. mettere a posto. **hin‿drü|cken** tr. premere.

Hin|du m. *(-[s],-[s])* indù *m.* **Hin|du|is|mus** m. *(-)* induismo *m.* **hin|du|is|tisch** agg. induista.

hin|durch avv. **1** rafforz. attraverso: ***durch die Stadt, die Tür ~*** attraverso la città, la porta **2** *(fortwährend)* per: ***Monate ~*** per mesi (e mesi); ***ganze Tage ~*** per giornate intere **3** ***wo...~?*** dove? ***wo willst du ~?*** dove vuoi passare? ◆ ***hier ~*** per di qua; ***mitten ~*** per il mezzo. **hin|durch‿ge|hen** intr. *(ging, gegangen;* aus. *sein)* passare (attraverso), attraversare (anche FIG.): ***durch das Tor, unter der Brücke ~*** passare attraverso il portone, sotto il ponte. **hin|durch‿müs|sen** intr. *(muss, musste, gemusst;* aus. *haben)* dover passare. **hin|durch‿zwän|gen I** tr. infilare, far passare (a forza) **II** rifl. **sich ~** infilarsi, passare a forza.

hin‿dür|fen intr. *(darf, durfte, gedurft;* aus. *haben)* **1** *(hinkommen dürfen)* poter andare (là) **2** *(hingebracht werden dürfen)* poter essere portato (là) **3** *(hingestellt, -gesetzt werden dürfen)* poter essere collocato, messo (là).

Hin|dus|tan, Hin|dus|tan n.pr.n. *(-s)* **1** Indostan *m.* **2** *(Indien)* India *f.* **Hin|dus|ta|ni** n. *(-[s])* hindustani *m.*, indostano *m.* **hin|dus|ta|nisch** agg. indostano.

hi|nein avv. (COLLOQ. rein) **1** *(oft unübersetzt)* dentro: ***~ (mit dir)!*** dentro! entra! ***bis ins Zentrum ~*** fin nel centro (*o* nel cuore) della città; ***bis tief in die Nacht, bis in den hellen Tag ~*** fino a notte fonda, fino a giorno inoltrato; ***bis in alle Einzelheiten ~*** in tutti i particolari **2** ***wo... ~?*** dentro dove...? ***wo geht er ~?*** dove entra? dove sta? **hi|nein‿be|ge|ben** rifl. **sich ~** entrare. **hi|nein‿be|kom|men** tr. *(bekam, bekommen)* COLLOQ. riuscire a far entrare, a infilare, a mettere. **hi|nein‿be|mü|hen I** tr. pregare di entrare, far entrare **II** rifl. **sich ~** accomodarsi dentro. **hi|nein‿bit|ten** tr. *(bat, gebeten)* pregare di entrare. **hi|nein‿brin|gen** tr. *(brachte, gebracht)* **1a** portare dentro **b** FIG. ***Ordnung, Schwung in etw. (A) ~***

mettere ordine, entusiasmo in qcs. 2 COLLOQ. *(hineinstecken, -schieben können)* riuscire a far entrare (*o* a infilare, a mettere). **hi|nein_den|ken** rifl. *(dachte, gedacht)* 1 ***sich in jdn, in jds Lage ~*** immedesimarsi in, con qcn., mettersi nei panni di qcn. 2 *(sich vertraut machen)* ***sich in etw. (A) ~*** prendere confidenza con qcs., abituarsi a qcs. **hi|nein_drän|gen** I tr. 1 spingere dentro, fare entrare con la forza 2 FIG. ***jdn in eine Rolle ~*** costringere qcn. a, in un ruolo II intr. (aus. *haben*) e rifl. **sich ~** spingersi (dentro) con la (*o* a) forza. **hi|nein_dür|fen** intr. *(darf, durfte, gedurft;* aus. *haben)* COLLOQ. 1 poter entrare 2 *(hineingebracht,-gesetzt werden dürfen)* poter essere portato, messo dentro. **hi|nein_fah|ren** intr. *(fährt, fuhr, gefahren;* aus. *sein)* 1 entrare (con un veicolo): ***in die Garage ~*** entrare nel garage 2 COLLOQ. ***jdm ~*** andar dentro a qcn.; ***jdm hinten ~*** tamponare qcn. 3 ***in die Hose ~*** infilarsi in fretta e furia i pantaloni ◆ ***ins Blaue ~*** girare senza meta. **hi|nein_fal|len** intr. *(fällt, fiel, gefallen;* aus. *sein)* 1 cadere dentro 2 *(vom Licht)* entrare, penetrare 3 COLLOQ. ***bei etw. ~*** essere raggirato, truffato. **hi|nein_fin|den** rifl. *(fand, gefunden)* 1 ***sich in etw. (A) ~*** abituarsi (*o* adattarsi) a qcs., familiarizzare con qcs. 2 ***sich in sein Los ~*** rassegnarsi alla propria sorte. **hi|nein_fres|sen** *(frisst, fraß, gefressen)* I tr. 1 trangugiare, ingurgitare, ingollare: ***große Mengen in sich (A) ~*** ingurgitare grandi quantità (di cibo) 2 FIG. ***seinen Ärger in sich (A) ~*** mandare giù tutta la (propria) rabbia II rifl. **sich ~** penetrare, avanzare: ***die Säge frisst sich in den Baum hinein*** la sega penetra nell'albero. **hi|nein_fun|ken** intr. (aus. *haben*) immischiarsi, intromettersi; ***jdm in seine Angelegenheiten ~*** intromettersi negli affari di qcn.

hi|nein|ge|bo|ren agg. ***in eine Zeit, Umwelt ~ sein, werden*** essere nato in un'epoca, in un ambiente.

hi|nein_ge|heim|nis|sen tr. ***etw. in etw. (A) ~*** credere di vedere (*o* scorgere) qcs. in qcs., leggere qcs. fra le righe di qcs. **hi|nein_ge|hen** intr. *(ging, gegangen;* aus. *sein)* 1 entrare (dentro): ***in das Gebäude ~*** entrare nell'edificio 2 *(Platz, Raum finden)* starci: ***in die Tasche geht viel hinein*** nella borsa ci stanno molte cose 3 SPORT ***in den Stürmer hart ~*** entrare duramente (*o* fare un'entrata dura) sull'attaccante. **hi|nein_ge|ra|ten** intr. *(gerät, geriet, geraten;* aus. *sein)* finire, capitare, incappare. **hi|nein_hal|ten** *(hält, hielt, gehalten)* I tr. tenere dentro II intr. (aus. *haben*) ***mit einem Gewehr, Wasserschlauch in die Menge ~*** sparare sulla folla con un fucile, colpire la folla con un getto d'acqua. **hi|nein_hel|fen** intr. *(hilft, half, geholfen;* aus. *haben)* 1 ***jdm in den Bus, Wagen ~*** aiutare qcn. a salire sull'autobus, in auto 2 ***jdm in den Mantel ~*** aiutare qcn. a infilarsi il cappotto. **hi|nein_hor|chen** intr. (aus. *haben*) 1 stare in ascolto, tendere l'orecchio 2 ***in etw. (A), in sich (A) ~*** cercare di capire qcs., ascoltare la propria voce interiore. **hi|nein_knien** rifl. ***sich (in etw. [A]) ~*** darci dentro (con qcs.).

hi|nein_kom|men intr. *(kam, gekommen;* aus. *sein)* 1 venir dentro, entrare 2 ***wieder in die alte Stellung, Firma ~*** riottenere il vecchio posto di lavoro, tornare a lavorare presso una ditta 3 *(sich hineinfinden)* adattarsi (a), familiarizzarsi (con): ***in eine fremde Sprache ~*** familiarizzarsi con una lingua straniera 4 COLLOQ. *(hineingebracht, -gelegt, -gesetzt werden)* andare (messo): ***das kommt alles in den Schrank hinein*** va tutto nell'armadio; ***wieviel Zucker kommt in den Teig hinein?*** quanto zucchero va nella (*o* ci vuole per la) pasta? 5 *(in etw. gelangen)* giungere, arrivare: ***in eine ausweglose Situation ~*** finire in una situazione senza via d'uscita.

hi|nein_kom|pli|men|tie|ren tr. fare (cortesemente) entrare, fare accomodare. **hi|nein_kön|nen** intr. *(kann, konnte, gekonnt;* aus. *haben)* poter entrare. **hi|nein_krie|chen** intr. *(kroch, gekrochen;* aus. *sein)* entrare strisciando, strisciare dentro ◆ VOLG. ***jdm hinten ~*** leccare il culo a qcn. **hi|nein_lan|gen** I tr. porgere (dentro), dare (dentro) II intr. (aus. *haben*) COLLOQ. 1 arrivare (dentro), entrare: ***bis ins Haus ~*** arrivare fin dentro la casa 2 ***in die Tasche ~*** infilare la mano nella borsa; ***mit den Fingern in das Marmeladenglas ~*** infilare le dita nel barattolo della marmellata. **hi|nein_las|sen** tr. *(lässt, ließ, gelassen)* lasciar entrare, ammettere. **hi|nein_le|ben** rifl. **sich ~** RAR. → **einleben** ◆ ***in den Tag ~*** vivere alla giornata. **hi|nein_le|gen** I tr. 1a mettere (dentro) b FIG. ***alle seine Erwartungen in etw. (A) ~*** riporre tutte le proprie speranze in qcs.; ***in etw. (A) einen besonderen Sinn ~*** dare un particolare significato a qcs. 2 COLLOQ. *(hereinlegen)* imbrogliare, abbindolare II rifl. ***sich ins Bett ~*** infilarsi nel letto. **hi|nein_mi|schen** I tr. mescolare; *(hineintun)* mettere (dentro): ***etwas Pfeffer in den Teig ~*** mettere un po' di pepe nella pasta II rifl. **sich ~** 1 mescolarsi: ***in seine Erinnungen mischte sich Traurigkeit hinein*** ai suoi ricordi si mescolava la tristezza 2 *(sich einmischen)* immischiarsi, intromettersi. **hi|nein_müs|sen** intr. *(muss, musste, gemusst;* aus. *haben)* dover entrare. **hi|nein_pa|cken** tr. mettere (dentro), infilare (anche FIG.). **hi|nein_pas|sen** I intr. (aus. *haben*) 1 starci (dentro), entrare: ***hier passt nichts mehr hinein*** qui non ci sta più niente 2 *(für etw. passend sein)* andar bene, entrare: ***der Schlüssel passt nicht ins Schloss hinein*** la chiave non entra nella serratura 3 ***in eine Gesellschaft ~*** inserirsi in una compagnia II tr. adattare; *(einfügen)* inserire, incastrare. **hi|nein_pfu|schen** intr. (aus. *haben*) ***in etw. (A) ~*** mettere le mani in qcs., immischiarsi in qcs. **hi|nein_plat|zen** intr. (aus. *sein*) COLLOQ. giungere all'improvviso, piombare. **hi|nein_pres|sen** tr. 1 pigiare (dentro), far entrare premendo 2 FIG. *(in etw. zwängen)* far (ri)entrare (a forza): ***etw. in ein Schema ~*** far rientrare qcs. in uno schema. **hi|nein_pro|ji|zie|ren** tr. ***etw. in etw. (A) ~*** proiettare, trasferire qcs. su qcs. **hi|nein_pum|pen** tr. 1 pompare (dentro) 2 FIG. COLLOQ. *(in großer Menge zuführen)* riversare: ***Millionen in ein Unternehmen ~*** riversare milioni in un'impresa.

hi|nein_re|den I intr. (aus. *haben*) 1 ***ins Leere ~*** parlare al vuoto 2 *(dazwischenreden)* intromettersi (nel discorso), metter bocca: ***da hast du nichts hineinzureden*** qui non devi metter bocca; ***jdm in etw. (A) ~*** immischiarsi negli affari di qcn. 3 REGION. *(einreden)* ***in jdn ~*** assillare qcn. con le proprie chiacchiere II rifl. ***sich in Begeisterung, Wut ~*** entusiasmarsi, adirarsi parlando. **hi|nein_rei|chen** I tr. porgere (dentro), passare (dentro) II intr. (aus. *haben*) 1 arrivare (dentro), entrare: ***die Stiege reicht bis ins Wasser hinein*** la scala scende fin dentro l'acqua 2a *(sich erstrecken)* estendersi, propagarsi b *(zeitlich)* prolungarsi, protrarsi. **hi|nein_rei|ßen** tr. *(riss, gerissen)* trascinare (*o* tirare) dentro; FIG. ***jdn in eine schlimme Geschichte ~*** trascinare (*o* coinvolgere) qcn. in una brutta storia. **hi|nein_rei|ten** *(ritt, geritten)* I intr. (aus. *sein*) entrare a cavallo, cavalcare (dentro) II tr. COLLOQ. cacciare (nei guai): ***jdn in eine ausweglose Lage ~*** cacciare qcn. in una situazione senza via d'uscita III rifl. **sich ~** COLLOQ. cacciarsi (nei guai). **hi|nein_ren|nen** intr. (aus. *sein*) ***in sein Unglück, Verderben ~*** correre verso la propria sventura, rovina. **hi|nein_rie|chen** intr. *(roch, gerochen;* aus. *haben)* ***in etw. ~*** farsi un'idea di qcs. **hi|nein_ru|fen** tr. *(rief, gerufen)* chiamare (dentro): ***jdn in den Saal ~*** chiamare qcn. in sala. **hi|nein_rut|schen** intr. (aus. *sein*) → **hineinschlittern.** **hi|nein_schau|en** intr. (aus. *haben*) guardare dentro: ***zum Fenster ~*** guardare dentro la finestra. **hi|nein_schla|fen** intr. *(schläft, schlief, geschlafen;* aus. *haben)* ***in den hellen Tag ~*** dormire fino a giorno inoltrato. **hi|nein_schla|gen** tr. *(schlägt, schlug, geschlagen)* 1 piantare, conficcare: ***einen Nagel (in die Wand) ~*** piantare un chiodo (nella parete) 2 *(durch Schlagen erzeugen)* fare (battendo): ***ein Loch in die Mauer ~*** fare un buco nel muro. **hi|nein_schlei|chen** *(schlich, geschlichen)* intr. (aus. *sein*) e rifl. **sich ~** entrare quatto quatto, introdursi di soppiatto. **hi|nein_schlin|gen** tr. *(schlang, geschlungen)* trangugiare, ingurgitare, ingollare. **hi|nein_schlit|tern** intr. (aus. *sein*) 1 scivolare dentro 2 COLLOQ. ***in eine unangenehme Lage ~*** ritrovarsi (*o* finire) in una situazione spiacevole. **hi|nein_schmug|geln** I tr. far entrare di contrabbando, contrabbandare II rifl. **sich ~** introdursi di nascosto (*o* clandestinamente). **hi|nein_schnei|den** *(schnitt, geschnitten)* I tr. 1 ***ein Loch in etw. (A) ~*** fare un buco in qcs. (con le forbici) 2 ***Fleisch in die Suppe ~*** aggiungere pezzetti di carne alla minestra II intr. (aus. *haben*) ***in etw. (A) ~*** fare un taglio in qcs., tagliare qcs. **hi|nein_schnei|en** intr. 1 impers. (aus. *haben*) ***es schneit ins Haus hinein*** nevica dentro la casa 2 COLLOQ. *(unerwartet kommen;* aus. *sein)* arrivare all'improvviso, piombare. **hi|nein_sol|len** intr. (aus. *haben*) dover entrare.

hi|nein_spie|len I intr. (aus. *haben*) entrare in gioco, giocare un ruolo determinante: ***da spielt sein Alter mit hinein*** qui la sua età gioca un certo ruolo II tr. SPORT ***den Ball in die Mitte, in den Strafraum ~*** tirare la palla al centro, dentro l'area di rigore.

hi|nein_ ste|cken tr. 1 metter dentro, infilare: ***den Schlüssel (ins Schloss) ~*** infilare la chiave (nella toppa); COLLOQ. ***alles in die Tasche ~*** infilare (*o* cacciare) tutto in borsa 2 COLLOQ. *(unterbringen)* mettere, far stare: ***fünf Personen in ein Zimmer ~*** far stare, stipare cinque persone in una stanza 3 COLLOQ. *(für etw. aufwenden)* mettere, impiegare, investire: ***viel Geld in etw. (A) ~*** investire molto denaro in qcs.

hi|nein_steh|len rifl. **sich ~** *(stiehlt, stahl, gestohlen)* 1 entrare furtivamente, introdursi di soppiatto 2 FIG. ***sich in jds Vertrauen ~*** carpire la fiducia di qcn. **hi|nein_stei|gern** rifl. 1a ***sich in etw. (A) ~*** agitarsi per qcs. b ***sich in Begeisterung, in Wut ~*** entusiasmarsi molto, montare in collera 2 ***sich in eine Krankheit ~*** mettersi in testa (*o* convincersi) di avere una malattia. **hi|nein_stol|pern** intr. (aus. *sein*) 1 finire dentro (maldestramente) 2 *(geraten)* finire, cadere, incappare (stupidamente): ***in eine Falle ~*** cadere stupidamente in una trappola. **hi|n_e_in_stop|fen** tr. **1** ficcare (*o* mettere) dentro, infilare: ***das Hemd in die Hose ~*** mettere la camicia dentro ai pantaloni; COLLOQ. ***alles in den Koffer ~*** ficcare tutto in valigia **2** COLLOQ. *(gierig essen)* trangugiare, ingurgitare.

hi|n_e_in_sto|ßen *(stößt, stieß, gestoßen)* **I** tr. **1** piantare: ***einen Pflock in den Boden ~*** piantare un palo nel terreno **2a** *(Menschen)* spingere: ***jdn ins Wasser ~*** spingere qcn. in acqua **b** FIG. ***jdn ins Elend ~*** ridurre qcn. in miseria **II** intr. (aus. *sein*) **1** penetrare, spingersi **2** ***in eine Parklücke ~*** infilarsi in un parcheggio **3** ANT. ***ins Horn, in die Trompete ~*** suonare il corno, la tromba.

hi|n_e_in_stür|zen I intr. (aus. *sein*) **1** cadere (*o* precipitare) dentro: ***in eine Grube ~*** cadere in un fosso **2** *(ins Innere)* precipitarsi, correre dentro **II** tr. **1** far cadere (dentro), spingere **2** FIG. ***jdn in Verwicklungen ~*** cacciare, coinvolgere qcn. in guai seri **III** rifl. **sich ~ 1** buttarsi, gettarsi (anche FIG.): ***sich in den Fluss, in die Arbeit ~*** buttarsi nel fiume, nel lavoro.

hi|n_e_in_tap|pen intr. (aus. *sein*) **1** entrare (a) tastoni **2** *(hineingeraten)* finire, cadere: ***nachts in eine Grube ~*** finire di notte in un fosso; FIG. ***in eine Falle ~*** finire in una trappola. **hi|n_e_in_tra|gen** tr. *(trägt, trug, getragen)* **1** portare (*o* trasportare) dentro: ***die Pakete ins Haus ~*** portare i pacchetti in casa **2** FIG. ***Unordnung, Unruhe in etw. (A) ~*** portare scompiglio, disordine in qcs. **hi|n_e_in_treiben** *(trieb, getrieben)* **I** tr. **1** spingere dentro: ***das Vieh in den Pferch ~*** spingere il bestiame dentro al recinto **2a** *(in etw. treiben)* trascinare (in), spingere (in) **b** FIG. ***jdn in einen Konflikt ~*** trascinare qcn. in un conflitto **3** *(bewegen, nach drinnen zu gehen)* indurre (*o* spingere) a entrare **4** *(hineinschlagen)* piantare, conficcare **II** intr. (aus. *sein*) venire trascinato, essere spinto: ***das Boot treibt in den See hinein*** la barca è spinta in mare.

hi|n_e_in_tre|ten intr. *(tritt, trat, getreten)* **1** (aus. *sein*) entrare, andare dentro **2** *(mitten in etw. treten*; aus. *haben, sein)* finire: ***in eine Glasscherbe ~*** finire su un pezzo di vetro ◆ ***ins Leben ~*** affacciarsi alla vita. **hi|n_e_in_tun** tr. *(tat, getan)* COLLOQ. **1** mettere (dentro) **2** FIG. ***einen Blick in etw. (A) ~*** dare un'occhiata a qcs. **hi|n_e_in_ver|set|zen** rifl. ***sich in jdn, in jds Lage ~*** immedesimarsi in qcn., mettersi nei panni di qcn.

hi|n_e_in_wach|sen intr. *(wächst, wuchs, gewachsen;* aus. *sein)* **1a** crescere (dentro) **b** *(vom Fingernagel)* ***ins Fleisch ~*** incarnirsi (*o* incarnarsi) **2** ***ins Erwachsenenalter ~*** entrare nell'età adulta, diventare un uomo (*o* una donna) **3** COLLOQ. ***in ein Kleid ~*** crescere fino a poter indossare un vestito **4** *(hineinleben, -arbeiten)* ***in etw. (A) ~*** adattarsi a qcs., familiarizzare con qcs.; ***in seine Elternrolle ~*** crescere come genitore.

hi|n_e_in_wa|gen rifl. **sich ~** osare entrare. **hi|n_e_in_wer|fen** *(wirft, warf, geworfen)* **I** tr. **1a** buttare (dentro), gettare (dentro): ***jdn ins Wasser ~*** buttare qcn. in acqua; ***die Straßenlampe wirft ein starkes Licht (ins Zimmer) hinein*** il lampione getta una forte luce (nella stanza) **b** LETT. ***jdn ins Gefängnis ~*** gettare (*o* rinchiudere) qcn. in prigione **2** ***Truppen in ein Gebiet ~*** riversare (*o* spedire) truppe in una regione **3** ***einen Blick in etw. (A) ~*** gettare uno sguardo a qcs., dare un'occhiata a qcs. **II** rifl. **sich ~** buttarsi (dentro), gettarsi (dentro). **hi|n_e_in_wol|len** intr. *(will, wollte, gewollt;* aus. *haben)* voler entrare.

hi|n_e_in_zie|hen *(zog, gezogen)* **I** tr. **1** tirare (*o* trascinare) dentro: ***jdn ins Zimmer ~*** trascinare qcn. nella stanza **2** FIG. *(in etw. verwickeln)* trascinare, coinvolgere: ***jdn in einen Streit ~*** trascinare qcn. in una lite **II** intr. (aus. *sein*) **1** entrare: ***der Rauch zieht durchs Fenster hinein*** il fumo entra dalla stanza **2** ***in eine Wohnung ~*** trasferirsi, entrare in un appartamento.

h_i_n_fah|ren *(fährt, fuhr, gefahren)* **I** intr. (aus. *sein*) **1** andare (là) (con un veicolo): ***an der Küste ~*** viaggiare, navigare lungo la costa **2** *(wegfahren)* andarsene, andar via (con un veicolo) **3a** ***mit der Hand, dem Tuch über etw. (A) ~*** passare la mano, lo straccio sopra, su qcs. **b** ***mit der Hand nach etw. ~*** afferrare qcs. **4** ANT. *(sterben)* andarsene, spegnersi **II** tr. portare là (con un veicolo): ***ich fahre dich hin*** ti (ci) porto. **H_i_n|fahrt** f. *(-,-en)* andata *f.*: ***auf, bei der ~*** all'andata ◆ ***Hin- und Rückfahrt*** andata e ritorno.

h_i_n_fal|len intr. *(fällt, fiel, gefallen;* aus. *sein)* **1** cadere per terra: ***der Länge nach ~*** cadere lungo disteso per terra; ***etw. ~ lassen*** far cadere qcs. **2** LETT. *(niederfallen)* ***vor jdm ~*** cadere (*o* gettarsi) ai piedi di qcn. **h_i_n|fäl|lig** agg. **1** decrepito, cadente **2** *(gegenstandslos)* inconsistente; *(ungültig)* non valido; DIR. inoperante: ***-e Maßnahmen*** provvedimenti inoperanti. **H_i_n|fäl|lig|keit** f. *(-)* **1** decrepitezza *f.* **2** *(Gegenstandslosigkeit)* inconsistenza *f.*; *(Ungültigkeit)* nullità *f.*

h_i_n_fet|zen tr. COLLOQ. fare, eseguire con abilità. **h_i_n_fin|den** intr. *(fand, gefunden;* aus. *haben)* trovare la strada, riuscire ad arrivare: ***er hat sofort zu ihnen hingefunden*** è riuscito subito ad arrivare da loro. **h_i_n_flä|zen**, **h_i_n_fle|geln** rifl. **sich ~** COLLOQ. stravaccarsi.

h_i_n_flie|gen *(flog, geflogen)* **I** intr. (aus. *sein*) **1a** volare (là), andare in volo: ***nach Paris sind wir hingeflogen*** siamo andati a Parigi in aereo **b** ***über eine Stadt ~*** sorvolare una città **2** COLLOQ. *(hinfallen)* volare per terra, fare un volo **II** tr. trasportare con l'aereo, portare in aereo. **H_i_n|flug** m. *(-[e]s,-flüge)* (volo *m.* di) andata *f.*: ***auf dem, beim ~*** all'andata (*o* durante il volo di andata) ◆ ***Hin- und Rückflug*** (volo di) andata e ritorno.

h_i_n|fort avv. ANT. d'ora in avanti (*o* in poi), d'ora innanzi; *(künftig)* in futuro, in avvenire.

h_i_n_fris|ten tr. ***sein Leben ~*** tirare avanti miseramente. **h_i_n_füh|ren I** tr. condurre (là), portare (là): ***soll ich dich ~?*** devo portarti là? ti ci devo portare? FIG. ***jdn zu Gott, zur Vernunft ~*** condurre qcn. a Dio, portare qcn. alla ragione **II** intr. (aus. *haben*) condurre, portare: ***diese Straße führt zum Dorf hin*** questa strada porta al paese; ***wo soll das (nur) ~?*** dove ci porterà questo? dove si arriverà?

h_i_n|f_ü_r, **h_i_n|f_ü_r|der** avv. ANT. → **hinfort.**

hing → **1.hängen.**

H_i_n|ga|be f. *(-)* **1** dedizione *f.*: ***~ an die Arbeit, an die Familie*** dedizione al lavoro, alla famiglia **2** *(Leidenschaft)* passione *f.*; *(Eifer)* zelo *m.*: ***etw. mit ~ tun*** fare qcs. con passione, zelo **3** ***die (sexuelle) ~ an jdn*** il concedersi a qcn. **4** LETT. *(Opfer)* sacrificio *m.* **h_i_n|ga|be|fä|hig** agg. **1a** capace di dedizione **b** *(opferbereit)* capace di sacrificarsi **2** *(fähig zur Leidenschaft)* in grado di appassionarsi. **H_i_n|gang** m. *(-[e]s,-gänge)* LETT. dipartita *f.*

h_i_n_ge|ben *(gibt, gab, gegeben)* **I** tr. dare, donare, sacrificare: ***sein Leben (für etw.) ~*** dare la vita (per qcs.) **II** rifl. **sich ~ 1a** darsi, dedicarsi (completamente), consacrarsi: ***sich einer Arbeit, Idee ~*** darsi a un lavoro, consacrarsi a un'idea **b** FIG. abbandonarsi, darsi: ***sich einem Laster, einer Hoffnung ~*** abbandonarsi a un vizio, affidarsi a una speranza; ***sich keinen Täuschungen, Illusionen über etw. (A) ~*** non farsi illusioni su qcs.; ***sich seinen Träumen, Gedanken ~*** abbandonarsi ai propri sogni, perdersi nei propri pensieri **2** ***sich (einem Mann) ~*** concedersi (a un uomo). **h_i_n|ge|bend** p.pres. agg. **1** → **hingeben 2** pieno di dedizione, che ha spirito di sacrificio; *(ergeben)* devoto: ***eine -e Liebe*** un amore devoto **3** *(eifrig)* solerte, assiduo. **H_i_n|ge|bung** f. *(-)* dedizione *f.* **h_i_n|ge|bungs|voll I** agg. **1** di grande dedizione, di grande sacrificio **2** *(ergeben)* devoto **II** avv. con grande dedizione, con grande sacrificio.

h_i_n|g_e_|gen cong. al contrario, invece, per contro.

h_i_n|ge|gos|sen avv. COLLOQ. ***(wie) ~ daliegen, dasitzen*** starsene mollemente sdraiato, stravaccato.

h_i_n_ge|hen intr. *(ging, gegangen;* aus. *sein)* **1** andar(ci): ***gehst du auch (zu ihm) hin?*** ci vai anche tu (da lui)? **2a** *(weggehen)* andarsene, allontanarsi **b** *(sterben)* andarsene, morire **3** *(von Zeit)* passare, trascorrere **4** *(vom Blick)* ***über etw. (A) ~*** passare su qcs..; ***zu jdm, etw. ~*** andare a qcn., qcs. **5** *(durchgehen)* passare, andare: ***diesmal mag es noch ~*** per questa volta passi; ***jdm etw. ~ lassen*** lasciar passare qcs. a qcn.; ***etw. als etw. ~ lassen*** far passare qcs. per qcs.

h_i_n_ge|hö|ren intr. (aus. *haben*) COLLOQ. **1** appartenere (a un luogo): ***hier gehöre ich hin!*** questo è il mio posto! **2** andare (messo), avere il posto: ***wo gehört diese Tasse hin? da, hier gehört sie hin!*** dove va (messo) questo bicchiere? va qui! (*o* il suo posto è questo!). **h_i_n_ge|lan|gen** intr. (aus. *sein*) arrivare, giungere, pervenire. **h_i_n_ge|ra|ten** intr. *(gerät, geriet, geraten;* aus. *sein)* finire, capitare: ***wo sind wir bloß hingeraten?*** ma dove siamo finiti?

h_i_n|ge|ris|sen p.pass. agg. **1** → **hinreißen 2** ***von etw. ~ sein*** essere estasiato, incantato, rapito da qcs. ◆ ***von etw. hin- und hergerissen sein*** essere completamente preso da qcs.; ***hin- und hergerissen sein (zwischen... und...)*** essere dibattuto (tra... e...). **h_i_n|ge|zo|gen** p.pass. agg. → **hinziehen** ◆ ***sich zu, von jdm, etw. ~ fühlen*** sentirsi attratto (*o* attirato) da qcn., qcs.

h_i_n_glei|ten intr. *(glitt, geglitten;* aus. *sein)* **1** scivolare **2** FIG. ***über etw. ~*** toccare di sfuggita, sfiorare appena qcs.

h_i_n_hal|ten tr. *(hält, hielt, gehalten)* **1** tendere, porgere: ***jdm die Hand, die Zeitung ~*** tendere la mano, porgere il giornale a qcn. **2a** FIG. tenere a bada: ***jdn mit Versprechungen ~*** tenere a bada qcn. con promesse **b** *(aufhalten)* fermare, trattenere ◆ ***seinen Kopf für etw. ~*** fare le spese di qcs. **H_i_n|hal|te|tak|tik** f. *(-)* tattica *f.* di temporeggiamento.

1.h_i_n_hän|gen tr. COLLOQ. appendere, attaccare.

2.h_i_n_hän|gen intr. *(hing, gehangen;* aus. *haben)* COLLOQ. ***etw. ~ lassen*** lasciare qcs. in sospeso.

h_i_n_hau|en *(haute, gehauen)* **I** tr. **1** battere **2a** COLLOQ. buttare giù, per terra **b** impers. FIG. ***das haut einen hin*** c'è da restare a bocca aperta **3** *(plötzlich aufgeben)* piantare lì: ***die ganze Arbeit ~*** piantar lì tutto il lavoro **4** COLLOQ. FIG. buttar giù, sbrigare in fretta: ***einen Aufsatz ~*** buttar giù un tema **II** rifl. **sich ~ 1** buttarsi giù, a terra **2** *(zum Schlafen)* buttarsi sul letto **III** intr. **1** (aus. *sein*) stramazzare: ***auf den Boden ~*** stramazzare al suolo **2** (aus. *haben*) COLLOQ. sbrigarsi, spicciarsi: ***hau hin!*** spicciati! **3** (aus. *haben*) andar bene: ***das haut (nicht) hin*** (non) va bene, (non) quadra. **hin‿hö|ren** tr. ascoltare (attentamente), prestare ascolto.

Hin|ke|bein n. *(-[e]s,-e)* COLLOQ. **1** gamba *f.* zoppa **2** *(Hinkender)* zoppo *m.*, gambacorta *m.* **Hin|ke|fuß** m. *(-es,-füße)* COLLOQ. **1** piede *m.* zoppo **2** zoppo *m.*, gambacorta *m.*

Hin|kel n. *(-s,-)* pollastrello *m.*, galletto *m.*

hin|ken intr. **1a** (aus. *haben*) zoppicare: ***mit, auf einem Bein ~*** zoppicare con, da una gamba **b** FIG. ***der Vergleich hinkt*** il paragone zoppica, non sta in piedi **2** (aus. *sein*) zoppicare, camminare zoppicando. **hin|kend** p.pres. agg. zoppicante, claudicante; zoppo (anche FIG.): ***ein -er Gang*** un'andatura claudicante; ***-e Verse*** versi zoppi. **Hin|ken|de** m. e f. *(-n,-n)* zoppo *m.* (-a *f.*).

hin‿knal|len COLLOQ. **I** tr. sbattere, scaraventare **II** intr. (aus. *sein*) andare a sbattere **III** rifl. **sich ~** buttarsi giù, lasciarsi cadere. **hin‿knien** intr. (aus. *sein*) e rifl. **sich ~** inginocchiarsi, mettersi in ginocchio. **hin‿kom|men** intr. *(kam, gekommen;* aus. *sein)* **1** arrivare: ***nach Berlin, zu jdm ~*** arrivare a Berlino, da qcn. **2** COLLOQ. andare a finire, andare messo: ***wo ist mein Füller bloß hingekommen?*** ma dov'è andata a finire la mia penna? ***wo kommen die Bücher hin?*** dove vanno messi i libri? **3** COLLOQ. *(auskommen)* farcela: ***mit dem Geld ~*** farcela con i soldi **4** COLLOQ. *(stimmen)* andar bene, essere giusto ◆ ***wo kommen, kämen wir hin, wenn...*** dove andremmo a finire, se... **hin‿kön|nen** intr. *(kann, konnte, gekonnt;* aus. *haben)* COLLOQ. **1** *(hinkommen können)* poter venire (là) **2** *(hingehen, -fahren können)* poter andare (là). **hin‿krie|gen** tr. **1** riuscire: ***das hat er gut hingekriegt*** questo gli è riuscito bene **2** riparare, rimettere a posto: ***das werden wir schon wieder ~*** lo rimetteremo a posto (di certo) **3** *(heilen)* rimettere in sesto.

Hin|kunft, AUSTR. ***in ~*** in futuro, in avvenire, d'ora in poi. **hin|künf|tig** agg. AUSTR. → **Hinkunft.**

Hink|vers m. *(-es,-e)* verso *m.* zoppo.

hin‿lan|gen intr. (aus. *haben*) COLLOQ. **1** toccare, (arrivare a) prendere: ***an den Ofen ~*** toccare il forno **2** *(ausreichen)* bastare, essere sufficiente **3** *(sich bedienen)* servirsi, prendersi **4** COLLOQ. *(zuschlagen)* ***ordentlich ~*** darle di santa ragione.

hin|läng|lich I agg. bastante, sufficiente **II** avv. abbastanza, sufficientemente: ***das ist ~ bekannt*** è abbastanza noto.

hin‿las|sen intr. *(lässt, ließ, gelassen;* aus. *haben)* COLLOQ. **1** *(hinkommen lassen)* lasciar venire **2** *(hingehen, -fahren lassen)* lasciar andare. **hin‿le|gen I** tr. **1** porre, deporre, posare **2** COLLOQ. sborsare: ***eine Summe ~ müssen*** dover sborsare una somma **3** COLLOQ. *(musterhaft ausführen)* eseguire brillantemente **II** rifl. **sich ~** sdraiarsi, coricarsi ◆ MIL. ***~!*** a terra! COLLOQ. ***es hätte mich beinah hingelegt*** sono rimasto a bocca aperta; COLLOQ. ***da legst du dich (lang) hin*** rimarrai a bocca aperta; ***das Kind um 7 Uhr ~*** mettere a letto il bambino alle sette. **hin‿lüm|meln** rifl. **sich ~** COLLOQ. stravaccarsi. **hin‿ma|chen I** tr. COLLOQ. fissare: ***das Schild an die Tür ~*** fissare il cartello alla porta **II** intr. COLLOQ. **1** (aus. *haben*) REGION. sbrigarsi, spicciarsi **2** *(seine Notdurft verrichten;* aus. *haben)* farla (lì) **3** (aus. *haben*) VOLG. *(kaputtmachen)* far fuori; *(zerstören)* distruggere **4** (aus. *sein*) andare, andarci: ***er ist in die USA hingemacht*** è andato negli Stati Uniti.

hin‿müs|sen intr. *(muss, musste, gemusst;* aus. *haben)* COLLOQ. **1** *(hinkommen müssen)* dover arrivare (là) **2** *(hingehen, -fahren müssen)* dover andare (là) **3** *(hingebracht werden müssen)* dover essere portato (là) **4** *(hingestellt werden müssen)* dover essere messo (là). **Hin|nah|me** f. *(-)* accettazione *f.* **hin‿neh|men** tr. *(nimmt, nahm, genommen)* **1** accettare, prendere: ***etw. gelassen ~*** accettare qcs., prendere qcs. con calma **2** COLLOQ. *(mitnehmen)* prendere con sé. **hin‿nei|gen I** tr. **1** piegare, chinare: ***den Kopf zu jdm, etw. ~*** chinare il capo verso qcn., qcs. **2** *(zuneigen)* ***zu etw. ~*** avere inclinazione (*o* predisposizione) per, verso qcs.; ***zu der Auffassung ~...*** tendere all'idea... **II** rifl. **sich ~** piegarsi, chinarsi.

hin|nen avv. ANT. ***von ~*** via da qui.

hin‿pfef|fern tr. COLLOQ. **1** buttare, scaraventare **2** *(etwas Schriftliches)* buttar giù alla svelta. **hin‿pflan|zen I** tr. piantare **II** rifl. COLLOQ. FIG. ***sich vor jdn ~*** piantarsi davanti a qcn. **hin‿quä|len** rifl. **sich ~** andare avanti nella vita tribolando. **hin‿raf|fen** tr. FIG. mietere, fare strage di. **hin‿rei|ben** tr. COLLOQ. ***jdm etw. ~*** cantar chiaro, dire in faccia qcs. a qcn. **hin‿rei|chen I** tr. porgere, dare **II** intr. (aus. *haben*) **1** giungere fino a **2** bastare, essere sufficiente: ***mit den Vorräten ~*** le provviste bastano. **hin|rei|chend I** p.pres. agg. **1** → **hinreichen 2** sufficiente: ***-e Bedingung*** condizione sufficiente **II** avv. abbastanza, sufficientemente, a sufficienza. **Hin|rei|se** f. *(-,-n)* viaggio *m.* d'andata: ***Hin- und Rückreise*** viaggio d'andata e ritorno; ***bei, auf der ~*** durante il viaggio d'andata, durante l'andata. **hin‿rei|ßen** *(riss, gerissen)* tr. **1** trascinar via con sé **2** FIG. *(begeistern)* estasiare, rapire **3** *(von Gefühlen)* ***sich zu etw. ~ lassen*** lasciarsi trasportare. **hin|rei|ßend I** p.pres. agg. estasiante **II** avv. in modo estasiante.

hin‿rich|ten tr. **1** giustiziare: ***jdn auf dem, durch den elektrischen Stuhl ~*** giustiziare qcn. sulla sedia elettrica **2** COLLOQ. preparare: ***jdm das Frühstück ~*** preparare la colazione a qcn. **Hin|rich|tung** f. *(-,-en)* esecuzione *f.*: ***eine ~ vollstrecken*** compiere, effettuare un'esecuzione. **Hin|rich|tungs|kom|man|do** n. *(-s,-s)* plotone *m.* d'esecuzione. **Hin|rich|tungs|stät|te** f. *(-,-n)* luogo *m.* dell'esecuzione.

hin‿rü|cken I tr. accostare **II** intr. (aus. *sein*) spostarsi in là. **Hin|run|de** f. *(-,-n)* SPORT girone *m.* d'andata. **hin‿schaf|fen** tr. trasportare (là). **hin‿schau|en** intr. (aus. *haben*) REGION. → **hinsehen. hin‿schau|keln** tr. COLLOQ. riuscire, maneggiare bene. **hin‿schei|den** intr. *(schied, geschieden;* aus. *sein)* LETT. trapassare. **Hin|schei|den** n. *(-s)* trapasso *m.* **hin‿schi|cken** tr. mandare, inviare. **hin‿schie|ßen** intr. *(schoss, geschossen)* **1** (aus. *haben*) tirare, sparare **2** (aus. *sein*) correre precipitosamente; *(von Wasser)* scorrere impetuosamente. **hin‿schla|gen** *(schlägt, schlug, geschlagen)* **I** tr. battere, mandare in là: ***den Ball ~*** battere la palla **II** intr. (aus. *sein*) COLLOQ. stramazzare ◆ COLLOQ. ***da schlag einer lang hin*** c'è da restare a bocca aperta! **hin‿schlei|chen I** intr. *(schlich, geschlichen;* aus. *sein)* andare quatto quatto, strisciare (in là) **II** rifl. **sich ~** andare di nascosto: ***sich zu jdm ~*** andare di nascosto da qcn. **hin‿schlep|pen I** tr. trascinare là **II** rifl. **sich ~ 1** trascinarsi là **2** FIG. trascinarsi. **hin‿schmei|ßen** tr. *(schmiss, geschmissen)* COLLOQ. buttare, gettare via. **hin‿schmie|ren** tr. COLLOQ. **1** *(hinschreiben)* buttar giù, scarabocchiare **2** *(hinmalen)* imbrattare. **hin‿schrei|ben** tr. *(schrieb, geschrieben)* **1** scrivere (sopra qcs.) **2** *(hinschmieren)* buttare giù, scrivere in fretta. **hin‿se|geln** intr. (aus. *sein*) **1** veleggiare, far vela **2** COLLOQ. ruzzolare. **hin‿se|hen** intr. (aus. *haben*) guardare, volgere lo sguardo: ***nach, zu jdm ~*** guardare verso qcn. **hin‿set|zen I** tr. **1** mettere, porre **2** *(niedersetzen)* posare, mettere giù **II** rifl. **sich ~ 1** sedersi, mettersi a sedere **2** COLLOQ. *(hinfallen)* cadere ◆ ***sich ~ und lesen*** sedersi e mettersi a leggere.

Hin|sicht f. *(-)* riguardo *m.*, aspetto *m.*: ***in ~ auf etw. (A)*** riguardo a qcs., per quanto riguarda qcs.; ***in dieser ~*** a questo riguardo; ***in jeder, vieler ~*** sotto ogni aspetto, per molti aspetti; ***in gewisser, mancher ~*** in un certo senso, per qualche aspetto; ***in finanzieller ~*** dal lato finanziario. **hin|sicht|lich** prep. + gen. riguardo a, (in) quanto a, per quanto riguarda.

hin‿sin|ken intr. *(sank, gesunken;* aus. *sein)* accasciarsi, cadere (per terra). **hin‿sie|chen** intr. (aus. *sein*) essere a lungo infermi. **hin‿sol|len** intr. (aus. *haben*) COLLOQ. **1** *(hinkommen sollen)* dover venire (là) **2** *(hingehen, -fahren sollen)* dover andare (là) **3** *(hingebracht werden sollen)* dover essere portato (là) **4** *(hingestellt werden sollen)* dover essere messo (là): ***wo soll das Fahrrad hin?*** dove devo mettere la bicicletta? **Hin|spiel** n. *(-[e]s,-e)* partita *f.* d'andata. **hin‿spu|cken** intr. (aus. *haben*) sputare ◆ COLLOQ. ***da kann man ~*** è a un tiro di sputo. **hin‿star|ren** intr. (aus. *haben*) ***nach, zu jdm ~*** guardare fisso verso qcn., guardare fissamente. **hin‿stel|len I** tr. **1** mettere, collocare **2** posare: ***wo soll ich den Fernseher ~?*** dove devo posare la televisione? **3** *(bezeichnen)* presentare: ***jdn als Vorbild ~*** portare qcn. ad esempio **II** rifl. **sich ~ 1** mettersi lì: ***sich vor jdm ~*** mettersi davanti a qcn. **2** *(sich bezeichnen)* descriversi: ***sich als tolerant ~*** descriversi come persona tollerante ◆ ***jdn als dumm ~*** far passare qcn. per stupido; COLLOQ. ***etw. ~ können*** essere in grado di costruire qcs. **hin‿ster|ben** intr. *(stirbt, starb, gestorben;* aus. *sein)* morire (lentamente). **hin‿steu|ern I** tr. dirigere, guidare **II** intr. (aus. *sein*) dirigersi, essere diretto: ***auf ein ganz bestimmtes Ziel ~*** essere diretto verso una meta ben precisa. **hin‿stre|ben** intr. (aus. *haben*) ***auf, nach etw. ~*** tendere a qcs. **hin‿stre|cken I** tr. **1** tendere, stendere, allungare **2** FIG. ANT. *(töten)* stendere **II** rifl. **sich ~** distendersi, stendersi: ***sich auf dem, den Boden ~*** distendersi sul pavimento. **hin‿strei|chen** intr. *(strich, gestrichen)* **1** (aus. *haben*) ***mit der Hand über etw. ~*** passare la mano su qcs. **2** (aus. *sein*) ***an etw. (D) ~*** passare rasente a qcs. **hin‿streu|en** tr. spargere. **hin‿strö|men** intr. (aus. *sein*) **1** *(von Wasser)* scorrere in là **2** arrivare in massa. **hin‿stür|zen** intr. (aus. *sein*) **1** cadere a terra **2** precipitarsi: ***zum Ausgang ~*** precipitarsi verso l'uscita.

hint|an‿blei|ben intr. *(blieb, geblieben;* aus. *sein)* LETT. rimanere indietro. **hint|an‿set|zen I** tr. trascurare **II** rifl. **sich ~** rimanere nell'ombra, mettersi in disparte. **Hint|an|set|zung** f. *(-)* trascuranza *f.* **hint|an‿stel|len** tr. → **hintansetzen. Hint|an|stel|lung** f. *(-)* → **Hintansetzung.**

hin|ten avv. dietro, di dietro: ***er wohnt hier ~*** abita qui dietro ◆ ***sich ~ anstellen*** mettersi in coda; COLLOQ. ***~ keine Augen haben*** non avere gli occhi di dietro; FIG. ***~ bleiben*** rimanere indietro (come rango); COLLOQ. ***es jdm vorn und ~ reinstecken*** viziare qcn.; ***nach ~ gehen*** andare indietro; FIG. ***~ sein*** essere indietro (come capacità mentali); ***jdn von ~ überfallen*** assalire qcn. alle spalle; ***von ~ (her)*** dal di dietro; ***von ~ anfangen*** cominciare dal fondo; ***jdn am liebsten von ~ sehen*** non voler più vedere qcn.; ***etw. (A) von vorn und ~ betrachten*** guardare qcs. davanti e dietro; COLLOQ. ***sich ~ und vorn nicht auskennen*** non intendersene affatto; COLLOQ. ***weder ~ noch vorn*** in nessun modo, non... affatto; COLLOQ. ***nicht wissen, wo ~ und vorn ist*** non sapere che pesci pigliare; ***ein Buch von vorn bis ~ lesen*** leggere un libro da cima a fondo; ***jdn von vorn bis ~ bedienen*** servire qcn. da capo a piedi; ***das ist von ~ bis vorn gelogen, erfunden*** è una spudorata menzogna, un'invenzione bella e buona. **hin|ten|dran** avv. COLLOQ. di dietro. **hin|ten|drauf** avv. COLLOQ. là (sopra) dietro ◆ ***jdm eins, ein paar ~ geben*** dare una sculacciata a qcn. **hin|ten|he|raus** avv. (fuori) di dietro: ***der Garten liegt ~*** il giardino è di dietro. **hin|ten|he|rum** avv. COLLOQ. **1** per di dietro (passando intorno) **2** *(heimlich)* di nascosto. **hin|ten|hin** avv. indietro. **hin|ten|nach** avv. REGION. → **hinterher. hin|ten|rum** avv. → **hintenherum.**

hin|ten|über avv. all'indietro. **hin|ten|über‿fal|len** intr. *(fällt, fiel, gefallen;* aus. *sein)* cadere all'indietro. **hin|ten|über‿kip|pen** intr. (aus. *sein)* ribaltarsi all'indietro.

hin|ter I prep. + dat. *(anche artic.* **hinterm**) e acc. *(anche artic.* **hintern, hinters**) **1** + dat. e acc. *(lokal)* dietro: ***~ der Tür stehen*** stare dietro la porta; ***einer ~ dem anderen gehen*** andare uno dietro l'altro; ***~ den (*COLLOQ. *hintern) Schrank fallen*** cadere dietro l'armadio **2** + dat. FIG. sotto: ***~ seiner Liebenswürdigkeit steckt eine böse Absicht*** sotto la sua gentilezza si nasconde qualche cattiva intenzione **3a** + dat. *(temporal)* dietro: ***etw. ~ sich (D) haben*** avere qcs. dietro di sé, aver passato, vissuto qcs.; ***eine schwere Krankheit ~ sich haben*** essere reduce da una grave malattia **b** + dat. *(nach)* dopo: ***~ jdm an die Reihe kommen*** venir dopo qcn. nella fila **c** + acc.: ***das reicht ~ den Mauerbau zurück*** risale a prima della costruzione del muro **II** avv. REGION. dietro: ***~ in den Garten gehen*** andare dietro in giardino ◆ FIG. ***etw. ~ sich bringen*** lasciarsi dietro qcs., superare qcs.; FIG. ***jdn, etw. ~ sich (D) haben*** avere qcn., qcs. alle spalle, essere appoggiato da qcn., qcs.; ***~ jdm her gehen*** seguire, pedinare qcn., stare alle calcagna di qcn.; ***~ jdm, etw. her sein*** star dietro a qcn., qcs.; ***~ etw. (A) kommen*** scoprire qcs.; ***jdn ~ sich (D) lassen*** lasciarsi dietro (*o* alle spalle) qcn.; ***sich ~ etw. (A) machen*** mettersi a fare qcs.; ***~ jdm sauber machen*** passare dietro a qcn. (nelle pulizie); FIG. ***sich ~ jdn stecken*** trincerarsi dietro qcn.; FIG. ***~ jdm, etw. stehen*** sostenere, appoggiare qcn., qcs.; FIG. ***~ etw. (D) zurückbleiben*** rimanere indietro (*o* arretrato) rispetto a qcs.; FIG. ***~ jdm, etw. zurückstehen*** essere inferiore a qcn., qcs.

Hin|ter|ab|sicht f. *(-,-en)* intenzione *f.* nascosta. **Hin|ter|ach|se** f. *(-,-n)* asse *m.* posteriore. **Hin|ter|an|sicht** f. *(-,-en)* veduta *f.* (del lato) posteriore. **Hin|ter|aus|gang** m. *(-[e]s,-ausgänge)* uscita *f.* posteriore. **Hin|ter|ba|cke** f. *(-,-n)* natica *f.*; COLLOQ. chiappa *f.* **Hin|ter|bein** n. *(-[e]s,-e)* zampa *f.* posteriore ◆ COLLOQ. FIG. ***sich auf die -e steilen, setzen*** impuntarsi. **Hin|ter|blie|be|ne** m. e f. *(-n,-n)* superstite *m.* e *f.*, sopravvissuto *m.* (-a *f.*). **Hin|ter|blie|be|nen|ren|te** f. *(-,-n)* pensione *f.* sociale a favore di vedove e orfani. **hin|ter|brin|gen** tr. *(hinterbrachte, hinterbracht)* riferire, riportare. **Hin|ter|deck** n. *(-s,-s)* MAR. cassero *m.* **hin|ter|drein** avv. ANT. → **hinterher. hin|te|re** agg. posteriore, di dietro: ***die -e Tür*** la porta posteriore. **Hin|te|re** m. e f. *(-n,-n)* chi sta dietro.

hin|ter|ei|nan|der avv. **1** uno dietro l'altro, uno dopo l'altro, in fila: ***~ gehen*** andare uno dietro l'altro **2** *(nacheinander)* uno dopo l'altro, di fila, di seguito: ***zwei Tage ~*** due giorni di fila. **hin|ter|ei|nan|der‿schal|ten** tr. ELETTRON. collegare in serie. **Hin|ter|ei|nan|der|schal|tung** f. *(-,-en)* ELETTRON. collegamento *m.* in serie.

Hin|ter|ein|gang m. *(-[e]s,-eingänge)* ingresso *m.* posteriore. **hin|ter|fot|zig** agg. REGIO. VOLG. perfido, subdolo. **hin|ter|fra|gen** tr. analizzare criticamente, mettere in discussione: ***seinen Standpunkt ~*** mettere in discussione il proprio punto di vista. **Hin|ter|front** f. *(-,-en)* facciata *f.* posteriore. **Hin|ter|fuß** m. *(-es,-füße)* zampa *f.* posteriore. **Hin|ter|ge|dan|ke** m. *(-ns,-n)* intento *m.* segreto, pensiero *m.* recondito: ***ohne -n*** senza secondi fini.

1.hin|ter|ge|hen tr. *(hinterging, hintergangen)* **1** *(betrügen)* ingannare, raggirare **2** *(umgehen)* eludere.

2.hin|ter‿ge|hen intr. *(ging, gegangen;* aus. *sein)* REGION. COLLOQ. andare di dietro.

Hin|ter|ge|hung f. *(-,-en)* inganno *m.*, raggiro *m.*

Hin|ter|ge|stell n. *(-s,-)* SCHERZ. *(Gesäß)* sedere *m.*, posteriore *m.*

Hin|ter|glas|bild n. *(-[e]s,-er)* → **Hinterglasmalerei. Hin|ter|glas|ma|le|rei** f. *(-,-en)* pittura *f.* su vetro. **Hin|ter|glied|ma|ße** f. *(-,-n)* arto *m.* posteriore.

Hin|ter|grund m. *(-[e]s,-gründe)* **1a** fondo *m.*: ***im ~ des Saales*** in fondo alla sala **b** sfondo *m.* (anche FIG.): ***der ~ eines Gemäldes*** lo sfondo (*o* il fondo) di un quadro; ***im ~ steht eine Burg*** sullo sfondo c'è una rocca; ***ein Roman mit geschichtlichem ~*** un romanzo a sfondo storico **c** *(auf der Bühne)* fondale *m.* **2** sottofondo *m.*: ***ein angenehmer musikalischer ~*** un piacevole sottofondo musicale **3** *(verborgener Zusammenhang)* retroscena *m.* ◆ FIG. ***sich vom ~ abheben*** staccarsi dal fondo; ***im ~ bleiben*** restare nell'ombra; ***jdn in den ~ drängen*** mettere qcn. in ombra, in disparte; ***in den ~ geraten*** passare in secondo piano; ***etw. im ~ haben*** riservare delle sorprese; ***sich im ~ halten*** tenersi nell'ombra, non mettersi in vista; ***in den ~ rücken*** → ***in den ~ geraten; jdn in den ~ spielen*** mettere qcn. in secondo piano; FIG. ***im ~ stehen*** essere poco considerato; ***in den ~ treten*** → ***in den ~ geraten.*** **hin|ter|grün|dig I** agg. misterioso, oscuro, enigmatico: ***eine -e Bemerkung*** un'osservazione enigmatica; ***ein -er Mensch*** una persona misteriosa **II** avv. misteriosamente, in modo oscuro, enigmatico. **Hin|ter|grün|dig|keit** f. *(-,-en)* **1** misteriosità *f.*, enigmaticità *f.*, imperscrutabilità *f.*: ***die ~ seines Benehmens*** l'enigmaticità del suo comportamento **2** *(von Äußerungen)* espressione *f.* oscura. **Hin|ter|grund|in|for|ma|ti|on** f. *(-,-en)* informazione *f.* che fa luce sul contesto. **Hin|ter|grund|mu|sik** f. *(-)* musica *f.* di sottofondo.

hin|ter‿ha|ken intr. (aus. *haben)* COLLOQ. andare a fondo.

Hin|ter|halt m. *(-[e]s,-e)* imboscata *f.*, agguato *m.*: ***(jdm) einen ~ legen*** tendere un agguato (a qcn.); ***im ~ lauern, liegen*** stare in agguato; ***jdn in einen ~ locken*** attirare qcn. in un'imboscata; ***in einen ~ geraten, fallen*** cadere in un agguato ◆ ***etw. im ~ haben*** riservare delle sorprese; ***jdn aus dem ~ überfallen*** assalire qcn. alle spalle. **hin|ter|häl|tig** agg. insidioso, subdolo. **Hin|ter|häl|tig|keit** f. *(-,-en)* perfidia *f.*

Hin|ter|hand f. *(-)* **1** *(beim Kartenspiel)* (giocatore *m.*) ultimo *m.* di mano **2** ZOOL. zampe *f.pl.* posteriori ◆ ***in der ~ sein, sitzen*** essere ultimo di mano; ***etw. in der ~ haben*** avere altro in serbo.

Hin|ter|haupt n. *(-[e]s)* → **Hinterkopf. Hin|ter|haupt(s)|bein** n. *(-[e]s)* osso *m.* occipitale. **Hin|ter|haupt(s)|la|ge** f. *(-)* posizione *f.* occipitale (del feto).

Hin|ter|haus n. *(-[e]s,-häuser)* parte *f.* posteriore (*o* retro *m.*) della casa.

hin|ter|her, hin|ter|her avv. **1** *(lokal)* dietro **2** *(temporal: danach)* dopo, in seguito, poi **3a** COLLOQ. ***~ sein*** *(verfolgen)* ***jdm ~ sein*** inseguire qcn., stare alle calcagna di qcn. **b** *(bedacht sein)* badare, fare attenzione **c** *(zurückbleiben)* essere, rimanere indietro: ***in, mit seiner Arbeit ~ sein*** essere indietro col lavoro ◆ PROV. ***~ ist man am klügsten*** del senno di poi son piene le fosse. **hin|ter|her‿hin|ken** intr. (aus. *sein)* **1** venire dietro (*o* seguire) zoppicando **2** *(zurückbleiben)* restare indietro, non tenere il passo: ***(hinter) seinen Altersgenossen ~*** restare indietro rispetto ai propri coetanei. **hin|ter|her‿kom|men** intr. *(kam, gekommen;* aus. *sein)* seguire, venire dietro. **hin|ter|her‿lau|fen** intr. *(läuft, lief, gelaufen;* aus. *sein)* **1** correre dietro, seguire di corsa **2** FIG. ***jdm, etw. ~*** inseguire qcn., qcs.: ***dem Erfolg ~*** inseguire il successo.

Hin|ter|hirn n. *(-[e]s)* metencefalo *m.* **Hin|ter|hof** m. *(-[e]s,-höfe)* cortile *m.* interno. **Hin|ter|huf** m. *(-[e]s,-e)* zoccolo *m.* posteriore. **Hin|ter|in|di|en** n.pr.n. *(-s)* Indocina *f.* **Hin|ter|kip|per** m. *(-s,-)* autocarro *m.* a cassone ribaltabile. **Hin|ter|kopf** m. *(-[e]s)* occipite *m.* ◆ ***etw. im ~ haben, behalten*** ricordare, avere a mente qcs. **Hin|ter|la|der** m. *(-s,-)* **1** *(Gewehr)* fucile *m.* a retrocarica **2** COLLOQ. *(Homosexueller)* culattone *m.* **3** SCHERZ. *(Kinderhose)* pantaloni *m.* con apertura posteriore. **Hin|ter|la|ge** f. *(-,-n)* SVIZZ. DIR. pegno *m.* mobile. **Hin|ter|land** n. *(-[e]s)* **1** *(von einer Stadt)* hinterland *m.*, retroterra *f.* **2** *(von einer Küste)* entroterra *m.* **3** MIL. retrovie *f.pl.*

1.hin|ter|las|sen tr. *(hinterlässt, hinterließ, hinterlassen)* **1** lasciare: ***keine Spuren ~*** non lasciare tracce; ***einen guten Eindruck ~*** lasciare una buona impressione **2** *(vermachen)* lasciare in eredità **3a** *(ausrichten lassen)* lasciare detto: ***Nachricht ~, dass...*** lasciar detto che... **b** *(schriftlich zurücklassen)* lasciare scritto.

2.hin|ter|las|sen p.pass. agg. **1** → **1.hinterlassen 2** postumo: ***-e Werke, Schriften*** opere postume, scritti postumi. **Hin|ter|las|**

se|ne m. e f. *(-n,-n)* SVIZZ. → **Hinterbliebene. Hin|ter|las|sen|schaft** f. *(-,-en)* eredità *f.* (anche FIG.) ◆ ***jds ~ antreten*** adire l'eredità di qcn., SCHERZ. succedere a qcn. in un lavoro. **Hin|ter|las|sung** f. *(-)* BUROCR. il lasciare ◆ ***unter ~ von Schulden*** lasciando debiti.

hin|ter|las|tig agg. appoppato.

hin|ter|le|gen tr. **1** lasciare: ***den Schlüssel beim Nachbarn ~*** lasciare la chiave dal vicino **2** BANC. depositare: ***eine Geldsumme ~*** depositare una somma di denaro. **Hin|ter|le|ger** m. *(-s,-)* depositante *m.* **Hin|ter|le|gung** f. *(-,-en)* deposito *m.* ◆ ***gegen ~ einer Kaution*** su (*o* in cambio di) cauzione; ***bei ~*** all'atto del deposito; ***gerichtliche ~, ~ bei Gericht*** deposito giudiziario. **Hin|ter|le|gungs|schein** m. *(-[e]s,-e)* ricevuta *f.* (*o* certificato *m.*) di deposito.

Hin|ter|leib m. *(-[e]s,-er)* ENTOM. addome *m.* **hin|ter|letzt...** agg. COLLOQ. di pessimo gusto, più dozzinale: ***das -e Modell, Restaurant*** il modello più dozzinale, il peggior ristorante.

Hin|ter|list f. *(-)* perfidia *f.*, malignità *f.* **hin|ter|lis|tig** agg. perfido, maligno, subdolo ◆ SCHERZ. EUFEM. ***zu -en Zwecken, für -e Zwecke*** per pulirsi il didietro. **Hin|ter|lis|tig|keit** f. *(-,-en)* perfidia *f.*, malignità *f.*: ***eine ~ begehen*** compiere una perfidia.

hin|term → **hinter.**

Hin|ter|mann m. *(-[e]s,-männer)* **1** chi sta dietro, chi viene dopo **2** mandante *m.*: ***die -männer des Attentats*** i mandanti dell'attentato **3** *(heimlicher Gewährsmann)* garante *m.* segreto **4** SPORT *(Abwehrspieler)* difensore *m.* **5** ECON. *(späterer Wechselinhaber)* giratario *m.* susseguente. **Hin|ter|mann|schaft** f. *(-,-en)* SPORT difesa *f.*, retroguardia *f.*

hin|tern → **hinter.**

Hin|tern m. *(-s,-)* COLLOQ. didietro *m.*, posteriore *m.* ◆ ***sich in den ~ beißen*** prendersi a schiaffi; ***ein paar auf den ~ bekommen*** prendersi un paio di sculacciate; VOLG. ***jdm in den ~ kriechen*** leccare il culo a qcn.; COLLOQ. ***sich auf den ~ setzen*** farsi il culo, *(aufs Gesäß fallen)* cadere col sedere, *(völlig überrascht sein)* essere sbalordito; VOLG. ***jdm mit dem (nackten) ~ ins Gesicht springen*** fare il culo; COLLOQ. ***jdn, jdm in den ~ treten*** prendere qcn. a pesci in faccia; ***jdn den (blanken) ~ verhauen, versohlen*** sculacciare qcn.

Hin|ter|par|tie f. *(-)* COLLOQ. parte *f.* posteriore del corpo; *(Gesäß)* posteriore *m.* **Hin|ter|pfo|te** f. *(-,-n)* zampa *f.* posteriore. **Hin|ter|rad** n. *(-[e]s,-räder)* ruota *f.* posteriore. **Hin|ter|rad|an|trieb** m. *(-[e]s,-e)* trazione *f.* posteriore. **Hin|ter|rei|fen** m. *(-s,-)* pneumatico *m.* posteriore. **hin|ter|rücks** avv. alle spalle: ***jdn ~ angreifen*** aggredire qcn. alle spalle.

hin|ters → **hinter.**

Hin|ter|sass m. *(-en,-en)*, **Hin|ter|sas|se** m. *(-n,-n)* STOR. **1** fittavolo *m.* **2** *(Schutzbürger)* colono *m.* **Hin|ter|satz** m. *(-[e]s,-sätze)* apodosi *f.* **Hin|ter|schiff** n. *(-[e]s,-e)* poppa *f.* **Hin|ter|sei|te** f. *(-,-n)* **1** *(Rückseite)* parte *f.* (*o* lato *m.*) posteriore, rovescio *m.* **2** COLLOQ. *(Gesäß)* didietro *m.*, posteriore *m.* **Hin|ter|sinn** m. *(-[e]s,-e)* **1** senso *m.* profondo, riposto **2** *(Doppelsinn)* doppio senso *m.* **hin|ter|sin|nig** agg. **1** con un senso profondo **2** *(mit Doppelsinn)* a doppio senso **3** ANT. *(schwermütig)* malinconico. **Hin|ter|sitz** m. *(-[e]s,-e)* **1** sedile *m.* posteriore **2** *(am Motorrad)* sellino *m.* posteriore. **Hin|ters|te** m. e f. *(-n,-n)* ultimo *m.* (-a *f.*). **Hin|ter|ste|ven** m. *(-s,-)* **1** MAR. diritto *m.* (*o* ruota *f.*) di poppa **2** REGION. SCHERZ. *(Gesäß)* sedere *m.* **Hin|ter|stüb|chen** n. *(-s,-)* stanzetta *f.* sul retro ◆ ***nichts im ~ haben*** non avere niente nella zucca. **Hin|ter|stu|be** f. *(-,-n)* stanza *f.* sul retro. **Hin|ter|teil** n. *(-[e]s,-e)* **1** COLLOQ. *(Gesäß)* didietro *m.*, posteriore *m.* **2** RAR. *(hinterer Teil)* parte *f.* posteriore. **Hin|ter|tref|fen** n. *(-s,-)* ultimo posto *m.* ◆ ***sich im ~ befinden*** → ***im ~ sein***; ***jdn, etw. ins ~ bringen*** mettere qcn., qcs. in svantaggio; ***ins ~ geraten, kommen*** avere la peggio; ***im ~ sein*** essere in svantaggio.

1.hin|ter|trei|ben tr. *(hintertrieb, hintertrieben)* mandare all'aria, sventare: ***ein Projekt ~*** mandare all'aria un complotto.

2.hin|ter‿trei|ben tr. *(trieb, getrieben)* cacciare (*o* spingere) indietro.

Hin|ter|trei|bung f. *(-,-en)* l'impedire, lo sventare.

Hin|ter|trep|pe f. *(-,-n)* scala *f.* posteriore (*o* di servizio). **Hin|ter|trep|pen|ge|flüs|ter** n. *(-s)* SPREG. chiacchiere *f.pl.* da sottoscala. **Hin|ter|trep|pen|ro|man** m. *(-[e]s,-e)* romanzetto *m.* (da quattro soldi).

Hin|ter|tup|fin|gen n.pr.n. *(-s)* COLLOQ. casa *f.* del diavolo. **Hin|ter|tür** f. *(-,-en)* **1** porta *f.* posteriore, porta *f.* di servizio **2** via *f.* di scampo, scappatoia *f.*: ***sich (D) eine ~ offen halten, offen lassen*** lasciarsi aperta una via di scampo ◆ ***durch die, eine ~*** di straforo. **Hin|ter|tür|chen** n. *(-s,-)* via *f.* di scampo, scappatoia *f.* **Hin|ter|vier|tel** n. *(-s,-)* **1** COLLOQ. *(Gesäß)* sedere *m.* **2** *(beim Schlachtvieh)* quarto *m.* posteriore. **Hin|ter|wäld|ler** m. *(-s,-)* zoticone *m.* **hin|ter|wäld|le|risch** agg. rozzo, zotico. **hin|ter|wärts** avv. ANT. (di) dietro. **hin|ter|zie|hen** tr. *(hinterzog, hinterzogen)* evadere, frodare: ***Steuern ~*** evadere il fisco. **Hin|ter|zie|hung** f. *(-,-en)* evasione *f.*, frode *f.* **Hin|ter|zim|mer** n. *(-s,-)* **1** camera *f.* posteriore (*o* sul retro) **2** *(im Laden)* retro *m.*

hin‿tra|gen tr. *(trägt, trug, getragen)* portare là. **hin‿trei|ben** *(trieb, getrieben)* **I** tr. spingere: ***das Heimweh treibt ihn nach Hause*** la nostalgia lo spinge a casa **II** intr. (aus. *sein*) essere spinto dalla corrente: ***das Boot treibt ans Ufer hin*** la barca è spinta a riva. **hin‿tre|ten** intr. *(tritt, trat, getreten)* **1** (aus. *sein*) andare avanti, avanzare: ***ans Fenster ~*** avanzare verso la finestra; FIG. farsi avanti: ***mit einer Bitte vor jdn ~*** farsi avanti con una preghiera **2** (aus. *haben*) scalciare, tirare calci ◆ ***vor jdn ~*** presentarsi a qcn.; ***nicht wissen, wo man ~ soll*** non sapere dove mettere i piedi. **Hin|tritt** m. *(-[e]s)* ANT. dipartita *f.*, morte *f.*

hint|über → **hintenüber.**

hin‿tun tr. *(tat, getan)* COLLOQ. mettere: ***wo tust du die Teller ~?*** dove metti i piatti? ◆ ***ich weiß nicht, wo ich ihn ~ soll*** non so dove l'ho già visto, dove l'ho conosciuto.

hi|nü|ber avv. (COLLOQ. **rüber**) (al) di là, dall'altra parte: ***ins andere Zimmer ~*** di là nell'altra stanza ◆ COLLOQ. ***~ sein (tot sein)*** essere morto; FIG. ***er ist völlig ~*** è completamente andato. **hi|nü|ber‿brin|gen** tr. *(brachte, gebracht)* portare (al) di là. **hi|nü|ber‿däm|mern** intr. (aus. *sein*) **1** *(langsam einschlafen)* passare dal dormiveglia al sonno **2** *(sterben)* spegnersi nel sonno. **hi|nü|ber‿dür|fen** intr. *(darf, durfte, gedurft;* aus. *haben)* COLLOQ. **1** *(hinüberkommen dürfen)* poter arrivare (al) di là, dall'altra parte **2** *(hinübergehen, -fahren dürfen)* poter andare (*o* passare) (al) di là, dall'altra parte **3** *(hinübergebracht werden dürfen)* poter essere portato (al) di là, dall'altra parte **4** *(hinübergestellt, -gelegt werden dürfen)* poter essere messo (al) di là, dall'altra parte. **hi|nü|ber‿fah|ren** *(fährt, fuhr, gefahren)* **I** intr. (aus. *sein*) andare (*o* passare) (al) di là, dall'altra parte **II** tr. portare (al) di là, dall'altra parte (con un veicolo). **hi|nü|ber‿füh|ren I** tr. condurre (*o* portare) (al) di là, dall'altra parte **II** intr. (aus. *haben*) condurre (*o* portare) (al) di là: ***der Flur führt ins Wohnzimmer hinüber*** il corridoio porta di là in soggiorno. **hi|nü|ber‿ge|hen** intr. *(ging, gegangen;* aus. *sein)* **1** andare (*o* passare) (al) di là, dall'altra parte **2** EUFEM. *(sterben)* trapassare. **hi|nü|ber‿grei|fen** intr. *(griff, gegriffen;* aus. *haben)* FIG. sconfinare: ***das greift in mein Arbeitsgebiet hinüber*** questo sconfina nel mio settore (di lavoro). **hi|nü|ber‿hel|fen** intr. *(hilft, half, geholfen;* aus. *haben)* ***jdm über etw. ~*** aiutare qcn. a superare qcs., a passare al di là di qcs. **hi|nü|ber‿kommen** intr. *(kam, gekommen;* aus. *sein)* **1** passare (al) di là, dall'altra parte **2** COLLOQ. *(besuchen)* ***zu jdm ~*** fare un salto da qcn. **hi|nü|ber‿kön|nen** intr. *(kann, konnte, gekonnt;* aus. *haben)* COLLOQ. **1** *(hinüberkommen können)* poter arrivare (al) di là, dall'altra parte **2** *(hinübergehen, -fahren können)* poter andare (al) di là, dall'altra parte **3** *(hinübergebracht werden können)* poter essere portato (al) di là, dall'altra parte **4** *(hinübergestellt, -gelegt werden können)* poter essere messo (al) di là, dall'altra parte. **hi|nü|ber‿las|sen** tr. *(lässt, ließ, gelassen)* lasciare andare (*o* passare) (al) di là, dall'altra parte. **hi|nü|ber‿müs|sen** intr. *(muss, musste, gemusst;* aus. *haben)* COLLOQ. **1** *(hinüberkommem müssen)* dover arrivare (al) di là, dall'altra parte **2** *(hinübergehen, -fahren müssen)* dover andare (*o* passare) (al) di là, dall'altra parte **3** *(hinübergebracht werden müssen)* dover essere portato (al) di là, dall'altra parte **4** *(hinübergestellt, -gelegt werden müssen)* dover essere messo (al) di là, dall'altra parte. **hi|nü|ber‿rei|chen I** tr. porgere (*o* passare) (al) di là, dall'altra parte **II** intr. (aus. *haben*) **1** arrivare (fino) dall'altra parte, estendersi oltre: ***das Schlechtwetter reicht über die Alpen hinüber*** il maltempo si estende fin oltre le Alpi **2** FIG. toccare, riguardare anche: ***die Problematik reicht in die Medizin hinüber*** il problema riguarda anche la medicina. **hi|nü|ber‿ret|ten I** tr. salvare, mettere in salvo; *(bewahren)* conservare: ***ein Kulturgut in unsere Zeit ~*** conservare un bene culturale fino ai giorni nostri **II** rifl. **sich ~** salvarsi, mettersi in salvo: ***sich über die Grenze ~*** mettersi in salvo oltre confine. **hi|nü|ber‿schlum|mern** intr. (aus. *sein*) EUFEM. andarsene nel sonno. **hi|nü|ber‿set|zen I** tr. **1** (far) sedere (al) di là, dall'altra parte **2** *(hinüberbringen)* portare (al) di là, dall'altra parte **II** intr. (aus. *sein*) **1** *(hinüberfahren)* passare dall'altra parte **2** *(hinüberspringen)* passare (al) di là con un salto, saltare dall'altra parte **III** rifl. **sich ~** sedersi (al) di là, dall'altra parte. **hi|nü|ber‿sol|len** intr. (aus. *haben*) COLLOQ. **1** *(hinüberkommen sollen)* dover arrivare (al) di là, dall'altra parte **2** *(hinübergehen, -fahren sollen)* dover andare (al) di là, dall'altra parte **3** *(hinübergebracht* *werden sollen)* dover essere portato (al) di là, dall'altra parte **4** *(hinübergestellt, -gelegt werden sollen)* dover essere messo (al) di là, dall'altra parte. **hi|nü|ber_spie|len I** tr. SPORT lanciare, tirare (dall'altro lato del campo) **II** intr. (aus. *haben*) ***ins Grau ~*** dare sul grigio, tendere al grigio. **hi|nü|ber_sprin|gen** intr. *(sprang, gesprungen;* aus. *sein)* **1** passare (al) di là con un salto, saltare dall'altra parte **2** COLLOQ. fare un salto: ***schnell zum Metzger ~*** fare un salto dal macellaio. **hi|nü|ber_wech|seln** intr. (aus. *haben, sein)* ***in etwas anderes, zu etwas anderem ~*** passare a qcs. altro ◆ FIG. ***auf die Gegenseite ~*** passare dall'altra parte. **hi|nü|ber_wer|fen** tr. *(wirft, warf, geworfen)* gettare (*o* buttare) dall'altra parte. **hi|nü|ber_wol|len** intr. *(will, wollte, gewollt;* aus. *haben)* COLLOQ. **1** *(hinüberkommen wollen)* voler arrivare (al) di là, dall'altra parte **2** *(hinübergehen, -fahren wollen)* voler andare (al) di là, dall'altra parte **3** *(hinübergebracht werden wollen)* voler essere portato (al) di là, dall'altra parte **4** *(hinübergestellt, -gelegt werden wollen)* voler essere messo (al) di là, dall'altra parte. **hi|nü|ber_zie|hen** *(zog, gezogen)* **I** tr. tirare (al) di là, dall'altra parte **II** intr. (aus. *sein)* passare dall'altra parte; *(nach drüben umziehen)* trasferirsi (dall'altra parte): ***von Ludwigshafen nach Mannheim ~*** trasferirsi da Ludwigshafen a Mannheim **III** rifl. **sich ~** estendersi oltre.

Hin und Her n. *(-[s])* **1** viavai *m.*, andirivieni *m.* **2** FIG. *(ständiger Wechsel)* tira e molla *m.* **hin- und her_fah|ren** *(fährt, fuhr, gefahren)* **I** tr. ***jdn ~*** portare e riaccompagnare qcn. **II** intr. (aus. *sein)* andare avanti e indietro. **Hin|und|her|fah|ren** n. *(-s)* andirivieni *m.*, viavai *m.* **Hin- und Her|fahrt** → **Hin- und Rückfahrt. Hin|und|her|ge|re|de** n. *(-s)* discussione *f.* inconcludente. **hin- und her_pen|deln** intr. (aus. *sein)* andare avanti e indietro: ***zwischen Wohnort und Arbeitsplatz ~*** andare avanti e indietro fra il luogo di abitazione e il posto di lavoro. **hin und her über|le|gen** tr. ***etw. ~*** pensare e ripensare a qcs. **Hin- und Rück|fahrt** f. *(-,-en)* (viaggio *m.* di) andata *f.* e ritorno *m.* **Hin- und Rück|flug** m. *(-[e]s,-flüge)* (volo *m.* di) andata *f.* e ritorno *m.*

hi|nun|ter avv. (COLLOQ. **runter**) **1** giù, abbasso: ***den Fluss, den Berg ~*** giù lungo il fiume, per il monte; ***da ~!*** scendete per di là! ***zur Küste ~*** giù verso la costa; ***vom Direktor bis zum Lehrling ~*** dal direttore giù fino all'apprendista **2** ***wo...~?*** dove...? ***wo geht's ~?*** dove si scende? **hi|nun|ter_be|för|dern** tr. trasportare giù. **hi|nun|ter_brin|gen** tr. *(brachte, gebracht)* **1** portare giù **2** *(nach unten begleiten)* ***jdn ~*** accompagnare giù qcn. **3** COLLOQ. *(hinunterschlucken)* riuscire a mandare giù. **hi|nun|ter_dür|fen** intr. *(darf, durfte, gedurft;* aus. *haben)* **1** *(hinunterkommen, -gehen, -fahren dürfen)* poter scendere **2** *(hinuntergebracht werden dürfen)* poter essere portato giù **3** *(hinunter gestellt, -gesetzt werden dürfen)* poter essere messo in basso, sotto. **hi|nun|ter_fah|ren I** intr. *(fährt, fuhr, gefahren;* aus. *sein)* andare giù, scendere (con un veicolo): COLLOQ. ***nach Sizilien ~*** andare giù in Sicilia **II** tr. trasportare giù: ***das Auto in die Garage ~*** mettere l'auto giù in garage. **hi|nun|ter_fin|den** intr. *(fand, gefunden;* aus. *haben)* trovare la via per scendere, riuscire a scendere. **hi|nun|ter_ge|hen** intr. *(ging, gegangen;* aus. *sein)* **1** scendere, andare giù: ***in den Keller ~*** scendere in cantina; ***der Weg geht bis zum Meer hinunter*** il sentiero scende fino al mare. **hi|nun|ter_gie|ßen** tr. *(goss, gegossen)* **1** versare giù **2** COLLOQ. tracannare: ***ein Bier ~*** tracannare una birra. **hi|nun|ter_kip|pen** COLLOQ. **I** tr. **1** buttare (giù) **2** *(trinken)* buttare giù, tracannare **II** intr. (aus. *sein)* cascare giù. **hi|nun|ter_kön|nen** intr. *(kann, konnte, gekonnt;* aus. *haben)* COLLOQ. poter scendere. **hi|nun|ter_lau|fen** intr. *(läuft, lief, gelaufen;* aus. *sein)* **1** correre giù, scendere di corsa **2** *(nach unten fließen)* scorrere giù ◆ ***ihr lief es eiskalt den Rücken hinunter*** le vennero i brividi. **hi|nun|ter_müs|sen** intr. *(muss, musste, gemusst;* aus. *haben)* COLLOQ. dover scendere. **hi|nun|ter_rei|chen I** tr. porgere, dare giù **II** intr. (aus. *haben)* arrivare (giù): ***der Vorhang reicht bis zum Boden hinunter*** la tenda arriva fino a terra. **hi|nun|ter_schlin|gen** tr. *(schlang, geschlungen)* ingurgitare, ingollare. **hi|nun|ter_schlu|cken** tr. **1a** inghiottire, ingoiare, mandare giù **b** FIG. *(hinnehmen)* mandare giù: ***einen Tadel ~*** mandar giù un rimprovero **2** FIG. *(unterdrücken)* inghiottire, trattenere: ***die Tränen, seinen Ärger ~*** inghiottire le lacrime, la rabbia. **hi|nun|ter_sol|len** intr. (aus. *haben)* COLLOQ. dover scendere. **hi|nun|ter_spü|len** tr. **1** versare: ***etw. den Ausguss ~*** versare qcs. nello scarico **2** *(hastig trinken)* tracannare **3a** *(hinunterschlucken)* mandare giù, inghiottire (bevendoci sopra): ***eine Tablette mit Wasser ~*** mandare giù una pastiglia con l'acqua **b** FIG. ingoiare: ***seine Wut ~*** ingoiare la rabbia. **hi|nun|ter_stür|zen I** intr. (aus. *sein)* **1** precipitare, cadere giù **2** precipitarsi giù, scendere a precipizio, a rotta di collo: ***zum Ausgang ~*** precipitarsi (giù) all'uscita; ***die Treppe ~*** scendere le scale a precipizio **II** tr. **1** buttare giù **2** *(hinuntergießen)* tracannare, bere d'un fiato **III** rifl. **sich ~** buttarsi, gettarsi giù: ***sich von der Brücke ~*** buttarsi giù dal ponte. **hi|nun|ter_wer|fen** tr. *(wirft, warf, geworfen)* gettare, buttare giù (anche FIG.): ***einen Blick ~*** dare un'occhiata in basso. **hi|nun|ter_wol|len** intr. *(will, wollte, gewollt;* aus. *haben)* COLLOQ. voler andare giù. **hi|nun|ter_wür|gen** tr. inghiottire con difficoltà (anche FIG.). **hi|nun|ter_zie|hen** *(zog, gezogen)* **I** tr. tirare giù **II** intr. (aus. *sein)* trasferirsi al piano inferiore **III** rifl. **sich ~** estendersi: ***der Wald zieht sich bis ins Tal hinunter*** il bosco si estende, arriva fin giù nella valle.

hin_ve|ge|tie|ren intr. (aus. *sein)* → **dahinvegetieren. hin_wa|gen** rifl. **sich ~** osare andare, arrischiarsi ad andare.

hin|wärts avv. all'andata, andando.

hin|weg avv. via (di qui): ***~ mit euch!*** via di qui! andatevene! ◆ ***über die Bäume, Häuser ~*** oltre gli alberi, le case; ***über ein Jahr, lange Zeit ~*** per più di un anno, per molto tempo; FIG. ***über alle Schwierigkeiten ~*** superando ogni difficoltà ◆ COLLOQ. FIG. ***über ein Hindernis, ein Unglück ~ sein*** aver superato un ostacolo, un infortunio.

Hin|weg m. *(-[e]s,-e)* andata *f.*: ***auf dem ~*** all'andata; ***Hin- und Herweg, Hin- und Rückweg*** andata e ritorno.

hin|weg_brin|gen tr. *(brachte, gebracht)* aiutare a superare: ***jdn über einen Schmerz ~*** aiutare qcn. a superare un dolore. **hin|weg_ei|len** intr. (aus. *sein)* correre, scappare via. **hin|weg_fe|gen I** intr. (aus. *sein)* passare con fragore **II** tr. spazzare via. **hin|weg_ge|hen** intr. *(ging, gegangen;* aus. *sein)* **1** andare via **2a** ***über etw. ~*** passare sopra a qcs., scavalcare qcs.; FIG. *(ignorieren)* ***über jds Kritik ~*** ignorare le (*o* passare sopra alle) critiche di qcn. **b** *(vorbeigehen)* attraversare: ***ein Sturm ist über das Land hinweggegangen*** un uragano ha attraversato il paese. **hin|weg_he|ben** rifl. *(hob, gehoben)* **sich ~** ANT. andarsene, andare via. **hin|weg_kom|men** intr. *(kam, gekommen;* aus. *sein)* ***über etw. ~*** superare qcs.; ***über eine Krise, jds Tod ~*** superare una crisi, la morte di qcn. **hin|weg_kön|nen** intr. *(kann, konnte, gekonnt;* aus. *haben)* **1** poter andare via **2** *(hinwegkommen)* FIG. superare. **hin|weg_neh|men** tr. *(nimmt, nahm, genommen)* portare via: FIG. ***der Tod nimmt jdn hinweg*** la morte porta via qcn. **hin|weg_raf|fen** tr. LETT. → **dahinraffen. hin|weg_se|hen** intr. *(sieht, sah, gesehen;* aus. *haben)* **1** ***über etw. ~*** guardare oltre qcs., al di sopra di qcs. **2** FIG. *(ignorieren)* ***über jdn, etw. ~*** ignorare qcn., non curarsi di qcn., qcs. **hin|weg_set|zen I** intr. ***über etw. ~*** saltare (oltre) qcs. **II** rifl. ***sich über etw. ~*** non badare a qcs., non curarsi di qcs. **hin|weg_täu|schen I** tr. illudere **II** rifl. **sich ~** illudersi: ***sich über jds wahre Absichten ~*** illudersi sulle vere intenzioni di qcn. **hin|weg_trös|ten I** tr. consolare **II** rifl. ***sich über etw. ~*** consolarsi di qcs.

Hin|weis m. *(-es,-e)* **1a** indicazione *f.*; segnalazione *f.*: ***bibliographische -e*** indicazioni bibliografiche **b** *(Rat)* indicazione *f.*, consiglio *m.*: ***-e zur Benutzung*** consigli per l'uso; ***ein wertvoller ~*** un consiglio prezioso **2** *(kurze Bemerkung)* cenno *m.*: ***biographische -e*** cenni biografici **3** *(Andeutung)* accenno *m.*, riferimento *m.*, richiamo *m.*: ***unter ~ auf*** in (*o* con) riferimento a ◆ ***die Polizei bittet um ~*** = la polizia rivolge un appello a chiunque sia in grado di fornire informazioni. **hin_wei|sen** *(wies, gewiesen)* **I** intr. (aus. *haben)* ***auf. etw. (A) ~*** *(zeigen)* indicare, mostrare qcs.; *(aufmerksam machen)* richiamare l'attenzione su qcs., far notare qcs. **II** tr. **1** *(hinzeigen)* indicare, mostrare: ***jdn auf etw. ~*** indicare qcs. a qcn. **2** richiamare l'attenzione di, far notare a: ***jdn auf eine Gefahr ~*** richiamare l'attenzione di qcn. su un pericolo; ***jdn darauf ~, dass*** far notare a qcn. che... ◆ ***mit dem Finger auf etw. ~*** additare qcs. **hin|wei|send** p.pres. agg. → **hinweisen 2** GRAMM. dimostrativo: ***-es Fürwort*** pronome dimostrativo. **Hin|weis|schild** n. *(-[e]s,-er)* segnale *m.* **Hin|wei|sung** f. *(-,-en)* accenno *m.*, indicazione *f.* **Hin|weis|zei|chen** n. *(-s,-)* indicazione *f.*, segnale *m.*

hin_wen|den *(wandte, gewandt)* **I** tr. voltare, volgere: ***den Kopf, Blick zu, nach jdn, etw. ~*** volgere la testa verso qcn., qcs. **II** rifl. **sich ~ 1** volgersi, voltarsi: ***sich zur Tür ~*** voltarsi verso la porta **2** *(sich an jdn, etw. wenden)* rivolgersi: ***wo soll ich mich ~?*** a chi mi devo rivolgere? **hin_wer|fen** *(wirft, warf, geworfen)* **I** tr. **1a** buttare, gettare: ***jdm etw. ~*** gettare qcs. a qcn.; FIG. ***einen Blick ~*** gettare, buttare uno sguardo **b** *(auf den Fußboden)* buttare giù, per terra **c** *(achtlos)* COLLOQ. lasciar cadere senza volere **2** *(aufgeben)* COLLOQ. mollare, piantare: ***alles, die Arbeit ~*** mollare tutto, piantare il lavoro; EUFEM. ***sein Leben ~*** togliersi la vita **3** *(flüchtig entwerfen)* redigere velocemente: ***eine Zeichnung ~*** buttare giù un disegno **II** rifl. **sich ~** buttarsi giù, per terra: ***sich vor jdm ~*** gettarsi ai piedi di qcn. ◆ COLLOQ. ***den ganzen Kram ~*** mandare tutto al diavolo.

hin|wie|der, hin|wie|de|rum ANT. **I** avv. di nuovo, nuovamente **II** cong. *(hingegen)* invece, per contro.
hin_wir|ken intr. (aus. *haben*) ***auf etw. ~*** adoperarsi per (ottenere, raggiungere) qcs. **hin_wollen** intr. *(will, wollte, gewollt;* aus. *haben)* **1** *(hinkommen wollen)* voler arrivare (là) **2** *(hingehen, -fahren wollen)* voler andare (là) **3** *(hingebracht werden wollen)* voler essere portato (là) **4** *(hingestellt, -gesetzt werden wollen)* voler essere collocato, messo (là). **hin_wün|schen I** tr. ***jdn ~*** desiderare che qcn. vada là, che qcn. ci vada **II** rifl. **sich ~** desiderare di essere là ◆ ***jdn ~, wo der Pfeffer wächst*** mandare qcn. a quel paese.
Hinz, ***~ und Kunz*** Tizio, Caio e Sempronio; *(alle möglichen Leute)* gente d'ogni genere.
hin_zäh|len tr. contare. **hin_zeich|nen** tr. disegnare; *(nachlässig)* disegnare svogliatamente. **hin_zie|hen** *(zog, gezogen)* **I** tr. **1** tirare, trascinare **2a** *(heranziehen)* trarre a sé, attirare a sé: ***jdn zu sich ~*** attirare qcn. a sé **b** *(anziehen)* FIG. attirare, attrarre **3** impers. ***es zieht sie zum Theater hin*** si sente attratta dal teatro **4a** *(verzögern)* protrarre, tirare per le lunghe **b** *(verschieben)* rimandare, rinviare: ***eine Entscheidung ~*** rimandare una decisione **II** intr. (aus. *sein*) **1** *(umziehen)* andare a stabilirsi, trasferirsi: ***er ist dort hingezogen*** si è trasferito là **2** dirigersi, andare: ***die Vögel ziehen nach Süden hin*** gli uccelli si dirigono verso sud **III** rifl. **sich ~ 1** protrarsi, andare per le lunghe **2** *(sich verzögern)* essere rimandato, rinviato **3** *(erstrecken)* estendersi: ***die Felder ziehen sich endlos hin*** i campi si estendono a perdita d'occhio. **hin_zie|len** intr. (aus. *haben*) FIG. mirare: ***auf etw. ~*** mirare a qcs.; ***worauf zielt dein Plan hin?*** a che cosa mira il tuo piano? **hin_zö|gern I** tr. **1** protrarre **2** *(verschieben)* rimandare, rinviare **II** rifl. **sich ~** protrarsi.
hin|zu avv. **1** vi, ivi **2** *(außerdem)* inoltre, oltre a ciò; *(obendrein)* per di più. **hin|zu_ad|die|ren** tr. addizionare, sommare. **hin|zu_be|kom|men** tr. *(bekam, bekommen)* ricevere in più, in aggiunta. **hin|zu_dich|ten** tr. aggiungere poetando. **hin|zu_drän|gen** rifl. **sich ~** avvicinarsi spingendo. **hin|zu_fü|gen** tr. aggiungere: ***dem Teig etwas Milch ~*** aggiungere un po' di latte all'impasto; *(addieren)* aggiungere, sommare, addizionare; *(in einem Gespräch)* soggiungere, aggiungere. **Hin|zu|fü|gung** f. *(-,-en)* aggiunta *f.*
hin|zu_ge|hö|ren intr. (aus. *haben*) RAR. → **dazugehören. hin|zu_ge|sel|len** rifl. → **dazugesellen.**
hin|zu_kom|men intr. *(kam, gekommen;* aus. *sein)* **1** sopraggiungere, sopravvenire **2** *(dazukommen)* aggiungervisi ◆ ***kommt noch was hinzu?*** desidera altro? ***hinzu kommt, dass...*** e per di più (*o* inoltre)... **hin|zu_neh|men** tr. *(nimmt, nahm, genommen)* aggiungervi. **hin|zu_rech|nen** tr. → **dazurechnen. hin|zu_schlei|chen** intr. *(schlich, geschlichen;* aus. *sein)* → **hinschleichen. hin|zu_set|zen I** tr. aggiungere; *(im Gespräch)* soggiungere **II** rifl. ***sich zu jdm ~*** sedersi accanto a qcn. **hin|zu_sto|ßen** intr. *(stößt, stieß, gestoßen;* aus. *sein)* ***zu jdm ~*** imbattersi in qcn. e aggregarsi. **hin|zu_tre|ten** intr. *(tritt, trat, getreten;* aus. *sein)* aggiungersi, unirsi, aggregarsi; FIG. ***jetzt tritt ein neues Problem hinzu*** ora si aggiunge un nuovo problema.
hin|zu_tun tr. *(tut, tat, getan)* aggiungere. **Hin|zu|tun** n. *(-s)* → **Dazutun.**
hin|zu_ver|die|nen tr. guadagnare in più (*o* extra). **hin|zu_zäh|len** tr. aggiungere (contando), sommare.
hin|zu_zie|hen tr. *(zog, gezogen)* consultare: ***einen zweiten Arzt ~*** consultare un altro medico; *(hinkommen lassen)* far intervenire. **Hin|zu|zie|hung** f. *(-)* consulto *m.*, consultazione *f.*
Hi|ob n.pr.m. Giobbe *m.* **Hi|obs|bot|schaft** f. *(-,-en)* notizia *f.* funesta, infausta. **Hi|obs|post** f. *(-)* ANT. → **Hiobsbotschaft.**
Hip|parch m. *(-en,-en)* ipparco *m.*
1.Hip|pe f. *(-,-n)* **1** roncolo *m.* **2** *(Sense des Todes)* falce *f.* (della morte).
2.Hip|pe f. *(-,-n)* REGION. INTRAD. (tipo di biscotto).
hipp, hipp, hur|ra inter. hip, hip, urrà. **Hipp|hipp|hur|ra** n. *(-s,-s)* hip hip urrà *m.*
Hip|pi|at|rie, Hip|pi|at|rik f. *(-)* ippiatria *f.*
Hip|pie m. *(-s,-s)* hippy *m.*
Hip|po|drom m. e n. *(-s,-e)* ippodromo *m.* **Hip|po|gryph** m. *(-s* e *-en,-e[n])* ippogrifo *m.*
Hip|po|kra|ti|ker m. *(-s,-)* ippocratico *m.* **hip|po|kra|tisch** agg. ippocratico ◆ ***der -e Eid*** il giuramento di Ippocrate.
Hip|po|lo|ge m. *(-n,-n)* ippologo *m.* **Hip|po|lo|gie** f. *(-)* ippologia *f.*
Hip|po|lyt n.pr.m. Ippolito *m.*
Hip|po|po|ta|mus m. *(-,-)* ippopotamo *m.*
Hip|pu|rit m. *(-en,-en)* ippurite *m.*
Hip|pur|säu|re f. *(-)* acido *m.* ippurico.
Hirn n. *(-[e]s,-e)* **1a** RAR. *(Gehirn)* cervello *m.* **b** GASTR. cervello *m.* **2** COLLOQ. *(Verstand)* cervello *m.*, meningi *f.pl.*, senno *m.*: ***sein ~ anstrengen, zermartern*** spremersi le meningi, scervellarsi; ***wenig ~ haben*** avere poco cervello (*o* poco sale in zucca); ***nicht aufs ~ gefallen sein*** non essere stupido. **Hirn|an|hang** m. *(-[e]s)*, **Hirn|an|hangs|drü|se** f. *(-,-n)* ipofisi *f.* **Hirn|blu|tung** f. *(-,-en)* emorragia *f.* cerebrale. **Hirn|er|schüt|te|rung** SVIZZ. → **Gehirnerschütterung. hirn|ge|schä|digt** agg. cerebroleso. **Hirn|ge|spinst** n. *(-[e]s,-e)* (assurda) fantasticheria *f.*, idea *f.* cervellotica: ***sich in -e verrennen*** perdersi in assurde fantasticherie. **Hirn|haut** f. *(-,-häute)* meninge *f.* **Hirn|haut|ent|zün|dung** f. *(-,-en)* meningite *f.* **Hirn|holz** n. *(-es)* legno *m.* tagliato trasversalmente (alla fibra). **Hirn|kas|ten** → **Gehirnkasten. hirn|los** agg. senza cervello, stupido: ***-es Geschwätz*** stupide chiacchiere. **Hirn|mas|se** f. *(-)* massa *f.* cerebrale. **Hirn|nerv** m. *(-s,-en)* nervo *m.* cerebrale. **Hirn|rin|de** f. *(-)* corteccia *f.* cerebrale. **hirn|ris|sig** agg. COLLOQ. insensato, pazzoide. **Hirn|schä|del** m. *(-s,-)*, **Hirn|scha|le** f. *(-,-n)* calotta *f.* cranica. **Hirn|schlag** → **Gehirnschlag. Hirn|stamm** → **Gehirnstamm. Hirn|tod** m. *(-s,-e)* morte *f.* cerebrale. **Hirn|tu|mor** m. *(-s,-en)* tumore *m.* al cervello. **hirn|ver|brannt** agg. pazzo, folle. **hirn|ver|letzt** agg. cerebroleso. **Hirn|ver|let|zung** f. *(-,-en)* lesione f. cerebrale. **Hirn|win|dung** f. *(-,-en)* circonvoluzione *f.* cerebrale. **Hirn|wurst** f. *(-,-würste)* cervellata *f.* **Hirn|zel|le** f. *(-,-n)* cellula *f.* cerebrale.
Hirsch m. *(-[e]s,-e)* **1a** cervo *m.* **b** *(Rothirsch)* ZOOL. cervo *m.* nobile **2** SCHERZ. *(Dummkopf)* stupido *m.*, sciocco *m.* **3** SCHERZ. *(betrogener Ehemann)* becco *m.*, cornuto *m.* **Hirsch|an|ti|lo|pe** f. *(-,-n)* cobo *m.* defassa. **Hirsch|eber** m. *(-s,-)* babirussa *m.* **Hirsch|fän|ger** m. *(-s,-)* VENAT. coltello *m.* da caccia. **Hirsch|gar|ten** m. *(-s,-gärten)* riserva *f.* per cervi. **Hirsch|ge|weih** n. *(-[e]s,-e)* corna *f.pl.*, palchi *m.pl.* del cervo. **Hirsch|horn** n. *(-[e]s)* corno *m.* di cervo. **Hirsch|horn|salz** n. *(-es)* carbonato *m.* di ammonio. **Hirsch|kä|fer** m. *(-s,-)* cervo *m.* volante. **Hirsch|kalb** n. *(-[e]s,-kälber)* cerbiatto *m.* **Hirsch|kuh** f. *(-,-kühe)* cerva *f.* **Hirsch|le|der** n. *(-s,-)* pelle *f.* di cervo. **hirsch|le|dern** agg. di pelle di cervo. **Hirsch|park** m. *(-s,-s)* parco *m.* per cervi. **Hirsch|rü|cken** m. *(-s,-)* GASTR. lombata *f.* di cervo. **Hirsch|talg** m. *(-[e]s)* grasso *m.* di cervo.
Hir|se f. *(-)* miglio *m.* **Hir|se|brei** m. *(-[e]s,-e)* pappa *f.* di miglio. **Hir|se|korn** n. *(-[e]s,-körner)* chicco *m.* (*o* granello *m.*) di miglio.
Hirt m. *(-en,-en)*, ANT. **Hir|te** m. *(-n,-n)* pastore *m.* (anche FIG. RELIG.): ***der Gute ~*** il Buon Pastore. **hir|ten** intr. (aus. *haben*) SVIZZ. pascolare il bestiame. **Hir|ten|amt** m. *(-[e]s,-ämter)* RELIG. ufficio *m.* pastorale. **Hir|ten|brief** m. *(-[e]s,-e)* RELIG. lettera *f.* pastorale, pastorale *f.* **Hir|ten|dich|tung** f. *(-)* poesia *f.* pastorale, bucolica *f.* **Hir|ten|flö|te** f. *(-,-n)* flauto *m.* di Pan, siringa *f.* **Hir|ten|ge|dicht** n. *(-[e]s,-e)* egloga *f.* **Hir|ten|hund** m. *(-[e]s,-e)* cane *m.* (da) pastore. **Hir|ten|jun|ge,** LETT. **Hir|ten|kna|be** m. *(-n,-n)* pastorello *m.* **Hir|ten|kul|tur** f. *(-)* cultura *f.* pastorale. **Hir|ten|lied** n. *(-[e]s,-er)* (canzone *f.*) pastorale *f.* **Hir|ten|mäd|chen** n. *(-s,-)* pastorella *f.* **Hir|ten|pfei|fe** f. *(-,-n)* → **Hirtenflöte. Hir|ten|spiel** n. *(-[e]s,-e)* **1** *(Weihnachtsspiel)* rappresentazione *f.* natalizia **2** *(Pastorale)* dramma *m.* pastorale. **Hir|ten|stab** m. *(-[e]s,-stäbe)* **1** bastone *m.* del pastore **2** RELIG. (bastone *m.*) pastorale *m.* **Hir|ten|tä|schel** n. *(-s)* **Hir|ten|tä|schel|kraut** n. *(-[e]s)* BOT. borsa *f.* del pastore. **Hir|ten|volk** n. *(-[e]s,-völker)* popolo *m.* di pastori.
Hir|tin f. *(-,-nen)* pastora *f.*
his, His n. *(-,-)* si *m.* diesis.
His|pa|ni|en n.pr.n. *(-s)* STOR. Spagna *f.* **his|pa|nisch** agg. ANT. ispanico, ispano. **his|pa|ni|sie|ren** tr. ispanizzare. **His|pa|nis|mus** m. *(-, Hispanismen)* ispanismo *m.* **His|pa|nist** m. *(-en,-en)* ispanista *m.* **His|pa|nis|tik** f. *(-)* ispanistica *f.*
his|sen tr. issare: ***die Segel ~*** issare la vela.
His|ta|min n. *(-s,-e)* istamina *f.*
His|to|lo|ge m. *(-n,-n)* istologo *m.* **His|to|lo|gie** f. *(-)* istologia *f.* **his|to|lo|gisch** agg. istologico.
His|tör|chen n. *(-s,-)* storiella *f.* **His|to|rie** f. *(-,-n)* ANT. **1** *(Geschichte)* storia *f.* **2** *(Geschichtswissenschaft)* storiografia *f.* **2** *(Erzählung)* racconto *m.*, storia *f.* **His|to|ri|en|bild** n. *(-[e]s,-er)* quadro *m.* (di soggetto) storico. **His|to|ri|en|ma|ler** m. *(-s,-)* pittore *m.* di soggetti storici. **His|to|ri|en|ma|le|rei** f. *(-)* pittura *f.* di soggetti storici. **His|to|rik** f. *(-)* storiografia *f.* **His|to|ri|ker** m. *(-s,-)* storico *m.* **His|to|ri|ke|rin** f. *(-,-nen)* storica *f.* **His|to|ri|o|graph** m. *(-en,-en)* storiografo *m.* **His|to|ri|o|gra|phie** f. *(-)* storiografia *f.* **his|to|risch** agg. storico: ***ein -er Roman, Augenblick*** un romanzo, un momento storico. **his|to|ri|sie|ren** tr. storicizzare. **His|to|ris|mus** m. *(-, Historismen)* storicismo *m.* **His|to|rist** m.

(-en,-en) storicista *m.* **his|to|ris|tisch** agg. storicistico. **His|to|ri|zis|mus** m. *(-, Historizismen)* storicismo *m.* **His|to|ri|zi|tät** f. *(-)* storicità *f.*

Hit m. *(-s,-s)* **1** COLLOQ. *(erfolgreicher Schlager)* hit *m.*, canzone *f.* di successo **2** *(Mode)* moda *f.*: ***ein großer ~ sein*** essere di gran moda, andare molto di moda.

Hit|ler|gruß m. *(-es)* saluto *m.* nazista. **Hit|ler|ju|gend** f. *(-)* gioventù *f.* hitleriana, Hitlerjugend *f.* **Hit|ler|jun|ge** m. *(-n,-n)* ragazzo *m.* della gioventù hitleriana, membro *m.* della Hitlerjugend.

Hit|lis|te, Hit|pa|ra|de f. *(-,-n)* classifica *f.* degli hit, hit-parade *f.*

Hit|sche → **2.Hutsche.**

Hit|ze f. *(-)* **1** (gran) caldo *f.*, calura *f.*: ***drückende, brütende ~*** caldo opprimente, soffocante; ***bei, in dieser ~ kann man nicht schlafen*** con questo caldo non si riesce a dormire; ***es herrscht (eine) tropische ~*** c'è un caldo tropicale; ***~ abweisend*** ignifugo **2a** *(heftige Erregung)* ardore *m.*, fervore *m.* **b** *(zornige Erregung)* collera *f.*, rabbia *f.*: ***in ~ geraten, kommen*** infuriarsi **3** MED. vampata *f.* (di calore) **4** *(in der Kochkunst)* fuoco *m.*: ***etw. bei mäßiger ~ backen*** cuocere qcs. a fuoco moderato **5** ZOOL. calore *m.*, estro *m.* ◆ ***fliegende ~*** vampata di calore, caldana; FIG. ***in der ~ des Gefechts*** nella furia del momento; ***sich in ~ reden*** infervorarsi nel discorso; COLLOQ. FIG. ***vor ~ umkommen, vergehen*** morire di caldo. **hit|ze|be|stän|dig** agg. resistente al calore. **Hit|ze|bläs|chen** n. *(-s,-)* sudamina *f.* **Hit|ze|ein|wir|kung** f. *(-,-en)* azione *f.* del calore. **hit|ze|emp|fin|dlich** agg. sensibile al calore. **hit|ze|frei** agg. SCOL. ***~ haben*** non andare a scuola per il gran caldo. **Hit|ze|frei** n. *(-)* SCOL. periodo *m.* di chiusura per il caldo ◆ ***~ bekommen*** ottenere una vacanza a causa del gran caldo. **Hit|ze|grad** m. *(-[e]s,-e)* grado *m.* di calore. **Hit|ze|pe|ri|o|de** f. *(-,-n)* **1** periodo *m.* di caldo **2** ZOOL. (periodo *m.* di) calore *m.*, estro *m.* **Hit|ze|schild** m. *(-[e]s,-e)* ASTR. scudo *m.* termico. **Hit|ze|wal|lung** f. *(-,-en)* vampata *f.* di calore, caldana *f.* **Hit|ze|wel|le** f. *(-,-n)* ondata *f.* di caldo.

hit|zig agg. **1** *(jähzornig)* irascibile **2** passionale: ***ein -es Temperament haben*** avere un temperamento passionale **3** appassionato, acceso: ***ein -es Gespräch*** un'accesa discussione **4** ANT. *(fiebrig)* di, con febbre **5** ZOOL. *(läufig)* in calore **6** *(vom Boden)* ricco, fertile ◆ FIG. ***-es Blut haben*** avere un temperamento passionale; ***ein -er Kopf sein*** essere una testa calda; ***nicht so ~!*** calma! adagio! ***~ werden*** accalorarsi.

Hitz|kopf m. *(-[e]s,-köpfe)* testa *f.* calda. **hitz|köp|fig** agg. collerico, impetuoso. **Hitz|po|cke** f. *(-,-n)* sudamina *f.* **Hitz|schlag** m. *(-[e]s,-schläge)* colpo *m.* di sole, insolazione *f.*

HIV-ne|ga|tiv agg. sieronegativo. **HIV-po|si|tiv** agg. sieropositivo.

Hi|wi m. *(-s,-s)* COLLOQ. **1** STOR. INTRAD. → **Hilfswillige 2** *(wissenschaftliche Hilfskraft)* collaboratore *m.* scientifico **3** COLLOQ. SPREG. servo *m.*

HK ⇒ *Hefnerkerze* candela Hefner (c.H.).

hl. ⇒ *heilig* san(to) (s.). **hll.** ⇒ *heilige* santi (s.).

hm inter. ehm, hmm.

H-Milch f. *(-)* latte *m.* a lunga conservazione.

h-Moll n. *(-)* si *m.* minore.

HNO-Arzt (⇒ *Hals-Nasen-Ohrenarzt*) m. *(-es,-Ärzte)* specialista *m.* ORL.

ho inter. oh.

HO ⇒ EX-RDT *Handelsorganisation* organizzazione commerciale (denominazione di negozi e locali pubblici di stato).

hob → **heben.**

Hob|bock m. *(-s,-s)* fusto *m.*

Hob|by ['hɔbi] n. *(-s,-s)* hobby *m.*: ***etw. als ~ betreiben*** fare qcs. per hobby. **Hob|by|ist** m. *(-en,-en)* hobbista *m.* **Hob|by|raum** m. *(-[e]s,-räume)* stanza *f.* per gli hobbies.

Ho|bel m. *(-s,-)* **1** pialla *f.* **2** *(Küchengerät)* affettaverdure *m.* **Ho|bel|bank** f. *(-,-bänke)* banco *m.* da falegname. **Ho|bel|ma|schi|ne** f. *(-,-n)* piallatrice *f.* **ho|beln I** tr. **1** piallare **2** *(von Gemüse)* tagliare, affettare **II** intr. (aus. *haben*) **1** piallare, lavorare con la pialla **2** VOLG. *(koitieren)* scopare ◆ PROV. ***wo gehobelt wird, fallen Späne*** non si fanno frittate senza rompere le uova. **Ho|bel|span** m. *(-[e]s,-späne)* truciolo *m.* (di piallatura). **Ho|bler** m. *(-s,-)* piallatore *m.*

hoch I agg. (compar. *höher*, superl. *höchst...*) **1a** alto (anche FIG.): ***ein hoher Turm*** un'alta torre; ***hohes Gras*** erba alta; ***das Haus ist fünf Meter ~*** la casa è alta cinque metri; ***eine hohe Stirn haben*** avere la fronte alta; ***hohe Schuhe, Absätze tragen*** portare scarpe alte (fino alle caviglie), portare i tacchi alti; ***ein hohes Niveau erreichen*** raggiungere un alto livello; ***eine hohe Meinung von jdm haben*** avere un'alta opinione di qcn. **b** *(wichtig)* importante: ***ein hoher Gast*** un ospite importante; SCHERZ. ***hoher Besuch*** ospiti importanti **c** *(hochrangig)* alto, di alto rango: ***ein hoher Offizier*** un alto ufficiale; ***der hohe Adel*** l'alta nobiltà **2** grosso, alto: ***eine hohe Summe*** una grossa somma; ***hohe Löhne, Steuern, Verluste*** stipendi alti, tasse alte, grandi perdite **3** alto, elevato: ***hohe Geschwindigkeit*** alta velocità; ***hohen Blutdruck, hohes Fieber haben*** avere la pressione, la febbre alta **4a** *(zeitlich in der Mitte)* pieno: ***im hohen Winter*** in pieno inverno **b** *(zeitlich weit vorgeschritten)* avanzato, tardo: ***in hohem Alter*** in età avanzata, in tarda età **5** *(hellklingend)* alto, acuto **6** FIG. *(feierlich)* solenne, grande: ***ein hoher Feiertag*** una festa solenne **II** avv. **1** (in) alto: ***sehr ~ springen*** saltare molto in alto; ***die Sonne steht ~ am Himmel*** il sole è alto nel cielo; ***~ aufgeschossen*** spilungone, allampanato; ***~ beladen*** stracarico, molto carico; ***die Autofenster ~ drehen*** alzare i finestrini dell'auto; ***~ erhoben*** alzato, teso in alto; ***~ erhobenen Hauptes*** a testa alta; ***~ gelegen*** elevato, (situato in) alto; ***~ gestellt*** altolocato, alto; ***~ gewachsen*** alto, grande; ***~ schrauben*** alzare, regolare verso l'alto; FIG. aumentare: ***Preise ~ schrauben*** dare un giro di vite ai prezzi; ***sich ~ schrauben*** alzarsi, salire in avvitamento **2** *(zeitlich weit vorgeschritten)* addentro: ***bis ~ ins 20. Jahrhundert*** fin addentro al XX secolo; ***er ist ~ in den achtzig*** ha superato gli ottanta **3** rafforz. *(sehr)* molto, altamente; ***~ achten*** stimare altamente, avere in grande stima; ***~ angesehen*** molto stimato, eminente, illustre; ***~ begabt*** estremamente dotato, di grande talento; ***~ besteuert*** fortemente tassato, supertassato; ***~ bezahlt, dotiert*** con elevata retribuzione, superpagato; ***~ dekoriert*** pluridecorato; ***~ empfindlich*** estremamente sensibile; ***~ entwickelt*** molto sviluppato; ***~ geachtet*** stimatissimo, molto stimato; ***~ geehrt*** onoratissimo, molto onorato; ***~ geschätzt*** stimatissimo, pregiatissimo; ***~ gesteckt*** molto elevato, ambizioso: ***~ gesteckte Ziele haben*** avere mire ambiziose; ***~ industrialisiert*** altamente industrializzato, ad alta industrializzazione; ***~ qualifiziert*** altamente specializzato; ***~ schätzen*** stimare molto; ***~ stehend*** *(gesellschaftlich)* altolocato; *(geistig)* elevato: ***ein geistig ~ stehender Mann*** un uomo spiritualmente elevato **4** su: ***~, steh auf!*** su, alzati! **5** MAT. (elevato) alla: ***sechs ~ zwei, drei*** sei (elevato) alla seconda (*o* sei al quadrato), sei (elevato) alla terza (*o* sei al cubo) ◆ ***jdm etw. ~ anrechnen*** fare un gran merito a qcn. di qcs.; ***in hoher Blüte*** nel massimo splendore; SPORT ***hoher Favorit sein*** essere il grande favorito; ***von hoher Geburt sein*** essere di natali illustri; ***zu ~ gegriffen sein*** essere sopravvalutato, sovrastimato; ***die See geht ~*** il mare è grosso; COLLOQ. ***es geht ~ her*** si festeggia; ***Hände ~!*** su le mani! mani in alto! ***etw. ~ und heilig versprechen, versichern*** promettere solennemente qcs.; COLLOQ. FIG. ***~ hinauswollen*** mirare (in) alto; ***hohe Jagd*** caccia grossa; ***wenn es ~ kommt*** al massimo, a dir tanto; ***Hohes Lied*** cantico dei cantici; ***der Schnee liegt einen Meter ~*** la neve è alta un metro; ***zehn Mann ~ sein*** essere in dieci; ***nach Bremen ~*** su (*o* a nord) verso Brema; ***~ und niedrig*** ricchi e poveri, tutti; ***im hohen Norden*** all'estremo Nord; ***~ im Preise stehen*** avere un prezzo alto; ***Hoher Priester*** sommo sacerdote; SPORT ***die hohe Schule*** l'alta scuola di equitazione; ***auf hoher See*** in alto mare; FIG. COLLOQ. ***jdm zu ~ sein*** essere troppo difficile per qcn.; COLLOQ. ***~ sein*** essere alzato, in piedi; ***~ spielen*** giocare forte; ***es ist ~ am Tage*** è pieno giorno, è giorno fatto; COLLOQ. ***ein hohes Tier sein*** essere un pezzo grosso; COLLOQ. ***die Nase ~ tragen*** fare l'altezzoso, avere la puzza al naso; ***~ versichert sein*** essere assicurato per una grossa somma; ***wie ~ ist die Rechnung?*** a quanto ammonta la fattura? ***wie ~ kommt es?*** quanto costa? ***es ist hohe, es wird höchste Zeit*** è ora, non c'è tempo da perdere; PROV. ***wer ~ steigt, fällt tief*** chi troppo in alto sale, pur dall'alto suol cadere.

Hoch n. *(-s,-s)* **1** evviva *m.*: ***ein zweifaches ~ ausbringen*** gridare due volte evviva **2** *(Hochdruckgebiet)* (zona *f.* di) alta pressione *f.*

hoch|ach|tend p.pres. agg. ANT. → **hochachtungsvoll. Hoch|ach|tung** f. *(-)* (alta) stima *f.*, (grande) rispetto *m.*: ***größte ~ vor jdm haben*** avere la massima stima di qcn.; *(am Briefschluss)* ***mit aller, vorzüglicher ~*** rispettosamente, con i nostri rispetti. **hoch|ach|tungs|voll** avv. distinti saluti ◆ ***...verbleibe ich ~*** ...Vi porgo distinti saluti.

Hoch|adel m. *(-s)* alta nobiltà *f.* **hoch|ad(e)|lig** agg. dealta nobiltà.

hoch|ak|tu|ell agg. estremamente attuale, di estrema attualità.

hoch|al|pin agg. **1** di alta montagna: ***-e Pflanzen*** le piante di alta montagna **2** ***eine -e Tour*** un'escursione ad alta quota. **Hoch|al|tar** m. *(-s,-altäre)* altar *m.* maggiore. **Hoch|amt** n. *(-[e]s,-ämter)* messa *f.* solenne, COLLOQ. messa *f.* grande. **hoch|an|stän|dig** agg. onestissimo, rettissimo. **Hoch|an|ten|ne** f. *(-,-n)* antenna *f.* esterna.

hoch_ar|bei|ten rifl. **sich ~** fare carriera, farsi strada (col lavoro); ***sich zum Abteilungsleiter ~*** arrivare alla posizione di caporeparto. **Hoch|aris|to|kra|tie** f. *(-)* alta aristocrazia *f.* **Hoch|ät|zung** f. *(-)* TIP. incisione *f.* a (*o* in) rilievo, tipografia *f.* **hoch|auf|ge|löst, hoch|auf|lösend** agg. ad alta definizione. **Hoch|bahn** f. *(-,-en)* (ferrovia *f.*) sopr(a)elevata *f.* **Hoch|bar|ren** m. *(-s,-)* SPORT parallele *f.pl.* asimmetriche alte. **Hoch|bau** m. *(-[e]s,-ten)* **1** edilizia *f.* del soprassuolo **2** *(Bauwerk)* edificio *m.*, costruzione *f.* ◆ ***Hoch- und Tiefbau*** ingegneria civile. **hoch|be|glückt** agg. felicissimo, contentissimo. **Hoch|be|häl|ter** m. *(-s,-)* serbatoio *m.* sopraelevato (*o* in posizione sopraelevata). **hoch|bei|nig** agg. **1** dalle (*o* con le) gambe lunghe **2** *(von Tieren)* dalle (*o* con le) zampe lunghe. **hoch_be|kom|men** tr. *(bekam, bekommen)* → **hochkriegen. hoch|be|rühmt** agg. famosissimo, celeberrimo. **hoch|be|tagt** agg. molto anziano, vecchissimo, molto in là negli anni. **Hoch|be|trieb** m. *(-[e]s)* COLLOQ. grande movimento *m.* (*o* animazione *f.*): ***es herrscht ~*** c'è un gran movimento ◆ ***~ haben*** avere molto da fare, essere molto impegnato. **Hoch|bild** n. *(-[e]s,-er)* altorilievo *m.* **Hoch|blü|te** f. *(-)* (periodo *m.* di) massimo splendore *m.* **hoch_bo|cken** tr. ***ein Fahrzeug ~*** mettere un veicolo sui cavalletti. **hoch_brin|gen** tr. *(brachte, gebracht)* **1a** portare (su): ***etw. in den 1. Stock ~*** portare qcs. al 1º piano **b** COLLOQ. ***jdn mit ~*** portarsi qcn. in camera **2** *(aufziehen)* tirare su, allevare **3a** ***einen Kranken (wieder) ~*** guarire (*o* rimettere in piedi) un malato **b** FIG. ***das Geschäft, ein Unternehmen wieder ~*** risollevare (*o* risanare) gli affari, un'impresa **4** COLLOQ. *(ärgern)* mandare in collera, (far) imbestialire **5** COLLOQ. → **hochkriegen. Hoch|burg** f. *(-,-en)* rocca *f.*, roccaforte *f.* **hoch|bu|sig** agg. dal (*o* col) seno alto.

hoch|deutsch agg. **1** alto-tedesco, dell'alto tedesco: ***die -e Sprache*** la lingua alto-tedesca **2** *(nicht dialektal)* della lingua (tedesca) scritta (*o* colta), in buon tedesco. **Hoch|deutsch** n. *(-[e]s)*, **Hoch|deut|sche** n. *(-n)* **1** alto tedesco *m.* **2** *(Schriftsprache)* tedesco *m.* colto, buon tedesco *m.*

hoch_die|nen rifl. **sich ~** fare carriera (*o* avanzare) a poco a poco.

hoch_dre|hen TECN. ***den Motor ~*** far andare (*o* mandare) il motore su di giri.

1.Hoch|druck m. *(-[e]s)* **1** METEOR. TECN. alta pressione *f.* **2** MED. pressione *f.* alta, ipertensione *f.* **3** COLLOQ. *(große Geschäftigkeit)* attività *f.* febbrile, grande lavorio *m.*: ***mit, unter ~ arbeiten*** lavorare febbrilmente (*o* a pieno ritmo).

2.Hoch|druck m. *(-[e]s,-e)* **1** *(Hochdruckverfahren)* stampa *f.* tipografica **2** *(Druckerzeugnis)* stampa *f.*, stampato *m.*

Hoch|druck|ge|biet n. *(-[e]s,-e)* METEOR. area *f.* di alta pressione. **Hoch|druck|ver|fah|ren** n. *(-s,-)* tipografia *f.*, stampa *f.* tipografica. **Hoch|druck|zo|ne** f. *(-,-n)* METEOR. zona *f.* di alta pressione.

Hoch|ebe|ne f. *(-,-n)* altipiano (*o* altopiano) *m.* **Hoch|ehr|wür|den** → **Hochwürden. hoch|er|freut** agg. lietissimo, felicissimo. **hoch|er|ha|ben** agg. eccelso, sublime. **hoch|ex|plo|siv** agg. altamente esplosivo.

hoch_fah|ren *(fährt, fuhr, gefahren)* **I** intr. (aus. *sein*) **1** sobbalzare, sussultare: ***aus dem Schlaf ~*** svegliarsi di soprassalto **2** *(aufbrausen)* montare sulle furie, andare su tutte le furie **3** COLLOQ. ***mit dem Fahrstuhl (in den sechsten Stock) ~*** salire (al sesto piano) con l'ascensore **4** COLLOQ. *(nach Norden fahren)* andare (su), salire: ***nach Kiel ~*** salire verso Kiel **II** tr. **1** portare su (con un veicolo) **2** TECN. portare a regime: ***einen Rechner ~*** innescare e caricare il sistema operativo di un calcolatore; COLLOQ. far partire un calcolatore. **hoch|fah|rend** p.pres. agg. altero, altezzoso; *(arrogant)* arrogante.

hoch|fein agg. finissimo. **Hoch|fi|nanz** f. *(-)* alta finanza *f.*

hoch_flie|gen intr. *(flog, geflogen;* aus. *sein)* **1** alzarsi (*o* levarsi) in volo **2** *(in die Luft geschleudert werden)* essere scaraventato in aria, volare in aria. **hoch|flie|gend** p.pres. agg. (molto) ambizioso.

Hoch|flut f. *(-)* **1** alta marea *f.* **2** *(Überangebot)* valanga *f.*, invasione *f.* (del mercato). **Hoch|form** f. *(-)* piena forma *f.* **Hoch|for|mat** n. *(-[e]s,-e)* formato *m.* verticale; ***ein Foto im ~*** una foto in verticale.

hoch|fre|quent agg. FIS. ad alta frequenza. **Hoch|fre|quenz** f. *(-)* FIS. alta frequenza *f.* **Hoch|fre|quenz|strom** m. *(-[e]s,-ströme)* corrente *f.* ad alta frequenza.

Hoch|ga|ra|ge f. *(-,-n)* garage *m.* sopraelevato. **hoch|ge|bil|det** agg. estremamente colto, coltissimo. **Hoch|ge|bir|ge** n. *(-s,-)* alta montagna *f.* **hoch|ge|bo|ren** agg. ANT. d'alto lignaggio, nobile ◆ ***Euer, Eure Hochgeboren*** Vostra Eccellenza, Vossignoria. **Hoch|ge|fühl** n. *(-[e]s,-e)* grande gioia *f.*, euforia *f.*: ***im ~ von etw. sein*** provare una grande euforia, essere euforici per qcs.

hoch_ge|hen intr. *(ging, gegangen;* aus. *sein)* **1** alzarsi, salire: ***das Meer, der Vorhang geht hoch*** il mare sale, il sipario si alza **2** COLLOQ. *(explodieren)* saltare in aria, esplodere: ***etw. ~ lassen*** far saltare qcs. **3** COLLOQ. *(in Wut geraten)* andare su tutte le furie **4** COLLOQ. *(entdeckt werden)* essere scoperto; *(verhaftet werden)* essere arrestato: ***jdn ~ lassen*** far arrestare qcn. **5** COLLOQ. *(hinaufgehen)* andare su, salire: ***die Treppe ~*** salire (su per) le scale.

hoch|geis|tig agg. di alto livello spirituale. **hoch|ge|lehrt** agg. eruditissimo, coltissimo. **hoch|ge|mut** agg. contento, sereno. **Hoch|ge|nuss** m. *(-es,-genüsse)* grande piacere *m.*, godimento *m.*; *(vom Essen)* vera delizia *f.* **Hoch|ge|richt** n. *(-[e]s,-e)* **1** STOR. alta corte *f.* di giustizia **2** *(Hinrichtungsstätte)* luogo *m.* dell'esecuzione. **hoch|ge|schlos|sen** agg. accollato. **Hoch|ge|schwin|dig|keits|zug** m. *(-[e]s,-züge)* treno *m.* ad alta velocità. **hoch|ge|sinnt** agg. di animo nobile, di sentimenti elevati. **hoch|ge|spannt** agg. **1** EL. ***-er Strom*** corrente ad alta tensione **2** TECN. ***-er Dampf*** vapore ad alta pressione **3** *(sehr gespannt)* ***-e Erwartungen*** grandissime aspettative. **hoch|ge|stellt** agg. ***-er Buchstabe, -e Zahl*** lettera, numero in apice. **hoch|ge|stimmt** agg. su di morale, con il morale alto. **hoch|ge|sto|chen** agg. COLLOQ. **1** pretenzioso **2** *(von Menschen)* montato, presuntuoso. **hoch|gif|tig** agg. molto velenoso, velenosissimo.

Hoch|glanz m. *(-es)* (grande) lucentezza *f.*, splendore *m.*: ***etw. auf ~ bringen*** tirare a lucido qcs., fare splendere qcs. **Hoch|glanz|ab|zug** m. *(-[e]s,-abzüge)* FOT. copia *f.* su carta lucida. **hoch|glän|zend** agg. lucidissimo, (molto) lustro. **Hoch|glanz|pa|pier** n. *(-s,-e)* FOT. carta *f.* lucida. **hoch|glanz|po|lie|ren** tr. lucidare a specchio; TECN. brunire.

hoch|gra|dig **I** agg. forte, intenso, grande **II** avv. molto, estremamente: ***~ nervös sein*** essere molto nervoso; ***~ dekoriert*** pluridecorato. **hoch|ha|ckig** agg. ***-e Schuhe*** scarpe col tacco alto. **hoch_hal|ten** tr. *(hält, hielt, gehalten)* **1** tenere (in) alto: ***die Arme ~*** tenere alte le braccia **2** FIG. tenere alto, onorare: ***die Tradition ~*** onorare la tradizione.

Hoch|haus n. *(-es,-häuser)* edificio *m.* a molti piani; *(Wolkenkratzer)* grattacielo *m.*

hoch_he|ben tr. *(hob, gehoben)* levare in alto, sollevare, alzare. **hoch|hei|lig** agg. santissimo, sacrosanto: ***die -e Wahrheit*** la sacrosanta verità. **hoch|herr|schaft|lich** **I** agg. molto signorile, da gran signore **II** avv. in modo signorile, da gran signore: ***es geht sehr ~ zu*** si vive da gran signori.

hoch|her|zig agg. LETT. magnanimo, liberale, generoso; *(edel)* nobile. **Hoch|her|zig|keit** f. *(-)* LETT. magnanimità *f.*, liberalità *f.*, generosità *f.*; *(Seelenadel)* nobiltà *f.*

hoch_hie|ven tr. tirare su (in alto), issare (in alto). **hoch|in|tel|li|gent** agg. molto intelligente, superintelligente. **hoch_ja|gen** tr. **1a** scovare, stanare **b** FIG. ***jdn aus dem Schlaf ~*** strappare qcn. al sonno **2** COLLOQ. ***den Motor ~*** mandare il motore su di giri, imballare il motore. **hoch_ju|beln** tr. COLLOQ. **1** celebrare, esaltare (troppo) **2** ***Preise ~*** mandare i prezzi alle stelle. **hoch|kant** avv. **1** di taglio, a (*o* di) coltello, di costa: ***etw. ~ stellen*** mettere qcs. di taglio **2** → **hochkantig. hoch|kan|tig**, ***jdn ~ hinauswerfen, rausschmeißen*** buttare, sbattere fuori qcn. (in malo modo). **hoch|ka|rä|tig** agg. **1** a (*o* di) molti carati **2** FIG. *(von Menschen)* di grosso calibro, molto importante.

hoch|klapp|bar agg. ribaltabile. **hoch_klap|pen** **I** tr. tirare su, sollevare: ***den Sitz ~*** tirare su il sedile (ribaltabile) **II** intr. (aus. *sein*) venire su, sollevarsi.

hoch_kom|men intr. *(kam, gekommen;* aus. *sein)* **1a** venire su, salire: ***willst du noch zu mir ~?*** vuoi salire da me? **b** ***die Straße ~*** venir su per la strada, risalire la strada **2a** *(auftauchen)* venire su (*o* a galla), emergere **b** FIG. emergere, affiorare: ***der Gedanke kam in ihm hoch*** il pensiero affiorò, sorse in lui **3** *(sich erheben)* alzarsi, sollevarsi: ***ich komme vom Boden nicht hoch*** non riesco ad alzarmi da terra **4** *(gesund werden)* guarire, rimettersi **5** *(vorwärtskommen)* salire in alto, farsi strada ◆ ***das Essen kommt mir hoch*** mi viene su il mangiare; ***jdm kommt die Galle hoch*** qcn. ha un travaso di bile (anche FIG.); ***bei diesem Anblick kommt's mir hoch*** questo spettacolo mi dà il voltastomaco; ***wenn es hochkommt*** al massimo.

Hoch|kon|junk|tur f. *(-,-en)* ECON. alta congiuntura *f.* **hoch_kön|nen** intr. *(kann, konnte, gekonnt;* aus. *haben)* COLLOQ. **1** poter salire (*o* andare su): ***wo kann ich hier hoch?*** dove posso salire? **2** *(sich erheben können)* poter (*o* riuscire a) alzarsi, sollevarsi: ***ich kann nicht mehr (aus dem Sessel) hoch*** non riesco più ad alzarmi (dalla poltrona). **hoch_krie|chen** intr. *(kroch, gekrochen;* aus. *sein)* COLLOQ. **1** strisciare (su), salire (strisciando), trascinarsi (su) **2** FIG. crescere, salire: ***die Furcht, das Grauen kroch in ihm hoch*** il timore crebbe in lui, fu assalito dall'orrore. **hoch_krie|gen** tr. COLLOQ. riuscire ad alzare (*o* a sollevare). **Hoch|kul|tur** f. *(-,-en)* civiltà *f.* progredita, cultura *f.* avanzata. **Hoch|land** n. *(-[e]s,-e* e *-länder)* INTRAD. (regione di montagne e/o altipiani). **hoch|läu|fig** agg. → **hochbeinig. Hoch|lau|tung** f. *(-)* LING. pronuncia *f.* pura (del tedesco). **hoch_le|ben**, ***jd, etw. lebe hoch!*** (ev)viva qcn., qcs.!

jdn ~ lassen gridare "evviva!" a qcn., fare un evviva a qcn.

Hoch|leis|tung f. *(-,-en)* alto (*o* grande) rendimento *m.*, alta (*o* grande) prestazione *f.* **Hoch|leis|tungs|sport** m. *(-[e]s)* sport *m.* agonistico.

höch|lich(st) avv. altamente, molto, sommamente.

hoch|löb|lich agg. SCHERZ. esimio, illustrissimo. **Hoch|meis|ter** m. *(-s,-)* STOR. gran maestro *m.* **hoch|mo|dern** agg. modernissimo, ultramoderno. **hoch|mo|disch** agg. di gran moda, all'ultima moda. **hoch|mo|le|ku|lar** agg. CHIM. macromolecolare. **hoch‿müs|sen** intr. *(muss, musste, gemusst;* aus. *haben)* COLLOQ. **1** dover salire (*o* andare su) **2** *(aufstehen müssen)* doversi alzare.

Hoch|mut m. *(-[e]s)* superbia *f.*, alterigia *f.*; *(Dünkel)* boria *f.*, presunzione *f.* ◆ ***~ kommt vor dem Fall*** la superbia andò a cavallo e tornò a piedi. **hoch|mü|tig I** agg. superbo, altezzoso, altero; *(dünkelhaft)* borioso, presuntuoso **II** avv. in modo altezzoso (*o* superbo, borioso). **Hoch|mü|tig|keit** f. *(-)* → **Hochmut.**

hoch|nä|sig agg. COLLOQ. altezzoso, con la puzza sotto al naso ◆ ***jdn ~ behandeln*** trattare qcn. con arroganza. **Hoch|nä|sig|keit** f. *(-,-en)* puzza *f.* sotto al naso, altezzosità *f.*

Hoch|ne|bel m. *(-s,-)* nebbia *f.* alta. **hoch‿neh|men** tr. *(nimmt, nahm, genommen)* **1a** alzare, sollevare: ***den Arm ~*** alzare il braccio **b** ***ein Kind ~*** prendere in braccio un bambino **2** COLLOQ. *(verspotten)* prendere in giro **3** COLLOQ. *(ausnehmen)* pelare, spellare **4** GERG. *(verhaften)* prendere, catturare **5** REGION. *(mit nach oben nehmen)* portare di sopra.

Hoch|ofen m. *(-s,-öfen)* altoforno *m.*: ***den ~ anblasen, ausblasen*** accendere, spegnere l'altoforno. **Hoch|ofen|schla|cke** f. *(-,-n)* scoria *f.* d'altoforno.

hoch‿päp|peln tr. COLLOQ. allevare, tirar su con cura. **Hoch|par|ter|re** n. *(-s,-s)* piano *m.* rialzato. **hoch‿peit|schen** tr. FIG. gonfiare. **Hoch|pla|teau** n. *(-s,-s)* altopiano *m.* **hoch‿prei|sen** tr. *(pries, gepriesen)* magnificare. **hoch|prei|sig** agg. (compar. *höherpreisig*, superl. *höchstpreisig*) a un, di prezzo elevato. **hoch|pro|zen|tig** agg. (compar. *höherprozentig*, superl. *höchstprozentig*) ad alta percentuale; *(von Alkohol)* ad alta gradazione.

Hoch|rad n. *(-[e]s,-räder)* biciclo *m.* **hoch|räd|rig** agg. con grandi ruote. **hoch‿ra|gen** intr. (aus. *haben*) innalzarsi. **hoch|ran|gig** agg. (compar. *höherrangig*, superl. *höchstrangig*) di alto rango. **hoch‿rap|peln** rifl. **sich ~** COLLOQ. **1** sollevarsi a forza **2** FIG. rimettersi in piedi. **Hoch|rech|nen** n. *(-s)*, **Hoch|rech|nung** f. *(-,-en)* calcolo *m.* approssimativo, stima *f.* di massima. **Hoch|re|li|ef** n. *(-s,-s* e *-e)* altorilievo *m.* **hoch|rot** agg. rosso acceso, rosso vivo. **Hoch|ruf** m. *(-s,-e)* grido *m.* di evviva, evviva *m.* **Hoch|sai|son** f. *(-,-s)* alta stagione *f.* **hoch‿schal|ten** intr. (aus. *haben*) mettere una marcia più alta. **Hoch|schät|zung** f. *(-)* grande stima *f.*, alta considerazione *f.* **hoch‿schau|keln** COLLOQ. **I** tr. esagerare l'importanza di **II** rifl. ***sich (gegenseitig) ~*** agitarsi (l'un l'altro). **hoch‿schie|ßen** intr. *(schoss, geschossen;* aus. *sein)* **1a** schizzare in piedi **b** *(aufschießen)* levarsi in alto **2** FIG. salire rapidamente: ***die Preise schossen hoch*** i prezzi salirono rapidamente **3** COLLOQ. precipitarsi su: ***die Treppe ~*** precipitarsi su per le scale **4** *(schnell wachsen)* crescere in fretta. **hoch‿schla|gen** *(schlägt, schlug, geschlagen)* **I** tr. alzare: ***den Mantelkragen ~*** alzare il bavero del cappotto **II** intr. (aus. *sein*) **1** *(von Wasser, Wellen)* alzarsi **2** *(auflodern)* levarsi in alto: ***die Flammen schlagen hoch*** le fiamme si levano alte; FIG. ***die Wellen der Entrüstung schlugen hoch*** si levò un'ondata di indignazione. **hoch‿schnel|len** intr. (aus. *sein*) saltare su. **Hoch|schrank** m. *(-[e]s,-schränke)* armadio *m.* alto (fino al soffitto).

Hoch|schul|ab|schluss m. *(-es,-abschlüsse)* diploma *m.* di laurea. **Hoch|schul|bil|dung** f. *(-)* istruzione *f.* universitaria. **Hoch|schu|le** f. *(-,-n)* istituto *m.* superiore; *(Universität)* università *f.* ◆ ***landwirtschaftliche ~*** istituto superiore di agraria; ***pädagogische (und erziehungswissenschaftliche) ~*** istituto superiore di magistero, magistero; ***technische ~*** facoltà tecnico-scientifica. **Hoch|schü|ler** m. *(-s,-)* studente *m.* universitario. **Hoch|schul|leh|rer** m. *(-s,-)* professore *m.* universitario. **Hoch|schul|rei|fe** f. *(-)* maturità *f.* (che permette di accedere all'università). **Hoch|schul|stu|di|um** n. *(-s,-studien)* studi *m.pl.* universitari.

hoch|schul|te|rig, hoch|schult|rig agg. dalle spalle alte. **hoch‿schür|zen** tr. tirare su. **hoch|schwan|ger** agg. in stato di gravidanza avanzata.

Hoch|see f. *(-)* alto mare *m.* **Hoch|see|fi|scher** m. *(-s,-)* pescatore *m.* d'alto mare. **Hoch|see|fi|sche|rei** f. *(-)* pesca *f.* d'alto mare. **Hoch|see|flot|te** f. *(-,-n)* flotta *f.* d'alto mare.

Hoch|seil|akt m. *(-[e]s,-e)* esercizio *m.* sulla fune. **hoch|se|lig** agg. ANT. defunto, buon'anima. **hoch|sin|nig** agg. di nobili sentimenti. **Hoch|som|mer** m. *(-s)* piena estate *f.*, cuore *m.* (*o* culmine *m.*) dell'estate. **hoch|som|mer|lich** agg. e avv. da piena estate.

Hoch|span|nung f. *(-,-en)* alta tensione *f.*; FIG. ***es herrscht politische ~*** la situazione politica è molto tesa. **Hoch|span|nungs|lei|tung** f. *(-,-en)* linea *f.* ad alta tensione.

hoch‿spie|len tr. FIG. montare, gonfiare. **Hoch|spra|che** f. *(-)* lingua *f.* standard. **hoch|sprach|lich** agg. della lingua standard.

hoch‿sprin|gen intr. *(sprang, gesprungen;* aus. *sein)* **1** saltare in alto: ***der Hund sprang an ihm hoch*** il cane gli saltò addosso **2** SPORT praticare il salto in alto. **Hoch|sprin|ger** m. *(-s,-)* atleta *m.* del salto in alto. **Hoch|sprung** m. *(-[e]s,-sprünge)* SPORT **1** salto *m.* in alto **2** *(Sprung)* salto *m.*

höchst... (superl. di *hoch*) **I** agg. **1** (il) più alto: ***der -e Turm*** la torre più alta **2** sommo, supremo: ***an -er Stelle vorsprechen*** rivolgersi all'autorità suprema; ***das -e Gut*** il sommo bene **II** avv. sommamente, estremamente: ***ein ~ bescheidenes Leben*** una vita estremamente modesta, modestissima; ***es ist ~ betrüblich*** è quanto mai spiacevole; ***~ empfindlich*** ultrasensibile ◆ ***das ist das -e der Gefühle*** è il massimo che posso fare; ***in -em Grad*** in sommo grado; FIG. ***der -e Punkt*** l'apice, momento culminante; ***es ist -e Zeit*** è proprio ora; ***-e Zeit, dass du anrufst!*** era ora che telefonassi! **Höchst|al|ter** n. *(-s)* età *f.* massima.

Hoch|stamm m. *(-s,-stämme)* albero *m.* d'alto fusto, alto fusto *m.* **hoch|stäm|mig** agg. d'alto fusto, ad alto fusto. **Hoch|stand** m. *(-[e]s,-stände)* osservatorio *m.* elevato.

Höchst|an|ge|bot n. *(-[e]s,-e)* offerta *f.* massima.

Hoch|sta|pe|lei f. *(-,-en)* millanteria *f.* **hoch‿sta|peln** intr. (aus. *haben*) millantarsi. **Hoch|stap|ler** m. *(-s,-)* millantatore *m.*

Höchst|be|las|tung f. *(-,-en)* carico *m.* massimo. **Höchst|be|trag** m. *(-[e]s,-beträge)* importo *m.* massimo. **Höchst|bie|ten|de** m. e f. *(-n,-n)* migliore *m.* e *f.* offerente. **höchst|der|sel|be** pron. ANT. Sua Altezza *m.* **höchst|die|sel|be** pron. ANT. Sua Altezza *f.* **Höchst|dreh|mo|ment** n. *(-[e]s,-e)* coppia *f.* massima.

1.Höchs|te m. *(-n)* Altissimo *m.*

2.Höchs|te n. *(-n)* massimo *m.* ◆ ***aufs ~*** al massimo, al colmo; ***auf das ~ erzürnt sein*** essere oltremodo arrabbiato.

hoch‿ste|cken tr. *(Haare)* puntare, raccogliere in alto. **hoch‿ste|hen** intr. *(stand, gestanden;* aus. *haben)* stare in alto. **hoch‿stei|gen** intr. *(stieg, gestiegen;* aus. *sein)* **1** salire in alto, alzarsi **2** *(Wut)* montare. **höchst|ei|gen** agg. SCHERZ. ***in -er Person*** personalmente, di persona. **hoch‿stel|len** tr. **1** mettere, collocare in alto **2** *(senkrecht stellen)* rialzare. **hoch‿stem|men I** tr. sollevare in alto **II** rifl. **sich ~** sollevarsi (puntando le mani).

höchs|tens avv. al massimo, tutt'al più.

Höchst|fall, ***im ~*** al massimo, tutt'al più. **Höchst|form** f. *(-)* piena forma *f.*, forma *f.* eccellente: ***sich in ~ befinden*** essere in piena forma. **Höchst|ge|schwin|dig|keit** f. *(-,-en)* velocità *f.* massima: ***zulässige ~*** velocità massima consentita. **Höchst|ge|wicht** n. *(-[e]s,-e)* peso *m.* massimo. **Höchst|gren|ze** f. *(-,-n)* limite *m.* massimo; ECON. tetto *m.*, massimale *m.*

Hoch|stift n. *(-[e]s,-e)* capitolo *m.* cattedrale. **hoch‿sti|li|sie|ren** tr. magnificare (a torto). **Hoch|stim|mung** f. *(-,-en)* atmosfera *f.* lieta, festosa: ***in ~ sein*** essere lieto.

Höchst|leis|tung f. *(-,-en)* **1** massimo rendimento *m.* **2** SPORT record *m.*, primato *m.*: ***eine ~ aufstellen, halten*** stabilire, detenere un record. **Höchst|maß** n. *(-es,-e)* massimo grado *m.*, massimo *m.* **Höchst|men|ge** f. *(-,-n)* quantità *f.* massima. **höchst|mög|lich** agg. massimo possibile. **höchst|per|sön|lich I** agg. personalissimo **II** avv. personalmente, di persona. **Höchst|preis** m. *(-es,-e)* **1** prezzo *m.* massimo **2** pl. prezzi *m.pl.* di calmiere, calmiere *m.*

Hoch|stra|ße f. *(-,-n)* (strada *f.*) sopraelevata *f.*, soprelevata *f.* **hoch‿stre|ben** intr. (aus. *sein*) LETT. mirare in alto, avere grandi aspirazioni (*o* mire ambiziose).

höchst|rich|ter|lich agg. di competenza del massimo tribunale. **Höchst|satz** m. *(-es,-sätze)* somma *f.* massima, massimale *m.* **höchst|selbst** pron.inv. ANT. o SCHERZ. → **höchstpersönlich. Höchst|stand** m. *(-[e]s)* massimo *m.* **Höchst|stra|fe** f. *(-,-n)* pena *f.* massima, massimo *m.* della pena. **Höchst|stu|fe** f. *(-,-n)* GRAMM. superlativo *m.* **Höchst|tem|pe|ra|tur** f. *(-,-en)* temperatura *f.* massima, massima *f.* **höchst|wahr|schein|lich** avv. con ogni probabilità, molto probabilmente. **Höchst|wert** m. *(-[e]s,-e)* valore *m.* massimo, massimo *m.* **Höchst|wer|tung** f. *(-,-en)* punteggio *m.* massimo. **Höchst|zahl** f. *(-,-en)* numero *m.* massimo. **höchst|zu|läs|sig** agg. massimo consentito, limite: ***-e Ladung*** carico massimo consentito.

Hoch|tal n. *(-[e]s,-täler)* alta valle *f.* **Hoch|tech|no|lo|gie** f. *(-)* alta tecnologia *f.*

Hoch|ton m. *(-s,-töne)* LING. accento *m.* principale. **hoch|tö|nend**

agg. altisonante. **hoch|to|nig** agg. che ha l'accento principale.
Hoch|tour f. *(-,-en)* escursione *f.* in alta montagna ◆ ***auf -en laufen, arbeiten*** andare, lavorare a pieno ritmo; ***jdn, eine Maschine auf -en bringen*** mettere sotto tiro qcn., portare una macchina a pieno regime. **hoch|tou|rig** agg. che va a ritmo sostenuto, su di giri. **Hoch|tou|rist** m. *(-en,-en)* escursionista *m.* in alta montagna.
hoch|tra|bend agg. pomposo, roboante, ampolloso: ***-e Worte*** parole roboanti. **hoch_trei|ben** tr. **1** COLLOQ. *(hinauftreiben)* spingere su: ***das Vieh ~*** spingere su il bestiame **2** far salire, alzare: ***die Mieten ~*** far salire gli affitti. **Hoch|ufer** n. *(-s,-)* GEOGR. riva *f.* alta. **hoch|ver|dient** agg. benemerito. **hoch|ver|ehrt** agg. stimatissimo, egregio.
Hoch|ver|rat m. *(-[e]s)* alto tradimento *m.*: ***wegen, des Hochverrat(s) angeklagt werden*** essere accusato di alto tradimento: ***~ begehen*** commettere alto tradimento. **Hoch|ver|rä|ter** m. *(-s,-)* reo *m.* di alto tradimento. **hoch|ver|rä|te|risch** agg. di alto tradimento.
hoch|ver|zins|lich agg. BANC. ad alto interesse. **Hoch|wald** m. *(-[e]s,-wälder)* bosco *m.* di alberi ad alto fusto. **Hoch|was|ser** n. *(-s,-)* **1** piena *f.*: ***der Fluss hat, führt ~*** il fiume è in piena **2** *(bei Flut)* alta marea *f.* **3** *(Überschwemmung)* inondazione *f.* ◆ COLLOQ. SCHERZ. ***~ haben*** avere i calzoni troppo corti, alla pescatora. **hoch|wer|tig** agg. di grande valore, pregiato, pregevole; *(von hohem Nährwert)* ad alto valore nutrizionale. **Hoch|wild** n. *(-[e]s)* selvaggina *f.* grossa. **hoch|will|kom|men** agg. ben accetto, molto gradito. **hoch_win|den** *(wand, gewunden)* **I** tr. issare (con l'argano) **II** rifl. **sich ~** avviticchiarsi in su. **hoch|wirk|sam** agg. altamente efficace. **hoch|wohl|ge|bo|ren** agg. ANT. illustrissimo: ***Eure, Euer Hochwohlgeboren*** Vossignoria Illustrissima. **hoch|wüch|sig** agg. *(von Pflanzen)* alto. **hoch_wuch|ten** tr. sollevare a forza. **Hoch|wür|den** ANT., ***Eure, Euer ~*** Reverendo. **hoch|wür|dig** agg. reverendo. **Hoch|zahl** f. *(-,-en)* MAT. esponente *m.*
1.Hoch|zeit f. *(-,-en)* **1** nozze *f.pl.*, matrimonio *m.*, sposalizio *m.*: ***~ feiern, halten, machen*** celebrare le nozze, sposarsi; ***die ~ ausrichten*** preparare, organizzare il matrimonio **2** TIP. doppione *m.*, duplicatura *f.* ◆ COLLOQ. ***auf allen -en tanzen*** voler essere dappertutto; COLLOQ. ***nicht auf zwei -en tanzen können*** non potersi dividere in due; ***diamantene, eiserne, goldene ~*** nozze di diamante, di ferro, d'oro; ***grüne ~*** giorno del matrimonio; REGION. ***hölzerne, kupferne, papierne ~*** decimo, settimo, primo anniversario di nozze (*o* nozze di carta); ***silberne ~*** nozze d'argento.
2.Hoch|zeit f. *(-)* apogeo *m.*, auge *m.*, periodo *m.* aureo.
hoch_zei|ten intr. (aus. *haben*) RAR. sposarsi. **Hoch|zei|ter** m. *(-s,-)* REGION. sposo *m.* **Hoch|zei|te|rin** f. *(-,-nen)* REGION. sposa *f.* **hoch|zeit|lich I** agg. nuziale, di nozze: ***-es Essen*** pranzo di nozze **II** avv. a nozze, da sposo. **Hoch|zeits|bild** n. *(-[e]s,-er)* fotografia *f.* delle nozze. **Hoch|zeits|bit|ter** m. *(-s,-)* ANT. chi invita a nozze. **Hoch|zeits|brauch** m. *(-[e]s,-bräuche)* usanza *f.* nuziale. **Hoch|zeits|fei|er** f. *(-,-n)*, **Hoch|zeits|fest** n. *(-[e]s,-e)* cerimonia *f.* nuziale, festa *f.* di nozze. **Hoch|zeits|flug** m. *(-[e]s,-flüge)* ZOOL. volo *m.* nuziale. **Hoch|zeits|ge|dicht** n. *(-[e]s,-e)* poesia *f.* per le nozze, LETT. epitalamio *m.* **Hoch|zeits|ge|schenk** n. *(-[e]s,-e)* regalo *m.* di nozze, LETT. dono *m.* nuziale. **Hoch|zeits|ge|sell|schaft** f. *(-,-en)* invitati *m.pl.* alle nozze. **Hoch|zeits|kleid** n. *(-[e]s,-er)* **1** abito *m.* da sposa **2** ZOOL. livrea *f.* nuziale. **Hoch|zeits|mahl** n. *(-[e]s,-mähler* e *-e)* pranzo *m.* di nozze, LETT. banchetto *m.* nuziale. **Hoch|zeits|nacht** f. *(-)* prima notte *f.* di nozze. **Hoch|zeits|paar** n. *(-[e]s,-e)* coppia *f.* di sposi. **Hoch|zeits|rei|se** f. *(-,-n)* viaggio *m.* di nozze. **Hoch|zeits|tag** m. *(-[e]s,-e)* giorno *m.* delle nozze. **Hoch|zeits|tor|te** f. *(-,-n)* torta *f.* nuziale. **Hoch|zeits|zug** m. *(-[e]s,-züge)* corteo *m.* nuziale.
hoch_zie|hen *(zog, gezogen)* **I** tr. **1** tirare su, sollevare **2** alzare: ***die Augenbrauen ~*** alzare le sopracciglia **3** GERG. EDIL. erigere **4** GERG. AER. far cabrare **II** intr. (aus. *sein*) levarsi, alzarsi: ***ein Gewitter zieht hoch*** si alza un temporale **III** rifl. **sich ~ 1** tirarsi su **2** FIG. ***sich an Skandalen ~*** compiacersi degli scandali. **Hoch|zins|po|li|tik** f. *(-)* ECON. politica *f.* d'innalzamento dei tassi d'interesse. **Hoch|zucht** f. *(-)* **1** ALLEV. allevamento *m.* selettivo **2** AGR. selezione *f.* **hoch_züch|ten** tr. **1** ALLEV. allevare con metodi selettivi **2** AGR. selezionare **3** FIG. sviluppare smisuratamente. **hoch_zwir|beln** tr. arricciare all'insù.
1.Ho|cke f. *(-,-n)* **1** bica *f.*, mucchio *m.* di covoni **2** *(Hucke)* carico *m.* (portato sulle spalle).
2.Ho|cke f. *(-,-n)* SPORT **1a** *(Hockstand)* raccolta *f.*, posizione *f.* raccolta: ***in die ~ gehen*** raccogliersi; ***in der ~ sitzen*** stare, essere accovacciato **b** *(Ski)* posizione *f.* a gambe piegate **2** *(Sprung)* salto *m.* con flessione delle gambe.
ho|cken I intr. (aus. *haben*, REGION. *sein*) **1** stare accovacciato, rannicchiato **2a** COLLOQ. *(sitzen)* sedere, stare seduto **b** *(lange sitzen)* starsene seduto **3** (aus. *sein*) SPORT *(springen)* saltare (flettendo le gambe) **II** rifl. **sich ~ 1** accovacciarsi, rannicchiarsi: ***sich auf den Boden ~*** accovacciarsi sul pavimento; ***sich um den Kamin ~*** rannicchiarsi intorno al camino **2** *(sich setzen)* sedersi ◆ COLLOQ. ***im Gefängnis ~*** essere al fresco; ***immer zu Hause ~*** stare sempre rintanato in casa; ***hinter den Büchern ~*** stare (curvo) sui libri. **Ho|cker** m. *(-s,-)* **1** sgabello *m.* **2** REGION. *(Herumsitzer)* poltrone *m.* **3** ARCHEOL. scheletro *m.* rannicchiato.
Hö|cker m. *(-s,-)* **1** gobba *f.*: ***die ~ des Kamels*** le gobbe del cammello; *(im Gelände)* sporgenza *f.*, gibbosità *f.* **2** *(Nasenhöcker)* gobba *f.* del naso.
Ho|cker|grab n. *(-[e]s,-gräber)* ARCHEOL. tomba *f.* con scheletro rannicchiato.
hö|cke|rig agg. gobbo, gibboso; *(vom Gelände, Boden)* accidentato, aspro, scabroso. **Hö|cker|schwan** m. *(-[e]s,-schwäne)* cigno *m.* reale.
Ho|ckey ['hɔke, 'hɔki] n. *(-s)* hockey *m.* **Ho|ckey|schlä|ger** m. *(-s,-)* bastone *m.* da hockey. **Ho|ckey|spie|ler** m. *(-s,-)* giocatore *m.* di hockey.
Hock|stel|lung f. *(-)* SPORT posizione *f.* raccolta.
Ho|de m. *(-n,-n)* e f. *(-,-n)*, **Ho|den** m. *(-s,-)* testicolo *m.* **Ho|den|bruch** m. *(-[e]s,-brüche)* ernia *f.* scrotale. **Ho|den|sack** m. *(-[e]s,-säcke)* scroto *m.*
Ho|do|me|ter n. *(-s,-)* odometro *m.*
Hof m. *(-[e]s, Höfe)* **1** cortile *m.*: ***auf dem, im ~ spielen*** giocare in, nel cortile; ***das Fenster geht auf den ~*** la finestra dà sul cortile **2a** *(Fürstenhof)* corte *f.*: ***bei ~*** a corte; ***am kaiserlichen ~ verkehren*** frequentare la corte imperiale; ***jdn bei, am ~ einführen*** introdurre qcn. a corte: ***am ~ leben*** vivere a corte; ***~ halten*** tener corte, *(sich aufhalten)* risiedere **b** *(Gefolge)* corte *f.*, seguito *m.* **3** *(Bauernhof)* fattoria *f.*, masseria *f.*; *(kleines Gut)* podere *m.* **4** ASTR. *(Aureole)* alone *m.* **5** *(Gasthof)* albergo *m.* ◆ ***jdm den ~ machen*** fare la corte a qcn., corteggiare qcn. **Hof|adel** m. *(-s)* nobiltà *f.* di corte. **Hof|amt** n. *(-[e]s,-ämter)* carica *f.* a, di corte. **Hof|ball** m. *(-[e]s,-bälle)* ballo *m.* di corte. **Hof|be|am|te** m. *(-n,-n)* funzionario *m.* di corte. **Hof|da|me** f. *(-,-n)* dama *f.* di corte. **Hof|dich|ter** m. *(-s,-)* poeta *m.* di corte (*o* aulico). **Hof|dienst** m. *(-[e]s,-e)* servizio *m.* a corte.
hö|feln intr. (aus. *haben*) SVIZZ. ***jdm ~*** adulare qcn.
hof|fä|hig agg. che è ammesso, accettabile a corte.
Hof|fart f. *(-)* superbia *f.*, alterigia *f.* **hof|fär|tig** agg. superbo, altezzoso. **Hof|fär|tig|keit** f. *(-)* comportamento *m.* altezzoso.
hof|fen I tr. **1** sperare: ***das hoffe ich*** lo spero, spero di sì; ***wer hätte das zu ~ gewagt*** chi avrebbe osato sperarlo; ***ich hoffe, du bist glücklich*** spero che tu sia felice; ***ich hoffe nicht, dass sie krank ist*** spero che non sia malata; ***wir hoffen, euch bald zu sehen*** speriamo di vedervi presto; ***ich hoffe, das stimmt*** spero che sia giusto; ***wir wollen sehr ~, dass...*** speriamo proprio che... **2** *(erwarten)* attendersi, aspettarsi: ***etw. von jdm ~*** attendersi qcs. da qcn. **II** intr. (aus. *haben*) ***auf jdn, etw. ~*** sperare in qcn., qcs.; ***auf Gott ~*** sperare in Dio; ***auf jds Hilfe ~*** sperare nell'aiuto di qcn. ◆ ***~ wir das Beste*** speriamo in bene; ***ich will nicht ~, dass du lügst!*** voglio sperare che tu non menta! PROV. ***es hofft der Mensch, solang er lebt*** finché c'è vita c'è speranza (*o* la speranza è l'ultima a morire). **Hof|fen** n. *(-s)* lo sperare, speranza *f.*: ***alles ~ war vergebens*** ogni speranza fu inutile ◆ PROV. ***~ und Harren macht manchen zum Narren*** chi si pasce di speranza muore di fame.
Hof|fens|ter n. *(-s,-)* finestra *f.* sul cortile.
hof|fent|lich avv. speriamo, si spera: ***~ schreibt er bald*** speriamo che scriva presto; ***hat er die Schlüssel gefunden? ~!*** ha trovato le chiavi? speriamo (di sì)!
Hoff|nung f. *(-,-en)* **1** speranza *f.*: ***die ~ haben, dass...*** avere la speranza (*o* sperare) che...; ***die ~ aufgeben, verlieren, hegen (nähren)*** perdere, abbandonare, nutrire la speranza; ***-en erwecken*** destare speranze; ***voller, ohne ~ sein*** essere pieno di, senza speranza; ***sich der ~ hingeben, dass...*** abbandonarsi alla speranza che... (*o* confidare che...); ***seine ~ auf jdn, etw. setzen*** riporre le proprie speranze in qcn., qcs.; ***jdm vergebliche -en machen*** dare a qcn., suscitare in qcn. vane speranze; ***jdm auf etw. ~ machen*** far sperare qcs. a qcn. **2** *(Erwartung)* aspettativa *f.*: ***in seinen -en enttäuscht werden*** essere deluso nelle proprie aspettative; ***jds -en erfüllen*** soddisfare le aspettative di qcn. **3** *(viel versprechender Sportler, Schauspieler)* promessa *f.*, speranza *f.* ◆ ***eine ~ begraben*** deporre una speranza; ***zu den schönsten -en berechtigen*** promettere bene; ***es besteht noch ~*** c'è ancora speranza; ***jdn falsche -en machen*** illudere qcn.; ***eine ~ zu Grabe tragen*** → ***eine ~ begraben***; ANT. ***guter (in der) ~ sein*** essere incinta; ***in der ~, dass...*** con spe-

ranza di..., sperando che...; ***eine leise ~*** un filo di speranza; ***die letzte ~*** l'ultima speranza; ***sich (keine) -en machen*** (non) farsi illusioni; ***jdm -en machen*** dare delle speranze a qcn.; ***die ~ nicht sinken lassen*** non abbandonare, perdere la speranza; ***jdn in seinen -en täuschen*** tradire la speranza di qcn. **hoff|nungs|froh** agg. speranzoso, fiducioso. **Hoff|nungs|lauf** m. *(-[e]s,-läufe)* SPORT corsa *f.* di ripescaggio. **hoff|nungs|los I** agg. disperato: ***ein -es Unternehmen*** un'impresa disperata **II** avv. **1** senza speranza **2** *(völlig)* estremamente; irrimediabilmente: ***~ verloren sein*** essere irrimediabilmente perduto; ***~ verliebt sein*** essere perdutamente innamorato. **Hoff|nungs|lo|sig|keit** f. *(-)* disperazione *f.* **Hoff|nungs|schim|mer** m. *(-s,-)* barlume *m.* di speranza. **Hoff|nungs|strahl** m. *(-[e]s,-en)* filo *m.* di speranza. **hoff|nungs|voll I** agg. **1** pieno di speranza, speranzoso **2** *(Erfolg versprechend)* promettente: ***ein -er Beginn*** un inizio promettente; ***eine -e Begabung*** una dote promettente **II** avv. con grande speranza.

Hof|fräu|lein n. *(-s,-)* damigella *f.* di corte. **Hof|gang** m. *(-[e]s,-gänge)* ora *f.* d'aria. **Hof|gar|ten** m. *(-s,-gärten)* giardino *m.* del castello. **Hof|ge|sell|schaft** f. *(-,-en)* corte *f.* **Hof|ge|sin|de** n. *(-s)* servitù *f.* di corte. **Hof|hal|tung** f. *(-)* corte *f.*, seguito *m.* **Hof|hund** m. *(-[e]s,-e)* cane *m.* da guardia.

ho|fie|ren tr. corteggiare, adulare, lusingare. **hö|fisch** agg. **1** di corte; cortigiano: ***-e Feste*** festeggiamenti di corte; ***-es Benehmen*** comportamento conforme all'etichetta **2** LETT. cortese: ***die -e Dichtung, Epik*** la poesia, l'epica cortese.

Hof|jä|ger m. *(-s,-)* cacciatore *m.* di corte. **Hof|kanz|lei** f. *(-,-en)* cancelleria *f.* di corte. **Hof|kir|che** f. *(-,-n)* cappella *f.* di corte. **Hof|knicks** m. *(-es,-e)* inchino *m.* profondo. **Hof|la|ger** n. *(-s,-)* residenza *f.* (provvisoria) della corte. **Hof|le|ben** n. *(-s)* vita *f.* di corte.

höf|lich I agg. gentile, cortese **II** avv. cortesemente, gentilmente. **Höf|lich|keit** f. *(-,-en)* cortesia *f.*, gentilezza *f.*: ***aus ~*** per cortesia; ***mit ausgesuchter ~*** con squisita gentilezza; ***in aller ~*** con grande cortesia; ***jdm -en erweisen*** usare gentilezza verso qcn.; ***-en austauschen*** scambiarsi gentilezze, parole gentili ◆ ***darüber schweigt des Sängers ~*** = meglio non parlarne. **Höf|lich|keits|be|such** m. *(-[e]s,-e)* visita *f.* di cortesia: ***jdm einen ~ abstatten*** fare a qcn. una visita di cortesia. **Höf|lich|keits|be|zei|gung** f. *(-,-en)* atto *m.* di cortesia. **Höf|lich|keits|flos|kel** f. *(-,-n)* (vuota) frase *f.* di circostanza. **Höf|lich|keits|for|mel** f. *(-,-n)* formula *f.* di cortesia. **höf|lich|keits|hal|ber** avv. per pura (*o* semplice) cortesia.

Hof|lie|fe|rant m. *(-en,-en)* fornitore *m.* di corte. **Höf|ling** m. *(-s,-e)* cortigiano *m.* (anche SPREG.). **Hof|mann** m. *(-[e]s,-männer)* ANT. (gentil)uomo *m.* di corte. **hof|män|nisch** agg. ANT. da cortigiano, cortigiano. **Hof|mar|schall** m. *(-s,-marschälle)* maresciallo *m.* di corte.

Hof|meis|ter m. *(-s,-)* **1** precettore *m.* e cerimoniere *m.* di cort **2** *(Hauslehrer)* precettore *m.*, insegnante *m.* privato, istitutore *m.* **hof|meis|ter|lich** agg. ANT. da, di precettore e cerimoniere di corte. **hof|meis|tern** tr. RAR. SPREG. criticare, riprendere.

Hof|narr m. *(-en,-en)* buffone *m.* di corte. **Hof|po|et** m. *(-en,-en)* → **Hofdichter**. **Hof|pre|di|ger** m. *(-s,-)* predicatore *m.* di corte. **Hof|rat** m. *(-[e]s,-räte)* ANT. consigliere *m.* di corte. **Hof|sän|ger** m. *(-s,-)* cantore *m.* di corte; *(im Mittelalter)* menestrello *m.* **Hof|schau|spie|ler** m. *(-s,-)* ANT. attore *m.* di corte. **Hof|schran|ze** f. *(-,-n)* SPREG. cortigiano *m.*, adulatore *m.* **Hof|sei|te** f. *(-,-n)* facciata *f.* sul cortile. **Hof|staat** m. *(-[e]s)* corte *f.*, seguito *m.* **Hof|stel|le** f. *(-,-n)* piccolo podere *m.*

Höft n. *(-[e]s,-e)* REGION. TECN. **1** promontorio *m.*, capo *m.* **2** *(im Hafen)* estremità *f.* (*o* punta *f.* estrema) di un molo **3** *(Bühne)* palcoscenico *m.*

Hof|the|a|ter n. *(-s,-)* teatro *m.* di corte. **Hof|tor** n. *(-[e]s,-e)* portone *m.* del cortile. **Hof|tracht** f. *(-,-en)* abito *m.* di corte. **Hof|trau|er** f. *(-)* lutto *m.* di corte. **Hof|tür** f. *(-,-en)* porta *f.* del cortile. **Hof|zwerg** m. *(-[e]s,-e)* nano *m.* di corte.

HO-Ge|schäft n. *(-[e]s,-e)* EX-RDT negozio *m.*, punto *m.* vendita.

Hö|he f. *(-,-n)* **1** altezza *f.*: ***in schwindelnder ~*** ad un'altezza vertiginosa; ***die ~ beträgt 2 Meter*** l'altezza è di (*o* misura) 2 metri; ***die lichte ~ einer Brücke*** l'altezza libera di un ponte; MAT. ***die ~ eines Dreiecks bestimmen, berechnen, messen, einzeichnen*** stabilire, calcolare, misurare, tracciare l'altezza di un triangolo; ***eine ~ von 50 Metern*** un'altezza di 50 metri; MUS. ***die ~ eines Tones*** l'altezza di una nota; ***die Post ist auf der ~ der Ampel*** la posta è all'altezza del semaforo **2a** altitudine *f.*, quota *f.*: ***in großen -n*** ad alta quota; ***~ über dem Meeresspiegel*** altitudine sul livello del mare **b** AER. quota *f.*: ***an ~ verlieren, gewinnen*** perdere, guadagnare quota; ***~ 60*** quota 60 **c** ASTR. altezza *f.*, elevazione *f.* **3** *(Hügel)* altura *f.*, collina *f.*: ***eine ~ ersteigen, erklimmen*** risalire un'altura **4** FIG. *(Höhepunkt)* apice *m.*, culmine *m.*: ***auf der ~ seiner Karriere*** all'apice della sua carriera **5** *(Betrag)* l'ammontare, importo *m.*: ***die ~ des Preises festsetzen*** stabilire l'ammontare del prezzo, l'importo; ***den Betrag in voller ~ bezahlen*** pagare l'intero importo; COMM. ***in ~ von 1000 DM*** dell'importo di 1000 marchi **6** *(Niveau)* alto livello *m.*, elevatezza *f.* ◆ ***auf der ~ sein*** essere all'altezza; *(sich wohl fühlen)* essere in forma; ***auf gleicher ~*** alla stessa altezza; ***auf der ~ von Bonn*** all'altezza di Bonn; ***jdn in die ~ bringen*** rimettere in salute qcn.; COMM. ***einen Betrieb (wieder) in die ~ bringen*** risanare un'azienda; ***auf der ~ der Ereignisse sein*** essere al corrente; ***in die ~ fahren*** sobbalzare; FIG. *(zornig werden)* infuriarsi; ***sich nicht auf der ~ fühlen*** non sentirsi all'altezza; ***in die ~ gehen*** andare in collera, infuriarsi; *(vom Teig)* lievitare; ***etw. in die ~ heben, werfen*** sollevare, lanciare (in alto) qcs.; ***in die ~ steigen, klettern*** salire, arrampicarsi (in alto); COLLOQ. ***das ist ja die ~!*** è il colmo! è inaudito! ***in, auf gleicher ~ liegen*** trovarsi alla stessa altezza; ***sich in die ~ richten*** rizzarsi; ***in die ~ schießen*** crescere rapidamente; ***die -n und Tiefen des Lebens*** gli alti e bassi della vita; ***die Preise in die ~ treiben*** far lievitare (*o* salire) i prezzi; ***auf der ~ der Zeit sein, bleiben*** essere, rimanere al passo con i tempi.

Ho|heit f. *(-,-en)* **1** *(Souveränität)* sovranità *f.*: ***unter jds ~ stehen*** essere sotto la sovranità di qcn. **2** *(Titel)* Altezza *f.*: ***Eure ~*** Vostra Altezza **3** *(Erhabenheit)* maestosità *f.*, grandiosità *f.* **ho|heit|lich** agg. **1** *(souverän)* sovrano **2** RAR. *(fürstlich)* principesco, regale. **Ho|heits|ab|zei|chen** n. *(-s,-)* **1** insegna *f.*, emblema *m.* di sovranità **2** AER. distintivo *m.* di nazionalità. **Ho|heits|ad|ler** m. *(-s,-)* aquila *f.* imperiale. **Ho|heits|ge|biet** n. *(-[e]s,-e)* territorio *m.* soggetto a sovranità. **Ho|heits|ge|walt** f. *(-,-en)* potere *m.* sovrano. **Ho|heits|ge|wäs|ser** n. *(-s,-)* acque *f.pl.* territoriali. **Ho|heits|recht** n. *(-[e]s,-e)* diritto *m.* di sovranità. **ho|heits|voll** agg. maestoso, regale. **Ho|heits|zei|chen** n. *(-s,-)* **1** emblema *m.* (*o* simbolo *m.*) della nazione **2** *(Wappenzeichen)* segno *m.* (*o* simbolo *m.*) della casata.

Ho|he|lied, Ho|he|lied n. *(Hohen Lied[e]s)* **1** BIBL. cantico *m.* dei cantici **2** FIG. inno *m.*: ***ein ~ an die Freundschaft, an die Liebe*** un inno all'amicizia, all'amore.

hö|hen tr. PITT. mettere in risalto. **Hö|hen|an|ga|be** f. *(-,-n)* indicazione *f.* altimetrica (*o* della quota). **Hö|hen|angst** f. *(-)* paura *f.* dell'altezza. **Hö|hen|flug** m. *(-[e]s,-flüge)* **1** volo *m.* ad alta quota **2** FIG. volo *m.*: ***ein ~ der Phantasie*** un volo della fantasia. **Hö|hen|fest|punkt** m. *(-[e]s,-e)* punto *m.* trigonometrico. **hö|hen|gleich** agg. allo (*o* sullo) stesso livello. **Hö|hen|gren|ze** f. *(-,-n)* limite *m.* altimetrico. **Hö|hen|kli|ma** n. *(-s)* clima *m.* d'alta montagna, d'alta quota. **Hö|hen|krank|heit** f. *(-)* mal *m.* di montagna. **Hö|hen|kur|ort** m. *(-[e]s,-e)* luogo *m.* di cura montano, stazione *f.* climatica montana. **Hö|hen|kur|ve** f. *(-,-n)* → **Höhenlinie**. **Hö|hen|la|ge** f. *(-,-n)* posizione *f.* altimetrica, quota *f.*, altitudine *f.* **Hö|hen|leit|werk** n. *(-[e]s,-e)* AER. impennaggio *m.* orizzontale. **Hö|hen|li|nie** f. *(-,-n)* curva *f.* di livello (*o* altimetrica), isoipsa *f.* **Hö|hen|luft** f. *(-)* aria *f.* montana (*o* di montagna). **Hö|hen|mes|ser** m. *(-s,-)* altimetro *m.* **Hö|hen|mes|sung** f. *(-,-en)* altimetria *f.* **Hö|hen|re|kord** m. *(-[e]s,-e)* record *m.* d'altitudine. **Hö|hen|rü|cken** m. *(-s,-)* dorsale *f.* **Hö|hen|ru|der** n. *(-s,-)* AER. equilibratore *m.*, timone *m.* di quota. **Hö|hen|son|ne** f. *(-,-n)* **1** sole *m.* d'alta montagna **2** MED. *(Lampe)* lampada *f.* a raggi ultravioletti: ***von einer ~ bestrahlt werden*** essere curato con i raggi ultravioletti.

Ho|hen|stau|fe m. *(-n,-n)* STOR. Hohenstaufen *m.*, svevo *m.* **Ho|hen|stau|fen** pl. STOR. ***das Haus ~*** la casa degli Hohenstaufen (*o* di Svevia). **ho|hen|stau|fisch** agg. STOR. degli Hohenstaufen, svevo.

Hö|hen|strah|lung f. *(-,-en)* radiazione *f.* cosmica. **Hö|hen|un|ter|schied** m. *(-[e]s,-e)* dislivello *m.*; AER. differenza *f.* di quota. **Hö|hen|wan|de|rung** f. *(-,-en)* escursione *f.* ad alta quota. **Hö|hen|weg** m. *(-[e]s,-e)* sentiero *m.* d'alta montagna. **Hö|hen|wind** m. *(-[e]s,-e)* vento *m.* d'alta quota. **Hö|hen|zahl** f. *(-,-en)* *(auf Landkarten)* numero *m.* che indica la quota (*o* l'altitudine).

Ho|hen|zol|ler m. *(-n,-n)* STOR. Hohenzoller *m.* **Ho|hen|zol|lern** pl. STOR. ***das Haus ~*** la casa degli Hohenzollern.

Hö|hen|zug m. *(-[e]s,-züge)* catena *f.* montuosa.

Ho|he|pries|ter m. *(Hohen Priesters, Hohen Priester)* BIBL. sommo sacerdote *m.* **Ho|he|pries|ter|amt** n. *(-[e]s,-ämter)* ufficio *m.* di sommo sacerdote. **ho|he|pries|ter|lich** agg. del sommo sacerdote.

Hö|he|punkt m. *(-[e]s,-e)* **1** *(Gipfel)* punto *m.* culminante, culmine *m.* **2** FIG. *(wichtigster Moment)* momento *m.* culminante, culmine *m.*, apice *m.*: ***auf dem ~ der Macht stehen*** essere al culmine del potere; ***seinem ~ zugehen, einen ~ erreichen*** raggiungere il culmine; ***ein literarischer ~*** un momento culminante della letteratura.

hö|her (compar. di *hoch*) **I** agg. **1** più alto: ***dieses Haus ist ~ als jenes*** questa casa è più alta di quella **2** superiore, più elevato: ***mit -er Geschwindigkeit*** a velocità più elevata; ***-e Mathematik*** matematica superiore; ***-e Preise, Mieten*** prezzi, affitti più elevati **II** avv. più in alto, più in su: ***drei Etagen ~ wohnen*** abitare tre piani più in alto; ***~ schrauben*** rialzare, fare salire, fare lievitare; ***~ stufen*** fare avanzare di grado, promuovere ◆ ***ein -er Blödsinn*** una sciocchezza bella e buona; ***~ geht es nicht mehr!*** questo è il colmo! ***-e Gewalt*** forza maggiore; ***in -en Regionen schweben*** vivere nelle nuvole; ***die -e Schule*** la scuola secondaria; ***ein -er Schüler*** un alunno di scuola secondaria.

Hö|her|ent|wick|lung f. *(-,-en)* progresso *m.*

hö|he|rer|seits avv. dall'alto: ***das wurde ~ so angeordnet*** così è stato ordinato dall'alto; ***etw. ~ auferlegen, entscheiden*** imporre, decidere qcs. d'autorità.

Hö|her|stu|fe f. *(-,-n)* comparativo *m.* **Hö|her|stu|fung** f. *(-,-en)* avanzamento *m.*, promozione *f.*

hohl agg. **1** cavo, vuoto all'interno: ***eine -e Nuss*** una noce vuota all'interno; ***ein -er Baum*** un albero cavo **2** *(konkav)* concavo **3** incavato, infossato: ***-e Wangen*** guance incavate **4** *(von Klängen, Stimmen)* cupo, cavernoso **5** *(geistlos)* vuoto, vacuo, insulso: ***-es Gerede*** vuote ciancie ◆ ***eine -e Gasse*** una strada incassata; ***in der -en Hand*** nel cavo della mano; ***die -e Hand hinhalten*** tendere la mano (chiedere l'elemosina, la mancia, una ricompensa); ***ein -es Kreuz haben*** avere la lordosi; ***das ist nur für den -en Zahn*** è poca cosa, è solo un assaggio. **hohl|äu|gig** agg. con gli (*o* dagli) occhi infossati. **Hohl|block|stein** m. *(-[e]s,-e)* EDIL. blocco *m.* forato.

Höh|le f. *(-,-n)* **1** *(Höhlung)* cavità *f.* **2** caverna *f.*, grotta *f.*: ***unterirdische -n erforschen*** esplorare grotte sotterranee **3** *(Tierbehausung)* tana *f.*, covo *m.* **4** COLLOQ. *(Wohnung)* casa *f.*: ***sich in seine ~ zurückziehen, verkriechen*** rintanarsi in casa **5** SPREG. *(elende Wohnung)* stamberga *f.* ◆ ***sich in die ~ des Löwens begeben, wagen*** cacciarsi, arrischiarsi nella tana del leone.

Hohl|ei|sen n. *(-s)* sgorbia *f.*

höh|len tr. RAR. scavare, incavare ◆ PROV. ***steter Tropfen höhlt den Stein*** gutta cavat lapidem. **Höh|len|bär** m. *(-en,-en)* orso *m.* speleo (*o* delle caverne). **Höh|len|be|woh|ner** m. *(-s,-)* **1** → **Höhlenmensch** **2** animale *m.* cavernicolo. **Höh|len|for|scher** m. *(-s,-)* speleologo *m.* **Höh|len|for|schung** f. *(-)*, **Höh|len|kun|de** f. *(-)* speleologia *f.* **Höh|len|ma|le|rei** f. *(-,-en)* pittura *f.* rupestre. **Höh|len|mensch** m. *(-en,-en)* troglodita *m.*, cavernicolo *m.* **Höh|len|zeich|nung** f. *(-,-en)* disegno *m.*, pittura *f.* rupestre.

Hohl|form f. *(-,-en)* METALL. stampo *m.* cavo, forma *f.* cava. **Hohl|fuß** m. *(-es,-füße)* piede *m.* cavo. **Hohl|ge|schoss,** AUSTR. **Hohl|ge|schoß** n. *(-es,-e)* proiettile *m.* cavo. **Hohl|glas** n. *(-es,-gläser)* vetro *m.* concavo. **Hohl|heit** f. *(-)* **1** *(Hohlsein)* cavità *f.* **2** FIG. *(Geistlosigkeit)* vacuità *f.*, insulsaggine *f.* **Hohl|keh|le** f. *(-,-n)* EDIL. GEOL. scanalatura *f.* **Hohl|kopf** m. *(-[e]s,-köpfe)* COLLOQ. zucca *f.* vuota, testa *f.* vuota. **hohl|köp|fig** agg. sciocco, stupido. **Hohl|kör|per** m. *(-s,-)* corpo *m.* cavo. **Hohl|kreuz** n. *(-es,-e)* lordosi *f.* **Hohl|ku|gel** f. *(-,-n)* sfera *f.* cava. **Hohl|lei|ter** m. *(-s,-)* TELEV. guida *f.* d'onda, guida *f.* cava. **Hohl|lin|se** f. *(-,-n)* lente *f.* concava. **Hohl|maß** n. *(-es,-e)* **1** misura *f.* di capacità **2** *(Gefäß)* boccale *m.* graduato (per la misurazione dei liquidi). **Hohl|mei|ßel** m. *(-s,-)* sgorbia *f.* **Hohl|na|del** f. *(-,-n)* **1** ago *m.* cavo (da siringa) **2** *(Kanüle)* cannula *f.* **Hohl|naht** f. *(-,-nähte)* → **Hohlsaum. Hohl|raum** m. *(-[e]s,-räume)* cavità *f.*, vuoto *m.* **Hohl|raum|ver|sie|ge|lung** f. *(-,-en)* AUT. trattamento *m.* antiruggine per carrozzerie. **Hohl|saum** m. *(-[e]s,-säume)* ajour *m.*, orlo *m.* a giorno. **hohl_schlei|fen** tr. *(schliff, geschliffen)* TECN. ***etw. ~*** fare una rettifica concava a qcs. **Hohl|schliff** m. *(-[e]s,-e)* TECN. rettifica *f.* concava. **Hohl|schlüs|sel** m. *(-s,-)* chiave *f.* femmina. **Hohl|son|de** f. *(-,-n)* MED. sonda *f.*, sondino *n.* **Hohl|spie|gel** m. *(-s,-)* specchio *m.* concavo. **Hohl|stein** m. *(-[e]s,-e)* mattone *m.* forato. **Hohl|tie|re** pl. celenterati *m.pl.*

Höh|lung f. *(-,-en)* **1** cavità *f.*, incavo *m.* **2** *(das Höhlen)* lo scavare, l'incavare.

Hohl|ve|ne f. *(-,-n)* vena *f.* cava. **hohl|wan|gig** agg. dalle (*o* con le) guance incavate. **Hohl|war|ze** f. *(-,-n)* capezzolo *m.* introflesso. **Hohl|weg** m. *(-[e]s,-e)* strada *f.* incassata; *(Engpass)* gola *f.* **Hohl|zie|gel** m. *(-s,-)* mattone *m.* forato.

Hohn m. *(-[e]s)* **1** *(Spott)* scherno *m.*, derisione *f.* **2** *(Sarkasmus)* sarcasmo *m.* ◆ ***das ist der blanke, der reinste ~*** ⇒ ciò è totalmente assurdo; ***~ lachen*** ridere in modo sprezzante, sghignazzare; LETT. ***einer Sache ~ lachen*** andar contro a qcs., opporsi a qcs.; ***Spott und ~ ernten*** essere schernito e deriso; FIG. ***jdm, etw. ~ sprechen*** essere un oltraggio contro qcn., qcs.; ***mit jdm ~ treiben*** deridere, schernire qcn.; ***jdm zum ~*** a dispetto di qcn. **höh|nen** tr. **1** deridere, schernire **2** dire in tono di scherno: ***Schwächling! – höhnte er*** vigliacco! – disse in tono di scherno. **Hohn|ge|läch|ter** n. *(-s)* risata *f.* beffarda, di scherno. **Hohn|ge|schrei** n. *(-s)* grido *m.* di scherno. **höh|nisch** **I** agg. beffardo, sprezzante **II** avv. in tono di scherno, con scherno. **hohn|lä|cheln** intr. (aus. *haben*) sogghignare. **Hohn|lä|cheln** n. *(-s)* sorriso *m.* di scherno, (sog)ghigno *m.* **Hohn|la|chen** n. *(-s)* risata *f.* di scherno, sghignazzata *f.*

ho|ho inter. oh oh, ohè.

hoi inter. ehi.

Hö|ke|rin f. *(-,-en)* ANT. rivendugliola *f.* **hö|kern** tr. vendere a una bancarella.

Ho|kus|po|kus m. *(-)* **1** *(Zauberformel)* abracadabra *m.* **2** SPREG. *(Zauberei)* stregoneria *f.*: ***allerhand ~ machen*** fare ogni sorta di stregonerie **3** *(Unfug)* stupidaggine *f.*, scemenza *f.*: ***~ treiben*** fare stupidaggini ◆ ***~ fidibus!*** ecco fatto, semplicissimo! SCHERZ. ***~ verschwindibus!*** abracadabra, sparito! ***~ und weg*** in un batter d'occhio.

hold **I** agg. LETT. ANT. leggiadro, grazioso **II** avv. graziosamente, con grazia: ***~ lächeln*** sorridere con grazia ◆ ***jdm, etw. ~ sein*** essere propizio (*o* favorevole) a qcn., qcs., bendisposto verso qcn.; *(jdn, etw. gern haben)* essere affezionato a qcs., voler bene a qcn. **Hol|de** f. *(-n,-n)* SCHERZ. amata *m.*

Hol|der REGION. → **Holunder. Hol|der|baum** REGION. → **Holunderbaum.**

Hol|ding f. *(-,-s)*, **Hol|ding|ge|sell|schaft** f. *(-,-en)* holding *f.*

Hold|rio m. *(-[s],-[s])* ANT. sventato *m.*, sconsiderato *m.*

hold|se|lig agg. LETT. ANT. → **hold. Hold|se|lig|keit** f. *(-)* LETT. ANT. grazia *f.*, leggiadria *f.*

ho|len **I** tr. **1a** (andare a) prendere: ***den Wein aus dem Keller ~*** andare a prendere il vino in cantina (*o* prendere il vino dalla cantina) **b** *(einkaufen)* andare a prendere, a comprare: ***die Zeitung ~*** andare a prendere il giornale **c** COLLOQ. *(gewinnen)* ***die Goldmedaille ~*** prendere la medaglia d'oro **d** COLLOQ. *(verhaften)* ***die Polizei hat ihn geholt*** la polizia lo ha preso **2** tirare fuori: ***etw. aus der Tasche ~*** tirare fuori qcs. dalla tasca **3** *(herbeirufen)* chiamare: ***jdn zu Hilfe ~*** chiamare qcn. in aiuto; ***einen Arzt ~ lassen*** far venire un medico **4** *(abholen)* portare via: ***den Müll ~*** portar via la spazzatura **5** MAR. tesare **II** rifl. ***sich ~*** **1** farsi dare: ***sich bei jdm Hilfe, die Erlaubnis ~*** farsi dare aiuto (*o* farsi aiutare), farsi dare il permesso da qcn. **2** COLLOQ. *(gewinnen)* conquistarsi, vincere: ***sich einen Titel ~*** conquistarsi un titolo **3** COLLOQ. prendersi, buscarsi: ***sich die Grippe, eine Tracht Prügel ~*** buscarsi l'influenza, prendersi un sacco di botte ◆ ***Atem ~*** prender(e) fiato; ***jdn aus dem Bett ~*** tirare qcn. giù dal letto; ***hol dich der Geier, der Henker!*** che il diavolo ti porti! ***sich den Tod ~*** ammalarsi a morte; ***bei ihm ist nicht viel, nichts zu ~*** da lui non c'è molto da ricavare, non si ricava nulla.

Ho|lis|mus m. *(-)* olismo *m.* **ho|lis|tisch** agg. olistico.

Holk → **Hulk**

hol|la inter. olà, ehi.

Hol|land n.pr.n. *(-s)* Olanda *f.* **Hol|län|der** **I** m. *(-s,-)* **1** *(Einwohner)* olandese *m.* **2** *(Käsesorte)* (formaggio *m.*) olandese *m.* **3** *(Kinderfahrzeug)* carrettino *m.* (per bambini) **4** CART. olandese *f.* **II** agg.inv. olandese. **Hol|län|der|müh|le** f. *(-,-n)* CART. olandese *f.* **hol|län|dern** tr. EDIT. cucire su garza. **hol|län|disch** agg. olandese.

Hol|le f. *(-,-n)* VENAT. ciuffo *m.* ◆ ***Frau ~*** INTRAD. (personaggio delle fiabe).

Höl|le f. *(-,-n)* inferno *m.* (anche FIG.): ***in die ~ kommen, zur ~ fahren*** finire, andare all'inferno; ***jdm die ~ heiß machen, jdm das Leben zur ~ machen*** rendere la vita di qcn. un inferno; ***die ~ ist los*** si è scatenato l'inferno; ***jdn zur ~ wünschen*** mandare all'inferno qcn.; ***zur ~ mit jdm, etw.!*** all'inferno qcn., qcs.! ◆ ***die ~ auf Erden haben*** vivere in un inferno, fare una vita d'inferno; ***der Fürst der ~*** il principe delle tenebre; ***die grüne ~*** la giungla; PROV. ***der Weg zur ~ ist mit guten Vorsätzen gepflastert*** la strada dell'inferno è lastricata di buoni propositi. **Höl|len|angst** f. *(-,-ängste)* COLLOQ. paura *f.* maledetta (*o* dell'accidenti). **Höl|len|brut** f. *(-)* ANT. genia *f.* infernale, razza *f.* maledetta. **Höl|len|durst** m. *(-[e]s)* sete *f.* infernale. **Höl|len|fahrt** f. *(-)* discesa *f.* all'inferno; MITOL. discesa *f.* agli inferi. **Höl|len|fürst** m. *(-en,-en)* principe *m.* delle tenebre. **Höl|len|hund** m. *(-[e]s)* MITOL. Cerbero *m.* **Höl|len|lärm** m. *(-[e]s)* COLLOQ. fracasso *m.* (*o* baccano *m.*) infernale, pandemonio *m.* **Höl|len|ma|schi|ne** f. *(-,-n)* **1** ANT. bomba *f.* a orologeria **2** COLLOQ. *(geräuschvolle Maschine)* macchina *f.* infernale. **Höl|len|pein** f. *(-)*, **Höl|len|qual** f. *(-,-en)* pene *f.pl.* dell'inferno. **Höl|len|spek|ta|kel** m. *(-s)* → **Höllenlärm. Höl|len|stein** m. *(-[e]s,-e)*

CHIM. pietra *f.* infernale, nitrato *m.* d'argento. **Höl|len|tem|po** n. *(-s)* COLLOQ. velocità *f.* spaventosa.

Hol|ler m. *(-s,-)*, **Hol|ler|baum** m. *(-[e]s,-bäume)* REGION. sambuco *m.*

hol|le|ri|thi|e|ren tr. ***Daten ~*** perforare dati. **Hol|le|rith|ma|schi|ne** f. *(-,-n)* macchina *f.* a schede perforate, perforatrice *f.*

höl|lisch I agg. **1** infernale, dell'inferno: ***die -en Geister*** gli spiriti infernali **2a** FIG. infernale, d'inferno: ***ein -es Leben*** una vita d'inferno; ***eine -e Hitze*** un caldo infernale **b** *(ungeheuerlich)* terribile, tremendo, spaventoso: ***eine -e Katastrophe*** una tremenda catastrofe **3** COLLOQ. *(sehr groß)* enorme, grandissimo: ***-er Respekt, Spaß*** grandissimo rispetto, divertimento **II** avv. COLLOQ. rafforz. tremendamente, terribilmente: ***~ schlau sein*** essere tremendamente furbo; ***~ weh tun*** fare un male cane; ***~ aufpassen*** stare terribilmente attento.

Hol|ly|wood|schau|kel [hɔlɪwʊd-] f. *(-,-n)* dondolo *m.*

1.Holm m. *(-[e]s,-e)* **1** *(Längsstange von Barren und Leiter)* staggio *m.* **2** *(Handlauf)* mancorrente *m.* **3** AER. longherone *m.* **4** EDIL. trave *f.* **5** *(Rudergriff)* impugnatura *f.* del remo.

2.Holm m. *(-[e]s,-e)* REGION. isolotto *m.*

Ho|lo|fer|nes n.pr.m. Oloferne *m.*

Hol|mi|um n. *(-s)* olmio *m.*

Ho|lo|caust m. *(-[s],-s)* olocausto *m.*

Ho|lo|gramm n. *(-s,-e)* ologramma *m.* **Ho|lo|gra|phie** f. *(-,-n)* olografia *f.* **ho|lo|gra|phisch** agg. **1** olografico **2** DIR. olografo.

Ho|lo|zän n. *(-s)* olocene *m.* **ho|lo|zän** agg. olocenico.

hol|pe|rig → **holprig. Hol|pe|rig|keit** → **Holprigkeit. hol|pern** intr. (aus. *haben*) **1** sobbalzare, traballare: ***der Wagen holpert sehr auf dieser Straße*** su questa strada l'auto sobbalza molto **2** ***beim Lesen, Sprechen ~*** stentare (*o* fare fatica) a leggere, a parlare **3** *(sich rüttelnd fortbewegen;* aus. *sein)* andare sobbalzando (*o* traballando), procedere a scossoni. **holp|rig** agg. **1** accidentato, irregolare, sconnesso: ***ein -er Boden*** un terreno accidentato **2** *(nicht fließend)* stentato: ***in -em Deutsch*** in un tedesco stentato. **Holp|rig|keit** f. *(-,-en)* **1** accidentalità *f.*, irregolarità *f.* **2** *(beim Lesen, Sprechen)* lo stentare.

Hol|schuld f. *(-,-en)* debito *m.* chiedibile, domiciliato.

Hol|stei|ner I m. *(-s,-)* abitante *m.* dello Holstein **II** agg.inv. dello Holstein. **hol|stei|nisch** agg. dello Holstein, relativo allo Holstein.

Hols|ter n. *(-s,-)* VENAT. bisaccia *f.*, carniere *m.*

hol|ter|die|pol|ter avv. COLLOQ. patapumfete ◆ ***~ die Treppe hinunterlaufen, -stürzen*** precipitarsi (con gran rumore), ruzzolare (rumorosamente) giù per le scale; ***...und ~, weg war er*** ...sparì con un gran fracasso.

Ho|lun|der m. *(-s,-)*, **Ho|lun|der|baum** m. *(-[e]s,-bäume)* sambuco *m.* **Ho|lun|der|bee|re** f. *(-,-n)* drupa *f.* (*o* bacca *f.*) di sambuco. **Ho|lun|der|mark** n. *(-[e]s)* midollo *m.* di sambuco. **Ho|lun|der|tee** m. *(-s,-s)* infuso *m.* di (fior di) sambuco.

Holz n. *(-es, Hölzer)* **1a** legno *m.*: ***hartes, weiches ~*** legno duro, dolce; ***~ bearbeiten, hobeln, sägen, schnitzen*** lavorare, piallare, segare, intagliare il legno; ***~ verarbeitend*** di, della lavorazione del legno; ***aus ~*** di (*o* in) legno **b** *(Brennholz)* legna *f.*: ***grünes ~*** legna verde; ***~ machen, fällen, hacken (spalten), stapeln*** fare, tagliare, spaccare, accatastare la legna; ***mit ~ heizen*** riscaldare a legna; ***den Ofen mit ~ heizen*** alimentare la stufa a legna **c** *(Holzsorte)* legname *m.*, legno *m.*: ***ein edles ~*** un legname pregiato **2a** SPORT *(beim Fußball)* legno *m.* (della porta) **b** *(beim Tennis)* legno *m.* (della racchetta) **3** *(Kegel*; pl. -) birillo *m.* **4** MUS. legni *m.pl.* **5** ANT. *(Wald)* bosco *m.* ◆ ***aus anderem ~ (geschnitzt) sein*** essere (fatto) di un'altra pasta, avere un'altra tempra; ***aus dem gleichen, demselben ~ (geschnitzt) sein*** essere (fatto) della stessa pasta; ***aus feinem, gutem ~ (geschnitzt) sein*** avere un carattere nobile, essere di buona pasta (*o* avere una buona tempra); ***viel ~ haben*** avere un sacco di soldi; ***aus hartem ~ (geschnitzt) sein*** essere un osso duro; FIG. ***~ vor dem Haus, vor der Hütte haben*** avere un bel davanzale; ***auf ~ klopfen*** toccare ferro; ***aus dem ~ sein, aus dem man Minister, Sportler macht*** avere la stoffa del ministro, dello sportivo; ***~ sägen*** ronfare, russare forte; FIG. ***nicht aus ~ sein*** non essere di legno; *(nicht gefühllos)* non avere un cuore di pietra; ***dastehen wie ein Stück ~*** starsene impalato; ***~ vor der Tür haben*** → ***~ vor dem Haus haben***; ***~ in den Wald tragen*** portare vasi a Samo (*o* nottole ad Atene).

Holz|ab|fuhr f. *(-,-en)* trasporto *m.* del, di legname. **Holz|ap|fel** m. *(-s,-äpfel)* **1** mela *f.* selvatica **2** → **Holzapfelbaum. Holz|ap|fel|baum** m. *(-[e]s,-bäume)* melo *m.* selvatico. **Holz|art** f. *(-,-en)* tipo *m.* (*o* qualità *f.*) di legno, legname. **Holz|bau** m. *(-[e]s,-ten)* costruzione *f.* in legno. **Holz|be|ar|bei|tung** f. *(-,-en)* lavorazione *f.* del legno. **Holz|bein** n. *(-[e]s,-e)* gamba *f.* di legno. **Holz|bie|ne** f. *(-,-n)* ape *f.* legnaiola, xilocopa *f.* **Holz|bild|hau|er** m. *(-s,-)* scultore *m.* in legno. **Holz|bild|hau|e|rei** f. *(-,-en)* scultura *f.* in legno. **Holz|blä|ser** m. *(-s,-)* suonatore *m.* di legno (strumento a fiato di legno). **Holz|blas|in|stru|ment** n. *(-[e]s,-e)* strumento *m.* a fiato in legno, legno *m.* **Holz|block** m. *(-[e]s,-blöcke)* ceppo *m.* di legno; *(zum Heizen)* ciocco *m.* **Holz|bock** m. *(-[e]s, -böcke)* **1** cavalletto *m.* di legno **2** *(Zecke)* zecca *f.* **3** *(Bockkäfer)* cerambice *m.* **Holz|bo|den** m. *(-s,-böden)* **1** → **Holzfußboden 2** *(Waldfläche)* terreno *m.* destinato alla produzione del legno. **Holz|boh|rer** m. *(-s,-)* **1** trivella *f.* (*o* punta *f.*) per legno **2** *(Schmetterling)* cosside *m.* **3** → **Holzbrüter. Holz|brett** n. *(-[e]s,-er)* asse *f.* (*o* tavola *f.*) di legno. **Holz|brü|cke** f. *(-,-n)* ponte *m.* di legno. **Holz|brü|ter** m. *(-s,-)* bostrico *m.* **Holz|bün|del** n. *(-s,-)* fascina *f.* (di legna).

Hölz|chen n. *(-s,-)* legnetto *m.*, pezzetto *m.* di legno ◆ ***vom ~ aufs Stöckchen kommen*** saltare di palo in frasca.

Holz|de|cke f. *(-,-n)* soffitto *m.* in legno. **Holz|des|til|la|ti|on** f. *(-)* TECN. distillazione *f.* del legno. **Holz|dü|bel** m. *(-s,-)* tassello *m.* di legno, cavicchio *m.* **Holz|ein|schlag** m. *(-[e]s,-einschläge)* taglio *m.* della legna.

hol|zen intr. (aus. *haben*) **1** ANT. fare legna: ***~ gehen*** andare a far legna **2a** ANT. ***mit jdm ~*** picchiarsi, legnarsi con qcn. **b** SPORT giocar duro, picchiare. **Hol|zer** m. *(-s,-)* **1** ANT. REGION. → **Holzhacker 2** SPORT *(harter Spieler)* picchiatore *m.* **Hol|ze|rei** f. *(-,-en)* **1** ANT. legnatura *f.*, pestaggio *m.* **2** SPORT gioco *m.* duro (*o* falloso).

höl|zern I agg. **1** di legno, ligneo: ***ein -er Kochlöffel*** un cucchiaio da cucina di legno **2** FIG. legnoso, rigido; *(ungeschickt)* impacciato, goffo: ***ein -es Benehmen*** un comportamento goffo **II** avv. in modo legnoso; *(ungeschickt)* in modo impacciato, goffamente.

Holz|es|sig m. *(-s)* acido *m.* pirolegnoso. **Holz|fäl|len** n. *(-s)* abbattimento *m.* (*o* taglio *m.*) degli alberi. **Holz|fäl|ler** m. *(-s,-)* boscaiolo *m.*, tagliaboschi *m.* **Holz|fa|ser|plat|te** f. *(-,-n)* (pannello *m.* di) masonite *f.* **Holz|fäu|le** f. *(-)* carie *f.* del legno. **Holz|fei|le** f. *(-,-n)* raspa *f.* **Holz|fi|gur** f. *(-,-en)* figura *f.* in legno. **Holz|floß** n. *(-es, -flöße)* zattera *f.* (di legno). **holz|frei** agg. ***-es Papier*** carta senza pasta di legno. **Holz|fur|nier** n. *(-s,-e)* (foglio *m.* per) impiallacciatura *f.* **Holz|fuß|bo|den** m. *(-s,-böden)* pavimento *m.* in (*o* di) legno, parquet *m.* **Holz|geist** m. *(-[e]s)* alcol *m.* metilico, metanolo *m.*, spirito *m.* di legno. **Holz|ge|rech|tig|keit** f. *(-)* legnatico *m.* **Holz|ge|rüst** n. *(-[e]s,-e)* impalcatura *f.* (*o* ponteggio *m.*) di legno. **holz|ge|schnitzt** agg. intagliato nel legno. **Holz|ge|stell** n. *(-[e]s,-e)* struttura *f.*, supporto *m.* in legno; *(Holzbock)* cavalletto *m.* di legno. **holz|ge|tä|felt** agg. rivestito di legno. **Holz|ge|wächs** n. *(-es,-e)* pianta *f.* legnosa. **Holz|ge|win|de** n. *(-s,-)* filettatura *f.* per (vite in) legno. **Holz|ha|cker** m. *(-s,-)* REGION. → **Holzfäller. holz|hal|tig** agg. ***-es Papier*** carta contenente pasta di legno. **Holz|ham|mer** m. *(-s,-hämmer)* mazzuolo *m.* ◆ ***eins mit dem ~ (ab)gekriegt haben*** aver perso qualche rotella, essere picchiato in testa. **Holz|ham|mer|me|tho|de** f. *(-,-n)* maniere *f.pl.* forti, pugno *m.* di ferro: ***nach der ~ vorgehen*** passare alle maniere forti. **Holz|han|del** m. *(-s)* commercio *m.* in legnami. **Holz|händ|ler** m. *(-s,-)* commerciante *m.* in legname. **Holz|hau|er** m. *(-s,-)* REGION. → **Holzfäller.**

hol|zig agg. BOT. legnoso.

Holz|in|dust|rie f. *(-)* industria *f.* del legno. **Holz|kä|fer** m. *(-s,-)* insetto *m.* xilofago (*o* silofago). **Holz|kis|te** f. *(-,-n)* cassa *f.* (*o* cassetta *f.*) di legno. **Holz|kitt** m. *(-[e]s)* stucco *m.* per legno. **Holz|klas|se** f. *(-,-n)* **1** ANT. terza classe *f.* **2** *(Güteklasse für Holz)* qualità *f.* di legno. **Holz|klotz** m. *(-es,-klötze)* **1** ceppo *m.* **2** FIG. persona *f.* insensibile. **Holz|knecht** m. *(-[e]s,-e)* ANT. tagliaboschi *m.* **Holz|koh|le** f. *(-)* carbone *m.* di legna, carbonella *f.* **Holz|koh|len|grill** m. *(-s,-s)* grill *m.* a carbonella. **Holz|kopf** m. *(-[e]s,-köpfe)* FIG. testa *f.* di legno, zuccone *m.* **Holz|laus** f. *(-,-läuse)* pidocchio *m.* delle piante. **Holz|leim** m. *(-[e]s)* colla *f.* da falegname. **Holz|löf|fel** m. *(-s,-)* cucchiaio *m.* di legno. **Holz|ma|le|rei** f. *(-,-en)* pittura *f.* su legno. **Holz|mehl** n. *(-[e]s)* segatura *f.* **Holz|na|gel** m. *(-s,-nägel)* cavicchio *m.* **Holz|pan|ti|ne** f. *(-,-n)* REGION., **Holz|pan|tof|fel** m. *(-s,-n)* zoccolo *m.* **Holz|pflas|ter** n. *(-s,-)* selciato *m.* (*o* pavimentazione *f.*) in legno. **Holz|pflock** m. *(-[e]s, -pflöcke)* piolo *m.*, paletto *m.* (di legno). **Holz|plat|te** f. *(-,-n)* tavola *f.* (*o* pannello *m.*) di legno. **Holz|recht** n. *(-[e]s)* ANT. → **Holzgerechtigkeit. Holz|rie|se** f. *(-,-n)* REGION. → **Holzrutsche. Holz|rost** m. *(-[e]s,-e)* grata *f.* (*o* griglia *f.*) di legno. **Holz|rut|sche** f. *(-,-n)* scivolo *m.* per legname, risina *f.* **Holz|san|da|le** f. *(-,-n)* sandalo *m.* (con suola) di legno. **Holz|schäd|ling** m. *(-s,-e)* parassita *m.* del legno. **Holz|scheit** n. *(-[e]s,-e)* pezzo *m.* di legno, ciocco *m.* **Holz|schlag** m. *(-[e]s,-schläge)* **1** taglio *m.* della legna

2 *(Waldstück)* zona *f.* da disboscare. **Holz|schliff** m. *(-[e]s,-e)* pasta *f.* di legno (meccanica). **holz|schliff|frei** agg. → **holzfrei.**
Holz|schnei|de|kunst f. *(-)* → **Holzschnitt. Holz|schnei|der** m. *(-s,-)* incisore *m.* in legno; *(beim Druckverfahren)* xilografo *m.* **Holz|schnitt** m. *(-[e]s,-e)* xilografia *f.* **holz|schnitt|ar|tig** agg. xilografico. **Holz|schnit|zer** m. *(-s,-)* intagliatore *m.* (in legno). **Holz|schnit|ze|rei** f. *(-,-en)* (lavoro *m.* di) intaglio *m.*
Holz|schrau|be f. *(-,-n)* vite *f.* per (*o* da) legno. **Holz|schuh** m. *(-[e]s,-e)* zoccolo *m.* **Holz|schup|pen** m. *(-s,-)* legnaia *f.* **Holz|schutz|mit|tel** n. *(-s,-)* antisettico *m.* (per legno). **Holz|ski** m. *(-s,-er)* sci *m.* di legno. **Holz|soh|le** f. *(-,-n)* suola *f.* di legno. **Holz|span** m. *(-[e]s,-späne)* truciolo *m.* di legno. **Holz|span|plat|te** f. *(-,-n)* (lastra *f.* di) truciolato *m.* **Holz|spiel|zeug** n. *(-[e]s,-e)* giocattolo *m.* di (*o* in) legno. **Holz|spi|ri|tus** m. *(-)* spirito *m.* di legno. **Holz|split|ter** m. *(-s,-)* scheggia *f.* (di legno). **Holz|sta|pel** m. *(-s,-)* catasta *f.* di legna. **Holz|stich** m. *(-[e]s,-e)* (lavoro *m.* di) incisione *f.* in legno. **Holz|stift** m. *(-[e]s,-e)* → **Holznagel. Holz|stoß** m. *(-es,-stöße)* catasta *f.* di legna (da bruciare); *(Scheiterhaufen)* rogo *m.*, LETT. pira *f.* **Holz|tä|fe|lung** f. *(-,-en)* rivestimento *m.* di, in legno. **Holz|tau|be** f. *(-,-n)* colombaccio *m.* **Holz|teer** m. *(-[e]s)* catrame *m.* vegetale. **Holz|tisch** m. *(-[e]s,-e)* tavolo *m.* di, in legno. **Holz|trep|pe** f. *(-,-n)* scala *f.* di legno.
Hol|zung f. *(-,-en)* **1** taglio *m.* di alberi **2a** ANT. *(Baumbestand)* patrimonio *m.* arboreo **b** *(Gehölz)* bosco *m.* **Hol|zungs|recht** n. *(-[e]s)* → **Holzgerechtigkeit.**
Holz|ver|ar|bei|tung f. *(-)* lavorazione *f.* del legno. **Holz|ver|ede|lung** f. *(-)* TECN. affinamento *m.* del legno. **holz|ver|klei|det** agg. rivestito di, in legno. **Holz|ver|klei|dung** f. *(-,-en)* rivestimento *m.* di, in legno. **Holz|ver|koh|lung** f. *(-)* carbonizzazione *f.* del legno. **Holz|ver|schlag** m. *(-[e]s,-verschläge)* **1** baracca *f.*, capanna *f.* di legno **2** legnaia *f.* **Holz|wa|ren** pl. oggetti *m.pl.* in legno. **Holz|weg** m. *(-[e]s,-e)* strada *f.* forestale ◆ FIG. ***auf dem ~ sein, sich auf dem ~ befinden*** essere fuori strada, sbagliare di grosso. **Holz|wes|pe** f. *(-,-n)* ENTOM. sirice *f.* **Holz|wirt** m. *(-[e]s,-e)* tecnico *m.* dell'industria del legno. **Holz|wirt|schaft** f. *(-)* economia *f.* forestale e di lavorazione del legno. **Holz|wol|le** f. *(-)* trucioli *m.pl.* di legno. **Holz|wurm** m. *(-[e]s,-würmer)* **1** tarlo *m.* **2** COLLOQ. SCHERZ. *(Tischler)* falegname *m.* **Holz|zaun** m. *(-[e]s,-zäune)* steccato *m.*, staccionata *f.* **Holz|zün|der** m. *(-s,-)* fiammifero *m.*
Ho|mer n.pr.m. Omero *m.* **Ho|me|ri|de** m. *(-n,-n)* omeride *m.* **ho|me|risch** agg. omerico ◆ ***-es Gelächter*** risata omerica.
Ho|mi|let m. *(-en,-en)* omileta *m.* **Ho|mi|le|tik** f. *(-)* omiletica *f.*
Ho|mi|lie f. *(-,-en)* omelia *f.*
Ho|mi|ni|de m. *(-n,-n)* ominide *m.*
Hom|mage [ɔ'ma:ʒ] f. *(-,-n)* omaggio *m.*: ***als ~ für jdn*** in omaggio a qcn.
ho|mo agg. inv. COLLOQ. (accorc. *homosexuell*) omosex, gay.
Ho|mo m. *(-s,-s)* COLLOQ. (accorc. *Homosexuelle*) omosex *m.*, gay *m.*
Ho|mo|ero|tik f. *(-)* omoerotismo *m.* **ho|mo|ero|tisch** agg. omoerotico.
ho|mo|gen agg. omogeneo. **ho|mo|ge|ni|sie|ren** tr. omogeneizzare. **Ho|mo|ge|ni|tät** f. *(-)* omogeneità *f.*
Ho|mo|gramm m. *(-s,-e)* omogramma *m.* **Ho|mo|graph** m. *(-s,-e)* omografo *m.* (non omofono). **ho|mo|log** agg. MAT. BIOL. CHIM. omologo. **ho|mo|lo|gie|ren** tr. SPORT omologare.
ho|mo|nym agg. LING. omonimo. **Ho|mo|nym** n. *(-s,-e)* LING. omonimo *m.* (omografo). **Ho|mo|ny|mie** f. *(-)* LING. omonimia *f.* **ho|mo|ny|misch** agg. LING. omonimico.
Ho|mö|o|path m. *(-en,-en)* omeopata *m.* **Ho|mö|o|pa|thie** f. *(-)* omeopatia *f.* **ho|mö|o|pa|thisch** agg. omeopatico.
ho|mo|phil agg. omofilo. **Ho|mo|phi|lie** f. *(-)* omofilia *f.*
ho|mo|phon agg. omofono. **Ho|mo|phon** n. *(-s,-e)* omofono *m.* **Ho|mo|pho|nie** f. *(-)* omofonia *f.*
Ho|mo|se|xu|a|li|tät f. *(-)* omosessualità *f.* **ho|mo|se|xu|ell** agg. omosessuale. **Ho|mo|sphä|re** f. *(-)* omosfera *f.* **ho|mo|zent|risch** agg. omocentrico. **ho|mo|zy|got** agg. omozigote. **Ho|mo|zy|go|tie** f. *(-)* omozigosi *f.*
Ho|mun|ku|lus m. *(-,-se* e *Homunkuli)* homunculus *m.*, omuncolo *m.*
Hon|du|ra|ner m. *(-s,-)* (h)onduregno *m.* **hon|du|ra|nisch** agg. (h)onduregno. **Hon|du|ras** n.pr.n. Honduras *m.*
ho|nen tr. TECN. levigare.
ho|nett agg. onesto; *(anständig)* perbene, rispettabile.
Ho|nig m. *(-s,-e)* miele *m.*: ***wilder, naturreiner ~*** miele selvatico, puro ◆ ***jdm ~ um den Bart, ums Maul, um den Mund schmieren, streichen*** lisciare (*o* insaponare) qcn.; ***süß wie ~ reden*** dire parole dolci; ***türkischer ~*** torrone. **Ho|nig|bie|ne** f. *(-,-n)* ape *f.* mellifera. **Ho|nig|brot** n. *(-[e]s,-e)* pane *m.* e miele. **Ho|nig|drü|se** f. *(-,-n)* BOT. nettario *m.* **ho|nig|far|ben** agg. color miele. **ho|nig|gelb** agg. giallo miele. **Ho|nig|glas** n. *(-es,-gläser)* barattolo *m.* di miele. **Ho|nig|klee** m. *(-s)* BOT. meliloto *m.* **Ho|nig|ku|chen** m. *(-s,-)* panpepato *m.* **Ho|nig|ku|chen|pferd,** ***wie ein ~ lachen, grinsen*** ridere, sghignazzare come uno stupido; ***wie ein ~ strahlen*** essere raggiante di gioia. **Ho|nig|le|cken** COLLOQ. ***kein ~ sein*** non essere uno scherzo, una passeggiata. **Ho|nig|me|lo|ne** f. *(-,-n)* melone *m.* **Ho|nig|mond** m. *(-[e]s,-e)* luna *f.* di miele. **Ho|nig|schleu|der** f. *(-,-n)* smielatore *m.* **Ho|nig|seim** m. *(-[e]s,-e)* ANT. miele *m.* vergine. **Ho|nig|stein** m. *(-[e]s)* mellite *f.* **ho|nig|süß** agg. dolce come il miele. **Ho|nig|tau** m. *(-[e]s)* melata *f.* **Ho|nig|wa|be** f. *(-,-n)* favo *m.* **Ho|nig|wein** m. *(-[e]s)* idromele *m.*
Hon|neur [(h)ɔ'nø:ɐ] m. *(-s,-s)* **1** ANT. onori *m.pl.*: ***jdm die -s erweisen*** tributare onori, omaggi a qcn. **2** pl. *(beim Kartenspiel)* onori *m.pl.* ◆ ***die -s machen*** fare gli onori di casa. **ho|no|ra|bel** agg. ANT. onorevole, rispettabile: ***eine honorable Person*** una persona rispettabile. **Ho|no|rant** m. *(-en,-en)* BANC. accettante *m.* per onore, interveniente *m.*
Ho|no|rar n. *(-s,-e)* onorario *m.*: ***ein ~ vereinbaren, festsetzen, fordern, auszahlen*** pattuire, fissare, esigere, corrispondere un onorario. **Ho|no|rar|for|de|rung** f. *(-,-en)* parcella *f.* **Ho|no|rar|pro|fes|sor** m. *(-s,-en)* professore *m.* onorario.
Ho|no|ra|ti|o|ren pl. notabili *m.pl.* **ho|no|rie|ren** tr. **1a** pagare, retribuire: ***jdn ~*** corrispondere l'onorario a qcn.; ***jdn (für eine Arbeitsleistung) ~*** pagare qcn. per una prestazione d'opera **b** COMM. onorare, pagare: ***eine Zahlung, einen Wechsel ~*** onorare un pagamento, una cambiale **2a** *(würdigen)* onorare: ***jds Bemühungen ~*** onorare l'impegno di qcn. **b** *(belohnen)* ricompensare. **Ho|no|rie|rung** f. *(-,-en)* **1** *(Zahlung)* pagamento *m.* **2** l'onorare. **ho|no|rig** agg. ANT. IRON. **1** onorevole, rispettabile **2** *(großzügig)* munifico, generoso: ***eine -e Spende*** un'offerta munifica.
Hoo|li|gan ['hu:lɪgn] m. *(-s,-s)* hooligan *m.*, uligano *m.*; *(Halbstarker)* teppista *m.*
hop|fen tr. TECN. ***das Bier ~*** aggiungere luppolo alla birra. **Hop|fen** m. *(-s,-)* luppolo *m.* ◆ ***an ihm ist ~ und Malz verloren*** con lui si spreca tempo e fatica. **Hop|fen|an|bau** m. *(-[e]s)* coltivazione *f.* di luppolo. **Hop|fen|dar|re** f. *(-,-n)* essiccatoio *m.* per il luppolo. **Hop|fen|stan|ge** f. *(-,-n)* **1** pertica *f.* (*o* tutore *m.*) per il luppolo **2** FAM. spilungone *m.*
Hop|lit m. *(-en,-en)* oplita *m.*
hopp inter. hop, oplà; *(schnell)* forza, via: ***los, ~! nun ein bisschen ~!*** su, sbrigati! ◆ ***etw. muss ~ gehen*** qcs. deve essere fatto a spron battuto (*o* a tambur battente). **hop|peln** intr. (aus. *sein*) **1** saltellare **2** FIG. *(vom Auto)* procedere sobbalzando, a scossoni.
Hop|pel|pop|pel n. *(-s,-)* INTRAD. (bevanda calda simile allo zabaione).
Hop|per m. *(-s,-)* = chi fa (lo) zapping.
hopp|hopp inter. hop, oplà. **hopp|la** inter. oplà. **hopp‿neh|men** tr. *(nimmt, nahm, genommen)* COLLOQ. arrestare: ***einen Dieb ~*** arrestare un ladro.
hops inter. hop, oplà ◆ COLLOQ. ***~ sein*** *(verlorengegangen sein)* essersi perso, non trovarsi più; *(entzweigegangen sein)* essersi rotto, scassato; *(umgekommen sein)* essere andato all'altro mondo. **Hops** m. *(-es,-e)* salto *m.* **hop|sa, hop|sa|la, hop|sa|sa** inter. oplà, oppelà.
hop|sen intr. (aus. *sein*) saltare, saltellare: ***vor Freude ~*** saltare di gioia ◆ COLLOQ. ***das ist gehopst wie gesprungen*** se non è zuppa è pan bagnato. **Hop|ser** m. *(-s,-)* **1** saltello *m.* **2** COLLOQ. (*Tanz*) salterello *m.* **Hop|se|rei** f. *(-,-en)* il continuo saltellare.
hops‿ge|hen intr. *(ging, gegangen;* aus. *sein)* COLLOQ. **1** *(verlorengehen)* andare perso **2** *(entzweigehen)* rompersi, scassarsi **3** *(umkommen)* andare all'altro mondo **4** *(ertappt werden)* essere beccato sul fatto. **hops‿neh|men** → **hoppnehmen.**
Hör|ap|pa|rat m. *(-[e]s,-e)* → **Hörgerät.**
Ho|ra|ti|us, Ho|raz n.pr.m. Orazio *m.* **ho|ra|zisch** agg. oraziano.
hör|bar I agg. udibile, percettibile: ***sich ~ machen*** farsi sentire **II** avv. rumorosamente: ***sich ~ schnauzen*** soffiarsi il naso rumorosamente. **Hör|bar|keit** f. *(-)* udibilità *f.*, percettibilità *f.* **hör|be|hin|dert** agg. audioleso. **Hör|be|hin|der|te** m. *(-n,-n)* audioleso *m.* **Hör|be|reich** m. *(-[e]s,-e)* campo *m.* di udibilità. **Hör|bril|le** f. *(-,-n)* occhiali *m.pl.* acustici.
hor|chen intr. (aus. *haben*) **1** *(belauschen)* stare in ascolto, stare a sentire; *(heimlich)* ***an der Tür ~*** origliare alla porta **2** *(folgen)* dare ascolto: ***auf jds Worte ~*** ascoltare le parole di qcn. **Hor|cher** m. *(-s,-)* chi origlia, chi sta ad ascoltare ◆ PROV. ***der ~ an der Wand hört seine eigne Schand*** = chi origlia sente cose che non vorrebbe ascoltare. **Horch|ge|rät** n. *(-[e]s,-e)* TECN. aerofono *m.*; *(in U-Booten)* idrofono *m.* **Horch|pos|ten** m. *(-s,-)* **1** MIL. sentinel-

la *f.* 2 SCHERZ. posto *m.* d'intercettazione.
1.Hor|de f. *(-,-n)* graticciato *m.* di legno.
2.Hor|de f. *(-,-n)* orda *f.* (anche ETNOL.): : ***eine wilde ~*** un'orda selvaggia. **hor|den|wei|se** avv. a orde, a torme.
Ho|ren pl. MITOL. Ore *f.pl.*
hö|ren (p.pass. *gehört;* ma: *hat jdn singen hören*) **I** tr. **1** sentire, udire: ***jdn um Hilfe rufen ~*** sentire qcn. gridare (*o* invocare) aiuto; ***ich höre es donnern*** sento tuonare; ***jdn von weitem ~*** udire qcn. da lontano **2** ascoltare, sentire: ***Radio, Musik, ein Konzert, die Messe ~*** ascoltare la radio, musica, un concerto, la messa; ***hör mal!*** senti! senti un po'! ***beide Parteien ~*** ascoltare entrambe le parti **3** *(erfahren)* sentire: ***etw. von jdm ~*** sentire qcs. da qcn.; *(wahrnehmen)* ***das höre ich an, aus deiner Stimme*** lo sento dalla tua voce **II** intr. (aus. *haben*) **1a** ***auf etw. (A) ~*** udire, sentire qcs. **b** sentirci: ***gut ~*** sentire (*o* sentirci) bene; ***schwer ~*** sentirci poco, essere duro d'orecchi; ***nur auf einem Ohr ~*** essere sordo da un orecchio; FIG. sentirci solo da un orecchio **2a** dare ascolto, dar retta: ***auf jdn, auf jds Rat ~*** dar retta a qcn., ai consigli di qcn. **b** COLLOQ. *(gehorchen)* ubbidire **3** sentire parlare: ***von etw. ~*** sentir parlare di qcs.; ***ich habe davon schon gehört*** ne ho già sentito parlare ◆ ***der Hund hört auf den Namen Rex*** il cane risponde al nome Rex; ***er hört bei Prof. Schmidt*** frequenta le lezioni del prof. Schmidt; ***die Beichte ~*** raccogliere la confessione; ***hört, hört!*** senti, senti! ***der kriegt was von mir, zu ~*** gliene dirò quattro; ***nichts von sich ~ lassen*** non dare notizie di sé; ***lassen Sie bald etw. von sich ~*** si faccia vivo, si faccia sentire); ***lass mal ~!*** avanti, sentiamo! ***das lässt sich ~*** su questo si può discutere; COLLOQ. ***na hör mal!*** ma che ti salta in mente! ***er wollte davon nichts mehr ~*** non voleva più saperne nulla (*o* sentirne parlare); ***sich gern reden ~*** parlarsi addosso; ***sagen ~*** sentir dire; ***soviel man hört,...*** a quanto si sente dire...; ***hör und staune!*** senti questa! ***Sie werden noch von mir ~!*** avrete ancora mie notizie! ***eine Vorlesung ~*** assistere ad una lezione; ***wie ich hörte,...*** da quanto ho sentito...; ***sein eigenes Wort nicht ~*** non riuscire a sentire nulla; ***das höre ich zum ersten Mal!*** questa mi è nuova! PROV. ***wer nicht ~ will, muss fühlen*** chi non ascolta consigli dovrà imparare a sue spese. **Hö|ren** n. *(-s)* ascolto *m.*, l'ascoltare: ***beim ~ des Vortrages*** ascoltando la relazione; ***es tut so weh, dass einem ~ und Sehen vergeht*** fa male da impazzire ◆ ***jdn vom ~ kennen*** conoscere qcn. per sentito dire. **Hö|ren|sa|gen,** ***vom ~*** per sentito dire. **hö|rens|wert** agg. degno d'ascolto.
Hö|rer m. *(-s,-)* **1a** ascoltatore *m.*, uditore *m.* **b** *(von Rundfunksendungen)* ascoltatore *m.* **2** *(an der Universität)* chi segue le lezioni **3** ricevitore *m.* (del telefono): ***den ~ abhängen (abnehmen), anhängen (auflegen)*** sollevare, abbassare il ricevitore. **Hö|rer|brief** m. *(-[e]s,-e)* lettera *f.* di un (radio)ascoltatore. **Hö|re|rin** f. *(-,-nen)* ascoltatrice *f.* **Hö|rer|kreis** m. *(-es,-e)* ascoltatori *m.pl.* **Hö|rer|schaft** f. *(-,-en)* uditorio *m.* **Hö|rer|wunsch** m. *(-[e]s, -wünsche)* desiderio *m.* di un ascoltatore.
Hör|fä|hig|keit f. *(-)* facoltà *f.* uditiva. **Hör|feh|ler** m. *(-s,-)* difetto *m.* uditivo. **Hör|fol|ge** f. *(-,-n)* **1** serie *f.* radiofonica **2** *(einzelne Folge)* puntata *f.* (di un programma radiofonico). **Hör|funk** m. *(-s)* radio *m.* **Hör|ge|rät** n. *(-[e]s,-e)* apparecchio *m.* acustico. **Hör|ge|rä|te|akus|ti|ker** m. *(-s,-)* tecnico *m.* che costruisce e ripara apparecchi acustici. **hör|ge|schä|digt** agg. audioleso.
hö|rig agg. **1** *(stark gebunden)* succube, schiavo: ***jdm, etw. ~ sein*** essere succube di qcn., qcs. **2** STOR. asservito, soggetto a servitù. **Hö|ri|ge** m. *(-n,-n)* STOR. servo *m.* della gleba. **Hö|rig|keit** f. *(-,-en)* **1** *(starke Bindung)* soggezione *f.*, subalternità *f.* **2** STOR. servitù *f.*
Ho|ri|zont m. *(-[e]s,-e)* orizzonte *m.* (anche FIG.): ***am, hinter dem ~*** all'orizzonte, dietro l'orizzonte; ***der literarische, politische ~*** l'orizzonte letterario, politico; ***einen beschränkten, engen ~ haben*** avere un orizzonte limitato, ristretto; ***seinen ~ erweitern*** ampliare i propri orizzonti; ***neue -e tun sich jdm auf*** a, per qcn. si aprono nuovi orizzonti ◆ ***das geht über seinen ~*** questo supera le sue capacità.
ho|ri|zon|tal agg. orizzontale. **Ho|ri|zon|ta|le** f. *(-,-n)* orizzontale *f.* ◆ SCHERZ. ***sich in die ~ begeben*** sdraiarsi. **Ho|ri|zon|tal|pen|del** n. *(-s,-)* pendolo *m.* orizzontale. **Ho|ri|zon|tal|ver|schie|bung** f. *(-,-en)* GEOL. spostamento *m.* orizzontale.
Hör|mess|ge|rät n. *(-[e]s,-e)* audiometro *m.*
Hor|mon n. *(-s,-e)* ormone *m.* **hor|mo|nal** agg. ormonale, ormonico: ***-es Gleichgewicht*** equilibrio ormonico; ***-e Dosierung*** dosaggio ormonale. **Hor|mon|be|hand|lung** f. *(-,-en)* trattamento *m.* a base di ormoni. **hor|mo|nell** → **hormonal. Hor|mon|haus|halt** m. *(-[e]s)* interazione *f.* degli ormoni (nell'organismo). **Hor|mon|prä|pa|rat** n. *(-[e]s,-e)* preparato *m.* a base di ormoni (*o* ormonico). **Hor|mon|spie|gel** m. *(-s)* quadro *m.* ormonale.
Hor|mon|sprit|ze f. *(-,-n)* iniezione *f.* di ormoni.
Hör|mu|schel f. *(-,-n)* ricevitore *m.*
Horn n. *(-[e]s, Hörner* e *-e)* **1** (*von Tieren*; pl. *Hörner*) corno *m.*: ***der Stier verletzte ihn mit den Hörnern*** il toro lo ferì con le corna **2** COLLOQ. *(Beule*; pl. *Hörner)* bernoccolo *m.*, corno *m.*: ***ein ~ an der Stirn*** un bernoccolo sulla fronte **3** MUS. (pl. *Hörner*) corno *m.*: ***das ~ blasen, ins ~ stoßen*** suonare il corno **4** *(Substanz an Hörnern und Hufen*; pl. *-e)* corno *m.*: ***Knöpfe aus ~*** bottoni di corno **5** AUT. *(akustisches Signalgerät*; pl. *Hörner)* clacson *m.*: ***das ~ ertönen lassen*** suonare il clacson ◆ FIG. ***sich (D) die Hörner ablaufen, abstoßen*** rompersi le corna; ***sich (D) die Hörner noch nicht abgelaufen, abgestoßen haben*** non avere ancora esperienza; FIG. ***jdm Hörner aufsetzen*** mettere le corna a qcn.; ***die Hörner einziehen*** ammansirsi; FIG. ***den Stier bei den Hörnern fassen*** afferrare, prendere il toro per le corna; ***(mit jdm) ins gleiche ~ blasen (*o* stoßen, tuten)*** essere pienamente d'accordo (con qcn.); COLLOQ. ***jdn auf die Hörner nehmen*** attaccare violentemente qcn.; ***jdm ein paar an, zwischen die Hörner geben*** prendere a ceffoni qcn.; FIG. ***den Stier bei den Hörnern packen*** → ***den Stier bei den Hörnern fassen;*** FIG. ***ins ~ stoßen*** vantarsi; ***ins eigene ~ stoßen*** parlare pro domo; FIG. ***jdm die Hörner zeigen*** mostrare i denti a qcn.; **Horn|ber|ger,** ***wie das ~ Schießen ausgehen*** finire (o terminare) senza esito. **Horn|blatt** n. *(-[e]s,-blätter)* ceratofillo *m.* **Horn|blen|de** f. *(-,-n)* orneblenda *f.* **Horn|bril|le** f. *(-,-n)* occhiali *m.pl.* di corno (*o* con montatura di corno).
Hörn|chen n. *(-s,-)* **1** cornetto *m.* (anche GASTR.) **2** *(Art von Nagetier)* sciuride *m.*
Hörndl|bau|er m. *(-s,-)* AUSTR. allevatore *m.* di bovini.
Horn|drechs|ler m. *(-s,-)* tornitore *m.* di corno.
hor|nen agg. ANT. → **hörnern.**
hör|nen tr. SCHERZ. cornificare. **hör|nern** agg. di corno, corneo. **Hör|ner|schall** m. *(-[e]s)* **1** MUS. suono *m.* di corni **2** AUT. *(Signalklang)* suono *m.* di clacson. **Hör|ner|schlit|ten** m. *(-s,-)* INTRAD. (slitta con i pattini incurvati verso l'alto).
Hör|nerv m. *(-s,-en)* nervo *m.* acustico.
Horn|haut f. *(-,-häute)* **1** *(Schwiele)* callo *m.*, durone *m.* **2** ANAT. *(im Auge)* cornea *f.* **Horn|haut|ent|zün|dung** f. *(-,-en)* cheratite *f.* **Horn|hecht** m. *(-[e]s,-e)* aguglia *f.*
hor|nig agg. **1** corneo: ***-es Gewebe*** tessuto corneo **2** *(mit Hornhaut überzogen)* calloso.
Hor|nis|se f. *(-,-n)* calabrone *m.* **Hor|nis|sen|nest** n. *(-[e]s,-er)* nido *m.* di calabroni.
Hor|nist m. *(-en,-en)* suonatore *m.* di corno, cornista *m.*
Horn|klee m. *(-s)* trifoglina *f.* **Horn|ochs** m. *(-en,-en)*, **Horn|och|se** m. *(-n,-n)* COLLOQ. SPREG. imbecille *m.*, cretino *m.* **Horn|sig|nal** n. *(-s,-e)* **1** segnale *m.* di corno **2** AUT. segnale *m.* con il clacson. **Horn|stoff** m. *(-[e]s)* cheratina *f.* **Horn|tier** n. *(-[e]s,-e)* animale *m.* cornuto.
Hor|nung m. *(-s,-e)* ANT. febbraio *m.*
Hor|nuß SVIZZ., ***den ~ (sicher) treffen*** fare centro.
Horn|vieh n. *(-[e]s)* **1** bestiame *m.* cornuto **2** COLLOQ. SPREG. → **Hornochs. Horn|vi|per** f. *(-,-n)* vipera *f.* cornuta (*o* della sabbia), ceraste *m.*
Hör|or|gan n. *(-s,-e)* organo *m.* dell'udito.
Ho|ro|skop n. *(-s,-e)* oroscopo *m.*: ***jdm das ~ stellen*** fare l'oroscopo a qcn.
hor|rend agg. **1a** esagerato, esorbitante: ***-e Mieten*** affitti esorbitanti **b** enorme, colossale: ***ein -es Versehen*** un errore colossale **2** ANT. *(entsetzlich)* mostruoso, raccapricciante.
hor|ri|bel agg. **1** orribile, tremendo: ***ein horribles Erlebnis*** un'esperienza orribile **2a** *(horrend)* esagerato, esorbitante **b** colossale, enorme.
Hör|rohr n. *(-[e]s,-e)* **1** MED. stetoscopio *m.* **2** ANT. *(Hörgerät für Schwerhörige)* cornetto *m.* acustico.
Hor|ror m. *(-s)* **1** *(Schrecken)* orrore *m.* **2** avversione *f.*, ripugnanza *f.*: ***~ vor etw. haben*** provare avversione per qcs. **Hor|ror|film** m. *(-[e]s,-e)* film *m.* dell'orrore, horror *m.* **Hor|ror|ge|schich|te** f. *(-,-n)* storia *f.* dell'orrore. **Hor|ror|li|te|ra|tur** f. *(-)* letteratura *f.* dell'orrore.
Hör|saal m. *(-[e]s,-säle)* UNIV. **1** aula *f.* (universitaria) **2** *(Zuhörerschaft)* uditorio *m.* **Hör|schwel|le** f. *(-)* soglia *f.* di udibilità.
Hors|d'œuv|re [ɔr'dœːvr] n. *(-s,-s)* antipasto *m.*
Hör|spiel n. *(-[e]s,-e)* dramma *m.* radiofonico, radiodramma *m.*
Horst m. *(-[e]s,-e)* **1** *(Raubvogelnest)* nido *m.* (di rapaci) **2a** *(Gehölz)* boschetto *m.*, macchia *f.* **b** *(Gesträuch)* (gruppo *m.* di) cespugli *m.pl.* **3** *(Fliegerhorst)* campo *m.* d'aviazione militare **4** GEOL. massiccio *m.* antico, pilastro *m.* di resistenza. **hors|ten** intr. (aus. *haben*) nidificare.

Hör|sturz m. *(-es,-stürze)* (improvvisa) perdita *f.* dell'udito.
Hort m. *(-[e]s,-e)* **1** LETT. *(Goldschatz)* tesoro *m.* **2a** *(Zuflucht)* asilo *m.*, rifugio *m.* **b** FIG. *(Sammelpunkt)* rifugio *m.*, covo *m.*: ***ein ~ des Lasters*** un covo del vizio **3** *(Kinderhort)* asilo *m.* infantile.
hor|ten tr. **1** *(anhäufen)* accumulare, ammassare **2** *(von Geld)* tesaurizzare.
Hor|ten|sie f. *(-,-n)* ortensia *f.*
Hör|test m. *(-[e]s,-e* e *-s)* test *m.* dell'udito, uditivo.
Hort|ne|rin f. *(-,-nen)* maestra *f.* d'asilo.
Hor|tung f. *(-,-en)* **1** *(Anhäufen)* accumulo *m.*, ammassamento *m.* **2** *(von Geld)* tesaurizzazione *f.*
Hör|ver|mö|gen n. *(-s)* facoltà *f.* uditiva, udito *m.* **Hör|ver|ständ|nis** n. *(-ses,-se)* esercizio *m.* di comprensione orale. **Hör|wei|te** f. *(-)* portata *f.* di voce (*o* d'orecchio): ***in, außer ~*** a portata, fuori portata di voce.
ho|san|na → **hosianna.**
Hös|chen n. *(-s,-)* **1** pantaloncini *m.pl.*, calzoncini *m.pl.* **2** *(Slip für Damen)* mutandine *f.pl.* ◆ ***heiße ~*** shorts *m.pl.*
Ho|se f. *(-,-n)* **1** pantaloni *m.pl.*, calzoni *m.pl.*: ***lange, enge, wollene ~*** pantaloni lunghi, stretti, di lana; ***ein Paar -n*** un paio di pantaloni; ***in eine ~ schlüpfen, steigen*** infilarsi i pantaloni **2** *(Unterhose)* mutande *f.pl.* **3** *(beim Pferd)* stinchi *m.pl.* **4** *(bei Vögeln)* calzoni *m.pl.* piumati ◆ FIG. ***die gute ~ anhaben*** essere di luna buona; ***eilige ~ haben*** = avere la dissenteria; ***in die -n gehen*** andare a monte, fallire; ***die -n auf halbmast tragen*** avere i pantaloni a mezz'asta; ***ihm rutscht, fällt das Herz in die ~*** si perde d'animo, gli viene a mancare il coraggio; ***das ist (mir) Jacke wie ~*** (mi) è indifferente, (per me) è lo stesso; ***die -n voll kriegen*** prendersi delle sculacciate; ***sich (vor Angst) in die -n machen*** farsela sotto (dalla paura); *(von Kindern)* ***in die -n machen*** farsela addosso; FIG. ***die -n runterlassen*** scoprire le carte; ***sich auf die -n setzen*** mettersi sotto (a studiare); ***jdm die -n spannen, strammziehen*** sculacciare qcn.; SCHERZ. ***die -n über der Tonne gebügelt, getrocknet haben*** avere le gambe storte; COLLOQ. ***es ist tote ~*** c'è in giro un mortorio, è una paranoia totale; ***er hat die -n (gestrichen) voll*** s'è l'è fatta sotto. **Ho|sen|an|zug** m. *(-[e]s,-anzüge)* tailleur *m.* pantalone. **Ho|sen|band|or|den** m. *(-s)* ordine *m.* della giarrettiera. **Ho|sen|bein** n. *(-[e]s,-e)* gamba *f.* dei pantaloni. **Ho|sen|bo|den** m. *(-s,-böden)* fondo *m.* dei pantaloni ◆ ***den ~ voll kriegen*** prendersi delle sculacciate; ***sich auf den ~ setzen*** mettersi a studiare con impegno; ***jdm den ~ stramm ziehen, versohlen*** sculacciare qcn. **Ho|sen|bü|gel** m. *(-s,-)* gruccia *f.* per pantaloni. **Ho|sen|klam|mer** f. *(-,-n)* molletta *f.* (per fermare i pantaloni). **Ho|sen|klap|pe** f. *(-,-n)* brachetta *f.* (posteriore). **Ho|sen|knopf** m. *(-[e]s,-knöpfe)* bottone *m.* dei (*o* per) pantaloni ◆ ***du kriegst dafür keinen ~ mehr*** non ne ricavi un centesimo di più. **Ho|sen|la|den** m. *(-s,-läden e* RAR. *-)* **1** negozio *m.* di pantaloni **2** SCHERZ. *(Hosenschlitz)* bottega *f.* **Ho|sen|latz** m. *(-es,-lätze)* **1** brachetta *f.* **2** REGION. SCHERZ. *(Hosenschlitz)* bottega *f.* **Ho|sen|matz** m. *(-es,-e* e *-mätze)* SCHERZ. bambino *m.* (con pantaloni). **Ho|sen|naht** f. *(-,-nähte)* cucitura *f.* (laterale) dei pantaloni. **Ho|sen|rock** m. *(-[e],-röcke)* gonna *f.* pantalone, pantagonna *f.* **Ho|sen|rol|le** f. *(-,-n)* TEATR. parte *f.* maschile (interpretata da un'attrice). **Ho|sen|sack** m. *(-[e]s,-säcke)* REGION. tasca *f.* dei pantaloni. **Ho|sen|schei|ßer** m. *(-s,-)* VOLG. cacasotto *m.* **Ho|sen|schlitz** m. *(-es,-e)* apertura *f.* dei pantaloni. **Ho|sen|stall** m. *(-[e]s)* SCHERZ. bottega *f.* **Ho|sen|ta|sche** f. *(-,-n)* tasca *f.* dei pantaloni ◆ ***etw. wie seine ~ kennen*** conoscere qcs. come le proprie tasche; COLLOQ. ***etw. aus der linken ~ bezahlen*** pagare qcs. sull'unghia. **Ho|sen|trä|ger** m. *(-s,-)* bretelle *f.pl.*
ho|si|an|na inter. osanna.
Hös|lein n. *(-s,-)* → **Höschen.**
Hos|pi|tal n. *(-s,-e* e *Hospitäler)* **1** *(Krankenhaus)* ospedale *m.* **2** ANT. *(Altersheim)* ospizio *m.* **hos|pi|ta|li|sie|ren** tr. ospedalizzare. **Hos|pi|ta|lis|mus** m. *(-)* ospedalismo *m.*
Hos|pi|tant m. *(-en,-en)* **1** *(an der Universität)* uditore *m.* **2** POL. indipendente *m.* **hos|pi|tie|ren** intr. (aus. *haben*) assistere come uditore.
Hos|piz n. *(-es,-e)* ospizio *m.*
Hos|tess f. *(-,-en)* hostess *f.*
Hos|tie f. *(-,-n)* ostia *f.* **Hos|ti|en|schrein** m. *(-[e]s,-e)* tabernacolo *m.*
Hot Dog n. e m. *(-s,-s)* hot dog *m.*
Ho|tel n. *(-s,-s)* hotel *m.*, albergo *m.*: ***ein preiswertes, erstklassiges ~*** un hotel economico, di prima categoria. **Ho|tel|an|ge|stell|te** m. e f. *(-n,-n)* impiegato *m.* (-a *f.*) d'albergo. **Ho|tel|be|sit|zer** m. *(-s,-)* proprietario *m.* d'albergo, dell'albergo, albergatore *m.* **Ho|tel|be|trieb** m. *(-[e]s,-e)* **1** albergo *m.*, azienda *f.* alberghiera **2** *(In-Betrieb-Sein eines Hotels)* ***Weihnachten ist kein ~*** a Natale l'albergo è chiuso. **Ho|tel|dieb** m. *(-[e]s,-e)* topo *m.* d'albergo. **Ho|tel|fach** n. *(-[e]s)* **1** settore *m.* alberghiero **2** → **Hotelgewerbe. Ho|tel|fach|schu|le** f. *(-,-n)* scuola *f.* alberghiera. **Ho|tel|füh|rer** m. *(-s,-)* → **Hotelverzeichnis. Ho|tel|ge|wer|be** n. *(-s)* industria *f.* alberghiera. **Ho|tel|hal|le** f. *(-,-n)* hall *f.*, atrio *m.* (dell'albergo). **Ho|te|li|er** [hotə'lie:] m. *(-s,-s)* albergatore *m.* **Ho|tel|kauf|mann** m. *(-[e]s,-leute)* economo *m.* d'albergo. **Ho|tel|ket|te** f. *(-,-n)* catena *f.* di alberghi. **Ho|tel|le|rie** f. *(-)* **1** *(Hotels)* alberghi *m.pl.* **2** → **Hotelgewerbe. Ho|tel|per|so|nal** n. *(-[e]s)* personale *m.* dell'albergo. **Ho|tel|rech|nung** f. *(-,-en)* conto *m.* dell'albergo. **Ho|tel|schiff** n. *(-[e]s,-e)* nave *f.* albergo. **Ho|tel|ver|zeich|nis** n. *(-ses,-se)* elenco *m.* degli alberghi.
Hot Pants [-'pɛnts] pl. hot pants *m.pl.*
hott inter. arri ◆ ***(ein)mal ~ und (ein)mal har sagen*** dire una volta bianco e una volta nero.
Hot|te f. *(-,-n)* gerla *f.*
Hot|te|gaul m. *(-[e]s,-gäule)*, **Hot|te|hü** n. *(-s,-s)* → **Hottepferdchen.**
hot|ten intr. (aus. *haben*) COLLOQ. ballare a ritmo di jazz.
Hot|ten|tot|te m. *(-n,-n)* ottentotto *m.* **hot|ten|tot|tisch** agg. ottentotto.
Hot|te|pferd|chen n. *(-s,-)* INFANT. cavallo *m.*, cavallino *m.*
Ho|ver|craft ['hɔvəkra:ft] n. *(-s,-s)* hovercraft *m.*
Hr. ⇒ *Herr* signore (Sig.).
Hrn. ⇒ *Herrn* dat. e acc. di *Herr* signore (Sig.).
hrsg. ⇒ *herausgegeben* edito. **Hrsg.** ⇒ *Herausgeber* curatore; *(Verleger)* editore (Ed.).
Hs. ⇒ *Handschrift* manoscritto. **hss.** ⇒ *Handschriften* manoscritti.
hu inter. **1** uh: ***~, wie kalt!*** uh, che freddo! **2** *(Ausruf des Schreckens)* bu.
hü inter. ooh ◆ ***(ein)mal ~ und (ein)mal hott sagen*** dire una volta bianco e una volta nero.
Hub m. *(-[e]s, Hübe)* **1** sollevamento *m.* **2** MECC. corsa *f.* **Hub|brü|cke** f. *(-,-n)* ponte *m.* sollevabile.
hü|ben avv. ***~ und, wie drüben*** di qua e (*o* come) di là, da ambo le parti.
Hu|bert, Hu|ber|tus n.pr.m. Uberto *m.* **Hu|ber|tus|jagd** f. *(-,-en)* caccia *f.* del giorno di sant'Uberto (protettore dei cacciatori).
Hub|hö|he f. *(-)* altezza *f.* di sollevamento, alzata *f.* **Hub|kar|ren** m. *(-s,-)* → **Hubstapler.**
Hüb|ner REGION. → **Hüfner.**
Hub|raum m. *(-[e]s)* cilindrata *f.*
hübsch I agg. **1a** carino, grazioso: ***ein -es Kleid, Mädchen*** un abito carino, una ragazza carina; ***wie ~!*** che carino! ***sich ~ machen*** farsi bello; ***das ist nicht ~ von dir!*** non è carino da parte tua! **b** *(angenehm)* piacevole, gradevole: ***eine -e Melodie, Stimme*** una piacevole melodia, una voce gradevole **2** COLLOQ. *(ziemlich groß, lang...)* bel(lo), notevole: ***eine -e Summe, ein -es Trinkgeld*** una bella somma, mancia; ***noch ein -es Stück Weg vor sich haben*** avere ancora un bel pezzo di strada davanti a sé **II** avv. **1a** graziosamente; *(ziemlich gut)* benino; ***ganz ~ spielen*** suonare benino **2a** COLLOQ. rafforz. molto, proprio: ***es ist ganz ~ kalt*** fa proprio freddo; ***sich ganz ~ irren*** sbagliare di grosso **b** COLLOQ. *(schön)* per benino, (ben) bene: ***sie ist ganz ~ mollig*** è bella grassottella; ***ganz ~ warm hier!*** che bel calduccio qui! ◆ ***das lass ~ bleiben!*** lascia stare! ***das wird noch ~ werden!*** ne vedremo delle belle!
Hub|schrau|ber m. *(-s,-)* elicottero *m.* **Hub|schrau|ber|lan|de|platz** m. *(-es,-plätze)* eliporto *m.*, eliscalo *m.*
Hub|stap|ler m. *(-s,-)* carrello *m.* elevatore. **Hub|vo|lu|men** n. *(-s)* → **Hubraum.**
huch inter. **1** uh, oh: ***~, wie kalt!*** uh, che freddo! **2** *(Ausruf des Abscheus)* ih: ***~, eine Spinne!*** ih, un ragno!
Hu|chen m. *(-s,-)* huco *m.*, salmone *m.* del Danubio.
Hu|cke f. *(-,-n)* REGION. → **Hocke** ◆ ***jdm die ~ voll hauen*** dare un sacco di botte a qcn.; ***die ~ voll kriegen*** prendersi un sacco di botte; ***sich (D) die ~ voll lachen*** farsi un sacco di risate; ***jdm die ~ voll lügen*** raccontare un sacco di frottole (*o* dire un sacco di bugie) a qcn.; ***sich (D) die ~ voll saufen*** prendersi una sbornia. **hu|cken** tr. REGION. **1** portare sulle spalle **2** ***jdm etw. auf den Rücken ~*** caricare qcs. sulle spalle di qcn. **hu|cke|pack** avv. sulle spalle: ***jdn, etw. ~ tragen*** portare qcn. sulle spalle (*o* a cavalluccio), qcs. in spalla (*o* sulle spalle); ***jdn, etw. ~ nehmen*** prendere qcn. in spalla, caricarsi qcn. sulle spalle; ***(bei, mit jdm) ~ machen*** essere portato in spalla (da qcn.). **Hu|cke|pack|ver|kehr** m. *(-s)* = trasporto *m.* di veicoli per ferrovia.
Hu|del m. *(-,-[n])* COLLOQ. straccio *m.*, pezza *f.* **Hu|de|lei** f. *(-,-en)* REGION. lavoro *m.* fatto in fretta e male, abborracciamento *m.*

Hu|de|ler m. *(-s,-)* REGION. abborraccione *m.*, pasticcione *m.* **hu|de|lig** agg. REGION. fatto in fretta e male, abborracciato. **hu|deln** REGION. **I** tr. ***jdn ~*** riprendere continuamente qcn., stare addosso a qcn., non dar tregua a qcn. **II** intr. (aus. *haben*) fare le cose (*o* lavorare) in fretta e male ◆ ***nur nicht ~!*** con calma, senza fretta!

hu|dern tr. REGION. **I** tr. *(von der Glucke)* prendere sotto l'ala **II** intr. (aus. *haben*) e rifl. **sich ~** strofinarsi nella sabbia.

Hud|ler → **Hudeler. hud|lig** → **hudelig.**

Huf m. *(-[e]s,-e)* zoccolo *m.*, ZOOL. ungola *f.*: ***dem Pferd die -e beschlagen*** ferrare un cavallo. **Huf|be|schlag** m. *(-[e]s,-beschläge)* **1** ferratura *f.* **2** *(Hufeisen)* ferri *m.pl.*

Hu|fe f. *(-,-n)* STOR. manso *m.*

Huf|ei|sen n. *(-s,-)* ferro *m.* di cavallo. **huf|ei|sen|för|mig** agg. a ferro di cavallo. **Huf|ei|sen|mag|net** m. *(-en,-[e]s* e *-e)* calamita *f.* a ferro di cavallo.

Hu|fen|dorf n. *(-[e]s,-dörfer)* GEOGR. villaggio *m.* costruito lungo la strada.

Huf|lat|tich m. *(-[e]s,-e)* farfaro *m.* **Huf|na|gel** m. *(-s,-nägel)* chiodo *m.* da maniscalco.

Huf|ner, Hüf|ner m. *(-s,-)* STOR. massaro (*o* massaio) *m.*, manente *m.*

Huf|schlag m. *(-[e]s,-schläge)* **1** rumore *m.* degli zoccoli **2** *(Schlag mit dem Huf)* colpo *m.* di zoccolo, zoccolata *f.*, calcio *m.* (di cavallo). **Huf|schmied** m. *(-[e]s,-e)* maniscalco *m.* **Huf|schmie|de** f. *(-,-n)* fucina *f.* di maniscalco.

Hüft|bein n. *(-[e]s,-e)* osso *m.* iliaco, ileo *m.* **Hüf|te** f. *(-,-n)* anca *f.*, fianco *m.* ◆ ***aus der ~ schießen*** = sparare dall'altezza dei fianchi. **Hüf|ten|hal|ter** → **Hüfthalter.**

Hüft|ge|lenk n. *(-[e]s,-e)* articolazione *f.* dell'anca. **Hüft|ge|lenk|ent|zün|dung** f. *(-)* coxite *f.* **Hüft|ge|lenk|lu|xa|ti|on** f. *(-,-en)* → **Hüftluxation. Hüft|ge|lenk|pfan|ne** → **Hüftpfanne.**

Hüft|gür|tel m. *(-s,-)* reggicalze *m.* **Hüft|hal|ter** m. *(-s,-)* guaina *f.* (con giarrettiere). **hüft|hoch** agg. alto fino ai fianchi. **Hüft|horn** → **Hifthorn.**

Huf|tier n. *(-[e]s,-e)* ungulato *m.*

Hüft|kno|chen m. *(-s,-)* → **Hüftbein. Hüft|lei|den** n. *(-s,-)*, **Hüft|schmerz** m. *(-es,-en)* coxalgia *f.* **Hüft|lu|xa|ti|on** f. *(-,-en)* lussazione *f.* dell'anca. **Hüft|pfan|ne** f. *(-,-n)* acetabolo *m.* **Hüft|um|fang** m. *(-[e]s)* → **Hüftweite. Hüft|ver|ren|kung** f. *(-,-en)* → **Hüftluxation. Hüft|wei|te** f. *(-,-n)* misura *f.* (*o* larghezza *f.*) dei fianchi.

Hü|gel m. *(-s,-)* **1** collina *f.*, colle *m.* **2** *(Haufen)* mucchio *m.* **3** LETT. *(Grabhügel)* tumulo *m.* **hü|gel|ab** avv. giù per la collina. **hü|gel|an, hü|gel|auf** avv. su per la collina. **Hü|gel|ge|län|de** n. *(-s)* terreno *m.* collinoso. **Hü|gel|grab** n. *(-[e]s,-gräber)* ARCHEOL. tumulo *m.* **Hü|gel|grä|ber|kul|tur** f. *(-,-en)* ARCHEOL. civiltà *f.* dei tumuli. **hü|ge|lig** agg. collinoso, collinare. **Hü|gel|ket|te** f. *(-,-n)* catena *f.* di colline. **Hü|gel|land** n. *(-[e]s)* regione *f.* collinosa, zona *f.* collinare. **hü|gel|reich** agg. ricco di colline, molto collinoso.

Hu|ge|not|te m. *(-n,-n)* ugonotto *m.* **Hu|ge|not|tin** f. *(-,-nen)* ugonotta *f.* **hu|ge|not|tisch** agg. ugonotto.

Hu|go n.pr.m. Ugo *m.*

Huhn n. *(-[e]s, Hühner)* **1a** pollo *m.*: ***ein ~ rupfen*** spennare un pollo; GASTR. ***gebratenes, gefülltes ~*** pollo arrosto, ripieno **b** *(Henne)* gallina *f.*: ***das ~ brütet, gackert*** la gallina cova (le uova), fa coccodè **2** VENAT. *(Rebhuhn)* starna *f.* **3** COLLOQ. tipo *m.* (-a *f.*): ***ein lustiges, fideles, verrücktes ~*** un tipo divertente, un allegrone, una testa matta ◆ ***mit den Hühnern aufstehen*** alzarsi col gallo; ***ein blindes ~ findet auch mal ein Korn!*** anche uno stupido ogni tanto ce la fa; ***ein dummes ~*** un'oca; ***mit den Hühnern zu Bett, schlafen gehen*** andare a letto, andare a dormire con le galline; ***da lachen (ja) die Hühner!*** roba da far ridere i polli!

Hühn|chen n. *(-s,-)* pollastro *m.*, pollastrello *m.* ◆ ***mit jdm ein ~ zu rupfen haben*** avere una faccenda da sistemare (o dei conti da regolare) con qcn.

Hüh|ner|au|ge n. *(-s,-n)* occhio *m.* di pernice (*o* pollino), callo *m.* (dei piedi) ◆ ***jdm auf die -n treten*** pungere qcn. sul vivo, offendere (*o* ferire) qcn. **Hüh|ner|bein** n. *(-[e]s,-e)* **1** zampa *f.* di pollo **2** → **Hühnerschlegel. Hüh|ner|brü|he** f. *(-)* brodo *m.* di pollo. **Hüh|ner|brust** f. *(-)* **1** petto *m.* di pollo **2** MED. petto *m.* carenato. **Hüh|ner|ei** n. *(-s,-er)* uovo *m.* di pollo (o di gallina). **Hüh|ner|farm** f. *(-,-en)* allevamento *m.* di polli, azienda *f.* avicola. **Hüh|ner|fleisch** n. *(-[e]s)* (carne *f.* di) pollo *m.* **Hüh|ner|fut|ter** n. *(-s)* mangime *m.* per polli, becchime *m.* **Hüh|ner|ha|bicht** m. *(-[e]s,-e)* astore *m.* **Hüh|ner|hal|tung** f. *(-)* allevamento *m.* di polli. **Hüh|ner|haut** f. *(-)* AUSTR. pelle *f.* d'oca. **Hüh|ner|hof** m. *(-[e]s,-höfe)* **1** cortile *m.* dove razzolano i polli **2** → **Hühnerfarm. Hüh|ner|hund** m. *(-[e]s,-e)* cane *m.* da penna. **Hüh|ner|kä|fig** m. *(-s,-e)* stia *f.* **Hüh|ner|lei|ter** f. *(-,-n)* scaletta *f.* del, da pollaio. **Hüh|ner|pest** f. *(-)* peste *f.* aviaria. **Hüh|ner|schlegel** m. *(-s,-)* coscia *f.* di pollo. **Hüh|ner|stall** m. *(-[e]s,-ställe)* pollaio *m.* **Hüh|ner|stan|ge** f. *(-,-n)* posatoio *m.* **Hüh|ner|sup|pe** f. *(-)* → **Hühnerbrühe. Hüh|ner|vö|gel** pl. gallinacei *m.pl.*, galliformi *m.pl.* **Hüh|ner|volk** n. *(-[e]s,-völker)* (branco *m.* di) polli *m.pl.* **Hüh|ner|zucht** f. *(-)* allevamento *m.* di polli, pollicoltura *f.* **Hüh|ner|züch|ter** m. *(-s,-)* allevatore *m.* di polli, pollicoltore *m.*

hu|hu inter. COLLOQ. **1** ehi, ohé **2** *(Ausruf des Erschreckens)* brr(r): ***~, hier spukt's!*** brrr, ci sono i fantasmi qui!

hui inter. **1** *(Geräusch des Windes)* uuuh **2** *(Ausruf des Staunens, der Überraschung)* uuh, ooh ◆ ***außen ~ und innen pfui*** bello fuori, ma con un pessimo carattere; ***oben ~ und unten pfui*** pulito, curato solo in apparenza; ***im (o in einem) Hui*** in un baleno, in men che non si dica.

Hu|la-Hoop [-hup] m. e n. *(-s,-s)* hula-hoop *m.* **Hu|la-Hoop-Rei|fen** m. *(-s,-)* hula-hoop *m.* **Hu|la-Hopp** COLLOQ. → **Hula-Hoop.**

Huld f. *(-)* grazia *f.*, benevolenza *f.*: ***in jds ~ stehen*** essere nelle grazie di qcn.; *(Gunst)* favore *m.* ◆ LETT. ***jdm eine ~ erweisen*** mostrare la propria benevolenza nei confronti di qcn. **hul|di|gen** intr. (aus. *haben*) **1** STOR. rendere omaggio: ***dem König ~*** rendere omaggio al re **2** FIG. *(jdm seine Verehrung ausdrücken)* rendere omaggio (*o* onore) **3a** *(anhängen)* ***etw. (D) ~*** farsi prendere da qcs., seguire qcs.; *(etw. vertreten)* sostenere qcs.; ***einer Ansicht, Mode, These ~*** condividere un'idea, seguire una moda, sostenere una tesi **b** *(einem Laster)* indulgere: ***dem Alkohol ~*** indulgere al vizio dell'alcol, all'alcol. **Hul|di|gung** f. *(-,-en)* **1** STOR. omaggio *m.*; *(Treueid)* giuramento *m.* di fedeltà **2** *(Verehrung)* omaggio *m.*, onore *m.*: ***jdm seine ~ darbringen*** rendere omaggio a qcn. **Hul|din** f. *(-,-nen)* → **Holde. huld|reich** agg. benevolo, grazioso. **huld|voll** agg. pieno di benevolenza, benevolo.

Hül|fe ANT. → **Hilfe.**

Hulk f. *(-,-en)* **1** = nave *f.* smantellata (adibita a abitazione, magazzino, officina) **2** *(Segelschiff)* ulca *f.*, orca *f.*

Hül|le f. *(-,-n)* **1a** involucro *m.*: ***eine ~ aus Papier, Plastik*** un involucro di carta, plastica **b** *(von Briefen)* busta *f.* **c** *(von Schallplatten)* copertina *f.* **2** SCHERZ. *(Kleidungsstück)* vestito *m.*: ***die -n abstreifen, fallen lassen*** togliersi i vestiti, spogliarsi **3** → **Hüllkelch** ◆ ***in ~ und Fülle*** in gran quantità, a bizzeffe, a iosa; ***die fleischliche, irdische, leibliche ~*** le spoglie terrene, il corpo; ***sich mit einer undurchdringlichen ~ des Schweigens umgeben*** chiudersi in un impenetrabile silenzio; ***die sterbliche ~*** le spoglie mortali. **hül|len** **I** tr. **1a** avvolgere, involgere: ***jdn in eine Decke ~*** avvolgere qcn. in una coperta **b** FIG. ***etw. in Dunkel ~*** avvolgere qcs. nel mistero **2** *(herumlegen)* mettere intorno: ***einen Schal um jdn ~*** mettere uno scialle intorno alle spalle di qcn., avvolgere qcn. in uno scialle **II** rifl. **sich ~** **1** avvolgersi: ***sich in eine Decke ~*** avvolgersi in una coperta **2** FIG. ***sich in Schweigen ~*** chiudersi nel silenzio. **hül|len|los** **I** agg. **1a** senza involucro, scoperto **b** FIG. scoperto, manifesto **2** COLLOQ. *(nackt)* senza vestiti, nudo **II** avv. scopertamente. **Hüll|kelch** m. *(-[e]s,-e)* involucro *m.* fiorale, perianzio *m.* **Hüll|wort** n. *(-[e]s,-wörter)* eufemismo *m.*

Hül|se f. *(-,-n)* **1** astuccio *m.*, custodia *f.*; *(von Waffen)* fodero *m.* **2** *(von Geschossen)* bossolo *m.* **3** BOT. baccello *m.* **Hül|sen|frucht** f. *(-,-früchte)* **1** legume *m.* **2** → **Hülsenfrüchtler. Hül|sen|frücht|ler** m. *(-s,-)* leguminosa *f.*

hu|man **I** agg. umano **II** avv. umanamente, con umanità, in modo umano.

hu|ma|ni|sie|ren tr. umanizzare, rendere umano. **Hu|ma|ni|sie|rung** f. *(-)* umanizzazione *f.*

Hu|ma|nis|mus m. *(-)* umanesimo *m.*; FILOS. umanismo *m.* **Hu|ma|nist** m. *(-en,-en)* umanista *m.* **hu|ma|nis|tisch** agg. **1** umanistico: ***-e Studien*** studi umanistici **2** *(von Menschen)* umanista: ***-e Dichter*** poeti umanisti.

hu|ma|ni|tär agg. umanitario. **Hu|ma|ni|tät** f. *(-)* umanità *f.* **Hu|ma|ni|täts|du|se|lei** f. *(-,-en)* sentimentalismo *m.* umanitario; *(falsches Humanitätsgefühl)* malinteso spirito *m.* umanitario. **Hu|ma|ni|täts|ide|al** n. *(-[e]s,-e)* ideale *m.* umanitario.

Hu|man|me|di|zin f. *(-)* medicina *f.* (umana). **Hu|man|me|di|zi|ner** m. *(-s,-)* medico *m.* **Hu|man|ver|su|che** pl. sperimentazione *f.* umana, sull'uomo. **Hu|man|wis|sen|schaft** f. *(-,-en)* scienza *f.* umana.

Hum|bug m. *(-s)* COLLOQ. **1** *(Schwindel)* imbroglio *m.*, ciarlataneria *f.* **2** *(Dummheit)* sciocchezza *f.*, stupidaggine *f.*

Hum|mel f. *(-,-n)* ENTOM. bombo *m.* ◆ SCHERZ. ***eine wilde ~*** una bambina, ragazza vivace; COLLOQ. ***-n im, unterm Hintern haben*** avere l'argento vivo addosso.

Hum|mer m. *(-s,-)* astice *m.* **Hum|mer|cock|tail** m. *(-s,-s)* cocktail *m.* di astici.

1.Hu|mor m. *(-s,-e)* **1** (senso *m.* dell') umorismo *m.*, humour *m.*: ***~ haben, besitzen*** avere il senso dell'umorismo; ***etw. mit ~ nehmen, tragen*** prendere qcs. con umorismo; ***(keinen) Sinn für ~ haben*** (non) avere il senso dell'umorismo; ***schwarzer ~*** humour nero **2** *(gute Laune)* buon umore (*o* buonumore) *m.*: ***den ~ behalten, verlieren*** conservare, perdere il buon umore ◆ ***ein goldener, sonniger ~*** uno spirito sereno; ***du hast ja vielleicht ~!*** hai voglia di scherzare!

2.Hu|mor m. *(-s,-es)* MED. RAR. umore *m.* (corporale).

Hu|mo|ral|pa|tho|lo|gie f. *(-)* dottrina *f.* umorale.

Hu|mo|res|ke f. *(-,-n)* **1** *(humoristische Erzählung)* racconto *m.* umoristico **2** MUS. umoresca *f.*

hu|mo|rig agg. → **humoristisch.** **Hu|mo|rig|keit** f. *(-)* umorismo *m.*; *(Launigkeit)* comicità *f.*, spirito *m.* **Hu|mo|rist** m. *(-en,-en)* **1** umorista *m.* **2** *(Spaßmacher)* comico *m.* **hu|mo|ris|tisch** agg. umoristico; *(launig)* comico, spiritoso. **hu|mor|los** agg. privo di umorismo, senza il senso dell'umorismo. **Hu|mor|lo|sig|keit** f. *(-)* mancanza *f.* di umorismo. **hu|mor|voll I** agg. pieno di umorismo, spiritoso **II** avv. con umorismo, in modo spiritoso.

hu|mos agg. ricco di humus.

Hum|pe|lei f. *(-)* COLLOQ. **1** lo zoppicare **2** *(von Fahrzeugen)* il sobbalzare. **hum|pe|lig** REGION. **I** agg. **1** zoppicante, claudicante, zoppo **2** *(holprig)* sconnesso **II** avv. zoppicando: ***~ gehen*** camminare zoppicando. **hum|peln** intr. (aus. *haben*, *sein*) **1** zoppicare **2** REGION. *(holpernd fahren)* viaggiare a sobbalzi.

Hum|pen m. *(-s,-)* boccale *m.* (con coperchio).

hump|lig → **humpelig.**

Hu|mus m. *(-)* humus *m.* **Hu|mus|bo|den** m. *(-s,-böden)* terreno *m.* ricco di humus. **Hu|mus|er|de** f. *(-,-n)* terra *f.* ricca di humus. **hu|mus|reich** agg. ricco di humus.

Hund m. *(-[e]s,-e)* **1** cane *m.* (anche SPREG.): ***ein scharfer (bissiger), streunender ~*** un cane che morde, randagio; ***den ~ an der Leine führen*** portare il cane al guinzaglio; ***die -e auf jdn hetzen*** sguinzagliare i cani contro qcn.; SPREG. ***elender ~!*** figlio d'un cane! **2** MIN. vagoncino *m.* ◆ ***der arme ~!*** poveraccio! ***ganz auf dem ~ sein*** essere in uno stato pietoso; *(finanziell)* essere rovinato, in miseria; ***da liegt der ~ begraben*** qui sta il busillis; ***jdn wie einen ~ behandeln*** trattare qcn. come un cane; ***bekannt sein wie ein bunter, scheckiger ~*** esser conosciuto come l'ortica; ***jdn auf den ~ bringen*** mandare qcn. in rovina; ***ein dicker ~*** una vera insolenza; ZOOL. ***fliegende -e*** pteropidi; ***frieren wie ein (junger) ~*** avere un freddo cane; ***vor die -e gehen*** rovinarsi, cadere in miseria; ***mit allen -en gehetzt sein*** essere un briccone matricolato, un furbo di prim'ordine; ***ein gerissener ~*** una vecchia volpe, un volpone; ASTR. ***der große ~*** il Cane maggiore; ***bei diesem Wetter jagt man keinen ~ vor die Tür*** con questo tempaccio non esce (di casa) neanche un cane; ***junger ~*** cagnolino, cucciolo; COLLOQ. ***es ist zum Junge-Hunde-Kriegen*** è una disperazione, c'è da impazzire; ***wie ~ und Katze*** come cane e gatto; ASTR. ***der kleine ~*** il Cane minore; ***auf den ~ kommen*** cadere in miseria; ***kommt man über den ~, kommt man auch über den Schwanz*** s'è fatto trenta, facciamo trentuno; ***wie ein ~ leben*** fare una vita da cani; ***müde sein wie ein ~*** essere sfinito, stanco morto; ***damit lockt man keinen ~ hinterm Ofen hervor*** con ciò non si cava un ragno dal buco; ***da wird der ~ in der Pfanne verrückt!*** accidenti, è roba da non credere! FIG. ***da beißt sich der ~ in den Schwanz*** è un cane che si morde la coda; ***Vorsicht, bissiger ~!*** attenti al cane! ***unter allem ~*** da cani, schifoso; ***etw. vor die -e werfen*** gettare perle ai porci; PROV. ***-e, die (viel) bellen, beißen nicht*** can che abbaia non morde; ***ein lebendiger ~ ist besser als ein toter Löwe*** meglio un asino vivo che un dottore morto; ***den letzten beißen die -e*** chi tardi arriva, male alloggia; ***schlafende -e soll man nicht wecken*** non svegliare il can che dorme. **Hund|chen,** REGION. **Hünd|chen** n. *(-s,-)* cagnolino *m.*, cagnetto *m.*

Hun|de|art f. *(-,-en)* → **Hunderasse.** **Hun|de|ar|ti|ge** pl. canidi *m.pl.* **Hun|de|band|wurm** m. *(-[e]s,-würmer)* echinococco *m.* **Hun|de|dreck** m. *(-[e]s,-e)* COLLOQ. → **Hundekot.** **hun|de|elend** agg. COLLOQ. miserabile, da cani ◆ ***mir ist ~*** sto da cani. **Hun|de|fän|ger** m. *(-s,-)* accalappiacani *m.* **Hun|de|floh** m. *(-[e]s,-flöhe)* pulce *f.* del cane. **Hun|de|fraß** m. *(-es)*, **Hun|de|fres|sen** n. *(-s)* COLLOQ. SPREG. sbobba *f.* **Hun|de|freund** m. *(-[e]s,-e)* cinofilo *m.* **Hun|de|fut|ter** n. *(-s,-)* cibo *m.* per cani. **Hun|de|ge|bell** n. *(-[e]s)* latrato *m.* **Hun|de|hal|ter** m. *(-s,-)* padrone *m.* (*o* proprietario *m.*) di un cane, di cani. **Hun|de|hüt|te** f. *(-,-n)* canile *m.*, cuccia *f.* **hun|de|kalt** agg. COLLOQ. molto freddo: ***es ist ~*** fa un freddo cane. **Hun|de|käl|te** f. *(-)* COLLOQ. freddo *m.* cane (*o* polare). **Hun|de|klo|sett** n. *(-[e]s,-e)* area *f.* riservata ai bisogni dei cani. **Hun|de|kot** m. *(-[e]s,-e* e *-s)* cacca *f.* di cane. **Hun|de|ku|chen** m. *(-s,-)* biscotto *m.* per cani. **Hun|de|le|ben** n. *(-s)* vita *f.* da cani: ***ein ~ führen, haben*** fare una vita da cani. **Hun|de|lei|ne** f. *(-,-n)* guinzaglio *m.* per cani. **Hun|de|mar|ke** f. *(-,-n)* medaglietta *f.* (del, per cane). **hun|de|mä|ßig** agg. COLLOQ. SPREG. da cani, miserevole: ***ein -es Leben*** una vita da cani. **hun|de|mü|de** agg. stanco morto, sfinito. **Hun|de|napf** m. *(-[e]s,-näpfe)* scodella *f.* del cane. **Hun|de|peit|sche** f. *(-,-n)* frusta *f.* per cani, per il cane. **Hun|de|ras|se** f. *(-,-n)* razza *f.* canina. **Hun|de|ren|nen** n. *(-s,-)* corsa *f.* di cani.

hun|dert agg.inv. **1** cento: ***zwei von ~*** due su cento **2** COLLOQ. *(sehr viele)* molti, moltissimi: ***~ Sachen zu tun haben*** avere molte cose da fare ◆ ***an die ~*** circa cento, un centinaio; ***jdn auf ~ (o hundertachtzig) bringen*** fare infuriare qcn., fare andare qcn. su tutte le furie; ***einige ~ Menschen*** alcune centinaia di persone; ***einmal in ~ Jahren*** ogni morte di papa; ***auf ~ kommen*** andare su tutte le furie; ***auf ~ (o hundertachtzig) sein*** essere su tutte le furie; ***eins zu ~ wetten*** scommettere uno a cento.

1.Hun|dert n. *(-s,-e* e *-)* **1** centinaio *m.*: ***-e (o hunderte) von Menschen*** centinaia di persone; ***zu -en (o hunderten)*** a centinaia; ***in die -e (o hunderte) gehen*** ammontare a qualche centinaio, essere nell'ordine delle centinaia; ***unter -en (o hunderten) nur einer*** solo uno fra centinaia **2** *(Packung von 100 Stück)* confezione *f.* da cento (pezzi) ◆ ***fünf vom ~*** cinque per cento; ***ein halbes ~*** una cinquantina; ***-e und Aberhunderte (o hunderte und aberhunderte)*** centinaia e centinaia.

2.Hun|dert f. *(-,-en)* (numero) cento *m.* **hun|dert|ein** agg. centouno: ***eine Summe von -er Mark*** una somma di centoun marchi (*o* di cento e un marco). **hun|dert|eins** agg.inv. centouno.

Hun|der|ter m. *(-s,-)* **1** COLLOQ. *(Hundertmarkschein)* pezzo *m.* da cento marchi **2** MAT. centinaio *m.* **hun|der|ter|lei I** agg.inv. cento: ***auf ~ Weise*** in cento modi **II** pron.indef. cento cose: ***ich habe ~ zu tun*** devo fare cento cose. **Hun|der|ter|stel|le** f. *(-)* MAT. posizione *f.* delle centinaia.

hun|dert|fach I agg. centuplo **II** avv. cento volte: ***~ vergrößern*** ingrandire cento volte, centuplicare. **Hun|dert|fa|che** n. *(-n)* centuplo *m.* **hun|dert|fäl|tig** agg. ANT. → **hundertfach.** **Hun|dert|fünf|und|sieb|zi|ger** m. *(-s,-)* COLLOQ. EUFEM. omosessuale *m.* **hun|dert|fünf|zig|pro|zen|tig** agg. COLLOQ. fanatico, esaltato: ***ein -er Nationalist*** un nazionalista fanatico. **Hun|dert|jahr|fei|er** f. *(-,-n)* celebrazione *f.* per il (*o* festeggiamento *m.* del) centenario. **hun|dert|jäh|rig** agg. **1** centenario: ***ein -er Greis*** un vecchio centenario (*o* che ha cent'anni) **2** *(hundert Jahre dauernd)* centennale ◆ STOR. ***der Hundertjährige Krieg*** la guerra dei cent'anni. **hun|dert|ka|rä|tig** agg. COLLOQ. **1** assolutamente fidato **2** *(von Sachen)* a prova di bomba. **Hun|dert|ki|lo|me|ter|tem|po** n. *(-s)* COLLOQ. cento (chilometri) *m.pl.* all'ora: ***im ~ fahren*** viaggiare ai cento all'ora, fare i cento. **hun|dert|mal** avv. cento volte; COLLOQ. ***ich habe es ihm schon ~ gesagt*** gliel'ho già detto cento volte. **hun|dert|ma|lig I** agg. centesimo: ***die -e Wiederholung des Theaterstücks*** la centesima replica dello spettacolo teatrale **II** avv. cento volte. **Hun|dert|mark|schein** m. *(-[e]s,-e)* banconota *f.* da cento marchi. **Hun|dert|me|ter|lauf** m. *(-[e]s,-läufe)* SPORT (corsa *f.* dei) cento metri *m.pl.* piani. **hun|dert|pro|zen|tig I** agg. **1** del, al cento per cento, assoluto: ***-er Alkohol*** alcool al cento per cento, alcool puro; ***ein -er Franzose*** un francese al cento per cento; ***mit -er Gewissheit*** con assoluta certezza **2** sicura: ***eine -e Quelle*** una fonte sicura **3** FIG. fedelissimo: ***in der Partei gilt er als ~*** nel partito è considerato un fedelissimo, un ortodosso **II** avv. (al) cento per cento: ***~ Baumwolle*** cento per cento cotone; *(ganz)* al cento per cento: ***~ sicher sein*** essere sicuro al cento per cento ◆ ***sich ~ für etw. einsetzen*** impegnarsi totalmente in qcs. **Hun|dert|satz** m. *(-es,-sätze)* percentuale *f.* **Hun|dert|schaft** f. *(-,-en)* centuria *f.*

hun|derts|te agg. centesimo. **Hun|derts|te** m. e f. *(-n,-n)* centesimo *m.* (-a *f.*) ◆ ***vom -n ins Tausendste kommen*** saltare di palo in frasca. **hun|derts|tel** agg.inv. centesimo: ***auf ein ~ Millimeter genau*** esatto al centesimo di millimetro. **Hun|derts|tel** n. e m. *(-s,-)* centesimo *m.* **Hun|derts|tel|se|kun|de** f. *(-,-n)* centesimo *m.* di secondo.

hun|dert|tau|send agg.inv. **1** centomila **2** centinaia di migliaia: ***viele ~ Menschen*** molte centinaia di migliaia di persone. **hun|dert|zehn** agg.inv. centodieci.

Hun|de|sa|lon m. *(-s,-s)* parrucchiere *m.* per cani. **Hun|de|schlit|ten** m. *(-s,-)* slitta *f.* trainata dai cani. **Hun|de|schnau|ze** f. *(-,-n)* muso *m.* di, del cane ◆ ***kalt wie (eine) ~ sein*** essere insensibile, freddo come il marmo. **Hun|de|sohn** m. *(-[e]s,-söhne)* SPREG. figlio *m.* di un cane. **Hun|de|sper|re** f. *(-,-n)* = divieto *m.* di lasciare i cani senza museruola. **Hun|de|stau|pe** f. *(-)* cimurro *m.* **Hun|de|steu|er** f. *(-,-n)* tassa *f.* (*o* imposta *f.*) sui cani. **Hun|de|vieh** n. *(-[e]s)* COLLOQ. SPREG. cagnaccio *m.* **Hun|de|wa|che** f. *(-,-n)* MAR. secondo turno *m.* di guardia notturno. **Hun|de|wet|ter** n. *(-s)* COLLOQ. tempo *m.* da cani. **Hun|de|zucht** f. *(-,-en)* allevamento *m.* di, dei cani. **Hun|de|züch|ter** m. *(-s,-)* allevatore *m.* di cani. **Hun|de|zwin|ger** m. *(-s,-)* canile *m.*

Hün|din f. *(-,-nen)* cagna *f.* **hün|disch** agg. SPREG. **1** *(unterwürfig)* servile **2** *(niederträchtig)* vile, basso, abietto.

hunds|er|bärm|lich I agg. COLLOQ. **1** *(sehr schlecht)* miserabile, penoso: ***eine -e Aufführung*** uno spettacolo penoso **2** SPREG. *(verabscheuungswürdig)* miserabile, spregevole: ***eine -e Tat*** un'azione spregevole **3** *(groß)* grande, molto forte: ***eine -e Angst*** una gran paura **II** avv. tremendamente, terribilmente: ***~ frieren*** avere tremendamente freddo ◆ COLLOQ. ***mir geht's ~*** sto da cani. **Hunds|fott** m. *(-[e]s,-e e -fötter)* VOLG. SPREG. figlio *m.* d'un cane, bastardo *m.* **Hunds|föt|te|rei** f. *(-,-en)* VOLG. SPREG. bastardata *f.*, porcata *f.* **hunds|föt|tisch** agg. VOLG. SPREG. bastardo. **hunds|ge|mein** agg. COLLOQ. **1** cattivo, perfido **2** *(niederträchtig)* basso, vile: ***eine -e Lüge*** una vile menzogna **3** *(sehr groß)* bestiale: ***eine -e Kälte*** un freddo bestiale. **Hunds|ka|mil|le** f. *(-)* antemide *f.* **hunds|mi|se|ra|bel** agg. → **hundserbärmlich. Hunds|pe|ter|si|lie** f. *(-)* cicuta *f.* minore. **Hunds|ro|se** f. *(-,-n)* rosa *f.* canina. **Hunds|stern** m. *(-[e]s)* ASTR. Sirio *m.*, Canicola *f.* **Hunds|ta|ge** pl. canicola *f.*, giorni *m.pl.* canicolari, della canicola. **Hunds|veil|chen** n. *(-s,-)* BOT. viola *f.* inodora. **Hunds|wut** f. *(-)* ANT. rabbia *f.* **hunds|wü|tig** agg. ANT. rabbioso.

Hü|ne m. *(-n,-n)* gigante *m.* ◆ ***ein ~ von Mann*** un uomo di statura gigantesca. **Hü|nen|ge|stalt** f. *(-,-en)* figura *f.* gigantesca. **Hü|nen|grab** m. *(-[e]s,-gräber)* ARCHEOL. tomba *f.* megalitica, dolmen *m.*; *(Hügelgrab)* tumulo *m.* **hü|nen|haft** agg. gigantesco. **Hü|nen|haf|tig|keit** f. *(-)* imponenza *f.*

Hun|ger m. *(-s)* **1** fame *f.*: ***~ leiden, haben, verspüren*** soffrire la, avere, provare fame; ***vor, an ~ sterben*** morire di fame; ***jdm den ~ stillen*** placare la fame a (*o* sfamare) qcn.; ***ein großer, heftiger, tüchtiger, nagender ~*** una gran fame, una fame robusta, atroce; ***nach etw.(D), auf etw. (A) ~ haben*** aver voglia, fame di qcs.; ***unter ~ und Kälte leiden*** soffrire la fame e il freddo; FIG. ***~ nach Gerechtigkeit*** fame di giustizia; FIG. ***~ nach Liebe, Geld*** sete d'amore, di denaro **2** *(Hungersnot)* fame *f.*, carestia *f.*: ***der ~ in der Welt*** la fame nel mondo ◆ ***einen ~ wie ein Bär haben*** avere una fame da lupi; COLLOQ. ***ich bekomme ~*** mi viene fame; ***einen ~ wie ein Wolf haben*** avere una fame da lupi; PROV. ***~ ist der beste Koch*** a chi ha fame è buono ogni pane, il miglior condimento è l'appetito; ***~ ist ein schlechter Ratgeber*** la fame è cattiva consigliera. **Hun|ger|blüm|chen** n. *(-s,-)*, **Hun|ger|blu|me** f. *(-,-n)* erofila *f.* **Hun|ger|brun|nen** m. *(-s,-)* → **Hungerquelle. Hun|ger|jahr** n. *(-[e]s,-e)* anno *m.*, annata *f.* di carestia. **Hun|ger|künst|ler** m. *(-s,-)* SCHERZ. digiunatore *m.* **Hun|ger|kur** f. *(-,-en)* digiuno *m.* a scopo terapeutico. **Hun|ger|le|ben** n. *(-s,-)* vita *f.* di stenti. **Hun|ger|lei|der** m. *(-s,-)* COLLOQ. SPREG. morto *m.* di fame. **Hun|ger|lohn** m. *(-[e]s,-löhne)* SPREG. paga *f.*, salario *m.* da fame.

hun|gern I intr. (aus. *haben*) **1a** soffrire, patire la fame: ***im Krieg hungerten viele*** durante la guerra molti soffrivano la fame **b** *(darben)* fare la fame **2** FIG. *(begehren)* essere affamato (*o* assetato): ***nach Rache ~*** essere assetato di vendetta **3** *(fasten)* digiunare **II** rifl. **sich ~ 1** digiunare: ***sich schlank, krank ~*** dimagrire, ammalarsi digiunando; ***sich tot, zu Tode ~*** morire di fame **2** impers. LETT. ***es hungert mich*** ho fame ◆ ***nach etw. ~*** aver fame di qcs.

Hun|ger|ödem n. *(-s,-e)* MED. edema *m.* nutrizionale (*o* da fame). **Hun|ger|quel|le** f. *(-,-n)* sorgente *f.* intermittente. **Hun|ger|ra|ti|on** f. *(-,-n)* COLLOQ. razione *f.* misera, da fame. **hun|gers** (avv.), ***~ sterben*** morire di fame. **Hun|gers|not** f. *(-,-nöte)* carestia *f.* **Hun|ger|streik** m. *(-[e]s,-e)* sciopero *m.* della fame. **Hun|ger|tod** m. *(-es)* morte *f.* per fame, di inedia: ***den ~ sterben*** morire di fame, d'inedia. **Hun|ger|tuch** n. *(-[e]s,-tücher)* tovaglia *f.* d'altare (durante la quaresima) ◆ COLLOQ. SCHERZ. ***am ~ nagen*** tirare la cinghia, patire la fame. **Hun|ger|turm** m. *(-[e]s,-türme)* STOR. torre f. della fame. **hung|rig** agg. **1** affamato: ***~ sein*** avere fame, essere affamato; ***~ wie ein Wolf (o Bär)*** avere una fame da lupo; ***~ machen*** far venire fame **2** FIG. bramoso, affamato: ***~ nach etw. sein*** aver fame, sete di qcs.

Hun|ne m. *(-n,-n)* **1** unno *m.* **2** FIG. *(roher Mensch)* barbaro *m.* **Hun|nen|zug** m. *(-[e]s,-züge)* calata *f.* degli unni. **hun|nisch** agg. degli unni.

Hunt m. *(-[e]s,-e)* MIN. → **Hund.**

Hu|pe f. *(-,-n)* clacson *m.*: ***auf die ~ drücken, die ~ betätigen*** premere, suonare il clacson. **hu|pen** intr. (aus. *haben*) suonare il clacson, clacsonare. **Hu|pe|rei** f. *(-)* suono *m.* continuo di clacson.

Hupf m. *(-[e]s,-e)* ANT. REGION. saltello *m.*, balzello *m.* **Hupf|doh|le** f. *(-,-n)* COLLOQ. ballerina *f.* (di varietà), soubrette *f.* **hup|fen** intr. (aus. *haben*) REGION. ANT. saltare ◆ COLLOQ. ***das ist gehupft wie gesprungen*** se non è zuppa è pan bagnato. **hüp|fen** intr. (aus. *haben*) **1** saltellare: ***auf einem Bein ~*** saltellare su una gamba **2** avanzare saltellando. **Hup|fer, Hüp|fer** m. *(-s,-)* saltello *m.*, balzo *m.* **Hüp|fer|ling** m. *(-s,-e)* ZOOL. copepode *m.*

Hup|kon|zert n. *(-[e]s,-e)* SCHERZ. concerto *m.* di clacson, strombazzamento *m.* **Hup|sig|nal** n. *(-s,-e)* segnale *m.* acustico, segnalazione *f.* acustica. **Hup|ver|bot** n. *(-[e]s,-e)* divieto *m.* di usare segnali acustici.

Hür|de f. *(-,-n)* graticcio *m.*, graticciato *m.* **Hür|de** f. *(-,-n)* **1** SPORT ostacolo *m.*: ***eine ~ reißen, werfen*** abbattere un ostacolo **2** *(eingezäumter Raum)* chiuso *m.*, stabbio *m.* **3** *(Einzäunung)* recinzione *f.* **4** *(Horde)* graticciato *m.* ◆ FIG. ***eine ~ nehmen*** superare un ostacolo. **Hür|den|lauf** m. *(-[e]s,-läufe)* SPORT corsa *f.* a ostacoli. **Hür|den|läu|fer** m. *(-s,-)* SPORT ostacolista *m.* **Hür|den|ren|nen** n. *(-s,-)* EQUIT. corsa *f.* a ostacoli. **Hür|den|sprint** m. *(-s,-s)* SPORT corsa *f.* a ostacoli.

Hu|re f. *(-,-n)* SPREG. puttana *f.* **hu|ren** intr. (aus. *haben*) SPREG. andare a puttane, puttaneggiare. **Hu|ren|bock** m. *(-[e]s,-böcke)* VOLG. puttaniere *m.* **Hu|ren|kind** n. *(-[e]s,-er)* TIP. orfano *m.* **Hu|ren|sohn** m. *(-[e]s,-söhne)* SPREG. figlio *m.* di puttana. **Hu|ren|vier|tel** n. *(-s,-)* quartiere *m.* delle prostitute. **Hu|ren|wei|bel** m. *(-s,-)* STOR. guardiano *m.* dei carriaggi (nell'esercito lanzichenecco). **Hu|re|rei** f. *(-,-en)* SPREG. il puttaneggiare.

Hu|ri f. *(-,-s)* uri *f.*

Hu|ro|ne m. *(-n,-n)* hurone *m.* **hu|ro|nisch** agg. di, degli huroni.

hur|ra inter. urrà, hurrà, evviva. **Hur|ra** n. *(-s,-s)*, **Hur|ra|ge|schrei** n. *(-s)* grido *m.* di hurrà.

Hur|ri|kan ['ʌrɪkən, 'hʊrikan] m. *(-s,-e e -s)* uragano *m.*

hur|tig I agg. REGION. svelto, rapido **II** avv. rapidamente, velocemente ◆ ***~,~!*** presto! **Hur|tig|keit** f. *(-)* sveltezza *f.*, rapidità *f.*

Hu|sar m. *(-en,-en)* ussaro *m.* **Hu|sa|ren|ritt** m. *(-[e]s,-e)* FIG. impresa *f.* temeraria. **Hu|sa|ren|streich** m. *(-[e]s,-e)*, **Hu|sa|ren|stück** n. *(-[e]s,-e)*, **Hu|sa|ren|stück|chen** n. *(-s,-)* colpo *m.* di mano.

husch inter. via, presto: ***~, ~!*** presto! ***~, hinaus mit dir!*** via, fila via! ◆ ***das geht nicht so ~, ~!*** questo non si fa in un batter d'occhio! **Husch** m. *(-[e]s,-e)* COLLOQ. guizzo *m.*, lampo *m.*, baleno *m.*: ***im, in einem ~*** in un batter d'occhio (*o* in un baleno); ***auf einen ~ zu jdm gehen, kommen*** fare un salto da qcn. **Hu|sche** f. *(-,-n)* REGION. rovescio *m.*, scroscio *m.* di pioggia. **Hu|schel** f. *(-,-n)* REGION. SPREG. sciattona *f.* **Hu|sche|lei** f. *(-,-en)* REGION. lavoro *m.* affrettato, superficiale. **hu|sche|lig I** agg. REGION. **1** affrettato **2** *(nachlässig)* trasandato, sciatto **3** *(gemütlich)* confortevole, accogliente **II** avv. **1** affrettatamente, in modo superficiale **2** *(schlampig)* sciattamente. **Hu|sche|lig|keit** f. *(-)* sciatteria *f.*, trascuratezza *f.* **hu|scheln I** intr. (aus. *haben*) **1** REGION. → **huschen 2** SPREG. ***eine Arbeit ~*** abborracciare un lavoro **II** rifl. **sich ~** imbacuccarsi. **hu|schen** intr. (aus. *sein*) sgusciare, guizzare; FIG. passare, scivolare rapidamente: ***ein Lächeln huschte über ihr Gesicht*** un sorriso attraversò rapidamente il suo viso. **hu|schlig** → **huschelig. Husch|lig|keit** → **Huscheligkeit.**

Hus|ky ['haski] m. *(-s, Huskies)* husky *m.*

hus|sa, hus|sa|sa inter. arri.

hus|sen tr. AUSTR. aizzare, sobillare.

Hus|sit m. *(-en,-en)* ussita *m.*

hüst inter. REGION. arri (a sinistra).

hüs|teln intr. (aus. *haben*) tossicchiare.

hus|ten I intr. (aus. *haben*) **1** tossire: ***stark ~*** tossire molto, forte; ***trocken ~*** avere una tosse secca **2** *(den Husten haben)* avere la tosse **II** tr. espettorare, sputare tossendo: ***Blut ~*** sputare sangue (tossendo) ◆ COLLOQ. FIG. ***auf etw. (A) ~*** infischiarsene di qcs.; *(verzichten)* rinunciare a qcs.; ***die Flöhe ~ hören*** fare il saccentone; ***ich huste dir was!*** te lo puoi scordare! te lo puoi sognare!

Hus|ten m. *(-s,-)* tosse *f.*: ***~ haben*** avere la tosse; ***ein chronischer, trockener ~*** una tosse cronica, secca; ***er hat ~ bekommen*** gli è venuta la tosse. **Hus|ten|an|fall** m. *(-[e]s,-anfälle)* accesso *m.* di tosse. **Hus|ten|bon|bon** m. e n. *(-s,-s)* pastiglia *f.* per la tosse. **Hus|ten|mit|tel** n. *(-s,-)* rimedio *m.* contro la tosse. **Hus|ten|reiz** m. *(-es,-e)* stimolo *m.* a tossire. **Hus|ten|saft** m. *(-[e]s,-säfte)* sciroppo *m.* contro (*o* per) la tosse. **Hus|ten|tee** m. *(-s,-s)* tisana *f.* contro la tosse. **Hus|ten|trop|fen** pl. gocce *f.pl.* contro, per la tosse. **Hus|ter** m. *(-s,-)* **1** RAR. chi tossisce **2** COLLOQ. colpo m. di tosse.

1.Hut m. *(-[e]s, Hüte)* **1** cappello *m.*: ***den ~ aufsetzen, abnehmen, tragen*** mettersi, levarsi, portare il cappello; ***ein ~ mit breiter***

Krempe un cappello a tesa larga; ***den ~ ins Gesicht drücken, ziehen*** calarsi il cappello sugli occhi; ***vor jdm den ~ ziehen*** levarsi il cappello davanti a qcn. (anche FIG.) **2** *(von Pilzen)* cappello *m.*, cappella *f.* **3** *(Deckel)* coperchio *m.* **4** *(Gegenstand in Kegelform)* cappelletto *m.* ◆ ***~ ab!*** giù il cappello! ***~ ab vor ihm*** gli faccio tanto di cappello; ***ein alter ~*** una vecchia storia; COLLOQ. FIG. ***einen ~ aufhaben*** essere ubriaco; ***eins auf den ~ bekommen*** ricevere un rimprovero, una strigliata; ***jdm eins auf den ~ geben*** dare una lavata di capo a qcn.; COLLOQ. ***ihn geht das einen alten ~ an*** non gliene importa niente; ***jdm geht der ~ hoch*** qcn. si arrabbia sul serio, va su tutte le furie; COLLOQ. ***unter einen ~ kommen*** accordarsi, mettersi d'accordo; ***eins auf den ~ kriegen*** → ***eins auf den ~ bekommen; etw. aus dem ~ machen*** improvvisare qcs.; COLLOQ. ***seinen ~ nehmen (müssen)*** (dover) dimettersi; ***damit hab ich nichts am ~*** questo non mi riguarda; ***ohne ~*** senza cappello, a capo scoperto; COLLOQ. ***das kannst du dir an den ~ stecken*** te lo puoi scordare; ***alle unter einen ~ bringen*** mettere tutti d'accordo.

2.Hut f. *(-)* **1** custodia *f.*, sorveglianza *f.*: ***jdn in seine ~ nehmen*** prendere qcn. sotto la propria custodia **2** *(Schutz)* protezione *f.* ◆ ***bei, vor jdm, etw. auf der ~ sein*** stare in guardia (*o* guardarsi) da qcn., qcs.; ***in guter ~ sein*** essere ben custodito; ***in sicherer ~ sein*** essere al sicuro.

Hut|ab|la|ge f. *(-,-n)* ripiano *m.* posacappelli, cappelliera *f.* **Hut|band** n. *(-[e]s,-bänder)* nastro *m.* del cappello.

Hüt|chen n. *(-s,-)* cappellino *m.*

Hü|te|hund m. *(-[e]s,-e)* cane *m.* (da) pastore. **Hü|te|jun|ge** m. *(-n,-n)* pastorello *m.* **hü|ten I** tr. **1** sorvegliare, custodire: ***die Kinder, das Vieh ~*** sorvegliare i bambini, il bestiame **2** FIG. mantenere, custodire: ***ein Geheimnis ~*** mantenere un segreto **II** rifl. ***sich vor jdm, etw. ~*** guardarsi da qcn., qcs.: ***sich vor Erkältungen ~*** guardarsi dai (*o* evitare i) raffreddori; ***sich ~, etw. zu tun*** guardarsi (bene) dal fare qcs.; ***ich werde mich ~!*** me ne guardo bene! ◆ FIG. ***das Bett, das Haus ~*** (re)stare a letto, a casa. **Hü|ter** m. *(-s,-)* **1a** *(Wächter)* custode *m.*, sorvegliante *m.* **b** FIG. tutore *m.*: ***die ~ des Gesetzes*** i tutori della legge **2** *(Hirt)* pastore *m.* **3** SPORT *(Torhüter)* portiere *m.* **Hü|te|rin** f. *(-,-nen)* **1a** *(Wächterin)* custode *f.*, sorvegliante *f.* **b** FIG. tutrice *f.* **2** *(Hirtin)* pastora *f.*

Hut|form f. *(-,-en)* **1** *(Form eines Hutes)* forma *f.* del cappello **2** *(hölzernes Modell)* forma *f.* per cappelli. **hut|för|mig** agg. a forma di cappello. **Hut|kof|fer** m. *(-s,-)* → **Hutschachtel. Hut|krem|pe** f. *(-,-n)* tesa *f.* (*o* falda *f.*) del cappello. **Hüt|lein** n. *(-s,-)* cappellino *m.* **Hut|ma|cher** m. *(-s,-)* cappellaio *m.* **Hut|ma|che|rin** f. *(-,-nen)* modista *f.* **Hut|na|del** f. *(-,-n)* spillone *m.* **Hut|pilz** m. *(-es,-e)* fungo *m.* con cappello. **Hut|rand** m. *(-[e]s,-ränder)* → **Hutkrempe. Hut|schach|tel** f. *(-,-n)* cappelliera *f.*

1.Hut|sche f. *(-,-n)* REGION. COLLOQ. altalena *f.*

2.Hut|sche, Hüt|sche f. *(-,-n)* REGION. **1** *(Fußbank)* sgabello *m.*, panchetto *m.* **2** *(kleiner Schlitten)* slittino *m.* **hut|schen** COLLOQ. **I** intr. (aus. *haben*) REGION. fare l'altalena **II** rifl. **sich ~** allontanarsi.

Hut|schnur f. *(-,-schnüre)* cordoncino *m.* del cappello ◆ ***das geht mir über die ~*** questo è troppo. **Hut|stän|der** m. *(-s,-)* portacappelli *m.*

Hüt|te f. *(-,-n)* **1** capanna *f.*: ***eine ~ aus Holz*** una capanna di legno **2** ALP. *(Berghütte)* rifugio *m.* **3** *(Hundehütte)* canile *m.*, cuccia *f.* **4** *(aus Blech)* baracca *f.* **5** MAR. cassero *m.* **6** → **Hüttenwerk.**

Hüt|ten|ar|bei|ter m. *(-s,-)* (operaio *m.*) metallurgico *m.* **Hüt|ten|in|dust|rie** f. *(-,-n)* industria *f.* metallurgica. **Hüt|ten|in|ge|ni|eur** m. *(-s,-e)* ingegnere *m.* metallurgico. **Hüt|ten|kä|se** m. *(-s,-)* INTRAD. (formaggio fresco in fiocchi). **Hüt|ten|koks** m. *(-es)* coke *m.* metallurgico. **Hüt|ten|kun|de** f. *(-)* metallurgia *f.* **Hüt|ten|schuh** m. *(-[e]s,-e)* babbuccia *f.* di lana. **Hüt|ten|werk** n. *(-[e]s,-e)* **1** stabilimento *m.* metallurgico **2** *(Eisenwerk)* ferriera *f.* **3** *(Stahlwerk)* acciaieria *f.* **Hüt|ten|wer|ker** m. *(-s,-)* → **Hüttenarbeiter. Hüt|ten|we|sen** n. *(-s)* **1** metallurgia *f.* **2** → **Hütteninindustrie.**

Hu|tung f. *(-,-en)* pascolo *m.* magro.

Hü|tung f. *(-,-en)* custodia *f.*

Hut|wei|de f. *(-,-n)* pascolo *m.* collettivo.

Hut|zel f. *(-,-n)* REGION. **1** frutta *f.* secca **2** *(Tannenzapfen)* pigna *f.* (di abete) **3** → **Hutzelweib. hut|ze|lig** agg. COLLOQ. grinzoso, rugoso. **Hut|zel|männ|chen** → **Heinzelmännchen. hut|zeln** REGION. **I** tr. **1** fare seccare: ***Obst ~*** far seccare della frutta **II** intr. (aus. *sein*) seccare. **Hut|zel|weib** n. *(-[e]s,-er)* vecchia *f.* grinzosa. **hutz|lig** → **hutzelig.**

Hut|zu|cker m. *(-s)* zucchero *m.* in pani.

hy|a|lin agg. ialino. **Hy|a|lit** m. *(-s,-e)* ialite *f.*

Hy|ä|ne f. *(-,-n)* iena *f.* (anche FIG.).

Hy|a|zinth I m. *(-[e]s,-e)* MINER. giacinto *m.* **II** n.pr.m. MITOL. Giacinto *m.*

Hy|a|zin|the f. *(-,-n)* BOT. giacinto *m.*

1.hyb|rid agg. ibrido.

2.hyb|rid agg. LETT. tracotante. **Hyb|ri|de** f. *(-n,-n)* ibrido *m.* **hyb|ri|di|sie|ren** tr. ibridare. **Hyb|ri|di|sie|rung** f. *(-,-en)* ibridazione *f.* **Hyb|rid|rech|ner** m. *(-s,-)* calcolatore *m.* ibrido. **Hyb|rid|züch|tung** f. *(-,-en)* **1a** *(von Tierzüchtung)* allevamento *m.* di ibridi **b** *(von Pflanzenzüchtung)* coltivazione *f.* di ibridi **2** *(Hybride)* ibrido *m.*, ibridazione *f.*

Hyb|ris f. *(-)* LETT. tracotanza *f.*, hybris *f.*

Hyd|ra I n.pr.f. *(-)* MITOL. ASTR. Idra *f.* **II** f. *(-, Hydren)* ZOOL. idra *f.*

Hyd|rant m. *(-en,-en)* idrante *m.*

Hyd|rat n. *(-[e]s,-e)* idrato *m.* **Hyd|ra|(ta)|ti|on** f. *(-)* CHIM. idratazione *f.* **hyd|ra|ti|sie|ren** tr. CHIM. idratare. **Hyd|rau|lik** f. *(-)* **1** idraulica *f.* **2** *(in Fahrzeugen)* impianto *m.* idraulico. **hyd|rau|lisch** agg. idraulico.

Hyd|ra|zin n. *(-s)* idrazina *f.*

Hyd|rier|ben|zin n. *(-s,-e)* benzina *f.* di idrogenazione. **hyd|rie|ren** tr. idrogenare. **Hyd|rie|rung** f. *(-)* idrogenazione *f.* **Hyd|rier|ver|fah|ren** n. *(-s,-)* processo *m.* di idrogenazione.

Hyd|ro|bi|o|lo|gie f. *(-)* idrobiologia *f.* **hyd|ro|bi|o|lo|gisch** agg. idrobiologico. **Hyd|ro|ce|le** → **Hydrozele. Hyd|ro|chi|non** n. *(-s)* idrochinone *m.* **Hyd|ro|dy|na|mik** f. *(-)* idrodinamica *f.* **hyd|ro|dy|na|misch** agg. idrodinamico. **hyd|ro|elekt|risch** agg. idroelettrico: ***-es Kraftwerk*** centrale idroelettrica. **hyd|ro|ener|ge|tisch** agg. idroenergetico. **Hyd|ro|gen, Hyd|ro|ge|ni|um** n. *(-s)* idrogeno *m.* **Hyd|ro|gra|phie** f. *(-)* idrografia *f.* **Hyd|ro|kul|tur** f. *(-,-en)* idrocoltura *f.* **Hyd|ro|lo|gie** f. *(-)* idrologia *f.* **hyd|ro|lo|gisch** agg. idrologico. **Hyd|ro|ly|se** f. *(-)* idrolisi *f.* **hyd|ro|ly|tisch** agg. idrolitico. **Hyd|ro|me|cha|nik** f. *(-)* idromeccanica *f.* **hyd|ro|me|cha|nisch** agg. idromeccanico.

Hyd|ro|me|ter n. *(-s,-)* idrometro *m.* **Hyd|ro|met|rie** f. *(-)* idrometria *f.* **hyd|ro|met|risch** agg. idrometrico.

hyd|ro|phil agg. idrofilo. **hyd|ro|phob** agg. idrofobo. **Hyd|ro|pho|bie** f. *(-)* idrofobia *f.* **Hyd|ro|phyt** m. *(-en,-en)* idrofita *f.* **Hyd|rop|sie** f. *(-)* idropisia *f.* **Hyd|ro|sphä|re** f. *(-)* idrosfera *f.* **Hyd|ro|sta|tik** f. *(-)* idrostatica *f.* **hyd|ro|sta|tisch** agg. idrostatico. **Hyd|ro|tech|nik** f. *(-)* idrotecnica *f.* **Hyd|ro|the|ra|pie** f. *(-,-n)* idroterapia *f.* **Hyd|ro|xid** n. *(-[e]s,-e)* idrossido *m.* **Hyd|ro|ze|le** f. *(-,-n)* idrocele *m.* **Hyd|ro|ze|pha|lus** m. *(-, Hydrozephalen)* idrocefalo *m.* **Hyd|ro|zo|en** pl. idrozoi *m.pl.*

Hy|gi|e|ne f. *(-)* igiene *f.* **Hy|gi|e|ni|ker** m. *(-s,-)* igienista *m.* **hy|gi|e|nisch I** agg. igienico **II** avv. in modo igienico, igienicamente.

Hyg|ro|me|ter n. *(-s,-)* igrometro *m.* **hyg|ro|met|risch** agg. igrometrico. **Hyg|ro|phyt** m. *(-en,-en)* igrofito *m.* **Hyg|ro|skop** n. *(-s,-e)* igroscopio *m.* **hyg|ro|sko|pisch** agg. igroscopico.

Hy|men m. e n. *(-s,-)* imene *m.* **Hy|me|nop|te|re** f. *(-,-n)* imenottero *m.*

Hym|ne f. *(-,-n)* inno *m.* **hym|nisch** agg. innodico. **Hym|no|lo|gie** f. *(-)* innologia *f.* **Hym|nus** m. *(-, Hymnen)* inno *m.*

Hy|per|ä|mie f. *(-)* iperemia *f.* **Hy|per|äs|the|sie** f. *(-)* iperestesia *f.*

hy|per|bar agg. iperbarico: ***-e Kammer*** camera iperbarica.

Hy|per|ba|ton n. *(-s)* iperbato *m.*

Hy|per|bel f. *(-,-n)* iperbole *f.*

hy|per|bo|lisch agg. iperbolico. **Hy|per|bo|lo|id** n. *(-[e]s,-e)* iperboloide *m.*

Hy|per|bo|re|er m. *(-s,-)* MITOL. iperboreo *m.*

Hy|per|dak|ti|lie f. *(-)* iperdattilia *f.*

Hy|pe|ri|on n.pr.m. Iperione *m.*

hy|per|kor|rekt agg. ipercorretto. **hy|per|kri|tisch** agg. ipercritico.

Hy|per|me|ter m. *(-s,-)* ipermetro *m.* **hy|per|met|risch** agg. ipermetro. **Hy|per|met|ro|pie** f. *(-)* ipermetropia *f.* **hy|per|met|ro|pisch** agg. ipermetrope.

hy|per|mo|dern agg. ultramoderno. **Hy|per|pla|sie** f. *(-,-n)* iperplasia *f.* **hy|per|sen|si|bel** agg. ipersensibile. **hy|per|so|nisch** agg. ipersonico. **Hy|per|text** m. *(-es,-e)* ipertesto *m.*

Hy|per|to|nie f. *(-,-n)* **1** *(Bluthochdruck)* ipertensione *f.* **2** *(von Muskeln)* ipertonia *f.* **Hy|per|to|ni|ker** m. *(-s,-)* iperteso *m.* **hy|per|to|nisch** agg. iperteso.

hy|per|troph agg. ipertrofico (anche FIG.). **Hy|per|tro|phie** f. *(-)* ipertrofia *f.* (anche FIG.).

Hyp|no|se f. *(-,-n)* ipnosi *f.*: ***jdn in ~ versetzen*** ipnotizzare qcn. **Hyp|no|the|ra|peut** m. *(-en,-en)* ipnoterapista *m.* **Hyp|no|tik** f. *(-)* ipnotismo *m.* **hyp|no|tisch** agg. ipnotico. **Hyp|no|ti|seur** fr. [hypnoti'zøːɐ] m. *(-s,-e)* ipnotizzatore *m.* **hyp|no|ti|sie|ren** tr. ipnotizzare (anche FIG.). **Hyp|no|tis|mus** m. *(-)* **1** ipnotismo *m.* **2** *(starke Beeinflussung)* ipnosi *f.*

Hy|po|chon|der [hypo'xɔndɐ] m. *(-s,-)* ipocondriaco *m.* **Hy|po|chond|rie** f. *(-,-n)* ipocondria *f.* **hy|po|chond|risch** agg. ipocondriaco.

Hy|po|funk|ti|on f. *(-,-en)* ipofunzione *f.* **Hy|po|gast|ri|um** n. *(-s, Hypogastrien)* ipogastrio *m.* **Hy|po|kaus|tum** n. *(-s, Hypokausten)* ipocausto *m.* **Hy|po|ki|ne|se** f. *(-,-n)* ipocinesia *f.*

Hy|po|kri|sie f. *(-,-n)* ipocrisia *f.* **Hy|po|krit** m. *(-en,-en)* ANT. ipocrita *m.* **hy|po|kri|tisch** agg. ANT. ipocrita.

Hy|po|phy|se f. *(-,-n)* ipofisi *f.*

Hy|pos|ta|se f. *(-,-n)* ipostasi *f.* **hy|pos|ta|sie|ren** tr. ipostatizzare. **hy|pos|ta|tisch** agg. ipostatico.

hy|po|tak|tisch agg. ipotattico. **Hy|po|ta|xe** f. *(-,-n)*, **Hy|po|ta|xis** f. *(-, Hypotaxen)* ipotassi *f.*

Hy|po|te|nu|se f. *(-,-n)* ipotenusa *f.*

Hy|po|thek f. *(-,-en)* ipoteca *f.*: ***mit einer ~ belasten*** gravare di un'ipoteca, ipotecare; ***eine ~ auf etw. haben*** avere un'ipoteca su qcs.; ***eine ~ aufnehmen, abtragen, tilgen, löschen*** prendere, pagare, estinguere, cancellare un'ipoteca; ***vertragliche, freiwillige ~*** ipoteca volontaria; ***eine erststellige ~*** un'ipoteca di primo grado. **Hy|po|the|kar** m. *(-s,-e)* → **Hypothekengläubiger. hy|po|the|ka|risch I** agg. ipotecario: ***-e Belastung*** onere ipotecario **II** avv. con un'ipoteca ◆ ***~ belastet*** gravato d'ipoteca. **Hy|po|the|kar|kre|dit** m. *(-s,-e)* credito *m.* ipotecario. **Hy|po|the|ken|bank** f. *(-,-en)* banca *f.* di credito ipotecario, banca *f.* ipotecaria. **Hy|po|the|ken|be|stel|ler** m. *(-s,-)* datore *m.* d'ipoteca. **Hy|po|the|ken|brief** m. *(-[e]s,-e)* certificato *m.* d'ipoteca, titolo *m.* ipotecario. **Hy|po|the|ken|dar|le|hen** n. *(-s,-)* prestito *m.* ipotecario. **Hy|po|the|ken|gläu|bi|ger** m. *(-s,-)* creditore *m.* ipotecario. **Hy|po|the|ken|last** f. *(-,-en)* vincolo *m.*, onere *m.* ipotecario. **Hy|po|the|ken|mak|ler** m. *(-s,-)* agente *m.* immobiliare. **Hy|po|the|ken|pfand|brief** m. *(-[e]s,-e)* → **Hypothekenbrief. Hy|po|the|ken|schuld|ner** m. *(-s,-)* debitore *m.* ipotecario. **Hy|po|the|ken|zins** m. *(-es,-en)* interesse *m.* ipotecario.

Hy|po|ther|mie f. *(-,-n)* ipotermia *f.*

Hy|po|the|se f. *(-,-n)* ipotesi *f.*: ***eine ~ aufstellen, widerlegen*** formulare, confutare un'ipotesi. **hy|po|the|tisch I** agg. ipotetico **II** avv. ipoteticamente.

Hy|po|to|nie f. *(-,-n)* **1** *(zu niedriger Blutdruck)* ipotensione *f.* **2** *(von Muskeln)* ipotonia *f.* **hy|po|to|nisch** agg. ipotonico. **Hy|po|tro|phie** f. *(-)* **1** ipotrofia *f.* **2** *(Unterernährung)* sottoalimentazione *f.* **Hy|po|zent|rum** n. *(-s, Hypozentren)* ipocentro *m.*

Hyp|so|me|ter n. *(-s,-)* ipsometro *m.* **Hyp|so|met|rie** f. *(-)* ipsometria *f.*

Hys|te|re|se, Hys|te|re|sis f. *(-)* isteresi *f.*

Hys|te|rie f. *(-,-n)* isteria *f.*, isterismo *m.* **Hys|te|ri|ker** m. *(-s,-)* isterico *m.* **hys|te|risch I** agg. isterico **II** avv. istericamente.

Hys|te|ro|sko|pie f. *(-,-n)* isteroscopia *f.* **Hys|te|ro|to|mie** f. *(-,-n)* isterotomia *f.*

I

i, I n. *(-,-)* i, I *f.* e *m.*: ***ein großes I, ein kleines i*** una I maiuscola, una i minuscola.

i inter. ih, oh: ***~, eine Spinne!*** ih, un ragno! ◆ COLLOQ. ***~ wo!*** macché! ma no! ma va!

i. ⇒ *in, im* (in toponimi) in, nel, nello, nella: ***Münster, i. Westfalen*** Münster, in Vestfalia.

i. A. ⇒ *im Auftrag* per incarico, per procura.

i|ah ['i:'a:, i'a:] inter. hi ho. **i|a|hen, i|a|hen** intr. (aus. *haben*) ragliare.

i. Allg. ⇒ *im Allgemeinen* in generale, in genere.

I|be|rer m. *(-s,-)* STOR. iberico *m.*, ibero *m.* **I|be|ri|en** n.pr.n. *(-s)* STOR. Iberia *f.* **i|be|risch** agg. iberico ◆ ***Iberische Halbinsel*** penisola iberica. **I|be|ro|ame|ri|ka** n.pr.n. *(-s)* America *f.* Latina. **i|be|ro-ame|ri|ka|nisch** agg. iberoamericano.

I|bis m. *(-ses,-se)* ibis *m.*

IC ⇒ *Intercityzug* treno intercity (IC).

ich pron.pers. (gen. **meiner**, dat. **mir**, acc. **mich**) *(oft ausgelassen)* io: ***~ tue es gern*** lo faccio volentieri; ***~ bin es*** sono io; ***wenn ~ du wäre*** se fossi in te; ***~ für meinen Teil, ~ an seiner Stelle...*** io da parte mia, io al suo posto...; ***Menschen wie du und ~*** uomini come te e me ◆ ***~ Armer!*** povero me! ***hier bin ~!*** sono qua! eccomi! **Ich** n. *(-[s], -[s])* io *m.*, FILOS. PSIC. Io *m.*: ***mein besseres, eigenes, ganzes ~*** la parte migliore di me, il mio Io, tutto me stesso.

ich|be|tont agg. incentrato su di sé. **Ich|be|wusst|sein** n. *(-s)* coscienza *f.* di sé, del proprio Io. **ich|be|zo|gen** agg. egocentrico. **Ich|be|zo|gen|heit** f. *(-)* egocentrismo *m.*

Ich|er|zäh|ler m. *(-s,-)* io *m.* narrante. **Ich|er|zäh|lung** f. *(-,-en)* narrazione *f.* (*o* racconto *m.*) in prima persona.

Ich|form f. *(-)* prima persona *f.*: ***eine Erzählung in der ~*** un racconto in prima persona. **Ich|ge|fühl** n. *(-[e]s,-e)* → **Ichbewusstsein.** **Ich|laut** m. *(-[e]s)* fricativa *f.* velare sorda. **Ich|mensch** m. *(-en, -en)* (uomo *m.*) egocentrico *m.*; *(Egoist)* egoista *m.*

Ich|neu|mon m. e n. *(-s,-e* e *-s)* icneumone *m.*

Ich|ro|man m. *(-s,-e)* romanzo *m.* (narrato) in prima persona. **Ich|sucht** f. *(-)* egoismo *m.* **ich|süch|tig** agg. egoista, egoistico.

Ich|thy|o|dont m. *(-en,-en)* ittiodonte *m.*

Ich|thy|ol n. *(-s)* ittiolo *m.*

Ich|thy|o|lo|ge m. *(-n,-n)* ittiologo *m.* **Ich|thy|o|lo|gie** f. *(-)* ittiologia *f.* **ich|thy|o|lo|gisch** agg. ittiologico.

Ich|thy|o|sau|ri|er m. *(-s,-)*, **Ich|thy|o|sau|rus** m. *(-,-saurier)* ittiosauro *m.*

Ich|thy|o|se f. *(-,-n)*, **Ich|thy|o|sis** f. *(-, Ichthyosen)* ittiosi *f.*

I|con ['aɪkən] n. *(-s,-s)* INFORM. icona *f.*

i|de|al I agg. **1** ideale: ***die -e Frau, der -e Mann*** la donna, l'uomo ideale; ***das Gebirge ist ~ zum Erholen*** la montagna è (l')ideale per riposarsi; ***der -e Staat*** lo stato ideale **2** COLLOQ. *(wunderbar)* fantastico: ***dieser Fotoapparat ist einfach ~*** questa macchina fotografica è semplicemente fantastica **II** avv. **1** idealmente, in modo ideale **2** COLLOQ. ***~ liegen*** essere (*o* trovarsi) in una posizione ideale. **I|de|al** n. *(-s,-e)* ideale *m.*: ***ein unerreichbares ~*** un ideale irraggiungibile; ***sie ist das ~ einer Tochter*** è la figlia ideale; ***einem ~ nachstreben*** tendere a un ideale; ***seine -e verraten*** tradire i propri ideali. **I|de|al|bild** n. *(-[e]s,-er)* (modello *m.*) ideale *m.* **I|de|al|fall** m. *(-[e]s,-fälle)* (caso *m.*) ideale *m.*: ***der ~ wäre, dass...*** l'ideale sarebbe che... ◆ ***im ~*** al meglio, nel caso migliore. **I|de|al|fi|gur** f. *(-,-en)* figura *f.* perfetta, fisico *m.* perfetto. **I|de|al|ge|wicht** n. *(-[e]s, -e)* peso *m.* ideale, peso *m.* forma.

i|de|a|li|sie|ren tr. idealizzare. **I|de|a|li|sie|rung** f. *(-,-en)* idealizzazione *f.*

I|de|a|lis|mus m. *(-)* idealismo *m.* **I|de|a|list** m. *(-en,-en)* idealista *m.* **i|de|a|lis|tisch** agg. idealistico.

I|de|a|li|tät f. *(-)* idealità *f.*

I|de|al|kon|kur|renz f. *(-)* DIR. concorso *m.* ideale di reati. **I|de|al|lö|sung** f. *(-,-en)* soluzione *f.* ideale: ***die ~ eines Problems*** la soluzione ideale di un problema. **I|de|al|ma|ße** pl. misure *f.pl.* ideali (*o* perfette). **I|de|al|staat** m. *(-[e]s,-en)* stato *m.* ideale. **i|de|al|ty|pisch** agg. che corrisponde a un tipo ideale, ideale. **I|de|al|ty|pus** m. *(-,-typen)* SOCIOL. tipo *m.* ideale. **I|de|al|vor|stel|lung** f. *(-,-en)* rappresentazione *f.* ideale. **I|de|al|wert** m. *(-[e]s,-e)* valore *m.* ideale. **I|de|al|zu|stand** m. *(-[e]s,-zustände)* condizione *f.* ideale.

I|dee f. *(-,-n)* **1** idea *f.*: ***eine ~ aufgreifen, verfechten, verwirklichen, weiterführen*** fare propria, propugnare, realizzare, portare avanti un'idea; ***eine ~ vertreten, nachvollziehen*** sostenere, condividere un'idea: ***für eine ~ eintreten, kämpfen*** difendere un'idea, lottare per un'idea; ***eine (geniale, originelle) ~ haben*** avere un'idea (geniale, originale); ***auf eine ~ eingehen, kommen*** avere un'idea; ***wie kommst du denn auf die ~?*** come ti è venuta questa idea? ***das ist keine schlechte ~*** non è una cattiva idea; ***gute ~!*** buona idea! ***jdn auf eine ~ bringen*** suggerire (*o* far venire) a qcn. un'idea; ***keine, nicht die geringste (o leiseste) ~ von etw. haben*** non avere la più pallida idea di qcs.; COLLOQ. ***mir ist die ~ zu einem Fest gekommen*** mi è venuta l'idea di (fare) una festa; ***das ist eine fixe ~ von ihm*** questa è una sua idea fissa **2** COLLOQ. *(ein bisschen)* ***eine ~*** un'idea, un po', un briciolo: ***eine ~ Salz*** un'idea di sale; ***könntest du eine ~ langsamer sprechen?*** potresti parlare un po' più lentamente?

i|de|ell agg. ideale.

i|de|en|arm agg. povero d'idee. **I|de|en|ar|mut** f. *(-)* povertà *f.* d'idee. **I|de|en|as|so|zi|a|ti|on** f. *(-,-en)* associazione *f.* d'idee. **I|de|en|aus|tausch** m. *(-[e]s)* scambio *m.* d'idee. **I|de|en|dra|ma** n. *(-s,-dramen)* dramma *m.* ideologico (*o* d'idee). **I|de|en|flucht** f. *(-)* PSIC. fuga *f.* delle idee. **I|de|en|fül|le** f. *(-)* profusione *f.* (*o* abbondanza *f.*) d'idee. **I|de|en|ge|halt** m. *(-[e]s,-e)* contenuto *m.* ideale (*o* d'idee). **I|de|en|ge|schich|te** f. *(-,-n)* storia *f.* delle idee. **I|de|en|gut** n. *(-[e]s)* patrimonio *m.* ideale. idee *f.pl.* **I|de|en|leh|re** f. *(-)* FILOS. dottrina *f.* delle idee. **i|de|en|los** agg. privo d'idee, senza idee. **I|de|en|lo|sig|keit** f. *(-)* mancanza *f.* d'idee. **i|de|en|reich** agg. ricco d'idee. **I|de|en|reich|tum** m. *(-s)* ricchezza *f.* d'idee. **I|de|en|welt** f. *(-)* mondo *m.* delle idee (*o* ideale).

I|den pl. idi *f.pl.* e *m.pl.*

I|den|ti|fi|ka|ti|on f. *(-,-en)* identificazione *f.* **i|den|ti|fi|zier|bar** agg. identificabile. **i|den|ti|fi|zie|ren I** tr. identificare: ***einen Mörder ~*** identificare un assassino; ***jdn mit einer Rolle ~*** identificare qcn. in un ruolo **II** rifl. **sich ~** identificarsi: ***sich mit seinem Beruf, mit einem Ideal ~*** identificarsi nel proprio lavoro, con un ideale; ***sich mit jdm ~*** identificarsi in qcn. **I|den|ti|fi|zie|rung** f. *(-,-en)* identificazione *f.*

I|den|ti|kit n. *(-s,-s)* identikit *m.*

i|den|tisch agg. identico: ***~ mit jdm, etw. sein*** essere identico a qcn., qcs. ◆ ***sich mit jdm, etw. ~ fühlen*** identificarsi (*o* riconoscersi) in qcn., qcs.

I|den|ti|tät f. *(-,-en)* identità *f.*: ***die ~ von Erscheinung und Wesen*** l'identità di apparenza e sostanza; ***jds ~ feststellen, nachweisen*** accertare, provare l'identità di qcn.; ***seine ~ belegen, verbergen*** dimostrare, nascondere la propria identità; FIG. ***seine ~ finden, suchen, verlieren*** trovare, cercare, perdere la propria identità. **I|den|ti|täts|kri|se** f. *(-,-n)* crisi *f.* d'identità. **I|den|ti|täts|nach|weis** m. *(-es,-e)* prova *f.* dell'identità. **I|den|ti|täts|ver|lust** m. *(-[e]s,-e)* perdita *f.* d'identità.

I|de|o|gramm n. *(-s,-e)* ideogramma *m.* **I|de|o|gra|phie** f. *(-,-n)* ideografia *f.* **i|de|o|gra|phisch** agg. ideografico.

I|de|o|lo|ge m. *(-n,-n)* ideologo *m.* **I|de|o|lo|gie** f. *(-,-n)* ideologia *f.* **i|de|o|lo|gie|frei** agg. libero da ideologie. **I|de|o|lo|gie|kri|tik** f. *(-,-en)* critica *f.* dell'ideologia. **i|de|o|lo|gisch** agg. ideologico. **i|de|o|lo|gi|sie|ren** tr. ideologizzare. **I|de|o|lo|gi|sie|rung** f. *(-,-en)* ideologizzazione *f.*

idg. ⇒ *indogermanisch* indogermanico.

I|di|o|blast m. *(-en,-en)* idioblasto *m.* **I|di|o|kra|sie** → **Idiosynkrasie.**

I|di|om n. *(-s,-e)* **1** idioma *m.* **2** *(idiomatische Wendung)* espressione *f.* idiomatica. **I|di|o|ma|tik** f. *(-)* **1** studio *m.* delle espressioni idiomatiche **2** *(Sammlung von Idiomen)* raccolta *f.* di espressioni idiomatiche **3** *(Gesamtbestand der Idiome einer Sprache)* patrimonio *m.* idiomatico (di una lingua). **i|di|o|ma|tisch** agg. idiomatico: ***eine -e Redensart*** una frase idiomatica.

i|di|o|morph agg. idiomorfo. **I|di|o|syn|kra|sie** f. *(-,-n)* idiosincrasia *f.*: ***eine ~ gegen etw. haben*** avere un'idiosincrasia per qcs. (anche FIG.). **i|di|o|syn|kra|tisch** agg. idiosincrasico, idiosincratico.

I|di|ot m. *(-en,-en)* idiota *m.* **i|di|o|ten|haft** agg. (da) idiota. **I|di|o|ten|hang** m. *(-[e]s,-hänge)*, **I|di|o|ten|hü|gel** m. *(-s,-)* COLLOQ. campetto *m.* per (sciatori) principianti. **i|di|o|ten|si|cher** agg. SCHERZ. a prova di stupido. **I|di|o|tie** f. *(-,-n)* idiozia *f.*

I|di|o|ti|kon n. *(-s, Idiotiken* e *Idiotika)* dizionario *m.* di idiotismi.

i|di|o|tisch I agg. idiota **II** avv. ***sich ~ verhalten*** comportarsi da idiota, fare l'idiota.

I|di|o|tis|mus m. *(-s, Idiotismen)* idiotismo *m.*

I|do n. *(-s)* (lingua) ido *m.*

I|dok|ras m. *(-,-e)* idocrasio *m.*

I|dol n. *(-s,-e)* idolo *m.* (anche FIG.). **I|do|lat|rie** f. *(-,-n)* idolatria *f.* **i|do|li|sie|ren** tr. ***jdn, etw. ~*** fare di qcn., qcs. un idolo, idolatrare qcn., qcs.

I|dyll n. *(-s,-e)* idillio *m.*; *(idyllisches Leben)* vita *f.* idilliaca. **I|dyl|le** f. *(-,-n)* idillio *m.* **I|dyl|lik** f. *(-)* carattere *m.* idillico. **i|dyl|lisch** agg. idillico, idilliaco.

IG ⇒ **1** *Industriegewerkschaft* sindacato *m.* industriale **2** *Interessengemeinschaft* gruppo *m.*

I|gel m. *(-s,-)* **1** riccio *m.*, COLLOQ. porcospino *m.* **2** FIG. *(kratzbürstiger Mensch)* istrice *m.* **I|gel|fisch** m. *(-[e]s,-e)* pesce *m.* istrice.

I|ge|lit n. *(-s)* INTRAD. (resina sintetica al cloruro di polivinile).

I|gel|kak|tus m. *(-* e *-ses,-* e *-se)* echinocactus *m.* **I|gel|kol|ben** m. *(-s,-)* BOT. biodo *m.* **I|gel|kopf** m. *(-[e]s,-köpfe)* **1** → **Igelkolben 2** COLLOQ. capelli *m.pl.* a spazzola. **I|gel|stel|lung** f. *(-,-en)* MIL. istrice *m.*

i|gitt inter. ih (che schifo!).

Ig|lu m. e n. *(-s,-s)* igloo *m.*, iglù *m.*

Ig|naz n.pr.m. Ignazio *m.*

ig|no|rant agg. ignorante. **Ig|no|rant** m. *(-en,-en)* ignorante *m.* **Ig|no|ran|ten|tum** n. *(-s)* SPREG. ignorantaggine *f.* **Ig|no|ranz** f. *(-)* ignoranza *f.* **ig|no|rie|ren** tr. ignorare (volutamente).

I|gu|a|na f. *(-, Iguanen)* iguana *f.* **I|gu|a|no|don** n. *(-s,-s* e *-ten)* iguanodonte *m.*

i. H. ⇒ *im Haus* sede.

IHK ⇒ *Industrie- und Handelskammer* Camera dell'industria e del commercio.

ihm pron.pers. dat. (nom. **er** e **es**) **1a** a lui, gli: ***ich glaube ~*** gli credo; ***ich muss ~ schreiben*** devo scrivere a lui, scrivergli **b** a lei, le: ***gehört das Buch dem Mädchen? – Ja, es gehört ~*** il libro appartiene alla ragazza? – Sì, le appartiene **2** *(nach Präpositionen)* lui: ***mit, zu ~ kommen*** venire con lui, da lui; ***das ist von ~*** è suo.

ihn pron.pers. acc. (nom. **er**) **1a** lui, lo: ***hast du ~ gesehen?*** lo hai visto? ***~ lui*** amare lui, amarlo **b** lei, la: ***bekam er deinen Brief? – Ja, er bekam ~*** ricevette la tua lettera? – Sì, la ricevette **2** *(nach Präpositionen)* lui: ***für ~*** per lui.

ih|nen pron.pers. dat.pl. (nom. **sie**) **1** a loro, loro: ***~ etw. geben*** dare loro qcs., dare qcs. a loro **2** *(nach Präpositionen)* loro: ***mit, bei ~*** con, da loro.

Ih|nen pron.pers. (nom. **Sie**) **I** dat. **1** a Lei, Le: ***ich glaube ~*** Le credo **2** *(nach Präpositionen)* Lei: ***mit ~*** con Lei **II** dat.pl. **1** a Loro, Loro **2** *(nach Präpositionen)* Loro: ***wer von ~?*** chi di Loro? ◆ ***ein Freund von ~*** un Suo amico.

1.ihr I pron.pers. dat. (nom. **sie**) **1a** a lei, le: ***~ etw. verkaufen*** vendere qcs. a lei, venderle qcs. **b** a lui, gli: ***die Katze ist hungrig; gib ~ etwas!*** il gatto ha fame; dagli qualcosa! **2** *(nach Präpositionen)* lei, lui: ***mit, zu ~*** con lei, da lei **II** pron.pers. pl. (gen. **euer**/ANT. **ihr**, dat. **euch**, acc. **euch** *(oft ausgelassen)* voi: ***~ habt recht*** avete ragione; ***wenn wir ~ wären*** se fossimo in voi.

2.ihr pron.poss. **1a** *(attributiv)* (il) suo: ***der Mantel von Ilse, ~ Mantel*** il cappotto di Elsa, il suo cappotto; ***-e Brüder, -e Worte*** i suoi fratelli, le sue parole; ***~ Vater, -e Mutter*** suo padre, sua madre **b** *(absolut)* (m. **ihrer**, f. **ihre**, n. **ihr[e]s**; pl. **ihre**) il suo: ***wessen Buch? – das -e*** il libro di chi? – il suo; ***das ist nicht meine Meinung, sondern (die) -e*** questa non è la mia opinione, ma la sua **2a** *(in Bezug auf mehrere Leute, attributiv)* (i) loro: ***Eltern mit -en Kindern*** genitori con i loro bambini **b** *(absolut)* i loro: ***das sind nicht unsere Kleider, sondern -e*** non sono i nostri vestiti, ma i loro ◆ SCHERZ. ***der Ihre*** suo marito; ***das Ihre*** il suo (quello che le spetta); ***die Ihren*** i suoi (famigliari).

Ihr pron.poss. **1a** *(attributiv)* (il) Suo, (il) Vostro: ***vergessen Sie nicht -en Schirm*** non dimentichi il Suo ombrello (*o* non dimenticate il Vostro ombrello); ***wie geht es -em Vater?*** come sta Suo padre? ***mit freundlichen Grüßen, -e Ute Meier*** distinti saluti, Sua Ute Meier **b** *(absolut)* il Suo, il Vostro: ***ich habe mein Formular ausgefüllt, Sie -es auch?*** ho compilato il mio modulo, anche Lei il Suo? (*o* anche Voi il Vostro?) **2a** *(in Bezug auf mehrere Leute, attributiv)* (il) Loro, (il) Vostro: ***meine Damen und Herren, herzlichen Dank für -e Großzügigkeit*** signore e signori, grazie per la Loro generosità **b** *(absolut)* il Loro, il Vostro ◆ ***meine besten Empfehlungen an die -en*** (porti) i miei rispetti ai Suoi (famigliari); ***kümmern Sie sich nur um das -e*** si occupi degli affari Suoi.

1.ih|rer → **2.ihr.**

2.ih|rer → **sie.**

ih|rer|seits avv. **1** *(weibliche Person)* da parte sua **2** *(mehrere Personen)* da parte loro. **Ih|rer|seits** avv. **1** *(weibliche Person)* da parte Sua **2** *(mehrere Personen)* da parte Loro, da parte Vostra.

ih|res|glei|chen pron.inv. **1** *(weibliche Person)* suo pari, pari suo **2** *(mehrere Personen)* pari loro, loro pari. **Ih|res|glei|chen** pron.inv. **1** *(weibliche Person)* Suo pari, pari Suo **2** *(mehrere Personen)* Loro pari, pari Loro, Vostro pari, pari Vostro.

ih|ret|hal|ben ANT. → **ihretwegen. Ih|ret|hal|ben** ANT. → **Ihretwegen.**

ih|ret|we|gen avv. **1** *(ihr zuliebe)* per lei **2** *(ihnen zuliebe)* per loro. **Ih|ret|we|gen** avv. **1** *(Ihnen zuliebe)* per Lei, per Voi **2** *(mehrere Personen)* per Loro, per Voi.

ih|ret|wil|len, um ~ per lei; *(mehrere Personen)* per loro. **Ih|ret|wil|len, um ~** per Lei, per Voi; *(mehrere Personen)* per Loro, per Voi.

ih|ri|ge pron.poss. LETT. ***der, die, das ~*** il suo.

Ih|ro pron. inv. ANT. ***~ Gnaden, Majestät*** Vostra Grazia, Sua Maestà.

ihr|zen intr. (aus. *haben*) dare del voi.

i. J. ⇒ *im Jahre* nell'anno (a.).

I|ka|rus, I|ka|ros n.pr.m. *(-)* MITOL. Icaro *m.*

I|ke|ba|na n. *(-[s])* ikebana *m.*

I|ko|ne f. *(-,-n)* icona *f.* **I|ko|nen|ma|le|rei** f. *(-,-en)* pittura *f.* di icone. **I|ko|nen|wand** f. *(-,-wände)* → **Ikonostase. i|ko|nisch** agg. iconico (anche FIG.).

I|ko|no|graph m. *(-en,-en)* iconografo *m.* **I|ko|no|gra|phie** f. *(-)* iconografia *f.* **i|ko|no|gra|phisch** agg. iconografico.

I|ko|no|klast m. *(-en,-en)* iconoclasta *m.* **i|ko|no|klas|tisch** agg. iconoclastico. **I|ko|no|lat|rie** f. *(-)* iconolatria *f.* **I|ko|no|lo|gie** f. *(-)* iconologia *f.* **I|ko|no|skop** n. *(-s,-e)* iconoscopio *m.* **I|ko|nos|tas** m. *(-,-e)*, **I|ko|nos|ta|se** f. *(-,-n)* iconostasi *f.*

ik|te|risch agg. itterico. **Ik|te|rus** m. *(-)* ittero *m.*

Ik|tus m. *(-,-* e *Ikten)* METR. MED. ictus *m.*

I|le|um n. *(-s, Ilea)* ANAT. ileo *m.* **I|le|us** m. *(-, Ileen* e *Ilei)* MED. *(Darmverschluss)* ileo *m.*

I|lex f. e m. *(-,-)* ilice *f.*

ill. ⇒ *illustriert* illustrato (ill.).

I|lias n.pr.f. Iliade *f.* **I|lion, I|lios, I|lium** n.pr.n. Ilio *f.*, Troia *f.*

il|le|gal I agg. illegale **II** avv. illegalmente. **Il|le|ga|li|tät, Il|le|ga|li|tät** f. *(-,-en)* illegalità *f.* **il|le|gi|tim** agg. illegittimo. **Il|le|gi|ti|mi|tät, Il|le|gi|ti|mi|tät** f. *(-)* illegittimità *f.*

il|li|be|ral agg. illiberale. **Il|li|be|ra|li|tät, Il|li|be|ra|li|tät** f. *(-)* illiberalità *f.*

il|li|quid agg. ECON. illiquido. **Il|li|qui|di|tät** f. *(-)* ECON. illiquidità *f.*

Il|li|te|rat, Il|li|te|rat m. *(-en,,-en)* illetterato *m.*

Il|lo|ku|ti|on f. *(-,-en)* illocuzione *f.* **il|lo|ku|ti|o|när** agg., ***-er Akt*** atto illocutorio. **il|lo|ku|tiv** agg., ***-er Akt*** atto illocutivo.

il|lo|yal I agg. sleale **II** avv. slealmente. **Il|lo|ya|li|tät, Il|lo|ya|li|tät** f. *(-)* slealtà *f.*

Il|lu|mi|nat m. *(-en,-en)* STOR. illuminato *m.* **Il|lu|mi|na|ten|or|den** m. *(-s)* STOR. ordine *m.* degli illuminati. **Il|lu|mi|na|ti|on** f. *(-,-en)* **1** illuminazione *f.* **2** PALEOGR. miniatura *f.* **Il|lu|mi|na|tor** m. *(-s,-en)* miniatore *m.*, ANT. illuminatore *m.* **il|lu|mi|nie|ren** tr. **1** illuminare **2** PALEOGR. miniare. **il|lu|mi|nie|rend** p.pres. agg. **1** → **illuminieren 2** FIG. illuminante, chiarificatore. **Il|lu|mi|nie|rung** f. *(-,-en)* illuminazione *f.* (anche FIG.).

Il|lu|si|on f. *(-,-en)* **1** illusione *f.*: ***sich (D) über jdn, etw. -en machen, sich (A) -en hingeben*** farsi illusioni su qcn., qcs.; ***jdm seine -en lassen, rauben*** lasciare, togliere a qcn. le sue illusioni; ***einer ~ nachjagen*** rincorrere un'illusione; ***um einige -en ärmer werden*** perdere alcune illusioni; ***sich in -en wiegen*** cullarsi nelle illusioni **2** illusione *f.* ottica (*o* visiva). **il|lu|si|o|när** agg. → **illusionistisch. il|lu|si|o|nie|ren** tr. illudere. **Il|lu|si|o|nis|mus** m. *(-)* illusionismo *m.* **Il|lu|si|o|nist** m. *(-en,-en)* **1** illuso *m.* **2** *(Zauberkünstler)* illusionista *m.* **il|lu|si|o|nis|tisch** agg. **1** illusionistico **2** *(Illusionen enthaltend)* illusorio. **il|lu|si|ons|los** agg. privo di illusioni. **Il|lu|si|ons|**

lo|sig|keit f. *(-)* mancanza *f.* di illusioni. **il|lu|so|risch I** agg. illusorio, fallace **II** avv. in modo illusorio.

Il|lust|ra|ti|on f. *(-,-en)* illustrazione *f.* **il|lust|ra|tiv** agg. illustrativo. **Il|lust|ra|tor** m. *(-s,-en)* illustratore *m.* **il|lust|rie|ren** tr. illustrare: ***ein Buch mit Figuren, eine These mit Beispielen ~*** illustrare un libro con figure, una tesi con esempi. **Il|lust|rier|te** f. *(-n,-n)* rivista *f.*, giornale *m.* (*o* periodico *m.*) illustrato. **Il|lust|rie|rung** f. *(-,-en)* l'illustrare, illustrazione *f.*

Il|ly|ri|en n.pr.n. *(-s)* Illiria *f.* **Il|ly|ri|er** m. *(-s,-)* illiro *m.* **il|ly|risch** agg. illirico.

Il|se n.pr.f. Elsa *f.*

Il|tis m. *(-ses,-se)* **1** puzzola *f.* **2** *(Fell)* pelle *f.* di puzzola.

im prep. artcl. **1** → **in 2** *(nicht auflösbar)* ***er ist ~ Kommen, Wachsen*** sta venendo, sta crescendo; ***~ Gegenteil*** al contrario; ***~ Bau*** in costruzione.

IM ⇒ EX-RDT *Inoffizieller Mitarbeiter* collaboratore inufficiale.

i. m. ⇒ *intramuskulär* intramuscolare.

I|mage ['ımıtʃ, 'ımıdʒ] n. *(-[s],-s)* immagine *f.* (ideale): ***das ~ der Frau der neunziger Jahre*** l'immagine ideale della donna degli anni novanta. **I|mage|pfle|ge** f. *(-)* cura *f.* dell'immagine: ***~ treiben*** curare l'immagine.

i|ma|gi|när agg. immaginario, irreale: ***-e Zahlen*** numeri immaginari. **I|ma|gi|na|ti|on** f. *(-,-en)* immaginazione *f.* **i|ma|gi|na|tiv** agg. immaginativo. **i|ma|gi|nie|ren** tr. immaginare. **I|ma|go** f. *(-, Imagines)* **1** PSIC. imago *f.* **2** ZOOL. STOR. immagine *f.*

I|mam m. *(-s,-s* e *-e)* imam *m.*, imano *m.*

im|be|zil, im|be|zill I agg. imbecille **II** avv. con imbecillità.

Im|bi|bi|ti|on f. *(-,-en)* imbibizione *f.*

Im|biss m. *(-es,-e)* spuntino *m.*: ***einen ~ (ein)nehmen, zubereiten, anbieten, reichen*** fare, preparare, offrire, dare uno spuntino. **Im|biss|stand** m. *(-[e]s,-stände)* chiosco *m.* **Im|biss|stu|be** f. *(-,-n)* tavola *f.* calda.

I|mi|tat n. *(-[e]s,-e)* imitazione *f.*: ***dieser Smaragd ist ein ~*** questo smeraldo è un'imitazione. **I|mi|ta|ti|on** f. *(-,-en)* imitazione *f.* **i|mi|ta|tiv** agg. imitativo, per imitazione. **I|mi|ta|tor** m. *(-s,-en)* imitatore *m.* **i|mi|ta|to|risch** agg. imitativo, che imita. **i|mi|tie|ren** tr. imitare.

Im|ker m. *(-s,-)* apicoltore *m.* **Im|ke|rei** f. *(-,-en)* apicoltura *f.* **im|kern** intr. (aus. *haben*) fare l'apicoltore, allevare api.

im|ma|nent agg. immanente. **Im|ma|nenz** f. *(-)* immanenza *f.*

Im|ma|nu|el n.pr.m. Emanuele *m.*

Im|ma|te|ri|al|gü|ter|recht n. *(-[e]s,-e)* DIR. diritto *m.* dei beni immateriali. **Im|ma|te|ri|a|li|tät, Im|ma|te|ri|a|li|tät** f. *(-)* immaterialità *f.* **im|ma|te|ri|ell, im|ma|te|ri|ell** agg. immateriale.

Im|mat|ri|ku|la|ti|on f. *(-,-en)* immatricolazione *f.* **im|mat|ri|ku|lie|ren I** tr. immatricolare **II** rifl. **sich ~** immatricolarsi, iscriversi (come matricola): ***sich an der Universität ~*** iscriversi all'università.

Im|me f. *(-,-n)* LETT. ape *f.*

im|me|di|at ANT. BUROCR. **I** agg. immediato, diretto **II** avv. immediatamente. **Im|me|di|at|ge|such** n. *(-[e]s,-e)* supplica *f.* all'autorità suprema. **im|me|di|a|ti|sie|ren** tr. STOR. = porre sotto la diretta autorità dell'Impero.

im|mens agg. immenso, enorme. **Im|men|si|tät** f. *(-)* ANT. immensità *f.*

Im|men|stock m. *(-[e]s,-stöcke)* arnia *f.*

im|mer I avv. **1a** sempre: ***sie ist ~ in Eile*** ha sempre fretta; ***sie streiten ~ wieder*** litigano sempre (*o* continuamente) **b** ***~ während*** continuo, ininterrotto: ***~ währender Kalender*** calendario perpetuo **2** *(jedesmal)* ogni volta, sempre: ***~ wenn er zu uns kam, freuten wir uns*** eravamo contenti ogni volta che veniva da noi; ***ich muss ~ wieder neu anfangen*** devo sempre ricominciare daccapo **II** part. **1** sempre: ***er ist ~ noch (noch ~) krank*** è ancor sempre malato, continua ad essere malato; ***hast du ~ noch (noch ~) nicht genug?*** non ne hai ancora abbastanza? **2** *(immerhin, unbetont)* pur sempre: ***er ist ~ noch ihr Sohn*** è pur sempre suo figlio **3** rafforz. *(meist ausgelassen)* ***nimm davon, so viel du ~ magst*** prendine quanto ne vuoi; ***lass ihn nur ~ kommen*** lascialo pure venire; ***wo er nur ~ stecken mag?*** dove si sarà cacciato? ◆ ***auf ~*** per sempre; ***~ drei und drei*** a tre a tre; ***~ und ewig(lich)*** in eterno; ***für ~*** per sempre; ***was machst du denn ~?*** che cosa stai facendo? COLLOQ. ***~ nicht*** mai; ***eins ~ schöner als das andere!*** uno più bello dell'altro! ***wann auch ~*** in qualsiasi (*o* qualunque) momento; ***was ~*** qualsiasi (*o* qualunque) cosa; ***~ wenn...*** ogni volta che...; ***wer ~ er auch ist*** chiunque egli sia; ***wer ~ es auch sein mag*** chiunque sia; ***wie auch ~...*** ad ogni buon conto...; ***~ wieder*** sempre di nuovo, continuamente, in continuazione; ***wo ~*** (d)ovunque. **im|mer|dar** avv. LETT. sempre, in eterno: ***jetzt und ~*** ora e sempre. **im|mer|fort** avv. continuamente, ininterrottamente. **im|mer|grün** agg. sempreverde. **Im|mer|grün** n. *(-[e]s,-e)* pervinca *f.* **im|mer|hin** avv. **1** *(wenigstens)* almeno, per lo meno: ***seine Leistungen sind nicht ausreichend, ~ bemüht er sich*** i suoi risultati non sono sufficienti, ma per lo meno lui si impegna **2** *(trotz allem)* lo stesso, ugualmente: ***versuchen wir es ~*** proviamo lo stesso; ***~ hätte er es mir sagen sollen*** avrebbe dovuto dirmelo ugualmente **3** *(schließlich)* pur sempre; ***er ist ~ dein Mann*** è pur sempre tuo marito **4** LETT. anche se: ***mag es ~ regnen, ich komme auf alle Fälle*** vengo in ogni caso, anche se piove.

Im|mer|si|on f. *(-,-en)* **1** immersione *f.* **2** MED. *(Dauerbad)* bagno *m.* prolungato.

im|mer|zu avv. COLLOQ. sempre, continuamente.

Im|mig|rant m. *(-en,-en)* immigrante *m.*, immigrato *m.* **Im|mig|ra|ti|on** f. *(-,-en)* immigrazione *f.* **im|mig|rie|ren** intr. (aus. *sein*) immigrare.

im|mi|nent agg. imminente.

Im|mis|si|on f. *(-,-en)* **1a** azione *f.* di fattori inquinanti **b** DIR. immissione *f.* **2** ANT. *(Amtseinsetzung)* insediamento *m.*

im|mo|bil agg. **1** *(unbeweglich)* immobile **2** MIL. *(von Truppen)* non mobilitato. **Im|mo|bi|li|ar|kre|dit** m. *(-[e]s,-e)* credito *m.* immobiliare. **Im|mo|bi|li|ar|ver|si|che|rung** f. *(-,-en)* assicurazione *f.* sugli immobili. **Im|mo|bi|lie** f. *(-,-n)* (bene *m.*) immobile *m.*: ***mit -n handeln*** occuparsi di compravendita di immobili. **Im|mo|bi|li|en|hai** m. *(-s,-e)* palazzinaro *m.* **Im|mo|bi|li|en|han|del** m. *(-s,-)* compravendita *f.* di immobili. **Im|mo|bi|li|en|händ|ler** m. *(-s,-)* agente *m.* immobiliare. **im|mo|bi|li|sie|ren** tr. ECON. immobilizzare. **Im|mo|bi|lis|mus** m. *(-)* immobilismo *m.* **Im|mo|bi|li|tät** f. *(-)* immobilità *f.*

im|mo|ra|lisch agg. immorale. **Im|mo|ra|lis|mus** m. *(-)* immoralismo *m.* **Im|mo|ra|list** m. *(-en,-en)* immoralista *f.* **Im|mo|ra|li|tät** f. *(-)* **1** *(Unsittlichkeit)* immoralità *f.* **2** *(Gleichgültigkeit der Moral gegenüber)* amoralità *f.*

Im|mor|ta|li|tät f. *(-)* immortalità *f.*

Im|mor|tel|le f. *(-,-n)* elicriso *m.*

im|mun agg. immune: ***gegen etw. ~ sein*** essere immune da qcs. **Im|mun|bi|o|lo|gie** f. *(-)* immunobiologia *f.* **im|mu|ni|sie|ren** tr. immunizzare. **Im|mu|ni|tät** f. *(-,-en)* immunità *f.*: ***den Schutz der ~ genießen*** godere dell'immunità. **Im|mu|ni|täts|for|schung** f. *(-)* → **Immunologie. Im|mun|kör|per** m. *(-s,-)* anticorpo *m.* **Im|mu|no|lo|gie** f. *(-)* immunologia *f.* **im|mu|no|lo|gisch** agg. immunologico. **Im|mun|schwä|che** f. *(-)* debolezza *f.* del sistema immunitario. **Im|mun|sys|tem** n. *(-s,-e)* sistema *m.* immunitario.

Im|pact ['impɛkt] m. *(-s,-s)* FIG. impatto *m.*

im|pair [ɛ̃'pɛːɐ] agg. dispari. **Im|pa|ri|tät** f. *(-)* disparità *f.*

Im|pas|to n. *(-s,-s* e *Impasti)* PITT. impasto *m.*

Im|peach|ment [ım'piːtʃmənt] n. *(-[s],-s)* impeachment *m.*

Im|pe|danz f. *(-,-en)* impedenza *f.*

im|pe|ra|tiv I agg. imperioso; GRAMM. imperativo **II** avv. imperiosamente. **Im|pe|ra|tiv, Im|pe|ra|tiv** m. *(-s,-e)* imperativo *m.* (anche GRAMM.): ***kategorischer ~*** imperativo categorico. **im|pe|ra|ti|visch, im|pe|ra|ti|visch I** agg. imperativo **II** avv. come imperativo. **Im|pe|ra|tiv|satz** m. *(-es,-sätze)* frase *f.* (*o* proposizione *f.*) imperativa.

Im|pe|ra|tor m. *(-s,-en)* imperatore *m.* **im|pe|ra|to|risch I** agg. **1** *(den Imperator betreffend)* imperatorio **2** *(gebieterisch)* imperioso, imperatorio **II** avv. imperiosamente.

Im|per|fekt n. *(-s,-e)* GRAMM. imperfetto *m.*: ***im ~ stehen*** essere all'imperfetto; ***ein Verb ins ~ setzen*** coniugare un verbo all'imperfetto. **im|per|fek|tisch** agg. **1** *(das Imperfekt betreffend)* imperfetto **2** *(im Imperfekt)* all'imperfetto.

im|pe|ri|al agg. imperiale. **Im|pe|ri|a|lis|mus** m. *(-, Imperialismen)* imperialismo *m.* **Im|pe|ri|a|list** m. *(-en,-en)* imperialista *m.* **im|pe|ri|a|lis|tisch** agg. imperialistico. **Im|pe|ri|um** n. *(-s, Imperien)* impero *m.*: ***das britische ~*** l'impero britannico.

im|per|me|a|bel, im|per|me|a|bel agg. impermeabile. **Im|per|me|a|bi|li|tät** f. *(-)* impermeabilità *f.*

Im|per|so|na|le n. *(-s, Impersonalia* e *Impersonalien)* GRAMM. impersonale *m.*

im|per|ti|nent agg. impertinente. **Im|per|ti|nenz** f. *(-,-en)* impertinenza *f.*, insolenza *f.*

Im|pe|tus m. *(-)* impeto *m.*

Impf|ak|ti|on f. *(-,-en)* campagna *f.* di vaccinazione. **Impf|arzt** m. *(-[e]s,-ärzte)* medico *m.* vaccinatore. **Impf|aus|weis** m. *(-es,-e)* documento *m.* di vaccinazione. **imp|fen** tr. **1** vaccinare (anche FIG.): ***jdn gegen Tetanus ~*** vaccinare qcn. contro il tetano **2a** FIG. COLLOQ. istruire, indottrinare: ***ich muss ihn noch ~*** devo ancora indottrinarlo **b** *(einimpfen)* ***jdm etw. ~*** inculcare qcs. in qcn. **3** BOT. *(pfropfen)* innestare **4** AGR. inoculare: ***sterile Nährböden ~*** trasmettere microorganismi sul terreno di coltura. **Impf|ling** m. *(-s,-e)* **1** *(zu impfende Person)* persona *f.* da vaccinare **2** *(geimpfte Person)* vaccinato *m.* **Impf|pass** m. *(-es,-pässe)* certificato *m.* (internazionale) di vaccinazione. **Impf|pflicht** f. *(-)* obbligo *m.* di vaccinazione. **Impf|pis|to|le** f. *(-,-n)* pistola *f.* per vaccinazioni. **Impf|pus|tel** f. *(-,-n)* pustola *f.* vaccinica. **Impf|schein** m. *(-[e]s,-e)* certificato *m.* di vaccinazione. **Impf|schutz** m. *(-es)* immunità *f.* vaccinica. **Impf|stoff** m. *(-[e]s,-e)* vaccino *m.* **Imp|fung** f. *(-,-en)* vaccinazione *f.*: ***eine ~ durchführen, erhalten*** fare una vaccinazione, venire vaccinati. **Impf|zwang** m. *(-[e]s)* → **Impfpflicht.**

Im|plan|tat n. *(-[e]s,-e)* MED. *(von Gewebe)* trapianto *m.*; *(von implantiertem Material)* impianto *m.* **Im|plan|ta|ti|on** f. *(-,-en)* **1** *(von Gewebe)* trapianto *m.* **2** *(von implantiertem Material)* impianto *m.* **im|plan|tie|ren** tr. *(Geweben)* trapiantare; *(Kunstmaterial)* impiantare.

Im|ple|men|ta|ti|on f. *(-,-en)*, **Im|ple|men|tie|rung** f. *(-,-en)* INFORM. implementazione *f.* **im|ple|men|tie|ren** tr. INFORM. implementare.

Im|pli|kat n. *(-[e]s,-e)* implicazione *f.* **Im|pli|ka|ti|on** f. *(-,-en)* implicazione *f.* **Im|pli|ka|tur** f. *(-,-en)* → **Implikat. im|pli|zie|ren** tr. implicare. **im|pli|zit** agg. implicito. **im|pli|zi|te** avv. implicitamente.

im|plo|die|ren intr. (aus. *sein*) implodere. **Im|plo|si|on** f. *(-,-en)* implosione *f.*

Im|pon|de|ra|bi|li|en pl. fattori *m.pl.* imponderabili.

im|po|nie|ren intr. (aus. *haben*) **1** fare un grande effetto, impressionare: ***seine Haltung imponiert mir sehr*** il suo atteggiamento mi fa un grande effetto; ***an ihr imponiert die Willensstärke*** ciò che impressiona in lei è la forza di volontà **2** ANT. *(sich geltend machen)* imporsi. **im|po|nie|rend** p.pres. agg. **1** → **imponieren 2** imponente. **Im|po|nier|ge|ha|be(n)** n. *(-s)* atteggiamento *m.* di imposizione.

Im|port m. *(-[e]s,-e)* importazione *f.* **Im|port|ab|hän|gig|keit** f. *(-)* dipendenza *f.* dalle importazioni. **Im|port|ar|ti|kel** m. *(-s,-)* articolo *m.* d'importazione. **Im|por|ta|ti|on** f. *(-,-en)* → **Import. Im|port|be|schrän|kung** f. *(-,-en)* limitazione *f.* delle importazioni. **Im|por|te** f. *(-,-n)* **1** → **Importware 2** ANT. *(Zigarre)* sigaro *m.* d'importazione. **Im|por|teur** [impor'tøːɐ] m. *(-s,-e)* importatore *m.* **Im|port|ge|schäft** n. *(-[e]s,-e)* **1** *(Firma)* ditta *f.* importatrice **2** → **Importhandel. Im|port|han|del** m. *(-s)* commercio *m.* d'importazione. **im|por|tie|ren** tr. importare: ***etw. in ein Land, nach Deutschland ~*** importare qcs. in un paese, in Germania. **Im|port|über|schuss** m. *(-es,-überschüsse)* surplus *m.* (*o* eccesso *m.*) di importazioni.

im|por|tun agg. **1** *(ungeeignet)* inadatto, inadeguato **2** *(ungelegen)* inopportuno.

Im|port|wa|re f. *(-,-n)* merce *m.* d'importazione.

im|po|sant agg. imponente.

im|po|tent agg. impotente. **Im|po|tenz** f. *(-)* **1** MED. impotenza *f.* **2** RAR. *(Unfähigkeit)* incapacità *f.*, impotenza *f.*

Im|präg|na|ti|on f. *(-,-en)* **1** impregnazione *f.*, impregnamento *m.* **2** BIOL. fecondazione *f.* **im|präg|nie|ren** tr. **1** impregnare **2** TECN. impermeabilizzare: ***das Zeltdach neu ~ lassen*** fare nuovamente impermeabilizzare il telo della tenda **3** BIOL. fecondare. **Im|präg|nie|rung** f. *(-,-en)* → **Imprägnation.**

im|prak|ti|ka|bel, im|prak|ti|ka|bel agg. inattuabile, ineseguibile.

Im|pres|si|on f. *(-,-en)* impressione *f.* **im|pres|si|o|na|bel** agg. **1** impressionabile **2** *(reizbar)* suscettibile. **Im|pres|si|o|nis|mus** m. *(-)* impressionismo *m.* **Im|pres|si|o|nist** m. *(-en,-en)* impressionista *m.* **im|pres|si|o|nis|tisch** agg. impressionistico, impressionista.

Im|pres|sum n. *(-s, Impressen)* colofone *m.*, colophon *m.* **Im|pri|ma|tur** n. *(-s)* **1** EDIT. ***das ~*** il „(visto) si stampi" **2** ECCL. imprimatur *m.* **Im|pri|mé** [ɛ̃pri'meː] n. *(-[s],-s)* TESS. imprimé *m.* **im|pri|mie|ren** tr. ***etw. ~*** dare il „si stampi" a qcs.

Im|promp|tu [ɛ̃prõ'tyː] n. *(-s,-s)* MUS. improvviso *m.*, impromptu *m.*

Im|pro|vi|sa|ti|on f. *(-,-en)* improvvisazione *f.* **Im|pro|vi|sa|tor** m. *(-s,-en)* improvvisatore *m.* **im|pro|vi|sie|ren** tr. (anche assol.) improvvisare.

Im|puls m. *(-es,-e)* impulso *m.*: ***einem ~ folgen, nachgeben*** seguire un impulso, cedere ad un impulso; ***jdm neue -e für etw. geben*** dare a qcn. nuovi impulsi per qcs. **Im|puls|ge|ne|ra|tor** m. *(-s,-en)* generatore *m.* d'impulsi. **im|pul|siv** agg. impulsivo. **Im|pul|si|vi|tät** f. *(-)* impulsività *f.*

Im|pu|ta|ti|on f. *(-,-en)* **1** RELIG. imputazione *f.* della giustizia di Cristo **2** ANT. imputazione *f.*

im|stan|d(e), ***~ sein*** **1** *(in der Lage sein, können)* essere in grado; ***sich ~ fühlen, etw. zu tun*** sentirsi in grado (*o* nelle condizioni) di fare qcs. **2** *(so dumm, schlecht sein, dass...)* essere capace: ***zu allem ~ sein*** essere capace di tutto; ***er ist ~ und sagt das weiter*** è capace di dirlo in giro.

1.in prep. + dat (anche artcl. **im**) e acc. (anche artcl. **ins**) **1a** + acc. *(lokal: Richtung)* in, a: ***ins Büro, Theater gehen*** andare in ufficio, a teatro; ***ins Ausland fahren*** andare all'estero; ***~ die Disko, die Stadt gehen*** andare in discoteca, in città; ***sich (A) ~ die Mitte, ~ einen Sessel setzen*** sedersi in mezzo, su una poltrona; ***die Jacke ~ den Schrank hängen*** appendere la giacca nell'armadio; ***die Schlüssel ~ die Tasche stecken*** mettere le chiavi nella borsa; ***sich ~ die Sonne, den Schatten legen*** distendersi al sole, all'ombra **b** *(bei Städten, Ländern)* in: ***~ die Schweiz, die Türkei fahren*** andare in Svizzera, in Turchia **2a** + dat. *(lokal)* in, a: ***im Büro, im Theater, ~ der Disko sein*** essere in ufficio, a teatro, in discoteca; ***~ der Stadt leben*** vivere in città; ***im Ausland leben*** vivere all'estero; ***~ der Mitte sitzen*** essere seduto in mezzo; ***im Park spazierengehen*** passeggiare nel parco; ***der Rock hängt im Schrank*** la gonna è appesa nell'armadio; ***die Schlüssel stecken ~ der Tasche*** le chiavi sono nella borsa; ***~ der Sonne, im Schatten liegen*** essere (o stare) sdraiato al sole, all'ombra; ***im Westen, Süden*** a ovest, sud **b** *(bei Städten, Ländern)* in, a: ***sie studiert ~ Köln*** studia a Colonia; ***er wohnt ~ der Schweiz*** abita in Svizzera **3a** + dat. *(temporal)* in, a, di: ***im Winter, Frühling*** d'inverno, in primavera; ***im vorigen Jahr*** l'anno scorso; ***im (Monat) Mai*** a maggio, nel mese di maggio; ***~ der Nacht*** di notte; ***~ der Früh*** di mattina, al mattino (presto); ***~ dieser Zeit, diesem Moment*** in questo periodo, momento **b** tra, fra: ***~ drei Tagen*** fra tre giorni; ***~ einer viertel, halben Stunde*** fra un quarto d'ora, mezz'ora; *(innerhalb)* entro, in: ***die Arbeit muss ~ einer Stunde fertig sein*** il lavoro deve essere pronto entro un'ora **c** + acc. *(meistens in Verbindung mit bis)* a: ***bis ~ die Nacht, den Tod*** fino a tarda notte, alla morte; ***die Arbeit zieht sich bis ~ den Herbst hin*** il lavoro si protrae fino in autunno **4** + dat. *(modal)* in: ***~ Pantoffeln, Hemdsärmeln*** in pantofole, in maniche di camicia; ***~ verschiedenen Farben*** in diversi colori; ***~ Blau gekleidet*** vestito di blu **5** + dat. e acc. *(zur Angabe eines Bezuges)* in: ***tüchtig ~ seinem Beruf sein*** essere abili nel proprio lavoro; ***sehr gut ~ Mathematik sein*** essere ferrato in matematica; ***~ Stoffen handeln*** commerciare in stoffe; ***sich ~ jds Lage hineinversetzen*** calarsi nella situazione di qcn. ◆ ***~ der Absicht*** con l'intenzione; ***im Alter von 40 Jahren*** all'età di 40 anni (*o* a 40 anni); ***~ Anbetracht der Lage*** tenuto conto della (*o* considerata la) situazione; ***im Auge behalten*** tenere d'occhio; ***~ die Augen fallen*** dare nell'occhio; ***~ Behandlung sein*** essere in cura; ***im Ernst*** sul serio; ***etw. ~ Erwägung ziehen*** considerare (*o* prendere in considerazione) qcs.; ***im Fallen*** cadendo; ***im Freien*** all'aperto; ***~ Angst, Gefahr sein*** essere in pena, in pericolo; ***~ Geschäften*** per affari; ***Hand ~ Hand*** per mano; ***etw. ~ die Hand nehmen*** prendere qcs. in mano; ***sich ~ die Länge ziehen*** andare per le lunghe; ***~ Not geraten*** cadere in miseria; ***~ Reichweite*** a portata di mano; ***~ Schweiß geraten*** cominciare a sudare; ***~ Schwierigkeiten sein*** essere in difficoltà; ***~ Verlegenheit, Verzweiflung sein*** essere imbarazzato (*o* in imbarazzo), disperato; ***im Vorübergehen*** di passaggio; ***~ Wirklichkeit*** in verità.

2.in COLLOQ. *(in Mode)* ***~ sein*** essere in.

in|adä|quat, in|adä|quat agg. inadeguato. **In|adä|quat|heit** f. *(-,-en)* inadeguatezza *f.*

in|ak|ku|rat, in|ak|ku|rat agg. impreciso; inaccurato.

in|ak|tiv, in|ak|tiv agg. **1** inattivo, inoperoso **2** CHIM. inattivo; MED. ***eine -e Krankheit*** una malattia in fase remissiva. **in|ak|ti|vie|ren** tr. **1** RAR. *(in den Ruhestand versetzen)* mandare in pensione **2** MED. CHIM. inattivare: ***einen Bazillus ~*** inattivare un bacillo. **In|ak|ti|vie|rung** f. *(-,-en)* inattivazione *f.* **In|ak|ti|vi|tät, In|ak|ti|vi|tät** f. *(-)* **1** inattività *f.*, inoperosità *f.* **2** CHIM. inattività *f.* **3** *(Ruhestand)* pensione *f.* **4** MED. remissione *f.*

in|ak|tu|ell, in|ak|tu|ell agg. inattuale.

in|ak|zep|ta|bel, in|ak|zep|ta|bel agg. inaccettabile.

In|an|griff|nah|me f. *(-,-n)* l'intraprendere, inizio *m.*, avvio *m.*: ***die ~ eines Projektes*** l'avvio di un progetto.

I|na|ni|tät f. *(-)* inanità *f.*

In|an|spruch|nah|me f. *(-,-n)* **1** utilizzo *m.*, ricorso *m.*, il ricorrere: ***die ~ eines Kredits*** l'utilizzo di un credito; ***die ~ seiner Hilfe*** il ricorso al suo aiuto **2** *(Belastung)* carico *m.*, sollecitazione *f.*, sforzo *m.*; *(Aufwendung)* impiego *m.*: ***eine hohe ~ von Zeit und Energie*** un grande impiego di tempo ed energia; ***eine zu hohe ~ der Maschinen*** un'esagerata sollecitazione di macchinari.

In|ap|pe|tenz, In|ap|pe|tenz f. *(-)* MED. inappetenza *f.*

in|ar|ti|ku|liert, in|ar|ti|ku|liert agg. **1** disarticolato; *(von Lauten)* inarticolato **2** *(unklar)* oscuro, confuso, poco chiaro.

In|au|gen|schein|nah|me f. *(-,-n)* ispezione *f.*, sopralluogo *m.*; esame *m.*

In|au|gu|ral|dis|ser|ta|ti|on f. *(-,-en)* dissertazione *f.* di laurea. **In|au|gu|ra|ti|on** f. *(-,-en)* cerimonia *f.* d'insediamento. **in|au|gu|rie|ren** tr. **1** insediare: ***den neuen Bürgermeister ~*** insediare il nuovo

sindaco **2** inaugurare: ***ein neues Verfahren ~*** inaugurare un nuovo metodo. **In|au|gu|rie|rung** f. *(-,-en)* **1** insediamento *m.* **2** *(Neueinführung)* inaugurazione *f.*
In|be|griff m. *(-[e]s,-e)* **1** quintessenza *f.*: ***der ~ der Reinheit*** la quintessenza della purezza **2** FILOS. essenza *f.* **3** *(Verkörperung)* incarnazione *f.*, classico esempio *m.*: ***der ~ des Intellektuellen sein*** essere l'incarnazione dell'intellettuale. **in|be|grif|fen** agg. compreso, incluso: ***Getränke ~*** incluse le bevande; ***Frühstück ~*** compresa la prima colazione.
In|be|sitz|nah|me f. *(-,-n)* presa *f.* di possesso. **In|be|trieb|nah|me** f. *(-,-n)* messa *f.* in funzione, attivazione *f.*; *(Eröffnung)* apertura *f.*: ***die ~ der Industrieanlage*** l'attivazione dell'impianto industriale; ***die ~ des Autobahnabschnitts*** l'apertura del tratto autostradale. **In|be|trieb|set|zung** f. *(-,-en)* avviamento *m.*, attivazione *f.* (di macchinari).
In|bild n. *(-[e]s,-er)* ideale *m.*
In|brunst f. *(-)* fervore *m.*, ardore *m.*: ***die ~ ihres Gebets*** il fervore della sua preghiera. **in|brüns|tig I** agg. fervido, ardente: ***ein -er Glaube*** una fede ardente **II** avv. ardentemente: ***auf etw. ~ hoffen*** sperare ardentemente qcs.
In|bus|schlüs|sel m. *(-s,-)* brugola *f.*
Inch [ɪntʃ] m. *(-,-es)* METROL. pollice *m.*
in|cho|a|tiv agg. GRAMM. incoativo. **In|cho|a|tiv, In|cho|a|tiv** n. *(-s,-e)* GRAMM. incoativo *m.*, verbo *m.* incoativo.
incl. → **inkl.**
Ind. ⇒ *Indikativ* indicativo (ind.)
In|de|fi|nit|pro|no|men n. *(-s,-)* pronome *m.* indefinito.
in|de|kli|na|bel, in|de|kli|na|bel agg. indeclinabile.
in|de|li|kat, in|de|li|kat I agg. indelicato **II** avv. in modo indelicato.
in|dem I cong. **1** *(während)* mentre: ***~ er telefonierte, läutete es an der Tür*** mentre telefonava, suonarono alla porta; ***~ er rannte, verlor er den Hut*** correndo (*o* mentre correva) perse il cappello **2** *(dadurch, dass)* ***der Dieb entfloh, ~ er aus dem Fenster sprang*** il ladro fuggì saltando dalla finestra **II** avv. ANT. nel frattempo, intanto.
in|dem|ni|sie|ren tr. ANT. indennizzare, risarcire. **In|dem|ni|tät** f. *(-)* **1** sanatoria *f.* **2** *(Straffreiheit)* immunità *f.* parlamentare. **In|dem|ni|täts|ak|te** f. *(-,-n)* atto *m.* di ratifica; decreto *m.* di sanatoria.
In|der m. *(-s,-)* indiano *m.*, abitante *m.* dell'India. **In|de|rin** f. *(-,-nen)* indiana *f.*, abitante *f.* dell'India.
in|des RAR., **in|des|sen I** cong. **1** *(während)* mentre: ***~ er las, arbeiteten die anderen*** mentre lui leggeva gli altri lavoravano **2** *(wohingegen)* invece, mentre: ***die einen blieben zu Hause, ~ die anderen spazieren gingen*** gli uni restarono a casa invece gli altri andarono a passeggio **II** avv. **1** *(inzwischen)* nel frattempo, intanto: ***du kannst ~ anfangen*** nel frattempo puoi iniziare **2** *(jedoch)* però, tuttavia: ***man bot ihm einige Stellen an, ~ lehnte er alle ab*** gli offrirono alcuni posti di lavoro, ma li scartò tutti.
in|de|ter|mi|na|bel, in|de|ter|mi|na|bel agg. FILOS. indeterminabile. **In|de|ter|mi|na|ti|on, In|de|ter|mi|na|ti|on** f. *(-)* **1** FILOS. indeterminazione *f.* **2** *(Unentschlossenheit)* indecisione *f.*, irresolutezza *f.* **in|de|ter|mi|niert, in|de|ter|mi|niert** agg. **1** FILOS. indeterminato **2** *(unentschlossen)* indeciso, irresoluto, indeterminato. **In|de|ter|mi|nis|mus** m. *(-)* FILOS. indeterminismo *m.*
In|dex m. *(-[es],-e* e *Indizes)* **1** *(Verzeichnis)* indice *m.*: ***im ~ nachschauen, nachschlagen*** guardare nell'indice, sfogliare l'indice **2** STOR. *(in der katholischen Kirche)* indice *m.*: ***jds Werke auf den ~ setzen*** mettere all'indice le opere di qcn.; ***auf den ~ kommen, auf dem ~ stehen*** essere messo, essere all'indice **3** ECON. indice *m.*: ***der ~ der Lebenshaltungskosten*** l'indice del costo della vita **4** MAT. FIS. LING. indice *m.* ◆ FIG. ***jdn, etw. auf den ~ setzen*** mettere all'indice, bandire qcn., qcs. **In|dex|an|lei|he** f. *(-,-n)* obbligazione *f.* indicizzata. **In|dex|wäh|rung** f. *(-,-en)* ECON. valuta *f.* (*o* moneta *f.*) indice. **In|dex|zahl** f. *(-,en)*, **In|dex|zif|fer** f. *(-,-n)* indice *m.*
in|de|zent, in|de|zent agg. **1** indecente **2** *(unfein)* indiscreto, indelicato: ***eine -e Bemerkung*** un'osservazione indelicata. **In|de|zenz, In|de|zenz** f. *(-)* **1** indecenza *f.* **2** *(Mangel an Feinfühligkeit)* indelicatezza *f.*, indiscrezione *f.*
In|di|a|ner m. *(-s,-)* indiano *m.* (d'America); amerindio *m.* **In|di|a|ner|häupt|ling** m. *(-s,-e)* capo *m.* indiano. **In|di|a|ne|rin** f. *(-,-nen)* indiana *f.* (d'America). **In|di|a|ner|re|ser|vat** n. *(-[e]s,-e)*, **In|di|a|ner|re|ser|va|ti|on** f. *(-,-en)* riserva *f.* indiana. **In|di|a|ner|som|mer** m. *(-s,-)* **1** belle giornate *f.pl.* di fine estate **2** *(Spinnfäden)* fili *m.pl.* della vergine. **In|di|a|ner|spra|che** f. *(-,-n)* lingua *f.* indiana. **In|di|a|ner|stamm** m. *(-[e]s,-stämme)* tribù *f.* indiana.
in|di|a|nisch I agg. indiano, degli indiani d'America **II** avv. all'indiana. **In|di|a|nist** m. *(-en,-en)* indianista *m.*
In|di|en n.pr.n. *(-s)* India *f.*
In|dienst|nah|me f. *(-,-n)*, **In|dienst|stel|lung** f. *(-,-en)* **1** *(Einstellung)* assunzione *f.* **2** *(Inbetriebnahme)* messa *f.* in funzione.
in|dif|fe|rent, in|dif|fe|rent I agg. indifferente (anche CHIM.) **II** indifferentemente. **In|dif|fe|ren|tis|mus** m. *(-)* indifferentismo *m.*
In|dif|fe|renz, In|dif|fe|renz f. *(-,-en)* indifferenza *f.*; *(Desinteresse)* disinteresse *m.*
In|di|ges|ti|on, In|di|ges|ti|on f. *(-,-en)* MED. indigestione *f.*
In|dig|na|ti|on f. *(-)* indignazione *f.* **in|dig|niert I** agg. indignato **II** avv. in modo indignato. **In|dig|ni|tät** f. *(-)* **1** DIR. indegnità *f.* a succedere **2** ANT. *(Unwürdigkeit)* indegnità *f.*
In|di|go m. e n. *(-s,-s)* indaco *m.* **in|di|go|blau** agg. indaco. **In|di|go|blau** n. *(-s)* indaco *m.*, blu *m.* d'indaco. **In|di|go|pflan|ze** f. *(-,-n)* indigofera *f.*
In|di|ka|ti|on f. *(-,-en)* **1** MED. *(Heilanzeige)* indicazione *f.* **2** DIR. motivazione *f.* per l'interruzione di gravidanza.
1.In|di|ka|tiv m. *(-s,-e)* GRAMM. (modo *m.*) indicativo *m.*: ***im ~*** all'indicativo.
2.In|di|ka|tiv n. *(-s,-e)* sigla *f.*
in|di|ka|ti|visch, in|di|ka|ti|visch agg. GRAMM. indicativo.
In|di|ka|tor m. *(-s,-en)* ECON. CHIM. TECN. indicatore *m.* **In|di|ka|tor|di|a|gramm** n. *(-s,-e)* TECN. diagramma *m.* dell'indicatore. **In|di|ka|t|rix** f. *(-)* MAT. indicatrice *f.*
In|dio m. *(-s,-s)* indio *m.*
in|di|rekt, in|di|rekt I agg. indiretto: ***-e Steuern*** imposte indirette; ***-e Beleuchtung*** illuminazione indiretta; GRAMM. ***-e Rede*** discorso indiretto **II** avv. indirettamente: ***er wurde ~ dazu gezwungen*** vi fu costretto indirettamente.
in|disch I agg. indiano: ***der Indische Ozean*** l'Oceano Indiano **II** avv. all'indiana: ***~ essen*** mangiare all'indiana. **In|disch|rot, In|disch|rot** n. *(-s)* rosso *m.* indiano.
in|dis|kret, in|dis|kret I agg. indiscreto, indelicato, senza tatto: ***eine -e Frage, Person*** una domanda, persona indiscreta **II** avv. indiscretamente. **In|dis|kre|ti|on, In|dis|kre|ti|on** f. *(-,-en)* indiscrezione *f.*: ***eine ~ begehen*** commettere un'indiscrezione.
in|dis|ku|ta|bel agg. inaccettabile: ***ein indiskutabler Vorschlag*** una proposta inaccettabile ◆ ***das ist völlig ~!*** questo non va preso neanche in considerazione!
in|dis|po|ni|bel agg. **1** indisponibile **2** RAR. *(unveräußerlich)* inalienabile. **in|dis|po|niert** agg. **1** indisposto **2** *(in schlechter Verfassung)* maldisposto. **In|dis|po|niert|heit** f. *(-)* indisposizione *f.* **2** *(schlechte Verfassung)* cattiva disposizione *f.* d'animo. **In|dis|po|si|ti|on** f. *(-,-en)* indisposizione *f.*
in|dis|zi|pli|niert agg. indisciplinato.
In|di|um n. *(-s)* CHIM. indio *m.*
In|di|vi|du|a|li|sa|ti|on f. *(-,-en)* individualizzazione *f.* **in|di|vi|du|a|li|sie|ren** tr. individualizzare. **In|di|vi|du|a|li|sie|rung** f. *(-,-en)* individualizzazione *f.* **In|di|vi|du|a|lis|mus** m. *(-)* individualismo *m.*
In|di|vi|du|a|list m. *(-en,-en)* individualista *m.* **in|di|vi|du|a|lis|tisch** agg. individualistico, individualista. **In|di|vi|du|a|li|tät** f. *(-,-en)* individualità *f.* **In|di|vi|du|al|psy|cho|lo|gie** f. *(-)* psicologia *f.* individuale. **in|di|vi|du|al|psy|cho|lo|gisch** agg. della (*o* relativo alla) psicologia individuale. **In|di|vi|du|al|recht** n. *(-[e]s,-e)* diritto *m.* individuale (*o* personale). **In|di|vi|du|al|sphä|re** f. *(-)* sfera *f.* individuale. **In|di|vi|du|a|ti|on** f. *(-,-en)* PSIC. individuazione *f.* **in|di|vi|du|ell I** agg. individuale: ***-e Bedürfnisse, Probleme*** bisogni, problemi individuali **II** avv. **1** individualmente **2** ***etw. ist ~ verschieden*** qcs. varia da individuo a individuo (*o* a seconda dei casi). **In|di|vi|du|um** n. *(-s, Individuen)* individuo *m.*: ***der Mensch als ~*** l'uomo come individuo; SPREG. ***ein finsteres ~*** un losco individuo; CHIM. ***chemische Individuen*** individui chimici.
In|diz n. *(-es,-ien)* **1** indizio *m.*: ***sich auf -ien stützen*** basarsi (*o* fondarsi) su indizi **2** *(Anzeichen)* segno *m.*, indizio *m.*: ***es gibt kein ~ für eine Besserung*** non c'è indizio di miglioramento. **In|di|zi|en|be|weis** m. *(-es,-e)* prova *f.* indiziaria. **In|di|zi|en|ket|te** f. *(-,-n)* serie *f.* di indizi. **In|di|zi|en|pro|zess** m. *(-es,-e)* processo *m.* indiziario. **in|di|zie|ren** tr. **1** ***etw. ~*** indicare qcs., essere indizio (*o* segno) di qcs. **2** *(auf den Index setzen)* mettere all'indice **3** MED. consigliare. **in|di|ziert** p.pass. agg. **1** → **indizieren 2** MED. indicato, consigliato, consigliabile: ***eine Medikation wäre ~*** sarebbe indicata una medicazione.
in|do|a|risch agg. indoario.
In|do|chi|na n.pr.n. *(-s)* Indocina *f.* ◆ ***Indochina-Krieg*** conflitto indocinese. **In|do|chi|ne|se** m. *(-n,-n)* indocinese *m.*
In|do|eu|ro|pä|er m. *(-s,-)* indoeuropeo *m.* **in|do|eu|ro|pä|isch** agg. indoeuropeo.
In|do|ger|ma|ne m. *(-n,-n)* indoeuropeo *m.* **in|do|ger|ma|nisch** agg. indogermanico, indoeuropeo. **In|do|ger|ma|ni|sche** n. *(-n)* indoeuropeo *m.*, indogermanico *m.* **In|do|ger|ma|nist** m. *(-en,-en)* indoeuropeista *m.* **In|do|ger|ma|nis|tik** f. *(-)* indoeuropeistica *f.*

in|do|ira|nisch agg. indoiranico.
In|dokt|ri|na|ti|on f. *(-,-en)* indottrinamento *m.* **in|dokt|ri|nie|ren** tr. indottrinare. **In|dokt|ri|nie|rung** f. *(-,-en)* indottrinamento *m.*
In|dol n. *(-s,-e)* CHIM. indolo *m.*
in|do|lent agg. indolente. **In|do|lenz** f. *(-)* indolenza *f.*
In|do|lo|ge m. *(-n,-n)* indologo *m.* **In|do|lo|gie** f. *(-)* indologia *f.*
In|do|ne|si|en n.pr.n. *(-s)* Indonesia *f.* **In|do|ne|si|er** m. *(-s,-)* indonesiano *m.*, abitante *m.* dell'Indonesia. **in|do|ne|sisch** agg. indonesiano.
in|dos|sa|bel agg. BANC. girabile, trasferibile. **In|dos|sa|ment** n. *(-[e]s,-e)* BANC. girata *f.* **In|dos|sant** m. *(-en,-en)* BANC. girante *m.* **In|dos|sat**, **In|dos|sa|tar** m. *(-en,-en)* giratario *m.* **In|dos|sent** → **Indossant.** **in|dos|sie|ren** tr. BANC. girare, trasferire. **In|dos|sie|rung** f. *(-,-en)* BANC. girata *f.* **In|dos|so** n. *(-s,-s e Indossi)* → **Indossament.**
In|duk|tanz f. *(-)* induttanza *f.* **In|duk|ti|on** f. *(-,-en)* induzione *f.* **In|duk|ti|ons|ap|pa|rat** m. *(-[e]s,-e)* → **Induktor.** **In|duk|ti|ons|be|weis** m. *(-es,-e)* dimostrazione *f.* induttiva (*o* per induzione). **In|duk|ti|ons|krank|heit** f. *(-,-en)* PSIC. disturbo *m.* indotto. **In|duk|ti|ons|mo|tor** m. *(-s,-en)* motore *m.* a induzione. **In|duk|ti|ons|ofen** m. *(-s,-öfen)* forno *m.* a induzione. **In|duk|ti|ons|strom** m. *(-[e]s,-ströme)* corrente *f.* indotta. **in|duk|tiv** agg. induttivo. **In|duk|ti|vi|tät** f. *(-,-en)* FIS. induttività *f.* **In|duk|tor** m. *(-s,-en)* FIS. induttore *m.*
In|dul|genz f. *(-,-en)* indulgenza *f.*
In|dult m. e n. *(-[e]s,-e)* indulto *m.*
In|du|ra|ti|on f. *(-,-en)* MED. induramento (*o* indurimento) *m.*
In|dus n.pr.n. *(-)* Indo *m.*
In|dust|ri|al De|sign [ɪn'dʌstrɪəl dɪ'zaɪn] n. *(-s)* disegno *m.* (*o* design *m.*) industriale, industrial design *m.*
in|dust|ri|a|li|sie|ren tr. industrializzare. **In|dust|ri|a|li|sie|rung** f. *(-)* industrializzazione *f.*
In|dust|ri|a|lis|mus m. *(-)* industrialismo *m.*
In|dust|rie f. *(-,-n)* industria *f.*: ***chemische, Metall verarbeitende, pharmazeutische ~*** industria chimica, metallurgica, farmaceutica; ***in der ~ arbeiten, tätig sein*** lavorare nell'industria; ***eine ~ aufbauen*** impiantare un'industria. **In|dust|rie|an|la|ge** f. *(-,-n)* impianto *m.* industriale, stabilimento *m.* **In|dust|rie|ar|bei|ter** m. *(-s,-)* lavoratore *m.* dell'industria. **In|dust|rie|ar|chä|o|lo|gie** f. *(-)* archeologia *f.* industriale. **In|dust|rie|aus|stel|lung** f. *(-,-en)* esposizione *f.* (*o* fiera *f.*) industriale. **In|dust|rie|bahn** f. *(-,-en)* ferrovia *f.* industriale (*o* di stabilimento), ferrovia *f.* privata (di un'industria). **In|dust|rie|bau** m. *(-[e]s,-ten)* **1** edilizia *f.* industriale **2** *(Bauwerk)* edificio *m.* (*o* fabbricato *m.*, costruzione *f.*) industriale. **In|dust|rie|be|trieb** m. *(-[e]s,-e)* impresa *f.* (*o* azienda *f.*) industriale. **In|dust|rie|de|sign** → **Industrial Design.** **In|dust|rie|er|zeug|nis** n. *(-ses,-se)* prodotto *m.* industriale. **In|dust|rie|ge|biet** n. *(-[e]s,-e)* area *f.* (*o* zona *f.*) industriale. **In|dust|rie|ge|sell|schaft** f. *(-,-en)* società *f.* industriale. **In|dust|rie|ge|werk|schaft** f. *(-,-en)* sindacato *m.* industriale. **In|dust|rie|gleis** n. *(-es,-e)* raccordo *m.* ferroviario (industriale). **In|dust|rie|ka|pi|tän** m. *(-s,-e)* capitano *m.* d'industria. **In|dust|rie|kauf|frau** f. *(-,-en)* impiegata *f.* (nell'industria). **In|dust|rie|kauf|mann** m. *(-[e]s,-leute)* impiegato *m.* (nell'industria). **In|dust|rie|land** n. *(-[e]s,-länder)* → **Industriestaat.** **In|dust|rie|land|schaft** f. *(-,-en)* paesaggio *m.* industriale.
in|dust|ri|ell I agg. industriale: ***-e Erzeugnisse, Verfahren*** prodotti, processi industriali **II** industrialmente, con metodi industriali, su base industriale. **In|dust|ri|el|le** m. e f. *(-n,-n)* industriale *m.* e *f.*
In|dust|rie|mag|nat m. *(-en,-en)* magnate *m.* dell'industria. **In|dust|rie|müll** m. *(-[e]s)* rifiuti *m.pl.* industriali. **In|dust|rie|na|ti|on** f. *(-,-en)* → **Industriestaat.** **In|dust|rie|pflan|zen** pl. piante *f.pl.* industriali. **In|dust|rie|pro|dukt** n. *(-[e]s,-e)* → **Industrieerzeugnis.** **In|dust|rie|ro|bo|ter** m. *(-s,-)* robot *m.* industriale. **In|dust|rie|staat** m. *(-[e]s,-en)* paese *m.* industriale (*o* industrializzato). **In|dust|rie|stadt** f. *(-,-städte)* città *f.* industriale.
In|dust|rie- und Han|dels|kam|mer f. *(-,-n)* Camera *f.* dell'industria e del commercio.
In|dust|rie|un|ter|neh|men n. *(-s,-)* → **Industriebetrieb.** **In|dust|rie|zeit|al|ter** n. *(-s)* età *f.* industriale. **In|dust|rie|zweig** m. *(-[e]s,-e)* ramo *m.* (*o* settore *m.*) industriale.
in|du|zie|ren tr. indurre.
in|ef|fek|tiv agg. inefficace; *(fruchtlos)* infruttuoso, inutile. **In|ef|fek|ti|vi|tät** f. *(-)* inefficacia *f.*; *(Fruchtlosigkeit)* infruttuosità *f.*, inutilità *f.*
in|ef|fi|zi|ent agg. inefficiente. **In|ef|fi|zi|enz** f. *(-,-en)* inefficienza *f.*
in|ei|nan|der avv. (l')uno nell'altro: ***~ fließen*** confluire, unirsi, *(von Farben)* mescolarsi; ***~ fügen*** incastrare (uno nell'altro), commettere (a incastro), congiungere; ***sich ~ fügen*** incastrarsi; ***~ greifen*** ingranare, far presa; ***~ passen*** adattare uno all'altro, far combaciare; adattarsi uno all'altro, entrare uno nell'altro, combaciare: ***diese zwei Teile des Puzzles passen nicht ~*** questi due pezzi del puzzle non combaciano; ***~ schieben*** spingere uno nell'altro, incastrare uno nell'altro (facendo scorrere): ***die Einkaufswagen ~ schieben*** spingere i carrelli della spesa uno nell'altro; ***sich ~ schieben*** scivolare (*o* entrare) uno nell'altro, incastrarsi: ***bei dem Unfall schoben sich die Autos ~*** nell'incidente le macchine si incastrarono una nell'altra; ***~ stecken*** infilare (*o* mettere) uno nell'altro; essere innestati uno nell'altro ◆ ***~ aufgehen*** dedicarsi completamente uno all'altro; ***~ verliebt sein*** essere innamorati l'uno dell'altra; ***~ verschlungen sein*** essere aggrovigliato.
In|eins|set|zung f. *(-,-en)* equiparazione *f.*
In|ert|gas n. *(-es,-e)* gas *m.* inerte.
in|es|sen|zi|ell agg. non essenziale.
in|exakt agg. inesatto.
in|exis|tent agg. inesistente. **In|exis|tenz** f. *(-)* inesistenza *f.*
in ex|ten|so avv. per esteso.
in|fam I agg. **1** infame: ***ein -er Mensch, eine -e Tat*** un uomo, un gesto infame **2** COLLOQ. *(sehr stark)* tremendo, intollerabile: ***-e Kopfschmerzen*** un tremendo mal di testa **II** avv. **1** ***~ lügen*** mentire in modo infame **2** COLLOQ. rafforz. tremendamente, terribilmente: ***es ist ~ kalt*** fa un freddo tremendo. **In|fa|mie** f. *(-,-n)* infamia *f.*
In|fant m. *(-en,-en)* STOR. infante *m.*
In|fan|te|rie f. *(-,-n)* fanteria *f.* **In|fan|te|rie|re|gi|ment** n. *(-[e]s,-er)* reggimento *m.* di fanteria. **In|fan|te|rie|schu|le** f. *(-,-n)* scuola *f.* di fanteria. **In|fan|te|rist** m. *(-en,-en)* soldato *m.* di fanteria, fante *m.* **in|fan|te|ris|tisch** agg. di (*o* relativo alla) fanteria.
in|fan|til agg. MED. PSIC. COLLOQ. infantile. **In|fan|ti|lis|mus** m. *(-, Infantilismen)* MED. PSIC. infantilismo *m.* **In|fan|ti|li|tät** f. *(-)* **1** infantilismo *m.*, immaturità *f.* **2** *(Dummheit, Unsinn)* puerilità *f.*, sciocchezza *f.*
In|fan|tin f. *(-,-nen)* STOR. infanta *f.*
In|farkt m. *(-[e]s,-e)* infarto *m.*: ***einen ~ erleiden*** avere un infarto; ***an ~ sterben*** morire d'infarto; ***einen ~ hervorrufen*** provocare un infarto. **in|far|zie|ren** tr. ***jdn ~*** provocare un infarto a qcn.
In|fekt m. *(-[e]s,-e)* infezione *f.*: ***ein tetanischer ~*** un'infezione tetanica; ***der ~ breitete sich schnell aus*** l'infezione si propagò rapidamente. **In|fek|ti|on** f. *(-,-en)* **1** infezione *f.*: ***eine ~ des Darms, der Lungen*** un'infezione intestinale, polmonare; ***eine ~ übertragen*** trasmettere un'infezione **2** COLLOQ. *(Entzündung)* infiammazione *f.* **In|fek|ti|ons|ab|tei|lung** f. *(-,-en)* reparto *m.* malattie infettive. **In|fek|ti|ons|ge|fahr** f. *(-,-en)* pericolo *m.* d'infezione. **In|fek|ti|ons|herd** m. *(-[e]s,-e)* focolaio *m.* d'infezione. **In|fek|ti|ons|krank|heit** f. *(-,-en)* malattia *f.* infettiva, infezione *f.* **in|fek|ti|ös** agg. infettivo, contagioso.
In|fel → **Inful.**
in|fer|nal, in|fer|na|lisch I agg. infernale (anche FIG.) **II** avv. rafforz. in modo infernale: ***~ stinken*** puzzare in modo infernale. **In|fer|no** n. *(-s)* inferno *m.* (spec. FIG.): ***das ~ des Krieges, der Droge*** l'inferno della guerra, della droga ◆ ***das Dantesche ~*** l'Inferno dantesco.
in|fer|til agg. sterile. **In|fer|ti|li|tät** f. *(-)* sterilità *f.*
In|filt|rant m. *(-en,-en)* infiltrato *m.* **In|filt|ra|ti|on** f. *(-,-en)* infiltrazione *f.* **In|filt|ra|ti|ons|an|äs|the|sie** f. *(-,-n)* anestesia *f.* (locale) per infiltrazione. **in|filt|rie|ren I** tr. **1** infiltrare **2** *(einflößen)* instillare, somministrare **II** intr. (aus. *haben*) MED. infiltrarsi. **In|filt|rie|rung** f. *(-,-en)* infiltrazione *f.*
in|fi|nit, in|fi|nit agg. GRAMM. infinito. **in|fi|ni|te|si|mal** agg. infinitesimale. **In|fi|ni|te|si|mal|rech|nung** f. *(-,-en)* calcolo *m.* infinitesimale. **In|fi|ni|tiv, In|fi|ni|tiv** m. *(-s,-e)* GRAMM. infinito *m.* **In|fi|ni|tiv|satz** m. *(-es,-sätze)* frase *f.* infinitiva.
In|fir|mi|tät f. *(-)* infermità *f.*
In|fix, In|fix n. *(-es,-e)* LING. infisso *m.*
in|fi|zie|ren I tr. infettare (anche FIG.): ***jdn mit etw. ~*** infettare qcn. con qcs.; ***der Staub hat die Wunde infiziert*** la polvere ha infettato la ferita **II** rifl. ***sich ~*** infettarsi, contrarre un'infezione: ***ich habe mich mit einem Pilz, bei jdm infiziert*** ho contratto un'infezione da un fungo, da qcn. **In|fi|zie|rung** f. *(-,-en)* infezione *f.*
in flag|ran|ti avv. in flagrante: ***jdn ~ ertappen, erwischen*** cogliere qcn. in flagrante.
In|fla|ti|on f. *(-,-en)* inflazione *f.*: ***galoppierende, schleichende ~*** inflazione galoppante, strisciante; ***in, während der ~*** durante l'inflazione; ***die ~ stoppen*** frenare l'inflazione; FIG. ***eine ~ von Hochschulabgängern*** un'inflazione di laureati. **in|fla|ti|o|när** agg. → **inflationistisch.** **in|fla|ti|o|niert** agg. inflazionato (anche FIG.). **In|fla|ti|o|nis|mus** m. *(-)* inflazionismo *m.* **in|fla|ti|o|nis|tisch** agg.

inflazionistico. **In|fla|ti|ons|ra|te** f. *(-,-n)* tasso *m.* d'inflazione: ***eine ~ von 6 %*** un tasso d'inflazione del 6 %; ***eine steigende, sinkende ~*** un tasso d'inflazione in aumento, in calo. **in|fla|to|risch** agg. → **inflationistisch.**

in|fle|xi|bel, in|fle|xi|bel agg. **1** inflessibile **2** GRAMM. indeclinabile, invariabile. **In|fle|xi|bi|li|tät** f. *(-)* inflessibilità *f.*

In|flo|res|zenz f. *(-,-en)* infiorescenza *f.*

In|flu|enz f. *(-,-en)* EL. induzione *f.* elettrostatica. **In|flu|enz|ma|schi|ne** f. *(-,-n)* macchina *f.* elettrostatica.

In|fo n. *(-s,-s)* COLLOQ. **1** *(Informationsblatt)* foglio *m.* informativo **2** *(Informationsstand)* punto *m.* di informazioni.

in|fol|ge I prep. + gen. in seguito a, a causa di: ***~ dichten Nebels*** a causa della fitta nebbia **II** avv. ***~ von etw.*** in seguito a qcs.: ***~ von Eisglätte*** in seguito alla patina di ghiaccio. **in|fol|ge|des|sen** avv. perciò, per cui: ***er hat wenig Erfahrung; ~ macht er viele Fehler*** ha poca esperienza; perciò fa tanti errori.

In|fo|mo|bil n. *(-s,-e)* punto *m.* d'informazione mobile.

in|for|mal agg. SOCIOL. *(zwanglos)* spontaneo, libero. **In|for|mand** m. *(-en,-en)* tirocinante *m.* **In|for|mant** m. *(-en,-en)* **1** informatore *m.* **2** LING. consulente *m.* di madrelingua. **In|for|ma|tik** f. *(-)* informatica *f.* **In|for|ma|ti|ker** m. *(-s,-)* informatico *m.*

In|for|ma|ti|on f. *(-,-en)* **1** informazione *f.*: ***zu Ihrer ~*** per Sua informazione, a titolo d'informazione; ***-en austauschen, einholen*** scambiare, prendere informazioni; ***nähere, zuverlässige -en*** informazioni più dettagliate, fidate; ***jdm eine ~ über jdn, etw. geben*** dare a qcn. un'informazione su qcn., qcs. **2** informazioni *f.pl.*, punto *m.* (*o* ufficio *m.*) informazioni: ***sich bei der ~ erkundigen*** chiedere all'ufficio informazioni **3** INFORM. informazione *f.*: ***-en speichern, verarbeiten, übertragen*** immagazzinare, elaborare, trasferire informazioni. **in|for|ma|ti|o|nell** agg. dell'informazione. **In|for|ma|ti|ons|aus|tausch** m. *(-es)* scambio *m.* d'informazioni. **In|for|ma|ti|ons|bank** f. *(-,-en)* banca *f.* dati. **In|for|ma|ti|ons|blatt** n. *(-[e]s,-blätter)* foglio *m.* informativo. **In|for|ma|ti|ons|bü|ro** n. *(-s,-s)* ufficio *m.* informazioni. **In|for|ma|ti|ons|fluss** m. *(-es,-flüsse)* flusso *m.* di informazioni. **In|for|ma|ti|ons|ge|halt** m. *(-[e]s,-e)* valore *m.* informativo. **In|for|ma|ti|ons|ma|te|ri|al** n. *(-s,-ien)* materiale *m.* informativo. **In|for|ma|ti|ons|quel|le** f. *(-,-n)* fonte *f.* di informazioni. **In|for|ma|ti|ons|stand** m. *(-[e]s,-stände)* **1** punto *m.* di informazioni **2** *(Zustand des Informiertseins)* grado *m.* d'informazione. **In|for|ma|ti|ons|the|o|rie** f. *(-)* INFORM. PSIC. teoria *f.* dell'informazione. **In|for|ma|ti|ons|trä|ger** m. *(-s,-)* INFORM. supporto *m.* di memorizzazione. **In|for|ma|ti|ons|ver|ar|bei|tung** f. *(-)* INFORM. trattamento *m.* dell'informazione. **In|for|ma|ti|ons|wert** m. *(-[e]s,-e)* valore *m.* informativo. **in|for|ma|tiv** agg. informativo. **In|for|ma|tor** m. *(-s,-en)* informatore *m.* **in|for|ma|to|risch** agg. informativo, informatore.

In|for|mel [ɛ̃fɔrˈmɛl] n. *(-)* pittura *f.* informale.

in|for|mell I agg. informale **II** avv. in modo informale.

in|for|mie|ren I tr. ***jdn über etw. ~*** informare qcn. di qcs. **II** rifl. **sich ~** informarsi: ***sich aus der Presse, anhand von Berichten (über etw.) ~*** informarsi dalla stampa, in base a documenti (su qcs.). **In|for|miert|heit** f. *(-)* l'essere informato. **In|for|mie|rung** f. *(-,-en)* informazione *f.* **In|fo|stand** COLLOQ. → **Informationsstand. In|fo|thek** f. *(-,-en)* punto *m.* di informazioni elettronico.

in|fra|ge, ~ *kommen* essere in questione: ***das kommt nicht ~*** questo è fuori discussione, non se ne parla nemmeno; ***nur er kommt für diese Arbeit ~*** soltanto lui può essere preso in considerazione per questo lavoro; ***~ stehen*** essere in dubbio; ***jdn, etw. ~ stellen*** mettere qcn., qcs. in discussione, in dubbio, mettere qcs. in forse.

In|fra|ge|stel|lung f. *(-)* messa *f.* in questione.

In|frak|ti|on f. *(-,-en)* MED. infrazione *f.*

inf|ra|rot agg. infrarosso. **Inf|ra|rot** n. *(-[e]s)* raggi *m.pl.* infrarossi. **Inf|ra|rot|be|strah|lung** f. *(-,-en)* MED. applicazione *f.* di raggi infrarossi. **Inf|ra|rot|film** m. *(-[e]s,-e)* pellicola *f.* sensibile all'infrarosso. **Inf|ra|rot|hei|zung** f. *(-,-en)* riscaldamento *m.* a raggi infrarossi. **Inf|ra|rot|lam|pe** f. *(-,-n)* lampada *f.* a raggi infrarossi. **Inf|ra|rot|strahl** m. *(-s,-en)* raggio *m.* infrarosso. **Inf|ra|rot|strah|ler** m. *(-s,-)* apparecchiatura *f.* a raggi infrarossi.

Inf|ra|schall m. *(-s)* infrasuono *m.* **Inf|ra|struk|tur** f. *(-,-en)* infrastruttura *f.* **inf|ra|struk|tu|rell, inf|ra|struk|tu|rell** agg. infrastrutturale.

In|ful f. *(-,-n)* infula *f.*

in|fun|die|ren tr. MED. somministrare per infusione. **In|fus** n. *(-es,-e)* MED. infuso *m.* **In|fu|si|on** f. *(-,-en)* MED. infusione *f.*: ***intravenöse ~*** infusione endovenosa, fleboclisi *f.*; ***subkutane ~*** infusione sottocutanea, ipodermoclisi *f.* **In|fu|si|ons|tier|chen** n. *(-s,-)*, **In|fu|so|ri|um** n. *(-s, Infusorien)* BIOL. infusori *m.pl.*

Ing. ⇒ *Ingenieur* ingegnere (ing.).

In|gang|hal|tung f. *(-)* BUROCR. mantenimento *m.* in attività. **In|gang|set|zung** f. *(-,-en)* BUROCR. messa *f.* in funzione, avviamento *m.*

In|ge|brauch|nah|me f. *(-,-n)* BUROCR. utilizzazione *f.*

In|ge|ni|eur [ɪnʒeˈniøːɐ] m. *(-s,-e)* ingegnere *m.*: ***~ für Maschinenbau*** ingegnere meccanico. **In|ge|ni|eur|aka|de|mie** f. *(-,-n)* politecnico *m.* **In|ge|ni|eur|bau** m. *(-s,-ten)* **1** ingegneria *f.* civile **2** opera *f.* edilizia. **In|ge|ni|eur|bü|ro** n. *(-s,-s)* studio *m.* d'ingegneri, ufficio *m.* tecnico. **In|ge|ni|eur|schu|le** f. *(-,-n)* → **Ingenieurakademie. In|ge|ni|eur|we|sen** n. *(-s)* ingegneria *f.*

in|ge|ni|ös agg. ingegnoso. **In|ge|ni|o|si|tät** f. *(-)* ingegnosità *f.* **In|ge|ni|um** n. *(-s, Ingenien)* ingegno *m.* **In|ge|nu|i|tät** f. *(-)* **1** ANT. genuinità *f.*, schiettezza *f.* **2** STOR. ingenuità *f.*

In|ges|ti|on f. *(-,-en)* MED. ingestione *f.*

in|ge|züch|tet agg. generato da consanguinei.

In|got [ˈɪŋɡɔt] m. *(-s,-s)* lingotto *m.*

In|grain|pa|pier [ɪnˈɡreɪn-] n. *(-s,-e)* carta *f.* da disegno con fibre di lana.

In|gre|di|ens n. *(-s, Ingredienzien)*, **In|gre|di|enz** f. *(-,-en)* ingrediente *m.*

In|gres|si|on f. *(-,-en)* ingressione *f.* marina. **in|gres|siv, in|gres|siv** agg. ingressivo.

In|grimm m. *(-[e]s)* ANT. → **Grimm. in|grim|mig** agg. ANT. → **grimmig.**

Ing|wer m. *(-s,-)* zenzero *m.* **Ing|wer|bier** n. *(-s,-e)* INTRAD. (bevanda leggermente alcolica allo zenzero).

Inh. ⇒ *Inhaber* titolare *m.*

In|ha|ber m. *(-s,-)* **1** titolare *m.*: ***der ~ eines Unternehmens, eines Amts*** il titolare di una ditta, di una carica **2** proprietario *m.*: ***der ~ einer Wohnung*** il proprietario di un appartamento **3** detentore *m.*: ***der ~ eines Rekords*** il detentore di un record **4** *(von Wertpapieren)* portatore *m.* **In|ha|ber|ak|tie** f. *(-,-n)* azione *f.* al portatore. **In|ha|ber|pa|pier** n. *(-s,-e)* titolo *m.* al portatore.

in|haf|tie|ren tr. arrestare. **In|haf|tier|te** m. e f. *(-n,-n)* detenuto *m.* (-a *f.*). **In|haf|tie|rung** f. *(-,-en)* arresto *m.* **In|haft|nah|me** f. *(-,-n)* BUROCR. (messa *f.* in stato di) arresto *m.*

In|ha|la|ti|on f. *(-,-en)* inalazione *f.* **In|ha|la|ti|ons|ap|pa|rat** m. *(-[e]s,-e)* apparecchio *m.* per inalazioni, inalatore *m.* **in|ha|lie|ren** tr. **1** inalare **2** COLLOQ. ***den Zigarettenrauch ~*** aspirare il fumo di sigaretta **3** COLLOQ. SCHERZ. ingurgitare.

In|halt m. *(-[e]s,-e)* **1a** contenuto *m.*: ***der ~ eines Koffers*** il contenuto di una valigia **b** contenuto *m.*, soggetto *m.*, materia *f.*: ***der ~ eines Romans, eines Films*** il contenuto di un romanzo, di un film; ***etw. zum ~ haben*** avere qcs. come soggetto **c** senso *m.*: ***seinem Leben einen ~ geben*** dare un senso alla propria vita **2** MAT. *(Rauminhalt)* volume *m.*, capacità *f.*; *(Flächeninhalt)* area *f.* **in|halt|arm** → **inhaltsarm. in|halt|gleich** → **inhaltsgleich. in|halt|leer** → **inhaltsleer. in|halt|lich I** agg. contenutistico, del contenuto **II** avv. contenutisticamente, per quanto riguarda il contenuto. **in|halt|los** → **inhaltslos. in|halt|reich** → **inhaltsreich. In|halts|an|ga|be** f. *(-,-n)* riassunto *m.* **in|halts|arm** agg. povero di contenuto. **in|halts|be|zo|gen** agg. LING. riferito al contenuto. **in|halt|schwer** → **inhaltsschwer. In|halts|er|klä|rung** f. *(-,-en)* COMM. dichiarazione *f.* del contenuto. **in|halts|gleich** agg. uguale nel contenuto, di contenuto uguale. **in|halts|leer, in|halts|los** agg. privo di contenuto. **in|halts|reich** agg. ricco di contenuto, di senso. **in|halts|schwer** agg. molto significativo, di grande peso. **In|halts|über|sicht** f. *(-,-en)*, **In|halts|ver|zeich|nis** n. *(-ses,-se)* **1** *(eines Buches)* indice *m.* del contenuto **2** COMM. distinta *f.*, elenco *m.* del contenuto. **in|halts|voll, in|halt|voll** agg. pieno di significato, di senso.

in|hä|rent agg. inerente: ***einer Sache ~ sein*** essere inerente a qcs. **In|hä|renz** f. *(-)* inerenza *f.* **in|hä|rie|ren** intr. (aus. *haben*) inerire, essere inerente a.

In|hi|bi|ti|on f. *(-,-en)* inibizione *f.*

in|ho|mo|gen, in|ho|mo|gen agg. disomogeneo. **In|ho|mo|ge|ni|tät, In|ho|mo|ge|ni|tät** f. *(-)* disomogeneità *f.*

in|hu|man, in|hu|man I agg. inumano, disumano **II** avv. inumanamente, disumanamente. **In|hu|ma|ni|tät, In|hu|ma|ni|tät** f. *(-,-en)* inumanità *f.*, disumanità *f.*: ***eine ~ begehen*** commettere una disumanità.

i|ni|ti|al agg. iniziale. **I|ni|ti|al** n. *(-s,-e)*, **I|ni|ti|al|buch|sta|be** m. *(-ns,-n)*, **I|ni|ti|a|le** f. *(-,-n)* (lettera *f.*) iniziale *f.*: ***verzierte ~*** iniziale arabescata.

i|ni|ti|a|li|sie|ren tr. inizializzare.

I|ni|ti|al|spreng|stoff m. *(-s,-e)* esplosivo *m.* innescante. **I|ni|ti|al|wort** n. *(-[e]s,-wörter)* acronimo *m.* **I|ni|ti|al|zel|len** pl. BOT. cellule *f.pl.* iniziali. **I|ni|ti|al|zün|dung** f. *(-,-en)* carica *f.* d'innesco.

I|ni|ti|and m. *(-en,-en)* iniziando *m.* **I|ni|ti|ant** m. *(-en,-en)* chi prende l'iniziativa. **I|ni|ti|a|ti|on** f. *(-,-en)* iniziazione *f.* **I|ni|ti|a|ti|ons|ri|**

tus m. *(-,-riten)* rito *m.* d'iniziazione (*o* iniziatico). **i|ni|ti|a|tiv** agg. intraprendente, pieno d'iniziativa. **I|ni|ti|a|tiv|an|trag** m. *(-[e]s, -anträge)* mozione *f.* iniziale (in parlamento).

I|ni|ti|a|ti|ve f. *(-,-n)* 1 iniziativa *f.*: ***auf ~ des Komitees*** su iniziativa del comitato; ***die ~ ergreifen*** prendere l'iniziativa; ***jdm die ~ überlassen*** lasciare a qcn. l'iniziativa; ***etw. aus eigener ~ tun*** fare qcs. di propria iniziativa; ***~ haben, besitzen*** avere spirito d'iniziativa; ***gegen die Pläne der Regierung haben sich viele -n gebildet*** sono sorte molte iniziative contro i piani del governo 2 POL. *(Initiativrecht)* diritto *m.* d'iniziativa 3 SVIZZ. proposta *f.* di legge d'iniziativa popolare.

I|ni|ti|a|tiv|recht n. *(-[e]s,-e)* diritto *m.* d'iniziativa. **I|ni|ti|a|tor** m. *(-s, -en)* iniziatore *m.*, promotore *m.* **I|ni|ti|en** pl. inizi *m.pl.* **i|ni|ti|ie|ren** tr. 1 promuovere, iniziare 2 *(einführen)* iniziare: ***jdn in die Loge ~*** iniziare qcn. alla loggia massonica.

In|jek|ti|on f. *(-,-en)* iniezione *f.*: ***intramuskuläre, intravenöse ~*** iniezione intramuscolare, endovenosa; ***eine ~ machen (geben), verabreichen*** fare, praticare un'iniezione. **In|jek|ti|ons|lö|sung** f. *(-, -en)* soluzione *f.* iniettabile. **In|jek|ti|ons|sprit|ze** f. *(-,-n)* siringa *f.* per iniezioni.

In|jek|tiv m. *(-s,-e)*, **In|jek|tiv|laut** m. *(-[e]s,-e)* suono *m.* iniettivo.

In|jek|tor m. *(-s,-en)* iniettore *m.* **in|ji|zie|ren I** tr. iniettare **II** rifl. ***sich (D) etw. ~*** iniettarsi qcs.: ***sich Insulin ~*** iniettarsi dell'insulina.

In|ju|rie f. *(-,-n)* ingiuria *f.*, oltraggio *m.*

In|ka m. *(-[s],-[s])* inca *m.* **in|ka|isch** agg. incaico.

In|kar|di|na|ti|on f. *(-,-en)* incardinazione *f.*

in|kar|nat agg. ART. incarnato, carnicino. **In|kar|nat** n. *(-[e]s)* ART. incarnato *m.*, carnicino *m.*

In|kar|na|ti|on f. *(-,-en)* incarnazione *f.* (anche RELIG.): ***die ~ des Guten sein*** essere l'incarnazione del bene.

In|kar|nat|klee m. *(-s)* trifoglio *m.* rosso (*o* incarnato). **In|kar|nat|rot** n. *(-s)* → **Inkarnat.**

in|kar|nie|ren tr. incarnare. **in|kar|niert** agg. 1 *(verkörpert)* incarnato 2 RELIG. *(fleischgeworden)* incarnato, fatto carne.

In|kar|ze|ra|ti|on f. *(-,-en)* MED. strozzamento *m.*

In|kas|sant m. *(-en,-en)* AUSTR. cassiere *m.* **In|kas|so** n. *(-s,-s* e AUSTR. *Inkassi)* incasso *m.* **in|kas|so|be|voll|mäch|tigt** agg. autorizzato ad incassare. **In|kas|so|bü|ro** n. *(-s,-s)* ufficio *m.* recupero crediti. **In|kas|so|voll|macht** f. *(-,-en)* procura *f.* per l'incasso. **In|kas|so|wech|sel** m. *(-s,-)* cambiale *f.* (*o* effetto *m.*) all'incasso.

In|kauf|nah|me f. *(-)* BUROCR. accettazione *f.*: ***die ~ möglicher Schwierigkeiten*** il tener conto delle, di tutte le difficoltà possibili.

inkl. ⇒ *inklusive* incluso (incl.).

In|kli|na|ti|on f. *(-,-en)* inclinazione *f.* (anche FIG.): ***die ~ der Erdachse*** l'inclinazione dell'asse terrestre; ***eine ~ zu etw. haben*** avere un'inclinazione per qcs.

In|klu|si|on f. *(-,-en)* inclusione *f.* **in|klu|si|ve I** prep. + gen., nom. o dat. incluso, compreso, comprensivo di: ***der Preis ~ Porto*** il prezzo comprensivo di affrancatura, affrancatura compresa; ***~ Getränken*** bevande incluse **II** avv. compreso, incluso: ***bis Seite 300 ~*** fino a pagina 300 compresa; ***bis zum 17. Juli ~*** fino al 17 luglio compreso. **In|klu|siv|preis** m. *(-es,-e)* prezzo *m.* complessivo.

in|kog|ni|to avv. in incognito: ***~ bleiben*** restare in incognito. **In|kog|ni|to** n. *(-s,-s)* incognito *m.*: ***sein ~ wahren*** mantenere l'incognito.

in|ko|hä|rent, in|ko|hä|rent agg. incoerente. **In|ko|hä|renz** f. *(-, -en)* incoerenza *f.*

In|koh|lung f. *(-)* carbonizzazione *f.* (spontanea).

in|kom|men|su|ra|bel agg. incommensurabile: ***inkommensurable Größen, Maße*** grandezze, quantità incommensurabili. **In|kom|men|su|ra|bi|li|tät** f. *(-)* incommensurabilità *f.*

in|kom|mo|die|ren I tr. LETT. ***jdn ~*** scomodare (*o* incomodare) qcn., arrecare disturbo a qcn. **II** rifl. **sich ~** incomodarsi, disturbarsi: ***ich bitte Sie, ~ Sie sich nicht!*** La prego, non si incomodi! **In|kom|mo|di|tät** f. *(-,-en)* ANT. incomodo *m.*, disturbo *m.*

in|kom|pa|ra|bel agg. 1 *(nicht vergleichbar)* incomparabile 2 LING. *(von Adjektiven)* senza gradi di comparazione.

in|kom|pa|ti|bel, in|kom|pa|ti|bel agg. incompatibile. **In|kom|pa|ti|bi|li|tät** f. *(-,-en)* incompatibilità *f.*

in|kom|pe|tent, in|kom|pe|tent agg. 1 incompetente 2 GEOL. deformabile. **In|kom|pe|tenz, In|kom|pe|tenz** f. *(-,-en)* incompetenza *f.*

in|kom|plett, in|kom|plett agg. incompleto.

in|kom|pres|si|bel, in|kom|pres|si|bel agg. incompressibile, incomprimibile.

in|kon|gru|ent, in|kon|gru|ent agg. 1 incongruente 2a GEOM. incongruente **b** MAT. incongruo. **In|kon|gru|enz, In|kon|gru|enz** f. *(-, -en)* 1 incongruenza *f.* 2a GEOM. incongruenza *f.* **b** MAT. incongruità *f.*

in|kon|se|quent, in|kon|se|quent I agg. inconseguente **II** avv. in modo inconseguente, inconseguentemente. **In|kon|se|quenz, In|kon|se|quenz** f. *(-,-en)* inconseguenza *f.*

in|kon|sis|tent, in|kon|sis|tent agg. inconsistente. **In|kon|sis|tenz, In|kon|sis|tenz** f. *(-)* inconsistenza *f.*

in|kon|stant, in|kon|stant agg. incostante. **In|kon|stanz, In|kon|stanz** f. *(-)* incostanza *f.*

In|kon|ti|nenz, In|kon|ti|nenz f. *(-,-en)* MED. incontinenza *f.*

in|kon|ve|ni|ent, in|kon|ve|ni|ent agg. sconveniente.

in|kon|ver|ti|bel, in|kon|ver|ti|bel agg. inconvertibile: ***eine inkonvertible Währung*** una valuta non convertibile.

In|kor|po|ra|ti|on f. *(-,-en)* 1a DIR. incorporazione *f.* **b** POL. annessione *f.* 2 MED. assunzione *f.* 3 *(Aufnahme)* ammissione *f.* **in|kor|po|rie|ren** tr. 1a incorporare, inglobare **b** POL. annettere 2 MED. assumere 3 *(aufnehmen)* ammettere, accogliere. **in|kor|po|rie|rend** p.pres. agg. incorporante: ***-e Sprachen*** lingue incorporanti.

in|kor|rekt, in|kor|rekt I agg. 1 *(fehlerhaft)* scorretto, erroneo: ***eine -e Angabe*** un'indicazione scorretta 2 *(unangemessen)* inadeguato **II** avv. 1 scorrettamente, erroneamente 2 in modo inadeguato: ***~ gekleidet sein*** essere vestito in modo inadeguato. **In|kor|rekt|heit, In|kor|rekt|heit** f. *(-,-en)* 1 *(Fehlerhaftigkeit)* scorrettezza *f.*, erroneità *f.* 2 *(Fehler)* errore *m.*: ***-en in der Orthographie begehen*** commettere, fare degli errori di ortografia; *(Unrichtigkeit)* inesattezza *f.*: ***eine ~ in der Übersetzung*** un'inesattezza nella traduzione 3 *(von Verhalten)* scorrettezza *f.* 4 *(Unangemessenheit)* inadeguatezza *f.*

In|kraft|set|zung f. *(-,-en)* BUROCR. fare entrare *m.* (*o* mettere *m.*) in vigore. **In-Kraft-Tre|ten** n. *(-s)* entrata *f.* in vigore.

In|kreis m. *(-es,-e)* cerchio *m.* inscritto, circonferenza *f.* inscritta.

In|kre|ment n. *(-[e]s,-e)* MAT. FIS. incremento *m.*

In|kret n. *(-[e]s,-e)* increto *m.* **In|kre|ti|on** f. *(-)* increzione *f.* **in|kre|to|risch** agg. incretorio.

in|kri|mi|nie|ren tr. incriminare. **in|kri|mi|niert** p.pass. agg. incriminato.

In|krus|ta|ti|on f. *(-,-en)* 1 incrostazione *f.*, incrostatura *f.* 2 SART. applicazione *f.*, incrostazione *f.* **in|krus|tie|ren** tr. 1 incrostare 2 SART. rifinire con applicazioni.

In|ku|ba|ti|on f. *(-,-en)* 1 MED. incubazione *f.* 2 ORNIT. *(Brutzeit)* (periodo *m.* di) cova *f.*, incubazione *f.* 3 ETNOL. incubazione *f.* **In|ku|ba|ti|ons|zeit** f. *(-,-en)* periodo *m.* di incubazione. **In|ku|ba|tor** m. *(-s, -en)* incubatrice *f.*

In|ku|bus m. *(-, Inkuben)* 1 *(Alb)* demone *m.* notturno, incubo *m.* 2 *(Albdrücken)* incubo *m.*

In|ku|lanz, In|ku|lanz f. *(-)* COMM. mancanza *f.* di correttezza.

In|ku|na|bel, In|ku|na|bel f. *(-,-n)* incunabolo *m.*

in|ku|ra|bel, in|ku|ra|bel agg. incurabile.

In|land n. *(-[e]s)* 1 *(inländisches Gebiet)* interno *m.*: ***die Reaktionen des In- und Auslandes*** le reazioni all'interno e all'estero 2 *(Hinterland)* interno *m.*, entroterra *m.* **In|land|eis** n. *(-es)* ghiacciaio *m.* continentale.

In|län|der m. *(-s,-)* (abitante *m.*) nativo *m.*, indigeno *m.*: ***die Maßnahme gilt für In- und Ausländer*** il provvedimento vale sia per i nativi che per gli stranieri.

In|land|flug m. *(-[e]s,-flüge)* volo *m.* interno, nazionale. **in|län|disch** agg. interno, nazionale: ***die -e Presse*** la stampa nazionale. **In|lands|an|lei|he** f. *(-,-n)* prestito *m.* interno, nazionale. **In|lands|brief** m. *(-[e]s,-e)* lettera *f.* per l'interno. **In|lands|ge|spräch** n. *(-[e]s,-e)* telefonata *f.* nazionale. **In|lands|markt** m. *(-[e]s)* mercato *m.* interno, nazionale. **In|lands|por|to** n. *(-s)* affrancatura *f.* per l'interno.

In|laut m. *(-[e]s,-e)* FON. suono *m.* in corpo di parola, suono *m.* mediano. **in|lau|tend** agg. FON. intermedio, mediano.

In|lay ['ɪnleɪ] n. *(-s,-s)* otturazione *f.* (dentale).

In|lett n. *(-[e]s,-e* e *-s)* federa *f.* (per piumini).

in|lie|gend agg. BUROCR. → **einliegend.**

in|mit|ten prep.+ gen. fra, in mezzo a: ***~ mächtiger Säulen*** fra colonne imponenti; ***~ seiner Freunde*** fra i suoi amici ◆ ***~ von etw.*** in mezzo a qcs.; ***~ von Wäldern und Seen*** fra boschi e laghi.

in|ne, ***einer Sache (G) ~ sein*** capacitarsi di qcs.

in|ne_ha|ben tr. 1a rivestire, ricoprire, detenere: ***ein Amt ~*** ricoprire una carica **b** ***einen Lehrstuhl ~*** essere titolare di (*o* avere) una cattedra: ***den Lehrstuhl für Geschichte ~*** essere titolare della cattedra di storia 2 LETT. *(besitzen)* possedere 3 SPORT ***einen Rekord ~*** detenere un record. **in|ne_hal|ten** *(hält, hielt, gehalten)* **I** intr. (aus. *haben*) ***in (mit) etw. (D) ~*** smettere, interrompere qcs.: ***im Schreiben, mit der Arbeit ~*** smettere di scrivere, interrompere il lavoro **II** tr. ANT. *(einhalten)* mantenere, osservare.

in|nen avv. dentro, all'interno, internamente: ***das Kästchen ist auch ~ bemalt*** il cassettino è dipinto anche all'interno; ***das Fenster geht nach ~ (hin) auf*** la finestra si apre verso l'interno; ***beim Ge-***

hen die Füße nach ~ setzen camminare con i piedi all'indentro; ***von ~*** da dentro, dall'interno. **In|nen|ar|bei|ten** pl. lavori *m.pl.* interni (*o* all'interno). **In|nen|ar|chi|tekt** m. *(-en,-en)* architetto *m.* di interni. **In|nen|ar|chi|tek|tur** f. *(-,-en)* architettura *f.* di interni. **In|nen|auf|nah|me** f. *(-,-n)* FOT. CINEM. interno *m.* **In|nen|aus|stat|tung** f. *(-,-en)* **1** *(Inneneinrichtung)* arredamento *m.* **2** SART. AUT. rifiniture *f.pl.* interne. **In|nen|bahn** f. *(-,-en)* SPORT corsia *f.* interna. **In|nen|dienst** m. *(-[e]s,-e)* servizio *m.* (*o* lavoro *m.*) interno, in sede: ***im ~ arbeiten*** lavorare in sede (*o* in ufficio). **In|nen|druck** m. *(-[e]s,-drücke* e RAR. *-drucke)* pressione *f.* interna. **In|nen|ein|rich|tung** f. *(-,-en)* arredamento *m.* **In|nen|flä|che** f. *(-,-n)* superficie *f.* interna. **In|nen|hof** m. *(-[e]s,-höfe)* cortile *m.* interno. **In|nen|kan|te** f. *(-,-n)* spigolo *m.* interno. **In|nen|kur|ve** f. *(-,-n)* curva *f.* interna. **In|nen|le|ben** n. *(-s)* vita *f.* interiore. **In|nen|mi|nis|ter** m. *(-s,-)* ministro *m.* degli Interni (*o* dell'Interno). **In|nen|mi|nis|te|ri|um** n. *(-s,-ministerien)* ministero *m.* degli Interni. **In|nen|pfos|ten** m. *(-s,-)* palo *m.* interno. **In|nen|po|li|tik** f. *(-)* politica *f.* interna. **in|nen|po|li|tisch** agg. di politica interna: ***-e Entscheidungen*** decisioni di politica interna. **In|nen|raum** m. *(-[e]s,-räume)* (spazio *m.*, ambiente *m.*) interno *m.* **In|nen|sei|te** f. *(-,-n)* parte *f.*, faccia *f.* interna, lato *m.* interno. **In|nen|stadt** f. *(-,-städte)* centro *m.* (della città). **In|nen|sturm** m. *(-[e]s)* SPORT attacco *m.* **In|nen|stür|mer** m. *(-s,-)* SPORT punta *f.*, avanti *m.*, attaccante *m.* **In|nen|ta|sche** f. *(-,-n)* tasca *m.* interna. **In|nen|tem|pe|ra|tur** f. *(-,-en)* temperatura *f.* interna. **In|nen|ver|tei|di|ger** m. *(-s,-)* SPORT difensore *m.* **In|nen|welt** f. *(-,-en)* mondo *m.* interiore. **In|nen|win|kel** m. *(-s,-)* GEOM. angolo *m.* interno.

in|ne|re agg. **1** interno: ***~ Organe, Verletzungen*** organi interni, ferite interne; ***die -n Angelegenheiten eines Landes*** gli affari interni di un paese; ***~ Ordnung*** ordinamento interno **2** *(innerlich)* interiore, intimo: ***~ Ruhe, Bedürfnisse*** tranquillità interiore, intime esigenze: ***ein -r Monolog*** un monologo interiore **3** *(innig)* intimo, sentito: ***seine ~ Überzeugung*** sua intima convinzione; ***mit -r Anteilnahme*** con sentita partecipazione ◆ ***~ Abteilung*** reparto di medicina interna; ***vor meinem -n Auge*** mentalmente; ***-n Halt haben*** avere costanza; ***meine ~ Stimme*** la mia voce interiore. **In|ne|re** n. *(Inner[e]n)* **1** interno *m.*: ***das ~ der Insel, des Flugzeugs*** l'interno dell'isola, dell'aereo; ***der Minister des -n*** il ministro dell'Interno (*o* degli Interni) **2** *(Innerlichkeit)* animo *m.*, interiorità *f.*: ***jdm sein -s öffnen*** aprire il proprio animo a qcn. **3** *(Kern)* centro *m.*, cuore *m.*: ***ins ~ einer Philosophie eindringen*** penetrare nel cuore di una filosofia.

In|ne|rei|en pl. interiora *f.pl.*

in|ner|halb prep.+ gen. e + dat. **1** all'interno, dentro, in: ***~ des Gartens*** dentro al giardino; ***~ der Familie*** all'interno della famiglia **2** *(binnen)* entro: ***~ eines Jahres, zehn Jahren*** entro un anno, entro dieci anni ◆ ***~ von*** all'interno di: ***~ von Österreich*** all'interno dell'Austria; *(binnen)* entro: ***~ von zwei Wochen*** entro due settimane.

in|ner|lich I agg. **1** interiore, intimo: ***eine -e Verbundenheit (mit jdm)*** un legame intimo (con qcn.) **2** *(nach innen gewandt)* introspettivo: ***ein -er Mensch sein*** essere una persona introspettiva **3** *(innen)* interno: ***ein Medikament zur -en Anwendung*** un medicinale per uso interno **II** avv. **1a** interiormente: ***~ ruhig sein*** essere tranquillo interiormente **b** dentro di sé, tra sé e sé: ***~ lachen*** ridere tra sé e sé **2** *(innen)* internamente. **In|ner|lich|keit** f. *(-,-en)* interiorità *f.*

in|ner|par|tei|lich agg. interno al partito. **in|ner|po|li|tisch** agg. di politica interna. **in|ner|sek|re|to|risch** agg. a secrezione interna, endocrino. **in|nerst...** agg. **1** più interno, centrale: ***der -e Teil der Stadt*** la parte (più) centrale della città **2** intimo: ***im -en Herzen*** nell'intimo (*o* nel più profondo) del (suo) cuore. **in|ner|staat|lich** agg. interno (allo stato), nazionale. **in|ner|städ|tisch** agg. interno (alla città). **In|ners|te** n. *(-n,-n)* intimo *m.*: ***im -n bewegt, getroffen sein*** essere intimamente commosso. **in|nert** prep. + gen. o dat. SVIZZ. AUSTR. entro: ***~ eines Jahres, einem Jahr*** entro un anno.

In|ner|va|ti|on f. *(-,-en)* innervazione *f.* **in|ner|vie|ren** tr. **1** innervare **2** FIG. *(anregen)* innescare.

in|ne‿wer|den intr. *(wird, wurde, geworden;* aus. *sein)* ***einer Sache (G) ~*** avvedersi di qcs., diventare consapevole di qcs.

in|ne‿woh|nen intr. ***einer Sache (D) ~*** essere insito in qcs. **in|ne|woh|nend** agg. insito: ***einem Menschen -e Kräfte*** le energie insite in una persona.

in|nig I agg. **1a** *(tiefgefühlt)* intimo: ***ein -es Gefühl, Empfinden*** un sentimento intimo **b** sentito, sincero: ***haben Sie meinen -sten Dank*** voglia accettare i miei più sentiti ringraziamenti; ***-e Worte*** parole sentite, che vengono dal cuore **2** *(sehr eng)* intimo, molto stretto: ***eine -e Verbindung*** un intimo legame **II** avv. **1** sentitamente, sinceramente: ***jdn ~ lieben*** amare qcn. profondamente **2** *(sehr eng)* intimamente, strettamente. **In|nig|keit** f. *(-,-en)* profondità *f.* di sentimento; *(Herzlichkeit)* sincerità *f.* **in|nig|lich** agg. → **innig.**

In|no|va|ti|on f. *(-,-en)* SOCIOL. ECON. BOT. innovazione *f.* **in|no|va|tiv** agg. innovativo. **in|no|va|to|risch** agg. innovatore. **in|no|vie|ren** tr. innovare.

In|no|zenz n.pr.m. Innocenzo *m.*

In|nung f. *(-,-en)* associazione *f.* di categoria ◆ COLLOQ. SCHERZ. ***die ganze ~ blamieren*** = far fare una brutta figura a tutti. **In|nungs|meis|ter** m. *(-s,-)* capo *m.* di una associazione di categoria. **In|nungs|we|sen** n. *(-s)* (tutto ciò che concerne le) associazioni *f.pl.* di categoria.

in|of|fen|siv, in|of|fen|siv agg. inoffensivo.

in|of|fi|zi|ell, in|of|fi|zi|ell agg. non ufficiale.

in|of|fi|zi|ös, in|of|fi|zi|ös agg. non ufficioso.

in|ope|ra|bel, in|ope|ra|bel agg. inoperabile, non operabile.

in|op|por|tun, in|op|por|tun agg. inopportuno. **In|op|por|tu|ni|tät, In|op|por|tu|ni|tät** f. *(-,-en)* inopportunità *f.*

I|no|sit m. *(-s)* inosite *f.*, inosina *f.*

in pet|to, COLLOQ. ***etw. ~ haben*** avere qcs. in animo.

in punc|to prep. + nom., gen. riguardo a, in fatto di: ***~ Sicherheit*** riguardo alla sicurezza, in fatto di sicurezza; ***~ seines Benehmens*** riguardo al suo comportamento.

In|put m. e n. *(-s,-s)* ECON. INFORM. input *m.*

In|qui|lin m. *(-en,-en)* ZOOL. inquilino *m.*

In|qui|rent m. *(-en,-en)* ANT. inquirente *m.* **in|qui|rie|ren** tr. inquisire. **In|qui|si|ti|on** f. *(-,-en)* STOR. inquisizione *f.* (anche FIG.): ***eine ~ über sich ergehen lassen müssen*** dover sottostare a un'inquisizione. **In|qui|si|ti|ons|ge|richt** n. *(-[e]s,-e)* tribunale *m.* dell'inquisizione. **In|qui|si|tor** m. *(-s,-en)* inquisitore *m.* **in|qui|si|to|risch** agg. inquisitorio.

ins → **in.**

In|sas|se m. *(-n,-n)* occupante *m.*: ***die -n des Zuges*** gli occupanti (*o* passeggeri) del treno; *(einer Anstalt)* ospite *m.*: ***die -n einer Heilanstalt, eines Gefängnisses*** gli ospiti di una casa di cura, di una prigione. **In|sas|sen|ver|si|che|rung** f. *(-,-en)* assicurazione *f.* terzi trasportati. **In|sas|sin** f. *(-,-nen)* occupante *f.*; *(eines Fahrzeugs)* passeggera *f.*; *(einer Anstalt)* ospite *f.*

ins|be|son|de|re, ins|be|son|de|re avv. in particolare, soprattutto, specialmente.

In|schrift f. *(-,-en)* iscrizione *f.*, epigrafe *f.*: ***eine ~ auf einem Denkmal entziffern*** decifrare un'iscrizione su un monumento; ***eine ~ auf einem Grabstein anbringen*** incidere un'epigrafe su una lapide. **In|schrif|ten|kun|de** f. *(-)* epigrafia *f.* **in|schrift|lich** agg. epigrafico.

In|sekt n. *(-s,-en)* insetto *m.* ◆ ***-en fressend*** insettivoro. **In|sek|ta|ri|um** n. *(-s, Insektarien)* insettario *m.* **In|sek|ten|fraß** m. *(-es)* danni *m.pl.* causati dagli insetti. **In|sek|ten|fres|ser** m. *(-s,-)* insettivoro *m.* **In|sek|ten|haus** n. *(-[e]s,-häuser)* → **Insektarium. In|sek|ten|kun|de** f. *(-)* entomologia *f.* **In|sek|ten|kun|di|ge** m. e f. *(-n,-n)* entomologo *m.* (-a *f.*). **In|sek|ten|leh|re** f. *(-)* entomologia *f.* **In|sek|ten|pla|ge** f. *(-,-n)* flagello *m.* costituito dagli insetti, invasione *f.* d'insetti. **In|sek|ten|pul|ver** n. *(-s,-)* polvere *f.* insetticida. **In|sek|ten|staat** m. *(-[e]s,-en)* colonia *f.* di insetti. **In|sek|ten|stich** m. *(-[e]s,-e)* puntura *f.* di insetto. **In|sek|ten|ver|til|gungs|mit|tel** n. *(-s,-)* → **Insektizid.**

1.In|sek|ti|vo|re m. *(-n,-n)* (animale) insettivoro *m.*

2.In|sek|ti|vo|re f. *(-n,-n)* (pianta) insettivora *f.*

In|sek|ti|zid n. *(-s,-e)* insetticida *m.*

In|sel f. *(-,-n)* isola *f.*: ***auf einer ~ leben*** vivere su un'isola (anche FIG.); ***eine ~ der Ruhe*** un'isola di tranquillità. **In|sel|berg** m. *(-[e]s,-e)* monte *m.* isolato. **In|sel|be|woh|ner** m. *(-s,-)* isolano *m.*, abitante *m.* di un'isola. **In|sel|grup|pe** f. *(-,-n)* arcipelago *m.* **In|sel|la|ge** f. *(-)* insularità *f.* **In|sel|land** n. *(-[e]s,-länder)* paese *m.* insulare. **In|sel|reich** n. *(-s,-e)* regno *m.* insulare. **In|sel|staat** m. *(-[e]s,-en)* stato *m.* insulare. **In|sel|volk** n. *(-s,-völker)* popolo *m.* insulare. **In|sel|welt** f. *(-,-en)* arcipelago *m.*

In|se|mi|na|ti|on f. *(-,-en)* inseminazione *f.*

in|sen|si|bel, in|sen|si|bel agg. insensibile. **In|sen|si|bi|li|tät, In|sen|si|bi|li|tät** f. *(-)* insensibilità *f.*

In|se|rat n. *(-[e]s,-e)* inserzione *f.*, annuncio *m.*: ***ein ~ aufgeben, in die Zeitung setzen*** mettere un'inserzione sul giornale. **In|se|ra|ten|teil** m. *(-s,-e)* annunci *m.pl.*, pagine *f.pl.* degli annunci. **In|se|rent** m. *(-en,-en)* inserzionista *m.* **in|se|rie|ren I** intr. (aus. *haben*) mettere, fare un'inserzione **II** tr. mettere in un'inserzione: ***etw. zum Verkauf ~*** mettere qcs. in un'inserzione di vendita. **In|sert** n. *(-s,-s)* inserto *m.* pubblicitario. **In|ser|ti|on** f. *(-,-en)* inserzione *f.* (anche BOT. e MED.).

ins|ge|heim avv. in segreto, segretamente. **ins|ge|samt** avv. in tutto, complessivamente.

In|si|der ['ɪnsaɪdə] m. *(-s,-)* **1** *(Eingeweihter)* chi è addentro, addetto *m.* ai lavori **2** interno *m.*, dipendente *m.* (d'azienda).

In|sig|ne n. *(-s, Insignien)* insegna *f.*: ***die kaiserlichen Insignien*** le insegne imperiali.

in|sig|ni|fi|kant, in|sig|ni|fi|kant agg. insignificante.

in|si|nu|ie|ren I tr. **1** *(unterstellen)* attribuire, imputare **2** ANT. *(einflüstern)* insinuare **3** ANT. DIR. ingiungere, notificare **II** rifl. ***sich bei jdm ~*** ingraziarsi qcn.

in|si|pid, in|si|pi|de agg. insipido, insulso, sciocco.

in|sis|tent I agg. insistente **II** avv. insistentemente. **In|sis|tenz** f. *(-)* insistenza *f.* **in|sis|tie|ren** intr. (aus. *haben*) ***auf etw. (D) ~*** insistere su qcs.

in|skri|bie|ren AUSTR. UNIV. **I** intr. (aus. *haben*) iscriversi: ***an der Universität ~*** iscriversi all'università **II** tr. iscriversi a: ***ein Seminar, Psychologie ~*** iscriversi a un seminario, a psicologia. **In|skrip|ti|on** f. *(-,-en)* AUSTR. UNIV. iscrizione *f.*

ins|künf|tig avv. SVIZZ. o ANT. in futuro.

1.in|so|fern avv. **1** in questo, in quanto a ciò: ***ein Moped verbraucht nur wenig Benzin und ist ~ billig*** un motorino consuma poca benzina e per questo è conveniente **2** ***(nur) ~..., als...*** (solo) in tanto in quanto..., (soltanto) nella misura in cui...: ***er macht ~ einen Fehler, als er ihre Wünsche nicht berücksichtigt*** lui fa un errore nella misura in cui non tiene conto dei loro desideri.

2.in|so|fern cong. per quanto, se, purché: ***~ ich Zeit habe...*** se ho tempo..., purché abbia tempo...

In|so|la|ti|on f. *(-,-en)* insolazione *f.*

in|so|lent, in|so|lent I agg. insolente **II** avv. insolentemente. **In|so|lenz, In|so|lenz** f. *(-,-en)* insolenza *f.*

in|sol|vent, in|sol|vent agg. insolvente, insolvibile. **In|sol|venz, In|sol|venz** f. *(-,-en)* insolvenza *f.*, insolvibilità *f.*

in|son|der|heit avv. specialmente, soprattutto.

1.in|so|weit avv. → **1.insofern.**

2.in|so|weit cong. → **2.insofern.**

in spe avv. futuro: ***seine Schwiegertochter ~*** la sua futura nuora; ***unser Chef ~*** il nostro futuro capo.

In|spek|teur [-'tøːɐ] m. *(-s,-e)* ispettore *m.* **In|spek|ti|on** f. *(-,-en)* **1** ispezione *f.*: ***eine ~ vornehmen, durchführen*** fare, condurre un'ispezione **2** AUT. revisione *f.*: ***der Wagen ist zur ~ fällig*** la macchina deve essere revisionata; ***das Auto zur ~ bringen*** portare la macchina alla revisione **3** *(Aufsichtsbehörde)* ispettorato *m.* **In|spek|ti|ons|fahrt** f. *(-,-en)* giro *m.* d'ispezione. **In|spek|ti|ons|gang** m. *(-[e]s,-gänge)* ispezione *f.* (di un edificio, di un impianto). **In|spek|tor** m. *(-s,-en)* ispettore *m.* **In|spek|to|rin** f. *(-,-nen)* ispettrice *f.*

In|spi|ra|ti|on f. *(-,-en)* **1** ispirazione *f.* **2** MED. *(Einatmung)* inspirazione *f.* **In|spi|ra|tor** m. *(-s,-en)* ispiratore *m.* **in|spi|rie|ren** tr. ispirare: ***jdn zu etw. ~*** ispirare qcs. a qcn.; ***sich von etw. ~ lassen*** lasciarsi ispirare da qcs.

In|spi|zi|ent m. *(-en,-en)* **1** direttore *m.* di scena **2** *(Aufsichtführende)* ispettore *m.* **in|spi|zie|ren** tr. ispezionare. **In|spi|zie|rung** f. *(-,-en)* ispezione *f.*

in|sta|bil, in|sta|bil agg. instabile. **In|sta|bi|li|tät** f. *(-)* instabilità *f.*

In|stal|la|teur [-'tøːɐ] m. *(-s,-e)* installatore *m.* **In|stal|la|ti|on** f. *(-,-en)* **1** installazione *f.*: ***die ~ der Heizung ausführen*** installare il riscaldamento **2** impianto *m.*: ***die ~ überprüfen*** collaudare l'impianto **3** ANT. o SVIZZ. *(Amtseinführung)* insediamento *m.* **in|stal|lie|ren I** tr. **1** installare: ***eine Alarmanlage ~*** installare un antifurto **2** LETT. insediare: ***einen Regierungschef ~*** insediare un capo di governo **3** *(einrichten)* allestire, insediare: ***seine Werkstatt in einem leeren Schuppen ~*** allestire la propria officina in un capannone vuoto **II** rifl. **sich ~** insediarsi, sistemarsi: ***sich in neuen Räumen ~*** insediarsi in nuovi locali.

in|stand avv. in buono stato, in ordine: ***etw. ~ halten*** tenere qcs. in buono stato, in ordine; ***etw. ~ setzen*** riparare qcs.; GERG. ***~ besetzen*** rimettere a posto, rendere abitabile: ***Abbruchhäuser ~ besetzen*** occupare e rimettere a posto case fatiscenti ◆ ***jdn ~ setzen, etw. zu tun*** mettere qcn. in grado di fare qcs., dare a qcn. la possibilità di fare qcs. **In|stand|be|set|zer** m. *(-s,-)* GERG. occupante *m.* **In|stand|hal|tung** f. *(-,-en)* manutenzione *f.*

in|stän|dig I agg. insistente **II** avv. insistentemente: ***jdn ~ bitten*** pregare qcn. insistentemente. **In|stän|dig|keit** f. *(-)* insistenza *f.*

In|stand|set|zung f. *(-,-en)* riparazione *f.*, miglioria *f.*

in|stant agg.inv. istantaneo: ***Kaffee ~*** caffè istantaneo. **In|stant|ge|tränk** n. *(-s,-e)* bibita *f.* istantanea.

In|stanz f. *(-,-en)* istanza *f.*: ***sich an eine höhere ~ wenden*** rivolgersi a un'istanza superiore; ***einen Prozess in der dritten ~ gewinnen*** vincere un processo alla terza istanza; ***durch alle -en gehen*** percorrere tutte le istanze. **In|stan|zen|weg** m. *(-s,-e)* corso *m.* delle istanze, via *f.* dei ricorsi gerarchici: ***auf dem ~*** per via gerarchica; ***den ~ nehmen*** ricorrere per via gerarchica.

Ins|ter n. *(-s,-)* REGION. interiora *f.pl.*, intestini *m.pl.*

In|stil|la|ti|on f. *(-,-en)* MED. instillazione *f.* **in|stil|lie|ren** tr. MED. instillare.

Ins|tinkt m. *(-[e]s,-e)* istinto *m.*: ***der tierische, mütterliche ~*** l'istinto animale, materno; ***die niederen -e*** i più bassi istinti; ***seinem ~ folgen*** seguire il proprio istinto; ***einen untrüglichen ~ haben*** possedere un istinto infallibile; ***sich von seinem ~ leiten lassen*** lasciarsi guidare dal proprio istinto; ***seinem ~ vertrauen*** fidarsi del proprio istinto. **Ins|tinkt|hand|lung** f. *(-,-en)* azione *f.* istintiva, comportamento *m.* istintivo. **ins|tink|tiv I** agg. istintivo **II** avv. istintivamente, in modo istintivo. **ins|tinkt|los I** agg. privo di istinto **II** avv. senza istinto. **Ins|tinkt|lo|sig|keit** f. *(-,-en)* mancanza *f.* d'istinto. **ins|tinkt|si|cher** agg. con (*o* di) istinto sicuro.

in|sti|tu|ie|ren tr. istituire. **In|sti|tut** n. *(-[e]s,-e)* istituto *m.*: ***ein ~ für Atomforschung*** un istituto per la ricerca atomica; ***ein ~ gründen, leiten*** fondare, dirigere un istituto; DIR. ***das ~ des Eigentums*** l'istituto della proprietà privata. **In|sti|tu|ti|on** f. *(-,-en)* istituzione *f.*: ***eine politische ~*** un'istituzione politica; ***die ~ der Ehe*** l'istituzione del matrimonio; FIG. ***jdn, etw. zur ~ machen*** rendere (*o* fare di) qcn., qcs. un'istituzione. **in|sti|tu|ti|o|na|li|sie|ren** tr. istituzionalizzare. **In|sti|tu|ti|o|na|li|sie|rung** f. *(-,-en)* istituzionalizzazione *f.* **in|sti|tu|ti|o|nell** agg. istituzionale. **In|sti|tuts|bib|li|o|thek** f. *(-)* biblioteca *f.* d'istituto. **In|sti|tuts|di|rek|tor** m. *(-s,-en)*, **In|sti|tuts|lei|ter** m. *(-s,-)* direttore *m.* d'istituto.

in|stru|ie|ren tr. **1** istruire, informare: ***jdn über etw. (A) ~*** informare qcn. di qcs. **2** *(jdm Anweisungen geben)* ***jdn ~*** dare istruzioni (*o* direttive) a qcn., istruire qcn.: ***er instruierte den Diener, das Abendessen auf der Terrasse zu richten*** diede istruzioni al cameriere di preparare la cena in terrazza. **In|struk|teur** m. *(-s,-e)* istruttore *m.* **In|struk|ti|on** f. *(-,-en)* istruzione *f.*: ***-en erteilen (geben), erhalten (entgegennehmen)*** dare, ricevere istruzioni. **in|struk|tiv** agg. istruttivo. **In|struk|tor** m. *(-s,-en)* **1** ANT. istitutore *m.*, precettore *m.*, aio *m.* **2** AUSTR. → **Instrukteur.**

In|stru|ment n. *(-[e]s,-e)* strumento *m.*: ***astronomische, chirurgische -e*** strumenti astronomici, chirurgici; ***ein ~ zur Messung der Geschwindigkeit*** uno strumento per la misura della velocità; FIG. ***ein ~ der Macht*** uno strumento di potere; ***jdn zum ~ machen*** fare di qcn. uno strumento; MUS. ***ein ~ spielen, stimmen, beherrschen*** suonare, accordare, padroneggiare uno strumento (musicale). **in|stru|men|tal I** agg. strumentale: ***eine -e Begleitung*** un accompagnamento strumentale; ***eine -e Funktion*** una funzione strumentale **II** avv. strumentalmente, mediante *o* con uno strumento: ***einen Sänger ~ begleiten*** accompagnare un cantante con uno strumento.

1.In|stru|men|tal m. *(-s,-e)* LING. strumentale *m.*

2.In|stru|men|tal n. [-təl] n. *(-s,-s)* pezzo *m.* strumentale.

In|stru|men|tal|be|glei|tung f. *(-,-en)* accompagnamento *m.* strumentale. **in|stru|men|ta|li|sie|ren** tr. strumentalizzare. **In|stru|men|ta|lis** m. *(-, Instrumentales)* → **1.Instrumental. In|stru|men|ta|list** m. *(-en,-en)* strumentista *m.* **In|stru|men|tal|mu|sik** f. *(-,-en)* musica *f.* strumentale. **In|stru|men|tal|satz** m. *(-es,-sätze)* proposizione *f.* strumentale. **In|stru|men|tal|stück** n. *(-[e]s,-e)* pezzo *m.* strumentale.

In|stru|men|ta|ri|um n. *(-s, Instrumentarien)* **1a** strumentario *m.*, strumenti *m.pl.*, strumentazione *f.*: ***chirurgisches ~*** strumentario chirurgico **b** FIG. strumenti *m.pl.*, mezzi *m.pl.* **2** MUS. complesso *m.* di strumenti.

In|stru|men|ta|ti|on f. *(-,-en)* MUS. strumentazione *f.*

in|stru|men|tell I agg. di strumenti: ***die -e Ausrüstung eines Labors*** la strumentazione di un laboratorio **II** avv. con (*o* mediante) strumenti.

In|stru|men|ten|bau m. *(-[e]s)* costruzione *f.* di strumenti (musicali). **In|stru|men|ten|brett** n. *(-[e]s,-er)* quadro *m.*, pannello *m.* (dei comandi); *(im Auto)* cruscotto *m.* **In|stru|men|ten|flug** m. *(-[e]s,-flüge)* volo *m.* strumentale. **In|stru|men|ten|ma|cher** m. *(-s,-)* costruttore *m.* di strumenti (musicali). **In|stru|men|ten|ta|fel** f. *(-,-n)* (grosso) quadro *m.*, pannello *m.* (dei comandi).

in|stru|men|tie|ren I tr. **1** MUS. strumentare **2** TECN. *(mit Instrumenten ausstatten)* dotare di strumenti **II** intr. (aus. *haben*) MED. ***beim Chirurgen ~*** assistere il chirurgo (passandogli gli strumenti). **In|stru|men|tie|rung** f. *(-,-en)* strumentazione *f.*

In|sub|or|di|na|ti|on f. *(-,-en)* insubordinazione *f.*

in|suf|fi|zi|ent agg. **1** insufficiente **2** MED. ***-e Nierenfunktion*** insufficienza renale. **In|suf|fi|zi|enz** f. *(-,-en)* insufficienza *f.*

In|su|la|ner m. *(-s,-)* isolano *m.* **in|su|lar** agg. insulare.

In|su|lin n. *(-s)* insulina *f.* **In|su|lin|man|gel** m. *(-s)* carenza *f.* insulinica, ipoinsulinemia *f.* **In|su|lin|prä|pa|rat** n. *(-[e]s,-e)* preparato *m.* insulinico. **In|su|lin|schock** m. *(-[e]s,-s)* shock *m.* insulinico.
In|sult m. *(-[e]s,-e)* insulto *m.* (anche MED.).
in|sur|gie|ren I intr. (aus. *haben*) insorgere **II** tr. istigare alla rivolta. **In|sur|rek|ti|on** f. *(-,-en)* insurrezione *f.*
in|sze|nie|ren tr. **1a** TEATR. mettere in scena: ***den Wallenstein ~*** mettere in scena il „Wallenstein" **b** CINEM. ***einen Film ~*** allestire un film, una produzione cinematografica **2** FIG. inscenare, montare: ***eine verleumderische Kampagne gegen jdn ~*** inscenare una campagna diffamatoria contro qcn. **In|sze|nie|rung** f. *(-,-en)* **1a** TEATR. messa *f.* in scena **b** CINEM. allestimento *m.*, produzione *f.* **2** FIG. montatura *f.*, messa *f.* in scena.
in|takt agg. **1** intatto, integro **2** *(funktionsfähig)* sano, intatto.
In|tar|sia, In|tar|sie f. *(-, Intarsien)* intarsio *m.*: ***etw. mit Intarsien verzieren*** decorare qcs. a intarsio.
in|te|ger agg. integro: ***ein integrer Mensch*** un uomo integro.
in|teg|ral agg. **1** integrale **2** *(wesentlich)* integrante, essenziale, indispensabile: ***ein -er Bestandteil*** una parte integrante. **In|teg|ral** n. *(-s,-e)* MAT. integrale *m.* **In|teg|ra|lis|mus** m. *(-)* integralismo *m.* **In|teg|ral|rech|nung** f. *(-,-en)* calcolo *m.* integrale. **In|teg|ral|zei|chen** n. *(-s,-)* (segno *m.* di) integrale *m.* **In|teg|ra|ti|on** f. *(-,-en)* integrazione *f.*: ***die europäische, wirtschaftliche ~*** l'integrazione europea, economica. **in|teg|ra|tiv** agg. integrativo. **In|teg|ra|tor** m. *(-s,-en)* integratore *m.*, integrafo *m.*, integrometro *m.*
in|teg|rier|bar agg. integrabile. **in|teg|rie|ren I** tr. **1** integrare: ***die Gehälter ~*** integrare gli stipendi; ***die Behinderten in die Arbeitswelt ~*** integrare gli handicappati nel mondo del lavoro **2** MAT. ***eine Funktion ~*** calcolare l'integrale di una funzione **II** rifl. **sich ~** integrarsi. **in|teg|rie|rend** p.pres. agg. integrante, essenziale. **In|teg|ri|tät** f. *(-)* integrità *f.*
In|tel|lekt m. *(-[e]s)* intelletto *m.*: ***ein geschulter, scharfer ~*** un intelletto fine, acuto. **in|tel|lek|tu|a|li|sie|ren** tr. intellettualizzare. **In|tel|lek|tu|a|lis|mus** m. *(-)* intellettualismo *m.* **in|tel|lek|tu|ell I** agg. intellettuale **II** avv. intellettualmente. **In|tel|lek|tu|el|le** m. e f. *(-n,-n)* intellettuale *m.* e *f.*
in|tel|li|gent agg. intelligente. **In|tel|li|genz** f. *(-,-en)* **1a** intelligenza *f.*: ***jds ~ testen*** fare un test d'intelligenza a qcn. **b** *(Veranlagung)* mente *f.*: ***eine mathematische ~ besitzen*** avere una mente matematica **2** *(Gesamtheit der Intellektuellen)* classe *f.* degli intellettuali, intellighenzia *f.* **In|tel|li|genz|al|ter** n. *(-s)* PSIC. età *f.* mentale. **In|tel|li|genz|bes|tie** f. *(-,-n)* COLLOQ. **1** mostro *m.* d'intelligenza **2** SPREG. *(wer seine Intelligenz zur Schau stellt)* intelligentone *m.* **In|tel|li|genz|grad** m. *(-[e]s,-e)* grado *m.* d'intelligenza. **In|tel|li|gen|zi|ja** f. *(-)* intellighenzia *f.* **In|tel|li|genz|ler** m. *(-s,-)* esponente *m.* dell'intellighenzia. **In|tel|li|genz|prü|fung** f. *(-,-en)* → **Intelligenztest. In|tel|li|genz|quo|ti|ent** m. *(-en,-en)* quoziente *m.* d'intelligenza. **In|tel|li|genz|test** m. *(-[e]s,-s* e *-e)* test *m.* (*o* prova *f.*) d'intelligenza. **in|tel|li|gi|bel** agg. intelligibile.
In|ten|dant m. *(-en,-en)* **1** STOR. intendente *m.* **2** RAD. TEATR. TELEV. direttore *m.* (generale). **In|ten|dan|tur** f. *(-,-en)* **1** STOR. intendenza *f.* **2** RAD. TEATR. TELEV. direzione *f.* **In|ten|danz** f. *(-,-en)* **1** STOR. intendenza *f.* **2** RAD. TEATR. TELEV. direzione *f.* (generale).
in|ten|die|ren tr. ***etw. ~*** perseguire qcs., mirare (*o* tendere, LETT. intendere) a qcs.
In|ten|si|tät f. *(-,-en)* intensità *f.*
in|ten|siv I agg. **1** intensivo: ***eine -e Behandlung*** una cura intensiva; ***-e Bewirtschaftung*** coltura intensiva **2** *(kräftig, eingehend)* intenso: ***-e Farben, Schmerzen*** colori, dolori intensi; ***ein -es Gespräch, ein -er Blick*** un discorso, uno sguardo intenso **II** avv. **1** intensamente: ***an jdn ~ denken*** pensare intensamente a qcn. **2** AGR. intensivamente, in modo intensivo. **In|ten|siv|an|bau** m. *(-[e]s)* coltura *f.* intensiva. **In|ten|siv|hal|tung** f. *(-)* allevamento *m.* intensivo. **in|ten|si|vie|ren** tr. intensificare. **In|ten|si|vie|rung** f. *(-,-en)* intensificazione *f.* **In|ten|siv|kurs** m. *(-es,-e)* corso *m.* intensivo. **In|ten|siv|pfle|ge|sta|ti|on, In|ten|siv|sta|ti|on** f. *(-,-en)* (reparto *m.* di) rianimazione *f.* **In|ten|si|vum** n. *(-s, Intensiva)* verbo *m.* intensivo.
In|ten|ti|on f. *(-,-en)* intenzione *f.* **in|ten|ti|o|nal** agg. intenzionale.
in|ter|agie|ren intr. (aus. *haben*) interagire. **In|ter|ak|ti|on** f. *(-,-en)* interazione *f.* **in|ter|ak|tiv** agg. interattivo. **In|ter|ak|ti|vi|tät** f. *(-,-en)* interattività *f.*
In|ter|ci|ty [-'sɪti] m. *(-s,-s)*, **In|ter|ci|ty|zug** m. *(-[e]s,-züge)* (treno *m.*) intercity *m.*
in|ter|den|tal agg. interdentale.
in|ter|de|pen|dent agg. interdipendente. **In|ter|de|pen|denz** f. *(-)* interdipendenza *f.*
In|ter|dikt n. *(-[e]s,-e)* RELIG. interdetto *m.* **In|ter|dik|ti|on** f. *(-,-en)* ANT. interdizione *f.*
in|ter|dis|zip|li|när agg. interdisciplinare.
in|te|res|sant I agg. interessante: ***ein -er Film, Mann*** un film, un uomo interessante; ***-e Bedingungen*** condizioni interessanti; ***das Angebot ist für uns nicht ~*** l'offerta non è interessante (per noi) **II** avv. in modo interessante; ***~ erzählen, plaudern*** raccontare cose interessanti, discorrere di cose interessanti ◆ ***jetzt wird's (erst) ~!*** ora la cosa si fa interessante! ***sich ~ machen*** rendersi interessante. **in|te|res|san|ter|wei|se** avv. curiosamente: ***~ hat er mir das erst jetzt erzählt*** curiosamente me l'ha raccontato solo adesso. **In|te|res|sant|heit** f. *(-)* interesse *m.*
In|te|res|se n. *(-s,-n)* interesse *m.*: ***jds ~ erregen, (er)wecken*** suscitare, destare l'interesse di qcn.: ***~ für eine Sache zeigen, bekunden, einer Sache ~ entgegenbringen*** mostrare interesse per una cosa; ***~ für jdn, etw. aufbringen*** sviluppare interesse per qcn., qcs.; ***etw. mit ~ anhören, verfolgen*** ascoltare, seguire qcs. con interesse; ***geschäftliche, geistige -n*** interessi commerciali, spirituali; ***~ an etw. (D), für jdn, an jdm haben*** avere interesse per (*o* essere interessato a) qcs., qcn.; ***nicht das geringste, leiseste ~ an einer Sache haben*** non avere il minimo interesse per una cosa; ***~ an etw. (D) gewinnen (nehmen), verlieren*** acquistare, perdere interesse per qcs.; ***etw. aus ~ tun*** fare qcs. per interesse; ***im ~ der Allgemeinheit, der Gemeinschaft*** nell'interesse della comunità; ***in, gegen jds ~ handeln*** agire nell'interesse, contro gli interessi di qcn.; ***seine -n durchsetzen*** far valere i propri interessi; ***jds -n vertreten, wahrnehmen, schädigen (verletzen)*** curare, tutelare, ledere gli interessi di qcn.; ***es liegt in unser aller ~, dass...*** è nel nostro interesse...; ***etw. läuft jds -n zuwider*** qcs. va contro gli interessi di qcn.; ***gemeinsame, gegensätzliche -n haben*** avere interessi comuni, opposti; ***unsere -n gehen auseinander, berühren sich (laufen parallel)*** i nostri interessi divergono, coincidono ◆ ***mein ~ gilt dem Sport*** mi interesso di sport, mi interessa lo sport; ***seinen -n leben*** vivere seguendo i propri interessi, dedicarsi completamente ai propri interessi; ***von öffentlichem ~*** di pubblico interesse; ***für jdn (nicht) von ~ sein*** (non) interessare qcn. **in|te|res|se|hal|ber** agg. perché si ha interesse, perché si è interessati: ***ich habe mir das Spiel ~ angesehen*** mi sono visto la partita perché mi interessava. **in|te|res|se|los** agg. privo d'interesse, senza interesse; *(gleichgültig)* indifferente. **In|te|res|se|lo|sig|keit** f. *(-)* mancanza *f.* d'interesse, disinteresse *m.* **In|te|res|sen|aus|gleich** m. *(-[e]s,-e)* compromesso *m.* **In|te|res|sen|be|reich** m. *(-[e]s,-e)*, **In|te|res|sen|ge|biet** n. *(-[e]s,-e)* area *f.* (*o* ambito *m.*) di interesse. **In|te|res|sen|ge|mein|schaft** f. *(-,-en)* **1** comunione *f.* di interessi **2** *(Interessengruppe)* gruppo *m.* di interesse. **In|te|res|sen|grup|pe** f. *(-,-n)* gruppo *m.* di interessi. **In|te|res|sen|kon|flikt** m. *(-[e]s,-e)* conflitto *m.* d'interesse. **In|te|res|sen|sphä|re** f. *(-,-n)* sfera *f.* di interessi (*o* d'influenza). **In|te|res|sent** m. *(-en,-en)* interessato *m.*, persona *f.* interessata. **In|te|res|sen|ten|kreis** m. *(-es,-e)* gruppo *m.* di interessati. **In|te|res|sen|tin** f. *(-,-nen)* interessata *f.* **In|te|res|sen|ver|band** m. *(-[e]s,-verbände)* → **Interessengruppe. In|te|res|sen|ver|tre|ter** m. *(-s,-)* rappresentante *m.* (*o* difensore *m.*) degli interessi (di qcn.). **In|te|res|sen|ver|tre|tung** f. *(-,-en)* **1** tutela *f.* (*o* rappresentanza *f.*, difesa *f.*) degli interessi (di qcn.) **2** → **Interessenvertreter.**
in|te|res|sie|ren I tr. interessare: ***das interessiert mich nicht*** questo non mi interessa; ***jdn für etw., an etw. (D) ~*** interessare qcn. a qcs. **II** rifl. **sich ~ 1** interessarsi: ***sich politisch, für Politik ~*** interessarsi di politica **2** *(etw. haben wollen)* interessarsi, essere interessato (a): ***sich für ein Auto, einen Spieler ~*** essere interessato a un'auto, a un giocatore. **in|te|res|siert I** p.pass. agg. **1** → **interessieren 2 *an jdm, etw. ~ sein*** essere interessato a qcn., qcs., interessarsi di qcn., qcs. **3** *(Interesse zeigend)* che mostra interesse: ***ein -es Kind*** un bambino che mostra interesse **II** avv. con interesse.
In|ter|fe|renz f. *(-,-en)* interferenza *f.* **in|ter|fe|rie|ren** intr. (aus. *haben*) interferire. **In|ter|fe|ro|me|ter** n. *(-s,-)* interferometro *m.* **In|ter|fe|ron** n. *(-s,-e)* interferon(e) *m.*
in|ter|frak|ti|o|nell agg. POL. di (*o* relativo a) gruppi diversi. **in|ter|ga|lak|tisch** agg. intergalattico.
in|ter|gla|zi|al agg. interglaciale. **In|ter|gla|zi|al** n. *(-s,-e)*, **In|ter|gla|zi|al|zeit** f. *(-,-en)* fase *f.* interglaciale.
In|te|ri|eur [ɛ̃te'ri̯øːɐ] n. *(-s,-s* e *-e)* interno *m.*
In|te|rim n. *(-s,-s)* **1** interim *m.* **2** *(vorläufige Regelung)* regolamento *m.* provvisorio. **in|te|ri|mis|tisch I** agg. interinale: ***eine -e Vereinbarung*** un accordo ad interim **II** avv. ad interim, interinalmente. **In|te|rims|kon|to** n. *(-s,-konten* e *-s, -konti)* conto *m.* provvisorio (*o* transitorio). **In|te|rims|lö|sung** f. *(-,-en)* soluzione *f.* provvisoria. **In|te|rims|re|gie|rung** f. *(-,-en)* governo *m.* ad interim. **In|te|rims|schein** m. *(-[e]s,-e)* COMM. certificato *m.* provvisorio.

In|ter|jek|ti|on f. *(-,-en)* interiezione *f.*
in|ter|ka|lar agg. intercalare. **in|ter|kan|to|nal** agg. SVIZZ. intercantonale. **In|ter|ko|lum|nie** f. *(-,-n)* intercolumnio *m.* **in|ter|kom|mu|nal** agg. intercomunale. **in|ter|kon|fes|si|o|nell** agg. interconfessionale. **in|ter|kon|ti|nen|tal** agg. intercontinentale. **In|ter|kon|ti|nen|tal|ra|ke|te** f. *(-,-n)* missile *m.* intercontinentale. **in|ter|kos|tal** agg. intercostale. **in|ter|kul|tu|rell** agg. interculturale. **in|ter|kur|rent** agg. MED. intercorrente.
In|ter|lä|den pl. → **Intershop.**
in|ter|li|ne|ar agg. interlineare. **In|ter|li|ne|ar|glos|se** f. *(-,-n)* glossa *f.* interlineare. **In|ter|li|ne|ar|über|set|zung, In|ter|li|ne|ar|ver|si|on** f. *(-,-en)* traduzione *f.* (*o* versione *f.*) interlineare.
In|ter|lu|di|um n. *(-s, Interludien)* interludio *m.*
in|ter|me|di|är [ɪntɐme'diɛ:ɐ] agg. intermedio.
In|ter|mez|zo n. *(-s,-s* e *Intermezzi)* MUS. intermezzo *m.*
in|ter|mi|nis|te|ri|ell agg. interministeriale.
in|ter|mit|tie|rend agg. intermittente: ***ein -es Fieber*** una febbre intermittente.
in|tern I agg. interno: ***eine -e Entscheidung, Angelegenheit*** una decisione, questione interna; ***-e Schüler*** allievi interni; MED. ***-e Medizin*** medicina interna **II** avv. all'interno, internamente ◆ ***auf der -en Station liegen*** essere ricoverato nel reparto di medicina interna. **in|ter|na|li|sie|ren** tr. interiorizzare: ***eine Rolle ~*** interiorizzare un ruolo.
In|ter|nat n. *(-[e]s,-e)* collegio *m.*, convitto *m.* **In|ter|nats|schü|ler** m. *(-s,-)* collegiale *m.*
in|ter|na|ti|o|nal, in|ter|na|ti|o|nal I agg. internazionale: ***ein -er Ausschuss, ein -es Abkommen*** una commissione, un accordo internazionale **II** avv. internazionalmente.
1.In|ter|na|ti|o|na|le f. *(-,-n)* **1** internazionale *f.*: ***sozialistische ~*** internazionale socialista **2** *(Kampflied)* internazionale *f.*
2.In|ter|na|ti|o|na|le m. e f. *(-n,-n)* atleta *m.* e *f.* che partecipa a incontri internazionali. **in|ter|na|ti|o|na|li|sie|ren** tr. internazionalizzare. **In|ter|na|ti|o|na|li|sie|rung** f. *(-,-en)* internazionalizzazione *f.* **In|ter|na|ti|o|na|lis|mus** m. *(-, Internationalismen)* POL. LING. internazionalismo *m.*
in|ter|nie|ren tr. **1** *(einsperren)* internare **2** MED. *(isolieren)* mettere in isolamento. **In|ter|nier|te** m. e f. *(-n,-n)* internato *m.* (-a *f.*). **In|ter|nie|rung** f. *(-,-en)* **1** internamento *m.* **2** *(Isolierung)* isolamento *m.* **In|ter|nie|rungs|la|ger** m. *(-s,-)* campo *m.* d'internamento.
In|ter|nist m. *(-en,-en)* **1** *(Arzt)* internista *m.* **2** ANT. *(Schüler)* interno *m.* **in|ter|nis|tisch** agg. di medicina interna.
In|ter|no|di|um n. *(-s, Internodien)* internodio *m.*
In|ter|num n. *(-s, Interna)* **1** *(Gebiet)* interno *m.*, ambito *m.* (privato) **2** *(Angelegenheit)* questione *f.* interna.
in|ter|oze|a|nisch agg. interoceanico. **in|ter|par|la|men|ta|risch** agg. interparlamentare.
In|ter|pel|lant m. *(-en,-en)* interpellante *m.* **In|ter|pel|la|ti|on** f. *(-,-en)* **1** *(im Parlament)* interpellanza *f.*: ***eine ~ einbringen*** presentare un'interpellanza **2** DIR. ANT. *(Befragung)* interpellazione *f.* **in|ter|pel|lie|ren I** intr. (aus. *haben*) POL. rivolgere un'interpellanza **II** tr. ANT. *(unterbrechen)* ***jdn ~*** interrompere qcn.
in|ter|pla|ne|tar, in|ter|pla|ne|ta|risch agg. interplanetario.
In|ter|pol f. *(-)* Interpol *f.*
In|ter|po|la|ti|on f. *(-,-en)* interpolazione *f.* **in|ter|po|lie|ren** tr. interpolare.
In|ter|pret m. *(-en,-en)* interprete *m.*: ***zahlreiche -en finden*** trovare numerosi interpreti; ***der größte ~ barocker Musik*** il più grande interprete di musica barocca. **In|ter|pre|ta|ti|on** f. *(-,-en)* interpretazione *f.*: ***die ~ eines Gedichtes*** l'interpretazione di una poesia; ***dieser Text lässt viele -en zu*** questo testo si presta a molte interpretazioni; MUS. ***die ~ der 5. Symphonie*** l'interpretazione della quinta sinfonia. **in|ter|pre|ta|tiv** agg. interpretativo. **in|ter|pre|tie|ren** tr. interpretare: ***eine schwierige Textstelle ~*** interpretare un passo difficile; ***etw. als Vorwurf ~*** interpretare qcs. come un rimprovero; ***jds Worte falsch ~*** interpretare male le parole di qcn.; ***ein Lied ~*** interpretare una canzone.
in|ter|pun|gie|ren, in|ter|punk|tie|ren tr. interpungere. **In|ter|punk|ti|on** f. *(-)* interpunzione *f.* **In|ter|punk|ti|ons|zei|chen** n. *(-,-)* segno *m.* di interpunzione.
In|ter|re|gio m. *(-s,-s)*, **In|ter|re|gi|o|zug** m. *(-[e]s,-züge)* treno *m.* interregionale.
In|ter|reg|num n. *(-s, Interregnen* e *Interregna)* interregno *m.*
in|ter|ro|ga|tiv agg. LING. interrogativo. **In|ter|ro|ga|tiv** n. *(-s,-e)* → **Interrogativpronomen.** **In|ter|ro|ga|tiv|ad|verb** n. *(-s,-ien)* avverbio *m.* interrogativo. **In|ter|ro|ga|tiv|pro|no|men** n. *(-s,-)* pronome *m.* interrogativo. **In|ter|ro|ga|tiv|satz** m. *(-es,-sätze)* proposizione *f.* interrogativa.

In|ter|rup|ti|on f. *(-,-en)* **1** *(von Schwangerschaft)* interruzione *f.* della gravidanza (provocata) **2** MED. coitus *m.* interruptus **3** ANT. *(Unterbrechung)* interruzione *f.*
In|ter|sex, In|ter|sex n. *(-es,-e)* BIOL. intersessuale *m.* e *f.* **In|ter|se|xu|a|li|tät** f. *(-)* BIOL. intersessualità *f.* **in|ter|se|xu|ell** agg. BIOL. intersessuale.
In|ter|shop m. *(-[s],-s* e *-läden)* EX-RDT INTRAD. (negozio in cui si accettava esclusivamente valuta occidentale).
in|ter|stel|lar agg. ASTR. interstellare.
in|ter|sti|ti|ell agg. BIOL. interstiziale. **In|ter|sti|tium** n. *(-s, Interstitien)* BIOL. interstizio *m.*
in|ter|sub|jek|tiv agg. PSIC. intersoggettivo.
In|ter|vall n. *(-s,-e)* intervallo *m.* (anche MUS. MAT.): ***in kurzen, regelmäßigen -en*** a brevi intervalli, ad intervalli regolari.
In|ter|ve|ni|ent m. *(-en,-en)* DIR. interveniente *m.*, parte *f.* interveniente. **in|ter|ve|nie|ren** intr. (aus. *haben*) **1a** intervenire: ***in einem Streit ~*** intervenire in una lite; POL. ***der Botschafter intervenierte beim Außenminister*** l'ambasciatore intervenne presso il ministro degli esteri **b** *(sich einsetzen)* intervenire, adoperarsi: ***zugunsten jds, für jdn ~*** adoperarsi a favore di, per qcn. **2a** *(sich einmischen)* intromettersi **b** MIL. *(mit den Waffen eingreifen)* intervenire. **In|ter|vent** m. *(-en,-en)* MIL. POL. chi interviene. **In|ter|ven|ti|on** f. *(-,-en)* **1** intervento *m.* (anche MIL.): ***bewaffnete ~*** intervento armato **2** POL. protesta *f.*, intervento *m.*: ***eine ~ bei der Regierung*** un intervento presso il governo. **In|ter|ven|ti|o|nis|mus** m. *(-)* ECON. POL. interventismo *m.* **In|ter|ven|ti|ons|krieg** m. *(-[e]s,-e)* guerra *f.* d'intervento.
In|ter|view [ɪntɐ'vju:, 'ɪntɐvju] n. *(-s,-s)* **1** intervista *f.*: ***jdm ein ~ geben, gewähren*** dare, concedere un'intervista a qcn.; ***ein ~ mit jdm führen, machen*** fare un'intervista a qcn., intervistare qcn. **2** SOCIOL. *(Umfrage)* inchiesta *f.* **in|ter|view|en** [ɪntɐ'vju:ən, 'ɪntɐvju:ən] tr. intervistare. **In|ter|view|er** [ɪntɐ'vju:ɐ, 'ɪntɐvju:ɐ] m. *(-s,-)* intervistatore *m.*
In|ter|vi|si|on f. *(-)* TELEV. intervisione *f.*
in|ter|zel|lu|lar, in|ter|zel|lu|lär agg. intercellulare.
In|ter|zes|si|on f. *(-,-en)* **1** DIR. intercessione *f.*, intervento *m.* (in favore di qcn.) **2** ANT. intervento *m.*
in|ter|zo|nal agg. interzonale. **In|ter|zo|nen|han|del** m. *(-s)* commercio *m.* interzonale. **In|ter|zo|nen|ver|kehr** m. *(-s)* traffico *m.* interzonale.
in|tes|ta|bel agg. DIR. ANT. intestabile. **In|tes|tat|er|be** m. *(-n,-n)* DIR. erede *m.* ab intestato.
in|tes|ti|nal agg. intestinale.
In|thro|ni|sa|ti|on f. *(-,-en)* intronizzazione *f.* **in|thro|ni|sie|ren** tr. intronizzare. **In|thro|ni|sie|rung** → **Inthronisation.**
in|tim I agg. **1a** intimo: ***ein -er Freund*** un amico intimo; ***ein sehr -es Verhältnis*** un rapporto molto stretto; ***die -sten Gefühle, Wünsche*** i sentimenti, i desideri più intimi; EUFEM. *(sexuell)* ***-e Beziehungen*** rapporti intimi **b** *(vertraulich)* ***-e Angelegenheiten, Dinge*** questioni, cose intime **c** *(in vertrautem Kreis)* ***eine -e Feier*** una cerimonia intima (*o* fra intimi) **d** *(gemütlich)* ***ein -es Lokal*** un locale intimo **2** *(genau)* profondo, approfondito: ***ein -er Kenner*** un profondo conoscitore; ***eine -e Kenntnis der Lage*** un'approfondita conoscenza della situazione **II** avv. intimamente ◆ ***mit jdm ~ sein*** avere rapporti intimi con qcn. **In|tim|be|reich** m. *(-[e]s,-e)* **1** → **Intimsphäre** **2** *(Geschlechtsorgane)* parti *f.pl.* intime. **In|tim|feind** m. *(-[e]s,-e)* acerrimo nemico *m.*, nemico *m.* giurato. **In|tim|hy|gi|e|ne** f. *(-)* igiene *f.* intima. **In|ti|mi|tät** f. *(-,-en)* **1** *(Vertrautheit)* intimità *f.*, familiarità *f.* **2** *(Vertraulichkeit)* faccenda *f.* privata (*o* personale): ***-en besprechen*** parlare di faccende personali **3** *(gemütliche Atmosphäre)* intimità *f.* **4** *(intime Beziehung)* rapporto *m.* intimo **5** *(sexuelle Äußerung, Handlung)* intimità *f.* **In|tim|le|ben** n. *(-s)* EUFEM. vita *f.* intima. **In|tim|pfle|ge** f. *(-)* → **Intimhygiene.** **In|tim|sphä|re** f. *(-)* sfera *f.* intima, intimità *f.*: ***jds ~ verletzen*** violare l'intimità di qcn. **In|tim|spray** m. e n. *(-s,-s)* deodorante *m.* intimo. **In|tim|ver|kehr** m. *(-s,-e)* EUFEM. rapporto *m.* intimo.
in|to|le|ra|bel, in|to|le|ra|bel agg. intollerabile. **in|to|le|rant, in|to|le|rant** agg. **1** intollerante, intransigente **2** MED. ***gegen etw. ~ sein*** essere intollerante di qcs. **In|to|le|ranz, In|to|le|ranz** f. *(-)* **1** intolleranza *f.*; insofferenza *f.*: ***politische ~*** intolleranza politica; ***~ gegen etw., jdn*** intolleranza nei confronti di qcs., qcn. **2** MED. intolleranza *f.*
In|to|na|ti|on f. *(-,-en)* MUS. LING. intonazione *f.* **in|to|nie|ren** tr. intonare: ***ein Lied weich ~*** intonare sommessamente un canto.
In|to|xi|ka|ti|on f. *(-,-en)* intossicazione *f.*
int|ra|kar|di|al agg. MED. intracardiaco. **int|ra|ku|tan** agg. MED. intracutaneo. **int|ra|mo|le|ku|lar** agg. CHIM. intramolecolare. **int|ra|mus|ku|lär** agg. intramuscolare.

in|tran|si|gent agg. intransigente: ***eine -e Haltung einnehmen*** assumere un comportamento intransigente. **In|tran|si|gent** m. *(-en, -en)* **1** intransigente *m.* **2** POL. estremista *m.* **In|tran|si|genz** f. *(-)* intransigenza *f.*

in|tran|si|tiv I agg. GRAMM. intransitivo **II** avv. ***ein Verb ~ verwenden*** usare un verbo al modo intransitivo (*o* intransitivamente). **In|tran|si|tiv** n. *(-s,-e)* verbo *m.* intransitivo.

int|ra|oku|lar agg. MED. intraoculare.

int|ra|ute|rin agg. intrauterino.

int|ra|ve|nös I agg. endovenoso **II** avv. per via endovenosa: ***etw. ~ spritzen, verabreichen*** iniettare, somministrare qcs. per via endovenosa. **int|ra|zel|lu|lar, int|ra|zel|lu|lär** agg. intracellulare.

int|ri|gant agg. intrigante. **Int|ri|gant** m. *(-en,-en)* intrigante *m.* **Int|ri|ge** f. *(-,-n)* intrigo *m.*: ***-n spinnen, einfädeln*** tessere intrighi; ***jds -n aufdecken*** scoprire gli intrighi di qcn. **Int|ri|gen|spiel** n. *(-s,-e)* intrigo *m.* **Int|ri|gen|wirt|schaft** f. *(-)* SPREG. l'intrigare continuamente. **int|ri|gie|ren** intr. (aus. *haben*) intrigare: ***gegen jdn ~*** ordire intrighi contro qcn.

Int|ro|duk|ti|on f. *(-,-en)* **1** MUS. introduzione *f.* **2** MED. *(Penetration)* penetrazione *f.* **int|ro|du|zie|ren** tr. **1** introdurre, inserire **2** *(vorstellen)* presentare, introdurre.

Int|ro|i|tus m. *(-,-)* **1** LIT. introito *m.* **2** MED. ingresso *m.*, meato *m.*

Int|ro|spek|ti|on f. *(-,-en)* introspezione *f.*

Int|ro|ver|si|on f. *(-,-en)* introversione *f.* **int|ro|ver|tiert** agg. introverso.

In|tru|si|on f. *(-,-en)* GEOL. intrusione *f.* **in|tru|siv** agg. GEOL. intrusivo. **In|tru|siv|ge|stein** n. *(-s,-e)* rocce *f.pl.* intrusive.

In|tu|ba|ti|on f. *(-,-en)* MED. intubazione *f.* **in|tu|bie|ren** tr. MED. intubare.

In|tu|i|ti|on f. *(-,-en)* intuito *m.*, intuizione *f.*: ***sich auf seine ~ verlassen*** affidarsi al proprio intuito; ***sich von seiner ~ leiten lassen*** lasciarsi guidare dalla propria intuizione; ***die dichterische ~*** l'intuizione poetica. **in|tu|i|tiv I** agg. intuitivo **II** avv. intuitivamente.

In|tu|mes|zenz f. *(-,-en)* MED. tumefazione *f.*

in|tus, *etw. ~ haben, kriegen* aver mangiato qcs.; FIG. aver capito, afferrato qcs. ◆ ***einen ~ haben*** essere sbronzo.

I|nu|lin n. *(-s)* inulina *f.*

In|un|da|ti|on f. *(-,-en)* inondazione *f.*

In|unk|ti|on f. *(-,-en)* frizione *f.*, massaggio *m.*

in|va|lid, in|va|li|de agg. invalido ◆ COLLOQ. ***jdn ~ schlagen*** picchiare a sangue qcn., massacrare di botte qcn. **In|va|li|de** m. e f. *(-n, -n)* invalido *m.* (-a *f.*). **In|va|li|den|ren|te** f. *(-,-n)* pensione *f.* di invalidità.

in|va|li|die|ren tr. ANT. invalidare.

in|va|li|di|sie|ren tr. dichiarare invalido. **In|va|li|di|tät** f. *(-)* invalidità *f.*

in|va|ri|a|bel, in|va|ri|a|bel agg. invariabile.

in|va|ri|ant, in|va|ri|ant agg. invariante. **In|va|ri|an|te** f. *(-,-n)* invariante *f.* **In|va|ri|anz, In|va|ri|anz** f. *(-)* invarianza *f.*

In|va|si|on f. *(-,-en)* invasione *f.*

In|vek|ti|ve f. *(-,-n)* invettiva *f.*

In|ven|tar n. *(-s,-e)* inventario *m.*: ***ein ~ aufnehmen, aufstellen, führen*** fare un inventario ◆ ***lebendes, totes ~*** scorte vive, morte; SCHERZ. ***zum ~ gehören*** fare parte dell'arredamento (in una ditta). **In|ven|tar|auf|nah|me** f. *(-,-n)* compilazione *f.* d'inventario, inventario *m.* **In|ven|ta|ri|sa|ti|on** f. *(-,-en)* inventariazione *f.* **in|ven|ta|ri|sie|ren** tr. inventariare. **In|ven|ta|ri|sie|rung** f. *(-,-en)* inventariazione *f.* **In|ven|tar|recht** n. *(-[e]s)* DIR. diritto *m.* d'inventario. **In|ven|tar|ver|zeich|nis** n. *(-ses,-se)* inventario *m.*

In|ven|ti|on f. *(-,-en)* **1** MUS. invenzione *f.* **2** ANT. *(Erfindung)* invenzione *f.*

In|ven|tur f. *(-,-en)* inventario *m.*: ***~ machen*** fare l'inventario; ***wegen ~ geschlossen*** chiuso per inventario. **In|ven|tur|aus|ver|kauf, In|ven|tur|ver|kauf** m. *(-[e]s,-verkäufe)* liquidazione *f.*, svendita *f.*

in|vers agg. inverso. **In|ver|si|on** f. *(-,-en)* inversione *f.*

In|ver|teb|rat m. *(-en,-en)* invertebrato *m.*

In|ver|ter m. *(-s,-)* invertitore *m.*, ondulatore *m.* **in|ver|tie|ren** tr. invertire. **in|ver|tiert** p.pass. agg. **1** → **invertieren 2** *(homosexuell)* invertito. **In|ver|tin** n. *(-s)* invertina *f.*, invertasi *f.* **In|vert|zu|cker** m. *(-s)* zucchero *m.* invertito.

In|ver|wahr|nah|me f. *(-,-n)* BUROCR. presa *f.* in custodia.

in|ves|tie|ren tr. **1** investire: ***sein Geld in ein (einem) Unternehmen ~*** investire i propri soldi in un'impresa; FIG. ***in jdn seine Kräfte ~*** investire in qcn. le proprie energie **2** *(in ein Amt einsetzen)* investire, insediare. **In|ves|tie|rung** f. *(-,-en)* investimento *m.*

In|ves|ti|ti|on f. *(-,-en)* investimento *m.*: ***-en in Höhe von zwei Milliarden DM*** investimenti per un valore di due miliardi di marchi; ***-en vornehmen*** effettuare investimenti; ***die ~ von Zeit in ein Projekt*** l'investimento di tempo in un progetto; *(Geldausgabe)* ***mit etw. eine gute ~ machen*** fare un buon investimento con qcs. **In|ves|ti|ti|ons|gut** n. *(-[e]s,-güter)* bene *m.* d'investimento. **In|ves|ti|ti|ons|hil|fe** f. *(-,-n)* misura *f.* d'incoraggiamento per investimenti, facilitazione *f.* di investimento. **In|ves|ti|ti|ons|len|kung** f. *(-,-en)* politica *f.* di investimenti. **In|ves|ti|ti|ons|po|li|tik** f. *(-)* politica *f.* degli investimenti. **In|ves|ti|ti|ons|vor|ha|ben** n. *(-s,-)* piano *m.* di investimento: ***ein ~ durchführen, verwirklichen*** realizzare un piano d'investimento.

In|ves|ti|tur f. *(-,-en)* investitura *f.* **In|ves|ti|tur|streit** m. *(-[e]s)* STOR. lotta *f.* delle (*o* per le) investiture.

in|ves|tiv I agg. di investimento **II** avv. per investimenti. **In|ves|tiv|lohn** m. *(-s,-löhne)* risparmio *m.* coattivo forzato. **In|vest|ment** [-mənt] n. *(-s,-s)* investimento *m.* **In|vest|ment|fonds** m. *(-,-)* fondo *m.* di investimento. **In|vest|ment|ge|sell|schaft** f. *(-,-en)* società *f.* di investimento. **In|vest|ment|pa|pier** n. *(-s,-e)* → **Investmentzertifikat. In|vest|ment|trust** m. *(-[e]s,-e* e *-s)* fondo *m.* comune di investimento. **In|vest|ment|zer|ti|fi|kat** n. *(-[e]s,-e)* certificato *m.* di investimento. **In|ves|tor** m. *(-s,-en)* investitore *m.*

In-vi|tro-Fer|ti|li|sa|ti|on f. *(-,-en)* fecondazione *f.* in vitro.

In|vo|ka|ti|on f. *(-,-en)* invocazione *f.*

In|vo|lu|ti|on f. *(-,-en)* involuzione *f.*

in|vol|vie|ren tr. implicare: ***jdn in etw. ~*** implicare qcn. in qcs.; ***das involviert große Schwierigkeiten*** questo implica grandi difficoltà.

in|wärts avv. ANT. in dentro.

in|wen|dig I agg. **1** interno: ***eine -e Tasche*** una tasca interna **2** interiore: ***-e Erlebnisse*** esperienze interiori **II** avv. internamente, all'interno ◆ COLLOQ. ***jdn, etw. in- und auswendig kennen*** conoscere qcn., qcs. a menadito.

in|wie|fern avv. e cong. in che senso, in che modo: ***~ ist so etwas möglich?*** in che senso è possibile una cosa del genere? ***erklär mir, ~ das nicht geht*** spiegami in che senso questo non va.

in|wie|weit avv. e cong. fino a che punto, in che misura, quanto: ***~ hat sich die Lage verbessert?*** in che misura è migliorata la situazione? ***wir wissen nicht, ~ wir ihr trauen können*** non sappiamo fino a che punto possiamo fidarci di lei.

In|woh|ner m. *(-s,-)* **1** ANT. *(Bewohner)* abitante *m.* **2** AUSTR. *(Mieter)* affittuario *m.*

In|zah|lung|nah|me f. *(-)* accettazione *f.* in pagamento.

In|zest m. *(-[e]s,-e)* incesto *m.* **in|zes|tu|ös** agg. incestuoso.

in|zi|den|tell agg. incidentale.

in|zi|die|ren tr. MED. incidere. **In|zi|si|on** f. *(-,-en)* MED. incisione *f.* **In|zi|siv** m. *(-s,-en)*, **In|zi|siv|zahn** m. *(-s,-zähne)* incisivo *m.*

In|zucht f. *(-,-en)* BIOL. endogamia *f.*, riproduzione *f.* fra consanguinei. **In|zucht|scha|den** m. *(-s,-schäden)* tara *f.* ereditaria.

in|zwi|schen avv. frattanto, intanto, nel frattempo: ***es geht ihm ~ besser*** nel frattempo è migliorato; ***ich komme gleich, du kannst ~ etwas trinken*** vengo subito, intanto puoi bere qualcosa.

Iod → **Jod. Io|dat** → **Jodat. Io|did** → **Jodid.**

IOK ⇒ *Internationales Olympisches Komitee* Comitato olimpico internazionale (COI).

Ion n. *(-s,-en)* ione *m.*: ***positive, negative -en*** ioni positivi, negativi. **Io|nen|aus|tausch** m. *(-es)* scambio *m.* di ioni. **Io|nen|be|schleu|ni|ger** m. *(-s,-)* acceleratore *m.* di ioni. **Io|nen|strahl** m. *(-s,-en)* fascio *m.* ionico. **Io|nen|wan|de|rung** f. *(-,-en)* migrazione *f.* ionica.

Io|ni|en n.pr.n. *(-s)* Ionia *f.* **Io|ni|er** m. *(-s,-)* ionio *m.*, abitante *m.* della Ionia.

Io|ni|sa|ti|on f. *(-,-en)* ionizzazione *f.*

io|nisch agg. **1** ionio: ***das Ionische Meer*** il mar Ionio **2a** ARCH. ionico: ***eine -e Säule*** una colonna ionica **b** MUS. LING. ionio.

io|ni|sie|ren tr. ionizzare. **Io|ni|sie|rung** f. *(-,-en)* ionizzazione *f.* **Io|ni|um** n. *(-s)* ionio *m.* **Io|no|sphä|re** f. *(-)* ionosfera *f.*

Io|ta n. *(-[s],-s)* iota *m.*

I|phi|ge|nie n.pr.f. Ifigenia *f.*

i-Punkt m. *(-[e]s,-e)* punto *m.* (*o* puntino *m.*) della, sulla i: ***den ~ setzen*** mettere il puntino sulla i; FIG. ***auf etw. den ~ setzen*** mettere il puntino sulla i di qcs. ◆ ***bis auf den ~*** fin nei minimi dettagli.

IQ m. *(-[s],-[s])* Q.I. *m.*

i. R. ⇒ *im Ruhestand* a riposo (a.r.).

I|rak n.pr.m. *(-s)* ***der ~*** l'Irak. **I|ra|ker** m. *(-s,-)* iracheno *m.* **i|ra|kisch** agg. iracheno.

I|ran n.pr.m. *(-s)* ***der ~*** l'Iran. **I|ra|ner** m. *(-s,-)* iraniano *m.* **i|ra|nisch** agg. **1** iraniano **2** STOR. LING. iranico. **I|ra|nist** m. *(-en,-en)* iranista *m.* **I|ra|nis|tik** f. *(-)* iranistica *f.*

Ir|bis m. *(-ses,-se)* irbis *m.*, leopardo *m.* delle nevi.

ir|den agg. di terracotta: ***-e Töpfe*** vasi di terracotta. **Ir|den|ge|**

schirr n. *(-s)* stoviglie *f.pl.* di terracotta. **Ir|den|wa|re** f. *(-)* terracotte *f.pl.*, articoli *m.pl.* in terracotta.

ir|disch agg. **1a** terreno: ***die -en Güter*** i beni terreni; ***das -e Dasein*** l'esistenza terrena **b** *(sterblich)* mortale: ***die -e Hülle*** le spoglie mortali **2** terrestre: ***-e Gesteine*** rocce terrestri.

I|re m. *(-n,-n)* irlandese *m.*

I|re|nik f. *(-)* irenismo *m.* **i|re|nisch** agg. irenistico.

ir|gend avv. **1** rafforz. ***so schnell wie ~ möglich*** il più presto possibile; ***er hat getan, was er ~ tun konnte*** ha fatto quello che poteva fare **2** solo, mai, in qualche modo: ***wenn es nur ~ möglich ist*** se solo è possibile. **ir|gend|ein** pron.indef. uno, un qualche: ***aus -em Grund*** per un qualche motivo; *(ein beliebiger)* uno qualunque, uno qualsiasi. **ir|gend|ein|mal** avv. una volta o l'altra: ***besuchen Sie mich ~*** venga a trovarmi una volta o l'altra. **ir|gend|et|was** pron. indef. qualche cosa, qualcosa. **ir|gend|je|mand** pron. indef. qualcuno: ***er ist nicht ~ jemand*** non è un tipo qualunque. **ir|gend|wann** avv. prima o poi, presto o tardi: ***~ wird er schon gewinnen*** prima o poi vincerà. **ir|gend|was** pron.indef. COLLOQ. qualcosa, qualche cosa: ***den Kindern ~ schenken*** regalare qualcosa ai bambini; ***gibt es ~?*** c'è qualcosa? qualche problema? **ir|gend|welch** pron.indef. uno qualunque, qualche: ***(gibt es) -e Fragen?*** (c'è) qualche domanda (*o* una domanda qualunque)? **ir|gend|wer** pron.indef. COLLOQ. uno qualunque. **ir|gend|wie** avv. in qualche modo: ***man muss ~ darauf reagieren*** bisogna reagire in qualche modo a questo; *(gewissermaßen)* in un certo senso, in qualche modo: ***ich fühle mich ~ schuldig*** mi sento in qualche modo colpevole. **ir|gend|wo** avv. da qualche parte, in qualche posto: ***~ Urlaub machen*** fare le vacanze da qualche parte. **ir|gend|wo|her** avv. da qualche parte: ***das muss ~ kommen*** deve provenire da qualche parte. **ir|gend|wo|hin** avv. in qualche posto, da qualche parte: ***gehen wir ~*** andiamo da qualche parte.

I|ri|dek|to|mie f. *(-)* iridectomia *f.* **I|ri|di|um** n. *(-s)* iridio *m.* **I|ri|do|lo|ge** m. *(-n,-n)* iridologo *m.* **I|ri|do|lo|gie** f. *(-)* iridologia *f.*

I|rin f. *(-,-nen)* irlandese *f.*

I|ris f. *(-,-* e *Iriden)* **1** iris *m.*, giaggiolo *m.* **2** ANAT. iride *f.* **3** *(Regenbogen)* iride *f.*, arcobaleno *m.* **I|ris|blen|de** f. *(-,-n)* diaframma *m.* a iride.

i|risch agg. irlandese. **I|rish|cof|fee** ['aɪərɪʃ'kɔfɪ] m. *(-,-s)* irish coffe *m.*

i|ri|sie|ren intr. (aus. *haben*) essere iridescente.

IRK ⇒ *Internationales Rotes Kreuz* Croce Rossa Internazionale (CRI).

Ir|land n.pr.n. *(-s)* Irlanda *f.* **Ir|län|der** m. *(-s,-)* irlandese *m.* **ir|län|disch** agg. irlandese.

I|ro|ke|se m. *(-n,-n)* irochese *m.*

I|ro|nie f. *(-,-n)* ironia *f.*: ***etw. mit leiser ~ sagen*** dire qcs. con sottile ironia; ***die ~ des Schicksals*** l'ironia della sorte. **I|ro|ni|ker** m. *(-s,-)* persona *f.* ironica. **i|ro|nisch I** agg. ironico: ***eine -e Bemerkung*** un'osservazione ironica **II** avv. ironicamente. **i|ro|ni|sie|ren** tr. ***etw. ~*** ironizzare su qcs. **I|ro|ni|sie|rung** f. *(-,-en)* ironizzazione *f.*

irr → **irre.**

Ir|ra|di|a|ti|on f. *(-,-en)* **1** MED. FOT. OTT. irradiazione *f.* **2** PSIC. proiezione *f.* **ir|ra|di|ie|ren** tr. irradiare.

ir|ra|ti|o|nal, ir|ra|ti|o|nal I agg. irrazionale **II** avv. in modo irrazionale, irrazionalmente: ***sich ~ verhalten*** comportarsi in modo irrazionale. **Ir|ra|ti|o|na|lis|mus, Ir|ra|ti|o|na|lis|mus** m. *(-, Irrationalismen)* **1** irrazionalità *f.* **2** FILOS. irrazionalismo *m.* **Ir|ra|ti|o|na|li|tät** f. *(-)* irrazionalità *f.* **ir|ra|ti|o|nell, ir|ra|ti|o|nell** agg. irrazionale.

ir|re I agg. **1** confuso, incerto **2a** *(verstört, wie wahnsinnig)* pazzo, folle: ***~ Reden führen*** fare discorsi folli; ***~ vor Angst, Schmerz sein*** essere pazzo di paura, folle dal dolore **b** RAR. *(geistesgestört)* ***jdn für ~ halten*** considerare qcn. pazzo **3** COLLOQ. FIG. *(sehr groß, stark)* folle, pazzesco: ***mit -r Geschwindigkeit fahren*** guidare a velocità folle; ***-s Geld verdienen*** guadagnare somme pazzesche **4** *(höchst ausgefallen)* pazzesco, incredibile: ***ein -r Typ*** un tipo incredibile **II** avv. **1** in modo confuso, confusamente **2** come un matto, come un pazzo (anche FIG.): ***~ lachen*** ridere come un pazzo **3** rafforz. tremendamente, terribilmente: ***es war ~ kalt*** faceva terribilmente freddo.

1.Ir|re m. e f. *(-n,-n)* matto *m.* (-a *f.*), pazzo *m.* (-a *f.*), demente *m.* e *f.* (anche FIG.): ***wie ein -r arbeiten*** lavorare come un pazzo.

2.Ir|re f. *(-)* ***in die ~ gehen*** perdersi, smarrirsi; FIG. *(sich irren)* sbagliarsi, andare fuori strada; ***jdn in die ~ führen, locken*** mettere fuori strada, fuorviare qcn.; *(täuschen)* ingannare.

ir|re|al, ir|re|al agg. irreale. **Ir|re|al, Ir|re|al** m. *(-s,-e)* irreale *m.* **Ir|re|a|lis** m. *(-, Irreales)* GRAMM. periodo *m.* ipotetico dell'irrealtà. **Ir|re|a|li|tät** f. *(-)* irrealtà *f.*

Ir|re|den|ta f. *(-, Irredenten)* movimento *m.* irredentistico. **Ir|re|den|tis|mus** m. *(-)* irredentismo *m.* **Ir|re|den|tist** m. *(-en,-en)* irredentista *m.* **ir|re|den|tis|tisch** agg. irredentista.

ir|re|du|zi|bel, ir|re|du|zi|bel agg. MAT. FILOS. irriducibile.

ir|re‿füh|ren tr. **1a** *(in die Irre locken)* fuorviare **b** *(täuschen)* ingannare, trarre in inganno **2** RAR. *(vom Weg abbringen)* ***jdn ~*** far sbagliare strada a qcn. **irre|füh|rend** p.pres. agg. fuorviante; *(täuschend)* ingannevole, fallace. **Ir|re|füh|rung** f. *(-,-en)* inganno *m.*

ir|re‿ge|hen intr. *(ging, gegangen;* aus. *sein)* **1** *(sich verirren)* perdersi, smarrirsi **2** FIG. *(sich irren)* sbagliarsi.

ir|re|gu|lär, ir|re|gu|lär agg. irregolare. **Ir|re|gu|lä|re** m. *(-n,-n)* MIL. irregolare *m.* **Ir|re|gu|la|ri|tät** f. *(-,-en)* irregolarità *f.*

ir|re‿lei|ten tr. **1a** fuorviare: ***sich durch jdn ~ lassen*** lasciarsi, farsi fuorviare da qcn. **b** *(täuschen)* ingannare **2** *(falsch leiten)* ***jdn ~*** far sbagliare strada a qcn.; ***das Paket wurde irregeleitet*** il pacco è stato recapitato a un indirizzo sbagliato.

ir|re|le|vant, ir|re|le|vant agg. irrilevante. **Ir|re|le|vanz, Ir|re|le|vanz** f. *(-,-en)* irrilevanza *f.*

ir|re|li|gi|ös, ir|re|li|gi|ös agg. irreligioso. **Ir|re|li|gi|o|si|tät** f. *(-)* irreligiosità *f.*

ir|re‿ma|chen tr. confondere: ***lass dich nicht ~!*** non lasciarti confondere (le idee)!

ir|ren I rifl. **sich ~ 1a** sbagliarsi: ***er hat sich total geirrt*** si è totalmente sbagliato **b** *(sich verrechnen)* ***sich um etw. ~*** sbagliarsi di qcs.: ***sich um ein Jahr, um 10 DM ~*** sbagliarsi di un anno, di 10 marchi **2a** ***sich in etw. (D) ~*** sbagliare qcs.: ***sich in der Hausnummer, in der Person ~*** sbagliare il numero civico, sbagliare persona **b** ***sich in jdm ~*** sbagliarsi sul conto di qcn. **II** intr. **1** (aus. *haben*) sbagliare, LETT. errare: ***jeder kann mal ~*** chiunque può sbagliare **2** (aus. *sein*) errare: ***ziellos durch die Stadt ~*** errare senza meta per la città; ***seine Augen irrten von einem zum anderen*** il suo sguardo errava dall'uno all'altro ◆ ***Irren ist menschlich*** errare humanum est. **Ir|ren|an|stalt** f. *(-,-en)* ospedale *m.* psichiatrico. **Ir|ren|arzt** m. *(-[e]s,-ärzte)* psichiatra *m.* **Ir|ren|haus** n. *(-[e]s,-häuser)* manicomio *m.* **ir|ren|haus|reif** agg. COLLOQ. da rinchiudere (in manicomio). **Ir|ren|heil|kun|de** f. *(-)* psichiatria *f.*

ir|re|pa|ra|bel, ir|re|pa|ra|bel agg. irreparabile. **Ir|re|pa|ra|bi|li|tät** f. *(-)* irreparabilità *f.*

ir|re|po|ni|bel, ir|re|po|ni|bel agg. MED. irriducibile.

ir|re‿re|den intr. (aus. *haben*) farneticare. **Ir|re|sein** n. *(-s)* pazzia *f.*

ir|re|ver|si|bel, ir|re|ver|si|bel agg. irreversibile.

ir|re‿wer|den intr. *(wird, wurde, geworden;* aus. *sein)* confondersi, non saper che pensare: ***an jdm, an etw. (D) ~*** perdere la fiducia in qcn., in qcs. **Ir|re|wer|den** n. *(-s)* l'impazzire.

Irr|fahrt f. *(-,-en)* peregrinazione *f.* **Irr|gang** m. *(-[e]s,-gänge)* percorso *m.* tortuoso. **Irr|gar|ten** m. *(-s,-gärten)* labirinto *m.* **Irr|gast** m. *(-es,-gäste)* = animale *m.* fuori dal suo habitat naturale. **Irr|glau|be** m. *(-ns)*, RAR. **Irr|glau|ben** m. *(-s)* **1** falsa credenza *f.* **2** ANT. *(Heterodoxie)* eterodossia *f.*; *(Ketzerei)* eresia *f.* **irr|gläu|big** agg. eterodosso; *(ketzerisch)* eretico.

ir|rig agg. errato, sbagliato.

Ir|ri|ga|ti|on f. *(-,-en)* irrigazione *f.* (anche MED.). **Ir|ri|ga|tor** m. *(-s,-en)* MED. irrigatore *m.*

ir|ri|ger|wei|se avv. erroneamente, per errore.

ir|ri|ta|bel agg. irritabile. **Ir|ri|ta|bi|li|tät** f. *(-)* irritabilità *f.* **Ir|ri|ta|ti|on** f. *(-,-en)* irritazione *f.* **ir|ri|tie|ren** tr. **1** *(ärgern)* irritare, fare arrabbiare **2** *(stören)* infastidire, molestare **3** ANT. *(erregen)* eccitare. **Ir|ri|tie|rung** f. *(-,-en)* → **Irritation.**

Irr|läu|fer m. *(-s,-)* spedizione *f.* a un falso recapito. **Irr|leh|re** f. *(-,-n)* **1** dottrina *f.* erronea **2** RELIG. *(Häresie)* eresia *f.* **Irr|lei|tung** f. *(-,-en)* disguido *m.* **Irr|licht** n. *(-[e]s,-er)* fuoco *m.* fatuo. **irr|lich|te|lie|ren, irr|lich|tern** intr. (aus. *haben*) vagare come un'anima in pena. **Irr|sal** n. *(-[e]s,-e)* LETT. **1** errore *m.* (morale) **2** *(Häufung von Irrtümern)* gran confusione *f.*, gran pasticcio *m.* **Irr|sein** → **Irresein.** **Irr|sinn** m. *(-[e]s)* pazzia *f.*, follia *f.* (anche FIG.): ***es wäre ~, jetzt nachzugeben*** sarebbe una pazzia cedere adesso. **irr|sin|nig I** agg. **1** pazzo, folle (anche FIG.): ***vor Schmerz ~ werden*** diventare pazzo per il dolore **2** *(unvernünftig)* irragionevole **3** COLLOQ. *(unvorstellbar stark)* folle, pazzesco, tremendo **II** avv. rafforz. *(sehr)* tremendamente, terribilmente: ***sich ~ freuen*** rallegrarsi immensamente. **Irr|sin|nig|keit** f. *(-)* pazzia *f.*, follia *f.* **Irr|sinns|hit|ze** f. *(-)* COLLOQ. caldo *m.* pazzesco.

Irr|tum m. *(-s,-tümer)* errore *m.*: ***einen ~ begehen, erkennen*** commettere, riconoscere un errore; ***einem ~ unterliegen, verfallen, erliegen*** incorrere, cadere, incappare in un errore; ***im ~ sein, sich im ~ befinden*** essere in errore; ***ein ~ liegt vor*** c'è un errore; ***jdm unterläuft ein ~*** a qcn. sfugge un errore ◆ COMM. ***~ vorbehalten*** salvo errore. **irr|tüm|lich I** agg. erroneo, errato: ***eine -e Entscheidung*** una decisione errata **II** avv. erroneamente, per errore. **irr|tüm|li|**

cher|wei|se avv. erroneamente, per errore. **Ir|rung** f. *(-,-en)* LETT. errore *m.* **Irr|weg** m. *(-[e]s,-e)* FIG. falsa strada *f.* (*o* pista *f.*), strada *f.* sbagliata: ***sich auf einem ~ befinden*** essere su una falsa pista, fuori strada; ***auf einen ~ geraten*** andare fuori strada. **Irr|wer|den** → **Irrewerden. Irr|wisch** m. *(-[e]s,-e)* **1** *(Irrlicht)* fuoco *m.* fatuo **2** COLLOQ. *(lebhaftes Kind)* piccola peste *f.* **3** *(unsteter Mensch)* persona *f.* incostante. **Irr|witz** m. *(-[e]s)* follia *f.*, pazzia *f.* **irr|wit|zig** agg. folle, pazzo.

I|sa|ak n.pr.m. *(-s)* Isacco *m.*

I|sa|bel, I|sa|bel|la n.pr.f. *(-)* Isabella *f.*

1.I|sa|bel|le → **Isabel.**

2.I|sa|bel|le f. *(-,-n)* cavallo *m.* isabella. **i|sa|bell|far|ben, i|sa|bell|far|big** agg. (color) isabella, isabellino.

I|sa|no|ma|le f. *(-,-n)* (linea *f.*) isoanomala *f.*

I|sa|tin n. *(-s)* isatina *f.*

Is|chi|a|di|kus m. *(-, Ischiadizi)* nervo *m.* sciatico. **is|chi|a|disch** agg. sciatico. **Is|chi|al|gie** f. *(-)*, **Is|chi|as** m., n. e f. *(-)* ischialgia *f.*, sciatalgia *f.* **Is|chi|as|nerv** m. *(-s,-en)* → **Ischiadikus.**

I|se|grim m. *(-s,-e)* **1** *(Fabelgestalt)* mastro *m.* lupo, lupo *m.* **2** *(mürrischer Mensch)* brontolone *m.*

I|si|dor n.pr.m. *(-s)* Isidoro *m.*

I|sis n.pr.f. *(-)* Iside *f.*

Is|lam, Is|lam m. *(-[e]s)* Islam *m.* **Is|la|mi|sa|ti|on** f. *(-)* islamizzazione *f.* **is|la|misch** agg. islamico. **is|la|mi|sie|ren** tr. islamizzare. **Is|la|mis|mus** m. *(-)* islamismo *m.* **Is|la|mit** m. *(-en,-en)* islamita *m.*

Is|land n.pr.n. *(-s)* Islanda *f.* **Is|län|der** m. *(-s,-)* islandese *m.* **Is|län|de|rin** f. *(-,-nen)* islandese *f.* **is|län|disch** agg. islandese. **Is|län|di|sche** n. *(-n)* lingua *f.* islandese, islandese *m.*

Is|ma|i|lit m. *(-en,-en)* ismailita *m.*

i|so|bar agg. **1** FIS. *(von Atomkernen)* isobaro **2** METEOR. isobarico, isobaro. **I|so|ba|re** f. *(-,-n)* (linea *f.*) isobara *f.* **i|so|chor** agg. isocoro. **i|so|chrom** agg. isocromatico. **I|so|chro|ma|tis|mus** m. *(-)* FOT. ortocromatismo *m.* **i|so|chron** agg. isocrono. **I|so|chro|ne** f. *(-,-n)* (linea *f.*) isocrona *f.* **I|so|chro|nis|mus** m. *(-)* isocronismo *m.* **I|so|ga|mie** f. *(-,-n)* isogamia *f.* **I|so|glos|se** f. *(-,-n)* isoglossa *f.*

I|so|gon n. *(-s,-e)* poligono *m.* regolare. **i|so|go|nal** agg. isogonale, isogono. **I|so|go|ne** f. *(-,-n)* (linea *f.*) isogona *f.*

I|so|hy|e|te *(-,-n)* (linea *f.*) isoieta *f.* **I|so|hyp|se** *(-,-n)* (linea *f.*) isoipsa *f.* **I|so|kli|ne** f. *(-,-n)* (linea *f.*) isoclina *f.*

I|so|la|ti|on f. *(-,-en)* **1a** isolamento *m.*: ***jdn aus seiner ~ herausholen*** trarre fuori qcn. dal suo isolamento; ***in die ~ geraten*** chiudersi nell'isolamento, isolarsi; ***jdn in die ~ führen, treiben*** portare, spingere qcn. all'isolamento **b** *(Abdichtung)* ***die ~ von Wasserleitungen*** l'isolamento delle condutture dell'acqua **2** *(Isoliermaterial)* materiale *m.* isolante. **I|so|la|ti|o|nis|mus** m. *(-)* isolazionismo *m.* **I|so|la|ti|o|nist** m. *(-en,-en)* isolazionista *m.* **i|so|la|ti|o|nis|tisch** agg. isolazionista, isolazionistico. **I|so|la|ti|ons|fol|ter, I|so|la|ti|ons|haft** f. *(-)* (detenzione *f.* in) isolamento *m.* **I|so|la|tor** m. *(-s,-en)* isolatore *m.*; *(Isolierstoff)* isolante *m.*

I|sol|de n.pr.f. *(-)* Isotta *f.*

I|so|lier|band n. *(-[e]s,-bänder)* nastro *m.* isolante. **i|so|lie|ren I** tr. isolare: ***einen Kranken, gegen Wärme ~*** isolare un malato, isolare contro il calore **II** rifl. **sich ~** isolarsi. **I|so|lier|ma|te|ri|al** n. *(-s,-ien)* materiale *m.* isolante. **I|so|lier|schicht** f. *(-,-en)* strato *m.* isolante. **I|so|lier|sta|ti|on** f. *(-,-en)* MED. reparto *m.* di isolamento. **I|so|liert|heit** f. *(-)* isolamento *m.*, isolazione *f.* **I|so|lie|rung** f. *(-,-en)* → **Isolation. I|so|lier|zel|le** f. *(-,-n)* cella *f.* di isolamento.

I|so|li|nie f. *(-,-n)* isolinea *f.*

i|so|mer agg. CHIM. BOT. isomero. **I|so|mer** n. *(-s,-e)*, **I|so|me|re** n. *(-n,-n)* CHIM. isomero *m.* **I|so|me|rie** f. *(-)* CHIM. BOT. isomeria *f.*

I|so|met|rie f. *(-)* isometria *f.* **i|so|met|risch** agg. isometrico.

i|so|morph agg. isomorfo. **I|so|mor|phie** f. *(-)*, **I|so|mor|phis|mus** m. *(-)* isomorfismo *m.*

I|so|pho|ne f. *(-,-n)* (linea *f.*) isofona *f.* **I|so|po|de** m. *(-n,-n)* isopodo *m.* **I|so|pren** n. *(-s)* isoprene *m.* **I|sos|ta|sie** f. *(-)* isostasia *f.* **i|so|therm** agg. isotermico. **I|so|ther|me** f. *(-,-n)* (linea *f.*) isoterma *f.* **I|so|ton** n. *(-s,-e)* isotono *m.* **i|so|to|nisch** agg. isotonico.

I|so|top n. *(-s,-e)* isotopo *m.* **i|so|to|pisch** agg. isotopico, isotopo.

I|sot|ron n. *(-s,-e)* isotrone *m.*

i|so|trop agg. isotropo. **I|so|tro|pie** f. *(-)* isotropia *f.*

Is|ra|el n.pr.n. *(-s)* Israele *m.*: ***das Volk ~*** il popolo d'Israele; ***die Kinder -s*** i figli di Israele. **Is|ra|e|li** m. *(-[s],-[s])* e f. *(-,-[s])* israeliano *m.* (-a *f.*), abitante *m. e f.* di Israele. **is|ra|e|lisch** agg. israeliano. **Is|ra|e|lit** m. *(-en,-en)* israelita *m.* **is|ra|e|li|tisch** agg. israelitico.

Ist|auf|kom|men n. *(-s,-)* gettito *m.* effettivo (delle imposte). **Ist|be|stand** m. *(-[e]s,-bestände)* stato *m.* effettivo di cassa.

Isth|mi|en pl. giochi *m.pl.* istmici. **isth|misch** agg. istmico. **Isth|mus** m. *(-, Isthmen)* istmo *m.*

Ist|ri|a|ner m. *(-s,-)* istriano *m.*, abitante *m.* dell'Istria. **Ist|ri|a|ne|rin** f. *(-,-nen)* istriana *f.*, abitante *f.* dell'Istria. **Ist|ri|en** n.pr.n. *(-s)* Istria *f.*

Ist|stär|ke f. *(-,-n)* MIL. forza *f.* effettiva, effettivi *m.pl.*

I|ta|ker m. *(-s,-)* COLLOQ. SPREG. italiano *m.*

I|ta|ler m. *(-s,-)* STOR. italico *m.*

i|ta|li|a|ni|sie|ren tr. italianizzare. **I|ta|li|a|nis|mus** m. *(-, Italianismen)* italianismo *m.* **I|ta|li|a|nist** m. *(-en,-en)* italianista *m.* **I|ta|li|en** n.pr.n. *(-s)* Italia *f.* **I|ta|li|e|ner** m. *(-s,-)* **1** italiano *m.* **2** *(Hühnerrasse)* gallina *f.* italiana. **I|ta|li|e|ne|rin** f. *(-,-nen)* italiana *f.* **i|ta|li|e|nisch** agg. italiano. **I|ta|li|e|nisch** n. *(-[s])* italiano *m.*, lingua *f.* italiana: ***ich habe beschlossen, ~ zu lernen*** ho deciso di imparare l'italiano; ***heute muss ich noch Physik und ~ lernen*** oggi devo ancora studiare fisica e italiano. **I|ta|li|e|ni|sche** n. *(-n)* → **Italienisch.**

I|ta|li|ker → **Italer. I|ta|lique** [ita'lɪk] f. *(-)* TIP. carattere *m.* italico. **i|ta|lisch** agg. italico.

I|ta|lo|ame|ri|ka|ner m. *(-s,-)* italoamericano *m.* **I|ta|lo|wes|tern** m. *(-[s],-)* western *m.* all'italiana.

i|tem avv. parimenti, item. **I|tem** n. *(-s,-s)* **1** ANT. *(Weiteres)* seguito *m.* **2** *(Element)* item *m.*

I|te|ra|ti|on f. *(-,-en)* **1a** LING. *(Verdoppelung)* iterazione *f.*, raddoppiamento *m.* **b** RET. iterazione *f.*, ripetizione *f.* **2** PSIC. mania *f.* ossessiva. **i|te|ra|tiv** agg. iterativo. **I|te|ra|tiv** n. *(-s,-e)*, **I|te|ra|ti|vum** n. *(-s, Iterativa)* verbo *m.* iterativo. **i|te|rie|ren** tr. iterare.

I|ti|ne|rar n. *(-s,-e)*, **I|ti|ne|ra|ri|um** n. *(-s, Itinerarien)* itinerario *m.*

i. Tr. ⇒ *in der Trockenmasse* misurato a secco.

i-Tüp|fel|chen n. *(-s,-)* puntino *m.* sulla i ◆ ***bis aufs ~*** fino all'ultima virgola, fin nei minimi dettagli.

it|zo, itzt, it|zund avv. ANT. ora, adesso.

i. v. ⇒ *intravenös* endovenoso (e.v.)

i. V., I. V. ⇒ **1** *in Vertretung* per (p.) **2** *in Vollmacht* per procura (pp., p.p., ppa.).

I|wan I n.pr.m. Ivan *m.*, Ivano *m.* **II** m. *(-s,-s)* SCHERZ. russo *m.* ◆ ***~ der Schreckliche*** Ivan il Terribile.

i wo inter. ma che.

J

j, J n. *(-,-)* j, J *m.* e *f.*: ***ein großes J, ein kleines j*** una J maiuscola, una j minuscola.

ja I avv. **1** sì: ***Bist du sicher? – ~!*** Sei sicuro? – Sì! ***er antwortete Ja*** rispose di sì; ***ich glaube ~*** credo di sì **2** *(bei Zweifel)* vero: ***du bleibst noch ein wenig, ~?*** rimani ancora un po', vero? **3** *(bei einer Mahnung)* solo: ***lass das ~ sein!*** lascia solo stare! ***tu das ~ nicht!*** non farlo solo! ***du sollst ~ nicht reden*** per carità non parlare; ***versäum mir ~ nicht den Zug!*** bada di non perdere il treno! **4** COLLOQ. sì: *(am Telefon)* ***ja?*** sì? ***~, was willst du denn?*** sì, cosa vuoi? ***~, wissen Sie...*** beh, sa... **II** part.at. **1** *(doch)* ma: ***ich kenne ihn ~ gar nicht*** ma se non lo conosco affatto; ***ich komme ~ schon*** vengo vengo; ***du hast ihn ~ gesehen?*** ma tu l'hai visto, no? ***er wird ~ nicht krank sein*** non sarà mica malato **2** *(Ausdruck von Erstaunen oder Ironie)* ***da seid ihr ~!*** oh, eccovi qui! **3** *(tatsächlich)* proprio, davvero: ***es schneit ~*** nevica proprio **4** *(sogar)* anzi, perfino: ***ich habe ihn gern, ~ sehr gern*** gli voglio bene, anzi molto bene **5** *(zwar)* ***das ist ~ richtig, aber...*** è giusto sì, ma... ◆ ***aber ~ doch*** ma sì; ***ach ~!*** ah sì; ***zu allem Ja und Amen sagen*** dire di sì a tutto; ***~ freilich*** ma certo, certo che sì; ***~ gern*** sì, volentieri; ***~ gewiss*** ma certo, certo che sì; ***na ~*** be' sì, ma sì; ***~ natürlich*** sì, naturalmente; ***nun ~*** allora (concludendo, in conclusione); ***Ja zu etw. sagen*** dire di sì, acconsentire a qcs.; ***~ so!*** ah già! ***~ und?*** e allora? ebbene? **Ja** n. *([s],-[s])* sì *m.*: ***mit (einem) Ja antworten*** rispondere con (un) sì; ***sein Ja erteilen*** dare la propria approvazione; ***mit Ja stimmen*** dare voto favorevole, votare pro.

Ja|bot [ʒa'bo:] n. *(-s,-s)* jabot *m.*

Jacht f. *(-,-en)* yacht *m.*

Jäck|chen n. *(-s,-)* giacchetta *f.* **Ja|cke** f. *(-,-n)* giacca *f.*: ***die ~ anziehen, anbehalten, ausziehen*** mettere, tenere, togliere la giacca; ***eine lederne, wollene ~*** una giacca di pelle, di lana ◆ COLLOQ. ***jdm die ~ voll hauen*** dare a qcn. botte da orbi; COLLOQ. ***das ist ~ wie Hose*** se non è zuppa è pan bagnato; COLLOQ. ***die ~ voll kriegen*** prendere un sacco di botte; COLLOQ. ***jdm die ~ voll lügen*** raccontare a qcn. un mucchio di balle.

Jä|ckel m. *(-s,-)* COLLOQ. tontolone *m.*

Ja|cken|kleid n. *(-[e]s,-er)* completo *m.* (vestito e giacca). **Ja|cken|ta|sche** f. *(-,-n)* tasca *f.* della giacca.

Ja|cket|kro|ne f. *(-,-n)* capsula *f.* dentaria.

Ja|ckett [ʒa'kɛt] n. *(-s,-s* e *-e)* giacca *f.* (maschile) ◆ COLLOQ. ***einen unter das ~ brausen*** farsi una bevuta.

Jac|quard [ʒa'ka:r] m. *(-[s],-s)* jacquard *m.* **Jac|quard|ge|we|be** n. *(-s,-)* tessuto *m.* jacquard.

Ja|de m. *(-[s])* e f. *(-)* giada *f.* **ja|de|grün** agg. verde giada.

Jaf|fa n.pr.n. Giaffa *f.* **Jaf|fa|ap|fel|si|ne** f. *(-,-n)* arancia *f.* di Giaffa.

Jagd f. *(-,-en)* **1a** caccia *f.*: ***die ~ auf Hasen*** la caccia alla lepre; ***auf die, zur ~ gehen*** andare a caccia; ***auf der ~ sein*** essere a caccia; ***die ~ aufnehmen*** iniziare la caccia; ***die ~ beginnt, ~ frei*** la caccia è aperta **b** FIG. ***~ auf einen Dieb machen*** dare la caccia a un ladro; ***die ~ nach Gold*** la corsa all'oro **2** *(Jagdrevier)* riserva *f.* di caccia ◆ ***die ~ abblasen, anblasen*** suonare la fine, l'inizio della caccia; ***hohe ~*** caccia grossa; MITOL. ***die Wilde ~*** la caccia infernale. **Jagd|an|zug** m. *(-[e]s,-anzüge)* tenuta *f.* da caccia. **Jagd|auf|se|her** m. *(-s,-)* guard(i)acaccia *m.* **jagd|bar** agg. di caccia, in cui si può cacciare. **Jagd|bar|keit** f. *(-,-en)* licenza *f.*, diritto *m.* di caccia. **Jagd|beu|te** f. *(-)* bottino *m.* di caccia, cacciagione *f.* **Jagd|bom|ber** m. *(-s,-)* caccia-bombardiere *m.* **Jagd|fie|ber** n. *(-s)* → **Jagdleidenschaft.** **Jagd|flie|ger** m. *(-s,-)* pilota *m.* da caccia. **Jagd|flin|te** f. *(-,-n)* fucile *m.* da caccia. **Jagd|flug|zeug** m. *(-[e]s,-e)* aereo *m.* da caccia, caccia *m.* **Jagd|fre|vel** m. *(-s,-)* bracconaggio *m.* **Jagd|frev|ler** m. *(-s,-)* bracconiere *m.* **Jagd|ge|he|ge** n. *(-s,-)* riserva *f.* di caccia. **Jagd|ge|rät** n. *(-[e]s,-e)* arnesi *m.pl.* da caccia. **jagd|ge|recht** agg. conforme alle norme venatorie. **Jagd|ge|rech|tig|keit** f. *(-,-en)* diritto *m.* di caccia. **Jagd|ge|schwa|der** n. *(-s,-)* squadriglia *f.* di caccia. **Jagd|ge|sell|schaft** f. *(-,-en)* partecipanti *m.pl.* a una battuta di caccia. **Jagd|ge|setz** n. *(-es,-e)* legge *f.* sulla caccia (*o* venatoria). **Jagd|ge|wehr** n. *(-[e]s,-e)* fucile *m.* da caccia. **Jagd|glück** n. *(-[e]s)* buona caccia *f.* **Jagd|grund** m. *(-[e]s,-gründe)* zona *f.* di caccia ◆ EUFEM. ***in die ewigen Jagdgründe eingehen*** andare nei pascoli del cielo. **Jagd|haus** n. *(-[e]s, -häuser)*, **Jagd|hof** m. *(-[e]s,-höfe)* casino *m.* di caccia. **Jagd|horn** n. *(-s,-hörner)* corno *m.* da caccia. **Jagd|hund** m. *(-[e]s,-e)* cane *m.* da caccia. **Jagd|hüt|te** f. *(-,-n)* capanno *m.* di caccia. **Jagd|lei|den|schaft** f. *(-)* passione *f.* della, per la caccia. **jagd|lich I** agg. venatorio: ***-e Motive*** motivi venatori **II** avv. ***ein ~ geschütztes Tier*** un animale protetto dalle leggi sulla caccia. **Jagd|lied** n. *(-[e]s,-er)* canzone *f.* di caccia. **Jagd|mes|ser** n. *(-s,-)* coltello *m.* da caccia. **Jagd|pan|zer** m. *(-s,-)* carro armato *m.* (d'assalto). **Jagd|recht** n. *(-[e]s,-e)* **1** diritto *m.* in materia di caccia **2** *(Jagdberechtigung)* diritto *m.* di caccia. **jagd|recht|lich** agg. del diritto in materia di caccia. **Jagd|ren|nen** n. *(-s,-)* steeple-chase *m.* **Jagd|re|vier** n. *(-s,-e)* riserva *f.* di caccia. **Jagd|ruf** m. *(-s,-e)* grido *m.* di caccia. **Jagd|scha|den** m. *(-s,-schäden)* danno *m.* provocato dalla caccia. **Jagd|schein** m. *(-s,-e)* licenza *f.* di caccia: ***den ~ haben*** avere la licenza di caccia, FIG. COLLOQ. = essere dichiarato incapace d'intendere e di volere. **Jagd|schloss** n. *(-es, -schlösser)* castello *m.*, palazzina *f.* di caccia. **Jagd|schutz** m. *(-es)* **1** *(Schutz der Jagd)* protezione *f.* della caccia **2** *(Begleitung durch Jagdflugzeuge)* protezione *f.* dei caccia. **Jagd|sig|nal** n. *(-s,-e)* segnale *m.* di caccia. **Jagd|sprin|gen** n. *(-s,-)* EQUIT. salto *m.* a ostacoli. **Jagd|staf|fel** f. *(-,-n)* squadriglia *f.* da caccia. **Jagd|stock** m. *(-[e]s,-stöcke)*, **Jagd|stuhl** m. *(-[e]s,-stühle)* sgabello *m.* da caccia. **Jagd|sze|ne** f. *(-,-n)* scena *f.* di caccia. **Jagd|ta|sche** f. *(-,-n)* carniere *m.* **Jagd|tro|phäe** f. *(-,-n)* trofeo *m.* di caccia. **Jagd|ver|ge|hen** n. *(-s,-)* infrazione *f.* del divieto di caccia. **Jagd|we|sen** n. *(-s)* caccia *f.*, materia *f.* venatoria. **Jagd|wurst** f. *(-, -würste)* INTRAD. (tipo di salsiccia). **Jagd|zeit** f. *(-,-en)* stagione *f.* di caccia: ***die ~ eröffnen, beenden*** aprire, chiudere la stagione di caccia. **Jagd|zeug** n. *(-[e]s)* → **Jagdgerät.**

ja|gen I tr. **1** cacciare: ***Rehe ~*** cacciare i caprioli **2** dare la caccia a, COLLOQ. braccare: ***einen Dieb ~*** dare la caccia a un ladro; ***sich gejagt fühlen*** sentirsi braccato **3a** spingere dentro, mettere: GERG. ***den Ball ins Netz ~*** mettere la palla in rete **b** cacciare (via), scacciare: ***jdn aus dem Haus ~*** cacciare qcn. di casa **c** FIG. ***ein Ereignis, eine Meldung jagt das andere, die andere*** gli avvenimenti, le notizie si susseguono freneticamente; ***der Wind jagt die Wolken*** il vento spazza le nubi **II** intr. **1** (aus. *haben*) dare la caccia: ***auf Elefanten ~*** dare la caccia agli elefanti **2** (aus. *haben*) cacciare, andare a caccia: ***mit Pfeil und Bogen ~*** andare a caccia con arco e freccia **3** *(streben;* aus. *haben)* andare a caccia di, correre dietro a: ***nach Ruhm ~*** andare a caccia di gloria **4** *(eilen;* aus. *sein)* correre, andare di corsa ◆ ***jdn in die Flucht ~*** mettere qcn. in fuga; ***sein Geld durch die Gurgel ~*** bersi tutti i soldi all'osteria; ***damit kannst du mich ~!*** non ci penso neanche! ***sich (D) eine Kugel durch, in den Kopf ~*** farsi saltare le cervella; ***jdm ein Messer zwischen die Rippen ~*** cacciare (*o* piantare) un coltello fra le costole a qcn.; ***sein Pferd ~*** strapazzare il proprio cavallo. **Ja|gen** n. *(-s)* **1** caccia *f.* **2** *(Eilen)* corsa *f.*

Jä|ger m. *(-s,-)* **1** cacciatore *m.* (anche FIG.) **2** *(Soldat)* cacciatore *m.* **3** GERG. *(Jagdflugzeug)* caccia *m.* ◆ MITOL. ***der Wilde ~*** il cacciatore feroce. **Ja|ge|rei** f. *(-,-en)* SPREG. il continuo correre. **Jä|ge|rei** f. *(-,-en)* **1** caccia *f.* **2** *(Jägerschaft)* cacciatori *m.pl.* **Jä|ger|hut** m. *(-[e]s,-hüte)* cappello *m.* da cacciatore. **Jä|ge|rin** f. *(-,-nen)* cacciatrice *f.* **Jä|ger|la|tein** n. *(-s)* spacconata *f.* da cacciatore. **Jä|ger|meis|ter** m. *(-s,-)* guard(i)acaccia *m.* **Jä|ger|prü|fung** f. *(-,-en)* esame *m.* per (ottenere) la licenza di caccia. **Jä|ger|schaft** f. *(-)* cacciatori *m.pl.* **Jä|ger|schnit|zel** n. *(-s,-)* INTRAD. (tipo di bistecca). **Jä|gers|mann** m. *(-[e]s,-leute)* ANT. cacciatore *m.* **Jä|ger|spra|che** f. *(-)* gergo *m.* dei cacciatori (*o* venatorio). **Jä|ger|zaun** m.

(-[e]s,-zäune) steccato *m.*, staccionata *f.* (con pali incrociati).
Ja|gi|el|lo|nen n.pr.pl. Jagelloni *m.pl.*
Ja|gu|ar m. *(-s,-e)* giaguaro *m.*
jäh I agg. **1** repentino, improvviso: ***ein -er Entschluss, Tod*** una decisione, una morte repentina **2** *(steil)* scosceso, erto: ***ein -er Abhang*** un pendio scosceso **II** avv. **1** repentinamente, improvvisamente **2** *(steil)* ripidamente, in modo scosceso. **Jä|he, Jäh|heit** f. *(-)* **1** *(Abruptheit)* repentinità *f.* **2** *(steiler Hang)* ripidità *f.*, ripidezza *f.* **jäh|lings** avv. **1** *(plötzlich)* all'improvviso, tutt'a un tratto **2** *(steil)* ripidamente.
Jahr n. *(-[e]s,-e)* **1a** anno *m.*: ***ein ganzes, halbes ~*** un anno intero, sei mesi; ***viele -e sind vergangen*** sono trascorsi (*o* passati) molti anni; ***im -e 1992*** nel (*o* nell'anno) 1992; ***in hundert -en*** fra cent'anni; ***dieses, das laufende ~*** quest'anno, l'anno corrente (*o* in corso); ***nächstes, im nächsten ~*** l'anno prossimo (*o* venturo); ***vergangenes, voriges, im vorigen ~*** l'anno scorso; ***jedes ~*** ogni anno; ***jedes zweite ~, alle zwei -e*** ogni due anni; ***einmal im ~*** una volta all'anno; ***vor (vielen) -en*** (molti) anni fa; ***(viele) -e vorher*** (molti) anni prima; ***das alte, neue ~*** l'anno vecchio, nuovo; ***jdm zum neuen ~ gratulieren, jdm ein gutes, neues ~ wünschen*** augurare a qcn. il buon anno **b** *(Lebensjahr)* ***das Kind ist ein ~ (alt)*** il bambino ha un anno; ***Kinder unter, über sechs -en, -e*** i bambini sotto, sopra i sei anni; ***hoch in den -en*** avanti negli anni **2** *(Jahrgang)* annata *f.*, anno *m.*: ***ein gutes, reiches, schlechtes ~*** un'annata buona, abbondante, cattiva; ***ertragreiches ~*** annata ricca, abbondante **3** *(Alter)* età *f.*: ***mit wie viel -en ist er gestorben?*** a che età è morto? ***eine Frau in mittleren -en*** una donna di mezza età; ***in reiferen -en*** in età matura ◆ ***sein ~ abdienen*** fare il servizio militare; ***alle -e wieder*** tutti gli anni, ogni anno; ***auf -e hinaus*** per anni; ***aus den -en heraus sein*** avere (già) una certà età; MIL. ***bei -en sein*** essere in là con gli anni; ***er ist in seinen besten -en*** è nei suoi anni migliori, nel fiore degli anni; ***schon viele -e auf dem Buckel haben*** avere molti anni sulle spalle; ***die zwanziger -e*** gli anni venti; BIBL. ***die sieben fetten, mageren -e*** gli anni delle vacche grasse, magre; ***das ~ der Frau, des Kindes*** l'anno della donna, del bambino; ***~ für ~*** anno per anno; ***im -(e) des Heils*** nell'anno di grazia; ***das ganze ~ hindurch, über*** per tutto l'anno; ***in die -e kommen*** cominciare ad invecchiare; ***zu hohen -en kommen*** arrivare a una tarda età; ***im Laufe des -es*** nel corso dell'anno; ***mit den -en*** con l'andare degli anni; *(Alter)* con l'età; ***mit dreißig, vierzig -en*** a trent'anni, a quarant'anni; ***seit, über ~ und Tag*** da, fra molti anni; ***etw. auf ~ und Tag wissen*** conoscere qcs. nei dettagli; ***nach ~ und Tag*** dopo lungo tempo; ***vor ~ und Tag*** tanto tempo fa; ***das soziale ~*** anno di volontariato sociale; ***die -e spüren*** sentire il peso degli anni; ***übers ~*** fra un anno; ***von ~ zu ~*** di anno in anno; ***heute vor einem ~*** un anno fa oggi; ***zwischen den -en*** fra Natale e capodanno.
jahr|aus avv. ***~, jahrein*** anno per anno, tutti gli anni, annualmente. **Jahr|buch** n. *(-[e]s,-bücher)* annuario *m.* ***statistisches ~*** annuario di statistica. **Jähr|chen** n. *(-s,-)* SCHERZ. annetto *m.*: ***mehrere ~ auf dem Buckel haben*** avere parecchi annetti sulla groppa. **jahr|ein** avv. → **jahraus. jah|re|lang I** agg. di anni, annoso: ***eine -e Forschung*** una ricerca di anni **II** avv. per (lunghi) anni: ***~ an etw. arbeiten*** lavorare per anni a qcs. **jäh|ren** rifl. ***sich ~*** ricorrere, essere l'anniversario: ***der 10. Todestag jährt sich*** ricorre il decimo anniversario della morte; ***es jährt sich heute zum 25. Mal*** sono oggi 25 anni. **Jah|res|abon|ne|ment** n. *(-s,-s* e *-e)* abbonamento *m.* annuale. **Jah|res|ab|rech|nung** f. *(-,-en)* COMM. bilancio *m.* annuale. **Jah|res|ab|schluss** m. *(-es, -abschlüsse)* COMM. bilancio *m.* di fine anno, bilancio *m.* di chiusura. **Jah|res|an|fang** m. *(-[e]s)* inizio *m.* dell'anno. **Jah|res|aus|gleich** m. *(-[e]s,-e)* conguaglio *m.* fiscale. **Jah|res|aus|klang** m. *(-[e]s)* fine *f.* dell'anno, capodanno *m.*: ***zum ~*** a capodanno. **Jah|res|aus|stoß** m. *(-es,-ausstöße)* produzione *f.* annua. **Jah|res|be|ginn** m. *(-[e]s)* → **Jahresanfang. Jah|res|bei|trag** m. *(-[e]s,-beiträge)* quota *f.* annuale. **Jah|res|be|richt** m. *(-[e]s,-e)* relazione *f.*, rapporto *m.* annuale. **Jah|res|best|leis|tung** f. *(-,-en)* SPORT migliore prestazione *f.* dell'anno. **Jah|res|best|zeit** f. *(-,-en)* SPORT record *m.* dell'anno, miglior tempo *m.* dell'anno. **Jah|res|durch|schnitt** m. *(-[e]s,-e)* media *f.* annua. **Jah|res|ein|kom|men** n. *(-s,-)* reddito *m.* annuo. **Jah|res|ende** n. *(-s,-n)* fine *f.* dell'anno. **Jah|res|fei|er** f. *(-,-n)* celebrazione *f.* (*o* commemorazione *f.*) annuale. **Jah|res|frist** f. *(-,-en)* anno *m.*, periodo *m.* di un anno: ***binnen, innerhalb ~*** entro un anno; ***nach ~*** dopo un anno. **Jah|res|ge|halt** n. e AUSTR. m. *(-[e]s, -gehälter)* stipendio *m.* annuo. **Jah|res|hälf|te** f. *(-,-n)* metà *f.* dell'anno: ***die erste, zweite ~*** la prima, seconda metà dell'anno. **Jah|res|kar|te** f. *(-,-n)* abbonamento *m.* annuo. **Jah|res|ra|te** f. *(-,-n)* annualità *f.*, rata *f.* annua. **Jah|res|ring** m. *(-[e]s,-e)* BOT. anello *m.* annuale. **Jah|res|rück|blick** m. *(-[e]s,-e)* retrospettiva *f.* annuale. **Jah|res|tag** m. *(-[e]s,-e)* anniversario *m.*, ricorrenza *f.* annuale. **Jah|res|um|satz** m. *(-es,-umsätze)* giro *m.*, volume *m.* d'affari annuo. **Jah|res|ur|laub** m. *(-[e]s,-e)* ferie *f.pl.* annuali. **Jah|res|wa|gen** m. *(-s,-)* = auto *f.* venduta da un dipendente di una fabbrica di automobili dopo un anno. **Jah|res|wech|sel** m. *(-s,-)* capodanno *m.*: ***mit den besten Wünschen zum ~*** con i migliori auguri per il nuovo anno. **Jah|res|wen|de** f. *(-,-n)* il volgere dell'anno: ***um die ~*** verso la fine dell'anno. **Jah|res|zahl** f. *(-,-en)* anno *m.*, data *f.*: ***diese Münze trägt die ~ 1890*** questa moneta porta la data 1890; ***die -en behalten*** tenere a mente le date.
Jah|res|zeit f. *(-,-en)* stagione *f.*: ***jetzt beginnt die schöne ~*** ora inizia la bella stagione ◆ COLLOQ. ***die fünfte ~*** carnevale. **jah|res|zeit|lich** agg. stagionale.
Jahr|fünft n. *(-[e]s,-e)* quinquennio *m.*, lustro *m.* **Jahr|gang** m. *(-[e]s,-gänge)* **1** annata *f.*: ***ein reicher, schlechter ~*** un'annata abbondante, una cattiva annata; ***ein ~ der Zeitschrift*** un'annata della rivista; *(von Wein)* ***der 90er ist ein guter ~*** il 90 è una buona annata **2a** *(im gleichen Jahr geborene Menschen)* classe *f.*, anno *m.*: ***er ist dein ~*** è tuo coetaneo; MIL. ***~ 1970*** la classe 1970; MIL. ***ein weißer ~*** classe non chiamata alle armi; EUFEM. ***die reiferen Jahrgänge*** le persone anziane **b** *(in der Schule)* classe *f.* **Jahr|ge|dächt|nis** n. *(-ses,-se)* REL. anniversario *m.*
Jahr|hun|dert n. *(-s,-e)* secolo *m.*: ***im 17., 20. ~*** nel XVII, XX secolo; ***im Laufe der -e*** nel corso dei secoli; ***das ausgehende ~*** il secolo che volge al termine; ***Ende des 15. -s*** alla fine del quindicesimo secolo; ***viele -e alt*** plurisecolare; ***ein Bild aus dem 18. ~*** un quadro del diciottesimo secolo. **jahr|hun|der|te|alt** agg. (pluri)secolare. **jahr|hun|der|te|lang** agg. che dura secoli, secolare. **Jahr|hun|dert|fei|er** f. *(-,-n)* centenario *m.* **Jahr|hun|dert|mit|te** f. *(-)* metà *f.* del secolo. **Jahr|hun|dert|wein** m. *(-[e]s,-e)* grande annata *f.* (di vino): ***der 85er ist ein ~*** l'ottantacinque è una grande annata. **Jahr|hun|dert|wen|de** f. *(-,-n)* il volgere del secolo: ***um die ~*** a cavallo dei due secoli.
jäh|rig agg. ANT. di un anno: ***ein -er Hund*** un cane di un anno. **jähr|lich I** agg. annuale, annuo: ***das -e Einkommen*** l'introito annuo **II** avv. annualmente, ogni anno. **Jähr|ling** m. *(-s,-e)* ZOOL. animale *m.* di un anno. **Jahr|markt** m. *(-[e]s,-märkte)* fiera *f.* (annuale): ***auf den ~ gehen*** andare alla fiera ◆ ***~ der Eitelkeit*** fiera della vanità. **Jahr|markts|bu|de** f. *(-,-n)* baraccone *m.* da fiera. **Jahr|mil|lio|nen** pl. milioni *m.pl.* di anni. **Jahr|ring** → **Jahresring. Jahr|tau|send** n. *(-s,-e)* millenio *m.* **Jahr|wei|ser** m. *(-s,-)* LETT. calendario *m.* **Jahr|wuchs** m. *(-es,-wüchse)* crescita *f.* annuale. **Jahr|zahl** → **Jahreszahl. Jahr|zehnt** n. *(-[e]s,-e)* decennio *m.* **jahr|zehn|te|alt** agg. pluridecennale, che ha molti decenni. **jahr|zehn|te|lang I** agg. decennale, di decenni **II** avv. per decenni.
Jah|ve, Jah|we n.pr.m. Jahve *m.*
Jäh|zorn m. *(-[e]s)* ira *f.* **jäh|zor|nig I** agg. irascibile, collerico **II** in modo irascibile.
ja|ja part. COLLOQ. già, già, eh sì: ***~ heutzutage ist alles schwieriger!*** già, già oggigiorno è tutto più difficile!
Jak m. *(-s,-s)* yak *m.*
Ja|ka|ran|da|holz n. *(-es)* palissandro *m.*
Ja|kar|ta [dʒ-] n.pr.n. *(-s)* Giacarta *f.*
Ja|ko m. *(-s,-s)* pappagallo *m.* cinerino.
Ja|kob n.pr.m. Giacomo *m.*, Jacopo *m.*; BIBL. Giacobbe *m.* ◆ COLLOQ. ***das ist (nicht) der wahre ~*** = (non) è proprio quello che ci voleva; ***der billige ~*** mercantucolo.
Ja|ko|bi n. *(-)* → **Jakobstag.**
Ja|ko|bi|ner m. *(-s,-)* giacobino *m.* **Ja|ko|bi|ner|müt|ze** f. *(-,-n)* berretto *m.* frigio. **Ja|ko|bi|ner|tum** n. *(-s)* giacobinismo *m.* **ja|ko|bi|nisch** agg. giacobino.
Ja|ko|bi|tag m. *(-[e]s,-e)* → **Jakobstag.**
Ja|kobs|lei|ter f. *(-,-n)* **1** *(Himmelsleiter)* scala *f.* di Giacobbe **2** MAR. biscaglina *f.* **3** BOT. polemonio *m.* **Ja|kobs|mu|schel** f. *(-,-n)* **1** = conchiglia *f.* portata sul cappello dai pellegrini **2** GASTR. capasanta *f.* **Ja|kobs|tag** m. *(-[e]s)* giorno *m.* di san Giacomo.
Ja|ko|bus|brief m. *(-[e]s)* BIBL. lettera *f.* (*o* epistola *f.*) di S. Giacomo.
Ja|ku|te m. *(-n,-n)* iacuto *m.*
Ja|la|pe f. *(-,-n)* gialappa *f.* **Ja|la|pen|wur|zel** f. *(-,-n)* radice *f.* di gialappa.
Ja|lon [ʒa'lõ] m. *(-s,-s)* TOPOGR. biffa *f.*, palina *f.*
Ja|lou|set|te [ʒaluˈzɛtə] f. *(-,-n)*, **Ja|lou|sie** f. *(-,-n)* veneziana *f.*, gelosia *f.*: ***die -n herunterlassen (o herablassen), hochziehen*** tirare giù (*o* abbassare), tirare su (*o* alzare) le veneziane. **Ja|lou|sie|schrank** m. *(-[e]s,-schränke)* armadio *m.* a chiusura avvolgibile. **Ja|lou|sie|schwel|ler** m. *(-s,-)* registro *m.* del crescendo.
Jal|ta|ab|kom|men n. *(-s)* STOR. trattato *m.* di Jalta.
Jam [dʒæm] n. *(-s,-s)* e f. *(-,-s)* marmellata *f.*

Ja|mai|ka n.pr.n. *(-s)* Gamaica *f.* **Ja|mai|ka|ner** m. *(-s,-)* giamaicano *m.*, abitante *m.* della Giamaica. **ja|mai|ka|nisch** agg. giamaicano. **Ja|mai|ka|rum** m. *(-s)* rum *m.* della Giamaica. **Ja|mai|ker** m. *(-s,-)* giamaicano *m.*

Jam|be f. *(-,-n)* → **Jambus. Jam|ben|dich|tung** f. *(-)* poesia *f.* giambica. **jam|bisch** agg. giambico.

Jam|bo|ree [dʒæmbə'ri] n. *(-[s],-s)* **1** raduno *m.* internazionale di boy-scouts **2** *(Unterhaltungsveranstaltung)* ritrovo *m.* festoso.

Jam|bus m. *(-, Jamben)* giambo *m.*

Jam|mer m. *(-s)* **1** *(Wehklage)* lamenti *m.pl.* **2a** *(elender Zustand)* miserevole condizione *f.*, miseria *f.* **b** strazio *m.*: ***es ist ein ~, sein Unglück mit anzusehen*** è uno strazio dover assistere alla sua disgrazia **3** *(Verzweiflung)* disperazione *f.*, desolazione *f.*: ***ein Bild des -s sein*** essere l'immagine della desolazione ◆ COLLOQ. ***es ist ein ~, dass...*** (è un) peccato che... **Jam|mer|bild** n. *(-[e]s,-er)* **1** FIG. scena *f.* pietosa, desolante **2** → **Jammergestalt. Jam|mer|ge|stalt** f. *(-,-en)* **1** immagine *f.* della desolazione **2a** COLLOQ. SPREG. *(miserabler Mensch)* (figura *f.*) miserabile *m.* **b** FIG. *(elender Mensch)* misero *m.*, poveretto *m.*: ***diese ~ von einem Ehemann*** quel misero marito. **Jam|mer|lap|pen** m. *(-s,-)* COLLOQ. SPREG. smidollato *m.*, rammollito *m.* **jäm|mer|lich I** agg. **1** *(klagend)* lamentoso **2a** misero, miserabile: ***eine -e Wohnung*** una misera abitazione; ***ein -er Lohn*** un misero stipendio **b** *(beklagenswert)* miserevole, pietoso **II** avv. **1** *(klagend)* lamentosamente **2a** miseramente: ***~ angezogen sein*** essere vestito miseramente; ***~ aussehen*** avere un aspetto da far pietà **b** *(beklagenswert)* miserevolmente: ***~ umkommen*** perire miserevolmente **3** rafforz. *(sehr)* tremendamente, terribilmente: ***~ frieren*** avere terribilmente freddo. **Jäm|mer|lich|keit** f. *(-,-en)* miseria *f.*, condizione *f.* miserabile, miserabilità *f.* **Jäm|mer|ling** m. *(-s,-e)* COLLOQ. SPREG. miserabile *m.* **Jam|mer|mie|ne** f. *(-,-n)* COLLOQ. espressione *f.* compassionevole. **jam|mern I** intr. (aus. *haben*) **1a** lamentarsi: ***über etw. ~*** lamentarsi di qcs.; ***nach etw. ~*** lamentarsi per avere qcs., chiedere qcs. lamentosamente **b** *(weinen)* piangere **2** *(sich betrüben)* affliggersi: ***um etw., jdn ~*** affliggersi, addolorarsi per qcs., qcn. **II** tr. ANT. ***jdn ~*** suscitare la compassione (*o* la pietà) di qcn., fare compassione (*o* pietà) a qcn.: ***sein Unglück jammert mich*** la sua sfortuna mi fa compassione. **jam|mer|scha|de** agg. COLLOQ. ***es ist ~, dass...*** è un gran peccato che...; ***um ihn ist es ~*** è un vero peccato per lui. **Jam|mer|tal** n. *(-[e]s)* LETT. valle *f.* di lacrime. **jam|mer|voll** agg. **1** misero, miserevole **2** *(klagend)* lamentoso.

Jams|wur|zel f. *(-,-n)* igname *m.*

Jan|ha|gel [jan'ha:g] m. *(-s)* ANT. plebe *f.*

Ja|nit|schar m. *(-en,-en)* giannizzero *m.* **Ja|nit|scha|ren|mu|sik** f. *(-)* musica *f.* turca.

Jan|ker m. *(-s,-)* REGION. AUSTR. giacca *f.* (del costume regionale).

Jän|ner m. *(-s,-)* AUSTR. SVIZZ. gennaio *m.*

Jan|se|nis|mus m. *(-)* giansenismo *m.* **Jan|se|nist** m. *(-en,-en)* giansenista *m.* **jan|se|nis|tisch** agg. giansenista, giansenistico.

Ja|nu|ar m. *(-[s],-e)* gennaio *m.*: ***Anfang, Ende ~*** all'inizio, alla fine di gennaio; ***Mitte ~*** a metà gennaio; ***im ~*** a (*o* in) gennaio; ***am ersten, zweiten ~*** il primo, il due (di) gennaio. **Ja|nu|a|ri|us** n.pr.m. Gennaro *m.*

Ja|nus n.pr.m. MITOL. Giano *m.* **Ja|nus|ge|sicht** n. *(-[e]s,-er)*, **Ja|nus|kopf** m. *(-[e]s,-köpfe)* testa *f.* di Giano, Giano *m.* bifronte. **ja|nus|köp|fig** agg. **1** a due facce, bifronte **2** FIG. *(zweideutig)* bifronte, ambiguo. **Ja|nus|köp|fig|keit** f. *(-)* ambiguità *f.* **Ja|nus|po|li|tik** f. *(-)* politica *f.* bifronte.

Ja|pan n.pr.n. *(-s)* Giappone *m.* **Ja|pa|ner** m. *(-s,-)* giapponese *m.* **Ja|pa|ne|rin** f. *(-,-nen)* giapponese *f.* **ja|pa|nisch I** agg. giapponese: ***das Japanische Meer*** il Mar del Giappone **II** avv. ***~ essen*** mangiare alla giapponese; ***~ ausgesprochen*** pronunciato alla giapponese, in giapponese. **Ja|pa|nisch** n. *(-[s])* giapponese *m.*, lingua *f.* giapponese. **Ja|pa|no|lo|ge** m. *(-n,-n)* iamatologo *m.* **Ja|pa|no|lo|gie** f. *(-)* iamatologia *f.* **Ja|pan|pa|pier** n. *(-s,-e)* carta *f.* di riso, carta *f.* del Giappone.

jap|pen REGION. → **japsen.**

Japs m. *(-es* e RAR. *-en,-e* e RAR. *-en)* COLLOQ. SPREG. giapponese *m.*

jap|sen I intr. (aus. *haben*) COLLOQ. respirare a fatica, ansimare: ***nach Luft ~*** respirare affannosamente **II** tr. COLLOQ. dire faticosamente, a fatica. **Jap|ser** m. *(-s,-)* COLLOQ. respiro *m.* affannoso, ansimante.

Jar|di|ni|e|re [ʒardi'niere] f. *(-,-n)* giardiniera *f.*

Jar|gon [ʒar'go:] m. *(-s,-s)* gergo *m.*

Ja|ro|wi|sa|ti|on f. *(-,-en)* vernalizzazione *f.*, iarovizzazione *f.* **ja|ro|wi|sie|ren** tr. vernalizzare.

Ja|sa|ger m. *(-s,-)* SPREG. = persona *f.* che acconsente sempre.

Jas|min m. *(-s,-e)* gelsomino *m.*

Ja|son n.pr.m. Giasone *m.*

Jas|pis m. *(- e -ses,-se)* diaspro *m.*

Ja|stim|me f. *(-,-n)* voto *m.* a favore (*o* favorevole).

Ja|ta|gan m. *(-s,-e)* yatagan *f.*, iatagan *f.*

jä|ten tr. **1** sarchiare: ***das Feld ~*** sarchiare il campo **2** *(ziehend entfernen)* estirpare: ***Unkraut ~*** estirpare le erbacce. **Jä|ten** n. *(-s)* sarchiatura *f.*

Jau|che f. *(-,-n)* **1** liquame *m.*, colaticcio *m.* **2** COLLOQ. *(schmutziges Wasser)* acqua *f.* putrida **3** MED. icore *m.* **Jau|che|fass** n. *(-es,-fässer)* botte *f.* del liquame. **Jau|che|gru|be** f. *(-,-n)* fossa *f.* di, del liquame. **jau|chen** tr. concimare con liquame. **Jau|chen|fass** → **Jauchefass. Jau|chen|gru|be** → **Jauchegrube. Jau|che(n)|wa|gen** m. *(-s,-)* carro-cisterna *m.* del liquame. **jau|chig** agg. **1** *(voller Jauche)* pieno di liquame **2a** *(nach Jauche riechend)* dall'odore di liquame **b** *(wie Jauche)* simile a liquame **3** MED. icoroso.

jauch|zen I intr. (aus. *haben*) esultare, giubilare: ***vor Begeisterung, vor Freude ~*** esultare per l'entusiamo, dalla gioia **II** tr. ANT. ***jdm Beifall ~*** acclamare qcn. con grida di giubilo. **Jauch|zen** n. *(-s)* giubilo *m.*, esultanza *f.* **Jauch|zer** m. *(-s,-)* grido *m.* di giubilo.

jau|len intr. (aus. *haben*) mugolare.

Jau|se f. *(-,-n)* AUSTR. merenda *f.* **Jau|sen|sta|ti|on** f. *(-,-en)* AUSTR. piccola trattoria *f.* **jau|sen** → **jausnen. Jau|sen|zeit** f. *(-)* ora *f.* della merenda. **jaus|nen** intr. (aus. *haben*) AUSTR. fare merenda.

Ja|va n.pr.n. *(-s)* (isola *f.* di) Giava *f.* **Ja|va|ner** m. *(-s,-)* giavanese *m.*, abitante *m.* di Giava. **Ja|va|ne|rin** f. *(-,-nen)* giavanese *f.*, abitante *f.* di Giava. **ja|va|nisch** agg. giavanese.

ja|wohl avv. (sì) certo, sicuro, sissignore; MIL. signorsì: ***~, Herr Oberst*** signorsì, signor colonnello. **ja|woll** avv. SCHERZ. signorsì. **Ja|wort** n. *(-[e]s,-e)* consenso *m.*: ***jdm sein ~ geben*** dare il proprio consenso a qcn.

Jazz [dʒæz, jats] m. *(-)* jazz *m.* **Jazz|band** [-bɛnt] f. *(-,-s)* jazz-band *f.*, orchestra *f.* jazz. **jaz|zen** intr. (aus. *haben*) fare del jazz, suonare musica jazz. **Jaz|zer** m. *(-s,-)* jazzista *m.* **Jazz|fan** m. *(-s,-s)* appassionato *m.* di jazz. **Jazz|fes|ti|val** n. *(-s,-s)* festival *m.* del jazz, festival *m.* di musica jazz. **Jazz|ka|pel|le** f. *(-,-n)* → **Jazzband. Jazz|kel|ler** m. *(-s,-)* locale *m.* in cui si suona musica jazz. **Jazz|kon|zert** n. *(-[e]s,-e)* concerto *m.* jazz. **Jazz|mu|sik** f. *(-)* musica *f.* jazz. **Jazz|mu|si|ker** m. *(-s,-)* musicista *f.* jazz, jazzista *f.* **Jazz|trom|pe|te** f. *(-,-n)* cornetta *f.* **Jazz|trom|pe|ter** m. *(-s,-)* trombettista *m.* (jazz).

Jb. ⇒ *Jahrbuch* annuario.

1.je I avv. **1** *(jemals)* mai: ***wer hätte das ~ vermutet?*** chi l'avrebbe mai sospettato? ***sie war schöner als ~ zuvor*** era più bella che mai; ***ohne ~ etwas zu sagen*** senza dire mai nulla **2** ciascuno: ***die Regale sind ~ ein Meter breit*** gli scaffali sono larghi un metro ciascuno; ***sie bekommen ~ ein Stück*** ricevono un pezzo ciascuno (*o* a testa); ***die Zigarren sind in Schachteln zu ~ zehn Stück verpackt*** i sigari sono confezionati in scatole da dieci pezzi (l'una) **3** *(mit Zahlwörtern)* ogni: ***~ fünf Minuten*** ogni cinque minuti; ***~ 100 Personen*** ogni 100 persone **4** ***~ nach*** a seconda di, secondo: ***~ nach den Umständen*** a seconda delle circostanze; ***~ nach (dem) Einkommen, Geschmack*** secondo il (*o* in rapporto al) reddito, secondo il gusto **II** prep. + acc. (*o* nom.) *(pro)* per (ogni), a: ***das Abbonnement kostet 100 DM ~ Monat, ~ Person*** l'abbonamento costa 100 marchi al mese, per (*o* a) persona **III** cong. **1** ***~ mehr... desto (o umso) mehr*** (quanto) più... (tanto) più: ***~ mehr du isst, ~ dicker wirst du*** più mangi, più ingrassi; ***~ eher, desto besser*** quanto prima, tanto meglio; ***~ eher du kommst, desto mehr Zeit haben wir*** prima vieni, più tempo abbiamo **2a** ***~ nachdem, ob*** a seconda che: ***wir entscheiden uns ~ nachdem, ob sie kommt oder nicht*** decidiamo a seconda che lei venga o no **b** ***~ nachdem, wie*** (secondo) come: ***wir gehen ins Kino oder ins Theater, ~ nachdem, wie du willst*** andiamo al cinema o a teatro, come vuoi tu **c** ***~ nachdem, wer*** a seconda di chi, secondo chi: ***~ nachdem, wer kommt*** a seconda di chi viene ◆ ***~ nachdem*** dipende, secondo le circostanze; ***seit (eh und) ~*** da sempre; ANT. ***~ und ~*** di tanto in tanto, ogni tanto; RAR. ***von ~*** da sempre; *(mit Zahlwörtern)* ***~ zwei, fünf*** a due a due (*o* due per volta), cinque per volta.

2.je I inter. ahi, oh: ***ach ~, wie schade!*** oh, che peccato! **II** avv. ANT. ***~ nun*** ma sì, e sia, va bene.

Jeans [dʒi:nz] f. *(-,-)* jeans *m.pl.* **Jeans|an|zug** m. *(-[e]s,-anzüge)* vestito *m.* di jeans (da uomo). **Jeans|rock** m. *(-[e]s,-röcke)* gonna *f.* jeans.

jeck agg. matto. **Jeck** m. *(-en,-en)* **1** matto *m.* **2** *(Maske)* folle *m.*

je|de → **jeder.**

je|dem → **jeder.**

je|den → **jeder.**

je|den|falls avv. **1** *(auf jeden Fall)* comunque, in ogni caso **2** *(zumindest)* almeno, per lo meno.

je|der pron.indef. m. (f. **jede**, n. **jedes**, gen. **jedes, jeder, jedes**, dat. **jedem, jeder, jedem**, acc. **jeden, jede, jedes**) **I** *(attributiv)* **1a** ciascuno, ogni: **~ *Gast*** ciascun invitato (*o* tutti gli invitati); ***jedes Mal*** ogni volta (*o* tutte le volte); ***jedes Mal wenn...*** ogni volta che...; **~ *einzelne Fall*** ogni singolo caso, ciascun caso **b** *(mit Zeitangabe und Ordinalzahlen)* ogni: ***jede Stunde*** ogni ora; **~ *dritte Wagen, Reisende*** ogni tre macchine (*o* una macchina su tre), un viaggiatore su tre **2** ogni, qualunque, qualsiasi: ***um jeden Preis*** a qualunque prezzo, FIG. ad ogni costo; ***zu ~ Zeit*** a qualsiasi ora; ***Besucher jeden Alters, jeder Hautfarbe*** visitatori di ogni età, di qualsiasi colore di pelle **3** *(in verneinten Sätzen)* alcuno, nessuno: ***ohne jede Angabe*** senza alcuna indicazione **II** *(absolut)* ciascuno, ognuno: **~ *der Schüler*** ciascuno degli alunni (*o* ogni alunno); ***hier kennt ~ jeden*** qui tutti si conoscono ◆ ***alle und ~*** tutti quanti; PROV. **~ *für sich und Gott für alle*** ognuno per sé, e Dio per tutti. **je|der|art, je|der|lei** agg.inv. ogni tipo, ogni genere: **~ *Arbeit annehmen*** accettare ogni genere di lavoro. **je|der|mann** pron.indef. ciascuno, ognuno: ***das weiß doch ~*** questo lo sa ognuno (*o* lo sanno tutti) ◆ ***das ist nicht -s Sache, Geschmack*** non è (cosa) da tutti, non a tutti piace. **je|der|zeit** avv. sempre, in ogni (*o* qualsiasi, qualunque) momento. **je|der|zei|tig** agg. che può avvenire in qualsiasi momento: ***-e Änderungen sind möglich*** variazioni sono possibili in qualsiasi momento.

je|des → **jeder.**

je|des|mal → **jeder** und **Mal. je|des|ma|lig** agg. RAR. di ogni volta, di sempre.

je|doch cong. e avv. ma, però, tuttavia: ***ich rief ihn an, er war ~ nicht zu Hause*** gli ho telefonato, ma non era in casa; ***er ließ sich ~ nicht entmutigen*** tuttavia non si lasciò scoraggiare.

jed|we|der ANT. → **jeder.**

jeg|li|cher → **jeder.**

je|her, je|her avv. ***von, seit ~*** da sempre, da tempo immemorabile.

Je|ho|va n.pr.m. Geova *m.*

jein avv. ni: ***er sagt immer ~*** non dice mai né sì, né no, dice sempre ni.

Je|län|ger|je|lie|ber n. *(-s,-)* caprifoglio *m.*, madreselva *f.*, abbracciabosco *m.*

je|mals avv. mai: ***wer weiß, ob er ~ kommt*** chissà se verrà mai (*o* se un giorno verrà).

je|mand pron.indef. (gen. **jemand[e]s**, dat. **jemand[em]**, acc. **jemand[en]**) qualcuno: ***ist da ~?*** c'è qualcuno? ***sich mit ~, -em treffen*** incontrarsi con qualcuno; **~ *anders*** qualcun altro; **~ *Fremdes*** qualche estraneo; ***-s Feind, Freund sein*** essere nemico, amico di qualcuno. **Je|mand** m. *(-s)* tale *m.*, uno *m.*: SCHERZ. ***ein gewisser ~*** un tale.

Je|men n.pr.m. *(-s)*, ***(der) ~*** lo Yemen. **Je|me|nit** m. *(-en,-en)* yemenita *m.*, abitante *m.* dello Yemen. **je|me|ni|tisch** agg. yemenita.

je|mi|ne inter. oh Gesù mio, gesummio.

Jen → **Yen.**

Je|na n.pr.n. *(-s)* Jena *f.* **Je|na|er I** m. *(-s,-)* abitante *m.* di Jena **II** agg. inv. di Jena: **~ *Glas*** vetro di Jena. **je|na|isch** agg. di Jena. **Je|nen|ser** → **Jenaer.**

je|ne → **jener.**

je|nem → **jener.**

je|nen → **jener.**

je|ner pron.dimostr. m. (f. **jene**, n. **jenes**, gen. **jenes, jener, jenes**, dat. **jenem, jener, jenem**, acc. **jenen, jene, jenes**; pl. **jene**, gen. **jener**, dat. **jenen**, acc. **jene**) **1** *(absolut)* quello *m.* (-a *f.*): ***diese Uhr kostet nur 20 DM, jene ist viel teurer*** quest'orologio costa soltanto 20 marchi, quello è molto più caro **2** *(attributiv)* quello: ***mit jenem schönen Mädchen*** con quella bella ragazza.

je|nes → **jener.**

je|nisch agg. **1** da girovaghi, da vagabondi **2** *(klug)* furbesco ◆ ***die -e Sprache*** il gergo della malavita.

Jen|ni, Jen|ny n.pr.f. Gianna *f.*

Jens n.pr.m. Gianni *m.*

jen|sei|tig agg. **1** altro, LETT. ulteriore; *(gegenüber)* opposto: ***am -en Ufer*** sull'altra riva, sulla riva opposta **2** *(unirdisch)* dell'aldilà: ***die -e Welt*** l'aldilà, il mondo ultraterreno. **Jen|sei|tig|keit** f. *(-)* natura *f.* ultraterrena. **jen|seits I** prep. + gen. al di là di, LETT. di là da: **~ *des Ozeans*** al di là dell'oceano **II** avv. **1** al di là, di là, dall'altra parte: ***den Fluss überqueren, um ~ in den Wäldern zu jagen*** attraversare il fiume per cacciare nei boschi al di là **2** *(auf das Jenseits hin)* nell'aldilà ◆ **~ *von Gut und Böse*** al di là del bene e del male. **Jen|seits** n. *(-)* aldilà *m.* ◆ COLLOQ. ***jdn ins ~ befördern*** mandare qcn. all'altro mondo.

Je|re|mia n.pr.m. Geremia *m.* **Je|re|mi|a|de** f. *(-,-n)* LETT. geremiade *f.* (anche FIG.). **Je|re|mi|as** → **Jeremia.**

Je|ri|cho n.pr.n. *(-s)* Gerico *m.*

1.Jer|sey ['dʒø:ɐzi] m. *(-[s],-s)* jersey *m.*

2.Jer|sey n. *(-s,-s)* SPORT maglia *f.*, maglietta *f.*

Je|ru|sa|lem n.pr.n. *(-s)* Gerusalemme *f.*

Je|su|it m. *(-en,-en)* gesuita *m.* **Je|su|i|ten|or|den** m. *(-s)* ordine *m.* dei gesuiti. **Je|su|i|ten|the|a|ter** n. *(-s)* teatro *m.* gesuitico. **Je|su|i|ten|tum** n. *(-s)* gesuitismo *m.* **je|su|i|tisch** agg. gesuitico.

Je|sus Chris|tus m. (gen. *Jesu Christi*, dat. inv. o *Jesu Christo*, acc. inv. o *Jesum Christum)* Gesù Cristo *m.* **Je|sus|kind** n. *(-[e]s)*, **Je|sus|kna|be** m. *(-n)* Gesù bambino *m.* **Je|sus|lat|sche** f. *(-,-n)*, **Je|sus|lat|schen** m. *(-s,-)* COLLOQ. sandalo *m.* francescano.

1.Jet [dʒɛt] m. *(-[s],-s)* jet *m.*

2.Jet → **Jett.**

Je|ton [ʒə'tõ:] m. *(-s,-s)* gettone *m.*

Jet|set m. *(-s)* jet set *m.*

Jett [dʒɛt, jɛt] m. e n. *(-[e]s)* giaietto *m.*, jais *m.* **jett|ar|tig** agg. simile al giaietto.

jet|ten ['dʒɛtn] COLLOQ. **I** intr. (aus. *sein*) volare in jet **II** tr. trasportare in jet.

jet|zig agg. attuale, di adesso: ***der -e Direktor*** il direttore attuale; ECON. ***der -e Kurs*** il corso attuale, corrente. **jet|zo** avv. ANT. → **jetzt.**

jetzt avv. adesso, ora: **~ *habe ich Zeit*** adesso ho tempo; **~ *reicht es aber!*** adesso basta! ora basta! *(heutigentags)* ***die Arbeitsmöglichkeiten sind ~ geringer als früher*** le possibilità di lavoro oggi sono più scarse di prima; ***mein Kind geht ~ wieder zur Schule*** il mio bambino adesso va di nuovo a scuola; COLLOQ. ***was machst du denn ~ schon wieder?*** e adesso che cosa stai di nuovo combinando? ***wo habe ich den Brief ~ wieder hingelegt?*** e adesso, dove ho messo la lettera? ◆ ***bis ~*** finora; ***erst ~*** solo adesso; ***gerade ~*** proprio adesso; **~ *oder nie*** ora o mai più; **~ *ist aber Schluss!*** adesso però basta! ***von ~ an*** d'ora in poi, a partire da adesso. **Jetzt** n. *(-)* presente *m.*: ***im Hier und ~ leben*** vivere nell'hic et nunc; ***das Einst und das ~*** il passato e il presente. **Jetzt|mensch** m. *(-en,-en)* uomo *m.* d'oggi. **Jetzt|zeit** f. *(-)* epoca *f.* presente, giorno *m.* d'oggi.

Jeu [ʒø:] n. *(-s,-s)* ANT. gioco *m.* (d'azzardo).

je|wei|len avv. ANT. o SVIZZ. → **jeweils. je|wei|lig** agg. del momento: ***der -e Geschmack*** il gusto attuale; ***die -en Bedingungen*** le condizioni del momento (*o* specifiche); *(diensthabend)* di turno: ***der -e Präsident*** il presidente di turno; *(in Kraft)* in vigore, vigente. **je|weils** avv. ogni volta: ***sie bekommen ~ eine Kopie des Protokolls*** ricevono ogni volta una copia del verbale. **je|zu|wei|len** avv. ANT. → **jeweils.**

Jg. ⇒ *Jahrgang* annata *f.* **Jgg.** ⇒ *Jahrgänge* annate *f.pl.*

Jh. ⇒ *Jahrhundert* secolo *m.* (sec.).

jid|disch agg. yiddish, jiddisch. **Jid|disch** n. *(-[s])*, **Jid|di|sche** n. *(-n)* yiddish *m.*, jiddisch *m.* **Jid|dis|tik** f. *(-)* lingua *f.* e letteratura *f.* yiddish.

Jin|gle ['dʒɪŋgl] m. *(-[s],-[s])* jingle *m.*

Jiu-Jit|su ['dʒi:u'dʒɪtsu] n. *(-[s])* jujitsu *m.*

J.-Nr. ⇒ *Journalnummer* numero di registro commerciale (*o* di diario ufficiale).

Jo|a|chim n.pr.m. Gioacchino *m.*

Job [dʒɔp] m. *(-s,-s)* **1** COLLOQ. *(vorübergehende Beschäftigung)* lavoro *m.* occasionale, lavoretto *m.*: ***einen ~ für die Ferien suchen*** cercare un lavoretto per le ferie **2** *(Arbeitsplatz, Beruf)* lavoro *m.*, job *m.*: ***einen ~ finden*** trovare un lavoro. **job|ben** ['dʒɔbn] intr. (aus. *haben*) COLLOQ. lavorare, fare lavoretti saltuari: ***in den Ferien ~*** lavorare nelle vacanze (scolastiche). **Job|ber** ['dʒɔbɐ] m. *(-s,-)* **1a** giocatore *m.* in borsa **b** *(Börsenspekulant)* speculatore *m.* di borsa **2** COLLOQ. SPREG. *(Geschäftemacher)* affarista *m.* **3** COLLOQ. chi fa lavoretti saltuari. **Job|kil|ler** m. *(-s,-s)* GERG. chi, che toglie posti di lavoro. **Job|sha|ring** [-'ʃɛərɪŋ] n. *(-[s])* divisione *f.* del lavoro.

Jo|bel|jahr n. *(-[e]s,-e)* anno *m.* del giubileo (nella religione ebraica).

Joch n. *(-[e]s,-e* e *-)* **1** giogo *m.* (anche FIG.): ***das ~ auflegen, abnehmen*** mettere, togliere il giogo; ***Ochsen ins, unters ~ spannen*** aggiogare i buoi; ***das ~ der Arbeit, Tyrannei abschütteln*** scuotere il giogo del lavoro, della tirannia; ***sich aus dem, vom ~ der Sklaverei befreien*** liberarsi dal giogo della schiavitù; ***jdn unter ein ~ zwingen*** costringere qcn. sotto un giogo **2** ANT. o AUSTR. *(Feldmaß)* iugero *m.* **3** GEOGR. giogo *m.*, sella *f.*, passo *m.* **4** ARCH. pila *f.* ad arco **5** EDIL. stilata *f.*, palata *f.* **6** MIN. quadro *m.* ◆ ***kaudinisches ~*** forche *f.pl.* caudine. **Joch|bein** n. *(-[e]s,-e)* osso *m.* zigomatico, zigomo *m.* **Joch|bo|gen** m. *(-s,-* e *-bögen)* **1** ANAT. arcata *f.* zigomatica **2** EDIL. arco *m.* sopra un travone.

Jo|chem, Jo|chen n.pr.m. Gioacchino *m.*

jo|chen tr. aggiogare.

Jo|ckei, Jo|ckey ['dʒɔke, 'dʒɔki, 'dʒɔkai] m. *(-s,-s)* jockey *m.*, fantino *m.*

Jod n. *(-[e]s)* iodio *m.* **Jo|dat** n. *(-[e]s,-e)* iodato *m.*

Jo|del m. *(-s,-* e *Jödel)* jodel *m.* **jo|deln** intr. (aus. *haben*) cantare jodel.

jod|hal|tig agg. iodato, contenente iodio. **Jo|did** n. *(-[e]s,-e)* ioduro *m.* **jo|die|ren** tr. iodurare.

Jod|ler m. *(-s,-)* **1** jodel *m.* **2** *(Jodelsänger)* cantante *m.* di jodel.

Jo|do|form n. *(-s)* iodoformio *m.* **Jod|tink|tur** f. *(-)* tintura *f.* di iodio. **Jod|was|ser|stoff** m. *(-s)* idruro *m.* di iodio. **Jod|zahl** f. *(-)* tasso *m.* di iodio.

Jo|ga → **Yoga.**

jog|gen ['dʒɔgn] intr. (aus. *haben*) fare jogging. **Jog|ger** ['dʒɔgɐ] m. *(-s,-)* chi fa jogging. **Jog|ging** ['dʒɔgɪŋ] n. *(-s)* jogging *m.* **Jog|ging|an|zug** m. *(-[e]s,-anzüge)* tuta *f.* da jogging.

Jo|ghurt m. e n. *(-[s],-[s])* yogurt *m.*

Jo|gi, Jo|gin → **Yogi, Yogin.**

Jo|gurt → **Joghurt.**

Jo|hann n.pr.m. Giovanni *m.* **Jo|han|na, Jo|han|ne** n.pr.f. Giovanna *f.* **jo|han|ne|isch** agg. giovanneo: ***-er Geist*** spirito giovanneo ◆ ***die Johanneischen Briefe*** le lettere di Giovanni. **Jo|han|nes** n.pr.m. Giovanni *m.*; ***~ der Täufer*** Giovanni il Battista. **Jo|han|nes|evan|ge|li|um** n. *(-s)* vangelo *m.* di Giovanni. **Jo|han|nes|pas|si|on** f. *(-)* passione *f.* secondo Giovanni.

Jo|han|ni(s) n. *(-)* → **Johannistag. Jo|han|nis|bee|re** f. *(-,-n)* ribes *m.* **Jo|han|nis|beer|strauch** m. *(-[e]s,-sträucher)* (pianta *f.* di) ribes *m.* **Jo|han|nis|brot** n. *(-[e]s,-e)* carruba *f.* **Jo|han|nis|brot|baum** m. *(-[e]s,-bäume)* carrubo *m.* **Jo|han|nis|feu|er** n. *(-s,-)* fuoco *m.* di san Giovanni. **Jo|han|nis|kä|fer** m. *(-s,-)* REGION. lucciola *f.* **Jo|han|nis|kraut** n. *(-[e]s)* erba *f.* di san Giovanni, iperico *m.* **Jo|han|nis|nacht** f. *(-,-nächte)* notte *f.* di san Giovanni. **Jo|han|nis|tag** m. *(-[e]s,-e)* giorno *m.* (*o* festa *f.*) di san Giovanni. **Jo|han|nis|trieb** m. *(-[e]s,-e)* **1** BOT. getto *m.* estivo **2** SCHERZ. FIG. seconda primavera *f.* **Jo|han|nis|würm|chen** n. *(-s,-)* REGION. → **Johanniskäfer.**

Jo|han|ni|ter m. *(-s,-)* gerosolimitano *m.* **Jo|han|ni|ter|or|den** m. *(-s)* ordine *m.* gerosolimitano.

joh|len tr. e intr. (aus. *haben*) urlare a squarciagola.

Joint [dʒɔɪnt] m. *(-s,-s)* spinello *m.*: ***einen ~ kreisen lassen*** far girare uno spinello.

Joint Ven|ture ['dʒɔɪnt 'vɛntʃə] n. *(-[s],-s)* joint venture *f.*

Jo-Jo n. *(-s,-s)* yo-yo *m.*, iò-iò *m.*

Jo|ker ['jo:kɐ, 'dʒo:kɐ] m. *(-s,-)* jolly *m.*

Jo|kus m. *(-,-se)* COLLOQ. scherzo *m.*

Jol|le f. *(-,-n)* MAR. iole *f.* **Jol|len|kreu|zer** m. *(-s,-)* iolla *f.*

Jom Kip|pur m. *(-,-)* kippur *m.*

Jo|na n.pr.m. Giona *m.* **Jo|na|than** n.pr.m. Gionata *m.*

Jong|leur [ʒɔŋ'(g)lø:ɐ, ʒõ'glø:ɐ] m. *(-s,-e)* **1** giocoliere *m.* **2** STOR. giullare *m.* **jong|lie|ren I** tr. ***etw. ~*** fare il giocoliere con qcs. **II** intr. (aus. *haben*) **1** fare giochi di destrezza **2** FIG. giocare: ***mit Zahlen ~*** giocare con i numeri.

Jöpp|chen n. *(-s,-)* giubbotto *m.*, giubbetto *m.* **Jop|pe** f. *(-,-n)* giubba *f.*

Jor|dan n.pr.m. *(-[s])* Giordano *m.*, fiume *m.* Giordano ◆ FIG. EUFEM. ***über den ~ gehen*** andare tra i più. **Jor|da|ni|en** n.pr.n. *(-s)* Giordania *f.* **Jor|da|ni|er** m. *(-s,-)* giordano *m.*, abitante *m.* della Giordania. **jor|da|nisch** agg. giordano.

Jörg n.pr.m. Giorgio *m.*

Jo|sef, Jo|seph n.pr.m. Giuseppe *m.* **Jo|se|pha, Jo|se|phi|ne** n.pr.f. Giuseppina *f.* **jo|se|phi|nisch** agg. giuseppino, di Giuseppe II **Jo|se|phi|nis|mus** m. *(-)* STOR. giuseppinismo *m.*, giuseppismo *m.*

Jo|sephs|ehe f. *(-,-n)* matrimonio *m.* bianco.

Jot n. *(-,-)* i lungo *m.*, i lunga *f.*

Jo|ta n. *(-[s],-s)* iota *m.* ◆ FIG. ***kein, nicht ein, um kein ~ ändern*** non cambiare di uno iota.

Jo|ta|zis|mus m. *(-)* iotacismo *m.*

Joule [dʒu:l, dʒaul] n. *(-[s],-)* joule *m.*

Jour|nal [ʒu:ɐ-] n. *(-s,-e)* **1** COMM. registro *m.* **2** *(Schiffstagebuch)* giornale *m.* di bordo **3** ANT. *(Zeitung)* giornale *m.* **Jour|nal|be|am|te** m. *(-n,-n)* AUSTR. impiegato *m.* in servizio. **Jour|nal|dienst** m. *(-[e]s,-e)* AUSTR. servizio *m.* di pronto intervento. **Jour|na|lis|mus** m. *(-)* giornalismo *m.* **Jour|na|list** m. *(-en,-en)* giornalista *m.* **Jour|na|lis|tin** f. *(-,-nen)* giornalista *f.* **jour|na|lis|tisch** agg. giornalistico. **Jour|nal|num|mer** f. *(-,-n)* numero *m.* di registro (commerciale) o di diario ufficiale.

jo|vi|al I agg. affabile **II** avv. in modo affabile. **Jo|vi|a|li|tät** f. *(-)* affabilità *f.*

jr. ⇒ *junior* junior (jr.).

Ju|bel m. *(-s)* giubilo *m.*, gaudio *m.*, esultanza *f.*: ***über etw. in ~ ausbrechen*** prorompere in grida di giubilo, esultare per qcs. ◆ ***~, Trubel, Heiterkeit*** allegra confusione; SPREG. parapiglia. **Ju|bel|fei|er** f. *(-,-n)*, **Ju|bel|fest** n. *(-es,-e)* giubileo *m.* **Ju|bel|ge|schrei** n. *(-s)* grida *f.pl.* di giubilo. **Ju|bel|greis** m. *(-es,-e)* SCHERZ. vecchietto *m.* arzillo. **Ju|bel|jahr** n. *(-[e]s,-e)* **1** → **Jobeljahr 2** RELIG. giubileo *m.*, Anno *m.* Santo **3** *(Jahrestag)* anniversario *m.* ◆ ***alle -e (einmal)*** (una volta) ogni morte di papa. **ju|beln** intr. (aus. *haben*) esultare, giubilare: ***vor Freude (über etw. [A]) ~*** esultare di gioia (per qcs.) ◆ ***zu früh ~*** cantar vittoria troppo presto. **Ju|bel|paar** n. *(-[e]s,-e)* = coniugi *m.pl.* che festeggiano le nozze d'argento (*o* quelle d'oro). **Ju|bel|ruf** m. *(-[e]s,-e)* grido *m.* di giubilo.

Ju|bi|lar m. *(-s,-e)* festeggiato *m.* **Ju|bi|la|te** LIT. ***(Sonntag) ~*** = terza domenica *f.* dopo Pasqua.

Ju|bi|lä|um m. *(-s, Jubiläen)* anniversario *m.*: ***ein ~ begehen*** festeggiare un anniversario. **Ju|bi|lä|ums|aus|ga|be** f. *(-,-n)* edizione *f.* commemorativa. **Ju|bi|lä|ums|aus|stel|lung** f. *(-,-en)* mostra *f.* commemorativa. **Ju|bi|lä|ums|fei|er** f. *(-,-n)* festa *f.* commemorativa.

ju|bi|lie|ren intr. (aus. *haben*) **1** *(jubeln)* esultare, giubilare **2a** *(singen)* cantare **b** *(von Vögeln)* cinguettare **3** SCHERZ. *(feiern)* festeggiare l'anniversario.

ju|chen intr. (aus. *haben*) REGION. esultare.

juch|he inter. evviva, urrah. **Juch|he** n. *(-s,-s)* **1** grido *m.* di gioia **2** *(im Theater)* COLLOQ. loggione *m.* **juch|hei, juch|hei|sa, juch|hei|ßa** ANT. → **juchhe.**

juch|ten agg. RAR. di (pelle di) bulgaro. **Juch|ten** m. *e* n. *(-s)* **1** → **Juchtenleder 2** *(Duftstoff)* bulgaro *m.* **Juch|ten|le|der** n. *(-s)* pelle *f.* di bulgaro, bulgaro *m.*

juch|zen → **jauchzen. Juch|zer** COLLOQ. → **Jauchzer.**

ju|ckeln intr. (aus. *haben*) COLLOQ. **1** *(von Kindern)* agitarsi in continuazione **2** *(von Fahrzeugen)* andare avanti a scossoni **3** girovagare (con un mezzo): ***mit dem Auto durch Europa ~*** girovagare in auto per l'Europa.

ju|cken I intr. (aus. *haben*) **1a** prudere: ***mir, mich juckt das Bein*** mi prude la gamba **b** impers. ***es juckt mich, mir am Fuß, auf dem Rücken, in der Nase*** mi prude il piede, la schiena, il naso **2** dare prurito: ***die rauhe Wolle juckt ihr, sie auf dem Rücken, am Arm*** la lana ruvida le dà prurito alla schiena, al braccio **II** tr. **1** *(Juckreiz verursachen)* ***der Mückenstich juckt sie*** la puntura di zanzara le prude **2** *(reizen)* FIG. stuzzicare: ***ihn juckt nur das Geld*** solo il denaro lo stuzzica **3** *(bekümmern)* COLLOQ. ***die Sache juckt mich nicht*** la cosa non m'importa; ***was juckt mich das?*** che me ne importa? **III** rifl. ***sich ~*** COLLOQ. *(sich kratzen)* grattarsi: ***sich blutig ~*** grattarsi a sangue ◆ ***mir juckt es in den Beinen*** ho voglia di sgranchirmi le gambe; *(tanzen)* ho voglia di ballare; COLLOQ. ***es juckt sie, die letzten Neuigkeiten in Erfahrung zu bringen*** muore dalla voglia di sapere le ultime novità; ***dir juckt wohl das Fell?*** hai proprio voglia di (*o* vuoi proprio) prenderle? FIG. ***es juckt mir in den Fingern nach etw. (A)*** muoio dalla voglia di avere (*o* fare) qcs.; COLLOQ. ***lass ~!*** sbrigati! **Ju|cken** n. *(-s)* prurito *m.*

Ju|cker m. *(-s)* cavallo *m.* da tiro. **Juck|pul|ver** m. *(-s,-)* polvere *f.* pruriginosa. **Juck|reiz** m. *(-es)* prurito *m.*

Ju|da n.pr.m. Giuda *m.*

Ju|däa n.pr.n. *(-s)* Giudea *f.*

Ju|da|i|ka pl. testi *m.pl.* ebraici. **Ju|da|is|mus** m. *(-)* giudaismo *m.* **Ju|da|is|tik** f. *(-)* studio *m.* della religione e della cultura ebraiche. **ju|da|is|tisch** agg. della religione e della cultura ebraiche.

Ju|das I n.pr.m. Giuda *m.* **II** m. *(-s,-se)* giuda *m.* **Ju|das|baum** m. *(-[e]s,-bäume)* BOT. albero *m.* di Giuda, siliquastro *m.* **Ju|das|kuss** m. *(-es,-küsse)* bacio *m.* di Giuda. **Ju|das|lohn** m. *(-[e]s,-löhne)* prezzo *m.* del tradimento.

Ju|de m. *(-n,-n)* ebreo *m.* ◆ ***der Ewige ~*** l'ebreo errante.

jü|deln intr. (aus. *haben*) parlare con accento yiddish.

Ju|den|christ m. *(-en,-en)* **1** STOR. giudeocristiano *m.* **2** *(konvertierter Jude)* ebreo *m.* convertito (al cristianesimo). **Ju|den|chris|ten|tum** n. *(-s)* giudeocristianesimo *m.* **Ju|den|deutsch** n. *(-es)* yiddish *m.*, jiddisch *m.* **Ju|den|dorn** m. *(-[e]s,-e* e *-dörner)* BOT. giuggiolo *m.* **Ju|den|fra|ge** f. *(-)* questione *f.* ebraica. **Ju|den|geg|ner** m. *(-s,-)* antisemita *m.* **Ju|den|heit** f. *(-)* ebrei *m.pl.*, mondo *m.* ebraico. **Ju|den|het|ze** f. *(-)* → **Judenverfolgung. Ju|den|kir|sche** f. *(-,-n)* BOT. alchechengi *m.* **Ju|den|schu|le** f. *(-,-n)* **1** scuola *f.* ebraica; *(Synagoge)* sinagoga *f.* **2** *(Chaos)* FIG. babilonia *f.*: ***hier geht es zu, herrscht ein Lärm wie in einer ~*** questa è una babilonia. **Ju|den|stern** m. *(-[e]s,-e)* stella *f.* di David(e). **Ju|den|tum** n. *(-s)* **1** ebraismo *m.*, giudaismo *m.* **2** *(Judenheit)* ebrei *m.pl.*, mondo *m.* ebraico. **Ju|den|ver|fol|gung** f. *(-,-en)*

persecuzione *f.* degli ebrei. **Ju|den|vier|tel** m. *(-s,-)* quartiere *m.* ebraico; *(Getto)* ghetto *m.*
Ju|di|ka|ti|on f. *(-,-en)* ANT. DIR. giudizio *m.*; *(Verurteilung)* condanna *f.* **Ju|di|ka|ti|ve** f. *(-,-n)* DIR. POL. potere *m.* giudiziario *m.* **ju|di|ka|to|risch** agg. DIR. ANT. giudiziario. **Ju|di|ka|tur** f. *(-,-en)* giurisprudenza *f.*
Jü|din f. *(-,-nen)* ebrea *f.* **jü|disch** agg. ebraico, ebreo: ***eine -e Familie*** una famiglia ebrea; ***die -e Kultur*** la cultura ebraica.
Ju|dith n.pr.f. Giuditta *f.*
ju|di|zie|ren intr. (aus. *haben*) DIR. amministrare la giustizia. **Ju|di|zi|um** n. *(-s, Judizien)* ANT. **1** *(Urteil)* giudizio *m.* **2** *(Urteilsvermögen)* capacità *f.* di giudizio.
1.Ju|do n. *(-s)* judo *m.*
2.Ju|do m. *(-s,-s)* COLLOQ. accorc. → **Jungdemokrat.**
Ju|do|griff m. *(-[e]s,-e)* presa *f.* (di judo). **Ju|do|ka** m. *(-[s],-[s])* judoka *m.* **Ju|do|sport|ler** m. *(-s,-)* judoista *m.*
Ju|gend f. *(-)* **1** giovinezza *f.*, gioventù *f.*: ***die ewige ~*** l'eterna giovinezza; ***von ~ an, auf*** fin da giovane; ***seine ~ genießen*** godersi la giovinezza; ***in seiner ~ war er sehr sportlich*** da giovane (*o* in gioventù) era molto sportivo; ***seine ~ entschuldigt sein Benehmen*** il suo comportamento si scusa con la giovane età **2** *(Jugendliche)* giovani *m.pl.*, gioventù *f.*: ***die heutige ~, die ~ von heute*** i giovani d'oggi ◆ ***frühe ~*** prima giovinezza; ***seit früher ~*** dalla prima giovinezza; ***für ihre ~ spielt sie sehr gut*** per essere così giovane suona molto bene; SCHERZ. ***die reifere ~*** gli anziani; ***in der ~ spielen*** giocare nella squadra giovanile; ***in zarter ~*** in tenera età; PROV. ***~ kennt keine Tugend*** la gioventù non ha virtù. **Ju|gend|al|ter** n. *(-s)* età *f.* giovanile, giovinezza *f.* **Ju|gend|amt** n. *(-[e]s,-ämter)* ufficio *m.* di assistenza per minorenni. **Ju|gend|ar|beit** f. *(-,-en)* **1** lavoro *m.* minorile **2** attività *f.pl.* (formative e ricreative) per i giovani **3** → **Jugendwerk. Ju|gend|ar|rest** m. *(-[e]s,-e)* arresto *m.* di minorenne. **ju|gend|be|wegt** agg. SCHERZ. influenzato dal movimento giovanile. **Ju|gend|be|we|gung** f. *(-)* STOR. movimento *m.* giovanile. **Ju|gend|bild** n. *(-[e]s,-er)*, **Ju|gend|bild|nis** n. *(-ses,-se)* ritratto *m.* giovanile. **Ju|gend|blü|te** f. *(-)* LETT. fiore *m.* degli anni (*o* della giovinezza). **Ju|gend|buch** n. *(-[e]s,-bücher)* libro *m.* per ragazzi. **Ju|gend|er|in|ne|rung** f. *(-,-en)* ricordo *m.* di gioventù. **Ju|gend|er|zie|hung** f. *(-)* educazione *f.* dei giovani. **ju|gend|frei** agg. ***ein -er Film*** un film non vietato (ai minori). **Ju|gend|freund** m. *(-[e]s,-e)* amico *m.* di gioventù. **ju|gend|frisch** agg. fresco giovane. **Ju|gend|für|sor|ge** f. *(-)* ANT. → **Jugendhilfe. ju|gend|ge|fähr|dend** agg. pericoloso per la gioventù. **Ju|gend|ge|richt** n. *(-[e]s,-e)* tribunale *m.* minorile. **Ju|gend|grup|pe** f. *(-,-n)* gruppo *m.* giovanile. **Ju|gend|heim** n. *(-[e]s,-e)* centro *m.* ricreativo giovanile. **Ju|gend|her|ber|ge** f. *(-,-n)* ostello *m.* della gioventù. **Ju|gend|hil|fe** f. *(-)* assistenza *f.* (sociale) ai minori a rischio. **Ju|gend|jah|re** pl. anni *pl.* di gioventù (*o* giovanili). **Ju|gend|kri|mi|na|li|tät** f. *(-)* delinquenza *f.* minorile. **Ju|gend|la|ger** n. *(-s,-)* campo *m.* di vacanza (per giovani).
ju|gend|lich **I** agg. **1** giovane: ***im -en Alter*** in giovane età **2** giovanile: ***-e Begeisterung*** entusiasmo giovanile; ***ein -es Kleid*** un abito giovanile **II** avv. in modo giovanile ◆ ***~ wirken*** sembrare giovane. **Ju|gend|li|che** m. e f. *(-n,-n)* **1** giovane *m.*, adolescente *m.* e *f.* **2** DIR. minore *m.* e *f.* ◆ ***~ bis zu 18 Jahren haben keinen Zutritt*** vietato l'ingresso ai minori di anni diciotto. **Ju|gend|lich|keit** f. *(-)* **1** *(Jungsein)* giovinezza *f.*; giovane età *f.*: ***bei der Verurteilung wurde die ~ des Täters berücksichtigt*** il giudizio tenne conto della giovane età del colpevole **2a** *(Aussehen)* aspetto *m.* giovanile **b** *(Charakter)* spirito *m.* giovanile.
Ju|gend|lie|be f. *(-,-n)* **1** amore *m.* giovanile **2** *(geliebte Person)* amore *m.* di gioventù. **Ju|gend|li|te|ra|tur** f. *(-)* letteratura *f.* per i giovani. **Ju|gend|mann|schaft** f. *(-,-en)* SPORT squadra *f.* giovanile. **Ju|gend|meis|ter** m. *(-s,-)* campione *m.* (del settore) giovanile. **Ju|gend|meis|ter|schaft** f. *(-,-en)* campionato *m.* giovanile. **Ju|gend|or|ga|ni|sa|ti|on** f. *(-,-en)* organizzazione *f.* giovanile. **Ju|gend|pfle|ge** f. *(-)* ANT. → **Jugendhilfe. Ju|gend|pfle|ger** m. *(-s,-)* assistente *m.* sociale per i minori. **Ju|gend|psy|cho|lo|gie** f. *(-)* psicologia *f.* dell'età evolutiva (riferita all'adolescenza). **Ju|gend|recht** n. *(-s)* diritto *m.* per la tutela dei minori. **Ju|gend|rich|ter** m. *(-s,-)* giudice *m.* del tribunale minorile. **Ju|gend|schutz** m. *(-es)* tutela *f.* dei minori. **Ju|gend|schutz|ge|setz** n. *(-es,-e)* legge *f.* per la tutela dei minori. **Ju|gend|spra|che** f. *(-)* gergo *m.*, linguaggio *m.* giovanile. **Ju|gend|sta|di|um** n. *(-s)* BOT. primo stadio *m.* vitale. **Ju|gend|stil** m. *(-[e]s)* INTRAD. (omologo tedesco dello stile liberty o floreale). **Ju|gend|straf|an|stalt** f. *(-,-en)* carcere *m.* minorile, riformatorio *m.* **Ju|gend|stra|fe** f. *(-,-n)* pena *f.* detentiva per minorenni. **Ju|gend|streich** m. *(-[e]s,-e)* ragazzata *f.* **Ju|gend|sün|de** f. *(-,-n)* peccato *m.*, errore *m.* di gioventù; *(Jugendstreich)* ragazzata *f.* **Ju|gend|traum** m. *(-[e]s,-träume)* sogno *m.* di gioventù. **Ju|gend|ver|bot** n. *(-[e]s,-e)* divieto *m.* per i minori. **Ju|gend|vor|stel|lung** f. *(-,-en)* spettacolo *m.* per ragazzi. **Ju|gend|wei|he** f. *(-,-n)* INTRAD. **1** (festa d'iniziazione in sostituzione della cresima) **2** EX-RDT (festa di debutto dei quattordicenni nella società socialista). **Ju|gend|werk** n. *(-[e]s,-e)* opera *f.* giovanile. **Ju|gend|wohn|heim** n. *(-[e]s,-e)* pensionato *m.* per giovani lavoratori. **Ju|gend|zeit** f. *(-)* giovinezza *f.*, gioventù *f.* **Ju|gend|zent|rum** n. *(-s,-zentren)* centro *m.* ricreativo per i giovani.
Ju|gos|la|we m. *(-n,-n)* jugoslavo *m.* **Ju|gos|la|wi|en** n.pr.n. *(-s)* Jugoslavia *f.* **Ju|gos|la|win** f. *(-,-nen)* jugoslava *f.* **ju|gos|la|wisch** agg. jugoslavo.
ju|gu|lar agg. MED. giugulare. **Ju|gu|lum** n. *(-, Jugula)* MED. giugulo *m.*
ju|he inter. SVIZZ. → **juchhe. ju|hu** inter. **1** urrah **2** *(Zuruf)* uh, uh.
Ju|ju|be f. *(-,-n)* **1** *(Baum)* giuggiolo *m.* **2** *(Frucht)* giuggiola *f.*
Juke|box ['dʒu:kbɔks] f. *(-,-es)* juke-box *m.*
Jul n. *(-[s])* **1** festa *f.* del solstizio d'inverno **2** *(Weihnachten)* Natale *m.* (in Scandinavia). **Jul|bock** m. *(-[e]s,-böcke)* INTRAD. (personaggio natalizio scandinavo).
Jul|chen n.pr.n. Giulietta *f.*
Jul|fest n. *(-[e]s,-e)* festa *f.* di Natale (in Scandinavia).
Ju|li m. *(-[s],-s)* luglio *m.*: ***Anfang, Ende ~*** all'inizio, alla fine di luglio; ***Mitte ~*** a metà luglio; ***im ~*** a (*o* in) luglio; ***am ersten, zweiten ~*** il primo, il due (di) luglio.
Ju|lia n.pr.f. Giulia *f.* **Ju|li|an** n.pr.m. Giuliano *m.* **Ju|li|a|na, Ju|li|a|ne** n.pr.f. Giuliana *f.* **ju|li|a|nisch** agg. giuliano. **Ju|lie** n.pr.f. → **Julia.**
ju|lisch agg. giuliano.
Jul|mond m. *(-[e]s,-e)* ANT. dicembre *m.* **Jul|nacht** f. *(-,-nächte)* notte *f.* di Natale (in Scandinavia).
Jum|bo ['jumbo, 'dʒambo], **Jum|bo|jet** m. *(-s,-s)* AER. jumbo *m.*, jumbo-jet *m.*
Jump [dʒamp] m. *(-s,-s)* SPORT terzo balzo *m.*, jump *m.* **jum|pen** ['dʒampn, 'jumpn] intr. (aus. *sein*) COLLOQ. saltare. **Jum|per** ['dʒampɐ, 'dʒɛmpɐ] m. *(-s,-)* blusa *f.* di maglia.
jun. ⇒ *junior* (jr.).
jung (compar. *jünger*, superl. *jüngst...*) **I** agg. **1** giovane: ***ein -er Mann*** un (uomo) giovane, un giovanotto; ***eine -e Dame*** una giovane donna; ***die -en Leute*** i giovani; ***der -e Schmidt*** il giovane Schmidt (*o* Schmidt figlio); ***der -e Schiller*** il giovane Schiller (*o* Schiller giovane); ***ein -es Aussehen, Gesicht*** un aspetto, viso giovane; ***noch ~ an Jahren sein*** essere ancora giovane (d'età); ***nicht mehr ganz ~ sein*** non esser più tanto giovane; ***etw. erhält ~*** qcs. mantiene giovani; ***wieder ~ werden*** ringiovanire **2a** *(seit kurzem bestehend)* giovane, recente: ***ein -er Staat*** uno stato giovane; ***eine -e Freundschaft*** una recente amicizia **b** *(von Gemüse, Laub)* tenero, giovane; ***-er Salat*** insalatina **c** *(von Wein)* giovane, nuovo **3** SCHERZ. *(alt)* ***15 Jahre ~ sein*** avere 15 anni **II** avv. **1** (da) giovane, in giovane età: ***~ heiraten, sterben*** sposarsi, morire giovane **2** *(seit kurzem)* da poco, recentemente: ***sie sind ~ verheiratet*** sono sposati da poco ◆ ***Alt und Jung*** giovani e vecchi, tutti; STOR. ***das Junge Deutschland*** la Giovane Germania; ***man ist so ~, wie man sich fühlt*** si hanno gli anni che ci si sente; ***-es Gemüse*** primizie; SCHERZ. sbarbatelli, ragazzini; ***in -en Jahren*** in giovane età; ***der -e Tag*** il mattino; ***-es Volk*** giovani; ***von ~ auf*** fin da giovane; ***so ~ kommen wir nicht mehr zusammen!*** è presto ancora! resta(te) ancora un po'! PROV. ***~ gewohnt, alt getan*** quel che si impara in gioventù non si scorda mai più; ***~ gefreit hat nie gereut*** chi da giovane s'è sposato, si consideri fortunato. **Jung|aka|de|mi|ker** m. *(-s,-)* giovane laureato *m.*, giovane *m.* fresco di laurea. **Jung|brun|nen** m. *(-s)* **1** fonte *f.* della giovinezza **2** FIG. fonte *f.* di rigenerazione (*o* di nuova energia). **Jung|bür|ger** m. *(-s,-)* giovane cittadino *m.*, giovane *m.* avente diritto al voto. **Jung|de|mo|krat** m. *(-en,-en)* membro *m.* (dell'organizzazione giovanile) dell'FDP. **Jung|deut|sche** m. *(-n,-n)* membro *m.* della (*o* appartenente alla) Giovane Germania.
1.Jun|ge m. *(-n,-n/*REGION. *-ns* e *Jungs)* **1a** *(Mensch männlichen Geschlechts)* maschio *m.*; *(Kleiner)* maschietto *m.*: ***einen -n bekommen*** avere un maschio (*o* un maschietto, un bambino); ***-n und Mädchen*** maschi e femmine **b** *(Kleinkind)* bambino *m.*, LETT. fanciullo *m.*: ***sie hat zwei kleine -n*** ha due bambini piccoli **c** *(Knabe)* ragazzo *m.*, LETT. giovinetto *m.*: ***ein netter ~*** un ragazzo simpatico; ***~,~!*** ragazzi! SCHERZ. ***na, ~, wie geht es dir?*** allora, ragazzo, come va? **2** *(junger Mann)* (uomo *m.*) giovane *m.*, giovanotto *m.*, LETT. giovine *m.*: SCHERZ. ***du bist doch schon ein großer ~!*** sei già un giovanotto! **3** *(beim Kartenspiel)* fante *m.* **4** ANT. *(Lehrjunge)* apprendista *m.* ◆ ***alter ~!*** vecchio mio! ***die blauen Jungs*** = i marinai;

jdn wie einen dummen -n behandeln trattare qcn. come un bambinetto (cretino); ***(du), dummer ~!*** (ehi,) bamboccio! ***ein grüner ~*** un giovincello, uno sbarbatello; ***mein ~!*** ragazzo mio! ***ein schwerer ~*** un poco di buono, un delinquente incallito.

2.Jun|ge n. *(-n,-n)* piccolo *m.* (di animale): ***~ bekommen, werfen*** fare i piccoli; *(von Vierbeinern)* cucciolo *m.*: ***die Hündin säugt ihre -n*** la cagna allatta i suoi cuccioli.

Jün|gel|chen n. *(-s,-)* COLLOQ. SPREG. sbarbatello *m.*, pivello *m.*

jun|gen intr. (aus. *haben*) avere i piccoli (*o* i cuccioli), figliare.

Jun|gen|ge|sicht n. *(-[e]s,-er)* viso *m.* da ragazzo. **jun|gen|haft I** agg. **1a** da ragazzino: ***ein Mann mit -em Aussehen*** un uomo con aspetto da ragazzino **b** *(in der Art eines Knaben)* da ragazzo **2** da maschio, mascolino: ***ein Mädchen mit -en Manieren*** una bambina con modi da ragazzo (*o* SPREG. da maschiaccio) **II** avv. **1a** *(wie ein Kind)* come un bambino (*o* un ragazzino): ***~ fröhlich sein*** essere felice come un bambino **b** *(wie ein Knaben)* come un ragazzo **2** *(von Mädchen)* ***sich ~ benehmen*** comportarsi da maschio, fare il maschiaccio. **Jun|gen|haf|tig|keit** f. *(-)* modi *m.pl.* da bambino (*o* da ragazzino); *(in Bezug auf Mädchen)* modi *m.pl.* da ragazzo (*o* SPREG. da maschiaccio). **Jun|gen|klas|se** f. *(-,-n)* classe *f.* maschile. **Jun|gen|schu|le** f. *(-,-n)* scuola *f.* maschile. **Jun|gen|streich** m. *(-[e]s,-e)* ragazzata *f.*

jün|ger agg. (compar. di *jung*) **1a** più giovane: ***sie ist 10 Jahre ~ als ich*** è più giovane di me di 10 anni (*o* ha 10 anni meno di me); ***die Frisur macht sie ~*** la pettinatura la fa più giovane (*o* la ringiovanisce) **b** *(von Geschwistern)* minore: ***der -e Bruder*** il fratello minore **2** *(ziemlich jung)* (piuttosto) giovane: ***eine -e Frau*** una signora piuttosto giovane ◆ ***Plinius der Jüngere*** Plinio il Giovane; ***die -e Steinzeit*** il neolitico; ***die Jüngeren unter uns*** i più giovani tra noi. **Jün|ger** m. *(-s,-)* **1a** RELIG. discepolo *m.* **b** *(Apostel)* apostolo *m.*: ***die zwölf ~*** i dodici apostoli **2** *(überzeugter Anhänger)* seguace *m.*, discepolo *m.*: ***ein ~ Platons, der Wissenschaft*** un seguace di Platone, della scienza. **Jün|ger|schaft** f. *(-)* discepoli *m.pl.*, seguaci *m.pl.*

Jung|fer f. *(-,-n)* ANT. *(junges Mädchen)* fanciulla *f.*, LETT. pulzella *f.*, donzella *f.* ◆ SPREG. ***eine alte ~*** una vecchia zitella. **jüng|fer|lich** agg. da vecchia zitella, da zitellona. **Jung|fern|fahrt** f. *(-,-en)* MAR. viaggio *m.* inaugurale. **Jung|fern|flug** m. *(-[e]s,-flüge)* volo *m.* inaugurale. **jung|fern|haft** agg. → **jüngferlich. Jung|fern|häut|chen** n. *(-s,-)* imene *m.* **Jung|fern|kranz** m. *(-es,-kränze)* ANT. corona *f.* (*o* serto *m.*) nuziale. **Jung|fern|re|de** f. *(-,-n)* primo discorso *m.* (in Parlamento). **Jung|fern|schaft** f. *(-)* ANT. verginità *f.*, purezza *f.* **Jung|fern|zeu|gung** f. *(-,-en)* BIOL. partenogenesi *f.*

Jung|frau f. *(-,-en)* **1a** vergine *f.*: ***noch, keine ~ mehr sein*** essere ancora, non essere più vergine; RELIG. ***die ~ Maria*** la Vergine Maria **b** ASTROL. ***im Zeichen ~ geboren sein*** essere nato sotto il segno della Vergine; ***(eine) ~ sein*** essere della Vergine **2** ANT. *(Mädchen)* fanciulla *f.*, LETT. pulzella *f.* ◆ STOR. ***die eiserne ~*** la vergine di Norimberga; ***zu etw. kommen wie die ~ zum Kind*** = ottenere, ricevere qcs. senza fare nulla, per grazia divina; ***die ~ von Orléans*** la pulzella d'Orléans. **Jung|frau|en|ge|burt** f. *(-,-en)* partenogenesi *f.* **jung|fräu|lich** agg. **1a** ***ein noch -es Mädchen*** una ragazza ancora vergine (*o* illibata) **b** *(eine Jungfrau kennzeichend)* di (*o* da) vergine, verginale, LETT. virgineo: ***ein -er Leib*** un corpo verginale **2a** *(unberührt)* incontaminato, intatto: ***eine -e Landschaft*** un paesaggio incontaminato **b** ***ein -er Wald*** una foresta vergine. **Jung|fräu|lich|keit** f. *(-)* **1** verginità *f.* **2** *(Unberührtheit)* l'essere incontaminato (*o* intatto), RAR. incontaminatezza *f.*

Jung|ge|sel|le m. *(-n,-n)* scapolo *m.*: ***ein eingefleischter ~*** uno scapolo impenitente; ***~ bleiben*** restare scapolo. **Jung|ge|sel|len|bu|de** f. *(-,-n)* COLLOQ. camera *f.* da scapolo. **Jung|ge|sel|len|da|sein** n. *(-s)*, **Jung|ge|sel|len|le|ben** n. *(-s)* vita *f.* da scapolo. **Jung|ge|sel|len|wirt|schaft** f. *(-)* SCHERZ. confusione *f.* nella casa di uno scapolo. **Jung|ge|sel|len|zeit** f. *(-)* vita *f.* da scapolo. **Jung|ge|sel|lin** f. *(-,-nen)* donna *f.* nubile (*o* non sposata).

Jung|gram|ma|ti|ker m. *(-s,-)* neogrammatico *m.* **Jung|he|ge|li|a|ner** m. *(-s,-)* neohegeliano *m.* **Jung|holz** n. *(-es)* bosco *m.* giovane. **Jung|leh|rer** m. *(-s,-)* insegnante *m.* non abilitato.

Jüng|ling m. *(-s,-e)* **1** ragazzo *m.*, adolescente *m.* **2** SPREG. IRON. *(unreifer junger Mann)* ragazzino *m.*, sbarbatello *m.* **Jüng|lings|al|ter** n. *(-s)* adolescenza *f.* **jüng|ling(s)|haft** agg. da ragazzo (*o* adolescente), adolescenziale.

Jung|mä|del n. *(-s,-* e *-s)* STOR. ragazzina *f.* appartenente alla Hitlerjugend. **Jung|mann** m. *(-[e]s,-männer)* **1** giovane *m.* appartenente (a un'organizzazione), giovane membro *m.* (di un'organizzazione) **2** SPORT atleta *m.* appartenente a una categoria giovanile; *(zwischen 16 und 21 Jahren)* juniores *m.* **Jung|pflan|ze** f. *(-,-n)* piantina *f.* **Jung|so|zi|a|list** m. *(-en,-en)* membro *m.* dell'organizzazione giovanile della SPD, giovane *m.* socialdemocratico.

jüngst... (superl. di *jung*) **I** agg. **1a** più giovane; ***der -e der Schüler*** il più giovane degli scolari **b** *(von Geschwistern)* minore **2** *(eben erst vergangen)* più recente, ultimo: ***die -en Vorfälle*** gli ultimi avvenimenti; ***in -er Zeit*** negli ultimi tempi, recentemente **II** avv. recentemente, ultimamente ◆ RELIG. ***das Jüngste Gericht*** il Giudizio Universale (*o* Finale); ***der Jüngste Tag*** il giorno del Giudizio. **Jüngs|te** m. e f. *(-n,-n)* figlio *m.* (-a *f.*) minore, minore *m.* e *f.* ◆ ***er ist nicht mehr der ~*** non è più tanto giovane.

Jung|stein|zeit f. *(-)* (periodo *m.*) neolitico *m.* **jung|stein|zeit|lich** agg. neolitico.

Jüngs|ten|recht n. *(-[e]s)* minorasco *m.*

jüngs|tens, jüngst|hin avv. ANT. recentemente, ultimamente.

jüngst|ver|gan|gen agg. ANT. recentissimo, ultimo.

Jung|tier n. *(-[e]s,-e)* animale *m.* giovane. **Jung|tür|ken** pl. STOR. giovani turchi *m.pl.* **Jung|un|ter|neh|mer** m. *(-s,-)* giovane imprenditore *m.* **Jung|ver|hei|ra|te|te**, LETT. **Jung|ver|mähl|te** m. e f. *(-n,-n)* novello sposo *m.*, novella sposa *f.* **Jung|vieh** n. *(-[e]s)* bestiame *m.* giovane. **Jung|volk** n. *(-[e]s)* **1** giovani *m.pl.* **2** STOR. intrad. (sotto-organizzazione della Hitlerjugend). **Jung|wäh|ler** m. *(-s,-)* nuovo elettore *m.*, giovane elettore *m.*

Ju|ni m. *(-[s],-s)* giugno *m.*: ***Anfang, Ende ~*** all'inizio, alla fine di giugno; ***Mitte ~*** a metà giugno; ***im ~*** in (*o* a) giugno; ***am ersten, am zweiten ~*** il primo, il due (di) giugno.

ju|ni|or agg.inv. junior. **Ju|ni|or** m. *(-s,-en)* **1** *(Sohn)* figlio *m.*: ***der Vater ist mit dem ~ spazieren*** il padre è andato a passeggio col figlio **2** *(jüngerer Teilhaber)* giovane socio *m.*; *(Sohn des Firmeninhabers)* figlio *m.* (del padrone) **3** SPORT pl. juniores *m.pl.* e *f.pl.* (maschili), giovanili *f.pl.*: ***bei den -en spielen*** giocare nelle giovanili **4** *(in der Werbesprache)* giovane *m.* consumatore. **Ju|ni|o|rat** n. *(-[e]s,-e)* minorasco *m.* **Ju|ni|or|chef** m. *(-s,-s)* figlio *m.* del capo (*o* del padrone). **Ju|ni|o|ren|meis|ter|schaft** f. *(-,-en)* campionato *m.* juniores. **Ju|ni|o|ren|ren|nen** n. *(-s,-)* gara *f.* (di) juniores. **Ju|ni|o|rin** f. *(-,-nen)* **1a** *(jüngere Teilhaberin)* giovane socia *f.* **b** *(Tochter des Firmeninhabers)* figlia *f.* (del padrone) **2** SPORT pl. juniores *f.pl.* (femminili). **Ju|ni|or|part|ner** m. *(-s,-)* giovane socio *m.*

Ju|ni|pe|rus m. *(-,-)* ginepro *m.*

Jun|ker m. *(-s,-)* **1** STOR. junker *m.* **2** SPREG. *(Großgrundbesitzer)* signorotto *m.* (di campagna). **jun|ker|haft, jun|ker|lich** agg. di (*o* relativo a) uno junker. **Jun|ker|tum** n. *(-s)* **1** condizione *f.* di junker **2** *(Gesamtheit der Junker)* junker *m.pl.*

Jun|kie ['dʒʌŋkɪ] m. *(-s,-s)* GERG. tossico *m.*

Junk|tim n. *(-s,-s)* connessione *f.* obbligatoria fra varie misure (*o* proposte di legge).

Junk|tur f. *(-,-en)* giuntura *f.*

Ju|no n.pr.f. Giunone *f.* **ju|no|nisch** agg. giunonico.

Jun|ta ['xʊnta, 'jʊnta] f. *(-, Junten)* giunta *f.*

Jupe [ʒy:p] f. *(-,-s)* e m. *(-s,-s)* **1** ANT. sottogonna *f.* con corsetto **2** SVIZZ. *(Rock)* gonna *f.*

Ju|pi|ter n.pr.m. *(-s)* Giove *m.*

Ju|pon [ʒy'pɔ̃:] m. *(-[s],-s)* SVIZZ. sottogonna *m.*, jupon *m.*

1.Ju|ra → **1.Jus** ◆ ***~ studieren*** studiare legge.

2.Ju|ra I n.pr.m. *(-s)* (catena *f.* del) Giura *m.*: ***der Schweizer ~*** il Giura svizzero **II** n.pr.m. *(-[s])* (cantone *m.* del) Giura *m.* **III** m. *(-s)* GEOL. giurassico *m.*, giurese *m.*

Ju|ra|for|ma|ti|on f. *(-,-en)* GEOL. formazione *f.* giurassica. **Ju|ras|si|er** m. *(-s,-)* **1** abitante *m.* del Giura **2** *(Kantonsbewohner)* abitante *m.* del cantone del Giura. **ju|ras|sisch** agg. **1** del (*o* relativo al) cantone del Giura **2** GEOL. giurassico.

Ju|ra|stu|dent m. *(-en,-en)* studente *m.* di legge. **Ju|ra|stu|den|tin** f. *(-,-nen)* studentessa *f.* di legge.

ju|ri|disch AUSTR. → **juristisch.**

ju|rie|ren intr. (aus. *haben*) far parte della giuria, essere giurato.

Ju|ris|dik|ti|on f. *(-,-en)* giurisdizione *f.* **Ju|ris|pru|denz** f. *(-)* giurisprudenza *f.*

Ju|rist m. *(-en,-en)* **1** dottore *m.* in legge **2** → **Jurastudent. Ju|ris|ten|deutsch** n. *(-[s])* SPREG. tedesco *m.* giuridico, cavilloso. **Ju|ris|te|rei** f. *(-)* ANT. SCHERZ. giurisprudenza *f.* **Ju|ris|tin** f. *(-,-nen)* **1** dottore *m.* in legge **2** → **Jurastudentin. ju|ris|tisch I** agg. giuridico: ***-e Personen*** persone giuridiche; ***-e Ausbildung, Fakultät*** formazione giuridica, facoltà di legge (*o* di giurisprudenza) **II** avv. giuridicamente, dal punto di vista giuridico.

Ju|ror m. *(-s,-en)* membro *m.* della giuria, giurato *m.* **Ju|ro|rin** f. *(-,-nen)* giurata *f.*

Jur|te f. *(-,-n)* iurta *f.*

Ju|ry [ʒy'ri], **Ju|ry** ['ʒy:ri] f. *(-,-s)* giuria *f.*: ***die ~ bilden*** comporre la giuria.

1.Jus n. *(-)* diritto *m.*

2.Jus [ʒy:] f. *(-)*, REGION. n. e m. *(-)* **1** sugo *m.* (della carne) **2** SVIZZ. succo *m.* (di frutta o verdura).
Ju|so m. *(-s,-s)* COLLOQ. accorc. → **Jungsozialist.**
Jus|siv m. *(-s,-e)* iussivo *m.*
Jus|stu|dent AUSTR. → **Jurastudent.**
just avv. ANT. SCHERZ. proprio, giusto: ***ich war ~ dabei, auszugehen*** stavo giusto per uscire; ***~ er gefiel mir nicht*** lui era proprio quello che non mi piaceva; ***~ in dem Moment, als...*** proprio nel momento in cui....
Jus|ta|ge [jʊ'sta:ʒə] f. *(-,-n)* → **Justierung.**
jus|ta|ment avv. ANT. proprio.
jus|tie|ren tr. **1** regolare, registrare: ***eine Waage ~*** registrare una bilancia **2** TIP. giustificare. **Jus|tie|rung** f. *(-,-en)* **1** regolazione *f.*, registrazione *f.* **2** TIP. giustificazione *f.*
Jus|ti|fi|ka|ti|on f. *(-,-en)* **1** giustificazione *f.* **2** → **Justifikatur.**
Jus|ti|fi|ka|tur f. *(-,-en)* revisione *f.* (*o* approvazione *f.*) dei conti.
jus|ti|fi|zie|ren tr. **1** giustificare **2** *(nach Prüfung genehmigen)* approvare, RAR. revisionare.
Jus|ti|ne n.pr.f. Giustina *f.* **Jus|ti|ni|an**, **Jus|ti|ni|a|nus** n.pr.m. Giustiniano *m.* **Jus|ti|nus** n.pr.m. Giustino *m.*
Jus|ti|tia f. *(-)* Giustizia *f.*
Jus|tiz f. *(-)* giustizia *f.*: ***die ~ handhaben*** amministrare la giustizia; FIG. ***in die Mühlen der ~ geraten*** finire negl'ingranaggi della giustizia; ***jdn der ~ ausliefern, übergeben*** consegnare qcn. alla giustizia (*o* all'autorità giudiziaria). **Jus|tiz|an|ge|stell|te** m. e f. *(-n,-n)* impiegato *m.* (-a *f.*) di uffici giudiziari. **Jus|tiz|be|am|te** m. *(-n,-n)* funzionario *m.* del settore giudiziario. **Jus|tiz|be|hör|de** f. *(-,-n)* autorità *f.* giudiziaria. **Jus|tiz|ge|walt** f. *(-)* potere *m.* giudiziario. **jus|ti|zi|a|bel** agg. punibile, passibile di condanna, giudicabile. **Jus|ti|zi|ar** m. *(-s,-e)* consulente *m.* legale. **Jus|tiz|irr|tum** m. *(-s,-irrtümer)* errore *m.* giudiziario. **Jus|ti|zi|um** n. *(-s, Justizien)* arresto *m.* dell'amministrazione della giustizia (per eventi straordinari). **Jus|tiz|mi|nis|ter** m. *(-s,-)* ministro *m.* della Giustizia. **Jus|tiz|mi|nis|te|ri|um** n. *(-s,-ministerien)* ministero *m.* della Giustizia. **Jus|tiz|mord** m. *(-[e]s,-e)* condanna *f.* (a morte) di un innocente, errore *m.* giudiziario. **Jus|tiz|pa|last** m. *(-[e]s,-paläste)* palazzo *m.* di giustizia. **Jus|tiz|rat** m. *(-[e]s,-räte)* STOR. consigliere *m.* di giustizia. **Jus|tiz|ver|wal|tung** f. *(-,-en)* amministrazione *f.* della giustizia. **Jus|tiz|voll|zugs|an|stalt** f. *(-,-en)* istituto *m.* di pena.
Ju|te f. *(-)* **1** BOT. corcoro *m.* **2** *(Jutefaser)* juta (*o* iuta) *f.*
Jü|te m. *(-n,-n)* → **Jütländer.**
Ju|te|fa|ser f. *(-,-n)* (fibra *f.* di) juta *f.* **Ju|te|sack** m. *(-[e]s,-säcke)* sacco *m.* di juta. **Ju|te|spin|ne|rei** f. *(-,-en)* jutificio (*o* iutificio) *m.*
jü|tisch agg. dello (*o* relativo alla) Jutland. **Jüt|land** n.pr.n. *(-s)* Jutland *m.* **Jüt|län|der** m. *(-s,-)* abitante *m.* dello Jutland.
Ju|ve|nal n.pr.m. Giovenale *m.* **ju|ve|na|lisch** agg. satirico; *(beißend)* caustico, mordace.
ju|ve|nil agg. **1** giovanile **2** GEOL. iuvenile.
Ju|wel I n. e m. *(-s,-en)* **1** gioiello *m.*, LETT. gioia *f.* **2** *(Edelstein)* pietra *f.* preziosa **II** n. *(-s,-e)* FIG. **1** gioiello *m.*: ***ein ~ der Barockkunst*** un gioiello dell'arte barocca **2** *(von Menschen)* tesoro *m.*, perla *f.*: ***ein ~ von einem Mädchen*** un tesoro di ragazza. **Ju|we|lier** m. *(-s,-e)* gioielliere *m.* **Ju|we|lier|ge|schäft** n. *(-[e]s,-e)*, **Ju|we|lier|la|den** m. *(-s,-läden)* gioielleria *f.*
Jux m. *(-es,-e)* COLLOQ. scherzo *m.*: ***sich (D) mit jdm einen ~ machen*** fare uno scherzo a qcn., prendersi gioco di qcn.; ***aus ~*** per scherzo ◆ ***aus (lauter) ~ und Tollerei*** per spavalderia. **ju|xen** intr. (aus. *haben*) scherzare.
Jux|ta f. *(-, Juxten)* matrice *f.*, madre *f.*
Jux|ta|po|si|ti|on f. *(-,-en)* giustapposizione *f.*
Jux|te f. *(-,-n)* AUSTR. → **Juxta.**
JVA ⇒ *Justizvollzugsanstalt* istituto di pena.
jwd [jɔtve'de:] avv. SCHERZ. a casa del diavolo.

K

k, K n. *(-,-)* k, K, cappa (*o* kappa) *f.* e *m.*: ***ein großes K, ein kleines k*** una K maiuscola, una k minuscola ◆ ***die 3 K (Küche, Kinder, Kirche)*** = casa, figli, chiesa (rif. alle donne).

k. ⇒ **1** *königlich* reale, regio **2** *kaiserlich* imperiale.

Ka|a|ba f. *(-)* caaba *f.*

Ka|ba|le f. *(-,-n)* ANT. intrigo *m.*, cabala *f.*

Ka|ba|rett, Ka|ba|rett n. *(-s,-s* e *-e)* cabaret *m.*: ***ins ~ gehen*** andare al cabaret. **Ka|ba|ret|ti|er** [kabarɛ'tie:] m. *(-s,-s)* gestore *m.* di cabaret. **Ka|ba|ret|tist** m. *(-en,-en)* cabarettista *m.* **ka|ba|ret|tis|tisch** agg. cabarettistico, di cabaret.

Ka|bäus|chen n. *(-s,-)* REGION. **1** *(Häuschen)* casetta *f.* **2** *(kleines Zimmer)* stanzetta *f.*

Kab|ba|la, Kab|ba|la f. *(-)* cabala *f.* **Kab|ba|list** m. *(-en,-en)* cabalista *m.* **kab|ba|lis|tisch** agg. cabalistico.

Kab|be|lei f. *(-,-en)* REGION. bisticcio *m.* **kab|beln I** rifl. **sich ~** REGION. bisticciare **II** intr. (aus. *haben*) essere mosso: ***die See kabbelt*** il mare è mosso. **Kab|be|lung** f. *(-,-en)* mare *m.* incrociato.

Ka|bel n. *(-s,-)* **1** cavo *m.* (anche MAR. EL.): ***das ~ der Seilbahn*** il cavo della funivia; ***ein dreiadriges ~*** un cavo tripolare; ***ein ~ verlegen, anschließen*** posare, collegare un cavo; ***via ~*** via cavo **2** *(Kabelnachricht)* cablogramma *m.* **Ka|bel|an|schluss** m. *(-es, -anschlüsse)* collegamento *m.* alla TV via cavo. **Ka|bel|be|richt** m. *(-[e]s,-e)* ANT. cablogramma *m.* **Ka|bel|dienst** m. *(-[e]s,-e)* servizio *m.* cablografico. **Ka|bel|fern|be|die|nung** *(-,-en)* telecomando *m.* (con cavo). **Ka|bel|fern|se|hen** n. *(-s)* televisione *f.* via cavo. **Ka|bel|gat(t)** n. *(-[e]s,-en)* MAR. gavone *m.* (*o* pozzetto *m.*) per cavi.

Ka|bel|jau m. *(-s,-e* e *-s)* merluzzo *m.*

Ka|bel|kern m. *(-[e]s,-e)* anima *f.* del cavo. **Ka|bel|klem|me** f. *(-,-n)* morsetto *m.* per cavi. **Ka|bel|kran** m. *(-[e]s,-kräne)* gru *f.* a funi. **Ka|bel|län|ge** f. *(-,-n)* decimo *m.* di miglio (marino). **Ka|bel|le|ger** m. *(-s,-)* nave *f.* posacavi. **Ka|bel|le|gung** f. *(-,-en)* posa *f.* di un cavo, di, dei cavi. **Ka|bel|lei|tung** f. *(-,-en)* cavo *m.* elettrico. **Ka|bel|man|tel** m. *(-s,-mäntel)* guaina *f.* di protezione per cavi. **Ka|bel|muf|fe** f. *(-,-n)* cassetta *f.* di giunzione (*o* manicotto *m.*) per cavi.

ka|beln tr. ANT. cablografare: ***etw. nach Amerika ~*** cablografare qcs. in America.

Ka|bel|netz n. *(-es,-e)* EL. rete *f.* **Ka|bel|rol|le** f. *(-,-n)* rotolo *m.* di cavo. **Ka|bel|schuh** m. *(-[e]s,-e)* capocorda *m.* **Ka|bel|tau** n. *(-[s],-s)* gomena *f.* **Ka|bel|trom|mel** f. *(-,-n)* tamburo *m.* (*o* bobina *f.*) per cavi. **Ka|bel-TV** f. *(-,-)* tivù (*o* TV) *f.* via cavo. **Ka|bel|ver|le|gung** → **Kabellegung.**

Ka|bi|ne f. *(-,-n)* cabina *f.* **Ka|bi|nen|bahn** f. *(-,-en)* cabinovia *f.* **Ka|bi|nen|kof|fer** m. *(-s,-)* baule *m.* da viaggio.

Ka|bi|nett n. *(-s,-e)* **1a** POL. gabinetto *m.*, consiglio *m.* di gabinetto (*o* dei ministri): ***ein neues ~ bilden*** formare un nuovo gabinetto; ***das ~ einberufen, auflösen*** convocare, sciogliere il consiglio dei ministri; ***ein ~ vorstellen, stürzen, umbilden*** presentare la lista dei ministri, far cadere un governo, fare un rimpasto governativo **b** ANT. *(Beratungsraum, -kreis)* ***das ~ des Fürsten*** il gabinetto del principe **2** *(Museumsraum)* gabinetto *m.*: ***ein ~ wertvoller Münzen*** un gabinetto di monete preziose **3** AUSTR. *(kleines Zimmer)* stanzetta *f.*, stanzino *m.* **4** → **Kabinettwein. Ka|bi|netts|be|fehl** m. *(-[e]s,-e)* ordine *m.*, decreto *m.* del sovrano. **Ka|bi|netts|be|schluss** m. *(-es,-beschlüsse)* decisione *f.* del gabinetto. **Ka|bi|netts|bil|dung** f. *(-,-en)* formazione *f.* di un, del gabinetto. **Ka|bi|netts|ent|schei|dung** f. *(-,-en)* → **Kabinettsbeschluss. Ka|bi|netts|jus|tiz** f. *(-)* STOR. = ingerenza *f.* del sovrano (*o* del governo) in questioni giuridiche. **Ka|bi|netts|krieg** m. *(-[e]s,-e)* guerra *f.* per motivi dinastici. **Ka|bi|netts|kri|se** f. *(-,-n)* crisi *f.* ministeriale. **Ka|bi|netts|lis|te** f. *(-,-n)* lista *f.* (*o* elenco *m.*) dei ministri. **Ka|bi|netts|or|der** f. *(-,-n)* → **Kabinettsbefehl. Ka|bi|netts|sit|zung** f. *(-,-en)* seduta *f.* di gabinetto. **Ka|bi|netts|stück** n. *(-[e]s,-e)* **1** pezzo *m.* raro, pezzo *m.* da collezione **2** FIG. *(Meisterstück)* capolavoro *m.*: ***ein ~ der Diplomatie*** un capolavoro di diplomazia. **Ka|bi|netts|um|bil|dung** f. *(-,-en)* rimpasto *m.* di governo. **Ka|bi|netts|vor|la|ge** f. *(-,-n)* proposta *f.* presentata al consiglio dei ministri. **Ka|bi|nett|wein** m. *(-[e]s,-e)* ENOL. INTRAD. (denominazione di qualità per vini).

Ka|bis m. *(-)* REGION. cavolo *m.*

Ka|bo|ta|ge [kabo'ta:ʒə] f. *(-)* cabotaggio *m.* **ka|bo|tie|ren** intr. (aus. *haben*) cabotare.

Kab|rio n. *(-s,-s)* cabrio *f.* **Kab|ri|o|lett** n. *(-s,-s)* cabriolet *m.*

Ka|buff n. *(-s,-s)* REGION. **1** stanzino *m.*, bugigattolo *m.* **2** *(Abstellraum)* ripostiglio *m.*

Ka|bu|se, Ka|bü|se f. *(-,-n)* REGION. **1** stanzino *m.*, bugigattolo *m.* **2** *(Kombüse)* cambusa *f.*

Ka|chel f. *(-,-n)* **1** piastrella *f.* (di maiolica) **2** REGION. *(Schüssel)* terrina *f.* **ka|cheln** tr. piastrellare. **Ka|chel|ofen** m. *(-s,-öfen)* stufa *f.* di maiolica.

Ka|che|xie f. *(-,-n)* cachessia *f.*

Ka|cke f. *(-)* VOLG. merda *f.* (anche FIG.) ◆ ***die ~ ist am Dampfen*** siamo nella merda. **ka|cken** intr. (aus. *haben*) VOLG. cacare. **Ka|cker** m. *(-s,-)* VOLG. stronzo *m.*

Ka|da|ver m. *(-s,-)* **1** cadavere *m.* (anche FIG.) **2** *(von Tieren)* carogna *f.* **Ka|da|ver|ge|hor|sam** m. *(-s)* obbedienza *f.* cieca. **Ka|da|ve|rin** n. *(-s)* cadaverina *f.* **Ka|da|ver|mehl** n. *(-[e]s)* **1** ALLEV. *(Futter)* mangime *m.* di farina di resti animali **2** AGR. *(Dünger)* fertilizzante *m.* a base di farina di resti animali.

Ka|denz f. *(-,-en)* cadenza *f.* **ka|den|zie|ren** intr. (aus. *haben*) cadenzare.

Ka|der m. e SVIZZ. n. *(-s,-)* **1** MIL. quadro *m.* **2** SPORT gruppo *m.*, rosa *f.*: ***zum ~ der Olympiamannschaft gehören*** far parte del gruppo olimpionico **3** quadro *m.*, dirigente *m.*: ***die ~ einer Partei, des Staates*** i quadri di un partito, dello stato. **Ka|der|par|tei** f. *(-,-en)* POL. partito *m.* dei quadri. **Ka|der|schmie|de** f. *(-,-n)* GERG. fucina *f.* di quadri: ***die Universität als politische ~*** l'università come fucina di quadri politici.

Ka|dett m. *(-en,-en)* **1** ANT. cadetto *m.* **2** COLLOQ. *(Bursche)* tipo *m.* ◆ COLLOQ. ***ich kenne meine -en*** conosco i miei polli. **Ka|det|ten|an|stalt** f. *(-,-en)* accademia *f.* militare. **Ka|det|ten|korps** n. *(-)* ANT. corpo *m.* dei cadetti. **Ka|det|ten|schiff** n. *(-[e]s,-e)* navescuola *f.* **Ka|det|ten|schu|le** f. *(-,-n)* STOR. → **Kadettenanstalt.**

Ka|di m. *(-s,-s)* **1** cadì *m.* **2** COLLOQ. *(Gericht)* tribunale *m.*: ***zum ~ laufen*** andare in tribunale.

kad|mie|ren tr. cadmiare. **Kad|mi|um** n. *(-s)* cadmio *m.* **Kad|mi|um|gelb** n. *(-s)* giallo *m.* cadmio. **Kad|mi|um|le|gie|rung** f. *(-,-en)* lega *f.* di cadmio.

ka|du|zie|ren tr. dichiarare nullo (*o* decaduto).

Kä|fer m. *(-s,-)* **1** ENTOM. coleottero *m.* **2** COLLOQ. *(junges Mädchen)* = ragazza *f.* **3** COLLOQ. *(Auto)* maggiolino *m.*

1.Kaff n. *(-s,-s* e *-e)* COLLOQ. SPREG. paesucolo *m.*

2.Kaff n. *(-[e]s)* **1** *(Spreu)* pula *f.*, lolla *f.* **2** *(Plunder)* cianfrusaglie *f.pl.*

1.Kaf|fee, Kaf|fee m. *(-s,-s)* caffè *m.*: ***~ anbauen*** piantare (il) caffè; *(Kaffeebohnen)* ***gebrannter, gemahlener ~*** caffè tostato, macinato; *(Getränk)* ***starker, dünner, koffeinfreier ~*** caffè nero, lungo, decaffeinato; ***~ kochen (machen), aufbrühen, filtern*** fare il caffè, versare l'acqua bollente sul caffè, filtrare il caffè; ***~ trinken*** bere, prendere il caffè; ***eine Tasse ~*** una tazza di caffè; *(Mahlzeit)* ***jdn zum ~ einladen*** invitare qcn. a prendere il caffè ◆ COLLOQ. ***dir hat wohl jd was in den ~ getan?*** ti manca qualche rotella? sei ammattito? AUSTR. ***~ mit Haut*** caffè con panna; REGION. ***kalter ~*** coca-cola e limonata; COLLOQ. ***das ist kalter ~*** questa è vecchia; ***~ komplett*** caffè con zucchero e panna; ***~ mit Schuss*** caffè corretto, con lo schizzo; ***eine Tasse ~, bitte!*** un caffè, per favore!

2.Kaf|fee n. *(-s,-s)* ANT. → **Café.**

Kaf|fee|baum m. *(-[e]s,-bäume)* albero *m.* del caffè. **Kaf|fee|boh|ne** f. *(-,-n)* chicco *m.* di caffè. **kaf|fee|braun** agg. color caffè. **Kaf|fee|bren|ner** m. *(-s,-)* tostacaffè *m.* **Kaf|fee-Ern|te** f. *(-,-n)* **1** raccolto *m.* di caffè **2** *(Ernten)* raccolta *f.* del caffè. **Kaf|fee-Er|satz** m. *(-es)* surrogato *m.* di caffè. **Kaf|fee-Ex|port** m. *(-[e]s,-e)* esportazione *f.* di caffè. **Kaf|fee-Ex|trakt** m. *(-[e]s,-e)* estratto *m.* di caffè. **Kaf|fee|fahrt** f. *(-,-en)* **1** gita *f.* con sosta per il caffè **2** *(von Werbefirmen veranstaltet)* gita *f.* promozionale (con spuntino). **Kaf|fee|fil|ter** m. *(-s,-)* filtro *m.* per il caffè. **Kaf|fee|ge|bäck** n. *(-[e]s)* biscotti *m.pl.*, pasticcini *m.pl.* **Kaf|fee|ge|schirr** n. *(-[e]s,-e)* → **Kaffeeservice. Kaf|fee|hau|be** f. *(-,-n)* copricaffettiera *f.* **Kaf|fee|haus** n. *(-es,-häuser)* AUSTR. caffè *m.*, bar *m.*: ***im ~ sitzen*** stare al caffè. **Kaf|fee|kan|ne** f. *(-,-n)* bricco *m.* del caffè. **Kaf|fee|klatsch** m. *(-[e]s)* riunione *f.* per il caffè, caffè *m.*: ***jdn zum ~ einladen*** invitare qcn. per un caffè. **Kaf|fee|kränz|chen** n. *(-s,-)* ANT. **1** = cerchia *f.* di amiche che si riuniscono per il caffè **2** *(Zusammentreffen)* incontro *m.* per il caffè. **Kaf|fee|löf|fel** m. *(-s,-)* cucchiaino *m.* da caffè. **Kaf|fee|ma|schi|ne** f. *(-,-n)* caffettiera *f.* (elettrica), macchina *f.* da caffè. **Kaf|fee|müh|le** f. *(-,-n)* macinacaffè *m.*, macinino *m.* da caffè. **Kaf|fee|müt|ze** f. *(-,-n)* → **Kaffeehaube. Kaf|fee|pau|se** f. *(-,-n)* pausa *f.* per il (*o* del) caffè. **Kaf|fee|pflan|ze** f. *(-,-n)* pianta *f.* del caffè. **Kaf|fee|plan|ta|ge** f. *(-,-n)* piantagione *f.* di caffè. **Kaf|fee|sah|ne** f. *(-)* panna *f.* per il caffè. **Kaf|fee|satz** m. *(-[e]s,-sätze)* fondo *m.* di caffè: ***im, aus dem ~ lesen*** leggere i fondi del caffè. **Kaf|fee|satz|le|se|rei** f. *(-,-en)* lettura *f.* dei fondi del caffè. **Kaf|fee|ser|vice** [-zɛr'vi:s] n. *(-[s],-)* servizio *m.* da caffè. **Kaf|fee|sieb** n. *(-[e]s,-e)* colino *m.*, passino *m.* **Kaf|fee|sie|der** m. *(-s,-)* AUSTR. proprietario *m.* di (un) caffè. **Kaf|fee|strauch** m. *(-[e]s,-sträucher)* → **Kaffeepflanze. Kaf|fee|tan|te** f. *(-,-n)* SCHERZ. caffettiera *f.* **Kaf|fee|tas|se** f. *(-,-n)* tazza *f.* per il (*o* da) caffè.

1.Kaf|fee|tisch m. *(-[e]s,-e)* tavolino *m.* del, di un caffè.

2.Kaf|fee|tisch m. *(-[e]s,-e)* tavolo *m.* apparecchiato per il caffè. **Kaf|fee|trin|ker** m. *(-s,-)* bevitore *m.* di caffè. **Kaf|fee|trom|mel** f. *(-,-n)* → **Kaffeebrenner. Kaf|fee|wär|mer** m. *(-s,-)* → **Kaffeehaube. Kaf|fee|was|ser** n. *(-s)* acqua *f.* per il caffè: ***~ aufsetzen*** mettere sul fuoco (COLLOQ. mettere) l'acqua per il caffè.

1.Kaf|fer m. *(-s,-n)* cafro *m.*

2.Kaf|fer m. *(-s,-)* stupido *m.*, ignorante *m.*

Kaf|fern|büf|fel m. *(-s,-)* bufalo *m.* cafro.

Kä|fig m. *(-s,-e)* gabbia *f.* (anche FIG.): ***Tiere im ~ halten*** tenere animali in gabbia; ***aus seinem ~ ausbrechen*** fuggire dalla propria gabbia ◆ ***faradayscher ~*** gabbia di Faraday; ***im goldenen ~ sitzen*** vivere in una prigione dorata. **kä|fi|gen** tr. tenere in gabbia. **Kä|fig|hal|tung** f. *(-,-en)* il tenere in gabbia.

kaf|ka|esk agg. kafkiano.

Kaf|tan m. *(-s,-e)* caffettano *m.*

Käf|ter|chen n. *(-s,-)* **1** cameretta *f.*, stanzetta *f.* **2** *(Abstellraum)* ripostiglio *m.*

kahl agg. **1** pelato, calvo: ***ein -er Kopf*** una testa calva; ***~ scheren*** rapare a zero, *(Tiere)* tosare completamente **2** spelato, senza pelo: ***der Pelzmantel hat viele -e Stellen*** la pelliccia è senza pelo in molti punti; ***~ werden*** spelarsi **3** *(von Vögeln)* spiumato **4a** *(ohne Pflanzenwuchs)* brullo: ***~ schlagen*** disboscare (completamente) **b** spoglio, nudo: ***-e Äste*** rami spogli; ***eine Pflanze ~ fressen*** divorare le foglie, il fogliame di una pianta **5** *(schmucklos)* spoglio: ***eine -e Wand*** una parete spoglia ◆ ***-er Fleck*** radura. **Kahl|fraß** m. *(-es,-e)* distruzione *f.* del fogliame (da parte di parassiti). **Kahl|frost** m. *(-[e]s,-fröste)* gelo *m.* su superfici non innevate. **Kahl|heit** f. *(-)* **1** calvizie *f.* **2** *(Stelle ohne Fell)* spelatura *f.* **3** *(von Natur)* nudità *f.* **Kahl|hieb** m. *(-[e]s,-e)* disboscamento *m.* (totale). **Kahl|hirsch** m. *(-[e]s,-e)* cervo *m.* senza corna.

Kahl|kopf m. *(-[e]s,-köpfe)* testa *f.* pelata (anche COLLOQ.). **kahl|köp|fig** agg. pelato, calvo. **Kahl|köp|fig|keit** f. *(-)* calvizie *f.*

Kahl|schlag m. *(-[e]s,-schläge)* **1** disboscamento *m.* (totale) **2a** *(kahle Fläche)* area *f.* brulla **b** FIG. zona *f.* distrutta: ***die Kahlschläge der Bomben*** le zone completamente distrutte dalle bombe **3** SCHERZ. *(Glatze)* pelata *f.*

Kahm m. *(-[e]s)* muffa *f.*, fiore *m.*, fioretta *f.* (del vino e di altri liquidi). **kah|men** intr. (aus. *haben*) fare la muffa, fiorire. **Kahm|haut** f. *(-)* fiore *m.*, fioretta *f.*: ***auf dem Wein bildet sich eine ~*** in superficie al vino si forma del fiore. **kah|mig** agg. coperto di muffa; ***~ werden*** fiorire, formare il fiore.

Kahn m. *(-[e]s, Kähne)* **1** barca *f.*: ***~ fahren*** andare in barca **2** *(Schleppkahn)* chiatta *f.*, barcone *m.* **3** COLLOQ. SPREG. *(Schiff)* bagnarola *f.*, barchetta *f.* **4** pl. COLLOQ. *(zu große Schuhe)* barche *f.pl.* **5** GERG. *(Arrest, Gefängnis für Soldaten)* arresti *m.pl.* **6** SCHERZ. *(Bett)* cuccia *f.*: ***in den ~ gehen, steigen*** andare a cuccia (*o* a nanna). **Kahn|bein** n. *(-[e]s,-e)* (osso *m.*) scafoide *m.*, osso *m.* navicolare. **Kahn|fahrt** f. *(-,-en)* gita *f.* in barca.

Kai m. *(-s,-s)* banchina *f.*: ***am ~ festmachen*** attraccare alla banchina; COMM. ***frei ~*** franco banchina.

Kai|man m. *(-s,-e)* caimano *m.* **Kai|man|fisch** m. *(-es,-e)* lepisosteo *m.*, lepidosteo *m.*

Kai|mau|er f. *(-,-n)* molo *m.*

Kain n.pr.m. Caino *m.* **Kains|mal** n. *(-s,-e)*, **Kains|zei|chen** n. *(-s,-)* marchio *m.* di Caino: ***das ~ tragen*** portare il marchio di Caino.

Kai|phas n.pr.m. Caifa *m.*

Kai|ro n.pr.n. *(-s)* il Cairo: ***in ~ wohnen*** vivere al Cairo. **Kai|ro|er I** m. *(-s,-)* cairota *m.*, abitante *m.* del Cairo **II** agg. cairota, del Cairo.

Kai|ros m. *(-, Kairoi)* **1** momento *m.* favorevole **2** *(entscheidender Zeitpunkt)* momento *m.* decisivo, critico.

Kai|ser m. *(-s,-)* imperatore *m.*: ***der römische ~*** l'imperatore romano; ***zum ~ gekrönt werden*** essere incoronato imperatore; ***jdn zum ~ ausrufen*** proclamare qcn. imperatore; ***am Hofe ~ Karls des Großen, des -s Karl des Großen*** alla corte di Carlo Magno imperatore; ***der deutsche ~*** l'imperatore tedesco (*o* di Germania), il kaiser ◆ COLLOQ. EUFEM. ***da hingehen, wo auch der ~ zu Fuß hingeht*** = andare al gabinetto; ***sich um des -s Bart streiten*** disputare di questioni di lana caprina; PROV. ***wo nichts ist, hat der ~ sein Recht verloren*** non si può cavare sangue da una rapa; ***dem ~ geben, was des -s ist*** dare a Cesare quel che è di Cesare. **Kai|ser|ad|ler** m. *(-s,-)* aquila *f.* imperiale. **Kai|ser|bröt|chen** n. *(-s,-)* rosetta *f.* **Kai|ser|burg** f. *(-,-en)* castello *m.* imperiale. **Kai|ser|fleisch** n. *(-[e]s)* REGION. pancetta *f.* affumicata. **Kai|ser|haus** n. *(-es,-häuser)* casa *f.* (*o* famiglia *f.*) imperiale.

Kai|se|rin f. *(-,-nen)* imperatrice *f.* **Kai|se|rin|mut|ter** f. *(-,-mütter)* imperatrice *f.* madre.

Kai|ser|kro|ne f. *(-,-n)* **1** corona *f.* imperiale **2** BOT. fritillaria *f.* **Kai|ser|krö|nung** f. *(-,-en)* incoronazione *f.* a imperatore.

kai|ser|lich I agg. imperiale **II** avv. ***~ regiert, gesinnt sein*** essere governato da un imperatore, essere di tendenze monarchiche. **kai|ser|lich-kö|nig|lich** agg. imperialregio: ***die -e Monarchie*** la monarchia imperialregia.

Kai|ser|ling m. *(-s,-e)* ovolo *m.* **Kai|ser|man|tel** m. *(-s,-mäntel)* **1** manto *m.* imperiale **2** ZOOL. pafia *f.* **Kai|ser|reich** n. *(-[e]s,-e)* impero *m.* **Kai|ser|schmar|ren** m. *(-s,-)* INTRAD. (tipo di frittelle dolci). **Kai|ser|schnitt** m. *(-[e]s,-e)* taglio *m.* cesareo: ***mit ~ entbunden werden*** partorire col taglio cesareo. **Kai|ser|sem|mel** f. *(-,-n)* REGION. → **Kaiserbrötchen. Kai|ser|tum** n. *(-s, -tümer)* **1** impero *m.* (forma di governo) **2** RAR. → **Kaiserreich. Kai|ser|wahl** f. *(-,-en)* elezione *f.* dell'imperatore. **Kai|ser|wet|ter** n. *(-s)* SCHERZ. tempo *m.* da re, magnifico.

Ka|jak m. e RAR. n. *(-s,-s)* kayak *m.* **Ka|jak|ei|ner** m. *(-s,-)* kayak *m.* monoposto. **Ka|jak|zwei|er** m. *(-s,-)* kayak *m.* biposto.

Ka|je f. *(-,-n)* REGION. → **Kai.**

Ka|jüt|boot n. *(-[e]s,-e)* cabinato *m.* **Ka|jü|te** f. *(-,-n)* cabina *f.*

Ka|ka|du, Ka|ka|du m. *(-s,-s)* cacatua *m.*, cacatoa *m.*

Ka|kao [ka'kau, ka'ka:o] m. *(-s,-s)* **1** cacao *m.*: ***~ anbauen, ernten*** piantare, raccogliere cacao **2** *(Getränk)* cioccolata *f.*: ***eine Tasse ~*** una tazza di cioccolata ◆ COLLOQ. ***jdn durch den ~ ziehen*** ridicolizzare qcn. **Ka|kao|baum** m. *(-[e]s,-bäume)* cacao *m.*, pianta *f.* di cacao. **Ka|kao|boh|ne** f. *(-,-n)* cacao *m.*, grano *m.* (*o* seme *m.*) di cacao. **Ka|kao|but|ter** f. *(-)* burro *m.* di cacao. **Ka|kao|plan|ta|ge** f. *(-,-n)* piantagione *f.* di cacao. **Ka|kao|pul|ver** n. *(-s)* cacao *m.* in polvere.

ka|keln intr. (aus. *haben*) REGION. **1** *(gackern)* schiamazzare, fare coccodè **2** COLLOQ. *(schwatzen)* cicalare.

Ka|ker|lak m. *(-s e -en, -en)* blatta *f.*, scarafaggio *m.*

Ka|ki → **Khaki.**

Ka|ko|pho|nie f. *(-,-n)* cacofonia *f.* **ka|ko|pho|nisch I** agg. cacofonico **II** avv. cacofonicamente.

Kak|tee f. *(-,-n)*, **Kak|tus** m. *(-[ses],-se* e *Kakteen)* cactus *m.* **Kak|tus|fei|ge** f. *(-,-n)* fico *m.* d'India.

Ka|lab|re|se m. *(-n,-n)* → **Kalabrier. Ka|lab|re|ser** m. *(-s,-)* cappello *m.* alla calabrese. **Ka|lab|ri|en** n.pr.n. *(-s)* Calabria *f.* **Ka|lab|ri|er** m. *(-s,-)* calabrese *m.* **ka|lab|risch** agg. calabrese.

Ka|la|mi|tät f. *(-,-en)* calamità *f.*: ***sich in -en befinden*** trovarsi in una situazione di calamità.

Ka|lan|der m. *(-s,-)* calandra *f.* **ka|lan|dern, ka|land|rie|ren** tr. calandrare.

Ka|la|sche f. *(-,-n)* REGION. sacco *m.* di botte. **ka|la|schen** tr. REGION. menare.

Ka|lasch|ni|kow f. *(-,-s)* kalashnikov *m.*

Ka|lau|er m. *(-s,-)* freddura *f.* **ka|lau|ern** intr. (aus. *haben*) raccontare freddure.
Kalb n. *(-[e]s, Kälber)* **1a** vitello *m.* **b** *(Kalbfleisch)* (carne *f.* di) vitello *m.*, vitella *f.* **2** *(Junges von vielen Huftieren)* piccolo *m.*; *(vom Hirsch)* cerbiatto *m.*; *(vom Elefanten)* elefantino *m.* **3** COLLOQ. *(dummer, alberner Mensch)* sciocco *m.* ◆ COLLOQ. ***Augen machen, glotzen wie ein (ab)gestochenes ~*** fare tanto d'occhi, sgranare gli occhi; ***das Goldene ~ anbeten*** adorare il vitello d'oro; ***um das Goldene ~ tanzen*** = aver sete di denaro; ***~ Moses*** = persona sciocca, stupida.
Kälb|chen n. *(-s,-)* vitellino *m.*
Kal|be f. *(-,-n)* giovenca *f.* **kal|ben** intr. (aus. *haben*) figliare (delle vacche).
Kal|be|rei, Käl|be|rei f. *(-,-en)* COLLOQ. **1** comportamento *m.* sciocco, stupido **2** *(Alberei)* sciocchezza *f.*, stupidaggine *f.* **kal|bern** intr. (aus. *haben*) **1** COLLOQ. fare lo sciocco **2** SVIZZ. → **kalben.**
1.käl|bern intr. (aus. *haben*) **1** COLLOQ. fare lo sciocco **2** REGION. → **kalben.**
2.käl|bern agg. REGION. (di carne) di vitello. **Käl|ber|ne** n. *(-n)* REGION. → **Kalbfleisch. Käl|ber|ruhr** f. *(-)* diarrea *f.* bianca dei vitelli.
Kalb|fell n. *(-[e]s,-e)* **1** pelle *f.* di vitello **2** ANT. *(Trommel)* tamburo *m.* ◆ ***zum ~ schwören*** andare a fare il soldato. **Kalb|fleisch** n. *(-[e]s)* carne *f.* di vitello, vitella *f.* **Kalb|le|der** n. *(-s,-)* (pelle *f.* di) vitello *m.* **kalb|le|dern** agg. di vitello.
Kalbs|bra|ten m. *(-s,-)* arrosto *m.* di vitello. **Kalbs|bries** n. *(-es,-e)* animelle *f.pl.* di vitello. **Kalbs|bries|chen** n. *(-s,-)*, **Kalbs|brös|chen** n. *(-s,-)* GASTR. (frittura *f.* di) animelle *f.pl.* di vitello. **Kalbs|brust** f. *(-,-brüste)* punta *f.* di petto, petto *m.* di vitello. **Kalbs|fell** → **Kalbfell. Kalbs|ge|schlin|ge** n. *(-s,-)* corata *f.* di vitello. **Kalbs|hach|se** f. *(-,-n)* stinco *m.* di vitello. **Kalbs|keu|le** f. *(-,-n)* coscia *f.* di vitello. **Kalbs|kopf** m. *(-[e]s,-köpfe)* **1** testina *f.* di vitello **2** COLLOQ. *(dummer Mensch)* testina *f.*, testolina *f.* **Kalbs|le|ber** f. *(-,-n)* fegato *m.* di vitello. **Kalbs|le|ber|wurst** f. *(-,-würste)* salsiccia *f.* di fegato di vitello e di maiale. **Kalbs|le|der** → **Kalbleder. Kalbs|len|de** f. *(-,-n)* lombata *f.* di vitello. **Kalbs|me|dail|lon** n. *(-s,-s)* medaglione *m.* di vitello. **Kalbs|milch** f. *(-)* → **Kalbsbries. Kalbs|nie|ren|bra|ten** m. *(-s,-)* arrosto *m.* di vitello con rognoni. **Kalbs|nuss** f. *(-es,-nüsse)* noce *f.* (*o* fesa *f.*) di vitello. **Kalbs|schle|gel** m. *(-s,-)* cosciotto *m.* di vitello. **Kalbs|schnit|zel** n. *(-s,-)* cotoletta *f.* di vitello. **Kalbs|steak** n. *(-s,-s)* bistecca *f.* di vitello. **Kalbs|stel|ze** f. *(-,-n)* AUSTR. → **Kalbshachse. Kalbs|vö|gerl** n. *(-s,-[n])* AUSTR. GASTR. stinco *m.* di vitello.
Kal|da|ri|um n. *(-s, Kaldarien)* **1** calidario *m.* **2** ANT. *(warmes Gewächshaus)* serra *f.* calda.
Kal|dau|ne f. *(-,-n)* trippa *f.* ◆ COLLOQ. ***sich die -n vollschlagen*** riempirsi la pancia, rimpinzarsi.
Ka|le|bas|se f. *(-,-n)* zucca *f.* a fiasco.
Ka|le|do|ni|en n.pr.n. *(-s)* ANT. LETT. Caledonia *f.* **ka|le|do|nisch 1** agg. ANT. LETT. caledonio, caledone **2** GEOL. caledoniano.
Ka|lei|do|skop n. *(-s,-e)* caleidoscopio *m.* **ka|lei|do|sko|pisch** agg. caleidoscopico.
ka|len|da|risch agg. calendaristico. **Ka|len|da|ri|um** n. *(-s, Kalendarien)* calendario *m.* **Ka|len|den** pl. calende *f.pl.* **Ka|len|der** m. *(-s,-)* **1a** calendario *m.*: ***ein immerwährender ~*** un calendario perpetuo; ***den ~ abreißen*** staccare un foglio dal calendario **b** *(mit zusätzlichen Angaben)* almanacco *m.* **2** *(Notizbuch)* agenda *f.*; *(in kleinem Format)* agendina *f.*: ***etw. im ~ nachsehen, notieren (vormerken)*** guardare, annotare qcs. sull'agenda ◆ FIG. ***sich (D) etw., einen Tag im ~ (rot) anstreichen*** segnarsi qcs., un giorno sul calendario (festeggiare, commemorare qcs.); ***der gregorianische ~*** il calendario gregoriano; ***hundertjähriger ~*** calendario secolare; ***der julianische ~*** il calendario giuliano. **Ka|len|der|blatt** n. *(-[e]s,-blätter)* foglio *m.* di calendario. **Ka|len|der|block** m. *(-[e]s,-blöcke* e *-s)* calendario *m.* a blocco. **Ka|len|der|ge|schich|te** f. *(-,-n)* racconto *m.* pubblicato su almanacco. **Ka|len|der|jahr** n. *(-[e]s,-e)* anno *m.* solare (*o* civile). **Ka|len|der|uhr** f. *(-,-en)* orologio *m.* con datario. **Ka|len|der|wo|che** f. *(-,-n)* COMM. settimana *f.*
Ka|le|sche f. *(-,-n)* calesse *m.*
Kal|fak|ter m. *(-s,-)*, **Kal|fak|tor** m. *(-s,-en)* SPREG. **1** ANT. factotum *m.* **2** *(im Gefängnis)* detenuto *m.* che aiuta i secondini **3** REGION. *(Aushorcher)* spia *f.*
Kal|fat|ei|sen n. *(-s,-)* calcastoppa *m.* **kal|fa|tern** tr. calafatare. **Kal|fa|te|rung** f. *(-,-en)* calafataggio *m.* **Kal|fat|ham|mer** m. *(-s,-hämmer)* mazzuolo *m.* da calafato.
Ka|li n. *(-s)* sali *m.pl.* di potassio. **Ka|li|alaun** m. *(-s,-e)* allume *m.* comune.
Ka|li|ber n. *(-s,-)* calibro *m.* (anche FIG.): ***gleichen -s, vom selben ~ sein*** essere dello stesso calibro, della stessa stoffa ◆ ***ein Politiker alten -s*** un politico (di) vecchio stampo; COLLOQ. ***mit schwerem ~ kommen*** ribattere in modo pesante, con parole grosse. **Ka|li|ber|dorn** m. *(-[e]s,-e)* calibro *m.* a tampone. **Ka|li|ber|leh|re** f. *(-,-n)*, **Ka|li|ber|maß** n. *(-es,-e)* calibro *m.* (ad anello), calibratore *m.* **ka|lib|rie|ren** tr. calibrare. **Ka|lib|rie|rung** f. *(-,-en)* calibratura *f.*
Ka|li|dün|ger m. *(-s,-)* concime *m.* di potassio, fertilizzante *m.* potassico.
Ka|lif m. *(-en,-en)* califfo *m.* **Ka|li|fat** n. *(-[e]s,-e)* califfato *m.*
Ka|li|for|ni|en n.pr.n. *(-s)* California *f.* **Ka|li|for|ni|er** m. *(-s,-)* californiano *m.* **ka|li|for|nisch** agg. californiano, della California.
Ka|li|ko m. *(-s,-s)* calicò *m.*
Ka|li|lau|ge f. *(-,-n)* potassa *f.* caustica. **Ka|li|sal|pe|ter** m. *(-s)* nitrato *m.* di potassio. **Ka|li|salz** n. *(-es,-e)* sale *m.* potassico.
Ka|li|um n. *(-s)* potassio *m.* **Ka|li|um|bi|chro|mat** n. *(-[e]s)* bicromato *m.* di potassio. **Ka|li|um|bi|kar|bo|nat** n. *(-[e]s)* bicarbonato *m.* di potassio. **Ka|li|um|bro|mid** n. *(-[e]s)* bromuro *m.* di potassio. **Ka|li|um|chlo|rat** n. *(-[e]s)* clorato *m.* di potassio. **Ka|li|um|chlo|rid** n. *(-[e]s)* cloruro *m.* di potassio. **Ka|li|um|hyd|ro|gen|sul|fat** n. *(-[e]s)* bisolfato *m.* di potassio. **Ka|li|um|zy|a|nid** n. *(-[e]s)* cianuro *m.* di potassio.
Ka|li|was|ser|glas n. *(-[e]s)* silicato *m.* di potassio.
Kal|lixt n.pr.m. Callisto *m.*
Kalk m. *(-[e]s,-e)* **1** calce *f.*: ***~ brennen*** cuocere la calce; ***gebrannter, gelöschter ~*** calce viva, calce spenta (*o* calcina); ***hydraulischer, magerer ~*** calce idraulica, magra; ***kohlensaurer ~*** carbonato di calcio **2** *(Kalkstein)* calcare *m.*: ***dieses Wasser enthält viel ~*** quest'acqua contiene molto calcare **3** *(Kalzium im Blut)* calcio *m.* ◆ COLLOQ. ***bei ihm rieselt schon der ~*** = sta invecchiando. **Kalk|ab|la|ge|rung** f. *(-,-en)* deposito *m.* calcareo. **Kalk|al|pen** pl. Alpi *f.pl.* calcaree. **kalk|ar|tig** agg. calcareo. **Kalk|bo|den** m. *(-s,-böden)* terreno *m.* calcareo. **Kalk|bren|ne|rei** f. *(-,-en)* fornace *f.* da calcina. **Kalk|dün|ger** m. *(-s,-)* concime *m.* a base di calcio.
kal|ken, REGION. **käl|ken** tr. **1** imbiancare a calce **2** concimare con concime a base di calcio.
Kalk|fel|sen pl. rocce *f.pl.* calcaree. **Kalk|ge|bir|ge** n. *(-s,-)* montagna *f.* calcarea. **Kalk|gru|be** f. *(-,-n)* calcinaio *m.* **kalk|hal|tig** agg. calcareo: ***-es Wasser*** acqua calcarea.
kal|kig agg. **1** bianco come la calce **2** *(kalkhaltig)* calcareo **3** *(weiß von Kalk)* bianco di calce; calcinoso: ***deine Jacke ist ganz ~!*** la tua giacca è sporca di calce!
Kalk|lö|schen n. *(-s)* spegnimento *m.* della calce viva. **Kalk|man|gel** m. *(-s)* **1** mancanza *f.* (*o* carenza *f.*) di calcio **2** *(von Erde)* carenza *f.* di calcare. **Kalk|milch** f. *(-)* latte *m.* di calce. **Kalk|mör|tel** m. *(-s)* malta *f.* di calce. **Kalk|ofen** m. *(-s,-öfen)* fornace *m.* da calce, calcara *f.* **Kalk|prä|pa|rat** n. *(-[e]s,-e)* MED. farmaco *m.* a base di calcio. **Kalk|sand|stein** m. *(-[e]s)* arenaria *f.* calcarea. **Kalk|sin|ter** m. *(-s)* calcare *m.* stalattitico. **Kalk|spat** m. *(-[e]s)* calcite *f.* **Kalk|stein** m. *(-[e]s)* calcare *m.*, pietra *f.* calcarea. **Kalk|stick|stoff** m. *(-s)* azoturo *m.* di calcio. **Kalk|tuff** m. *(-s)* tufo *m.* calcareo, travertino *m.*
1.Kal|kül n. e m. *(-s,-e)* calcolo *m.*: ***strategisches ~*** calcolo strategico; ***etw. ins ~ (mit) einbeziehen*** includere qcs. nei calcoli.
2.Kal|kül m. *(-s,-e)* MAT. calcolo *m.*
Kal|ku|la|ti|on f. *(-,-en)* **1a** calcolo *m.*: ***die ~ stimmt, geht nicht auf*** il conto è giusto, non torna **b** *(Vorausberechnung)* preventivo *m.* dei costi **2** *(Überlegung)* valutazione *f.*: ***etw. in seine ~ mit einbeziehen*** nella propria valutazione tener conto di qcs. **Kal|ku|la|tor** m. *(-s, -en)* **1** ANT. *(Rechnungsbeamter)* revisore *m.* dei conti **2** FIG. calcolatore *m.*: ***ein scharfer ~ sein*** essere un freddo calcolatore. **kal|ku|la|to|risch I** agg. calcolatore: ***ein -es Denken*** una mentalità calcolatrice **II** avv. per mezzo di calcoli. **kal|ku|lier|bar** agg. calcolabile, valutabile. **kal|ku|lie|ren** tr. **1** COMM. calcolare (anche assol.): ***Kosten, Preise ~*** calcolare costi, prezzi; ***knapp, scharf ~*** calcolare al minimo (possibile) **2** *(abschätzen)* valutare, considerare, calcolare: ***ein Risiko, eine Situation ~*** calcolare un rischio, valutare una situazione **3** COLLOQ. *(vermuten)* supporre.
Kal|kut|ta n.pr.n. *(-s)* Calcutta *f.* **kal|kut|tisch** agg. di Calcutta.
Kalk|was|ser n. *(-s)* MED. acqua *f.* di calce. **kalk|weiß** agg. **1** FIG. bianco come la neve **2** *(bleich)* pallido ◆ ***~ werden*** impallidire, diventare bianco come un lenzuolo.
Kal|li|graph m. *(-en,-en)* calligrafo *m.* **Kal|li|gra|phie** f. *(-,-n)* calligrafia *f.* **kal|li|gra|phisch I** agg. calligrafico **II** avv. in bella calligrafia.
kal|lös agg. MED. BOT. calloso. **Kal|lus** m. *(-,-se)* callo *m.* (anche MED. BOT.).
Kal|mar m. *(-s,-e)* calamaro *m.*

Kal|mäu|ser, Kal|mäu|ser m. *(-s,-)* ANT. **1** FIG. orso *m.* **2** *(Stubengelehrter)* pedante *m.*
Kal|me f. *(-,-n)* METEOR. bonaccia *f.*, calma *f.* **Kal|men|gür|tel** m. *(-s,-)*, **Kal|men|zo|ne** f. *(-,-n)* METEOR. zona *f.* delle calme.
Kal|mück m. *(-en,-en)*, **Kal|mü|cke** m. *(-n,-n)* ETNOL. calmucco *m.*
Kal|mus m. *(-,-se)* calamo *m.* aromatico.
Ka|lo|rie f. *(-,-n)* **1** MED. caloria *f.* **2** FIS. ANT. caloria *f.* **ka|lo|ri|en|arm** agg. a basso contenuto calorico, ipocalorico. **Ka|lo|ri|en|be|darf** m. *(-[e]s)* fabbisogno *m.* calorico. **ka|lo|ri|en|be|wusst I** agg. attento al contenuto calorico **II** avv. ***sich ~ ernähren*** nutrirsi badando al contenuto calorico. **Ka|lo|ri|en|ge|halt** m. *(-[e]s,-e)* contenuto *m.* calorico. **ka|lo|ri|en|reich** agg. ad alto contenuto calorico, ipercalorico. **Ka|lo|ri|en|ver|brauch** m. *(-[e]s)* consumo *m.* di calorie.
Ka|lo|rik f. *(-)* FIS. termologia *f.*
Ka|lo|ri|me|ter n. *(-s,-)* FIS. calorimetro *m.* **Ka|lo|ri|met|rie** f. *(-)* FIS. calorimetria *f.* **ka|lo|ri|met|risch** agg. calorimetrico.
ka|lo|risch agg. **1** calorico **2** FIS. termico.
ka|lo|ri|sie|ren tr. calorizzare.
Ka|lot|te f. *(-,-n)* **1** MAT. ARCH. MED. calotta *f.* **2** *(Käppchen katholischer Geistlicher)* calotta *f.*, zucchetto *m.* **3** *(Kopfbedeckung)* calotta *f.*, papalina *f.*
Kal|pak, Kal|pak m. *(-s,-s)* colbacco *m.*
kalt I agg. (compar. *kälter*, superl. *kältest...*) **1a** freddo: ***ein -er Wind*** un vento freddo; ***in der -en Jahreszeit*** durante la stagione fredda; ***-e Füße haben*** avere i piedi freddi, avere freddo ai piedi; ***-e Getränke*** bevande fredde; ***es ist ~*** fa freddo; ***es ist eisig ~*** fa un freddo glaciale, polare; ***mir ist ~*** ho freddo **b** *(ungeheizt)* freddo, non riscaldato: ***ein -er Raum*** un locale non riscaldato; ***die -e Miete*** l'affitto esclusi i costi di riscaldamento **2a** FIG. *(nüchtern)* freddo: ***mit -er Berechnung*** con freddo calcolo; ***ein -er Verstand*** un freddo raziocinio **b** *(unfreundlich)* ***ein -er Blick, Empfang*** uno sguardo freddo, un'accoglienza fredda; ***ein -es Licht*** una luce fredda; ***-e Farben*** colori freddi **c** *(gefühllos)* insensibile, freddo **II** avv. **1** ***~ essen*** mangiare cibi freddi; ***~ duschen*** fare la doccia fredda; ***sich ~ waschen*** lavarsi con acqua fredda **2** *(in der Kälte)* al freddo: ***~ schlafen, sitzen*** dormire, star seduti al freddo; ***~ aufbewahren*** tenere, conservare al freddo; ***den Wein, Sekt ~ stellen*** mettere il vino, lo spumante in fresco **3a** FIG. *(abweisend)* freddamente, in modo scostante: ***jdn ~ begrüßen*** salutare freddamente qcn.; ***~ lächelnd*** con freddezza, con indifferenza; ***jdn ~ lächelnd fertig machen*** freddare qcn. **b** *(gefühllos)* insensibilmente, freddamente, a freddo **c** *(unberührt)* ***~ bleiben*** rimanere indifferente, *(sich nicht erregen)* rimanere calmo, conservare la calma; ***~ lassen*** COLLOQ. lasciare indifferente: ***ihre Klagen lassen mich ~*** le sue lamentele non mi fanno nè caldo nè freddo ◆ ***-en Blutes*** a sangue freddo; ***ich bekomme -e Füße*** i piedi mi stanno diventando freddi; FIG. mi trovo nei guai, nei pasticci; COLLOQ. ***~ wie eine Hundeschnauze sein*** essere insensibile; ***im Kalten*** al freddo; FIG. ***der Kalte Krieg*** la guerra fredda; ***das lässt mich ~*** mi lascia indifferente; ***es läuft mir ~ über den Rücken*** mi fa rabbrividire; ***ein -er Schreck*** un brivido di spavento; ***jdm die -e Schulter zeigen*** ignorare qcn.; FIG. ***-er Schweiß*** sudori freddi; ***es überlief sie ~*** le vennero i brividi; ***weder ~ noch warm sein*** essere indifferente; ***~ werden*** raffreddarsi; ***morgen wird es ~*** domani farà freddo; ***~ werden lassen*** lasciar raffreddare. **Kalt|be|ar|bei|tung** f. *(-,-en)* lavorazione *f.* a freddo. **kalt‿bie|gen** tr. *(bog, gebogen)* curvare a freddo.
Kalt|blut n. *(-[e]s)* cavallo *m.* da tiro. **Kalt|blü|ter** m. *(-s,-)* animale *m.* a sangue freddo. **kalt|blü|tig I** agg. **1** ZOOL. a sangue freddo: ***die Schlangen sind ~*** i serpenti sono animali a sangue freddo **2a** *(beherrscht)* dotato di sangue freddo **b** FIG. ***ein -er Killer*** un assassino a sangue freddo **II** avv. **1** con sangue freddo: ***etw. ~ angehen*** affrontare qcs. con sangue freddo **2** *(skrupellos)* a (sangue) freddo: ***jdn ~ ermorden*** uccidere qcn. a sangue freddo. **Kalt|blü|tig|keit** f. *(-)* sangue *m.* freddo.
Käl|te f. *(-)* **1** freddo *m.*: ***eine beißende, eisige, sibirische ~*** un freddo pungente, glaciale, polare; ***sich gegen die ~ schützen*** proteggersi dal (*o* contro) il freddo; ***vor ~ zittern*** tremare dal freddo; ***10 Grad ~*** 10 gradi sotto zero **2** *(Unfreundlichkeit)* freddezza *f.*, scortesia *f.* **Käl|te|an|la|ge** f. *(-,-n)* impianto *m.* di refrigerazione. **Käl|te|be|hand|lung** f. *(-,-en)* MED. crioterapia *f.*, frigoterapia *f.* **käl|te|be|stän|dig** agg. resistente al freddo. **Käl|te|be|stän|dig|keit** f. *(-)* resistenza *f.* al freddo. **Käl|te|ein|bruch** m. *(-[e]s,-einbrüche)* improvvisa ondata *f.* di freddo. **käl|te|emp|find|lich** agg. sensibile al freddo. **Käl|te|emp|find|lich|keit** f. *(-)* sensibilità *f.* al freddo. **Käl|te|grad** m. *(-[e]s,-e)* grado *m.* sotto zero: COLLOQ. ***gestern hatten wir einige -e*** ieri la temperatura è scesa sotto zero. **Käl|te|man|tel** m. *(-s,-mäntel)* copribottiglia *m.* termico. **Käl|te|ma|schi|ne** f. *(-,-n)* TECN. macchina *f.* frigorifera. **Käl|te|mi|schung** f. *(-,-en)* miscela *f.* frigorifera. **käl|ten** intr. (aus. *haben*) ANT. raffreddare. **Käl|te|pe|ri|o|de** f. *(-,-n)* periodo *m.* di freddo. **Käl|te|prü|fung** f. *(-,-en)* TECN. prova *f.* a freddo.
Kal|ter m. *(-s,-)* REGION. cesta *f.* per i pesci.
käl|ter → **kalt.**
Käl|te|schau|der m. *(-s,-)* brivido *m.* di freddo. **Käl|te|schutz** m. *(-es)* protezione *f.* dal freddo. **Käl|te|schutz|mit|tel** n. *(-s,-)* anticongelante *m.*
käl|test... → **kalt.**
Käl|te|step|pe f. *(-)* tundra *f.* **Käl|te|sturz** m. *(-es,-stürze)* improvviso abbassamento *m.* di, della temperatura. **Käl|te|tech|nik** f. *(-,-en)* tecnica *f.* del freddo. **Käl|te|trä|ger** m. *(-s,-)* refrigerante *m.* **Käl|te|tod** m. *(-es)* assideramento *m.*, morte *f.* per assideramento. **Käl|te|wel|le** f. *(-,-n)* ondata *f.* di freddo.
Kalt|for|mung f. *(-,-en)* foggiatura *f.*, formatura *f.* a freddo. **Kalt|front** f. *(-,-en)* METEOR. fronte *m.* freddo: ***eine ~ dringt vor, zieht heran*** avanza, si avvicina un fronte freddo. **kalt|ge|schla|gen** agg. spremuto a freddo: ***-es Olivenöl*** olio d'oliva spremuto a freddo. **Kalt|haus** n. *(-es,-häuser)* serra *f.* **kalt|her|zig** agg. dal cuore arido, insensibile, freddo. **Kalt|her|zig|keit** f. *(-)* insensibilità *f.*, freddezza *f.* **Kalt|leim** m. *(-[e]s,-e)* colla *f.* a freddo. **Kalt|luft** f. *(-)* METEOR. aria *f.* fredda. **Kalt|luft|ein|bruch** m. *(-[e]s,-einbrüche)* METEOR. corrente *f.* fredda. **kalt‿ma|chen** tr. COLLOQ. fare fuori. **Kalt|mam|sell** f. *(-,-en* e *-s)* = cameriera *f.* addetta alla preparazione di piatti freddi. **Kalt|mei|ßel** m. *(-s,-)* scalpello *m.* a freddo. **Kalt|mie|te** f. *(-,-n)* affitto m. escluse le spese di riscaldamento. **Kalt|na|del** f. *(-,-n)* punteruolo *m.* (per incisione a puntasecca). **Kalt|na|del|ra|die|rung** f. *(-,-en)* ART. puntasecca *f.* **Kalt|pres|se** f. *(-,-n)* pressa *f.* a freddo. **Kalt|scha|le** f. *(-,-n)* GASTR. frutta *f.* cotta (servita fredda). **kalt|schnäu|zig** agg. COLLOQ. freddo, scostante; *(gleichgültig)* indifferente. **Kalt|schnäu|zig|keit** f. *(-)* COLLOQ. freddezza *f.*, indifferenza *f.* **kalt‿schwei|ßen** tr. saldare a freddo. **Kalt|start** m. *(-[e]s,-s* e *-e)* avviamento *m.* a freddo. **kalt‿stel|len** tr. COLLOQ. ***jdn ~*** mettere fuori gioco qcn., rendere inoffensivo qcn. **Kalt|stel|lung** f. *(-)* COLLOQ. messa *f.* fuori gioco. **Kalt|ver|pfle|gung** f. *(-)* cibi *m.pl.*, piatti *m.pl.* freddi. **kalt‿wal|zen** tr. laminare a freddo. **Kalt|walz|werk** n. *(-[e]s,-e)* laminatoio *m.* a freddo. **Kalt|was|ser|be|hand|lung, Kalt|was|ser|kur** f. *(-,-en)* cura *f.* idroterapica, idroterapia *f.* **Kalt|wel|le** f. *(-,-n)* permanente *f.* a freddo.
Ka|lup|pe f. *(-,-n)* REGION. catapecchia *f.*
Kal|va|ri|en|berg m. *(-[e]s)* calvario *m.*
Kal|vin n.pr.m. Calvino *m.* **kal|vi|nisch** agg. calvinista. **Kal|vi|nis|mus** m. *(-)* calvinismo *m.* **Kal|vi|nist** m. *(-en,-en)* calvinista *m.* **kal|vi|nis|tisch** agg. calvinistico.
Kal|zi|na|ti|on f. *(-)* CHIM. calcinazione *f.* **kal|zi|nie|ren** tr. CHIM. calcinare. **Kal|zi|nie|rung** f. *(-)* → **Kalzination.**
Kal|zit m. *(-s,-e)* calcite *f.*
Kal|zi|um n. *(-s)* CHIM. calcio *m.* **Kal|zi|um|chlo|rid** n. *(-[e]s)* cloruro *m.* di calcio. **Kal|zi|um|hyd|ro|xid** n. *(-[e]s)* idrossido *m.* di calcio. **Kal|zi|um|kar|bid** n. *(-[e]s)* carburo *m.* di calcio. **Kal|zi|um|kar|bo|nat** n. *(-[e]s)* carbonato *m.* di calcio. **Kal|zi|um|spie|gel** m. *(-s)* calcemia *f.*
kam → **kommen.**
Kam|bi|um n. *(-s, Kambien)* BOT. cambio *m.*
Kam|bod|scha n.pr.n. *(-s)* Cambogia *f.* **Kam|bod|scha|ner** m. *(-s,-)* cambogiano *m.*, abitante *m.* della Cambogia. **kam|bod|scha|nisch** agg. cambogiano.
Kamb|rik m. *(-s)* cambrì *m.*
kamb|risch agg. cambriano. **Kamb|ri|um** n. *(-s)* cambriano *m.*
Ka|mee [ka'me:(ə)] f. *(-,-n)* cammeo *m.*
Ka|mel n. *(-[e]s,-e)* **1** cammello *m.*: ***auf einem ~ reiten*** cavalcare un cammello **2** COLLOQ. FIG. *(Trottel)* scemo *m.*, cretino *m.* ◆ ***eher geht ein ~ durch ein Nadelöhr, als dass...*** è più facile che un cammello passi per la cruna di un ago che... **Ka|mel|dorn** m. *(-[e]s,-e)* gaggia *f.* **Ka|mel|füh|rer** m. *(-s,-)* cammelliere *m.*
Kä|mel|garn n. *(-[e]s,-e)* mohair *m.*
Ka|mel|haar n. *(-[e]s)* (pelo *m.* di) cammello *m.* **Ka|mel|haar|de|cke** f. *(-,-n)* coperta *f.* di cammello.
Ka|me|lie f. *(-,-n)* camelia *f.*
Ka|mel|le f. *(-,-n)* REGION. → **Karamellbonbon** ◆ REGION. ***alte -n (aufwärmen)*** (rivangare) cose vecchie, le solite cose.
Ka|mel|lie → **Kamelie.**
Ka|mel|lott m. *(-s,-e)* cammellotto *m.*
Ka|mel|trei|ber m. *(-s,-)* **1** cammelliere *m.* **2** COLLOQ. SPREG. *(Araber)* = arabo *m.* **Ka|mel|zie|ge** f. *(-,-n)* capra *f.* d'angora.
Ka|me|ra f. *(-,-s)* **1** telecamera *f.* **2** CINEM. cinepresa *f.*, macchina *f.* da

presa **3** *(Fotoapparat)* macchina *f.* fotografica ◆ ***vor der ~ stehen*** stare davanti alla macchina da presa (*o* alle telecamere). **Ka|me|ra|as|sis|tent** m. *(-en,-en)* aiuto *m.* operatore. **Ka|me|ra|au|ge** n. *(-s,-n)* ZOOL. occhio *m.* a vescicola.

Ka|me|rad m. *(-en,-en)* **1** *(Kriegskamerad)* camerata *m.*, commilitone *m.* **2** *(Genosse, Gefährte)* compagno *m.*: ***jdm ein guter ~ sein*** essere un buon compagno per qcn.; ***seine Frau war ihm ein guter ~*** sua moglie era per lui una buona compagna ◆ MIL. ANT. ***~ Schnürschuh*** = (soldato) austriaco. **Ka|me|ra|den|dieb|stahl** m. *(-[e]s,-diebstähle)* furto *m.* a (*o* ai danni di) un commilitone. **Ka|me|ra|de|rie** f. *(-)* cameratismo *m.*: ***aus falscher ~ lügen*** mentire per falso cameratismo. **Ka|me|ra|din** f. *(-,-nen)* camerata *f.*, compagna *f.* **Ka|me|rad|schaft** f. *(-,-en)* **1** cameratismo *m.* **2** *(Gruppe von Kameraden)* gruppo *m.* (di amici), compagnia *f.* **ka|me|rad|schaft|lich** agg. cameratesco. **Ka|me|rad|schaft|lich|keit** f. *(-)* comportamento *m.* cameratesco. **Ka|me|rad|schafts|abend** m. *(-s,-e)* serata *f.* fra amici; *(von Kriegskameraden)* serata *f.* fra commilitoni. **Ka|me|rad|schafts|ehe** f. *(-,-n)* **1** matrimonio *m.* fondato sull'amicizia **2** ANT. *(Lebensgemeinschaft)* convivenza *f.* **Ka|me|rad|schafts|geist** m. *(-[e]s)*, **Ka|me|rad|schafts|sinn** m. *(-[e]s)* spirito *m.* cameratesco.

Ka|me|ra|fahrt f. *(-,-en)* CINEM. carrellata *f.* **Ka|me|ra|füh|rung** f. *(-)* CINEM. TELEV. manovra *f.* della macchina da presa. **Ka|me|ra|kran** m. *(-[e]s,-kräne)* CINEM. TELEV. carrello *m.* a gru, dolly *m.*

Ka|me|ra|lia pl. ANT. cameralismo *m.*, scienze *f.pl.* camerali. **Ka|me|ra|list** m. *(-en,-en)* ANT. cameralista *m.* **Ka|me|ra|lis|tik** f. *(-)* ANT. cameralismo *m.* **ka|me|ra|lis|tisch** agg. ANT. cameralistico.

Ka|me|ra|mann m. *(-[e]s,-männer* e *-leute)* cameraman *m.*, operatore *m.* **Ka|me|ra|ob|jek|tiv** n. *(-s,-e)* **1** obiettivo *m.* della macchina da presa **2** *(vom Fotoapparat)* obiettivo *m.* della macchina fotografica. **Ka|me|ra|re|cor|der** m. *(-s,-)* videocamera *f.* **ka|me|ra|scheu** agg. intimidito dall'obiettivo. **Ka|me|ra|team** [-ti:m] n. *(-s,-s)* gruppo *m.* degli operatori, dei cameramen. **Ka|me|ra|über|wa|chung** f. *(-,-en)* controllo *m.* mediante telecamere. **Ka|me|ra|ver|schluss** m. *(-es,-verschlüsse)* FOT. otturatore *m.* **Ka|me|ra|wa|gen** m. *(-s,-)* carrello *m.* (della macchina da presa).

Ka|me|run, Ka|me|run n.pr.n. *(-s)* Camerun *m.* **Ka|me|ru|ner, Ka|me|ru|ner** m. *(-s,-)* camerunese *m.* **ka|me|ru|nisch, ka|me|ru|nisch** agg. camerunese, del Camerun.

Ka|mi|ka|ze m. *(-,-)* kamikaze *m.* **Ka|mi|ka|ze|un|ter|neh|men** n. *(-s,-)* impresa *f.* suicida.

Ka|mil|le f. *(-,-n)* camomilla *f.* **Ka|mil|len|bad** n. *(-[e]s,-bäder)* bagno *m.* alla camomilla. **Ka|mil|len|blü|te** f. *(-,-n)* fiore *m.* di camomilla. **Ka|mil|len|öl** n. *(-[e]s,-e)* olio *m.* di camomilla. **Ka|mil|len|tee** m. *(-s,-s)* camomilla *f.*

Ka|mi|li|a|ner m. *(-s,-)* camilli(a)no *m.*

Ka|min m. e SVIZZ. n. *(-s,-e)* **1** camino *m.* (anche ALP.): ***am, vor dem ~ sitzen*** sedere davanti al camino; ALP. ***einen ~ durchklettern*** scalare un camino **2** REGION. *(Schornstein)* comignolo *m.* ◆ COLLOQ. ***etw. in den ~ schreiben*** = considerare perso qcs. **Ka|min|be|sen** m. *(-s,-)* scopetta *f.* del camino. **Ka|min|fe|ger** m. *(-s,-)* REGION. spazzacamino *m.* **ka|mi|nie|ren** intr. (aus. *haben*) ALP. scalare un camino. **Ka|min|keh|rer** → **Kaminfeger.** **Ka|min|kleid** n. *(-[e]s,-er)* comoda veste *f.* da casa. **Ka|min|sims** m. e n. *(-es,-e)* mensola *f.* del camino.

Ka|mi|sol n. *(-s,-e)* ANT. **1** *(Jacke)* giubba *f.* **2** *(Unterjacke)* camicia *f.* **3** *(Mieder)* corpetto *m.*

Kamm m. *(-[e]s, Kämme)* **1a** pettine *m.*: ***ein enger, feiner ~*** un pettine fitto; ***sich mit dem ~ durch die Haare fahren*** passarsi il pettine sui capelli **b** pettinino *m.*: ***sich einen ~ ins Haar stecken*** mettersi un pettinino nei capelli **2** cresta *f.*: ***der ~ des Hahnes, einer Welle*** la cresta del gallo, di un'onda **3** ALP. crinale *m.* **4a** *(Nacken von Schlachtvieh)* coppa *f.* **b** *(vom Pferd)* parte *f.* dorsale del collo, collottola *f.* **5** *(Traubenkamm)* raspo *m.* **6** *(Holzverbindung)* incastro *m.* a pettine, giunzione *f.* a denti **7** TESS. pettine *m.*, cardo *m.* ◆ SCHERZ. ***bei ihm liegt der ~ neben, bei der Butter*** = a casa sua c'è un disordine incredibile, è tutto sottosopra; ***alle(s) über einen ~ scheren*** fare di tutta l'erba un fascio; FIG. ***ihm schwillt der ~*** alza la cresta; *(er gerät in Zorn)* si infuria.

Kämm|chen n. *(-s,-)* pettinino *m.* **Käm|mel|garn** → **Kämelgarn.** **käm|meln** tr. TESS. pettinare.

käm|men I tr. pettinare (anche TESS.): ***das Kind, die Wolle ~*** pettinare il bambino, la lana; ***das Haar nach hinten ~*** pettinare i capelli all'indietro **II** rifl. **sich ~ 1** pettinarsi **2** ***sich (D) ~*** pettinarsi: ***sich das Haar in die Stirn ~*** pettinarsi i capelli sulla fronte ◆ ***sich einen Pony ~*** farsi la frangia. **Käm|men** n. *(-s)* pettinatura *f.* (anche TESS.).

Kam|mer f. *(-,-n)* **1a** *(kleines Zimmer)* cameretta *f.* **b** *(Abstellraum)* ripostiglio *m.*, stanzino *m.* **2a** *(Hohlraum)* cavità *f.* **b** ANAT. cavità *f.*, ventricolo *m.* **3** MAR. quadrato *m.* **4** MIL. magazzino *m.* **5** TECN. MIN. camera *f.* **6** *(bei Feuerwaffen)* camera *f.* (di caricamento) **7** POL. Camera *f.* **8** *(Körperschaft)* associazione *f.*, consorzio *m.*

Käm|mer|chen n. *(-s,-)* **1a** *(kleines Zimmer)* cameretta *f.*, stanzetta *f.* **b** *(kleiner Abstellraum)* piccolo ripostiglio *m.*, stanzino *m.* **2** *(kleiner Hohlraum)* piccola cavità *f.*

Kam|mer|chor m. *(-[e]s,-chöre)* coro *m.* da camera. **Kam|mer|die|ner** m. *(-s,-)* cameriere *m.* personale.

Käm|me|rei f. *(-,-en)* ANT. amministrazione *f.* delle finanze. **Käm|me|rer** m. *(-s,-)* camerlengo *m.*, tesoriere *m.*

Kam|mer|flim|mern n. *(-s)* fibrillazione *f.* ventricolare.

Kam|mer|frau f. *(-,-en)* cameriera *f.* personale. **Kam|mer|ge|richt** n. *(-[e]s,-e)* STOR. corte *f.* suprema. **Kam|mer|herr** m. *(-n,-en)* STOR. ciambellano *m.*, camerlengo *m.* **Kam|mer|jä|ger** m. *(-s,-)* **1** disinfestatore *m.* **2** STOR. *(Jäger)* primo cacciatore *m.* di corte. **Kam|mer|jung|fer** f. *(-,-n)* ANT. cameriera *f.* personale. **Kam|mer|kon|zert** n. *(-[e]s,-e)* concerto *m.* (di musica) da camera.

Käm|mer|lein n. *(-s,-)* cameretta *f.* ◆ ***im stillen ~*** solo soletto.

Kam|mer|ling m. *(-s,-e)* foraminifero *m.*

Kam|mer|mäd|chen n. *(-s,-)* cameriera *f.*

Kam|mer|mu|sik f. *(-)* musica *f.* da camera. **kam|mer|mu|si|ka|lisch** agg. di, della musica da camera, cameristico. **Kam|mer|mu|si|ker** m. *(-s,-)* **1** INTRAD. (titolo onorifico per musicisti) **2** musicista *m.* di musica da camera.

Kam|mer|or|ches|ter n. *(-s,-)* orchestra *f.* da camera. **Kam|mer|prä|si|dent** *(-en,-en)* presidente *m.* della Camera. **Kam|mer|sän|ger** m. *(-s,-)* INTRAD. (titolo onorifico per cantanti). **Kam|mer|schau|spie|ler** m. *(-s,-)* INTRAD. (titolo onorifico per attori). **Kam|mer|schleu|se** f. *(-,-n)* chiusa *f.* a conche. **Kam|mer|spiel** n. *(-[e]s,-e)* **1** dramma *m.* (per teatro) da camera **2** pl. piccolo teatro *m.*, teatro *m.* da camera. **Kam|mer|stück** n. *(-[e]s,-e)* pezzo *m.* di musica da camera, pezzo *m.* cameristico. **Kam|mer|ton** m. *(-[e]s)* la *m.* normale, la *m.* diapason. **Kam|mer|tuch** n. *(-[e]s)* cambrì *m.* **Kam|mer|vir|tu|o|se** m. *(-n,-n)* INTRAD. (titolo onorifico per musicisti). **Kam|mer|zo|fe** f. *(-,-n)* → **Kammerjungfer.**

Kamm|fett n. *(-[e]s)* grasso *m.* della collottola. **kamm|för|mig** agg. a forma di pettine.

Kamm|garn n. *(-[e]s,-e)* filato *m.* pettinato. **Kamm|garn|spin|ne|rei** f. *(-,-en)* **1** filatura *f.* a pettine **2** *(Betrieb)* filatura *f.* **Kamm|garn|wol|le** f. *(-)* filato *m.* di lana pettinata.

Kamm|gras n. *(-es,-gräser)* BOT. coda *f.* di cane.

Kamm|la|ge f. *(-,-n)* ALP. cresta *f.*: ***in ~*** in cresta.

Kämm|ling m. *(-s,-e)* TESS. pettinaccia *f.*, cascame *m.* di pettinatura. **Kamm|ma|cher** m. *(-s,-)* ANT. pettinaio *m.* **Kämm|ma|schi|ne** f. *(-,-n)* TESS. pettinatrice *f.* **Kamm|min|ze** f. *(-)* issopo *m.* **Kamm|molch** m. *(-[e]s,-e)* tritone *m.* crestato. **Kamm|mu|schel** f. *(-,-n)* ZOOL. pettine *m.*, ventaglio *m.* **Kamm|rad** n. *(-[e]s,-räder)* ruota *f.* dentata (in legno). **Kamm|sä|ge** f. *(-,-n)* sega *f.* per incastri a pettine. **Kamm|stuhl** m. *(-[e]s,-stühle)* TESS. pettinatrice *f.* **Kamm|weg** m. *(-[e]s,-e)* ALP. percorso *m.* in cresta. **Kamm|wol|le** f. *(-,-n)* lana *f.* pettinata. **Kamm|zahn** m. *(-[e]s,-zähne)* dente *m.* di pettine.

Ka|mor|ra f. *(-)* camorra *f.* **Ka|mor|rist** m. *(-en,-en)* camorrista *m.*

Kamp m. *(-[e]s, Kämpe)* **1** terreno *m.* recintato **2** *(kleine Baumschule)* piccolo vivaio *m.*

Kam|pag|ne [kam'panjə] f. *(-,-n)* **1** campagna *f.*: ***eine ~ gegen den Alkoholismus führen, starten*** condurre, avviare una campagna contro l'alcolismo **2** AGR. *(Hauptbetriebszeit)* campagna *f.* **3** ARCHEOL. campagna *f.* (archeologica) **4** REGION. *(Fastnachtszeit)* carnevale *m.* **5** ANT. *(Feldzug)* campagna *f.* (militare).

Kam|pa|ner agg.inv. campano. **Kam|pa|ni|en** n.pr.n. *(-s)* Campania *f.*

Kam|pa|ni|le m. *(-,-)* campanile *m.*

Käm|pe m. *(-n,-n)* ANT. o SCHERZ. campione *m.*, eroe *m.*

kam|peln rifl. **sich ~** REGION. azzuffarsi, accapigliarsi.

Kam|pe|sche|holz n. *(-es)* BOT. legno *m.* di campeggio.

Kampf m. *(-[e]s, Kämpfe)* **1a** *(Gefecht)* combattimento *m.*: ***jdn im ~ besiegen*** battere qcn. in combattimento; ***ein ~ bis aufs Messer*** un combattimento all'ultimo sangue **b** FIG. battaglia *f.*: ***ideologischer ~*** battaglia ideologica; ***es kommt zum ~*** si viene a battaglia (*o* si scende in campo) **2** *(Auseinandersetzung zwischen zwei oder mehreren Gegnern)* lotta *f.* (anche FIG.): ***ein ungleicher ~*** una lotta impari; ***der ~ zwischen den Geschlechtern*** la lotta fra i sessi; ***~ ums Dasein, gegen den Hunger, für eine bessere Zukunft*** lotta per l'esistenza, contro la fame, per un futuro migliore; ***der ~ auf***

Leben und Tod la lotta per la vita e per la morte; ***einen ~ mit sich (selbst) austragen*** essere in lotta con se stessi **3** *(Streit)* disputa *f.*, controversia *f.*: ***ein erbitterter ~ zwischen zwei Lehrmeinungen*** una disputa accanita tra due dottrine **4** *(Wettkampf)* gara *f.*: ***einen ~ bestreiten*** disputare una gara ◆ ***jdm, etw. den ~ ansagen*** dichiarare guerra a qcn., qcs.; ***den ~ aufnehmen*** accettare la sfida; ***im ~ bleiben*** morire in combattimento; ***jdn zum ~ herausfordern*** sfidare qcn.; ***aus einem ~ als Sieger hervorgehen*** uscire vincitori da una battaglia. **Kampf|ab|schnitt** m. *(-[e]s,-e)* → **Kampfgebiet. Kampf|ab|stim|mung** f. *(-,-en)* votazione *f.* aperta. **Kampf|an|sa|ge** f. *(-,-n)* sfida *f.* **Kampf|an|zug** m. *(-[e]s,-anzüge)* MIL. tenuta *f.* da combattimento. **Kampf|art** f. *(-,-en)* MIL. forma *f.* di combattimento. **Kampf|auf|trag** m. *(-[e]s,-aufträge)* MIL. ordine *m.* di combattimento. **Kampf|be|gier|de** f. *(-)* spirito *m.* bellicoso. **kampf|be|reit** agg. pronto al combattimento (*o* a combattere). **kampf|be|tont** agg. combattivo, aggressivo. **Kampf|ein|heit** f. *(-,-en)* MIL. unità *f.* combattente. **Kampf|ein|satz** m. *(-es,-einsätze)* intervento *m.* militare.

kämp|fen I intr. (aus. *haben*) **1a** *(im Krieg)* combattere: ***an vorderster Front ~*** combattere in prima linea **b** combattere, lottare (anche FIG.): ***gegen jdn, mit jdm ~*** lottare con qcn.; ***gegeneinander, miteinander ~*** combattersi l'un l'altro; ***gegen den Rassismus, für die Freiheit, um sein Recht ~*** lottare contro il razzismo, per la libertà, per i propri diritti; ***mit dem Tod ~*** lottare con la morte **2** SPORT lottare, combattere: ***um den Sieg ~*** combattere per la vittoria **II** rifl. **sich** ~ farsi strada (lottando): ***sich durch die Menge ~*** farsi strada fra la folla ◆ ***auf verlorenem Posten ~*** combattere una battaglia persa.

kampf|ent|schlos|sen agg. deciso a combattere, a lottare.

Kamp|fer m. *(-s)* canfora *f.*

1.Kämp|fer m. *(-s,-)* combattente *m.*: ***ein tapferer ~*** un valoroso combattente; ***ein ~ für den Frieden*** un combattente per la pace; ***sein Gegenspieler ist ein echter ~*** il suo avversario è un vero combattente.

2.Kämp|fer m. *(-s,-)* **1** ARCH. pulvino *m.* **2** EDIL. (cuscinetto *m.* di) imposta *f.* (d'arco) **3** EDIL. traversa *f.* (di finestra).

Kamp|fer|baum m. *(-[e]s,-bäume)* canforo *m.*, albero *m.* della canfora.

kampf|er|fah|ren agg. esperto nel combattere, nella lotta.

Kamp|fer|geist m. *(-[e]s)* → **Kampferspiritus. kamp|fer|hal|tig** agg. canforato.

Kämp|fe|rin f. *(-,-nen)* combattente *f.* **kämp|fe|risch I** agg. combattivo, battagliero (anche FIG.): ***ein -es Spiel*** una partita combattiva; ***eine -e Natur*** uno spirito battagliero **II** avv. nel combattimento, nella lotta: ***~ stark sein*** essere forte nel combattimento; ***eine ~ gute Leistung*** una buona prestazione di combattività. **Kämp|fer|na|tur** f. *(-,-en)* natura *f.* (*o* indole *f.*) combattiva, battagliera.

Kamp|fer|öl n. *(-[e]s)* olio *m.* di canfora, canforato.

kampf|er|probt agg. avvezzo alla lotta.

Kamp|fer|säu|re f. *(-)* acido *m.* canforico. **Kamp|fer|spi|ri|tus** m. *(-)* alcol *m.* canforato.

Kamp|fes|lust → **Kampflust. Kamp|fes|mut** m. *(-[e]s)* → **Kampflust. kampf|fä|hig** agg. in grado di combattere. **Kampf|fä|hig|keit** f. *(-)* capacità *f.* di combattere. **Kampf|fisch** m. *(-es,-e)* pesce *m.* combattente. **Kampf|flie|ger** m. *(-s,-)* **1** pilota *m.* di aereo da combattimento **2** COLLOQ. *(Kampfflugzeug)* aereo *m.* da combattimento. **Kampf|flug|zeug** n. *(-[e]s,-e)* aereo *m.* da combattimento. **Kampf|gas** n. *(-es,-e)* gas *m.* tossico. **Kampf|ge|biet** n. *(-[e]s,-e)* MIL. zona *f.* di combattimento. **Kampf|ge|fähr|te** m. *(-n,-n)* → **Kampfgenosse. Kampf|geist** m. *(-[e]s)* **1** *(Kampflust)* combattività *f.*, spirito *m.* combattivo **2** PSIC. competitività *f.*, agonismo *m.* **Kampf|ge|mein|schaft** f. *(-,-en)* fronte *m.* comune: ***die ~ der Atomgegner*** il fronte comune degli oppositori al nucleare. **Kampf|ge|nos|se** m. *(-n,-n)* **1** *(Kriegskamerad)* compagno *m.* d'armi, commilitone *m.* **2** compagno *m.* di lotta. **Kampf|ge|richt** n. *(-[e]s,-e)* SPORT giuria *f.* **Kampf|ge|sche|hen** n. *(-s)* lotta *f.* in corso: ***in das ~ eingreifen*** intervenire nella lotta in corso. **Kampf|ge|schwa|der** n. *(-s,-)* MIL. squadriglia *f.* di bombardieri. **Kampf|ge|tüm|mel** n. *(-s)* → **Kampfgewühl. Kampf|ge|wicht** n. *(-[e]s)* SPORT peso *m.* (dell'atleta) prima della lotta. **Kampf|ge|wühl** n. *(-s)* mischia *f.* **Kampf|grup|pe** f. *(-,-n)* MIL. ANT. *(Brigade)* gruppo *m.* combattente. **Kampf|hahn** m. *(-[e]s,-hähne)* **1** gallo *m.* da combattimento **2** FIG. attaccabrighe *m.* **Kampf|hand|lung** f. *(-,-en)* azione *f.* militare: ***die -en unterbrechen, einstellen*** interrompere, sospendere le azioni militari. **Kampf|kraft** f. *(-)* efficienza *f.* bellica. **Kampf|läu|fer** m. *(-s,-)* gambetta *f.*, (pavoncella *f.*) combattente *f.* **Kampf|lied** n. *(-[e]s,-er)* inno *m.* di lotta, canto *m.* politico. **Kampf|li|nie** f. *(-,-n)* MIL. linea *f.* di combattimento, fronte *m.* **kampf|los** agg. e avv. senza combattere. **Kampf|lust** f. *(-)* combattività *f.*, voglia *f.* di combattere. **kampf|lus|tig** agg. combattivo, desideroso di combattere. **Kampf|mit|tel** n. *(-s,-)* arma *f.* (anche FIG.). **Kampf|mo|ral** f. *(-)* → **Kampfgeist. Kampf|mut** m. *(-[e]s)* → **Kampflust. Kampf|pa|ro|le** f. *(-,-n)* segnale *m.* della lotta. **Kampf|platz** m. *(-es,-plätze)* campo *m.* di battaglia. **Kampf|preis** m. *(-es,-e)* prezzo *m.* concorrenziale: ***mit -en den Konkurrenten ausschalten*** eliminare l'avversario con prezzi concorrenziali. **Kampf|rich|ter** m. *(-s,-)* SPORT arbitro *m.*, giudice *m.* di gara. **Kampf|schwim|mer** m. *(-s,-)* MIL. uomo *m.* rana. **Kampf|spiel** n. *(-[e]s,-e)* gara *f.*, partita *f.* **Kampf|sport** m. *(-[e]s)* sport *m.* di combattimento. **Kampf|staf|fel** f. *(-,-n)* → **Kampfgeschwader. Kampf|stär|ke** f. *(-)* → **Kampfkraft. Kampf|stel|lung** f. *(-,-en)* postazione *f.* di combattimento. **Kampf|stier** m. *(-[e]s,-e)* toro *m.* da combattimento. **Kampf|stoff** m. *(-[e]s,-e)* arma *f.*: ***biologische, chemische, radioaktive -e*** armi biologiche, chimiche, radioattive. **Kampf|trup|pe** f. *(-,-n)* truppa *f.* combattente. **kampf|un|fä|hig** agg. incapace di combattere. **Kampf|un|fä|hig|keit** f. *(-)* incapacità *f.* di combattere. **Kampf|ver|band** m. *(-[e]s,-verbände)* unità *f.* di combattimento. **Kampf|wa|gen** m. *(-s,-)* **1** STOR. carro *m.* da guerra **2** ANT. *(Panzer)* carro *m.* armato.

kam|pie|ren intr. (aus. *haben*) **1** campeggiare: ***unter freiem Himmel ~*** fare campeggio libero **2** COLLOQ. essere accampato; *(übernachten)* ***auf dem Fußboden ~*** passare la notte sul pavimento.

Kamt|schat|ka n.pr.n. *(-s)* Camciatca *f.*

Ka|muf|fel n. *(-s,-)* stupido *m.*, scemo *m.*

Ka|na n.pr.n. *(-s)* Cana *f.*: ***die Hochzeit zu ~*** le nozze di Cana. **Ka|na|an** n.pr.n. *(-s)* Canaan *m.* **ka|na|a|nä|isch** agg. cananeo. **Ka|na|a|ni|ter** m. *(-s,-)* cananeo *m.* **ka|na|a|ni|tisch** agg. cananeo.

Ka|na|da n.pr.n. *(-s)* Canada *m.* **Ka|na|di|er** m. *(-s,-)* **1** canadese *m.* **2** SPORT canadese *f.* **3** AUSTR. *(Polstersessel)* poltrona *f.* imbottita. **ka|na|disch** agg. canadese.

Ka|nail|le [ka'naljə, ka'najə] f. *(-,-n)* canaglia *f.*

Ka|na|ke m. *(-n,-n)* **1** canaco *m.*, kanak *m.* **2** COLLOQ. SPREG. → **Kanaker. Ka|na|ker** m. *(-s,-)* INTRAD. SPREG. (straniero, spec. turco).

Ka|nal m. *(-s, Kanäle)* **1a** canale *m.*: ***einen ~ anlegen, graben*** costruire, scavare un canale **b** RAD. TELEV. ***einen ~ empfangen*** ricevere un canale; ***einen ~ einstellen*** sintonizzarsi su un canale; ***auf dem ersten ~*** sul primo canale **c** FIG. ***diplomatische Kanäle*** canali diplomatici; ***sich dunkler Kanäle bedienen*** servirsi di oscuri canali **2** MED. canale *m.*, dotto *m.* ◆ COLLOQ. ***den ~ voll haben*** *(betrunken sein)* essere ubriaco fradicio; *(überdrüssig sein)* averne fin sopra i capelli; ***den ~ durchschwimmen*** attraversare la Manica. **Ka|nal|ar|bei|ter** m. *(-s,-)* **1** operaio *m.* delle fognature, fognaiolo *m.* **2** GERG. POL. = deputato *m.* della SPD con tendenze conservatrici. **Ka|nal|bau** m. *(-[e]s,-ten)* costruzione *f.* di canali. **Ka|nal|bett** n. *(-[e]s,-en)* letto *m.* di canale. **Ka|näl|chen** n. *(-s,-)* canaletto *m.*, canalino *m.* **Ka|nal|de|ckel** m. *(-s,-)* coperchio *m.* di tombino. **Ka|nal|gas** n. *(-es,-e)* gas *m.* di fogna. **Ka|nal|git|ter** n. *(-s,-)* griglia *f.* (a chiusura) di fognatura. **Ka|nal|in|seln** n.pr.pl. *(-)* Isole *f.pl.* del Canale.

Ka|na|li|sa|ti|on f. *(-,-en)* **1** *(von Flüssen)* canalizzazione *f.* **2** *(zur Abwasserableitung)* fognature *f.pl.* **Ka|na|li|sa|ti|ons|netz** n. *(-es,-e)* rete *f.* fognaria. **Ka|na|li|sa|ti|ons|rohr** n. *(-[e]s,-e)* tubo *m.* di scolo. **ka|na|li|sie|ren** tr. **1** canalizzare (anche FIG.): ***einen Ort ~*** canalizzare un paese **2** FIG. incanalare: ***seine Energien ~*** incanalare le proprie energie **3** *(schiffbar machen)* rendere navigabile. **Ka|na|li|sie|rung** f. *(-,-en)* canalizzazione *f.*

Ka|nal|räu|mer m. *(-s,-)* fognaiolo *m.* **Ka|nal|rei|ni|gung** f. *(-,-en)* ripulitura *f.*, spurgo *m.* delle fogne. **Ka|nal|schacht** m. *(-[e]s,-schächte)* tombino *m.* **Ka|nal|schal|ter** m. *(-s,-)* TELEV. selettore *m.* dei canali. **Ka|nal|schiff|fahrt** f. *(-)* navigazione *f.* sui canali. **Ka|nal|schleu|se** f. *(-,-n)* chiusa *f.* (di canale). **Ka|nal|schwim|men** n. *(-s)* traversata *f.* della Manica. **Ka|nal|schwim|mer** m. *(-s,-)* persona *f.* che traversa la Manica a nuoto. **Ka|nal|tun|nel** m. *(-s)* tunnel *m.* della Manica. **Ka|nal|waa|ge** f. *(-,-n)* livella *f.* ad acqua. **Ka|nal|wäh|ler** m. *(-s,-)* → **Kanalschalter.**

Ka|na|pee, AUSTR. **Ka|na|pee** n. *(-s,-s)* **1** ANT. o IRON. canapè *m.*, divano *m.*, sofà *m.* **2** *(belegte Weißbrotscheibe)* tartina *f.*

Ka|na|ren n.pr.pl. ***die ~*** le Canarie. **Ka|na|ri** m. *(-s,-)* REGION. canarino *m.* **ka|na|ri|en|gelb** agg. giallo canarino. **Ka|na|ri|en|gras** n. *(-es)* scagliola *f.*, canaria *f.* **Ka|na|ri|en|vo|gel** m. *(-s,-vögel)* canarino *m.* **Ka|na|ri|er** m. *(-s,-)* abitante *m.* delle Canarie. **ka|na|risch** agg. canario. **Ka|na|ri|sche In|seln** n.pr.pl. Isole Canarie.

Kan|da|re f. *(-,-n)* morso *m.*: ***dem Pferd die ~ anlegen*** mettere il morso al cavallo ◆ FIG. ***jdn an die ~ nehmen, bekommen, brin-***

gen, bei jdm die ~ anziehen mettere il freno a qcn.; FIG. jdn an der ~ haben, halten tenere qcn. a freno. Kan|da|ren|ket|te f. (-,-n) barbazzale m.
Kan|de|la|ber m. (-s,-) candelabro m.
kan|deln REGION. tr. scanalare.
Kan|di|dat m. (-en,-en) 1 candidato m.: jdn als -en (für eine Wahl) aufstellen, nominieren presentare, designare qcn. come candidato (a un'elezione): seinen -en durchbringen far passare il proprio candidato 2 (Prüfungskandidat) candidato m., esaminando m. 3 (Prüfling vor Abschlussexamen) laureando m. Kan|di|da|ten|tur|nier n. (-s,-e) torneo m. scacchistico internazionale (il cui vincitore può sfidare il campione del mondo). Kan|di|da|tur f. (-,-en) candidatura f.: seine ~ anmelden, zurückziehen presentare, ritirare la propria candidatura. kan|di|die|ren intr. (aus. haben) candidarsi, concorrere: für ein Amt, gegen jdn ~ candidarsi per una carica, concorrere contro qcn.
kan|die|ren tr. candire. kan|diert p.pass. agg. 1 → kandieren 2 candito: -e Früchte frutta candita. Kan|dis m. (-), Kan|dis|zu|cker m. (-s) zucchero m. candito. Kan|di|ten pl. AUSTR. canditi m.pl.
Ka|neel m. (-s,-e) cannella f.
Ka|ne|pho|re f. (-,-n) canefora f.
Ka|ne|vas m. (- e -ses,- e -se) canovaccio m. (anche TEATR.).
Kän|gu|ru, Kän|gu|ruh n. (-s,-s) canguro m.
Ka|ni|den pl. canidi m.pl.
Ka|nin n. (-s,-e) pelle f. di coniglio, coniglio m., lapin m. Ka|nin|chen n. (-s,-) coniglio m.: sich wie die ~ vermehren riprodursi come i conigli. Ka|nin|chen|bau m. (-s,-e) tana f. di coniglio. Ka|nin|chen|fell n. (-s,-e) → Kanin. Ka|nin|chen|stall m. (-[e]s, -ställe) conigliera f. Ka|nin|chen|zucht f. (-) allevamento m. di conigli.
Ka|nis|ter m. (-s,-) tanica f.
kank|rös agg. canceroso.
Kann|be|stim|mung f. (-,-en) = norma f. applicabile facoltativamente.
Känn|chen n. (-s,-) bricchetto m. Kan|ne f. (-,-n) 1a bricco m.: eine ~ Kaffee un bricco di caffè b (für Wein, Bier) boccale m. 2 (zylindrisches Gefäß) bidone m.: die ~ scheuern pulire il bidone 3 GERG. (Saxophon) sax m. ◆ COLLOQ. es gießt wie aus, mit -n piove a catinelle; GERG. UNIV. in die ~ steigen scolarsi una birra; (sich betrinken) ubriacarsi.
kan|ne|lie|ren tr. scanalare. kan|ne|liert p.pass. agg. 1 → kannelieren 2 scanalato: -e Säulen colonne scanalate. Kan|ne|lie|rung f. (-,-en) scanalatura f. Kan|ne|lur f. (-,-en), Kan|ne|lü|re f. (-,-n) scanalatura f. (di una colonna), stria f.
Kan|nen|pflan|ze f. (-,-n) nepentacea f.
kan|nen|sisch agg. STOR. di Canne: die -e Niederlage la sconfitta di Canne.
kan|nen|wei|se avv. 1 (trasportato) in bidoni 2 (in großer Menge) a bidoni: ~ Kaffee trinken bere caffè a litri.
Kan|ni|ba|le m. (-n,-n) cannibale m. (anche FIG.). kan|ni|ba|lisch I agg. 1 cannibalesco 2 (brutal) brutale, feroce II avv. rafforz. mostruosamente, terribilmente: sich ~ amüsieren divertirsi mostruosamente. Kan|ni|ba|lis|mus m. (-) cannibalismo m.
kann|te → kennen.
Kann|vor|schrift f. (-,-en) → Kannbestimmung.
Ka|non m. (-s,-s) MUS. DIR. RELIG. ART. canone m.
Ka|no|na|de f. (-,-n) 1a cannoneggiamento m. b FIG. SPORT bombardamento m. (degli avversari) 2 COLLOQ. (Flut) scarica f., raffica f., pioggia f.: eine ~ von Schimpfwörtern loslassen lasciar partire una raffica (o una scarica) d'insulti.
Ka|no|ne f. (-,-n) cannone m.: die ~ laden, richten, abfeuern caricare, puntare il cannone, fare fuoco col cannone; SCHERZ. (Revolver) nimm die ~ weg! metti via il cannone! COLLOQ. auf seinem Gebiet eine ~ sein essere un cannone (o un asso) nel proprio campo ◆ mit -n auf (o nach) Spatzen schießen sparare con un cannone a un passerotto; unter aller ~ in pessimo stato, in pessime condizioni; (sehr schlecht) malissimo. Ka|no|nen|boot n. (-[s],-e) cannoniera f. Ka|no|nen|boot|po|li|tik f. (-) politica f. delle cannoniere. Ka|no|nen|don|ner m. (-s,-) rombo m. del cannone, cannonata f. Ka|no|nen|fut|ter n. (-s) carne f. da cannone (o da macello). Ka|no|nen|ku|gel f. (-,-n) palla f. di cannone. Ka|no|nen|ofen m. (-s,-öfen) stufa f. (cilindrica di ghisa). Ka|no|nen|rohr n. (-[e]s,-e) bocca f. da fuoco, canna f. (del cannone). Ka|no|nen|schlag m. (-[e]s,-schläge) 1 colpo m. di cannone, cannonata f. 2 (explodierender Feuerwerkskörper) petardo m., botto m. Ka|no|nen|schuss m. (-es,-schüsse) sparo m. di cannone, cannonata f.
Ka|no|nier m. (-s,-e) MIL. SPORT cannoniere m.
Ka|no|ni|kat n. (-[e]s,-e) canonicato m. Ka|no|ni|ker m. (-s,-), Ka|no|ni|kus m. (-, Kanoniker) canonico m. Ka|no|ni|sa|ti|on f. (-,-en) canonizzazione f. ka|no|nisch I agg. canonico: -es Recht diritto canonico; -e Bücher libri canonici II avv. canonicamente, secondo i canoni. ka|no|ni|sie|ren tr. canonizzare. Ka|no|ni|sie|rung f. (-,-en) → Kanonisation.
Ka|no|nis|se f. (-,-n), Ka|no|nis|sin f. (-,-nen) canonichessa f.
Ka|no|nist m. (-en,-en) canonista m. Ka|no|nis|tik f. (-) diritto m. canonico.
Ka|no|pe f. (-,-n) canopo m.
Ka|nos|sa I n.pr.n. Canossa f. II n. (-s) FIG. (profonda) umiliazione f.: ein ~ durchmachen sopportare una profonda umiliazione ◆ nach ~ gehen, den Gang nach ~ antreten andare a Canossa. Ka|nos|sa|gang m. (-[e]s) (andata f. a) Canossa f.
Kä|no|zo|i|kum n. (-s) cenozoico m. (comprendente era terziaria e quaternaria). kä|no|zo|isch agg. cenozoico.
kan|ta|bel agg. cantabile. Kan|ta|bi|le n. (-,-) cantabile m.
Kan|tab|rer pl. STOR. cantabri m.pl. Kan|tab|rien n.pr.n. (-s) Cantabria f. kan|tab|risch agg. cantabrico.
1.Kan|ta|te f. (-,-n) MUS. cantata f.
2.Kan|ta|te LIT. (Sonntag) ~ = quarta domenica f. dopo Pasqua.
Kan|te f. (-,-n) 1a spigolo m.: eine scharfe, abgerundete ~ uno spigolo vivo, smussato; gegen eine ~ stoßen battere contro uno spigolo b GEOM. (retta) der Würfel hat zwölf -n il cubo ha dodici spigoli 2 (Rand, Borde) bordo m., orlo m.: die ~ des Bettes, des Ärmels il bordo del letto, della manica ◆ es steht auf der ~, ob... non è sicuro (o certo) che...; an allen Ecken und -n in ogni angolo, dappertutto; (sehr) moltissimo; etw. auf die hohe ~ legen mettere qcs. da parte; etw. auf der hohen ~ haben avere qcs. da parte.
Kan|tel f. (-,-n) righello m. (o riga f.) a sezione quadrata.
kan|teln tr. 1 REGION. → kanten 2 etw. ~ fare un sopraggitto a qcs.
kan|ten tr. mettere a coltello ◆ nicht ~! non capovolgere! non ribaltare! die Skier ~ spigolare con gli sci.
Kan|ten m. (-s,-) REGION. 1 ultimo (o primo) pezzo m. di una pagnotta 2 (dicke Brotschnitte) grossa fetta f. di pane.
Kan|ten|band n. (-[e]s,-bänder) passamano m.
1.Kan|ter m. (-s,-) 1 ribaltatore m. 2 (Verschlag) capanno m.
2.Kan|ter m. (-s,-) canter m. kan|tern intr. (aus. sein) andare al piccolo galoppo. Kan|ter|sieg m. (-[e]s,-e) SPORT vittoria f. facile.
Kant|ha|ken m. (-s,-) raffio m., rampino m. ◆ jdn am, beim ~ nehmen, kriegen, packen strapazzare qcn., dare una strigliata a qcn.
Kan|tha|ri|de m. (-n,-n) cantaride f.
Kant|holz n. (-es) legno m. in travi, legname m. squadrato.
Kan|ti|a|ner m. (-s,-) kantiano m.
kan|tig agg. spigoloso, angoloso, tutto spigoli: ein -es Gesicht un volto spigoloso.
Kan|ti|le|ne f. (-,-n) MUS. cantilena f.
Kan|ti|ne f. (-,-n) mensa f.: in der ~ essen mangiare alla mensa; (Verkaufsstelle) spaccio m. Kan|ti|nen|kost f. (-) cibo m. della mensa. Kan|ti|nen|wirt m. (-[e]s,-e) gestore m. della mensa.
kan|tisch agg. kantiano.
Kan|ton m. (-s,-e) POL. cantone m. kan|to|nal agg. cantonale.
kan|to|nie|ren tr. ANT. acquartierare.
Kan|to|nist m. (-en,-en) ANT. recluta f., coscritto m. ◆ ein unsicherer ~ = tipo poco affidabile (o di cui non ci si può fidare).
Kan|tön|li|geist m. (-[e]s) SVIZZ. spirito m. campanilista.
Kan|tons|bür|ger|recht n. (-[e]s) cittadinanza f. cantonale. Kan|tons|ge|richt n. (-[e]s,-e) tribunale m. cantonale. Kan|tons|rat m. (-[e]s,-räte) consiglio m. cantonale. Kan|tons|re|gie|rung f. (-,-en) governo m. cantonale.
Kan|tor m. (-s,-s) 1 INTRAD. (organista e direttore del coro di una chiesa) 2 ANT. cantore m. Kan|to|rei f. (-,-en) cantoria f., coro m.
Ka|nu AUSTR., Ka|nu n. (-s,-s) canoa f. Ka|nu|fah|rer m. (-s,-) → Kanute.
Ka|nü|le f. (-,-n) 1 ago m. (forato) della siringa 2 (Röhrchen) cannula f., tubicino m.
Ka|nu|sport m. (-[e]s) sport m. della canoa, canoismo m. Ka|nu|te m. (-n,-n) SPORT canoista m.
Kan|zel f. (-,-n) 1 pulpito m.: von der ~ herab predigen predicare dal pulpito 2 (Cockpit) cabina f. (di pilotaggio) 3a ANT. (Rednerpult) podio m., pedana f. b (Lehrstuhl) cattedra f. 4 ALP. pulpito m., balconcino m. 5 VENAT. palco m. (da caccia). Kan|zel|be|red|sam|keit f. (-) eloquenza f. di, da predicatore. Kan|zel|re|de f. (-,-n) RAR. predica f. Kan|zel|red|ner m. (-s,-) predicatore m. Kan|zel|ton m. (-[e]s) tono m. cattedratico (o da predicatore). Kan|zel|wort n. (-[e]s,-e) AUSTR. predica f.
kan|ze|ro|gen agg. cancerogeno. Kan|ze|ro|lo|ge m. (-n,-n) cancerologo m. Kan|ze|ro|lo|gie f. (-) cancerologia f. kan|ze|rös agg. canceroso.

Kanz|lei f. *(-,-en)* 1 cancelleria *f.* 2 *(Büro)* ufficio *m.*; *(von Rechtsanwälten)* studio *m.* **Kanz|lei|amt** n. *(-[e]s,-ämter)* cancellierato *m.*, carica *f.* di cancelliere, cancelleria *f.* **Kanz|lei|be|am|te** m. *(-n,-n)* impiegato *m.* di cancelleria. **Kanz|lei|deutsch** n. *(-[s])* 1 STOR. tedesco *m.* delle cancellerie (*o* cancelleresco) 2 SPREG. tedesco *m.* burocratico. **Kanz|lei|for|mat** n. *(-[e]s)* ANT. formato *m.* protocollo. **Kanz|lei|pa|pier** n. *(-s)* carta *f.* (in) formato protocollo. **Kanz|lei|spra|che** f. *(-)* STOR. lingua *f.* (*o* tedesco *m.*) delle cancellerie. **Kanz|lei|stil** m. *(-[e]s)* SPREG. stile *m.* burocratico. **Kanz|lei|vor|ste|her** m. *(-s,-)* REGION. capoufficio *m.*

Kanz|ler m. *(-s,-)* 1 DIPL. POL. cancelliere *m.* 2 UNIV. direttore *m.* amministrativo ◆ STOR. ***der Eiserne ~*** il cancelliere di ferro. **Kanz|ler|amt** n. *(-[e]s)* 1 cancelleria *f.* 2 *(Posten)* carica *f.* di cancelliere, cancellierato *m.* **Kanz|ler|de|mo|kra|tie** f. *(-)* = democrazia parlamentare in cui il cancelliere è investito di particolari poteri. **Kanz|ler|kan|di|dat** m. *(-en,-en)* candidato *m.* alla carica di cancelliere (*o* alla cancelleria). **Kanz|ler|schaft** f. *(-)* cancellierato *m.* **Kanz|list** m. *(-en,-en)* STOR. impiegato *m.* (*o* scrivano *m.*) di cancelleria.

Kan|zo|ne f. *(-,-n)* FILOL. MUS. canzone *f.* **Kan|zo|net|ta** f. *(-, Kanzonetten)*, **Kan|zo|net|te** f. *(-,-n)* MUS. canzonetta *f.*

Ka|o|lin n. e m. *(-s,-e)*, **Ka|o|lin|er|de** f. *(-,-n)* caolino *m.*

Kap n. *(-s,-s)* capo *m.*, promontorio *m.* ◆ ***das ~ der Guten Hoffnung*** il Capo di Buona Speranza; ***das ~ Hoorn*** il Capo Horn.

Kap. ⇒ *Kapitel* capitolo (cap.).

Ka|paun m. *(-s,-e)* cappone *m.* **ka|pau|nen, ka|pau|ni|sie|ren** tr. accapponare, castrare.

Ka|pa|zi|tanz f. *(-,-en)* capacitanza *f.* **Ka|pa|zi|tät** f. *(-,-en)* 1a capacità *f.*: FIS. ***die ~ eines Akkumulators, Kondensators*** la capacità di un accumulatore, di un condensatore **b** *(Fassungsvermögen)* ***der Tank hat eine ~ von 1000 Litern*** il serbatoio ha una capacità di 1000 litri **c** *(Fähigkeit)* ***geistige ~*** capacità intellettuale 2 ECON. *(Produktionsvolumen)* potenzialità *f.*, capacità *f.* (produttiva): ***die ~ des Betriebs völlig auslasten, ausnutzen*** sfruttare completamente la potenzialità della fabbrica 3 *(Fachmann)* luminare *m.*, autorità *f.*: ***auf einem Gebiet eine ~ sein*** essere un'autorità in un campo; ***eine medizinische, wissenschaftliche ~*** un luminare della medicina, della scienza. **ka|pa|zi|ta|tiv** agg. capacitativo. **Ka|pa|zi|täts|aus|las|tung** f. *(-)* massimo sfruttamento *m.* della capacità (produttiva). **Ka|pa|zi|täts|er|wei|te|rung** f. *(-)* aumento *m.* della potenzialità (*o* della capacità produttiva). **Ka|pa|zi|täts|gren|ze** f. *(-,-n)* limite *m.* di capacità (*o* della potenzialità). **ka|pa|zi|tiv** → **kapazitativ.**

Ka|pee, ***schwer von ~ sein*** essere duro di comprendonio.

1.Ka|pel|le f. *(-,-n)* 1 *(kleineres Gotteshaus)* cappella *f.* 2a MUS. *(Sängerchor)* cappella *f.* **b** *(kleines Orchester)* orchestrina *f.*, complesso *m.* **c** *(Blaskapelle)* banda *f.* (musicale).

2.Ka|pel|le f. *(-,-n)* METALL. coppella *f.*

Ka|pell|meis|ter m. *(-s,-)* 1 maestro *m.* di cappella 2 *(Orchesterdirigent)* direttore *m.* d'orchestra.

1.Ka|per f. *(-,-n)* cappero *m.*

2.Ka|per m. *(-s,-)* 1 corsaro *m.* 2 → **Kaperschiff. Ka|per|brief** m. *(-[e]s,-e)* lettera *f.* di corsa. **Ka|pe|rei** f. *(-,-en)* il corseggiare. **Ka|per|fahrt** f. *(-,-en)* scorreria *f.* (di corsari). **Ka|per|krieg** m. *(-[e]s,-e)* STOR. guerra *f.* di corsa. **ka|pern I** tr. 1 ***ein Schiff ~*** catturare, depredare una nave 2 COLLOQ. ***jdn für etw. ~*** assicurarsi l'aiuto di, accaparrarsi qcn. per qcs. **II** rifl. COLLOQ. ***sich (D) etw. ~*** accaparrarsi (*o* appropriarsi, impadronirsi di) qcs.; ***sich (D) einen Mann ~*** accalappiare un uomo.

Ka|pern|so|ße f. *(-)* salsa *f.* di capperi. **Ka|pern|strauch** m. *(-[e]s, -sträucher)* cappero *m.*

Ka|per|schiff n. *(-[e]s,-e)* nave *f.* corsara.

Ka|pe|tin|ger m. *(-s,-)* capetingio *m.*

ka|pie|ren tr. COLLOQ. capire.

ka|pil|lar agg. capillare. **Ka|pil|lar|ana|ly|se** f. *(-,-n)* CHIM. analisi *f.* capillare. **Ka|pil|la|re** f. *(-,-n)*, **Ka|pil|lar|ge|fäß** n. *(-es,-e)* 1 BIOL. (vaso *m.*) capillare *m.* 2 FIS. tubo *m.* capillare. **Ka|pil|la|ri|tät** f. *(-)* FIS. capillarità *f.*

ka|pi|tal agg. COLLOQ. enorme, colossale, madornale: ***ein -er Fehler*** un errore madornale.

Ka|pi|tal n. *(-s,-e)* 1a capitale *m.*: ***das ~ anlegen, erhöhen, aufstocken*** investire, aumentare, incrementare il capitale; ***das ~ angreifen, aufbrauchen*** intaccare, esaurire il capitale **b** *(Grundkapital)* capitale *m.* sociale **c** *(Kapitalisten)* ***die Antwort des -s war Repression*** la risposta del capitale fu la repressione 2 *(Wertobjekt)* FIG. bene *m.*, ricchezza *f.* 3 *(Kapitalisten)* capitalisti *m.pl.* 4 TIP. capitello *m.* ◆ ***angelegtes ~*** capitale investito; ***~ aufbringen*** procurare fondi, capitali; ***ausgegebenes ~*** capitale emesso; ***ausstehendes ~*** capitale non versato; ***~ bedienen*** remunerare il capitale; ***am ~ mehrheitlich beteiligt sein*** detenere la maggioranza del capitale; ***brachliegendes ~*** capitale improduttivo; ***eingebrachtes ~*** capitale conferito, apportato; ***eingefrorenes ~*** capitale congelato; ***eingezahltes ~*** capitale versato; ***das ~ voll einzahlen*** liberare il capitale; ***eisernes ~*** fondi inalienabili; ***festes ~*** capitale fisso; ***das ~ flüssig machen*** mobilizzare il capitale; ***flüssiges ~*** capitale liquido; ***das geistige ~*** il sapere, la conoscenza; ***gezeichnetes ~*** capitale nominale; ***haftendes ~*** capitale responsabile, di rischio; ***vom ~ leben*** vivere di rendita; ***~ aus etw. schlagen*** trarre profitto da qcs. (*o* sfruttare qcs.), fare capitale di qcs.; ***das ~ in etw. (A) stecken*** investire il capitale in qcs.; ***stehendes ~*** capitale immobilizzato; ***das ~ tilgen*** ammortizzare il capitale; ***totes ~*** capitale morto, improduttivo; FIG. *(von Ideen, Fähigkeiten)* patrimonio inutilizzato; ***umlaufendes ~*** capitale circolante; ***vom ~ zehren*** vivere di rendita; ***~ aus etw. ziehen*** → ***~ aus etw. schlagen.***

Ka|pi|täl n. *(-s,-e)* RAR. capitello *m.*

Ka|pi|tal|ab|wan|de|rung f. *(-,-en)* → **Kapitalflucht. Ka|pi|tal|an|la|ge** f. *(-,-n)* investimento *m.* di capitale: ***eine ~ veräußern*** disinvestire. **Ka|pi|tal|an|samm|lung** f. *(-,-en)* capitalizzazione *f.* **Ka|pi|tal|an|teil** m. *(-[e]s,-e)* quota *f.* di partecipazione. **Ka|pi|tal|auf|sto|ckung** f. *(-,-en)* aumento *m.* (*o* incremento *m.*) di capitale. **Ka|pi|tal|aus|fuhr** f. *(-,-en)* esportazione *f.* di capitali. **Ka|pi|tal|aus|stat|tung** f. *(-,-en)* dotazione *f.* di capitale. **Ka|pi|tal|band** n. *(-[e]s,-bänder)* TIP. capitello *m.* **Ka|pi|tal|be|darf** m. *(-[e]s,-e)* bisogno *m.* di capitali, fabbisogno *m.* finanziario. **Ka|pi|tal|be|rich|ti|gung** f. *(-,-en)* aumento *m.* gratuito di capitale. **Ka|pi|tal|be|schaf|fung** f. *(-,-en)* approvvigionamento *m.*, raccolta *f.* di capitali. **Ka|pi|tal|be|sitz** m. *(-es,-e)* possesso *m.* di capitali. **Ka|pi|tal|be|tei|li|gung** f. *(-,-en)* partecipazione *f.* al capitale. **Ka|pi|tal|be|we|gung** f. *(-,-en)* movimento *m.* di capitali. **Ka|pi|tal|bil|dung** f. *(-,-en)* formazione *f.* (*o* costituzione *f.*) di capitale: ***freie ~*** formazione di capitali privati.

Ka|pi|tal|buch|sta|be f. *(-,-n)* lettera *f.* maiuscola. **Ka|pi|täl|chen** n. *(-s,-)* TIP. maiuscoletto *m.*

Ka|pi|tal|eig|ner m. *(-s,-)* azionista *m.* **Ka|pi|tal|ein|kom|men** n. *(-s,-)* → **Kapitalertrag. Ka|pi|tal|ent|nah|me** f. *(-,-n)* prelevamento *m.* di capitale. **Ka|pi|tal|er|hö|hung** f. *(-,-en)* aumento *m.* del capitale (sociale). **Ka|pi|tal|er|trag** m. *(-[e]s,-erträge)* reddito *m.* di, da capitale. **Ka|pi|tal|er|trag(s)|steu|er** f. *(-,-n)* imposta *f.* sul reddito dei capitali. **Ka|pi|tal|ex|port** m. *(-[e]s)* esportazione *f.* di capitali.

Ka|pi|tal|feh|ler m. *(-s,-)* errore *m.* madornale.

Ka|pi|tal|flucht f. *(-,-en)* fuga *f.* (*o* esodo *m.*) di capitali. **Ka|pi|tal|fluss** m. *(-es,-flüsse)* flusso *m.* di capitale. **Ka|pi|tal|ge|ber** m. *(-s,-)* finanziatore *m.* **Ka|pi|tal|ge|sell|schaft** f. *(-,-en)* società *f.* di capitali. **Ka|pi|tal|ge|winn** m. *(-[e]s,-e)* utile *m.* di capitale. **Ka|pi|tal|hil|fe** f. *(-,-n)* intervento *m.* finanziario (a favore di uno stato). **ka|pi|tal|in|ten|siv** agg. ad alta intensità di capitale. **Ka|pi|tal|in|ves|ti|ti|on** f. *(-,-en)* investimento *m.* di capitali.

Ka|pi|ta|lis f. *(-)* capitale *f.*, scrittura *f.* capitale.

Ka|pi|ta|li|sa|ti|on f. *(-,-en)* capitalizzazione *f.* **ka|pi|ta|li|sier|bar** agg. capitalizzabile. **ka|pi|ta|li|sie|ren** tr. capitalizzare. **Ka|pi|ta|li|sie|rung** f. *(-,-en)* capitalizzazione *f.* **Ka|pi|ta|lis|mus** m. *(-, Kapitalismen)* capitalismo *m.* **Ka|pi|ta|list** m. *(-en,-en)* capitalista *m.* **ka|pi|ta|lis|tisch** agg. capitalistico; capitalista.

Ka|pi|tal|kon|to n. *(-s,-s* e *-konten)* conto *m.* capitale. **ka|pi|tal|kräf|tig** agg. che dispone di forti capitali. **Ka|pi|tal|man|gel** m. *(-s,-mängel)* scarsità *f.* di capitali. **Ka|pi|tal|markt** m. *(-[e]s,-märkte)* mercato *m.* finanziario (*o* dei capitali). **Ka|pi|tal|schrift** f. *(-)* scrittura *f.* capitale. **Ka|pi|tal|schwund** m. *(-[e]s)* perdita *f.* di capitale. **Ka|pi|tal|steu|er** f. *(-,-n)* tassa *f.* sul capitale. **Ka|pi|tal|til|gung** f. *(-,-en)* ammortamento *m.* del capitale. **Ka|pi|tal|ver|lust** m. *(-[e]s,-e)* perdita *f.* di capitale.

Ka|pi|tal|ver|bre|chen n. *(-s,-)* delitto *m.* capitale.

Ka|pi|tal|ver|flech|tung f. *(-,-en)* concentrazione *f.* di capitali. **Ka|pi|tal|ver|kehr** m. *(-[e]s,-e)* movimento *m.*, circolazione *f.* di capitale. **Ka|pi|tal|ver|mö|gen** n. *(-s,-)* capitale *m.*, patrimonio *m.* in capitali. **Ka|pi|tal|wert** m. *(-[e]s,-e)* valore *m.* del capitale. **Ka|pi|tal|zins** m. *(-es,-en)* interesse *m.* del capitale. **Ka|pi|tal|zu|fuhr** f. *(-,-en)* afflusso *m.* di capitali. **Ka|pi|tal|zu|wachs** m. *(-es)* incremento *m.* di capitale.

Ka|pi|tän m. *(-s,-e)* 1 capitano *m.*; SPORT ***der ~ der Nationalelf*** il capitano della nazionale (di calcio) 2 *(Flugkapitän)* comandante *m.* ◆ ***~ auf großer Fahrt*** capitano di lungo corso; ***~ zur See*** capitano di vascello; ***~ der Wirtschaft*** capitano d'industria. **Ka|pi|tän|leut|nant** m. *(-[e]s,-s)* tenente *m.* di vascello. **Ka|pi|täns|pa|tent** n. *(-[e]s,-e)* brevetto *m.* di capitano.

Ka|pi|tel n. *(-s,-)* **1a** capitolo *m.*: ***das zweite ~ des Buches*** il secondo capitolo del libro; FIG. ***ein dunkles ~ seines Lebens, in seinem Leben*** un oscuro capitolo della, nella sua vita **b** ECCL. capitolo *m.* **2** *(Angelegenheit)* questione *f.*, faccenda *f.*: ***das ist ein ~ für sich*** questo è un capitolo a sé, questa è una questione a parte. **ka|pi|tel|fest** agg. sicuro, solido; COLLOQ. *(von Gesundheit)* robusto.

Ka|pi|tell n. *(-s,-e)* capitello *m.*

Ka|pi|tel|saal m. *(-[e]s,-säle)* sala *f.* capitolare.

Ka|pi|tol n.pr.n. *(-s)* Campidoglio *m.*

Ka|pi|tu|lant m. *(-en,-en)* **1** STOR. soldato *m.* raffermato **2** = persona *f.* che si arrende facilmente.

Ka|pi|tu|lar m. *(-s,-e)* RELIG. canonico *m.*

Ka|pi|tu|la|ri|en pl. capitolare *m.*

Ka|pi|tu|la|ti|on f. *(-,-en)* **1** capitolazione *f.*, resa *f.*: ***die bedingungslose ~ unterschreiben, annehmen*** firmare, accettare la resa incondizionata **2** ANT. MIL. rafferma *f.* **ka|pi|tu|lie|ren** intr. (aus. *haben*) **1** capitolare, arrendersi **2** *(aufgeben)* arrendersi: ***vor einer Schwierigkeit ~*** arrendersi di fronte ad una difficoltà **3** ANT. MIL. raffermarsi.

Kap|lan m. *(-s, Kapläne)* cappellano *m.*

Ka|po m. *(-s,-s)* **1** sottufficiale *m.*, sergente *m.* **2** *(in den Konzentrationslagern)* kapò *m.* **3** REGION. COLLOQ. *(Vorarbeiter)* capo(squadra) *m.*

Ka|po|das|ter m. *(-s,-)* capotasto *m.*

Ka|pok m. *(-s)* capoc *m.*, kapok *m.* **Ka|pok|baum** m. *(-[e]s,-bäume)* albero *m.* del capoc.

ka|po|res agg. COLLOQ. rotto ◆ GERG. ***~ gehen*** = morire.

Ka|pot|te f. *(-,-n)*, **Ka|pott|hut** m. *(-[e]s,-hüte)* cappotta *f.*

Kap|pa n. *(-[s],-s)* LING. cappa *f.*

Kap|pa|do|zi|en n.pr.n. *(-s)* Cappadocia *f.* **Kap|pa|do|zi|er** m. *(-s,-)* abitante *m.* della Cappadocia. **kap|pa|do|zisch** agg. della Cappadocia.

Käpp|chen n. *(-s,-)* cappuccetto *m.*

Kap|pe f. *(-,-n)* **1** *(Mütze)* berretto *m.*, cuffia *f.*: ***eine ~ tragen, aufsetzen*** portare, mettersi un berretto **2a** *(Deckel)* coperchio *m.* **b** *(aufklappbarer Verschluss)* tappo *m.* meccanico **c** *(aufdrehbarer Verschluss)* tappo *m.* a vite **3a** MECC. *(Schutzvorrichtung)* calotta *f.* **b** MAT. calotta *f.* **4a** ARCH. unghia *f.* **b** MIN. armatura *f.* del tetto **5** *(am Schuh)* mascherina *f.* ◆ ***der Berg hat eine weiße ~*** la montagna è incappucciata di neve; COLLOQ. ***jdm etwas auf die ~ geben*** dare una botta a qcn.; ***das kommt, geht auf seine ~*** ne è lui (il) responsabile, è di sua competenza; ***etw. auf seine ~ nehmen*** assumersi la responsabilità di qcs.

kap|pen tr. **1a** mozzare, tagliare **b** FIG. ***eine Beziehung ~*** troncare un rapporto **2** BOT. svettare **3** *(kastrieren)* castrare, capponare **4** *(begatten)* coprire, montare **5** COLLOQ. *(fangen)* prendere, acciuffare.

Kap|pes m. *(-)* **1** cavolo *m.* cappuccio **2** *(Unsinn)* sciocchezza *f.*, stupidaggine *f.*, scemenza *f.*: ***rede nicht solchen ~!*** non dire stupidaggini!

Kapp|hahn m. *(-[e]s,-hähne)* cappone *m.*

Käp|pi n. *(-s,-s)* chepì *m.*

Kapp|naht f. *(-,-nähte)* cucitura *f.* ribattuta (*o* doppia).

Kap|pus → **Kappes.**

Kapp|zaum m. *(-[e]s,-zäume)* cavezzone *m.* **Kapp|zie|gel** m. *(-s,-)* tegola *f.*, embrice *m.*

Kap|ric|cio n. *(-s,-s)* MUS. capriccio *m.* **Kap|ri|ce** [ka'pri:sə] f. *(-,-n)* capriccio *m.*

Kap|ri|o|le f. *(-,-n)* **1** capriola *f.*: ***-n schlagen, machen*** fare capriole **2** *(launenhafter Einfall)* capriccio *m.*, grillo *m.* **3** EQUIT. capriola *f.* **kap|ri|o|len** intr. (aus. *haben*) RAR. fare capriole.

Kap|ri|ze f. *(-,-n)* → **Kaprice. kap|ri|zie|ren** rifl. ***sich auf etw. ~*** incapricciarsi di qcs. **kap|ri|zi|ös** agg. capriccioso.

Kap|sel f. *(-,-n)* capsula *f.* **Kap|sel|frucht** f. *(-,-früchte)* frutto *m.* capsulare. **kap|se|lig** agg. a capsula, capsulare. **kap|seln** tr. TECN. incapsulare. **Kap|sel|riss** m. *(-es,-e)* MED. lacerazione *f.* della capsula articolare. **Kap|se|lung** f. *(-,-en)* incapsulamento *m.*

kaps|lig → **kapselig. Kaps|lung** → **Kapselung.**

Kap|stadt n.pr.n. *(-s)* Città *f.* del Capo.

Kap|tal n. *(-s,-e)*, **Kap|tal|band** n. *(-[e]s,-bänder)* TIP. capitello *m.*

Kap|ta|ti|on f. *(-,-en)* DIR. ANT. captazione *f.*; *(Erbschleicherei)* captazione *f.* d'eredità.

Käp|ten m. *(-s,-s)* REGION. → **Kapitän.**

kap|ti|vie|ren tr. ANT. **1** *(gefangennehmen)* catturare, prendere prigioniero **2** *(für sich einnehmen)* cattivarsi.

ka|putt agg. **1a** rotto: ***ein -er Schuh*** una scarpa rotta; COLLOQ. ***ein -er Arm*** un braccio rotto; *(entzwei)* spezzato **b** *(defekt)* guasto, scassato: ***eine -e Anlage*** un impianto guasto **2a** distrutto, a pezzi: ***ihre Ehe ist ~*** il loro matrimonio è distrutto; ***Berlin war völlig ~*** Berlino era completamente distrutta; COLLOQ. ***ein -er Typ*** uno scoppiato **b** *(erschöpft)* ***er ist von der Arbeit ~*** è distrutto dal lavoro; ***sich ~ fühlen*** sentirsi a pezzi **3** *(pleite)* fallito, rovinato: ***die Firma ist ~*** la ditta è fallita ◆ COLLOQ. ***bei ihm ist was ~*** è un po' suonato; ***was ist jetzt ~?*** che è successo? **ka|putt_fah|ren** tr. *(fährt, fuhr, gefahren)* distruggere, scassare (guidando). **ka|putt_ge|hen** intr. *(ging, gegangen;* aus. *sein)* COLLOQ. **1** rompersi, sfasciarsi: ***die Hose geht an den Knien kaputt*** i pantaloni si stanno rompendo sulle ginocchia **2** *(zugrunde gehen)* fallire. **ka|putt_krie|gen** tr. (riuscire a) rompere. **ka|putt_la|chen** rifl. ***sich über etw. ~*** sbellicarsi dalle risate, morire dal ridere per qcs. **ka|putt_ma|chen I** tr. COLLOQ. **1** spaccare, rompere, sfasciare: ***die Teller ~*** rompere i piatti **2** *(ruinieren)* rovinare, distruggere: ***das macht die kleinen Kaufleute kaputt*** ciò rovina i piccoli commercianti; FIG. ***eine Ehe ~*** distruggere un matrimonio **3** GERG. *(umbringen)* uccidere **II** rifl. **sich ~** rovinarsi, distruggersi. **ka|putt_schla|gen** tr. *(schlägt, schlug, geschlagen)* sfasciare, mandare in pezzi.

Ka|pu|ze f. *(-,-n)* cappuccio *m.*

Ka|pu|zi|na|de f. *(-,-n)* → **Kapuzinerpredigt.**

Ka|pu|zi|ner m. *(-s,-)* **1** *(Mönch)* cappuccino *m.* **2** AUSTR. *(Kaffee mit Milch)* cappuccino *m.* **3** → **Kapuzineraffe 4** BOT. porcinello *m.* **Ka|pu|zi|ner|af|fe** f. *(-,-n)* scimmia *f.* cappuccina. **Ka|pu|zi|ner|kres|se** f. *(-,-n)* BOT. tropeolo *m.* **Ka|pu|zi|ner|mönch** m. *(-[e]s,-e)* frate *m.* cappuccino. **Ka|pu|zi|ner|or|den** m. *(-s,-)* ECCL. ordine *m.* dei (frati) cappuccini. **Ka|pu|zi|ner|pilz** m. *(-es,-e)* porcinello *m.* **Ka|pu|zi|ner|pre|digt** f. *(-,-en)* predicozzo *m.*, ramanzina *f.*

Kap Ver|de n.pr.n. *(-s)* Capo *m.* Verde. **Kap|ver|den** n.pr.pl. *(-)* Isole *f.pl.* di Capo Verde. **Kap|ver|di|er** m. *(-s,-)* capoverdiano *m.* **kap|ver|disch** agg. capoverdiano. **Kap|ver|di|sche In|seln** n.pr.pl. Isole *f.pl.* di Capo Verde.

Kar n. *(-[e]s,-e)* circo *m.* glaciale.

Ka|ra|bi|ner m. *(-s,-)* **1** carabina *f.* **2** AUSTR. → **Karabinerhaken. Ka|ra|bi|ner|ha|ken** m. *(-s,-)* moschettone *m.* **Ka|ra|bi|ni|er** [karabi'nie:] m. *(-s,-s)* STOR. carabiniere *m.* **Ka|ra|bi|ni|e|re** m. *(-[s], Karabinieri)* carabiniere *m.*

Ka|ra|cho n. *(-s)* COLLOQ. ***mit ~*** a tutta birra.

Ka|raf|fe f. *(-,-n)* caraffa *f.*: ***eine ~ Wasser*** una caraffa d'acqua.

Ka|ra|i|be → **Karibe. ka|ra|i|bisch** → **karibisch.**

Ka|ra|kal m. *(-s,-s)* caracal *m.*

Ka|ra|kul|schaf n. *(-[e]s,-e)* karakul *m.*, caracul *m.*

Ka|ram|bo|la|ge [-'la:ʒə] f. *(-,-n)* **1** COLLOQ. *(Zusammenstoß)* scontro *m.* (di più auto), carambola *f.* **2** FIG. RAR. diverbio *m.*, scontro *m.*: ***eine ~ mit jdm haben*** avere un diverbio con qcn. **Ka|ram|bo|le** f. *(-,-n)* GIOC. carambola *f.* **ka|ram|bo|lie|ren** intr. **1** GIOC. (aus. *haben*) carambolare, fare carambola **2** RAR. (aus. *haben, sein*) scontrarsi, carambolare.

ka|ra|mel → **karamell. Ka|ra|mel** → **Karamell. Ka|ra|mel|bon|bon** → **Karamellbonbon. ka|ra|me|lie|ren** → **karamellieren. ka|ra|me|li|sie|ren** → **karamellisieren. ka|ra|mell** agg.inv. color caramello. **Ka|ra|mell** m. e SVIZZ. n. *(-s)* caramello *m.* **Ka|ra|mell|bon|bon** m. e n. *(-s,-s)* caramella *f.* mou. **Ka|ra|mel|le** f. *(-,-n)* → **Karamellbonbon. ka|ra|mel|lie|ren** intr. (aus. *haben*) caramellarsi. **ka|ra|mel|li|sie|ren** tr. caramellare. **Ka|ra|mell|zu|cker, Ka|ra|mel|zu|cker** m. *(-s)* zucchero *m.* caramellato.

Ka|ra|o|ke m. *(-s)* karaoke *m.*

Ka|rat n. *(-[e]s,-e)* carato *m.*

Ka|ra|te n. *(-[s])* karatè *m.* **Ka|ra|te|ka** m. *(-[s],-[s])*, **Ka|ra|te|kämp|fer** m. *(-s,-)* karateka *m.*

Ka|rau|sche f. *(-,-n)* carassio *m.*

Ka|ra|vel|le f. *(-,-n)* caravella *f.*

Ka|ra|wa|ne f. *(-,-n)* carovana *f.* ◆ ***die Hunde bellen, aber die ~ zieht weiter*** = si va avanti per la propria strada incuranti delle critiche. **Ka|ra|wa|nen|han|del** m. *(-s)* commercio *m.* carovaniero. **Ka|ra|wa|nen|stra|ße** f. *(-,-n)* (strada *f.*) carovaniera *f.* **Ka|ra|wan|se|rei** f. *(-,-en)* caravanserraglio *m.*

Kar|bat|sche f. *(-,-n)* scudiscio *m.*

Kar|bid n. *(-[e]s,-e)* carburo *m.* **Kar|bid|lam|pe** f. *(-,-n)*, **Kar|bid|licht** n. *(-[e]s,-er)* lampada *f.* a carburo.

Kar|bon n. *(-s)* GEOL. carbonifero *m.*

Kar|bo|na|de f. *(-,-n)* **1** REGION. *(Kotelett)* cotoletta *f.* **2** AUSTR. ANT. *(Frikadelle)* polpetta *f.*

Kar|bo|nat n. *(-[e]s,-e)* carbonato *m.* **kar|bo|na|tisch** agg. carbonato.

Kar|bo|ni|sa|ti|on f. *(-,-en)* **1** MED. carbonizzazione *f.* **2** CHIM. carbonatazione *f.* **kar|bo|nisch** agg. carbonico, carbonifero. **kar|bo|ni|sie|ren** tr. carbonizzare. **Kar|bo|nit** n. *(-[e]s)* carbonite *f.*

Kar|bon|pa|pier n. *(-s,-e)* carta *f.* carbone. **Kar|bon|säu|re** f. *(-,-n)* acido *m.* carbonico.

Kar|bo|nyl n. *(-s,-e)* carbonile *m.* **kar|bo|zyk|lisch** agg. carbociclico.

Kar|bun|kel m. *(-s,-)* MED. carbonchio *m.*

kar|bu|rie|ren tr. carburare.

Kar|da|mom m. e n. *(-s,-e[n])* **1** cardamomo *m.* **2** *(Samen des Kardamoms)* seme *m.* di cardamomo.

Kar|dan, Kar|dan m. *(-s,-e)* cardano *m.* **Kar|dan|an|trieb** m. *(-[e]s,-e)* trasmissione *f.* cardanica. **Kar|dan|ge|lenk** n. *(-[e]s,-e)* giunto *m.* cardanico. **kar|da|nisch** agg. cardanico: ***-e Aufhängung*** sospensione cardanica. **Kar|dan|tun|nel** m. *(-s,- e -s)* tunnel *m.* (dell'albero di trasmissione). **Kar|dan|wel|le** f. *(-,-n)* albero *m.* cardanico (*o* di trasmissione).

Kar|dät|sche f. *(-,-n)* **1** brusca *f.* **2** EDIL. frattazzo *m.*, pialletto *m.* **kar|dät|schen** tr. bruscare: ***die Pferde ~*** bruscare i cavalli.

Kar|dät|scher m. *(-s,-)* scardassatore *m.* **Kar|de** f. *(-,-n)* **1** cardo *m.* **2** TESS. cardo *m.*, scardasso *m.*

Kar|deel n. *(-s,-e)* MAR. legnolo *m.*

kar|den tr. cardare, scardassare. **Kar|den|dis|tel** f. *(-,-n)* cardo *m.*

Kar|di|a|kum n. *(-s, Kardiaka)* cardiotonico *m.* **kar|di|al** agg. cardiaco. **Kar|di|al|gie** f. *(-,-n)* cardialgia *f.*

kar|die|ren → **karden.**

Kar|di|nal m. *(-s, Kardinäle)* **1** cardinale *m.* **2** INTRAD. (bevanda a base di vino bianco, zucchero e scorza di arancia) **3** ORNIT. cardinale *m.* **Kar|di|nal|bi|schof** m. *(-s,-bischöfe)* cardinale *m.* vescovo. **Kar|di|na|le** n. *(-[s], Kardinalia)* → **Kardinalzahl. Kar|di|nal|far|be** f. *(-,-n)* colore *m.* primario. **Kar|di|nal|feh|ler** m. *(-s,-)* errore *m.* madornale. **Kar|di|nal|punkt** m. *(-[e]s,-e)* punto *m.* cardinale.

Kar|di|nals|hut m. *(-[e]s,-hüte)* cappello *m.* cardinalizio. **Kar|di|nals|in|sig|ni|en** pl. insegne *f.pl.* cardinalizie. **Kar|di|nals|kol|le|gi|um** n. *(-s,-kollegien)* collegio *m.* cardinalizio. **Kar|di|nals|kon|gre|ga|ti|on** f. *(-,-en)* congregazione *f.* cardinalizia. **Kar|di|nal|staats|sek|re|tär** m. *(-s,-e)* (cardinale *m.*) segretario *m.* di stato vaticano. **Kar|di|nals|wür|de** f. *(-)* dignità *f.* cardinalizia, cardinalato *m.*

Kar|di|nal|tu|gend f. *(-,-en)* virtù *f.* cardinale. **Kar|di|nal|vi|kar** m. *(-s,-e)* cardinale *m.* vicario. **Kar|di|nal|vo|gel** m. *(-s,-vögel)* ORNIT. cardinale *m.* **Kar|di|nal|zahl** f. *(-,-en)* numero *m.* cardinale.

Kar|di|o|gramm n. *(-s,-e)* **1** cardiogramma *m.* **2** *(Elektrokardiogramm)* elettrocardiogramma *m.* **Kar|di|o|graph** m. *(-en,-en)* cardiografo *m.* **Kar|di|o|ide** f. *(-,-n)* cardioide *m.* **Kar|di|o|lo|ge** m. *(-n,-n)* cardiologo *m.* **Kar|di|o|lo|gie** f. *(-)* cardiologia *f.* **kar|di|o|lo|gisch** agg. cardiologico. **Kar|di|o|ly|se** f. *(-)* cardiolisi *f.* **Kar|di|o|pa|thie** f. *(-,-n)* cardiopatia *f.* **Kar|di|o|spas|mus** m. *(-,-spasmen)* cardiospasmo *m.* **kar|di|o|vas|ku|lär** agg. cardiovascolare.

Kar|di|tis f. *(-, Karditiden)* cardite *f.*

Ka|re|li|en n.pr.n. *(-s)* Carelia *f.* **ka|re|lisch** agg. careliano.

Ka|renz f. *(-,-en)* **1** *(Karenzzeit)* periodo *m.* di carenza (*o* di aspettativa) **2** MED. carenza *f.* **Ka|renz|frist** f. *(-,-en)* termine *m.* di carenza (*o* di aspettativa). **Ka|renz|tag** m. *(-[e]s,-e)* giorno *m.* di aspettativa. **Ka|renz|zeit** f. *(-,-en)* periodo *m.* di carenza (*o* di aspettativa).

Ka|rer|see n.pr.m. *(-s)* lago *m.* di Carezza.

ka|res|sie|ren I tr. accarezzare **II** intr. (aus. *haben*) REGION. ***mit jdm ~*** = avere una relazione (sentimentale) con qcn.

Ka|ret|te, Ka|rett|schild|krö|te f. *(-,-n)* tartaruga *f.* embricata.

Kar|fi|ol m. *(-s)* REGION. cavolfiore *m.*

Kar|frei|tag m. *(-[e]s,-e)* venerdì *m.* santo.

Kar|fun|kel m. *(-s,-)* carbonchio *m.* **kar|fun|keln** intr. (aus. *haben*) risplendere. **Kar|fun|kel|stein** m. *(-[e]s,-e)* → **Karfunkel.**

karg agg. (compar. *karger*/RAR. *kärger*, superl. *kargst...*/RAR. *kärgst...*) **1** scarso, magro: ***eine -e Mahlzeit*** un pasto magro **2** *(ärmlich)* povero, misero **3** *(wenig fruchtbar)* povero: ***ein -er Boden*** un terreno povero ◆ ***~ bemessen*** scarso; ***mit etw. ~ sein*** essere avaro di qcs., lesinare su qcs. **kar|gen** intr. (aus. *haben*) ***mit etw. ~*** essere avaro di qcs., lesinare su qcs.: ***er kargt nicht mit Lob, Geld*** non è avaro di lodi, non lesina sul denaro. **Karg|heit** f. *(-)* scarsità *f.*, scarsezza *f.*

kärg|lich agg. scarso, magro, misero: ***ein -er Lohn*** un misero salario. **Kärg|lich|keit** f. *(-)* scarsità *f.*, miseria *f.*

Kar|go m. *(-s,-s)* AER. MAR. carico *m.* **Kar|go|ver|si|che|rung** f. *(-,-en)* AER. MAR. assicurazione *f.* del carico.

Ka|ri|be m. *(-n,-n)* caribo *m.* **Ka|ri|bik** f. *(-)* ***die ~*** il mar(e) dei Caraibi, i Caraibi. **ka|ri|bisch** agg. caribico, dei Caraibi.

Ka|ri|bu n. e m. *(-s,-s)* caribù *m.*

Ka|ri|en n.pr.n. *(-s)* Caria *f.*

ka|rie|ren tr. RAR. quadrettare. **ka|riert I** p.pass. agg. **1** → **karieren 2** a quadri, a quadretti, quadrettato: ***ein -es Hemd*** una camicia a quadretti **3** COLLOQ. SPREG. *(verwirrt)* confuso **II** avv. COLLOQ. in modo insensato: ***~ reden*** parlare in modo insensato ◆ COLLOQ. ***guck nicht so ~!*** non fare quella faccia inebetita!

Ka|ri|es f. *(-)* carie *f.*

ka|ri|ka|tiv agg. caricaturale. **Ka|ri|ka|tur** f. *(-,-en)* caricatura *f.*; *(witzige Zeichnung)* vignetta *f.* (umoristica). **Ka|ri|ka|tu|ren|zeich|ner** m. *(-s,-)* → **Karikaturist. ka|ri|ka|tu|resk** agg. caricaturale. **Ka|ri|ka|tu|rist** m. *(-en,-en)* caricaturista *m.*; *(humoristischer Zeichner)* vignettista *m.* **ka|ri|ka|tu|ris|tisch** agg. caricaturale. **ka|ri|kie|ren** tr. ***jdn, etw. ~*** fare la caricatura di, caricaturare qcn., qcs.

ka|ri|o|gen agg. cariogeno. **ka|ri|ös** agg. cariato.

ka|ri|ta|tiv agg. caritatevole, benefico, di beneficenza.

Kar|kas|se f. *(-,-n)* carcassa *f.*

Karl n.pr.m. Carlo *m.*: ***~ der Große*** Carlo Magno. **Kar|la** n.pr.f. Carla *f.* **Karl|chen** n.pr.n. Carletto *m.*

Kar|li|ne f. *(-,-n)* ANT. SPREG. *(dumme Frau)* oca *f.*, gallina *f.*

Kar|list m. *(-en,-en)* STOR. carlista *m.* **Kar|lis|ten|krie|ge** pl. guerre *f.pl.* carliste. **kar|lis|tisch** agg. carlista.

Karls|bad n.pr.n. Carlsbad *f.* **Karls|ba|der I** m. *(-s,-)* abitante *m.* di Carlsbad **II** agg.inv. di Carlsbad: ***~ Salz*** sali (minerali) di Carlsbad.

Karls|sa|ge f. *(-)* saga *f.* (*o* leggenda *f.*) di Carlo Magno.

Kar|ma, Kar|man n. *(-s)* karma(n) *m.*

Kar|mel n.pr.m. *(-s)* (monte *m.*) Carmelo *m.*

Kar|me|lit *(-en,-en)*, COLLOQ. **Kar|me|li|ter** m. *(-s,-)* carmelitano *m.* **Kar|me|li|te|rin** f. *(-,-nen)* COLLOQ. → **Karmelitin. Kar|me|li|ter|geist** m. *(-[e]s)* spirito *m.* di melissa. **Kar|me|li|ter|or|den** m. *(-s)* ordine *m.* carmelitano. **Kar|me|li|tin** f. *(-,-nen)* carmelitana *f.*

Kar|me|sin → **Karmin. kar|me|sin|rot** → **karminrot.**

Kar|min n. *(-s)* carminio *m.* **kar|min|rot** agg. rosso carminio. **Kar|min|säu|re** f. *(-)* acido *m.* carminico.

Kar|nau|ba|pal|me f. *(-,-n)* palma *f.* della cera. **Kar|nau|ba|wachs** n. *(-es)* carnauba *f.*

Kar|ne|ol m. *(-s,-e)* corniola *f.*

Kar|ne|val m. *(-s,-e* e *-s)* carnevale *m.*: ***~ feiern*** festeggiare il carnevale; ***auf den, zum ~ gehen*** partecipare al, alla festa di carnevale; ***zum ~ nach Rio fahren*** andare al carnevale di Rio; ***sich im ~ verkleiden*** mascherarsi per carnevale. **kar|ne|va|lesk** agg. carnevalesco, LETT. carnascialesco. **kar|ne|va|lis|tisch** agg. carnevalesco. **Kar|ne|vals|ge|sell|schaft** f. *(-,-en)* → **Karnevalsverein. Kar|ne|vals|kos|tüm** n. *(-s,-e)* costume *m.* di carnevale. **Kar|ne|vals|lied** n. *(-[e]s,-er)* canzone *f.* di carnevale. **Kar|ne|vals|prinz** m. *(-en,-en)* re *m.* del carnevale. **Kar|ne|vals|prin|zes|sin** f. *(-,-nen)* reginetta *f.* del carnevale. **Kar|ne|vals|schla|ger** m. *(-s,-)* → **Karnevalslied. Kar|ne|vals|um|zug** m. *(-[e]s,-umzüge)* corteo *m.* (*o* sfilata *f.*) di carnevale. **Kar|ne|vals|ver|ein** m. *(-s,-e)* comitato *m.* (per l'organizzazione del) carnevale. **Kar|ne|vals|zug** m. *(-[e]s,-züge)* → **Karnevalsumzug.**

Kar|ni|ckel n. *(-s,-)* **1** REGION. *(Kaninchen)* coniglio *m.* **2a** COLLOQ. *(Sündenbock)* capro *m.* espiatorio **b** *(Dummkopf)* stupido *m.*

kar|nisch agg. carnico.

Kar|ni|vo|re I m. *(-n,-n)* carnivoro *m.*, animale *m.* carnivoro **II** f. *(-,-n)* carnivora *f.*, pianta *f.* carnivora.

Kärn|ten n.pr.n. *(-s)* Carinzia *f.* **Kärn|te|ner, Kärnt|ner** m. *(-s,-)* carinziano *m.*, abitante *m.* della Carinzia. **kärnt|ne|risch** agg. carinziano.

Ka|ro n. *(-s,-s)* **1** quadrato *m.*, rombo *m.* **2** *(Karomuster)* quadro *m.*, quadretto *m.*: ***ein Hemd in ~*** una camicia a quadretti **3** *(bei Spielkarten)* quadri *m.pl.* **Ka|ro|ass** n. *(-ses,-se)* asso *m.* di quadri.

Ka|ro|la n.pr.f. Carola *f.*, Carla *f.* **Ka|ro|li|na, Ka|ro|li|ne** n.pr.f. Carolina *f.*

Ka|ro|li|nen n.pr.pl. ***die ~*** le (Isole) Caroline.

Ka|ro|lin|ger m. *(-s,-)* carolingio *m.* **ka|ro|lin|gisch** agg. carolingio ◆ ***-e Renaissance*** rinascita carolingia; ***-e Schrift*** carolina.

Ka|ro|mus|ter n. *(-s,-)* disegno *m.* a quadri, a quadretti.

Ka|ros|se f. *(-,-n)* **1** carrozza *f.* (di gala) **2** COLLOQ. *(Karosserie)* carrozzeria *f.* **Ka|ros|se|rie** f. *(-,-n)* carrozzeria *f.* **Ka|ros|se|rie|bau** m. *(-[e]s)* carrozzeria *f.* **Ka|ros|se|rie|bau|er** m. *(-s,-)* carrozziere *m.* **Ka|ros|se|rie|blech** n. *(-[e]s,-e)* lamiera *f.* per carrozzeria. **Ka|ros|se|rie|werk|stät|te** f. *(-,-n)* carrozzeria *f.* **ka|ros|sie|ren** tr. carrozzare.

Ka|ro|tis f. *(-, Karotiden)* carotide *f.*

Ka|rot|te f. *(-,-n)* carota *f.* **Ka|rot|ten|saft** m. *(-[e]s,-säfte)* succo *m.* di carota.

Kar|pa|ten n.pr.pl. Carpazi *m.pl.* **kar|pa|tisch** agg. carpatico.

Karp|fen m. *(-s,-)* carpa *f.* **Karp|fen|fisch** m. *(-es,-e)* ciprinide *m.*

Karp|fen|teich m. *(-[e]s,-e)* vivaio *m.* di carpe. **Karp|fen|zucht** f. *(-)* carpicoltura *f.* **Kärpf|lin|ge** pl. ciprinodontidi *m.pl.*
Kar|po|lo|gie f. *(-)* carpologia *f.* **kar|po|lo|gisch** agg. carpologico.
kar|ra|risch agg. di Carrara, carrarese: ***-er Marmor*** marmo di Carrara.
1.Kar|re f. *(-,-n)* **1a** *(Schubkarren)* carriola *f.* **b** *(mit großen Rädern)* carretto *m.* **2** COLLOQ. *(altes Fahrzeug)* carretta *f.*, catorcio *m.* ◆ COLLOQ. ***die ~ in den Dreck fahren, schieben*** imbrogliare la faccenda; ***die ~ (für jdn) aus dem Dreck ziehen*** sbrogliare la faccenda (a qcn.); COLLOQ. ***jdm an die ~, an den -n fahren*** pestare i calli a qcn.; COLLOQ. ***die ~ einfach laufen lassen*** lasciar correre l'acqua alla china; ***jdn vor seinen -n spannen*** servirsi di qcn. per i propri interessi; COLLOQ. ***die ~ ist total verfahren*** la faccenda è senza via d'uscita.
2.Kar|re f. *(-,-n)* calanco *m.*
Kar|ree n. *(-s,-s)* **1** MIL. quadrato *m.*: ***ein ~ bilden*** formare un quadrato; ***sich im ~ aufstellen*** disporsi in quadrato **2** AUSTR. costoletta *f.*
kar|ren I tr. **1** trasportare, portare (su carriola, carretto) **2** COLLOQ. *(fahren)* scarrozzare **II** intr. (aus. *sein*) COLLOQ. scarrozzare. **Kar|ren** m. *(-s,-)* → **1.Karre.**
Kar|ren|feld n. *(-[e]s,-er)* campo *m.* solcato (*o* calanchivo).
Kar|ren|gaul m. *(-[e]s,-gäule)* **1** cavallo *m.* da tiro **2** COLLOQ. SPREG. chi tira la carretta. **Kar|ren|la|dung** f. *(-,-en)* carrettata *f.*
Kar|ret|te f. *(-,-n)* SVIZZ. carretto *m.*
Kar|ri|e|re f. *(-,-n)* carriera *f.*: ***eine glänzende ~*** una carriera splendida; ***~ machen*** far(e) carriera; ***jdm die ~ verderben*** rovinare la carriera a qcn. ◆ ***in voller ~*** di gran carriera; ***~ reiten*** andare al galoppo. **Kar|ri|e|re|frau** f. *(-,-en)* donna *f.* in carriera. **Kar|ri|e|re|knick** m. *(-s,-e)* battuta *f.* d'arresto nella carriera. **Kar|ri|e|re|ma|cher** m. *(-s,-)* arrivista *m.*, carrierista *m.* **Kar|ri|e|re|ma|che|rei** f. *(-)* arrivismo *m.*, carrierismo *m.* **Kar|ri|e|re|stau** m. *(-[e]s)* blocco *m.* negli avanzamenti di carriera. **Kar|ri|e|ris|mus** m. *(-)* carrierismo *m.* **Kar|ri|e|rist** m. *(-en,-en)* carrierista *m.* **kar|ri|e|ris|tisch** agg. carrieristico.
kar|ri|o|len intr. (aus. *sein*) scarrozzare.
Kärr|ner m. *(-s,-)* ANT. uomo *m.* di fatica. **Kärr|ner|ar|beit** f. *(-,-en)* lavoro *m.* di fatica.
Kar|sams|tag m. *(-[e]s,-e)* sabato *m.* santo.
1.Karst m. *(-[e]s,-e)* bidente *m.*
2.Karst I n.pr.m. *(-[e]s)* Carso *m.* **II** m. *(-[e]s,-e)* carso *m.*, regione *f.* carsica. **Karst|bo|den** m. *(-s,-böden)* terreno *m.* carsico.
Kars|ten n.pr.m. Cristiano *m.*
kars|ten, kärs|ten tr. zappare (col bidente).
Karst|er|schei|nung f. *(-,-en)* fenomeno *m.* carsico; pl. carsismo *m.* **Karst|höh|le** f. *(-,-n)* dolina *f.* **kars|tig** agg. carsico. **Karst|land|schaft** f. *(-,-en)* paesaggio *m.* carsico. **Karst|trich|ter** m. *(-s,-)* → **Karsthöhle.**
Kart m. *(-[s],-s)* go-kart *m.*
kart. ⇒ *kartoniert* incartonato.
Kar|tät|sche f. *(-,-n)* **1** EDIL. frattazzo *m.* **2** MIL. ANT. cartoccio *m.* **kar|tät|schen** intr. (aus. *haben*) **1** EDIL. stendere l'intonaco col frattazzo **2** MIL. ANT. sparare a cartoccio.
Kar|tau|ne f. *(-,-n)* MIL. ANT. quartana *f.*, quartano *m.*
Kar|tau|se f. *(-,-n)* certosa *f.* **Kar|täu|ser** m. *(-s,-)* (monaco *m.*) certosino *m.* **Kar|täu|ser|li|kör** m. *(-s,-e)* certosino *m.*, chartreuse *f.* **Kar|täu|ser|mönch** m. *(-[e]s,-e)* → **Kartäuser. Kar|täu|ser|nel|ke** f. *(-,-n)* garofano *m.* selvatico. **Kar|täu|ser|or|den** m. *(-s)* ordine *m.* dei certosini.
Kärt|chen n. *(-s,-)* bigliettino *m.* **Kar|te** f. *(-,-n)* **1a** biglietto *m.*, cartoncino *m.*: ***-n austauschen*** scambiarsi i biglietti (da visita); ***zur Hochzeit -n verschicken*** spedire le partecipazioni di matrimonio **b** *(Fahrkarte, Flugkarte)* biglietto *m.* (di viaggio): ***eine ~ nach Bonn*** un biglietto per Bonn; ***die ~ entwerten, vorzeigen*** obliterare, mostrare il biglietto **c** *(Eintrittskarte)* biglietto *m.* (d'ingresso, d'entrata): ***die -n sind ausverkauft*** i biglietti sono esauriti **2** *(Ansichtskarte)* cartolina *f.*: ***eine ~ bekommen, schreiben, senden*** ricevere, scrivere, spedire una cartolina **3** *(Spielkarte)* carta *f.* (da gioco): ***-n spielen*** giocare a carte; ***gute -n in der Hand haben*** avere delle buone carte in mano; ***ein Spiel -n*** un mazzo di carte; ***die -n mischen, geben*** mischiare, dare le carte **4a** *(Speisekarte)* menù *m.*, lista *f.*: ***nach der ~ essen*** mangiare alla carta **b** *(Weinkarte)* carta *f.* (*o* lista *f.*) dei vini **5** *(Landkarte)* carta *f.*, cartina *f.* (geografica): ***physikalische, politische ~*** carta fisica, politica; ***die ~ aufschlagen*** aprire la cartina **6** SPORT cartellino *m.*: ***die gelbe, rote ~*** il cartellino giallo, rosso **7** INFORM. scheda *f.* ◆ FIG. ***seine -n aufdecken*** scoprire le proprie carte; ***die letzte ~ ausspielen*** giocare l'ultima carta; ***die grüne ~*** la carta verde; ***sich (nicht) in die -n gucken lassen*** (non) svelare le proprie intenzioni; ***jdm die -n legen, jdm -n schlagen*** fare le carte a qcn.; ***sich (nicht) in die -n sehen lassen*** → ***sich (nicht) in die -n gucken lassen;*** FIG. ***alles auf eine ~ setzen*** puntare tutto su una carta, rischiare il tutto per tutto; ***auf die falsche ~ setzen*** puntare sul cavallo perdente; FIG. ***mit offenen -n spielen*** giocare a carte scoperte; ***mit gezinkten -n spielen*** fare un gioco sporco; ***diese ~ sticht nicht*** questo non è un argomento convincente; SPORT ***die gelbe, rote Karte zeigen*** mostrare il cartellino giallo, rosso.
Kar|tei f. *(-,-en)* schedario *m.*: ***etw. in die ~ eintragen*** inserire qcs. nello schedario, schedare qcs.; ***in der ~ nachsehen*** consultare lo schedario. **Kar|tei|kar|te** f. *(-,-n)* scheda *f.*, cartella *f.* **Kar|tei|kas|ten** m. *(-s,-kästen)* schedario *m.* **Kar|tei|lei|che** f. *(-,-n)* SCHERZ. **1** *(Karteikarte)* scheda *f.* nulla **2** *(passives Mitglied)* peso morto *m.* **Kar|tei|zet|tel** m. *(-s,-)* → **Karteikarte.**
Kar|tell n. *(-s,-e)* **1** ECON. POL. cartello *m.* **2** *(von Studenten)* coordinamento *m.* di organizzazioni studentesche. **Kar|tell|amt** n. *(-[e]s,-ämter)* autorità *f.* antitrust. **Kar|tell|ge|setz** n. *(-es,-e)* legge *f.* antitrust, sui cartelli. **kar|tel|li|e|ren** tr. cartellizzare. **Kar|tel|li|e|rung** f. *(-,-en)* cartellizzazione *f.* **Kar|tell|recht** n. *(-[e]s,-e)* diritto *m.* dei cartelli. **Kar|tell|ver|band** m. *(-[e]s,-verbände)* coordinamento *m.* di organizzazioni studentesche.
kar|ten intr. (aus. *haben*) COLLOQ. giocare a carte. **Kar|ten|aus|ga|be** f. *(-,-n)* distribuzione *f.* dei biglietti. **Kar|ten|blatt** n. *(-[e]s,-blätter)* carta *f.* da gioco. **Kar|ten|block** m. *(-s,-blöcke* e *-s)* blocchetto *m.* di biglietti. **Kar|ten|brief** m. *(-[e]s,-e)* cartoncino *m.*, biglietto *m.* **Kar|ten|ge|ber** m. *(-s,-)* chi dà le carte. **Kar|ten|haus** n. *(-[e]s,-häuser)* **1** castello *m.* di carte: FIG. ***einstürzen, in sich zusammenfallen wie ein ~*** crollare come un castello di carte **2** MAR. sala *f.* nautica. **Kar|ten|kun|de** f. *(-)* cartografia *f.* **Kar|ten|kunst|stück** n. *(-[e]s,-e)* gioco *m.* di prestigio con le carte.
Kar|ten|le|gen n. *(-s)* cartomanzia *f.* **Kar|ten|le|ger** m. *(-s,-)* cartomante *m.* **Kar|ten|le|ge|rin** f. *(-,-nen)* cartomante *f.*
Kar|ten|le|sen n. *(-s)* lettura *f.* delle carte geografiche. **Kar|ten|lo|cher** m. *(-s,-)* perforatrice *f.* per schede. **Kar|ten|netz** n. *(-es,-e)* reticolo *m.* geografico. **Kar|ten|rei|ter** m. *(-s,-)* cavalierino *m.* (in uno schedario). **Kar|ten|schla|gen** n. *(-s)* REGION. cartomanzia *f.* **Kar|ten|spiel** n. *(-s,-e)* **1** gioco *m.* di carte: ***beim ~ sitzen*** giocare a carte **2** *(Gesamtheit der Spielkarten)* mazzo *m.* di carte. **Kar|ten|stän|der** m. *(-s,-)* sostegno *m.* per carte geografiche. **Kar|ten|ta|sche** f. *(-,-n)* portacarte *m.* **Kar|ten|te|le|fon** n. *(-s,-e)* telefono *m.* a scheda (magnetica). **Kar|ten|tisch** m. *(-es,-e)* **1** tavolo *m.* da gioco (per giochi di carte) **2** MAR. MIL. tavolo *m.* da, di carteggio. **Kar|ten|ver|kauf** m. *(-[e]s,-verkäufe)* vendita *f.* di biglietti. **Kar|ten|vor|ver|kauf** m. *(-[e]s,-verkäufe)* prevendita *f.* di biglietti. **Kar|ten|werk** n. *(-[e]s,-e)* carte *f.pl.* geografiche (di una regione). **Kar|ten|zei|chen** n. *(-s,-)* simbolo *m.* cartografico. **Kar|ten|zeich|ner** m. *(-s,-)* cartografo *m.*
kar|te|si|a|nisch agg. cartesiano. **Kar|te|si|a|nis|mus** m. *(-)* cartesianismo *m.* **kar|te|sisch** agg. → **kartesianisch.**
Kar|tha|ger, ANT. **Kar|tha|gi|ni|en|ser** m. *(-s,-)* cartaginese *m.* **kar|tha|gisch** agg. cartaginese. **Kar|tha|go** n.pr.n. *(-s)* Cartagine *f.*
kar|tie|ren tr. **1** GEOGR. ***ein Gebiet ~*** realizzare la carta (geografica) di una regione **2** *(in eine Kartei einordnen)* schedare. **Kar|tie|rung** f. *(-,-en)* **1** GEOGR. realizzazione *f.* di una carta geografica **2** *(Einordnung in eine Kartei)* schedatura *f.*, archiviazione *f.*
Kar|ting n. *(-s)* karting *m.*, kartismo *m.* **Kart|ler** m. *(-s,-)* kartista *m.*
Kar|tof|fel f. *(-,-n)* **1** patata *f.*: ***-n anbauen, ziehen*** piantare, coltivare patate; ***-n aushacken, ernten, schälen, kochen (sieden)*** cavare, raccogliere, pelare, lessare patate **2** → **Kartoffelnase 3** SCHERZ. *(Taschenuhr)* cipolla *f.* **4** SCHERZ. *(Loch im Strumpf)* buco *m.* (nella calza) ◆ ***rein in die -n, raus aus den -n*** ora una cosa, ora l'altra, un momento in un modo, un momento nell'altro. **Kar|tof|fel|acker** m. *(-s,-äcker)* campo *m.* di patate. **Kar|tof|fel|bo|fist, Kar|tof|fel|bo|vist** m. *(-[e]s,-e)* scleroderma *m.*, COLLOQ. tartufo *m.* falso. **Kar|tof|fel|brannt|wein** m. *(-[e]s)* acquavite *f.* di patate. **Kar|tof|fel|brei** m. *(-[e]s)* purè *m.* (*o* purea *f.*) di patate. **Kar|tof|fel|chen** n. *(-s,-)* patatina *f.* **Kar|tof|fel|chips** pl. patatine *f.pl.* **Kar|tof|fel|ern|te** f. *(-,-n)* raccolta *f.* delle patate. **Kar|tof|fel|ern|te|ma|schi|ne** f. *(-,-n)* raccoglitrice *f.* di patate, raccoglituberi *m.* **Kar|tof|fel|fe|ri|en** pl. SCOL. vacanze *f.pl.* autunnali. **Kar|tof|fel|hor|de** f. *(-,-n)* graticciato *m.* (per patate). **Kar|tof|fel|kä|fer** m. *(-s,-)* leptinotarsa *f.*, dorifora *f.* **Kar|tof|fel|kloß** m. *(-es,-klöße)*, REGION. **Kar|tof|fel|knö|del** m. *(-s,-)* (grosso) gnocco *m.* di patate. **Kar|tof|fel|knol|le** f. *(-,-n)* (tubero *m.* di) patata *f.* **Kar|tof|fel|kraut** n. *(-[e]s)* foglia *f.* di patata. **Kar|tof|fel|mehl** n. *(-[e]s)* fecola *f.* di patate. **Kar|tof|fel|mie|te** f. *(-,-n)* = silo *m.* (interrato) per

la conservazione delle patate. **Kar|tof|fel|mus** n. *(-es)* REGION. → **Kartoffelbrei. Kar|tof|fel|na|se** f. *(-,-n)* naso *m.* bitorzoluto. **Kar|tof|fel|pres|se** f. *(-,-n)* schiacciapatate *m.* **Kar|tof|fel|puf|fer** m. *(-s,-)* frittella *f.* di patate. **Kar|tof|fel|pü|ree** n. *(-s,-s)* → **Kartoffelbrei. Kar|tof|fel|quet|sche** f. *(-,-n)* REGION. → **Kartoffelpresse. Kar|tof|fel|sack** m. *(-[e]s,-säcke)* sacco *m.* di patate. **Kar|tof|fel|sa|lat** m. *(-[e]s,-e)* insalata *f.* di patate. **Kar|tof|fel|scha|le** f. *(-,-n)* buccia *f.* (*o* pelle *f.*) di patata. **Kar|tof|fel|schä|ler** m. *(-s,-)* pelapatate *m.* **Kar|tof|fel|schnaps** m. *(-es)* → **Kartoffelbranntwein. Kar|tof|fel|schnee** m. *(-s)* purè *m.* (di patate) molto soffice. **Kar|tof|fel|stamp|fer** m. *(-s,-)* schiacciapatate *m.* (fatto a pestello). **Kar|tof|fel|stär|ke** f. *(-)* amido *m.* di patata. **Kar|tof|fel|sup|pe** f. *(-,-n)* zuppa *f.* (*o* minestra *f.*) di patate. **Kar|tof|fel|teig** m. *(-[e]s)* impasto *m.* di patate. **Kar|tof|fel|zu|cker** m. *(-s)* zucchero *m.* di fecola.

Kar|to|gramm n. *(-s,-e)* cartogramma *m.*

Kar|to|graph m. *(-en,-en)* cartografo *m.* **Kar|to|gra|phie** f. *(-)* cartografia *f.* **kar|to|gra|phie|ren** tr. rappresentare cartograficamente. **kar|to|gra|phisch I** agg. cartografico **II** avv. cartograficamente.

Kar|to|man|tie f. *(-)* cartomanzia *f.*

Kar|to|me|ter n. *(-s,-)* curvimetro *m.*

Kar|ton [-tɔŋ, -toːn] m. *(-s,-s)* **1** cartone *m.*; *(steifes Papier)* cartoncino *m.* **2a** *(Schachtel aus Pappe)* scatola *f.* (di cartone), cartone *m.*: ***drei ~, drei -s französischen Wein*** tre cartoni di vino francese; ***etw. in -s verpacken*** imballare qcs. in scatole, incartonare qcs. **b** *(größere Schachtel)* scatolone *m.* **3** PITT. cartone *m.*

Kar|to|na|ge [-naːʒə] f. *(-,-n)* **1** cartonaggio *m.*, imballo *m.* in cartone **2** *(Bucheinband)* rilegatura *f.* in cartone. **Kar|to|na|gen|ma|cher** m. *(-s,-)* operaio *m.* dell'industria dei cartonaggi. **Kar|to|na|gen|wa|ren** pl. cartonaggi *m.pl.* **kar|to|nie|ren** tr. cartonare.

Kar|to|thek f. *(-,-en)* cartoteca *f.*, schedario *m.*

Kar|tu|sche f. *(-,-n)* ARCH. ARM. cartoccio *m.*

Ka|ru|be f. *(-,-n)* carruba *f.*

Ka|run|kel f. *(-,-n)* ANAT. caruncola (*o* caroncola) *f.*

Ka|rus|sell n. *(-s,-s* e *-e)* giostra *f.*, ANT. carosello *m.*: ***(mit dem) ~ fahren*** andare in giostra ◆ COLLOQ. ***mit jdm ~ fahren*** = strigliare, sgridare qcn.

Kar|wo|che f. *(-,-n)* settimana *f.* santa.

Ka|ry|a|ti|de f. *(-,-n)* ARCH. cariatide *f.*

Ka|ry|o|ga|mie f. *(-,-n)* cariogamia *f.* **Ka|ry|o|lo|gie** f. *(-)* cariologia *f.* **Ka|ry|op|se** f. *(-,-n)* BOT. cariosside *f.*

Kar|zer m. *(-s,-)* STOR. **1** cella *f.* di punizione (in licei, università) **2** *(Strafe)* punizione *f.*: ***5 Tage ~ bekommen*** prendere 5 giorni di punizione.

kar|zi|no|gen agg. cancerogeno. **Kar|zi|nom** n. *(-s,-e)* carcinoma *m.* **kar|zi|no|ma|tös** agg. carcinomatoso.

Ka|sa|che m. *(-n,-n)* kazako *m.* **ka|sa|chisch** agg. kazako. **Ka|sachs|tan** n.pr.n. *(-s)* Kazakistan *m.*

Ka|sack m. *(-s,-s)* e AUSTR. f. *(-,-s)* casacca *f.*

Kas|ba(h) f. *(-,-s* e *Ksabi)* casba(h) *f.*

Ka|schem|me f. *(-,-n)* bettola *f.* (malfamata).

Kä|scher → **Kescher.**

ka|schie|ren tr. **1** mascherare, nascondere **2** TEATR. ***Bühnendekorationen ~*** costruire scenografie **3** *(Pappe)* rivestire di carta.

Kasch|mir I n.pr.n. *(-s)* Kashmir *m.* **II** m. *(-s,-e)* TESS. cachemire *m.* **Kasch|mir|wol|le** f. *(-)* lana *f.* cachemire, cachemire *m.*

Ka|schu|be m. *(-n,-n)* casciubo *m.* **ka|schu|bisch** agg. casciubo.

Kä|se m. *(-s,-)* **1** formaggio *m.*, cacio *m.*: ***frischer, milder, scharfer, weicher ~*** formaggio fresco, dolce, piccante, molle; SCHERZ. ***~ schließt den Magen*** = un pasto non è completo senza il formaggio **2** COLLOQ. *(Unsinn)* sciocchezze *f.pl.*, stupidaggini *f.pl.*: ***das ist doch alles ~!*** sono tutte sciocchezze! **kä|se|ar|tig** agg. caseiforme, simile al formaggio. **Kä|se|auf|schnitt** m. *(-[e]s)* piatto *m.* misto di formaggi, formaggi *m.pl.* misti. **Kä|se|blatt** n. *(-[e]s,-blätter)* giornale *m.* da quattro soldi, giornaluccio *m.* **Kä|se|ecke** f. *(-,-n)* formaggino *m.* **Kä|se|fon|due** n. *(-s,-s)* fondue *f.* **Kä|se|fuß** m. *(-es,-füße)* piede *m.* puzzolente. **Kä|se|ge|bäck** n. *(-[e]s)* biscotti *m.pl.* al formaggio. **Kä|se|glo|cke** f. *(-,-n)* copriformaggio *m.*, formaggiera *f.* (con coperchio a cupola).

Ka|se|in n. *(-s)* caseina *f.* **Ka|se|in|far|be** f. *(-,-n)* colore *m.* alla caseina. **Ka|se|in|ma|le|rei** f. *(-)* pittura *f.* fatta con colori alla caseina.

Kä|se|ku|chen m. *(-s,-)* torta *f.* di ricotta.

Ka|sel f. *(-,-n)* LIT. casula *f.*

Ka|se|mat|te f. *(-,-n)* casamatta *f.*

Kä|se|mes|ser n. *(-s,-)* coltello *m.* da formaggio. **Kä|se|mil|be** f. *(-,-n)* acaro *m.* del formaggio.

kä|sen intr. **1** (aus. *haben*) produrre formaggio **2** (aus. *haben, sein*) diventare formaggio; *(gerinnen)* coagulare, cagliare.

Ka|ser m. *(-s,-)* AUSTR. **1** → **Käser 2** *(Almhirt)* malgaro *m.* (che fa il formaggio).

Kä|ser m. *(-s,-)* **1** tecnico *m.* della produzione casearia, REGION. casaro *m.* **2** REGION. *(Händler)* commerciante *m.* di formaggi. **Kä|se|rei** f. *(-,-en)* **1** produzione *f.* di formaggio, caseificazione *f.* **2** *(Betrieb)* caseificio *m.*

Kä|se|rin|de f. *(-,-n)* crosta *f.* di formaggio.

Ka|ser|ne f. *(-,-n)* caserma *f.* **Ka|ser|nen|hof** m. *(-[e]s,-höfe)* cortile *m.* (*o* piazzale *m.*) della caserma. **Ka|ser|nen|hof|ton**, ***im ~ reden*** parlare con (*o* usare) un linguaggio da caserma.

ka|ser|nie|ren tr. accasermare, alloggiare in caserma. **Ka|ser|nie|rung** f. *(-,-en)* accasermamento *m.*

Kä|se|sah|ne|tor|te f. *(-,-n)* torta *f.* alla crema di ricotta e panna. **Kä|se|schmie|re** f. *(-)* vernice *f.* caseosa. **Kä|se|stan|ge** f. *(-,-n)* → **Käsegebäck. Kä|se|stoff** m. *(-[e]s)* → **Kasein. Kä|se|tor|te** f. *(-,-n)* **1** → **Käsekuchen 2** → **Käsesahnetorte. Kä|se|was|ser** n. *(-s)* siero *m.* del latte. **kä|se|weiß** agg. bianco come un lenzuolo, pallido come un morto. **kä|sig** agg. **1** che ha la consistenza del formaggio, caseoso **2** → **käseweiß.**

Ka|si|no n. *(-s,-s)* **1** circolo *m.*, ANT. casino *m.* **2a** *(Speiseraum)* mensa *f.* **b** MIL. mensa *f.* ufficiali **3** *(Spielkasino)* casinò *m.*

Kas|ka|de f. *(-,-n)* **1** cascata *f.* (artificiale) **2** *(Feuerwerk)* (fuoco *m.* d'artificio a) fontana *f.* **3** → **Kaskadenschaltung. Kas|ka|den|bat|te|rie** f. *(-,-n)* batteria *f.* in (*o* a) cascata. **Kas|ka|den|schal|tung** f. *(-,-en)* collegamento *m.* in cascata.

Kas|ka|deur [-'døːɐ] m. *(-s,-e)* cascatore *m.*

Kas|ko m. *(-s,-s)* **1** MAR. scafo *m.* **2** INTRAD. (gioco di carte) **3** → **Kaskoversicherung.**

Kas|ko|scha|den m. *(-s,-schäden)* danno *m.* coperto dalla casco. **kas|ko‿ver|si|chern** tr. assicurare con la casco. **Kas|ko|ver|si|che|rung** f. *(-,-en)* (assicurazione *f.*) casco *f.*

Kas|par n.pr.m. Gaspare *m.*

Kas|per m. *(-s,-)* **1** INTRAD. (burattino tedesco corrispondente grosso modo a Pulcinella) **2** *(alberner Mensch)* pagliaccio *m.*, buffone *m.*: ***den ~ machen*** fare il buffone. **Kas|perl** m. *(-s,-[n])* AUSTR., **Kas|per|le** n. e m. *(-s,-)* REGION. → **Kasper. Kas|per|le|pup|pe** REGION., **Kas|perl|pup|pe** AUSTR. → **Kasperpuppe. Kas|per|le|the|a|ter** REGION., **Kas|perl|the|a|ter** AUSTR. → **Kaspertheater. kas|pern** intr. (aus. *haben*) COLLOQ. fare il pagliaccio, il buffone. **Kas|per|pup|pe** f. *(-,-n)* INTRAD. (burattino tedesco corrispondente grosso modo a Pulcinella). **Kas|per|the|a|ter** n. *(-s,-)* teatro *m.* dei burattini.

kas|pisch agg. caspico: ***-e Senke*** depressione caspica ◆ ***das Kaspische Meer*** il Mar Caspio. **Kas|pi|see** n.pr.m. *(-s)* Mar *m.* Caspio.

Kas|sa f. *(-, Kassen)* AUSTR. → **Kasse. Kas|sa|block** AUSTR. → **Kassenblock. Kas|sa|buch** AUSTR. → **Kassenbuch. Kas|sa|ge|schäft** n. *(-[e]s,-e)* operazione *f.* a pronti (*o* per contanti). **Kas|sa|kurs** m. *(-es,-e)* corso *m.* (a) contanti. **Kas|sa|markt** m. *(-[e]s,-märkte)* mercato *m.* pronto (*o* a pronti, per contanti).

Kas|sand|ra n.pr.f. Cassandra *f.* **Kas|sand|ra|ruf** m. *(-[e]s,-e)* presagio *m.* funesto.

Kas|sa|skon|to m. e n. *(-s,-s)* sconto *m.* per contanti.

Kas|sa|ti|on f. *(-,-en)* cassazione *f.* **Kas|sa|ti|ons|be|schwer|de** f. *(-,-n)* ricorso *m.* in cassazione. **Kas|sa|ti|ons|hof** m. *(-[e]s,-höfe)* (Corte *f.* di) Cassazione *f.*

Kas|sa|zah|lung f. *(-,-en)* pagamento *m.* (a) pronta cassa.

Kas|se f. *(-,-n)* **1** *(Behälter)* cassa *f.*: ***das Geld in die ~ legen*** mettere i soldi nella cassa; ***jdm die ~ anvertrauen*** affidare la cassa a qcn.; *(Ladenkasse)* ***an der ~ anstehen, bezahlen*** essere (*o* stare) in fila, pagare alla cassa; ***etw. in die ~ tippen*** battere qcs. alla cassa; *(Schalterraum)* ***die Karten an der ~ abholen*** ritirare i biglietti alla cassa; ***die ~ ist geschlossen*** la cassa è chiusa **2a** COMM. *(Barzahlung)* pronta cassa *f.*: ***wir liefern gegen ~*** consegniamo pronta cassa **b** contanti *m.pl.*, pagamento *m.* in contanti: ***um ~ bitten*** chiedere il pagamento in contanti; ***etw. gegen ~ verkaufen*** vendere qcs. per, dietro contanti **3a** COLLOQ. *(Sparkasse, Bank)* banca *f.*: ***sein Geld zur, auf die ~ bringen*** portare i soldi in banca **b** *(Krankenkasse)* mutua *f.*, cassa *f.* malattia: ***das Medikament geht auf ~*** la medicina è pagata dalla mutua ◆ COLLOQ. ***gut, schlecht (knapp) bei ~ sein*** star bene (a soldi), essere a corto di soldi; COLLOQ. ***jdn zur ~ bitten*** battere cassa a qcn.; ***in meiner ~ herrscht Ebbe*** sono a corto di soldi; ***die ~ führen*** tenere la cassa; ***gemeinsame ~ führen, machen*** fare cassa comune; ***getrennte ~ haben*** ognuno paga per sé; ***in die ~ greifen*** mettere mano alla cassa, rubare; ***~ machen*** fare i conti; ***etw. reißt ein großes (tiefes) Loch in die ~*** qcs. apre una voragine nella cassa, bisogna pagare molto per qcs.

Kas|se|ler → **Kassler.**

Kas|sen|ab|schluss m. *(-es,-abschlüsse)* chiusura *f.* di cassa. **Kas|sen|arzt** m. *(-[e]s,-ärzte)* medico *m.* della mutua. **kas|sen|ärzt|lich** agg. mutualistico. **Kas|sen|be|stand** m. *(-[e]s,-bestände)* fondo *m.* (di) cassa, giacenza *f.* di cassa. **Kas|sen|block** m. *(-s, -blöcke* e *-s)* blocco *m.* di ricevute. **Kas|sen|bon** m. *(-s,-s)* buono *m.* di cassa, scontrino *m.* **Kas|sen|bril|le** f. *(-,-n)* COLLOQ. SPREG. occhiali *m.pl.* della mutua. **Kas|sen|buch** n. *(-[e]s, -bücher)* libro *m.* di cassa. **Kas|sen|er|folg** m. *(-[e]s,-e)* TEATR. CINEM. successo *m.* di cassetta. **Kas|sen|ge|stell** n. *(-[e]s,-e)* COLLOQ. SPREG. montatura *f.* (di occhiali) della mutua. **Kas|sen|mag|net** m. *(-[e]s,-e)* COLLOQ. ***ein ~ sein*** fare cassetta, attirare pubblico. **Kas|sen|pa|ti|ent** m. *(-en,-en)* mutuato *m.* **Kas|sen|prü|fung, Kas|sen|re|vi|si|on** f. *(-,-en)* revisione *f.*, verifica *f.* di cassa. **Kas|sen|schal|ter** m. *(-s,-)* sportello *m.*, cassa *f.*; *(im Theater, Kino)* botteghino *m.* **Kas|sen|schein** m. *(-[e]s,-e)* **1** *(Zahlungsanweisung)* scontrino *m.* di cassa, buono *m.* di cassa **2** *(Banknote)* biglietto *m.* di banca. **Kas|sen|schla|ger** m. *(-s,-)* COLLOQ. **1a** TEATR. CINEM. spettacolo *m.* di cassetta **b** → **Kassenmagnet 2** *(von Waren)* articolo *m.* di successo. **Kas|sen|sturz** m. *(-es)* COLLOQ. ***~ machen*** verificare la cassa. **Kas|sen|wart** m. *(-[e]s,-e)* tesoriere *m.*, chi tiene la cassa. **Kas|sen|zet|tel** m. *(-s,-)* ricevuta *f.*, scontrino *m.* fiscale.

Kas|se|rol|le f. *(-,-n)* casseruola *f.*

Kas|set|te f. *(-,-n)* **1** cassettina *f.* (per oggetti di valore) **2** *(für Bücher, Schallplatten)* cofanetto *m.*: ***drei Bände, zwei LPs in ~*** tre volumi, due Lp in cofanetto **3a** cassetta *f.*, musicassetta *f.*: ***den Vortrag auf ~ aufnehmen, überspielen*** registrare la conferenza su cassetta **b** *(Videokassette)* cassetta *f.*, videocassetta *f.* **4** FOT. magazzino *m.* **5** ARCH. cassettone *m.*, lacunare *m.* **Kas|set|ten|ab|spiel|ge|rät** n. *(-[e]s,-e)* mangiacassette *m.* **Kas|set|ten|deck** n. *(-s,-s)* piastra *f.* di registrazione. **Kas|set|ten|de|cke** f. *(-,-n)* soffitto *m.* a cassettoni. **Kas|set|ten|fern|se|hen** n. *(-s)* trasmissione *f.* di una videocassetta. **Kas|set|ten|film** m. *(-[e]s,-e)* videocassetta *f.* **Kas|set|ten|ge|rät** n. *(-[e]s,-e)*, **Kas|set|ten|re|kor|der** m. *(-s,-)* registratore *m.* a cassette. **Kas|set|ten|spie|ler** m. *(-s,-)* → **Kassettenabspielgerät.**

kas|set|tie|ren tr. ARCH. rivestire a cassettoni.

Kas|si|a|baum m. *(-[e]s,-bäume)* cassia *f.*

Kas|si|ber m. *(-s,-)* GERG. messaggio *m.* segreto (di carcerati).

Kas|sier m. *(-s,-e)* REGION. → **Kassierer.**

1.kas|sie|ren tr. **1a** incassare: ***die Miete, einen Rechnungsbetrag ~*** incassare l'affitto, una somma **b** COLLOQ. *(abkassieren)* ***jdn ~*** far pagare qcn. **c** COLLOQ. *(hinnehmen müssen)* incassare: ***einen Schlag, eine Niederlage ~*** incassare un colpo, una sconfitta **2** COLLOQ. *(einnehmen)* intascare, mettersi in tasca: ***ein ansehnliches Honorar ~*** intascare un onorario coi fiocchi **3a** COLLOQ. *(beschlagnahmen)* sequestrare: ***an der Grenze wurden die Pässe kassiert*** al confine sono stati sequestrati i passaporti **b** *(sich aneignen)* inglobare: ***einen Betrieb ~*** inglobare una ditta **c** *(gefangen nehmen)* acciuffare, catturare.

2.kas|sie|ren tr. **1** DIR. cassare, invalidare, annullare: ***ein Urteil ~*** cassare una sentenza **2** ***jdn ~*** destituire, RAR. cassare qcn.

Kas|sie|rer m. *(-s,-)* **1** cassiere *m.* **2** *(Kassenwart)* tesoriere *m.* **Kas|sie|re|rin,** REGION. **Kas|sie|rin** f. *(-,-nen)* **1** cassiera *f.* **2** *(Kassenwartin)* tesoriera *f.*

1.Kas|sie|rung f. *(-,-en)* **1** incasso *m.* (anche FIG.) **2** COLLOQ. *(Aneignung)* appropriazione *f.* **3** COLLOQ. *(Gefangennahme)* cattura *f.*

2.Kas|sie|rung f. *(-,-en)* **1** DIR. cassazione *f.* **2** *(Entlassung)* destituzione *f.*

Kas|si|o|pe|ia n.pr.f. *(-)* ASTR. Cassiopea *f.*

Kas|si|te|rit m. *(-s,-e)* cassiterite *f.*

Kass|ler n. *(-s,-)* INTRAD. (costata di maiale affumicata).

Kas|ta|gnet|te [-an'jɛtə] f. *(-,-n)* castagnetta *f.*

Kas|ta|nie f. *(-,-n)* **1a** *(Edelkastanie)* castagno *m.* **b** *(Rosskastanie)* ippocastano *m.*, castagno *m.* d'India **2a** *(Frucht der Edelkastanie)* castagna *f.*: ***-n rösten*** arrostire le castagne; ***geröstete, gekochte -n*** caldarroste *f.pl.*, castagne lesse (*o* ballotte *f.pl.*) **b** *(Frucht der Rosskastanie)* castagna *f.* d'India ◆ COLLOQ. ***(für jdn) die -n aus dem Feuer holen*** togliere, cavare le castagne dal fuoco (a qcn.). **Kas|ta|ni|en|baum** m. *(-[e]s,-bäume)* **1** *(Edelkastanie)* castagno *m.* **2** *(Rosskastanie)* ippocastano *m.* **kas|ta|ni|en|braun** agg. castano. **Kas|ta|ni|en|holz** n. *(-es)* castagno *m.*, legno *m.* di castagno. **Kas|ta|ni|en|wald** m. *(-[e]s,-wälder)* castagneto *m.*, bosco *m.* di castagni.

Käst|chen n. *(-s,-)* **1** cassettino *m.* **2** *(kleines auf Papier gedrucktes Quadrat)* quadratino *m.*, quadrettino *m.*; casella *f.*

Kas|te f. *(-,-n)* casta *f.*: ***die indischen -n*** le caste indiane; *(Gesellschaftsschicht)* ***die ~ der Ärzte*** la casta dei medici.

kas|tei|en rifl. **sich ~** mortificarsi (nel corpo). **Kas|tei|ung** f. *(-,-en)* mortificazione *f.*

Kas|tell n. *(-s,-e)* **1** STOR. fortificazione *f.* **2** *(Burg)* castello *m.* **Kas|tel|lan** m. *(-s,-e)* **1** STOR. comandante *m.* della, di una fortezza **2** *(Hausmeister)* custode *m.* (di, del castello). **Kas|tel|la|nei** f. *(-,-en)* amministrazione *f.* di castello.

käs|teln tr. quadrettare.

Kas|ten m. *(-s, Kästen* e *-)* **1** cassa *f.*: ***ein hölzerner ~*** una cassa di legno **2** *(von Flaschen)* cassetta *f.*: ***ein ~ Bier*** una cassetta di birra **3** *(Instrumentenkasten)* custodia *f.* (rigida): ***die Geige aus dem ~ nehmen*** togliere il violino dalla custodia **4** *(Aushängekasten, Schaukasten)* bacheca *f.*, vetrinetta *f.* **5** COLLOQ. *(Briefkasten)* cassetta *f.*, buca *f.* per le lettere: ***einen Brief zum ~ bringen*** imbucare una lettera **6** REGION. *(Schubkasten)* cassetto *m.* **7** *(Fahrgestellaufsatz)* cassone *m.* **8a** COLLOQ. SPREG. *(kastenförmiges Gerät)* scatola *f.*, aggeggio *m.*: ***mach den ~ aus!*** spegni quell'aggeggio! (radio o televisione) **b** *(hässliches Gebäude)* casermone *m.*: ***das Hotel ist ein alter ~*** l'albergo è un vecchio casermone **c** *(schlechtes Fahrzeug)* carcassa *f.*, rottame *m.* **9** REGION. *(Schrank)* cassa *f.*, armadio *m.* **10** GINN. *(Sprungkasten)* plinto *m.* **11** MIL. *(Arrest)* prigione *f.*: ***drei Tage ~ bekommen*** prendere tre giorni di prigione **12** GERG. *(Tor bei Ballspielen)* porta *f.*: ***jdm den ~ voll hauen*** dare cappotto a qcn. ◆ COLLOQ. ***etw. auf dem ~ haben*** avere del sale in zucca. **Kas|ten|brot** n. *(-[e]s,-e)* pane *m.* a (*o* in) cassetta. **Kas|ten|form** f. *(-,-en)* forma *f.* (*o* teglia *f.*) quadrata.

Kas|ten|geist m. *(-[e]s)* spirito *m.* di casta.

Kas|ten|wa|gen m. *(-s,-)* **1** autocarro *m.* a cassone **2** *(Lieferwagen)* furgone *m.*

Kas|ten|we|sen n. *(-s)* sistema *m.* di caste.

Kas|ti|li|en n.pr.n. *(-s)* Castiglia *f.* **kas|ti|lisch** agg. castigliano.

Kas|ti|ze m. *(-n,-n)* castizo *m.*

Kas|tor n.pr.m. Castore *m.*

Kas|tor|öl n. *(-s)* olio *m.* di ricino.

Kast|rat m. *(-en,-en)* castrato *m.*, evirato *m.* **Kast|ra|ti|on** f. *(-,-en)* castrazione *f.* **Kast|ra|ti|ons|angst** f. *(-,-ängste)* PSIC. angoscia *f.* di castrazione. **Kast|ra|ti|ons|kom|plex** m. *(-es)* PSIC. complesso *m.* di castrazione. **kast|rie|ren** tr. castrare. **kast|riert** p.pass. agg. **1** → **kastrieren 2a** COLLOQ. SCHERZ. *(wirkungslos gemacht)* neutralizzato **b** ***eine -e Ausgabe*** un'edizione purgata. **Kast|rie|rung** f. *(-,-en)* → **Kastration.**

Ka|su|a|li|en pl. **1** *(Zufälligkeiten)* casualità *f.pl.* **2** ECCL. diritti casuali *m.pl.*, casuali *m.pl.* e *f.pl.*

Ka|su|ar m. *(-s,-e)* casuario *m.* **Ka|su|a|ri|ne** f. *(-,-n)* casuarina *f.*

Ka|su|ist m. *(-en,-en)* casista *m.* (anche FIG.). **Ka|su|is|tik** f. *(-)* casistica *f.* **ka|su|is|tisch** agg. casistico.

Ka|sus m. *(-,-)* **1** GRAMM. caso *m.* **2** RAR. *(Vorkommnis)* caso *m.*, evento *m.* **Ka|sus|en|dung** f. *(-,-en)* desinenza *f.* (del caso).

Kat m. *(-s,-s)* COLLOQ. **1** marmitta *f.* catalitica **2** → **Katauto.**

ka|ta|bol agg. catabolico. **Ka|ta|bo|lie** f. *(-)*, **Ka|ta|bo|lis|mus** m. *(-)* catabolismo *m.*

Ka|ta|chre|se, Ka|ta|chre|sis f. *(-, Katachresen)* catacresi *f.*

Ka|ta|falk m. *(-s,-e)* catafalco *m.*

Ka|ta|klys|men|the|o|rie f. *(-)* catastrofismo *m.* **Ka|ta|klys|mus** m. *(-, Kataklysmen)* cataclisma *m.*

Ka|ta|kom|be f. *(-,-n)* catacomba *f.*

Ka|ta|la|ne m. *(-n,-n)* catalano *m.* **ka|ta|la|nisch** agg. catalano. **Ka|ta|la|nisch** n. *(-[s])*, **Ka|ta|la|ni|sche** n. *(-n)* catalano *m.*, lingua *f.* catalana.

ka|ta|lek|tisch agg. catalettico.

Ka|ta|lep|sie f. *(-,-n)* MED. catalessi *f.*, catalessia *f.* **ka|ta|lep|tisch** agg. catalessico.

Ka|ta|le|xe, Ka|ta|le|xis f. *(-, Katalexen)* METR. catalessi *f.*

Ka|ta|log m. *(-[e]s,-e)* **1** catalogo *m.*: ***im ~ nachschlagen*** consultare il catalogo; ***etw. in einen ~ aufnehmen*** inserire qcs. in un catalogo; ***etw. aus dem ~ bestellen*** ordinare qcs. da catalogo **2** FIG. *(lange Reihe)* elenco *m.*, lista *f.* **ka|ta|lo|gi|sie|ren** tr. catalogare. **Ka|ta|lo|gi|sie|rung** f. *(-,-en)* catalogazione *f.* **Ka|ta|log|num|mer** f. *(-,-n)* numero *m.* di catalogo. **Ka|ta|log|preis** m. *(-es,-e)* prezzo *m.* di catalogo.

Ka|ta|lo|ni|en n.pr.n. *(-s)* Catalogna *f.* **Ka|ta|lo|ni|er** m. *(-s,-)* ANT. → **Katalane. ka|ta|lo|nisch** agg. → **katalanisch.**

Ka|ta|ly|sa|tor m. *(-s,-en)* **1** CHIM. catalizzatore *m.* **2** AUT. marmitta *f.* catalitica, catalizzatore *m.* **Ka|ta|ly|sa|tor|au|to** n. *(-s,-s)* automobile *f.* con marmitta catalitica. **Ka|ta|ly|se** f. *(-,-n)* catalisi *f.* **ka|ta|ly|sie|ren** tr. CHIM. catalizzare. **ka|ta|ly|tisch** agg. catalitico.

Ka|ta|ma|ran m. e n. *(-s,-e)* catamarano *m.*

Ka|ta|pho|re|se f. *(-,-n)* cataforesi *f.*

Ka|ta|plas|ma n. *(-s, Kataplasmen)* cataplasma *m.* **ka|tap|lek|tisch** agg. cataplettico. **Ka|tap|le|xie** f. *(-,-n)* cataplesssia *f.*
Ka|ta|pult n. e m. *(-[e]s,-e)* catapulta *f.* **Ka|ta|pult|flug** m. *(-s,-flüge)* volo *m.* catapultato. **ka|ta|pul|tie|ren I** tr. catapultare **II** rifl. **sich ~** catapultarsi. **Ka|ta|pult|start** m. *(-[e]s,-e)* decollo *m.* catapultato.
Ka|tar n.pr.n. *(-s)* Qatar *m.*
1.Ka|ta|rakt m. *(-[e]s,-e)* **1** cateratta *f.*, cataratta *f.* **2** FIG. sequela *f.*: ***ein ~ panischer Reaktionen*** una sequela (*o* un susseguirsi) di reazioni paniche.
2.Ka|ta|rakt f. *(-,-e)*, **Ka|ta|rak|ta** f. *(-, Katarakten)* MED. cateratta *f.* (*o* cataratta *f.*)
Ka|ta|rer m. *(-s,-)* abitante *m.* del Qatar. **ka|ta|risch** agg. del Qatar.
Ka|tarr, Ka|tarrh m. *(-s,-e)* **1** MED. catarro *m.* **2** COLLOQ. *(Erkältung)* raffreddore *m.* **ka|tar|ra|lisch, ka|tar|rha|lisch** agg. catarrale.
Ka|tas|ta|se, Ka|tas|ta|sis f. *(-, Katastasen)* TEATR. catastasi *f.*
Ka|tas|ter m. e n. *(-s,-)* catasto *m.* **Ka|tas|ter|amt** n. *(-[e]s,-ämter)* ufficio *m.* del catasto. **Ka|tas|ter|aus|zug** m. *(-[e]s,-auszüge)* estratto *m.* catastale. **Ka|tas|ter|steu|er** f. *(-,-n)* tassa *f.* catastale.
ka|tast|rie|ren tr. accatastare, registrare al catasto.
ka|ta|stro|phal I agg. catastrofico **II** avv. in modo catastrofico.
Ka|ta|stro|phe f. *(-,-n)* catastrofe *f.* (anche TEATR.): ***eine ~ herbeiführen, verhindern*** provocare, evitare una catastrofe. **Ka|ta|stro|phen|alarm** m. *(-[e]s)* allarme *m.* in caso di catastrofe. **Ka|ta|stro|phen|dienst** m. *(-[e]s,-e)* Protezione *f.* Civile. **Ka|ta|stro|phen|ein|satz** m. *(-[e]s,-einsätze)* intervento *m.* in caso di catastrofi. **Ka|ta|stro|phen|fall** m. *(-[e]s,-fälle)* ***im ~*** in caso di catastrofe. **Ka|ta|stro|phen|schutz** m. *(-[e]s)* **1** (servizio *m.* di) protezione *f.* civile **2** *(Maßnahmen)* misure *f.pl.* preventive contro una catastrofe. **Ka|ta|stro|phen|the|o|rie** f. *(-)* catastrofismo *m.* **Ka|ta|stro|phis|mus** m. *(-s)* COLLOQ. catastrofismo *m.*
Ka|ta|to|nie f. *(-,-n)* catatonia *f.* **ka|ta|to|nisch** agg. catatonico.
Kat|auto n. *(-s,-s)* COLLOQ. auto *m.* catalizzata.
Kät|chen n.pr.n., **Kä|te** n.pr.f. Caterina *f.*, Rina *f.*
Ka|te f. *(-,-n)* REGION. casupola *f.*, capanna *f.*
Ka|te|che|se f. *(-,-n)* **1** catechesi *f.* **2** *(Religionsunterricht)* lezione *f.* di religione. **Ka|te|chet** m. *(-en,-en)* catecheta *m.* **Ka|te|che|tik** f. *(-)* catechetica *f.* **ka|te|che|tisch** agg. catechetico.
Ka|te|chi|sa|ti|on f. *(-,-en)* catechizzazione *f.* **ka|te|chi|sie|ren** tr. catechizzare. **Ka|te|chis|mus** m. *(-, Katechismen)* catechismo *m.* **Ka|te|chist** m. *(-en,-en)* catechista *m.*
Ka|te|chu|me|nat n. e m. *(-[e]s)* catecumenato *m.* **Ka|te|chu|me|ne** m. *(-n,-n)* catecumeno *m.*
ka|te|go|ri|al agg. categoriale. **Ka|te|go|rie** f. *(-,-n)* categoria *f.* (anche FILOS.): ***unter eine bestimmte ~ fallen*** rientrare in una certa categoria; ***zu einer bestimmten ~ gehören, zählen*** appartenere a una certa categoria. **ka|te|go|risch I** agg. categorico: ***-er Imperativ*** imperativo categorico **II** avv. categoricamente. **ka|te|go|ri|sie|ren** tr. categorizzare, ordinare secondo categorie. **Ka|te|go|ri|sie|rung** f. *(-,-en)* il categorizzare.
Ka|ten m. *(-s,-)* REGION. → **Kate.**
1.Ka|ter m. *(-s,-)* gatto *m.* ◆ ***der Gestiefelte ~*** il gatto con gli stivali; ***verliebt wie ein ~ sein*** essere innamorato pazzo.
2.Ka|ter m. *(-s,-)* COLLOQ. mal *m.* di testa (dopo una sbronza). **Ka|ter|bum|mel** m. *(-s,-)* COLLOQ. = passeggiata *f.* per smaltire la sbronza. **Ka|ter|früh|stück** n. *(-[e]s,-e)* COLLOQ. = robusta colazione *f.* per smaltire la sbronza. **Ka|ter|idee** f. *(-,-n)* idea *f.* folle. **Ka|ter|stim|mung** f. *(-)* → **2.Kater.**
kat|e|xo|chen avv. per eccellenza, per antonomasia.
kath. ⇒ *katholisch* cattolico (catt.).
Ka|tha|rer m. *(-s,-)* STOR. cataro *m.*
Ka|tha|ri|ne n.pr.f. Caterina *f.*
Ka|thar|sis, Ka|thar|sis f. *(-)* catarsi *f.* **ka|thar|tisch** agg. catartico.
Käth|chen n.pr.n., **Kä|the** n.pr.f. Caterina *f.*, Rina *f.*
Ka|the|der n. e m. *(-s,-)* cattedra *f.* **Ka|the|der|blü|te** f. *(-,-n)* SCHERZ. papera *f.* (di un professore). **Ka|the|der|so|zi|a|lis|mus** m. *(-)* INTRAD. (dottrina politico-economica tedesca con elementi sociali). **Ka|the|der|weis|heit** f. *(-,-en)* sapienza *f.* puramente teorica.
Ka|thed|ra|le f. *(-,-n)* cattedrale *f.* **Ka|thed|ral|ent|schei|dung** f. *(-,-en)* decisione *f.* pontificia (ex cathedra).
Ka|the|te f. *(-,-n)* cateto *m.*
Ka|the|ter m. *(-s,-)* catetere *m.* **ka|the|te|ri|sie|ren, ka|the|tern** tr. **1** cateterizzare **2** *(Flüssigkeit ableiten)* far defluire mediante catetere.
Ka|tho|de f. *(-,-n)* catodo *m.* **Ka|tho|den|strahl** m. *(-[e]s,-en)* raggio *m.* catodico. **ka|tho|disch** agg. catodico.
Ka|tho|le m. *(-n,-n)* COLLOQ. SPREG. cattolico *m.* **Ka|tho|lik** m. *(-en,-en)* cattolico *m.* **Ka|tho|li|ken|tag** m. *(-[e]s,-e)* convegno *m.* cattolico. **Ka|tho|li|kin** f. *(-,-nen)* cattolica *f.* **ka|tho|lisch** agg. cattolico. **ka|tho|li|sie|ren** tr. cattolicizzare. **Ka|tho|li|zis|mus** m. *(-)* cattolicesimo *m.* **Ka|tho|li|zi|tät** f. *(-)* cattolicità *f.*, cattolicismo *m.*
Kath|rin n.pr.f. Caterina *f.*
Kat|ion n. *(-s,-en)* catione *m.*
Kat|ja n.pr.f. Katia *f.*
kat|schen, kät|schen intr. (aus. *haben*) REGION. masticare rumorosamente.
Kat|tun m. *(-s,-e)* cotonina *f.*, mussola *f.* di cotone ◆ ***~ kriegen*** essere rimproverato; MIL. *(beschossen werden)* essere sotto il fuoco; MIL. ***es gibt ~*** = è in corso un massiccio attacco. **kat|tu|nen** agg. di mussola di cotone.
Katz, ***~ und Maus (mit jdm) spielen*** giocare (con qcn.) come il gatto col topo; ***für die ~ sein*** = essere inutile.
katz|bal|gen rifl. **sich ~** COLLOQ. accapigliarsi, azzuffarsi. **Katz|bal|ge|rei** f. *(-,-en)* COLLOQ. zuffa *f.*, baruffa *f.*
Katz|bu|cke|lei f. *(-)* SPREG. moina *f.*, salamelecco *m.* **katz|bu|ckeln** intr. (aus. *haben*) SPREG. fare moine, salamelecchi.
Kätz|chen n. *(-s,-)* **1** gattino *m.*, micetto *m.* **2** COLLOQ. *(weibliche Person)* gattina *f.* **3** COLLOQ. *(Vulva)* passerina *f.* **4** BOT. amento *m.*, gattino *m.*
Kat|ze f. *(-,-n)* **1** gatto *m.*, FAM. micio *m.*; *(weibliche Katze)* gatta *f.*, FAM. micia *f.*: ***eine schwarze, getigerte, miauende, schnurrende, kratzende ~*** un gatto nero, tigrato, che miagola, che fa le fusa, che graffia **2** *(katzenartiges Raubtier)* felino *m.* **3** ANT. e REGION. *(Geldbeutel)* portamonete *m.* ◆ ***da beißt sich die ~ in den Schwanz*** è un gatto che si morde la coda; ***um etw. herumgehen wie die ~ um den heißen Brei*** girare in tondo a qcs. (per non venire al sodo); COLLOQ. ***das hat die ~ gefressen*** se l'è mangiato il gatto, è sparito; ***...und wenn es -n hagelt*** ...anche quando c'è un tempo da lupi; ***wie Hund und ~ leben*** essere come cane e gatto; COLLOQ. ***~ und Maus (mit jdm) spielen*** giocare (con qcn.) come il gatto col topo; ***in der Nacht sind alle -n grau*** di notte tutti i gatti sono bigi; ***nass wie eine ~ sein*** essere bagnato come un pulcino; ***neunschwänzige ~*** gatto a nove code; COLLOQ. ***es regnet -n*** piove che Dio la manda; COLLOQ. ***die ~ aus dem Sack lassen*** vuotare il sacco; COLLOQ. ***die ~ im Sack kaufen*** comprare a scatola chiusa; COLLOQ. ***der ~ die Schelle umhängen*** rischiare per tutti, correre un rischio per gli altri; ***das trägt die ~ auf dem Schwanz fort*** è un'inezia; COLLOQ. ***tote ~ spielen*** fare la gatta morta; PROV. ***die ~ lässt das Mausen nicht*** il lupo perde il pelo, ma non il vizio; ***wenn die ~ aus dem Haus ist, tanzen die Mäuse*** quando il gatto non c'è i topi ballano.
kat|zen|ar|tig agg. simile a un gatto, felino ◆ ***ein -es Tier*** un felino. **Kat|zen|au|ge** n. *(-s,-n)* **1** occhio *m.* di gatto **2** COLLOQ. *(Rückstrahler)* catarifrangente *m.* (posteriore) **3** MINER. bellocchio *m.*, occhio *m.* di gatto. **Kat|zen|bu|ckel** m. *(-s,-)* schiena *f.* curva: ***einen ~ machen*** fare la gobba. **Kat|zen|dreck** m. *(-[e]s)* **1** COLLOQ. cacca *f.* di gatto **2** *(Wertloses)* cosa *f.* da poco conto, di poco valore: ***so etwas ist ein ~*** una cosa del genere non vale una cicca. **Kat|zen|fell** n. *(-[e]s,-e)* pelo *m.*, pelliccia *f.* del gatto. **kat|zen|freund|lich** agg. COLLOQ. SPREG. falso, ipocrita, simulatore. **Kat|zen|freund|lich|keit** f. *(-)* COLLOQ. SPREG. falsità *f.*, ipocrisia *f.* **kat|zen|gleich** agg. da gatto, simile a un gatto. **Kat|zen|gold** n. *(-[e]s)* mica *f.* aurina. **kat|zen|haft** agg. → **katzenartig. Kat|zen|hai** m. *(-[e]s,-e)* ITTIOL. gattuccio *m.* **Kat|zen|jam|mer** m. *(-s)* COLLOQ. **1** = postumi *m.pl.* della sbronza **2** *(depressive Stimmung)* abbattimento *m.*, delusione *f.* **Kat|zen|kopf** m. *(-[e]s,-köpfe)* COLLOQ. **1** scapaccione *m.* **2** *(Kopfstein)* ciottolo *m.* (per selciato). **Kat|zen|ma|chen,** COLLOQ. ***das geht wie's ~*** è una cosa semplicissima. **Kat|zen|min|ze** f. *(-)* (erba *f.*) gattaia *f.* **Kat|zen|mu|sik** f. *(-)* COLLOQ. SPREG. musica *f.* stridente, sgradevole. **Kat|zen|sil|ber** n. *(-s)* mica *f.* bianca. **Kat|zen|sprung** m. *(-[e]s,-sprünge)* COLLOQ. **1** salto *m.* di, del gatto **2** FIG. *(geringe Entfernung)* salto *m.*, tiro *m.* di schioppo: ***sie wohnen einen ~ von hier*** abitano a un tiro di schioppo da qui. **Kat|zen|streu** f. *(-)* lettiera *f.* per gatti. **Kat|zen|tisch** m. *(-[e]s,-e)* COLLOQ. SCHERZ. tavolino *m.* da bambini ◆ ***am ~ sitzen, essen*** sedere, mangiare in disparte. **Kat|zen|wä|sche,** COLLOQ. ***~ machen*** lavarsi come i gatti. **Kat|zen|zun|ge** f. *(-,-n)* **1** lingua *f.* del gatto **2** *(Süßigkeit)* lingua *f.* di gatto (di cioccolato).
Kätz|lein n. *(-s,-)* gattino *m.*
Kau|ap|pa|rat n. *(-[e]s,-e)* apparato *m.* masticatorio. **kau|bar** agg. masticabile. **Kau|be|we|gung** f. *(-,-en)* movimento *m.* masticatorio.
kau|dal agg. caudale.

Kau|de|rer m. *(-s,-)* REGION. venditore *m.* ambulante.

kau|dern intr. (aus. *haben*) ANT. o REGION. borbottare, parlare indistintamente.

kau|der|welsch I agg. incomprensibile **II** avv. in modo incomprensibile: ***~ reden*** parlare in modo incomprensibile. **Kau|der|welsch** n. *(-[s])* **1** incomprensibile miscuglio *m.* (di lingue): ***ein ~ aus Spanisch und Italienisch*** un incomprensibile miscuglio di spagnolo e italiano **2** gergo *m.* (*o* linguaggio *m.*) incomprensibile: ***ein technisches ~*** un incomprensibile gergo tecnico. **kau|der|wel|schen** intr. (aus. *haben*) parlare un linguaggio (*o* un gergo) incomprensibile.

kau|di|nisch agg. caudino: ***-es Joch*** forche caudine. **Kaue** f. *(-,-n)* spogliatoio *m.* (per minatori).

kau|en I tr. **1** masticare: ***gründlich ~*** masticare a fondo; ***Tabak ~*** masticare tabacco **2** ***(die) Nägel ~*** rosicchiarsi (*o* mangiarsi) le unghie **II** intr. (aus. *haben*) **1** *(beißen)* ***auf, an etw. (D) ~*** masticare lungamente qcs.; FIG. *(sich abmühen)* ***an etw. (D) ~*** girare e rigirare su qcs. **2** *(knabbern)* ***auf, an etw. (D) ~*** morsicare qcs.: ***auf, an den Lippen ~*** morsicarsi le labbra; ***auf einem Bleistift ~*** rosicchiare una matita ◆ ***an etw. zu ~ haben*** risentire per molto tempo di qcs.; *(sich lange mit etw. beschäftigen müssen)* averne per molto tempo; ***mit vollen, mit beiden Backen ~*** mangiare a quattro ganasce (*o* palmenti); PROV. ***gut gekaut ist halb verdaut*** la prima digestione si fa in bocca.

kau|ern I intr. (aus. *haben*) stare accovacciato, rannicchiato **II** rifl. ***sich ~*** accovacciarsi, rannicchiarsi. **Kau|er|start** m. *(-[e]s)* SPORT partenza *f.* all'americana. **Kau|er|stel|lung** f. *(-,-en)* posizione *f.* accovacciata, rannicchiata.

Kauf m. *(-[e]s, Käufe)* acquisto *m.*: ***einen guten ~ tun*** fare un buon acquisto; ***ein ~ auf Raten*** un acquisto a rate; ***~ auf Kredit, Ziel*** acquisto a credito; ***~ gegen Kasse*** acquisto in contanti; ***einen ~ rückgängig machen*** annullare un acquisto; ***einen ~ tätigen, abschließen*** effettuare, concludere un acquisto ◆ ***~ auf Abruf*** vendita con consegna a richiesta del compratore; ***zum ~ anbieten*** mettere in vendita; ***~ nach Ansicht*** vendita salvo vista e verifica; ***~ gegen Muster, Probe*** vendita su campione; ***ein ~ aus zweiter Hand*** una acquisto di seconda mano; ***etw. in ~ nehmen*** accettare, accollarsi qcs.; ***Risiken in ~ nehmen*** accollarsi i rischi; ***~ auf eigene, fremde Rechnung*** acquisto per conto proprio, terzi; ***einen teuren ~ tun*** comprare a caro prezzo; ***~ mit Umtauschrecht*** acquisto con diritto di cambio; ***~ und Verkauf*** compravendita; ***zum ~ (an)stehen*** essere in vendita.

Kauf|an|reiz m. *(-es,-e)* incentivo *m.* all'acquisto. **Kauf|auf|trag** m. *(-[e]s,-aufträge)* ordine *m.* d'acquisto. **Kauf|brief** m. *(-[e]s,-e)* contratto *m.* di compravendita.

kau|fen I tr. **1** comp(e)rare, acquistare: ***auf Raten, auf Abzahlung ~*** comp(e)rare a rate; ***auf Kredit, auf Pump ~*** comprare a credito; ***nach Katalog, Muster ~*** comprare su catalogo, su campione; ***etw. aus zweiter Hand ~*** comprare qcs. di seconda mano; ***sie kauft alles bei... ~*** compra tutto alla (*o* da)...; ***etw. für viel, teures Geld ~*** comperare qcs. ad un prezzo elevato **2** *(bestechen)* comprare, corrompere: ***einen Beamten ~*** corrompere un funzionario **3** *(beim Kartenspiel)* pescare dal pozzo, dal mazzo degli scarti **II** rifl. ***sich (D) etw. ~*** comperarsi qcs. ◆ ***sich einen Affen ~*** prendere una sbornia; ***(gegen) bar ~*** comprare in contanti; ***in Bausch und Bogen ~*** comprare in blocco; ***dafür kann ich mir nichts ~*** non so che farmene; ***ein Kleid von der Stange ~*** comprare un vestito ai grandi magazzini; ***im Supermarkt ~*** fare la spesa al supermercato; ***etw. wird viel, gern gekauft*** qcs. è molto richiesto; COLLOQ. ***den werd ich mir ~*** gli darò io una lavata di capo. **kau|fens|wert** agg. che vale la pena di acquistare.

Käu|fer m. *(-s,-)* acquirente *m.*, compratore *m.*: ***ein aufmerksamer ~*** un attento compratore; ***einen ~ suchen*** cercare un acquirente. **Käu|fe|rin** f. *(-,-nen)* acquirente *f.*, compratrice *f.* **Käu|fer|kreis** m. *(-es,-e)*, **Käu|fer|schicht** f. *(-,-en)* categoria *f.* di compratori, di acquirenti.

Kauf|frau f. *(-,-en)* commerciante *f.* **Kauf|haus** n. *(-es,-häuser)* grande magazzino *m.* **Kauf|haus|de|tek|tiv** m. *(-es,-e)* poliziotto *m.* privato di un grande magazzino. **Kauf|herr** m. *(-n,-en)* negoziante *m.*

Kauf|kraft f. *(-)* **1** potere *m.* d'acquisto: ***die ~ des Dollars ist gestiegen*** il potere d'acquisto del dollaro è aumentato; ***die ~ abschöpfen*** assorbire potere d'acquisto **2** *(Zahlungsfähigkeit)* capacità *f.* d'acquisto; solvibilità *f.* **kauf|kräf|tig** agg. **1** che ha potere d'acquisto **2** *(zahlungsfähig)* solvente, solvibile. **Kauf|kraft|über|hang** m. *(-s)* eccedenza *f.* di potere d'acquisto. **Kauf|kraft|zu|wachs** m. *(-es,-zuwächse)* aumento *m.* del potere d'acquisto.

Kauf|la|den m. *(-s,-läden)* ANT. negozio *m.*, bottega *f.*; *(Kinderspielzeug)* negozio *m.* **Kauf|leu|te** → **Kaufmann.**

käuf|lich agg. **1** comprabile, acquistabile: ***diese Vase ist nicht ~*** questo vaso non è in vendita **2** *(bestechlich)* comprabile, corruttibile ◆ ***etw. ~ erwerben*** acquistare, comp(e)rare qcs.; ***-e Liebe*** amore mercenario; ***-es Mädchen*** ragazza che si vende. **Käuf|lich|keit** f. *(-)* corruttibilità *f.*

Kauf|lust f. *(-)* desiderio *m.*, voglia *f.* di comprare. **kauf|lus|tig** agg. interessato all'acquisto. **Kauf|lus|ti|ge** m. e f. *(-n,-n)* interessato (-a *f.*).

Kauf|mann m. *(-[e]s, Kaufleute)* **1** commerciante *m.*: ***ein geschäftstüchtiger ~*** un abile commerciante **2** ANT. REGION. bottegaio *m.* **3** *(Einzelhändler)* negoziante *m.* **kauf|män|nisch** agg. commerciale, di commercio: ***-er Leiter, Angestellter*** direttore commerciale, impiegato di commercio ◆ ***~ tätig sein*** svolgere un'attività commerciale; ***~ veranlagt sein*** avere predisposizione per il commercio. **Kauf|mann|schaft** f. *(-)* commercianti *m.pl.* **Kauf|manns|deutsch** n. *(-[s])* tedesco *m.* commerciale. **Kauf|manns|ge|hil|fe** m. *(-n,-n)* ANT. → **Handlungsgehilfe. Kauf|manns|gil|de** f. *(-,-n)* STOR. gilda *f.* dei mercanti. **Kauf|manns|la|den** m. *(-s,-läden)* → **Kaufladen. Kauf|manns|spra|che** f. *(-,-n)* linguaggio *m.* commerciale. **Kauf|manns|stand** m. *(-[e]s)* ANT. ceto *m.* mercantile.

Kauf|preis m. *(-es,-e)* prezzo *m.* d'acquisto. **Kauf|rausch** m. *(-es,-räusche)* SCHERZ. frenesia *f.* dell'acquisto: ***in ~ geraten*** essere colti dalla frenesia dell'acquisto. **Kauf|sum|me** f. *(-,-n)* importo *m.* (dell'acquisto). **Kauf|ver|hal|ten** n. *(-s)* condotta *f.* (*o* comportamento *m.*) del compratore. **Kauf|ver|trag** m. *(-[e]s,-verträge)* contratto *m.* di compravendita. **Kauf|wert** m. *(-[e]s,-e)* valore *m.* commerciale. **Kauf|zwang** m. *(-[e]s,-zwänge)* obbligo *m.* d'acquisto.

Kau|gum|mi m. e n. *(-s,-s)* gomma *f.* da masticare, chewing-gum *m.*: ***~ kauen*** masticare chewing-gum ◆ ***etw. zieht sich wie ein ~*** qcs. è tremendamente noioso.

Kau|kamm m. *(-[e]s,-kämme)* ascia *f.* da carpentiere.

Kau|ka|si|en n.pr.n. *(-s)* Caucasia *f.* **Kau|ka|si|er** m. *(-s,-)* abitante *m.* del Caucaso. **kau|ka|sisch** agg. caucasico. **Kau|ka|sus** n.pr.m. *(-)* Caucaso *m.*

Käul|chen n. *(-s,-)* GASTR. crocchetta *f.* di patate.

Kau|le f. *(-,-n)* **1** *(Kugel)* sfera *f.* **2a** *(Grube)* fossa *f.* **b** *(Loch)* buca *f.*

kau|li|flor agg. caulifloro.

Kaul|quap|pe f. *(-,-n)* girino *m.*

kaum avv. **1** *(fast gar nicht)* appena, quasi (niente): ***ich kenne sie ~*** la conosco appena; ***er bewegt sich ~*** si muove appena; ***ich habe ~ etw. gegessen*** (non) ho mangiato quasi niente; ***es war ~ jd da*** non c'era quasi nessuno; ***~ eine Rolle spielen*** non avere (quasi) alcuna importanza; ***hörst du es? ~*** lo senti? appena, appena; *(gerade)* ***sie war ~ ausgegangen, als..., da...*** era appena uscita che..., quando...; ANT. ***~ dass die Sonne aufgegangen war, brachen sie auf*** non appena il sole sorse si misero in cammino **2** *(nicht einmal ganz)* neppure, neanche: ***es sind ~ 2 km*** non sono neppure 2 km **3a** *(nur mit Mühe)* difficilmente, a stento: ***(es ist) ~ zu glauben*** è da non credere, si stenta a crederlo; ***es ist ~ zu lösen, zu verstehen*** è difficilmente risolvibile, comprensibile; ***ich lese es ~*** lo leggo, riesco a leggerlo a stento; **b** *(vermutlich nicht)* probabilmente (non), difficilmente: ***sie wird ~ noch anrufen*** probabilmente non telefonerà; ***er wird es ~ tun*** difficilmente lo farà ◆ ***~ dass...*** tanto che a malapena...; ***ich kann es ~ erwarten*** non vedo l'ora; ***wohl ~*** difficilmente, sarà difficile;

Kau|ma|zit m. *(-s,-e)* coke *m.* di lignite.

Kau|mus|kel m. *(-s,-n)* massetere *m.*

Kau|ri m. *(-s,-s)* e f. *(-,-s)* cauri *m.* **Kau|ri|mu|schel** f. *(-,-n)* conchiglia *f.* del cauri. **Kau|ri|schne|cke** f. *(-,-n)* → **Kauri.**

kau|sal I agg. causale: ***-er Zusammenhang*** un nesso causale; GRAMM. ***-e Konjunktion*** congiunzione causale **II** avv. ***mit etw. ~ zusammenhängen*** essere in rapporto di causa effetto con qcs. **Kau|sal|ad|verb** n. *(-s,-ien)* avverbio *m.* (con funzione) causale. **Kau|sal|be|zie|hung** f. *(-,-en)* rapporto *m.* di causalità. **Kau|sal|ge|setz** n. *(-es,-e)* principio *m.* di causalità. **Kau|sa|li|tät** f. *(-,-en)* causalità *f.* **Kau|sal|ket|te** f. *(-,-n)* catena *f.* di nessi causali. **Kau|sal|kon|junk|ti|on** f. *(-,-en)* GRAMM. congiunzione *f.* causale. **Kau|sal|ne|xus** m. *(-,-)* nesso *m.* causale. **Kau|sal|satz** m. *(-es,-sätze)* GRAMM. proposizione *f.* causale, causale *f.* **Kau|sal|zu|sam|men|hang** m. *(-[e]s,-hänge)* connessione *f.*, nesso *m.* causale.

kau|sa|tiv, kau|sa|tiv agg. GRAMM. causativo. **Kau|sa|tiv, Kau|sa|tiv** n. *(-s,-e)* verbo *m.* causativo. **Kau|sa|tiv|bil|dung** f. *(-,-en)* → **Kausativ.**

Kausch f. *(-,-en)*, **Kau|sche** f. *(-,-n)* manicotto *m.*; MAR. redancia *f.*

Kaus|tik f. *(-)* **1** FIS. caustica *f.* **2** MED. cauterizzazione *f.* **Kaus|ti|**

kum n. *(-s, Kaustika)* CHIM. caustico *m.* **kaus|tisch** agg. caustico. **Kau|ta|bak** m. *(-s,-e)* tabacco *m.* da masticare.
Kau|tel f. *(-,-en)* DIR. cautela *f.*; *(Vorsichtsmaßnahme)* precauzione *f.*
Kau|ter m. *(-s,-)* MED. cauterio *m.* **Kau|te|ri|sa|ti|on** f. *(-,-en)* cauterizzazione *f.* **kau|te|ri|sie|ren** tr. cauterizzare. **Kau|te|ri|um** n. *(-s, Kauterien)* **1** CHIM. caustico *m.* **2** MED. cauterio *m.*
Kau|ti|on f. *(-,-en)* cauzione *f.*: ***eine ~ zahlen, stellen (leisten)*** pagare, versare una cauzione; ***gegen Zahlung einer ~ freikommen*** essere liberato dietro pagamento di una cauzione; ***3 Monatsmieten ~ zahlen müssen*** dover pagare tre mesi d'affitto come cauzione. **Kau|ti|ons|sum|me** f. *(-,-n)* somma *f.* data in cauzione.
Kaut|schuk m. *(-s,-e)* caucciù *m.*, gomma *f.* **Kaut|schuk|baum** m. *(-[e]s,-bäume)* albero *m.* del caucciù. **Kaut|schuk|milch** f. *(-)* lattice *m.* di gomma. **Kaut|schuk|wa|re** f. *(-,-n)* prodotti *m.pl.* di caucciù. **kaut|schu|tie|ren** tr. gommare.
Kau|werk|zeu|ge pl. organi *m.pl.* della masticazione.
Kauz m. *(-es, Käuze)* **1** ORNIT. civetta *f.*: ***das Geschrei, der Ruf des -es*** l'urlo della civetta **2** *(Sonderling)* tipo *m.* stravagante, originale *m.* **Käuz|chen** n. *(-s,-)* civetta *f.* **kau|zig** agg. originale, stravagante. **Kau|zig|keit** f. *(-)* stravaganza *f.*, originalità *f.*
Ka|val m. *(-s,-s)* GIOC. cavallo *m.* (nei tarocchi). **Ka|va|lier** m. *(-s,-e)* **1** cavaliere *m.*, gentiluomo *m.*: ***den ~ spielen*** fare il cavaliere; ***ein ~ der alten Schule*** un gentiluomo d'altri tempi; ***ein ~ am Steuer sein*** essere un gentiluomo al volante **2** *(Begleiter)* ANT. O SCHERZ. cavaliere *m.* **ka|va|lier|mä|ßig I** agg. da cavaliere, da gentiluomo, cavalleresco **II** avv. in modo cavalleresco. **Ka|va|liers|de|likt** m. *(-[e]s,-e)* reato *m.* non infamante; trasgressione *f.* perdonabile. **ka|va|liers|mä|ßig** agg. → **kavaliermäßig. Ka|va|lier(s)|start** m. *(-[e]s,-s)* COLLOQ. sgommata *f.*: ***einen ~ hinlegen*** fare una sgommata. **Ka|va|lier(s)|tuch** n. *(-[e]s,-tücher)* fazzoletto *m.* da taschino. **Ka|val|le|rie** f. *(-,-n)* MIL. cavalleria *f.*: ***leichte ~*** cavalleria leggera; ***er war bei der ~*** era in cavalleria. **Ka|val|le|rie|re|gi|ment** n. *(-[e]s,-e* e *-er)* reggimento *m.* di cavalleria. **Ka|val|le|rist** m. *(-en,-en)* MIL. STOR. soldato *m.* di cavalleria.
Ka|va|ti|ne f. *(-,-n)* MUS. cavatina *f.*
Ka|ver|ne f. *(-,-n)* caverna *f.* (anche MED.). **Ka|ver|nen|kraft|werk** n. *(-[e]s,-e)* centrale *f.* (idroelettrica) in caverna. **ka|ver|nös** agg. GEOL. MED. cavernoso.
Ka|vi|ar m. *(-s,-e)* caviale *m.* **Ka|vi|ar|brot** n. *(-[e]s,-e)* filone *m.* (di pane). **Ka|vi|ar|bröt|chen** n. *(-s,-)* tramezzino *m.* al caviale.
Ka|vi|tät f. *(-,-en)* MED. cavità *f.*
Ka|vi|ta|ti|on f. *(-,-en)* TECN. cavitazione *f.*
Ka|wass m. *(-en, -en)*, **Ka|was|se** m. *(-n,-n)* ANT. cavasso *m.*
Ka|zi|ke m. *(-n,-n)* cacicco *m.*
Kčs ⇒ *tschechoslowakische Krone* corona cecoslovacca.
Keb|se f. *(-,-n)*, **Kebs|frau** f. *(-,-en)*, **Kebs|weib** n. *(-[e]s,-er)* ANT. concubina *f.*
keck I agg. **1** *(unbekümmert)* disinvolto, spigliato **2** *(frech)* sfacciato, impertinente: ***mit -er Stirn*** con faccia tosta **II** avv. **1** *(unbefangen)* spigliatamente, con disinvoltura: ***sich über etw. ~ hinwegsetzen*** passare sopra a qcs. con disinvoltura **2** *(frech)* sfacciatamente, in modo impertinente. **Keck|heit** f. *(-,-en)* **1** *(Unbefangenheit)* disinvoltura *f.*, spigliatezza *f.* **2** *(Frechheit)* sfacciataggine *f.*, impertinenza *f.*
Ke|der m. *(-s,-)* listello *m.* (di cuoio).
Keep f. *(-,-en)* MAR. scanalatura *f.* (per tenere una fune).
Kee|per [ki:pɐ] m. *(-s,-)* SPORT AUSTR. portiere *m.*
Kees n. *(-es,-e)* REGION. AUSTR. ghiacciaio *m.* **Kees|was|ser** n. *(-s,-)* REGION. AUSTR. torrente *m.* di ghiacciaio.
Ke|fir m. *(-s)* chefir *m.*
Ke|gel m. *(-s,-)* **1a** GEOM. cono *m.*: ***ein schiefer, stumpfer ~*** un cono obliquo, un tronco di cono **b** *(kegelförmiges Gebilde)* cono *m.*: ***der ~ des Vulkans*** il cono del vulcano **c** *(Lichtkegel)* cono *m.* di luce **2** *(Spielfigur)* birillo *m.*: ***~ spielen, schieben (scheiben)*** giocare ai birilli; ***die ~ aufsetzen, aufstellen, umwerfen*** disporre i birilli (per giocare), far cadere i birilli **3** TIP. corpo *m.* (tipografico) ◆ ***mit Kind und ~*** con tutta la famiglia. **Ke|gel|bahn** f. *(-,-en)* pista *f.* per (giocare a) birilli. **Ke|gel|bre|cher** m. *(-s,-)* frantoio *m.* rotativo a cono. **Ke|gel|bru|der** m. *(-s,-brüder)* COLLOQ. appassionato *m.* di birilli; *(Mitspieler)* giocatore *m.* di birilli. **ke|gel|för|mig, ke|ge|lig** agg. conico, a forma di cono. **Ke|gel|klub** m. *(-s,-s)* circolo *m.* per giocare a birilli. **Ke|gel|ku|gel** f. *(-,-n)* boccia *f.* (per colpire i birilli). **Ke|gel|man|tel** m. *(-s,-mäntel)* superficie *f.* del cono. **ke|geln I** intr. **1** (aus. *haben*) giocare a birilli **2** (aus. *sein*) COLLOQ. *(umfallen)* cadere: ***vom Sessel ~*** cadere dalla poltrona **II** tr. **1** ***ein Spiel ~*** giocare a un gioco con i birilli **2** *(durch Kegeln erzielen)* ottenere (un punteggio) giocando a birilli. **Ke|gel|rad** n. *(-[e]s,-räder)* **1** pignone *m.* conico **2** *(Zahnrad)* cono *m.* dentato. **Ke|gel|schei|ben** REGION. AUSTR., **Ke|gel|schie|ben** n. *(-s)* gioco *m.* dei birilli. **Ke|gel|schnitt** m. *(-[e]s,-e)* sezione *f.* conica. **Ke|gel|spiel** n. *(-s,-e)* **1** gioco *m.* dei birilli **2** *(Wettkampf)* partita *f.* a birilli. **Ke|gel|sport** m. *(-s)* birilli *m.pl.*, gioco *m.* dei birilli. **Ke|gel|stumpf** m. *(-es,-stümpfe)* tronco *m.* di cono. **Keg|ler** m. *(-s,-)* giocatore *m.* di birilli. **keg|lig** → **kegelig.**
Kehl|de|ckel m. *(-s,-)* epiglottide *f.*
Keh|le f. *(-,-n)* **1** gola *f.*: ***eine entzündete, rauhe ~ haben*** avere la gola infiammata, essere rauco; ***jdm die ~ durchschneiden*** tagliare la gola a qcn.; ***jdm das Messer an die ~ setzen*** puntare il coltello alla gola a qcn. **2a** ARCH. *(Hohlkehle)* gola *f.*, scanalatura *f.* **b** *(von Dächern)* conversa *f.*, compluvio *m.* ◆ ***sich die ~ anfeuchten*** bagnarsi la gola; ***sich die ~ heiser brüllen*** urlare a squarciagola; COLLOQ. ***etw. in die falsche ~ bekommen, kriegen*** andar di traverso, restare nel gozzo; ***es geht ihm an die ~*** ha l'acqua alla gola; COLLOQ. ***sich die ~ aus dem Hals schreien*** urlare a squarciagola; COLLOQ. ***etw. durch die ~ jagen*** scialacquare qcs.; ***sich die ~ schmieren*** → ***sich die ~ anfeuchten; jdm an die ~ springen*** saltare alla gola a qcn.; ***in der ~ steckenbleiben*** mozzare il fiato; COLLOQ. FIG. ***eine trockene ~ haben*** avere la gola secca; ***aus voller ~*** a piena gola, a squarciagola; *(lachen)* a crepapelle; ***jdm die ~ zusammenschnüren, zuschnüren*** far venire un nodo in gola a qcn. **keh|len** tr. **1** EDIL. scanalare **2** *(Fische)* sbuzzare. **Kehl|ho|bel** m. *(-s,-)* pialla *f.* per scanalare. **keh|lig I** agg. gutturale: ***mit -er Stimme sprechen*** parlare con voce gutturale **II** avv. in modo gutturale.
Kehl|kopf m. *(-es,-köpfe)* laringe *f.* **Kehl|kopf|ent|zün|dung** f. *(-en)* laringite *f.* **Kehl|kopf|krebs** m. *(-es)* carcinoma *m.* laringeo. **Kehl|kopf|laut** m. *(-[e]s,-e)* FON. glottidale *f.*, glottale *f.* **Kehl|kopf|mik|ro|phon** n. *(-s,-e)* laringofono *m.* **Kehl|kopf|schnitt** m. *(-[e]s,-e)* laringectomia *f.* **Kehl|kopf|spie|gel** m. *(-s,-)* laringoscopio *m.*
Kehl|lap|pen m. *(-s,-)* bargiglio *m.* **Kehl|laut** m. *(-[e]s,-e)* **1** suono *m.* gutturale **2** FON. *(Glottal)* glottidale *f.*, glottale *f.* **Kehl|leis|te** f. *(-,-n)* listello *m.* scanalato. **Kehl|rie|men** m. *(-s,-)* EQUIT. sottogola *m.* **Kehl|sack** m. *(-[e]s,-säcke)* **1** *(bei Säugetieren)* sacco *m.* laringeo **2** *(bei Vögeln)* borsa *f.* **Keh|lung** f. *(-,-en)* scanalatura *f.*
Kehr|aus m. *(-)* **1** *(letzter Tanz)* ballo *m.* finale, ultima danza *f.* **2** *(Schluss einer Veranstaltung)* chiusura *f.* (di una festa, di uno spettacolo) ◆ ***den ~ machen*** fare piazza pulita. **Kehr|be|sen** m. *(-s,-)* REGION. scopa *f.* **Kehr|blech** n. *(-[e]s,-e)* REGION. paletta *f.* per l'immondizia.
Keh|re f. *(-,-n)* **1** *(scharfe Kurve)* tornante *m.* **2** GINN. volteggio *m.* dorsale.
1.keh|ren I tr. **1a** voltare, volgere: ***jdm den Rücken ~*** voltare le spalle a qcn.; ***den Blick zum Himmel ~*** volgere lo sguardo al cielo **b** rivolgere: ***die Waffe gegen sich ~*** rivolgere l'arma contro se stesso **2** rivoltare: ***die Taschen nach außen ~*** rivoltare le tasche **II** rifl. **sich ~ 1** *(sich wenden)* voltarsi, girarsi **2** FIG. *(sich zuwenden)* rivolgersi, volgersi: ***diese Kritik kehrt sich gegen uns selbst*** questa critica si rivolge contro noi stessi **3** FIG. *(sich kümmern)* preoccuparsi: ***sich an etw. nicht ~*** non preoccuparsi (*o* COLLOQ. infischiarsi) di qcs.; ***das kehrt mich nicht*** non me ne importa **III** intr. **1** *(zurückkehren;* aus. *sein)* tornare: ***mit leeren Händen nach Hause ~*** tornare a casa a mani vuote **2** (aus. *haben*) girare (e tornare indietro): ***der Bus kehrt an der Endstation*** l'autobus gira al capolinea **3** (aus. *haben, sein*) GINN. eseguire un volteggio dorsale ◆ MIL. ***Abteilung kehrt!*** dietro front! ***etw. zum Besten ~*** volgere qcs. al meglio; ***sich zum Besten ~*** volgere al meglio; MIL. ***linksum, rechtsum kehrt!*** fianco sinistr, fianco destr! ***das Unterste zuoberst ~*** mettere tutto sottosopra.
2.keh|ren tr. scopare, spazzare: ***die Treppe ~*** scopare la scala; ***die Krümel unter den Teppich ~*** scopare le briciole sotto il tappeto; ***den Schnee vom Dach ~*** scopare (via) la neve dal tetto ◆ ***jeder soll vor seiner eigenen Tür ~*** ognuno badi ai fatti suoi. **Keh|richt** m. e n. *(-s)* **1** spazzatura *f.* **2** SVIZZ. *(Müll)* immondizie *f.pl.* ◆ COLLOQ. ***das geht dich einen feuchten ~ an*** non ti riguarda un bel niente. **Keh|richt|ei|mer** m. *(-s,-)* secchio *m.* della spazzatura. **Keh|richt|hau|fen** m. *(-s,-)* mucchio *m.* d'immondizia. **Keh|richt|schau|fel** f. *(-,-n)* paletta *f.* per l'immondizia.
Kehr|ma|schi|ne f. *(-,-n)* spazzatrice *f.* **Kehr|reim** m. *(-[e]s,-e)* ritornello *m.* **Kehr|schlei|fe** f. *(-,-n)* **1** tornante *m.*, curva *f.* a gomito **2** *(Serpentine)* serpentina *f.*, strada *f.* a serpentina. **Kehr|sei|te** f. *(-,-n)* **1** *(Rückseite)* rovescio *m.*, retro *m.* **2** *(Schattenseite)* rovescio *m.* della medaglia **3** SCHERZ. *(Gesäß)* didietro *m.*: ***auf die ~ fallen*** battere il didietro per terra ◆ ***das ist die ~ der Medaille*** questo è il rovescio della medaglia; ***jdm die ~ zuwenden*** voltare le spalle a qcn. **kehrt‿ma|chen** intr. (aus. *haben*) fare dietro front (anche FIG.). **Kehrt|wen|dung** f. *(-,-en)* dietro front *m.* (an-

che FIG.): ***eine ~ machen, vollziehen*** fare dietro front. **Kehr|um**, SVIZZ. ***im ~*** in un attimo. **Kehr|wert** m. *(-[e]s,-e)* numero *m.* reciproco.

kei|fen intr. (aus. *haben*) SPREG. sbraitare. **Kei|fe|rei** f. *(-,-en)* SPREG. lo sbraitare.

Keil m. *(-[e]s,-e)* **1** cuneo *m.* **2** *(Bremsklotz)* cuneo *m.* d'arresto, calzatoia *f.* **3** MECC. chiavetta *f.*, bietta *f.* **4** ARCH. concio *m.* in chiave, chiave *f.* **5** SART. gherone *m.* ◆ ***einen ~ zwischen zwei Menschen treiben*** mettere zizzania tra due persone; PROV. ***ein ~ treibt den anderen*** chiodo scaccia chiodo. **Keil|ab|satz** m. *(-es,-absätze)* zeppa *f.*: ***Schuhe mit ~*** scarpe con la zeppa. **Keil|bein** n. *(-[e]s, -e)* sfenoide *m.* **Kei|le** f. *(-)* COLLOQ. botte *f.pl.*, legnate *f.pl.*: ***~ kriegen, beziehen*** prenderle, buscarle. **kei|len I** tr. **1** spaccare con un cuneo **2** MECC. inchiavettare **3** *(drängen)* spingere **4** GERG. *(anwerben)* reclutare, ingaggiare **II** rifl. **sich ~ 1** *(sich hindurchschieben)* incunearsi **2** COLLOQ. *(sich prügeln)* picchiarsi, darsele: ***sich um etw. ~*** picchiarsi per qcs. **III** intr. (aus. *haben*) scalciare: ***das Pferd keilt*** il cavallo scalcia. **Kei|ler** m. *(-s,-)* VENAT. cinghiale *m.* maschio. **Kei|le|rei** f. *(-,-en)* COLLOQ. zuffa *f.*, rissa *f.* **keil|för|mig I** agg. cuneiforme **II** avv. a cuneo. **Keil|haue** f. *(-,-n)* MIN. piccone *m.* **Keil|ho|se** f. *(-,-n)* pantaloni *m.pl.* affusolati. **Keil|kis|sen** n. *(-s,-)* capezzale *m.*, traversino *m.* **Keil|pols|ter** n. *(-s,-)* AUSTR. → **Keilkissen. Keil|rad** n. *(-[e]s,-räder)* ruota *f.* a dentatura conica. **Keil|rah|men** m. *(-s,-)* cornice *f.* con cunei agli angoli. **Keil|rie|men** m. *(-s,-)* cinghia *f.* trapezoidale. **Keil|schrift** f. *(-,-en)* scrittura *f.* cuneiforme, caratteri *m.pl.* cuneiformi.

Keim m. *(-[e]s,-e)* **1** *(von Pflanzen)* germoglio *m.*: ***ein zarter ~*** un tenero germoglio (anche FIG.); ***-e bilden, treiben*** mettere i germogli **2** *(Embryo)* embrione *m.* **3** FIG. *(Ursprung)* germe *m.*, seme *m.*: ***ein ~ der Hoffnung*** un seme di speranza; ***den ~ einer Sache in sich bergen, tragen*** racchiudere in sé i germi di qcs. **4** pl. germi *m.pl.* (patogeni): ***die -e abtöten*** uccidere i germi ◆ ***etw. im ~ ersticken*** soffocare qcs. sul nascere; ***im ~ vorhanden sein*** essere presente in nuce. **Keim|blatt** n. *(-[e]s,-blätter)* cotiledone *m.* **Keim|drü|se** f. *(-,-n)* ghiandola *f.* genitale, gonade *f.* **Keim|drü|sen|hor|mon** n. *(-s,-e)* ormone *m.* sessuale. **kei|men** intr. (aus. *haben*) germogliare, spuntare (anche FIG.): ***die Bohnen beginnen zu ~*** i fagioli cominciano a germogliare; ***in ihm keimt die Hoffnung, Liebe*** in lui germoglia la speranza, sboccia l'amore. **kei|mend** p.pres. agg. **1** → **keimen 2** FIG. nascente, embrionale, in germe: ***-er Hass*** odio nascente; ***ein -es Leben*** una nuova vita. **keim|fä|hig** agg. germinabile. **Keim|fä|hig|keit** f. *(-)* germinabilità *f.* **keim|frei** agg. asettico, sterile, sterilizzato: ***etw. ~ machen*** rendere asettico qcs. **Keim|frei|heit** f. *(-)* asetticità *f.*, sterilità *f.* **keim|haft I** agg. nascente, embrionale: ***-e Zeichen einer Änderung*** primi segni di un cambiamento **II** avv. in germe. **Keim|ling** m. *(-s,-e)* **1** BOT. plantula *f.* **2** MED. embrione *m.* **Keim|plas|ma** n. *(-s,-plasmen)* plasma *m.* germinativo, idioplasma *m.* **Keim|schei|be** f. *(-,-n)* disco *m.* germinativo. **keim|tö|tend** agg. germicida, antisettico, sterilizzante. **Keim|trä|ger** m. *(-s,-)* portatore *m.* di germi. **Kei|mung** f. *(-,-en)* germinazione *f.*, germogliamento *m.* **Keim|zel|le** f. *(-,-n)* **1** *(Gamet)* gamete *m.* **2** FIG. *(Ursprung)* germe *m.*: ***die ~ allen Übels*** il germe di ogni male.

kein pron.indef. **I** *(attributiv)* **1** nessuno, non uno, neanche uno: ***~ Schüler war da*** non c'era nessuno scolaro; ***~ Wort sagen*** non dire (neanche) una parola; ***~ Mensch, ~ einziger*** nessuno; ***auf -en Fall*** in nessun caso **2** non: ***-e Angst haben*** non avere paura; ***das ist -e gute, schlechte Idee*** non è una buona, cattiva idea; ***es ist ~ Kind mehr*** non è più un bambino **3** COLLOQ. *(vor Zahlwörtern)* non, neanche: ***das Auto ist noch -e 2 Jahre alt*** l'auto non ha ancora 2 anni; ***-e halbe Stunde*** neanche mezz'ora **II** *(absolut)* **keiner** m., **keine** f., **kein(e)s** n.; **keine** pl. **1** nessuno, neanche uno: ***-er bewegte sich*** nessuno si mosse; ***-r von uns*** nessuno di noi; ***-em trauen*** non fidarsi di nessuno **2** *(überhaupt nicht)* (proprio) non: ***Wein gibt es -en*** (di) vino non ce n'è (proprio).

kei|ne, kei|ner → **kein.**

kei|ner|lei agg.inv. di nessun genere, non ... alcuno, nessuno: ***~ Bedürfnisse haben*** non avere alcuna esigenza, non avere esigenze di nessun genere. **kei|ner|seits** avv. RAR. **1** da nessuna parte **2** da parte di nessuno.

kei|nes → **kein.**

kei|nes|falls avv. in nessun caso, non ... assolutamente: ***dazu darf es ~ kommen*** non si deve assolutamente arrivare a questo; ***das darf ~ geschehen*** ciò non deve assolutamente succedere. **kei|nes|wegs** avv. in nessun modo, assolutamente non, non ... affatto: ***ich habe das ~ vergessen*** non l'ho affatto dimenticato.

kein|mal avv. non una (sola) volta, neanche una volta, mai.

keins → **kein.**

Keks m. e n. *(- e -es,- e -e)* **1** biscotto *m.*: ***eine Schachtel ~*** una scatola di biscotti **2** COLLOQ. *(Kopf)* zucca *f.* ◆ ***einen weichen ~ haben*** essere matto. **Keks|do|se** f. *(-,-n)* scatola *f.* di biscotti.

Kelch m. *(-[e]s,-e)* **1** calice *m.*: ***ein kristallener ~*** un calice di cristallo **2** *(Sektglas)* coppa *f.* ◆ LETT. ***den (bitteren) ~ bis auf den Grund, bis zur Neige leeren*** vuotare il calice fino alla feccia; ***der ~ ist an ihm vorübergangen*** ha evitato un triste destino. **Kelch|blatt** n. *(-[e]s,-blätter)* sepalo *m.* **kelch|för|mig** agg. a forma di calice. **Kelch|glas** n. *(-es,-gläser)* calice *m.* **Kelch|ka|pi|tell** n. *(-[e]s,-e)* capitello *m.* a calice.

Kel|le f. *(-,-n)* **1** *(Schöpflöffel)* mestolo *m.*, ramaiolo *m.* **2** EDIL. cazzuola *f.* **3** *(Signalgerät)* paletta *f.*: ***mit der ~ winken*** segnalare con la paletta.

Kel|ler m. *(-s,-)* **1a** cantina *f.*: ***ein feuchter, dunkler, gemütlicher ~*** una cantina umida, buia, accogliente; ***etw. aus dem ~ holen*** prendere qcs. dalla, in cantina **b** COLLOQ. *(Vorrat an Wein)* ***einen guten ~ haben*** avere una cantina ben fornita **2** *(Kellergeschoss)* scantinato *m.*, interrato *m.* **3** *(Luftschutzkeller)* rifugio *m.* ◆ COLLOQ. ***die Preise sind in den ~ gefallen*** i prezzi hanno avuto un tracollo; GIOC. ***im ~ sein*** essere in forte svantaggio; COLLOQ. ***ein Theaterstück in den ~ spielen*** fare fiasco con una pièce teatrale. **Kel|ler|ab|fül|lung** f. *(-,-en)*, **Kel|ler|ab|zug** m. *(-[e]s,-abzüge)* vino *m.* imbottigliato all'origine. **Kel|ler|as|sel** f. *(-,-n)* crostaceo *m.* dei porcellionidi.

Kel|le|rei f. *(-,-en)* cantina *f.*, bottiglieria *f.*

Kel|ler|fal|te f. *(-,-n)* SART. piega *f.* baciata. **Kel|ler|fens|ter** n. *(-s,-)* finestrino *m.* della cantina. **Kel|ler|ge|schoss** m. *(-es, -e)* piano *m.* interrato, scantinato *m.* **Kel|ler|hals** m. *(-es,-hälse)* **1** accesso *m.* (coperto) alla cantina **2** REGION. *(Seidelbast)* mezereo *m.* **Kel|ler|kind** n. *(-[e]s,-er)* COLLOQ. bambino *m.* povero. **Kel|ler|loch** n. *(-[e]s,-löcher)* **1** SPREG. scantinato *m.*: ***in einem ~ leben*** vivere in uno scantinato **2** RAR. tombino *m.* che dà nella cantina. **Kel|ler|meis|ter** m. *(-s,-)* cantiniere *m.* **Kel|ler|schwamm** m. *(-[e]s, -schwämme)* fungo *m.* delle teleforacee. **Kel|ler|wech|sel** m. *(-s,-)* cambiale *f.* di comodo, fittizia. **Kel|ler|woh|nung** f. *(-,-en)* alloggio *m.* (*o* abitazione *f.*) dello, nello scantinato.

Kell|ner m. *(-s,-)* cameriere *m.*: ***den ~, nach dem ~ rufen*** chiamare il cameriere. **Kell|ne|rin** f. *(-,-nen)* cameriera *f.*, ANT. chellerina *f.* **kell|nern** intr. (aus. *haben*) COLLOQ. fare il cameriere, la cameriera.

1.Kelt m. *(-s)* tessuto *m.* scozzese scuro.

2.Kelt m. *(-[e]s,-e)* ARCHEOL. scure *f.*

Kel|te m. *(-n,-n)* celta *m.*

Kel|ter f. *(-,-n)* ENOL. torchio *m.* **Kel|te|rei** f. *(-,-en)* cantina *f.* (della torchiatura). **Kel|te|rer** m. *(-s,-)* pigiatore *m.* **kel|tern** tr. ENOL. pigiare: ***Trauben ~*** pigiare, torchiare l'uva.

Kelt|ibe|rer m. *(-s,-)* celtibero *m.* **kelt|ibe|risch** agg. celtibero. **kel|tisch** agg. celtico. **Kel|tisch** n. *(-[s])*, **Kel|ti|sche** n. *(-n)* celtico *m.*, lingua *f.* celtica.

Kel|vin|ska|la f. *(-)* scala *f.* Kelvin.

Ke|me|na|te f. *(-,-n)* **1** STOR. *(in mittelalterlichen Burgen)* stanza *f.* delle signore **2** SCHERZ. stanze *f.pl.*: ***sich in seine ~ zurückziehen*** ritirarsi nelle proprie stanze.

Ken|do n. *(-[s])* kendo *m.*

Ke|nia n.pr.n. *(-s)* Kenia *m.* **Ke|ni|a|ner** m. *(-s,-)* keniano *m.*, keniota *m.* **ke|ni|a|nisch** agg. keniano, keniota.

Kenn|buch|sta|be m. *(-ns,-n)* lettera *f.* di riferimento. **Kenn|da|ten** pl. dati *m.pl.* caratteristici.

ken|nen tr. *(kannte, gekannt)* **I** tr. **1** conoscere: ***eine Person, seine Stadt ~*** conoscere una persona, la propria città; ***jdn vom Sehen ~*** conoscere qcn. di vista **2** *(wissen)* sapere, conoscere: ***den Grund für etw., jds Namen ~*** conoscere la ragione di qcs., il nome di qcn.; ***etw. vom Hörensagen ~*** sapere qcs. per sentito dire; ***sein Handwerk gut ~*** conoscere bene il proprio mestiere **3** *(mit etw. Erfahrung haben)* conoscere, sapere cosa sia: ***dieses Land kennt keinen Winter*** questo paese non conosce l'inverno **4** *(haben)* conoscere, avere: ***kein Mitgefühl, Maß ~*** non conoscere compassione, misura **5** *(erkennen)* riconoscere: ***jdn an der Stimme ~*** riconoscere qcn. dalla voce **6** ***jdn ~ lernen*** conoscere qcn., fare la conoscenza di qcn.; ***etw. ~ lernen*** conoscere qcs.: ***es freut mich, Sie ~ zu lernen*** mi fa piacere fare la Sua conoscenza; ***das Leben, die Gegend ~ lernen*** conoscere la vita, la zona **II** rifl. **1** ***sich ~*** conoscersi: ***sie ~ sich schon lange*** si conoscono da molto tempo **2** ***sich ~ lernen*** conoscersi: ***wir haben uns im Urlaub ~ gelernt*** ci siamo conosciuti in vacanza ◆ ***etw. in- und auswendig ~*** conoscere qcs. per filo e per segno; ***etw. wie seine Hosentasche ~*** conoscere qcs. come le proprie tasche; COLLOQ. ***du wirst mich noch ~ lernen!*** ti farò vedere io! dovrai vedertela con me! ***sich nicht mehr (vor Zorn) ~*** essere fuori di sé (dalla rabbia); COLLOQ. FIG. ***da kenne ich nichts*** non guardo in faccia nessuno; COLLOQ. ***da kennst du ihn aber schlecht!*** allora non lo conosci! COLLOQ. ***das ~ wir schon*** questa non (ci) è nuova; ***etw. wie seine Westentasche ~*** → ***etw. wie seine Hosentasche ~; jdn nicht mehr ~ wollen*** non volere più avere a che fare con qcn.

Ken|ner m. *(-s,-)* conoscitore *m.*, intenditore *m.*, esperto *m.*: ***ein ~ erlesener Weine*** un esperto di vini pregiati. **Ken|ner|blick** m. *(-[e]s,-e)* occhio *m.* esperto (*o* da intenditore): ***etw. mit ~ betrachten, ansehen*** osservare qcs. con occhio esperto ◆ ***-e auf etw. werfen*** esaminare qcs. con competenza. **ken|ner|haft,** RAR. **ken|ne|risch I** agg. competente, esperto: ***sein -er Blick*** il suo occhio esperto **II** avv. da (*o* come una) persona competente, esperta. **Ken|ner|mie|ne** f. *(-,-n)* espressione *f.* (*o* aria *f.*) da intenditore. **Ken|ner|schaft** f. *(-)* competenza *f.*

Kenn|far|be f. *(-,-n)* colore *m.* distintivo. **Kenn|kar|te** f. *(-,-n)* ANT. carta *f.* d'identità. **Kenn|li|nie** f. *(-,-n)* TECN. linea *f.* (*o* curva *f.*) caratteristica. **Kenn|mar|ke** f. *(-,-n)* MIL. piastrina *f.* di riconoscimento.

kennt|lich agg. riconoscibile, distinguibile ◆ ***jdn, etw. ~ machen*** far riconoscere, distinguere qcn., qcs.; *(kennzeichnen)* contrassegnare, indicare qcn., qcs. **Kennt|lich|keit** f. *(-)* riconoscibilità *f.* **Kennt|lich|ma|chung** f. *(-)* il contrassegnare, marcatura *f.*

Kennt|nis f. *(-,-se)* **1a** conoscenza *f.*: ***ihre ~ der Umstände, der Stadt*** la sua conoscenza delle circostanze, della città; ***von etw. ~ haben*** essere a conoscenza di qcs., sapere qcs.; ***sich gute -se auf einem Gebiet erwerben, aneignen*** acquisire buone conoscenze in un settore; ***seine -se auffrischen, erweitern, vertiefen*** aggiornare, ampliare, approfondire le proprie conoscenze; ***das entzieht sich meiner ~*** questo esula dalle mie conoscenze **b** *(fachliches Wissen)* nozione *f.*, cognizione *f.*: ***fachliche -se in etw. haben*** avere nozioni specifiche in qcs. **2** *(Erfahrung)* esperienza *f.*: ***aus eigener ~*** in base alla propria esperienza ◆ ***jdm etw. zur ~ bringen*** portare qcn. a conoscenza di qcs., far sapere qcs. a qcn.; ***etw. kommt jdm zur ~*** qcn. viene a conoscenza di qcs.; ***nach meiner ~*** per quanto ne so; ***von etw. ~ nehmen*** prendere atto di qcs.; ***etw. zur ~ nehmen*** venire a sapere (*o* a conoscenza di) qcs.; ***ohne ~ der Umstände*** senza cognizione di causa; ***jdn von etw. in ~ setzen*** mettere qcn. a conoscenza di qcs. **Kennt|nis|nah|me** f. *(-)* BUROCR. presa *f.* d'atto ◆ ***nach ~ der Akten*** preso atto dei documenti; ***zur ~*** per conoscenza; ***zu Ihrer ~*** per Vostra conoscenza. **kennt|nis|reich I** agg. colto, istruito **II** avv. con ampiezza di cognizioni: ***etw. ~ beurteilen*** giudicare qcs. con ampiezza di cognizioni. **Kennt|nis|stand** m. *(-[e]s)* livello *m.* (*o* grado *m.*) delle cognizioni.

Ken|nung f. *(-,-en)* **1** contrassegno *m.*; *(Charakteristik)* caratteristica *f.* **2** MAR. AER. segnalazione *f.* **3** *(Erkennungssignal)* segnale *m.* di riconoscimento **4** *(Landmarke)* punto *m.* di riferimento.

Kenn|wort n. *(-[e]s,-wörter)* **1** *(Erkennungszeichen)* sigla *f.* **2** *(Losung)* parola *f.* di riconoscimento; MIL. parola *f.* d'ordine: ***das ~ heißt...*** la parola d'ordine è... **3** parola *f.* chiave, chiave *f.* d'accesso. **Kenn|zahl** f. *(-,-en)* **1** numero *m.* distintivo (*o* di identificazione), numero *m.* di riferimento **2** TEL. *(Vorwählnummer)* indicativo *m.* **Kenn|zei|chen** n. *(-s,-)* **1a** segno *m.* distintivo, caratteristico: ***besondere ~*** segni particolari **b** *(Markierung)* contrassegno *m.* **2** MED. sintomo *m.*: ***das ~ einer Krankheit*** il sintomo di una malattia **3** AUT. targa *f.*: ***ein ausländisches ~*** una targa straniera ◆ ***polizeiliches ~*** targa automobilistica. **Kenn|zei|chen|schild** n. *(-[e]s,-er)* targhetta *f.* di identificazione. **kenn|zeich|nen I** tr. **1a** contrassegnare: ***Waren ~*** contrassegnare delle merci **b** segnalare, indicare: ***einen Pfad durch rote, mit roten Streifen ~*** indicare un sentiero con delle strisce rosse **2a** *(charakterisieren)* caratterizzare, contraddistinguere: ***die Entwicklung der Elektronik kennzeichnet unser Jahrhundert*** lo sviluppo dell'elettronica è proprio del nostro secolo **b** definire: ***jdn als intelligent, sympathisch ~*** definire qcn. intelligente, simpatico **3** *(erkennen lassen)* indicare, mostrare: ***diese Rede kennzeichnet seinen Mut*** questo discorso mostra il suo coraggio **II** rifl. **sich ~** caratterizzarsi, distinguersi: ***sich durch etw. ~*** distinguersi per qcs.; ***eine Handlung, die sich selbst kennzeichnet*** un'azione che si qualifica da sé. **kenn|zeich|nend** p.pres. agg. **1** → **kennzeichnen 2** tipico, caratteristico: ***für etw. ~ sein*** essere tipico di qcs. **kenn|zeich|nen|der|wei|se** avv. tipicamente. **Kenn|zeich|nung** f. *(-,-en)* **1a** *(Kennzeichen)* il contrassegnare, marcatura *f.* **b** *(Markierung)* marcatura *f.*, contrassegno *m.* **2a** *(Charakterisieren)* caratterizzazione *f.* **b** *(Charakterzug)* caratteristica *f.* **3** MAT. definizione *f.* **kenn|zeich|nungs|pflich|tig** agg. da contrassegnare. **Kenn|zif|fer** f. *(-,-n)* **1** numero *m.* distintivo (*o* di identificazione) **2** MAT. caratteristica *f.* **3** ECON. EX-RDT cifra *f.* indice.

Ke|no|taph n. *(-s,-e)* cenotafio *m.*

Ken|taur m. *(-en,-en)* centauro *m.*

ken|tern intr. **1** (aus. *sein*) ribaltarsi, capovolgersi: ***mit dem Boot ~*** ribaltarsi con la barca **2** MAR. *(Wind, Flut*; aus. *haben)* mutare. **Ken|tern** n. *(-s)* il capovolgersi. **Ken|te|rung** f. *(-,-en)* capovolgimento *m.*, ribaltamento *m.*; *(Wind)* mutamento *m.*

Kep|ler n.pr.m. Keplero *m.* **kep|ler|sche** agg. kepleriano ◆ ***die -n Gesetze*** le leggi kepleriane.

kep|peln intr. (aus. *haben*) AUSTR. COLLOQ. → **keifen.**

Ke|ra|mik f. *(-,-en)* ceramica *f.*: ***aus Keramik sein*** essere di, in ceramica; ***die etruskische ~*** la ceramica etrusca. **Ke|ra|mi|ker** m. *(-s,-)* ceramista *m.* **ke|ra|misch** agg. di (*o* in) ceramica, ceramico: ***ein -er Teller*** un piatto di ceramica.

Ke|ra|tin n. *(-s,-e)* cheratina *f.* **Ke|ra|ti|tis** f. *(-, Keratitiden)* cheratite *f.* **Ke|ra|tom** n. *(-s,-e)* cheratoma *m.* **Ke|ra|to|plas|tik** f. *(-,-en)* cheratoplastica *f.* **Ke|ra|to|se** f. *(-,-n)* cheratosi *f.* **Ke|ra|to|skop** n. *(-s,-e)* cheratoscopio *m.*

Kerb m. *(-[e]s,-e)*, **Ker|be** f. *(-,-n)* **1** tacca *f.*, intaccatura *f.*: ***eine ~ ins Holz schneiden (hauen, schlagen, schnitzen), machen*** incidere, fare una tacca nel legno **2** *(von Pfeilen)* cocca *f.* **3** *(von Schrauben)* taglio *m.* ◆ FIG. ***in dieselbe, die gleiche ~ hauen, schlagen*** seguire le orme di qcn.

Ker|bel m. *(-s)*, **Ker|bel|kraut** n. *(-[e]s)* cerfoglio *m.*

ker|ben tr. intagliare, incidere. **Kerb|holz** n., ***etw. auf dem ~ haben*** avere un conto (*o* debito) da saldare. **Kerb|schnitt** m. *(-[e]s,-e)* intaglio *m.* a tacche. **Kerb|tier** n. *(-[e]s,-e)* RAR. insetto *m.* **Ker|bung** f. *(-,-en)* incisione *f.*, intaglio *m.*

Kerf m. *(-[e]s,-e)* RAR. insetto *m.*

Ker|ker m. *(-s,-)* **1** carcere *m.*, galera *f.*, prigione *f.*; *(unterirdisches Gefängnis)* segreta *f.*, carcere *m.* sotterraneo: ***jdn in den ~ werfen*** gettare qcn. in prigione; ***im ~ schmachten*** languire in galera **2** AUSTR. STOR. *(Freiheitsstrafe)* carcere *m.*: ***zu 10 Jahren schwerem ~ verurteilt sein*** essere condannato a 10 anni di carcere duro. **Ker|ker|meis|ter** m. *(-s,-)* carceriere *m.* **Ker|ker|stra|fe** f. *(-,-n)* AUSTR. STOR. pena *f.* detentiva.

Kerl m. *(-s,-e* REGION. *-s)* **1a** COLLOQ. *(Mann)* uomo *m.*, tipo *m.*: ***ein kräftiger, tüchtiger ~*** un uomo robusto, abile; ***ein ganzer, richtiger ~*** un uomo tutto d'un pezzo; ***ein guter ~*** un brav'uomo; ***ein junger ~*** un tipo giovane, un ragazzo **b** *(sympathischer Mensch)* tipetto *m.*; *(von weiblicher Person)* tipetta *f.*: ***sie ist ein netter, lieber ~*** è una tipetta simpatica, carina **2** SPREG. tipo *m.*, tizio *m.*, tipaccio *m.*: ***ein komischer, grober ~*** un tipo strano, rozzo; ***schmeißt den ~ hinaus!*** buttate fuori quel tipo! **3** SPREG. *(Liebhaber)* amico *m.* ◆ ***armer ~!*** povero diavolo! ***du blöder ~!*** cretino! ***ein feiner ~*** un tipo in gamba; ***ein frecher ~*** uno sfacciato; STOR. ***die langen -s*** = le guardie del re di Prussia; ***ein langer ~*** uno spilungone, una spilungona; ***ein schlechter ~*** un mascalzone; ***so ein ~ von Hirsch*** un cervo alto e grosso. **Kerl|chen** n. *(-s,-)* **1** uomo *m.* piccolo, ometto *m.* **2** *(kleiner Junge)* ragazzino *m.*, ometto *m.*

Ker|mes m. *(-,-)* chermes *m.*, kermes *m.* **Ker|mes|bee|re** f. *(-,-n)* **1a** fitolacca *f.*, uva *f.* turca **b** *(Frucht)* frutto *m.* della fitolacca **2** → **Kermesschildlaus. Ker|mes|ei|che** f. *(-,-n)* quercia *f.* spinosa. **Ker|mes|schild|laus** f. *(-,-läuse)* cocciniglia *f.* del chermes.

Kern m. *(-[e]s,-e)* **1** *(hartschaliger Samen)* nocciolo *m.*: ***der ~ der Kirsche*** il nocciolo della ciliegia **2a** *(Samenkern)* seme *m.*: ***die -e des Apfels*** i semi della mela; ***der ~ der Mandel*** il seme del mandorlo, la mandorla **b** *(von Nüssen)* gheriglio *m.* **c** *(von Getreide)* seme *m.*, chicco *m.* **3** BIOL. FIS. *(Zellkern, Atomkern)* nucleo *m.* **4** *(im Holz)* nodo *m.* **5a** FIG. *(das Wesentliche)* nocciolo *m.*, nodo *m.*, sostanza *m.*: ***hier sitzt, ist der ~ der Sache, das ist des Pudels ~*** questo è il nocciolo della questione; ***bis zum ~ einer Angelegenheit vordringen*** venire al dunque della questione **b** *(zentraler Teil)* cuore *m.*, centro *m.*: ***im ~ der Stadt*** nel cuore della città; ***der ~ des Heers*** il nerbo dell'esercito **6** *(Gießerei)* anima *f.* **7a** FIS. NUCL. nucleo *m.* **b** *(Reaktorkern)* nocciolo *m.* **8** MED. *(Nervenkern)* nucleo *m.* del nervo **9** METEOR. epicentro *m.* **10** MUS. *(in Flöten)* blocco *m.* ◆ ***einen guten ~ haben*** essere di animo buono; FIG. ***der harte ~*** l'ala dura; *(die Treusten)* i fedelissimi; FIG. ***ein harter ~*** un osso duro; COLLOQ. ***ich haue dir die -e aus der Melone!*** ti rompo la zucca! **Kern|bei|ßer** m. *(-s,-)* frusone *m.* **Kern|boh|rer** m. *(-s,-)* TECN. sonda *f.* campionatrice. **Kern|brenn|stoff** m. *(-[e]s,-e)* combustibile *m.* nucleare.

1.ker|nen tr. RAR. snocciolare.

2.ker|nen → **kirnen.**

Kern|ener|gie f. *(-)* energia *f.* nucleare. **Kern|ex|per|te** m. *(-n,-n)* esperto *m.* di fisica nucleare. **Kern|ex|plo|si|on** f. *(-,-en)* esplosione *f.* nucleare (*o* atomica). **Kern|fach** n. *(-[e]s,-fächer)* materia *f.* fondamentale (d'insegnamento). **Kern|fa|mi|lie** f. *(-,-n)* nucleo *m.*

unifamiliare. **Kern|fäu|le** f. *(-,-n)* BOT. carie *f.* **Kern|for|schung** f. *(-)* ricerca *f.* nucleare. **Kern|fra|ge** f. *(-,-n)* questione *f.* (*o* problema *m.*) di fondo. **Kern|frucht** f. *(-,-früchte)* BOT. pomo *m.* **Kern|fu|si|on** f. *(-,-en)* **1** fusione *f.* nucleare **2** BIOL. cariogamia *f.* **Kern|ge|biet** n. *(-[e]s,-e)* centro *m.*, area *f.* centrale. **Kern|ge|dan|ke** m. *(-ns,-n)* pensiero *m.*, concetto *m.* centrale, idea *f.* principale. **Kern|ge|häu|se** n. *(-s,-)* → **Kernhaus. kern|ge|sund** agg. sanissimo, sano come un pesce. **kern|haft** agg. **1** *(wesenhaft)* essenziale, sostanziale **2** ANT. → **kernig. Kern|haus** n. *(-es,-häuser)* torsolo *m.* **Kern|holz** n. *(-es)* durame *m.*

ker|nig agg. **1a** *(kraftvoll)* robusto: ***ein -er Mann, Wein*** un uomo, un vino robusto; ***eine -e Gesundheit*** una salute robusta; *(fest)* ***-es Holz*** legno robusto **b** *(urwüchsig)* vigoroso **c** COLLOQ. *(sportlich-frisch, attraktiv)* ***ein -er Typ*** un tipo prestante **2** *(markig)* incisivo, energico: ***-er Spruch*** parole incisive **3** *(voll von Kernen)* granelloso.

Kern|ket|ten|re|ak|ti|on f. *(-,-en)* reazione *f.* nucleare a catena.

Kern|kraft f. *(-,-kräfte)* **1** FIS. forza *f.* nucleare **2** *(Kernenergie)* energia *f.* nucleare (*o* atomica). **Kern|kraft|geg|ner** m. *(-s,-)* antinucleare *m.*, antinuclearista *m.* **Kern|kraft|werk** n. *(-[e]s,-e)* centrale *f.* (termo)nucleare.

Kern|la|dungs|zahl f. *(-,-en)* numero *m.* atomico. **Kern|ling** m. *(-s,-e)* BOT. franco *m.* **kern|los** agg. senza nocciolo; senza (*o* privo di) semi: ***-e Mandarinen*** mandarini senza semi. **Kern|mann|schaft** f. *(-,-en)* SPORT selezione *f.* (di una squadra), formazione *f.* ufficiale (di una squadra). **Kern|mo|dell** n. *(-s,-e)* modello *m.* nucleare. **Kern|obst** n. *(-[e]s)* frutta *f.* con nocciolo; frutta *f.* con semi.

Kern|phy|sik f. *(-)* fisica *f.* nucleare. **kern|phy|si|ka|lisch** agg. di, della fisica nucleare. **Kern|phy|si|ker** m. *(-s,-)* fisico *m.* nucleare.

Kern|prob|lem n. *(-s,-)* problema *m.* di fondo (*o* centrale). **Kern|punkt** m. *(-[e]s,-e)* nocciolo *m.*, punto *m.* fondamentale, centrale. **Kern|re|ak|ti|on** f. *(-,-en)* reazione *f.* nucleare. **Kern|re|ak|tor** m. *(-s,-en)* reattore *m.* nucleare. **Kern|satz** m. *(-es,-sätze)* **1** *(einer Lehre)* principio *m.* centrale (*o* fondamentale) **2** LING. *(Hauptsatz)* proposizione *f.* principale. **Kern|schat|ten** m. *(-s,-)* ASTRON. zona *f.* centrale dell'ombra. **Kern|schmel|ze** f. *(-)* fusione *f.* del nocciolo. **Kern|sei|fe** f. *(-,-n)* sapone *m.* di Marsiglia. **Kern|spal|tung** f. *(-,-en)* fissione *f.* (*o* scissione *f.*) nucleare. **Kern|spruch** m. *(-[e]s,-sprüche)* massima *f.*, sentenza *f.* **Kern|strah|lung** f. *(-,-en)* radiazione *f.* nucleare. **Kern|stück** n. *(-[e]s,-e)* parte *f.* centrale (*o* principale), nucleo *m.* **Kern|tech|nik** f. *(-)* ingegneria *f.* nucleare. **Kern|tei|lung** f. *(-,-en)* mitosi *f.*, cariocinesi *f.* **Kern|trup|pe** f. *(-,-n)* truppa *f.* scelta. **Kern|um|wand|lung** f. *(-,-en)* trasformazione *f.* nucleare. **Kern|ver|schmel|zung** f. *(-,-en)* **1** fusione f. nucleare **2** BIOL. *(Karyogamie)* cariogamia *f.*

Kern|waf|fe f. *(-,-n)* arma *f.* atomica (*o* nucleare). **kern|waf|fen|frei** agg. denuclearizzato: ***-es Gebiet*** area denuclearizzata. **kern|waf|fen|los** agg. non nucleare: ***-e Staaten*** stati non nucleari. **Kern|waf|fen|trä|ger** m. *(-s,-)* vettore *m.* di testate nucleari. **Kern|waf|fen|ver|such** m. *(-[e]s,-e)* esperimento *m.* atomico, nucleare.

Kern|zeit f. *(-,-en)* orario *m.* di lavoro (fisso). **Kern|zer|trüm|me|rung** f. *(-,-en)* → **Kernspaltung.**

Ke|ro|plas|tik f. *(-,-en)* **1** ceroplastica *f.* **2** *(Produkt)* figura *f.* di cera.

Ke|ro|sin n. *(-s)* cherosene *m.*

Ker|ze f. *(-,-n)* candela *f.* (anche MOT. SPORT): ***eine ~ anzünden (anstecken), löschen (ausblasen)*** accendere, spegnere una candela; ***die ~ brennt herunter*** la candela brucia, si consuma; MOT. ***verschmutzte -n*** candele sporche; ***die -n auswechseln*** cambiare le candele; SPORT *(beim Turnen)* ***die ~ machen*** fare la candela; *(beim Fußball)* ***eine ~ schießen*** fare un tiro a candela ◆ ***eine elektrische ~*** una lampadina a oliva (*o* a tortiglione). **Ker|zen|be|leuch|tung** f. *(-,-en)* illuminazione *f.* a candele. **ker|zen|ge|ra|de** agg. d(i)ritto come un fuso. **Ker|zen|gie|ßer** m. *(-s,-)* candelaio *m.* **Ker|zen|hal|ter** m. *(-s,-)* pinza *f.* per candele. **Ker|zen|leuch|ter** m. *(-s,-)* candeliere *m.* **Ker|zen|licht** n. *(-[e]s,-er)*, **Ker|zen|schein** m. *(-[e]s)* lume *f.* di candela: ***bei ~*** a lume di candela. **Ker|zen|schlüs|sel** m. *(-s,-)* MECC. chiave *f.* per candele. **Ker|zen|stän|der** m. *(-s,-)* → **Kerzenleuchter. Ker|zen|stum|mel** m. *(-s,-)* moccolo *m.* di candela. **Ker|zen|zie|her** m. *(-s,-)* → **Kerzengießer.**

Ke|scher m. *(-s,-)* retino *m.*; *(für Schmetterlinge)* acchiappafarfalle *m.*; *(für Fische)* guadino *m.*

kess I agg. **1** *(hübsch, unbekümmert)* carino e disinvolto, spigliato **2** *(frech)* sfacciato, impertinente **3** *(auffällig)* appariscente: ***ein kesses Hütchen*** un cappellino appariscente **II** avv. sfacciatamente.

Kes|sel m. *(-s,-)* **1a** paiolo *m.*: ***den ~ aufs Feuer setzen*** mettere il paiolo sul fuoco **b** *(Wasserkessel)* bollitore *m.* **2** *(Dampf-, Heiz-, Gaskessel)* caldaia *f.* **3** *(Talkessel)* conca *f.*, bacino *m.* **4** MIL. sacca *f.* **5** VENAT. tana *f.*, covo *m.* **Kes|sel|fleisch** n. *(-es)* REGION. carne *f.* suina bollita. **Kes|sel|fli|cker** m. *(-s,-)* ANT. ramaio *m.*, conciabrocche *m.* **Kes|sel|haus** n. *(-[e]s,-häuser)* sala *f.* (*o* locale *m.*) caldaie. **Kes|sel|jagd** f. *(-,-en)* → **Kesseltreiben. Kes|sel|mund|stück** n. *(-[e]s,-e)* MUS. bacino *m.* (nel bocchino degli ottoni). **Kes|sel|pau|ke** f. *(-,-n)* MUS. timpano *m.* **Kes|sel|schlacht** f. *(-,-en)* battaglia *f.* di accerchiamento. **Kes|sel|schla|cke** f. *(-,-n)* scorie *f.pl.* (della combustione) di una caldaia. **Kes|sel|schmied** m. *(-[e]s,-e)* calderaio *m.* **Kes|sel|spei|sung** f. *(-,-en)* alimentazione *f.* della caldaia. **Kes|sel|stein** m. *(-[e]s)* incrostazioni *f.pl.* (di vasche e caldaie). **Kes|sel|trei|ben** n. *(-s)* **1** VENAT. battuta *f.* di caccia in cerchio **2** FIG. linciaggio *m.* morale: ***gegen jdn ein ~ veranstalten*** mettere in atto un linciaggio morale ai danni di qcn. **Kes|sel|wa|gen** m. *(-s,-)* FERR. carro *m.* cisterna.

Kessheit f. *(-)* **1** *(Frechheit)* sfacciataggine *f.*, impertinenza *f.* **2** *(Unbefangenheit)* spigliatezza *f.*, disinvoltura *f.*

Ket|chup ['kɛtʃap, 'kɛtʃəp] → **Ketschup.**

Ke|ton n. *(-s,-e)* chetone *m.*

Ketsch f. *(-,-en)* ketch *m.*

ket|schen → **kätschen.**

Ket|schua → **Quechua.**

Ket|schup m. e n. *(-[s],-s)* ketchup *m.*

Kett|baum m. *(-[e]s,-bäume)* subbio *m.* **Kett|car**® n. *(-s,-s)* bicilettina *f.* per bambini (a quattro ruote). **Kett|chen** n. *(-s,-)* catenina *f.*, catenella *f.*

Ket|te f. *(-,-n)* **1a** catena *f.*: ***die ~ klirrt, rasselt*** la catena cigola; ***den Hund an die ~ legen*** mettere il cane alla catena; ***jdn in -n legen*** mettere in catene (*o* incatenare) qcn.; ***die ~ vorlegen, die ~ vor die Tür legen*** mettere la catena alla porta; ***die ~ des Fahrrads ölen*** oliare la catena della bicicletta **b** FIG. ***die -n abwerfen, sprengen, zerreißen*** rompere, spezzare le catene; ***jdn an die ~ legen*** mettere la catena al collo a qcn. **2** *(Halsschmuck)* collana *f.*: ***eine ~ aus Korallen*** una collana di corallo; ***eine ~ umlegen, tragen, ablegen (abnehmen)*** mettersi, portare, togliersi una collana **3a** *(Bergkette)* catena *f.* (montuosa) **b** *(von Menschen)* catena *f.*, cordone *m.*: ***eine ~ bilden*** formare, fare una catena **c** *(von Betrieben)* catena *f.*: ***eine ~ von Läden*** una catena di negozi **4** *(Kolonne)* colonna *f.*: ***eine ~ von Autos*** una colonna di automobili **5** FIG. *(Aufeinanderfolge)* catena *f.*, serie *f.*: ***eine ~ von Unglücksfällen*** una catena d'incidenti, incidenti a catena **6** LING. gruppo *m.* sintattico **7** TESS. ordito *m.* **8** VENAT. *(von Rebhühnern)* famiglia *f.* **9** MIL. AER. formazione *f.* a V.

Ket|tel m. *(-s,-)* e f. *(-,-n)* REGION. grappa *f.*, graffa *f.* **Ket|tel|ma|schi|ne** f. *(-,-n)* rimagliatrice *f.* **ket|teln** tr. **1** rimagliare **2** *(abketten)* chiudere.

ket|ten tr. incatenare: ***den Hund an den Zaun ~*** incatenare il cane allo steccato; FIG. ***jdn an sich ~*** incatenare qcn. a sé. **Ket|ten|an|trieb** m. *(-[e]s,-e)* MECC. trasmissione *f.* a catena. **Ket|ten|arm|band** n. *(-[e]s,-bänder)* braccialetto *m.* a catena. **Ket|ten|baum** → **Kettbaum. Ket|ten|blu|me** f. *(-,-n)* BOT. dente *m.* di leone. **Ket|ten|brief** m. *(-[e]s,-e)* catena *f.* di S. Antonio. **Ket|ten|bruch** m. *(-s,-brüche)* frazione *f.* continua. **Ket|ten|brü|cke** f. *(-,-n)* ponte *m.* sospeso. **Ket|ten|fa|den** → **Kettfaden. Ket|ten|fahr|zeug** n. *(-[e]s,-e)* veicolo *m.* cingolato, autocingolato *m.* **Ket|ten|garn** → **Kettgarn. Ket|ten|ge|bir|ge** n. *(-s,-)* catena *f.* montuosa. **Ket|ten|ge|lenk** n. *(-s,-e)* giunto *m.* di catena. **Ket|ten|glied** n. *(-[e]s,-er)* maglia *f.* (*o* anello *m.*) di catena. **Ket|ten|han|del** m. *(-s)* commercio *m.* a catena, eccesso *m.* d'intermediazione. **Ket|ten|hemd** n. *(-[e]s,-en)* giaco *m.* (di maglia di ferro). **Ket|ten|hund** m. *(-[e]s,-e)* cane *m.* alla catena, da guardia. **Ket|ten|ka|rus|sell** n. *(-s,-s* e *-e)* giostra *f.* delle catene, POP. calcinculo *m.* **Ket|ten|kas|ten** m. *(-s,-kästen)* → **Kettenschutz. Ket|ten|la|den** m. *(-s,-läden)* negozio *m.* appartenente a una catena, punto *m.* vendita. **Ket|ten|pan|zer** m. *(-s,-)* → **Kettenhemd. Ket|ten|rad** n. *(-[e]s,-räder)* ruota *f.* dentata. **Ket|ten|rau|chen** n. *(-s)* il fumare una sigaretta dopo l'altra. **Ket|ten|rau|cher** m. *(-s,-)* fumatore *m.* accanito. **Ket|ten|re|ak|ti|on** f. *(-,-en)* CHIM. FIS. reazione *f.* a catena: ***eine ~ auslösen*** scatenare una reazione a catena. **Ket|ten|reim** m. *(-s,-e)* rima *f.* incatenata. **Ket|ten|sä|ge** f. *(-,-n)* motosega *f.* a catena. **Ket|ten|schiff** n. *(-[e]s,-e)* imbarcazione *f.* per navigazione fluviale a trazione. **Ket|ten|schluss** m. *(-es,-schlüsse)* sorite *m.*, polisillogismo *m.* **Ket|ten|schutz** m. *(-es,-e)* carter *m.* (della bicicletta). **Ket|ten|stich** m. *(-es,-e)* punto *m.* a catenella. **Ket|ten|stra|fe** f. *(-,-n)* condanna *f.* alla catena. **Ket|ten|wirk|ma|schi|ne** f. *(-,-n)* TESS. macchina *f.* orditrice.

Kett|fa|den m. *(-s,-fäden)*, **Kett|garn** n. *(-[e]s,-e)* filo *m.* di ordito.

Ket|tung f. *(-,-en)* incatenamento *m.*

Ket|zer m. *(-s,-)* eretico *m.* (anche FIG.). **Ket|ze|rei** f. *(-,-en)* eresia *f.* (anche FIG.). **Ket|zer|ge|richt** n. *(-[e]s,-e)* tribunale *m.* dell'inquisizione. **ket|ze|risch I** agg. eretico (anche FIG.) **II** avv. da eretico (anche FIG.). **ket|zern** intr. (aus. *haben*) SPREG. dire eresie. **Ket|zer|ver|bren|nung** f. *(-,-en)* autodafé *m.* **Ket|zer|ver|fol|gung** f. *(-,-en)* persecuzione *f.* degli eretici.

keu|chen intr. **1a** (aus. *haben*) ansare, ansimare **b** *(keuchend sagen)* ansimare, dire ansimando **2** (aus. *sein*) avanzare, procedere ansimando: ***durch den Schnee ~*** avanzare attraverso la neve ansimando. **Keu|chen** n. *(-s)* respiro *m.* affannoso, affanno *m.* **keu|chend** p.pres. agg. **1** → **keuchen 2** affannoso: ***mit -em Atem*** con respiro affannoso. **Keuch|hus|ten** m. *(-s)* pertosse *f.*, tosse *f.* canina (*o* asinina).

Keu|le f. *(-,-n)* **1** clava *f.* **2** GINN. clavetta *f.* **3** *(Schenkel von Wild und Schlachtvieh)* coscia *f.*, cosciotto *m.* ◆ ***chemische ~*** candelotto lacrimogeno. **keu|len** tr. VETER. abbattere (per circoscrivere l'epizoozia). **Keu|len|är|mel** m. *(-s,-)* manica *f.* a sbuffo. **keu|len|för|mig** agg. a forma di clava. **Keu|len|gym|nas|tik** f. *(-)* esercizi *m.pl.* con la clavetta. **Keu|len|pil|ze** pl. clavariacee *f.pl.* **Keu|len|schlag** m. *(-[e]s,-schläge)* **1** colpo *m.* di clava **2** FIG. mazzata *f.* **Keu|len|schwin|gen** n. *(-s)* volteggio *m.* con le clavette.

Keu|per m. *(-s)* MINER. marna *f.* iridata.

keusch I agg. **1** *(sexuell enthaltsam)* casto **2** ANT. *(schamhaft, sittsam)* pudico **3** FIG. candido: ***das -e Weiß des Schnees*** il bianco candido della neve **II** avv. **1** castamente: ***~ leben*** vivere castamente **2** ANT. *(sittsam)* pudicamente.

Keu|sche f. *(-,-n)* **1** AUSTR. COLLOQ. baita *f.*, casolare *m.* **2** *(baufälliges Haus)* rudere *m.*

Keusch|heit f. *(-)* **1** *(sexuelle Enthaltsamkeit)* castità *f.* **2** ANT. *(Schamhaftigkeit)* pudicizia *f.* **Keusch|heits|ge|lüb|de** n. *(-s,-)* voto *m.* di castità: ***das ~ ablegen*** fare voto di castità. **Keusch|heits|gür|tel** m. *(-s,-)* cintura *f.* di castità.

Key|board ['ki:bɔ:d] n. *(-s,-s)* MUS. tastiera *f.* (elettronica). **Key|board|spie|ler** m. *(-s,-)* MUS. tastierista *m.*

Key|ne|si|a|ner [keɪnz-] m. *(-s,-)* keynesiano *m.* **key|ne|si|a|nisch** agg. keynesiano.

Kfm. ⇒ *Kaufmann* commerciante.

Kfz ⇒ *Kraftfahrzeug* autoveicolo. **Kfz-Werk|statt** f. *(-,-stätten)* officina *f.* riparazioni autoveicoli.

KG ⇒ *Kommanditgesellschaft* società in accomandita (S.acc.); società in accomandita semplice (s.a.s.).

KGaA ⇒ *Kommanditgesellschaft auf Aktien* società in accomandita per azioni (S.acc.p.a.).

kgl. ⇒ *königlich* Regio (R.).

K-Grup|pe f. *(-,-n)* = organizzazione *f.* comunista maoista.

k. g. V., kgV ⇒ *kleinstes gemeinsames Vielfaches* minimo comune multiplo (m.c.m.).

1.Kha|ki n. *(-[s])* cachi *m.*, color *m.* cachi.

2.Kha|ki m. *(-[s])* tela *f.* cachi. **kha|ki|braun, kha|ki|far|ben, kha|ki|far|big** agg. color cachi. **Kha|ki|uni|form** f. *(-,-en)* uniforme *f.* color cachi, divisa *f.* cachi.

Khan m. *(-s,-e)* khan *m.* **Kha|nat** n. *(-[e]s,-e)* canato *m.*

Khe|di|ve m. *(-s* e *-n,-n)* chedivè *m.*

Khmer I m. *(-s,-)* khmer *m.* **II** n. *(-s)* khmer *m.* (lingua).

Kib|buz m. *(-,-im* e *-e)* kibbuz *m.*, kibbutz *m.*

Ki|cher|erb|se f. *(-,-n)* cece *m.*

ki|chern intr. (aus. *haben*) ridacchiare.

Kick m. *(-[s],-s)* **1** GERG. SPORT tiro *m.*, calcio *m.* **2** COLLOQ. *(Nervenkitzel)* brivido *m.* **ki|cken** COLLOQ. **I** intr. (aus. *haben*) giocare (a football) **II** tr. calciare: ***den Ball ins Tor ~*** calciare la palla in porta. **Ki|cker** m. *(-s,-[s])* COLLOQ. calciatore *m.*

kick|sen I intr. (aus. *haben*) steccare, fare una stecca **II** tr. *(stechen)* colpire.

Kick|star|ter m. *(-s,-)* pedale *m.* di avviamento.

Kid n. *(-s,-s)* **1** nappa *f.* **2** pl. *(Handschuhe)* guanti *m.pl.* di nappa **3** pl. GERG. *(Kinder, Jugendliche)* ragazzi *m.pl.*

kid|nap|pen ['kɪtnɛpn] tr. rapire, sequestrare. **Kid|nap|per** m. *(-s,-)* rapitore *m.*, sequestratore *m.* **Kid|nap|ping** n. *(-s,-s)* rapimento *m.*, sequestro *m.* di persona.

kie|big agg. REGION. **1** *(frech)* sfacciato, insolente **2** *(gereizt)* litigioso.

Kie|bitz m. *(-es,-e)* **1** ORNIT. pavoncella *f.* **2** COLLOQ. *(unerwünschter Zuschauer bei Schach-, Kartenspielen)* spettatore *m.* curioso, importuno. **kie|bit|zen** intr. (aus. *haben*) SCHERZ. **1** *(bei Schach-, Kartenspielen)* = importunare con consigli non richiesti, assistere alla partita disturbando i giocatori **2** curiosare: ***beim Nachbarn ~*** curiosare dal vicino.

1.Kie|fer m. *(-s,-)* **1** mascella *f.*: ***ein zahnloser ~*** una mascella sdendata **2** *(Unterkiefer)* mandibola *f.*, mascella *f.* inferiore: ***ein vorspringender ~*** una mandibola sporgente.

2.Kie|fer f. *(-,-n)* pino *m.*

Kie|fer|bruch m. *(-s,-brüche)* frattura *f.* della mascella. **Kie|fer|chi|rur|gie** f. *(-)* chirurgia *f.* maxillofacciale. **Kie|fer|höh|le** f. *(-,-n)* seno *m.* mascellare. **Kie|fer|kno|chen** m. *(-s,-)* osso *m.* mascellare.

kie|fern agg. di (legno di) pino. **Kie|fern|eu|le** f. *(-,-n)* nottuide *f.* del pino. **Kie|fern|holz** n. *(-es)* legno *m.* di pino. **Kie|fern|na|del** f. *(-,-n)* ago *m.* di pino. **Kie|fern|scho|nung** f. *(-,-en)* vivaio *m.* di pini. **Kie|fern|span|ner** m. *(-s,-)* ENTOM. geometra *m.* dei pini. **Kie|fern|spin|ner** m. *(-s,-)* ENTOM. bombice *m.* dei pini. **Kie|fern|wald** m. *(-[e]s,-wälder)* pineta *f.*, bosco *m.* di pini. **Kie|fern|zap|fen** m. *(-s,-)* pigna *f.*

Kie|fer|or|tho|pä|die f. *(-)* ortodonzia *f.* **Kie|fer|sper|re** f. *(-,-n)* MED. trisma *m.*

kie|ken intr. (aus. *haben*) REGION. guardare. **Kie|ker** m. *(-s,-)* REGION. cannocchiale *m.* ◆ COLLOQ. ***jdn, etw. auf dem ~ haben*** *(misstrauisch beobachten)* tenere d'occhio qcn., qcs.; *(Interesse haben)* adocchiare qcn., qcs.; *(jdn kritisieren)* avercela con qcn. **Kiek|in|die|welt** m. *(-s,-s)* SCHERZ. **1** *(kleines Kind)* bambinetto *m.* **2** *(unerfahrener Mensch)* sbarbatello *m.*

kiek|sen → **kicksen.**

Kiek|ser m. *(-s,-)* mugolio *m.*, gemito *m.*

1.Kiel m. *(-[e]s,-e)* **1** *(von Vogelfedern)* calamo *m.* **2** ANT. *(Schreibgerät)* penna *f.* d'oca.

2.Kiel m. *(-[e]s,-e)* **1** chiglia *f.*: ***der ~ berührt den Grund*** la chiglia tocca il fondo **2** LETT. ANT. *(Boot)* carena *f.*, barca *f.* ◆ ***ein Schiff auf ~ legen*** impostare una nave.

Kiel|bo|gen m. *(-s,-)* arco *m.* carenato.

kie|len intr. (aus. *haben*) ANT. **1** *(Federn bekommen)* mettere le penne **2** *(Gänsefedern zurechtschneiden)* affilare la punta della penna d'oca. **Kiel|fe|der** f. *(-,-n)* penna *f.* **Kiel|flü|gel** m. *(-s,-)* clavicembalo *m.*

kiel|ho|len tr. MAR. **1** carenare **2 *jdn ~*** immergere (e trascinare) sotto la chiglia qcn. **Kiel|li|nie** f. *(-,-n)* **1** *(Fahrtlinie)* formazione *f.* in linea (di navi): ***in ~ fahren*** procedere in linea **2** linea *f.* di chiglia. **kiel|oben** avv. capovolto, a chiglia in su. **Kiel|raum** m. *(-[e]s,-räume)* sentina *f.* **Kiel|schwein** n. *(-[e]s,-e)* paramezzale *m.* **Kiel|schwert** n. *(-[e]s,-er)* deriva *f.* **Kiel|was|ser** n. *(-s,-)* scia *f.* ◆ FIG. ***in jds ~ segeln (schwimmen), sich in jds ~ halten*** stare nella scia di qcn., andare a rimorchio di qcn., seguire qcn. in tutto.

Kie|me f. *(-,-n)* branchia *f.*: ***durch -n atmen*** respirare con le branchie. **Kie|men|at|mer** m. *(-s,-)* branchiato *m.* **Kie|men|at|mung** f. *(-)* respirazione *f.* branchiale. **Kie|men|blätt|chen** n. *(-s,-)* lamella *f.* branchiale. **Kie|men|de|ckel** m. *(-s,-)* opercolo *m.* della branchia. **Kie|men|spal|te** f. *(-,-n)* fessura *f.* branchiale.

Kien m. *(-[e]s)* legno *m.* di ferita (di pino), legno *m.* resinoso (di pino) ◆ ***auf dem ~ sein*** stare all'erta. **Kien|ap|fel** m. *(-s,-äpfel)* → **Kiefernzapfen. Kien|fa|ckel** f. *(-,-n)* fiaccola *f.* (di pino resinoso). **Kien|holz** n. *(-es)* legno *m.* (resinoso) di pino.

kie|nig agg. molto resinoso.

Kien|span m. *(-[e]s,-späne)* truciolo *m.* di legno di pino. **Kien|zap|fen** → **Kiefernzapfen.**

Kie|pe f. *(-,-n)* REGION. gerla *f.*

Kies m. *(-es,-e)* **1** ghiaia *f.* **2** MIN. pirite *f.* **3** COLLOQ. *(Geld)* grana *f.*: ***ein Haufen ~*** un mucchio di grana.

Kie|sel m. *(-s,-)* **1** ciottolo *m.* **2** REGION. *(Hagelkorn)* chicco *m.* di grandine. **Kie|sel|al|gen** pl. diatomee *f.pl.*, bacillariofite *f.pl.* **Kie|sel|er|de** f. *(-)* silice *f.* **Kie|sel|glas** n. *(-es)* vetro *m.* di quarzo. **Kie|sel|gur** f. *(-)* terra *f.* assorbente (*o* di diatomee), farina *f.* fossile; *(in Salzwasser)* tripoli *m.*

kie|seln intr. (aus. *haben*) REGION. impers. ***es kieselt*** grandina.

kie|sel|sau|er agg. silicico, di silicio. **Kie|sel|säu|re** f. *(-)* acido *m.* silicico. **Kie|sel|stein** m. *(-[e]s,-e)* ciottolo *m.*

1.kie|sen tr. RAR. inghiaiare.

2.kie|sen tr. *(kor, gekoren)* ANT. scegliere.

Kies|gru|be f. *(-,-n)* cava *f.* di ghiaia. **Kies|hau|fen** m. *(-s,-)* mucchio *m.* di ghiaia.

kie|sig agg. ghiaioso.

Kies|sand m. *(-[e]s)* sabbia *f.* ghiaiosa, rena *f.* grossa. **Kies|weg** m. *(-[e]s,-e)* strada *f.* ghiaiosa (*o* ricoperta di ghiaia).

Kiez m. *(-es,-e)* **1** REGION. parte *f.* (*o* zona *f.*) della città **2** GERG. *(Strich)* zona *f.* frequentata da prostitute.

Kif m. *(-[e]s)* GERG. erba *f.*, fumo *m.* **kif|fen** intr. (aus. *haben*) fumare erba, spinellare. **Kif|fer** m. *(-s,-)* GERG. spinellato *m.*

ki|ke|ri|ki inter. chicchirichì.

1.Ki|ke|ri|ki n. *(-s,-s)* chicchirichì *m.*, canto *m.* del gallo.

2.Ki|ke|ri|ki m. *(-s,-s)* INFANT. *(Hahn)* chicchirichì *m.*

Ki|ki m. *(-s)* COLLOQ. **1** gingilli *m.pl.*, fronzoli *m.pl.* **2** *(Unsinn)* stupidaggini *f.pl.*, sciocchezze *f.pl.*: ***das ist alles ~!*** sono tutte sciocchezze!

Ki|li|ki|en n.pr.n. *(-s)* STOR. Cilicia *f.* **ki|li|kisch** agg. STOR. della Cilicia.

Ki|li|mand|scha|ro n.pr.m. *(-[s])* Kilimangiaro *m.*

kil|le|kil|le, infant. ***bei, mit jdm ~ machen*** fare il solletico a qcn.

1.kil|len tr. COLLOQ. far fuori.

2.kil|len intr. (aus. *haben*) MAR. muoversi al vento; *(am Mast schlagen)* sbattere (contro l'albero).

Kil|ler m. *(-s,-)* killer *m.* **Kil|ler|ins|tinkt** m. *(-s,-e)* istinto *m.* omicida. **Kil|ler|sa|tel|lit** m. *(-en,-en)* satellite *m.* killer.

Ki|lo n. *(-s,-[s])* chilo *m.*: ***zwei ~ Brot, ein halbes ~ Brot*** due chili di pane, mezzo chilo di pane; ***60 ~ wiegen*** pesare 60 chili. **Ki|lo|bit**, **Ki|lo|byte** [-'bait] n. *(-[s],-[s])* kilobyte *m.*

Ki|lo|gramm n. *(-[e]s,-e)* chilogrammo *m.* **Ki|lo|gramm|ka|lo|rie** → **Kilokalorie. Ki|lo|gramm|me|ter** n. *(-s,-)* chilogrammetro *m.*

Ki|lo|hertz n. *(-,-)* chilohertz *m.*, chilociclo *m.* (al secondo). **Ki|lo|joule** n. *(-[s],-)* kilojoule *m.* **Ki|lo|ka|lo|rie** f. *(-,-n)* FIS. chilocaloria *f.* **Ki|lo|li|ter** m. *(-s,-)* chilolitro *m.*

Ki|lo|me|ter m. *(-s,-)* chilometro *m.*: ***20 ~ entfernt sein*** distare 20 chilometri; ***eine Autoschlange von 5 ~ (-n) Länge*** una coda d'auto di 5 chilometri; ***100 ~ pro Stunde fahren*** viaggiare a 100 chilometri orari; ***die Unfallstelle befindet sich bei ~ 120*** il luogo dell'incidente è al km 120. **Ki|lo|me|ter|fres|ser** m. *(-s,-)* COLLOQ. divoratore *m.* di chilometri. **Ki|lo|me|ter|geld** n. *(-[e]s)* indennità *f.* chilometrica (*o* per chilometro). **Ki|lo|me|ter|geld|pau|scha|le** → **Kilometerpauschale. ki|lo|me|ter|lang** agg. lungo chilometri, chilometrico. **Ki|lo|me|ter|mar|ke** f. *(-,-n)* → **Kilometerstein. Ki|lo|me|ter|pau|scha|le** f. *(-,-n)* rimborso *m.* forfettario delle spese di benzina. **Ki|lo|me|ter|schild** n. *(-[e]s,-er)* cartello *m.* segnaletico delle distanze. **Ki|lo|me|ter|stand** m. *(-[e]s,-stände)* chilometraggio *m.* **Ki|lo|me|ter|stein** m. *(-[e]s,-e)* cippo *m.* chilometrico. **Ki|lo|me|ter|ta|rif** m. *(-s,-e)* tariffa *f.* chilometrica. **ki|lo|me|ter|weit I** agg. chilometrico, di chilometri **II** avv. ***~ fahren, laufen*** viaggiare, correre per chilometri (e chilometri); ***etw. ~ hören*** sentire qcs. a una distanza di chilometri. **Ki|lo|me|ter|zäh|ler** m. *(-s,-)* contachilometri *m.*

ki|lo|met|rie|ren tr. chilometrare. **Ki|lo|met|rie|rung** f. *(-)* chilometraggio *m.* **ki|lo|met|risch** agg. chilometrico.

Ki|lo|pond n. *(-s,-)* FIS. ANT. chilogrammo-peso *m.* **Ki|lo|volt** n. *(- e -[e]s,-)* chilovolt *m.* **Ki|lo|volt|am|pere** n. *(-[s],-)* chilovoltampère *m.* **Ki|lo|watt** n. *(-s,-)* chilowatt *m.* **Ki|lo|watt|stun|de** f. *(-,-n)* chilowattora *m.*

Kilt m. *(-[e]s,-s)* kilt *m.*

Kim|ber m. *(-s,-n)* cimbro *m.*

Kimm f. *(-)* MAR. **1** orizzonte *m.* **2** *(bei einem Schiff)* ginocchio *m.*, curvatura *f.* della carena.

Kim|me f. *(-,-n)* **1** tacca *f.* di mira: ***über ~ und Korn zielen, sehen*** prendere, aggiustare la mira **2** *(in Fassdauben)* capruggine *f.* ◆ ***jdn auf der ~ haben*** prendere di mira qcn.

Kim|mung f. *(-,-en)* MAR. **1** orizzonte *m.* **2** *(Luftspiegelung)* miraggio *m.*, fata *f.* morgana.

Ki|mo|no m. *(-s,-s)* kimono (*o* chimono) *m.* **Ki|mo|no|är|mel** m. *(-s,-)* manica *f.* a kimono.

Kin|äs|the|sie f. *(-)* cinestesia *f.* **kin|äs|the|tisch** agg. cinestetico, cinestesico.

Kind n. *(-[e]s,-er)* **1a** bambino *m.*, bimbo *m.*, LETT. fanciullo *m.*: ***ein ~ erwarten, zur Welt bringen (in die Welt setzen), gebären*** aspettare, mettere al mondo, dare alla luce un bambino; ***sie bekommt (o kriegt) ein ~*** è in attesa di (*o* sta per avere) un bambino; ***das ~ stillen, trockenlegen*** allattare, cambiare il bambino; ***ein ~ aufziehen, großziehen*** allevare un bambino; ***ein uneheliches ~*** un figlio naturale; ***-er im schulpflichtigen Alter*** bambini in età scolare; ***ein ~ von 8 Jahren, ein achtjähriges ~*** un bambino di otto anni; ***jdn wie ein ~ behandeln*** trattare qcn. come un bambino; ***sei doch kein ~!*** non fare il bambino! **b** *(in Bezug auf Mädchen)* bambina *f.*, LETT. fanciulla *f.*: ***sie ist noch ein ~, kein ~ mehr*** è ancora, non è più una bambina **2a** *(Nachkommen)* figlio *m.*: ***sie hat drei -er*** ha tre figli **b** *(in Bezug auf Mädchen)* figlia *f.*: ***sie ist das einzige ~*** è figlia unica **3** ***ein Berliner, Wiener ~*** un berlinese, viennese **4a** *(als Anrede an Frauen)* piccola *f.*, bimba *f.*: ***mein liebes ~!*** piccola cara! **b** pl. *(an mehrere Personen)* ragazzi *m.pl.*: ***kommt, -er!*** venite, ragazzi! ◆ ***ein ~ abtreiben*** abortire; ***als ~*** da bambino, da piccolo; ***das ~ mit dem Bade ausschütten*** buttare via il bambino con l'acqua sporca; ***jdm ein ~ in den Bauch reden*** convincere qcn. di una cosa incredibile; ***-er bis 10 Jahre, bis zu zehn Jahren*** bambini fino ai 10 anni; ***mit einem ~ (-e) gehen*** aspettare un bambino, essere incinta; ***die -er Gottes*** i figli di Dio; ***er ist noch ein großes ~*** è ancora un bambinone; ***noch ein halbes ~ sein*** essere ancora un bambino; ***die -er sind aus dem Haus*** i figli sono ormai via di casa; ***als ~ zu heiß gebadet worden sein*** avere battuto la testa da piccolo; ***ein ~ unter dem Herzen tragen*** → ***mit einem ~ gehen***; ***mit ~ und Kegel*** con tutta la famiglia; ***seine -er und Kindeskinder*** i suoi discendenti; ***das ist nichts für kleine ~*** sono cose che non ti, non vi riguardano; ***kein ~ von Langeweile sein*** essere un tipo brillante; ***sich bei jdm lieb ~ machen*** accattivarsi le simpatie di (*o* ingraziarsi) qcn.; ***bei jdm lieb ~ sein*** essere il prediletto (*o* FAM. il cocco) di qcn.; ***ein ~ der Liebe*** un figlio dell'amore; FIG. ***jds liebstes ~ sein*** essere la passione di qcn.; ***einem Mädchen ein ~ machen, andrehen*** mettere incinta una ragazza; ***das ~ im Manne*** il bambino che c'è in noi; ***das ~ muss doch einen Namen haben*** = occorre definire la cosa, la cosa va definita; ***das ~ beim rechten Namen nennen*** dire pane al pane, vino al vino, chiamare le cose col loro nome; ***wir werden das ~ schon schaukeln*** sistemeremo senz'altro tutto, metteremo tutto a posto; ***jdn an -es statt annehmen*** adottare un bambino; ***jd ist ein ~ des Todes*** qcn. è vicino alla morte, per qcn. non c'è più niente da fare; ***ein tot geborenes ~*** un figlio nato morto, FIG. una cosa nata morta, fallita in partenza; ***kein ~ von Traurigkeit sein*** avere una gran gioia di vivere; ***unschuldig wie ein neugeborenes ~*** innocente come un bambino; ***von ~ an, auf*** fin da bambino (*o* da piccolo); ***das weiß jedes ~!*** lo sanno anche i bambini! ***~ seiner Zeit sein*** essere figlio del proprio tempo; PROV. ***wenn das ~ in den Brunnen gefallen ist, deckt man ihn zu*** chiudere la stalla quando i buoi sono fuggiti; ***gebranntes ~ scheut das Feuer*** chi si scottò con l'acqua calda teme persin la fredda; ***-er und Narren sagen die Wahrheit*** i matti e i fanciulli sogliono dire la verità.

Kind|bett n. *(-[e]s)* ANT. puerperio *m.* **Kind|bet|te|rin** f. *(-,-nen)* ANT. puerpera *f.* **Kind|bett|fie|ber** n. *(-s)* febbre *f.* puerperale.

Kind|chen n. *(-s,- e Kinderchen)* **1a** bambinetto *m.*, bambino *m.* (piccolo), bimbo *m.* **b** *(in Bezug auf Mädchen)* bambinetta *f.*, bambina *f.* (piccola), bimba *f.* **2** *(als Anrede)* piccolina *f.*, bimba *f.*

Kin|del|bier n. *(-[e]s,-e)* REGION. rinfresco *m.* di battesimo. **Kin|del|mut|ter** f. *(-,-mütter)* REGION. levatrice *f.*

Kin|der|ar|beit f. *(-)* lavoro *m.* minorile. **Kin|der|arzt** m. *(-es,-ärzte)* pediatra *m.* **Kin|der|ärz|tin** f. *(-,-nen)* pediatra *f.* **Kin|der|bei|hil|fe** f. *(-,-n)* → **Kinderzuschlag. Kin|der|be|klei|dung** f. *(-,-en)* abbigliamento *m.* per bambini. **Kin|der|bett** n. *(-[e]s,-en)* lettino *m.* (per bambini). **Kin|der|bild** n. *(-[e]s,-er)* **1a** foto *m.* di bambini **b** ***ein ~ meines Vaters*** una foto di mio padre da bambino **2** PITT. quadro *m.* raffigurante bambini. **Kin|der|buch** n. *(-[e]s,-bücher)* libro *m.* per bambini (*o* per l'infanzia). **Kin|der|chor** m. *(-[e]s,-chöre)* coro *m.* di bambini (*o* di voci bianche). **Kin|der|dorf** n. *(-[e]s,-dörfer)* città *f.* dei ragazzi.

Kin|de|rei f. *(-,-en)* **1** bambinata *f.*, ragazzata *f.* **2** *(kindisches Benehmen)* bambinaggine *f.*

Kin|der|er|mä|ßi|gung f. *(-,-en)* riduzione *f.* per bambini. **Kin|der|er|zie|hung** f. *(-)* educazione *f.* dei bambini *o* dei figli. **Kin|der|fahr|rad** n. *(-[e]s,-räder)* bicicletta *f.* per bambini (*o* da bambino). **kin|der|feind|lich** agg. ostile ai bambini (*o* all'infanzia); ***eine -e Politik, Gesellschaft*** una politica che penalizza l'infanzia, una società ostile ai bambini. **Kin|der|fe|ri|en|heim** n. *(-[e]s,-e)* colonia *f.* (per bambini *o* per ragazzi). **Kin|der|frau** f. *(-,-en)* bambinaia *f.* **Kin|der|fräu|lein** n. *(-s,-)* governante *m.*, istitutrice *f.* **kin|der|freund|lich** agg. che favorisce i bambini; *(von Menschen)* che ama i bambini, amante dei bambini. **Kin|der|funk** m. *(-s)* RAD. TELEV. programma *m.* (*o* trasmissione *f.*) per bambini. **Kin|der|für|sor|ge** f. *(-)* assistenza *f.* all'infanzia. **Kin|der|gar|ten** m. *(-s,-gärten)* scuola *f.* materna, asilo *m.* infantile, kindergarten *m.* **Kin|der|gärt|ne|rin** f. *(-,-nen)* maestra *f.* d'asilo (*o* di scuola materna). **Kin|der|geld** n. *(-[e]s)* assegno *m.* familiare (per i figli). **kin|der|ge|recht** agg. adatto ai bambini. **Kin|der|ge|sicht** n. *(-[e]s,-er)* **1** volto *m.* di bambino **2** *(von Erwachsenen)* volto *m.* infantile (*o* da bambino). **Kin|der|glau|be** m. *(-ns)* fiducia *f.* ingenua. **Kin|der|hand** f. *(-,-hände)* mano *m.* di bambino. **Kin|der|heil|kun|de** f. *(-)* pediatria *f.* **Kin|der|heim** n. *(-[e]s,-e)* **1** kinderheim *m.* **2** *(für behinderte Kinder)* comunità *f.* per bambini handicappati; *(für Waisenkinder)* orfanotrofio *m.* **Kin|der|hort** m. *(-[e]s,-e)* doposcuola *m.* **Kin|der|klei|dung** → **Kinderbekleidung. Kin|der|kli|nik** f. *(-,-en)*, **Kin|der|kran|ken|haus** n. *(-es,-häuser)* ospedale *m.* infantile (*o* pediatrico). **Kin|der|krank|heit** f. *(-,-en)* **1** malattia *f.* infantile **2** pl. *(Schwierigkeiten)* difficoltà *f.pl.* iniziali. **Kin|der|krie|gen** n. *(-s)* COLLOQ. l'avere dei bambini, il mettere al mondo dei figli ◆ ***das, es ist zum ~*** c'è da diventare matti. **Kin|der|kri|mi|na|li|tät** f. *(-)* criminalità *f.* infantile. **Kin|der|krip|pe** f. *(-,-n)* asilo *m.* nido. **Kin|der|la|den** m. *(-s,-läden)* **1** negozio *m.* per bambini **2** *(Kindergarten)* asilo *m.* gestito dai genitori (basato su principi antiautoritari). **Kin|der|läh|mung** f. *(-)* poliomielite *f.* **kin|der|leicht** agg. facilissimo, semplicissimo. **Kin|der|lein** pl. bambini *m.pl.* **kin|der|lieb** agg. che ama i bambini, amante dei bambini. **Kin|der|lie|be** f. *(-)* amore *m.* per i bambini. **Kin|der|lied** n. *(-[e]s,-er)* canzone *f.* infantile (*o* per bambini). **kin|der|los** agg. senza figli: ***ein -es Ehepaar*** una coppia senza figli. **Kin|der|lo|sig|keit** f. *(-)* mancanza *f.* di figli. **Kin|der|mäd|chen** n. *(-s,-)* bambinaia *f.* **Kin|der|mär|chen** n. *(-s,-)* fiaba *f.* per bambini.

Kin|der|mord → **Kindesmord. Kin|der|mör|der** m. *(-s,-)* infanticida *m.* **Kin|der|mör|de|rin** → **Kindesmörderin.**

Kin|der|mund m. *(-[e]s,-münder)* bocca *f.* di bambino: ***eine Äußerung aus ~*** un'espressione infantile ◆ PROV. ***~ tut Wahrheit kund*** i bambini sono la bocca della verità. **Kin|der|nah|rung** f. *(-,-en)* alimentazione *f.* infantile. **Kin|der|narr** m. *(-en,-en)* chi va pazzo per i bambini. **Kin|der|pfle|ge** f. *(-)* puericultura (*o* puericoltura) *f.* **Kin|der|pfle|ge|rin** f. *(-,-nen)* → **Kinderschwester. Kin|der|po|po** m. *(-s,-s)* COLLOQ. culetto *m.* di bambino. **Kin|der|psy|cho|lo|gie** f. *(-)* psicologia *f.* infantile. **Kin|der|pu|der** m. *(-s,-)* (boro)talco *m.* per bambini. **kin|der|reich** agg. con molti figli, con prole numerosa: ***eine -e Familie*** una famiglia numerosa. **Kin|der|reich|tum** m. *(-s)* abbondanza *f.* di figli. **Kin|der|reim** m. *(-[e]s,-e)* filastrocca *f.* **Kin|der|schuh** m. *(-[e]s,-e)* scarpa *f.* da bambino ◆ ***die -e abgestreift, ausgetreten, ausgezogen haben, den -en entwachsen, aus den -en herausgekommen sein*** essere adulto; ***noch in den -en stecken*** essere ancora un bambino; FIG. essere ancora agli inizi (*o* nella fase di sviluppo). **Kin|der|schu|le** f. *(-,-n)* REGION. → **Kindergarten. Kin|der|schutz** m. *(-es)* protezione *f.* dell'infanzia, tutela *f.* dei minori. **Kin|der|schwes|ter** f. *(-,-n)* puericultrice (*o* puericoltrice) *f.* **Kin|der|se|gen** m. *(-s)* SCHERZ. benedizione *f.* (*o* grazia *f.*) dei figli, figli *m.pl.* **Kin|der|sei|te** f. *(-,-n)* pagina *f.* dei bambini. **Kin|der|sen|dung** f. *(-,-en)* trasmissione *f.* (*o* programma *m.*) per i bambini. **kin|der|si|cher** agg. non pericoloso per i bambini; *(von Verschlüssen)* a prova di bambino. **Kin|der|sitz** m. *(-es,-e)* seggiolino *m.* per bambini. **Kin|der|spiel** n. *(-[e]s,-e)* gioco *m.* da bambini, da ragazzi (anche FIG.): ***das ist doch ein ~ für mich!*** per me è un gioco da ragazzi! ***das ist kein ~*** non è uno scherzo, un gioco da ragazzi. **Kin|der|spiel|platz** m. *(-es,-plätze)* campo *m.* giochi per bambini. **Kin|der|spra|che** f. *(-)* linguaggio *m.* infantile. **Kin|der|star** m. *(-s,-s)* piccola star *f.* **Kin|der|sta|ti|on** f. *(-,-en)* (reparto *m.* di) pediatria *f.* **Kin|der|sterb|lich|keit** f. *(-)* mortalità *f.* infantile. **Kin|der|stim|me** f. *(-,-n)* voce *f.* di bambino. **Kin|der|streich** m. *(-[e]s,-e)* bambinata *f.*, ragazzata *f.* **Kin|der|stu|be** f. *(-,-n)* **1** ANT. camera *f.* dei bambini **2** *(Erziehung)* (buona) educazione *f.*

Kin|der|tag m. *(-[e]s,-e)* **1** giornata *f.* del (*o* dedicata al) bambino **2** *(Zeit der Kindheit)* periodo *m.* dell'infanzia: ***eine Erinnerung aus -en*** un ricordo d'infanzia. **Kin|der|ta|ges|heim** n. *(-[e]s,-e)*, **Kin|der|ta|ges|stät|te** f. *(-,-n)* asilo *m.*, scuola *f.* materna (a tempo pieno).

Kin|der|tel|ler m. *(-s,-)* porzione *f.* da (*o* per un) bambino. **kin|der|tüm|lich I** agg. infantile: ***eine -e Sprache*** un linguaggio infantile **II** avv. in modo infantile. **Kin|der|vor|stel|lung** f. *(-,-en)* spettacolo *m.* per bambini (*o* per ragazzi). **Kin|der|wa|gen** m. *(-s,-)* carrozzina *f.* **Kin|der|zeit** f. *(-)* (periodo *m.* della) infanzia *f.* **Kin|der|zim|mer** n. *(-s,-)* **1** stanza *f.* (*o* camera *f.*) dei bambini **2** *(Einrichtung)* cameretta *f.* per bambini. **Kin|der|zu|la|ge** f. *(-,-n)*, **Kin|der|zu|schlag** m. *(-[e]s,-zuschläge)* → **Kindergeld.**

Kin|des|al|ter n. *(-s)* età *f.* infantile, infanzia *f.*: ***noch im ~ sein*** essere ancora bambino. **Kin|des|aus|set|zung** f. *(-,-en)* abbandono *m.* di (un) bambino (*o* DIR. di minore). **Kin|des|bei|ne**, ***von -n an*** (fin) dall'infanzia, fin da bambino. **Kin|des|ent|füh|rung** f. *(-,-en)* rapimento *m.* (di) un bambino, kidnapping *m.* **Kin|des|ent|zie|hung** f. *(-,-en)* DIR. sottrazione *f.* di minore. **Kin|des|kind** n. *(-[e]s,-er)* ANT. figlio *m.* del figlio, nipote *m.* **Kin|des|lie|be** f. *(-)* amore *m.* filiale. **Kin|des|miss|hand|lung** f. *(-,-en)* maltrattamento *m.* ai bambini (*o* DIR. ai minori). **Kin|des|mord** m. *(-[e]s,-e)* infanticidio *m.* **Kin|des|mör|de|rin** f. *(-,-nen)* infanticida *f.* **Kin|des|nö|te** pl. ANT. doglie *f.pl.*: ***in -n liegen, sein*** avere le doglie. **Kin|des|tö|tung** f. *(-,-en)* DIR. infanticidio *m.* **Kin|des|un|ter|schie|bung** f. *(-,-en)* DIR. sostituzione *f.* di neonato, supposizione *f.* d'infante.

kind|ge|mäß agg. adatto (*o* consono) a un bambino, per bambini. **kind|ge|recht** → **kindergerecht. kind|haft** agg. infantile, da bambino: ***ein -es Betragen*** un comportamento infantile.

Kind|heit f. *(-)* infanzia *f.*, LETT. fanciullezza *f.*: ***eine glückliche, freudlose ~ haben, verbringen, verleben*** avere, trascorrere, vivere un'infanzia felice, infelice; ***eine entbehrungsreiche ~*** un'infanzia piena di privazioni; ***in früher ~*** nella prima infanzia; ***von ~ an*** fin dall'infanzia, fin da piccolo. **Kind|heits|er|in|ne|rung** f. *(-,-en)* ricordo *m.* d'infanzia.

kin|disch I agg. infantile, puerile, bambinesco: ***ein -es Benehmen*** un comportamento infantile; ***eine -e Freude an etw. (D) haben*** provare una gioia infantile per qcs.; ***sei nicht so ~!*** non essere così puerile! non fare il bambino! **II** avv. in modo infantile (*o* puerile), bambinescamente.

kind|lich I agg. **1** infantile, di (*o* da) bambino: ***ein -es Gemüt, Gesicht*** un animo, un viso infantile; RAR. ***in -em Alter*** in età infantile, nell'infanzia **2** *(gegenüber den Eltern)* filiale, di (*o* da) figlio: ***-e Liebe*** amore filiale **II** avv. in modo infantile, da bambino, come un bambino: ***~ wirken*** dare un'impressione infantile. **Kind|lich|keit** f. *(-)* carattere *m.*, natura *f.* infantile.

Kinds|be|we|gung f. *(-,-en)* MED. movimento *m.* del feto.

Kind|schaft f. *(-)* l'essere figlio, condizione *f.* di figlio.

Kinds|kopf m. *(-[e]s,-köpfe)* bambinone *m.* **kinds|köp|fig I** agg. infantile: ***~ sein*** essere infantile **II** avv. da bambino, come un bambino. **Kinds|la|ge** f. *(-,-n)* MED. posizione *f.* del feto, presentazione *f.* **Kinds|mör|de|rin** → **Kindesmörderin. Kinds|pech** n. *(-[e]s)* MED. meconio *m.* **Kind(s)|tau|fe** f. *(-,-n)* battesimo *m.* (di un neonato).

Ki|ne|ma|thek f. *(-,-en)* cineteca *f.*

Ki|ne|ma|tik f. *(-)* cinematica *f.* **ki|ne|ma|tisch** agg. cinematico.

Ki|ne|ma|to|graph m. *(-en,-en)* ANT. cinematografo *m.* **Ki|ne|ma|to|gra|phie** f. *(-)* cinematografia *f.* **ki|ne|ma|to|gra|phisch** agg. cinematografico.

Ki|ne|sik f. *(-)* cinesica *f.* **Ki|ne|si|o|the|ra|pie** f. *(-)* chinesiterapia *f.* **Ki|ne|tik** f. *(-)* **1** cinetica *f.* **2** ART. arte *f.* cinetica. **ki|ne|tisch** agg. cinetico: ***-e Energie*** energia cinetica. **Ki|ne|to|se** f. *(-,-n)* c(h)inetosi *f.* **Ki|ne|to|skop** n. *(-s,-e)* cinetoscopio *m.*

Kin|ker|litz|chen pl. COLLOQ. bazzecole *f.pl.*, inezie *f.pl.*: ***das sind alles ~!*** sono tutte bazzecole!

Kinn n. *(-[e]s,-e)* mento *m.*: ***ein energisches, fliehendes, vorspringendes ~*** un mento molto pronunciato, sfuggente, sporgente; ***das ~ auf, in die Hand aufstützen*** poggiare il mento sulla mano; ***sich das ~ reiben, streichen*** strofinarsi, lisciarsi il mento; ***jdn am ~ treffen*** colpire qcn. al mento. **Kinn|ba|cke** f. *(-,-n)*, REGION. **Kinn|ba|cken** m. *(-s,-)* mandibola *f.*, mascella *f.* inferiore. **Kinn|bart** m. *(-[e]s,-bärte)* pizzo *m.*, barbetta *f.* **Kinn|ha|ken** m. *(-s,-)* SPORT gancio *m.* al mento. **Kinn|la|de** f. *(-,-n)* → **Kinnbacke. Kinn|rie|men** m. *(-s,-)* sottogola *m.* e *f.* **Kinn|spit|ze** f. *(-,-n)* punta *f.* del mento.

Ki|no n. *(-s,-s)* **1** cinema *m.*, COLLOQ. cine *m.*: ***ins ~ gehen*** andare al cinema; ***jdn ins ~ einladen*** invitare qcn. al cinema; ***was gibt's im ~? was läuft im ~*** cosa danno al cinema? ***der Film wird im März ins ~ kommen*** il film uscirà (nei cinema) a marzo **2** *(Kinovorstellung)* spettacolo *m.*, film *m.*: ***das ~ dauert zwei Stunden, beginnt um 9 Uhr, ist um 11 Uhr aus*** il film dura due ore, comincia alle 9, finisce alle 11. **Ki|no|be|such** m. *(-[e]s,-e)* l'andare al cinema. **Ki|no|be|su|cher** m. *(-s,-)* spettatore *m.* **Ki|no|er|folg** m. *(-[e]s,-e)* successo *m.* cinematografico. **Ki|no|film** m. *(-[e]s,-e)* film *m.* per il cinema (*o* per le sale). **Ki|no|gän|ger** m. *(-s,-)* chi va al cinema, frequentatore *m.* di cinema. **Ki|no|kar|te** f. *(-,-n)* biglietto *m.* del cinema. **Ki|no|kas|se** f. *(-,-n)* cassa *f.* del cinema. **Ki|no|lieb|ha|ber** m. *(-s,-)* cinefilo *m.*, appassionato *m.* di cinema. **Ki|no|pro|gramm** n. *(-s,-e)* programmazione *f.* (dei film). **Ki|no|re|kla|me** f. *(-,-n)* **1** pubblicità *f.* (al cinema) **2** *(Werbung für einen Film)* pubblicità *f.* di un film. **Ki|no|tech|nik** f. *(-,-en)* tecnica *f.* cinematografica. **Ki|no|vor|füh|rung** f. *(-,-en)* proiezione *f.* cinematografica. **Ki|no|vor|stel|lung** f. *(-,-en)* spettacolo *m.* cinematografico.

Kin|topp m. e n. *(-s,-s)* COLLOQ. cine *m.*

Ki|osk, Ki|osk m. *(-[e]s,-e)* chiosco *m.*: ***etw. am ~ kaufen*** comprare qcs. al chiosco.

Kip|fel n. *(-s,-)*, **Kip|ferl** n. *(-s,-n)* REGION. chifel *m.*

kipp|bar agg. **1** ribaltabile, rovesciabile: ***ein -er Anhänger*** un rimorchio ribaltabile **2** *(klappbar)* inclinabile, orientabile: ***ein -es Fenster*** una finestra a vasistas.

1.Kip|pe f. *(-,-n)* COLLOQ. cicca *f.*

2.Kip|pe f. *(-,-n)* MIN. discarica *f.*: ***Müll auf die ~ fahren*** portare l'immondizia alla discarica ◆ ***auf der ~ stehen*** essere in bilico, rischiare di cadere; FIG. *(unsicher, gefährdet sein)* essere incerto, in bilico.

3.Kip|pe, COLLOQ. ***(mit jdm) ~ machen*** fare comunella con qcn.; *(halbpart machen)* fare a metà (*o* spartire) con qcn.

kip|pe|lig agg. COLLOQ. traballante, zoppo: ***ein -er Tisch*** un tavolo traballante. **kip|peln** intr. (aus. *haben*) COLLOQ. **1** traballare, zoppicare: ***dieser Stuhl kippelt*** questa sedia traballa **2** ***(mit dem Stuhl) ~*** dondolarsi (con la sedia).

1.kip|pen I tr. **1** inclinare, mettere per obliquo: ***den Schrank für den Transport ~*** inclinare l'armadio per poterlo trasportare **2** *(durch Neigen ausschütten)* rovesciare: ***die Steine vom Lastwagen ~*** scaricare le pietre dal camion (ribaltando il cassone) **3** COLLOQ. *(in einem Zug austrinken)* mandare giù, buttare giù (d'un fiato): ***ein Glas Bier ~*** buttare giù un bicchiere di birra **4a** COLLOQ. *(absetzen)* togliere, cancellare, tagliare: ***die Sendung wurde gekippt*** la trasmissione è stata cancellata **b** *(entlassen)* licenziare **II** intr. (aus. *sein*) **1** stare per cadere, tracollare: ***Vorsicht, die Kiste kippt!*** attenzione, la cassa sta per cadere! **2** *(herunterfallen)* cadere: ***vom Pferd, Stuhl ~*** cadere da cavallo, dalla sedia **3** rovesciarsi, ribaltarsi: ***das Auto, das Boot kippt auf die Seite*** l'auto si ribalta, la barca si rovescia su un fianco ◆ ***einen ~*** farsi un cicchetto; ***aus den Latschen ~*** = perdere il controllo (di sé).

2.kip|pen tr. COLLOQ. fumare a metà; ***eine Zigarette nach wenigen Zügen ~*** spegnere una sigaretta dopo poche tirate.

Kip|per m. *(-s,-)* **1** autocarro *m.* con cassone ribaltabile **2** FERR. rovesciatore *m.*, scaricatore-rovesciatore *m.*

Kipp|fens|ter n. *(-s,-)* finestra *f.* (con telaio) a bilico, vasistas *m.*

kipp|lig → **kippelig.**

Kipp|lo|re f. *(-,-n)* vagoncino *m.* ribaltabile. **Kipp|pflug** m. *(-[e]s,-pflüge)* aratro *m.* a bilanciere. **Kipp|re|gel** f. *(-,-n)* diottra *f.* a cannocchiale. **Kipp|schal|ter** m. *(-s,-)* interruttore *m.* a levetta. **Kipp|schal|tung** f. *(-,-en)* oscillatore *m.* a rilassamento, multivibratore *m.* **kipp|si|cher** agg. non rovesciabile, non ribaltabile. **Kipp|stän|der** m. *(-s,-)* cavalletto *m.* (ribaltabile). **Kipp|vor|rich|tung** f. *(-,-en)* dispositivo *m.* di ribaltamento. **Kipp|wa|gen** m. *(-s,-)* autocarro *m.* con cassone ribaltabile.

Kir|che f. *(-,-n)* **1** *(Gebäude)* chiesa *f.*: ***eine romanische, katholische ~*** una chiesa romanica, cattolica; ***eine ~ einweihen*** consacrare una chiesa; ***in die ~ gehen*** andare in chiesa **2** *(Institution)* Chiesa *f.*: ***der evangelischen ~ angehören*** appartenere alla Chiesa evangelica **3** *(Gottesdienst)* funzione *f.*, messa *f.*: ***die ~ beginnt um 9, ist aus*** la messa inizia alle 9, è finita ◆ ***mit der ~ ums Dorf fahren, laufen*** complicare le cose; ***die ~ im Dorf lassen*** non esagerare; ***das ist so sicher wie das Amen in der ~*** è assolutamente certo; ***die ~ ums Dorf tragen*** andare per le lunghe, farla lunga. **Kir|chen|äl|tes|te** m. e f. *(-n,-n)* decano *m.* (-a *f.*). **Kir|chen|amt** n. *(-[e]s,-ämter)* ministero *m.* (*o* ufficio *m.*) ecclesiastico. **Kir|chen|aus|tritt** m. *(-[e]s,-e)* apostasia *f.* **Kir|chen|bank** f. *(-,-bänke)* banco *m.* (della, da chiesa). **Kir|chen|bann** m. *(-[e]s,-e)* scomunica *f.*, anatema *m.*; *(gegen ein Land)* interdizione *f.*: ***den ~ aussprechen*** dare la scomunica, gettare l'anatema. **Kir|chen|bau** m. *(-es,-ten)* **1** costruzione *f.* della, di una chiesa, di chiese **2** *(Kirche)* (edificio *m.* della) chiesa *f.* **Kir|chen|be|such** m. *(-[e]s,-e)* l'andare in chiesa, visita *f.* in chiesa. **Kir|chen|be|su|cher** m. *(-s,-)* frequentatore *m.* della chiesa, persona *f.* che va in chiesa, praticante *m.*, osservante *m.* **Kir|chen|buch** n. *(-[e]s,-bücher)* registro *m.* parrocchiale. **Kir|chen|bu|ße** f. *(-,-n)* penitenza *f.* **Kir|chen|chor** m. *(-[e]s,-chöre)* coro *m.* della chiesa. **Kir|chen|dieb|stahl** m. *(-[e]s,-diebstähle)* furto *m.* di oggetti sacri. **Kir|chen|die|ner** m. *(-s,-)* sacrestano *m.* **Kir|chen|fab|rik** f. *(-,-en)* fabbriceria *f.*, fabbrica *f.* della chiesa. **Kir|chen|fah|ne** f. *(-,-n)* bandiera *f.* (*o* stendardo *m.*) della chiesa. **kir|chen|feind|lich** agg. nemico della Chiesa. **Kir|chen|fest** n. *(-[e]s,-e)* festa *f.* religiosa. **Kir|chen|funk** m. *(-[e]s)* trasmissione *f.* radiofonica a cura di una Chiesa. **Kir|chen|fürst** m. *(-en,-en)* LETT. principe *m.* della Chiesa. **Kir|chen|gän|ger** → **Kirchgänger. Kir|chen|ge|bet** n. *(-[e]s,-e)* ANT. orazione *f.* **Kir|chen|ge|bet|buch** n. *(-[e]s,-bücher)* breviario *m.* **Kir|chen|ge|mein|de** f. *(-,-n)* parrocchia *f.*, comunità *f.* parrocchiale. **Kir|chen|ge|rät** n. *(-[e]s,-e)* arredo *m.* sacro. **Kir|chen|ge|sang** m. *(-[e]s,-gesänge)* canto *m.* religioso (*o* sacro). **Kir|chen|ge|schich|te** f. *(-)* storia *f.* della Chiesa. **Kir|chen|ge|walt** f. *(-)* potestà *f.* ecclesiastica. **Kir|chen|glo|cke** f. *(-,-n)* campana *f.* della chiesa. **Kir|chen|gut** n. *(-[e]s)* patrimonio *m.* ecclesiastico. **Kir|chen|ho|heit** f. *(-)* autorità *f.* statale in materia ecclesiastica. **Kir|chen|jahr** n. *(-[e]s)* anno *m.* liturgico. **Kir|chen|ka|len|der** m. *(-s)* calendario *m.* liturgico. **Kir|chen|kampf** m. *(-[e]s)* lotta *f.* tra Stato e Chiesa. **Kir|chen|kon|zert** n. *(-[e]s,-e)* concerto *m.* di musica sacra. **Kir|chen|la|tein** n. *(-s)* latino *m.* ecclesiastico. **Kir|chen|leh|re** f. *(-)* dottrina *f.* della Chiesa. **Kir|chen|leh|rer** m. *(-s,-)* dottore *m.* della Chiesa. **Kir|chen|licht** n. *(-[e]s,-er)* SCHERZ. luminare *m.*, genio *m.*: ***er ist nicht gerade ein (großes) ~*** non è quel che si dice un genio. **Kir|chen|lied** n. *(-[e]s,-er)* canto *m.* religioso (*o* sacro). **Kir|chen|maus,** SCHERZ. ***arm sein wie eine ~*** essere povero in canna. **Kir|chen|mu|sik** f. *(-)* musica *f.* sacra. **Kir|chen|pat|ron** m. *(-s,-e)* patrono *m.* della chiesa. **Kir|chen|po|li|tik** f. *(-)* politica *f.* ecclesiastica. **Kir|chen|rat** m. *(-[e]s,-räte)* **1** *(Institution)* consiglio *m.* delle chiese evangeliche **2** *(Person)* membro *m.* del consiglio delle chiese evangeliche. **Kir|chen|recht** m. *(-[e]s)* diritto *m.* canonico. **Kir|chen|re|gis|ter** m. *(-s,-)* → **Kirchenbuch. Kir|chen|schän|dung** f. *(-,-en)* profanazione *f.* di una chiesa. **Kir|chen|schiff** n. *(-[e]s,-e)* navata *f.* **Kir|chen|schmuck** m. *(-[e]s,-e)* paramento *m.* sacro. **Kir|chen|spal|tung** f. *(-,-en)* scisma *m.* (religioso). **Kir|chen|spren|gel** → **Kirchsprengel. Kir|chen|staat** m. *(-[e]s)* STOR. Stato *m.* Pontificio (*o* della Chiesa). **Kir|chen|steu|er** f. *(-,-n)* tassa *f.* (*o* imposta *f.*) per la Chiesa. **Kir|chen|stra|fe** f. *(-,-n)* punizione *f.* ecclesiastica (*o* canonica). **Kir|chen|tag** m. *(-[e]s,-e)* convegno *m.* dei fedeli. **Kir|chen|über|tritt** m. *(-[e]s,-e)* conversione *f.* a un'altra confessione religiosa. **Kir|chen|uhr** → **Kirchturmuhr. Kir|chen|va|ter** m. *(-s,-väter)* padre *m.* della Chiesa. **Kir|chen|ver|samm|lung** f. *(-,-en)* → **Kirchentag. Kir|chen|vor|stand** m. *(-[e]s,-vorstände)* consiglio *m.* delle chiese evangeliche.

Kirch|gän|ger m. *(-s,-)* chi va in chiesa, praticante *m.*, osservante *m.* **Kirch|geld** n. *(-[e]s,-er)* offerta *f.* alla Chiesa. **Kirch|ge|mein|de** → **Kirchengemeinde. Kirch|hof** m. *(-[e]s,-höfe)* ANT. camposanto *m.* **Kirch|lein** n. *(-s,-)* chiesetta *f.* **kirch|lich I** agg. **1** ecclesiastico: ***das -e Recht*** il diritto ecclesiastico; ***ein -er Würdenträger*** un dignitario ecclesiastico **2** religioso, sacro: ***-er Feiertag*** festività religiosa; ***-e Trauung*** matrimonio religioso **3** *(klerikal)* clericale **II** avv. ***sich ~ trauen lassen*** fare un matrimonio religioso, sposarsi in chiesa; ***~ beerdigt werden*** essere sepolto cristianamente, avere un funerale religioso; ***~ gesinnt sein*** avere idee clericali. **Kirch|lich|keit** f. *(-)* carattere *m.* ecclesiastico (*o* religioso). **Kirch|ner** m. *(-s,-)* ANT. sacrestano *m.* **Kirch|platz** m. *(-[e]s,-plätze)* sagrato *m.* **Kirch|spiel** n. *(-[e]s,-e)*, ANT. **Kirch|spren|gel** m. *(-s,-)* parrocchia *f.* **Kirch|tag** m. *(-[e]s,-e)* REGION. sagra *f.*

Kirch|turm m. *(-[e]s,-türme)* campanile *m.* **Kirch|turm|po|li|tik** f. *(-)* politica *f.* campanilistica. **Kirch|turm|uhr** f. *(-,-en)* orologio *m.* del campanile.

Kirch|weih f. *(-,-en)* sagra *f.* **Kirch|wei|he** f. *(-,-n)* consacrazione *f.* della, di una chiesa. **Kirch|weih|fest** n. *(-[e]s,-e)* sagra *f.*

Kirch|zeit f. *(-)* orario *m.* delle funzioni: ***in der ~*** durante le funzioni.

Kir|gi|se m. *(-n,-n)* chirghiso (*o* kirghiso) *m.*, abitante *m.* del Kirg(h)izistan. **Kir|gi|si|en** n.pr.n. *(-s)* Kirg(h)izistan *m.* **kir|gi|sisch** agg. chirghiso, kirghiso.

Kir|mes f. *(-,-sen)* sagra *f.*

Kir|ne f. *(-,-n)* zangola *f.* **kir|nen** intr. (aus. *haben*) fare il burro, la margarina.

kir|re agg. COLLOQ. docile, mansueto: ***jdn ~ machen, kriegen*** rendere docile, ammansire qcn.

Kirsch m. *(-[e]s,-e)* kirsch *m.* **Kirsch|baum** m. *(-[e]s,-bäume)* ciliegio *m.* **Kirsch|blü|te** f. *(-,-n)* **1** fiore *m.* di ciliegio **2** *(Blütezeit)* fioritura *f.* dei ciliegi.

Kir|sche f. *(-,-n)* **1** ciliegia *f.*: ***-n pflücken, entsteinen, einmachen*** raccogliere, snocciolare, mettere in conserva cilieg(i)e **2** *(Kirschbaum)* ciliegio *m.* ◆ COLLOQ. ***mit ihm ist nicht gut -n essen*** con lui è difficile andare d'accordo. **Kir|schen|au|gen** pl. grandi occhi *m.pl.* scuri. **Kir|schen|baum** → **Kirschbaum.**

Kirsch|flie|ge f. *(-,-n)* mosca *f.* delle ciliege. **Kirsch|geist** m. *(-[e]s,-e)* → **Kirschwasser. Kirsch|holz** n. *(-[e]s)* (legno *m.* di) ciliegio *m.* **Kirsch|kern** m. *(-[e]s,-e)* nocciolo *m.* di ciliegia. **Kirsch|lor|beer** m. *(-[e]s,-en)* lauroceraso *m.* **Kirsch|pflau|me** f. *(-,-n)* ciliegio *m.* susino. **kirsch|rot** agg. rosso ciliegia. **Kirsch|saft** m. *(-[e]s,-säfte)* succo *m.* di ciliegia. **Kirsch|was|ser** n. *(-s,-wässer)* acquavite *f.* di ciliege, kirsch *m.*

Kir|tag m. *(-[e]s,-e)* AUSTR. sagra *f.*

Kiss|chen n. *(-s,-)* cuscinetto *m.*, piccolo cuscino *m.* **Kis|sen** n. *(-s,-)* cuscino *m.*: ***die ~ aufschütteln*** spiumacciare i cuscini. **Kis|sen|be|zug** m. *(-[e]s,-bezüge)* federa *f.* **Kis|sen|fül|lung** f. *(-,-en)* imbottitura *f.* del cuscino. **Kis|sen|hül|le** f. *(-,-n)* federa *f.* **Kis|sen|plat|te** f. *(-,-n)* parte *f.* superiore (ricamata) della federa. **Kis|sen|schlacht** f. *(-,-en)* COLLOQ. battaglia *f.* coi cuscini. **Kis|sen|über|zug** m. *(-[e]s,-überzüge)* federa *f.*

Kist|chen n. *(-s,-)* cassetta *f.* **Kis|te** f. *(-,-n)* **1** cassa *f.*: ***eine ~ Bier*** una cassa di birra; ***eine ~ voll Bücher*** una cassa piena di libri; ***etw. in eine ~ tun, verpacken*** incassare qcs. **2** COLLOQ. *(großes Gesäß)* culone *m.* **3** SCHERZ. *(Fahrzeug)* carretta *f.*, macinino *m.*; *(Flugzeug)* carcassa *f.* **4** COLLOQ. REGION. *(Angelegenheit)* faccenda *f.*, affare *m.*: ***eine schwierige, faule ~*** una faccenda grave, che puzza **5** COLLOQ. *(Fernsehapparat)* tivù *f.*: ***vor der ~ sitzen*** stare davanti alla tivù **6** COLLOQ. *(Fußballtor)* porta *f.*, rete *f.*: ***in der ~ stehen*** stare in porta ◆ MIL. ***~ bauen*** fare la branda; ***aus der besten ~*** della migliore qualità; ***fertig ist die ~*** ecco fatto, tutto a posto; ***in die ~ gehen*** andare a nanna, a cuccia; ***einen in der ~ haben*** essere ubriaco; ***sich in die ~ legen*** andare a letto, a cuccia; ***die ~ schmeißen*** sistemare la faccenda; ***in der ~ sitzen*** essere in prigione; ***die ~ voll haben*** essere ubriaco. **Kis|ten|de|ckel** m. *(-s,-)* coperchio *m.* della cassa. **Kis|ten|grab** n. *(-[e]s,-gräber)* tomba *f.* a cassa. **kis|ten|wei|se** avv. **1** in casse: ***etw. ~ verpacken*** imballare qcs. in casse **2** *(in großer Menge)* a casse, in grandi quantità: ***~ Bücher verkaufen*** vendere casse di libri.

Ki|su|a|he|li, Ki|swa|hi|li n. *(-[s])* swahili *m.*, lingua *f.* swahili.

Ki|ta f. *(-,-s)* COLLOQ. (accorc. *Kindertagesstätte*) asilo *m.* (a tempo pieno).

Ki|tha|ra f. *(-,-s* e *Kitharen)* cetra *f.* **Ki|tha|rö|de** m. *(-n,-n)* citaredo *m.*

Kitsch m. *(-[e]s)* kitsch *m.* **kit|schig** agg. **1** kitsch, di cattivo gusto **2** *(süßlich-sentimental)* sdolcinato.

Kitt m. *(-[e]s,-e)* **1** stucco *m.*, mastice *m.*: ***etw. mit ~ ausfüllen, verschmieren*** stuccare qcs. **2** COLLOQ. SPREG. *(Zeug)* roba *f.*; *(Kram)* faccenda *f.*: ***was kostet der ganze ~?*** quanto costa tutta la faccenda? ◆ ***~ reden*** dire sciocchezze.

Kitt|chen n. *(-s,-)* COLLOQ. gattabuia *f.*, galera *f.*: ***im ~ sitzen*** stare in gattabuia; ***jdn ins ~ stecken*** mettere qcn. in gattabuia.

Kit|tel m. *(-s,-)* **1** camice *m.*, grembiule *m.*: ***einen ~ überziehen*** metter(si) un camice, un grembiule **2** *(hemdartige Bluse)* casacca *f.*, blusa *f.* **Kit|tel|schür|ze** f. *(-,-n)* camice *m.* senza maniche.

kit|ten tr. **1** stuccare **2a** *(kleben)* attaccare (*o* incollare) con il mastice: ***den Henkel an die Tasse ~*** (ri)attaccare il manico alla tazza (con il mastice) **b** FIG. saldare, cementare: ***eine Freundschaft wieder ~*** rinsaldare un'amicizia.

Kitz n. *(-es,-e)*, **Kit|ze** f. *(-,-n)* **1** *(Zicklein)* capretto *m.* **2** *(Rehkitz)* cerbiatto *m.* **3** *(Gämskitz)* piccolo *m.* del camoscio.

Kit|zel m. *(-s,-)* **1** solletico *m.* **2** FIG. ***~ nach etw. haben, verspüren*** avere, sentire voglia di qcs. **kit|ze|lig** → **kitzlig. kit|zeln** tr. **1a** ***jdn ~*** fare il solletico a qcn.; ***jds Fußsohlen, jdn an den Fußsohlen ~*** solleticare i piedi a qcn. **b** assol. *(etw. kitzelt)* fare il solletico, pizzicare: ***dieser Pullover kitzelt*** questo maglione fa il solletico **2a** FIG. solleticare: ***das kitzelt seinen Ehrgeiz*** ciò solletica la sua ambizione **b** impers. venire voglia: ***es kitzelt mich, ihr die ganze Wahrheit zu sagen*** mi viene voglia di dirle tutta la verità.

Kitz|ler m. *(-s,-)* clitoride *m.* e *f.*

kitz|lig agg. **1** sensibile al solletico: ***bist du ~?*** soffri il solletico? **2** *(empfindlich reagierend)* permaloso, suscettibile: ***in diesem Punkt ist er sehr ~*** su questo punto è molto suscettibile **3** delicato, scabroso: ***ein -es Problem*** un problema delicato.

1.Ki|wi m. *(-s,-s)* ORNIT. kiwi *m.*, atterige *m.*

2.Ki|wi f. *(-,-s)* BOT. kiwi *m.*

k. J. ⇒ *künftigen Jahres* dell'anno prossimo.

k. k. ⇒ *kaiserlich-königlich* imperial-regio.

KKW ⇒ *Kernkraftwerk* centrale termonucleare.

Kl. ⇒ *Klasse* classe.

kla|bas|tern REGION. **I** intr. **1** (aus. *sein*) camminare con passo pesante **2** (aus. *haben*) trafficare **II** tr. bastonare.

Kla|bau|ter|mann m. *(-[e]s,-männer)* REGION. coboldo *m.*, folletto *m.*

klack inter. tac, clac. **kla|cken** intr. (aus. *haben*) **1** COLLOQ. fare, emettere un suono metallico **2** REGION. *(klatschend fallen)* cadere con uno schiocco. **kla|ckern** intr. (aus. *haben*) REGION. **1** schioccare **2** *(laut zu Boden fallen)* cadere con gran fracasso **3** → **gluckern 4** → **kleckern II** tr. ***Soße auf etw. (A) ~*** sbrodolare qcs. di (*o* con la) salsa.

klacks → **klack. Klacks** m. *(-es,-e)* COLLOQ. **1** *(Klecks)* poco *m.*: ***ein ~ Mayonnaise, Butter*** un po' di maionese, di burro **2** FIG. *(leichte Aufgabe)* bazzecola *f.*, cosetta *f.* da nulla: ***das ist doch ein ~!*** è una bazzecola! **klack|sen** intr. (aus. *haben*) COLLOQ. cadere con uno schiocco.

Klad|de f. *(-,-n)* REGION. **1a** brutta copia *f.*, minuta *f.* **b** *(vorläufiger Entwurf)* abbozzo *m.*, bozza *f.* **2** *(Heft)* quaderno *m.* **3** COMM. brogliaccio *m.*, prima nota *f.*

klad|de|ra|datsch, klad|de|ra|datsch inter. patatrac. **Klad|de|ra|datsch, Klad|de|ra|datsch** m. *(-[e]s,-e)* **1** patatrac *m.*, sconquasso *m.*; COMM. fallimento *m.*, crac *m.* **2** *(Skandal)* scandalo *m.*

Kla|do|die f. *(-,-n)* cladodio *m.*

Kla|do|ze|re f. *(-,-n)* cladocero *m.*

klaf|fen intr. (aus. *haben*) aprirsi, spalancarsi: ***der Abgrund klaffte vor ihm*** l'abisso si spalancò davanti a lui; FIG. ***zwischen uns klaffte ein unüberwindbarer Gegensatz*** un contrasto insuperabile ci divise.

kläf|fen intr. (aus. *haben*) **1** SPREG. abbaiare **2** COLLOQ. *(schimpfen)* sbraitare.

klaf|fend p.pres. agg. **1** → **klaffen 2** aperto, che si (ri)apre: ***eine -e Wunde*** una ferita aperta.

Kläf|fer m. *(-s,-)* COLLOQ. SPREG. cane *m.* ringhioso.

Klaf|ter m. e n. *(-s,-)* **1** STOR. tesa *f.* **2** *(von Holz)* catasta *f.* **klaf|ter|hoch** agg. molto alto, altissimo. **Klaf|ter|holz** n. *(-es)* legna *f.* accatastata. **klaf|ter|lang** agg. lunghissimo. **klaf|tern** tr. accatastare. **klaf|ter|tief** agg. profondissimo, molto profondo.

klag|bar agg. DIR. querelabile: ***gegen jdn ~ werden*** querelare qcn. **Klag|bar|keit** f. *(-,-en)* DIR. passibilità *f.* di giudizio.

Kla|ge f. *(-,-n)* **1** lamento *m.*: ***eine stille, stumme ~*** un lamento silenzioso, sordo; ***in -n ausbrechen*** prorompere in lamenti **2a** *(Beschwerde)* lamentela *f.*, lagnanza *f.*, rimostranza *f.*: ***-n vorbringen*** presentare lagnanze, fare rimostranze; ***es wurden keine -n laut*** non ci sono state lagnanze; ***Anlass, Grund zur ~ geben*** dare adito a lagnanze, lamentele **b** DIR. querela *f.*; *(Verfahren)* azione *f.* legale, causa *f.*: ***gegen jdn wegen etw., über etw. ~ führen (erheben, anstrengen)*** sporgere (*o* presentare) querela contro qcn. per qcs.; ***einer ~ (nicht) stattgeben*** (non) accogliere una querela; ***eine ~ prüfen, abweisen*** esaminare, respingere (*o* ricusare) una querela; ***seine ~ zurückziehen, zurücknehmen*** ritirare la querela; ***eine ~ einbringen, vor Gericht bringen*** intentare un'azione legale, adire le vie legali; ***die ~ läuft noch*** la causa è ancora in corso. **Kla|ge|ab|wei|sung** f. *(-,-en)* DIR. reiezione *f.* di una domanda. **Kla|ge|an|trag** m. *(-[e]s,-anträge)* domanda *f.* giudiziale. **Kla|ge|er|he|bung** f. *(-,-en)* DIR. proposizione *f.* dell'azione. **Kla|ge|ge|schrei** n. *(-s)* lamento *m.*, grido *m.* lamentoso. **Kla|ge|laut** m. *(-[e]s,-e)* tono *m.* lamentoso. **Kla|ge|lied** n. *(-[e]s,-er)* **1** lamentazione *f.* **2** FIG. piagnisteo *m.*, lamentela *f.*: ***ein ~ (über jdn, etw.) anstimmen, singen*** attaccare con un piagnisteo (su qcn., qcs.). **Kla|ge|mau|er** f. *(-)* muro *m.* del pianto. **kla|gen I** intr. (aus. *haben*) **1** lamentarsi, lagnarsi: ***über jdn, etw. ~*** lamentarsi di qcn., qcs.; ***er hat immer etw. zu ~*** si lamenta sempre di qcs.; ***wie geht's? – ich kann nicht ~*** come va? – non mi lamento, non mi posso lamentare; ***über Magenschmerzen ~*** lamentare, accusare dolore allo stomaco **2** ***um, über jds Verlust ~*** lamentare, piangere la perdita di qcn. **3** DIR. sporgere querela: ***gegen jdn ~*** sporgere querela contro qcn., querelare qcn. **II** tr. COLLOQ. confidare: ***jdm sein Leid ~*** confidare la propria pena a qcn. ◆ DIR. ***auf Schadenersatz ~*** citare per danni; ***auf Scheidung ~*** chiedere il divorzio. **kla|gend** p.pres. agg. **1** → **klagen 2** lamentoso: ***mit -er Stimme*** con voce lamentosa ◆ DIR. ***die -e Partei, der -e Teil*** la parte attrice. **Kla|ge|punkt** m. *(-[e]s,-e)* DIR. oggetto *m.* della querela.

Klä|ger m. *(-s,-)* DIR. querelante *m.*, attore *m.*: ***als ~ auftreten*** presentarsi in giudizio come attore ◆ ***wo kein ~ ist, ist auch kein Richter*** nessun accusatore, nessun giudice.

Klag|er|he|bung → **Klageerhebung.**

Klä|ge|rin f. *(-,-nen)* DIR. querelante *f.*, attrice *f.* **klä|ge|risch** agg. DIR. SVIZZ. querelante, attoreo. **klä|ge|ri|scher|seits** avv. DIR. SVIZZ. da parte del querelante. **Klä|ger|schaft** f. *(-,-en)* **1** SVIZZ. accusa *f.*, imputazione *f.* **2** *(alle Kläger)* querelanti *m.pl.*

Kla|ge|ruf m. *(-[e]s,-e)* grido *m.* lamentoso, lamento *m.* **Kla|ge|schrift** f. *(-,-en)* DIR. citazione *f.* **Kla|ge|weg** m. *(-[e]s)* via *f.* legale: ***Kredite auf dem ~ eintreiben*** recuperare crediti ricorrendo a vie legali. **Kla|ge|weib** n. *(-[e]s,-er)* prefica *f.* **Klag|ge|schrei** → **Klagegeschrei.**

kläg|lich I agg. **1** lamentevole; *(klagend)* lamentoso **2a** *(elend)* miserabile, pietoso: ***ein -es Ende nehmen*** fare una fine miserabile **b** *(beklagenswert)* deplorevole **3** *(geringwertig)* misero, povero, scarso: ***ein -es Ergebnis*** un misero risultato **II** avv. **1** lamentevolmente, in modo lamentoso **2** *(Mitleid erregend)* pietosamente, miserabilmente **3** *(erbärmlich)* miseramente: ***~ enden, scheitern*** finire, fallire miseramente. **Kläg|lich|keit** f. *(-,-en)* **1** condizione *f.* pietosa, stato *m.* pietoso **2** *(Dürftigkeit)* scarsezza *f.*, scarsità *f.* **klag|los I** agg. senza lamentele **II** avv. senza lamentarsi: ***etw. ~ ertragen*** sopportare qcs. in silenzio.

Kla|mauk m. *(-s)* COLLOQ. chiasso *m.*, baccano *m.* (anche FIG.): ***mach nicht soviel ~!*** non fare tutto questo baccano! ***darum wird viel ~ gemacht*** si fa un gran chiasso per questo; ***das wird einen großen ~ geben*** questo farà molto strepito.

klamm agg. **1** *(feuchtkalt)* freddo (e umido) **2** *(steif vor Kälte)* irrigidito: ***-e Finger haben*** avere le dita irrigidite (dal freddo) **3** *(dürftig)* scarso ◆ COLLOQ. ***~ (an Geld) sein*** essere al verde, a corto di denaro.

Klamm f. *(-,-en)* gola *f.*, orrido *m.*

Klam|mer f. *(-,-n)* **1** graffa *f.*, fermaglio *m.*: ***Blätter mit einer ~ zusammenheften*** unire fogli con una graffa **2a** *(Wäscheklammer)* molletta *f.*, pinza *f.*: ***die Wäsche mit -n befestigen*** fermare la biancheria con le mollette **b** *(Haarklammer)* molletta *f.*, fermaglio *m.* **3** *(Heftklammer)* punto *m.* metallico **4** *(Wundklammer)* graffa *f.* **5**

(Schriftzeichen) parentesi *f.*: ~ ***auf, zu*** aperta, chiusa parentesi (*o* aprire, chiudere la parentesi); MAT. ***runde, eckige, geschweifte, spitze*** ~ parentesi tonda, quadra, graffa, uncinata; ***die ~ auflösen*** risolvere la parentesi **6** *(Griff)* presa *f.*, morsa *f.* ◆ ***etw. in ~ (in -n) setzen*** mettere qcs. fra parentesi; ***in ~ stehen*** essere fra, in parentesi. **Klam|mer|af|fe** m. *(-n,-n)* **1** ZOOL. atele *m.* **2** COLLOQ. SCHERZ. passeggero *m.* (trasportato sulla motocicletta). **Klam|mer|aus|druck** m. *(-[e]s,-ausdrücke)* espressione *f.* fra, in parentesi. **Klam|mer|beu|tel** m. *(-s,-)* sacchetto *m.* delle mollette (della biancheria) ◆ ***mit dem ~ gepudert sein*** essere diventato matto, aver perso le rotelle. **Kläm|mer|chen** n. *(-s,-)* graffetta *f.* **Klam|mer|griff** m. *(-[e]s,-e)* presa *f.*, morsa *f.* **klam|mern I** tr. **1** fissare, fermare: ***einen Gegenstand an etw. (A)*** ~ fissare un oggetto a qcs. **2** afferrare: ***die Hand um den Griff*** ~ afferrare l'appiglio con la mano **II** rifl. ***sich an etw., jdn*** ~ aggrapparsi a qcs., qcn. (anche FIG.): ***sich ans Leben, an seine Freunde*** ~ aggrapparsi alla vita, agli amici **III** intr. (aus. *haben*) SPORT salvarsi nel corpo a corpo. **Klam|mer|sack** m. *(-[e]s,-säcke)* → **Klammerbeutel.**

klamm|heim|lich avv. segretamente, in tutta segretezza.

Kla|mot|te f. *(-,-n)* **1** pl. COLLOQ. stracci *m.pl.*, cenci *m.pl.*: ***teure -n tragen*** portare stracci costosi **2** *(Kram)* carabattole *f.pl.*, cianfrusaglie *f.pl.* **3** COLLOQ. *(Schwank)* farsa *f.* **4** REGION. sasso *m.*, pietra *f.* ◆ FIG. ***12 Stunden bin ich nicht aus den -n herausgekommen*** non ho staccato per 12 ore. **Kla|mot|ten|kis|te** f. *(-,-n)* cesta *f.* degli stracci ◆ ***aus der ~ stammen*** = essere fuori moda.

Klam|pe f. *(-,-n)* MAR. **1** galloccia *f.* **2** tacco m.

Klamp|fe f. *(-,-n)* ANT. chitarra *f.*: ***auf der ~ spielen*** suonare la chitarra.

Klamp|fe|rer m. *(-s,-)* AUSTR. idraulico *m.*

kla|mü|sern intr. (aus. *haben*) riflettere, meditare.

Klan m. *(-s,-e)* clan *m.*

klang 1 → **klingen 2** → **kling, klang.**

Klang m. *(-[e]s, Klänge)* **1a** suono *m.* : ***ein metallischer, dunkler ~*** un suono metallico, cupo; ***ein heller, lieblicher ~*** un suono cristallino, armonioso; ***einen vollen ~ haben*** avere un suono pieno **b** *(Klangfarbe)* timbro *m.*: ***jdn am ~ seiner Stimme erkennen*** riconoscere qcn. dal timbro della voce; ***der warme ~ einer Stimme*** il timbro caldo di una voce **c** *(Geräusch)* rumore *m.*, suono *m.*: ***der ~ der Schritte*** il suono dei passi **2** *(Ton)* tono *m.*: ***seine Bemerkung hatte einen bitteren ~*** la sua osservazione aveva un tono amaro ◆ ***beim ~ der Musik*** a suon di musica; ***nach den Klängen eines Walzers tanzen*** ballare a suon di walzer; ***sein Name hat einen guten ~*** gode di buona fama, ha un buon nome. **Klang|bild** n. *(-[e]s)* suono *m.* complessivo. **Klang|blen|de** f. *(-,-n)* regolatore *m.* del suono. **Klang|bo|den** m. *(-s,-böden)* tavola *f.* di risonanza. **Klang|ef|fekt** m. *(-[e]s,-e)* effetto *m.* sonoro. **Klang|far|be** f. *(-,-n)* timbro *m.* (del suono). **Klang|fi|gur** f. *(-,-en)* motivo *m.*, melodia *f.* **Klang|fül|le** f. *(-)* pienezza *f.* del suono, sonorità *f.* **Klang|ge|schlecht** n. *(-[e]s,-er)* MUS. modo *m.* **Klang|gü|te** f. *(-)* qualità *f.* del suono. **Klang|kör|per** m. *(-s,-)* **1** cassa *f.* di risonanza **2** *(Orchester)* gruppo *m.*, complesso *m.* musicale. **klang|lich I** agg. del suono, sonoro **II** avv. per quanto concerne il suono, riguardo al suono. **klang|los I** agg. senza (*o* privo di) suono, afono: ***mit -er Stimme sprechen*** parlare con voce afona **II** avv. silenziosamente ◆ ***sang- und ~*** in silenzio, senza chiasso. **Klang|lo|sig|keit** f. *(-)* mancanza *f.* di suono; *(von Stimmen)* afonia *f.* **klang|voll** agg. **1** dal suono pieno, sonoro **2** *(berühmt)* famoso, celebre. **Klang|wir|kung** f. *(-,-en)* effetto *m.* sonoro.

klapp inter. clac.

Klapp|al|tar m. *(-[e]s,-altäre)* polittico *m.* **klapp|bar** agg. ribaltabile. **Klapp|bett** n. *(-es,-en)* letto *m.* ribaltabile. **Klapp|brot** n. *(-[e]s,-e)* panino *m.* imbottito. **Klapp|brü|cke** f. *(-,-n)* ponte *m.* levatoio ribaltabile. **Klapp|de|ckel** m. *(-s,-)* coperchio *m.* ribaltabile.

Klap|pe f. *(-,-n)* **1** *(Öffnung)* sportello *m.*, portello *m.*: ***die ~ öffnen, herunterlassen*** aprire, abbassare lo sportello **2** TECN. *(Deckel)* coperchio *m.* a cerniera (*o* ribaltabile) **3** SART. pattina *f.* **4a** TECN. *(Ventil)* valvola *f.* **b** *(Herzklappe)* valvola *f.* cardiaca **5** COLLOQ. *(Bett)* letto *m.*: ***sich in die ~ legen, hauen*** infilarsi nel letto (*o* sotto le coperte) **6** COLLOQ. SPREG. *(Mund)* becco *m.*, bocca *f.*: ***halt die ~!*** chiudi il becco! sta' zitto! **7** CINEM. ciak *m.*: ***die ~ fällt*** si dà il ciak **8** *(bei Blasinstrumenten)* chiave *f.* **9** AUSTR. allacciamento *m.* (telefonico) supplementare, addizionale ◆ ***~ zu, Affe tot!*** chiuso! fine! ***die ~ aufreißen*** vantarsi; ***eine große, freche ~ haben, die große ~ schwingen*** fare lo spaccone, il gradasso; ***bei ihm ist die ~ heruntergegangen*** si è ritirato nel suo guscio.

klap|pen I tr. **1** ribaltare: ***etw. nach innen*** ~ ribaltare qcs. verso l'interno; ***etw. nach oben, nach unten*** ~ sollevare, abbassare qcs.; ***der Fensterladen klappt nach außen*** la persiana si apre verso l'esterno **2** REGION. COLLOQ. *(erwischen)* acchiappare, acciuffare, beccare: ***einen Dieb ~*** acchiappare un ladro **II** intr. (aus. *haben*) **1** ***mit etw. ~*** sbattere qcs.; ***der Fensterladen klappt an, gegen die Mauer*** la persiana sbatte contro il muro; ***man hört eine Tür ~*** si sente una porta che sbatte **2a** *(glücken)* andare bene (*o* filare liscio): ***alles hat geklappt*** è andato tutto bene; ***wenn es klappt*** se tutto fila liscio **b** *(funktionieren)* funzionare ◆ ***es hat alles tadellos, wie am Schnürchen geklappt*** è filato tutto liscio come l'olio. **Klap|pen|feh|ler** m. *(-s,-)* MED. vizio *m.* valvolare. **Klap|pen|horn** n. *(-s,-hörner)* MUS. corno *m.* a chiavi. **Klap|pen|text** m. *(-es,-e)* EDIT. risvolto *m.*

Klap|per f. *(-,-n)* sonaglio *m.*

klap|per|dürr agg. ridotto pelle e ossa, magro come un chiodo. **Klap|pe|rei** f. *(-)* lo sbattere, il battere continuo. **Klap|per|ge|stell** n. *(-[e]s,-e)* COLLOQ. **1** *(dürrer Mensch)* scheletro *m.* **2** *(altes Fahrzeug)* trabiccolo *m.*, caffettiera *f.* **klap|pe|rig** agg. → **klapprig.** **Klap|per|kas|ten** m. *(-s,-kästen)*, **Klap|per|kis|te** f. *(-,-n)* COLLOQ. **1** *(altes Auto)* carcassa *f.*, trabiccolo *m.* **2** *(geräuschvolles Gerät)* aggeggio *m.* infernale.

klap|pern intr. **1a** (aus. *haben*) battere, sbattere: ***das Fenster klappert*** la finestra sbatte; ***ihm ~ die Zähne vor Angst, Kälte*** gli battono i denti per la paura, per il freddo **b** *(von Huftieren)* scalpitare, battere (con gli zoccoli); *(von Storch)* schiamazzare **c** ***mit dem Geschirr ~*** acciottolare i piatti **d** ticchettare: ***auf der Schreibmaschine ~*** ticchettare sulla macchina da scrivere **e** *(von Holzschuhen)* zoccolare **2** (aus. *sein*) andare avanti come un macinino, come una caffettiera ◆ FIG. COLLOQ. ***mit den Augen ~*** sbattere gli occhietti, civettare; ***Klappern gehört zum Handwerk*** = bisogna sapersi fare pubblicità.

Klap|per|nuss f. *(-,-nüsse)* stafilea *f.* **Klap|per|schlan|ge** f. *(-,-n)* **1** serpente *m.* a sonagli, crotalo *m.* **2** FIG. serpente *m.* (a sonagli), serpe *f.* **Klap|per|storch** m. *(-[e]s,-störche)* FAM. cicogna *f.* (che porta i bambini).

Klapp|fahr|rad → **Klapprad.** **Klapp|fens|ter** n. *(-s,-)* finestra *f.* a bilico; vasistas *m.* **Klapp|horn** → **Klappenhorn.** **Klapp|hut** m. *(-[e]s,-hüte)* → **Klappzylinder.** **Klapp|la|den** m. *(-s,-läden)* persiana *f.* a battenti. **Klapp|lei|ter** f. *(-,-n)* scala *f.* aerea (*o* scala *f.* Porta). **Klapp|mes|ser** n. *(-s,-)* coltello *m.* a serramanico. **Klapp|pult** n. *(-[e]s,-e)* ribaltina *f.*, scrittoio *m.* con piano ribaltabile. **Klapp|rad** n. *(-[e]s,-räder)* bicicletta *f.* pieghevole. **klapp|rig** agg. **1** sgangherato, scassato **2** *(von Menschen)* malandato, fiacco. **Klapp|ses|sel** m. *(-s,-)* poltrona *f.* ribaltabile. **Klapp|sitz** m. *(-es,-e)* sedile *m.* ribaltabile. **Klapp|stuhl** m. *(-[e]s,-stühle)* sedia *f.* pieghevole. **Klapp|tisch** m. *(-es,-e)* tavolino *m.* pieghevole. **Klapp|ver|deck** n. *(-[e]s,-e)* AUT. tettuccio *m.* apribile. **Klapp|zy|lin|der** m. *(-s,-)* gibus *m.*

klaps inter. ciaf, ciac. **Klaps** m. *(-es,-e)* COLLOQ. **1** pacca *f.*; *(auf die Wange)* buffetto *m.*, scappellotto *m.* **2** fissazione *f.*, pallino *m.*: ***einen ~ haben*** essere un po' suonato. **Klaps|dok|tor** m. *(-s,-en)* COLLOQ. medico *m.* dei matti. **klap|sen** tr. ***jdn ~*** dare una pacca a qcn.; *(auf die Wange)* dare un buffetto a qcn.; *(auf die Hand)* dare il cinque a qcn. **klap|sig** agg. COLLOQ. suonato, matto. **Klaps|mann** m. *(-[e]s,-männer)* COLLOQ. **1** *(Verrückter)* suonato *m.* **2** *(Patient einer Nervenanstalt)* matto *m.* **Klaps|müh|le** f. *(-,-n)* COLLOQ. manicomio *m.* ◆ ***reif für die ~ sein*** essere pronto per la neuro.

klar I agg. **1a** limpido: ***-es Wasser*** acqua limpida (*o* chiara); ***der Himmel, die Luft ist ~*** il cielo è limpido (*o* sereno), l'aria è limpida; ***eine -e Stimme*** una voce limpida **b** *(deutlich)* chiaro, comprensibile: ***eine -e Antwort, Schrift*** una risposta chiara, una scrittura chiara; ***ein -er Fall*** un caso chiaro **c** *(eindeutig)* chiaro, inequivocabile: ***mit einem -en Ergebnis gewinnen*** vincere con un risultato netto **2** FIG. chiaro: ***keinen -en Gedanken mehr fassen können*** non riuscire più ad avere le idee chiare; ***für -e Verhältnisse sorgen*** cercare di avere rapporti chiari **3** MAR. AER. *(bereit)* pronto: ***~ zum Start, zum Gefecht*** pronto per il decollo, ai posti di combattimento; ***~ Schiff!*** ai posti di manovra! **II** avv. chiaramente, con chiarezza: ***~ sehen*** vedere chiaramente, avere una buona visibilità, COLLOQ. veder(ci) chiaro; ***~ sprechen*** parlare chiaramente; ***etw. ~ aussprechen*** pronunciare qcs. con chiarezza, in modo comprensibile; ***~ werden*** diventare chiaro, chiarirsi; ***sich über etw. ~ werden*** capire qcs., rendersi conto di qcs.; ***~ blickend*** perspicace, che vede in modo chiaro; ***~ denkend*** lucido, razionale ◆ ***(ist) alles ~?*** tutto chiaro? capito tutto? ***nicht mehr bei -em Bewusstsein sein*** non essere più lucido; ***sich ein -es Bild von etw. machen*** farsi un'idea chiara di qcs.; ***etw. mit -em Blick betrachten*** osservare qcs. con sguardo attento, perspicace; ***das ist (doch ganz) ~!*** ma è chiaro! è ovvio! MAR. ***~ Deck!*** sgombrare la coperta! ***~ und deut-***

lich chiaro e tondo; ***-e Farben*** colori nitidi; ***das ist ~ wie Kloßbrühe*** → ***~ wie dicke Tinte***; ***einen -en Kopf bewahren*** conservare la mente lucida; *(besoffen sein)* ***keinen -en Kopf mehr haben*** essere ubriaco, non essere lucido; ***kurz und ~*** → ***~ und deutlich***; ***na ~!*** sicuro! certamente! ***~ und offen*** → ***~ und deutlich***; ***-e Sicht*** visibilità buona; SCHERZ. ***~ wie dicke Tinte*** chiaro come il sole; ***sich über etw. ~, im Klaren sein*** veder chiaro in qcs.; ***ein -er Verstand*** un intelletto lucido, una mente acuta; ***-er Zucker*** zucchero raffinato. **Klar** n. *(-s,-)* AUSTR. chiara *f.* (dell'uovo).

Kla|ra n.pr.f. Clara *f.*

Klär|an|la|ge f. *(-,-n)* impianto *m.* di chiarificazione, di depurazione. **Klär|ap|pa|rat** m. *(-[e]s,-e)* depuratore *m.* **Klär|becken** n. *(-s,-)* bacino *m.* di depurazione.

Klar|blick m. *(-[e]s)* perspicacia *f.*: ***es fehlt ihm an ~*** non è perspicace.

Kla|re m. *(-n,-n)* acquavite *f.*

klä|ren I tr. **1** chiarire, chiarificare: ***eine Frage ~*** chiarire una questione **2** *(reinigen)* chiarificare, depurare **II** rifl. **sich ~ 1** chiarirsi: ***das Missverständnis hat sich geklärt*** il malinteso si è chiarito **2** *(sich reinigen)* chiarificarsi, depurarsi **III** intr. (aus. *haben*) SPORT salvare: ***auf der Linie ~*** salvare sulla linea (di porta).

Kla|rett m. *(-s,-s* e *-e)* chiaretto *m.*

klar‿ge|hen intr. *(ging, gegangen;* aus. *sein)* COLLOQ. andare liscio.

Klar|heit f. *(-,-en)* **1a** limpidezza *f.*, chiarezza *f.*: ***die ~ des Wassers, des Himmels*** la chiarezza (*o* limpidezza) dell'acqua, la limpidezza (*o* serenità) del cielo; ***die ~ der Töne*** la limpidezza dei suoni **b** *(Verständlichkeit)* chiarezza *f.*: ***die ~ seiner Formulierungen, seines Textes*** la chiarezza delle sue formulazioni, del suo testo **2** *(Scharfsinnigkeit)* lucidità *f.*, acutezza *f.*: ***die ~ seines Verstandes*** la lucidità del suo intelletto ◆ COLLOQ. ***alle -en restlos beseitigen*** creare la confusione totale; ***darüber besteht ~*** su questo c'è chiarezza, siamo tutti d'accordo; ***~ in etw. (A) bringen*** fare luce su qcs.; ***über etw. ~ gewinnen*** aver chiaro qcs.; ***~ schaffen*** fare chiarezza (nei rapporti, nelle situazioni); ***sich über etw. ~ verschaffen*** chiarirsi le idee su qcs.

kla|rie|ren tr. MAR. sdoganare. **Kla|rie|rung** f. *(-,-en)* MAR. sdoganamento *m.*

Kla|ri|net|te f. *(-,-n)* clarinetto *m.* **Kla|ri|net|tist** m. *(-en,-en)* clarinettista *m.*

Kla|ris|sa n.pr.f. Clarissa *f.*

Kla|ris|se f. *(-,-n)* clarissa *f.* **Kla|ris|sen|or|den** m. *(-s)* ordine *m.* delle clarisse. **Kla|ris|sin** f. *(-,-nen)* → **Klarisse.**

klar‿kom|men intr. *(kam, gekommen;* aus. *sein)* COLLOQ. ***mit jdm, etw. ~*** venire in chiaro con qcn., venire a capo di qcs. **klar‿krie|gen** tr. COLLOQ. mettere a posto. **klar‿le|gen** tr. COLLOQ. mettere in chiaro, chiarire. **klar‿ma|chen I** tr. **1** COLLOQ. chiarire, spiegare: ***jdm seine Meinung ~*** chiarire a qcn. la propria opinione **2** MAR. allestire, approntare **3** COLLOQ. *(bezahlen)* pagare (il conto) **II** rifl. ***sich (D) etw. ~*** capire qcs.

Klär|mit|tel n. *(-s,-)* depurante *m.*

Klar|schiff, Klar|schiff n. *(-s)* l'essere ai posti di manovra.

Klär|schlamm m. *(-[e]s,-schlämme)* = fango *m.* residuato dalla chiarificazione.

Klar|schrift|le|ser m. *(-s,-)* scanner *m.*

Klar|sicht f. *(-)* → **Klarblick. Klar|sicht|beu|tel** m. *(-s,-)* sacchetto *m.* di plastica trasparente. **Klar|sicht|fo|lie** f. *(-,-n)* pellicola *f.* (plastica) trasparente. **klar|sich|tig** agg. perspicace. **Klar|sicht|pa|ckung** f. *(-,-en)* imballaggio *m.* con pellicola trasparente.

klar‿stel|len tr. chiarire: ***ein Missverständnis ~*** chiarire un equivoco. **Klar|stel|lung** f. *(-,-en)* chiarimento *m.* **Klar|text** m. *(-[e]s,-e)* testo *m.* in chiaro ◆ ***im ~*** chiaro e tondo. **Klä|rung** f. *(-,-en)* **1** chiarimento *m.*: ***die ~ einer Frage*** il chiarimento di una questione **2** *(Reinigung)* chiarificazione *f.*, depurazione *f.*

klass agg. AUSTR. COLLOQ., **klas|se** agg. inv. grande, grandioso, super: ***eine ~ Idee*** un'idea super, una grande idea; ***das Fest war einfach ~*** la festa è stata semplicemente grandiosa, formidabile.

Klas|se f. *(-,-n)* **1a** classe *f.*: ***eine ~ in Deutsch unterrichten*** insegnare tedesco in una classe; ***die zweite ~ besuchen*** frequentare la seconda (classe); ***eine ~ wiederholen, überspringen*** ripetere, saltare una classe (*o* un anno); ***eine ~ zum Abitur führen*** portare una classe alla maturità; *(Schulzimmer)* ***die ~ betreten, verlassen*** entrare in classe (*o* in aula), uscire dalla classe (*o* dall'aula) **b** *(Gesellschaftsklasse)* ***die arbeitende, herrschende, kapitalistische ~*** la classe lavoratrice, dominante, capitalistica **c** *(Preisklasse)* ***erster ~ fahren*** viaggiare in prima classe **d** BIOL. ***die ~ der Wirbeltiere*** la classe dei vertebrati: ***etw. in -n einteilen*** classificare qcs. **2** *(Qualitätsstufe)* classe *f.*, rango *m.*, qualità *f.*: ***erster, zweiter ~ sein*** essere di prima, di seconda classe (*o* qualità); COLLOQ. ***der Sänger ist internationale, einsame ~*** è un cantante di rango internazionale, di rara classe **3a** SPORT categoria *f.*: ***in der ~ der Junioren*** nella categoria juniores; ***in die nächste ~ aufsteigen*** passare alla categoria superiore **b** ***Führerschein ~ III haben*** avere la patente di categoria C **4** *(Hubraum)* cilindrata *f.*: ***ein Wagen der gehobenen, mittleren ~*** una macchina di grossa, media cilindrata ◆ ***das ist ~!*** grande! grandioso!

Klas|sem n. *(-s,-e)* classema *m.*

Klas|se|ment [klasə'mã:] n. *(-s,-s* e *-e)* **1** classificazione *f.* **2** SPORT *(Rangliste)* classifica *f.*

Klas|sen|ar|beit f. *(-,-en)* compito *m.* in classe. **Klas|sen|auf|satz** m. *(-es,-aufsätze)* componimento *m.* (*o* tema *m.*) in classe. **Klas|sen|bes|te** m. e f. *(-n,-n)* migliore *m.* e *f.* della classe. **klas|sen|be|wusst** agg. con, dotato di coscienza di classe. **Klas|sen|be|wusst|sein** n. *(-s)* coscienza *f.* di classe. **Klas|sen|buch** n. *(-s,-bücher)* registro *m.* di classe. **Klas|sen|er|halt** m. *(-[e]s)* SPORT salvezza *f.*: ***um den ~ kämpfen*** lottare per la salvezza. **Klas|sen|ers|te** m. e f. *(-n,-n)* primo *m.* (-a *f.*) della classe. **Klas|sen|feind** m. *(-[e]s,-e)* nemico *m.* di classe. **Klas|sen|ge|sell|schaft** f. *(-,-en)* società *f.* classista. **Klas|sen|jus|tiz** f. *(-)* giustizia *f.* di classe. **Klas|sen|ka|me|rad** m. *(-en,-en)* compagno *m.* di classe. **Klas|sen|kampf** m. *(-[e]s,-kämpfe)* lotta *f.* di classe. **Klas|sen|leh|rer, Klas|sen|lei|ter** m. *(-s,-)* = insegnante responsabile pedagogico e direttore organizzativo di una classe. **klas|sen|los** agg. senza classi: ***eine -e Gesellschaft*** una società senza classi. **Klas|sen|lot|te|rie** f. *(-,-n)* lotteria *f.* a classi. **Klas|sen|spie|gel** m. *(-s,-)* piantina *f.* della classe. **Klas|sen|spre|cher** m. *(-s,-)* capoclasse *m.*; rappresentante *m.* di classe. **Klas|sen|staat** m. *(-[e]s,-en)* stato *m.* classista. **Klas|sen|stär|ke** f. *(-,-n)* numero *m.* degli alunni in una classe, nelle classi. **Klas|sen|tref|fen** n. *(-s,-)* incontro *m.* tra (ex-)compagni di classe. **Klas|sen|un|ter|schied** m. *(-[e]s,-e)* differenza *f.* di classe. **Klas|sen|vor|stand** m. *(-[e]s,-vorstände)* AUSTR. → **Klassenlehrer. Klas|sen|wahl|recht** n. *(-[e]s)* suffragio *m.* censitario (per classi). **klas|sen|wei|se** avv. classe per classe, per classi. **Klas|sen|ziel** n. *(-[e]s,-e)* **1** obiettivo *m.* didattico **2** SPORT GERG. (obiettivo *m.* della) salvezza *f.* **Klas|sen|zim|mer** n. *(-s,-)* aula *f.*, classe *f.*

klas|sie|ren tr. classificare (anche TECN.). **Klas|sie|rung, Klas|si|fi|ka|ti|on** f. *(-,-en)* classificazione *f.* **klas|si|fi|zier|bar** agg. classificabile. **klas|si|fi|zie|ren** tr. classificare: ***Pflanzen nach Arten ~*** classificare le piante secondo le specie. **Klas|si|fi|zie|rung** f. *(-,-en)* → **Klassifikation.**

Klas|sik f. *(-)* **1a** *(klassisches Altertum)* antichità *f.* (*o* età *f.*) classica **b** *(Epoche kultureller Höchstleistungen)* periodo *m.* aureo, classico **2** *(Klassizismus)* classicismo *m.* **3** *(klassische Musik)* musica *f.* classica: ***~ hören*** ascoltare musica classica. **Klas|si|ker** m. *(-s,-)* classico *m.* **klas|sisch** agg. **1a** classico: ***-e Philologie, Musik*** filologia, musica classica; ***ein -es Profil, Ballett*** un profilo, un balletto classico **b** *(mustergültig)* ***ein -es Beispiel*** un esempio classico (*o* tipico) **c** *(traditionell)* ***die -e Rollenverteilung*** la classica divisione dei ruoli **2** COLLOQ. *(klasse)* straordinario, formidabile. **Klas|si|zis|mus** m. *(-, Klassizismen)* classicismo *m.*; *(am Ende des 18. Jh.)* neoclassicismo *m.*, neoclassico *m.* **klas|si|zis|tisch** agg. classicistico; *(am Ende des 18. Jh.)* neoclassicistico, neoclassico. **Klas|si|zi|tät** f. *(-)* classicità *f.*

Klass|leh|rer REGION. → **Klassenlehrer. Klass|zim|mer** REGION. → **Klassenzimmer.**

klas|tisch agg. GEOL. clastico.

klatsch inter. ciac; *(von Händen)* clap. **Klatsch** m. *(-[e]s,-e)* **1** *(Geräusch)* tonfo *m.* **2a** COLLOQ. *(Gerede)* pettegolezzi *m.pl.*, maldicenze *f.pl.*: ***~ verbreiten*** diffondere pettegolezzi **b** *(Plauderei)* chiacchierata *f.*: ***ein gemütlicher ~*** una piacevole chiacchierata. **Klatsch|ba|se** f. *(-,-n)* COLLOQ. pettegola *f.*, chiacchierona *f.* **Klat|sche** f. *(-,-n)* **1** schiacciamosche *m.*, acchiappamosche *m.* **2** → **Klatschbase 3** REGION. SPREG. *(Petze)* spia *f.* **klat|schen I** intr. (aus. *haben*) **1a** battere, tamburreggiare: ***der Regen klatscht an die Scheibe*** la pioggia batte sul vetro **b** *(von Ohrfeigen)* schioccare **c** ***(in die Hände) ~*** battere le mani, applaudire; ***jdm begeistert Beifall ~*** applaudire qcn. con entusiasmo **2** dare una pacca: ***jdm auf die Schulter ~*** dare una pacca sulla spalla a qcn. **3** COLLOQ. SPREG. ***über jdn ~*** spettegolare su qcn., sparlare di qcn. **4** COLLOQ. REGION. *(petzen)* fare la spia **II** tr. **1** COLLOQ. *(werfen)* sbattere, buttare **2** ***den Rhythmus ~*** dare il tempo ◆ ***jdm eine ~*** dare uno scapaccione a qcn. **klat|sche|nass** → **klatschnass. Klat|scher** m. *(-s,-)* claqueur *m.*, clacchista *m.* **Klat|sche|rei** f. *(-,-en)* COLLOQ. SPREG. il continuo spettegolare. **klatsch|haft** agg. pettegolo. **Klatsch|haf|tig|keit** f. *(-)* abitudine *f.* di spettegolare. **klat|schig** agg. RAR. → **klatschsüchtig. Klatsch|ko|lum|nist** m. *(-en,-en)* SPREG. giornalista *m.* di pettegolezzi mondani. **Klatsch|maul** n. *(-[e]s,-mäuler)* SPREG. → **Klatschbase. Klatsch|mohn** m. *(-[e]s)* rosolaccio *m.*, papavero *m.* selvatico. **klatsch|nass** agg. COLLOQ. bagnato fradicio. **Klatsch|ro|se** f. *(-,-n)* → **Klatschmohn. Klatsch|spal|te** f. *(-,-n)* COLLOQ. SPREG. pagina *f.* (*o* rubrica *f.*) di pettegolezzi mondani. **Klatsch|sucht** f. *(-)* SPREG. mania *f.* di spettegolare. **klatsch|süch|tig** agg. pettegolo, maldicente.

klau|ben tr. **1** togliere (con la punta delle dita): ***die Krümel vom Tisch ~*** togliere le briciole dal tavolo; ***die Rosinen aus dem Kuchen ~*** piluccare l'uvetta dal dolce **2a** MIN. *(aussondern)* scegliere, selezionare **b** REGION. *(auslesen)* scegliere: ***Erdbeeren ~*** scegliere le fragole **3** REGION. *(aufnehmen)* raccogliere (uno per uno): ***Kartoffeln ~*** raccogliere le patate ◆ ***Worte ~*** cavillare sul significato delle parole. **Klau|ber** m. *(-s,-)* cavillatore *m.* **Klau|be|rei** f. *(-,-en)* COLLOQ. SPREG. **1** il continuo cavillare **2** FIG. sofisticheria *f.*

Klau|dia n.pr.f. Claudia *f.*

Klaue f. *(-,-n)* **1a** *(Fuß mit Kralle)* branca *f.*; *(Kralle)* artiglio *m.* **b** *(Huf)* zoccolo *m.* **2a** COLLOQ. SPREG. *(Hand)* manaccia *f.*: ***nimm deine -n weg!*** togli le tue manacce! **b** pl. FIG. grinfie *f.pl.*: ***jdm in die -n geraten*** cadere nelle grinfie di qcn. **3** *(von Werkzeugen)* branca *f.* **4** COLLOQ. *(schlechte Handschrift)* brutta scrittura *f.*, zampe *f.pl.* di gallina **5a** MECC. *(Kupplung)* innesto *m.* a denti **b** *(Kupplungszahn)* dente *m.* di innesto **6** *(Holzverbindung)* incastro *m.* a denti ◆ ***jdn den -n des Todes entreißen*** strappare qcn. alla morte; ***etw. mit -n und Zähnen verteidigen*** difendere qcs. con le unghie e coi denti. **klau|en** tr. COLLOQ. sgraffignare, grattare. **Klau|en|fett** n. *(-[e]s)* grasso *m.* di zampa di bue. **Klau|en|fuß** m. *(-es,-füße)* **1** MED. piede *m.* ad artiglio **2** *(von Möbeln)* piede *m.* a forma di zampa. **Klau|en|seu|che** f. *(-,-n)* afta *f.* epizootica.

1.Klaus m. *(-,-e* e *Kläuse)* SVIZZ. COLLOQ. babbeo *m.*, tonto *m.*

2.Klaus n.pr.m. Nicola *m.*, Nicolò *m.*

Klau|se f. *(-,-n)* **1** *(Einsiedelei)* romitaggio *m.*, eremo *m.* **2** *(Klosterzelle)* cella *f.* **3** *(kleine Wohnung)* casetta *f.* **4** *(Schlucht)* gola *f.*, chiusa *f.*

Klau|sel f. *(-,-n)* clausola *f.*: ***eine ~ einfügen, einsetzen*** inserire, mettere una clausola; ***eine aufhebende ~*** una clausola abrogativa.

Klaus|ner m. *(-s,-)* eremita *m.*

Klaust|ro|phi|lie f. *(-,-n)* claustrofilia *f.* **Klaust|ro|pho|bie** f. *(-,-n)* claustrofobia *f.*

klau|su|lie|ren tr. RAR. **1** ***etw. ~*** applicare clausole a qcs. **2** *(verklausulieren)* fornire di clausole.

Klau|sur f. *(-,-en)* **1** clausura *f.*: ***in ~ gehen*** entrare in clausura **2** SCOL. → **Klausurarbeit. Klau|sur|ar|beit** f. *(-,-en)* SCOL. (compito *m.*) scritto *m.*: ***eine ~ ablegen*** consegnare uno scritto. **Klau|sur|ta|gung** f. *(-,-en)* convegno *m.* a porte chiuse.

Kla|vi|a|tur f. *(-,-en)* tastiera *f.* ◆ ***die ~ der Rhetorik beherrschen*** padroneggiare i mezzi retorici.

Kla|vi|chord n. *(-[e]s,-e)* clavicordo *m.*

Kla|vier n. *(-s,-e)* pianoforte *m.*, piano *m.*: ***jdn auf dem, am ~ begleiten*** accompagnare qcn. al pianoforte; ***das ~ stimmen*** accordare il pianoforte. **Kla|vier|abend** m. *(-s,-e)* serata *f.* pianistica. **Kla|vier|aus|zug** m. *(-[e]s,-auszüge)* riduzione *f.* per pianoforte. **Kla|vier|be|ar|bei|tung** f. *(-,-en)* adattamento *m.* per pianoforte. **Kla|vier|be|glei|tung** f. *(-,-en)* accompagnamento *m.* al pianoforte. **kla|vie|ren** intr. (aus. *haben*) REGION. armeggiare. **Kla|vier|kon|zert** n. *(-[e]s,-e)* **1** concerto *m.* per pianoforte e orchestra **2** *(Konzertveranstaltung)* concerto *m.* di pianoforte, pianistico. **Kla|vier|leh|rer** m. *(-s,-)* insegnante *m.* di pianoforte. **Kla|vier|leh|re|rin** f. *(-,-nen)* insegnante *f.* di pianoforte. **Kla|vier|mu|sik** f. *(-)* musica *f.* per pianoforte. **Kla|vier|schu|le** f. *(-,-n)* metodo *m.* (*o* corso *m.*) di pianoforte. **Kla|vier|spiel** n. *(-[e]s,-e)* il suonare il piano. **Kla|vier|spie|ler** m. *(-s,-)* pianista *m.* **Kla|vier|stim|mer** m. *(-s,-)* accordatore *m.* di pianoforte. **Kla|vier|stück** n. *(-[e]s,-e)* pezzo *m.* (*o* composizione *f.*) per pianoforte. **Kla|vier|stuhl** m. *(-[e]s,-stühle)* sgabello *m.* da pianoforte. **Kla|vier|stun|de** f. *(-,-n)* (ora *f.* di) lezione *f.* di pianoforte. **Kla|vier|trio** n. *(-s,-s)* trio *m.* per pianoforte e archi. **Kla|vier|un|ter|richt** m. *(-[e]s,-e)* lezione *f.* di pianoforte.

Kla|vi|ku|la f. *(-, Klavikulä)* clavicola *f.* **kla|vi|ku|lar** agg. clavicolare.

Kle|be|band n. *(-[e]s,-bänder)* nastro *m.* adesivo. **Kle|be|bin|dung** f. *(-,-en)* EDIT. (ri)legatura *f.* incollata. **Kle|be|mit|tel** n. *(-s,-)* colla *f.*, collante *m.*, adesivo *m.*

kle|ben I tr. **1** incollare, attaccare, appiccicare; *(Plakate)* affiggere, attaccare: ***die Briefmarken auf die Umschläge ~*** attaccare i francobolli sulle buste; ***Plakate an die Wand ~*** affiggere manifesti al muro **2** CINEM. giuntare **II** intr. (aus. *haben*) **1a** essere attaccato (*o* appiccicato), aderire **b** COLLOQ. FIG. essere attaccato: ***am Geld ~*** essere attaccato al denaro; ***auf seinem Stuhl ~*** stare incollato alla sedia; ***an jdm ~*** stare appiccicato a qcn., SPORT incollarsi a qcn., francobollare qcn. **2a** *(sich heften)* incollarsi, appiccicarsi, attaccar(si): ***dieses Pflaster klebt sehr gut*** questo cerotto attacca molto bene **b** *(kleben bleiben)* restare attaccato, appiccicato: ***die Tapete klebt noch nicht*** la tappezzeria non resta ancora attaccata, si stacca ancora **3** COLLOQ. *(klebrig sein)* essere appiccicoso **4** COLLOQ. ANT. *(Sozialversicherungsbeiträge entrichten)* attaccare le marchette **5a** ***~ bleiben*** restare attaccato, appiccicato **b** COLLOQ. FIG. restare fermo, bloccato: ***im Hafen ~*** restare fermo in porto; ***an seinem Stuhl ~*** restare incollato alla sedia **c** COLLOQ. SCOL. *(sitzenbleiben)* essere bocciato ◆ FIG. ***an seinen Händen klebt Blut*** le sue mani sono macchiate di sangue; ***das Datum klebt oben rechts*** la data è in alto a destra; ***jdm eine ~*** mollare un ceffone a qcn.; ***bei Freunden ~*** non andarsene più dalla casa di amici; ***an der Arbeit klebt viel Schweiß*** il lavoro è frutto di molto sudore; ***lange im Wirtshaus ~*** starsene ore e ore all'osteria.

Kle|ber m. *(-s,-)* **1** → **Klebstoff 2** GASTR. glutine *m.* **Kle|be|rol|le** f. *(-,-n)* rotolo *m.* di nastro adesivo. **Kle|be|stift** m. *(-[e]s,-e)* colla *f.* stick. **Kle|be|strei|fen** → **Klebstreifen. Kle|be|ver|band** m. *(-[e]s,-verbände)* cerotto *m.*

kleb|rig agg. **1** *(wie Klebstoff beschaffen)* colloso **2a** appiccicoso, attaccaticcio: ***-e Hände haben*** avere la mani appiccicose **b** FIG. SPREG. appiccicoso. **Kleb|rig|keit** f. *(-)* **1** collosità *f.* **2** FIG. SPREG. l'essere appiccicoso. **Kleb|stel|le** f. *(-,-n)* **1** parte *f.* adesiva **2** *(Verbindungsstelle)* (punto *m.* di) giunzione *f.* **Kleb|stoff** m. *(-[e]s,-e)* colla *f.*, collante *m.*, adesivo *m.* **Kleb|strei|fen** m. *(-s,-)* striscia *f.* adesiva; *(Klebeband)* nastro *m.* adesivo. **Kle|bung** f. *(-,-en)* giunzione *f.*

Kle|cke|rei f. *(-,-en)* COLLOQ. sbrodolatura *f.* **Kle|cker|frit|ze** f. *(-n,-n)* COLLOQ. sbrodolone *m.* **Kle|cker|kram** m. *(-[e]s)* COLLOQ. briciole *f.pl.*: ***diese Gelegenheitsarbeiten sind nur ~*** questi lavori saltuari sono solo briciole, non rendono granché. **kle|ckern** COLLOQ. **I** intr. **1** (aus. *haben*) sbrodolarsi: ***beim Essen ~*** sbrodolarsi mangiando **2** *(von Flüssigkeiten;* aus. *sein)* colare, cadere **3** *(zögernd vorangehen;* aus. *haben)* procedere lentamente: ***die Angelegenheit kleckert*** l'affare procede lentamente **II** tr. sbrodolare, fare cadere: ***Suppe auf die Tischdecke ~*** sbrodolare la minestra sulla tovaglia ◆ ***nicht ~, sondern klotzen*** = impiegare tutti i mezzi necessari senza badare a spese. **kle|cker|wei|se** avv. COLLOQ. SPREG. a poco a poco, poco per volta.

Klecks m. *(-es,-e)* **1** macchia *f.* (di inchiostro, di colore) **2** COLLOQ. *(kleine Menge)* poco *m.*: ***ein ~ Kartoffelbrei*** un po' di purea. **kleck|sen I** intr. (aus. *haben*) fare (delle) macchie, macchiare: ***der Füller kleckst*** la penna stilografica macchia **II** tr. COLLOQ. **1** SPREG. *(schlecht schreiben, malen)* scarabocchiare **2** *(fallen lassen)* fare cadere. **Kleck|ser** m. *(-s,-)* COLLOQ. **1** SPREG. sbrodolone *m.*, sporcaccione *m.* **2** *(Klecks)* macchia *f.* **Kleck|se|rei** f. *(-,-en)* COLLOQ. SPREG. **1** il (continuo) macchiare **2** *(schlecht gemaltes Bild)* scarabocchio *m.*, sgorbio *m.* **kleck|sig I** agg. SPREG. macchiato **II** avv. ***~ schreiben, malen*** fare degli scarabocchi. **Kleck|so|gra|phie** f. *(-,-n)* kleksografia *f.*

Klee m. *(-s)* trifoglio *m.* ◆ ***jdn, etw. über den grünen ~ loben*** = lodare esageratamente qcn., qcs. **Klee|blatt** n. *(-[e]s,-blätter)* **1** foglia *f.* di trifoglio **2** COLLOQ. *(Gruppe von drei Personen)* terzetto *m.* **3** *(Straßenkreuzung)* incrocio *m.* a quadrifoglio ◆ ***vierblättriges ~*** quadrifoglio. **Klee|blatt|bo|gen** m. *(-s,-)* arco *m.* trilobato. **Klee-Ern|te** f. *(-,-n)* **1** raccolta *f.* del trifoglio **2** *(geernteter Klee)* raccolto *m.* di trifoglio. **Klee|farn** m. *(-[e]s,-e)* quadrifoglio *m.* acquatico. **Klee|feld** n. *(-[e]s,-er)* campo *m.* di trifoglio. **Klee|gras** n. *(-es,-gräser)* prato *m.* misto a trifoglio. **Klee|salz** n. *(-es)* sale *m.* ossalico (*o* di acetosella). **Klee|säu|re** f. *(-)* acido *m.* ossalico.

Klei m. *(-[e]s,-e)* terra *f.* argillosa, grassa.

klei|ben REGION. → **kleben.**

Klei|ber m. *(-s,-)* picchio *m.* muratore.

Klei|bo|den m. *(-s,-böden)* terreno *m.* argilloso.

Kleid n. *(-[e]s,-er)* **1a** vestito *m.*, abito *m.*, veste *f.*; *(Frauenkleid)* vestito *m.*: ***ein hochgeschlossenes, ärmelloses ~*** un vestito accollato, senza maniche; ***ein ~ anziehen, ausziehen, tragen (anhaben)*** indossare, togliersi, portare un vestito; ***sich ein ~ machen lassen*** farsi fare un vestito; ***ein ~ nähen*** cucire un vestito **b** FIG. manto *m.*: ***die Felder tragen ein weißes ~*** i campi sono coperti da un manto bianco **c** SVIZZ. *(Herrenanzug)* vestito *m.* da uomo **2** pl. *(Bekleidung)* vestiti *m.pl.*, abiti *m.pl.*; panni *m.pl.*: ***in die -er schlüpfen*** infilarsi i vestiti; ***die -er ablegen*** togliersi i vestiti, svestirsi; ***-er anziehen, ausziehen, wechseln*** vestirsi, svestirsi (*o* spogliarsi), cambiarsi **3a** ANT. *(Uniform)* uniforme *f.*, divisa *f.* **b** *(Tracht)* costume *m.*, divisa *f.* **4a** VENAT. *(Gefieder)* piumaggio *m.* **b** *(Fell)* pelliccia *f.*, manto *m.* ◆ ***aus den -ern fallen*** dimagrire; ***ein festliches, freches ~*** un vestito della festa, osé; FIG. ***nicht aus den -ern kommen*** non riuscire ad andare a dormire; ***in den -ern schlafen*** dormire vestito; PROV. ***-er machen Leute*** l'abito fa il monaco. **Kleid|chen** n. *(-s,-)* COLLOQ. vestitino *m.*, abitino *m.* **klei|den I** tr. **1** vestire: ***die Kinder einfach ~*** vestire i bambini semplicemente **2** *(passen)* stare bene: ***diese Jacke, Farbe kleidet dich gut*** questa giacca, questo colore ti sta bene (*o* ti dona) **3** *(ausdrücken)* esprimere: ***einen Gedanken, einen Wunsch in passende Worte ~*** esprimere un pensiero, formulare un desiderio con parole adatte **II** rifl. **sich ~** vestirsi: ***sich nach der Mode, in Seide, in Blau ~*** vestirsi alla moda, di seta, di blu; ***sie versteht sich einfach, doch vornehm zu ~*** sa vestirsi semplicemente, ma con eleganza; FIG. ***die Bäume ~ sich in Grün*** gli alberi si (ri)vestono di verde. **Klei|der|ab|la|ge** f. *(-,-n)* guardaroba *m.* **Klei|der|bad** n. *(-[e]s,-bäder)* lavaggio *m.* a secco. **Klei|der|bü|gel** m. *(-s,-)* gruccia *f.* **Klei|der|bürs|te** f. *(-,-n)* spazzola *f.* per vestiti. **Klei|der|ha|ken** m. *(-s,-)* attaccapanni *m.* (a muro). **Klei|der|kam|mer** f. *(-,-n)* guardaroba *m.* **Klei|der|kas|ten** m. *(-s,-kästen)* AUSTR. SVIZZ. armadio *m.* dei vestiti. **Klei|der|laus** f. *(-,-läuse)* pidocchio *m.* dei vestiti. **Klei|der|ma|cher** m. *(-s,-)* AUSTR. sarto *m.* **Klei|der|mot|te** f. *(-,-n)* tarma *f.*, tignola *f.* **Klei|der|re|chen** m. *(-s,-)* attaccapanni *m.* (a muro). **Klei|der|rock** m. *(-[e]s,-röcke)* SART. scamiciato *m.* **Klei|der|schrank** m. *(-[e]s,-schränke)* **1** armadio *m.* dei vestiti: ***die Jacke aus dem ~ nehmen*** prendere la giacca dall'armadio **2** FIG. COLLOQ. *(kräftiger Mann)* armadio *m.*, marcantonio *m.* **Klei|der|stän|der** m. *(-s,-)* attaccapanni *m.* (a piantana, a stelo). **Klei|der|stoff** m. *(-[e]s,-e)* tessuto *m.*, stoffa *f.* per vestiti.

kleid|sam agg. che sta bene, che dona: ***ein -er Mantel, eine -e Frisur*** un cappotto, una pettinatura che dona. **Kleid|sam|keit** f. *(-)* vestibilità *f.*, portabilità *f.*: ***diese Jacke hat eine gute ~*** questa giacca ha una buona vestibilità.

Klei|dung f. *(-,-en)* abbigliamento *m.*, vestiario *m.*, vestiti *m.pl.*: ***für ~ viel Geld ausgeben*** spendere molto per l'abbigliamento. **Klei|dungs|stück** n. *(-[e]s,-e)* capo *m.* d'abbigliamento (*o* di vestiario).

Klei|e f. *(-,-n)* crusca *f.* **klei|e|hal|tig** agg. che contiene crusca, a base di crusca; cruscoso. **Klei|en|fut|ter** n. *(-s,-)* mangime *m.* con crusca. **klei|ig** agg. → **kleiehaltig.**

klein I agg. **1a** piccolo: ***ein -es Haus*** una piccola casa, una casetta; ***-e Füße*** piedi piccoli, piedini; ***-er und -er werden*** diventare sempre più piccolo; ***kein -er Verlust*** una grande perdita **b** *(von Größe)* basso, piccolo: ***sie ist -er als du*** è più bassa di te; ***sie ist recht ~ für ihr Alter*** per la sua età è proprio piccola **2a** *(von geringer Menge)* esiguo, modesto, basso: ***eine -e Zahl von etw.*** un numero esiguo di qcs.; ***eine -e Summe*** una somma modesta; ***ein -es Gehalt*** uno stipendio basso **b** *(beschränkt)* limitato, ridotto: ***eine -e Auswahl*** una scelta limitata **3** *(von Buchstaben)* minuscolo: ***ein -es b*** una b minuscola **4** *(jünger)* minore, piccolo: ***ihr -er Bruder*** suo fratello minore; ***als er noch -er war*** quand'era ancora più piccolo; ***von ~ auf*** fin da piccolo; ***ein -er Junge*** un ragazzino **5** *(kurz)* breve, corto: ***eine -e Strecke, Reise*** un breve tragitto, viaggio; ***eine -e Pause*** una breve pausa; ***eine -e Weile warten*** aspettare un momentino **6a** *(bescheiden)* modesto, umile, piccolo: ***in -en Verhältnissen leben*** vivere in condizioni modeste; ***-e Leute*** gente povera; ***ein -er Händler*** un piccolo commerciante **b** FIG. *(kleinlich)* ristretto, modesto: ***ein -er Geist*** una mente ristretta **c** *(unbedeutend)* insignificante, piccolo, di poco conto: ***ein -er Fehler*** un errore di poco conto; ***ein -er Asthmaanfall*** un leggero attacco d'asma **II** avv. ***~ machen*** *(zerkleinern)* rimpicciolire, sminuzzare, *(von Holz)* spaccare, *(Geld wechseln)* cambiare; ***sich ~ machen*** farsi piccolo; ***die Gasflamme ~ drehen*** abbassare la fiamma del gas; ***~ gedruckt*** a caratteri piccoli; ***~ gemustert*** a piccoli disegni; ***~ hacken*** spaccare, *(Fleisch)* tritare; ***ein ~ karierter Stoff*** una stoffa a quadrettini; ***~ schneiden*** tagliuzzare; COLLOQ. ***~ geschrieben werden*** non avere molta importanza, essere poco considerato; ***~ stellen*** abbassare, mettere al minimo ◆ ***~ anfangen*** iniziare dal basso, modestamente, con pochi mezzi; ***~ beigeben*** cedere, darsi per vinto; ***ein -es bisschen*** un pochino; ***~ denken*** essere di vedute ristrette, avere una mentalità gretta; ***~ von jdm denken*** avere poca stima di qcn.; EUFEM. ***was Kleines erwarten*** aspettare un bambino; ***ein Haus, ~ aber fein*** una casa piccola ma carina; ***der -e Finger*** il mignolo; ***auf -er Flamme kochen*** cuocere a fuoco moderato; ***-es Geld*** spiccioli; ***Groß und Klein*** grandi e piccoli; ***~ machen*** fare pipì; ***der -e Mann*** l'uomo della strada; ***-e Münzen*** monetine; ***~, aber oho*** piccolo ma in gamba; ***etw. kurz und ~ schlagen*** fare a pezzi qcs.; ***die Politik der -en Schritte*** la politica dei piccoli passi; ***die Flamme auf ~ stellen*** abbassare la fiamma; ***um ein Kleines*** per un soffio, per un pelo; *(ein wenig)* un tantino, appena; COMM. ***im Kleinen verkaufen*** vendere al dettaglio, al minuto; ***ein ~ wenig*** un pochino; ***winzig ~*** minuscolo, piccolissimo.

Klein n. *(-s)* **1** frattaglie *f.pl.*, interiora *f.pl.* **2** MINER. frammento *m.*, scheggia *f.* (di roccia).

Klein|ak|ti|o|när m. *(-s,-e)* piccolo azionista *m.* **Klein|an|zei|ge** f. *(-,-n)* annuncio *m.* economico. **Klein|ar|beit** f. *(-,-en)* lavoro *m.* minuzioso. **klein|asi|a|tisch** agg. dell'Asia minore. **Klein|asi|en** n.pr.n. *(-s)* Asia *f.* Minore. **Klein|au|to** n. *(-s,-s)* utilitaria *f.* **Klein|bahn** f. *(-,-en)* **1** ferrovia *f.* secondaria **2** *(Schmalspurbahn)* ferrovia *f.* a scartamento ridotto. **Klein|bär** m. *(-en,-en)* procione *m.* **Klein|bau|er** m. *(-s,-n)* coltivatore *m.* diretto, piccolo agricoltore *m.* **klein|bäu|er|lich** agg. dei piccoli agricoltori. **klein‿be|kom|men** tr. *(bekam, bekommen)* **1** (riuscire a) rimpicciolire **2** *(aufbrauchen können)* riuscire a consumare. **Klein|be|trieb** m. *(-[e]s,-e)* **1** piccola impresa *f.* **2** AGR. piccola azienda *f.* agricola. **Klein|bild** n. *(-[e]s,-er)* **1** FOT. fotografia *f.* di formato ridotto **2** FOT. *(Negativformat)* formato *m.* piccolo, 24x36. **Klein|bild|ka|me|ra** f. *(-,-s)* FOT. apparecchio *m.* fotografico per formato 24x36. **klein|blät|te|rig, klein|blätt|rig** agg. a piccola foglia, microfillo. **Klein|buch|sta|be** m. *(-ns,-n)* lettera *f.* minuscola.

Klein|bür|ger m. *(-s,-)* **1** piccolo borghese *m.* **2** SPREG. *(Spießbürger)* borghesuccio *m.* **klein|bür|ger|lich I** agg. piccolo borghese, della piccola borghesia (anche SPREG.) **II** avv. in modo piccolo borghese. **Klein|bür|ger|lich|keit** f. *(-)* SPREG. carattere *m.* piccolo borghese. **Klein|bür|ger|tum** n. *(-s)* piccola borghesia *f.*

Klein|bus m. *(-ses,-se)* pulmino *m.*, minibus *m.* **Klein|chen** n. *(-s,-)* **1** bimbetto *m.* **2** *(Mädchen)* ragazzina *f.* **Klein|dar|stel|ler** m. *(-s,-)* attore *m.* che interpreta ruoli minori. **klein|den|kend** agg. gretto, meschino. **klein|deutsch** agg. STOR. piccolo tedesco. **Klein|deut|sche** m. e f. *(-n,-n)* seguace *m.* e *f.* del movimento piccolo tedesco.

Klei|ne I m. e f. *(-n,-n)* **1a** *(Kind)* piccolo *m.* (-a *f.*), bambino *m.* (-a *f.*) **b** *(jüngerer Sohn)* figlio *m.* più piccolo, più giovane; *(jüngere Tochter)* figlia *f.* più piccola, più giovane **2** SCHERZ. ragazzino *m.* (-a *f.*) **II** n. *(-n,-n)* **1** *(Kind)* piccolo *m.*, bambino *m.* **2** *(kleines Mädchen)* ragazzina *f.* ◆ ***Große und ~*** grandi e piccoli (*o* piccini); ***im -n genau sein*** essere preciso nei dettagli; STOR. ***Pippin der ~*** Pipino il breve; PROV. ***die -n hängt man, die Großen lässt man laufen*** si pigliano solo i pesci piccoli.

Klein|emp|fän|ger m. *(-s,-)* radiolina *f.*

klei|ner agg. (compar. di *klein*) **1a** più piccolo: ***das -e Haus*** la casa più piccola; minore: ***das -e Übel*** il male minore **b** *(von Zahlen)* inferiore, più basso: ***-e Kosten*** costi inferiori **2** *(vom Alter)* minore, più giovane: ***ihr -er Bruder*** il suo fratello minore ◆ ***~ werden*** diminuire, rimpicciolirsi.

klei|ne|ren|teils, klei|nern|teils avv. in parte minore, per la minor parte. **Klein|fa|mi|lie** f. *(-,-n)* SOCIOL. famiglia *f.* nucleare. **Klein|for|mat** n. *(-[e]s,-e)* formato *m.* ridotto. **Klein|gar|ten** m. *(-s,-gärten)* orto *m.*, orticello *m.* **Klein|gärt|ner** m. *(-s,-)* proprietario *m.* di (un) orticello. **Klein|ge|bäck** n. *(-[e]s,-e)* pasticcini *m.pl.*; *(Kekse)* biscotti *m.pl.* **Klein|ge|druck|te** n. *(-n)* clausole *f.pl.* stampate a caratteri (più) piccoli. **Klein|geist** m. *(-[e]s,-er)* SPREG. spirito *m.* gretto, meschino. **Klein|geld** n. *(-[e]s)* spiccioli *m.pl.* **klein|ge|wach|sen** agg. cresciuto poco, piccolo. **Klein|ge|wer|be** n. *(-s,-)* piccola industria *f.* **klein|gläu|big** agg. SPREG. di poca fede, timoroso, scettico. **Klein|gläu|big|keit** f. *(-)* scetticismo *m.*, timore *m.* **Klein|han|del** m. *(-s)* commercio *m.* al minuto (*o* al dettaglio). **Klein|händ|ler** m. *(-s,-)* commerciante *m.* al minuto, dettagliante *m.* **Klein|heit** f. *(-)* **1** piccolezza *f.* **2** *(Beschränktheit)* limitatezza *f.*, grettezza *f.* **klein|her|zig** agg. pusillanime. **Klein|hirn** n. *(-[e]s,-e)* cervelletto *m.* **Klein|holz** n. *(-es)* legna *f.* piccola: ***~ machen*** spaccare la legna ◆ COLLOQ. ***~ aus etw. machen, etw. zu ~ machen (verarbeiten)*** sfasciare, fare a pezzi qcs.; ***~ aus jdm machen, jdn zu ~ machen*** fare a pezzetti qcn.

Klei|nig|keit f. *(-,-en)* **1** cosetta *f.*, sciocchezza *f.*: ***noch einige -en einkaufen müssen*** dovere ancora comprare alcune cosette **2** nonnulla *m.*, bazzecola *f.*, inezia *f.*: ***jede ~ selbst erledigen müssen*** doversi occupare di ogni nonnulla; IRON. ***das kostet eine ~*** costa una bazzecola; COLLOQ. ***das ist für ihn eine, keine ~*** per lui è, non è una bazzecola ◆ ***noch eine ~ essen*** mangiare ancora un pochino; ***sich um jede ~ kümmern*** occuparsi di tutto; ***um die ~ von 200 Mark*** per il modico prezzo di 200 marchi. **Klei|nig|keits|krä|mer** m. *(-s,-)* pignolo *m.* **Klei|nig|keits|krä|me|rei** f. *(-,-en)* pignoleria *f.*

Klein|in|dust|rie f. *(-,-n)* piccola industria *f.* **Klein|ka|li|ber** n. *(-s,-)* piccolo calibro *m.* **klein|ka|lib|rig** agg. di piccolo calibro. **klein|ka|riert** agg. COLLOQ. *(spießbürgerlich)* ristretto, meschino, gretto. **Klein|kind** n. *(-[e]s,-er)* bambino *m.* (-a *f.*) in età prescolare.

klein-klein avv. SPORT GERG. ~ ***spielen*** triangolare stretto. **Klein|kli|ma** n. *(-s,-s)* microclima *m.* **Klein|korn** n. *(-[e]s)* grana *f.* fine (*o* minuta). **klein|kör|nig** agg. a grana fine (*o* minuta). **Klein|kraft|rad** n. *(-[e]s,-räder)* moto *f.* di piccola cilindrata; *(Mofa)* ciclomotore *m.* **Klein|kraft|wa|gen** m. *(-s,-)* auto *f.* di piccola cilindrata. **Klein|kram** m. *(-[e]s)* COLLOQ. SPREG. **1** cianfrusaglie *f.pl.* **2** *(kleine Angelegenheiten)* minuzie *f.pl.*, stupidaggini *f.pl.* **Klein|kre|dit** m. *(-[e]s,-e)* piccolo credito *m.* **Klein|kreis** m. *(-es,-e)* sezione *f.* di sfera (diversa dal cerchio massimo). **Klein|krieg** m. *(-[e]s,-e)* **1** guerriglia *f.* **2** *(Reibereien)* guerra *f.* a colpi di spillo, guerra *f.* di malignità e dispetti. **klein‿krie|gen** tr. COLLOQ. **1** *(zerkleinern können)* (riuscire a) rimpicciolire, sminuzzare **2** *(aufbrauchen können)* riuscire a consumare; *(Geld)* dilapidare **3** *(unterwerfen)* ***jdn*** ~ mettere i piedi in testa a qcn.; ***sich nicht ~ lassen*** non lasciarsi mettere i piedi in testa. **Klein|kunst** f. *(-)* **1** *(kabarettistische Kunst)* cabaret *m.* **2** *(Kunsthandwerk)* arte *f.* minore, artigianato *m.* artistico. **Klein|kunst|büh|ne** f. *(-,-n)* cabaret *m.* **klein|laut** agg. e avv. mogio mogio. **klein|lich I** agg. piccino, gretto, meschino **II** avv. grettamente, meschinamente. **Klein|lich|keit** f. *(-,-en)* piccineria *f.*, grettezza *f.*, meschinità *f.* **klein‿ma|chen** tr. COLLOQ. *(aufbrauchen)* sperperare, dilapidare. **Klein|ma|le|rei** f. *(-,-en)* miniatura *f.* **klein|maß|stä|big, klein|maß|stäb|lich** agg. e avv. in scala piccola, su piccola scala. **Klein|mö|bel** n. *(-s,-)* mobile *m.* piccolo.

Klein|mut m. *(-[e]s)* pusillanimità *f.* **klein|mü|tig I** agg. pusillanime **II** avv. in modo pusillanime. **Klein|mü|tig|keit** f. *(-)* → **Kleinmut.**

Klein|od n. *(-[e]s,-e* e *-ien)* **1** *(Schmuckstück)* gioiello *m.*, monile *m.* **2** *(Kostbarkeit)* prezioso *m.*

Klein|ok|tav n. *(-s)* formato *m.* in ottavo piccolo. **Klein|pla|kat** n. *(-[e]s,-e)* manifestino *m.* **Klein|rent|ner** m. *(-s,-)* piccolo pensionato *m.* ◆ SPREG. ***geistiger*** ~ persona limitata. **klein‿schrei|ben** tr. *(schrieb, geschrieben)* scrivere minuscolo. **Klein|schrei|bung** f. *(-)* grafia *f.* (con iniziale) minuscola. **Klein|sied|lung** f. *(-,-en)* quartiere *m.* suburbano. **Klein|spa|rer** m. *(-s,-)* piccolo risparmiatore *m.*

kleinst... agg. (superl. di *klein*) il più piccolo, minimo ◆ ***bis ins Kleinste*** fin nei minimi dettagli (*o* particolari).

Klein|staat m. *(-[e]s,-en)* staterello *m.* **Klein|staa|te|rei** f. *(-)* divisione *f.* politica, particolarismo *m.*

Klein|stadt f. *(-,-städte)* cittadina *f.*, città *f.* di provincia. **Klein|städ|ter** m. *(-s,-)* abitante *m.* di una cittadina, SPREG. provinciale *m.* **klein|städ|tisch** agg. di una cittadina, SPREG. provinciale: ***-e Denkweise*** mentalità provinciale.

Kleinst|be|trag m. *(-[e]s,-beträge)* importo *m.* minimo. **Kleins|te I** m. e f. *(-n,-n)* figlio *m.* (-a *f.*) minore **II** n. *(-n)* minima cosa *f.*, minimo *m.*

Klein|stel|ler m. *(-s,-)* dispositivo *m.* per abbassare la fiamma.

Kleinst|haus n. *(-[e]s,-häuser)* villetta *f.* **Kleinst|kind** n. *(-[e]s,-er)* bimbo *m.* (fino a due anni), bebè *m.* **Kleinst|le|be|we|sen** n. *(-s,-)* microrganismo *m.* **Kleinst|maß** n. *(-es)* minimo *m.* **kleinst|mög|lich...** agg. il più piccolo possibile.

Klein|tier n. *(-[e]s,-e)* (piccolo) animale *m.* domestico. **Klein|tier|hal|ter** m. *(-s,-)* chi tiene (piccoli) animali domestici. **Klein|tier|zucht** f. *(-)* allevamento *m.* di piccoli animali domestici.

Klein|trans|por|ter m. *(-s,-)* furgoncino *m.* **Klein|vieh** n. *(-[e]s)* bestiame *m.* minuto; *(Geflügel)* animali *m.pl.* da cortile ◆ PROV. ***~ macht auch Mist*** tutto fa brodo. **Klein|wa|gen** m. *(-s,-)* auto *f.* di piccola cilindrata, utilitaria *f.* **klein|weis** avv. REGION. COLLOQ. passo passo, gradualmente. **klein|win|zig** agg. minuscolo. **Klein|woh|nung** f. *(-,-en)* appartamentino *m.*, piccolo appartamento *m.* **Klein|wuchs** m. *(-es)* ritardo *m.* nella crescita. **klein|wüch|sig** agg. piccolo (di statura); MED. ritardato nella crescita. **Klein|zeug** n. *(-[e]s)* quisquilie *f.pl.*, bazzecole *f.pl.*

Kleis|ter m. *(-s,-)* **1** colla *f.* (d'amido) **2** FIG. *(dicker Brei)* pappa *f.* **kleis|te|rig** agg. **1** *(klebrig)* appiccicoso, colloso **2** COLLOQ. *(wie Kleister)* colloso, come gomma da masticare. **kleis|tern** tr. **1** incollare **2** *(reparieren)* riparare incollando, con la colla. **Kleis|ter|pa|pier** n. *(-s,-e)* carta *f.* gommata (*o* collata). **Kleis|ter|topf** m. *(-[e]s,-töpfe)* barattolo *m.* di colla.

kleis|to|gam agg. cleistogamo. **Kleis|to|ga|mie** f. *(-)* cleistogamia *f.*

Kle|ma|tis f. *(-,-)* clematide *f.*

Kle|mens n.pr.m. Clemente *m.*

Kle|men|ti|ne f. *(-,-n)* clementina *f.*

Klemm|ba|cke f. *(-,-n)* MECC. ganascia *f.* **Klem|me** f. *(-,-n)* **1** morsa *f.*, morsetto *m.* **2** CHIR. *(Klammer)* grappetta *f.* **3** COLLOQ. *(schwierige Lage)* guaio *m.*, pasticcio *m.*: ***in einer furchtbaren ~ sein, sitzen, stecken*** trovarsi in un bel guaio; ***jdm aus der ~ helfen*** tirare fuori qcn. dai guai; ***sich aus der ~ ziehen können*** (riuscire a) cavarsi d'impaccio. **klem|men I** tr. **1** serrare, stringere; *(in etw. zwängen)* incastrare **2** ***etw. unter den Arm ~*** infilarsi qcs. sotto il braccio **3** COLLOQ. *(stehlen)* fregare, sgraffignare **II** rifl. ***sich (D) etw. ~*** schiacciarsi qcs.; ***sich den Finger ~*** schiacciarsi il dito **III** intr. (aus. *haben*) incastrarsi: ***die Tür klemmt*** la porta è incastrata ◆ COLLOQ. ***sich hinter etw. ~*** darsi da fare con qcs.; ***sich hinter jdn ~*** stare appiccicato a qcn. (per farsi aiutare). **Klem|mer** m. *(-s,-)* REGION. → **Kneifer. Klemm|leis|te** f. *(-,-n)* morsettiera *f.* **Klemm|map|pe** f. *(-,-n)* raccoglitore *m.* **Klemm|schrau|be** f. *(-,-n)* vite *f.* d'arresto. **Klemm|vor|rich|tung** f. *(-,-en)* dispositivo *m.* di serraggio (*o* di bloccaggio).

Klemp|ner m. *(-s,-)* idraulico *m.*; *(wer Gegenstände aus Blech bearbeitet)* lattoniere *m.*, stagnino *m.* **Klemp|ne|rei** f. *(-,-en)* **1** → **Klempnerhandwerk 2** *(Klempnerwerkstatt)* officina *f.* di idraulico, di lattoniere. **Klemp|ner|hand|werk** n. *(-[e]s,-e)* mestiere *m.* di idraulico (*o* di, del lattoniere). **Klemp|ner|meis|ter** m. *(-s,-)* → **Klempner. klemp|nern** intr. (aus. *haben*) fare l'idraulico; *(Gegenstände aus Blech bearbeiten)* fare lo stagnino.

Kleng|an|stalt f. *(-,-en)*, **Klen|ge** f. *(-,-n)* essiccatoio *m.* per l'estrazione dei pinoli. **klen|gen** tr. estrarre (i pinoli).

Kle|o|pat|ra n.pr.f. Cleopatra *f.*

1.Klep|per m. *(-s,-)* ronzino *m.*

2.Klep|per® m. *(-s,-)* → **Kleppermantel.**

Klep|per|boot n. *(-[e]s,-e)* canotto *m.* di gomma. **Klep|per|man|tel** m. *(-s,-mäntel)* impermeabile *m.* (di gomma).

Klep|to|ma|ne m. *(-n,-n)* cleptomane *m.* **Klep|to|ma|nie** f. *(-)* cleptomania *f.* **Klep|to|ma|nin** f. *(-,-nen)* cleptomane *f.* **klep|to|ma|nisch** agg. cleptomane.

kle|ri|kal agg. *(kirklich)* ecclesiastico, clericale; *(den Klerus unterstützend)* clericale. **Kle|ri|ka|le** m. e f. *(-n,-n)* clericale *m.* e *f.* **Kle|ri|ka|lis|mus** m. *(-)* clericalismo *m.* **kle|ri|ka|lis|tisch** agg. clericale, clericaleggiante. **Kle|ri|ker** m. *(-s,-)* ecclesiastico *m.* **Kle|ri|sei** f. *(-)* ANT., **Kle|rus** m. *(-)* clero *m.*

Klet|te f. *(-,-n)* **1** BOT. lappola *f.* **2** COLLOQ. *(lästiger Mensch)* piattola *f.* ◆ COLLOQ. ***wie eine ~ an jdm hängen*** attaccarsi a qcn. come una sanguisuga; ***wie (die) -n zusammenhalten, zusammenhängen*** essere cuciti a filo doppio, essere inseparabili.

Klet|te|rei f. *(-,-en)* arrampicata *f.*, scalata *f.* **Klet|ter|ei|sen** n. *(-s,-)* rampone *m.* **Klet|te|rer** m. *(-s,-)* **1** arrampicatore *m.* **2** ALP. arrampicatore *m.*, scalatore *m.* **Klet|ter|gar|ten** m. *(-s,-gärten)* palestra *f.* di roccia. **Klet|ter|ge|rüst** n. *(-es,-e)* struttura *f.* per arrampicarsi. **Klet|ter|ha|ken** m. *(-s,-)* chiodo *m.* da roccia. **Klet|ter|mast** m. *(-es,-en)* albero *m.* della cuccagna. **klet|tern** intr. (aus. *sein*) **1a** arrampicarsi: ***auf das Dach ~*** arrampicarsi sul tetto **b** ALP. (aus. *haben, sein*) arrampicare: ***wir sind zwei Stunden lang geklettert*** abbiamo arrampicato per due ore; ***an den Seilen ~*** arrampicare in cordata **2** ***über etw. ~*** scavalcare qcs. (arrampicandosi): ***über den Zaun ~*** scavalcare il recinto **3** *(steigen)* salire (anche FIG.): ***auf den höchsten Gipfel ~*** salire sulla vetta più alta; ***die Preise sind in die Höhe geklettert*** i prezzi sono saliti (*o* aumentati); ***in das Auto ~*** salire in macchina (con fatica) ◆ ***es ist, um auf die Bäume zu ~*** è una cosa insopportabile, da impazzire. **Klet|ter|par|tie** f. *(-,-n)* **1** scalata *f.*, arrampicata *f.* **2** ALP. *(schwierige Strecke)* passaggio *m.* difficile. **Klet|ter|pflan|ze** f. *(-,-n)* pianta *f.* rampicante. **Klet|ter|schuh** m. *(-[e]s,-e)* scarpone *m.* (da roccia). **Klet|ter|seil** n. *(-[e]s,-e)* **1** ALP. corda *f.* da montagna **2** → **Klettertau. Klet|ter|stan|ge** f. *(-,-n)* pertica *f.* **Klet|ter|tau** n. *(-[e]s,-e)* GINN. corda *f.*, fune *f.* **Klet|ter|wand** f. *(-,-wände)* GINN. spalliera *f.*

Klett|ver|schluss m. *(-es,-verschlüsse)* chiusura *f.* col velcro.

Klet|ze f. *(-,-n)* AUSTR. pera *f.* essiccata. **Klet|zen|brot** n. *(-[e]s)* AUSTR. INTRAD. (tipo di pane integrale con pere essiccate e spezie).

klick inter. clic, click ◆ COLLOQ. ***da machte es bei ihm ~*** gli si è accesa la lampadina. **Klick** m. *(-s,-s)* clic *m.*, click *m.* **kli|cken** intr. (aus. *haben*) **1** fare clic, scattare **2** INFORM. fare clic, cliccare: ***auf das Icon ~*** cliccare sull'icona.

Kli|cker m. *(-s,-)* REGION. bi(g)lia *f.* **kli|ckern** intr. (aus. *haben*) REGION. giocare a bi(g)lie.

klie|ben tr. *(kliebte/klob, gekliebt/gekloben)* REGION. spaccare.

Kli|ent m. *(-en,-en)* cliente *m.* **Kli|en|tel** f. *(-,-en)*, SVIZZ. **Kli|en|te|le** f. *(-,-n)* clientela *f.* **Kli|en|tin** f. *(-,-nen)* cliente *f.*

Kliff n. *(-[e]s,-e)* REGION. falesia *f.*

Kli|ma n. *(-s,-s* e *-te)* clima *m.* (anche FIG.): ***mildes, rauhes ~*** clima temperato, rigido; ***sich an ein ~ gewöhnen*** abituarsi a un clima, acclimatarsi; ***ein günstiges politisches ~*** un clima politico favorevole. **Kli|ma|än|de|rung** f. *(-,-en)* variazione *f.* climatica. **Kli|ma|an|la|ge** f. *(-,-n)* impianto *m.* di condizionamento (dell'aria), condizionatore *m.*, climatizzatore *m.* **Kli|ma|ge|o|gra|phie** f. *(-)* →

Klimatologie. Kli|ma|kam|mer f. *(-,-n)* camera *f.* climatica. **Kli|ma|kun|de** f. *(-)* → **Klimatologie.**
kli|mak|te|risch agg. climaterico: ***eine -e Frau*** una donna in fase climaterica. **Kli|mak|te|ri|um** n. *(-s)* climaterio *m.*
Kli|ma|schwan|kung f. *(-,-en)* oscillazione *f.* climatica. **Kli|ma|tech|nik** f. *(-)* tecnica *f.* di condizionamento (dell'aria). **kli|ma|tisch** agg. climatico. **kli|ma|ti|sie|ren I** tr. climatizzare **II** intr. (aus. *haben*) installare un impianto di condizionamento. **Kli|ma|ti|sie|rung** f. *(-,-en)* climatizzazione *f.* **Kli|ma|to|gra|phie** f. *(-)* climatografia *f.* **Kli|ma|to|lo|ge** m. *(-n,-n)* climatologo *m.* **Kli|ma|to|lo|gie** f. *(-)* climatologia *f.* **Kli|ma|wech|sel** m. *(-s,-)* cambiamento *m.* di clima.
Kli|max f. *(-,-e)* **1** climax *m.* (anche RET.) **2** MED. *(Klimakterium)* climaterio *m.*
Klim|bim m. *(-s)* COLLOQ. **1** *(unnützer Kram)* cianfrusaglie *f.pl.* **2** chiasso *m.*, rumore *m.* (anche FIG.): ***um etw. viel ~ machen*** fare molto rumore per qcs.
Klim|me f. *(-,-n)* vitacea *f.* **klim|men** intr. *(klomm/klimmte, geklommen/geklimmt;* aus. *sein)* arrampicarsi: ***auf den Gipfel ~*** arrampicarsi (*o* inerpicarsi) fin sulla cima. **Klimm|zug** m. *(-[e]s, -züge)* GINN. sollevamento *m.* sulle braccia (alla sbarra).
Klim|pe|rei f. *(-,-en)* COLLOQ. SPREG. strimpellio *m.* **Klim|per|kas|ten** m. *(-s,-kästen)* COLLOQ. SPREG. = pianoforte *m.* sgangherato. **klim|per|klein** agg. REGION. minuscolo. **klim|pern I** intr. (aus. *haben*) **1a** tintinnare: ***die Münzen ~ in der Tasche*** le monete tintinnano in tasca **b *mit etw. ~*** fare tintinnare qcs. **2** COLLOQ. strimpellare: ***auf dem Klavier ~*** strimpellare al (*o* pestare sul) pianoforte **II** tr. strimpellare: ***etw. auf der Gitarre ~*** strimpellare qcs. alla chitarra ◆ ***mit den Wimpern ~*** sbattere le ciglia.
kling inter. din.
Klin|ge f. *(-,-n)* **1** lama *f.* **2** *(Rasierklinge)* lametta *f.* da barba: ***eine neue ~ einlegen*** sostituire la lametta ◆ ***eine scharfe ~ führen*** avere la lingua tagliente; FIG. ***die -n kreuzen*** incrociare le spade; ***eine gute ~ schlagen*** essere una buona lama; ***jdn über die ~ springen lassen*** mandare in rovina qcn.; *(jdn töten)* passare qcn. a fil di spada; SPORT fare fallo su (*o* contro) qcn.
Klin|gel f. *(-,-n)* **1** campanello *m.*: ***auf die ~ drücken*** premere il campanello; ***die ~ betätigen*** suonare il campanello; ***die ~ ging dreimal*** il campanello suonò tre volte **2** *(kleine Glocke)* campanella *f.*, campanello *m.* **Klin|gel|an|la|ge** f. *(-,-n)* s(u)oneria *f.* **Klin|gel|beu|tel** m. *(-s,-)* LIT. borsa *f.* per le offerte. **klin|ge|ling** → **klingling. Klin|gel|knopf** m. *(-[e]s,-knöpfe)* (pulsante *m.* del) campanello *m.* **klin|geln** intr. (aus. *haben*) suonare; *(vom Telefon)* squillare, suonare: ***der Wecker hat nicht geklingelt*** la sveglia non ha suonato; ***nach der Krankenschwester ~*** suonare per chiamare l'infermiera; ***es hat an der Tür geklingelt*** è suonato alla porta ◆ ***jdn aus dem Bett ~*** svegliare qcn. suonando il campanello; FIG. ***es klingelt bei ihm*** gli si è accesa la lampadina; COLLOQ. ***gleich, jetzt hat es geklingelt*** adesso ho proprio perso la pazienza. **Klin|gel|zei|chen** n. *(-s,-)* segnale *m.* acustico; *(Ton einer Klingel)* suono *m.* del campanello. **Klin|gel|zug** m. *(-[e]s,-züge)* tirante *m.* del campanello.
klin|gen intr. *(klang, geklungen;* aus. *haben)* **1a** suonare: ***die Glocken ~*** le campane suonano **b** risuonare: ***ihre Stimmen ~ über den Hof*** le loro voci risuonano attraverso il cortile **c** avere un suono: ***dunkel, schön ~*** avere un suono cupo, un bel suono **2** FIG. *(erscheinen)* suonare: ***ihre Worte ~ wie ein Vorwurf*** le sue parole suonano come (*o* hanno l'aria di) un rimprovero **3** impers. ***es klang, als ob...*** vi fu, si udì un suono (*o* rumore) come se... ◆ ***die Gläser ~ lassen*** toccare i bicchieri, fare cin cin; ***das klingt mir neu*** questa mi giunge nuova; ***die Ohren ~ mir*** mi fischiano le orecchie; ***in jdm eine Saite zum Klingen bringen*** far vibrare una corda in qcn., risvegliare un sentimento in qcn. **klin|gend** p.pres. agg. **1** → **klingen 2** sonante: ***mit -er Münze, -em Spiele*** con moneta sonante, a suon di musica **3** METR. ***-er Reim*** rima femminile (*o* piana). **kling, klang** inter. din don. **Kling|klang** m. *(-[e]s)* tintinnio *m.*; *(von Glocken)* scampanio *m.* **kling|ling** inter. din din.
Kli|nik f. *(-,-en)* **1** clinica *f.*: ***chirurgische, medizinische ~*** clinica chirurgica, medica **2** *(für Medizinstudenten)* lezione *f.* pratica in ospedale. **Kli|ni|ker** m. *(-s,-)* **1** clinico *m.* **2** *(Medizinstudent)* studente *m.* che fa pratica ospedaliera. **Kli|ni|kum** n. *(-s, Klinika* e *Kliniken)* **1** policlinico *m.* **2** *(für Medizinstudenten)* pratica *f.* ospedaliera. **kli|nisch I** agg. clinico: ***-e Symptome*** sintomi clinici **II** avv. clinicamente: ***~ tot sein*** essere clinicamente morto ◆ ***-es Semester*** semestre di pratica ospedaliera.
Klin|ke f. *(-,-n)* **1** maniglia *f.*: ***die ~ herunterdrücken*** abbassare la maniglia **2** TECN. *(Sperrhebel)* nottolino *m.* **3** TEL. presa *f.* ◆ COLLOQ. ***die Leute gaben sich die ~ in die Hand*** era un continuo andirivieni di gente; COLLOQ. ***-n putzen*** vendere porta a porta. **klin|ken** intr. (aus. *haben*) abbassare la maniglia: ***an der Tür ~*** abbassare la maniglia della porta. **Klin|ken|put|zer** m. *(-s,-)* COLLOQ. **1** venditore *m.* porta a porta **2** *(Bettler)* mendicante *m.* che va di casa in casa.
Klin|ker m. *(-s,-)* clinker (*o* clincher) *m.* **Klin|ker|bau** m. *(-[e]s, -ten)* **1** costruzione *f.* in clinker **2** MAR. costruzione *f.* a fasciame sovrapposto. **Klin|ker|boot** n. *(-[e]s,-e)* imbarcazione *f.* a fasciame sovrapposto. **Klin|ker|stein** m. *(-[e]s,-e)* → **Klinker.**
Kli|no|me|ter n. *(-s,-)* clinometro *m.* **Kli|no|mo|bil** n. *(-s,-e)* ambulanza *f.* (attrezzata) per il pronto intervento.
klin|schig agg. REGION. non ben cotto.
Klin|se, Klin|ze f. *(-,-n)* REGION. fessura *f.*
klipp, COLLOQ. ***~ und klar*** chiaro e tondo.
Klipp m. *(-s,-s)* clip *f.* **Klipp|dachs** m. *(-es,-e)* procavia *f.* **Klip|pe** f. *(-,-n)* scoglio *m.* (anche FIG.): ***eine ~ umgehen, überwinden*** aggirare, superare uno scoglio; *(Riff)* scogliera *f.* **Klip|pen|rand** m. *(-[e]s,-ränder)* orlo *m.* (*o* ciglio *m.*) della scogliera. **klip|pen|reich** agg. scoglioso, pieno di scogli. **Klipp|fisch** m. *(-es,-e)* baccalà *m.* **klip|pig** agg. RAR. → **klippenreich.**
klipp, klapp inter. clip, clap.
Klipp|kram m. *(-[e]s)* REGION. cianfrusaglie *f.pl.* **Klipp|schu|le** f. *(-,-n)* REGION. **1** *(Grundschule)* scuola *f.* elementare **2** SPREG. scuola *f.* di basso livello.
Klips m. *(-es,-e)* clip *f.*
klir|ren intr. (aus. *haben*) **1** tintinnare: ***die Gläser ~*** i bicchieri tintinnano **2** cigolare, stridere: ***die Kette klirrt*** la catena cigola **3 *mit etw. ~*** far tintinnare, cigolare qcs. **klir|rend I** p.pres. agg. **1** → **klirren 2** rafforz. *(stark)* tremendo: ***ein -er Frost*** un gelo tremendo **II** avv. molto, tremendamente: ***es war ~ kalt*** faceva tremendamente freddo. **Klirr|fak|tor** m. *(-[e]s,-en)* fattore *m.* di distorsione.
Kli|schee n. *(-s,-s)* **1** TIP. cliché *m.* **2** *(Abklatsch)* cliché *m.*, stereotipo *m.* ◆ ***in -s reden*** parlare per luoghi comuni, per frasi fatte. **kli|schee|haft** agg. stereotipato. **Kli|schee|vor|stel|lung** f. *(-,-en)* cliché *m.* **Kli|schee|wort** n. *(-[e]s,-wörter)* luogo *m.* comune. **kli|schie|ren I** intr. (aus. *haben*) TIP. fare il cliché **II** tr. imitare, copiare. **Kli|scho|graph** m. *(-en,-en)* TIP. macchina *f.* per cliché.
Klis|tier n. *(-s,-e)* clistere *m.* **klis|tie|ren** tr. ***jdn ~*** fare un clistere a qcn. **Klis|tier|sprit|ze** f. *(-,-n)* siringa *f.* per clistere.
kli|to|ral agg. clitorideo. **Kli|to|ris** f. *(-,-* e *Klitorides)* clitoride *f.* e *m.*
klitsch inter. cic: ***~ klatsch*** cic ciac. **Klitsch** m. *(-[e]s,-e)* REGION. **1** *(breiige Masse)* pappa *f.*, poltiglia *f.* **2** COLLOQ. *(nicht aufgegangenes Gebäck)* dolce *m.* colloso **3** *(leichter Schlag)* colpetto *m.* **Klit|sche** f. *(-,-n)* COLLOQ. **1a** *(kleiner Betrieb)* fabbrichetta *f.*, piccola ditta *f.* **b** *(kleiner Bauernhof)* piccolo podere *m.* **2** *(Schmierentheater)* teatrucolo *m.*, teatrino *m.* di provincia. **klit|schen** REGION. **I** tr. schiaffeggiare **II** intr. (aus. *haben*) formare una poltiglia. **klit|sche|nass** → **klitschnass. klit|schig** agg. REGION. sdrucciolevole, liscio. **klitsch|nass** agg. bagnato fradicio, zuppo.
klit|tern tr. **1** *(ein Werk)* rappezzare **2** *(den Sinn entstellen)* alterare, falsare (estrapolando dal contesto) **3a** REGION. *(zerkleinern)* sminuzzare **b** *(schmieren)* scarabocchiare. **Klit|te|rung** f. *(-,-en)* **1** rappezzo *m.* **2** *(zusammengestoppeltes Schriftwerk)* centone *m.*
klit|ze|klein agg. COLLOQ. piccolo piccolo, minuscolo.
Kli|vie f. *(-,-n)* clivia *f.*
Klo n. *(-s,-s)* COLLOQ. gabinetto *m.*, cesso *m.*
Klo|a|ke f. *(-,-n)* cloaca *f.* **Klo|a|ken|tier** n. *(-s,-e)* monotremo *m.*
klob → **klieben.**
Klo|ben m. *(-s,-)* **1a** ceppo *m.* **b** FIG. COLLOQ. *(unhöflicher Mensch)* villano *m.*, cafone *m.* **2** *(Haken)* uncino *m.* **3** *(Schraubstock)* morsa *f.* (da banco) **4** *(Zapfen)* perno *m.* **klo|big** agg. **1** *(von grober Form)* tozzo, massiccio: ***ein -er Tisch*** un tavolo massiccio; ***-e Hände*** mani tozze **2** *(plump)* rozzo, zotico.
Klo|bril|le f. *(-,-n)* COLLOQ. → **Klosettsitz. Klo|bürs|te** f. *(-,-n)* COLLOQ. → **Klosettbürste. Klo|de|ckel** m. *(-s,-)* COLLOQ. coperchio *m.* del gabinetto, del water. **Klo|fens|ter** n. *(-s,-)* COLLOQ. finestra *f.* del gabinetto. **Klo|frau** f. *(-,-en)* COLLOQ. → **Klosettfrau.**
klomm → **klimmen.**
Klon m. *(-s,-e)* clone *m.* **klo|nen** tr. clonare.
klö|nen intr. (aus. *haben*) REGION. chiacchierare piacevolmente.
klo|nie|ren tr. → **klonen. Klo|nie|rung** f. *(-,-en)* clonazione *f.*
klo|nisch agg. clonico. **Klo|nus** m. *(-, Kloni)* clono *m.*
Klo|pa|pier n. *(-s,-e)* COLLOQ. → **Klosettpapier.**
klop|fen I intr. (aus. *haben*) **1a** bussare, picchiare: ***an die, an der Tür ~*** bussare alla porta **b** impers. ***es klopft (an der Tür)*** bussano (alla porta) **2 *mit dem Hammer auf einen Nagel ~*** piantare un chiodo col martello **3** battere, pulsare: ***ihr Herz klopft schnell*** il

cuore le batte forte **4** TECN. *(von Motoren)* battere in testa **II** tr. **1a** battere: ***mit dem Fuß den Takt der Musik ~*** battere il tempo (della musica) con il piede **b** *(mürbe machen)* ***Fleisch ~*** battere la carne **c** *(zum Reinigen)* ***Teppiche ~*** battere i tappeti **2** *(klopfend zerkleinern)* spaccare: ***Steine ~*** spaccare pietre **3** *(klopfend entfernen)* scuotere: ***den Schnee vom Mantel ~*** scuotere la neve dal cappotto **4** piantare: ***einen Nagel in die Wand ~*** piantare un chiodo nel muro ◆ FIG. COLLOQ. ***bei jdm auf den Busch ~*** tastare il polso a qcn., tastare il terreno con qcn.; FIG. ***jdm auf die Finger ~*** dare bacchettate sulle dita a qcn.; ***jdn aus dem Schlaf ~*** svegliare qcn. bussando alla porta; ***jdm auf die Schulter ~*** battere sulla spalla a qcn. **Klop|fen** n. *(-s)* **1** il bussare, il picchiare **2** *(vom Herz)* battito *m.* **3** *(von Teppichen)* battitura *f.* **4** *(von Motoren)* battito *m.* (in testa). **klop|fend** p.pres. agg. **1** → **klopfen 2** palpitante: ***mit -em Herz*** col cuore palpitante. **Klop|fer** m. *(-s,-)* **1** *(Türklopfer)* batacchio *m.*, battacchio *m.* **2** *(Teppichklopfer)* battipanni *m.* **Klopf|fech|ter** m. *(-s,-)* **1** STOR. spadaccino *m.* **2** SPREG. attaccabrighe *m.* (per denaro) **3** SPREG. *(bissiger Publizist)* = pubblicista *m.* polemico. **Klopf|fech|te|rei** f. *(-,-en)* polemica *f.* letteraria. **klopf|fest** agg. antidetonante. **Klopf|fes|tig|keit** f. *(-)* potere *m.* antidetonante. **Klopf|geist** m. *(-[e]s,-er)* spirito *m.* *(o* spiritello *m.)* che batte colpi. **Klopf|kä|fer** m. *(-s,-)* tarlo *m.* **Klopf|sau|ger** m. *(-s,-)* battitappeto *m.* **Klopf|zei|chen** n. *(-s,-)* colpo *m.*, segnale *m.*

Klop|pe pl. REGION. botte *f.pl.*

Klöp|pel m. *(-s,-)* **1** *(von Glocken)* batacchio *m.*, battaglio *m.* **2a** mazzuolo *m.* **b** *(Trommelstab)* bacchetta *f.* **3** *(für Getreide)* correggiato *m.* **4** *(Spule für Klöppelarbeiten)* fusello *m.* **Klöp|pel|ar|beit** f. *(-,-en)* **1** lavoro *m.* al tombolo **2** *(Klöppelei)* pizzo *m.* al tombolo. **Klöp|pe|lei** f. *(-,-en)* pizzo *m.* al tombolo. **Klöp|pel|kis|sen** n. *(-s,-)* tombolo *m.* **klöp|peln** tr. e intr. (aus. *haben*) lavorare al tombolo. **Klöp|pel|na|deln** pl. spilli *m.pl.* a dentello. **Klöp|pel|spit|ze** f. *(-,-n)* pizzo *m.* al tombolo.

klop|pen REGION. **I** tr. battere, picchiare **II** rifl. **sich ~** picchiarsi. **Klop|pe|rei** f. *(-,-en)* **1** il battere, il picchiare continuo **2** *(Prügelei)* botte *f.pl.*

Klöpp|le|rin f. *(-,-nen)* donna *f.* che lavora al tombolo.

Klops m. *(-es,-e)* REGION. polpettina *f.*

Klo|sett n. *(-s,-s* e *-e)* gabinetto *m.*, toilette *f.*; *(Toilettenbecken)* gabinetto *m.*, water *m.* **Klo|sett|be|cken** n. *(-s,-)* tazza *f.* (del gabinetto), water *m.* **Klo|sett|bril|le** f. *(-,-n)* → **Klosettsitz. Klo|sett|bürs|te** f. *(-,-n)* scopino *m.* (del gabinetto). **Klo|sett|frau** f. *(-,-en)* donna *f.* addetta alla pulizia dei gabinetti. **Klo|sett|pa|pier** n. *(-s,-e)* carta *f.* igienica. **Klo|sett|sitz** m. *(-es,-e)* sedile *m.* *(o* asse *m.)* del gabinetto, del water. **Klo|sett|um|ran|dung** f. *(-,-en)* tappetino *m.* intorno al water.

Kloß m. *(-es, Klöße)* **1a** gnocco *m.*: ***Klöße aus Gries*** gnocchi di semolino **b** *(aus Fleisch)* polpetta *f.* **2** *(Klumpen)* grumo *m.*, piccolo ammasso *m.*, pezzo *m.* ◆ COLLOQ. ***einen ~ im Hals haben*** avere un nodo alla gola; ***einen ~ im Munde haben*** masticare le parole. **Kloß|brü|he** f. *(-,-n)* acqua *f.* di cottura degli gnocchi ◆ COLLOQ. ***das ist klar wie ~*** è chiaro come il sole. **Klöß|chen** n. *(-s,-)* gnocchetto *m.*; *(aus Fleisch)* polpettina *f.*

Klos|ter n. *(-s, Klöster)* **1** convento *m.*, monastero *m.*: ***ins ~ gehen*** entrare in convento, farsi monaco; ***das ganze ~*** tutto il convento, tutti i frati, tutte le suore di un convento **2** FAM. EUFEM. *(Toilette)* gabinetto *m.* **Klos|ter|bru|der** m. *(-s,-brüder)* frate *m.* laico. **Klos|ter|frau** f. *(-,-en)* ANT. suora *f.* **Klos|ter|gut** n. *(-[e]s,-güter)* proprietà *f.* conventuale. **Klos|ter|kir|che** f. *(-,-n)* chiesa *f.* di convento. **klös|ter|lich** agg. conventuale, monastico, claustrale. **Klos|ter|re|gel** f. *(-,-n)* regola *f.* monastica. **Klos|ter|schu|le** f. *(-,-n)* scuola *f.* conventuale. **Klos|ter|schwes|ter** f. *(-,-n)* suora *f.* **Klos|ter|zel|le** f. *(-,-n)* cella *f.* di convento.

Klot|hil|de n.pr.f. Clotilde *f.*

Klotz m. *(-es, Klötze* e COLLOQ. *Klötzer)* **1** ceppo *m.*, ciocco *m.* **2** *(Bauklotz)* cubetto *m.* di legno **3** *(grober Mensch)* zoticone *m.*, balordo *m.*, ANT. ceppo *m.* ◆ COLLOQ. ***jdm ein ~ am Bein sein*** essere la palla al piede di qcn.; ***sich mit jdm, etw. einen ~ ans Bein binden, hängen*** mettersi, attaccarsi una palla al piede; ***einen ~ am Bein haben*** avere una palla al piede; ***schlafen wie ein ~*** dormire come un sasso; PROV. ***auf einen groben ~ gehört ein grober Keil*** rendere pan per focaccia. **Klotz|beu|te** f. *(-,-n)* bugno *m.* **Klötz|chen** n. *(-s,-)* cubetto *m.* di legno. **klot|zen** intr. (aus. *haben*) **1a** *(aufwendig ausführen)* allestire pomposamente, non lesinare i mezzi **b** *(wichtigtuerisch auftreten)* darsi delle arie **2** *(schwer arbeiten)* sgobbare, sfacchinare **3** SPORT GERG. entrare pesantemente (sull'avversario). **klot|zig I** agg. **1** massiccio: ***ein -er Schreibtisch*** una scrivania massiccia **2** *(plump)* goffo, pesante **3** COLLOQ. *(enorm)* grandioso **II** avv. rafforz. terribilmente: ***~ reich*** ricco sfondato; ***~ verdienen*** guadagnare un sacco di soldi. **Klotz|kopf** m. *(-es, -köpfe)* COLLOQ. testa *f.* di legno, zuccone *m.* **klotz|köp|fig** agg. COLLOQ. zuccone.

Klub m. *(-s,-s)* **1** club *m.*, circolo *m.*: ***einen ~ gründen*** fondare un club; ***einem ~ beitreten*** entrare in un club; *(Klubhaus)* ***im ~ essen*** mangiare al club **2** *(Clique)* cricca *f.*, compagnia *f.* **Klub|bei|trag** m. *(-[e]s,-beiträge)* quota *f.* associativa (di un club). **klub|ei|gen** agg. del club. **Klub|gar|ni|tur** f. *(-,-en)* poltrone *f.pl.* e divani *m.pl.* ampi e comodi. **Klub|haus** n. *(-[e]s,-häuser)* club *m.*, circolo *m.* **Klub|ja|cke** f. *(-,-n)* giacca *f.* sportiva. **Klub|ses|sel** m. *(-s,-)* poltrona *f.* ampia e comoda. **Klub|zwang** m. *(-[e]s)* AUSTR. obbligo *m.* di appartenenza a un gruppo parlamentare.

1.Kluft f. *(-,-en)* COLLOQ. divisa *f.*, uniforme *f.*

2.Kluft f. *(-, Klüfte)* **1** *(tiefer Riss)* crepa *f.*, fenditura *f.*; *(Abgrund)* crepaccio *m.* **2** FIG. *(scharfer Gegensatz)* abisso *m.*, frattura *f.*, spaccatura *f.*: ***eine ~ überbrücken, überwinden*** colmare un abisso, superare una frattura; ***zwischen ihnen besteht eine unüberwindbare ~*** tra loro c'è un abisso incolmabile. **kluf|tig, klüf|tig** agg. pieno di fenditure, di crepacci.

klug (compar. *klüger*, superl. *klügst...*) **I** agg. **1** intelligente: ***ein -er Mensch*** una persona intelligente; ***-e Augen*** occhi intelligenti; ***er war ~ genug, den Rat zu befolgen*** era abbastanza intelligente da seguire il consiglio **2** *(weise)* saggio, assennato: ***ein -er Rat*** un consiglio saggio; ***ein -es Verhalten*** un comportamento assennato **3** *(schlau)* astuto, furbo: ***ein -er Politiker*** un politico furbo **II** avv. **1** intelligentemente **2** *(weise)* saggiamente, assennatamente: ***~ reden*** parlare saggiamente; COLLOQ. fare il saccente **3** *(schlau)* astutamente ◆ ***aus etw. nicht ~ werden*** non capire nulla di qcs.; ***aus jdm nicht ~ werden*** non riuscire a capire qcn.; ***ein -er Kopf*** un cervellone; COLLOQ. ***nicht recht ~ sein*** essere un po' suonato; ***durch Schaden ~ werden*** imparare a proprie spese; PROV. ***hinterher ist man immer klüger*** del senno di poi son piene le fosse; ***der Klügere gibt nach*** il più saggio cede. **Klü|ge|lei** f. *(-,-en)* l'almanaccare, il cavillare, sofisticheria *f.* **klü|geln** intr. (aus. *haben*) almanaccare, cavillare, sottilizzare. **klu|ger|wei|se** avv. saggiamente. **Klug|heit** f. *(-,-en)* **1** *(Intelligenz)* intelligenza *f.*; *(Vernunft)* senno *m.*, saggezza *f.* **2** pl. IRON. *(kluge Bemerkungen)* spiritosaggini *f.pl.* **Klüg|ler** m. *(-s,-)* cavillatore *m.*, sofista *m.* **klüg|lich** avv. saggiamente, assennatamente. **Klug|red|ner** m. *(-s,-)* COLLOQ. saccente *m.* **klug_schei|ßen** intr. (aus. *haben*) VOLG. sputare sentenze. **Klug|schei|ßer** m. *(-s,-)* VOLG. sputasentenze *m.* **Klug|schwät|zer** m. *(-s,-)* → **Klugredner.**

Klump m. *(-s,-e* e *Klümpe)* REGION. **1** gnocco *m.*, pallottola *f.* di pasta **2** *(Brei)* poltiglia *f.* ◆ ***einen Wagen in, zu ~ fahren*** ridurre una macchina a un ammasso di rottami; ***jdn, etw. zu ~ schlagen, schmeißen, werfen*** distruggere, fare a pezzi qcn., qcs.

Klum|patsch m. *(-[e]s)* **1** cumulo *m.*, ammasso *m.* **b** *(wertloses Zeug)* robaccia *f.*, ciarpame *m.*

Klümp|chen n. *(-s,-)* **1** grumetto *m.*, grumettino *m.* **2** GEOL. nodulo *m.* **klum|pen** intr. (aus. *haben*) **1** raggrumarsi, fare grumi: ***das Mehl hat geklumpt*** la farina si è raggrumata **2** *(in Klumpen hängen bleiben)* attaccarsi, restare attaccato (a grumi o a pezzi): ***der Schlamm klumpt an den Stiefeln:*** il fango resta attaccato agli stivali. **Klum|pen** m. *(-s,-)* **1a** (piccolo) ammasso *m.*; *(Stück)* pezzo *m.*: ***ein ~ Butter*** un pezzo *(o* una noce) di burro **b** grumo *m.*: ***ein ~ Mehl*** un grumo di farina; ***~ bilden*** formare grumi, raggrumarsi **c** *(Goldklumpen)* massello *m.*, pezzo *m.* d'oro **2** REGION. *(Holzschuh)* zoccolo *m.*

klüm|pe|rig agg. REGION. che forma grumi, grumoso.

Klump|fuß m. *(-es,-füße)* MED. piede *m.* varo.

klum|pig agg. **1** grumoso, pieno di grumi **2** *(unförmig)* informe.

klümp|rig → **klümperig.**

Klün|gel m. *(-s,-)* **1** SPREG. combriccola *f.*, cricca *f.* **2** REGION. *(traubiger Blütenstand)* grappolo *m.* **Klün|ge|lei** f. *(-,-en)* **1** clientelismo *m.* **2** REGION. *(langsames Arbeiten)* cincischiamento *m.* **klün|geln** intr. (aus. *haben*) **1** COLLOQ. fare lega, fare combutta **2** REGION. *(trödeln)* trastullarsi, cincischiare. **Klün|gel|wirt|schaft** f. *(-)* clientelismo *m.*

Klu|ni|a|zen|ser m. *(-s,-)* (monaco *m.*) cluniacense *m.* **klu|ni|a|zen|sisch** agg. cluniacense.

Klun|ker m. *(-s,-)* **1a** nappa *f.*, pendaglio *m.* **b** *(auffälliges Schmuckstück)* gioiello *m.* vistoso **2** *(Klümpchen)* grumetto *m.*, grumettino *m.* **klun|ke|rig, klunk|rig** agg. REGION. **1** munito di nappe, pendagli **2** *(klumpig)* grumoso.

Klun|se → **Klinse.**

Klup|pe f. *(-,-n)* **1** calibro *m.* (a corsoio) **2** REGION. pinza *f.* da bucato. **klup|pen** tr. ANT. spingere, comprimere.

Klus f. *(-,-en)* SVIZZ. gola *f.*, chiusa *f.*
Klü|se f. *(-,-n)* (occhio *m.* di) cubia *f.*
Klu|sil m. *(-s,-e)* LING. (consonante *f.*) occlusiva *f.*
Klut m. *(-s,-en* e *Klüten)*, **Klü|ten** m. *(-s,-)* REGION. **1** zolla *f.* **2** *(Kloß)* gnocco *m.* **3** *(Klümpchen)* grumetto *m.* **klü|te|rig** → **klumpig. klü|tern** intr. (aus. *haben*) REGION. fare lavoretti, lavoricchiare. **klüt|rig** → **klumpig.**
Klü|ver m. *(-s,-)* MAR. fiocco *m.* **Klü|ver|baum** m. *(-[e]s,-bäume)* MAR. asta *f.* di fiocco.
Klys|ma n. *(-s, Klismen)* clisma *m.*, clistere *m.*
k. M. ⇒ *künftigen Monats* del mese prossimo.
km/h, km/st ⇒ *Kilometer je Stunde* chilometro orario (km/h).
kn ⇒ MAR. *Knoten* nodo.
knab|bern I tr. **1** sgranocchiare: ***Kekse, Erdnüsse ~*** sgranocchiare biscotti, noccioline **2** rosicchiare: ***Fingernägel ~*** rosicchiarsi le unghie **II** intr. (aus. *haben*) ***an etw. (D) ~*** rosicchiare qcs. ◆ ***etw. zum Knabbern holen*** portare qcs. da sgranocchiare; ***an etw. (D) noch lange zu ~ haben*** avere ancora molto da penare per qcs.; ***nichts mehr zu ~ haben*** non avere più niente da mettere sotto i denti.
Kna|be m. *(-n,-n)* **1** ragazzo *m.*, fanciullo *m.* **2** COLLOQ. *(Bursche)* tipo *m.*, ragazzo *m.*: ***ein alter, tüchtiger ~ sein*** essere vecchio, essere un tipo in gamba; ***alter ~!*** vecchio mio! **Kna|ben|alt** m. *(-s)* voce *f.* bianca di contralto. **Kna|ben|al|ter** n. *(-s)* fanciullezza *f.* **Kna|ben|chor** m. *(-[e]s,-chöre)* coro *m.* di voci bianche. **kna|ben|haft I** agg. **1** dall'aspetto (*o* dalle sembianze) di un ragazzino, di un fanciullo **2** *(für einen Knaben charakteristisch)* di *o* da ragazzino, ANT. fanciullesco: ***eine -e Gestalt*** una figura da ragazzino **II** avv. ***~ wirken*** sembrare (*o* avere l'aspetto di) un ragazzino, di un fanciullo. **Kna|ben|haf|tig|keit** f. *(-)* aspetto *m.* (*o* sembianze *f.pl.*) di fanciullo. **Kna|ben|kraut** n. *(-[e]s,-kräuter)* orchide *f.* **Kna|ben|sop|ran** m. *(-s,-e)* voce *f.* bianca di soprano. **Kna|ben|stim|me** f. *(-,-n)* voce *f.* bianca.
Knäb|lein n. *(-s,-)* ragazzino *m.*, ANT. fanciullino *m.*
knack → **knacks. Knack** m. *(-[e]s,-e)* scricchiolio *m.*; crac *m.*
Knä|cke|brot n. *(-[e]s)* INTRAD. (pane croccante a fette).
kna|cken I intr. (aus. *haben*) **1a** scricchiolare: ***der Boden, die Treppe knackt unter den Schritten*** il pavimento, la scala scricchiola sotto i piedi; ***die Knochen ~*** le ossa scricchiolano **b** *(von Radio, Telefon)* gracchiare **2** COLLOQ. *(schlafen)* dormire **3** COLLOQ. *(zerbrechen;* aus. *sein)* rompersi, spezzarsi (rumorosamente): ***der Ast ist geknackt*** il ramo si è rotto **II** tr. **1** schiacciare: ***Nüsse ~*** schiacciare noci; COLLOQ. ***Läuse ~*** schiacciare pidocchi **2a** COLLOQ. scassinare, forzare: ***ein Auto, einen Tresor ~*** scassinare un'auto, una cassaforte **b** FIG. ***eine Organisation, ein Rätsel ~*** sgominare un'organizzazione, risolvere un indovinello ◆ ***an etw. (D) zu ~ haben*** avere un bel daffare con qcs.; ***jdm eine harte Nuss zu ~ geben*** dare filo da torcere a qcn.; ***einen Panzer ~*** far saltare un carro armato. **kna|ckend** p.pres. agg. **1** → **knacken 2** COLLOQ. molto; *(übermäßig)* all'eccesso, eccessivamente: ***~ voll*** pieno zeppo. **Kna|cker** m. *(-s,-)* **1** → **Knackwurst 2** COLLOQ. scassinatore *m.* ◆ ***ein alter ~*** un vecchio decrepito.
knack|frisch agg. COLLOQ. fresco e croccante.
Kna|cki m. *(-s,-s)* COLLOQ. detenuto *m.*, carcerato *m.*
kna|ckig COLLOQ. **I** agg. **1** croccante: ***ein -er Apfel*** una mela croccante **2** *(erotisch anziehend)* attraente, sexy **3** *(vortrefflich)* buono, eccellente, perfetto: ***eine -e Ausdrucksweise*** un modo di esprimersi perfetto **II** avv. rafforz. molto, tanto: ***es ist ~ kalt*** fa molto freddo.
Knack|laut m. *(-[e]s,-e)* **1** scricchiolio *m.* **2** FON. colpo *m.* di glottide. **Knack|man|del** f. *(-,-n)* mandorla *f.* (in guscio). **Knack|punkt** m. *(-[e]s,-e)* COLLOQ. punto *m.* (cruciale, decisivo).
knacks inter. crac.
Knacks m. *(-es,-e)* COLLOQ. **1** → **Knack 2** *(Riss)* crepa *f.*, incrinatura *f.* **3** *(Schaden)* danno *m.*, lesione *f.*: ***einen ~ abbekommen*** riportare una lesione **4** *(psychischer Schaden)* shock *m.*, choc *m.* ◆ ***die hat einen ~*** quella è picchiata.
knack|sen intr. **1** (aus. *haben*) scricchiolare; *(von Radio, Telefon)* gracchiare **2** (aus. *sein*) rompersi.
Knack|wurst f. *(-,-würste)* salsicciotto *m.*, salamino *m.*
Knag|ge f. *(-,-n)*, **Knag|gen** m. *(-s,-)* **1** EDIL. beccatello *m.* **2a** MECC. dente *m.* (di trascinamento) **b** *(Spannbacke)* morsetto *m.*, brida *f.*
Knäk|en|te f. *(-,-n)* marzaiola *f.*
Knall m. *(-[e]s,-e)* **1a** schianto *m.*: ***die Tür fiel mit einem ~ ins Schloss*** la porta si chiuse di schianto (*o* sbatté) **b** *(von Schüssen, Explosionen)* scoppio *m.*, detonazione *f.*, colpo *m.*, botto *m.* **c** *(vom Donner)* rombo *m.*, fragore *m.* **d** *(von Flugzeugen)* bang *m.* (sonico) **e** *(von Peitschen)* schiocco *m.* **2a** FIG. disastro *m.*, patatrac *m.*: ***die Ehe endete mit einem ~*** il matrimonio finì in un disastro **b** *(Skandal)* scandalo *m.*, scalpore *m.* ◆ ***(auf) ~ und Fall*** di colpo, di botto; ***einen ~ haben*** essere tocco (*o* picchiato). **knall|bunt** agg. COLLOQ. chiassoso, vistoso, sgargiante. **Knall|ef|fekt** m. *(-[e]s,-e)* COLLOQ. colpo *m.* d'effetto (*o* ad effetto); effetto *m.* a sorpresa; *(Überraschung)* colpo *m.* di scena: ***die Aufführung endete mit einem ~*** lo spettacolo terminò con un colpo di scena.
knal|len I intr. (aus. *haben*) **1a** fare un botto, rimbombare: ***die Schüsse, die Sektkorken ~*** gli spari rimbombano, i tappi dello spumante saltano (con fragore) **b** *(von Türen)* sbattere **c** *(von Peitschen)* schioccare **2** FIG. impers. ***zu Hause hat es mal wieder geknallt*** a casa è scoppiata di nuovo una lite **3** ***mit etw. ~*** (s)battere qcs.; ***mit der Peitsche ~*** schioccare la frusta **4** COLLOQ. *(schießen)* sparare **5** COLLOQ. *(von der Sonne)* picchiare, bruciare **6** COLLOQ. *(in die Augen stechen)* ***(in die Augen) ~*** dare nell'occhio, colpire **7** COLLOQ. *(prallen;* aus. *sein)* (andare a) sbattere **8** COLLOQ. *(platzen;* aus. *sein)* scoppiare, esplodere **II** tr. **1** sbattere, buttare: ***etw. auf den Tisch ~*** sbattere qcs. sul tavolo **2** *(schießen)* tirare: ***den Ball ins Tor ~*** tirare la palla in rete **III** rifl. ***sich aufs Bett, in den Sessel ~*** buttarsi sul letto, sulla poltrona ◆ ***jdm die Faust ins Gesicht ~*** dare un pugno in faccia a qcn.; ***jdm eine ~*** dare un ceffone a qcn.; ***irgendwo hat es geknallt*** da qualche parte hanno battuto, c'è stato un incidente. **Knal|ler** m. *(-s,-)* COLLOQ. **1** pistola *f.* **2** *(Knallkörper)* petardo *m.*
Knall|erb|se f. *(-,-n)* castagnola *f.*, petardo *m.*
Knal|le|rei f. *(-,-en)* **1** botti *m.pl.* (continui), rimbombi *m.pl.* (continui); *(von Türen)* continuo sbattere; *(von Peitschen)* continuo schioccare **2** *(dauerndes Schießen)* spari *m.pl.* (continui).
Knall|gas n. *(-es,-e)* miscela *f.* tonante. **knall|hart** COLLOQ. **I** agg. **1** durissimo, molto duro: ***ein -er Job*** un lavoro durissimo **2** *(brutal)* brutale, molto duro: ***ein -er Bursche*** un duro; ***eine -e Antwort, Werbung*** una risposta, una pubblicità brutale (*o* molto forte); ***ein -er Thriller*** un giallo violento **3** SPORT *(besonders kraftvoll)* molto potente: ***ein -er Aufschlag*** un servizio molto potente **II** avv. **1** molto duramente, in modo molto duro; *(brutal)* brutalmente: ***~ fragen*** chiedere brutalmente **2** SPORT ***~ einschießen*** tirare violentemente in porta. **knall|heiß** agg. COLLOQ. caldissimo, tremendamente caldo.
knal|lig COLLOQ. **I** agg. **1** chiassoso: ***eine -e Farbe, Musik*** un colore chiassoso (*o* molto acceso), una musica chiassosa **2** *(sehr eng anliegend)* molto aderente, aderentissimo **3** *(heftig)* (molto) forte, di grande effetto: ***eine -e Szene*** una scena di grande effetto **II** avv. rafforz. moltissimo, tremendamente.
Knall|kopf m. *(-[e]s,-köpfe)*, **Knall|kopp** m. *(-[e]s,-köppe)* stupido *m.*, babbeo *m.*; *(verrückter Kerl)* matto *m.* **Knall|kör|per** m. *(-s,-)* petardo *m.*: ***einen ~ explodieren lassen*** far scoppiare un petardo. **knall|rot** agg. rosso fuoco: ***er lief ~ an*** avvampò, arrossì. **knall|voll** agg. COLLOQ. **1** pienissimo, pieno zeppo **2** *(völlig betrunken)* ubriaco fradicio.
knapp I agg. **1** scarso, misero, esiguo: ***-e Gehälter, Portionen*** stipendi miseri, porzioni scarse **2** *(wenig)* poco: ***in -en Worten*** in poche parole; ***mein Geld, meine Zeit ist ~*** ho poco denaro, tempo **3** *(nicht ganz)* scarso: ***zwei -e Liter Wein*** due litri scarsi di vino **4** *(schwach)* debole, appena sufficiente, (ri)stretto; ***eine -e Mehrheit*** una ristretta maggioranza; ***ein -er Sieg*** una vittoria di (stretta) misura **5** *(bündig)* stringato, conciso: ***eine -e Erzählung*** un racconto stringato; *(kurz)* breve **6** *(eng)* stretto, piccolo **II** avv. **1** appena, a mala pena: ***~ befriedigend*** appena sufficiente **2** *(etwas weniger)* poco meno, sì e no, a malapena: ***es dauert ~ 10 Minuten*** ci vogliono sì e no 10 minuti; ***sie wird ~ 20 Jahre alt sein*** avrà sì e no 20 anni **3a** *(vor Präpositionen)* poco, appena: ***der Rock endet ~ über dem Knie*** la gonna arriva poco sopra il ginocchio; ***~ vor 7 Uhr*** poco prima delle 7; ***~ hinter jdm*** subito dopo qcn. **b** ***~ an*** molto vicino, vicinissimo: ***der Lastwagen fuhr ganz ~ an ihm vorbei*** il camion gli passò molto vicino (*o* quasi lo sfiorò) ◆ ***jdn im Essen, mit Geld ~ halten*** tenere qcn. a corto di cibo, di denaro, tenere qcn. a stecchetto; ***eine Ware künstlich ~ halten*** far scarseggiare intenzionalmente una merce; ***~ bei Kasse sein*** essere a corto di soldi; ***mit Geld, Zeit ~ sein*** avere poco denaro, tempo; ***mit -er Not*** a malapena, a stento; ***vor einer -en Stunde, vor ~ einer Stunde*** appena un'ora fa; ***~ werden*** cominciare a scarseggiare (*o* a mancare); ***nicht zu ~*** non troppo poco, non scarso.
Knap|pe m. *(-n,-n)* **1** STOR. paggio *m.*; *(Schildknappe)* scudiero *m.* **2** MIN. minatore *m.*
knap|pern REGION. → **knabbern.**
Knapp|hal|tung f. *(-)* il tenere a stecchetto. **Knapp|heit** f. *(-,-en)* **1** scarsità *f.*, scarsezza *f.*: ***~ an Geld, Rohstoffen*** scarsezza di denaro, di materie prime; *(Mangel)* mancanza *f.*, penuria *f.* **2** *(Gedrängt-*

heit) stringatezza *f.*, concisione *f.*; *(Kürze)* brevità *f.*
Knapp|sack m. *(-[e]s,-säcke)* ANT. sacca *f.*, bisaccia *f.*
Knapp|schaft f. *(-,-en)* MIN. **1** minatori *m.pl.* **2** *(Organisation der Knappen)* corporazione *f.* di minatori, maestranze *f.pl.* di una miniera. **Knapp|schafts|kas|se** f. *(-,-n)* cassa *f.* di previdenza dei minatori. **Knapp|schafts|ren|te** f. *(-,-n)* pensione *f.* di vecchiaia per minatori. **Knapp|schafts|ver|si|che|rung** f. *(-,-en)* → **Knappschaftskasse.**
knaps → **knips.**
knap|sen intr. (aus. *haben*) COLLOQ. tirare la cinghia; ***mit etw. ~*** risparmiare su qcs.
Knar|re f. *(-,-n)* **1** raganella *f.* **2** MIL. GERG. fucile *m.* **knar|ren** intr. (aus. *haben*) scricchiolare.
knar|zen intr. (aus. *haben*) REGION. **1** → **knarren 2** *(quengeln)* piagnucolare.
1.Knast m. *(-[e]s, Knäste)* REGION. **1** *(knorriges Aststück)* pezzo *m.* di ramo nodoso **2** *(dickes Stück Brot)* grossa fetta *f.* di pane **3** COLLOQ. *(Buckel)* gobba *f.* **4** COLLOQ. *(alter Mann)* vecchio *m.*
2.Knast m. *(-[e]s, Knäste* e *-e)* **1** *(Haftstrafe)* arresto *m.* **2** COLLOQ. *(Gefängnis)* carcere *m.*, gattabuia *f.*: ***im ~ sitzen*** essere in carcere; ***in den ~ wandern*** finire in gattabuia ◆ COLLOQ. ***~ schieben*** scontare una pena; COLLOQ. ***schwerer ~*** ergastolo. **Knast|bru|der** m. *(-s,-brüder)* COLLOQ. avanzo *m.* di galera.
1.Knas|ter m. *(-s,-)* REGION. SPREG. brontolone *m.*
2.Knas|ter m. *(-s,-)* **1** ANT. *(guter Tabak)* tabacco *m.* buono **2** COLLOQ. SPREG. *(schlechter Tabak)* tabacco *m.* scadente. **Knas|te|rer** → **1. Knaster. knas|tern** intr. (aus. *haben*) brontolare. **Knas|ti** m. *(-s,-s)* GERG. carcerato *m.* **Knast|rer** → **1. Knaster. Knast|zei|tung** f. *(-,-en)* COLLOQ. giornale *m.* del carcere.
Knatsch m. *(-[e]s)* REGION. **1** lite *f.*: ***die beiden haben ~ miteinander*** quei due sono in rotta **2** guai *m.pl.*: ***das wird einen schönen ~ geben*** saranno guai. **knat|schen** intr. (aus. *haben*) **1** *(nörgeln)* piagnucolare **2** *(schmatzen)* far schioccare le labbra. **knat|schig, knät|schig** agg. REGION. *(weinerlich)* piagnucoloso; *(mürrisch)* brontolone.
knat|tern intr. **1** (aus. *haben*) crepitare, scoppiettare **2** *(von Fahnen)* sventolare, garrire **3** (aus. *sein*) scoppiettare: ***das Motorrad knatterte davon*** la motocicletta si allontanò scoppiettando. **Knat|tern** n. *(-s)* crepitio *m.*
Knäu|el m. e n. *(-s,-)* **1a** gomitolo *m.*: ***ein ~ Wolle*** un gomitolo di lana **b** *(von Papier)* pallottola *f.* **2** *(Durcheinander)* groviglio *m.*, intrico *m.*: ***sich zu einem ~ ballen*** aggrovigliarsi **3** FIG. assembramento *m.*: ***ein ~ von Menschen*** un assembramento di persone. **Knäu|el|gras** n. *(-es,-gräser)* pannocchina *f.*, erba *f.* mazzolina. **knäu|eln I** tr. aggomitolare; *(Papier)* appallottolare **II** rifl. **sich ~ 1** aggrovigliarsi **2** *(vom Verkehr)* ingorgarsi.
Knauf m. *(-[e]s, Knäufe)* **1** pomo *m.*, pomello *m.* **2** ARCH. capitello *m.*
Knaul m. e n. *(-s,-e* e *Knäule)* REGION. → **Knäuel. Knaul|gras** → **Knäuelgras.**
Knau|pe|lei f. *(-,-en)* REGION. lavoro *m.* minuzioso (*o* da certosino). **knau|pe|lig** → **knauplig. Knau|pel|kno|chen** m. *(-s,-)* osso *m.* da rosicchiare. **knau|peln** intr. (aus. *haben*) **1a *an etw. (D) ~*** rosicchiare qcs.: ***an den Fingernägeln ~*** rosicchiarsi le unghie **b** FIG. ***an etw. (D) ~*** rodersi per qcs. **2** armeggiare, trafficare: ***er musste lange ~, um den Knoten zu lösen*** dovette trafficare molto per sciogliere il nodo. **knaup|lig** agg. REGION. difficile, difficoltoso.
Knau|ser m. *(-s,-)* COLLOQ. SPREG. spilorcio *m.*, taccagno *m.* **Knau|se|rei** f. *(-,-en)* COLLOQ. SPREG. spilorceria *f.*, taccagneria *f.* **knau|se|rig** agg. COLLOQ. SPREG. spilorcio, taccagno. **Knau|se|rig|keit** f. *(-,-en)* → **Knauserei. knau|sern** intr. (aus. *haben*) fare lo spilorcio, essere (uno) spilorcio; ***mit etw. ~*** lesinare su qcs. **knaus|rig** → **knauserig. Knaus|rig|keit** f. *(-,-en)* → **Knauserei.**
knaut|schen COLLOQ. **I** tr. (s)gualcire, stropicciare **II** intr. (aus. *haben*) (s)gualcirsi, stropicciarsi. **Knautsch|fal|te** f. *(-,-n)* spiegazzatura *f.*, (s)gualcitura *f.* **knaut|schig** agg. COLLOQ. che si (s)gualcisce facilmente. **Knautsch|zo|ne** f. *(-,-n)* AUT. zona *f.* accartocciabile.
Kne|bel m. *(-s,-)* **1a** bavaglio *m.* **b** *(für Pferde)* mordacchia *f.* **2** *(Querholz)* traversa *f.* **Kne|bel|bart** m. *(-[e]s,-bärte)* pizzo *m.* **kne|beln** tr. **1** imbavagliare (anche FIG.): ***die Regierung versuchte, die Presse zu ~*** il governo tentò di imbavagliare la stampa **2** ANT. *(festbinden)* legare. **Kne|be|lung,** RAR. **Kneb|lung** f. *(-,-en)* imbavagliamento *m.*
Knecht m. *(-[e]s,-e)* **1** ANT. servo *m.*; *(Diener)* servitore *m.*: ***Herr und ~*** signore e servo **2** *(Gehilfe)* aiutante *m.*, garzone *m.* **knech|ten** tr. asservire, assoggettare. **knech|tisch** agg. SPREG. sottomesso, servile. **Knechts|ar|beit** f. *(-,-en)* SPREG. lavoro *m.* da servi (*o* da schiavi). **Knechts|ge|stalt** f. *(-,-en)* aspetto *m.* (*o* sembianze *f.pl.*) da servo. **Knech|tung** f. *(-,-en)* asservimento *m.*, assoggettamento *m.*
Kneif m. *(-[e]s,-e)* ANT. o REGION. **1** *(Schustermesser)* trincetto *m.* **2** *(Gärtnermesser)* coltello *m.* per la potatura, potatoio *m.* **3** *(Sattlermesser)* coltello *m.* da sellaio. **knei|fen** *(kniff, gekniffen)* **I** tr. **1** ***jdn ~*** pizzicare qcn., dare pizzicotti a qcn.: ***jdn in den Arm ~*** pizzicare qcn. sul braccio **2** COLLOQ. ANT. ***jdn ~*** fare male a qcn.: ***der Bauch kneift sie*** le fa male la pancia **3** RAR. *(zusammenpressen)* chiudere, serrare **II** intr. (aus. *haben*) **1** stringere: ***der Rockbund kneift*** il cinturino della gonna stringe **2** ***vor jdm, etw. ~*** darsela a gambe, evitare (*o* scansare) qcn., qcs. **Knei|fer** m. *(-s,-)* pince-nez *m.* **Kneif|zan|ge** f. *(-,-n)* tenaglia *f.*
Kneip → **Kneif.**
Knei|pe f. *(-,-n)* **1** osteria *f.*; *(Bierkneipe)* birreria *f.*: ***in einer ~ hängen bleiben*** restare a ciondolare in osteria **2a** ANT. UNIV. riunione *f.* (studentesca) in osteria **b** *(Veranstaltungsraum)* ritrovo *m.*, locale *m.*
1.knei|pen *(knipp/kneipte, geknippen/gekneipt)* REGION. → **kneifen.**
2.knei|pen intr. (aus. *haben*) COLLOQ. **1a** stare all'osteria, andare all'osteria **b** *(trinken)* sbevazzare **2** ANT. partecipare ad una riunione studentesca in osteria. **Knei|pen|wirt** m. *(-[e]s,-e)* oste *m.* **Knei|pe|rei** f. *(-,-en)* COLLOQ. SPREG. sbevazzata *f.* **Knei|pi|er** [-'pie:] m. *(-s,-s)* COLLOQ. oste *m.*
kneip|pen intr. (aus. *haben*) fare una cura idroterapica, la cura di Kneipp. **Kneipp|kur** f. *(-,-en)* cura *f.* (idroterapica) di Kneipp.
Knet m. *(-s)* REGION. plastilina *f.* **knet|bar** agg. **1** modellabile, plasmabile **2** *(von Teig)* lavorabile. **Kne|te** f. *(-)* COLLOQ. **1** plastilina *f.* **2** *(Geld)* denaro *m.* **kne|ten** tr. **1** *(Teig)* lavorare, impastare **2** massaggiare: ***die Muskeln ~*** massaggiare i muscoli **3** plasmare, modellare: ***Figuren aus Plastilin ~*** modellare figure di plastilina. **Knet|ma|schi|ne** f. *(-,-n)* impastatrice *f.* **Knet|mas|se** f. *(-,-n)* plastilina *f.* **Knet|mes|ser** n. *(-s,-)* spatola *f.* **Knet|trog** m. *(-[e]s,-tröge)* madia *f.*
knib|beln tr. REGION. districare, sbrogliare (con le dita).
Knick m. *(-[e]s,-e* e *-s)* **1a** *(scharfe Biegung)* gomito *m.*, piegatura *f.* **b** *(von Straßen)* curva *f.* a gomito **2** piega *f.*: ***dieses Kleid bekommt leicht -e*** questo vestito si stropiccia facilmente **3** *(von Eiern)* ammaccatura *f.* **4** REGION. *(Erdwall mit Hecken)* terrapieno *m.* con siepi ◆ COLLOQ. SCHERZ. ***einen ~ im Auge (in der Linse, in der Optik, in der Pupille) haben*** = essere strabico; *(nicht richtig sehen)* vedere (*o* vederci) male. **Knick|ei** n. *(-[e]s,-er)* uovo *m.* ammaccato. **kni|cken I** tr. **1a** *(brechen)* spezzare: ***Blumenstengel ~*** spezzare i gambi dei fiori **b** FIG. distruggere, spezzare: ***jds Hoffnungen, Hochmut ~*** distruggere le speranze, spezzare l'orgoglio di qcn. **2a** *(falten)* piegare **b** spiegazzare: ***Buchseiten ~*** spiegazzare le (*o* fare le orecchie alle) pagine del libro **3** COLLOQ. schiacciare: ***einen Floh ~*** schiacciare una pulce **II** intr. (aus. *sein*) piegarsi: ***in die Knie ~*** piegarsi sulle ginocchia; ***die Bäume knickten wie Streichhölzer*** gli alberi si piegarono come ramoscelli; ***im Hagel knickten viele Sträucher*** con la grandine si piegarono molti arbusti.
1.Kni|cker m. *(-s,-)* COLLOQ. avaro *m.*, spilorcio *m.*, taccagno *m.*
2.Kni|cker m. *(-s,-)* coltello *m.* da caccia.
3.Kni|cker m. *(-s,-)* bilia *f.*
Kni|cker|bo|cker(s) pl. pantaloni *m.pl.* (*o* calzoni *m.pl.*) alla zuava. **Kni|cke|rei** f. *(-,-en)* COLLOQ. SPREG. spilorceria *f.*, taccagneria *f.* **kni|cke|rig** agg. COLLOQ. SPREG. spilorcio, taccagno. **Kni|cke|rig|keit** f. *(-,-en)* → **Knickerei. kni|ckern** intr. (aus. *haben*) fare lo spilorcio, essere spilorcio. **Knick|fuß** m. *(-es,-füße)* MED. piede *m.* valgo con adduzione. **knick|rig** → **knickerig. Knick|rig|keit** f. *(-,-en)* → **Knickerei.**
knicks inter. cric.
Knicks m. *(-es,-e)* inchino *m.* **knick|sen** intr. (aus. *haben*) inchinarsi, fare un inchino: ***tief ~*** fare un profondo inchino.
Kni|ckung f. *(-,-en)* **1** *(Knick)* piegatura *f.*, gomito *m.* **2** *(Brechung)* spezzatura *f.*
Knie n. *(-s,-)* **1** ginocchio *m.*: ***auf den -n danken, sich vor jdm auf die ~ werfen*** ringraziare in ginocchio, gettarsi in ginocchio di fronte a qcn.; ***mit schlotternden -n*** con ginocchia tremanti; ***die Hose ist an den -n abgenutzt*** i pantaloni sono consumati alle ginocchia; ***der Rock reicht bis zum ~*** la gonna arriva fino al ginocchio; ***bis an die ~ im Schlamm stehen*** stare nel fango fino alle ginocchia; ***die ~ anziehen, beugen, durchdrücken*** stringere, piegare, stendere le ginocchia **2** *(Flussbiegung)* ansa *f.* **3** TECN. *(Kniestück)* curva *f.*, gomito *m.* ◆ ***auf das, die ~ fallen*** inginocchiarsi; ***auf den -n liegen*** stare in ginocchio; COLLOQ. ***etw. übers ~ brechen*** fare qcs. in fretta e furia; ***in die ~ brechen (fallen), gehen*** cadere, mettersi in

ginocchio; FIG. darsi per vinto; FIG. ***jdn in die ~ zwingen*** mettere in ginocchio qcn.; ***jdn übers ~ legen*** sculacciare qcn.; COLLOQ. ***weiche ~ haben*** = avere le gambe che tremano (dalla paura). **Knie|bank** f. *(-,-bänke)* inginocchiatoio *m.* **Knie|beu|ge** f. *(-,-n)* GINN. piegamento *m.* (*o* flessione *f.*) sulle gambe ◆ ***in die ~ gehen*** inginocchiarsi. **Knie|bre|che** f. *(-,-n)* REGION. sentiero *m.* ripido, FAM. sentiero *m.* che spezza le gambe. **Knie|bund** m. *(-[e]s,-bünde)* cinturino *m.* sotto il ginocchio. **Knie|bund|ho|se** f. *(-,-n)* pantaloni *m.pl.* (*o* calzoni *m.pl.*) alla zuava. **Knie|fall** m. *(-[e]s)* genuflessione *f.*: ***einen ~ vor jdm tun, machen*** fare una genuflessione (*o* genuflettersi) davanti a qcn. **knie|fäl|lig** avv. in ginocchio: ***jdn ~ um etw. bitten*** chiedere in ginocchio qcs. a qcn. ◆ ANT. ***~ werden*** genuflettersi. **knie|frei** agg. sopra al ginocchio: ***ein -es Kleid*** un vestito sopra al ginocchio. **Knie|gei|ge** f. *(-,-n)* viola *f.* da gamba. **Knie|ge|lenk** n. *(-s,-e)* **1** articolazione *f.* del ginocchio **2** TECN. giunto *m.* a ginocchiera. **Knie|hang** m. *(-[e]s,-hänge)* GINN. sospensione *f.* poplitea. **Knie|he|bel** m. *(-s,-)* **1** MUS. *(am Harmonium)* ginocchiera *f.* **2** TECN. leva *f.* articolata. **knie|hoch** agg. alto fino alle ginocchia. **Knie|holz** n. *(-es)* vegetazione *f.* arbustiva. **Knie|ho|se** f. *(-,-n)* bermuda *m.pl.* **Knie|keh|le** f. *(-,-n)* poplite *m.* **Knie|la|ge** f. *(-,-n)* presentazione *f.* podalica. **knie|lang** agg. lungo fino alle ginocchia. **Knie|le|der** n. *(-s,-)* **1** SPORT *(Knieschützer)* ginocchiera *f.* **2** *(für Pferde)* ginocchiello *m.* **knie|lings** avv. RAR. in ginocchio. **knien I** intr. (aus. *haben*, REGION. *sein*) **1** stare in ginocchio, essere inginocchiato **II** rifl. **sich ~ 1** inginocchiarsi **2** COLLOQ. ***sich in etw. (A) ~*** impegnarsi a fondo in qcs. **Knie|rie|men** m. *(-s,-)* pedale *m.* (del calzolaio). **Knie|rohr** n. *(-[e]s,-e)* tubo *m.* a gomito, gomito *m.*

Knies m. *(-es)* COLLOQ. **1** sporcizia *f.*, sudiciume *m.* **2** *(Streit)* contrasto *m.*, litigio *m.*

Knie|schei|be f. *(-,-n)* rotula *f.*, patella *f.* **Knie|scho|ner** m. *(-s,-)* SPORT salvaginocchia *m.* **Knie|schüt|zer** m. *(-s,-)* SPORT ginocchiera *f.* **Knie|seh|nen|re|flex** m. *(-es,-e)* MED. riflesso *m.* patellare. **Knie|stock** m. *(-[e]s,-stöcke)* soffitta *f.* **Knie|strumpf** m. *(-[e]s,-strümpfe)* calzettone *m.*, gambaletto *m.* **Knie|stück** n. *(-[e]s,-e)* → **Knierohr. knie|tief** agg. che arriva fino alle ginocchia.

kniet|schen REGION. **I** tr. schiacciare **II** intr. (aus. *haben*) piagnucolare.

Kniff m. *(-[e]s,-e)* **1** *(Kneifen)* pizzicotto *m.* **2** *(Falte)* piega *f.* **3** COLLOQ. trucco *m.*, astuzia *f.*: ***alle -e kennen*** conoscere tutti i trucchi; ***den ~ heraushaben*** conoscere il trucco. **Knif|fe|lei** f. *(-,-en)* COLLOQ. lavoro *m.* che richiede abilità, destrezza. **knif|fe|lig** → **knifflig. knif|fen** tr. piegare. **kniff|lig** agg. **1** *(schwierig)* difficile, complicato **2** *(heikel)* delicato: ***eine -e Lage*** una situazione delicata.

Knig|ge m. *(-[s],-)* vademecum *m.*

Knilch m. *(-s,-e)* COLLOQ. SPREG. scocciatore *m.*

knil|le → **knülle. Knil|ler** → **Knüller.**

knips inter. clic, tic: ***~ knaps!*** tic tac! **Knips** m. *(-es,-e)* schiocco *m.*

knip|sen I tr. COLLOQ. **1** fare scattare, azionare: ***den Schalter ~*** fare scattare l'interruttore **2** *(Fahr-, Eintrittskarten)* forare **3** *(Fotos)* scattare **II** intr. (aus. *haben*) **1** ***an etw. (D) ~*** fare scattare qcs.: ***am Lichtschalter ~*** fare scattare l'interruttore della luce **2** ***mit den Fingern ~*** (fare) schioccare le dita. **Knip|ser** m. *(-s,-)* COLLOQ. **1** *(Lichtschalter)* interruttore *m.* (della luce) **2** *(Druckknopf)* pulsante *m.* **3** *(ungeschickter Fotograf)* = fotografo *m.* dilettante **4** *(Kontrolleur)* controllore *m.*

Knirps m. *(-es,-e)* **1** COLLOQ. ragazzino *m.*, bambino *m.* **2** SPREG. *(kleiner Mann)* omiciattolo *m.*, nano *m.* **knirp|sig** agg. COLLOQ. piccolo.

knir|schen intr. (aus. *haben*) **1** scricchiolare, stridere: ***der Schnee, Kies knirscht unter den Rädern*** la neve, la ghiaia scricchiola sotto le ruote **2** ***mit den Zähnen ~*** digrignare i denti. **knir|schend** p.pres. agg. **1** → **knirschen 2** FIG. digrignando i denti: ***~ vor Wut ging er davon*** se ne andò digrignando i denti per la rabbia.

knis|tern intr. (aus. *haben*) **1** scricchiolare: ***das Holz, Papier knistert*** il legno, la carta scricchiola **2** *(von Feuer)* crepitare, scoppiettare **3** *(von Stoff)* frusciare **4** produrre un fruscio: ***sie knistert mit dem Bonbonpapier*** fa rumore con la carta della caramella. **knis|ternd** p.pres. agg. **1** → **knistern 2** FIG. elettrizzante: ***eine -e Atmosphäre*** un'atmosfera elettrizzante.

knit|schen → **knietschen.**

Knit|tel → **Knüttel. Knit|tel|vers** m. *(-es,-e)* INTRAD. (verso con quattro arsi e rima baciata).

Knit|ter m. *(-s,-)* grinza *f.*, spiegazzatura *f.* **knit|ter|arm** agg. che si gualcisce poco. **Knit|ter|fal|te** f. *(-,-n)* → **Knitter. knit|ter|fest, knit|ter|frei** agg. ingualcibile. **knit|te|rig** → **knittrig. knit|tern I** tr. spiegazzare, (s)gualcire **II** intr. (aus. *haben*) (s)gualcirsi, spiegazzarsi. **knitt|rig** agg. spiegazzato, (s)gualcito.

Kno|bel m. *(-s,-)* REGION. **1a** *(Fußknöchel)* malleolo *m.* **b** *(Fingerknöchel)* nocca *f.* **2** *(Würfel)* dado *m.* **Kno|bel|be|cher** m. *(-s,-)* **1** bussolotto *m.* **2** MIL. COLLOQ. *(Stiefel)* anfibio *m.* **kno|beln** intr. (aus. *haben*) **1** ***um etw. ~*** tirare a sorte qcs. **2** *(würfeln)* giocare a dadi **3** COLLOQ. *(nachdenken)* riflettere, meditare: ***an etw. (D) ~*** meditare su qcs.

Knob|lauch m. *(-[e]s)* aglio *m.* **Knob|lauch|but|ter** f. *(-)* burro *m.* all'aglio. **Knob|lauch|ze|he** f. *(-,-n)* spicchio *m.* d'aglio. **Knob|lauch|zwie|bel** f. *(-,-n)* testa *f.* d'aglio.

Knö|chel m. *(-s,-)* **1** *(Fußknöchel)* caviglia *f.*, MED. malleolo *m.* **2** *(Fingerknöchel)* nocca *f.* **Knö|chel|chen** n. *(-s,-)* ossicino *m.* **knö|chel|lang** agg. lungo fino alle caviglie. **knö|chel|tief** agg. che arriva fino alle caviglie: ***-es Wasser*** acqua (fino) alle caviglie.

Kno|chen m. *(-s,-)* **1** osso *m.*: ***zierliche, kräftige ~*** ossa delicate, robuste; ***sich einen ~ brechen*** rompersi (*o* fratturarsi) un osso; ***der Hund nagt die ~ ab*** il cane rosicchia gli ossi; COLLOQ. ***jdm die ~ zusammenschlagen*** rompere le ossa a qcn.; FIG. ***ein harter ~*** un osso duro; ***das Fleisch fällt vom ~*** la carne si stacca (facilmente) dall'osso **b** *(Material)* osso *m.*: ***eine Nadel aus ~*** una spilla di osso; ***~ bildend*** osteopoietico **2** pl. *(Knochenbau)* ossatura *f.*, ossa *f.pl.*: ***mir tun alle ~ weh*** mi sento le ossa rotte **3** COLLOQ. SPREG. *(Kerl)* tipo *m.*, uomo *m.*: ***ein elender, fauler, müder ~*** un miserabile, uno sfaticato, smidollato **4** *(Schraubenschlüssel)* chiave *f.* a tubo ◆ ***bis auf die ~ abmagern*** ridursi a pelle e ossa, ad uno scheletro; ***bis auf die ~*** fino all'osso (*o* al midollo); ***sich bis auf die ~ blamieren*** fare una figuraccia; ***ernst bis auf die ~*** serissimo; ***dieses Erlebnis fuhr ihm in die ~*** questa esperienza lo impressionò molto; ***diese Arbeit geht ganz schön in die ~*** questo lavoro rompe le ossa; COLLOQ. ***seine ~ hinhalten*** rischiare la pelle; ***keinen Mumm in den ~ haben*** essere uno smidollato; ***die Angst sitzt mir noch in den ~*** ho ancora la paura addosso; ***die Erkältung steckt mir noch in den ~*** mi sento ancora il raffreddore addosso; ***nimm (reiß) deine ~ zusammen!*** non lasciarti andare! contieniti! **Kno|chen|ar|beit** f. *(-,-en)* COLLOQ. lavoro *m.* che rompe le ossa. **Kno|chen|bau** m. *(-[e]s)* ossatura *f.*, struttura *f.* ossea: ***ein kräftiger, zarter ~*** un'ossatura robusta, fragile. **Kno|chen|bil|dung** f. *(-)* osteogenesi *f.* **Kno|chen|brand** m. *(-[e]s)* cancrena *f.* ossea. **Kno|chen|bruch** m. *(-[e]s,-brüche)* frattura *f.* ossea, di un osso. **Kno|chen|brü|he** f. *(-,-n)* GASTR. brodo *m.* con l'osso. **kno|chen|dürr** agg. COLLOQ. tutto pelle e ossa. **Kno|chen|ent|zün|dung** f. *(-,-en)* MED. osteite *f.* **Kno|chen|er|wei|chung** f. *(-,-en)* osteomalacia *f.* **Kno|chen|fäu|le** f. *(-)* → **Knochenfraß. Kno|chen|fi|sche** pl. teleostei m.pl. **Kno|chen|fraß** m. *(-es)* carie *f.* ossea. **Kno|chen|ge|rüst** n. *(-[e]s,-e)* scheletro *m.* (anche FIG. SPREG.). **Kno|chen|ge|schwulst** f. *(-,-geschwülste)* osteoma *m.*, tumore *m.* osseo. **Kno|chen|ge|we|be** n. *(-s,-)* MED. tessuto *m.* osseo. **kno|chen|hart** agg. COLLOQ. duro come un osso. **Kno|chen|hau|er** m. *(-s,-)* REGION. ANT. macellaio *m.* **Kno|chen|haut** f. *(-,-häute)* periosteo *m.* **Kno|chen|haut|ent|zün|dung** f. *(-,-en)* periostite *f.* **Kno|chen|kot|zen,** VOLG. ***es ist zum ~*** dà il voltastomaco. **Kno|chen|krebs** m. *(-es,-e)* COLLOQ. cancro *m.* alle ossa. **Kno|chen|leim** m. *(-[e]s,-e)* colla *f.* d'ossa. **Kno|chen|mann** m. *(-es,-männer)* **1** EUFEM. morte *f.* **2** COLLOQ. *(Skelett)* scheletro *m.* **Kno|chen|mark** n. *(-[e]s)* MED. midollo *m.* osseo. **Kno|chen|mark|ent|zün|dung** f. *(-,-en)* osteomielite f. **Kno|chen|mehl** n. *(-[e]s)* AGR. farina *f.*, polvere *f.* di ossi. **Kno|chen|müh|le** f. *(-,-n)* **1** mulino *m.* per la macina di ossi **2** COLLOQ. FIG. lavoro *m.* che rompe le ossa. **Kno|chen|na|ge|lung** f. *(-,-en)* MED. = inserimento *m.* di chiodo attraverso la corticale ossea. **Kno|chen|sä|ge** f. *(-,-n)* MED. sega *f.* per osteotomia. **Kno|chen|schin|ken** m. *(-s,-)* prosciutto *m.* con l'osso. **Kno|chen|schwund** m. *(-[e]s)* osteoatrofia *f.* **Kno|chen|split|ter** m. *(-s,-)* frammento *m.*, scheggia *f.* d'osso. **Kno|chen|sub|stanz** f. *(-)* sostanza *f.* ossea. **kno|chen|tro|cken** agg. COLLOQ. **1** completamente secco, asciutto **2** *(von Büchern, Themen)* noioso, arido. **Kno|chen|tu|ber|ku|lo|se** f. *(-)* tubercolosi *f.* ossea. **Kno|chen|tu|mor** m. *(-s,-e[n])* tumore *m.* osseo. **knö|che|rig** → **knöchrig. knö|chern** agg. **1** osseo, d'osso **2** RAR. *(knochig)* ossuto. **kno|chig** agg. ossuto: ***-e Hände*** mani ossute. **Kno|chig|keit** f. *(-)* magrezza *f.* **Knöch|lein** n. *(-s,-)* ossicino *m.* **knöch|rig** agg. **1** d'osso **2** *(einem Knochen ähnlich)* osseo.

knock-down [nɔk'daun] agg. knock-down. **Knock-down** m. *(-[s],-s)* knock-down *m.* **knock-out** [nɔk'aut] agg.inv. avv. knock-out, fuori combattimento. **Knock-out** m. *(-[s],-s)* fuori combattimento *m.*, knock-out *m.*

Knö|del m. *(-s,-)* REGION. gnocco *m.*, canederlo *m.* **knö|deln** intr. (aus. *haben*) COLLOQ. farfugliare, biascicare; *(beim Singen)* cantare di gola.

Knöll|chen n. *(-s,-)* REGION. **1** gnocchetto *m.*; grumo *m.*: ***in der Soße***

sind ~ nella salsa ci sono dei grumi **2** *(Strafzettel)* multa *f.* **Knol|le** f. *(-,-n)* **1** tubero *m.*, bulbo *m.* **2** COLLOQ. *(rundlicher Auswuchs)* protuberanza *f.*, bitorzolo *m.* **Knol|len** m. *(-s,-)* REGION. **1** zolla *f.*: ***ein ~ Erde*** una zolla di terra **2** *(Strafzettel)* multa *f.* **3** FIG. SCHERZ. *(knollige Nase)* nasone *m.*, naso *m.* a patata. **Knol|len|blät|ter|pilz** m. *(-es,-e)* amanita *f.*, tignosa *f.* **knol|len|för|mig** agg. tuberoso. **Knol|len|frucht** f. *(-,-früchte)* tubero *m.* mangereccio. **Knol|len|na|se** f. *(-,-n)* nasone *m.*, peperone *m.* **knol|lig** agg. **1** tuberoso, bitorzoluto **2** REGION. *(klumpig)* a grumi, grumoso.

Knopf m. *(-[e]s, Knöpfe)* **1** bottone *m.*: ***ein ~ ist ab*** un bottone (si) è staccato; ***ein runder, bezogener ~*** un bottone rotondo, foderato; ***einen ~ annähen, verlieren*** attaccare, perdere un bottone; ***einen ~ auf-, zumachen*** sbottonare, abbottonare un bottone **2a** *(an Geräten)* pulsante *m.*, bottone *m.*: ***(auf) einen ~ drücken*** premere un pulsante, un bottone **b** *(Schalter)* interruttore *m.* **3** *(Knauf)* pomo *m.*, pomello *m.*: ***der ~ am Spazierstock*** il pomo del bastone da passeggio **4a** COLLOQ. *(kleiner Mensch)* tappo *m.*, tappetto *m.* **b** COLLOQ. *(niedliches Kind)* passerotto *m.*, pulcino *m.* **5** AUSTR. SVIZZ. *(Knoten)* nodo *m.* **6** AUSTR. SVIZZ. *(Knospe)* bottone *m.*, bocciolo *m.*, gemma *f.* **7** REGION. *(Kloß)* gnocco *m.* **8** pl. COLLOQ. *(wenig Geld)* lire *f.pl.*: ***das kostet nur ein paar Knöpfe*** costa solo due lire ◆ ***etw. an den Knöpfen abzählen*** = affidarsi al caso; ***Knöpfe auf den Augen, Ohren haben*** avere gli occhi foderati, non voler sentire; ***der ~ geht ihm auf*** finalmente ha aperto gli occhi. **Knopf|au|gen** pl. occhioni *m.pl.* **Knöpf|chen** n. *(-s,-)* **1** bottoncino *m.* **2** *(von Geräten)* pulsantino *m.* **Knopf|druck** m. *(-[e]s)* pressione *f.* (di un pulsante): ***auf ~*** schiacciando un bottone. **knöp|fen** tr. **1** abbottonare: ***den Mantel ~*** abbottonare il cappotto; ***die Schürze wird vorne geknöpft*** il grembiule si abbottona (sul) davanti **2** *(mit Knöpfen befestigen)* fissare con bottoni. **Knopf|leis|te** f. *(-,-n)* abbottonatura *f.* **Knopf|loch** n. *(-[e]s,-löcher)* asola *f.*, occhiello *m.*: ***eine Blume im ~ tragen*** portare un fiore all'occhiello ◆ ***die Freude guckt ihm aus allen Knopflöchern*** sprizza gioia da tutti i pori; ***aus allen Knopflöchern grinsen*** sghignazzare; ***aus allen, sämtlichen Knopflöchern platzen*** essere ingrassato troppo; ***aus allen, sämtlichen Knopflöchern schwitzen*** sudare da tutti i pori. **Knopf|loch|sei|de** f. *(-,-n)* sbieco *m.* di seta (per asole). **Knopf|rei|he** f. *(-,-n)* bottoniera *f.* **Knopf|stich** m. *(-[e]s,-e)* punto *m.* asola. **Knopf|tas|te** f. *(-,-n)* pulsante *m.*, tasto *m.* **Knopf|zel|le** f. *(-,-n)* piletta *f.*

Knop|per f. *(-,-n)* noce *f.* di galla.

knor|ke agg. REGION. fantastico, grandioso, eccellente.

Knor|pel m. *(-s,-)* cartilagine *f.* **Knor|pel|fisch** m. *(-es,-e)* pesce *m.* cartilaginoso. **Knor|pel|haut** f. *(-,-häute)* pericondrio *m.* **knor|pe|lig** → **knorplig. Knor|pel|kir|sche** f. *(-,-n)* ciliegia *f.* duracina. **knorp|lig** agg. cartilagineo, cartilaginoso.

Knor|ren m. *(-s,-)* **1** tronco *m.* nodoso **2** *(Baumstumpf)* ceppo *m.* **knor|rig** agg. **1** nodoso, bitorzoluto: ***ein -er Ast*** un ramo nodoso **2** FIG. *(wenig umgänglich)* burbero, scontroso.

Knorz m. *(-es,-e)* REGION. → **Knorren. knor|zen** intr. (aus. *haben*) REGION. **1** affaticarsi **2** *(knausern)* lesinare.

Knö|sel m. *(-s,-)* REGION. pipetta *f.*

Knösp|chen n. *(-s,-)* piccolo bocciolo *m.*, gemmina *f.* **Knos|pe** f. *(-,-n)* **1** bocciolo *m.*, gemma *f.*: ***die -n brechen auf, sprießen, entfalten sich*** i boccioli si schiudono; ***-n ansetzen*** mettere le gemme **2** FIG. *(Beginn)* germe *m.* ◆ ***-n treiben*** germogliare. **knos|pen** intr. (aus. *haben*) **1** germogliare **2** FIG. aprirsi, sbocciare, spuntare. **Knos|pen|hül|le** f. *(-,-n)* BOT. perula *f.* **Knos|pen|ka|pi|tell** n. *(-s,-e)* capitello *m.* a loto. **knos|pig** agg. ricco di gemme, pieno di boccioli. **Knos|pung** f. *(-,-en)* **1** BOT. gemmazione *f.* **2** ZOOL. strobilazione *f.*

Knöt|chen n. *(-s,-)* **1** nodino *m.* **2a** MED. nodulo *m.* **b** BOT. nodello m. **3** *(Haartracht)* crocchia *f.* **Knöt|chen|aus|schlag** m. *(-[e]s,-ausschläge)* eritema *m.* nodoso.

Kno|te m. *(-n,-n)* REGION. ANT. zoticone *m.*, cafone *m.*

kno|ten I tr. **1** annodare: ***eine Schnur, die Kravatte*** annodare uno spago, fare il nodo alla cravatta; ***etw. fest um, an etw. ~*** annodare qcs. saldamente a qcs. **2** fissare, congiungere con un nodo **II** rifl. ***sich ein Band ins Haar ~*** legarsi un nastro fra capelli. **Kno|ten** m. *(-s,-)* **1a** nodo *m.*: ***einen ~ machen, schlingen, knüpfen*** fare un nodo; ***einen ~ lösen, aufknüpfen, aufmachen*** sciogliere, disfare un nodo; ***ein einfacher, doppelter, fester ~*** un nodo semplice, doppio, stretto **b** FIG. *(Knotenpunkt)* punto *m.* di congiunzione, nodo *m.* **2** *(Haartracht)* crocchia *f.*, chignon *m.* **3a** BOT. nodello *m.* **b** *(im bearbeiteten Holz)* nodo *m.* **4** MED. nodulo *m.* **5** MAR. nodo *m.*, miglio *m.* marino orario: ***das Schiff fährt (mit), macht 30 ~*** la nave viaggia a 30 nodi **6** MAT. nodo *m.* ◆ ***bei ihm ist endlich der ~ geplatzt, gerissen*** finalmente l'ha capita; ***der gordische ~*** il nodo gordiano; ***der ~ schürzt sich*** la faccenda si ingarbuglia; ***sich einen ~ ins Taschentuch machen*** farsi un nodo al fazzoletto. **Kno|ten|amt** n. *(-es,-ämter)* centralino *m.* **kno|ten|för|mig** agg. a forma di nodo; noduloso. **Kno|ten|punkt** m. *(-[e]s,-e)* **1** nodo *m.*: ***ein ~ internationaler Eisenbahnlinien*** un nodo ferroviario internazionale; *(von Straßen)* nodo *m.* (stradale) **2** FIG. punto *m.* d'incrocio, di contatto, nodo *m.* **Kno|ten|schrift** f. *(-)* quipo *m.* **Kno|ten|stock** m. *(-[e]s,-stöcke)* bastone *m.* nodoso. **Knö|te|rich** m. *(-s,-e)* poligonacea *f.* **kno|tig** agg. nodoso, a nodi: ***ein -er Stock*** un bastone nodoso.

Knot|ten|erz n. *(-es)* arenaria *f.* con noduli di galena.

Know-how [noʊ'hau] n. *(-[s])* know-how *m.*

Knub|be f. *(-,-n)* COLLOQ. **1** → **Knorren 2** *(Knospe)* gemma *f.* **3** *(Geschwulst)* gonfiore *m.*, tumefazione *f.*

Knub|bel m. *(-s,-)* REGION. *(Verdickung)* bitorzolo *m.*, bernoccolo *m.* **knub|be|lig** agg. REGION. bitorzoluto: ***eine -e Nase*** un naso bitorzoluto. **knub|beln** rifl. **sich ~** REGION. **1** *(sich drängen)* pigiarsi, affollarsi **2** impers. ***es knubbelt*** si formano code, ingorghi.

Knub|ben m. *(-s,-)* REGION. → **Knubbe.**

knubb|lig → **knubbelig.**

knud|deln tr. REGION. *(Kinder)* sbaciucchiare, coccolare.

Knuff m. *(-[e]s, Knüffe)* COLLOQ. spintone *m.* **knuf|fen** tr. COLLOQ. ***jdn ~*** spintonare qcn., dare spintoni a qcn.: ***jdn in die Seite ~*** spintonare qcn. da parte, a lato.

Knülch → **Knilch.**

knüll, knül|le agg. COLLOQ. sbronzo. **knül|len I** tr. spiegazzare, sgualcire **II** intr. (aus. *haben*) spiegazzarsi, sgualcirsi. **Knül|ler** m. *(-s,-)* COLLOQ. colpo *m.* sensazionale, bomba *f.*: ***das Buch ist ein wahrer ~*** il libro è una vera bomba.

Knüpf|ar|beit f. *(-,-en)* lavoro *m.* d'intreccio. **knüp|fen I** tr. **1** annodare, legare: ***die Krawatte ~*** annodare la cravatta; ***einen Knoten, eine Schleife ~*** fare un nodo, un fiocco **2** FIG. allacciare, stringere: ***Freundschaftsbande ~*** stringere legami d'amicizia **3** annodare, intrecciare: ***Netze, Teppiche ~*** intrecciare reti, annodare tappeti **4** ***seine Vorstellungen, Hoffnungen an etw. (A) ~*** legare, collegare, connettere le proprie idee, speranze a qcs. **II** rifl. ***sich an etw. (A) ~*** collegarsi, connettersi, legarsi con, a qcs.: ***an meine Zeit in Berlin ~ sich viele schöne Erinnerungen*** al mio periodo a Berlino si collegano tanti bei ricordi. **Knüpf|tech|nik** f. *(-,-en)* tecnica *f.* di annodamento. **Knüpf|tep|pich** m. *(-[e]s,-e)* tappeto *m.* annodato. **Knüp|fung** f. *(-)* annodamento *m.*, tecnica *f.* di annodamento. **Knüpf|werk** n. *(-[e]s,-e)* → **Knüpfarbeit.**

Knüp|pel m. *(-s,-)* **1** randello *m.*, bastone *m.*; *(Polizeiknüppel)* manganello *m.* **2** *(aus Metall)* stanga *f.* **3** *(Schaltknüppel)* leva *f.* del cambio **4** AER. *(Steuerknüppel)* cloche *f.*, barra *f.* di comando **5** REGION. *(längliches Brot)* filoncino *m.*, sfilatino *m.* ◆ COLLOQ. ***jdm (einen) ~ zwischen die Beine werfen*** mettere i bastoni tra le ruote a qcn.; ***da liegt der ~ beim Hund*** = queste sono le conseguenze (spiacevoli); PROV. ***den ~ schlägt man, und den Esel meint man*** battere il basto invece dell'asino (*o* battere il cane al posto del padrone). **Knüp|pel|aus|dem|sack,** COLLOQ. ***~ spielen*** = bastonare. **Knüp|pel|brü|cke** f. *(-,-n)* passerella *f.*, ponte *m.* di tronchetti di legno. **Knüp|pel|damm** m. *(-[e]s,-dämme)* strada *f.* di tronchi d'albero (su una palude). **knüp|pel|dick** avv. COLLOQ. ***ich hab's ~*** ne ho le tasche piene, ne ho fin sopra i capelli; ***jetzt kommt's ~*** ora viene il peggio. **knüp|pel|hart** agg. COLLOQ. molto duro, durissimo. **Knüp|pel|holz** n. *(-es,-hölzer)* randello *m.*

knüp|peln I tr. bastonare, picchiare; *(von Polizisten)* manganellare **II** intr. (aus. *haben*) **1** SPORT GERG. *(unfair spielen)* picchiare **2** impers. COLLOQ. ***es knüppelt*** succede spesso.

Knüp|pel|schal|tung f. *(-,-en)* cambio *m.* a cloche. **knüp|pel|voll** agg. COLLOQ. pieno zeppo.

knurr inter. grr. **knur|ren** intr. (aus. *haben*) **1** ringhiare: ***der Hund knurrt*** il cane ringhia **2** brontolare: ***(mir) knurrt der Magen*** mi brontola lo stomaco; ***über etw. ~*** brontolare per qcs. **Knurr|hahn** m. *(-,-hähne)* **1** ITTIOL. cappone *m.* **2** FIG. *(knurriger Mensch)* brontolone *m.* **knur|rig** agg. brontolone: ***ein -er Alter*** un vecchio brontolone. **Knurr|laut** m. *(-[e]s,-e)* brontolio *m.*

Knus|per|flo|cken pl. fiocchi *m.pl.* di granturco (*o* d'avena) tostati. **Knus|per|häus|chen** n. *(-s,-)* casetta *f.* di panpepato. **knus|pe|rig** → **knusprig. knus|pern** tr. e intr. (aus. *haben*) ***an etw. (D) ~*** sgranocchiare qcs. **knusp|rig** agg. **1** croccante: ***ein -es Brötchen, Hähnchen*** un panino, un pollo croccante **2** COLLOQ. fresco, giovane: ***ein -es Mädchen*** un bocconcino.

Knust m. *(-[e]s,-e* e *Knüste)* REGION. cantuccio *m.* (di pane).

Knu|te f. *(-,-n)* **1** staffile *m.*, knut *m.* **2** FIG. giogo *m.*, tirannia *f.*: ***unter jds ~ stehen, leben*** essere, vivere sotto il giogo di qcn.; ***jdn***

unter die ~ bringen, zwingen soggiogare qcn. **knu|ten** tr. asservire, soggiogare.
knut|schen intr. (aus. *haben*) e rifl. **sich ~** COLLOQ. pomiciare, sbaciucchiarsi. **Knut|sche|rei** f. *(-,-en)* sbaciucchiamenti *m.pl.* **Knutsch|fleck** m. *(-[e]s,-e)* COLLOQ. succhiotto *m.*
Knüt|tel m. *(-s,-)* randello *m.*, bastone *m.* **Knüt|tel|vers** → **Knittelvers.**
k. o. [ka:'o:] agg. SPORT k.o., ko (anche FIG.): ***~ gehen, sein*** andare, essere k.o.; ***jdn ~ schlagen*** mettere k.o. qcn. **K. o.** m. *(-,-)* SPORT k.o. *m.*: ***durch ~ gewinnen, verlieren*** vincere, perdere per k.o.
Ko|ad|ju|tor, Ko|ad|ju|tor m. *(-s,-en)* ECCL. coadiutore *m.*
Ko|a|gu|lans n. *(-, Koagulantia* e *Koagulantien)* coagulante *m.* **Ko|a|gu|lat** n. *(-[e]s,-e)* coagulo *m.* **Ko|a|gu|la|ti|on** f. *(-,-en)* coagulazione *f.* **ko|a|gu|lie|ren I** tr. coagulare **II** intr. (aus. *sein*) coagularsi. **Ko|a|gu|lum** n. *(-s, Koagula)* coagulo *m.* (di sangue).
Ko|a|la m. *(-s,-s)*, **Ko|a|la|bär** m. *(-en,-en)* koala *m.*
ko|a|lie|ren, ko|a|li|sie|ren intr. (aus. *haben*) coalizzarsi: ***mit jdm ~*** coalizzarsi con qcn. **Ko|a|li|ti|on** f. *(-,-en)* coalizione *f.*: ***eine ~ bilden, eingehen*** formare, entrare in una coalizione; POL. ***eine große ~*** un'ampia coalizione. **Ko|a|li|ti|o|när** m. *(-s,-e)* partito *m.* di coalizione, partner *m.* **Ko|a|li|ti|ons|frei|heit** f. *(-)* libertà *f.* di associazione. **Ko|a|li|ti|ons|krieg** m. *(-[e]s,-e)* guerra *f.* di coalizione. **Ko|a|li|ti|ons|par|tei** f. *(-,-en)* partito *m.* di coalizione. **Ko|a|li|ti|ons|recht** n. *(-[e]s)* diritto *m.* di associazione. **Ko|a|li|ti|ons|re|gie|rung** f. *(-,-en)* governo *m.* di coalizione.
Ko|au|tor m. *(-s,-en)* coautore *m.*
ko|axi|al agg. coassiale. **Ko|axi|al|ka|bel** n. *(-s,-)* cavo *m.* coassiale.
Ko|balt n. *(-s)* cobalto *m.* **ko|balt|blau** agg. blu cobalto. **Ko|balt|blau** n. *(-s)* blu *m.* cobalto. **Ko|balt|blü|te** f. *(-)* MINER. eritrina *f.*, eritrite *f.* **Ko|balt|bom|be** f. *(-,-n)* MIL. bomba *f.* al cobalto. **Ko|balt|glanz** m. *(-es)* cobaltite *f.* **Ko|balt|glas** n. *(-es)* vetro *m.* al cobalto. **Ko|balt|ka|no|ne** f. *(-,-n)* MED. bomba *f.* al cobalto. **Ko|balt|le|gie|rung** f. *(-,-en)* lega *f.* al, di cobalto. **Ko|balt|oxid** n. *(-[e]s)* ossido *m.* cobaltico. **Ko|balt|ver|bin|dung** f. *(-,-en)* composto *m.* di cobalto.
Ko|bel m. *(-s,-)* **1** REGION. *(Koben)* porcile *m.* **2** nido *m.* di scoiattolo. **Ko|ben** m. *(-s,-)* stalla *f.*; *(für Schweine)* porcile *m.*
Kob|lenz n.pr.n. *(-)* Coblenza *f.* **Kob|len|zer I** m. *(-s,-)* abitante *m.* di Coblenza **II** agg. inv. di Coblenza.
Ko|bold m. *(-[e]s,-e)* **1** coboldo *m.* **2** FIG. *(lebhaftes Kind)* folletto *m.* **ko|bold|haft** agg. come un coboldo. **Ko|bold|ma|ki** m. *(-s,-s)* tarsio *m.*
Kob|ra f. *(-,-s)* cobra *m.*
Koch m. *(-[e]s, Köche)* cuoco *m.*: ***~ lernen*** studiare da cuoco, imparare a fare il cuoco; ***er ist gelernter ~*** è un cuoco esperto ◆ PROV. ***viele Köche verderben den Brei*** troppi cuochi guastan la salsa; ***Hunger ist der beste ~*** = quando si ha fame si trova tutto buono.
Koch|ap|fel m. *(-s,-äpfel)* mela *f.* da cuocere. **Koch|beu|tel** m. *(-s,-)* sacchetto *m.* per alimenti (da cuocere a bagnomaria). **Koch|buch** n. *(-[e]s,-bücher)* libro *m.* di cucina, ricettario *m.* **Koch|dau|er** f. *(-)* tempo *m.* di cottura. **koch|echt** agg. lavabile ad alta temperatura, a novanta gradi. **Koch|ecke** f. *(-,-n)* angolo *m.* (di) cottura.
Kö|chel|ver|zeich|nis n. *(-ses)* catalogo *m.* Köchel (delle opere di Mozart).
kö|cheln intr. (aus. *haben*) **1** cuocere a fuoco lento **2** SCHERZ. *(kochen)* cucinare, stare in cucina.
ko|chen I tr. **1a** cuocere, far cuocere: ***Fleisch, Gemüse ~*** cuocere la carne, la verdura; ***etw. bei mittlerer Hitze ~*** cuocere qcs. a fiamma moderata **b** *(im Wasser)* lessare, far lessare: ***Kartoffeln ~*** lessare le patate, fare le patate lesse **c** *(durch Kochen zubereiten)* cucinare, far cuocere, fare: ***die Suppe ~*** far cuocere la minestra; ***Kaffee, Tee ~*** fare il caffè, il tè; ***das Essen ~*** fare da mangiare **d** ***das Fleisch gar ~*** cucinare la carne ben cotta; ***die Eier hart ~*** fare le uova sode **2** *(zum Kochen bringen)* bollire, far bollire: ***Milch ~*** far bollire il latte **3** *(Textilien)* lavare ad alta temperatura, a novanta gradi **4** *(erhitzend verflüssigen)* sciogliere scaldando **II** intr. (aus. *haben*) **1a** cuocere: ***die Nudeln zehn Minuten ~ lassen*** lasciar cuocere la pasta dieci minuti **b** *(Essen zubereiten)* cucinare, preparare (*o* fare) da mangiare: ***für die Freunde ~*** far da mangiare per gli amici; ***er kocht gerne*** cucina volentieri **2** *(sieden)* bollire: ***die Milch kocht*** il latte bolle **3** COLLOQ. FIG. *(wütend sein)* ribollire: ***es kocht in ihm*** gli bolle il sangue; ***er kocht vor Wut*** ribolle di rabbia ◆ FIG. ***die Volksseele kocht*** il popolo è in fermento; PROV. ***hier wird auch nur mit Wasser gekocht*** tutto il mondo è paese; ***es wird nichts so heiß gegessen, wie es gekocht wird*** = non ci si deve fasciare la testa prima di rompersela, niente è grave quanto sembra. **Ko|chen** n. *(-s)* **1** il cucinare, cucina *f.*: ***Öl zum ~ verwenden*** usare l'olio per cucinare **2** ebollizione *f.*: ***etw. zum ~ bringen, kommen lassen*** portare qcs. ad ebollizione.
ko|chend p.pres. agg. **1** → **kochen 2** che bolle, bollente: ***-es Wasser*** acqua bollente; ***~ heiß*** bollente, caldissimo **3** COLLOQ. FIG. ribollente. **Ko|chend|was|ser|ge|rät** n. *(-[e]s,-e)* bollitore *m.*
Ko|cher m. *(-s,-)* fornello *m.*: ***ein elektrischer ~*** un fornello elettrico.
Kö|cher m. *(-s,-)* **1** faretra *f.* **2** *(Behälter für Ferngläser, Objektive)* custodia *f.*, astuccio *m.*
Ko|che|rei f. *(-)* COLLOQ. SPREG. il (dover) cucinare.
Koch|feld n. *(-[e]s,-er)* piano *m.* (di) cottura. **koch|fer|tig** agg. pronto (per essere cucinato): ***-e Menüs*** piatti pronti. **koch|fest** agg. → **kochecht. Koch|fett** n. *(-[e]s,-e)* grasso *m.* da cucina, per cucinare. **Koch|fla|sche** f. *(-,-n)* matraccio *m.* **Koch|fleisch** n. *(-es)* REGION. carne *f.* da, per il brodo. **Koch|ge|le|gen|heit** f. *(-,-en)* uso *m.* cucina: ***Zimmer mit ~*** camera con uso cucina. **Koch|ge|schirr** n. *(-[e]s,-e)* gavetta *f.* **Koch|herd** m. *(-[e]s,-e)* cucina *f.*
Kö|chin f. *(-,-nen)* cuoca *f.*
Koch|kä|se m. *(-s,-)* INTRAD. (tipo di formaggio cotto). **Koch|kel|le** f. *(-,-n)* ramaiolo *m.*, mestolo *m.* **Koch|kes|sel** m. *(-s,-)* paiolo *m.*, marmitta *f.* **Koch|kunst** f. *(-)* arte *f.* culinaria. **Koch|kurs** m. *(-es,-e)*, **Koch|kur|sus** m. *(-,-kurse)* corso *m.* di cucina. **Koch|löf|fel** m. *(-s,-)* cucchiaio *m.* di legno ◆ COLLOQ. ***den ~ schwingen*** = cucinare. **Koch|mul|de** f. *(-,-n)* piano *m.* di cottura a incasso. **Koch|müt|ze** f. *(-,-n)* cappello *m.* da cuoco. **Koch|ni|sche** f. *(-,-n)* angolo *m.* cottura. **Koch|plat|te** f. *(-,-n)* piastra *f.*, fornello *m.* elettrico. **Koch|punkt** m. *(-[e]s)* punto *m.* di ebollizione. **Koch|re|zept** n. *(-[e]s,-e)* ricetta *f.* (di cucina).
Koch|salz n. *(-es)* sale *m.* da cucina. **koch|salz|arm I** agg. poco salato **II** avv. con poco sale. **Koch|salz|lö|sung** f. *(-,-en)* soluzione *f.* di sale da cucina.
Koch|schrank m. *(-[e]s,-schränke)* angolo *m.* cottura (incassato in un armadio). **Koch|stel|le** f. *(-,-n)* **1** cucina *f.* (all'aperto) **2** *(Kochplatte)* piastra *f.* **Koch|tem|pe|ra|tur** f. *(-,-en)* **1** temperatura *f.* di ebollizione **2** *(in der Waschmaschine)* alta *f.* temperatura. **Koch|topf** m. *(-[e]s,-töpfe)* pentola *f.* **Koch|wä|sche** f. *(-)* bucato *m.* lavabile a novanta gradi. **Koch|zeit** f. *(-,-en)* tempo *m.* di cottura. **Koch|zo|ne** f. *(-,-n)* zona *f.* radiante.
Ko|da f. *(-,-s)* MUS. coda *f.*
kod|de|rig agg. REGION. COLLOQ. **1** sfacciato, sfrontato **2** *(schmutzig, abgerissen)* sporco, consunto ◆ ***mir ist ~*** sto per vomitare. **kod|dern** intr. (aus. *haben*) REGION. **1** *(sich übergeben)* vomitare **2** *(ausspucken)* sputare (fuori). **Kod|der|schnau|ze** f. *(-,-n)* linguaccia *f.*: ***eine ~ haben*** non avere peli sulla lingua. **kodd|rig** → **kodderig.**
Kode [ko:t] m. *(-s,-s)* INFORM. LING. codice *m.*
Ko|de|in n. *(-s)* codeina *f.*
Kö|der m. *(-s,-)* esca *f.*: ***einen ~ auslegen*** mettere un'esca; FIG. ***jdn als ~ benutzen*** usare qcn. come esca ◆ ***auf den ~ anbeißen*** abboccare; ***den ~ auswerfen*** gettare l'amo; ***jdm einen ~ legen*** tendere una trappola a qcn. **Kö|der|fisch** m. *(-[e]s,-e)* pesce *m.* usato come esca. **kö|dern** tr. **1** adescare: ***ein Tier ~*** adescare un animale **2** COLLOQ. FIG. allettare, attirare: ***jdn mit falschen Versprechungen ~*** allettare qcn. con false promesse; ***sich nicht ~ lassen*** non lasciarsi attirare. **Kö|der|wurm** m. *(-[e]s,-würmer)* verme *m.* da esca.
Ko|dex m. *(Kodes* e *-, Kodizes* e *-e)* FILOS. DIR. codice *m.* **ko|die|ren** tr. codificare, cifrare. **ko|diert** p.pass. agg. **1** → **kodieren 2** cifrato, in codice. **Ko|die|rung** f. *(-,-en)* codificazione *f.*, cifratura *f.* **Ko|di|fi|ka|ti|on** f. *(-,-en)* codificazione *f.*, codifica *f.* **ko|di|fi|zie|ren** tr. codificare. **Ko|di|fi|zie|rung** f. *(-,-en)* → **Kodifikation. Ko|di|zill** n. *(-s,-e)* codicillo *m.*
Ko|edu|ka|ti|on, Ko|edu|ka|ti|on f. *(-)* coeducazione *f.* **ko|edu|ka|tiv** agg. coeducativo.
Ko|ef|fi|zi|ent m. *(-en,-en)* coefficiente *m.*
ko|exis|tent, ko|exis|tent agg. coesistente. **Ko|exis|tenz, Ko|exis|tenz** f. *(-)* coesistenza *f.*: POL. ***eine friedliche ~*** una coesistenza pacifica. **ko|exis|tie|ren, ko|exis|tie|ren** intr. (aus. *haben*) coesistere.
Kof|fe|in n. *(-s)* caffeina *f.* **kof|fe|in|frei** agg. senza caffeina, decaffeinato. **kof|fe|in|hal|tig** agg. contenente caffeina.
Kof|fer m. *(-s,-)* **1a** *(Handkoffer)* valigia *f.*: ***den ~ packen, auspacken*** fare, disfare la valigia; ***den ~ aufgeben*** spedire la valigia **b** baule *m.* **2** MIL. GERG. *(schweres Geschoss)* granata *f.* pesante; *(Bombe)* bomba *f.* ◆ COLLOQ. ***aus dem ~ leben*** essere sempre in viaggio; COLLOQ. ***die ~ packen*** fare le valigie, andarsene; COLLOQ. ***die ~ packen müssen, können, dürfen*** essere licenziato; COLLOQ. ***einen ~ stehen lassen*** = fare una scoreggia. **Kof|fer|an|hän|ger** m. *(-s,-)* etichetta *f.* della (*o* attaccata alla) valigia. **Köf|fer|chen** n. *(-s,-)*

valigetta *f.* **Kof|fer|fisch** m. *(-[e]s,-e)* ostracode *m.* **Kof|fer|ge|rät** → **Kofferradio.** **Kof|fer|kleid** n. *(-[e]s,-er)* vestito *m.* che (in valigia) non si stropiccia. **Kof|fer|ku|li** m. *(-s,-s)* carrello *m.* portabagagli. **Kof|fer|ra|dio** n. *(-s,-s)* radio *m.* portatile. **Kof|fer|raum** m. *(-[e]s,-räume)* bagagliaio *m.*, portabagagli *m.* **Kof|fer|schloss** m. *(-es,-schlösser)* serratura *f.* della valigia. **Kof|fer|schlüs|sel** m. *(-s,-)* chiave *f.* della valigia. **Kof|fer|schreib|ma|schi|ne** f. *(-,-n)* macchina *f.* da scrivere portatile.

Kog, Kö|ge → **Koog.**

Ko|gel m. *(-s,-)* REGION. cima *f.* arrotondata, tondeggiante.

Kog|ge f. *(-,-n)* cocca *f.*

Kog|nak → **Cognac.** **Kog|nak|boh|ne** f. *(-,-n)* cioccolatino *m.* con ripieno al cognac. **Kog|nak|glas** n. *(-es,-gläser)* bicchiere *m.* da cognac. **Kog|nak|kir|sche** f. *(-,-n)* cioccolatino *m.* con una ciliegia al cognac. **Kog|nak|schwen|ker** m. *(-s,-)* bicchiere *m.* da cognac, napoleone *m.*

Kog|nat m. *(-en,-en)* consanguineo *m.*

Kog|ni|ti|on f. *(-,-en)* cognizione *f.* **kog|ni|tiv** agg. cognitivo: ***-es Lernen*** apprendimento cognitivo.

Ko|ha|bi|ta|ti|on f. *(-,-en)* rapporto *m.* intimo. **ko|ha|bi|tie|ren** intr. (aus. *haben*) avere rapporti intimi.

ko|hä|rent agg. coerente: ***-e Lichtquelle*** sorgente di luce coerente. **Ko|hä|renz** f. *(-)* coerenza *f.* **ko|hä|rie|ren** intr. (aus. *haben*) essere coerente.

Ko|hä|si|on f. *(-)* coesione *f.* **Ko|hä|si|ons|kraft** f. *(-,-kräfte)* forza *f.* di coesione. **ko|hä|siv** agg. coesivo.

Kohl m. *(-[e]s,-e)* **1a** cavolo *m.* **b** REGION. *(Weißkohl)* cavolo *m.* bianco **2** COLLOQ. SPREG. *(Unsinn)* cavolata *f.*: ***red keinen ~!*** non dire cavolate! ◆ ***seinen ~ (an)bauen*** fare vita ritirata; COLLOQ. FIG. ***das ist doch aufgewärmter ~*** è la solita solfa, è la solita cosa fritta e rifritta; COLLOQ. ***den alten ~ wieder aufwärmen*** riattaccare con la solita solfa; ***das macht den ~ (auch) nicht fett*** ciò non cambia la faccenda; ***grüner ~*** cavolo d'inverno; ***seinen ~ pflanzen*** → ***seinen ~ anbauen.*** **Kohl|art** f. *(-,-en)* varietà *f.* di cavolo. **Kohl|blatt** n. *(-[e]s,-blätter)* foglia *f.* di cavolo. **Kohl|dampf**, ***~ haben, schieben*** avere una fame da lupo, patire la fame.

Koh|le f. *(-,-n)* **1** carbone *m.*: ***~ abbauen, fördern*** estrarre carbone; ***mit ~ heizen*** riscaldare a carbone; ***~ führend*** carbonifero **2** *(Aktivkohle)* carbone *m.* attivato, attivo **3** *(Zeichenkohle)* carboncino *m.* **4** COLLOQ. *(Geld)* grana *f.*: ***-e machen*** fare la grana; ***Hauptsache, die -n stimmen*** l'importante è che ci siano i soldi, che la paga sia giusta **5** → **Kohlebürste** ◆ ***~ brennen*** fare il carbone (di legna); ***feurige -n auf jds Haupt sammeln*** fare arrossire qcn. di vergogna; ***(wie) auf (glühenden) -n sitzen*** essere (*o* stare) sui carboni ardenti; ***weiße ~*** carbone bianco, energia idraulica. **Koh|le|ben|zin** n. *(-s)* benzina *f.* ricavata dal carbone. **Koh|le|bürs|te** f. *(-,-n)* EL. spazzola *f.* di carbone. **Koh|le|che|mie** f. *(-)* carbochimica *f.* **Koh|le|fa|den** m. *(-s,-fäden)* EL. filamento *m.* di carbone. **Koh|le|fa|den|lam|pe** f. *(-,-n)* lampada *f.* a filamento di carbone. **koh|le|hal|tig** agg. carbonioso. **Koh|le|herd** → **Kohlenherd.** **Koh|le|hyd|rat** → **Kohlenhydrat.** **Koh|le|hyd|rie|rung** f. *(-)* idrogenazione *f.* del carbone. **Koh|le|kraft|werk** n. *(-[e]s,-e)* centrale *f.* a carbone.

1.koh|len intr. (aus. *haben*) **1** carbonizzarsi **2** MAR. *(Kohle laden)* caricare (*o* imbarcare) carbone.

2.koh|len intr. (aus. *haben*) COLLOQ. dire cavolate.

Koh|len|be|cken n. *(-s,-)* **1** GEOL. bacino *m.* carbonifero **2** *(Wärmequelle)* braciere *m.* **Koh|len|berg|bau** m. *(-[e]s)* industria *f.* estrattiva del carbone. **Koh|len|berg|werk** n. *(-[e]s,-e)* miniera *f.* di carbone. **Koh|len|bun|ker** m. *(-s,-)* carbonile *m.*, carbonaia *f.* **Koh|len|di|oxid, Koh|len|di|oxyd** n. *(-s)* anidride *f.* carbonica, biossido *m.* di carbonio. **Koh|len|fa|den** → **Kohlefaden.** **Koh|len|fa|den|lam|pe** → **Kohlefadenlampe.** **Koh|len|feu|er** n. *(-s,-)* fuoco *m.* di carbone. **Koh|len|feu|e|rung** f. *(-,-en)* **1** ***eine Heizung mit ~*** un riscaldamento a carbone **2** *(Vorrichtung)* impianto *m.* a carbone. **Koh|len|flöz** n. *(-es,-e)* filone *m.* di carbone, carbonifero. **Koh|len|gas** n. *(-es,-e)* gas *m.* da carbon fossile. **Koh|len|gru|be** f. *(-,-n)* miniera *f.* di carbone. **Koh|len|hand|lung** f. *(-,-en)* azienda *f.* venditrice di carbone. **Koh|len|hei|zung** f. *(-,-en)* riscaldamento *m.* a carbone. **Koh|len|herd** m. *(-[e]s,-e)* cucina *f.* a carbone. **Koh|len|hyd|rat** n. *(-[e]s,-e)* idrato *m.* di carbonio, carboidrato *m.* **Koh|len|kam|mer** f. *(-,-n)* carbonaia *f.* **Koh|len|kas|ten** m. *(-s,-kästen)* cassa *f.* del carbone. **Koh|len|kel|ler** m. *(-s,-)* carbonaia *f.* **Koh|len|mei|ler** m. *(-s,-)* carbonaia *f.* **Koh|len|mo|no|xid, Koh|len|mo|no|xyd** n. *(-s)* (mon)ossido *m.* di carbonio. **Koh|len|ofen** → **Kohleofen.** **Koh|len|oxid** → **Kohlenmonoxid.** **Koh|len|pott** m. *(-s)* SCHERZ. = bacino *m.* carbonico della Ruhr. **Koh|len|re|vier** n. *(-s,-e)* zona *f.* carbonifera, distretto *m.* carbonifero. **koh|len|sau|er** agg. carbonico: ***kohlensaures Natron, Kalzium*** carbonato di sodio, di calcio. **Koh|len|säu|re** f. *(-)* acido *m.* carbonico ◆ ***Mineralwasser ohne ~*** acqua minerale non addizionata di anidride carbonica. **koh|len|säu|re|hal|tig** agg. ***-e Getränke*** bevande addizionate di anidride carbonica. **Koh|len|schau|fel** f. *(-,-n)* pala *f.* da carbone. **Koh|len|staub** m. *(-[e]s)* polvere *f.* (*o* polverino *m.*) di carbone. **Koh|len|stift** m. *(-[e]s,-e)* elettrodo *m.* di carbone. **Koh|len|stoff** m. *(-[e]s)* carbonio *m.* **Koh|len|trim|mer** m. *(-s,-)* MAR. ANT. carbonaio *m.*, addetto *m.* al carbone. **Koh|len|über|nah|me** f. *(-)* carbonamento *m.*, rifornimento *m.* di carbone. **Koh|len|wa|gen** m. *(-s,-)* FERR. **1** → **Kohlenwaggon** **2** *(Tender)* carro-scorta *m.*, tender *m.* **Koh|len|wag|gon** m. *(-s,-s)* vagone *m.* per il trasporto di carbone. **Koh|len|was|ser|stoff** m. *(-[e]s,-e)* idrocarburo *m.* **Koh|len|ze|che** f. *(-,-n)* miniera *f.* di carbone. **Koh|len|zug** m. *(-[e]s,-züge)* treno *m.* carico di (*o* che trasporta) carbone.

Koh|le|ofen m. *(-s,-öfen)* stufa *f.* a carbone. **Koh|le|pa|pier** n. *(-s,-e)* carta *f.* carbone. **Koh|le|preis** m. *(-es,-e)* prezzo *m.* del carbone. **Köh|ler** m. *(-s,-)* **1** carbonaio *m.* **2** ITTIOL. gado *m.* carbonario. **Köh|le|rei** f. *(-,-en)* **1** carbonaia *f.* **2** *(Kohlegewinnung)* estrazione *f.* di carbone. **Koh|le|re|vier** → **Kohlenrevier.** **Koh|le|stift** m. *(-[e]s,-e)* carboncino *m.* **Koh|le|ver|flüs|si|gung** f. *(-)* → **Kohlehydrierung.** **Koh|le|ver|ga|sung** f. *(-)* gassificazione *f.* del carbone. **Koh|le|vor|kom|men** n. *(-s,-)* giacimento *m.* di carbone. **Koh|le|zeich|nung** f. *(-,-en)* disegno *m.* a carboncino.

Kohl|kopf m. *(-[e]s,-köpfe)* testa *f.* di cavolo: COLLOQ. FIG. *(Unsinnschwätzer)* ***du bist ein ~!*** sei una testa di cavolo! **Kohl|mei|se** f. *(-,-n)* cinciallegra *f.*

1.Kohl|ra|be f. *(-,-n)* REGION. → **Kohlrabi.**

2.Kohl|ra|be m. *(-n,-n)* corvo *m.* **kohl|ra|ben|schwarz** agg. nero come la pece (*o* come il carbone): ***eine -e Nacht*** una notte nera come la pece; *(von Augen, Haaren)* corvino. **Kohl|ra|bi** m. *(-[s], -[s])* cavolo *m.* rapa. **Kohl|rau|pe** f. *(-,-n)* bruco *m.* di cavolaia. **Kohl|rou|la|de** [-ru-] f. *(-,-n)* involtino *m.* di cavolo. **Kohl|rü|be** f. *(-,-n)* **1** BOT. navone *m.* **2** AUSTR. → **Kohlrabi** **3** COLLOQ. *(Kopf)* zucca *f.*, rapa *f.* **kohl|schwarz** agg. **1** *(tiefschwarz)* corvino **2** *(schwarz vom Schmutz)* nero come il carbone. **Kohl|spros|se** f. *(-,-n)* AUSTR. cavolino *m.* di Bruxelles. **Kohl|strunk** m. *(-[e]s, -strünke)* torsolo *m.* di cavolo. **Kohl|sup|pe** f. *(-,-n)* minestra *f.* di cavoli. **Kohl|weiß|ling** m. *(-s,-e)* cavolaia *f.*

Ko|hor|ta|tiv m. *(-s,-e)* congiuntivo *m.* esortativo.

Ko|hor|te f. *(-,-n)* **1** STOR. coorte *f.* **2** SPREG. *(Schar)* masnada *f.* **3** SOCIOL. *(ausgewählte Personengruppe)* gruppo *m.* campione.

Koi|ne f. *(-)* koinè *f.*

ko|in|zi|dent agg. coincidente. **Ko|in|zi|denz** f. *(-,-en)* coincidenza *f.* **ko|in|zi|die|ren** intr. (aus. *haben*) coincidere.

ko|i|tie|ren **I** intr. (aus. *haben*) congiungersi sessualmente **II** tr. ***jdn ~*** congiungersi sessualmente con qcn. **Ko|i|tus** m. *(-,- e -se)* coito *m.*

Ko|je f. *(-,-n)* **1** MAR. cuccetta *f.* **2** COLLOQ. *(Bett)* letto *m.*, cuccia *f.*: ***sich in die ~ hauen*** cacciarsi a letto **3a** *(Nische)* nicchia *f.* **b** *(Ausstellungsstand)* stand *m.*

Ko|jo|te m. *(-n,-n)* **1** coyote *m.*, coiote *m.* **2** SPREG. *(Schuft)* canaglia *f.*, furfante *m.*

Ko|ka f. *(-,-)* coca *f.* **Ko|ka|in** n. *(-s)* cocaina *f.*: ***~ schnupfen*** sniffare cocaina. **Ko|ka|i|nis|mus** m. *(-)* cocainismo *m.*

Ko|kar|de f. *(-,-n)* coccarda *f.*

Ko|ka|strauch m. *(-[e]s,-sträucher)* pianta *f.* di coca.

ko|ken intr. (aus. *haben*) produrre coke.

1.Ko|ker m. *(-s,-)* operaio *m.* di cokeria.

2.Ko|ker m. *(-s,-)* MAR. losca *f.*

Ko|ke|rei f. *(-,-en)* **1** cokeria *f.* **2** *(Verkokung)* cokificazione *f.*

ko|kett **I** agg. civettuolo: ***ein -es Lächeln, Mädchen*** un sorriso civettuolo, una ragazza civettuola **II** avv. in modo civettuolo. **Ko|ket|te|rie** f. *(-)* civetteria *f.* **ko|ket|tie|ren** intr. (aus. *haben*) **1** civettare, fare la civetta; FIG. civettare, rendersi interessante: ***mit seinem Alter ~*** civettare con la propria età **2** *(liebäugeln)* giocare con l'idea di, fantasticare di: ***mit einem neuen Kleid ~*** accarezzare l'idea di comprarsi un vestito nuovo.

Ko|kil|le f. *(-,-n)* conchiglia *f.*

Kok|ke f. *(-,-n)* BIOL. cocco *m.*

Kok|ko|lith m. *(-s e -en,-e[n])* coccolite *m.* **Kok|kus** m. *(-, Kokken)* → **Kokke.**

Ko|ko|lo|res m. *(-)* COLLOQ. **1** *(Unsinn)* stupidaggini *f.pl.* **2** *(Getue)* arie *f.pl.*, boria *f.*: ***mach doch keinen ~!*** non darti tante arie!

Ko|kon [ko'kɔ̃:, ko'ko:n] m. *(-s,-s)* bozzolo *m.*

Ko|kos f. *(-,-)* → **Kokospalme.** **Ko|kos|bus|serl** n. *(-s,-[n])* AUSTR.

biscotto *m.* al cocco. **Ko|kos|but|ter** f. *(-)* → **Kokosfett. Ko|kos|fa|ser** f. *(-,-n)* fibra *f.* di cocco. **Ko|kos|fett** m. *(-[e]s)* grasso *m.* di cocco. **Ko|kos|flo|cken** pl. fiocchi *m.pl.* fondenti al cocco. **Ko|kos|läu|fer** m. *(-s,-)* zerbino *m.* di (fibra di) cocco. **Ko|kos|mat|te** f. *(-,-n)* stuoia *f.* di (fibra di) cocco. **Ko|kos|milch** f. *(-)* latte *m.* di cocco. **Ko|kos|nuss** f. *(-,-nüsse)* noce *f.* di cocco. **Ko|kos|öl** n. *(-s)* olio *m.* di cocco. **Ko|kos|pal|me** f. *(-,-n)* cocco *m.*, albero *m.* di cocco. **Ko|kos|ras|pel** pl. cocco *m.* grattugiato.

Ko|kot|te f. *(-,-n)* cocotte *f.*

1.Koks m. *(-es,-e)* **1** coke *m.* **2** SCHERZ. *(Bargeld)* grana *f.*

2.Koks m. *(-es)* GERG. coca *f.*

3.Koks m. *(-[es],-e)* COLLOQ. cappello *m.* rigido.

4.Koks m. *(-es)* COLLOQ. sciocchezze *f.pl.*

1.kok|sen intr. (aus. *haben*) COLLOQ. dormire.

2.kok|sen intr. (aus. *haben*) GERG. farsi di coca, sniffare coca. **Kok|ser** m. *(-s,-)* GERG. cocainomane *m.*

Koks|ofen m. *(-s,-öfen)* **1** stufa *f.* a coke **2** *(zur Koksherstellung)* forno *m.* da coke.

Ko|ky|tos n.pr.m. *(-)* MITOL. Cocito *m.*

Kok|zi|die f. *(-,-n)* coccide *m.* **Kok|zi|di|o|se** f. *(-,-n)* coccidiosi *f.*

Ko|la|baum m. *(-[e]s,-bäume)* cola *f.*, albero *m.* di cola.

Ko|la|ni m. *(-s,-s)* giacca *f.* da marinaio.

Ko|la|nuss f. *(-,-nüsse)* noce *f.* di cola. **Ko|la|strauch** m. *(-[e]s,-sträucher)* pianta *f.* di cola.

Kol|ben m. *(-s,-)* **1** MECC. stantuffo *m.*, pistone *m.*: ***der ~ eines Motors, einer Pumpe*** il pistone di un motore, lo stantuffo di una pompa **2** CHIM. *(Glaskolben)* matraccio *m.* **3** BOT. pannocchia *f.* **4** *(Gewehrkolben)* calcio *m.* (del fucile) **5** COLLOQ. *(dicke Nase)* peperone *m.*, nasone *m.* **Kol|ben|dampf|ma|schi|ne** f. *(-,-n)* macchina *f.* a vapore. **Kol|ben|dich|tung** f. *(-,-en)* guarnizione *f.* di un pistone. **Kol|ben|fres|ser** m. *(-s,-)* GERG. grippaggio *m.* dei pistoni. **Kol|ben|hieb** m. *(-[e]s,-e)* contraccolpo *m.* (del calcio del fucile). **Kol|ben|hir|se** f. *(-)* BOT. panico *m.* **Kol|ben|hub** m. *(-[e]s,-hübe)* corsa *f.* dello stantuffo. **Kol|ben|ma|schi|ne** f. *(-,-n)* macchina *f.* a stantuffi. **Kol|ben|mo|tor** m. *(-s,-en)* motore *m.* a pistoni. **Kol|ben|pum|pe** f. *(-,-n)* pompa *f.* a pistone. **Kol|ben|ring** m. *(-s,-e)* MOT. fascia *f.* elastica, segmento *m.* elastico. **Kol|ben|schie|ber** m. *(-s,-)* valvola *f.* a stantuffo. **Kol|ben|stan|ge** f. *(-,-n)* asta *f.* (*o* stelo *m.*) dello stantuffo; *(bei Verbrennungsmotoren)* biella *f.*

Kol|chos m. e n. *(-,-e)* → **Kolchose. Kol|chos|bau|er** m. *(-n,-n)* colcosiano *m.*, colchoziano *m.* **Kol|cho|se** f. *(-,-n)* kolchoz *m.*

Ko|le|op|te|re f. *(-,-n)* coleottero *m.*

Ko|li|bak|te|rie f. *(-,-n)* colibatterio *m.*, colibacillo *m.*

Ko|lib|ri m. *(-s,-s)* colibrì *m.*

ko|lie|ren tr. CHIM. filtrare. **Ko|lier|tuch** n. *(-s,-tücher)* garza *f.* per filtrare.

Ko|lik, Ko|lik f. *(-,-en)* colica *f.* **Ko|li|tis** f. *(-, Kolitiden)* colite *f.*

Kolk m. *(-[e]s,-e)* tonfano *m.*, buca *f.*

kol|la|bie|ren intr. (aus. *sein*) **1** MED. avere un collasso **2** ASTR. collassare.

Kol|la|bo|ra|teur [-'tø:ɐ] m. *(-s,-e)* collaborazionista *m.* **Kol|la|bo|ra|ti|on** f. *(-)* **1** collaborazionismo *m.* **2** RAR. *(Zusammenarbeit)* collaborazione *f.* **kol|la|bo|rie|ren** intr. (aus. *haben*) **1** collaborare (col nemico) **2** RAR. *(zusammenarbeiten)* collaborare.

kol|la|gen agg. collagene, collageno. **Kol|la|gen** n. *(-s,-e)* collagene *m.*, collageno *m.*

Kol|laps, Kol|laps m. *(-es,-e)* MED. ASTR. collasso *m.*: ***einen ~ bekommen, erleiden*** avere, subire un collasso.

Kol|lar n. *(-s,-e)* ECCL. collare *m.*

kol|la|te|ral agg. collaterale.

Kol|la|ti|on f. *(-,-en)* **1** collazione *f.* (anche DIR. RELIG.) **2** REGION. *(Imbiss)* spuntino *m.* **kol|la|ti|o|nie|ren** tr. collazionare.

kol|lau|die|ren tr. SVIZZ. AUSTR. collaudare. **Kol|lau|die|rung** f. *(-,-en)* SVIZZ. AUSTR. collaudo *m.*

Kol|leg n. *(-s,-s e Kollegien)* **1** *(Vorlesung)* corso *m.* (accademico): ***ein ~ belegen, besuchen, halten*** iscriversi a, frequentare, tenere un corso **2a** *(Institution des zweiten Bildungswegs)* = corso *m.* di preparazione alla maturità (per persone che abbiano superato gli esami di formazione professionale) **b** *(Fernkolleg)* corso *m.* per corrispondenza (o attraverso radio e televisione) **3** collegio *m.*, convitto *m.*, istituto *m.* religioso **4** ANT. *(Kollegium)* collegio *m.*

Kol|le|ga m. *(-[s],-s)* SCHERZ., **Kol|le|ge** m. *(-n,-n)* collega *m.* **Kol|le|gen|kreis** m. *(-es,-e)* cerchia *f.* di colleghi. **Kol|le|gen|ra|batt** m. *(-[e]s,-e)* = sconto *m.* praticato tra case editrici. **Kol|le|gen|schaft** f. *(-)* colleghi *m.pl.*

Kol|leg|heft n. *(-[e]s,-e)* quaderno *m.* di appunti (di un corso universitario).

kol|le|gi|al I agg. **1** da buoni colleghi, solidale **2** *(von einem Kollegium)* collegiale: ***ein -er Beschluss*** una decisione collegiale **II** avv. **1** da buoni colleghi: ***sich ~ verhalten*** comportarsi da buoni colleghi **2** *(durch ein Kollegium)* collegialmente. **Kol|le|gi|a|li|tät** f. *(-)* **1** *(kollegiales Verhalten)* comportamento *m.* da colleghi **2** collegialità *f.*

Kol|le|gi|at m. *(-en,-en)* **1a** studente *m.* che frequenta un corso di preparazione alla maturità **b** *(Student von Fernkursen)* studente *m.* di un corso per corrispondenza **2** *(Mitglied eines Stifts)* collegiale *m.*

Kol|le|gin f. *(-,-nen)* collega *f.*

Kol|le|gi|um n. *(-s, Kollegien)* **1a** collegio *m.*: ***das ~ der Ärzte*** il collegio dei medici **b** *(von Lehrern)* collegio *m.* (dei) docenti, corpo *m.* insegnante **2** *(Körperschaft)* comitato *m.*, commissione *f.*: ***ein Beschluss des -s*** una decisione del comitato.

Kol|leg|stu|fe f. *(-)* INTRAD. (ultimi due anni del liceo).

Kol|lek|te f. *(-,-n)* LIT. colletta *f.* **Kol|lek|teur** [-'tø:ɐ] m. *(-s,-e)* ANT. **1** *(Lotterieeinnehmer)* ricevitore *m.* (del lotto) **2** questuante *m.* (a scopo benefico).

Kol|lek|ti|on f. *(-,-en)* collezione *f.*: ***eine ~ von Briefmarken*** una collezione di francobolli; ***die neue ~ vorführen*** presentare la nuova collezione (di moda).

kol|lek|tiv I agg. collettivo, comune **II** avv. collettivamente. **Kol|lek|tiv** n. *(-s,-e e -s)* **1** *(Gemeinschaft)* collettività *f.*, comunità *f.* **2** *(Gruppe)* gruppo *m.*, équipe *f.*, team *m.*: ***im ~ arbeiten*** lavorare in équipe **3** SOCIOL. POL. collettivo *m.*: ***das ~ der Drucker*** il collettivo dei tipografi **4** OTT. (lente *f.*) collettrice *f.* **Kol|lek|tiv|ar|beit** f. *(-,-en)* lavoro *m.* collettivo. **Kol|lek|tiv|be|wusst|sein** n. *(-s)* coscienza *f.* collettiva. **Kol|lek|tiv|bil|dung** f. *(-,-en)* → **Kollektivum. Kol|lek|tiv|ei|gen|tum** n. *(-s)* proprietà *f.* collettiva. **kol|lek|ti|vie|ren** tr. collettivizzare. **Kol|lek|ti|vie|rung** f. *(-,-en)* collettivizzazione *f.* **Kol|lek|ti|vis|mus** m. *(-)* collettivismo *m.* **Kol|lek|ti|vist** m. *(-en,-en)* collettivista *m.* **kol|lek|ti|vis|tisch** agg. collettivista, collettivistico. **Kol|lek|ti|vi|tät** f. *(-)* collettività *f.* **Kol|lek|tiv|schau** f. *(-,-en)* mostra *f.* collettiva. **Kol|lek|tiv|schuld** f. *(-)* responsabilità *f.* collettiva. **Kol|lek|ti|vum** n. *(-s, Kollektiva)* GRAMM. nome *m.* collettivo. **Kol|lek|tiv|ur|teil** n. *(-s,-e)* giudizio *m.* collettivo. **Kol|lek|tiv|ver|trag** m. *(-[e]s,-verträge)* contratto *m.* collettivo. **Kol|lek|tiv|wirt|schaft** f. *(-)* economia *f.* collettivista.

Kol|lek|tor m. *(-s,-en)* EL. FIS. collettore *m.*

Kol|len|chym n. *(-s,-e)* collenchima *m.*

1.Kol|ler n. *(-s,-)* **1a** STOR. *(Kragen)* collare *m.* **b** *(Jäckchen)* farsetto *m.* **2** SART. *(Schulterpasse)* sprone *m.*

2.Kol|ler m. *(-s,-)* **1** COLLOQ. *(Zornausbruch)* scoppio *m.* di rabbia: ***einen ~ haben, kriegen, bekommen*** avere uno scoppio di rabbia **2** VETER. *(Dummkoller)* idrocefalia *f.* cronica.

Kol|ler|gang m. *(-[e]s,-gänge)* TECN. frantoio *m.*

kol|le|rig agg. COLLOQ. collerico.

1.kol|lern intr. (aus. *haben*) **1** gloglottare, fare glo glo (del tacchino) **2** *(im Magen, Bauch)* gorgogliare, brontolare.

2.kol|lern intr. (aus. *haben*) COLLOQ. ANT. avere uno scoppio di rabbia.

3.kol|lern I intr. (aus. *sein*) rotolare: ***zu Boden ~*** rotolare a terra **II** rifl. **sich ~** rotolarsi.

Kol|lett n. *(-s,-e)* ANT. giubbetto *m.*

Kol|li n. *(-s,-[s])* AUSTR. collo *m.*, pacco *m.*

kol|li|die|ren intr. **1** (aus. *sein*) collidere, entrare in collisione: ***mit etw. ~*** collidere con qcs. **2a** (aus. *haben*) scontrarsi, essere in conflitto: ***unsere Auffassungen ~ (miteinander)*** le nostre opinioni sono in conflitto (tra loro) **b** *(zur gleichen Zeit stattfinden)* coincidere.

Kol|li|er [kɔ'lie:] n. *(-s,-s)* **1** collier *m.* **2** *(Pelzstreifen)* collo *m.* (di pelliccia).

Kol|li|ma|ti|on f. *(-,-en)* OTT. collimazione *f.* **Kol|li|ma|tor** m. *(-s,-en)* collimatore *m.*

Kol|li|si|on f. *(-,-en)* **1** collisione *f.*, scontro *m.*: ***eine ~ zwischen zwei Autos*** uno scontro fra due auto **2a** *(Konflikt)* scontro *m.*, contrasto *m.*, conflitto *m.*: ***eine ~ von Interessen*** uno scontro d'interessi; ***mit jdm, etw. in ~ geraten*** entrare in conflitto con qcn., qcs. **b** *(Zwiespalt)* divergenza *f.* **3** *(von Zeit)* coincidenza *f.* **Kol|li|si|ons|kurs** m. *(-es)* rotta *f.* di collisione (anche FIG.): ***das Schiff liegt auf ~*** la nave è in rotta di collisione; FIG. ***mit jdm auf ~ gehen, steuern*** mettersi, entrare in rotta di collisione con qcn.

Kol|lo n. *(-s,-s e Kolli)* collo *m.* (di merce).

Kol|lo|di|um n. *(-s)* collodio *m.*

kol|lo|id agg. → **kolloidal. Kol|lo|id** n. *(-[e]s,-e)* colloide *m.* **kol|lo|i|dal** agg. colloidale. **Kol|lo|id|che|mie** f. *(-)* chimica *f.* dei colloidi. **Kol|lo|id|re|ak|ti|on** f. *(-,-en)* MED. reazione *f.* colloidale.

Kol|lo|ka|ti|on f. *(-,-en)* LING. collocazione *f.*
kol|lo|qui|al agg. LING. colloquiale. **Kol|lo|qui|a|lis|mus** m. *(-, Kolloquialismen)* colloquialismo *m.*, forma *f.* colloquiale. **Kol|lo|qui|um** n. *(-s, Kolloquien)* **1a** UNIV. colloquio *m.*: ***ein ~ abhalten*** dare, sostenere un colloquio **b** *(Prüfung)* esame *m.* **2** *(Zusammenkunft)* convegno *m.*, simposio *m.*
kol|lu|die|ren intr. (aus. *haben*) DIR. colludere. **Kol|lu|si|on** f. *(-,-en)* DIR. collusione *f.*
kol|ma|tie|ren tr. GEOL. colmare. **Kol|ma|ti|on** f. *(-,-en)* colmata *f.*
Köln n.pr.n. *(-s)* Colonia *f.* **Köl|ner I** m. *(-s,-)* abitante *m.* di Colonia **II** agg. inv. di Colonia: ***der ~ Dom*** il duomo di Colonia. **köl|nisch** agg. di Colonia. **Köl|nisch|was|ser, köl|nisch Was|ser** n. *(-s,-)* acqua *f.* di Colonia.
Ko|lom|bi|ne f. *(-,-n)* Colombina *f.*
Ko|lon n. *(-s,-s* e *Kola)* **1** METR. colon *m.* **2** ANT. *(Doppelpunkt)* due punti *m.pl.* **3** MED. colon *m.*
Ko|lo|nat n. e m. *(-[e]s,-e)* STOR. colonato *m.* **Ko|lo|ne** m. *(-n,-n)* colono *m.*
ko|lo|ni|al agg. coloniale (anche BIOL.): ***die -en Besitzungen*** i possedimenti coloniali. **Ko|lo|ni|al|ge|biet** n. *(-[e]s,-e)* territorio *m.* coloniale; colonia *f.* **Ko|lo|ni|al|herr|schaft** f. *(-)* dominio *m.* coloniale. **ko|lo|ni|a|li|sie|ren** tr. colonizzare. **Ko|lo|ni|a|li|sie|rung** f. *(-,-en)* colonizzazione *f.* **Ko|lo|ni|a|lis|mus** m. *(-)* colonialismo *m.* **Ko|lo|ni|a|list** m. *(-en,-en)* colonialista *m.* **ko|lo|ni|a|lis|tisch** agg. colonialistico. **Ko|lo|ni|al|krieg** m. *(-[e]s,-e)* guerra *f.* coloniale. **Ko|lo|ni|al|macht** f. *(-,-mächte)* potenza *f.* coloniale. **Ko|lo|ni|al|mi|nis|ter** m. *(-s,-)* ministro *m.* delle colonie. **Ko|lo|ni|al|po|li|tik** f. *(-)* politica *f.* coloniale. **Ko|lo|ni|al|reich** n. *(-[e]s,-e)* impero *m.* coloniale. **Ko|lo|ni|al|stil** m. *(-[e]s)* stile *m.* coloniale: ***Häuser im ~*** case in stile coloniale. **Ko|lo|ni|al|trup|pe** f. *(-,-n)* truppa *f.* coloniale. **Ko|lo|ni|al|wa|ren** pl. generi *m.pl.* coloniali. **Ko|lo|ni|al|zeit** f. *(-)* epoca *f.*, periodo *m.* coloniale.
Ko|lo|nie f. *(-,-n)* **1a** STOR. BIOL. colonia *f.* **b** *(Gemeinschaft)* ***die deutsche ~ in London*** la colonia tedesca di Londra **2** *(Siedlung)* colonia *f.*: ***eine ~ in Übersee*** una colonia d'oltremare **3** *(Ferienkolonie)* colonia *f.* estiva. **Ko|lo|ni|sa|ti|on** f. *(-,-en)* colonizzazione *f.* **Ko|lo|ni|sa|tor** m. *(-s,-)* colonizzatore *m.* **ko|lo|ni|sa|to|risch** agg. colonizzatore. **ko|lo|ni|sie|ren** tr. colonizzare. **Ko|lo|ni|sie|rung** f. *(-,-en)* colonizzazione *f.* **Ko|lo|nist** m. *(-en,-en)* **1a** coloniale *m.*, abitante *m.* di una colonia **b** BIOL. coloniale *m.* **2** STOR. colono *m.*
Ko|lon|na|de f. *(-,-n)* colonnato *m.*
Ko|lon|ne f. *(-,-n)* **1a** colonna *f.* (anche TIP. CHIM.): ***eine ~ bilden*** formare una colonna; ***eine ~ von Zahlen*** una colonna di numeri **b** MIL. *(von Soldaten)* ***in -n marschieren*** marciare in colonna **c** *(von Fahrzeugen)* (auto)colonna *f.*: ***(in) ~ fahren*** viaggiare in colonna, incolonnati; ***sich in eine ~ einreihen*** mettersi in colonna **2** *(Arbeitsgruppe)* squadra *f.* ◆ ***die fünfte ~*** la quinta colonna. **Ko|lon|nen|ap|pa|rat** m. *(-[e]s,-e)* colonna *f.* di distillazione. **Ko|lon|nen|fah|ren** n. *(-s)* il viaggiare in colonna, incolonnati. **Ko|lon|nen|schrift** f. *(-)* scrittura *f.* a caratteri incolonnati. **Ko|lon|nen|sprin|gen** n. *(-s)* sorpasso *m.* di una colonna. **Ko|lon|nen|sprin|ger** m. *(-s,-)* COLLOQ. chi sorpassa un colonna (di autoveicoli).
Ko|lo|phon m. *(-s,-e)* colofone *m.* **Ko|lo|pho|ni|um** m. *(-s)* colofonio *m.*
Ko|lo|ra|tur f. *(-,-en)* MUS. coloratura *f.* **Ko|lo|ra|tur|sop|ran** m. *(-s,-e)* soprano *m.* coloratura.
ko|lo|rie|ren tr. PITT. colorare, colorire. **Ko|lo|rie|rung** f. *(-,-en)* PITT. coloritura *f.* **Ko|lo|ri|me|ter** n. *(-s,-)* CHIM. colorimetro *m.* **Ko|lo|ri|met|rie** f. *(-)* CHIM. ASTR. colorimetria *f.* **ko|lo|ri|met|risch** agg. colorimetrico.
Ko|lo|ris|mus m. *(-)* ART. colorismo *m.* **Ko|lo|rist** m. *(-en,-en)* colorista *m.* **ko|lo|ris|tisch** agg. coloristico. **Ko|lo|rit** n. *(-[e]s,-e* e *-s)* **1** PITT. colore *m.*, coloritura *f.* **2** MED. colorito *m.* **3** MUS. colore *m.* **4** *(Atmosphäre)* colore *m.*, atmosfera *f.*: ***das ~ einer Stadt*** il colore di una città.
Ko|lo|skop n. *(-s,-e)* coloscopio *m.* **Ko|lo|sko|pie** f. *(-,-n)* colo(no)-scopia *f.*
Ko|loss, Ko|loss m. *(-es, -e)* **1** colosso *m.* (anche FIG.) **2** SCHERZ. *(schwergewichtige Person)* gigante *m.*, colosso *m.*
ko|los|sal I agg. **1** colossale: ***eine -e Statue, Kuppel*** una statua, cupola colossale **2** COLLOQ. *(wahnsinnig)* enorme, tremendo: ***ein -er Hunger, Schrecken*** una fame, una paura tremenda **II** avv. COLLOQ. **1** moltissimo; enormemente: ***sich ~ freuen*** rallegrarsi moltissimo; ***~ viel Regen*** tantissima pioggia. **Ko|los|sal|film** m. *(-[e]s,-e)* colossal *m.* **ko|los|sa|lisch** agg. colossale. **Ko|los|sal|sta|tue** f. *(-,-n)* statua *f.* colossale.
Ko|los|se|um n.pr.n. *(-s)* Colosseo *m.*
Ko|lost|ral|milch f. *(-)*, **Ko|lost|rum** n. *(-s)* colostro *m.*
Kol|pak, Kol|pak → **Kalpak.**
Kol|por|ta|ge [-'ta:ʒə] f. *(-,-n)* **1** opera *f.* dozzinale **2** *(Verbreitung von Gerüchten)* diffusione *f.* di dicerie **3** ANT. vendita *f.* ambulante di libri. **Kol|por|ta|ge|li|te|ra|tur** f. *(-)* letteratura *f.* dozzinale. **Kol|por|ta|ge|ro|man** m. *(-[e]s,-e)* romanzo *m.* dozzinale. **Kol|por|teur** [-'tø:ɐ] m. *(-s,-e)* **1** chi diffonde dicerie **2** ANT. venditore *m.* ambulante di libri. **kol|por|tie|ren** tr. **1** diffondere: ***Gerüchte ~*** diffondere dicerie **2** ANT. vendere a domicilio: ***Bücher ~*** vendere libri a domicilio.
Kol|po|sko|pie f. *(-)* colposcopia *f.*
1.Kölsch n. *(-[s])* **1** INTRAD. (tipo di birra tipico di Colonia) **2** INTRAD. (dialetto parlato a Colonia).
2.Kölsch m. *(-[e]s)* SVIZZ. tessuto *m.* di cotone a scacchi.
1.Kol|ter m. *(-s,-)* e f. *(-,-n)* REGION. coltrone *m.*
2.Kol|ter n. *(-s,-)* coltro *m.*
Ko|lum|ba|ri|um n. *(-s, Kolumbarien)* colombario *m.* (anche ARCH. STOR.).
Ko|lum|bi|a|ner m. *(-s,-)* colombiano *m.* **ko|lum|bi|a|nisch** agg. colombiano. **Ko|lum|bi|en** n.pr.n. *(-s)* Colombia *f.* **Ko|lum|bi|er** m. *(-s,-)* → **Kolumbianer.**
Ko|lum|bi|ne → **Kolombine.**
ko|lum|bisch agg. → **kolumbianisch.**
Ko|lum|ne f. *(-,-n)* **1** *(Druckspalte)* colonna *f.* **2** GIORN. rubrica *f.* **3** colonna *f.*: ***eine ~ von Zahlen*** una colonna di numeri. **Ko|lum|nen|maß** n. *(-es,-e)* corpo *m.* di (una) colonna. **Ko|lum|nen|ti|tel** m. *(-s,-)*, ***lebender ~*** titolo corrente, testatina; ***toter ~*** numero di pagina. **ko|lum|nen|wei|se** avv. TIP. in, a colonne. **Ko|lum|nist** m. *(-en,-en)* columnist *m.*
1.Ko|ma n. *(-s,-s* e *-ta)* coma *m.*: ***im ~ liegen*** essere in (stato di) coma.
2.Ko|ma f. *(-,-s)* **1** ASTR. chioma *f.* **2** OTT. coma *m.*
Ko|mant|sche m. *(-n,-n)* comanche *m.*
ko|ma|tös agg. comatoso.
Kom|bat|tant m. *(-en,-en)* **1** DIR. *(Mitkämpfer)* commilitone *m.* **2** ANT. *(Kriegsteilnehmer)* combattente *m.*
Kom|bi m. *(-[s],-s)* → **Kombiwagen.**
Kom|bi|nat n. *(-[e]s,-e)* kombinat *m.*, combinat *m.*
1.Kom|bi|na|ti|on f. *(-,-en)* **1** combinazione *f.* (anche GIOC. MAT.): ***eine ~ von Wörtern, Farben*** una combinazione di parole, colori **2** *(gedankliche Verbindung)* associazione *f.*: ***eine scharfsinnige, falsche ~*** un'associazione arguta, errata **3a** *(von Kleidung)* completo *m.* **b** *(von Männerkleidung)* spezzato *m.*: ***eine ~ aus blauer Jacke und grauer Hose*** uno spezzato con giacca blu e pantaloni grigi **4a** SPORT gioco *m.* combinato, azione *f.* combinata **b** *(beim Skifahren)* combinata *f.*: ***die nordische ~*** la combinata nordica.
2.Kom|bi|na|ti|on f. *(-,-en)* **1** *(Schutzanzug)* tuta *f.* **2** *(von Fliegern)* combinazione *f.* (di volo) **3** ANT. *(Wäschegarnitur)* sottoveste *f.*, ANT. combinazione *f.*
Kom|bi|na|ti|ons|ga|be f. *(-)* capacità *f.* associativa, di collegamento. **Kom|bi|na|ti|ons|schloss** n. *(-es,-schlösser)* serratura *f.* con combinazione. **Kom|bi|na|ti|ons|ver|mö|gen** n. *(-s)* → **Kombinationsgabe. Kom|bi|na|to|rik** f. *(-)* **1** FILOS. arte *f.* combinatoria **2** MAT. calcolo *m.* combinatorio. **kom|bi|na|to|risch** agg. combinatorio; associativo.
Kom|bine [kɔm'bain, kɔm'bi:nə] f. *(-,-n* e *-s)* combine *f.*
kom|bi|nier|bar agg. abbinabile: ***ein mehrfach -es Kleidungsstück*** un capo d'abbigliamento abbinabile in modi diversi. **kom|bi|nie|ren I** tr. **1** combinare: ***Farben ~*** combinare colori **2a** *(schlussfolgern)* associare, collegare: ***eine Beobachtung mit einer anderen ~*** associare un'osservazione con un altra **b** ***etw. aus Gesprächfetzen ~*** dedurre qcs. da frammenti di conversazione **II** intr. (aus. *haben*) **1** ***blitzschnell ~*** fare fulminee associazioni mentali **2** SPORT giocare in modo affiatato **III** rifl. **sich ~** combinarsi: ***dieser Rock kombiniert sich gut mit der Jacke*** questa gonna si combina bene con la giacca. **Kom|bi|nie|rung** f. *(-,-en)* combinazione *f.*
Kom|bi|schrank m. *(-[es],-schränke)* armadio *m.* componibile. **Kom|bi|wa|gen** m. *(-s,-)* (auto *f.*) familiare *f.*, station wagon *f.* **Kom|bi|zan|ge** f. *(-,-n)* pinza *f.* universale.
Kom|bü|se f. *(-,-n)* cambusa *f.*
kom|bus|ti|bel agg. combustibile.
Ko|met m. *(-en,-en)* cometa *f.* **ko|me|ten|ar|tig** agg. simile a una cometa. **Ko|me|ten|bahn** f. *(-,-en)* orbita *f.* cometaria. **ko|me|ten|haft** agg. molto rapido, rapidissimo: ***ein -er Aufstieg*** una rapida ascesa. **Ko|me|ten|schweif** m. *(-[e]s,-e)* coda *f.* della cometa.
Kom|fort [kom'fo:ɐ] m. *(-s)* comodità *f.*, comfort *m.*: ***allen ~ bieten*** offrire ogni comfort. **kom|for|ta|bel** agg. confortevole, comodo: ***ein komfortables Zimmer*** una camera confortevole.

Ko|mik f. *(-)* comicità *f.*: ***unfreiwillige ~*** comicità involontaria. **Ko|mi|ker** m. *(-s,-)* **1** comico *m.*, attore *m.* comico **2** SPREG. pagliaccio *m.*, buffone *m.*

Kom|in|tern f. *(-)* Comintern *m.*

ko|misch agg. **1** *(sonderbar)* strano, strambo, bizzarro: ***ein -er Typ*** un tipo strambo; ***ein -es Gefühl*** una strana sensazione **2a** *(belustigend)* comico, divertente: ***ein -er Film*** un film comico **b** buffo: ***ein -es Gesicht*** una faccia buffa **c** *(lächerlich)* ridicolo: ***eine -e Figur abgeben*** fare una figura ridicola **d** TEATR. comico: ***eine -e Rolle*** una parte comica **e** MUS. buffo: ***-e Oper*** opera buffa **II** avv. comicamente ◆ ***ich finde das gar nicht ~*** non lo trovo affatto divertente, non ci trovo niente da ridere; COLLOQ. ***mir ist, wird ganz ~*** non mi sento bene. **ko|mi|scher|wei|se** avv. COLLOQ. stranamente.

Ko|mi|tat n. e m. *(-[e]s,-e)* **1** UNIV. ANT. scorta *f.* d'onore (per laureati) **2** STOR. *(Verwaltungsbezirk in Ungarn)* distretto *m.*

Ko|mi|tee n. *(-s,-s)* comitato *m.*: ***ein ~ für, gegen etw.*** un comitato per (*o* a favore di), contro qcs.

Ko|mi|ti|en pl. STOR. comizi *m.pl.*

Kom|ma n. *(-s,-s* e *-ta)* **1** virgola *f.* (anche MAT.): ***ein ~ setzen, einfügen*** mettere, aggiungere una virgola; ***etw. bis auf zwei Stellen hinter, nach dem ~ ausrechnen*** calcolare fino a due cifre dopo la virgola; ***fünf ~ achtzig*** cinque virgola ottanta **2** METR. MUS. comma *m.* **Kom|ma|ba|zil|lus** m. *(-,-bazillen)* vibrione *m.* del colera. **Kom|ma|feh|ler** m. *(-s,-)* errore *m.* nel mettere la virgola: ***einen ~ machen*** fare un errore di virgola.

Kom|man|dant m. *(-en,-en)* comandante *m.* **Kom|man|dan|tur** f. *(-,-en)* (posto *m.* di) comando *m.*, comando *m.* di presidio: ***auf, in der ~*** al comando. **Kom|man|deur** [-'dø:ɐ] m. *(-s,-e)* comandante *m.* **kom|man|die|ren I** tr. **1** comandare: ***das Heer ~*** comandare l'esercito; ***seine Angestellten ~*** comandare i (*o* dare ordini ai) propri impiegati **2** *(anordnen)* ordinare: ***den Rückzug ~*** ordinare la ritirata **3** mandare: ***jdn an die Front, zum Küchendienst ~*** mandare qcn. al fronte, assegnare qcn. al servizio cucine **II** intr. (aus. *haben*) comandare, dare ordini: ***er kommandiert gern*** gli piace comandare. **kom|man|die|rend** p.pres. agg. **1** → **kommandieren 2** MIL. ***der Kommandierende General*** il generale in capo, al comando. **Kom|man|die|rung** f. *(-)* convocazione *f.*, ordine *m.* di presentarsi.

Kom|man|dit|ge|sell|schaft f. *(-,-en)* società *f.* in accomandita (semplice) ◆ ***~ auf Aktien*** società in accomandita per azioni. **Kom|man|di|tist** m. *(-en,-en)* (socio *m.*) accomandante *m.*

Kom|man|do n. *(-s,-s)* **1a** comando *m.*, ordine *m.*: ***das ~ geben (erteilen), befolgen*** dare, eseguire l'ordine; ***etw. auf ~ tun*** fare qcs. a (*o* su) comando **b** *(Befehlsgewalt)* comando *m.*: ***das ~ über etw. haben (führen), übernehmen*** avere, assumere il comando di qcs.; ***unter jds ~ stehen*** essere al comando di qcn. **2** *(Befehlsstelle)* (posto *m.* di) comando *m.* **3** *(Truppeneinheit)* commando *m.* **4** *(Sonderauftrag)* missione *f.* (*o* incarico *m.*) speciale ◆ ***~ zurück!*** contrordine! **Kom|man|do|brü|cke** f. *(-,-n)* ponte *m.* (*o* plancia *f.*) di comando. **Kom|man|do|kap|sel** f. *(-,-n)* modulo *m.* di comando (di navicelle spaziali). **Kom|man|do|sa|che** f. *(-)* ***geheime ~*** documento *m.* segreto. **Kom|man|do|stab** m. *(-[e]s,-stäbe)* stato *m.* maggiore (del comandante). **Kom|man|do|stand** m. *(-[e]s,-stände)* MIL. posto *m.* di comando. **Kom|man|do|stel|le** f. *(-,-n)* posizione *f.* di comando. **Kom|man|do|stim|me** f. *(-,-n)* voce *f.* imperiosa. **Kom|man|do|ton** m. *(-s)* tono *m.* di comando. **Kom|man|do|turm** m. *(-[e]s,-türme)* **1** MAR. torretta *f.* di comando **2** AER. torre *f.* di controllo. **Kom|man|do|un|ter|neh|men** n. *(-s,-)* missione *f.* speciale.

Kom|mas|sa|ti|on f. *(-,-en)* ricomposizione *f.* fondiaria. **kom|mas|sie|ren** intr. (aus. *haben*) ricomporre un fondo. **Kom|mas|sie|rung** AUSTR. → **Kommassation.**

kom|men intr. *(kam, gekommen;* aus. *sein)* **1a** venire: ***ich komme gleich!*** vengo subito! ***zu Fuß ~*** venire a piedi; ***sie kommt, um zu helfen*** viene per aiutare; ***zu Besuch ~*** venire in visita; ***ich werde zu Ihrem Fest, zur Konferenz ~*** verrò alla Sua festa, alla conferenza; ***wann ~ Sie einmal zu uns?*** quando viene da noi? quando viene a trovarci? **b** *(ankommen)* arrivare, giungere: ***pünktlich, als letzter ~*** arrivare puntuale, per ultimo: ***wann kommt der Zug?*** quando arriva il treno? **c** provenire, arrivare: ***der Zug kommt aus Spanien*** il treno arriva dalla Spagna; ***das Auto kam von rechts*** l'auto veniva da destra **d** *(einen Ort erreichen)* arrivare, andare: ***wie komme ich zum Flugplatz?*** come arrivo (*o* come faccio ad andare) all'aereoporto? **2** *(herauskommen)* uscire: ***aus dem Zimmer ~*** uscire dalla stanza; ***aus dem Hahn kommt Wasser*** dal rubinetto esce acqua **3** ***durch einen Ort ~*** passare da un luogo: ***der Festzug kommt durch diese Straße*** il corteo passa da questa strada **4** *(in Verbindung mit Partizip Perfekt)* ***gelaufen, geschwommen, geritten ~*** venire, arrivare correndo (*o* di corsa), nuotando (*o* a nuoto), a cavallo **5a** FIG. venire: ***mir kommt ein Zweifel, eine Idee*** mi viene (*o* sorge) un dubbio, un'idea; ***vor Freude kamen ihm die Tränen*** gli venivano le lacrime dalla gioia; ***woher kommt dieses Geld?*** da dove viene questo denaro? **b** *(in Bezug auf Gefühle)* ***über jdn ~*** venire a qcn., pervadere qcn.: ***Angst, eine tiefe Freude kam über ihn*** lo pervase la paura, una profonda gioia (*o* fu preso dalla paura, da una profonda gioia) **6** FIG. *(herstammen)* venire, provenire: ***er kommt aus einer reichen Familie*** viene da una famiglia ricca **7** FIG. ***zu etw. ~*** venire, arrivare a qcs.: ***es kam bald zum Streit, zum Krieg*** si arrivò presto alla lite, alla guerra; ***zur Entscheidung ~*** arrivare (*o* giungere) ad una decisione, decidersi **8** FIG. giungere: ***das kommt mir gerade recht*** questo mi giunge a proposito; ***das kam für uns völlig überraschend*** ci è giunto in modo totalmente inaspettato, non ce lo aspettavamo proprio **9** COLLOQ. FIG. arrivarsene, venirsene: ***komm mir nicht schon wieder mit deinem Geschwätz*** non arrivartene con le tue solite chiacchiere **10** FIG. *(geraten)* (venire a) trovarsi: ***in eine schwierige Lage, in Gefahr, in Verlegenheit ~*** venire a trovarsi in una situazione difficile, in pericolo, in imbarazzo **11** *(an der Reihe sein)* esserci: ***wer kommt zuerst?*** chi è primo? a chi tocca? ***wer kommt als Nächster?*** chi è il prossimo? **12a** *(aufgenommen werden)* essere preso, essere accettato, entrare: ***aufs Gymnasium, Konservatorium ~*** entrare al ginnasio, essere accettati al conservatorio **b** *(eingestellt werden)* entrare, essere assunto: ***in eine neue Firma ~*** entrare in una nuova ditta **c** *(untergebracht werden)* entrare, essere ricoverato: ***ins Krankenhaus ~*** essere ricoverato in ospedale **13** (andare a) finire: ***vor Gericht, ins Gefängnis ~*** finire in tribunale, andare a finire in carcere; ***unter ein Auto ~*** andare a finire sotto una macchina **14** andare (messo): ***die Tassen ~ in den Schrank*** le tazze vanno nell'armadio **15a** *(erscheinen)* venire fuori, comparire: ***die ersten Zähnchen ~*** compaiono i primi dentini **b** *(von Pflanzen, Blüten)* spuntare, germogliare: ***die ersten Blätter sind schon gekommen*** sono già spuntate le prime foglie **16** *(anbrechen)* farsi, venire: ***der Tag, die Nacht kommt*** si fa giorno, viene notte **17** COLLOQ. *(sich benehmen)* ***jdm ~*** trattare qcn., comportarsi con qcn.: ***so können Sie mir nicht ~!*** non può trattarmi in questo modo! ***jdm frech, dumm ~*** comportarsi sfacciatamente, da stupido con qcn. **18** *(veröffentlicht werden)* uscire: ***der Artikel kommt in der nächsten Ausgabe*** l'articolo uscirà sul prossimo numero **19** *(Zeit haben)* ***dazu ~, etw. zu tun*** avere, trovare il tempo di fare qcs. **20** *(sein)* esserci, venire: ***in dieser Straße kommt zuerst eine Schule, dann das Rathaus*** lungo questa strada c'è prima una scuola, poi il municipio **21** *(entfallen)* esserci: ***auf jeden dritten Einwohner kommt ein Auto*** c'è un'auto ogni tre abitanti **22** *(erhalten)* ***an etw. (A) ~*** arrivare a qcs.: ***wie bist du an die Information, das Foto gekommen?*** come sei arrivato a questa informazione? come ti sei procurato la foto? **23a** *(vererbt werden)* arrivare (*o* passare) in eredità: ***das Haus ist von der Tante auf sie gekommen*** la casa le è arrivata in eredità dalla zia, ha ereditato la casa dalla zia **b** ANT. *(zufallen)* passare: ***der Besitz kam an einen Fremden*** la proprietà passò a un estraneo **24** *(versetzt werden)* andare: ***er kommt nach Rom*** va a Roma (*o* lo mandano, sarà trasferito a Roma) **25** COLLOQ. *(kosten)* (venire a) costare: ***die Reparatur kam mich (auf) 100 DM*** la riparazione mi è costata 100 marchi; ***wieviel kostet das? 300 DM, wenn es hoch kommt*** quanto costa questo? 300 marchi, a dir molto **26** COLLOQ. *(als Aufforderung)* ***komm, werde nicht so frech!*** andiamo, non essere così sfacciato! **27** COLLOQ. *(einen Orgasmus haben)* venire ◆ ***man weiß nicht, wie alles gekommen ist*** non si sa come sia successo; ***zu der Ansicht ~, dass...*** diventare del parere che..., convincersi che...; ***zur Anwendung ~*** venire impiegato, essere utilizzato; ***auf etw. (nicht mehr) ~*** (non) ricordarsi (più) di qcs.; ***das Gespräch kam auf diese Frage*** il discorso cadde su questo problema; ***(nicht) aus dem Haus ~*** (non) poter uscire di casa; ***zum Ausdruck ~*** esprimersi, essere (*o* venire) espresso; ***in Berührung ~*** entrare in contatto; ***in Bewegung ~*** mettersi in movimento; ***zu Bewusstsein ~*** diventare cosciente, consapevole; ***es kam zum Bruch*** si venne a una rottura; COLLOQ. ***er kommt bald zum Bund*** prestò farà il (servizio) militare; ***es nicht dahin ~ lassen*** non permettere che le cose arrivino a tal punto; ***wie kommst du darauf?*** come ti è venuta quest'idea? COLLOQ. ***das kommt davon*** queste (ne) sono le conseguenze; ***dazu kommt, dass...*** a ciò si aggiunge che...; ***ich komme nicht dazu*** non ce la faccio, non ne ho il tempo; ***zur Durchführung ~*** essere eseguito, realizzato; ***das kommt auf eins heraus*** il risultato è lo stesso; ***zum Einsatz ~*** essere impiegato; ***ins Elend ~*** cadere in miseria; ***zu Ende ~*** finire; ***zu Erfolg ~*** raggiungere il successo; ***in Erregung ~*** agitarsi; ***in Fahrt ~*** mettersi in moto; FIG. *(sich erregen, ärgern)* agitarsi, arrabbiarsi; ***zu Fall ~*** cadere; ***in Frage ~*** essere in questione; ***das kommt nicht in Frage*** non se ne parla nemmeno; ***wie bist du auf den Gedanken gekommen?*** come ti è venuta l'idea? ***auf andere Gedanken ~*** pensare ad altro; ***zu Gehör ~*** essere udito; ***zu Geld ~*** farsi i soldi; ***wie es gerade kommt*** come viene viene; ***wie gerufen ~*** arrivare, venire a proposito; ***mit jdm ins Geschäft ~*** entrare in affari con qcn.; ***zu Gesicht ~*** essere visto; FIG. ***auf Grund ~*** toccare il fondo; ***aus dem Haus ~*** uscire di casa; ***heftig aneinander ~*** litigare; COLLOQ. SCHERZ. ***kommt er heute nicht, kommt er morgen*** se la prende con calma; ***hierzu kommt noch, dass...*** a ciò si aggiunge il fatto che...; RELIG. ***in den Himmel ~*** salire al cielo; ***hinter etw. (A) ~*** scoprire qcs.; ***aus den Kleidern ~*** levarsi i vestiti; ***zu Kräften ~*** rafforzarsi, rinvigorirsi; ***jdn, etw. ~ lassen*** far venire, chiamare qcn., qcs.; ***etw. an sich (A) ~ lassen*** attendere tranquillamente qcs., non affannarsi per qcs.; COLLOQ. ***gut durchs Leben ~*** passarsela bene; ***ums Leben ~*** morire; ***ans Licht ~*** venire in (*o* alla) luce, apparire; ***über jds Lippen ~*** uscire dalle labbra di qcn.; ***es mag ~, wie es (was da) will*** vada come vuole, accada quel che accada; ***wie es auch ~ mag*** qualunque cosa accada; ***zu einem Mann ~*** trovare marito; ***aus der Mode ~*** passare di moda; ***das musste ja so ~*** era da prevedere; COLLOQ. ***das Kind kommt nach dem Vater*** il bambino ha molto del padre, assomiglia molto a suo padre; ***jdm nahe ~*** avvicinarsi a qcn.; ***auf jdn nichts ~ lassen*** non lasciare, non ammettere che si parli male di qcn.; ***zu nichts ~*** non concludere (*o* combinare) nulla; ***durch die Prüfung ~*** passare l'esame; ***auf seine Rechnung ~*** trovare il proprio tornaconto; ***aus dem Rhythmus ~*** perdere il ritmo; ***zur Sache ~*** venire al dunque; ***zu Schaden ~*** avere (un, del) danno; ***ins Schleudern ~*** slittare; ***zur Schule ~*** incominciare ad andare a scuola; ***jdm aus dem, in den Sinn ~*** passare di mente, venire in mente a qcn.; ***etw. kommt zur Sprache*** si parla, discute di qcs.; ***auf etw. zu sprechen ~*** cominciare a parlare di qcs.; ***zum Stillstand ~*** fermarsi, arrestarsi; ***in Stimmung ~*** diventare allegro; ***ins Stocken ~*** arrestarsi, fermarsi, ECON. ristagnare; ***an den Tag ~*** venire in luce, apparire; ***vor die Tür ~*** uscire di casa; ***zur Überzeugung ~*** convincersi; ***um etw. ~*** perdere qcs.; ***unter die Leute ~*** uscire, vedere gente; ***in Verdacht ~*** essere sospettato, cadere in sospetto; ***zur Vernunft ~*** mettere la testa a posto (*o* a partito); ***in Versuchung ~*** cadere in tentazione; ***zur Verteilung ~*** venir distribuito; ***jdm vor die Augen ~*** farsi vedere da qcn.; ***zum Vorschein ~*** apparire; COLLOQ. ***so weit kommt es noch!*** a che punto si arriva! ***es ist so weit gekommen, dass...*** si è arrivati al punto che...; COLLOQ. ***es ist weit mit ihm gekommen*** si è ridotto proprio male; ***weiter ~*** andare avanti, fare progressi; ***zur, auf die Welt ~*** venire al mondo; COLLOQ. ***wie komme ich dazu?*** perché devo farlo proprio io? perché tocca proprio a me? ***wie ~ Sie dazu,...*** come si permette di...; ***wieder zu sich ~*** tornare in sé; ***woher kommt es, dass...*** qual è la ragione per cui..., come si spiega che...; ***wohin würden wir ~, wenn...*** che ne sarebbe di noi se...; ***zu Wort ~*** prendere la parola; ***in Wut ~*** infuriarsi; ***zu etw. ~*** riuscire ad avere qcs.; ***zu sich ~*** tornare in sé; ***jdm zugute ~*** tornare utile a qcn., essere vantaggioso per qcn.; ***zustande ~*** realizzarsi, avvenire; PROV. ***wer zuerst kommt, mahlt zuerst*** chi prima arriva, meglio alloggia. **Kom|men** n. *(-s)* venuta *f.* ◆ ***ein ständiges ~ und Gehen*** un continuo andirivieni (*o* viavai); ***lange Röcke sind im ~*** andranno di moda le gonne lunghe.

kom|mend p.pres. agg. **1** → **kommen** **2** *(nächst)* prossimo: ***am -en Montag*** lunedì prossimo **3** *(zukünftig)* futuro, a venire: ***die -en Zeiten*** i tempi a venire; ***das ist der -e Mann*** questo è l'uomo del futuro.

Kom|men|de f. *(-,-n)* STOR. ECCL. commenda *f.*

Kom|men|sa|lis|mus m. *(-)* commensalismo *m.*

kom|men|su|ra|bel agg. commensurabile: ***-e Werte, Größen*** valori, grandezze commensurabili. **Kom|men|su|ra|bi|li|tät** f. *(-)* commensurabilità *f.*

Kom|ment [kɔ'mã:] m. *(-s,-s)* **1** GERG. UNIV. regola *f.* goliardica, usanza *f.* (studentesca) **2** FIG. *(Brauch)* costume *m.*, uso *m.*

Kom|men|tar m. *(-s,-e)* **1** *(Texterläuterung)* commento *m.*, commentario *m.*: ***ein ~ zur Bibel*** un commentario della Bibbia **2** *(Stellungnahme)* commento *m.*: ***ein politischer ~*** un commento politico ◆ ***musst du zu allem deinen ~ abgeben?*** devi dire la tua su tutto? ***kein ~!*** no comment! IRON. ***~ überflüssig!*** nessun commento! **kom|men|tar|los I** agg. privo di commenti **II** avv. senza commenti. **Kom|men|ta|tor** m. *(-s,-en)* commentatore *m.*: ***ein politischer ~*** un commentatore politico. **kom|men|tie|ren** tr. commentare: ***ein neues Gesetz ~*** commentare una legge nuova; ***Nachrichten ~*** commentare le notizie; COLLOQ. ***jds Äußerung ~*** dire la sua sulle parole di qcn. **Kom|men|tie|rung** f. *(-,-en)* il commentare, commento *m.*

Kom|mers m. *(-es,-e)* GERG. UNIV. banchetto *m.* goliardico. **Kom|mers|buch** n. *(-[e]s,-bücher)* GERG. UNIV. canzoniere *m.* goliardico.

Kom|merz m. *(-es)* SPREG. **1** commercio *m.* **2** *(Profit)* profitto *m.* **Kom|merz|fern|se|hen** n. *(-s)* televisione *f.* commerciale. **kom|mer|zi|a|li|sie|ren** tr. **1** SPREG. commercializzare, rendere commerciale: ***Kunst, Sport ~*** commercializzare l'arte, lo sport **2** ECON. *(öffentliche Schulden)* convertire in titoli negoziabili. **Kom|mer|zi|a|li|sie|rung** f. *(-,-en)* **1** SPREG. commercializzazione *f.* **2** ECON. conversione *f.* in titoli negoziabili. **Kom|mer|zi|al|rat** AUSTR. → **Kommerzienrat. kom|mer|zi|ell I** agg. commerciale: ***-e Tätigkeit*** attività commerciale; SPREG. ***ein -er Film*** un film commerciale **II** avv. commercialmente: ***etw. ~ ausnutzen*** sfruttare qcs. dal punto di vista commerciale. **Kom|mer|zi|en|rat** m. *(-[e]s,-räte)* STOR. consigliere *m.* di commercio.

Kom|mi|li|to|ne m. *(-n,-n)* GERG. compagno *m.* di studi. **Kom|mi|li|to|nin** f. *(-,-nen)* GERG. compagna *f.* di studi.

Kom|mis [kɔ'mi:] m. *(-,-)* ANT. commesso *m.*

Kom|miss m. *(-es)* GERG. MIL. (servizio *m.*) militare *m.*: ***zum ~ müssen*** dover partire (per il) militare.

Kom|mis|sar, REGION. **Kom|mis|sär** m. *(-s,-e)* commissario *m.*: ***unter Verwaltung eines -s stehen*** stare sotto il controllo di un commissario, essere amministrato da un commissario; ***~ (bei der Polizei)*** commissario di polizia. **Kom|mis|sa|ri|at** n. *(-s,-e)* **1** *(Amt eines Kommissars)* commissariato *m.* **2** AUSTR. *(Polizeidienststelle)* commissariato *m.* (di polizia). **kom|mis|sa|risch I** agg. commissariale, temporaneo **II** avv. in qualità di commissario, temporaneamente.

Kom|miss|brot n. *(-[e]s)* pane *m.* militare.

Kom|mis|si|on f. *(-,-en)* commissione *f.*, comitato *m.*: ***Mitglied einer ~ für etw. sein*** essere membro (*o* far parte) di una commissione per qcs.; ***eine ~ einsetzen*** istituire (*o* nominare) una commissione ◆ COMM. ***etw. in ~ geben, nehmen, haben*** dare una merce in commissione, prendere, avere una merce in conto deposito. **Kom|mis|si|o|när** m. *(-s,-e)* **1** commissionario *m.* **2** *(Buchhändler)* distributore *m.* **kom|mis|si|o|nie|ren** tr. AUSTR. BUROCR. commissionare. **Kom|mis|si|ons|buch|han|del** m. *(-s)* commercio *m.* librario all'ingrosso, distribuzione *f.* libraria. **Kom|mis|si|ons|ge|bühr** f. *(-,-en)* commissione *f.*, provvigione *f.* (del commissionario). **Kom|mis|si|ons|ge|schäft** n. *(-[e]s,-e)* affare *m.* in commissione. **Kom|mis|si|ons|gut** n. *(-[e]s,-güter)* → **Kommissionsware. Kom|mis|si|ons|la|ger** n. *(-s,-)* deposito *m.* di merci in commissione. **Kom|mis|si|ons|sen|dung** f. *(-,-en)* spedizione *f.* di merce in conto deposito. **Kom|mis|si|ons|wa|re** f. *(-,-n)* merce *f.* in conto deposito.

Kom|miss|stie|fel m. *(-s,-)* ANT. stivale *m.* militare. **Kom|miss|zeit** f. *(-)* ANT. ferma *f.*

Kom|mit|tent m. *(-en,-en)* committente *m.* **kom|mit|tie|ren** tr. commissionare.

kom|mod agg. AUSTR. **1** comodo, confortevole **2** *(mühelos)* facile.

Kom|mo|de f. *(-,-n)* comò *m.*, cassettone *m.*

Kom|mo|do|re m. *(-s,-n* e *-s)* commodoro *m.*

kom|mun agg. ANT. comune, ordinario.

kom|mu|nal agg. comunale, municipale. **Kom|mu|nal|ab|ga|ben** pl. imposte *f.pl.* comunali. **Kom|mu|nal|be|am|te** m. *(-n,-n)* impiegato *m.* comunale. **Kom|mu|nal|be|hör|de** f. *(-,-n)* amministrazione *f.* comunale, autorità *f.* comunale. **kom|mu|na|li|sie|ren** tr. municipalizzare. **Kom|mu|na|li|sie|rung** f. *(-,-en)* municipalizzazione *f.* **Kom|mu|nal|po|li|tik** f. *(-)* politica *f.* comunale. **Kom|mu|nal|steu|er** f. *(-,-n)* imposta *f.* comunale. **Kom|mu|nal|ver|wal|tung** f. *(-,-en)* amministrazione *f.* comunale. **Kom|mu|nal|wahl** f. *(-,-en)* elezione *f.* comunale.

Kom|mu|nar|de m. *(-n,-n)* **1** STOR. comunardo *m.* **2** *(Wohngemeinschaftsmitglied)* convivente *m.* (in una comune).

Kom|mu|ne f. *(-,-n)* **1** *(politische Gemeinde)* comune *m.* **2** *(Wohngemeinschaft)* comune *f.*: ***in einer ~ leben*** vivere in una comune ◆ STOR. ***Pariser ~*** Comune *f.* di Parigi.

Kom|mu|ni|kant m. *(-en,-en)* **1** RELIG. comunicando *m.* **2** SOCIOL. LING. parlante *m.* **Kom|mu|ni|kan|tin** f. *(-,-nen)* **1** RELIG. comunicanda *f.* **2** SOCIOL. LING. parlante *f.*

Kom|mu|ni|ka|ti|on f. *(-,-en)* **1** *(Verständigung)* comunicazione *f.*: ***sprachliche ~*** comunicazione linguistica **2** *(Verbindung)* connessione *f.*, nesso *m.*: ***in reger ~ mit dem literarischen Leben seiner Zeit stehen*** partecipare animatamente alla vita letteraria del proprio tempo. **Kom|mu|ni|ka|ti|ons|fä|hig|keit** f. *(-)* capacità *f.* di comunicazione. **Kom|mu|ni|ka|ti|ons|mit|tel** n. *(-s,-)* mezzo *m.* di comunicazione. **Kom|mu|ni|ka|ti|ons|mo|dell** n. *(-s,-e)* modello *m.* comunicativo. **Kom|mu|ni|ka|ti|ons|sa|tel|lit** m. *(-en,-en)* satellite *m.* per le telecomunicazioni. **Kom|mu|ni|ka|ti|ons|**

zent|rum n. *(-s,-zentren)* centro *m.* d'incontro. **kom|mu|ni|ka|tiv** I agg. comunicativo: ***-e Hilfsmittel*** sussidi didattici comunicativi II avv. in modo comunicativo: ***sich ~ geben*** porsi in modo (*o* essere) comunicativo. **Kom|mu|ni|kee** → **Kommuniqué.**

Kom|mu|ni|on f. *(-,-en)* RELIG. comunione *f.*: ***die heilige ~ empfangen*** ricevere la santa comunione; ***zur ~ gehen*** andare alla comunione; *(Erstkommunion)* (prima) comunione *f.* **Kom|mu|ni|on|kind** n. *(-[e]s,-er)* comunicando *m.*, bambino *m.* che fa la prima comunione.

Kom|mu|ni|qué [kɔmyni'ke:] n. *(-s,-s)* BUROCR. comunicato *m.*: ***ein ~ herausgeben*** diramare un comunicato.

Kom|mu|nis|mus m. *(-)* comunismo *m.*: ***unter dem, im ~ leben*** vivere sotto il comunismo, in un paese a regime comunista; ***für den ~ eintreten*** parteggiare per il comunismo. **Kom|mu|nist** m. *(-en,-en)* comunista *m.* **kom|mu|nis|tisch** I agg. comunista: ***die -e Partei*** il partito comunista II avv. da comunista, secondo il comunismo.

Kom|mu|ni|tät f. *(-,-en)* 1 RELIG. *(Bruderschaft)* comunità *f.* 2 ANT. *(Gemeinschaft)* comunità *f.* **kom|mu|ni|zie|ren** intr. (aus. *haben*) 1 *(sich verständigen)* comunicare: ***mit jdm ~*** comunicare con qcn. 2 *(in Verbindung stehen)* comunicare, essere in comunicazione 3 *(zur Kommunion gehen)* comunicarsi, fare la comunione. **kom|mu|ni|zie|rend** p.pres. agg. 1 → **kommunizieren** 2 comunicante: ***-e Röhren*** vasi comunicanti.

kom|mu|ta|bel agg. commutabile. **Kom|mu|ta|ti|on** f. *(-,-en)* MAT. LING. commutazione *f.* **kom|mu|ta|tiv** agg. commutativo. **Kom|mu|ta|tor** m. *(-s,-en)* commutatore *m.* **kom|mu|tie|ren** tr. MAT. LING. EL. commutare. **Kom|mu|tie|rung** f. *(-,-en)* il commutare, commutazione *f.*

Ko|mö|di|ant m. *(-en,-en)* commediante *m.*: FIG. SPREG. ***ein alter ~ sein*** essere un vecchio commediante. **ko|mö|di|an|ten|haft** agg. SPREG. istrionesco, da commediante. **Ko|mö|di|an|ten|tum** n. *(-s)* 1 istrionismo *m.* 2 SPREG. *(Komödiespielen)* commedia *f.* **Ko|mö|di|an|tin** f. *(-,-nen)* commediante *f.* (anche FIG. SPREG.). **ko|mö|di|an|tisch** agg. teatrale ◆ ***ein -es Spiel*** una commedia. **Ko|mö|die** f. *(-,-n)* commedia *f.* (anche FIG.): ***eine ~ aufführen*** rappresentare una commedia; ***in die ~ gehen*** andare a teatro, alla commedia; FIG. ***die ~ durchschauen*** intuire la commedia (*o* la finzione); ***~ spielen*** fare la commedia; ***das ist doch alles nur ~!*** è tutta una commedia (*o* una farsa)! **Ko|mö|di|en|dich|ter, Ko|mö|di|en|schrei|ber** m. *(-s,-)* commediografo *m.*

Ko|mo|ren n.pr.pl. *(-)* Comore *f.pl.* **Ko|mo|rer** m. *(-s,-)* abitante *m.* delle Comore. **ko|mo|risch** agg. delle Comore.

Komp. ⇒ MIL. *Kompanie* compagnia.

Kom|pag|non [kɔmpan'jɔ̃:, 'kɔmpanjɔ̃] m. *(-s,-s)* ECON. socio *m.*

kom|pakt agg. 1 compatto: ***-e Masse*** massa compatta 2 COLLOQ. *(massig)* tarchiato, tozzo. **Kom|pakt|bau** m. *(-s,-ten)* costruzione *f.* compatta. **Kom|pakt|bau|wei|se** *f. (-)* costruzione *f.* compatta. **Kom|pakt|heit** *(-)* compattezza *f.* **Kom|pakt|kas|set|te** f. *(-,-n)* caricatore *m.*, cassetta *f.* **Kom|pakt|schall|plat|te** f. *(-,-n)* compact disc *m.*

Kom|pa|nie f. *(-,-n)* 1 MIL. compagnia *f.* 2 ANT. compagnia *f.* (commerciale). **Kom|pa|nie|chef** m. *(-s,-s)* comandante *m.* di compagnia. **Kom|pa|nie|feld|we|bel** m. *(-s,-)* maresciallo *m.* di compagnia. **Kom|pa|nie|füh|rer** m. *(-s,-)* → **Kompaniechef.**

kom|pa|ra|bel agg. comparabile. **Kom|pa|ra|ti|on** f. *(-,-en)* comparazione *f.* (anche LING).

Kom|pa|ra|tist m. *(-en,-en)* comparatista *m.* **Kom|pa|ra|tis|tik** f. *(-)* comparatistica *f.* **kom|pa|ra|tis|tisch** agg. comparatistico.

kom|pa|ra|tiv, kom|pa|ra|tiv agg. GRAMM. comparativo. **Kom|pa|ra|tiv, Kom|pa|ra|tiv** m. *(-s,-e)* GRAMM. comparativo *m.* **Kom|pa|ra|tiv|satz** m. *(-es,-sätze)* frase *f.* comparativa.

Kom|pa|ra|tor m. *(-s,-en)* TECN. comparatore *m.*

Kom|pa|renz f. *(-)* DIR. comparimento *m.* (in giudizio).

Kom|par|se m. *(-n,-n)* comparsa *f.* **Kom|par|se|rie** f. *(-)* comparse *f.pl.*

Kom|pass m. *(-es,-e)* bussola *f.*: ***auf den ~ schauen*** guardare la bussola; ***sich nach dem ~ richten*** orientarsi consultando la bussola. **Kom|pass|na|del** f. *(-,-n)* ago *m.* della bussola. **Kom|pass|ro|se** f. *(-,-n)* rosa *f.* dei venti.

kom|pa|ti|bel agg. compatibile: ***das Medikament, der Computer ist ~*** la medicina, il computer è compatibile. **Kom|pa|ti|bi|li|tät** f. *(-,-en)* compatibilità *f.*

Kom|pat|ri|ot m. *(-en,-en)* ANT. compatriota *m.*

kom|pen|di|a|risch, kom|pen|di|ös agg. ANT. in compendio, compendioso. **Kom|pen|di|um** n. *(-s, Kompendien)* compendio *m.*

Kom|pen|sa|ti|on f. *(-,-en)* 1 compensazione *f.* 2 MED. compenso *m.* **Kom|pen|sa|ti|ons|ge|schäft** n. *(-[e]s,-e)* ECON. affare *m.* (*o* operazione *f.*) di compensazione.

Kom|pen|sa|tor m. *(-s,-en)* compensatore *m.* **kom|pen|sa|to|risch** agg. compensatore, compensativo, PSIC. compensatorio.

kom|pen|sie|ren tr. compensare. **Kom|pen|sie|rung** f. *(-,-en)* compensazione *f.*

kom|pe|tent agg. competente: ***ein -es Urteil*** un giudizio competente; ***auf einem Gebiet, in Rechtsfragen ~ sein*** essere competente in un campo, in questioni giuridiche; ***die -en Behörden*** le autorità competenti; ***für solche Fälle ist das Zivilgericht ~*** simili casi sono di competenza del tribunale civile. **Kom|pe|tenz** f. *(-,-en)* competenza *f.*: ***seine ~ als Richter*** la propria competenza di giudice; ***etw. fällt in jds ~, liegt außerhalb jds ~, überschreitet jds -en*** qcs. rientra nelle competenze (*o* è di competenza) di qcn., esula dalle competenze di qcn., va oltre le competenze di qcn. **Kom|pe|tenz|be|reich** m. *(-[e]s,-e)* sfera *f.* di competenza. **Kom|pe|tenz|fra|ge** f. *(-,-n)* questione *f.* di competenze. **Kom|pe|tenz|kon|flikt, Kom|pe|tenz|streit** m. *(-[e]s,-e)*, **Kom|pe|tenz|strei|tig|keit** f. *(-,-en)* conflitto *m.* di competenza; *(zwischen Gericht und Verwaltungsbehörde)* conflitto *m.* di attribuzione. **Kom|pe|tenz|über|schrei|tung** f. *(-,-en)* abuso *m.* (*o* eccesso *m.*) di potere.

Kom|pi|la|ti|on f. *(-,-en)* compilazione *f.*, lavoro *m.* (puramente) compilativo. **Kom|pi|la|tor** m. *(-s,-en)* compilatore *m.* **kom|pi|la|to|risch** agg. compilatorio, compilativo. **kom|pi|lie|ren** tr. compilare.

kom|pla|nar agg. complanare.

Kom|ple|ment n. *(-[e]s,-e)* complemento *m.*

kom|ple|men|tär I agg. complementare II avv. complementarmente, in modo complementare. **Kom|ple|men|tär** m. *(-s,-e)* (socio *m.*) accomandatario *m.* **Kom|ple|men|tär|far|be** f. *(-,-n)* colore *m.* complementare.

kom|ple|men|tie|ren tr. completare. **Kom|ple|men|tie|rung** f. *(-,-en)* completamento *m.*

Kom|ple|ment|win|kel m. *(-s,-)* angolo *m.* complementare.

1.Kom|plet [kɔm'ple:, kɔ̃'ple:] n. *(-[s],-s)* completo *m.*

2.Kom|plet f. *(-,-e)* RELIG. compieta *f.*

kom|ple|tiv agg. GRAMM. completivo.

kom|plett I agg. 1a completo: ***eine -e Ausrüstung, Sammlung*** un equipaggiamento completo, una collezione completa b COLLOQ. *(von Wohnungen)* completamente arredato c COLLOQ. *(von Menschen)* ***~ sein*** avere tutto l'occorrente, essere (completamente) equipaggiato 2 *(gesamt, ganz)* tutto intero, intero: ***die -e Bibliothek verkaufen*** vendere l'intera biblioteca (*o* la biblioteca tutta intera) 3 COLLOQ. *(völlig, absolut)* perfetto, totale: ***eine -e Dummheit!*** una perfetta idiozia! 4 AUSTR. *(voll)* pieno: ***der Wagen ist ~*** la carrozza è piena; *(von Hotels)* (al) completo II avv. 1 completamente: ***sich ~ neu einrichten*** rinnovare completamente l'arredamento; ***~ verrückt sein*** essere completamente pazzo 2 *(im Ganzen)* in tutto, (al) completo: ***die Küche kostet ~ 20 000 Mark*** l'intera cucina costa 20 000 marchi ◆ COLLOQ. ***heute sind wir ~*** oggi siamo al (gran) completo. **kom|plet|tie|ren** tr. completare. **Kom|plet|tie|rung** f. *(-,-en)* completamento *m.* **Kom|plett|preis** m. *(-es,-e)* prezzo *m.* completo (*o* complessivo).

kom|plex agg. complesso: ***ein -es Problem, Molekül*** un problema complesso, una molecola complessa.

Kom|plex m. *(-es,-e)* complesso *m.*: ***ein ~ von Fragen*** un complesso di domande; *(Gebäude)* ***der ~ des Krankenhauses*** il complesso ospedaliero; PSIC. ***an -en leiden*** soffrire di complessi; ***voller -e sein (stecken)*** essere pieno di complessi ◆ REGION. ***im ~*** in complesso, nel suo complesso. **kom|plex|be|la|den** agg. affetto da complessi, COLLOQ. complessato.

Kom|ple|xi|on f. *(-,-en)* 1 complesso *m.*, insieme *m.* 2 ANTROP. ***dunkle, helle ~*** caratteri scuri, chiari (in rif. al colore di pelle, occhi, capelli).

Kom|ple|xi|tät f. *(-)* complessità *f.*

Kom|plex|ver|bin|dung f. *(-,-en)* CHIM. complesso *m.*, composto *m.* di coordinazione.

Kom|pli|ce → **Komplize.**

Kom|pli|ka|ti|on f. *(-,-en)* complicazione *f.* **kom|pli|ka|ti|ons|los** agg. senza complicazioni.

Kom|pli|ment n. *(-[e]s,-e)* 1a complimento *m.*: ***-e machen (aussprechen), bekommen*** fare, ricevere complimenti; ***jdn mit -en überschütten*** coprire qcn. di complimenti; ***mein ~!*** (i miei) complimenti! COLLOQ. ***nach -en fischen*** andare in cerca di complimenti b pl. COLLOQ. *(Geschichten)* cerimonie *f.pl.*, complimenti *m.pl.*: ***nur keine -e!*** niente complimenti! 2 pl. ANT. *(Gruß)* rispetti *m.pl.*, ossequi *m.pl.* **kom|pli|men|tie|ren** tr. accompagnare, condurre, far accomodare (gentilmente): ***jdn ins Haus ~*** far accomodare qcn. in casa ◆ ***jdn aus dem Zimmer ~*** mettere qcn. alla porta.

Kom|pli|ze m. *(-n,-n)* complice *m.* **Kom|pli|zen|schaft** f. *(-)* complicità *f.*
kom|pli|zie|ren **I** tr. complicare **II** rifl. **sich ~** complicarsi. **kom|pli|ziert** **I** p.pass. agg. **1** → **komplizieren** **2** complicato: ***ein -er Mensch, Apparat, Bruch*** un uomo, un apparecchio complicato, una frattura complicata; **~ *werden*** complicarsi, farsi complicato **II** avv. in modo complicato. **Kom|pli|ziert|heit** f. *(-,-en)* complicatezza *f.* **Kom|pli|zie|rung** f. *(-,-en)* complicazione *f.*
Kom|pli|zin f. *(-,-nen)* complice *f.*
Kom|plott n. e COLLOQ. m. *(-[e]s,-e)* complotto *m.*: ***ein ~ aufdecken (durchschauen)*** scoprire un complotto; ***an einem ~ beteiligt sein*** partecipare a un complotto; ***ein ~ (gegen jdn) anzetteln, schmieden*** ordire (*o* tramare) un complotto (contro qcn.); FIG. complottare (*o* tramare) alle spalle di qcn. **kom|plot|tie|ren** intr. (aus. *haben*) ANT. complottare.
Kom|po|nen|te f. *(-,-n)* **1** componente *f.*: ***die religiöse ~*** la componente religiosa **2** *(Bestandteil)* componente *m.*: ***gasförmige, organische -n*** componenti gassosi, organici.
kom|po|nie|ren tr. **1** comporre: ***eine Oper ~*** comporre un'opera **2a** *(gestalten)* realizzare, comporre **b** *(zusammenstellen)* combinare: ***ein Menü ~*** combinare un menù **c** *(Flüssigkeiten)* miscelare, fare: ***einen Drink ~*** fare un drink. **kom|po|niert** p.pass. agg. **1** → **komponieren** **2** ***Farbwirkungen harmonisch ~*** effetti di colore armonici; ***eine raffiniert -e Soße*** una salsa elaborata; ***ein meisterhaft -er Roman*** un romanzo scritto magistralmente.
Kom|po|nist m. *(-en,-en)* compositore *m.*
Kom|po|si|te f. *(-,-n)* BOT. composita *f.*
Kom|po|si|teur [-'tøːɐ] m. *(-s,-e)* ANT. → **Komponist.**
Kom|po|si|ti|on f. *(-,-en)* composizione *f.*: MUS. ***eine moderne ~*** una composizione moderna; ***ein Lehrstuhl für ~*** una cattedra di composizione (musicale); ***eine ~ aus Stahl und Glas*** una composizione di acciaio e vetro; ***eine ~ wertvoller Edelsteine*** una composizione di pietre preziose. **Kom|po|si|ti|ons|leh|re** f. *(-)* MUS. composizione *f.*
Kom|po|sit|ka|pi|tell n. *(-s,-e)* capitello *m.* composito.
kom|po|si|to|risch agg. compositivo.
Kom|po|si|tum n. *(-s, Komposita)* parola *f.* composta, composto *m.*
Kom|post m. *(-[e]s,-e)* compost *m.*, concime *m.* organico. **Kom|post|er|de** f. *(-)* composta *f.*, terricciato *m.* **Kom|post|hau|fen** m. *(-s,-)* mucchio *m.* di rifiuti organici, di concime organico. **kom|pos|tier|bar** agg. che si può ridurre in compost (*o* concime organico). **kom|pos|tie|ren** tr. **1** ridurre in compost (*o* concime organico) **2** *(düngen)* concimare con compost. **Kom|pos|tie|rung** f. *(-,-en)* **1** compostaggio *m.*, produzione *f.* di compost **2** *(Düngung)* concimazione *f.* (con compost).
Kom|pott n. *(-[e]s,-e)* composta *f.*, confettura *f.* **Kom|pott|scha|le** f. *(-,-n)* compostiera *f.*, coppetta *f.* per la confettura.
kom|press agg. **1** ANT. compresso **2** TIP. compatto, compresso, non interlineato. **Kom|pres|se** f. *(-,-n)* compressa *f.*; ***jdm eine kalte ~ auf die Stirn legen*** applicare a qcn. una compressa fredda sulla fronte.
kom|pres|si|bel agg. FIS. comprimibile. **Kom|pres|si|bi|li|tät** f. *(-)* FIS. comprimibilità *f.*
Kom|pres|si|on f. *(-,-en)* FIS. MED. compressione *f.* **Kom|pres|si|ons|di|a|gramm** n. *(-s,-e)* diagramma *m.* di compressione. **Kom|pres|si|ons|strumpf** m. *(-[e]s,-strümpfe)* calza *f.* elastica; *(am Knie)* fascia *f.* elastica. **Kom|pres|si|ons|ver|band** m. *(-[e]s,-verbände)* fasciatura *f.* compressiva.
Kom|pres|sor m. *(-s,-en)* compressore *m.*
kom|pri|mier|bar agg. comprimibile. **kom|pri|mie|ren** tr. comprimere. **kom|pri|miert** **I** p.pass. agg. **1** → **komprimieren** **2** compresso **3** *(kurz)* conciso, sintetico, essenziale: ***eine -e Zusammenfassung*** un riassunto sintetico **II** avv. in modo conciso (*o* sintetico). **Kom|pri|mie|rung** f. *(-,-en)* compressione *f.*
Kom|pro|miss m. e RAR. n. *(-es, -e)* compromesso *m.*: ***einen ~ machen, schließen, eingehen, aushandeln*** fare un compromesso; ***zu einem ~ kommen*** giungere a un compromesso; ***zu Kompromissen bereit sein*** essere disposto a compromessi; FIG. ***ein ~ zwischen Avantgarde und Tradition*** un compromesso fra avanguardia e tradizione. **kom|pro|miss|be|reit** agg. disposto a un compromesso. **Kom|pro|miss|ler** m. *(-s,-)* SPREG. chi accetta (*o* scende a) compromessi. **kom|pro|miss|le|risch** agg. tendente al compromesso. **kom|pro|miss|los** agg. che non ammette compromessi. **Kom|pro|miss|lö|sung** f. *(-,-en)* soluzione *f.* di compromesso. **Kom|pro|miss|vor|schlag** m. *(-[e]s,-vorschläge)* proposta *f.* di compromesso.
kom|pro|mit|tie|ren **I** tr. compromettere **II** rifl. **sich ~** compromettersi: ***sich durch unüberlegte Äußerungen ~*** compromettersi con affermazioni avventate. **kom|pro|mit|tie|rend** p.pres. agg. **1** → **kompromittieren** **2** compromettente: ***-e Fotos*** foto compromettenti.
Kom|so|mol|ze m. *(-n,-n)* membro *m.* del Komsomol.
Kom|tess f. *(-,-en)*, **Kom|tes|se** [kɔm'tɛs(ə), kɔ̃'tɛs] f. *(-,-n)* contessa *f.*, contessina *f.*
Kom|tur m. *(-s,-e)* STOR. commendatore *m.* **Kom|tu|rei** f. *(-,-en)* STOR. commenda *f.*
Kon|au|tor → **Koautor.**
Kon|cha f. *(-,-s* e *Konchen)*, **Kon|che** f. *(-,-n)* ARCH. conca *f.* absidale.
Kon|chi|fe|re f. *(-,-n)* conchifero *m.* **kon|chi|form** agg. conchiliforme, a forma di conchiglia. **Kon|cho|i|de** f. *(-,-n)* MAT. concoide *f.* **Kon|chy|lie** f. *(-,-n)* conchiglia *f.*
Kon|dem|na|ti|on f. *(-,-en)* **1** ANT. condanna *f.* **2** MAR. = dichiarazione *f.* di non navigabilità (con conseguente vendita forzata).
Kon|den|sat n. *(-[e]s,-e)* FIS. condensato *m.* **Kon|den|sa|ti|on** f. *(-,-en)* condensazione *f.*: ***die ~ von Wasserdampf*** la condensazione del vapore acqueo. **Kon|den|sa|ti|ons|(dampf|)ma|schi|ne** f. *(-,-n)* macchina *f.* a vapore a condensazione. **Kon|den|sa|ti|ons|punkt** m. *(-[e]s,-e)* punto *m.* di condensazione. **Kon|den|sa|ti|ons|wär|me** f. *(-)* calore *m.* di condensazione. **Kon|den|sa|tor** m. *(-s,-en)* condensatore *m.* **kon|den|sie|ren** **I** tr. condenII intr. (aus. *haben*) condensarsi. **Kon|den|sie|rung** f. *(-,-en)* condensazione *f.* **Kon|dens|milch** f. *(-)* latte *m.* condensato. **Kon|den|sor** m. *(-s,-en)* OTT. condensatore *m.* ottico. **Kon|dens|strei|fen** m. *(-s,-)* AER. scia *f.* di condensazione. **Kon|dens|was|ser** n. *(-s)* acqua *f.* di condensazione, condensa *f.*
kon|di|tern intr. (aus. *haben*) **1** COLLOQ. fare il pasticcere **2** REGION. andare (spesso) in pasticceria.
Kon|di|ti|on f. *(-,-en)* **1** condizione *f.*: COMM. ***bankmäßige -en*** condizioni bancarie **2a** *(Zustand)* condizione *f.*, condizioni *f.pl.* (di salute): ***die ~ des Kranken ist gut*** le condizioni del malato sono buone **b** forma *f.* (fisica): ***seine ~ halten, verbessern*** mantenere, migliorare la propria forma; ***keine ~ haben*** non essere in forma. **kon|di|ti|o|nal** agg. condizionale (anche GRAMM.). **Kon|di|ti|o|nal** m. *(-s,-e)*, **Kon|di|ti|o|na|lis** m. *(-, Konditionales)* (modo *m.*) condizionale *m.* **Kon|di|ti|o|nal|satz** m. *(-es,-sätze)* proposizione *f.* ipotetica. **kon|di|ti|o|nell** agg. relativo alla condizione fisica, alle condizioni fisiche: ***die -e Verfassung*** le condizioni fisiche. **kon|di|ti|o|nie|ren** tr. TECN. PSIC. condizionare. **kon|di|ti|o|niert** p.pass. agg. → **konditionieren** ◆ ***-e Reflexe*** riflessi condizionati. **Kon|di|ti|o|nie|rung** f. *(-,-en)* **1** TECN. condizionatura *f.* **2** PSIC. condizionamento *m.* **kon|di|ti|ons|schwach** agg. in cattiva (*o* giù di) forma. **Kon|di|ti|ons|schwä|che** f. *(-)* cattiva condizione *f.* **kon|di|ti|ons|stark** agg. in ottima condizione (fisica). **Kon|di|ti|ons|trai|ning** n. *(-s)* allenamento *m.* (per mantenersi in forma).
Kon|di|tor m. *(-s,-en)* pasticcere *m.* **Kon|di|to|rei** f. *(-,-en)* pasticceria *f.* **Kon|di|to|rei|wa|ren** pl. dolci *m.pl.*, paste *f.pl.* **Kon|di|tor|meis|ter** m. *(-s,-)* mastro *m.* pasticcere.
Kon|do|lenz f. *(-,-en)* RAR. condoglianza *f.* **Kon|do|lenz|be|such** m. *(-[e]s,-e)* visita *f.* di condoglianza. **Kon|do|lenz|brief** m. *(-[e]s,-e)* lettera *f.* di condoglianze. **Kon|do|lenz|buch** n. *(-[e]s, -bücher)* registro *m.* delle firme (di condoglianza). **kon|do|lie|ren** intr. (aus. *haben*) fare, porgere le condoglianze: ***jdm zum Tode eines Verwandten ~*** fare le condoglianze a qcn. per la morte di un parente.
Kon|dom n. e m. *(-s,-e* RAR. *-s)* preservativo *m.*, condom *m.*
Kon|do|mi|nat n. e m. *(-[e]s,-e)*, **Kon|do|mi|ni|um** n. *(-s, Kondominien)* DIR. **1** condominio *m.* (internazionale) **2** *(Gebiet)* territorio *m.* su cui si esercita un condominio.
Kon|dor m. *(-s,-e)* condor *m.*
Kon|dot|ti|e|re m. *(-s, Kondottieri)* STOR. capitano *m.* di ventura.
Kon|dukt m. *(-[e]s,-e)* ANT. corteo *m.* funebre. **Kon|duk|teur** [konduk'tøːɐ] m. *(-s,-e)* SVIZZ. o ANT. conducente *m.* **Kon|duk|tor** m. *(-s,-en)* **1** EL. conduttore *m.* **2** MED. portatore *m.* sano.
Kon|dy|lom n. *(-s,-e)* condiloma *m.*
Kon|fa|bu|la|ti|on f. *(-,-en)* PSIC. confabulazione *f.*
Kon|fekt n. *(-[e]s,-e)* **1** *(Praline)* cioccolatino *m.* (ripieno) **2** REGION. pasticcino *m.*
Kon|fek|ti|on f. *(-,-en)* **1** *(serienmäßige Herstellung von Kleidung)* confezione *f.* di abiti in serie **2** *(Fertigkleidung)* abiti *m.pl.* confezionati, confezione *f.* **3** *(Bekleidungsindustrie)* industria *f.* dell'abbigliamento. **Kon|fek|ti|o|när** m. *(-s,-e)* **1** industriale *m.* dell'abbigliamento **2** *(Designer)* creatore *m.* di moda. **kon|fek|ti|o|nie|ren** tr. confezionare abiti in serie. **Kon|fek|ti|o|nie|rung** f.

(-,-en) 1 confezione *f.* (di abiti) in serie 2 *(Serienprodukt)* prodotto *m.* di serie. **Kon|fek|ti|ons|an|zug** m. *(-es,-anzüge)* abito *m.* di confezione. **Kon|fek|ti|ons|ge|schäft** n. *(-[e]s,-e)* negozio *m.* di abbigliamento (*o* di confezioni). **Kon|fek|ti|ons|grö|ße** f. *(-,-n)* taglia *f.* standard.

Kon|fe|renz f. *(-,-en)* 1a conferenza *f.*: ***eine ~ anberaumen, einberufen, abhalten*** fissare, indire, tenere una conferenza b *(Zusammenkunft von Experten)* ***die internationale ~ über Abrüstung*** la conferenza internazionale sul disarmo 2a *(Besprechung)* riunione *f.*: ***in einer ~ sein*** essere impegnato in una riunione b *(von Lehrern oder Professoren)* consiglio *m.* 3 *(Zusammenschluss von Reedereien)* conferenza *f.*, consorzio *m.* tra armatori. **Kon|fe|renz|dol|met|scher** m. *(-s,-)* interprete *m.* simultaneo. **Kon|fe|renz|schal|tung** f. *(-,-en)* tavola *f.* rotonda (televisiva) con collegamenti in diretta. **Kon|fe|renz|sen|dung** f. *(-,-en)* tavola *f.* rotonda televisiva; *(im Rundfunk)* tavola *f.* rotonda radiofonica. **Kon|fe|renz|spra|che** f. *(-,-n)* lingua *f.* ufficiale (di una conferenza). **Kon|fe|renz|teil|neh|mer** m. *(-s,-)* partecipante *m.* a una conferenza; membro *m.* della conferenza. **Kon|fe|renz|tisch** m. *(-es,-e)* tavolo *m.* della conferenza. **kon|fe|rie|ren** I intr. (aus. *haben*) conferire, discutere: ***mit jdm über etw. ~*** conferire con qcn. su qcs. II tr. presentare, condurre: ***eine Sendung ~*** condurre una trasmissione.

Kon|fes|si|on f. *(-,-en)* 1 TEOL. confessione *f.*: ***die katholische ~*** la confessione cattolica 2 FIG. *(Bekenntnis)* confessione *f.*, confessioni *f.pl.* **Kon|fes|si|o|na|lis|mus** m. *(-)* confessionalismo *m.* **kon|fes|si|o|nell** agg. confessionale. **kon|fes|si|ons|los** agg. aconfessionale. **Kon|fes|si|ons|lo|sig|keit** f. *(-)* aconfessionalità *f.* **Kon|fes|si|ons|schu|le** f. *(-,-n)* scuola *f.* confessionale. **Kon|fes|si|ons|wech|sel** m. *(-s,-)* conversione *f.*

Kon|fet|ti n. *(-[s],-)* coriandoli *m.pl.*

Kon|fi|gu|ra|ti|on f. *(-,-en)* 1 configurazione *f.* (anche FIS. ASTR. CHIM.) 2a MED. configurazione *f.* b *(Verformung)* conformazione *f.* **kon|fi|gu|rie|ren** tr. 1 configurare 2 MED. *(verformen)* conformare.

Kon|fir|mand m. *(-en,-en)* cresimando *m.* **Kon|fir|man|den|bla|se** f. *(-,-n)* SCHERZ. = piscione *m.* **Kon|fir|man|den|stun|de** f. *(-,-n)*, **Kon|fir|man|den|un|ter|richt** m. *(-[e]s,-e)* lezione *f.* di catechismo (in preparazione alla cresima). **Kon|fir|man|din** f. *(-,-nen)* cresimanda *f.* **Kon|fir|ma|ti|on** f. *(-,-en)* cresima *f.*; confermazione *f.* **kon|fir|mie|ren** tr. cresimare.

Kon|fis|ka|ti|on f. *(-,-en)* confisca *f.* **kon|fis|zie|ren** tr. confiscare.

Kon|fi|tü|re f. *(-,-n)* confettura *f.*

Kon|flikt m. *(-[e]s,-e)* conflitto *m.*: ***einen ~ heraufbeschwören (hervorrufen, auslösen), beilegen*** provocare, risolvere un conflitto; ***einen ~ schlichten*** appianare un conflitto; ***in einen ~ hineingezogen werden*** essere coinvolto in un conflitto; *(innerer Widerstreit)* ***mit sich (selbst) in ~ geraten, kommen*** entrare in conflitto con sé stessi; ***innere -e durchmachen*** affrontare conflitti interiori; *(Krieg)* ***ein bewaffneter, militärischer ~*** un conflitto armato, militare; ***einem ~ ausweichen*** evitare un conflitto; ***der ~ bricht aus*** il conflitto esplode. **kon|flikt|fä|hig** agg. in grado di affrontare conflitti. **Kon|flikt|fä|hig|keit** f. *(-)* capacità *f.* di sostenere conflitti. **Kon|flikt|for|schung** f. *(-)* polemologia *f.* **kon|flikt|frei** agg. senza (*o* privo di) conflitto. **kon|flikt|ge|la|den** agg. profondamente conflittuale. **Kon|flikt|herd** m. *(-[e]s,-e)* focolaio *m.* di guerra. **kon|flikt|los** agg. aconflittuale, senza conflitti. **kon|flikt|scheu** agg. che rifugge i, dai conflitti. **Kon|flikt|si|tu|a|ti|on** f. *(-,-en)* situazione *f.* conflittuale. **Kon|flikt|stoff** m. *(-[e]s,-e)* materia *f.*, motivo *m.* di conflitto.

Kon|flu|enz f. *(-,-en)* confluenza *f.* **kon|flu|ie|ren** intr. (aus. *haben*) confluire.

Kon|fö|de|ra|ti|on f. *(-,-en)* confederazione *f.* **kon|fö|de|rie|ren** intr. (aus. *haben*) e rifl. **sich ~** confederarsi. **Kon|fö|de|rier|te** m. e f. *(-n,-n)* confederato *m.* (-a *f.*)

kon|fo|kal agg. confocale.

kon|form agg. concorde, conforme: ***-e Meinungen*** opinioni concordi; MAT. conforme ◆ ***mit jdm ~ gehen*** concordare, essere d'accordo con qcn.; ***mit etw. (D) ~ gehen, sein*** concordare, essere d'accordo su qcs. **Kon|for|mis|mus** m. *(-)* conformismo *m.* **Kon|for|mist** m. *(-en,-en)* 1 conformista m. 2 RELIG. anglicano *m.* **kon|for|mis|tisch** agg. 1 conformista, conformistico 2 RELIG. anglicano. **Kon|for|mi|tät** f. *(-)* conformità *f.*, concordanza *f.*: ***die ~ der Ansichten*** la concordanza di vedute.

Kon|fron|ta|ti|on f. *(-,-en)* 1 confronto *m.* 2 *(Kampf)* scontro *m.*: ***die ~ zwischen Demonstranten und Polizei*** lo scontro fra dimostranti e polizia. **Kon|fron|ta|ti|ons|kurs** m. *(-es)* FIG. rotta *f.* di collisione: ***auf ~ gehen*** entrare in conflitto, in rotta di collisione. **kon|fron|tie|ren** tr. (aus. *haben*) 1 mettere a confronto, confrontare: ***den Zeugen mit dem Angeklagten ~*** mettere a confronto il testimone con l'imputato 2 porre (*o* mettere) di fronte: ***jdn mit seinen Problemen, der Realität ~*** mettere qcn. di fronte i propri problemi, alla realtà. **Kon|fron|tie|rung** f. *(-,-en)* confronto *m.*

kon|fus I agg. 1 confuso, nebuloso: ***-e Gedanken, Ideen*** pensieri confusi, idee confuse; ***-es Zeug reden*** fare dei discorsi confusi, dire cose confuse 2 *(von Menschen)* confuso, turbato: ***er ist ziemlich ~*** è piuttosto turbato II avv. confusamente, in modo confuso: ***~ antworten*** rispondere in modo confuso ◆ ***jdn ~ machen*** confondere qcn. **Kon|fu|si|on** f. *(-,-en)* 1 confusione *f.*, caos *m.*: ***es herrscht große ~*** regna una grande confusione 2 *(Verworrenheit)* confusione *f.*, turbamento *m.*

kon|fu|zi|a|nisch agg. confuciano. **Kon|fu|zi|a|nis|mus** m. *(-)* confucianesimo *m.*

kon|ge|ni|al I agg. all'altezza, adeguato, di adeguata levatura: ***eine -e Übersetzung*** una traduzione all'altezza II avv. adeguatamente. **Kon|ge|ni|a|li|tät** f. *(-)* parità *f.* di levatura.

kon|ge|ni|tal agg. congenito.

Kon|ges|ti|on f. *(-,-en)* congestione *f.* **kon|ges|tiv** agg. MED. congestizio.

Kon|glo|me|rat n. *(-[e]s,-e)* GEOL. conglomerato *m.*, agglomerato *m.* (anche FIG.): ***ein ~ von Häusern*** un agglomerato di case.

Kon|go I n.pr.m. *(-[s])* (fiume *m.*) Congo *m.* II n.pr.m. *(-s)* Congo *m.*: ***er kommt aus (dem) ~*** viene dal Congo. **Kon|go|le|se** m. *(-n,-n)* congolese *m.*, abitante *m.* del Congo. **kon|go|le|sisch** agg. congolese. **kon|go|rot** agg. rosso congo. **Kon|go|rot** n. *(-[e]s)* rosso *m.* Congo.

Kon|gre|ga|ti|on f. *(-,-en)* 1 congregazione *f.* 2 *(Kardinalskongregation)* congregazione *f.* cardinalizia. **Kon|gre|ga|ti|o|na|list** m. *(-en,-en)* congregazionalista *m.* **Kon|gre|ga|ti|o|nist** m. *(-en,-en)* congregazionista *m.*

Kon|gress m. *(-es, -e)* congresso *m.*: ***auf einem ~ sprechen*** parlare ad un congresso; ***auf einen ~ fahren*** partecipare, prender parte a un congresso; ***zu einem ~ fahren*** andare a un congresso ◆ ***der Wiener ~*** il Congresso di Vienna. **Kon|gress|hal|le** f. *(-,-n)*, **Kon|gress|saal** m. *(-[e]s,-säle)* sala *f.* dei congressi.

kon|gru|ent agg. 1 *(völlig gleich)* identico, uguale: ***ein -er Fall*** un caso identico 2 MAT. congruente. **Kon|gru|enz** f. *(-)* 1 congruenza *f.*, concordanza *f.* 2 MAT. GRAMM. congruenza *f.* 3 LING. concordanza *f.* **Kon|gru|enz|satz** m. *(-es,-sätze)* teorema *m.* della congruenza. **kon|gru|ie|ren** intr. (aus. *haben*) 1 concordare, essere concordanti (anche GRAMM.): ***unsere Ansichten ~ keineswegs*** le nostre opinioni non concordano affatto 2 MAT. essere congruente.

Ko|ni|die f. *(-,-n)* conidio *m.*

Ko|ni|fe|re f. *(-,-n)* conifera *f.*

Kö|nig m. *(-s,-e)* re *m.*: ***der ~ von Spanien*** il re di Spagna; ***jdn zum ~ krönen*** incoronare qcn. re; GIOC. ***den ~ matt setzen*** dare scacco matto al re; ***den ~ ausspielen*** giocare il re; FIG. *(der Beste, der Stärkste)* ***er ist der (ungekrönte) ~ unter den Köchen*** è il re dei cuochi ◆ ***die Heiligen Drei -e (aus dem Morgenlande)*** i tre Re Magi; ***bei uns ist der Kunde ~*** (da noi) il cliente ha sempre ragione; ***der ~ der Lüfte*** = l'aquila; ***der ~ der Wüste*** il re della foresta.

Kö|ni|gin f. *(-,-nen)* 1 regina *f.* (anche FIG.): ***die ~ des Festes*** la regina della festa 2 *(beim Schach)* regina *f.*, donna *f.* 3 *(Bienenkönigin)* regina *f.* ◆ ***die ~ der Blumen*** la regina dei fiori; ***die ~ der Instrumente*** = l'organo; ***die ~ der Nacht*** = pianta delle cactacee. **Kö|ni|gin|mut|ter** f. *(-,-mütter)* regina *f.* madre.

kö|nig|lich I agg. 1 reale, ANT. regio: ***der -e Palast*** il palazzo reale; ***Königliche Hoheit*** Altezza reale 2a *(hoheitsvoll)* regale, maestoso: ***in -er Haltung*** con portamento regale b *(großzügig)* ricco, generoso: ***-e Geschenke*** ricchi doni 3a COLLOQ. *(außerordentlich)* immenso, grandissimo: ***ein -es Vergnügen*** un piacere immenso b FIG. da re: ***ein -es Essen*** un pasto da re II avv. 1 regalmente: ***jdn ~ empfangen*** accogliere qcn. regalmente (*o* come un re) 2 immensamente, moltissimo: ***sich ~ amüsieren*** divertirsi moltissimo (*o* divertirsi un mondo) ◆ ***das -e Spiel*** il gioco degli scacchi.

Kö|nig|reich n. *(-[e]s,-e)* regno *m.*

Kö|nigs|ad|ler m. *(-s,-)* aquila *f.* reale. **kö|nigs|blau** agg. blu Savoia. **Kö|nigs|burg** f. *(-,-en)* castello *m.* reale. **Kö|nigs|farn** m. *(-[e]s,-e)* felce *f.* osmunda. **Kö|nigs|haus** n. *(-[e]s,-häuser)* casa *f.* reale, reali *m.pl.* **Kö|nigs|hof** m. *(-[e]s,-höfe)* corte *f.* del re. **Kö|nigs|ker|ze** f. *(-,-n)* verbasco *m.*, barbasso *m.* **Kö|nigs|kind** n. *(-[e]s,-er)* figlio *m.* (-a *f.*) del re. **Kö|nigs|kob|ra** f. *(-,-s)* cobra *m.* reale. **Kö|nigs|kro|ne** f. *(-,-n)* corona *f.* reale. **Kö|nigs|ku|chen** m. *(-s,-)* INTRAD. (tipo di dolce con mandorle, uvetta e canditi). **Kö|nigs|ma|cher** m. *(-s,-)* COLLOQ. = pezzo *m.* grosso (della politica). **Kö|nigs|mord** m. *(-[e]s,-e)* regicidio *m.* **Kö|nigs|mör|der** m. *(-s,-)* regicida *m.* **Kö|nigs|paar** n. *(-[e]s,-e)* coppia *f.* reale, reali *m.pl.* **Kö|nigs|pa|last** m. *(-[e]s,-paläste)* palazzo *m.* reale. **Kö|nigs|pal|me** f. *(-,-n)* palma *f.* reale. **Kö|nigs|schloss** n. *(-es,-schlösser)* castello *m.* reale. **Kö|nigs|sohn** m. *(-[e]s,-söhne)* figlio *m.* del re. **Kö|nigs|thron** m. *(-[e]s,-e)* trono *m.* (reale) ◆ ***den ~ besteigen*** diventare re. **Kö|nigs|ti|ger** m. *(-s,-)* tigre *f.* **Kö|nigs|toch|ter** f. *(-,-töchter)* figlia *f.* del re. **kö|nigs|treu** agg. realista, monarchico. **Kö|nigs|was|ser** n. *(-s)* CHIM. ANT. acqua *f.* regia. **Kö|nigs|weg** m. *(-[e]s,-e)* percorso *m.* ideale.

Kö|nig|tum n. *(-s,-tümer)* **1** monarchia *f.* **2** *(Königswürde)* dignità *f.* regia, regalità *f.* **3** ANT. *(Königreich)* reame *m.*

ko|nisch agg. conico.

Kon|jek|tur f. *(-,-en)* FILOL. congettura *f.* **kon|jek|tu|ral** agg. congetturale. **kon|ji|zie|ren** tr. FILOL. congetturare.

Kon|ju|ga|ti|on f. *(-,-en)* GRAMM. BIOL. coniugazione *f.* **Kon|ju|ga|ti|ons|en|dung** f. *(-,-en)* desinenza *f.* della coniugazione. **kon|ju|gier|bar** agg. coniugabile. **kon|ju|gie|ren** tr. coniugare: ***ein Verb ~*** coniugare un verbo.

Kon|junk|ti|on f. *(-,-en)* congiunzione *f.* **kon|junk|ti|o|nal** agg. di, della congiunzione. **Kon|junk|ti|o|nal|satz** m. *(-[e]s,-sätze)* proposizione *f.* coordinata; *(Nebensatz)* proposizione *f.* subordinata.

Kon|junk|tiv m. *(-s,-e)* congiuntivo *m.* **Kon|junk|ti|va** f. *(-, Konjunktivä)* congiuntiva *f.* **kon|junk|ti|visch, kon|junk|ti|visch** agg. congiuntivo: ***eine -e Verbform*** una forma verbale congiuntiva (*o* al congiuntivo). **Kon|junk|ti|vi|tis** f. *(-, Konjunktivitiden)* congiuntivite *f.* **Kon|junk|tor** m. *(-s)* connettivo *m.* (logico).

Kon|junk|tur f. *(-,-en)* **1** congiuntura *f.*: ***eine rückläufige, steigende ~*** una congiuntura negativa, in ascesa **2** *(Hochkonjunktur)* congiuntura *f.* alta, favorevole: ***die ~ ausnützen*** sfruttare l'alta congiuntura ◆ ***die ~ ankurbeln, beleben, dämpfen*** accelerare, incoraggiare, frenare lo sviluppo economico; ***~ haben*** andare molto: ***das Produkt hat im Augenblick ~*** in questo momento il prodotto va molto. **Kon|junk|tur|ab|schwä|chung** f. *(-,-en)* rallentamento *m.*, rilassamento *m.* della congiuntura. **Kon|junk|tur|auf|schwung** m. *(-[e]s,-aufschwünge)* ripresa *f.* congiunturale (*o* della congiuntura), ripresa *f.* economica. **Kon|junk|tur|ba|ro|me|ter** n. *(-s,-)* **1** indice *m.* congiunturale **2** *(graphische Darstellung)* grafico *m.* della situazione congiunturale. **Kon|junk|tur|be|richt** m. *(-[e]s,-e)* rapporto *m.* sulla congiuntura economica. **Kon|junk|tur|dämp|fung** f. *(-,-en)* ristagno *m.* congiunturale. **kon|junk|tu|rell** agg. congiunturale: ***ein -er Anstieg*** un'ascesa congiunturale. **Kon|junk|tur|la|ge** f. *(-,-n)* situazione *f.* congiunturale. **Kon|junk|tur|mensch** m. *(-en,-en)* → **Konjunkturritter. Kon|junk|tur|po|li|tik** f. *(-)* politica *f.* di congiuntura (*o* congiunturale). **kon|junk|tur|po|li|tisch** agg. congiunturale: ***-e Maßnahmen*** misure congiunturali. **Kon|junk|tur|pro|gramm** n. *(-[e]s,-e)* programma *m.* congiunturale. **Kon|junk|tur|rit|ter** m. *(-s,-)* SPREG. speculatore *m.* **Kon|junk|tur|rück|gang** m. *(-[e]s,-rückgänge)* regressione *f.* congiunturale (*o* della congiuntura), regressione *f.* economica. **Kon|junk|tur|schwan|kung** f. *(-,-en)* fluttuazione *f.* congiunturale, economica. **Kon|junk|tur|sprit|ze** f. *(-,-n)* ECON. GERG. boccata *f.* d'ossigeno per la congiuntura. **Kon|junk|tur|zu|schlag** m. *(-[e]s,-zuschläge)* maggiorazione *f.* congiunturale delle imposte. **Kon|junk|tur|zyk|lus** m. *(-,-zyklen)* ciclo *m.* congiunturale.

kon|kav agg. concavo: ***-e Linsen*** lenti concave. **Kon|ka|vi|tät** f. *(-)* concavità *f.* **Kon|kav|lin|se** f. *(-,-n)* lente *f.* concava. **Kon|kav|spie|gel** m. *(-s,-)* specchio *m.* concavo.

Kon|kla|ve n. *(-s,-n)* conclave *m.*

kon|klu|dent agg. concludente. **kon|klu|die|ren** intr. (aus. *haben*) concludere, essere concludente. **Kon|klu|si|on** f. *(-,-en)* conclusione *f.* **kon|klu|siv** agg. conclusivo.

kon|kor|dant agg. **1** *(übereinstimmend)* concordante, concorde **2** GEOL. concordante. **Kon|kor|danz** f. *(-,-en)* **1** concordanza *f.* (anche GEOL. TIP.) **2** FILOL. concordanze *f.pl.*

Kon|kor|dat n. *(-[e]s,-e)* concordato *m.*

kon|kret I agg. concreto: ***die -e Wirklichkeit*** la realtà concreta; ***ein -es Beispiel*** un esempio concreto **II** avv. concretamente, in concreto: ***was heißt das ~?*** cosa significa ciò in concreto? ◆ ***-e Kunst, Musik*** arte, musica concreta; COLLOQ. ***~ werden*** cantarla chiara. **Kon|kret|heit** f. *(-)* concretezza *f.* **Kon|kre|ti|on** f. *(-,-en)* **1** *(Vergegenständlichung)* concretizzazione *f.* **2** GEOL. MED. concrezione *f.* **kon|kre|ti|sie|ren** tr. concretare, concretizzare. **Kon|kre|ti|sie|rung** f. *(-,-en)* concretizzazione *f.* **Kon|kre|tum** n. *(-s, Konkreta)* nome *m.* concreto.

Kon|ku|bi|nat n. *(-[e]s,-e)* concubinato *m.*: ***im ~ leben*** vivere in concubinato. **Kon|ku|bi|ne** f. *(-,-n)* concubina *f.* (anche SPREG.).

Kon|ku|pis|zenz f. *(-)* concupiscenza *f.*

Kon|kur|rent m. *(-en,-en)* concorrente *m.*; SPORT concorrente *m.*, rivale *m.* **Kon|kur|ren|tin** f. *(-,-nen)* concorrente *f.* **Kon|kur|renz** f. *(-,-en)* **1** concorrenza *f.*: ***jdm ~ (mit etw.) machen*** fare concorrenza a qcn. (con qcs.); ***mit jdm in ~ treten, stehen*** entrare, essere in concorrenza con qcn.; ***bei der ~ kaufen*** comprare dalla concorrenza; ***die ~ ausschalten, ausstechen*** sbaragliare la concorrenza; ***zur ~ gehen, abwandern*** andare dalla, passare alla concorrenza **2a** concorso *m.*: ***an einer ~ teilnehmen*** partecipare a un concorso **b** SPORT competizione *f.*, gara *f.* ◆ ***außer ~ teilnehmen*** partecipare fuori concorso. **Kon|kur|renz|be|trieb** m. *(-[e]s,-e)* azienda *f.* concorrente. **kon|kur|renz|fä|hig** agg. concorrenziale, competitivo, capace di sostenere la concorrenza: ***ein -es Unternehmen*** un'impresa competitiva. **Kon|kur|renz|fä|hig|keit** f. *(-)* concorrenzialità *f.*, competitività *f.*, capacità *f.* concorrenziale. **Kon|kur|renz|kampf** m. *(-[e]s,-kämpfe)* lotta *f.* concorrenziale. **kon|kur|renz|los I** agg. concorrenziale: ***-e Preise*** prezzi concorrenziali **II** avv. senza concorrenti: ***~ sein, dastehen*** non avere concorrenti. **Kon|kur|renz|un|ter|neh|men** n. *(-s,-)* impresa *f.* concorrente. **kon|kur|rie|ren** intr. (aus. *haben*) **1** essere in concorrenza, farsi concorrenza: ***auf diesem Gebiet ~ viele Firmen*** in questo settore si fanno concorrenza molte ditte **2a** *(in Wettbewerb treten)* entrare (*o* mettersi) in concorrenza, competere: ***mit jdm, um etw. ~*** competere con qcn., competere (*o* concorrere) per qcs. **b** SPORT competere, gareggiare.

Kon|kurs m. *(-es,-e)* **1** DIR. fallimento *m.*: ***vor dem ~ stehen*** essere sull'orlo del fallimento, stare per fallire; ***~ erklären*** dichiarare fallimento; ***~ anmelden, beantragen*** chiedere la dichiarazione di fallimento; ***in ~ gehen (geraten), ~ machen*** fare fallimento, fallire **2** *(Konkursverfahren)* procedimento *m.* fallimentare: ***über jds Vermögen den ~ eröffnen*** aprire il procedimento fallimentare (*o* il fallimento) sui beni patrimoniali di qcn.; ***einen ~ abwickeln, durchführen*** eseguire un procedimento fallimentare. **Kon|kurs|an|trag** m. *(-[e]s,-anträge)* richiesta *f.* di dichiarazione di fallimento. **Kon|kurs|er|klä|rung** f. *(-,-en)* dichiarazione *f.* fallimentare (*o* di fallimento). **Kon|kurs|er|öff|nung** f. *(-,-en)* apertura *f.* del procedimento fallimentare. **Kon|kurs|gläu|bi|ger** m. *(-s,-)* creditore *m.* (della massa) fallimentare. **Kon|kurs|mas|se** f. *(-,-n)* massa *f.* (*o* patrimonio *m.*) fallimentare. **Kon|kurs|pro|zess** m. *(-es,-e)* → **Konkursverfahren. Kon|kurs|recht** n. *(-[e]s)* diritto *m.* fallimentare. **Kon|kurs|rich|ter** m. *(-s,-)* giudice *m.* delegato al fallimento. **Kon|kurs|ver|fah|ren** n. *(-s,-)* procedimento *m.* fallimentare. **Kon|kurs|ver|wal|ter** m. *(-s,-)* amministratore *m.* del fallimento, curatore *m.* fallimentare.

kön|nen mod. (ich *kann*, du *kannst*, er *kann*, wir *können*, ihr *könnt*, sie *können*; *konnte*; *gekonnt/hat...können*; aus. *haben*) **I** *mit Infinitiv* (p.pass. *hat...können*) **1a** *(Möglichkeit)* potere, avere la possibilità di: ***ich habe nicht kommen ~*** non sono potuto venire; ***das Schiff kann bis zu 300 Passagiere aufnehmen*** la nave può trasportare fino a 300 passeggeri; ***es kann (nicht) sein*** (non) può essere, è (im)possibile; COLLOQ. ***kann sein!*** può darsi! **b** *(möglicherweise)* ***er kann jeden Augenblick kommen*** può venire da un momento all'altro; ***morgen könnte es regnen*** domani potrebbe piovere **2a** potere, riuscire a: ***ich konnte nicht schlafen*** non potevo (*o* riuscivo a) dormire; ***ich habe sehen ~, was passierte*** ho potuto (*o* sono riuscito a) vedere che cosa è successo; ***jdn, etw. nicht leiden ~*** non poter soffrire qcn., qcs. **b** *(in höflichen oder tadelnden Fragen)* ***kann ich Ihnen helfen?*** posso aiutarLa? ***~ Sie mir bitte die Uhrzeit sagen?*** può dirmi per favore che ora è? ***kannst du nicht aufpassen?*** non puoi fare attenzione? **c** *(als Konsequenz)* COLLOQ. ***jetzt kann ich auch noch aufräumen*** adesso posso anche mettere in ordine **3** *(Erlaubnis)* potere (avere il permesso): ***meinetwegen kann er machen, was er will*** per me può fare quello che vuole; ***kann ich jetzt gehen?*** posso andare adesso? **4** *(Vermutung)* potere: ***das Geld kann auch verloren gegangen sein*** i soldi possono anche essere andati persi; ***wer kann das gewesen sein?*** chi può essere stato? **5** *(imstande sein)* sapere, essere in grado di: ***weder lesen, noch schreiben ~*** non sapere né leggere, né scrivere; ***sie kann Auto fahren*** sa guidare la macchina **II** *als Vollverb* (p.pass. *gekonnt*) **1** *(beherrschen)* sapere, conoscere: ***er kann gut Deutsch*** sa bene il tedesco; ***alles, nichts ~*** sapere tutto, niente; ***etw. auswendig ~*** sapere qcs. a memoria **2** potere, riuscire a: ***sie wollte parken, hat es aber nicht gekonnt*** voleva parcheggiare, ma non ci è riuscita; ***er lief so schnell, (wie) er konnte*** corse più veloce che potè **3** *(dürfen)* potere: ***kann ich ins Kino?*** posso andare al cinema **4** *(Kraft haben)* potere, farcela: ***er aß, bis er nicht mehr konnte*** mangiò fino a non poterne più ◆ ***nicht anders ~*** non poter fare altrimenti; ***nicht anders ~ als...*** non poter fare altro che...; COLLOQ. ***nicht (weder) ein noch aus ~*** non sapere che pesci pigliare; COLLOQ. ***für etw. nichts ~*** non aver colpa di qcs.;

COLLOQ. ***du kannst mich gern haben*** lasciami in pace! COLLOQ. ***mir, uns kann keiner*** non me, non ce ne importa niente di nessuno; COLLOQ. ***es kann einem leid tun*** dispiace; VOLG. ***du kannst mich mal!*** ma vaffa! COLLOQ. ***(es) mit jdm (gut) ~*** andare d'accordo con qcn.; COLLOQ. ***ich kann nicht mehr*** non ce la faccio più; ***kannst du noch?*** ce la fai ancora? ***man kann schon sagen*** anzi; ***sich sehen lassen ~*** fare bella figura; ***so gut ich kann*** per quanto posso, meglio che posso; ***nicht umhin ~*** non poter fare a meno; ***darauf kannst du dich verlassen*** puoi contarci, contaci; ***Vorsicht kann nie schaden*** la prudenza non è mai troppa; ***was du alles kannst!*** quante cose sai fare! ***was kann ich für seine Unaufmerksamkeit*** che colpa ho io della sua disattenzione; ***wer kann, der kann*** chi può, può; ***man kann nie wissen*** non si può mai sapere; PROV. ***man kann alles, wenn man (nur) will*** volere è potere. **Kön|nen** n. *(-s)* capacità *f.*, abilità *f.*: ***berufliches, handwerkliches ~*** capacità professionale, abilità manuale. **Kön|ner** m. *(-s,-)* esperto *m.*, competente *m.*: ***ein großer ~ auf seinem Gebiet sein*** essere un grande esperto (*o* essere molto competente) nel proprio campo.

Kön|ner|schaft f. *(-)* competenza *f.*

Kon|nex m. *(-es,-e)* **1** connessione *f.*, nesso *m.* **2** *(persönlicher Kontakt)* contatto *m.*: ***mit jdm in ~ kommen, treten*** entrare in contatto con qcn. **Kon|ne|xi|on** f. *(-,-en)* **1** RAR. *(Verbindung)* conoscenza *f.*, appoggio *m.*: ***-en haben*** avere delle conoscenze (importanti) **2** GRAMM. (cor)relazione *f.*, connessione *f.*

kon|ni|vent agg. connivente (anche DIR.). **Kon|ni|venz** f. *(-,-en)* connivenza *f.* (anche DIR.).

Kon|nos|se|ment n. *([e]s,-e)* MAR. polizza *f.* di carico.

Kon|no|tat n. *(-[e]s,-e)* LING. **1** concetto *m.* **2** connotazione *f.*, significato *m.* connotativo. **Kon|no|ta|ti|on** f. *(-,-en)* LING. connotazione *f.* **kon|no|ta|tiv, kon|no|ta|tiv** agg. LING. connotativo.

konn|te → **können.**

Ko|no|id n. *(-[e]s,-e)* conoide *m.*

Kon|quis|ta|dor m. *(-en,-en)* conquistador *m.*

Kon|rad n.pr.m. Corrado *m.* **Kon|ra|din** n.pr.m. Corradino *m.* ◆ STOR. ***~ von Schwaben*** Corradino di Svevia.

Kon|rek|tor m. *(-s,-en)* vicepreside *m.*

Kon|sek|ra|ti|on f. *(-,-en)* RELIG. consacrazione *f.* **kon|sek|rie|ren** tr. RELIG. consacrare.

kon|se|ku|tiv, kon|se|ku|tiv agg. consecutivo (anche GRAMM.): ***ein -er Nebensatz*** una frase consecutiva. **Kon|se|ku|tiv|dol|met|scher** m. *(-s,-)* (interprete *m.*) consecutivista *m.* **Kon|se|ku|tiv|satz** m. *(-es,-sätze)* frase *f.* (*o* proposizione *f.*) consecutiva.

Kon|sens m. *(-es)* consenso *m.*: ***darüber besteht (kein) ~*** (non) esiste consenso su questo. **Kon|sen|sus** m. *(-)* → **Konsens. kon|sen|tie|ren** tr. ANT. consentire.

kon|se|quent I agg. **1** *(folgerichtig)* coerente, conseguente: ***eine -e Handlung, Entscheidung*** un'azione, una decisione coerente; *(von Begriffsinhalten)* consequenziale **2** *(unbeirrbar)* fermo; *(beharrlich)* costante, perseverante: ***ein -er Vegetarier*** un vegetariano convinto; ***ein -es Vorgehen*** un procedere perseverante **II** avv. **1** coerentemente, conseguentemente: ***du musst -er handeln*** devi essere più coerente **2** con costanza, con fermezza: ***~ bleiben*** avere costanza; ***~ durchgreifen*** intervenire con fermezza. **kon|se|quen|ter|ma|ßen, kon|se|quen|ter|wei|se** avv. conseguentemente.

Kon|se|quenz f. *(-,-en)* **1** *(Folge)* conseguenza *f.*: ***das ist nur die ~ deines Benehmens*** è soltanto la conseguenza del tuo comportamento; ***weit reichende, unangenehme -en (für jdn, etw.) haben*** avere enormi, spiacevoli conseguenze (per qcn., qcs.) **2** *(Folgerichtigkeit)* consequenzialità *f.*: ***etw. mit logischer ~ entwickeln*** sviluppare qcs. con consequenzialità logica **3** *(Entschlossenheit)* fermezza *f.*; *(Beharrlichkeit)* ostinazione *f.*, costanza *f.*: ***mit aller, äußerster ~ seinen Weg gehen*** perseguire la propria strada con estrema fermezza ◆ ***nicht ohne -en bleiben*** non restare (*o* essere) privo di conseguenze; ***die -en (einer Tat) tragen müssen*** dover subire, sopportare le conseguenze (di un'azione); ***(aus etw.) die -en ziehen*** trarre le conclusioni da qcs.

Kon|ser|va|tis|mus m. *(-)* conservatorismo *m.* **kon|ser|va|tiv, kon|ser|va|tiv I** agg. conservatore, conservativo: ***-e Ansichten, Techniken*** opinioni conservatrici, tecniche antiquate; ***eine -e Partei*** un partito conservatore; MED. ***eine -e Zahnbehandlung*** una terapia conservativa **II** avv. in modo conservativo; ***~ eingestellt sein*** avere tendenze conservatrici; ***~ wählen*** votare per i conservatori. **Kon|ser|va|ti|ve** m. e f. *(-n,-n)* POL. conservatore *m.* (-trice *f.*). **Kon|ser|va|ti|vis|mus** m. *(-)* conservatorismo *m.* **Kon|ser|va|tor** m. *(-s,-en)* conservatore *m.* (di opere d'arte). **kon|ser|va|to|risch** agg. **1** conservativo: ***eine -e Restaurierung*** un restauro conservativo **2** *(das Konservatorium betreffend)* di, del conservatorio. **Kon|ser|va|to|rist** m. *(-en,-en)* studente *m.*, allievo *m.* di conservatorio. **Kon|ser|va|to|ri|um** n. *(-s, Konservatorien)* conservatorio *m.*: ***aufs ~ gehen*** andare al conservatorio; ***am ~ studieren*** studiare al conservatorio.

Kon|ser|ve [-v-] f. *(-,-n)* **1** conserva *f.*: ***von -n leben*** vivere di conserve; *(Konservenbüchse)* ***eine ~ öffnen*** aprire una (scatola di) conserva **2** *(Blutkonserve)* sangue *m.* conservato (per trasfusioni) **3** TELEV. RAD. trasmissione *f.* registrata: ***Musik aus der ~*** musica registrata (su nastri, dischi). **Kon|ser|ven|büch|se, Kon|ser|ven|do|se** f. *(-,-n)* scatola *f.* di conserva. **Kon|ser|ven|fab|rik** f. *(-,-en)* fabbrica *f.* di conserve alimentari, conservificio *m.* **kon|ser|vier|bar** agg. conservabile. **kon|ser|vie|ren** tr. **1** conservare, mettere in conserva: ***Lebensmittel, Blut ~*** conservare generi alimentari, sangue; ***etw. in Öl, Essig ~*** conservare qcs. sott'olio, sott'aceto **2** conservare, preservare: ***ein Gemälde ~*** conservare un dipinto. **Kon|ser|vie|rung** f. *(-,-en)* **1** conservazione *f.*, conserva *f.* **2** *(Erhaltung)* conservazione *f.*, preservazione *f.* **Kon|ser|vie|rungs|mit|tel** n. *(-s,-)* conservante *m.*: ***enthält keine ~*** non contiene conservanti.

Kon|sig|nant m. *(-en,-en)* mittente *m.* (della spedizione di merce in conto deposito). **Kon|sig|na|tar, Kon|sig|na|tär** m. *(-s,-e)* consegnatario *m.* **Kon|sig|na|ti|on** f. *(-,-en)* deposito *m.*, merce *f.* spedita in conto deposito: ***in ~*** in deposito, in consegna. **Kon|sig|na|ti|ons|gut** n. *(-[e]s,-güter)* merce *f.* in consegna. **Kon|sig|na|ti|ons|sen|dung** f. *(-,-en)* spedizione *f.* in consegna. **kon|sig|nie|ren** tr. spedire merce in conto deposito.

Kon|si|li|ar|arzt m. *(-[e]s,-ärzte)*, **Kon|si|li|a|ri|us** m. *(-, Konsiliarii)* medico *m.* chiamato (da un altro) per un consulto. **Kon|si|li|um** n. *(-s, Konsilien)* consulto *m.* (medico).

kon|sis|tent agg. **1** consistente: ***-es Material*** materiale consistente **2** *(stabil)* resistente, stabile: ***eine -e Form des Zusammenlebens*** una forma stabile di convivenza **3** FILOS. coerente: ***eine -e Argumentation*** un'argomentazione coerente. **Kon|sis|tenz** f. *(-)* **1** consistenza *f.* **2** stabilità *f.*: ***die ~ einer Gesellschaftsordnung*** la stabilità di un ordinamento sociale **3** coerenza *f.*: ***die ~ einer Theorie*** la coerenza di una teoria.

kon|sis|to|ri|al agg. ECCL. concistoriale. **Kon|sis|to|ri|al|rat** m. *(-[e]s,-räte)* membro *m.* del concistoro. **Kon|sis|to|ri|um** n. *(-s, Konsistorien)* ECCL. concistoro *m.*

kon|skri|bie|ren tr. STOR. arruolare. **Kon|skrip|ti|on** f. *(-,-en)* STOR. arruolamento *m.*

Kon|so|le f. *(-,-n)* **1** console *f.* **2** ARCH. mensola *f.*

Kon|so|li|da|ti|on f. *(-,-en)* consolidamento *m.* (anche ECON. DIR. GEOL.). **kon|so|li|die|ren I** tr. consolidare (anche ECON.): ***die Wirtschaft ~*** consolidare l'economia **II** rifl. **sich ~** consolidarsi. **Kon|so|li|die|rung** f. *(-,-en)* consolidamento *m.* (anche MED. ECON.). **Kon|so|li|die|rungs|pha|se** f. *(-,-n)* fase *f.* di consolidamento.

kon|so|nant agg. MUS. consonante. **Kon|so|nant** m. *(-en,-en)* consonante *f.*: ***stimmhafter, stimmloser ~*** consonante sonora, sorda. **Kon|so|nan|ten|häu|fung** f. *(-,-en)* nesso *m.* consonantico. **Kon|so|nan|ten|schwund** m. *(-[e]s)* caduta *f.* di una consonante. **kon|so|nan|tisch** agg. consonantico. **Kon|so|nan|tis|mus** m. *(-)* consonantismo *m.* **Kon|so|nanz** f. *(-,-en)* MUS. consonanza *f.*

Kon|sor|te m. *(-n,-n)* **1** membro *m.* di un consorzio **2** pl. SPREG. compagnia *f.*, compagni *m.pl.*: ***mit Rudolf und -n*** con Rudolf e compagni. **Kon|sor|ti|al|bank** f. *(-,-en)* banca *f.* consorziata. **Kon|sor|ti|al|ge|schäft** n. *(-[e]s,-e)* operazione *f.* consorziale. **Kon|sor|ti|al|mit|glied** n. *(-[e]s,-er)* membro *m.* di un consorzio. **Kon|sor|ti|um** n. *(-s, Konsortien)* consorzio *m.*: ***ein ~ bilden, gründen*** formare, fondare un consorzio.

Kon|spi|rant m. *(-en,-en)* cospiratore *m.* **Kon|spi|ra|ti|on** f. *(-,-en)* cospirazione *f.* **kon|spi|ra|tiv** agg. cospirativo. **kon|spi|rie|ren** intr. (aus. *haben*) cospirare: ***mit jdm, gegen jdn ~*** cospirare con qcn., contro qcn.

Kons|tab|ler m. *(-s,-)* **1** ANT. *(Polizist)* birro *m.* **2** STOR. conestabile *m.*

kon|stant I agg. costante: ***eine -e Größe, Temperatur*** una grandezza, temperatura costante; COLLOQ. ***etw. mit -er Bosheit tun*** fare qcs. con ostinata cattiveria **II** avv. costantemente: ***sich ~ beschweren*** lamentarsi costantemente. **Kon|stan|te** f. *(-[n],-n)* costante *f.*

Kon|stan|tin n.pr.m. Costantino *m.* **kon|stan|ti|nisch** agg. costantiniano ◆ ***die Konstantinische Schenkung*** la donazione Costantiniana. **Kon|stan|ti|no|pel** n.pr.n. *(-s)* Costantinopoli *f.*

1.Kon|stanz f. *(-)* costanza *f.*

2.Kon|stanz n.pr.n. *(-)* Costanza *f.*

Kon|stan|ze n.pr.f. Costanza *f.*

kon|sta|tie|ren tr. constatare. **Kon|sta|tie|rung** f. *(-,-en)* constatazione *f.*

Kons|tel|la|ti|on f. *(-,-en)* costellazione *f.* (anche FIG.).
kons|ter|niert agg. costernato.
Kons|ti|pa|ti|on f. *(-,-en)* costipazione *f.*
Kon|sti|tu|en|te f. *(-,-n)* LING. costituente *m.* (sintattico). **Kon|sti|tu|en|ten|(struk|tur|)gram|ma|tik** f. *(-)* grammatica *f.* strutturale dei costituenti.
kon|sti|tu|ie|ren I tr. costituire: ***einen Verein, Untersuchungsausschuss ~*** costituire un'associazione, una commissione d'inchiesta; *(begründen)* ***etw. ~*** costituire qcs., essere fondamento di qcs.; ***die Sprache konstituiert das Denken*** la lingua costituisce il pensiero **II** rifl. **sich ~** costituirsi: ***die Regierung hat sich konstituiert*** si è costituito il governo. **kon|sti|tu|ie|rend** p.pres. agg. **1** → **konstituieren 2** costituente: ***die -e Versammlung*** l'assemblea costituente **3** *(konstitutiv)* costitutivo. **Kon|sti|tu|ie|rung** f. *(-,-en)* costituzione *f.*, istituzione *f.*, formazione *f.* **Kon|sti|tu|ti|on** f. *(-,-en)* **1** costituzione *f.*: ***von kräftiger, schwacher ~ sein*** essere di costituzione robusta, debole **2** CHIM. costituzione *f.* **3** POL. *(Verfassung)* costituzione *f.*: ***dem Staat eine ~ geben*** dare una costituzione allo stato **4** ECCL. costituzione *f.* (pontificia, conciliare). **Kon|sti|tu|ti|o|na|lis|mus** m. *(-)* costituzionalismo *m.* **kon|sti|tu|ti|o|nell I** agg. costituzionale: ***-e Monarchie*** monarchia costituzionale; ***-e Krankheiten*** malattie costituzionali **II** avv. costituzionalmente. **Kon|sti|tu|ti|ons|typ** m. *(-s,-en)* MED. PSIC. tipo *m.* costituzionale. **kon|sti|tu|tiv** agg. costitutivo.
kon|stru|ie|ren tr. **1a** costruire, realizzare; *(entwerfen)* progettare: ***einen Motor, ein Auto ~*** progettare un motore, costruire un'auto **b** FIG. costruire, montare: ***einen Fall, eine Anklage ~*** montare un caso, costruire un'accusa **2** GEOM. GRAMM. costruire ◆ ***den Hergang aus etw. ~*** ricostruire lo svolgimento dei fatti da qcs. **kon|stru|iert I** p.pass. agg. **1** → **konstruieren 2** costruito, artificioso: ***eine allzu -e Romanhandlung*** una trama di romanzo troppo costruita **II** avv. ***~ klingen, wirken*** suonare, sembrare artificioso.
Kon|strukt n. *(-[e]s,-e* e RAR. *-s)* costruzione *f.* (teorica), ipotesi *f.*
Kon|struk|teur [-'tøːɐ] m. *(-s,-e)* costruttore *m.*; *(Entwerfer)* progettista *m.*
Kon|struk|ti|on f. *(-,-en)* **1a** costruzione *f.*: ***die ~ einer Brücke*** la costruzione di un ponte; ***eine veraltete ~*** una vecchia costruzione **b** FIG. costruzione *f.*: ***eine philosophische ~*** una costruzione filosofica **2** *(Entwurf)* progetto *m.* (di costruzione) **3** GEOM. GRAMM. costruzione *f.* **Kon|struk|ti|ons|bü|ro** n. *(-s,-s)* ufficio *m.* progettazioni (*o* tecnico). **Kon|struk|ti|ons|feh|ler** m. *(-s,-)* difetto *m.* di costruzione. **Kon|struk|ti|ons|zeich|nung** f. *(-,-en)* progetto *m.* (di costruzione).
kon|struk|tiv agg. **1** costruttivo, di costruzione **2** FIG. costruttivo: ***eine -e Kritik*** una critica costruttiva. **Kon|struk|ti|vis|mus** m. *(-)* costruttivismo *m.* **Kon|struk|ti|vist** m. *(-en,-en)* costruttivista *m.* **kon|struk|ti|vis|tisch** agg. costruttivista.
Kon|sul m. *(-s,-n)* DIPL. STOR. console *m.* **Kon|su|lar|agent** m. *(-en,-en)* agente *m.* consolare. **kon|su|la|risch** agg. consolare. **Kon|su|lar|recht** n. *(-[e]s)* diritto *m.* consolare. **Kon|su|lat** n. *(-[e]s,-e)* DIPL. STOR. consolato *m.*
Kon|sul|ta|ti|on f. *(-,-en)* **1** consulto *m.*, consultazione *f.*: ***jdn zur ~ heranziehen*** chiamare qcn. per un consulto **2** POL. consultazione *f.* **kon|sul|ta|tiv** agg. consultivo, di consultazione. **kon|sul|tie|ren** tr. consultare: ***einen Experten, ein Wörterbuch ~*** consultare un esperto, un dizionario. **Kon|sul|tie|rung** f. *(-,-en)* consultazione *f.*
1.Kon|sum m. *(-s)* consumo *m.*: ***ein niedriger, starker ~ von Alkohol, an Zigaretten*** un basso, forte consumo di alcol, di sigarette; ECON. ***den ~ anheizen*** incentivare i consumi.
2.Kon|sum m. *(-s,-s)* **1** → **Konsumgenossenschaft 2** negozio *m.* (*o* spaccio *m.*) di una cooperativa di consumo.
Kon|sum|ar|ti|kel m. *(-s,-)* → **Konsumgut.**
Kon|su|ment m. *(-en,-en)* consumatore *m.*
Kon|sum|ge|nos|sen|schaft f. *(-,-en)* cooperativa *f.* di consumatori (*o* di consumo). **Kon|sum|ge|sell|schaft** f. *(-,-en)* società *f.* dei consumi. **Kon|sum|gut** n. *(-[e]s,-güter)* bene *m.* (*o* genere *m.*) di consumo. **Kon|sum|gü|ter|in|dust|rie** f. *(-,-n)* industria *f.* che produce beni di consumo.
kon|su|mie|ren tr. ***etw. ~*** consumare qcs., fare consumo di qcs. **Kon|su|mie|rung** f. *(-,-en)* consumo *m.*
Kon|sump|ti|on → **Konsumtion.**
Kon|sum|ter|ror m. *(-s)* martellamento *m.* consumistico.
Kon|sum|ti|on f. *(-,-en)* **1** ECON. consumo *m.* **2** MED. consunzione *f.* **kon|sum|tiv** agg. di consumo, relativo al consumo ◆ ECON. ***-e Ausgaben*** spese al consumo.
Kon|sum|ver|ein m. *(-[e]s,-e)* → **Konsumgenossenschaft. Kon|sum|zwang** m. *(-[e]s)* → **Konsumterror.**

Kon|takt m. *(-[e]s,-e)* **1a** contatto *m.*: ***etw. nicht mit der Haut in ~ kommen lassen*** non far venire qcs. a (*o* evitare il) contatto con la pelle **b** EL. ***(keinen) ~ haben*** (non) fare contatto **2** FIG. *(Verbindung)* contatto *m.*, rapporto *m.*: ***geschäftliche, persönliche, sexuelle -e*** rapporti d'affari, personali, sessuali; ***mit, zu jdm in ~ kommen (treten), stehen (sein), bleiben*** venire, essere, rimanere in contatto con qcn.; ***mit jdm, etw. ~ (-e) aufnehmen, haben, halten*** prendere, avere, tenere contatti con qcn., qcs.; ***den ~ zu jdm, etw. verlieren*** perdere i contatti con qcn., qcs.; ***-e zu jdm, etw. herstellen, pflegen, aufrechterhalten*** stabilire i contatti, curare, mantenere i rapporti con qcn., qcs.; ***mit jdm keinen ~ bekommen, finden*** non riuscire a stabilire un rapporto con qcn.; ***wir haben (einen) netten ~ miteinander*** abbiamo un simpatico rapporto. **Kon|takt|ab|zug** m. *(-[e]s,-abzüge)* FOT. copia *f.* a contatto. **Kon|takt|ad|res|se** f. *(-,-n)* indirizzo *m.* utile. **Kon|takt|an|zei|ge** f. *(-,-n)* annuncio *m.* personale. **kon|takt|arm** agg. **1** poco socievole (*o* poco comunicativo) **2** *(mit wenigen Kontakten)* che ha pochi rapporti. **Kon|takt|ar|mut** f. *(-)* **1** scarsa socievolezza *f.* (*o* comunicatività *f.*) **2** *(Mangel an Kontakten)* mancanza *f.* di rapporti. **Kon|takt|auf|nah|me** f. *(-,-n)* presa *f.* di contatto. **Kon|takt|(be|reichs|)be|am|te** m. *(-n,-n)* agente *m.* di zona, poliziotto *m.* di quartiere.
kon|tak|ten I tr. ***jdn ~*** contattare qcn., entrare in contatto con qcn. **II** intr. (aus. *haben*) **1** prendere (*o* stabilire) contatti **2** *(als Kontakter tätig sein)* fare l'account-executive. **Kon|tak|ter** m. *(-s,-)* account-executive *m.*
kon|takt|fä|hig agg. capace di stabilire rapporti (umani). **kon|takt|freu|dig** agg. disponibile ai rapporti umani. **Kon|takt|gift** n. *(-[e]s,-e)* veleno *m.* che agisce per contatto. **Kon|takt|glas** n. *(-es,-gläser)* → **Kontaktlinse.**
kon|tak|tie|ren I tr. contattare **II** intr. (aus. *haben*) ***mit jdm ~*** entrare in contatto con qcn., contattare qcn.
Kon|takt|in|fek|ti|on f. *(-,-en)* infezione *f.* per contatto. **Kon|takt|lin|se** f. *(-,-n)* lente *f.* a contatto: ***harte, weiche -n*** lenti a contatto rigide, morbide; ***die -n einsetzen, herausnehmen*** mettere, togliere le lenti a contatto. **kon|takt|los** agg. **1** privo di contatti umani **2** EL. senza contatti. **Kon|takt|man|gel** m. *(-s)* mancanza *f.* di rapporti umani (*o* di contatti con gli altri). **Kon|takt|mann** m. *(-[e]s, -männer* e *-leute)* **1a** agente *m.* di collegamento **b** *(Spion)* contatto *m.* **2** → **Kontakter. Kon|takt|nah|me** → **Kontaktaufnahme. Kon|takt|per|son** f. *(-,-en)* soggetto *m.* a rischio (perché a contatto con un focolaio d'infezione). **Kon|takt|scha|le** f. *(-,-n)* → **Kontaktlinse. kon|takt|scheu** agg. che rifugge dai contatti umani. **kon|takt|schwach** agg. poco socievole (*o* comunicativo). **Kon|takt|schwä|che** f. *(-)* difficoltà *f.* a instaurare rapporti umani. **Kon|takt|schwie|rig|kei|ten** pl. PSIC. difficoltà *f.pl.* di contatto. **Kon|takt|sper|re** f. *(-)* divieto *m.* di contatti esterni, isolamento *m.*: ***~ verhängen*** imporre l'isolamento. **Kon|takt|ste|cker** m. *(-s,-)* spina *f.* di contatto. **kon|takt|un|fä|hig** agg. incapace di instaurare rapporti (umani).
Kon|ta|mi|na|ti|on f. *(-,-en)* FIS. LING. contaminazione *f.* **kon|ta|mi|nie|ren** tr. FIS. LING. contaminare.
kon|tant agg. contante. **Kon|tan|ten** pl. contanti *m.pl.*
Kon|temp|la|ti|on f. *(-,-en)* contemplazione *f.* **kon|temp|la|tiv** agg. contemplativo. **kon|temp|lie|ren** intr. (aus. *haben*) contemplare.
kon|tem|po|rär agg. contemporaneo.
Kon|ten|plan m. *(-[e]s,-pläne)* piano *m.* dei conti. **Kon|ten|rah|men** m. *(-s,-)* piano *m.* dei conti.
Kon|ten|tiv|ver|band m. *(-[e]s,-verbände)* fasciatura *f.* contenitiva.
Kon|ter m. *(-s,-)* (ri)battuta *f.*, risposta *f.* (anche SPORT). **Kon|ter|ad|mi|ral** m. *(-s,-e)* contrammiraglio *m.* **Kon|ter|an|griff** m. *(-[e]s,-e)*, AUSTR. **Kon|ter|at|ta|cke** f. *(-,-n)* SPORT contrattacco *m.* **Kon|ter|ban|de** f. *(-)* ANT. merce *f.* di contrabbando.
Kon|ter|fei, Kon|ter|fei n. *(-s,-s* e *-e)* ANT. SCHERZ. ritratto *m.* **kon|ter|fei|en, kon|ter|fei|en** tr. ANT. SCHERZ. ritrarre.
kon|ter|ka|rie|ren tr. ***etw. ~*** mandare all'aria qcs.; *(durchkreuzen)* contrastare, ostacolare qcs.
Kon|ter|mi|ne f. *(-,-n)* **1** contromisura *f.* **2** ECON. speculazione *f.* al ribasso **3** MIL. ANT. contromina *f.* **Kon|ter|mut|ter** f. *(-,-mütter)* controdado *m.*
kon|tern tr. **1a** SPORT colpire di rimessa; *(Schläge)* ricambiare, restituire **b** FIG. controbattere, ribattere **2** TECN. assicurare, fissare (con un controdado) **3** TIP. rovesciare.
kon|ter|pro|duk|tiv agg. controproducente.
Kon|ter|re|vo|lu|ti|on f. *(-,-en)* controrivoluzione *f.* **kon|ter|re|vo|lu|ti|o|när** agg. controrivoluzionario. **Kon|ter|re|vo|lu|ti|o|när** m. *(-s,-e)* controrivoluzionario *m.*

Kon|ter|schlag m. *(-[e]s,-schläge)* **1a** SPORT colpo *m.* di rimessa **b** *(Ballspiele)* contrattacco *m.* **2** FIG. ribattuta *f.*, replica *f.* **Kon|ter|tanz** m. *(-es)* contraddanza *f.*

Kon|text, Kon|text m. *(-[e]s,-e)* contesto *m.*: ***in einen ~ gehören*** appartenere a (*o* far parte di) un contesto; ***etw. aus dem ~ herausnehmen (herausreißen), verstehen*** isolare, capire qcs. dal contesto. **kon|tex|tu|al, kon|tex|tu|ell** agg. contestuale.

kon|tie|ren tr. registrare su un (*o* sul) conto. **Kon|tie|rung** f. *(-,-en)* registrazione *f.* su un (*o* sul) conto.

Kon|ti|gu|i|tät f. *(-)* PSIC. contiguità *f.*

Kon|ti|nent, Kon|ti|nent m. *(-[e]s,-e)* continente *m.*: ***der afrikanische, schwarze ~*** il continente africano, nero; ***von Sizilien zum ~ hinüberfahren*** andare dalla Sicilia sul continente. **kon|ti|nen|tal** agg. continentale. **Kon|ti|nen|tal|drift** f. *(-)* → **Kontinentalverschiebung. Kon|ti|nen|tal|eu|ro|pa** n.pr.n. *(-s)* Europa *f.* continentale. **Kon|ti|nen|tal|kli|ma** n. *(-s)* clima *m.* continentale. **Kon|ti|nen|tal|macht** f. *(-,-mächte)* STOR. potenza *f.* continentale. **Kon|ti|nen|tal|plat|te** f. *(-,-n)* piattaforma *f.* continentale. **Kon|ti|nen|tal|schelf** m. e n. *(-s,-e)*, **Kon|ti|nen|tal|so|ckel** m. *(-s,-)* zoccolo *m.* continentale. **Kon|ti|nen|tal|sper|re** f. *(-,-n)* STOR. blocco *m.* continentale. **Kon|ti|nen|tal|ver|schie|bung** f. *(-,-en)* deriva *f.* dei continenti.

Kon|ti|nenz f. *(-)* continenza *f.*

Kon|tin|gent n. *(-[e]s,-e)* **1** contingente *m.*, quantità *f.* (assegnata *o* imposta); *(Anzahl)* numero *m.* (limitato) **2** MIL. contingente *m.* (di truppe). **kon|tin|gen|tie|ren** tr. contingentare. **Kon|tin|gen|tie|rung** f. *(-,-en)* contingentamento *m.*

Kon|ti|nua, Kon|ti|nu|en → **Kontinuum. kon|ti|nu|ier|lich I** agg. continuo, continuativo **II** avv. in modo continuo (*o* continuativo); ***~ hohes Fieber*** febbre alta continua. **Kon|ti|nu|i|tät** f. *(-,-en)* continuità *f.* **Kon|ti|nu|um** n. *(-s, Kontinua* e *Kontinuen)* continuum *m.*, continuo *m.*: ***ein räumliches, zeitliches ~*** un continuum spaziale, temporale.

Kon|to n. *(-s,-s* e *Konten/Konti)* conto *m.*: ***ein laufendes ~*** un conto corrente; ***(bei einer Bank) ein ~ eröffnen, haben (besitzen, unterhalten), auflösen (löschen, schließen)*** aprire, avere (possedere), chiudere un conto (presso una banca, in banca); ***(für jdn) ein ~ einrichten, führen*** aprire, tenere (*o* gestire) un conto (a qcn.); ***ein ~ ausgleichen, sperren lassen, überziehen*** pareggiare, bloccare, mandare allo scoperto (*o* in rosso) un conto; ***Geld auf ein ~ einzahlen, überweisen*** versare, trasferire denaro su un conto; ***Geld von einem ~ abheben*** prelevare denaro da un conto; ***einen Betrag einem ~ gutschreiben*** accreditare un importo su un conto; ***ein ~ mit einem Betrag belasten, einen Betrag von einem ~ abbuchen (abschreiben, abziehen)*** addebitare un importo su un conto ◆ COLLOQ. ***das geht auf dein ~*** questo va sul tuo conto, lo paghi tu; *(das ist dir zuzuschreiben)* questo è da attribuirsi a te, è colpa tua, ne sei tu responsabile; ***etw. auf dem ~ haben*** avere qcs. sulla coscienza, essere responsabile di qcs. **Kon|to|ab|schluss** m. *(-es,-abschlüsse)* chiusura *f.* del (*o* di un) conto. **Kon|to|aus|gleich** m. *(-[e]s,-e)* saldo *m.* (*o* pareggiamento *m.*) di un conto. **Kon|to|aus|zug** m. *(-[e]s,-auszüge)* estratto *m.* conto. **Kon|to|be|we|gung** f. *(-,-en)* movimento *m.* di conto. **Kon|to|buch** n. *(-[e]s,-bücher)* registro *m.* clienti-fornitori.

kon|to|füh|rend agg. ***die -e Bank, Filiale*** la banca, filiale detentrice del conto (*o* presso cui si è aperto il conto). **Kon|to|füh|rung** f. *(-,-en)* gestione *f.* (*o* tenuta *f.*) di un conto. **Kon|to|füh|rungs|ge|bühr** f. *(-,-en)* competenza *f.* per la tenuta del conto.

Kon|to|in|ha|ber m. *(-s,-)* titolare *m.* (*o* intestatario *m.*) di un conto. **Kon|to|kor|rent** n. *(-s,-e)* conto *m.* corrente. **Kon|to|kor|rent|kre|dit** m. *(-[e]s,-e)* credito *m.* in conto corrente, scoperto *m.* in conto corrente (concesso). **Kon|to|num|mer** f. *(-,-n)* numero *m.* di conto.

Kon|tor n. *(-s,-e)* agenzia *f.*, ufficio *m.* (commerciale). **Kon|to|rist** m. *(-en,-en)* impiegato *m.* (di commercio). **Kon|to|ris|tin** f. *(-,-nen)* impiegata *f.* (di commercio).

Kon|tor|si|on f. *(-,-en)* MED. torsione *f.* **Kon|tor|si|o|nist** m. *(-en,-en)* contorsionista *m.*

Kon|to|stand m. *(-[e]s,-stände)* situazione *f.* (*o* posizione *f.*) del conto.

kont|ra I prep. + acc. DIR. contro: ***der Fall Schmidt ~ Braun*** il caso Schmidt contro Braun **II** avv. contro. **Kont|ra** n. *(-s,-s)* GIOC. contro *m.*: ***jdm ~ (an)sagen*** contrare qcn. ◆ ***jdm ~ geben*** dare contro a qcn.; ***das Pro und ~*** i pro e i contro.

Kont|ra|bass m. *(-es,-bässe)* contrabbasso *m.* **Kont|ra|bas|sist** m. *(-en,-en)* contrabbassista *m.*

Kont|ra|dik|ti|on f. *(-,-en)* FILOS. contraddizione *f.* **kont|ra|dik|to|risch** agg. FILOS. contraddittorio.

Kont|ra|fa|gott n. *(-[e]s,-e)* controfagotto *m.* **Kont|ra|fak|tur** f. *(-,-en)* MUS. contraffattura *f.*

Kon|tra|hent m. *(-en,-en)* **1** avversario *m.*, antagonista *m.* **2** DIR. contraente *m.*, parte *f.* contraente. **kon|tra|hie|ren I** tr. **1** contrarre **2** *(abschließen)* contrarre, concludere, stipulare **3** ANT. *(zum Duell fordern)* sfidare a duello **II** intr. (aus. *haben*) e rifl. **sich ~** contrarsi.

Kont|ra|in|di|ka|ti|on f. *(-,-en)* controindicazione *f.* **kont|ra|in|di|ziert** agg. controindicato.

Kon|trakt m. *(-[e]s,-e)* contratto *m.*: ***einen ~ (ab)schließen, unterschreiben, unterzeichnen, auflösen, brechen*** concludere (*o* stipulare), sottoscrivere, firmare, sciogliere, rompere un contratto; ***jdn in ~ nehmen*** prendere qcn. a (*o* sotto) contratto. **Kon|trakt|bruch** m. *(-[e]s,-brüche)* rottura *f.* di contratto.

kon|trak|til agg. MED. contrattile. **Kon|trak|ti|on** f. *(-,-en)* contrazione *f.*

kon|trakt|lich I agg. contrattuale **II** avv. contrattualmente, per contratto.

Kon|trak|tur f. *(-,-en)* contrattura *f.*

Kont|ra|po|si|ti|on f. *(-,-en)* contrapposizione *f.*

kont|ra|pro|duk|tiv agg. controproducente.

Kont|ra|punkt m. *(-[e]s,-e)* **1** contrappunto *m.* **2** *(Gegensatz)* contrapposto *m.* **Kont|ra|punk|tik** f. *(-)* contrappunto *m.* **kont|ra|punk|tisch** agg. contrappuntistico.

kont|rär agg. contrario, opposto.

Kont|ra|sig|na|tur f. *(-,-en)* controfirma *f.* **kont|ra|sig|nie|ren** tr. controfirmare.

Kon|trast m. *(-[e]s,-e)* contrasto *m.* (anche FOT.): ***im, in ~ zu etw. stehen*** essere in contrasto con qcs.; TELEV. ***den ~ regulieren, einstellen*** regolare il contrasto. **kon|trast|arm** agg. con poco contrasto, poco contrastato. **Kon|trast|brei** m. *(-[e]s,-e)* → **Kontrastmittel. Kon|trast|far|be** f. *(-,-n)* colore *m.* contrastante. **kon|tras|tie|ren I** tr. mettere in contrasto **II** intr. (aus. *haben*) contrastare: ***mit, zu etw. ~*** contrastare con qcs. **kon|tras|tiv** agg. LING. contrastivo: ***-e Grammatik*** grammatica contrastiva. **Kon|trast|mit|tel** n. *(-s,-)* MED. mezzo *m.* di contrasto. **kon|trast|reich** agg. molto contrastato.

Kont|ra|zep|ti|on f. *(-)* contraccezione *f.* **kont|ra|zep|tiv** agg. contraccettivo. **Kont|ra|zep|tiv** n. *(-s,-e)*, **Kont|ra|zep|ti|vum** n. *(-s, Kontrazeptiva)* contraccettivo *m.*

Kon|tri|bu|ti|on f. *(-,-en)* contributo *m.* (di guerra).

Kon|troll|ab|schnitt m. *(-[e]s,-e)* tagliando *m.* di controllo. **Kon|trol|le** f. *(-,-n)* **1a** controllo *m.*: ***~ über jdn, etw. ausüben*** esercitare un controllo su qcn., qcs.; ***jdn, etw. einer ~ unterziehen*** sottoporre qcn., qcs. ad un controllo; ***einer ständigen ~ unterliegen*** sottostare a un costante controllo; ***unter ~*** sotto controllo; ***-n durchführen, verschärfen*** eseguire dei, intensificare i controlli **b** ***die ~ über den Wagen verlieren*** perdere il controllo della macchina; ***das Feuer unter ~ bringen*** ridurre il fuoco sotto controllo; ***das ist mir außer ~ geraten*** è sfuggito al mio controllo **c** *(Überprüfung)* ***die ~ des Gepäcks, der Anlagen*** il controllo dei bagagli, degli impianti; ***zur ~*** per controllo **2** *(Kontrollpunkt)* punto *m.* (*o* posto *m.*) di controllo. **Kon|trol|ler** m. *(-s,-)* FERR. controller *m.* **Kon|trol|leur** [-ˈløːɐ] m. *(-s,-e)* controllore *m.* **Kon|troll|gang** m. *(-[e]s,-gänge)* giro *m.* di controllo (*o* d'ispezione).

kon|trol|lier|bar agg. controllabile. **kon|trol|lie|ren** tr. controllare: ***seine Angestellten, sein Gewicht ~*** controllare i propri impiegati, il proprio peso; ***den Reifendruck ~ lassen*** far controllare la pressione delle gomme; *(beherrschen)* ***den Markt, ein Gebiet, das Spiel ~*** controllare il mercato, un territorio, il gioco; ***den Wagen nicht mehr ~ können*** non riuscire più a controllare la macchina; *(überprüfen)* ***die Reisepässe ~*** controllare i passaporti ◆ ***jdn, etw. auf (nach) etw. ~*** sottoporre qcn., qcs. ad un controllo per cercare qcs.; ***eine Anlage auf Defekte hin ~*** cercare i difetti di un impianto.

Kon|troll|kom|mis|si|on f. *(-,-en)* commissione *f.* di controllo. **Kon|troll|lam|pe, Kon|troll|leuch|te** f. *(-,-n)* spia *f.* luminosa. **Kon|troll|pflicht** f. *(-)* obbligo *m.* di controllo. **Kon|troll|punkt** m. *(-[e]s,-e)* punto *m.* di controllo. **Kon|troll|rat** m. *(-[e]s)*, ***Alliierter ~*** commissione *f.* alleata di controllo. **Kon|troll|sta|ti|on** f. *(-,-en)* stazione *f.* di controllo. **Kon|troll|stel|le** f. *(-,-n)* posto *m.* di controllo. **Kon|troll|stem|pel** m. *(-s,-)* timbro *m.* di controllo. **Kon|troll|turm** m. *(-[e]s,-türme)* torre *f.* di controllo.

kont|ro|vers agg. **1** controverso: ***eine -e Frage*** una questione controversa **2** *(entgegengesetzt)* contrapposto: ***-e Ansichten*** visioni contrapposte **3** *(umstritten)* discusso, contestato. **Kont|ro|ver|se** f. *(-,-n)* **1** *(Meinungsverschiedenheit)* controversia *f.* (anche DIR.) **2** disputa *f.*, discussione *f.*, controversia *f.*: ***eine ~ auslösen*** far nascere una controversia; ***eine ~ über, um etw. austragen*** sostenere una disputa su qcs.

Kon|tu|ma|zi|al|ver|fah|ren n. *(-s,-)* procedimento *m.* in contumacia.

Kon|tur f. *(-,-en)* e m. *(-s,-en)* contorno *m.*, profilo *m.*: ***die -en nachzeichnen*** ripassare i contorni. **kon|tu|ren|los** agg. senza contorni precisi. **Kon|tu|ren|schär|fe** f. *(-)* FOT. nitidezza *f.* di, dei contorni. **Kon|tu|ren|sti|chel** m. *(-s,-)* bulino *m.* (per legno). **Kon|tu|ren|stift** m. *(-[e]s,-e)* matita *f.* per labbra. **kon|tu|rie|ren** tr. ***etw.*** ~ tracciare, disegnare i contorni di qcs. **kon|tur|los** → **konturenlos.** **Kon|tur|schrift** f. *(-)* scrittura *f.* ornamentale.

Kon|tu|si|on f. *(-,-en)* MED. contusione *f.*

Kon|ur|ba|ti|on f. *(-,-en)* conurbazione *f.*

Ko|nus m. *(-,-se* e *Konen)* **1a** *(Kegel)* cono *m.* **b** *(Kegelstumpf)* tronco *m.* di cono **2** TECN. gambo *m.* (*o* codolo *m.*) conico.

Kon|va|les|zenz f. *(-)* DIR. MED. convalescenza *f.*

Kon|vek|ti|on f. *(-,-en)* **1** METEOR. GEOGR. corrente *f.* ascensionale **2** FIS. convezione *f.* **kon|vek|tiv** agg. convettivo. **Kon|vek|tor** m. *(-s,-en)* (termo)convettore *m.*

kon|ve|na|bel agg. ANT. conveniente. **Kon|ve|ni|enz** f. *(-,-en)* ANT. convenienza *f.*

Kon|vent m. *(-[e]s,-e)* **1** *(Kloster)* convento *m.*, monastero *m.* **2a** RELIG. assemblea *f.* conventuale **b** *(evangelische Kirche)* incontro *m.* pastorale **3** UNIV. *(Studentenversammlung)* riunione *f.* di un'associazione studentesca. **Kon|ven|ti|kel** n. *(-s,-)* SPREG. conventicola *f.*

Kon|ven|ti|on f. *(-,-en)* **1** convenzione *f.* (anche POL.): ***die gesellschaftlichen -en einhalten*** rispettare le convenzioni sociali **2** *(beim Fechten)* regola *f.* ◆ ***die Genfer ~*** la Convenzione di Ginevra. **kon|ven|ti|o|nal** agg. RAR. **1** relativo a una convenzione, a un accordo **2** → **konventionell.** **Kon|ven|ti|o|na|li|tät** f. *(-,-en)* convenzionalità *f.*, formalità *f.* **Kon|ven|ti|o|nal|stra|fe** f. *(-,-n)* DIR. penale *f.* **kon|ven|ti|o|nell I** agg. **1a** *(herkömmlich)* convenzionale, tradizionale: ***-e Rollen, Methoden*** ruoli, metodi tradizionali **b** MIL. convenzionale: ***-e Waffen*** armi convenzionali; ***ein -er Krieg*** una guerra con armi convenzionali **2** *(förmlich)* formale, convenzionale **II** avv. **1** in modo tradizionale: ***sich ~ kleiden*** vestirsi in modo tradizionale **2** *(förmlich)* in modo formale (*o* convenzionale), con formalità **3** MIL. con armi convenzionali: ***einen Krieg ~ führen*** fare una guerra (*o* combattere) con armi convenzionali.

kon|ver|gent agg. convergente. **Kon|ver|genz** f. *(-,-en)* convergenza *f.* **kon|ver|gie|ren** intr. (aus. *haben*) convergere.

Kon|ver|sa|ti|on f. *(-,-en)* conversazione *f.*: ***mit jdm über etw. ~ machen*** fare conversazione con qcn. su qcs. **Kon|ver|sa|ti|ons|le|xi|kon** n. *(-s,-lexika* e *-lexiken)* ANT. dizionario *m.* enciclopedico. **Kon|ver|sa|ti|ons|ton** m. *(-s)* tono *m.* colloquiale. **kon|ver|sie|ren** intr. (aus. *haben*) conversare, fare conversazione: ***mit jdm ~*** conversare con qcn.

Kon|ver|si|on f. *(-,-en)* conversione *f.* **Kon|ver|ter** m. *(-s,-)* **1** FIS. RAD. METALL. convertitore *m.* **2** FOT. duplicatore *m.* (di focale). **kon|ver|ti|bel** agg. → **konvertierbar.** **Kon|ver|ti|bi|li|tät** f. *(-)* → **Konvertierbarkeit.** **kon|ver|tier|bar** agg. ECON. convertibile. **Kon|ver|tier|bar|keit** f. *(-)* ECON. convertibilità *f.*: ***beschränkte, freie ~*** convertibilità limitata, libera. **kon|ver|tie|ren I** tr. ECON. convertire **II** intr. (aus. *haben, sein*) convertirsi: ***(vom Christentum) zum Islam ~*** convertirsi (dal cristianesimo) all'islam. **Kon|ver|tie|rung** f. *(-,-en)* RAR. conversione *f.* **Kon|ver|tit** m. *(-en,-en)* convertito *m.*

kon|vex agg. convesso: ***-e Linsen*** lenti convesse. **Kon|ve|xi|tät** f. *(-)* convessità *f.* **Kon|vex|lin|se** f. *(-,-n)* lente *f.* convessa. **Kon|vex|spie|gel** m. *(-s,-)* specchio *m.* convesso.

Kon|vikt n. *(-[e]s,-e)* **1** RELIG. seminario *m.* **2** AUSTR. *(Internat)* convitto *m.*, collegio *m.* (cattolico). **Kon|vik|tu|a|le** m. *(-n,-n)* collegiale *m.*, convittore *m.*

Kon|voi, Kon|voi m. *(-s,-s)* convoglio *m.* (anche MIL.): ***einen ~ bilden*** formare un convoglio; ***im ~ fahren*** viaggiare in convoglio.

Kon|vo|lut n. *(-[e]s,-e)* **1** incartamento *m.* **2** *(Sammelmappe)* cartellina *f.*, raccoglitore *m.*

Kon|vul|si|on f. *(-,-en)* convulsione *f.* (anche FIG.). **kon|vul|siv, kon|vul|si|visch I** agg. convulsivo **II** avv. convulsivamente, in modo convulso.

kon|ze|die|ren tr. concedere, consentire: ***jdm etw. ~*** concedere qcs. a qcn.

Kon|ze|leb|rant m. *(-en,-en)* concelebrante *m.* **Kon|ze|leb|ra|ti|on** f. *(-,-en)* concelebrazione *f.* **kon|ze|leb|rie|ren** tr. concelebrare.

Kon|zent|rat n. *(-[e]s,-e)* concentrato *m.* (anche FIG.). **Kon|zent|ra|ti|on** f. *(-,-en)* **1** concentrazione *f.*: ***mit höchster ~ arbeiten*** lavorare con la massima concentrazione; ***seine ~ lässt nach*** la sua concentrazione si allenta, diminuisce **2** *(Ansammlung)* concentrazione *f.*, concentramento *m.*, ammassamento *m.*: ***eine ~ von Kapitalien, Kräften*** una concentrazione di capitali, di forze; ***~ von Truppen*** ammassamento di truppe **3** CHIM. concentrazione *f.* **Kon|zent|ra|ti|ons|fä|hig|keit** f. *(-)* capacità *f.* di concentrazione. **Kon|zent|ra|ti|ons|la|ger** n. *(-s,-)* campo *m.* di concentramento. **Kon|zent|ra|ti|ons|man|gel** m. *(-s,-mängel)* mancanza *f.* di concentrazione. **Kon|zent|ra|ti|ons|schwä|che** f. *(-,-n)* difficoltà *f.* di concentrazione. **kon|zent|rie|ren I** tr. **1** concentrare: ***seine Gedanken auf jdn, etw. ~*** concentrare i propri pensieri su qcn., qcs. **2** *(zusammenballen)* concentrare, ammassare **3** CHIM. *(anreichern)* concentrare **II** rifl. **sich ~** concentrarsi: ***sich auf etw. (A) ~*** concentrarsi su qcs. **Kon|zent|rie|rung** f. *(-,-en)* CHIM. concentrazione *f.*

kon|zent|risch I agg. concentrico **II** avv. in modo concentrico. **Kon|zent|ri|zi|tät** f. *(-)* concentricità *f.*

Kon|zept n. *(-[e]s,-e)* **1** brutta copia *f.*, brutta *f.*, minuta *f.* **2** *(von Reden)* traccia *f.*, appunti *m.pl.*: ***sich ein ~ machen*** farsi una traccia (scritta); ***eine Rede ohne ~ halten*** tenere un discorso senza (seguire degli) appunti scritti **3** *(Plan)* piano *m.*, progetto m. ◆ ***jdn aus dem ~ bringen*** far perdere il filo (del discorso) a qcn.; ***aus dem ~ geraten, kommen*** perdere il filo (del discorso); COLLOQ. ***jdm nicht in sein, ins ~ passen*** disturbare, ostacolare i piani di qcn.; ***jdm sein, das ~ verderben*** rompere le uova nel paniere a qcn., guastare i piani di qcn.

Kon|zep|ti|on f. *(-,-en)* **1** concezione *f.* **2** MED. *(Empfängnis)* concepimento *m.* **kon|zep|ti|o|nell** agg. concezionale. **kon|zep|ti|ons|los** agg. privo di un'idea portante. **Kon|zep|ti|ons|lo|sig|keit** f. *(-)* mancanza *f.* di idee, di concetti portanti. **Kon|zept|kunst** f. *(-)* arte *f.* concettuale. **Kon|zept|pa|pier** n. *(-[e]s,-e)* carta *f.* per la brutta copia, per la minuta. **kon|zep|tu|a|li|sie|ren** tr. progettare, ideare. **kon|zep|tu|ell** agg. progettuale.

Kon|zern m. *(-[e]s,-e)* complesso *m.*, gruppo *m.* (industriale): ***ein multinationaler ~*** un complesso multinazionale (*o* una multinazionale). **kon|zer|nie|ren** tr. ECON. raggruppare in un complesso, concentrare. **Kon|zer|nie|rung** f. *(-,-en)* formazione *f.* di un complesso. **Kon|zern|spit|ze** f. *(-,-n)* holding *f.*, capogruppo *f.*

Kon|zert n. *(-[e]s,-e)* concerto *m.*: ***ein ~ für Violine und Orchester*** un concerto per violino e orchestra; ***ein ~ geben*** dare un concerto; ***ins ~ gehen*** andare al concerto; ***auf einem ~ spielen*** suonare in un concerto; FIG. ***ein ~ von Farben*** un concerto di colori. **Kon|zert|abend** m. *(-s,-e)* serata *f.* musicale. **Kon|zert|agen|tur** f. *(-,-en)* agenzia *f.* organizzatrice di concerti. **kon|zer|tant I** agg. concertistico: ***eine -e Aufführung*** una rappresentazione concertistica **II** avv. in concerto. **Kon|zert|flü|gel** m. *(-s,-)* pianoforte *m.* da concerto. **kon|zer|tie|ren** intr. (aus. *haben*) dare un concerto. **kon|zer|tiert** agg. concertato: ***eine -e Aktion*** un'azione concertata. **Kon|zert|meis|ter** m. *(-s,-)* primo violino *m.* **Kon|zert|rei|se** f. *(-,-n)* tournée *f.* concertistica. **Kon|zert|saal** m. *(-[e]s,-säle)* sala *f.* per (*o* dei) concerti. **Kon|zert|sai|son** f. *(-,-s)* stagione *f.* concertistica. **Kon|zert|sän|ger** m. *(-s,-)* (cantante *m.*) solista *m.* **Kon|zert|stück** n. *(-[e]s,-e)* pezzo *m.* (*o* brano *m.*) da concerto. **Kon|zert|tä|tig|keit** f. *(-,-en)* attività *f.* concertistica. **Kon|zert|tour|nee** f. *(-,-n)* → **Konzertreise.**

Kon|zes|si|on f. *(-,-en)* **1a** BUROCR. concessione *f.*: ***eine ~ erteilen, erwerben*** accordare, ottenere una concessione **b** COMM. *(Genehmigung)* permesso *m.*, concessione *f.*: ***um eine ~ nachsuchen*** richiedere un permesso **2** *(Zugeständnis)* concessione *f.*: ***jdm -en machen*** fare concessioni a qcn. ◆ ***zu -en bereit sein*** essere disposto a fare concessioni; ***jdn zu -en bewegen*** indurre qcn. a fare concessioni; ***jdm die ~ entziehen*** togliere a qcn. la concessione.

Kon|zes|si|o|när m. *(-s,-e)* BUROCR. concessionario *m.* **kon|zes|si|o|nie|ren** tr. BUROCR. ***einen Betrieb ~*** dare una concessione a un'azienda. **kon|zes|si|ons|be|reit** agg. disponibile a (fare) concessioni. **Kon|zes|si|ons|be|reit|schaft** f. *(-)* disponibilità *f.* a fare concessioni. **Kon|zes|si|ons|in|ha|ber** m. *(-s,-)* concessionario *m.*

kon|zes|siv agg. GRAMM. concessivo. **Kon|zes|siv|satz** m. *(-es,-sätze)* proposizione *f.* concessiva.

Kon|zil n. *(-s,-e* e *-ien)* **1** ECCL. concilio *m.*: ***ökumenisches ~*** concilio ecumenico **2** UNIV. = assemblea dei rappresentanti del personale universitario. **kon|zi|li|ant** agg. conciliante, affabile. **Kon|zi|li|anz** f. *(-)* affabilità *f.* **Kon|zi|li|a|ris|mus** m. *(-)* ECCL. conciliarismo *m.* **Kon|zils|va|ter** m. *(-s,-väter)* ECCL. padre *m.* conciliare.

Kon|zi|pi|ent m. *(-en,-en)* **1** ANT. estensore *m.* (di un testo) **2** AUSTR. BUROCR. impiegato *m.* di un ufficio legale. **kon|zi|pie|ren** tr. **1**

redigere, stendere: ***einen Text ~*** redigere un testo **2** *(entwerfen)* concepire, ideare **3** MED. concepire.
kon|zis I agg. conciso **II** avv. in modo conciso, concisamente.
Koof|mich m. *(-s,-s* e *-e)* REGION. COLLOQ. commerciante *m.*, bottegaio *m.*
Koog m. *(-[e]s, Köge)* polder *m.*
Ko|ope|ra|ti|on f. *(-,-en)* **1** *(Zusammenarbeit)* collaborazione *f.*, cooperazione *f.*: ***eine ~ zwischen mehreren Firmen*** una collaborazione tra molte aziende; ***eine ~ auf kulturellem Gebiet*** una collaborazione in campo culturale **2** ECON. cooperazione *f.* **Ko|ope|ra|ti|ons|ab|kom|men** n. *(-s,-)* accordo *m.* di collaborazione. **ko|ope|ra|ti|ons|be|reit** agg. disposto a collaborare, alla collaborazione. **Ko|ope|ra|ti|ons|ver|trag** m. *(-[e]s,-verträge)* contratto *m.* di cooperazione. **ko|ope|ra|tiv I** agg. collaborativo **II** avv. con la collaborazione: ***etw. ~ lösen*** risolvere qcs. collaborando. **Ko|ope|ra|tiv** n. *(-s,-e* e *-s)*, **Ko|ope|ra|ti|ve** f. *(-,-n)* cooperativa *f.* **Ko|ope|ra|tor** m. *(-s,-en)* **1** ANT. collaboratore *m.* **2** REGION. *(Hilfsgeistlicher)* cooperatore *m.*, coadiutore *m.* **ko|ope|rie|ren** intr. (aus. *haben*) cooperare, collaborare.
Ko|op|ta|ti|on f. *(-,-en)* cooptazione *f.* **ko|op|tie|ren** tr. cooptare.
Ko|or|di|na|te f. *(-,-n)* **1** MAT. GEOGR. coordinata *f.*: ***die -n eines Punktes, Ortes*** le coordinate di un punto, di un luogo. **Ko|or|di|na|ten|ach|se** f. *(-,-n)* asse *m.* delle coordinate. **Ko|or|di|na|ten|netz** n. *(-es,-e)* reticolo *m.* delle coordinate (geografiche). **Ko|or|di|na|ten|sys|tem** n. *(-s,-e)* sistema *m.* di coordinate.
Ko|or|di|na|ti|on f. *(-,-en)* coordinazione *f.* (anche GRAMM.). **Ko|or|di|na|ti|ons|stö|rung** f. *(-,-en)* difficoltà *f.* di coordinazione; MED. atassia *f.* **Ko|or|di|na|tor** m. *(-s,-en)* coordinatore *m.* **ko|or|di|nie|ren** tr. coordinare. **Ko|or|di|nie|rung** f. *(-,-en)* coordinamento *m.*
Kop. ⇒ *Kopeke* copeco.
Ko|pal m. *(-s,-e)* copale *m.* e *f.* **Ko|pal|harz** n. *(-es)* → **Kopal. Ko|pal|lack** m. *(-s)* vernice *f.* di copale.
Ko|pe|ke f. *(-,-n)* copeco *m.*
Ko|pen|ha|gen n.pr.n. *(-s)* Copenaghen *f.* **Ko|pen|ha|ge|ner I** m. *(-s,-)* abitante *m.* di Copenaghen **II** agg.inv. di Copenaghen.
Ko|pe|po|de m. *(-n,-n)* copepode *m.*
Kö|per m. *(-s,-)* TESS. **1** → **Köperbindung 2** *(Stoff)* tessuto *m.* spigato, spinato. **Kö|per|bin|dung** f. *(-)* TESS. armatura *f.* a spina. **kö|pern** tr. tessere a spina.
ko|per|ni|ka|nisch agg. copernicano: ***das -e Weltsystem*** il sistema copernicano ◆ ***eine -e Wende*** una rivoluzione copernicana. **Ko|per|ni|kus** n.pr.m. Copernico *m.*
Kopf m. *(-[e]s, Köpfe)* **1** testa *f.*, capo *m.*: ***den ~ drehen, hochheben, schütteln*** girare, sollevare, scuotere la testa; ***den ~ neigen*** chinare la testa; ***den ~ wenden*** volgere il capo; ***mit dem ~ voran*** di testa; ***mit dem ~ nicken*** annuire col capo; ***~ stehen*** RAR. fare la verticale sul capo, COLLOQ. *(bestürzt, verwirrt sein)* essere sottosopra, *(überrascht sein)* restare di stucco **2** *(Intelligenz, Gedächtnis)* mente *f.*, testa *f.*: ***ein aufgeweckter, heller ~*** una mente pronta, lucida; ***etw. frisch im ~ haben*** ricordare chiaramente qcs.; ***das will mir nicht aus dem ~ gehen*** non riesco a togliermelo dalla testa **3** *(Wille)* testa *f.*: ***einen harten ~ haben*** avere la testa dura, essere testardo; ***nach seinem ~*** di testa propria; ***seinen eigenen ~ haben*** essere testardo; ***seinen ~ durchsetzen*** imporre la propria volontà, fare di testa propria **4a** *(Einzelperson)* persona *f.*, individuo *m.*: ***ein fähiger ~*** una persona capace, valente; ***eine Familie mit vier Köpfen*** una famiglia di quattro persone; ***die Besatzung ist hundert Köpfe stark*** l'equipaggio è composto di cento persone **b** *(Leiter)* capo *m.*: ***der ~ eines Unternehmens, der Rebellen*** il capo di un'impresa, dei ribelli **5a** *(oberer Teil)* punta *f.*, estremità *f.*, testa *f.*: ***der ~ des Festzuges*** la testa del corteo; ***der ~ der Pfeife*** il fornello della pipa **b** *(rundliche Spitze)* capocchia *f.*, capo *m.*, testa *f.*: ***der ~ einer Stecknadel, eines Streichholzes*** la capocchia di uno spillo, di un fiammifero; ***der ~ eines Nagels*** la testa di un chiodo **c** *(von Gemüse)* testa *f.*: ***ein ~ Salat*** una testa (*o* cespo) di insalata **6a** *(von der Seite, Zeitung)* testata *f.* **b** *(Briefkopf)* intestazione *f.* ◆ ***er wird dir nicht den ~ abreißen*** non ti ammazzerà mica; ***jdm den ~ abschlagen*** decapitare qcn., tagliare la testa a qcn.; ***~ an ~*** testa a testa; ***sich an den ~ fassen, greifen*** mettersi le mani nei capelli; ***den ~ unterm Arm tragen*** = essere sfinito; ***auf dem ~ stehen*** essere capovolto; *(von Menschen)* essere (*o* stare) a testa in giù; ***alles steht auf dem ~*** tutto va a rovescio; ***auf seinen ~ steht eine Belohnung*** c'è una taglia sulla sua testa; ***aus dem ~*** a memoria; ***sich die Augen aus dem ~ schauen*** consumarsi gli occhi; ***den ~ bedecken*** coprirsi il capo; ***etw. im ~ behalten*** tenere a mente qcs.; ***den ~ oben behalten*** non perdersi d'animo, non scoraggiarsi; ***etw. auf den ~ bekommen, kriegen*** ricevere una lavata di capo; ***auf seinem ~ bestehen*** incaponirsi, ostinarsi; ***etw. mit dem ~ bezahlen*** pagare qcs. con la vita; ***mir brummt der ~*** sento un ronzio nella testa; ***ich habe den ~ nicht danach, mir steht der ~ nicht danach*** non ne ho voglia, non mi va; ***einen dicken ~ haben*** avere molte preoccupazioni; *(hartnäckig sein)* avere la testa dura; *(betrunken sein)* essere ubriaco; ***einen ~ haben*** avere mal di testa; ***sich an etw. den ~ einrennen*** uscire da qcs. con la testa rotta (anche FIG.); ***sich gegenseitig einander die Köpfe einschlagen*** litigare violentemente; ***mit seinem ~ für etw. einstehen*** garantire per qcs. con la propria vita; ***den ~ einziehen*** stringere la testa fra le spalle; ***durch den ~ fahren*** passare per la mente; ***seinem ~ folgen*** fare di testa propria; ***jds ~ fordern*** volere la testa di qcn.; ***von ~ bis Fuß*** da capo a piedi; *(total)* da cima a fondo; ***nicht auf den ~ gefallen sein*** non essere nato ieri, non essere stupido; ***sich etw. durch den ~ gehen lassen*** riflettere su qcs.; ***etw. geht mir durch den ~*** qcs. mi passa (*o* frulla) per la testa; ***das geht mir im ~ herum*** non me lo tolgo dalla testa; ***wie vor den ~ geschlagen sein*** essere stordito, tramortito; ***etw. im ~ haben*** avere in testa qcs.; ***sie hat nur die Arbeit im ~*** ha in testa solo il lavoro; ***Hals über ~*** a rotta di collo, a rompicollo; ***sich Hals über ~ in etw. (A) stürzen*** buttarsi a testa bassa, tuffarsi in qcs.; COLLOQ. ***das hält man im ~ nicht aus*** è insopportabile; ***den ~ hängen lassen*** scoraggiarsi, perdersi d'animo; ***Geld auf den ~ hauen*** gettare i soldi dalla finestra; ***sich die Köpfe heiß reden*** discutere animatamente; ***einen heißen ~ haben*** essere una testa calda; *(Fieber haben)* avere la fronte che scotta; ***jdm auf dem ~ herumtanzen, herumtrampeln*** mettere i piedi in testa a qcn.; ***das will ihm nicht in den ~ hineingehen*** non gli vuole entrare in testa; ***für jdn, etw. den ~ hinhalten müssen*** dover pagare, fare le spese per qcn., qcs.; ***über jds ~ hinweg*** all'insaputa di qcn.; ***~ hoch!*** testa alta! coraggio! ***den ~ hoch tragen*** andare fiero, a testa alta; ***nicht ganz richtig im ~ sein*** non avere il cervello a posto, essere un po' suonato; ***etw. klar im ~ haben*** avere le idee chiare su qcs.; ***keinen klaren ~ mehr haben*** non riuscire più a pensare, non avere più la mente lucida; ***jdm etw. vor den ~ knallen*** rinfacciare qcs. a qcn.; ***das kann ihn, ihm den ~ kosten*** può costargli la testa, ne va della sua vita; *(von der Stellung)* può costargli, può rimetterci il posto; ***das wird nicht den ~ kosten*** non si rischierà mica la vita; ***~ und Kragen riskieren, wagen, aufs Spiel setzen*** rischiare, mettere in gioco la vita; ***es geht um ~ und Kragen*** è una questione di vita o di morte; ***das kriege ich nicht in den ~*** non mi entra in testa; ***einen kühlen ~ behalten (bewahren)*** mantenere la calma; COLLOQ. ***jdn (um) einen ~ kürzer machen*** decapitare qcn.; ***mir steht der Kopf nicht nach Ausgehen*** non mi va (*o* non ho voglia) di uscire; ***10 DM pro ~*** 10 marchi a testa, pro capite; COLLOQ. ***mir raucht der ~*** mi fuma il cervello; ***im ~ (aus) rechnen*** calcolare mentalmente; COLLOQ. ***seinen ~ retten*** salvare la pelle; ***seinen ~ riskieren*** rischiare l'osso del collo; ***einen roten ~ bekommen*** arrossire; ***den ~ in den Sand stecken*** nascondere la testa sotto la sabbia, fare lo struzzo; ***sich (D) eine Kugel durch den ~ schießen*** spararsi un colpo in testa; ***mir schießt eine Idee durch den ~*** mi balena un'idea; ***sich (D) etw. aus dem ~ schlagen*** togliersi, levarsi qcs. dalla testa; ***den ~ aus der Schlinge ziehen*** cavarsela abilmente; *(im letzten Augenblick)* cavarsela per il rotto della cuffia; FIG. ***einen schweren ~ haben*** sentirsi la testa pesante; ***ihm schwirrt der ~*** è confuso, ha le idee confuse; ***sich (D) etw. in den ~ setzen*** mettersi, ficcarsi in testa qcs.; ***sich (D) nicht auf den ~ spucken lassen*** non farsi mettere i piedi in testa; ***jdm auf den ~ spucken*** trattare qcn. dall'alto in basso; ***den ~ durch die Tür stecken*** affacciarsi alla porta; ***den ~ aus dem Fenster stecken*** sporgersi dalla finestra; ***auf dieses Verbrechen steht der ~*** per questo crimine c'è la pena di morte; ***nicht wissen, wo einem der ~ steht*** non sapere dove si ha la testa; ***der Ruhm, Wein steigt ihm in den (zu) ~*** la fama, il vino gli dà alla testa; ***das Blut stieg ihm zu ~*** gli salì il sangue alla testa; ***etw. auf den ~ stellen*** capovolgere; FIG. mettere sottosopra; ***und wenn du dich auf den ~ stellst*** neppure se mi preghi in ginocchio; ***jdn vor den ~ stoßen*** mortificare, ferire, offendere qcn.; ***am ~ des Tisches sitzen*** sedere a capotavola; FIG. ***bis über den ~*** fin sopra i capelli; ***jdm den ~ verdrehen*** far girare, perdere la testa a qcn.; ***den ~ verlieren*** perdere la testa; ***sein ~ ist vernagelt*** è duro di comprendonio; ***den ~ voll haben*** avere la testa come un pallone; ***jdm den ~ voll quatschen*** riempire a qcn. la testa di chiacchiere; ***die Arbeit wächst mir über den ~*** sono sovraccarico di lavoro; ***sein Sohn wächst ihm über den ~*** suo figlio è già più alto di lui; ***mit dem ~ durch die Wand wollen*** volere l'impossibile; ***mit dem ~ gegen die Wand rennen*** (s)battere la testa contro il muro (anche FIG.); ***jdm den ~ waschen*** dare una lavata di capo a qcn.; ***über jds ~ weg*** → ***über jds ~ hinweg***; ***jdm etw. an den ~ werfen*** lanciare qcs. in testa a qcn.; FIG.

(vorwerfen) gettare qcs. in faccia a qcn., rinfacciare qcs. a qcn.; ***das will ihm nicht in den ~*** non gli vuole entrare in testa; ***~ oder Zahl*** testa o croce; ***sich über etw. den ~ zerbrechen*** rompersi la testa, lambiccarsi il cervello per qcs., ***jdm den ~ zurechtrücken, zurechtsetzen*** mettere la testa a posto a qcn.; ***jdm etw. auf den ~ zusagen*** dire qcs. in faccia a qcn.; PROV. ***was man nicht im ~ hat, das muss man in den Beinen (in den Füßen) haben*** chi non ha testa abbia gambe.

Kopf|ader f. *(-,-n)* vena *f.* cefalica. **Kopf-an-Kopf-Ren|nen** n. *(-)* corsa *f.* testa a testa (anche FIG.). **Kopf|ar|beit** f. *(-)* lavoro *m.* di testa, intellettuale. **Kopf|ar|bei|ter** m. *(-s,-)* lavoratore *m.* intellettuale. **Kopf|bahn|hof** m. *(-[e]s,-höfe)* FERR. stazione *f.* di testa. **Kopf|ball** m. *(-[e]s,-bälle)* SPORT palla *f.* di testa. **Kopf|be|de|ckung** f. *(-,-en)* copricapo *m.*: ***mit, ohne ~*** con copricapo, a capo scoperto. **Kopf|be|we|gung** f. *(-,-en)* movimento *m.* del capo. **Kopf|blatt** n. *(-[e]s,-blätter)* GIORN. edizione *f.* locale (con testata diversa). **Köpf|chen** n. *(-s,-)* **1** testolina *f.* **2** COLLOQ. *(Findigkeit)* testa *f.* fina: ***~ haben*** avere, essere una testa fina ◆ ***~, ~!*** ci vuole un po' di testa! ***mit ~ arbeiten, vorgehen*** lavorare con (la) testa. **Kopf|dün|ger** m. *(-s,-)* concime *m.* di copertura. **Kopf|dün|gung** f. *(-)* concimazione *f.* di copertura.

köp|fen I tr. **1** decapitare: ***jdn ~*** decapitare (*o* tagliare la testa a) qcn. **2** *(Blumen, Gemüse)* cimare **3a** SPORT ***den Ball ~*** colpire il pallone di testa **b** ***ein Tor ~*** segnare una rete di testa **II** intr. (aus. *haben*) REGION. ***der Salat köpft*** l'insalata fa il cespo, mette il cappuccio ◆ ***jdn zum Tod durch Köpfen verurteilen*** condannare qcn. alla morte per decapitazione.

Kopf|en|de n. *(-s,-n)* **1** capo *m.*, testa *f.*, testata *f.* (del letto) **2** *(oberes Ende)* cima *f.*, parte *f.* superiore; ***am ~ des Tisches*** a capotavola. **Kopf|form** f. *(-,-en)* forma *f.* della testa. **Kopf|fü|ßer** m. *(-s,-)* cefalopode *m.* **Kopf|geld** n. *(-[e]s)* taglia *f.*: ***auf jdn ist ein ~ ausgesetzt*** sulla testa di qcn. pende (*o* hanno messo) una taglia. **Kopf|grip|pe** f. *(-)* COLLOQ. **1** *(Enzephalitis)* encefalite *f.* **2** = influenza *f.* con forte mal di testa. **Kopf|haar** n. *(-[e]s,-e)* capello *m.*; *(Haare)* capelli *m.pl.*, capigliatura *f.* **Kopf|hälf|te** f. *(-,-n)* emisfero *m.* (cerebrale). **Kopf|hal|tung** f. *(-,-en)* portamento *m.* del capo, modo *m.* di tenere la testa.

Kopf|hän|ger m. *(-s,-)* COLLOQ. = persona *f.* col morale a terra. **kopf|hän|ge|risch** agg. COLLOQ. col morale a terra.

Kopf|haut f. *(-)* cuoio *m.* capelluto. **Kopf|hö|he** f. *(-)* altezza *f.* del capo: ***etw. in ~ aufhängen*** appendere qcs. all'altezza del capo. **Kopf|hö|rer** m. *(-s,-)* (ricevitore *m.* a) cuffia *f.*: ***etw. über ~ hören*** sentire qcs. in cuffia; ***den ~ aufsetzen, abnehmen*** mettere, togliere la cuffia. **Kopf|jä|ger** m. *(-s,-)* cacciatore *m.* di teste. **Kopf|ju|cken** n. *(-s)* prurito *m.* alla testa. **Kopf|keil** m. *(-[e]s,-e)* materassino *m.* a capo del letto. **Kopf|kis|sen** n. *(-s,-)* guanciale *m.*, cuscino *m.* **Kopf|la|ge** f. *(-)* MED. presentazione *f.* cefalica. **Kopf|län|ge** f. *(-)* testa *f.*: ***eine ~ größer als jd sein*** superare qcn. di tutta la testa; ***um ~ siegen*** vincere di una (*o* della misura della) testa. **kopf|las|tig** agg. **1** AER. MAR. appruato **2** FIG. *(zu intellektuell)* cerebrale. **Kopf|las|tig|keit** f. *(-)* AER. MAR. appruamento *m.* **Kopf|laus** f. *(-,-läuse)* pidocchio *m.* comune. **Kopf|leis|te** f. *(-,-n)* frontone *m.*; *(von Zeitungen)* testata *f.*

Köpf|ler m. *(-s,-)* REGION. AUSTR. → **Kopfball.**

kopf|los I agg. **1** privo della testa, MED. acefalo **2** FIG. svagato, sbadato **II** avv. senza testa (anche FIG.). **Kopf|lo|sig|keit** f. *(-)* sbadatezza *f.*, sbadataggine *f.*

Kopf|ni|cken n. *(-s)* cenno *m.* del capo. **Kopf|nuss** f. *(-,-nüsse)* COLLOQ. **1** scappellotto *m.* (con le nocche, sulla testa) **2** *(schwierige Denkaufgabe)* rompicapo *m.* **Kopf|quo|te** f. *(-,-n)* quota *f.* individuale. **kopf|rech|nen** intr. (solo inf.) contare a mente. **Kopf|rech|nen** n. *(-s)* calcolo *m.* a mente, mentale. **Kopf|sa|lat** m. *(-[e]s)* (lattuga *f.*) cappuccina *f.* **Kopf|satz** m. *(-es)* MUS. frase *f.* di apertura. **kopf|scheu**, COLLOQ. ***jdn ~ machen*** intimidire qcn.; ***~ werden*** intimidirsi. **Kopf|schmerz** m. *(-es,-en)* mal *m.* di testa (*o* capo), MED. cefalea *f.*: ***starke -n haben*** avere un forte mal di testa ◆ COLLOQ. ***sich (D) über, wegen etw. keine -en machen*** non farsi venire il mal di pancia per qcs.; COLLOQ. ***etw. bereitet, macht jdm -en*** qcs. procura grattacapi a qcn. **Kopf|schmerz|tab|let|te** f. *(-,-n)* pastiglia *f.* per, contro il mal di testa. **Kopf|schmuck** m. *(-[e]s)* ornamento *m.* del capo. **Kopf|schup|pe** f. *(-,-n)* forfora *f.* **Kopf|schuss** m. *(-es,-schüsse)* **1** colpo *m.* (di arma da fuoco) alla testa **2** *(Schussverletzung)* ferita *f.* (da arma da fuoco) alla testa ◆ ***einen ~ haben*** essere senza cervello. **Kopf|schüt|teln** n. *(-s)* lo scuotere (*o* scrollare) il capo: ***~ auslösen*** far scuotere la testa, suscitare disapprovazione. **kopf|schüt|telnd I** agg. che scuote il capo **II** avv. scuotendo il capo. **Kopf|schutz** m. *(-es,-e)* casco *m.* protettivo. **Kopf|schüt|zer** m. *(-s,-)* passamontagna *m.*

Kopf|sprung m. *(-[e]s,-sprünge)* tuffo *m.* (con la testa in avanti). **Kopf|stand** m. *(-[e]s,-stände)* verticale *f.* (in appoggio) sul capo. **Kopf|stein|pflas|ter** n. *(-s,-)* acciottolato *m.* **Kopf|steu|er** f. *(-,-n)* tassa *f.* pro capite. **Kopf|stim|me** f. *(-,-n)* voce *f.* di testa, falsetto *m.* **Kopf|stoß** m. *(-es,-stöße)* **1** *(Kopfball)* colpo *m.* di testa **2** *(im Boxsport)* testata *f.* **Kopf|stück** n. *(-[e]s,-e)* **1** EDIL. mattone *m.* di punta **2** MIN. testa *f.* (di trivellazione). **Kopf|stüt|ze** f. *(-,-n)* poggiatesta *m.* **Kopf|teil** n. e m. *(-[e]s,-e)* **1** *(Kopfende)* testa *f.*, testata *f.* **2** *(Teil eines Sitzes)* poggiatesta *m.* **Kopf|tuch** n. *(-[e]s,-tücher)* fazzoletto *m.* (da testa), foulard *m.* **kopf|über** avv. a testa prima, a capofitto: ***~ ins Wasser fallen*** cadere in acqua a capofitto; ***sich ~ in die Arbeit stürzen*** buttarsi a capofitto nel lavoro. **kopf|un|ter** avv. RAR. a testa in giù. **Kopf|ver|band** m. *(-[e]s,-verbände)* fasciatura *f.* intorno alla testa. **Kopf|ver|let|zung** f. *(-,-en)* ferita *f.* alla testa. **Kopf|wä|sche** f. *(-,-n)* **1** *(Haarwaschen)* shampoo *m.*, sciampo *m.* **2** COLLOQ. *(scharfer Tadel)* lavata *f.* di capo. **Kopf|was|ser** n. *(-s,-wässer)* lozione *f.* per capelli. **Kopf|weh** n. *(-[e]s)* COLLOQ. mal *m.* di testa. **Kopf|wei|de** f. *(-,-n)* salice *m.* capitozzato. **Kopf|wun|de** f. *(-,-n)* ferita *f.* alla testa. **Kopf|zahl** f. *(-)* numero *m.* di persone; *(von Tieren)* numero *m.* di capi. **Kopf|zer|bre|chen** n. *(-s)* rompicapo *m.*: ***~ bereiten, machen*** essere un rompicapo, far rompere la testa ◆ ***sich (D) über etw. (kein) ~ machen*** (non) rompersi la testa per qcs.

Ko|pi|al|buch n. *(-[e]s,-bücher)* STOR. cartulario *m.*

Ko|pie, AUSTR. **Ko|pie** ['ko:piə] f. *(-,-n)* copia *f.*: ***eine (amtlich) beglaubigte ~*** una copia autenticata; ***eine ~ eines Gemäldes, Schlüssels, Fotos*** una copia di un dipinto, di una chiave, di una foto; ***eine ~ anfertigen*** preparare, realizzare una copia; ***von etw. -n machen*** fare delle copie di qcs.; *(von Fotos)* ***eine ~ machen*** fare una copia (da un negativo); ***zehn -n ziehen*** stampare dieci copie; FIG. SPREG. *(Imitation)* ***nur eine billige ~ jds, etw. sein*** essere solo una pallida, misera copia di qcn., qcs. **ko|pie|ren** tr. **1** copiare, fare una copia di: ***eine Urkunde, ein Gemälde, eine Videokassette ~*** copiare un documento, un dipinto, una videocassetta **2** *(nachahmen)* copiare, imitare **3** FOT. stampare. **Ko|pie|rer** m. *(-s,-)* COLLOQ., **Ko|pier|ge|rät** n. *(-[e]s,-e)* fotocopiatrice *f.* **Ko|pier|pa|pier** n. *(-s,-e)* **1** carta *f.* copiativa, cartacarbone *f.* **2** FOT. carta *f.* sensibile. **Ko|pier|stift** m. *(-[e]s,-e)* matita *f.* copiativa.

Ko|pi|lot m. *(-en,-en)* copilota *m.*

Ko|pist m. *(-en,-en)* copista *m.*

Kop|pe f. *(-,-n)* **1** ghiozzo *m.* comune **2** REGION. → **Kuppe.**

1.Kop|pel n. *(-s,-)* e AUSTR. f. *(-,-n)* cinturone *m.*

2.Kop|pel f. *(-,-n)* **1** pascolo *m.* recintato: ***auf, in der ~ weiden*** pascolare **2** *(von Hunden)* muta *f.* (al guinzaglio); *(von Pferden)* tiro *m.* **3** *(Leine)* guinzaglio *m.* **4** MUS. pedale *m.* di accoppiamento (nell'organo). **kop|pel|gän|gig** agg. al guinzaglio. **kop|peln** tr. **1a** accoppiare; *(Hunde)* legare al guinzaglio; *(Ochsen)* aggiogare **b** *(Fahrzeuge)* attaccare, agganciare **c** TECN. collegare: ***das Telefon an einen Computer ~*** collegare il telefono a un computer **2** FIG. *(von etw. abhängig machen)* collegare, porre in relazione, connettere, abbinare: ***etw. an bestimmte Bedingungen ~*** porre qcs. in relazione a determinate condizioni **3** LING. *(mit Bindestrichen verbinden)* unire, attaccare ◆ ***mit etw. gekoppelt sein*** essere abbinato a qcs.

Kop|pel|schloss n. *(-es,-schlösser)* fibbia *f.* del cinturone.

Kop|pe|lung → **Kopplung.** **Kop|pe|lungs|ma|nö|ver** → **Kopplungsmanöver.**

Kop|pel|wei|de f. *(-,-n)* pascolo *m.* recintato. **Kop|pel|wirt|schaft** f. *(-)* rotazione *f.* agraria (tra pascolo e coltivazione).

kopp|heis|ter avv. REGION. a capofitto ◆ ***~ gehen*** andare a carte quarantotto; ***~ schießen*** fare un capitombolo.

Kopp|lung f. *(-,-en)* **1a** accoppiamento *m.* (anche MECC. EL.) **b** *(von Fahrzeugen)* agganciamento *m.*, aggancio *m.* **c** TECN. collegamento *m.* **2** FIG. collegamento *m.*, abbinamento *m.* ◆ EL. ***galvanische, induktive ~*** accoppiamento galvanico, induttivo. **Kopp|lungs|ge|schäft** n. *(-[e]s,-e)* COMM. operazione *f.* (*o* vendita *f.*) abbinata.

Ko|pra f. *(-)* copra *f.*

Ko|prä|senz f. *(-)* LING. compresenza *f.*

Ko|pro|duk|ti|on f. *(-,-en)* CINEM. TELEV. coproduzione *f.* **Ko|pro|du|zent** m. *(-en,-en)* CINEM. TELEV. coproduttore *m.* **ko|pro|du|zie|ren** tr. CINEM. TELEV. coprodurre.

Kop|ro|la|lie f. *(-)* PSIC. coprolalia *f.* **Kop|ro|lith** m. *(-s* e *-en,-e[n])* coprolito *m.*

kop|ro|phag agg. coprofago. **Kop|ro|pha|ge** m. e f. *(-n,-n)* coprofago *m.* (-a *f.*). **Kop|ro|pha|gie** f. *(-)* coprofagia *f.*

Kop|ro|phi|lie f. *(-)* coprofilia *f.*

Ko|pro|zes|sor m. *(-s,-en)* coprocessore *m.*

Kops m. *(-es,-e)* TESS. spola *f.*

Kop|te m. *(-n,-n)* copto *m.* **kop|tisch** agg. copto. **Kop|tisch** n. *(-en)*, **Kop|ti|sche** n. *(-n)* copto *m.*, lingua *f.* copta.

Ko|pu|la f. *(-,-s* e *Kopulae)* copula *f.* **Ko|pu|la|ti|on** f. *(-,-en)* **1** copulazione *f.* **2** *(Pflanzenveredlung)* innesto *m.* per copulazione **3** ANT. O REGION. *(Trauung)* unione *f.* in matrimonio. **ko|pu|la|tiv** agg. copulativo: ***eine -e Konjunktion*** una congiunzione copulativa. **ko|pu|lie|ren I** tr. **1** GRAMM. congiungere **2** *(von Pflanzen)* innestare per copulazione **3** ANT. O REGION. *(trauen)* unire in matrimonio **II** intr. (aus. *haben*) copulare, accoppiarsi.

Ko|ral|le f. *(-,-n)* corallo *m.*: ***-n fischen*** pescare coralli; ***Ketten aus -n*** collane di corallo. **ko|ral|len** agg. **1** corallino, di corallo, di coralli **2** → **korallenrot. Ko|ral|len|bank** f. *(-,-bänke)* banco *m.* di coralli. **Ko|ral|len|in|sel** f. *(-,-n)* isola *f.* corallina. **Ko|ral|len|ket|te** f. *(-,-n)* collana *f.* di coralli. **Ko|ral|len|riff** n. *(-[e]s,-e)* barriera *f.* (*o* scogliera *f.*) corallina. **ko|ral|len|rot** agg. corallino, rosso corallo. **Ko|ral|len|tier** n. *(-[e]s,-e)* corallo *m.*

Ko|ran m. *(-s,-e)* Corano *m.* **ko|ra|nisch** agg. coranico.

Korb m. *(-[e]s, Körbe)* **1** cesto *m.*, cesta *f.*; *(mit Henkel)* canestro *m.*, paniere *m.*: ***ein ~ voll, voller Eier*** un cesto pieno di uova; ***Körbe flechten*** intrecciare canestri **2** *(der Spülmaschine)* cestello *m.* **3** *(zum Fischen)* nassa *f.* **4** *(Korbgeflecht)* vimini *m.pl.*: ***Sessel aus ~*** poltrona di vimini **5** *(Förderkorb)* gabbia *f.* d'estrazione **6** *(Gondel)* cesta *f.*, navicella *f.* **7** SPORT *(beim Basketball)* canestro *m.*: ***auf den ~ werfen*** tirare a canestro; ***einen ~ schießen, erzielen*** fare, realizzare un canestro **8a** *(beim Fechten; Gesichtsschutz)* maschera *f.* **b** *(Handschutz)* guardia *f.*, guardamano *m.*, coccia *f.* ◆ COLLOQ. ***einen ~ bekommen, sich (D) einen ~ holen*** prendersi un bidone (*o* una bidonata); COLLOQ. ***jdm einen ~ geben*** tirare un bidone a qcn.

Korb|ball m. *(-[e]s)* pallacanestro *f.* **Korb|ball|spiel** n. *(-[e]s,-e)* partita *f.* di pallacanestro. **Korb|blüt|ler** m. *(-s,-)* BOT. composita *f.* **Körb|chen** n. *(-s,-)* **1** cestino *m.*; canestrino *m.*, panierino *m.* **2** *(Schlafplatz für Hunde)* cuccia *f.* **3** *(Pokalwettbewerb)* coppa *f.*, gara *f.* di coppa **4** BOT. capolino *m.* piano ◆ FAM. ***husch, husch ins ~!*** su, a nanna! **kör|be|wei|se** avv. a cesti (interi). **Korb|fla|sche** f. *(-,-n)* fiasco *m.* **Korb|flech|ter** m. *(-s,-)* → **Korbmacher. Korb|ge|flecht** n. *(-[e]s,-e)* vimini *m.pl.* **Korb|ma|cher** m. *(-s,-)* cestaio *m.*, canestraio *m.* **Korb|mö|bel** n. *(-s,-)* mobile *m.* di vimini. **Korb|ses|sel** m. *(-s,-)* poltrona *f.* di vimini. **Korb|stuhl** m. *(-[e]s,-stühle)* sedia *f.* di vimini. **Korb|wa|gen** m. *(-s,-)* carrozzella *f.* di vimini. **Korb|wa|re** f. *(-,-n)* oggetto *m.* di vimini. **Korb|wei|de** f. *(-,-n)* vinco *m.* **korb|wei|se** avv. a cesti, a ceste: ***etw. ~ verkaufen*** vendere qcs. a cesti. **Korb|wurf** m. *(-[e]s,-würfe)* tiro *m.* a canestro.

Kord m. *(-[e]s,-e* e *-s)* cord *m.*

Kor|del f. *(-,-n)* **1** cordoncino *m.* **2** REGION. *(Bindfaden)* corda *f.*, spago *m.*

kor|di|al agg. ANT. cordiale. **Kor|di|a|li|tät** f. *(-)* ANT. cordialità *f.*

kor|die|ren tr. zigrinare.

Kor|dil|le|re [-dɪl'jere] f. *(-,-n)* cordigliera *f.* ◆ ***die -n*** la cordigliera delle Ande.

Kor|don [kɔr'dõ, kɔr'do:n] m. *(-s,-s* e AUSTR. *-e)* cordone *f.* (anche FIG.): ***einen ~ bilden, durchbrechen*** formare, rompere un cordone. **Kor|do|nett|sei|de** f. *(-)* cordonetto *m.* di seta.

Kord|samt m. *(-[e]s,-e)* velluto *m.* a coste.

Kor|du|an, Kor|du|an|le|der n. *(-s)* cordovano *m.*

Ko|re f. *(-,-n)* kore *f.*

Ko|rea n.pr.n. *(-s)* Corea *f.* **Ko|re|a|ner** m. *(-s,-)* coreano *m.* **ko|re|a|nisch** agg. coreano. **Ko|re|a|ni|sche** n. *(-n)* coreano *m.*

Ko|re|fe|rat → **Korreferat. Ko|re|fe|rent** → **Korreferent. ko|re|fe|rie|ren** → **korreferieren.**

kö|ren tr. ALLEV. selezionare.

Kor|fi|ot m. *(-en,-en)* abitante *m.* di Corfù. **kor|fi|o|tisch** agg. di Corfù. **Kor|fu** n.pr.n. *(-s)* Corfù *f.*

Kör|hengst m. *(-es,-e)* stallone *m.* da monta.

Ko|ri|an|der m. *(-s,-)* BOT. coriandolo *m.*

Ko|rinth n.pr.n. *(-s)* Corinto *f.* **Ko|rin|the** f. *(-,-n)* uva *f.* passa, uvetta *f.* di Corinto. **Ko|rin|ther|brief** m. *(-[e]s,-e)* BIBL. lettera *f.* ai Corinzi. **ko|rin|thisch** agg. corinzio: ***eine -e Säule*** una colonna corinzia.

Kork m. *(-[e]s,-e)* **1** sughero *m.* **2** REGION. → **Korken. Kork|brand** m. *(-[e]s,-brände)* marchio *m.* (a fuoco) su sughero. **Kork|ei|che** f. *(-,-n)* quercia *f.* da sughero.

1.kor|ken tr. RAR. **1** tappare, chiudere con un turacciolo **2** *(entkorken)* stappare, sturare.

2.kor|ken agg. di sughero.

Kor|ken m. *(-s,-)* tappo *m.* (di sughero), turacciolo *m.*; *(aus Kunststoff)* tappo *m.*: ***den ~ herausziehen*** togliere il tappo; ***der Wein schmeckt nach ~*** il vino sa di tappo ◆ COLLOQ. ***die ~ knallen lassen*** = festeggiare con champagne. **Kor|ken|zie|her** m. *(-s,-)* cavatappi *m.*, cavaturaccioli *m.* **Kor|ken|zie|her|lo|cke** f. *(-,-n)* ricciolo *m.* a spirale, boccolo *m.* **Kork|gür|tel** m. *(-s,-)* salvagente *m.* di sughero. **kor|kig** agg. che sa (*o* ha gusto) di tappo. **Kork|soh|le** f. *(-,-n)* suola *f.* di sughero. **Kork|stein** m. *(-[e]s,-e)* EDIL. mattonella *f.* di sughero pressato. **Kork|wes|te** f. *(-,-n)* giubbotto *m.* di salvataggio in sughero. **Kork|zie|her** REGION. → **Korkenzieher.**

Kor|mo|ran m. *(-s,-e)* cormorano *m.*

1.Korn n. *(-[e]s, Körner)* **1** *(Samenkorn)* chicco *m.*: ***die Körner des Weizens, des Hafers*** i chicchi del grano, dell'avena **2a** *(Brotgetreide)* cereali *m.pl.* (da panificazione) **b** *(Weizen)* grano *m.*, frumento *m.*: ***(das) ~ mähen*** mietere il grano **c** *(Roggen)* segala *f.* **3** *(kleines Teilchen)* granello *m.*: ***einige Körner Salz*** alcuni granelli di sale **4** *(Körnung)* grana *f.* (anche FOT.): ***Papier von feinem ~*** carta a grana fine **5** GEOL. struttura *f.*: ***das ~ eines Gesteins*** la struttura di una pietra **6** *(in Feuerwaffen)* mirino *m.*: ***das Ziel aufs ~ nehmen*** puntare il mirino sul bersaglio, mirare al bersaglio; ***über Kimme und ~ zielen, sehen*** prendere, aggiustare la mira **7** ANT. NUMISM. grano *m.*, fino *m.* ◆ COLLOQ. ***jdn, etw. aufs ~ nehmen*** prendere di mira qcn., qcs., criticare severamente qcn., qcs.

2.Korn m. *(-[e]s,-)* COLLOQ. acquavite *f.* di grano.

Korn|äh|re f. *(-,-n)* spiga *f.* di grano. **Korn|blu|me** f. *(-,-n)* fiordaliso *m.* **Korn|blü|te** f. *(-,-n)* fiore *m.* del grano. **Korn|brannt|wein** m. *(-[e]s,-e)* → **2.Korn. Korn|brot** n. *(-[e]s,-e)* REGION. pane *m.* di segala.

Körn|chen n. *(-s,-)* **1** granellino *m.* **2** FIG. briciolo *m.*: ***ein ~ Wahrheit*** un briciolo di verità.

Köndl|bau|er m. *(-s,-)* AUSTR. contadino *m.* che coltiva cereali.

Kor|nel|kir|sche, Kor|nel|le f. *(-,-n)* BOT. corniola *f.*

kör|nen tr. **1** granire, granellare **2** ARTIG. *(ankörnen)* punzonare.

Kor|ner m. *(-s,-)* ECON. corner *m.*, accaparramento *m.*

Kör|ner m. *(-s,-)* punzone *m.* **Kör|ner|fres|ser** m. *(-s,-)* **1** ORNIT. (uccello *m.*) granivoro *m.* **2** SCHERZ. = chi si nutre di cibi macrobiotici. **Kör|ner|frucht** f. *(-,-früchte)* grano *m.*, granello *m.* **Kör|ner|fut|ter** n. *(-s)* mangime *m.* di granella.

1.Kor|nett m. *(-[e]s,-e* e *-s)* MIL. alfiere *m.*

2.Kor|nett n. *(-[e]s,-e* e *-s)* MUS. cornetta *f.* **Kor|net|tist** m. *(-en,-en)* cornettista *m.*

Korn|fäu|le f. *(-)* necrosi *f.* del grano. **Korn|feld** n. *(-[e]s,-er)* campo *m.* di grano.

kör|nig agg. **1** in grani, granulato, granellato **2** *(mit rauer Oberfläche)* ruvido, granuloso ◆ ***Reis ~ kochen*** cuocere il riso al dente.

Korn|kä|fer m. *(-s,-)* calandra *f.* granaria (*o* del grano). **Korn|kam|mer** f. *(-,-n)* granaio *m.* **Korn|ro|se** f. *(-,-n)* rosolaccio *m.*, papavero *m.* selvatico. **Korn|spei|cher** m. *(-s,-)* granaio *m.* **Korn|wurm** m. *(-[e]s,-würmer)* ***Schwarzer ~*** calandra *f.* granaria (*o* del grano); ***Weißer ~*** tignola *f.* falsa del grano.

Ko|rol|la f. *(-, Korollen)* corolla *f.* **Ko|rol|lar** n. *(-s,-e)*, **Ko|rol|la|ri|um** n. *(-s, Korollarien)* corollario *m.* **Ko|rol|le** → **Korolla.**

Ko|ro|na f. *(-, Koronen)* **1** ASTR. corona *f.* solare **2** COLLOQ. SPREG. *(Gesellschaft)* banda *f.*: ***die ganze ~ war dabei*** c'era tutta la banda.

ko|ro|nar agg. coronario, coronale. **Ko|ro|nar|ge|fäß** n. *(-es,-e)* coronaria *f.* **Ko|ro|nar|in|suf|fi|zi|enz** f. *(-)* insufficienza *f.* coronarica. **Ko|ro|nar|skle|ro|se** f. *(-)* sclerosi *f.* delle coronarie.

Kör|per m. *(-s,-)* **1** corpo *m.* (anche FIS.): ***ein gesunder, durchtrainierter ~*** un corpo sano, allenato; ***am ganzen ~ frieren*** aver freddo in tutto il corpo; ***seinen ~ pflegen*** curare il proprio corpo; ***feste, elastische, gasförmige ~*** corpi solidi, elastici, gassosi **2** *(Körperbau)* corporatura *f.*, fisico *m.*: ***einen starken, athletischen ~ haben*** avere una corporatura robusta, un fisico atletico **3** *(Rumpf)* busto *m.*, tronco *m.* **4** *(mittlerer Teil)* parte *f.* centrale, corpo *m.*: ***der ~ einer Violine, Säule*** il corpo di un violino, il corpo (*o* fusto) di una colonna **5** GEOM. solido *m.*: ***den Rauminhalt eines -s berechnen*** calcolare il volume di un solido **6** *(Dichte)* corpo *m.*: ***ein Wein mit ~*** un vino che ha corpo **7** *(Körperschaft)* corpo *m.*, corporazione *f.* **Kör|per|bau** m. *(-[e]s)* struttura *f.* corporea, corporatura *f.*, fisico *m.* **Kör|per|be|herr|schung** f. *(-)* dominio *m.* del (proprio) corpo.

kör|per|be|hin|dert agg. BUROCR. disabile, portatore di handicap (fisico). **Kör|per|be|hin|der|te** m. e f. *(-n,-n)* BUROCR. disabile *m.* e *f.*, portatore *m.* (portatrice *f.*) di handicap (fisico). **Kör|per|be|hin|de|rung** f. *(-,-en)* BUROCR. disabilità *f.*, handicap *m.* fisico.

Kör|per|be|ma|lung f. *(-,-en)* ETNOL. pittura *f.* corporea. **Kör|per|be|schaf|fen|heit** f. *(-)* complessione *f.* (*o* costituzione *f.*) fisica. **Kör|per|chen** n. *(-s,-)* corpuscolo *m.* **kör|per|ei|gen** agg. BIOL. corporeo, proprio dell'organismo. **Kör|per|ein|satz** m. *(-es)* ***mit ~ spielen*** giocare con generosità. **Kör|per|er|zie|hung** f. *(-)* EX-RDT

SCOL. educazione *f.* fisica. **Kör|per|form** f. *(-,-en)* forma *f.* corporea, del corpo. **kör|per|fremd** agg. BIOL. estraneo (all'organismo). **Kör|per|fül|le** f. *(-)* corpulenza *f.* **kör|per|ge|recht** agg. anatomico. **Kör|per|ge|ruch** m. *(-[e]s)* odore *m.* corporeo, del corpo. **Kör|per|ge|wicht** n. *(-[e]s,-e)* peso *m.* corporeo, del corpo. **Kör|per|grö|ße** f. *(-,-n)* grandezza *f.* di un (*o* del) corpo; *(von Menschen)* statura *f.* **kör|per|haft** agg. corporeo, materiale, concreto. **Kör|per|hälf|te** f. *(-,-n)* metà *f.* del corpo: ***die rechte ~*** la metà destra (*o* la parte destra) del corpo. **Kör|per|hal|tung** f. *(-,-en)* posizione *f.* (del corpo): ***eine aufrechte, gekrümmte ~*** una posizione eretta, curva. **Kör|per|hy|gi|e|ne** f. *(-)* igiene *f.* del corpo, corporea. **Kör|per|kraft** f. *(-,-kräfte)* forza *f.* fisica, muscolare. **Kör|per|kul|tur** f. *(-)* **1** ANT. *(Körperpflege)* cura *f.* e igiene *f.* del corpo **2** EX-RDT educazione *f.* fisica: ***Hochschule für ~*** scuola superiore di educazione fisica. **Kör|per|län|ge** f. *(-,-n)* lunghezza *f.* di un (*o* del) corpo.

kör|per|lich I agg. **1** corporale, corporeo **2** *(physisch)* fisico: ***-e Anstrengungen, Schönheit*** sforzi fisici, bellezza fisica; ***-es Unbehagen*** malessere fisico; ***in guter -er Verfassung*** in buona forma fisica **II** avv. **1** corporalmente: ***jdn ~ bestrafen*** punire qcn. corporalmente **2** *(physisch)* fisicamente: ***jdm ~ überlegen sein*** essere superiore fisicamente (*o* dal punto di vista fisico) a qcn.; ***~ hart arbeiten*** fare un lavoro duro fisicamente ◆ ***-e Arbeit*** lavoro manuale; ***~ behindert sein*** avere un handicap fisico; ***-er Eid*** giuramento orale; ***~ leidend*** cagionevole di salute. **Kör|per|lich|keit** f. *(-)* **1** corporeità *f.*, materialità *f.*, fisicità *f.* **2** FIG. concretezza *f.*: ***die Figuren des Romans haben große ~*** i personaggi del romanzo hanno grande concretezza ◆ ***eine platonische Beziehung ohne ~*** una relazione platonica senza rapporti fisici.

kör|per|los agg. incorporeo, immateriale ◆ SPORT ***~ spielen*** giocare senza impegno. **Kör|per|ma|ße** pl. misure *f.pl.* corporee. **Kör|per|öff|nung** f. *(-,-en)* orifizio *m.* corporeo. **Kör|per|pfle|ge** f. *(-)* igiene *f.* personale. **Kör|per|pfle|ge|mit|tel** n. *(-s,-)* prodotto *m.* per la cura del corpo.

Kör|per|schaft f. *(-,-en)* DIR. **1** corporazione *f.*: ***eine handwerkliche ~*** una corporazione artigianale **2** organo *m.*, ente *m.*: ***eine ~ des öffentlichen Rechts*** un ente di diritto pubblico. **kör|per|schaft|lich I** agg. corporativo **II** avv. corporativamente, in corporazioni. **Kör|per|schaft(s)|steu|er** f. *(-,-n)* imposta *f.* sulle imprese, sulle società.

Kör|per|spra|che f. *(-)* linguaggio *m.* del corpo. **Kör|per|spray** [-ʃpreː, -spreː, -ʃprɛi] m. e n. *(-s,-s)* deodorante *m.* spray (per il corpo). **Kör|per|stel|lung** f. *(-,-en)* posizione *f.* corporea, del corpo. **Kör|per|stra|fe** f. *(-,-n)* pena *f.* corporale. **Kör|per|teil** m. *(-[e]s,-e)* parte *f.* del corpo. **Kör|per|tem|pe|ra|tur** f. *(-,-en)* temperatura *f.* corporea. **Kör|per|ver|let|zung** f. *(-,-en)* lesione *f.* (personale): ***fahrlässige, vorsätzliche ~*** lesione colposa, dolosa. **Kör|per|wär|me** f. *(-)* calore *m.* corporeo.

Kor|po|ral m. *(-s,-e* e *Korporäle)* **1** ANT. sottufficiale *m.* **2** SVIZZ. *(Gefreiter)* caporale *m.*

Kor|po|ra|ti|on f. *(-,-en)* **1** corporazione *f.* **2** *(Studentenverbindung)* associazione *f.* studentesca. **kor|po|ra|tiv I** agg. corporativo **II** avv. **1** corporativamente **2** *(einheitlich)* in modo unitario, unanime. **Kor|po|ra|ti|vis|mus** m. *(-)* corporativismo *m.*

Korps [koːɐ] n. *(-,-)* **1** corpo *m.* (anche MIL.): ***das diplomatische ~*** il corpo diplomatico **2** *(Studentenverbindung)* associazione *f.* studentesca (goliardica). **Korps|geist** m. *(-[e]s)* spirito *m.* di corpo. **Korps|stu|dent** m. *(-en,-en)* studente *m.* membro di un associazione studentesca.

kor|pu|lent agg. corpulento; *(fettleibig)* obeso. **Kor|pu|lenz** f. *(-)* corpulenza *f.*; *(Fettleibigkeit)* obesità *f.*: ***zu ~ neigen*** avere tendenza a ingrassare.

1.Kor|pus m. *(-,-se)* **1** SCHERZ. corpo *m.* (umano) **2** PITT. SCULT. Cristo *m.* (in croce, crocefisso) **3** *(bei Möbeln)* corpo *m.* (di un mobile) **4** SVIZZ. *(Ladentisch)* bancone *m.*, banco *m.*

2.Kor|pus n. *(-, Korpora)* **1** LING. corpus *m.* **2** *(Klangkörper)* cassa *f.* di risonanza.

3.Kor|pus f. *(-)* TIP. corpo *m.* dieci.

Kor|pus|kel n. *(-s,-n)* e f. *(-,-n)* FIS. corpuscolo *m.* **kor|pus|ku|lar** agg. corpuscolare. **Kor|pus|ku|lar|the|o|rie** f. *(-)* teoria *f.* corpuscolare.

Kor|ra|si|on f. *(-,-en)* corrasione *f.*

Kor|re|fe|rat, Kor|re|fe|rat n. *(-[e]s,-e)* relazione *f.* complementare. **Kor|re|fe|rent, Kor|re|fe|rent** m. *(-en,-en)* correlatore *m.* **kor|re|fe|rie|ren, kor|re|fe|rie|ren** intr. (aus. *haben*) fare il correlatore.

kor|rekt I agg. **1** corretto, esatto: ***in -em Englisch*** in un inglese corretto; ***ein -er Hinweis*** un'indicazione esatta **2** *(Normen entsprechend)* corretto: ***ein -er Politiker*** un politico corretto; ***-es Benehmen*** comportamento corretto **II** avv. **1** *(richtig)* correttamente, esattamente: ***~ antworten*** rispondere correttamente **2** correttamente, in modo corretto: ***sich ~ verhalten*** comportarsi in modo corretto. **kor|rek|ter|wei|se** avv. in modo corretto, correttamente. **Kor|rekt|heit** f. *(-)* **1** precisione *f.*, esattezza *f.* **2** *(korrektes Verhalten)* correttezza *f.* **Kor|rek|ti|on** f. *(-,-en)* ANT. **1a** correzione *f.* **b** *(Berichtigung)* rettifica *f.*, correzione *f.* **2** *(Besserung)* miglioramento *m.* **3** *(Regulierung)* regolazione *f.* **Kor|rek|tor** m. *(-s,-en)* **1** correttore *m.* (di bozze) **2** STOR. amministratore *m.*, sovrintendente *m.*

Kor|rek|tur f. *(-,-en)* **1** correzione *f.* **2** *(Korrekturfahnen)* bozze *f.pl.* (di stampa): ***~ lesen*** leggere, correggere bozze **3** *(Veränderung)* correzione *f.*, variazione *f.*, modifica *f.*: ***einen Plan einer ~ unterziehen*** sottoporre un piano a delle modifiche; ***-en anbringen, vornehmen*** apportare, effettuare modifiche. **Kor|rek|tur|ab|zug** m. *(-[e]s,-abzüge)*, **Kor|rek|tur|bo|gen** m. *(-s,-bögen)*, **Kor|rek|tur|fah|ne** f. *(-,-n)* bozza *f.* (di stampa): ***-n lesen*** correggere bozze. **Kor|rek|tur|flüs|sig|keit** f. *(-,-en)* bianchetto *m.* **Kor|rek|tur|le|sen** n. *(-s)* revisione *f.*, correzione *f.* **Kor|rek|tur|vor|schrif|ten** pl. norme *f.pl.* per la correzione delle bozze. **Kor|rek|tur|zei|chen** n. *(-s,-)* EDIT. segno *m.* di correzione.

kor|re|lat agg. RAR. → **korrelativ. Kor|re|lat** n. *(-[e]s,-e)* **1** complemento *m.* **2** GRAMM. termine *m.* con valore correlativo. **Kor|re|la|ti|on** f. *(-,-en)* **1** relazione *f.*, rapporto *m.*: ***ein Ergebnis in ~ zu, mit einem anderen bringen*** mettere in relazione un risultato con un altro **2** STATIST. correlazione *f.* **3** MED. interdipendenza *f.* **kor|re|la|tiv** agg. correlato, correlativo. **kor|re|lie|ren** intr. (aus. *haben*) ***mit etw.*** ~ essere correlato a qcs.

kor|re|pe|tie|ren tr. MUS. ripetere, provare (con l'accompagnamento del pianoforte). **Kor|re|pe|ti|tor** m. *(-s,-en)* MUS. maestro *m.* concertatore.

kor|res|pek|tiv agg. corrispettivo.

Kor|res|pon|dent m. *(-en,-en)* corrispondente *m.*: ***unser Pariser ~*** il nostro corrispondente a Parigi (*o* GIORN. da Parigi, COMM. di Parigi). **Kor|res|pon|den|ten|be|richt** m. *(-[e]s,-e)* GIORN. corrispondenza *f.*, servizio *m.* **Kor|res|pon|den|tin** f. *(-,-nen)* corrispondente *f.*

Kor|res|pon|denz f. *(-,-en)* corrispondenza *f.*: ***mit jdm in ~ stehen*** essere in corrispondenza (epistolare) con qcn.; ***die ~ führen (haben, unterhalten), erledigen*** tenere, sbrigare la corrispondenza. **Kor|res|pon|denz|bü|ro** n. *(-s,-s)* GIORN. agenzia *f.* d'informazioni.

kor|res|pon|die|ren intr. (aus. *haben*) **1** corrispondere, essere in corrispondenza (epistolare): ***mit jdm französisch (über etw.) ~*** corrispondere con qcn. in francese (su qcs.); ***miteinander ~*** essere in corrispondenza **2** *(entsprechen)* corrispondere, equivalersi: ***unsere Meinungen ~ in den wichtigsten Punkten*** le nostre opinioni (si) corrispondono nei punti fondamentali; ***mit etw. ~*** corrispondere a qcs. **3** *(zu etw. stimmen)* accordarsi: ***die Farbe des Teppichs korrespondiert mit dem Vorhang*** il colore del tappeto si accorda con la tenda. **kor|res|pon|die|rend** p.pres. agg. **1** → **korrespondieren 2** corrispondente.

Kor|ri|dor m. *(-s,-e)* corridoio *m.*: ***durch den ~ gehen*** attraversare il corridoio ◆ STOR. ***der Danziger, Polnische ~*** il corridoio di Danzica, polacco.

Kor|ri|gen|da pl. errata *m.* (corrige). **kor|ri|gie|ren I** tr. correggere: ***einen Fehler, Druckfahnen, jds Aussprache ~*** correggere un errore, bozze, la pronuncia di qcn.; *(verändern)* modificare, rettificare; *(Ansichten)* rivedere **II** rifl. **sich ~** correggersi.

kor|ro|die|ren I tr. corrodere **II** intr. (aus. *sein*) corrodersi.

Kor|ro|si|on f. *(-,-en)* corrosione *f.*: ***in ~ übergehen*** corrodersi; ***der ~ ausgesetzt sein*** essere soggetto a corrosione. **kor|ro|si|ons|be|stän|dig** agg. resistente alla corrosione. **Kor|ro|si|ons|be|stän|dig|keit** f. *(-)* resistenza *f.* alla corrosione. **kor|ro|si|ons|fest** agg. → **korrosionsbeständig. Kor|ro|si|ons|schutz** m. *(-es)* protezione *f.* contro la corrosione. **Kor|ro|si|ons|schutz|mit|tel** n. *(-s,-)* anticorrosivo *m.* **kor|ro|si|ons|ver|hü|tend** agg. anticorrosivo, anticorrosione. **kor|ro|siv** agg. corrosivo.

kor|rum|pie|ren tr. corrompere: ***sich (nicht) ~ lassen*** (non) farsi corrompere. **kor|rum|piert** p.pass. agg. **1** → **korrumpieren 2** corrotto: ***ein -er Politiker*** un politico corrotto; ***eine -e Textstelle*** un passo corrotto.

kor|rupt agg. corrotto. **Kor|rup|ti|on** f. *(-,-en)* corruzione *f.*: ***jdn der ~ beschuldigen*** accusare qcn. di corruzione. **Kor|rup|ti|ons|af|fä|re** f. *(-,-n)*, **Kor|rup|ti|ons|skan|dal** m. *(-s,-e)* scandalo *m.* di corruzione.

Kor|sa|ge [kɔrˈzaːʒə] f. *(-,-n)* corpino *m.*, bustino *m.*

Kor|sar m. *(-en,-en)* **1** corsaro *m.* **2** *(Segelschiff)* corsaire *m.*
Kor|se m. *(-n,-n)* abitante *m.* della Corsica, corso *m.*
Kor|se|lett n. *(-s,-s)* (leggero) corsetto *m.*, corsaletto *m.*: ***ein ~ tragen*** portare un corsetto; ***sich in ein ~ zwängen*** stringersi in un corsetto. **Kor|sett** n. *(-s,-s)* corsetto *m.* ◆ FIG. ***das starre ~ der Vorschriften*** il rigido vincolo delle norme. **Kor|sett|stab** m. *(-[e]s,-stäbe)*, **Kor|sett|stan|ge** f. *(-,-n)* stecca *f.* del corsetto.
Kor|si|ka n.pr.n. *(-s)* Corsica *f.* **Kor|sin** f. *(-,-nen)* abitante *f.* della Corsica, corsa *f.* **kor|sisch** agg. corso.
Kor|so m. *(-s,-s)* **1** corso *m.*, sfilata *f.* **2** *(Demonstrationszug)* corteo *m.* (di autoveicoli).
Kor|tex m. *(-[es],-e* e *Kortizes)* ANAT. corteccia *f.* **kor|ti|kal** agg. ANAT. corticale.
Kor|ti|son n. *(-s)* cortisone *m.*
Ko|rund m. *(-[e]s,-e)* corindone *m.* ◆ ***blauer ~*** zaffiro; ***roter ~*** rubino.
Kö|rung f. *(-,-en)* ALLEV. selezione *f.*
Kor|vet|te f. *(-,-n)* corvetta *f.* **Kor|vet|ten|ka|pi|tän** m. *(-s,-e)* capitano *m.* di corvetta.
Ko|ry|bant m. *(-en,-en)* coribante *m.* **ko|ry|ban|tisch** agg. coribantico.
Ko|ry|phäe f. *(-,-n)* **1** corifeo *m.* **2** *(hervorragender Sachkenner)* = grande esperto *m.*, luminare *m.*: ***eine wissenschaftliche ~*** un luminare della scienza.
Ko|sak m. *(-en,-en)* cosacco *m.*
Ko|sche|nil|le [-nɪljə] f. *(-,-n)* cocciniglia *f.* **Ko|sche|nil|le(schild)|laus** f. *(-,-läuse)* ENTOM. cocciniglia *f.*
ko|scher **I** agg. **1** cascer, kasher, kosher: ***-e Speisen*** cibi cascer **2** COLLOQ. = che non desta sospetti, o.k., a posto; ***das ist nicht ganz ~*** è piuttosto sospetto **II** avv. ***~ essen, kochen*** mangiare, cucinare cibi kasher.
K.-o.-Schlag m. *(-[e]s,-Schläge)* (colpo *m.* del) knock out *m.*, k.o. *m.*
Ko|se|form f. *(-,-en)* forma *f.* vezzeggiativa.
Ko|se|kans m. *(-,-* e *Kosekanten)* cosecante *f.*
ko|sen **I** tr. coccolare, vezzeggiare **II** intr. (aus. *haben*) ***mit jdm ~*** scambiare coccole (*o* tenerezze) con qcn.
Ko|se|na|me m. *(-ns,-n)* vezzeggiativo *m.*, nome *m.* affettuoso. **Ko|se|wort** n. *(-[e]s,-wörter* e *-e)* **1** (pl. *-wörter*) vezzeggiativo *m.* **2** *(zärtliches Wort;* pl. *-e)* parola *f.* affettuosa, parolina *f.* dolce.
Ko|si|nus m. *(-,-* e *-se)* coseno *m.*
Kos|me|tik f. *(-)* **1** cosmetica *f.*, cosmesi *f.* **2** FIG. *(Beschönigung)* operazione *f.* cosmetica (*o* di cosmesi). **Kos|me|ti|ke|rin** f. *(-,-nen)* estetista *f.*, cosmetista *f.* **Kos|me|tik|in|dust|rie** f. *(-)* industria *f.* dei cosmetici. **Kos|me|tik|kof|fer** m. *(-s,-)* → **Kosmetiktasche.** **Kos|me|tik|sa|lon** m. *(-s,-s)* salone *m.* di bellezza. **Kos|me|tik|ta|sche** f. *(-,-n)* beauty-case *m.* **Kos|me|ti|kum** n. *(-s, Kosmetika)* cosmetico *m.* **kos|me|tisch** **I** agg. **1** cosmetico: ***-e Behandlungen, Mittel*** trattamenti, prodotti cosmetici **2** FIG. *(beschönigend)* che abbellisce (*o* maschera), superficiale **II** avv. ***jdn ~ behandeln*** sottoporre qcn. a trattamenti estetici.
kos|misch agg. cosmico. **Kos|mo|drom** n. *(-s,-e)* cosmodromo *m.* **Kos|mo|go|nie** f. *(-)* cosmogonia *f.* **kos|mo|go|nisch** agg. cosmogonico. **Kos|mo|gra|phie** f. *(-,-n)* ANT. cosmografia *f.* **Kos|mo|lo|gie** f. *(-)* cosmologia *f.* **kos|mo|lo|gisch** agg. cosmologico. **Kos|mo|me|di|zin** f. *(-)* medicina *f.* spaziale.
Kos|mo|naut m. *(-en,-en)* cosmonauta *m.* **Kos|mo|nau|tik** f. *(-)* cosmonautica *f.* **Kos|mo|nau|tin** f. *(-,-nen)* cosmonauta *f.* **kos|mo|nau|tisch** agg. cosmonautico.
Kos|mo|po|lit m. *(-en,-en)* cosmopolita *m.* **kos|mo|po|li|tisch** agg. cosmopolitico. **Kos|mo|po|li|tis|mus** m. *(-)* cosmopolitismo *m.*
Kos|mos m. *(-)* cosmo *m.*
Kos|mot|ron n. *(-s,-e* e *-s)* cosmotrone *m.*
Kos|sat m. *(-en,-en)*, **Kos|sä|te** m. *(-n,-n)* REGION. colono *m.*
Kost f. *(-)* **1a** alimentazione *f.*, nutrizione *f.*: ***eine gesunde, eiweißreiche, schmale ~*** un'alimentazione sana, ricca di proteine, scarsa **b** *(Nahrungsmittel)* cibi *m.pl.*, alimenti *m.pl.* **2** FIG. nutrimento *m.*, alimento *m.*: ***geistige ~*** nutrimento dello spirito **3** *(Verpflegung)* vitto *m.*: ***~ und Logis*** vitto e alloggio ◆ ***jdn in ~ geben, nehmen*** mettere, prendere qcn. a pensione; ***jdn auf schmale ~ setzen*** mettere qcn. a dieta.
Kos|ta|ri|ka → **Costa Rica.** **Kos|ta|ri|ka|ner** → **Costaricaner.** **kos|ta|ri|ka|nisch** → **costaricanisch.**
kost|bar **I** agg. (molto) prezioso, preziosissimo **II** avv. preziosamente: ***ein ~ eingerichtetes Haus*** una casa con arredi preziosi ◆ ***sich ~ machen*** fare il prezioso; *(selten erscheinen)* comparire raramente (in pubblico). **Kost|bar|keit** f. *(-,-en)* **1** oggetto *m.* prezioso (*o* di valore) **2** *(großer Wert)* (grande) valore *m.*, preziosità *f.*; *(Erlesenheit)* pregio *m.*; ***ein Ring von großer ~*** un anello di grande valore.
1.kos|ten tr. **1** assaggiare, assaporare: ***jdm etw. zu ~ geben*** dare qcs. da assaggiare a qcn., fare assaggiare qcs. a qcn. **2** *(erleben)* assaporare, provare (il gusto di): ***alle Vergnügen der Jugend ~*** assaporare tutti i piaceri della gioventù ◆ ***Prügel zu ~ bekommen*** assaggiare bastonate, botte.
2.kos|ten tr. costare (anche FIG.): ***wie viel, was kostet das? – das kostet 5 Mark*** quanto costa questo? – costa 5 marchi; ***etw. kostet mich viel Mühe, Geld, Opfer, Zeit*** qcs. mi costa molta fatica, molto denaro, sacrificio, tempo; ***das kann ihn den Kopf, das Leben, die Stellung ~*** questo gli può costare la testa, la vita, il posto ◆ ***sich (A,D) eine Sache etw. ~ lassen*** non badare a spese per una cosa; ***das kostet nicht die Welt*** non costa un'esagerazione; ***koste es (es koste), was es wolle*** costi quel che costi.
Kos|ten pl. costi *m.pl.*, spese *f.pl.*, spesa *f.*: ***die ~ des Krieges, der Reise*** la spesa bellica, i costi del viaggio; ***etw. bringt ~ mit sich*** qcs. comporta delle spese; ***die ~ berechnen, veranschlagen, bestreiten (tragen), übernehmen, erstatten (vergüten, ersetzen)*** calcolare, preventivare, sostenere, assumersi, rimborsare le spese; ***keine ~ scheuen*** non badare a spese; ***für alle ~ aufkommen*** assumersi tutte le spese, far fronte a tutte le spese; ***~ sparend*** che riduce i costi (*o* le spese), che fa risparmiare, in modo economico ◆ ***abzüglich der ~*** detratte le spese; ***auf eigene, auf jds ~*** a proprie spese, a spese di qcn.; ***auf ~ der Eltern leben*** vivere a spese dei genitori; ***das geht auf meine ~*** questo lo pago io; FIG. ***etw. geht auf ~ der Gesundheit, Qualität*** qcs. va a scapito (*o* a spese) della salute, della qualità; FIG. ***auf seine ~ kommen*** essere (*o* rimanere, ritenersi) soddisfatto; trovare il tornaconto; ***unter großen ~*** con grandi spese. **Kos|ten|an|schlag** → **Kostenvoranschlag.** **Kos|ten|auf|wand** m. *(-[e]s)* costo *m.*, spesa *f.*, spese *f.pl.*: ***mit einem ~ von...*** con una spesa di... **Kos|ten|aus|gleich** m. *(-[e]s)* perequazione *f.* dei costi. **Kos|ten|be|rech|nung** f. *(-,-en)* calcolo *m.* dei costi (*o* delle spese). **Kos|ten|be|tei|li|gung** f. *(-,-en)* partecipazione *f.* (*o* concorso *m.*) alle spese. **Kos|ten|dämp|fung** f. *(-)* contenimento *m.* dei costi. **kos|ten|de|ckend** agg. che copre le spese (*o* i costi): ***-e Preise*** prezzi che coprono i costi. **Kos|ten|de|ckung** f. *(-)* copertura *f.* delle spese. **Kos|ten|druck** m. *(-[e]s)* pressione *f.* dei costi. **Kos|ten|ent|wick|lung** f. *(-)* andamento *m.* dei costi. **Kos|ten|er|hö|hung** f. *(-,-en)* aumento *m.* dei costi. **Kos|ten|er|stat|tung** f. *(-,-en)* rimborso *m.* (delle) spese, DIR. rifusione *f.* delle spese. **Kos|ten|fak|tor** m. *(-s,-en)* fattore *m.* di costo. **Kos|ten|fest|set|zung** f. *(-,-en)* DIR. fissazione *f.* delle spese. **Kos|ten|fra|ge** f. *(-,-n)* questione *f.* di costi (*o* di spese). **kos|ten|frei** agg. esente da spese, franco di spese. **kos|ten|güns|tig** **I** agg. di bassi costi, di poche spese **II** avv. a basso costo, a bassi costi. **kos|ten|in|ten|siv** **I** agg. che comporta molte spese, costi elevati **II** avv. a costi elevati. **kos|ten|los** **I** agg. gratuito, gratis **II** avv. gratuitamente, gratis. **kos|ten|neut|ral** agg. senza spese aggiuntive. **Kos|ten|no|te** f. *(-,-n)* parcella *f.*
Kos|ten-Nut|zen-A|na|ly|se f. *(-)* ECON. analisi *f.* costi-benefici.
kos|ten|pflich|tig **I** agg. con obbligo di pagamento (delle spese); soggetto a spese: ***ein -es Verfahren*** un procedimento soggetto a spese **II** avv. con obbligo di pagamento, dietro pagamento delle spese: ***der Wagen wird ~ abgeschleppt*** l'auto viene rimossa con obbligo di pagamento delle spese; ***eine Klage ~ abweisen*** respingere l'accusa con obbligo di pagamento delle spese ◆ ***-e Verwarnung*** multa, contravvenzione. **Kos|ten|preis** m. *(-es,-e)* prezzo *m.* di costo. **Kos|ten|punkt** m. *(-[e]s)* COLLOQ. costo *m.*; *(Preis)* prezzo *m.* **Kos|ten|rech|nung** f. *(-,-en)* conto *m.* (*o* nota *f.*) delle spese. **Kos|ten|sen|kung** f. *(-,-en)* riduzione *f.* dei costi (*o* delle spese). **Kos|ten|stei|ge|rung** f. *(-,-en)* aumento *m.* dei costi (*o* delle spese). **Kos|ten|vor|an|schlag** m. *(-[e]s,-voranschläge)* preventivo *m.* di spesa (*o* di costo): ***einen ~ machen, aufstellen (erstellen)*** fare, redigere un preventivo di spesa. **Kos|ten|vor|schuss** m. *(-es,-vorschüsse)* anticipo *m.* sulle spese.
Kost|gän|ger m. *(-s,-)* ANT. pensionante *m.*, ospite *m.* (pagante), ANT. dozzinante *m.* **Kost|ge|ber** m. *(-s,-)* ANT. padrone *m.* (di casa, della pensione). **Kost|geld** n. *(-[e]s)* **1** denaro *m.*, soldi *m.pl.* (per il sostentamento) **2** *(Bezahlung für Verköstigung)* retta *f.* **Kost|ge|schäft** n. *(-[e]s,-e)* (operazione *f.* di) riporto *m.*
köst|lich **I** agg. **1** squisito, delizioso: ***eine -e Idee*** un'idea deliziosa **2** *(erlesen)* prelibato **3** *(amüsant)* divertente, spassoso **4** ANT. *(sehr wertvoll)* preziosissimo, molto pregiato **II** avv. **1** ***~ schmecken*** avere un sapore squisito (*o* delizioso) **2** ***sich ~ amüsieren*** divertirsi un mondo. **Köst|lich|keit** f. *(-,-en)* squisitezza *f.*, prelibatezza *f.*; *(Vorzüglichkeit)* eccellenza *f.*
Kost|pro|be f. *(-,-n)* **1** assaggio *m.*, degustazione *f.* **2** FIG. *(Beispiel)*

saggio *m.*, prova *f.*: ***eine ~ seines Könnens geben*** dare un saggio della propria bravura. **kost|spie|lig** agg. che comporta molte spese, dispendioso, costoso. **Kost|spie|lig|keit** f. *(-)* alto costo *m.*, caro prezzo *m.*

Kos|tüm n. *(-s,-e)* **1** costume *m.*: ***ein ~ aus dem 18. Jahrhundert, für den Fasching*** un costume del '700, di carnevale; ***Theaterprobe in -en*** prova (teatrale) in costume **2** *(Damenbekleidung)* tailleur *m.* **Kos|tüm|ball** m. *(-[e]s,-bälle)* ballo *m.* mascherato (*o* in maschera). **Kos|tüm|bild|ner** m. *(-s,-)* costumista *m.* **Kos|tüm|fest** n. *(-[e]s,-e)* festa *f.* in maschera (*o* in costume). **Kos|tüm|film** m. *(-[e]s,-e)* film *m.* in costume. **Kos|tüm|fun|dus** m. *(-,-)* TEATR. magazzino *m.* dei costumi.

kos|tü|mie|ren I tr. (far) vestire in costume, (tra)vestire, mascherare **II** rifl. **sich ~ 1** vestirsi in costume, (tra)vestirsi, mascherarsi: ***sich als Clown ~*** vestirsi da clown **2** COLLOQ. mascherarsi, conciarsi. **Kos|tü|mie|rung** f. *(-,-en)* travestimento *m.*, mascheramento *m.*, mascheratura *f.*

Kos|tüm|pro|be f. *(-,-n)* prova *f.* in costume. **Kos|tüm|ver|leih** m. *(-[e]s,-e)* negozio *m.* di noleggio costumi.

Kost|ver|äch|ter, ***kein ~ sein*** non disdegnare i piaceri della buona tavola; *(das Leben genießen)* non disprezzare i piaceri della vita.

Kot m. *(-[e]s,-e* e *-s)* **1a** escrementi *m.pl.*, feci *f.pl.* **b** *(von Tieren)* escrementi *m.pl.*, sterco *m.* **2** ANT. *(schlammiger Schmutz)* fango *m.*, mota *f.* ◆ ***jdn, etw. mit ~ bewerfen*** gettare fango addosso a qcn., qcs.; ***jdn, etw. durch den ~ ziehen, in den ~ treten*** trascinare qcn., qcs. nel fango.

Ko|tan|gens m. *(-,-)* cotangente *f.*

Ko|tau m. *(-s,-s)* inchino *m.* cerimonioso (da posizione inginocchiata) ◆ FIG. ***(vor jdm) einen ~ machen*** umiliarsi (di fronte a qcn.).

1.Ko|te f. *(-,-n)* GEOGR. quota *f.*, altitudine *f.*

2.Ko|te f. *(-,-n)* REGION. casupola *f.*, capanna *f.*

Ko|te|lett [kɔt'lɛt, kotə'lɛt] n. *(-s,-s* e RAR. *-e)* costoletta *f.*; braciola *f.* **Ko|te|let|ten** pl. basette *f.pl.*; *(Favoris)* favoriti *m.pl.*

ko|ten intr. (aus. *haben*) defecare.

Kö|ter m. *(-s,-)* SPREG. cagnaccio *m.*

Kot|flie|gen pl. cordiluridi *m.pl.* **Kot|flü|gel** m. *(-s,-)* parafango *m.*

Ko|thurn m. *(-s,-e)* coturno *m.* ◆ ***auf hohem ~ (einher)gehen, (einher)schreiten*** = parlare in modo enfatico, con troppo pathos.

ko|tie|ren tr. ECON. GEOGR. quotare. **Ko|tie|rung** f. *(-,-en)* ECON. GEOGR. quotazione *f.*

ko|tig agg. **1a** infangato, pieno di fango **b** *(sehr schmutzig)* lurido, lercio, sozzo **2** *(voller Exkremente)* pieno di escrementi (*o* di sterco).

ko|to|ni|sie|ren tr. CHIM. cotonizzare. **Ko|to|ni|sie|rung** f. *(-)* CHIM. cotonizzazione *f.*

Kot|sass m. *(-en,-en)*, **Kot|sas|se** m. *(-n,-n)* REGION. colono *m.*

Kot|schin|chi|na n.pr.n. *(-s)* Cocincina *f.*

1.Kot|ze f. *(-)* COLLOQ. vomito *m.* ◆ ***jd kriegt ~*** a qcn. viene il voltastomaco, qcn. è schifato.

2.Kot|ze f. *(-,-n)* REGION. **1** coperta *f.* di lana **2** *(wollener Umhang)* mantellina *f.* di lana.

kotz|elend avv. COLLOQ. da cani. **kot|zen** intr. (aus. *haben*) COLLOQ. vomitare.

1.Kot|zen n. *(-s)* COLLOQ. il vomitare, vomito *m.* ◆ ***das finde ich zum ~*** fa vomitare, mi fa venire il voltastomaco; ***sich zum ~ fühlen*** aver voglia di vomitare; FIG. sentirsi (*o* stare) da cani; ***etw. ist zum ~*** qcs. fa schifo, fa vomitare, fa venire il voltastomaco; ***jd kriegt das (große, kalte) ~*** a qcn. viene il voltastomaco (*o* da vomitare).

2.Kot|zen m. *(-s,-)* REGION. → **2.Kotze.**

Köt|zer m. *(-s,-)* spola *f.*

kot|ze|rig, kot|zig, kotz|jäm|mer|lich avv. → **kotzelend.**

kotz|lang|wei|lig agg. COLLOQ. palloso. **kotz|übel** avv. → **kotzelend.**

Ko|xal|gie f. *(-,-n)* coxalgia *f.* **Ko|xi|tis** f. *(-, Koxitiden)* coxite *f.*

Ko|zy|tus → **Kokytos.**

kp ⇒ *Kilopond* chilogrammo-peso.

KPD ⇒ *Kommunistische Partei Deutschlands* partito comunista tedesco.

kr ⇒ *Krone* corona (cor.)

Kr., Krs. ⇒ *Kreis* distretto.

Krab|be f. *(-,-n)* **1** granchio *m.* **2a** SCHERZ. *(Kind)* marmocchio *m.* **b** *(Mädchen)* marmocchia *f.* **3** ARCH. foglia *f.* rampante.

Krab|bel|al|ter n. *(-s)* età *f.* in cui si comincia a camminare a quattro zampe (*o* a gattonare). **Krab|be|lei** f. *(-,-en)* COLLOQ. il camminare a quattro zampe, il gattonare. **krab|be|lig** → **krabblig. Krab|bel|kind** n. *(-[e]s,-er)* bambino *m.* che gattona (*o* cammina a quattro zampe). **krab|beln** intr. (aus. *sein*) **1** camminare (di coleotteri) **2** *(von Kindern)* camminare a quattro zampe, gattonare **3** *(jucken)* dare prurito, prudere: ***die Wolle krabbelt auf der Haut*** la lana dà il prurito alla pelle.

Krab|ben|fi|scher m. *(-s,-)* pescatore *m.* di granchi.

krabb|lig agg. COLLOQ. **1** che punge: ***der Schal ist ~*** la sciarpa punge **2** *(kitzlig)* che soffre il solletico: ***~ sein*** soffrire il solletico.

krach inter. crac. **Krach** m. *(-[e]s, Kräche)* **1** chiasso *m.*, fracasso *m.*, baccano *m.* **2** *(lauter Schlag)* schianto *m.*, rumore *m.* fragoroso **3a** COLLOQ. *(laute Auseinandersetzung)* lite *f.*: ***mit jdm ~ anfangen (bekommen), haben*** attaccar lite, avere una lite con qcn. **b** *(in der Öffentlichkeit)* piazzata *f.*, chiassata *f.* **4** COLLOQ. *(Bankrott)* crac *m.* ◆ ***mit Ach und ~*** con grandi difficoltà, a stento; ***~ machen, schlagen*** fare chiasso (*o* baccano); FIG. fare un putiferio.

kra|chen I intr. **1a** (aus. *haben*) esplodere, rimbombare: ***der Donner, der Schuss kracht*** il tuono rimbomba, lo sparo esplode **b** *(von Türen)* sbattere; ***ins Schloss ~*** chiudersi di schianto **c** *(knacken)* scricchiolare: ***die Treppe kracht*** la scala scricchiola **2a** impers. *(donnern;* aus. *haben)* ***es kracht*** tuona **b** ***an dieser Ecke kracht es oft*** a questo angolo ci sono spesso degli scontri, degli incidenti **3a** *(brechen;* aus. *sein)* rompersi, cedere (all'improvviso), fare crac: ***das Eis kracht*** il ghiaccio si rompe; *(von Kleidungsstücken)* squarciarsi; *(von Nähten)* strapparsi **b** *(mit Lärm stürzen)* schiantarsi, abbattersi: ***die Eiche krachte zu Boden*** la quercia si abbatté a terra **4** *(heftig auftreffen;* aus. *sein)* schiantarsi, andare a sbattere: ***das Auto krachte gegen den Baum*** l'auto si schiantò contro l'albero **5** COLLOQ. *(Bankrott machen;* aus. *sein)* fallire **II** tr. scaraventare, buttare **III** rifl. ***sich (mit jdm) ~*** litigare (con qcn.) ◆ ***arbeiten, dass es nur so kracht*** lavorare come un forsennato; ***in allen Fugen ~*** rischiare di cadere in pezzi (*o* di sfasciarsi); FIG. ***das Unternehmen kracht in allen Fugen*** l'impresa fa acqua da tutte le parti; ***gleich kracht's*** tra un po' son botte. **Kra|cher** m. *(-s,-)* **1** COLLOQ. petardo *m.* **2** *(Knallkörper)* botto *m.* ◆ ***ein alter ~*** = un vecchio decrepito.

Kra|cherl n. *(-s,-n)* REGION. limonata *f.* (gassata).

Krach|man|del f. *(-,-n)* REGION. mandorla *f.* (in guscio).

kräch|zen intr. (aus. *haben*) **1** gracchiare (anche FIG.) **2a** COLLOQ. *(von Menschen)* raschiarsi la gola, schiarirsi la voce **b** *(husten)* tossire. **Kräch|zer** m. *(-s,-)* **1** gracchio *m.*, gracchiamento *m.* **2** *(Mensch mit heiserer Stimme)* persona *f.* (dalla voce) roca.

Kra|cke f. *(-,-n)* REGION. (vecchio) ronzino *m.*

kra|cken tr. sottoporre a cracking (*o* a piroscissione), crackizzare.

Kra|cker m. *(-s,-)* cracker *m.*

kracks inter. pac.

Kra|ckung f. *(-,-en)*, **Krack|ver|fah|ren** n. *(-s,-)* cracking *m.*, piroscissione *f.*

Krad n. *(-[e]s, Kräder)* MIL. moto *m.*, motocicletta *f.* **Krad|fah|rer** m. *(-s,-)* MIL. motociclista *m.* **Krad|mel|der** m. *(-s,-)*, **Krad|schüt|ze** m. *(-n,-n)* MIL. motociclista *m.* portaordini.

kraft prep. + gen. BUROCR. in forza di, in virtù di: ***~ meines Amtes*** in virtù della mia carica, dei miei poteri.

Kraft f. *(-, Kräfte)* **1** forza *f.*: ***körperliche, sittliche, geistige ~*** forza fisica (*o* vigore fisico), forza morale, spirituale; ***mit aller, letzter ~*** con tutte le forze, con le ultime forze rimaste; ***Kräfte sammeln, sparen*** raccogliere, risparmiare le forze (*o* l'energia); ***seine Kräfte überschätzen*** sopravvalutare le proprie forze; ***jds Kräfte versagen, erlahmen*** a qcn. mancano, vengono meno le forze; ***alle Kräfte anspannen*** impegnare tutte le proprie forze; ***seine ganze ~ in Anspruch nehmen*** richiedere (*o* assorbire) tutte le proprie energie; ***seine ganze ~ für etw. aufbieten*** fare appello a tutte le proprie forze per qcs.; FIG. ***die militärische, wirtschaftliche ~ eines Landes*** la forza militare, economica di un paese **2** potere *m.*, potenza *f.*: ***alles tun, was in seinen Kräften steht*** fare tutto ciò che è in proprio potere; ***die heilende ~ eines Medikaments*** il potere di guarigione (*o* l'efficacia) di un farmaco **3** *(Arbeitskraft)* lavoratore *m.*; pl. forza *f.* lavoro: ***wir suchen noch eine tüchtige ~*** stiamo ancora cercando un bravo elemento **4** pl. *(einflussreiche Gruppe)* forze *f.pl.*: ***die fortschrittlichen Kräfte*** le forze progressiste **5** FIS. forza *f.*, energia *f.*: ***elektrische, magnetische ~*** energia elettrica, forza magnetica **6** MAR. ***mit voller, halber ~*** a tutta, a mezza forza ◆ ***unter Aufbietung aller Kräfte*** facendo appello a tutte le proprie forze; ***etw. außer ~ setzen*** invalidare, abolire qcs.; ***außer ~ sein, treten*** non essere (più) in vigore, cessare di essere in vigore (*o* scadere); ***bei Kräften sein*** essere in forze; ***etw. aus eigener ~ schaffen*** realizzare qcs. con le proprie forze; ***am Ende meiner ~*** allo stremo delle mie forze; ***~ durch Freude*** STOR. INTRAD. (organizzazione del dopolavoro nazista); ***etw. in ~ setzen*** far entrare in vigore qcs.; ***in ~ treten, sein*** entrare, essere in vigore; ***wieder zu Kräften kommen*** riprendere le forze (*o* rimettersi in forze); ***Kräf-***

te messen fare braccio di ferro; *jdm nach (besten) Kräften helfen* fare tutto il possibile per aiutare qcn.; *rückwirkende ~* effetto retroattivo; *ohne Saft und ~* smidollato; *vor, von ~ strotzen* sprizzare energia (da tutti i pori); *neue Kräfte tanken* fare rifornimento di energia, ricaricarsi; *die treibende ~ sein* essere la forza trainante; *das geht über, übersteigt meine Kräfte* questo è superiore alle mie forze; *etw. mit vereinten Kräften erreichen* raggiungere qcs. unendo le forze.

Kraft|akt m. *(-[e]s,-e)* atto *m.* di forza (anche FIG.). **Kraft|an|stren|gung** f. *(-,-en)* sforzo *m.* fisico. **Kraft|arm** m. *(-[e]s,-e)* FIS. braccio *m.* (di forza). **Kraft|auf|wand** m. *(-[e]s)* dispendio *m.* di energie. **Kraft|aus|druck** m. *(-[e]s,-ausdrücke)* espressione *f.* forte, volgare. **Kraft|brü|he** f. *(-,-n)* brodo *m.* ristretto.

Kräf|te|mes|sen n. *(-s)* braccio *m.* di ferro. **Kräf|te|paar** n. *(-[e]s,-e)* FIS. coppia *f.* di forze. **Kräf|te|par|al|le|lo|gramm** n. *(-s,-e)* FIS. parallelogramma *m.* delle forze. **kraft|er|füllt** agg. pieno di energia. **Kräf|te|spiel** n. *(-[e]s,-e)* gioco *m.* di forze. **Kräf|te|schwund** m. *(-[e]s)* marasma *m.*, caos *m.* **Kräf|te|ver|fall** m. *(-[e]s)* perdita *f.* di forze. **Kräf|te|ver|hält|nis** n. *(-ses,-se)* rapporto *m.* di forze. **kräf|te|zeh|rend** agg. che consuma le energie.

Kraft|fah|rer m. *(-s,-)* conducente *m.*, autista *m.*

Kraft|fahr|zeug n. *(-[e]s,-e)* autoveicolo *m.*, automezzo *m.* **Kraft|fahr|zeug|brief** m. *(-[e]s,-e)* foglio *m.* complementare. **Kraft|fahr|zeug|elekt|ri|ker** m. *(-s,-)* elettrauto *m.* **Kraft|fahr|zeug|füh|rer** m. *(-s,-)* conducente *m.* (di un, dell'autoveicolo). **Kraft|fahr|zeug-Haft|pflicht|ver|si|che|rung** f. *(-,-en)* responsabilità *f.* civile auto. **Kraft|fahr|zeug|hal|ter** m. *(-s,-)* guidatore *m.* di un autoveicolo. **Kraft|fahr|zeug|kenn|zei|chen** n. *(-s,-)* targa *f.* (di riconoscimento dell'automezzo). **Kraft|fahr|zeug|me|cha|ni|ker** m. *(-s,-)* meccanico *m.* (in un'autofficina). **Kraft|fahr|zeug|pa|pie|re** pl. documenti *m.pl.* dell'autoveicolo. **Kraft|fahr|zeug|schein** m. *(-[e]s,-e)* carta *f.* (*o* libretto *m.*) di circolazione. **Kraft|fahr|zeug|steu|er** f. *(-,-n)* tassa *f.* di circolazione. **Kraft|fahr|zeug|ver|si|che|rung** f. *(-,-en)* assicurazione *f.* di autoveicolo (responsabilità civile auto e casco).

Kraft|feld n. *(-[e]s,-er)* FIS. campo *m.* di forze. **Kraft|fut|ter** n. *(-s)* cibo *m.* per animali concentrato.

kräf|tig I agg. **1a** forte, robusto: *-e Arme, eine -e Konstitution haben* avere braccia robuste, una costituzione forte (*o* robusta); FIG. *ein -er junger Baum* un giovane albero robusto; *sich ~ fühlen* sentirsi forte **b** forte, vigoroso, energico: *ein -er Schlag* un colpo forte; *(laut) eine -e Stimme* una voce forte **c** FIG. *(heftig) -e Farben* colori forti **2** *(gehaltvoll)* energetico, sostanzioso: *ein -es Gericht* un piatto sostanzioso **3** FIG. *(derb)* forte, pesante, volgare: *ein -er Ausdruck, Fluch* un'espressione forte, una bestemmia pesante **II** avv. **1** in modo forte, robusto: *~ gebaut sein* essere robusto; *~ regnen, schneien* piovere, nevicare forte **2** con forza, energicamente, vigorosamente: *jdm ~ seine Meinung sagen* dire con forza la propria opinione a qcn. **3** rafforz. *(viel)* forte, fortemente: *~ trinken* bere forte ◆ *-en Hunger haben* avere una gran fame; *etw. Kräftiges essen* mangiare qualcosa di sostanzioso. **kräf|ti|gen I** tr. irrobustire, rinforzare, fortificare: *Sport kräftigt den Körper* lo sport irrobustisce il fisico **II** rifl. **sich ~** irrobustirsi, rinforzarsi, fortificarsi; *(sich erholen)* rinvigorirsi, rigenerarsi. **Kräf|ti|gung** f. *(-)* rafforzamento *m.*, irrobustimento *m.*, rinvigorimento *m.* **Kräf|ti|gungs|mit|tel** n. *(-s,-)* ricostituente *m.*

kraft|los I agg. **1** debole, fiacco **2** DIR. *(ungültig)* non valido, nullo **II** avv. debolmente, senza forza. **Kraft|los|er|klä|rung** f. *(-,-en)* DIR. dichiarazione *f.* d'invalidità, di nullità. **Kraft|lo|sig|keit** f. *(-)* **1** debolezza *f.*, fiacchezza *f.* **2** DIR. *(Ungültigkeit)* nullità *f.*, invalidità *f.*

Kraft|ma|schi|ne f. *(-,-n)* macchina *f.* motrice. **Kraft|mei|er** m. *(-s,-)* gradasso *m.*, bravaccio *m.*, bullo *m.* **Kraft|mei|e|rei** f. *(-,-en)* ostentazione *f.* di forza fisicia. **Kraft|mensch** m. *(-en,-en)* forzuto *m.* **Kraft|mes|ser** m. *(-s,-)* dinamometro *m.* **Kraft|pro|be** f. *(-,-n)* prova *f.* di forza. **Kraft|protz** m. *(-en* e *-es,-e[n])* COLLOQ. bravaccio *m.* **Kraft|quel|le** f. *(-,-n)* fonte *f.* di energia. **Kraft|rad** n. *(-[e]s,-räder)* BUROCR. motociclo *m.* **Kraft|spei|cher** m. *(-s,-)* accumulatore *m.* **Kraft|sport** m. *(-[e]s)* atletica *f.* pesante.

Kraft|stoff m. *(-[e]s,-e)* carburante *m.* **Kraft|stoff|an|zei|ge** f. *(-,-n)* indicatore *m.* di livello del carburante. **Kraft|stoff|lei|tung** f. *(-,-en)* tubo *m.* di alimentazione del carburante. **Kraft|stoff|pum|pe** f. *(-,-n)* pompa *f.* di alimentazione del carburante, pompa *f.* della benzina. **Kraft|stoff|ver|brauch** m. *(-[e]s)* consumo *m.* di carburante.

Kraft|strom m. *(-[e]s)* corrente *f.* industriale. **kraft|strot|zend** agg. che sprizza energia. **Kraft|über|tra|gung** f. *(-,-en)* trasmissione *f.* di energia. **Kraft|ver|geu|dung** f. *(-,-en)* spreco *m.* di energia. **Kraft|ver|kehr** m. *(-s)* BUROCR. traffico *m.* veicolare. **Kraft|ver|schwen|dung** f. *(-,-en)* → **Kraftvergeudung. kraft|voll I** agg. vigoroso, energico **II** avv. vigorosamente, energicamente.

Kraft|wa|gen m. *(-s,-)* autoveicolo *m.* **Kraft|wa|gen|füh|rer** m. *(-s,-)* conducente *m.* di autoveicolo.

Kraft|werk n. *(-[e]s,-e)* centrale *f.* elettrica. **Kraft|wort** n. *(-[e]s,-e* e *-wörter)* parola *f.* grossa.

Kra|gen m. *(-s,-* e REGION. *Krägen)* **1a** colletto *m.*, bavero *m.*: *den ~ hochschlagen* alzare il bavero **b** *(Hemdkragen)* colletto *m.*, collo *m.*: *ein enger, steifer ~* un colletto stretto, duro; *den ~ offen tragen* portare il colletto aperto **2** FIG. COLLOQ. collo *m.*, collottola *f.*: *jdn am ~ kriegen (packen), jdn beim ~ nehmen (packen)* prendere qcn. per il collo; *jdm an den ~ wollen* voler prendere qcn. per il collo **3a** REGION. *(von Geflügel)* collo *m.* **b** *einer Flasche den ~ abschlagen* rompere il collo a una bottiglia ◆ COLLOQ. *es geht ihm an den ~* ne va della sua pelle; *es geht um Kopf und ~* è questione di vita o di morte; *etw. kostet jdm, jdn den ~* qcs. costa a qcn. la vita; COLLOQ. *ihm platzt der ~* va in bestia; COLLOQ. *jdm den ~ umdrehen* torcere il collo a qcn. **Kra|gen|bär** m. *(-en,-en)* orso *m.* dal collare. **Kra|gen|knopf** m. *(-[e]s,-knöpfe)* bottone *m.* del colletto. **Kra|gen|num|mer** f. *(-,-n)* misura *f.* del colletto. **Kra|gen|wei|te** f. *(-,-n)* (misura *f.* del) collo *m.* ◆ COLLOQ. *etw., jd ist (nicht) meine ~* qcs., qcn. (non) è di mio gusto; *nach meiner ~* secondo i miei gusti. **Krag|stein** m. *(-[e]s,-e)* ARCH. mensola *f.* **Krag|trä|ger** m. *(-s,-)* trave *f.* a sbalzo.

Krä|he f. *(-,-n)* cornacchia *f.* ◆ PROV. *eine ~ hackt der anderen kein Auge aus* cane non mangia cane. **krä|hen** intr. (aus. *haben*) **1** *(vom Hahn)* cantare: *bis die Hähne krähten* fino al cantar del gallo **2** FIG. squittire (di gioia): *das Baby kräht vergnügt* il bambino squittisce soddisfatto ◆ *danach kräht kein Hahn* = nessuno ci bada, se ne cura. **Krä|hen|au|ge** n. *(-s,-n)* REGION. **1** *(Warze)* verruca *f.*, porro *m.* **2** RAR. *(Hühnerauge)* occhio *m.* di pollo. **Krä|hen|fü|ße** pl. COLLOQ. **1** *(Augenfalten)* zampe *f.pl.* di gallina **2** *(Gekritzel)* scrittura *f.* da gallina. **Krä|hen|nest** n. *(-[e]s,-er)* **1** nido *m.* di cornacchie **2** MAR. coffa *f.*

Kräh|win|kel n. *(-s)* IRON. buco *m.* di provincia. **Kräh|win|ke|lei** f. *(-,-en)* IRON. grettezza *f.* da provincialotto.

Krain n.pr.n. *(-s)* Carniola *f.*

Kra|kau n.pr.n. *(-s)* Cracovia *f.* **Kra|kau|er** m. *(-s,-)* **1** abitante *m.* di Cracovia **2** GASTR. INTRAD. (tipo di salsiccia).

Kra|ke m. *(-n,-n)* piovra *f.*

Kra|keel m. *(-s)* COLLOQ. **1** baccano *m.*, chiasso *m.* **2** litigio *m.*, rissa *f.*: *~ anfangen* iniziare un litigio. **kra|kee|len** intr. (aus. *haben*) COLLOQ. fare baccano (*o* chiasso). **Kra|kee|ler** m. *(-s,-)* COLLOQ. chiassone *m.*

Kra|kel m. *(-s,-)* COLLOQ. SPREG. sgorbi *m.pl.*, scritturaccia *f.* **Kra|ke|lei** f. *(-,-en)* COLLOQ. SPREG. **1** → **Krakel 2** *(etwas Gekrakeltes)* scritto *m.* illeggibile. **Kra|kel|fü|ße** pl. COLLOQ. scrittura *f.* da gallina. **kra|ke|lig** agg. COLLOQ. malfermo, vacillante (di scrittura). **kra|keln** intr. (aus. *haben*) COLLOQ. scrivere con mano malferma, scarabocchiare. **Kra|kel|schrift** f. *(-)* scrittura *f.* malferma, vacillante. **krak|lig** → **krakelig.**

Kral|le f. *(-,-n)* **1** artiglio *m.*: *die Katze zeigt die -n, zieht die -n ein* il gatto mostra, ritrae gli artigli **2** COLLOQ. *(Hand)* zampa *f.*: *nimm deine -n da weg!* via, giù le zampe! ◆ COLLOQ. *etw. in die -n, in seine -n bekommen (kriegen)* mettere le mani su qcs.; *etw. in den -n haben* avere qcs. tra le grinfie; COLLOQ. *etw. (nicht) aus den -n lassen* (non) mollare qcs.; COLLOQ. *jdm die -n zeigen* mostrare le unghie (*o* i denti) a qcn.

kral|len I tr. **1** *die Finger, Zehen in etw. ~* piantare le unghie in qcs.; *die Hand um das Geländer ~* aggrapparsi con la mano alla ringhiera, afferrare la ringhiera **2** COLLOQ. *(wegnehmen)* sgraffignare **II** rifl. **sich ~ 1** chiudersi come un artiglio, avvinghiarsi: *seine Hand krallte sich um ihren Arm* la sua mano si avvinghiò al suo braccio **2** *sich an etw. (A) ~* aggrapparsi (con gli artigli) a qcs. ◆ *sich (D) etw. ~* sgraffignar(si) qcs.; COLLOQ. *sich (D) jdn ~* avere qcn. tra le grinfie. **Kral|len|af|fe** m. *(-n,-n)* apale *m.* **kral|lig** agg. **1** *(mit Krallen)* artigliato, munito d'artigli **2** *(wie eine Kralle)* artigliato, a forma d'artiglio **3** *(von Krallen herrührend)* di artigli, lasciato da artigli.

Kram m. *(-[e]s)* COLLOQ. SPREG. **1a** *(Zeug)* roba(ccia) *f.*, cianfrusaglie *f.pl.*, ciarpame *m.*: *das ist alles alter ~* sono tutte cianfrusaglie; *der ganze ~* tutta questa roba **b** *(Sachen)* carabattole *f.pl.*, mercanzia *f.*: *pack deinen ~ zusammen!* raccogli le tue carabattole! **2** *(Angelegenheit)* faccenda *f.*, storia *f.*: *ich möchte diesen ganzen ~ hinschmeißen* vorrei farla finita con tutta questa faccenda, vorrei mollare tutto ◆ *(jdm) den ganzen ~ vor die Füße schmeißen, werfen* mollare il lavoro a metà (a qcn.); *in jds ~ hin-*

einreden immischiarsi nelle faccende di qcn.; ***nicht viel ~, keinen ~ machen*** non fare (tante) storie; ***mach doch deinen ~ alleine!*** sbrigatela da solo! ***jdm nicht in seinen ~ passen*** non andare a genio a qcn.; ***das passt mir in den ~*** ciò mi capita proprio a fagiolo.

kra|men I intr. (aus. *haben*) **1** COLLOQ. rovistare, frugare: ***in seinen Papieren ~*** frugare tra le proprie carte; ***nach etw. ~*** rovistare alla ricerca di qcs., cercare qcs. rovistando **2** REGION. *(ein Verhältnis haben)* ***mit jdm ~*** avere una relazione con qcn. **II** tr. COLLOQ. scovare, trovare: ***alte Fotos aus der Schublade ~*** scovare vecchie fotografie in un cassetto.

Krä|mer m. *(-s,-)* **1** ANT. o REGION. rivendugliolo *m.*, bottegaio *m.* **2** SPREG. *(kleinlicher Mensch)* bottegaio *m.* **Krä|mer|geist** m. *(-[e]s)* SPREG. animo *m.* meschino, da bottegaio. **krä|mer|haft** agg. SPREG. da bottegaio, meschino. **krä|me|risch** agg. SPREG. gretto, meschino. **Krä|mer|see|le** f. *(-,-n)* animo *m.* meschino, da bottegaio.

Kram|la|den m. *(-s,-läden)* COLLOQ. bottega *f.*

Kram|met m. *(-s,-s)* REGION. ANT. ginepro *m.* **Kram|mets|bee|re** f. *(-,-n)* REGION. bacca *f.* di ginepro. **Kram|mets|vo|gel** m. *(-s,-vögel)* REGION. cesena *f.*

Kram|pe f. *(-,-n)* grappa *f.* (*o* graffa *f.*), cambretta *f.* **kram|pen** tr. graffare. **Kram|pen** m. *(-s,-)* **1** → **Krampe 2** REGION. *(Spitzhacke)* piccone *m.*

Krampf m. *(-[e]s, Krämpfe)* **1a** crampo *m.*: ***sie hat einen ~ im Bein bekommen*** le è venuto un crampo alla gamba **b** *(Spasmus)* convulsione *f.*, spasmo *m.*: ***von Krämpfen befallen, geschüttelt werden*** essere preso, scosso dalle convulsioni **2a** COLLOQ. *(krampfhaftes Bemühen)* sforzo *m.* spasmodico **b** *(misslungene Sache)* schifezza *f.*, stupidaggini *f.pl.*: ***der Film war ein ~!*** il film era una schifezza! **3** SVIZZ. COLLOQ. *(Verbrechen)* delitto *m.*: ***einen ~ drehen*** compiere un delitto ◆ ***so ein ~!*** che porcheria! COLLOQ. ***viel ~ machen*** fare tante storie. **Krampf|ader** f. *(-,-n)* vena *f.* varicosa, varice *f.* **Krampf|ader|bil|dung** f. *(-,-en)* formazione *f.* di varici. **Krampf|ader|ver|ödung** f. *(-)* MED. angiosclerosi *f.* **krampf|ar|tig I** agg. spasmodico, convulso; MED. convulsivo **II** avv. spasmodicamente, convulsamente.

kramp|fen I tr. **1** serrare, stringere: ***die Finger, die Hände um etw. ~*** stringere le dita, le mani intorno a (*o* su) qcs., aggrapparsi a qcs. **2** *(hineinbohren)* conficcare, affondare: ***die Finger ins Kissen ~*** conficcare le dita nel cuscino **II** rifl. **sich ~ 1** contrarsi: ***bei dieser Übung ~ sich viele Muskeln*** con questo esercizio si contraggono molti muscoli **2** ***sich um etw. ~*** stringere qcs.: ***die Finger krampften sich um die Türklinke*** le dita stringevano la maniglia della porta **3** REGION. *(an sich bringen)* ***sich (D) etw. ~*** mettere le mani su qcs., impossessarsi di qcs.

krampf|haft I agg. **1** *(krampfartig)* spasmodico, convulso; MED. convulsivo **2** *(verbissen)* accanito, disperato: ***-e Bemühungen*** sforzi accaniti **3** *(angestrengt)* forzato: ***ein -es Lächeln*** un sorriso forzato **II** avv. **1** *(krampfartig)* spasmodicamente, convulsamente **2** accanitamente, disperatamente: ***an etw. ~ festhalten*** tener disperatamente fede a qcs. **3** *(angestrengt)* forzatamente, con fatica. **Krampf|hus|ten** m. *(-s,-)* tosse *f.* convulsa. **kramp|fig** agg. **1** *(unnatürlich)* forzato, innaturale **2** → **krampfartig. krampf|lö|send** agg. antispastico, spasmolitico: ***-e Mittel*** antispastici.

Kram|pus m. *(-, Krampi)* MED. crampo *m.*

Kran m. *(-[e]s, Kräne* e *-e*/REGION. *-en)* **1** TECN. gru *f.* **2** REGION. *(Hahn)* rubinetto *m.* **kra|nen** tr. trasportare con una, con la gru. **Kran|füh|rer** m. *(-s,-)* gruista *m.*

krän|gen intr. (aus. *haben*) MAR. sbandare. **Krän|gung** f. *(-,-en)* MAR. sbandamento *m.*

kra|ni|al agg. cranico, craniale.

Kra|nich m. *(-s,-e)* ORNIT. gru *f.*

Kra|ni|o|lo|gie f. *(-)* craniologia *f.* **Kra|ni|o|met|rie** f. *(-)* craniometria *f.* **Kra|ni|o|ten** pl. cranioti *m.pl.* **Kra|ni|o|to|mie** f. *(-,-n)* craniotomia *f.* **Kra|ni|um** n. *(-[s], Krania* e *Kranien)* cranio *m.*

krank agg. **1** malato, ammalato: ***-e Tiere, Bäume*** animali, alberi malati; ***schwer ~ sein*** essere gravemente malato; ***~ zu, im Bett liegen*** essere a letto malato; ***eine -e Leber haben*** avere il fegato malato, avere mal di fegato; FIG. ***vor Liebe ~ sein*** essere malato d'amore **2** FIG. debole, in crisi: ***eine -e Währung*** una valuta debole; ***ein -es Unternehmen*** un'impresa in crisi **3** COLLOQ. *(pervers)* aberrante ◆ ***sich ~ arbeiten*** ammazzarsi di lavoro; ***sich über etw. ~ ärgern*** infuriarsi, fare una malattia per qcs.; ***~ aussehen*** avere l'aspetto malato; ***sich ~ fühlen*** sentirsi male; FIG. ***jdn ~ machen*** fare ammalare, fare star male qcn.; ***~ spielen, stellen*** fingersi malato; ***auf den Tod ~ sein*** avere una malattia mortale; ***unheilbar ~ sein*** essere inguaribile; ***~ werden*** ammalarsi. **Kran|ke** m. e f. *(-n,-n)* malato *m.* (-a *f.*).

Krän|ke|lei f. *(-)* salute *f.* cagionevole. **krän|keln** intr. (aus. *haben*) essere malaticcio, cagionevole.

kran|ken intr. (aus. *haben*) **1** ANT. o REGION. essere malato, soffrire: ***an der Leber ~*** essere malato di fegato, soffrire di mal di fegato **2** FIG. soffrire, risentire: ***das Projekt krankt an den hohen Kosten*** il progetto risente degli (*o* è svantaggiato dagli) alti costi.

krän|ken I tr. offendere: ***jdn mit einer Äußerung ~*** offendere qcn. con una frase **II** rifl. **sich ~** ANT. offendersi: ***sich über jdn, etw. ~*** offendersi con qcn., per qcs.

Kran|ken|an|stalt f. *(-,-en)* BUROCR. ospedale *m.*, complesso *m.* ospedaliero. **Kran|ken|au|to** n. *(-s,-s)* autoambulanza *f.* **Kran|ken|bah|re** f. *(-,-n)* barella *f.*, lettiga *f.* **Kran|ken|be|richt** m. *(-[e]s,-e)* rapporto *m.* medico. **Kran|ken|be|such** m. *(-[e]s,-e)* visita *f.* a un malato, ai malati. **Kran|ken|bett** n. *(-[e]s,-en)* **1** letto *m.* del malato, capezzale *m.*: ***an jds ~ sitzen*** sedere al capezzale di qcn. **2** RAR. *(Krankenlager)* degenza *f.* **Kran|ken|blatt** n. *(-[e]s,-blätter)* cartella *f.* clinica.

krän|kend p.pres. agg. **1** → **kränken 2** offensivo.

Kran|ken|fahr|stuhl m. *(-[e]s,-stühle)* BUROCR. sedia *f.* a rotelle. **Kran|ken|geld** n. *(-[e]s,-er)* indennità *f.* di malattia. **Kran|ken|ge|schich|te** f. *(-,-n)* **1** anamnesi *f.* **2** → **Krankenblatt. Kran|ken|gym|nas|tik** f. *(-)* ginnastica *f.* medica.

Kran|ken|haus n. *(-[e]s,-häuser)* ospedale *m.*: ***jdn ins ~ einliefern, bringen*** portare qcn. all'ospedale; ***jdn aus dem ~ entlassen*** dimettere qcn. dall'ospedale; ***im ~ liegen*** essere all'ospedale. **Kran|ken|haus|auf|ent|halt** m. *(-[e]s,-e)* degenza *f.* ospedaliera, in ospedale. **Kran|ken|haus|kos|ten** pl. spese *f.pl.* ospedaliere. **kran|ken|haus|reif** agg. da portare all'ospedale ◆ ***jdn ~ schlagen*** mandare qcn. all'ospedale a forza di botte.

Kran|ken|kas|se f. *(-,-n)* cassa *f.* malattia, mutua *f.* **Kran|ken|kas|sen|arzt** m. *(-[e]s,-ärzte)* medico *m.* della mutua. **Kran|ken|kas|sen|pa|ti|ent** m. *(-en,-en)* mutuato *m.*

Kran|ken|kost f. *(-)* dieta *f.* per malati. **Kran|ken|la|ger** n. *(-s,-)* **1** letto *m.* del malato **2** *(Zeit des Krankseins)* (tempo *m.* di) degenza *f.*

Kran|ken|pfle|ge f. *(-)* assistenza *f.* sanitaria. **Kran|ken|pfle|ger** m. *(-s,-)* infermiere *m.* **Kran|ken|pfle|ge|rin** f. *(-,-nen)* RAR. → **Krankenschwester.**

Kran|ken|saal m. *(-[e]s,-säle)* camerata *f.*, corsia *f.* (di ospedale). **Kran|ken|sal|bung** f. *(-)* RELIG. unzione *f.* dei malati. **Kran|ken|schein** m. *(-[e]s,-e)* foglio *m.* del libretto della mutua ◆ REGION. ***einen ~ machen, haben*** essere in mutua. **Kran|ken|schwes|ter** f. *(-,-n)* infermiera *f.* **Kran|ken|stand** m. *(-[e]s)* numero *m.* di, degli ammalati ◆ AUSTR. ***im ~ sein*** essere in mutua. **Kran|ken|stuhl** m. *(-[e]s,-stühle)* → **Krankenfahrstuhl. Kran|ken|trä|ger** m. *(-s,-)* portaferiti *m.* **Kran|ken|trans|port** m. *(-[e]s,-e)* trasporto *m.* (dei) feriti.

kran|ken|ver|si|chert agg. assicurato contro le malattie. **Kran|ken|ver|si|che|rung** f. *(-,-en)* assicurazione *f.* sanitaria, contro le malattie. **kran|ken|ver|si|che|rungs|pflich|tig** agg. che ha l'obbligo di assicurazione sanitaria.

Kran|ken|wa|che f. *(-,-n)* persona *f.* che assiste il, un malato. **Kran|ken|wa|gen** m. *(-s,-)* autoambulanza *f.* **Kran|ken|wär|ter** m. *(-s,-)* → **Krankenpfleger.**

krank_fei|ern intr. (aus. *haben*) **1** COLLOQ. darsi malato **2** REGION. *(arbeitsunfähig sein)* essere inabile al lavoro. **krank|haft I** agg. **1** *(pathologisch)* patologico **2** FIG. morboso, patologico: ***-e Neugier*** curiosità morbosa **II** avv. patologicamente (anche FIG.): ***~ geizig sein*** essere avaro in modo patologico. **Krank|haf|tig|keit** f. *(-)* carattere *m.* patologico, morbosità *f.*

Krank|heit f. *(-,-en)* malattia *f.* (anche FIG.): ***eine chronische, schleichende, ansteckende ~*** una malattia cronica, subdola, contagiosa; ***an einer schweren ~ leiden*** soffrire di una grave malattia; ***eine ~ bekommen, bekämpfen, heilen (auskurieren), übertragen*** prendere, combattere, curare, trasmettere una malattia; ***er hat eine schlimme ~ durchgemacht*** ha avuto una brutta malattia; ***einer ~ vorbeugen, eine ~ verhüten*** prevenire una malattia; ***von einer ~ befallen werden*** essere colpito da una malattia; ***von einer ~ genesen*** guarire da una malattia; ***eine ~ unserer Zeit*** una malattia del nostro tempo. **Krank|heits|bild** n. *(-[e]s,-er)* quadro *m.* clinico. **Krank|heits|dau|er** f. *(-)* durata *f.* della malattia. **krank|heits|er|re|gend** agg. patogeno: ***-e Keime*** germi patogeni. **Krank|heits|er|re|ger** m. *(-s,-)* agente *m.* patogeno. **Krank|heits|er|schei|nung** f. *(-,-en)* sintomo *m.* (della malattia). **Krank|heits|ge|schich|te** → **Krankengeschichte. krank|heits|hal|ber** avv. per malattia, (a) causa (di) malattia. **Krank|heits|herd** m. *(-[e]s,-e)* focolaio *m.* di, della malattia. **Krank|heits|keim** m. *(-[e]s,-e)* germe *m.* patogeno. **Krank|heits|leh|re** f. *(-)* patologia *f.* **Krank|**

heits|über|tra|gung f. *(-,-en)* trasmissione *f.* della malattia. **Krank|heits|ur|sa|che** f. *(-,-n)* causa *f.* della malattia. **Krank|heits|ver|lauf** m. *(-[e]s,-verläufe)* decorso *m.* della malattia. **Krank|heits|zu|stand** m. *(-[e],-zustände)* stato *m.* patologico, morboso.

krank‿la|chen rifl. **sich ~** COLLOQ. crepare dal ridere.

kränk|lich I agg. malaticcio, cagionevole **II** avv. ***~ wirken*** avere un aspetto malaticcio. **Kränk|lich|keit** f. *(-)* salute *f.* cagionevole (*o* malferma).

krank‿ma|chen intr. (aus. *haben*) darsi malato. **krank‿mel|den** rifl. **sich ~** darsi malato. **Krank|mel|dung** f. *(-,-en)* denuncia *f.* di malattia. **krank‿schrei|ben** tr. *(schrieb, geschrieben)* ***jdn ~*** certificare la malattia di qcn.; ***jdn zwei Tage ~*** prescrivere due giorni di malattia (*o* di mutua) a qcn. ◆ ***sich ~ lassen*** mettersi in malattia, in mutua; farsi fare un certificato di malattia.

Krän|kung f. *(-,-en)* offesa *f.*: ***eine ~ erleiden*** subire un'offesa.

Kran|wa|gen m. *(-s,-)* autogru *f.* **Kran|win|de** f. *(-,-n)* verricello *m.* della gru.

Kranz m. *(-es, Kränze)* **1** corona *f.*, ghirlanda *f.*: ***ein ~ aus Tannenzweigen*** una corona di ramoscelli di abete; ***Blumen zum ~ winden, binden, flechten*** intrecciare una ghirlanda di fiori; ***dem Sieger den ~ umhängen*** incoronare il vincitore **2** *(Reihe)* serie *f.*, gruppo *m.*: ***ein ~ von Anekdoten*** una serie di aneddoti; ***die Stadt ist von einem ~ von Bergen umgeben*** la città è circondata dalle montagne **3** *(Haarkranz)* crocchia *f.* **4** *(Totenkranz)* corona *f.* funebre **5** SVIZZ. *(Sieg)* vittoria *f.*: ***den ~ erringen*** conquistare la vittoria (*o* la palma); ***in die Kränze kommen*** salire sul podio **6** REGION. *(Kranzkuchen)* ciambella *f.* **7** *(beim Kegeln)* = tiro *m.* in cui cadono tutti i birilli tranne quello centrale ◆ COLLOQ. FIG. ***du kannst dir gleich den ~ bestellen*** puoi fare testamento fin d'ora. **Kranz|ader** f. *(-,-n)* arteria *f.* coronaria. **Kränz|chen** n. *(-s,-)* **1** coroncina *f.*, ghirlandina *f.*, ghirlandetta *f.* **2a** *(kleine weibliche Gruppe)* cerchia *f.* (di signore) **b** *(Zusammenkunft)* riunione *f.* (di signore). **krän|zen** tr. RAR. inghirlandare. **Kranz|ge|fäß** n. *(-es,-e)* coronaria *f.* **Kranz|geld** n. *(-[e]s)* DIR. indennità *f.* per mancato adempimento di promessa matrimoniale. **Kranz|ge|sims** n. *(-es,-e)* cornicione *m.* **Kranz|jung|fer** f. *(-,-n)* REGION. ancella *f.* della sposa. **Kranz|ku|chen** m. *(-s,-)* ciambella *f.* **Kranz|naht** f. *(-,-nähte)* ANAT. sutura *f.* coronale. **Kranz|nie|der|le|gung** f. *(-,-en)* deposizione *f.* di una corona (di fiori). **Kranz|schlei|fe** f. *(-,-n)* nastro *m.* di corona funebre. **Kranz|spen|de** f. *(-,-n)* corona *f.* funebre, dono *m.* di una corona (funebre). **Kränz|lein** n. *(-s,-)* → **Kränzchen.**

Krap|fen m. *(-s,-)* krapfen *m.*, crafen *m.*

Krapp m. *(-[e]s)* robbia *f.*, garanza *f.* **Krapp|farb|stoff** m. *(-[e]s,-e)* alizarina *f.* **Krapp|lack** m. *(-[e]s)* lacca *f.* di alizarina.

Kra|se f. *(-,-n)*, **Kra|sis** f. *(-, Krasen)* LING. crasi *f.*

krass (compar. *krasser*, superl. *krassest...*) **I** agg. **1a** *(sehr auffällig)* esagerato: ***das ist ein krasses Beispiel*** è un'esagerazione; ***ein krasser Irrtum*** un errore grossolano; ***ein krasser Egoist*** un grande egoista **b** *(unerhört)* inaudito, enorme: ***eine krasse Lüge, Ungerechtigkeit*** una bugia enorme, un'ingiustizia inaudita **2** *(extrem)* estremo, netto: ***ein krasser Unterschied*** una differenza enorme **II** avv. *(direkt)* in modo crudo: ***sich sehr ~ ausdrücken*** esprimersi in modo molto crudo; *(deutlich)* ***etw. zeigt sich sehr ~*** qcs. si presenta con estrema evidenza. **Krass|heit** f. *(-,-en)* **1** esagerazione *f.*; *(von Fehlern)* grossolanità *f.* **2** *(Extremheit)* enormità *f.*

1.Kra|ter m. *(-s,-e)* ARCHEOL. cratere *m.*

2.Kra|ter m. *(-s,-)* cratere *m.*: ***der ~ des Ätna*** il cratere dell'Etna; ***die Bombe riss einen tiefen ~ in den Boden*** la bomba ha scavato un profondo cratere nel terreno. **Kra|ter|land|schaft** f. *(-,-en)* paesaggio *m.* craterico. **Kra|ter|see** m. *(-s,-n)* lago *m.* vulcanico, d'origine vulcanica.

Kratz|bee|re f. *(-,-n)* REGION. mora *f.* **Kratz|bürs|te** f. *(-,-n)* **1** *(Drahtbürste)* spazzola *f.* metallica **2** FIG. COLLOQ. scontroso *m.* (-a *f.*), porcospino *m.* **kratz|bürs|tig I** agg. scontroso, ispido **II** avv. scontrosamente. **Kratz|bürs|tig|keit** f. *(-,-en)* scontrosità *f.*

Krat|ze f. *(-,-n)* **1** raschietto *m.*, raschiatoio *m.*, raschiatore *m.* **2** TESS. carda *f.*

1.Krät|ze f. *(-,-n)* REGION. gerla *f.*

2.Krät|ze f. *(-)* scabbia *f.*; VETER. scabbia *f.*, rogna *f.*: ***die ~ haben*** avere la scabbia.

Kratz|ei|sen n. *(-s,-)* raschietto *m.* (per pulirsi le scarpe).

krat|zen I tr. **1** graffiare: ***jdn mit den Nägeln ~*** graffiare qcn. con le unghie **2** grattare, raschiare: ***das Eis von der Scheibe ~*** grattare (via) il ghiaccio dal vetro **3** *(eingraben)* incidere: ***seinen Namen in den Stein ~*** incidere il proprio nome sulla pietra **4a** FIG. bruciare, rodere: ***die Niederlage kratzt mich*** la sconfitta mi rode **b** *(schmeicheln)* solleticare, far gongolare: ***das Lob hat ihn, seinen Ehrgeiz gekratzt*** la lode lo ha fatto gongolare, ha solleticato il suo orgoglio **5** TESS. cardare: ***Wolle ~*** cardare la lana **6** REGION. *(stehlen)* grattare, sgraffignare **II** intr. (aus. *haben*) **1a** graffiare: ***die Katze kratzt*** il gatto graffia **b** FIG. COLLOQ. ***(hart) zu ~ haben*** dover lottare duramente **2** grattare: ***die Feder kratzt*** la penna gratta **3** dare prurito, pungere: ***der Pullover ~*** la maglia punge **4a** raschiare: ***mit dem Messer im Topf ~*** raschiare con il coltello nella pentola; ***der Rauch, der Wein kratzt im Hals*** il fumo, il vino raschia in gola **b** impers. ***es kratzt (mir, mich) im Hals*** sento, ho un raschio in gola **5** SCHERZ. strimpellare: ***auf der Geige ~*** strimpellare il violino **6** COLLOQ. ***an jds Stellung, Image ~*** attaccare la posizione, l'immagine di qcn. **III** rifl. **sich ~ 1** grattarsi: ***sich blutig, wund ~*** grattarsi a sangue; ***sich (A) hinter dem Ohr, sich (D) den Kopf ~*** grattarsi la testa **2** COLLOQ. ***sich (D) den Bart ~*** radersi, farsi la barba ◆ COLLOQ. ***das kratzt mich nicht*** non mi tocca, non m'importa. **Krat|zen** n. *(-s)* **1** *(mit Nägeln, Krallen)* graffiata *f.* **2** *(mit Schaber, Messer)* grattatura *f.*, raschiatura *f.* **3** *(Reiz)* raschio *m.*: ***ein ~ im Hals*** un raschio in gola. **Krat|zer** m. *(-s,-)* **1** *(Kratzspur)* graffio *m.* **2** *(Gerät zum Kratzen)* raschietto *m.*, raschiatore *m.*, raschiatoio *m.* **3** *(Eingeweidewurm)* acantocefalo *m.* **Krät|zer** m. *(-s,-)* vino *m.* aspro, che raschia in gola.

kratz|fest agg. antigraffio. **Kratz|fuß** m. *(-es,-füße)* ANT. riverenza *f.* (strisciando il piede all'indietro) ◆ SCHERZ. ***einen ~ machen*** far la riverenza, salutare con l'inchino. **krat|zig** agg. ruvido (anche FIG.); *(von Wein)* aspro ◆ ***ein -er Pullover*** un pullover ruvido, che punge; ***eine -e Stimme*** una voce roca.

krät|zig agg. scabbioso, rognoso. **Krätz|mil|be** f. *(-,-n)* acaro *m.* della scabbia.

Kratz|putz m. *(-es,-e)* ARCH. graffito *m.* **Kratz|spur** f. *(-,-en)*, **Kratz|wun|de** f. *(-,-n)* graffiatura *f.*, graffio *m.*

krau|chen intr. (aus. *sein*) REGION. → **kriechen.**

krau|en tr. → **1.kraulen.**

Kraul n. *(-s)* crawl *m.*

1.krau|len tr. accarezzare, lisciare: ***jdn am Bart ~*** lisciare la barba a qcn.

2.krau|len intr. (aus. *haben, sein*) nuotare a stile libero (*o* a crawl). **Krau|ler** m. *(-s,-)* nuotatore *m.* di stile libero, crawlista *m.* **Kraul|schwim|men** n. *(-s)* stile *m.* libero, crawl *m.* **Kraul|schwim|mer** m. *(-s,-)* → **Krauler. Kraul|staf|fel** f. *(-,-n)* staffetta *f.* di stile libero (*o* di crawl). **Kraul|stil** m. *(-s)* stile *m.* libero, (stile *m.*) crawl *m.*

kraus agg. **1** crespo: ***-es Haar*** capelli crespi **2** increspato: ***ein -er Stoff*** una stoffa increspata **3** *(verworren)* intricato, arruffato: ***-e Reden, Gedanken*** discorsi intricati, pensieri confusi ◆ ***die Stirn ~ ziehen*** corrugare la fronte. **Krau|se** f. *(-,-n)* **1** gorgiera *f.*, collare *m.* increspato **2** COLLOQ. *(vom Haar)* permanente *f.*

kräu|seln I tr. increspare: ***der Wind kräuselt das Wasser*** il vento increspa l'acqua; ***Stoff ~*** increspare una stoffa; ***die Lippen ~*** increspare le labbra **II** rifl. **sich ~ 1** incresparsi: ***die See kräuselt sich im Wind*** il mare s'increspa per il vento **2** arricciarsi: ***seine Haare ~ sich leicht*** i suoi capelli si arricciano facilmente ◆ FIG. ***die Nase ~*** arricciare il naso. **Kräu|se|lung** f. *(-,-en)* **1** increspatura *f.* **2** *(vom Haar)* arricciatura *f.*

krau|sen I tr. **1** increspare **2** corrugare: ***die Stirn ~*** corrugare la fronte **II** rifl. **sich ~** incresparsi, diventare crespo. **Kraus|haar** n. *(-s,-e)* capelli *m.pl.* crespi. **kraus|haa|rig** agg. dai capelli crespi. **Kraus|kohl** m. *(-[e]s,-e)* REGION. cavolo *m.* riccio. **Kraus|kopf** m. *(-es,-köpfe)* **1** testa *f.* ricciuta **2** *(Wirrkopf)* confusionario *m.* **3** TECN. punta *f.* per svasare. **kraus|köp|fig** agg. → **kraushaarig.**

1.Kraut n. *(-[e]s, Kräuter)* **1a** *(unverholzte Pflanze)* erba *f.* **b** *(Würzpflanze)* erba *f.* aromatica **2** *(das Grüne bei Nutzpflanzen)* foglie *f.pl.*: ***das ~ abschneiden, abmachen, entfernen*** tagliare le foglie **3** *(Kohl)* cavolo *m.*; *(Sauerkraut)* crauti *m.pl.* **4** COLLOQ. *(schlechter Tabak)* tabacco *m.* scadente ◆ COLLOQ. ***das macht das ~ (auch) nicht fett*** = non serve a nulla; ***Kräuter fressend*** erbivoro; COLLOQ. ***gegen jdn, etw. ist kein ~ gewachsen*** contro qcn., qcs. non c'è rimedio; COLLOQ. ***wie ~ und Rüben*** sottosopra; ***Kräuter sammeln*** erborare; ***ins ~ schießen*** mettere troppe foglie; FIG. crescere a dismisura.

2.Kraut m. *(-s,-s)* COLLOQ. SPREG. crucco *m.*, mangiacrauti *m.*

Kräut|chen n. *(-s,-)* erbetta *f.* **krau|ten** tr. REGION. sarchiare.

Krau|ter m. *(-s,-)* **1** SCHERZ. *(alter Sonderling)* vecchio stravagante *m.* **2** COLLOQ. SPREG. guastamestieri *m.* **3** ANT. o SPREG. ortolano *m.*

Kräu|ter|bad n. *(-[e]s,-bäder)* bagno *m.* di erbe curative. **Kräu|ter|buch** n. *(-[e]s,-bücher)* erbario *m.* **Kräu|ter|but|ter** f. *(-)* burro *m.* aromatizzato. **Kräu|ter|es|sig** m. *(-s,-e)* aceto *m.* aromatizzato. **Kräu|ter|frau** f. *(-,-en)* → **Kräuterweib. Kräu|ter|kä|se** m. *(-s,-)* formaggio *m.* alle erbe. **Kräu|ter|kis|sen** n. *(-s,-)* sacchetto *m.* di erbe essiccate. **Kräu|ter|kur** f. *(-,-en)* cura *f.* a base di erbe. **Kräu|ter|li|kör** m. *(-s,-e)* liquore *m.* alle erbe. **Kräu|ter|samm|lung** f. *(-,-en)* erbario *m.* **Kräu|ter|tee** m. *(-s,-s)* tisana *f.*, infuso *m.* d'erbe. **Kräu|ter|um|schlag** m. *(-[e]s,-umschläge)* impacco *m.* a base di erbe. **Kräu|ter|weib** n. *(-[e]s,-er)*, **Kräu|ter|weib|lein** n. *(-s,-)* ANT. erbaiola *f.* **Kräu|ter|wein** m. *(-[e]s,-e)* vino *m.* aromatizzato.

Kraut|fäu|le f. *(-)* peronospora *f.* **Kraut|gar|ten** m. *(-s,-gärten)* REGION. orto *m.* **Kraut|häup|tel** n. *(-s,-[n])* REGION. AUSTR. cavolo *m.*, testa *f.* di cavolo. **Kraut|ho|bel** m. *(-s,-)* affettatrice *f.* per cavoli. **krau|tig** agg. erbaceo. **Kraut|jun|ker** m. *(-s,-)* ANT. IRON. signore *m.*, gentiluomo *m.* di campagna. **Kraut|kopf** m. *(-[e]s,-köpfe)* REGION. AUSTR. cavolo *m.*, testa *f.* di cavolo.

Kra|wall m. *(-s,-e)* **1** *(Aufruhr)* sommossa *f.*, tumulto *m.* **2** COLLOQ. *(Lärm)* putiferio *m.*: *~ **machen*** fare un putiferio ◆ *~ **schlagen*** fare una scenata. **Kra|wall|ma|cher** m. *(-s,-)* COLLOQ. attaccabrighe *m.*

Kra|wat|te f. *(-,-n)* **1** cravatta *f.*: ***eine wollene, gestreifte ~*** una cravatta di lana, a righe; ***sich die ~ umbinden*** farsi il nodo alla cravatta, annodarsi la cravatta; ***die ~ lockern, ablegen*** allentare, togliersi la cravatta; COLLOQ. ***eine ~ umhaben*** portare (*o* avere) la cravatta **2** *(Gipskrawatte)* collare *m.* (di gesso) **3** SPORT *(Ringergriff)* cravatta *f.* ◆ SCHERZ. ***(sich) einen hinter die ~ gießen*** farsi un bicchierino; COLLOQ. ***jdn an, bei der ~ nehmen, packen*** prendere qcn. per il collo; COLLOQ. ***jdm die ~ zuziehen*** strangolare qcn. **Kra|wat|ten|hal|ter** m. *(-s,-)* fermacravatta *m.* **Kra|wat|ten|kno|ten** m. *(-s,-)* nodo *m.* della cravatta. **Kra|wat|ten|na|del** f. *(-,-n)* spillo *m.* da cravatta. **Kra|wat|ten|zwang** m. *(-s)* obbligo *m.* della cravatta.

Kra|xe f. *(-,-n)* AUSTR. COLLOQ. **1** *(Rückentragkorb)* gerla *f.* **2** *(unleserlicher Schriftzug)* sgorbio *m.* **3** VOLG. *(hässliche Frau)* cozza *f.*, racchia *f.*

Kra|xe|lei f. *(-,-en)* COLLOQ. REGION. arrampicata *f.* **kra|xeln** intr. (aus. *sein*) COLLOQ. REGION. arrampicarsi: ***auf einen Baum, Berg ~*** arrampicarsi su un albero, su una montagna. **Krax|ler** m. *(-s,-)* REGION. arrampicatore *m.*

Kre|a|tin n. *(-s)* creatina *f.*

Kre|a|ti|on f. *(-,-en)* **1** *(Modeschöpfung)* creazione *f.*: ***die neueste ~ aus Paris*** l'ultima creazione di Parigi **2** ANT. *(künstlerische Schöpfung)* creazione *f.* (artistica). **kre|a|tiv** agg. creativo. **Kre|a|ti|vi|tät** f. *(-)* creatività *f.*

Kre|a|tur f. *(-,-en)* creatura *f.*: ***-en Gottes sein*** essere creature di Dio; ***eine arme, gemeine ~*** un poveraccio, un farabutto; SPREG. ***eine ~ seines Chefs*** una creatura (*o* un protetto) del suo capo. **kre|a|tür|lich** agg. LETT. creaturale. **Kre|a|tür|lich|keit** f. *(-)* LETT. creaturalità *f.*

Krebs m. *(-es,-e)* **1** gambero *m.*: ***-e fangen*** catturare i gamberi **2a** MED. cancro *m.*: ***~ haben*** avere un cancro; ***an ~ leiden, sterben*** essere malato, morire di cancro; ***~ erregend, erzeugend*** cancerogeno; ***~ erregend wirken*** avere effetto cancerogeno; **b** ASTROL. ***(ein) ~ sein*** essere un cancro, del (segno del) cancro **3** MUS. retrogrado *m.*, melodia *f.* retrograda **4** pl. EDIT. *(Remittenden)* rese *f.pl.* **krebs|ar|tig** agg. canceroso. **kreb|sen** intr. **1** (aus. *haben*) pescare gamberi: ***~ gehen*** andare a pescare gamberi **2** (aus. *haben*) COLLOQ. *(sich abmühen)* sfacchinare **3** (aus. *sein*) COLLOQ. *(sich mühsam bewegen)* strisciare, muoversi a fatica (anche FIG.) ◆ REGION. ***mit etw. ~ gehen*** tirare acqua al proprio mulino (sfruttando qcs.). **Krebs|fang** m. *(-[e]s)* pesca *f.* dei gamberi. **Krebs|for|scher** m. *(-s,-)* oncologo *m.* **Krebs|for|schung** f. *(-)* oncologia *f.* **Krebs|früh|er|ken|nung** f. *(-)* diagnosi *f.* precoce (di cancro). **Krebs|gang** m. *(-[e]s)* l'andare a ritroso, all'indietro: FIG. ***den ~ gehen*** andare a ritroso, fare come i gamberi. **Krebs|ge|schwulst** f. *(-,-geschwülste)* carcinoma *m.*, tumore *m.* carcinomatoso. **Krebs|ge|schwür** n. *(-s,-e)* ulcerazione *f.* carcinomatosa. **kreb|sig** agg. → **krebsartig. krebs|krank** agg. malato di cancro. **Krebs|kran|ke** m. e f. *(-n,-n)* malato *m.* (-a *f.*) di cancro. **krebs|rot** agg. rosso come un gambero. **Krebs|scha|den** m. *(-s,-schäden)* FIG. *(Hauptübel)* male *m.*, piaga *f.* **Krebs|sche|re** f. *(-,-n)* **1** chela *f.* (del gambero) **2** BOT. stiletti *m.pl.* d'acqua. **Krebs|sup|pe** f. *(-,-n)* zuppa *f.* di gamberetti. **Krebs|tier** n. *(-s,-e)* crostaceo *m.* **Krebs|übel** n. *(-s,-)* → **Krebsschaden. Krebs|vor|sor|ge** f. *(-)* prevenzione *f.* del cancro. **Krebs|zel|le** f. *(-,-n)* cellula *f.* cancerosa.

Kre|denz f. *(-,-en)* ANT. credenza *f.* **kre|den|zen** tr. offrire: ***jdm eine Tasse Tee ~*** offrire a qcn. una tazza di tè.

1.Kre|dit, Kre|dit m. *(-[e]s,-e)* credito *m.*; BANC. credito *m.*, fido *m.*: ***jdm einen ~ gewähren, einräumen*** concedere un credito a qcn.; ***~ geben*** fare credito; ***einen ~ aufnehmen*** accendere un credito; ***einen ~ zurückziehen (widerrufen), überschreiten,*** revocare, superare un credito; ***einen ~ kündigen*** dare avviso di revoca di un credito; ***einen ~ in Anspruch nehmen*** ricorrere a un credito; ***kurz-, langfristiger ~*** credito a breve, lungo termine; ***mittelfristiger ~*** credito a medio termine, mediocredito; ***billiger, zinsloser ~*** credito a basso interesse, a interessi zero; ***eingefrorener ~*** credito congelato; *(Vertrauenswürdigkeit)* ***bei jdm ~ haben, genießen*** avere credito presso qcn. ◆ ***auf ~ kaufen*** comprare a credito; ***jdn um seinen ~ bringen*** screditare qcn.

2.Kre|dit n. *(-s,-s)* BANC. credito *m.*, avere *m.*

Kre|dit|ab|tei|lung f. *(-,-en)* ufficio *m.* crediti. **Kre|dit|an|stalt** f. *(-,-en)* istituto *m.* di credito. **Kre|dit|an|trag** m. *(-[e]s,-anträge)* domanda *f.* di credito, di fido. **Kre|dit|auf|nah|me** f. *(-,-n)* accensione *f.* di (un) credito. **Kre|dit|auf|trag** m. *(-[e]s,-aufträge)* mandato *m.* di credito. **Kre|dit|aus|kunft** f. *(-,-auskünfte)* informazione *f.* di credito. **Kre|dit|bank** f. *(-,-en)* banca *f.* di credito. **Kre|dit|brief** m. *(-[e]s,-e)* credenziale *f.*, lettera *f.* di credito. **Kre|dit|bü|ro** n. *(-s,-s)* ufficio *m.* crediti. **Kre|dit|er|öff|nung** f. *(-,-en)* apertura *f.* di (un) credito. **Kre|dit|ex|pan|si|on** f. *(-,-en)* espansione *f.* creditizia. **kre|dit|fä|hig** agg. degno di fido, di credito. **Kre|dit|fä|hig|keit** f. *(-)* capacità *f.* creditizia, solvibilità *f.* **Kre|dit|ge|ber** m. *(-s,-)* chi concede il (*o* un) credito, concessionario *m.* del credito. **Kre|dit|ge|nos|sen|schaft** f. *(-,-en)* cooperativa *f.* di credito ◆ ***ländliche ~*** cassa rurale; ***gewerbliche ~*** consorzio per il credito industriale. **Kre|dit|ge|schäft** n. *(-[e]s,-e)* operazione *f.* di credito. **Kre|dit|ge|wäh|rung** f. *(-)* concessione *f.* di credito. **Kre|dit|hai** m. *(-[e]s,-e)* COLLOQ. strozzino *m.*

kre|di|tie|ren I tr. **1** dare a credito **2** *(gutschreiben)* accreditare: ***jdm einen Betrag ~*** accreditare un importo a qcn. **II** intr. (aus. *haben*) fare credito: ***jdm ~*** fare credito a qcn. **Kre|di|tie|rung** f. *(-,-en)* **1** concessione *f.* di credito **2** *(Gutschreibung)* accredito *m.*

Kre|dit|in|sti|tut n. *(-[e]s,-e)* istituto *m.* di credito.

Kre|di|tiv n. *(-[e]s,-e)* RAR. **1** credenziali *f.pl.* **2** *(Vollmacht)* delega *f.*

Kre|dit|kar|te f. *(-,-n)* carta *f.* di credito: ***mit der ~ bezahlen*** pagare con la carta di credito. **Kre|dit|kauf** m. *(-[e]s,-käufe)* acquisto *m.* a credito. **Kre|dit|lauf|zeit** f. *(-,-en)* durata *f.* del credito. **Kre|dit|markt** m. *(-[e]s)* mercato *m.* creditizio (*o* dei crediti). **Kre|dit|neh|mer** m. *(-s,-)* beneficiario *m.* del, di un credito.

Kre|di|tor m. *(-s,-en)* AUSTR. → **Kreditgeber. Kre|di|to|ren|kon|to** n. *(-s,-s* e *-konten/-konti)* conto *m.* creditori.

Kre|dit|po|li|tik f. *(-)* politica *f.* creditizia. **Kre|dit|rest|rik|ti|on** f. *(-,-en)* restrizione *f.* creditizia. **Kre|dit|sper|re** f. *(-,-n)*, **Kre|dit|stopp** m. *(-s,-s)* blocco *m.* del credito. **Kre|dit|sys|tem** n. *(-s,-e)* sistema *m.* creditizio. **Kre|dit|til|gung** f. *(-,-en)* rimborso *m.* del credito. **Kre|dit|um|fang** m. *(-[e]s)* volume *m.* creditizio (*o* del credito). **Kre|dit|ver|kehr** m. *(-s)* operazioni *f.pl.* di credito. **Kre|dit|we|sen** n. *(-s)* sistema *m.* creditizio. **kre|dit|wür|dig** agg. degno di credito, di fido. **Kre|dit|wür|dig|keit** f. *(-)* affidabilità *f.* (creditizia).

Kre|do n. *(-s,-s)* RELIG. credo *m.*: ***das ~ beten*** recitare il credo; FIG. *(Glaubensbekenntnis)* ***sein politisches ~*** il suo credo politico.

kre|gel agg. REGION. **1** vivace **2** *(rüstig)* sano, vigoroso.

Krei|de f. *(-,-n)* **1** creta *f.* **2** *(Gips)* gesso *m.*, gessetto *m.*: ***mit ~ an die Tafel schreiben*** scrivere col gesso sulla lavagna **3** GEOL. *(Kreidezeit)* cretaceo *m.* ◆ ***bleich wie ~ werden*** impallidire, sbiancare; ***mit doppelter ~ (an)schreiben*** truffare (il debitore); COLLOQ. ***~ fressen*** = domare la propria aggressività; COLLOQ. ***bei jdm in die ~ geraten, kommen*** indebitarsi con qcn.; COLLOQ. ***auf ~ leben*** vivere di crediti; COLLOQ. ***bei jdm tief in der ~ sein, sitzen, stehen*** essere pieno di debiti con qcn. (*o* essere indebitato fino al collo con qcn.); ***weiß wie ~ werden*** impallidire, sbiancare. **krei|de|ar|tig** agg. cretaceo. **krei|de|bleich** agg. bianco (*o* pallido) come un cencio, come un lenzuolo. **Krei|de|fel|sen** m. *(-s,-)* roccia *f.* cretacea. **Krei|de|for|ma|ti|on** f. *(-,-en)* **1** GEOL. formazione *f.* cretacea **2** → **Kreidezeit. krei|den** tr. RAR. **1** gessare **2** *(mit Kreide markieren)* (contras)segnare col gesso. **Krei|de|strich** m. *(-[e]s,-e)* segno *m.* fatto col gesso. **krei|de|weiß** agg. → **kreidebleich. Krei|de|zeich|nung** f. *(-,-en)* disegno *m.* a gessetto. **Krei|de|zeit** f. *(-)* (periodo *m.*) cretaceo *m.* **krei|dig** agg. **1a** cretoso: ***ein -er Boden*** un terreno cretoso **b** *(mit Kreide befleckt)* sporco di creta **2** *(kreideartig)* cretaceo **3** *(kreidebleich)* pallido come un cencio.

kre|ie|ren tr. **1** ideare: ***eine neue Mode, einen neuen Stil ~*** ideare una nuova moda, un nuovo stile **2** ECCL. nominare, creare: ***einen Bischof ~*** nominare un vescovo.

Kreis m. *(-es,-e)* **1** *(kreisförmige Figur)* cerchio *m.*: ***im ~ sitzen*** essere seduti in cerchio (*o* in circolo); ***die Bäume bilden, schließen ei-***

nen ~ gli alberi formano un cerchio **2a** GEOM. *(Kreisfläche)* cerchio *m.*: ***den Inhalt eines -es berechnen*** calcolare l'area di un cerchio **b** *(Kreisumfang)* circonferenza *f.*: ***einen ~ beschreiben*** tracciare, descrivere una circonferenza **3a** *(Runde)* cerchia *f.*, circolo *m.*: ***ein exklusiver ~*** un circolo esclusivo; ***so ein Typ passt nicht zu unserem ~*** un tipo simile non si addice alla nostra cerchia; ***der ~ der Leser*** la cerchia dei lettori **b** pl. *(Gruppen)* gruppi *m.pl.*: ***einflussreiche -e*** gruppi influenti; ***die besseren -e*** i gruppi più esclusivi, l'élite **c** *(Milieu)* ambiente *m.*: ***in politischen, militärischen -en*** negli ambienti politici, militari; ***in den ersten, besten -en verkehren*** frequentare gli ambienti più esclusivi, l'élite **d** *(Bereich)* ambito *m.*, sfera *f.*: ***im ~ der Familie, seiner Freunde*** nell'ambito (*o* all'interno) della famiglia, nella sfera dei (*o* tra i) propri amici **4** EL. circuito *m.* **5** *(Verwaltungsbezirk)* distretto *m.*, circondario *m.* **6** SPORT *(beim Handball)* area *f.* dei sei metri ◆ ***das kommt in den besten -en vor*** succede (*o* capita) nelle migliori famiglie; ***sich im ~ bewegen, drehen*** muoversi, girare in cerchio (*o* in tondo); FIG. girare a vuoto; ***mir dreht sich alles im ~*** mi gira la testa; ***im engsten ~*** fra pochi intimi; ***im ~ um jdn stehen*** fare capannello, stare in cerchio intorno a qcn.; ***jds -e stören*** disturbare (i piani di) qcn.; FIG. ***(seine) -e ziehen*** estendersi, diffondersi. **Kreis|ab|schnitt** m. *(-[e]s,-e)* segmento *m.* circolare. **Kreis|amt** n. *(-[e]s, -ämter)* ufficio *m.* distrettuale. **Kreis|arzt** m. *(-[e]s,-ärzte)* medico *m.* condotto. **Kreis|aus|schnitt** m. *(-[e]s,-e)* settore *m.* circolare. **Kreis|bahn** f. *(-,-en)* orbita *f.* (circolare): ***sich auf einer ~ befinden*** essere in orbita; ***etw. auf eine ~ bringen, setzen*** mettere in orbita qcs. **Kreis|be|we|gung** f. *(-,-en)* movimento *m.* (*o* moto *m.*) rotatorio, rotazione *f.* **Kreis|bo|gen** m. *(-s,-)* arco *m.* di cerchio.

krei|schen intr. *(aus. haben)* **1** *(schreien)* strillare **2** stridere, cigolare: ***die Bremsen ~*** i freni stridono; ***die Tür kreischt*** la porta cigola. **krei|schend** p.pres. agg. **1** → **kreischen 2** stridulo: ***eine -e Stimme*** una voce stridula **3** stridente: ***-e Farben*** colori stridenti.

Kreis|durch|mes|ser m. *(-s,-)* diametro *m.* (del cerchio).

Krei|sel m. *(-s,-)* **1** trottola *f.* **2** GERG. *(Kreisverkehr)* circolazione *f.* rotatoria **3** *(Gyroskop)* giroscopio *m.* **Krei|sel|be|we|gung** f. *(-,-en)* moto *m.* giroscopico. **Krei|sel|kom|pass** m. *(-es,-e)* bussola *f.* giroscopica, girobussola *f.* **Krei|sel|lüf|ter** m. *(-s,-)* turboventilatore *m.*

krei|seln intr. **1** (aus. *haben, sein*) girare (su se stesso) come una trottola **2** *(sich kreiselnd bewegen;* aus. *sein)* turbinare: ***der Wind kreiselte*** il vento turbinava **3** *(spielen;* aus. *haben)* giocare con la trottola.

Krei|sel|pum|pe f. *(-,-n)* pompa *f.* centrifuga. **Krei|sel|rad** n. *(-[e]s,-räder)* turbina *f.* **Krei|sel|ver|dich|ter** m. *(-s,-)* compressore *m.* centrifugo.

krei|sen intr. **1a** (aus. *haben, sein*) ruotare, girare: ***der Mond kreist um die Erde*** la luna ruota intorno alla terra **b** fare un giro, girare (anche FIG.): ***der Hund kreist um das Beet*** il cane gira intorno all'aiuola; ***die Vögel ~ mehrmals über dem Haus*** gli uccelli fanno (*o* compiono) parecchi giri sulla casa; FIG. ***immer um dieselbe Frage ~*** girare sempre intorno allo stesso problema **c** *(fließen)* circolare: ***das Blut kreist in den Adern*** il sangue circola nelle vene **2** (aus. *sein*) GINN. volteggiare, fare dei volteggi: ***am Barren ~*** volteggiare alle parallele **3** GINN. (aus. *haben*) fare delle rotazioni: ***mit den Armen ~*** fare delle rotazioni con le braccia **II** tr. GINN. *(kreisförmig bewegen)* ruotare, roteare ◆ FIG. ***die Flasche ~ lassen*** far girare la bottiglia. **krei|send** p.pres. agg. **1** → **kreisen 2** rotatorio: ***-e Bewegung*** movimento rotatorio.

Kreis|flä|che f. *(-,-n)* GEOM. (area *f.* del) cerchio *m.* **Kreis|form** f. *(-,-en)* forma *f.* circolare. **kreis|för|mig I** agg. (di forma) circolare **II** avv. in cerchio, in circolo. **kreis|frei** agg. BUROCR. ***-e Stadt*** = città che da sola costituisce un distretto. **Kreis|ge|richt** n. *(-[e]s,-e)* EX-RDT o AUSTR. tribunale *f.* distrettuale. **Kreis|in|halt** m. *(-[e]s,-e)* area *f.* (*o* superficie *f.*) del cerchio. **Kreis|kol|ben|mo|tor** m. *(-s,-en)* motore *m.* a stantuffo rotante, motore *m.* rotativo a Wankel.

Kreis|lauf m. *(-[e]s)* **1** ciclo *m.*, corso *m.*: ***der ~ des Lebens*** il ciclo della vita **2** *(Blutzirkulation)* circolazione *f.*: ***den ~ anregen*** stimolare la circolazione; ***einen schwachen ~ haben*** avere problemi di circolazione **3** TECN. circuito *m.* **Kreis|lauf|kol|laps** m. *(-es,-e)* collasso *m.* circolatorio. **Kreis|lauf|mit|tel** n. *(-s,-)* farmaco *m.* contro disturbi circolatori. **Kreis|lauf|schwä|che** f. *(-)* insufficienza *f.* circolatoria. **Kreis|lauf|stö|rung** f. *(-,-en)* disturbo *m.* circolatorio. **Kreis|lauf|ver|sa|gen** n. *(-s,-)* blocco *m.* circolatorio.

Kreis|li|nie f. *(-,-n)* cerchio *m.*, circolo *m.*; GEOM. circonferenza *f.* **Kreis|pro|zess** m. *(-es,-e)* processo *m.* ciclico. **kreis|rund** agg. circolare, rotondo. **Kreis|sä|ge** f. *(-,-n)* **1** sega *f.* circolare **2** SCHERZ. *(Strohhut)* paglietta *f.*

krei|ßen intr. (aus. *haben*) ANT. avere le doglie. **Krei|ßen|de** f. *(-,-n)* partoriente *f.* **Kreiß|saal** m. *(-[e]s,-säle)* sala *f.* parto.

Kreis|stadt f. *(-,-städte)* capoluogo *m.* (di, del distretto). **Kreis|strom** m. *(-[e]s)* EL. corrente *f.* circolare. **Kreis|tag** m. *(-[e]s,-e)* consiglio *m.* distrettuale (*o* di distretto). **Kreis|um|fang** m. *(-[e]s,-umfänge)* circonferenza *f.* **Kreis|ver|kehr** m. *(-[e]s)* circolazione *f.* rotatoria.

Krem f. *(-,-s)* GASTR. crema *f.*

Kre|ma|ti|on f. *(-,-en)* cremazione *f.* **Kre|ma|to|ri|um** n. *(-s, Krematorien)* (forno *m.*) crematorio *m.* **kre|mie|ren** tr. SVIZZ. o ANT. cremare.

Kreml m. *(-[s],-)* Cremlino *m.*

Krem|pe f. *(-,-n)* tesa *f.*, falda *f.*

1.Krem|pel m. *(-s)* SPREG. roba *f.*: ***den alten ~ wegwerfen*** buttare via la roba vecchia; ***was kostet der ganze ~?*** quanto costa tutta questa roba? ◆ ***(jdm) den ~ vor die Füße schmeißen, werfen*** mollare il lavoro a metà (a qcn.).

2.Krem|pel f. *(-,-n)* TESS. cardo *m.*, scardasso *m.*

1.krem|peln tr. rimboccare: ***die Hemdsärmel nach oben ~*** rimboccare le maniche della camicia.

2.krem|peln tr. cardare, scardassare.

krem|pen ANT. → **1.krempeln.**

Krem|ser Weiß n. *(-,-[es])* biacca *f.*

Kren m. *(-[e]s)* REGION. cren *m.*, barbaforte *m.*

Kren|gel m. *(-s,-)* → **Kringel.**

kren|gen → **krängen.**

Kre|ol n. *(-s)* lingua *f.* creola. **Kre|o|le** m. *(-n,-n)* creolo *m.* **Kre|o|lin** f. *(-,-nen)* creola *f.*

Kre|o|sot n. *(-[e]s)* creosoto *m.*

Krepe|line [krɛ'pli:n] f. *(-,-s)* crepella *f.*

kre|pie|ren intr. (aus. *sein*) **1** scoppiare, esplodere **2** COLLOQ. *(sterben)* crepare.

Kre|pi|ta|ti|on f. *(-,-en)* MED. crepitazione *f.*

Kre|pon [kre'pɔ̃:] m. *(-s,-s)* crepon *m.*

Krepp m. *(-s,-s* e *-e)* crespo *m.* ◆ ***~ de Chine*** crespo cinese. **krepp|ar|tig** agg. crespato, crespo. **krep|pen** tr. increspare. **Krepp|flor** m. *(-s,-e* e RAR. *-flöre)* crespo *m.* nero. **krep|pig** agg. → **kreppartig. Krepp|pa|pier** n. *(-s)* carta *f.* crespata. **Krepp|soh|le** f. *(-,-n)* suola *f.* di para.

Kre|scen|do n. *(-s,-s* e *Krescendi)* crescendo *m.*

Kre|sol n. *(-s)* cresolo *m.*

1.Kres|se f. *(-,-n)* lepidio *m.*, COLLOQ. crescione *m.*

2.Kres|se f. *(-,-n)* REGION. gobione *m.*

Kre|ta n.pr.n. *(-s)* Creta *f.*

kre|ta|ze|isch, kre|ta|zisch agg. GEOL. cretaceo.

Kre|ter m. *(-s,-)* cretese *m.*

Kre|thi ***~ und Plethi*** Tizio, Caio e Sempronio; *(alle möglichen Leute)* gente d'ogni genere.

Kre|tin [kre'tɛ̃:] m. *(-s,-s)* MED. SPREG. cretino *m.* **Kre|ti|nis|mus** m. *(-)* cretinismo *m.* **kre|ti|no|id** agg. cretinoide.

kre|tisch agg. cretese, di Creta.

Kre|ton m. *(-s,-e)* AUSTR., **Kre|tonne** f. *(-)* e m. *(-s)* cretonne *m.*

kreucht ANT. → **kriechen.**

kreuz, ***~ und quer*** in lungo e in largo, per diritto e per traverso: ***~ und quer durch die Stadt laufen*** girare la città in lungo e in largo ◆ ***in die Kreuz und (in die) Quere*** in lungo e in largo, per diritto e per traverso.

Kreuz n. *(-es,-e)* **1a** croce *f.*: ***mit einem ~ unterschreiben*** firmare con una croce; ***ein griechisches, lateinisches ~*** una croce greca, latina; ***Christus Tod am ~*** la morte di Cristo sulla croce: ***jdn ans ~ nageln, schlagen*** crocifiggere qcn.; ***am ~ hängen, sterben*** essere in croce, morire sulla croce; MIL. ***das Eiserne ~, das ~ der Ehrenlegion*** la croce di ferro, della Legion d'onore **b** FIG. ***sein ~ tragen, auf sich nehmen*** portare la propria croce; ***es ist ein ~ mit ihm!*** è una bella croce (da sopportare)! ***mit ihm hat sie ihr ~*** (lui) è la sua croce **2** *(Kreuzzeichen)* (segno *m.* di, della) croce *f.*: ***das ~ machen, schlagen*** farsi il segno della croce **3** *(Kruzifix)* croce *f.*, crocifisso *m.*: ***an der Wand hängt ein barockes ~*** alla parete è appeso un crocifisso barocco **4** STOR. *(Kreuzzug)* crociata *f.*: ***das ~ nehmen, predigen*** partecipare alla, predicare la crociata **5** *(Kreuzung zweier Autobahnen)* incrocio *m.* (autostradale) **6** *(Farbe im Kartenspiel)* fiori *m.pl.* **7** MUS. diesis *m.*; ***durch ein ~ erhöhen*** diesizzare **8a** *(Teil des Rückens)* parte *f.* bassa della schiena, reni *f.pl.*: ***Schmerzen im ~ haben, es im ~ haben*** avere dolori alle reni **b** *(Pferdkruppe)* groppa *f.* ◆ ***jdm das ~ aushängen*** fare un brutto tiro a qcn.; ***aufs ~ fallen*** cadere sull'osso sacro, sul fondoschiena; FIG. rimanere di sasso; ***ans ~ glauben*** credere in Cristo; ***drei -e hinter jdm, etw. machen*** tirare un sospiro di sollievo (quando qcn. se ne sarà andato, quando qcs. sarà finita); ***zu -e kriechen*** andare, venire (da qcn.) in ginocchio, umiliarsi; ***jdn aufs ~ legen*** fregare, imbrogliare qcn.; ASTR. ***das ~ des Nordens, das Nördliche ~*** la croce del nord; ***das Rote ~*** la croce rossa; ASTR. ***das ~ des Südens, das Südliche ~*** la croce del sud; ***etw. über(s) ~ falten, legen*** piegare in quattro qcs., disporre a croce (*o* incrociare) qcs.; ***mit jdm über(s) ~ sein, stehen*** essere ai ferri corti con qcn. **Kreuz|ab|nah|me** f. *(-,-n)* ART. deposizione *f.* (dalla croce). **Kreuz|ass, Kreuz|ass** n. *(-es,-e)* asso *m.* di fiori. **Kreuz|auf|fin|dung** f. *(-)* RELIG. invenzione *f.* della Croce. **Kreuz|band** n. *(-[e]s,-bänder)* **1** fascia *f.*, fascetta *f.* **2** ANAT. legamento *m.* crociato. **Kreuz|bein** n. *(-[e]s,-e)* osso *m.* sacro. **Kreuz|blu|me** f. *(-,-n)* **1** poligala *f.* **2** ARCH. fiorone *m.* **Kreuz|blu|men|ge|wäch|se** pl. poligalacee *f.pl.* **Kreuz|blüt|ler** pl. crocifere (*o* crucifere) *f.pl.* **kreuz|brav** agg. bravissimo, onestissimo. **Kreuz|don|ner|wet|ter** inter. *~!* maledizione! accidenti! **Kreuz|dorn** m. *(-[e]s,-e)* ramno *m.* **Kreuz|dorn|ge|wäch|se** pl. ramnacee *f.pl.* **kreuz|dumm** agg. stupidissimo. **kreuz|ehr|lich** agg. molto sincero, onestissimo.

kreu|zen I tr. **1a** incrociare: ***die Arme, die Beine ~*** incrociare le braccia, le gambe **b** BIOL. ***Rosen-, Tierarten ~*** incrociare varietà di rose, specie animali **2** *(überqueren)* incrociare, attraversare, tagliare: ***der Weg kreuzt die Straße*** il sentiero incrocia la strada; ***auf dem Schulweg müssen die Kinder die Bundesstraße ~*** per andare a scuola i bambini devono attraversare la statale **II** intr. (aus. *haben, sein*) AER. MAR. incrociare: ***in der Karibik ~*** incrociare nei Caraibi **III** rifl. **sich ~ 1a** incrociarsi, intersecarsi: ***hier ~ sich die zwei Linien*** qui le due linee s'incrociano **b** FIG. incrociarsi: ***ihre Blicke kreuzten sich*** i loro sguardi s'incrociarono **2** *(entgegenstehen)* essere opposto, divergere: ***unsere Interessen ~ sich*** i nostri interessi divergono. **Kreu|zer** m. *(-s,-)* **1** *(Schiff)* incrociatore *m.* **2** INTRAD. (moneta diffusa dal XIII al XIX secolo).

Kreuz|er|hö|hung f. *(-)* RELIG. (festa *f.* della) esaltazione *f.* della Croce.

Kreu|zes|tod m. *(-[e]s)* morte *f.* sulla croce (*o* per crocifissione). **Kreu|zes|weg** → **Kreuzweg. Kreu|zes|zei|chen** → **Kreuzzeichen.**

Kreuz|fah|rer m. *(-s,-)* STOR. crociato *m.* **Kreuz|fahrt** f. *(-,-en)* **1** crociera *f.* **2** STOR. *(Kreuzzug)* crociata *f.* **Kreuz|feu|er** n. *(-s)* fuoco *m.* incrociato ◆ ***ins ~ (der Kritik) geraten*** essere preso di mira (dalla critica); ***im ~ (der Kritik) stehen*** essere bersagliato (dalla critica). **kreuz|fi|del** agg. COLLOQ. molto allegro. **kreuz|för|mig** agg. a (forma di) croce, cruciforme. **Kreuz|gang** m. *(-[e]s,-gänge)* chiostro *m.* **Kreuz|ge|lenk** n. *(-[e]s,-e)* giunto *m.* cardanico. **Kreuz|ge|wöl|be** n. *(-s,-)* ARCH. volta *f.* a crociera. **Kreuz|grat|ge|wöl|be** n. *(-s,-)* ARCH. volta *f.* a crociera (a sesto normale). **Kreuz|ha|cke** f. *(-,-n)* piccone *m.* **Kreuz|hang** m. *(-[e]s)* GINN. croce *f.* agli anelli.

kreu|zi|gen tr. crocifiggere. **Kreu|zi|gung** f. *(-,-en)* crocifissione *f.* **Kreu|zi|gungs|grup|pe** f. *(-,-n)* ART. crocifissione *f.*

Kreuz|kno|ten m. *(-s,-)* nodo *m.* piano (*o* dritto, di terzarolo). **Kreuz|kopf** m. *(-[e]s,-köpfe)* testa *f.* a croce. **Kreuz|kraut** n. *(-[e]s)* senecio *m.*, erba *f.* calderina. **kreuz|lahm** agg. COLLOQ. sfiancato, slombato. **Kreuz|mast** m. *(-[e]s,-en)* MAR. albero *m.* di mezzana. **Kreuz|mei|ßel** m. *(-s,-)* scalpello *m.* a croce. **Kreuz|ot|ter** f. *(-,-n)* marasso *m.* **Kreuz|pro|be** f. *(-,-n)* MED. prova *f.* crociata di compatibilità. **Kreuz|reim** m. *(-[e]s,-e)* rima *f.* incrociata. **Kreuz|rip|pen|ge|wöl|be** n. *(-s,-)* ARCH. volta *f.* a crociera (a sesto rialzato). **Kreuz|rit|ter** m. *(-s,-)* **1** (cavaliere *m.*) crociato *m.* **2** *(Mitglied des Deutschen Ordens)* cavaliere *m.* teutonico (*o* dell'Ordine Teutonico). **kreuz|sai|tig** agg. MUS. a corde incrociate. **Kreuz|schiff** n. *(-[e]s,-e)* navata *f.* trasversale. **Kreuz|schlitz|schrau|be** f. *(-,-n)* vite *f.* con testa (*o* intaglio) a croce. **Kreuz|schlüs|sel** m. *(-s,-)* chiave *f.* a croce. **Kreuz|schmerz** m. *(-es,-en)* dolore *m.* alla (parte bassa della) schiena, alle reni. **Kreuz|schna|bel** m. *(-s,-schnäbel)* crociere *m.* **Kreuz|spin|ne** f. *(-,-n)* ragno *m.* crociato. **kreuz|stän|dig** agg. BOT. ***-e Blätter*** foglie disposte a croce (*o* a quattro a quattro). **Kreuz|stich** m. *(-[e]s,-e)* punto *m.* croce. **Kreuz|trä|ger** m. *(-s,-)* crocifero *m.*

Kreu|zung f. *(-,-en)* **1** incrocio *m.*, crocevia *f.*: ***eine ~ überqueren*** attraversare un incrocio; ***bei Rot über die ~ fahren*** passare (all'incrocio) col rosso; ***an der ~ links, rechts abbiegen*** svoltare a sinistra, a destra all'incrocio **2** BIOL. incrocio *m.*: ***die ~ zweier Rassen*** l'incrocio di due razze.

kreuz|un|glück|lich agg. infelicissimo.

Kreu|zungs|be|reich m. *(-[e]s,-e)* area *f.* dell'incrocio. **kreu|zungs|frei** agg. STRAD. senza (*o* privo di) incroci. **Kreu|zungs|punkt** m. *(-[e]s,-e)* (punto *m.* di) incrocio *m.* **Kreu|zungs|ver|kehr** m. *(-s)* traffico *m.* all'incrocio.

Kreuz|ver|band m. *(-[e]s,-verbände)* fasciatura *f.* a croce. **Kreuz|ver|hör** n. *(-s,-e)* **1** interrogatorio *m.* incrociato **2** FIG. interrogatorio *m.*, terzo grado *m.*: ***jdn ins ~ nehmen*** fare un interrogatorio a qcn. **Kreuz|weg** m. *(-[e]s,-e)* **1** bivio *m.*: ***an einem ~ stehen*** essere a un bivio (anche FIG.); ***an einen ~ gekommen sein*** essere giunti a un bivio (anche FIG.) **2** RELIG. via *f.* crucis: ***den ~ beten*** fare la via crucis. **Kreuz|weg|sta|ti|on** f. *(-,-en)* stazione *f.* della via crucis. **Kreuz|weh** n. *(-[e]s)* COLLOQ. dolore *m.* alla (parte bassa della) schiena, alle reni. **kreuz|wei|se** avv. in (*o* a) croce: ***zwei Dinge ~ übereinanderlegen*** disporre due cose a croce ◆ VOLG. ***du kannst mich ~!*** va a farti fottere! vaffanculo! **Kreuz|wort|rät|sel** n. *(-s,-)* cruciverba *m.*, parole *f.pl.* crociate: ***~ lösen*** fare le parole crociate. **Kreuz|zei|chen** n. *(-s,-)* segno *m.* di, della croce. **Kreuz|zug** m. *(-[e]s,-züge)* **1** crociata *f.* (anche FIG.): ***einen ~ für, gegen etw. führen*** condurre una crociata a favore di, contro qcs.

Krib|bel m. *(-s)* COLLOQ. **1** *(Juckreiz)* prurito *m.* **2** *(Ungeduld)* impazienza *f.*, insofferenza *f.* **krib|be|lig** agg. COLLOQ. impaziente, insofferente; *(irritiert)* irritato. **Krib|be|lig|keit** f. *(-)* COLLOQ. impazienza *f.*, insofferenza *f.*; *(Irritation)* irritazione *f.* **Krib|bel|krank|heit** f. *(-)* ergotismo *m.* **krib|beln** intr. **1a** (aus. *haben*) prudere, pungere: ***mein Rücken kribbelt*** mi prude la schiena; ***der Pullover kribbelt*** la maglia punge **b** impers. ***es kribbelt mir, mich im Ohr*** mi prude l'orecchio **c** FIG. ***es kribbelt mir in den Fingern, ihm eine herunterzuhauen*** muoio dalla voglia di dargli uno schiaffo **2** (aus. *sein*) formicolare, brulicare: ***überall kribbeln Ameisen*** dappertutto brulicano formiche. **kribb|lig** → **kribbelig. Kribb|lig|keit** → **Kribbeligkeit.**

kri|cke|lig agg. REGION. scontento, brontolone. **Kri|ckel|kra|kel** n. *(-s)* FAM. scarabocchi *m.pl.* **kri|ckeln** intr. (aus. *haben*) **1** COLLOQ. *(kritzeln)* scarabocchiare **2** REGION. *(streiten)* litigare.

Kri|ckel|wild n. *(-[e]s)* camoscio *m.*

Krick|en|te f. *(-,-n)* alzavola *f.*

Kri|cket n. *(-s)* cricket *m.*: ***~ spielen*** giocare a cricket. **Kri|cket|spie|ler** m. *(-s,-)* giocatore *m.* di cricket.

krick|lig → **krickelig.**

Krie|bel|krank|heit → **Kribbelkrankheit.**

Kriech|blu|me f. *(-,-n)* ARCH. fiore *m.* rampante.

krie|chen intr. *(kroch, gekrochen;* aus. *sein)* **1a** strisciare: ***eine Schnecke kriecht über den Weg*** una lumaca striscia sul sentiero; ***aus seinem, in seinen Bau ~*** strisciare fuori dalla tana, nella tana **b** FIG. ***vor Höhergestellten ~*** strisciare davanti ai superiori **2** *(von Pflanzen)* abbarbicarsi, (s)correre **3** *(sich langsam fortbewegen)* procedere, scorrere lentamente: ***die Zeit, der Verkehr kriecht*** il tempo scorre, il traffico procede lentamente **4** TECN. *(sich verformen)* deformarsi ◆ COLLOQ. ***ins Bett ~*** infilarsi sotto le lenzuola; ***nicht mehr ~ können*** non poter più camminare; ***in ein Mauseloch ~*** rintanarsi; ***auf allen vieren ~*** camminare a quattro zampe, camminare carponi. **krie|chend** p.pres. agg. **1** → **kriechen 2** *(von Pflanzen)* rampicante **3** FIG. *(unterwürfig)* servile.

Krie|cher m. *(-s,-)* SPREG. leccapiedi *m.* **Krie|che|rei** f. *(-,-en)* SPREG. **1** servilismo *m.* **2** *(kriecherische Handlung)* sviolinata *f.* **krie|che|risch** agg. strisciante, servile.

Kriech|spur f. *(-,-en)* **1** strisciata *f.*, strisciatura *f.* **2** *(auf Autobahnen)* corsia *f.* per veicoli lenti. **Kriech|strom** m. *(-[e]s,-ströme)* EL. corrente *f.* di perdita. **Kriech|tem|po** n. *(-s,-s)* ritmo *m.* da lumaca: ***im ~ vorwärts kommen*** procedere come una lumaca, a ritmo da lumaca. **Kriech|tier** n. *(-[e]s,-e)* rettile *m.*

Krieg m. *(-[e]s,-e)* guerra *f.*: ***einen ~ anfangen, gewinnen, beenden, verlieren*** iniziare, vincere, finire, perdere una guerra; ***der ~ ist ausgebrochen*** è scoppiata la guerra; ***einem Land den ~ erklären*** dichiarare guerra a un paese; ***im ~ stehen*** essere in guerra; ***aus dem ~ heimkehren*** tornare dalla guerra; ***in den ~ ziehen*** andare in guerra, partire per la guerra; FIG. ***der häusliche, eheliche ~*** la guerra domestica, coniugale; ***im ~ miteinander leben*** vivere in guerra l'un contro l'altro; ***jdm, etw. den ~ ansagen*** dichiarare guerra a qcn., qcs. ◆ EUFEM. ***im ~ bleiben*** restare sul campo, morire in guerra; STOR. ***der Dreißigjährige ~*** la guerra dei trent'anni; ***im ~ fallen*** cadere (*o* morire) in guerra; ***mit jdm ~ führen*** fare guerra a qcn.; ***~ führend*** belligerante; ***nicht ~ führende Staaten*** stati non belligeranti; ***der heilige ~*** la guerra santa; STOR. ***der Hundertjährige ~*** la guerra dei cent'anni; ***der kalte ~*** la guerra fredda; ***~ zu Lande*** guerra terrestre; ***~ in der Luft*** guerra aerea; ***~ zur See*** guerra sul mare; ***~ spielen*** giocare alla guerra; *(am Manöver teilnehmen)* fare un'esercitazione militare; ***~ auf dem, unter dem Wasser*** guerra di superficie, guerra sottomarina.

1.krie|gen tr. COLLOQ. **1** ricevere: ***ein Geschenk, einen Preis ~*** ricevere un regalo, un premio; ***einen Brief ~*** ricevere una lettera; ***einen Befehl, eine Erlaubnis ~*** ricevere un ordine, un permesso; ***einen***

Eindruck davon ~ riceverne un'impressione **2a** *(als Bezahlung)* prendere: ***was ~ Sie für Ihre Arbeit?*** quanto prende per il Suo lavoro? ***30 Mark für die Stunde ~*** prendere 30 marchi all'ora **b** *(als Strafe)* prendere, COLLOQ. buscare, beccare: ***Schläge ~*** prendere botte; ***ein Jahr Gefängnis ~*** beccare un anno di prigione **c** *(befallen werden)* prendersi, pigliarsi: ***einen Schrecken ~*** prendersi uno spavento; ***Angst, Heimweh ~*** essere preso dalla paura, dalla nostalgia; ***ich kriege langsam Hunger*** mi sta venendo fame **d** *(erleiden)* prendersi, pigliarsi, COLL. buscarsi: ***eine Grippe ~*** buscarsi un'influenza; ***er hat Fieber gekriegt*** gli è venuta la febbre **3a** *(zu erwarten haben)* avere: ***Besuch, Gäste ~*** avere visite, ospiti; ***wir werden Schnee ~*** avremo la neve **b** *(in einen Zustand geraten)* ***Löcher, Risse ~*** avere dei buchi, delle crepe (*o* essere bucato, crepato) **c** *(sich verschaffen)* ***eine neue Arbeit ~*** avere un nuovo lavoro **d** *(kaufen können)* ***etw. billig ~*** avere qcs. a poco prezzo, per poco **4** *(zu etw. bringen)* ***jdn dazu ~, etw. zu tun*** portare qcn. a fare qcs., far fare qcs. a qcn. **5** riuscire a fare andare: ***etw. durch die Tür ~*** riuscire a far passare qcs. attraverso la porta; ***den Ball ins Netz ~*** riuscire a far andare la palla in rete **6** *(fangen)* prendere, acchiappare: ***einen Dieb ~*** prendere un ladro; ***sich nicht ~ lassen*** non lasciarsi prendere **7** *(mit Infinitiv + zu)* ***etw. zu sehen, zu kaufen ~*** avere la possibilità di vedere, di comprare qcs.; *(als Tadel)* ***er kriegt von mir was zu hören*** mi sentirà **8** *(mit Partizip Perfekt, als Passiv)* ***etw. geschenkt, geliehen ~*** ricevere qcs. in regalo, in prestito ◆ ***von etw. Bescheid ~*** essere informato di qcs.; ***einen Einblick in etw. ~*** dare uno sguardo a qcs.; ***sich in die Haare ~*** prendersi per i capelli, azzuffarsi; ***es ist zum junge Hunde ~*** c'è da impazzire, è una disperazione; FIG. ***jd kriegt etw. in die falsche Kehle*** qcs. va di traverso a qcn.; ***ein Kind ~*** avere un bambino; *(schwanger sein)* essere incinta, aspettare; ***ein paar ~*** buscarle; ***jdn satt ~*** riuscire a saziare qcn.; ***etw. satt ~*** averne abbastanza di qcs.; ***sie haben sich gekriegt*** si sono sposati; ***nicht tot zu ~ sein*** essere instancabile; ***es mit jdm zu tun ~*** avere presto a che fare con qcn.; ***es nicht über sich ~*** non avere il coraggio, non sentirsi di fare qcs.; ***was ~ Sie?*** che cosa desidera? ***wir werden es noch ~*** ce la faremo; ***immer seinen Willen ~*** vedere sempre esauditi i propri desideri; ***den Zug noch, nicht mehr ~*** riuscire ancora, non riuscire più a prendere il treno; ***zuviel ~*** averne abbastanza.

2.krie|gen intr. (aus. *haben*) ANT. guerreggiare, combattere.

Krie|ger m. *(-s,-)* ANT. guerriero *m.*; *(Soldat)* soldato *m.*, combattente *m.* ◆ ***ein kalter ~*** = un sostenitore della guerra fredda. **Krie|ger|adel** m. *(-s)* STOR. nobiltà *f.* guerriera. **Krie|ger|denk|mal** n. *(-s,-mäler)* monumento *m.* ai caduti. **Krie|ger|grab** n. *(-[e]s,-gräber)* tomba *f.* militare, di guerra.

krie|ge|risch I agg. **1** bellicoso, guerriero: ***ein -es Volk*** un popolo bellicoso, guerriero; ***ein -es Aussehen*** un aspetto bellicoso **2** *(militärisch)* bellico, militare: ***-e Aktionen, Ereignisse*** azioni militari, eventi bellici; ***ein -er Konflikt*** un conflitto armato **II** avv. bellicosamente.

Krie|ger|wit|we f. *(-,-n)* vedova *f.* di guerra. **Krieg|füh|rung** f. *(-,-en)* strategia *f.* di guerra ◆ ***psychologische ~*** guerra psicologica.

Kriegs|aka|de|mie f. *(-,-n)* accademia *f.* militare. **Kriegs|an|lei|he** f. *(-,-n)* prestito *m.* di guerra. **Kriegs|aus|bruch** m. *(-[e]s)* scoppio *m.* della guerra. **Kriegs|aus|zeich|nung** f. *(-,-en)* decorazione *f.* (al valore) militare. **kriegs|be|dingt** agg. dipendente dalla guerra; *(verursacht)* causato, originato dalla guerra. **Kriegs|be|ginn** m. *(-[e]s)* inizio *m.* della guerra. **Kriegs|beil** n. *(-[e]s,-e)* ascia *f.* di guerra ◆ FIG. ***das ~ ausgraben, begraben*** dissotterrare, sotterrare l'ascia di guerra. **Kriegs|be|ma|lung** f. *(-,-en)* ETNOL. pittura *f.* di guerra ◆ SCHERZ. ***in (voller) ~*** con (tutte) le decorazioni in vista; *(von Frauen)* con un trucco pesante. **Kriegs|be|richt** m. *(-[e]s,-e)* corrispondenza *f.* dal fronte, di guerra. **Kriegs|be|richt|er|stat|ter** m. *(-s,-)* corrispondente *m.* dal fronte, di guerra.

kriegs|be|schä|digt agg. mutilato di guerra. **Kriegs|be|schä|dig|te** m. e f. *(-n,-n)* mutilato *m.* (-a *f.*). **Kriegs|be|schä|dig|ten|für|sor|ge** f. *(-,-n)* assistenza *f.* ai mutilati di guerra.

Kriegs|braut f. *(-,-bräute)* sposa *f.* di guerra. **Kriegs|dich|tung** f. *(-,-en)* poesia *f.* di guerra.

Kriegs|dienst m. *(-[e]s)* servizio *m.* militare: ***~ leisten*** prestare servizio militare. **Kriegs|dienst|geg|ner, Kriegs|dienst|ver|wei|ge|rer** m. *(-s,-)* obiettore *m.* di coscienza. **Kriegs|dienst|ver|wei|ge|rung** f. *(-)* obiezione *f.* di coscienza.

Kriegs|ein|wir|kung f. *(-,-en)* effetto *m.* della guerra. **Kriegs|en|de** n. *(-s)* fine *f.* della guerra. **Kriegs|ent|schä|di|gung** f. *(-,-en)* riparazione *f.* di guerra. **kriegs|ent|schei|dend** agg. decisivo per l'andamento della guerra. **Kriegs|er|eig|nis** n. *(-ses,-se)* evento *m.* bellico. **Kriegs|er|klä|rung** f. *(-,-en)* dichiarazione *f.* di guerra. **Kriegs|er|leb|nis** n. *(-ses,-se)* esperienza *f.* (*o* vicenda *f.*) di guerra. **Kriegs|fall** m. *(-[e]s)* caso *m.* di guerra: ***im -(e)*** in caso di guerra. **Kriegs|film** m. *(-[e]s,-e)* film *m.* di guerra. **Kriegs|flag|ge** f. *(-,-n)* bandiera *f.* di guerra. **Kriegs|flot|te** f. *(-,-n)* flotta *f.* militare. **Kriegs|fol|ge** f. *(-,-n)* conseguenza *f.* della guerra. **Kriegs|frei|wil|li|ge** m. *(-n,-n)* volontario *m.* (in guerra). **Kriegs|füh|rung** → **Kriegführung. Kriegs|fuß,** FIG. (anche SCHERZ.) ***mit jdm auf (dem) ~ stehen, leben*** essere sul piede di guerra con qcn.; ***mit etw. auf (dem) ~ stehen*** non riuscire bene in qcs. **Kriegs|ge|biet** n. *(-[e]s,-e)* zona *f.* di guerra, di operazioni (militari). **Kriegs|ge|fahr** f. *(-,-en)* pericolo *m.* di guerra.

kriegs|ge|fan|gen agg. prigioniero di guerra. **Kriegs|ge|fan|ge|ne** m. e f. *(-n,-n)* prigioniero *m.* (-a *f.*) di guerra. **Kriegs|ge|fan|gen|schaft** f. *(-)* prigionia *f.*

Kriegs|geg|ner m. *(-s,-)* **1** nemico *m.* (in guerra) **2** *(Gegner des Kriegs)* antibellicista *m.*, pacifista *m.* **Kriegs|ge|ne|ra|ti|on** f. *(-,-en)* generazione *f.* segnata dalla guerra. **Kriegs|ge|richt** n. *(-[e]s,-e)* tribunale *m.* militare, corte *f.* marziale. **kriegs|ge|schä|digt** agg. danneggiato dalla guerra. **Kriegs|ge|schrei** n. *(-s)* **1** grido *m.* di guerra **2** ANT. *(Gerüchte über einen Krieg)* voci *f.pl.* sulla (possibilità di una) guerra. **Kriegs|ge|winn** m. *(-[e]s,-e)* profitto *m.* di guerra. **Kriegs|ge|winn|ler** m. *(-s,-)* profittatore *m.* (di guerra). **Kriegs|gott** m. *(-[e]s)* dio *m.* della guerra. **Kriegs|grab** n. *(-[e]s,-gräber)* tomba *f.* militare, di guerra. **Kriegs|ha|fen** m. *(-s,-häfen)* porto *m.* militare. **Kriegs|hand|werk** n. *(-[e]s)* arte *f.* militare, della guerra. **Kriegs|het|ze** f. *(-)* bellicismo *m.* **Kriegs|het|zer** m. *(-s,-)* bellicista *m.*, guerrafondaio *m.* **Kriegs|hin|ter|blie|be|nen** pl. vedove *f.pl.* e orfani *m.pl.* di guerra. **Kriegs|hin|ter|blie|be|nen|für|sor|ge** f. *(-)* assistenza *f.* alle vedove e agli orfani di guerra. **Kriegs|in|va|li|de** m. *(-n,-n)* invalido *m.* di guerra. **Kriegs|ka|me|rad** m. *(-en,-en)* compagno *m.* d'armi, commilitone *m.* **Kriegs|kind** n. *(-[e]s,-er)* bambino *m.* nato durante la guerra. **Kriegs|kos|ten** pl. spese *f.pl.* belliche. **Kriegs|kunst** f. *(-)* ANT. arte *f.* militare, della guerra. **Kriegs|lied** n. *(-[e]s,-er)* canto *m.* di guerra. **Kriegs|ma|ri|ne** f. *(-)* marina *f.* militare. **Kriegs|ma|schi|ne** f. *(-,-n)* **1** macchina *f.* bellica **2** SPREG. *(militärisches Potential)* potenziale *m.* bellico. **Kriegs|ma|te|ri|al** n. *(-s,-ien)* materiale *m.* bellico. **Kriegs|mi|nis|te|ri|um** n. *(-s)* ANT. ministero *m.* della guerra. **Kriegs|op|fer** n. *(-s,-)* vittima *f.* della guerra. **Kriegs|op|fer|ver|sor|gung** f. *(-)* assistenza *f.* alle vittime della guerra. **Kriegs|pfad,** FIG. ***auf dem ~ sein*** essere sul sentiero di guerra. **Kriegs|rat,** FIG. ***~ abhalten*** tenere un consiglio di guerra. **Kriegs|recht** n. *(-[e]s)* diritto *m.* di guerra. **Kriegs|ri|si|ko** n. *(-s,-s* e *-risiken)* rischio *m.* di guerra. **Kriegs|ro|man** m. *(-s,-e)* romanzo *m.* di guerra. **Kriegs|scha|den** m. *(-s,-schäden)* danno *m.* di guerra. **Kriegs|schau|platz** m. *(-es,-plätze)* **1** teatro *m.* di guerra **2** MIL. teatro *m.* operativo, di operazioni militari. **Kriegs|schiff** n. *(-[e]s,-e)* nave *f.* da guerra. **Kriegs|schuld** f. *(-)* responsabilità *f.*, colpa *f.* della guerra. **Kriegs|schul|den** pl. debiti *m.pl.* di guerra. **Kriegs|spiel** n. *(-[e]s,-e)* **1** gioco *m.* della guerra **2** MIL. *(Planspiel)* simulazione *f.* bellica. **Kriegs|stär|ke** f. *(-)* effettivi *m.pl.* in tempo di guerra. **Kriegs|tanz** m. *(-es,-tänze)* ETNOL. danza *f.* di guerra. **kriegs|taug|lich** agg. abile arruolato. **Kriegs|teil|neh|mer** m. *(-s,-)* combattente *m.* **Kriegs|to|te** m. *(-n,-n)* morto *m.* (*o* caduto *m.*) in guerra. **Kriegs|trau|ung** f. *(-,-en)* matrimonio *m.* per procura (in guerra). **Kriegs|trei|ber** m. *(-s,-)* guerrafondaio *m.* **kriegs|tüch|tig** agg. **1** agguerrito: ***eine -e Armee*** un esercito agguerrito **2** *(gut gerüstet)* bene armato. **kriegs|un|taug|lich** agg. inabile, non idoneo (al servizio militare). **Kriegs|ver|bre|chen** n. *(-s,-)* crimine *m.* di guerra. **Kriegs|ver|bre|cher** m. *(-s,-)* criminale *m.* di guerra. **Kriegs|ver|dienst|kreuz** n. *(-es,-e)* croce *f.* al merito, al valore (militare). **Kriegs|ver|lauf** m. *(-[e]s)* andamento *m.* della guerra.

kriegs|ver|letzt agg. ferito in guerra. **Kriegs|ver|letz|te** m. e f. *(-n,-n)* ferito *m.* (-a *f.*) in guerra. **Kriegs|ver|let|zung** f. *(-,-en)* ferita *f.* di guerra.

Kriegs|ver|miss|te m. e f. *(-n,-n)* disperso *m.* (-a *f.*) in guerra. **kriegs|ver|sehrt** agg. mutilato di guerra. **Kriegs|ver|sehr|te** m. e f. *(-n,-n)* mutilato *m.* (-a *f.*) di guerra. **kriegs|ver|wen|dungs|fä|hig** agg. abile arruolato. **Kriegs|ve|te|ran** m. *(-en,-en)* veterano *m.* **Kriegs|wai|se** f. *(-,-n)* orfano *m.* di guerra. **kriegs|wich|tig** agg. d'importanza bellica, strategica. **Kriegs|wirt|schaft** f. *(-)* economia *f.* di guerra. **Kriegs|zeit** f. *(-)* tempo *m.* di guerra. **kriegs|zer|stört** agg. distrutto durante la, dalla guerra. **Kriegs|ziel** n. *(-[e]s,-e)* scopo *m.*, obiettivo *m.* della guerra. **Kriegs|zug** m. *(-[e]s,-züge)* ANT. campagna *f.* militare. **Kriegs|zu|stand** m. *(-[e]s)* stato *m.* di belligeranza, di guerra: ***sich im***

~ *befinden* essere in stato di guerra.
Krie|en|te → **Krickente.**
Kriem|hild, Kriem|hil|de n.pr.f. Crimilde *f.*
Krill n. *(-[e]s)* krill *m.*
Krim n.pr.f. *(-)* Crimea *f.*
Kri|mi m. *(-[s],-[s])* giallo *m.*, poliziesco *m.*
kri|mi|nal agg. ANT. criminale. **Kri|mi|nal** n. *(-s,-e)* AUSTR. istituto *m.* di pena. **Kri|mi|nal|be|am|te** m. *(-n,-n)*, COLLOQ. **Kri|mi|na|le** m. *(-n,-n)*, **Kri|mi|na|ler** m. *(-s,-)* funzionario *m.* di polizia giudiziaria. **Kri|mi|nal|film** m. *(-[e]s,-e)* film *m.* giallo, poliziesco. **Kri|mi|nal|ge|schich|te** f. *(-,-n)* **1** racconto *m.* poliziesco, giallo *m.* **2** storia *f.* criminale (*o* del crimine): ***ein einmaliger Fall in der ~*** un caso unico nella storia criminale.
kri|mi|na|li|sie|ren tr. **1** criminalizzare **2** *(in die Kriminalität treiben)* avviare alla criminalità, indurre al crimine. **Kri|mi|na|li|sie|rung** f. *(-,-en)* criminalizzazione *f.*
Kri|mi|na|list m. *(-en,-en)* **1** → **Kriminalbeamte 2** *(Lehrer)* docente *m.* di diritto penale, penalista *m.* **Kri|mi|na|lis|tik** f. *(-)* criminologia *f.* **kri|mi|na|lis|tisch** agg. della criminologia.
Kri|mi|na|li|tät f. *(-)* criminalità *f.*, delinquenza *f.*
Kri|mi|nal|kom|mis|sar m. *(-s,-e)* commissario *m.* di polizia giudiziaria. **Kri|mi|nal|po|li|zei** f. *(-,-en)* polizia *f.* giudiziaria. **Kri|mi|nal|po|li|zist** m. *(-en,-en)* agente *m.* di polizia giudiziaria. **Kri|mi|nal|pro|zess** m. *(-es,-e)* ANT. processo *m.* penale. **Kri|mi|nal|psy|cho|lo|gie** f. *(-)* psicologia *f.* criminale. **Kri|mi|nal|recht** n. *(-[e]s)* ANT. diritto *m.* penale. **Kri|mi|nal|ro|man** m. *(-s,-e)* romanzo *m.* giallo (*o* poliziesco), giallo *m.*
kri|mi|nell I agg. **1** criminale, criminoso: ***ein -es Verhalten*** un comportamento criminoso; ***-e Methoden anwenden*** usare metodi criminali **2** *(strafbar)* costitutivo di reato **II** avv. come un criminale: ***der fährt ~*** guida come un criminale ◆ ***-e Vereinigung*** associazione a delinquere. **Kri|mi|nel|le** m. e f. *(-n,-n)* criminale *m.* e *f.*, delinquente *m.* e *f.*
Kri|mi|no|lo|ge m. *(-n,-n)* criminologo *m.* **Kri|mi|no|lo|gie** f. *(-)* criminologia *f.* **kri|mi|no|lo|gisch** agg. della criminologia.
krim|meln, REGION. ***es krimmelt und wimmelt*** pullula, brulica.
Krim|mer m. *(-s,-)* astrakan *m.*
krim|pen I tr. REGION. fare restringere **II** intr. (aus. *haben*) **1** REGION. restringersi, ritirarsi **2** MAR. *(sich drehen)* girare.
Krims|krams m. *(-[es])* COLLOQ. cianfrusaglie *f.pl.*
Krin|gel m. *(-s,-)* **1** cerchio *m.* **2** *(Schnörkel)* ghirigoro *m.*, svolazzo *m.* **3** GASTR. INTRAD. (biscotto a forma di ciambella). **krin|ge|lig** agg. a cerchi ◆ ***sich ~ lachen*** sbellicarsi dalle risa. **krin|geln I** tr. **1** arrotolare **2** *(Haar)* (fare) arricciare **II** rifl. **sich ~ 1** arrotolarsi **2** *(von Haar)* arricciarsi ◆ COLLOQ. ***sich vor Lachen ~*** sbellicarsi dalle risate. **Krin|geln,** COLLOQ. ***es ist zum Kringeln*** c'è da crepare dal ridere.
Kri|no|li|ne f. *(-,-n)* crinolina *f.*
Kri|po f. *(-,-s)* COLLOQ. → **Kriminalpolizei.**
Krip|pe f. *(-,-n)* **1** *(Futtertrog)* greppia *f.*, mangiatoia *f.* **2** *(Weihnachtskrippe)* presepe *m.*: ***die ~ aufstellen*** fare il presepe **3** *(Kinderkrippe)* (asilo *m.*) nido *m.* **4** ANT. *(Flechtwerk)* graticciata *f.* ◆ COLLOQ. FIG. ***an die ~ kommen, an der ~ sitzen*** mangiare alla greppia. **Krip|pen|fi|gur** f. *(-,-en)* figura *f.* (*o* figurina *f.*) del presepe. **Krip|pen|spiel** n. *(-[e]s,-e)* recita *f.* di Natale, rappresentazione *f.* della Natività.
Kri|se f. *(-,-n)* crisi *f.* (anche MED.): ***in einer ~ sein, stecken*** essere in crisi; ***in eine ~ geraten*** entrare in (una) crisi; ***die ~ überwinden, durchmachen*** superare la crisi; ***aus einer ~ herauskommen*** uscire da una crisi; ***jdn in eine ~ stürzen*** mettere in crisi qcn. **kri|seln** impers. ***es kriselt*** c'è (una) crisi: ***es kriselt zwischen den Ehepartnern*** i coniugi sono in crisi. **kri|sen|an|fäl|lig** agg. che risente delle crisi, che entra facilmente in crisi. **Kri|sen|er|schei|nung** f. *(-,-en)* sintomo *m.* di crisi. **kri|sen|fest** agg. esente da crisi. **Kri|sen|ge|biet** n. *(-[e]s,-e)* POL. zona *f.* di crisi (*o* critica). **kri|sen|haft** avv. in senso, modo critico: ***die Situation hat sich ~ zugespitzt*** la situazione è arrivata alla crisi. **Kri|sen|herd** m. *(-[e]s,-e)* zona *f.* di crisi (*o* critica), punto *m.* critico. **Kri|sen|ma|nage|ment** [-mænɪdʒmənt] n. *(-s,-s)* POL. gestione *f.* della crisi. **Kri|sen|si|tu|a|ti|on** f. *(-,-en)* situazione *f.* di crisi (*o* critica). **Kri|sen|stab** m. *(-[e]s,-stäbe)* comitato *m.* anticrisi. **Kri|sen|zeit** f. *(-,-en)* periodo *m.* di crisi.
Kri|sis f. *(-, Krisen)* MED. crisi *f.*
1.Kris|tall m. *(-s,-e)* CHIM. cristallo *m.*
2.Kris|tall n. *(-s)* **1** cristallo *m.*: ***Gläser aus ~*** bicchieri di cristallo; ***böhmisches ~*** cristallo di Boemia **2** *(Gegenstände aus Kristall)* cristalleria *f.*, cristalli *m.pl.* **kris|tall|ähn|lich, kris|tall|ar|tig** agg. cristallino, cristalloide. **Kris|tall|bil|dung** f. *(-,-en)* formazione *f.* di cristalli. **Kris|tall|che|mie** f. *(-)* cristallochimica *f.* **Kris|tall|de|tek|tor** m. *(-s,-en)* rivelatore *m.* (*o* detector *m.*) a cristallo. **Kris|tall|eis** n. *(-es)* ghiaccio *m.* cristallino. **kris|tal|len** agg. di cristallo. **Kris|tall|git|ter** n. *(-s,-)* reticolo *m.* cristallino. **Kris|tall|glas** n. *(-es,-gläser)* **1** cristallo *m.* **2** *(Trinkgefäß)* bicchiere *m.* di cristallo.
kris|tal|lin agg. ANT. → **kristallinisch. kris|tal|li|nisch** agg. cristallino.
Kris|tal|li|sa|ti|on f. *(-,-en)* cristallizzazione *f.* **Kris|tal|li|sa|ti|ons|punkt** m. *(-[e]s,-e)* CHIM. punto *m.* di cristallizzazione.
kris|tal|lisch agg. RAR. di cristallo.
kris|tal|li|sie|ren intr. (aus. *haben*) e rifl. **sich ~ 1** CHIM. cristallizzarsi **2** FIG. fissarsi, cristallizzarsi. **Kris|tal|li|sie|rung** f. *(-,-en)* cristallizzazione *f.*
Kris|tal|lit m. *(-s,-e)* cristallite *f.*
kris|tall|klar agg. cristallino, limpido come il cristallo. **Kris|tall|ku|gel** f. *(-,-n)* sfera *f.* di cristallo: ***aus einer ~ wahrsagen*** leggere il futuro in una sfera di cristallo. **Kris|tall|lüs|ter** m. *(-s,-)* lampadario *m.* di cristallo. **Kris|tall|nacht** f. *(-)* STOR. notte *f.* dei cristalli.
Kris|tal|lo|gra|phie f. *(-)* cristallografia *f.* **kris|tal|lo|gra|phisch** agg. cristallografico.
Kri|stal|lo|id n. *(-[e]s,-e)* cristalloide *m.*
Kris|tall|scha|le f. *(-,-n)* coppa *f.* di cristallo. **Kris|tall|va|se** f. *(-,-n)* vaso *m.* di cristallo. **Kris|tall|wa|ren** pl. cristallerie *f.pl.*, cristalli *m.pl.* **Kris|tall|was|ser** n. *(-s)* acqua *f.* di cristallizzazione. **Kris|tall|zu|cker** m. *(-s)* zucchero *m.* semolato.
Kris|ti|a|nia m. *(-s,-s)* SPORT cristiania *m.*
Kri|te|ri|um n. *(-s, Kriterien)* **1** criterio *m.*: ***ein ~ für etw. aufstellen, suchen*** stabilire (fissare), cercare un criterio per qcs.; ***etw. zum ~ machen*** scegliere qcs. come criterio; ***jdn, etw. nach bestimmten Kriterien wählen*** scegliere qcn., qcs. secondo determinati criteri **2** *(Kennzeichen)* contrassegno *m.*, segno *m.* distintivo **3** SPORT criterium *m.*
Kri|tik f. *(-,-en)* **1** critica *f.*: ***an jdm, etw. ~ äußern, üben, vorbringen*** fare, muovere, formulare una critica a qcn., qcs.; ***etw. einer ~ unterziehen*** sottoporre qcs. a una critica; ***auf heftige ~ stoßen*** incontrare dure critiche; ***sich jeder ~ enthalten*** sottrarsi ad ogni critica **2** *(Gruppe der Kritiker)* critica *f.*: ***die ~ beurteilte den Roman unterschiedlich*** sul romanzo la critica espresse pareri discordi **3** *(Rezension)* critica *f.*, recensione *f.*: ***über etw. eine ~ schreiben*** scrivere una recensione su qcs. ◆ COLLOQ. ***unter aller, unter jeder ~ sein*** essere molto scadente, al disotto di ogni aspettativa; COLLOQ. ***in, bei der ~ gut, schlecht wegkommen*** essere giudicato bene, male dalla critica.
Kri|ti|kas|ter m. *(-s,-)* SPREG. criticastro *m.*, critico *m.* di bassa lega.
Kri|ti|ker m. *(-s,-)* critico *m.*; *(Kritikenautor)* critico *m.*, recensore *m.*
kri|tik|fä|hig agg. capace (*o* in grado) di dare giudizi critici. **Kri|tik|fä|hig|keit** f. *(-)* facoltà *f.* (*o* capacità *f.*) critica. **kri|tik|los I** agg. privo di senso critico **II** avv. senza senso critico. **Kri|tik|lo|sig|keit** f. *(-)* mancanza *f.* di senso critico. **Kri|tik|sucht** f. *(-)* mania *f.* di criticare.
Kri|ti|kus m. *(-,-se)* ANT. O SCHERZ. → **Kritiker.**
kri|tisch I agg. **1** critico: ***ein -er Leser, Kommentar, Augenblick*** un lettore, un commento, un momento critico; ***das -e Alter*** l'età critica; ***mit -en Augen*** con occhio critico; *(gefährlich)* ***sein Gesundheitszustand ist ~*** le sue condizioni di salute sono critiche; ***die -e Stelle des Rennens*** il punto critico della gara; ***das -e Stadium einer Krankheit*** lo stadio critico di una malattia **2** *(entscheidend)* decisivo: ***der Prozess ist an einen -en Punkt gekommen*** il processo è giunto un punto decisivo **II** avv. in modo critico, con atteggiamento critico: ***~ gegenüber etw. eingestellt sein*** avere un atteggiamento critico nei confronti di, verso qcs. ◆ FIS. ***der Reaktor wird ~*** il reattore raggiunge il punto critico.
kri|ti|sie|ren tr. **1** criticare: ***etw. scharf, positiv, gut ~*** criticare qcs. aspramente, in modo positivo, fare una buona critica di qcs.; ***an allem etw. zu ~ haben*** avere qcs. da criticare in tutto (*o* trovare qcs. da ridire su tutto) **2** *(rezensieren)* recensire.
Kri|ti|zis|mus m. *(-)* criticismo *m.*
Krit|te|lei f. *(-,-en)* SPREG. mania *f.* di criticare. **Krit|te|ler** m. *(-s,-)* SPREG. criticone *m.* **krit|te|lig** agg. SPREG. criticone. **krit|teln** intr. (aus. *haben*) COLLOQ. ***an etw. (D), über etw. ~*** trovar da ridire in, su qcs. **Kritt|ler** → **Kritteler. kritt|lig** → **krittelig.**
Krit|ze|lei f. *(-,-en)* COLLOQ. SPREG. **1** il continuo scarabocchiare **2** *(Gekritzel)* scarabocchio *m.*, sgorbio *m.* **krit|ze|lig** agg. COLLOQ. SPREG. scarabocchiato. **krit|zeln I** tr. scarabocchiare: ***einen Namen auf ein Blatt Papier ~*** scarabocchiare un nome su un foglio di carta **II** intr. (aus. *haben*) fare degli scarabocchi. **kritz|lig** → **kritzelig.**

Kro|a|te m. *(-n,-n)* croato *m.* **Kro|a|ti|en** n.pr.n. *(-s)* Croazia *f.* **kro|a|tisch** agg. croato.

kroch → **kriechen.**

Kro|cket, Kro|cket n. *(-s)* croquet *m.* **kro|cket|tie|ren, kro|ckie|ren I** tr. bocciare (nelle bocce) **II** intr. (aus. *haben*) bocciare (nel croquet).

Kro|kant m. *(-s)* **1** croccante *m.* **2** *(Praline)* croccantino *m.* (ricoperto di cioccolato).

Kro|ket|te f. *(-,-n)* crocchetta *f.* (di patate).

Kro|ki n. *(-s,-s)* **1** schizzo *m.* topografico **2** *(künstlerische Skizze)* schizzo *m.*, abbozzo *m.* **kro|kie|ren** tr. schizzare: ***etw. ~*** schizzare qcs., fare lo schizzo di qcs.

Kro|ko n. *(-[s],-s)* accorc. → **Krokodilleder. Kro|ko|dil** n. *(-s,-e)* coccodrillo *m.* **Kro|ko|dil|le|der** n. *(-s)* pelle *f.* di coccodrillo, coccodrillo *m.* **Kro|ko|dils|trä|nen** pl. COLLOQ. lacrime *f.pl.* da coccodrillo: ***~ vergießen, weinen*** versare lacrime da coccodrillo. **Kro|ko|dil|wäch|ter** m. *(-s,-)* ORNIT. guardiano *m.* dei coccodrilli.

Kro|kus m. *(-,- e -se)* croco *m.*

Krol|le f. *(-,-n)* REGION. ricciolo *m.* **krol|len** tr. REGION. arricciare.

Kron|an|walt m. *(-[e]s,-anwälte)* STOR. procuratore *m.* della corona.

Krön|chen n. *(-s,-)* coroncina *f.*

Kro|ne f. *(-,-n)* **1a** corona *f.*: ***eine neunzackige, mit Rubinen besetzte ~*** una corona a nove punte, tempestata di rubini; ***jdm die ~ aufsetzen*** incoronare qcn. **b** *(Herrscherhaus)* Corona *f.*, corona *f.*: ***die englische ~*** la Corona inglese; ***im Dienst der ~ stehen*** essere al servizio della Corona **2a** *(Vollendung)* coronamento *m.*, culmine *m.*: ***die ~ des Glücks*** il culmine della felicità **b** *(das Höchste)* colmo *m.*, massimo *m.*: ***die ~ der Frechheit*** il colmo della sfacciataggine **3** *(von Wellen)* cresta *f.* **4** *(Baumkrone)* chioma *f.* **5a** *(Zahnkrone)* corona *f.* **b** *(Zahnkapsel)* capsula *f.* **6** *(Kronleuchter)* lampadario *m.* **7** BOT. *(von Blumen)* corolla *f.* **8** ZOOL. VENAT. corona *f.* **9** *(bei Uhren)* corona *f.*, bottone *m.* di carica **10** *(Dammkrone)* coronamento *m.* della diga **11** *(Währungseinheit)* corona *f.*: ***tschechische ~*** corona cecoslovacca ◆ COLLOQ. ***etw. (D) die ~ aufsetzen*** raggiungere il colmo di qcs.; ***das setzt allem die ~ auf*** questo è il colmo; ***dir bricht kein Zacken aus der ~*** → ***dir fällt keine Perle aus der ~; die dreifache ~ des Papstes*** la tiara papale; STOR. ***Eiserne ~*** corona ferrea; COLLOQ. ***jdm in die ~ fahren*** fare arrabbiare qcn.; ***was ist dir denn in die ~ gefahren?*** che (cosa) ti prende? ***dir fällt keine Perle, kein Stein aus der ~*** non muori (*o* ti sprechi) mica, non ti sciupi davvero; COLLOQ. ***einen in der ~ haben*** essere ubriaco; ***die ~ niederlegen*** abdicare; ***der Ruhm, Wein steigt ihm in die ~*** la fama, il vino gli dà alla testa.

krö|nen tr. **1** incoronare (anche FIG.): ***jdn zum König ~*** incoronare qcn. re; ***eine Burg krönt den Gipfel des Berges*** una rocca incorona la cima del monte **2** *(den abschließenden Höhepunkt bilden)* coronare: ***seine Anstrengungen waren von Erfolg gekrönt*** i suoi sforzi furono coronati dal successo; ***seine Laufbahn als Sportler mit einer olympischen Medaille ~*** coronare con una medaglia olimpica la propria carriera sportiva.

Kro|nen|boh|rer m. *(-s,-)* MECC. punta *f.* a corona. **Kro|nen|gold** n. *(-[e]s)* ANT. oro *m.* a 18 carati. **Kro|nen|hirsch** m. *(-es,-e)* cervo *m.* con grandi palchi. **Kro|nen|kor|ken** m. *(-s,-)* tappo *m.* a corona. **Kro|nen|kra|nich** m. *(-s,-e)* gru *f.* coronata. **Kro|nen|mut|ter** f. *(-,-n)* MECC. dado *m.* a corona. **Kro|nen|or|den** m. *(-s,-)* STOR. Ordine *m.* della Corona. **Kro|nen|ver|schluss** m. *(-es,-verschlüsse)* → **Kronenkorken.**

Kron|er|be m. *(-n,-n)* erede *m.* al trono. **Kron|gut** n. *(-[e]s,-güter)* bene *m.* della Corona. **Kron|ju|wel** n. e m. *(-s,-en)* gioiello *m.* della Corona. **Kron|ko|lo|nie** f. *(-,-n)* POL. colonia *f.* della Corona. **Kron|kor|ken** → **Kronenkorken. Kron|leuch|ter** m. *(-s,-)* lampadario *m.* ◆ COLLOQ. FIG. ***ihm geht ein ~ auf*** gli si accende una lampadina.

Kro|nos n.pr.m. Crono *m.*

Kron|prä|ten|dent m. *(-en,-en)* pretendente *m.* al trono. **Kron|prinz** m. *(-en,-en)* principe *m.* ereditario. **Kron|rat** m. *(-[e]s,-räte)* consiglio *m.* della Corona.

Krons|bee|re f. *(-,-n)* REGION. mirtillo *m.* rosso.

Kron|schatz m. *(-[e]s,-schätze)* tesoro *m.* della Corona.

Krö|nung f. *(-,-en)* **1** incoronazione *f.*: ***die ~ eines Kaisers*** l'incoronazione di un imperatore **2a** FIG. coronamento *m.*: ***die ~ seiner Bemühungen*** il coronamento delle sue fatiche **b** *(bedeutendster Moment)* culmine *m.*, momento *m.* culminante. **Krö|nungs|fei|er** f. *(-,-n)* festa *f.* dell'incoronazione. **Krö|nungs|fei|er|lich|keit** f. *(-,-en)* cerimonia *f.* dell'incoronazione.

Kron|zeu|ge m. *(-n,-n)* DIR. testimone *m.* della corona; *(Reumütiger)* pentito *m.*

Kropf m. *(-[e]s, Kröpfe)* **1** MED. gozzo *m.* **2** ORNIT. gozzo *m.*, ingluvie *f.* ◆ COLLOQ. ***überflüssig, unnötig wie ein ~ sein*** essere del tutto superfluo.

kröp|fen tr. **1** TECN. piegare a gomito; ***Rohre ~*** curvare tubi a collo d'oca **2** ARCH. FAL. collegare a doppio angolo retto **3** REGION. ingozzare, ingrassare: ***die Gänse ~*** ingrassare le oche **4** VENAT. inghiottire.

krop|fig agg. **1** con il gozzo, gozzuto **2** BOT. imbozzacchito. **Kropf|tau|be** f. *(-,-n)* piccione *m.* gozzuto.

Kröp|fung f. *(-,-en)* **1** VENAT. l'inghiottire **2** TECN. piegatura *f.* a gomito.

Kropp|zeug n. *(-[e]s)* COLLOQ. **1** SCHERZ. *(kleine Kinder)* bambinetti *m.pl.* **2** SPREG. *(Gesindel)* gentaglia *f.* **3** SPREG. *(unnützes Zeug)* roba *f.* inutile, cianfrusaglie *f.pl.* **4** *(Kleinvieh)* bestiame *m.* minuto.

Krö|se f. *(-,-n)* **1** capruggine *f.* **2** ANT. *(Halskrause)* gorgiera *f.*, collare *m.*

kross agg. REGION. croccante.

Krö|sus I n.pr.m. Creso *m.* **II** m. *(- e -ses,-se)* creso *m.*, riccone *m.*

Krö|te f. *(-,-n)* **1** rospo *m.* (anche FIG.) **2a** SCHERZ. *(freches Mädchen)* sfacciatella *f.*, piccola strega *f.* **b** *(als Schimpfwort)* ***dumme ~*** scema, cretina **3** *(Geld)* soldi *m.pl.*, quattrini *m.pl.*: ***meine paar -n*** i pochi soldi che ho ◆ ***eine ~ schlucken*** ingoiare il rospo. **Krö|ten|ech|se** f. *(-,-n)* frinosoma *m.* **Krö|ten|frosch** m. *(-es,-frösche)* pelobate *m.*

Kro|ton m. *(-s,-e)* croton *m.* **Kro|ton|öl** n. *(-[e]s)* olio *m.* di crotontiglio.

Krs. ⇒ *Kreis* distretto.

Krü|cke f. *(-,-n)* **1** gruccia *f.*, stampella *f.*: ***an -n gehen*** camminare con le stampelle; FIG. non reggersi in piedi **2** *(Griff)* manico *m.*, impugnatura *f.*: ***die ~ des Stocks*** l'impugnatura del bastone **3** COLLOQ. *(unfähiger Mesch)* incapace *m.* **4** COLLOQ. *(schlecht funktionierendes Gerät)* baracca *f.* **Kru|cken|kreuz, Krü|cken|kreuz** n. *(-es,-e)* croca *f.* potenziata.

Krück|stock m. *(-[e]s,-stöcke)* bastone *m.* a gruccia: FIG. ***das sieht, merkt doch ein Blinder mit dem ~*** lo vedrebbe anche un cieco.

Krug m. *(-[e]s, Krüge)* **1** brocca *f.*, boccale *m.*: ***ein ~ (mit) Wasser, voll Wein*** una brocca d'acqua, un boccale pieno di vino **2** REGION. *(Wirtshaus)* osteria *f.* ◆ PROV. ***der ~ geht so lange zum Brunnen, bis er bricht*** tanto va la gatta al lardo che ci lascia lo zampino.

Krü|gel n. *(-s,-)* AUSTR. boccale *m.*

Krü|ger m. *(-s,-)* REGION. oste *m.*

Kru|ke f. *(-,-n)* REGION. **1** *(Gefäß)* orciolo *m.* **2** *(Sonderling)* tipo *m.* originale, bizzarro: ***eine komische, verrückte ~*** un originale, un matto.

Krüll|schnitt m. *(-[e]s,-e)* trinciato *m.* medio.

Krüm|chen n. *(-s,-)* briciolina *f.*

Kru|me f. *(-,-n)* **1** briciola *f.*: ***eine ~ Brot*** una briciola di pane; ***etw. bis auf die letzte ~ essen*** mangiare qcs. fino all'ultima briciola **2** *(bisschen)* briciolo *m.*, poco *m.*: ***eine ~ Salz, Tabak*** un briciolo di sale, un po' di tabacco (*o* una presa presa di sale, di tabacco) **3** *(Inneres vom Brot)* mollica *f.* **4** *(Ackerkrume)* strato *m.* superiore del terreno.

Krü|mel m. *(-s,-)* **1** briciola *f.*; *(Krümchen)* briciolina *f.* **2** *(bisschen)* briciolo *m.*, poco *m.*: ***keinen ~ Zucker mehr haben*** non avere più neanche un briciolo di zucchero; ***nicht einen ~ Verstand haben*** non avere un briciolo d'intelligenza **3** COLLOQ. *(kleines Kind)* piccino *m.* **krü|me|lig** agg. **1** che si sbriciola, friabile **2** *(mit Krümeln bedeckt)* coperto, pieno di briciole. **Krü|mel|ku|chen** m. *(-s,-)* REGION. INTRAD. (dolce con una copertura granellata). **krü|meln** intr. (aus. *haben*) **1** *(in Krümel zerfallen)* sbriciolarsi (facilmente) **2** *(Krümel machen)* fare briciole: ***krümele nicht so sehr!*** non fare tutte quelle briciole! **Krü|mel|zu|cker** m. *(-s)* zucchero *m.* granellato. **krüm|lig** → **krümelig.**

krumm I agg. **1a** storto: ***-e Beine*** gambe storte **b** *(geschweift)* curvo, incurvato: ***-e Linien*** linee curve **c** *(bogenförmig)* arcuato **2** *(hakenförmig)* adunco, ricurvo: ***ein -er Schnabel*** un becco adunco; ***eine -e Nase*** un naso adunco (*o* aquilino) **3** *(bucklig)* curvo, gobbo: ***ein -er Rücken*** una schiena curva **4** COLLOQ. FIG. losco, poco pulito: ***eine -e Sache*** una faccenda poco pulita **II** avv. **1a** storto: COLLOQ. *(schief laufen)* ***~ gehen*** andare storto **b** *(geschweift)* curvo **2** *(bucklig)* gobbo: ***~ gehen*** camminare gobbo ◆ ***ein -er Betrag*** un importo decimale; ***etw. ~ biegen*** piegare, incurvare qcs.; COLLOQ. FIG. ***ein -es Ding drehen*** fare qcs. di losco; COLLOQ. FIG. ***-e Finger machen*** rubare, sgraffignare qcs.; ***sich ~ halten*** stare curvo; ***er ist ein -er Hund*** è un tipo losco; COLLOQ. ***sich ~ legen*** vivere di stenti; ***etw. ~ machen*** → ***etw. ~ biegen; ~ nehmen*** prendere a male; FIG. ***jdn ~ und lahm schlagen*** rompere, spaccare le ossa a qcn.; COLLOQ. FIG. ***etw. auf die -e Tour machen*** fare qcs. di losco; COLLOQ. FIG. ***-e Wege gehen*** prendere vie traverse, ricorrere a dei raggiri; ***~ werden*** piegarsi, incurvarsi. **krumm|bei|nig** agg. con le gambe storte. **Krumm|darm** m. *(-[e]s)* ileo *m.*

Krüm|me f. *(-,-n)* ANT. curva *f.*, svolta *f.*

krüm|men I tr. **1** piegare: ***den kleinen Finger ~*** piegare il mignolo **2** (in)curvare (anche FIG.): ***das Alter hat ihren Rücken gekrümmt*** l'età le ha incurvato la schiena **II** rifl. **sich ~ 1** *(sich beugen)* (in)curvarsi, piegarsi **2** *(sich winden)* contorcersi: ***sich vor Schmerzen ~*** contorcersi dal dolore **3a** *(eine Biegung machen)* svoltare, girare **b** *(krummlinig verlaufen)* procedere a curve, snodarsi: ***der Weg krümmt sich zwischen den Felsen*** il sentiero si snoda tra le rocce ◆ ***nach der Arbeit keinen Finger ~*** non alzare un dito dopo il lavoro; ***jdm kein Haar ~*** non torcere un capello a qcn.; ***sich ~ und winden*** cercare scappatoie; PROV. ***früh krümmt sich, was ein Häkchen werden will*** il buon giorno si vede dal mattino. **Krüm|mer** m. *(-s,-)* **1** IDR. gomito *m.* **2** TECN. *(Grubber)* coltivatore *m.*

Krumm|holz n. *(-es,-hölzer)* **1** *(Knieholz)* alberi *m.pl.* nani **2** *(gekrümmtes Stück Holz)* legno *m.* (ri)curvo. **Krumm|holz|kie|fer** f. *(-,-n)* pino *m.* mugo (*o* montano). **Krumm|horn** n. *(-[e]s,-hörner)* cornamuto *m.* torto. **krumm‿la|chen** rifl. **sich ~** COLLOQ. contorcersi dalle risate, dal ridere. **krumm|li|nig** agg. **1** curvilineo **2** *(voller Biegungen)* tortuoso, pieno di curve: ***eine -e Straße*** una strada tortuosa. **Krumm|sä|bel** m. *(-s,-)* scimitarra *f.* **Krumm|sche|re** f. *(-,-n)* forbici *f.pl.* ricurve. **Krumm|stab** m. *(-[e]s,-stäbe)* pastorale *m.*

Krüm|mung f. *(-,-en)* **1** (in)curvatura *f.*, curva *f.*; *(vom Fluss)* ansa *f.* **2a** ANAT. curvatura *f.*, ansa *f.* **b** *(der Wirbelsäule)* deviazione *f.* (laterale) **3** GEOM. curvatura *f.* **Krüm|mungs|halb|mes|ser** m. *(-s,-)* → **Krümmungsradius. Krüm|mungs|kreis** m. *(-es,-e)* cerchio *m.* osculatore. **Krüm|mungs|ra|di|us** m. *(-,-radien)* raggio *m.* di curvatura.

krum|pe|lig agg. REGION. sgualcito, spiegazzato. **krum|peln I** tr. REGION. (s)gualcire, spiegazzare **II** intr. (aus. *haben*) (s)gualcirsi, spiegazzarsi.

Krüm|per m. *(-s,-)* STOR. soldato *m.* (prussiano).

krumpf|echt agg. TESS. irrestringibile. **krump|fen I** tr. TESS. rendere irrestringibile, sanforizzare. **krumpf|frei** agg. → **krumpfecht.**

krump|lig → **krumpelig.**

Krupp m. *(-s)* crup (*o* grup) *m.*, difterite *f.* laringea.

Krup|pa|de f. *(-,-n)* EQUIT. groppata *f.*

Krup|pe f. *(-,-n)* groppa *f.*: ***auf der ~ des Pferdes sitzen*** stare in groppa al cavallo.

Krüp|pel m. *(-s,-)* storpio *m.*: ***zum ~ werden*** diventare storpio; ***jdn zum ~ machen*** rendere storpio (*o* storpiare) qcn. **krüp|pel|haft** agg. ***ein Mann, eine Frau von -em Wuchs*** uno storpio, una storpia. **Krüp|pel|haf|tig|keit** f. *(-)* storpiatura *f.* **krüp|pe|lig, krüpp|lig** agg. **1** storpio **2** *(von Bäumen)* deforme, storto.

krup|pös agg. crupale.

krü|seln intr. (aus. *haben*) REGION. girare, turbinare.

Krus|ta|zee f. *(-,-n)* crostaceo *m.*

Krus|te f. *(-,-n)* crosta *f.*: ***die ~ des Brotes, der Erde*** la crosta del pane, la crosta terrestre; ***die Wunde hat eine ~ gebildet*** sulla ferita si è formata una crosta. **Krus|ten|tier** n. *(-[e]s,-e)* → **Krustazee. krus|tig** agg. crostoso, con (*o* ricoperto da) una crosta.

Kru|zi|fe|ren pl. crocifere *f.pl.*

Kru|zi|fix, Kru|zi|fix n. *(-es,-e)* crocifisso *m.* **Kru|zi|fi|xus** m. *(-)* (Cristo *m.*) Crocifisso *m.*

Kru|zi|tür|ken inter. *~!* maledizione! accidenti!

Kry|o|lith m. *(-s* e *-en,-e[n])* criolite *f.* **Kry|o|lo|gie** f. *(-)* criologia *f.* **Kry|o|sko|pie** f. *(-,-n)* crioscopia *f.* **Kry|o|tech|nik** f. *(-)* criotecnica *f.* **Kry|o|the|ra|pie** f. *(-)* crioterapia *f.*

Kryp|ta f. *(-, Krypten)* ARCH. cripta *f.*

Kryp|te f. *(-,-n)* ANAT. cripta *f.*

kryp|tisch I agg. criptico **II** avv. cripticamente, in modo criptico.

Kryp|to|ga|men pl. crittogame *f.pl.* **kryp|to|gen, kryp|to|ge|ne|tisch** agg. criptogenetico. **Kryp|to|gramm** n. *(-s,-e)* crittogramma *m.* **Kryp|to|graph** m. *(-en,-en)* crittografo *m.* **Kryp|to|gra|phie** f. *(-,-n)* crittografia *f.*

Kryp|ton n. *(-s)* cripto *m.*

Kryp|to|nym n. *(-s,-e)* criptonimo *m.* **kryp|torch** agg. affetto da criptorchidia. **Kryp|tor|chis|mus** m. *(-, Kryptorchismen)* criptorchidia *f.*, criptorchidismo *m.*

Ksa|bi → **Kasba(h).**

Kt. ⇒ *Kanton* cantone.

Ku|ba n.pr.n. *(-s)* Cuba *f.* **Ku|ba|ner** m. *(-s,-)* cubano *m.* **ku|ba|nisch** agg. cubano, di Cuba.

Ku|ba|tur f. *(-,-en)* **1** cubatura *f.* **2** *(Erhebung zur dritten Potenz)* elevazione *f.* al cubo.

Kü|bel m. *(-s,-)* **1a** mastello *m.*; *(Eimer)* secchio *m.*; *(Blumen-, Pflanzenkübel)* vaso *m.* (di legno) **b** *(Abort in Gefängniszellen)* bugliolo *m.* **2** FIG. sacco *m.*, mucchio *m.*: ***ein ~ voll Bosheiten*** un mucchio di cattiverie ◆ ***es gießt aus, mit -n*** piove a catinelle. **kü|beln** COLLOQ. **I** tr. versare, rovesciare (da un secchio, mastello) **II** intr. (aus. *haben*) **1** bere, trincare **2** *(sich erbrechen)* vomitare, dare di stomaco. **Kü|bel|pflan|ze** f. *(-,-n)* pianta *f.* da vaso; *(im Kübel wachsende Pflanze)* pianta *f.* in vaso. **Kü|bel|wa|gen** m. *(-s,-)* **1** carro *m.* (merci) a casse **2** MIL. jeep *f.*

Ku|ben → **Kubus.**

ku|bie|ren tr. elevare al cubo (*o* alla terza potenza).

Ku|bik|de|zi|me|ter m. e n. *(-s,-)* decimetro *m.* cubo. **Ku|bik|in|halt** m. *(-[e]s,-e)* cubatura *f.*, capacità *f.* (cubica), volume *m.* **Ku|bik|in|halts|be|rech|nung** f. *(-,-en)* cubatura *f.*, calcolo *m.* del volume. **Ku|bik|ki|lo|me|ter** m. *(-s,-)* chilometro *m.* cubo. **Ku|bik|maß** n. *(-es,-e)* misura *f.* di volume. **Ku|bik|me|ter** m. e n. *(-s,-)* metro *m.* cubo. **Ku|bik|mil|li|me|ter** m. e n. *(-s,-)* millimetro *m.* cubo. **Ku|bik|wur|zel** f. *(-,-n)* radice *f.* cubica. **Ku|bik|zahl** f. *(-,-en)* numero *m.* cubico, cubo *m.* **Ku|bik|zen|ti|me|ter** m. e n. *(-s,-)* centimetro *m.* cubo.

ku|bisch agg. cubico.

Ku|bis|mus m. *(-)* cubismo *m.* **Ku|bist** m. *(-en,-en)* cubista *m.* **ku|bis|tisch** agg. cubista.

ku|bi|tal agg. MED. cubitale.

Ku|bus m. *(-, Kuben)* GEOM. MAT. cubo *m.*

Kü|che f. *(-,-n)* **1** cucina *f.*: ***in der ~ essen, helfen, stehen*** mangiare, aiutare, stare in cucina; ***in die ~ gehen*** andare in cucina; *(Kücheneinrichtung)* ***eine neue ~ kaufen*** comprare una cucina nuova; *(Art der Speise)* ***die französische, italienische ~*** la cucina francese, italiana; ***eine fette, feine ~*** una cucina grassa, raffinata; *(Kochen)* ***das Restaurant führt eine gute ~*** il ristorante ha una buona cucina; ***die ~ besorgen*** occuparsi della cucina, cucinare **2** *(Speisen)* cibi *m.pl.*, piatti *m.pl.*: ***kalte, warme ~*** piatti freddi, caldi **3** *(Küchenpersonal)* personale *m.* di cucina ◆ ***auftischen, was ~ und Keller zu bieten haben*** portare in tavola ogni ben di dio; ***in Teufels ~ kommen*** = mettersi nei pasticci (*o* nei guai).

Ku|chen m. *(-s,-)* dolce *m.*, torta *f.*: ***einen ~ im Ofen backen*** cuocere un dolce in forno; ***einen ~ machen*** fare una torta; ***ein Stück ~*** una fetta di torta; ***den ~ anschneiden*** cominciare a tagliare la torta; ***jdn zu Kaffee und ~ einladen*** invitare qcn. a prendere un caffè con la torta; ***kleine ~*** paste, pasticcini: ◆ ***ja, ~!*** neanche per idea! niente affatto! marameo! FIG. ***sich den ~ teilen*** spartirsi la torta.

Kü|chen|ab|fäl|le pl. rifiuti *m.pl.* domestici (*o* di cucina), immondizie *f.pl.* **Kü|chen|an|rich|te** f. *(-,-n)* → **Küchenschrank. Kü|chen|ar|beit** f. *(-,-en)* lavoro *m.* di (*o* in) cucina.

Ku|chen|bä|cker m. *(-s,-)* pasticciere *m.* **Ku|chen|blech** n. *(-[e]s,-e)* teglia *f.* (per dolci). **Ku|chen|brett** n. *(-[e]s,-er)* tagliere *m.*

Kü|chen|bü|fett, Kü|chen|buf|fet n. *(-[e]s,-s* e *-e)* → **Küchenschrank. Kü|chen|bul|le** m. *(-n,-n)* MIL. cuoco *m.* **Kü|chen|chef** m. *(-s,-s)* capocuoco *m.*, chef *m.* **Kü|chen|dienst** m. *(-[e]s,-e)* servizio *m.* in, di cucina. **Kü|chen|fee** f. *(-,-n)* SCHERZ. (grande) cuoca *f.* **Kü|chen|fens|ter** n. *(-s,-)* finestra *f.* della cucina.

Ku|chen|form f. *(-,-en)* forma *f.* da dolce. **Ku|chen|ga|bel** f. *(-,-n)* forchetta *f.* da dolce.

Kü|chen|gar|ten m. *(-s,-gärten)* orto *m.* **Kü|chen|ge|rät** n. *(-[e]s,-e)* **1** utensile *m.* da cucina **2** *(elektrisch)* (piccolo) elettrodomestico *m.* da cucina. **Kü|chen|ge|schirr** n. *(-[e]s,-e)* stoviglia *f.* da cucina. **Kü|chen|hand|tuch** n. *(-[e]s,-tücher)* canovaccio *m.*, asciugamano *m.* da cucina. **Kü|chen|herd** m. *(-[e]s,-e)* cucina *f.*, fornello *m.*, fornelli *m.pl.* **Kü|chen|hil|fe** f. *(-,-n)* aiuto *m.* di cucina, sguattera *f.* **Kü|chen|jun|ge** m. *(-n,-n)* sguattero *m.* **Kü|chen|kräu|ter** pl. erbe *f.pl.* aromatiche, odori *m.pl.* **Kü|chen|la|tein** n. *(-s)* IRON. latino *m.* maccheronico. **Kü|chen|mäd|chen** n. *(-s,-)*, **Kü|chen|magd** f. *(-,-mägde)* sguattera *f.* **Kü|chen|ma|schi|ne** f. *(-,-n)* robot *m.* da cucina. **Kü|chen|meis|ter** m. *(-s,-)* capocuoco *m.* **Kü|chen|mes|ser** n. *(-s,-)* coltello *m.* da cucina. **Kü|chen|per|so|nal** n. *(-s)* personale *m.* di cucina. **Kü|chen|scha|be** f. *(-,-n)* scarafaggio *m.* **Kü|chen|schel|le** f. *(-,-n)* BOT. pulsatilla *f.* **Kü|chen|schrank** m. *(-[e]s,-schränke)* credenza *f.*, buffet *m.* **Kü|chen|schür|ze** f. *(-,-n)* grembiule *m.* (da cucina).

Ku|chen|teig m. *(-[e]s,-e)* impasto *m.* del dolce. **Ku|chen|tel|ler** m. *(-s,-)* **1** piatto *m.* di, con dolci **2** *(Teller für Kuchen)* piattino *m.* da dolce (*o* da dessert).

Kü|chen|tisch m. *(-[e]s,-e)* tavolo *m.* da cucina. **Kü|chen|tuch** n. *(-[e]s,-tücher)* canovaccio *m.* (per asciugare i piatti). **Kü|chen|uhr** f. *(-,-en)* orologio *m.* da cucina. **Kü|chen|waa|ge** f. *(-,-n)* bilancia *f.* da cucina.

Ku|chen|zan|ge f. *(-,-n)* pinza *f.* per dolci.
Kü|chen|zei|le f. *(-)* cucina *f.* componibile. **Kü|chen|zet|tel** m. *(-s,-)* lista *f.* dei piatti (*o* delle vivande), menù *m.*
1.Küch|lein n. *(-s,-)* ANT. pulcino *m.*
2.Küch|lein n. *(-s,-)* dolcino *m.*, dolcetto *m.*
ku|cken REGION. → **gucken.**
Kü|cken AUSTR. → **Küken.**
ku|ckuck inter. cucù, cuccù. **Ku|ckuck** m. *(-s,-e)* **1** cuculo *m.*: ***den ~ rufen hören*** sentir cantare il cuculo **2** SCHERZ. *(Siegel des Gerichtsvollziehers)* sigillo *m.* (dell'ufficiale giudiziario) ◆ ***hol dich der ~!*** il diavolo ti porti! va' al diavolo! ***hol's der ~!*** al diavolo! accidenti! ***der hört den ~ nicht mehr rufen, schreien*** quello non arriverà alla prossima primavera; ***ein ~ unter Nachtigallen*** un profano fra gli esperti; ***scher dich zum ~!*** va' al diavolo! va' a quel paese! ***weiß der ~*** lo sa solo il diavolo; ***jdn zum ~ wünschen*** mandare qcn. al diavolo (*o* a quel paese); ***zum ~!*** al diavolo! ***wer, zum ~, hat das getan?*** chi diavolo è stato? ***etw. ist zum ~*** qcs. è andato a farsi benedire. **Ku|ckucks|ei** n. *(-[e]s,-er)* **1** uovo *m.* del cuculo **2a** COLLOQ. *(etwas Untergeschobenes)* sorpresa *f.* spiacevole, fregatura *f.*, grana *f.* **b** *(Kind)* bastardo *m.* ◆ ***jdm ein ~ ins Nest legen*** = fare una brutta sorpresa a qcn. **Ku|ckucks|licht|nel|ke** f. *(-,-n)* fior *m.* di cuculo. **Ku|ckucks|uhr** f. *(-,-en)* orologio *m.* a cucù.
Kud|del|mud|del m. e n. *(-s)* confusione *f.*, guazzabuglio *m.*
Ku|der m. *(-s,-)* gatto *m.* selvatico (maschio).
1.Ku|fe f. *(-,-n)* pattino *m.*
2.Ku|fe f. *(-,-n)* **1** REGION. mastello *m.*; *(Eimer)* secchio *m.*; *(Bottich)* tinozza *f.* **2** INTRAD. (antica misura di capacità per la birra).
Kü|fer m. *(-s,-)* **1** REGION. bottaio *m.* **2** *(Kellermeister)* cantiniere *m.* **Kü|fe|rei** f. *(-,-en)* REGION. **1** mestiere *m.* del, di bottaio **2** *(Arbeitsstätte)* officina *f.* del bottaio.
ku|fisch agg. cufico.
Ku|gel f. *(-,-n)* **1a** sfera *f.*: ***die Erde ist eine ~*** la terra è una sfera **b** *(beim Kegeln)* boccia *f.*, palla *f.* **c** *(Weihnachtskugel)* pallina *f.* **2** *(Kanonenkugel)* palla *f.*; *(Geschosskugel)* palla *f.*, pallottola *f.*: ***sich eine ~ in den Kopf schießen, durch den Kopf jagen*** spararsi un colpo in testa, bruciarsi le cervella; ***von einer verirrten ~ getroffen werden*** essere colpito da una pallottola vagante **3** SPORT peso *m.* **4** SPORT GERG. *(Ball)* sfera *f.*, palla *f.*: ***die ~ flog ins Tor*** la sfera finì in porta ◆ COLLOQ. ***eine ruhige ~ schieben*** battere la fiacca. **Ku|gel|ab|schnitt** m. *(-[e]s,-e)* segmento *m.* sferico. **Ku|gel|aus|schnitt** m. *(-[e]s,-e)* settore *m.* sferico. **Ku|gel|blitz** m. *(-es,-e)* fulmine *m.* globulare, sferico. **Kü|gel|chen** n. *(-s,-)* sferetta *f.*, pallina *f.* **Ku|gel|drei|eck** n. *(-s,-e)* triangolo *m.* sferico. **Ku|gel|fang** m. *(-[e]s,-fänge)* **1** parapalle *m.* **2** FIG. scudo *m.* **ku|gel|fest** agg. → **kugelsicher. Ku|gel|form** f. *(-,-en)* forma *f.* sferica. **ku|gel|för|mig** agg. sferico. **Ku|gel|ge|lenk** n. *(-s,-e)* **1** ANAT. articolazione *f.* sferica **2** TECN. giunto *m.* sferico. **Ku|gel|ha|gel** m. *(-s)* FIG. pioggia *f.* di proiettili. **Ku|gel|hau|be** f. *(-,-n)* calotta *f.* sferica. **ku|ge|lig I** agg. **1** sferico, rotondo, tondo **2** FIG. *(von dicken Menschen)* tondo, rotondetto **II** avv. sfericamente, a palla ◆ COLLOQ. ***sich ~ lachen*** farsi grasse (*o* matte) risate. **Ku|gel|kap|pe** f. *(-,-n)* → **Kugelhaube. Ku|gel|kopf** m. *(-es,-köpfe)* testina *f.* rotante. **Ku|gel|kopf|ma|schi|ne** f. *(-,-n)* macchina *f.* (da scrivere) con testina rotante. **Ku|gel|la|ger** n. *(-s,-)* cuscinetto *m.* a sfere.
ku|geln I tr. far rotolare: ***den Ball über den Gang ~*** far rotolare la palla attraverso il corridoio **II** rifl. **sich ~** rotolarsi: ***sich auf der Wiese, im Gras ~*** rotolarsi sul prato, nell'erba **III** intr. (aus. *sein*) rotolare: ***der Ball kugelt unter das Bett*** la palla rotola sotto il letto ◆ COLLOQ. ***sich vor Lachen ~*** farsi grasse risate, sbellicarsi dalle risa; COLLOQ. ***das ist zum Kugeln*** c'è da morir dal ridere.
Ku|gel|re|gen m. *(-s)* FIG. pioggia *f.* di proiettili. **ku|gel|rund** agg. **1** rotondo, sferico **2** SCHERZ. *(von Menschen)* rotondetto. **Ku|gel|schrei|ber** m. *(-s,-)* penna *f.* a sfera, biro *f.* **Ku|gel|seg|ment** n. *(-[e]s,-e)* segmento *m.* sferico. **Ku|gel|sek|tor** m. *(-s,-en)* settore *m.* sferico. **ku|gel|si|cher** agg. antiproiettile: ***eine -e Weste*** un giubbotto antiproiettile. **Ku|gel|spiel** n. *(-s)* gioco *m.* delle bocce, bocce *f.pl.* **Ku|gel|sto|ßen** n. *(-s)* SPORT lancio *m.* del peso. **Ku|gel|zo|ne** f. *(-,-n)* zona *f.* sferica. **kug|lig** → **kugelig.**
Kuh f. *(-, Kühe)* **1** mucca *f.*, vacca *f.*: ***die Kühe melken, auf die Weide treiben*** mungere, condurre al pascolo le mucche; ***die ~ hat gekalbt*** la vacca ha figliato **2** *(von Elefanten)* elefantessa *f.*; *(von Hirschen)* cerva *f.*; *(von Büffeln)* bufala *f.*; *(von Giraffen)* giraffa *f.* femmina ◆ ***blöde, dumme ~*** stupida oca, razza di oca; ***die ~ vom Eis kriegen*** risolvere un problema difficile; ***heilige ~*** vacca sacra; ***melkende ~*** vacca da latte; FIG. *(sehr einträgliches Unternehmen)* vacca da mungere; ***blinde ~ spielen*** giocare a mosca cieca; COLLOQ. ***dastehen wie die ~ vorm neuen Tor*** non sapere che pesci pigliare. **Kuh|an|ti|lo|pe** f. *(-,-n)* alcefalo *m.* **Kuh|blu|me** f. *(-,-n)* BOT. dente *m.* di leone. **Kuh|dorf** n. *(-[e]s,-dörfer)* SPREG. paesucolo *m.* **Kuh|dung** m. *(-[e]s)* letame *m.* **Kuh|eu|ter** n. e m. *(-s,-)* mammella *f.* di mucca. **Kuh|fla|den** m. *(-s,-)* sterco *m.* di mucca, di vacca. **Kuh|fuß** m. *(-es,-füße)* **1** TECN. piede *m.* di porco **2** MIL. GERG. *(Gewehr)* fucile *m.* **Kuh|glo|cke** f. *(-,-n)* campanaccio *m.* **Kuh|han|del** m. *(-s,-händel)* SPREG. mercanteggiamento *m.*, mercato *m.* delle uova. **kuh|han|deln** intr. (aus. *haben*) SPREG. mercanteggiare, fare il mercato delle uova. **Kuh|haut** f. *(-,-häute)* pelle *f.* di vacca ◆ COLLOQ. ***das geht auf keine ~*** questo è il colmo. **Kuh|hirt** m. *(-en,-en)* vaccaio *m.*, vaccaro *m.* **Kuh|kalb** n. *(-[e]s,-kälber)* vitella *f.*
kühl I agg. **1a** fresco: ***-e Luft*** aria fresca; ***-e Getränke*** bevande fresche **b** freddo, freddino: ***mir ist ein wenig ~*** ho un po' freddino **2** FIG. freddo: ***ein -er Empfang*** un'accoglienza fredda; ***~ (zu jdm) sein*** essere freddo (nei confronti di qcn.); *(frei von Gefühlen)* ***ein -er Rechner*** un freddo calcolatore; COLLOQ. ***einen -en Kopf bewahren*** conservare la mente lucida **II** avv. **1a** al fresco: ***etw. ~ lagern*** tenere qcs. al fresco, conservare qcs. in luogo fresco **b** ***etw. ~ servieren*** servire qcs. freddo **2** FIG. freddamente, con freddezza: ***etw. ~ erwidern*** ribattere qcs. freddamente. **Kühl|an|la|ge** f. *(-,-n)* impianto *m.* di refrigerazione. **Küh|le** f. *(-)* **1** fresco *m.*, frescura *f.* **2** FIG. freddezza *f.*
Kuh|le f. *(-,-n)* fossa *f.*
Kuh|le|der n. *(-s)* vacchetta *f.*
küh|len I tr. **1** raffreddare: ***den Motor mit Luft ~*** raffreddare il motore ad aria; ***Bier, Wein ~*** raffreddare la birra, il vino **2** rinfrescare: ***einem Kranken die Stirn ~*** rinfrescare la fronte a un malato **3** FIG. ***seinen Zorn, seine Rache an jdm ~*** sfogare la propria ira, vendetta su qcn. **II** rifl. ***sich (D) das Gesicht ~*** rinfrescarsi il viso.
Küh|ler m. *(-s,-)* **1** MOT. radiatore *m.* **2** CHIM. refrigeratore *m.* **3** secchiello *m.* del ghiaccio. **Küh|ler|fi|gur** f. *(-,-en)* figurina *f.* (posta sul radiatore). **Küh|ler|grill** m. *(-s,-s)* griglia *f.* del radiatore. **Küh|ler|hau|be** f. *(-,-n)* convogliatore *m.* (dell'aria) del radiatore.
Kühl|flüs|sig|keit f. *(-,-en)* liquido *m.* refrigerante. **Kühl|haus** n. *(-[e]s,-häuser)* magazzino *m.* frigorifero, cella *f.* frigorifera. **Kühl|ket|te** f. *(-,-n)* catena *f.* del freddo. **Kühl|mit|tel** n. *(-s,-)* refrigerante *m.* **Kühl|raum** m. *(-[e]s,-räume)* cella *f.* frigorifera. **Kühl|rip|pe** f. *(-,-n)* aletta *f.* di raffreddamento. **Kühl|rohr** n. *(-s,-e)* tubo *m.* di raffreddamento. **Kühl|schiff** n. *(-[e]s,-e)* nave *f.* frigorifera. **Kühl|schlan|ge** f. *(-,-n)* serpentina *f.* (*o* serpentino *m.*) di raffreddamento. **Kühl|schrank** m. *(-[e]s,-schränke)* frigorifero *m.* **Kühl|ta|sche** f. *(-,-n)* borsa *f.* termica. **Kühl|tru|he** f. *(-,-n)* congelatore *m.* **Kühl|turm** m. *(-[e]s,-türme)* torre *f.* di raffreddamento, refrigeratore *m.* a torre. **Küh|lung** f. *(-,-en)* **1a** raffreddamento *m.* **b** INDUSTR. refrigerazione *f.* **2** *(Vorrichtung zum Kühlen)* dispositivo *m.* di raffreddamento **3** *(kühle Luft)* frescura *f.*, fresco *m.* **Kühl|wa|gen** m. *(-s,-)* carro *m.* frigorifero; *(LKW)* camion *m.* frigorifero. **Kühl|was|ser** n. *(-s)* MOT. acqua *f.* di raffreddamento.
Kuh|milch f. *(-)* latte *m.* di mucca, latte *m.* vaccino. **Kuh|mist** m. *(-[e]s)* letame *m.*
kühn I agg. ardito, audace: ***eine -e Tat*** un'azione ardita; ***-e Ideen, Träume*** idee, sogni audaci; *(verwegen)* temerario; *(wagemutig)* ***eine -e Frage*** una domanda audace (*o* arrischiata) **II** avv. arditamente, audacemente. **Kühn|heit** f. *(-,-en)* ardimento *m.*, audacia *f.*: ***die ~ eines Gedankens, Plans*** l'audacia di un pensiero, di un piano; *(Verwegenheit)* temerarietà *f.* **kühn|lich** avv. ANT. arditamente.
Kuh|po|cken pl. VETER. vaiolo *m.* vaccino. **Kuh|rei|gen, Kuh|rei|hen** m. *(-s,-)* canto *m.* dei mandriani (alpini). **Kuh|schel|le** f. *(-,-n)* pulsatilla *f.* **Kuh|stall** m. *(-[e]s,-ställe)* stalla *f.* (delle, per le vacche). **kuh|warm** agg. ***-e Milch*** latte appena munto.
Ku|jon m. *(-s,-e)* SPREG. coglione *m.* **ku|jo|nie|ren** tr. COLLOQ. maltrattare, strapazzare.
k. u. k. ⇒ STOR. *kaiserlich und königlich* imperiale e regio.
Kü|ken n. *(-s,-)* **1** pulcino *m.*: ***~ aufziehen*** allevare pulcini **2a** FIG. COLLOQ. *(kleines Kind)* pulcino *m.*, piccolino *m.* **b** *(junges Mädchen)* ragazzina *f.*, ragazzetta *f.* **3** TECH. *(Teil eines Hahns)* maschio *m.* del rubinetto.
Ku|ku|ruz m. *(-[es])* REGION. AUSTR. mais *m.*, granoturco *m.*
Ku|lak m. *(-en,-en)* culaco *m.*
ku|lant agg. COMM. compiacente, condiscendente; ***-e Preise*** prezzi modici. **Ku|lanz** f. *(-)* compiacenza *f.*, condiscendenza *f.*
1.Ku|li m. *(-s,-s)* **1** coolie *m.* **2** SPREG. facchino *m.*: ***wie ein ~ arbeiten müssen*** dover sfacchinare, lavorare come un negro; ***jdn als ~ behandeln*** trattare qcn. come uno schiavo.
2.Ku|li m. *(-s,-s)* COLLOQ. (accorc. *Kugelschreiber*) biro *f.*
ku|li|na|risch agg. culinario: ***der -e Ruf eines Restaurants*** la fama

culinaria di un ristorante; ***-e Genüsse*** piaceri della tavola.

Ku|lis|se f. *(-,-n)* **1a** TEATR. quinta *f.*: ***die -n auf-, abbauen*** montare, smontare le quinte; ***die -n (ver)schieben*** cambiare le quinte; ***hinter den -n*** dietro le quinte (anche FIG.) **b** *(Publikum)* pubblico *m.*: ***vor großer ~ spielen*** recitare davanti a un grande pubblico **c** FIG. scenario *m.*: ***vor der eindrucksvollen ~ der Dolomiten*** davanti allo scenario grandioso delle Dolomiti **2** ECON. coulisse *f.* **3** *(bei Dampfmaschinen)* glifo *m.* ◆ COLLOQ. ***das ist doch alles nur ~*** è tutta scena, finzione! ***einen Blick hinter die -n tun, werfen*** gettare uno sguardo dietro le quinte. **Ku|lis|sen|schie|ber** m. *(-s,-)* macchinista *m.* teatrale. **Ku|lis|sen|wech|sel** m. *(-s)* cambio *m.* di scena.

Kul|ler|au|gen pl. SCHERZ. occhioni *m.pl.* tondi. **kul|lern** COLLOQ. **I** tr. far rotolare **II** intr. **1** (aus. *sein*) rotolare **2** *(im Kreis bewegen;* aus. *haben)* roteare ◆ COLLOQ. ***sich vor Lachen ~*** sbellicarsi dalle risate.

Kulm m. e n. *(-[e]s,-e)* cima *f.* arrotondata.

Kul|mi|na|ti|on f. *(-,-en)* **1** culmine *m.*: ***die ~ einer Karriere*** il culmine di una carriera **2** ASTR. culminazione *f.* **Kul|mi|na|ti|ons|punkt** m. *(-[e]s,-e)* **1** apice *m.*, culmine *m.* **2** ASTR. punto *m.* di culminazione. **kul|mi|nie|ren** intr. (aus. *haben*) culminare.

Kult m. *(-[e]s,-e)* culto *m.* (anche FIG.): ***der christliche ~*** il culto cristiano; ***mit jdm, etw. einen (richtigen) ~ treiben*** avere un (vero) culto per qcn., qcs. **Kult|bild** n. *(-[e]s,-er)* immagine *f.* sacra, di culto. **Kult|buch** n. *(-[e]s,-bücher)* libro *m.* di culto, cult book *m.* **Kult|film** m. *(-[e]s,-e)* film *m.* di culto, cult movie *m.* **Kult|ge|mein|schaft** f. *(-,-en)* comunità *f.* liturgica. **Kult|hand|lung** f. *(-,-en)* azione *f.* rituale; *(von christlicher Religion)* liturgia *f.* **kul|tisch** agg. del culto, rituale; liturgico: ***-e Feiern*** festività liturgiche.

Kul|ti|va|tor m. *(-s,-en)* AGR. TECN. coltivatore *m.*

kul|ti|vier|bar agg. coltivabile. **kul|ti|vie|ren** tr. **1** *(bebauen, anpflanzen)* coltivare: ***Land, Mais ~*** coltivare la terra, il mais **2** *(urbar machen)* bonificare **3a** FIG. coltivare: ***eine Freundschaft ~*** coltivare un'amicizia **b** *(pflegen)* curare: ***sein Aussehen ~*** curare il proprio aspetto **4** FIG. *(verfeinern)* affinare: ***seinen Geschmack ~*** affinare il proprio gusto. **kul|ti|viert I** p.pass. agg. **1** → **kultivieren** **2** *(gebildet)* colto **3** *(gut erzogen)* (ben) educato **4a** *(gepflegt, vornehm)* curato, distinto: ***ein -er Herr*** un signore distinto **b** *(verfeinert)* raffinato: ***eine -e Ausdrucksweise haben*** avere un modo raffinato di esprimersi **c** *(ausgebildet)* educato: ***eine -e Stimme*** una voce educata **II** avv. **1** educatamente, in modo educato: ***sich ~ benehmen*** comportarsi educatamente **2** *(verfeinert)* in modo raffinato. **Kul|ti|viert|heit** f. *(-,-en)* distinzione *f.*, raffinatezza *f.* **Kul|ti|vie|rung** f. *(-,-en)* **1** coltivazione *f.* **2** *(Urbarmachen)* bonifica *f.* **3** FIG. affinamento *m.*, perfezionamento *m.*

Kult|stät|te f. *(-,-n)* luogo *m.* di culto.

Kul|tur f. *(-,-en)* **1a** civiltà *f.*: ***die abendländische, altgriechische ~*** la civiltà occidentale, greca antica **b** spec. pl. cultura *f.*: ***primitive -en*** culture primitive **2** *(Bildung)* cultura *f.*: ***ein Mensch von hoher ~*** una persona di grande cultura **3** *(Kultiviertheit)* raffinatezza *f.*: ***keine ~ besitzen*** essere rozzo; ***Sinn für ~ haben*** apprezzare la raffinatezza **4a** AGR. coltivazione *f.*: ***die ~ des Bodens verbessern*** migliorare la coltivazione del terreno **b** *(Anbau)* coltivazione *f.*, coltura *f.*; *(das Gepflanzte)* piantagione *f.* **5** BIOL. coltura *f.*: ***bakteriologische -en anlegen*** allevare colture batteriche ◆ ***in ~ nehmen*** mettere a coltura, coltivare; COLLOQ. ***~ aus der Röhre*** = programmi televisivi; ***eine Stimme mit ~*** una voce educata (al canto); COLLOQ. ***~ tanken*** fare un bagno di cultura; COLLOQ. ***von der ~ unbeleckt sein*** non essere toccato dalla civiltà, non essere civilizzato. **Kul|tur|ab|kom|men** n. *(-s,-)* accordo *m.* culturale. **Kul|tur|at|ta|ché** [-'ʃe:] m. *(-s,-s)* addetto *m.* culturale. **Kul|tur|aus|tausch** m. *(-es,-e)* scambio *m.* culturale. **Kul|tur|ba|nau|se** m. *(-n,-n)* SPREG. = uomo *m.* privo di senso artistico. **Kul|tur|bau** m. *(-[e]s,-ten)* edificio *m.* destinato ad attività culturali. **Kul|tur|bei|la|ge** f. *(-,-n)* inserto *m.* culturale. **Kul|tur|be|trieb** m. *(-[e]s)* COLLOQ. vita *f.* culturale, attività *f.pl.* culturali. **Kul|tur|beu|tel** m. *(-s,-)* COLLOQ. borsetta *f.*, nécessaire *m.* da viaggio (per la toilette). **Kul|tur|bo|den** m. *(-s,-böden)* **1** terreno *m.* agricolo, coltivato **2** FIG. terreno *m.* culturale. **Kul|tur|denk|mal** n. *(-[e]s,-mäler)* monumento *m.* storico.

kul|tu|rell I agg. culturale **II** avv. culturalmente, per quanto riguarda la cultura.

Kul|tur|epo|che f. *(-,-n)* epoca *f.* culturale. **Kul|tur|er|be** n. *(-)* eredità *f.* culturale. **kul|tur|fä|hig** agg. coltivabile. **Kul|tur|film** m. *(-s,-e)* filmato *m.* didattico; *(dokumentarischer Film)* documentario *m.* **Kul|tur|form** f. *(-,-en)* **1** forma *f.* culturale **2** BOT. varietà *f.* coltivata. **Kul|tur|ge|schich|te** f. *(-,-n)* storia *f.* della civiltà. **kul|tur|ge|schicht|lich I** agg. storico-culturale **II** avv. dal punto di vista storico-culturale. **Kul|tur|gut** n. *(-[e]s,-güter)* bene *m.* culturale. **Kul|tur|haus** n. *(-[e]s,-häuser)* centro *m.* culturale. **kul|tur|his|to|risch** → **kulturgeschichtlich.** **Kul|tur|ho|heit** f. *(-)* potere *m.* decisionale in materia culturale. **Kul|tur|kampf** m. *(-[e]s)* INTRAD. STOR. (lotta *f.* tra Stato e Chiesa in Germania negli anni 1871-87). **Kul|tur|kreis** m. *(-[e]s,-e)* **1** sfera *f.* (*o* ambiente *m.*) culturale **2** ARCHEOL. cultura *f.*: ***prähistorische -e*** culture preistoriche. **Kul|tur|land|schaft** f. *(-,-en)* paesaggio *m.* antropizzato. **Kul|tur|le|ben** n. *(-s)* vita *f.* culturale. **kul|tur|los** agg. senza cultura. **Kul|tur|ma|ga|zin** n. *(-s,-e)* rivista *f.* culturale; RAD. TELEV. programma *m.*, rubrica *f.* culturale. **Kul|tur|mensch** m. *(-en,-en)* uomo *m.* civilizzato, civile. **Kul|tur|mi|nis|te|ri|um** n. *(-s,-ministerien)* ministero *m.* della cultura. **Kul|tur|nach|rich|ten** pl. notiziario *m.* culturale. **Kul|tur|pflan|ze** f. *(-,-n)* pianta *f.* coltivata. **Kul|tur|po|li|tik** f. *(-)* politica *f.* culturale. **kul|tur|po|li|tisch I** agg. politico-culturale **II** avv. dal punto di vista politico-culturale. **Kul|tur|pro|gramm** n. *(-[e]s,-e)* programma *m.* culturale. **Kul|tur|raum** m. *(-[e]s,-räume)* spazio *m.* culturale. **Kul|tur|re|fe|rent** m. *(-en,-en)* incaricato *m.* (*o* addetto *m.*) culturale. **Kul|tur|re|vo|lu|ti|on** f. *(-,-en)* rivoluzione *f.* culturale. **Kul|tur|schaf|fen|de** m. e f. *(-n,-n)* EX-RDT operatore *m.* (operatrice *f.*) culturale. **Kul|tur|schock** m. *(-[e]s)* SOCIOL. choc *m.* culturale. **Kul|tur|stät|te** f. *(-,-n)* centro *m.* (*o* luogo *m.*) culturale, di cultura. **Kul|tur|stu|fe** f. *(-,-n)* livello *m.* culturale. **Kul|tur|sze|ne** f. *(-)* ambienti *m.pl.* della cultura. **Kul|tur|trä|ger** m. *(-s,-)* portatore *m.* di cultura. **Kul|tur|ver|an|stal|tung** f. *(-,-en)* manifestazione *f.* culturale. **Kul|tur|volk** n. *(-[e]s,-völker)* popolo *m.* civile. **Kul|tur|zent|rum** n. *(-s,-zentren)* centro *m.* culturale.

Kul|tus m. *(-)* **1** culto *m.* **2** BUROCR. cultura *f.*, affari *m.pl.* culturali. **Kul|tus|frei|heit** f. *(-)* libertà *f.* di culto. **Kul|tus|ge|mein|de** f. *(-,-n)* comunità *f.* religiosa. **Kul|tus|mi|nis|ter** m. *(-s,-)* ministro *m.* della cultura e dell'istruzione pubblica. **Kul|tus|mi|nis|te|ri|um** n. *(-s,-ministerien)* ministero *m.* della cultura e dell'istruzione pubblica.

Küm|mel m. *(-s,-)* **1** BOT. cumino *m.* tedesco (*o* dei prati), carvi *m.* **2** *(Gewürz)* cumino *m.*, comino *m.* **3** → **Kümmelbranntwein.** **Küm|mel|brannt|wein** m. *(-[e]s)* acquavite *f.* di cumino, kümmel *m.* **Küm|mel|brot** n. *(-[e]s,-e)* pane *m.* al cumino.

küm|meln I tr. **1** preparare con il cumino: ***den Brotteig ~*** aggiungere il cumino all'impasto del pane **2** COLLOQ. *(trinken)* bere: ***einen ~*** bere una grappa **II** intr. (aus. *haben*) COLLOQ. bere alcolici.

Küm|mel|tür|ke m. *(-n,-n)* COLLOQ. SPREG. **1** *(Türke)* (immigrato *m.*) turco *m.* **2** ANT. *(Spießbürger)* piccolo borghese *m.*, borghesuccio *m.* **3** ANT. *(als Schimpfwort)* stupido *m.*, scimunito *m.* ◆ COLLOQ. ***wie ein ~ ackern, arbeiten*** lavorare come un negro; COLLOQ. ***wie ein ~ saufen*** bere come una spugna.

Kum|mer m. *(-s)* dispiacere *m.*, dolore *m.*; *(Sorge)* preoccupazione *f.*, affanno *m.*: ***~ haben*** avere dei dispiaceri, delle preoccupazioni; ***vor ~ sterben*** morire dal, di dolore; ***jdm ~ machen (bereiten), verursachen, zufügen*** dare, causare, arrecare dei dispiaceri a qcn.; ***über etw., um, über jdn ~ empfinden*** provare dispiacere per qcs., qcn. ◆ ***mit seinem ~ fertig werden*** superare i dispiaceri; COLLOQ. ***seinen ~ mit Alkohol hinunterspülen*** annegare i propri dispiaceri nell'alcool; ***das soll mein kleinster ~ sein*** questa è l'ultima cosa a cui penso; ***sich um etw., jdn ~ machen*** darsi pensiero, preoccuparsi per qcs., qcn.; COLLOQ. ***was hast du denn für ~?*** che cosa ti preoccupa? ***zu jds großem ~*** con gran dispiacere di qcn.

Küm|me|rer m. *(-s,-)* **1** animale *m.* non ben sviluppato **2** AGR. pianta *f.* non ben sviluppata.

küm|mer|lich I agg. **1** esile, gracile: ***ein -er Körperbau*** una corporatura esile **2** *(ärmlich)* misero, povero: ***ein -es Dasein führen*** condurre un'esistenza misera **3a** scarso, misero: ***-e Portionen, Ergebnisse*** porzioni scarse, risultati scarsi; ***von einer -en Rente leben müssen*** dover vivere con una misera pensione **b** misero, poco sviluppato: ***eine -e Vegetation*** una misera vegetazione **II** avv. miseramente, poveramente: ***~ leben*** vivere miseramente.

Küm|mer|ling m. *(-s,-e)* SPREG. tipo *m.* gracilino.

küm|mern I rifl. **1** ***sich um jdn, etw. ~*** occuparsi di qcn., qcs.: ***sich um die Kinder, um den Haushalt ~*** occuparsi dei bambini, dei lavori domestici; ***kümmere dich um deine eigenen Angelegenheiten!*** occupati dei fatti tuoi! fatti gli affari tuoi! **2** *(sich sorgen)* prendersi cura: ***sich um die alten Eltern ~*** prendersi cura dei genitori anziani **II** tr. riguardare, interessare: ***das kümmert dich nicht*** questo non ti riguarda; ***was kümmert's mich?*** che me ne importa? **III** intr. (aus. *haben*) crescere stentatamente. **Küm|mer|nis** f. *(-,-se)* → **Kummer.**

Kum|mer|speck m. *(-[e]s)* COLLOQ. ciccia *f.* (di chi, per i suoi dispiaceri, mangia troppo): ***~ ansetzen*** metter su ciccia. **kum|mer|**

voll I agg. pieno di dispiaceri, afflitto: ***eine -e Miene*** un'espressione afflitta **II** avv. con afflizione: ***~ aussehen*** avere un'aria afflitta.
Kum|met n. e SVIZZ. m. *(-s,-e)* collare *m.*
Kum|pan m. *(-s,-e)* COLLOQ. **1** compagno *m.* **2** *(Mittäter)* SPREG. compare *m.* **3** *(Kerl)* tipo *m.*, individuo *m.* **Kum|pa|nei** f. *(-,-en)* COLLOQ. **1** compagnia *f.* **2** *(Zusammengehörigkeitsgefühl)* spirito *m.* cameratesco (*o* di corpo) **3** amicizia *f.*: ***mit jdm ~ machen*** fare amicizia con qcn.
Kum|pel m. *(-s,-)* **1** *(Bergmann)* minatore *m.* **2** COLLOQ. *(Arbeitskollege)* compagno *m.* di lavoro. **kum|pel|haft** agg. da compagnone.
küm|peln tr. bordare.
Kum|pen m. *(-s,-)* REGION. (grossa) scodella *f.*
Kumpf m. *(-[e]s,-e* e *Kümpfe)* REGION. **1** *(Schüssel)* (piccola) scodella *f.* **2** contenitore *m.* della cote.
Kumt → **Kummet.**
Ku|mu|la|ti|on f. *(-,-en)* accumulo *m.* **ku|mu|la|tiv** agg. cumulativo. **ku|mu|lie|ren I** tr. **1** accumulare **2** concentrare: ***Stimmen auf einen Kandidaten ~*** concentrare i voti su di un candidato **II** intr. (aus. *haben*) e rifl. **sich** ~ accumularsi. **ku|mu|lie|rend** p.pres. agg. **1** → **kumulieren 2** che accumula ◆ ***-e Bibliographie*** bibliografia (continuamente) aggiornata. **Ku|mu|lie|rung** f. *(-,-en)* accumulazione *f.* **Ku|mu|lo|nim|bus** m. *(-,-se)* cumulonembo *m.* **Ku|mu|lus** m. *(-, Kumuli)* METEOR. cumulo *m.*
kund agg. ANT., ***jdm etw. ~ und zu wissen tun*** rendere noto qcs. a qcn. **kund|bar** agg. ANT., ***jdm ~ werden*** diventare noto per qcn.
künd|bar agg. **1a** revocabile, annullabile, che si può disdire **b** COMM. redimibile: ***eine -e Anleihe*** un prestito redimibile (*o* rimborsabile) **2** *(von Personen)* licenziabile. **Künd|bar|keit** f. *(-)* COMM. redimibilità *f.*
1.Kun|de m. *(-n,-n)* **1** cliente *m.*; *(Käufer)* acquirente *m.*, compratore *m.*: ***ein guter, langjähriger ~*** un buon cliente, un cliente da tanti anni; ***der Konkurrenz -n abspenstig machen*** portare via clienti alla concorrenza; ***er gehört, zählt zu seinen ältesten, besten -n*** è uno dei suoi clienti più vecchi, migliori; ***einen -n bedienen*** servire un cliente; ***-n werben*** attirare clienti **2** GERG. *(Landstreicher)* vagabondo *m.* **3** COLLOQ. SPREG. *(Kerl)* tipo *m.* ◆ ***Dienst am -n*** servizio di assistenza alla clientela, servizio clienti; ***hier ist der ~ König*** il cliente ha sempre ragione.
2.Kun|de f. *(-)* ANT. **1** *(Nachricht)* notizia *f.*, nuova *f.*: ***jdm gute ~ bringen*** portare, dare buone notizie a qcn. **2** *(Kenntnis)* conoscenza *f.*: ***von, über etw. ~ erhalten*** venire a conoscenza di qcs. ◆ ***jdm von etw. ~ geben*** informare qcn. di qcs.
kün|den I tr. **1** annunciare **2** SVIZZ. *(kündigen)* licenziare **II** intr. (aus. *haben*) ***von etw. ~*** parlare, dare notizia di qcs.
Kun|den|be|ra|tung f. *(-,-en)* **1** consulenza *f.*, assistenza *f.* ai clienti **2** *(Beratungsstelle)* ufficio *m.* assistenza clienti. **Kun|den|be|such** m. *(-[e]s,-e)* visita *f.* ai clienti. **Kun|den|dienst** m. *(-[e]s,-e)* **1** servizio *m.* (di assistenza ai) clienti **2** *(Geschäftsstelle)* ufficio *m.* assistenza (ai clienti). **Kun|den|fang** m. *(-[e]s)* accaparramento *m.* di clienti ◆ ***auf ~ (aus) gehen*** cercare di accaparrarsi i clienti, andare a caccia di clienti. **Kun|den|kar|tei** f. *(-,-en)* schedario *m.* dei clienti. **Kun|den|kre|dit** m. *(-[e]s,-e)* **1** credito *m.* ai clienti, alla clientela **2** *(Anzahlung)* caparra *f.*, acconto *m.* **Kun|den|kreis** m. *(-[e]s)* clientela *f.* **Kun|den|wer|bung** f. *(-)* propaganda *f.* (per attirare clienti).
Kund|ga|be f. *(-)* il manifestare, il rendere noto. **kund‿ge|ben** *(gibt, gab, gegeben)* tr. annunciare, rendere noto, comunicare: ***jdm seine Pläne, Meinung ~*** comunicare a qcn. i propri progetti, fare sapere a qcn. la propria opinione. **Kund|ge|bung** f. *(-,-en)* **1** *(öffentliche Versammlung)* dimostrazione *f.*, manifestazione *f.*: ***eine ~ gegen den Krieg abhalten, veranstalten*** tenere, organizzare una manifestazione contro la guerra **2** ANT. *(das Kundgeben)* comunicazione *f.*
kun|dig agg. esperto, competente: ***ein -er Fachmann, Rat*** un tecnico esperto, un consiglio (da) competente; ***des Deutschen, des Weges (nicht) ~ sein*** (non) conoscere bene il tedesco, la strada; ***etw. von -er Seite wissen*** sapere qcs. da fonte ben informata. **Kun|di|ge** m. *(-n,-n)* esperto *m.*, persona *f.* competente.
kün|di|gen I tr. **1a** disdire, revocare: ***einen Kredit, Vertrag ~*** revocare un credito, disdire un contratto; ***eine Hypothek ~*** riscattare un'ipoteca; ***Gelder ~*** richiamare soldi; ***jdm eine Wohnung ~*** dare lo sfratto a qcn. **b** FIG. ***jdm die Freundschaft, den Gehorsam ~*** rompere l'amicizia con qcn., rifiutarsi di obbedire (oltre) a qcn. **2** AUSTR. COLLOQ. ***jdn (fristlos) ~*** licenziare, BUROCR. dimissionare qcn.; ***aus wichtigem Grund ~*** licenziare per giusta causa **II** intr. (aus. *haben*) **1a** ***jdm ~*** licenziare, BUROCR. dimissionare qcn., indurre qcn. a dare le dimissioni **b** ***einem Mieter ~*** sfrattare un inquilino **2** *(sein Arbeitsverhältnis lösen)* dare (*o* presentare) le dimissioni, licenziarsi: ***zum Ersten ~*** dare le dimissioni dal primo (del mese).
Kün|di|gung f. *(-,-en)* **1a** disdetta *f.*, revoca *f.*; *(von Anleihen)* riscatto *m.* **b** *(Kündigungsfrist)* preavviso *m.* **2a** *(Entlassung)* licenziamento *m.*, dimissione *f.* **b** *(Kündigungsschreiben)* lettera *f.* di licenziamento: ***jdm die ~ schicken*** mandare a qcn. la lettera di licenziamento **3** *(Aufgabe einer Stelle)* dimissioni *f.pl.* ◆ ***die ~ anfechten*** impugnare il licenziamento; ***außerordentliche ~*** recesso per giusta causa; ***jdm die ~ aussprechen*** licenziare qcn.; ***befristete ~*** disdetta con preavviso; ***fristlose ~*** disdetta senza preavviso; *(Entlassung)* licenziamento senza preavviso (*o* in tronco); ***unrechtmäßige ~*** licenziamento per motivi illeciti. **Kün|di|gungs|frist** f. *(-,-en)* **1** termine *m.* (*o* periodo *m.*) di disdetta **2** *(bei Arbeitsverhältnissen)* preavviso *m.*: ***mit monatlicher ~*** con preavviso di un mese. **Kün|di|gungs|grund** m. *(-[e]s,-gründe)* **1** motivo *m.* di disdetta **2** *(bei Arbeitsverhältnissen)* causa *f.* di, del licenziamento. **Kün|di|gungs|schrei|ben** n. *(-s,-)* **1** lettera *f.* (*o* avviso *m.*) di licenziamento **2** *(von Arbeitnehmerseite)* (lettera *f.* di) dimissioni *f.pl.* **Kün|di|gungs|schutz** m. *(-es)* tutela *f.* (*o* protezione *f.*) contro licenziamenti ingiustificati: ***~ genießen*** essere tutelati contro licenziamenti ingiustificati. **Kün|di|gungs|ter|min** m. *(-s,-e)* **1** termine *m.* di disdetta **2** *(bei Arbeitsverhältnissen)* termine *m.* di preavviso.
Kun|din f. *(-,-nen)* cliente *f.*
kund‿ma|chen tr. AUSTR. rendere noto (pubblicamente), divulgare; *(Gesetze)* pubblicare. **Kund|ma|chung** f. *(-,-en)* REGION. divulgazione *f.*, annuncio *m.*; *(von Gesetzen)* pubblicazione *f.*
Kund|schaft f. *(-,-en)* **1a** clientela *f.*, clienti *m.pl.* **b** AUSTR. *(Kunde)* cliente *m.* **2** ANT. *(Erkundung)* perlustrazione *f.*, ricognizione *f.*: ***auf ~ ausgehen*** andare in perlustrazione (*o* in ricognizione); ***jdn auf ~ aussenden, schicken*** mandare qcn. in perlustrazione (*o* in ricognizione) **3** ANT. *(Nachricht)* notizia *f.*, notizie *f.pl.*: ***jdm ~ (von etw.) bringen*** portare notizie (di qcs.) a qcn. **kund|schaf|ten** intr. (aus. *haben*) ANT. andare in perlustrazione (*o* in ricognizione). **Kund|schaf|ter** m. *(-s,-)* esploratore *m.*, perlustratore *m.*
kund‿tun tr. *(tat, getan)* → **kundgeben. kund‿wer|den** intr. *(wird, wurde, geworden*; aus. *sein)* ANT. **1** essere comunicato, essere reso noto, divenire noto **2** ***einer Verschwörung ~*** venire a conoscenza di un complotto.
ku|ne|i|form agg. cuneiforme.
künf|tig I agg. **1** futuro: ***die -en Generationen*** le generazioni future; ***seine -e Frau*** la sua futura moglie **2** *(nächst)* prossimo, venturo: ***-en Monats*** il mese prossimo **II** avv. in (*o* nel) futuro, in avvenire; *(von nun an)* d'ora innanzi. **künf|tig|hin** avv. in (*o* nel) futuro, in avvenire; *(von nun an)* d'ora innanzi.
kun|geln intr. (aus. *haben*) COLLOQ. ***mit jdm (um etw.) ~*** accordarsi in segreto con qcn. (su qcs.).
Kung-Fu n. *(-[s])* kung fu *m.*
Ku|ni|gun|de n.pr.f. Cunegonda *f.*
Kun|kel f. *(-,-n)* REGION. rocca *f.*, conocchia *f.*
Kunst f. *(-, Künste)* **1a** arte *f.*: ***die antike, moderne, zeitgenössische ~*** l'arte antica, moderna, contemporanea; ***bildende ~*** arte figurativa; ***die ~ des Barocks, des Mittelalters*** l'arte barocca, medievale; ***die ~ Bachs*** l'arte di Bach; ***sich mit ~ befassen, beschäftigen*** occuparsi d'arte, lavorare nel campo dell'arte; ***die Künste fördern*** promuovere le arti; ***etwas, nichts von ~ verstehen*** capire qcs., non capire nulla di arte **b** FIG. ***die ~ des Fechtens, Reitens, Schreibens*** l'arte della scherma, equestre, dello scrivere **2** *(Kunstwerke)* opere *f.pl.* d'arte: ***~ sammeln*** collezionare opere d'arte **3** *(Fähigkeit)* arte *f.*, capacità *f.*, abilità *f.*: ***seine Künste zeigen*** far mostra delle proprie arti ◆ ***Akademie der (schönen) Künste*** Accademia d'Arte, delle Belle Arti; ***die ärztliche ~*** l'arte medica; ***die ganze ~ besteht darin, dass...*** tutto sta nel...; ***eine brotlose ~*** un'arte che non dà di che vivere; ***mit seiner ~ am Ende sein*** avere esaurito tutte le proprie risorse, non sapere più che fare; ***das ist keine ~!*** non ci vuole molta scienza! bella forza! ***nach allen Regeln der ~*** a regola d'arte; ***die schwarze ~*** la magia; *(Kunst des Buchdrucks)* l'arte della stampa; COLLOQ. ***~ sein*** essere sintetico, artificiale: ***diese Tasche ist ~*** questa borsa è di pelle finta; ***die sieben freien Künste*** le sette arti liberali; ***alle seine Künste spielen lassen*** usare tutte le proprie arti, ricorrere a tutti i mezzi; ***alle Künste der Verführung anwenden*** usare tutte le arti della seduzione; ***seine ~ an etw. (D) versuchen*** mettere alla prova la propria abilità nel fare qcs.; ***was macht die ~?*** come va? come te la cavi?
Kunst|aka|de|mie f. *(-,-en)* → **Kunsthochschule. Kunst|an|schau|ung** f. *(-,-en)* visione *f.* dell'arte. **Kunst|aus|stel|lung** f. *(-,-en)* mostra *f.* d'arte. **Kunst|ba|nau|se** m. *(-n,-n)* COLLOQ. ignorante *m.* (*o* incompetente *m.*) in fatto d'arte. **Kunst|bau** m.

(-[e]s,-ten) TECN. opera *f.* d'arte. **Kunst|be|geis|te|rung** f. *(-)* passione *f.* per l'arte. **Kunst|blu|me** f. *(-,-n)* fiore *m.* finto. **Kunst|buch** n. *(-[e]s,-bücher)* libro *m.* d'arte. **Kunst|darm** m. *(-[e]s,-därme)* budello *m.* sintetico. **Kunst|denk|mal** n. *(-s,-mäler)* monumento *m.* artistico. **Kunst|druck** m. *(-[e]s,-e)* stampa *f.* artistica (*o* d'arte). **Kunst|dün|ger** m. *(-s,-)* concime *m.* artificiale. **Kunst|eis** n. *(-es)* ghiaccio *m.* artificiale. **Kunst|eis|bahn** f. *(-,-en)* pista *f.* di ghiaccio artificiale.

Küns|te|lei f. *(-,-en)* affettazione *f.*, artificiosità *f.*

kunst|er|fah|ren agg. che s'intende d'arte, esperto d'arte. **Kunst|er|zeug|nis** n. *(-ses,-se)* prodotto *m.* artistico. **Kunst|er|zie|her** m. *(-s,-)* insegnante *m.* di educazione artistica. **Kunst|er|zie|hung** f. *(-,-en)* educazione *f.* artistica. **Kunst|fäl|schung** f. *(-,-en)* **1** contraffazione *f.* di opere d'arte **2** *(gefälschtes Kunstwerk)* falso *m.* **Kunst|fa|ser** f. *(-,-n)* fibra *f.* sintetica (*o* artificiale). **Kunst|feh|ler** m. *(-s,-)* errore *m.* (di medico). **kunst|fer|tig** agg. abile, capace. **Kunst|fer|tig|keit** f. *(-,-en)* abilità *f.*, perizia *f.*, destrezza *f.*

Kunst|flie|gen n. *(-s)* → **Kunstflug. Kunst|flie|ger** m. *(-s,-)* AER. pilota *m.* acrobatico. **Kunst|flug** m. *(-[e]s,-flüge)* volo *m.* acrobatico, acrobazia *f.* aerea.

Kunst|form f. *(-,-en)* forma *f.* artistica. **Kunst|freund** m. *(-[e]s,-e)* **1** amante *m.* dell'arte **2** *(Mäzen)* mecenate *m.* **Kunst|füh|rer** m. *(-s,-)* guida *f.* artistica. **Kunst|ge|gen|stand** m. *(-[e]s,-gegenstände)* oggetto *m.* d'arte. **kunst|ge|mäß** agg. ANT. → **kunstgerecht. kunst|ge|recht** agg. (fatto) a regola d'arte. **Kunst|ge|schich|te** f. *(-)* storia *f.* dell'arte: ***die griechische ~*** la storia dell'arte greca; *(Buch)* ***eine ~ Deutschlands veröffentlichen*** pubblicare una storia dell'arte tedesca. **kunst|ge|schicht|lich** agg. di (*o* relativo alla) storia dell'arte. **Kunst|ge|schmack** m. *(-[e]s,-geschmäcke)* gusto *m.* artistico.

Kunst|ge|wer|be n. *(-s)* arte *f.* applicata (*o* industriale), artigianato *m.* artistico. **Kunst|ge|wer|be|mu|se|um** n. *(-s,-museen)* museo *m.* di arti applicate. **Kunst|ge|werb|ler** m. *(-s,-)* artigiano *m.* **kunst|ge|werb|lich** agg. di arte applicata, di artigianato artistico.

Kunst|glied n. *(-[e]s,-er)* arto *m.* artificiale, protesi *f.* **Kunst|griff** m. *(-[e]s,-e)* artificio *m.*, accorgimento *m.*, stratagemma *m.* **Kunst|hal|le** f. *(-,-n)* ANT. museo *m.*, galleria *f.* d'arte.

Kunst|han|del m. *(-s)* commercio *m.* di oggetti d'arte. **Kunst|händ|ler** m. *(-s,-)* mercante *m.* d'arte. **Kunst|hand|lung** f. *(-,-en)* negozio *m.* di oggetti d'arte.

Kunst|hand|werk n. *(-[e]s,-e)* artigianato *m.* artistico. **Kunst|hand|wer|ker** m. *(-s,-)* artigiano *m.* **Kunst|harz** n. *(-es,-e)* resina *f.* sintetica. **Kunst|his|to|ri|ker** m. *(-s,-)* storico *m.* dell'arte. **kunst|his|to|risch** agg. → **kunstgeschichtlich. Kunst|hoch|schu|le** f. *(-,-n)* accademia *f.* di Belle Arti. **Kunst|horn** n. *(-[e]s)* galalite *f.* **Kunst|ka|len|der** m. *(-s,-)* calendario *m.* artistico (*o* d'arte). **Kunst|kaut|schuk** m. *(-s)* gomma *f.* sintetica. **Kunst|ken|ner** m. *(-s,-)* conoscitore *m.* (*o* intenditore *m.*) d'arte. **Kunst|kri|tik** f. *(-,-en)* critica *f.* d'arte. **Kunst|kri|ti|ker** m. *(-s,-)* critico *m.* d'arte. **Kunst|le|der** n. *(-s)* finta pelle *f.*, similpelle *f.*

Künst|ler m. *(-s,-)* **1** artista *m.*: ***ein freischaffender, namhafter ~*** un artista indipendente, rinomato **2** FIG. *(großer Könner)* maestro *m.*, artista *m.*: ***ein ~ in seinem Fach, seines Faches sein*** essere un maestro nella propria professione ◆ ***zum ~ geboren sein*** essere un artista nato. **Künst|ler|al|lü|ren** pl. arie *f.pl.* da artista. **Künst|ler|hand, mit ~** con mano d'artista; ***wie von ~ gemalt, geschrieben*** come dipinto dalla mano, uscito dalla penna di un artista.

Künst|le|rin f. *(-,-nen)* artista *f.* **künst|le|risch I** agg. artistico **II** avv. artisticamente: ***etw. ~ gestalten*** dare forma artistica a qcs.

Künst|ler|knei|pe f. *(-,-n)* osteria *f.* degli artisti (*o* frequentata da artisti). **Künst|ler|ko|lo|nie** f. *(-,-n)* colonia *f.* di artisti. **Künst|ler|lo|kal** n. *(-[e]s,-e)* locale *m.* frequentato da artisti. **Künst|ler|na|me** m. *(-ns,-n)* nome *m.* d'arte. **Künst|ler|na|tur** f. *(-,-en)* natura *f.* artistica (*o* d'artista). **Künst|ler|pech** n. *(-s)* SCHERZ. (piccolo) incidente *m.*, sfortuna *f.* **Künst|ler|tum** n. *(-s)* l'essere artista, condizione *f.* d'artista. **Künst|ler|ver|ein** m. *(-[e]s,-e)* circolo *m.* di artisti (*o* artistico). **Künst|ler|vier|tel** n. *(-s,-)* quartiere *m.* degli artisti. **Künst|ler|zim|mer** n. *(-s,-)* TEATR. camerino *m.*

künst|lich I agg. **1a** artificiale: ***-es Licht*** luce artificiale; ***-e Nieren*** reni artificiali; ***-e Befruchtung*** inseminazione artificiale; ***-e Ernährung*** alimentazione artificiale; ***-e Intelligenz*** intelligenza artificiale; ***-es Aroma*** aroma artificiale **b** *(unecht)* finto: ***ein -es Fenster*** una finta finestra; ***-e Blumen*** fiori finti **2a** *(synthetisch)* sintetico, artificiale: ***-e Fasern*** fibre sintetiche **b** *(vom Geschmack)* artefatto, non genuino **3** *(unnatürlich, gewollt)* artificioso: ***-e Lustigkeit*** allegria artificiosa **II** avv. **1** artificialmente: ***jdn ~ ernähren*** nutrire qcn. artificialmente **2** *(synthetisch)* ***~ schmecken*** avere un sapore artefatto, non genuino **3** *(unnatürlich, gewollt)* artificiosamente ◆ COLLOQ. ***sich ~ aufregen*** agitarsi inutilmente. **Künst|lich|keit** f. *(-)* **1** artificialità *f.* **2** *(Unnatürlichkeit)* artificiosità *f.*

Kunst|licht n. *(-s)* luce *f.* artificiale: ***bei ~ arbeiten*** lavorare con (*o* sotto) la luce artificiale. **Kunst|lieb|ha|ber** m. *(-s,-)* amante *m.* dell'arte, appassionato *m.* d'arte. **kunst|los I** agg. semplice, disadorno, non artistico **II** avv. semplicemente, non artisticamente. **Kunst|ma|ler** m. *(-s,-)* pittore *m.* **Kunst|mär|chen** n. *(-s,-)* favola *f.* d'autore. **Kunst|markt** m. *(-[e]s,-märkte)* mercato *m.* d'arte, di opere d'arte. **kunst|mä|ßig** agg. e avv. a regola d'arte. **Kunst|pau|se** f. *(-,-n)* pausa *f.* a effetto. **Kunst|post|kar|te** f. *(-,-n)* cartolina *f.* artistica. **Kunst|preis** m. *(-es,-e)* premio *m.* artistico. **Kunst|pro|sa** f. *(-)* prosa *f.* d'arte. **Kunst|rad|fah|ren** n. *(-s)* ciclismo *m.* acrobatico. **kunst|reich I** agg. artistico **II** avv. artisticamente, con arte. **Kunst|rich|tung** f. *(-,-en)* tendenza *f.* artistica. **Kunst|samm|ler** m. *(-s,-)* collezionista *m.* di oggetti d'arte. **Kunst|samm|lung** f. *(-,-en)* collezione *f.* di oggetti d'arte. **Kunst|schatz** m. *(-es,-schätze)* **1** *(wertvoller Kunstgegenstand)* opera *f.* d'arte **2** pl. *(reiche Kunstsammlung)* patrimonio *m.* artistico. **Kunst|schmied** m. *(-[e]s,-e)* = fabbro *m.* che lavora il ferro battuto. **Kunst|schu|le** f. *(-,-n)* scuola *f.* (*o* accademia *f.*) d'arte. **Kunst|schüt|ze** m. *(-n,-n)* artista *m.* del tiro a segno. **Kunst|sei|de** f. *(-)* seta *f.* artificiale. **Kunst|sinn** m. *(-[e]s)* senso *m.* artistico, sensibilità *f.* per l'arte. **kunst|sin|nig I** agg. sensibile all'arte, dotato di senso artistico **II** avv. artisticamente, con senso artistico. **Kunst|spra|che** f. *(-,-n)* lingua *f.* artificiale. **Kunst|sprin|gen** n. *(-s)* tuffi *m.pl.* (artistici).

Kunst|stoff m. *(-[e]s,-e)* (materia *f.*) plastica *f.* **Kunst|stoff|be|schich|tung** f. *(-,-en)* rivestimento *m.* sintetico, plastico. **kunst|stoff|be|schich|tet** agg. plastificato. **Kunst|stoff|fla|sche** f. *(-,-n)* bottiglia *f.* di plastica. **Kunst|stoff|fo|lie** f. *(-,-n)* pellicola *f.* di plastica. **Kunst|stoff|in|dust|rie** f. *(-)* industria *f.* della plastica. **Kunst|stoff|ka|ros|se|rie** f. *(-,-n)* carrozzeria *f.* di plastica. **Kunst|stoff|ra|sen** m. *(-s,-)* prato *m.* sintetico.

kunst|stop|fen tr. rammendare a regola d'arte, riparare con rammendi invisibili. **Kunst|stop|fe|rei** f. *(-,-en)* SART. laboratorio *m.* per, di riparazioni. **Kunst|stück** n. *(-[e]s,-e)* **1** pezzo *m.* di bravura, gioco *m.* di destrezza **2** *(Zauberkunststück)* gioco *m.* di prestigio ◆ ***akrobatische -e*** acrobazie; COLLOQ. IRON. ***das ist kein ~*** bella forza! ***~, sich so was zu kaufen, wenn man viel Geld hat*** non ci vuole molto a comprarsi roba del genere, se si è ricchi; ***wie hat er nur dieses ~ fertig gebracht!*** com'è riuscito a risolvere questo caso difficile! **Kunst|stu|dent** m. *(-en,-en)* studente *m.* di arte, di belle arti. **Kunst|tisch|ler** m. *(-s,-)* ebanista *m.* **Kunst|tur|nen** n. *(-s)* ginnastica *f.* artistica. **Kunst|ver|ein** m. *(-s,-e)* promotrice *f.* di, delle belle arti. **Kunst|ver|lag** m. *(-[e]s,-e)* editrice *f.* d'arte.

Kunst|ver|stand m. *(-[e]s)* senso *m.* artistico. **kunst|ver|stän|dig** agg. intenditore d'arte. **Kunst|ver|ständ|nis** n. *(-ses)* senso *m.* artistico.

kunst|voll I agg. artistico, fatto con arte **II** avv. artisticamente. **Kunst|werk** n. *(-[e]s,-e)* **1** opera *f.* d'arte **2** *(Meisterwerk)* capolavoro *m.* **Kunst|wis|sen|schaft** f. *(-)* studio *m.* dell'arte (figurativa). **Kunst|wis|sen|schaft|ler** m. *(-s,-)* studioso *m.* d'arte. **Kunst|wort** n. *(-[e]s,-wörter)* termine *m.* tecnico (creato artificialmente). **Kunst|zeit|schrift** f. *(-,-en)* rivista *f.* d'arte.

kun|ter|bunt COLLOQ. **I** agg. **1** ***ein -es Durcheinander*** una grande confusione, un gran disordine **2** variopinto: ***ein -es Programm*** un programma variopinto **II** avv. confusamente, disordinatamente: ***~ durcheinanderliegen*** essere tutto sottosopra. **Kun|ter|bunt** n. *(-s)* COLLOQ. caos *m.*, confusione *f.*

Kunz n.pr.m. Corradino *m.* ◆ ***Hinz und ~*** Tizio e Caio.

Kü|pe f. *(-,-n)* **1** ANT. tinozza *f.*, mastello *m.* (nelle tintorie) **2** *(Färbelösung)* colorante *m.* per stoffe.

Ku|pee → **Coupé.**

Kü|per m. *(-s,-)* REGION. **1** *(Böttcher)* bottaio *m.* **2** controllore *m.* (delle merci nei porti).

Kup|fer n. *(-s,-)* **1** rame *m.* **2** oggetto *m.* di rame; *(Kupfergeschirr)* rami *m.pl.*, stoviglie *f.pl.* di rame **3** *(Kupfergeld)* monetine *f.pl.*, spiccioli *m.pl.*: ***ich habe nur noch ~*** ho ancora solo degli spiccioli **4** *(Kupferstich)* rame *m.*, incisione *f.* in (*o* su) rame. **Kup|fer|ar|beit** f. *(-,-en)* lavoro *m.* in rame, rame *m.* lavorato. **Kup|fer|aus|schlag** m. *(-[e]s,-ausschläge)* rosacea *f.*, acne *f.* rosacea. **Kup|fer|berg|werk** n. *(-[e]s,-e)* miniera *f.* di rame. **Kup|fer|blech** n. *(-[e]s,-e)* lamiera *f.* di rame. **kup|fer|braun** agg. bruno rame, ramato. **Kup|fer|dach** n. *(-[e]s,-dächer)* tetto *m.* di rame. **Kup|fer|draht** m. *(-[e]s,-drähte)* filo *m.* di rame. **Kup|fer|druck** m. *(-[e]s,-e)* calcografia *f.* **Kup|fer|erz** n. *(-es,-e)* minerale *m.* di rame. **kup|fer|far|ben, kup|fer|far|big** agg. color rame, ramato. **Kup|fer|**

geld n. *(-es)* monete *f.pl.* di rame, spiccioli *m.pl.* **Kup|fer|ge|schirr** n. *(-[e]s)* rami *m.pl.*, stoviglie *f.pl.* di rame. **Kup|fer|glanz** m. *(-es)* calcosina *f.* **Kup|fer|gold** n. *(-[e]s)* tombacco *m.* **Kup|fer|grün** n. *(-[e]s)* verderame *m.* **kup|fer|hal|tig** agg. contenente rame, CHIM. cuprico. **kup|fe|rig** agg. di rame. **Kup|fer|kan|ne** f. *(-,-n)* bricco *m.* di rame. **Kup|fer|kes|sel** m. *(-s,-)* paiolo *m.* di rame. **Kup|fer|kies** m. *(-es)* calcopirite *f.* **Kup|fer|le|gie|rung** f. *(-,-en)* lega *f.* di rame. **Kup|fer|mün|ze** f. *(-,-n)* moneta *f.* di rame. **kup|fern** agg. **1** *(aus Kupfer)* di rame **2** *(wie Kupfer schimmernd)* scintillante come rame, con riflessi ramati. **Kup|fer|oxid** n. *(-[e]s)* ossido *m.* di rame. **Kup|fer|pfan|ne** f. *(-,-n)* padella *f.* di rame. **Kup|fer|pfen|nig** m. *(-s,-e)* moneta *f.*, pfennig *m.* di rame. **kup|fer|rot** agg. rosso rame, ramato. **Kup|fer|schmied** m. *(-[e]s,-e)* ramaio *m.*, battirame *m.* **Kup|fer|sei|de** f. *(-)* raion *m.* al cuprammonio (*o* cuprammonico). **Kup|fer|spat** m. *(-[e]s)* malachite *f.* **Kup|fer|ste|cher** m. *(-s,-)* calcografo *m.*, incisore *m.* su rame. **Kup|fer|stich** m. *(-[e]s,-e)* calcografia *f.*, incisione *f.* su rame. **Kup|fer|sul|fat** n. *(-[e]s)* solfato *m.* di rame. **Kup|fer|tief|druck** m. *(-[e]s)* rotocalcografia *f.*, rotocalco *m.* **Kup|fer|ver|gif|tung** f. *(-,-en)* intossicazione *f.* da rame, cuprismo *m.* **Kup|fer|vit|ri|ol** n. *(-s)* vetriolo *m.* azzurro. **Kup|fer|zeit** f. *(-)* età *f.* del rame.

ku|pie|ren tr. **1a** ALLEV. mozzare, tagliare: ***einem Hund den Schwanz ~*** mozzare la coda a un cane **b** *(Pflanzen)* potare **2** MED. stroncare: ***eine Krankheit ~*** stroncare una malattia sul nascere. **ku|piert** p.pass. agg. **1** → **kupieren 2** mozzo: ***mit -en Ohren*** con le orecchie mozze.

Ku|pol|ofen m. *(-s,-öfen)* cubilotto *m.*

Ku|pon → **Coupon.**

Kup|pe f. *(-,-n)* **1** calotta *f.* **2** *(Bergkuppe)* cocuzzolo *m.* **3** *(Fingerkuppe)* punta *f.* (del dito) **4** *(Nagelkuppe)* capocchia *f.* (di spillo).

Kup|pel f. *(-,-n)* cupola *f.* **Kup|pel|bau** m. *(-[e]s,-ten)* costruzione *f.* a cupola. **Kup|pel|dach** n. *(-[e]s,-dächer)* tetto *m.* a cupola.

Kup|pe|lei f. *(-,-en)* **1** SPREG. ruffianeria *f.* **2** DIR. lenocinio *m.* **Kup|pel|mut|ter** f. *(-,-mütter)* → **Kupplerin.**

kup|peln I tr. **1** *(koppeln)* accoppiare, attaccare, agganciare **2** TECN. *(verbinden)* collegare **II** intr. (aus. *haben*) **1** *(die Kupplung betätigen)* innestare la frizione **2** ANT. *(Kuppelei betreiben)* fare il ruffiano.

Kup|pel|ofen → **Kupolofen.**

Kup|pel|pelz m., SPREG. ***sich (D) einen ~ verdienen*** = combinare un matrimonio.

Kup|pe|lung → **Kupplung.**

kup|pen tr. potare.

Kupp|ler m. *(-s,-)* ruffiano *m.*, mezzano *m.* **Kupp|le|rin** f. *(-,-nen)* ruffiana *f.*, mezzana *f.* **kupp|le|risch** agg. ruffianesco, da ruffiano.

Kupp|lung f. *(-,-en)* **1** accoppiamento *m.*, agganciamento *m.* **2** *(lösbare Verbindung)* giunto *m.*, innesto *m.*: ***feste, gelenkige ~*** giunto fisso, a snodo **3** AUT. frizione *f.*: ***eine harte ~*** una frizione che strappa; ***die ~ lösen (loslassen), treten*** lasciar andare, schiacciare la frizione; ***die ~ schleifen lassen*** far slittare la frizione. **Kupp|lungs|au|to|mat** n. *(-en,-en)* cambio *m.* automatico. **Kupp|lungs|be|lag** m. *(-[e]s,-beläge)* rivestimento *m.*, guarnizione *f.* della frizione. **Kupp|lungs|pe|dal** n. *(-s,-e)* pedale *m.* della frizione. **Kupp|lungs|schei|be** f. *(-,-n)* disco *m.* della frizione. **Kupp|lungs|spiel** n. *(-s)* gioco *m.* della frizione. **Kupp|lungs|stan|ge** f. *(-,-n)* asta *f.*, tirante *m.* d'agganciamento.

Kup|ris|mus m. *(-)* cuprismo *m.*

Kur f. *(-,-en)* soggiorno *m.* curativo: ***eine ~ machen*** fare un soggiorno di cura; ***jdm eine ~ verordnen*** prescrivere un soggiorno curativo a qcn.; ***in (auf), zur ~ sein*** essere (in cura) alle terme, essere andato (a curarsi) alle terme; ***zur, in ~ fahren*** andare a fare un soggiorno di cura, andare (a curarsi) alle terme ◆ COLLOQ. ***jdn in die ~ nehmen*** dare una strigliata a qcn.

Kür f. *(-,-en)* SPORT esercizio *m.* libero: ***(die) ~ laufen*** eseguire un esercizio libero.

ku|ra|bel agg. curabile.

Kur|an|stalt f. *(-,-en)* ANT. casa *f.* di cura, sanatorio *m.*

ku|rant agg. ANT. corrente, in corso.

1.Ku|rant n. *(-[e]s,-e)* ANT. moneta *f.* a valore intrinseco.

2.Ku|rant m. *(-en,-en)* SVIZZ. → **Kurgast.**

Ku|ra|re n. *(-[s])* curaro *m.*

Kü|rass m. *(-es, -e)* corazza *f.* **Kü|ras|sier** m. *(-s,-e)* STOR. corazziere *m.*

Ku|rat m. *(-en,-en)* curato *m.*

Ku|ra|tel f. *(-,-en)* DIR. ANT. tutela *f.*, curatela *f.*: ***jdn unter ~ stellen*** mettere qcn. sotto tutela.

Ku|ra|tor m. *(-s,-en)* **1** ANT. *(Vormund)* tutore *m.* **2** *(Treuhänder)* (amministratore *m.*) fiduciario *m.* **3** UNIV. economo *m.* **Ku|ra|to|ri|um** n. *(-s, Kuratorien)* **1** consiglio *m.* di amministrazione **2** UNIV. economato *m.*

Kur|auf|ent|halt m. *(-[e]s,-e)* soggiorno *m.* di cura.

Kur|bel f. *(-,-n)* manovella *f.*: ***die ~ drehen*** girare la manovella. **Kur|bel|ge|häu|se** n. *(-s,-)* MECC. basamento *m.*, carter *m.* **Kur|bel|ge|trie|be** n. *(-s,-)* meccanismo *m.* a manovella, manovellismo *m.* **Kur|bel|la|ger** n. *(-s,-)* MECC. cuscinetto *m.* di banco. **kur|beln I** intr. (aus. *haben*) **1** *(an einer Kurbel drehen)* girare una, la manovella **2** *(das Lenkrad drehen)* girare il volante **II** tr. **1a** spostare girando una manovella: ***das Zugfenster in die Höhe, nach unten ~*** alzare (*o* tirare su), abbassare il finestrino del treno **b** *(mit einer Winde)* spostare con una carrucola **2a** COLLOQ. *(drehen)* girare **b** assol. CINEM. ANT. *(filmen)* girare (un film) **3** *(eine Kurbelstickerei anfertigen)* ricamare (a macchina) a punto catenella. **Kur|bel|stan|ge** f. *(-,-n)* biella *f.* **Kur|bel|sti|cke|rei** f. *(-,-en)* ricamo *m.* (a macchina) a punto catenella. **Kur|bel|wel|le** f. *(-,-n)* MECC. albero *m.* a gomiti; *(in Kraftfahrzeugen)* albero *m.* motore: ***fünfhochgelagerte ~*** albero motore a cinque supporti, supportato in cinque punti.

Kur|bet|te f. *(-,-n)* EQUIT. corvetta *f.*

Kür|bis m. *(-ses,-se)* zucca *f.* (anche COLLOQ. FIG.). **kür|bis|ar|tig** agg. cucurbitaceo. **Kür|bis|fla|sche** f. *(-,-n)* bottiglia *f.* a forma di zucca. **Kür|bis|ge|wächs** n. *(-[e]s,-e)* cucurbitacea *f.* **Kür|bis|kern** m. *(-[e]s,-e)* seme *m.* di zucca.

Kur|de m. *(-n,-n)* curdo *m.* **Kur|din** f. *(-,-nen)* curda *f.* **kur|disch** agg. curdo.

ku|ren intr. (aus. *haben*) COLLOQ. fare un soggiorno di cura.

kü|ren tr. *(kürte/*ANT. *kor, gekürt/*ANT. *gekoren)* eleggere: ***jdn zum Mann des Jahres ~*** eleggere qcn. uomo dell'anno.

Kü|ret|ta|ge [kyret'taːʒə] f. *(-,-n)* MED. raschiamento *m.* (dell'utero). **Kü|ret|te** f. *(-,-n)* CHIR. cucchiaio *m.*, raschiatoio *m.*

Kur|fürst m. *(-en,-en)* STOR. principe *m.* elettore. **Kur|fürs|ten|tum** n. *(-s,-tümer)* STOR. elettorato *m.* **kur|fürst|lich** agg. del principe elettore, elettorale.

Kur|gast m. *(-[e]s,-gäste)* ospite *m.* di un luogo di cura. **Kur|haus** n. *(-[e]s,-häuser)* stabilimento *m.* termale, per cure termali.

ku|ri|al agg. curiale. **Ku|ri|a|le** m. *(-n,-n)* curiale *m.*

Ku|ri|at|stim|me f. *(-)* STOR. voto *m.* plurimo.

Ku|rie f. *(-,-n)* curia *f.* **Ku|ri|en|kar|di|nal** m. *(-[e]s,-kardinäle)* cardinale *m.* di curia.

Ku|rier m. *(-s,-e)* corriere *m.*: ***etw. mit, durch ~ senden*** spedire qcs. con, per (*o* a mezzo) corriere. **Ku|rier|dienst** m. *(-[e]s,-e)* servizio *m.* di corriere.

ku|rie|ren tr. curare, guarire: ***jdn (von etw.) ~*** guarire qcn. da qcs.; ***die Bauchschmerzen mit Kamillentee ~*** guarire i dolori di pancia con la camomilla. **ku|riert** p.pass. agg. **1** → **kurieren 2** curato, guarito ◆ COLLOQ. ***davon bin ich ~*** questa mi è passata.

ku|ri|os I agg. curioso, strano, insolito **II** avv. strano: ***die Sache sieht ~ aus*** la faccenda sembra strana. **Ku|ri|o|si|tät** f. *(-,-en)* curiosità *f.*: ***etw. nur der ~ wegen erzählen*** raccontare qcs. solo a titolo di curiosità; *(kuriose Sache)* ***dieser Laden hat viele -en*** questo negozio ha molte curiosità. **Ku|ri|o|si|tä|ten|händ|ler** m. *(-s,-)* venditore *m.* di curiosità.

Ku|ri|o|sum n. *(-s, Kuriosa)*, ***das ~ ist, dass...*** lo strano è che...

Kur|ka|pel|le f. *(-,-n)* orchestra *f.* di una località termale (*o* di cura). **Kur|kar|te** f. *(-,-n)* tessera *f.* (di riduzione) per le manifestazioni di una località termale (*o* di cura). **Kur|kli|nik** f. *(-,-en)* clinica *f.* di cura. **Kur|kon|zert** m. *(-[e]s,-e)* concerto *m.* in una località termale (*o* di cura).

Kur|ku|ma f. *(-, Kurkumen)* curcuma *f.* **Kur|ku|ma|gelb** n. *(-[e]s)* → **Kurkumin. Kur|ku|ma|pa|pier** n. *(-[e]s,-e)* carta *f.* di curcuma. **Kur|ku|min** n. *(-s)* curcumina *f.*

Kur|land n.pr.n. *(-[e]s)* Curlandia *f.*

Kur|laub m. *(-[e]s,-e)* soggiorno *m.* di vacanza e cura.

Kür|lauf m. *(-[e]s,-läufe)* esercizi *m.pl.* (liberi) di pattinaggio.

Kur|me|tho|de f. *(-,-n)* metodo *m.* di cura. **Kur|mit|tel** n. *(-s,-)* mezzo *m.* terapeutico. **Kur|or|ches|ter** n. *(-s,-)* → **Kurkapelle. Kur|ort** m. *(-[e]s,-e)* località *f.* (*o* centro *m.*) termale, luogo *m.* di cura: ***ein klimatischer ~*** una stazione climatica. **Kur|park** m. *(-s,-e)* parco *m.* di una località termale (*o* di cura).

kur|pfu|schen intr. (aus. *haben*) RAR. = fare il medico senza averne il titolo. **Kur|pfu|scher** m. *(-s,-)* ciarlatano *m.*; COLLOQ. SPREG. *(schlechter Arzt)* medicastro *m.* **Kur|pfu|sche|rei** f. *(-,-en)* ciarlataneria *f.*

Kur|prinz m. *(-en,-en)* principe *m.* ereditario (di un elettorato). **kur|prinz|lich** agg. del principe ereditario (di un elettorato). **Kur|pro|me|na|de** f. *(-,-n)* passeggiata *f.* di una località termale.

Kur|re f. *(-,-n)* MAR. rete *f.* a strascico. **Kur|ren|de** f. *(-,-n)* **1** STOR.

INTRAD. (coro di scolari che cantavano davanti alle case in cambio di doni) **2** RELIG. *(Jugendchor)* coro *m.* giovanile. **kur|rent** AUSTR. **I** agg. corrente **II** avv. **1** correntemente **2** *(in deutscher Schrift)* in gotico: ***~ schreiben*** scrivere in gotico.

Kur|ri|ku|lum → **Curriculum.**

Kurs m. *(-es,-e)* **1** corso *m.*: ***ein ~ für Anfänger, Fortgeschrittene*** un corso per principianti, un corso avanzato; ***einen ~ abhalten, besuchen, belegen*** tenere, frequentare (*o* fare), iscriversi a un corso **2a** *(Fahrtrichtung)* rotta *f.*: ***einen ~ fliegen (fahren), einschlagen*** seguire, tracciare una rotta; ***auf Berlin, auf die Antarktis ~ nehmen*** fare rotta su Berlino, per l'Antartide; ***den ~ ändern, halten*** cambiare, tenere la rotta; ***vom ~ abkommen, abweichen*** abbandonare la rotta, deviare dalla rotta **b** FIG. POL. corso *m.*, indirizzo *m.*: ***einen bestimmten politischen ~ einschlagen, steuern*** prendere, seguire un determinato indirizzo politico **3a** ECON. corso *m.*: ***eine Devise in, außer ~ setzen*** mettere una moneta in corso (*o* in circolazione), fuori corso; ***gesetzlicher ~*** corso legale; ***fester ~*** corso, cambio fisso **b** *(Börsenkurs)* corso *m.*, quotazione *f.*: ***die -e steigen*** (*o* ***ziehen an), fallen*** (*o* ***geben nach, bröckeln ab)*** le quotazioni salgono (*o* sono in rialzo), scendono (*o* sono in ribasso); ***schwankender ~*** corso variabile, quotazione oscillante **c** *(von Devisen)* cambio *m.*: ***am ~ gewinnen, verlieren*** guadagnare, perdere sul cambio; ***gegenwärtiger ~*** cambio attuale; ***zum ~ von*** al cambio di **4** SPORT percorso *m.* (di gara): ***ein gerader ~*** un percorso rettilineo ◆ POL. ***harter ~*** linea dura; ***hoch im ~ sein*** essere molto richiesto, quotato; FIG. ***bei jdm hoch im ~ sein*** essere molto apprezzato da (*o* quotato presso) qcn.; FIG. ***~ nehmen auf etw.*** mirare a, puntare su qcs.

Kur|saal m. *(-[e]s,-säle)* kursaal *m.*

Kurs|ab|schlag m. *(-[e]s,-abschläge)* deporto *m.* **Kurs|ab|schwä|chung** f. *(-,-en)* cedimento *m.* della quota. **Kurs|ab|wei|chung** f. *(-,-en)* **1** deviazione *f.* dalla rotta, dirottamento *m.* **2** FIG. deviazione *f.* del corso **3** ECON. scarto *m.* delle quotazioni, differenza *f.* dei cambi. **Kurs|än|de|rung** f. *(-,-en)* **1** cambiamento *m.* di rotta **2** FIG. cambiamento *m.* di corso, di indirizzo **3** ECON. variazione *f.* del corso. **Kurs|an|stieg** m. *(-[e]s,-e)* rialzo *m.* delle quotazioni. **Kurs|auf|schlag** m. *(-[e]s,-aufschläge)* ECON. riporto *m.* **Kurs|buch** n. *(-[e]s,-bücher)* orario *m.* ferroviario (generale).

Kürsch n. *(-[e]s)* ARALD. pelliccia *f.*

Kur|schat|ten m. *(-s,-)* SCHERZ. amante *m.* (nel periodo delle cure termali).

Kürsch|ner m. *(-s,-)* pellicciaio *m.* **Kürsch|ne|rei** f. *(-,-en)* pelliceria *f.*

Kurs|ein|bruch *(-[e]s,-einbrüche)* tracollo *m.* dei corsi, caduta *f.* (*o* crollo *m.*) dei prezzi in borsa. **Kurs|ent|wick|lung** f. *(-,-en)* andamento *m.* dei corsi, delle quotazioni. **Kurs|er|ho|lung** f. *(-,-en)* recupero *m.* delle quotazioni. **Kurs|fest|set|zung** f. *(-,-en)* fixing *m.* dei corsi. **Kurs|ge|winn** m. *(-[e]s,-e)* **1** guadagno *m.* sul cambio **2** plusvalenza *f.* sui titoli realizzati.

kur|sie|ren intr. (aus. *haben*, RAR. *sein*) **1** essere in corso, in circolazione **2** FIG. circolare, correre: ***über ihn ~ wilde Gerüchte*** su di lui corrono delle voci terribili.

Kurs|in|dex m. *(-es,-indizes)* indice *m.* delle quotazioni.

kur|siv **I** agg. corsivo **II** avv. in corsivo: ***in ~ drucken*** stampare in corsivo. **Kur|siv|druck** m. *(-[e]s)*, **Kur|si|ve** f. *(-,-n)*, **Kur|siv|schrift** f. *(-,-en)* caratteri *m.pl.* corsivi, corsivo *m.*

Kurs|kor|rek|tur f. *(-,-en)* **1** correzione *f.* di rotta (anche FIG.) **2** ECON. *(in der Börse)* correzione *f.* del cambio, della quotazione. **Kurs|no|tie|rung** f. *(-,-en)* quotazione *f.* in borsa.

kur|so|risch **I** agg. **1** continuato, senza interruzioni **2** *(oberflächlich)* superficiale: ***eine -e Lektüre*** una lettura superficiale, affrettata **II** avv. **1** continuativamente, senza interruzioni **2** *(oberflächlich)* superficialmente.

Kurs|pfle|ge f. *(-)* sostegno *m.* della quota. **Kurs|rück|gang** m. *(-[e]s,-rückgänge)* flessione *f.* dei corsi, delle quotazioni. **Kurs|schwan|kung** f. *(-,-en)* oscillazione *f.*, fluttuazione *f.* dei corsi. **Kurs|stei|ge|rung** f. *(-,-en)* rialzo *m.* delle quotazioni. **Kurs|sturz** m. *(-[e]s,-stürze)* crollo *m.* dei corsi, delle quotazioni. **Kurs|teil|neh|mer** m. *(-s,-)* partecipante *m.* a un corso, corsista *m.* **Kurs|trei|be|rei** f. *(-,-en)* aggiotaggio *m.*

Kur|sus m. *(-, Kurse)* corso *m.*

Kurs|ver|lust m. *(-[e]s,-e)* perdita *f.* sul cambio; cedimento *m.* (*o* flessione *f.*) dei cambi. **Kurs|wa|gen** m. *(-s,-)* FERR. carrozza *f.* diretta. **Kurs|wech|sel** m. *(-s,-)* → **Kursänderung. Kurs|wert** m. *(-[e]s,-e)* valore *m.* di corso, corso *m.* (*o* quotazione *f.*) di borsa. **Kurs|zet|tel** m. *(-s,-)* listino *m.* di borsa.

Kurt n.pr.m. Corradino *m.*

Kur|ta|ge → **Courtage.**

Kur|ta|xe f. *(-,-n)* tassa *f.* di soggiorno.

Kur|ti|sa|ne f. *(-,-n)* cortigiana *f.*

Kurt|scha|to|vi|um n. *(-s)* curciatovio *m.*

Kür|tur|nen n. *(-s)* ginnastica *f.* a corpo libero.

ku|ru|lisch agg. curule.

Kur|va|tur f. *(-,-en)* MED. ansa *f.*, curvatura *f.*

Kur|ve f. *(-,-n)* **1a** GEOM. curva *f.*: ***eine ~ zeichnen*** tracciare una curva **b** *(Biegung einer Straße)* ***eine gefährliche, scharfe, unübersichtliche ~*** una curva pericolosa, a gomito, cieca; ***die Straße hat viele -n*** la strada ha molte curve; ***eine ~ fahren, nehmen, schneiden*** fare, prendere (*o* imboccare), tagliare una curva; ***aus der ~ geschleudert, getragen werden*** sbandare in curva; ***sich in die ~ legen*** piegare in curva; ***eine ~ voll ausfahren*** prendere una curva larga **2** AER. virata *f.*: ***eine weite ~ fliegen*** fare un'ampia virata **3** pl. COLLOQ. *(weibliche Formen)* curve *f.pl.* ◆ ***jd hat die ~ heraus*** qcn. sa il fatto suo, sa come si fa; ***die ~ kratzen*** svignarsela, allontanarsi di soppiatto; ***die ~ (nicht) kriegen*** (non) farcela; ***gut, schlecht in der ~ liegen*** essere, non essere stabile in curva. **kur|ven** intr. (aus. *sein*) **1a** curvare, svoltare: ***um die Ecke ~*** svoltare l'angolo **b** *(in Kurven fahren)* procedere a serpentina, zigzagando **2** AER. virare **3** COLLOQ. *(umherfahren)* ***durch ein Land, eine Stadt ~*** girare un paese, una città. **kur|ven|för|mig** agg. curvilineo. **Kur|ven|la|ge** f. *(-)* stabilità *f.* in curva. **Kur|ven|li|ne|al** n. *(-s,-e)* curvilineo *m.* **Kur|ven|mes|ser** m. *(-s,-)* curvimetro *m.* **kur|ven|reich** agg. **1** con molte curve, pieno di curve **2** SCHERZ. *(von einer Frau)* tutta curve. **Kur|ven|star** m. *(-s,-s)* COLLOQ. maggiorata *f.* **Kur|ven|ver|hal|ten** n. *(-s)* AUT. comportamento *m.* in curva.

Kur|ve|rei f. *(-,-en)* COLLOQ. = il procedere su strade tortuose.

Kur|ver|wal|tung f. *(-,-en)* azienda *f.* di cura e soggiorno.

kur|vig agg. **1** curvo **2** *(kurvenreich)* con molte curve, pieno di curve.

Kur|vi|me|ter n. *(-s,-)* curvimetro *m.*

Kur|wür|de f. *(-)* dignità *f.* di principe elettore, elettorato *m.*

kurz (compar. *kürzer*, superl. *kürzest...*) **I** agg. **1** corto: ***-e Ärmel, Röcke*** maniche, gonne corte; ***-es Haar haben*** avere i capelli corti **2** *(nicht ausgedehnt)* breve, corto: ***eine -e Strecke*** un breve tragitto **3a** *(von geringer Dauer)* breve, di breve durata: ***ein -er Besuch, Urlaub*** una breve visita, vacanza; ***die Zeit (dafür) ist zu ~*** c'è troppo poco tempo (per questo) **b** *(rasch)* rapido: ***einen -en Blick auf etw. werfen*** dare una rapida occhiata a qcs. **4a** *(knapp)* breve: ***-e Antworten, Reden*** brevi risposte, discorsi **b** LING. ***-e Silben, Vokale*** sillabe, vocali brevi **II** avv. **1a** in breve (*o* poco) tempo, rapidamente: ***etw. ~ entscheiden*** decidere qcs. rapidamente **b** *(barsch)* in fretta, bruscamente: ***jdn ~ abfertigen*** disfarsi in fretta di qcn. **2a** *(kurze Zeit)* brevemente, (per) poco tempo: ***~ in Wien, an einem Ort bleiben*** restare poco a Vienna, in un posto; ***~ gebraten*** poco cotto, scottato **b** *(einen Augenblick lang)* un attimo, un momento: ***könntest du das Buch ~ halten?*** potresti tenere il libro un momento? ***kannst du morgen ~ bei mir vorbeikommen?*** puoi passare un attimo da me domani? **3** *(mit wenigen Worten)* brevemente, in breve, con poche parole: ***etw. ~ beschreiben, erklären*** descrivere, spiegare brevemente qcs.; ***~, er wollte nicht mehr kommen*** per farla breve (*o* per tagliare corto, in breve), non è più voluto venire **4** *(vor Präpositionen)* poco, appena: ***~ nach, vor Mitternacht*** poco dopo mezzanotte, poco prima di mezzanotte; ***~ vor Berlin*** poco prima di Berlino ◆ ***~ angebunden sein*** essere scortese, burbero; ***einen -en Atem haben, ~ atmen*** avere il fiato corto; ***binnen -em*** fra breve, fra poco, entro breve tempo; ***~ und bündig*** brevemente, concisamente; ***~ danach*** poco (tempo) dopo; ***~ darauf*** → ***~ danach***; ***von -er Dauer sein*** essere di breve durata; ***~ davor*** poco tempo prima; ***~ entschlossen*** senza esitare, senz'altro; ***sich ~ fassen*** essere breve (*o* conciso), stringere; ***ein -es Gedächtnis haben*** avere la memoria corta; ***~ gefasst*** breve, conciso, stringato; ***der Mantel ist ihr zu ~ geraten*** il cappotto le è diventato troppo corto; ***~ gesagt*** per dirla in breve, in una parola; ***~ geschnittenes Haar*** capelli (tagliati) corti; ***~ und gut*** per farla breve, in poche parole, insomma; ***die Haare ~ schneiden, tragen*** tagliare, avere i capelli corti; ***jdn ~ halten*** dare pochi soldi a qcn., tenere a stecchetto qcn.; ***in -em*** in breve tempo, fra breve; ***jdn, etw. ~ und klein schlagen*** rompere le ossa a qcn., fracassare (*o* fare a pezzi) qcs.; ***(bei etw.) zu ~ kommen*** essere svantaggiato (in qcs.), rimetterci (in qcs.); ***über ~ oder lang*** fra non molto, un giorno o l'altro, prima o poi; ***~ und lang*** → ***kurz und gut***; ***um es ~ zu machen*** per farla breve, in poche parole; ***mach's ~!*** taglia corto! falla breve! ***nach -em*** dopo breve tempo, poco dopo; ***mit etw. -en Prozess machen*** farla breve, tagliar corto con qcs.; ***~ und schmerzlos*** apertamente, senza tante cerimonie, bruscamente; ***seit -em*** da poco (tempo), da non molto; ***vor -em*** poco tempo fa, recentemente;

ein -er Wechsel una cambiale a breve scadenza; ***in -en Worten*** in poche parole, in breve; ***in -er Zeit*** in breve (*o* poco) tempo.

Kurz|ar|beit f. *(-)* (lavoro *m.* a) orario *m.* ridotto (obbligato). **kurz_ar|bei|ten** intr. (aus. *haben*) fare (*o* lavorare a) orario ridotto (obbligato). **Kurz|ar|bei|ter** m. *(-s,-)* lavoratore *m.* a orario ridotto.

kurz|är|me|lig, kurz|ärm|lig agg. con le (*o* dalle) maniche corte. **kurz|at|mig** agg. che ha il fiato corto. **Kurz|at|mig|keit** f. *(-)* fiato *m.* corto. **kurz|bei|nig** agg. dalle (*o* con le) gambe corte. **Kurz|be|richt** m. *(-[e]s,-e)* **1** breve resoconto *m.* **2** GIORN. breve servizio *m.* **Kurz|bi|o|gra|phie** f. *(-,-n)* breve biografia *f.*, brevi note *f.pl.* biografiche.

Kur|ze m. *(-n,-n)* **1** COLLOQ. corto *m.* (circuito) **2** *(Schnaps)*bicchierino *m.* di acquavite.

Kür|ze f. *(-)* **1a** l'essere corto: ***die ~ des Haars*** i capelli corti **b** *(geringe Ausdehnung, Dauer)* brevità *f.*: ***die ~ einer Strecke, des Lebens*** la brevità di un percorso, della vita **2** *(kurze Form)* brevità *f.*, concisione *f.*: ***die ~ des Stils*** la concisione dello stile **3** METR. breve *f.* ◆ ***in aller ~*** brevemente, succintamente; ***in ~*** in breve (tempo), tra breve; PROV. ***in der ~ liegt die Würze*** = la brevità dà sapore al discorso. **Kür|zel** n. *(-s,-)* **1** stenogramma *m.*, segno *m.* stenografico **2** *(Abkürzung)* abbreviazione *f.*; *(Kennwort)* sigla *f.*

kür|zen tr. **1a** accorciare: ***die Haare, Ärmel (um drei Zentimeter) ~*** accorciare i capelli, le maniche (di tre centimetri) **b** *(Nägel)* tagliare **2** *(verringern)* ridurre, ECON. decurtare: ***jdm den Lohn ~*** ridurre la paga a qcn. **3** *(in eine kürzere Form bringen)* abbreviare, accorciare: ***einen Text ~*** accorciare un testo **4** MAT. ridurre, semplificare.

kür|zer (compar. di *kurz*) **1a** più corto: ***dein Kleid ist ~ als meines*** il tuo vestito è più corto del mio **b** più breve, più corto: ***welcher ist der -e Weg?*** qual è la strada più corta? **2a** *(relativ kurz)* (piuttosto) corto, breve: ***bei -en Strecken laufe ich*** nei tragitti brevi vado a piedi **b** *(temporal)* (piuttosto) breve: ***für -e Zeit*** per un breve periodo, per poco tempo ◆ ***etw. ~ machen*** accorciare qcs.; *(zeitlich)* abbreviare qcs.; ***~ treten*** fare economie, contenersi, limitarsi (nelle spese): ***der Staat muss bei den Ausgaben ~ treten*** lo stato deve contenere (*o* tagliare) le spese; *(sich schonen)* riguardarsi, risparmiarsi: ***gesundheitlich ~ treten*** aver cura della propria salute; ***beruflich ~ treten*** ridimensionare le proprie aspirazioni professionali; ***~ werden*** diventare più corto, accorciarsi; ***den Kürzeren ziehen*** avere la peggio, rimetterci, essere svantaggiato.

kur|zer|hand avv. senza esitare, su due piedi: ***sich ~ zu etw. entschließen*** decidere qcs. su due piedi; ***etw. ~ ablehnen*** rifiutare qcs. senza esitare.

kür|zest... (superl. di *kurz*) **1** (il) più corto: ***der -e Rock*** la gonna più corta **2** (il) più corto, (il) più breve: ***der -e Weg zum Flughafen*** la strada più corta per l'aeroporto ◆ ***auf dem -en Weg*** nel modo più breve (possibile); ***in -er Zeit*** nel più breve tempo (possibile).

Kurz|fas|sung f. *(-,-en)* versione *f.* ridotta, riduzione *f.* **Kurz|film** m. *(-[e]s,-e)* cortometraggio *m.*; *(Werbefilm)* short *m.* **Kurz|flüg|ler** m. *(-s,-)* stafilinide *m.* **Kurz|form** f. *(-,-en)* forma *f.* abbreviata, accorciamento *m.*

kurz|fris|tig I agg. **1** improvviso, dell'ultimo momento, imprevisto: ***eine -e Änderung*** un cambiamento improvviso **2** *(von kurzer Frist)* a breve (termine), a breve scadenza: ***ein -er Vertrag, Wechsel*** un contratto a breve termine, una cambiale a breve scadenza **3** *(rasch)* rapido, veloce: ***-e Lösungen suchen*** cercare rapide soluzioni **II** avv. **1** improvvisamente, all'ultimo momento: ***etw. ~ mitteilen*** comunicare qcs. all'ultimo momento **2** *(in kurzer Zeit)* entro breve (tempo), a breve termine; *(rasch)* rapidamente: ***etw. ~ verbessern müssen*** dover migliorare qcs. entro breve tempo.

Kurz|ge|schich|te f. *(-,-n)* racconto *m.* breve, short story *f.* **Kurz|haar|fri|sur** f. *(-,-en)* taglio *m.* corto. **kurz|haa|rig** agg. **1** dai (*o* con i) capelli corti **2** *(von Tieren)* a pelo corto. **kurz|hal|sig** agg. dal collo corto.

kurz|hin avv. ANT. accidentalmente, occasionalmente.

kurz|köp|fig agg. brachicefalo. **Kurz|köp|fig|keit** f. *(-)* brachicefalia *f.*

kurz|le|big agg. **1** effimero (anche BOT. ZOOL.): ***eine -e Mode*** una moda effimera **2** *(kurz brauchbar)* non durevole. **Kurz|le|big|keit** f. *(-)* **1a** breve durata *f.* **b** *(kurze Brauchbarkeit)* non durevolezza *f.* **2** BOT. ZOOL. breve vita *f.*

kürz|lich avv. poco tempo fa, recentemente, di recente.

Kurz|mel|dun|gen, Kurz|nach|rich|ten pl. notizie *f.pl.* brevi, RAD. TELEV. notizie *f.pl.* flash. **Kurz|par|ker** m. *(-s,-)* chi parcheggia per poco tempo: ***Plätze für ~*** posti per parcheggi brevi, per brevi soste. **Kurz|park|zo|ne** f. *(-,-n)* parcheggio *m.* regolamentato. **Kurz|pass** m. *(-es,-pässe)* SPORT passaggio *m.* corto.

kurz_schlie|ßen tr. *(schloss, geschlossen)* cortocircuitare. **Kurz|schluss** m. *(-es,-schlüsse)* cortocircuito *m.* (anche FIG.): ***einen ~ verursachen, hervorrufen*** provocare un cortocircuito: ***er hat einen ~ gehabt*** è andato in cortocircuito. **Kurz|schluss|hand|lung, Kurz|schluss|re|ak|ti|on** f. *(-,-en)* colpo *m.* di testa, momento *m.* di pazzia.

kurz|schnä|be|lig, kurz|schnäb|lig agg. dal becco corto.

Kurz|schrift f. *(-)* stenografia *f.* **kurz|schrift|lich** agg. stenografico.

kurz|sich|tig I agg. miope (anche FIG.) **II** avv. da miope (anche FIG.): ***~ handeln*** agire da miope. **Kurz|sich|tig|keit** f. *(-)* miopia *f.* (anche FIG.): ***wegen ~ eine Brille tragen müssen*** dover portare occhiali per la miopia.

kurz|sil|big agg. di sillaba breve, di sillabe brevi. **kurz|stäm|mig** agg. a (*o* di) basso fusto. **kurz|stie|lig** agg. a stelo corto.

Kurz|stre|cke f. *(-,-n)* percorso *m.* breve. **Kurz|stre|cken|lauf** m. *(-[e]s,-läufe)* corsa *f.* (*o* gara *f.*) di velocità. **Kurz|stre|cken|läu|fer** m. *(-s,-)* velocista *m.*, scattista *m.*, sprinter *m.* **Kurz|stre|cken|ra|ke|te** f. *(-,-n)* missile *m.* a corto raggio. **Kurz|streck|ler** m. *(-s,-)* GERG. → **Kurzstreckenläufer.**

Kurz|stun|de f. *(-,-n)* SCOL. lezione *f.* (*o* ora *f.*) ridotta. **Kurz|tag|pflan|ze** f. *(-,-n)* pianta *f.* a fotoperiodo breve.

kurz|um, kurz|um avv. in breve, in poche parole, insomma.

Kür|zung f. *(-,-en)* **1** accorciamento *m.*, riduzione *f.*: ***die ~ eines Textes*** la riduzione di un testo **2** *(Verringerung)* riduzione *f.*, taglio *m.*, ECON. decurtazione *f.*: ***eine ~ der Renten, der Ausgaben*** una riduzione delle pensioni, un taglio delle spese.

Kurz|wa|ren pl. articoli *m.pl.* di merceria, mercerie *f.pl.* **Kurz|wa|ren|ab|tei|lung** f. *(-,-en)* reparto *m.* merceria. **Kurz|wa|ren|hand|lung** f. *(-,-en)* merceria *f.*

kurz|weg, kurz|weg avv. → **kurzerhand.**

Kurz|weil f. *(-)* ANT. divertimento *m.*, trastullo *m.* ◆ ***etw. zur, aus ~ machen*** fare qcs. per passatempo, per ingannare il tempo; ***~ treiben*** divertirsi, trascorrere piacevolmente il tempo. **kurz|wei|lig** agg. divertente, dilettevole.

Kurz|wel|le f. *(-,-n)* **1** onda *f.* corta **2** → **Kurzwellentherapie. Kurz|wel|len|be|strah|lung** f. *(-,-en)* → **Kurzwellentherapie. Kurz|wel|len|sen|der** m. *(-s,-)* trasmettitore *m.* a onde corte. **Kurz|wel|len|the|ra|pie** f. *(-)* marconiterapia *f.* **kurz|wel|lig** agg. a onde corte.

Kurz|wo|che f. *(-,-n)* settimana *f.* corta. **Kurz|wort** n. *(-[e]s,-wörter)* sigla *f.*, acronimo *m.* **Kurz|zeit|ge|dächt|nis** n. *(-ses)* memoria *f.* breve. **kurz|zei|tig I** agg. breve **II** avv. brevemente.

kusch inter. giù, a cuccia.

ku|sche|lig agg. avvolgente: ***ein -er Sessel*** una poltrona avvolgente; ***ein -er Stoff*** una stoffa morbida, soffice. **ku|scheln** rifl. **sich ~** e intr. (aus. *haben*) FAM. accoccolarsi, raggomitolarsi: ***im Bett ~*** accoccolarsi nel letto; ***sich an jdn, in eine Wolldecke ~*** stringersi a qcn., raggomitolarsi in una coperta di lana; ***sich in die Sofaecke ~*** raggomitolarsi in un angolo del divano. **Ku|schel|tier** n. *(-s,-e)* animale *m.* di peluche, peluche *m.*

ku|schen intr. (aus. *haben*) e rifl. **sich ~ 1** accucciarsi, mettersi a cuccia: ***den Hund ~ lassen*** far accucciare il cane; ***kusch dich!*** a cuccia! **2** FIG. piegarsi, chinare il capo: ***vor seinem Vorgesetzten ~*** piegarsi davanti al proprio superiore.

kusch|lig → **kuschelig.**

Ku|sin|chen n. *(-s,-)* cuginetta *f.* **Ku|si|ne** f. *(-,-n)* cugina *f.*

Kus|kus m. *(-,-)* cuscus *m.*

Kuss m. *(-es, Küsse)* bacio *m.*: ***jdm einen ~ aufdrücken, (auf den Mund, auf die Stirn) geben*** imprimere (*o* stampare), dare un bacio (sulla bocca, sulla fronte) a qcn.; ***jdn mit Küssen bedecken*** coprire qcn. di baci; ***sich mit einem ~ auf die Wange begrüßen*** salutarsi con un bacio sulla guancia; ***Küsse tauschen*** scambiarsi baci; ***jdm einen ~ rauben*** rubare un bacio a qcn.; *(als Schlussformel)* ***Gruß und ~*** saluti e baci. **Küss|chen** n. *(-s,-)* bacino *m.*, bacetto *m.*◆ PROV. ***ein ~ in Ehren kann niemand verwehren*** = un bacio onesto è sempre permesso. **kuss|echt** agg. indelebile: ***ein -er Lippenstift*** un rossetto indelebile. **küs|sen I** tr. baciare: ***jdn auf den Mund ~*** baciare qcn. sulla bocca; ***jdm die Hand ~*** baciare la mano a qcn., fare il baciamano a qcn.; ***sich (nicht) ~ lassen*** (non) lasciarsi baciare; assol. ***gut ~*** baciare bene **II** rifl. **sich ~** baciarsi: ***sich (einander) lange ~*** baciarsi a lungo ◆ AUSTR. ***küss die Hand!*** ossequi! riverisco! **Küs|se|rei** f. *(-,-en)* COLLOQ. sbaciucchiamento *m.* **Kuss|hand** f. *(-,-hände)* bacio *m.* con la mano: ***Kusshände werfen*** mandare baci con la mano ◆ COLLOQ. ***jdn, etw. mit ~ nehmen*** prendere qcn., qcs. molto volentieri. **Kuss|händ|chen** n. *(-s,-)* FAM. bacino *m.* (mandato) con la mano.

Küs|te f. *(-,-n)* costa *f.*: ***an der ~ entlangfahren*** viaggiare lungo (la) costa; ***eine flache, steil abfallende ~*** una costa bassa, alta e ripida. **Küs|ten|ar|til|le|rie** f. *(-)* artiglieria *f.* costiera. **Küs|ten|bat|te|rie** f. *(-,-n)* batteria *f.* costiera. **Küs|ten|be|feu|e|rung** f. *(-)* segnalazioni *f.pl.* luminose dalla costa. **Küs|ten|be|woh|ner** m. *(-s,-)* abitante *m.* della costa, rivierasco *m.* **Küs|ten|damp|fer** m. *(-s,-)* piroscafo *m.* da cabotaggio. **Küs|ten|fah|rer** m. *(-s,-)* cabotiere *m.* **Küs|ten|fahrt** f. *(-,-en)* navigazione *f.* costiera, cabotaggio *m.* **Küs|ten|fahr|zeug** n. *(-[e]s,-e)* nave *f.* cabotiera, da cabotaggio. **Küs|ten|fi|sche|rei** f. *(-)* pesca *f.* costiera. **Küs|ten|ge|biet** n. *(-[e]s,-e)* zona *f.* costiera, costa *f.*, litorale *m.* **Küs|ten|ge|bir|ge** n. *(-s,-)* catena *f.* costiera. **Küs|ten|ge|wäs|ser** n. *(-s,-)* acque *f.pl.* territoriali. **Küs|ten|nä|he** f. *(-)* vicinanze *f.pl.* della costa: ***in ~ sein*** essere nelle vicinanze della costa. **Küs|ten|schiff|fahrt** f. *(-)* grande cabotaggio *m.* **Küs|ten|staat** m. *(-[e]s,-en)* stato *m.* costiero. **Küs|ten|stadt** n. *(-[e]s,-städte)* città *f.* costiera. **Küs|ten|stra|ße** f. *(-,-n)* strada *f.* costiera (*o* litoranea), litoranea *f.* **Küs|ten|strei|fen** m. *(-s,-)*, **Küs|ten|strich** m. *(-[e]s,-e)* fascia *f.* costiera. **Küs|ten|wacht** f. *(-,-en)* guardia *f.* costiera.

Küs|ter m. *(-s,-)* sacrestano (*o* sagrestano) *m.* **Küs|te|rei** f. *(-,-en)* sacrestia (*o* sagrestia) *f.*

Kus|to|de m. *(-n,-n)* conservatore *m.* **Kus|tos** m. *(-, Kustoden)* **1** *(von Museen)* conservatore *m.* **2** ANT. *(Kirchendiener)* sacrestano *m.* **3** TIP. richiamo *m.*

ku|tan agg. cutaneo. **Ku|tis** f. *(-)* cute *f.*

Kutsch|bock m. *(-[e]s,-böcke)* cassetta *f.* **Kut|sche** f. *(-,-n)* **1** carrozza *f.*, vettura *f.*: ***in eine ~ steigen*** salire in una carrozza; ***in einer ~ fahren*** viaggiare in carrozza **2** COLLOQ. *(altes Auto)* trabiccolo *m.* **Kut|schen|schlag** m. *(-[e]s,-schläge)* sportello *m.* (della carrozza). **Kut|schen|tritt** m. *(-[e]s,-e)* predellino *m.* (della carrozza). **Kut|scher** m. *(-s,-)* cocchiere *m.*, vetturino *m.*: ***der ~ sitzt auf dem Bock*** il cocchiere siede a cassetta. **Kut|scher|bock** → **Kutschbock. Kut|scher|ma|nie|ren** pl. COLLOQ. SPREG. modi *m.pl.* da carrettiere. **Kut|scher|man|tel** m. *(-s,-mäntel)* mantello *m.* da cocchiere. **Kut|scher|sitz** m. *(-es,-e)* → **Kutschbock.**

kut|schie|ren I tr. **1** portare in carrozza **2** COLLOQ. scarrozzare: ***jdn durch die Stadt ~*** scarrozzare qcn. per la città **II** intr. **1a** (aus. *sein*) andare in carrozza **b** COLLOQ. *(mit einem Fahrzeug fahren)* andare **2a** (aus. *haben*) guidare la carrozza **b** COLLOQ. guidare (la macchina).

Kutsch|kas|ten m. *(-s,-kästen)* bagagliaio *m.* della carrozza. **Kutsch|pferd** n. *(-[e]s,-e)* cavallo *m.* da vettura.

Kut|te f. *(-,-n)* **1** saio *m.* **2** GERG. *(Mantel)* cappotto *m.* ◆ ***die ~ anlegen*** vestire (*o* prendere) il saio, farsi frate; ***aus der ~ springen*** smettere l'abito, sfratarsi.

Kut|tel f. *(-,-n)*, **Kut|tel|fleck** m. *(-s,-e)* REGION. AUSTR. trippa *f.* **Kut|tel|hof** m. *(-[e]s,-höfe)* ANT. macello *m.*, mattatoio *m.* **Kut|tel|kraut** n. *(-[e]s)* AUSTR. timo *m.*

Kut|ter m. *(-s,-)* **1** cutter *m.* **2** *(Fischkutter)* motopeschereccio *m.* **3** *(Rettungsboot)* lancia *f.* (di salvataggio).

Ku|vert [ku'veːɐ, ku'vɛːɐ, ku'vɛrt] n. *(-[e]s,-s* e *-e)* **1** *(Tafelgedeck)* coperto *m.* **2** REGION. o ANT. *(Briefumschlag)* busta *f.* **ku|ver|tie|ren** tr. mettere in busta, imbustare. **Ku|ver|tü|re** f. *(-,-n)* glassa *f.* (di cioccolato).

Kü|vet|te f. *(-,-n)* ANT. **1** *(kleines Gefäß)* bacinella *f.*, vaschetta *f.* **2** *(von Taschenuhren)* controcassa *f.* dell'orologio.

Ku|wait n.pr.n. *(-s)* Kuwait *m.* **Ku|wai|ter** m. *(-s,-)* kuwaitiano *m.* **ku|wai|tisch** agg. kuwaitiano, del Kuwait.

kv. ⇒ *kriegsverwendungsfähig* abile arruolato.

Ky|be|le, Ky|be|le n.pr.f. Cibele *f.*

Ky|ber|ne|tik f. *(-)* cibernetica *f.* **Ky|ber|ne|ti|ker** m. *(-s,-)* cibernetico *m.* **ky|ber|ne|tisch** agg. cibernetico.

Kyk|la|den n.pr.pl. ***die ~*** le (isole) Cicladi.

Kyk|lop m. *(-en,-en)* ciclope *m.* **kyk|lo|pisch** agg. ciclopico.

Ky|ma n. *(-s,-s)*, **Ky|ma|ti|on** f. *(-s,-s* e *-ien)* ARCH. cimasa *f.*

Ky|ni|ker m. *(-s,-)* FILOS. cinico *m.* **Ky|nis|mus** m. *(-)* FILOS. cinismo *m.*

Ky|no|lo|ge m. *(-n,-n)* cinologo *m.* **Ky|no|lo|gie** f. *(-)* cinologia *f.*

Ky|pho|se f. *(-,-n)* cifosi *f.*

Ky|rie ['kyːriə] n. *(-,-s)* kyrie *m.* **Ky|rie e|lei|son** n. *(-s,-s)* kyrie eleison *m.*

Ky|rill n.pr.m. Cirillo *m.* **ky|ril|lisch** agg. cirillico: ***-e Schrift*** alfabeto cirillico. **Ky|ril|li|za** f. *(-)* cirillico *m.*, alfabeto *m.* cirillico.

Ky|ros n.pr.m. Ciro *m.*

Ky|the|ra n.pr.n. *(-s)* Citerea *f.*

KZ n. *(-[s],-[s])* (accorc. *Konzentrationslager*) lager *m.*, campo *m.* di concentramento. **KZ-Häft|ling** m. *(-[e]s,-e)*, COLLOQ. **KZler** [kaː'tsɛtlɐ] m. *(-s,-)* prigioniero *m.* di un lager. **KZ-Me|tho|den** pl. COLLOQ. sistemi *m.pl.* da lager.

KZW ⇒ *Kurzwellen* onde corte (OC).

L

l, L n. *(-,-)* l, L, elle *f.* e *m.*: ***ein großes L, ein kleines l*** una L maiuscola, una l minuscola.
l. ⇒ **1** *lies* leggi **2** *links* sinistra (sin.).
L. ⇒ *Lira* lira (L.).
Lab n. *(-[e]s,-e)* presame *m.*; *(für die Käseherstellung)* caglio *m.*
La|ban I n.pr.m. Labano *m.* **II** m. *(-s,-e)* SCHERZ. spilungone *m.*, stanga *f.*
lab|be|rig I agg. COLLOQ. SPREG. **1** *(fade)* insipido **2** floscio, molliccio: ***ein -er Stoff*** un tessuto floscio **3** *(flau)* debole, fiacco **4** *(wässerig)* acquoso **II** avv. mollemente, debolmente: ***jdm ~ die Hand geben*** stringere mollemente la mano a qcn. **lab|bern** COLLOQ. REGION. **I** tr. mangiare *(o* bere) rumorosamente **II** intr. (aus. *haben*) COLLOQ. REGION. **1** cianciare: ***er labbert stundenlang*** ciancia per ore intere **2** MAR. *(von Segeln)* essere floscio. **labb|rig** → **labberig.**
La|be f. *(-)* ristoro *m.*, refrigerio *m.*
La|bel [leɪbl] n. *(-s,-s)* etichetta *f.*, marchio *m.* (anche FIG.).
la|ben I tr. ristorare, ricreare (anche FIG.): ***jdn mit frischen Getränken ~*** ristorare qcn. con bevande fresche; ***die unberührte Natur labt das Auge*** la natura incontaminata ricrea lo sguardo **II** rifl. ***sich an etw. (D) ~*** ristorarsi, ricrearsi con qcs. (anche FIG.). **la|bend** p.pres. agg. **1** → **laben 2** ristoratore.
La|ber|dan m. *(-s,-e)* baccalà *m.* salato.
la|bern intr. (aus. *haben*) COLLOQ. cianciare.
La|be|trunk m. *(-[e]s,-trünke)* LETT. bevanda *f.* ristoratrice.
Lab|fer|ment n. *(-[e]s,-e)* presame *m.*
la|bi|al agg. labiale. **La|bi|al** m. *(-s,-e)* labiale *f.* **la|bi|a|li|sie|ren** tr. labializzare. **La|bi|al|laut** m. *(-[e]s,-e)* consonante *f.* labiale. **La|bi|al|pfei|fe** f. *(-,-n)* MUS. canna *f.* ad anima. **La|bi|a|te** f. *(-,-n)* labiata *f.*
la|bil agg. **1** PSIC. labile: ***ein (psychisch) -er Mensch*** una persona (psico)labile **2** *(leicht veränderbar)* labile, instabile (anche CHIM. FIS.): ***in -em Gleichgewicht*** in equilibrio instabile; ***ein -es Abkommen*** un accordo instabile **3** *(anfällig)* cagionevole: ***eine -e Gesundheit*** una salute cagionevole. **La|bi|li|tät** f. *(-)* **1** labilità *f.*, instabilità *f.* **2** *(von Gesundheit)* cagionevolezza *f.*
la|bi|o|den|tal agg. labiodentale. **La|bi|o|den|tal** m. *(-s,-e)* labiodentale *f.* **La|bi|o|den|tal|laut** m. *(-[e]s,-e)* consonante *f.* labiodentale. **la|bi|o|ve|lar** agg. labiovelare. **La|bi|o|ve|lar** m. *(-s,-e)* labiovelare *f.* **La|bi|o|ve|lar|laut** m. *(-[e]s,-e)* consonante *f.* labiovelare.
Lab|kraut n. *(-[e]s,-kräuter)* BOT. caglio *m.* **Lab|ma|gen** m. *(-s,-mägen)* ZOOL. abomaso *m.*, caglio *m.*
La|bor n. *(-s,-s* e *-e)* laboratorio *m.* **La|bo|rant** m. *(-en,-en)* assistente *m.* di laboratorio. **La|bo|ran|tin** f. *(-,-nen)* assistente *f.* di laboratorio. **La|bo|ra|to|ri|um** n. *(-s, Laboratorien)* laboratorio *m.* **La|bor|be|fund** m. *(-[e]s,-e)* reperto *m.* di laboratorio. **la|bo|rie|ren** intr. (aus. *haben*) **1a** COLLOQ. ***an etw. (D) ~*** affaticarsi su qcs., arrabattarsi intorno a qcs.: ***sie laboriert seit Jahren an ihrer Dissertation*** sgobba da anni sulla tesi **b** *(in Bezug auf Krankheiten)* soffrire da tempo di qcs., essere tormentato da qcs. **2** RAR. fare lavori di laboratorio. **La|bor|ver|such** m. *(-[e]s,-e)* esperimento *m.* di laboratorio.
1.Lab|ra|dor n.pr.n. *(-s)* Labrador *m.*
2.Lab|ra|dor m. *(-s,-e)* **1** MINER. labradorite *f.* **2** *(Hund)* labrador *m.*
Lab|ra|do|rit f. *(-s,-e)* labradorite *f.*
Lab|sal n. *(-[e]s,-e)* e REGION. f. *(-,-e)* ristoro *m.*; *(Erfrischung)* refrigerio *m.*
lab|sal|ben tr. MAR. calafatare.
La|bung f. *(-,-en)* RAR. → **Labsal.**
La|by|rinth n. *(-[e]s,-e)* labirinto *m.* (anche FIG. e ANAT.). **la|by|rin|thisch** agg. labirintico. **La|by|rinth|ent|zün|dung** f. *(-,-en)* labirintite *f.*
Lach|an|fall m. *(-[e]s,-anfälle)* accesso *m.* d'ilarità, di risa.

1.La|che f. *(-,-n)* COLLOQ. risata *f.*: ***sie hat eine schrille ~*** ha una risata stridula; ***eine gellende ~*** una sonora risata.
2.La|che f. *(-,-n)* pozzanghera *f.*: ***nach dem Gewitter hatten sich -n gebildet*** dopo il temporale si erano formate delle pozzanghere.
3.La|che f. *(-,-n)* tacca *f.*, incisione *f.*
lä|cheln intr. (aus. *haben*) **1** sorridere: ***freundlich, verlegen, spöttisch ~*** sorridere amichevolmente, con imbarazzo, in modo strafottente; ***unter Tränen ~*** sorridere tra le lacrime; ***über jdn ~*** sorridere di qcn. **2** LETT. ANT. *(günstig sein)* sorridere, arridere: ***das Glück lächelt jdm*** la fortuna arride a qcn.
Lä|cheln n. *(-s,-)* sorriso *m.*: ***ein begeistertes, süffisantes ~*** un sorriso entusiasta, di sufficienza; ***jdm ein ~ schenken*** fare un sorriso a qcn.
1.la|chen intr. (aus. *haben*) **1** ridere: ***herzlich, unbändig, vor Freude, aus vollem Halse ~*** ridere di cuore, sfrenatamente, dalla gioia, a piena gola; ***über das ganze Gesicht ~*** ridere con tutto il viso; ***über jdn, etw. ~*** ridere di qcn., qcs.; ***jdm ins Gesicht ~*** ridere in faccia a qcn. **2** LETT. *(günstig sein)* sorridere, arridere: ***das Glück lacht ihm*** la fortuna gli sorride **3** LETT. ***der Gefahren ~*** ridere dei pericoli ◆ ***die Freude lacht aus seinen Augen*** i suoi occhi brillano di gioia; ***sich (D) ins Fäustchen ~*** ridere sotto i baffi; ***das wäre doch, ja gelacht, wenn...*** sarebbe da ridere se...; ***du hast gut ~*** ridi, ridi...; COLLOQ. ***hier, bei ihm nichts zu ~ haben*** qui, con lui non c'è niente da ridere, non c'è da stare allegri; LETT. ***der Himmel lacht*** il cielo è sereno; ***in sich hinein ~*** ridersela fra sé e sé; COLLOQ. ***da ~ ja die Hühner*** (è una cosa che) fa ridere i polli; ***ich muss ~*** mi viene, mi scappa da ridere; ***so etw. tun? – dass ich nicht lache!*** fare una cosa simile? – non farmi ridere! *(o* mi fai proprio ridere!); COLLOQ. ***von einem Ohr zum andern ~*** fare un sorriso da orecchio a orecchio; ***schallend ~*** prorompere in una sonora risata; LETT. ***die Sonne lacht*** il sole splende; ***Tränen ~*** ridere fino alle lacrime; PROV. ***~ ist gesund*** il riso fa buon sangue; ***wer zuletzt lacht, lacht am besten*** ride ben(e) chi ride ultimo.
2.la|chen tr. ***einen Baum ~*** marcare un albero, fare una tacca a un albero.
La|chen n. *(-s)* **1** il ridere, riso *m.*: ***das ~ unterdrücken*** reprimere *(o* soffocare) il riso; ***sich das ~ verbeißen, verkneifen*** trattenere, frenare il riso **2** *(Gelächter)* risata *f.*, risa(te) *f.pl.*: ***ein fröhliches, ansteckendes, gezwungenes ~*** una risata allegra, contagiosa, (s)forzata; ***in heftiges ~ ausbrechen*** prorompere in una sonora risata ◆ ***ihm blieb das ~ im Hals stecken*** la risata gli si smorzò in gola; ***jdn zum ~ bringen*** far ridere qcn.; ***vor ~ brüllen*** fare una sonora risata; COLLOQ. ***vor ~ (fast) platzen*** crepare dal ridere *(o* dalle risate); ***vor ~ umfallen*** sbellicarsi dal ridere *(o* dalle risate); ***das ~ wird dir noch, schon vergehen*** ti passerà la voglia di ridere; ***zum ~ sein*** c'è da ridere, è ridicolo. **la|chend** p.pres. → **lachen** ◆ ***der lachende Dritte*** (tra i due litiganti) il terzo gode, quello che se la gode. **La|cher** m. *(-s,-)* **1** chi ride **2** *(kurzes Lachen)* breve risata *f.* **3** TEATR. GERG. passo *m.* comico. **Lach|er|folg** m. *(-[e]s)* successo *m.* comico.
lä|cher|lich I agg. **1a** ridicolo: ***er ist eine -e Erscheinung*** è una figura ridicola; ***sich ~ machen*** rendersi ridicolo; ***das ist ja ~!*** è ridicolo! ***es ist einfach ~, sich so aufzuführen*** è semplicemente ridicolo comportarsi così; ***in diesem Kleid komme ich mir ganz ~ vor*** con questo vestito mi sento ridicolo **b** *(unwichtig)* ***eine -e Angelegenheit*** una faccenda ridicola **2** *(gering)* ridicolo, irrisorio: ***der Preis ist einfach ~*** il prezzo è semplicemente ridicolo **II** avv. **1** in modo ridicolo **2** COLLOQ. rafforz. veramente: ***er verdient ~ wenig*** guadagna veramente poco ◆ ***etw. ins Lächerliche ziehen, etw.~ machen*** mettere qcs. sul ridere; RAR. ***ihm war ~ zumute*** aveva voglia di ridere. **Lä|cher|lich|keit** f. *(-,-en)* **1** ridicolaggine *f.* **2** *(unwichtige Sache)* sciocchezza *f.*, inezia *f.* ◆ ***jdn der ~ preisgeben*** gettare il ridicolo su qcn. **lä|chern** tr. impers. REGION. ***es lächert mich*** mi fa ridere.

Lach|fält|chen n. *(-s,-)* ruga *f.* (di espressione). **Lach|gas** n. *(-es,-e)* gas *m.* esilarante. **lach|haft I** agg. SPREG. ridicolo, assurdo **II** avv. **1** *(unsinnig)* in modo ridicolo **2** COLLOQ. rafforz. veramente, ridicolmente: ***ein ~ niedriger Preis*** un prezzo veramente basso. **Lach|haf|tig|keit** f. *(-,-en)* SPREG. ridicolaggine *f.*, assurdità *f.* **Lach|ka|bi|nett** n. *(-s,-e)* labirinto *m.* di specchi. **Lach|krampf** m. *(-[e]s,-krämpfe)* risata *f.* convulsa. **Lach|lust** f. *(-)* voglia *f.* di ridere, ilarità *f.* **Lach|mö|we** f. *(-,-n)* gabbiano *m.* (comune).

Lachs m. *(-es,-e)* salmone *m.*: ***geräucherter ~*** salmone affumicato.

Lach|sal|ve f. *(-,-n)* scroscio *m.* di risa, scoppio *m.* di risate.

lachs|far|ben, lachs|far|big agg. color salmone. **Lachs|fisch** m. *(-[e]s,-e)* salmonide *m.* **Lachs|fo|rel|le** f. *(-,-n)* trota *f.* salmonata. **Lachs|schin|ken** m. *(-s)* rolata *f.* di maiale affumicato.

Lack m. *(-[e]s,-e)* **1** lacca *f.* **2a** *(Anstrichfarbe)* vernice *f.* **b** *(Lackfarbe)* smalto *m.* **c** *(als Holzschutzmittel)* flatting *m.* **3** *(Nagellack)* smalto *m.* (per unghie) **4** BOT. *(Goldlack)* violacciocca *f.* gialla ◆ COLLOQ. ***der (erste) ~ ist ab*** il primo entusiasmo è passato; *(jds Jugendfrische ist verloren)* il fascino della giovinezza se n'è andato; COLLOQ. ***und fertig ist der ~*** ecco fatto, finito. **Lack|ab|beiz|mit|tel** n. *(-s,-)* sverniciatore *m.* **Lack|af|fe** m. *(-n,-n)* COLLOQ. SPREG. bellimbusto *m.* **Lack|ar|beit** f. *(-,-en)* **1** laccatura *f.* **2** *(Gegenstand)* lacca *f.*

La|ckel m. *(-s,-)* COLLOQ. SPREG. zoticone *m.*

la|cken tr. laccare.

Lack|far|be f. *(-,-n)* (pittura *f.* a) smalto *m.* **Lack|gür|tel** m. *(-s,-)* cintura *f.* di pelle verniciata. **Lack|harz** n. *(-es,-e)* resina *f.* per vernici.

la|ckie|ren I tr. **1a** laccare **b** ***die Nägel ~*** laccare le unghie, mettere lo smalto sulle unghie **2a** *(mit Anstrichfarbe)* verniciare **b** *(mit Lackfarbe)* smaltare **3** COLLOQ. *(hereinlegen)* truffare, imbrogliare **II** rifl. ***sich die Fingernägel ~*** laccarsi le unghie, mettersi lo smalto sulle unghie ◆ ***jdm eine ~*** dare un ceffone a qcn. **La|ckie|rer** m. *(-s,-)* verniciatore *m.* **La|ckie|re|rei** f. *(-,-en)* **1** *(Werkstatt)* verniceria *f.* **2** COLLOQ. faticosa verniciatura *f.* **La|ckie|rung** f. *(-,-en)* laccatura *f.*; *(mit Anstrichfarbe)* verniciatura *f.*; *(mit Lackfarbe)* smaltatura *f.* **La|ckier|werk|statt** f. *(-,-stätten)*, **La|ckier|werk|stät|te** f. *(-,-n)* verniceria *f.*

Lack|kunst f. *(-)* arte *f.* della lacca. **Lack|le|der** n. *(-s)* cuoio *m.* verniciato, pelle *f.* verniciata. **Lack|lö|se|mit|tel** n. *(-s,-)* solvente *m.* per vernici.

Lack|mus n. e m. *(-)* tornasole *m.*, laccamuffa *f.* **Lack|mus|flech|te** f. *(-,-n)* roccella *f.* **Lack|mus|pa|pier** n. *(-s)* carta *f.* (*o* cartina *f.*) al, di tornasole.

Lack|pfle|ge f. *(-)* manutenzione *f.* della vernice. **Lack|rei|ni|ger** m. *(-s,-)* detergente *m.* per superfici laccate, smaltate. **Lack|scha|den** m. *(-s,-schäden)* graffio *m.* nella vernice. **Lack|schicht** f. *(-,-en)* strato *m.* di vernice. **Lack|schuh** m. *(-[e]s,-e)* scarpa *f.* di vernice.

Läd|chen n. *(-s,-)* **1** cassettino *m.* **2** *(Geschäft)* negozietto *m.* **La|de** f. *(-,-n)* **1** *(beim Pferd)* barra *f.*, spazio *m.* interdentale **2** *(Bundeslade)* arca *f.* dell'Alleanza **3** REGION. *(Schublade)* cassetto *m.* **4** REGION. *(Truhe)* cassettone *m.* **La|de|baum** m. *(-[e]s,-bäume)* MAR. albero *m.* di caricamento, picco *m.* da carico. **la|de|be|reit** agg. pronto per essere caricato. **La|de|brü|cke** f. *(-,-n)* FERR. ponte *m.* a bilico. **La|de|büh|ne** f. *(-,-n)* piattaforma *f.* di caricamento. **La|de|druck** m. *(-[e]s)* pressione *f.* di alimentazione. **La|de|ein|rich|tung** f. *(-,-en)* attrezzatura *f.* per (le operazioni di) carico e scarico. **La|de|fä|hig|keit** f. *(-)* portata *f.* **La|de|flä|che** f. *(-,-n)* superficie *f.* per il carico. **La|de|ge|bühr** f. *(-,-en)* spese *f.pl.* di carico. **La|de|ge|rät** n. *(-[e]s,-e)* caricabatteria *m.* **La|de|ge|schirr** n. *(-s,-e)* → **Ladeeinrichtung. La|de|ge|wicht** n. *(-[e]s)* → **Ladefähigkeit. La|de|gren|ze** f. *(-,-n)* limite *m.* di carico. **La|de|gut** n. *(-[e]s,-güter)* carico *m.* **La|de|hem|mung** f. *(-,-en)* inceppamento *m.* (di arma da fuoco) ◆ SCHERZ. ***eine ~ haben*** essersi inceppato, non capire niente. **La|de|klap|pe** f. *(-,-n)* AER. portellone *m.* di carico. **La|de|kon|trol|le** f. *(-,-n)* COLLOQ. spia *f.* della batteria. **La|de|kran** m. *(-s,-kräne)* gru *f.* da carico. **La|de|li|nie** f. *(-,-n)* MAR. marca *f.* di bordo libero. **La|de|lu|ke** f. *(-,-n)* boccaporto *m.* di carico (*o* di stiva). **La|de|mar|ke** f. *(-,-n)* → **Ladelinie. La|de|ma|schi|ne** f. *(-,-n)* **1** EL. AUT. caricabatteria *m.* **2** MIN. NUCL. caricatrice *f.* **La|de|mast** m. *(-[e]s,-e[n])* → **Ladebaum.**

1.la|den tr. *(lädt, lud, geladen)* **1a** caricare: ***Kohlen ~*** caricare carbone; ***das Schiff hat Holz geladen*** la nave ha un carico di legname; ***Kisten auf einen LKW, in einen Güterwaggon ~*** caricare casse su un autocarro, in un vagone ferroviario; ***(sich) jdn auf die Schulter ~*** caricarsi qcn. sulle spalle **b** ***eine Batterie ~*** caricare una batteria; ***die Kamera ~*** caricare la macchina fotografica; ***ein Gewehr ~*** caricare un fucile **2** *(ausladen)* scaricare: ***etw. aus einem Waggon, vom Wagen ~*** scaricare qcs. da un vagone, dalla macchina ◆ ***jds Hass auf sich ~*** attirare l'odio di qcn. su di sé; ***scharf ~*** caricare a pallettoni; ***eine Schuld auf sich ~*** addossarsi una colpa; ***schwer geladen haben*** aver caricato al massimo, essere sovraccarico; COLLOQ. *(stark betrunken sein)* essere ubriaco fradicio, aver fatto il pieno; ***die Verantwortung auf sich ~*** assumersi la responsabilità.

2.la|den tr. *(lädt, lud, geladen)* **1** invitare: ***jdn zu sich, zum Essen, zur Jagd ~*** invitare qcn. a casa propria, a mangiare, a caccia **2a** DIR. citare: ***jdn vor Gericht ~*** citare qcn. in giudizio **b** ***jdn als Zeugen ~*** chiamare qcn. a deporre (come testimone).

1.La|den n. *(-s)* **1** il caricare, caricamento *m.* (anche INFORM.): ***das ~ eines Gewehrs, Programms*** il caricare un fucile, un programma **2** EL. carica *f.*

2.La|den m. *(-s, Läden* e RAR. *-)* **1** negozio *m.*, bottega *f.*: ***im ~ bedienen, stehen*** servire, stare in negozio; ***einen ~ aufmachen, einrichten*** aprire un negozio; ***den ~ zumachen*** chiudere il negozio, chiudere bottega **2** COLLOQ. *(Angelegenheit)* faccenda *f.*, cosa *f.*: ***der ~ läuft*** la cosa gira, va **3a** *(Fensterladen)* imposta *f.*, persiana *f.* **b** *(Rollladen)* avvolgibile *m.* **4** SPORT GERG. *(Tor)* rete *f.*, porta *f.* ◆ ***den ~ hinwerfen, hinschmeißen*** chiudere bottega; ***den ~ schmeißen*** mandare avanti la baracca. **La|den|be|sit|zer** m. *(-s,-)* proprietario *m.* di un negozio. **La|den|dieb** m. *(-[e]s,-e)* taccheggiatore *m.* **La|den|dieb|stahl** m. *(-[e]s,-diebstähle)* taccheggio *m.* **La|den|glo|cke** f. *(-,-n)* campanello *m.* della porta (di un negozio). **La|den|hü|ter** m. *(-s,-)* merce *f.* invenduta, di scarto, fondo *m.* di magazzino. **La|den|in|ha|ber** m. *(-s,-)* titolare *m.* di un negozio, esercente *m.* **La|den|kas|se** f. *(-,-n)* registratore *m.* di cassa (di un negozio). **La|den|ket|te** f. *(-,-n)* catena *f.* di negozi. **La|den|mäd|chen** n. *(-s,-)* COLLOQ. ragazza *f.*, commessa *f.* di negozio. **La|den|preis** m. *(-es,-e)* prezzo *m.* (di vendita) al minuto. **La|den|schild** n. *(-[e]s,-er)* insegna *f.* di, del negozio. **La|den|schluss** m. *(-es)* chiusura *f.* dei negozi. **La|den|schluss|ge|setz** n. *(-es,-e)* legge *f.* sull'orario di chiusura dei negozi. **La|den|schluss|zeit** f. *(-,-en)* orario *m.* di chiusura dei negozi. **La|den|schwen|gel** m. *(-s,-)* COLLOQ. garzone *m.*, commesso *m.* di negozio. **La|den|stra|ße** f. *(-,-n)* via *f.* commerciale. **La|den|tisch** m. *(-es,-e)* banco *m.* (di negozio, di vendita) ◆ COLLOQ. ***unterm ~*** sottobanco. **La|den|toch|ter** f. *(-,-töchter)* SVIZZ. venditrice *f.* **La|den|tür** f. *(-,-en)* porta *f.* di un negozio. **La|den|zent|rum** n. *(-s,-zentren)* centro *m.* commerciale.

La|de|platz m. *(-es,-plätze)* **1** MAR. banchina *f.* di carico **2** FERR. piano *m.* di caricamento. **La|der** m. *(-s,-)* **1** MOT. *(Auflader)* compressore *m.* **2** *(Lademaschine)* caricatrice *f.* **La|de|ram|pe** f. *(-,-n)* piano *m.* di caricamento. **La|de|raum** m. *(-[e]s,-räume)* **1** spazio *m.* utile, di carico **2** MAR. stiva *f.* **La|de|schein** m. *(-[e]s,-e)* polizza *f.* di carico. **La|de|stock** m. *(-[e]s,-stöcke)* ANT. bacchetta *f.* per caricare il fucile. **La|de|strei|fen** m. *(-s,-)* caricatore *m.* a nastro, nastro *m.*

lä|die|ren tr. **1** *(beschädigen)* danneggiare **2** *(verletzen)* ledere. **Lä|die|rung** f. *(-,-en)* **1** *(Beschädigung)* danneggiamento *m.* **2** *(Verletzung)* lesione *f.*

La|din n. *(-s)* ladino *m.*, lingua *f.* ladina. **La|di|ner** m. *(-s,-)* ladino *m.* **la|di|nisch** agg. ladino. **La|di|nisch** n. *(-[s])*, **La|di|ni|sche** n. *(-n)* ladino *m.*, lingua *f.* ladina.

Lad|ne|rin f. *(-,-nen)* REGION. AUSTR. venditrice *f.*

1.La|dung f. *(-,-en)* **1** carico *m.*: ***eine ~ Holz*** un carico di legname; ***ohne ~ fahren*** viaggiare vuoti, senza carico; ***eine ~ löschen*** scaricare una nave **2** carica *f.*: ***eine ~ Dynamit*** una carica di dinamite; EL. ***eine negative, positive ~*** una carica negativa, positiva **3** COLLOQ. *(größere Menge)* gran quantità *f.* ◆ ***eine geballte ~ Energie*** un concentrato di energia.

2.La|dung f. *(-,-en)* DIR. citazione *f.*, ordine *m.* di comparizione.

La|dy ['leɪdɪ] f. *(-,-s* e *Ladies)* lady *f.* **la|dy|like** [-laɪk] agg. e avv. come una, da lady.

La|fet|te f. *(-,-n)* affusto *m.* **la|fet|tie|ren** tr. portare su un affusto.

Laf|fe m. *(-n,-n)* bellimbusto *m.*, damerino *m.*

lag → **liegen.**

La|ge f. *(-,-n)* **1a** posizione *f.*: ***die geographische ~ eines Landes*** la posizione geografica di un paese; ***eine sonnige ~*** una posizione assolata; ***die ~ eines Organs, eines Kindes bei der Geburt*** la posizione di un organo, di un bambino al momento del parto; ***waagerechte, senkrechte ~*** posizione orizzontale, verticale; ***aus allen -n schießen*** tirare da tutte le posizioni **b** ENOL. *(von Weinbergen)* posizione *f.* **c** *(beim Schwimmen)* stile *m.*: ***Meisterschaft über 4 x 100 -n*** campionato di staffetta 4 x 100 mista **2** situazione *f.*: ***die politische, wirtschaftliche ~*** la situazione politica, economica; ***die ~ sofort erfassen*** capire subito la situazione; ***sich in einer schlimmen***

~ befinden trovarsi in una brutta situazione; ***jdn aus einer schwierigen ~ befreien*** togliere qcn. da una situazione difficile; ***die ~ hat sich gebessert, gewandelt, verschlechtert*** la situazione è migliorata, è cambiata, è peggiorata **3** *(Schicht)* strato *m.*; *(Anstrich)* mano *m.* (di colore) **4** *(von Papierbogen)* quinterno *m.* **5a** MUS. *(Tonlage, Stimmlage)* registro *m.*: ***obere (hohe), mittlere, untere (tiefe) ~*** registro superiore (*o* acuto), medio, inferiore (*o* grave) **b** ***enge, weite ~*** posizione stretta, lata (delle note che compongono l'accordo) **c** *(Stellung der Hand auf einem Griffbrett)* posizione *f.* **6** COLLOQ. *(Runde)* giro *m.*: ***eine ~ Bier ausgeben*** pagare un giro di birra ◆ ***die ~ der Dinge*** lo stato delle cose; ***nach ~ der Dinge*** stando così le cose, date le circostanze; ***sich in der glücklichen ~ befinden*** trovarsi nella fortunata circostanza (*o* nel fortunato caso); ***in die ~ kommen*** arrivare al punto; COLLOQ. ***die ~ peilen*** esaminare la situazione; ***die rechtliche ~*** la posizione giuridica; ***jdn, sich (selbst) in eine schiefe ~ bringen*** mettere, mettersi in cattiva luce; ***(nicht) in der ~ sein, etw. zu tun*** (non) essere in grado (*o* in condizione) di fare qcs.; ***ich möchte nicht in seiner ~ sein*** non vorrei essere al suo posto; ***versetze dich einmal in meine ~!*** mettiti un po' al mio posto (*o* nei miei panni)! **La|ge|be|richt** n. *(-[e]s,-e)* rapporto *m.* sulla situazione.

Lä|gel m. e n. *(-s,-)* ANT. o REGION. barilotto *m.*

La|gen|schwim|men n. *(-s)*, **La|gen|staf|fel** f. *(-,-n)* staffetta *f.* mista (nel nuoto). **la|gen|wei|se** avv. a strati.

La|ge|plan m. *(-[e]s,-pläne)* planimetria *f.*

La|ger n. *(-s,- e Läger)* **1a** campo *m.*, accampamento *m.*: ***das ~ aufschlagen, abbrechen*** piantare, levare il campo; ***ein ~ einrichten, auflösen*** allestire, smontare un accampamento **b** *(Ferienlager)* campeggio *m.*: ***ins ~ fahren*** andare in campeggio **c** *(Gefangenenlager)* campo *m.* di prigionia; *(Konzentrationslager)* campo *m.* di concentramento, lager *m.* **d** *(Arbeitslager)* campo *m.* di lavoro **2a** ANT. *(Schlafstätte)* letto *m.*, giaciglio *m.*: ***jdm das ~ bereiten*** preparare il letto a qcn. **b** VENAT. tana *f.*, covo *m.* **3** FIG. campo *m.*, schieramento *m.*: ***er steht in unserem ~*** è dei nostri; ***ins feindliche ~ übergehen*** passare dalla parte del nemico (*o* in campo avverso) **4a** *(Raum zur Warenlagerung)* magazzino *m.*, deposito *m.*: ***ab, frei ~*** franco magazzino (*o* deposito); ***Waren auf ~ legen, nehmen*** immagazzinare merci, prendere merci in magazzino; ***das haben wir am, auf ~*** (ce) l'abbiamo in magazzino; ***das ~ ergänzen, aufnehmen*** rifornire il magazzino, fare l'inventario del magazzino **b** *(gelagerte Ware)* ***ein ~ von etw. haben*** avere un deposito di qcs. **c** COLLOQ. *(im Lager Beschäftigte)* ***das ~ beteiligte sich am Streik*** il magazzino partecipava allo sciopero **5** GEOL. giacimento *m.* **6a** MECC. cuscinetto *m.*, supporto *m.* **b** *(Bauteil)* appoggio *m.* ◆ COLLOQ. ***etw. auf ~ haben*** avere in serbo qcs.

La|ger|ar|bei|ter m. *(-s,-)* magazziniere *m.* **La|ger|auf|se|her** m. *(-s,-)* **1** sorvegliante *m.* di un campo **2** COMM. custode *m.* di un magazzino. **La|ger|be|stand** m. *(-[e]s,-bestände)* scorta *f.* (di magazzino), giacenza *f.* (a magazzino). **La|ger|bier** n. *(-s)* INTRAD. (tipo di birra). **La|ger|büch|se** f. *(-,-n)* MECC. guscio *m.* di cuscinetto, bronzina *f.* **la|ger|fä|hig, la|ger|fest** agg. non deperibile, conservabile. **La|ger|feu|er** n. *(-s)* fuoco *m.* di campo, di bivacco. **La|ger|frist** f. *(-,-en)* periodo *m.* di permanenza in magazzino, di magazzinaggio. **La|ger|füh|rer** m. *(-s,-)* direttore *m.* del, di un campo; *(vom Ferienlager)* direttore *m.* del, di un campeggio. **La|ger|ge|bühr** f. *(-,-en)*, **La|ger|geld** n. *(-es,-er)* magazzinaggio *m.*, diritto *m.* (*o* spese *f.pl.*) di deposito. **La|ger|hal|le** f. *(-,-n)* capannone *m.* **La|ger|hal|tung** f. *(-,-en)* magazzinaggio *m.*, tenuta *f.* a magazzino. **La|ger|haus** n. *(-[e]s,-häuser)* magazzino *m.*, deposito *m.* **La|ger|in|sas|se** m. *(-n,-n)* prigioniero *m.* di un lager (pl. prigionieri dei lager).

La|ge|rist m. *(-en,-en)* (capo) magazziniere *m.*

La|ger|kom|man|dant m. *(-en,-en)* comandante *m.* di un lager. **La|ger|kos|ten** → **Lagerungskosten. La|ger|le|ben** n. *(-s)* vita *f.* di, in campeggio. **La|ger|lei|ter** m. *(-s,-)* → **Lagerführer. La|ger|me|tall** n. *(-[e]s,-e)* metallo *m.* antifrizione. **La|ger|mie|te** f. *(-,-n)* → **Lagergebühr.**

la|gern I tr. **1** *(Waren)* immagazzinare, mettere a magazzino **2a** *(bequem hinlegen)* adagiare, poggiare: ***das verletzte Bein ruhig ~*** adagiare la gamba ferita **b** *(betten)* coricare, mettere a giacere **3a** MECC. *(stützen)* supportare: ***etw. auf Rollen ~*** supportare qcs. su rulli **b** *(in eine gewisse Lage bringen)* alloggiare **II** rifl. ***sich ~*** **1a** *(im Freien rasten)* accamparsi **b** *(sich hinlegen)* sdraiarsi: ***sich im, ins Gras ~*** sdraiarsi sull'erba **2a** addensarsi: ***Wolken ~ sich um den Gipfel*** le nubi avvolgono la vetta **b** depositarsi: ***Schlamm lagert sich auf dem Grund*** del fango si deposita sul fondo **3** *(von Getreide)* piegarsi **III** intr. (aus. *haben*) **1a** *(Waren)* essere depositato, in magazzino, in giacenza **b** *(Wein, Tabak, Holz)* stagionare **2** essere accampato: ***die Truppen lagerten am Fluss*** le truppe erano accampate sul fiume **3** *(von Nebel, Staub, Wolken)* essere addensato; FIG. ***Schweigen lagerte über der Versammlung*** il silenzio incombeva sulla riunione **4a** MECC. *(in Lagern laufen)* girare su cuscinetti **b** EDIL. ***auf, in etw. ~*** appoggiare su qcs. **5** GEOL. trovarsi, giacere. **la|gernd** p.pres. agg. **1** → **lagern 2** in deposito, in giacenza: ***-e Post*** posta in giacenza.

La|ger|obst n. *(-[e]s)* frutta *f.* a lunga conservazione. **La|ger|pflan|ze** f. *(-,-n)* tallofita *f.* **La|ger|platz** m. *(-es,-plätze)* **1** posto *m.* di sosta, campo *m.*, bivacco *m.* **2** *(Ablage)* deposito *m.* **La|ger|raum** m. *(-[e]s,-räume)* deposito *m.*, magazzino *m.*; MAR. stiva *f.* **La|ger|scha|le** f. *(-,-n)* bronzina *f.* **La|ger|schup|pen** m. *(-s,-)* capannone *m.*, rimessa *f.* **La|ger|statt** f. *(-,-stätten)* giaciglio *m.* **La|ger|stät|te** f. *(-,-n)* GEOL. giacimento *m.* **La|ge|rung** f. *(-,-en)* **1** il poggiare, adagiamento *m.* **2** *(zur Aufbewahrung)* immagazzinamento *m.* **3a** *(Lagerhaltung)* magazzinaggio *m.* **b** INDUSTR. stoccaggio *m.* **4** GEOL. stratificazione *f.* **5** MECC. montaggio *m.*, sistema *m.* di supporto. **La|ge|rungs|kos|ten** pl. spese *f.pl.* di magazzinaggio. **La|ger|ver|wal|ter** m. *(-s,-)* (capo) magazziniere *m.* **La|ger|vor|rat** m. *(-[e]s,-vorräte)* → **Lagerbestand.**

La|ge|skiz|ze f. *(-,-n)* piantina *f.*, schizzo *m.* della posizione di un luogo.

La|gu|ne f. *(-,-n)* laguna *f.* **La|gu|nen|stadt** f. *(-,-städte)* città *f.* lagunare; *(Venedig)* città *f.* della laguna.

lahm I agg. **1a** paralizzato: ***auf dem rechten Arm, in der Hüfte ~ sein*** essere paralizzato al braccio destro, avere l'anca paralizzata **b** *(nur von Menschen)* paralitico: ***eine -e Frau*** una donna paralitica **2** *(kraftlos)* stanco, senza forze **3** rigido, irrigidito: ***meine Beine sind ganz ~ vom langen Sitzen*** ho le gambe rigide a forza di stare seduto **4a** COLLOQ. SPREG. misero: ***-e Ausflüchte*** misere scuse **b** *(schwach)* debole, fiacco, stentato: ***eine -e Argumentation*** un'argomentazione fiacca **c** *(langweilig)* noioso **II** avv. **1** *(steif)* con rigidità **2** con fiacchezza, senza slancio: ***du hast heute ~ gespielt*** oggi hai giocato senza slancio ◆ ***eine -e Ente sein*** essere un tipo senza temperamento; ***~ gehen*** zoppicare; ***~ legen*** paralizzare, bloccare (anche FIG.). **Lahm|arsch** m. *(-[e]s,-ärsche)* VOLG. smidollato *m.*, pappamolle *m.* e *f.* **lahm|ar|schig** agg. VOLG. smidollato, senza carattere. **Lah|me** m. e f. *(-n,-n)* zoppo *m.* (-a *f.*).

Läh|me f. *(-)* VETER. paralisi *f.* **lah|men** intr. (aus. *haben*) zoppicare: ***auf dem rechten Fuß ~*** zoppicare dal piede destro.

läh|men tr. paralizzare, bloccare (anche FIG.): ***die Muskeln, den Atem ~*** paralizzare i muscoli, bloccare il respiro; ***das politische Leben ~*** paralizzare la vita politica.

Lahm|heit f. *(-)* **1** l'essere paralizzato **2** FIG. debolezza *f.*, fiacchezza *f.* **Lahm|le|gung** f. *(-,-en)* paralisi *m.*, blocco *m.* (anche FIG.): ***die ~ der Produktion*** la paralisi della produzione.

Läh|mung f. *(-,-en)* paralisi *f.* (anche FIG.) ◆ MED. ***halbseitige ~*** emiplegia; MED. ***ganzseitige ~*** paralisi totale.

1.Lahn m. *(-[e]s,-e)* TESS. filato *m.* di lamé.

2.Lahn f. *(-,-en)* REGION. valanga *f.*

Laib m. *(-[e]s,-e)* forma *f.*: ***ein ~ Käse, Brot*** una forma di formaggio, di pane.

Lai|bach n.pr.n. *(-s)* Lubiana *f.*

Lai|bung → **Leibung.**

Laich m. *(-[e]s,-e)* uova *m.pl.* (di pesci e anfibi), fregolo *m.* **Lai|che** f. *(-,-n)* → **Laichzeit. lai|chen** intr. (aus. *haben*) ITTIOL. deporre le uova, essere in fregola. **Lai|chen** n. *(-s)* deposizione *f.* delle uova, fregola *f.* **Laich|platz** m. *(-[e]s,-plätze)* luogo *m.* di deposizione delle uova. **Laich|wan|de|rung** f. *(-,-en)* migrazione *f.* per la deposizione delle uova. **Laich|zeit** f. *(-,-en)* ITTIOL. periodo *m.* della fregola, della deposizione delle uova.

Laie m. *(-n,-n)* **1** *(Nichtgeistlicher)* laico *m.* **2** *(Nichtfachmann)* profano *m.*: ***auf einem bestimmten Gebiet der Kunst ein ~ sein*** essere un profano in un determinato settore dell'arte ◆ ***ein blutiger, völliger ~*** un autentico dilettante, un dilettante nel vero senso della parola; PROV. ***da staunt der Laie, und der Fachmann wundert sich*** = c'è veramente da restare a bocca aperta. **Lai|en|apos|to|lat** n. *(-[e]s,-e)* apostolato *m.* laico. **Lai|en|bru|der** m. *(-s,-brüder)* frate *f.* laico, converso *m.*. **Lai|en|büh|ne** f. *(-,-n)* → **Laientheater. Lai|en|chor** m. *(-[e]s,-chöre)* coro *m.* di non professionisti. **lai|en|haft** agg. da profano. **Lai|en|kunst** f. *(-)* arte *m.* dilettantesca, dilettantismo *m.* **Lai|en|pre|di|ger** m. *(-s,-)* RELIG. pastore *m.* laico. **Lai|en|pries|ter** m. *(-s,-)* prete *m.* secolare. **Lai|en|rich|ter** m. *(-s,-)* giudice *m.* popolare. **Lai|en|schwes|ter** f. *(-,-n)* suora *f.* laica, conversa *f.* **Lai|en|spiel** n. *(-[e]s,-e)* spettacolo *m.* filodrammatico. **Lai|en|stand** m. *(-[e]s)* stato *m.* laicale, laicato *m.* **Lai|en|the|a|ter** n. *(-s,-)* teatro *m.* filodrammatico. **Lai|en|tum** n. *(-s)* **1** laicità *f.* **2** RAR. *(Gesamtheit der Laien)* laicato *m.*

Lai|en|ver|stand m. *(-[e]s)* buon senso *m.*
lai|i|sie|ren tr. ridurre allo stato laicale, laicizzare. **La|i|si|e|rung** f. *(-,-en)* laicizzazione *f.* **La|i|zis|mus** m. *(-)* laicismo *m.* **La|i|zist** m. *(-en,-en)* laicista *m.*

La|kai m. *(-en,-en)* ANT. o SPREG. lacchè *m.* **la|kai|en|haft I** agg. SPREG. da lacchè, servile **II** avv. come un lacchè, servilmente.

La|ke f. *(-,-n)* salamoia *f.*

La|ken n. *(-s,-)* lenzuolo *m.*

Lak|ko|lith m. *(-s* e *-en,-e[n])* laccolite *m.* e *f.*

La|ko|nik f. *(-)* laconicità *f.* **la|ko|nisch** agg. laconico. **La|ko|nis|mus** m. *(-, Lakonismen)* laconismo *m.*

Lak|rit|ze f. *(-,-n)* liquirizia *f.* **Lak|rit|zen|stan|ge** f. *(-,-n)* bastoncino *m.* di liquirizia.

Lak|ta|se f. *(-,-n)* lattasi *f.* **Lak|ta|ti|on** f. *(-,-en)* lattazione *f.* **Lak|to|se** f. *(-)* lattosio *m.* **Lak|tos|u|rie** f. *(-,-n)* lattosuria *f.*

la|ku|när agg. lacunoso. **La|ku|ne** f. *(-,-n)* lacuna *f.*

la|la, *so* ~ così così.

lal|len I tr. balbettare: ***unverständliche Worte ~*** balbettare parole incomprensibili **II** intr. (aus. *haben*) balbettare: ***das Baby lallt*** il bambino balbetta. **Lall|pe|ri|o|de** f. *(-)* periodo *m.* di lallazione. **Lall|wort** n. *(-,-wörter)* termine *m.*, parola *f.* infantile.

1.La|ma n. *(-s,-s)* ZOOL. lama *m.*

2.La|ma m. *(-[s],-s)* RELIG. lama *m.* **La|ma|is|mus** m. *(-)* lamaismo *m.* **La|ma|ist** m. *(-en,-en)* seguace *m.* del lamaismo.

Lamb|da n. *(-[s],-s)* lambda *f.* **Lamb|da|naht** f. *(-)* sutura *f.* lamboidea.

Lam|berts|nuss f. *(-,-nüsse)* nocciolo *m.* di Dalmazia.

Lamb|re|quin [lãbʁ'kɛ̃:, lãbrə'kɛ̃:] m. *(-s,-s)* ANT. o ARCH. mantovana *f.*

Lamb|rie f. *(-,-n)* zoccolo *m.* **Lamb|ris** [lãbri:] m. *(-,-)* e AUSTR. f. *(-,- e Lambrien)* **1** lambris *m.* **2** → **Lambrie.**

la|mé [la'me:] agg. lam . **La|mé** m. *(-[s],-s)* TESS. lamé *m.*, laminato *m.*

la|mel|lar agg. lamellare. **La|mel|le** f. *(-,-n)* **1** lamella *f.*, lamina *f.*; *(aus Holz)* listello *m.* **2** *(an Heizkörpern)* aletta *f.* **3** MECC. *(Scheibe)* disco *m.* **la|mel|len|för|mig** agg. lamellare. **La|mel|len|küh|ler** m. *(-s,-)* radiatore *m.* ad alette. **La|mel|len|ver|schluss** m. *(-es,-verschlüsse)* FOT. otturatore *m.* a lamelle.

La|men|ta|ti|on f. *(-,-en)* lamentazione *f.* **la|men|tie|ren** intr. (aus. *haben*) lamentarsi, lagnarsi: ***über etw. ~*** lamentarsi di qcs. **La|men|to** n. *(-s,-s* e *Lamenti)* lamento *m.*, piagnisteo *m.*: ***ein großes ~ über, um etw. machen, erheben, anstimmen*** fare un gran piagnisteo per qc.

La|met|ta n. *(-s)* **1** fili *m.pl.* d'argento, argentati **2** COLLOQ. IRON. *(Orden)* patacche *f.pl.*: ***viel ~ tragen*** essere pieno di patacche.

La|mi|nat n. *(-[e]s,-e)* INDUSTR. laminato *m.* **la|mi|nie|ren** tr. **1** laminare **2** TESS. laminare, calandrare.

Lamm n. *(-[e]s, Lämmer)* **1** agnello *m.* (anche FIG.): ***eine Jacke aus ~*** una giacca di agnello; ***sanft wie ein ~ sein*** essere docile come un agnello **2** *(junge Ziege)* capretto *m.* ◆ ***das ~ Gottes*** l'Agnello di Dio; ***sich wie ein ~ zur Schlachtbank führen lassen*** = sopportare docilmente, senza reagire; ***unschuldig, wehrlos wie ein ~*** innocente, indifeso come un agnellino. **Lamm|bra|ten** m. *(-s,-)* arrosto *m.* di agnello.

Lämm|chen n. *(-s,-)* agnellino *m.*

lam|men intr. (aus. *haben*) partorire (agnellini).

Läm|mer|gei|er m. *(-s,-)* avvoltoio *m.* degli agnelli, gipeto *m.* **Läm|mer|schwanz** m. *(-es,-schwänze)* coda *f.* di agnello ◆ COLLOQ. ***wie ein ~ sein*** = non stare fermo un attimo. **Läm|mer|wol|ke** f. *(-,-n)* cirrocumulo *m.*, COLLOQ. cielo *m.* a pecorelle.

Lam|mes|ge|duld → **Lammsgeduld. Lamm|fell** n. *(-[e]s,-e)* pelliccia *f.* di agnello, agnello *m.* ◆ ***persisches ~*** agnellino di Persia. **Lamm|fleisch** n. *(-es,-e)* carne *f.* di agnello. **lamm|fromm** agg. docile come un agnello. **Lamm|ko|te|lett** n. *(-[e]s,-e)* costoletta *f.* di agnello. **Lamms|ge|duld** f. *(-)* COLLOQ. pazienza *f.* da (*o* di un) santo.

Lämp|chen n. *(-s,-)* piccola lampada *f.*

Lam|pe f. *(-,-n)* **1a** lampada *f.*: ***die ~ ein-, ausschalten*** accendere, spegnere la lampada **b** *(in der Vergangenheit)* lume *m.* **2** *(Taschenlampe)* torcia *f.* (elettrica), pila *f.*, lampadina *f.*: ***mit einer ~ leuchten*** fare luce con una pila **3** *(Glühbirne)* lampadina *f.*: ***eine ~ auswechseln*** cambiare una lampadina ◆ COLLOQ. ***ihm geht eine ~ auf*** gli si accende una lampadina; RELIG. ***die ewige ~*** lumino (perpetuo); COLLOQ. FIG. ***einen auf die ~ gießen*** bagnarsi l'ugola; COLLOQ. ***zuviel auf die ~ gegossen haben*** = essere ubriaco; ***Meister ~*** comare lepre. **Lam|pen|docht** m. *(-[e]s,-e)* stoppino *m.*, lucignolo *m.* **Lam|pen|fas|sung** f. *(-,-en)* portalampada *m.* **Lam|pen|fie|ber** n. *(-s)* PSIC. febbre *f.* della ribalta. **Lam|pen|licht** n. *(-[e]s,-e)* luce *f.* della, di una lampada, luce *f.* artificiale. **Lam|pen|schein** m. *(-[e]s)* luce *f.*, chiarore *m.* della, di una lampada. **Lam|pen|schirm** m. *(-[e]s,-e)* paralume *m.*, abat-jour *m.*

Lam|pe|rie f. *(-,-n)* → **Lambrie. Lam|pi|on** [lam'piɔŋ, lam'pio:n] m. e RAR. n. *(-s,-s)* lampioncino *m.*

Lämp|lein n. *(-s,-)* LETT. lumicino *m.*

Lamp|recht n.pr.m. Lamberto *m.*

Lamp|re|te f. *(-,-n)* lampreda *f.*

Lan|ci|er [lã'sie] m. *(-s,-s)* lanciere *m.* **lan|cie|ren** [lã'si:rən] tr. **1a** *(fördern)* lanciare: ***eine neue Mode, einen Künstler ~*** lanciare una nuova moda, un artista **b** *(verbreiten)* diffondere, diramare: ***eine Nachricht in die Presse ~*** diramare una notizia alla stampa **2** *(irgendwohin bringen)* mettere: ***seine Verwandten in leitende Stellungen ~*** mettere i propri parenti in posizioni direttive **3** *(einführen)* introdurre: ***die Quizsendung in das Abendprogramm ~*** introdurre il quiz nel programma serale. **Lan|cie|rung** f. *(-,-en)* FIG. lancio *m.*: ***die ~ eines Produkts*** il lancio di un prodotto.

Land n. *(-[e]s, Länder* e *-e)* **1a** *(Ackerboden)* terra *f.*: ***das ~ bebauen (bestellen), bewässern*** coltivare, irrigare la terra; ***ein Stück ~ besitzen*** possedere un pezzo di terra; ***ertragreiches ~*** terra che rende **b** *(Festland)* ***~ in Sicht!*** terra in vista! ***an ~ gehen*** scendere a terra, sbarcare; ***dieses Tier lebt im Wasser und auf dem ~*** questo animale vive sia nell'acqua che sulla terraferma **2** campagna *f.*: ***das weite, offene ~*** l'aperta campagna; ***auf dem (flachen, platten) ~ leben*** vivere in campagna; ***aufs ~ gehen*** andare in campagna **3a** *(Staat)* paese *m.*: ***die Länder der Dritten Welt*** i paesi del terzo mondo **b** *(Bundesland)* Land *m.* **c** FIG. *(Gebiet)* terra *f.*: ***das ist das ~ seiner Träume*** questa è la terra dei suoi sogni ◆ ***außer -es gehen*** andare all'estero, espatriare; ***etw. in Stadt und ~ bekannt machen*** rendere qcs. noto ovunque; POL. ***blockfreie, blocktreue Länder*** paesi allineati, non allineati; BIBL. ***das Gelobte ~*** la Terra Promessa; BIBL. ***das Heilige ~*** la Terra Santa; ***aus aller Herren Ländern*** da ogni dove; LETT. ***die Zeit ging, zog ins ~*** il tempo passò (*o* trascorse); ***über ~ und Meer*** per terra e per mare; ***das ~ der Mitte*** la Cina; COLLOQ. ***plattes ~*** pianura; ***~ sehen*** = vedere profilarsi una via d'uscita; ***ans ~ setzen, steigen*** sbarcare; ***über ~ fahren*** passare per i paesini; SCHERZ. ***eine Unschuld vom -e*** una contadinotta ingenua; ***~ unter*** alta marea; ***unter ~ fischen*** pescare sotto costa; ***das ~ unserer Väter*** la terra dei nostri padri; ***jdn des -es verweisen*** esiliare qcn.; COLLOQ. ***wieder im -[e] sein*** essere di nuovo a casa; COLLOQ. ***etw. an ~ ziehen*** impossessarsi di qcs.; SCHERZ. ***jdn an ~ ziehen*** assicurarsi la collaborazione di qcn.; ***durch die -e ziehen*** girare di paese in paese, girare il mondo; ***zu -e*** per terra; ***bei uns zu -e*** da noi, in questo paese, nel nostro paese; PROV. ***andere Länder andere Sitten*** paese che vai, usanza che trovi; ***dort zu -e*** → **dortzulande; *hier zu -e*** → **hierzulande.**

land|ab → **landauf.**

Land|adel m. *(-s)* nobiltà *f.* di campagna, terriera. **Land|ar|beit** f. *(-,-en)* lavoro *m.* agricolo. **Land|ar|bei|ter** m. *(-s,-)* lavoratore *m.* agricolo. **Land|arzt** m. *(-es,-ärzte)* medico *m.* di campagna.

Lan|dau|er m. *(-s,-)* landau *m.*, landò *m.*

land|auf, ~, *landab* per tutto il paese, in ogni angolo del paese, ovunque. **Land|auf|ent|halt** m. *(-[e]s,-e)* soggiorno *m.* in campagna. **land|aus, ~, *landein*** per tutto il paese, in ogni angolo del paese, ovunque. **Land|bau** m. *(-[e]s)* agricoltura *f.*: ***~ treiben*** praticare l'agricoltura. **Land|be|sitz** m. *(-es,-e)* proprietà *f.* terriera (*o* fondiaria). **Land|be|sit|zer** m. *(-s,-)* proprietario *m.* terriero. **Land|be|völ|ke|rung** f. *(-,-en)* popolazione *f.* rurale (*o* delle campagne). **Land|be|woh|ner** m. *(-s,-)* abitante *m.* della campagna, campagnolo *m.*, contadino *m.* **Land|brot** n. *(-[e]s,-e)* pane *m.* casareccio.

Länd|chen n. *(-s,- e Länderchen)* staterello *m.*

Län|de f. *(-,-n)* REGION. approdo *m.*, attracco *m.*

Lan|de|bahn f. *(-,-en)* pista *f.* di atterraggio. **Lan|de|brü|cke** f. *(-,-n)* pontile *m.* **Lan|de|er|laub|nis** f. *(-,-se)* permesso *m.* di atterrare.

Land|ei|gen|tü|mer m. *(-s,-)* → **Landbesitzer.**

land|ein → **landaus. land|ein|wärts** avv. (dalla costa) verso l'interno.

Lan|de|klap|pe f. *(-,-n)* flap *m.*, ipersostentatore *m.* **Lan|de|kopf** m. *(-[e]s,-köpfe)* MIL. testa *f.* di ponte. **Lan|de|ma|nö|ver** n. *(-s,-)* manovra *f.* di atterraggio.

lan|den I intr. (aus. *sein*) **1a** atterrare: ***auf dem Flughafen, in Paris ~*** atterrare all'aeroporto, a Parigi; ***auf dem Mond ~*** atterrare sulla luna, allunare **b** *(von Vögeln)* posarsi **2** MAR. approdare: ***im Hafen, auf einer Insel, an der Küste ~*** approdare in un porto, su un'isola, sulla costa **3a** COLLOQ. *(ankommen)* arrivare, tornare, rientrare: ***wir sind wieder zu Hause gelandet*** siamo tornati a casa **b** *(gelangen)* (andare a) finire: ***im Gefängnis, bei Freunden ~*** finire in prigione, a casa di amici; ***das Auto landete an einem Baum, in einem Graben*** l'auto andò a finire contro un albero, in un fosso; ***auf dem 3. Platz ~*** piazzarsi al 3º posto **II** tr. **1** far atterrare: ***das Flugzeug ~*** far atterrare l'aereo; ***Waffen in den besetzten Gebieten ~*** lanciare armi nei territori occupati **2** *(aus dem Wasser an Land bringen)* (far) sbarcare, portare a terra **3** SPORT assestare, mettere a segno: ***eine Linke am Kinn des Gegners ~*** assestare un sinistro al mento dell'avversario **4** *(zustande bringen)* riuscire a fare (*o* realizzare), mettere a segno: ***einen großen Coup, einen Sieg ~*** riuscire a realizzare un grosso colpo, riportare (*o* conseguire) una vittoria ◆ ***bei jdm nicht ~ (können)*** non aver successo (*o* fortuna) con qcn.; ***bei mir landet er mit seinem Gerede nicht!*** coi suoi discorsi con me non attacca! ***eine spitze Bemerkung gegen jdn ~*** lanciare una frecciata a qcn.; SPORT ***einen Volltreffer ~*** colpire in pieno; FIG. fare centro, cogliere nel segno.

län|den tr. REGION. ripescare, riportare a riva.

Lan|de|pis|te f. *(-,-n)* → **Landebahn. Lan|de|platz** m. *(-es,-plätze)* **1** AER. campo *m.* di atterraggio **2** MAR. → **Landungsplatz.**

Län|de|rei|en pl. grandi proprietà *f.pl.* terriere, grossi appezzamenti *m.pl.* di terra, latifondi *m.pl.*

Län|der|kam|mer f. *(-,-n)* consiglio *m.* federale. **Län|der|kampf** m. *(-[e]s,-kämpfe)* gara *f.* (*o* competizione *f.*) internazionale. **Län|der|kun|de** f. *(-)* geografia *f.* regionale. **Län|der|spiel** n. *(-[e]s,-e)* partita *f.* (*o* incontro *m.*) internazionale.

Land|er|zie|hungs|heim → **Landschulheim.**

Lan|des|amt n. *(-[e]s,-ämter)* ufficio *m.* regionale, del Land. **Lan|des|art** f. *(-)* usanza *f.* locale, di un paese. **Lan|des|auf|nah|me** f. *(-,-n)* rilevamento *m.* del terreno. **Lan|des|bank** f. *(-,-en)* banca *f.* regionale. **Lan|des|be|hör|de** f. *(-,-n)* **1** → **Landesamt 2** autorità *f.* regionale. **Lan|des|bi|schof** m. *(-s,-bischöfe)* vescovo *m.* regionale. **Lan|des|brauch** m. *(-[e]s,-bräuche)* → **Landessitte. Lan|des|ebe|ne,** ***auf ~*** a livello regionale. **lan|des|ei|gen** agg. **1** di proprietà dello stato; demaniale **2** *(für ein Land charakteristisch)* proprio (*o* tipico) di una regione: ***-e Bräuche*** usi propri della regione. **Lan|des|far|ben** pl. colori *m.pl.* nazionali. **lan|des|flüch|tig** → **landflüchtig. Lan|des|fürst** m. *(-en,-en)* → **Landesherr. Lan|des|ge|richt** n. *(-[e]s,-e)* AUSTR. tribunale *m.* provinciale. **Lan|des|ge|schich|te** f. *(-)* storia *f.* locale. **Lan|des|gren|ze** f. *(-,-n)* confine *m.* (nazionale, dello Stato). **Lan|des|grup|pe** f. *(-,-n)* POL. delegazione *f.* regionale (di un partito). **Lan|des|haupt|mann** m. *(-[e]s,-männer* e *-leute)* STOR. capo *m.* del governo regionale. **Lan|des|haupt|stadt** f. *(-,-städte)* capoluogo *m.* (di un, del Land). **Lan|des|herr** m. *(-n,-en)* signore *m.* territoriale, sovrano *m.* di uno stato; *(Fürst)* principe *m.* **lan|des|herr|lich** agg. (del) sovrano, relativo al sovrano. **Lan|des|ho|heit** f. *(-)* sovranità *f.* (territoriale). **Lan|des|hym|ne** f. *(-,-n)* AUSTR. inno *m.* regionale. **Lan|des|in|ne|re** n. *(-inner[e]n)* interno *m.* del paese. **Lan|des|kin|der** pl. cittadini *m.pl.*; *(Untertanen)* sudditi *m.pl.* **Lan|des|kir|che** f. *(-,-n)* chiesa *f.* (evangelica) regionale.

Lan|des|kun|de f. *(-)* INTRAD. (studio della storia, geografia, cultura e dei costumi di un paese). **lan|des|kun|dig** agg. che conosce bene un paese, pratico del paese. **lan|des|kund|lich** agg. della (*o* relativo alla) Landeskunde.

Lan|des|lis|te f. *(-,-n)* POL. lista *f.* regionale di un partito (presentata alle elezioni). **Lan|des|meis|ter** m. *(-s,-)* campione *m.* nazionale (*o* regionale). **Lan|des|meis|ter|schaft** f. *(-,-en)* campionato *m.* nazionale (*o* regionale). **Lan|des|mi|nis|ter** m. *(-s,-)* ministro *m.* del, di un Land. **Lan|des|mut|ter** f. *(-,-mütter)* sovrana *f.* **Lan|des|par|la|ment** n. *(-[e]s,-e)* parlamento *m.* regionale (*o* di un Land). **Lan|des|par|tei|tag** m. *(-[e]s,-e)* congresso *m.* regionale di un partito. **Lan|des|pla|nung** f. *(-)* POL. piano *m.* sviluppo regionale. **Lan|des|po|li|tik** f. *(-)* politica *f.* del Land. **Lan|des|pro|dukt** n. *(-[e]s,-e)* prodotto *m.* nazionale (*o* tipico di un paese). **Lan|des|rat** m. *(-[e]s,-räte)* AUSTR. membro *m.* della giunta regionale. **Lan|des|recht** n. *(-[e]s,-e)* diritto *m.* interno, legislazione *f.* del, di un Land. **Lan|des|re|gie|rung** f. *(-,-en)* giunta *f.* regionalc, governo *m.* del, di un Land. **Lan|des|re|kord** m. *(-[e]s,-e)* record *m.* (*o* primato *m.*) nazionale. **Lan|des|sit|te** f. *(-,-n)* usanza *f.* (*o* costume *m.*, consuetudine *f.*) di un paese, locale. **Lan|des|spra|che** f. *(-,-n)* lingua *f.* nazionale. **Lan|des|tracht** f. *(-,-en)* costume *m.* (tipico) nazionale (*o* regionale). **Lan|des|trau|er** f. *(-)* lutto *m.* nazionale. **lan|des|üb|lich** agg. tipico (*o* caratteristico) di un paese, tradizionale, locale. **Lan|des|va|ter** m. *(-s,-väter)* ANT. sovrano *m.* **Lan|des|ver|rä|ter** m. *(-s,-)* traditore *m.* della patria. **Lan|des|ver|tei|di|gung** f. *(-)* difesa *f.* nazionale. **Lan|des|ver|wei|sung** f. *(-,-en)* AUSTR. bando *m.* **Lan|des|wäh|rung** f. *(-,-en)* valuta *f.* (*o* moneta *f.*) nazionale. **Lan|des|wap|pen** n. *(-s,-)* stemma *m.* nazionale (*o* del paese), regionale. **lan|des|weit** agg. diffuso in tutto il paese (*o* in tutto il Land), relativo a tutto il paese (*o* a tutto il Land).

Lan|de|ver|bot n. *(-[e]s,-e)* divieto *m.* di atterraggio.

land|fah|rend agg. ANT. nomade. **Land|fah|rer** m. *(-s,-)* nomade *m.* **land|fein,** MAR. ***sich ~ machen*** prepararsi (*o* agghindarsi) per la libera uscita, per scendere a terra. **Land|flucht** f. *(-)* esodo *m.* (*o* immigrazione *f.*) dalla campagna, urbanesimo *m.* **land|flüch|tig** agg. ANT. espatriato; *(aus politischen Gründen)* fuoriuscito. **Land|frau** f. *(-,-en)* contadina *f.* **land|fremd** agg. straniero, ANT. forestiero. **Land|frie|de(n)** m. *(-[n]s)* STOR. pace *f.* pubblica. **Land|frie|dens|bruch** m. *(-[e]s,-brüche)* **1** STOR. violazione *f.* della pace pubblica **2** *(heute)* violazione *f.* dell'ordine pubblico. **Land|funk** m. *(-s)* radio *f.* degli agricoltori. **Land|ge|mein|de** f. *(-,-n)* comune *m.* rurale. **Land|ge|richt** n. *(-[e]s,-e)* tribunale *m.* **land|ge|stützt** agg. ***-e Raketen*** missili lanciati da terra. **Land|graf** m. *(-en,-en)* langravio *m.* **Land|gut** n. *(-[e]s,-güter)* (grande) podere *m.*, tenuta *f.* **Land|haus** n. *(-es,-häuser)* casa *f.* di campagna; *(Villa)* villa *f.* (in campagna). **Land|heer** n. *(-[e]s,-e)* esercito *m.* (di terra). **Land|heim** → **Landschulheim. Land|jä|ger** m. *(-s,-)* **1** REGION. gendarme *m.* (di campagna) **2** GASTR. cacciatorino *m.* affumicato. **Land|kar|te** f. *(-,-n)* carta *f.* geografica, cartina *f.* (geografica): ***auf der ~ eingezeichnet sein*** essere segnato sulla cartina. **Land|kind** n. *(-[e]s,-er)* **1** bambino *m.* di campagna **2** *(Landbewohner)* uomo *m.* di campagna, contadino *m.* **Land|kli|ma** n. *(-s)* clima *m.* continentale. **Land|kom|mu|ne** f. *(-,-n)* comunità *f.* (*o* comune *f.*) di campagna (*o* agricola). **Land|kreis** m. *(-es,-e)* INTRAD. (unità amministrativa composta da più comuni). **Land|krieg** m. *(-[e]s,-e)* guerra *f.* terrestre. **Land|le|ben** n. *(-s)* vita *f.* in (*o* di) campagna, vita *f.* agreste. **land|le|bend** agg. ZOOL. terricolo, terrestre.

Länd|ler m. *(-s,-)* INTRAD. (ballo popolare simile al walzer, diffuso un tempo in Austria e Baviera).

Land|leu|te pl. **1** gente *f.* di campagna **2** → **Landmann.**

länd|lich agg. rurale, di campagna, campagnolo: ***-e Gemeinden, Tänze*** comuni rurali, balli campagnoli; ***die -e Ruhe, Stille*** la calma, il silenzio della campagna. **länd|lich-sitt|lich** SCHERZ. **I** agg. campagnolo, dalla semplicità campagnola: ***ein -er Typ*** un tipo semplice, ingenuo **II** avv. alla campagnola.

Land|luft f. *(-)* aria *f.* di campagna. **Land|macht** f. *(-,-mächte)* potenza *f.* continentale. **Land|mann** m. *(-[e]s,-leute)* contadino *m.*, campagnolo *m.* **Land|mar|ke** f. *(-,-n)* TOPOGR. punto *m.* di riferimento. **Land|ma|schi|ne** f. *(-,-n)* macchina *f.* agricola. **Land|mas|se** f. *(-,-n)* terraferma *f.*, continente *m.* **Land|mes|ser** m. *(-s,-)* agrimensore *m.* **Land|nah|me** f. *(-,-n)* colonizzazione *f.* di un territorio. **Land|par|tie** f. *(-,-n)* gita *f.* in campagna, scampagnata *f.* **Land|pfar|rer** m. *(-s,-)* parroco *m.* (*o* curato *m.*) di campagna. **Land|pfle|ger** m. *(-s,-)* STOR. procuratore *m.*, governatore *m.* di una provincia. **Land|pla|ge** f. *(-,-n)* (grave) piaga *f.*, flagello *m.*, calamità *f.* (anche FIG.). **Land|po|me|ran|ze** f. *(-,-n)* contadinotta *f.* **Land|rat** m. *(-[e]s,-räte)* **1** presidente *m.* di un, del Landkreis **2** SVIZZ. consiglio *m.* cantonale. **Land|rats|amt** n. *(-[e]s,-ämter)* ufficio *m.* di un, del Landkreis. **Land|rat|te** f. *(-,-n)* MAR. SCHERZ. uomo *m.* di terraferma. **Land|recht** n. *(-[e]s)* diritto *m.* di un, del Land. **Land|re|gen** m. *(-s,-)* pioggia *f.* continua. **Land|rü|cken** m. *(-s,-)* catena *f.* (di rilievi), dorsale *f.* **Land|sas|se** m. *(-n,-n)* suddito *m.* (di un principe).

Land|schaft f. *(-,-en)* **1a** paesaggio *m.*: ***eine bergige, hügelige ~*** un paesaggio montuoso, collinare; ***die Erhaltung der natürlichen ~*** la salvaguardia del paesaggio naturale; PITT. ***Friedrichs -en*** i paesaggi di Friedrich **b** *(Gegend)* paese *m.*, regione *f.*: ***durch eine flache ~ fahren*** attraversare una regione pianeggiante **2** FIG. panorama *m.*: ***die politische ~*** il panorama politico. **Land|schaf|ter** m. *(-s,-)* ANT. → **Landschaftsmaler. land|schaft|lich I** agg. **1a** paesaggistico, del paesaggio, paesistico: ***die -en Schönheiten*** le bellezze paesaggistiche **b** *(für die Landschaft charakteristisch)* (caratteristico) della regione, regionale: ***die -en Gebräuche*** le usanze regionali **2** LING. regionale, dialettale: ***ein -er Ausdruck*** un'espressione dialettale **II** avv. **1** dal punto di vista paesaggistico (*o* paesistico): ***eine ~ herrliche Gegend*** una regione magnifica dal punto di vista paesaggistico **2** LING. ***der Gebrauch dieses Wortes ist ~ verschieden*** l'uso di questo termine varia da regione a regione. **Land|schafts|gar|ten** m. *(-[e]s,-gärten)* giardino *m.* all'inglese. **Land|schafts|gärt|ner** m. *(-s,-)* (architetto *m.*) paesaggista *m.* **Land|schafts|ma|ler** m. *(-s,-)* PITT. paesaggista *m.* **Land|schafts|pfle|ge** f. *(-)* salvaguardia *f.* (*o* conservazione *f.*) del paesaggio. **Land|schafts|schutz** m. *(-es)* tutela *f.* del paesaggio. **Land|schafts|schutz|ge|biet** n. *(-[e]s,-e)* zona *f.* (paesistica) protetta.

Land|schul|le f. *(-,-n)* scuola *f.* rurale (*o* di campagna). **Land|schul|heim** n. *(-[e]s,-e)* collegio *m.* di campagna.
Land|ser m. *(-s,-)* ANT. milite *m.*, soldato *m.*
Lands|ge|mein|de f. *(-,-n)* SVIZZ. consiglio *m.* cantonale.
Land|sitz m. *(-es,-e)* residenza *f.* di campagna; *(Gut)* tenuta *f.*
Lands|knecht m. *(-[e]s,-e)* lanzichenecco *m.* ◆ ***wie ein ~ fluchen*** bestemmiare come un turco.
Lands|mann m. *(-[e]s,-leute)* connazionale *m.*, compatriota *m.*; *(aus derselben Gegend)* conterraneo *m.*, corregionale *m.*, compaesano *m.*: ***er ist ein ~ von mir*** è un mio conterraneo ◆ ***was bist für ein ~?*** di che paese sei? di dove sei? **Lands|män|nin** f. *(-,-nen)* connazionale *f.*, compatriota *f.*; *(aus derselben Landschaft)* conterranea *f.*, corregionale *f.*, compaesana *f.* **Lands|mann|schaft** f. *(-,-en)* **1** appartenenza *f.* alla stessa terra, origine *f.* comune **2a** *(Zusammenschluss von Vertriebenen)* associazione *f.* di profughi **b** UNIV. associazione *f.* di (studenti) connazionali.
Land|spit|ze f. *(-,-n)* punta *f.*, promontorio *m.* **Land|stadt** f. *(-,-städte)* cittadina *f.* di provincia. **Land|stän|de** pl. STOR. stati *m.pl.* provinciali. **Land|stra|ße** f. *(-,-n)* strada *f.* secondaria. **Land|strei|cher** m. *(-s,-)* vagabondo *m.*, girovago *m.* **Land|strei|che|rei** f. *(-)* vagabondaggio *m.* **Land|streit|kräf|te** pl. forze *f.pl.* di terra. **Land|strich** m. *(-[e]s,-e)* tratto *m.* di terra, regione *f.*, zona *f.* **Land|sturm** m. *(-[e]s,-stürme)* **1** ANT. leva *f.* in massa **2** *(Landwehr)* milizia *f.* territoriale.
Land|tag m. *(-[e]s,-e)* **1** STOR. dieta *f.* (regionale) **2** POL. consiglio *m.* del, di un Land. **Land|tags|ab|ge|ord|ne|te** m. *(-n,-n)* **1** STOR. membro *m.* della dieta (regionale) **2** POL. consigliere *m.* del, di un Land. **Land|tags|wahl** f. *(-,-en)* elezione *f.* del consiglio regionale.
Lan|dung f. *(-,-en)* **1a** AER. atterraggio *m.*: ***zur ~ ansetzen*** prepararsi all'atterraggio **b** *(auf dem Wasser)* ammaraggio *m.* **c** *(auf dem Mond)* allunaggio *m.* **2** MAR. approdo *m.* **3a** MIL. *(Absetzen aus der Luft)* lancio *m.* (di paracadutisti, di viveri) **b** *(vom Wasser her)* sbarco *m.* **Lan|dungs|boot** n. *(-[e]s,-e)* → **Landungsfahrzeug. Lan|dungs|brü|cke** f. *(-,-n)* pontile *m.* di sbarco. **Lan|dungs|fahr|zeug** n. *(-[e]s,-e)* mezzo *m.* da sbarco. **Lan|dungs|platz** m. *(-es,-plätze)* MAR. approdo *m.* **Lan|dungs|steg** m. *(-[e]s,-e)* → **Landungsbrücke. Lan|dungs|trup|pen** pl. truppe *f.pl.* da sbarco.
Land|ur|laub m. *(-[e]s,-e)* MAR. permesso *m.* (di scendere) a terra, franchigia *f.* **Land|ver|mes|ser** m. *(-s,-)* agrimensore *m.* **Land|vogt** m. *(-[e]s,-vögte)* STOR. governatore *m.* di provincia, balivo *m.*, prefetto *m.* **Land|volk** n. *(-[e]s)* ANT. popolazione *f.* rurale, gente *f.* di campagna. **land|wärts** avv. verso terra. **Land|weg** m. *(-[e]s,-e)* **1** *(Feldweg)* strada *f.* di campagna **2** via *f.* terrestre: ***auf dem ~*** via terra. **Land|wehr** f. *(-)* **1** *(Grenzbefestigung)* fortificazioni *f.pl.* di confine **2** milizia *f.* territoriale. **Land|wehr|mann** m. *(-[e]s,-männer)* appartenente *m.* alla milizia territoriale. **Land|wein** m. *(-[e]s,-e)* vinello *m.*; *(nur regional bekannt)* vino *m.* locale. **Land|wind** m. *(-[e]s,-e)* vento *m.* di terra.
Land|wirt m. *(-[e]s,-e)* agricoltore *m.*, coltivatore *m.*, contadino *m.* ◆ ***ein gelernter ~*** un perito agrario. **Land|wirt|schaft** f. *(-)* **1** agricoltura *f.* **2** *(kleiner landwirtschaftlicher Betrieb)* fattoria *f.*, cascina *f.* **land|wirt|schaft|lich** agg. agricolo: ***-er Betrieb*** azienda agricola; ***-e Erzeugnisse, Maschinen*** prodotti agricoli, macchine agricole; ***-e Nutzfläche*** superficie coltivata. **Land|wirt|schafts|aus|stel|lung** f. *(-,-en)* fiera *f.* agricola. **Land|wirt|schafts|kam|mer** f. *(-,-n)* camera *f.* dell'agricoltura. **Land|wirt|schafts|mes|se** f. *(-,-n)* → **Landwirtschaftsmesse. Land|wirt|schafts|mi|nis|ter** m. *(-s,-)* ministro *m.* dell'agricoltura. **Land|wirt|schafts|mi|nis|te|ri|um** n. *(-s,-ministerien)* ministero *m.* dell'agricoltura. **Land|wirt|schafts|schu|le** f. *(-,-n)* scuola *f.* (di) agraria (*o* per periti agrari). **Land|wirt|schafts|wis|sen|schaft** f. *(-)* agronomia *f.*
Land|zun|ge f. *(-,-n)* lingua *f.* di terra.
1.lang (compar. *länger*, superl. *längst...*) **I** agg. **1** lungo: ***eine -e Straße, Liste*** una lunga strada, lista; ***mit -en Ärmeln*** con le maniche lunghe; ***ein sechs Meter -es Seil*** una fune lunga sei metri; ***nach einer -en Krankheit*** dopo una lunga malattia; ***zehn -e Jahre warten*** aspettare (per) dieci lunghi anni **2** *(viel)* tanto, molto: ***-e Zeit*** molto tempo **3** FIG. *(dünn)* lungo, allungato, diluito: ***eine -e Soße*** una salsa diluita **4** COLLOQ. *(hochgewachsen)* alto, lungo **II** avv. **1** per: ***fünf Tage ~*** per cinque giorni; ***eine Zeit ~*** per un certo, per qualche tempo; ***~ gehegt*** covato a lungo **2** ***~ drehen*** tirare (*o* allungare) girando; ***~ gestielt*** *(Werkzeuge)* dal manico lungo; *(Blumen)* a gambo lungo; ***~ gestreckt*** lungo, esteso (in lunghezza); ***~ gezogen*** mantenuto lungo: ***ein ~ gezogener Ruf*** un lungo grido; ***~ ziehen*** tirare: ***jdm die Ohren ~ ziehen*** tirare le orecchie a qcn. ◆ ***etw. auf die -e Bank schieben*** andare per le lunghe con qcs.; ***~ und breit, des Langen (und Breiten) erzählen*** dilungarsi, andare per le lunghe; ***~ fallen*** cadere lungo disteso; ***ein -es Gesicht machen*** fare il muso; ***-es Haar tragen*** portare i capelli lunghi; ***einen -en Hals machen*** allungare il collo; ***etw. von -er Hand vorbereitet haben*** aver preparato qcs. da molto tempo; *(mit langem Kleid)* ***in Lang*** in lungo; ***komm mal her, Langer*** vieni qua, spilungone; ***mein Leben ~*** in vita mia, vita natural durante; ***ohne -es Nachdenken*** senza pensarci tanto; ***-e Ohren machen*** allungare le orecchie, tendere l'orecchio; ***seit -em*** da molto tempo, da un pezzo.
2.lang REGION. **I** prep. + acc. lungo: ***den Fluss ~ spazierengehen*** passeggiare lungo il fiume **II** avv. lungo: ***am Ufer ~*** lungo la riva; ***hier ~*** in questa direzione.
lang|är|me|lig agg. a (*o* con le) maniche lunghe. **lang|ar|mig** agg. dalle braccia lunghe. **lang|ärm|lig** → **langärmelig. lang|at|mig** **I** agg. (troppo) di ampio respiro, prolisso **II** avv. prolissamente. **lang|bär|tig** agg. dalla (*o* con la) barba lunga. **lang|bei|nig** agg. dalle (*o* con le) gambe lunghe; *(von Tieren)* con le zampe lunghe.
lang‿dre|hen tr. tirare (*o* allungare) girando.
lan|ge avv. (compar. *länger*, superl. *am längsten*) **1** lungamente, a lungo, (per) molto tempo: ***er hat dort ~ gearbeitet*** ha lavorato là per molto tempo **2** da tanto tempo, da parecchio: ***ich hab's schon ~, länger gemerkt*** me ne sono già accorto da molto, da parecchio tempo **3** *(bei weitem)* di gran lunga: ***er ist ~ nicht so reich wie man glaubt*** è di gran lunga (*o* molto) meno ricco di quanto si creda; ***das ist für uns noch ~ nicht genug*** per noi è tutt'altro che sufficiente ◆ ***~ danach*** molto tempo dopo; ***nicht ~ darauf*** poco dopo; ***es wird noch, nicht mehr ~ dauern*** ci vorrà ancora, non ci vorrà più molto tempo; COLLOQ. ***frag nicht ~*** non fare tante domande; ***es ist schon ~ her*** è stato tanto tempo fa, è passato un bel po' di tempo; COLLOQ. ***der Kranke wird's nicht mehr ~ machen*** il malato non ne avrà per molto; ***so ~ als möglich*** il più a lungo possibile; ***so ~... bis...*** tanto... quanto (*o* fin tanto che)...; COLLOQ. ***darauf kann er ~ warten!*** per quello può aspettare! ***wie ~ soll ich warten?*** quanto devo aspettare?
Län|ge f. *(-,-n)* **1a** lunghezza *f.*: ***die ~ von etw. schätzen*** stimare la lunghezza di qcs.; ***ein Segelboot von 12 Meter ~*** una barca a vela di 12 metri di lunghezza; ***auf, in einer ~ von zwei Kilometer*** per una lunghezza di due chilometri; SPORT *(von Booten, Fahrrädern)* ***mit einer ~ gewinnen*** vincere di una lunghezza **b** *(Dauer)* lunghezza *f.*, durata *f.*: ***einen Vortrag von einer Stunde ~ halten*** tenere una conferenza di un'ora, lunga un'ora **2** *(Größe)* altezza *f.*: ***ihre ~ ist beim Ballett ein Hindernis*** la sua altezza le è di ostacolo per la danza **3** GEOGR. longitudine *f.*: ***die ~ (auf einer Karte) bestimmen*** determinare la longitudine (su una carta); ***(auf, unter) fünfzehn Grad östlicher ~ liegen*** essere a quindici gradi di longitudine est **4** pl. lungaggini *f.pl.*, prolissità *f.*: ***die Erzählung hat viele -n*** il racconto è molto prolisso **5** METR. sillaba *f.* lunga, lunga *f.* ◆ COLLOQ. ***auf die ~*** alla lunga; ***der ~ nach hinfallen*** cadere lungo disteso; ***in die ~ wachsen*** allungarsi; ***in die ~ ziehen*** tirare in lungo; ***sich in die ~ ziehen*** andare per le lunghe. **län|ge|lang** avv. COLLOQ. lungo disteso.
lan|gen **I** intr. (aus. *haben*) COLLOQ. **1** *(ausreichen)* bastare: ***die Vorräte ~ noch bis zum Monatsende*** le provviste bastano ancora fino alla fine del mese **2** arrivare: ***die Gardine langt bis zum Boden*** la tenda arriva fino a terra; ***bis an die Decke ~*** arrivare fino al soffitto **3** allungare (*o* stendere) la mano: ***in den Korb ~*** allungare la mano nel cesto (per prendere qcs.); ***nach etw. ~*** stendere la mano verso qcs. **II** tr. prendere, andare a prendere ◆ COLLOQ. ***jetzt langt's mir aber!*** adesso basta! COLLOQ. ***jdm eine Ohrfeige ~*** allungare uno schiaffo a qcn.
län|gen **I** tr. **1** allungare: ***den Rock ~*** allungare la gonna **2** *(verdünnen)* allungare, diluire **II** rifl. ***sich ~*** allungarsi.
Län|gen|ein|heit f. *(-,-en)* unità *f.* (di misura) di lunghezza. **Län|gen|grad** m. *(-[e]s,-e)* grado *m.* di longitudine. **Län|gen|kreis** m. *(-es,-e)* GEOGR. meridiano *m.* **Län|gen|maß** n. *(-es,-e)* unità *f.* di misura di lunghezza. **Län|gen|pro|fil** n. *(-s,-e)* profilo *m.* (*o* sezione *f.*) longitudinale.
Lan|gen|see n.pr.m. *(-s)* lago *m.* Maggiore.
Län|gen|wachs|tum n. *(-s)* BIOL. crescita *f.* longitudinale.
län|ger (compar. di *lang*) **I** agg. **1** più lungo: ***dieser Rock ist ~ als jener*** questa gonna è più lunga di quella **2** piuttosto lungo: ***ein -er Weg*** un sentiero piuttosto lungo; ***nach -er Abwesenheit*** dopo un'assenza piuttosto lunga **II** avv. **1** per lungo tempo: ***~ verreist sein*** essere in viaggio per lungo tempo **2** più, più a lungo: ***es nicht mehr ~ aushalten*** non poterne più ◆ ***ein Kleid ~ machen*** allungare un vestito; ***~ werden*** allungarsi. **län|ger|fris|tig** agg. e avv. a lunga scadenza, a lungo termine.
Lan|get|te f. *(-,-n)*, **Lan|get|ten|stich** m. *(-[e]s,-e)* smerlo *m.*, pun-

to *m.* a festone. **lan|get|tie|ren** tr. smerlare. **Lan|get|tie|rung** f. *(-,-en)* smerlatura *f.*

Lan|ge|wei|le f. *(-)* noia *f.*: **eine tödliche ~** una noia mortale; **~ haben, verspüren** annoiarsi; **aus ~ einschlafen** addormentarsi per la noia; **vor ~ sterben** morire di noia; **sich (D) die ~ vertreiben** far passare, ingannare la noia.

lang|fä|dig agg. a filo lungo. **Lang|fin|ger** m. *(-s,-)* COLLOQ. borseggiatore *m.*, uomo *m.* lesto di mano. **lang|fin|ge|rig, lang|fing|rig** agg. **1** dalle, con le dita lunghe **2** COLLOQ. *(diebisch)* dalle mani lunghe. **Lang|fisch** m. *(-[e]s,-e)* pesce *m.* molva, molva *f.* **lang|fris|tig** agg. e avv. a lungo termine, a lunga scadenza: **-e Verträge** contratti a lungo termine. **lang‿ge|hen** intr. *(ging, gegangen;* aus. *sein)* COLLOQ. andare lungo: **am Fluss ~** andare lungo il fiume.

Lang|haar n. *(-[e]s) (bei Hunden, Katzen)* pelo *m.* lungo. **Lang|haar|da|ckel** m. *(-s,-)* bassotto *m.* a pelo lungo. **Lang|haar|fri|sur** f. *(-,-en)* taglio *m.* lungo (di capelli). **lang|haa|rig** agg. **1** a pelo lungo **2** *(mit langen Haaren)* dai, coi capelli lunghi.

lang|hal|sig agg. dal, col collo lungo. **Lang|haus** n. *(-es,-häuser)* navate *f.pl.*, parte *f.* longitudinale della chiesa. **lang|hin** avv. lontano, LETT. lungi. **Lang|holz** n. *(-es)* legname *m.* lungo. **Lang|ja|cke** f. *(-,-n)* giaccone *m.* **lang|jäh|rig** agg. **1** pluriennale, di (molti) anni: **eine -e Bekanntschaft** una conoscenza di anni **2** vecchio, da (molti) anni: **ein -er Mitarbeiter** un vecchio collaboratore, un collaboratore da anni. **lang|köp|fig** agg. ANTROP. MED. dolicocefalo. **Lang|köp|fig|keit** f. *(-)* ANTROP. MED. dolicocefalia *f.*

Lang|lauf m. *(-[e]s)* sci *m.* di fondo, fondo *m.* **Lang|läu|fer** m. *(-s,-)* sciatore *m.* di fondo, fondista *m.* **Lang|lauf|ski** m. *(-s,-er* e *-)* sci *m.* da fondo.

lang|le|big agg. **1** longevo: **-e Tiere** animali longevi **2** duraturo, durevole, di lunga durata: **eine -e Erscheinung** un fenomeno duraturo; **-e Güter** beni durevoli. **Lang|le|big|keit** f. *(-)* **1** longevità *f.* **2** *(lange Dauer)* lunga durata *f.*

läng|lich agg. oblungo, bislungo: **~ rund** ovale.

lang‿lie|gen intr. *(lag, gelegen;* aus. *haben, sein)* COLLOQ. stare disteso, allungato. **lang‿ma|chen** rifl. **sich ~** COLLOQ. distendersi, allungarsi. **lang|mäh|nig** agg. SPREG. capellone.

Lang|mut f. *(-)* longanimità *f.*: **viel ~ zeigen** mostrare molta longanimità; **gegenüber jdm ~ üben** esercitare la propria pazienza con qcn., essere longanime nei confronti di qcn. **lang|mü|tig** agg. longanime. **Lang|mü|tig|keit** f. *(-)* → **Langmut.**

Lan|go|bar|de m. *(-n,-n)* longobardo *m.* **lan|go|bar|disch** agg. longobardo.

Lang|ohr n. *(-[e]s,-en)* SCHERZ. orecchiuto *m.* (coniglio, asino). **Lang|pferd** n. *(-[e]s,-e)* GINN. cavallo *m.* in lungo.

längs I prep. + gen., RAR. + dat., lungo: **~ der Straße** lungo la strada **II** avv. **1** per lungo, nel senso della lunghezza: **das Bett ~ stellen** mettere il letto per lungo; **~ gestreift** a righe verticali **2** REGION. *(vorbei)* **bei jdm ~ kommen** passare da qcn. **Längs|ach|se** f. *(-,-n)* asse *m.* longitudinale.

lang|sam I agg. **1** lento: **ein -er Zug, Walzer** un treno, un valzer lento; **-e Fortschritte machen** fare lenti progressi **2** *(schwerfällig)* lento, tardo: **ein -er Schüler** uno scolaro lento; **~ von Begriff sein** capire a stento, con difficoltà **II** avv. **1** lentamente, adagio, piano: **~ arbeiten** lavorare lentamente; **~ voraus, zurück** avanti, indietro adagio; **~ fahren!** rallentare! **2** *(allmählich)* lentamente, a poco a poco, pian piano: **~ begreift er die Größe des Verlustes** a poco a poco comprende la gravità della perdita; **es wird ~ Zeit zu gehen** fra poco dobbiamo andare ◆ COLLOQ. **~, aber sicher** lentamente, ma inesorabilmente; PROV. **wer ~ geht, kommt auch ans Ziel** chi va piano, va sano e va lontano. **Lang|sam|keit** f. *(-)* lentezza *f.*: **die ~ des Verkehrs, seines Verstandes** la lentezza del traffico, la sua lentezza di comprendonio.

Lang|schä|del m. *(-s,-)* cranio *m.* allungato. **lang|schä|de|lig, lang|schäd|lig** agg. dolicocefalo. **Lang|schiff** n. *(-[e]s,-e)* → **Langhaus. Lang|schlä|fer** m. *(-s,-)* dormiglione *m.* **lang|schnä|be|lig, lang|schnäb|lig** agg. dal becco lungo.

längs|deck(s) avv. MAR. lungo la coperta.

Lang|sei|te f. *(-,-n)* lato *m.* lungo (di un edificio).

Längs|fa|den m. *(-s,-fäden)* filo *m.* d'ordito. **Längs|fal|te** f. *(-,-n)* piega *f.* longitudinale. **Längs|li|nie** f. *(-,-n)* linea *f.* longitudinale.

Lang|spiel|plat|te f. *(-,-n)* long-playing *m.*, 33 giri *m.*

Längs|rich|tung f. *(-,-en)* direzione *f.* longitudinale. **längs|schiffs** avv. MAR. di lungo, per chiglia. **Längs|schnitt** m. *(-[e]s,-e)* **1** taglio *m.* longitudinale **2** *(Schnittfläche)* sezione *f.* longitudinale. **Längs|sei|te** f. *(-,-n)* lato *m.* lungo: **die ~ eines Tisches** il lato lungo di un tavolo. **längs|seits** MAR. **I** prep. + gen. lungo il bordo di **II** avv. a lato.

längst... avv. (superl. di *lang* e *lange*) **1** *(seit langer Zeit)* da molto tempo: **etw. ~ gemacht haben** aver fatto qcs. da molto tempo **2** *(bei weitem)* di gran lunga: **ich verdiene ~ nicht so viel wie du** guadagno di gran lunga meno di te; **~ nicht alles verstanden haben** non aver affatto capito tutto.

lang|stän|ge|lig, lang|stäng|lig agg. a stelo lungo.

längs|tens avv. COLLOQ. **1** *(höchstens)* al massimo, al più: **~ eine Stunde lang reden** parlare al massimo per un'ora **2** *(spätestens)* al più tardi, al massimo: **~ morgen ist das Paket bei dir** domani al più tardi il pacco è da te **3** *(seit langem)* da un pezzo: **das weiß ich schon ~** lo so già da un pezzo.

lang|stie|lig agg. **1a** a stelo (*o* gambo) lungo: **-e Gläser, Rosen** bicchieri, rose a stelo lungo **b** *(Werkzeuge)* a, dal manico lungo **2** COLLOQ. *(langweilig)* noioso; *(eintönig)* monotono.

Lang|stre|cke f. *(-,-n)* **1** lungo percorso *m.* **2** SPORT fondo *m.* **Lang|stre|cken|flug** m. *(-[e]s,-flüge)* volo *m.* a lungo raggio. **Lang|stre|cken|lauf** m. *(-[e]s,-läufe)* corsa *f.* (*o* gara *f.*) di fondo. **Lang|stre|cken|läu|fer** m. *(-s,-)* fondista *m.* **Lang|stre|cken|ra|ke|te** f. *(-,-n)* missile *m.* a lunga gittata. **Lang|stre|cken|schwim|mer** m. *(-s,-)* nuotatore *m.* di fondo, fondista *m.* **Lang|streck|ler** m. *(-s,-)* COLLOQ. fondista *m.*

Längs|wand f. *(-,-wände)* parete *f.* lunga.

Lan|gus|te f. *(-,-n)* aragosta *f.*

Lang|vers m. *(-es,-e)* METR. verso *m.* lungo.

Lang|wei|le → **Langeweile. lang|wei|len I** tr. annoiare: **jdn (mit etw.) ~** annoiare qcn. (con qcs.) **II** rifl. **sich ~** annoiarsi: **sich zu Tode ~** annoiarsi a morte. **Lang|wei|ler** m. *(-s,-)* COLLOQ. **1** *(langweiliger Mensch)* noioso *m.*, seccatore *m.* **2** *(langsamer Mensch)* polentone *m.* **lang|wei|lig I** agg. **1** noioso: **ein -er Abend** una serata noiosa; **eine -e Stadt, Gegend** una città, una regione noiosa; **ein -er Mensch** una persona noiosa; *(zeitraubend)* **ein -es Verfahren** un procedimento noioso **2** COLLOQ. *(langsam)* lento, tardo: **ein -er Kerl** un tipo lento, tardo **II** avv. noiosamente, con noia ◆ **mir ist ~** mi annoio; **mir wird ~** comincio ad annoiarmi. **Lang|wei|lig|keit** f. *(-)* noiosità *f.*

Lang|wel|le f. *(-,-n)* onda *f.* lunga. **Lang|wel|len|sen|der** m. *(-s,-)* emittente *f.* a onde lunghe. **lang|wel|lig** agg. a onde lunghe.

lang|wie|rig agg. *(lange dauernd)* lungo, interminabile; *(lang und schwierig)* lungo e complicato, lungo e difficile. **Lang|wie|rig|keit** f. *(-,-en)* interminabilità *f.* **Lang|zei|le** f. *(-,-n)* METR. → **Langvers.**

Lang|zeit|ge|dächt|nis n. *(-ses)* PSIC. memoria *f.* lunga. **Lang|zeit|kran|ke** m. e f. *(-n,-n)* lungodegente *m.* e *f.* **Lang|zeit|pro|gramm** n. *(-s,-e)* programma *m.* a lungo termine. **Lang|zeit|wir|kung** f. *(-,-en)* effetto *m.* prolungato.

La|no|lin n. *(-s)* lanolina *f.*

Lan|ze f. *(-,-n)* lancia *f.* ◆ **für jdn, etw. eine ~ brechen, einlegen** spezzare una lancia per (*o* in favore di) qcn., qcs. **Lan|zen|farn** m. *(-[e]s,-e)* felce *f.* lanceolata. **lan|zen|för|mig** agg. a forma di lancia, lanceolato. **Lan|zen|rei|ter** m. *(-s,-)* lanciere *m.* **Lan|zen|spit|ze** f. *(-,-n)* punta *f.* di (una) lancia. **Lan|zen|stich** m. *(-[e]s,-e)*, **Lan|zen|stoß** m. *(-es,-stöße)* colpo *m.* di lancia.

Lan|zett|bo|gen m. *(-s,-)* ARCH. arco *m.* ogivale, a ogiva.

Lan|zet|te f. *(-,-n)* CHIR. lancetta *f.*, bisturi *m.*

Lan|zett|fens|ter n. *(-s,-)* finestra *f.* ogivale. **Lan|zett|fisch|chen** n. *(-s,-)* ITTIOL. lancetta *f.*, anfiosso *m.* **lan|zett|för|mig, lan|zett|lich** agg. lanceolato.

lan|zi|nie|rend agg. lancinante.

La|o|ko|on n.pr.m. Laocoonte *m.*

La|os n.pr.n. *(-)* Laos *m.* **La|o|te** m. *(-n,-n)* laotiano *m.* **la|o|tisch** agg. laotiano.

La|pa|ro|skop n. *(-s,-e)* laparoscopio *m.* **La|pa|ro|sko|pie** f. *(-,-n)* laparoscopia *f.* **La|pa|ro|to|mie** f. *(-,-n)* laparatomia *f.*

la|pi|dar I agg. lapidario **II** avv. in modo lapidario. **La|pi|da|ri|um** n. *(-s, Lapidarien)* lapidario *m.* **La|pi|dar|schrift** f. *(-,-en)* caratteri *m.pl.* lapidari. **La|pi|dar|stil** m. *(-[e]s)* stile *m.* lapidario.

La|pil|li pl. lapilli *m.pl.*

La|pis|la|zu|li m. *(-,-)* lapislazzulo *m.*

Lap|pa|lie f. *(-,-n)* bazzecola *f.*, quisquilia *f.*

Läpp|chen n. *(-s,-)* **1** straccetto *m.* **2** ANAT. lobo *m.* piccolo.

Lap|pe m. *(-n,-n)* lappone *m.*

Lap|pen m. *(-s,-)* **1a** straccio *m.*, strofinaccio *m.*: **mit einem ~ säubern** pulire con uno straccio **b** straccio *m.*, cencio *m.*, brandello *m.*; *(Fetzen)* pezza *f.*: **etw. zu ~ zerschneiden** stracciare qcs., ridurre qcs. a brandelli **2** COLLOQ. *(großer Geldschein)* lenzuolo *m.*, grossa banconota *f.*; **für die paar ~ arbeite ich nicht!** per questi quattro soldi non lavoro! **3** ANAT. lobo *m.*: **der rechte ~ der Lunge** il lobo destro del polmone **4** ORNIT. bargiglio *m.* **5** pl. VENAT. *(Schwimmhäute)* membrane *f.pl.* (dei palmipedi) ◆ COLLOQ. **jdm durch die ~**

gehen = sfuggire a qcn., svignarsela.
läp|pen tr. METALL. lappare. **Läp|pen** n. *(-s)* lappatura *f.*
Lap|pen|tau|cher pl. podicipedi *m.pl.*
Lap|pe|rei, Läp|pe|rei f. *(-,-en)* COLLOQ. bazzecola *f.*, quisquilia *f.*
läp|pern tr. REGION. sorseggiare ◆ COLLOQ. ***es läppert sich*** si accumula poco a poco.
lap|pig agg. **1** COLLOQ. *(schlaff)* floscio **2** COLLOQ. *(lächerlich gering)* misero, ridicolo **3** *(gelappt)* lobato.
Lap|pin f. *(-,-nen)* lappone *f.* **lap|pisch** agg. lappone.
läp|pisch I agg. **1** *(albern, kindisch)* stupido, puerile, sciocco: ***-es Benehmen*** comportamento sciocco **2** *(lächerlich gering)* misero, ridicolo: ***eine -e Summe*** una somma ridicola **II** avv. stupidamente, in modo puerile.
Lapp|land n.pr.n. *(-s)* Lapponia *f.* **Lapp|län|der** m. *(-s,-)* lappone *m.* **lapp|län|disch** agg. lappone.
Lap|sus m. *(-,-)* lapsus *m.*: ***einen ~ begehen*** avere un lapsus.
Lap|top ['lɛptɔp] m. *(-s,-s)* computer *m.* (*o* calcolatore *m.*) portatile, laptop *m.*
Lar m. *(-s,-en)* gibbone *m.*
Lär|che f. *(-,-n)* larice *m.*
La|ren n.pr.pl. Lari *m.pl.*
large [la:rʒ] agg. SVIZZ. generoso, magnanimo. **Large|heit** f. *(-,-en)* SVIZZ. generosità *f.*, magnanimità *f.*
Lar|ghet|to n. *(-s,-s* e *Larghetti)* MUS. larghetto *m.* **Lar|go** n. *(-[s],-s* e *Larghi)* MUS. largo *m.*
la|ri|fa|ri inter. COLLOQ. sciocchezze, scemenze. **La|ri|fa|ri** n. *(-s)* COLLOQ. sciocchezze *f.pl.*, scemenze *f.pl.*
Lärm m. *(-s* e RAR. *-es)* **1** rumore *m.* (forte), frastuono *m.*; *(meist von Personen)* chiasso *m.*: ***der ~ der Motoren*** il frastuono dei motori; ***ein ohrenbetäubender ~*** un chiasso assordante; ***großen ~ machen, verursachen*** fare un gran chiasso **2** *(Geschrei)* schiamazzo *m.*, strepito *m.*: ***der ~ der Kinder ist unerträglich*** lo schiamazzo dei bambini è insopportabile ◆ FIG. ***~ schlagen*** far chiasso, far rumore; FIG. ***um jdn, etw. viel ~ machen*** fare grandi storie per qcn., qcs.; ***viel ~ um nichts*** molto rumore per nulla. **Lärm|be|kämp|fung** f. *(-)* lotta *f.* contro i rumori. **Lärm|be|läs|ti|gung** f. *(-,-en)* fastidio *m.* dovuto ai rumori. **Lärm|be|las|tung** f. *(-)* inquinamento *m.* acustico. **lärm|emp|find|lich** agg. sensibile ai rumori. **lär|men** intr. (aus. *haben*) **1** far rumore (*o* chiasso); *(schreien)* schiamazzare **2** *(mit lauter Stimme sprechen)* strepitare. **lärm|ge|schä|digt** agg. leso da inquinamento acustico.
lar|mo|yant [larmoa'jant] agg. lacrimoso, lacrimevole. **Lar|mo|yanz** [larmoa'jants] f. *(-)* lacrimosità *f.*, lacrimevolezza *f.*
Lärm|pe|gel m. *(-s,-)* (livello *m.* di) intensità *f.* acustica. **Lärm|quel|le** f. *(-,-n)* fonte *f.* di rumori.
Lärm|schutz m. *(-es)* **1** insonorizzazione *f.* **2** *(Vorrichtung gegen Lärm)* insonorizzante *m.*, protezione *f.* antirumore. **Lärm|schutz|wall** m. *(-[e]s,-wälle)* barriera *f.* antirumore. **Lärm|schutz|wand** f. *(-,-wände)* parete *f.* insonorizzante. **Lärm|schutz|zaun** m. *(-[e]s,-zäune)* → **Lärmschutzwall.**
Lärm|wand → **Lärmschutzwand.**
lar|val [-v-] agg. larvale: ***im -en Stadium*** allo stato larvale.
Lärv|chen n. *(-s,-)* **1** piccola larva *f.* **2a** *(hübsches Gesicht)* faccino *m.*, musetto *m.* **b** *(puppenhaftes Mädchen)* bambolina *f.*
Lar|ve ['larfə] f. *(-,-n)* **1** ZOOL. larva *f.*: ***die ~ des Maikäfers*** la larva del maggiolino **2a** ANT. O REGION. *(Gesichtsmaske)* maschera *f.*: ***jdm die ~ abreißen*** strappare la maschera a qcn., smascherare qcn. **b** SPREG. *(leeres Gesicht)* viso *m.* inespressivo. **lar|ven|ähn|lich** agg. simile a una larva. **lar|viert** [lar'vi:ɐt] agg. MED. larvato.
La|ryn|gal m. *(-s,-e)*, **La|ryn|gal|laut** m. *(-[e]s,-e)* laringale *f.* **la|ryn|ge|al** agg. laringeo. **La|ryn|gi|tis** f. *(-, Laryngitiden)* laringite *f.* **La|ryn|go|lo|ge** m. *(-n,-n)* laringoiatra *m.*, laringologo *m.* **La|ryn|go|lo|gie** f. *(-)* laringoiatria *f.*, laringologia *f.* **La|ryn|go|skop** n. *(-s,-e)* laringoscopio *m.* **La|ryn|go|sko|pie** f. *(-,-n)* laringoscopia *f.* **La|ryn|go|to|mie** f. *(-,-n)* laringotomia *f.*
La|rynx m. *(-, Laryngen)* laringe *f.*
las → **lesen.**
lasch I agg. **1a** fiacco: ***ein -er Gang, Typ*** un'andatura fiacca, un tipo fiacco **b** FIG. ***-e Vorstellungen haben*** avere idee fiacche **2** REGION. *(fade)* insipido **II** avv. fiaccamente: ***~ eingreifen*** intervenire fiaccamente.
La|sche f. *(-,-n)* **1** FERR. ganascia *f.*, stecca *f.* **2a** MECC. coprigiunto *m.* **b** AUT. biscottino *m.* **3a** *(von Schuhen, Kuverts)* linguetta *f.* **b** *(von Gürteln)* passante *m.*
la|schen tr. **1** TECN. giuntare **2** MAR. trincare.
Lasch|heit f. *(-)* fiacchezza *f.*, debolezza *f.*, mancanza *f.* di energia.
La|schung f. *(-,-en)* **1** giuntura *f.* **2** MAR. parellatura *f.*, ammorsatura *f.*
La|ser ['le:zɐ, 'la:zɐ, 'leɪzə] m. *(-s,-)* laser *m.* **La|ser|chi|rur|gie** f. *(-)* chirurgia *f.* laser. **La|ser|dru|cker** m. *(-s,-)* stampante *f.* laser. **La|ser|strahl** m. *(-[e]s,-en)* raggio *m.* (*o* fascio *m.*) laser. **La|ser|tech|nik** f. *(-)* tecnica *f.* laser. **La|ser|waf|fe** f. *(-,-n)* arma *f.* laser.
la|sie|ren tr. PITT. velare. **La|sie|rung** f. *(-)* PITT. velatura *f.*
Lä|si|on f. *(-,-en)* MED. lesione *f.*
lass agg. RAR. debole, fiacco; *(müde)* stanco.
las|sen *(lässt, ließ, gelassen;* ma: *hat machen lassen)* **I** tr. **1** lasciare: ***etw. am Bahnhof, in der Garderobe, zu Hause ~*** lasciare qcs. alla stazione, al guardaroba, a casa; ***jdn allein ~*** lasciare qcn. (da) solo; ***alles so ~, wie es ist*** lasciare tutto così com'è; ***die Vergangenheit hinter sich ~*** lasciarsi il passato dietro le spalle; COLLOQ. ***in einem Geschäft viel Geld ~*** lasciare un sacco di soldi in un negozio; *(überlassen)* ***jdm ein Buch, seinen Wagen ~*** lasciare a qcn. un libro, la propria macchina; *(verkaufen)* ***billiger kann ich Ihnen das nicht ~*** non glielo posso lasciare a meno **2** *(unterlassen)* ***etw. ~*** smettere con qcs. (*o* di fare qcs.), lasciar perdere qcs.: ***das Rauchen, Trinken nicht ~ können*** non riuscire a smettere di fumare, di bere; ***lass diese Spielereien, diesen Unsinn, das Weinen!*** smettila con questi giochetti, con queste sciocchezze, di piangere! **3a** *(hineinlassen)* fare (*o* lasciare) entrare: ***niemanden ins Haus ~*** non fare entrare nessuno in casa **b** *(herauslassen)* fare uscire: ***die Tiere aus dem Stall ~*** far uscire gli animali dalla stalla **4a** *(mit Infinitiv)* fare, lasciare: ***Wasser in die Wanne laufen ~*** far scorrere acqua nella vasca; ***jdn gewinnen, warten ~*** lasciar vincere, far aspettare qcn.; ***(sich [D]) einen Anzug machen ~, die Speisekarte bringen ~*** far(si) fare un vestito, far portare il menù; ***jdn etw. glauben, wissen ~*** far credere, sapere qcs. a qcn. **b** *(erlauben, zugestehen)* lasciare, permettere (di): ***lass mich dir helfen!*** lascia che ti aiuti! ***lass mich dein Freund sein!*** permettimi di essere tuo amico! ***endlich hat er sie weggehen ~*** alla fine l'ha lasciata uscire; ***sich (D) nichts anmerken ~*** non lasciare trasparire (*o* trapelare) nulla **c** ***mit sich alles geschehen ~*** farsi fare tutto, permettere tutto; ***er lässt mit sich handeln, reden*** con lui si può trattare, parlare **5** *(als Aufforderung)* ***lass uns gehen!*** andiamo! **II** intr. (aus. *haben*) ANT. **1** ***von etw. ~*** smettere con qcs. (*o* di fare qcs.), lasciar perdere qcs.; ***er kann nicht vom Trinken ~*** non riesce a smettere di bere **2** ***von jdm ~*** lasciar perdere qcn., rinunciare a qcn. **III** rifl. **sich ~** *(+ Infinitiv)* lasciarsi, potersi: ***dieser Draht lässt sich gut biegen*** questo fil di ferro si può piegare bene; ***das Wort lässt sich nicht übersetzen*** la parola non si può tradurre (*o* è intraducibile); COLLOQ. ***dieser Wein lässt sich trinken*** questo vino si lascia bere, non è niente male; ***das lässt sich nicht beweisen, leugnen*** questo non si può provare, negare; ***ich glaube, das lässt sich machen*** penso che si possa fare ◆ ***sich (D) etw. nicht anmerken ~*** non far vedere qcs.; ***jdn, etw. (nicht) aus den Augen ~*** (non) perdere di vista qcn., qcs.; ***alles beim Alten ~*** lasciare le cose come prima (*o* come stanno); ***ich lasse bitten!*** fate entrare! ***lass das (sein)!*** lascia perdere! piantala! ***etw. im Dunkeln ~*** lasciare qcs. nel mistero; COLLOQ. ***einen ~*** fare una sco(r)reggia; ***jdm die Freiheit ~, etw. zu tun*** lasciare a qcn. la libertà di fare qcs.; ***jdn in Frieden ~*** lasciare in pace qcn.; ***das lasse ich mir nicht gefallen!*** non mi lascio trattare così! non permetto che mi si tratti in questo modo! ***lass dir das ein für alle Mal gesagt sein!*** lasciatelo dire una volta per tutte! ***jdn bei, in seinem Glauben ~*** lasciare qcn. alle sue convinzioni; ***jdn grüßen ~*** mandare saluti a qcn.; ***lass es gut sein damit!*** basta così! ***etw. (nicht) aus den Händen ~*** (non) lasciarsi sfuggire di mano qcs.; ***lass bald (etwas) von dir hören!*** fatti vivo! fatti sentire presto! dacci presto tue notizie! ***lass hören!*** sentiamo! parla! ***jdn kalt ~*** lasciare indifferente qcn.; ***tu, was du nicht ~ kannst!*** fallo, se proprio vuoi! ***etw. (einfach) nicht ~ können*** non poter fare a meno di qcs.; ***laufen ~*** lasciar correre; ***die Dinge laufen ~*** lasciare che le cose vadano come devono andare; ***hier lässt es sich leben*** qui si vive bene; ***die Luft aus den Reifen ~*** sgonfiare le gomme; ***lass mich nur machen!*** lascia fare a me! ***das muss man ihm ~*** questo non glielo si può negare, bisogna riconoscerglielo; COLLOQ. ***sie lässt ihn nicht*** non gliela dà; ***jdn in Ruhe ~*** lasciare in pace qcn.; ***sich scheiden ~*** divorziare; ***lass es dir gut schmecken!*** buon appetito! ***etw. sein ~*** non occuparsi più di qcs., lasciar stare, lasciar perdere qcs.: ***die Arbeit sein ~ und ausgehen*** lasciar perdere il lavoro e uscire; ***lass ihm seinen Spaß!*** lascia che si diverta! ***lass mich dabei aus dem Spiel!*** lasciamene fuori! non mettermi in mezzo! ***alles stehen und liegen ~*** lasciare tutto, COLLOQ. mollare tutto; ***~ Sie sich nicht stören!*** non si disturbi! ***das hätte ich mir nicht träumen ~!*** non me lo sarei mai sognato! ***jdn im Ungewissen ~*** lasciare qcn. nell'incertezza; ***nichts unversucht ~*** non lasciare nulla d'intentato; ***jdm den Vortritt ~*** cedere il passo, dare la precedenza a qcn.; ***Wasser ~*** fare acqua; ***lass ihm seinen Willen!***

lascia che faccia quel che vuole! ~ ***wir das!*** non ne parliamo più! ***lass dir Zeit!*** fa' con calma!

Läss|heit f. *(-)* ANT. debolezza *f.*, fiacchezza *f.*; *(Müdigkeit)* stanchezza *f.*

läs|sig I agg. disinvolto: ***eine -e Art haben*** avere modi disinvolti **2** GERG. *(ausgezeichnet)* eccezionale, fantastico **II** avv. **1** con disinvoltura, disinvoltamente; ***~ mit der Hand winken*** fare un gesto disinvolto con la mano **2** COLLOQ. *(leicht)* facilmente: ***das schaffen wir ~*** ci riusciamo facilmente. **Läs|sig|keit** f. *(-)* disinvoltura *f.*

läss|lich agg. **1** RELIG. ***-e Sünden*** peccati veniali **2** ANT. *(geringfügig)* veniale, trascurabile, di scarsa importanza.

Las|so n. *(-s,-s)* lazo *m.*, lasso *m.*: ***ein Pferd mit dem ~ einfangen*** prendere un cavallo al lazo.

Last f. *(-,-en)* **1** carico *m.*, peso *m.*: ***eine leichte, schwere ~*** un carico leggero, pesante; ***-en heben, schleppen, tragen*** sollevare, trascinare (*o* portare a fatica) pesi, (tras)portare carichi; ***-en mit dem Kran bewegen*** spostare carichi con la gru **2** FIG. *(Belastung)* peso *m.*, fardello *m.*: ***die ~ der Verantwortung*** il peso della responsabilità; ***das ist mir eine ~*** questo per me è un peso; ***sich (D) eine schwere ~ aufbürden, eine schwere ~ auf sich nehmen*** farsi carico di un pesante fardello; ***unter der ~ der Schuld zusammenbrechen*** crollare sotto il peso della colpa; ***bei diesen Worten fiel ihr eine ~ vom Herzen*** queste parole le tolsero un peso dal cuore **3** MAR. *(Laderaum)* stiva *f.* **4** EL. carico *m.* **5** pl. *(Abgaben, Steuern)* oneri *m.pl.*, gravami *m.pl.*: ***finanzielle, soziale -en*** oneri finanziari, sociali ◆ ***jdm zur ~ fallen*** essere un peso per qcn.. essere di peso a qcn.; ***jdm etw. zur ~ legen*** addossare (*o* accollare) qcs. a qcn., far carico a qcn. di qcs.; ***jdm zur ~ werden*** diventare un peso per qcn.; ***zu jds -en gehen, sein*** andare, essere a carico di qcn.; ***zu -en*** → **zulasten.**

Las|ta|die [las'tadiə], **Las|ta|die** [lasta'di:] f. *(-,-n)* ANT. banchina *f.* di carico.

Last|arm m. *(-[e]s,-e)* FIS. braccio *m.* (della leva) lato carico. **Last|au|to** n. *(-s,-s)* → **Lastkraftwagen.**

las|ten intr. (aus. *haben*) **1** gravare, pesare (anche FIG.): ***das Dach lastet auf den Säulen*** il tetto grava sulle colonne; ***auf jdm, auf jds Schultern lastet eine Schuld, die Verantwortung, ein Verdacht, eine Arbeit*** su qcn. grava una colpa, la responsabilità, un sospetto, sulle spalle di qcn. grava un lavoro **2** *(finanziell belasten)* gravare: ***auf dem Haus lastet eine Hypothek*** sulla casa grava un'ipoteca; ***auf jdm ~ hohen Schulden*** su qcn. gravano grossi debiti.

Las|ten|auf|zug m. *(-[e]s,-aufzüge)* montacarichi *m.* **Las|ten|aus|gleich** m. *(-[e]s)* STOR. perequazione *f.* degli oneri. **las|tend** p.pres. agg. **1** → **lasten 2** greve, grave, pesante: ***eine -e Stille*** un greve silenzio; ***-e Hitze*** afa. **las|ten|frei** agg. esente da oneri; *(schuldenfrei)* senza debiti; *(von Grundstücken, Häusern)* libero da ipoteca, non ipotecato. **Las|ten|seg|ler** m. *(-s,-)* aliante *m.* da carico (rimorchiato).

1.Las|ter m. *(-s,-)* COLLOQ. camion *m.*

2.Las|ter n. *(-s,-)* vizio *m.*: ***viele, wenige ~ haben*** avere molti, pochi vizi; ***sich einem ~ hingeben*** darsi a un vizio; ***einem ~ verfallen, frönen (von einem ~ beherrscht werden)*** diventare, essere schiavo di un vizio ◆ SCHERZ. ***ein langes ~*** uno spilungone.

Läs|te|rer m. *(-s,-)* **1** maldicente *m.*, malalingua *f.* **2** ANT. *(Gotteslästerer)* bestemmiatore *m.*

las|ter|haft I agg. vizioso **II** avv. viziosamente, in modo vizioso. **Las|ter|haf|tig|keit** f. *(-,-en)* viziosità *f.*

Las|ter|höh|le f. *(-,-n)* COLLOQ. covo *m.* di vizi.

Läs|te|rin f. *(-,-nen)* **1** maldicente *f.*, malalingua *f.* **2** ANT. *(Gotteslästerin)* bestemmiatrice *f.*

Las|ter|le|ben n. *(-s)* vita *f.* viziosa (*o* dissoluta).

läs|ter|lich I agg. blasfemo, empio: ***-e Reden*** discorsi blasfemi **II** avv. in modo blasfemo, empiamente. **Läs|ter|lich|keit** f. *(-,-en)* empietà *f.* **Läs|ter|maul** n. *(-[e]s,-mäuler)* COLLOQ. linguaccia *f.*

läs|tern I intr. (aus. *haben*) **1** ***über jdn, etw. ~*** sparlare (*o* parlar male) di qcn., qcs. **II** tr. ANT. ***Gott ~*** imprecare contro Dio. **Läs|te|rung** f. *(-,-en)* imprecazione *f.*; *(Gotteslästerung)* bestemmia *f.*

Läs|ter|zun|ge f. *(-,-n)* → **Lästermaul.**

Last|esel m. *(-s,-)* somaro *m.*

Las|tex n. *(-)* lastex *m.*

Last|fah|rer → **Lastkraftwagenfahrer.**

läs|tig agg. **1** spiacevole, sgradevole, sgradito: ***eine -e Arbeit*** un lavoro sgradevole; ***ein -er Besuch*** una visita sgradita **2** *(von Menschen)* importuno, molesto, fastidioso; *(unerwünscht)* sgradito ◆ ***jdm ~ sein (fallen), werden*** dare fastidio a (*o* infastidire, importunare) qcn., riuscire importuno (*o* molesto) a qcn.

Las|tig|keit f. *(-)* AER. MAR. portata *f.*

Läs|tig|keit f. *(-,-en)* **1** spiacevolezza *f.*, sgradevolezza *f.* **2** *(von Menschen)* molestia *f.*, fastidio *m.*

Last|kahn m. *(-[e]s,-kähne)* chiatta *f.*

Last|kraft|wa|gen m. *(-s,-)* autocarro *m.*, camion *m.* **Last|kraft|wa|gen|fah|rer** m. *(-s,-)* camionista *m.*

Last|pferd n. *(-[e]s,-e)* cavallo *m.* da soma. **Last|schiff** n. *(-[e]s,-e)* nave *f.* da carico. **Last|schrift** f. *(-,-en)* addebito *m.*: ***durch, per ~*** tramite addebito. **Last|seil** n. *(-[e]s,-e)* fune *f.* portante. **Last|spit|ze** f. *(-,-n)* punta *f.* di carico. **Last|tier** n. *(-[e]s,-e)* animale *m.* (*o* bestia *f.*) da soma. **Last|trä|ger** m. *(-s,-)* portatore *m.* **Last|ver|tei|ler** m. *(-s,-)* EL. ripartitore *m.* del carico. **Last|wa|gen** m. *(-s,-)* → **Lastkraftwagen. Last|zug** m. *(-[e]s,-züge)* autotreno *m.*

La|sur f. *(-,-en)* **1** vernice *f.* trasparente, velatura *f.* **2** → **Lasurfarbe. La|sur|far|be** f. *(-,-n)* colore *m.* trasparente.

La|su|rit m. *(-[e]s,-e)* lasurite *f.*, lazurite *f.*

La|sur|lack m. *(-[e]s,-e)* vernice *f.* trasparente; *(für Holzflächen)* flatting *m.* **La|sur|stein** m. *(-[e]s,-e)* lapislazzuli *m.*

las|ziv I agg. lascivo **II** avv. lascivamente, con lascivia. **Las|zi|vi|tät** f. *(-,-en)* lascivia *f.*

Lä|ta|re LIT. ***(Sonntag) ~*** = terza domenica *f.* prima di Pasqua.

La|tein n. *(-s)* latino *m.*: ***~ lernen*** studiare il latino; ***aus dem, ins ~ übersetzen*** tradurre dal, in latino ◆ ***mit seinem ~ am Ende sein*** = non saper più andare avanti. **La|tein|ame|ri|ka** n.pr.n. *(-s)* America *f.* Latina. **la|tein|ame|ri|ka|nisch** agg. latinoamericano.

La|tei|ner m. *(-s,-)* **1** *(Latinist)* latinista *m.* **2** *(Schüler, Student)* studente *m.* di latino: ***er ist kein guter ~*** non è forte in latino. **La|tei|ner|se|gel** → **Lateinsegel.**

la|tei|nisch agg. **1** latino **2** *(in lateinischer Schrift)* in caratteri latini. **La|tei|ni|sche** n. *(-n)* latino *m.*

La|tein|schrift f. *(-)* **1** scrittura *f.* latina, caratteri *m.pl.* latini **2** TIP. (carattere *m.*) antiqua *m.* **La|tein|schu|le** f. *(-,-n)* ANT. ginnasio *m.* **La|tein|se|gel** n. *(-s,-)* vela *f.* latina. **La|tein|un|ter|richt** m. *(-[e]s,-e)* lezione *f.* di latino.

la|tent I agg. latente **II** avv. in modo latente.

La|tenz f. *(-)* latenza *f.* **La|tenz|pe|ri|o|de** f. *(-,-n)* PSIC. periodo *m.* di latenza. **La|tenz|zeit** f. *(-,-en)* **1** MED. periodo *m.* di incubazione **2** FISIOL. tempo *m.* di latenza.

la|te|ral I agg. laterale **II** avv. lateralmente. **La|te|ral** m. *(-s,-e)* FON. (consonante *f.*) laterale *f.*

La|te|ran n.pr.m. *(-s)* Laterano *m.* **La|te|ran|kon|zil** n. *(-s,-e* e *-ien)* concilio *m.* lateranense. **La|te|ran|ver|trä|ge** pl. patti *m.pl.* lateranensi.

La|te|rit m. *(-s,-e)*, **La|te|rit|bo|den** m. *(-s,-böden)* laterite *f.*

La|ter|na ma|gi|ca f. *(- -, Laternae magicae)* FOT. lanterna *f.* magica.

La|ter|ne f. *(-,-n)* **1** lanterna *f.*: ***eine ~ anstecken (anzünden), auslöschen*** accendere, spegnere una lanterna **2** *(Lampion)* lampioncino *m.* **3** *(Straßenlaterne)* lampione *m.* **4** ARCH. lanterna *f.* **5** *(Blesse)* stella *f.* ◆ ***jdn, etw. mit der ~ suchen*** cercare qcn., qcs. col lanternino; SPORT GERG. ***die rote ~*** il fanalino di coda. **La|ter|nen|an|zün|der** m. *(-s,-)* lampionaio *m.* **La|ter|nen|fi|sche** pl. mictofidi *m.pl.* **La|ter|nen|licht** n. *(-[e]s,-er)* **1** luce *f.* della lanterna, delle lanterne **2** *(von Straßenlaternen)* luce *f.* del lampione, dei lampioni. **La|ter|nen|pfahl** m. *(-[e]s,-pfähle)* (palo *m.* del) lampione *m.*

La|tex m. *(-, Latizes)* lat(t)ice *m.*

La|ti|fun|di|en|wirt|schaft f. *(-)* sistema *m.* latifondistico, economia *f.* latifondistica. **La|ti|fun|di|um** n. *(-s, Latifundien)* STOR. latifondo *m.*

La|ti|ner m. *(-s,-)* STOR. latino *m.* **la|ti|nisch** agg. latino.

la|ti|ni|sie|ren tr. latinizzare. **La|ti|ni|sie|rung** f. *(-,-en)* latinizzazione *f.*

La|ti|nis|mus m. *(-, Latinismen)* latinismo *m.* **La|ti|nist** m. *(-en,-en)* latinista *m.*

La|ti|ni|tät f. *(-)* latinità *f.*: ***goldene ~*** latinità aurea.

La|ti|num n. *(-s)* **1** esame *m.* di latino: ***kleines, großes ~*** esame di latino dopo tre, sei anni di studio **2** *(Zeugnis)* diploma *m.* di latino.

Lä|ti|tia n.pr.f. Letizia *f.*

La|ti|um n.pr.n. *(-s)* Lazio *m.*

Lat|ri|ne f. *(-,-n)* **1** *(Abort)* latrina *f.* **2** SPREG. → **Latrinengerücht. Lat|ri|nen|ge|rücht** n. *(-[e]s,-e)*, **Lat|ri|nen|pa|ro|le** f. *(-,-n)* COLLOQ. SPREG. pettegolezzo *m.* maligno.

Latsch m. *(-[e]s,-e)* COLLOQ. **1** *(Latschen)* ciabatta *f.* **2** SPREG. *(jd, der latscht)* ciabattone *m.*

1.Lat|sche f. *(-,-n)* COLLOQ. → **Latschen.**

2.Lat|sche f. *(-,-n)* BOT. pino *m.* mugo (*o* montano).

lat|schen I tr. REGION. mollare, appioppare: ***jdm eine ~*** mollare un ceffone a qcn. **II** intr. (aus. *sein*) COLLOQ. ciabattare, camminare ciabattando: ***durchs Haus ~*** ciabattare per casa.

Lat|schen m. *(-s,-)* COLLOQ. ciabatta *f.* ◆ COLLOQ. ***aus den ~ kippen***

svenire; *(die Fassung verlieren)* perdere il controllo (di sé). **Lat|schen|kie|fer** f. *(-,-n)* pino *m.* mugo (*o* montano). **Lat|schen|(kie|fern|)öl** n. *(-[e]s)* essenza *f.* di pino mugo.

lat|schig agg. COLLOQ. strascicato: ***einen -en Gang haben*** avere un'andatura strascicata.

Lat|te f. *(-,-n)* **1** assicella *f.*, corrente *m.* **2a** SPORT *(beim Fußball)* traversa *f.* **b** *(beim Hochsprung)* asticella *f.* **3** VOLG. verga *f.* ◆ COLLOQ. ***nicht alle auf der ~ haben*** non essere del tutto a posto, essere impazzito; COLLOQ. ***einen auf der ~ haben*** essere ubriaco; COLLOQ. ***etw. auf der ~ haben*** sapere fare bene qcs.; COLLOQ. FIG. ***jdn auf der ~ haben*** prendere di mira qcn.; COLLOQ. ***lange ~*** spilungone, pertica; ***eine (große, lange) ~ Schulden haben*** avere un mucchio di debiti. **Lat|ten|ge|stell** n. *(-[e]s,-e)* traliccio *m.* **Lat|ten|holz** n. *(-es,-hölzer)* legno *m.* per assi. **Lat|ten|kis|te** f. *(-,-n)* gabbia *f.* (d'imballaggio). **Lat|ten|kreuz** n. *(-es,-e)* SPORT sette *m.* (della porta), incrocio *m.* dei pali. **Lat|ten|rost** m. *(-[e]s,-e)* incannucciata *f.*; *(Fußbodenrost)* grigliato *m.* **Lat|ten|schuss** m. *(-es, -schüsse)* SPORT tiro *m.* sulla traversa. **Lat|ten|ver|schlag** m. *(-[e]s,-verschläge)* assito *m.* **Lat|ten|zaun** m. *(-[e]s,-zäune)* steccato *m.*, staccionata *f.*

Lat|tich m. *(-s,-e)* lattuga *f.*

Lat|wer|ge f. *(-,-n)* **1** elettuario *m.* **2** REGION. *(Fruchtmus)* purea *f.* (*o* passata *f.*) di frutta.

Latz m. *(-es, Lätze* e *-e)* **1** → **Lätzchen** **2a** ABBIGL. pettorina *f.* **b** *(an Trachtenhosen)* brachetta *f.*, patta *f.* ◆ COLLOQ. ***jdm eine (einen, eins) vor den ~ knallen, ballern, donnern*** spaccare la faccia a qcn.; *(jdn tadeln)* rimproverare qcn. **Lätz|chen** n. *(-s,-)* bavaglino *m.* **Latz|ho|se** f. *(-,-n)* salopette *f.* **Latz|schür|ze** f. *(-,-n)* grembiule *m.* con pettorina.

lau **I** agg. **1** tiepido: ***ein -er Wind, eine -e Suppe*** un vento tiepido, una minestra tiepida **2** FIG. fiacco, tiepido: ***die Nachfrage ist ~*** la domanda è scarsa; ***-es Interesse an etw. zeigen*** mostrare un tiepido interesse per qcs. **3** *(halbherzig)* poco entusiasta, poco convinto: ***eine -e Entscheidung*** una decisione con poca convinzione **II** avv. **1** tiepido: ***etw. ~ trinken*** bere qcs. tiepido **2** FIG. tiepidamente, senza entusiasmo **3** *(halbherzig)* con scarso interesse, con poco entusiasmo ◆ REGION. ***für ~*** gratis.

Laub n. *(-[e]s)* fogliame *m.*, foglie *f.pl.*: ***herbstliches, trockenes, fallendes ~*** fogliame autunnale, foglie secche, foglie che cadono; ***die Bäume bekommen wieder ihr ~*** gli alberi rimettono le foglie; ***~ tragend*** frondoso, coperto di foglie. **Laub|baum** m. *(-[e]s,-bäume)* latifoglia *f.*

1.Lau|be f. *(-,-n)* **1** pergola *f.*, pergolato *m.* **2** *(Gartenhäuschen)* chiosco *m.*, gazebo *m.* **3** ARCH. *(Bogengang)* portico *m.* ◆ COLLOQ. ***(und) fertig ist die ~!*** ecco fatto!

2.Lau|be m. *(-n,-n)* ITTIOL. alburno *m.*

Lau|ben|gang m. *(-[e]s,-gänge)* **1** ARCH. *(Bogengang)* portico *m.* **2** *(im Garten)* pergola *f.*, pergolato *m.* **Lau|ben|haus** n. *(-[e]s, -häuser)* casa *f.* con portico. **Lau|ben|ko|lo|nie** f. *(-,-n)* gruppo *m.* di appezzamenti coltivati.

Laub|fall m. *(-[e]s)* caduta *f.* delle foglie. **Laub|fär|bung** f. *(-,-en)* colorazione *f.* delle foglie. **Laub|frosch** m. *(-[e]s,-frösche)* raganella *f.*, ila *f.* **Laub|ge|höl|ze** pl. latifoglie *f.pl.* **Laub|holz** n. *(-[e]s, -hölzer)* legno *m.*, legname *m.* di latifoglie. **Laub|hüt|te** f. *(-,-n)* capanna *f.* di frasche. **Laub|hüt|ten|fest** n. *(-[e]s)* RELIG. festa *f.* delle capanne.

lau|big agg. ANT. frondoso, fronzuto.

Laub|sä|ge f. *(-,-n)* seghetto *m.* da traforo. **Laub|sä|ge|ar|beit** f. *(-,-en)* lavoro *m.* di traforo. **Laub|sän|ger** m. *(-s,-)* luì *m.* **Laub|wald** m. *(-[e]s,-wälder)* bosco *m.* di latifoglie. **Laub|werk** n. *(-[e]s)* **1** *(Laub)* fogliame *m.*, fronde *f.pl.* **2** ART. fogliame *m.*

Lauch m. *(-[e]s,-e)* liliacea *f.*

Lau|da|num n. *(-s)* laudano *m.*

Lau|da|tio f. *(-,-nes)*, **Lau|da|ti|on** f. *(-,-en)* encomio *m.*, panegirico *m.*: ***eine ~ halten*** tenere un discorso di encomio.

Laue f. *(-,-n)* SVIZZ. valanga *f.*

1.Lau|er f. *(-)*, ***auf der ~*** in agguato; ***auf der ~ liegen (*** RAR. ***sein), sitzen (*** RAR. ***stehen)*** stare in agguato; ***sich auf die ~ legen*** mettersi in agguato.

2.Lau|er m. *(-s,-)* vinello *m.* (fatto con le vinacce).

lau|ern intr. (aus. *haben*) **1** essere, stare in agguato (anche FIG.): ***überall ~ Gefahren*** ci sono ovunque pericoli in agguato **2a** ***auf jdn, etw. ~*** fare la posta a, aspettare in agguato qcn., qcs.; **b** COLLOQ. *(angespannt warten)* ***auf jdn, etw. ~*** aspettare con impazienza, con ansia qcn., qcs. **lau|ernd** **I** p.pres. agg. **1** → **lauern** **2** in agguato, appostato: ***eine -e Katze*** un gatto in agguato **3a** indagatore: ***ein -er Blick*** uno sguardo indagatore **b** *(hinterhältig)* subdolo, insidioso **II** avv. **1** in agguato **2a** in modo, con tono indagatore: ***jdm ~ eine Frage stellen*** porre a qcn. una domanda con tono indagatore; ***jdn ~ ansehen*** guardare qcn. in modo indagatore **b** *(hinterhältig)* insidiosamente.

Lauf m. *(-[e]s, Läufe)* **1a** corsa *f.* (anche SPORT): ***vom ~ erschöpft sein*** essere sfiniti per la corsa; ***an einem ~ teilnehmen*** partecipare a una corsa **b** *(beim Skisport)* discesa *f.*, manche *f.*: ***erster, zweiter ~*** prima, seconda manche **2** *(Strecke)* percorso *m.*: ***ein gewundener ~*** un percorso tortuoso; *(Bahn)* traiettoria *f.* **3a** *(von Gewässern)* corso *m.*: ***dem ~ des Baches folgen*** seguire il corso del torrente; ***am oberen, unteren ~ des Flusses*** nella parte alta, bassa del fiume **b** *(Verlauf)* corso *m.*: ***der ~ der Geschichte*** il corso della storia; ***im ~ des Tages, des Lebens*** nel corso della giornata, della vita; ***seinen ~ nehmen*** avere il (*o* svolgersi secondo il) proprio corso **4** *(In-Betrieb-Sein)* funzionamento *m.*: ***den ~ der Maschine prüfen*** controllare il funzionamento della macchina **5** MUS. passaggio *m.* **6** *(Rohr von Schusswaffen)* canna *f.* **7** *(Bein von Vierbeinern)* zampa *f.* ◆ ***seinen Gedanken, Gefühlen, seiner Fantasie freien ~ lassen*** dare libero corso ai propri pensieri, libero sfogo ai propri sentimenti, sbrigliare la fantasia; ***den Dingen freien ~ lassen*** lasciare andare le cose per il loro verso; ***im Lauf(e) des Gesprächs, der Zeit*** durante il discorso, con l'andar del tempo (*o* col tempo); ***in vollem ~ hinfallen*** cadere correndo; ***der Motor hat einen leisen ~*** il motore gira silenziosamente; ***sich in ~ setzen*** mettersi a correre; ***das ist der ~ der Welt*** così va il mondo. **Lauf|ach|se** f. *(-,-n)* FERR. sala *f.*, assile *m.*, asse *m.* **Lauf|bahn** f. *(-,-en)* **1** carriera *f.*: ***eine künstlerische, wissenschaftliche ~ einschlagen*** intraprendere una carriera artistica, scientifica; ***sich auf eine ~ vorbereiten*** prepararsi per, a una carriera **2** *(bei der Leichtathletik)* pista *f.* **3** RAR. traiettoria *f.*, orbita *f.*: ***die ~ des Mondes*** l'orbita della luna. **Lauf|brett** n. *(-[e]s,-er)* passerella *f.* **Lauf|bur|sche** m. *(-n,-n)* ANT. fattorino *m.*, SPREG. galoppino *m.*

lau|fen *(läuft, lief, gelaufen)* **I** intr. (aus. *sein*) **1a** correre: ***auf die Straße, ins Freie, zur Tür ~*** correre per la strada, all'aperto, alla porta; ***aus dem Haus ~*** uscire di corsa da casa (*o* di casa di corsa); ***eine Katze lief über den Weg*** un gatto attraversò il sentiero **b** *(sich erstrecken)* ***die Straße läuft am Fluss entlang, auf der rechten Rheinseite*** la strada corre lungo il fiume, sulla riva destra del Reno **c** SPORT *(bei Athletik)* ***für Deutschland ~*** correre per la Germania **d** FIG. ***es lief mir eiskalt über den Rücken*** un brivido mi corse lungo la schiena; ***ein Gemurmel lief durch die Reihen*** un mormorio corse tra le file **2** *(gehen)* camminare: ***das Kind lernt ~, kann schon ~*** il bambino impara a camminare, sa già camminare; ***jeden Tag drei Stunden ~*** camminare per tre ore ogni giorno; ***wir sind 10 km gelaufen*** abbiamo camminato per 10 km; ***im Zimmer auf und ab, hin und her ~*** andare su e giù per la stanza **3a** *(zu Fuß gehen)* andare (a piedi): ***nach Hause ~*** andare a casa (a piedi); ***vom Bahnhof aus sind es noch fünf Minuten zu ~*** dalla stazione ci sono ancora cinque minuti (a piedi) **b** *(fahren)* andare: ***in den, aus dem Hafen ~*** entrare nel, uscire dal porto **c** *(sich erstrecken)* andare: ***das Gebirge läuft von Osten nach Westen*** la montagna va da est a ovest **4a** *(verlaufen)* andare, svolgersi: ***wie ist die Verhandlung gelaufen?*** come è andata la trattativa? ***parallel mit etw. ~*** svolgersi parallelamente a qcs. **b** essere in corso: ***das Verfahren läuft noch*** la procedura è ancora in corso **5** *(gültig sein)* essere valido, valere: ***der Vertrag läuft zwei Jahre (lang)*** il contratto vale (per) due anni; ***der Wechsel läuft noch*** la cambiale non è ancora scaduta **6** *(gezeigt werden)* essere in programma; CINEM. essere proiettato; TELEV. essere trasmesso: ***der Film läuft seit Wochen in allen Kinos*** il film è in programmazione (*o* è proiettato) da settimane in tutti i cinema; ***was läuft heute (im Kino)?*** cosa danno oggi (al cinema)? ***das Stück lief mehrere Jahre am Broadway*** la commedia è stata rappresentata per molti anni a Broadway **7a** COLLOQ. *(gut verkäuflich sein)* andare: ***der Artikel läuft sehr gut*** l'articolo va molto bene, tira **b** COLLOQ. *(gut gehen)* andare bene, andare avanti: ***die Firma läuft auch ohne ihn*** la ditta va avanti anche senza di lui **8a** *(in Betrieb sein)* andare, funzionare: ***die Maschine läuft nicht richtig*** la macchina non va, non funziona bene; ***die Uhr läuft wieder*** l'orologio funziona di nuovo; ***etw. ~ lassen*** mettere in moto, far funzionare qcs.; ***das Radio läuft den ganzen Tag*** la radio rimane accesa tutto il giorno **b** *(von Motoren, Computerprogrammen)* girare: ***ganz langsam, leer ~*** girare al minimo, a vuoto **9a** *(sich gleitend bewegen)* scorrere: ***das Seil läuft über Rollen*** la fune scorre su carrucole; *(fließen)* ***das Wasser läuft in die Badewanne*** l'acqua scorre nella vasca da bagno; ***Tränen ~ über seine Wangen*** le lacrime gli scorrono lungo le guance **b** ***der Faden läuft von der Spule*** il filo si svolge dalla spoletta **10** colare, gocciolare: ***der Schweiß läuft ihm von der Stirn*** il sudore gli cola dalla fronte; COLLOQ. ***der Käse läuft*** il formaggio cola, si scioglie; *(Flüssigkeit absondern)* **mir läuft die Nase** mi cola il naso; **das Fass läuft** la botte perde **11** VENAT. *(läufig sein)* essere in calore **II** rifl. **sich ~ 1 sich außer Atem, sich müde ~** correre a perdifiato **2** impers. **hier läuft es sich gut** qui si cammina bene **3 sich (D) die Füße wund ~** camminare fino a piagarsi i piedi **III** tr. **1** SPORT correre: **die 100 m in zehn Sekunden ~** correre (*o* fare) i 100 m in dieci secondi **2** percorrere (a piedi): **10 km ~** percorrere 10 km; **einen Umweg ~** fare un lungo giro a piedi ◆ COLLOQ. **der Abend ist gelaufen** la serata è andata (anche IRON.); COLLOQ. **morgen ist alles gelaufen** domani è tutto chiuso; *(vorbei)* è tutto finito; **es läuft auf dasselbe, auf eins hinaus** (il risultato) è lo stesso; **da läuft bei mir nichts** su di me non puoi contare; **dauernd ins Kino ~** andare sempre al cinema; **es läuft** funziona; **im Galopp ~** correre al galoppo; **Gefahr ~ zu...** correre il pericolo (*o* il rischio) di...; **gegen etw. ~** andare a sbattere contro qcs.; **ins Geld ~** costare molto; **auf Grund ~** incagliarsi; **in jdn, etw. ~** imbattersi in qcn., andare a finire in, dentro qcs.; **gelaufen kommen** arrivare correndo; COLLOQ. FIG. **~ lassen** lasciar correre; **den Dieb ~ lassen** lasciar scappare (lasciar andare, lasciare libero) il ladro; **eine (Frau, Puppe) ~ lassen** far lavorare una donna come prostituta, farla battere; **bei dir läuft eine Masche** hai una calza smagliata; COLLOQ. **~ müssen** dover andare (in bagno); **nach etw. ~** girare in cerca di qcs.; **auf jds Namen ~** essere intestato a qcn., essere a nome di qcn.; **einen neuen Rekord ~** stabilire un nuovo record nella corsa; **Rollschuh ~** pattinare, andare sui pattini (a rotelle), schettinare; **Schlittschuh ~** pattinare (sul ghiaccio); **Ski ~** sciare; **vom Stapel ~** essere varato; **der Motor läuft auf vollen Touren** il motore va a pieno regime; **um etw. ~** girare intorno, attorno a qcs.; **was läuft hier?** cosa succede qui? **wissen, wie es läuft** sapere come si fa, come funziona; **wie läuft's?** come va? FIG. **wie geplant, nach Wunsch ~** procedere come stabilito, come si voleva; COLLOQ. **ständig zum Arzt ~** correre continuamente dal medico.

Lau|fen n. *(-s)* **1** il correre, corsa *f.* **2** *(Gehen)* il camminare **3** *(Funktionieren)* funzionamento *m.* **lau|fend I** p.pres. agg. **1** → **laufen 2** corrente: **die -en Zahlungen** le spese correnti; *(gegenwärtig)* **das -e Jahr** il corrente anno, l'anno in corso; **am 23. (des) -en Monats** il 23 (del) corrente mese **II** avv. continuamente, in continuazione, costantemente: **die Arbeitslosigkeit steigt ~** la disoccupazione sale costantemente ◆ **(mit etw.) auf dem Laufenden sein, bleiben** essere, rimanere al corrente (su qcs.); **jdn auf dem Laufenden halten** tenere qcn. al corrente; **am -en Band** in continuazione; **die -e Nummer einer Zeitschrift** l'ultimo numero di una rivista.

Läu|fer m. *(-s,-)* **1** *(beim Rennen)* corridore *m.* **2** *(beim Fußball)* mediano *m.*: **als rechter, linker ~ spielen** giocare da mediano destro, sinistro **3** *(schmaler Teppich)* guida *f.*, passatoia *f.*: **einen ~ im Flur ausrollen** srotolare una guida in corridoio **4** *(Schachfigur)* alfiere *m.* **5** TECN. rotore *m.* **6** EDIL. mattone *m.* (posto) per lungo **7** *(bei Waagen)* cursore *m.* **8** *(junges Schwein)* maialino *m.*, porcellino *m.* **Lau|fe|rei** f. *(-,-en)* COLLOQ. corse *f.pl.*, giri *m.pl.* inutili, il correre qua e là continuamente. **Läu|fe|rin** f. *(-,-nen)* atleta *f.* (nella corsa). **läu|fe|risch** agg. di corridore, nella corsa: **-es Können** abilità di corridore.

Lauf|feu|er n. *(-s,-)* fuoco *m.* che si propaga rapidamente ◆ **sich wie ein ~ verbreiten** spargersi, diffondersi in un baleno. **Lauf|flä|che** f. *(-,-n)* **1** superficie *f.* di scorrimento **2** AUT. battistrada *m.* **3** FERR. superficie *f.* di rotolamento. **lauf|freu|dig** agg. SPORT GERG. **~ sein** essere gran (*o* buon) corridore, essere il polmone della squadra. **Lauf|gang** m. *(-[e]s,-gänge)* **1** passaggio *m.* **2** *(Gangway)* AER. MAR. passerella *f.* **3** ARCH. triforio *m.* **Lauf|ge|wicht** n. *(-[e]s,-e)* cursore *m.*, romano *m.* **Lauf|ge|wichts|waa|ge** f. *(-,-n)* stadera *f.* **Lauf|git|ter** n. *(-s,-)* box *m.*: **das Kind spielt im ~** il bambino gioca nel box. **Lauf|gra|ben** m. *(-s,-gräben)* camminamento *m.*

läu|fig agg. in calore: **eine -e Hündin** una cagna in calore. **Läu|fig|keit** f. *(-)* calore *m.*, fregola *f.*

Lauf|kä|fer m. *(-s,-)* carabide *m.* **Lauf|kat|ze** f. *(-,-n)* carrello *m.* (di una gru). **Lauf|kran** m. *(-s,-e* e *-kräne)* gru *f.* a carroponte, carroponte *m.* **Lauf|kund|schaft** f. *(-)* clientela *f.* (*o* clienti *m.pl.*) di passaggio. **Lauf|ma|sche** f. *(-,-n)* smagliatura *f.* **lauf|ma|schen|si|cher** agg. indemagliabile. **Lauf|pass** m., COLLOQ. **jdm den ~ geben** dare a qcn. il benservito; **den ~ bekommen, erhalten** avere, ricevere il benservito. **Lauf|plan|ke** f. *(-,-n)* passerella *f.* **Lauf|rad** n. *(-[e]s,-räder)* **1** *(von Turbinen, Pumpen)* girante *f.* **2** *(ohne Antrieb)* ruota *f.* portante **3** *(von Laufkatzen)* ruota *f.* di carrello **4** *(Draisine)* draisina *f.* **Lauf|rich|tung** f. *(-,-en)* **1** senso *m.* di marcia **2** *(von Rädern)* senso *m.* (*o* verso *m.*) di rotazione. **Lauf|rol|le** f. *(-,-n)* **1** *(von Seilen)* carrucola *f.* di guida **2** EL. rotella *f.* (di presa). **Lauf|ru|he** f. *(-)* silenziosità *f.* di funzionamento. **Lauf|schie|ne** f. *(-,-n)* rotaia *f.* (*o* guida *f.*) di scorrimento. **Lauf|schrift** f. *(-,-en)* scritta *f.* (luminosa) scorrevole. **Lauf|schritt** m. *(-[e]s,-e)* SPORT passo *m.* di corsa ◆ **im ~** a passo di corsa, a passi veloci. **Lauf|schuh** m. *(-es,-e)* **1** scarpa *f.* sportiva **2** SPORT scarpetta *f.* da corsa. **Lauf|stall** m. *(-[e]s,-ställe)* **1** *(für Jungvieh)* stalla *f.* libera **2** → **Laufgitter. Lauf|steg** m. *(-[e]s,-e)* passerella *f.* (di moda). **Lauf|stil** m. *(-s,-e)* stile *m.* di corsa. **Lauf|stuhl** m. *(-[e]s,-stühle)* girello *m.* (per bambini). **Lauf|vo|gel** m. *(-s,-vögel)* uccello *m.* corridore. **Lauf|werk** n. *(-[e]s,-e)* **1** meccanismo *m.* **2** OROL. rotismo *m.* **3** FERR. rodiggio *m.* **4** INFORM. drive *m.* **Lauf|wett|be|werb** m. *(-s,-e)* gara *f.* di corsa. **Lauf|zeit** f. *(-,-en)* **1** BANC. scadenza *f.* **2** *(Gültigkeitsdauer)* (periodo *m.* di) validità *f.*; *(Beginn einer Laufzeit)* decorrenza *f.* **3** *(von Filmen)* periodo *m.* di programmazione **4** SPORT tempo *m.* (impiegato) **5** ELETTRON. tempo *m.* di transito **6** OROL. (tempo *m.* di) carica *f.* **Lauf|zet|tel** m. *(-s,-)* **1** *(Rundschreiben)* circolare *f.* **2** INDUSTR. *(an einem Werkstück)* ordine *m.* di lavoro **3** *(für Bahnsendungen)* bolla *f.* di accompagnamento.

Lau|ge f. *(-,-n)* **1** *(Waschlauge)* liscivia *f.*, ranno *m.* **2** CHIM. soluzione *f.* alcalina **3** ANT. *(Salzlösung)* soluzione *f.* salina. **lau|gen** tr. ANT. lisciviare. **lau|gen|ar|tig** agg. alcalino. **Lau|gen|asche** f. *(-)* ceneraccio *m.* **Lau|gen|bad** n. *(-[e]s,-bäder)* **1** bagno *m.* di liscivia **2** CHIM. bagno *m.* alcalino. **Lau|gen|bre|zel** f. *(-,-n)* INTRAD. (ciambellina salata). **Lau|gen|salz** n. *(-es)* sale *m.* alcalino. **lau|gig** agg. alcalino. **Lau|gung** f. *(-,-en)* lisciviazione *f.*

Lau|heit f. *(-)* indecisione *f.*; FIG. tiepidezza *f.*

Lau|mann m. *(-[e]s,-männer)* COLLOQ. uomo *m.* debole, fiacco.

Lau|ne f. *(-,-n)* **1** umore *m.*: **schlechte, gute ~ haben (schlechter, guter ~ sein)** essere di cattivo umore, di buon umore; **in, bei ~ sein** essere in vena; **jdn bei guter ~ halten** tenere qcn. di buon umore; **jdm die ~ verderben** far passare il buon umore a qcn.; **jdn in gute ~ versetzen** mettere qcn. di buon umore **2** luna *f.*, grillo *m.*, capriccio *m.*: **-n haben** avere le lune (*o* i grilli); **das ist nur so eine ~ von ihm** è solo un suo capriccio (*o* ghiribizzo); **aus einer ~ heraus** per capriccio; **seine -n an jdm auslassen** sfogare le proprie lune su qcn.; **hat er aber heute eine ~!** oggi ha la luna di traverso, è di cattivo umore! FIG. **die -n des Wetters, des Glücks** i capricci del tempo, della fortuna; **eine ~ der Natur** uno scherzo della natura. **lau|nen|haft** agg. lunatico, capriccioso. **Lau|nen|haf|tig|keit** f. *(-)* lunaticità *f.* **lau|nig I** agg. **1** *(von guter Laune)* gaio, gioviale **2** *(witzig)* brioso, faceto: **eine -e Rede** un discorso faceto **II** avv. in modo brioso. **lau|nisch** agg. SPREG. lunatico, capriccioso.

Lau|re|at m. *(-en,-en)* **1** ANT. poeta *m.* laureato **2** *(Preisträger)* premiato *m.*

lau|ren|tisch agg. laurenziano.

lau|re|ta|nisch agg., **Lauretanische Litanei** litanie lauretane.

Laus f. *(-, Läuse)* pidocchio *m.*: **Läuse haben** avere i pidocchi ◆ COLLOQ. **ihm ist eine ~ über die Leber gelaufen** gli è saltata la mosca al naso; COLLOQ. **jdm eine ~ in den Pelz, ins Fell setzen** procurare fastidi a qcn.; *(jdn misstrauisch machen)* mettere una pulce nell'orecchio a qcn.

Lau|sanne [lo'zan] n.pr.n. *(-s)* Losanna *f.* **Lau|san|ner I** m. *(-s,-)* abitante *m.* di Losanna **II** agg.inv. di Losanna.

Laus|bub m. *(-en,-en)*, **Laus|bu|be** m. *(-n,-n)* COLLOQ. monello *m.*, briccone *m.* **laus|bu|ben|haft** agg. COLLOQ. monellesco, da monello. **Laus|bu|ben|streich** m. *(-[e]s,-e)*, **Laus|bü|be|rei** f. *(-,-en)* monelleria *f.* **laus|bü|bisch** agg. COLLOQ. → **lausbubenhaft.**

Lausch|ak|ti|on f. *(-,-en)*, **Lausch|an|griff** m. *(-[e]s,-e)* azione *f.* di spionaggio con microspie.

lau|schen intr. (aus. *haben*) **1a** stare in ascolto, stare con l'orecchio teso: **auf jds Schritte ~** stare con l'orecchio teso per sentire i passi di qcn. **b** *(heimlich horchen)* origliare: **an der Tür ~** origliare alla porta **2** *(aufmerksam zuhören)* **jdm, etw. ~** ascoltare attentamente qcn., qcs. **Lau|scher** m. *(-s,-)* **1** chi sta ad ascoltare; *(heimlich)* chi origlia **2** VENAT. orecchio *m.* ◆ PROV. **der ~ an der Wand hört seine eigene Schand** chi sta in ascolteria sente cose che non vorria. **lau|schig** agg. appartato, tranquillo: **eine -e Ecke** un angolo appartato.

Läu|se|be|fall m. *(-[e]s)* infestazione *f.* da pidocchi.

Lau|se|ben|gel m. *(-s,-)*, **Lau|se|jun|ge** m. *(-n,-n)* COLLOQ. SPREG. ragazzaccio *m.*, monello *m.* **Läu|se|kamm** m. *(-[e]s,-kämme)* **1** pettinina *f.*, pettine *m.* fitto (per togliere le lendini) **2** SCHERZ. *(Kamm)* pettine *m.* **Lau|se|kerl** m. *(-[e]s,-e)* COLLOQ. SPREG. sfacciato *m.*, insolente *m.*

Läu|se|kraut n. *(-[e]s)* pedicularis *f.*

lau|sen I tr. **1** spidocchiare **2** COLLOQ. FIG. *(untersuchen)* passare al setaccio **3** COLLOQ. *(schröpfen)* spennare **II** rifl. **sich ~** spidocchiarsi. **Lau|se|pack** n. *(-[e]s)* COLLOQ. SPREG. marmaglia *f.* **Lau|**

ser m. *(-s,-)* REGION. SCHERZ. → **Lausbub. Lau|se|rei** f. *(-,-en)* REGION. monelleria *f.* **lau|sig I** agg. **1** *(schlecht, unangenehm)* brutto, spiacevole: ***eine -e Unterkunft, Angelegenheit*** una brutta sistemazione, una brutta faccenda **2** FIG. *(geringfügig)* misero: ***ein paar -e Mark*** due miseri marchi **3** rafforz. terribile, tremendo: ***eine -e Kälte*** un freddo tremendo **II** avv. rafforz. *(sehr)* terribilmente, tremendamente ◆ ~ ***viel Geld*** un sacco di soldi.

Laus|re|chen m. *(-s,-)* SCHERZ. pettine *m.*

Lau|sitz n.pr.f. *(-)* Lusazia *f.* **Lau|sit|zer I** m. *(-s,-)* abitante *m.* della Lusazia, lusaziano *m.* **II** agg.inv. della Lusazia, lusaziano. **lau|sit|zisch** agg. della Lusazia, lusaziano.

1.laut I agg. **1a** forte, sonoro: ***-es Gelächter*** forti risate; ***ein -es Klatschen*** un sonoro applauso **b** *(von Stimmen)* alto: ***mit -er Stimme reden*** parlare a voce alta **c** forte, ad alto volume: ***-e Musik*** musica ad alto volume **2a** *(lärmend)* rumoroso: ***ein -er Motor*** un motore rumoroso; ***eine -e Kreuzung*** un incrocio rumoroso; ***hier ist es mir zu*** ~ qui per me è troppo rumoroso, c'è troppo rumore **b** *(von Personen)* rumoroso, chiassoso **3** *(von Farben)* vivace, sgargiante **II** avv. **1a** forte: ~ ***schreien*** gridare forte **b** forte, a voce alta: ~ ***und deutlich*** forte e chiaro; ~ ***sprechen*** parlare a voce alta; ~ ***lesen, denken*** leggere, pensare ad alta voce **c** ad alto volume: ***das Radio läuft*** ~ la radio va a tutto volume **2** *(lärmend)* rumorosamente **3** *(offen)* apertamente, pubblicamente: ***sag das bloß nicht*** ~ non dirlo a nessuno, non farlo sapere in giro ◆ ***etw.*** ~ ***werden lassen*** divulgare, far sapere qcs.; ~ ***werden*** alzare la voce.

2.laut prep. + nom., gen. e dat. **1** secondo: ~ ***ärztlichen Gutachtens*** secondo la perizia medica **2** BUROCR. secondo, conformemente a, a norma di: ~ ***Vertrag*** secondo il contratto; ~ ***Gesetz*** a norma (*o* ai sensi) di legge.

Laut m. *(-[e]s,-e)* **1** suono *m.* (anche FON.): ***vertraute, unartikulierte, gutturale -e*** suoni familiari, disarticolati, gutturali; ***ein offener, geschlossener*** ~ un suono aperto, chiuso **2** *(Geräusch)* rumore *m.*: ***keinen ~ hören*** non sentire il minimo rumore **3** grido *m.*: ***ein ~ der Wut, des Schmerzes*** un grido di rabbia, di dolore ◆ COLLOQ. ~ ***geben*** fare sapere, dire; *(von Hunden)* abbaiare; ***keinen ~ hervorbringen, von sich geben*** non fiatare (*o* non aprir bocca). **Laut|an|glei|chung** f. *(-,-en)* FON. assimilazione *f.* **Laut|ar|chiv** n. *(-s,-e)* fonoteca *f.* (linguistica). **Laut|äu|ße|rung** f. *(-,-en)* ZOOL. espressione *f.* sonora, suono *m.* espressivo.

laut|bar agg. ANT. ~ ***werden*** diventare noto, palese.

Laut|bil|dung f. *(-,-en)* FON. articolazione *f.* dei suoni, fonazione *f.*

Lau|te f. *(-,-n)* liuto *m.*

lau|ten I intr. (aus. *haben*) **1a** *(Wortlaut haben)* suonare: ***der Text lautet folgendermaßen:...*** il testo suona come segue, così:...; ***die Lösung lautet...*** la soluzione è... **b** *(sich anhören)* ***das lautet gut, komisch, sehr vernünftig*** suona bene, strano, suona molto ragionevole **2** ***auf etw.*** ~ parlare di qcs.: ***das Urteil lautet auf drei Jahre*** la sentenza è di condanna a tre anni **3** DIR. COMM. essere intestato: ***auf jdn*** ~ essere intestato a qcn.; ***die Werte ~ auf den Inhaber*** i titoli sono al portatore **II** tr. LING. *(aussprechen)* pronunciare.

läu|ten I intr. (aus. *haben*) suonare: ***die Glocken ~ Sturm, zu Grabe, zu Mittag*** le campane suonano a stormo (*o* a martello), a morto, suonano il mezzogiorno; ***zur Messe, Kirche*** ~ suonare a uffizio; ***an der Tür*** ~ suonare alla porta; ***hat es geläutet?*** hanno suonato? ***(nach) jdm*** ~ chiamare qcn. suonando; REGION. *(klingeln)* ***das Telefon ~ lassen*** lasciare suonare il telefono **II** tr. **1** *(durch Läuten anzeigen)* suonare: ***die Glocken*** ~ suonare le campane; ***die Turmuhr läutet 10 Uhr*** l'orologio della torre suona le 10 **2** *(ertönen lassen)* (fare) suonare ◆ ***(von etw.) ~ hören, dass...*** (su qcs.) sentir dire che...

lau|tend p.pres. → **lauten** ◆ COMM. ***auf den Inhaber*** ~ al portatore.

Lau|te|nist m. *(-en,-en)* liutista *m.* **Lau|ten|spiel** n. *(-[e]s,-e)* suono *m.* di liuto. **Lau|ten|spie|ler** m. *(-s,-)* → **Lautenist.**

lau|ter I agg. **1** puro: ***-es Silber*** argento puro; ***die -e Wahrheit*** la pura verità **2** *(aufrichtig)* sincero, schietto: ***von -er Gesinnung sein*** essere di animo schietto **II** avv. solo, soltanto, unicamente: ***das sind ~ Gerüchte*** sono solo (*o* non sono che) voci; ***aus ~ Langeweile*** solo per noia. **Lau|ter|keit** f. *(-)* **1** purezza *f.* **2** *(Aufrichtigkeit)* sincerità *f.*, schiettezza *f.*

läu|tern I tr. **1a** depurare, purificare **b** METALL. affinare **2** FIG. *(von Menschen)* purificare, nobilitare **II** rifl. **sich** ~ purificarsi. **Läu|te|rung** f. *(-,-en)* **1a** depurazione *f.*, purificazione *f.* **b** METALL. affinazione *f.* **2** FIG. *(von Menschen)* purificazione *f.*

Läu|te|sig|nal n. *(-[e]s,-e)* campanello *m.* **Läu|te|werk** n. *(-[e]s,-e)* s(u)oneria *f.*

Laut|ge|setz n. *(-es,-e)* legge *f.* fonetica. **laut|ge|treu** agg. fedele: ***eine -e Wiedergabe, Aussprache*** una riproduzione fedele, una pronuncia corretta. **laut|hals** avv. a squarciagola. **Laut|heit** f. *(-)* **1** l'alto volume **2** *(Lärm)* rumorosità *f.* **3** *(Lautstärke)* volume *m.* (del suono).

lau|tie|ren tr. sillabare. **Lau|tier|me|tho|de** f. *(-)* metodo *m.* sillabico.

Laut|leh|re f. *(-)* fonetica *f.* **laut|lich I** agg. fonetico **II** avv. foneticamente, dal punto di vista fonetico. **laut|los I** agg. **1** *(geräuschlos)* silenzioso **2** *(ohne zu sprechen)* silenzioso, zitto **II** avv. in silenzio, senza fare rumore ◆ ***-e Stille*** silenzio perfetto, assoluto. **Laut|lo|sig|keit** f. *(-)* silenzio *m.*, silenziosità *f.* **laut|ma|lend** agg. onomatopeico. **Laut|ma|le|rei** f. *(-,-en)* onomatopea *f.* **laut|nach|ah|mend** agg. → **lautmalend. Laut|phy|si|o|lo|gie** f. *(-)* fisiologia *f.* della fonazione. **Laut|schrift** f. *(-)* trascrizione *f.* fonetica.

Laut|spre|cher m. *(-s,-)* altoparlante *m.*: ***dynamischer, elektromagnetischer, elektrostatischer*** ~ altoparlante dinamico, elettromagnetico, elettrostatico; ***etw. mit, durch ~ übertragen*** trasmettere qcs. con l'altoparlante. **Laut|spre|cher|box** f. *(-,-en)* cassa *f.* (acustica).

Laut|stand m. *(-[e]s)* sistema *m.* fonetico.

laut|stark I agg. **1** *(sehr laut)* forte, alto **2** FIG. forte, violento **II** avv. **1** ad alta voce **2** FIG. con forza, violentemente: ~ ***protestieren*** protestare con forza. **Laut|stär|ke** f. *(-)* volume *m.* (del suono, sonoro). **Laut|stär|ke|reg|ler** m. *(-s,-)* regolatore *m.* del volume.

Lau|tung f. *(-,-en)* **1** *(Aussprache)* pronuncia *f.* **2** *(Lautbildung)* fonazione *f.*

Laut|ver|än|de|rung f. *(-,-en)* → **Lautwandel. Laut|ver|schie|bung** f. *(-,-en)* rotazione *f.* consonantica: ***die zweite*** ~ la seconda rotazione consonantica. **Laut|wan|del** m. *(-s,-)* mutamento *m.* fonetico. **Laut|wech|sel** m. *(-s,-)* metatesi *f.*

Läut|werk → **Läutewerk.**

Laut|zei|chen n. *(-s,-)* segno *m.* fonetico.

lau|warm agg. e avv. tiepido: ***die Suppe ~ essen*** mangiare la minestra tiepida.

La|va [-v-] f. *(-, Laven)* lava *f.*: ***glühende, flüssige, erstarrte*** ~ lava incandescente, fluida, solidificata. **La|va|bo|den** m. *(-s,-böden)* terreno *m.* lavico. **La|va|de|cke** f. *(-,-n)*, **La|va|feld** n. *(-[e]s,-er)* crosta *f.* lavica. **La|va|strom** m. *(-[e]s,-ströme)* colata *f.* lavica.

la|ven|del [-v-] agg.inv. lavanda. **La|ven|del I** m. *(-s,-)* lavanda *f.* **II** n. *(-s)* (acqua *f.* di) lavanda *f.* **la|ven|del|far|ben** agg.inv. color lavanda. **La|ven|del|öl** n. *(-s)* essenza *f.* di lavanda. **La|ven|del|was|ser** n. *(-s,-)* acqua *f.* di lavanda.

1.la|vie|ren [-v-] **I** tr. condurre abilmente: ***ein Schiff durch die Untiefen*** ~ condurre abilmente una nave attraverso le secche **II** intr. (aus. *haben*) e rifl. **sich** ~ barcamenarsi, destreggiarsi: ***zwischen seinen Gegnern geschickt*** ~ destreggiarsi abilmente tra i propri avversari; ***sich aus einer verwickelten Lage*** ~ barcamenarsi per uscire da una situazione intricata.

2.la|vie|ren [-v-] tr. PITT. lavare, sfumare.

lä|vo|gyr agg. FIS. CHIM. levogiro.

Lä|vu|lo|se f. *(-)* levulosio *m.*

La|wi|ne f. *(-,-n)* valanga *f.* (anche FIG.): ***eine ~ geht ab, geht nieder, donnert zu, ins Tal*** una valanga si stacca, viene giù, si abbatte rombando a valle; ***von einer ~ erfasst, verschüttet (begraben) werden*** essere colto, seppellito da una valanga; ***eine ~ auslösen, sprengen*** provocare una valanga; ***eine ~ von Briefen bekommen*** ricevere una valanga di lettere ◆ ***eine ~ lostreten*** sollevare un vespaio. **la|wi|nen|ar|tig** agg. e avv. a valanga. **La|wi|nen|ga|le|rie** f. *(-,-n)* (galleria *f.*) paravalanghe *m.* **La|wi|nen|ge|fahr** f. *(-)* pericolo *m.* di valanghe. **la|wi|nen|ge|fähr|det** agg. minacciato dalle valanghe. **La|wi|nen|hund** → **Lawinensuchhund. La|wi|nen|schutz** m. *(-es)* paravalanghe *m.* **la|wi|nen|si|cher I** agg. protetto dalle valanghe **II** avv. ~ ***bauen*** costruire a prova di valanghe. **La|wi|nen|such|hund** m. *(-[e]s,-e)* cane *m.* da valanga, da valanghe. **La|wi|nen|un|glück** n. *(-s,-e)* disgrazia *f.* provocata da una valanga. **La|wi|nen|ver|bau|ung** f. *(-,-en)* paravalanghe *m.* **La|wi|nen|war|nung** f. *(-,-en)* segnalazione *f.* di pericolo (di) valanghe.

Law|ren|ci|um [lo-] n. *(-s)* lorenzio *m.*, lawrencio *m.*

lax I agg. *(nachlässig)* negligente; lassista: ***eine -e Moral*** una morale lassista **II** avv. in modo lassista.

La|xa|ti|vum n. *(-s, Laxativa)* lassativo *m.*

Lax|heit f. *(-,-en)* **1** *(Nachlässigkeit)* negligenza *f.* **2** lassismo *m.*, rilassatezza *f.*

la|xie|ren tr. MED. purgare.

Lay-out [leɪ'aʊt] n. *(-s,-s)* menabò *m.*, lay-out *m.*

La|za|rett n. *(-[e]s,-e)* ospedale *m.* militare. **La|za|rett|ge|hil|fe** m. *(-n,-n)* infermiere *m.* di un ospedale militare. **La|za|rett|schiff** n. *(-s,-e)* nave *f.* ospedale. **La|za|rett|zug** m. *(-[e]s,-züge)* treno *m.* ospedale.

La|za|rist m. *(-en,-en)* lazzarista *m.*
La|za|rus m. *(-[ses],-se)* COLLOQ. lazzaro *m.*, povero cristo *m.*
La|ze|ra|ti|on f. *(-,-en)* MED. lacerazione *f.* **la|ze|rie|ren** intr. (aus. *sein*) MED. lacerarsi.
La|zu|lith m. *(-s,-e)* lazulite *f.*
l. c. ⇒ *loco citato* luogo citato (loc. cit.).
LCD-An|zei|ge f. *(-,-n)* display *m.* a cristalli liquidi.
LDPD ⇒ EX-RDT *Liberal-Demokratische Partei Deutschlands* partito liberal-democratico tedesco.
Lea|der ['li:dɐ] m. *(-s,-)* leader *m.*
lea|sen ['li:zn] tr. prendere in leasing: ***ein Auto ~*** prendere un'auto in leasing. **Lea|sing** ['li:zɪŋ] n. *(-s,-s)* leasing *m.*
Le|be|da|me f. *(-,-n)* SPREG. donna *f.* di mondo, mondana *f.* **Le|be|hoch** n. *(-s,-s)* evviva *m.*: ***ein dreifaches ~ ertönte*** risuonò un triplice evviva ◆ ***ein ~ auf jdn ausbringen*** brindare a qcn. **Le|be|mann** m. *(-[e]s,-männer)* SPREG. uomo *m.* di mondo, viveur *m.* **le|be|män|nisch** agg. mondano, da uomo di mondo.
le|ben I intr. (aus. *haben*) **1a** vivere: ***nicht mehr lange zu ~ haben*** non aver più molto da vivere; ***er lebte im 18. Jahrhundert*** visse nel XVIII secolo; ***im Wohlstand, nach seinen Grundsätzen ~*** vivere nel benessere, secondo i propri princìpi; ***zurückgezogen, einfach, sorglos ~*** vivere ritirato, semplicemente, senza preoccupazioni; ***von jdm getrennt ~*** vivere separato da qcn.; FIG. ***in uns lebt die Hoffnung auf die Zukunft*** in noi vive (*o* è viva) la speranza nel futuro **b** ***von etw. ~*** vivere di qcs.; ***von seiner Hände Arbeit, von einer Rente ~*** vivere del lavoro delle proprie mani, della pensione; *(sich ernähren)* ***von Brot und Milch ~*** vivere a (*o* di) pane e latte **c** *(sich widmen)* ***er lebt nur seiner Musik, für seine Familie*** vive solo per la sua musica, per la sua famiglia **2** essere vivo, essere in vita: ***meine Großmutter lebt noch*** mia nonna è ancora viva (*o* in vita) **3** *(wohnen)* vivere, abitare: ***allein ~*** vivere da solo; ***in Hamburg, auf dem Land ~*** vivere, abitare ad Amburgo, in campagna; ***bei seinen Eltern, mit einer Frau ~*** vivere con i genitori, con una donna; *(von Tieren)* ***im Wasser, auf Bäumen ~*** vivere nell'acqua, sugli alberi **4** *(fortleben)* sopravvivere, (continuare a) vivere: ***sein Andenken lebt noch unter uns*** il suo ricordo vive ancora tra noi; ***in seinen Werken ~*** vivere nelle proprie opere **II** rifl. impers. ***es lebt sich gut, schlecht*** si vive bene, male **III** tr. vivere: ***ein glückliches, erfülltes Leben ~*** vivere una vita felice, piena; ***jeder muss sein Leben ~*** ognuno deve vivere la propria vita ◆ ***Diät ~*** essere a dieta; ***es lebe die Freiheit, der König!*** viva la libertà, viva il re! ***fleischlos ~*** essere vegetariano; ***mit jdm im Frieden ~*** vivere in pace con qcn.; ***wie Gott in Frankreich ~*** far vita da re, vivere come un papa; ***zu ~ haben*** avere di che vivere; ***von der Hand in den Mund ~*** vivere alla giornata; ***herrlich und in Freuden ~*** fare una bella vita; ***er lebe hoch!*** evviva! ***wie Hund und Katze ~*** essere come cane e gatto; ***aus dem Koffer ~*** vivere sempre con le valigie pronte, essere sempre in viaggio; ***jdn ~ lassen*** lasciare qcn. in vita; FIG. brindare a qcn.; ***~ und ~ lassen*** vivere e lasciar vivere; ***von Luft und Liebe ~*** vivere d'aria e d'amore; ***wie die Made im Speck ~*** far la vita del pascià, far vita da re; ***mit etw. ~ können, müssen*** poter, dover accettare qcs.; COLLOQ. ***lebst du noch?*** sei ancora vivo? chi si rivede! ***nicht ~ und nicht sterben können*** stare molto male; *(todkrank sein)* essere fra la vita e la morte; ***in den Tag hinein ~*** vivere alla giornata; ***über seine Verhältnisse ~*** vivere al di sopra delle proprie possibilità; ***so wahr ich lebe*** com'è vero dio; ***zu ~ wissen*** saper vivere, sapersi godere la vita; COLLOQ. *(Abschiedsgruß)* ***leb(e) wohl, ~ Sie wohl!*** stammi bene, stia bene! PROV. ***der Mensch lebt nicht vom Brot allein*** non di solo pane vive l'uomo.
Le|ben n. *(-s,-)* **1a** vita *f.*: ***des -s froh, müde sein*** essere contento, stanco della vita; ***das berufliche, private ~*** la vita professionale, privata; ***jdm das ~, jds ~ retten*** salvare la vita a qcn., di qcn.; ***sein ~ (im Krieg) lassen*** perdere la propria vita (in guerra); ***sein ~ genießen*** godersi la vita; ***~ gebend, spendend*** LETT. dispensatore di vita; energetico, vivificante, corroborante; ***~ zerstörend*** LETT. esiziale **b** *(Lebensweise)* ***ein einfaches, geregeltes, arbeitsreiches ~*** una vita semplice, regolata, piena di lavoro; ***ein geruhsames ~ führen*** fare una vita tranquilla; ***jdm das ~ schwer (sauer), unerträglich machen*** rendere la vita difficile, insopportabile a qcn.; ***jdm das ~ zur Hölle machen*** rendere la vita un inferno a qcn.; ***ein ~ als Künstler*** una vita da artista; ***sein ~ ändern, meistern*** cambiare, padroneggiare la propria vita; ***ein neues ~ anfangen*** iniziare una nuova vita; ***seinem ~ ein Ziel geben*** dare uno scopo alla propria vita **c** *(Wirklichkeit)* ***das wirtschaftliche, kulturelle ~ der Stadt*** la vita economica, culturale della città **2a** FIG. vita *f.*, vitalità *f.*, vivacità *f.*: ***die Aufführung war ohne ~*** la rappresentazione non aveva vivacità **b** *(lebhaftes Treiben)* vita *f.*, animazione *f.*: ***das ~ (und Treiben) auf den Straßen*** l'animazione per le strade **c** vita *f.*, passione *f.*: ***jd, etw. ist mein ~*** qcn., qcs. è la mia vita, la mia passione ◆ ***am ~ sein, bleiben*** essere, rimanere in vita (*o* vivo); ***es geht auf ~ und Tod*** è questione di vita o di morte; ***bei meinem ~!*** perbacco! ***etw. mit dem ~ bezahlen*** pagare qcs. con la vita; ***wie das blühende ~ aussehen*** avere un aspetto florido; ***~ in die Bude bringen*** vivacizzare l'ambiente; ***mit dem ~ davonkommen*** scamparla, farcela; ***sich durchs ~ schlagen*** tirare a campare, tirare avanti; ***das ~ für jdn einsetzen*** rischiare la vita per qcn.; ***seinem ~ ein Ende machen, setzen*** porre fine alla propria vita; ***der Ernst des -s*** la dura realtà; ***das ewige ~*** la vita eterna; ***mit dem ~ fertig werden*** saper affrontare la vita; ***sein ~ fristen*** campare, tirare avanti; ***Geld oder ~*** o la borsa o la vita; ***aus dem ~ gegriffen*** preso dalla vita reale; ***etw. für sein ~ gern tun*** fare qcs. molto volentieri; ***ich wüsste für mein ~ gern, ob...*** pagherei non so cosa, per sapere se...; ***am ~ hängen*** essere attaccato alla vita; ***das ~ hinter sich haben*** aver vissuto la propria vita; ***mit beiden Beinen, mitten im ~ stehen*** avere i piedi per terra; ***nie im ~, im ~ nicht*** mai e poi mai; ***im ~ zu kurz kommen*** essere sempre l'ultimo nella vita; ***das, sein ~ lang*** per tutta la, per tutta la sua vita; ***ein leichtes ~ haben*** avere la vita facile; ***das nackte ~ retten*** salvare la pelle; ***sich das ~ nehmen*** togliersi la vita; ***das ~ nehmen wie es ist*** prendere la vita così com'è (*o* come viene); ***das passiert mir zum ersten Mal im ~*** è la prima volta che mi succede; ***etw. ins ~ rufen*** dare vita a qcs.; ***sein ~ für jdn, etw. in die Schanze schlagen*** rischiare la pelle per qcn., qcs.; ***einem Kind das ~ schenken*** dare alla luce, mettere al mondo un bambino; ***sich durchs ~ schlagen*** lottare duramente nella vita; ***sein ~ aufs Spiel setzen*** mettere la propria vita in gioco; ***zum ~ zu wenig, zum Sterben zu viel*** troppo poco per vivere, troppo per morire; ***das süße ~*** la dolce vita; ***sein ~ teuer verkaufen*** vendere cara la pelle; ***jdn vom ~ zum Tod befördern*** portare qcn. dalla vita alla morte; ***jdm nach dem ~ trachten*** attentare alla vita di qcn.; ***ins ~ treten*** affacciarsi alla vita; ***jdn ums ~ bringen*** togliere la vita a, uccidere qcn.; ***ums ~ kommen*** morire; ***das ~ verlieren*** perdere la vita; ***jdn ins ~ zurückbringen, zurückrufen*** riportare qcn. alla realtà; ***zwischen ~ und Tod schweben*** essere tra la vita e la morte.
le|ben|be|ja|hend → **lebensbejahend**. **le|bend** p.pres. agg. **1** → **leben 2** vivente, vivo: ***ein -er Schriftsteller*** uno scrittore vivente; ***-e Bilder*** immagini vive **3** *(echt)* vero: ***-e Blumen*** fiori veri ◆ ***~ gebärend*** viviparo; DIR. ***-es Inventar*** scorte vive; ***es gab keine -e Seele mehr*** non c'era più anima viva; ***eine -e Sprache*** una lingua viva; ***jdn ~ oder tot fassen*** prendere qcn. vivo o morto. **Le|ben|de** m. e f. *(-n,-n)* vivo *m.* (-a *f.*): ***die -n und die Toten*** i vivi e i morti; EUFEM. ***nicht mehr unter den -n weilen*** non essere più tra i viventi ◆ COLLOQ. FIG. ***sie nehmen es von den -n*** ti spellano vivo (*o* fanno pagare moltissimo). **Le|bend|ge|wicht** n. *(-[e]s)* peso *m.* vivo.
le|ben|dig I agg. **1** *(lebend)* vivo, vivente: ***ein -es Wesen*** un essere vivente; ***mehr tot als ~ sein*** essere più morto che vivo; FIG. ***ein -es Beispiel*** un esempio vivente; *(fortwirkend)* ***eine -e Tradition*** una tradizione viva **2** *(lebhaft)* vivace, vivo, pieno di vita: ***-e Kinder*** bambini vivaci; FIG. ***-e Farben, Fantasie*** colori vivaci, fantasia vivace **II** avv. vivacemente, in modo vivace: ***etw. ~ darstellen*** rappresentare qcs. vivacemente ◆ FIS. ***-e Kraft*** forza viva; ***bei -em Leibe verbrannt*** bruciato vivo; ***etw. wieder ~ machen*** far rivivere qcs.; ***wieder ~ werden*** rivivere. **Le|ben|dig|keit** f. *(-)* **1** vitalità *f.* **2** *(Lebhaftigkeit)* vivacità *f.*
Le|bend|vieh n. *(-[e]s)* bestiame *m.* vivo.
Le|bens|abend m. *(-[e]s)* ultimi anni *m.pl.* di vita, LETT. tramonto *m.* (della vita). **Le|bens|ab|schnitt** m. *(-[e]s,-e)* periodo *m.* (*o* fase *f.*) della vita. **Le|bens|al|ter** n. *(-s)* età *f.*: ***ein hohes, geringes ~ erreichen*** raggiungere un'età avanzata, non vivere a lungo; ***das späte ~*** la tarda età. **Le|bens|angst** f. *(-,-ängste)* angoscia *f.* esistenziale. **Le|bens|ar|beit** f. *(-)* lavoro *m.* di (tutta) una vita. **Le|bens|art** f. *(-,-en)* **1** modo *m.*, genere *m.* di vita **2** *(gute Umgangsformen)* buone maniere *f.pl.*: ***eine Person von ~*** una persona di buone maniere, beneducata; ***~ haben*** avere delle buone maniere, essere beneducato. **Le|bens|auf|fas|sung** f. *(-,-en)* concezione *f.* della vita. **Le|bens|auf|ga|be** f. *(-,-n)* compito *m.* di tutta la, una vita. **Le|bens|äu|ße|rung** f. *(-,-en)* segno *m.* di vita: ***keine ~ von sich geben*** non dare segni di vita. **Le|bens|bahn** f. *(-,-en)* corso *m.* della vita. **Le|bens|baum** m. *(-[e]s,-bäume)* **1** albero *m.* della vita **2** BOT. tuia *f.* **Le|bens|be|din|gun|gen** pl. condizioni *f.pl.* di vita. **le|bens|be|droh|lich** agg. che mette in pericolo, a repentaglio la vita. **le|bens|be|ja|hend** agg. ottimista. **Le|bens|be|ja|hung** f. *(-)* ottimismo *m.* **Le|bens|be|reich** m. *(-[e]s,-e)* sfera *f.* (vitale): ***der private ~*** la sfera della vita privata. **Le|bens|be|**

schrei|bung f. *(-,-en)*, **Le|bens|bild** n. *(-[e]s,-er)* biografia *f.* **Le|bens|bund** m. *(-[e]s)* vincolo *m.* matrimoniale. **Le|bens|chan|ce** f. *(-,-n)* speranza *f.* di vita. **Le|bens|da|ten** pl. dati *m.pl.* biografici. **Le|bens|dau|er** f. *(-)* **1** durata *f.* della vita: ***die durchschnittliche ~*** la durata media della vita, la vita media **2** *(Haltbarkeit)* durata *f.*: ***eine lange, kurze ~ haben*** avere una lunga, breve durata; ***das ist auf ~ gebaut*** è costruito per durare. **Le|bens|drang** m. *(-[e]s)* vitalità *f.* **le|bens|echt** **I** agg. realistico **II** avv. realisticamente. **Le|bens|ele|ment** n. *(-[e]s,-e)* elemento *m.* (vitale): ***die Musik ist sein ~*** la musica è il suo elemento. **Le|bens|eli|xier** n. *(-s,-e)* elisir *m.* di lunga vita. **Le|bens|en|de** n. *(-)* fine *f.* (*o* termine *m.*) della vita. **Le|bens|er|fah|rung** f. *(-,-en)* esperienza *f.* (di vita): ***über ~ verfügen*** avere esperienza. **le|bens|er|hal|tend** agg. vitale: ***die -en Organe*** gli organi vitali. **Le|bens|er|in|ne|run|gen** pl. memorie *f.pl*, ricordi *m.pl.* **Le|bens|er|war|tung** f. *(-)* durata *f.* probabile della vita, aspettativa *f.* di vita. **Le|bens|fa|den** m. *(-)*, ***jdm den ~ abschneiden*** spezzare il filo della vita a qcn., uccidere qcn.; FIG. togliere i mezzi di sussistenza a qcn. **le|bens|fä|hig** agg. vitale. **Le|bens|fä|hig|keit** f. *(-)* vitalità *f.* **le|bens|feind|lich** agg. ostile alle forme di vita. **le|bens|fern** agg. avulso dalla realtà. **Le|bens|form** f. *(-,-en)* forma *f.* di vita. **Le|bens|fra|ge** f. *(-,-n)* questione *f.* vitale, di vitale importanza. **le|bens|fremd** **I** agg. **1** avulso dalla realtà **2** *(von Menschen)* che vive fuori della realtà **II** avv. in modo avulso dalla realtà. **Le|bens|freu|de** f. *(-)* gioia *f.* di vivere: ***ohne, voller ~ sein*** non avere gioia di vivere, essere pieno di gioia di vivere. **le|bens|froh** agg. pieno di gioia di vivere. **Le|bens|füh|rung** f. *(-)* condotta *f.* di vita, modo *m.* di vivere. **Le|bens|funk|ti|on** f. *(-,-en)* funzione *f.* vitale. **Le|bens|ge|fahr** f. *(-)* pericolo *m.* di vita: ***in ~ sein, schweben*** essere, versare in pericolo di vita; ***außer ~ sein*** essere fuori pericolo; ***jdn unter ~ retten*** salvare qcn. a rischio della propria vita ◆ ***Achtung ~!*** attenzione, pericolo di morte! **le|bens|ge|fähr|lich** **I** agg. **1** rischioso per la vita **2** mortale: ***eine -e Krankheit*** una malattia mortale **II** avv. mortalmente, a morte: ***~ verletzt sein*** essere ferito mortalmente. **Le|bens|ge|fähr|te** m. *(-n,-n)* compagno *m.* (di vita). **Le|bens|ge|fähr|tin** f. *(-,-nen)* compagna *f.* (di vita). **Le|bens|ge|fühl** n. *(-[e]s,-e)* gusto *m.* per la vita, gioia *f.* di vivere. **Le|bens|geis|ter** pl. spirito *m.* vitale. **Le|bens|ge|mein|schaft** f. *(-,-en)* **1** convivenza *f.* **2** BIOL. *(Biozönose)* biocenosi *f.* **Le|bens|ge|nuss** m. *(-es,-genüsse)* piacere *m.* (*o* gusto *m.*) di vivere. **Le|bens|ge|schich|te** f. *(-,-n)* storia *f.* della vita; biografia *f.*: ***seine ~ erzählen*** raccontare la storia della propria vita. **Le|bens|ge|wohn|heit** f. *(-,-en)* abitudine *f.* di vita. **Le|bens|gier** f. *(-)* voglia *f.*, brama *f.* di vivere. **le|bens|groß** agg. a, in grandezza naturale. **Le|bens|grö|ße** f. *(-)* ***in (voller) ~*** a grandezza naturale; SCHERZ. *(persönlich)* in persona, in carne e ossa.

Le|bens|hal|tung f. *(-)* (tenore *m.* di) vita *f.* **Le|bens|hal|tungs|in|dex** m. *(-[es],-e* e *-indizes)* indice *m.* del costo della vita. **Le|bens|hal|tungs|kos|ten** pl. costo *m.* della vita.

Le|bens|hil|fe f. *(-,-n)* aiuto *m.* (*o* sostegno *m.*) per vivere. **Le|bens|hun|ger** m. *(-s)* → **Lebensgier.** **le|bens|hung|rig** agg. desideroso di vivere, pieno di vitalità. **Le|bens|in|halt** m. *(-[e]s)* vita *f.*: ***Malen ist sein (ganzer, einziger) ~*** dipingere è tutta la sua vita. **Le|bens|in|te|res|se** n. *(-,-n)* interesse *m.* principale, primario. **Le|bens|jahr** n. *(-[e]s,-e)* anno *m.* (di vita). **Le|bens|kampf** m. *(-[e]s)* lotta *f.* per la vita. **le|bens|klug** agg. pratico della vita. **Le|bens|klug|heit** f. *(-,-en)* esperienza *f.* della vita: ***sie besitzt große ~*** ha una grande esperienza della vita. **Le|bens|kraft** f. *(-)* vitalità *f.* **le|bens|kräf|tig** agg. vigoroso, vitale. **Le|bens|kunst** f. *(-)* arte *f.* del vivere. **Le|bens|künst|ler** m. *(-s,-)* maestro *m.* nell'arte di vivere. **Le|bens|la|ge** f. *(-,-n)* situazione *f.*, caso *m.* della vita: ***in jeder ~ zurechtkommen*** cavarsela in ogni situazione (della vita); ***allen -n gewachsen sein*** essere all'altezza di ogni situazione.

le|bens|lang **I** agg. che dura tutta la vita **II** avv. per tutta la vita. **le|bens|läng|lich** agg. *(von Freiheitsstrafen)* a vita ◆ ***~ bekommen*** essere condannato all'ergastolo. **Le|bens|läng|li|che** m. e f. *(-n,-n)* GERG. ergastolano *m.* (-a *f.*)

Le|bens|lauf m. *(-[e]s,-läufe)* **1** RAR. (corso *m.* della) vita *f.* **2** *(bei Bewerbungen)* curriculum *m.* (vitae): ***einen ausführlichen, tabellarischen ~ schreiben, verfassen*** scrivere, redigere un curriculum dettagliato, schematico. **Le|bens|licht** n. *(-[e]s,-e)* **1** (luce *f.* della) vita *f.*: ***sein ~ ist am Erlöschen*** la sua vita si sta spegnendo **2** *(Kerze)* candela *f.* (sulla torta) di compleanno ◆ COLLOQ. ***jdm das ~ ausblasen, auspusten*** togliere la vita a qcn. **Le|bens|li|nie** f. *(-,-n)* linea *f.* della vita. **Le|bens|lü|ge** f. *(-,-n)* menzogna *f.* vitale. **Le|bens|lust** f. *(-)* grande gioia *f.*, voglia *f.* di vivere. **le|bens|lus|tig** agg. pieno di vita, vivace. **Le|bens|mit|te** f. *(-)* mezza età *f.*: ***die ~ überschritten haben*** avere superato la mezza età.

Le|bens|mit|tel pl. generi *m.pl.* alimentari, alimentari *m.pl.*; MED. BIOL. alimenti *m.pl.*: ***tierische, pflanzliche ~*** alimenti animali, vegetali. **Le|bens|mit|tel|che|mie** f. *(-)* chimica *f.* degli alimenti, bromatologia *f.* **Le|bens|mit|tel|ge|schäft** n. *(-[e]s,-e)* negozio *m.* di (generi) alimentari. **Le|bens|mit|tel|ge|setz** n. *(-[e]s,-e)* legge *f.* sui generi alimentari. **Le|bens|mit|tel|han|del** m. *(-s)* commercio *m.* di generi alimentari. **Le|bens|mit|tel|in|dust|rie** f. *(-)* industria *f.* alimentare. **Le|bens|mit|tel|kar|te** f. *(-,-n)* tessera *f.* (*o* carta *f.*) annonaria. **Le|bens|mit|tel|tech|no|lo|gie** f. *(-,-n)* tecnologia *f.* alimentare. **Le|bens|mit|tel|ver|gif|tung** f. *(-,-en)* intossicazione *f.* da alimenti, alimentare. **Le|bens|mit|tel|ver|sor|gung** f. *(-)* approvvigionamento *m.* di generi alimentari, rifornimento *m.* di viveri. **Le|bens|mit|tel|vor|rat** m. *(-[e]s,-vorräte)* provvista *f.* (*o* scorta *f.*) di generi alimentari.

le|bens|mü|de agg. stanco della vita (*o* di vivere). **Le|bens|mü|dig|keit** f. *(-)* stanchezza *f.* di vivere. **Le|bens|mut** m. *(-[e]s)* coraggio *m.* di vivere ◆ ***neuen ~ schöpfen*** farsi coraggio. **le|bens|nah** **I** agg. realistico, aderente alla realtà: ***eine -e Darstellung*** una descrizione realistica **II** avv. in modo realistico: ***eine ~ geschriebene Erzählung*** un racconto scritto in modo realistico. **Le|bens|nä|he** f. *(-)* aderenza *f.* alla realtà. **Le|bens|nerv** m. *(-[e]s,-en)* **1** ANAT. nervo *m.* del gran simpatico **2** FIG. ganglio *m.* vitale. **Le|bens|ni|veau** n. *(-s,-s)* livello *m.* di vita. **le|bens|not|wen|dig** agg. necessario per la vita, vitale. **Le|bens|not|wen|dig|keit** f. *(-,-en)* necessità *f.* vitale. **Le|bens|pfad** m. *(-[e]s,-e)* → **Lebensweg.** **Le|bens|phi|lo|so|phie** f. *(-,-n)* **1** FILOS. filosofia *f.* della vita; ESTENS. filosofia *f.* pratica **2** *(Art, das Leben zu betrachten)* filosofia *f.* di vita. **le|ben|sprü|hend** agg. pieno di vita, di vitalità. **Le|bens|qua|li|tät** f. *(-)* qualità *f.* della vita. **Le|bens|quell** m. *(-[e]s,-e)*, **Le|bens|quel|le** f. *(-,-n)* fonte *f.* di vita. **Le|bens|raum** m. *(-[e]s,-räume)* **1** spazio *m.* vitale **2** BIOL. biotopo *m.* **Le|bens|recht** n. *(-[e]s)* diritto *m.* di vivere, diritto *m.* alla vita. **Le|bens|re|gel** f. *(-,-n)* regola *f.* di vita: ***sich etw. zur ~ machen*** fare di qcs. una regola di vita. **Le|bens|ret|ter** m. *(-s,-)* chi, ciò che salva la vita a qcn. **Le|bens|ret|tungs|me|dail|le** f. *(-,-n)* medaglia *f.* al valor civile (per un salvataggio). **Le|bens|rhyth|mus** m. *(-,-rhythmen)* ritmo *m.* di vita; MED. BIOL. bioritmo *m.* **Le|bens|saft** m. *(-[e]s,-säfte)* LETT. linfa *f.* vitale. **Le|bens|stan|dard** m. *(-s,-s)* standard *m.* di vita. **Le|bens|stel|lung** f. *(-,-en)* posto *m.*, impiego *m.* duraturo, che dura (anche) tutta la vita. **Le|bens|stil** m. *(-[e]s,-e)* stile *m.* di vita. **le|bens|tüch|tig** agg. pratico, che sa cavarsela. **Le|bens|tüch|tig|keit** f. *(-)* l'essere pratico, il sapersela cavare. **Le|bens|über|druss** m. *(-es)* noia *f.*, nausea *f.* della vita. **le|bens|über|drüs|sig** agg. stanco della vita. **Le|bens|um|stän|de** pl. condizioni *f.pl.* di vita. **le|bens|un|fä|hig** agg. **1** MED. non vitale **2** FIG. incapace di vivere. **Le|bens|un|ter|halt** m. *(-[e]s)* mantenimento *m.*, sostentamento *m.*: ***zum ~ seiner Familie beitragen*** contribuire al sostentamento della propria famiglia ◆ ***sich seinen ~ (selbst) verdienen*** guadagnarsi da vivere. **le|bens|un|tüch|tig** agg. incapace, che non sa cavarsela. **Le|bens|un|tüch|tig|keit** f. *(-)* incapacità *f.*, il non sapersela cavare. **Le|bens|ver|hält|nis|se** pl. → **Lebensumstände.** **le|bens|ver|nei|nend** agg. pessimista. **Le|bens|ver|nei|nung** f. *(-)* pessimismo *m.*

Le|bens|ver|si|che|rung f. *(-,-en)* assicurazione *f.* sulla vita: ***eine ~ abschließen*** stipulare un'assicurazione sulla vita.

le|bens|voll agg. vivace, pieno di vita. **le|bens|wahr** agg. e avv. → **lebensecht.** **Le|bens|wan|del** m. *(-s)* modo *m.* di vivere, (stile *m.* di) vita *f.*: ***einen lockeren ~ führen*** condurre una vita dissoluta. **Le|bens|was|ser** n. *(-s)* **1** elisir *m.* di lunga vita **2** SCHERZ. *(Schnaps)* acquavite *f.* **Le|bens|weg** m. *(-[e]s,-e)* (cammino *m.* della) vita *f.* **Le|bens|wei|se** f. *(-,-n)* modo *m.* di vivere, vita *f.*: ***eine sitzende, ungesunde ~*** una vita sedentaria, insana. **Le|bens|weis|heit** f. *(-,-en)* **1** saggezza *f.* (di vita) **2** *(Ausspruch)* detto *m.*, massima *f.* sulla vita. **Le|bens|werk** n. *(-[e]s)* opera *f.* di (tutta) una, della vita. **le|bens|wert** agg. degno (*o* che vale la pena) di essere vissuto. **le|bens|wich|tig** agg. (di importanza) vitale, di prima necessità. **Le|bens|wil|le** m. *(-ns)*, RAR. **Le|bens|wil|len** m. *(-s)* volontà *f.* di vita, di vivere. **Le|bens|zei|chen** n. *(-s,-)* segno *m.* di vita (anche FIG.): ***er hat noch kein ~ von sich gegeben*** non ha ancora dato nessun segno di vita. **Le|bens|zeit** f. *(-)* (durata *f.* della) vita *f.*: ***auf ~*** per tutta la vita, a vita; ***Rente auf ~*** rendita vitalizia. **Le|bens|ziel** n. *(-[e]s,-e)* traguardo *m.* (*o* meta *f.*) della vita. **Le|bens|zu|ver|sicht** f. *(-)* fiducia *f.* nella vita. **Le|bens|zweck** m. *(-[e]s,-e)* scopo *m.* della vita.

Le|ber f. *(-,-n)* fegato *m.*: ***gebratene ~*** fegato arrosto ◆ COLLOQ. ***frei, frisch von der ~ weg sprechen, reden*** parlare francamente, a cuore aperto; COLLOQ. FIG. ***etw. frisst jdm an der ~*** qcs. fa venire il mal di fegato a qcn., fa rodere il fegato a qcn.; COLLOQ. ***das geht ihm***

an die ~ è una cosa che lo tocca; COLLOQ. ***ihm ist etw. über die ~ gelaufen*** è di cattivo umore, è maldisposto; COLLOQ. ***es mit der ~ (zu tun) haben*** essere malato di fegato; COLLOQ. ***sich seine Sorgen von der ~ reden*** sfogarsi. **Le|ber|blüm|chen** n. *(-s,-)* BOT. epatica *f.*, erba *f.* trinità. **Le|ber|di|ät** f. *(-,-en)* dieta *f.* per malati di fegato. **Le|ber|egel** m. *(-s,-)* fasciola *f.* epatica. **Le|ber|ent|zün|dung** f. *(-,-en)* epatite *f.* **Le|ber|fleck** m. *(-[e]s,-e)* lentiggine *f.* **Le|ber|kä|se** m. *(-)* INTRAD. (tipo di polpettone a base di carne tritata e fegato). **Le|ber|knö|del** m. *(-s,-)* REGION. INTRAD. (gnocco a base di fegato tritato). **Le|ber|ko|lik** f. *(-,-en)* colica *f.* epatica. **le|ber|krank** agg. malato di fegato. **Le|ber|kran|ke** m. *(-n,-n)* malato *m.* di fegato, MED. epatico *m.* **Le|ber|kraut** n. *(-[e]s,-kräuter)* → **Leberblümchen. Le|ber|krebs** m. *(-es)* cancro *m.* al fegato. **Le|ber|lap|pen** m. *(-s,-)* lobo *m.* epatico. **Le|ber|lei|den** n. *(-s,-)* malattia *f.* epatica. **le|ber|lei|dend** agg. → **leberkrank. Le|ber|moos** n. *(-es)* BOT. epatica *f.* **Le|ber|pas|te|te** f. *(-,-n)* pâté *m.* di fegato. **Le|ber|pilz** m. *(-[e]s,-e)* BOT. lingua *f.* di bue. **Le|ber|scha|den** m. *(-s,-schäden)* danno *m.* al fegato; MED. danno *m.* epatico. **Le|ber|schrump|fung** f. *(-,-en)* → **Leberzirrhose. Le|ber|test** m. *(-[e]s,-s* e *-e)* test *m.*, esame *m.* epatico, della funzionalità epatica. **Le|ber|tran** m. *(-[e]s,-e)* olio *m.* di fegato di merluzzo. **Le|ber|wert** m. *(-[e]s,-e)* MED. valore *m.* epatico. **Le|ber|wurst** f. *(-,-würste)* salsiccia *f.* di fegato ◆ COLLOQ. ***die gekränkte, beleidigte ~ spielen*** fare l'offeso. **Le|ber|zir|rho|se** f. *(-,-n)* cirrosi *f.* epatica.

Le|be|we|sen n. *(-s,-)* **1** essere *m.* (vivente): ***pflanzliche, tierische ~*** esseri vegetali, animali **2** *(Organismus)* organismo *m.*: ***einzellige ~*** organismi unicellulari.

Le|be|wohl n. *(-[e]s,-s* e *-e)* addio *m.*: ***jdm ~ sagen*** dire addio a qcn., salutare qcn.

leb|haft I agg. **1a** vivace, vispo; *(schwungvoll)* brioso: ***-e Kinder*** bambini vivaci; ***ein -er Stil*** uno stile brioso **b** *(von Farben)* vivace, acceso, LETT. vivido **c** FIG. ***eine -e Fantasie*** una fantasia viva, vivace **2** *(angeregt)* vivace, animato: ***eine -e Diskussion*** una vivace discussione **3a** *(rege)* animato: ***eine -e Straße*** una strada animata; ***hier herrscht -es Treiben*** qui c'è molta animazione **b** *(vom Verkehr)* intenso **c** ECON. ***-e Nachfrage*** domanda sostenuta **4** *(klar, deutlich)* vivo, chiaro, LETT. vivido: ***-e Erinnerungen*** vivi ricordi **5** *(stark)* forte, grande: ***-er Beifall*** un grande applauso **II** avv. **1** vivacemente, con vivacità **2** *(angeregt)* animatamente, vivacemente **3** *(klar)* chiaramente: ***das kann ich mir ~ vorstellen!*** me lo posso ben immaginare! **4** *(kräftig)* fortemente, moltissimo, vivamente: ***etw. ~ bedauern*** essere vivamente dispiaciuto per qcs.; ***sich ~ für etw. interessieren*** avere un vivo interesse per qcs. **5** COLLOQ. *(schnell)* rapidamente, velocemente: ***nun aber ein bisschen ~!*** e ora svelto! muoviti un po'! ◆ ***das Geschäft ist ~*** gli affari vanno bene. **Leb|haf|tig|keit** f. *(-)* **1** vivacità *f.* **2** *(Anregung)* animazione *f.*, vivacità *f.* **3a** *(Bewegtheit)* animazione *f.*, movimento *m.* **b** *(vom Verkehr)* intensità *f.* **4** *(Deutlichkeit)* chiarezza *f.*, LETT. vividezza *f.* **5** *(Intensität)* forza *f.*, intensità *f.*

Leb|ku|chen m. *(-s,-)* REGION. INTRAD. (specie di panpepato). **Leb|ku|chen|herz** n. *(-es,-en)* REGION. INTRAD. (Lebkuchen a forma di cuore).

leb|los I agg. **1** senza vita, esanime: ***ein -er Körper*** un corpo senza vita **2** *(unbewegt)* inanimato, immobile; *(von Augen)* fisso **II** avv. senza vita. **Leb|lo|sig|keit** f. *(-)* **1** mancanza *f.* di vita **2** *(Unbewegtheit)* immobilità *f.*; *(von Augen)* fissità *f.*

Leb|tag, *(all) dein, mein ~* in vita tua (*o* per tutta la tua vita), in vita mia (*o* per tutta la mia vita); ***dein, mein ~ nicht*** mai (in tutta la tua, mia vita). **Leb|zei|ten, *bei, zu ~*** ai tempi: ***zu ~ meines Vaters*** ai tempi di mio padre. **Leb|zel|ten** m. *(-s,-)* AUSTR. INTRAD. (specie di panpepato).

lech|zen intr. (aus. *haben*) ***nach etw. ~*** bramare, desiderare ardentemente qcs.; *(gierig sein)* essere avido (*o* avere sete) di qcs.: ***nach Wasser, Abkühlung ~*** desiderare ardentemente bere, refrigerio; FIG. ***die Erde lechzt nach Regen*** la terra ha un grande bisogno di pioggia; ***nach Blut, Rache ~*** essere assetato di sangue, di vendetta.

leck agg. bucato: ***der Tank ist ~*** il serbatoio è bucato; *(von Schiffen)* ***~ sein*** avere una falla. **Leck** n. *(-[e]s,-s)* buco *m.*; *(von Schiffen)* falla *f.*: ***ein ~ dichten, stopfen*** turare una falla. **Le|cka|ge** [le'ka:ʒə] f. *(-,-n)* **1** calo *m.* (di peso) **2** → **Leck.**

1.le|cken I tr. leccare: ***die Katze leckt die Jungen, Milch, ihre Wunde*** la gatta lecca i piccoli, il latte, si lecca la ferita; ***der Hund leckt mir die Hand ~*** il cane mi lecca la mano; ***Eis ~*** leccare il gelato **II** intr. (aus. *haben*) ***an etw. (D) ~*** **1** leccare qcs. **2** FIG. lambire, sfiorare qcs.: ***die Flammen ~ bis ans Dach*** le fiamme lambiscono il tetto **III** rifl. ***sich ~*** **1** leccarsi: ***das Kaninchen leckt sich*** il coniglio si lecca (*o* FAM. si lava) **2** ***sich (D) etw. ~*** leccarsi qcs.; FIG. ***sich die Finger, die Lippen (nach etw.) ~*** leccarsi le dita, i baffi per qcs. ◆ VOLG. ***leck(t) mich doch!*** (ma) vaffanculo!

2.le|cken intr. (aus. *haben*) **1** perdere **2** *(von Schiffen)* avere una falla, imbarcare acqua.

le|cker I agg. **1a** appetitoso: ***-e Speisen*** piatti appetitosi; ***ein -es Mittagessen*** un pranzo appetitoso **b** FIG. COLLOQ. ***ein -es Mädchen*** una ragazza appetitosa **2** RAR. *(wählerisch)* schizzinoso, difficile **II** avv. ***~ aussehen, riechen, schmecken*** avere un aspetto, un odorino, un gusto appetitoso. **Le|cker|bis|sen** m. *(-s,-)* **1** leccornia *f.*, ghiottoneria *f.* **2** FIG. ghiottoneria *f.* **Le|cke|rei** f. *(-,-en)* COLLOQ. **1** leccatura *f.* **2** *(etwas Gutes)* leccornia *f.*, ghiottoneria *f.* **le|cker|haft** agg. e avv. ANT. → **lecker. Le|cker|maul** n. *(-[e]s,-mäuler)* **1** ghiottone *m.* **2** *(Feinschmecker)* buongustaio *m.*

leck_schla|gen intr. *(schlägt, schlug, geschlagen;* aus. *sein)* MAR. avere una falla: ***das Schiff schlägt leck*** la nave ha una falla.

led. ⇒ *ledig* celibe; *(von Frauen)* nubile.

Le|der n. *(-s,-)* **1a** pelle *f.* (conciata): ***Kleidung aus (echtem) ~*** abbigliamento in (vera) pelle; ***ein in ~ gebundenes Buch*** un libro rilegato in pelle **b** *(festes Leder)* cuoio *m.*: ***Sohlen aus ~*** suole di cuoio; ***~ verarbeitend*** che lavora la pelle (*o* il cuoio); ***~ verarbeitende Industrie*** industria per la lavorazione di cuoio e pellami; ***zäh wie ~*** duro come il cuoio **2** → **Ledertuch 3** SPORT GERG. palla *f.* ◆ ***jdm ans ~ gehen, wollen*** aggredire, attaccare qcn.; ***jdm das ~ gerben*** conciare qcn. per le feste; ***was das ~ hält*** con tutte le forze, a più non posso; ***jdm aufs ~ rücken*** mettere alle strette qcn., fare pressioni a, su qcn.; ***jdm das ~ versohlen*** → ***jdm das ~ gerben; gegen jdn vom ~ ziehen*** aggredire qcn., inveire contro qcn.

Le|der|ab|fäl|le pl. cascami *m.pl.* di cuoio. **le|der|ar|tig** agg. simile al cuoio, duro come (il) cuoio. **Le|der|ball** m. *(-[e]s,-bälle)* pallone *m.* (*o* palla *f.*) di cuoio. **Le|der|band** m. *(-[e]s,-bände)* volume *m.* in pelle. **Le|der|ein|band** m. *(-[e]s,-einbände)* rilegatura *f.* in pelle.

Le|de|rer m. *(-s,-)* REGION. conciatore *m.*

le|der|far|ben, le|der|far|big agg. color cuoio. **Le|der|fett** n. *(-[e]s)* grasso *m.* per cuoio (*o* per pelle). **Le|der|gurt** m. *(-[e]s,-e)* cinghia *f.* di cuoio. **Le|der|gür|tel** m. *(-s,-)* cintura *f.* (*o* cinghia *f.*) di pelle. **Le|der|hand|schuh** m. *(-[e]s,-e)* guanto *m.* di (*o* in) pelle. **Le|der|haut** f. *(-,-häute)* **1** derma *m.* **2** *(Sklera)* sclera *f.* **Le|der|her|stel|lung** f. *(-)* produzione *f.* di cuoio e pellami. **Le|der|ho|se** f. *(-,-n)* **1** ABBIGL. pantaloni *m.pl.* di (*o* in) pelle **2** INTRAD. (pantaloni corti di pelle tipici del costume regionale tirolese e bavarese).

le|de|rig → **lederartig.**

Le|der|imi|ta|ti|on f. *(-,-en)* finta pelle *f.*, similpelle *f.* **Le|der|ja|cke** f. *(-,-n)* giacca *f.* di (*o* in) pelle. **Le|der|knopf** m. *(-[e]s,-knöpfe)* bottone *m.* (rivestito) di pelle. **Le|der|kof|fer** m. *(-s,-)* valigia *f.* di (*o* in) pelle. **Le|der|man|tel** m. *(-s,-mäntel)* cappotto *m.* di (*o* in) pelle. **Le|der|map|pe** f. *(-,-n)* cartella *f.* (*o* borsa *f.*) di pelle.

1.le|dern tr. **1** ***etw. ~*** passare una pelle (scamosciata) su qcs.; *(polieren)* lucidare con una pelle scamosciata **2** REGION. *(verprügeln)* menare, pestare.

2.le|dern agg. **1a** di (*o* in) pelle **b** *(aus festem Leder)* di (*o* in) cuoio **2** *(lederartig)* duro come il cuoio, coriaceo: ***-e Haut*** pelle coriacea **3** COLLOQ. *(langweilig)* barboso, palloso.

Le|der|rie|men m. *(-s,-)* striscia *f.* di pelle (*o* di cuoio). **Le|der|rü|cken** m. *(-s,-)* dorso *m.* in pelle. **Le|der|schuh** m. *(-[e]s,-e)* scarpa *f.* di pelle. **Le|der|schurz** m. *(-es,-e)* grembiule *m.* di cuoio. **Le|der|ses|sel** m. *(-s,-)* poltrona *f.* di pelle. **Le|der|soh|le** f. *(-,-n)* suola *f.* di cuoio. **Le|der|stie|fel** m. *(-s,-)* stivale *m.* di pelle. **Le|der|ta|sche** f. *(-,-n)* borsa *f.* di pelle. **Le|der|tuch** n. *(-[e]s,-tücher)* pezza *f.* di pelle, pelle *f.* scamosciata. **Le|der|wa|ren** pl. articoli *m.pl.* in pelle (*o* in cuoio), pelletterie *f.pl.*

le|dig agg. **1** libero: ***etw. (G) ~ sein*** essere libero da qcs., essere senza qcs.: ***aller Sorgen, Schulden, Probleme ~ sein*** essere senza preoccupazioni, libero da ogni colpa, non avere problemi **2a** *(unverheiratet)* scapolo, BUROCR. celibe: ***er ist ~ geblieben*** è rimasto scapolo **b** *(von Frauen)* nubile ◆ REGION. ***ein -es Kind*** un figlio illegittimo; ***eine -e Mutter*** una ragazza madre; ***ein -es Pferd*** un cavallo senza cavaliere, SPORT senza fantino; ***jdn aller Verantwortung ~ sprechen*** assolvere qcn. da ogni responsabilità. **Le|di|ge I** m. *(-n,-n)* scapolo *m.*, (uomo *m.*) celibe *m.* **II** f. *(-n,-n)* donna *f.* non sposata, nubile *f.* **Le|di|gen|heim** n. *(-[e]s,-e)* casa *f.* per persone non sposate.

le|dig|lich avv. solo, soltanto, esclusivamente, unicamente: ***~ seine Pflicht tun*** fare solo il proprio dovere.

led|rig agg. → **lederartig.**

Lee f. e GEOGR. n. *(-s)* (lato *m.*) sottovento *m.*; *(von Gebirgen)* versante *m.* sottovento.

leer agg. **1** vuoto: ***ein -er Behälter, Platz*** un recipiente, un posto vuoto; *etw.* ~ ***machen*** (s)vuotare qcs.; ***-e Städte, Straßen*** città, strade vuote (*o* deserte); ***ein -es, ~ stehendes Haus, Zimmer*** una casa, una stanza vuota (non abitato) **2** *(unbeschrieben)* bianco: ***ein -es Blatt Papier*** un foglio (di carta) bianco **3a** FIG. vano, vuoto, vacuo: ***-e Versprechungen, Worte*** promesse vane, parole vuote; ***ein -es Leben*** un'esistenza vuota **b** *(abwesend)* assente, inespressivo, vuoto: ***mit -en Augen, mit -em Blick*** con occhi assenti, con sguardo assente ◆ ***~ an etw. (D) sein*** essere privo di qcs.; ***~ ausgehen*** restare a mani vuote; ***den Teller ~ essen*** vuotare il piatto; ***sich ~ fühlen*** sentirsi vuoto; COLLOQ. ***~ futtern*** svuotare, ripulire (mangiando); ***mit -en Händen*** a mani vuote; ***einen Laden ~ kaufen*** svuotare (*o* comprare tutto) un negozio; ***~ laufen*** essere improduttivo, non rendere; *(vom Motor)* girare a vuoto; AUT. essere in folle; ***den Tank ~ laufen lassen*** lasciare che la tanica si svuoti; SPORT ***jdn ~ laufen lassen*** fare una finta a qcn.; ***etw. auf -en Magen trinken*** bere qcs. a stomaco vuoto; ***ein Zimmer ~ mieten*** prendere in affitto una stanza non ammobiliata; ***vor -en Bänken, vor -em Haus spielen*** recitare davanti a pochi spettatori; ***die Wohnung steht ~*** l'appartamento è vuoto (*o* sfitto); ***ein Glas ~ trinken*** vuotare un bicchiere. **Lee|re I** n. *(-n)* vuoto *m.*: ***ins ~ fallen, starren*** cadere nel vuoto, fissare il vuoto **II** f. *(-)* **1** vuoto *m.* (anche FIG.): ***die ~ eines Zimmers, des Daseins*** il vuoto di una stanza, dell'esistenza; ***im Theater herrscht gähnende ~*** il teatro è quasi completamente vuoto; ***eine große ~ hinterlassen*** lasciare (dietro di sé) un gran vuoto **2** *(Sinn-, Inhaltslosigkeit)* vacuità *f.*, vanità *f.* ◆ ***ins ~ greifen*** mancare la presa.

lee|ren I tr. **1a** *(ein Gefäß)* vuotare, svuotare: ***den Eimer, die Flasche ~*** vuotare il secchio, la bottiglia **b** *(austrinken)* svuotare, scolare: ***ein Glas in einem Zug ~*** svuotare il bicchiere tutto d'un fiato **2** REGION. *(wegschütten)* vuotare: ***heißes Wasser ins Waschbecken ~*** vuotare l'acqua calda nel lavandino **II** rifl. **sich ~** svuotarsi: ***der Zug leert sich*** il treno si svuota ◆ ***ein Glas auf jdn, auf jds Wohl ~*** bere un bicchiere alla salute di qcn.

Leer|fahrt f. *(-,-en)* viaggio *m.* (*o* corsa *f.*) a vuoto. **Leer|for|mel** f. *(-,-n)* formula *f.* vuota. **Leer|gang** m. *(-[e]s)* MECC. funzionamento *m.* a vuoto. **Leer|ge|wicht** n. *(-[e]s)* peso *m.* a vuoto. **Leer|gut** n. *(-[e]s)* (recipiente *m.*) vuoto *m.* **Leer|heit** f. *(-)* **1** l'essere vuoto **2** FIG. vacuità *f.*, vuotezza *f.* **Leer|lauf** m. *(-[e]s)* **1a** MECC. funzionamento *m.* a vuoto: ***im ~ rollen*** girare a vuoto **b** AUT. ***in den ~ schalten, auf ~ stellen*** mettere in folle **2** FIG. *(nutzlose Bemühungen)* giri *m.pl.* a vuoto: FIG. ***~ haben*** fare dei giri a vuoto, girare a vuoto. **Leer|lauf|strom** m. *(-[e]s,-ströme)* corrente *f.* a vuoto. **Leer|stel|le** f. *(-,-n)* **1** lacuna *f.*: ***ein Text mit vielen -n*** un testo con molte lacune **2** posto *m.* vacante. **Leer|tas|te** f. *(-,-n)* barra *f.* spaziatrice.

Lee|rung f. *(-,-en)* **1** (s)vuotamento *m.* **2** BUROCR. *(von Briefkästen)* levata *f.*

Leer|woh|nung f. *(-,-en)* alloggio *m.* sfitto. **Leer|zim|mer** n. *(-s,-)* camera *f.* sfitta.

Lee|sei|te f. *(-,-n)* lato *m.* sottovento. **lee|wärts** avv. sottovento.

Lef|ze f. *(-,-n)* ZOOL. labbro *m.*

le|gal I agg. legale: ***auf -em Weg*** per via legale, per le vie legali **II** avv. legalmente. **Le|ga|li|sa|ti|on** f. *(-,-en)* autenticazione *f.*, autentica *f.* **le|ga|li|sie|ren** tr. **1** *(amtlich beglaubigen)* autenticare **2** *(legal machen)* legalizzare. **Le|ga|li|sie|rung** f. *(-,-en)* **1** *(amtliche Beglaubigung)* autenticazione *f.*, autentica *f.* **2** legalizzazione *f.* **Le|ga|li|tät** f. *(-)* legalità *f.*: ***außerhalb der ~ leben*** vivere fuori della legalità. **Le|ga|li|täts|prin|zip** n. *(-s)* principio *m.* di legalità.

1.Le|gat m. *(-en,-en)* DIPL. RELIG. legato *m.*

2.Le|gat n. *(-[e]s,-e)* DIR. legato *m.* **Le|ga|tar** m. *(-s,-e)* legatario *m.*

Le|ga|ti|on f. *(-,-en)* RELIG. legazione *f.* **Le|ga|ti|ons|rat** m. *(-[e]s,-räte)* consigliere *m.* di legazione. **Le|ga|ti|ons|sek|re|tär** m. *(-s,-e)* segretario *m.* di legazione.

Le|ga|to n. *(-s,-s* e *Legati)* MUS. legato *m.* **Le|ga|to|bo|gen** m. *(-s,-bögen)* MUS. legatura *f.*

Le|ge|ap|pa|rat m. *(-[e]s,-e)* ENTOM. organo *m.* ovopositore. **Le|ge|bat|te|rie** f. *(-,-n)* batteria *f.* per polli di allevamento. **Le|ge|hen|ne** f. *(-,-n)* gallina *f.* da uova (*o* ovaiola).

Le|gel m. e n. *(-s,-)* brancarella *f.*

Le|ge|leis|tung f. *(-,-en)* deposizione *f.* di uova.

le|gen I tr. **1** mettere: ***Besteck, Wäsche in die Schublade ~*** mettere le posate, la biancheria nel cassetto; ***den Patienten in ein anderes Zimmer ~*** mettere il paziente in un'altra camera; ***ein Pflaster auf die Wunde ~*** mettere un cerotto sulla ferita; ***das Brot, die Messer auf den Tisch ~*** mettere in tavola il pane, i coltelli; ***jdm die Hand auf die Schulter ~*** mettere a qcn. la mano sulla spalla; ***die Füße auf das Sofa ~*** mettere i piedi sul divano; ***die Kirschen in Spiritus ~*** mettere le ciliege sotto spirito **2a** *(zum Liegen bringen)* mettere, stendere, coricare: ***den Verletzten aufs Bett ~*** stendere il ferito sul letto; ***Weinflaschen soll man ~, nicht stellen*** le bottiglie di vino si devono coricare, non mettere diritte **b** SPORT GERG. mettere a terra, atterrare **3** *(niederlegen)* posare: ***das Messer aus der Hand ~*** posare il coltello: ***den Hörer auf die Gabel ~*** posare il ricevitore; ***den Kopf aufs Kissen ~*** posare il capo sul cuscino **4** appoggiare, mettere: ***Bretter, eine Leiter an die Wand ~*** appoggiare delle assi, una scala contro la parete **5** portare: ***die Hand (zum Gruß) an den Hut ~*** portare la mano al cappello (in segno di saluto) **6** TECN. *(verlegen)* posare: ***die Fliesen, Kabel ~*** posare le piastrelle, i cavi **7** *(falten)* piegare: ***Wäsche ~*** piegare la biancheria **8** *(Geld)* depositare: ***Geld auf ein Sparbuch ~*** depositare denaro su un libretto di risparmio **9** COLLOQ. REGION. *(pflanzen)* piantare, seminare: ***Erbsen ~*** seminare piselli **II** rifl. **sich ~ 1** stendersi, sdraiarsi: ***sich an den Strand, in die Sonne, aufs Sofa ~*** stendersi sulla spiaggia, al sole, sul sofà; ***sich aufs, ins Bett ~*** stendersi (*o* sdraiarsi) sul letto, andare a letto; ***sich zu jdm ~*** sdraiarsi accanto a qcn. **2** *(sich neigen)* piegarsi, inclinarsi: ***das Motorrad legt sich in die Kurve*** la motocicletta si inclina in curva; ***das Schiff legt sich auf die Seite*** la nave si piega su di un lato; ***das Getreide legt sich*** il grano si piega **3** mettersi: ***sich mit den Ellbogen auf den Tisch ~*** mettersi con i gomiti sul tavolo **4** pesare, gravare (anche FIG.): ***Nebel legt sich auf, über die Stadt*** la nebbia grava sulla città; ***etw. legt sich auf jds Seele, Gewissen*** qcs. pesa sull'animo, sulla coscienza di qcn. **5** *(schädlich auswirken)* ***sich auf die Bronchien, Nieren ~*** avere effetti dannosi sui (*o* essere dannoso per i) bronchi, reni **6** *(aufhören)* calmarsi: ***der Wind legt sich*** il vento si calma; ***die Begeisterung hat sich gelegt*** l'entusiasmo si è calmato **7** *(sich widmen)* ***sich auf etw. (A) ~*** dedicarsi a, impegnarsi in qcs.: ***sich auf ein Spezialgebiet ~*** dedicarsi a un settore specifico; ***sich aufs Trinken ~*** darsi al bere ◆ ***etw. zu den Akten ~*** mettere qcs. agli atti; ***leg dich!*** a cuccia! ***Eier ~*** deporre le uova; ***den Rock in Falten ~*** mettere in piega la gonna; ***(an etw. [A]) Feuer ~*** dare fuoco (a qcs.); FIG. ***das Fundament von etw. ~*** porre il fondamento, le basi di qcs.; ***die Haare ~*** acconciare, mettere in piega i capelli; ***Hand an sich ~*** togliersi la vita; ***Hand an jdn ~*** fare violenza a qcn.; ***jdm das Handwerk ~*** porre fine alle malefatte di qcn.; ***Karten ~*** fare le carte; ***den Hund an die Kette ~*** legare il cane alla catena; ***ein Kind an die Brust ~*** allattare un bambino; FIG. ***jdm etw. in den Mund ~*** far dire qcs. a qcn.; ***(sich) schlafen ~*** andare a letto; ***die Stirn in Falten ~*** corrugare, aggrottare la fronte.; ***auf etw. (A) Wert ~*** tenere molto a qcs.

Le|gen|dar n. *(-s,-e)* leggendario *m.* **le|gen|där** agg. leggendario: ***eine -e Gestalt*** una figura leggendaria; FIG. ***ein -es Fest*** una festa leggendaria, favolosa.

Le|gen|de f. *(-,-n)* **1** leggenda *f.* (anche FIG.) **2** *(erklärender Text)* leg(g)enda *f.*, didascalia *f.* **Le|gen|den|buch** n. *(-[e]s,-bücher)* libro *m.* di leggende. **le|gen|den|haft** agg. leggendario. **Le|gen|den|spiel** n. *(-[e]s,-e)* dramma *m.* agiografico.

le|ger [le'ʒɛːɐ, le'ʒɛːɐ] **I** agg. **1** *(lässig)* disinvolto **2** *(von Kleidung)* comodo **3** *(oberflächlich)* superficiale **II** avv. **1** *(lässig)* disinvoltamente, con disinvoltura **2** ***sich ~ kleiden*** vestirsi con abiti comodi **3** *(oberflächlich)* superficialmente, in modo superficiale.

Le|ger m. *(-s,-)* **1** → **Legehenne 2a** RAR. *(Fußbodenleger)* pavimentista *m.* **b** *(Parkettleger)* parchettista *m.*

Le|ge|zeit f. *(-)* epoca *f.* di deposizione delle uova.

Leg|föh|re f. *(-,-n)* REGION. → **2.Latsche. Leg|hen|ne** → **Legehenne.**

Leg|gin(g)s pl. fuseaux *m.pl.*

Leg|horn n. *(-s,-[s])* gallina *f.* (di razza) livornese, livornese *f.*

le|gie|ren tr. METALL. GASTR. legare. **Le|gie|rung** f. *(-,-en)* METALL. lega *f.*: ***eine ~ aus Kupfer und Silber*** una lega di rame e argento.

Le|gi|on f. *(-,-en)* **1** STOR. MIL. legione *f.* **2** FIG. *(Menge)* moltitudine *f.*, massa *f.*, legione *f.* ◆ GERG. ***die ~*** la legione straniera; ***die Zahl der Touristen ist ~*** il numero dei turisti è elevatissimo. **Le|gi|o|nar** m. *(-s,-e)* STOR. legionario *m.* **Le|gi|o|när** m. *(-s,-e)* legionario *m.* (della legione straniera). **Le|gi|ons|sol|dat** m. *(-en,-en)* **1** soldato *m.* della legione straniera **2** STOR. → **Legionar.**

Le|gis|la|ti|on f. *(-)* legislazione *f.* **le|gis|la|tiv I** agg. legislativo **II** avv. con le leggi, per via legislativa. **Le|gis|la|ti|ve** f. *(-,-n)* **1** *(Gewalt)* potere *m.* legislativo **2** *(Versammlung)* assemblea *f.* legislativa. **le|gis|la|to|risch** agg. RAR. legislativo. **Le|gis|la|tur** f. *(-,-en)* **1** legislazione *f.* **2** ANT. *(Versammlung)* assemblea *f.* legislativa **3** → **Legislaturperiode. Le|gis|la|tur|pe|ri|o|de** f. *(-,-n)* legislatura *f.*

le|gi|tim I agg. legittimo: ***ein -es Kind*** un figlio legittimo; ***-e Ansprüche*** pretese legittime; ***sein Interesse ist ~*** il suo interesse è legittimo **II** avv. legittimamente. **Le|gi|ti|ma|ti|on** f. *(-,-en)* **1** legittimazione *f.* **2** *(Beglaubigung)* autenticazione *f.* **3** *(Ehelichkeitserklärung)* legittimazione *f.* **Le|gi|ti|ma|ti|ons|kar|te** f. *(-,-n)* COMM. carta *f.* di legittimazione. **le|gi|ti|mie|ren I** tr. **1** legittimare **2** *(berechtigen)* autorizzare **II** rifl. **sich ~** dimostrare la propria identità: ***sich als Inhaber des Geschäfts ~*** presentarsi quale titolare del negozio. **Le|gi|ti|mie|rung** f. *(-,-en)* **1** *(Legitimation)* legittimazione *f.* **2** dimostrazione *f.* della propria identità. **Le|gi|ti|mis|mus** m. *(-)* legittimismo *m.* **Le|gi|ti|mist** m. *(-en,-en)* legittimista *m.* **le|gi|ti|mis|tisch** agg. legittimistico. **Le|gi|ti|mi|tät** f. *(-)* legittimità *f.*

Le|gu|an m. *(-s,-e)* iguana *f.*

Le|gu|men n. *(-s,-)* BOT. legume *m.* **Le|gu|min** n. *(-s,-e)* legumina *f.* **Le|gu|mi|no|se** f. *(-,-n)* leguminosa *f.*

Leg|war|mer ['lɛgwɔ:mə] m. *(-s,-[s])* scaldamuscoli *m.*

Le|hen n. *(-s,-)* STOR. feudo *m.*: ***jdm etw. zu ~ geben*** dare qcs. in feudo a qcn.; ***ein ~ vergeben*** investire in un feudo. **Le|hens|brief** → **Lehnsbrief. Le|hens|dienst** → **Lehnsdienst. Le|hens|we|sen** → **Lehnswesen.**

Lehm m. *(-[e]s,-e)* argilla *f.* **lehm|ar|tig** agg. argilloso. **Lehm|bat|zen** m. *(-s,-)* zolla *f.* di argilla. **Lehm|bo|den** m. *(-s,- e -böden)* terreno *m.* argilloso. **lehm|far|ben, lehm|far|big, lehm|gelb** agg. color argilla. **Lehm|gru|be** f. *(-,-n)* cava *f.* di argilla. **Lehm|hüt|te** f. *(-,-n)* capanna *f.* di argilla. **leh|mig** agg. **1** *(Lehm enthaltend)* argilloso: ***ein -es Boden*** un terreno argilloso **2** *(lehmbedeckt)* coperto di argilla, argilloso **3** *(aus Lehm bestehend)* di argilla: ***ein -e Masse*** una massa di argilla. **Lehm|wes|pe** f. *(-,-n)* eumene *f.* **Lehm|zie|gel** m. *(-s,-)* mattone *m.* di argilla.

Lehn|be|deu|tung f. *(-,-en)* LING. calco *m.* semantico. **Lehn|bil|dung** f. *(-,-en)* LING. calco *m.*

Leh|ne f. *(-,-n)* **1a** *(für Rücken)* spalliera *f.* **b** *(für Arme)* bracciolo *m.* **2** REGION. *(Abhang)* pendio *m.*

1.leh|nen I tr. appoggiare: ***das Fahrrad an, gegen den Baum ~*** appoggiare la bicicletta all'albero, contro l'albero **II** rifl. **sich ~ 1** appoggiarsi: ***sich an, gegen die Wand ~*** appoggiarsi al, contro il muro **2** sporgersi: ***sich aus dem Fenster ~*** sporgersi dalla finestra **III** intr. (aus. *haben*) stare, essere appoggiato: ***am Zaun ~*** essere appoggiato al recinto.

2.leh|nen tr. **1** REGION. prestare, dare a prestito **2** STOR. ***jdn ~*** investire qcn. di un feudo, conferire a qcn. il titolo di vassallo. **Lehn|gut** → **Lehnsgut. Lehns|brief** m. *(-[e]s,-e)* STOR. lettera *f.* d'investitura. **Lehn|schaft** f. *(-)* vassallaggio *m.* **Lehns|dienst** m. *(-[e]s,-e)* servizio *m.* feudale, del vassallo. **Lehns|eid** m. *(-[e]s,-e)* giuramento *m.* di vassallaggio.

Lehn|ses|sel m. *(-s,-)* (comoda) poltrona *f.*

Lehns|gut n. *(-[e]s,-güter)* feudo *m.* **Lehns|herr** m. *(-n,-en)* feudatario *m.* **Lehns|mann** m. *(-[e]s,-männer* e -, RAR. *-mannen)* vassallo *m.* **Lehns|pflicht** f. *(-,-en)* obbligo *m.* feudale. **Lehns|recht** n. *(-[e]s)* STOR. diritto *m.* feudale. **lehns|recht|lich** agg. proprio del diritto feudale. **Lehns|trä|ger** m. *(-s,-)* vassallo *m.*

Lehn|stuhl m. *(-[e]s,-stühle)* poltroncina *f.*, (comoda) sedia *f.* imbottita.

Lehns|we|sen n. *(-s)* feudalesimo *m.*

Lehn|über|set|zung, Lehn|über|tra|gung f. *(-,-en)* LING. calco *m.* **Lehn|wort** n. *(-[e]s,-wörter)* LING. prestito *m.*

Lehr n. *(-[e]s,-e)* → **2.Lehre.**

Lehr|amt n. *(-[e]s,-ämter)* **1** insegnamento *m.*, cattedra *f.* (nelle scuole primarie e secondarie) **2** ECCL. magistero *m.* **Lehr|amts|an|wär|ter** m. *(-s,-)* aspirante *m.* a una cattedra. **Lehr|amts|kan|di|dat** m. *(-en,-en)* candidato *m.* a una cattedra.

Lehr|an|stalt f. *(-,-en)* BUROCR. istituto *m.* scolastico, scuola *f.* **Lehr|auf|trag** m. *(-[e]s,-aufträge)* incarico *m.* d'insegnamento. **Lehr|aus|bil|der** m. *(-s,-)* insegnante *m.* di una scuola professionale. **lehr|bar** agg. insegnabile, che si può insegnare. **Lehr|be|helf** m. *(-[e]s,-e)* AUSTR. sussidio *m.* didattico. **Lehr|be|fä|hi|gung, Lehr|be|rech|ti|gung** f. *(-,-en)* abilitazione *f.* all'insegnamento. **Lehr|be|ruf** m. *(-s,-e)* professione *f.* di, dell'insegnante, insegnamento *m.* **Lehr|be|trieb** m. *(-[e]s,-e)* **1** attività *f.* didattica **2** ANT. *(Betrieb mit Lehrlingsausbildung)* azienda *f.* per la formazione professionale. **Lehr|bo|gen** m. *(-s,-)* EDIL. centina *f.*, armatura *f.* (di arco o di volta). **Lehr|brief** m. *(-[e]s,-e)* **1** *(Studienbrief)* materiale *m.* didattico (inviato nei corsi per corrispondenza) **2** ANT. certificato *m.* finale dell'apprendistato. **Lehr|bub** m. *(-en,-en)* REGION. apprendista *m.* **Lehr|buch** n. *(-[e]s,-bücher)* libro *m.* di testo, testo *m.* scolastico. **Lehr|dich|tung** f. *(-,-en)* poesia *f.* didascalica. **Lehr|dorn** m. *(-s,-e)* TECN. calibro *m.* a tampone.

1.Leh|re f. *(-,-n)* **1** *(das Lehren)* insegnamento *m.*, l'insegnare **2a** dottrina *f.*: ***die christliche ~*** la dottrina cristiana; ***die ~ Hegels*** la dottrina di Hegel; ***einer ~ anhängen*** aderire a una dottrina **b** *(Theorie)* teoria *f.* (scientifica): ***eine ~ aufstellen, beweisen*** formulare, dimostrare una teoria **3** *(nutzbringende Erfahrung)* insegnamento *m.*, lezione *f.*: ***aus etw. eine ~ ziehen*** trarre un insegnamento da qcs.; ***jdm eine ~ geben, erteilen*** dare una lezione a qcn.; ***das sollte dir eine ~ sein*** che ti serva di lezione **4** *(Berufsausbildung)* apprendistato *m.*, tirocinio *m.*: ***in die ~ kommen, gehen*** mettersi a imparare un mestiere; ***in der ~ sein, stehen*** essere apprendista, imparare un mestiere ◆ ***bei jdm in die ~ gehen*** prendere lezione, imparare da qcn.; ***jdn hart in die ~ nehmen*** trattare qcn. severamente.

2.Leh|re f. *(-,-n)* MECC. calibro *m.*; sagoma *f.*, dima *f.*

leh|ren tr. **1a** *(unterrichten)* insegnare: ***Deutsch ~*** insegnare tedesco; ***an der Universität Bremen ~*** insegnare all'università di Brema **b** *(zeigen)* ***die Geschichte lehrt, dass...*** la storia insegna che... **2** *(unterweisen)* ***jdn ~, etw. (zu) tun*** insegnare a qcn. a fare qcs.: ***jdn lesen, das Lesen ~*** insegnare a leggere a qcn. ◆ ***ich werde dich ~, mir so zu antworten*** t'insegno io a rispondermi in questo modo; ***lehre du mich, meine Arbeit zu tun!*** vuoi insegnarmi (tu) a fare il mio lavoro?

Leh|rer m. *(-s,-)* **1a** *(Schullehrer)* insegnante *m.*; *(an der Grundschule)* maestro *m.*; *(an einer Hochschule, Universität)* professore *m.*, docente *m.*: ***~ für Englisch, an einem Gymnasium sein*** essere insegnante (*o* professore) d'inglese, in un ginnasio; ***jdn als, zum ~ ausbilden*** formare qcn. (come) insegnante **b** *(Ausbilder)* insegnante *m.*, maestro *m.*: ***~ in einer Skischule sein*** insegnare in una scuola di sci, essere maestro di sci in una scuola **2** *(Lehrmeister)* maestro *m.* **Leh|rer|aus|bil|dung** f. *(-,-en)* formazione *f.* degli insegnanti. **Leh|rer|be|ruf** m. *(-[e]s,-e)* professione *f.* di, dell'insegnante, insegnamento *m.*

Lehr|er|fah|rung f. *(-,-en)* esperienza *f.* didattica, pratica *f.* dell'insegnamento.

leh|rer|haft agg. SPREG. professorale. **Leh|re|rin** f. *(-,-nen)* **1a** *(Schullehrerin)* insegnante *f.*; *(an der Grundschule)* maestra *f.*; *(an einer Hochschule, Universität)* professoressa *f.*, docente *f.* **b** *(Ausbilderin)* insegnante *f.*, maestra *f.* **2** *(Lehrmeisterin)* maestra *f.* **Leh|rer|kol|le|gi|um** n. *(-s,-kollegien)* corpo *m.* insegnante, collegio *m.* dei docenti. **Leh|rer|kon|fe|renz** f. *(-,-en)* riunione *f.* (*o* consiglio *m.*) dei professori. **Leh|rer|schaft** f. *(-)* corpo *m.* insegnante, insegnanti *m.pl.*, docenti *m.pl.* **Leh|rer|zim|mer** n. *(-s,-)* sala *f.* (dei) professori.

Lehr|fach n. *(-[e]s,-fächer)* **1** materia *f.* (d'insegnamento) **2** *(Lehrerberuf)* professione *f.* di, dell'insegnante: ***ins ~ gehen*** mettersi a fare l'insegnante. **Lehr|film** m. *(-[e]s,-e)* film *m.* didattico. **Lehr|frei|heit** f. *(-)* libertà *f.* d'insegnamento. **Lehr|gang** m. *(-[e]s,-gänge)* corso *m.* (d'insegnamento). **Lehr|gangs|teil|neh|mer** m. *(-s,-)* partecipante *m.* a un corso. **Lehr|ge|dicht** n. *(-[e]s,-e)* poesia *f.* didascalica. **Lehr|ge|gen|stand** m. *(-[e]s,-stände)* AUSTR. materia *f.* (d'insegnamento). **Lehr|geld** n. *(-[e]s)* ANT. costo *m.* del tirocinio ◆ FIG. ***~ zahlen, geben*** imparare a proprie spese; ***lass dir dein ~ zurückgeben*** non hai proprio imparato niente. **Lehr|ge|rüst** n. *(-[e]s,-e)* EDIL. centinatura *f.* **lehr|haft I** agg. didattico, didascalico **II** avv. didatticamente, didascalicamente. **Lehr|haf|tig|keit** f. *(-)* carattere *m.* didattico (*o* didascalico); didascalismo *m.* **Lehr|herr** m. *(-n,-en)* ANT. mastro *m.* **Lehr|jahr** n. *(-s,-e)* anno *m.* di apprendistato ◆ PROV. ***-e sind keine Herrenjahre*** = un apprendista non può avere le pretese di un maestro. **Lehr|jun|ge** m. *(-n,-n)* (giovane) apprendista *m.* **Lehr|kör|per** m. *(-s,-)* corpo *m.* insegnante. **Lehr|kraft** f. *(-,-kräfte)* insegnante *m.* e *f.*

Lehr|ling m. *(-s,-e)* apprendista *m.* e *f.* **Lehr|lings|(wohn|)heim** n. *(-[e]s,-e)* convitto *m.* per apprendisti. **Lehr|mäd|chen** n. *(-s,-)* (giovane) apprendista *f.* **Lehr|ma|te|ri|al** n. *(-s,-ien)* materiale *m.* didattico. **Lehr|mei|nung** f. *(-,-en)* teoria *f.* (generalmente riconosciuta). **Lehr|me|tho|de** f. *(-,-n)* metodo *m.* didattico (*o* d'insegnamento). **Lehr|mit|tel** n. *(-s,-)* strumento *m.* didattico. **Lehr|mit|tel|frei|heit** f. *(-)* gratuità *f.* dei testi didattici. **Lehr|pfad** m. *(-[e]s,-e)* percorso *m.* didattico. **Lehr|plan** m. *(-[e]s,-pläne)* curriculum *m.*, programmi *m.pl.* scolastici. **Lehr|pro|be** f. *(-,-n)* lezione *f.* (di) prova. **lehr|reich** agg. istruttivo. **Lehr|satz** m. *(-es,-sätze)* teorema *m.* **Lehr|schau** f. *(-,-en)* mostra *f.* didattica. **Lehr|stel|le** f. *(-,-n)* posto *m.* da apprendista. **Lehr|stoff** m. *(-s,-e)* materia *f.* dell'insegnamento. **Lehr|stück** n. *(-s,-e)* dramma *m.* didattico. **Lehr|stuhl** m. *(-s,-stühle)* cattedra *f.*: ***einen ~ für Latein innehaben*** essere titolare di una cattedra di latino. **Lehr|tä|tig|keit** f. *(-,-en)* attività *f.* didattica. **Lehr|toch|ter** f. *(-,-töchter)* SVIZZ. → **Lehrmädchen. Lehr|ver|an|stal|tung** f. *(-,-en)* corso *m.*; *(Seminar)* seminario *m.*; *(Vorlesung)* conferenza *f.* **Lehr|ver|trag** m. *(-s,-verträge)* contratto *m.* di apprendistato. **Lehr|wan|de|rung** f.

(-,-en) escursione *f.* a scopo didattico. **Lehr|werk** n. *(-[e]s,-e)* libro *m.* di testo. **Lehr|werk|statt, Lehr|werk|stät|te** f. *(-,-stätten)* officina *f.* per apprendisti. **Lehr|zeit** f. *(-)* periodo *m.* di tirocinio, apprendistato *m.*, tirocinio *m.*
Leib m. *(-[e]s,-er)* **1a** corpo *m.*: ***am ganzen ~ zittern*** tremare in tutto il corpo **b** *(Rumpf)* busto *m.*, tronco *m.* **2** *(Bauch)* ventre *m.* **3** ARCH. *(Schaft)* fusto *m.* di una colonna, scapo *m.* ◆ ***nichts auf dem ~ haben*** non avere niente addosso; ***etw. ist jdm auf den ~ (zu)geschnitten, geschneidert*** qcs. è fatto su misura per qcn.; ***etw. ist jdm (wie) auf den ~ geschrieben*** qcs. sembra fatto apposta per qcn.; ***der ~ Christi*** il corpo di Cristo; ***etw. am eigenen ~ erfahren, zu spüren bekommen*** provare qcs. sulla propria pelle; ANT. ***gesegneten -es sein*** essere incinta; ***der ~ des Herrn*** → ***der ~ Christi***; ***keine Ehre, kein Herz im -e haben*** non avere il senso dell'onore, essere senza cuore; ***den Teufel im ~ haben*** avere il diavolo in corpo; ***nichts im ~ haben*** non avere niente in corpo (nello stomaco); ***eine Gefahr für ~ und Leben*** un pericolo mortale; ***bei lebendigem -e (lebendigen -es) verbrennen*** bruciare vivo; COLLOQ. ***jdn auf den ~, zu -e rücken*** incalzare qcn.; ***etw. mit ~ und Seele tun*** fare qcs. anima e corpo; ***jdm mit etw. vom ~ bleiben*** non seccare qcn. con qcs.; ***sich jdn vom -e halten*** tenere qcn. alla larga; ***~ und Gut für etw. wagen*** rischiare tutto, rischiare la propria vita per qcs.; ***jdm, etw. zu -e gehen, rücken*** affrontare qcn., qcs.
Leib|arzt m. *(-es,-ärzte)* medico *m.* personale. **Leib|bin|de** f. *(-,-n)* panciera *f.*, ventriera *f.* **Leib|chen** n. *(-s,-)* **1** ANT. corpetto *m.* **2** AUSTR. SVIZZ. *(Unterhemd)* canottiera *f.* (da uomo).
leib|ei|gen agg. soggetto alla servitù della gleba, servo. **Leib|ei|ge|ne** m. e f. *(-n,-n)* servo *m.* (-a *f.*) della gleba. **Leib|ei|gen|schaft** f. *(-,-en)* servitù *f.* della gleba.
lei|ben, ***wie er, sie leibt und lebt*** lui, lei in carne e ossa (*o* in persona); ***sieh dir den Jungen an: sein Vater, wie er leibt und lebt*** guarda quel ragazzo: è in tutto e per tutto uguale al padre.
Lei|bes|er|be m. *(-n,-n)* erede *m.* naturale. **Lei|bes|er|zie|her** m. *(-s,-)* insegnante *m.* di educazione fisica. **Lei|bes|er|zie|hung** f. *(-)* educazione *f.* fisica. **Lei|bes|frucht** f. *(-)* feto *m.* **Lei|bes|fül|le** f. *(-)* corpulenza *f.*, pinguedine *f.* **Lei|bes|kräf|te,** ***aus (nach) -n*** a più non posso, con tutte le forze. **Lei|bes|stra|fe** f. *(-,-n)* ANT. pena *f.* corporale. **Lei|bes|übun|gen** pl. BUROCR. educazione *f.* fisica. **Lei|bes|um|fang** m. *(-[e]s)* (grossa) corporatura *f.*, corpulenza *f.* **Lei|bes|vi|si|ta|ti|on** f. *(-,-en)* perquisizione *f.* personale.
Leib|gar|de f. *(-,-n)* guardia *f.* del corpo (del re). **Leib|gar|dist** m. *(-en,-en)* guardia *f.* del corpo. **Leib|ge|richt** n. *(-[e]s,-e)* piatto *m.* preferito. **Leib|ge|tränk** n. *(-[e]s,-e)* bevanda *f.* (*o* bibita *f.*) preferita. **Leib|gurt** m. *(-[e]s,-e)* ANT. cintola *f.*
leib|haf|tig I agg. **1** in persona, personificato: ***wie der -e Teufel, die -e Unschuld aussehen*** parere il demonio, l'innocenza in persona; ***der -e Beweis von etw. sein*** essere la prova vivente di qcs. **2** COLLOQ. *(echt)* autentico **II** avv. **1a** in persona, in carne e ossa: ***~ vor jdm stehen*** stare in carne e ossa davanti a qcn. **b** di persona: ***jdm ~ begegnen*** incontrare qcn. di persona **2** REGION. *(wirklich)* veramente, proprio: ***etw. ~ glauben*** credere veramente a qcs. **Leib|haf|ti|ge** m. *(-n)* ***der ~*** il demonio. **Leib|haf|tig|keit** f. *(-)* personificazione *f.*
Leib|koch m. *(-[e]s,-köche)* cuoco *m.* personale. **leib|lich** agg. **1** corporale, corporeo, fisico: ***-e Bedürfnisse*** bisogni corporali **2a** *(blutsverwandt)* carnale, del proprio sangue: ***-e Geschwister, Kinder*** fratelli, figli carnali **b** ***-e Mutter, -er Vater*** madre, padre naturale **c** *(von Erben)* diretto ◆ ***die -e Hülle des Toten*** le spoglie mortali del defunto. **Leib|lich|keit** f. *(-)* corporalità *f.*, corporeità *f.* **Leib|ren|te** f. *(-,-n)* rendita *f.* vitalizia, vitalizio *m.* **Leib|rock** m. *(-[e]s,-röcke)* ANT. SART. finanziera *f.* **Leib|schmer|zen** pl., REGION. **Leib|schnei|den** n. *(-s)* dolori *m.pl.* al ventre (*o* addominali). **leib|see|lisch** agg. psicofisico. **Leib|spei|se** f. *(-,-n)* AUSTR. → **Leibgericht.**
Lei|bung f. *(-,-en)* EDIL. **1** spalletta *f.*, strombatura *f.* **2** *(eines Bogens)* intradosso *m.*
Leib|wa|che f. *(-,-n)* → **Leibgarde. Leib|wäch|ter** m. *(-s,-)* → **Leibgardist. Leib|wä|sche** f. *(-)* biancheria *f.* intima. **Leib|weh** n. *(-[e]s)* → **Leibschmerzen.**
Leich m. *(-[e]s,-e)* LETT. INTRAD. (canzone di strofe disuguali).
Leich|dorn m. *(-[e]s,-e e -dörner)* REGION. **1** callo *m.* **2** *(Warze)* verruca *f.*
Lei|che f. *(-,-n)* **1a** cadavere *m.*, corpo *m.*: ***eine ~ obduzieren*** fare l'autopsia di un cadavere **b** *(sterbliche Hülle)* salma *f.*, LETT. spoglia *f.*: ***eine ~ aufbahren, exhumieren*** esporre, esumare una salma **c** RAR. *(Tierleiche)* cadavere *m.* (di animale), animale *m.* morto **2** REGION. *(Begräbnis)* sepoltura *f.*, funerale *m.*: ***zu jds ~ gehen*** andare al funerale di qcn. **3** TIP. lasciatura *f.*, GERG. pesce *m.* ◆ ***eine ~ im Keller haben*** avere uno scheletro nell'armadio; ***wie eine lebende ~ aussehen*** sembrare un morto che cammina; ***über -n gehen*** calpestare la gente, non guardare in faccia a nessuno; ***nur über meine ~!*** solo sul mio cadavere! ***wie eine wandelnde ~ aussehen*** → ***wie eine lebende ~ aussehen.*** **Lei|chen|be|gäng|nis, Lei|chen|be|gräb|nis** n. *(-ses,-se)* sepoltura *f.*, funerale *m.* (*o* funerali *m.pl.*), LETT. esequie *f.pl.* **Lei|chen|be|schau|er** m. *(-s,-)* medico *m.* legale. **Lei|chen|be|stat|ter** m. *(-s,-)* becchino *m.*, BUROCR. necroforo *m.* **Lei|chen|be|stat|tung** f. *(-,-en)* sepoltura *f.*, funerale *m.* **Lei|chen|bit|ter** m. *(-s,-)* ANT. chi comunica il decesso e la data del funerale. **Lei|chen|bit|ter|mie|ne** f. *(-,-n)* IRON. faccia *f.* da funerale: ***eine ~ machen, aufsetzen*** fare una faccia da funerale. **lei|chen|blass** agg. pallido come un cadavere (*o* come un morto). **Lei|chen|bläs|se** f. *(-)* pallore *m.* cadaverico. **lei|chen|fahl** agg. → **leichenblass. Lei|chen|fei|er** f. *(-,-n)* esequie *f.pl.* **Lei|chen|fle|cken** pl. macchie *f.pl.* cadaveriche. **Lei|chen|fled|de|rei** f. *(-,-en)* DIR. spoliazione *f.* di cadaveri, sciacallaggio *m.* **Lei|chen|fled|de|rer** m. *(-s,-)* spogliatore *m.* di cadaveri, sciacallo *m.* **Lei|chen|frau** f. *(-,-en)* donna *f.* che veste i cadaveri. **Lei|chen|gift** n. *(-[e]s)* tossina *f.* cadaverica. **Lei|chen|hal|le** f. *(-,-n)*, **Lei|chen|haus** n. *(-es,-häuser)* camera *f.* mortuaria (*o* ardente). **Lei|chen|hemd** n. *(-[e]s,-en)* camicia *f.* funebre. **Lei|chen|öff|nung** f. *(-,-en)* autopsia *f.*, necroscopia *f.* **Lei|chen|pass** m. *(-es,-pässe)* BUROCR. = autorizzazione *f.* per il trasporto di una salma. **Lei|chen|raub** m. *(-[e]s,-e)* sottrazione *f.* di cadavere. **Lei|chen|re|de** f. *(-,-n)* orazione *f.* funebre ◆ ***jdm eine ~ halten*** fare l'elogio funebre di qcn. **Lei|chen|schän|der** m. *(-s,-)* profanatore *m.* di cadaveri; *(an Nekrophilie Leidender)* necrofilo *m.* **Lei|chen|schän|dung** f. *(-,-en)* profanazione *f.* di cadavere; *(Nekrophilie)* necrofilia *f.* **Lei|chen|schau** f. *(-,-en)* necroscopia *f.*, autopsia *f.* **Lei|chen|schau|haus** n. *(-es,-häuser)* obitorio *m.* **Lei|chen|schmaus** m. *(-es,-schmäuse)* banchetto *m.* funebre. **Lei|chen|star|re** f. *(-)* rigidità *f.* cadaverica. **Lei|chen|trä|ger** m. *(-s,-)* portatore *m.* del feretro. **Lei|chen|tuch** n. *(-[e]s,-tücher)* **1** lenzuolo *m.* funebre **2** *(Bahrtuch)* coltre *f.* funebre. **Lei|chen|ver|bren|nung** f. *(-,-en)* cremazione *f.* **Lei|chen|wa|gen** m. *(-s,-)* carro *m.* funebre. **Lei|chen|wä|scher** m. *(-s,-)* uomo *m.* che lava i cadaveri. **Lei|chen|zug** m. *(-[e]s,-züge)* corteo *m.* funebre.
Leich|nam m. *(-s,-e)* salma *f.*, LETT. spoglia *f.* ◆ ***ein lebendiger, wandelnder ~*** un cadavere ambulante, un morto che cammina.
leicht I agg. **1a** leggero: ***-es Gepäck*** bagaglio leggero; ***~ wie eine Feder*** leggero come una piuma **b** *(beweglich, geschickt)* ***eine -e Hand, einen -en Schritt haben*** avere un tocco, un passo leggero **c** *(dünn)* ***-e Kleider, Stoffe*** abiti leggeri, stoffe leggere **d** MIL. ***-e Artillerie*** artiglieria leggera **e** FIG. *(anspruchslos)* ***-e Musik, Lektüre*** musica leggera, letture leggere **2** *(bekömmlich, nicht intensiv)* leggero, delicato: ***-e Kost, Parfüme, Weine, Zigaretten*** cibi, profumi, vini leggeri, sigarette leggere **3** *(geringfügig, schwach)* leggero, lieve: ***ein -es Unwohlsein*** un lieve malessere; ***-e Fehler, Schäden, Zweifel*** errori, danni lievi, leggeri dubbi; ***ein -er Regen, Schneefall, Wind*** una pioggia leggera, una leggera nevicata, un vento leggero; ***ein -er Erdstoß*** una lieve scossa sismica; ***einen -en Schlaf haben*** avere il sonno leggero **4** *(einfach)* facile, semplice: ***eine -e Arbeit, Frage, Prüfung*** un lavoro, una domanda semplice, un esame facile; ***das Problem ist ~ zu lösen*** il problema è facile da risolvere, si può risolvere facilmente **II** avv. **1** (in modo) leggero: ***~ bekleidet, bewaffnet sein*** essere vestito leggero, dotato di armamento leggero; SCHERZ. ***~ geschürzt*** in abiti succinti, mezzo nudo **2** *(ein wenig)* leggermente, lievemente, un po': ***~ betrunken, verletzt (verwundet) sein*** essere leggermente ubriaco, ferito, essere ferito in modo non grave; ***~ gewürzt, gezuckert*** leggermente condito, zuccherato; ***~ beschwingt*** (un po') allegro; *(leicht betrunken)* brillo **3** *(mühelos, schnell)* facilmente, con facilità: ***~ lernen*** apprendere con facilità; ***~ ärgerlich werden*** arrabbiarsi facilmente; ***etw. wird ~ schmutzig*** qcs. si sporca facilmente; ***~ entzündlich*** (facilmente) infiammabile; ***~ fallen*** riuscire facile, essere facile (per): ***die Entscheidung fällt mir nicht ~*** non è facile per me decidere; ***~ löslich*** facilmente risolvibile, di facile soluzione; ***~ machen*** agevolare, facilitare: ***jdm eine Aufgabe ~ machen*** facilitare un compito a qcn.; ***~ verständlich*** facile da capire, facilmente comprensibile; ***~ verdient*** di facile guadagno, guadagnato facilmente; ***sich (A, D) bei etw. ~ tun*** non trovare difficoltà, avere vita facile in qcs.; ***~ verdaulich*** facilmente digeribile, facile da digerire; ***~ verderbliche Speisen, Waren*** cibi deteriorabili, merci deperibili; ***~ verkäuflich*** facile da vendere; ◆ ***nichts -er als das!*** niente di più facile! ***eine -e Auffassungsgabe haben*** avere facilità di comprensione; ***-es Blut haben*** essere spensierato; ***das ist dir ein***

Leichtes per te è un gioco da ragazzi; ***das ist ~ gesagt, aber schwer getan*** è più facile a dirsi che a farsi; ***es (nicht) ~ haben*** (non) avere vita facile; ***es ~ mit jdm haben*** averla facile con qcn.; ***-en Herzens*** a cuor leggero; ***etw. kann ~ danebengehen, schiefgehen*** ci sono buone probabilità che qcs. vada storto; SCHERZ. ***70 Kilo ~ sein*** pesare "solo" 70 chili; ***du kannst ~ lachen*** hai un bel ridere tu; ***etw. -er machen*** alleggerire qcs.; COLLOQ. ***jdn um 100 Mark -er machen*** alleggerire qcn. di 100 marchi; ***sich (D) etw. ~ (-er) machen*** facilitarsi qcs.; ***du machst es dir zu ~!*** te la prendi troppo comoda! COLLOQ. ***ein -es Mädchen*** una ragazza leggera (*o* di facili costumi); ***das ist ~ möglich*** è possibilissimo; ***etw. ~ nehmen*** → ***etw. auf die -e Schulter nehmen; nimm's ~!*** non prendertela! ***du kannst ~ reden*** hai un bel parlare, fai presto a parlare tu; ***das kannst du ~ sagen*** fai presto a dirlo (tu); ***etw. auf die -e Schulter nehmen*** prendere qcs. alla leggera, non prendere sul serio qcs.; ***-es Spiel haben*** avere gioco facile; ***-e Waffen*** armi leggere (*o* di piccolo calibro); ***~ zerbrechlich*** molto fragile.

Leicht|ath|let m. *(-en,-en)* atleta *m.* (di atletica leggera). **Leicht|ath|le|tik** f. *(-)* atletica *f.* leggera. **leicht|ath|le|tisch** agg. di atletica leggera.

Leicht|bau m. *(-[e]s)* → **Leichtbauweise. Leicht|bau|plat|te** f. *(-,-n)* lastra *f.* di materiale da costruzione leggero. **Leicht|bau|wei|se** f. *(-,-n)* costruzione *f.* leggera (*o* con materiale leggero).

Leicht|ben|zin n. *(-s)* benzina *f.* leggera; benzina *f.* solvente. **Leicht|be|waff|ne|te** m. *(-n,-n)* soldato *m.* dotato di armamento leggero. **leicht|blü|tig** agg. spensierato, allegro, gaio. **Leicht|blü|tig|keit** f. *(-)* spensieratezza *f.*, allegria *f.*, gaiezza *f.*

Leich|ter m. *(-s,-)* MAR. alleggio *m.*; maona *f.* **leich|tern** tr. MAR. alleggiare, allibare.

leicht|fer|tig SPREG. **I** agg. avventato, sconsiderato **II** avv. avventatamente, sconsideratamente. **Leicht|fer|tig|keit** f. *(-)* avventatezza *f.*, sconsideratezza *f.* **Leicht|flug|zeug** n. *(-[e]s,-e)* aereo *m.* leggero. **leicht|flüs|sig** agg. TECN. a basso punto di fusione.

Leicht|fuß m. *(-es,-füße)* SCHERZ. sventato *m.*, sconsiderato *m.* **leicht|fü|ßig I** agg. ***-en Schrittes*** con, a passo leggero **II** avv. a passo leggero. **Leicht|fü|ßig|keit** f. *(-)* leggerezza *f.* dei passi, passo *m.* leggero.

leicht|gän|gig agg. TECN. che si aziona facilmente, facile da azionare (*o* da manovrare); ***eine -e Kupplung*** una marcia che entra bene, morbida. **Leicht|ge|wicht** n. *(-[e]s)* **1a** SPORT pesi *m.pl.* leggeri **b** → **Leichtgewichtler 2** SCHERZ. piuma *f.*, fuscello *m.* **Leicht|ge|wicht|ler** m. *(-s,-)* SPORT peso *m.* leggero. **leicht|gläu|big** agg. credulo(ne), ingenuo. **Leicht|gläu|big|keit** f. *(-)* credulità *f.*, ingenuità *f.* **Leicht|heit** f. *(-,-en)* → **Leichtigkeit. leicht|her|zig I** agg. gaio, allegro, spensierato **II** avv. a cuor leggero. **Leicht|her|zig|keit** f. *(-)* gaiezza *f.*, allegria *f.*, spensieratezza *f.*

leicht|hin avv. alla leggera, senza riflettere.

Leich|tig|keit f. *(-)* **1** leggerezza *f.* **2** *(Mühelosigkeit)* facilità *f.*: ***das geht mit ~*** questo riesce facilmente, è facile. **Leicht|in|dust|rie** f. *(-)* EX-RDT industria *f.* leggera. **leicht|le|big** agg. spensierato, gaio; *(oberflächlich)* superficiale. **Leicht|le|big|keit** f. *(-)* spensieratezza *f.*, gaiezza *f.*; *(Oberflächlichkeit)* superficialità *f.* **Leicht|lohn|grup|pe** f. *(-,-n)* gruppo *m.* salariale a tariffa bassa.

Leicht|mat|ro|se m. *(-n,-n)* marinaio *m.* semplice. **Leicht|me|tall** n. *(-[e]s,-e)* metallo *m.* leggero. **Leicht|öl** n. *(-[e]s,-e)* olio *m.* leggero.

Leicht|sinn m. *(-[e]s)* **1** leggerezza *f.*, incoscienza *f.*, sconsideratezza *f.*: ***ein sträflicher ~*** un'imperdonabile leggerezza; ***jugendlicher ~*** incoscienza giovanile **2** ANT. *(Leichtlebigkeit)* spensieratezza *f.* **leicht|sin|nig I** agg. incosciente, sconsiderato, sventato **II** avv. da incosciente, sconsideratamente, sventatamente. **Leicht|sin|nig|keit** f. *(-,-en)* leggerezza *f.*, incoscienza *f.*, sconsideratezza *f.* **Leicht|sinns|feh|ler** m. *(-s,-)* (errore *m.* imputabile a) leggerezza *f.*

Leicht|ver|letz|te m. e f. *(-n,-n)* chi è leggermente ferito, ferito *m.* (-a *f.*) leggero (-a). **Leicht|ver|wun|de|te** m. e f. *(-n,-n)* ferito *m.* (-a *f.*) leggero (-a).

leid agg. **1** ***etw., jdn (jds) ~ sein, werden*** essere stanco, stancarsi di qcs., qcn.; ***etw., jdn ~ haben*** averne abbastanza di qcs., qcn. **2** SVIZZ. *(unlieb)* spiacevole: ***eine -e Angelegenheit*** una faccenda spiacevole. **Leid** n. *(-[e]s)* **1** dolore *m.*, pena *f.*: ***ein schweres, tiefes ~ tragen, erfahren*** sopportare, provare un grave, profondo dolore; ***in Freud und ~*** nella gioia e nel dolore **2a** ***jdm ~ tun*** dispiacere a qcn.: ***es tut mir ~ um sie*** mi dispiace per lei **b** *(jds Mitgefühl erregen)* fare pena, compassione a qcn.: ***sie tun mir ~*** mi fanno pena, li compiango **3** *(Übel)* male *m.*: ***jdm ein ~ antun, zufügen*** fare del male a qcn. ◆ ***sich (D) ein ~ antun*** togliersi la vita, suicidarsi; ***dir soll kein ~ geschehen*** non ti sarà torto un capello; ***jdm sein ~ klagen*** raccontare a qcn. le proprie disgrazie; PROV. ***geteiltes ~ ist halbes ~*** mal comune, mezzo gaudio; ***zu ~, zu -e*** → **zuleid(e).**

Lei|de|form f. *(-)* GRAMM. passivo *m.*

lei|den *(litt, gelitten)* **I** tr. **1** *(erdulden)* soffrire, patire: ***Hunger, Not ~*** patire la fame, soffrire di indigenza **2** *(erfahren)* subire, avere: ***Schaden, Ängste ~*** subire dei danni, avere delle angosce **3a** *(mit können)* ***jdn gut, nicht ~ können*** trovare qcn. simpatico, non (potere) sopportare (COLLOQ. soffrire) qcn.; ***etw. nicht ~ können*** non (potere) sopportare (COLLOQ. soffrire) qcs. **b** *(mit mögen)* ***ich mag jdn, etw. gut, nicht ~*** qcn., qcs. mi piace, non mi piace **4** *(zulassen)* tollerare, ammettere: ***niemanden um sich ~ können*** non tollerare nessuno intorno a sé **II** intr. (aus. *haben*) soffrire, patire: ***viel, lange ~*** soffrire molto, a lungo; ***an Rheuma ~*** soffrire di reumatismi; ***unter seiner Einsamkeit, seiner Eifersucht ~*** soffrire di solitudine, gelosia; ***die Pflanzen haben unter der, durch die Hitze gelitten*** le piante hanno patito (per) il caldo ◆ ***das leidet keinen Aufschub*** ciò non ammette, non consente rinvii. **Lei|den** n. *(-s,-)* **1** dolore *m.*, sofferenza *f.*: ***die Freuden und ~ des Lebens*** le gioie e i dolori della vita **2** male *m.*, malattia *f.*: ***ein erbliches, unheilbares ~*** una malattia ereditaria, inguaribile ◆ COLLOQ. ***es ist immer das alte ~*** è sempre la solita storia; ***das ~ Christi*** la passione di Cristo; COLLOQ. ***wie das ~ Christi aussehen*** avere un aspetto pietoso; COLLOQ. ***ein langes ~*** uno spilungone. **lei|dend** p.pres. agg. **1** → **leiden 2** sofferente: ***ein -er Gesichtsausdruck*** un'espressione sofferente ◆ ***~ sein*** essere malato; DIR. ***der -e Teil*** la parte lesa.

Lei|de|ner, ***~ Flasche*** bottiglia *f.* di Leida.

Lei|den|schaft f. *(-,-en)* passione *f.*: ***die ~ des Glücksspiels, für die Musik*** la passione del gioco d'azzardo, per la musica; ***seine ~ für etw. entdecken*** scoprire la propria passione per qcs.; ***eine glühende ~ für jdn empfinden*** provare un'ardente passione per qcn.; ***sich seinen -en hingeben*** dedicarsi alle proprie passioni; ***seiner ~ frönen, verfallen, nachgeben*** essere schiavo delle, cedere alle proprie passioni; ***von der ~ zu etw. besessen sein*** essere preso dalla (*o* in preda alla) passione di qcs.; ***etw. aus ~ tun*** fare qcs. per passione; ***frei von -en*** privo di, libero da passioni. **lei|den|schaft|lich I** agg. **1** passionale: ***eine -e Frau, ein -es Temperament*** una donna, un temperamento passionale; ***eine -e Liebe*** un amore passionale (*o* appassionato) **2a** *(begeistert)* appassionato, entusiasta: ***ein -er Segler*** un appassionato velista **b** accanito: ***ein -er Raucher*** un fumatore accanito **3** appassionato: ***eine -e Diskussion*** una discussione appassionata **II** avv. **1** appassionatamente: ***jdn ~ lieben*** amare appassionatamente qcn. **2** con passione, entusiasmo: ***er liest ~*** legge con passione **3** rafforz. *(sehr)* ***~ gern*** molto volentieri ◆ ***-er Hass*** odio viscerale. **Lei|den|schaft|lich|keit** f. *(-)* passionalità *f.*

lei|den|schafts|los I agg. **1a** distaccato, obiettivo: ***ein -er Mensch*** una persona distaccata **b** *(unerschütterlich)* impassibile **2** *(sachlich)* spassionato, imparziale: ***ein -er Beobachter*** un osservatore imparziale **3** libero dalle passioni: ***ein -es Leben*** una vita libera dalle passioni **II** avv. **1a** in modo distaccato, obiettivo **b** *(unerschütterlich)* con impassibilità **2** spassionatamente, con imparzialità: ***etw. ~ erzählen*** raccontare qcs. con imparzialità. **Lei|den|schafts|lo|sig|keit** f. *(-)* **1a** distacco *m.*, obiettività *f.* **b** *(Unerschütterlichkeit)* impassibilità *f.* **2** *(Sachlichkeit)* spassionatezza *f.*, imparzialità *f.*

lei|dens|fä|hig agg. capace di sopportare il dolore, le sofferenze. **Lei|dens|fä|hig|keit** f. *(-)* capacità *f.* di sopportare il dolore, le sofferenze. **Lei|dens|ge|fähr|te, Lei|dens|ge|nos|se** m. *(-n,-n)* compagno *m.* di sventura. **Lei|dens|ge|schich|te** f. *(-,-n)* **1** *(Passion Christi)* passione *f.* **2** ESTENS. calvario *m.*, via *f.* crucis: ***seine ~ erzählen*** raccontare la propria via crucis. **Lei|dens|kelch** m. *(-[e]s,-e)* LETT. amaro calice *m.* **Lei|dens|mie|ne** f. *(-,-n)* espressione *f.* sofferente. **Lei|dens|weg** m. *(-[e]s,-e)* RELIG. via *f.* crucis; ESTENS. calvario *m.*: ***einen langen ~ hinter sich haben*** avere alle spalle un lungo calvario. **Lei|dens|zeit** f. *(-,-en)* periodo *m.* di disgrazie, di sofferenze.

lei|der avv. purtroppo; *(unglücklicherweise)* disgraziatamente, sfortunatamente: ***das ist ~ nicht möglich*** purtroppo non è possibile; ***~ nicht*** purtroppo no ◆ ***~ Gottes!*** purtroppo! disgraziatamente!

leid|er|füllt agg. sofferente. **leid|ge|beugt** agg. piegato dal dolore. **leid|ge|prüft** agg. provato dal dolore.

lei|dig agg. increscioso: ***eine -e Angelegenheit*** una faccenda incresciosa; ***ein -es Thema, Problem*** un tema, un problema increscioso, sgradevole ◆ ***ein -er Trost*** una magra consolazione; COLLOQ. ***das -e Geld*** il maledetto denaro.

leid|lich agg. **1** *(annehmbar)* accettabile, discreto: ***-e Kenntnisse von etw. haben*** avere discrete conoscenze di qcs. **2** *(erträglich)* sopportabile, accettabile: ***-es Wetter*** tempo accettabile **II** avv. **1**

discretamente, così così: ***es geht ihm ~*** sta così così **2** *(ziemlich)* abbastanza: ***~ gut, jung*** abbastanza bene, abbastanza giovane.
leid|tra|gend agg. **1** colpito, danneggiato **2** RAR. *(trauernd)* in lutto ◆ ***der -e Teil bei einem Streit*** la parte lesa in una controversia.
Leid|tra|gen|de m. e f. *(-n,-n)* chi paga le conseguenze. **leid|voll** agg. doloroso: ***eine -e Erfahrung*** un'esperienza dolorosa. **Leid|we|sen**, ***zum ~ von jdm, zu jds ~*** con rincrescimento di qcn.; ***zu meinem ~*** con mio rincrescimento.
Lei|er f. *(-,-n)* **1** *(Kithara)* lira *f.*, cetra *f.*: ***die ~ schlagen*** suonare la lira **2** *(Drehleier)* ghironda *f.* **3** COLLOQ. SPREG. solfa *f.*, antifona *f.*: ***(es ist) immer dieselbe, die alte, die gleiche ~*** è sempre la solita, la vecchia, la stessa solfa **4** *(Kurbel)* manovella *f.* **Lei|er|an|ti|lo|pe** f. *(-,-n)* damalisco *m.* **Lei|er|fisch** m. *(-es,-e)* ITTIOL. callionimo *m.* **Lei|er|kas|ten** m. *(-s,-kästen)* COLLOQ. organetto *m.* **Lei|er|kas|ten|mann** m. *(-[e]s,-männer)* suonatore *m.* di organetto.
lei|ern COLLOQ. **I** tr. **1** *(herunterleiern)* ripetere, recitare meccanicamente **2** RAR. *(kurbeln)* spostare con una carrucola, girando una manovella **II** intr. (aus. *haben*) **1** suonare l'organetto **2** *(kurbeln)* girare una, la manovella **3** FIG. *(eintönig sprechen)* fare la cantilena, cantilenare. **Lei|er|schwanz** m. *(-es,-schwänze)* uccello *m.* lira. **Lei|er|ton** m. *(-[e]s,-töne)* cantilena *f.*
Leih|amt n. *(-[e]s,-ämter)* → **Leihhaus. Leih|au|to** n. *(-s,-s)* auto *f.* a nolo, noleggiata. **Leih|bib|li|o|thek** f. *(-,-en)*, **Leih|bü|che|rei** f. *(-,-en)* biblioteca *f.* circolante.
Lei|he f. *(-,-n)* **1** prestito *m.*: ***etw. in ~ geben, nehmen*** dare, prendere in prestito qcs. **2** → **Leihhaus.**
lei|hen *(lieh, geliehen)* **I** tr. **1** (im)prestare, dare in prestito: ***jdm etw. ~*** imprestare qcs. a qcn.; ***auf Pfand, gegen Zinsen ~*** prestare su pegno, ad interesse **2a** *(in Leihe nehmen)* prendere in prestito **b** noleggiare: ***einen Frack, Kostüme ~*** noleggiare un frack, dei costumi **3** FIG. *(gewähren)* concedere, accordare: ***jdm sein Vertrauen ~*** accordare la propria fiducia a qcn.; ***jdm sein Ohr, seine Aufmerksamkeit ~*** prestare orecchio, attenzione a qcn. **II** rifl. ***sich (D) etw. bei, von jdm ~*** farsi (im)prestare, prendere in prestito qcs. da qcn.; ***sich (D) ein Auto ~*** noleggiare un'auto.
Leih|ga|be f. *(-,-n)* prestito *m.* **Leih|ge|ber** m. *(-s,-)* chi concede il prestito. **Leih|ge|bühr** f. *(-,-en)* tariffa *f.* di prestito, diritto *m.* di noleggio. **Leih|haus** n. *(-es,-häuser)* banco *m.* dei pegni, ANT. monte *m.* di pietà (*o* dei pegni). **Leih|kauf** m. *(-[e]s,-käufe)* locazione-vendita *f.* **Leih|mut|ter** f. *(-,-mütter)* madre *f.* sostituta (*o* in affitto). **Leih|schein** m. *(-[e]s,-e)* **1** ricevuta *f.* di prestito **2** *(Pfandschein)* polizza *f.* di pegno **3** *(in Bibliotheken)* scheda *f.* di prestito. **Leih|ver|kehr** m. *(-s)* prestito *m.* interbiblioteca. **Leih|wa|gen** m. *(-s,-)* automobile *f.* a noleggio. **leih|wei|se** **I** agg. in forma di prestito: ***ein -r Austausch*** uno scambio in forma di prestito **II** avv. in prestito: ***jdm etw. ~ geben, überlassen*** dare, lasciare qcs. in prestito a qcn.
Leim m. *(-[e]s,-e)* colla *f.*: ***etw. mit ~ festkleben*** attaccare qcs. con della colla ◆ COLLOQ. ***jdm auf den ~ gehen, kriechen*** farsi imbrogliare da qcn.; COLLOQ. ***jdn auf den ~ führen, locken*** imbrogliare qcn., fare cascare in trappola qcn.; COLLOQ. ***aus dem ~ gehen*** rompersi, sfasciarsi; FIG. andare a rotoli. **lei|men** tr. **1** incollare: ***den Griff an die Schublade ~*** incollare la maniglia al cassetto; ***den Rahmen ~*** incollare la cornice **2** COLLOQ. *(hereinlegen)* imbrogliare, ingannare. **Leim|far|be** f. *(-,-n)* tinta *f.* (*o* colore *m.*) a colla. **lei|mig** agg. **1** colloso **2** *(klebrig)* appiccicoso. **Leim|kraut** n. *(-[e]s)* silene *f.*, erba *f.* del cucco. **Leim|ring** m. *(-[e]s,-e)* AGR. fascia *f.* collosa. **Leim|ru|te** f. *(-,-n)* panione *m.*, paniuzza *f.* **Leim|sie|der** m. *(-s,-)* **1** ANT. fabbricante *m.* di colla **2** REGION. *(Langweiler)* uomo *m.* tonto e noioso. **Leim|tie|gel** m. *(-s,-)*, **Leim|topf** m. *(-[e]s,-töpfe)* barattolo *m.* di, della colla.
Lein m. *(-[e]s,-e)* lino *m.* **Lein|acker** m. *(-s,-äcker)* campo *m.* di lino.
Lei|ne f. *(-,-n)* **1** corda *f.*, funicella *f.*; *(Wäscheleine)* corda *f.* per il bucato: ***Wäsche auf die ~ hängen, von der ~ (ab)nehmen*** stendere, ritirare il bucato **2a** *(Hundeleine)* guinzaglio *m.*: ***den Hund an der ~ führen, haben*** portare, avere il cane al guinzaglio; ***den Hund von der ~ losmachen, dem Hund die ~ abmachen*** togliere il guinzaglio al cane **b** *(Pferdeleine)* cavezza *f.* **3** MAR. cima *f.*: ***die -n losmachen, loswerfen*** gettare le cime ◆ ***jdn an der (kurzen) ~ haben, halten*** tenere qcn. (stretto) al guinzaglio; ***jdm lange ~ lassen*** lasciare una certa libertà a qcn.; ***jdn an die ~ legen*** tenere qcn. al guinzaglio; COLLOQ. ***~ ziehen*** tagliare la corda.
lei|nen agg. di lino. **Lei|nen** n. *(-s,-)* **1** (fibra *f.* di) lino *m.*; *(Leinengewebe)* (tela *f.* di) lino *m.* **2** *(Leineneinband)* rilegatura *f.* in tela: ***ein Buch in ~*** un libro rilegato in tela. **Lei|nen|band** m. *(-[e]s,-bände)* volume *m.* rilegato in tela. **Lei|nen|bin|dung** f. *(-,-en)* → **Leinwandbindung. Lei|nen|ein|band** m. *(-[e]s,-einbände)* rilegatura *f.* in tela. **Lei|nen|garn** n. *(-[e]s,-e)* filato *m.* di lino. **Lei|nen|ge|we|be** n. *(-s,-)* (tessuto *m.* di) lino *m.* **Lei|nen|kleid** n. *(-[e]s,-er)* abito *m.* di lino. **Lei|nen|tuch** n. *(-[e]s,-tücher)* tessuto *m.* (*o* stoffa *f.*) di lino. **Lei|nen|we|ber** → **Leinweber. Lei|nen|we|be|rei** → **Leinweberei. Lei|nen|zeug** → **Leinzeug.**
Lei|ne|we|ber → **Leinweber.**
Lein|ge|wächs n. *(-es,-e)* linacea *f.* **Lein|kraut** n. *(-[e]s,-kräuter)* linaria *f.* **Lein|ku|chen** m. *(-s,-)* panello *m.* **Lein|öl** n. *(-[e]s)* olio *m.* di (semi di) lino. **Lein|pfad** m. *(-[e]s,-e)* strada *f.* di alaggio, alzaia *f.* **Lein|saat** f. *(-)*, **Lein|sa|men** m. *(-s,-)* seme *m.* di lino. **Lein|tuch** n. *(-[e]s,-tücher)* REGION. lenzuolo *m.*
Lein|wand f. *(-,-wände)* **1** tela *f.* (anche PITT.) **2** *(Projektionswand)* schermo *m.*: ***eine transportable ~*** uno schermo portatile; FIG. ***einen Roman auf die ~ bringen, übertragen*** portare (*o* trasferire) un romanzo sullo schermo. **Lein|wand|bin|dung** f. *(-,-en)* armatura *f.*, tela *f.* **Lein|wand|grö|ße** f. *(-,-n)* SCHERZ. divo *m.* (-a *f.*) dello schermo. **Lein|wand|held** m. *(-en,-en)* eroe *m.* dello schermo. **Lein|wand|rah|men** m. *(-s,-)* PITT. telaio *m.*, intelaiatura *f.*
Lein|we|ber m. *(-s,-)* tessitore *m.* di lino. **Lein|we|be|rei** f. *(-,-en)* tessitura *f.* di lino. **Lein|zeug** n. *(-[e]s)* biancheria *f.* di lino.
Leip|zig n.pr.n. *(-s)* Lipsia *f.* **Leip|zi|ger** **I** m. *(-s,-)* abitante *m.* di Lipsia **II** agg.inv. di Lipsia.
lei|se **I** agg. **1** sommesso, lieve: ***eine ~ Stimme*** una voce sommessa, fioca; ***ein -s Geräusch*** un lieve rumore **2** *(ruhig)* silenzioso: ***über uns wohnen ganz ~ Mieter*** sopra di noi abitano degli inquilini molto silenziosi **3a** *(leicht)* leggero, lieve: ***ein -r Regen*** una leggera pioggia; ***einen -n Schlaf haben*** avere un sonno leggero **b** leggero, delicato: ***ein -r Duft*** un leggero profumo **c** leggero, debole, vago: ***ein -r Verdacht*** un leggero, vago sospetto; ***eine ~ Hoffnung*** una debole speranza; ***das ~ Gefühl haben, dass...*** avere la vaga sensazione che... **II** avv. **1** piano, sommessamente: ***~ sprechen, singen*** parlare, cantare piano **2** *(ruhig)* silenziosamente: ***ein ~ laufender Motor*** un motore silenzioso **3** *(leicht)* leggermente, piano, lievemente: ***es schneit ~*** nevica piano; ***etw. ~ berühren*** sfiorare qcs. leggermente ◆ ***nicht die -ste Ahnung (davon) haben*** non aver(ne) la minima idea; ***bei der -sten Berührung*** al minimo tocco; ***nicht im Leisesten zweifeln*** non dubitare minimamente; ***mit -r Stimme*** a bassa voce, sottovoce; ***das Radio -r stellen*** abbassare la radio; ***-r sein*** fare più piano; ***sei ~!*** fa' piano! ***auf -n Sohlen kommen*** venire senza far rumore, in punta di piedi; ***nicht den -sten Versuch machen*** non fare il minimo tentativo.
lei|se_tre|ten intr. *(tritt, trat, getreten;* aus. *sein)* SPREG. essere un pusillanime. **Lei|se|tre|ter** m. *(-s,-)* SPREG. pusillanime *m.* **Lei|se|tre|te|rei** f. *(-)* pusillanimità *f.* **lei|se|tre|te|risch** agg. da pusillanime.
Leis|te f. *(-,-n)* **1** lista *f.*, listello *m.* **2** *(Knopfleiste)* abbottonatura *f.* **3** *(Webkante)* cimosa *f.* **4** ANAT. inguine *m.* **5** ALP. cengia *f.*
leis|ten **I** tr. **1** fare, compiere: ***etw. Großartiges ~*** fare qcs. di straordinario; ***Großes ~*** fare grandi cose; ***gute Arbeit ~*** fare un buon lavoro **2a** rendere: ***wenig ~*** rendere poco, essere di scarso rendimento **b** ***der Motor leistet 80 PS*** il motore ha (una potenza di) 80 CV **II** rifl. COLLOQ. ***sich (D) etw. ~*** concedersi, permettersi qcs.: ***von meinem Gehalt kann ich mir kein neues Auto ~*** con il mio salario non mi posso permettere (il lusso di) un'auto nuova; *(sich herausnehmen)* ***sich (D) eine böse Bemerkung ~*** permettersi un'osservazione cattiva; ***du kannst dir keinen Fehler mehr ~*** non ti puoi più permettere un errore ◆ ***Abbitte ~*** chiedere perdono; ***jdm Beistand ~*** prestare assistenza (*o* soccorso) a qcn.; ***einen Beitrag ~*** dare un contributo; ***jdm gute Dienste ~*** essere molto utile a qcn.; ***einen Eid ~*** prestare giuramento; ***jdm Ersatz ~*** risarcire qcn., versare un indennizzo a qcn.; ***etw. (D) Folge ~*** accettare qcs.; *(folgen)* seguire qcs.; *(befriedigen)* soddisfare qcs.; ***Garantie ~*** garantire; ***jdm Gefolgschaft ~*** seguire qcn.; ***Gehorsam ~*** essere ubbidiente; ***jdm Gesellschaft ~*** far compagnia a qcn.; ***für etw. Gewähr ~*** garantire qcs.; ***jdm Hilfe ~*** prestare aiuto a qcn.; ***Überstunden ~*** fare ore di straordinario; ***eine Unterschrift ~*** fare una firma; ***(auf etw. [A]) Verzicht ~*** rinunciare (a qcs.); ***Widerstand ~*** opporre resistenza; ***eine Zahlung ~*** effettuare un pagamento.
Leis|ten m. *(-s,-)* forma *f.*: ***Schuhe auf ~ spannen*** mettere in forma le scarpe ◆ COLLOQ. ***alles über einen ~ schlagen*** fare di tutte le erbe un fascio.
Leis|ten|band n. *(-[e]s,-bänder)* legamento *m.* inguinale. **Leis|ten|beu|ge** f. *(-,-n)* inguine *m.* **Leis|ten|bruch** m. *(-[e]s,-brüche)* ernia *f.* inguinale. **Leis|ten|ge|gend** f. *(-)* regione *f.* inguinale. **Leis|ten|ka|nal** m. *(-s,-kanäle)* canale *m.* inguinale. **Leis|ten|lymph|kno|ten** m. *(-s,-)* linfonodo *m.* inguinale. **Leis|ten|zer|rung** f. *(-,-en)* stiramento *m.* inguinale.
Leis|tung f. *(-,-en)* **1a** prestazione *f.*: ***eine sportliche, technische ~***

una prestazione sportiva, tecnica; ***gute -en liefern (vollbringen, erbringen), bieten, erzielen*** fornire, offrire, ottenere buone prestazioni **b** *(von Diensten)* adempimento *m.*: ***die ~ einer Pflicht, des Ersatzdienstes*** l'adempimento di un dovere, del servizio sostitutivo (*o* civile) **c** *(Arbeitsergebnis)* rendimento *m.*, efficienza *f.* **d** *(von Schülern)* profitto *m.*, rendimento *m.*: ***die ~ der Schüler lässt nach, steigt*** il profitto degli scolari diminuisce, aumenta **2** *(das Geleistete)* lavoro *m.*, opera *f.*, realizzazione *f.*: ***die ~ des Herzens, einer Fabrik*** il lavoro del cuore, di una fabbrica **3a** TECN. *(Wirkungsgrad)* resa *f.*, rendimento *m.*: ***höchste ~*** massimo rendimento **b** *(Produktion)* produzione *f.* **c** *(Produktivität)* produttività *f.* **4** *(geleisteter Betrag)* contributo *m.*: ***soziale -en*** prestazioni sociali; ***-en beziehen, erhalten*** ricevere contributi **5** FIS. potenza *f.*: ***der Motor hat eine ~ von 100 PS*** il motore ha una potenza di 100 CV ◆ ***~ in Geld, in Naturalien*** prestazione pecuniaria, in natura; ***eine reife ~!*** una bella prestazione! ***unentgeltliche -en*** prestazioni gratuite.

Leis|tungs|ab|fall m. *(-[e]s,-abfälle)* **1** diminuzione *f.* del rendimento **2** MOT. perdita *f.* di potenza. **Leis|tungs|an|stieg** m. *(-[e]s,-e)* aumento *m.* del rendimento. **Leis|tungs|bi|lanz** f. *(-,-en)* ECON. bilancia *f.* delle partite correnti. **Leis|tungs|druck** m. *(-[e]s)* pressione *f.* (psicologica) per aumentare il rendimento: ***unter ~ stehen*** essere sotto pressione. **leis|tungs|fä|hig** agg. **1** produttivo, efficiente: ***-e Betriebe, Maschinen*** aziende produttive, macchine efficienti (*o* potenti) **2** *(tüchtig)* capace, efficiente: ***ein -er Mitarbeiter*** un collaboratore capace **3** redditizio: ***eine -e Versicherung*** un'assicurazione redditizia. **Leis|tungs|fä|hig|keit** f. *(-,-en)* efficienza *f.*, capacità *f.* produttiva (*o* di rendimento), potenzialità *f.* **leis|tungs|ge|recht** agg. giusto, confacente al rendimento: ***eine -e Bezahlung*** una giusta retribuzione. **Leis|tungs|ge|sell|schaft** f. *(-,-en)* società *f.* efficientista. **Leis|tungs|gren|ze** f. *(-,-n)* limite *m.* della capacità produttiva. **Leis|tungs|knick** m. *(-[e]s,-e)* diminuzione *f.* del rendimento. **Leis|tungs|kon|trol|le** f. *(-,-n)* controllo *m.* del rendimento (scolastico). **Leis|tungs|kraft** f. *(-,-kräfte)* → **Leistungsfähigkeit.** **Leis|tungs|kurs** m. *(-es,-e)* SCOL. INTRAD. (corso di approfondimento nella Kollegstufe). **Leis|tungs|kur|ve** f. *(-,-n)* **1** curva *f.* (*o* diagramma *m.*) del rendimento **2** MOT. curva *f.* di potenza. **Leis|tungs|mar|ge** [-marʒə] f. *(-,-n)* margine *m.* di rendimento. **Leis|tungs|mes|ser** m. *(-s,-)* wattmetro *m.* **Leis|tungs|ni|veau** n. *(-s,-s)* livello *m.* di prestazioni. **leis|tungs|ori|en|tiert** agg. efficientista. **Leis|tungs|prä|mie** f. *(-,-n)* EX-RDT premio *m.* di produzione. **Leis|tungs|prin|zip** n. *(-s)* principio *m.* della produttività. **Leis|tungs|prü|fung** f. *(-,-en)* **1** SCOL. esame *m.* **2** SPORT competizione *f.* **Leis|tungs|re|ser|ve** f. *(-,-n)* riserva *f.* di energia. **Leis|tungs|schau** f. *(-,-en)* ECON. AGR. esposizione *f.* di prodotti. **leis|tungs|schwach** agg. **1** poco efficiente, di scarso rendimento (*o* profitto) **2** ECON. poco produttivo **3** *(von Maschinen)* poco potente, di scarsa resa. **Leis|tungs|schwä|che** f. *(-,-n)* **1** scarso rendimento *m.*, scarsa efficienza *f.* **2** ECON. scarsa produttività *f.* **3** *(von Maschinen)* scarsa resa *f.*, scarsa potenza *f.* **Leis|tungs|sport** m. *(-[e]s)* sport *m.* di competizione. **Leis|tungs|sport|ler** m. *(-s,-)* atleta *m.* competitivo. **Leis|tungs|stand** m. *(-[e]s,-stände)* → **Leistungsniveau.** **leis|tungs|stark** agg. **1** efficiente **2** ECON. produttivo **3** *(von Sportlern, Schülern)* competitivo. **Leis|tungs|stär|ke** f. *(-)* **1** efficienza *f.* **2** ECON. produttività *f.* **3** *(von Sportlern, Schülern)* competitività *f.* **Leis|tungs|stei|ge|rung** f. *(-,-en)* **1** aumento *m.* del rendimento **2** ECON. incremento *m.* della produzione **3** *(von Versicherungen)* aumento *m.* delle prestazioni. **Leis|tungs|test** m. *(-[e]s,-s)* test *m.* di rendimento. **Leis|tungs|tief** n. *(-s,-s)* SPORT crisi *f.* di forma. **Leis|tungs|trä|ger** m. *(-s,-)* prestatore *m.* d'opera. **Leis|tungs|ver|gleich** m. *(-[e]s,-e)* **1** *(Wettbewerb)* competizione *f.* **2** confronto *m.* di prestazioni. **Leis|tungs|ver|mö|gen** n. *(-s)* → **Leistungsfähigkeit.** **Leis|tungs|zu|la|ge** f. *(-,-n)*, **Leis|tungs|zu|schlag** m. *(-[e]s,-zuschläge)* premio *m.* di produzione.

Leit|ar|ti|kel m. *(-s,-)* articolo *m.* di fondo, editoriale *m.* **Leit|ar|tik|ler** m. *(-s,-)* editorialista *m.* **leit|bar** agg. guidabile, dirigibile. **Leit|bild** n. *(-[e]s,-er)* **1** immagine *f.* guida, modello *m.* **2** *(Ideal)* ideale *m.* **Leit|bün|del** n. *(-s,-)* BOT. fascio *m.* vascolare.

1.Lei|te f. *(-,-n)* SVIZZ. **1** *(Wasserleitung)* conduttura *f.* (dell'acqua) **2** *(Holzrutschbahn)* toboga *m.*

2.Lei|te f. *(-,-n)* REGION. pendio *m.*

lei|ten tr. **1a** dirigere, guidare: ***einen Betrieb, eine Schule, eine Expedition ~*** dirigere un'azienda, una scuola, guidare una spedizione; ***den Verkehr ~*** dirigere il traffico; ***die Verhandlungen ~*** guidare, condurre le trattative; ***sich von jdm ~ lassen*** lasciarsi guidare da qcn. **b** *(regieren)* ***einen Staat ~*** dirigere uno stato **2a** *(hinführen)* condurre, portare: FIG. ***mein Gefühl hat mich richtig geleitet*** l'istinto mi ha guidato bene **b** ***jdn auf die falsche Spur, auf den rechten Weg ~*** condurre (*o* mettere) qcn. sulla pista sbagliata, sulla retta via **3** *(vorsitzen)* presiedere: ***eine Sitzung ~*** presiedere una seduta **4** *(dirigieren)* dirigere: ***das Orchester ~*** dirigere l'orchestra **5** SPORT arbitrare, dirigere (anche assol.): ***er hat gut geleitet*** ha arbitrato bene **6** *(in eine Bahn lenken)* incanalare, convogliare, far passare: ***das Wasser durch die Rohre ~*** incanalare l'acqua nelle tubature; ***den Verkehr in drei Fahrspuren ~*** incanalare il traffico su tre corsie **7** inoltrare: ***einen Antrag an die zuständige Stelle ~*** inoltrare una domanda all'ufficio competente **8** FIS. condurre (anche assol.): ***dieser Stoff leitet die Wärme gut, leitet gut*** questo materiale conduce bene il calore, è un buon conduttore ◆ ***etw. in die Wege ~*** avviare, iniziare qcs.; ***jdn in die Irre ~*** f(u)orviare qcn. **lei|tend** p.pres. agg. **1** → **leiten** **2** ***der -e Diensthabende, Ingenieur*** il caposervizio, l'ingegnere capo; ***ein -er Angestellte*** un dirigente **3** direttivo: ***eine -e Stellung, Funktion*** una posizione, funzione direttiva **4** *(beherrschend)* conduttore, dominante: ***der -e Gedanke*** il pensiero conduttore, il pensiero guida **5** FIS. conduttore ◆ ***ihm fehlt eine -e Hand*** gli manca una guida.

1.Lei|ter m. *(-s,-)* **1** *(Führer)* capo *m.*, guida *f.*: ***der ~ einer Gruppe, Abteilung, Delegation*** il capo di un gruppo, di un reparto, di una delegazione **2** direttore *m.*: ***~ einer Bank, eines Geschäfts, Orchesters sein*** essere direttore di (una) banca, di un negozio, di un'orchestra; ***künstlerischer, technischer ~*** direttore artistico, tecnico **3** FIS. conduttore *m.*: ***ein guter, schlechter ~*** un buon, cattivo conduttore.

2.Lei|ter f. *(-,-n)* scala *f.* (anche FIG.): ***die ~ an die Mauer stellen, lehnen*** mettere, appoggiare la scala contro il muro; ***auf der ~ stehen*** essere in piedi sulla scala; ***die ~ hinauf-, herabsteigen*** salire, scendere la scala; ***von der ~ (herunter)fallen*** cadere dalla scala.

lei|ter|ar|tig agg. a (forma di) scala.

Lei|te|rin f. *(-,-nen)* direttrice *f.*: ***die ~ einer Schule, einer Bibliothek*** la direttrice di una scuola, di una biblioteca.

Lei|ter|spros|se f. *(-,-n)* piolo *m.* **Lei|ter|wa|gen** m. *(-s,-)* carro *m.* a rastrelliera.

Leit|fa|den m. *(-s,-fäden)* guida *f.*, manuale *m.* introduttivo. **leit|fä|hig** agg. conduttore. **Leit|fä|hig|keit** f. *(-)* conduttività *f.*, conducibilità *f.* **Leit|feu|er** n. *(-s,-)* MAR. segnale *m.* luminoso. **Leit|fi|gur** f. *(-,-en)* guida *f.*, modello *m.*: ***der Lehrer ist ihre ~*** l'insegnante è il loro modello. **Leit|fos|sil** n. *(-s,-ien)* fossile *m.* guida. **Leit|ge|dan|ke** m. *(-ns,-n)* pensiero *m.* guida, dominante. **Leit|ge|we|be** n. *(-s,-)* BOT. tessuto *m.* vascolare. **Leit|ham|mel** m. *(-s,-)* **1** pecora *f.* guidaiola **2** FIG. SPREG. *(Anführer)* capo *m.* **Leit|hund** m. *(-[e]s,-e)* **1** segugio *m.* **2** *(Blindenhund)* cane *m.* guida. **Leit|idee** f. *(-,-n)* idea *f.* guida, dominante. **Leit|li|nie** f. *(-,-n)* **1** linea *f.* (direttrice), direttiva *f.*: ***die ~ der Partei festlegen*** stabilire la linea (direttrice) del partito **2** GEOM. direttrice *f.* **3** *(Verkehrszeichen)* linea *f.*, striscia *f.*: ***ununterbrochene, unterbrochene ~*** linea continua, discontinua. **Leit|mo|tiv** n. *(-s,-e)* leitmotiv *m.* **leit|mo|ti|visch** agg. di, del leitmotiv. **Leit|pflan|ze** f. *(-,-n)* GEOL. pianta *f.* indice (*o* indicatrice). **Leit|pfos|ten** m. *(-s,-)* paracarro *m.* **Leit|plan|ke** f. *(-,-n)* guardrail *m.*: ***gegen die ~ prallen*** sbattere contro il guardrail. **Leit|rad** n. *(-[e]s,-räder)* ruota *f.* direttrice. **Leit|satz** m. *(-es,-sätze)* principio *m.* (conduttore), criterio *m.* **Leit|schie|ne** f. *(-,-n)* AUSTR. → **Leitplanke.** **Leit|schnur** f. *(-,-schnüre)* RAR. norma *f.*, criterio *m.* **Leit|spruch** m. *(-[e]s,-sprüche)* motto *m.* **Leit|stel|le** f. *(-,-n)* direzione *f.* **Leit|stern** m. *(-[e]s,-e)* **1** *(Polarstern)* stella *f.* polare **2** FIG. principio *m.* guida, principio *m.* conduttore: ***der ~ einer Epoche*** il principio conduttore di un'epoca. **Leit|strahl** m. *(-[e]s,-en)* **1** AER. MIL. segnale *m.* guida luminoso **2** GEOM. MECC. raggio *m.* vettore. **Leit|tier** n. *(-[e]s,-e)* **1** VENAT. guidaiolo *m.* **2** ZOOL. *(ranghöchstes Alttier)* capobranco *m.* **Leit|ton** m. *(-[e]s)* MUS. sensibile *f.*

Lei|tung f. *(-,-en)* **1a** guida *f.*, direzione *f.*: ***die ~ der Expedition*** la guida della spedizione; ***die ~ des Betriebs übernehmen*** assumere la direzione dell'azienda; ***jdm die ~ anvertrauen, mit der ~ beauftragen*** affidare a qcn. la direzione **b** conduzione *f.*: ***die ~ des Gesprächs*** la conduzione del dibattito **2a** *(Führungsgruppe)* direzione *f.*: ***die technische ~*** la direzione tecnica; ***die neue ~ des Hotels*** la nuova direzione dell'albergo **b** *(Regieren)* ***die ~ eines Staats*** la direzione di uno Stato **3** *(von Organisationen)* direttivo *m.* **4** SPORT arbitraggio *m.*, direzione *f.* (dell'incontro) **5** *(Rohrleitung)* conduttura *f.* tubatura *f.*: ***eine ~ für Gas legen*** mettere una tubatura per il gas; ***Wasser aus der ~ trinken*** bere l'acqua dal rubinetto **6** EL. TEL. linea *f.*: ***die ~ steht unter Strom*** la linea è sotto tensione; ***die ~ ist besetzt, überlastet, tot, unterbrochen*** la linea è occupata, sovraccarica, caduta, interrotta; ***jdn an der ~ haben*** avere qcn. in linea; ***es knackt, rauscht in der ~*** ci sono disturbi sulla linea; ***eine ~ anzapfen*** inserirsi (di nascosto) su una linea **7a** EL. *(Elektronenleitung)* conduzione *f.* **b** *(Draht)* conduttore *m.*, filo *m.*; *(Kabel)* cavo *m.* ◆ COLLOQ. ***jd ist in der ~*** c'è qcn. sulla linea, c'è un'interferenza; COLLOQ. ***eine lange ~ haben*** essere duro di comprendonio; COLLOQ. ***auf der ~ sitzen, stehen*** non capire al volo; ***unter der ~ von...*** diretto da...

Lei|tungs|bahn f. *(-,-en)* TECN. ANAT. condotto *m.* **Lei|tungs|draht** m. *(-[e]s,-drähte)* EL. filo *m.* conduttore. **Lei|tungs|ge|we|be** → **Leitgewebe. Lei|tungs|gre|mi|um** n. *(-s,-gremien)* comitato *m.* direttivo. **Lei|tungs|mast** m. *(-[e]s,-en)* pilone *m.* (*o* traliccio *m.*) per linea aerea. **Lei|tungs|netz** n. *(-es,-e)* rete *f.* (di distribuzione). **Lei|tungs|rohr** n. *(-[e]s,-e)*, **Lei|tungs|röh|re** f. *(-,-n)* tubazione *f.* **Lei|tungs|was|ser** n. *(-s)* acqua *f.* di, del rubinetto. **Lei|tungs|wi|der|stand** m. *(-[e]s)* resistenza *f.* di linea, resistività *f.*

Leit|ver|mö|gen n. *(-s)* conduttività *f.*, conducibilità *f.* **Leit|wäh|rung** f. *(-,-en)* valuta *f.* guida (*o* pilota). **Leit|werk** n. *(-[e]s,-e)* **1** AER. impennaggio *m.* **2** INFORM. *(Steuerwerk)* unità *f.* di comando. **Leit|wert** m. *(-[e]s,-e)* conduttanza *f.* **Leit|wort** n. *(-[e]s,-e* e *-wörter)* **1** *(Leitspruch;* pl. *-e)* motto *m.* **2** *(Stichwort;* pl. *-wörter)* parola *f.* guida. **Leit|zahl** f. *(-,-en)* FOT. numero *m.* guida. **Leit|zins** m. *(-es,-en)* **1** *(Discontsatz)* tasso *m.* di sconto **2** *(Eckzins)* interesse *m.* di riferimento.

Lek|ti|on f. *(-,-en)* **1a** lezione *f.*: ***seine ~ lernen, wiederholen*** studiare, ripetere la lezione; ***eine ~ vorbereiten, halten, durchnehmen*** preparare, tenere, spiegare una lezione **b** FIG. ***jdm eine ~ geben, erteilen*** dare, impartire una lezione a qcn.; ***das soll ihm eine ~ sein*** che gli sia di lezione; ***die ~ begreifen*** capire la lezione **2** RELIG. *(Lesung)* lettura *f.* **Lek|ti|o|nar** n. *(-s,-e* e *-ien)* lezionario *m.*

Lek|tor m. *(-s,-en)* **1** UNIV. RELIG. lettore *m.* **2** EDIT. redattore *m.* (editoriale), editor *f.* **Lek|to|rat** n. *(-[e]s,-e)* **1** UNIV. lettorato *m.* **2** EDIT. redazione *f.* (editoriale). **lek|to|rie|ren** EDIT. **I** tr. visionare, leggere (per conto di un editore) **II** intr. (aus. *haben*) fare il (*o* essere) redattore (editoriale). **Lek|to|rin** f. *(-,-nen)* **1** UNIV. lettrice *f.* **2** EDIT. redattrice *f.* **Lek|tor|stel|le** f. *(-,-n)* UNIV. lettorato *m.*

Lek|tü|re f. *(-,-n)* lettura *f.*: ***eine gute, langweilige ~*** una buona lettura, una lettura noiosa; ***eine aufmerksame, oberflächliche ~*** una lettura attenta, superficiale; ***in seine ~ vertieft sein*** essere immerso nella lettura. **Lek|tü|re|stun|de** f. *(-,-n)* SCOL. ora *f.* di lettura (di testi stranieri).

Lem|ma n. *(-s,-ta)* **1** *(Stichwort)* lemma *m.*, esponente *m.* **2** MAT. FILOS. lemma *m.* **3** ANT. *(Überschrift)* titolo *m.* **lem|ma|ti|sie|ren** tr. dotare di (un) esponente. **Lem|ma|ti|sie|rung** f. *(-,-en)* il dotare di (un) esponente.

Lem|ming m. *(-s,-e)* lemming *m.*, lemmo *m.*

Le|mur m. *(-en,-en)*, **Le|mu|re** m. *(-n,-n)* MITOL. ZOOL. lemure *m.* **le|mu|ren|haft** agg. spettrale.

Len|de f. *(-,-n)* **1** ANAT. lombo *m.* **2** pl. LETT. *(Hüften)* fianchi *m.pl.* **3** *(Lendenstück)* lombo *m.*, lombata *f.* **Len|den|bra|ten** m. *(-s,-)* arrosto *m.* di lombo (*o* lombata). **Len|den|ge|gend** f. *(-)* regione *f.*, zona *f.* lombare. **len|den|lahm** agg. **1** slombato, sfiancato **2** FIG. SPREG. misero, magro: ***eine -e Ausrede*** una magra scusa. **Len|den|schmerz** m. *(-es,-en)* lombaggine *f.* **Len|den|schurz** m. *(-es,-e)* perizoma *m.* **Len|den|steak** [-ste:k] n. *(-s,-s)* bistecca *f.* di lombo, lombata *f.* **Len|den|stück** n. *(-[e]s,-e)* lombata *f.* **Len|den|wir|bel** m. *(-s,-)* vertebra *f.* lombare.

Le|ne n.pr.f. Lena *f.*

Leng m. *(-[e]s,-e)*, **Leng|fisch** m. *(-[e]s,-e)* molva *f.*

Le|ni → **Lene.**

Le|nin|grad n.pr.n. *(-s)* Leningrado *f.* **Le|nin|gra|der I** m. *(-s,-)* abitante *m.* di Leningrado, leningradese *m.* **II** agg.inv. di Leningrado, leningradese.

Le|ni|nis|mus m. *(-)* leninismo *m.* **Le|ni|nist** m. *(-en,-en)* leninista *m.* **le|ni|nis|tisch** agg. leninista.

Le|nis f. *(-, Lenes)* FON. consonante *f.* lene, lene *f.*

Lenk|ach|se f. *(-,-n)* FERR. asse *m.* sterzante.

lenk|bar agg. **1** che può essere guidato, da guidare: ***leicht, schwer ~*** facile, difficile da guidare **2** FIG. docile: ***ein -es Kind*** un bambino docile. **Lenk|bar|keit** f. *(-)* manovrabilità *f.*: ***dieses Auto hat eine gute ~*** l'auto ha una buona manovrabilità.

len|ken I tr. **1a** guidare (anche assol.): ***ein Fahrrad, Auto ~*** guidare una bicicletta, un'automobile; ***sicher ~*** guidare sicuri, essere sicuri nella guida; ***mit einer Hand ~*** guidare con una mano sola; ***den Wagen durch das Tor ~*** passare con la macchina sotto il portone **b** *(leiten)* ***einen Betrieb, einen Staat, die Verhandlungen ~*** guidare un'azienda, uno Stato, le trattative **c** FIG. *(beeinflussen)* ***ein Kind, die Schüler ~*** guidare un bambino, gli alunni **2** *(Rennwagen, Flugzeuge)* guidare, pilotare; *(Schiffe)* governare **3** pilotare, manovrare: ***die Presse, eine Entscheidung ~*** pilotare la stampa, una decisione **4** *(richten)* dirigere, indirizzare: ***den Blick, den Verdacht auf jdn ~*** dirigere lo sguardo verso, indirizzare (*o* far cadere) il sospetto su qcn.; ***das Gespräch, jds Aufmerksamkeit auf etw. ~*** dirigere il discorso, volgere l'attenzione di qcn. su qcs. **II** intr. (aus. *haben*) ANT. andare, condurre, portare: ***diese Straße lenkt ins Zentrum*** questa strada porta in centro ◆ ***die Blicke auf sich ~*** attirare gli sguardi su di sé; ANT. ***nach Hause ~*** dirigersi verso casa; ***(den Wagen) nach links, rechts ~*** andare (*o* girare) a sinistra, a destra (con la macchina); ***seinen Schritt, seine Schritte (zum Bahnhof) ~*** dirigersi (alla, verso la stazione). **len|kend** p.pres. agg. **1** → **lenken 2** che guida, che dirige, che conduce ◆ ***es fehlt (bei) ihm eine -e Hand*** gli manca una guida.

Len|ker m. *(-s,-)* **1a** *(Lenkrad)* volante *m.* **b** *(Lenkstange)* manubrio *m.* **2** *(Fahrer)* guidatore *m.* **3** *(Leiter)* guida *f.*: ANT. LETT. ***der ~ des Staates*** la guida dello Stato ◆ COLLOQ. ***sich den goldenen ~ verdienen*** guadagnarsi il diploma di lecchino. **Len|ke|rin** f. *(-,-nen)* **1** *(Fahrerin)* guidatrice *f.* **2** *(Leiterin)* guida *f.*

Lenk|ge|trie|be n. *(-s,-)* sterzo *m.*

Lenk|rad n. *(-[e]s,-räder)* volante *m.* **Lenk|rad|schal|tung** f. *(-,-en)* cambio *m.* al, sul volante. **Lenk|rad|schloss** n. *(-es, -schlösser)* bloccasterzo *m.*

Lenk|ra|ke|te f. *(-,-n)* missile *m.* teleguidato. **Lenk|rol|le** f. *(-,-n)* rullo *m.* di guida.

lenk|sam agg. RAR. docile, ubbidiente. **Lenk|sam|keit** f. *(-)* RAR. docilità *f.*

Lenk|säu|le f. *(-,-n)* piantone *m.* (dello sterzo). **Lenk|stan|ge** f. *(-,-n)* manubrio *m.* **Len|kung** f. *(-,-en)* **1** guida *f.*; *(von Flugzeugen, Rennwagen)* pilotaggio *m.*; *(von Schiffen)* governo *m.* **2** *(Leitung)* direzione *f.*, conduzione *f.*, governo *m.* **3** MECC. sterzo *m.*

Le|no|re n.pr.f. Eleonora *f.*, Leonora *f.*

len|ti|ku|lär agg. lenticolare.

Len|to n. *(-s,-s* e *Lenti)* MUS. lento *m.*

Lenz m. *(-es,-e)* LETT. primavera *f.*: ***der ~ des Lebens*** la primavera della vita; *(Lebensjahr)* ***sie zählte 15 -e*** contava 15 primavere ◆ SPREG. ***einen ruhigen, schönen, sonnigen ~ haben*** avere una vita tranquilla, bella, serena; ***sich (D) einen schönen ~ machen*** prendersela comoda, fare con calma.

1.len|zen intr. (aus. *haben*) impers. LETT. ***es lenzt*** giunge la primavera.

2.len|zen MAR. **I** tr. **1** vuotare con la pompa; ***die Bilge ~*** pompare via l'acqua dalla sentina **2** ***Wasser aus dem Schiff ~*** pompare via acqua dalla nave **II** intr. (aus. *haben*) fuggire il vento, navigare a velatura ridotta (*o* in fil di ruota).

Len|zing m. *(-s,-e)*, **Lenz|mo|nat** m. *(-[e]s,-e)*, **Lenz|mond** m. *(-[e]s,-e)* ANT. marzo *m.*

Lenz|pum|pe f. *(-,-n)* MAR. pompa *f.* di prosciugamento (*o* di sentina).

Le|on n.pr.m. Leone *m.*

Le|on|hard n.pr.m. Leonardo *m.*

Le|o|ni|das n.pr.m. Leonida *m.*

Le|o|ni|den n.pr.pl. ASTR. Leonidi *f.pl.*

le|o|ni|nisch agg. leonino: METR. ***-e Verse*** versi leonini; DIR. ***-er Vertrag*** patto leonino.

Le|o|no|re n.pr.f. Eleonora *f.*, Leonora *f.*

Le|o|pard m. *(-en,-en)* leopardo *m.* **Le|o|par|den|fell** n. *(-[e]s,-e)* pelle *f.* di leopardo.

Le|o|pold n.pr.m. Leopoldo *m.*

Le|po|rel|lo n. *(-s,-s)*, **Le|po|rel|lo|al|bum** n. *(-s,-alben)* album *m.* di cartoline a fisarmonica.

Lep|ra f. *(-)* lebbra *f.* **lep|ra|krank** agg. lebbroso. **Lep|ra|kran|ke** m. e f. *(-n,-n)* lebbroso *m.* (-a *f.*). **Lep|rom** n. *(-s,-e)* leproma *m.*, granuloma *m.* leproso. **lep|ros, lep|rös** agg. **1** MED. leproso **2** → **leprakrank. Lep|ro|so|ri|um** n. *(-s, Leprosorien)* ANT. lebbrosario *m.*

1.Lep|ton n. *(-s, Lepta)* lepton *m.*

2.Lep|ton n. *(-s,-en)* FIS. leptone *m.*

lep|to|som agg. leptosomico. **Lep|to|so|me** m. e f. *(-n,-n)* leptosomico *m.* (-a *f.*).

Ler|che f. *(-,-n)* allodola *f.*: ***die ~ trillert*** l'allodola trilla (*o* fischia). **Ler|chen|sporn** m. *(-[e]s,-e)* coridale *m.* e *f.*

lern|bar agg. ***leicht, schwer ~*** facile, difficile da apprendere (*o* di facile, difficile apprendimento). **Lern|be|gier, Lern|be|gier|de** f. *(-)* desiderio *m.* di apprendere, avidità *f.* di sapere. **lern|be|gie|rig** agg. desideroso d'imparare, avido di sapere. **lern|be|hin|dert** agg. PSIC. ritardato. **Lern|be|hin|der|te** m. e f. *(-n,-n)* ritardato *m.* (-a *f.*). **Lern|ei|fer** m. *(-s)* zelo *m.* (*o* diligenza *f.*) nello studio. **lern|eif|rig** agg. diligente, volenteroso (nello studio).

ler|nen I tr. **1** studiare (anche assol.): ***Deutsch, Klavier ~*** studiare tedesco, piano; ***bis in die Nacht hinein ~*** studiare fino a notte fonda **2a** *(sich aneignen, erlernen)* imparare, apprendere (anche assol.): ***etw. von, bei jdm ~*** imparare qcs. da qcn.; ***einen Beruf, Pünktlichkeit ~*** imparare un mestiere, la puntualità; COLLOQ. ***Bäcker, Friseur ~*** studiare da (*o* imparare il mestiere di) panettiere, parrucchiere; ***etw. aus Büchern, aus der Erfahrung, aus seinen Fehlern ~*** imparare qcs. dai libri, delle proprie esperienze, dai propri errori; ***leicht ~*** imparare con facilità; ***das lässt sich schwer ~*** è difficile da imparare **b** *(mit Infinitiv, mit Nebensätzen)* imparare a: ***Autofahren, gehen, schreiben, schwimmen ~*** imparare a guidare (l'auto), a camminare, a scrivere, a nuotare; ***Gitarre spielen ~ (~, Gitarre zu spielen)*** imparare a suonare la chitarra; ***ich habe gelernt, mich mit wenigem zu begnügen*** ho imparato a contentarmi di poco **II** rifl. **sich ~** impararsi, apprendersi: ***etw. lernt sich leicht, schwer*** qcs. s'imparara facilmente, con difficoltà ◆ ***etw. auswendig ~*** studiare (*o* imparare) qcs. a memoria; ***von ihr kannst du noch etw. ~*** lei ti può insegnare qcs.; ***das lernst du nie!*** non ci arriverai mai! ***mancher lernt's nie*** c'è chi non ci arriva mai, c'è chi è negato; ***man lernt nie aus*** non si finisce mai di imparare; ***man kann nie genug ~*** non s'impara mai abbastanza. **Ler|nen** n. *(-s)* studio *m.*, apprendimento *m.* **Ler|ner** m. *(-s,-)* chi impara, discente *m.*

lern|fä|hig agg. in grado di imparare, di apprendere. **Lern|fä|hig|keit** f. *(-)* capacità *f.* di apprendimento. **Lern|hil|fe** f. *(-,-n)* mezzo *m.* che facilita l'apprendimento. **Lern|in|halt** m. *(-[e]s,-e)* PED. oggetto *m.* di studio. **Lern|mit|tel** n. *(-s,-)* strumento *m.* didattico. **Lern|mit|tel|frei|heit** f. *(-)* gratuità *f.* dei testi didattici. **Lern|pro|gramm** n. *(-s,-e)* programma *m.* di studio, didattico. **Lern|pro|zess** m. *(-es,-e)* processo *m.* di apprendimento. **Lern|schwes|ter** f. *(-,-n)* allieva infermiera *f.* **Lern|stoff** m. *(-[e]s,-e)* materia *f.* di studio. **Lern|zeit** f. *(-,-en)* periodo *m.* di studio. **Lern|ziel** n. *(-[e]s,-e)* obiettivo *m.* didattico, dello studio.

Les|art f. *(-,-en)* **1** FILOL. lezione *f.* (variante), variante *f.* **2** FIG. *(Deutung)* interpretazione *f.*, versione *f.*: ***eine andere ~ der Vorfälle liefern*** dare un'altra versione dei fatti.

les|bar agg. leggibile: ***leicht, schwer ~*** facile, difficile da leggere; ***eine nicht -e Schrift*** una scrittura illeggibile; ***das macht den Roman gut ~*** ciò favorisce (*o* rende scorrevole) la lettura del romanzo; ***eine gut -e Erzählung*** un racconto di facile, piacevole lettura. **Les|bar|keit** f. *(-)* leggibilità *f.*

Les|be f. *(-,-n)* COLLOQ. lesbica *f.* **Les|bi|er** m. *(-s,-)* lesbio *m.*, abitante *m.* di Lesbo. **Les|bi|e|rin** f. *(-,-nen)* **1** lesbia *f.*, abitante *f.* di Lesbo **2** *(homosexuelle Frau)* lesbica *f.* **les|bisch** agg. **1** lesbico, LETT. lesbio **2** *(homosexuell)* lesbico. **Les|bos** n.pr.n. *(-)* Lesbo *f.*

Le|se f. *(-,-n)* **1** raccolta *f.*; *(Weinlese)* vendemmia *f.* **2** *(Auslese)* scelta *f.*, selezione *f.*

Le|se|abend m. *(-s,-e)* serata *f.* di lettura. **Le|se|au|to|mat** m. *(-en,-en)* INFORM. apparecchio *m.* di lettura, lettore *m.* **Le|se|bril|le** f. *(-,-n)* occhiali *m.pl.* per leggere. **Le|se|buch** n. *(-[e]s,-bücher)* libro *m.* di lettura. **Le|se|dra|ma** n. *(-s,-dramen)* dramma *m.* destinato (prevalentemente) alla lettura. **Le|se|früch|te** pl. frutti *m.pl.* delle letture, conoscenze *f.pl.* derivate dalla lettura. **Le|se|ge|rät** n. *(-[e]s,-e)* microlettore *m.* **Le|se|hun|ger** m. *(-s)* passione *f.* per la lettura. **le|se|hung|rig** agg. avido di letture. **Le|se|kar|te** f. *(-,-n)* tessera *f.* di lettura (in biblioteca). **Le|se|kreis** m. *(-es,-e)* circolo *m.* di lettura. **Le|se|lam|pe** f. *(-,-n)* lampada *f.* da lettura. **Le|se|lu|pe** f. *(-,-n)* lente *f.* (per la lettura). **Le|se|map|pe** f. *(-,-n)* riviste *f.pl.* in prestito (dietro pagamento di un abbonamento). **Le|se|ma|schi|ne** f. *(-,-n)* → **Leseautomat.**

1.le|sen *(liest, las, gelesen)* **I** tr. **1a** leggere (anche assol.): ***ein Buch, (die) Zeitung ~*** leggere un libro, il giornale; MUS. ***Noten, eine Partitur ~*** leggere le note, uno spartito; ***etw. aufmerksam, flüchtig, laut ~*** leggere qcs. attentamente, rapidamente, ad alta voce; ***etw. in der Zeitung, in einem Buch ~*** leggere qcs. sul giornale, in un libro; FIG. ***etw. in jds Augen, aus jds Blick, Gesicht ~*** leggere qcs. negli occhi, nello sguardo, sul volto di qcn.; ***~ lernen, können*** imparare a, saper leggere; ***am liebsten lese ich moderne Autoren*** preferisco (leggere) gli autori moderni; ***deine Handschrift ist schlecht zu ~ (lässt sich schlecht ~)*** la tua scrittura è difficile da decifrare **b** TIP. leggere (per correggere): ***Korrektur, Fahnen ~*** leggere bozze **2** POL. discutere, dibattere: ***ein Gesetz im Parlament ~*** discutere una legge in parlamento **3** RELIG. ***die Messe ~*** dire (la) messa **II** intr. (aus. *haben*) **1** ***von etw. ~*** leggere (di) qcs.; ***ich habe davon gelesen*** ne ho letto qualcosa **2** UNIV. *(Vorlesungen halten)* tenere lezioni (*o* un corso): ***über etw. (an der Universität) ~*** tenere un corso di qcs. (all'università); ***einmal die Woche ~*** tenere una lezione alla settimana **III** rifl. **sich ~ 1** leggersi: ***die Schrift liest sich kaum*** la scritta si legge appena (*o* è appena leggibile); ***der Text liest sich schwer*** il testo è difficile da leggere (*o* è di difficile lettura) **2** ***sich durch ein Buch ~*** leggersi un libro da capo a fondo ◆ ***etw. darüber ~*** leggere qcs. in proposito; ***Gedanken ~ können*** riuscire a leggere nel pensiero; ***jdm aus der Hand ~*** leggere la mano a qcn.; ***hier ist zu ~, dass...*** qui si legge (*o* è scritto) che...; ***jdm die Leviten ~*** fare la predica a qcn.; ***sich in den Schlaf ~*** leggere per addormentarsi; ***zwischen den Zeilen ~*** leggere fra le righe.

2.le|sen tr. *(liest, las, gelesen)* **1a** raccogliere: ***Trauben ~*** raccogliere (*o* vendemmiare) l'uva **b** *(auflesen)* ***etw. vom Boden ~*** raccogliere qcs. da terra **2** *(auswählen)* selezionare; *(Salat)* pulire.

le|sens|wert agg. degno di essere letto, che val la pena leggere.

Le|se|pro|be f. *(-,-n)* **1** estratto *m.*, specimen *m.* **2** TEATR. prova *f.* di lettura del copione, prova *f.* (di lettura) a tavolino. **Le|se|pult** n. *(-[e]s,-e)* leggio *m.*

Le|ser m. *(-s,-)* lettore *m.* (anche INFORM.): ***geneigter, werter ~!*** benigno, caro lettore!

Le|se|rat|te f. *(-,-n)* SCHERZ. divoratore *m.* (-trice *f.*) di libri, lettore *m.* accanito (lettrice *f.* accanita).

Le|ser|brief m. *(-[e]s,-e)* lettera *f.* di un lettore (*o* al direttore).

Le|se|rei f. *(-,-en)* SPREG. il continuo leggere.

Le|se|rin f. *(-,-nen)* lettrice *f.*

Le|se|ring m. *(-[e]s,-e)* → **Lesezirkel.**

Le|ser|kreis m. *(-es)* (numero *m.* di) lettori *m.pl.*: ***die Zeitschrift hat einen großen ~*** la rivista ha un gran numero di lettori, molti lettori. **le|ser|lich I** agg. leggibile **II** avv. in modo leggibile. **Le|ser|lich|keit** f. *(-)* leggibilità *f.* **Le|ser|schaft** f. *(-)* lettori *m.pl.* **Le|ser|um|fra|ge** f. *(-,-n)* inchiesta *f.* fra i lettori. **Le|ser|wunsch** m. *(-[e]s,-wünsche)* richiesta *f.* di un lettore.

Le|se|saal m. *(-[e]s,-säle)* sala *f.* (di) lettura. **Le|se|stoff** m. *(-[e]s)* materiale *m.* di lettura, letture *f.pl.* **Le|se|stück** n. *(-[e]s,-e)* (brano *m.* di) lettura *f.* **Le|se|ver|ständ|nis** n. *(-ses,-se)* (esercizio *m.* di) comprensione *f.* del testo. **Le|se|wut** f. *(-)* COLLOQ. mania *f.* di leggere. **Le|se|zei|chen** n. *(-s,-)* segnalibro *m.* **Le|se|zir|kel** m. *(-s,-)* INTRAD. (circolo che dà in prestito giornali e riviste ai suoi soci).

Le|sung f. *(-,-en)* **1** lettura *f.*: ***eine ~ veranstalten, halten*** tenere una pubblica lettura; ***eine ~ aus dem Neuen Testament*** una lettura dal Nuovo Testamento; DIR. ***ein Gesetz in erster, zweiter ~*** una legge in prima, seconda lettura **2** *(Lesart)* lettura *f.*, interpretazione *f.*

le|tal agg. letale.

Le|thar|gie f. *(-)* **1** *(Trägheit)* letargo *m.*: ***jdn aus seiner ~ herausreißen*** risvegliare qcn. dal suo letargo; ***in ~ verfallen, versinken*** cadere in letargo **2** MED. letargia *f.* **le|thar|gisch** agg. letargico.

Le|the n.pr.f. *(-)* Lete *m.* (anche FIG. LETT.): ***~ trinken*** bere l'acqua del Lete.

let|schert I agg. REGION. **1** *(kraftlos)* debole, fiacco **2** *(fade)* insipido **II** avv. ***die Suppe schmeckt ~*** la minestra è insipida.

Let|te m. *(-n,-n)* lettone *m.*

Let|ten m. *(-s,-)* creta *f.*, argilla *f.*

Let|ter f. *(-,-n)* TIP. lettera *f.*, carattere *m.* **Let|tern|gieß|ma|schi|ne** f. *(-,-n)* fonditrice *f.* di caratteri. **Let|tern|gut** n. *(-[e]s)*, **Let|tern|me|tall** n. *(-s)* lega *f.* per caratteri.

let|tig agg. argilloso.

Let|tin f. *(-,-nen)* lettone *f.* **let|tisch** agg. lettone. **Let|tisch** n. *(-[s])*, **Let|ti|sche** n. *(-n)* lettone *m.*, lingua *f.* lettone. **Lett|land** n.pr.n. *(-s)* Lettonia *f.*

Lett|ner m. *(-s,-)* pontile *m.* (gotico), pontile *m.* tramezzo.

let|zen ANT. **I** tr. ristorare, ricreare **II** rifl. ***sich an etw. ~*** ricrearsi con qcs.

Letzt, ***zu guter ~*** (proprio) alla fine, all'ultimo.

letzt... agg. **1** ultimo (anche FIG.): ***das ist das -e Glas, das ich trinke*** è l'ultimo bicchiere che bevo; ***die -en Exemplare*** gli ultimi esemplari; ***am -en Tag des Monats*** l'ultimo giorno del mese; ***das ist mein -es Angebot, mein -es Wort*** è la mia ultima offerta, la mia ultima parola; ***die -e Neuheit*** l'ultima novità; FIG. ***im -en Moment*** all'ultimo momento; ***das ist seine -e Hoffnung*** è la sua ultima speranza; ***das -e Mal, beim -en Mal*** l'ultima volta; ***zum -en Mal*** per l'ultima volta **2** scorso, passato: ***-e Woche*** la settimana scorsa; ***-es Jahr*** l'anno scorso; ***-es Mal, beim -en Mal(e)*** la volta scorsa **3** *(äußerste)* estremo, ultimo: ***das -e Mittel*** il mezzo estremo; ***mit -er Kraft*** con le ultime forze; ***jdm die -e Ehre erweisen*** rendere a qcn. gli estremi onori **4** *(schlechteste)* peggiore, infimo: ***Kirschen von der -en Sorte*** ciliege della peggiore qualità, di infima qualità ◆ ***-en Endes*** in fin dei conti, alla fin fine; RELIG. ***die Letzte Ölung*** l'estrema unzione; ***die -e Ruhe*** la pace eterna; ***mit -er Sicherheit*** con assoluta sicurezza; ***der -e Sinn der Dinge*** il senso ultimo delle cose; ***seine***

-e Stunde war gekommen era giunta la sua ultima ora; ***sein -er Wille*** le sue ultime volontà; ***in -er Zeit*** ultimamente, negli ultimi tempi; ***zum ersten und auch zum -en Mal*** per la prima e (anche) ultima volta.

Letz|te I m. e f. *(-n,-n)* ultimo *m.* (-a *f.*): ***am -n des Monats*** l'ultimo del mese; ***er ist -r, der ~ in seiner Klasse*** è l'ultimo della classe; ***der ~ in der Reihe*** l'ultimo della fila; ***er kam als -r*** arrivò per ultimo; ***die drei -n*** gli ultimi tre; ***du bist die ~, der ich es sagen würde*** sei l'ultima persona a cui lo direi **II** n. *(-n)* **1** ultima cosa *f.*: ***ich habe ein -s zu sagen*** ho un'ultima cosa da dire; FIG. ***das ist das ~ an Unverschämtheit*** questa è l'ultima (*o* estrema) insolenza; ***als -s schloss sie die Tür*** per ultima cosa chiuse la porta **2** *(Äußerstes)* massimo *m.*: ***sein -s hergeben*** dare il massimo ◆ ***am -n*** infine; ***bis auf's ~*** fino in fondo, completamente, totalmente; ***jdn, etw. bis ins ~ kennen*** conoscere qcn., qcs. perfettamente, in ogni dettaglio; ***es geht ums ~*** è tutto in gioco; ***bis zum -n gehen*** andare fino in fondo; ***bis zum -n ausnützen*** sfruttare qcs. fino all'ultimo, fino in fondo, in misura estrema; ***jdn zum -n treiben*** spingere qcn. all'estremo; PROV. ***die -n werden die Ersten sein*** gli ultimi saranno i primi; ***den -n beißen die Hunde*** chi tardi arriva male alloggia.

letzt|end|lich avv. infine, alla fine.

letz|tens avv. **1** *(kürzlich)* ultimamente, recentemente, poco tempo fa **2** *(als Letztes)* in ultimo luogo, alla fine: ***drittens und ~*** in terzo e ultimo luogo.

letz|te|re agg. ultimo: ***im -en Falle*** nell'ultimo caso. **Letz|te|re** m. e f. *(-n,-n)* quest'ultimo *m.* (-a *f.*).

letzt|ge|bo|ren agg. ultimogenito. **Letzt|ge|bo|re|ne, Letzt|ge|bor|ne** m., f., n. *(-n,-n)* ultimogenito *m.* (-a *f.*). **letzt|ge|nannt** agg. ultimo, nominato per ultimo. **letzt|hän|dig** agg. ultimo (fatto con le proprie mani) ◆ ***-en Verfügungen*** ultime volontà (scritte di suo pugno). **letzt|hin** avv. **1** *(kürzlich)* ultimamente, recentemente **2** *(in letzter Zeit)* ultimamente, negli ultimi tempi. **letzt|jäh|rig** agg. dell'anno scorso: ***die -e Steuererklärung*** la dichiarazione dei redditi dell'anno scorso. **letzt|lich** avv. infine, da ultimo, alla fin fine. **letzt|ma|lig** agg. ultimo, dell'ultima volta. **letzt|mals** avv. per l'ultima volta. **letzt|mög|lich** agg. possibile per l'ultima volta, ultimo (ancora) possibile: ***zum -en Zeitpunkt*** all'ultimo momento. **Letzt|ver|brau|cher** m. *(-s,-)* ECON. consumatore *m.* finale. **Letzt|ver|brau|cher|preis** m. *(-es,-e)* prezzo *m.* finale, di vendita al minuto. **letzt|wil|lig I** agg. delle ultime volontà, testamentario **II** avv. per testamento.

1.Leu m. *(-en,-en)* LETT. leone *m.*

2.Leu m. *(-, Lei)* leu *m.*

Leucht|ba|ke f. *(-,-n)* meda *f.* luminosa. **Leucht|bak|te|rie** f. *(-,-n)* batterio *m.* fosforescente (*o* fotogeno). **Leucht|blatt** n. *(-[e]s, -blätter)* quadrante *m.* luminoso. **Leucht|bo|je** f. *(-,-n)* boa *f.* luminosa. **Leucht|bom|be** f. *(-,-n)* bomba *f.* illuminante. **Leucht|buch|sta|be** m. *(-ns,-n)* lettera *f.* per insegne luminose. **Leucht|dich|te** f. *(-)* brillanza *f.*, luminanza *f.*

Leuch|te f. *(-,-n)* **1** *(Lampe, Laterne)* lume *m.* **2** FIG. COLLOQ. *(kluger Kopf)* luminare *m.*: ***eine ~ der Wissenschaft*** un luminare della scienza; ***er ist keine große ~*** non è una cima.

leuch|ten intr. (aus. *haben*) **1a** splendere: ***die Sonne, der Mond leuchtet*** il sole, la luna splende; ***das Meer, der Schnee ~ in der Sonne*** il mare, la neve splende al sole, alla luce del sole **b** FIG. (ri)splendere: ***aus ihren Augen leuchtet das Glück*** dai loro occhi risplende la felicità **c** brillare, scintillare: ***die Kerzen, die Sterne ~*** le candele, le stelle brillano; ***seine Augen ~ vor Freude*** i suoi occhi brillano di gioia **2** fare luce, illuminare, rischiarare: ***die Lampe leuchtet von der Decke*** il lampadario fa luce dal soffitto; ***der Mond leuchtet ins Zimmer*** la luna rischiara la stanza; *(den Weg erhellen)* ***jdm ~*** fare luce (*o* far lume) a qcn. (anche FIG.); ***mit einer Taschenlampe unter das Bett ~*** fare luce con una pila sotto il letto; ***jdm ins Gesicht ~*** illuminare qcn. in viso ◆ ***rot ~*** rosseggiare.

leuch|tend I p.pres. agg. **1** → **leuchten 2** luminoso: ***ein -es Blau*** un blu luminoso; FIG. ***ein -es Vorbild, Ziel haben*** avere un esempio luminoso, una meta luminosa **II** avv. ***~ blau*** azzurro vivo.

Leuch|ter m. *(-s,-)* **1** *(mit Kerzen)* candelabro *m.*, candeliere *m.* **2** *(mit Glühbirnen)* lampadario *m.*

Leucht|far|be f. *(-,-n)* colore *m.* luminescente. **Leucht|feu|er** n. *(-s,-)* MAR. AER. fanale *m.*, faro *m.* **Leucht|gas** n. *(-es,-e)* gas *m.* illuminante. **Leucht|kä|fer** m. *(-s,-)* lucciola *f.* **Leucht|kraft** f. *(-)* intensità *f.* luminosa, luminosità *f.* **Leucht|ku|gel** f. *(-,-n)* proiettile *m.* illuminante. **Leucht|mas|se** f. *(-,-n)* sostanza *f.* luminescente. **Leucht|mu|ni|ti|on** f. *(-)* proiettili *m.pl.* illuminanti. **Leucht|öl** n. *(-[e]s)* olio *m.*, petrolio *m.* da illuminazione. **Leucht|or|gan** n. *(-s,-e)* fotoforo *m.* **Leucht|pis|to|le** f. *(-,-n)* pistola *f.* da segnalazione. **Leucht|ra|ke|te** f. *(-,-n)* razzo *m.* illuminante (da segnalazione). **Leucht|re|kla|me** f. *(-)* pubblicità *f.* luminosa. **Leucht|röh|re** f. *(-,-n)* EL. tubo *m.* luminescente. **Leucht|schirm** m. *(-[e]s,-e)* schermo *m.* fluorescente. **Leucht|schrift** f. *(-,-en)* scritta *f.* luminosa. **Leucht|sig|nal** n. *(-s,-e)* segnale *m.* luminoso. **Leucht|spur** f. *(-,-en)* traccia *f.* luminosa. **Leucht|spur|ge|schoss,** AUSTR. **Leucht|spur|ge|schoß** n. *(-es,-e)* proiettile *m.* tracciante.

Leucht|stoff m. *(-[e]s,-e)* → **Leuchtmasse. Leucht|stoff|lam|pe** f. *(-,-n)* lampada *f.* fluorescente. **Leucht|stoff|röh|re** f. *(-,-n)* lampada *f.* fluorescente tubolare, tubo *m.* fluorescente.

Leucht|ton|ne f. *(-,-n)* → **Leuchtboje. Leucht|turm** m. *(-[e]s, -türme)* faro *m.* **Leucht|uhr** f. *(-,-en)* orologio *m.* (a quadrante) luminoso. **Leucht|zei|chen** n. *(-s,-)* segnale *m.* luminoso. **Leucht|zei|ger** m. *(-s,-)* lancetta *f.* luminosa. **Leucht|zif|fer** f. *(-,-n)* cifra *f.* luminosa. **Leucht|zif|fer|blatt** n. *(-[e]s,-blätter)* quadrante *m.* luminoso.

leug|nen tr. negare: ***seine Schuld, die Existenz Gottes ~*** negare la propria colpa, l'esistenza di Dio; assol. ***sie leugnet hartnäckig*** nega ostinatamente; *(bestreiten)* ***seinen Mut hat niemand geleugnet*** nessuno ha mai negato il suo coraggio ◆ ***es ist nicht zu ~, dass...*** è innegabile che...; ***ich kann nicht ~, dass...*** non posso negare che, devo ammettere che...; ***alles Leugnen half ihm nicht*** tutto il suo negare non gli servì a nulla. **Leug|ner** m. *(-s,-)* negatore *m.* **Leug|nung** f. *(-,-en)* negazione *f.*

Leu|kä|mie f. *(-,-n)* leucemia *f.* **leu|kä|misch** agg. leucemico. **Leu|kom** n. *(-s,-e)* leucoma *m.*

1.Leu|ko|plast m. *(-en,-en)* leucoplasto *m.*

2.Leu|ko|plast® n. *(-[e]s,-e)* leucoplasto *m.*, cerotto *m.* adesivo.

Leu|ko|zyt m. *(-en,-en)* leucocita *m.*

Leu|mund m. *(-[e]s)* reputazione *f.*, fama *f.*: ***ein Mensch mit gutem, üblem ~*** una persona dalla buona, cattiva reputazione ◆ ***böser ~*** diffamazione; ***jdn in schlechten ~ bringen*** screditare qcn.; ***jdm einen guten ~ geben, bescheinigen*** confermare la buona reputazione di qcn. **Leu|munds|zeug|nis** n. *(-ses,-se)* certificato *m.* di buona condotta.

Leut|chen pl. COLLOQ. gente *f.* ◆ ***die guten ~*** la brava gente; ***zwei alte ~*** due vecchietti.

Leu|te pl. **1** gente *f.*: ***arme, kleine ~*** povera gente, gente modesta (*o* semplice); ***nette, vornehme, bessere ~*** gente simpatica, gente perbene, brava gente; COLLOQ. ***was werden die ~ dazu sagen?*** che ne dirà la gente? COLLOQ. ***hört mal her, ~!*** udite, gente! **2** *(Menschen)* persone *f.pl.*: ***es waren etwa 30 ~ da*** c'erano circa 30 persone **3a** COLLOQ. *(Angestellte, Mitarbeiter)* gente *f.*, elementi *m.pl.*: ***wir haben nicht genug ~ für diese Arbeit*** non abbiamo abbastanza gente per questo lavoro; ***ein paar gute ~ in der Mannschaft, im Betrieb haben*** avere un paio di buoni elementi nella squadra, nell'azienda **b** MIL. *(Untergebene)* sottoposti *m.pl.*, elementi *m.pl.*: ***der Hauptmann mit seinen -n*** il capitano con i suoi sottoposti **4** COLLOQ. *(Familienangehörige)* famiglia *f.*; ***ich fahre zu meinen -n*** vado dai miei **5** ANT. *(Gesinde)* domestici *m.pl.*, servitù *f.* ◆ ***die alten ~*** gli anziani; SCHERZ. ***hier ist es (ja, doch) nicht wie bei armen -n*** non siamo mica dei poveracci, dei morti di fame; ***fremde ~*** estranei *m.pl.*; ***wir sind geschiedene ~*** tra noi è tutto finito, non voglio più avere niente che fare con te; ***die jungen ~*** i giovani; ***liebe ~*** miei cari; ***in aller ~ Munde sein*** essere sulla bocca di tutti; ***~ von Rang und Namen*** persone di (alto) rango; COLLOQ. ***etw. unter die ~ bringen*** rendere noto qcs.; ***unter ~ gehen*** andare in mezzo alla gente, FIG. curare i contatti sociali; COLLOQ. ***unter die ~ kommen*** diventare famoso; ***vor allen -n*** davanti a tutti; ***etw. nur der ~ wegen tun*** fare qcs. solo per (quello che dice) la gente; ***aus Kindern werden ~!*** i bimbi crescono!

leu|te|scheu agg. RAR. schivo. **Leu|te|schin|der** m. *(-s,-)* SPREG. aguzzino *m.*, strozzino *m.* **Leu|te|schin|de|rei** f. *(-)* SPREG. strozzinaggio *m.*

Leut|nant m. *(-s,-s)* sottotenente *m.* **Leut|nants|rang** m. *(-[e]s)* grado *m.* di sottotenente.

Leut|pries|ter m. *(-s,-)* ANT. prete *m.* secolare.

leut|se|lig I agg. affabile, alla mano **II** avv. affabilmente, alla buona. **Leut|se|lig|keit** f. *(-)* affabilità *f.*

Leu|wa|gen m. *(-s,-)* **1** MAR. barra *f.* di scotta **2** REGION. *(Schrubber)* spazzolone *m.*

Le|va|de f. *(-,-n)* EQUIT. levata *f.*

Le|van|te f. *(-)* Levante *m.* **Le|van|ti|ne** f. *(-)* TESS. levantina *f.* **Le|van|ti|ner** m. *(-s,-)* levantino *m.* **le|van|ti|nisch** agg. levantino.

Le|vel m. *(-s,-s)* livello *m.*: ***ein hoher, niedriger ~*** un alto, basso livello.

Le|vi|a|than, Le|vi|a|tan n.pr.m. Leviatano *m.*

Le|vi|rats|ehe f. *(-,-n)* levirato *m.*

Le|vit m. *(-en,-en)* **1** levita *m.* **2a** *(Diakon)* diacono *m.* **b** *(Subdiakon)* suddiacono *m.* ◆ ***jdm die -en lesen*** fare la predica a qcn.
Le|vi|ta|ti|on f. *(-,-en)* levitazione *f.*
Le|vi|ti|kus m. *(-)* Levitico *m.* **le|vi|tisch** agg. levitico.
Lev|ko|je f. *(-,-n)* violaciocca *f.*
Le|xem n. *(-s,-e)* lessema *m.* **Le|xe|ma|tik** f. *(-)* lessematica *f.*
le|xi|gra|phisch → **lexikographisch. Le|xik** f. *(-)* lessico *m.*
le|xi|kal, le|xi|ka|lisch agg. lessicale. **le|xi|ka|li|sie|ren** tr. lessicalizzare. **Le|xi|ka|li|sie|rung** m. *(-)* lessicalizzazione *f.*
Le|xi|ko|graph m. *(-en,-en)* lessicografo *m.* **Le|xi|ko|gra|phie** f. *(-)* lessicografia *f.* **le|xi|ko|gra|phisch** agg. lessicografico.
Le|xi|ko|lo|ge m. *(-n,-n)* lessicologo *m.* **Le|xi|ko|lo|gie** f. *(-)* lessicologia *f.* **le|xi|ko|lo|gisch** agg. lessicologico.
Le|xi|kon n. *(-s, Lexika* e *Lexiken)* **1** enciclopedia *f.*, dizionario *m.* enciclopedico: ***ein ~ in zehn Bänden*** un'enciclopedia in dieci volumi; ***ein ~ der Psychologie*** un dizionario di psicologia; SCHERZ. ***er ist ein wandelndes, lebendes ~*** è un'enciclopedia vivente **2** ANT. *(Wörterbuch)* dizionario *m.*, vocabolario *m.* **3** LING. *(Wortschatz)* lessico *m.* **Le|xi|kon|ein|trag** m. *(-[e]s,-einträge)* LING. entrata *f.* **Le|xi|kon|for|mat** n. *(-[e]s)* formato *m.* in-ottavo grande. **Le|xi|kon|ok|tav** n. *(-s)* in-ottavo *m.* grande.
Le|zi|thin n. *(-s,-e)* lecitina *f.*
lfd. ⇒ *laufend* corrente (c.).
Li|ai|son [liɛ'zõ:] f. *(-,-s)* **1** *(Verbindung)* unione *f.* **2** ANT. *(Liebschaft)* liaison *f.* **3** LING. liaison *f.*, legamento *m.*
1.Li|a|ne f. *(-,-n)* liana *f.*
2.Li|a|ne n.pr.f. Liana *f.*
Li|as m. e f. *(-)* lias *m.* **li|as|sisch** agg. liassico.
Li|ba|ne|se m. *(-n,-n)* libanese *m.* **li|ba|ne|sisch** agg. libanese. **Li|ba|non** n.pr.n. *(-s)* Libano *m.*: ***im ~*** nel, in Libano.
Li|ba|ti|on f. *(-,-en)* libagione *f.*
Li|bell n. *(-s,-e)* ANT. libello *m.*
Li|bel|le f. *(-,-n)* **1** ENTOM. libellula *f.* **2** TECN. livella *f.* (a bolla d'aria) **3** *(Haarspange)* fermaglio *m.* per capelli. **Li|bel|len|waa|ge** f. *(-,-n)* livella *f.* a bolla (d'aria).
li|be|ral I agg. liberale (anche POL.) **II** avv. liberalmente ◆ ***~ wählen*** votare liberale. **Li|be|ra|le** m. e f. *(-n,-n)* liberale *m.* e *f.*
li|be|ra|li|sie|ren tr. liberalizzare. **Li|be|ra|li|sie|rung** f. *(-,-en)* liberalizzazione *f.*
Li|be|ra|lis|mus m. *(-)* liberalismo *m.* **Li|be|ra|list** m. *(-en,-en)* fautore *m.* del liberalismo. **li|be|ra|lis|tisch** agg. liberale, RAR. liberalistico.
Li|be|ra|li|tät f. *(-)* liberalità *f.*
Li|be|ria n.pr.n. *(-s)* Liberia *f.* **Li|be|ri|a|ner** m. *(-s,-)* liberiano *m.* **li|be|ri|a|nisch** → **liberisch. Li|be|ri|er** m. *(-s,-)* → **Liberianer. li|be|risch** agg. liberiano.
Li|ber|tin [liber'tɛ̃:] m. *(-s,-s)* ANT. **1** libertino *m.* **2** *(Freidenker)* libero pensatore *m.* **Li|ber|ti|na|ge** [-na:ʒə] f. *(-,-n)* libertinaggio *m.*
Li|bi|di|nist m. *(-en,-en)* libidinoso *m.* **li|bi|di|nös** agg. **1** PSIC. libidico **2** *(wollüstig)* libidinoso. **Li|bi|do, Li|bi|do** f. *(-)* libido *f.*
Lib|ret|tist m. *(-en,-en)* librettista *m.* **Lib|ret|to** n. *(-s,-s* e *Libretti)* libretto *m.*
Li|by|en n.pr.n. *(-s)* Libia *f.* **Li|by|er** m. *(-s,-)* libico *m.* **li|bysch** agg. libico.
Li|chen m. *(-s)* lichen *m.* **Li|che|no|lo|ge** m. *(-n,-n)* studioso *m.* di licheni, lichenologo *m.* **Li|che|no|lo|gie** f. *(-)* lichenologia *f.*
licht agg. **1** *(hell)* luminoso, chiaro: ***-e Räume, Farben*** ambienti luminosi, colori chiari **2** *(dünn bewachsen, spärlich)* rado: ***eine -e Vegetation*** una vegetazione rada; ***-es Haar*** capelli radi **3** FIG. lucido: ***einen -en Moment haben*** avere un momento di lucidità ◆ ***-e Höhe*** altezza libera; ***eine -e Stelle (im Wald)*** una radura (nel bosco); ***am -en Tag*** in pieno giorno, a giorno fatto; ***-e Weite*** diametro interno; EDIL. luce.
Licht n. *(-[e]s,-er* e LETT. *-e)* **1** luce *f.* (anche FIG.): ***starkes, gedämpftes, warmes, natürliches, künstliches ~*** luce forte, soffusa, calda, naturale, artificiale; ***jdm das ~ (weg)nehmen*** togliere la luce (*o* fare ombra) a qcn.; ***etw. bei ~ betrachten*** osservare qcs. alla luce; ***die dunklen Wände schlucken viel ~*** le pareti scure assorbono molta luce; FIG. ***das ~ der Erkenntnis, der Vernunft*** la luce della conoscenza, della ragione **2a** *(elektrischer Strom)* luce *f.*: ***die Rechnung für Gas und ~*** la bolletta del gas e della luce **b** *(Beleuchtung)* luce *f.*, illuminazione *f.*: ***das Bild hat kein richtiges ~*** il quadro non ha la giusta illuminazione; ***die Lampe gibt ein schlechtes ~*** la lampada fa una brutta luce **3** *(Lampe)* luce *f.*, lampada *f.*: ***das ~ geht an, aus*** la luce si accende, si spegne; ***das ~ andrehen (anknipsen, anmachen, einschalten, anlassen), ausdrehen (ausknipsen, ausmachen, ausschalten, löschen)*** accendere, spegnere la luce; ***die -er der Stadt*** le luci della città **4** *(mit brennender Flamme)* lume *m.*; *(Kerze)* candela *f.*: ***das ~ anzünden (anstecken), auslöschen (ausblasen)*** accendere, spegnere il lume, la candela; ***das ~ ist an, aus*** la candela è accesa, spenta **5** PITT. *(Glanzlicht)* effetto *m.* di luce **6** VENAT. occhi *m.pl.* ◆ ***etw. ans ~ bringen, ziehen, zerren*** rendere noto qcs.; ***ans ~ kommen, treten*** venire in luce, apparire; COLLOQ. ***ihm geht ein ~ auf*** gli si accende una lampadina; COLLOQ. ***jdm ein ~ aufstecken*** dire a qcn. quello che si merita; *(jdn aufklären)* fare sapere (qcs.) a qcn.; COLLOQ. ***für ihn gehen die -er aus*** per lui è finita; COLLOQ. FIG. ***etw. bei ~ besehen, betrachten*** esaminare, osservare qcs. attentamente, da vicino; assol. ***bei ~ besehen*** a ben pensarci; ***~ in etw. (A) bringen*** fare luce in, su qcs.; ***das ~ der Welt erblicken*** venire alla luce; ***gegen das ~*** controluce: ***gegen das ~ fotografieren*** fotografare (in) controluce; COLLOQ. ***kein großes ~ sein*** non essere una cima; ***grünes ~ geben*** dare il via libera; ***in einem guten ~ erscheinen, sich in einem guten ~ zeigen*** fare una buona impressione; ***sich in ein gutes ~ setzen, rücken*** mettersi in buona luce; ***jdn hinters ~ führen*** far la forca a qcn., abbindolare qcn.; ***jdm hinters ~ kommen*** smascherare qcn.; COLLOQ. ***sein ~ leuchten lassen*** fare sfoggio del proprio sapere; ***etw. in einem milderen ~ sehen*** guardare qcs. con occhio benevolo; FIG. ***etw., alles in rosigem ~ sehen*** giudicare positivamente qcs., vedere tutto roseo; ***sein ~ unter den Scheffel stellen*** mettere la fiaccola sotto il moggio; ***das ~ scheuen*** fuggire la luce del giorno, avere qcs. da nascondere; ***in schiefes ~ geraten*** suscitare sospetti; ***in einem schlechten ~ erscheinen, sich in einem schlechten ~ zeigen*** fare una cattiva impressione; ***sich in ein schlechtes ~ setzen, rücken*** mettersi in cattiva luce; COLLOQ. ***sich selbst im ~ stehen*** danneggiare se stesso; ***jdm im ~ stehen*** fare ombra a qcn.; ***ein gutes, schlechtes ~ auf jdn werfen*** mettere qcn. in buona, cattiva luce; PROV. ***wo (viel) ~ ist, ist auch (viel) Schatten*** ogni medaglia ha il suo rovescio.
Licht|an|la|ge f. *(-,-n)* impianto *m.* d'illuminazione. **Licht|bad** n. *(-[e]s,-bäder)* MED. bagno *m.* di luce. **Licht|be|hand|lung** f. *(-)* MED. fototerapia *f.* **licht|be|stän|dig** agg. resistente alla luce: ***-e Farben*** colori resistenti alla luce.
Licht|bild n. *(-[e]s,-er)* **1** *(Passbild)* fototessera *f.* **2** ANT. fotografia *f.* **3** ANT. *(Diapositiv)* diapositiva *f.* **Licht|bil|der|vor|trag** m. *(-[e]s, -vorträge)* conferenza *f.* con (proiezione di) diapositive. **Licht|bild|ner** m. *(-s,-)* ANT. fotografo *m.*
licht|blau agg. azzurro chiaro, celeste. **Licht|blick** m. *(-[e]s,-e)* momento *m.* di sollievo; *(Trost)* consolazione *f.*: ***du bist mein einziger ~*** sei la mia sola consolazione. **licht|blond** agg. biondo chiaro. **Licht|bo|gen** m. *(-s,-* e *-bögen)* arco *m.* voltaico. **Licht|bo|gen|schwei|ßung** f. *(-,-en)* saldatura *f.* ad arco. **licht|braun** agg. marrone chiaro. **licht|bre|chend** agg. rifrangente. **Licht|bre|chung** f. *(-,-en)* rifrazione *f.* della luce. **Licht|bün|del** n. *(-s,-)* fascio *m.* di luce. **Licht|chen** n. *(-s,-* e *Lichterchen)* **1** lumino *m.* **2** *(Kerzchen)* candelina *f.* **licht|dicht** agg. a tenuta di luce. **Licht|druck** m. *(-[e]s,-e)* **1** FIS. pressione *f.* della luce **2** TIP. fototipia *f.* **licht|durch|flu|tet** agg. inondato di luce. **licht|durch|läs|sig** agg. diafano, tra(n)slucido.
Lich|te f. *(-)* **1** EDIL. luce *f.* **2** MECC. diametro *m.* interno.
licht|echt agg. ***-e Farben*** colori resistenti alla luce. **Licht|echt|heit** f. *(-)* resistenza *f.* (*o* solidità *f.*) alla luce. **Licht|ef|fekt** m. *(-[e]s,-e)* effetto *m.* luminoso (*o* di luce). **Licht|ein|fall** m. *(-[e]s)* **1** l'entrare della luce **2** OTT. incidenza *f.* della luce. **Licht|ein|heit** f. *(-,-en)* unità *f.* fotometrica. **Licht|ein|strah|lung** f. *(-,-en)* irradiazione *f.*, emissione *f.* di luce. **Licht|ein|wir|kung** f. *(-,-en)* azione *f.* della luce. **licht|elekt|risch** agg. fotoelettrico. **licht|emp|find|lich** agg. **1** sensibile alla luce, fotosensibile **2** *(von der Haut)* sensibile alla luce solare. **Licht|emp|find|lich|keit** f. *(-)* **1** sensibilità *f.* alla luce, fotosensibilità *f.* **2** *(von der Haut)* sensibilità *f.* alla luce solare.
1.lich|ten I tr. **1** diradare, sfoltire **2** *(heller machen)* rischiarare, schiarire **II** rifl. **sich ~ 1** diradarsi, sfoltirsi: ***die Menge lichtet sich*** la folla si dirada **2a** *(heller werden)* rischiararsi, schiarirsi **b** FIG. chiarirsi.
2.lich|ten tr. ***den Anker ~*** salpare l'ancora.
Lich|ter m. *(-s,-)* → **Leichter.**
Lich|ter|baum m. *(-[e]s,-bäume)* albero *m.* di natale. **Lich|ter|chen** pl. → **Lichtchen.**
lich|ter|füllt agg. pieno di luce, luminoso.
Lich|ter|glanz m. *(-es)* sfolgorio *m.* di luci. **Lich|ter|ket|te** f. *(-,-n)* fiaccolata *f.* **lich|ter|loh I** agg. divampante, che divampa: ***-e Flammen*** fiamme che divampano **II** avv. ***~ brennen*** essere in fiamme. **Lich|ter|meer** n. *(-[e]s,-e)* mare *m.* di luci, luminaria *f.*
lich|tern → **leichtern.**
Licht|fil|ter m. e n. *(-s,-)* filtro *m.* ottico (*o* selettivo, di luce). **Licht|**

gar|be f. *(-,-n)* → **Lichtbündel. Licht|ge|schwin|dig|keit** f. *(-)* velocità *f.* della luce. **Licht|ge|stalt** f. *(-,-en)* figura *f.* luminosa, luce *f.* **licht|grau** agg. grigio chiaro. **licht|grün** agg. verde chiaro, di un verde luminoso. **Licht|hof** m. *(-[e]s,-höfe)* **1** → **Lichtschacht 2** FOT. OTT. alone *m.* **Licht|hu|pe** f. *(-,-n)* AUT. dispositivo *m.* di lampeggio (dei fari). **Licht|jahr** n. *(-[e]s,-e)* anno *m.* luce. **Licht|kas|ten** m. *(-s,-kästen)* cassetta *f.* per bagni di luce. **Licht|ke|gel** m. *(-s,-)* cono *m.* luminoso. **Licht|kreis** m. *(-es,-e)* cerchio *m.* luminoso, alone *m.* **Licht|kunst** f. *(-)* arte *f.* cinetica. **Licht|leh|re** f. *(-)* ANT. ottica *f.* **Licht|lei|tung** f. *(-,-en)* COLLOQ. linea *f.* elettrica, luce *f.* **licht|los** agg. privo di (*o* senza) luce, buio. **Licht|man|gel** m. *(-s)* mancanza *f.* (*o* assenza *f.*) di luce. **Licht|ma|schi|ne** f. *(-,-n)* dinamo *f.* **Licht|mast** m. *(-[e]s,-en)* palo *m.* della luce. **Licht|mess, *Mariä* ~** Candelora. **Licht|mes|ser** m. *(-s,-)* fotometro *m.* **Licht|mes|sung** f. *(-)* fotometria *f.* **Licht|nel|ke** f. *(-,-n)* licnide *f.* **Licht|pau|se** f. *(-,-n)* copia *f.* fotostatica; *(Blaupause)* cianografica *f.* **Licht|punkt** m. *(-[e]s,-e)* punto *m.* luminoso. **Licht|quant** n. *(-s,-en)* quanto *m.* di luce, fotone *m.* **Licht|quel|le** f. *(-,-n)* sorgente *f.* luminosa, fonte *f.* di luce. **Licht|re|flex** m. *(-es,-e)* riflesso *m.* di luce (*o* luminoso). **Licht|reiz** m. *(-es,-e)* stimolo *m.* luminoso. **Licht|re|kla|me** f. *(-,-n)* pubblicità *f.* luminosa. **Licht|satz** m. *(-es)* fotocomposizione *f.* **Licht|schacht** m. *(-[e]s,-schächte)* **1** cortile *m.* a lucernario **2** *(Schacht vor Kellerfenstern)* pozzo *m.* di luce, lucernario *m.* **Licht|schal|ter** m. *(-s,-)* interruttore *m.* della luce. **Licht|schein** m. *(-[e]s,-e)* luce *f.*, chiarore *m.* **licht|scheu** agg. **1** che rifugge la luce **2** FIG. losco. **Licht|schim|mer** m. *(-s,-)* → **Lichtschein. Licht|schran|ke** f. *(-,-n)* barriera *f.* fotoelettrica. **Licht|schutz|fak|tor** m. *(-s,-en)* fattore *m.* (di) protezione (*o* protettivo). **licht|schwach** agg. poco luminoso. **Licht|sei|te** f. *(-,-n)* lato *m.* buono (*o* positivo): ***Licht- und Schattenseiten*** lati positivi e negativi (*o* buoni e cattivi). **Licht|setz|ma|schi|ne** f. *(-,-n)* (macchina *f.*) fotocompositrice *f.* **Licht|sig|nal** n. *(-s,-e)* segnale *m.* luminoso; *(Verkehrsampel)* semaforo *m.*

Licht|spiel n. *(-[e]s,-e)* ANT. film *m.* **Licht|spiel|haus** n. *(-es,-häuser)*, **Licht|spiel|the|a|ter** n. *(-s,-)* ANT. sala *f.* cinematografica, cinematografo *m.*

Licht|stär|ke f. *(-)* **1** intensità *f.* luminosa **2** FOT. luminosità *f.* **Licht|strahl** m. *(-[e]s,-en)* raggio *m.* (*o* fascio *m.*) di luce. **Licht|strom** m. *(-[e]s,-ströme)* **1** corrente *f.* luce (*o* per illuminazione) **2** FIS. flusso *m.* luminoso. **Licht|tech|nik** f. *(-)* illuminotecnica *f.*, tecnica *f.* dell'illuminazione. **licht|tech|nisch** agg. di (*o* relativo alla) illuminotecnica. **Licht|the|ra|pie** f. *(-)* fototerapia *f.* **licht|trun|ken** agg. LETT. ebbro di luce; *(von Licht betäubt)* stordito dalla luce. **licht|un|durch|läs|sig** agg. impenetrabile dalla luce, opaco.

Lich|tung f. *(-,-en)* **1** radura *f.* **2** MED. lume *m.*

Licht|ver|hält|nis|se pl. condizioni *f.pl.* di luce, luminosità *f.* **licht|voll** agg. **1** chiaro, evidente **2** *(freudvoll)* luminoso, gioioso: ***eine -e Zukunft*** un futuro luminoso. **Licht|wech|sel** m. *(-s,-)* **1** ASTR. variazione *f.* della luminosità (*o* dell'intensità luminosa) **2** *(Beleuchtungsänderung)* cambiamento *m.* di, dell'illuminazione. **Licht|wel|le** f. *(-,-n)* onda *f.* luminosa. **licht|wen|dig** agg. fototropico, eliotropico. **Licht|wen|dig|keit** f. *(-)* fototropismo *m.*, eliotropismo *m.* **Licht|wert** m. *(-[e]s,-e)* FOT. indice *m.* di esposizione. **Licht|zei|chen** n. *(-s,-)* → **Lichtsignal. Licht|zeit** f. *(-)* tempo *m.* luce.

Lid n. *(-[e]s,-er)* palpebra *f.*: ***die -er aufschlagen, senken*** aprire, chiudere le palpebre; ***die -er wurden ihr schwer*** le si appesantirono le palpebre (dal sonno); ***jdm fallen die -er zu*** a qcn. si abbassano le palpebre (*o* si chiudono gli occhi). **Lid|ent|zün|dung** f. *(-,-en)* infiammazione *f.* delle palpebre, MED. blefarite *f.* **Lid|krampf** m. *(-[e]s,-krämpfe)* contrazione *f.* spasmodica (*o* tic *m.*) delle palpebre, MED. blefarospasmo *m.* **Lid|rand** m. *(-[e]s,-ränder)* orlo *m.* palpebrale. **Lid|sack** m. *(-[e]s,-säcke)* borsa *f.* sotto gli occhi. **Lid|schat|ten** m. *(-s,-)* ombretto *m.*: ***~ auflegen (auftragen), abschminken*** darsi (*o* mettersi), togliersi l'ombretto. **Lid|spal|te** f. *(-,-n)* riga *f.* palpebrale. **Lid|strich** m. *(-[e]s,-e)* COSMET. riga *f.* (degli occhi): ***den ~ ziehen*** farsi la riga.

lieb agg. **1** caro: ***ein -er Freund*** un caro amico; ***viele -e Grüße*** tanti cari saluti; ***sie ist ihm die Liebste*** è la persona che ha più cara; ***meine -en Eltern*** i miei cari genitori; *(Anrede im Brief)* ***(mein) -er Peter!*** caro Peter! ***-e Frau Meier!*** cara signora Meier! ***-ster Vater!*** carissimo papà! **2** *(freundlich)* gentile, carino: ***würden Sie so ~ sein und mir helfen?*** sareste così gentile da aiutarmi? ***das ist ~ von ihm*** è carino da parte sua **3** *(artig)* buono, bravo: ***willst du jetzt ~ sein?*** vuoi stare bravo ora? **4** *(angenehm)* gradito: ***eine -e Gabe*** un dono gradito; ***jdm ein -er Gast sein*** essere un gradito ospite per qcn.; ***es ist mir ~, dass...*** ho piacere (*o* sono contento) che... **5** IRON. benedetto, santo *(oft unübersetzt)*: ***den -en langen Tag*** tutto il santo giorno; ***mit jdm seine -e Not haben*** avere da penare con qcn. ◆ ***jdn ~ behalten*** serbare qcn. nel cuore, (continuare a) voler bene a qcn.; ***ich werde dich immer ~ behalten!*** sarai sempre nel mio cuore! ti vorrò sempre bene! ***um des -en Friedens willen*** per amor di pace; ***jdn, etw. ~ gewinnen*** affezionarsi a qcn., qcs.; ***eine ~ gewordene Gewohnheit*** una cara abitudine; ***der -e Gott*** il buon Dio; ***jdn ~ haben*** voler bene a qcn., LETT. aver caro qcn.; ***sich ~ haben*** volersi bene; ***(du) -er Himmel!*** santo cielo! ***sich bei jdm ~ Kind machen*** accattivarsi le simpatie di (*o* ingraziarsi) qcn.: ***wenn dir das Leben ~ ist...*** se ti è cara (*o* ti preme) la vita...; ***mit jdm ~ sein*** essere affettuoso, gentile, carino con qcn.; ***etw. ist mir ~ und teuer*** qcs. mi è molto caro, tengo molto a qcs.; ***es wäre mir -er, wenn...*** mi farebbe più piacere se, preferirei (che)...; ***am -sten wäre mir, wenn...*** ciò che mi farebbe più piacere, sarebbe che...; ***etw. ist mir ~ und wert*** → ***etw. ist mir ~ und teuer; (du) -e Zeit!*** santo cielo! ***zu jdm ~ sein*** → ***mit jdm ~ sein.***

Lieb n. *(-s)* LETT. amato *m.* (-a *f.*).

lieb|äu|geln intr. (aus. *haben*) **1** ***mit etw. ~*** sognare, desiderare qcs.: ***schon lange mit einer Perlenkette ~*** sognare da molto tempo (di avere) una collana di perle; ***mit einer Weltreise ~*** sognare di fare un viaggio intorno al mondo; ***mit dem Gedanken ~, etw. zu tun*** sognare (di fare) qcs., vagheggiare qcs. **2** RAR. ***mit jdm ~*** fare gli occhi dolci a qcn.

Lieb|chen n. *(-s,-)* **1** amore *m.*, tesoro *m.*: ***mein ~!*** amore mio! **2** SPREG. *(Geliebte)* amichetta *f.*

1.Lie|be f. *(-,-n)* **1** amore *m.*: ***platonische, körperliche, leidenschaftliche ~*** amore platonico, fisico, passionale; ***brüderliche, kindliche ~*** amore fraterno, filiale; ***die ~ zu den Eltern, zu ihrem Mann*** l'amore per i genitori, per il proprio marito; ***~ für jdn empfinden, fühlen*** provare amore per qcn.; ***jdn mit ~ umgeben*** circondare qcn. d'amore; ***jds ~ erwidern, zurückweisen (verschmähen)*** ricambiare, rifiutare l'amore di qcn.; ***jdm seine ~ erklären, beweisen, gestehen*** dichiarare, provare, confessare il proprio amore a qcn.; LETT. ***in ~ entbrannt sein*** essere infiammato d'amore; ***die ~ ist erkaltet, erloschen*** l'amore si è intiepidito, si è spento; ***etw. tut der ~ keinen Abbruch*** qcs. non pregiudica (*o* non compromette) l'amore; *(Freude)* ***etw. mit ~ tun*** fare qcs. con amore; *(gefühlsbetonte Beziehung)* ***die ~ zur Musik, Heimat*** l'amore per la musica, per la patria; *(sexueller Kontakt)* ***eine homosexuelle ~*** un amore omosessuale **2** *(Barmherzigkeit)* amore *m.*, carità *f.*: ***christliche ~*** amore cristiano, carità cristiana; ***Werke der ~*** opere di carità; ***Glaube, Hoffnung und ~*** fede, speranza e carità **3** COLLOQ. *(Gefälligkeit)* piacere *m.*, favore *m.*: ***tu mir die ~ und gehe zu ihr*** fammi il piacere, va' da lei ◆ ***bei aller ~*** con tutta la buona volontà; ***eine alte ~ von mir*** un mio vecchio amore, una mia vecchia fiamma; ***aus ~ (zu jdm)*** per amore (di qcn.); ***~ auf den ersten Blick*** amore a prima vista; BOT. ***Brennende ~*** cuor di Maria; ***die erste ~*** il primo amore; ***(kein) Glück in der ~ haben*** (non) aver fortuna, essere (s)fortunato in amore; ***käufliche ~*** amore mercenario; ***ein Kind der ~*** un figlio dell'amore; ***von Luft und ~ leben*** vivere d'amore e d'aria; ***Lust und ~ zu etw. haben*** fare qcs. molto volentieri; COLLOQ. ***~ machen*** fare all'amore; PROV. ***~ macht blind*** l'amore è cieco; ***die ~ geht durch den Magen*** il marito si prende per la gola; ***alte ~ rostet nicht*** il primo amore non si scorda mai.

2.Lie|be m. e f. *(-n,-n)* caro *m.* (-a *f.*): ***meine ~!*** cara mia! ◆ ***meine -n*** i miei cari.

lie|be|be|dürf|tig agg. bisognoso d'amore (*o* d'affetto).

Lie|be|die|ner m. *(-s,-)* SPREG. leccapiedi *m.* **Lie|be|die|ne|rei** f. *(-)* SPREG. servilismo *m.* **lie|be|die|ne|risch** agg. SPREG. servile. **lie|be|die|nern** intr. (aus. *haben*) SPREG. ***bei jdm ~*** essere servile con qcn.

lie|be|leer agg. privo d'amore, vuoto, arido.

Lie|be|lei f. *(-,-en)* SPREG. amoretto *m.*, flirt *m.*

lie|beln intr. (aus. *haben*) ANT. amoreggiare.

lie|ben I tr. amare: ***seine Eltern, eine Frau, einen Mann, seinen Nächsten ~*** amare i propri genitori, una donna, un uomo, il prossimo; ***jdn heimlich, leidenschaftlich, zärtlich ~*** amare qcn. segretamente, appassionatamente, teneramente; ***jdn väterlich, wie ein Vater ~*** amare qcn. come un padre; ***unfähig sein zu ~*** essere incapace di amare; ***die Natur, Tiere ~*** amare la natura, gli animali; ***das Vaterland, die Wahrheit ~*** amare la patria, la verità; ***er liebt Bier, gutes Essen*** ama (*o* gli piace) la birra, la buona tavola; ***diese Pflanzen ~ feuchtes Klima*** queste piante amano (*o* prediligono) i climi umidi; ***zu scherzen ~*** amare scherzare; ***sie liebt es nicht, gestört zu werden*** non ama (*o* non le piace) essere disturbata; ***jdn, etw. ~ lernen*** affezionarsi a qcn., qcs. **II** rifl. **sich ~** amarsi ◆ PROV. ***was sich liebt, das neckt sich*** l'amore non è bello se non è litigarello. **lie|bend** I p.pres. agg. 1 → **lieben** 2 che ama (*o* vuole bene), affezionato: ***eure euch -e Tochter*** la vostra affezionata figlia 3 *(liebevoll, zärtlich)* affettuoso, amorevole: ***eine -e Mutter*** una madre affettuosa II avv. ~ ***gern*** con molto piacere. **Lie|ben|de** m. e f. *(-n,-n)* chi ama; *(Verliebte)* innamorato *m.* (-a *f.*).

lie|bens|wert agg. amabile, attraente: ***ein -es Geschöpf*** un'amabile creatura. **lie|bens|wür|dig** agg. gentile, cortese: ~ ***zu jdm sein*** essere gentile con (*o* verso) qcn.; ***das ist sehr ~ von Ihnen*** è molto gentile da parte Sua. **lie|bens|wür|di|ger|wei|se** avv. gentilmente. **Lie|bens|wür|dig|keit** f. *(-,-en)* amabilità *f.*, gentilezza *f.*: ***von entwaffnender ~ sein*** essere di una gentilezza disarmante.

lie|ber I agg. compar. → **lieb** II avv. (compar. di *gern*) 1 più volentieri: ***etw. ~ machen als etwas anderes*** fare qcs. più volentieri di qualcos'altro 2 meglio: ~ ***heute als morgen*** meglio (*o* piuttosto) oggi che domani; ***ich hätte es ihm ~ nicht sagen sollen*** avrei fatto meglio a non dirglielo; ***ich wünsche nichts ~ als...*** non desidero di meglio che...; ***ich gehe ~ weg*** è meglio che me ne vada, preferisco andarmene ◆ ***etw. ~ haben, mögen*** preferire qcs.

Lie|bes|aben|teu|er n. *(-s,-)* avventura *f.* amorosa. **Lie|bes|af|fä|re** f. *(-,-n)* COLLOQ. storia *f.*, avventura *f.* **Lie|bes|akt** m. *(-[e]s,-e)* atto *m.* amoroso. **Lie|bes|ap|fel** m. *(-s,-äpfel)* 1 INTRAD. (mela ricoperta di glassa rossa) 2 ANT. *(Tomate)* pomodoro *m.* **Lie|bes|ban|de** pl. LETT. vincoli *m.pl.* amorosi. **Lie|bes|be|dürf|nis** n. *(-ses,-se)* bisogno *m.* d'amore. **Lie|bes|be|weis** m. *(-es,-e)* prova *f.* d'amore. **Lie|bes|be|zei|gung** f. *(-,-en)* dimostrazione *f.* d'amore. **Lie|bes|be|zie|hung** f. *(-,-en)* relazione *f.* amorosa. **Lie|bes|bo|te** m. *(-n,-n)* ANT. latore *m.* di messaggi d'amore. **Lie|bes|brief** m. *(-[e]s,-e)* lettera *f.* d'amore. **Lie|bes|die|ne|rin** f. *(-,-nen)* EUFEM. peripatetica *f.* **Lie|bes|dienst** m. *(-[e]s,-e)* favore *m.*: ***jdm einen ~ erweisen*** fare un favore a qcn. **Lie|bes|ent|zug** m. *(-[e]s)* carenza *f.* affettiva. **Lie|bes|er|klä|rung** f. *(-,-en)* dichiarazione *f.* d'amore: ***jdm eine ~ machen*** fare una dichiarazione d'amore a qcn. **Lie|bes|er|leb|nis** n. *(-ses,-se)* esperienza *f.* amorosa (*o* erotica). **Lie|bes|film** m. *(-s,-e)* film *m.* d'amore. **Lie|bes|ga|be** f. *(-,-n)* ANT. carità *f.*, beneficenza *f.* **Lie|bes|ge|dicht** n. *(-[e]s,-e)* poesia *f.* d'amore. **Lie|bes|ge|schich|te** f. *(-,-n)* storia *f.* d'amore. **Lie|bes|glück** n. *(-s)* amore *m.* fortunato, felice. **Lie|bes|gott** m. *(-es,-götter)* dio *m.* dell'amore. **Lie|bes|göt|tin** f. *(-,-nen)* dea *f.* dell'amore. **Lie|bes|hei|rat** f. *(-,-en)* matrimonio *m.* d'amore. **Lie|bes|kum|mer** m. *(-s)* mal *m.* d'amore, pene *f.pl.* amorose: ~ ***haben*** avere il mal d'amore, avere pene amorose. **Lie|bes|kunst** f. *(-,-künste)* arte *f.* amatoria. **Lie|bes|le|ben** n. *(-)* vita *f.* amorosa. **Lie|bes|lied** n. *(-[e]s,-er)* canzone *f.* d'amore. **Lie|bes|mahl** n. *(-[e]s,-mähler* e *-e)* RELIG. agape *f.* **Lie|bes|müh, Lie|bes|mü|he** f., ***verlorene, vergebliche ~*** fatica sprecata. **Lie|bes|nacht** f. *(-,-nächte)* notte *f.* d'amore. **Lie|bes|nest** n. *(-[e]s,-er)* nido *m.* d'amore. **Lie|bes|paar** n. *(-[e]s,-e)* coppia *f.* di amanti. **Lie|bes|pär|chen** n. *(-s,-)* coppietta *f.* **Lie|bes|per|len** pl. INTRAD. (piccoli confetti colorati). **Lie|bes|ro|man** m. *(-s,-e)* romanzo *m.* d'amore. **Lie|bes|spiel** n. *(-s,-e)* giochi *m.pl.* d'amore. **Lie|bes|sze|ne** f. *(-,-n)* scena *f.* d'amore, erotica. **Lie|bes|tä|tig|keit** f. *(-,-en)* ANT. attività *f.* caritativa. **Lie|bes|tö|ter** pl. SCHERZ. mutandoni *m.pl.* **lie|bes|toll** agg. pazzo d'amore. **Lie|bes|trank** m. *(-[e]s,-tränke)* filtro *m.* d'amore (*o* amatorio). **lie|bes|trun|ken** agg. LETT. ebbro d'amore. **lie|bes|un|fä|hig** agg. incapace d'amare. **Lie|bes|ver|hält|nis** n. *(-ses,-se)* rapporto *m.*, relazione *f.* (amorosa). **Lie|bes|ver|lust** f. *(-)* → **Liebesentzug.** **Lie|bes|werk** n. *(-[e]s,-e)* opera *f.* pia, caritatevole. **Lie|bes|zau|ber** m. *(-s,-)* magia *f.*, incantesimo *m.* d'amore.

lie|be|voll I agg. amorevole, affettuoso II avv. 1 *(zärtlich besorgt)* amorevolmente, con amore: ***jdn ~ pflegen*** curare qcn. amorevolmente 2 *(sorgfältig)* accuratamente, con grande cura: ***etw. ~ verpacken*** imballare qcs. accuratamente 3 *(zärtlich)* teneramente, affettuosamente.

Lieb|frau|en|kir|che f. *(-)* chiesa *f.* di Nostra Signora. **Lieb|frau|en|milch** f. *(-)* INTRAD. (tipo di vino bianco del Reno).

Lieb|ha|ber m. *(-s,-)* 1a amante *m.*: ***sich einen ~ zulegen*** farsi un amante b *(Sexualpartner)* amatore *m.*: ***ein erfahrener ~*** un esperto amatore 2a amatore *m.*, appassionato *m.*; *(Kenner)* conoscitore *m.*, intenditore *m.*: ***ein ~ zeitgenössischer Kunst*** un amatore di arte contemporanea; ***ein Wein für ~*** un vino da intenditori b ANT. *(Dilettant)* amatore *m.*, dilettante *m.* 3 TEATR. amoroso *m.* **Lieb|ha|ber|aus|ga|be** f. *(-,-n)* edizione *f.* per collezionisti. **Lieb|ha|ber|büh|ne** f. *(-,-n)* filodrammatica *f.* **Lieb|ha|be|rei** f. *(-,-en)* passione *f.*, hobby *m.*: ***das Sammeln von Mineralien ist eine ~ von ihm*** collezionare minerali è una passione per lui; ***etw. aus ~ tun*** fare qcs. per passione, da dilettanti. **Lieb|ha|be|rin** f. *(-,-nen)* 1 appassionata *f.*; *(Kennerin)* intenditrice *f.* 2 ANT. *(Dilettantin)* dilettante *f.* **Lieb|ha|ber|preis** m. *(-es,-e)* prezzo *m.* da amatore, d'affezione. **Lieb|ha|ber|stück** n. *(-[e]s,-e)* pezzo *m.* da collezionisti. **Lieb|ha|ber|the|a|ter** n. *(-s,-)* filodrammatica *f.*

lieb|ko|sen, lieb|ko|sen tr. (p.pass. *liebkost/geliebkost*) accarezzare, vezzeggiare, coccolare. **Lieb|ko|sung, Lieb|ko|sung** f. *(-,-en)* ANT. carezze *f.pl.*

lieb|lich agg. 1a grazioso, leggiadro: ***eine -e Gestalt*** una figura leggiadra b soave: ***eine -e Musik*** una musica soave; *(angenehm)* gradevole, delicato: ***der -e Duft der Blumen*** il gradevole profumo dei fiori c ameno, ridente: ***eine -e Landschaft*** un paesaggio ameno 2 COLLOQ. IRON. *(unangenehm)* spiacevole ◆ ***ein -er Wein*** un vino amabile. **Lieb|lich|keit** f. *(-)* 1a grazia *f.*, leggiadria *f.* b *(von Orten)* amenità *f.* c soavità *f.*: ***die ~ eines Duftes*** la soavità di un profumo 2 *(als Anrede)* ***Ihre ~*** Sua Grazia.

Lieb|ling m. *(-s,-e)* 1 prediletto *m.*, beniamino *m.*: ***der ~ der Mutter*** il prediletto della mamma; ***ein ~ des Publikums*** un beniamino del pubblico 2 *(in vertrauter Anrede)* ***mein ~*** tesoro mio. **Lieb|lings|be|schäf|ti|gung** f. *(-,-en)* occupazione *f.* preferita. **Lieb|lings|fach** n. *(-[e]s,-fächer)* materia *f.* preferita. **Lieb|lings|far|be** f. *(-,-n)* colore *m.* preferito. **Lieb|lings|kind** n. *(-[e]s,-er)* figlio *m.* prediletto. **Lieb|lings|the|ma** n. *(-s,-themen)* argomento *m.* preferito, favorito.

lieb|los I agg. disamorato, freddo II avv. 1 *(unfreundlich)* senza amore, freddamente: ***jdn ~ empfangen*** ricevere qcn. freddamente 2 *(ohne Sorgfalt)* controvoglia, di malavoglia: ***etw. ~ ausführen*** eseguire qcs. di malavoglia. **Lieb|lo|sig|keit** f. *(-,-en)* 1 *(Unfreundlichkeit)* freddezza *f.*, crudeltà *f.* 2 *(lieblose Art)* disamore *m.*, mancanza *f.* d'amore. **lieb|reich** agg. → **liebevoll.** **Lieb|reiz** m. *(-es)* grazia *f.*, leggiadria *f.* **lieb|rei|zend** agg. ANT. leggiadro. **Lieb|schaft** f. *(-,-en)* relazione *f.* (amorosa), amore *m.*: ***eine ~ mit jdm haben*** avere una relazione con qcn.

liebst... agg. (superl. di *lieb*) preferito, prediletto: ***ihre -e Puppe*** la sua bambola preferita ◆ ***am -en*** (superl. di *gern*) più (volentieri) di tutto: ***ich möchte am -en...*** mi piacerebbe più di tutto...; ***am -en haben*** preferire; ***am -en würde ich auf die Reise verzichten*** preferirei quasi rinunciare del tutto al mio viaggio. **Liebs|te** m. e f. *(-n,-n)* amato *m.* (-a *f.*), amore *m.*: ***mein -r*** amore mio.

lieb|wert agg. carissimo, stimatissimo.

Liech|ten|stein n.pr.n. *(-s)* Liechtenstein *m.* **Liech|ten|stei|ner** m. *(-s,-)* abitante *m.* del Liechtenstein. **liech|ten|stei|nisch** agg. del Liechtenstein.

Lied n. *(-[e]s,-er)* 1a canto *m.*: ***das ~ der Nachtigall*** il canto dell'usignolo; ***ein geistliches ~*** un canto sacro b *(epische Dichtung)* ***die -er der Edda*** i canti dell'Edda 2 canzone *f.*: ***ein volkstümliches ~*** una canzone popolare; ***ein ~ anstimmen, singen*** intonare, cantare una canzone; ***ein ~ auf der Gitarre spielen*** suonare una canzone sulla chitarra 3 MUS. *(Kunstlied)* Lied *m.*: ***die -er Schuberts*** i Lieder di Schubert ◆ FIG. COLLOQ. ***es ist immer das alte ~ mit dir*** con te è sempre la solita musica; ***das ist das Ende vom ~*** tutti i salmi finiscono in gloria; ***es ist immer das gleiche ~ mit dir*** → ***es ist immer das alte ~ mit dir, das Hohe ~*** il Cantico dei Cantici; ***er kann ein ~ davon singen, er weiß ein ~ davon zu singen*** lui ne sa qualcosa. **Lied|chen** n. *(-s,-* e *Liederchen)* canzoncina *f.*, canzonetta *f.* **Lie|der|abend** m. *(-s,-e)* serata *f.* liederistica. **Lie|der|buch** n. *(-[e]s,-bücher)* canzoniere *m.*

Lie|der|jan m. *(-[e]s,-e)* COLLOQ. scapestrato *m.* **lie|der|lich** I agg. 1 *(unordentlich)* disordinato, sciatto; *(nachlässig)* trascurato, negligente 2 SPREG. *(ausschweifend)* sregolato: ***ein -es Leben führen*** condurre una vita sregolata, vivere da scapestrati II avv. 1 disordinatamente, sciattamente; *(nachlässig)* negligentemente, in modo trascurato 2 SPREG. sregolatamente, da scapestrati. **Lie|der|lich|keit** f. *(-)* 1 sciatteria *f.*, trascuratezza *f.* 2 SPREG. sregolatezza *f.*

Lie|der|ma|cher m. *(-s,-)* cantautore *m.* **Lie|der|samm|lung** f. *(-,-en)* raccolta *f.* di canzoni. **Lie|der|sän|ger** → **Liedsänger.** **Lie|der|ta|fel** f. *(-,-n)* società *f.* corale, corale *f.* **Lie|der|zyk|lus** m. *(-,-zyklen)* ciclo *m.* di Lieder. **lied|haft** agg. liederistico.

Lied|ri|an m. *(-[e]s,-e)* → **Liederjan.**

Lied|sän|ger m. *(-s,-)* cantante *m.* liederistico.

lief → **laufen.**

Lie|fe|rant m. *(-en,-en)* fornitore *m.*: ~ ***für Ersatzteile*** fornitore di pezzi di ricambio. **Lie|fe|ran|ten|ein|gang** m. *(-[e]s,-eingänge)* entrata *f.* per i fornitori. **lie|fer|bar** agg. disponibile: ***dieser Artikel ist zur Zeit nicht ~*** questo articolo per il momento non è disponibile. **Lie|fer|be|din|gung** f. *(-,-en)* condizione *f.* per la (*o* di) consegna. **Lie|fer|be|trieb** m. *(-[e]s,-e)* ditta *f.* fornitrice. **Lie|fe|rer** m. *(-s,-)* → **Lieferant.** **Lie|fer|fir|ma** f. *(-,-firmen)* → **Lieferbe-**

trieb. **Lie|fer|frist** f. *(-,-en)* termine *m.* (*o* data *f.*) di consegna. **Lie|fer|land** n. *(-[e]s,-länder)* paese *m.* fornitore.

lie|fern I tr. **1** fornire, consegnare: ***Waren ~*** consegnare delle merci; ***etw. ins Haus ~*** consegnare qcs. a domicilio; ***etw. per Bahn ~*** consegnare qcs. a mezzo ferrovia **2** *(erzeugen)* produrre: ***das Land liefert Getreide*** il paese produce cereali; ***die Kuhe ~ Milch*** le mucche producono latte **3a** *(erbringen)* fornire, produrre: ***Beweise ~*** fornire delle prove **b** *(bieten)* offrire: ***jdm Gesprächsstoff ~*** offrire materia di conversazione a qcn. **4** *(austragen)* disputare: ***ein hervorragendes Spiel ~*** disputare una magnifica partita **II** rifl. ***sich ein Duell ~*** sfidarsi a duello; ***sich eine Schlacht ~*** darsi battaglia.

Lie|fer|schein m. *(-[e]s,-e)* bolla *f.* di accompagnamento (*o* di spedizione), bolletta *f.* di consegna. **Lie|fer|ter|min** m. *(-s,-e)* → **Lieferfrist.**

Lie|fe|rung f. *(-,-en)* **1a** consegna *f.*: ***~ nur gegen Barzahlung*** consegna solo dietro pagamento in contanti **b** fornitura *f.*: ***die ~ kontrollieren, unterbrechen*** controllare, sospendere la fornitura **2** EDIT. fascicolo *m.*, dispensa *f.*, uscita *f.* ◆ ***~ auf Abruf*** consegna a richiesta del compratore; ***die ~ der Ware erfolgt in zwei Wochen, per Luftpost, per Bahn*** la consegna della merce avrà luogo (*o* verrà effettuata) tra due settimane, per posta aerea, a mezzo ferrovia; ***~ frei Haus*** consegna a domicilio; ***verspätete ~*** ritardo nella consegna; ***zahlbar bei ~*** pagabile alla consegna; ***etw. zu prompter ~ bestellen*** ordinare qcs. pronta consegna. **Lie|fe|rungs|be|din|gung** → **Lieferbedingung. Lie|fe|rungs|ge|schäft** n. *(-[e]s,-e)* vendita *f.* con consegna a termine. **Lie|fe|rungs|ort** m. *(-s,-e)* luogo *m.* di consegna. **Lie|fe|rungs|sper|re** f. *(-,-n)* blocco *m.* delle consegne. **Lie|fe|rungs|ter|min** m. *(-s,-e)* → **Lieferfrist. Lie|fe|rungs|ver|trag** m. *(-[e]s,-verträge)* contratto *m.* di vendita con consegna a termine. **Lie|fe|rungs|ver|zö|ge|rung** f. *(-,-en)*, **Lie|fe|rungs|ver|zug** m. *(-[e]s,-verzüge)* ritardo *m.* nella, di consegna ◆ ***in ~ geraten*** cadere in mora (di consegna). **lie|fe|rungs|wei|se** avv. a fascicoli, a dispense. **Lie|fe|rungs|wei|se** f. *(-,-n)* modo *m.*, mezzo *m.* di consegna. **Lie|fer|ver|pflich|tun|gen** pl. impegni *m.pl.* di consegna: ***den ~ nachkommen*** far fronte agli, rispettare gli impegni di consegna. **Lie|fer|wa|gen** m. *(-s,-)* furgone *m.* (per le consegne). **Lie|fer|zeit** f. *(-,-en)* → **Lieferfrist.**

Lie|ge f. *(-,-n)* **1** ottomana *f.* **2** *(Gartenliege)* lettino *m.* **Lie|ge|bank** f. *(-,-bänke)* panca *f.* **Lie|ge|ge|büh|ren** pl., **Lie|ge|geld** n. *(-,-er)* controstallia *f.* **Lie|ge|hal|le** f. *(-,-n)* terrazza *f.* (per la cura all'aria aperta). **Lie|ge|korb** m. *(-[e]s,-körbe)* = poltroncina da spiaggia in vimini per prendere il sole al riparo dal vento. **Lie|ge|kur** f. *(-,-en)* clinoterapia *f.*

lie|gen intr. *(lag, gelegen;* aus. *haben* e REGION. *sein)* **1a** stare (*o* essere) sdraiato, coricato: ***auf der Couch, auf dem, am Boden, im Schatten ~*** stare sdraiato sul divano, per (*o* in) terra, all'ombra; ***noch ein paar Tage ~ müssen*** dovere stare ancora a letto per alcuni giorni; ***liegst du bequem?*** stai (*o* sei) comodo? ***Weinflaschen sollen ~*** le bottiglie di vino devono stare coricate **b** giacere: ***tot, verletzt ~*** giacere morto, ferito; ***im Grab ~*** giacere nella tomba **2** SVIZZ. *(sich legen)* sdraiarsi, coricarsi **3** *(vorhanden sein)* esserci: ***auf den Bergen liegt Schnee*** sulle montagne c'è neve; ***Nebel liegt über der Stadt*** c'è nebbia sulla città **4a** *(sein)* essere: ***die Tischdecke liegt schräg*** la tovaglia è storta; ***der Griff liegt bequem*** l'impugnatura è comoda; SPORT ***vorn, in Führung ~*** essere in testa, al comando **b** stare: ***das Haar liegt in Locken*** i capelli stanno arricciati; ***die Wahrheit liegt in der Mitte*** la verità sta nel mezzo; ***so wie die Dinge ~*** così come stanno le cose **5** *(an einem Ort sein)* trovarsi, essere: ***das Buch liegt auf, unter der Zeitung*** il libro è sopra, sotto il giornale; ***der Wein liegt im Kühlschrank, im Keller*** il vino si trova nel frigorifero, in cantina; ***das Geld liegt auf der Bank*** il denaro è in banca; ***er lag plötzlich am Boden*** improvvisamente si trovò per terra; ***im, zu Bett, im Krankenhaus ~*** essere a letto, all'ospedale; ***die Leiter liegt an der Wand*** la scala è appoggiata contro la parete; GEOM. ***die Punkte ~ auf der Diagonale*** i punti si trovano sulla diagonale; ***hast du mein Buch irgendwo ~ sehen?*** hai visto il mio libro da qualche parte? ***ein Lächeln lag auf seinen Lippen*** aveva un sorriso sulle labbra **6** *(eine bestimmte Lage haben)* essere (posto, situato): ***die Stadt liegt am See*** la città è situata sul lago; ***die Küche liegt zur Straße*** la cucina è posta verso (*o* dà sulla) strada; ***schön, ruhig ~*** essere (situato) in una bella posizione, in una posizione tranquilla **7** *(sich aufhalten)* stare, starsene: ***im Fenster, in der Kneipe ~*** starsene alla finestra, all'osteria **8** *(enthalten sein)* essere, esserci: ***es liegt nicht in seiner Absicht, in meinem Interesse*** non è sua intenzione (*o* nelle sue intenzioni), non è nel mio interesse; ***darin liegt eine Gefahr, eine tiefe Weisheit*** in questo c'è un pericolo, una profonda saggezza; ***seine Stärke liegt in der Ausdauer*** la sua forza sta nella perseveranza; ***wo liegt der Fehler?*** dov'è (*o* dove sta) l'errore? **9** *(abhängen)* dipendere: ***die Entscheidung liegt an ihr*** la decisione dipende da lei; ***woran liegt es?*** da (che) cosa dipende? **10** *(für wichtig erachten)* tenere, importare (anche impers.): ***mir liegt viel an jdm, etw.*** tengo molto a qcn., qcs.; ***an der Karriere liegt ihm nichts*** non tiene affatto alla carriera, non gli importa nulla della carriera **11** *(zufallen)* essere: ***die Verantwortung, Schuld liegt bei dir*** la responsabilità, la colpa è tua **12** *(gefallen)* piacere, andare (a genio): ***diese Musik, diese Methoden ~ mir nicht*** questa musica non mi piace, questi metodi non mi vanno **13** *(entsprechen)* essere adatto, addirsi: ***diese Rolle liegt ihm*** la parte gli si addice **14** MAR. essere ormeggiato: ***das Schiff liegt am Kai*** la nave è attraccata alla banchina **15a** MIL. essere accampato **b** ***der Schuss liegt hoch, zu kurz*** il colpo è alto, troppo corto **16** *(von Handel, Geschäften)* languire, essere fermo; **17a** ***~ bleiben*** rimanere coricato, disteso: ***der Spieler bleibt verletzt ~*** il giocatore restò (disteso) a terra ferito; ***bis spät (im Bett) ~ bleiben*** restare a letto fino a tardi **b** *(zurückbleiben)* rimanere: ***der Schnee ist lange ~ geblieben*** la neve è rimasta a lungo; ***die Paiere sind bei uns ~ geblieben*** le carte sono rimaste da noi; ***das Fallobst ist ~ geblieben*** la frutta caduta è rimasta a terra **c** COLLOQ. restare fermo, bloccato: ***auf der Autobahn ~ bleiben*** restare bloccato in, sull'autostrada; ***die Arbeit bleibt ~*** il lavoro è fermo **d** COMM. *(von Waren)* rimanere giacente, invenduto **18a** ***~ lassen*** lasciare: ***etw. auf dem Tisch ~ lassen*** lasciare qcs. sul tavola **b** *(vergessen)* lasciare, dimenticare: ***seinen Hut ~ lassen*** dimenticare il cappello **c** interrompere: ***die Arbeit einige Tage ~ lassen*** interrompere i lavori per alcuni giorni ◆ ***die Musik liegt ihm im Blut*** ha la musica nel sangue; ***es liegt mir fern, etw. zu tun*** sono ben lontano da fare qcs.; ***auf den Knien ~*** stare in ginocchio; ***unter ein Auto zu ~ kommen*** finire sotto una macchina; ***mit jdm in Konflikt ~*** essere in conflitto con qcn.; ***lass das ~!*** lascia stare! non toccare! COLLOQ. ***das liegt nicht drin, da liegt nichts drin*** non ne vale la pena; ***in Ohnmacht ~*** essere privo di sensi; ***im Sterben ~*** essere in punto di morte; ***auf der Straße ~*** essere a spasso (disoccupato); AUT. ***gut auf der Straße ~*** avere una buona tenuta di strada; ***der Ton liegt auf der ersten Silbe*** l'accento cade sulla prima sillaba; ***in Trümmern ~*** essere (ridotto a) un cumulo di macerie; FIG. ***über, unter etw. ~*** essere superiore, inferiore a qcs.; ***der Boden liegt voller reifer Äpfel*** il terreno è pieno, coperto di mele mature; ***Ihr Brief liegt uns vor*** la Sua lettera è da noi, siamo in possesso della Sua lettera; ***wach ~*** non riuscire a dormire; GIOC. COLLOQ. ***was liegt, liegt!*** quel che è fatto, è fatto! ***einer Sache (D) zugrunde ~*** essere alla base di qcs.; ***das liegt noch in der Zukunft*** deve ancora venire, succedere.

lie|gend I p.pres. agg. **1** → **liegen 2a** sdraiato, coricato: ***in -er Stellung*** in posizione sdraiata **b** FIG. inclinato: ***-e Schrift*** scrittura inclinata **3** *(gelegen)* situato: ***ein am Meer -er Ort*** una località (situata) sul mare **4** COMM. giacente: ***-e Waren*** merci giacenti **5** DIR. immobile: ***-e Güter haben*** avere dei beni immobili **II** avv. da sdraiato, da coricato: ***etw. ~ machen, ausführen*** fare qcs. da sdraiato. **Lie|gen|de** n. *(-n)* MIN. letto *m.*

Lie|gen|schaft f. *(-,-en)* DIR. bene *m.* immobile; *(Grundstück)* proprietà *f.* fondiaria, fondo *m.*

Lie|ge|platz m. *(-es,-plätze)* **1** FERR. cuccetta *f.* **2** MAR. ormeggio *m.*

Lie|ger m. *(-s,-)* MAR. **1** *(Schiff)* nave *f.* in disarmo **2** *(Wachmann)* guardiano *m.* di nave in disarmo **3** *(Fass)* botte *f.* per l'acqua.

Lie|ge|sitz m. *(-es,-e)* **1** FERR. sedile *m.* ribaltabile, reclinabile **2** AUT. sedile *m.* con schienale reclinabile. **Lie|ge|so|fa** n. *(-s,-s)* divano *m.* letto. **Lie|ge|statt** f. *(-,-stätten)* giaciglio *m.* **Lie|ge|stuhl** m. *(-[e]s,-stühle)* (sedia *f.* a) sdraio *f.* **Lie|ge|stütz** m. *(-es,-e)* GINN. appoggio *m.* frontale teso ◆ ***-e machen*** fare flessioni sulle braccia. **Lie|ge|ter|ras|se** f. *(-,-n)* solarium *m.* **Lie|ge|wa|gen** m. *(-s,-)* FERR. carrozza *f.* (con) cuccette. **Lie|ge|wie|se** f. *(-,-n)* prato *m.* su cui prendere il sole. **Lie|ge|zeit** f. *(-)* stallia *f.*

lieh → **leihen.**

Liek n. *(-[e]s,-en)* gratile *m.*, ralinga *f.*

1.Lies|chen n.pr.n. Lisetta *f.* ◆ ***~ Müller*** la signora Rossi.

2.Lies|chen n. *(-s,-)* donnetta *f.* ◆ BOT. ***Fleißiges ~*** begonia; ***ein vergessliches ~*** = una smemorata.

1.Lie|se n.pr.f. Lisa *f.*

2.Lie|se f. *(-,-n)* COLLOQ. SPREG. donnetta *f.* ◆ ***so eine dumme ~!*** che oca!

Lie|sel, Liesl → **1.Liese.**

ließ → **lassen.**

1.Lift m. *(-[e]s,-e e -s)* **1** *(Aufzug)* ascensore *m.*: ***den ~ nehmen*** prendere l'ascensore; ***mit dem ~ fahren*** andare in ascensore **2a** *(Skilift)* skilift *m.* **b** *(Sessellift)* seggiovia *f.*

2.Lift m. e n. *(-s,-s)* lifting *m.*
Lift|boy m. *(-s,-s)* addetto *m.* all'ascensore, lift *m.*
1.lif|ten intr. (aus. *sein*) andare sullo skilift.
2.lif|ten tr. **1** MED. stirare: ***die Gesichtshaut ~*** stirare la pelle del viso **2** TECN. sollevare **3** GERG. *(erhöhen)* aumentare: ***die Preise ~*** aumentare i prezzi ◆ COLLOQ. ***sich ~ lassen*** farsi fare il lifting.
Lif|ting n. *(-s,-s)* **1** *(kosmetische Operation)* lifting *m.* **2** GINN. molleggio *m.* sulla punta dei piedi.
Lift|schacht m. *(-[e]s,-schächte)* tromba *f.* dell'ascensore.
Li|ga f. *(-, Ligen)* **1** *(Bund)* lega *f.* **2** SPORT serie *f.*: ***in die 1. ~ aufsteigen*** salire in serie A; ***in die 2. ~ absteigen*** scendere in serie B.
Li|ga|ment n. *(-[e]s,-e)*, **Li|ga|men|tum** n. *(-s, Ligamenta)* ANAT. legamento *m.*
Li|ga|tur f. *(-,-en)* **1** TIP. logotipo *m.*, politipo *m.* **2** MUS. MED. legatura *f.*
Lig|nin n. *(-s,-e)* lignina *f.*
Lig|nit m. *(-s,-e)* lignite *f.*
Li|gu|rer m. *(-s,-)* ligure *m.* **Li|gu|ri|en** n.pr.n. *(-s)* Liguria *f.* **li|gu|risch** agg. ligure.
Li|gus|ter m. *(-s,-)* ligustro *m.* **Li|gus|ter|he|cke** f. *(-,-n)* siepe *f.* di ligustri. **Li|gus|ter|schwär|mer** m. *(-s,-)* ENTOM. sfinge *f.* ligustrina.
li|ie|ren rifl. **sich ~ 1** *(ein Liebesverhältnis eingehen)* legarsi: ***sich mit jdm ~*** legarsi a qcn. **2** *(sich verbinden)* unirsi, allearsi: ***sich mit einer ausländischen Firma ~*** allearsi con una ditta straniera. **Li|ier|te** m. e f. *(-n,-n)* ANT. persona *f.* fidata. **Li|ie|rung** f. *(-,-en)* **1** *(Sichliieren)* il legarsi **2** *(Sichverbinden)* l'allearsi.
Li|kör m. *(-s,-e)* liquore *m.* **Li|kör|es|senz** f. *(-,-en)* essenza *f.* di liquore. **Li|kör|fla|sche** f. *(-,-n)* bottiglia *f.* di liquore. **Li|kör|glas** n. *(-es,-gläser)* bicchierino *m.* da liquore.
Lik|tor m. *(-s, Liktoren)* STOR. littore *m.* **Lik|to|ren|bün|del** n. *(-s,-)* fascio *m.* littorio.
li|la agg.inv. **1** lilla: ***ein ~ Hut***, COLLOQ. ***ein lilaner, lilaer Hut*** un cappello lilla **2** COLLOQ. *(mittelmäßig)* così così. **Li|la** n. *(-s,-)* (color *m.*) lilla *m.* **li|la|far|ben, li|la|far|big** agg. lilla.
Li|lie f. *(-,-n)* giglio *m.* **Li|li|en|ge|wächs** n. *(-es,-e)* liliacea *f.*, gigliacea *f.* **li|li|en|weiß** agg. **1** bianco tendente al giallo **2** LETT. *(weiß wie eine Lilie)* bianco, candido come un giglio.
Li|li|put n.pr.n. *(-s)* Lilliput *m.* **Li|li|pu|ta|ner** m. *(-s,-)* lillipuziano *m.* **li|li|pu|ta|nisch** agg. lillipuziano. **Li|li|put|bahn** f. *(-,-en)* treno *m.* in miniatura.
Lim|burg n.pr.n. *(-s)* Limburgo *f.*
Lim|bus m. *(-, Limbi)* **1** RELIG. limbo *m.* **2** TECN. *(Gradkreis)* cerchio *m.* graduato.
Li|met|te f. *(-,-n)* BOT. limetta *f.*
Li|mit n. *(-s,-s* e *-e)* **1** limite *m.*: ***das ~ überschreiten, unterschreiten*** superare il limite, stare al di sotto del limite; ***ein ~ festsetzen, anheben, absenken*** stabilire, alzare, abbassare il limite; ***jdm ein ~ setzen*** porre un limite a qcn.; ***das obere, oberste ~ für etw.*** il limite superiore, massimo di qcs. **2** ECON. *(Preisgrenze)* prezzo *m.* limite. **Li|mi|ta|ti|on** f. *(-,-en)* **1** *(Einschränkung)* limitazione *f.* **2** *(Begrenzung)* delimitazione *f.* **li|mi|ted** ['lɪmɪtɪd] agg. ECON. a responsabilità limitata. **li|mi|tie|ren** tr. **1** *(beschränken)* limitare **2** *(begrenzen)* delimitare. **Li|mi|tie|rung** f. *(-,-en)* → **Limitation.**
Lim|ni|me|ter n. *(-s,-)* limnimetro *m.* **lim|nisch** agg. limnetico, lacustre. **Lim|no|lo|ge** m. *(-n,-n)* limnologo *m.* **Lim|no|lo|gie** f. *(-)* limnologia *f.* **lim|no|lo|gisch** agg. limnologico. **Lim|no|plank|ton** n. *(-s)* limnoplancton *m.*
Li|mo f. e n. *(-,-[s])* COLLOQ. → **Limonade. Li|mo|na|de** f. *(-,-n)* **1** *(Zitronenlimonade)* limonata *f.* **2** *(Orangenlimonade)* aranciata *f.* **Li|mo|ne** f. *(-,-n)* **1** *(Limette)* limetta *f.* **2** RAR. *(Zitrone)* limone *m.*
Li|mo|nit m. *(-s,-e)* limonite *f.*
li|mos, li|mös agg. limoso.
Li|mou|si|ne [limu-] f. *(-,-n)* berlina *f.*; *(Luxusauto)* limousine *f.*
lind agg. **1** mite: ***ein -er Winter*** un inverno mite **2** RAR. *(sanft)* dolce, lieve.
Lin|de f. *(-,-n)* tiglio *m.*; *(Holz der Linde)* (legno *m.* di) tiglio *m.* **lin|den** agg. RAR. di (legno di) tiglio. **Lin|den|al|lee** f. *(-,-n)* viale *m.* di tigli. **Lin|den|baum** m. *(-[e]s,-bäume)* tiglio *m.* **Lin|den|blü|te** f. *(-,-n)* fiore *m.* di tiglio. **Lin|den|blü|ten|tee** m. *(-s)* tisana *f.* al tiglio. **Lin|den|ho|nig** m. *(-s)* miele *m.* di tiglio.
lin|dern tr. mitigare, calmare, lenire: ***die Schmerzen ~*** calmare i dolori; ***jds Qual ~*** alleviare la pena di qcn. **lin|dernd** p.pres. agg. **1** → **lindern 2** calmante, lenitivo. **Lin|de|rung** f. *(-,-en)* **1** sollievo *m.*, lenimento **2** *(Milderung)* mitigazione *f.*
lind|grün agg. verdino chiaro.
Lind|heit f. *(-)* mitezza *f.*
Lind|wurm m. *(-[e]s,-würmer)* MITOL. drago *m.*
li|ne|al agg. → **linealisch. Li|ne|al** n. *(-s,-e)* **1** riga *f.*; *(kürzer als 30 cm)* righello *m.* **2** TECN. sagoma *f.* ◆ SCHERZ. ***er geht, als hätte er ein ~ verschluckt*** cammina come se avesse ingoiato un manico di scopa. **li|ne|a|lisch** agg. BOT. lineare: ***-es Blatt*** foglia lineare. **Li|ne|a|ment** n. *(-[e]s,-e)* **1** linea *f.* **2** *(Gesichtslinie)* lineamento *m.*
li|ne|ar agg. **1a** lineare: ***ein -er Verlauf*** un andamento lineare; ***eine -e Gleichung, Argumentation*** un'equazione, un'argomentazione lineare **b** *(geradlinig)* rettilineo **2** ART. *(zeichnerisch)* grafico. **Li|ne|ar|be|schleu|ni|ger** m. *(-s,-)* acceleratore *m.* lineare. **Li|ne|ar|mo|tor** m. *(-s,-en)* motore *m.* lineare. **Li|ne|ar|schrift** f. *(-)* ARCHEOL. (scrittura *f.*) lineare *f.* **Li|ne|ar|zeich|nung** f. *(-,-en)* schizzo *m.*
lin|gu|al agg. linguale. **Lin|gu|al** m. *(-s,-e)*, **Lin|gu|al|laut** m. *(-[e]s,-e)* suono *m.*, consonante *f.* linguale.
Lin|gu|ist m. *(-en,-en)* linguista *m.* **Lin|gu|is|tik** f. *(-)* linguistica *f.* **lin|gu|is|tisch** agg. linguistico.
Li|nie f. *(-,-n)* **1a** *(längerer Strich)* linea *f.*: ***eine senkrechte, gestrichelte, gerade ~*** una linea verticale, tratteggiata, diritta; ***eine ~ ziehen*** tracciare una linea; ***bei durchgehender ~ darf man nicht überholen*** con la linea continua è vietato sorpassare; ***die -n der Hand*** le linee della mano; GEOM. ***eine gerade, krumme, gebrochene ~*** una linea retta, curva, spezzata **b** SPORT *(Markierungslinie)* ***den Ball über die ~ schlagen*** tirare la palla oltre la linea **c** FIG. *(Abstammungsreihe)* ***in direkter ~ von jdm abstammen*** discendere in linea diretta da qcn.; ***in auf-, absteigender ~*** in linea ascendente, discendente **d** *(Verkehrsstrecke)* ***die ~ 10 fährt nur feiertags*** la linea 10 viaggia solo nei giorni festivi; ***auf der ~ Münster-Köln*** sulla linea Münster-Colonia; ***eine ~ einrichten, stilllegen*** istituire, sopprimere una linea **e** *(Verhaltensweise)* ***von der ~ der Partei abweichen*** deviare dalla linea del partito; ***eine harte, radikale ~ vertreten, verfolgen*** sostenere una linea dura, radicale; ***eine bestimmte ~ einhalten*** mantenere una determinata linea **f** *(Figur)* ***auf die (schlanke) ~ achten*** badare alla linea **2** *(auf Papierblättern)* riga *f.*: ***Briefpapier mit -n*** carta da lettera a righe **3** *(Reihe)* fila *f.*, riga *f.*: ***in einer ~ stehen*** stare, essere in fila, essere allineati; ***sich in einer ~ aufstellen*** mettersi in riga **4a** MIL. *(Front)* linea *f.*: ***die feindlichen -n durchbrechen*** sfondare le linee nemiche; ***in vorderster ~ stehen*** essere in prima linea **b** STOR. *(Truppen des stehenden Heeres)* truppe *f.pl.* di linea **5** MAR. *(Wasserlinie)* linea *f.* di galleggiamento **6** *(Kontur)* contorno *m.*, profilo *m.*: ***die ~ der Hausdächer*** il profilo dei tetti **7** *(Äquator)* (linea *f.* dell') equatore *m.*: ***die ~ passieren*** superare la linea dell'equatore ◆ ***eine ~ befliegen*** effettuare voli di linea; FIG. ***in erster ~*** in prima linea, anzitutto; ***auf der ganzen ~*** su tutta la linea, completamente; ***etw. auf die gleiche ~ stellen*** mettere qcs. sullo stesso piano; TIP. ***~ halten*** essere in linea; ***in zweiter ~*** in secondo luogo.
Li|ni|en|ball m. *(-[e]s,-bälle)* SPORT **1** palla *f.* (che cade) sulla linea **2** *(entlang der Seitenlinie geschlagener Ball)* palla *f.* lungolinea. **Li|ni|en|blatt** n. *(-[e]s,-blätter)* falsariga *f.* **Li|ni|en|bus** m. *(-ses,-se)* autobus *m.* di linea. **Li|ni|en|damp|fer** m. *(-s,-)* piroscafo *m.* di linea. **Li|ni|en|dienst** m. *(-es,-e)* servizio *m.* di linea. **Li|ni|en|flug** m. *(-[e]s,-flüge)* volo *m.* di linea. **Li|ni|en|flug|zeug** n. *(-[e]s,-e)* aereo *m.* di linea. **li|ni|en|för|mig** agg. lineare. **Li|ni|en|füh|rung** f. *(-,-en)* **1** *(Gestaltung der Linien)* disegno *m.*, tratteggio *m.* **2** *(Verlauf einer Verkehrslinie)* percorso *m.*, tracciato *m.* **Li|ni|en|ma|schi|ne** f. *(-,-n)* → **Linienflugzeug. Li|ni|en|netz** n. *(-es,-e)* **1** rete *f.* (di linee di comunicazione) **2** *(Netz von Strichen)* reticolo *m.* **Li|ni|en|om|ni|bus** → **Linienbus. Li|ni|en|pa|pier** n. *(-s,-e)* carta *f.* a righe. **Li|ni|en|rich|ter** m. *(-s,-)* SPORT guardalinee *m.* **Li|ni|en|schiff** n. *(-[e]s,-e)* nave *f.* di linea. **Li|ni|en|schiff|fahrt** f. *(-)* navigazione *f.* di linea. **Li|nien|spekt|rum** n. *(-s)* spettro *m.* a righe. **Li|ni|en|sys|tem** n. *(-[e]s,-e)* rigo *m.* (musicale). **Li|ni|en|tau|fe** f. *(-,-n)* battesimo *m.* dell'equatore. **li|ni|en|treu** agg. POL. fedele alla linea, allineato. **Li|ni|en|treue** f. *(-)* POL. fedeltà *f.* alla linea, allineamento *m.* **Li|ni|en|ver|kehr** m. *(-s)* servizio *m.* di linea: ***im ~ fahren*** fare servizio di linea.
li|nie|ren → **liniieren. Li|nie|rung** → **Liniierung. li|ni|ie|ren** tr. rigare. **li|ni|iert** p.pass. agg. **1** → **liniieren 2** rigato, a righe; *(von Papier)* a righe. **Li|ni|ie|rung** f. *(-,-en)* rigatura *f.*
Li|ni|ment n. *(-[e]s,-e)* linimento *m.*
link agg. **1** sinistro: ***das -e Auge, Ufer*** l'occhio sinistro, la riva sinistra **2a** SART. ABBIGL. interno, rovescio: ***die -e Seite des Stoffes, des Hemdes*** il rovescio della stoffa, la parte interna della camicia **b** *(beim Stricken)* rovescio: ***eine -e Masche*** una maglia rovescia **3** POL. di sinistra: ***-e Zeitungen*** giornali di sinistra; ***der -e Flügel der Partei*** l'ala sinistra del partito **4** COLLOQ. equivoco, losco: ***-e Geschäfte*** affari loschi, poco puliti ◆ COLLOQ. FIG. ***heute ist er mit dem -en Bein aufgestanden*** oggi si è alzato con il piede sinistro;

-e Gedanken idee losche, POL. idee di sinistra; *-er, zur -en Hand* a sinistra; *-e Hände haben* essere maldestro; *ein -er Vogel* un losco figuro.

1.Lin|ke m. *(-n,-n)* SPORT ala *f.* sinistra.

2.Lin|ke I f. *(-n,-n)* **1** *(linke Hand)* sinistra *f.*: *mit der -n schreiben* scrivere con la sinistra **2** SPORT *(beim Boxen)* sinistro *m.* **3** POL. sinistra *f.*: *die äußerste ~* l'estrema sinistra ◆ *zur -n* a sinistra. **II** m. e f. *(-n,-n)* POL. persona *f.* di, della sinistra: *ein -r sein* essere uno di sinistra. **Lin|ke|hand|re|gel** f. *(-)* FIS. regola *f.* della mano sinistra. **lin|ken** tr. imbrogliare, abbindolare. **lin|ker|seits** avv. a sinistra. **lin|kisch** agg. maldestro, impacciato, goffo.

links I avv. **1** a sinistra: *~ fahren, abbiegen* viaggiare, svoltare a sinistra; *an der nächsten Kreuzung ~* il prossimo incrocio a sinistra; *sich nach ~ drehen* girarsi a, verso sinistra; *von rechts nach ~* da sinistra a destra; *sich ~ halten* tenersi a sinistra; *~ von jdm, etw.* a (*o* alla, sulla) sinistra di qcn., qcs.; *rechts und ~ verwechseln* confondere la destra con la sinistra **2** COLLOQ. *(mit der linken Hand)* con la sinistra **3a** a rovescio: *den Pullover ~ anziehen* mettersi il pullover a rovescio **b** *(beim Stricken) zwei rechts, zwei ~* due a diritto, due a rovescio **4** POL. a, di sinistra: *~ stehen, eingestellt sein* essere di sinistra, avere idee di sinistra **II** prep. + gen. a, sulla sinistra di: *~ der Straße* a sinistra della strada, sul lato sinistro della strada ◆ MIL. *die Augen ~!* sinistr' riga! SPORT *~ außen* sulla fascia sinistra; COLLOQ. *jdn (auf) ~ drehen* fare il terzo grado a qcn.; *eine Stadt ~ liegen lassen* lasciare una città sulla sinistra; *jdn ~ liegen lassen* trascurare qcn.; COLLOQ. *etw. mit ~ machen können* saper fare qcs. anche con la sinistra (*o* a occhi chiusi); *weder ~ noch rechts schauen* andare dritto allo scopo; COLLOQ. *~ sein* essere mancino; *sehr weit ~ stehen* essere di estrema sinistra; MIL. *~ um!* fianco sinistr'! *nicht mehr wissen, was rechts und ~ ist* non sapere che pesci pigliare. **Links|ab|bie|ger** m. *(-s,-)* chi svolta a sinistra. **Links|ab|bie|ger|spur** f. *(-,-en)* corsia *f.* per svoltare a sinistra. **Links|ab|weich|ler** m. *(-s,-)* POL. SPREG. deviazionista *m.* di sinistra. **Links|aus|la|ge** f. *(-)* SPORT guardia *f.* a sinistra. **Links|au|ßen** m. *(-s,-)* SPORT ala *f.* sinistra. **links|bün|dig** agg. TIP. allineato a sinistra. **Links|drall** m. *(-[e]s,-e)* **1** torsione *f.* sinistrorsa **2** COLLOQ. *(Linksorientierung)* orientamento *m.* sinistrorso, tendenza *f.* sinistroide. **links|dre|hend** agg. TECN. sinistrorso, antiorario: *-es Gewinde* filettatura sinistrorsa; FIS. CHIM. sinistrorso, levogiro. **Links|dre|hung** f. *(-,-en)* rotazione *f.* sinistrorsa, antioraria.

links|ext|rem agg. RAR. → **linksextremistisch. Links|ext|re|mis|mus** m. *(-)* estremismo *m.* di sinistra. **Links|ext|re|mist** m. *(-en,-en)* estremista *m.* di sinistra. **links|ext|re|mis|tisch** agg. di estrema sinistra.

links|gän|gig agg. sinistrorso, antiorario. **links|ge|rich|tet** agg. → **linksorientiert. Links|ge|win|de** n. *(-s)* filettatura *f.* sinistrorsa.

Links|hän|der m. *(-s,-)* mancino *m.* **links|hän|dig I** agg. mancino **II** avv. con la mano sinistra. **Links|hän|dig|keit** f. *(-)* mancinismo *m.*

links|her avv. ANT. da sinistra. **links|he|rum** avv. a, verso sinistra. **Links|in|tel|lek|tu|el|le** m. e f. *(-n,-n)* intellettuale *m.* e *f.* di sinistra. **Links|ka|tho|lik** m. *(-en,-en)* cattolico *m.* di sinistra. **Links|ko|a|li|ti|on** f. *(-,-en)* coalizione *f.* di sinistra. **Links|kurs** m. *(-es)* POL. corso *m.* di sinistra. **Links|kur|ve** f. *(-,-n)* curva *f.*, svolta *f.* a sinistra. **links|las|tig** agg. POL. decisamente, irriducibilmente di sinistra. **links|läu|fig** agg. sinistrorso. **links|li|be|ral** agg. liberale di sinistra. **links|ori|en|tiert** agg. POL. di sinistra. **Links|ori|en|tie|rung** f. *(-)* POL. orientamento *m.* sinistrorso, a sinistra. **Links|par|tei** f. *(-,-en)* partito *m.* di sinistra.

links|ra|di|kal agg. di estrema sinistra. **Links|ra|di|ka|le** m. e f. *(-n,-n)* estremista *m.* e *f.* di sinistra. **Links|ra|di|ka|lis|mus** m. *(-)* estremismo *m.* di sinistra.

links|rhei|nisch I agg. della riva sinistra del Reno **II** avv. sulla riva sinistra del Reno. **Links|ruck** m. *(-[e]s,-e)* POL. sterzata *f.* a sinistra. **links|rum** avv. COLLOQ. a, verso sinistra. **links|sei|tig I** agg. di sinistra, sinistro **II** avv. a (*o* sulla) sinistra, dal (*o* sul) lato sinistro: *~ gelähmt sein* essere paralizzato dal lato sinistro. **Links|steu|e|rung** f. *(-)* guida *f.* a sinistra. **links|uf|rig** agg. sulla riva, sulla sponda sinistra. **links|um, links|um** avv. a, verso sinistra ◆ MIL. *~ kehrt!* per fila sinistr', sinistr'! **Links|ver|kehr** m. *(-s)* circolazione *f.* a sinistra. **Links|wen|dung** f. *(-,-en)* svolta *f.* a sinistra (anche POL.).

lin|nen agg. ANT. → **leinen. Lin|nen** n. *(-s,-)* ANT. → **Leinen.**

Li|no|le|um, Li|no|le|um n. *(-s)* linoleum *m.* **Li|nol|säu|re** f. *(-,-n)* acido *m.* linoleico. **Li|nol|schnitt** m. *(-[e]s,-e)* linoleografia *f.*

Li|non, Li|non m. *(-[s],-s)* linon *m.*

Li|no|type® ['lainotaip] f. *(-,-s)* linotype *f.* **Li|no|type|satz** m. *(-[e]s,-sätze)* linotipia *f.* **Li|no|type-Set|zer** m. *(-s,-)* linotipista *m.*

Lin|se f. *(-,-n)* **1** lenticchia *f.* **2** OTT. lente *f.*: *konkave, konvexe -n* lenti concave, convesse **3** ANAT. lente *f.* cristallina, cristallino *m.* **4** COLLOQ. *(Objektiv)* obiettivo *m.*: *knipsen, was einem vor die ~ kommt* fotografare quello che capita.

lin|sen intr. (aus. *haben*) COLLOQ. guardare (furtivamente), sbirciare, spiare: *um die Ecke, durch das Schlüsselloch ~* sbirciare dietro l'angolo, dal buco della serratura.

Lin|sen|feh|ler m. *(-s,-)* difetto *m.* della lente. **lin|sen|för|mig** agg. **1** a forma di lente, lenticolare **2** *(in Bezug auf die Samen der Linse)* a forma di lenticchia. **Lin|sen|ge|richt** n. *(-[e]s,-e)* (piatto *m.* di) lenticchie *f.pl.* ◆ *etw. für ein ~ hergeben* cedere qcs. per un piatto di lenticchie. **Lin|sen|krüm|mung** f. *(-,-en)* curvatura *f.* della lente. **Lin|sen|sup|pe** f. *(-,-n)* minestra *f.* (*o* zuppa *f.*) di lenticchie. **Lin|sen|sys|tem** n. *(-s,-e)* sistema *m.* di lenti. **Lin|sen|trü|bung** f. *(-)* MED. cataratta (*o* cateratta) *f.*

Lin|zer I m. *(-s,-)* abitante *m.* di Linz **II** agg.inv. di Linz.

Li|pä|mie f. *(-)* lipemia *f.* **li|pä|misch** agg. lipemico.

Li|pa|risch, -e Inseln isole Lipari.

Li|piz|za|ner m. *(-s,-)* lipizzano *m.*

li|po|id agg. lipoideo. **Li|po|id** n. *(-s,-e)* lipoide *m.* **Li|pom** n. *(-s,-e)*, **Li|po|ma** n. *(-s,-ta)* lipoma *m.*

Lip|pe f. *(-,-n)* labbro *m.*: *rote, dünne, volle, aufgesprungene -n* labbra rosse, sottili, carnose, screpolate; *etw. an die -n setzen* portare (*o* accostare) qcs. alle labbra, alla bocca; *die -n kräuseln, spitzen, verziehen* arricciare, protendere, storcere le labbra; *sich (D) die -n anfeuchten, lecken, schminken* inumidirsi, leccarsi, truccarsi le labbra; *die -n öffnen, schließen, zusammenpressen* aprire, chiudere, serrare le labbra; *sich auf die -n beißen* mordersi le labbra; *(jdm etw.) von den -n ablesen* leggere (qcs.) sulle labbra (di qcn.) ◆ *mit einem Lächeln, Fluch, Lied auf den -n* con un sorriso sulle labbra, imprecando, cantando; *auf den -n ersterben* morire sulle labbra; *an jds -n hängen* pendere dalle labbra di qcn.; *eine (große, dicke, kesse) ~ riskieren* dire spacconate, sparare grosse; *kein Wort über die -n bringen* non riuscire a proferire (*o* dire una) parola; *kein Wort über meine -n* dalle mie labbra non uscì una parola. **Lip|pen|blüt|ler** m. *(-s,-)* labiata *f.* **lip|pen|för|mig** agg. a forma di labbro, labiato. **Lip|pen|gau|men|laut** m. *(-[e]s,-e)* labiovelare *f.* **Lip|pen|laut** m. *(-[e]s,-e)* labiale *f.* **Lip|pen|le|sen** n. *(-s)* lettera *f.* delle labbra, labiolettura *f.* **Lip|pen|pfei|fe** f. *(-,-n)* canna *f.* ad anima. **Lip|pen|po|ma|de** f. *(-,-n)* pomata *f.* per le labbra. **Lip|pen|rot** n. *(-[e]s)* rossetto *m.* **Lip|pen|spal|te** f. *(-,-n)* labbro *m.* leporino. **Lip|pen|stift** m. *(-[e]s,-e)* rossetto *m.*: *~ auftragen* darsi (*o* mettersi) il rossetto; *keinen ~ benutzen* non usare il rossetto. **lip|pen|syn|chron** agg. CINEM. TELEV. sincronizzato. **Lip|pen|syn|chro|ni|sa|ti|on** f. *(-)* CINEM. TELEV. sincronizzazione *f.*, sincronismo *m.* (audio-video). **Lip|pen|zahn|laut** m. *(-[e]s,-e)* labiodentale *f.*

Lipp|fi|sche pl. labridi *m.pl.*

Lip|tau|er m. *(-s,-)* INTRAD. (formaggio di pecora slovacco).

li|quid agg. **1a** ECON. disponibile; *(von Geld)* liquido **b** *(zahlungsfähig)* solvibile, liquido **2** CHIM. FON. liquido. **Li|quid** m. *(-s,-e)*, **Li|qui|da** f. *(-, Liquidä* e *Liquiden)* (consonante *f.*) liquida *f.*

Li|qui|da|ti|on f. *(-,-en)* **1a** liquidazione *f.*: *in ~ treten, geraten* entrare in liquidazione; *ein Unternehmen in ~ stellen* mettere (*o* porre) in liquidazione un'impresa **b** FIG. eliminazione *f.*, liquidazione *f.* **2** ANT. *(Rechnung)* parcella *f.*, onorario *m.* **Li|qui|da|ti|ons|mas|se** f. *(-)* capitale *m.* di liquidazione. **Li|qui|da|ti|ons|ver|gleich** m. *(-[e]s,-e)* concordato *m.* con cessione di beni. **Li|qui|da|ti|ons|wert** m. *(-[e]s)* valore *m.* di liquidazione.

Li|qui|da|tor m. *(-s,-en)* liquidatore *m.*

li|qui|de → **liquid.**

li|qui|die|ren I tr. **1** liquidare: *einen Betrag, Betrieb, Nachlass ~* liquidare una somma, un'azienda, un'eredità **2** FIG. liquidare, eliminare: *eine alte Tradition, Konflikte ~* eliminare vecchie tradizioni, risolvere conflitti; *einen politischen Gegner ~* liquidare un avversario politico **II** intr. (aus. *haben*) ECON. entrare (*o* essere messo) in liquidazione. **Li|qui|die|rung** f. *(-,-en)* → **Liquidation.**

Li|qui|di|tät f. *(-,-en)* ECON. liquidità *f.*: *überschüssige ~* liquidità eccessiva.

Li|quid|laut m. *(-[e]s,-e)* FON. suono *m.* liquido.

Li|quor m. *(-,-es)* **1** ANAT. liquor *m.* **2** FARM. liquore *m.*

1.Li|ra f. *(-, Lire)* lira *f.* (italiana).

2.Li|ra f. *(-,-)* lira *f.* (turca).

Li|se n.pr.f. Lisa *f.*

Li|se|ne f. *(-,-n)* lesena *f.*

lis|peln I intr. (aus. *haben*) **1** essere bleso, avere la pronuncia blesa **2** *(flüstern)* sussurrare (anche FIG.): *der Wind lispelt in den Blättern* il vento sussurra fra le foglie **II** tr. sussurrare. **Lis|peln** n. *(-s)*

1 blesità *f.*, pronuncia *f.* blesa **2** *(Flüstern)* sussurro *m.*

Lis|sa|bon n.pr.n. *(-s)* Lisbona *f.* **Lis|sa|bon|ner** m. *(-s,-)* lisbonese *m.*, abitante *m.* di Lisbona.

List f. *(-,-en)* **1** astuzia *f.*: ***mit ~ vorgehen, anpacken*** agire (*o* giocare) d'astuzia **2** *(Täuschung)* stratagemma *m.*, astuzia *f.*: ***eine ~ anwenden (gebrauchen), ersinnen*** usare, escogitare uno stratagemma; ***zu einer ~ greifen*** ricorrere a uno stratagemma ◆ ***mit ~ und Tücke*** con grande astuzia.

Lis|te f. *(-,-n)* **1** lista *f.*, elenco *m.*: ***eine ~ aufstellen, führen*** compilare (*o* stendere), tenere una lista; ***jdn, etw. in eine ~ einschreiben, eintragen*** inserire qcn., qcs. su, in una lista; ***jdn, etw. auf die ~ setzen*** mettere qcn. in lista, qcs. nella lista; ***jdn, etw. von der ~ streichen*** cancellare, depennare qcn., qcs. dalla lista **2** POL. lista *f.* (elettorale): ***eine ~ wählen*** votare una lista ◆ ***jdn auf die schwarze ~ setzen*** mettere qcn. sulla lista nera; ***auf der schwarzen ~ stehen*** essere sulla lista nera.

1.lis|ten tr. ***etw.*** ~ fare una lista di qcs., elencare qcs.

2.lis|ten tr. SPORT ***den Ball ins Tor ~*** = segnare con astuzia.

Lis|ten|füh|rer m. *(-s,-)* capolista *m.* **lis|ten|mä|ßig** agg. in una lista; *(in Listen)* a liste. **Lis|ten|platz** m. *(-es,-plätze)* POL. posizione *f.* in lista. **Lis|ten|preis** m. *(-es,-e)* prezzo *m.* di listino.

lis|ten|reich agg. astuto, d'astuzia: ***ein -es Vorgehen*** un gioco d'astuzia.

Lis|ten|ver|bin|dung f. *(-,-en)* lista *f.* unificata. **Lis|ten|wahl** f. *(-,-en)* elezione *f.* a lista (*o* in base a liste).

lis|tig I agg. astuto, scaltro, furbo: ***ein -er Typ, Zug*** un tipo scaltro, una mossa astuta **II** avv. astutamente, scaltramente, furbescamente. **lis|ti|ger|wei|se** avv. astutamente, scaltramente, furbescamente. **Lis|tig|keit** f. *(-,-en)* astuzia *f.*, scaltrezza *f.*

Lit ⇒ *Lira* lira (lit.).

Li|ta|nei f. *(-,-en)* litania *f.*: ***eine ~ beten, singen*** dire, cantare una litania; COLLOQ. ***immer dieselbe ~ herunterbeten*** ripetere sempre la solita litania.

Li|tau|en n.pr.n. *(-s)* Lituania *f.* **Li|tau|er** m. *(-s,-)* lituano *m.*, abitante *m.* della Lituania. **li|tau|isch** agg. lituano. **Li|tau|isch** n. *(-[s])*, **Li|tau|i|sche** n. *(-s)* lituano *m.*, lingua *f.* lituana.

Li|ter m. e n. *(-s,-)* litro *m.*: ***drei ~, ein halber ~ Wasser*** tre litri, mezzo litro d'acqua; ***ein ~ deutsches Bier*** un litro di birra tedesca.

li|te|rar|ge|schicht|lich → **literaturgeschichtlich.** **Li|te|rar|his|to|ri|ker** m. *(-s,-)* storico *m.* della letteratura. **li|te|rar|his|to|risch** agg. → **literaturgeschichtlich.**

li|te|ra|risch I agg. letterario **II** avv. letterariamente; ***~ sehr interessant sein*** essere molto interessante dal punto di vista letterario; ***etw. ~ gestalten*** dare forma letteraria a qcs.; ***~ gebildet, interessiert sein*** avere una formazione letteraria, interessi letterari; ***sich ~ betätigen*** occuparsi di letteratura.

Li|te|rar|kri|tik → **Literaturkritik.**

Li|te|rat m. *(-en,-en)* letterato *m.* **Li|te|ra|ten|tum** n. *(-s)* atteggiamento *m.* (*o* modi *m.pl.*) da letterato.

Li|te|ra|tur f. *(-,-en)* **1** letteratura *f.*: ***die klassische, zeitgenössische, deutsche ~*** la letteratura classica, contemporanea, tedesca; ***medizinische, wissenschaftliche ~*** letteratura medica, scientifica; ***einschlägige ~*** letteratura sull'argomento **2** *(Schriftennachweise)* bibliografia *f.*, letteratura *f.*: ***die ~ zu Dante, Goethe*** la letteratura dantesca, su Goethe; ***es gibt eine umfangreiche ~ über dieses, zu diesem Thema*** vi è una letteratura molto ricca su questo tema; ***~ angeben, zusammenstellen*** indicare, raccogliere la bibliografia ◆ ***jd, etw. ist in die ~ eingegangen*** qcn. è diventato una figura letteraria, qcs. è diventato un tema letterario; ***zur ~ gehören*** avere un valore letterario; ***schöne, schöngeistige ~*** belle lettere; ***zur ~ zählen*** → ***zur ~ gehören; die ~ zitieren*** fare citazioni letterarie.

Li|te|ra|tur|an|ga|be f. *(-,-n)* indicazioni *f.pl.* bibliografiche (*o* delle fonti), bibliografia *f.* **Li|te|ra|tur|bei|la|ge** f. *(-,-n)* supplemento *m.* letterario. **Li|te|ra|tur|be|trieb** m. *(-[e]s)* SPREG. vita *f.* letteraria. **Li|te|ra|tur|denk|mal** n. *(-s,-mäler)* monumento *m.* letterario. **li|te|ra|tur|fä|hig** agg. che ha valore letterario, valido dal punto di vista letterario. **Li|te|ra|tur|gat|tung** f. *(-,-en)* genere *m.* letterario. **Li|te|ra|tur|ge|schich|te** f. *(-,-n)* storia *f.* letteraria (*o* della letteratura). **li|te|ra|tur|ge|schicht|lich** agg. di (*o* relativo alla) storia della letteratura, storico-letterario. **Li|te|ra|tur|hin|wei|se** pl. indicazioni *f.pl.* bibliografiche, bibliografia *f.* **Li|te|ra|tur|his|to|ri|ker** m. *(-s,-)* studioso *m.* di storia della letteratura. **li|te|ra|tur|his|to|risch** agg. → **literaturgeschichtlich.** **Li|te|ra|tur|kri|tik** f. *(-,-en)* critica *f.* letteraria. **Li|te|ra|tur|kri|ti|ker** m. *(-s,-)* critico *m.* letterario. **Li|te|ra|tur|nach|weis** m. *(-es,-e)* → **Literaturangabe.** **Li|te|ra|tur|papst** m. *(-[e]s,-päpste)* IRON. mostro *m.* sacro (letterario); *(Kritiker)* mostro *m.* sacro della critica letteraria. **Li|te|ra|tur|preis** m. *(-es,-e)* premio *m.* letterario. **Li|te|ra|tur|sei|te** f. *(-,-n)* pagina *f.* letteraria. **Li|te|ra|tur|so|zi|o|lo|gie** f. *(-)* sociologia *f.* della letteratura. **Li|te|ra|tur|spra|che** f. *(-)* lingua *f.* letteraria. **li|te|ra|tur|sprach|lich** agg. del (*o* relativo al) linguaggio letterario. **Li|te|ra|tur|ver|zeich|nis** n. *(-ses,-se)* bibliografia *f.* **Li|te|ra|tur|wis|sen|schaft** f. *(-)* studio *m.* della letteratura, scienza *f.* letteraria. **Li|te|ra|tur|wis|sen|schaft|ler** m. *(-s,-)* studioso *m.* di scienza letteraria (*o* di letteratura). **Li|te|ra|tur|zeit|schrift** f. *(-,-en)* rivista *f.* letteraria.

Li|ter|fla|sche f. *(-,-n)* bottiglia *f.* da (un) litro. **Li|ter|leis|tung** f. *(-,-en)* TECN. potenza *f.* per litro. **Li|ter|maß** n. *(-es,-e)* misura *f.* da (un) litro, litro *m.* **li|ter|wei|se** avv. a litri: ***etw. ~ verkaufen*** vendere qcs. a litri; ***Bier ~ trinken*** bere litri di birra.

Lit|fass|säu|le f. *(-,-n)* colonna *f.* per affissioni.

Li|thi|a|sis f. *(-, Lithiasen)* litiasi *f.*

Li|thi|um n. *(-s)* litio *m.*

Li|tho n. *(-s,-s)* (accorc. *Lithographie*) lito *f.* **Li|tho|graph** m. *(-en,-en)* litografo *m.* **Li|tho|gra|phie** f. *(-,-n)* litografia *f.* **li|tho|gra|phie|ren** tr. litografare. **li|tho|gra|phisch** agg. litografico.

Li|tho|lo|ge m. *(-)* litologo *m.* **Li|tho|lo|gie** f. *(-)* litologia *f.* **li|tho|lo|gisch** agg. litologico.

Li|tho|ly|se f. *(-,-n)* litolisi *f.* **Li|tho|po|ne** f. *(-)* litopone (*o* litopono) *m.* **Li|tho|sphä|re** f. *(-)* litosfera *f.* **Li|tho|to|mie** f. *(-,-n)* litotomia *f.*

li|to|ral agg. litorale, litoraneo. **Li|to|ral** n. *(-s,-e)*, **Li|to|ra|le** n. *(-s,-s)* litorale *m.* **Li|to|ral|fau|na** f. *(-)* fauna *f.* litoranea. **Li|to|ral|flo|ra** f. *(-)* flora *f.* litoranea.

Li|to|tes f. *(-,-)* litote *f.*

Lit|schi f. *(-,-s)*, **Lit|schi|pflau|me** f. *(-,-n)* litchi *m.*, prugna *f.* cinese.

litt → **leiden.**

Li|tur|gie f. *(-,-n)* liturgia *f.* **Li|tur|gik** f. *(-)* studio *m.* della liturgia. **li|tur|gisch** agg. liturgico.

Lit|ze f. *(-,-n)* **1** MIL. gallone *m.* **2** MECC. trefolo *m.* **3** EL. cavetto *m.* **4** TESS. liccio *m.*

live [laif] avv. dal vivo, in diretta: ***etw. ~ übertragen*** trasmettere qcs. in diretta; ***~ singen*** cantare dal vivo.

Li|ve m. *(-n,-n)* livone *m.*

Live|auf|zeich|nung f. *(-,-en)* (programma *m.* in) differita *f.* **Live|mit|schnitt** m. *(-[e]s,-e)* registrazione *f.* dal vivo (*o* live). **Live|sen|dung** f. *(-,-en)* trasmissione *f.* dal vivo (*o* live).

li|vid, li|vi|de agg. livido (anche FIG.).

Liv|land n. *(-s)* Livonia *f.* **Liv|län|der** m. *(-s,-)* livone *m.*

Liv|ree f. *(-,-n)* livrea *f.* **liv|riert** agg. in livrea.

Li|zenz f. *(-,-en)* licenza *f.*: ***eine ~ erwerben, beantragen*** acquisire, (ri)chiedere una licenza; ***jdm eine ~ erteilen*** concedere una licenza a qcn.; ***eine ~ übertragen, zurückziehen*** trasferire, revocare (*o* ritirare) una licenza; ***etw. in ~ herstellen*** fabbricare qcs. su licenza; FIG. ***dichterische ~*** licenza poetica. **Li|zenz|aus|ga|be** f. *(-,-n)* edizione *f.* su licenza. **Li|zenz|ge|ber** m. *(-s,-)* datore *m.* di licenza. **Li|zenz|ge|bühr** f. *(-,-en)* tassa *f.* di licenza.

1.Li|zen|zi|at n. *(-[e]s,-e)* STOR. licenza *f.*

2.Li|zen|zi|at m. *(-en,-en)* STOR. licenziato *m.*

li|zen|zie|ren tr. concedere, dare (in licenza).

Li|zenz|in|ha|ber m. *(-s,-)* detentore *m.* di licenza, licenziatario *m.* **Li|zenz|neh|mer** m. *(-s,-)* licenziatario *m.* **Li|zenz|spie|ler** m. *(-s,-)* SPORT tesserato *m.* **Li|zenz|trä|ger** m. *(-s,-)* licenziatario *m.* **Li|zenz|ver|trag** m. *(-[e]s,-verträge)* contratto *m.* di licenza.

Li|zi|ta|ti|on f. *(-,-en)* licitazione *f.*

Lkw, LKW ['ɛlkave, ɛlka've:] m. *(-[s],-s* e RAR. *-)* (⇒ *Lastkraftwagen*) camion *m.*, autocarro *m.* **Lkw-Fah|rer, LKW-Fah|rer** m. *(-s,-)* camionista *m.*

1.Lob n. *(-[e]s,* RAR. *-e)* lode *f.*, elogio *m.*: ***ein ~ (für etw.) bekommen, erhalten*** ricevere, ottenere una lode (per qcs.); ***über alles ~ erhaben sein*** essere superiore a ogni elogio ◆ ***ein ~ aussprechen, austeilen*** lodare; ***ein dickes ~ bekommen*** ricevere una grossa lode; ***jdm ein ~ erteilen*** → ***jdm ~ spenden; Gott sei ~ und Dank*** Dio sia lodato e ringraziato; ***hohes ~*** alte lodi; COLLOQ. ***jds ~ singen*** cantare le lodi di qcn.; ***jdm ~ spenden*** rendere lode, tributare lodi a qcn.; ***jdn mit ~ überhäufen, überschütten*** colmare di lodi qcn.; ***des -es voll über jdn, etw. sein*** non fare che lodare qcn., qcs.; ***jdm ~ zollen*** → ***jdm ~ spenden.***

2.Lob m. *(-[s],-s)* SPORT lob *m.*, pallonetto *m.*

Lob|by ['lɔbi] f. *(-,-s)* **1** lobby *f.* **2** *(Wandelhalle)* loggia *f.*, tribuna *f.* (del Parlamento) **3** *(Vestibül)* vestibolo *m.* **Lob|by|is|mus** m. *(-)* lobbismo *m.* **Lob|by|ist** m. *(-en,-en)* lobbista *m.*

lo|ben tr. **1** lodare, elogiare: ***jdn für, wegen etw. ~*** lodare qcn. per qcs.; ***jds Leistung ~*** lodare la prestazione di qcn. **2** *(preisen)* lodare, benedire: ***gelobt sei der Herr*** il Signore sia lodato ◆ ***da lob ich mir ein ordentliches Steak*** mi piacerebbe (di più) una bella bistecca; ***das lob ich mir!*** questo sì che mi piace! ***jdn über den grünen Klee, jdn, etw. in den höchsten Tönen ~*** fare lodi sperticate di qcn., qcs. **lo|bend** p.pres. **I** agg. **1** → **loben 2** laudativo, di lode, di elogio: ***-e Worte*** parole di lode **II** avv. in modo lusinghiero: ***sich über jdn, etw. ~ aussprechen*** esprimersi in modo lusinghiero nei confronti di qcn., di qcs.; ***etw. ~ erwähnen*** menzionare qcs. in modo lusinghiero. **lo|bens|wert** agg. lodevole. **lo|bens|wer|ter|wei|se** avv. lodevolmente. **lo|bens|wür|dig** agg. degno di lode. **Lo|bes|er|he|bung** f. *(-,-en)* lode *f.* **Lo|bes|hym|ne** f. *(-,-n)* IRON. lode *f.*: ***in -n ausbrechen*** tessere lodi ◆ COLLOQ. ***-n (eine ~) auf jdn, etw. singen, anstimmen*** cantare, intonare le lodi di qcn. (in modo eccessivo). **Lob|ge|sang** m. *(-[e]s,-gesänge)* LETT. inno *m.*, cantico *m.* di lode. **Lob|gier** f. *(-)* avidità *f.* di lodi. **lob|gie|rig** agg. avido di lodi.

Lob|hu|de|lei f. *(-,-en)* lodi *f.pl.* smodate, adulazione *f.* **Lob|hu|de|ler** → **Lobhudler. lob|hu|deln** tr. e intr. (aus. *haben*) ***jdn, jdm ~*** incensare, adulare qcn. **Lob|hud|ler** m. *(-s,-)* incensatore *m.*, adulatore *m.*

löb|lich agg. IRON. lodevole: ***ein -es Beispiel*** un esempio lodevole. **löb|li|cher|wei|se** avv. lodevolmente. **Lob|lied** n. *(-[e]s,-er)* inno *m.* di lode ◆ ***ein ~ auf jdn, etw. anstimmen, singen*** intonare, cantare le lodi di qcn.

Lo|bo|to|mie f. *(-,-n)* lobotomia *f.*

Lob|preis m. *(-es)* LETT. lode *f.*, osanna *m.* **lob|prei|sen** tr. *(lobpreiste/lobpries, gelobpreist/lobgepriesen)* LETT. ***jdn ~*** rendere lode a qcn., osannare qcn. **Lob|prei|sung** f. *(-,-en)* il rendere lode.

Lob|re|de f. *(-,-n)* panegirico *m.*, encomio *m.* **Lob|red|ner** m. *(-s,-)* panegirista *m.* **lob|red|ne|risch** agg. encomiastico.

lob|sin|gen intr. *(lobsang, lobgesungen*; aus. *haben*) ***jdm ~*** cantare lode a qcn., cantare le lodi di qcn.; *(schmeichlerisch loben)* tessere le lodi di qcn. **Lob|spruch** m. *(-[e]s,-sprüche)* lode *f.* (eccessiva), elogio *m.* (eccessivo).

Lo|car|ner m. *(-s,-)*, **Lo|car|ne|se** m. *(-n,-n)* locarnese *m.*

Loch n. *(-[e]s, Löcher)* **1a** buco *m.*, foro *m.*: ***ein ~ (in die Wand) bohren*** fare un foro (nel muro) col trapano; ***ein ~ stopfen, zumachen*** turare un buco; *(nähen)* rammendare un buco; ***ein ~ im Zahn haben*** avere un buco nel dente **b** *(Erdloch)* buca *f.*: ***ein ~ graben*** scavare una buca *f.* **c** *(Riss)* buco *m.*, squarcio *m.*: ***sich ein ~ in die Hose reißen*** farsi un buco ai pantaloni **d** FIG. ***die Sache hat ein ~*** la cosa non quadra, fa acqua **2** *(Tierhöhle)* tana *f.*, buco *m.* **3** COLLOQ. *(elender Wohnraum)* buco *m.*: ***in einem ~ hausen*** vivere in un buco; ***aus dem ~ kommen*** uscire dal buco **4** COLLOQ. *(Gefängnis)* gattabuia *f.*: ***jdn ins ~ stecken*** mettere qcn. in gattabuia; ***im ~ sitzen*** essere in galera **5** *(beim Golf)* buca *f.* **6** VOLG. *(Arschloch)* buco *m.* del culo **7** VOLG. *(Vagina)* fica *f.* ◆ COLLOQ. ***sich ein ~ in den Bauch ärgern, freuen, stehen*** arrabbiarsi, rallegrarsi moltissimo, aspettare a lungo; ***jdm Löcher in den Bauch fragen*** assillare qcn. con domande su domande; FIG. ***etw. reißt ein großes ~ in den Geldbeutel*** qcs. è un salasso; COLLOQ. ***in etw. kein ~ finden*** non riuscire a trovare una scappatoia in qcs.; COLLOQ. ***ein ~ im Kopf haben*** avere dei vuoti di memoria; COLLOQ. ***ein ~ (Löcher) in die Luft gucken, stieren*** guardare (*o* avere lo sguardo perso, fisso) nel vuoto; COLLOQ. ***ein ~ im Magen haben*** avere un buco nello stomaco; COLLOQ. ***auf, aus dem letzten ~ pfeifen*** essere agli sgoccioli; COLLOQ. ***jdm ein ~ (Löcher) in den Bauch reden*** riempire a qcn. la testa di chiacchiere, fare a qcn. una testa così; VOLG. ***saufen wie ein ~*** trincare come una spugna; SPORT ***Löcher in die Luft schießen, schlagen*** bucare il pallone; ASTR. ***schwarzes ~*** buco nero; FIG. ***ein ~ mit einem anderen stopfen*** tappare un buco con un altro; COLLOQ. ***ein versoffenes ~ sein*** essere una vecchia spugna; COLLOQ. ***ein ~ zurückstecken*** ridurre le proprie pretese; FIG. ***ein ~ zustopfen*** turare (*o* tappare) un buco, pagare un debito. **Loch|band** n. *(-[e]s,-bänder)* → **Lochstreifen. Loch|bei|tel** m. *(-s,-)* pedano *m.* **Loch|ei|sen** n. *(-s,-)* fustella *f.* **lo|chen** tr. **1** bucare, (per)forare: ***Fahrscheine ~*** bucare i biglietti; ***Rechnungen ~ und abheften*** bucare le fatture e metterle in un raccoglitore **2** INFORM. perforare. **Lo|cher** m. *(-s,-)* **1** perforatore *m.* **2a** INFORM. *(Maschine)* perforatrice *f.* **b** perforatore *m.* **lö|che|rig** agg. bucherellato. **Lo|che|rin** f. *(-,-nen)* INFORM. perforatrice *f.*, addetta *f.* alla perforazione. **lö|chern** tr. COLLOQ. seccare: ***jdn (mit Fragen, Bitten) ~*** seccare qcn. (con domande, preghiere insistenti). **Loch|fei|le** f. *(-,-n)* lima *f.* tonda.

Lo|chi|en pl. lochi *m.pl.*

Loch|ka|me|ra f. *(-,-s)* camera *f.* oscura. **Loch|kar|te** f. *(-,-n)* scheda *f.* perforata. **Loch|leh|re** f. *(-,-n)* calibro *m.* per fori. **Löch|lein** n. *(-s,-)* buchino *m.*, forellino *m.* **Loch|ma|schi|ne** f. *(-,-n)* punzonatrice *f.* **löch|rig** → **löcherig. Loch|sä|ge** f. *(-,-n)* gattuccio *m.* **Loch|stein** m. *(-s,-e)* (mattone *m.*) forato *m.* **Loch|stem|pel** m. *(-s,-)* punzone *m.* (perforatore). **Loch|sti|cke|rei** f. *(-,-en)* ricamo *m.* a giorno. **Loch|strei|fen** m. *(-s,-)* INFORM. nastro *m.* perforato. **Loch|strei|fen|ma|schi|ne** f. *(-,-n)* calcolatore *m.* a nastri perforati. **Lo|chung** f. *(-,-en)* **1** *(Lochen)* foratura *f.*, perforazione *f.* **2** *(Loch)* foro *m.* **3** INFORM. perforazione *f.* **Loch|wei|te** f. *(-,-n)* larghezza *f.* del foro. **Loch|zan|ge** f. *(-,-n)* tenaglia *f.* perforatrice. **Loch|zie|gel** m. *(-s,-)* → **Lochstein.**

Löck|chen n. *(-s,-)* ricciolino *m.*, riccioletto *m.* **Lo|cke** f. *(-,-n)* **1** ricciolo *m.*, riccio *m.*: ***das Haar in -n legen*** arricciare i capelli; ***sich -n legen lassen*** farsi arricciare i capelli **2** *(von Tieren)* ciuffo *m.* (di pelo riccio); *(Wollflocke)* fiocco *m.* (di lana).

1.lo|cken tr. **1** adescare, attirare: ***den Hund mit einer Wurst ~*** adescare il cane con una salsiccia; ***den Fuchs aus dem Bau ~*** attirare la volpe fuori dalla tana **2** FIG. allettare, sedurre: ***dieser Vorschlag lockt mich*** questa proposta mi alletta; ***es lockt mich, nach Indien zu fahren*** l'idea di andare in India mi alletta ◆ ***das schöne Wetter lockt alle ins Freie*** il bel tempo invita ad uscire all'aperto; ***jdm das Geld aus der Tasche ~*** spillare soldi a qcn.

2.lo|cken I tr. arricciare **II** rifl. **sich ~** arricciarsi.

lö|cken, ***wider, gegen den Stachel ~*** ribellarsi al giogo; *(sich widersetzen)* recalcitrare sotto il giogo, opporre resistenza.

lo|ckend p.pres. agg. **1** → **locken 2** allettante, seducente: ***ein -es Angebot*** un'offerta allettante. **Lo|cken|haar** n. *(-s,-e)* capelli *m.pl.* ricci. **Lo|cken|kopf** m. *(-es,-köpfe)* **1** testa *f.* ricciuta **2** *(Kind mit Lockenhaar)* (bambino *m.*) ricciolino *m.* **lo|cken|köp|fig** agg. con i riccioli, ricciolino. **Lo|cken|pracht** f. *(-)* COLLOQ. fluente chioma *f.* ricciuta. **Lo|cken|stab** m. *(-[e]s,-stäbe)* arricciacapelli *m.* **Lo|cken|wickel, Lo|cken|wick|ler** m. *(-s,-)* bigodino *m.*

lo|cker I agg. **1a** malfermo, traballante: ***ein -er Zahn*** un dente traballante **b** lento, allentato: ***ein -es Seil*** una fune lenta; ***die Schraube ist ~ geworden*** la vite si è allentata **2** *(durchlässig)* rado **3** soffice, morbido: ***fließende, -e Haare*** capelli fluenti, morbidi; ***ein -es Erdreich*** un terreno soffice; ***einen -en Teig herstellen*** fare una pasta morbida **4a** *(nicht starr)* sciolto, rilassato: ***eine -e Haltung*** una postura sciolta, rilassata; FIG. ***die Stimmung war ~*** l'atmosfera era rilassata **b** FIG. *(nicht fest)* non fisso, poco stabile: ***eine -e Beziehung*** una relazione non fissa; ***-e Grundsätze*** princìpi poco stabili, poco fermi **5** *(liederlich)* dissoluto **II** avv. **1** in modo allentato **2** *(nicht starr)* scioltamente, in modo sciolto: ***~ laufen*** camminare con un'andatura sciolta **3** *(liederlich)* dissolutamente, in modo dissoluto: ***~ leben*** vivere in modo dissoluto ◆ ***eine -e Hand haben*** essere pronto a menare le mani; FIG. ***etw. ~ handhaben*** fare qcs. con (troppa) disinvoltura; ***eine ~ gebundene Krawatte*** una cravatta allentata; ***~ lassen*** allentare; ***etw. ~ machen*** riuscire con disinvoltura in qcs.; ***ein -es Mundwerk haben*** avere la lingua sciolta; ***etw. ~ schaffen*** → ***etw. ~ machen;*** FIG. ***das Portemonnaie sitzt ihm ~*** tira fuori facilmente il portafoglio; ***~ stricken*** lavorare a maglia larga; FIG. COLLOQ. ***ein -er Vogel*** una persona leggera. **Lo|cker|heit** f. *(-)* **1** scioltezza *f.*: ***die ~ der Bewegungen*** la scioltezza dei movimenti **2** *(ohne Festigkeit)* morbidezza *f.* **3** FIG. rilassatezza *f.*, mollezza *f.*; *(Liederlichkeit)* dissolutezza *f.*: ***die ~ der Sitten*** la mollezza dei costumi. **lo|cker‿las|sen** tr. *(lässt, ließ, gelassen)* COLLOQ. mollare: ***nicht ~*** non mollare, tenere duro. **lo|cker‿ma|chen** tr. COLLOQ. *(Geld)* mollare, tirare fuori. **lo|ckern I** tr. **1** allentare: ***eine Schraube ~*** allentare una vite; ***die Krawatte, den Griff ~*** allentare la cravatta, la presa; FIG. ***die Bindungen zu jdm, etw. ~*** allentare i legami con qcn., qcs. **2** *(Erde)* smuovere **3** *(entspannen)* sciogliere, rilassare: ***die Muskeln ~*** sciogliere i muscoli **II** rifl. **sich ~ 1** allentarsi **2** *(an Dichte verlieren)* diradarsi: ***der Nebel lockert sich*** la nebbia si dirada **3** *(sich entspannen)* rilassarsi; FIG. ***die Sitten haben sich gelockert*** i costumi si sono rilassati; ***die Stimmung lockert sich*** l'atmosfera si rilassa ◆ ***die Gesetze ~*** mitigare il rigore delle leggi. **Lo|cke|rung** f. *(-,-en)* **1** allentamento *m.* **2** *(Entspannung)* rilassamento *m.* **Lo|cke|rungs|übung** f. *(-,-en)* esercizio *m.* di riscaldamento.

lo|ckig agg. riccio, ricciuto: ***-es Haar*** capelli ricci.

Lock|mit|tel n. *(-s,-)* **1** *(von Jagdtieren)* richiamo *m.*; *(Köder)* esca *f.* **2** FIG. *(Anreiz)* esca *f.*, allettamento *m.* **Lock|pfei|fe** f. *(-,-n)* pispola *f.*, fischietto *m.* da richiamo. **Lock|ruf** m. *(-[e]s,-e)* richiamo *m.* **Lock|spei|se** f. *(-,-n)* esca *f.* **Lock|spit|zel** m. *(-s,-)* SPREG. agente *m.* provocatore. **Lo|ckung** f. *(-,-en)* **1** adescamento *m.* **2** FIG. allettamento *m.*, lusinga *f.* **Lock|vo|gel** m. *(-s,-vögel)* **1** zimbello *m.*, uccello *m.* da richiamo **2** FIG. *(zu verbrecherischen Zwecken)* esca *f.*

lo|co ['lo:ko, 'lɔ:ko] avv. **1a** COMM. *(am Ort)* sul posto, in loco **b** *(ab)* ***~ Berlin*** da Berlino **2** MUS. loco.

lod|de|rig, lodd|rig → **lotterig.**

Lo|den m. *(-s,-)* loden *m.* **Lo|den|man|tel** m. *(-s,-mäntel)* loden *m.*

Lo|den|stoff m. *(-[e]s,-e)* loden *m.*
lo|dern intr. (aus. *haben, sein*) divampare: ***die Flammen sind zum Himmel gelodert*** le fiamme sono divampate fino al cielo; FIG. ***seine Augen ~*** i suoi occhi fiammeggiano; ***vor Leidenschaft ~*** ardere di passione. **lo|dernd** p.pres. agg. **1** → **lodern 2** FIG. *(von Augen)* ardente, acceso.
Löf|fel m. *(-s,-)* **1a** cucchiaio *m.*: ***ein silberner ~*** un cucchiaio d'argento; ***etw. mit dem ~ essen*** mangiare qcs. con il cucchiaio; ***den ~ zum Mund führen*** portare il cucchiaio alla bocca **b** *(Inhalt eines Löffels)* cucchiaio *m.*, cucchiaiata *f.*: ***drei ~ Mehl, Suppe*** tre cucchiai di farina, tre cucchiaiate di minestra **2** CHIR. cucchiaio *m.*, raschiatoio *m.* **3** VENAT. orecchio *m.* (di coniglio, di lepre) ◆ COLLOQ. FIG. ***die ~ aufsperren*** spalancare bene le orecchie; COLLOQ. ***jdn über den ~ balbieren, barbieren*** abbindolare qcn.; COLLOQ. ***jdm eins, ein paar hinter die ~ geben*** dare un ceffone a qcn., prendere a ceffoni qcn.; COLLOQ. ***mit einem goldenen, silbernen ~ im Mund geboren sein*** = essere nato ricco; COLLOQ. ***schreib es dir mal hinter die ~!*** = vedi di ricordartelo bene! COLLOQ. ***den ~ sinken lassen (abgeben, wegwerfen, wegschmeißen)*** = crepare; COLLOQ. FIG. ***die ~ spitzen*** drizzare bene le orecchie; COLLOQ. IRON. ***er hat die Weisheit nicht (gerade) mit -n gefressen*** non è (proprio) quel che si dice un genio. **Löf|fel|bag|ger** m. *(-s,-)* escavatore *m.* a cucchiaia. **Löf|fel|bis|kuit** [-bɪskvi:t] n. e m. *(-s,-s)* (biscotto *m.*) savoiardo *m.* **Löf|fel|en|te** f. *(-,-n)* ORNIT. mestolone *m.* **Löf|fel|kraut** n. *(-[e]s,-kräuter)* coclearia *f.* **löf|feln** tr. **1** scodellare: ***die Suppe aus dem Topf ~*** scodellare la minestra dalla pentola **2** *(mit dem Löffel essen)* mangiare con il cucchiaio **3** REGION. COLLOQ. *(verstehen)* capire ◆ COLLOQ. ***jdm eine ~*** dare un ceffone a qcn. **Löf|fel|rei|her** m. *(-s,-)* ORNIT. spatola *f.* **Löf|fel|stiel** m. *(-[e]s,-e)* manico *m.* del cucchiaio. **löf|fel|wei|se** avv. a cucchiaiate.
Löff|ler m. *(-s,-)* → **Löffelreiher.**
Loft m. *(-[s],-s)* loft *m.*
1.log → **lügen.**
2.log ⇒ *Logarithmus* logaritmo (log).
Log n. *(-s,-e)* log *m.*, solcometro *m.*
Lo|ga|rith|men|ta|fel f. *(-,-n)* tavola *f.* dei logaritmi (*o* logaritmica). **lo|ga|rith|mie|ren I** tr. ***eine Zahl ~*** calcolare il logaritmo di un numero **II** intr. (aus. *haben*) fare, eseguire un calcolo logaritmico. **lo|ga|rith|misch** agg. logaritmico. **Lo|ga|rith|mus** m. *(-, Logarithmen)* logaritmo *m.*
Log|buch n. *(-[e]s,-bücher)* diario *m.* (*o* giornale *m.*) di bordo.
Lo|ge ['lo:ʒə] f. *(-,-n)* **1** *(im Theater)* palco *m.*: ***in einer ~ sitzen*** sedere in un palco, avere un posto in un palco **2** *(Pförtnerraum)* portineria *f.* **3** *(von Freimaurern)* loggia *f.*: ***einer ~ angehören*** appartenere a una loggia.
Lo|gen|bru|der m. *(-s,-brüder)* fratello *m.* massone. **Lo|gen|platz** m. *(-es,-plätze)* posto *m.* di, in (un) palco. **Lo|gen|schlie|ßer** m. *(-s,-)* maschera *f.* addetta ai palchi.
Log|gast m. *(-[e]s,-gäste)* marinaio *m.* addetto al solcometro. **Log|ge** f. *(-,-n)* → **Log. log|gen** tr. misurare col solcometro.
Log|ger m. *(-s,-)* = motopeschereccio per la pesca delle aringhe.
Log|gia ['lɔdʒ(i)a] f. *(-, Loggien)* loggia *f.*, loggiato *m.*
Log|glas n. *(-es,-gläser)* ampollina *f.* del solcometro.
Lo|gier|be|such m. *(-[e]s,-e)* **1** *(Gast)* ospite *m.* (alloggiato in casa): ***-e haben*** avere ospiti in casa **2** *(Besuch)* visita *f.* (durante la quale si viene alloggiati in casa). **lo|gie|ren** [lo'ʒi:rən] **I** intr. (aus. *haben*) alloggiare: ***im Hotel ~*** alloggiare in hotel **II** tr. SVIZZ. *(unterbringen)* alloggiare. **Lo|gier|gast** m. *(-[e]s,-gäste)* ospite *m.* (alloggiato in casa).
Lo|gik f. *(-)* logica *f.*: ***formale, mathematische ~*** logica formale, matematica; ***eine eiserne, zwingende, bestechende ~*** una logica ferrea, stringente, convincente; ***gegen jede ~ sein, verstoßen*** essere, andare contro ogni logica. **Lo|gi|ker** m. *(-s,-)* logico *m.*, studioso *m.* di logica; *(rein logisch Denkender)* logico *m.*
Lo|gis [lo'ʒi:] n. *(-,-)* **1** *(Wohnung)* alloggio *m.*, abitazione *f.*: ***freie Kost und ~ haben*** avere vitto e alloggio gratis **2** MAR. *(Mannschaftsraum)* alloggio *m.* comune per l'equipaggio.
lo|gisch I agg. logico: ***ein -er Zusammenhang*** un nesso logico; ***das ist doch ~!*** è logico! **II** avv. in modo logico, con logica. **lo|gi|scher|wei|se** avv. logicamente.
Lo|gis|tik f. *(-)* FILOS. MIL. INDUSTR. logistica *f.* **Lo|gis|ti|ker** m. *(-s,-)* studioso *m.* di logistica. **Lo|gis|tik|trup|pe** f. *(-,-n)* reparto *m.* logistico. **lo|gis|tisch** agg. FILOS. MIL. INDUSTR. logistico. **Lo|gi|zis|mus** m. *(-)* logicismo *m.* **lo|gi|zis|tisch** agg. logicistico. **Lo|gi|zi|tät** f. *(-)* logicità *f.*
Log|lei|ne f. *(-,-n)* sagola *f.* del solcometro.
lo|go agg.inv. COLLOQ. certo, chiaro: ***machst du mit? – ~!*** ci stai, partecipi anche tu? – certo!
Lo|go m. e n. *(-s,-s)* logo *m.*
Lo|go|griph m. *(-s* e *-en)* logogrifo *m.*
Lo|go|pä|de m. *(-n,-n)* logopedista *m.* **Lo|go|pä|die** f. *(-)* logopedia *f.* **Lo|go|pä|din** f. *(-,-nen)* logopedista *f.* **lo|go|pä|disch** agg. logopedico.
Lo|gor|rhö(e) f. *(-)* logorrea *f.*
Lo|gos m. *(-, Logoi)* logos *m.*
Lo|go|the|ra|pie f. *(-)* logoterapia *f.*
loh agg. LETT. ardente, fiammeggiante.
Loh|bei|ze f. *(-,-n)* prodotto *m.* per la concia. **Loh|bo|den** m. *(-s,-böden)* terreno *m.* paludoso.
1.Lo|he f. *(-,-n)* vampa *f.*
2.Lo|he f. *(-,-n)* TECN. scorzetta *f.*, corteccia *f.* (da concia).
1.lo|hen intr. (aus. *haben*) divampare, ardere.
2.lo|hen tr. conciare.
loh|gar agg. conciato. **Loh|ger|ber** m. *(-s,-)* conciatore *m.*, conciapelli *m.* **Loh|ger|bung** f. *(-,-en)* concia *f.* **Loh|gru|be** f. *(-,-n)* fossa *f.* della concia. **Loh|müh|le** f. *(-,-n)* conceria *f.*
Lohn m. *(-[e]s, Löhne)* **1** paga *f.*, salario *m.*: ***einen niedrigen, monatlichen, tariflichen ~ beziehen*** percepire un salario basso, mensile, come da contratto; ***den ~ erhöhen, kürzen (senken, drücken)*** aumentare, ridurre la paga; ***der ~ beträgt...*** la paga ammonta a... (*o* è di...) **2** *(Belohnung)* ricompensa *f.*, compenso *m.*: ***ein (un)verdienter ~*** una (im)meritata ricompensa; ***zum ~*** in compenso, in cambio ◆ FIG. IRON. ***er wird schon seinen ~ bekommen*** avrà quello che gli spetta; ***jdm um ~ und Brot bringen*** gettare qcn. sul lastrico; ANT. ***bei jdm in ~ und Brot stehen*** essere alle dipendenze di qcn., avere un posto fisso presso qcn.; ***um Gottes ~*** gratis. **Lohn|ab|bau** m. *(-[e]s)* riduzione *f.* salariale. **lohn|ab|hän|gig** agg. dipendente, salariato: ***-e Arbeitnehmer*** lavoratore dipendente. **Lohn|ab|hän|gi|ge** m. e f. *(-n,-n)* lavoratore *m.* (lavoratrice *f.*) dipendente, salariato (-a). **Lohn|ab|kom|men** n. *(-s,-)* accordo *m.* collettivo sui salari. **Lohn|ab|rech|nung** f. *(-,-en)* conteggio *m.* (*o* calcolo) del salario. **Lohn|ab|zug** m. *(-[e]s,-abzüge)* ritenuta *f.* (*o* trattenuta *f.*) sul salario, sulla paga. **Lohn|an|pas|sung** f. *(-,-en)* adeguamento *m.* del salario, dei salari. **Lohn|ar|beit** f. *(-,-en)* **1** lavoro *m.* salariato **2** ECON. *(von einer anderen Firma geleistete Arbeit)* lavoro *m.* su commissione. **Lohn|aus|fall** m. *(-[e]s,-ausfälle)* perdita *f.* di, del salario. **Lohn|aus|gleich** m. *(-[e]s)* conguaglio *m.* salariale. **Lohn|aus|zah|lung** f. *(-,-en)* pagamento *m.* del salario. **Lohn|be|schei|ni|gung** f. *(-,-en)* attestato *m.* sul salario percepito. **Lohn|buch|hal|ter** m. *(-s,-)* contabile *m.* addetto alle paghe. **Lohn|buch|hal|tung** f. *(-)* contabilità *f.* salariale. **Lohn|bü|ro** n. *(-s,-s)* ufficio *m.* paga. **Lohn|dik|tat** n. *(-[e]s)* imposizione *f.* salariale. **Lohn|emp|fän|ger** m. *(-s,-)* salariato *m.*
loh|nen I tr. **1** valere, compensare: ***das lohnt die Arbeit, den Aufwand nicht*** non vale il lavoro, la fatica (che comporta) **2** *(vergelten)* ricompensare, ripagare: ***jdm etw. ~*** ricompensare qcn. di qcs. **II** intr. (aus. *haben*) e rifl. **sich ~** valere la pena, meritare: ***es lohnt nicht, darüber zu sprechen*** non vale la pena parlarne; ***der Streik hat sich gelohnt*** è valsa la pena di scioperare, lo sciopero è stato utile ◆ ***das lohnt die*** (ANT. ***der) Mühe nicht*** non ne vale la pena.
löh|nen tr. pagare.
loh|nend p.pres. agg. **1** → **lohnen 2** conveniente, vantaggioso, proficuo ◆ ***eine -e Aufgabe*** un incarico gratificante. **loh|nens|wert** agg. utile, conveniente.
Lohn|er|hö|hung f. *(-,-en)* aumento *m.* salariale, della paga. **Lohn|fol|ge|kos|ten** pl. costi *m.pl.* dei contributi previdenziali. **Lohn|for|de|rung** f. *(-,-en)* richiesta *f.*, rivendicazione *f.* salariale. **Lohn|fort|zah|lung** f. *(-,-en)* versamento *m.* continuato del salario. **Lohn|front** f. *(-,-en)* ECON. fronte *m.* dei salari. **Lohn|grup|pe** f. *(-,-n)* categoria *f.* salariale. **lohn|in|ten|siv** agg. ECON. a elevata incidenza salariale sui costi. **Lohn|kampf** m. *(-[e]s,-kämpfe)* lotta *f.* salariale. **Lohn|kos|ten** pl. costo *m.* del lavoro. **Lohn|kür|zung** f. *(-,-en)* riduzione *f.* salariale, della paga.
Lohn|kut|sche f. *(-,-n)* ANT. vettura *f.* da nolo.
Lohn|leit|li|nie f. *(-,-n)* direttiva *f.* salariale. **Lohn|lis|te** f. *(-,-n)* ruolo *m.* delle paghe. **Lohn|ne|ben|kos|ten** pl. costo *m.* del lavoro. **Lohn|ni|veau** n. *(-s,-s)* livello *m.* salariale. **Lohn|pau|se** f. *(-,-n)* tregua *f.* salariale. **Lohn|pfän|dung** f. *(-,-en)* pignoramento *m.* del salario. **Lohn|po|li|tik** f. *(-)* politica *f.* salariale. **Lohn-Preis-Spi|ra|le** f. *(-)* ECON. spirale *f.* prezzi-salari. **Lohn|run|de** f. *(-,-n)* fase *f.* contrattuale. **Lohn|satz** m. *(-es,-sätze)* tariffa *f.* salariale. **Lohn|ska|la** f. *(-)* scala *f.* retributiva, delle retribuzioni.
Lohn|steu|er f. *(-)* imposta *f.* sul salario, tassa *f.* sui redditi da lavoro dipendente. **Lohn|steu|er|jah|res|aus|gleich** m. *(-[e]s,-e)* con-

guaglio *m.* dell'imposta sul salario. **Lohn|steu|er|kar|te** f. *(-,-n)* cartella *f.* delle trattenute (sul salario). **Lohn|steu|er|ta|bel|le** f. *(-,-n)* tabella *f.* delle aliquote d'imposta (per redditi da lavoro dipendente).

Lohn|stopp m. *(-s,-s)* blocco *m.* dei salari. **Lohn|strei|fen** m. *(-s,-)* foglio *m.*, prospetto *m.* (di) paga. **Lohn|sum|me** f. *(-,-n)* ammontare *m.* dei salari. **Lohn|tag** m. *(-[e]s,-e)* giorno *m.* di paga. **Lohn|ta|rif** m. *(-es,-e)* tariffa *f.* salariale. **Lohn|tü|te** f. *(-,-n)* busta *f.* paga.

Löh|nung f. *(-,-en)* **1** pagamento *m.* del salario **2a** *(Lohn)* paga *f.*, salario *m.* **b** *(Wehrsold)* soldo *m.*

Lohn|ver|hand|lung f. *(-,-en)* trattativa *f.* salariale. **Lohn|ver|zicht** m. *(-[e]s)* rinuncia *f.* all'aumento salariale. **Lohn|zet|tel** m. *(-s,-)* foglio *m.*, cedolino *m.* (di) paga.

Loh|rin|de f. *(-,-n)* → **2.Lohe.**

Loi|pe f. *(-,-n)* SPORT pista *f.* (per lo sci) di fondo.

Lok f. *(-,-s)* accorc. → **Lokomotive.**

lo|kal I agg. **1** locale, del luogo: ***ein Ereignis von -er Bedeutung*** un avvenimento d'interesse locale **2** GRAMM. locale, di luogo: **II** avv. localmente: ***~ betäuben*** anestetizzare localmente; ***jdn ~ betäuben*** fare l'anestesia locale a qcn. ◆ ***das Lokale (einer Zeitung)*** la pagina locale (di un giornale). **Lo|kal** n. *(-s,-e)* **1** locale *m.*: ***ein typisches, gut besuchtes ~*** un locale tipico, molto frequentato; ***das ~ wechseln*** cambiare locale **2** RAR. *(Versammlungsraum)* sala *f.* riunioni. **Lo|kal|an|äs|the|sie** f. *(-,-n)* anestesia *f.* locale. **Lo|kal|au|gen|schein** m. *(-[e]s,-e)* AUSTR. → **Lokaltermin. Lo|kal|bahn** f. *(-,-en)* ferrovia *f.* locale. **Lo|kal|be|richt** m. *(-[e]s,-e)* cronaca *f.* locale. **Lo|kal|blatt** n. *(-[e]s,-blätter)* **1** *(kleine Zeitung)* giornale *m.* locale **2** *(Lokalseiten einer Zeitung)* pagina *f.* (di cronaca) locale. **Lo|kal|der|by** n. *(-[s],-s)* derby *m.* **Lo|kal|for|scher** m. *(-s,-)* studioso *m.* di storia (*o* natura) locale. **Lo|kal|grö|ße** f. *(-,-n)* autorità *f.* locale.

Lo|ka|li|sa|ti|on f. *(-,-en)* localizzazione *f.* **lo|ka|li|sier|bar** agg. localizzabile. **lo|ka|li|sie|ren** tr. **1** localizzare, individuare: ***einen Krankheitserreger ~*** localizzare un agente patogeno **2** *(eingrenzen)* circoscrivere, limitare: ***einen Brand, eine Seuche ~*** circoscrivere un incendio, un'epidemia. **Lo|ka|li|sie|rung** f. *(-,-en)* localizzazione *f.*

Lo|ka|li|tät f. *(-,-en)* **1** luogo *m.*, località *f.*: ***die -en nicht kennen*** non conoscere i luoghi **2** EUFEM. *(Toilette)* posticino *m.*, quel posto *m.* **3** SCHERZ. *(Lokal)* locale *m.*

Lo|kal|ko|lo|rit n. *(-[e]s)* colore *m.* locale. **Lo|kal|ma|ta|dor** m. *(-s* e *-en,-e[n])* mattatore *m.* **Lo|kal|nach|rich|ten** pl. notiziario *m.* locale. **Lo|kal|pat|ri|o|tis|mus** m. *(-)* campanilismo *m.* **Lo|kal|pres|se** f. *(-)* stampa *f.* locale. **Lo|kal|re|dak|ti|on** f. *(-,-en)* redazione *f.* della cronaca locale. **Lo|kal|re|por|ter** m. *(-s,-)* cronista *m.* **Lo|kal|run|de** f. *(-,-n)* COLLOQ. giro *m.* (da bere, per tutto il locale): ***eine ~ ausgeben*** offrire un giro da bere per tutti. **Lo|kal|satz** m. *(-es,-sätze)* GRAMM. proposizione *f.* locale. **Lo|kal|schla|ger** m. *(-s,-)* → **Lokalderby. Lo|kal|sei|te** f. *(-,-n)* pagina *f.* (di cronaca) locale. **Lo|kal|ter|min** m. *(-s,-e)* DIR. sopralluogo *m.*: ***einen ~ anberaumen, ansetzen*** fissare (la data di) un sopralluogo. **Lo|kal|ver|bot** n. *(-[e]s,-e)* divieto *m.* di entrare in un, nel locale. **Lo|kal|zei|tung** f. *(-,-en)* giornale *m.* locale.

Lo|ka|ti|on f. *(-,-en)* **1** *(Wohnsiedlung)* quartiere *m.* moderno **2** *(Bohrstelle)* pozzo *m.* (petrolifero). **Lo|ka|tiv** m. *(-s,-e)* locativo *m.* **Lo|ka|tor** m. *(-s,-en)* locatore *m.*

Lok|füh|rer m. *(-s,-)* → **Lokomotivführer.**

lo|ko → **loco. Lo|ko|ge|schäft** n. *(-[e]s,-e)* contratto *m.* per consegna immediata, per contanti.

Lo|ko|mo|ti|on f. *(-)* locomozione *f.*

Lo|ko|mo|ti|ve f. *(-,-n)* **1a** locomotiva *f.*: ***wie eine ~ schnauben*** sbuffare come una locomotiva **b** *(elektrische)* locomotrice *f.*, locomotore *m.* **2** FIG. motore *m.*, anima *f.*, animatore *m.*: ***er ist die ~ des Betriebes, Projektes*** è lui il motore dell'azienda, l'animatore del progetto. **Lo|ko|mo|tiv|füh|rer** m. *(-s,-)* FERR. macchinista *m.* **Lo|ko|mo|tiv|schup|pen** m. *(-s,-)* rimessa *f.* (*o* deposito *m.*) delle locomotive.

lo|ko|mo|to|risch agg. locomotorio.

Lo|ko|wa|re f. *(-,-n)* merce *f.* disponibile sul posto (*o* reperibile sulla piazza).

Lo|kus m. *(-* e *-ses,-* e *-se)* COLLOQ. gabinetto *m.*

Lolch m. *(-[e]s,-e)* loglio *m.*

Lo|li|ta f. *(-,-s)* lolita *f.*

Lol|li m. *(-s,-s)* COLLOQ. lecca-lecca *m.*

Lom|bard, Lom|bard m. e n. *(-[e]s,-e)* prestito *m.* su pegno. **Lom|bar|de** m. *(-n,-n)* lombardo *m.* **Lom|bar|dei** n.pr.f. *(-)* Lombardia *f.* **Lom|bard|ge|schäft** n. *(-[e]s,-e)* operazione *f.* di prestito su pegno. **lom|bar|die|ren** tr. prestare su pegno. **lom|bar|disch** agg. lombardo. **Lom|bard|kre|dit** m. *(-[e]s,-e)* credito *m.* su pegno. **Lom|bard|satz** m. *(-es,-sätze)*, **Lom|bard|zins|fuß** m. *(-es,-füße)* tasso *m.* d'interesse sui crediti pignoratizi.

Lom|ber n. *(-s)* GIOC. ombra *f.*

Lon|don n.pr.n. *(-s)* Londra *f.* **Lon|do|ner I** m. *(-s,-)* londinese *m.* **II** agg.inv. londinese, di Londra.

Long|drink m. *(-s,-s)* long drink *m.*

Lon|ge ['lõ:ʒə] f. *(-,-n)* **1** EQUIT. fune *f.* (per l'addestramento) **2** *(Hilfsleine)* corda *f.* (di sicurezza). **lon|gie|ren** [lõ'ʒi:rən] tr. EQUIT. addestrare con la fune.

Lon|gi|met|rie f. *(-)* misurazione *f.* delle lunghezze.

lon|gi|tu|di|nal agg. longitudinale. **Lon|gi|tu|di|nal|schwin|gung, Lon|gi|tu|di|nal|wel|le** f. *(-,-n)* oscillazione *f.* longitudinale.

long|line ['lɔŋlaɪn] avv. SPORT lungo (la) linea. **Long|line** m. *(-[s],-s)* SPORT lungolinea *m.* **Long|sel|ler** m. *(-s,-s)* long seller *m.*

Look [lʊk] m. *(-s,-s)* look *m.*

Loo|ping ['lu:pɪŋ] m. e n. *(-s,-s)* AER. looping *m.*, gran volta *f.*

Lor|beer m. *(-s,-en)* **1** alloro *m.*, lauro *m.* **2** *(Lorbeerblatt)* foglia *f.* di alloro, di lauro **3a** *(Lorbeerkranz)* corona *f.* d'alloro, alloro *m.* **b** FIG. *(Ruhm)* alloro *m.*, allori *m.pl.*: ***dichterische -en*** allori poetici; ***blutiger ~*** allori di guerra ◆ ***(sich) auf seinen -en ausruhen*** riposare sugli allori; ***-en ernten, pflücken*** raccogliere allori. **Lor|beer|baum** m. *(-[e]s,-bäume)* alloro *m.*, lauro *m.* **Lor|beer|blatt** n. *(-[e]s,-blätter)* foglia *f.* di alloro, di lauro. **Lor|beer|ge|wächs** n. *(-es,-e)* lauracea *f.* **lor|beer|grün** agg. verde bottiglia. **Lor|beer|kranz** m. *(-es,-kränze)* corona *f.* d'alloro; FIG. palma *f.* della vittoria.

Lor|chel f. *(-,-n)* BOT. elvella *f.*

Lord m. *(-s,-s)* lord *m.* **Lord|kanz|ler** m. *(-s,-)* gran cancelliere *m.*

Lor|do|se f. *(-,-n)* lordosi *f.*

Lord|sie|gel|be|wah|rer m. *(-s,-)* guardasigilli *m.*

Lo|re f. *(-,-n)* vagoncino *m.* (ribaltabile).

Lo|renz n.pr.m. Lorenzo *m.*

Lorg|net|te [lɔrn'jɛtə] f. *(-,-n)* occhialino *m.*, lorgnette *f.* **Lorg|non** [lɔrn'jõ:] n. *(-s,-s)* **1** monocolo *m.* **2** → **Lorgnette.**

Lo|ri m. *(-s,-s)* lori *m.*

Lork m. *(-[e]s, Lörke)* REGION. rospo *m.*

Lor|ke f. *(-)* REGION. caffè *m.* lungo.

Lo|ro|kon|to n. *(-s,-en* e *-s,-konti)* conto *m.* loro, conto *m.* terzi.

los I agg. **1a** *(abgetrennt)* staccato: ***ein -er Knopf*** un bottone staccato **b** slegato, sciolto: ***der Hund ist ~*** il cane è slegato **2** *(befreit)* libero: ***jdn, etw. ~ sein*** essere libero da qcn., qcs. **II** avv. **1** avanti, coraggio, forza: ***~, beeil dich!*** avanti, sbrigati! **2** *(weg)* via: ***~ von Berlin*** via da Berlino ◆ ***der Bus ist schon ~*** l'autobus è già passato; ***fertig, ~!*** pronti, via! COLLOQ. ***bei ihm, hier ist immer etw. ~*** da lui, qui succede sempre qcs., c'è sempre movimento; ***~ und ledig*** completamente libero; ***mit ihm ist nichts, nicht viel ~*** è di cattivo umore, non è in vena; ***mit etw. ist nichts, nicht viel ~*** non è poi un gran che; ***willst du schon ~?*** vuoi già andartene? COLLOQ. ***etw. ~ sein*** avere perso qcs.; ***hier ist der Teufel ~*** qui c'è un finimondo; COLLOQ. ***was ist ~?*** cosa c'è? cos'è successo? ***was ist denn mit dir ~?*** cosa ti succede? che hai?

Los n. *(-es,-e)* **1** sorte *f.*: ***durch das ~ bestimmen, entscheiden*** tirare a sorte; ***das ~ werfen*** gettare le sorti; ***das ~ soll entscheiden*** deciderà la sorte; ***das ~ ziehen*** tirare a sorte, sorteggiare **2** *(Schicksal)* sorte *f.*: ***sein ~ ertragen*** sopportare la propria sorte; ***ein schweres ~ haben*** avere una dura sorte; *(Fatum)* fato *m.* **3** *(Lotterieanteilschein)* biglietto *m.* della lotteria: ***jedes zweite ~ gewinnt*** vince un biglietto su due, ogni due biglietti uno vince **4** *(Anteil)* parte *f.* **5** *(Landstück)* appezzamento *m.*, lotto *m.* **6** COMM. *(Warenposten)* partita *f.* ◆ ***das große ~ ziehen, gewinnen*** vincere il primo premio, FIG. un terno al lotto; ***ein ~ ziehen*** estrarre un numero; ***mit jdm, etw. das große ~ ziehen*** avere grande fortuna con qcn., qcs.

los‿ar|bei|ten intr. (aus. *haben*) cominciare a lavorare. **los‿bal|lern** intr. (aus. *haben*) COLLOQ. mettersi (improvvisamente) a sparare.

lös|bar agg. **1** risolvibile, risolubile **2** *(löslich)* solubile. **Lös|bar|keit** f. *(-)* **1** risolvibilità *f.*, risolubilità *f.* **2** *(Löslichkeit)* solubilità *f.*

los‿be|kom|men tr. *(bekam, bekommen)* COLLOQ. **1** riuscire a sciogliere: ***einen Knoten ~*** riuscire a sciogliere un nodo **2** *(abbekommen)* riuscire a togliere, a fare andare via: ***die Schraube ~*** riuscire a togliere la vite **3** *(freibekommen)* riuscire a liberare: ***einen Gefangenen ~*** riuscire a liberare un prigioniero. **los‿bin|den** tr. *(band, gebunden)* sciogliere, slegare. **los‿brau|sen** intr. (aus. *sein*) COLLOQ. sfrecciare, correre via. **los‿bre|chen** *(bricht, brach, gebrochen)* **I** tr. rompere, spezzare: ***einen Ast, Mauerstücke ~*** spezzare un ramo, rompere pezzi di muro **II** intr. (aus. *sein*) **1**

scoppiare, scatenarsi: ***ein Sturm bricht los*** scoppia un temporale **2** *(ausbrechen)* scoppiare, sbottare. **los‿brül|len** intr. (aus. *haben*) mettersi a gridare.

Lösch|ap|pa|rat m. *(-[e]s,-e)* estintore *m.* **Lösch|ar|beit** f. *(-,-en)* lavoro *m.*, opera *f.* di spegnimento. **lösch|bar** agg. estinguibile. **Lösch|blatt** n. *(-[e]s,-blätter)* (foglio *m.* di) carta *f.* assorbente. **Lösch|boot** n. *(-[e]s,-e)* battello *m.* antincendi.

1.lö|schen I tr. **1** spegnere: ***ein Feuer, die Kerzen, das Licht ~*** spegnere un fuoco, le candele, la luce **2** *(stillen)* spegnere, placare: ***den Durst ~*** placare la sete **3** COMM. *(tilgen)* estinguere: ***ein Konto, eine Hypothek ~*** estinguere un conto, un'ipoteca **4** cancellare (anche FIG.): ***eine Schrift, die Tafel ~*** cancellare una scritta, la lavagna; ***ein Tonband, eine Kassette, eine Datei ~*** cancellare un nastro, una cassetta, un file; ***eine traurige Erinnerung ~*** cancellare un triste ricordo; ***eine Firma im Handelsregister ~*** cancellare una ditta dal registro delle imprese **5** *(mit Löschpapier trocknen)* asciugare con la carta assorbente **6** *(Kalk)* spegnere **II** intr. (aus. *haben*) assorbire: ***das Papier löscht schlecht*** la carta assorbe male.

2.lö|schen tr. scaricare: ***ein Schiff, die Waren ~*** scaricare una nave, le merci.

Lö|scher m. *(-s,-)* **1** *(Löschwiege)* tampone *m.* asciugante **2** rotolo *m.* di carta assorbente **3** *(Feuerlöscher)* estintore *m.*

Lösch|fahr|zeug n. *(-[e]s,-e)* autopompa *f.* **Lösch|ge|rät** n. *(-[e]s,-e)* estintore *m.* **Lösch|ha|fen** m. *(-s,-häfen)* porto *m.* di sbarco. **Lösch|kalk** m. *(-[e]s)* calce *f.* spenta. **Lösch|koh|le** f. *(-)* carbone *m.* spento. **Lösch|kopf** m. *(-[e]s,-köpfe)* testina *f.* di cancellazione. **Lösch|mann|schaft** f. *(-,-en)* squadra *f.* antincendio. **Lösch|pa|pier** n. *(-s)* carta *f.* assorbente. **Lösch|sand** m. *(-[e]s)* **1** sabbia *f.* antincendio **2** ANT. *(Streusand)* polverino *m.* **Lösch|tas|te** f. *(-,-n)* tasto *m.* di cancellazione. **Lösch|trupp** m. *(-s,-s)* → **Löschmannschaft.**

1.Lö|schung f. *(-,-en)* **1** spegnimento *m.* **2** COMM. *(Tilgung)* estinzione *f.* **3** cancellazione *f.*: ***die ~ eines Tonbands*** la cancellazione di un nastro magnetico.

2.Lö|schung f. *(-,-en)* scarico *m.*: ***die ~ eines Schiffes*** lo scarico di una nave.

Lösch|was|ser n. *(-s)* acqua *f.* per spegnere incendi. **Lösch|wie|ge** f. *(-,-n)* tampone *m.* (di carta assorbente). **Lösch|zug** m. *(-[e]s,-züge)* squadra *f.* di autopompe.

los‿don|nern intr. COLLOQ. **1** (aus. *sein*) partire rombando **2** *(zu donnern beginnen;* aus. *haben)* cominciare a rombare, a tuonare **3** *(zu schimpfen beginnen;* aus. *haben)* cominciare a gridare, a imprecare. **los‿dre|hen** tr. svitare. **los‿drü|cken** intr. (aus. *haben*) premere il grilletto. **los‿dür|fen** intr. *(darf, durfte, gedurft;* aus. *haben)* COLLOQ. poter andare via.

lo|se I agg. **1a** lento, allentato: ***~ Knöpfe*** bottoni lenti; ***~ werden*** allentarsi; ***etw. ~ machen*** allentare qcs. **b** staccato: ***ein -r Saum*** un orlo scucito; ***~ Blätter*** pagine staccate **c** MAR. lasco **2** FIG. ***eine ~ Beziehung*** un rapporto senza impegni, non vincolante **3** *(nicht eng anliegend)* non aderente, dalla linea morbida, ampio: ***eine ~ Jacke*** una giacca dalla linea morbida **4** *(nicht dicht)* rado, sparso: ***~ Baumgruppen*** gruppi sparsi di alberi **5a** *(nicht verpackt)* sciolto, sfuso: ***~ Ware*** merce sciolta (*o* sfusa) **b** *(einzeln)* singolo **6a** ANT. *(leichtfertig)* avventato, sconsiderato **b** leggero: ***ein -s Mädchen*** una ragazza leggera **II** avv. **1** ***etw. ~ knüpfen*** annodare lento qcs.; ***einen Knoten ~ binden*** fare un nodo lento **2** ***~ fallen*** cadere morbido **3** ***etw. ~ in der Tasche haben*** avere qcs. sparso in tasca **4a** *(nicht verpackt)* sciolto, sfuso: ***etw. ~ kaufen, verkaufen*** comprare, vendere qcs. sciolto (*o* sfuso) **b** *(einzeln)* singolarmente ◆ ***einen -n Mund, ein -s Maul, Mundwerk haben*** essere una linguaccia, una malalingua; ***ein -r Vogel*** una persona leggera.

Lo|se f. *(-,-n)* MAR. imbando *m.*

Lo|se|blatt|aus|ga|be f. *(-,-n)* edizione *f.* in fogli sciolti.

Lö|se|geld n. *(-[e]s,-er)* riscatto *m.*: ***(ein) ~ fordern, erpressen*** chiedere un riscatto; ***eine Million Mark ~ zahlen*** pagare un riscatto di un milione di marchi.

los‿ei|sen COLLOQ. **I** tr. **1** liberare, tirar fuori **2** ***bei jdm Geld ~*** scucire denaro a qcn. **II** rifl. ***sich von etw., jdm ~*** liberarsi di qcs., qcn., staccarsi da qcs., qcn.

Lö|se|mit|tel → **Lösungsmittel.**

lo|sen intr. (aus. *haben*) tirare a sorte, sorteggiare; ***um jdn, etw. ~*** sorteggiare qcn., qcs.

lö|sen I tr. **1a** staccare, togliere (anche FIG.): ***eine Kachel (von der Wand) ~*** staccare una piastrella (dalla parete); ***das Fleisch vom Knochen ~*** staccare la carne dall'osso; ***den Blick von jdm, etw. nicht ~ können*** non riuscire a staccare lo sguardo da qcn., qcs. **b** *(frei machen)* liberare, togliere: ***sie löste ihre Hand aus seiner*** liberò (*o* tolse) la mano dalla sua **2a** *(lockerer machen)* sciogliere: ***die Haare, einen Knoten ~*** sciogliere i capelli, un nodo; FIG. ***die Muskelverspannung ~*** sciogliere la tensione muscolare **b** *(lockern)* allentare, mollare: ***eine Schraube ~*** allentare una vite **c** FIG. ***jds Verspannungen, Hemmungen ~*** allentare le tensioni di qcn., liberare qcn. dalle sue inibizioni **3** *(auflösen)* (far) sciogliere: ***eine Tablette in Wasser ~*** sciogliere una compressa in acqua **4** *(klären)* risolvere: ***ein Problem, Rätsel, einen Konflikt ~*** risolvere un problema, un indovinello, un conflitto **5a** *(annullieren)* annullare, sciogliere: ***die Verlobung, einen Vertrag ~*** sciogliere il fidanzamento, annullare un contratto **b** *(abbrechen)* troncare: ***die Beziehungen zu jdm ~*** troncare i rapporti con qcn. **6** *(kaufen)* comprare: ***eine Eintrittskarte ~*** comprare un biglietto d'ingresso **II** rifl. ***sich ~*** **1** staccarsi: ***der Lack, die Lawine löst sich*** la vernice, la valanga si stacca **2a** *(lockerer werden)* sciogliersi: ***der Knoten löst sich leicht*** il nodo si scioglie facilmente; FIG. ***die Verkrampfung löst sich*** il crampo si scioglie **b** *(sich lockern)* allentarsi **3** *(sich frei machen)* liberarsi: ***sich aus jds Umarmung ~*** liberarsi dall'abbraccio di qcn. **4a** FIG. *(sich trennen)* staccarsi, allontanarsi: ***sich aus dem Elternhaus, von der Partei ~*** staccarsi dalla casa dei genitori, dal partito **b** sottrarsi (a), liberarsi (di): ***sich von Vorurteilen, von seinen Verpflichtungen ~*** liberarsi dei pregiudizi, dai propri impegni **5** *(sich klären)* risolversi: ***die Angelegenheit hat sich von selbst gelöst*** la faccenda si è risolta da sola **6a** *(zergehen, schmelzen)* sciogliersi **b** FIG. ***ihr Schmerz löste sich in Tränen, Erleichterung*** il dolore la fece sciogliere in lacrime, il suo dolore si trasformò in sollievo ◆ ***die Handbremse ~*** togliere il freno a mano; ***etw. löst den Husten*** qcs. fa passare la tosse; ***einen Schuss ~*** sparare, far partire un colpo; ***ein Schuss löste sich*** partì un colpo; ***die Zunge ~*** sciogliere la lingua.

Los|ent|scheid m. *(-[e]s,-e)* il tirare a sorte, sorteggio *m.*

los‿fah|ren intr. *(fährt, fuhr, gefahren;* aus. *sein)* **1** partire: ***ich möchte bald ~*** vorrei partire presto **2** *(zufahren)* ***auf jdn, etw. ~*** puntare su qcn., qcs., venire contro qcs., qcn. **3** *(losgehen)* ***auf jdn ~*** assalire qcn., scagliarsi contro qcn.

los‿ge|hen intr. *(ging, gegangen;* aus. *sein)* **1** andare, andarsene; *(sich auf den Weg machen)* mettersi in cammino: ***ich muss jetzt ~*** ora devo andare **2** ***auf etw. (A) ~*** andare, dirigersi verso qcs. (anche FIG.) **3** ***auf jdn ~*** scagliarsi contro qcn., assalire qcn. **4** COLLOQ. *(beginnen)* cominciare: ***jetzt geht's los!*** adesso si comincia! **5** COLLOQ. *(abgehen)* staccarsi, partire: ***ein Knopf ist losgegangen*** è partito un bottone **6a** *(sich lösen)* partire: ***ein Schuss geht los*** parte un colpo; *(von Gewehren)* sparare **b** *(explodieren)* scoppiare ◆ ***auf los geht's los!*** al (mio) via si parte! ***geh (mir) los mit diesem Unsinn, mit deinen dummen Fragen!*** levati di torno con queste sciocchezze, con le tue domande stupide!

los‿ha|ben tr. ***etw. ~*** intendersene un po', capirne, essere abbastanza esperto di qcs.: ***in seinem Beruf viel, wenig ~*** essere molto, poco esperto nella propria professione. **los‿hau|en** *(hieb, gehauen)* COLLOQ. **I** tr. staccare (battendo) **II** intr. (aus. *haben*) ***auf jdn ~*** picchiare sodo, pestare qcn. **los‿heu|len** intr. (aus. *haben*) **1** cominciare a urlare, ululare **2** COLLOQ. *(zu weinen anfangen)* cominciare a piangere.

Los|kauf m. *(-[e]s,-käufe)* riscatto *m.*; *(von gekidnappten Leuten)* liberazione *f.* dietro pagamento del riscatto. **los‿kau|fen** tr. riscattare; *(Entführte)* liberare pagando un riscatto.

los‿kom|men intr. *(kam, gekommen;* aus. *sein)* **1a** venire via, partire: ***ich konnte nicht eher ~*** non sono potuto venir via prima **b** AER. staccarsi, alzarsi: ***das Flugzeug kam nicht vom Boden los*** l'aereo non si alzò da terra, non decollò **2** ***auf jdn ~*** venire, dirigersi verso qcn. **3a** *(freikommen)* liberarsi: ***von seinen Ketten ~*** liberarsi dalle catene **b** FIG. ***von jdm, etw. ~*** liberarsi di qcn., qcs.; *(sich trennen)* staccarsi (*o* separarsi) da qcn., qcs.: ***von seiner Familie ~*** separarsi dalla propria famiglia; ***vom Alkohol nicht ~ können*** non riuscire a liberarsi dal vizio dell'alcol.

los‿kön|nen intr. *(kann, konnte, gekonnt;* aus. *haben)* COLLOQ. **1** poter (*o* riuscire a) partire **2** *(losgehen können)* poter andarsene (via), riuscire ad andarsene. **los‿krie|gen** tr. **1** riuscire a staccare (*o* togliere): ***kriegst du das Etikett los?*** riesci a togliere l'etichetta? **2a** *(loswerden)* ***jdn, etw. ~*** liberarsi, sbarazzarsi di qcn., qcs. **b** *(verkaufen können)* riuscire a vendere: ***die alten Modelle nicht ~*** non riuscire a vendere i vecchi modelli. **los‿la|chen** intr. (aus. *haben*) scoppiare a ridere: ***laut ~*** scoppiare in una sonora risata.

los‿las|sen tr. *(lässt, ließ, gelassen)* **1** lasciare (andare), COLLOQ. mollare: ***jds Hand, das Tau ~*** lasciare la mano di qcn., mollare la fune; ***lass mich los!*** lasciami! ***die Tür nicht ~*** non lasciare andare, tenere la porta **2** FIG. *(immer wieder beschäftigen)* abbandonare, lasciare: ***dieser Gedanke lässt mich nicht los*** questo pensiero non mi abbandona **3** *(freilassen)* liberare, lasciar andare: ***einen Gefan-***

genen, Hund ~ liberare un prigioniero, un cane **4** COLLOQ. ***jdn auf jdn, etw.*** ~ lasciare qcn., qcs. in balia (*o* alla mercé) di qcn.: ***unqualifizierte Ärzte auf die Kranken*** ~ lasciare i malati in balia di medici incompetenti **5** COLLOQ. *(schreiben)* scrivere, mandare: ***einen Brief, eine Protestnote*** ~ scrivere una lettera, una nota di protesta **6** COLLOQ. *(erzählen)* raccontare: ***einen Witz*** ~ raccontare una barzelletta; *(halten)* fare, tenere: ***eine Rede*** ~ fare un discorso ◆ ***jdn auf die Menschheit*** ~ lasciar andare in giro qcn., permettere a qcn. di girare liberamente; ***den Hund auf jdn*** ~ aizzare il cane contro qcn.

los‿lau|fen intr. *(läuft, lief, gelaufen*; aus. *sein)* correre via, partire di corsa. **los‿le|gen** intr. (aus. *haben*) **1a** ***(mit etw.)*** ~ cominciare, attaccare a parlare (di qcs.); ***wenn der loslegt, hört er nicht mehr auf!*** quando quello attacca a parlare, non la finisce più! **b** *(anfangen zu schimpfen)* cominciare a insultare (*o* a inveire): ***gegen jdn*** ~ cominciare a insultare qcn. **2** *(anfangen, etw. zu tun)* attaccare, mettersi (a): ***mit der Arbeit*** ~ attaccare col lavoro ◆ COLLOQ. ***na, leg schon los!*** avanti, racconta!

lös|lich agg. solubile: ***-er Kaffee*** caffè solubile. **Lös|lich|keit** f. *(-)* solubilità *f.*

los‿lö|sen I tr. staccare, togliere (anche FIG.) **II** rifl. **sich** ~ staccarsi. **los‿ma|chen I** tr. **1** sciogliere **2** *(loslösen)* staccare **II** intr. (aus. *haben*) **1** MAR. salpare, mollare gli ormeggi **2** COLLOQ. *(sich beeilen)* sbrigarsi, spicciarsi **III** rifl. ***sich*** ~ liberarsi, staccarsi (anche FIG.) ◆ COLLOQ. ***einen*** ~ divertirsi un sacco, fare casino. **los‿mar|schie|ren** intr. (aus. *sein*) mettersi in marcia, partire. **los‿müs|sen** intr. *(muss, musste, gemusst*; aus. *haben)* COLLOQ. **1** dover partire **2** *(losgehen müssen)* dover andarsene (via).

Los|num|mer f. *(-,-n)* numero *m.* della lotteria.

los‿plat|zen intr. (aus. *sein*) **1** sbottare **2** *(loslachen)* scoppiare a ridere. **los‿ra|sen** intr. (aus. *sein*) **1** sfrecciare via **2** ***auf jdn, etw.*** ~ precipitarsi verso qcn., qcs. **los‿rei|ßen** *(riss, gerissen)* **I** tr. staccare, tirare via (anche FIG.): ***seinen Blick von etw. nicht ~ können*** non riuscire a staccare lo sguardo da qcs. **II** rifl. **sich** ~ **1** staccarsi, liberarsi (con forza): ***der Hund riss sich von der Leine los*** il cane si liberò dal guinzaglio **2** FIG. staccarsi. **los‿ren|nen** intr. *(rannte, gerannt;* aus. *sein)* → **loslaufen.**

Löß, Löss m. *(-es,-e)* loess (*o* löss) *m.*

los‿sa|gen rifl. ***sich von jdm, etw.*** ~ abbandonare qcn., qcs., staccarsi (*o* separarsi) da qcn., qcs. **Los|sa|gung** f. *(-,-en)* distacco *m.*, separazione *f.*, abbandono *m.*

Löß|bo|den, Löss|bo|den m. *(-s,-böden)* terreno *m.* di loess.

los‿schi|cken tr. COLLOQ. mandare. **los‿schie|ben** intr. *(schob, geschoben*; aus. *sein)* COLLOQ. andare, andarsene. **los‿schie|ßen** intr. *(schoss, geschossen)* COLLOQ. **1a** (aus. *haben*) cominciare a sparare **b** FIG. sparare, uscirsene: ***nun schieß los!*** avanti, spara! **2a** (aus. *sein*) schizzare via, partire (a razzo): ***wie eine Rakete*** ~ partire come un razzo **b** ***auf jdn*** ~ precipitarsi verso qcn. **los‿schimp|fen** intr. (aus. *haben*) cominciare a inveire. **los‿schla|gen** *(schlägt, schlug, geschlagen)* **I** tr. **1** staccare (battendo) **2** *(billig verkaufen)* vendere (a poco prezzo): ***etw. für einen Spottpreis*** ~ vendere qcs. a un prezzo irrisorio **II** intr. (aus. *haben*) **1** ***auf jdn*** ~ picchiare qcn.; ***aufeinander*** ~ picchiarsi **2** MIL. attaccare di sorpresa. **los‿schnal|len** tr. slacciare. **los‿schrau|ben** tr. svitare.

lö|ßig, lös|sig agg. di loess (*o* löss).

los‿sol|len intr. (aus. *haben*) COLLOQ. **1** dover partire **2** *(losgehen sollen)* dover andarsene (via).

los‿spre|chen tr. *(spricht, sprach, gesprochen)* **1a** liberare, assolvere: ***jdn von jeder Verantwortung*** ~ liberare qcn. da ogni responsabilità **b** *(von Verpflichtungen)* esimere **2** RELIG. assolvere **3** ***einen Lehrling*** ~ = dichiarare un apprendista idoneo alla professione. **Los|spre|chung** f. *(-,-en)* RELIG. assoluzione *f.*

Löß|schicht, Löss|schicht f. *(-,-en)* strato *m.* di loess (*o* löss).

los‿steu|ern intr. (aus. *sein*) ***auf jdn, etw.*** ~ dirigersi, andare (dritto) verso qcn., qcs. **los‿stür|men** intr. (aus. *sein*) **1** sfrecciare via, schizzare via **2** ***auf jdn, etw.*** ~ precipitarsi verso qcn., qcs.; *(in feindlicher Absicht)* avventarsi su qcn., qcs. **los‿stür|zen** intr. (aus. *sein*) COLLOQ. **1** schizzare via, partire a razzo **2** ***auf jdn*** ~ precipitarsi verso qcn.; *(in feindlicher Absicht)* avventarsi su qcn.

Lost m. *(-[e]s)* ipirite *f.*

los‿tren|nen I tr. staccare, separare **II** rifl. **sich** ~ staccarsi, separarsi.

Los|trom|mel f. *(-,-n)* urna *f.*

1.Lo|sung f. *(-,-en)* **1** *(Wahlspruch)* motto *m.*, slogan *m.*, divisa *f.*: ***die ~ des Tages*** la divisa del giorno **2** *(Bibelspruch)* versetto *m.* della Bibbia **3** MIL. *(Kennwort)* parola *f.* d'ordine: ***eine ~ ausgeben*** dare una parola d'ordine.

2.Lo|sung f. *(-,-en)* COMM. incasso *m.* della giornata.

3.Lo|sung f. *(-,-en)* VENAT. escrementi *m.pl.* (della selvaggina).

Lö|sung f. *(-,-en)* **1** soluzione *f.*: ***die richtige, falsche ~ einer Aufgabe*** la soluzione esatta, sbagliata di un compito; ***eine, keine ~ für etw. finden*** trovare, non trovare una soluzione per qcs.; ***sich um eine friedliche ~ bemühen*** darsi da fare per trovare una soluzione pacifica **2** *(das Befreien)* liberazione *f.*: ***die ~ der Fesseln*** la liberazione dalle catene **3** *(Annullierung)* scioglimento *m.*, annullamento *m.*: ***die ~ der Ehe*** lo scioglimento del matrimonio; COMM. ***die ~ der Verbindungen*** la rottura delle relazioni **4** FIS. CHIM. soluzione *f.*: ***eine gesättigte, laugenartige, wässrige*** ~ una soluzione satura, alcalina, acquosa. **Lö|sungs|mit|tel** n. *(-s,-)* solvente *m.* **Lö|sungs|ver|mö|gen** n. *(-s,-)* CHIM. potere *m.* solvente. **Lö|sungs|wär|me** f. *(-)* CHIM. calore *m.* di soluzione. **Lö|sungs|weg** m. *(-[e]s,-e)* ***einen ~ für etw. suchen, finden*** cercare, trovare una via per risolvere qcs.

Lo|sungs|wort n. *(-[e]s,-wörter)* motto *m.*, slogan *m.*

Lö|sungs|wort n. *(-[e]s,-wörter)* (parola *f.*) chiave *f.*

Los|ver|käu|fer m. *(-s,-)* venditore *m.* di merce al minuto.

los‿wer|den tr. *(wird, wurde, geworden;* aus. *sein)* **1** ***jdn, etw.*** ~ liberarsi, sbarazzarsi, disfarsi di qcn., qcs.; ***einen Gedanken nicht*** ~ non riuscire a scacciare un pensiero; COLLOQ. ***eine Ware nicht*** ~ non riuscire a vendere una merce **2** COLLOQ. *(verlieren)* perdere: ***seine Ersparnisse*** ~ perdere i propri risparmi. **los‿wer|fen** tr. *(wirft, warf, geworfen)* MAR. **1** *(Vertäuung)* levare, sciogliere **2** assol. mollare gli ormeggi, salpare. **los‿wol|len** intr. *(will, wollte, gewollt;* aus. *haben)* COLLOQ. voler andare via. **los‿zie|hen** intr. *(zog, gezogen;* aus. *sein)* COLLOQ. **1** *(losgehen)* partire, mettersi in cammino **2** *(schimpfen)* ***gegen jdn, über etw.*** ~ scagliarsi, inveire contro qcn., su qcs.

1.Lot n. *(-[e]s,-e* e *-)* **1a** piombino *m.*, filo *m.* a piombo: ***die Mauer nach dem ~ richten*** misurare il muro con il piombino **b** ***im, außer ~ sein*** essere, non essere a piombo **c** *(zum Messen der Wassertiefe)* piombino *m.*, scandaglio *m.* **2** GEOM. *(Senkrechte)* perpendicolare *f.*: ***das ~ auf einer Geraden errichten, auf eine Gerade fällen*** tracciare la perpendicolare di una retta **3** TECN. lega *f.* per saldatura, metallo *m.* d'apporto **4** ANT. INTRAD. (pl. -) unità di peso corrisponente a circa 17 grammi) ◆ ***jdn, etw. aus dem ~ bringen*** confondere le idee a qcn., mettere in disordine qcs.; ***jdn, etw. ins (rechte) ~ bringen*** mettere a posto qcn., qcs.; ***(wieder) ins ~ kommen*** rimettersi in salute; *(in Ordnung kommen)* rimettersi a posto; ***(nicht) im, aus dem ~ sein*** (non) essere in forma; *(in Ordnung sein)* (non) essere a posto.

2.Lot n. *(-[s],-s)* lotto *m.*, partita *f.* (di merci).

Löt|ap|pa|rat m. *(-[e]s,-e)* apparecchio *m.* per brasatura.

lo|ten tr. **1** EDIL. ***etw.*** ~ controllare l'appiombo di qcs. **2** MAR. scandagliare.

lö|ten tr. saldare, brasare. **Löt|fu|ge** f. *(-,-n)* giunto *m.* brasato. **Löt|ge|rät** n. *(-[e]s,-e)* apparecchio *m.* per brasatura.

Lo|thar n.pr.m. Lotario *m.*

Loth|rin|gen n.pr.n. *(-s)* Lorena *f.* **Loth|rin|ger I** m. *(-s,-)* lorenese *m.* **II** agg. inv. lorenese. **loth|rin|gisch** agg. lorenese, della Lorena.

Lo|ti|on, Lo|tion ['loʊʃən] f. *(-,-en* e *-s)* lozione *f.*: ***eine ~ auftragen*** mettere una lozione.

Löt|kol|ben m. *(-s,-)* **1** saldatoio *m.* **2** SCHERZ. *(rote, dicke Nase)* peperone *m.* **Löt|lam|pe** f. *(-,-n)* lampada *f.* per saldare.

Lot|lei|ne f. *(-,-n)* sagola *f.* dello scandaglio.

Löt|me|tall n. *(-s,-e)* lega *f.* per saldature, metallo *m.* d'apporto. **Löt|naht** f. *(-,-nähte)* (punto *m.* di) saldatura *f.*

Lo|tos m. *(-,-)*, **Lo|tos|blu|me** f. *(-,-n)* loto *m.* **Lo|tos|blü|te** f. *(-,-n)* fiore *m.* di loto. **Lo|tos|sitz** m. *(-es)* posizione *f.* del loto.

Löt|pis|to|le f. *(-,-n)* saldatore *m.* elettrico a pistola.

lot|recht I agg. verticale, a piombo, a picco; *(im rechten Winkel)* perpendicolare: ***eine -e Felswand*** una parete a piombo **II** avv. verticalmente, a piombo; perpendicolarmente. **Lot|rech|te** f. *(-n,-n)* perpendicolare *f.*

Löt|rohr n. *(-[e]s,-e)* cannello *m.* ferruminatorio. **Löt|rohr|ana|ly|se** f. *(-,-n)* prova *f.* al cannello.

Lot|se m. *(-n,-n)* MAR. pilota *m.* **lot|sen** tr. **1** MAR. pilotare **2** AER. dirigere (da terra, via radio) **3** *(leiten)* guidare, condurre: ***jdn durch die Stadt*** ~ condurre qcn. attraverso la città; FIG. ***jdn durch eine Prüfung*** ~ guidare qcn. nel sostenere un esame **4** *(mitschleppen)* trascinare: ***jdn in eine Bar*** ~ trascinare qcn. in un bar. **Lot|sen** n. *(-s)* **1** MAR. pilotaggio *m.* **2** AER. guida *f.* (da terra, via radio). **Lot|sen|boot** n. *(-[e]s,-e)* MAR. pilotina *f.* **Lot|sen|fisch** m. *(-es,-e)* pesce *m.* pilota, fanfano *m.* **Lot|sen|sta|ti|on** f. *(-,-en)* stazione *f.* piloti.

Löt|stel|le f. *(-,-n)* **1** *(gelötete Stelle)* punto *m.* saldato **2** *(zu lötende Stelle)* punto *m.* da saldare.
Lott|chen n.pr.n., **Lot|te** n.pr.f. Carlotta *f.*
Lot|ter|bett n. *(-[e]s,-en)* ANT. *(Sofa)* divano *m.* ◆ ***auf dem ~ liegen*** starsene in panciolle. **Lot|ter|bu|be** m. *(-n,-n)* ANT. poltrone *m.*, bighellone *m.* **Lot|te|rei** f. *(-,-en)* SPREG. vita *f.* da scioperati. **lot|ter|haft** agg. da poltrone, da scioperato.
Lot|te|rie f. *(-,-n)* lotteria *f.*: ***(in der) ~ spielen*** giocare alla lotteria. **Lot|te|rie|ein|neh|mer** m. *(-s,-)* venditore *m.* di biglietti della lotteria. **Lot|te|rie|los** n. *(-es,-e)* biglietto *m.* della lotteria. **Lot|te|rie|spiel** n. *(-s)* gioco *m.* della lotteria; FIG. *(Glückssache)* ***das ist ein ~*** è una lotteria.
lot|te|rig agg. COLLOQ. **1** *(schlampig)* sciatto, trascurato **2** *(liederlich)* scapestrato, scavezzacollo. **Lot|te|rig|keit** f. *(-,-en)* COLLOQ. **1** sciatteria *f.*, trascuratezza *f.* **2** *(Liederlichkeit)* sregolatezza *f.* **Lot|ter|le|ben** n. *(-s)* vita *f.* scioperata, scapestrata. **Lot|ter|wirt|schaft** f. *(-)* **1** malgoverno *m.*, cattiva amministrazione *f.* **2** → **Lotterigkeit.**
Lot|ti n.pr.f. → **Lotte.**
Lot|to n. *(-s,-s)* **1** *(Zahlenlotto)* lotto *m.*: ***(im) ~ spielen*** giocare al lotto **2** *(Gesellschaftsspiel)* tombola *f.*: ***beim ~ gewinnen*** fare tombola ◆ ***drei, vier, fünf Richtige im ~ haben*** fare un terno, una quaterna, una cinquina al lotto. **Lot|to|an|nah|me|stel|le** f. *(-,-n)* ricevitoria *f.*, botteghino *m.* del lotto. **Lot|to|ge|winn** m. *(-s,-e)* vincita *f.* al lotto. **Lot|to|kol|lek|tur** f. *(-,-en)* AUSTR. → **Lottoannahmestelle. Lot|to|kö|nig** m. *(-s,-e)* COLLOQ. vincitore *m.* (al lotto). **Lot|to|schein** m. *(-[e]s,-e)* schedina *f.* del lotto. **Lot|to|spiel** n. *(-s)* gioco *m.* del lotto. **Lot|to|zah|len** pl. numeri *m.pl.* del lotto: ***Ziehung der ~*** estrazione del lotto. **Lot|to|zet|tel** m. *(-s,-)* → **Lottoschein.**
lott|rig → **lotterig.**
Lo|tung f. *(-,-en)* **1** EDIL. messa *f.* a piombo **2** MAR. scandagliamento *m.*
Lö|tung f. *(-,-en)* saldatura *f.*, brasatura *f.*
Lo|tus m. *(-,-)* **1** *(Hornklee)* trifoglina *f.* **2** *(Lotos)* loto *m.*
Löt|was|ser n. *(-s,-)* **1** acido *m.* per saldatura, cloruro *m.* di zinco **2** SCHERZ. *(Schnaps)* scaldabudella *m.* **Löt|zinn** n. *(-[e]s)* stagno *m.* per saldare.
Lou|is ['lu:i] m. *(-)* COLLOQ. magnaccia *m.* **Lou|is|dor** [lui'do:ɐ] m. *(-s,-e)* STOR. luigi *m.* d'oro.
Lö|we m. *(-n,-n)* leone *m.*: ***der ~ brüllt*** il leone ruggisce; ASTROL. ***sie ist ein ~*** lei è un leone ◆ SCHERZ. ***gut gebrüllt, ~!*** ben detto! questo è parlare! ***in die Höhle des -n gehen*** andare nella tana del lupo; ***hungrig wie ein ~ sein*** avere una fame da lupo; ***wie ein ~ kämpfen*** battersi come un leone.
Lö|wen|äff|chen n. *(-s,-)* leontocebo *m.* **Lö|wen|an|teil** m. *(-s)* parte *f.* del leone. **Lö|wen|bän|di|ger** m. *(-s,-)* domatore *m.* di leoni. **Lö|wen|gru|be** f. *(-,-n)* fossa *f.* dei leoni. **Lö|wen|herz,** STOR. ***Richard ~*** Riccardo Cuor di Leone. **Lö|wen|jagd** f. *(-,-en)* caccia *f.* al leone. **Lö|wen|kraft** f. *(-,-kräfte)* forza *f.* da leoni. **Lö|wen|mäh|ne** f. *(-,-n)* **1** criniera *f.* del leone **2** COLLOQ. *(fülliges Haar)* criniera *f.* (leonina). **Lö|wen|maul** n. *(-[e]s)*, **Lö|wen|mäul|chen** n. *(-s,-)* BOT. bocca *f.* di leone. **Lö|wen|mut** m. *(-[e]s)* coraggio *m.* da leoni. **lö|wen|stark** agg. forte come un leone. **Lö|wen|stär|ke** f. *(-)* → **Löwenkraft. Lö|wen|stim|me** f. *(-,-n)* voce *f.* tonante. **Lö|wen|zahn** m. *(-[e]s)* BOT. dente *m.* di leone, tarassaco *m.*
Lö|win f. *(-,-nen)* leonessa *f.*
lo|xo|drom agg. lossodromico. **Lo|xo|dro|me** f. *(-,-n)* lossodromia *f.*
lo|yal [loa'ja:l] **I** agg. leale; *(regierungstreu)* lealista: ***-e Truppen*** truppe lealiste; *(anständig)* ***ein -er Kollege*** un collega leale, onesto **II** avv. lealmente: ***~ handeln*** agire lealmente. **Lo|ya|li|tät** f. *(-)* lealtà *f.*; *(Regierungstreue)* lealismo *m.* **Lo|ya|li|täts|er|klä|rung** f. *(-,-en)* dichiarazione *f.* di lealtà.
LP f. *(-,-[s])* LP *m.*, ellepì *m.*
LPG ⇒ EX-RDT *landwirtschaftliche Produktionsgenossenschaft* cooperativa agricola.
LSD n. *(-[s])* LSD *m.*
lt. ⇒ *laut* ai sensi di.
Lt. ⇒ *Leutnant* sottotenente (S.Ten.).
Lü|beck n.pr.n. *(-s)* Lubecca *f.* **Lü|be|cker I** m. *(-s,-)* abitante *m.* di Lubecca **II** agg.inv. di Lubecca. **lü|be|ckisch, lü|bisch** agg. di Lubecca.
Luchs m. *(-es,-e)* lince *f.*; ***ein Pelzmantel aus ~*** una pelliccia di lince ◆ ***Augen wie ein ~*** occhio di lince; ***wie ein ~ aufpassen*** stare molto attento. **Luchs|au|ge** n. *(-s,-n)* occhio *m.* di lince (anche FIG.). **luchs|äu|gig** agg. dall'occhio di lince. **luch|sen** COLLOQ. **I** intr. (aus. *haben*) scrutare, guardarsi attorno; FIG. ***auf eine gute Gelegenheit ~*** guardarsi attorno in cerca di una buona occasione **II** tr. rubare (con astuzia).
Lü|cke f. *(-,-n)* **1** buco *m.*, vuoto *m.*; *(Spalt)* breccia *f.*; *(Öffnung)* apertura *f.*: ***eine ~ lassen*** lasciare un buco; ***eine ~ füllen, schließen*** riempire un buco, chiudere una falla; ***hier klafft eine ~*** qui si apre una falla; FIG. ***sein Tod hinterlässt eine ~*** la sua morte lascia un vuoto dietro di sé **2** lacuna *f.*: ***-n in Mathematik haben, ausfüllen*** avere, colmare delle lacune in matematica; ***eine ~ im Gesetz*** una lacuna nella legge ◆ ***etw. auf ~ stellen*** sfalsare qcs.; ***eine ~ im Gebiss haben*** avere un buco (*o* uno spazio) tra un dente e l'altro. **Lü|cken|bü|ßer** m. *(-s,-)* tappabuchi *m.*: ***als ~ dienen*** servire, fare da tappabuchi. **lü|cken|haft** agg. **1** con buchi, con spazi vuoti **2** lacunoso, pieno di lacune: ***-e Erinnerungen*** ricordi lacunosi. **Lü|cken|haf|tig|keit** f. *(-)* lacunosità *f.*, l'essere pieno di lacune. **lü|cken|los I** agg. **1** privo di buchi, di vuoti **2** *(vollständig)* privo di lacune, completo **II** avv. **1** senza buchi, senza vuoti **2** senza lacune, in modo completo, esaustivo. **Lü|cken|lo|sig|keit** f. *(-)* mancanza *f.* di lacune, completezza *f.* **Lü|cken|test** m. *(-[e]s,-s* e *-e)* esercizio *m.* di completamento (con parti in bianco da completare).
lud → **laden.**
Lu|de m. *(-n,-n)* COLLOQ. SPREG. magnaccia *m.*
Lu|der n. *(-s,-)* **1** COLLOQ. SPREG. carogna *f.*, farabutto *m.* **2** VENAT. *(Aas)* carogna *f.* (usata come esca) ◆ ***ein armes ~*** un povero diavolo; ***ein dummes ~*** uno stupido; ***ein kleines ~*** una birba, un bricconello; COLLOQ. ***ein süßes ~*** una maliarda. **Lu|der|jan** m. *(-[e]s,-e)* RAR. scapestrato *m.* **Lu|der|le|ben** n. *(-s)* vita *f.* dissoluta. **lu|der|mä|ßig** avv. REGION. tremendamente, terribilmente: ***es ist ~ kalt*** fa tremendamente freddo. **lu|dern** intr. (aus. *haben*) ANT. condurre un'esistenza dissoluta. **Lu|der|wirt|schaft** f. *(-)* SPREG. dissolutezza *f.*
lu|dolf|sche Zahl f. *(-n -)* pi *m.* greco.
Lud|wig n.pr.m. **1** Ludovico *m.*, Lodovico *m.* **2** STOR. Luigi *m.*, Ludovico *m.*: ***~ XIV.*** Luigi XIV; ***~ der Fromme*** Ludovico il pio.
Lu|es f. *(-)* lue *f.*, sifilide *f.* **lu|e|tisch** agg. luetico, sifilitico.
Luft f. *(-, Lüfte)* **1a** aria *f.*: ***frische, feuchte, verbrauchte, stickige ~*** aria fresca, umida, viziata, soffocante; ***mit ~ kühlen*** raffreddare ad aria **b** *(Himmel, Atmosphäre)* ***sich in die ~ erheben*** (sol)levarsi in, nell'aria **2** *(außerhalb des Hauses)* aria *f.* aperta, aperto *m.*: ***an der ~ sein*** stare all'aria aperta **3** *(Atem)* fiato *m.*, respiro *m.*: ***die ~ anhalten*** trattenere il respiro; ***ihm bleibt die ~ weg*** resta senza fiato **4a** *(Brise)* venticello *m.*, brezza *f.* **b** *(Luftzug)* corrente *f.* d'aria **5** COLLOQ. *(Luftdruck)* pressione *f.*: ***die ~ (der Reifen) prüfen lassen*** far controllare la pressione (dei pneumatici) **6** *(freier Raum)* spazio *m.*, posto *m.*: ***in der Schublade ~ schaffen*** fare (dello) spazio nel cassetto ◆ ***jdm die ~ abdrehen, abdrücken*** gettare sul lastrico qcn.; *(jdm die Hände binden)* legare le mani a qcn.; ***jdm die ~ abschnüren*** togliere l'aria a qcn., soffocare qcn.; ***an die ~ gehen*** fare una passeggiata; COLLOQ. ***bei etw. die ~ anhalten*** avere delle perplessità su qcs.; ***halt die ~ an!*** chiudi il becco! taci! *(übertreibe nicht so)* non esagerare! COLLOQ. ***mit jdm die gleiche ~ atmen*** respirare la stessa aria di qcn.; COLLOQ. ***sich in ~ auflösen*** dileguarsi; *(nicht verwirklicht werden)* andare in fumo (*o* a monte); ***aus der ~ gemachte Fotos*** foto fatte dall'aereo, fotografie aeree; ***das ist aus der ~ gegriffen, geholt*** è inventato di sana pianta; ***mir geht die ~ aus*** mi manca l'aria; COLLOQ. ***jdn an die (frische) ~ befördern*** → ***jdn an die (frische) ~ setzen; keine ~ bekommen*** respirare a fatica, sentirsi mancare il fiato; COLLOQ. FIG. ***hier ist, herrscht dicke ~*** c'è aria di tempesta; ***die ~ einatmen, einziehen*** inspirare; FIG. ***in die ~ fliegen*** saltare in aria, scoppiare; ***frische ~ in etw. (hinein) bringen*** portare una ventata d'aria fresca in qcs.; ***frische ~ holen*** prendere aria; COLLOQ. ***für jdn ~ sein*** non esistere (*o* non contare nulla) per qcn.; ***es wird gleich ~ geben*** fra poco ci sarà più posto, si potrà respirare; ***in die ~ gehen*** saltare in aria, esplodere; *(wütend werden)* saltar su, andare in bestia; ***gesiebte ~ atmen*** essere in galera; SCHERZ. ***die ~ aus dem Glas lassen*** riempire i bicchieri; ***in die ~ greifen*** mancare la presa; ***in die ~ gucken*** restare con un palmo di naso; IRON. ***gute ~!*** buon divertimento! ***~ haben*** essere libero, non avere troppo da fare; ***die ~ halten*** essere a tenuta d'aria, essere ermetico; ***in der ~ hängen*** essere in forse (*o* incerto); *(von Menschen)* trovarsi in una situazione incerta; ***~ holen*** inspirare; FIG. tirare il fiato; ***da ist noch ~ (drin)*** c'è ancora spazio (*o* possibilità) d'azione; ***etw. in die ~ jagen*** fare saltare in aria qcs.; SCHERZ. ***von der ~ leben*** vivere d'aria; ***von ~ und Liebe leben*** vivere d'aria e d'amore; FIG. ***in der ~ liegen*** essere nell'aria; COLLOQ. ***sich ~ machen*** sfogarsi; *(Raum um sich schaffen)* farsi largo; ***seinem Zorn ~ machen*** sfogare la (*o* dare sfogo alla) propria rabbia; FIG. ***jdm die ~ zum Atmen nehmen*** togliere il fiato a qcn.; COMM.

per* ~** per via aerea; ***aus etw. ist die ~ raus si è ridimensionato (*o* COLLOQ. sgonfiato); ***die ~ rauslassen*** calmarsi; ***~ aus dem Reifen lassen*** sgonfiare la gomma; ***die ~ ist rein*** siamo al sicuro, non c'è nulla da temere; ***nach ~ ringen*** respirare a fatica, con difficoltà; ***die ~ ist sauber*** → ***die ~ ist rein***; ***jdm ~ schaffen*** aiutare qcn., facilitare le cose a qcn.; COLLOQ. ***nach ~ schnappen*** boccheggiare, respirare a fatica; FIG. avere difficoltà economiche; ***ein wenig ~ schnappen gehen*** andare a prendere un boccata d'aria; ***hier ist eine ~ zum Schneiden*** (qui) c'è un'aria molto viziata (*o* pesante); ***~ schöpfen*** → ***~ holen; in der ~ schweben*** essere campato in aria; ***noch in der ~ schweben*** non avere ancora basi concrete, essere ancora in forse; COLLOQ. ***jdn an die (frische) ~ setzen*** cacciare qcn. fuori di casa (*o* mettere qcn. alla porta); *(entlassen)* licenziare qcn.; ***etw. in die ~ sprengen*** far saltare in aria qcs.; ***in die ~ springen*** saltare in aria; ***vor Freude in die ~ springen*** fare salti di gioia; ***in die Lüfte steigen*** salire, volare in alto; ***jdn wie ~ behandeln*** ignorare completamente qcn., fare come se qcn. non esistesse; FIG. ***jdn in der ~ zerreißen*** stroncare qcn.; *(als Drohung gesagt)* ammazzare qcn.

Luft|ab|wehr f. *(-)* difesa *f.* antiaerea. **Luft|ab|wehr|ra|ke|te** f. *(-,-n)* missile *m.* antiaereo. **Luft|ak|ro|bat** m. *(-en,-en)* trapezista *m.* **Luft|alarm** m. *(-[e]s,-e)* allarme *m.* aereo. **Luft|an|griff** m. *(-[e]s,-e)* attacco *m.* aereo, incursione *f.* aerea. **Luft|auf|klä|rung** f. *(-)* ricognizione *f.* aerea. **Luft|auf|nah|me** f. *(-,-n)* fotografia *f.* aerea, veduta *f.* aerea. **Luft|auf|sicht** f. *(-,-en)* controllo *m.* di volo. **Luft|bal|lon** m. *(-s,-s* e *-e)* **1** *(Spielzeug für Kinder)* palloncino *m.* **2** *(Luftfahrzeug)* pallone *m.* aerostatico, mongolfiera *f.* **Luft|be|feuch|ter** m. *(-s,-)* umidificatore *m.* (dell'aria). **Luft|be|feuch|tung** f. *(-)* umidificazione *f.* dell'aria. **Luft|be|rei|fung** f. *(-)* pneumatici *m.pl.* **Luft|be|we|gung** f. *(-,-en)* **1** venticello *m.* **2** METEOR. corrente *f.* aerea. **Luft|bild** n. *(-[e]s,-er)* → **Luftaufnahme.** **Luft|bla|se** f. *(-,-n)* **1** bolla *f.* (d'aria) **2** FIG. bolla *f.* di sapone. **Luft-Bo|den-Ra|ke|te** f. *(-,-n)* missile *m.* aria-terra. **Luft|brü|cke** f. *(-,-n)* ponte *m.* aereo.

Lüft|chen n. *(-s)* arietta *f.*, venticello *m.*: ***es geht ein ~*** tira un venticello.

luft|dicht **I** agg. ermetico **II** avv. ermeticamente: ***etw. ~ abschließen*** chiudere ermeticamente qcs. **Luft|dich|te** f. *(-)* densità *f.* dell'aria.

Luft|druck m. *(-[e]s)* **1** pressione *f.* (dell'aria) **2** *(atmosphärischer Druck)* pressione *f.* atmosferica. **Luft|druck|brem|se** f. *(-,-n)* freno *m.* pneumatico. **Luft|druck|mes|ser** m. *(-s,-)* barometro *m.*

luft|durch|läs|sig agg. permeabile all'aria, che lascia passare l'aria. **Luft|durch|läs|sig|keit** f. *(-)* permeabilità *f.* all'aria. **Luft|elekt|ri|zi|tät** f. *(-)* elettricità *f.* atmosferica. **Luft|em|bo|lie** f. *(-,-n)* embolia *f.* gassosa.

lüf|ten tr. **1** aerare, arieggiare, ventilare: ***die Zimmer ~*** aerare le stanze, cambiare aria nelle stanze **2** *(der Luft aussetzen)* ***etw. ~*** far prendere aria a qcs. **3** *(hochheben)* (sol)levare, alzare: ***den Hut ~*** alzare il cappello **4** *(enträtseln)* svelare, rivelare ◆ ***die Maske ~*** togliersi la maschera, farsi riconoscere. **Lüf|ter** m. *(-s,-)* ventilatore *m.*

Luft|fahrt f. *(-,-en)* **1** aviazione *f.*, aeronautica *f.* **2** RAR. *(Fahrt mit einem Luftfahrzeug)* volo *m.*, viaggio *m.* aereo. **Luft|fahrt|for|schung** f. *(-)* ricerca *f.* aeronautica. **Luft|fahrt|ge|sell|schaft** f. *(-,-en)* società *f.*, compagnia *f.* (di navigazione) aerea. **Luft|fahrt|in|dust|rie** f. *(-)* industria *f.* aeronautica. **Luft|fahrt|kar|te** f. *(-,-n)* carta *f.* aeronautica. **Luft|fahrt|me|di|zin** f. *(-)* medicina *f.* aeronautica. **Luft|fahr|zeug** m. *(-[e]s,-e)* aeromobile *m.* **Luft|feuch|te** f. *(-)*, **Luft|feuch|tig|keit** f. *(-)* umidità *f.* dell'aria (*o* atmosferica). **Luft|feuch|tig|keits|mes|ser** m. *(-s,-)* igrometro *m.* **Luft|fil|ter** m. *(-s,-)* filtro *m.* dell'aria. **Luft|flot|te** f. *(-,-n)* flotta *f.* aerea. **Luft|fracht** f. *(-,-en)* **1a** *(Ladung)* carico *m.* aereo **b** *(Transport)* trasporto *m.* (per) via aerea **2** *(Frachtkosten)* nolo *m.* (aereo). **Luft|ge|fahr** f. *(-)* minaccia *f.* aerea. **Luft|ge|fecht** n. *(-[e]s,-e)* combattimento *m.* aereo. **Luft|geist** m. *(-[e]s,-er)* spirito *m.* dell'aria; *(Sylphe)* silfo *m.* **luft|ge|kühlt** agg. raffreddato ad aria, con raffreddamento ad aria: ***ein -er Motor*** un motore con raffreddamento ad aria. **luft|ge|schützt** agg. riparato (*o* al riparo) dall'aria. **luft|ge|trock|net** agg. seccato all'aria. **Luft|ge|wehr** n. *(-[e]s,-e)* fucile *m.* ad aria compressa. **Luft|ha|fen** m. *(-s,-häfen)* RAR. aeroporto *m.* **Luft|ham|mer** m. *(-s,-hämmer)* martello *m.* pneumatico. **Luft|hauch** m. *(-[e]s,-e)* soffio *m.*, alito *m.* d'aria. **Luft|hei|zung** f. *(-)* riscaldamento *m.* ad aria. **Luft|herr|schaft** f. *(-)* supremazia *f.* aerea, dominio *m.* dell'aria. **Luft|ho|heit** f. *(-)* sovranità *f.* aerea. **Luft|ho|len** n. *(-s)* inspirazione *f.* **Luft|hül|le** f. *(-)* atmosfera *f.* **Luft|hun|ger** m. *(-s)* bisogno *m.* d'aria pura. **luft|hung|rig** agg. che ha bisogno di aria pura.

luf|tig **I** agg. **1a** arioso: ***ein -er Raum*** un ambiente arioso **b** ventilato: ***ein -er Ort*** un luogo ventilato **2** *(von Kleidung, Stoffen)* leggero, vaporoso **3a** FIG. RAR. *(unzuverlässig)* non fidato **b** *(flatterhaft)* leggero, sventato **c** *(nicht stichhaltig)* non convincente, campato in aria: ***eine -e Begründung*** una giustificazione non convincente **II** avv. leggero: ***er ist ~ angezogen*** è vestito leggero, è poco vestito ◆ ***ein -er Bruder*** = uno sventato; ***in -en Höhen*** su alte vette, LETT. su aeree cime. **Luf|tig|keit** f. *(-)* **1** ariosità *f.* **2** *(von Kleidung, Stoffen)* leggerezza *f.*, vaporosità *f.* **3** *(Flatterhaftigkeit)* leggerezza *f.*, sventatezza *f.*

Luf|ti|kus m. *(-[ses],-se)* COLLOQ. SPREG. farfallone *m.*

Luft|kampf m. *(-[e]s,-kämpfe)* combattimento *m.* aereo.

Luft|kis|sen n. *(-s,-)* **1** *(aufblasbares Kissen)* cuscino *m.* gonfiabile **2** TECN. cuscinetto *m.* d'aria. **Luft|kis|sen|boot** n. *(-[e]s,-e)* hovercraft *m.* **Luft|kis|sen|fahr|zeug** n. *(-[e]s,-e)* veicolo *m.* a cuscino d'aria, aeroscivolante *m.*

Luft|klap|pe f. *(-,-n)* **1** *(an der Heizung)* registro *m.* (*o* serranda *f.*) dell'aria **2** *(zur Lüftung)* presa *f.* d'aria **3** AUT. valvola *f.* di chiusura dell'aria. **Luft|kof|fer** m. *(-s,-)* valigia *f.* per aereo. **Luft|kor|ri|dor** m. *(-s,-e)* corridoio *m.* aereo. **Luft|krank|heit** f. *(-)* mal *m.* d'aria. **Luft|krieg** m. *(-[e]s,-e)* guerra *f.* aerea. **Luft|küh|lung** f. *(-)* raffreddamento *m.* ad aria. **Luft|kur|ort** m. *(-[e]s,-e)* stazione *f.* climatica. **Luft|lan|de|trup|pe** f. *(-,-n)* reparto *m.* aviotrasportato. **Luft|lan|dung** f. *(-,-en)* aerosbarco *m.*, aviosbarco *m.* **luft|leer** agg. FIS. vuoto (anche FIG.): ***im -en Raum*** nel vuoto.

Lüft|lein n. *(-,-)* → **Lüftchen.**

Luft|li|nie f. *(-)* linea *f.* d'aria: ***eine Entfernung von 200 km ~*** una distanza di 200 km in linea d'aria.

Lüftl|ma|le|rei f. *(-,-en)* INTRAD. (pittura sulle facciate delle case e delle chiese bavaresi).

Luft|loch n. *(-s,-löcher)* **1** foro *m.* d'aerazione **2** COLLOQ. *(Luftfahrt)* vuoto *m.* d'aria: ***in ein ~ geraten*** entrare in un vuoto d'aria. **Luft-Luft-Ra|ke|te** f. *(-,-n)* missile *m.* aria-aria. **Luft|man|gel** m. *(-s)* mancanza *f.* d'aria. **Luft|ma|sche** f. *(-,-n)* catenella *f.* volante. **Luft|mas|se** f. *(-,-n)* METEOR. massa *f.* d'aria. **Luft|mat|rat|ze** f. *(-,-n)* materassino *m.* pneumatico (*o* gonfiabile). **Luft|mi|ne** f. *(-,-n)* mina *f.* aerea. **Luft|pi|rat** m. *(-en,-en)* pirata *m.* dell'aria. **Luft|pi|ra|te|rie** f. *(-,-n)* pirateria *f.* aerea. **Luft|pis|to|le** f. *(-,-n)* pistola *f.* ad aria compressa. **Luft|pols|ter** n. *(-s,-)* cuscino *m.* d'aria.

Luft|post f. *(-)* posta *f.* aerea: ***etw. per, mit ~ schicken*** spedire qcs. per (*o* con la) posta aerea. **Luft|post|brief** m. *(-[e]s,-e)* lettera *f.* per posta aerea, aerogramma *m.* **Luft|post|pa|pier** n. *(-s)* carta *f.* da lettera per posta aerea.

Luft|pum|pe f. *(-,-n)* pompa *f.* pneumatica. **Luft|qua|li|tät** f. *(-)* qualità *f.* dell'aria. **Luft|raum** m. *(-[e]s,-räume)* spazio *m.* aereo: ***den ~ verletzen*** violare lo spazio aereo. **Luft|recht** n. *(-[e]s)* diritto *m.* della (*o* che regola la) navigazione aerea. **Luft|rei|fen** m. *(-s,-)* pneumatico *m.* **Luft|rei|ni|gung** f. *(-)* depurazione *f.* dell'aria. **Luft|re|kla|me** f. *(-,-n)* → **Luftwerbung.**

Luft|röh|re f. *(-,-n)* trachea *f.* **Luft|röh|ren|äste** pl. bronchi *m.pl.* **Luft|röh|ren|ent|zün|dung** f. *(-,-en)* tracheite *f.* **Luft|röh|ren|schnitt** m. *(-[e]s,-e)* tracheotomia *f.*

Luft|sack m. *(-[e]s,-säcke)* **1** AUT. *(Airbag)* air-bag *m.* **2** IDR. sacca *f.* d'aria **3** ZOOL. sacco *m.* aereo. **Luft|säu|le** f. *(-,-n)* **1** METEOR. colonna *f.* d'aria **2** AUT. colonnina *f.* dell'aria compressa. **Luft|schacht** m. *(-[e]s,-schächte)* pozzo *m.* di ventilazione. **Luft|schau|kel** f. *(-,-n)* REGION. altalena *f.* **Luft|schicht** f. *(-,-en)* strato *m.* atmosferico. **Luft|schiff** n. *(-[e]s,-e)* dirigibile *m.*, aeronave *f.* **Luft|schiff|fahrt** f. *(-)* navigazione *f.* aerea con dirigibili. **Luft|schlacht** f. *(-,-en)* combattimento *m.* aereo. **Luft|schlan|ge** f. *(-,-n)* stella *f.* filante. **Luft|schleu|se** f. *(-,-n)* **1** camera *f.* di decompressione (*o* d'equilibrio) **2** MAR. cassa *f.* d'aria. **Luft|schloss** m. *(-es,-schlösser)* castello *m.* in aria: ***Luftschlösser bauen*** fare castelli in aria. **Luft|schrau|be** f. *(-,-n)* elica *f.* (aerea).

Luft|schutz m. *(-es)* difesa *f.* antiaerea. **Luft|schutz|bun|ker** m. *(-s,-)* rifugio *m.* antiaereo. **Luft|schutz|kel|ler** m. *(-s,-)* cantina *f.* (come rifugio antiaereo). **Luft|schutz|raum** m. *(-[e]s,-räume)* ricovero *m.* antiaereo.

Luft|sper|re f. *(-,-n)* MIL. sbarramento *m.* aereo. **Luft|sperr|ge|biet** n. *(-[e]s,-e)* zona *f.* di sbarramento aereo. **Luft|spie|ge|lung,** **Luft|spieg|lung** f. *(-,-en)* miraggio *m.* **Luft|sport** m. *(-[e]s)* RAR. sport *m.* di volo. **Luft|sprung** m. *(-[e]s,-sprünge)* salto *m.* in aria: ***(vor Freude) Luftsprünge machen*** fare salti di gioia. **Luft|stra|ße** f. *(-,-n)* aerovia *f.* **Luft|streit|kräf|te** pl., **Luft|streit|macht** f. *(-)* MIL. forze *f.pl.* aeree. **Luft|strom** m. *(-[e]s,-ströme)* corrente *f.* d'aria, risucchio *m.* **Luft|strö|mung** f. *(-,-en)* METEOR. corrente *f.* aerea. **Luft|stütz|punkt** m. *(-[e]s,-e)* MIL. base *f.* aerea. **Luft|tan|ken** n. *(-s)* rifornimento *m.* in volo. **Luft|ta|xe** f. *(-,-n)*, **Luft|ta|**

xi n. *(-s,-s)* aerotaxi *m.* **Luft|tem|pe|ra|tur** f. *(-,-en)* temperatura *f.* dell'aria, atmosferica. **Luft|tor|pe|do** m. *(-s,-s)* aerosiluro *m.*, siluro *m.* aereo. **luft|tüch|tig** agg. **1** *(von Luftfahrzeugen)* idoneo al volo **2** *(von Menschen)* pronto a volare.

Lüf|tung f. *(-,-en)* **1** aerazione *f.*, ventilazione *f.* **2** *(Lüftungsanlage)* impianto *m.* di ventilazione. **Lüf|tungs|klap|pe** f. *(-,-n)* presa *f.* d'aria.

Luft|ver|än|de|rung f. *(-)* cambiamento *m.* d'aria.

Luft|ver|kehr m. *(-s)* traffico *m.* aereo. **Luft|ver|kehrs|ge|sell|schaft** f. *(-,-en)* compagnia *f.* aerea. **Luft|ver|kehrs|li|nie** f. *(-,-n)* linea *f.* aerea, aerolinea *f.*

Luft|ver|schmut|zung f. *(-,-en)* inquinamento *m.* dell'aria, atmosferico. **Luft|ver|tei|di|gung** f. *(-)* difesa *f.* antiaerea. **Luft|ver|un|rei|ni|gung** f. *(-,-en)* → **Luftverschmutzung. Luft|waf|fe** f. *(-,-n)* aeronautica *f.* militare. **Luft|wech|sel** m. *(-s,-)* cambiamento *m.* d'aria. **Luft|weg** m. *(-[e]s,-e)* **1** via *f.* aerea: ***auf dem ~*** per via aerea **2** pl. ANAT. *(Atemwege)* vie *f.pl.* respiratorie. **Luft|wer|bung** f. *(-,-en)* pubblicità *f.* aerea, aereal advertising *m.* **Luft|wi|der|stand** m. *(-[e]s)* FIS. resistenza *f.* dell'aria. **Luft|wir|bel** m. *(-s,-)* vortice *m.* d'aria. **Luft|wur|zel** f. *(-,-n)* BOT. radice *f.* aerea. **Luft|zie|gel** m. *(-s,-)* mattone *m.* seccato all'aria. **Luft|zu|fuhr** f. *(-)* afflusso *m.* d'aria. **Luft|zug** m. *(-[e]s)* corrente *f.* d'aria, aria *f.*; *(in Öfen)* tiraggio *m.*

Lug, *~ und Trug* menzogne e inganni.

Lu|ga|ner I m. *(-s,-)* luganese *m.* **II** agg. inv. luganese, di Lugano. **Lu|ga|ne|se** m. *(-n,-n)* luganese *m.* **lu|ga|ne|sisch** agg. luganese, di Lugano.

Lug|aus m. *(-,-)* REGION. belvedere *m.*

Lü|ge f. *(-,-n)* bugia *f.*, menzogna *f.*: ***eine grobe, faustdicke ~*** una bugia grossolana, grossa come una casa; ***jdn bei einer ~ ertappen, erwischen*** sorprendere qcn. mentre racconta una bugia; ***jdn der ~ bezichtigen*** accusare qcn. di dire una bugia ◆ ***eine fromme ~*** una bugia pietosa; ***die ~ steht dir auf der Stirn geschrieben*** ti si legge in faccia che racconti frottole; ***jdn, etw. -n strafen*** smentire qcn., qcs.; COLLOQ. sbugiardare qcn.; ***sich in -n verstricken*** impelagarsi in un mare di bugie; PROV. ***-n haben kurze Beine*** le bugie hanno le gambe corte.

lu|gen intr. (aus. *haben*) **1a** *(begierig sehen)* occhieggiare: ***nach jdm ~*** occhieggiare qcn. **b** sbirciare: ***durch die Gardine ~*** sbirciare dalla tenda **2** *(hervorgucken)* occhieggiare, fare capolino: ***aus dem Gras, aus den Wolken ~*** far capolino tra l'erba, tra le nuvole.

lü|gen intr. *(log, gelogen;* aus. *haben)* mentire, COLLOQ. dire (*o* raccontare) bugie, dire una bugia: ***er lügt unentwegt*** dice sempre le bugie; ***ich müsste ~, wenn ich sagte, dass...*** mentirei, se dicessi che... ◆ ***~, dass sich die Balken biegen, das Blaue vom Himmel herunter ~*** essere un grande bugiardo; COLLOQ. ***~ wie gedruckt*** mentire spudoratamente (come la carta stampata); COLLOQ. ***das ist gelogen!*** è una bugia! ***ich will gern gelogen haben*** magari non fosse vero; PROV. ***wer einmal lügt, dem glaubt man nicht, und wenn er auch die Wahrheit spricht*** chi grida al lupo al lupo non è mai creduto; ***wer lügt, der stiehlt*** chi è bugiardo è ladro. **Lü|gen|bold** m. *(-[e]s,-e)* SPREG. bugiardo *m.* matricolato. **Lü|gen|de|tek|tor** m. *(-s,-en)* macchina *f.* della verità. **Lü|gen|dich|tung** f. *(-)* narrativa *f.* fantastica. **Lü|gen|feld|zug** m. *(-[e]s,-züge)* campagna *f.* diffamatoria. **Lü|gen|ge|bäu|de** n. *(-s,-)* castello *m.* di menzogne. **Lü|gen|ge|schich|te** f. *(-,-n)* frottola *f.*, fandonia *f.* **Lü|gen|ge|spinst** n. *(-[e]s,-e)*, **Lü|gen|ge|we|be** n. *(-s,-)* tessuto *m.* di menzogne. **lü|gen|haft** agg. bugiardo, menzognero, LETT. mendace. **Lü|gen|haf|tig|keit** f. *(-)* **1** *(Unwahrheit)* falsità *f.*, LETT. mendacità *f.* **2** *(lügenhafte Neigung)* bugiardaggine *f.* **Lü|gen|kam|pag|ne** f. *(-,-n)* campagna *f.* diffamatoria. **Lü|gen|maul** n. *(-[e]s,-mäuler)* COLLOQ. SPREG. contaballe *m.* **Lü|gen|pe|ter** m. *(-s,-)* COLLOQ. bugiardone *m.* **Lü|ge|rei** f. *(-,-en)* SPREG. **1** il dire bugie **2** *(Lüge)* bugia *f.*

Lug|ins|land m. *(-[e]s,-e)* ANT. **1** *(Wachturm)* torre *f.* di guardia **2** *(Aussichtsturm)* belvedere *m.*

Lüg|ner m. *(-s,-)* bugiardo *m.*, mentitore *m.* **Lüg|ne|rin** f. *(-,-nen)* bugiarda *f.*, mentitrice *f.* **lüg|ne|risch** agg. bugiardo, menzognero: ***-e Reden*** discorsi menzogneri (*o* falsi); ***ein -er Mensch*** una persona bugiarda.

Lu|i|ker m. *(-s,-)* luetico *m.* **lu|isch** agg. luetico.

Lu|is|chen n.pr.f. Luisella *f.* **Lu|i|se** n.pr.f. Luisa *f.*

Luk n. *(-[e]s,-e)* boccaporto *m.*

Lu|kas I n.pr.m. Luca *m.* **II** m. *(-,-)* misuratore *m.* di forza (nei luna park). **Lu|kas|evan|ge|li|um** n. *(-s)* vangelo *m.* di (*o* secondo) Luca.

Lu|ke f. *(-,-n)* **1** *(Dachluke)* lucernario *m.* **2** *(Schiffsöffnung)* boccaporto *m.*

luk|ra|tiv agg. lucroso, lucrativo: ***eine -e Tätigkeit*** un'attività lucrativa; ***ein -er Beruf*** una professione lucrosa.

Luk|re|tia → **Lukrezia. Luk|rez** n.pr.m. Lucrezio *m.* **Luk|re|zia** n.pr.f. Lucrezia *f.*

lu|kul|lisch I agg. luculliano: ***ein -es Mahl*** un pranzo luculliano **II** avv. in modo luculliano. **Lu|kul|lus I** n.pr.m. Lucullo *m.* **II** m. *(-,-se)* SCHERZ. crapulone *m.*

Lu|latsch m. *(-[e]s,-e)* COLLOQ. spilungone *m.*: ***ein langer ~*** uno spilungone.

Lul|le f. *(-,-n)* COLLOQ. *(Zigarette)* cicca *f.* **lul|len** tr. **1** ninnare: ***ein Kind in den Schlaf ~*** ninnare un bambino **2** REGION. *(saugen)* succhiare. **Lul|ler** m. *(-s,-)* REGION. succhiotto *m.*, ciuccio *m.*

Lum|ba|go f. *(-)* lombaggine *f.* **lum|bal** agg. lombare. **Lum|bal|gie** f. *(-,-n)* lombalgia *f.* **Lum|bal|punk|ti|on** f. *(-,-en)* puntura *f.* lombare.

Lu|men n. *(-s,-* e *Lumina)* **1** FIS. lumen *m.* **2** ANAT. lume *m.* **3** ANT. *(Könner)* luminare *m.*

Lu|mi|nes|zenz f. *(-,-en)* luminescenza *f.* **Lu|mi|nes|zenz|stoff** m. *(-[e]s,-e)* materia *f.* luminescente. **lu|mi|nes|zie|ren** intr. (aus. *haben*) essere luminescente.

lu|mi|nös agg. ANT. **1** *(lichtvoll)* luminoso; *(leuchtend)* lucente, splendente **2** FIG. *(vortrefflich)* brillante.

Lum|me f. *(-,-n)* uria *f.*

Lüm|mel m. *(-s,-)* **1** SPREG. zoticone *m.*, villano *m.* **2** COLLOQ. *(Kerl)* tipo *m.* **Lüm|me|lei** f. *(-,-en)* SPREG. villania *f.* **lüm|mel|haft** agg. SPREG. zotico, villano. **lüm|meln** rifl. **sich ~** COLLOQ. SPREG. stravaccarsi: ***sich auf die, der Couch ~*** stravaccarsi sul divano.

Lump m. *(-en,-en)* COLLOQ. SPREG. mascalzone *m.*, villano *m.* ◆ ***kleiner ~*** bricconcello. **Lum|pa|zi|us** m. *(-,-se)* SCHERZ. ANT. vagabondo *m.*; *(Gauner)* imbroglione *m.*, mascalzone *m.* **lum|pen** intr. (aus. *haben*) COLLOQ. **1** fare una vita da imbroglione, da mascalzone **2** *(mit viel Alkohol feiern)* sbevazzare ◆ ***sich nicht ~ lassen*** non farsi prendere per uno straccione, fare il grandioso. **Lum|pen** m. *(-s,-)* **1** straccio *m.* **2** REGION. *(Putzlappen)* straccio *m.*, strofinaccio *m.* ◆ FIG. ***in ~ gehen, herumlaufen*** andare in giro stracciato, COLLOQ. con quattro stracci (addosso); COLLOQ. ***jdn aus den ~ schütteln*** fare una lavata di capo a qcn. **Lum|pen|ban|de** f. *(-,-n)* COLLOQ. banda *f.* di pezzenti. **Lum|pen|geld** n. *(-[e]s,-er)* COLLOQ. prezzo *m.* stracciato. **Lum|pen|ge|sin|del** n. *(-s)* SPREG. gentaglia *f.*, marmaglia *f.* **Lum|pen|händ|ler** m. *(-s,-)* straccivendolo *m.* **Lum|pen|hund** m. *(-[e]s,-e)*, **Lum|pen|kerl** m. *(-[e]s,-e)* → **Lump. Lum|pen|pack** n. *(-[e]s)* SPREG. → **Lumpengesindel. Lum|pen|pa|pier** n. *(-s,-e)* carta *f.* di stracci. **Lum|pen|pro|le|ta|ri|at** n. *(-[e]s)* sottoproletariato *m.* **Lum|pen|pro|le|ta|ri|er** m. *(-s,-)* sottoproletario *m.* **Lum|pen|rei|ßer** m. *(-s,-)* sfilacciatrice *f.* per stracci. **Lum|pen|sack** m. *(-[e]s,-säcke)* sacco *m.* di, degli stracci. **Lum|pen|samm|ler** m. *(-s,-)* **1** straccivendolo *m.* **2** SCHERZ. *(letzte Nachtfahrt)* ultimo autobus *m.* (*o* tram *m.*, metrò *m.*).

Lum|pe|rei f. *(-,-en)* **1** SPREG. mascalzonata *f.* **2** COLLOQ. *(Kleinigkeit)* stupidaggine *f.*, sciocchezza *f.*, cosa *f.* da nulla.

lum|pig agg. **1** SPREG. *(niederträchtig)* basso, meschino **2a** COLLOQ. SPREG. *(gering)* misero: ***ein -er Lohn*** un salario misero, da fame **b** RAR. *(armselig)* povero, misero **3** RAR. *(zerlumpt)* stracciato. **Lum|pig|keit** f. *(-)* RAR. meschinità *f.*, bassezza *f.*

Lu|na f. *(-s)* LETT. luna *f.* **Lu|na|park** m. *(-s,-s)* ANT. o REGION. lunapark *m.* **lu|nar** agg. lunare. **lu|na|tisch** agg. sonnambulo. **Lu|na|ti|ker** m. *(-s,-)* sonnambulo *m.* **Lu|na|ti|on** f. *(-,-en)* lunazione *f.* **Lu|na|tis|mus** m. *(-)* RAR. sonnambulismo *m.*

Lunch ['lanʃ, 'lantʃ] m. *(-[e]s,-[e]s)* lunch *m.*, pranzo *m.* **lun|chen** ['lanʃn, 'lantʃn] intr. (aus. *haben*) pranzare. **Lunch|pa|ket** n. *(-[e]s,-e)* cestino *m.* da viaggio.

Lü|net|te f. *(-,-n)* ARCH. TECN. lunetta *f.*

Lun|ge f. *(-,-n)* polmone *m.*: ***eine gute, gesunde ~ haben*** avere buoni polmoni, polmoni sani; ***die ~ röntgen*** fare una radiografia ai polmoni ◆ MED. ***eiserne ~*** polmone d'acciaio; FIG. ***grüne ~*** polmone verde; COLLOQ. ***es auf, mit der ~ haben*** essere malato ai polmoni; ***auf ~ rauchen*** fumare respirando il fumo; SCHERZ. ***schone deine ~!*** risparmia il fiato! COLLOQ. ***sich die ~ aus dem Hals, Leib schreien*** sgolarsi; ***aus voller ~ schreien, singen*** urlare, cantare a pieni polmoni (*o* a squarciagola). **Lun|gen|at|mer** m. *(-s,-)* animale *m.* con respirazione polmonare. **Lun|gen|at|mung** f. *(-)* respirazione *f.* polmonare. **Lun|gen|bläs|chen** n. *(-s,-)* alveolo *m.* polmonare. **Lun|gen|blu|tung** f. *(-,-en)* emottisi *f.* **Lun|gen|bra|ten** m. *(-s,-)* AUSTR. arrosto *m.* di lombo (*o* lombata). **Lun|gen|em|bo|lie** f. *(-,-n)* embolia *f.* polmonare. **Lun|gen|ent|zün|dung** f. *(-,-en)* polmonite *f.* **Lun|gen|fisch** m. *(-[e]s,-e)* dipnoo *m.* **Lun|gen|flü|gel** m. *(-s,-)* lobo *m.* del polmone (*o* polmonare). **Lun|gen|heil|stät|te** f. *(-,-n)* sanatorio *m.*, tubercolosario *m.*

Lun|gen|in|farkt m. *(-[e]s,-e)* infarto *m.* polmonare. **lun|gen|krank** agg. **1** affetto da malattia polmonare **2** *(an Tuberkulose leidend)* tubercoloso, tubercolotico. **Lun|gen|krank|heit** f. *(-,-en)* malattia *f.* polmonare. **Lun|gen|krebs** m. *(-es,-e)* cancro *m.* ai, dei polmoni. **lun|gen|lei|dend** agg. malato ai polmoni, affetto da malattia polmonare. **Lun|gen|ödem** n. *(-s,-e)* edema *m.* polmonare. **Lun|gen|schwind|sucht** f. *(-)* tisi *f.* (polmonare). **Lun|gen|spit|ze** f. *(-,-n)* apice *m.* polmonare, del polmone. **Lun|gen|spit|zen|ka|tarr(h)** m. *(-[e]s,-e)* apicite *f.* **Lun|gen-Tbc** f. *(-)* tbc *f.*, TBC *f.* **Lun|gen|tu|ber|ku|lo|se** f. *(-,-n)* tubercolosi *f.* polmonare. **Lun|gen|tu|mor** m. *(-s,-e[n])* tumore *m.* ai, dei polmoni. **Lun|gen|zug** m. *(-[e]s,-züge)* tiro *m.* (con aspirazione del fumo).

Lun|ge|rer m. *(-s,-)* RAR. fannullone *m.*, bighellone *m.* **lun|gern** intr. (aus. *haben*) RAR. oziare, bighellonare.

Lun|ker m. *(-s,-)* TECN. cavità *f.* da ritiro, da risucchio.

Lün|se f. *(-,-n)* acciarino *m.* (della ruota).

Lun|te f. *(-,-n)* ANT. *(Zündschnur)* miccia *f.* ◆ FIG. ***die ~ ans Pulverfass legen*** fare esplodere la situazione; COLLOQ. ***~ riechen*** = accorgersi del pericolo.

Lu|nu|la f. *(-, Lunulae* e *Lunulen)* **1** lunula *f.* (anche ANAT.) **2** LIT. *(Hostienbehälter)* lunetta *f.*

Lu|pe f. *(-,-n)* lente *f.* (d'ingrandimento): ***etw. nur mit, unter der ~ lesen können*** riuscire a leggere qcs. solo con la lente ◆ COLLOQ. ***jdn, etw. (scharf) unter die ~ nehmen*** osservare, esaminare attentamente qcn., qcs.; COLLOQ. ***jdn, etw. mit der ~ suchen können*** cercare qcn., qcs. con il lanternino. **lu|pen|rein** agg. **1** *(von Diamanten)* purissimo **2** FIG. *(einwandfrei, vorbildlich)* perfetto, ineccepibile: ***eine -e Fälschung*** una falsificazione perfetta.

Lupf m. *(-[e]s,-e)* SVIZZ. **1** sollevamento *m.* **2** *(Last)* peso *m.*, carico *m.* **lup|fen** REGION. → **lüpfen.**

lüp|fen tr. sollevare, alzare (leggermente).

Lu|pi|ne f. *(-,-n)* lupino *m.* **Lu|pi|nen|krank|heit** f. *(-)*, **Lu|pi|no|se** f. *(-)* lupinosi *f.*

Lup|pe f. *(-,-n)* massello *m.* (*o* lingotto *m.*) di ferro.

Lu|pu|lin n. *(-s)* luppolina *f.*

Lurch m. *(-[e]s,-e)* anfibio *m.*

Lu|re f. *(-,-n)* lur *m.*

Lu|sche f. *(-,-n)* **1a** COLLOQ. *(Spielkarte ohne Zählwert)* scartina *f.* **b** COLLOQ. *(Niete)* schiappa *f.*, mezzacartuccia *f.* **2a** REGION. *(schlampige Person)* sciattone *m.* **b** *(liederliche Person)* scioperato *m.* **lu|schig** agg. REGION. **1** *(liederlich)* scioperato **2** *(schlampig)* sciatto, disordinato **3** *(flüchtig)* malfatto, sciatto.

Lust f. *(-, Lüste)* **1a** voglia *f.*: ***keine ~ haben (verspüren), etw. zu tun*** non avere voglia di fare qcs.; ***~ auf Kaffee haben*** avere voglia di caffè; ***solange, wie du ~ hast*** finché hai voglia (*o* finché vuoi), come vuoi; ***ich bekomme, mir vergeht die ~*** mi viene, mi passa la voglia **b** *(Verlangen)* voglia *f.*, desiderio *m.*: ***seine Lüste befriedigen*** soddisfare i propri desideri **2a** *(Vergnügen)* piacere *m.*: ***an etw. (D) (seine) ~ haben, finden, gewinnen*** provare piacere (*o* gusto) in qcs.; ***die ~ an der Arbeit verlieren*** perdere gusto al lavoro; ***ihm zuzusehen ist eine wahre ~*** è un vero piacere osservarlo; ***es ist eine ~ zu leben*** è un piacere da provare **b** *(Wollust)* piacere *m.* (sessuale, del sesso): ***sich seiner ~ hingeben*** darsi ai piaceri del sesso; ***ein Sklave seiner Lüste*** uno schiavo delle proprie passioni ◆ ***nach ~ und Laune*** a piacere; ***in ~ und Leid*** nelle gioie e nei dolori; ***aus, mit ~ und Liebe*** per, con dedizione: ***mit ~ und Liebe bei etw. sein*** occuparsi di qcs. con entusiasmo, dedicarsi con passione a qcs.; ***jdm ~ zu etw. machen*** invogliare qcn. a qcs., fare venir voglia di qcs. a qcn. **Lust|bar|keit** f. *(-,-en)* ANT. (pubblico) divertimento *m.* **lust|be|tont** agg. edonistico.

Lüst|chen n. *(-s,-)* piccola voglia *f.*, piccolo piacere *m.*

Lust|emp|fin|den n. *(-s)* il provare piacere.

Lus|ter AUSTR. → **Lüster. Lüs|ter** m. *(-s,-)* **1** ANT. *(Kronleuchter)* lampadario *m.* **2** *(Glanz-überzug)* smalto *m.* **3** TESS. alpaca *m.* **Lüs|ter|klem|me** f. *(-,-n)* EL. morsetto *m.* (isolante).

lüs|tern I agg. **1** *(begierig)* avido: ***auf etw. (A), nach etw. ~ sein*** essere avido di qcs. **2** *(geil)* lascivo, libidinoso **II** avv. **1** *(begierig)* avidamente, con avidità **2** in modo lascivo, libidinoso: ***jdn ~ anblicken*** guardare qcn. in modo lascivo. **Lüs|tern|heit** f. *(-,-en)* **1** *(Begier)* avidità *f.* **2** *(Geilheit)* lascivia *f.*

Lust|fahrt f. *(-,-en)* ANT. viaggio *m.*, gita *f.* di piacere. **lust|feind|lich** agg. nemico del, avverso al piacere. **Lust|feind|lich|keit** f. *(-)* avversione *f.* per il piacere. **Lust|gar|ten** m. *(-s,-gärten)* ANT. giardino *m.* **Lust|ge|fühl** n. *(-[e]s,-e)* sensazione *f.*, senso *m.* di piacere; *(Wollust)* piacere *m.*, godimento *m.* **Lust|ge|winn** m. *(-[e]s)* raggiungimento *m.* del piacere. **Lust|greis** m. *(-es,-e)* COLLOQ. SPREG. vecchio satiro *m.* **Lust|haus** n. *(-es,-häuser)* ANT. padiglione *m.* (di giardino).

lus|tig I agg. **1** *(fröhlich)* allegro: ***-e Leute, Gesichter*** persone, facce allegre; ***eine -e Gesellschaft*** un'allegra compagnia **2** *(spaßhaft)* divertente, spassoso: ***eine -e Geschichte*** una storia divertente **3** *(bunt)* vivace, variopinto: ***-e Farben*** colori vivaci **II** avv. **1** allegramente: ***~ lachen, spielen*** ridere, giocare allegramente; FIG. ***das Feuer brennt ~*** il fuoco arde allegramente **2** *(spaßhaft)* in modo divertente, spassoso **3** *(unbekümmert)* allegramente, senza (farsi) problemi **4a** *(munter)* vivacemente **b** di buona lena: ***eine Arbeit ~ beginnen*** iniziare un lavoro di buona lena ◆ ***ein -er Bruder*** un allegro compagnone; ***da geht's ~ her*** c'è molta allegria qui; ***sich über jdn ~ machen*** prendere in giro qcn.; prendersi gioco di qcn.; TEATR. ***die -e Person*** il buffone; COLLOQ. IRON. ***das kann ja ~ werden!*** ci sarà da divertirsi! ***wie du ~ bist*** come vuoi. **Lus|tig|keit** f. *(-)* **1** allegria *f.* **2** *(Munterkeit)* vivacità *f.*

Lust|kna|be m. *(-n,-n)* cinedo *m.*, amasio *m.*

Lüst|ling m. *(-s,-e)* ANT. SPREG. dissoluto *m.*, libertino *m.*

lust|los I agg. **1** svogliato, indolente: ***ein -er Schüler*** uno scolaro svogliato **2** ECON. *(ohne Kauffreudigkeit)* fiacco: ***-er Markt*** mercato fiacco **II** avv. **1** svogliatamente: ***~ arbeiten*** lavorare svogliatamente **2** ECON. fiaccamente. **Lust|lo|sig|keit** f. *(-)* **1** svogliatezza *f.*, indolenza *f.* **2** ECON. fiacchezza *f.* **Lust|molch** m. *(-[e]s,-e)* SCHERZ. maniaco *m.* **Lust|mord** m. *(-[e]s,-e)* delitto *m.* (a sfondo) sessuale. **Lust|mör|der** m. *(-s,-)* autore *m.* di un delitto (a sfondo) sessuale. **Lust|ob|jekt** n. *(-[e]s,-e)* oggetto *m.* di piacere. **Lust|prin|zip** n. *(-s)* PSIC. principio *m.* di piacere.

lust|rie|ren tr. RELIG. purificare, LETT. lustrare.

Lust|rum n. *(-s, Lustren* e *Lustra)* STOR. RELIG. lustro *m.*

Lust|schloss n. *(-es,-schlösser)* residenza *f.* di campagna, estiva. **Lust|spiel** n. *(-[e]s,-e)* commedia *f.* **Lust|spiel|dich|ter** m. *(-s,-)* commediografo *m.* **lust|voll I** agg. gioioso, contento **II** avv. di gusto: ***~ essen*** mangiare di gusto. **lust|wan|deln** intr. (aus. *haben, sein*) ANT. andare a passeggio. **Lust|wie|se** f. *(-,-n)* SCHERZ. letto *m.* da battaglia, da grandi manovre.

Lu|te|in n. *(-s)* luteina *f.*, xantofilla *f.*

Lu|te|ti|um n. *(-s)* lutazio *m.*

Lu|ther n.pr.m. STOR. Lutero *m.* **Lu|the|ra|ner** m. *(-s,-)* luterano *m.* **Lu|ther|bi|bel** f. *(-)* bibbia *f.* di Lutero, luterana. **lu|ther|feind|lich** agg. antiluterano. **lu|the|risch** agg. luterano. **Lu|ther|rock** m. *(-[e]s,-röcke)* RELIG. abito *m.* da pastore. **Lu|ther|ro|se** f. *(-,-n)* ARALD. rosa *f.* luterana (*o* di Lutero). **Lu|ther|tum** n. *(-s)* luteranesimo *m.*

lut|schen I tr. succhiare, (fare) sciogliere in bocca: ***ein Bonbon ~*** succhiare una caramella **II** intr. (aus. *haben*) ***an etw. (D) ~*** succhiare qcs.: ***am Daumen ~*** succhiare (*o* succhiarsi) il pollice. **Lut|scher** m. *(-s,-)* **1** *(Bonbon)* lecca-lecca *m.* **2** COLLOQ. *(Schnuller)* succhiotto *m.*, ciuccio *m.* **Lutsch|fleck** m. *(-[e]s,-e)* COLLOQ. succhiotto *m.*

lütt agg. REGION. piccolo, piccino.

Lut|te f. *(-,-n)* MIN. condotta *f.* di ventilazione.

Lut|ter m. *(-s,-)* flemma *f.*

Lüt|tich n.pr.n. *(-s)* Liegi *f.*

Luv f. *(-)* e n. *(-s)* **1** MAR. orza *f.*, lato *m.* sopravvento **2** GEOGR. lato *m.* sopravvento. **lu|ven** intr. (aus. *haben*) orzare, andare all'orza. **Luv|sei|te** f. *(-,-n)* lato *m.* sopravvento. **luv|wärts** avv. a, all'orza, sopravvento.

Lux n. *(-,-)* lux *m.*

Lu|xa|ti|on f. *(-,-en)* lussazione *f.*

Lu|xem|burg n.pr.n. *(-s)* **1** Lussemburgo *m.* **2** *(Stadt)* Lussemburgo *f.* **Lu|xem|bur|ger I** m. *(-s,-)* lussemburghese *m.* **II** agg.inv. del, di Lussemburgo. **lu|xem|bur|gisch** agg. lussemburghese.

lu|xie|ren tr. lussare.

Lux|me|ter n. *(-s,-)* luxmetro *m.*

lu|xu|rie|ren intr. (aus. *haben*) **1** FIG. lussureggiare, svilupparsi rigogliosamente **2** BIOL. essere più vigorosi, resistenti e produttivi in seguito a eterosi **3** ANT. *(schwelgen)* vivere nel lusso. **lu|xu|ri|ös I** agg. lussuoso, di lusso: ***ein -er Wagen*** un'automobile di lusso; *(prunkvoll)* sfarzoso, sontuoso **II** avv. lussuosamente. **Lu|xus** m. *(-)* lusso *m.*; *(Prunk)* sfarzo *m.*, pompa *f.*: ***im ~ leben*** vivere nel lusso; ***diesen ~ können wir uns nicht leisten*** questo lusso non possiamo permettercelo ◆ ***großen ~ mit etw. treiben*** sfoggiare qcs., spendere eccessivamente per qcs.; ***ein reiner ~*** un lusso superfluo. **Lu|xus|ar|ti|kel** m. *(-s,-)* articolo *m.* di lusso. **Lu|xus|aus|ga|be** f. *(-,-en)* edizione *f.* di lusso. **Lu|xus|ge|gen|stand** m. *(-[e]s,-stände)* oggetto *m.* di lusso. **Lu|xus|ge|schöpf** n. *(-[e]s,-e)* SPREG. = donna *f.* abituata al lusso. **Lu|xus|gut** n. *(-[e]s,-güter)* bene *m.* di lusso. **Lu|xus|ho|tel** n. *(-s,-)* hotel *m.* (*o* albergo *m.*) di lusso. **Lu|xus|steu|er** f. *(-,-n)* tassa *f.* sui generi, sugli articoli di lusso. **Lu|xus|wa|gen** m. *(-s,-)* automobile *f.* di lusso. **Lu|xus|woh|**

nung f. *(-,-en)* appartamento *m.* di lusso.
Lu|zern n.pr.n. *(-s)* Lucerna *f.*
Lu|zer|ne f. *(-,-n)* erba *f.* medica.
Lu|zer|ner I m. *(-s,-)* abitante *m.* di Lucerna **II** agg.inv. di Lucerna. **lu|zer|nisch** agg. di Lucerna.
lu|zid agg. **1** ANT. *(hell)* chiaro **2** *(durchsichtig)* trasparente **3** FIG. *(klar, verständlich)* chiaro, comprensibile. **Lu|zi|di|tät** f. *(-)* ANT. **1** chiarezza *f.* (anche FIG.) **2** *(Durchsichtigkeit)* trasparenza *f.*
Lu|zi|fer n.pr.m. Lucifero *m.* **Lu|zi|fe|rin** n. *(-s)* luciferina *f.* **lu|zi|fe|risch** agg. luciferino.
Ly|der → **Lydier. Ly|dia** n.pr.f. Lidia *f.* **Ly|di|en** n.pr.n. *(-s)* Lidia *f.* **Ly|di|er** m. *(-s,-)* lidio *m.*, abitante *m.* della Lidia. **ly|disch** agg. lidio, della Lidia.
Ly|dit m. *(-[e]s,-e)* lidite *f.*
Ly|ki|en n.pr.n. *(-s)* Licia *f.* **Ly|ki|er** m. *(-s,-)* licio *m.*, abitante *m.* della Licia. **ly|kisch** agg. licio, della Licia.
Ly|ko|po|di|um n. *(-s)* licopodio *m.*
Ly|kurg n.pr.m. Licurgo *m.* **ly|kur|gisch** agg. di Licurgo.
lym|pha|tisch agg. linfatico. **Lymph|bahn** f. *(-,-en)* vaso *m.* linfatico. **Lymph|drü|se** f. *(-,-n)* ghiandola *f.* linfatica, linfoghiandola *f.* **Lym|phe** f. *(-,-n)* **1** FISIOL. linfa *f.* **2** MED. linfa *f.* vaccinica. **Lymph|ge|fäß** n. *(-es,-e)* vaso *m.* linfatico. **Lymph|kno|ten** m. *(-s,-)* ganglio *m.* linfatico, linfonodo *m.* **lym|pho|gen** agg. linfogeno. **Lym|pho|gra|phie** f. *(-,-n)* linfografia *f.* **Lym|pho|zyt** m. *(-en,-en)* linfocito *m.* **Lym|pho|zy|to|se** f. *(-,-n)* linfocitosi *f.*
lyn|chen tr. ['lɪnçn] linciare. **Lynch|jus|tiz** f. *(-)* linciaggio *m.* ◆ ***an jdm ~ üben*** linciare qcn. **Lynch|mord** m. *(-[e]s,-e)* linciaggio *m.*
Ly|on n.pr.n. *(-s)* Lione *f.*
1.Ly|o|ner I m. *(-s,-)* lionese *m.* **II** agg.inv. lionese, di Lione.
2.Ly|o|ner f. *(-,-)* INTRAD. (tipo di salsiccia).
ly|o|ne|sisch agg. lionese.
Ly|ra f. *(-, Lyren)* lira *f.* **Ly|rik** f. *(-)* lirica *f.* **Ly|ri|ker** m. *(-s,-)* (poeta *m.*) lirico *m.* **Ly|ri|ke|rin** f. *(-,-nen)* poetessa *f.* lirica. **ly|risch** agg. **1** lirico **2** FIG. *(gefühlvoll)* sentimentale. **Ly|ris|mus** m. *(-, Lyrismen)* lirismo *m.*, liricità *f.*
Ly|sin n. *(-s,-e)* lisina *f.*
Ly|sis f. *(-, Lysen)* **1** MED. BIOL. lisi *f.* **2** PSIC. dissociazione *f.*
Ly|so|form n. *(-s)* lisoformio *m.*
Ly|sol® n. *(-s)* lisolo *m.*
ly|ze|al agg. ANT. liceale. **Ly|ze|um** n. *(-, Lyzeen)* **1** ANT. *(für Mädchen)* liceo *m.* (femminile) **2** SVIZZ. *(Oberstufe des Gymnasiums)* liceo *m.*
Lz. ⇒ *Lizenz* licenza.

M

m, M n. *(-,-)* m, M, emme *f.* e *m.*: ***ein großes M, ein kleines m*** una M maiuscola, una m minuscola.
m ⇒ **1** *Meter* metro (m) **2** *Minute* minuto (min.).
M ⇒ *Mark* marco (M).
ma. ⇒ *mittelalterlich* medievale.
MA. ⇒ *Mittelalter* medioevo (M.E.).
Mä|an|der m. *(-s,-)* ARCH. GEOGR. meandro *m.* **Mä|an|der|band** n. *(-[e]s,-bänder)* ARCH. meandro *m.* **mä|an|dern, mä|and|rie|ren** **I** intr. (aus. *haben*) formare meandri, serpeggiare **II** tr. ornare con meandri.
Maar n. *(-[e]s,-e)* = lago *m.* craterico.
Maas n.pr.f. *(-)* Mosa *f.*
Maat m. *(-[e]s,-e[n])* MAR. **1** nostromo *m.* **2** *(Unteroffizier)* sergente *m.* **Mac|chia** ['makia], **Mac|chie** ['makiə] f. *(-, Macchien)* GEOGR. macchia *f.* (mediterranea).
Ma|chan|del m. *(-s,-)* REGION. **1** ginepro *m.* **2** *(Schnaps)* grappa *f.* di ginepro. **Ma|chan|del|baum** m. *(-[e]s,-bäume)* REGION. (albero *m.* di) ginepro *m.*
Mach|art f. *(-,-en)* fattura *f.*; *(Schnitt)* taglio *m.*, foggia *f.*
mach|bar agg. fattibile, attuabile. **Mach|bar|keit** f. *(-)* fattibilità *f.*, attuabilità *f.*
Ma|che f. *(-)* **1** messinscena *f.*, commedia *f.*, finzione *f.* **2** GERG. *(Form)* forma *f.* ◆ ***etw. in der ~ haben*** stare lavorando a qcs., preparare qcs.; ***jdn in der ~ haben, in die ~ nehmen*** pressare, lavorarsi qcn.; *(jdn verprügeln)* pestare qcn.; ***etw. in die ~ nehmen*** cominciare a lavorare a qcs.
ma|chen **I** tr. **1a** fare: ***was machst du denn hier?*** cosa fai qui? ***das macht man nicht!*** questo non si fa! ***etw. gut, schlecht ~*** fare bene, male qcs.; ***eine Arbeit, eine Blutuntersuchung, die Hausaufgaben ~*** fare un lavoro, un esame del sangue, i compiti; ***Ausflüge, Besuche, Spaziergänge ~*** fare gite, visite, passeggiate; ***Beobachtungen, Erfahrungen, Fortschritte, Versuche ~*** fare osservazioni, esperienze, progressi, tentativi; ***jdm Komplimente, Konzessionen, Versprechungen, Vorwürfe ~*** fare complimenti, concessioni, promesse, rimproveri a qcn. **b** *(herstellen, anfertigen)* fare, produrre: ***die Firma macht Schuhe, Wein*** la ditta produce scarpe, vino; ***etw. aus Holz, Leder ~*** fare qcs. in legno, pelle; ***sich (D) einen Anzug ~ lassen*** farsi fare un vestito **c** *(schreiben)* scrivere, fare: ***ein Buch, einen Aufsatz ~*** scrivere un libro, fare un tema; ***die Musik zu einem Film ~*** scrivere le musiche per un film **d** *(aufführen)* fare, interpretare: ***den Wallenstein ~*** fare il Wallenstein **e** *(eine Aufgabe übernehmen)* fare: ***wer macht den Dolmetscher?*** chi fa l'interprete? **2** *(mit Infinitiv)* ***jdn lachen, weinen ~*** far ridere, piangere qcn.; ***von sich reden ~*** far parlare di sé; ***jdn etw. glauben ~*** far credere qcs. a qcn. **3** *(vorbereiten)* preparare, fare: ***eine Tasse Kaffee, das Mittagessen ~*** fare un caffè, preparare il pranzo; ***Essen ~*** fare da mangiare **4** *(Abitur, Prüfung...)* dare **5a** *(verursachen, bereiten)* dare, procurare, causare: ***jdm Arbeit, Sorgen, Hoffnungen ~*** dare lavoro, dispiaceri, delle speranze a qcn.; *(Angst, Mut, Vergnügen)* fare **b** ***Appetit, Durst, Hunger ~*** far venire (*o* mettere) appetito, sete, fame **c** *(abhängen)* dipendere da, essere colpa di: ***er hat Kopfschmerzen: das macht das Wetter*** ha mal di testa: è colpa del tempo **6** *(in einen bestimmten Zustand bringen)* rendere: ***jdn unsicher ~*** rendere insicuro qcn.; ***etw. unbrauchbar ~*** rendere inservibile qcs.; ***jdm etwas schwer ~*** rendere difficile qcs. a qcn.; *(oft mit Verben übersetzt)* ***jdn eifersüchtig, stolz ~*** rendere geloso, orgoglioso (*o* ingelosire, inorgoglire) qcn.; ***etw. besser, schlimmer ~*** rendere migliore, peggiore (*o* migliorare, peggiorare) qcs. **7a** *(zu etw. werden lassen)* fare, rendere: ***jdn zum Gefangenen, zum Sklaven, zu seinem Vertrauten ~*** fare prigioniero, schiavo qcn., fare di qcn. il proprio confidente; ***er will sie zu seiner Frau ~*** vuole farne sua moglie; ***etw. zur Pflicht, Regel ~*** fare di qcs. un dovere, una regola, imporre qcs. come dovere, regola **b** ***aus einem Taugenichts einen tüchtigen Mann ~*** fare di un fannullone un brav'uomo **8** *(verdienen)* guadagnare, POP. far(si): ***Geld, Millionen ~*** far soldi, farsi i milioni; *(Gewinn)* trarre **9** COLLOQ. *(aufbauen)* fare, formare: ***einen Künstler ~*** formare un artista **10** *(betragen, ergeben)* ammontare, fare: ***wie viel macht das?*** quanto fa (questo)? quant'è? ***zwei und drei macht fünf*** due più tre fa cinque **11** *(rufen)* esclamare, dire, COLLOQ. fare: ***„oh!" machte sie, als sie ihn sah*** "oh!" fece lei, quando lo vide **II** rifl. **sich ~** **1a** farsi: ***sich hübsch ~*** farsi bello; ***sich beliebt bei jdm ~*** farsi benvolere da qcn. **b** rendersi: ***sich lächerlich, nützlich ~*** rendersi ridicolo, utile **2** ***sich an etw. (A) ~*** mettersi a (fare) qcs., cominciare qcs.: ***sich an die Arbeit, ans Kochen ~*** mettersi al lavoro, a cucinare **3a** ***sich (D) etw. ~*** farsi qcs.: ***sich einen Flecken auf die Hose ~*** farsi una macchia sui pantaloni; ***sich ein Steak ~*** farsi una bistecca **b** ***sich (D) Feinde, Freunde ~*** farsi nemici, amici **4** *(passen)* stare: ***das Bild macht sich gut an dieser Stelle*** il quadro sta bene in questo posto; ***die Krawatte macht sich schlecht zu dem Anzug*** la cravatta sta male sul vestito **5a** COLLOQ. *(gedeihen)* crescere (bene), svilupparsi: ***er macht sich gut*** cresce bene **b** *(sich bessern)* migliorare, andar meglio: ***das Wetter scheint sich zu ~*** sembra che il tempo migliori; ***wie geht's ihm? – danke, er macht sich!*** come sta? – grazie, sta meglio **c** *(wieder besser werden)* rimettersi, aggiustarsi: ***es wird sich schon ~*** la cosa si aggiusterà **III** intr. (aus. *haben*) **1a** COLLOQ. occuparsi (di): ***in Kunst, Politik ~*** occuparsi d'arte, di politica **b** *(ein Geschäft betreiben)* commerciare: ***in Stoffen ~*** commerciare in stoffe **2** EUFEM. COLLOQ. *(seine Notdurft verrichten)* fare i propri bisogni, farla: ***der Hund hat auf den Teppich gemacht*** il cane l'ha fatta sul tappeto **3** COLLOQ. *(sich begeben;* aus. *sein)* recarsi, andare: ***in die Stadt ~*** andare in città ◆ ***den Anfang mit etw. ~*** cominciare qcs.; ***auf jdn ~*** fare, imitare qcn.; ***jdn auf etw. (A) aufmerksam ~*** richiamare l'attenzione di qcn. su qcs.; ***etw. aus sich ~*** diventare qcn.; ***ich mache mir wenig, nichts aus etw.*** qcs. mi piace poco (*o* non mi piace molto), non mi piace; ***~ Sie sich's bequem*** si accomodi; ***jdn betrunken ~*** fare ubriacare qcn.; ***das Bett ~*** fare il letto; ***ins Bett ~*** farla nel letto; ***jdn böse ~*** fare arrabbiare qcn.; ***dagegen kannst du nichts ~!*** non ci puoi fare niente! ***was soll ich damit ~?*** che me ne faccio? ***~, dass...*** cercare di..., vedere di...; ***mach, dass du nicht zu spät kommst*** cerca di non venire tardi; ***mach, dass du fortkommst!*** vedi di andartene! vattene! ***mach doch!*** avanti! sbrigati! ***mach dir nichts draus!*** non prendertela! ***jdn dumm ~*** rincretinire qcn.; ***etw. (D) ein Ende ~*** porre fine a qcs.; ***es (mit jedem) ~*** fare l'amore, farlo (con tutti); EUFEM. ***es jdm ~*** soddisfare (sessualmente) qcn.; ***etw. falsch ~*** sbagliare, fare male qcs.; ***wie man's macht, macht man's falsch*** qualunque cosa si faccia, non va mai bene; ***ein Foto von jdm ~*** fare una foto a qcn.; ***den Führerschein ~*** prendere la patente; ***etw. geltend ~*** far valere qcs.; COLLOQ. ***mach keine Geschichten!*** non fare storie! ***jdn gesund ~*** guarire qcn.; ***jdn glücklich ~*** fare (*o* rendere) felice qcn.; ***groß ~*** fare (la) popò; ***mach's gut!*** stammi bene! ***sich hinter etw. ~*** mettersi a (fare) qcs., attaccare con qcs., iniziare qcs.; ***in die Hose ~*** farsela nei pantaloni (*o* addosso); ***klein ~*** fare (la) pipì; ***ein Komma ~*** mettere una virgola; ***mit mir könnt ihr das nicht ~!*** questo non me lo potete fare! non ci sto! ***jdn krank ~*** fare ammalare qcn.; ***ich will es kurz ~*** sarò breve! ***mach nicht so lange!*** fa' in fretta! sbrigati! ***er wird es nicht mehr lange ~*** non ne avrà per molto, ha i giorni contati; ***lass mich nur ~!*** lascia fare a me! ***das wird sich (nicht) ~ lassen*** (non) sarà possibile, fattibile; ***jdm etwas leicht ~*** facilitare qcs. a qcn.; ***das macht nichts!*** non fa niente! non importa! ***es macht mir nichts*** non m'importa; ***da ist nichts mehr zu ~!*** non c'è più niente da fare! ***er will es immer allen recht ~*** vuole sempre accontentare tutti; ***etw. sauber ~*** pulire qcs.; ***jdm (viel) zu schaffen ~*** dare (molti) pensieri a qcn.; ***Schluss mit etw. ~*** finire qcs., smettere di fare qcs.; ***etw. schmutzig ~*** sporcare qcs.; ***mach schnell!*** fa' presto! sbrigati! ***jetzt mach schon!*** fa' in fretta! sbrigati! ***das hast du schön gemacht!*** bravo! ben fatto! ***etw. schriftlich ~*** mettere

qcs. per iscritto; ***sich selten ~*** farsi vedere raramente; ***nur so ~*** fare (solo) finta; ***was soll man ~?*** che fare? ***unter dem mach ich es nicht*** per meno non lo faccio; ***alles unter sich ~*** farsela addosso; ***was macht dein Vater?*** cosa (*o* che lavoro) fa tuo padre? *(wie geht es deinem Vater?)* come sta (*o* come va) tuo padre? ***was macht das Geschäft, dein Magen?*** come vanno gli affari? come va il tuo stomaco? ***sich auf den Weg ~*** mettersi in cammino; ***sich wichtig ~*** darsi importanza; ***wird gemacht!*** sarà fatto! ***das Zimmer ~*** (ri)fare la stanza.

Ma|chen|schaf|ten pl. macchinazioni *f.pl.*, trame *f.pl.*, manovre *f.pl.*: ***dunkle, üble ~ treiben*** ordire oscure, losche trame.

Ma|cher m. *(-s,-)* **1** autore *m.*, artefice *m.*; realizzatore *m.* **2** *(pragmatischer Mann)* uomo *m.* risoluto, pragmatico. **Ma|cher|lohn** m. *(-[e]s)* SART. prezzo *m.* della fattura, fattura *f.*

Ma|che|te [ma'tʃe:tə] f. *(-,-n)* machete *m.*

Ma|chi|a|vel|lis|mus [makiavɛ-] m. *(-)* machiavellismo *m.* **Ma|chi|a|vel|list** m. *(-en,-en)* machiavellista *m.* **ma|chi|a|vel|lis|tisch** agg. machiavellico.

Ma|chi|na|ti|on f. *(-,-en)* macchinazione *f.*, intrigo *m.*, complotto *m.*

Ma|chis|mo [ma'tʃismo] m. *(-[s])* machismo *m.* **Ma|cho** ['matʃo] m. *(-s,-s)* macho *m.*

Macht f. *(-, Mächte)* **1a** potere *m.*: ***~ über, auf jdn haben, über jdn ausüben*** avere, esercitare potere su qcn.; ***jdn in seine ~ bekommen*** ridurre qcn. in proprio potere; ***seine ~ missbrauchen, ausspielen*** abusare dei propri poteri, far valere il proprio potere; ***die geistliche, weltliche, politische ~*** il potere spirituale, temporale (*o* secolare), politico; ***die ~ ergreifen, übernehmen (an sich reißen)*** assumere, prendere il potere; ***zur, an die ~ kommen, gelangen*** andare (*o* salire) al potere; ***an der ~ sein, bleiben*** essere, rimanere al potere; ***jdn zur ~ verhelfen*** aiutare qcn. a prendere il potere, far salire qcn. al potere; ***jds ~ brechen*** distruggere il potere di qcn.; FIG. ***die ~ des Geldes*** il potere del denaro **b** *(Befugnis)* potere *m.*, facoltà *f.*: ***die ~ haben, etw. zu tun*** avere il potere di fare qcs.; ***etw. liegt, steht in meiner ~*** qcs. è in mio potere, nelle mie facoltà **2a** *(Kraft)* forza *f.*, forze *f.pl.*: ***mit aller ~*** con tutta la forza, con tutte le proprie forze; ***seine ganze ~ aufbieten*** impiegare tutte le proprie forze; FIG. ***die ~ der Gewohnheit, des Schicksals*** la forza dell'abitudine, del destino **b** *(Stärke)* forza *f.*, potenza *f.*: ***die ~ der Lawine*** la forza (*o* la potenza) della valanga **c** *(geheimnisvolle Kraft)* ***dunkle, himmlische, höllische Mächte*** forze oscure, celesti, infernali; ***im Bunde mit bösen Mächten stehen*** essere alleato con le forze del male **3** *(mächtiger Staat)* potenza *f.*: ***die europäischen, verbündeten Mächte*** le potenze europee, alleate; ***streitende, Krieg führende Mächte*** potenze belligeranti **4** *(Heer)* forze *f.pl.* (armate), esercito *m.* ◆ ***aus eigener ~*** di propria autorità, di proprio arbitrio; ***die ~ über Leben und Tod haben*** avere potere di vita e di morte; PROV. ***~ geht vor Recht*** contro la forza la ragion non vale.

Macht|an|spruch m. *(-[e]s,-ansprüche)* rivendicazione *f.* del potere. **Macht|ap|pa|rat** m. *(-[e]s,-e)* apparato *m.* di potere. **Macht|aus|übung** f. *(-,-en)* esercizio *m.* del potere. **Macht|be|fug|nis** f. *(-,-se)* potere *m.*, autorità *f.* **Macht|be|reich** m. *(-[e]s,-e)* ambito *m.* di potere, sfera *f.* di competenza. **macht|be|ses|sen** agg. assetato di potere. **Macht|block** m. *(-[e]s,-blöcke* e RAR. *-s)* blocco *m.* di potenze.

Mäch|te|grup|pie|rung f. *(-,-en)* POL. ragruppamento *m.* di forze (politiche), alleanza *f.*, coalizione *f.*

Macht|er|grei|fung f. *(-,-en)* presa *f.* del potere. **Macht|fra|ge** f. *(-)* questione *f.* di potere. **Macht|ge|fü|ge** n. *(-s,-)* struttura *f.* di potere. **Macht|ha|ber** m. *(-s,-)* chi esercita il potere. **macht|ha|be|risch I** agg. dispotico: ***ein -es Auftreten*** un comportamento dispotico **II** avv. in modo dispotico: ***sich ~ verhalten*** comportarsi in modo dispotico.

mäch|tig I agg. **1** potente: ***ein -er Mann, Staat*** un uomo, uno stato potente **2a** *(eindrucksvoll)* imponente: ***-e Bauten, Gestalten*** costruzioni, figure imponenti **b** *(kraftvoll)* possente, potente, (molto) forte: ***eine -e Stimme*** una voce possente; ***ein -er Schlag*** un colpo potente **c** COLLOQ. *(groß)* grande: ***-e Angst, -en Hunger haben*** avere una gran paura, fame **3** REGION. *(von Speisen)* pesante **4** MIN. spesso **II** avv. molto: ***~ erregt, groß*** eccitatissimo, grandissimo; ***sich ~ wundern*** essere stupefatto ◆ ***seiner (selbst) ~ sein*** dominarsi, controllarsi; ***etw. (G) ~ sein*** dominare, controllare qcs.; *(gut können)* ***einer Sprache ~ sein*** dominare (*o* aver padronanza di) una lingua. **Mäch|ti|ge** m. *(-n,-n)* persona *f.* potente, potente *m.*: ***die -n der Erde*** i potenti della terra. **Mäch|tig|keit** f. *(-,-en)* **1** potenza *f.*, (grande) forza *f.*: ***die ~ der Stimme, des Schlages*** la potenza della voce, del colpo **2** *(mächtige Beschaffenheit)* imponenza *f.*, potenza *f.*: ***die ~ seiner Gestalt*** l'imponenza della sua figura **3** GEOL. potenza *f.*, spessore *m.* **4** MAT. potenza *f.*

Macht|kampf m. *(-[e]s, -kämpfe)* lotta *f.* di, per il potere. **macht|los** agg. **1** impotente: ***~ gegen jdn, etw., gegenüber jdm, etw. sein*** essere impotente di fronte a qcn., qcs. **2** *(schwach)* senza autorità, debole. **Macht|lo|sig|keit** f. *(-)* impotenza *f.*, debolezza *f.*, mancanza *f.* d'autorità. **Macht|mensch** m. *(-en,-en)* assetato *m.* di potere. **Macht|miss|brauch** m. *(-[e]s)* abuso *m.* di potere. **Macht|mit|tel** n. *(-s,-)* strumento *m.* di potere. **Macht|po|li|tik** f. *(-)* politica *f.* di potere; *(unter Staaten)* politica *f.* di potenza. **macht|po|li|tisch** agg. di potere. **Macht|po|si|ti|on** f. *(-,-en)* posizione *f.* di forza, di potere: ***eine ~ innehaben*** detenere una posizione di forza. **Macht|pro|be** f. *(-,-n)* prova *f.* di forza. **Macht|spruch** m. *(-[e]s,-sprüche)* → **Machtwort. Macht|stel|lung** f. *(-,-en)* → **Machtposition. Macht|stre|ben** n. *(-s)* ambizione *f.* di potere. **Macht|über|nah|me** f. *(-)* assunzione *f.* del potere. **macht|voll I** agg. **1** potente: ***ein -er Politiker*** un potente (uomo) politico; ***eine -e Stimme*** una voce potente **2** *(kraftvoll)* vigoroso, energico **II** avv. **1** potentemente **2** *(kräftig)* vigorosamente, energicamente. **Macht|voll|kom|men|heit** f. *(-)* pieni poteri *m.pl.* ◆ ***in, kraft, aus eigener ~*** di proprio arbitrio, di propria volontà. **Macht|wech|sel** m. *(-s,-)* cambio *m.* di potere. **Macht|wort** n. *(-es,-e)* parola *f.* decisiva, definitiva: ***ein ~ sprechen*** dire una parola decisiva.

ma|chul|le agg. COLLOQ. ***~ sein*** essere fallito, sul lastrico; *(müde sein)* essere stanco morto, sfinito; *(verrückt sein)* essere suonato, tocco.

Mach|werk n. *(-[e]s,-e)* lavoro *m.* abborracciato, raffazzonato.

Mach|zahl f. *(-,-en)* FIS. numero *m.* di Mach.

Ma|cke f. *(-,-n)* **1** fisima *f.*, fissazione *f.* **2** *(Defekt)* difetto *m.*, imperfezione *f.* ◆ ***du hast wohl ne ~!*** sei matto! sei pazzo!

Ma|cker m. *(-s,-)* **1** GERG. *(Freund)* amico *m.*, ragazzo *m.*: ***sie hat einen neuen ~*** ha un nuovo ragazzo **2** GERG. *(Kerl)* tipo *m.*, tizio *m.* **3** COLLOQ. *(Anführer)* caporione *m.* **4** REGION. *(Arbeitskollege)* collega *m.*

mack|lich agg. **1** REGION. calmo, tranquillo **2** MAR. fermo.

Ma|da|gas|kar n.pr.n. *(-s)* Madagascar *m.* **Ma|da|gas|se** m. *(-n,-n)* malgascio *m.*, abitante *m.* del Madagascar. **ma|da|gas|sisch** agg. malgascio.

Ma|dam f. *(-,-s* e *-en)* **1** ANT. *(Hausherrin)* padrona *f.* di casa **2** SCHERZ. *(dickliche Frau)* matrona *f.* **3** SCHERZ. REGION. *(Ehefrau)* signora *f.* **Ma|dam|chen** n. *(-s,-)* SCHERZ. giovane signora *f.* **Ma|dame** [ma'dam] f. *(-, Mesdames)* signora *f.*: ***Guten Tag, ~!*** buon giorno signora!

Mäd|chen n. *(-s,-)* **1** *(junge Frau)* ragazza *f.*, ANT. fanciulla *f.*: ***ein junges ~*** una ragazzina **2** *(weibliches Kind)* femmina *f.*, bambina *f.*: ***ein ~ bekommen*** avere una femmina (*o* una femminuccia, una bambina); ***Jungen und ~*** maschi e femmine **3** ANT. *(Hausgehilfin)* domestica *f.*, cameriera *f.*: **4** ANT. *(Geliebte)* fidanzata *f.* ◆ ***~ für alles*** (donna) tuttofare; ***ein altes ~*** → ***ein spätes ~***; ANT. ***gefallenes ~*** ragazza perduta, traviata; ***ein käufliches ~*** una ragazza a pagamento; ***ein leichtes ~*** una ragazza leggera; ***ein spätes ~*** una zitella, una tardona; ***~ ohne Unterleib*** signorina a mezzobusto (*o* buonasera). **mäd|chen|haft** agg. di, da fanciulla. **Mäd|chen|haf|tig|keit** f. *(-)* modi *m.pl.* da ragazza. **Mäd|chen|han|del** m. *(-s)* tratta *f.* delle bianche. **Mäd|chen|händ|ler** m. *(-s,-)* = chi esercita la tratta delle bianche. **Mäd|chen|klas|se** f. *(-,-n)* classe *f.* femminile. **Mäd|chen|na|me** m. *(-ns,-n)* **1** nome *m.* femminile **2** *(Familienname vor der Ehe)* nome *m.* da nubile, da ragazza. **Mäd|chen|pen|si|o|nat** n. *(-[e]s,-e)* collegio *m.* femminile. **Mäd|chen|schu|le** f. *(-,-n)* scuola *f.* femminile. **Mäd|chen|zim|mer** n. *(-s,-)* **1** camera *f.* da, di ragazza **2** *(von Dienstmädchen)* camera *f.* della domestica.

Ma|de f. *(-,-n)* baco *m.* ◆ ***leben wie die ~ im Speck*** vivere come un papa, far vita da re.

Ma|dei|ra I n.pr.n. *(-s)* Madera *f.* **II** m. *(-s,-s)* ENOL. madera *m.* **Ma|dei|ra|wein** m. *(-[e]s,-e)* madera *m.*

Ma|del n. *(-s,-n)*, **Mä|del** n. *(-s,-* e *-s,-n)* REGION. → **Mädchen.**

Ma|den|fraß m. *(-es,-e)* danni *m.pl.* provocati dal bruco. **Ma|den|wurm** m. *(-[e]s,-würmer)* ossiuro *m.*

Ma|de|ra m. *(-s,-s)* → **Madeira.**

Mä|de|süß n. *(-,-)* olmaria *f.*

ma|dig agg. **1** bacato: ***-e Frucht*** frutto bacato **2** *(voller Maden)* verminoso ◆ ***jdn, etw. ~ machen*** parlare male di qcn., qcs., screditare qcn., qcs.; ***jdm den Urlaub ~ machen*** rovinare la vacanza a qcn.

Mad|jar m. *(-en,-en)* magiaro *m.* **Mad|ja|ren|reich** n. *(-[e]s)* regno *m.* magiaro. **mad|ja|risch** agg. magiaro.

Ma|don|na f. *(-, Madonnen)* RELIG. ART. Madonna *f.* **Ma|don|nen|bild** n. *(-es,-er)* immagine *f.* della Madonna. **Ma|don|nen|ge|**

sicht n. (-es,-er) viso m. da Madonna. **ma|don|nen|haft** agg. come una, da Madonna. **Ma|don|nen|schei|tel** m. (-s) scriminatura f., riga f. in mezzo.

Mad|ras I n.pr.n. (-) Madras f. **II** m. (-) TESS. madras m. **Mad|ras|ge|we|be** n. (-s,-) tessuto m., cotone m. madras.

Mad|rid n.pr.n. (-s) Madrid f. **Mad|ri|der I** m. (-s,-) madrileno m. **II** agg.inv. madrileno.

Mad|ri|gal n. (-s,-e) LETT. MUS. madrigale m. **Mad|ri|gal|chor** m. (-[e]s,-chöre) coro m. madrigalistico. **Mad|ri|gal|stil** m. (-s,-e) stile m. madrigalistico.

Mad|ri|le|ne m. (-n,-n) madrileno m.

Ma|es|to|so m. (-s,-s) MUS. maestoso m.

Ma|est|ro m. (-s,-s e Maestri) MUS. (grande) maestro m.

Mä|eu|tik f. (-) maieutica f. **mä|eu|tisch** agg. maieutico.

Maf|fia, Ma|fia f. (-,-s) mafia f. **Ma|fi|a|me|tho|den** pl. metodi m.pl. mafiosi.

Ma|ga|zin n. (-s,-e) **1** (Lager) magazzino m., deposito m. **2** (von Diaprojektoren, Waffen) caricatore m.: ***das ~ leer schießen*** sparare l'intero caricatore **3** (Zeitschrift) rivista f. (illustrata) **4** TELEV. trasmissione f. di attualità. **Ma|ga|zi|ner** m. (-s,-) SVIZZ., **Ma|ga|zi|neur** [-'nøːɐ] m. (-s,-e) AUSTR. magazziniere m. **ma|ga|zi|nie|ren** tr. immagazzinare.

Magd f. (-, Mägde) **1** serva f., domestica f. **2a** ANT. (Jungfrau) vergine f. **b** RELIG. Vergine f.: ***die reine ~*** la Vergine Maria.

Mag|da|le|na, Mag|da|le|ne n.pr.f. Maddalena f.

Mag|da|lé|ni|en [magdale'niɛ̃:] maddaleniano m., magdaleniano m.

Mag|de|burg n.pr.n. (-s) **1** (Stadt) Magdeburgo f. **2** (Landbezirk) Magdeburgo m. **Mag|de|bur|ger I** m. (-s,-) abitante m. di Magdeburgo **II** agg. inv. di Magdeburgo. **mag|de|bur|gisch** agg. di Magdeburgo.

Mäg|de|stu|be f. (-,-n) ANT. stanza f. della domestica.

Ma|ge m. (-n,-n) DIR. ANT. consanguineo m.

Ma|gen m. (-s, Mägen e -) stomaco m.: ***mein ~ knurrt*** il mio stomaco brontola; ***sich den ~ verderben*** guastarsi lo stomaco, fare indigestione; ***mit vollem, leerem ~*** a stomaco pieno, a stomaco vuoto (o a digiuno); ***einen guten ~ haben*** avere uno stomaco di ferro; ***einen empfindlichen ~ haben*** essere delicato di stomaco; ***etw. liegt mir (schwer) im ~*** qcs. mi è rimasto sullo stomaco, ho qcs. sullo stomaco; FIG. ***jdn im ~ haben*** non digerire qcn. ◆ ***jdm den ~ auspumpen*** fare una lavanda gastrica a qcn.; ***etw. liegt mir wie Blei im ~*** qcs. mi è rimasto sullo stomaco, ho qcs. sullo stomaco; ***mir dreht sich der ~ um*** mi si rivolta lo stomaco, sono stomacato; ***mir ist flau im ~*** ho un languore di stomaco; ***mir hängt der ~ in die, in den Kniekehlen!*** ho una fame da lupi! ***mit leerem ~ zu, ins Bett gehen*** andare a letto senza cena; ***es mit dem ~ haben*** avere problemi di stomaco; ***nichts im ~ haben*** essere a stomaco vuoto, a digiuno; ***auf nüchternen ~*** a digiuno; FIG. in modo totalmente inaspettato; ***etw. schlägt mir auf den ~*** non riesco a mandar giù qcs. (anche FIG.); ***einen verdorbenen ~ haben*** aver fatto indigestione; ***sich den ~ voll schlagen, voll stopfen*** riempirsi la pancia, rimpinzarsi; PROV. ***Liebe geht durch den ~*** = il marito si prende per la gola. **Ma|gen|aus|gang** m. (-s) regione f. pilorica. **Ma|gen|aus|he|be|rung** f. (-,-en) lavanda f. gastrica. **Ma|gen|be|schwer|den** pl. disturbi m.pl. di stomaco, MED. disturbi m.pl. gastrici. **Ma|gen|bit|ter** m. (-s,-) amaro m. digestivo, digestivo m. **Ma|gen|blu|tung** f. (-,-en) emorragia f. gastrica, MED. gastrorragia f. **Ma|gen-Darm-Ka|nal** m. (-s,-Kanäle) coledoco m. **Ma|gen-Darm-Ka|tarr(h)** m. (-s,-e) gastroenterite f. **Ma|gen|drü|cken** n. (-s) peso m. allo stomaco. **Ma|gen|durch|bruch** m. (-[e]s, -durchbrüche) → **Magenperforation. Ma|gen|ein|gang** m. (-[e]s) cardias m. **Ma|gen|er|wei|te|rung** f. (-) dilatazione f. dello stomaco, MED. gastrectasia f. **Ma|gen|fis|tel** f. (-,-n) fistola f. gastrica (anche CHIR.). **Ma|gen|funk|ti|on** f. (-) funzionalità f. gastrica. **Ma|gen|ge|gend** f. (-) epigastrio m., regione f. epigastrica. **Ma|gen|ge|schwür** n. (-[e]s,-e) ulcera f. gastrica. **Ma|gen|gru|be** f. (-,-n) fossetta f. epigastrica. **Ma|gen|ka|tarr(h)** m. (-s,-e) gastrite f. **Ma|gen|knur|ren** n. (-s) borbottio m. dello stomaco, MED. borborigmo m. **Ma|gen|krampf** m. (-[e]s,-krämpfe) crampo m. allo stomaco, MED. gastrospasmo m. **ma|gen|krank** agg. malato di stomaco. **Ma|gen|krank|heit** f. (-,-en) malattia f. dello stomaco, MED. gastropatia f. **Ma|gen|krebs** m. (-es) cancro m. dello stomaco. **Ma|gen|lei|den** n. (-s,-) malattia f., affezione f. dello stomaco. **ma|gen|lei|dend** agg. sofferente di stomaco. **Ma|gen|ope|ra|ti|on** f. (-,-en) operazione f., intervento m. (chirurgico) allo stomaco. **Ma|gen|per|fo|ra|ti|on** f. (-,-en) perforazione f. dello stomaco. **Ma|gen|pfört|ner** m. (-s,-) piloro m. **Ma|gen|re|sek|ti|on** f. (-,-en) resezione f. gastrica. **Ma|gen|saft** m. (-es,-säfte) succo m. gastrico. **Ma|gen|säu|re** f. (-,-n) acido m. gastrico. **Ma|gen|schleim|haut** f. (-,-häute) mucosa f. gastrica. **Ma|gen|schleim|haut|ent|zün|dung** f. (-,-en) gastrite f. **Ma|gen|schmerz** m. (-es,-en) mal m. di stomaco, dolore m. allo stomaco, MED. gastralgia f. **Ma|gen|son|de** f. (-,-n) sonda f. gastrica. **Ma|gen|spie|ge|lung** f. (-,-en) MED. gastroscopia f. **Ma|gen|spü|lung** f. (-,-en) lavanda f. gastrica. **Ma|gen|ver|stim|mung** f. (-,-en) disturbo m. gastrico. **Ma|gen|wand** f. (-,-wände) parete f. gastrica.

ma|ger agg. **1** magro: ***ein -er Mensch*** una persona magra; (fettarm) ***-es Fleisch, -er Käse*** carne magra, formaggio magro; (unfruchtbar) ***ein -er Boden*** un terreno magro **2** FIG. (arm, dürftig) magro, scarno, scarso: ***eine -e Ernte*** un magro raccolto; ***ein -es Jahr*** un'annata magra; ***ein -er Bericht*** una relazione scarna ◆ ***~ essen*** mangiare di magro. **Ma|ger|keit** f. (-) **1** magrezza f. **2** FIG. povertà f., scarsezza f. **Ma|ger|koh|le** f. (-,-n) carbone m. magro. **Ma|ger|milch** f. (-) latte m. magro (o scremato). **Ma|ger|quark** m. (-s) quark m. magro. **Ma|ger|sucht** f. (-) MED. anoressia f.

Magh|reb n.pr.m. (-) Magreb m. **magh|re|bi|nisch** agg. magrebino.

Ma|gie f. (-) magia f. (anche FIG.): ***~ treiben, ausüben*** praticare la magia; ***die ~ des Kinos*** la magia del cinema ◆ ***schwarze, weiße ~*** magia nera, bianca. **Ma|gi|er** m. (-s,-) mago m.; (Zauberkünstler) mago m., illusionista m. **ma|gisch I** agg. magico (anche FIG.): ***eine -e Formel*** una formula magica; ***-e Kräfte besitzen*** possedere poteri magici **II** avv. magicamente: ***von jdm, etw. ~ angezogen werden*** essere attratto magicamente da qcn., qcs. ◆ ELETTRON. ***-es Auge*** occhio magico; ***-es Quadrat*** quadrato magico; NUCL. ***-e Zahlen*** numeri magici.

Ma|gis|ter m. (-s,-) **1** → **Magister artium 2** AUSTR. ANT. (Apotheker) farmacista m. **3** ANT. magisteriato m. **Ma|gis|ter Ar|ti|um** m. (-s -, - -) INTRAD. (laurea in facoltà umanistiche).

Ma|gist|ra|le f. (-,-n) arteria f. principale (di una città).

1.Ma|gist|rat m. (-[e]s,-e) **1** (städtische Verwaltung) consiglio m. comunale **2** STOR. (im alten Rom) magistrato m.

2.Ma|gist|rat m. (-en,-en) SVIZZ. funzionario m. del governo.

Ma|gist|rats|be|schluss m. (-es,-beschlüsse) delibera f. comunale.

Mag|ma n. (-s, Magmen) magma m. **mag|ma|tisch** agg. magmatico.

Mag|nat m. (-en,-en) magnate m.

Mag|ne|sia f. (-) magnesia f. **Mag|ne|sit** m. (-s,-e) magnesite f., carbonato m. di magnesio. **Mag|ne|si|um** n. (-s) magnesio m. **Mag|ne|si|um|chlo|rid** n. (-[e]s,-e) cloruro m. di magnesio. **Mag|ne|si|um|le|gie|rung** f. (-,-en) lega f. al magnesio. **Mag|ne|si|um|licht** n. (-[e]s,-er) lampo m. al magnesio. **Mag|ne|si|um|sul|fat** n. ([e]s) solfato m. di magnesio, sale m. inglese.

Mag|net m. (-en e -[e]s,-e e -en) **1** magnete m.: ***ein ~ in Hufeisenform*** un magnete a forma di ferro di cavallo **2** FIG. (anziehende Sache oder Person) calamita f. **Mag|net|an|ker** m. (-s,-) EL. armatura f. **Mag|net|band** n. (-[e]s,-bänder) nastro m. magnetico. **Mag|net|band|ge|rät** n. (-[e]s,-e) registratore m. a nastro magnetico. **Mag|net|berg** m. (-[e]s,-e) MITOL. montagna f. magnetica. **Mag|net|ei|sen|erz** n. (-es,-e), **Mag|net|ei|sen|stein** m. (-[e]s,-e) magnetite f. **Mag|net|feld** n. (-[e]s,-er) campo m. magnetico.

Mag|ne|tik f. (-) magnetismo m. **mag|ne|tisch I** agg. magnetico (anche FIG.) **II** avv. magneticamente (anche FIG.): ***~ von jdm, etw. angezogen werden*** essere attratto magneticamente da qcn. **Mag|ne|ti|seur** [-'zøːɐ] m. (-s,-e) magnetizzatore m. **mag|ne|ti|sie|ren** tr. magnetizzare: ***eine Nadel, einen Patienten ~*** magnetizzare un ago, un paziente. **Mag|ne|ti|sie|rung** f. (-,-en) magnetizzazione f. **Mag|ne|tis|mus** m. (-) magnetismo m. **Mag|ne|tit** m. (-s,-e) magnetite f.

Mag|net|kar|te f. (-,-n) scheda f. (o tessera f.) magnetica. **Mag|net|kern** m. (-[e]s,-e) nucleo m. magnetico. **Mag|net|kom|pass** m. (-es,-e) bussola f. magnetica. **Mag|net|na|del** f. (-,-n) ago m. magnetico.

Mag|ne|to|me|ter n. (-s,-) magnetometro m. **Mag|ne|ton, Mag|ne|ton** n. (-s,-[s]) magnetone m. **Mag|ne|to|path** m. (-en,-en) magnetizzatore m. **Mag|ne|to|phon** n. (-s,-e) magnetofono m. **Mag|ne|to|sphä|re** f. (-) magnetosfera f.

Mag|net|pol m. (-s,-e) polo m. magnetico. **Mag|net|ron** n. (-s,-e e -s) magnetron(e) m. **Mag|net|spu|le** f. (-,-n) EL. bobina f. di campo. **Mag|net|ton|ge|rät** n. (-[e]s,-e) registratore m. magnetico, magnetofono m. **Mag|net|ton|ver|fah|ren** n. (-s,-) registrazione f. magnetica (del suono), registrazione f. magnetoacustica. **Mag|net|zün|dung** f. (-,-en) MOT. EL. accensione f. a magnete.

Mag|ni|fi|kat n. (-[s],-s) LIT. magnificat m.

Mag|ni|fi|zenz f. (-,-en) magnifico rettore m.

Mag|ni|tu|do f. *(-)* FIS. magnitudine *f.*
Mag|no|lie f. *(-,-n)* magnolia *f.* **Mag|no|li|en|ge|wächs** n. *(-es,-e)* magnoliacea *f.*
Mag|num f. *(-, Magna)* magnum *m.* e *f.*
Ma|got m. *(-s,-s)* macaco *m.*, bertuccia *f.*
Mag|yar [ma'dja:ɐ] → **Madjar. mag|ya|risch** → **madjarisch.**
mäh inter. bee.
Ma|ha|go|ni n. *(-s)* mogano *m.* **Ma|ha|go|ni|baum** m. *(-[e]s,-bäume)* mogano *m.*, acagiù *m.* **ma|ha|go|ni|braun** agg. color mogano. **Ma|ha|go|ni|holz** n. *(-es)* mogano *m.*, legno *m.* di mogano. **Ma|ha|go|ni|mö|bel** n. *(-s,-)* mobile *m.* di mogano.
Ma|ha|rad|scha m. *(-s,-s)* maragià *m.*, maharaja *m.* **Ma|ha|ra|ni** f. *(-,-s)* maharani *f.* **Ma|hat|ma** m. *(-s,-s)* mahatma *m.*
Mäh|bin|der m. *(-s,-)* mietilegatrice *f.*, mietilega *f.*
1.Mahd f. *(-,-en)* REGION. falciatura *f.*; *(von Getreide)* mietitura *f.*; *(Heuernte)* fienagione *f.*
2.Mahd n. *(-[e]s, Mähder)* AUSTR. SVIZZ. pascolo *m.*, prato *m.*
Mah|dis|mus m. *(-)* ma(h)dismo *m.* **Mah|dist** m. *(-en,-en)* ma(h)dista *m.*
Mäh|dre|scher m. *(-s,-)* mietitrebbiatrice *f.*, mietitrebbia *f.* **Mäh|drusch** m. *(-[e]s,-e)* mietitura *f.* e trebbiatura *f.*
1.mä|hen tr. **1** *(Gras)* falciare; *(Getreide)* mietere (anche assol.) **2** *(Feld, Wiese)* falciare.
2.mä|hen intr. (aus. *haben*) belare.
Mä|her m. *(-s,-)* **1** COLLOQ. *(Mähmaschine)* mietitrice *f.*; *(von Gras)* falciatrice *f.* **2** ANT. mietitore *m.*; *(von Gras)* falciatore *m.*
Mahl n. *(-[e]s, Mähler* e *-e)* **1** *(Speise)* pranzo *m.*: ***ein ~ einnehmen (zu sich nehmen), zubereiten*** fare pranzo, preparare un pranzo **2** banchetto *m.*: ***bei einem ~ sitzen*** banchettare.
mah|len I tr. **1** macinare: ***Getreide, den Kaffee ~*** macinare il grano, il caffè **2** *(zerkleinern)* triturare **II** intr. (aus. *haben*) FIG. **1** *(kauen)* ruminare **2** *(sich leer drehen)* girare a vuoto, slittare ◆ PROV. ***wer zuerst kommt, mahlt zuerst*** chi prima arriva, meglio alloggia (chi tardi arriva, male alloggia). **Mah|len** n. *(-s)* macinatura *f.*, macinazione *f.* **Mahl|gang** m. *(-[e]s)* macina *f.* **Mahl|gut** n. *(-[e]s,-güter)* prodotto *m.* da macinare.
mäh|lich agg. LETT. a poco a poco.
Mahl|schatz m. *(-es,-schätze)* STOR. dote *f.*, corredo *m.* **Mahl|statt** f. *(-,-stätten)*, **Mahl|stät|te** f. *(-,-n)* STOR. tribunale *m.* (germanico). **Mahl|stein** m. *(-[e]s,-e)* mola *f.*, macina *f.* **Mahl|strom** m. *(-[e]s, -ströme)* vortice *m.* **Mahl|werk** n. *(-[e]s,-e)* macina *f.*, macinatoio *m.* **Mahl|zahn** m. *(-[e]s,-zähne)* (dente *m.*) molare *m.*
Mahl|zeit f. *(-,-en)* pasto *m.*: ***eine ~ einnehmen, zu sich nehmen,*** ANT. ***~ halten*** fare un pasto; ***die -en zubereiten*** preparare i pasti; ***sich nicht an die -en halten*** mangiare fuori pasto ◆ ***gesegnete ~!*** buon appetito! COLLOQ. ***~!*** buon appetito, buon pranzo! COLLOQ. IRON. ***(na dann) prost ~!*** ma che bella sorpresa! (che pasticcio).
Mäh|ma|schi|ne f. *(-,-n)* **1** mietitrice *f.* **2** *(von Gras)* falciatrice *f.*, tosaerba *m.*
Mahn|be|scheid m. *(-[e]s,-e)* sollecito *m.* di pagamento. **Mahn|brief** m. *(-[e]s,-e)* **1** lettera *f.* monitoria (*o* di diffida), diffida *f.* **2** *(Mahnbescheid)* sollecito *m.* di pagamento (scritto).
Mäh|ne f. *(-,-n)* **1** criniera *f.*: ***mit fliegender ~*** criniera al vento; ***eine zottige ~*** una criniera arruffata **2** COLLOQ. *(von Menschen)* criniera *f.*, zazzera *f.*
mah|nen tr. **1** *(nachdrücklich auffordern)* ammonire, esortare: ***jdn zur Vorsicht ~*** esortare qcn. alla prudenza **2a** *(mit Nachdruck erinnern)* rammentare, ricordare: ***jdn an seine Pflichten ~*** ricordare a qcn. i suoi doveri; ***jdn wegen seiner Versprechungen ~*** ricordare a qcn. le sue promesse **b** *(gemahnen)* ***jdn an jdn, etw. ~*** ricordare qcn., qcs. a qcn. **3** COMM. *(zur Zahlung auffordern)* sollecitare (al pagamento).
mäh|nen|ar|tig agg. simile a una criniera.
mah|nend p.pres. agg. **1** → **mahnen 2** monitorio, ammonitorio, di ammonizione ◆ ***jdn ~ ansehen*** esortare qcn. con lo sguardo; ***~ sagen*** ammonire.
Mäh|nen|rob|be f. *(-,-n)* otaria *f.* dalla criniera.
Mah|ner m. *(-s,-)* ammonitore *m.*, esortatore *m.*; COMM. sollecitatore *m.* (di pagamento). **Mahn|ge|bühr** f. *(-,-en)* tassa *f.* d'ingiunzione (di pagamento).
mäh|nig agg. zazzeruto.
Mahn|mal n. *(-s,-e* e *-mäler)* monumento *m.* commemorativo. **Mahn|ruf** m. *(-[e]s,-e)* monito *m.* **Mahn|schrei|ben** n. *(-s,-)* → **Mahnbrief. Mahn|stät|te** f. *(-,-n)* → **Mahnmal. Mah|nung** f. *(-,-en)* **1** ammonimento *m.*, esortazione *f.*; COMM. sollecitazione *f.*; DIR. ingiunzione *f.* **2** *(Mahnbrief)* sollecito *m.* **Mahn|ver|fah|ren** n. *(-s,-)* DIR. procedimento *m.* d'ingiunzione. **Mahn|wa|che** f. *(-,-n)* sit-in *m.* di protesta (silenziosa), riunione *f.* di protesta. **Mahn|wort** n. *(-[e]s,-e)* ammonizione *f.* **Mahn|zei|chen** n. *(-s,-)* segnale *m.* di avvertimento. **Mahn|zet|tel** m. *(-s,-)* biglietto *m.* monitorio, di diffida.
Mahr m. *(-[e]s,-e)* incubo *m.*
1.Mäh|re f. *(-,-n)* ronzino *m.*, rozza *f.*
2.Mäh|re m. *(-n,-n)* moravo *m.*
Mäh|ren n.pr.n. *(-s)* Moravia *f.* **Mäh|rer** m. *(-s,-)* moravo *m.* **Mäh|re|rin** f. *(-,-nen)* morava *f.* **mäh|risch** agg. moravo, della Moravia.
Mai m. *(-[e]s* e *-,* LETT. *-en,-e)* **1** maggio *m.*: ***Anfang, Ende ~*** all'inizio, alla fine di maggio; ***Mitte ~*** a metà maggio; ***im ~*** in (*o* a) maggio; ***am ersten, zweiten ~*** il primo, il due (di) maggio **2** FIG. primavera *f.*: ***der ~ des Lebens*** la primavera della vita ◆ ***wie einst im ~*** come ai bei tempi; PROV. ***~ kühl und nass füllt dem Bauer Scheuer und Fass*** pioggia di maggio, vino e foraggio. **Mai|an|dacht** f. *(-)* funzione *f.* mariana. **Mai|baum** m. *(-[e]s,-bäume)* albero *m.* della cuccagna. **Mai|blu|me** f. *(-,-n)* → **Maiglöckchen. Mai|bow|le** [-bo:lə] f. *(-,-n)* bowle *f.* con asperula.
Maid f. *(-,-en)* ANT. O SCHERZ. donzella *f.*
Mai|de|monst|ra|ti|on f. *(-,-en)* manifestazione *f.* del primo maggio.
Maie f. *(-,-n)* ANT. → **Maibaum.**
mai|en intr. (aus. *haben*) LETT. impers. ***es mait*** si fa maggio, viene il maggio. **Mai|en** m. *(-s,-)* **1** *(Blumenstrauß)* mazzo *m.* di fiori di campo **2** *(Weide)* pascolo *m.* primaverile. **Mai|en|blü|te** f. *(-)* LETT. fioritura *f.* di maggio. **mai|en|haft** agg. di maggio.
Mai|fei|er f. *(-,-n)* → **Maifest. Mai|fei|er|tag** m. *(-[e]s)* festa *f.* del primo maggio. **Mai|fest** n. *(-[e]s,-e)* festa *f.* di maggio, calendimaggio *m.* **Mai|fisch** m. *(-[e]s,-e)* alosa *f.*, cheppia *f.* **Mai|glöck|chen** n. *(-s,-)* mughetto *m.*, giglio *m.* delle convalli. **Mai|kä|fer** m. *(-s,-)* maggiolino *m.* ◆ COLLOQ. ***wie ein ~ strahlen*** essere raggiante. **Mai|kätz|chen** n. *(-s,-)* amento *m.* **Mai|kraut** n. *(-[e]s)* asperula *f.*, stellina *f.* odorosa. **Mai|kund|ge|bung** f. *(-,-en)* manifestazione *f.* del primo maggio.
Mai|land n.pr.n. *(-s)* Milano *f.* **Mai|län|der I** m. *(-s,-)* milanese *m.* **II** agg.inv. milanese, di Milano. **mai|län|disch** agg. milanese.
Main n.pr.m. *(-[e]s)* Meno *m.*
Mainz n.pr.n. *(-)* Magonza *f.* **Main|zer I** m. *(-s,-)* abitante *m.* di Magonza **II** agg.inv. di Magonza. **main|zisch** agg. di Magonza.
Mais m. *(-es)* mais *m.*, gran(o)turco *m.*, frumentone *m.* **Mais|bir|ne** f. *(-,-n)* punching ball *m.* **Mais|brei** m. *(-[e]s,-e)* polenta *f.* **Mais|brot** n. *(-[e]s,-e)* pane *m.* di mais.
Maisch m. *(-[e]s,-e)*, **Mai|sche** f. *(-,-n)* mosto *m.* **mai|schen I** tr. ammostare **II** intr. (aus. *haben*) fare il mosto.
Mais|kol|ben m. *(-s,-)* pannocchia *f.* di granturco, di mais. **Mais|korn** n. *(-[e]s,-körner)* chicco *m.* di granturco, di mais. **Mais|mehl** n. *(-[e]s)* farina *f.* di granturco, di mais.
Mai|so(n)|nette [mɛzo'nɛt] f. *(-,-s)* appartamento *m.* su due piani.
Mais|stär|ke f. *(-)* amido *m.* di mais.
Mai|trieb m. *(-[e]s,-e)* germoglio *m.* (di conifere). **Mai|wein** m. *(-[e]s)* → **Maibowle.**
Ma|ja f. *(-)* FILOS. maya *f.*
Ma|jes|tät f. *(-,-en)* **1** *(Erhabenheit)* maestà *f.*, maestosità *f.* **2** *(Titel und Anrede)* Maestà *f.*: ***Seine ~ der König*** Sua Maestà il re **3** ART. maestà *f.*: ***Giottos ~*** la maestà di Giotto. **ma|jes|tä|tisch I** agg. maestoso **II** avv. maestosamente. **Ma|jes|täts|be|lei|di|gung** f. *(-,-en)* DIR. ANT. (delitto *m.* di) lesa maestà *f.* **Ma|jes|täts|ver|bre|chen** n. *(-s,-)* DIR. ANT. delitto *m.* di lesa maestà.
Ma|jo|li|ka f. *(-,-s* e *Majoliken)* maiolica *f.*
Ma|jo|nä|se → **Mayonnaise.**
Ma|jor m. *(-s,-e)* MIL. maggiore *m.*
Ma|jo|ran, Ma|jo|ran m. *(-s,-e)* maggiorana *f.*
Ma|jo|rat n. *(-[e]s,-e)* **1** maggiorasco *m.*, maggiorascato *m.* **2** → **Majoratsgut. Ma|jo|rats|gut** n. *(-[e]s,-güter)* maggiorasco *m.* **Ma|jo|rats|herr** m. *(-n,-en)* signore *m.* di un, del maggiorasco.
Ma|jor|do|mus m. *(-,-)* maggiordomo *m.*
Ma|jo|rette [majo'rɛt] f.inv. *(-,-n)* majorette *f.*
Ma|jo|rin f. *(-,-nen)* MIL. **1** *(in der Heilsarmee)* maggiore *m.* **2** ANT. *(Frau des Majors)* moglie *f.* del maggiore.
ma|jo|ri|sie|ren tr. dominare con la maggioranza dei voti; mettere in minoranza: ***die Befürworter der Gesetzesvorlage ~*** mettere in minoranza i sostenitori del progetto di legge. **Ma|jo|ri|sie|rung** f. *(-)* il dominare grazie alla maggioranza dei voti; messa *f.* in minoranza. **Ma|jo|ri|tät** f. *(-,-en)* maggioranza *f.*: ***in der ~ sein*** essere in maggioranza. **Ma|jo|ri|täts|be|schluss** m. *(-es,-beschlüsse)* decisione *f.* a, della maggioranza. **Ma|jo|ri|täts|prin|zip** n. *(-s,-ien)* principio *m.* maggioritario. **Ma|jo|ri|täts|wahl** f. *(-,-en)* elezione *f.* con sistema maggioritario.
Ma|jors|rang m. *(-[e]s,-ränge)* MIL. grado *m.* di maggiore.

Ma|jus|kel f. *(-,-n)* (lettera *f.*) maiuscola *f.* **Ma|jus|kel|schrift** f. *(-)* stampatello *m.*
ma|ka|ber agg. macabro.
Ma|ka|dam m. e n. *(-s,-e)* macadam *m.* **ma|ka|da|mi|sie|ren** tr. macadamizzare.
Ma|kak, Ma|kak m. *(-s* e *-en,-en)* macaco *m.*
1.Ma|kao m. *(-s,-s)* ZOOL. macao *m.*
2.Ma|kao n. *(-s)* GIOC. macao *m.*
Ma|ka|ris|mus m. *(-s, Makarismen)* macarismo *m.*
Ma|ke|do|ni|en n.pr.n. *(-s)* Macedonia *f.* **Ma|ke|do|ni|er** m. *(-s,-)* macedone *m.* **ma|ke|do|nisch** agg. macedone. **Ma|ke|do|nisch** n. *(-[s])*, **Ma|ke|do|ni|sche** n. *(-n)* (lingua *f.*) macedone *m.*
Ma|kel m. *(-s,-)* **1** difetto *m.*: ***einen ~ aufweisen*** presentare (*o* avere) un difetto; ***ohne ~*** senza difetti, perfetto **2** FIG. *(Schandfleck)* macchia *f.*: ***mit einem ~ behaftet sein*** avere una macchia, essere macchiato da una colpa. **Mä|ke|lei** f. *(-,-en)* **1** il continuo criticare; critiche *f.pl.* meschine **2** RAR. *(mäkelnde Äußerung)* critica *f.* **mä|ke|lig** agg. difficile, schizzinoso. **ma|kel|los I** agg. **1** senza difetti, perfetto: ***eine -e Haut*** una pelle senza difetti **2** *(moralisch)* ineccepibile, irreprensibile, senza macchia: ***ein -er Lebenswandel*** una condotta di vita irreprensibile **II** avv. **1** perfettamente **2** *(moralisch)* ineccepibilmente ◆ ***~ weiß*** immacolato. **Ma|kel|lo|sig|keit** f. *(-)* **1** perfezione *f.* **2** *(moralisch)* ineccepibilità *f.*, integrità *f.* **3** *(Fleckenlosigkeit)* candore *m.*
ma|keln I tr. ***etw.*** ~ fare l'intermediario per (la vendita di) qcs. **II** intr. (aus. *haben*) fare l'agente immobiliare.
mä|keln intr. (aus. *haben*) SPREG. ***an etw. (D) zu ~ haben*** avere, trovare da ridire (*o* da criticare) su qcs. **Mä|kel|sucht** f. *(-)* SPREG. mania *f.* di criticare. **mä|kel|süch|tig** agg. che trova spesso da ridire, che critica spesso.
Make-up [meɪk'ap] n. *(-s,-s)* **1** make-up *m.*, trucco *m.*: ***(kein) ~ tragen*** (non) essere truccata; ***~ auftragen*** truccarsi **2** *(getönte Creme)* fondotinta *m.*
Ma|ki m. *(-s,-s)* maki *m.*
Mak|ka|bä|er m. *(-s,-)* maccabeo *m.* **mak|ka|bä|isch** agg. maccabeo.
1.Mak|ka|ro|ni pl. maccheroni *m.pl.*
2.Mak|ka|ro|ni m. *(-[s],-s)*, **Mak|ka|ro|ni|fres|ser** m. *(-s,-)* COLLOQ. SPREG. mangiaspaghetti *m.* **mak|ka|ro|nisch** agg. maccheronico.
Mak|ler m. *(-s,-)* mediatore *m.*
Mäk|ler m. *(-s,-)* SPREG. criticone *m.*
Mak|ler|ge|bühr f. *(-,-en)*, **Mak|ler|pro|vi|si|on** f. *(-,-en)* commissione *f.*, diritto *m.* di mediazione.
mäk|lig → **mäkelig.**
Ma|ko f. *(-,-s)* e m., n. *(-[s],-s)* makò *m.*, macò *m.* **Ma|ko|baum|wol|le** f. *(-)* cotone *m.* makò.
Mak|ra|mee n. *(-[s],-s)* macramè *m.*; *(Knüpfarbeit)* lavoro *m.* a macramè.
Mak|re|le f. *(-,-n)* sgombro *m.*
Mak|ro|bi|o|tik f. *(-)* macrobiotica *f.* **mak|ro|bi|o|tisch** agg. macrobiotico ◆ ***~ essen*** mangiare cibi macrobiotici. **Mak|ro|fo|to|gra|fie** f. *(-,-n)* macrofotografia *f.* **mak|ro|ke|phal** → **makrozephal. Mak|ro|kli|ma** n. *(-s,-s* e *-te)* macroclima *m.* **mak|ro|kos|misch, mak|ro|kos|misch** agg. del macrocosmo. **Mak|ro|kos|mos, Mak|ro|kos|mus** m. *(-)* macrocosmo *m.* **Mak|ro|mo|le|kül, Mak|ro|mo|le|kül** n. *(-s,-e)* macromolecola *f.* **mak|ro|mo|le|ku|lar, mak|ro|mo|le|ku|lar** agg. macromolecolare.
Mak|ro|ne f. *(-,-n)* INTRAD. (dolcetto a base di mandorle e cocco) ◆ REGION. ***jdm auf die ~ fallen, gehen*** dare sui nervi a qcn.
mak|ro|seis|misch agg. macrosismico. **mak|ro|sko|pisch** agg. macroscopico. **Mak|ro|spo|re** f. *(-,-n)* macrospora *f.* **Mak|ro|struk|tur** f. *(-,-en)* macrostruttura *f.* **mak|ro|ze|phal** agg. macrocefalo. **Mak|ro|ze|pha|le** m. e f. *(-n,-n)* macrocefalo *m.* (-a *f.*).
Ma|ku|la|tur f. *(-,-en)* **1** TIP. scarto *m.* di stampa **2** *(Altpapier)* cartaccia *f.*, cartastraccia *f.* ◆ SPREG. ***~ reden*** dire sciocchezze. **ma|ku|lie|ren** tr. mandare al macero.
mal avv. **1** (moltiplicato) per: ***drei ~ zwei ist sechs*** tre per due fa sei **2a** COLLOQ. *(einmal)* una volta: ***er sagt ~ so, ~ so*** una volta dice così, una volta cosà **b** una volta (*o* l'altra): ***lass ~ wieder von dir hören*** fatti sentire una volta o l'altra **3a** *(als Aufforderung)* su, dai: ***ruf doch ~ an!*** su, telefona! ***sag das ~!*** (dai), dillo! **b** *(doch; oft ausgelassen)* un po': ***komm ~ her!*** vieni (un po') qua! ***sag, hör ~...*** di', senti un po'...; ***Moment ~!*** un momento! ◆ COLLOQ. ***es ist nun ~ so*** è così, non ci si può far nulla; ***nicht ~*** nemmeno, neanche.
1.Mal n. *(-[e]s,-e)* volta *f.*: ***dies eine ~ nur*** quest'unica volta; ***dieses, kein einziges ~*** questa volta, nemmeno una volta; ***für dieses ~*** per questa volta; ***mehrere -e*** più volte; ***ein andres ~*** un'altra volta; ***ein oder das andere ~*** una volta o l'altra; ***das erste ~, beim ersten ~*** la prima volta; ***zum dritten ~*** per la terza volta; ***das vorige, nächste ~*** la volta scorsa, la prossima volta; ***beim nächsten ~*** la prossima volta ◆ ***~ für ~*** volta per volta; ***ein für alle ~*** una volta per tutte; ***jedes ~*** ogni volta, tutte le volte, sempre; ***jedes ~ wenn...*** ogni volta che...; ***manch liebes (manches liebe) ~*** più di una volta; ***manches ~*** qualche volta; ***so manches ~*** più di una volta; ***mit einem -[e]*** tutto in una volta; *(plötzlich)* a un tratto, improvvisamente; ***ein ~ über das andere, ein ums andere ~*** ogni due volte (*o* una volta su due); ***viele -e*** spesso, molte volte; ***von ~ zu ~*** di volta in volta; ***zum wiederholten ~*** a più riprese; ***zu verschiedenen -en*** in periodi (*o* momenti) diversi.
2.Mal n. *(-[e]s,-e* e *Mäler)* **1** *(Hautfleck)* chiazza *f.*, macchia *f.* (della pelle); *(Muttermal)* neo *m.*; voglia *f.* **2** *(Denkmal)* monumento *m.* **3a** SPORT *(Markierung)* linea *f.* **b** *(bei Rugby)* meta *f.*; *(Tor)* porta *f.* **c** *(bei Baseball)* base *f.*
Ma|la|chit m. *(-s,-e)* malachite *f.* **ma|la|chit|grün** agg. verde malachite. **Ma|la|chit|grün** n. *(-[e]s)* verde *m.* malachite.
ma|la|de agg. ammalato, malato; *(leicht krank)* indisposto.
Ma|la|ga I n.pr.n. Malaga *f.* **II** m. *(-s,-s)* malaga *m.*
Ma|lai|e m. *(-n,-n)* malese *m.* **Ma|lai|in** f. *(-,-nen)* malese *f.* **ma|lai|isch** agg. malese.
Ma|lai|se [ma'lɛːzə] f. *(-,-n)* **1** *(Unbehagen)* disagio *m.*, scontentezza *f.* **2** *(unbefriedigende Situation)* desolazione *f.*
Ma|la|ko|lo|gie, Ma|la|ko|zo|o|lo|gie f. *(-)* malacologia *f.*
Ma|la|ria f. *(-)* malaria *f.* **ma|la|ri|a|krank** agg. malato di malaria. **Ma|la|ri|a|mü|cke** f. *(-,-n)* anofele *f.* malarica.
Ma|lä|se → **Malaise.**
Ma|la|wi n.pr.n. *(-s)* Malawi *m.* **Ma|la|wi|er** m. *(-s,-)* abitante *m.* del Malawi. **ma|la|wisch** agg. del Malawi.
Ma|lay|sia n.pr.n. *(-s)* Malaysia *f.* **Ma|lay|si|er** m. *(-s,-)* malese *m.* **ma|lay|sisch** agg. malese, della Malaysia.
Mal|buch n. *(-[e]s,-bücher)* album *m.* da colorare.
Ma|le|di|ven, die ~ le Maldive. **Ma|le|di|ver** m. *(-s,-)* abitante *m.* delle Maldive. **ma|le|di|visch** agg. delle Maldive.
Ma|le|fiz|kerl m. *(-s,-e)* REGION. COLLOQ. **1** *(Draufgänger)* temerario *m.* **2** rompiscatole *m.*
ma|len I tr. **1a** dipingere: ***jdn, ein Bild, ein Porträt ~*** dipingere qcn., un quadro, un ritratto **b** assol. dipingere: ***in Öl, Pastell ~*** dipingere a olio, a pastello; ***auf Glas, Holz ~*** dipingere su vetro, su legno; ***nach der Natur ~*** dipingere dal vero **2** COLLOQ. pitturare, tinteggiare: ***die Tür ~*** pitturare (*o* verniciare) la porta; ***die Wände ~*** tinteggiare le pareti **3** FIG. *(beschreiben)* dipingere, ritrarre: ***die Zukunft schwarz ~*** dipingere il futuro a tinte fosche **II** rifl. ***sich (D) etw. ~*** **1** COLLOQ. *(sich schminken)* truccarsi: ***sich (D) die Augen ~*** truccarsi gli occhi **2** FIG. *(sich widerspiegeln)* dipingersi: ***auf seinem Gesicht malte sich Erstaunen*** sul suo viso si dipinse lo stupore. **Ma|ler** m. *(-s,-)* **1** pittore *m.* **2** *(Anstreicher)* imbianchino *m.*, decoratore *m.* **Ma|ler|ar|beit** f. *(-,-en)* lavoro *m.* dell'imbianchino. **Ma|ler|be|trieb** m. *(-[e]s,-e)* impresa *f.* di decorazioni. **Ma|le|rei** f. *(-,-en)* **1** pittura *f.*: ***die ~ der Gotik*** la pittura gotica **2** *(Gemälde)* pittura *f.*, dipinto *m.*, quadro *m.* **Ma|ler|email** n. *(-s,-s)* pittura *f.* a smalto. **Ma|ler|far|be** f. *(-,-n)* colore *m.* per dipingere. **Ma|le|rin** f. *(-,-nen)* pittrice *f.* **ma|le|risch** agg. **1** pittorico: ***ein -es Talent*** un talento pittorico **2** *(pittoresk)* pittoresco: ***ein -es Tal*** una valle pittoresca. **Ma|ler|lein|wand** f. *(-,-wände)* tela *f.* (per quadri a olio). **Ma|ler|meis|ter** m. *(-s,-)* decoratore *m.* (diplomato). **Ma|ler|mu|schel** f. *(-,-n)* mollusco *m.* degli unionidi. **ma|lern** COLLOQ. **I** tr. pitturare, tinteggiare **II** intr. (aus. *haben*) fare il decoratore, l'imbianchino. **Ma|ler|schu|le** f. *(-,-n)* scuola *f.* di pittura.
Mal|feld n. *(-[e]s,-er)* area *f.* di meta.
Mal|grund m. *(-[e]s)* PITT. fondo *m.*
Mal|heur [ma'løːɐ̯] n. *(-s,-e* e *-s)* COLLOQ. guaio *m.*, (piccola) disgrazia *f.*: ***mir ist ein ~ passiert*** mi è successo un guaio; ***das ist doch kein ~!*** non è niente di grave!
Ma|li n.pr.n. *(-s)* Mali *m.* **Ma|li|er** m. *(-s,-)* abitante *m.* del Mali.
ma|lig|ne agg. MED. maligno. **Ma|lig|ni|tät** f. *(-)* MED. malignità *f.*
ma|lisch agg. del Mali.
ma|li|zi|ös agg. malizioso, maligno.
Mal|kas|ten m. *(-s,-kästen)* cassetta *f.*, scatola *f.* dei colori. **Mal|klas|se** f. *(-,-n)* classe *f.* di pittura. **Mal|krei|de** f. *(-,-n)* pastello *m.* **Mal|kunst** f. *(-,-künste)* arte *f.* pittorica.
mall agg. MAR. *(vom Wind)* girato.
Mal|lor|ca [ma'jɔrka] n.pr.n. *(-s)* Maiorca *f.* **Mal|lor|qui|ner** [-'ki-] m. *(-s,-)* abitante *m.* di Maiorca. **mal|lor|qui|nisch** agg. di Maiorca.
Malm m. *(-[e]s)* GEOL. malm *m.* **mal|men** tr. frantumare, maciullare.
mal_neh|men tr. *(nimmt, nahm, genommen)* moltiplicare.

Ma|loc|chio [ma'lɔkio] m. *(-s,-s* e *Malocchi)* malocchio *m.*
Ma|lo|che f. *(-)* COLLOQ. sfacchinata *f.* ◆ ***in die, zur ~ gehen*** andare a sgobbare. **ma|lo|chen** intr. (aus. *haben*) COLLOQ. sfacchinare. **Ma|lo|cher** m. *(-s,-)* COLLOQ. chi lavora duramente, facchino *m.*
Mal|säu|le f. *(-,-n)* ANT. *(Grenzsäule)* cippo *m.* di confine; *(Gedenksäule)* cippo *m.* commemorativo. **Mal|schu|le** f. *(-,-n)* scuola *f.* di pittura. **Mal|staf|fel** f. *(-,-n)* cavalletto *m.* (da pittore).
Mal|stan|ge f. *(-,-n)* palo *m.*; *(Querlatte)* traversa *f.* (della porta da rugby).
Mal|stock m. *(-[e]s,-stöcke)* appoggiamano *m.*, poggiamano *m.*
Mal|strom → **Mahlstrom.**
Mal|ta n.pr.n. *(-s)* Malta *f.* **Mal|ta|fie|ber** n. *(-s)* febbre *f.* maltese.
Mal|ta|se f. *(-)* maltasi *f.*
Mal|ter m. e n. *(-s,-)* ANT. misura *f.* per cereali, moggio *m.*
Mal|te|ser m. *(-s,-)* **1** maltese *m.*, abitante *m.* di Malta **2** *(Malteserritter)* cavaliere *m.* (dell'ordine) di Malta **3** *(Hunderasse)* (cane *m.*) maltese *m.* **Mal|te|ser-Hilfs|dienst** m. *(-[e]s)* servizio *m.* assistenziale dell'ordine di Malta. **Mal|te|ser|kreuz** n. *(-es,-e)* croce *f.* (dell'ordine) di Malta. **Mal|te|ser|or|den** m. *(-s)* ordine *m.* di Malta. **Mal|te|ser|rit|ter** m. *(-s,-)* cavaliere *m.* (dell'ordine) di Malta. **mal|te|sisch** agg. maltese.
Mal|thu|si|a|nis|mus m. *(-)* malt(h)usianismo *m.*
Mal|to|se f. *(-)* maltosio *m.*
malt|rä|tie|ren tr. maltrattare.
Ma|lus m. *(-* e *-ses,-* e *-se)* **1** bonus malus *m.* **2** SPORT handicap *m.*
Mal|uten|si|li|en pl. utensili *m.pl.* da pittore, occorrente *m.* per dipingere.
Mal|va|sier m. *(-s)* malvasia *f.*
Mal|ve f. *(-,-n)* malva *f.* **mal|ven|far|ben, mal|ven|far|big** agg. color malva. **Mal|ven|ge|wächs** n. *(-es,-e)* malvacea *f.*
Malz n. *(-es)* malto *m.* **Malz|bier** n. *(-s,-e)* birra *f.* al, di malto. **Malz|bon|bon** m. e n. *(-s,-s)* caramella *f.* al malto.
Mal|zei|chen n. *(-s,-)* segno *m.* di moltiplicazione.
mal|zen ANT., **mäl|zen** tr. e intr. (aus. *haben*) sottoporre a maltaggio. **Mäl|zen** n. *(-s)* maltaggio *m.* **Mäl|zer** m. *(-s,-)* maltatore *m.*, addetto *m.* al maltaggio. **Mäl|ze|rei** f. *(-,-en)* malteria *f.* **Malz|ex|trakt** m. e n. *(-[e]s,-e)* estratto *m.* di malto. **Malz|kaf|fee** m. *(-s,-s)* caffè *m.* d'orzo. **Malz|zu|cker** m. *(-s)* maltosio *m.*
Ma|ma, Ma|ma f. *(-,-s)* FAM. mamma *f.* **Ma|ma|chen** n. *(-s,-)* FAM. mammina *f.*
Mam|ba f. *(-,-s)* mamba *m.*
Mam|bo m. *(-[s],-s)* e f. *(-,-s)* mambo *m.*
Ma|me|luck m. *(-en,-en)* STOR. mamelucco *m.*
Ma|mi f. *(-,-s)* FAM. mammina *f.* **Mam|ma|kar|zi|nom** n. *(-s,-e)* cancro *m.* alla mammella. **Mam|ma|lia** pl. mammiferi *m.pl.* **Mam|mo|gra|phie** f. *(-,-n)* mammografia *f.*
Mam|mon m. *(-s)* RELIG. mammona *f.*, mammone *m.*
Mam|mo|plas|tik f. *(-,-en)* plastica *f.* al seno.
Mam|mut n. *(-s,-e* e *-s)* mammut *m.* **Mam|mut|baum** m. *(-[e]s,-bäume)* sequoia *f.* **mam|mut|haft** agg. gigantesco, enorme. **Mam|mut|pro|zess** m. *(-es,-e)* maxiprocesso *m.* **Mam|mut|ver|an|stal|tung** f. *(-,-en)* spettacolo-fiume *m.*; *(Film)* colossal *m.*
mamp|fen tr. COLLOQ. sbafare, mangiare a quattro palmenti.
Mam|sell f. *(-,-en* e *-s)* **1** cameriera *f.* **2** ANT. *(Hausgehilfin)* domestica *f.* **3** ANT. *(Fräulein)* signorina *f.*, ragazza *f.*
1.man pron. indef. si: ***~ liest gern Kriminalromane*** i romanzi gialli si leggono volentieri; ***~ sang und tanzte*** si cantò e si ballò, cantarono e ballarono; ***~ könnte noch hinzufügen*** si potrebbe (*o* potremmo) ancora aggiungere; ***wie sagt ~?*** come si dice? ***wenn ~ den Kopf verliert*** quando si (*o* uno) perde la testa; ***wenn einem nicht wohl ist, bleibt ~ besser zu Hause*** quando non si sta bene è meglio rimanere a casa ◆ *(in Rezepten)* ***~ nehme...*** prendere (*o* prendete)...
2.man avv. REGION. *(nur, bloß)* pure: ***lass ~ gut sein!*** lascia pure perdere, lascia stare!
Mä|na|de f. *(-,-n)* menade *f.*
Ma|nage|ment ['mænɪdʒmənt] n. *(-s,-s)* management *m.*, direzione *f.* **ma|na|gen** ['mɛnɪdʒn] tr. **1** dirigere, organizzare, amministrare **2** COLLOQ. riuscire a fare: ***das werde ich schon ~*** ci riuscirò, lo sistemerò certamente. **Ma|na|ger** ['mɛnɪdʒɐ] m. *(-s,-)* manager *m.* **Ma|na|ger|krank|heit** f. *(-)* malattia *f.* del manager.
manch, man|che → **mancher.**
man|chen|orts → **mancherorts.**
man|cher pron.indef. m. (f. **manche**, n. **manches**) **I** *(attributiv)* (anche inv. **manch**) **1a** qualche, alcuni: ***~ gute (manch guter) Freund*** qualche buon amico (*o* alcuni buoni amici); ***der Duft ~ schönen (manch schöner) Blume*** il profumo di alcuni bei fiori; ***~ Kranke (manch Kranker)*** alcuni malati; ***aufgrund ~ Beweise*** sulla base di alcune prove; ***manches*** (LETT. ***manch ein) Buch*** qualche libro (*o* alcuni libri) **b** pl. **manche** *(einige)* alcuni: ***manche schöne(n) Aussichten*** alcuni bei panorami; ***an manchen Stellen*** in qualche punto (*o* in alcuni punti) **2** ***so, gar ~*** parecchi, diversi; *(viele)* molti: ***so manches Mal*** diverse volte; ***ich habe so manchen Film von ihm gesehen*** ho visto diversi suoi film **II** *(absolut)* **1** qualcuno: ***das hat schon ~ vor ihm gesagt*** questo l'ha già detto qualcuno prima di lui; ***manches deiner Bücher*** qualcuno (*o* alcuni) dei tuoi libri **2** ***so, gar ~*** parecchi; *(viele)* molti: ***so ~ fährt dieses Jahr nicht in den Urlaub*** molti quest'anno non vanno in vacanza **III** pl. **manche** alcuni: ***manche lernen schnell, manche überhaupt nicht*** alcuni apprendono rapidamente, altri per niente; ***manche von euch, ihnen*** alcuni (*o* qualcuno) di voi, loro; ***mit manchen kann man nicht in Frieden leben*** con qualcuno non si può vivere in pace **IV** n. **manches 1a** alcune, diverse cose: ***ich hätte dir manches zu sagen*** ho alcune cose da dirti; ***es war noch manches, was unklar blieb*** c'erano ancora diverse cose non chiare; ***mit manchem bin ich nicht zufrieden*** non sono contento di diverse cose **b** *(mit Attribut)* ***manches Gute, Interessante hören*** sentire alcune buone notizie, alcune cose interessanti **2** ***so, gar manches*** parecchie, molte cose ◆ ***manch andere(r)*** qualcun altro; ***manch einer*** più d'uno, qualcuno; ***manche Leute*** alcuni.
man|cher|lei I agg.inv. **1** vario, diverso, parecchio: ***~ Dinge*** parecchie cose; ***auf ~ Weise*** in vario modo, in diversi modi **2** *(von verschiedener Art)* di varia specie **II** pron.indef. parecchio, parecchie (*o* diverse) cose: ***~ mit jdm teilen*** condividere parecchie cose con qcn. **man|cher|or|ten** RAR. → **mancherorts. man|cher|orts**, LETT. **man|cher|wärts** avv. in qualche luogo, in alcuni luoghi.
man|ches → **mancher.**
Man|ches|ter ['mɛntʃstɐ] m. *(-s)* velluto *m.* a coste. **Man|ches|ter|ho|se** f. *(-,-n)* pantaloni *m.pl.* di velluto (a coste). **Man|ches|ter|stoff** m. *(-[e]s)* → **Manchester.**
Man|ches|ter|tum n. *(-s)* liberismo *m.* manchesteriano.
manch|mal avv. **1** talvolta, a volte, talora: ***~ denke ich, dass...*** a volte penso che... **2** *(einige Male)* qualche volta, alcune volte: ***ich bin schon ~ dorthin gegangen*** ci sono già andato qualche volta.
Man|dant m. *(-en,-en)* DIR. mandante *m.*; *(Klient)* cliente *m.*
Man|da|rin m. *(-s,-e)* STOR. mandarino *m.*
Man|da|ri|ne f. *(-,-n)* mandarino *m.* **Man|da|ri|nen|baum** m. *(-[e]s,-bäume)* (albero *m.* del) mandarino *m.* **Man|da|ri|nen|scha|le** f. *(-,-n)* buccia *f.* di mandarino.
Man|da|rin|en|te f. *(-,-n)* (anatra *f.*) mandarina *f.*
Man|dat n. *(-[e]s,-e)* **1** DIR. mandato *m.*, incarico *m.*: ***ein ~ übernehmen, ablehnen, erteilen*** assumere, rifiutare, affidare un mandato **2a** POL. mandato *m.*: ***parlamentarisches ~*** mandato parlamentare; ***sein ~ niederlegen*** deporre il proprio mandato **b** *(Abgeordnetenamt)* seggio *m.*: ***bei den Wahlen viele -e gewinnen*** ottenere molti seggi alle elezioni **3** → **Mandatsgebiet.**
Man|da|tar m. *(-s,-e)* **1** mandatario *m.* **2** AUSTR. *(Abgeordnete)* deputato *m.* **Man|da|tar|staat** m. *(-[e]s,-en)* stato *m.* mandatario.
Man|dats|ge|biet n. *(-[e]s,-e)* (territorio *m.* di) mandato *m.* **Man|dats|ver|lust** m. *(-[e]s,-e)* perdita *f.* (*o* decadenza *f.*) del mandato.
1.Man|del f. *(-,-n)* **1** mandorla *f.*: ***süße, gebrannte -n*** mandorle dolci, tostate **2** ANAT. tonsilla *f.*: ***dicke, entzündete -n haben*** avere le tonsille ingrossate, infiammate; ***jdm die -n herausnehmen*** togliere le tonsille a qcn., operare qcn. di tonsille.
2.Man|del f. *(-,-[n])* ANT. quindicina *f.*
Man|del|au|gen pl. occhi *m.pl.* a mandorla. **man|del|äu|gig** agg. dagli, con gli occhi a mandorla. **Man|del|baum** m. *(-[e]s,-bäume)* mandorlo *m.* **Man|del|ent|zün|dung** f. *(-,-en)* tonsillite *f.* **man|del|för|mig** agg. a mandorla. **Man|del|ge|bäck** n. *(-[e]s,-e)* biscotto *m.* alle mandorle. **Man|del|kern** m. *(-[e]s,-e)* (seme *m.* di) mandorla *f.* **Man|del|milch** f. *(-)* latte *m.* di mandorle. **Man|del|öl** n. *(-[e]s)* olio *m.* di mandorle. **Man|del|ope|ra|ti|on** f. *(-,-en)* operazione *f.* di tonsille, MED. tonsillectomia *f.* **Man|del|säu|re** f. *(-)* acido *m.* mandelico.
Man|di|beln pl. ZOOL. mandibole *f.pl.* **man|di|bu|lar, man|di|bu|lär** agg. MED. mandibolare.
Man|do|li|ne f. *(-,-n)* mandolino *m.*
Man|dor|la f. *(-, Mandorlen)* ART. mandorla *f.* (mistica).
Mand|ra|go|ra, Mand|ra|go|re f. *(-, Mandragoren)* mandragola (*o* mandragora) *f.*
Mand|rill m. *(-s,-e)* ZOOL. mandrillo *m.*
Mand|schu I m. *(-[s],-)* manciù *m.* **II** n. *(-[s])* (lingua *f.*) manciù *m.* **Mand|schu|rei** n.pr.f. *(-)* Manciuria *f.* **mand|schu|risch** agg. mancese, manciuriano, della Manciuria.
Ma|ne|ge [ma'ne:ʒə] f. *(-,-n)* maneggio *m.*; *(im Zirkus)* pista *f.*: ***~ frei!*** via dalla pista!

Ma|nen pl. RELIG. ANT. mani *m.pl.*
mang prep. + acc. e dat. REGION. fra, in mezzo a.
Man|gan n. *(-s)* manganese *m.* **Man|ga|nat** n. *(-s,-e)* manganato *m.* **Man|gan|ei|sen** n. *(-s)* ferro-manganese *m.* **Man|gan|erz** n. *(-es,-e)* minerale *m.* manganesifero. **Man|ga|nit** m. *(-s,-e)* manganite *f.* **Man|gan|säu|re** f. *(-)* acido *m.* manganico. **Man|gan|stahl** m. *(-[e]s)* acciaio *m.* al manganese.
Man|ge f. *(-,-ln)* REGION. → **2.Mangel.**
1.Man|gel m. *(-s, Mängel)* **1** mancanza *f.*: ***~ an etw. (D) empfinden, haben*** sentire la mancanza di qcs., mancare di qcs.; ***einem ~ abhelfen*** ovviare a una mancanza; ***aus ~ an Geld, Erfahrung, Vertrauen*** per mancanza di denaro, esperienza, fiducia **2** *(Knappheit)* mancanza *f.*, carenza *f.*, scarsità *f.*, insufficienza *f.*, deficienza *f.*: ***es besteht ~ an Rohstoffen, Arbeitskräften*** c'è carenza di materie prime, di manodopera; ***~ an Proteinen, Vitaminen*** carenza di proteine, vitamine; ***daran besteht kein ~*** ce n'è abbastanza (*o* a sufficienza); DIR. ***jdn aus ~ an Beweisen freisprechen*** assolvere qcn. per insufficienza di prove **3** *(Fehler)* difetto *m.*, imperfezione *f.*: ***die Ware hat einen ~ aufgewiesen*** la merce è risultata difettosa; ***technische, bauliche Mängel*** difetti tecnici, di costruzione; ***Mängel beseitigen, beheben*** eliminare difetti; ***Mängel feststellen, beanstanden*** trovare dei difetti; ***mit Mängeln behaftet sein*** avere dei difetti **4** DIR. vizio *m.*: ***Anzeige von Mängeln beim Kauf*** denuncia di vizi nella compravendita ◆ ***keinen ~ leiden*** avere di che vivere, non mancare di niente; ECON. ***~ an Masse*** insufficienza d'attivo.
2.Man|gel f. *(-,-n)* mangano *m.* ◆ ***jdn durch die ~ drehen, in der ~ haben, in die ~ nehmen*** mettere sotto torchio, torchiare qcn.
Man|gel|be|ruf m. *(-[e]s,-e)* = professione *f.* (molto) ricercata, di cui c'è molta richiesta. **Man|gel|er|kran|kung** f. *(-,-en)* → **Mangelkrankheit. Man|gel|er|schei|nung** f. *(-,-en)* MED. fenomeno *m.* di carenza. **Man|gel|fol|ge|scha|den** m. *(-s,-schäden)* DIR. danno *m.* generato da vizio. **man|gel|frei** agg. senza difetti (*o* imperfezioni), perfetto. **man|gel|haft I** agg. **1a** scarso, insufficiente, LETT. manchevole: ***eine -e Beleuchtung, Qualität*** un'illuminazione, una qualità scarsa; ***ein -es Namengedächtnis haben*** avere una scarsa memoria per i nomi **b** SCOL. insufficiente **2a** *(mit Mängeln behaftet)* difettoso, imperfetto **b** DIR. viziato, vizioso **II** avv. scarsamente, insufficientemente: ***~ ausgerüstet, vorbereitet*** equipaggiato, preparato in modo insufficiente. **Man|gel|haf|tig|keit** f. *(-,-en)* **1** scarsità *f.*, insufficienza *f.* **2** *(Fehlerhaftigkeit)* imperfezione *f.*
Män|gel|haf|tung f. *(-)* DIR. garanzia *f.* (*o* responsabilità *f.*) per i vizi della cosa.
Man|gel|krank|heit f. *(-,-en)* malattia *f.* da carenza.
1.man|geln intr. (aus. *haben*) **1** mancare, difettare: ***ihr mangelt die Erfahrung, die Erziehung*** le manca l'esperienza, l'educazione **2** impers. ***es mangelt an etw. (D)*** manca, scarseggia, difetta qcs.: ***es mangelt an Geld, Lebensmitteln*** manca il denaro, scarseggiano i viveri; ***es mangelt an nichts, am Nötigsten*** non manca nulla, manca il necessario; ***es mangelt ihm an Klugheit, Mut*** manca (*o* difetta) di intelligenza, di coraggio; ***daran hat es mir nie gemangelt*** questo non mi è mai mancato.
2.man|geln tr. manganare, passare al mangano.
man|gelnd p.pres. agg. **1** → **1.mangeln 2** scarso, insufficiente, carente: ***-e Nachfrage*** scarsa richiesta; ***aus -er Erfahrung*** per insufficiente esperienza.
Män|gel|rü|ge f. *(-,-n)* COMM. reclamo *m.* (per merce difettosa).
man|gels prep. + gen. in (*o* per) mancanza di, in assenza di, per insufficienza di: ***~ Kenntnis der Materie*** per mancanza di conoscenza della materia (*o* per scarsa conoscenza della materia); *(in besonderen Fällen mit Dativ)* ***~ Beweisen, Geldmitteln*** per insufficienza di prove, per mancanza di denaro ◆ ***~ Annahme*** per mancata accettazione.
Man|gel|wa|re f. *(-,-n)* merce *f.* rara.
man|gen → **2.mangeln.**
Mang|ler m. *(-s,-)* manganatore *m.*
Man|go f. *(-,-nen* e *-s)* mango *m.* **Man|go|baum** m. *(-[e]s,-bäume)* (albero *m.* del) mango *m.*
Man|gold m. *(-[e]s,-e)* bietola *f.*
Mang|ro|ve f. *(-,-n)* mangrov(i)a *f.*
Man|gus|te f. *(-,-n)* mangusta *f.*
Ma|ni|chä|er m. *(-s,-)* manicheo *m.* **ma|ni|chä|isch** agg. manicheo. **Ma|ni|chä|is|mus** m. *(-s)* manicheismo *m.*
Ma|nie f. *(-,-n)* **1** mania *f.*: ***(bei jdm) zur ~ werden*** diventare una mania (per qcn.); ***jd hat eine ~ für etw. entwickelt*** a qcn. è venuta una mania per qcs. **2** ANT. *(Wahnsinn)* follia *f.*, pazzia *f.*
Ma|nier f. *(-,-en)* **1a** maniera *f.*, modo *m.*: ***in bewährter ~*** in (un) modo magistrale **b** *(Sitte)* uso *m.*, costume *m.*: ***eine typisch angelsächsische ~*** un uso tipicamente anglosassone **2** *(Stil)* maniera *f.*, stile *m.* **3** pl. *(Umgangsformen)* (buone) maniere *f.pl.*, modi *m.pl.*: ***gute, schlechte, feine -en*** buone, cattive maniere, modi raffinati; ***keine -en haben*** non sapersi comportare, essere maleducato; ***jdm Manieren beibringen*** insegnare le buone maniere a qcn.; ***was sind das für -en?*** che modi sono questi? **4** SPREG. *(Künstelei)* affettazione *f.*, artificiosità *f.* ◆ ***das ist keine ~!*** non è questo il modo (di comportarsi)!
ma|nie|riert I agg. **1** manierato, affettato: ***-e Gestik*** gesti manierati **2** ART. manierato, di maniera: ***ein -es Bild*** un quadro di maniera **II** avv. in modo manierato. **Ma|nie|riert|heit** f. *(-,-en)* **1** affettazione *f.* **2** ART. manierismo *m.*
Ma|nie|ris|mus m. *(-, Manierismen)* manierismo *m.* **Ma|nie|rist** m. *(-en,-en)* manierista *m.* **ma|nie|ris|tisch** agg. manieristico.
ma|nier|lich I agg. **1** di buone maniere, educato, compito **2** COLLOQ. *(ziemlich gut)* (abbastanza) buono: ***-e Preise*** prezzi abbastanza buoni **II** avv. **1** secondo le buone maniere, educatamente **2** COLLOQ. *(ziemlich gut)* abbastanza bene, in modo accettabile: ***noch ~ funktionieren*** funzionare ancora abbastanza bene.
ma|ni|fest agg. manifesto, evidente ◆ ***~ werden*** manifestarsi. **Ma|ni|fest** n. *(-[e]s,-e)* ART. POL. manifesto *m.*: ***das Kommunistische ~*** il manifesto del partito comunista. **Ma|ni|fes|tant** m. *(-en,-en)* **1** AUSTR. SVIZZ. manifestante *m.* **2** DIR. prestatore *m.* di giuramento rivelatorio. **Ma|ni|fes|ta|ti|on** f. *(-,-en)* manifestazione *f.* **ma|ni|fes|tie|ren I** tr. manifestare: ***einen festen Willen ~*** manifestare una ferma volontà **II** rifl. ***sich in jdm, etw. ~*** manifestarsi in qcs., qcn.
Ma|ni|kü|re f. *(-,-n)* **1** manicure *f.*: ***~ machen*** farsi la manicure **2** *(Nagelnecessaire)* necessaire *m.* per (la) manicure. **ma|ni|kü|ren I** tr. **1** ***jdn ~*** fare la manicure a qcn. **2** ***seine Fingernägel ~*** farsi la manicure, curarsi le unghie **II** rifl. ***sich ~*** farsi la manicure.
Ma|ni|la|fa|ser f. *(-,-n)*, **Ma|ni|la|hanf** m. *(-[e]s)* canapa *f.* di Manila, manila *f.*
Ma|ni|ok m. *(-s,-s)* manioca *f.* **Ma|ni|ok|wur|zel** f. *(-,-n)* radice *f.* di, della manioca.
Ma|ni|pel m. *(-s,-)* LIT. STOR. manipolo *m.*
Ma|ni|pu|lant m. *(-en,-en)* manipolatore *m.* **Ma|ni|pu|la|ti|on** f. *(-,-en)* manipolazione *f.* **ma|ni|pu|la|tiv** agg. manipolativo, manipolatorio. **Ma|ni|pu|la|tor** m. *(-s,-en)* manipolatore *m.* **ma|ni|pu|la|to|risch** agg. manipolatorio. **ma|ni|pu|lier|bar** agg. **1** manipolabile **2** *(zu handhaben)* maneggevole. **ma|ni|pu|lie|ren I** tr. **1** manipolare: ***die Wahrheit, die Nachrichten ~*** manipolare la verità, le informazioni **2** *(handhaben)* maneggiare, manipolare: ***etw. vorsichtig ~*** maneggiare qcs. con cura **3** *(hantieren)* macchinare, tramare **4** *(bearbeiten)* manipolare, lavorare **II** intr. (aus. *haben*) ***an etw. (D) mit etw. ~*** manipolare qcs., armeggiare intorno a qcs. con qcs. **Ma|ni|pu|lie|rung** f. *(-,-en)* manipolazione *f.*
ma|nisch agg. **1** maniacale, maniaco: ***ein -es Verhalten*** un comportamento maniacale **2** ANT. pazzesco. **ma|nisch-de|pres|siv** agg. maniaco-depressivo.
Ma|nis|mus m. *(-)* manismo *m.*
Ma|ni|tu m. *(-s)* Manitù *m.*
Man|ko n. *(-s,-s)* **1** mancanza *f.*, carenza *f.*, deficienza *f.*; deficit *m.*: ***~ an etw.*** deficit di qcs. **2** ECON. ammanco *m.* **Man|ko|haf|tung** f. *(-)* responsabilità *f.* per l'ammanco. **Man|ko|geld** n. *(-[e]s,-gelder)* indennizzo *m.* per ammanco di cassa.
Mann m. *(-[e]s, Männer* e *-en/-)* **1a** (pl. *Männer*) uomo *m.*: ***ein kräftiger, mächtiger ~*** un uomo robusto, potente; ***ein junger ~*** un giovane, un giovanotto; ***zum -e werden*** diventare uomo; ***für Männer*** per soli uomini **b** inv. ***ein Offizier und 50 ~*** un ufficiale e 50 uomini **2** *(Ehemann)* marito *m.*: ***~ und Frau*** marito e moglie: ***einen ~ bekommen*** trovare marito **3a** (pl. *-en*) seguace *m.*; *(Gefolgsleute)* seguito *m.*: ***der Prinz und seine -en*** il principe e il suo seguito **b** STOR. vassallo *m.* ◆ ***alle ~*** tutti; ***ein alter ~*** un uomo anziano; MINER. galleria abbandonata; ***~ an ~*** stretti stretti (*o* fianco a fianco); MAR. ***~ über Bord!*** uomo in mare! ***etw. an den ~ bringen*** piazzare, collare una merce; *(im Gespräch etw. anbringen)* intervenire nella discussione; ***ein ~ von Charakter*** un uomo di carattere; ***der (richtige, geeignete) ~ dazu sein*** essere l'uomo adatto, giusto; MAR. ***alle ~ an Deck!*** equipaggio in coperta! ***ein ~ von Einfluss*** un uomo influente; ***ein ~ der Feder*** un letterato; ***seinen ~ finden*** trovare l'uomo adatto; *(ebenbürtiger Gegner)* un degno avversario, pane per i propri denti; SPORT ***freier ~*** libero; ***~ für ~*** uno ad uno, uno per volta; ***ein ganzer ~*** un uomo tutto d'un pezzo; ***~ gegen ~*** corpo a corpo; ***ein ~ von Geist*** un uomo di spirito; ***ein gemachter ~ sein*** essere un uomo arrivato; ***der gemeine ~*** l'uomo della strada; ***er ist ~s genug, das zu tun*** è capace di farlo, ne è capace; ***ein geschla-***

gener ~ sein essere un uomo finito; ***ein gestandener ~*** un uomo maturo, esperto; ***ein ~ Gottes*** un uomo di chiesa; ***~ Gottes!*** santo cielo! ***drei ~ hoch*** in tre; ***der kleine ~*** l'uomo qualunque, della strada; ***(mein lieber) ~!*** accidenti! COLLOQ. ***den starken ~ markieren*** (o ***mimen)*** fare il duro; ***~! mit ~ und Maus*** tutti quanti; ***wenn Not am ~ ist*** se è urgente; COLLOQ. ***(wohl) einen kleinen ~ im Ohr haben*** essere un po' tocco; ***3 DM pro ~*** 3 marchi a testa; ***der richtige ~*** l'uomo giusto, adatto; ***der schwarze ~*** l'uomo nero; ***selbst ist der ~*** chi fa da sé fa per tre; COLLOQ. ***der erste ~ an der Spritze sein*** essere un uomo di punta; ***seinen ~ stehen, stellen*** essere un uomo in gamba, sapere il fatto proprio; ***der ~ auf der Straße*** l'uomo della strada; ***ein ~ der Tat*** un uomo d'azione; ***ein ~ des Todes sein*** essere un uomo morto; *(bald sterben müssen)* essere condannato (a morire); ***ein toter ~ sein*** essere un uomo morto (*o* finito); ***den toten ~ machen*** fare il morto; ***typisch ~*** tipico degli uomini; ***das ist unser ~*** questo è l'uomo che fa per noi; ***ein ~ aus dem Volk*** un uomo del popolo; ***von ~ zu ~*** da uomo a uomo; ***den wilden ~ spielen, machen*** fare il diavolo a quattro; ***ein ~ von Welt*** un uomo di mondo; ***ein ~ von Wort*** un uomo di parola; PROV. ***ein ~, ein Wort*** ogni promessa è debito.

Man|na n. *(-[s])* e *f. (-)* BIBL. BOT. manna *f.*

mann|bar agg. **1** da marito: ***-es Mädchen*** ragazza da marito **2** *(geschlechtsreif)* sessualmente maturo. **Mann|bar|keit** f. *(-)* **1** età *f.* da marito **2** *(Geschlechtsreife)* maturità *f.* sessuale. **Mann|bar|keits|ri|tus** m. *(-)* ETNOL. rito *m.* d'iniziazione (alla società adulta).

Männ|chen n. *(-s,-)* **1a** ometto *m.*, omino *m.* **b** *(Zwerg)* nano *m.*, nanetto *m.* **2** SCHERZ. *(Ehemann)* maritino *m.* **3** *(männliches Tier)* maschio *m.* ◆ ***~ machen*** drizzarsi sulle zampe posteriori; MIL. ***sein ~ machen, bauen*** mettersi sull'attenti; COLLOQ. ***nicht mehr wissen ob man ~ oder Weibchen ist*** essere stravolto.

Mann|de|ckung f. *(-)* SPORT marcatura *f.* a uomo: ***~ spielen*** giocare a uomo.

Män|ne m. *(-)* REGION. VEZZ. ometto *m.*

Män|ne|ken n. *(-s,-s)* REGION. → **Männchen (1a).**

man|nen tr. MAR. fare passamano.

Man|ne|quin ['manəkɛ̃] n. e RAR. m. *(-s,-s)* **1** mannequin *f.*, indossatrice *f.* **2a** *(Schaufensterpuppe)* manichino *m.* **b** ANT. *(Gliederpuppe)* marionetta *f.*, manichino *m.*

Män|ner|ar|beit f. *(-,-en)* lavoro *m.* maschile. **Män|ner|be|kannt|schaft** f. *(-,-en)* → **Herrenbekanntschaft. Män|ner|bund** m. *(-es,-bünde)* **1** ETNOL. gruppo *m.* degli uomini adulti **2** *(Geheimbund)* associazione *f.* segreta maschile. **Män|ner|chor** m. *(-[e]s,-chöre)* coro *m.* maschile. **Män|ner|fang** SCHERZ. ***auf ~ ausgehen, aussein*** andare, essere a caccia di uomini. **män|ner|feind|lich** agg. ostile agli uomini. **Män|ner|freund|schaft** f. *(-,-en)* amicizia *f.* maschile, fra uomini. **Män|ner|ge|sang|ver|ein** m. *(-[e]s,-e)* corale *f.* maschile. **Män|ner|ge|schich|te** f. *(-,-n)* COLLOQ. storie *f.pl.* (con uomini). **Män|ner|heil|kun|de** f. *(-)* andrologia *f.* **Män|ner|kind|bett** n. *(-[e]s)* ETNOL. covata *f.* **Män|ner|klei|der** pl. abiti *m.pl.* maschili. **Män|ner|klei|dung** f. *(-)* abbigliamento *m.* maschile. **män|ner|los** agg. senza uomini. **män|ner|mor|dend** agg. **1** SCHERZ. *(verführerisch)* che fa strage (di uomini) **2** *(sehr stark)* micidiale. **Män|ner|or|den** m. *(-s,-)* REL. ordine *m.* maschile. **Män|ner|rock** m. *(-[e]s,-röcke)* giacca *f.* maschile. **Män|ner|sa|che** f. *(-,-n)* cosa *f.*, faccenda *f.* da uomini. **Män|ner|sei|te** f. *(-,-n)* lato *m.*, parte *f.* degli uomini (in chiesa). **Män|ner|sta|ti|on** f. *(-,-en)* reparto *m.* uomini. **Män|ner|stim|me** f. *(-,-n)* voce *f.* maschile. **Män|ner|treu** f. *(-,-)* BOT. eringio *m.* **Män|ner|über|schuss** m. *(-es, -überschüsse)* esubero *f.*, abbondanza *f.* di uomini. **Män|ner|volk** n. *(-[e]s)* COLLOQ. uomini *m.pl.* **Män|ner|welt** f. *(-)* mondo *m.* maschile. **Män|ner|wirt|schaft** f. *(-,-en)* SCHERZ. gestione *f.* maschile.

Man|nes|al|ter n. *(-s,-)* età *f.* virile: ***im besten ~ sein*** essere nel pieno vigore (*o* nel fiore) degli anni. **Man|nes|kraft** f. *(-,-kräfte)* **1** forza *f.* virile **2** ANT. virilità *f.* **Man|nes|stamm** m. *(-[e]s,-stämme)* discendenza *f.* (*o* linea *f.*) maschile. **Man|nes|stär|ke** f. *(-)* ANT. forza *f.* virile. **Man|nes|treue** f. *(-)* ANT. fedeltà *f.* (virile). **Man|nes|wort** n. *(-[e]s,-e)* ANT. parola *f.*, parola *f.* data. **Man|nes|zucht** f. *(-)* comportamento *m.*, disciplina *f.* virile.

mann|haft I agg. **1** virile **2** *(tapfer)* coraggioso, intrepido **3** *(entschlossen)* risoluto, deciso **II** avv. **1** virilmente **2** *(mutig)* coraggiosamente **3** *(entschieden)* con risolutezza, con decisione. **Mann|haf|tig|keit** f. *(-)* **1** virilità *f.* **2** *(Tapferkeit)* intrepidezza *f.* **3** *(Entschlossenheit)* risolutezza *f.*, decisione *f.*

man|nig|fach agg. molteplice, svariato, vario: ***-e Lösungen*** molteplici soluzioni. **man|nig|fal|tig** agg. LETT. **1** molteplice, numeroso **2** *(vielartig)* svariato, diverso: ***Irrtümer -er Art*** errori di diverso genere. **Man|nig|fal|tig|keit** f. *(-)* molteplicità *f.*, varietà *f.*

män|nig|lich pron.indef. ANT. o SVIZZ. ognuno.

Män|nin f. *(-,-nen)* **1** BIBL. donna *f.* **2** *(Mannfrau)* donna *f.* mascolina, virago *f.*

Man|nit m. *(-s,-e)* mannite *f.*

Männ|lein n. *(-s,-)* **1** omino *m.*, ometto *m.* **2** SCHERZ. maschietto *m.*

männ|lich I agg. **1** maschile: ***die -e Linie der Familie*** la linea maschile della famiglia; ***das -e Tier*** l'animale maschio, di sesso maschile; ***eine -e Stimme*** una voce maschile; GRAMM. ***-es Geschlecht*** genere maschile **2** *(maskulin)* virile, maschile, mascolino: ***ein Gesicht mit -en Zügen*** un viso con tratti mascolini; ***-e Kraft*** forza virile **3** METR. tronco **II** avv. da uomo, in modo virile. **Männ|lich|keit** f. *(-)* mascolinità *f.*, virilità *f.*; *(männliche Geschlechtsteile)* genitali *m.pl.* (maschili). **Männ|lich|keits|wahn** m. *(-[e]s)* culto *m.* della virilità.

Mann|loch m. *(-[e]s,-löcher)* passo *m.* d'uomo.

Man|no|mann inter. mio Dio!

Manns|bild n. *(-[e]s,-bilder)* COLLOQ. uomo *m.*, figura *f.* maschile.

Mann|schaft f. *(-,-en)* **1** squadra *f.* (anche SPORT): ***eine ~ aufstellen, bilden*** formare una squadra; FIG. *(Arbeitsteam)* ***die ~ des Ministerpräsidenten*** la squadra del primo ministro **2** *(Besatzung)* equipaggio *m.*: ***die ~ eines Schiffes, Flugzeuges*** l'equipaggio di una nave, di un aereo **3** MIL. truppe *f.pl.* ◆ ***vor versammelter ~*** davanti a tutti quanti. **mann|schaft|lich** agg. di squadra. **Mann|schafts|auf|stel|lung** f. *(-,-en)* SPORT **1** schieramento *m.* (della squadra) **2** *(Zusammensetzung)* formazione *f.* (della squadra). **mann|schafts|dien|lich** agg. e avv. per la squadra. **Mann|schafts|dienst|grad** m. (-[e]s) MIL. graduato *m.* **Mann|schafts|fah|ren** n. *(-s)* SPORT corsa *f.* a squadre. **Mann|schafts|füh|rer** m. *(-s,-)* capitano *m.* della squadra. **Mann|schafts|geist** m. *(-es)* spirito *m.* di squadra. **Mann|schafts|kampf** m. *(-[e]s,-kämpfe)* gara *f.* a squadre. **Mann|schafts|meis|ter|schaft** f. *(-,-en)* campionato *m.* a squadre. **Mann|schafts|mes|se** f. *(-,-n)* MAR. tavolata *f.* **Mann|schafts|raum** m. *(-[e]s,-räume)* MAR. camerata *m.* dell'equipaggio. **Mann|schafts|sie|ger** m. *(-s,-)* squadra *f.* vincente. **Mann|schafts|spiel** n. *(-[e]s,-e)* **1** gioco *m.* a squadre **2** *(Zusammenspiel)* gioco *m.* di squadra. **Mann|schafts|sport** m. *(-[e]s)* sport *m.* a squadre. **Mann|schafts|stär|ke** f. *(-)* MIL. forza *f.* (numerica) della, di una squadra. **Mann|schafts|wa|gen** m. *(-s,-)* camionetta *f.* per le truppe. **Mann|schafts|wer|tung** f. *(-,-en)* punteggio *m.* di squadra. **Mann|schafts|wett|be|werb** m. *(-[e]s,-e)* SPORT → **Mannschaftskampf.**

manns|dick agg. grosso quanto un uomo, della grandezza di un uomo. **manns|hoch** agg. alto quanto un uomo, dell'altezza di un uomo. **Manns|hö|he** f. *(-)* altezza *f.* d'uomo. **Manns|leu|te** pl. ANT. o COLLOQ. uomini *m.pl.* **manns|toll** agg. COLLOQ. affamata di uomini. **Mann|stun|de** f. *(-,-n)* ora *f.* uomo. **Manns|volk** n. *(-[e]s)* COLLOQ. ANT. uomini *m.pl.* **Mann|weib** n. *(-[e]s,-er)* SPREG. virago *f.*

Ma|no|me|ter n. *(-s,-)* manometro *m.* ◆ COLLOQ. ***~!*** accidenti! **ma|no|met|risch** agg. manometrico.

Ma|nö|ver n. *(-s,-)* **1** MIL. *(Feldübung)* manovre *f.pl.*, esercitazioni *f.pl.*: ***ins ~ ziehen, rücken*** andare a fare le esercitazioni; ***ein ~ abhalten, durchführen*** fare le esercitazioni **2a** manovra *f.*: ***ein ~ mit dem Wagen machen*** fare una manovra con l'auto **b** FIG. *(geschicktes Handeln)* manovra *f.*, stratagemma *m.*: ***geschickte, raffinierte ~*** abili, raffinate manovre. **Ma|nö|ver|scha|den** m. *(-s,-schäden)* danno *m.* provocato durante le esercitazioni.

ma|növ|rie|ren I tr. **1** manovrare, guidare, condurre (abilmente): ***das Auto durch einen Engpass ~*** guidare l'auto attraverso una strettoia **2** FIG. armeggiare, brigare: ***etw. an eine Stelle ~*** armeggiare per metter qcs. in un posto; ***jdn in eine wichtige Position ~*** brigare per mettere qcn. in una posizione importante **II** intr. (aus. *haben*) **1** fare una manovra: ***das Schiff manövrierte gefährlich*** la nave fece una manovra pericolosa **2** FIG. *(Kunstgriffe anwenden)* manovrare, macchinare ◆ ***einen Betrieb in den Konkurs ~*** condurre un'azienda al fallimento. **ma|növ|rier|fä|hig** agg. manovrabile. **Ma|növ|rier|fä|hig|keit** f. *(-)* manovrabilità *f.*

Man|sard|dach n. *(-[e]s,-dächer)* tetto *m.* a mansarda. **Man|sar|de** f. *(-,-n)* mansarda *f.* **Man|sar|den|dach** → **Mansarddach. Man|sar|den|woh|nung** f. *(-,-en)* appartamento *m.* mansardato, mansarda *f.* **Man|sar|den|zim|mer** n. *(-s,-)* stanza *f.* mansardata, mansarda *f.*

Mansch m. *(-[e]s)* SPREG. *(trübe Flüssigkeit)* intruglio *m.*, miscuglio *m.*; *(breiige Masse)* poltiglia *f.* **man|schen** COLLOQ. **I** tr. ridurre in poltiglia **II** intr. (aus. *haben*) **1** sguazzare **2** pasticciare, fare pasticci: ***mit Erde und Wasser ~*** pasticciare con terra e acqua; ***im Essen ~*** pasticciare il cibo nel piatto. **Man|sche|rei** f. *(-,-en)* COLLOQ. SPREG. il continuo sguazzare, il pasticciare.

Man|schet|te f. *(-,-n)* **1** polsino *m.*: ***ein Hemd mit gestärkten -n*** una camicia con polsini inamidati **2** MED. *(bei der Blutdruckmessung)* bracciale *m.* **3** *(zierendes Papierband)* fascetta *f.* (decorativa) di carta **4** SPORT *(beim Ringen)* manichino *m.*, manchette *f.* **5** TECN. → **Manschettendichtung 6** GERG. *(Fessel)* manetta *f.*: ***jdm die -n anlegen*** mettere le manette a qcn. ◆ COLLOQ. ***vor jdm, etw. -n haben*** avere paura di qcn., qcs. **Man|schet|ten|dich|tung** f. *(-,-en)* anello *m.* di tenuta. **Man|schet|ten|knopf** m. *(-[e]s,-knöpfe)* ABBIGL. gemello *m.*

Man|tel m. *(-s, Mäntel)* **1** cappotto *m.*: ***ein leichter, gefütterter ~*** un cappotto leggero, foderato; ***den ~ offen tragen*** portare il cappotto sbottonato; ***jdn in den, aus dem ~ helfen*** aiutare qcn. a mettere, a togliere il cappotto; ***seinen ~ ablegen*** togliersi il cappotto **2a** TECN. *(Umhüllung)* rivestimento *m.*, involucro *m.* **b** EL. guaina *f.* **3** TECN. *(Ofenmantel)* mantello *m.*, carcassa *f.*, fasciame *f.* **4** METALL. mantello *m.*, involucro *m.* metallico **5** EDIL. *(Gerippe)* manto *m.* **6** *(Geschossmantel)* incamiciatura *f.* **7** *(von Reifen)* copertone *m.* **8a** ECON. mantello *m.* (di titolo) **b** *(von einer Gesellschaft)* forma *f.* giuridica **9** GEOM. superficie *f.* laterale **10** GEOL. mantello *m.* **11** TEATR. *(Bühnenrahmen)* boccascena *f.* **12** ANAT. *(Pallium)* mantello *m.* cerebrale **13** *(die äußeren Bäume)* alberi *m.pl.* all'orlo del bosco **14** VENAT. mantello *m.* **15** GEOM. superficie *f.* laterale ◆ ***etw. mit dem ~ der Nächstenliebe bedecken, zudecken*** celare qcs. sotto il manto della carità; ***den ~ des Schweigens über etw. breiten, decken*** stendere un velo (pietoso) su qcs.; FIG. SPREG. ***den ~ nach dem Wind hängen, kehren, drehen*** navigare secondo il vento.

Män|tel|chen n. *(-s,-)* cappottino *m.* ◆ ***etw. (D) ein ~ umhängen*** velare, mascherare qcs.

Man|tel|fut|ter n. *(-s,-)* fodera *f.* di, del cappotto. **Man|tel|ge|schoss,** AUSTR. **Man|tel|ge|schoß** n. *(-es,-e)* proiettile *m.* incamiciato (*o* con incamiciatura). **Man|tel|ge|setz** n. *(-[e]s,-e)* legge *f.* quadro. **Man|tel|kleid** n. *(-[e]s,-er)* robe-manteau *f.* **Man|tel|kra|gen** m. *(-s,-krägen)* collo *m.* (*o* bavero *m.*) di, del cappotto. **Man|tel|pa|vi|an** m. *(-s,-e)* ZOOL. amadriade *f.* **Man|tel|rohr** n. *(-[e]s,-e)* **1** IDR. tubo *m.* da pozzo **2** MECC. manicotto *m.* **3** AUT. tubo *m.* esterno (del piantone di guida). **Man|tel|sack** m. *(-[e]s,-säcke)* ANT. *(Reisesack)* portamantello *m.*; bisaccia *f.* **Man|tel|ta|rif** m. *(-s,-e)*, **Man|tel|ta|rif|ver|trag** m. *(-[e]s,-verträge)* contratto *m.* collettivo (di lavoro). **Man|tel|ta|sche** f. *(-,-n)* tasca *f.* di, del cappotto. **Man|tel|tier** n. *(-[e]s,-e)* tunicato *m.*

Man|tik f. *(-)* mantica *f.*

Man|til|le [man'tɪl(j)ə] f. *(-,-n)* mantiglia *f.*

Man|tis|se f. *(-,-n)* mantissa *f.*

Man|tra n. *(-[s],-s)* mantra *m.*

Man|tua n.pr.n. *(-s)* Mantova *f.* **Man|tu|a|ner** m. *(-s,-)* mantovano *m.* **man|tu|a|nisch** agg. mantovano.

Mantsch → **Mansch. mant|schen** → **manschen.**

Ma|nu|al n. *(-s,-e)*, **Ma|nu|a|le** n. *(-[s],-[n])* **1** MUS. *(bei der Orgel)* manuale *m.*, tastiera *f.* **2** ANT. *(Handbuch)* manuale *m.*

ma|nu|ell I agg. manuale **II** avv. a mano, manualmente.

Ma|nu|fak|tur f. *(-,-en)* **1** manifattura *f.* **2** *(Anfertigung mit der Hand)* lavorazione *f.* a mano **3** *(handgearbeiteter Gegenstand)* manufatto *m.* **Ma|nu|fak|tur|be|trieb** m. *(-[e]s,-e)* ANT. industria *f.* manifatturiera. **ma|nu|fak|tu|rie|ren** tr. ANT. lavorare a mano. **Ma|nu|fak|tu|rist** m. *(-en,-en)* **1** ANT. manifatturiere *m.* **2** *(Händler mit Manufakturwaren)* commerciante *m.* in manufatti. **Ma|nu|fak|tur|wa|ren** pl. ANT. **1** *(Textilwaren)* manifatture *f.pl.*, confezioni *f.pl.* **2** *(Kurzwaren)* articoli *m.pl.* di merceria.

Ma|nu|skript n. *(-[e]s,-e)* **1a** *(Handschrift)* manoscritto *m.* **b** *(als Druckvorlage)* manoscritto *m.*, dattiloscritto *m.*: ***ein ~ abschließen*** finire un manoscritto; ***ein ~ in Druck geben*** dare alle stampe un manoscritto **c** STOR. ART. manoscritto *m.*, codice *m.*: ***ein ~ aus dem Mittelalter*** un codice medievale **2** *(stichwortartiger Text)* appunti *m.pl.*: ***er hat frei, ohne ~ gesprochen*** ha parlato a braccio, senza appunti. **Ma|nu|skript|blatt** n. *(-[e]s,-blätter)*, **Ma|nu|skript|sei|te** f. *(-,-n)* pagina *f.* del, di un manoscritto.

Ma|o|is|mus m. *(-)* maoismo *m.* **Ma|o|ist** m. *(-en,-en)* maoista *m.* **ma|o|is|tisch** agg. maoistico.

1.Ma|o|ri m. *(-[s],-[s])* maori *m.*

2.Ma|o|ri n. *(-)* maori *m.*, lingua *f.* dei maori. **ma|o|risch** agg. (dei) maori.

Mäpp|chen n. *(-s,-)* piccola cartellina *f.* **Map|pe** f. *(-,-n)* **1** cartellina *f.*; *(Sammelmappe)* raccoglitore *m.* **2** *(Aktentasche)* cartella *f.* (per documenti).

Ma|quet|te [ma'kɛtə] f. *(-,-n)* modello *m.* (di scultura).

Ma|qui|sard [maki'zaːɐ] m. *(-,-s* e *-n)* STOR. maquisard *m.*, partigiano *m.* (francese).

Mär f. *(-,-en)* ANT. o SCHERZ. **1** *(Erzählung)* racconto *m.* **2** *(unwahrer Bericht)* fandonia *f.*, frottola *f.* **3** *(Gerücht)* voce *f.*, diceria *f.*

Ma|ra|bu m. *(-s,-s)* marabù *m.*

Ma|ra|cu|ja f. *(-,-s)* maracuja *f.*, frutto *m.* della passione.

ma|ran|tisch → **marastisch.**

Ma|ras|mus m. *(-)* MED. marasma *m.* **ma|ras|tisch** agg. MED. **1** di, del marasma **2** *(an Marasmus leidend)* sofferente di marasma.

1.Ma|ra|thon n.pr.n. *(-s)* Maratona *f.*

2.Ma|ra|thon I m. *(-s,-s)* SPORT maratona *f.* **II** n. *(-s,-s)* COLLOQ. FIG. maratona *f.* **Ma|ra|thon|lauf** m. *(-[e]s,-läufe)* SPORT maratona *f.* **Ma|ra|thon|läu|fer** m. *(-s,-)* maratoneta *m.* **Ma|ra|thon|sit|zung** f. *(-,-en)* seduta *f.* fiume. **Ma|ra|thon|ver|an|stal|tung** f. *(-,-en)* manifestazione *f.* fiume, maratona *f.*

Mar|bel, Mär|bel f. *(-,-n)* REGION. pallina *f.*, bi(g)lia *f.*

Mar|burg n.pr.n. *(-s)* Marburgo *f.* **Mar|bur|ger** m. *(-s,-)* abitante *m.* di Marburgo.

March f. *(-,-en)* SVIZZ. segno *m.*, cippo *m.* di, del confine.

Mär|chen n. *(-s,-)* **1** fiaba *f.*, favola *f.*: ***Grimms ~*** le fiabe dei fratelli Grimm **2** *(Lügengeschichte)* frottola *f.*, fandonia *f.*, storia *f.*: ***es klingt wie ein ~, ist aber wahr*** sembra una storia, invece è vero. **Mär|chen|buch** n. *(-[e]s,-bücher)* libro *m.* di fiabe, di favole. **Mär|chen|dich|ter** m. *(-s,-)* autore *m.* di favole. **Mär|chen|dich|tung** f. *(-)* favolistica *f.*, genere *m.* favolistico. **Mär|chen|er|zäh|ler** m. *(-s,-)* narratore *m.* di favole. **Mär|chen|fi|gur** f. *(-,-en)* figura *f.*, personaggio *m.* di fiaba, personaggio *m.* fiabesco. **Mär|chen|for|schung** f. *(-)* studio *m.* delle favole, favolistica *f.* **Mär|chen|ge|stalt** f. *(-,-en)* → **Märchenfigur. mär|chen|haft I** agg. **1** fiabesco **2** *(zauberhaft schön, großartig)* favoloso, fantastico: ***das ist ein -es Auto*** è un'auto favolosa **II** avv. in modo fantastico, favoloso, meravigliosamente. **Mär|chen|land** n. *(-[e]s)* paese *m.* di fiaba. **Mär|chen|on|kel** m. *(-s,-)* **1** FAM. *(Märchenerzähler)* chi racconta (le) fiabe **2** SCHERZ. contastorie *m.*, contafrottole *m.* **Mär|chen|prinz** m. *(-en,-en)* principe *m.* azzurro (anche FIG.). **Mär|chen|samm|lung** f. *(-,-en)* raccolta *f.* di favole. **Mär|chen|tan|te** f. *(-,-n)* **1** FAM. *(Märchenerzählerin)* chi racconta (le) fiabe **2** SCHERZ. contastorie *f.*, contafrottole *f.* **Mär|chen|welt** f. *(-)* mondo *m.* delle fiabe.

Mar|der m. *(-s,-)* **1** martora *f.* **2** FIG. *(Dieb)* topo *m.* (d'albergo, d'appartamento). **Mar|der|fell** n. *(-s,-e)* pelle *f.* di martora.

Ma|re n. *(-,-* e *Maria)* ASTR. mare *m.*: ***die ~ des Mondes*** i mari della luna.

Mä|re → **Mär.**

Ma|rel|le → **Marille.**

Mar|ga|re|ta, Mar|ga|re|te n.pr.f. Margherita *f.* **Mar|ga|re|ten|blu|me** f. *(-,-n)* margherita *f.*

Mar|ga|ri|ne f. *(-)* margarina *f.*

Mar|ge ['marʒə] f. *(-,-n)* **1** *(Spielraum, Spanne)* margine *m.* **2a** COMM. differenza *f.* di prezzo **b** *(Handelsspanne)* margine *m.* (di guadagno).

Mar|ge|ri|te, Mar|ge|ri|ten|blu|me f. *(-,-n)* margherita *f.* **Mar|ge|ri|ten|strauß** m. *(-es,-sträuße)* mazzo *m.* di margherite.

mar|gi|nal I agg. marginale **II** avv. marginalmente. **Mar|gi|nal|be|mer|kung** f. *(-,-en)* osservazione *f.*, notazione *f.* marginale. **Mar|gi|nal|glos|se, Mar|gi|na|lie** f. *(-,-n)* glossa *f.*, nota *f.* a margine.

Ma|ria n.pr.f. Maria *f.*

Ma|riä-Him|mel|fahrts-Fest n. *(-[e]s,-e)* (festa *f.* dell') assunzione *f.* di Maria, festa *f.* dell'Assunta.

Ma|ri|an|ne n.pr.f. Marianna *f.*

ma|ri|a|nisch agg. mariano: ***-e Theologie*** teologia mariana.

Ma|rie I n.pr. f. Maria f. **II** f. *(-)* COLLOQ. soldi *m.pl.*, grana *f.*: ***keine ~ haben*** non avere grana.

Ma|ri|en|bild n. *(-[e]s,-er)* ART. immagine *f.* (*o* quadro *m.*) di Maria, della Madonna. **Ma|ri|en|dich|tung** f. *(-,-en)* poesia *f.* mariana. **Ma|ri|en|fä|den** pl. fili *m.pl.* della Vergine, della Madonna. **Ma|ri|en|fest** n. *(-[e]s,-e)* RELIG. festa *f.* di Maria, della Madonna. **Ma|ri|en|glas** n. *(-es,-gläser)* alabastro *m.* **Ma|ri|en|kä|fer** m. *(-s,-)* coccinella *f.* **Ma|ri|en|kir|che** f. *(-,-n)* chiesa *f.* di Santa Maria. **Ma|ri|en|kult** m. *(-[e]s)* culto *m.* mariano. **Ma|ri|en|le|ben** n. *(-s)* ART. vita *m.* di Maria. **Ma|ri|en|le|gen|de** f. *(-)* leggenda *f.* di Maria. **Ma|ri|en|mo|nat** m. *(-[e]s,-e)* mese *m.* di Maria. **Ma|ri|en|tag** m. *(-[e]s)* → **Marienfest. Ma|ri|en|ver|eh|rung** f. *(-)* venerazione *f.* di Maria, della Madonna.

Ma|ri|hu|a|na n. *(-s)* marijuana *f.*

Ma|ril|le f. *(-,-n)* REGION. e AUSTR. albicocca *f.*

Ma|rim|ba f. *(-,-s)* marimba *f.*

ma|rin agg. marino. **Ma|ri|na** f. *(-,-s)* porto *m.* marittimo.

Ma|ri|na|de f. *(-,-n)* GASTR. marinata *f.*

Ma|ri|ne f. *(-,-n)* marina *f.* (anche PITT.): ***bei der ~ dienen*** servire in marina. **Ma|ri|ne|aka|de|mie** f. *(-,-n)* accademia *f.* navale. **Ma|ri|**

ne|ar|til|le|rie f. *(-,-n)* artiglieria *f.* navale. **ma|ri|ne|blau** agg. blu marina. **Ma|ri|ne|flie|ger** m. *(-s,-)* aviatore *m.* di marina. **Ma|ri|ne|in|fan|te|rie** f. *(-,-n)* fanteria *f.* di marina. **Ma|ri|ne|in|fan|te|rist** m. *(-en,-en)* fante *m.* di marina. **Ma|ri|ne|luft|waf|fe** f. *(-,-n)* aviazione *f.* di marina. **Ma|ri|ne|ma|ler** m. *(-s,-)* pittore *m.* di marine. **Ma|ri|ne|of|fi|zier** m. *(-s,-e)* ufficiale *m.* di marina. **Ma|ri|ner** m. *(-s,-)* GERG. marò *m.* **Ma|ri|ne|sol|dat** m. *(-en,-en)* soldato *m.* di marina. **Ma|ri|ne|sta|ti|on** f. *(-,-en)* base *f.* navale. **Ma|ri|ne|streit|kräf|te** pl. forze *f.pl.* navali. **Ma|ri|ne|stück** n. *(-[e]s,-e)* PITT. marina *f.* **Ma|ri|ne|stütz|punkt** m. *(-[e]s,-e)* base *f.* navale. **Ma|ri|ne|uni|form** f. *(-,-en)* uniforme *f.* della marina.

Ma|ri|o|lat|rie f. *(-)* culto *m.* mariano. **Ma|ri|o|lo|ge** m. *(-n,-n)* mariologo *m.* **Ma|ri|o|lo|gie** f. *(-)* mariologia *f.* **ma|ri|o|lo|gisch** agg. mariologico.

Ma|ri|o|net|te f. *(-,-n)* marionetta *f.* (anche FIG.). **Ma|ri|o|net|ten|büh|ne** f. *(-,-n)* → **Marionettentheater. ma|ri|o|net|ten|haft** agg. marionettistico. **Ma|ri|o|net|ten|re|gie|rung** f. *(-,-en)* governo *m.* fantoccio. **Ma|ri|o|net|ten|spiel** n. *(-s,-e)* spettacolo *m.* di marionette. **Ma|ri|o|net|ten|spie|ler** m. *(-s,-)* marionettista *m.* **Ma|ri|o|net|ten|the|a|ter** n. *(-s,-)* teatro *m.* delle marionette.

Ma|rist m. *(-en,-en)* marista *m.*

ma|ri|tim agg. marittimo.

1.Mark f. *(-,- e scherz. Märker)* marco *m.*: ***die Deutsche ~*** il marco tedesco; ***das kostet drei ~ fünfzig*** costa tre marchi e cinquanta; ***können Sie mir hundert ~ wechseln?*** può cambiarmi cento marchi? ◆ ***mit jeder ~ rechnen (jede ~ umdrehen) müssen*** dover misurare ogni soldo che si spende; ***eine schnelle ~ verdienen*** far soldi in fretta.

2.Mark f. *(-,-en)* marca *f.*: ***die ~ Brandenburg*** la marca del Brandeburgo.

3.Mark n. *(-[e]s)* **1** midollo *m.* **2** *(konzentriertes Fruchtfleisch)* concentrato *m.*: ***~ von Tomaten*** concentrato di pomodoro ◆ ***bis ins ~*** fino al midollo, *(bis ins Innerste)* nell'intimo, in profondità; ***jdm durch ~ und Bein (*** o COLLOQ. ***Pfennig) gehen, dringen*** penetrare nelle ossa, trafiggere, far raggelare; ***kein ~ in den Knochen haben*** essere uno smidollato, non avere sangue nelle vene; COLLOQ. ***jdm das ~ aus den Knochen saugen*** succhiare il sangue a qcn.

4.Mark n.pr.m. Marco *m.*

mar|kant agg. **1** marcato, pronunciato: ***-e Gesichtszüge*** tratti marcati del viso **2** rimarchevole, notevole: ***ein -es Beispiel*** un esempio rimarchevole.

Mar|ka|sit m. *(-s,-e)* marcasite *f.*, marcassite *f.*

Mar|ke f. *(-,-n)* **1a** *(Erkennungsmarke)* piastrina *f.* **b** *(Garderobenmarke)* contromarca *f.* **c** *(Beitragsmarke)* marca *f.*, marchetta *f.* **d** *(Briefmarke)* bollo *m.* **e** *(Essenmarke)* buono *m.* pasto **f** *(Spielmarke)* gettone *m.*, fiche *f.* **2** *(Warensorte)* marca *f.*: ***eine neue ~ Zigaretten ausprobieren*** provare una nuova marca di sigarette; ***diese ~ führen wir nicht*** non abbiamo questa marca **3** *(Markierung)* segno *m.*, tacca *f.* **4** COLLOQ. *(seltsamer Mensch)* sagoma *f.*, bel tipo *m.*: ***du bist (mir) vielleicht eine ~!*** sei proprio una (bella) sagoma!

Mar|ken|ar|ti|kel m. *(-s,-)* articolo *m.* di marca. **Mar|ken|block** m. *(-s,-s)* emissione *f.* speciale di francobolli. **Mar|ken|but|ter** f. *(-)* burro *m.* di qualità. **Mar|ken|er|zeug|nis** n. *(-ses,-se)*, **Mar|ken|fab|ri|kat** n. *(-[e]s,-e)* prodotto *m.* di marca (*o* di qualità). **Mar|ken|na|me** m. *(-ns,-n)* nome *m.* di una marca. **Mar|ken|samm|ler** m. *(-s,-)* collezionista *m.* di francobolli. **Mar|ken|schutz** m. *(-es)* protezione *f.* del marchio di fabbrica. **Mar|ken|wa|re** f. *(-,-n)* merce *f.* di marca. **Mar|ken|zei|chen** n. *(-s,-)* marchio *m.* (di fabbrica): ***ein eingetragenes ~*** un marchio depositato, registrato.

Mar|ker m. *(-s,-)* evidenziatore *m.*, marker *m.*

Mär|ker m. *(-s,-)* abitante *m.* di una marca (spec. della Marca di Brandeburgo).

mark|er|schüt|ternd agg. straziante, lacerante.

Mar|ke|ten|der m. *(-s,-)* ANT. vivandiere *m.* **Mar|ke|ten|de|rei** f. *(-,-en)* ANT. MIL. spaccio *m.* **Mar|ke|ten|de|rin** f. *(-,-nen)* ANT. vivandiera *f.* **mar|ke|ten|dern** intr. (aus. *haben*) ANT. o SCHERZ. fare il vivandiere.

Mar|ke|te|rie f. *(-,-n)* intarsio *m.*, marqueterie *f.*

Mar|ke|ting n. *(-[s])* marketing *m.*

Mark|graf m. *(-en,-en)* margravio *m.* **Mark|grä|fin** f. *(-,-nen)* margravia *f.* **Mark|gräf|ler** m. *(-s,-)* INTRAD. (vino del Baden). **mark|gräf|lich** agg. di, del margravio. **Mark|graf|schaft** f. *(-,-en)* margraviato *m.*

mar|kie|ren I tr. **1a** *(kennzeichnen)* marcare, contrassegnare, segnare: ***etw. auf der Landkarte ~*** segnare qcs. sulla carta **b** *(mit Brandzeichen)* marchiare: ***Rinder ~*** marchiare i vitelli **c** FIG. ***dieser Sieg markiert eine bedeutsame Etappe in seiner Laufbahn*** questa vittoria segna una tappa importante nel suo iter **d** *(anzeigen)* puntare: ***der Hund markiert das Wild*** il cane punta la selvaggina **2** *(betonen, hervorheben)* sottolineare: ***beim Gespräch jedes Wort ~*** sottolineare ogni parola parlando; ***das Kleid markiert die Taille*** il vestito sottolinea la vita **3** *(andeuten)* accennare: ***eine Verbeugung ~*** accennare un inchino **4** AUSTR. *(entwerten)* convalidare **5** COLLOQ. *(vortäuschen)* fingere: ***den Dummen ~*** fare lo stupido **6** SPORT *(erzielen, decken)* marcare: ***ein Tor, den Gegner ~*** marcare una rete, l'avversario **II** rifl. **sich ~** *(sich abzeichnen)* risaltare.

mar|kiert p.pass. agg. → **markieren** ◆ ***ein -er Wanderweg*** un sentiero segnato. **Mar|kie|rung** f. *(-,-en)* **1** *(das Markieren)* marcatura *f.*, segnatura *f.* **2** *(das Markierte)* marca *f.*, contrassegno *m.*; *(mit Brandzeichen)* marchio *m.* **Mar|kie|rungs|fähn|chen** n. *(-s,-)* bandierina *f.* (di segnalazione). **Mar|kie|rungs|li|nie** f. *(-,-n)* linea *f.* di demarcazione.

mar|kig agg. energico, vigoroso: ***-e Worte*** parole energiche; ***eine -e Stimme*** una voce potente. **Mar|kig|keit** f. *(-)* energia *f.*, vigore *m.*

Mar|ki|se f. *(-,-n)* **1** marquise *f.*, marquisette *f.* **2** *(von Edelsteinen)* marchesa *f.* **Mar|ki|sen|stoff** m. *(-s,-e)* marquisette *f.*, stoffa *f.* per marquise.

Mark|ka f. *(-,-)* markka *m.*, marco *m.* finlandese.

Mark|klöß|chen n. *(-s,-)* gnocco *m.* con midollo. **Mark|kno|chen** m. *(-s,-)* osso *m.* con midollo. **mark|los** agg. smidollato.

Mar|ko|man|ne m. *(-n,-n)* marcomanno *m.*

Mar|kör m. *(-s,-e)* **1** *(Schiedsrichter beim Billardspiel)* arbitro *m.* **2** AUSTR. ANT. *(Kellner)* cameriere *m.* **3** AGR. strumento *m.* per tracciare solchi.

Mark|schei|de f. *(-,-n)* ANT. confine *m.*, linea *f.* di demarcazione. **Mark|schei|de|kun|de, Mark|schei|de|kunst** f. *(-)* topografia *f.* mineraria. **Mark|schei|der** m. *(-s,-)* topografo *m.* minerario.

Mark|stein m. *(-[e]s,-e)* FIG. pietra *f.* miliare: ***ein ~ in der Geschichte der Wissenschaft*** una pietra miliare nella storia della scienza.

Mark|stück n. *(-[e]s,-e)* moneta *f.* (*o* pezzo *m.*) da un marco. **mark|stück|groß** agg. grande quanto una moneta da un marco.

Markt m. *(-[e]s, Märkte)* **1** mercato *m.*: ***flauer ~*** mercato fiacco; ***auf den, zum ~ gehen*** andare al mercato; ***etw. auf dem ~ kaufen*** comprare qcs. al mercato; ***dienstags ist ~, wird ~ abgehalten*** il martedì è giorno di mercato; ***der ~ ist übersättigt, gesättigt*** il mercato è saturo; ***neue Märkte erschließen, gewinnen*** aprire nuovi mercati **2** *(Marktplatz)* (piazza *f.* del) mercato *m.*: ***am ~ wohnen*** abitare sulla piazza del mercato **3** *(Supermarkt)* supermercato *m.*, supermarket *m.*, market *m.* ◆ ***den ~ drücken*** abbassare i prezzi, deprimere il mercato; ***auf dem ~ fehlen*** → ***nicht am ~ sein; freier ~*** mercato libero; ***der Gemeinsame ~*** il Mercato Comune; ***der innere ~*** il mercato interno; ***schwarzer ~*** mercato nero; ***nicht am ~ sein*** non essere sul mercato; ***den ~ überschwemmen*** inondare, invadere il mercato; ***etw. auf den ~ werfen*** lanciare qcs. sul mercato. **Markt|ab|spra|che** f. *(-,-n)* accordo *m.* di mercato. **Markt|ana|ly|se** f. *(-,-n)* analisi *f.* di mercato. **Markt|an|teil** m. *(-s,-e)* quota *f.* di mercato. **markt|be|herr|schend** agg. che domina il mercato, predominante sul mercato. **Markt|be|le|bung** f. *(-)* rianimazione *f.* del mercato. **Markt|be|obach|ter** m. *(-s,-)* osservatore *m.* del mercato, chi fa indagini di mercato. **Markt|be|obach|tung** f. *(-,-en)* indagine *f.* di mercato. **Markt|be|richt** m. *(-[e]s,-e)* bollettino *m.* di mercato. **Markt|bu|de** f. *(-,-n)* → **Marktstand. Markt|chan|ce** f. *(-,-n)* possibilità *f.* di vendita. **Markt|ein|füh|rung** f. *(-)* introduzione *f.* sul mercato. **mark|ten** intr. (aus. *haben*) contrattare, mercanteggiare. **Markt|er|ho|lung** f. *(-)* ripresa *f.* del mercato. **markt|fä|hig** agg. commerciabile, negoziabile, smerciabile. **Markt|fah|rer** m. *(-s,-)* AUSTR. venditore *m.* ambulante. **Markt|fle|cken** m. *(-s,-)* STOR. = borgo *m.* con diritto di tenere mercato. **Markt|for|schung** f. *(-,-en)* indagine *f.* (*o* ricerca *f.*) di mercato. **Markt|frau** f. *(-,-en)* venditrice *f.*, rivendugliola *f.* (al mercato). **Markt|füh|rer** m. *(-s,-)* leader *m.* nel settore. **markt|gän|gig** agg. di facile smercio. **markt|ge|recht** agg. adatto al mercato. **Markt|hal|le** f. *(-,-n)* mercato *m.* coperto. **Markt|händ|ler** m. *(-s,-)* venditore *m.* ambulante. **Markt|hel|fer** m. *(-s,-)* uomo *m.* di fatica (al mercato), scaricatore *m.* **Markt|korb** m. *(-[e]s, -körbe)* cesta *f.*, paniere *m.* (della, per la spesa). **Markt|la|ge** f. *(-,-n)* situazione *f.* del mercato. **Markt|lü|cke** f. *(-,-n)* lacuna *f.* (*o* vuoto *m.*) di mercato. **Markt|ord|nung** f. *(-,-en)* **1** leggi *f.pl.* di mercato **2** *(von Wochen- u. Jahrmärkten)* organizzazione *f.* dei mercati. **markt|ori|en|tiert** agg. orientato secondo il mercato, che segue il mercato. **Markt|ort** m. *(-[e]s,-e)* (luogo *m.* del) mercato *m.* **Markt|platz** m. *(-es,-plätze)* piazza *f.* del mercato. **Markt|preis** m. *(-es,-e)* prezzo *m.* di mercato. **Markt|psy|cho|lo|gie** f. *(-)* psicologia *f.* commerciale. **Markt|recht** n. *(-[e]s,-e)* STOR. diritto *m.* di (tenere) mercato. **Markt|schrei|er** m. *(-s,-)* imbonitore *m.*, ciarlatano *m.* **markt|schrei|e|risch** agg. ciarlatanesco. **Markt|schwan|kung** f. *(-,-en)* fluttuazione *f.* del mercato. **Markt|stand** m. *(-s,-stände)* bancarella *f.* al, del mercato. **Markt|stö|rung** f. *(-,-en)* perturbazione *f.* del mercato. **Markt|stüt|zung** f. *(-,-en)* sostegno *m.* del mercato. **Markt|tag** m. *(-[e]s,-e)* giorno *m.* di mercato. **Markt|ta|sche** f. *(-,-n)* borsa *f.* della spesa. **markt|üb|lich** agg. di mercato: ***-e Preise*** prezzi di mercato. **Markt|weib** n. *(-s,-er)* → **Marktfrau. Markt|wert** m. *(-[e]s)* valore *m.* di mercato. **Markt|wirt|schaft** f. *(-,-en)* economia *f.* di mercato. **markt|wirt|schaft|lich** agg. dell'economia di mercato.

Mar|kus n.pr.m. Marco *m.* **Mar|kus|kir|che** f. *(-,-n)* chiesa *f.* di San Marco.

Mär|lein n. *(-s,-)* ANT. → **Märchen.**

Mar|le|ne n.pr.f. Marilena *f.*

Mar|li(e)s n.pr.f. Marialisa *f.*

Marl|lei|ne f. *(-,-n)* MAR. merlino *m.*

1.Mar|mel f. *(-,-n)* REGION. biglia *f.*, pallina *f.*

2.Mar|mel m. *(-s,-)* ANT. → **Marmor.**

Mar|me|la|de f. *(-,-n)* marmellata *f.*: ***ein Glas ~*** un vasetto di marmellata; ***~ machen, kochen, aufs Brot streichen*** fare, preparare la marmellata, spalmare la marmellata sul pane. **Mar|me|la|de(n)|brot** n. *(-[e]s,-e)* pane *m.* e marmellata. **Mar|me|la|den|fül|lung** f. *(-,-en)* ripieno *m.* di marmellata. **Mar|me|la|den|glas** n. *(-es,-gläser)* vasetto *m.* di marmellata.

mar|meln intr. (aus. *haben*) REGION. giocare a biglie.

Mar|mor m. *(-s,-e)* marmo *m.*: ***eine Skulptur aus ~*** una scultura di marmo (*o* marmorea); ***in ~ arbeiten*** lavorare il marmo. **mar|mor|ar|tig** agg. simile al marmo. **Mar|mor|bild** n. *(-[e]s,-er)* statua *f.* di marmo, marmorea. **Mar|mor|bruch** m. *(-s,-brüche)* cava *f.* di marmo. **mar|mo|rie|ren** tr. marmorizzare. **Mar|mo|rie|rung** f. *(-,-en)* marmorizzatura *f.* **Mar|mor|ku|chen** m. *(-s,-)* torta *f.* marmorizzata. **mar|morn** agg. marmoreo, di marmo (anche FIG.): ***eine -e Blässe*** un pallore marmoreo. **Mar|mor|plat|te** f. *(-,-n)* lastra *f.* di marmo. **Mar|mor|säu|le** f. *(-,-n)* colonna *f.* di marmo. **Mar|mor|trep|pe** f. *(-,-n)* scala *f.* di marmo.

Mar|mot|te f. *(-,-n)* marmotta *f.*

Ma|ro|cain [-'kɛ̃:] m. e n. *(-s,-s)* marocain *m.*

ma|rod agg. AUSTR. COLLOQ. indisposto, fiacco. **ma|ro|de** agg. **1** *(moralisch verdorben)* snervato **2** MIL. ANT. *(erschöpft)* sfinito, spossato. **Ma|ro|deur** [-'dø:ɐ] m. *(-s,-e)* GERG. MIL. predatore *m.*, saccheggiatore *m.* **ma|ro|die|ren** intr. (aus. *haben*) GERG. MIL. depredare, saccheggiare.

Ma|rok|ka|ner m. *(-s,-)* marocchino *m.* **ma|rok|ka|nisch** agg. marocchino. **Ma|rok|ko** n.pr.n. *(-s)* Marocco *m.*

Ma|ro|ne f. *(-,-n* e REGION. *Maroni)* marrone *m.* **Ma|ro|nen|pilz** m. *(-es,-e)*, **Ma|ro|nen|röhr|ling** m. *(-s,-e)* boleto *m.* dei castagni. **Ma|ro|ni** f. *(-,-)* REGION. AUSTR. → **Marone. Ma|ro|ni|bra|ter** m. *(-s,-)* AUSTR. caldarrostaio *m.*

Ma|ro|nit m. *(-en,-en)* maronita *m.* **ma|ro|ni|tisch** agg. maronita.

Ma|ro|quin [-'kɛ̃:] m. e n. *(-s)* (cuoio *m.*) marocchino *m.*

Ma|rot|te f. *(-,-n)* mania *f.*, ghiribizzo *m.*

Mar|quis [mar'ki:(s)] m. *(-,-)* marchese *m.* **Mar|qui|sat** n. *(-[e]s,-e)* marchesato *m.* **Mar|qui|se** f. *(-,-n)* marchesa *f.* **Mar|qui|set|te** [-'zɛt] f. *(-)* e m. *(-s)* marquisette *f.*

1.Mars n.pr.m. *(-)* MITOL. ASTR. Marte *m.*

2.Mars m. *(-,-e)* MAR. coffa *f.*, gabbia *f.*

marsch inter. MIL. o SCHERZ. marc', marsc', marsch: ***im Gleichschritt ~*** al passo, marsc'; ***~, ins Bett!*** marsc', a letto!

1.Marsch m. *(-[e]s, Märsche)* marcia *f.*: ***einen ~ antreten*** iniziare una marcia; ***sich in ~ setzen*** mettersi in marcia; ***auf dem ~ zur Front sein*** essere in marcia per il fronte; *(Marschmusik)* ***einen ~ spielen*** suonare una marcia ◆ COLLOQ. ***jdm den ~ blasen*** richiamare qcn. all'ordine.

2.Marsch f. *(-,-en)* INTRAD. (regione bassa, molto fertile, lungo le coste del mare del Nord).

Mar|schall m. *(-s,-schälle)* maresciallo *m.* **Mar|schall(s)|stab** m. *(-[e]s,-stäbe)* bastone *m.* di maresciallo ◆ FIG. ***den ~ im Tornister tragen*** portare nella giberna (*o* in tasca) il bastone di maresciallo.

Marsch|be|fehl m. *(-s,-e)* ordine *m.* di (mettersi in) marcia, di partenza. **marsch|be|reit** agg. pronto a mettersi in marcia, a partire. **Marsch|be|reit|schaft** f. *(-)* l'essere pronto a partire. **Marsch|block** m. *(-[e]s,-blöcke* e *-s)* gruppo *m.* di marcia.

Marsch|bo|den m. *(-s,-böden)* polder *m.* **Mar|schen|dorf** n. *(-[e]s,-dörfer)* paese *m.* nella Marsch.

marsch|fer|tig agg. → **marschbereit. Marsch|flug|kör|per** m. *(-s,-)* missile *m.* da crociera, (missile *m.*) cruise *m.* **Marsch|ge|päck** n. *(-s,-e)* equipaggiamento *m.* di marcia. **mar|schie|ren** intr. (aus. *sein*) **1** marciare: ***im Gleichschritt ~*** marciare al passo **2** COLLOQ. andare avanti: ***die Sache marschiert*** la cosa va avanti (bene). **mar|schie|rend** p.pres. agg. **1** → **marschieren 2** in marcia: ***-e Kolonnen*** colonne in marcia. **Mar|schie|rer** m. *(-s,-)* marciatore *m.* **Marsch|ko|lon|ne** f. *(-,-n)* colonna *f.* in marcia.

Marsch|land n. *(-[e]s)* → **2.Marsch. Marsch|län|der** m. *(-s,-)* abitante *m.* di un polder.

Marsch|lied n. *(-[e]s,-er)* (canzone *f.* di) marcia *f.* **marsch|mä|ßig** agg. e avv. da marcia, per marciare. **Marsch|mu|sik** f. *(-)* marcia *f.* **Marsch|ord|nung** f. *(-,-en)* ordine *m.* di marcia. **Marsch|rhyth|mus** m. *(-)* ritmo *m.* di marcia. **Marsch|rou|te** f. *(-,-n)* itinerario *m.* di marcia. **Marsch|schritt** m. *(-[e]s)* passo *m.* di marcia. **Marsch|tem|po** n. *(-s,-s)* tempo *m.* di marcia. **Marsch|tritt** m. *(-[e]s)* → **Marschschritt. Marsch|ver|pfle|gung** f. *(-,-en)* razioni *f.pl.* per la marcia.

Mar|seil|lai|se [marsɛ'jɛ:z(ə)] f. *(-)* marsigliese *f.* **Mar|seille** [mar'sɛ:j] n.pr.n. *(-s)* Marsiglia *f.* **Mar|seil|ler** [mar'sejɐ] **I** m. *(-s,-)* marsigliese *m.*, abitante *m.* di Marsiglia **II** agg. inv. marsigliese.

Mars|feld n. *(-[e]s,-er)* campo *m.* di Marte.

Mar|shall|plan ['marʃal-, 'mɑ:ʃəl-] m. *(-[e]s)* STOR. piano *m.* Marshall.

Mars|mensch m. *(-en,-en)* marziano *m.* **Mars|son|de** f. *(-,-n)* sonda *f.* spaziale (per lo studio di Marte).

Mars|sten|ge f. *(-,-n)* MAR. albero *m.* di gabbia.

Mar|stall m. *(-[e]s,-ställe)* scuderia *f.*

Mar|su|pi|a|li|er m. *(-s,-)* marsupiale *m.*

Mar|ter f. *(-,-n)* tormento *m.* (anche FIG.); *(Folter)* tortura *f.*: ***-n erdulden, erleiden (ertragen)*** subire, patire tormenti; ***unter -n sterben*** morire tra i tormenti. **Mar|ter|in|stru|ment** n. *(-[e]s,-e)* strumento *m.* di tortura.

Mar|terl n. *(-s,-n)* REGION. INTRAD. (tavola o colonnina commemorativa, con immagine sacra).

mar|tern I tr. martoriare, torturare, tormentare (anche FIG.) **II** rifl. **sich ~** martoriarsi, tormentarsi, torturarsi (anche FIG.). **Mar|ter|pfahl** m. *(-[e]s,-pfähle)* palo *m.* della tortura. **Mar|ter|tod** m. *(-[e]s,-e)* martirio *m.* **Mar|te|rung** f. *(-,-en)* martoriazione *f.*, tortura *f.* **mar|ter|voll** agg. pieno di tormento, tormentato, travagliato. **Mar|ter|werk|zeug** n. *(-[e]s,-e)* strumento *m.* di tortura.

Mar|tha n.pr.f. Marta *f.*

mar|ti|a|lisch agg. marziale.

Mar|tin n.pr.m. Martino *m.*

Mar|tin-Horn® n. *(-[e]s,-Hörner)* = sirena *f.* (di ambulanze, polizia). **Mar|ti|ni** n. *(-)* (giorno *m.* di) San Martino. **Mar|tins|horn** → **Martin-Horn. Mar|tins|som|mer** m. *(-s)* estate *f.* di San Martino. **Mar|tins|tag** m. *(-[e]s,-e)* (giorno *m.*, festa *f.* di) San Martino *m.*

Mär|ty|rer m. *(-s,-)* martire *m.* (anche FIG.): ***die christlichen ~*** i martiri cristiani; ***ich bin nicht zum ~ geboren*** non sono mica un martire; ***den ~ spielen*** darsi l'aria del, fare il martire. **Mär|ty|re|rin** f. *(-,-nen)* martire *f.* **Mär|ty|rer|kro|ne** f. *(-,-n)* corona *f.* del martirio. **Mär|ty|rer|tod** m. *(-es)* martirio *m.* **Mär|ty|rer|tum** n. *(-s)* l'essere martire (anche FIG.). **Mär|ty|rin** → **Märtyrerin. Mar|ty|ri|um** n. *(-s, Martyrien)* **1** martirio *m.*: ***das ~ erleiden, erdulden (auf sich nehmen)*** patire, subire il martirio **2** FIG. martirio *m.*, calvario *m.*: ***seine Reise war ein wahres ~*** il suo viaggio è stato un vero calvario. **Mar|ty|ro|lo|gi|um** n. *(-s, Martyrologien)* martirologio *m.*

Mar|xis|mus m. *(-)* marxismo *m.* **Mar|xis|mus-Le|ni|nis|mus** m. *(-)* marxismo-leninismo *m.* **Mar|xist** m. *(-en,-en)* marxista *m.* **mar|xis|tisch** agg. marxista. **Mar|xist-Le|ni|nist** m. *(des, die Marxisten-Leninisten)* marxista-leninista *m.*

März m. *(-[es]* e *-en, -e)* marzo *m.*: ***Anfang, Ende ~*** all'inizio, alla fine di marzo; ***Mitte ~*** a metà marzo; ***im ~*** a (*o* in) marzo; ***am ersten, zweiten ~*** il primo, il due (di) marzo. **März|be|cher** → **Märzenbecher. März|bier** → **Märzenbier. Mär|zen|be|cher** m. *(-s,-)* campanellino *m.* **Mär|zen|bier** n. *(-s,-e)* INTRAD. (birra forte originariamente fatta in marzo). **März|glöck|chen** n. *(-s,-)* → **Märzenbecher.**

Mar|zi|pan, Mar|zi|pan n., RAR. m. *(-s,-e)* marzapane *m.* **Mar|zi|pan|brot** n. *(-[e]s)* marzapane *m.* (a forma di pagnotta). **Mar|zi|pan|kar|tof|fel** f. *(-,-n)* INTRAD. (pallina di marzapane ricoperta di cacao).

märz|lich agg. marzolino. **März|re|vo|lu|ti|on** f. *(-)* rivoluzione *f.* di marzo. **März|veil|chen** n. *(-s,-)* violetta *f.* di marzo.

Ma|sca|ra I f. *(-,-s)* mascara *m.* **II** m. *(-,-s)* pennello *m.* per il mascara.

Ma|sche f. *(-,-n)* **1** maglia *f.*: ***eine ~ aufnehmen, fallen lassen*** riprendere, lasciar cadere una maglia; ***eine rechte, linke ~ stricken*** fare una maglia dritta, rovescia (*o* un dritto, un rovescio); FIG.

durch die -n des Gesetzes schlüpfen sgusciare tra le maglie della legge **2** AUSTR. *(Schleife)* fiocco *m.* **3** COLLOQ. *(Ausweg, listige Handlungsweise)* via *f.* d'uscita, scappatoia *f.*; *(Trick)* trucco *m.*: ***eine alte, neue ~*** un vecchio, nuovo trucco; ***die ~ raushaben*** conoscere il trucco ◆ ***das ist „die" ~*** questa è l'ultima trovata; ***eine bestimmte ~ draufhaben*** agire sempre nello stesso modo, secondo lo stesso schema; ***jdm durch die -n gehen*** scappare a qcn. **Ma|schen|draht** m. *(-[e]s,-drähte)* rete *f.* metallica. **ma|schen|fest** agg. indemagliabile. **Ma|schen|mo|de** f. *(-)* moda *f.* (in) maglia. **Ma|schen|netz** n. *(-es,-e)* rete *f.* a maglia. **Ma|schen|pan|zer** m. *(-s,-)* ANT. corazza *f.* di maglia. **Ma|schen|wa|re** f. *(-,-n)* maglieria *f.* **Ma|schen|werk** n. *(-[e]s,-e)* reticolato *m.* **Ma|scherl** n. *(-s,-n)* AUSTR. farfallino *m.*; *(Schleife)* fiocco *m.*

Ma|schi|ne f. *(-,-n)* **1a** macchina *f.*: ***eine ~ in Betrieb setzen, reparieren*** mettere in moto, riparare una macchina; ***eine ~ anschalten, ausschalten*** azionare, arrestare una macchina; ***die ~ steht still, ist in Betrieb*** la macchina è ferma, è in funzione; ***an einer ~ arbeiten*** lavorare a una macchina; FIG. ***wie eine ~ arbeiten*** lavorare come una macchina **b** *(Schreibmaschine)* ***ich schreibe ~*** scrivo a macchina; ***einen Brief mit der ~ schreiben*** scrivere una lettera a macchina **c** *(Nähmaschine)* ***etw. mit der ~ nähen*** cucire qcs. a macchina **2** *(Waschmaschine)* lavatrice *f.*: ***die ~ leeren*** vuotare la lavatrice **3** *(Flugzeug)* apparecchio *m.* **4** COLLOQ. *(Motorrad)* moto *f.* **5** COLLOQ. *(große, dicke Frau)* vagone *m.*, botte *f.*: ***ist das eine ~!*** che vagone! ◆ ***landwirtschaftliche -n*** macchine agricole, macchinari agricoli. **ma|schi|ne|ge|schrie|ben** agg. scritto a macchina, dattiloscritto.

ma|schi|nell I agg. **1** a macchina: ***-e Bearbeitung*** lavorazione (eseguita) a macchina **2** meccanico: ***die -e Einrichtung der Firma*** l'attrezzatura meccanica della ditta; FIG. ***-e Bewegungen*** movimenti meccanici **II** avv. **1** *(mit einer Maschine)* a macchina: ***~ hergestellt*** fatto a macchina **2** *(wie eine Maschine)* meccanicamente.

Ma|schi|nen|an|trieb m. *(-[e]s,-e)* comando *m.* meccanico, azionamento *m.* meccanico. **Ma|schi|nen|ar|beit** f. *(-,-en)* lavoro *m.* a macchina. **Ma|schi|nen|ar|bei|ter** m. *(-s,-)* operaio *m.* meccanico.

Ma|schi|nen|bau m. *(-[e]s)* **1** costruzione *f.* di macchine **2** *(Lehrfach)* ingegneria *f.* meccanica. **Ma|schi|nen|bau|er** m. *(-s,-)* costruttore *m.* di macchine. **Ma|schi|nen|bau|in|dust|rie** f. *(-)* industria *f.* meccanica. **Ma|schi|nen|bau|in|ge|ni|eur** m. *(-s,-e)* ingegnere *m.* meccanico.

Ma|schi|nen|fab|rik f. *(-,-en)* fabbrica *f.* di macchinari. **Ma|schi|nen|garn** n. *(-[e]s,-e)* filo *m.* per macchina da cucire. **ma|schi|nen|ge|schrie|ben** → **maschinegeschrieben. ma|schi|nen|ge|stickt** agg. ricamato a macchina. **ma|schi|nen|ge|strickt** agg. lavorato a macchina. **Ma|schi|nen|ge|wehr** n. *(-[e]s,-e)* mitragliatrice *f.* ◆ ***leichtes ~*** fucile mitragliatore. **Ma|schi|nen|hal|le** f. *(-,-n)*, **Ma|schi|nen|haus** n. *(-es,-häuser)* sala *f.* (*o* locale *m.* delle) macchine. **Ma|schi|nen|kun|de** f. *(-)* meccanica *f.* **ma|schi|nen|les|bar** agg. INFORM. leggibile da una, dalla macchina. **ma|schi|nen|mä|ßig I** agg. meccanico, macchinale **II** meccanicamente, macchinalmente, come una macchina. **Ma|schi|nen|meis|ter** m. *(-s,-)* **1** addetto *m.* macchine **2** TEATR. macchinista *m.* **Ma|schi|nen|nä|he|rin** f. *(-,-nen)* cucitrice *f.* a macchina. **Ma|schi|nen|öl** n. *(-[e]s,-e)* olio *m.* per macchine. **Ma|schi|nen|park** m. *(-s,-s)* parco *m.* macchine. **Ma|schi|nen|pis|to|le** f. *(-,-n)* pistola *f.* mitragliatrice, mitraglietta *f.* **Ma|schi|nen|raum** m. *(-[e]s,-räume)* sala *f.* macchine. **Ma|schi|nen|re|vi|si|on** f. *(-,-en)* TIP. (ultima) revisione *f.* prima di andare in macchina. **Ma|schi|nen|satz** m. *(-es,-sätze)* TIP. composizione *f.* a macchina. **Ma|schi|nen|scha|den** m. *(-s,-schäden)* danno *m.* ai macchinari; *(Defekt)* difetto *m.* meccanico. **Ma|schi|nen|schlos|ser** m. *(-s,-)* meccanico *m.*, aggiustatore *m.*

Ma|schi|nen|schrei|ben n. *(-s)* **1** lo scrivere, scrittura *f.* a macchina **2** *(Fach)* dattilografia *f.* **Ma|schi|nen|schrei|be|rin** f. *(-,-nen)* dattilografa *f.* **Ma|schi|nen|schrift** f. *(-,-en)* **1** scrittura *f.* a macchina **2** *(Manuskript)* dattiloscritto *m.* **ma|schi|nen|schrift|lich** agg. scritto a macchina, dattiloscritto.

Ma|schi|nen|set|zer m. *(-s,-)* TIP. compositore *m.* **Ma|schi|nen|stür|mer** m. *(-s,-)* luddista *m.* **Ma|schi|nen|waf|fe** f. *(-,-n)* arma *f.* automatica. **Ma|schi|nen|wär|ter** m. *(-s,-)* addetto *m.* macchine. **Ma|schi|nen|werk** n. *(-[e]s,-e)* meccanismo *m.*, congegno *m.*

Ma|schi|ne|rie f. *(-,-n)* **1** macchinario *m.* **2** TEATR. *(maschinelle Bühneneinrichtungen)* macchinismo *m.* **3** FIG. SPREG. meccanismo *m.*, ingranaggio *m.*: ***in die ~ der Bürokratie geraten*** finire negli ingranaggi della burocrazia.

Ma|schi|nist m. *(-en,-en)* **1** macchinista *m.* **2** MAR. capomacchinista *m.*, direttore *m.* di macchina.

ma|schin‿schrei|ben AUSTR. intr. (aus. *haben*) scrivere a macchina. **Ma|schin|schrei|ben** AUSTR. → **Maschinenschreiben.**

Masch.-Schr. ⇒ *Maschinenschreiben* scrittura a macchina.

1.Ma|ser f. *(-,-n)* venatura *f.*, marezzatura *f.*

2.Ma|ser ['meɪzə] m. *(-s,-)* FIS. maser *m.*

Ma|ser|holz n. *(-es,-hölzer)* legno *m.* marezzato (*o* venato). **ma|se|rig** agg. marezzato, venato. **ma|sern** tr. marezzare.

Ma|sern pl. morbillo *m.*

Ma|se|rung f. *(-,-en)* marezzatura *f.*, marezzo *m.*, venatura *f.*

Mas|ke f. *(-,-n)* **1** maschera *f.*: ***eine ~ aufsetzen, anlegen, tragen*** mettersi, indossare, portare (*o* avere) una maschera; ***die ~ abnehmen*** togliersi la maschera (anche FIG.); ***eine der schönsten -n des Festes*** una delle maschere più belle della festa **2** FIG. maschera *f.*, apparenza *f.*, facciata *f.*: ***sich hinter einer ~ verstecken*** nascondersi dietro una maschera; ***sein Desinteresse ist nur ~*** il suo disinteresse è solo apparenza; ***jdn unter der ~ der Freundschaft betrügen*** ingannare qcn. dietro la facciata dell'amicizia **3** COSMET. maschera *f.* (di bellezza) **4** *(Totenmaske)* maschera *f.* mortuaria **5a** TEATR. trucco *m.*, faccia *f.* truccata: ***~ machen*** fare il trucco, la truccatura (del viso) **b** *(Theaterabteilung)* camerino *m.* trucchi **6** FOT. ZOOL. mascherina *f.* **7** FOT. filtro *m.* **8** GASTRON. *(Kopfhaut des geschlachteten Schweines)* testina *f.* **9** INFORM. maschera *f.* ◆ ***die ~ von sich abwerfen*** gettare la maschera; ***die ~ fallen lassen*** lasciar cadere la maschera; ***jdm die ~ herunterreißen, vom Gesicht reißen*** smascherare qcn.; ***eine ~ aus Spott*** una maschera di scherno; ***die ~ von sich werfen*** → ***die ~ von sich abwerfen***; FIG. ***sich ohne ~ zeigen*** mostrarsi apertamente, senza veli.

Mas|ken|ball m. *(-[e]s,-bälle)* ballo *m.* mascherato (*o* in maschera). **Mas|ken|bild|ner** m. *(-s,-)* truccatore *m.* **Mas|ken|bild|ne|rin** f. *(-,-nen)* truccatrice *f.* **Mas|ken|fest** n. *(-[e]s,-e)* festa *f.* in maschera. **mas|ken|haft** agg. fisso, rigido. **Mas|ken|kos|tüm** n. *(-[e]s,-e)* maschera *f.*, costume *m.* **Mas|ken|ver|leih** m. *(-[e]s,-e)* noleggio *m.* di costumi. **Mas|ken|zug** m. *(-[e]s,-züge)* corteo *m.* di maschere.

Mas|ke|ra|de f. *(-,-n)* mascherata *f.* (anche FIG.). **2** ANT. *(Maskenball)* ballo *m.* in maschera.

mas|kie|ren I tr. **1** mascherare (anche FIG.) **2** *(verdecken)* mascherare, coprire, nascondere: ***die Heizkörper ~*** coprire i radiatori **3** GASTR. (ri)coprire: ***die Torte mit einer Glasur ~*** ricoprire la torta con una glassa **4** FOT. correggere con un filtro **5** MIL. *(tarnen)* mascherare, mimetizzare **II** rifl. **sich ~** mascherarsi; *(sich verkleiden)* travestirsi. **Mas|kie|rung** f. *(-,-en)* **1** mascheramento *m.* (anche FIG.) **2** *(Verkleidung)* travestimento *m.* **3** MIL. *(Tarnung)* mimetizzazione *f.*

Mas|kott|chen n. *(-s,-)*, RAR. **Mas|kot|te** f. *(-,-n)* mascotte *f.*

mas|ku|lin, ANT. **mas|ku|li|nisch** agg. **1** *(das Männliche betonend)* mascolino: ***-e Züge*** tratti mascolini **2** *(männlich)* maschile: ***das -e Geschlecht*** il sesso maschile **3** GRAMM. maschile. **Mas|ku|li|num** n. *(-s, Maskulina)* **1** genere *m.* maschile **2** *(Substantiv)* sostantivo *m.* (di genere) maschile.

Ma|so|chis|mus m. *(-)* masochismo *m.* **Ma|so|chist** m. *(-en,-en)* masochista *m.* **ma|so|chis|tisch I** agg. masochistico **II** avv. in modo masochistico, con masochismo.

maß → **messen.**

1.Maß n. *(-es,-e)* **1** misura *f.*: ***~ für etw., bei jdm nehmen*** prendere le misure per qcs., a qcn.; ***ideale -e haben*** avere misure ideali, perfette; ***ein Anzug nach ~*** un abito su misura; ***in gewissem, zunehmendem, beschränktem -e*** in una certa misura, in misura crescente, limitata; ***in dem -e, als..., in dem -e, wo...*** a misura che... **2** *(Dimension)* dimensione *f.*: ***die -e der Wohnung*** le dimensioni dell'appartamento **3** *(Maßeinheit)* unità *f.* di misura: ***der Liter ist das ~ für Flüssigkeiten*** il litro è l'unità di misura dei liquidi **4** *(Grad)* quantità *f.*, dose *f.*: ***ein hohes ~ an, von Vertrauen*** una buona dose di fiducia **5** *(Maßstab)* scala *f.*: ***in verkleinertem -e*** in scala ridotta; ***in kleinem -e zeichnen*** disegnare su piccola scala **6** *(Grenze)* misura *f.*, limite *m.*: ***das ~ halten*** osservare la misura, moderarsi; ***in, mit -en*** misuratamente, con misura, nel limite ◆ ***englisches ~*** misura anglosassone; MAT. ***kleinstes gemeinsames ~*** minimo comune multiplo; ***ein gerüttelt ~ an, von...*** una gran quantità di...; ***in gleichem -e*** altrettanto; ***in höchstem -e*** in sommo grado, al massimo; ***in hohem -e*** in alto grado; ***in höherem -e*** in misura maggiore; ***alle mit gleichem ~ messen*** giudicare tutti alla stessa stregua; ***mit zweierlei ~ messen*** usare due pesi e due misure; ***jdn ~ nehmen*** = rimproverare aspramente qcn.; *(jdn gehörig verprügeln)* picchiare qcn. a dovere; ***in reichem -e*** abbondantemente, pienamente; ***über die, alle -en*** oltre misura, oltre ogni misura, smisuratamente; ***das ~ ist voll*** la misura è colma, ne ho abbastanza; ***das ~ unserer Leiden ist voll*** il nostro dolore ha raggiunto il culmine; ***in vollem -e*** pienamente; ***das ~ voll machen*** colmare la misura, raggiungere il colmo; FIG. ***in weitem -e*** su larga scala, in grande misura; ***weder ~ noch Ziel kennen*** non avere il senso della misura; ***ohne ~ und Ziel*** senza il senso della misura; ***alles hat sein ~ und Ziel*** tutto ha un limite; PROV. ***~ und Ziel gibt das beste Spiel*** ogni cosa vuol misura.

2.Maß f. *(-,-[e])* REGION. boccale *m.* (da birra, da un litro).

Mas|sa|ge [ma'sa:ʒə] f. *(-,-n)* massaggio *m.* **Mas|sa|ge|in|sti|tut** n. *(-[e]s,-e)* istituto *m.* di, per massaggi (anche EUFEM.). **Mas|sa|ge|öl** n. *(-[e]s,-e)* olio *m.* per massaggi. **Mas|sa|ge|sa|lon** m. *(-s,-s)* salone *m.* di, per massaggi. **Mas|sa|ge|stab** m. *(-[e]s,-stäbe)* vibratore *m.*

Mas|sai, Mas|sai m. *(-,-)* masai *m.*

Mas|sa|ker n. *(-s,-)* massacro *m.*: ***ein ~ anrichten, verüben*** fare, compiere un massacro. **mas|sak|rie|ren** tr. massacrare. **Mas|sak|rie|rung** f. *(-,-en)* massacro *m.*

Maß|ana|ly|se f. *(-,-n)* analisi *f.* volumetrica. **Maß|an|ga|be** f. *(-,-n)* indicazione *f.* di, della misura. **Maß|an|zug** m. *(-[e]s,-anzüge)* abito *m.* su misura. **Maß|ar|beit** f. *(-,-en)* **1** lavorazione *f.* su misura **2** *(nach Maß angefertigter Gegenstand)* lavoro *m.* (fatto) su misura ◆ COLLOQ. ***das ist ~*** è perfetto. **Maß|be|zeich|nung** f. *(-,-en)* indicazione *f.* di, della misura.

Mas|se f. *(-,-n)* **1a** massa *f.* (anche FIS.): ***eine klebrige ~*** una massa appiccicosa; ***eine weiche ~ rühren*** mescolare una massa morbida **b** *(große Menge)* ***eine ~ tote(r) Vögel, von toten Vögeln lag auf dem Boden*** una (gran) massa (*o* una gran quantità) di uccelli morti giaceva a terra **c** *(Großteil)* ***die ~ der Befragten war dagegen*** la (gran) massa degli intervistati era contraria **2** COLLOQ. mucchio *m.*, sacco *m.*: ***eine ~ Geld*** un sacco di soldi; ***die ~ muss es bringen*** il grande volume d'affari rende **3a** *(großer Teil der Bevölkerung)* massa *f.*, folla *f.*: ***die breite, große ~*** la (grande) massa; ***die ~ jubelt*** la folla esulta; ***in der ~ verschwinden*** scomparire tra la folla **b** pl. POL. masse *f.pl.*: ***die -n sind in Bewegung geraten*** le masse sono in fermento **4** ECON. *(Konkursmasse)* massa *f.* (*o* patrimonio *m.*) fallimentare **5** DIR. *(Erbmasse)* asse *m.* ereditario, massa *f.* ereditaria **6** EL. massa *f.*: ***gegen ~*** a massa; ***~ legen*** mettere a terra; ***nach ~ durchschlagen*** scaricare a massa ◆ ***in -n kommen*** venire in massa; ***kritische ~*** massa critica; COLLOQ. ***das ist nicht die ~!*** non è un granché! non vale la pena parlarne; ***schwere ~*** massa gravitazionale (*o* pesante); ***träge ~*** massa inerziale (*o* inerte). **Mas|se|gläu|bi|ger** m. *(-s,-)* DIR. creditore *m.* della massa fallimentare.

Maß|ein|heit f. *(-,-en)* unità *f.* di misura. **Maß|ein|tei|lung** f. *(-,-en)* graduazione *f.*

1.Mas|sel m. *(-s)* COLLOQ. fortuna *f.* (insperata, inattesa).

2.Mas|sel f. *(-,-n)* massello *m.*

mas|se|los agg. privo di massa.

Mas|sen|ab|fer|ti|gung f. *(-,-en)* il liquidare in massa. **Mas|sen|ab|satz** m. *(-es,-absätze)* grosso smercio *m.* **Mas|sen|an|drang** m. *(-[e]s)* afflusso *m.* in massa. **Mas|sen|an|zie|hung** f. *(-)* attrazione *f.* gravitazionale, gravitazione *f.* **Mas|sen|ar|beits|lo|sig|keit** f. *(-)* disoccupazione *f.* di massa. **Mas|sen|ar|ti|kel** m. *(-s,-)* articolo *m.* di (largo) consumo. **Mas|sen|auf|ge|bot** n. *(-[e]s,-e)* gran quantità *f.*, presenza *f.* massiccia: ***ein ~ an Polizisten*** una presenza massiccia di poliziotti. **Mas|sen|be|darf** m. *(-[e]s)* bisogno *m.* collettivo, comune. **Mas|sen|be|darfs|ar|ti|kel** m. *(-s,-)* articolo *m.* molto richiesto, di grandissimo consumo. **Mas|sen|de|fekt** m. *(-[e]s,-e)* FIS. difetto *m.* di massa. **Mas|sen|ent|las|sung** f. *(-,-en)* licenziamento *m.* in massa. **Mas|sen|er|schei|nung** f. *(-)* fenomeno *m.* di massa. **Mas|sen|er|zeu|gung, Mas|sen|fab|ri|ka|ti|on** f. *(-,-en)* produzione *f.* di massa, produzione *f.* in serie. **Mas|sen|ge|sell|schaft** f. *(-)* società *f.* massificata. **Mas|sen|ge|stein** n. *(-[e]s,-e)* roccia *f.* eruttiva. **Mas|sen|grab** n. *(-[e]s,-gräber)* fossa *f.* comune. **Mas|sen|gut** n. *(-[e]s,-güter)* merce *f.* di largo consumo. **mas|sen|haft** agg. e avv. in massa, in quantità, in gran numero: ***hier gibt es ~ Pilze*** qui ci sono funghi in quantità; ***~ Geld haben*** avere soldi a palate. **Mas|sen|her|stel|lung** f. *(-)* produzione *f.* di massa, su larga scala. **Mas|sen|hin|rich|tung** f. *(-,-en)* esecuzione *f.* in massa. **Mas|sen|ka|ram|bo|la|ge** f. *(-,-n)* tamponamento *m.* a catena. **Mas|sen|kom|mu|ni|ka|ti|ons|mit|tel** n. *(-s,-)* mezzo *m.* di comunicazione di massa. **Mas|sen|kund|ge|bung** f. *(-,-en)* dimostrazione *f.* di massa. **Mas|sen|me|di|en** pl. mass media *m.pl.* **Mas|sen|mord** m. *(-[e]s,-e)* massacro *m.*, strage *f.* **Mas|sen|mör|der** m. *(-s,-)* **1** *(jd, der mehrere Morde begeht)* pluriomicida *m.* **2** *(im Krieg)* massacratore *m.* **Mas|sen|or|ga|ni|sa|ti|on** f. *(-,-en)* organizzazione *f.* di massa. **Mas|sen|pro|duk|ti|on** f. *(-,-en)* produzione *f.* in massa. **Mas|sen|psy|cho|lo|gie** f. *(-)* psicologia *f.* delle masse. **Mas|sen|psy|cho|se** f. *(-,-n)* psicosi *f.* collettiva. **Mas|sen|spei|cher** m. *(-s,-)* INFORM. memoria *f.* di massa. **Mas|sen|spekt|ro|graph** m. *(-en,-en)* spettrografo *m.* di massa. **Mas|sen|sport** m. *(-[e]s)* sport *m.* di massa. **Mas|sen|ster|ben** n. *(-s)* moria *f.*: ***das ~ der Fische in verseuchten Gewässern*** la moria di pesci in acque inquinate. **Mas|sen|sze|ne** f. *(-,-n)* TEATR. CINEM. scena *f.* di massa. **Mas|sen|träg|heit** f. *(-)* FIS. inerzia *f.* **Mas|sen|tier|hal|tung** f. *(-)* allevamento *m.* di massa. **Mas|sen|tou|ris|mus** m. *(-)* turismo *m.* di massa. **Mas|sen|ver|an|stal|tung** f. *(-,-en)* manifestazione *f.* di massa. **Mas|sen|ver|kehrs|mit|tel** n. *(-s,-)* mezzo *m.* di trasporto di massa. **Mas|sen|ver|nich|tungs|mit|tel** n. *(-s,-)* mezzo *m.* per lo sterminio di massa. **mas|sen|wei|se** avv. in massa. **Mas|sen|wir|kung** f. *(-,-en)* **1** *(Beeinflussung der Masse)* influenza *f.* sulle masse **2** CHIM. azione *f.* di massa. **Mas|sen|wir|kungs|ge|setz** n. *(-es)* CHIM. legge *f.* dell'azione di massa. **Mas|sen|zahl** f. *(-,-en)* FIS. numero *m.* di massa.

Mas|seur [ma'sø:ɐ] m. *(-s,-e)* massaggiatore *m.* **Mas|seu|rin** [ma'sø:rɪn] f. *(-,-nen)* massaggiatrice *f.* **Mas|seu|se** [ma'sø:zə] f. *(-,-n)* massaggiatrice *f.* (anche EUFEM.).

Mas|se|ver|lust m. *(-[e]s,-e)* FIS. perdita *f.* di massa.

Maß|ga|be f., ***mit der ~ zu...*** a condizione di...; ***nach ~ der Bestimmungen, des Gesetzes, der gültigen Vorschriften*** conforme alle disposizioni, a norma di legge, ai sensi delle norme vigenti. **maß|ge|bend I** agg. **1** *(einflussreich)* autorevole, influente: ***-e Personen*** personaggi autorevoli; ***etw. von -er Seite erfahren*** apprendere qcs. da fonte autorevole **2** *(richtungweisend)* normativo: ***ein -es Urteil*** un giudizio normativo **3** *(entscheidend)* determinante, decisivo: ***ein -es Werk über das Thema*** un'opera determinante sull'argomento **II** avv. in modo determinante: ***~ an etw. beteiligt sein*** aver parte determinante in qcs. **maß|geb|lich** agg. e avv. → **maßgebend. maß|ge|recht I** agg. della giusta misura, dalle misure richieste **II** avv. su misura: ***~ zugeschnitten*** tagliato su misura. **maß|ge|schnei|dert** agg. fatto su misura: ***ein -er Anzug*** un vestito fatto su misura. **maß‿hal|ten** → **Maß. maß|hal|tig** agg. dalle misure richieste, della misura giusta.

Maß|hol|der, Maß|hol|der m. *(-s,-)* REGION. acero *m.* comune, loppo *m.*, loppio *m.*

1.mas|sie|ren tr. massaggiare: ***jdn, jdm den Rücken ~*** massaggiare qcn., la schiena a qcn.

2.mas|sie|ren tr. MIL. SPORT concentrare: ***die Truppen an der Grenze ~*** concentrare le truppe al confine; ***die Abwehr ~*** concentrare la difesa.

mas|siert p.pass. agg. **1** → **1.,2.massieren 2** massiccio, concentrato: ***eine -e Kritik*** una critica massiccia. **Mas|sie|rung** f. *(-,-en)* concentrazione *f.*

mas|sig I agg. massiccio, pesante: ***eine -e Gestalt*** una figura massiccia **II** avv. COLLOQ. *(massenhaft)* in massa, in gran quantità: ***~ Arbeit haben*** avere un mucchio (*o* un sacco) di lavoro.

mä|ßig I agg. **1** *(maßvoll)* moderato, sobrio: ***einen -en Gebrauch von etw. machen*** fare un uso moderato di qcs.; ***eine -e Lebensweise*** uno stile di vita sobrio **2** *(relativ gering)* modesto: ***ein -es Gehalt*** un salario modesto; ***-e Preise*** prezzi modici **3** *(mittelmäßig)* mediocre: ***eine -e Leistung*** un rendimento mediocre **II** avv. **1** moderatamente, con moderazione: ***~ rauchen*** fumare con moderazione **2** *(mittelmäßig)* mediocremente. **mä|ßi|gen I** tr. moderare: ***seine Worte, seine Ungeduld ~*** moderare le parole, la propria impazienza **II** rifl. **sich ~ 1** moderarsi: ***du musst dich im, beim Essen etwas ~*** devi moderarti un po' nel mangiare **2** *(nachlassen)* mitigarsi: ***die Hitze hat sich gemäßigt*** il caldo si è mitigato.

Mas|sig|keit f. *(-)* pesantezza *f.*

Mä|ßig|keit f. *(-)* **1** moderazione *f.*: ***der Arzt hat ihm ~ im Essen empfohlen*** il medico gli ha raccomandato moderazione nel mangiare **2** *(Mittelmäßigkeit)* mediocrità *f.* **Mä|ßi|gung** f. *(-)* moderazione *f.*: ***zur ~ mahnen*** esortare alla moderazione.

mas|siv I agg. **1** massiccio (anche FIG.): ***aus -em Gold*** d'oro massiccio; ***ein -es Gebäude*** un edificio massiccio; ***ein -er Mann*** un uomo massiccio; FIG. ***-e Angriffe*** attacchi massicci **2** FIG. COLLOQ. *(grob)* grossolano: ***~ werden*** diventare grossolano **II** avv. **1** in modo massiccio **2** FIG. COLLOQ. *(grob)* in modo grossolano ◆ ***~ (o einen -en) Druck auf jdn ausüben*** esercitare una pesante pressione su qcn.; ***~ Eiche sein*** essere in quercia massiccia; ***-e Kritik an jdm üben*** fare pesanti critiche a qcn.; ***eine -e Säule*** una colonna piena. **Mas|siv** n. *(-s,-e)* **1** massiccio *m.* (montuoso) **2** GEOL. blocco *m.* basale. **Mas|siv|bau** m. *(-[e]s,-ten)* costruzione *f.* massiccia. **Mas|si|vi|tät** f. *(-)* l'essere massiccio, pesantezza *f.*

Maß|kon|fek|ti|on f. *(-)* capo *m.*, confezione *f.* su misura. **Maß|krug** m. *(-[e],-krüge)* boccale *m.* (da birra da un litro).

Maß|lieb n. *(-[e]s,-e)*, **Maß|lieb|chen** n. *(-s,-)* pratolina *f.*

maß|los I agg. smodato, smisurato: ***-e Ansprüche*** pretese smodate; ***-er Zorn*** ira smodata **II** avv. smodatamente, smisuratamente: ***~ übertreiben*** esagerare smodatamente. **Maß|lo|sig|keit** f. *(-)* smodatezza *f.*, smisuratezza *f.*
Maß|nah|me f. *(-,-n)* misura *f.*, provvedimento *m.*: ***einschneidende, gesetzgeberische -n*** misure radicali, provvedimenti legislativi; ***die geeigneten -n gegen die Inflation einleiten, ergreifen, treffen*** introdurre, prendere, adottare le misure appropriate contro l'inflazione; ***-n zum Schutz der Bevölkerung*** misure per la protezione della popolazione. **Maß|nah|men|ka|ta|log** m. *(-[e]s,-e)* elenco *m.* di provvedimenti.
Mas|sör → **Masseur.**
Maß|re|gel f. *(-,-n)* norma *f.*, misura *f.*: ***strenge -n ergreifen, treffen*** adottare norme severe. **maß|re|geln** tr. ***jdn ~*** punire qcn., infliggere sanzioni disciplinari a qcn. **Maß|re|ge|lung, Maß|reg|lung** f. *(-,-en)* punizione *f.* (disciplinare).
Maß|schnei|der m. *(-s,-)* sarto *m.* (che confeziona su misura).
Maß|stab m. *(-[e]s,-stäbe)* **1** scala *f.*: ***etw. in verkleinertem ~ zeichnen*** disegnare qcs. in scala ridotta **2a** *(Norm)* norma *f.*, criterio *m.*: ***Maßstäbe setzen*** stabilire delle norme; ***welche sind die Maßstäbe seines Handelns?*** quali sono i criteri del suo comportamento? con che criterio agisce? ***einen strengen ~ anlegen*** adottare un criterio severo **b** metro *m.*, criterio *m.* (di giudizio), parametro *m.*: ***zwei Dinge mit demselben ~ messen*** misurare due cose con lo stesso metro **3** *(Prüfstein)* termine *m.* di paragone, modello *m.* (con cui confrontarsi): ***er ist für mich kein ~*** per me non è un modello (con cui confrontarmi); ***sich (D) jdn zum ~ nehmen*** prendere qcn. a modello; ***als ~ dienen*** servire da modello **4** RAR. metro *m.*; *(Lineal)* riga *f.*; *(Zollstock)* metro *m.* pieghevole ◆ ***in großem ~*** su vasta (*o* larga) scala; ***zum ~ werden*** diventare un parametro. **maß|stäb|lich** avv. in scala: ***etw. ~ zeichnen*** disegnare qcs. in scala. **maß|stab(s)|ge|recht, maß|stab(s)|ge|treu** agg. conforme alla scala, in scala: ***etw. ~ wiedergeben*** riprodurre qcs. in scala.
Maß|sys|tem n. *(-s,-e)* sistema *m.* di misura (*o* di misurazione). **maß|voll I** agg. moderato; *(beherrscht)* controllato, misurato **II** avv. moderatamente, con moderazione; *(beherrscht)* in modo controllato, misurato. **Maß|werk** n. *(-[e]s,-e)* ARCH. traforo *m.*, parte *f.* traforata (delle finestre gotiche). **Maß|zahl** f. *(-,-en)* **1** MAT. valore *m.* misurato, misura *f.* **2** *(in technischen Zeichnungen)* quota *f.*
1.Mast m. *(-[e]s,-e[n])* **1a** palo *m.*; *(aus Beton, Metall)* pilone *m.*, traliccio *m.*: ***die -en der Telefonleitung*** i pali della linea telefonica **b** *(Fahnenmast)* asta *f.* (della bandiera), pennone *m.* **c** *(eines Zirkuszeltes)* palo *m.* portante **2** MAR. albero *m.*
2.Mast f. *(-,-en)* ingrasso *m.*, ingrassamento *m.*
Mast|baum m. *(-[e]s,-bäume)* MAR. albero *m.*
Mast|darm m. *(-[e]s,-därme)* (intestino *m.*) retto *m.* **Mast|darm|spie|gel** m. *(-s,-)* rettoscopio *m.* **Mast|darm|spie|ge|lung** f. *(-,-en)* rettoscopia *f.*
mäs|ten tr. **1** ingrassare **2** COLLOQ. *(Menschen)* rimpinzare.
Mast|en|te f. *(-,-n)* **1** anatra *f.* da ingrasso **2** *(gemästete Ente)* anatra *f.* messa all'ingrasso (*o* ingrassata).
Mas|ter m. *(-s,-)* UNIV. master *m.*
Mäs|ter m. *(-s,-)* addetto *m.* all'ingrasso degli animali.
Mast|fut|ter n. *(-s)* mangime *m.* da ingrasso. **Mast|gans** f. *(-,-gänse)* **1** oca *f.* da ingrasso **2** *(gemästete Gans)* oca *f.* (messa) all'ingrasso (*o* ingrassata). **Mast|huhn** n. *(-[e]s,-hühner)* **1** pollo *m.* da ingrasso **2** *(gemästetes Huhn)* pollo *m.* (messo) all'ingrasso (*o* ingrassato).
mas|tig agg. **1** grasso **2** *(feucht)* umido.
Mas|ti|ka|tor m. *(-s,-en)* impastatrice *f.*
Mas|tix m. *(-[es])* **1** mastice *m.*, resina *f.* mastice **2** *(Straßenbelag)* mastice *m.* d'asfalto. **Mas|tix|gum|mi** m. *(-s,-[s])*, **Mas|tix|harz** n. *(-es,-e)* mastice *m.* (del lentisco). **Mas|tix|kitt** m. *(-[e]s,-e)* mastice *m.* (*o* stucco *m.*) da vetraio. **Mas|tix|strauch** m. *(-[e]s,-sträucher)* lentisco *m.*
Mast|korb m. *(-[e]s,-körbe)* coffa *f.*
Mast|kur f. *(-,-en)* cura *f.* ingrassante. **Mast|och|se** m. *(-n,-n)* **1** bue *m.* da ingrasso **2** *(gemästeter Ochse)* bue *m.* (messo) all'ingrasso (*o* ingrassato).
Mas|todon n. *(-s,-ten)* mastodonte *m.*
Mast|schwein n. *(-[e]s,-e)* **1** maiale *m.* da ingrasso **2** *(gemästetes Schwein)* maiale *m.* (messo) all'ingrasso (*o* ingrassato).
Mäs|tung f. *(-,-en)* → **2.Mast.**
Mas|tur|ba|ti|on f. *(-,-en)* masturbazione *f.* **mas|tur|bie|ren I** tr. masturbare **II** intr. (aus. *haben*) masturbarsi.
Ma|su|ren n.pr.n. *(-s)* Masuria *f.* **ma|su|risch** agg. della (*o* relativo alla) Masuria ◆ ***Masurische Seen*** Laghi Masuri.
Ma|sur|ka → **Mazurka.**
Ma|ta|dor m. *(-s* e *-en,-e* e *-en)* **1** matador *m.* **2a** *(Hauptperson)* mattatore *m.*, protagonista *m.* **b** *(Sieger)* vincitore *m.*
Match [mɛtʃ] n. e SVIZZ. m. *(-[e]s,-s* e *-e)* match *m.*, partita *f.*, incontro *m.*: ***ein ~ machen, austragen*** fare, disputare un incontro. **Match|ball** m. *(-[e]s,-bälle)* match ball *m.*, palla *f.* del match. **Match|beu|tel** m. *(-s,-)*, **Match|sack** m. *(-[e]s,-säcke)* sacca *f.*
Ma|te m. *(-)* mate (*o* matè) *m.* (infuso). **Ma|te|pflan|ze** f. *(-,-n)* (pianta *f.* del) mate (*o* matè) *m.*
Ma|ter f. *(-,-n)* TIP. matrice *f.*; *(aus Pappe)* flan(o) *m.*
ma|te|ri|al agg. materiale.
Ma|te|ri|al n. *(-s,-ien)* **1** materiale *m.*: ***ein haltbares, minderwertiges ~*** un materiale resistente, scadente; *(Unterlagen)* ***biographisches, statistisches ~*** materiale biografico, statistico **2** *(Beweismaterial)* materiale *m.* probatorio, prove *f.pl.* ◆ FERR. ***das rollende ~*** il materiale rotabile. **Ma|te|ri|al|be|schaf|fung** f. *(-,-en)* approvvigionamento *m.* di materiale. **Ma|te|ri|al|ein|spa|rung** f. *(-,-en)* risparmio *m.* di materiale. **Ma|te|ri|al|er|mü|dung** f. *(-,-en)* TECN. affaticamento *m.* (*o* fatica *f.*) del materiale. **Ma|te|ri|al|fehl|ler** m. *(-s,-)* difetto *m.* del materiale.
Ma|te|ri|a|li|sa|ti|on f. *(-,-en)* materializzazione *f.* **ma|te|ri|a|li|sie|ren I** tr. materializzare **II** rifl. **sich ~** materializzarsi.
Ma|te|ri|a|lis|mus m. *(-)* materialismo *m.* **Ma|te|ri|a|list** m. *(-en,-en)* materialista *m.* **ma|te|ri|a|lis|tisch I** agg. materialistico; *(von Menschen)* materialista **II** avv. materialisticamente.
Ma|te|ri|al|kos|ten pl. costo *m.* del materiale. **Ma|te|ri|al|prü|fung** f. *(-,-en)* prova *f.* dei materiali. **Ma|te|ri|al|scha|den** m. *(-s,-schäden)* **1** danno *m.* al materiale **2** *(Mangel)* difetto *m.* del materiale. **Ma|te|ri|al|schlacht** f. *(-,-en)* battaglia *f.* di materiali. **Ma|te|ri|al|ver|brauch** m. *(-[e]s)* consumo *m.* di materiale.
Ma|te|rie f. *(-,-n)* materia *f.*: ***organische ~*** materia organica; FILOS. ***der Geist und die ~*** lo spirito e la materia; *(Thema)* ***die ~ beherrschen*** conoscere bene la materia.
ma|te|ri|ell I agg. **1** materiale: ***-e Bedürfnisse, Vorteile*** bisogni, vantaggi materiali; ***-e Hilfe*** aiuto materiale; ***der rein -e Wert einer Sache*** il valore puramente materiale di una cosa; *(finanziell)* ***-e Schwierigkeiten*** difficoltà materiali (*o* finanziarie) **2** SPREG. *(materialistisch)* materialista: ***ein -er Mensch*** un materialista **II** avv. **1** materialmente: ***jdn ~ unterstützen*** aiutare materialmente qcn. **2** ***~ eingestellt sein*** essere materialista, avere idee materialistiche.
ma|tern tr. TIP. ***etw. ~*** fare le matrici (*o* i flani) di qcs.
Ma|ter|ni|tät f. *(-)* MED. maternità *f.*
Ma|te|strauch m. *(-[e]s,-sträucher)* → **Matepflanze. Ma|te|tee** m. *(-s)* → **Mate.**
Ma|the f. *(-)* GERG. SCOL. mate *f.*, matematica *f.* **Ma|the|ma|tik, Ma|the|ma|tik** f. *(-)* matematica *f.* **Ma|the|ma|ti|ker** m. *(-s,-)* matematico *m.* **Ma|the|ma|tik|leh|rer** m. *(-s,-)* professore *m.* (*o* insegnante *m.*) di matematica. **Ma|the|ma|tik|un|ter|richt** m. *(-[e]s)* lezione *f.* di matematica. **ma|the|ma|tisch I** agg. matematico **II** avv. matematicamente. **ma|the|ma|ti|sie|ren** tr. matematizzare.
Mat|hil|de n.pr.f. Matilde *f.*
Ma|ti|nee f. *(-,-n)* matinée *f.*
Mat|jes|he|ring m. *(-s,-e)* bianchetto *m.* (di aringa).
Mat|rat|ze f. *(-,-n)* **1** materasso *m.*: ***die ~ lüften, klopfen*** far prendere aria al materasso, battere il materasso **2** *(Luftmatratze)* materassino *m.* (gonfiabile) **3** SCHERZ. *(Vollbart)* barbone *m.* ◆ ***die ~ belauschen, an der ~ horchen*** = dormire. **Mat|rat|zen|la|ger** n. *(-s,-)* materassi *m.pl.* messi per terra.
Mät|res|se f. *(-,-n)* **1** *(früher)* favorita *f.* **2** SPREG. amante *f.*, mantenuta *f.*
mat|ri|ar|cha|lisch agg. matriarcale. **Mat|ri|ar|chat** n. *(-[e]s,-e)* matriarcato *m.*
Mat|ri|kel f. *(-,-n)* **1** UNIV. matricola *f.* **2** AUSTR. registro *m.* anagrafico.
Mat|rix f. *(-, Matrizes* e *Matrizen)* matrice *f.* **Mat|rix|dru|cker** m. *(-s,-)* stampante *f.* a matrice. **Mat|rix|satz** m. *(-es,-sätze)* LING. (proposizione *f.*) principale *f.*
Mat|ri|ze f. *(-,-n)* **1** TECN. matrice *f.* **2** TIP. flano *m.*
Mat|ri|zen, Mat|ri|zes → **Matrix.**
Mat|ro|ne f. *(-,-n)* matrona *f.* **mat|ro|nen|haft** agg. matronale.
Mat|ro|se m. *(-n,-n)* marinaio *m.* **Mat|ro|sen|an|zug** m. *(-[e]s,-anzüge)* **1** → **Matrosenuniform 2** (vestito *m.* alla) marinara *f.* **Mat|ro|sen|blu|se** f. *(-,-n)* **1** MIL. camisaccio *m.* **2** ABBIGL. blusa *f.* alla marinara. **Mat|ro|sen|kra|gen** m. *(-s,-)* colletto *m.* alla marinara. **Mat|ro|sen|müt|ze** f. *(-,-n)* **1** MIL. berretto *m.* da marinaio **2** ABBIGL. (berretto *m.* alla) marinara *f.* **Mat|ro|sen|uni|form** f. *(-,-en)* uniforme *f.* (*o* divisa *f.*) da marinaio.
matsch agg. COLLOQ. **1** andato a male, marcio: ***-es Obst*** frutta an-

data a male **2** *(völlig erschöpft)* distrutto, a pezzi **3** GIOC. SPORT ***jdn ~ machen*** distruggere, stracciare qcn.; ***~ werden*** essere stracciato, perdere. **Matsch** m. *(-[e]s,-e)* **1** GIOC. cappotto *m.* **2** COLLOQ. *(dickflüssiger Schmutz)* fanghiglia *f.*, poltiglia *f.*

mat|schen intr. (aus. *haben*) COLLOQ. sguazzare: ***in einer Wasserlache ~*** sguazzare in una pozzanghera; ***das Kind hat im Essen gematscht*** il bambino ha ridotto il cibo a una poltiglia. **mat|schig** agg. COLLOQ. **1a** poltiglioso, molle: ***eine -e Mischung*** una poltiglia **b** *(von Obst, Gemüse)* molle, marcio **2** *(schlammig)* fangoso: ***-e Straßen*** strade fangose. **Matsch|wet|ter** n. *(-s)* COLLOQ. tempo *m.* piovoso, tempaccio *m.*

matt I agg. **1a** spossato, esausto, sfinito: ***sich ~ fühlen*** sentirsi esausto; ***vor Hunger ~ sein*** essere spossato dalla fame; ***von der Anstrengung, der Hitze ~ sein*** essere spossato dalla fatica, dal (*o* per il) caldo; ***die -en Glieder*** le stanche membra **b** *(schwach)* fiacco, debole: ***ein -er Puls*** un polso debole; ***ein -er Schluss*** un finale fiacco; ***eine -e Reaktion*** una debole reazione; ***mit -er Stimme*** con voce debole, spenta **2a** *(glanzlos)* smorto, spento; opaco: ***-e Augen*** occhi spenti; ***eine -e Farbe*** un colore smorto; ***ein -er Lack*** una vernice opaca **b** *(nicht durchsichtig)* opaco: ***ein -es Glas*** vetro opaco; FOT. ***-es Papier*** carta opaca **3** *(von Licht)* fioco, debole **4** ECON. *(flau)* calmo, fiacco **II** avv. **1** *(erschöpft)* fiaccamente **2** *(ohne Kraft)* stancamente, debolmente: ***~ widersprechen*** replicare debolmente ◆ ***Schach und ~!*** scacco matto! ***jdn ~ setzen*** dare scacco matto a qcn. **Matt** n. *(-s,-s)* scacco *m.* matto.

Mat|te f. *(-,-n)* **1a** stuoia *f.* **b** GINN. materassino *m.* **2** *(Fußmatte)* zerbino *m.* **3** LETT. o SVIZZ. *(Bergwiese)* pascolo *m.* alpino ◆ ***auf der ~ stehen*** essere presente, pronto.

Mat|ter|horn n.pr.n. *(-[e]s)* Cervino *m.*

Matt|glas n. *(-es)* vetro *m.* opaco, smerigliato. **Matt|gold** n. *(-[e]s)* oro *m.* opaco. **matt|gol|den** agg. di oro opaco.

Mat|thäi, ***bei mir ist ~ am letzten*** sono al verde, senza il becco di un quattrino. **Mat|thä|us** n.pr.m. *(- e Matthäi)* Matteo *m.* **Mat|thä|us|evan|ge|li|um** n. *(-s)* vangelo *m.* secondo Matteo. **Mat|thä|us|pas|si|on** f. *(-)* passione *f.* secondo Matteo.

Matt|heit f. *(-)* LETT. RAR. **1a** spossatezza *f.*, stanchezza *f.* **b** *(Schwachsein)* debolezza *f.* **2** *(Glanzlosigkeit)* opacità *f.* **mat|tie|ren** tr. opacizzare, rendere opaco. **Mat|tie|rung** f. *(-)* **1** il rendere opaco **2** *(mattierende Schicht)* strato *m.* opacizzante. **Mat|tig|keit** f. *(-)* spossatezza *f.*, fiacchezza *f.*; *(Müdigkeit)* stanchezza *f.* **Matt|lack** m. *(-[e]s,-e)* smalto *m.* opaco. **Matt|pa|pier** n. *(-s,-e)* carta *f.* opaca. **Matt|schei|be** f. *(-,-n)* **1** (lastra *f.* di) vetro *m.* smerigliato **2** *(Bildschirm)* schermo *m.* (televisivo), video *m.* ◆ ***~ haben*** avere la mente annebbiata.

Ma|tur n. *(-s)*, SVIZZ. f. *(-)*, **Ma|tu|ra** f. *(-)* AUSTR. SVIZZ. esame *m.* di maturità, maturità *f.* **Ma|tu|rand** SVIZZ. o ANT. → **Maturant. Ma|tu|rant** m. *(-en,-en)* maturando *m.* **Ma|tu|ri|tät** f. *(-)* **1** ANT. *(Reife)* maturità *f.* **2** SVIZZ. *(Abitur)* maturità *f.* **Ma|tu|ri|täts|prü|fung** f. *(-,-en)* SVIZZ. esame *m.* di maturità. **Ma|tu|ri|täts|zeug|nis** n. *(-ses,-se)* SVIZZ. diploma *m.* di maturità.

Ma|tu|tin f. *(-,-e[n])* LIT. mattutino *m.*

Matz m. *(-es,-e* e *Mätze)* FAM. SCHERZ. marmocchio *m.* **Mätz|chen** n. *(-s,-)* COLLOQ. **1** pl. stupidaggini *f.pl.*, sciocchezze *f.pl.* **2a** pl. storie *f.pl.*: ***mach keine ~!*** non fare (tante) storie! **b** *(Trick)* giochetto *m.*, trucco *m.*

Mat|ze f. *(-,-n)*, **Mat|zen** m. *(-s,-)* pane *m.* azzimo.

mau I agg. COLLOQ. **1** cattivo: ***die Situation ist ~*** la situazione è brutta **2** *(flau)* fiacco **II** avv. male: ***der Markt geht ~*** il mercato va male ◆ ***mir ist ~*** sto, mi sento male.

Mau|er f. *(-,-n)* **1** muro *m.* (anche FIG.): ***eine ~ abreißen, einreißen (niederreißen), errichten*** abbattere, demolire, erigere un muro; ***die ~ des Schweigens durchbrechen*** rompere il muro del silenzio; ***zwischen uns ist eine ~*** c'e un muro fra di noi; ***eine ~ aus Hass*** un muro di odio **2** *(von Städten)* mura *f.pl.*: ***eine hohe ~ umschließt die Stadt*** alte mura circondano la città **3** SPORT muro *m.*, barriera *f.* ◆ ***die Chinesische ~*** la muraglia cinese, la grande muraglia; FIG. ***~ für jdn machen*** coprire qcn.; ***wie eine ~ stehen*** essere saldo come una roccia. **Mau|er|an|ker** m. *(-s,-)* EDIL. chiave *f.*, tirante *m.* **Mau|er|as|sel** f. *(-,-n)* onisco *m.* **Mau|er|blüm|chen** n. *(-s,-)* COLLOQ. **1** ragazza *f.* che fa tappezzeria: ***~ spielen, sein*** far tappezzeria **2** *(unscheinbares Mädchen)* ragazza *f.* poco appariscente. **Mau|er|bre|cher** m. *(-s,-)* STOR. ariete *m.* **Mau|er|fall** m. *(-[e]s)* STOR. caduta *f.* del muro (di Berlino). **Mau|er|ha|ken** m. *(-s,-)* **1** gancio *m.* (da muro) **2** ALP. chiodo *m.* da roccia. **Mau|er|kel|le** → **Maurerkelle. Mau|er|kro|ne** f. *(-,-n)* coronamento *m.* del muro. **Mau|er|läu|fer** m. *(-s,-)* picchio *m.* muraiolo. **Mau|er|loch** n. *(-[e]s,-löcher)* buco *m.* nel muro. **Mau|er|meis|ter** → **Maurermeister.**

mau|ern I tr. ***eine Wand ~*** costruire un muro, murare **II** intr. (aus. *haben*) **1** costruire un muro **2** SPORT barricarsi in difesa, fare catenaccio **3** *(beim Kartenspiel)* non rischiare **4** FIG. rinchiudersi nel silenzio, fare muro (contro qcs.). **Mau|er|po|lier** → **Maurerpolier. Mau|er|rand** m. *(-[e]s,-ränder)* estremità *f.* del muro. **Mau|er|rau|te** f. *(-,-n)* ruta *f.* di muro. **Mau|er|rit|ze** f. *(-,-n)* fessura *f.*, crepa *f.* nel muro. **Mau|er|schwal|be** f. *(-,-n)*, **Mau|er|seg|ler** m. *(-s,-)* rondone *m.* **Mau|er|stein** m. *(-[e]s,-e)* **1** *(Ziegel)* mattone *m.* **2** pietra *f.* (da costruzione). **Mau|e|rung** f. *(-,-en)* costruzione *f.* di un muro. **Mau|er|vor|sprung** f. *(-,-vorsprünge)* aggetto *m.*, sporto *m.* **Mau|er|werk** n. *(-[e]s,-e)* opera *f.* muraria. **Mau|er|zie|gel** m. *(-s,-)* mattone *m.*

Mau|ke f. *(-,-n)* **1** VETER. formella *f.* **2** COLLOQ. ANT. podagra *f.*, gotta *f.* **3** REGION. piede *m.*

Maul n. *(-[e]s, Mäuler)* **1** *(von Tieren)* bocca *f.*, muso *m.* **2** VOLG. SPREG. becco *m.*: ***halt das ~*** chiudi il becco! ***das ~ aufmachen, auftun*** aprire il becco; ***jdm das ~ stopfen, verbieten*** chiudere il becco a qcn. **3** FIG. *(Person)* bocca *f.*, persona *f.*: ***er hat 5 Mäuler zu stopfen*** ha 5 bocche da sfamare **4a** TECN. bocca *f.* **b** *(von Zangen)* becco *m.* ◆ COLLOQ. ***jdn ein ~ anhängen*** strapazzare qcn.; ***das ~ aufreißen*** fare lo smargiasso, lo spaccone; ***ein böses ~*** una linguaccia, malalingua; ***jdm eine aufs ~ geben*** darne una sul grugno a qcn.; ***jdm ums ~ gehen*** lisciare il pelo a qcn.; ***ein großes ~ haben*** fare lo spaccone; ***das ~ hängen lassen*** fare il muso, la faccia lunga; ***ein loses ~ haben*** avere la lingua tagliente; ***mach dein ~ auf!*** avanti, parla! ***ein schiefes ~ ziehen, machen*** storcere il naso; ***ein ungewaschenes ~ haben*** = usare un linguaggio volgare; FIG. ***sich das ~ verbrennen*** tradirsi (parlando troppo); ***das ~ voll nehmen*** fare lo spaccone; ***sich über jdn das ~ zerreißen*** spettegolare su qcn., sciacquarsi la bocca sul conto di qcn.; PROV. ***einem geschenkten Gaul sieht man nicht ins ~*** a caval donato non si guarda in bocca; ***die gebratenen Tauben fliegen einem nicht ins ~*** = non si deve aspettare che la manna piova dal cielo.

Maul|af|fe m. *(-n,-n)* ANT. curiosone *m.* ◆ SPREG. ***-n feilhalten*** fissare a bocca aperta.

Maul|beer|baum m. *(-[e]s,-bäume)* gelso *m.* **Maul|bee|re** f. *(-,-n)* mora *f.* di gelso. **Maul|beer|sei|den|spin|ner, Maul|beer|spin|ner** m. *(-s,-)* baco *m.* da seta; ZOOL. bombice *f.* del gelso. **Maul|beer|zucht** f. *(-)* gelsicoltura *f.* **Maul|beer|züch|ter** m. *(-s,-)* gelsicoltore *m.*.

Mäul|chen n. *(-s,-)* **1** FAM. SCHERZ. boccuccia *f.*, musetto *m.* **2** REGION. FAM. *(Kuss)* bacio *m.*

mau|len intr. (aus. *haben*) COLLOQ. brontolare.

Maul|esel m. *(-s,-)* mulo *m.* **maul|faul** agg. COLLOQ. di poche parole, taciturno. **Maul|held** m. *(-en,-en)* COLLOQ. fanfarone *m.*, spaccone *m.*

Maul|korb m. *(-[e]s,-körbe)* museruola *f.*: ***dem Hund den ~ umbinden*** mettere la museruola al cane; FIG. ***jdm einen ~ anlegen, verpassen*** mettere la museruola (*o* il bavaglio) a qcn. **Maul|korb|er|lass** m. *(-es,-e)*, **Maul|korb|ge|setz** n. *(-es,-e)* COLLOQ. = legge *f.* che limita la libertà di parola.

Maul|schel|le f. *(-,-n)* ANT. o REGION. ceffone *m.*, schiaffo *m.* **Maul|sper|re** f. *(-,-n)* VETER. trisma *m.* ◆ ***die ~ kriegen, bekommen*** rimanere a bocca aperta (per lo stupore). **Maul|ta|sche** f. *(-,-n)* INTRAD. (specie di raviolo da cucinare in brodo). **Maul|tier** n. *(-[e]s,-e)* mulo *m.* **Maul|trom|mel** f. *(-,-n)* MUS. scacciapensieri *m.* **Maul- und Klau|en|seu|che** f. *(-)* afta *f.* epizootica. **Maul|werk** n. *(-[e]s)* VOLG. parlantina *f.*: ***ein großes ~ haben*** avere la lingua (*o* parlantina) sciolta; ***ein freches ~ haben*** essere sfacciato, insolente.

Maul|wurf m. *(-[e]s,-würfe)* **1** talpa *f.* **2** FIG. *(Spion)* spia *f.* ◆ ***blind wie ein ~*** cieco come una talpa. **Maul|wurfs|gril|le** f. *(-,-n)* grillotalpa *m.* **Maul|wurfs|hau|fen** m. *(-s,-)*, **Maul|wurfs|hü|gel** m. *(-s,-)* mucchio *m.* di terra (sollevato dalle talpe).

1.Mau-Mau pl. Mau Mau *m.pl.*

2.Mau-Mau n. *(-[s])* INTRAD. (tipo di gioco di carte).

maun|zen intr. (aus. *haben*) **1** miagolare **2** *(wimmern)* piagnucolare, frignare.

Mau|re m. *(-n,-n)* mauro *m.*

Mau|rer m. *(-s,-)* **1** muratore *m.* **2** FIG. *(beim Kartenspiel)* = giocatore *m.* cauto **3** *(Freimaurer)* massone *m.* **Mau|rer|ar|beit** f. *(-,-en)* lavoro *m.* del muratore. **Mau|re|rei** f. *(-)* **1** mestiere *m.* del muratore **2** *(Freimaurerei)* massoneria *f.* **Mau|rer|ge|sel|le** m. *(-n,-n)* apprendista *m.* muratore. **Mau|rer|hand|werk** n. *(-[e]s)* mestiere *m.* del muratore. **mau|re|risch** agg. massonico. **Mau|rer|kel|le** f. *(-,-n)* cazzuola *f.* **Mau|rer|meis|ter** m. *(-s,-)* capomastro *m.* **Mau|rer|pin|sel** m. *(-s,-)* pennello *m.* da muratore. **Mau|rer|po|lier** m. *(-s,-)* capomastro *m.* **Mau|rer|zunft** f. *(-,-zünfte)* corporazione *f.* dei muratori.

Mau|res|ke f. *(-,-n)* arabesco *m.*
Mau|re|ta|ni|en n.pr.n. *(-s)* Mauritania *f.* **Mau|re|ta|ni|er** m. *(-s,-)* mauritano *m.* **mau|re|ta|nisch** agg. mauritano, della Mauritania.
Mau|rin f. *(-,-nen)* maura *f.* **mau|risch** agg. moresco.
Mau|ri|ti|er m. *(-s,-)* abitante *m.* delle (isole) Mauritius. **mau|ri|tisch** agg. delle (isole) Mauritius.
Maus f. *(-, Mäuse)* **1** topo *m.*, sorcio *m.*: ***die ~ piept, knabbert am Käse*** il topo squittisce, rosicchia il formaggio **2** VEZZ. FIG. topino *m.*, topolino *m.*: ***süße ~!*** caro topino, topolino! **3** pl. COLLOQ. *(Geld)* grana *f.*: ***Mäuse machen*** far la grana **4** INFORM. mouse *m.* ◆ ***da beißt die ~ keinen Faden ab*** non ci si può far niente; ***wie eine gebadete ~ aussehen*** essere bagnato come un pulcino; ***eine graue ~*** un tipo ordinario; ***keine ~*** neanche un cane; ***Mäuse melken*** scovare le magagne; ***das kann eine ~ auf dem Schwanz forttragen*** è veramente poco, è davvero poca cosa; ***die Mäuse tanzen lassen*** = fare vita dissoluta; COLLOQ. SCHERZ. ***die weißen Mäuse*** la (polizia) stradale; ***weiße Mäuse sehen*** avere le traveggole, vederci doppio. **Maus|au|ge** n. *(-s,-n)* occhietto *m.* piccolo.
Mau|schel m. *(-s,-)* SPREG. giudeo *m.* **mau|scheln** intr. (aus. *haben*) COLLOQ. **1** *(jüdeln)* parlare yiddish **2** FIG. *(unverständlich reden)* parlare in modo incomprensibile **3** COLLOQ. *(beim Spielen)* barare **4** COLLOQ. SPREG. mercanteggiare.
Mäus|chen n. *(-s,-)* topino *m.*, topolino *m.* ◆ COLLOQ. ***~ sein (spielen) wollen*** voler essere una mosca. **mäus|chen|still** agg. zitto zitto ◆ ***es war ~*** non si sentiva volare una mosca.
Mäu|se|bus|sard m. *(-s,-e)* poiana *f.*, falcone *f.* buteo. **Mäu|se|dorn** m. *(-[e]s)* pungitopo *m.*, rusco *m.* **Mau|se|fal|le**, RAR. **Mäu|se|fal|le** f. *(-,-n)* trappola *f.* da, per topi; FIG. trappola *f.* **Mäu|se|fraß** m. *(-es)* danno *m.* fatto dai topi. **Mäu|se|gift** n. *(-[e]s,-e)* veleno *m.* per topi, topicida *m.* **Mäu|se|jagd** f. *(-,-en)* caccia *f.* ai topi. **Mau|se|loch**, RAR. **Mäu|se|loch** n. *(-[e]s,-löcher)* tana *f.* del topo ◆ COLLOQ. ***sich in ein ~ verkriechen wollen*** voler sprofondare. **Mäu|se|mel|ken, *es ist zum ~*** c'è da mettersi le mani nei capelli.
mau|sen I tr. SCHERZ. sgraffignare **II** intr. (aus. *haben*) **1** REGION. o ANT. acchiappare, cacciare topi **2** REGION. VOLG. *(koitieren)* scopare ◆ PROV. ***die Katze lässt das Mausen nicht*** il lupo perde il pelo, ma non il vizio.
Mäu|se|nest n. *(-es,-er)* topaia *f.* **Mäu|se|pla|ge** f. *(-,-n)* invasione *f.* di topi.
Mau|ser f. *(-)* ORNIT. muda *f.*, muta *f.*: ***in der ~ sein*** essere in muda.
Mau|se|rei f. *(-,-en)* SCHERZ. lo sgraffignare. **Mäu|se|rich** m. *(-s,-e)* COLLOQ. topo *m.* (maschio).
mau|sern rifl. **sich ~ 1** ORNIT. fare la muda, mutare le penne **2** COLLOQ. *(werden)* farsi: ***sie hat sich zu einem schönen Mädchen gemausert*** si è fatta una bella ragazza **3** prosperare: ***das Unternehmen beginnt sich zu ~*** l'impresa comincia a prosperare.
Mau|se|rung f. *(-,-en)* → **Mauser.**
mau|se|tot agg. COLLOQ. (morto) stecchito ◆ ***jdn ~ schlagen*** accoppare qcn. **Mau|se|zahn** m. *(-[e]s,-zähne)* dentino *m.* aguzzo.
maus|far|big agg. (di) color topo, RAR. topino. **maus|grau** agg. **1** grigio topo **2** COLLOQ. *(mittelmäßig)* mediocre.
mau|sig agg. COLLOQ. ***sich ~ machen*** farsi notare, voler comparire.
Maus|klick m. *(-s,-s)* clic *m.* col mouse; ***per ~*** cliccando col mouse. **Mäus|lein** n. *(-s,-)* topino *m.*, topolino *m.* **Maus|loch** → **Mauseloch.**
Mau|so|le|um n. *(-s, Mausoleen)* mausoleo *m.*
Maus|tas|te f. *(-,-n)* tasto *m.* del mouse.
Maut f. *(-,-en)* **1** STOR. *(Zoll)* dogana *f.*, dazio *m.* **2** AUSTR. pedaggio *m.* **Maut|ge|bühr** f. *(-,-en)* AUSTR. pedaggio *m.* **Maut|ner** m. *(-s,-)* STOR. o AUSTR. doganiere *m.* **maut|pflich|tig** agg. **1** STOR. soggetto a dazio **2** AUSTR. soggetto a pagamento di pedaggio. **Maut|stra|ße** f. *(-,-n)* AUSTR. strada *f.* a, con pedaggio.
mauve [mo:v] agg.inv. (color) malva, mauve.
mau|zen → **maunzen.**
m. a. W. ⇒ *mit anderen Worten* in altre parole.
Max, COLLOQ. ***strammer ~*** marcantonio *m.*; GASTR. INTRAD. (uovo fritto con prosciutto). **Ma|xe** m. *(-n,-n)* COLLOQ. tipo *m.*
ma|xi agg. ABBIGL. maxi. **Ma|xi I** n. *(-s,-s)* COLLOQ. **1** *(Maximode)* moda *f.* maxi **2** *(Maxikleid)* maxivestito *m.* **II** m. *(-s,-s)* COLLOQ. *(Maxirock)* maxi *f.* ◆ ***Kleider in ~*** vestiti maxi. **Ma|xi|kleid** n. *(-[e]s,-er)* maxivestito *m.* **Ma|xi|mo|de** f. *(-)* moda *f.* maxi.
ma|xi|mal I agg. massimo, massimale: ***die -e Belastung*** il peso, il carico massimo **II** avv. **1** al massimo: ***etw. ~ ausnutzen*** sfruttare qcs. al massimo; ***der Aufzug kann ~ 4 Personen befördern*** l'ascensore può portare al massimo 4 persone **2 *die ~ zulässige Geschwindigkeit*** la velocità massima consentita ◆ COLLOQ. ***das ist ja ~!*** è il massimo, è fantastico! **Ma|xi|mal|be|trag** m. *(-[e]s,-beträge)* importo *m.* massimo. **Ma|xi|mal|do|sis** f. *(-,-dosen)* dose *f.* massima. **Ma|xi|mal|ge|schwin|dig|keit** f. *(-,-en)* velocità *f.* massima. **Ma|xi|mal|ge|wicht** n. *(-[e]s,-e)* peso *m.* massimo. **Ma|xi|mal|hö|he** f. *(-,-n)* altezza *f.* massima. **Ma|xi|mal|leis|tung** f. *(-,-en)* prestazione *f.* massima, rendimento *m.* massimo. **Ma|xi|mal|preis** m. *(-es,-e)* prezzo *m.* massimale, massimo. **Ma|xi|mal|stra|fe** f. *(-,-n)* pena *f.* massima. **Ma|xi|mal|wert** m. *(-[e]s,-e)* valore *m.* massimo.
Ma|xi|me f. *(-,-n)* massima *f.* **ma|xi|mie|ren** tr. massimizzare, portare al massimo.
Ma|xi|mi|li|an n.pr.m. Massimiliano *m.*
Ma|xi|mum n. *(-s, Maxima)* **1** massimo *m.* (anche MAT.) **2** *(Höchstmaß)* limite *m.* massimo **3** METEOR. (temperatura *f.*) massima *f.*
Ma|xi|rock m. *(-[e]s,-röcke)* maxigonna *f.*
Ma|ya m. *(-[s],-[s])* maya *m.* **Ma|ya|kul|tur** f. *(-)* cultura *f.*, civiltà *f.* (dei) maya.
Ma|yon|nai|se [majɔ'nɛ:zə] f. *(-,-n)* maionese *f.*
Ma|ze|do|ni|en → **Makedonien. Ma|ze|do|ni|er** → **Makedonier. ma|ze|do|nisch** → **makedonisch.**
Mä|zen m. *(-s,-e)* mecenate *m.* **Mä|ze|na|ten|tum** n. *(-s)* mecenatismo *m.* **mä|ze|na|tisch** agg. da mecenate.
Ma|ze|ra|ti|on f. *(-,-en)* macerazione *f.* **ma|ze|rie|ren** tr. macerare.
Ma|zur|ka f. *(-,-s* e *Mazurken)* mazurka *(o* mazurca*)* *f.*
mbH ⇒ *mit beschränkter Haftung* a responsabilità limitata (r.l.).
Mc|Car|thy|is|mus m. *(-)* maccartismo *m.*
MD ⇒ *Musikdirektor* direttore d'orchestra (e artistico).
Md. ⇒ *Milliarde(n)* miliardo, miliardi.
MdB, M. d. B. ⇒ *Mitglied des Bundestages* membro del parlamento.
MdL, M. d. L. ⇒ *Mitglied des Landtages* membro del parlamento del Land.
ME ⇒ *Macheeinheit* emanazione di radio.
m. E. ⇒ *meines Erachtens* a mio avviso.
Me|cha|nik f. *(-,-en)* **1** meccanica *f.* **2** *(Mechanismus)* meccanismo *m.* **Me|cha|ni|ker** m. *(-s,-)* meccanico *m.*; *(Arbeiter)* metalmeccanico *m.* **me|cha|nisch I** agg. **1** meccanico: ***-e Kraft, Wirkung*** forza, azione meccanica **2** FIG. *(gedankenlos)* meccanico, macchinale, automatico **3** FILOS. → **mechanistisch II** avv. **1** *(maschinell)* a macchina **2** FIG. meccanicamente, macchinalmente: ***etw. ~ tun*** fare qcs. meccanicamente. **me|cha|ni|sie|ren** tr. meccanizzare. **Me|cha|ni|sie|rung** f. *(-,-en)* meccanizzazione *f.* **Me|cha|nis|mus** m. *(-, Mechanismen)* **1** meccanismo *m.* (anche FIG.) **2** FILOS. meccanicismo *m.* **Me|cha|nist** m. *(-en,-en)* meccanicista *m.* **me|cha|nis|tisch I** agg. meccanicistico **II** avv. meccanicisticamente.
Mecht|hild, Mecht|hil|de n.pr.f. Matilde *f.*
meck inter. bee.
Me|cker|ecke f. *(-,-n)* COLLOQ. angolo *m.* del lettore, della posta. **Me|cke|rei** f. *(-,-en)* COLLOQ. SPREG. critica *f.* continua. **Me|cke|rer** m. *(-s,-)*, SPREG. **Me|cker|frit|ze** m. *(-n,-n)* criticone *m.*, brontolone *m.* **me|ckern** intr. (aus. *haben*) **1** belare (anche ESTENS.) **2** COLLOQ. SPREG. *(kritisieren)* ***über etw. ~*** brontolare contro *(o* trovare da ridire su) qcs. **me|ckernd** p.pres. → **meckern** ◆ ***~ lachen*** ridere scioccamente. **Me|cker|stim|me** f. *(-,-n)* voce *f.* lamentosa. **Me|cker|zie|ge** f. *(-,-n)* COLLOQ. SPREG. **1** criticona *f.*, brontolona *f.* **2** *(wer meckernd lacht)* donna *f.* che ride scioccamente.
Meck|len|burg n.pr.n. *(-s)* Meclemburgo *m.* **Meck|len|bur|ger** m. *(-s,-)* abitante *m.* del Meclemburgo. **meck|len|bur|gisch** agg. del Meclemburgo.
Me|dail|le [me'daljə] f. *(-,-n)* medaglia *f.*: ***eine ~ prägen*** coniare una medaglia; ***eine ~ erhalten, bekommen*** ricevere una medaglia; ***jdn mit einer ~ auszeichnen*** insignire qcn. di una medaglia. **Me|dail|len|ge|win|ner** m. *(-s,-)* SPORT vincitore *m.* di una medaglia. **Me|dail|len|spie|gel** m. *(-s,-)* SPORT medagliere *m.* **Me|dail|leur** [medal'jø:ɐ] m. *(-s,-e)* fabbricante *m.* di medaglie. **Me|dail|lon** [medal'jo:] n. *(-s,-s)* medaglione *m.* (anche GASTR.).
1.Me|dia f. *(-, Mediä* e *Medien)* **1** FON. consonante *f.* media **2** MED. (parete *f.*) media *f.*
2.Me|dia pl. → **Medium. Me|di|a|ab|tei|lung** f. *(-,-en)* settore *m.* pubblicità.
me|di|al agg. **1** medianico: ***-e Fähigkeiten*** poteri medianici **2** MED. mediale **3** GRAMM. medio: ***-es Verb*** verbo medio. **me|di|an** agg. mediano. **Me|di|a|ne** f. *(-,-n)* GEOM. mediana *f.* **Me|di|an|ebe|ne** f. *(-,-n)* ANAT. piano *m.* mediano. **Me|di|an|te** f. *(-,-n)* mediante *f.*
me|di|at agg. ANT. mediato. **Me|di|a|ti|on** f. *(-,-en)* mediazione *f.*
me|di|ä|val agg. med(o)ievale. **Me|di|ä|vist** m. *(-en,-en)* medievista *m.*, medievalista *m.* **Me|di|ä|vis|tik** f. *(-)* medievistica *f.*, medievalistica *f.*
me|di|en|ge|recht agg. adatto ai (mass) media. **Me|di|en|land|**

schaft f. *(-)* panorama *m.* dei (mass) media. **Me|di|en|ver|bund** m. *(-[e]s,-e)* multimedialità *f.*
Me|di|ka|ment n. *(-[e]s,-e)* medicamento *m.*, farmaco *m.*: ***ein ~ einnehmen*** assumere un farmaco. **me|di|ka|men|ten|süch|tig** agg. farmacodipendente. **me|di|ka|men|tös** agg. medicamentoso. **Me|di|ka|ti|on** f. *(-,-en)* **1** medicazione *f.* **2** *(Arzneiverordnung)* prescrizione *f.* medica. **Me|di|kus** m. *(-, Medizi* e COLLOQ. *-se)* SCHERZ. dottorino *m.*
me|di|o|ker agg. mediocre. **Me|di|o|kri|tät** f. *(-)* mediocrità *f.*
Me|di|o|wech|sel m. *(-s,-)* COMM. cambiale *f.* con scadenza a metà mese.
Me|di|sance [medi'zɛ̃:sə] f. *(-,-n)* maldicenza *f.* **me|di|sant** agg. maldicente.
Me|di|ta|ti|on f. *(-,-en)* meditazione *f.*: ***in ~ verfallen, versinken*** raccogliersi in meditazione. **me|di|ta|tiv** agg. meditativo.
me|di|ter|ran agg. mediterraneo: ***die -en Völker*** i popoli mediterranei; ***-es Klima*** clima mediterraneo. **Me|di|ter|ran|flo|ra** f. *(-)* flora *f.* mediterranea.
me|di|tie|ren intr. (aus. *haben*) meditare: ***über etw. ~*** meditare su qcs.; ***den ganzen Tag ~*** meditare tutto il giorno.
me|di|um agg.inv. GASTR. ***wie möchten Sie das Fleisch? – medium*** come desidera la carne? – mediamente cotta.
Me|di|um n. *(-s, Medien* e *Media)* **1** mezzo *m.* (espressivo), medium *m.*: ***etw. durch das ~ der Musik ausdrücken*** esprimere qcs. per mezzo della musica **2** CHIM. FIS. sostanza *f.*, elemento *m.*: ***ein gasförmiges ~*** una sostanza gassosa **3** mezzo *m.* di comunicazione; pl. (mass) media *m.pl.*: ***eine kritische Einstellung zu den Medien haben*** avere un atteggiamento critico nei confronti dei media **4** *(Unterrichtsmittel)* strumento *m.* didattico **5a** medium *m.* e *f.*: ***~ bei einer spiritistischen Sitzung sein*** fare da medium in una seduta spiritica **b** MED. soggetto *m.*, medium *m.*: ***ein gutes ~ für Hypnoseversuche*** un buon soggetto per gli esperimenti di ipnosi **6** GRAMM. medio *m.*
Me|di|zin f. *(-,-en)* medicina *f.*: ***gerichtliche, innere ~*** medicina legale, interna; ***~ studieren*** studiare medicina; ***Student der ~*** studente di medicina; *(Medikament)* ***die ~ wirkt schnell*** la medicina fa effetto velocemente; FIG. ***diese Erfahrung ist eine heilsame ~ (für jdn)*** questa esperienza è salutare (per qcn.)
Me|di|zi|nal|be|am|te m. *(-n,-n)* medico *m.* della struttura pubblica. **Me|di|zi|nal|sta|tis|tik** f. *(-,-en)* statistica *f.* medica. **Me|di|zi|nal|we|sen** n. *(-s)* sanità *f.*
Me|di|zin|ball m. *(-[e]s,-bälle)* palla *f.* medica, medicine ball *m.*
Me|di|zi|ner m. *(-s,-)* **1** medico *m.*, dottore *m.* **2** *(Medizinstudent)* studente *m.* di medicina. **Me|di|zi|ne|rin** f. *(-,-nen)* **1** dottoressa *f.* **2** *(Medizinstudentin)* studentessa *f.* di medicina. **me|di|zi|nisch I** agg. **1** medico: ***eine -e Zeitschrift*** una rivista medica; ***-e Klinik*** clinica medica; ***aus -er Sicht*** dal punto di vista medico; ***die -e Fakultät*** la facoltà di medicina **2** medicinale: ***-e Produkte*** prodotti medicinali **II** avv. in medicina: ***das ist ~ noch ungeklärt*** questo non è ancora stato spiegato dalla medicina. **me|di|zi|nisch-tech|nisch** agg. tecnico-sanitario: ***-e Assistentin*** infermiera specializzata in tecniche di laboratorio. **Me|di|zin|mann** m. *(-[e]s, -männer)* **1** ETNOL. medico *m.* stregone **2** SCHERZ. medicastro *m.* **Me|di|zin|schränk|chen** n. *(-s,-)* armadietto *m.* delle medicine. **Me|di|zin|stu|dent** m. *(-en,-en)* studente *m.* di medicina. **Me|di|zin|stu|di|um** n. *(-s)* studio *m.* della medicina.
Me|du|sa, Me|du|se I n.pr.f. *(-)* MITOL. Medusa *f.* **II** f. *(-,-n)* ZOOL. medusa *f.* **Me|du|sen|blick** m. *(-s,-e)* sguardo *m.* di Medusa. **Me|du|sen|haupt** n. *(-[e]s)* testa *f.* di Medusa. **me|du|sisch** agg. di Medusa, meduseo.
Meer n. *(-[e]s,-e)* mare *m.* (anche FIG.): ***das stille, bewegte, aufgewühlte, stürmische ~*** il mare calmo, mosso, agitato, in tempesta; ***ans ~ fahren*** andare al mare; ***auf dem ~ segeln*** veleggiare sul mare; ***im ~ baden*** fare il bagno nel mare; ***am ~*** al mare; ***eine Stadt am ~*** una città sul mare; ***die -e befahren*** solcare i mari; FIG. ***ein ~ von Blut, Häusern, Trümmern*** un lago di sangue, un mare di case, una montagna di macerie ◆ ***offenes ~*** mare aperto; ***300 m über dem ~ liegen*** essere (a) 300 m sul livello del mare; ***übers ~ fahren*** andare per mare. **Meer|aal** m. *(-[e]s,-e)* grongo *m.* **Meer|äsche** f. *(-,-n)* mugile *m.*, muggine *m.* **Meer|bar|be** f. *(-,-n)* triglia *f.* **Meer|barsch** m. *(-[e]s,-e)* spigola *f.* **Meer|bu|sen** m. *(-s,-)* insenatura *f.* **Meer|dat|tel** f. *(-,-n)* dattero *m.* di mare. **Meer|dra|chen** m. *(-s,-)* miliobate *f.*, pesce *m.* aquila. **Meer|ei|chel** f. *(-,-n)* balano *m.* **Meer|en|ge** f. *(-,-n)* stretto *m.*
Mee|res|al|ge f. *(-,-n)* alga *f.* marina. **Mee|res|arm** m. *(-[e]s,-e)* braccio *m.* di mare. **Mee|res|bi|o|lo|gie** f. *(-)* talassobiologia *f.* **Mee|res|blick** m. *(-[e]s)* vista *f.* (sul) mare: ***Zimmer mit ~*** camera con vista sul mare. **Mee|res|bo|den** m. *(-s)* fondo *m.* del mare (*o* marino). **Mee|res|bucht** f. *(-,-en)* baia *f.* **Mee|res|fau|na** f. *(-)* fauna *f.* marina. **Mee|res|flo|ra** f. *(-)* flora *f.* marina. **Mee|res|for|schung** f. *(-)* → **Meereskunde. Mee|res|früch|te** pl. GASTR. frutti *m.pl.* di mare. **Mee|res|ge|sta|de** n. *(-s,-)* lido *m.* **Mee|res|grund** m. *(-[e]s)* fondo *m.* del mare. **Mee|res|kli|ma** n. *(-s)* clima *m.* marino.
Mee|res|kun|de f. *(-)* talassografia *f.* **Mee|res|kund|ler** m. *(-s,-)* talassografo *m.* **mee|res|kund|lich** agg. talassografico.
Mee|res|leuch|ten n. *(-s)* fosforescenza *f.* marina. **Mee|res|luft** f. *(-)* **1** METEOR. correnti *f.pl.* (d'aria) nordatlantiche **2** *(Seeluft)* aria *f.* di mare. **Mee|res|ober|flä|che** f. *(-)* superficie *f.* del mare, marina. **Mee|res|sand** m. *(-[es]s)* sabbia *f.* del mare, marina. **Mee|res|säu|ge|tier** n. *(-s,-e)* mammifero *m.* marino. **Mee|res|schild|krö|te** f. *(-,-n)* tartaruga *f.* marina, testuggine *f.* **Mee|res|spie|gel** m. *(-s)* **1** livello *m.* del mare: ***800 m über dem ~ liegen*** essere a 800 m sul livello del mare; ***unter dem ~*** sotto il livello del mare **2** → **Meeresoberfläche. Mee|res|strand** m. *(-[e]s,-strände)* spiaggia *f.* marina. **Mee|res|stra|ße** f. *(-,-n)* **1** → **Meerenge 2** *(Seeschifffahrtsstraße)* via *f.* di navigazione (marittima). **Mee|res|strö|mung** f. *(-,-en)* corrente *f.* marina. **Mee|res|tie|fe** f. *(-)* profondità *f.pl.* del mare (*o* marine).
Meer|frau f. *(-,-en)* → **Meerjungfrau. Meer|gott** m. *(-[e]s,-götter)* dio *m.* del mare. **Meer|gras** n. *(-es,-gräser)* alga *f.* marina. **meer|grün** agg. verde acqua. **Meer|jung|frau** f. *(-,-en)* **1** *(in der klassischen Mythologie)* sirena *f.* **2** *(in der nordischen Mythologie)* ondina *f.* **Meer|kalb** n. *(-[e]s,-kälber)* vitello *m.* marino, foca *f.* **Meer|kat|ze** f. *(-,-n)* cercopiteco *m.* **Meer|luft** → **Meeresluft. Meer|neun|au|ge** n. *(-s,-n)* lampreda *f.* marina. **Meer|ret|tich** m. *(-s,-e)* rafano *m.*, cren *m.* **Meer|ret|tich|so|ße** f. *(-,-n)* salsa *f.* al rafano. **Meer|sa|lat** m. *(-[e]s)* lattuga *f.* di mare. **Meer|salz** n. *(-es)* sale *m.* marino.
Meer|schaum m. *(-[e]s)* MINER. schiuma *f.* di mare, sepiolite *f.* **Meer|schaum|pfei|fe** f. *(-,-n)* pipa *f.* di schiuma (di mare). **Meer|schaum|spit|ze** f. *(-,-n)* bocchino *m.* di schiuma (di mare).
Meer|schild|krö|te → **Meeresschildkröte. Meer|schwein** n. *(-[e]s,-e)* focena *f.* **Meer|schwein|chen** n. *(-s,-)* porcellino *m.* d'India, cavia *f.* **meer|um|schlun|gen** agg. LETT. cinto dal mare. **Meer|un|ge|heu|er** n. *(-s,-)* mostro *m.* marino. **meer|wärts** avv. verso il mare. **Meer|was|ser** n. *(-s)* acqua *f.* marina, del mare. **Meer|weib** n. *(-[e]s,-er)* sirena *f.* **Meer|zwie|bel** f. *(-,-n)* scilla *f.* marittima.
Mee|ting ['mi:tɪŋ] n. *(-s,-s)* meeting *m.* (anche SPORT): ***ein ~ veranstalten*** organizzare un meeting.
me|fi|tisch agg. mefitico.
Me|ga|byte [-'bait] n. *(-[s],-[s])* megabyte *m.* **Me|ga|elek|tro|nen|volt** n. *(-[e]s,-)* megavoltelettrone *m.* **Me|ga|fon** → **Megaphon. Me|ga|hertz** n. *(-,-)* megahertz *m.*, megaciclo *m.*
Me|ga|lith m. *(-s* e *-en,-e[n])* megalite *m.* **Me|ga|lith|grab** n. *(-[e]s,-gräber)* tomba *f.* megalitica. **Me|ga|li|thi|ker** m. *(-s,-)* uomo *m.* della cultura megalitica. **me|ga|li|thisch** agg. megalitico. **Me|ga|lith|kul|tur** f. *(-)* cultura *f.* (*o* civiltà *f.*) megalitica.
Me|ga|lo|ma|nie f. *(-,-n)* megalomania *f.*
Me|ga|lo|po|lis, Me|ga|lo|po|le f. *(-,-polen)* megalopoli *f.*
Me|ga|ohm n. *(-[s],-)* megaohm *m.* **Me|ga|phon** n. *(-s,-e)* megafono *m.*
Me|gä|re f. *(-,-n)* megera *f.*
Me|ga|the|ri|um n. *(-s, Megatherien)* megaterio *m.* **Me|ga|ton|ne** f. *(-,-n)* megaton *m.* **Me|ga|volt** n. *(-* e *-[e]s,-)* megavolt *m.* **Me|ga|watt** n. *(-s,-)* megawatt *m.* **Meg|ohm** → **Megaohm.**
Mehl n. *(-[e]s,-e)* **1** farina *f.*: ***grobes, feines ~*** farina grossa, fine; ***mit ~ bestreuen*** cospargere di farina; ***etw. in ~ wälzen*** passare qcs. nella farina, infarinare qcs. **2** *(Pulver)* polvere *f.*: ***etw. zu ~ verarbeiten*** ridurre in polvere qcs. **mehl|ar|tig** agg. farinaceo, farinoso. **Mehl|bee|re** f. *(-,-n)* **1** sorbo *m.* **2** *(Frucht)* sorba *f.* **Mehl|brei** m. *(-[e]s,-e)* pappa *f.* di farina. **meh|lig** agg. **1** infarinato: ***-e Hände*** mani infarinate **2** *(fein wie Mehl)* farinoso; ***-e Äpfel*** mele farinose **3** *(weiß wie Mehl)* bianco come farina: ***eine -e Hautfarbe*** un colorito bianco come farina. **Mehl|kä|fer** m. *(-s,-)* tenebrione *m.* mugnaio. **Mehl|kleis|ter** m. *(-s)* colla *f.* di farina. **Mehl|papp** m. *(-[e]s)*, **Mehl|pap|pe** f. *(-)* **1** REGION. → **Mehlbrei 2** → **Mehlkleister. Mehl|pilz** m. *(-es,-e)* prugnolo *m.* **Mehl|sack** m. *(-s,-säcke)* sacco *m.* di farina; FIG. ***schwer wie ein ~ sein*** pesare come un sacco di farina. **Mehl|schwal|be** f. *(-,-n)* balestruccio *m.* **Mehl|schwit|ze** f. *(-,-n)* soffritto *m.* con farina. **Mehl|sieb** n. *(-[e]s,-e)* setaccio *m.* da farina. **Mehl|sor|te** f. *(-,-n)* qualità *f.* di farina. **Mehl|spei|se** f. *(-,-n)* **1** farinaceo *m.* **2** AUSTR. *(Süßspeise)* torta *f.* **Mehl|staub** m. *(-[e]s)* polvere *f.* di farina. **Mehl|sup|pe** f. *(-,-n)* zuppa *f.* di farina. **Mehl|tau** m. *(-[e]s)* oidio *m.* **Mehl|ty|pe** f.

(-,-n) tipo *m.* di farina. **Mehl|wurm** m. *(-[e]s,-würmer)* larva *f.* del tenebrione mugnaio.

mehr (compar. di *viel*) **I** pron.indef. **1** più: ***~ Geld*** più soldi; ***vier oder ~ Personen*** quattro o più persone; ***es gibt immer ~ Arbeitslose*** ci sono sempre più disoccupati; ***~ als die Hälfte*** più della metà **2** altro, di più: ***was willst du (noch) ~?*** che altro vuoi (ancora)? che vuoi di più? **II** avv. **1a** più: ***er trinkt ~ als ich*** lui beve più di me; ***ich schätze niemand ~ als ihn*** non stimo nessuno più di lui; ***je ~ du isst, umso dicker wirst du*** più mangi, più ingrassi **b** più, di più: ***du musst ~ aufpassen, lesen*** devi stare più attento, devi leggere di più **2** *(eher)* più, piuttosto: ***er ist ~ fleißig als begabt*** è più diligente che dotato; ***~ tot als lebendig*** più morto che vivo; ***er ist ~ Literat als Dichter*** è più un letterato che un poeta **3** *(mit Negation)* più: ***es war niemand ~ da*** non c'era più nessuno; ***wir haben kein Brot ~*** non abbiamo più pane; ***keine Lust, Zeit ~ haben*** non avere più voglia, più tempo; ***nicht ~ der selbe sein*** non essere più lo stesso; ***es bleibt nichts ~ übrig*** non ce n'è più; COLLOQ. EUFEM. ***er ist nicht ~*** non c'è più, non è più (tra noi); ***er wird nicht ~*** non guarirà più **4** AUSTR. ***nur ~*** *(nur noch)* ancora soltanto, solo ancora: ***ich besitze nur ~ 10 Schilling*** ho ancora soltanto 10 scellini ◆ ***~ als dumm sein*** essere più stupido che mai; ***ein bisschen ~, etwas ~*** un po' di più; ***~ als gerechtfertigt*** più che giustificato; ***ein Grund ~, nicht zu kommen*** un motivo in più per non venire; ***~ als je*** più che mai; ***je ~ er hat, je ~ er will*** più si ha, più si vuole; ***ich kann nicht ~!*** non ne posso più! ***~ oder minder*** più o meno; ***nicht ~ und nicht weniger*** né più né meno, niente di più e niente di meno; ***(nicht) ~ als nötig*** (non) più del necessario; ***nur ~*** solamente, solo; COLLOQ. ***nach ~ schmecken*** essere così buono da volerne ancora; ***~ als üblich*** più del solito; ***~ und ~*** sempre più; ***...und anderes, vieles ~*** ...e altro ancora, e molto di più; ***~ oder weniger*** più o meno; ***kein Wort ~*** non una parola di più.

Mehr n. *(-[s])* **1** soprappiù *m.*, eccedenza *f.*: ***ein ~ an Kosten*** un'eccedenza di costi; ***ein ~ an Erfahrung haben*** avere più esperienza, un'esperienza maggiore; ***ein ~ an Ausdauer beweisen*** dimostrare una maggiore resistenza **2a** SVIZZ. *(Mehrheit)* maggioranza *f.* **b** *(Mehrheitsbeschluss)* decisione *f.* maggioritaria ◆ ***das ~ und das Weniger*** il più e il meno. **Mehr|ar|beit** f. *(-,-en)* (lavoro *m.*) straordinario *m.*: ***~ leisten*** fare straordinario. **Mehr|auf|wand** m. *(-[e]s)*, **Mehr|aus|ga|be** f. *(-,-n)* supplemento *m.* di spesa. **Mehr|be|darf** m. *(-[e]s)* maggiore fabbisogno *m.* **Mehr|be|las|tung** f. *(-,-en)* sovraccarico *m.* **Mehr|be|trag** m. *(-[e]s,-beträge)* importo *m.* eccedente, eccedenza *f.* **mehr|deu|tig** agg. **1** ambiguo, equivoco **2** con più significati: ***ein -es Wort*** una parola con più significati. **Mehr|deu|tig|keit** f. *(-,-en)* **1** ambiguità *f.* **2** *(Ambivalenz)* ambivalenza *f.* **mehr|di|men|si|o|nal** agg. pluridimensionale. **Mehr|di|men|si|o|na|li|tät** f. *(-)* pluridimensionalità *f.* **Mehr|ein|kom|men** n. *(-s,-)* reddito *m.* maggiore. **Mehr|ein|nah|me** f. *(-,-n)* entrata *f.* maggiore.

meh|ren **I** tr. accrescere: ***jds Macht, Ruhm ~*** accrescere il potere, la fama di qcn. **II** rifl. **sich ~** **1** accrescersi, aumentare: ***die Ausgaben ~ sich*** le spese aumentano **2** ANT. *(sich vermehren)* moltiplicarsi: BIBL. ***seid fruchtbar und mehret euch*** siate fecondi e moltiplicatevi. **Meh|rer** m. *(-s,-)* ANT. ampliatore *m.*, accrescitore *m.*

meh|re|re pron.indef. pl. **I** *(attributiv)* **1** parecchi, svariati, più (di uno): ***~ Lösungen*** svariate soluzioni; ***die Behandlung -r Kranker (o Kranken)*** la cura di parecchi ammalati; ***~ hundert Menschen*** parecchie centinaia di persone; ***~ Leute, Male*** più persone, volte **II** *(absolut)* parecchi, molti: ***~ von uns*** parecchi di noi; ***~ behaupten es*** parecchi lo affermano; ***wir gingen zu -n*** andammo in parecchi.

meh|re|res pron.indef. n. ANT. parecchio, parecchie cose: ***ich habe noch ~ zu erledigen*** devo ancora sbrigare parecchie cose.

meh|rer|lei agg.inv. COLLOQ. di parecchie specie, qualità: ***~ Würste*** salumi di parecchie qualità.

Mehr|er|lös m. *(-es,-e)*, **Mehr|er|trag** m. *(-[e]s,-erträge)* guadagno *m.* addizionale.

mehr|fach **I** agg. **1** molteplice: ***in -er Ausfertigung*** in più copie **2** *(mehrere)* numeroso, parecchio: ***-e Exemplare*** numerosi esemplari **II** avv. ripetutamente, più volte: ***etw. ~ beweisen*** dimostrare ripetutamente qcs. ◆ ***ein -er Millionär*** un plurimilionario; DIR. ***-er Mord*** omicidio plurimo; ***-er Weltmeister*** più volte campione del mondo. **mehr|fach|be|hin|dert** agg. BUROCR. che è portatore di più handicap. **Mehr|fach|be|hin|der|te** m. e f. *(-n,-n)* BUROCR. portatore *m.* (-trice *f.*) di più handicap. **Mehr|fa|che** n. *(-n)* multiplo *m.* **Mehr|fach|impf|stoff** m. *(-[e]s,-e)* vaccino *m.* polivalente. **Mehr|fach|spreng|kopf** m. *(-[e]s,-köpfe)* testata *f.* multipla.

Mehr|fa|mi|li|en|haus n. *(-es,-häuser)* casa *f.* plurifamiliare. **Mehr|far|ben|druck** m. *(-[e]s,-e)* **1** policromia *f.* **2** *(einzelner Druck)* stampa *f.* policroma. **mehr|far|big**, AUSTR. **mehr|fär|big** agg. multicolore, a più colori, policromo. **Mehr|ge|bot** n. *(-[e]s,-e)* maggiore offerta *f.* **Mehr|ge|wicht** n. *(-[e]s,-e)* peso *m.* eccedente; *(von Lasten)* eccedenza *f.* di carico, carico *m.* eccedente. **mehr|glie|de|rig, mehr|glie|drig** agg. composto da più elementi; MAT. a più termini.

Mehr|heit f. *(-,-en)* **1** maggioranza *f.*, maggior parte *f.*: ***die ~ der Einwohner*** la maggioranza dei cittadini; ***bei der ~ der Fälle, in der ~*** nella maggior parte dei casi **2** *(bei Wahlen)* maggioranza *f.*: ***absolute, relative, einfache ~*** maggioranza assoluta, relativa, semplice; ***überwältigende ~*** stragrande maggioranza, maggioranza schiacciante; ***mit großer, knapper ~ gewinnen*** vincere a larga, stretta maggioranza; ***die ~ erringen, finden*** ottenere la maggioranza; ***die ~ der Stimmen auf sich vereinigen*** raccogliere la maggioranza dei voti; ***erforderliche, qualifizierte ~*** maggioranza richiesta, qualificata; ***parlamentarische ~*** maggioranza parlamentare ◆ FIG. ***die schweigende ~*** la maggioranza silenziosa. **mehr|heit|lich** **I** agg. maggioritario: ***eine -e Zustimmung*** un consenso maggioritario **II** avv. a maggioranza. **Mehr|heits|ab|stim|mung** f. *(-,-en)* votazione *f.* a maggioranza. **Mehr|heits|ak|ti|o|när** m. *(-s,-e)* azionista *m.* di maggioranza. **Mehr|heits|be|schluss** m. *(-es,-beschlüsse)* decisione *f.* presa a maggioranza, decisione *f.* della maggioranza. **mehr|heits|fä|hig** agg. che può incontrare il consenso della maggioranza. **Mehr|heits|grund|satz** m. *(-es)* → **Mehrheitsprinzip.** **Mehr|heits|par|tei** f. *(-,-en)* partito *m.* di maggioranza., **Mehr|heits|prin|zip** n. *(-s)* principio *m.* maggioritario. **Mehr|heits|wahl|recht** n. *(-[e]s)*, **Mehr|heits|wahl|sys|tem** n. *(-s)* sistema *m.* elettorale maggioritario.

mehr|jäh|rig agg. **1** di molti anni, pluriennale **2** BOT. plurienne. **Mehr|kampf** m. *(-[e]s)* SPORT gara *f.* multipla (con prove di diverse discipline). **Mehr|kämp|fer** m. *(-s,-)* atleta *m.* di gara multipla. **Mehr|kos|ten** pl. spese *f.pl.* supplementari. **Mehr|la|der** m. *(-s,-)* fucile *m.* a ripetizione.

Mehr|ling m. *(-s,-e)* gemello *m.* (di parto plurigemino). **Mehr|lings|ge|burt** f. *(-,-en)* parto *m.* plurigemellare.

mehr|ma|lig agg. ripetuto. **mehr|mals** avv. più volte, ripetutamente.

Mehr|mann|wahl|kreis m. *(-es,-e)* collegio *m.* plurinominale. **Mehr|par|tei|en|re|gie|rung** f. *(-,-en)* governo *m.* pluripartitico. **Mehr|par|tei|en|sys|tem** n. *(-s,-e)* sistema *m.* pluripartitico. **Mehr|pha|sen|strom** m. *(-[e]s)* EL. corrente *f.* polifase. **Mehr|por|to** n. *(-s,-s e -porti)* soprattassa *f.* **Mehr|preis** m. *(-es,-e)* sovrapprezzo *m.*, soprapprezzo *m.* **mehr|sei|tig** agg. multilaterale. **mehr|sil|big** agg. polisillabo, plurisillabo.

mehr|spra|chig agg. **1** che parla più lingue, poliglotta **2** *(Gebiet)* plurilingue **3** *(in mehreren Sprachen abgefasst)* in più lingue, plurilingue, multilingue: ***ein -er Prospekt*** un prospetto in più lingue. **Mehr|spra|chig|keit** f. *(-,-en)* **1** padronanza *f.* di più lingue **2** *(von Gebieten)* plurilinguismo *m.*

Mehr|stim|men|ak|tie f. *(-,-n)* azione *f.* a voto plurimo. **mehr|stim|mig** **I** agg. polifonico, a più voci **II** avv. a più voci: ***~ singen*** cantare a più voci. **mehr|stö|ckig** agg. a (*o* di) più piani. **Mehr|stu|fe** f. *(-)* GRAMM. comparativo *m.* **Mehr|stu|fen|ra|ke|te** f. *(-,-n)* missile *m.* pluristadio (*o* multistadio). **mehr|stu|fig** agg. **1** con più gradini: ***ein -er Aufgang*** un accesso con più gradini **2a** *(mehrteilig)* in più parti **b** *(von Raketen)* pluristadio, multistadio **c** *(auf mehreren Ebenen)* a più livelli. **mehr|stün|dig** agg. di parecchie, diverse ore. **mehr|tä|gig** agg. di parecchi, diversi giorni. **Mehr|tei|ler** m. *(-s,-)* COLLOQ. **1** programma *m.* televisivo a puntate **2** ABBIGL. completo *m.*, coordinato *m.* **mehr|tei|lig** agg. in più parti, costituito da più parti. **Meh|rung** f. *(-)* LETT. aumento *m.*, accrescimento *m.* **Mehr|ver|brauch** m. *(-[e]s)* maggior consumo *m.*, aumento *m.* del consumo. **Mehr|völ|ker|staat** m. *(-[e]s,-en)* stato *m.* plurinazionale. **Mehr|weg|fla|sche** f. *(-,-n)* bottiglia *f.* con vuoto a rendere. **Mehr|weg|ver|pa|ckung** f. *(-,-en)* imballaggio *m.* riutilizzabile.

Mehr|wert m. *(-[e]s)* ECON. valore *m.* aggiunto; *(marxistisch)* plusvalore *m.* **Mehr|wert|steu|er** f. *(-,-n)* imposta *f.* sul valore aggiunto. **mehr|wert|steu|er|frei** agg. esente (da) I.V.A. **Mehr|werts|the|o|rie** f. *(-)* ECON. teoria *f.* del plusvalore.

mehr|wö|chig agg. di diverse, di più settimane. **Mehr|zahl** f. *(-)* **1** GRAMM. plurale *m.* **2** *(Mehrheit)* maggior parte *f.* **mehr|zei|lig** agg. di più righe. **mehr|zel|lig** agg. pluricellulare.

Mehr|zweck|ge|rät n. *(-[e]s,-e)* attrezzo *m.* multiuso. **Mehr|zweck|hal|le** f. *(-,-n)* sala *f.* polifunzionale. **Mehr|zweck|ma|schi|ne** f. *(-,-n)* macchina *f.* multiuso. **Mehr|zweck|mö|bel** n. *(-s,-)* mobile *m.* per vari usi, multiuso. **Mehr|zweck|prä|pa|rat** n. *(-[e]s,-e)* preparato *m.* polivalente. **Mehr|zweck|tisch** m. *(-es,-e)* tavolo *m.* per vari usi.

mei|den LETT. **I** tr. *(mied, gemieden)* **1** evitare, scansare: ***eine Person, ein Gebiet ~*** evitare una persona, una zona **2** *(vermeiden)* ***Wein, das Rauchen ~*** astenersi dal vino, dal fumare (*o* evitare il vino, di fumare) **II** rifl. **sich ~** evitarsi ◆ ***das Glück meidet ihn*** la fortuna non gli arride.

Mei|er m. *(-s,-)* **1** STOR. colono *m.*, mezzadro *m.* **2** ANT. o REGION. *(Gutsverwalter)* fattore *m.* **Mei|e|rei** f. *(-,-en)* **1** ANT. fattoria *f.* (tenuta da un colono) **2** *(Molkerei)* caseificio *m.*, industria *f.* casearia. **Mei|er|hof** m. *(-[e]s,-höfe)* ANT. fattoria *f.*

Mei|le f. *(-,-n)* miglio *m.*: ***englische, preußische ~*** miglio inglese, tedesco ◆ ***drei -n gegen den Wind stinken*** puzzare a un chilometro (di distanza). **mei|len|lang** agg. RAR. lungo un miglio, lungo più miglia. **Mei|len|stein** m. *(-[e]s,-e)* pietra *f.* miliare (anche FIG.). **Mei|len|stie|fel** pl. stivali *m.pl.* delle sette leghe. **mei|len|weit I** agg. lontano (*o* distante) un miglio, diverse miglia **II** avv. **1a** a un miglio, a diverse miglia di distanza **b** FIG. ***~ von einer Lösung entfernt sein*** essere a (*o* lontano) mille miglia da una soluzione **2** FIG. per miglia e miglia.

Mei|ler m. *(-s,-)* **1** *(Kohlenmeiler)* carbonaia *f.* **2** *(Atommeiler)* reattore *m.* (nucleare). **Mei|ler|ofen** m. *(-s,-öfen)* carbonaia *f.*

mein pron.poss. **1a** *(attributiv)* (il) mio: ***~ Buch, Auto*** il mio libro, la mia auto; ***-e Schwestern, Kleider*** le mie sorelle, i miei vestiti; ***~ Vater, -e Mutter*** mio padre, mia madre; ***gleich kommt ~ Bus*** sta arrivando il mio autobus **b** *(oft ausgelassen)* mio, mia: ***~ Lieber*** mio caro (*o* caro mio); ***-e Damen und Herren*** signore e signori; ***ja, ~ Herr!*** sì signore! **2** *(absolut)* **meiner** (f. **meine**, n. **mein[e]s**; pl. **meine**) il mio: ***das ist nicht Ihr Hut, sondern -er*** non è il Suo cappello, ma il mio; ***sein Bruder ist sehr befreundet mit dem -en*** suo fratello è molto amico del mio; ***die Meinen*** i miei ◆ ***ach du -e Güte!*** Dio mio! santo cielo! ***das ist nicht ~ Problem*** non è un problema mio, non mi riguarda; EUFEM. ***Mein und Dein verwechseln, nicht unterscheiden*** non saper distinguere il mio dal tuo.

Mei|ne n. *(-n)* **1** *(was mir gehört)* ***das ~*** il mio *m.*, i miei averi *m.pl.* **2** il mio dovere *m.*, ciò *m.* che mi compete: ***ich habe das ~ getan*** ho fatto il mio dovere.

Mein|eid m. *(-[e]s,-e)* spergiuro *m.*: ***einen ~ schwören, leisten*** fare uno spergiuro. **mein|ei|dig** agg. spergiuro ◆ ***~ werden*** fare uno spergiuro, spergiurare.

mei|nen I tr. **1** pensare, credere: ***meinst du das im Ernst?*** lo credi sul serio? ***was meinst du dazu?*** che ne pensi? ***er meinte zu träumen*** credeva di sognare; ***sie ~, der Strafe entgehen zu können*** pensano di poter sfuggire alla multa **2** *(sagen wollen)* volere (*o* intendere) dire: ***was meinst du damit?*** (con questo) cosa vuoi dire? ***wie meinst du das?*** cosa intendi dire? in che senso? ***das habe ich nicht (so) gemeint*** non intendevo dire questo **3a** *(im Sinn haben)* ***jdn, etw. ~*** riferirsi a, parlare di qcn., qcs.; ***welchen Schauspieler meinst du?*** di quale attore parli? ***ich meine etwas ganz anderes*** ho in mente qualcosa di completamente diverso; ***~ Sie mich?*** si riferisce a me? **b** *(wähnen)* immaginare: ***ich meinte ihn schon zu Hause, wieder gesund*** lo immaginavo già a casa, guarito **4** ***es gut, böse, ehrlich (mit jdm) ~*** avere buone, cattive intenzioni, avere intenzioni serie (con qcn.) (anche FIG.): ***das Wetter meint es gut (mit uns)*** il tempo ha buone intenzioni, promette bene **5** *(sagen)* dire: ***er hat es nicht böse gemeint*** non l'ha detto con cattiveria **II** rifl. **sich ~** credersi: ***sich im Recht ~, etw. zu tun*** credersi in, nel diritto di fare qcs. ◆ ***damit bist du gemeint*** questo vale per te; ***man könnte ~, dass...*** si direbbe che; COLLOQ. ***ich meinte ja nur (so)!*** l'ho detto (tanto) per dire! ***sich im Recht ~*** credere di aver ragione; ***wenn Sie ~*** come vuole, come crede; COLLOQ. ***das will ich ~!*** voglio ben dire! lo credo bene! COLLOQ. ***er meint, Wunder was er könne*** crede di fare meraviglie, crede di fare chissà cosa.

1.mei|ner → **ich.**

2.mei|ner → **mein.**

mei|ner|seits avv. da (*o* per) parte mia: ***ich habe ~ nichts getan, um ... zu ...*** da parte mia non ho fatto nulla per ...; ***ich freue mich, dich getroffen zu haben – Ganz ~!*** mi fa piacere averti incontrato – Anche a me!

mei|nes|glei|chen pron.inv. mio pari: ***~ kann sich das nicht leisten*** uno come me non se lo può permettere. **mei|nes|teils** → **meinerseits. mei|net|hal|ben** ANT. → **meinetwegen. mei|net|we|gen** avv. **1a** a causa mia: ***~ bist du zu spät gekommen*** a causa mia sei arrivato troppo tardi **b** *(für mich)* per me: ***~ brauchst du nicht zu kommen*** non è necessario che tu venga per me **2** COLLOQ. *(von mir aus)* per me: ***~ kannst du ruhig bleiben*** per me puoi benissimo restare **3** *(zum Beispiel)* ad, per esempio: ***geh Wein kaufen, ~ Rotwein*** vai a comprare del vino, ad esempio del rosso. **mei|net|wil|len** avv. ***um ~*** per me, per amor mio.

mei|ni|ge pron.poss. m., f. e n. LETT. ANT. il mio, la mia.

Mein|tat f. *(-,-en)* ANT. crimine *m.*, delitto *m.*

Mei|nung f. *(-,-en)* **1** opinione *f.*, parere *m.*: ***eine weit verbreitete, irrige ~*** un'opinione molto diffusa, erronea; ***hier gehen die -en auseinander*** qui i pareri sono discordi; ***geteilter ~ sein*** essere di parere discorde; ***bei seiner ~ bleiben*** restare della propria opinione; ***auf seiner ~ beharren, an seiner ~ festhalten*** persistere nella propria opinione; ***seine ~ äußern, vertreten, ändern*** esprimere, sostenere le proprie opinioni, cambiare opinione; ***sich eine eigene ~ von etw., über etw. (A) bilden*** formarsi una propria opinione di qcs.; ***zu einer ~ kommen*** sposare un'opinione; ***keine andere ~ dulden*** non tollerare pareri diversi; ***seine -en austauschen*** avere uno scambio di opinioni; ***jds ~ (A) teilen, jds ~ (D) beipflichten*** condividere l'opinione di qcn.; ***sich eine ~ über etw. bilden*** farsi un'opinione di qcs.; ***eine ~ über, zu etw. haben*** avere un'opinione su, di qcs.; ***der gleichen ~ wie jd sein*** essere dello stesso parere di qcn.; ***der ~ sein, dass...*** essere del parere che..., pensare che...; ***jdn nach seiner ~ fragen*** chiedere a qcn. la sua opinione **2** *(Achtung)* opinione *f.*, considerazione *f.*: ***eine gute, hohe ~ von jdm, etw. haben*** avere una buona, ottima opinione di qcn., qcs. ◆ ***von einer ~ abkommen*** cambiare idea; ***die allgemeine ~*** l'opinione generale; ***anderer ~ (als jd) sein*** essere d'altro avviso, pensarla in modo diverso (da qcn.); ***mit jdm einer ~ sein*** avere la stessa opinione di qcn.; ***ganz meiner ~!*** è esattamente quanto penso io! COLLOQ. ***jdm die ~ geigen*** cantarle chiare a qcn.; ***meiner ~ nach*** secondo me; ***die öffentliche ~*** l'opinione pubblica; ***jdm die ~ sagen*** dirne quattro a qcn.; ***in jds ~ sinken, steigen*** diminuire, aumentare d'importanza agli occhi di qcn.; ***mit jdm verschiedener ~ sein*** avere un'opinione diversa, pensarla diversamente da qcn.; ***mit vorgefasster ~*** per partito preso. **Mei|nungs|äu|ße|rung** f. *(-,-en)* manifestazione *f.* di un'opinione, delle proprie opinioni ◆ ***das Recht auf freie ~*** il diritto alla libertà di parola. **Mei|nungs|aus|tausch** m. *(-[e]s)* scambio *m.* di idee, di opinioni. **Mei|nungs|be|fra|gung** f. *(-,-en)* → **Meinungsforschung.**

mei|nungs|bil|dend I agg. che ha influenza sull'opinione pubblica **II** avv. ***~ wirken*** influenzare (*o* avere un'influenza sul)l'opinione pubblica, essere un opinion maker. **Mei|nungs|bil|dung** f. *(-)* formazione *f.* dell'opinione (personale, pubblica).

Mei|nungs|for|scher m. *(-s,-)* autore *m.*, realizzatore *m.* di sondaggi d'opinione. **Mei|nungs|for|schung** f. *(-,-en)* **1** demoscopia *f.* **2** *(Meinungsumfrage)* sondaggio *m.* d'opinione. **Mei|nungs|for|schungs|in|sti|tut** n. *(-[e]s,-e)* istituto *m.* demoscopico, di indagini demoscopiche.

Mei|nungs|frei|heit f. *(-)* libertà *f.* d'opinione. **Mei|nungs|streit** m. *(-[e]s,-e)* disputa *f.* **Mei|nungs|test** m. *(-es,-s e -e)*, **Mei|nungs|um|fra|ge** f. *(-,-n)* sondaggio *m.* d'opinione, indagine *f.* demoscopica. **Mei|nungs|ver|schie|den|heit** f. *(-,-en)* divergenza *f.* di opinioni. **Mei|nungs|viel|falt** f. *(-)* varietà *f.* di opinioni.

Mei|o|se f. *(-,-n)* meiosi *f.*

Mei|se f. *(-,-n)* cincia *f.*, cinciallegra *f.* ◆ COLLOQ. ***du hast wohl eine ('ne) ~?*** ti ha dato di volta il cervello?

Meis|je n. *(-s,-s)* = ragazza *f.* olandese.

Mei|ßel m. *(-s,-)* scalpello *m.* (anche MED.). **mei|ßeln I** tr. **1** scalpellare **2** *(mit einem Meißel herstellen)* scolpire: ***eine menschliche Gestalt aus dem Gestein ~*** scolpire una figura umana nella pietra **II** intr. (aus. *haben*) lavorare di (*o* con lo) scalpello (anche MED.): ***an einer Skulptur ~*** lavorare di scalpello ad una scultura.

Mei|ße|ner, Meiß|ner I m. *(-s,-)* abitante *m.* di Meißen **II** agg.inv. di Meißen: ***~ Porzellan*** porcellana di Meißen. **mei|ße|nisch, meiß|nisch** agg. di Meißen.

1.meist avv. per lo più, di solito, solitamente.

2.meist... pron.indef. **I** *(attributiv)* **1** la maggior parte di, la maggioranza di: ***die -en Gäste*** la maggior parte degli ospiti; ***die -e Zeit*** la maggior parte del tempo; ***die -en Stimmen erhalten*** ottenere il maggior numero di voti: ***in den -en Fällen*** nella maggior parte dei casi **2** *(größte)* il, la più grande **II** *(absolut)* la maggior parte, quasi tutto: ***du hast das -e von deinem Geld ausgegeben, vergessen*** hai speso quasi tutto dei tuoi soldi, hai dimenticato quasi tutto; ***die -en der Studenten, von uns*** la maggior parte degli studenti, di noi ◆ ***am -en*** più di tutto, più di tutti: ***dieses Bild gefällt mir am -en*** questo quadro mi piace più di tutti, è quello quadro che mi piace di più; ***das ist der am -en verkaufte Roman des Jahres*** questo è il romanzo più venduto dell'anno; ***die -e Angst haben*** avere una grandissima paura.

meist|be|güns|tigt agg. il più favorito. **meist|be|tei|ligt** agg. maggiormente interessato.

meist|bie|tend agg. miglior offerente, che offre di più. **Meist|bie|ten|de** m. e f. *(-n,-n)* miglior offerente *m.* e *f.*

meis|ten|orts avv. quasi ovunque.

meis|tens, meis|ten|teils avv. per lo più, di solito, solitamente.

Meis|ter m. *(-s,-)* **1a** *(Handwerker)* mastro *m.*, maestro *m.*: ***bei einem ~ in die Lehre gehen*** fare l'apprendistato da un maestro artigiano **b** COLLOQ. *(Meisterprüfung)* esame *m.* di qualifica professionale: ***den, seinen ~ als Automechaniker machen*** dare l'esame da meccanico **2a** FIG. *(Könner)* maestro *m.*: ***ein ~ seines Faches*** un maestro nel suo campo; ***ein ~ der Feder*** un maestro della penna; IRON. ***im Erfinden von Ausreden ist er ein ~*** per trovare delle scuse lui è un maestro **b** ART. ***die ~ der italienischen Malerei*** i maestri della pittura italiana; ***die alten ~*** gli antichi maestri **3a** *(bewunderter Lehrer)* maestro *m.* **b** RELIG. ***der ~*** il Maestro **4** *(Chef)* capo *m.*, principale *m.* **5** SPORT campione *m.*: ***ein ~ im Schachspiel*** un campione di scacchi **6** *(in Märchen)* mastro *m.*, compare *m.*, comare *f.*: ***~ Lampe, Grimbart, Petz*** comare Lepre, compare Tasso, compare Orso **7** COLLOQ. capo *m.*: ***na, ~, wie geht's?*** allora, capo, come va? ◆ COLLOQ. ***er hat seinen ~ gefunden*** ha trovato chi gli dà dei punti; ***Übung macht den ~*** val più la pratica della grammatica; LETT. ***~ Urian*** = Satana; ***etw. (G) ~ werden*** imparare qcs. alla perfezione; ***~ über etw. werden*** imparare a dominare qcs.; PROV. ***es ist noch kein ~ vom Himmel gefallen*** nessuno nasce maestro, nessuno ha la scienza infusa; ***früh übt sich, was ein ~ werden will*** devi imparare presto per diventar maestro. **Meis|ter|be|trieb** m. *(-s,-e)* azienda *f.* gestita da un mastro. **Meis|ter|brief** m. *(-[e]s,-e)* ARTIG. diploma *f.* di ma(e)stro. **Meis|ter|dieb** m. *(-[e]s,-e)* ladro *m.* provetto. **Meis|ter|elf** f. *(-,-en)* squadra *f.* campione. **Meis|ter|ge|sang** m. *(-[e]s)* INTRAD. (poesia dei maestri cantori). **meis|ter|haft I** agg. **1** magistrale, da maestro **2** RAR. *(von Personen)* eccellente, provetto: ***ein -er Schauspieler*** un attore provetto **II** AVV. magistralmente, da maestro: ***etw. ~ beherrschen*** padroneggiare qcs. da maestro. **Meis|ter|haf|tig|keit** f. *(-)* maestria *f.* **Meis|ter|hand** f. *(-)* mano *f.* da, del maestro. **Meis|te|rin** f. *(-,-nen)* **1** maestra *f.* **2** ANT. moglie *f.* del maestro: ***Frau ~*** la moglie del maestro. **Meis|ter|klas|se** f. *(-,-n)* **1** *(an der Kunstakademie, Musikhochschule)* classe *f.* in cui insegna un artista famoso, classe *f.* del maestro **2** SPORT massimo livello *m.* (di prestazioni). **Meis|ter|leis|tung** f. *(-,-en)* **1** lavoro *m.*, opera *f.* eccellente (*o* magistrale), capolavoro *m.* **2** SPORT prestazione *f.* da campione. **meis|ter|lich** agg. avv. ANT. → **meisterhaft.**

meis|tern tr. **1a** dominare, controllare (anche FIG.): ***ein Problem, seine Gefühle ~*** controllare un problema, dominare i propri sentimenti; ***sein Schicksal ~*** essere padrone (*o* l'artefice) del proprio destino **b** *(bewältigen)* superare, vincere: ***Schwierigkeiten ~*** superare le difficoltà **2a** *(zu handhaben verstehen)* padroneggiare, saper usare bene: ***ein Instrument, ein Werkzeug ~*** padroneggiare uno strumento, saper usare bene un attrezzo **b** *(gut kennen)* dominare, conoscere a fondo: ***sein Fach, seinen Beruf ~*** dominare la propria materia, conoscere a fondo la propria professione.

Meis|ter|prü|fung f. *(-,-en)* esame *m.* di qualifica professionale, esame *m.* professionale per diventare maestro (artigiano): ***die ~ im Schneiderhandwerk bestehen*** superare l'esame per diventare sarto.

Meis|ter|sang → **Meistergesang. Meis|ter|sän|ger** m. *(-s,-)* → **Meistersinger.**

Meis|ter|schaft f. *(-,-en)* **1** maestria *f.*: ***mit großer ~ spielen*** suonare con grande maestria; ***es in etw. (D) zur ~ bringen*** raggiungere la maestria in qcs. **2a** SPORT campionato *m.*: ***eine ~ austragen, gewinnen*** disputare, vincere un campionato **b** *(Meisterschaftstitel)* titolo *m.* di campione: ***die italienische ~ anstreben, verlieren, verteidigen*** aspirare al, perdere, difendere il titolo (di campione) italiano. **Meis|ter|schafts|kampf** m. *(-[e]s,-kämpfe)* incontro *m.* di campionato. **Meis|ter|schafts|spiel** n. *(-[e]s,-e)* gara *f.* di campionato. **Meis|ter|schafts|ti|tel** m. *(-s,-)* titolo *m.* di campione.

Meis|ter|schü|ler m. *(-s,-)* allievo *m.* di un famoso maestro. **Meis|ter|schuss** m. *(-es,-schüsse)* SPORT tiro *m.* da maestro, da campione. **Meis|ter|schüt|ze** m. *(-n,-n)* campione *m.* di tiro. **Meis|ter|sin|ger** m. *(-s,-)* maestro *m.* cantore. **Meis|ter|stück** n. *(-[e]s,-stücke)* capolavoro *m.* **Meis|ter|ti|tel** m. *(-s,-)* **1** titolo *m.* di maestro (massima qualifica professionale per artigiani) **2** SPORT titolo *m.* di campione. **Meis|te|rung** f. *(-)* **1a** dominio *m.*, controllo *m.* (anche FIG.) **b** *(von Schwierigkeiten)* superamento *m.* **2a** *(Handhabung)* il padroneggiare, il saper usare bene **b** *(von Fachgebieten, Berufen)* il conoscere a fondo, il dominare. **Meis|ter|werk** n. *(-[e]s,-e)* capolavoro *m.* **Meis|ter|wür|de** f. *(-)* titolo *m.* di maestro (massima qualifica professionale per artigiani). **Meis|ter|wurz** f. *(-,-en)* imperatoria *f.*

Meist|ge|bot n. *(-[e]s,-e)* migliore offerta *f.* (a un'asta). **meist|ge|bräuch|lich** agg. più usato (*o* in uso). **meist|ge|braucht** agg. più usato. **meist|ge|fragt** agg. più richiesto. **meist|ge|kauft** agg. più comprato (*o* venduto). **meist|ge|le|sen** agg. più letto. **meist|ge|nannt** agg. più nominato (*o* citato). **Meist|stu|fe** f. *(-)* GRAMM. superlativo *m.*

Mek|ka I n.pr.n. *(-s)* la Mecca *f.* **II** n. *(-s)* FIG. mecca *f.*, paradiso m.: ***Las Vegas ist ein ~ für Spieler*** Las Vegas è una mecca per i giocatori.

Me|la|min|harz n. *(-es)* resina *f.* melamminica.

Me|lan|cho|lie f. *(-)* malinconia *f.*, LETT. melanconia *f.*: ***ein Gedicht voller ~*** una poesia piena di malinconia; ***in ~ verfallen, versinken*** immalinconirsi. **Me|lan|cho|li|ker** m. *(-s,-)* malinconico *m.* **me|lan|cho|lisch I** agg. malinconico, LETT. melanconico: ***~ machen*** rendere malinconico, immalinconire; ***~ werden*** diventare malinconico, immalinconirsi **II** avv. ***~ gestimmt*** essere malinconico.

Me|la|ne|si|en n.pr.n. *(-s)* Melanesia *f.* **Me|la|ne|si|er** m. *(-s,-)* melanesiano *m.* **me|la|ne|sisch** agg. melanesiano.

Me|lan|ge [me'lã:ʒə] f. *(-,-n)* **1** melange *m.* **2** *(Mischung)* miscela *f.* **3** AUSTR. *(Milchkaffee)* caffelatte *m.*

Me|la|nin n. *(-s,-e)* melanina *f.* **Me|la|nis|mus** m. *(-, Melanismen)* melanismo *m.* **Me|la|nit** m. *(-s,-e)* melanite *f.* **Me|la|nom** n. *(-s,-e)* melanoma *m.* **Me|la|no|se** f. *(-,-n)* melanosi *f.* **Me|la|phyr** m. *(-s,-e)* melafiro *m.*

Me|las|se f. *(-,-n)* melassa *f.*

Mel|chi|or n.pr.m. Melchiorre *m.*

Mel|de f. *(-,-n)* atreplice *m.* e *f.*, bietolone *m.*

Mel|de|amt n. *(-[e]s,-ämter)*, **Mel|de|be|hör|de** f. *(-,-n)* ufficio *m.* anagrafico, anagrafe *f.* **Mel|de|bo|gen** m. *(-s,-)* → **Meldeformular. Mel|de|fah|rer** m. *(-s,-)* portaordini *m.* (motorizzato). **Mel|de|for|mu|lar** n. *(-s,-e)* modulo *m.* di registrazione. **Mel|de|frist** f. *(-,-en)* **1** termine *m.* di denuncia **2** *(für Ausländer, Fremde)* termine *m.* per farsi registrare. **Mel|de|gän|ger** m. *(-s,-)* portaordini *m.*, staffetta *f.* **Mel|de|hund** m. *(-[e]s,-e)* cane *m.* portaordini.

mel|den I tr. **1** annunciare: ***wen darf ich ~?*** chi devo annunciare? **2** *(mitteilen, berichten)* annunciare, comunicare, riferire (di): ***unser Korrespondent meldet neue Unruhen*** il nostro corrispondente riferisce di nuovi disordini; ***der Wetterbericht meldet Schnee*** il bollettino meteorologico annuncia neve **3a** *(zur Kenntnis bringen)* segnalare: ***einen Unfall ~*** segnalare un incidente; ***jdn beim Direktor ~*** segnalare qcn. al direttore **b** *(anzeigen)* denunciare: ***jdn bei der Polizei ~*** denunciare qcn. alla polizia; ***die Geburt eines Kindes dem, beim Standesamt ~*** denunciare la nascita di un bambino all'anagrafe; ***jdn als vermisst ~*** denunciare la scomparsa di qcn. **4** *(einschreiben)* iscrivere: ***zwei Athleten für einen Wettbewerb ~*** iscrivere due atleti a una gara **II** rifl. **sich ~ 1a** presentarsi: ***sich freiwillig ~*** presentarsi (*o* offrirsi) volontario; MIL. arruolarsi volontario; ***sich auf eine Anzeige hin ~*** presentarsi (*o* rispondere) a un annuncio **b** *(sich anbieten)* offrirsi: ***sich für eine Aufgabe ~*** offrirsi per un incarico **2** *(im Unterricht)* alzare la mano (per rispondere): ***wer etwas sagen will, muss sich ~*** chi vuol dire qualcosa, alzi la mano; ***der Schüler meldet sich häufig*** l'allievo partecipa attivamente alla lezione **3** *(sich einschreiben)* iscriversi: ***sich für den dritten Lehrgang ~*** iscriversi al terzo corso; *(zur Prüfung)* segnarsi **4a** *(von sich hören lassen)* farsi sentire, farsi vivo: ***sich lange nicht ~*** non farsi sentire per molto tempo; ***melde dich, wenn du etwas brauchst!*** fatti sentire, se hai bisogno di qualcosa! **b** rispondere: ***am Telefon meldet sich niemand*** al telefono non risponde nessuno **5** COLLOQ. *(sich bemerkbar machen)* farsi sentire: ***das Alter, der Hunger, mein Magen meldet sich*** l'età, la fame comincia a farsi sentire, il mio stomaco brontola; ***der Hund meldet sich*** il cane si fa sentire, attira l'attenzione (abbaiando) ◆ ***sich krank ~*** mettersi in malattia, MIL. marcare visita; ***nichts zu ~ haben*** non contare nulla, non avere voce in capitolo; ***sich bei der Polizei, polizeilich ~*** presentarsi alla polizia, farsi registrare dalla polizia; ***sich zu Wort ~*** chiedere la parola (alzando la mano).

Mel|de|pflicht f. *(-)* **1** obbligo *m.* di denuncia (alle autorità) **2** *(für Ausländer, Fremde)* obbligo *m.* di registrazione anagrafica. **mel|de|pflich|tig** agg. **1** soggetto a obbligo di denuncia **2** *(von Ausländern, Fremden)* soggetto a registrazione anagrafica.

Mel|der m. *(-s,-)* → **Meldegänger.**

Mel|de|rei|ter m. *(-s,-)* STOR. staffetta *f.*, portaordini *m.* a cavallo. **Mel|de|schein** m. *(-[e]s,-e)* → **Meldeformular. Mel|de|schluss** m. *(-es)* **1** scadenza *f.* del termine per la denuncia **2** *(für Ausländer, Fremde)* scadenza *f.* del termine per presentarsi alle autorità giudiziarie. **Mel|de|stel|le** f. *(-,-n)* → **Meldeamt. Mel|de|we|sen** n. *(-s)* **1** sistema *m.* di registrazione anagrafica **2** *(in einem Unternehmen)* sistema *m.* di comunicazioni interne.

Mel|dung f. *(-,-en)* **1a** annuncio *m.*, comunicato *m.* (pubblico): ***eine amtliche ~ im Fernsehen verbreiten, weiterleiten*** diramare un comunicato ufficiale in televisione **b** *(dienstliche Mitteilung)* comunicazione *f.*, comunicato *m.*: ***eine ~ entgegennehmen, bekommen, erhalten*** ricevere una comunicazione; ***eine ~ zurückhalten*** non diffondere un comunicato **c** MIL. rapporto *m.*: ***dem Vorgesetzen ~ machen*** fare rapporto al superiore **2** *(Nachricht)* notizia *f.*: ***eine ~ durchgeben*** trasmettere una notizia; ***letzte -en*** ultime notizie; ***die Zeitungen brachten beunruhigende -en über die wirtschaftliche Lage*** i giornali riportarono notizie inquietanti sulla situazione economica **3** *(Anzeige)* segnalazione *f.*, denuncia *f.*: ***~ erstatten, machen*** fare denuncia, segnalare **4a** *(Bereiterklärung)* (dichiarazione *f.* di) disponibilità *f.*: ***seine freiwillige ~ bereuen*** pentirsi di essersi offerto volontario **b** *(auf ein Inserat)* risposta *f.* **5** *(Bewerbung)* domanda *f.*, richiesta *f.* (di partecipazione, iscrizione): ***es gehen viele -en zum Radrennen ein*** arrivano molte domande d'iscrizione alla gara ciclistica; ***alle -en wurden angenommen*** tutte le domande (di iscrizione) furono accettate ◆ MIL. ***die ~ zur Armee*** arruolamento volontario; ***eine ~ jagt die andere*** le notizie si susseguono freneticamente.

me|liert agg. mélange: ***-e Wolle*** lana mélange ◆ ***-es Haar*** capelli brizzolati.

Me|li|o|ra|ti|on f. *(-,-en)* **1** ANT. miglioramento *m.* **2** AGR. miglioria *f.* (fondiaria). **me|li|o|rie|ren** tr. **1** ANT. migliorare **2** AGR. ***einen Boden ~*** apportare delle migliorie a (*o* migliorare) un terreno.

me|lisch agg. melico. **Me|lis|ma** n. *(-s, Melismen)* melisma *m.* **me|lis|ma|tisch** agg. melismatico.

Me|lis|se f. *(-)* melissa *f.* **Me|lis|sen|geist** m. *(-[e]s)* spirito *m.* di melissa.

Melk|an|la|ge f. *(-,-n)* impianto *m.* per la mungitura. **Melk|ei|mer** m. *(-s,-)* secchia *f.* per mungere, mungitoio *m.*

mel|ken tr. *(melkt/*ANT. *milkt, melkte/*ANT. *molk, gemelkt/gemolken)* **1** mungere: ***eine Ziege, zehn Liter Milch ~*** mungere una capra, dieci litri di latte **2** FIG. ***jdn ~*** mungere qcn., spillare soldi a qcn. **Mel|ker** m. *(-s,-)* mungitore *m.* **Mel|ke|rei** f. *(-,-en)* mungitoio *m.*

Melk|kuh f. *(-,-kühe)* vacca *f.* lattifera, FIG. persona *f.* da mungere. **Melk|kü|bel** m. *(-s,-)* → **Melkeimer. Melk|ma|schi|ne** f. *(-,-n)* mungitrice *m.* **Melk|sche|mel** m. *(-s,-)* sgabello *m.* per mungere.

Me|lo|die f. *(-,-n)* **1a** melodia *f.*: ***eine hübsche, heitere, schwermütige ~*** una melodia graziosa, allegra, malinconica; ***die ~ des fallenden Regens*** la melodia della pioggia che cade; ***beliebte -n aus Oper und Operette*** popolari melodie di opere e operette **b** LING. ***die ~ des Satzes*** la melodia della frase **2** *(Motiv)* motivo *m.*, aria *f.*, arietta *f.*: ***eine ~ pfeifen, trällern*** fischiare, canticchiare un motivo ◆ ***Text und ~ von...*** testo e musica di... **Me|lo|die|gi|tar|rist** m. *(-en,-en)* chitarra *f.* solista. **Me|lo|di|en|fol|ge** f. *(-,-n)*, **Me|lo|di|en|rei|gen** m. *(-s,-)* sequela *f.* di brani musicali. **Me|lo|dik** f. *(-)* **1** studio *m.* della melodia **2** *(melodische Merkmale)* carattere *m.* melodico. **me|lo|di|ös** agg. LETT. melodioso. **me|lo|disch I** agg. **1** melodioso **2** *(die Melodie betreffend)* melodico **II** avv. ***~ sprechen*** avere una voce melodiosa.

Me|lo|dram n. *(-s, Melodramen)* **1** scena *f.* melodrammatica **2** → **Melodrama. Me|lo|dra|ma** n. *(-s, Melodramen)* **1** MUS. melologo *m.* **2** *(Schauspiel, Film)* drammone *m.* (anche FIG.). **Me|lo|dra|ma|tik** f. *(-)* carattere *m.* melodrammatico: ***eine Szene voller ~*** una scena melodrammatica. **me|lo|dra|ma|tisch** agg. melodrammatico.

Me|lo|ne f. *(-,-n)* **1** melone *m.* **2** COLLOQ. *(Hut)* bombetta *f.* **Me|lo|nen|baum** m. *(-[e]s,-bäume)* albero *m.* dei meloni, papaia *f.*

Mel|tau m. *(-[e]s)* melata *f.*

Memb|ran, Memb|ra|ne f. *(-,-[e]n)* membrana *f.*

Mem|me f. *(-,-n)* REGION. SPREG. pusillanime *m.*, codardo *m.* **mem|men|haft** agg. REGION. SPREG. pusillanime, codardo. **Mem|men|haf|tig|keit** f. *(-)* REGION. SPREG. pusillanimità *f.*, codardia *f.*

Me|mo n. *(-s,-s)* COLLOQ. **1** libretto *m.* d'appunti, taccuino *m.* **2** accorc. → **Memorandum.**

Me|moire [me'moaːʁ] n. *(-s,-s)* → **Memorandum. Me|moi|ren** [me'moaːrən] pl. memorie *f.pl.*: ***seine ~ schreiben*** scrivere le proprie memorie, **Me|moi|ren|schrei|ber** m. *(-s,-)* scrittore *m.* di memorie.

Me|mo|ran|dum n. *(-s, Memoranden* e *Memoranda)* memoriale *m.*

1.Me|mo|ri|al n. *(-s, -e* e *-ien)* ANT. diario *m.*; *(Merkbuch)* taccuino *m.*

2.Me|mo|ri|al [mɪ'mɔːrɪəl] n. *(-s,-s)* **1** SPORT memorial *m.* **2** *(Denkmal)* monumento *m.* commemorativo.

me|mo|rie|ren tr. ANT. **1a** memorizzare, imparare a memoria **b** *(aus dem Gedächtnis hersagen)* dire a memoria **2** RAR. *(wieder ins Gedächtnis rufen)* ricordare, ARC. memorare. **Me|mo|rier|stoff** m. *(-[e]s)* materia *f.* di studio.

Mem|phis n.pr.n. *(-)* Menfi *f.*

Me|na|ge [me'naʒə] f. *(-,-n)* **1** menage *m.*, ampolliera *f.* **2** AUSTR. o ANT. *(Verpflegung)* vitto *m.* **3** ANT. portavivande *m.* **4** ANT. *(Haushalt)* governo *m.* della casa. **Me|na|ge|rie** [-ʒə-] f. *(-,-n)* **1** serraglio *m.* **2** SCHERZ. *(Sammlung von Tieren)* zoo *m.*: ***eine ganze ~ im Haus haben*** avere uno zoo in casa. **me|na|gie|ren** [-ʒiːrən] **I** intr. (aus. *haben*) **1** REGION. o ANT. nutrirsi **2** AUSTR. MIL. *(Essen fassen)* prendere il rancio **II** rifl. **sich ~** moderarsi, dominarsi.

Me|nar|che f. *(-)* menarca *m.*

Men|de|le|vi|um n. *(-s)* mendelevio *m.*

Men|de|lis|mus m. *(-s)* mendelismo *m.* **men|deln** intr. (aus. *haben*) seguire le leggi di Mendel. **men|delsch** agg. mendeliano, di Mendel: ***die mendelschen Regeln*** le leggi di Mendel.

Men|di|kant m. *(-en,-en)* frate *m.* mendicante. **Men|di|kan|ten|or|den** m. *(-s,-)* ordine *m.* mendicante.

Me|ne|te|kel n. *(-s,-)* cattivo presagio *m.*, segno *m.* di sventura.

Men|ge f. *(-,-n)* **1a** quantità *f.*: ***eine begrenzte ~ einer Ware vorrätig haben*** avere disponibile una quantità limitata di una merce; ***die doppelte ~ an Zucker*** la quantità doppia di zucchero; ***eine bestimmte, eine große ~ von etw.*** una determinata, una gran quantità di qcs. **b** *(große Anzahl)* (gran) quantità *f.*, gran numero *m.*: ***eine ~ Kinder kam (o kamen) zusammen*** si radunò un gran numero di bambini; ***eine ~ Freunde gewonnen haben*** essersi fatto una (gran) quantità di amici; ***Obst in -n ernten*** raccogliere frutta in quantità; ***eine ~ Bücher*** una massa di libri **2** *(Menschenmenge)* folla *f.*, massa *f.*: ***eine bunte, wartende ~*** una folla variopinta, in attesa; ***der Beifall der ~*** il plauso della folla; ***die ~ drängt sich vor dem Rathaus*** la folla si assiepa davanti al municipio **3** MAT. insieme *m.*: ***a ist Element der ~ b*** a è elemento dell'insieme b ◆ COLLOQ. ***eine ~ zu tun haben*** avere un sacco di cose da fare; ***noch eine ~ lernen müssen*** avere ancora un mucchio di cose da imparare; ***die ~ macht es*** la quantità è importante, fa la differenza; COLLOQ. ***Geld die ~ haben, verdienen*** avere, guadagnare soldi a palate; COLLOQ. ***jede ~, in rauen -n*** a valanghe, a non finire.

men|gen I tr. REGION. ANT. **1** mescolare **2** *(vermengen)* confondere: ***eins ins, unters andere ~*** confondere una cosa con un'altra **II** rifl. **sich ~ 1** REGION. *(sich vermischen)* mescolarsi, mischiarsi: ***verschiedene Gerüche ~ sich untereinander*** odori diversi si mescolano tra loro **2** COLLOQ. *(sich mischen)* confondersi: ***sich unter die Leute ~*** confondersi tra la gente **3** COLLOQ. *(sich einmischen)* immischiarsi: ***sich in alles ~*** ficcare il naso dappertutto.

Men|gen|an|ga|be f. *(-,-n)* indicazione *f.* di (una) quantità. **Men|gen|be|zeich|nung** f. *(-,-en)* unità *f.* di misura di una quantità. **Men|gen|kon|junk|tur** f. *(-,-en)* ECON. = congiuntura *f.* favorevole a un grande smercio. **Men|gen|leh|re** f. *(-)* teoria *f.* degli insiemi, insiemistica *f.* **men|gen|mä|ßig I** agg. quantitativo **II** avv. quantitativamente. **Men|gen|preis** m. *(-es,-e)* prezzo *m.* sulla quantità. **Men|gen|ra|batt** m. *(-[e]s,-e)* sconto *m.* per quantità.

Meng|fut|ter n. *(-s)* mangime *m.* misto.

Meng|sel n. *(-s,-)* REGION. miscuglio *m.*

Men|hir ['mɛnhɪr] m. *(-s,-e)* menhir *m.*

Me|nin|gi|tis f. *(-, Meningitiden)* meningite *f.*

Me|nis|kus m. *(-, Menisken)* menisco *m.* **Me|nis|kus|ope|ra|ti|on** f. *(-,-en)* operazione *f.* al menisco. **Me|nis|kus|riss** m. *(-es,-e)* lacerazione *f.* del menisco. **Me|nis|kus|scha|den** m. *(-,-schäden)* lesione *f.* al menisco.

Men|ni|ge f. *(-)* minio *m.* **men|nig|rot** agg. rosso minio.

Men|no|nit m. *(-en,-en)* mennonita *m.*

Me|no|pau|se f. *(-,-n)* menopausa *f.*

Me|nor|rhö(e) f. *(-, Menorrhöen)* mestruazione *f.* **me|nor|rhö|isch** agg. mestruale. **Me|nos|ta|se** f. *(-,-n)* menostasi *f.*

Men|sa f. *(-,-s* e *Mensen)* UNIV. e RELIG. mensa *f.* **Men|sa|es|sen** n. *(-s,-)* cibo *m.* della mensa (universitaria).

1.Mensch m. *(-en,-en)* **1** uomo *m.*: ***eine nur dem -en eigene Fähigkeit*** una qualità propria dell'uomo; ***alle -en*** tutti gli uomini, tutti; ***kein ~*** nessuno **2** *(Person)* persona *f.*; pl. persone *f.pl.*, gente *f.*: ***ein kluger, glücklicher, höflicher ~*** una persona intelligente, felice, gentile; ***einen -en verachten, verehren*** disprezzare, stimare una persona; ***-en verachtend*** disumano, inumano; ***mit fremden -en*** con persone estranee, con gente estranea; ***gern unter -en gehen*** andare volentieri tra la gente **3** COLLOQ. *(Anrede)* ***~, du bist wohl nicht bei Sinnen*** ragazzo, tu non sai quel che fai! ***~, da hast du aber Glück gehabt!*** caspita, hai avuto una bella fortuna! ◆ COLLOQ. ***etwas für den äußeren -en tun*** curare il proprio aspetto esteriore; ***das soll ein ~ erraten*** indovinala grillo; COLLOQ. ***wie der erste ~*** ingenuo, come un bambino; ***ein ~ aus Fleisch und Blut*** un uomo in carne ed ossa; COLLOQ. ***nur (noch) ein halber ~ sein*** essere sfinito, malridotto; ***etwas für den inneren -en tun*** pensare al proprio benessere; COLLOQ. ***kein ~ mehr sein*** non farcela più, essere a terra; ***daraus soll ein ~ klug werden?*** chi ci capisce nulla? ***~, Meier!*** perbacco! ***man muss die -en nehmen, wie sie sind*** bisogna prendere le persone così come sono; ***ein neuer ~ werden*** diventare un altro uomo, cambiare vita; ***eine Seele von einem ~*** una pasta d'uomo; BIBL. ***des -en Sohn*** il Figlio dell'Uomo; ***was hat denn der ~ hier zu suchen?*** che vuole questo qui? ***von ~ zu ~*** da uomo a uomo; COLLOQ. ***wieder ~ sein*** sentirsi di nuovo in forma; PROV. ***der ~ denkt, Gott lenkt*** l'uomo propone, Dio dispone; ***der ~ lebt nicht vom Brot allein*** non di solo pane vive l'uomo; ***kein ~ muss müssen*** = nessuno deve essere costretto; ***sehet, welch ein ~!*** ecce homo!

2.Mensch n. *(-[e]s,-er)* REGION. SPREG. femmina *f.*, donna *f.*

men|scheln intr. (aus. *haben*) impers. ***es menschelt überall*** = in ogni circostanza si rivela la debolezza umana.

Men|schen|af|fe m. *(-n,-n)* scimmia *f.* antropomorfa, antropoide *m.* **men|schen|ähn|lich** agg. antropomorfo. **Men|schen|al|ter** n. *(-s,-)* **1** durata *f.* della vita umana **2** generazione *f.*: ***vor einem ~*** da una generazione. **Men|schen|an|samm|lung** f. *(-,-en)* folla *f.* di persone. **men|schen|arm** agg. poco popolato. **Men|schen|art** f. *(-)* comportamento *m.* umano: ***Affen essen auf ~*** le scimmie mangiano come gli uomini. **Men|schen|ar|ti|ge** m. *(-n,-n)* ominide *m.* **Men|schen|auf|lauf** m. *(-[e]s,-aufläufe)* assembramento *m.* di persone. **Men|schen|bild** n. *(-[e]s,-er)* immagine *f.* umana. **Men|schen|blut** n. *(-[e]s)* sangue *m.* umano.

Men|schen|feind m. *(-[e]s,-e)* misantropo *m.* **men|schen|feind|lich** agg. misantropo, RAR. misantropico. **Men|schen|feind|lich|keit** f. *(-)* misantropia *f.*

Men|schen|fleisch n. *(-es)* carne *f.* umana. **Men|schen|floh** m. *(-[e]s,-flöhe)* pulce *f.* **Men|schen|fres|ser** m. *(-s,-)* antropofago *m.* **Men|schen|fres|se|rei** f. *(-)* antropofagia *f.*

Men|schen|freund m. *(-[e]s,-e)* filantropo *m.*, persona *f.* umanitaria. **men|schen|freund|lich** agg. filantropico, umanitario. **Men|schen|freund|lich|keit** f. *(-)* filantropia *f.*

Men|schen|füh|rung f. *(-)* capacità *f.* di guidare altre persone; ***~ ist nicht deine Stärke*** guidare gli altri non è proprio il tuo forte. **Men|schen|ge|den|ken, *seit ~*** a memoria d'uomo, da tempo immemorabile. **Men|schen|geist** m. *(-[e]s)* spirito *m.* dell'uomo, umano. **Men|schen|ge|schlecht** n. *(-[e]s)* genere *m.* umano, LETT. stirpe *f.* umana. **Men|schen|ge|stalt** f. *(-,-en)* figura *f.* (*o* forma *f.*) umana: ***in ~ erscheinen*** apparire con sembianze umane. **Men|schen|ge|wühl** n. *(-s)* calca *f.* **Men|schen|hai** m. *(-[e]s,-e)* squalo *m.*, pescecane *m.* **Men|schen|hand** f. *(-,-hände)* mano *f.* dell'uomo, umana: FIG. ***von, durch ~ geschaffen*** creato dalla mano dell'uomo. **Men|schen|han|del** m. *(-s)* tratta *f.* degli schiavi. **Men|schen|händ|ler** m. *(-s,-)* trafficante *m.* di schiavi. **Men|schen|hass** m. *(-es)* misantropia *f.* **Men|schen|has|ser** m. *(-s,-)* misantropo *m.* **Men|schen|herz** n. *(-ens,-en)* cuore *m.* umano. **Men|schen|hirn** n. *(-[e]s,-e)* mente *f.* umana. **Men|schen|jagd** f. *(-)* caccia *f.* all'uomo.

Men|schen|ken|ner m. *(-s,-)* conoscitore *m.* di uomini. **Men|schen|kennt|nis** f. *(-)* conoscenza *f.* degli uomini, delle persone: ***keine ~ haben*** non conoscere l'animo umano. **Men|schen|ket|te** f. *(-,-n)* catena *f.* umana. **Men|schen|kind** n. *(-[e]s,-er)* **1** essere *m.* umano, creatura *f.* umana **2** *(Kind)* bambino *m.* **Men|schen|kraft** f. *(-,-kräfte)* forza *f.* umana. **Men|schen|kun|de** f. *(-)* antropologia *f.* **Men|schen|le|ben** n. *(-s,-)* vita *f.* umana: ***ein ganzes ~ lang*** (per) una vita intera; *(lebendiger Mensch)* ***viele ~ opfern*** sacrificare molte vite umane. **men|schen|leer** agg. spopolato, deserto. **Men|schen|lie|be** f. *(-)* amore *m.* verso il prossimo, umanità *f.*, filantropia *f.* **Men|schen|los** n. *(-es,-e)* sorte *f.* umana, destino *m.* umano. **Men|schen|ma|te|ri|al** n. *(-s)* materiale *m.* umano, risorse *f.pl.* umane. **Men|schen|mas|se** f. *(-,-n)* massa *f.* di gente, di persone. **Men|schen|men|ge** f. *(-,-n)* folla *f.* **men|schen|mög|lich** agg. umanamente possibile. **Men|schen|mög|li|che** n. *(-n)* ciò che è umanamente possibile. **Men|schen|na|tur** f. *(-)* natura *f.* umana. **Men|schen|op|fer** n. *(-s,-)* **1** *(Opferung von Menschen)* sacrificio *m.* umano **2** *(Opfer an Menschenleben)* sacrificio *m.* di vite umane. **Men|schen|pflicht** f. *(-,-en)* dovere *m.* dell'uomo. **Men|schen|ras|se** f. *(-,-n)* razza *f.* umana. **Men|schen|raub** m. *(-[e]s)* rapimento *m.*, sequestro *m.* di persona.

Men|schen|recht n. *(-[e]s,-e)* diritto *m.* umano, dell'uomo: ***die -e verteidigen, verletzen*** difendere, violare i diritti umani; ***gegen die -e verstoßen*** violare, andare contro i diritti umani. **Men|schen|rechts|er|klä|rung** f. *(-)* dichiarazione *f.* dei diritti dell'uomo. **Men|schen|rechts|ver|let|zung** f. *(-,-en)* violazione *f.* dei diritti umani.

men|schen|scheu agg. schivo, timido, poco socievole. **Men|schen|scheu** f. *(-)* timidezza *f.* **Men|schen|schlag** m. *(-[e]s)* specie *f.*, razza *f.* d'uomini. **Men|schen|see|le** f. *(-,-n)* anima *f.* umana ◆ ***es war keine ~ da*** non c'era anima viva.

Men|schens|kind inter. ragazzo mio!

Men|schen|sohn m. *(-[e]s)* BIBL. Figlio *m.* dell'Uomo. **Men|schen|stim|me** f. *(-,-n)* voce *f.* umana. **Men|schen|tum** n. *(-s)* umanità *f.* **men|schen|un|wür|dig** **I** agg. inumano, disumano: ***eine -e Behandlung*** un trattamento disumano **II** avv. inumanamente, disumanamente, in modo inumano (*o* disumano). **Men|schen|ver|äch|ter** m. *(-s,-)* spregiatore *m.* del genere umano. **Men|schen|ver|ach|tung** f. *(-)* disprezzo *m.* del genere umano. **Men|schen|ver|stand** m. *(-[e]s)* intelletto *m.* umano ◆ ***der gesunde ~*** il buon senso. **Men|schen|werk** n. *(-[e]s,-e)* opera *f.* umana, dell'uomo. **Men|schen|wür|de** f. *(-)* dignità *f.* umana. **men|schen|wür|dig** **I** agg. degno di un uomo **II** avv. in modo degno di un uomo.

Men|sche|wik m. *(-en,-en* e *-i)* → **Menschewist. Men|sche|wis|mus** m. *(-)* menscevismo *m.* **Men|sche|wist** m. *(-en,-en)* menscevico *m.* **men|sche|wis|tisch** agg. menscevico.

Mensch|heit f. *(-)* umanità *f.*, genere *m.* umano: ***die ganze ~*** l'intera umanità; ***die Geschichte der ~*** la storia del genere umano ◆ ***jdn, etw. auf die ~ loslassen*** lasciar circolare liberamente qcn., mettere in circolazione qcs. **mensch|heit|lich** agg. dell'umanità, del genere umano. **Mensch|heits|ent|wick|lung** f. *(-)* evoluzione *f.* del genere umano. **Mensch|heits|ge|schich|te** f. *(-)* storia *f.* dell'umanità. **Mensch|heits|traum** m. *(-[e]s,-träume)* sogno *m.* dell'uomo, dell'umanità: ***die ewige Jugend ist ein alter ~*** l'eterna giovinezza è un antico sogno dell'uomo. **mensch|lich** **I** agg. **1a** umano: ***die -e Natur, der -e Geist*** la natura umana, lo spirito umano; ***eine -e Stimme*** una voce umana; ***ein -es Wesen*** l'essere umano; ***die -e Freiheit*** la libertà dell'uomo; ***-e Wärme, Schwächen*** calore umano, debolezze umane; ***-e Beziehungen*** rapporti umani; ***aus -em Versagen*** a causa di un errore umano; ***seine Reaktion ist ~*** la sua reazione è umana; ***nach göttlichem und -em Recht*** secondo la legge di Dio e degli uomini **b** FIG. *(erträglich)* umano, decente: ***unter -en Bedingungen leben*** vivere in condizioni umane; ***das Zimmer sieht wieder ~ aus*** la camera ha di nuovo un aspetto decente **2** *(human)* umano, benevolo: ***eine -e Geste*** un gesto umano; ***ein -er Zug*** un tratto umano **II** avv. **1** umanamente, dal lato umano: ***etw. ~ verstehen*** comprendere qcs. umanamente; ***rein ~ gesehen*** visto dal lato umano **2** *(human)* umanamente, con umanità: ***jdn ~ behandeln*** trattare qcn. umanamente ◆ ***Irren ist ~*** errare è umano. **Mensch|li|che** n. *(-n)* cose *f.pl.* umane: ***etw., nichts -s an sich haben*** avere qcs., non avere in sé nulla di umano ◆ EUFEM. ***es ist ihr etwas -s passiert*** ha avuto un piccola défaillance. **Mensch|lich|keit** f. *(-,-en)* **1a** umanità *f.*, natura *f.* umana **b** *(menschliche Gesinnung)* umanità *f.* **2** RAR. *(Fehlhandlung)* debolezza *f.* (umana). **Mensch|wer|dung** f. *(-)* REL. incarnazione *f.*, umanazione *f.*

Men|ses [menze:s] pl. mestruazioni *f.pl.*

menst|ru|al agg. mestruale. **Menst|ru|al|blu|tung** f. *(-,-en)*, **Menst|ru|a|ti|on** f. *(-,-en)* mestruazione *f.* **menst|ru|ie|ren** intr. (aus. *haben*) MED. avere le mestruazioni.

Men|sur f. *(-,-en)* **1** *(beim Fechten)* misura *f.* **2** STOR. INTRAD. (duello in uso presso le associazioni studentesche delle università tedesche) **3** MUS. misura *f.* **men|su|ra|bel** agg. misurabile. **Men|su|ra|bi|li|tät** f. *(-)* misurabilità *f.* **Men|su|ral|mu|sik** f. *(-)* musica *f.* mensurale. **Men|su|ral|no|ta|ti|on** f. *(-)* MUS. notazione *f.* mensurale.

men|tal **I** agg. mentale **II** avv. mentalmente. **Men|ta|li|tät** f. *(-,-en)* mentalità *f.*: ***sich in jds ~ hineinversetzen*** entrare nella mentalità di qcn. **Men|tal|re|ser|va|ti|on** f. *(-,-en)* DIR. riserva *f.* mentale.

Men|thol n. *(-s)* mentolo *m.*

Men|tor m. *(-s,-en)* mentore *m.*

Me|nu [me'ny:] ANT. o SVIZZ. → **Menü. Me|nü** n. *(-s,-s)* menu *m.* (anche INFORM.).

Me|nu|ett n. *(-s,-e* e *-s)* minuetto *m.*

Me|phis|to, Me|phis|to|phe|les n.pr.m. Mefistofele *m.* **me|phis|to|phe|lisch** agg. mefistofelico.

Me|ran n.pr.n. *(-s)* Merano *f.* **Me|ra|ner** **I** m. *(-s,-)* meranese *m.* **II** agg.inv. meranese, di Merano.

Mer|ca|tor|pro|jek|ti|on f. *(-,-en)* proiezione *f.* di Mercatore.

Mer|ce|rie [mɛrsəri̯e] f. *(-,-n)* SVIZZ. **1** articoli *m.pl.* di merceria **2** *(Kurzwarenhandlung)* merceria *f.*

Mer|chan|di|sing ['mə:tʃəndaɪzɪŋ] n. *(-)* merchandising *m.*

Mer|gel m. *(-s,-)* marna *f.* **Mer|gel|bo|den** m. *(-s,-böden)* terreno *m.* marnoso. **Mer|gel|gru|be** f. *(-,-n)* marniera *f.*, cava *f.* di marna. **mer|ge|lig, merg|lig** agg. marnoso.

Me|ri|di|an m. *(-s,-e)* meridiano *m.* **Me|ri|di|an|kreis** m. *(-es,-e)* cerchio *m.* meridiano.

me|ri|di|o|nal agg. 1 di, del meridiano 2 ANT. *(südlich)* meridionale.
Me|ri|no m. *(-s,-s)* merino *m.* **Me|ri|no|schaf** n. *(-[e]s,-e)* pecora *f.* merino. **Me|ri|no|wol|le** f. *(-)* lana *f.* merino.
Me|ris|tem n. *(-s,-e)* meristema *m.* **me|ris|te|ma|tisch** agg. meristematico.
Me|ri|ten pl. LETT. meriti *m.pl.* **me|ri|to|risch** agg. meritorio.
Merk n. *(-s,-e)* ANT. marca *f.*, segno *m.*
mer|kan|til, mer|kan|ti|lisch agg. ANT. mercantile. **Mer|kan|ti|lis|mus** m. *(-)* mercantilismo *m.* **Mer|kan|ti|list** m. *(-en,-en)* mercantilista *m.* **mer|kan|ti|lis|tisch** agg. mercantilistico. **Mer|kan|til|sys|tem** n. *(-s)* → **Merkantilismus.**
merk|bar I agg. 1 percepibile, percettibile: ***ein kaum -es Geräusch, Zeichen*** un fruscio, un segnale appena percettibile 2 facile da ricordare: ***eine leicht -e Zahl*** un numero facile da ricordare **II** avv. sensibilmente: ***die Temperatur ist ~ gesunken*** la temperatura è calata sensibilmente. **Merk|blatt** n. *(-es,-blätter)* 1 foglio *m.* di istruzioni 2 *(von Notizen)* foglio *m.* di appunti. **Merk|block** m. *(-[e]s,-blöcke)* blocco *m.* per appunti. **Merk|buch** n. *(-es,-bücher)* taccuino *m.* (per appunti). **mer|ken I** tr. 1 notare: ***sie hat nichts gemerkt*** non si è accorta di nulla, non ha notato nulla; ***jds Absichten ~*** accorgersi delle intenzioni di qcn.; ***man merkt den Unterschied*** si nota la differenza; COLLOQ. ***merkst du was?*** non noti nulla? 2 *(fühlen)* vedere, notare: ***ich merke schon, du bist mir böse*** vedo che sei arrabbiato con me **II** intr. (aus. *haben*) ANT. badare, prestare attenzione: ***auf jds Belehrungen ~*** badare agli insegnamenti di qcn. **III** rifl. **sich ~** 1 annotarsi, segnarsi: ***sich jds Adresse ~*** segnarsi l'indirizzo di qcn. 2 *(sich erinnern)* ricordarsi: ***es ist einfach, sich diesen Namen zu ~*** questo nome è facile da ricordare; ***merk dir das!*** ricordatelo! ***diesen Titel muss ich mir ~*** devo ricordarmi questo titolo ◆ IRON. ***sie merkt aber auch alles!*** non le sfugge proprio nulla! ***sich (D) etw. (nicht) ~ lassen*** (non) lasciare trasparire qcs.; COLLOQ. ***ich werd's mir ~*** me lo ricorderò; *(das werde ich heimzahlen)* questa me la pagherà. **Mer|ker** m. *(-s,-)* 1 STOR. giudice *m.* (dei maestri cantori) 2 *(Aufpasser)* sorvegliante *m.* 3 COLLOQ. IRON. tipo *m.* sveglio, perspicace. **Merk|heft** n. *(-[e]s,-e)* quaderno *m.* d'appunti. **Merk|hil|fe** f. *(-,-n)* aiuto *m.* mnemonico. **merk|lich I** agg. percettibile; *(erkennbar)* visibile, evidente: ***ein kaum -er Unterschied*** una differenza appena percettibile; ***eine -e Veränderung*** un cambiamento evidente **II** avv. visibilmente, percettibilmente, sensibilmente: ***die Lage hat sich ~ verbessert*** la situazione è migliorata sensibilmente. **Merk|mal** n. *(-[e]s,-e)* caratteristica *f.*, carattere *m.* (*o* segno *m.*) distintivo: ***ein typisches, körperliches ~*** una caratteristica tipica, fisica; ***keine -e aufweisen*** non avere caratteristiche particolari. **Merk|satz** m. *(-es,-sätze)*, **Merk|spruch** m. *(-s,-sprüche)* 1 massima *f.* 2 *(Merkhilfe)* espediente *m.* mnemonico.
Mer|kur I n.pr.m. *(-s)* MITOL. ASTR. Mercurio *m.* **II** m. e n. *(-s)* CHIM. mercurio *m.* **Mer|ku|ri|a|lis|mus** m. *(-)* mercurialismo *m.* **Mer|kur|stab** m. *(-[e]s)* caduceo *m.*
Merk|vers m. *(-es,-e)* espediente *m.* mnemonico (in forma di versetto). **Merk|wort** n. *(-[e]s,-wörter)* TEATR. spunto *m.*
merk|wür|dig I agg. strano, curioso, singolare: ***ein -es Ereignis*** un fatto curioso; ***eine -e Geschichte, Person*** una storia strana, una persona singolare **II** avv. stranamente, curiosamente: ***sich ~ verhalten*** comportarsi stranamente ◆ ***~ aussehen*** avere un aspetto curioso; ***~, wie klein die Welt ist!*** curioso, quant'è piccolo il mondo! **merk|wür|di|ger|wei|se** avv. curiosamente, stranamente. **Merk|wür|dig|keit** f. *(-,-en)* 1 stranezza *f.*, singolarità *f.*: ***die ~ seines Benehmens, Aussehens*** la stranezza del suo comportamento, aspetto 2 *(Ungewöhnlichkeit)* cosa *f.* curiosa, curiosità *f.*; *(merkwürdige Erscheinung)* fatto *m.* curioso.
Merk|zei|chen n. *(-s,-)* segno *m.* di riconoscimento. **Merk|zet|tel** m. *(-s,-)* foglietto *m.* di appunti.
Mer|lan m. *(-s,-e)* merlano *m.*
1.Mer|lin n.pr.m. Merlino *m.*
2.Mer|lin m. *(-s,-e)* ORNIT. smeriglio *m.*
Me|ro|win|ger m. *(-s,-)* merovingio *m.* **me|ro|win|gisch** agg. merovingico, merovingio.
Mer|ze|ri|sa|ti|on f. *(-,-en)* mercerizzazione *f.* **mer|ze|ri|sie|ren** tr. mercerizzare. **Mer|ze|ri|sie|rung** f. *(-,-en)* → **Merzerisation.**
Merz|vieh n. *(-[e]s)* bestiame *m.* non da razza.
Me|sal|li|ance [meza'liã:s] f. *(-,-n)* mesalliance *f.*
me|schant agg. 1 cattivo, malvagio 2 *(unerzogen)* maleducato.
me|schug|ge agg. COLLOQ. tocco, suonato.
Mes|ka|lin n. *(-s)* mescalina *f.*
Mes|me|ri|a|ner m. *(-s)* mesmeriano *m.* **mes|me|risch** agg. mesmerico. **Mes|me|ris|mus** m. *(-)* mesmerismo *m.*
Mes|ner → **Messner. Mes|ne|rei** → **Messnerei.**
Me|so|derm n. *(-s,-e)* mesoderma *m.* **Me|so|karp** n. *(-s,-e)*, **Me|so|kar|pi|um** n. *(-s, Mesokarpien)* mesocarpo *m.*, mesocarpio *m.* **Me|so|li|thi|kum** n. *(-s)* Mesolitico *m.* **me|so|li|thisch** agg. mesolitico.
Me|son n. *(-s,-en)* mesone *m.*
Me|so|po|ta|mi|en n.pr.n. *(-s)* Mesopotamia *f.* **Me|so|po|ta|mi|er** m. *(-s,-)* abitante *m.* della Mesopotamia. **me|so|po|ta|misch** agg. mesopotamico.
Me|so|sphä|re f. *(-)* mesosfera *f.* **Me|so|tho|ri|um** n. *(-s)* mesotorio m. **me|so|ze|phal** agg. mesocefalo. **Me|so|ze|pha|le** m. e f. *(-n,-n)* mesocefalo *m.* **Me|so|ze|pha|lie** f. *(-,-n)* mesocefalia *f.* **Me|so|zo|i|kum** n. *(-s)* Mesozoico *m.* **me|so|zo|isch** agg. mesozoico.
Mes|sage ['mɛsɪdʒ] f. *(-,-s)* 1 messaggio *m.* 2 *(von Kunstwerken)* messaggio *m.*, contenuto *m.*
Mess|amt n. *(-[e]s,-ämter)* messa *f.*
Mess|band n. *([e]s,-bänder)* metro *m.* a nastro. **mess|bar** agg. misurabile. **Mess|bar|keit** f. *(-)* misurabilità *f.* **Mess|be|cher** m. *(-s,-)* recipiente *m.* graduato. **Mess|bild** n. *(-[e]s,-er)* fotogramma *m.* **Mess|brief** m. *(-[e]s,-e)* MAR. certificato *m.* di stazza.
Mess|buch n. *(-[e]s,-bücher)* messale *m.*
Mess|da|ten pl. dati *m.pl.* di misurazione.
Mess|die|ner m. *(-s,-)* chierichetto *m.*, chierico *m.*
1.Mes|se f. *(-,-n)* messa *f.*: ***eine ~ halten, lesen*** celebrare, dire una messa; ***in die, zur ~ gehen*** andare a messa; ***eine ~ für jdn lesen lassen*** far dire una messa per qcn.; ***zur ~ dienen*** servire (la) messa; MUS. ***eine ~ aufführen*** suonare una messa ◆ ***schwarze ~*** messa nera.
2.Mes|se f. *(-,-n)* fiera *f.*: ***internationale ~*** fiera internazionale; ***die Leipziger, Frankfurter ~*** la fiera di Lipsia, di Francoforte; ***eine ~ besuchen, eröffnen, veranstalten*** visitare, inaugurare, allestire una fiera; ***auf der ~ ausstellen*** esporre alla fiera; ***eine ~ beschicken*** partecipare a una fiera.
3.Mes|se f. *(-,-n)* MAR. quadrato *m.*
Mes|se|amt n. *(-[e]s,-ämter)* ufficio *m.* (organizzativo) della fiera. **Mes|se|aus|weis** m. *(-es,-e)* tessera *f.* (di partecipazione alla fiera). **Mes|se|be|su|cher** m. *(-s,-)* visitatore *m.* (della fiera). **Mes|se|ge|län|de** n. *(-s,-)* area *m.* fieristica, della fiera. **Mes|se|hal|le** f. *(-,-n)* padiglione *m.* fieristico. **Mes|se|ka|ta|log** m. *(-s,-e)* catalogo *m.* della fiera. **Mes|se|lei|tung** f. *(-,-en)* direzione *f.* della fiera.
Mes|se|le|sen n. *(-s)* celebrazione *f.* della messa.
mes|sen *(misst, maß, gemessen)* **I** tr. 1 misurare (anche FIG.): ***die Höhe von etw. ~*** misurare l'altezza di qcs.; ***bei jdm Fieber (die Temperatur), den Blutdruck ~*** misurare la febbre, la pressione a qcn.; ***die Zeit mit der Stoppuhr ~*** misurare il tempo con il cronometro; ***etw. nach Litern, nach Metern, in Gramm ~*** misurare qcs. a (*o* in) litri, in metri, in grammi 2 *(vergleichen)* paragonare, comparare: ***jdn, etw. an jdm, etw. ~*** paragonare qcn., qcs. con qcn., qcs. 3 *(mustern)* squadrare: ***jdn mit Blicken ~*** squadrare qcn. con un'occhiata **II** intr. (aus. *haben*) misurare: ***er misst 1,80 m*** misura 1,80 m; ***das Zimmer misst 2,30 m in der Höhe*** la stanza misura 2,30 m d'altezza (*o* in altezza) **III** rifl. **sich ~** misurarsi, cimentarsi, competere: ***sich (in etw.) mit jdm ~*** misurarsi con qcn. (in qcs.); FIG. ***sich mit jdm, etw. (an, in etw.) nicht ~ können*** non poter competere con qcn., qcs. (in qcs.).
Mes|se|pa|vil|lon m. *(-s,-s)* padiglione *m.* fieristico. **Mes|se|platz** m. *(-es,-plätze)* piazza *f.* fieristica.
1.Mes|ser n. *(-s,-)* 1 coltello *m.*: ***das ~ schärfen, wetzen*** affilare il coltello; ***etw. mit dem ~ abschneiden, (zer)schneiden*** tagliare qcs. con il coltello; ***mit ~ und Gabel essen*** mangiare con coltello e forchetta 2 *(Skalpell)* bisturi *m.* 3 *(Rasiermesser)* rasoio *m.* 4 *(Taschenmesser)* coltello *m.* a scatto (*o* a serramanico), coltellino *m.*: ***das ~ öffnen*** aprire il coltello a serramanico ◆ ***bis aufs ~*** all'ultimo sangue; ***jdm das ~ an die Kehle setzen*** mettere, puntare a qcn. il coltello alla gola; ***jdm sitzt das ~ an der Kehle*** qcn. ha l'acqua alla gola, è sul filo del rasoio; ***jdn ans ~ liefern*** consegnare, tradire qcn.; ***jdm ins (offene) ~ laufen*** prendere il coltello per la lama; ***etw. steht auf des -s Schneide*** qcs. sta, è in bilico; COLLOQ. ***ihm geht das ~ in der Tasche auf*** gli salta la mosca al naso; COLLOQ. ***jdn unter dem ~ haben*** avere qcn. sotto i ferri; COLLOQ. ***unter dem ~ bleiben*** rimanere sotto i ferri; ***unters ~ müssen*** dover andare sotto i ferri.
2.Mes|ser m. *(-s,-)* 1 *(Messender)* misuratore *m.* 2 *(Messgerät)* strumento *m.* di misura.
Mes|ser|bänk|chen n. *(-s,-)* reggiposata *m.* **Mes|ser|fisch** m. *(-es,-e)* gunnello *m.*, farfalla *f.* di mare. **Mes|ser|form|schnitt, Mes|ser|haar|schnitt** m. *(-[e]s,-e)* taglio *m.* di capelli sfumato

col rasoio. **Mes|ser|held** m. *(-en,-en)* individuo *m.* rissoso, dal coltello facile. **Mes|ser|klin|ge** f. *(-,-n)* lama *f.* di, del coltello. **Mes|ser|kopf** m. *(-es,-köpfe)* fresa *f.* a denti riportati. **Mes|ser|rü|cken** m. *(-s,-)* costa *f.* di coltello. **mes|ser|scharf I** agg. tagliente (anche FIG.) **II** avv. FIG. in modo tagliente. **Mes|ser|schmied** m. *(-[e]s,-e)* coltellinaio *m.* **Mes|ser|schnei|de** f. *(-,-n)* filo *m.* di, del coltello. **Mes|ser|schnitt** → **Messerformschnitt. Mes|ser|spit|ze** f. *(-,-n)* **1** punta *f.* di, del coltello **2** *(kleine Menge)* punta *f.*: ***eine ~ Salz*** una punta di sale.

Mes|ser|ste|cher m. *(-s,-)* accoltellatore *m.* **Mes|ser|ste|che|rei** f. *(-,-en)* rissa *f.* a coltellate, accoltellamento *m.* **Mes|ser|stich** m. *(-[e]s,-e)* coltellata *f.*

Mes|ser|wer|fer m. *(-s,-)* lanciatore *m.* di coltelli.

Mes|se|schla|ger m. *(-s,-)* COLLOQ. articolo *m.* di successo (a una, alla fiera). **Mes|se|stadt** f. *(-,-städte)* città *f.* sede di fiera, città *f.* della fiera. **Mes|se|stand** m. *(-[e]s,-stände)* stand *m.* (alla fiera). **Mes|se|tag** m. *(-[e]s,-e)* giorno *m.* di fiera.

Mess|feh|ler m. *(-s,-)* errore *m.* di misurazione. **Mess|flü|gel** m. *(-s,-)* mulinello *m.* idrometrico. **Mess|füh|ler** m. *(-s,-)* sensore *m.* **Mess|ge|fäß** n. *(-es,-e)* **1** *(Messglas)* recipiente *m.* graduato **2** LIT. calice *m.* (per il vino da messa). **Mess|ge|rät** n. *(-[e]s,-e)* strumento *m.* di misura.

Mess|ge|schirr n. *(-s,-e)* LIT. arredi *m.pl.* sacri; ampolle *f.pl.*, ampolline *f.pl.* **Mess|ge|wand** n. *(-[e]s,-gewänder)* LIT. casula *f.*

Mess|glas n. *(-es,-gläser)* cilindro *m.* graduato. **Mess|grö|ße** f. *(-,-n)* grandezza *f.* (misurabile).

Mess|hemd n. *(-[e]s,-en)* LIT. camice *m.*, alba *f.*

mes|si|a|nisch agg. messianico. **Mes|si|a|nis|mus** m. *(-)* messianismo *m.* **Mes|si|as** m. *(-,-se)* messia *m.* (anche FIG.).

Mes|sing n. *(-s)* ottone *m.* **Mes|sing|bett** n. *(-[e]s,-en)* letto *m.* di ottone. **Mes|sing|draht** m. *(-[e]s,-drähte)* filo *m.* di ottone. **mes|sin|gen** agg. di ottone, in ottone. **mes|sing|gelb** agg. color ottone, giallo ottone. **Mes|sing|griff** m. *(-[e]s,-e)* maniglia *f.* di ottone. **Mes|sing|hüt|te** f. *(-,-n)* fonderia *f.* di ottone. **Mes|sing|leuch|ter** m. *(-s,-)* candeliere *m.* d'ottone; *(für mehrere Kerzen)* candelabro *m.* d'ottone. **Mes|sing|schild** n. *(-[e]s,-er)* targhetta *f.* d'ottone.

Mess|in|stru|ment n. *(-[e]s,-e)* strumento *m.* di misura.

Mess|känn|chen n. *(-s,-)* LIT. ampollina *f.* **Mess|kelch** m. *(-[e]s,-e)* LIT. calice *m.* **Mess|kna|be** m. *(-n,-n)* ANT. chierichetto *m.*

Mess|lat|te f. *(-,-n)* canna *f.* per misurare, stadia *f.*

Mess|ner m. *(-s,-)* REGION. sagrestano *m.*, sacrestano *m.* **Mess|ne|rei** f. *(-,-en)* ANT. **1** casa *f.* del sagrestano **2** *(Amt)* ufficio *m.* di sacrestano.

Mess|op|fer n. *(-s)* sacrificio *m.* della messa, eucaristico.

Mess|räd|chen n. *(-s,-)* curvimetro *m.* **Mess|satz** m. *(-es,-sätze)* set *m.* di strumenti di misura. **Mess|schal|tung** f. *(-,-en)* EL. circuito *m.* di misura. **Mess|schie|ber** m. *(-s,-)* calibro *m.* a corsoio (*o* a nonio). **Mess|schnur** f. *(-,-schnüre)* metro *m.* a nastro. **Mess|schrau|be** f. *(-,-n)* micrometro *m.* **Mess|sen|der** m. *(-s,-)* EL. generatore *m.* di misura (*o* di segnali per misure). **Mess|stab** m. *(-[e]s,-stäbe)* asta *f.* graduata, di misurazione. **Mess|stan|ge** f. *(-,-n)* → **Messlatte. Mess|sta|ti|on** f. *(-,-en)* stazione *f.* di rilevamento dati. **Mess|stock** m. *(-[e]s,-stöcke)* → **Messlatte. Mess|tech|nik** f. *(-)* tecnica *f.* di misurazione. **Mess tisch** m. *(-es,-e)* TOPOGR. tavola *f.* pretoriana. **Mess|tisch|blatt** n. *(-[e]s,-blätter)* TOPOGR. foglio *m.* di tavola pretoriana. **Mess|uhr** f. *(-,-en)* comparatore *m.* (a quadrante), orologio *m.* **Mes|sung** f. *(-,-en)* **1** misurazione *f.* **2** TOPOGR. rilevamento *m.* **Mess|ver|fah|ren** n. *(-s,-)* **1** metodo *m.* (*o* sistema) di misurazione **2** TOPOGR. metodo *m.* di rilevamento. **Mess|wa|gen** m. *(-s,-)* **1** unità *f.* mobile per il rilevamento dell'inquinamento (atmosferico) **2** FERR. carro *m.* dinamometrico.

Mess|wein m. *(-[e]s,-e)* vino *m.* da messa.

Mess|wert m. *(-[e]s,-e)* valore *m.* misurato. **Mess|wi|der|stand** m. *(-[e]s,-stände)* EL. resistore *m.* di precisione. **Mess|zahl** f. *(-,-en)*, **Mess|zif|fer** f. *(-,-n)* indice *m.* **Mess|zy|lin|der** m. *(-s,-)* cilindro *m.* graduato.

Mes|ti|ze m. *(-n,-n)* meticcio *m.* **Mes|ti|zin** f. *(-,-nen)* meticcia *f.*

MESZ ⇒ *mitteleuropäische Sommerzeit* ora legale (*o* estiva) dell'Europa centrale.

Met m. *(-[e]s)* idromele *m.*

Me|ta|ba|sis f. *(-,-basen)* metabasi *f.*

Me|ta|bi|o|se f. *(-)* metabiosi *f.*

me|ta|bol → **metabolisch. Me|ta|bo|lie** f. *(-,-n)* metabolia *f.* **me|ta|bo|lisch** agg. metabolico. **Me|ta|bo|lis|mus** m. *(-)* metabolismo *m.*

Me|ta|ge|ne|se f. *(-)* metagenesi *f.*

Me|ta|ge|schäft n. *(-[e]s,-e)* affare *m.* al cinquanta per cento.

Me|ta|kom|mu|ni|ka|ti|on f. *(-)* metacomunicazione *f.* **Me|ta|kri|tik** f. *(-)* metacritica *f.* **Me|ta|lep|se, Me|ta|lep|sis** f. *(-, Metalepsen)* metalepsi *f.*, metalessi *f.* **Me|ta|lin|guis|tik** f. *(-)* metalinguistica *f.*

Me|tall n. *(-s,-e)* metallo *m.*: ***edle -e*** metalli nobili; ***-e bearbeiten, härten, veredeln*** lavorare, temprare, affinare i metalli; ***~ verarbeitend*** metallurgico, che lavora il metallo ◆ ***seine Stimme hat viel, wenig ~*** la sua voce è molto, poco metallica. **Me|tall|ar|beit** f. *(-,-en)* prodotto *m.* di metallo. **Me|tall|ar|bei|ter** m. *(-s,-)* operaio *m.* metallurgico. **Me|tall|be|ar|bei|tung** f. *(-,-en)* lavorazione *f.* del metallo, dei metalli. **Me|tall|block** m. *(-s,-blöcke)* lingotto *m.* **me|tal|len** agg. metallico, di metallo. **Me|tal|ler** m. *(-s,-)* GERG. metallurgico *m.* **Me|tall|fa|den|lam|pe** f. *(-,-n)* lampada *f.* a filamento metallico. **Me|tall|far|be** f. *(-,-n)* colore *m.* metallizzato. **Me|tall|geld** n. *(-[e]s)* moneta *f.* metallica.

Me|tall|gie|ßer m. *(-s,-)* colatore *m.* **Me|tall|gie|ße|rei** f. *(-,-en)* fonderia *f.* **Me|tall|guss** m. *(-es,-güsse)* fusione *f.* di metalli, getto *m.* metallico.

me|tall|hal|tig agg. metallifero. **Me|tall|hal|tig|keit** f. *(-)* contenuto *m.* metallico. **Me|tall|hüt|ten|werk** n. *(-[e]s,-e)* stabilimento *m.* metallurgico.

me|tal|lic agg. metallizzato. **Me|tal|lic|la|ckie|rung** f. *(-,-en)* verniciatura *f.* metallizzata.

Me|tall|in|dust|rie f. *(-)* industria *f.* metallurgica.

Me|tal|li|sa|ti|on f. *(-,-en)* metallizzazione *f.* **me|tal|lisch** agg. metallico (anche FIG.): ***ein -er Klang*** un suono metallico. **mé|tal|li|sé** agg. → **metallic. me|tal|li|sie|ren** tr. metallizzare. **Me|tal|li|sie|rung** f. *(-,-en)* metallizzazione *f.*

Me|tal|lis|mus m. *(-)* ECON. STOR. metallismo *m.*

Me|tall|ke|ra|mik f. *(-)* metalloceramica *f.* **Me|tall|kle|ber** m. *(-s,-)* adesivo *m.* per metalli. **Me|tall|kun|de** f. *(-)* metallurgia *f.* **Me|tall|kund|ler** m. *(-s,-)* metallurgista *m.* **Me|tall|le|gie|rung** f. *(-,-en)* lega *f.* metallica.

Me|tal|lo|chro|mie f. *(-)* metallocromia *f.* **Me|tal|lo|ge** m. *(-n,-n)* → **Metallkundler. Me|tal|lo|gie** f. *(-)* → **Metallkunde. Me|tal|lo|graph** m. *(-en,-en)* metallografo *m.* **Me|tal|lo|gra|phie** f. *(-)* metallografia *f.*

Me|tal|lo|id n. *(-[e]s,-e)* metalloide *m.*, non-metallo *m.*

Me|tall|pa|pier n. *(-s)* carta *f.* metallizzata. **Me|tall|sä|ge** f. *(-,-n)* sega *f.* da metallo, per metalli. **Me|tall|salz** n. *(-[e]s,-e)* sale *m.* metallico. **Me|tall|schlauch** m. *(-[e]s,-schläuche)* tubo *m.* metallico flessibile. **Me|tall|schnitt** m. *(-[e]s,-e)* **1** TIP. cliché *m.* **2** *(von Büchern)* taglio *m.* dorato, in oro. **Me|tall|stift** m. *(-[e]s,-e)* punta *f.* metallica. **Me|tall|strei|fen** m. *(-s,-)* striscia *f.*, lista *f.* metallica (*o* di metallo). **Me|tall|über|zug** m. *(-[e]s,-überzüge)* rivestimento *m.* metallico.

Me|tal|lurg m. *(-en,-en)*, **Me|tal|lur|ge** *(-n,-n)* metallurgo *m.* **Me|tal|lur|gie** f. *(-)* metallurgia *f.* **me|tal|lur|gisch** agg. metallurgico.

Me|tall|wäh|rung f. *(-,-en)* valuta *f.* metallica. **Me|tall|wa|ren** pl. ferramenta *f.* **Me|tall|zeit** f. *(-)* età *f.* (*o* stadio *m.*) dei metalli.

me|ta|morph, RAR. **me|ta|mor|phisch** agg. metamorfico. **Me|ta|mor|pho|se** f. *(-,-n)* **1** metamorfosi *f.*: ***eine ~ durchmachen*** compiere una metamorfosi **2** GEOL. metamorfismo *m.* **me|ta|mor|pho|sie|ren** tr. metamorfosare.

Me|ta|pha|se f. *(-,-n)* metafase *f.*

Me|ta|pher f. *(-,-n)* metafora *f.* **Me|ta|pho|rik** f. *(-)* **1** metaforismo *m.* **2** *(Metaphern in einem Text)* (insieme *m.* delle) metafore *f.pl.* **me|ta|pho|risch I** agg. metaforico: ***der -e Gebrauch eines Wortes*** l'uso metaforico di una parola **II** avv. metaforicamente.

Me|ta|phra|se f. *(-,-n)* **1** versione *f.* in prosa, metafrasi *f.* **2** *(Umschreibung eines Wortes)* parafrasi *f.* **me|ta|phras|tisch** agg. **1** relativo alla versione in prosa, alla metafrasi **2** *(umschreibend)* parafrastico.

Me|ta|phy|sik f. *(-,-en)* metafisica *f.* **Me|ta|phy|si|ker** m. *(-s,-)* metafisico *m.* **me|ta|phy|sisch I** agg. metafisico **II** metafisicamente, dal punto di vista metafisico.

Me|ta|plas|mus m. *(-,-plasmen)* metaplasmo *m.*

Me|ta|psy|chik f. *(-)* metapsichica *f.* **me|ta|psy|chisch** agg. metapsichico. **Me|ta|psy|cho|lo|gie** f. *(-)* **1** metapsicologia *f.* **2** *(Parapsychologie)* parapsicologia *f.*

Me|ta|spra|che f. *(-,-n)* metalinguaggio *m.* **me|ta|sprach|lich** agg. metalinguistico.

Me|tas|ta|se f. *(-,-n)* metastasi *f.* **me|tas|ta|sie|ren** intr. (aus. *haben*) metastatizzare. **me|tas|ta|tisch** agg. metastatico.

Me|ta|the|se, Me|ta|the|sis f. *(-,-thesen)* metatesi *f.* **me|ta|zent|risch** agg. metacentrico. **Me|ta|zent|rum** n. *(-s,-zentren)* meta-

centro *m.* **Me|ta|zo|on** n. *(-, Metazoen)* metazoo *m.*
Me|tem|psy|cho|se f. *(-,-n)* metempsicosi *f.*
Me|te|or, Me|te|or m. e RAR. n. *(-s,-e)* meteora *f.* **Me|te|or|ei|sen** n. *(-s)* ferro *m.* meteorico. **me|te|or|haft** agg. fulmineo. **me|te|o|risch** agg. 1 meteorico 2 FIG. *(meteorhaft)* fulmineo. **Me|te|o|ris|mus** m. *(-, Meteorismen)* meteorismo *m.* **Me|te|o|rit** m. *(-en e -s, -e[n])* meteorite *m.* e *f.* **me|te|o|ri|tisch** agg. 1 *(von einem Meteor)* meteorico 2 *(von einem Meteoriten)* meteoritico.
Me|te|o|ro|lo|ge m. *(-n,-n)* meteorologo *m.* **Me|te|o|ro|lo|gie** f. *(-)* meteorologia *f.* **me|te|o|ro|lo|gisch** agg. meteorologico.
Me|te|or|stein m. *(-[e]s,-e)* meteorite *m.* e *f.*, aerolito *m.*
Me|ter m. e n. *(-s,-)* metro: ***zwei ~ lang, breit, tief*** lungo, largo, profondo due metri; ***in tausend ~ Höhe*** a mille metri di altezza; ***in einer Entfernung von 5 -n*** a una distanza di 5 metri; ***der Preis eines -s Stoff, eines ~ Stoffes*** il prezzo di un metro di stoffa; ***zehn ~ je Sekunde*** dieci metri al secondo; ***~ für ~, ~ um ~ vorankommen*** procedere metro dopo metro; ***am laufenden ~, nach -n verkaufen*** vendere a metri (*o* a metraggio) ◆ COLLOQ. FIG. ***am laufenden ~*** continuamente. **Me|ter|band** n. *(-[e]s,-bänder)* metro *m.* a nastro. **me|ter|dick** agg. 1 spesso un metro, (alcuni) metri 2 *(sehr dick)* spessissimo. **me|ter|hoch** agg. 1 alto un metro, (alcuni) metri 2 *(sehr hoch)* altissimo. **me|ter|lang** agg. 1 lungo un metro, (alcuni) metri 2 *(sehr lang)* lunghissimo. **Me|ter|maß** n. *(-es,-e)* metro *m.* **me|ter|stark** agg. → **meterdick. me|ter|tief** agg. 1 profondo un metro, (alcuni) metri 2 *(sehr tief)* profondissimo. **Me|ter|wa|re** f. *(-,-n)* merce *f.* venduta a metri (*o* a metraggio). **me|ter|wei|se** avv. a metri. **me|ter|weit** agg. 1 ampio, largo un metro, alcuni metri 2 *(sehr weit)* larghissimo.
Me|than n. *(-s)* metano *m.* **Me|than|gas** n. *(-es)* gas *m.* metano. **Me|tha|nol** n. *(-s)* metanolo *m.*
Me|tho|de f. *(-,-n)* 1 *(Verfahren)* metodo *m.*: ***eine neue ~ einführen, anwenden*** introdurre, applicare un metodo nuovo; ***nach einer bestimmten, bewährten ~ vorgehen, verfahren*** procedere secondo un metodo certo, sicuro; COLLOQ. ***er hat so seine (eigene) ~*** ha i suoi metodi 2 *(Verhaltensart)* modo *m.*: ***was sind denn das für -n?*** che modi sono questi? ◆ ***~ haben*** avere metodo. **Me|tho|den|leh|re** f. *(-)* metodologia *f.* **Me|tho|dik** f. *(-,-en)* metodica *f.* **Me|tho|di|ker** m. *(-s,-)* 1 metodico *m.*, uomo *m.* metodico 2 *(Begründer einer Methode)* metodologo *m.* **me|tho|disch I** agg. 1 *(planmäßig)* metodico 2 *(eine Methode betreffend)* di metodo: ***-e Probleme*** problemi di metodo **II** avv. con metodo, metodicamente: ***~ arbeiten, vorgehen*** lavorare, procedere con metodo. **me|tho|di|sie|ren** tr. metodizzare.
Me|tho|dis|mus m. *(-)* metodismo *m.* **Me|tho|dist** m. *(-en,-en)* metodista *m.* **Me|tho|dis|ten|kir|che** f. *(-)* chiesa *f.* metodista. **me|tho|dis|tisch** agg. metodista, metodistico.
Me|tho|do|lo|gie f. *(-,-n)* metodologia *f.* **me|tho|do|lo|gisch** agg. metodologico.
Me|tho|ma|nie f. *(-)* delirium *m.* tremens.
Me|thu|sa|lem I n.pr.m. Matusalemme *m.* **II** m. *(-[s],-s)* COLLOQ. matusalemme *m.*
Me|thyl n. *(-s)* metile *m.* **Me|thyl|al|ko|hol** m. *(-s)* alcool *m.* metilico. **Me|thy|la|min** n. *(-s)* metilammina *f.*
Me|thy|len n. *(-s)* metilene *m.* **Me|thy|len|blau** n. *(-s)* blu *m.* di metilene.
Me|ti|er [me'tie:] n. *(-s,-s)* mestiere *m.*: ***sein ~ beherrschen*** conoscere bene il proprio mestiere; ***das ist nicht mein ~*** non è il mio mestiere.
Me|tist m. *(-en,-en)* socio *m.* al cinquanta per cento.
Me|tö|ke m. *(-n,-n)* meteco *m.*
Me|to|no|ma|sie f. *(-,-n)* metonomasia *f.* **Me|to|ny|mie** f. *(-,-n)* metonimia *f.* **Me|to|ny|mi|kon** n. *(-s, Metonymika)* termine *m.* metonimico. **me|to|ny|misch** agg. metonimico.
Me|to|pe f. *(-,-n)* metopa *f.*
Me|trik f. *(-,-en)* metrica *f.* **me|trisch I** agg. metrico **II** avv. metricamente.
Me|tro f. *(-,-s)* metrò *m.*, metropolitana *f.*
Met|ro|lo|gie f. *(-)* metrologia *f.* **Met|ro|nom** n. *(-s,-e)* metronomo *m.*: ***mit ~ spielen, üben*** suonare, esercitarsi con il metronomo.
Met|ro|po|le f. *(-,-n)* metropoli *f.* **Met|ro|po|lit** m. *(-en,-en)* metropolita *m.* **Met|ro|po|li|tan|kir|che** f. *(-,-n)* ECCL. chiesa *f.* metropolitana.
Me|trum n. *(-s, Metren* e ANT. *Meträ)* 1 METR. metro *m.* 2 MUS. tempo *m.*
Mett n. *(-[e]s)* = carne *f.* di maiale tritata e speziata.
Met|te f. *(-,-n)* 1 LIT. mattutino *m.* 2 *(Mitternachtsgottesdienst)* messa *f.* di mezzanotte.
Met|teur [mɛ'tøːɐ] m. *(-s,-e)* TIP. impaginatore *m.*
Mett|wurst f. *(-,-würste)* INTRAD. (tipo di salsisiccia).
1.Met|ze f. *(-,-n)* INTRAD. (antica unità di misura per granaglie).
2.Met|ze f. *(-,-n)* ANT. *(Prostituierte)* prostituta *f.*
Met|ze|lei f. *(-,-en)* macello *m.*, carneficina *f.* **met|zeln** tr. 1 RAR. *(morden)* massacrare, trucidare 2 REGION. *(Schlachttiere)* macellare.
Metz|ge f. *(-,-n)* REGION. macelleria *f.* **metz|gen** tr. REGION. macellare. **Metz|ger** m. *(-s,-)* REGION. macellaio *m.* **Metz|ge|rei** f. *(-,-en)* REGION. macelleria *f.* **Metz|ger|gang** m. *(-[e]s,-gänge)* REGION. 1 viaggio *m.*, giro *m.* a vuoto 2 FIG. *(erfolgloses Unternehmen)* buco *m.* nell'acqua: ***einen ~ machen*** fare un buco nell'acqua. **Metz|ger|meis|ter** m. *(-s,-)* REGION. macellaio *m.* (che ha superato l'esame professionale). **Metz|ler** m. *(-s,-)* REGION. macellaio *m.*
Meu|chel|mord m. *(-[e]s,-e)* uccisione *f.* a tradimento, assassinio *m.* **Meu|chel|mör|der** m. *(-s,-)* assassino *m.* (a tradimento). **meu|cheln** tr. RAR. assassinare (a tradimento). **Meuch|ler** m. *(-s,-)* ANT. → **Meuchelmörder. meuch|le|risch I** agg. a tradimento, proditorio **II** a tradimento, proditoriamente. **meuch|lings** avv. ANT. proditoriamente: ***jdn ~ ermorden*** assassinare qcn. a tradimento.
Meu|te f. *(-,-n)* 1 VENAT. muta *f.* 2 FIG. *(Gruppe)* banda *f.*, masnada *f.* **Meu|te|rei** f. *(-,-en)* ammutinamento *m.*; *(Aufstand)* ribellione *f.*, rivolta *f.*: ***zur ~ anstacheln*** incitare alla rivolta; ***eine ~ brach aus*** scoppiò una rivolta. **Meu|te|rer** m. *(-s,-)* ammutinato *m.*; *(Rebell)* ribelle *m.*, rivoltoso *m.* **meu|tern** intr. (aus. *haben*) 1 ammutinarsi; *(sich auflehnen)* ribellarsi, rivoltarsi 2 COLLOQ. *(protestieren)* brontolare, protestare: ***gegen etw. ~*** protestare contro, per qcs.
Me|xi|ka|ner m. *(-s,-)* messicano *m.* **me|xi|ka|nisch I** agg. messicano **II** avv. ***~ essen*** mangiare alla messicana. **Me|xi|ko** n.pr.n. *(-s)* 1 *(Staat)* Messico *m.* 2 *(Hauptstadt)* Città del Messico *f.*
MEZ ⇒ *mitteleuropäische Zeit* ora dell'Europa centrale.
Mez|za|nin n. *(-s,-e)* mezzanino *m.*, ammezzato *m.* **Mez|za|nin|woh|nung** f. *(-,-en)* AUSTR. appartamento *m.* nel mezzanino.
Mez|zo|for|te n. *(-s,-s* e *-forti)* mezzoforte *m.* **Mez|zo|pi|a|no** n. *(-s,-s* e *-piani)* mezzopiano *m.* **Mez|zo|sop|ran, Mez|zo|sop|ran** m. *(-s,-e)* mezzosoprano *m.* **Mez|zo|tin|to** n. *(-[s],-s* e *-tinti)* ART. mezzatinta *f.*
MG n. *(-[s],-[s])* (⇒ *Maschinengewehr*) mitragliatrice *f.*
mhd. ⇒ *mittelhochdeutsch* medio alto tedesco.
Mi. ⇒ *Mittwoch* mercoledì (me., mer.).
Mia. ⇒ *Milliarde(n)* miliardo, miliardi.
Mi|as|ma n. *(-s, Miasmen)* miasma *m.* **mi|as|ma|tisch** agg. 1 miasmatico 2 *(ansteckend)* contagioso.
mi|au inter. miao, miau. **mi|au|en** intr. (aus. *haben*) miagolare.
mich pron.pers.acc. (nom. **ich**) 1a mi: ***er hasst ~*** mi odia; ***lass ~ in Ruhe!*** lasciami in pace! b *(reflexiv)* ***ich schäme ~*** mi vergogno 2 *(nach Präpositionen)* me: ***ohne ~*** senza (di) me; ***kannst du das für ~ tun?*** puoi farlo per me?
Mi|cha|el n.pr.m. Michele *m.* **Mi|cha|e|la** n.pr.f. Micaela *f.*, Michela *f.* **Mi|cha|e|li(s)** n. *(-)*, **Mi|cha|e|lis|tag, Mi|cha|els|tag** m. *(-[e]s,-e)* giorno *m.* di san Michele.
1.Mi|chel → **Michael.**
2.Mi|chel m. *(-s,-)* bonaccione *m.* ◆ IRON. ***der deutsche ~*** il buon tedesco.
mi|cke|rig, mick|rig SPREG. **I** agg. 1 misero, striminzito: ***eine -e Belohnung*** una misera ricompensa 2 *(von Menschen, Pflanzen)* rachitico **II** avv. ***~ aussehen*** avere un aspetto misero; *(von Menschen)* sembrare rachitico. **Mi|cke|rig|keit, Mick|rig|keit** f. *(-)* SPREG. 1 miseria *f.*, l'essere striminzito 2 *(von Menschen, Pflanzen)* rachitismo *m.*
Mi|cky|maus f. *(-)* Topolino *m.*
Mi|das n.pr.m. (Re) Mida *m.* **Mi|das|oh|ren** pl. orecchie *f.pl.* d'asino.
Mid|gard m. *(-)* MITOL. INTRAD. (nel mito nordico, dimora degli uomini, difesa contro gli attacchi dei giganti).
mi|di I agg.inv. midi **II** avv. ***~ tragen*** portare vestiti midi.
mied → **meiden.**
Mie|der n. *(-s,-)* busto *m.*, corsetto *m.* **Mie|der|ho|se** f. *(-,-n)* mutandine *f.pl.* elastiche, guaina *f.* **Mie|der|rock** m. *(-[e]s,-röcke)* sottogonna *f.* **Mie|der|wa|ren** pl. corsetteria *f.*
Mief m. *(-[e]s)* COLLOQ. tanfo *m.* (anche FIG.). **mie|fen** intr. (aus. *haben*) COLLOQ. 1 puzzare 2 impers. ***es mieft*** c'è puzza, tanfo. **mie|fig** agg. COLLOQ. puzzolente, maleodorante.
Mie|ne f. *(-,-n)* faccia *f.*, viso *m.*; *(Gesichtsausdruck)* espressione *f.*, aria *f.*: ***eine böse, ernste, verschlossene, gelehrte ~ aufsetzen, machen*** fare una faccia cattiva, seria, assumere un'aria imperturbabile, da sapiente; ***jdn mit eisiger, finsterer ~ anblicken*** guardare qcn. con espressione gelida, fare una faccia truce a qcn.; ***kei-***

ne ~ verziehen non cambiare espressione, non battere ciglio; ***seine ~ veränderte sich plötzlich*** il suo viso cambiò improvvisamente espressione ◆ ***~ machen, etw. zu tun*** fare l'atto di, accennare a fare qcs.: ***niemand machte ~, sich zu erheben*** nessuno accennò ad alzarsi; ***gute ~ zum bösen Spiel machen*** fare buon viso a cattivo gioco; ***mit unbewegter ~*** impassibile, imperturbabile, senza batter ciglio. **Mie|nen|spiel** n. *(-[e]s)* mimica *f.* facciale (*o* della faccia). **Mie|nen|spra|che** f. *(-)* mimica *f.*, espressività *f.* del volto.

Mie|re f. *(-,-n)* stellaria *f.*

mies COLLOQ. **I** agg. **1** brutto, pessimo: ***eine -e Angelegenheit*** una brutta faccenda; ***-e Laune haben*** essere di pessimo umore; ***ein -es Wetter*** un tempaccio, un tempo da lupi; ***-e Zeiten*** brutti tempi; ***ein -er Typ*** un brutto tipo, un tipaccio **2** *(wertlos)* misero, scadente: ***die Bezahlung ist ~*** la paga è misera; ***ein -es Ergebnis, Essen*** un misero risultato, un cibo scadente **II** avv. ***sich ~ fühlen*** sentirsi male; COLLOQ. ***jdn, etw. ~ machen*** parlar male di, aver da ridire su, criticare qcn., qcs.; ***jdm etw. ~ machen*** far passare a qcn. la voglia di (fare) qcs., rovinare a qcn. il piacere di qcs.

1.Mies f. *(-,-en)* REGION. micio *m.*

2.Mies n. *(-es,-e)* REGION. palude *f.*, acquitrino *m.*

Mie|se pl. **1** ammanco *m.* **2** *(Minuspunkte)* punti *m.pl.* di penalizzazione (*o* di penalità) ◆ ***in den -n sein*** essere in rosso; GIOC. essere in svantaggio; ***in die -n kommen*** indebitarsi; GIOC. andare in svantaggio.

Mie|se|kat|ze → **Miezekatze.**

Mie|se|pe|ter m. *(-s,-)* COLLOQ. brontolone *m.*; *(Nörgler)* criticone *m.* **mie|se|pe|te|rig, mie|se|pet|rig** agg. eternamente scontento, insoddisfatto.

Mie|sig|keit f. *(-)* **1** bruttezza *f.* **2** *(Wertlosigkeit)* miseria *f.* **Mies|ling** m. *(-s,-e)* COLLOQ. essere *m.* odioso, persona *f.* odiosa. **Mies|ma|cher** m. *(-s,-)* COLLOQ. **1** *(Flaumacher)* maldicente *m.*, malalingua *f.* **2** *(Freudenverderber)* guastafeste *m.* **Mies|ma|che|rei** f. *(-,-en)* COLLOQ. il continuo criticare.

Mies|mu|schel f. *(-,-n)* mitilo *m.*, cozza *f.*

Miet|aus|fall m. *(-[e]s,-ausfälle)* perdita *f.* della pigione (*o* dell'affitto). **Miet|au|to** n. *(-s,-s)* **1** auto *m.* a noleggio (*o* a nolo) **2** *(Taxi)* auto *f.* pubblica. **Miet|bei|hil|fe** f. *(-,-n)* sussidio *m.* per il caro affitti. **Miet|be|trag** m. *(-[e]s,-beträge)* (canone *m.* di) affitto *m.*

1.Mie|te f. *(-,-n)* **1** affitto *m.*, ANT. pigione *f.*, DIR. locazione *f.*: ***eine hohe, niedrige ~ zahlen*** pagare un affitto alto, basso; ***etw. in ~ geben, nehmen*** dare, prendere qcs. in affitto; ***zur, in ~ wohnen*** abitare in affitto; ***die ~ überweisen*** rimettere l'importo dell'affitto; ***die ~ ist am Monatsende fällig*** l'affitto scade a fine mese **2** *(Überlassung zum Gebrauch)* noleggio *m.*, nolo *m.*, DIR. locazione *f.*: ***ein Auto in ~ nehmen*** prendere a noleggio, noleggiare un'auto ◆ ***das ist schon die halbe ~*** siamo già a metà dell'opera; ***kalte ~*** affitto senza riscaldamento; TEATR. ***einen Platz in ~ haben*** avere un posto in abbonamento; ***warme ~*** affitto con riscaldamento.

2.Mie|te f. *(-,-n)* silo *m.* (sotterraneo).

1.mie|ten tr. **1** prendere in affitto, affittare: ***(bei jdm) ein Zimmer ~*** affittare una stanza (da qcn.) **2** *(bewegliche Sachen)* prendere a noleggio, noleggiare **3** ANT. *(in Dienst nehmen)* prendere a servizio ◆ ***einen Führer ~*** prender(si) una guida.

2.mie|ten tr. REGION. immagazzinare (in un silo).

Mie|ten|re|ge|lung f. *(-,-en)* ordinamento *m.* in materia di locazioni. **Mie|ter** m. *(-s,-)* **1** affittuario *m.*, inquilino *m.*, DIR. locatario *m.* **2** *(von beweglichen Sachen)* noleggiante *m.*, noleggiatore *m.*, DIR. locatario *m.* **Miet|er|hö|hung** f. *(-,-en)* aumento *m.* dell'affitto. **Mie|te|rin** f. *(-,-nen)* **1** affittuaria *f.*, inquilina *f.*, DIR. locataria *f.* **2** *(von beweglichen Sachen)* noleggiante *f.*, noleggiatrice *f.*, locataria *f.*

Mie|ter|schutz m. *(-es)* DIR. tutela *f.* del locatario. **Mie|ter|schutz|ge|setz** n. *(-es,-e)* legge *f.* sulla tutela del locatario.

Miet|er|trag m. *(-[e]s,-erträge)* reddito *m.* locativo (*o* di locazione). **miet|frei I** agg. esente da affitto **II** avv. ***~ wohnen*** non pagare l'affitto. **Miet|ge|setz** n. *(-es,-e)* legge *f.* sugli affitti. **Miet|hai** m. *(-[e]s,-e)* affittuario *m.* strozzino. **Miet|haus** → **Mietshaus. Miet|kauf** m. *(-[e]s,-käufe)* locazione-vendita *f.* **Miet|kon|trakt** m. *(-[e]s,-e)* → **Mietvertrag.**

Miet|ling m. *(-s,-e)* **1** *(früher)* servo *m.* **2** *(heute)* SPREG. mercenario *m.*

Miet|par|tei f. *(-,-en)* inquilino *m.* **Miet|preis** m. *(-es,-e)* **1** canone *m.* di affitto (*o* di locazione) **2** *(von beweglichen Sachen)* prezzo *m.* del noleggio. **Miet|recht** n. *(-[e]s)* diritto *m.* di locazione. **Miet|re|ge|lung** → **Mietenregelung. Miet|rück|stand** m. *(-[e]s,-rückstände)* affitto *m.* arretrato. **Miet|schuld** f. *(-)* obbligo *m.* di pagare l'affitto. **Miet|schul|den** pl. affitti *m.pl.* arretrati.

Miets|haus n. *(-es,-häuser)* casa *f.* d'affitto. **Miets|ka|ser|ne** f. *(-,-n)* casermone *m.*, alveare *m.*

Miet|spie|gel m. *(-s,-)* tabella *f.* degli affitti praticati (*o* in uso). **Miet(s)|stei|ge|rung** f. *(-,-en)* → **Mieterhöhung. Miet|stopp** m. *(-s,-s)* blocco *m.* degli affitti. **Miet|strei|tig|kei|ten** pl. controversie *f.pl.* in materia di locazione. **Mie|tung** f. *(-)* **1** affitto *m.*, DIR. locazione *f.* **2** *(von beweglichen Sachen)* noleggio *m.*, DIR. locazione *f.* **Miet|ver|hält|nis** n. *(-ses,-se)* rapporto *m.* locativo. **Miet|ver|lust** m. *(-[e]s,-e)* → **Mietausfall. Miet|ver|trag** m. *(-[e]s,-verträge)* **1** contratto *m.* d'affitto (*o* di locazione), locazione *f.* **2** *(von beweglichen Sachen)* (contratto *m.* di) noleggio *m.*, locazione *f.* **Miet|wa|gen** m. *(-s,-)* auto *f.* a noleggio (*o* a nolo). **miet|wei|se** avv. RAR. **1** in affitto **2** *(für bewegliche Sachen)* a noleggio, a nolo. **Miet|wert** m. *(-[e]s,-e)* valore *m.* locativo. **Miet|woh|nung** f. *(-,-en)* appartamento *m.* in affitto. **Miet|wu|cher** m. *(-s)* SPREG. richiesta *f.* di affitti esorbitanti. **Miet|zah|lung** f. *(-,-en)* **1** pagamento *m.* dell'affitto **2** *(für bewegliche Sachen)* pagamento *m.* del noleggio. **Miet|zins** m. *(-es,-e)* REGION. → **Mietpreis.**

Miez f. *(-,-en)* FAM. micio *m.* **Miez|chen** n. *(-s,-)* FAM. micetto *m.*, micino *m.* **Mie|ze** f. *(-,-n)* **1** → **Miez 2** COLLOQ. *(Mädchen)* gattina *f.*, bambola *f.* **Mie|ze|kat|ze** f. *(-,-n)* FAM. micio *m.*

Mig|non|bat|te|rie [mɪn'jõ:-, 'mɪnjõ-] f. *(-,-n)* pila *f.* stilo. **Mig|non|fas|sung** f. *(-,-en)* portalampada *m.* mignon.

Mig|rä|ne f. *(-,-n)* emicrania *f.*: ***an ~ leiden*** soffrire d'emicrania.

Mig|ra|ti|on f. *(-,-en)* migrazione *f.*

1.Mi|ka|do n. *(-s,-s)* (gioco *m.* del) micado *m.*, shangai *m.*

2.Mi|ka|do m. *(-s,-s)* bastoncino *m.* di maggior valore (nel gioco del micado).

Mik|ro n. *(-s,-s)* accorc. → **Mikrofon.**

Mik|ro|am|pe|re n. *(-[s],-)* microampere *m.* **Mik|ro|ana|ly|se** f. *(-,-n)* microanalisi *f.*

Mik|ro|be f. *(-,-n)* microbo *m.*, microbio *m.* **mik|ro|bi|ell** agg. microbico. **Mik|ro|bi|o|lo|ge** m. *(-n,-n)* microbiologo *m.* **Mik|ro|bi|o|lo|gie** f. *(-)* microbiologia *f.* **Mik|ro|bi|on** n. *(-s, Mikrobien)* microbio *m.*

Mik|ro|che|mie, Mik|ro|che|mie f. *(-)* microchimica *f.* **Mik|ro|chip** [-tʃɪp] m. *(-s,-s)* INFORM. microchip *m.* **Mik|ro|chi|rur|gie** f. *(-)* microchirurgia *f.* **Mik|ro|com|pu|ter** m. *(-s,-)* microcomputer *m.* **Mik|ro|elekt|ro|nik, Mik|ro|elekt|ro|nik** f. *(-)* microelettronica *f.* **Mik|ro|fa|rad** n. *(-[s],-)* microfarad *m.* **Mik|ro|fa|ser** f. *(-,-n)* microfibra *f.* **Mik|ro|fau|na** f. *(-)* microfauna *f.* **Mik|ro|fi|che, Mik|ro|fi|che** [-fi:ʃ] n. e m. *(-s,-s)* microfiche *f.* **Mik|ro|film** m. *(-[e]s,-e)* microfilm *m.*: ***auf ~ aufnehmen*** riprodurre in microfilm, microfilmare.

Mik|ro|fon n. *(-s,-e)* microfono *m.*: ***ins ~ singen, sprechen*** cantare, parlare al microfono; ***jdn ans ~ bitten*** chiamare qcn. al microfono. **Mik|ro|fon|gal|gen** m. *(-s,-)* TECN. giraffa *f.* **Mik|ro|fon|hö|rer** m. *(-s,-)* ricevitore *m.* (del telefono), microfono *m.* **mik|ro|fo|nisch** agg. microfonico. **Mik|ro|fon|tech|ni|ker** m. *(-s,-)* microfonista *m.*

Mik|ro|fo|to|gra|fie, Mik|ro|fo|to|gra|fie f. *(-,-n)* microfotografia *f.* **Mik|ro|gramm** n. *(-s,-e)* microgrammo *m.* **Mik|ro|kar|te** f. *(-,-n)* microscheda *f.* **mik|ro|ke|phal** → **mikrozephal. Mik|ro|kli|ma** n. *(-s,-s* e *-klimate)* microclima *m.* **Mik|ro|kok|kus** m. *(-, Mikrokokken)* micrococco *m.* **Mik|ro|ko|pie** f. *(-,-n)* copia *f.* microfotografica, microfotografia *f.* **mik|ro|ko|pie|ren** tr. ***etw. ~*** fare una microfotografia di qcs. **mik|ro|kos|misch** agg. microcosmico. **Mik|ro|kos|mos, Mik|ro|kos|mus** m. *(-)* microcosmo *m.* **mik|ro|kris|tal|lin** agg. microcristallino. **Mik|ro|me|ter** n. *(-s,-)* micrometro *m.* **Mik|ro|me|ter|schrau|be** f. *(-,-n)* vite *f.* micrometrica.

Mik|ron n. *(-s,-)* micron *m.*

Mik|ro|ne|si|en n.pr.n. *(-s)* Micronesia *f.* **Mik|ro|or|ga|nis|mus, Mik|ro|or|ga|nis|mus** m. *(-,-organismen)* microrganismo *m.*

Mik|ro|phon → **Mikrofon. Mik|ro|phon|gal|gen** → **Mikrofongalgen. Mik|ro|phon|hö|rer** → **Mikrofonhörer. mik|ro|pho|nisch** → **mikrofonisch. Mik|ro|phon|tech|ni|ker** → **Mikrofontechniker.**

Mik|ro|pho|to|gra|phie → **Mikrofotografie. Mik|ro|phy|sik** f. *(-)* microfisica *f.* **Mik|ro|phyt** m. *(-en,-en)* microfita *m.* **Mik|ro|pro|zes|sor** m. *(-s,-en)* microprocessore *m.*

Mik|ro|skop n. *(-s,-e)* microscopio *m.*: ***etw. unter dem ~ betrachten, untersuchen*** osservare, analizzare qcs. al microscopio. **Mik|ro|sko|pie** f. *(-)* microscopia *f.* **mik|ro|sko|pie|ren** tr. osservare al microscopio. **mik|ro|sko|pisch** agg. microscopico.

Mik|ro|wel|le f. *(-,-n)* **1** microonda *f.* **2** COLLOQ. *(Mikrowellengerät)* microonde *m.* **Mik|ro|wel|len|ge|rät** n. *(-[e]s,-e)*, **Mik|ro|wel|len|herd** m. *(-[e]s,-e)* forno *m.* a microonde.

mik|ro|ze|phal agg. microcefalo. **Mik|ro|ze|pha|le** m. e f. *(-n,-n)* microcefalo *m.* (-a *f.*). **Mik|ro|ze|pha|lie** f. *(-,-n)* microcefalia *f.*

Mi|lan, Mi|lan m. *(-s,-e)* nibbio *m.*

Mi̲l|be f. *(-,-n)* acaro *m.* **mi̲l|big** agg. **1** *(voll Milben)* infestato dagli acari **2** simile a un acaro.

Milch f. *(-,-e[n])* **1a** latte *m.*: ***frische, kondensierte, entrahmte (entfettete), saure ~*** latte fresco, condensato, scremato, acido; ***~ anwärmen, erhitzen*** far scaldare del latte; ***die ~ gerinnt, kocht über*** il latte caglia, trabocca; ***die Kuh gibt wenig ~*** la mucca dà poco latte; ***~ gebend*** lattifero; ***~ treibend*** galattagogo; ***die ~ abpumpen*** tirare il latte; ***kuhwarme ~*** latte appena munto **b** *(Reinigungsmittel)* latte *m.* detergente: ***~ für empfindliche Haut*** latte per pelle delicata **2** BOT. *(Pflanzensaft)* lat(t)ice *m.* **3** *(Fischmilch)* latte *m.* di pesce ◆ ***wie ~ und Blut aussehen*** essere bianco e rosso; REGION. ***nicht viel in die ~ zu brocken haben*** non aver molto da metter sotto i denti; ***die ~ schießt ein*** avere la montata lattea.

Mi̲lch|ab|schei|der m. *(-s,-)* → **Milchzentrifuge.** **Mi̲lch|ab|son|de|rung** f. *(-)* lattazione *f.* **mi̲lch|ar|tig** agg. lattiginoso, lattescente. **Mi̲lch|bar** f. *(-,-s)* milkbar *m.* **Mi̲lch|bart** m. *(-[e]s,-bärte)* sbarbatello *m.* **Mi̲lch|baum** m. *(-[e]s,-bäume)* galattodendro *m.* **Mi̲lch|brei** m. *(-[e]s,-e)* pappa *f.* di latte. **Mi̲lch|bröt|chen** n. *(-s,-)* panino *m.* al latte. **Mi̲lch|bru|der** m. *(-s,-brüder)* ANT. fratello *m.* di latte. **Mi̲lch|brü|he** f. *(-)* latte *m.* di calce. **Mi̲lch|büb|chen** n. → **Milchbart.** **Mi̲lch|di|ät** f. *(-)* dieta *f.* lattea (*o* a base di latte). **Mi̲lch|drü|se** f. *(-,-n)* ghiandola *f.* mammaria. **Mi̲lch|ei|mer** m. *(-s,-)* secchio *m.* del latte. **Mi̲lch|eis** n. *(-es)* gelato *m.* al latte. **Mi̲lch|ei|weiß** n. *(-es)* albumina *f.* del latte, lattoalbumina *f.*

mi̲l|chen agg. latteo. **Mi̲l|cher** m. *(-s,-)* **1** BOT. *(Milchling)* lattario **2** ITTIOL. *(Milchner)* pesce *m.* maschio **3** REGION. *(Melker)* mungitore *m.*

Mi̲lch|er|zeu|gung f. *(-,-en)* produzione *f.* di, del latte. **Mi̲lch|far|be** f. *(-)* color *m.* latte. **Mi̲lch|fer|kel** n. *(-s,-)* maialino *m.* (*o* porcellino *m.*) da latte, lattonzolo *m.* **Mi̲lch|fie|ber** n. *(-s)* febbre *f.* del latte, galattopiria *f.* **Mi̲lch|fla|sche** f. *(-,-n)* **1** bottiglia *f.* di, del latte **2** *(für Säuglinge)* biberon *m.*, poppatoio *m.* **Mi̲lch|fluss** m. *(-es)* galattorrea *f.*, flusso *m.* latteo. **Mi̲lch|frau** f. *(-,-en)* COLLOQ. lattaia *f.* **Mi̲lch|ge|biss** n. *(-es,-e)* dentatura *f.* (*o* denti *m.pl.*) da latte. **Mi̲lch|ge|schäft** n. *(-[e]s,-e)* latteria *f.* (anche FIG. SCHERZ.). **Mi̲lch|ge|sicht** n. *(-[e]s,-er)* **1** SPREG. sbarbatello *m.* **2** *(blasses Gesicht)* viso *m.* pallido. **Mi̲lch|glas** n. *(-es,-gläser)* **1** bicchiere *m.* del, per il latte **2** *(weißliches Glas)* vetro *m.* opalino. **Mi̲lch|glas|schei|be** f. *(-,-n)* (lastra *f.* di) vetro *m.* opalino. **Mi̲lch|händ|ler** m. *(-s,-)* ANT. lattaio *m.* **Mi̲lch|hof** m. *(-[e]s,-höfe)* ANT. centro *m.* di raccolta del latte.

mi̲l|chig agg. lattescente.

Mi̲lch|kaf|fee m. *(-s)* caffellatte *m.*, caffelatte *m.* **Mi̲lch|kalb** n. *(-[e]s,-kälber)* vitella *f.* di latte. **Mi̲lch|känn|chen** n. *(-s,-)* lattiera *f.* **Mi̲lch|kan|ne** f. *(-,-n)* **1** bidone *m.* di, del latte **2** *(Henkelgefäß)* bricco *m.* del latte. **Mi̲lch|kuh** f. *(-,-kühe)* vacca *f.* (*o* mucca *f.*) da latte (*o* lattifera). **Mi̲lch|kur** f. *(-,-en)* cura *f.* a base di latte (*o* lattea). **Mi̲lch|leis|tung** f. *(-,-en)* produttività *f.* lattiera. **Mi̲lch|ling** m. *(-s,-e)* **1** BOT. lattario *m.* **2** REGION. ITTIOL. → **Milchner.** **Mi̲lch|mäd|chen** n. *(-s,-)* lattaia *f.* **Mi̲lch|mäd|chen|rech|nung** f. *(-,-en)* COLLOQ. = conto *m.* campato in aria, illusione *f.* **Mi̲lch|mann** m. *(-[e]s,-männer)* lattaio *m.* **Mi̲lch|mes|ser** m. *(-s,-)* lattodensimetro *m.* **Mi̲lch|mix|ge|tränk** n. *(-[e]s,-e)* frappé *m.* **Mi̲lch|nah|rung** f. *(-)* alimentazione *f.* a base di latte. **Mi̲lch|napf** m. *(-es,-näpfe)* scodella *f.* del latte.

Mi̲lch|ner m. *(-s,-)* pesce *m.* maschio.

Mi̲lch|pro|dukt n. *(-[e]s,-e)* latticinio *m.* (*o* latticino *m.*). **Mi̲lch|pul|ver** n. *(-s,-)* latte *m.* in polvere. **Mi̲lch|pum|pe** f. *(-,-n)* (pompetta *f.*) tiralatte *m.* **Mi̲lch|reis** m. *(-es)* riso *m.* al latte.

Mi̲lch|saft m. *(-[e]s,-säfte)* **1** BOT. lat(t)ice *m.* **2** FISIOL. chilo *m.* **Mi̲lch|saft|bil|dung** f. *(-)* chilificazione *f.*

Mi̲lch|säu|re f. *(-,-n)* acido *m.* lattico. **Mi̲lch|schleu|der** f. *(-,-n)* scrematrice *f.* **Mi̲lch|scho|ko|la|de** f. *(-,-n)* cioccolato *m.* al latte. **Mi̲lch|schorf** m. *(-[e]s,-e)* crosta *f.* lattea, lattime *m.* **Mi̲lch|schwes|ter** f. *(-,-n)* ANT. sorella *f.* di latte. **Mi̲lch|stern** m. *(-[e]s,-e)* ornitogalo *m.*

Mi̲lch|stra|ße f. *(-)* via *f.* lattea. **Mi̲lch|stra|ßen|sys|tem** n. *(-s)* sistema *f.* galattico.

Mi̲lch|sup|pe f. *(-)* zuppa *f.* di latte. **Mi̲lch|topf** m. *(-[e]s,-töpfe)* bollitore *m.* per il latte, bollilatte *m.* **Mi̲lch|tü|te** f. *(-,-n)* cartone *m.* di latte. **Mi̲lch|vieh** n. *(-[e]s)* bestiame *m.* da latte. **Mi̲lch|waa|ge** f. *(-,-n)* lattodensimetro *m.* **mi̲lch|weiß** agg. latteo, bianco latte. **Mi̲lch|wirt|schaft** f. *(-,-en)* **1** *(Meierei)* latteria *f.* **2** *(Industrie)* industria *f.* casearia. **Mi̲lch|zahn** m. *(-[e]s,-zähne)* dente *m.* da latte. **Mi̲lch|zent|ri|fu|ge** f. *(-,-n)* centrifuga *f.* per il latte, scrematrice *f.* **Mi̲lch|zu|cker** m. *(-s)* lattosio *m.*

mild agg. RAR. → **milde.**

mi̲l|de I agg. **1** *(sanft)* dolce, soave: ***ein -s Lächeln*** un sorriso dolce **2** *(gütig)* benevolo: ***jdn ~ stimmen*** rendere benevolo qcn.; *(nachsichtig)* clemente: ***~ Worte*** parole clementi **3** *(nicht streng)* blando, lieve: ***eine ~ Strafe*** una punizione blanda **4** *(lau)* mite: ***ein -s Klima, ein -r Winter*** un clima, un inverno mite **5** *(gedämpft)* tenue: ***~ Farben, Lichter*** colori, luci tenui **6a** *(von Speisen)* delicato: ***ein -r Geschmack, Käse*** un sapore, un formaggio delicato; ***ein -r Schnaps*** una grappa delicata **b** *(von Chemikalien)* ***ein -s Waschmittel*** un detergente delicato **7** ANT. caritatevole: ***eine ~ Tat, Gabe*** un'azione caritatevole, un'elemosina **II** avv. **1** *(sanft)* dolcemente: ***jdn ~ anblicken*** guardare qcn. dolcemente **2** *(nachsichtig)* benevolmente, con clemenza: ***~ urteilen*** giudicare con clemenza **3** *(lau)* ***die Sonne scheint ~*** il sole è tiepido, c'è un tiepido sole **4** ANT. caritatevolmente **5** *(nicht scharf)* ***~ schmecken*** avere un sapore delicato ◆ ***~ gesagt, gesprochen*** a dir poco.

Mi̲l|de f. *(-)* **1** *(Sanftheit)* dolcezza *f.* **2** *(Güte)* benevolenza *f.*: ***es mit ~ versuchen*** provare con le buone; *(Nachsicht)* clemenza *f.*: ***~ walten lassen*** usare clemenza **3** mitezza *f.*: ***die ~ des Klimas*** la mitezza del clima **4** *(Gedämpftheit)* tenuità *f.*, lievità *f.* **5** *(milder Geschmack)* delicatezza *f.* **6** ANT. caritatevolezza *f.* **mi̲l|dern** tr. **1** mitigare, moderare, attenuare: ***jds Hass, eine Strafe ~*** mitigare l'odio di qcn., una pena; ***die Schärfe einer Speise ~*** attenuare il sapore piccante di un cibo **2** *(abschwächen)* attenuare, diminuire, ridurre **3** *(lindern)* mitigare, alleviare, lenire: ***den Schmerz ~*** lenire il dolore **II** rifl. **sich ~** mitigarsi, calmarsi, attenuarsi: ***die Gegensätze zwischen ihnen haben sich gemildert*** i contrasti fra loro si sono attenuati; *(vom Wetter)* mitigarsi. **mi̲l|dernd** p.pres. agg. **1** → **mildern** **2** mitigante, attenuante **3** *(von Schmerzen)* lenitivo ◆ DIR. ***-e Umstände*** circostanze attenuanti. **Mi̲l|de|rung** f. *(-,-en)* **1** mitigazione *f.*, moderazione *f.*, attenuazione *f.* **2** *(Abschwächung)* attenuazione *f.*, diminuzione *f.*, riduzione *f.* **3** *(Linderung)* lenimento *m.*, alleviamento *m.* **Mi̲l|de|rungs|grund** m. *(-[e]s,-gründe)* DIR. attenuante *f.*

mi̲ld|her|zig agg. caritatevole. **Mi̲ld|her|zig|keit** f. *(-)* carità *f.* **mi̲ld|tä|tig** agg. caritatevole, benefico. **Mi̲ld|tä|tig|keit** f. *(-)* carità *f.*

Mi|le̲|si|er m. *(-s,-)* milesio *m.*, abitante *m.* di Mileto. **Mi|le̲t** n.pr.n. *(-s)* Mileto *f.*

Mi|li|a̲r|tu|ber|ku|lo|se f. *(-)* tubercolosi *f.* miliare.

Mi|li|e̲u [mi'liø:] n. *(-s,-s)* **1** ambiente *m.* (anche BIOL.): ***aus kleinbürgerlichem ~ stammen*** provenire dall'ambiente della piccola borghesia **2** REGION. *(Dirnenwelt)* mondo *m.* della prostituzione. **Mi|li|e̲u|for|schung** f. *(-)* studio *m.* del condizionamento ambientale. **mi|li|e̲u|ge|schä|digt** agg. PSIC. rovinato, danneggiato dall'ambiente. **Mi|li|e̲u|scha|den** m. *(-s,-schäden)* PSIC. danno *m.* provocato dall'ambiente. **Mi|li|e̲u|schil|de|rung** f. *(-,-en)* descrizione *f.* d'ambiente. **Mi|li|e̲u|the|o|rie** f. *(-)* teoria *f.* dell'influsso ambientale.

mi|li|ta̲nt agg. militante. **Mi|li|ta̲nz** f. *(-)* militanza *f.*

1.Mi|li|tä̲r n. *(-s)* ANT. milizia *f.*, milizie *f.pl.*: ***zum ~ gehen*** arruolarsi nell'esercito; ***beim ~ sein*** essere nella milizia.

2.Mi|li|tä̲r m. *(-s,-s)* militare *m.*

Mi|li|tä̲r|aka|de|mie f. *(-,-n)* accademia *f.* militare. **Mi|li|tä̲r|arzt** m. *(-es,-ärzte)* medico *m.* militare, ufficiale *m.* medico. **Mi|li|tä̲r|at|ta|ché** m. *(-s,-s)* addetto *m.* militare. **Mi|li|tä̲r|bud|get** n. *(-s,-s)* budget *m.* militare. **Mi|li|tä̲r|bünd|nis** n. *(-ses,-se)* alleanza *f.* militare.

Mi|li|tä̲r|dienst m. *(-es)* servizio *m.* militare. **Mi|li|tä̲r|dienst|pflicht** f. *(-)* → **Militärpflicht.** **mi|li|tä̲r|dienst|taug|lich** agg. idoneo, abile al servizio militare. **mi|li|tä̲r|dienst|un|taug|lich** agg. inabile al servizio militare, riformato.

Mi|li|tä̲r|dik|ta|tur f. *(-,-en)* dittatura *f.* militare. **Mi|li|tä̲r|flie|ger|schu|le** f. *(-,-n)* scuola *f.* di volo militare. **Mi|li|tä̲r|flug|platz** m. *(-es,-plätze)* aeroporto *m.* militare. **Mi|li|tä̲r|flug|we|sen** n. *(-s)* aeronautica *f.* militare. **Mi|li|tä̲r|flug|zeug** n. *(-[e]s,-e)* aereo *m.* militare. **mi|li|tä̲r|frei** agg. militesente. **Mi|li|tä̲r|ge|fäng|nis** n. *(-ses,-se)* prigione *f.* militare. **Mi|li|tä̲r|geist|li|che** m. *(-n,-n)* cappellano *m.* militare. **Mi|li|tä̲r|ge|richt** n. *(-[e]s,-e)* tribunale *m.* militare. **Mi|li|tä̲r|ge|richts|bar|keit** f. *(-,-en)* giurisdizione *f.* militare. **Mi|li|tä̲r|ge|walt** f. *(-)* potere *m.* militare. **Mi|li|tä̲r|herr|schaft** f. *(-)* regime *m.* militare. **mi|li|tä̲|risch I** agg. **1** militare: ***ein -er Konflikt*** un conflitto militare; ***jdm -e Ehren erweisen*** rendere a qcn. gli onori militari **2** militaresco: ***eine -e Haltung*** un atteggiamento militaresco **II** avv. militarmente: ***~ stark sein*** essere forte militarmente; ***~ grüßen*** fare il saluto militare.

mi|li|ta|ri|si̲e|ren tr. militarizzare. **Mi|li|ta|ri|si̲e|rung** f. *(-)* militarizzazione *f.* **Mi|li|ta|ri̲s|mus** m. *(-)* militarismo *m.* **Mi|li|ta|ri̲st** m. *(-en,-en)* militarista *m.* **mi|li|ta|ri̲s|tisch I** agg. militaristico, militarista **II** avv. da militarista.

Mi|li|tä̲r|jun|ta f. *(-,-junten)* giunta *f.* militare. **Mi|li|tä̲r|ka|pel|le** f. *(-,-n)* banda *f.* militare, fanfara *f.* **Mi|li|tä̲r|kran|ken|haus** n. *(-[e]s,*

-häuser) ospedale *m.* militare. **Mi|li|tär|macht** f. *(-,-mächte)* potenza *f.* militare. **Mi|li|tär|marsch** m. *(-[e]s,-märsche)* MUS. marcia *f.* militare. **Mi|li|tär|ma|schi|ne** f. *(-,-n)* aereo *m.* militare. **Mi|li|tär|mis|si|on** f. *(-,-en)* missione *f.* militare. **Mi|li|tär|mu|sik** f. *(-)* musica *f.* militare. **Mi|li|tär|pa|ra|de** f. *(-,-n)* parata *f.* militare. **Mi|li|tär|per|son** f. *(-,-en)* militare *m.* **Mi|li|tär|pflicht** f. *(-)* obbligo *m.* del servizio militare. **mi|li|tär|pflich|tig** agg. soggetto al servizio militare. **Mi|li|tär|po|li|zei** f. *(-,-en)* polizia *f.* militare. **Mi|li|tär|putsch** m. *(-[e]s,-e)* putsch *m.* (*o* colpo *m.* di stato) militare. **Mi|li|tär|re|gie|rung** f. *(-,-en)* governo *m.* militare. **Mi|li|tär|re|gi|me** n. *(-s,-)* regime *m.* militare. **Mi|li|tär|schu|le** f. *(-,-n)* scuola *f.* di applicazione. **Mi|li|tär|seel|sor|ge** f. *(-)* assistenza *f.* religiosa nell'esercito. **Mi|li|tär|straf|ge|setz|buch** n. *(-[e]s,-bücher)* codice *m.* penale militare. **Mi|li|tär|stütz|punkt** m. *(-[e]s,-e)* base *f.* militare. **Mi|li|tär|taug|lich|keit** f. *(-)* idoneità *f.* al servizio militare. **Mi|li|tär|we|sen** n. *(-s)* mondo *m.* militare. **Mi|li|tär|wis|sen|schaft** f. *(-)* scienza *f.* militare. **Mi|li|tär|zeit** f. *(-)* (periodo *m.* del) servizio *m.* militare.

Mi|liz f. *(-,-en)* milizia *f.*; *(in sozialistischen Staaten)* milizia *f.*, polizia *f.* **Mi|liz|heer** n. *(-[e]s,-e)* milizia *f.* (popolare), esercito *m.* (popolare). **Mi|li|zi|o|när** m. *(-s,-e)* miliziano *m.*; *(in sozialistischen Staaten)* miliziano *m.*, poliziotto *m.* **Mi|liz|sol|dat** m. *(-en,-en)* soldato *m.* della milizia.

Mill. ⇒ *Million* milione.

Mil|le n. *(-,-)* COLLOQ. mille marchi *m.pl.*: ***das kostet zwei ~*** costa duemila marchi. **Mil|le|fi|o|ri|glas** n. *(-es)* (vetro *m.*) millefiori *m.*

Mil|len|ni|um n. *(-s, Millennien)* **1** *(Jahrtausend)* millennio *m.* **2** RELIG. millenario *m.* **Mil|len|ni|um(s)|fei|er** f. *(-,-n)* festa *f.* dei mille anni, del millennio.

Mil|li|am|pere n. *([s],-)* milliampere *m.* **Mil|li|am|pere|me|ter** n. *(-s,-)* milliamperometro *m.*

Mil|li|ar|där m. *(-s,-e)* miliardario *m.*: ***vielfacher ~*** multimiliardario, plurimiliardario. **Mil|li|ar|de** f. *(-,-n)* miliardo *m.* **Mil|li|ar|den|an|lei|he** f. *(-,-n)* prestito *m.* di miliardi. **Mil|li|ar|den|be|trag** m. *(-[e]s,-beträge)* importo *m.* di miliardi. **Mil|li|ar|den|hö|he,** ***in ~*** nell'ordine dei miliardi. **mil|li|ards|te** agg. miliardesimo. **mil|li|ards|tel** agg. miliardesimo. **Mil|li|ards|tel** n. *(-s,-)* miliardesimo *m.*

Mil|li|bar n. *(-s,-s)* millibar *m.* **Mil|li|gramm** n. *(-s,-e)* milligrammo *m.* **Mil|li|li|ter** n. *(-s,-)* millilitro *m.*

Mil|li|me|ter m. e n. *(-s,-)* millimetro *m.* **Mil|li|me|ter|ar|beit** f. *(-)* COLLOQ. manovra *f.* (esatta) al millimetro. **mil|li|me|ter|ge|nau** agg. preciso al millimetro. **Mil|li|me|ter|pa|pier** n. *(-s,-e)* carta *f.* millimetrata.

Mil|li|on f. *(-,-en)* milione *m.*: ***eine ~ Menschen war, waren auf der Flucht*** un milione di persone era in fuga; ***-en ausländischer Arbeitnehmer, von ausländischen Arbeitnehmern*** milioni di lavoratori stranieri; ***in die -en gehen*** essere nell'ordine dei milioni; ***-en Mal*** milioni di volte. **Mil|li|o|när** m. *(-s,-e)* milionario *m.*: ***vielfacher ~*** multimilionario, plurimilionario; *(geläufig: sehr reicher Mensch)* miliardario *m.* **Mil|li|ön|chen** n. *(-s,-)* milioncino *m.* **Mil|li|o|nen|auf|la|ge** f. *(-,-n)* tiratura *f.* in milioni di copie. **Mil|li|o|nen|auf|trag** m. *(-[e]s,-aufträge)* ordine *m.* di milioni. **Mil|li|o|nen|be|trag** m. *(-[e]s,-beträge)* importo *m.* di milioni. **Mil|li|o|nen|ding** n. *(-[e]s,-er)* COLLOQ. affare *m.* da milioni. **mil|li|o|nen|fach** agg. milioni di volte. **Mil|li|o|nen|ge|schäft** n. *(-[e]s,-e)* affare *m.* da milioni. **Mil|li|o|nen|hö|he,** ***in ~*** nell'ordine dei milioni. **Mil|li|o|nen|scha|den** m. *(-s,-schäden)* danno *m.* di milioni. **Mil|li|o|nen|stadt** f. *(-,-städte)* città *f.* con (più di) un milione di abitanti, metropoli *f.* **mil|li|on(s)|tel** agg. milionesimo. **Mil|li|on(s)|tel** n. *(-s,-)* milionesimo *m.*

Milz f. *(-,-en)* milza *f.* **Milz|brand** m. *(-[e]s)* carbonchio *m.* **Milz|farn** m. *(-[e]s,-e)* asplenio *m.* **milz|krank** agg. malato alla milza, MED. splenetico. **Milz|kraut** n. *(-[e]s)* sassifraga *f.* dorata. **Milz|quet|schung** f. *(-,-en)* schiacciamento *m.* della milza. **Milz|riss** m. *(-es,-e)* lacerazione *f.* della milza.

Mi|me m. *(-n,-n)* ANT. attore *m.*, commediante *m.* **mi|men** tr. **1** ANT. recitare: ***eine Rolle ~*** recitare una parte, interpretare un ruolo **2a** FIG. COLLOQ. *(vortäuschen)* fingere: ***Freundschaft ~*** fingere amicizia **b** fingersi: ***den Verzweifelten, Kranken ~*** fingersi disperato, fare il malato. **Mi|me|se** f. *(-,-n)* **1** *(Mimesis)* mimesi *f.* **2** BIOL. mimetismo *m.* **Mi|me|sis** f. *(-, Mimesen)* mimesi *f.* **mi|me|tisch** agg. mimetico. **Mi|mik** f. *(-)* mimica *f.* **Mi|mik|ry** f. *(-)* ZOOL e FIG. mimetizzazione *f.* **mi|misch I** agg. mimico **II** avv. mimicamente: ***etw. ~ darstellen*** rappresentare qcs. mimicamente.

Mi|mo|se f. *(-,-n)* **1** mimosa *f.* **2** FIG. *(überempfindlicher Mensch)* mammoletta *f.* **mi|mo|sen|haft** agg. delicatino, delicatuccio. **Mi|mo|sen|haf|tig|keit** f. *(-)* ipersensibilità *f.*

Mi|mus m. *(-, Mimen)* LETT. *(in der Antike)* mimo *m.*

Mi|na|rett n. *(-s,-e)* minareto *m.*

min|der I agg. **1** minore: ***Fragen von -er Bedeutung*** questioni di minore importanza **2** inferiore, più scadente: ***von -er Qualität*** di qualità inferiore; ***-e Waren*** merci scadenti **II** avv. meno: ***das ist nicht ~ schwierig*** non è meno difficile; ***~ werden*** diminuire. **min|der|be|deu|tend** agg. meno significativo. **min|der|be|gabt** agg. meno dotato. **min|der|be|mit|telt** agg. meno abbiente ◆ ***geistig ~*** deficiente. **Min|der|be|mit|tel|te** m. e f. *(-n,-n)* indigente *m.* e *f.* **Min|der|be|trag** m. *(-[e]s,-beträge)* deficit *m.*, ammanco *m.* **Min|der|bru|der** m. *(-s,-brüder)* RELIG. frate *m.* minore. **Min|der|ein|nah|me** f. *(-,-n)* ECON. entrata *f.* minore. **Min|der|ge|bot** n. *(-[e]s,-e)* ECON. offerta *f.* minore.

Min|der|heit f. *(-,-en)* minoranza *f.*: ***in der ~ sein, bleiben*** essere, restare in minoranza; ***eine ~ ist dagegen*** una minoranza è contraria; ***nationale, religiöse -en*** minoranze etniche, religiose. **Min|der|hei|ten|fra|ge** f. *(-)* problema *m.* delle minoranze. **Min|der|hei|ten|recht** n. *(-[e]s,-e)* diritto *m.* delle minoranze. **Min|der|hei|ten|schutz** m. *(-es)* tutela *f.* delle minoranze.

Min|der|heits|re|gie|rung f. *(-,-en)* governo *m.* di minoranza.

min|der|jäh|rig agg. minorenne. **Min|der|jäh|ri|ge** m. e f. *(-n,-n)* minorenne *m.* e *f.* **Min|der|jäh|rig|keit** f. *(-)* minore età *f.*

Min|der|leis|tung f. *(-,-en)* prestazione *f.* inferiore.

min|dern I tr. ridurre, diminuire: ***die Geschwindigkeit, das Risiko, die Not ~*** ridurre la velocità, il rischio, il bisogno **II** rifl. **sich ~** ridursi, diminuirsi. **Min|de|rung** f. *(-,-en)* riduzione *f.*, diminuzione *f.*

Min|der|wert m. *(-[e]s,-e)* GERG. minor valore *m.* **min|der|wer|tig** agg. **1** di valore (*o* di qualità) inferiore, scadente: ***-e Produkte, Materialien*** prodotti, materiali scadenti **2** *(moralisch schlecht)* basso, abbietto. **Min|der|wer|tig|keit** f. *(-)* **1** minor valore *m.*, scarso pregio *m.* **2** *(moralische Schlechtigkeit)* bassezza *f.* **Min|der|wer|tig|keits|ge|fühl** n. *(-s,-e)* senso *m.* d'inferiorità. **Min|der|wer|tig|keits|kom|plex** m. *(-es,-e)* complesso *m.* d'inferiorità: ***unter, an -en leiden*** soffrire di complessi d'inferiorità.

Min|der|zahl f. *(-)* numero *m.* minore, minoranza *f.*: ***in der ~ sein*** essere in minoranza.

min|dest... agg. minimo: ***ohne den -en Zweifel*** senza il minimo dubbio; ***ich habe nicht die -e Ahnung*** non ho la minima idea; ***das ist das Mindeste, was man erwarten kann*** è il minimo che ci si può aspettare ◆ ***nicht im Mindesten*** non...affatto, minimamente; ***nicht das Mindeste davon verstehen*** non capirne nulla, non capirci un'acca; ***zum Mindesten*** almeno, per lo meno.

Min|dest|ab|stand m. *(-[e]s,-abstände)* distanza *f.* minima. **Min|dest|al|ter** n. *(-s,-)* età *f.* minima. **Min|dest|an|for|de|rung** → **Mindestforderung.** **Min|dest|an|zahl** f. *(-,-en)* numero *m.* minimo, minimo *m.* **Min|dest|bei|trag** m. *(-[e]s,-beiträge)* contributo *m.* minimo. **Min|dest|be|steue|rung** f. *(-,-en)* tassazione *f.* minima. **Min|dest|be|trag** m. *(-[e]s,-beträge)* importo *m.* minimo. **Min|dest|bie|ten|de** m. e f. *(-n,-n)* minor offerente *m.* e *f.* **min|des|tens** avv. almeno, per lo meno: ***er hätte ~ anrufen können*** avrebbe almeno potuto telefonare; ***das kostet ~ 1000 DM*** costa almeno 1000 marchi ◆ ***~ haltbar bis*** consumare preferibilmente entro. **Min|dest|for|de|rung** f. *(-,-en)* richiesta *f.* minima. **Min|dest|ge|bot** n. *(-[e]s,-e)* offerta *f.* minima. **Min|dest|ge|schwin|dig|keit** f. *(-,-en)* velocità *f.* minima. **Min|dest|ge|wicht** n. *(-[e]s,-e)* peso *m.* minimo. **Min|dest|grö|ße** f. *(-,-n)* grandezza *f.* minima. **Min|dest|lohn** m. *(-[e]s,-löhne)* paga *f.* minima, minimo *m.* salariale. **Min|dest|maß** n. *(-es,-e)* minimo *m.* **Min|dest|preis** m. *(-es,-e)* prezzo *m.* minimo. **Min|dest|satz** m. *(-es,-sätze)* tasso *m.* minimo. **Min|dest|stra|fe** f. *(-,-n)* minimo *m.* della pena. **Min|dest|um|tausch** m. *(-[e]s)* cambio *m.* (obbligatorio) minimo. **Min|dest|zahl** f. *(-,-en)* numero *m.* minimo. **Min|dest|zeit** f. *(-)* tempo *m.* minimo.

1.Mi|ne f. *(-,-n)* **1** miniera *f.*: ***eine ~ erschließen, stilllegen*** aprire, chiudere una miniera; ***in den -n arbeiten*** lavorare in miniera **2** *(Minenstollen)* galleria *f.* di miniera: ***eine ~ graben*** scavare una galleria **3** *(Sprengkörper)* mina *f.*: ***eine ~ legen*** collocare, posare una mina; FIG. innescare una bomba; ***-n räumen*** sminare; ***eine ~ entschärfen*** disinnescare una mina; ***auf eine ~ treten*** saltare su una mina **4a** *(von Bleistiften)* mina *f.*: ***die ~ bricht*** la mina si spezza, si rompe **b** *(von Kugelschreibern)* refill *m.* ◆ ***alle -n springen lassen*** = valersi di (*o* ricorrere a) ogni mezzo.

2.Mi|ne f. *(-,-n)* NUMISM. mina *f.*

Mi|nen|ar|bei|ter m. *(-s,-)* minatore *m.* **Mi|nen|boot** n. *(-[e]s,-e)* MAR. posamine *m.* e *f.* **Mi|nen|feld** n. *(-[e]s,-er)* campo *m.* minato. **Mi|nen|ge|biet** n. *(-[e]s,-e)* zona *f.* minata. **Mi|nen|ge|fahr** f. *(-)* pericolo *m.* di mine. **Mi|nen|le|ger** m. *(-s,-)* **1** *(Schiff)* posamine *m.* e *f.* **2** *(Panzer)* carro *m.* posamine. **Mi|nen|räum|boot** n.

(-[e]s,-e) dragamine *m.*, spazzamine *m.* **Mi|nen|räu|mer** m. *(-s,-)* sminatore *m.*, bonificatore *m.* **Mi|nen|sper|re** f. *(-,-n)* sbarramento *m.* di mine. **Mi|nen|sperr|ge|biet** n. *(-[e]s,-e)* zona *f.*, area *f.* minata. **Mi|nen|stol|len** m. *(-s,-)* MIN. galleria *f.*

Mi|nen|such|boot n. *(-[e]s,-e)*, **Mi|nen|su|cher** m. *(-s,-)* dragamine *m.* **Mi|nen|such|ge|rät** n. *(-[e]s,-e)* cercamine *m.*, apparecchio *m.* cercamine.

Mi|nen|trich|ter m. *(-s,-)* cratere *m.* di una mina. **mi|nen|ver|seucht** agg. infestato da mine. **Mi|nen|wer|fer** m. *(-s,-)* bombarda *f.*, lanciamine *m.*

Mi|ne|ral n. *(-s,-e* e *-ien)* minerale *m.* **Mi|ne|ral|bad** n. *(-[e]s,-bäder)* bagno *m.* d'acque minerali. **Mi|ne|ral|brun|nen** m. *(-s,-)* fonte *f.* d'acqua minerale. **Mi|ne|ral|dün|ger** m. *(-s,-)* concime *m.* minerale.

Mi|ne|ra|li|en|samm|lung f. *(-,-en)* collezione *f.*, raccolta *f.* di minerali.

Mi|ne|ra|li|sa|ti|on f. *(-,-en)* mineralizzazione *f.* **mi|ne|ra|lisch** agg. minerale. **mi|ne|ra|li|sie|ren** tr. mineralizzare. **Mi|ne|ra|li|sie|rung** f. *(-,-en)* → **Mineralisation.**

Mi|ne|ra|lo|ge m. *(-n,-n)* mineralogista *m.* **Mi|ne|ra|lo|gie** f. *(-)* mineralogia *f.* **mi|ne|ra|lo|gisch** agg. mineralogico.

Mi|ne|ral|öl n. *(-[e]s,-e)* olio *m.* minerale. **Mi|ne|ral|öl|ge|sell|schaft** f. *(-,-en)* società *f.* petrolifera. **Mi|ne|ral|öl|in|dust|rie** f. *(-)* industria *f.* petrolifera.

Mi|ne|ral|quel|le f. *(-,-n)* sorgente *f.* d'acqua minerale. **Mi|ne|ral|salz** n. *(-es,-e)* sale *m.* minerale. **Mi|ne|ral|säu|re** f. *(-,-n)* acido *m.* minerale. **Mi|ne|ral|stoff** m. *(-[e]s,-e)* sostanza *f.* minerale, minerale *m.* **Mi|ne|ral|wachs** n. *(-es)* ceresina *f.* **Mi|ne|ral|was|ser** n. *(-s,-wässer)* acqua *f.* minerale.

Mi|nest|ro|ne f. *(-,-n)* minestrone *m.*

Mi|neur [min'ø:r] m. *(-s,-e)* minatore *m.*

mi|ni **I** agg. mini **II** avv. ~ ***tragen*** portare le mini. **Mi|ni** **I** n. *(-s,-s)* **1** (lunghezza *f.*) mini *m.* **2** *(Minikleid)* miniabito *m.* **II** m. *(-s,-s)* COLLOQ. *(Minirock)* mini *f.*

Mi|ni|a|tur f. *(-,-en)* miniatura *f.* **Mi|ni|a|tur|aus|ga|be** f. *(-,-n)* **1** versione *f.* in miniatura. **mi|ni|a|tu|ri|sie|ren** tr. miniaturizzare. **Mi|ni|a|tur|ma|ler** m. *(-s,-)* miniaturista *m.* **Mi|ni|a|tur|ma|le|rei** f. *(-)* miniatura *f.*

Mi|ni|com|pu|ter m. *(-s,-)* minicomputer *m.*

mi|nie|ren tr. **1** minare: ***eine Brücke, eine Straße ~*** minare un ponte, una strada **2** MIN. ***etw. ~*** aprire, scavare gallerie in qcs.

Mi|ni|golf n. *(-s)* minigolf *m.* **Mi|ni|kleid** n. *(-[e]s,-er)* miniabito *m.*

Mi|ni|ma f. *(-, Minimae* e *Minimen)* MUS. minima *f.*

mi|ni|mal agg. minimo: ***ein -er Unterschied, Verlust*** una differenza, una perdita minima. **Mi|ni|mal|be|trag** m. *(-[e]s,-beträge)* importo *m.* minimo. **Mi|ni|mal|for|de|rung** f. *(-,-en)* richiesta *f.* minima. **Mi|ni|mal|ge|wicht** n. *(-[e]s,-e)* peso *m.* minimo. **mi|ni|ma|li|sie|ren** tr. **1** *(vereinfachen)* semplificare **2** *(abwerten)* minimizzare: ***ein Problem ~*** minimizzare un problema. **Mi|ni|mal|kon|sens** m. *(-es)* consenso *m.* minimo, di base. **Mi|ni|mal|pro|gramm** n. *(-[e]s,-e)* programma *m.* minimo (*o* di massima). **Mi|ni|mal|wert** m. *(-[e]s,-e)* valore *m.* minimo.

mi|ni|mie|ren tr. **1** MAT. ridurre ai minimi termini **2** *(verringern)* minimizzare, ridurre al minimo. **Mi|ni|mie|rung** f. *(-,-en)* **1** MAT. riduzione *f.* ai minimi termini **2** *(Verringerung)* riduzione *f.* al minimo. **Mi|ni|mo|de** f. *(-)* moda *f.* mini.

Mi|ni|mum n. *(-s, Minima)* **1** minimo *m.*: ***ein ~ an Risiko*** un minimo di rischio; ***unter dem ~ liegen*** essere al di sotto del valore minimo; ***mit einem ~ an gutem Willen*** con un minimo di buona volontà; ***die Kosten auf ein ~ reduzieren*** ridurre i costi al minimo **2** *(Mindestwert)* valore *m.* minimo, minimo *m.* (anche METEOR.): ***barometrisches ~*** minimo barometrico. **Mi|ni|mum|ther|mo|me|ter** n. *(-s,-)* termometro *m.* a minima.

Mi|ni|pil|le f. *(-,-n)* minipillola *f.* **Mi|ni|rock** m. *(-[e]s,-röcke)* minigonna *f.* **Mi|ni|spi|on** m. *(-s,-e)* microspia *f.*

Mi|nis|ter m. *(-s,-)* ministro *m.*: ***einen ~ ernennen, entlassen*** nominare, far dimettere un ministro; ***einen ~ vereidigen*** far prestare giuramento a un ministro; ***~ des Inneren, Äußeren*** ministro degli Interni, degli (Affari) Esteri; ***~ ohne besonderen Geschäftsbereich*** ministro senza portafoglio; ***Frau ~ Anne Weber*** il ministro Anne Weber. **Mi|nis|ter|amt** n. *(-[e]s,-ämter)* ministero *m.*, carica *f.* di ministro. **Mi|nis|ter|aus|schuss** m. *(-es,-ausschüsse)* comitato *m.* dei ministri. **Mi|nis|ter|bank** f. *(-,-bänke)* banco *m.* dei ministri. **Mi|nis|ter|ebe|ne,** ***auf ~*** a livello ministeriale.

mi|nis|te|ri|al agg. → **ministeriell.** **Mi|nis|te|ri|al|be|am|te** m. *(-n,-n)* impiegato *m.* del ministero. **Mi|nis|te|ri|al|di|rek|tor** m. *(-s,-en)* direttore *m.* di sezione di un ministero. **Mi|nis|te|ri|a|le** m. *(-n,-n)* STOR. ministeriale *m.* **Mi|nis|te|ri|al|rat** m. *(-[e]s,-räte)* consigliere *m.* ministeriale.

mi|nis|te|ri|ell agg. ministeriale: ***-er Erlass*** decreto ministeriale.

Mi|nis|te|rin f. *(-,-nen)* ministro *m.*

Mi|nis|te|ri|um n. *(-s, Ministerien)* ministero *m.*, dicastero *m.*; *(Gebäude)* ministero *m.*: ***~ für auswärtige Angelegenheiten*** ministero degli (affari) esteri; ***~ für Post- und Fernmeldewesen*** ministero delle poste e telecomunicazioni.

Mi|nis|ter|kon|fe|renz f. *(-,-en)* conferenza *f.* dei ministri. **Mi|nis|ter|pos|ten** m. *(-s,-)* carica *f.* di ministro. **Mi|nis|ter|prä|si|dent** m. *(-en,-en)* presidente *m.* del consiglio (dei ministri), primo ministro *m.* **Mi|nis|ter|rat** m. *(-[e]s,-räte)* consiglio *m.* dei ministri. **Mi|nis|ter|ses|sel** m. *(-s,-)* poltrona *f.* di ministro.

Mi|nist|rant m. *(-en,-en)* chierichetto *m.*, chierico *m.* **mi|nist|rie|ren** intr. (aus. *haben*) servire messa.

Min|na f. *(-,-s)* COLLOQ. ANT. domestica *f.*, donna *f.* di servizio ◆ COLLOQ. ***jdn zur ~ machen*** = maltrattare qcn.; COLLOQ. ***die grüne ~*** = cellulare (di polizia).

Min|ne f. *(-)* **1** STOR. amore *m.* cortese, cavalleresco **2** ANT. LETT. *(Liebe)* amore *m.* **Min|ne|dienst** m. *(-es,-e)* STOR. servizio *m.* d'amore. **Min|ne|lied** n. *(-[e]s,-er)* = canzone *f.* d'amore (del periodo cortese). **Min|ne|sang** m. *(-s)* Minnesang *m.* **Min|ne|sän|ger, Min|ne|sin|ger** m. *(-s,-)* Minnesänger *m.* **min|nig|lich** **I** agg. ANT. **1** *(lieblich)* leggiadro, grazioso; amabile **2** *(liebevoll)* amoroso, amorevole **II** avv. amabilmente; amorevolmente: ***jdn ~ ansehen*** guardare qcn. amorevolmente.

mi|no|isch agg. minoico.

Mi|no|rat n. *(-[e]s,-e)* **1** DIR. minorasco *m.* **2** *(Erbgut)* bene *m.* ereditato per minorasco.

mi|no|renn agg. DIR. ANT. minorenne.

Mi|no|rit m. *(-en,-en)* minorita *m.*

Mi|no|ri|tät f. *(-,-en)* minoranza *f.*

Mi|no|taur m. *(-s)*, **Mi|no|tau|rus** m. *(-)* minotauro *m.*

Minst|rel m. *(-s,-s)* menestrello *m.*

Mi|nu|end m. *(-en,-en)* minuendo *m.*

mi|nus **I** cong. meno: MAT. ***zehn ~ drei ist, gibt, macht sieben*** dieci meno tre è uguale a, fa sette **II** avv. **1** *(von Zahlen, Werten kleiner als Null)* meno: ***~ fünf*** meno cinque; ***die Temperatur beträgt drei Grad ~, ~ drei Grad*** la temperatura è di tre gradi sotto zero **2** EL. ***von plus nach ~*** dal positivo al negativo **III** prep. + gen. meno: ***das Gehalt ~ der festen Ausgaben*** lo stipendio meno le spese fisse.

Mi|nus n. *(-)* **1** *(Fehlbetrag)* ammanco *m.* **2** *(Nachteil)* svantaggio *m.*, aspetto *m.* negativo ◆ ***im ~ sein*** essere in rosso. **Mi|nus|be|trag** m. *(-[e]s,-beträge)* ammanco *m.*: ***ein ~ von 30 DM*** un ammanco di 30 marchi.

Mi|nus|kel f. *(-,-n)* minuscola *f.* **Mi|nus|kel|schrift** f. *(-)* scrittura *f.* minuscola, in caratteri minuscoli.

Mi|nus|pol m. *(-s,-e)* EL. polo *m.* negativo. **Mi|nus|punkt** m. *(-[e]s,-e)* **1** punto *m.* in meno; *(von Sportleistungen)* punto *m.* di penalità **2** *(Minus)* svantaggio *m.* **Mi|nus|zei|chen** n. *(-s,-)* meno *m.*, segno *m.* di meno.

Mi|nu|te f. *(-,-n)* **1a** *(Zeitraum)* minuto *m.*: ***in ein paar -n*** in (*o* fra) un paio di minuti; ***eine knappe, volle ~*** un minuto scarso, intero; ***fünf -n zu spät*** in ritardo di cinque minuti (*o* con cinque minuti di ritardo); ***hundert Schüsse in der ~*** cento colpi al minuto **b** *(Augenblick)* ***hast du ein paar -n Zeit?*** hai due minuti? ***bis auf die letzte ~ warten*** aspettare fino all'ultimo minuto; ***in der letzten ~*** all'ultimo minuto; ***keine ruhige ~ haben*** non avere un minuto libero **2** GEOM. minuto *m.*: ***ein Winkel von 30 Grad und 10 -n*** un angolo di 30 gradi e 10 minuti ◆ ***auf die ~ genau*** che spacca il secondo; ***auf die ~ klappen*** riuscire con precisione; ***pünktlich auf die ~*** puntuale come un orologio; ***auf die -en sehen*** guardare il minuto; ***passt auf! es ist 5 -n vor 12*** attenzione! non c'è più tempo, siamo all'ultima ora! **mi|nu|ten|lang** **I** agg. di minuti **II** avv. per minuti (interi). **Mi|nu|ten|zei|ger** m. *(-s,-)* lancetta *f.* dei minuti.

mi|nu|ti|ös → **minuziös.**

mi|nut|lich RAR., **mi|nüt|lich** agg. ogni minuto.

mi|nu|zi|ös **I** agg. **1** minuzioso, scrupoloso, meticoloso **2** ANT. *(kleinlich)* pedante **II** avv. **1** minuziosamente, scrupolosamente, meticolosamente: ***etw. ~ erklären, beschreiben*** spiegare, descrivere qcs. minuziosamente **2** ANT. *(kleinlich)* con pedanteria.

Min|ze f. *(-,-n)* menta *f.*

Mio. ⇒ *Million(en)* milione, milioni.

mi|o|zän agg. miocenico. **Mi|o|zän** n. *(-s)* miocene *m.*

mir pron.pers. dat. (nom. **ich**) **1a** (a) me, mi: ***sag es ~*** dillo a me, dimmelo; ***er hat es ~ schon gesagt*** me l'ha già detto; ***er hat ~ einen Gefallen getan*** mi ha fatto un piacere **b** *(reflexiv)* mi: ***ich wasche ~ das Gesicht*** mi lavo la faccia **2** *(nach Präpositionen)* me: ***kommst du mit zu ~?*** vieni con me, da me? ◆ ***~ nichts, dir nichts***

di punto in bianco, senza tante parole; ***ein Freund von ~*** un mio amico; ***wie du ~, so ich dir*** occhio per occhio, dente per dente. **Mi|ra|bel|le** f. *(-,-n)* mirabella *f.* **Mi|ra|bel|len|baum** m. *(-[e]s,-bäume)* mirabolano *m.* **Mi|ra|bel|len|geist** m. *(-[e]s)* acquavite *f.* di mirabella.

Mi|ra|kel n. *(-s,-)* **1** miracolo *m.* **2** *(im Mittelalter)* → **Mirakelspiel. Mi|ra|kel|spiel** n. *(-[e]s,-e)* miracolo *m.*, sacra rappresentazione *f.* **mi|ra|ku|lös** agg. ANT. miracoloso.

Mi|santh|rop m. *(-en,-en)* misantropo *m.* **Mi|santh|ro|pie** f. *(-)* misantropia *f.* **mi|santh|ro|pisch** agg. misantropico.

Misch|an|la|ge f. *(-,-n)* **1** impianto *m.* di mescolazione **2** CINEM. TELEV. impianto *m.* di missaggio. **Misch|art** f. *(-,-en)* ibrido *m.* **misch|bar** agg. mescolabile. **Misch|bat|te|rie** f. *(-,-n)* IDR. miscelatore *m.* **Misch|be|cher** → **Mixbecher. Misch|blut** n. *(-[e]s)* mezzosangue *m.* **Misch|brot** n. *(-[e]s,-e)* pane *m.* di farine miste. **Misch|ehe** f. *(-,-n)* matrimonio *m.* misto.

mi|schen I tr. **1a** mischiare, mescolare: ***die Farben ~*** mescolare i colori; GIOC. ***die Karten ~*** mischiare le carte **b** *(um Gemische zu gewinnen)* miscelare: ***Benzin mit Öl ~*** miscelare la benzina con l'olio **2** *(hinzufügen und vermischen)* incorporare: ***die Butter unter, in den Teig ~*** incorporare il burro nell'impasto **3** *(durch Mischen zubereiten)* preparare: ***einen Cocktail ~*** preparare un cocktail **4** RAD. TELEV. CINEM. missare **II** rifl. **sich ~ 1** mescolarsi, mischiarsi (anche FIG.): ***Öl und Wasser ~ sich nicht*** olio e acqua non si mescolano; ***sich unter die Leute ~*** mescolarsi tra la gente **2** unirsi: ***in seine Freude mischte sich Erleichterung*** alla sua gioia si unì il sollievo **3** *(einmischen)* intromettersi, immischiarsi: ***sich in fremde Angelegenheiten ~*** immischiarsi nelle faccende altrui. **Mi|scher** m. *(-s,-)* miscelatore *m.*, mescolatore *m.*

misch|er|big agg. eterozigote. **Misch|far|be** f. *(-,-n)* colore *m.* composto. **Misch|form** f. *(-,-en)* forma *f.* mista. **Misch|fut|ter** n. *(-s)* foraggio *m.* misto. **Misch|garn** n. *(-[e]s,-e)* filato *m.* misto. **Misch|gas** n. *(-,-e)* gas *m.* misto. **Misch|ge|mü|se** n. *(-s)* verdura *f.* mista. **Misch|ge|stein** n. *(-s)* migmatite *f.* **Misch|ge|tränk** → **Mixgetränk. Misch|ge|we|be** n. *(-s,-)* tessuto *m.* misto. **Misch|kal|ku|la|ti|on** f. *(-,-en)* ECON. calcolo *m.* medio. **Misch|kost** f. *(-)* cibo *m.* composto di sostanze animali e vegetali. **Misch|kris|tall** m. *(-s,-e)* cristallo *m.* misto. **Misch|kul|tur** f. *(-,-en)* **1** AGR. coltura *f.* mista **2** ETNOL. cultura *f.* mista. **Misch|ling** m. *(-s,-e)* meticcio *m.*, mezzosangue *m.*; BIOL. ibrido *m.* **Misch|masch** m. *(-[e]s,-e)* COLLOQ. SPREG. accozzaglia *f.*; *(Durcheinander)* guazzabuglio *m.* **Misch|ma|schi|ne** f. *(-,-n)* betoniera *f.* **Misch|po|che, Misch|po|ke** f. *(-)* COLLOQ. SPREG. **1** famiglia *f.*, parentado *m.* **2** *(üble Gesellschaft)* banda *f.*, marmaglia *f.* **Misch|preis** m. *(-es,-e)* prezzo *m.* medio. **Misch|pult** n. *(-[e]s,-e)* tavolo *m.* (*o* banco *m.*) di missaggio. **Misch|ras|se** f. *(-,-n)* razza *f.* mista. **Misch|spra|che** f. *(-,-n)* lingua *f.* ibrida.

Mi|schung f. *(-,-en)* **1** *(Mischen)* mescolamento *m.*, mescolatura *f.* **2** *(Gemisch)* mescolanza *f.*, miscuglio *m.*, misto *m.*: FIG. ***eine ~ aus Angst und Neugier*** un misto di paura e curiosità **3** *(von Tabak, Kaffee, Tee; von Treibstoff)* miscela *f.* ◆ ***eine ~ Gebäck*** biscotti assortiti. **Mi|schungs|ver|hält|nis** n. *(-ses,-se)* rapporto *m.* di miscela.

Misch|volk n. *(-[e]s,-völker)* razza *f.* mista. **Misch|wald** m. *(-[e]s,-wälder)* bosco *m.* misto.

Mi|se f. *(-,-n)* GIOC. puntata *f.*, posta *f.*

mi|se|ra|bel I agg. **1** *(sehr schlecht)* pessimo, penoso: ***eine miserable Handschrift*** una scrittura pessima; ***ein miserabler Stil*** uno stile penoso **2** *(gemein)* miserabile, ignobile **II** avv. **1** malissimo: ***sich ~ fühlen*** sentirsi, stare malissimo **2** *(gemein)* in modo miserabile, ignobile.

Mi|se|re f. *(-,-n)* miseria *f.*, difficoltà *f.*: ***in eine ~ geraten*** finire in una situazione d'emergenza; ***sich in einer ~ befinden*** essere in difficoltà. **Mi|se|re|re** n. *(-s)* miserere *m.*

mi|so|gyn I agg. misogino **II** avv. da misogino. **Mi|so|gyn** m. *(-s e -en,-e[n])* misogino *m.* **Mi|so|gy|nie** f. *(-)* misoginia *f.*

Mis|pel f. *(-,-n)* **1** nespolo *m.* **2** *(Frucht)* nespola *f.*

Miss f. *(-, Misses)* miss *f.*: ***die neue ~ Italien*** la nuova miss Italia.

miss|ach|ten, miss|ach|ten tr. *(missachtete, missachtet)* **1** *(geringschätzen)* disprezzare, disistimare: ***die Mitmenschen ~*** disprezzare il prossimo **2** ***jdn, etw. ~*** non curarsi, non tener conto di qcn., qcs.: ***jds Wünsche ~*** non tener conto dei desideri di qcn.; ***das Verbot ~*** non curarsi del divieto **3** *(nicht befolgen)* disprezzare: ***jds Ratschläge, die Gesetze ~*** disprezzare i consigli di qcn., le leggi. **Miss|ach|tung** f. *(-)* **1** disprezzo *m.*, mancato rispetto *m.*: ***die ~ der Gesetze*** il disprezzo delle leggi **2** *(Geringschätzung)* disprezzo *m.*, disistima *f.* ◆ ***jdn mit ~ strafen*** punire qcn. col proprio disdegno.

Mis|sal n. *(-s,-e)*, **Mis|sa|le** n. *(-s,-n* e *Missalien)* messale *m.*

Miss|be|fin|den n. *(-s)* malessere *m.*, indisposizione *f.*

miss|be|ha|gen intr. (aus. *haben*) non piacere, essere sgradito: ***das missbehagt mir*** questo non mi piace. **Miss|be|ha|gen** n. *(-s)* sensazione *f.* di malessere, disagio *m.*, scontento *m.*: ***~ empfinden, spüren*** provare una sensazione di malessere; ***jdm ~ bereiten*** causare disagio a qcn. **miss|be|hag|lich** agg. spiacevole, sgradevole.

miss|be|schaf|fen agg. mal fatto, malformato; *(missgebildet)* deforme. **Miss|be|schaf|fen|heit** f. *(-)* malformazione *f.*; *(Missbildung)* deformità *f.*

Miss|bil|dung f. *(-,-en)* malformazione *f.*, deformazione *f.*, deformità *f.*

miss|bil|li|gen tr. *(missbilligte, missbilligt)* disapprovare, riprovare. **Miss|bil|li|gung** f. *(-,-en)* disapprovazione *f.*, riprovazione *f.* **Miss|bil|li|gungs|an|trag** m. *(-[e]s,-anträge)* mozione *f.* di sfiducia.

Miss|brauch m. *(-[e]s,-bräuche)* **1** abuso *m.*: ***~ mit etw. treiben*** fare abuso di qcs.; ***~ von Medikamenten*** abuso di medicinali **2** RAR. *(Vergewaltigung)* abuso *m.* sessuale ◆ DIR. ***~ eines Amts*** abuso d'autorità; DIR. ***~ der elterlichen Gewalt*** abuso della patria potestà. **miss|brau|chen** tr. *(missbrauchte, missbraucht)* **1a** *(keinen richtigen Gebrauch machen)* ***etw. ~*** fare cattivo uso di qcs.; ***einen Weiher als Mülldeponie ~*** usare uno stagno come discarica **b *jdn, etw. ~*** abusare di qcn., qcs.: ***seine Macht ~*** abusare (*o* fare un uso indebito) del proprio potere; ***jdn für seine Zwecke ~*** usare qcn. per i propri scopi **2** *(vergewaltigen)* ***jdn ~*** abusare di qcn. ◆ ***jds Vertrauen ~*** ingannare la fiducia di qcn. **miss|bräuch|lich I** agg. abusivo, indebito: ***-e Benutzung*** uso indebito **II** avv. abusivamente, indebitamente ◆ DIR. ***-e Verwendung öffentlicher Gelder*** peculato.

miss|deu|ten tr. interpretare male, fraintendere. **Miss|deu|tung** f. *(-,-en)* interpretazione *f.* falsa, sbagliata.

mis|sen tr. **1** *(entbehren)* ***etw. ~*** fare a meno di qcs., rinunciare a qcs.: ***sie müssen viele Bequemlichkeiten ~*** devono rinunciare a molte comodità **2** RAR. *(vermissen)* ***jdn, etw. ~*** sentire la mancanza di qcn., qcs.

Miss|er|folg m. *(-[e]s,-e)* insuccesso *m.*: ***einen ~ haben, erleiden, hinnehmen (müssen)*** avere, subire, (dover) incassare un insuccesso.

Miss|ern|te f. *(-,-n)* cattivo raccolto *m.*

Mis|se|tat f. *(-,-en)* ANT. misfatto *m.* **Mis|se|tä|ter** m. *(-s,-)* ANT. malfattore *m.*

miss|fal|len intr. *(missfällt, missfiel, missfallen;* aus. *haben)* non piacere: ***sein Benehmen missfällt mir*** il suo comportamento non mi piace. **Miss|fal|len** n. *(-s)* **1** dispiacere *m.*, malcontento *m.*: ***sein ~ äußern, kundgeben*** esprimere il proprio malcontento **2** *(Nichteinverstanden-Sein)* riprovazione *f.* **miss|fäl|lig I** agg. ANT. **1** sfavorevole **2** *(verächtlich)* sdegnoso, sprezzante **II** avv. **1** sfavorevolmente **2** *(verächtlich)* sdegnosamente, in modo sprezzante.

Miss|form f. *(-,-en)* deformità *f.* **miss|för|mig** agg. deforme, malformato.

miss|ge|bil|det agg. deforme, mostruoso.

Miss|ge|burt f. *(-,-en)* **1** MED. essere *m.* malformato, deforme **2** FIG. SPREG. *(unsympathischer Mensch)* persona *f.* odiosa.

miss|ge|launt agg. di malumore, maldisposto. **Miss|ge|launt|heit** f. *(-)* l'essere di malumore, maldisposto.

Miss|ge|schick n. *(-[e]s,-e)* disavventura *f.*; *(Ärgernis)* contrattempo *m.*, noia *f.*: ***mir ist ein ~ passiert, widerfahren*** ho avuto un contrattempo.

miss|ge|stalt agg. RAR. → **missgestaltet. Miss|ge|stalt** f. *(-,-en)* RAR. essere *m.* deforme, mostro *m.* **miss|ge|stal|tet** agg. deforme, mostruoso.

miss|ge|stimmt agg. abbattuto, di malumore.

miss|ge|wach|sen agg. malformato, deforme: ***ein -er Mensch, Baum*** una persona deforme, un albero cresciuto male.

miss|glü|cken intr. (aus. *sein*) non riuscire, fallire. **miss|glückt** p.pass. agg. **1** → **missglücken 2** mal riuscito.

miss|gön|nen tr. ***jdm etw. ~*** invidiare qcs. a qcn.: ***er missgönnt ihr ihren Erfolg*** le invidia il suo successo, è invidioso (*o* geloso) del suo successo.

Miss|griff m. *(-[e]s,-e)* errore *m.*, sbaglio *m.*: ***einen ~ machen, tun*** fare un errore.

Miss|gunst f. *(-)* **1** invidia *f.*, gelosia *f.* **2** RAR. *(Ungunst)* sfavore *m.* **miss|güns|tig I** agg. invidioso, geloso **II** avv. con invidia, gelosia.

miss|han|deln tr. *(misshandelte, misshandelt)* maltrattare, bistrattare: ***Tiere ~*** maltrattare gli animali. **Miss|hand|lung** f. *(-,-en)* maltrattamento *m.*

Miss|hei|rat f. *(-,-en)* mesalliance *f.*

Miss|hel|lig|keit f. *(-,-en)* dissenso *m.*, disaccordo *m.*
Mis|singsch n. *(-)* INTRAD. (lingua parlata nella Germania del nord, mescolanza di alto e basso tedesco).
Mis|si|on f. *(-,-en)* missione *f.*: ***diplomatische ~*** missione diplomatica; ***in geheimer ~*** in missione segreta; ***eine ~ erfüllen*** compiere una missione; ***jdn mit einer ~ betrauen*** affidare una missione a una persona di fiducia; RELIG. ***~ betreiben*** evangelizzare, compiere un'azione missionaria ◆ ***die äußere, innere ~*** la missione nei confronti dei non cristiani, la missione tra i cristiani. **Mis|si|o|nar,** AUSTR. **Mis|si|o|när** m. *(-s,-e)* missionario *m.* **mis|si|o|na|risch I** agg. missionario (anche FIG.) **II** avv. ***~ tätig sein*** fare il missionario.
mis|si|o|nie|ren I intr. (aus. *haben*) fare il missionario, andare missionario: ***in Afrika ~*** fare il missionario in Africa **II** tr. evangelizzare: ***ein Land, Volk ~*** evangelizzare un paese, un popolo. **Mis|si|o|nie|rung** f. *(-,-en)* evangelizzazione *f.* **Mis|si|ons|chef** m. *(-s,-s)* capo *m.* di una, della missione (diplomatica). **Mis|si|ons|haus** n. *(-[e]s,-häuser)* centro *m.* missionario, di formazione per missionari. **Mis|si|ons|schu|le** f. *(-,-n)* scuola *f.* di una missione. **Mis|si|ons|schwes|ter** f. *(-,-n)* suora *f.* missionaria. **Mis|si|ons|sta|ti|on** f. *(-,-en)* missione *f.*, centro *m.* missionario. **Mis|si|ons|wis|sen|schaft** f. *(-)* missionologia *f.*
Miss|jahr n. *(-[e]s,-e)* annata *f.* cattiva. **Miss|klang** m. *(-[e]s,-klänge)* **1** *(Dissonanz)* dissonanza *f.*: ***eine Musik reich an Missklängen*** una musica ricca di dissonanze **2** FIG. *(Unstimmigkeit)* disaccordo *m.*, discordanza *f.* **Miss|kre|dit** m., ***jdn in ~ bringen*** screditare qcn., gettare il discredito su qcn.; ***in ~ kommen, geraten*** cadere in discredito.
miss|lang → **misslingen.**
miss|lau|nig agg. di malumore.
Miss|laut m. *(-[e]s,-e)* suono *m.* cacofonico.
miss|lei|ten tr. (p.pass. *missleitet/missgeleitet*) traviare. **Miss|lei|tung** f. *(-,-en)* traviamento *m.*
miss|lich agg. spiacevole, increscioso: ***eine -e Lage*** una situazione spiacevole. **Miss|lich|keit** f. *(-)* **1** spiacevolezza *f.*, incresciosità *f.* **2** *(missliche Situation)* situazione *f.* spiacevole, incresciosa.
miss|lie|big agg. malvisto: ***sich (bei jdm) ~ machen*** farsi malvolere da qcn., LETT. rendersi inviso a qcn. **Miss|lie|big|keit** f. *(-)* l'essere malvisto.
miss|lin|gen intr. *(misslang, misslungen;* aus. *sein)* fallire, non riuscire. **Miss|lin|gen** n. *(-s)* fallimento *m.*, mancata riuscita *f.* **miss|lun|gen** p.pass. agg. **1** → **misslingen 2** fallito, non riuscito: ***ein -es Bild*** un quadro non riuscito; ***ein -er Versuch*** un tentativo fallito (*o* mancato).
Miss|ma|nage|ment n. *(-s)* cattiva gestione *f.*
Miss|mut m. *(-[e]s)* malumore *m.*, cattivo umore *m.* **miss|mu|tig I** agg. di malumore, di cattivo umore, maldisposto **II** avv. di malumore.
1.miss|ra|ten intr. *(missriet, missraten;* aus. *sein)* non riuscire, non venire bene.
2.miss|ra|ten p.pass. agg. **1** → **missraten 2** non riuscito ◆ ***die Zeichnung ist (mir) ~*** il disegno non (mi) è venuto bene; ***ein -es Kind*** un bambino difficile.
Miss|stand m. *(-[e]s,-stände)* **1** *(Übelstand)* inconveniente *m.*: ***einem ~ abhelfen*** rimediare a un inconveniente; ***einen ~ beseitigen*** eliminare un difetto, un male **2** *(schlimmer Zustand)* disfunzione *f.*, irregolarità *f.*: ***Missstände in der Verwaltung*** disfunzioni nell'amministrazione ◆ ***soziale Missstände*** mali della società.
Miss|stim|mung f. *(-,-en)* irritazione *f.*, malumore *m.*; *(Missklang)* disaccordo *m.*: ***~ erregen*** provocare malumore; ***keine ~ aufkommen lassen*** non lasciar sorgere irritazione; ***hier ist ~*** c'è elettricità nell'aria.
Miss|ton m. *(-s,-töne)* stonatura *f.*, nota *f.* stonata (anche FIG.). **miss|tö|nend,** RAR. **miss|tö|nig** agg. stonato, stridente (anche FIG.).
miss|trau|en intr. (aus. *haben*) ***jdm, etw. ~*** diffidare, non fidarsi di qcn., di qcs.; ***dieser Ruhe ~*** non fidarsi di questa calma; ***sich selbst, seinen Fähigkeiten ~*** non avere fiducia in se stesso, nelle proprie capacità. **Miss|trau|en** n. *(-s)* diffidenza *f.*, sfiducia *f.*: ***~ gegen jdn haben, hegen*** essere diffidente nei confronti di qcn., avere sfiducia in qcn.; ***jdm, etw. ~ entgegenbringen*** diffidare di qcn., di qcs.; ***voller ~ sein*** essere pieno di sfiducia. **Miss|trau|ens|an|trag** m. *(-[e]s,-anträge)* mozione *f.* di sfiducia. **Miss|trau|ens|er|klä|rung** f. *(-,-en)* dichiarazione *f.* di sfiducia. **Miss|trau|ens|vo|tum** n. *(-s,-voten* e *-vota)* **1** voto *m.* di sfiducia: ***ein ~ einbringen, einreichen*** presentare un voto di sfiducia **2** *(Misstrauenserklärung)* dichiarazione *f.* di sfiducia. **miss|trau|isch I** agg. diffidente **II** avv. con diffidenza.
Miss|ver|gnü|gen n. *(-s)* ANT. dispetto *m.*; *(Unzufriedenheit)* malcontento *m.* **miss|ver|gnügt** agg. indispettito.
Miss|ver|hält|nis n. *(-ses,-se)* sproporzione *f.*, disparità *f.*: ***zwischen Mühe und Erfolg besteht ein großes, krasses ~*** c'è una grande sproporzione fra impegno e risultato; ***im ~ zu etw. stehen*** essere sproporzionato rispetto a qcs.
miss|ver|stan|den p.pass. → **missverstehen** ◆ ***sich ~ fühlen*** sentirsi frainteso. **miss|ver|ständ|lich I** agg. equivoco, che si può fraintendere **II** avv. in modo equivoco, che può essere frainteso. **Miss|ver|ständ|nis** n. *(-ses,-se)* malinteso *m.*, equivoco *m.*, fraintendimento *m.*: ***ein ~ beseitigen (ausräumen), aufklären*** eliminare, chiarire un malinteso; ***das muss ein ~ sein*** dev'essere un equivoco; ***hier liegt ein ~ vor*** ci dev'essere un equivoco. **miss|ver|ste|hen** tr. *(missverstand, missverstanden)* equivocare, fraintendere: ***etw. ist leicht misszuverstehen*** qcs. si può fraintendere facilmente.
Miss|wachs m. *(-es)* AGR. cattiva crescita *f.* **miss|wach|sen** agg. → **missgewachsen.**
Miss|wahl f. *(-,-en)* elezione *f.* della, di una miss.
Miss|wei|sung f. *(-,-en)* FIS. declinazione *f.*
Miss|wirt|schaft f. *(-,-en)* cattiva amministrazione *f.*
Miss|wuchs m. *(-es)* AGR. deformazione *f.*
Mist m. *(-[e]s)* **1** letame *m.*: ***~ streuen*** spargere (il) letame **2** COLLOQ. porcheria *f.*: ***wer hat dir diesen ~ geschenkt?*** chi ti ha regalato questa porcheria? **3a** COLLOQ. *(Unsinn)* cretinate *f.pl.*, fesseria *f.*, fesserie *f.pl.*: ***nur ~ reden,*** COLLOQ. ***verzapfen*** dire solo cretinate; ***hast du diesen ~ gelesen?*** hai letto questa fesseria? **b** *(Fehler)* ***~ bauen*** fare una fesseria, fare fesserie ◆ COLLOQ. ***das ist nicht auf seinem ~ gewachsen*** non è farina del suo sacco; COLLOQ. ***den ganzen ~ satt haben*** averne le tasche piene; COLLOQ. ***so ein (verdammter) ~!*** che sfiga! che scarogna! ***was soll der ~?*** che è questa porcheria? COLLOQ. ***etw. auf den ~ werfen*** buttare via qcs.
Mist|beet n. *(-[e]s,-e)* AGR. letto *m.* caldo.
Mis|tel f. *(-,-n)* vischio *m.* **Mis|tel|zweig** m. *(-[e]s,-e)* ramo *m.* di vischio: ***einen ~ über die Tür hängen*** attaccare un ramo di vischio sulla porta.
mis|ten I tr. **1** (ri)pulire dal letame: ***den Stall ~*** pulire la stalla dal letame **2** *(mit Mist düngen)* concimare con letame, concimare naturalmente **II** intr. (aus. *haben*) ZOOL. evacuare.
Mist|fink m. *(-en,-en)* COLLOQ. sporcaccione *m.* **Mist|for|ke** f. *(-,-n)* REGION. → **Mistgabel. Mist|ga|bel** f. *(-,-n)* forcone *m.* (da letame). **Mist|hau|fen** m. *(-s,-)* mucchio *m.* di letame, letamaio *m.*, concimaia *f.* **Mist|hund** m. *(-[e]s,-e)* → **Mistkerl.**
mis|tig agg. **1** *(voller Mist)* sporco di letame; *(schmutzig)* sporco **2** COLLOQ. *(sehr schlecht)* schifoso.
Mist|kä|fer m. *(-s,-)* scarabeo *m.* stercorario. **Mist|kerl** m. *(-[e]s,-e)* VOLG. pezzo *m.* di merda. **Mist|kü|bel** m. *(-s,-)* AUSTR. pattumiera *f.*
Mist|ral m. *(-s)* mistral *m.*, maestrale *m.*
Mist|stock m. *(-[e]s,-stöcke)* SVIZZ. → **Misthaufen. Mist|stück** n. *(-[e]s,-e)* VOLG. pezzo *m.* di merda. **Mist|vieh** n. *(-[e]s)* VOLG. **1** *(Tier)* bestiaccia *f.* **2** *(Mistkerl)* pezzo *m.* di merda. **Mist|wa|gen** m. *(-s,-)* carro *m.* di letame. **Mist|wet|ter** n. *(-s)* COLLOQ. tempaccio *m.*, tempo *m.* schifoso.
Mis|zel|la|ne|en, Mis|zel|la|ne|en, Mis|zel|len pl. miscellanea *f.*
mit I prep. + dat. **1** *(Gemeinschaft, Wechselseitigkeit)* con: ***~ jdm spazierengehen*** andare a passeggio con qcn.; ***~ jdm reden, verhandeln*** parlare, trattare con qcn.; ***sich ~ jdm befreunden, einigen*** stringere amicizia, accordarsi con qcn.; ***~ jdm in Geschäftsverkehr stehen*** essere in relazione d'affari con qcn.; ***~ jdm kämpfen*** lottare con qcn.; *(Beteiligung)* ***ein Fest ~ Kindern*** una festa con bambini **2** *(Zugehörigkeit)* con, a: ***ein Gebäude ~ zwei Eingängen*** un edificio con due entrate; ***ein Auto ~ drei Rädern*** un'auto con, a tre ruote; ***eine Frau ~ grauen Augen*** una donna con gli (*o* dagli) occhi grigi **3** *(Inhalt)* di: ***ein Fass ~ Wein*** una botte di vino; ***ein Glas ~ Marmelade*** un barattolo di marmellata **4** *(modal)* con: ***etw. ~ Eifer, Vergnügen tun*** fare qcs. con zelo, con piacere; ***~ Appetit essen*** mangiare con appetito **5a** *(mittels)* con, a: ***~ dem Löffel essen*** mangiare con il cucchiaio; ***jdn ~ etw. erschrecken*** spaventare qcn. con qcs.; ***~ Bleistift, ~ der Maschine geschrieben*** scritto a matita, a macchina; ***~ dem Schlüssel verschließen*** chiudere a chiave **b** *(per)* con, in: ***~ dem Fahrrad fahren*** andare in bicicletta; ***~ dem Auto reisen*** viaggiare con l'auto **6** *(im Alter von)* a, all'età di: ***~ 20 Jahren schrieb er seine erste Erzählung*** a 20 anni scrisse il suo primo racconto **7** *(ab)* con, a partire da: ***~ Beginn der Ferienzeit*** con l'inizio delle ferie; ***~ dem heutigen Tag*** a partire da oggi **8** *(einschließlich)* con, incluso, compreso: ***~ Bedienung*** servizio compreso; ***Zimmer ~ Frühstück*** camera con colazione **9a** *(bezüglich)* con: ***es geht schnell voran ~ der Arbeit*** si va avanti velocemente con il lavoro; ***raus ~ euch!*** fuori voi! **b** COLLOQ. *(im Hinblick*

auf) ~ ***deinem Schnupfen solltest du zu Hause bleiben*** con il tuo raffreddore dovresti rimanere a casa **II** avv. **1** *(neben anderen, auch)* anche: ***das gehört ~ zu deinen Aufgaben*** anche questo fa parte dei tuoi compiti; ***waren Sie ~ dabei?*** c'era anche Lei? ***er ist ~ von der Partie*** fa parte anche lui della partita, della combriccola **2** COLLOQ. *(mit Superlativ)* ***das ist ~ unser bester Mitarbeiter*** è uno dei nostri migliori collaboratori **3** *(zusammen)* insieme: ***etw. ~ ansehen*** assistere a qcs. insieme agli altri **4** *(als abgetrennter Teil von Adverbien: damit, womit)* ***da kann ich nichts ~ anfangen*** con questo non posso iniziare ◆ ~ ***Absicht*** apposta, intenzionalmente; ~ ***offenen Armen*** a braccia aperte; ~ ***bloßem Auge*** a occhio nudo; ~ ***Einbruch der Nacht*** all'imbrunire; ~ ***den Jahren wird man erfahrener*** con gli anni si diventa più esperti; ~ ***einem Mal*** a un tratto; ***jdn ~ Namen rufen*** chiamare qcn. per nome; ***da habe ich nichts ~ zu tun*** non c'entro; SCHERZ. *(nackt)* ~ ***ohne*** senza niente addosso; ~ ***Recht*** a ragione; ***etw. ~ Stillschweigen übergehen*** passare qcs. sotto silenzio; ~ ***der Strömung rudern*** remare secondo la corrente; ~ ***Tagesanbruch*** sul fare del giorno; ***was ist los ~ dir?*** che ti succede? che cos'hai? ~ ***dem Wind fliegen*** volare col vento a favore; ~ ***einem Wort*** in una parola; ~ ***anderen Worten*** in altre parole, in altri termini; ~ ***der Zeit*** col tempo.

Mit|an|ge|klag|te m. e f. *(-n,-n)* coimputato *m.* (-a *f.*).

Mit|ar|beit f. *(-)* **1** collaborazione *f.*: ***jdn zur ~ auffordern*** richiedere la collaborazione di qcn.; ***jdn um seine ~ (bei etw.) bitten*** invitare qcn. a collaborare (a qcs.); ***unter ~ von...*** con la collaborazione di...; ***für Ihre ~ danken wir Ihnen im Voraus*** Vi ringraziamo anticipatamente per la Vostra collaborazione **2** *(Beteiligung)* partecipazione *f.* (attiva): ***die ~ (des Schülers) im Unterricht*** la partecipazione (dell'allievo) alla lezione. **mit‿ar|bei|ten** intr. (aus. *haben*) **1** collaborare: ***an etw. (D) ~*** collaborare a qcs. **2** *(sich beteiligen)* partecipare: ***im Unterricht ~*** partecipare alla lezione. **Mit|ar|bei|ter** m. *(-s,-)* collaboratore *m.*: ***freier, ständiger ~ bei, an einem Verlag*** collaboratore esterno, fisso di una casa editrice. **Mit|ar|bei|te|rin** f. *(-,-nen)* collaboratrice *f.* **Mit|ar|bei|ter|stab** m. *(-[e]s,-stäbe)* gruppo *m.* (*o* staff *m.*) di collaboratori.

Mit|au|tor m. *(-s,-en)* coautore *m.*

Mit|be|grün|der m. *(-s,-)* cofondatore *m.*

mit‿be|kom|men tr. *(bekam, bekommen)* **1** ricevere (da portare via) **2a** *(als Mitgift bekommen)* ricevere in dote **b** FIG. prendere, ereditare: ***von seinem Vater hat er die blauen Augen ~*** da suo padre ha preso gli occhi azzurri **3** *(unabsichtlich hören)* sentire (involontariamente): ***alles durch die Tür ~*** sentire tutto attraverso la porta **4a** *(verstehen)* capire: ***wiederholen Sie, ich habe nicht alles ~*** ripeta, non ho capito bene **b** *(wahrnehmen)* capire, rendersi conto (di): ***er hat ~, dass ich nicht länger bleiben will*** ha capito che non voglio restare più a lungo.

mit‿be|nut|zen, REGION. **mit‿be|nüt|zen** tr. **1** usare (in comune) **2** *(auch benutzen)* ***darf ich das Telefon ~?*** posso usare anch'io il telefono? **Mit|be|nut|zer** m. *(-s,-)* coutente *m.* **Mit|be|nut|zung** f. *(-,-en)* uso *m.* (in) comune, BUROCR. coutenza *f.*

Mit|be|sitz m. *(-es)* → **Miteigentum. Mit|be|sit|zer** m. *(-s,-)* → **Miteigentümer.**

mit‿be|stim|men I tr. determinare, decidere insieme (*o* unitariamente) **II** intr. (aus. *haben*) **1** partecipare, avere voce in capitolo (*o* potere decisionale): ***Schüler und Eltern sollten in Schulfragen mehr ~ dürfen*** allievi e genitori dovrebbero poter avere maggior voce in capitolo nelle questioni scolastiche **2** *(Mitbestimmung praktizieren)* partecipare alla gestione dell'azienda. **Mit|be|stim|mung** f. *(-)* **1** decisione *f.* (in) comune **2** ECON. cogestione *f.*: ***betriebliche ~*** cogestione aziendale. **Mit|be|stim|mungs|ge|setz** n. *(-es)* legge *f.* sulla cogestione. **Mit|be|stim|mungs|recht** n. *(-[e]s)* diritto *m.* di cogestione.

mit|be|tei|ligt agg. compartecipe, cointeressato; *(an einem Unfall)* coinvolto. **Mit|be|tei|lig|te** m. e f. *(-n,-n)* compartecipe *m.* e *f.*, cointeressato *m.* (-a *f.*); *(an einem Unfall)* persona *f.* coinvolta.

Mit|be|wer|ber m. *(-s,-)* concorrente *m.*, rivale *m.*

Mit|be|woh|ner m. *(-s,-)* coinquilino *m.*; *(in derselben Wohnung)* coabitatore *m.*, convivente *m.*

mit‿brin|gen tr. *(brachte, gebracht)* **1** portare (con sé): ***jdm ein Geschenk ~*** portare un regalo a qcn.; ***darf ich einen Freund ~?*** posso portare (con me) un amico? FIG. ***sie hat von ihrer Reise eine Grippe mitgebracht*** è tornata dal viaggio con l'influenza **2** *(als Voraussetzung haben)* avere, mostrare (di avere): ***für diese Arbeit müssen Sie ein abgeschlossenes Studium ~*** per questo lavoro deve avere una laurea ◆ ***Kinder aus erster Ehe ~*** portare con sé figli di primo letto; ***etw. in die Ehe ~*** portare qcs. in dote. **Mit|bring|sel** n. *(-s,-)* regalino *m.*, pensierino *m.*

Mit|bru|der m. *(-s,-brüder)* **1** confratello *m.* **2** → **Mitmensch.**

Mit|bür|ger m. *(-s,-)* **1** concittadino *m.* **2** *(Staatsbürger)* connazionale *m.*

mit‿den|ken intr. *(dachte, gedacht;* aus. *haben)* riflettere, usare la testa: ***jetzt denk doch mal mit!*** ora usa la testa!

mit‿dür|fen intr. *(darf, durfte, gedurft;* aus. *haben)* COLLOQ. **1** poter andare (con, anche): ***darf ich mit?*** posso andare con lui, loro...? posso andare anch'io? **2** *(mitkommen dürfen)* poter venire (con, anche).

Mit|ei|gen|tum n. *(-s)* comproprietà *f.* **Mit|ei|gen|tü|mer** m. *(-s,-)* comproprietario *m.*, proprietario *m.*; *(in Bezug auf Wohnungen eines Hauses)* condomino *m.*

mit|ei|nan|der avv. **1** l'uno con l'altro, tra di loro: ***sie kommen nicht ~ aus*** non vanno d'accordo; ***zwei Dinge ~ verbinden, vermischen*** collegare, confondere (fra loro) due cose **2** *(gemeinsam, zusammen)* insieme: ***~ arbeiten, leben, spielen*** lavorare, vivere, giocare insieme. **Mit|ei|nan|der** n. *(-s)* *(Miteinanderleben)* convivenza *f.*; *(Miteinanderwirken)* collaborazione *f.*

mit‿emp|fin|den tr. *(empfand, empfunden)* condividere, partecipare a: ***jds Freude ~*** condividere la gioia di qcn.

Mit|er|be m. *(-n,-n)* coerede *m.*

mit‿er|le|ben tr. **1** ***etw. ~*** assistere a qcs.: ***ein Unglück aus nächster Nähe ~*** assistere da vicino a una disgrazia **2** *(erleben)* vivere: ***er hat den Fall der Mauer noch miterlebt*** ha ancora vissuto la caduta del muro (di Berlino).

mit‿es|sen intr. *(isst, aß, gegessen;* aus. *haben)* mangiare (insieme, con): ***willst du ~?*** vuoi mangiare con noi? ***die Rinde kann man nicht ~*** la crosta non si può mangiare. **Mit|es|ser** m. *(-s,-)* **1** SCHERZ. commensale *m.* **2** MED. comedone *m.*

mit‿fah|ren intr. *(fährt, fuhr, gefahren;* aus. *sein)* **1a** andare, viaggiare (insieme, con): ***fährst du mit ihm mit?*** vai con lui? **b** *(mitkommen)* venire (insieme, con): ***du kannst in meinem Auto ~*** puoi venire in macchina con me **2** *(mitmachen)* partecipare (a): ***die Kinder dürfen bei der Radtour nicht ~*** i bambini non possono partecipare al giro in bicicletta ◆ ***jdn ~ lassen*** dare un passaggio a qcn. **Mit|fah|rer** m. *(-s,-)* compagno *m.* di viaggio, passeggero *m.*; BUROCR. DIR. trasportato *m.* **Mit|fah|rer|zent|ra|le** f. *(-,-n)* INTRAD. (agenzia che mette in contatto automobilisti e persone alla ricerca di un passaggio). **Mit|fahr|ge|le|gen|heit** f. *(-,-en)* passaggio *m.* (con divisione delle spese): ***eine ~ von München nach Hamburg anbieten*** offrire un passaggio da Monaco ad Amburgo. **Mit|fahrt** f. *(-,-en)* viaggio *m.* in compagnia.

mit‿fi|nan|zie|ren tr. ***etw. ~*** partecipare al finanziamento di qcs.

mit‿füh|len I tr. condividere: ***jds Schmerz ~*** condividere il dolore di qcn. **II** intr. (aus. *haben*) ***mit jdm ~*** condividere i sentimenti di qcn. **mit|füh|lend** p.pres. agg. **1** → **mitfühlen 2** sensibile, compassionevole.

mit‿füh|ren tr. **1** portare, avere (con sé): ***Gepäck, seine Papiere ~*** avere (con sé) bagaglio, i documenti; ***führen Sie zu verzollende Waren mit?*** ha merce da dichiarare? **2** *(transportieren)* trasportare (con sé): ***der Fluss führt Geröll mit*** il fiume trasporta detriti.

mit‿ge|ben tr. *(gibt, gab, gegeben)* **1a** dare (da portare con sé): ***jdm einen Brief, ein Paket für jdn ~*** dare a qcn. una lettera, un pacchetto per qcn. **b** ***seiner Tochter eine Aussteuer, eine gute Erziehung ~*** dare una dote, una buona educazione alla propria figlia **2** *(als Begleiter geben)* assegnare, dare: ***jdm einen Bewacher, Führer ~*** mettere una guardia, assegnare una guida a qcn.

Mit|ge|fan|ge|ne m. e f. *(-n,-n)* compagno *m.* (-a *f.*) di prigione.

Mit|ge|fühl n. *(-[e]s)* compassione *f.*: ***~ für jdn, etw. haben, zeigen*** avere compassione di, mostrare compassione per qcn., qcs.

mit|ge|gan|gen p.pass. → **mitgehen** ◆ ***~, (mitgefangen,) mitgehangen*** insieme preso, insieme condannato. **mit‿ge|hen** intr. *(ging, gegangen;* aus. *sein)* **1** andare (insieme, con, anche): ***er ist mit mir bis zur Brücke mitgegangen*** mi ha accompagnato fino al ponte; ***gehst du mit?*** vai anche tu? **2** *(weggerissen werden)* essere trascinato, spazzato (via): ***bei der Lawine ist das Haus mitgegangen*** la casa è stata spazzata via dalla valanga **3** *(sich mitreißen lassen)* lasciarsi trasportare, farsi trascinare: ***das Publikum ging diesmal richtig mit*** questa volta il pubblico partecipò con vero trasporto ◆ ***etw. ~ lassen, heißen*** fare sparire, fregarsi qcs.

mit|ge|nom|men p.pass. agg. **1** → **mitnehmen 2** *(von Sachen)* malridotto, rovinato **3** *(von Menschen)* deperito, provato.

Mit|gift f. *(-,-en)* dote *f.* **Mit|gift|jä|ger** m. *(-s,-)* cacciatore *m.* di dote.

Mit|glied n. *(-[e]s,-er)* **1** membro *m.*: ***ein ~ der Familie, des Bundestags, der Regierung*** un membro della famiglia, del Bundestag, del governo **2** *(von Vereinen, Organisationen, Parteien)* membro *m.*, iscritto *m.* **3** *(von Clubs)* socio *m.* **Mit|glie|der|lis|te** f. *(-,-n)* elenco *m.* dei soci, degli iscritti. **Mit|glie|der|schwund** m. *(-[e]s)* calo *m.* dei soci, degli iscritti. **Mit|glie|der|ver|samm|lung** f. *(-,-en)* assemblea *f.* dei soci, riunione *f.* degli iscritti. **Mit|glie|der|ver|zeich|nis** n. *(-ses,-se)* → **Mitgliederliste. Mit|glieds|aus|weis** m. *(-es,-e)* → **Mitgliedskarte. Mit|glieds|bei|trag** m. *(-[e]s,-beiträge)* quota *f.* associativa (*o* d'iscrizione). **Mit|glied|schaft** f. *(-,-en)* condizione *f.* (*o* qualità *f.*) di socio: ***die ~ erwerben*** diventare membro (*o* socio); ***die ~ beenden*** rinunciare a essere socio (*o* POL. rinunciare alla tessera del partito); ***jdm die ~ aberkennen*** escludere, espellere qcn., ritirare la tessera a qcn. **Mit|glieds|kar|te** f. *(-,-n)* tessera *f.* di socio (*o* associativa, d'iscrizione). **Mit|glieds|land** n. *(-[e]s,-länder)* paese *m.* membro. **Mit|glied(s)|staat** m. *(-[e]s,-en)* stato *m.* membro.

mit_ha|ben tr. COLLOQ. avere con sé: ***kein Geld ~*** non avere denaro con sé.

mit_hal|ten *(hält, hielt, gehalten)* **I** tr. tenere (anche): ***soll ich die Leiter ~?*** devo tenere anch'io la scala? **II** intr. (aus. *haben*) ***bei etw. ~*** tener dietro a qcs., tenere il passo con qcs.; *(mitmachen)* partecipare a qcs.; ***bei diesem Luxus kann ich nicht mehr ~*** non posso più permettermi questo lusso ◆ ***das Tempo ~*** tenere il ritmo.

mit_hel|fen intr. *(hilft, half, geholfen;* aus. *haben)* aiutare, dare una mano. **Mit|hel|fer** m. *(-s,-)* **1** SPREG. complice *m.* **2** RAR. *(Helfer)* aiutante *m.*, assistente *m.*

Mit|he|raus|ge|ber m. *(-s,-)* coeditore *m.*

mit|hil|fe prep. + von *o* + gen. ***~ von jdm, etw.*** con l'aiuto di qcn., con l'ausilio, per mezzo di qcs.; ***~ von Büchern*** con l'aiuto di libri. **Mit|hil|fe** f. *(-)* aiuto *m.*, collaborazione *f.*: ***ohne fremde ~*** senza l'aiuto altrui.

mit|hin avv. perciò, quindi, dunque.

mit_hö|ren tr. **1** *(unabsichtlich)* sentire: ***ein Gespräch (zufällig) ~*** sentire (casualmente) un discorso **2** *(absichtlich)* ascoltare: ***ein Telefongespräch ~*** ascoltare una telefonata ◆ SCHERZ. ***(Vorsicht,) Feind hört mit*** (taci,) il nemico ti ascolta.

Mit|in|ha|ber m. *(-s,-)* contitolare *m.* **Mit|in|sas|se** m. *(-n,-n)* → **Mitfahrer.**

mit_kämp|fen intr. (aus. *haben*) **1** combattere: ***er hat auf amerikanischer Seite mitgekämpft*** ha combattuto dalla parte americana **2** *(gemeinsam kämpfen)* combattere, lottare insieme. **Mit|kämp|fer** m. *(-s,-)* **1** compagno *m.* di lotta **2** *(Waffengenosse)* compagno *m.* d'armi.

Mit|klä|ger m. *(-s,-)* DIR. coattore *m.*

mit_klin|gen intr. *(klang, geklungen;* aus. *haben)* → **mitschwingen.**

mit_kom|men intr. *(kam, gekommen;* aus. *sein)* **1** venire (con, anche): ***ihr Bruder ist mitgekommen*** è venuto anche suo fratello; ***kommst du auch mit?*** vieni anche tu? **2** *(zusammen ankommen)* arrivare (con): ***dein Brief ist (mit der Post) nicht mitgekommen*** (con la posta) la tua lettera non è arrivata **3** COLLOQ. *(Schritt halten)* tenere il passo, seguire: ***bei diesem Tempo komme ich nicht mit*** con questo ritmo non riesco a seguire; ***in Englisch nicht recht ~*** non riuscire a seguire in inglese **4** *(rechtzeitig ankommen)* arrivare in tempo: ***er kam mit dem Schiff nicht mehr mit*** non è più arrivato in tempo per prendere la nave ◆ COLLOQ. ***da komme ich nicht mehr mit*** questo non lo capisco proprio.

mit_kön|nen intr. *(kann, konnte, gekonnt;* aus. *haben)* COLLOQ. **1** poter andare (con, anche): ***heute kann ich nicht mit*** oggi io non posso andare (con lui...) **2** *(mitkommen können)* poter venire (con, anche) **3** *(mithalten können)* seguire, tener dietro **4** *(verstehen, können)* comprendere, arrivare, riuscire a seguire: ***bei solchen abstrakten Überlegungen kann ich nicht mit*** non arrivo a riflessioni così astratte.

mit_krie|gen tr. COLLOQ. → **mitbekommen.**

mit_las|sen tr. *(lässt, ließ, gelassen)* COLLOQ. **1** lasciar andare (con, anche) **2** *(mitkommen lassen)* lasciar venire (con, anche).

mit_lau|fen intr. *(läuft, lief, gelaufen;* aus. *sein)* **1** correre (con, anche): ***läufst du mit uns mit?*** vieni anche tu a correre con noi? **2** FIG. COLLOQ. *(nebenbei erledigt werden)* procedere parallelamente **3** *(mitgehen)* camminare, andare (con, anche) ◆ COLLOQ. ***etw. ~ lassen*** rubare, fare sparire qcs. **Mit|läu|fer** m. *(-s,-)* chi segue la corrente ◆ ***~ einer Partei sein*** seguire le direttive di un partito.

Mit|laut m. *(-[e]s,-e)* consonante *f.*

Mit|leid n. *(-[e]s)* compassione *f.*, pietà *f.*: ***voller ~ ansehen*** guardare con compassione; ***~ mit jdm fühlen (empfinden), haben*** provare, avere compassione di qcn.; ***jds ~ erregen, wecken*** destare la compassione di qcn., fare compassione a qcn.; ***~ erregend*** compassionevole, pietoso; ***kein ~ kennen*** non avere (*o* provare) pietà; ***etw. aus ~ tun*** fare qcs. per pietà. **mit_lei|den** intr. *(litt, gelitten;* aus. *haben)* ***mit jdm ~*** partecipare al dolore, avere compassione di qcn. **Mit|lei|den|schaft,** ***etw. in ~ ziehen*** danneggiare qcs.; ***jdn in ~ ziehen*** compromettere qcn. **mit|lei|dig I** agg. compassionevole, pietoso: ***eine -e Seele*** un'anima compassionevole **II** avv. con compassione, pietosamente. **mit|leid(s)|los I** agg. privo di compassione, spietato **II** avv. senza pietà. **mit|leid(s)|voll I** agg. pieno di compassione, pietoso **II** avv. compassionevolmente, pietosamente.

mit_le|sen tr. *(liest, las, gelesen)* leggere (con, anche): ***du sollst auch das Kleingedruckte ~*** devi leggere anche le clausole stampate a caratteri piccoli; ***lies mit!*** leggi anche tu! (*o* leggi con me, insieme con lui...)!

mit_lie|fern tr. consegnare: ***nicht alles wurde mitgeliefert*** non è stato consegnato tutto.

mit_ma|chen I tr. **1a** ***etw. ~*** partecipare, prendere parte a qcs.: ***ein Spiel ~*** prendere parte a un gioco **b** ***den Krieg ~*** fare la guerra **2a** COLLOQ. *(durchmachen)* passare: ***Schreckliches ~*** passare cose, momenti terribili; ***sie hat viel mitgemacht*** ne ha passate tante **b** *(erleiden)* soffrire **II** intr. (aus. *haben*) **1a** COLLOQ. *(sich beteiligen)* prendere parte, partecipare: ***bei einem Wettbewerb ~*** partecipare a una gara **b** COLLOQ. *(zustimmen)* starci, essere d'accordo: ***da mache ich mit*** ci sto **2** *(funktionieren)* funzionare: ***das Herz macht nicht mehr mit*** il cuore non funziona più bene; ***das Auto macht nicht mehr lange mit*** l'auto non andrà ancora avanti per molto ◆ ***nicht mehr lange ~*** essere in fin di vita, non averne più per molto; ***jede Mode ~*** seguire tutte le mode; COLLOQ. ***da machst du was mit!*** che supplizio! ***das Wetter macht mit*** il tempo fa il suo dovere.

Mit|mensch m. *(-en,-en)* prossimo *m.*, simili *m.pl.* **mit|mensch|lich** agg. con il prossimo: ***-e Beziehungen*** rapporti con il prossimo.

Mit|mie|ter m. *(-s,-)* coinquilino *m.*

mit_mi|schen intr. (aus. *haben*) COLLOQ. **1** *(sich einmischen)* immischiarsi: ***er muss überall ~*** deve immischiarsi ovunque **2** *(sich beteiligen)* partecipare: ***er schaffte es, bei den Weltmeisterschaften mitzumischen*** è riuscito ad andare ai campionati mondiali.

mit_mö|gen intr. *(mag, mochte, gemocht;* aus. *haben)* **1** voler andare (con, anche) **2** *(mitkommen mögen)* voler venire (con, anche).

mit_müs|sen intr. *(muss, musste, gemusst;* aus. *haben)* **1** dover andare (con, anche): ***musst du auch mit?*** devi andare anche tu? **2** *(mitkommen müssen)* dover venire (con, anche).

Mit|nah|me f. *(-)* **1** BUROCR. *(Mitnehmen)* il prendere, il portare con sé: ***der Mitarbeiter verschwand unter ~ der Kasse*** il collaboratore sparì portandosi via la cassa **2** MECC. trascinamento *m.* **Mit|nah|me|preis** m. *(-[e]s,-e)* prezzo *m.* speciale cash and carry. **mit_neh|men** tr. *(nimmt, nahm, genommen)* **1a** prendere, portare con sé, portarsi: ***den Regenschirm ~*** prendere (con sé) l'ombrello **b** *(mitbringen, mitfahren)* portare (con sé): ***das Päckchen zur Post ~*** portare il pacchetto alla posta; ***jdn zu einem Fest ~*** portare qcn. a una festa **2** *(entwenden)* portare via, sottrarre: ***er hat einige silberne Löffel mitgenommen*** si è portato via alcuni cucchiai d'argento **3** COLLOQ. *(wegreißen)* portare via: ***das Auto hat den Zaun mitgenommen*** l'auto ha portato via lo steccato **4** COLLOQ. *(kaufen)* comprare al volo: ***gleich drei Pullover ~*** comprare al volo tre maglioni; ***ein Sonderangebot ~*** cogliere al volo un'offerta speciale **5** *(ermüden)* stancare, sfinire: ***das Laufen nimmt ihn mit*** correre lo stanca **6** COLLOQ. *(rasch besichtigen)* visitare: ***auf der Heimfahrt habe ich schnell Venedig mitgenommen*** sulla via del ritorno ho dato una rapida occhiata a Venezia **7** *(lernen, gewinnen)* ricavare, imparare: ***aus einem Kurs, einer Vorlesung viel ~*** imparare molto da un corso, da una lezione **8** MECC. trascinare ◆ ***jdn, etw. arg ~*** strapazzare, maltrattare qcn., qcs.; ***der Krieg hat das Land arg mitgenommen*** la guerra ha imperversato sul paese; ***jdn hart ~*** criticare qcn. severamente; ***er nimmt alles mit, was er kriegt*** non rinuncia a niente, prende qualsiasi cosa gli capiti; ***jdn sehr ~*** affaticare molto qcn. **Mit|neh|men, *zum ~*** da asporto. **Mit|neh|mer** m. *(-s,-)* MECC. trascinatore *m.*, dente *m.* di trascinamento.

mit|nich|ten avv. non... affatto, non... assolutamente.

Mi|to|chond|ri|um n. *(-s, Mitochondrien)* mitocondrio *m.*

Mi|to|se f. *(-)* mitosi *f.*

Mit|ra f. *(-, Mitren)* LIT. mitra *f.*

Mit|rail|leu|se [mitra(l)'jøzə] f. *(-,-n)* mitragliatrice *f.*

Mit|ral|klap|pe f. *(-,-n)* ANAT. valvola *f.* mitrale.

mit_rau|chen tr. **1** fumare (con, anche): ***willst du eine ~?*** vuoi fumarne una anche tu? **2** fumare passivamente. **Mit|rau|chen** n. *(-s)* ***passives ~*** fumo passivo.

mit_rech|nen I tr. ***etw. ~*** includere qcs. nel conto, tenere conto (anche) di qcs., conteggiare anche qcs. **II** intr. (aus. *haben*) contare (insieme): ***die Lehrerin rechnet an der Tafel, die Schüler rechnen mit*** la maestra fa i conti alla lavagna, gli alunni contano insieme con lei.

mit_re|den intr. (aus. *haben*) **1a** partecipare a una, alla conversazione (*o* discussione) **b** *(seine Meinung äußern)* dire la propria (opinione): ***musst du denn überall ~?*** devi proprio dire sempre la tua? ***hier kann ich nicht ~*** su questo non posso pronunciarmi **2** *(mitbestimmen)* avere voce in capitolo ◆ SPORT ***wir hoffen, vorne ~ zu können*** speriamo di piazzarci tra i primi; ***ein Wort mitzureden haben*** avere voce in capitolo nelle decisioni.

mit_rei|sen intr. (aus. *sein*) viaggiare (insieme): ***reist du mit ihm mit?*** viaggi insieme a lui? fai il viaggio con lui? **Mit|rei|sen|de** m. e f. *(-n,-n)* compagno *m.* (-a *f.*) di viaggio.

mit_rei|ßen tr. *(riss, gerissen)* **1** trascinare (con sé) **2** FIG. *(begeistern)* trascinare, entusiasmare, esaltare. **mit|rei|ßend** p.pres. agg. **1** → **mitreißen** **2** entusiasmante, esaltante: ***ein -es Spiel*** un gioco esaltante **3** *(von Menschen)* trascinatore: ***ein -es Temperament haben*** avere un temperamento trascinatore.

mit|sam|men avv. REGION. insieme. **mit|samt** prep. + dat. (insieme) con.

mit_schi|cken tr. mandare (insieme, anche): ***ich schicke ihnen die Papiere mit*** insieme le mando anche i documenti.

mit_schlei|fen tr. **1** trascinare (con sé), trascinarsi dietro: FIG. ***jdn ins Kino ~*** trascinare qcn. al cinema; ***von einem Auto mitgeschleift werden*** essere trascinato da una macchina **2** COLLOQ. *(mitschleppen)* tirarsi dietro: ***zu viele Sachen in den Urlaub ~*** portarsi troppe cose in vacanza.

mit_schlep|pen tr. COLLOQ. **1** *(mit sich schleppen)* tirarsi, portarsi dietro **2** portare, far venire con sé: ***jdn ins Theater ~*** portare qcn. a teatro.

mit_schnei|den tr. *(schnitt, geschnitten)* RAD. TELEV. registrare. **Mit|schnitt** m. *(-[e]s,-e)* RAD. TELEV. registrazione *f.*

mit_schrei|ben tr. *(schrieb, geschrieben)* ***eine Unterrichtsstunde, einen Vortrag ~*** prendere appunti di una lezione, di una conferenza; assol. ***er schreibt immer mit*** prende sempre appunti ◆ ***die Prüfungsarbeit ~*** dare l'esame scritto, dare lo scritto.

Mit|schuld f. *(-)* corresponsabilità *f.*; *(Mittäterschaft)* complicità *f.*: ***jds ~ an etw. nachweisen*** provare la complicità di qcn. in qcs. **mit|schul|dig** agg. corresponsabile; *(an einer Straftat)* complice. **Mit|schul|di|ge** m. e f. *(-n,-n)* corresponsabile *m.* e *f.*; *(Mittäter)* complice *m.* e *f.*

Mit|schü|ler m. *(-s,-)* compagno *m.* di scuola. **Mit|schü|le|rin** f. *(-,-nen)* compagna *f.* di scuola.

mit_schwin|gen intr. *(schwang, geschwungen;* aus. *haben)* **1** oscillare, vibrare (insieme) **2** FIG. trapelare, trasparire: ***Angst schwang in seinen Worten mit*** dalle sue parole trapelava la paura.

mit_sin|gen intr. *(sang, gesungen;* aus. *haben)* cantare (insieme): ***in einem Chor ~*** cantare in un coro.

mit_sol|len intr. (aus. *haben*) COLLOQ. **1** dover andare (con, anche): ***sollst du auch mit nach Rom?*** devi andare anche tu a Roma? **2** *(mitkommen sollen)* dover venire (con, anche) **3** *(mitgenommen werden)* doversi portare (con, anche): ***soll das alles noch mit?*** si deve portare anche tutto questo?

mit_spie|len **I** tr. ***etw. ~*** partecipare a qcs. **II** intr. (aus. *haben*) **1** giocare (con, anche): ***möchtest du ~?*** vuoi giocare anche tu? **2** *(billigen, unterstützen)* essere d'accordo, approvare: ***dabei spielt er nicht mit*** su questo non è d'accordo, questo non lo approva; ***hier werden deine Eltern nicht ~*** questo i tuoi genitori non lo approveranno **3** *(in einem Orchester)* suonare **4** TEATR. CINEM. recitare **5** SPORT *(in einer Mannschaft)* giocare **6** *(sich mit auswirken)* entrare in gioco, concorrere: ***dabei spielen persönliche Gründe mit*** in questo entrano in gioco motivi personali ◆ ***jdm übel, schlimm ~*** giocare (*o* fare) un brutto tiro a qcn.; ***das Wetter hat (nicht) mitgespielt*** il tempo (non) ha giocato a favore. **Mit|spie|ler** m. *(-s,-)* **1** *(bei einem Spiel)* compagno *m.* (di gioco) **2** *(Mitbewerber)* concorrente *m.*, partecipante *m.*

Mit|spra|che f. *(-)* partecipazione *f.* (alla conversazione, discussione). **Mit|spra|che|recht** n. *(-[e]s)* diritto *m.* di parola. **mit_spre|chen** *(spricht, sprach, gesprochen)* **I** tr. dire, recitare (insieme): ***ein Gebet ~*** recitare insieme una preghiera **II** intr. (aus. *haben*) **1a** partecipare a una, alla conversazione (*o* discussione) **b** *(seine Meinung äußern)* dire la propria (opinione) **2** *(mitspielen)* entrare in gioco, concorrere **3** *(mitbestimmen)* avere voce in capitolo.

Mit|strei|ter m. *(-s,-)* combattente *m.*

1.Mit|tag m. *(-s,-e)* **1** mezzogiorno *m.*: ***gegen, über ~*** verso, intorno a mezzogiorno; ***jeden ~*** ogni giorno a mezzogiorno; ***heute ~*** oggi a mezzogiorno; LETT. ***des -s*** a mezzogiorno **2a** REGION. *(Nachmittag)* pomeriggio *m.* **b** avv. al, di pomeriggio **3** COLLOQ. *(Mittagspause)* pausa *f.* (di mezzogiorno), pausa *f.* (per il) pranzo **4** ANT. *(Süden)* mezzogiorno *m.* ◆ ***zu ~ essen*** pranzare; ***im ~ des Lebens*** nel pieno della vita.

2.Mit|tag n. *(-s)* COLLOQ. pranzo *m.*: ***~ kochen, essen*** cucinare il pranzo, pranzare. **Mit|tag|es|sen** n. *(-s)* pranzo *m.* ◆ ***er sitzt beim ~*** sta pranzando.

mit|tä|gig agg. meridiano. **Mit|tag|kar|te** f. *(-,-n)* menù *m.* **mit|täg|lich** agg. di mezzogiorno: ***die -e Pause*** la pausa di mezzogiorno. **Mit|tag|mahl** → **Mittagsmahl.** **mit|tags** avv. **1** a mezzogiorno: ***montags ~*** il lunedì a mezzogiorno; ***es ist 12 Uhr ~*** è mezzogiorno **2** REGION. di pomeriggio. **Mit|tags|blu|me** f. *(-,-n)* erba *f.* cristallina (*o* diacciola). **Mit|tags|brot** n. *(-[e]s)* pranzo *m.* **Mit|tags|gast** m. *(-[e]s,-gäste)* ospite *m.*, invitato *m.* a pranzo. **Mit|tags|glut** f. *(-)*, **Mit|tags|hit|ze** f. *(-)* calura *f.* di mezzogiorno (*o* meridiana). **Mit|tags|hel|le** f. *(-)* luce *f.* di mezzogiorno. **Mit|tags|hö|he** f. *(-)* ASTR. altezza *f.* meridiana. **Mit|tags|kreis** m. *(-es)* ASTRON. meridiano *m.* celeste. **Mit|tags|li|nie** f. *(-,-n)* (linea *f.*) meridiana *f.* **Mit|tags|mahl** n. *(-[e]s,-mähler* e *-e)*, **Mit|tags|mahl|zeit** f. *(-,-en)* pranzo *m.* **Mit|tags|pau|se** f. *(-,-n)* pausa *f.* di pranzo, intervallo *m.* di mezzogiorno: ***~ machen, halten*** fare l'intervallo di pranzo. **Mit|tags|ru|he** f. *(-)* riposo *m.*, riposino *m.* pomeridiano: ***~ halten*** fare la siesta. **Mit|tags|schicht** f. *(-,-en)* turno *m.* (di lavoro) pomeridiano. **Mit|tags|schlaf** m. *(-[e]s)* → **Mittagsschläfchen.** **Mit|tags|schläf|chen** n. *(-s,-)* sonnellino *m.*, pisolino *m.* pomeridiano: ***ein ~ machen, halten*** fare, schiacciare un sonnellino. **Mit|tags|son|ne** f. *(-)* sole *m.* di mezzogiorno. **Mit|tags|sper|re** f. *(-,-n)* AUSTR. → **Mittagspause.** **Mit|tags|stun|de** f. *(-)* mezzogiorno *m.*, ora *f.* di mezzogiorno. **Mit|tags|ta|fel** f. *(-,-n)*, **Mit|tags|tisch** m. *(-es,-e)* **1** tavola *f.* apparecchiata per il pranzo **2** ANT. *(Mittagessen)* pranzo *m.* **Mit|tags|wind** m. *(-[e]s)* vento *m.* di mezzogiorno, ostro *m.* **Mit|tags|zeit** f. *(-)* **1** mezzogiorno *m.* **2** *(Mittagspause)* intervallo *m.* di mezzogiorno.

Mit|tä|ter m. *(-s,-)* complice *m.* **Mit|tä|ter|schaft** f. *(-)* complicità *f.*

Mitt|drei|ßi|ger m. *(-s,-)* uomo *m.* di circa trentacinque anni. **Mitt|drei|ßi|ge|rin** f. *(-,-nen)* donna *f.* di circa trentacinque anni.

Mit|te f. *(-)* **1** centro *m.*, mezzo *m.*: ***in der ~ der Straße, des Zimmers*** in mezzo alla strada, alla camera; ***in der ~ des Platzes*** al centro della piazza **2** metà *f.*: ***~ Juni*** a metà giugno; ***~ des Jahres*** a metà anno; ***in der ~ des Jahrhunderts*** a metà del secolo; ***~ des Monats*** la metà del mese; ***einen Roman bis zur ~ lesen*** leggere un romanzo fino a metà, lasciare a metà un romanzo **3** POL. MAT. centro *m.*: ***die ~ des Kreises*** il centro del cerchio; ***die genaue ~*** il centro esatto; ***eine Partei, Politik, Koalition der ~*** un partito, una politica, una coalizione di centro **4** ANT. *(Taille)* vita *f.* ◆ ***ab durch die ~*** levati di torno! vattene! ***in eurer ~*** tra di voi; ***in der ~ gehen*** camminare fra due persone; ***die goldene ~*** il giusto mezzo; ***in der ~ liegen*** essere (*o* stare) al centro, a metà; ***in der ~ der Nacht*** nel cuore della notte; ***jdn in die ~ nehmen*** prendere in mezzo qcn.; ***einer aus unserer ~*** uno di noi, dei nostri; ***~ Zwanzig sein*** essere sui venticinque anni; ***in der ~ zwischen Bonn und Köln*** a metà strada tra Bonn e Colonia.

mit|teil|bar agg. comunicabile. **mit_tei|len** **I** tr. **1a** comunicare: ***jdm etw. mündlich, schriftlich, schonend ~*** comunicare qcs. a qcn. verbalmente, per iscritto, con riguardo **b** *(erzählen)* far sapere, mettere a conoscenza: ***jdm ein Geheimnis, eine Neuigkeit ~*** raccontare a qcn. un segreto, una novità (*o* mettere qcn. a conoscenza di un segreto, di una novità) **c** BUROCR. notificare, comunicare **2** trasmettere, diffondere: ***der Ofen teilte dem Zimmer eine gleichmäßige Wärme mit*** la stufa diffondeva nella stanza un calore uniforme **II** rifl. **sich ~** **1** confidarsi: ***sich einem Freund ~*** confidarsi con un amico **2** *(weitergeben)* ***seine Angst teilte sich uns allen mit*** comunicava a tutti noi la sua paura ◆ ***jdm etw. vertraulich ~*** confidare qcs. a qcn. **mit|tei|lens|wert** agg. degno di essere raccontato, riferito. **mit|teil|sam** agg. comunicativo, espansivo. **Mit|teil|sam|keit** f. *(-)* espansività *f.*, comunicativa *f.* **Mit|tei|lung** f. *(-,-en)* **1** comunicazione *f.*: ***eine ~ erhalten, weitergeben*** ricevere, inoltrare una comunicazione; ***eine vertrauliche, überraschende ~*** una comunicazione riservata, sorprendente; ***jdm eine ~ machen*** comunicare qcs. a qcn. **2a** BUROCR. comunicato *m.*, comunicazione *f.*: ***offizielle, dringende, amtliche ~*** comunicato ufficiale, comunicazione urgente, d'ufficio **b** DIR. notifica *f.*, avviso *m.* **Mit|tei|lungs|be|dürf|nis** n. *(-ses)* bisogno *m.* di comunicare. **Mit|tei|lungs|drang** m. *(-[e]s)* impulso *m.* di comunicare.

mit|tel **I** agg. mediocre: ***der Film ist so ~*** il film è mediocre **II** avv. mediocremente ◆ ***wie geht's dir? – ~!*** come va? – così così!

1.Mit|tel n. *(-s,-)* **1** mezzo *m.*: ***jedes ~ anwenden, einsetzen, benutzen*** impiegare ogni mezzo; ***zu einem wirksamen, zum letzten (äußersten) ~ greifen*** ricorrere a un mezzo efficace, a mezzi estremi; ***(nur) ~ zum Zweck sein*** rappresentare (soltanto) un mezzo per ottenere lo scopo; ***etw. mit allen -n versuchen*** tentare qcs. con ogni mezzo **2** pl. *(Geldmittel)* mezzi *m.pl.*; fondi *m.pl.*: ***verfügbare, freie ~*** mezzi, fondi disponibili; ***eigene ~*** mezzi propri; ***über begrenzte ~ verfügen*** disporre di mezzi limitati; ***eigene ~ bereitstellen*** mettere a disposizione i propri mezzi (finanziari); ***ohne ~ sein*** essere privo di mezzi **3a** *(Heilmittel)* rimedio *m.*: ***ein ~ gegen Rheumatismus*** un rimedio contro i reumatismi **b** *(chemisches Mittel)* prodotto *m.* **4** *(Durchschnittswert)* media *f.*: ***das arithmetische ~*** la media aritmetica; ***im ~*** in media ◆ ***bereitgestellte ~*** fondi stanziati; ***~ zur Bestreitung des Lebensunterhalts*** mezzi di sussistenza; ***flüssige ~*** liquidità; ***gesetzliche ~*** vie legali; ***gleichviel mit welchem ~*** non importa come (*o* con quale mezzo); ***~ der öffentlichen Hand*** fondi pubblici; ***laufende ~*** capitali circolanti; ANT. ***sich für jdn ins ~ legen*** prodigarsi per qcn.; ***öffentliche ~*** fondi pubblici; ***ihm ist jedes ~ recht*** si serve di ogni mezzo; ***staatliche ~*** fondi statali; ***kein ~ unversucht lassen*** non lasciare nulla di intentato; ***unzulässige ~*** mezzi illeciti; ***unzureichende ~*** mezzi inadeguati; ***~ und Wege zu etw. suchen, finden*** cercare, trovare la strada per fare qcs.; ***der Zweck heiligt die ~*** il fine giustifica i mezzi; ***zweckgebundene ~*** fondi a destinazione vincolata.

2.Mit|tel f. *(-)* TIP. ANT. corpo *m.* quattordici.

Mit|tel|ach|se f. *(-,-n)* asse *m.* mediano, centrale; *(Symmetrieachse)* asse *m.* di simmetria.

mit|tel|alt agg. RAR. di mezza età ◆ ***-er Parmesan*** parmigiano di media stagionatura. **Mit|tel|al|ter** n. *(-s)* **1** medioevo *m.*: ***im frühen, späten ~*** nel primo, tardo medioevo **2** SCHERZ. persona *f.* di mezza età. **mit|tel|al|te|rig** agg. RAR. di mezza età. **mit|tel|al|ter|lich** agg. **1** medievale (anche SPREG.) **2** → **mittelalterig. mit|tel|alt|rig** → **mittelalterig.**

Mit|tel|ame|ri|ka n.pr.n. *(-s)* America *f.* centrale. **mit|tel|ame|ri|ka|nisch** agg. centroamericano.

mit|tel|bar I agg. mediato, indiretto **II** avv. indirettamente: ***~ beteiligt sein*** essere indirettamente coinvolto. **Mit|tel|bau** m. *(-[e]s, -ten)* **1** corpo *m.* centrale (di un edificio) **2** UNIV. = quadro *m.* intermedio (collaboratori scientifici, personale insegnante con incarichi speciali). **Mit|tel|be|trieb** m. *(-[e]s,-e)* media impresa *f.*; *(von Industrie)* media industria *f.* **Mit|tel|chen** n. *(-s,-)* **1** *(Heilmittel)* rimedio *m.* casalingo **2** IRON. mezzuccio *m.*, espediente *m.* **Mit|tel|deck** n. *(-[e]s,-s)* MAR. ponte *m.* mediano.

mit|tel|deutsch agg. **1** della Germania centrale **2** LING. medio-tedesco, del medio tedesco. **Mit|tel|deutsch** n. *(-[s])*, **Mit|tel|deut|sche** n. *(-en)* **1** tedesco *m.* parlato nella Germania centrale **2** LING. medio-tedesco *m.* **Mit|tel|deutsch|land** n.pr.n. *(-s)* **1** Germania *f.* centrale **2** ANT. *(DDR)* = Repubblica *f.* Democratica Tedesca.

Mit|tel|ding n. *(-[e]s)* COLLOQ. cosa *f.*, via *f.* di mezzo: ***ein ~ zwischen Tasche und Koffer*** una via di mezzo fra una borsa e una valigia.

Mit|tel|eu|ro|pa n.pr.n. *(-s)* Europa *f.* centrale, Mitteleuropa *f.*: ***die Länder -s*** i paesi dell'Europa centrale; ***die Literatur -s*** la letteratura della Mitteleuropa. **mit|tel|eu|ro|pä|isch** agg. dell'Europa centrale, centroeuropeo; mitteleuropeo: ***die -en Länder*** i paesi dell'Europa centrale; ***die -e Kultur*** la cultura mitteleuropea.

mit|tel|fein agg. **1** medio **2** COMM. di qualità media.

Mit|tel|feld n. *(-[e]s,-er)* **1** SPORT centrocampo *m.* **2** *(von Läufern, Rennfahrern)* gruppo *m.*: ***im ~ liegen*** trovarsi, essere nel gruppo **3** LING. corpo *m.* della frase. **Mit|tel|feld|spie|ler** m. *(-s,-)* SPORT centrocampista *m.*

Mit|tel|fin|ger m. *(-s,-)* medio *m.*, dito *m.* medio. **Mit|tel|fran|ken** n.pr.n. *(-s)* Franconia *f.* centrale. **mit|tel|fris|tig** agg. e avv. a media scadenza (anche COMM.).

Mit|tel|fuß m. *(-es,-füße)* metatarso *m.* **Mit|tel|fuß|kno|chen** m. *(-s,-)* osso *m.* del metatarso.

Mit|tel|gang m. *(-[e]s,-gänge)* **1** *(der mittlere Gang)* passaggio *m.* centrale **2a** *(Durchgang)* corridoio *m.* centrale, di mezzo **b** *(im Krankenhaus)* corsia *f.* centrale. **Mit|tel|ge|bir|ge** n. *(-s,-)* media, mezza montagna *f.*

Mit|tel|ge|wicht n. *(-[e]s,-e)* SPORT **1** *(Klasse)* pesi *m.pl.* medi **2** → **Mittelgewichtler. Mit|tel|ge|wicht|ler** m. *(-s,-)* SPORT peso *m.* medio.

Mit|tel|glied n. *(-[e]s,-er)* **1** elemento *m.* centrale **2** *(Verbindungsglied)* anello *m.* di congiunzione.

mit|tel|groß agg. di media grandezza; ***ein -er Mann*** un uomo di media statura. **Mit|tel|grö|ße** f. *(-,-n)* **1a** media grandezza *f.* **b** *(Körpergröße)* media statura *f.* **2** *(Kleidergröße)* (taglia *f.*) media *f.*

mit|tel|gut agg. COLLOQ. mediocre. **Mit|tel|hand** f. *(-,-hände)* **1** MED. metacarpo *m.* **2** VETER. tronco *m.* di (un) animale **3** *(beim Kartenspiel)* seconda mano *f.* **Mit|tel|hirn** n. *(-[e]s,-e)* mesencefalo *m.*

mit|tel|hoch|deutsch agg. alto tedesco medio. **Mit|tel|hoch|deutsch** n. *(-[s])*, **Mit|tel|hoch|deut|sche** n. *(-n)* alto tedesco *m.* medio.

Mit|te-links-Bünd|nis n. *(-ses,-se)* coalizione *f.* di centro-sinistra.

Mit|tel|klas|se f. *(-,-n)* **1** *(Mittelschicht)* classe *f.* media, ceto *m.* medio **2** *(von Waren)* media qualità *f.* **3** SCOL. classe *f.* del triennio. **Mit|tel|klas|se|wa|gen** m. *(-s,-)* auto *f.* di media cilindrata.

Mit|tel|la|ge f. *(-,-n)* posizione *f.* intermedia (*o* mediana); MUS. registro *m.* medio. **mit|tel|län|disch** agg., ***das Mittelländische Meer*** il mare Mediterraneo. **Mit|tel|land|ka|nal** m. *(-s)* INTRAD. (canale che collega il Reno all'Elba).

Mit|tel|la|tein n. *(-s)* latino *m.* medievale, mediolatino *m.* **mit|tel|la|tei|nisch** agg. mediolatino.

Mit|tel|li|nie f. *(-,-n)* **1a** linea *f.* mediana, centrale **b** *(Mittelstreifen)* mezzeria *f.* **2** SPORT linea *f.* di metà campo.

mit|tel|los agg. privo di (*o* senza) mezzi; nullatenente. **Mit|tel|lo|sig|keit** f. *(-)* mancanza *f.* di mezzi.

Mit|tel|mäch|te pl. STOR. imperi *m.pl.* centrali.

Mit|tel|maß n. *(-es,-e)* mezza misura *f.* (anche SPREG.): ***über das ~ nicht hinauskommen*** non superare la media, SPREG. non uscire dalla mediocrità. **mit|tel|mä|ßig I** agg. mediocre: ***von -er Qualität*** di qualità mediocre **II** avv. mediocremente. **Mit|tel|mä|ßig|keit** f. *(-)* mediocrità *f.*

Mit|tel|meer n.pr.n. *(-s)* Mediterraneo *m.* **mit|tel|mee|risch** agg. mediterraneo. **Mit|tel|meer|kli|ma** n. *(-s)* clima *m.* mediterraneo. **Mit|tel|meer|län|der** pl. paesi *m.pl.* del Mediterraneo. **Mit|tel|meer|raum** m. *(-[e]s)* area *f.* del Mediterraneo.

mit|tel|nie|der|deutsch agg. basso tedesco medio. **Mit|tel|nie|der|deutsch** n. *(-[s])*, **Mit|tel|nie|der|deut|sche** n. *(-n)* basso tedesco *m.* medio.

Mit|tel|ohr n. *(-[e]s)* orecchio *m.* medio. **Mit|tel|ohr|ent|zün|dung** f. *(-,-en)* otite *f.* media.

mit|tel|präch|tig avv. SCHERZ. così così.

Mit|tel|punkt m. *(-[e]s,-e)* **1** punto *m.* centrale, centro *m.*: ***im ~ des Interesses stehen*** essere al centro dell'interesse; FIG. ***ein kultureller ~*** un centro culturale **2** GEOM. centro *m.*: ***der ~ des Kreises*** il centro del cerchio.

mit|tels prep.+ gen. ANT. mediante, tramite, per mezzo di: ***ein Brett ~ Schrauben befestigen*** fissare una mensola per mezzo di viti; *(in besonderen Fällen mit Dat.)* ***~ Drähten*** mediante fili di ferro.

Mit|tel|schei|tel m. *(-s,-)* scriminatura *f.* (*o* riga *f.*) in mezzo. **Mit|tel|schicht** f. *(-,-en)* ceto *m.* medio. **Mit|tel|schiff** n. *(-[e]s,-e)* navata *f.* centrale.

Mit|tel|schu|le f. *(-,-n)* **1** RFT *(Realschule)* scuola *f.* media (di tipo professionale) **2** CH AUSTR. ANT. *(Gymnasium)* liceo-ginnasio *m.* **Mit|tel|schul|leh|rer** m. *(-s,-)* insegnante *m.* di scuola media.

mit|tel|schwer agg. medio; *(von mittlerem Schwierigkeitsgrad)* di media difficoltà: ***eine -e Prüfung*** un esame di media difficoltà. **Mit|tel|schwer|ge|wicht** n. *(-[e]s,-e)* SPORT **1** *(Klasse)* pesi *m.pl.* medi **2** *(Sportler)* peso *m.* medio.

Mit|tels|mann m. *(-[e]s,-männer* e *-leute)* mediatore *m.*: ***über einen ~ Kontakt aufnehmen*** prendere contatto attraverso un mediatore.

mit|telst prep. → **mittels.**

mit|telst... agg. mediano, intermedio (fra più).

Mit|tel|stand m. *(-[e]s)* ceto *m.* medio. **mit|tel|stän|dig** agg. BOT. intermedio. **mit|tel|stän|disch** agg. del ceto medio, borghese. **Mit|tel|ständ|ler** m. *(-s,-)* appartenente *m.* al ceto medio, borghese *m.*

Mit|tel|stein|zeit f. *(-)* mesolitico *m.* **Mit|tel|stel|lung** f. *(-,-en)* posizione *f.* intermedia, mediana: ***eine ~ zwischen zwei Dingen einnehmen, innehaben*** assumere una posizione intermedia tra due cose. **Mit|tel|stim|me** f. *(-,-n)* MUS. voce *f.* media.

Mit|tel|stre|cke f. *(-,-n)* **1** tratto *m.* di media lunghezza, percorso *m.* medio **2** SPORT mezzofondo *m.* **Mit|tel|stre|cken|flug|zeug** n. *(-[e]s,-e)* aereo *m.* a media autonomia. **Mit|tel|stre|cken|lauf** m. *(-[e]s,-läufe)* (corsa *f.* di) mezzofondo *m.* **Mit|tel|stre|cken|läu|fer** m. *(-s,-)* mezzofondista *m.* **Mit|tel|stre|cken|ra|ke|te** f. *(-,-n)* missile *m.* a media gittata. **Mit|tel|streck|ler** m. *(-s,-)* GERG. → **Mittelstreckenläufer.**

Mit|tel|strei|fen m. *(-s,-)* **1** mezzeria *f.* **2** *(Grünstreifen)* spartitraffico *m.* erboso. **Mit|tel|stück** n. *(-[e]s,-e)* pezzo *m.* centrale. **Mit|tel|stu|fe** f. *(-,-n)* SCOL. grado *m.* intermedio. **Mit|tel|stür|mer** m. *(-s,-)* SPORT centravanti *m.* **Mit|tel|teil** m. *(-s,-e)* parte *f.* centrale. **Mit|te|lung** f. *(-,-en)* TECN. calcolo *m.* della media. **Mit|tel|was|ser** n. *(-s,-)* **1** livello *m.* medio (tra l'alta e la bassa marea) **2** *(durchschnittlicher Wasserstand)* portata *f.* media. **Mit|tel|weg** m. *(-[e]s,-e)* via *f.* di mezzo: ***einen ~ suchen, finden, gehen*** cercare, trovare, prendere una via di mezzo ◆ ***der goldene ~*** il giusto mezzo.

Mit|tel|wel|le f. *(-,-n)* RAD. onda *f.* media. **Mit|tel|wel|len|sen|der** m. *(-s,-)* stazione *f.* trasmittente a onde medie.

Mit|tel|wert m. *(-[e]s,-e)* **1** MAT. media *f.* **2** *(in einer Skala)* valore *m.* medio.

Mit|tel|wort n. *(-[e]s,-wörter)* participio *m.*: ***~ der Gegenwart, der Vergangenheit*** participio presente, passato. **Mit|tel|wort|satz** m. *(-es,-sätze)* proposizione *f.* participiale.

mit|ten avv. in (*o* nel) mezzo, in (*o* nel) centro, a metà ◆ ***~ auf der Straße*** in mezzo alla strada; ***~ durch die Stadt*** attraverso la città; ***~ entzwei brechen*** rompere in due; ***jdn ~ ins Herz treffen*** colpire qcn. al cuore; ***~ im See, in der Versammlung*** in mezzo al lago, nel bel mezzo della riunione; ***~ in der Arbeit sein*** essere molto preso, molto occupato; ***~ in der Nacht, im Winter*** nel cuore della notte, dell'inverno (*o* in piena notte, in pieno inverno); ***~ im Leben stehen*** stare coi piedi per terra; ***~ unter ihnen*** in mezzo a loro, fra loro. **mit|ten|drein** avv. nel mezzo. **mit|ten|drin** avv. **1** in (*o* nel) mezzo **2** *(bei einer Tätigkeit)* nel bel mezzo. **mit|ten|drun|ter** avv. in mezzo. **mit|ten|durch** avv. **1** nel mezzo: ***der Weg führt ~*** il sentiero passa nel mezzo **2** a metà: ***etw. ~ brechen*** rompere qcs. a metà **3** COLLOQ. *(durchschnittlich)* in media, mediamente. **mit|ten|in|ne** avv. nel (bel) mezzo. **mit|ten|mang** avv. REGION. COLLOQ. ***~ sein*** trovarsi in (*o* di) mezzo, essere coinvolto.

Mit|ter|nacht f. *(-)* **1** mezzanotte *f.*: ***es ist, schlägt ~*** è mezzanotte, suona la mezzanotte **2** ANT. *(Norden)* settentrione *m.*, nord *m.*: ***gen ~*** verso nord. **mit|ter|nächt|lich** agg. a mezzanotte: ***zu -er Stunde*** a mezzanotte. **mit|ter|nachts** avv. a mezzanotte. **Mit|ter|nachts|got|tes|dienst** m. *(-[e]s,-e)*, **Mit|ter|nachts|mes|se** f. *(-,-n)* messa *f.* di mezzanotte. **Mit|ter|nachts|son|ne** f. *(-)* sole *m.* di mezzanotte. **Mit|ter|nachts|stun|de** f. *(-,-n)* mezzanotte *f.*

Mitt|fas|ten pl. mezza quaresima *f.* **Mitt|fünf|zi|ger** m. *(-s,-)* uomo *m.* di circa, sui cinquantacinque anni. **Mitt|fünf|zi|ge|rin** f. *(-,-nen)* donna *f.* di circa, sui cinquantacinque anni.

mit|tig agg. TECN. centrale, assiale.

Mitt|ler m. *(-s,-)* mediatore *m.*, intermediario *m.*

mitt|le|re agg. **1a** *(in der Mitte liegend)* mediano, intermedio: ***die drei -n Finger*** le tre dita intermedie **b** centrale, di mezzo, di metà: ***das ~ Fenster*** la finestra centrale **2** *(durchschnittlich)* medio: ***die ~ Lebensdauer*** la durata media della vita; *(mittelgroß)* ***von -r Größe*** di statura media; ***ein -r Betrieb*** una media azienda ◆ ***ein Mann -n Alters*** un uomo di mezza età; ***die ~ Reife*** il diploma di scuola media.

Mitt|ler|rol|le f. *(-,-n)* ruolo *m.* di mediatore. **mitt|ler|wei|le** avv. nel frattempo, frattanto.

mit‿tra|gen tr. *(trägt, trug, getragen)* **1** portare insieme, aiutare a portare **2** FIG. condividere: ***jds Schmerz ~*** condividere il dolore di qcn.

mitt|schiffs avv. **1** *(in der Mitte des Schiffs)* nella mezzeria, nel centro della nave **2** a mezzanave: ***das Ruder ~ legen*** mettere il timone a mezzanave.

Mitt|som|mer m. *(-s,-)* periodo *m.* intorno al solstizio d'estate. **Mitt|som|mer|nacht** f. *(-,-nächte)* notte *f.* di mezza estate. **mitt|som|mers** avv. intorno al solstizio d'estate.

mit‿tun intr. *(tut, tat, getan;* aus. *haben)* REGION. partecipare, contribuire: ***bei etw. ~*** partecipare a qcs.

Mitt|vier|zi|ger m. *(-s,-)* uomo *m.* di circa, sui quarantacinque anni.

mitt|wegs avv. ANT. o REGION. a mezza strada. **Mitt|win|ter** m. *(-s,-)* periodo *m.* intorno al solstizio d'inverno. **mitt|win|ters** avv. intorno al solstizio d'inverno.

Mitt|woch m. *(-[e]s,-e)* mercoledì *m.*: ***am ~ gehe ich ins Kino*** mercoledì andrò al cinema; *(mittwochs)* il mercoledì (*o* di mercoledì) vado al cinema; ***eines -s*** un mercoledì; ***jeden ~*** ogni mercoledì. **Mitt|woch|abend** m. *(-s,-e)* mercoledì *m.* sera, sera *f.* di (*o* del) mercoledì. **mitt|wochs** avv. il mercoledì, di mercoledì.

mit|un|ter avv. talvolta, a volte; *(ab und zu)* di tanto in tanto.

mit‿un|ter|schrei|ben, mit‿un|ter|zeich|nen tr. sottoscrivere (insieme), controfirmare.

mit|ver|ant|wort|lich agg. corresponsabile: ***für etw. ~ sein*** essere corresponsabile di qcs. **Mit|ver|ant|wort|lich|keit** f. *(-)* l'essere corresponsabile, corresponsabilità *f.* **Mit|ver|ant|wor|tung** f. *(-)* corresponsabilità *f.*: ***die ~ für etw. tragen*** avere la corresponsabilità di qcs.

mit‿ver|die|nen intr. (aus. *haben*) contribuire al mantenimento della famiglia.

Mit|ver|fas|ser m. *(-s,-)* coautore *m.* **Mit|ver|gan|gen|heit** f. *(-)* AUSTR. GRAMM. imperfetto *m.* **Mit|ver|schul|den** n. *(-s)* concorso *m.* di colpa. **Mit|ver|schwo|re|ne** m. *(-n,-n)*, **Mit|ver|schwö|rer** m. *(-s,-)* complice *m.* in un complotto. **Mit|ver|si|che|rung** f. *(-,-en)* coassicurazione *f.* **Mit|welt** f. *(-)* contemporanei *m.pl.*

mit‿wir|ken intr. (aus. *haben*) **1** cooperare, collaborare: ***an, bei etw. (D) ~*** collaborare a qcs. **2** *(mitspielen)* partecipare: ***es wirkten mit...*** hanno partecipato... **3** *(beitragen)* concorrere, contribuire: ***an diesem Prozess wirken verschiedene Faktoren mit*** a questo processo contribuiscono diversi fattori. **Mit|wir|ken|de** m. e f. *(-n,-n)* **1** collaboratore *m.*, collaboratrice *f.* **2** *(an einem Film)* interprete *m.* e *f.* **Mit|wir|kung** f. *(-)* **1** cooperazione *f.*, collaborazione *f.*: ***unter ~ von*** con la collaborazione di; *(Beteiligung an einem Film)* partecipazione *f.* **3** *(Beitrag)* contributo *m.*

Mit|wis|sen n. *(-s)* conoscenza *f.*: ***ohne jds ~*** all'insaputa di qcn.

Mit|wis|ser m. *(-s,-)* **1** confidente *m.*, chi è a conoscenza (di un segreto) **2** DIR. connivente *m.* ◆ ***jdn zum ~ machen*** fare una confidenza a qcn. **Mit|wis|ser|schaft** f. *(-)* **1** conoscenza *f.* **2** DIR. connivenza *f.*

mit‿wol|len intr. *(will, wollte, gewollt;* aus. *haben)* **1** *(mitgehen wollen)* voler andare insieme **2** *(mitkommen wollen)* voler venire insieme.

mit‿zäh|len I tr. includere, comprendere (nel numero, nel conto); *(berücksichtigen)* ***jdn, etw. ~*** contare qcn., qcs., tenere conto di qcn., qcs. **II** intr. (aus. *haben*) *(gelten)* contare: ***seine Stimme zählt mit*** conta anche il suo voto.

mit‿zie|hen intr. *(zog, gezogen)* **1** (aus. *sein*) accodarsi a, seguire **2a** (aus. *haben*) COLLOQ. *(mitmachen)* aggiungersi, prendere parte **b** SPORT *(mithalten)* tenere dietro, seguire.

Mix|be|cher m. *(-s,-)* shaker *m.*, mixer *m.* **Mixed Grill** ['mɪkst 'grɪl] m. *(-[s],-s)* grigliata *f.* mista, misto *m.* (alla) griglia. **mi|xen** tr. **1** *(Getränke)* mescolare, mischiare **2** RAD. CINEM. TELEV. mixare, missare. **Mi|xen** n. *(-s)* missaggio *m.*, mixage *m.* **Mi|xer** m. *(-s,-)* **1** *(Barmixer)* barman *m.* **2** *(Gerät zum Zerkleinern und Mischen)* frullino *m.*, frullatore *m.* **3** RAD. CINEM. TELEV. mixer *m.* **Mix|ge|tränk** n. *(-[e]s,-e)* cocktail *m.* **Mix|pi|ckles** ['mɪkspɪkls] pl. sottaceti *m.pl.* **Mix|tur** f. *(-,-en)* **1a** *(flüssige Arzneimischung)* mistura *f.* **b** FIG. miscuglio *m.*, miscela *f.* **2** MUS. *(von Orgeln)* ripieno *m.*

MKS-Sys|tem n. *(-s)* sistema *m.* metrico, sistema *m.* MKS (*o* metro-chilogrammo-secondo).

Mne|mo|nik f. *(-)* mnemonica *f.* **mne|mo|nisch** agg. mnemonico. **Mne|mo|tech|nik** f. *(-,-en)* mnemotecnica *f.* **mne|mo|tech|nisch** agg. mnemotecnico.

Mo. ⇒ *Montag* lunedì (lun.).

Mo|a|bi|ter m. *(-s,-)* **1** moabita *m.* **2** abitante *m.* di Berlin-Moabit.

Mob m. *(-s)* plebaglia *f.*, canaglia *f.*

Mob|bing n. *(-s)* mobbing *m.*

Mö|bel n. *(-s,-* e AUSTR. SVIZZ. *-n)* **1a** mobile *m.*: ***ein ~ aus Birke*** un mobile di betulla **b** pl. *(Zimmereinrichtung)* mobili *m.pl.*, mobilia *f.*: ***die ~ polieren, rücken, umstellen*** lucidare, spostare i mobili, cambiare la disposizione dei mobili **2** COLLOQ. *(unhandlicher Gegenstand)* arnese *m.* ingombrante ◆ COLLOQ. FIG. ***er ist ein altes ~*** fa parte dell'arredamento; ***jdm die ~ gerade rücken*** (o ***gerade stellen***) mettere qcn. a posto, dare una lezione a qcn. **Mö|bel|fab|rik** f. *(-,-en)*, **Mö|bel|fir|ma** f. *(-,-firmen)* fabbrica *f.* di mobili, mobilificio *m.* **Mö|bel|ge|schäft** n. *(-[e]s,-e)* negozio *m.* di mobili. **Mö|bel|händ|ler** m. *(-s,-)* mobiliere *m.* **Mö|bel|pa|cker** m. *(-s,-)* operaio *m.* di un'impresa di traslochi. **Mö|bel|stoff** m. *(-[e]s,-e)* tappezzeria *f.* (per mobili). **Mö|bel|stück** n. *(-[e]s,-e)* mobile *m.* **Mö|bel|tisch|ler** m. *(-s,-)* ebanista *m.* **Mö|bel|wa|gen** m. *(-s,-)* furgone *m.* per, dei traslochi.

mo|bil agg. **1** mobile (anche ECON.): ***ein -es Labor*** un laboratorio mobile; ***-es Kapital*** capitale mobile **2** MIL. *(kriegsbereit)* mobilitato **3** COLLOQ. *(munter)* vivace, arzillo: ***eine -e alte Dame*** una vecchietta arzilla **4** *(von Büchereien)* circolante ◆ ***eine -e Gesellschaft*** una società caratterizzata dalla mobilità; ***~ machen*** mobilitare; ***die Regierung hat ~ gemacht*** il governo ha dichiarato la mobilitazione generale. **Mo|bi|le** n. *(-s,-s)* ART. mobile *m.* **Mo|bil|funk** m. *(-s)* radiomobile *f.*

Mo|bi|li|ar n. *(-s)* mobilia *f.*, mobilio *m.* **Mo|bi|li|ar|kre|dit** m. *(-[e]s,-e)* ANT. credito *m.* mobiliare. **Mo|bi|li|ar|ver|mö|gen** n. *(-s,-)* beni *m.pl.* mobili, patrimonio *m.* mobiliare. **Mo|bi|li|ar|ver|si|che|rung** f. *(-,-en)* ANT. assicurazione *f.* mobiliare.

Mo|bi|li|en pl. **1** ANT. *(Mobiliar)* mobilia *f.* **2** ECON. beni *m.pl.* mobili.

Mo|bi|li|sa|ti|on f. *(-,-en)* **1** mobilitazione *f.* (anche MIL. ECON.) **2** MED. rieducazione *f.* **mo|bi|li|sie|ren** tr. **1** mobilitare: ***die Nachbarn, Truppen, Kapital*** mobilitare i vicini, le truppe, il capitale **2** FIG. *(wecken)* ***alle Kräfte, Energien ~*** mobilitare tutte le forze, tutte le proprie energie **3** MED. rieducare: ***ein Gelenk ~*** rieducare un arto. **Mo|bi|li|sie|rung** f. *(-,-en)* → **Mobilisation.**

Mo|bi|li|tät f. *(-)* **1** mobilità *f.* (anche SOCIOL. ECON.) **2** *(geistige Beweglichkeit)* agilità *f.* mentale.

Mo|bil|ma|chung f. *(-,-en)* mobilitazione *f.*: ***die ~ anordnen*** ordinare la mobilitazione. **Mo|bil|te|le|fon** n. *(-s,-e)* telefono *m.* cellulare, cellulare *m.*

möb|lie|ren tr. ammobiliare. **möb|liert** p.pass. agg. ammobiliato ◆ SCHERZ. ***ein -er Herr*** uomo che vive in una camera ammobiliata. **Möb|lie|rung** f. *(-,-en)* **1** ammobiliamento *m.* **2** *(Mobiliar)* mobilia *f.*, mobilio *m.*

Mo|çam|bique [mosam'bi:k] n.pr.n. *(-s)* → **Mosambik.**

moch|te → **mögen.**

Möch|te|gern|künst|ler m. *(-s,-)* IRON. aspirante artista *m.*

mo|dal agg. modale.

Mo|da|li|tät f. *(-,-en)* modalità *f.*

Mo|dal|lo|gik f. *(-)* logica *f.* modale. **Mo|dal|satz** m. *(-[e]s,-sätze)* proposizione *f.* modale. **Mo|dal|verb** n. *(-s,-en)* verbo *m.* modale.

Mod|der m. *(-s)* REGION. COLLOQ. fango *m.*, melma *f.*; *(Morast)* palude *f.* **mod|de|rig, modd|rig** agg. fangoso, melmoso; *(morastig)* paludoso.

Mo|de f. *(-,-n)* **1** moda *f.*: ***die neueste ~ zeigen, vorführen*** presentare l'ultima moda; ***mit der ~ gehen, die ~ mitmachen*** seguire la moda; ***das ist (in), aus der ~*** è di, è fuori moda; ***zur ~ werden*** diventare una moda; ***nach der neuesten ~*** all'ultima moda; ***aus der ~ kommen*** passare di moda; ***wieder ~ werden*** ritornare di moda, tornare in voga; ***Griechenland ist heute große ~*** quest'anno la Grecia va molto di moda **2** *(Sitte)* moda *f.*, usanza *f.* ◆ ***was sind denn das für neue -n?*** che razza di modi sono questi; ***in ~ bringen*** mettere in voga, lanciare. **Mo|de|ar|ti|kel** m. *(-s,-)* articolo *m.* di moda. **Mo|de|aus|druck** m. *(-[e]s,-ausdrücke)* espressione *f.* (*o* termine *m.*) di, alla moda. **Mo|de|be|ruf** m. *(-[e]s,-e)* professione *f.* di, alla moda. **mo|de|be|wusst** agg. che segue la moda. **Mo|de|de|sig|ner** m. *(-s,-)* stilista *m.* **Mo|de|de|sig|ne|rin** f. *(-,-nen)* stilista *f.* **Mo|de|far|be** f. *(-,-n)* colore *m.* di moda. **Mo|de|fim|mel** m. *(-s,-)* COLLOQ. SPREG. mania *f.*, pallino *m.* della moda. **Mo|de|geck** m. *(-en,-en)* SPREG. bellimbusto *m.* **Mo|de|ge|schäft** n. *(-[e]s,-e)* negozio *m.* di mode. **Mo|de|haus** n. *(-[e]s, -häuser)* **1** casa *f.* di mode **2** → **Modegeschäft. Mo|de|heft** n. *(-[e]s,-e)*, **Mo|de|jour|nal** n. *(-s,-e)* giornale *m.*, rivista *f.* di moda. **Mo|de|krank|heit** f. *(-,-en)* **1** malattia *f.* di, alla moda **2** FIG. *(Modetorheit)* mania *f.* della moda.

1.Mo|del m. *(-s,-)* **1** TECN. modulo *m.* **2** *(Hohlform)* stampo *m.* (anche GASTR.) **3** *(Vorlage)* modello *m.*

2.Mo|del n. *(-s,-s)* fotomodella *f.*

Mo|dell n. *(-s,-e)* **1a** *(Muster)* modello *m.*, modellino *f.*: ***das ~ eines Gebäudes, einer Skulptur*** il modello di un edificio, di una scultura; ***ein ~ aus Holz*** un modello di legno **b** *(Beispiel)* modello *m.*: ***nach dem ~ von etw.*** sul (*o* seguendo il) modello di qcs. **c** *(Vorbild)* ***ein ~ der Demokratie*** un modello di democrazia **d** *(Typ, Ausführungsart)* ***das ~ einer neuartigen Maschine*** il modello di una nuova macchina **e** MAT. ***mathematische -e*** modelli matematici **2** *(in der Kunst)* modello *m.* (-a *f.*): ***jdm ~ sitzen, stehen*** fare da modello (*o* posare) per qcn. **3** *(Mannequin)* modella *f.*, indossatrice *f.* **4** *(Modellkleid)* modello *m.*: ***ein Pariser ~*** un modello parigino. **Mo|dell|bau** m. *(-[e]s)* modellismo *m.* **Mo|dell|bau|er** m. *(-s,-)* modellista *m.* **Mo|dell|ei|sen|bahn** f. *(-,-en)* ferrovia *f.* in miniatura; COLLOQ. trenino *m.* **Mo|del|leur** [model'lø:ɐ] m. *(-s,-e)* modellatore *m.* **Mo|dell|fall** m. *(-[e]s,-fälle)* caso *m.* tipico, esemplare. **Mo|dell|flug|zeug** n. *(-[e]s,-e)* modello *m.* di aereo, aeromodello *m.* **mo|dell|haft I** agg. **1** come un modello **2** *(vorbildlich)* esemplare **II** avv. in modo esemplare, esemplarmente.

Mo|del|lier|bo|gen m. *(-s,-)* cartoncino *m.* prestampato (per costruire modellini). **mo|del|lie|ren** tr. **1** modellare: ***Plastilin, Wachs ~*** modellare della plastilina, della cera; ***eine Figur in Gips ~*** modellare una figura in gesso **2** *(ein Modell herstellen)* ***gesellschaftliche Veränderungen ~*** elaborare il modello di cambiamenti sociali. **Mo|del|lie|rer** m. *(-s,-)* modellatore *m.* **Mo|del|lier|holz** n. *(-[e]s,-hölzer)* stecca *f.* da modellatore. **Mo|del|lier|mas|se** f. *(-,-n)* materiale *m.*, pasta *f.* per modellare. **Mo|del|lie|rung** f. *(-,-en)* modellazione *f.*, modellatura *f.*

Mo|dell|kleid n. *(-[e]s,-er)* modello *m.* **Mo|dell|pup|pe** f. *(-,-n)* manichino *m.* **Mo|dell|tisch|ler** m. *(-s,-)* falegname *m.* modellista. **Mo|dell|ver|such** m. *(-[e]s,-e)* prova di, su un modello. **Mo|dell|zeich|nung** f. *(-,-en)* disegno *m.* di un, del modello.

mo|deln I tr. modellare, formare **II** intr. (aus. *haben*) ***an etw. ~*** apportare delle modifiche a qcs. **Mo|del|tuch** n. *(-[e]s,-tücher)* ANT. tela *f.* prestampata per ricamo. **Mo|del|lung** f. *(-,-en)* modellatura *f.*

Mo|dem m. e n. *(-s,-s)* modem *m.*

Mo|de|ma|cher m. *(-s,-)* creatore *m.* di moda. **Mo|den|ge|schäft** → **Modegeschäft. Mo|den|haus** → **Modehaus. Mo|den|heft** → **Modeheft. Mo|den|jour|nal** → **Modejournal. Mo|den|schau** f. *(-,-en)* sfilata *f.* di moda, défilé *m.* **Mo|den|zeit|schrift** → **Modezeitschrift. Mo|den|zei|tung** → **Modezeitung. Mo|de|pup|pe** f. *(-,-n)* COLLOQ. SPREG. figurino *m.*

Mo|der m. *(-s)* **1** marciume *f.*, putridume *f.*: ***es riecht nach ~*** c'è odore di marciume **2a** REGION. *(Schlamm)* fango *m.*, melma *f.* **b** *(Morast)* palude *f.*

mo|de|rat I agg. moderato **II** avv. moderatamente: ***sich ~ zeigen*** mostrarsi moderato.

Mo|de|ra|ti|on f. *(-,-en)* **1** RAD. TELEV. conduzione *f.*: ***die ~ des Programms*** la conduzione del programma **2** ANT. *(Mäßigung)* moderazione *f.* **Mo|de|ra|tor** m. *(-s,-en)* moderatore *m.* (anche FIS.). **Mo|de|ra|to|rin** f. *(-,-nen)* moderatrice *f.*

Mo|der|ge|ruch m. *(-s)* puzza *f.* di marcio, di muffa.

mo|de|rie|ren tr. **1** moderare: ***eine Sendung ~*** moderare una trasmissione **2** ANT. moderare: ***seinen Zorn ~*** moderare la propria ira.

mo|de|rig I agg. marcio, putrido **II** avv. ***~ riechen*** puzzare di marcio, di muffa.

1.mo|dern intr. (aus. *haben, sein*) ammuffire; *(verwesen)* imputridire, marcire.

2.mo|dern I agg. **1** moderno: ***-e Gebäude, Kunst, Ideen*** edifici moderni, arte moderna, idee moderne; ***die -e Gesellschaft*** la società moderna; ***-er Fünfkampf*** pentathlon moderno **2** *(modisch)* moderno, alla moda: ***diese Hosen sind nicht mehr ~*** questi pantaloni non sono più di moda **II** avv. **1** in modo moderno: ***sich ~ kleiden*** vestirsi in modo moderno ◆ ***~ denken*** avere idee moderne. **Mo|der|ne** f. *(-)* **1** modernità *f.* **2** *(moderne Richtung)* nuova, attuale tendenza *f.*: ***die ~ in der Literatur*** la nuova tendenza letteraria. **mo|der|ni|sie|ren** tr. **1** *(modern machen)* modernizzare **2** *(wieder modern machen)* rimodernare, ammodernare: ***ein altes Haus ~*** rimodernare una vecchia casa. **Mo|der|ni|sie|rung** f. *(-,-en)* **1** modernizzazione *f.*: ***die ~ der Innenausstattung*** la modernizzazione dell'arredamento **2** rimodernamento *m.*, ammodernamento *m.*: ***die ~ des Schulgebäudes*** il rimordernamento della scuola. **Mo|der|nis|mus** m. *(-, Modernismen)* modernismo *m.* **Mo|der|nist** m. *(-en,-en)* modernista *m.* **Mo|der|ni|tät** f. *(-,-en)* modernità *f.*

Mo|de|sa|che, ***das ist (eine) ~*** è una questione di moda. **Mo|de|sa|lon** m. *(-s,-s)* salone *m.* di mode. **Mo|de|schau** → **Modenschau. Mo|de|schmuck** m. *(-[e]s)* bigiotteria *f.* di, alla moda. **Mo|de|schöp|fer** m. *(-s,-)* creatore *m.* di moda. **Mo|de|schrei** m. *(-[e]s)* ultimo grido *m.* (della moda). **Mo|de|schrift|stel|ler** m. *(-s,-)* scrittore *m.* di moda (*o* in voga).

mo|dest agg. ANT. modesto.

Mo|de|tanz m. *(-es,-tänze)* ballo *m.* di, alla moda. **Mo|de|tor|heit** f. *(-,-en)* mania *f.*, pallino *m.* della moda. **Mo|de|wa|re** f. *(-,-n)* articolo *m.* di, alla moda. **Mo|de|welt** f. *(-)* mondo *m.* della moda. **Mo|de|wort** n. *(-[e]s,-wörter)* parola *f.* di moda. **Mo|de|zeich|ne|rin** f. *(-,-nen)* disegnatrice *f.* di moda. **Mo|de|zeit|schrift** f. *(-,-en)* rivista *f.* di moda. **Mo|de|zei|tung** f. *(-,-en)* giornale *m.* di moda.

Mo|di|fi|ka|ti|on f. *(-,-en)* modificazione *f.*, modifica *f.*: ***-en an etw. vornehmen*** apportare delle modifiche a qcs.; BIOL. modificazione *f.* **mo|di|fi|zie|ren** tr. modificare (anche BIOL.). **mo|di|fi|zie|rend** p.pres. agg. modificante; BIOL. modificatore. **Mo|di|fi|zie|rung** f. *(-,-en)* modificazione *f.*

mo|disch I agg. moderno, alla moda **II** avv. alla moda: ***sich ~ anziehen*** vestire alla moda.

Mo|dis|tin f. *(-,-nen)* modista *f.*

mod|rig → **moderig.**

1.Mo|dul m. *(-s,-n)* FIS. MAT. TECN. modulo *m.*

2.Mo|dul n. *(-s,-e)* INFORM. modulo *m.* **mo|du|lar** agg. modulare. **Mo|du|la|ti|on** f. *(-,-en)* EL. MUS. modulazione *f.* **mo|du|la|ti|ons|fä|hig** agg. modulabile. **Mo|du|la|tor** m. *(-s,-en)* modulatore *m.* **mo|du|lie|ren** tr. EL. MUS. modulare.

Mo|dus m. *(-, Modi)* **1** modo *m.*, metodo *m.*: ***einen gemeinsamen ~ bei der Arbeit finden*** trovare un metodo comune di lavoro; ***den ~ der Abstimmung festlegen*** stabilire il modo di votare; ***nach einem bestimmten ~ handeln*** agire secondo un certo metodo **2** FILOS. GRAMM. MUS. modo *m.*

Mo|fa n. *(-s,-s)* COLLOQ. (accorc. *Motorfahrrad*) motorino *m.*

Mo|fet|te f. *(-,-n)* GEOL. mofeta *f.*

Mo|ge|lei f. *(-,-en)* imbroglio *m.*; *(beim Kartenspiel)* il barare; *(bei Klassenarbeiten)* copiatura *f.* **mo|geln** intr. (aus. *haben*) COLLOQ. imbrogliare; *(beim Kartenspiel)* barare; *(bei Klassenarbeiten)* copiare. **Mo|gel|pa|ckung** f. *(-,-en)* COMM. GERG. confezione *f.* ingannevole.

mö|gen mod. (ich *mag*, du *magst*, er *mag*, wir *mögen*, ihr *mögt*, sie *mögen*; *mochte*; *hat gemocht/hat...mögen*) **I** *mit Infinitiv* (p.pass. *hat... mögen*) **1** *(den Wunsch haben; wollen)* volere, desiderare: ***er mag nicht nach Hause gehen*** non vuole (*o* non gli va di) andare a casa; ***sie möchte gerne schlafen*** vorrebbe dormire; ***das hätte ich sehen ~*** questo avrei voluto vederlo **2a** *(können, dürfen)* potere: ***es mag sein, dass...*** può essere (*o* può darsi) che...; ***es mochte gegen 8 Uhr sein*** potevano essere (*o* saranno state) circa le 8 **b** *(in Einräumungssätzen)* ***sie mag sagen, was sie will, sie hat trotzdem Unrecht*** può dire ciò che vuole (*o* dica pure quel che vuole), ha comunque torto **3** *(werden: oft mit Futur übersetzt)* potere: ***woher mag er das erfahren haben?*** da chi può averlo saputo? da chi l'avrà saputo? ***was mag er dazu sagen?*** cosa ne dirà? ***sie mag um die 50 sein*** potrà avere (*o* avrà) circa 50 anni; ***wer mag das sein?*** chi sarà? **4a** *(Wunsch: 1. Konjunktiv)* ***mögest du glücklich sein!*** che tu possa essere felice! che tu sia felice! **b** *(irrealer Wunsch: 2. Konjunktiv)* ***möchte es doch wieder Sommer sein!*** fosse di nuovo estate! **5** *(sollen; oft mit Konjunktiv, Infinitiv übersetzt)* dovere: ***die Passagiere ~ sich ruhig verhalten*** i passeggeri devono mantenere la calma (*o* mantengano la calma); ***mag er nur kommen!*** deve solo venire! che venga pure! ***sag ihr, sie möge zu mir kommen*** dille che venga da me (*o* dille di venire da me) **II** *als Vollverb* (p.pass. *gemocht*) **1** ***jd mag etw., jdn*** a qcn. piace qcs., qcn.: ***~ Sie Jazz, diesen Maler?*** le piace il jazz, questo pittore? ***manche mögen's heiß*** a qualcuno piace caldo; ***ich mag kein Fleisch*** non mi piace la carne; ***sie hat ihn nie gemocht*** non le è mai piaciuto, andato (a genio); ***sie mag es, morgens früh aufzustehen*** le piace alzarsi presto la mattina **2a** *(auf etw. Lust haben, wünschen)* volere, desiderare, aver voglia di, gradire: ***magst du einen Kaffee?*** vuoi un caffè? ***was möchten Sie? – ich möchte ein Paar Schuhe*** cosa desidera? (*o* in cosa posso servirla?) – vorrei un paio di scarpe; ***jetzt mag ich keinen Wein*** adesso non ho voglia di vino, non mi va il vino **b** *(gehen mögen)* voler andare: ***er hat nicht nach Hause gemocht*** non è voluto andare a casa; ***möchtest du zu ihm?*** vorresti andare da lui? ti va di andare da lui? ◆ ***ich möchte gern ein Bier trinken, ein Stück Kuchen essen*** berrei volentieri (*o* vorrei bere) una birra, mangerei volentieri (*o* vorrei mangiare) una fetta di torta; ***jdn gut leiden ~*** avere molta simpatia per qcn.; ***mag kommen, was da will (wolle)*** accada quel che accada, succeda quel che vuole; ***jdn nicht leiden ~*** non poter soffrire qcn.; ***jdn, etw. lieber ~*** preferire qcn., qcs.; ***man möchte meinen, dass...*** si direbbe che...; ***mag sein*** può essere, può darsi; ***das mag ja sein, aber...*** può essere, ma...; ***sich ~*** piacersi, amarsi: ***sie mögen sich nicht*** non si piacciono; ***was ich auch immer sagen, tun mag*** per quanto (io) dica, faccia; ***wo er auch sein mag*** dovunque sia; ***er mag wollen oder nicht, er muss es doch tun*** che gli piaccia o no (*o* volente o nolente), deve farlo.

Mog|ler m. *(-s,-)* COLLOQ. imbroglione *m.*; *(beim Kartenspiel)* baro *m.*

mög|lich agg. possibile: ***in allen -en Farben, Größen*** in tutti i colori possibili, in tutte le taglie possibili; ***das ist mir nicht möglich*** non mi è possibile, non posso; ***bei ihm ist alles ~*** con lui tutto è possibile ◆ ***besser ~*** meglio; ***morgen wäre es mir besser, leichter ~*** domani per me andrebbe meglio; ***das ist gut, leicht ~*** è possibilissimo, è molto probabile; ***etw. für ~ halten*** ritenere possibile qcs.; ***das ist kaum ~*** è quasi impossibile; ***leichter ~*** → ***besser ~***; ***etw. ~ machen*** rendere possibile qcs.; ***kannst du ~ machen, dass...?*** puoi fare in modo di...? ***(das ist ja gar) nicht ~!*** non è possibile! incredibile! ***das ist schon, wohl ~*** è possibilissimo, è probabile; ***so... wie ~*** il più... possibile: ***so groß, so klein wie ~*** il più grande, il più piccolo possibile; ***so bald, oft wie ~*** il più presto, spesso possibile; ***er arbeitet so schnell wie ~*** lavora più in fretta che può, a più non posso; ***so gut wie ~*** il meglio possibile, nel miglior modo possibile; ***so viel, wenig wie ~*** il più, il meno possibile; ***so viel wie ~ essen*** mangiare a più non posso; ***bring mir davon so viel wie ~*** portamene più che puoi; ***wenn ~,*** ANT. ***wo ~*** se (è) possibile, possibilmente. **Mög|li|che** n. *(-n)* il possibile, possibilità *f.*: ***alles ~ bedenken, tun*** considerare tutte le possibilità, fare tutto il possibile; ***im Rahmen des -n*** nei limiti del possibile.

mög|li|chen|falls avv. possibilmente, se possibile. **mög|li|cher|wei|se** avv. probabilmente, forse.

Mög|lich|keit f. *(-,-en)* **1** possibilità *f.*: ***es bleiben noch mehrere -en (offen)*** restano (aperte) ancora parecchie possibilità; ***diese ~ besteht nicht*** non sussiste questa possibilità; ***zwischen zwei -en wählen*** scegliere fra due possibilità **2** *(Gelegenheit)* occasione *f.*, opportunità *f.*, possibilità *f.*: ***jede ~ nutzen, ergreifen*** sfruttare, cogliere ogni occasione; ***eine preiswerte ~ zu reisen haben*** avere un'opportunità di viaggiare a prezzi economici; ***wenig ~ haben, etw. zu tun*** avere poche occasioni di fare qcs.; ***jdm eine ~ eröffnen*** offrire a qcn. una possibilità (di carriera); SPORT ***eine ~ vergeben*** fallire l'occasione (di segnare) **3** pl. *(Mittel)* possibilità *f.pl.*, mezzi *m.pl.*: ***das übersteigt seine -en*** questo è al di sopra delle sue possibilità, dei suoi mezzi ◆ ***ist es die ~?*** ma è possibile? davvero? ***nach ~*** se possibile, nella misura del possibile, per quanto possibile.

Mög|lich|keits|form f. *(-)* (modo *m.*) congiuntivo *m.*

mög|lichst (superl. di *möglich*) **I** agg. il più possibile: ***mit -er Präzision*** con la massima precisione possibile **II** avv. **1** il più possibile, quanto più possibile: ***~ oft, schnell*** il più spesso, il più in fretta possibile; ***mit ~ großer Sorgfalt*** con la massima cura possibile **2** *(wenn möglich)* se possibile, possibilmente ◆ ***~ bald*** al più presto, quanto prima; ***~ gut*** il meglio possibile, nel miglior modo possibile; ***sein Möglichstes tun*** fare del proprio meglio; ***~ viel*** il più possibile, il massimo.

Mo|gul, Mo|gul m. *(-s,-n)* **1** mogol *m.* **2** FIG. magnate *m.*

Mo|hair [mo'hɛ:ɐ] m. *(-s,-e)* mohair *m.*

Mo|ham|med n.pr.m. Maometto *m.* **Mo|ham|me|da|ner** m. *(-s,-)* maomettano *m.* **mo|ham|me|da|nisch** agg. maomettano.

Mo|här → **Mohair.**

Mo|hi|ka|ner m. *(-s,-)* moicano *m.* ◆ ***der letzte ~*** l'ultimo dei Moicani.

Mohn m. *(-[e]s,-e)* **1** papavero *m.* **2** *(Mohnsamen)* seme *m.* di papavero. **Mohn|blu|me** f. *(-,-n)* (fior *m.* di) papavero *m.* **Mohn|bröt|chen** n. *(-s,-)* panino *m.* con semi di papavero. **Mohn|ge|wäch|se** pl. papaveracee *f.pl.* **Mohn|korn** n. *(-[e]s,-körner)* → **Mohnsamen. Mohn|ku|chen** m. *(-s,-)* torta *f.* ai semi di papavero. **Mohn|öl** n. *(-[e]s)* olio *m.* di papavero. **Mohn|saft** m. *(-[e]s)* latice *m.* di papavero. **Mohn|sa|men** m. *(-s,-)* seme *m.* di papavero.

Mohr m. *(-en,-en)* ANT. moro *m.* ◆ ***einen -en weiß waschen wollen*** voler raddrizzare le gambe ai cani.

Möh|re f. *(-,-n)* carota *f.*

Moh|ren|hir|se f. *(-,-n)* sorgo *m.* **Moh|ren|kopf** m. *(-[e]s,-köpfe)* **1** INTRAD. (tipo di dolce ricoperto di cioccolato) **2** *(Negerkuss)* INTRAD. (meringa morbida ricoperta di cioccolato).

Möh|ren|saft m. *(-[e]s)* succo *m.* di carota.

moh|ren|schwarz agg. nero come un moro. **Moh|ren|wä|sche** f. *(-)* COLLOQ. = tentativo *m.* di raddrizzare le gambe ai cani.

Mohr|rü|be f. *(-,-n)* REGION. → **Möhre.**

Moi|ré [moa're:] n. *(-s,-s)* **1a** TESS. moiré *f.* **b** *(moirierter Stoff)* tessuto *m.* moiré (*o* marezzato) **2** TIP. moiré *m.*, marezzatura *f.* **moi|rie|ren** tr. TESS. marezzare.

mo|kant I agg. canzonatorio, beffardo **II** avv. in modo beffardo, canzonatorio.

Mo|kas|sin, Mo|kas|sin m. *(-s,-s* e *-e)* mocassino *m.*

Mo|kett m. *(-s)* tappezzeria *f.*

Mo|kick n. *(-s,-s)* motorino *m.*

mo|kie|ren rifl. ***sich über jdn ~*** farsi beffe di qcn., canzonare qcn.

Mok|ka m. *(-s,-s)* moca *m.* **Mok|ka|löf|fel** m. *(-s,-)* cucchiaino *m.* da caffè. **Mok|ka|tas|se** f. *(-,-n)* tazzina *f.* da caffè.

Mol n. *(-s,-e)* CHIM. mole *f.* **mo|lar** agg. CHIM. molare.

Mo|lar m. *(-s,-en)* ANAT. molare *m.* **Mo|lar|zahn** m. *(-[e]s,-zähne)* dente *m.* molare.

Mo|las|se f. *(-)* molassa *f.*

Molch m. *(-[e]s,-e)* tritone *m.*; *(Familie)* **-e** caudati *m.pl.*, urodeli *m.pl.* ◆ GERG. ***ein alter ~*** un vecchio.

Mol|dau n.pr.f. *(-)* **1** *(Fluss)* Moldava *f.* **2** STOR. *(Gegend)* Moldavia *f.* **Mol|dau|er** m. *(-s,-)* moldavo *m.* **mol|dau|isch** agg. moldavo.

1.Mo|le f. *(-,-n)* molo *m.*

2.Mo|le f. *(-,-n)* MED. mola *f.*

Mo|le|kel f. *(-,-n)* e AUSTR. n. *(-s,-)*, **Mo|le|kül** n. *(-s,-e)* molecola *f.* **mo|le|ku|lar** agg. molecolare. **Mo|le|ku|lar|bi|o|lo|gie** f. *(-)* biologia *f.* molecolare. **Mo|le|ku|lar|ge|ne|tik** f. *(-)* genetica *f.* molecolare. **Mo|le|ku|lar|ge|wicht** n. *(-[e]s,-e)* peso *m.* molecolare. **Mo|le|ku|lar|kraft** f. *(-,-kräfte)* forza *f.* molecolare. **Mo|le|ku|lar|mas|se** f. *(-,-n)* massa *f.* molecolare. **Mo|le|ku|lar|ver|stär|ker** m. *(-s,-)* maser *m.*

Mo|len|kopf m. *(-[e]s,-köpfe)* punta *f.* del molo.

mo|les|tie|ren tr. ANT. molestare, infastidire.

Mo|let|te f. *(-,-n)* TESS. moletta *f.*

Mo|li|nis|mus m. *(-)* molinismo *m.*

molk → **melken.**

Mol|ke f. *(-)*, REGION. **Mol|ken** m. *(-s)* siero *m.* di latte, lattosiero *m.* **Mol|ken|kur** f. *(-,-en)* cura *f.* a base di siero di latte.

Mol|ke|rei f. *(-,-en)* caseificio *m.*, latteria *f.* **Mol|ke|rei|ge|nos|sen|schaft** f. *(-,-en)* cooperativa *f.* casearia. **Mol|ke|rei|pro|dukt** n. *(-[e]s,-e)* prodotto *m.* del latte (*o* lattiero-caseario), latticino *m.*

mol|kig agg. simile al siero (del latte), sieroso.

1.Moll m. *(-[e]s,-e* e *-s)* TESS. mollettone *m.*

2.Moll n. *(-)* MUS. tonalità *f.* (*o* modo *m.*) minore ◆ ***auf ~ gestimmt sein*** essere giù di corda. **Moll|ak|kord** m. *(-[e]s,-e)* accordo *m.* minore. **Moll|drei|klang** m. *(-[e]s,-klänge)* MUS. triade *f.* minore.

Mol|le f. *(-,-n)* REGION. **1** (bicchiere *m.* di) birra *f.* **2** *(Bett)* letto *m.* ◆ ***es gießt mit -n*** piove a catinelle.

Möl|ler m. *(-s,-)* carica *f.*, letto *m.* di fusione, minerali *m.pl.* con fondenti. **möl|lern** tr. **1** *(Erz)* mescolare **2** *(Hochofen)* caricare.
mol|lert agg. REGION. e AUSTR. COLLOQ. rotondetto, paffutello.
mol|lig I agg. **1** *(rundlich)* rotondetto, paffutello, grassottello: ***eine kleine -e Dame*** una signora piccola e grassottella **2** *(behaglich warm)* bello caldo: ***ein -es Zimmer*** una camera bella calda; ***eine -e Wärme*** un piacevole calduccio **3** soffice e caldo: ***ein -er Pulli*** una maglia soffice e calda **II** avv. ***hier ist es ~ warm*** qui c'è un bel calduccio.
Moll|ton|art f. *(-,-en)* tonalità *f.* minore. **Moll|ton|lei|ter** f. *(-,-n)* scala *f.* minore.
Mol|lus|ke f. *(-,-n)* mollusco *m.*
Mo|lo m. *(-s, Moli)* AUSTR. → **1.Mole.**
Mo|loch m. *(-s,-e)* moloc(h) *m.* (anche FIG.).
Mo|lo|tow|cock|tail ['mɔlotɔf-] m. *(-s,-s)* bomba *f.* (*o* bottiglia *f.*) molotov, molotov *f.*
Mol|ton m. *(-s,-s)* TESS. mollettone *m.*
Mo|luk|ken n.pr.pl. Molucche *f.pl.*
Mo|lyb|dän n. *(-s)* molibdeno *m.*
1.Mo|ment m. *(-[e]s,-e)* momento *m.*: ***einen ~ warten*** aspettare un momento; ***einen ~ Zeit haben*** avere un momento di tempo; ***(einen) ~ bitte!*** un momento, per favore! ***~ (mal)*** un momento! ***der richtige, geeignete ~*** il momento giusto, adatto ◆ ***im ~*** per il momento, momentaneamente; ***im gleichen, nächsten, entscheidenden ~*** in quel momento, un istante dopo, nel momento decisivo; ***im letzten ~*** all'ultimo momento, minuto; ***jeden ~*** a momenti, da un momento all'altro; ***einen lichten ~ haben*** avere un momento di lucidità; COLLOQ. ***den rechten ~ erwischen, verpassen*** cogliere, non cogliere l'occasione.
2.Mo|ment n. *(-[e]s,-e)* **1** *(Umstand)* motivo *m.*, circostanza *f.*; *(Gesichtspunkt)* punto *m.* di vista; *(Merkmal)* caratteristica *f.* **2** LETT. elemento *m.*, fattore *m.*: ***ein retardierendes ~*** un elemento ritardante **3** FIS. momento *m.*
mo|men|tan I agg. **1** *(jetzig)* momentaneo, del momento, attuale: ***die -e Lage*** la situazione del momento **2** *(vorübergehend)* momentaneo, temporaneo, passeggero: ***eine -e Übelkeit*** un malessere momentaneo **II** avv. momentaneamente, al (*o* per il) momento. **Mo|ment|auf|nah|me** f. *(-,-n)*, **Mo|ment|bild** n. *(-[e]s,-er)* FOT. istantanea *f.* (anche FIG.).
Mo|na|co, Mo|na|co n.pr.n. *(-s)* Monaco *m.*, principato *m.* di Monaco.
Mo|na|de f. *(-,-n)* monade *f.* **Mo|na|den|leh|re** f. *(-)* teoria *f.* delle monadi. **Mo|na|do|lo|gie** f. *(-)* monadologia *f.*
Mo|na|ko → **Monaco.**
Mo|narch m. *(-en,-en)* monarca *m.*, sovrano *m.* **Mo|nar|chie** f. *(-,-n)* monarchia *f.*: ***absolute, konstitutionelle ~*** monarchia assoluta, costituzionale. **Mo|nar|chin** f. *(-,-nen)* sovrana *f.* **mo|nar|chisch** agg. monarchico. **Mo|nar|chis|mus** m. *(-)* monarchismo *m.* **Mo|nar|chist** m. *(-en,-en)* monarchico *m.*, monarchista *m.* **mo|nar|chis|tisch** agg. monarchico, monarchista.
Mo|nas|te|ri|um n. *(-s, Monasterien)* monastero *m.* **mo|nas|tisch** agg. monastico.
Mo|nat m. *(-[e]s,-e)* mese *m.*: ***am Anfang, Ende des -s*** all'inizio, alla fine del mese; ***das Kind ist vier -e alt*** il bambino ha quattro mesi; ***vorigen, nächsten ~*** il mese scorso, prossimo; ***nach, vor drei -en*** dopo tre mesi, tre mesi fa ◆ ***auf -e ausgebucht sein*** essere tutto esaurito per i prossimi mesi; ***er hat acht -e bekommen*** gli hanno dato otto mesi (di prigione); BUROCR. ***in Bezug auf Ihr Schreiben vom 12. dieses -s*** in riferimento alla Sua lettera del 12 corrente mese; COLLOQ. ***im sechsten ~ sein*** essere al sesto mese (di gravidanza); ***der kommende ~*** il mese entrante; COMM. ***laufenden -s*** corrente mese; ***von ~ zu ~*** di mese in mese.
mo|na|te|lang I agg. di mesi: ***-e Verhandlungen*** trattative di mesi **II** avv. per mesi, mesi e mesi. **mo|nat|lich I** agg. mensile: ***-es Gehalt*** stipendio mensile **II** avv. mensilmente: ***etw. ~ bezahlen*** pagare qcs. mensilmente.
Mo|nats|an|fang m. *(-[e]s)* inizio *m.* del mese. **Mo|nats|bei|trag** m. *(-[e]s,-beiträge)* contributo *m.* (*o* quota *f.*) mensile. **Mo|nats|be|richt** m. *(-[e]s,-e)* rapporto *m.* mensile. **Mo|nats|bin|de** f. *(-,-n)* assorbente *m.* igienico. **Mo|nats|blu|tung** f. *(-,-en)* flusso *m.* mensile (*o* mestruale). **Mo|nats|ein|kom|men** n. *(-s,-)* reddito *m.* mensile. **Mo|nats|en|de** n. *(-)* fine *f.* del mese. **Mo|nats|ers|te** m. *(-n,-n)* primo *m.* del mese: ***am -n*** il primo del mese. **Mo|nats|frist** f. *(-,-en)* spazio *m.* (*o* termine *m.*) di un mese: ***in ~*** entro un mese. **Mo|nats|ge|halt** n. *(-[e]s,-gehälter)* stipendio *m.* mensile, mensilità *f.* ◆ ***dreizehntes ~*** tredicesima. **Mo|nats|geld** n. *(-[e]s,-er)* mensile *m.*, COLLOQ. mesata *f.* **Mo|nats|hälf|te** f. *(-)* metà *f.* del mese. **Mo|nats|heft** n. *(-[e]s,-e)* fascicolo *m.* mensile. **Mo|nats|kar|te** f. *(-,-n)* tessera *f.* mensile. **Mo|nats|letz|te** m. *(-n,-n)* ultimo *m.* del mese. **Mo|nats|lohn** m. *(-[e]s,-löhne)* salario *m.* mensile, mensilità *f.* **Mo|nats|mie|te** f. *(-,-n)* affitto *m.* mensile. **Mo|nats|ra|te** f. *(-,-n)* rata *f.* mensile, mensilità *f.* **Mo|nats|ro|se** f. *(-,-n)* rosa *f.* rifiorente. **Mo|nats|schrift** f. *(-,-en)* rivista *f.* mensile, mensile *m.*: ***seine ~ bekommen*** ricevere il proprio mensile. **Mo|nats|wech|sel** m. *(-s,-)* ANT. *(Unterhaltsgeld)* mensile *m.* **mo|nat(s)|wei|se** avv. mese per mese; ***~ abrechnen*** contare un tanto al mese.
Mönch m. *(-[e]s,-e)* **1** monaco *m.*: ***~ werden*** farsi monaco **2** EDIL. *(Dachziegel)* tegola *f.* curva, coppo *m.*, tegola *f.* a canale **3** *(Mittelsäule einer Wendeltreppe)* struttura *f.* portante (di una scala a chiocciola) **4** IDR. *(Abflussvorrichtung)* scarico *m.* **mön|chisch** agg. monacale, monastico. **Mönchs|gras|mü|cke** f. *(-,-n)* capinera *f.* **Mönchs|klos|ter** n. *(-s,-klöster)* convento *m.*, monastero *m.* **Mönchs|kut|te** f. *(-,-n)* tonaca *f.* monastica. **Mönchs|la|tein** n. *(-s)* latino *m.* maccheronico. **Mönchs|le|ben** n. *(-s)* vita *f.* monacale (*o* monastica). **Mönchs|or|den** m. *(-s,-)* ordine *m.* monastico. **Mönchs|pfef|fer** m. *(-s)* agnocasto *m.* **Mönchs|rob|be** f. *(-,-n)* ZOOL. monaco *m.* **Mönch(s)|tum** n. *(-s)* **1** monachesimo *m.*, monachismo *m.* **2** *(das Mönchsein)* monacato *m.* **Mönchs|we|sen** n. *(-s)* monachesimo *m.* **Mönchs|zel|le** f. *(-,-n)* cella *f.* di monaco.
Mond m. *(-[e]s,-e)* **1a** luna *f.*: ***abnehmender, zunehmender ~*** luna calante, crescente; ***halber, voller ~*** mezzaluna, luna piena; ***die Scheibe, Sichel des -es*** il disco, la falce della luna; ***der ~ hat einen Hof*** la luna ha un alone; ***der ~ geht auf, unter*** la luna sorge, tramonta; ***zum ~ fliegen*** volare, andare sulla luna **b** *(Satellit)* satellite *m.*, luna *f.*: ***die -e des Jupiter*** le lune di Giove; ***ein künstlicher ~*** un satellite artificiale **2** COLLOQ. *(Glatze)* pelata *f.* **3** LETT. ANT. *(Monat)* luna *f.*, mese *m.* **4** GASTR. (biscotto *m.* a forma di) mezzaluna *f.* ◆ COLLOQ. FIG. ***den ~ anbellen*** abbaiare alla luna; ***die Uhr geht nach dem ~*** l'orologio è impazzito; COLLOQ. ***in den ~ gucken*** rimanere con un palmo di naso (*o* a bocca asciutta); ***auf dem ~ landen*** atterrare sulla luna (*o* allunare); ***auf, hinter dem ~ leben*** vivere sulla luna (*o* nel mondo della luna); ***der Mann im ~*** l'uomo sulla luna; ***jdn auf den, zum ~ schießen mögen*** volere spedire qcn. a quel paese; COLLOQ. ***etw. in den ~ schreiben*** dare qcs. per perso, lasciar perdere qcs.
mon|dän agg. mondano. **Mon|dä|ni|tät** f. *(-)* mondanità *f.*
Mond|auf|gang m. *(-[e]s,-aufgänge)* il sorgere della luna. **Mond|bahn** f. *(-,-en)* orbita *f.* lunare, della luna. **mond|be|schie|nen** agg. LETT. illuminato dalla luna. **Mond|blind|heit** f. *(-)* VETER. (mal *m.* della) luna *f.*, oftalmia *f.* periodica. **Mönd|chen** n. *(-s,-)* **1** piccola luna *f.* **2** *(sichelförmiger Gegenstand)* lunetta *f.* **3** *(Nagelmöndchen)* lunula *f.* **Mon|den|schein** m. *(-s)* LETT. → **Mondschein. Mond|fäh|re** f. *(-,-n)* → **Mondlandefähre. Mond|fins|ter|nis** f. *(-,-se)* eclissi *f.* lunare: ***partielle, totale ~*** eclissi di luna parziale, totale. **Mond|fisch** m. *(-es,-e)* pesce *m.* luna. **Mond|flug** m. *(-[e]s,-flüge)* volo *m.* sulla luna. **Mond|ge|sicht** n. *(-[e]s,-er)* COLLOQ. faccia *f.* (*o* faccione *m.*) di luna piena. **mond|hell** agg. illuminato dalla luna: ***eine -e Nacht*** una notte di luna. **Mond|jahr** n. *(-[e]s,-e)* anno *m.* lunare. **Mond|kalb** n. *(-[e]s,-kälber)* COLLOQ. imbecille *m.* **Mond|kra|ter** m. *(-s,-)* cratere *m.* lunare. **Mond|lan|de|fäh|re** f. *(-,-n)* modulo *m.* lunare. **Mond|land|schaft** f. *(-,-en)* **1** *(Mondoberfläche)* paesaggio *m.* lunare **2** *(Landschaft im Mondlicht)* paesaggio *m.* illuminato dalla luna. **Mond|lan|dung** f. *(-,-en)* allunaggio *m.* **Mond|licht** n. *(-[e]s)* luce *f.* della luna, lunare. **mond|los** agg. senza luna. **Mond|nacht** f. *(-,-nächte)* notte *f.* di luna. **Mond|ober|flä|che** f. *(-)* superficie *f.* lunare. **Mond|or|bit** m. *(-s,-s)* orbita *f.* lunare. **Mond|pha|se** f. *(-,-n)* fase *f.* lunare. **Mond|preis** m. *(-es,-e)* GERG. prezzo *m.* astronomico. **Mond|ra|ke|te** f. *(-,-n)* missile *m.* lunare. **Mond|rau|te** f. *(-,-n)* BOT. botrichio *m.* **Mond|ring** m. *(-s,-e)* BOT. lunatura *f.*, doppio alburno *m.* **Mond|schei|be** f. *(-,-n)* disco *m.* lunare. **Mond|schein** m. *(-[e]s)* chiaro *m.* di luna: ***bei, im ~*** al chiaro di luna ◆ COLLOQ. ***du kannst mir im ~ begegnen*** lasciami in pace. **Mond|schein|ta|rif** m. *(-s,-e)* = tariffa *f.* ridotta notturna (per la teleselezione). **Mond|si|chel** f. *(-,-n)* falce *f.* di luna. **Mond|son|de** f. *(-,-n)* sonda *f.* lunare. **Mond|stein** m. *(-[e]s,-e)* pietra *f.* di luna, lunaria *f.*
Mond|sucht f. *(-)* sonnambulismo *m.* **mond|süch|tig** agg. sonnambulo. **Mond|süch|tig|keit** f. *(-)* → **Mondsucht.**
Mond|um|lauf m. *(-[e]s,-umläufe)* rivoluzione *f.* della luna. **Mond|um|lauf|bahn** f. *(-,-en)* → **Mondorbit. Mond|un|ter|gang** m. *(-[e]s,-untergänge)* tramonto *m.* della luna. **Mond|vier|tel** n. *(-s,-)* quarto *m.* di luna. **Mond|wech|sel** m. *(-s,-)* cambiamento *m.* della luna: ***heute ist, haben wir ~*** oggi cambia la luna.

Mo|ne|gas|se m. *(-,-n)* monegasco *m.* **mo|ne|gas|sisch** agg. monegasco.

Mo|nem n. *(-s,-e)* monema *m.*

mo|ne|tär agg. monetario. **Mo|ne|ten** pl. COLLOQ. soldi *m.pl.*, quattrini *m.pl.*, grana *f.*: ***rück die ~ raus!*** (tira) fuori la grana! ***keine ~ haben*** non avere il becco di un quattrino. **mo|ne|ti|sie|ren** tr. monetizzare. **Mo|ne|ti|sie|rung** f. *(-,-en)* monetizzazione *f.*

Mon|go|le m. *(-n,-n)* mongolo *m.* **Mon|go|len|fal|te** f. *(-,-n)* plica *f.* mongolica. **Mon|go|len|fleck** m. *(-[e]s,-e)* macchia *f.* mongolica (*o* sacrale). **mon|go|lid** agg. ETNOL. mongolide. **Mon|go|li|de** m. e f. *(-n,-n)* ETNOL. mongolide *m.* e *f.* **mon|go|lisch** agg. ETNOL. mongolico, mongolo. **Mon|go|lis|mus** m. *(-)* MED. mongolismo *m.* **mon|go|lo|id** agg. mongoloide (anche MED.). **Mon|go|lo|i|de** m. e f. *(-n,-n)* **1** mongolide *m.* e *f.* **2** MED. mongoloide *m.* e *f.*

mo|nie|ren tr. ***etw.*** ~ protestare, reclamare contro qcs.

Mo|ni|ka n.pr.f. Monica *f.*

Mo|nis|mus m. *(-)* monismo *m.* **Mo|nist** m. *(-en,-en)* monista *m.* **mo|nis|tisch** agg. monistico.

Mo|ni|tor m. *(-s,-en)* **1a** TECN. TELEV. MED. monitor *m.* **b** *(von Personalcomputern)* video *m.* **2** MINER. monitore *m.* **3** ANT. *(Mahner)* monitore *m.* **4** STOR. *(Kriegsschiff)* monitore *m.* **Mo|ni|to|ri|um** n. *(-s, Monitorien)* ANT. monitorio *m.* **Mo|ni|tum** n. *(-s, Monita)* monito *m.*

Mo|no n. *(-s,-)* GERG. mono *m.*

Mo|no|chord n. *(-[e]s,-e)* monocordo *m.* **mo|no|chrom** agg. monocromo, monocromatico. **Mo|no|die** f. *(-,-n)* monodia *f.* **mo|no|disch** agg. monodico.

mo|no|gam agg. monogamo. **Mo|no|ga|mie** f. *(-)* monogamia *f.* **mo|no|ga|misch** agg. **1** monogamico **2** → **monogam.**

mo|no|gen agg. monogeno. **Mo|no|ge|ne|se** f. *(-,-n)* monogenesi *f.* **mo|no|ge|ne|tisch** agg. monogenico. **Mo|no|go|nie** f. *(-,-n)* → **Monogenese.**

Mo|no|gramm n. *(-[e]s,-e)* monogramma *m.* **mo|no|gram|mie|ren** tr. firmare con monogramma. **Mo|no|gra|phie** f. *(-,-n)* monografia *f.* **mo|no|gra|phisch** agg. monografico.

Mo|no|kel n. *(-s,-)* monocolo *m.* **mo|no|ku|lar** agg. monoculare. **Mo|no|kul|tur** f. *(-,-en)* monocoltura *f.* **Mo|no|lith** m. *(-s* e *-en, -e[n])* monolito *m.* **mo|no|li|thisch** agg. monolitico (anche ELETTRON.); FIG. ***eine -e Partei*** un partito monolitico.

Mo|no|log m. *(-[e]s,-e)* monologo *m.*: ***einen ~ sprechen*** fare, recitare un monologo; ***-e halten*** fare monologhi; LETT. ***innerer ~*** monologo interiore. **mo|no|lo|gisch** agg. di, da monologo. **mo|no|lo|gi|sie|ren** intr. (aus. haben) monologare.

Mo|nom n. *(-s,-e)* monomio *m.*

mo|no|man agg. monomane, monomaniaco. **Mo|no|ma|ne** m. *(-n,-n)* monomane *m.* **Mo|no|ma|nie** f. *(-,-n)* monomania *f.*

mo|no|mer agg. monomero. **Mo|no|mer** n. *(-s,-e)*, **Mo|no|me|re** n. *(-n,-n)* monomero *m.*

mo|no|misch agg. monomio. **mo|no|phon** agg. monofonico, monoaurale. **Mo|no|pho|nie** f. *(-)* monofonia *f.*

Mo|noph|thong m. *(-s,-e)* monottongo *m.* **mo|noph|thon|gie|ren I** tr. monottongare **II** intr. (aus. *haben*) monottongarsi.

Mo|no|pol n. *(-s,-e)* **1** monopolio *m.*; *(alleiniges Recht)* esclusiva *f.*: ***ein ~ auf, für eine Ware haben*** avere, detenere il monopolio di una merce; ***ein ~ ausüben*** esercitare un monopolio **2** FIG. monopolio *m.*, esclusiva *f.*: ***die Wissenschaft ist nicht mehr das ~ der Männer*** la scienza non è più monopolio degli uomini ◆ ***gesetzliches ~*** monopolio legale (*o* di diritto); ***staatliches ~*** monopolio di stato, statale. **Mo|no|pol|in|ha|ber** m. *(-s,-)* detentore *m.* di un monopolio, monopolista *m.* **mo|no|po|li|sie|ren** tr. monopolizzare. **Mo|no|po|li|sie|rung** f. *(-,-en)* monopolizzazione *f.* **Mo|no|pol|list** m. *(-en,-en)* **1** *(Unternehmen)* azienda *f.* dententrice di monopolio, esclusiva **2** *(Unternehmer)* monopolista *m.* **mo|no|po|lis|tisch** agg. monopolistico.

Mo|no|pol|ka|pi|tal n. *(-[e]s)* capitale *m.* monopolistico. **Mo|no|pol|ka|pi|ta|lis|mus** m. *(-)* capitalismo *m.* monopolistico. **Mo|no|pol|ka|pi|ta|list** m. *(-en,-en)* monopolista *m.* **mo|no|pol|ka|pi|ta|lis|tisch** agg. di, del capitalismo monopolistico.

Mo|no|pol|miss|brauch m. *(-[e]s,-bräuche)* abuso *m.* della posizione di monopolio. **Mo|no|pol|preis** m. *(-es,-e)* prezzo *m.* di monopolio. **Mo|no|pol|stel|lung** f. *(-,-en)* posizione *f.* di monopolio.

Mo|nop|te|ros m. *(-, Monopteren)* tempio *m.* monoptero.

Mo|no|sac|cha|rid, Mo|no|sa|cha|rid n. *(-[e]s,-e)* monosaccaride *m.* **mo|no|sem** agg. monosemico. **mo|no|se|mie|ren** tr. disambiguare. **mo|no|syl|la|bisch** agg. monosillabico, monosillabo. **Mo|no|syl|la|bum** n. *(-s, Monosyllaba)* monosillabo *m.*

Mo|no|the|is|mus m. *(-)* monoteismo *m.* **Mo|no|the|ist** m. *(-en,-en)* monoteista *m.* **mo|no|the|is|tisch** agg. monoteistico, monoteista.

mo|no|ton agg. monotono (anche MAT.): ***eine -e Musik*** una musica monotona. **Mo|no|to|nie** f. *(-,-n)* monotonia *f.*

Mo|no|tre|men pl. monotremi *m.pl.* **Mo|no|ty|pie** f. *(-,-n)* monotipia *f.* **mo|no|va|lent** agg. monovalente. **Mo|no|xid, Mo|no|xyd** n. *(-[e]s,-e)* monossido *m.* **Mo|no|zyt** m. *(-en,-en)* monocito *m.* **Mo|no|zy|to|se** f. *(-)* monocitosi *f.*

Mons|ter n. *(-s,-)* mostro *m.*; SCHERZ. mostriciattolo *m.* **Mons|ter|bau** m. *(-s,-ten)* palazzone *m.* **Mons|ter|film** m. *(-[e]s,-e)* **1** kolossal *m.*, film *m.* kolossal **2** *(Horrorfilm)* film *m.* di mostri. **Mons|ter|schau** f. *(-,-en)*, **Mons|ter|ver|an|stal|tung** f. *(-,-en)* spettacolo *m.* (esageratamente) grandioso.

Monst|ranz f. *(-,-en)* ostensorio *m.*

monst|rös I agg. **1** *(scheußlich)* mostruoso: ***ein -es Wesen, Gebäude*** un essere, un edificio mostruoso **2** MED. *(missgestaltet)* mostruoso, deforme **II** avv. mostruosamente. **Monst|ro|si|tät** f. *(-,-en)* **1** mostruosità *f.* **2** MED. mostro *m.* **Monst|rum** n. *(-s, Monstren* e RAR. *Monstra)* **1** mostro *m.* (anche MED.) **2** *(Ungetüm)* mostruosità *f.*, mostro *m.*: ***diese Statue ist ein ~*** questa statua è una mostruosità.

Mon|sun m. *(-s,-e)* monsone *m.* **mon|su|nisch** agg. monsonico. **Mon|sun|re|gen** m. *(-s,-)* pioggia *f.* monsonica. **Mon|sun|wald** m. *(-[e]s,-wälder)* foresta *f.* monsonica.

Mon|tag m. *(-[e]s,-e)* lunedì *m.*: ***am ~ gehe ich ins Kino*** lunedì andrò al cinema; *(montags)* il lunedì (*o* di lunedì) vado al cinema; ***eines -s*** un lunedì; ***jeden ~*** ogni lunedì ◆ ***blauer ~*** lunedì di vacanza; ***einen blauen ~ machen*** fare festa di lunedì. **Mon|tag|abend** m. *(-[e]s,-e)* lunedì *m.* sera, sera *f.* di (*o* del) lunedì.

Mon|ta|ge [mɔnt'a:ʒə] f. *(-,-n)* **1** montaggio *m.*, installazione *f.*: ***die ~ einer Maschine*** montaggio di un macchinario; ***auf ~ sein*** essere impegnato in un montaggio, in un'installazione **2** *(von Einzelstücken)* assemblaggio *m.*, montaggio *m.* **3** CINEM. montaggio *m.* (anche LETT.) **4** ART. assemblage *m.* **Mon|ta|ge|band** n. *(-[e]s, -bänder)* catena *f.* di montaggio. **Mon|ta|ge|bau** m. *(-s,-ten)* (edificio *m.*) prefabbricato *m.* **Mon|ta|ge|be|trieb** m. *(-[e]s,-e)* officina *f.* di montaggio. **Mon|ta|ge|hal|le** f. *(-,-n)* sala *f.* di montaggio.

mon|tä|gig, mon|täg|lich avv. di (*o* del) lunedì. **Mon|tag|mor|gen** m. *(-s,-)* lunedì *m.* mattina, mattina *f.* di (*o* del) lunedì. **mon|tags** avv. di (*o* il) lunedì: ***~ abends*** di (*o* il) lunedì sera; ***~ morgens*** di (*o* il) lunedì mattina. **Mon|tags|au|to** n. *(-s,-s)*, **Mon|tags|wa|gen** m. *(-s,-)* SCHERZ. = auto *f.* nata male.

mon|tan agg. **1** *(bergbaulich)* minerario **2** *(von Bergen)* montano. **Mon|tan|ge|sell|schaft** f. *(-,-en)* società *f.* mineraria. **Mon|tan|in|dust|rie** f. *(-)* industria *f.* mineraria; *(Hüttenindustrie)* industria *f.* metallurgica. **Mon|tan|uni|on** f. *(-)* Comunità *f.* Europea del carbone e dell'acciaio.

Mont|blanc [mõ'blã] n.pr.m. *(-[s])* Monte *m.* Bianco.

Mon|te|neg|ri|ner m. *(-s,-)* montengrino *m.* **mon|te|neg|ri|nisch** agg. montenegrino.

Mon|teur [mɔn'tø:ʁ] m. *(-s,-e)* montatore *m.*, installatore *m.* **Mon|teur|an|zug** m. *(-[e]s,-anzüge)* tuta *f.* (da lavoro).

Mont|gol|fi|e|re f. *(-,-n)* mongolfiera *f.*

mon|tie|ren tr. **1a** *(zusammenbauen)* montare: ***ein Gerüst ~*** montare un'impalcatura **b** *(zusammensetzen)* assemblare: ***mechanische Teile ~*** assemblare parti meccaniche **2** *(installieren)* installare: ***eine Antenne ~*** installare un'antenna **3** CINEM. montare. **Mon|tie|rer** m. *(-s,-)* montatore *m.*, installatore *m.* **Mon|tie|rung** f. *(-,-en)* RAR. montaggio *m.*, assemblaggio *m.*

Mon|tur f. *(-,-en)* **1** ANT. uniforme *f.*, divisa *f.*; livrea *f.* **2** SCHERZ. *(Kleidung)* bardatura *f.*: ***in voller ~*** completamente vestito.

Mo|nu|ment n. *(-[e]s,-e)* monumento *m.*: ***zu jds Ehren ein ~ errichten*** erigere un monumento in onore di qcn. **mo|nu|men|tal I** agg. monumentale; *(großartig)* grandioso **II** avv. in modo monumentale, grandioso. **Mo|nu|men|tal|bau** m. *(-s,-ten)* costruzione *f.* (*o* edificio *m.*) monumentale. **Mo|nu|men|tal|film** m. *(-[e]s,-e)* kolossal *m.*, film *m.* kolossal. **Mo|nu|men|ta|li|tät** f. *(-)* monumentalità *f.* **Mo|nu|men|tal|schin|ken** m. *(-s,-)* COLLOQ. **1** dipinto *m.* enorme **2** *(Kolossalfilm)* kolossal *m.*

Moon|boot ['mu:nbu:t] m. *(-s,-s)* moon boot *m.*

Moor n. *(-[e]s,-e)* palude *f.*: ***ein ~ trockenlegen*** bonificare una palude; ***im ~ stecken bleiben, versinken*** impantanarsi, sprofondare nella palude. **Moor|bad** n. *(-[e]s,-bäder)* **1** bagno *m.* di fango, fanghi *m.pl.* **2** *(Kurort)* terme *f.pl.* per fanghi. **moor|ba|den** intr. (solo inf.) fare i fanghi. **Moor|bo|den** m. *(-s,-böden)* terreno *m.* paludoso, palustre. **Moor|er|de** f. *(-)* terra *f.* palustre (per fanghi). **Moor|huhn** n. *(-[e]s,-hühner)* pernice *f.* bianca nordica. **moo|rig** agg. paludoso, palustre. **Moor|kul|tur** f. *(-)* bonifica *f.* di paludi. **Moor|land** n. *(-[e]s)* terreno *m.* paludoso; *(Moorgebiet)* zona *f.*, regione *f.* palustre. **Moor|land|schaft** f. *(-,-en)* paesaggio *m.*

palustre. **Moor|lei|che** f. *(-,-n)* mummia *f.* (rinvenuta in una palude). **Moor|pa|ckung** f. *(-,-en)* impacco *m.* di fango. **Moor|sied|lung** f. *(-,-en)* insediamento *m.* in zona palustre. **Moor|was|ser** n. *(-s,-wässer)* acqua *f.* palustre.

Moos n. *(-es,-e* e *Möser)* **1** muschio *m.* **2** REGION. *(Moor)* palude *f.* **3** COLLOQ. *(Geld)* grana *f.* ◆ COLLOQ. FIG. ***~ ansetzen*** ammuffire, passare di moda. **Moos|bee|re** f. *(-,-n)* ossicocco *m.* **moos|be|deckt** agg. coperto di muschio. **Moos|farn** m. *(-[e]s,-e)* selaginella *f.* **Moos|flech|te** f. *(-,-n)* lichene *m.* **moos|grün** agg. (color) verde muschio. **moo|sig** agg. **1** *(moosbedeckt)* muscoso, coperto di muschio **2** REGION. *(morastig)* paludoso. **Moos|pols|ter** n. *(-s,-)* cuscino *m.* di muschio.

Mop → **Mopp.**

Mo|ped n. *(-s,-s)* ciclomotore *m.*, COLLOQ. motorino *m.*

Mopp m. *(-s,-s)* scopa *f.* a frange. **mop|pen I** tr. pulire con la scopa (a frange) **II** intr. (aus. *haben*) passare la scopa (a frange).

Mops m. *(-es, Möpse)* **1** *(Hunderasse)* mops *m.*; ESTENS. botolo *m.* **2** COLLOQ. *(von Personen)* tombolotto *m.* **3a** pl. COLLOQ. *(Geld)* soldi *m.pl.* **b** *(Mark)* marco *m.*

möp|seln intr. (aus. *haben*) REGION. puzzare di avariato.

mop|sen COLLOQ. **I** tr. portare via, sgraffignare: ***jdm 5 Mark ~*** sgraffignare 5 marchi a qcn. **II** rifl. **sich ~** annoiarsi.

mops|fi|del agg. COLLOQ. contento come una pasqua. **Mops|ge|sicht** n. *(-[e]s,-er)* COLLOQ. SPREG. faccia *f.* rincagnata.

mop|sig agg. **1** COLLOQ. *(dick)* grasso **2** COLLOQ. FIG. *(langweilig)* noioso ◆ REGION. ***sich ~ machen, ~ werden*** farsi, diventare sfacciati.

Mo|quet|te → **Mokett.**

Mo|ral f. *(-)* **1** morale *f.* (anche FILOS.): ***eine strenge ~*** una morale severa; ***gegen die herrschende ~ verstoßen*** andare contro la morale dominante; ***die ~ verletzen*** offendere la morale **2** *(Sittlichkeit)* moralità *f.* **3** morale *m.*: ***die ~ der Mannschaft ist gut*** il morale della squadra è alto **4** *(Nutzanwendung)* morale *f.*: ***die ~ der Fabel*** la morale della favola ◆ ***jdm ~ predigen*** fare la morale a qcn. **Mo|ral|be|griff** m. *(-[e]s,-e)* concetto *m.* morale. **Mo|ral|ge|setz** n. *(-es,-e)* legge *f.* morale.

Mo|ra|lin n. *(-s)* SPREG. o SCHERZ. morale *f.* ipocrita. **mo|ra|lin|sau|er** agg. SPREG. o SCHERZ. bacchettone.

mo|ra|lisch I agg. morale: ***eine -e Pflicht*** un dovere morale; ***eine -e Ohrfeige*** uno schiaffo morale **II** avv. moralmente, con moralità: ***~ einwandfrei*** moralmente ineccepibile; ***~ handeln*** agire secondo la morale; ***jdn ~ unterstützen*** sostenere moralmente qcn. ◆ ***eine ~ hochstehende Person*** una persona di alta moralità; COLLOQ. ***jdm ~ kommen*** fare la morale a qcn.; COLLOQ. ***einen, den Moralischen haben*** avere la coscienza sporca.

mo|ra|li|sie|ren intr. (aus. *haben*) moraleggiare. **Mo|ra|lis|mus** m. *(-)* moralismo *m.* **Mo|ra|list** m. *(-en,-en)* moralista *m.* **mo|ra|lis|tisch** agg. moralistico.

Mo|ra|li|tät f. *(-,-en)* moralità *f.* (anche TEATR.).

Mo|ral|ko|dex m. *(-es* e *-, -e* e *-kodizes)* codice *m.* morale. **Mo|ral|leh|re** f. *(-)* dottrina *f.* morale. **Mo|ral|pau|ke** f. *(-,-n)* COLLOQ. predica *f.*, ramanzina *f.* **Mo|ral|phi|lo|so|phie** f. *(-)* filosofia *f.* morale. **Mo|ral|pre|di|ger** m. *(-s,-)* SPREG. moralista *m.* **Mo|ral|pre|digt** f. *(-,-en)* predica *f.*, ramanzina *f.* **Mo|ral|prin|zip** n. *(-s,-e* e *-ien)* principio *m.* morale. **Mo|ral|the|o|lo|gie** f. *(-)* teologia *f.* morale. **Mo|ral|vor|stel|lung** f. *(-,-en)* idea *f.* morale.

Mo|rä|ne f. *(-,-n)* morena *f.* **Mo|rä|nen|see** m. *(-s,-n)* lago *m.* morenico.

Mo|rast m. *(-[e]s,-e* e *Moräste)* **1** *(Sumpfland)* palude *f.* **2** *(Schlamm)* fango *m.*, pantano *m.* **3** FIG. fango *m.*: ***im ~ waten, versinken*** sguazzare, affondare nel fango. **mo|ras|tig** agg. **1** paludoso **2** *(schlammig)* fangoso, pantanoso.

Mo|ra|to|ri|um n. *(-s, Moratorien)* moratoria *f.*: ***ein ~ gewähren*** concedere una moratoria.

mor|bid agg. **1** *(kränklich)* malaticcio **2** *(zart)* tenue, delicato: ***-e Farben*** colori tenui **3** *(morsch)* marcio (anche FIG.): ***eine -e Gesellschaft*** una società marcia. **Mor|bi|di|tät** f. *(-)* **1** cagionevolezza *f.* **2** STATIST. morbilità *f.*, morbosità *f.*

Mor|bus m. *(-, Morbi)* MED. morbo *m.*

Mor|chel f. *(-,-n)* morchella *f.*, spugnola *f.*

Mord m. *(-[e]s,-e)* assassinio *m.*, omicidio *m.*, delitto *m.*: ***ein kaltblütiger, vorsätzlicher ~ an jdm*** un omicidio di qcn. a sangue freddo, premeditato; ***versuchter ~*** tentato omicidio; ***mehrfacher ~*** omicidio plurimo; ***einen ~ begehen (verüben), aufklären*** commettere un omicidio, far luce su un omicidio; ***jdn des -es bezichtigen, verdächtigen*** accusare, sospettare qcn. di omicidio; ***auf ~ steht lebenslängliches Gefängnis*** per l'omicidio c'è l'ergastolo ◆ COLLOQ. ***das ist ja der reine ~*** è spaventoso; COLLOQ. ***es gab ~ und Totschlag*** ci fu un putiferio. **Mord|an|kla|ge** f. *(-,-n)* accusa *f.* di omicidio: ***unter ~ stehen*** essere accusato di omicidio. **Mord|an|schlag** m. *(-[e]s,-anschläge)* attentato *m.* (mortale). **Mord|dro|hung** f. *(-,-en)* minaccia *f.* di morte.

mor|den I intr. (aus. *haben*) commettere un omicidio **II** tr. ANT. assassinare, uccidere (anche ASSOL.): ***kaltblütig ~*** uccidere a sangue freddo.

Mor|dent m. *(-s,-e)* MUS. mordente *m.*

Mör|der m. *(-s,-)* assassino *m.*, omicida *m.*: ***den ~ ergreifen (fassen), überführen*** acciuffare l'assassino, dimostrare la colpevolezza dell'assassino; ***zum ~ werden*** diventare un assassino. **Mör|der|ban|de** f. *(-,-n)* banda *f.* di assassini. **Mör|der|gru|be, *aus seinem Herzen keine ~ machen*** parlare col cuore in mano. **Mör|der|hand, *durch (von) ~*** per mano omicida. **Mör|de|rin** f. *(-,-nen)* assassina *f.*, omicida *f.* **mör|de|risch I** agg. **1a** omicida: ***ein -er Plan*** un piano omicida **b** *(tödlich)* micidiale: ***-e Waffen*** armi micidiali **2** COLLOQ. *(furchtbar, heftig)* terribile, tremendo **3** COLLOQ. tremendo, pazzesco, micidiale: ***es war ~ heiß*** faceva un caldo micidiale; ***-en Hunger haben*** avere una fame tremenda; ***in einem -en Tempo fahren*** guidare a una velocità pazzesca **II** avv. terribilmente, tremendamente: ***~ schreien*** lanciare urla terribili. **mör|der|lich** agg. COLLOQ. terri-bile.

Mord|fall m. *(-[e]s,-fälle)* caso *m.* di omicidio. **Mord|ge|schich|te** f. *(-,-n)* **1a** storia *f.* di (un) omicidio **b** *(Kriminalgeschichte)* (racconto *m.*) giallo *m.*, poliziesco *m.* **2** ESTENS. fatto *m.* di sangue. **Mord|gier** f. *(-)* sete *f.*, avidità *f.* di sangue. **mord|gie|rig** agg. assetato di sangue, sanguinario. **Mord|in|stru|ment** n. *(-[e]s,-e)* **1** *(Mordwaffe)* arma *f.* del delitto **2** FIG. SCHERZ. aggeggio *m.* micidiale. **Mord|kom|mis|si|on** f. *(-,-en)* squadra *f.* (*o* sezione *f.*) omicidi. **Mord|lust** f. *(-)* sete *f.* di sangue. **Mord|nacht** f. *(-,-nächte)* notte *f.* del delitto, dell'omicidio. **Mord|pro|zess** m. *(-es,-e)* processo *m.* per omicidio. **Mord|sa|che** f. *(-,-n)* DIR. caso *m.* di omicidio.

Mords|angst f. *(-,-ängste)* paura *f.* tremenda, mortale. **Mords|ar|beit** f. *(-,-en)* COLLOQ. lavoro *m.* bestiale. **Mords|bam|mel** m. *(-s)* COLLOQ. fifa *f.* bestiale. **Mords|ding** n. *(-s,-er)* cosa *f.* straordinaria; *(riesiges Ding)* cosa *f.* enorme. **Mords|durst** m. *(-[e]s)* COLLOQ. sete *m.* mortale. **Mords|du|sel** m. *(-s)* → **Mordsglück. Mords|gau|di** f. *(-)* e n. *(-s)* divertimento *m.* pazzesco. **Mords|ge|drän|ge** n. *(-s)* COLLOQ. ressa *f.* micidiale, pazzesca. **Mords|ge|schrei** n. *(-s)* COLLOQ. **1** urla *f.pl.* (*o* grida *f.pl.*) spaventose **2** *(Mordslärm)* chiasso *m.* (*o* baccano *m.*, fracasso *m.*) infernale. **Mords|glück** n. *(-s)* COLLOQ. fortuna *f.* sfacciata: ***~ haben*** avere una fortuna sfacciata. **Mords|hit|ze** f. *(-)* COLLOQ. caldo *m.* bestiale. **Mords|hun|ger** m. *(-s)* fame *f.* da lupi. **mords|kalt** agg. COLLOQ. tremendamente freddo. **Mords|käl|te** f. *(-)* COLLOQ. freddo *m.* tremendo. **Mords|kerl** m. *(-[e]s,-e)* **1** omone *m.*, marcantonio *m.* **2** *(tüchtiger Mann)* tipo *m.* in gamba. **Mords|krach** m. *(-[e]s,-kräche)* COLLOQ. **1** fracasso *m.* (*o* chiasso *m.*, baccano *m.*) micidiale, infernale: ***einen ~ machen*** fare un baccano infernale **2** *(heftiger Streit)* violenta lite *f.* **Mords|kra|wall** m. *(-s,-e)* COLLOQ. fracasso *m.* micidiale. **mords|lang|wei|lig** agg. COLLOQ. mortalmente noioso, noioso da morire. **Mords|lärm** m. *(-[e]s)* chiasso *m.* (*o* baccano *m.*, fracasso *m.*) infernale. **mords|mä|ßig I** agg. COLLOQ. fortissimo: ***ein -es Geschrei*** delle urla fortissime **II** avv. **1** terribilmente: ***es war ~ kalt*** faceva terribilmente freddo; ***sich ~ freuen*** rallegrarsi moltissimo **2** *(gewaltig)* con forza, violentemente: ***~ schreien*** urlare violentemente. **Mords|schreck** m. *(-[e]s,-e)*, **Mords|schre|cken** m. *(-s,-)* COLLOQ. spavento *m.* tremendo. **Mords|schwein** n. *(-[e]s)* → **Mordsglück. mords|schwer** agg. **1** maledettamente pesante **2** *(sehr schwierig)* maledettamente difficile. **Mords|spaß** m. *(-es)* divertimento *m.* pazzesco. **Mords|spek|ta|kel** m. *(-s,-)* COLLOQ. chiasso *m.* infernale. **Mords|tem|po** n. *(-s)* ritmo *m.* infernale; *(Geschwindigkeit)* velocità *f.* pazzesca. **Mords|wut** f. *(-)* COLLOQ. rabbia *f.* folle.

Mord|tat f. *(-,-en)* assassinio *m.* **Mord|ver|dacht** m. *(-[e]s,-e* e *-verdächte)* sospetto *m.* di omicidio: ***unter ~ stehen*** essere sospettato di, dell'omicidio. **Mord|ver|such** m. *(-[e]s,-e)* tentato omicidio *m.* **Mord|waf|fe** f. *(-,-n)* arma *f.* del delitto.

Mo|rel|le f. *(-,-n)* visciola *f.*

Mo|res, *jdn ~ lehren* insegnare a qcn. le buone maniere.

mor|ga|na|tisch agg. morganatico.

mor|gen avv. **1** domani: ***~ ist Samstag*** domani è sabato; ***~ Mittag, Abend*** domani a mezzogiorno, domani sera; ***~ in einer Woche*** domani a una settimana, otto giorni a oggi **2** *(in nächster Zukunft)* ***die Technik von ~*** la tecnica del domani ◆ ***~ ist auch (noch) ein Tag*** c'è tempo anche domani; PROV. ***~, ~, nur nicht heute, sagen alle faulen Leute*** chi ha tempo non aspetti tempo.

1.Mor|gen m. *(-s,-)* **1** mattino *m.*, mattina *f.*; *(Vormittag)* mattinata *f.*: ***des -s (früh)*** di (buon) mattino, al mattino (presto); ***am folgenden, nächsten ~, am ~ darauf*** il mattino dopo (*o* seguente); ***heute, gestern ~*** questa mattina, ieri mattina; ***am frühen, späten ~*** di prima mattina (*o* la mattina presto), in tarda mattinata; ***mit anbrechendem ~*** sul far del mattino, del giorno; ***ein ~ im Februar*** un mattino di febbraio; ***vom ~ bis zum Abend*** da mattino a sera **2** ANT. *(Osten)* levante *m.*: ***gegen ~*** verso levante **3** ANT. *(Feldmaß)* iugero *m.* ◆ ***der ~ bricht an*** si fa giorno; ***der ~ dämmert*** albeggia; ***~ für ~*** ogni mattina; ***der ~ graut*** albeggia, si fa giorno; ***guten ~!*** buon giorno! ***jdm guten ~ sagen*** dire (dare il) buon giorno a qcn.; ***jdm (einen) guten ~ wünschen*** augurare il buon giorno a qcn.; ***bis in den hellen ~ hinein*** fino a giorno fatto, inoltrato; SCHERZ. ***wie der junge ~ aussehen*** essere raggiante di gioventù; ***der ~ naht*** si fa giorno.

2.Mor|gen n. *(-s)* **1** domani *m.* **2** *(Zukunft)* domani *m.*, futuro *m.*, avvenire *m.*: ***an das ~ glauben*** credere nel domani.

Mor|gen|an|dacht f. *(-,-en)* **1** *(Gebet)* preghiera *f.* del mattino **2** *(Andacht)* preghiera *f.* mattutina, mattutino *m.* **Mor|gen|aus|ga|be** f. *(-,-n)* edizione *f.* del mattino. **Mor|gen|däm|me|rung** f. *(-,-en)* crepuscolo *m.* mattutino. **mor|gend|lich** agg. mattutino, del mattino. **mor|gen|frisch** agg. fresco, giovane. **Mor|gen|frü|he** f. *(-)* primo mattino *m.*, prima mattina *f.*: ***in der, in aller ~*** di buon mattino. **Mor|gen|ga|be** f. *(-,-n)* STOR. dono *m.* dello sposo alla sposa (dopo la prima notte di nozze). **Mor|gen|ge|bet** n. *(-[e]s,-e)* preghiera *f.* del mattino. **Mor|gen|grau|en** n. *(-s)* prime luci *f.pl.* dell'alba, alba *f.*: ***beim, im ~*** alle prime luci dell'alba, sul fare del giorno. **Mor|gen|gym|nas|tik** f. *(-)* ginnastica *f.* mattutina. **Mor|gen|kaf|fee** m. *(-s,-s)* **1** *(kleine Mahlzeit am Morgen)* prima colazione *f.* **2** caffè *m.* del mattino. **Mor|gen|küh|le** f. *(-)* frescura *f.* mattutina.

Mor|gen|land n. *(-[e]s)* ANT. oriente *m.* **Mor|gen|län|der** m. *(-s,-)* ANT. orientale *m.* **mor|gen|län|disch** agg. ANT. orientale.

Mor|gen|luft f. *(-,-lüfte)* aria *f.*, brezza *f.* mattutina ◆ ***~ wittern*** *(die neue Zeit kommen fühlen)* sentire qcs. di nuovo nell'aria; *(einen Vorteil für sich sehen)* fiutare un buon affare. **Mor|gen|man|tel** m. *(-s,-mäntel)* vestaglia *f.* **Mor|gen|muf|fel** m. *(-s,-)* COLLOQ. musone *m.* al mattino, chi si è alzato col piede sinistro. **Mor|gen|ne|bel** m. *(-s,-)* nebbia *f.* (*o* nebbiolina *f.*) mattutina. **Mor|gen|rock** m. *(-[e]s,-röcke)* vestaglia *f.* **Mor|gen|rot** n. *(-[e]s)*, **Mor|gen|rö|te** f. *(-)* **1** aurora *f.*, alba *f.* **2** FIG. *(Beginn)* albori *m.pl.* **mor|gens** avv. di mattina, il (*o* al) mattino: ***von ~ bis abends*** da mattina a sera; ***~ früh*** il mattino (*o* la mattina) presto; ***um sechs Uhr ~*** alle sei del mattino. **Mor|gen|son|ne** f. *(-)* sole *m.* mattutino. **Mor|gen|spa|zier|gang** m. *(-[e]s,-gänge)* passeggiata *f.* mattutina. **Mor|gen|stern** m. *(-[e]s,-e)* **1** stella *f.* del mattino, Venere *f.* **2** *(Schlagwaffe)* mazza *f.* ferrata. **Mor|gen|stun|de** f. *(-,-n)* ora *f.* del mattino: ***die ersten -n*** le prime ore del mattino ◆ PROV. ***~ hat Gold im Munde*** il mattino ha l'oro in bocca. **Mor|gen|wind** m. *(-[e]s,-e)* brezza *f.* mattutina. **Mor|gen|zei|tung** f. *(-,-en)* edizione *f.* del mattino. **mor|gig** agg. di domani: ***am -en Tag*** domani.

mo|ri|bund agg. MED. moribondo.

Mo|ri|tat f. *(-,-en)* INTRAD. (ballata dei cantastorie da fiera che narra un fatto di sangue).

Mo|ritz n.pr.m. Maurizio *m.*

Mor|mo|ne m. *(-n,-n)* mormone *m.* **mor|mo|nisch** agg. mormonico.

Morph n. *(-s,-e)* morfo *m.* **Mor|phem** n. *(-s,-e)* morfema *m.* **Mor|phe|ma|tik** f. *(-)* morfematica *f.* **mor|phe|ma|tisch** agg. morfematico. **mor|phe|misch** agg. morfemico.

Mor|pheus n.pr.m. Morfeo *m.* ◆ ***in ~' Armen ruhen, liegen, schlafen*** essere, dormire in braccio a Morfeo.

Mor|phin n. *(-s)* CHIM. MED. morfina *f.* **Mor|phi|nis|mus** m. *(-)* morfinismo *m.* **Mor|phi|nist** m. *(-en,-en)* morfinomane *m.* **Mor|phi|nis|tin** f. *(-,-nen)* morfinomane *f.* **Mor|phin|sucht** f. *(-)* MED. → **Morphiumsucht.** **Mor|phi|um** n. *(-s)* morfina *f.* **Mor|phi|um|sprit|ze** f. *(-,-n)* iniezione *f.* di morfina. **Mor|phi|um|sucht** f. *(-)* morfinomania *f.* **mor|phi|um|süch|tig** agg. morfinomane.

Mor|pho|ge|ne|se, Mor|pho|ge|ne|sis f. *(-,-genesen)* morfogenesi *f.* **mor|pho|ge|ne|tisch** agg. morfogenetico. **Mor|pho|ge|nie** f. *(-,-n)* morfogenesi *f.*

Mor|pho|lo|ge m. *(-n,-n)* morfologo *m.* **Mor|pho|lo|gie** f. *(-)* BIOL. GEOL. SOCIOL. LING. morfologia *f.*: ***beschreibende (deskriptive), vergleichende (komparative) ~*** morfologia descrittiva, comparata. **mor|pho|lo|gisch I** agg. morfologico **II** avv. morfologicamente.

Mor|pho|ne|mik f. *(-)* morfonematica *f.* **Mor|pho|no|lo|gie** f. *(-)* morfonologia *f.* **Mor|pho|pho|ne|mik** f. *(-)* morfofonematica *f.* **Mor|pho|pho|no|lo|gie** f. *(-)* morfofonologia *f.* **Mor|pho|syn|tax** f. *(-)* morfosintassi *f.*

morsch agg. marcio: ***-es Holz*** legno marcio; ***ein -er Zahn*** un dente marcio; FIG. ***eine -e Gesellschaft*** una società marcia ◆ COLLOQ. ***alt und ~ werden*** diventare vecchio e decrepito. **Morsch|heit** f. *(-)* l'essere marcio.

Mor|se|al|pha|bet n. *(-[e]s)* (alfabeto *m.*) morse *m.* **Mor|se|ap|pa|rat** m. *(-[e]s,-e)* apparecchio *m.* morse. **mor|sen** tr. e intr. (aus. *haben*) telegrafare in morse.

Mör|ser m. *(-s,-)* mortaio *m.*: ***etw. in einem ~ zerreiben, zerstoßen*** sminuzzare qcs. in un mortaio; ***mit einem ~ schießen*** sparare con un mortaio. **mör|sern** tr. pestare in un mortaio.

Mor|se|zei|chen n. *(-s,-)* segnale *m.* morse.

Mor|ta|li|tät f. *(-)* MED. mortalità *f.*

Mör|tel m. *(-s,-)* malta *f.*: ***feuerfester, hydraulischer, schnell bindender ~*** malta refrattaria, idraulica, a presa rapida; ***der ~ bindet ab*** la malta fa presa. **Mör|tel|kel|le** f. *(-,-n)* cazzuola *f.* **mör|teln** tr. **1** *(mit Mörtel arbeiten)* lavorare con malta **2** *(mit Mörtel verputzen)* intonacare con malta. **Mör|tel|pfan|ne** f. *(-,-n)* secchia *f.* per malta; vasca *f.* per malta.

Mor|ti|fi|ka|ti|on f. *(-,-en)* **1** *(von Begierden)* mortificazione *f.* **2** MED. mortificazione *f.* (dei tessuti) **3** *(Ungültigkeitserklärung)* invalidamento *m.* **4** *(Tilgung)* ammortamento *m.* **mor|ti|fi|zie|ren** tr. **1** *(Begierden)* mortificare **2** *(ungültig machen)* invalidare **3** *(tilgen)* ammortare.

Mo|sa|ik n. *(-s,-en* e *-e)* mosaico *m.* (anche FIG.): ***mit -en verziert*** decorato a mosaico; ***ein ~ legen*** mettere un mosaico; FIG. ***sich zu einem ~ fügen*** comporre un mosaico. **Mo|sa|ik|ar|beit** f. *(-,-en)* lavoro *m.* musivo, mosaico *m.* **mo|sa|ik|ar|tig** agg. (simile) a mosaico. **Mo|sa|ik|bild** n. *(-[e]s,-er)* mosaico *m.* **Mo|sa|ik|fuß|bo|den** m. *(-s,-böden)* pavimento *m.* a mosaico. **Mo|sa|ik|stein** m. *(-[e]s,-e)* tessera *f.* del, di mosaico.

mo|sa|isch agg. mosaico, di Mosè.

Mo|sa|i|zist m. *(-en,-en)* mosaicista *m.*

Mo|sam|bik n.pr.n. *(-s)* Mozambico *m.*

Mo|schee f. *(-,-n)* moschea *f.*

Mo|schus m. *(-)* muschio *m.*, profumo *m.* di muschio. **mo|schus|ar|tig** agg. simile al muschio. **Mo|schus|och|se** m. *(-n,-n)* bue *m.* muschiato. **Mo|schus|tier** n. *(-s,-e)* mosco *m.*

Mö|se f. *(-,-n)* COLLOQ. fica *f.*

1.Mo|sel n.pr.f. *(-)* Mosella *f.*

2.Mo|sel m. *(-s,-)* → **Moselwein.**

Mo|se|la|ner, Mo|sel|la|ner m. *(-s,-)* abitante *m.* della regione della Mosella. **Mo|sel|wein** m. *(-s,-e)* vino *m.* della Mosella.

mo|sern intr. (aus. *haben*) COLLOQ. ***über etw. ~*** brontolare, trovare da ridire su qcs.

1.Mo|ses n.pr.m. *(des Moses/Mosis/Mose)* Mosè *m.*

2.Mo|ses m. *(-,-)* MAR. **1** *(Schiffsjunge)* mozzo *m.* **2** *(Beiboot)* scialuppa *f.*

Mos|kau n.pr.n. *(-s)* Mosca *f.* **Mos|kau|er I** m. *(-s,-)* moscovita *m.* **II** agg.inv. moscovita, di Mosca. **mos|kau|isch** agg. moscovita, di Mosca.

Mos|ki|to m. *(-s,-s)* zanzara *f.* **Mos|ki|to|netz** m. *(-es,-e)* zanzariera *f.*

Mos|ko|wi|ter m. *(-s,-)* → **Moskauer.** **mos|ko|wi|tisch** agg. → **moskauisch.**

Mos|lem m. *(-s,-s)* mus(s)ulmano *m.* **mos|le|mi|nisch** ANT., **mos|le|misch** agg. mus(s)ulmano. **Mos|li|me** f. *(-,-n)* mus(s)ulmana *f.*

Most m. *(-[e]s,-e)* **1** mosto *m.* **2** REGION. *(Obstwein)* sidro *m.* **Most|ap|fel** m. *(-s,-äpfel)* mela *f.* da sidro. **Most|bir|ne** f. *(-,-n)* pera *f.* da sidro. **mos|ten** tr. e intr. (aus. *haben*) ammostare. **Mos|tert, Most|rich** m. *(-s)* REGION. mostarda *f.*

Mo|tel, Mo|tel n. *(-s,-s)* motel *m.*

Mo|tet|te f. *(-,-n)* MUS. mottetto *m.* **Mo|tet|ten|stil** m. *(-[e]s)* stile *m.* mottettistico.

Mo|ti|li|tät f. *(-)* MED. BIOL. motilità *f.*

Mo|ti|on f. *(-,-en)* **1** ANT. *(Bewegung)* movimento *m.*: ***tänzerische -en*** movimenti di danza **2** GRAMM. mozione *f.* **3** SVIZZ. *(im Parlament)* mozione *f.* **Mo|ti|o|när** m. *(-s,-e)* SVIZZ. presentatore *m.* di una mozione.

Mo|tiv n. *(-s,-e)* **1** motivo *m.*, ragione *f.*: ***jds -e kennen, verstehen*** conoscere, capire i motivi di qcn.; ***ohne erkennbares ~ handeln*** agire senza motivo apparente **2** ART. MUS. motivo *m.*: ***in seinen Werken taucht immer wieder das ~ des Inzestes auf, kehrt dieses ~ mehrmals wieder*** nelle sue opere il motivo dell'incesto emerge continuamente, questo motivo ritorna più volte; ***dieser Maler liebt einfache -e*** questo pittore ama motivi semplici. **Mo|ti|va|ti|on** f. *(-,-en)* motivazione *f.* (anche PSIC. GRAMM.): ***keine***

~ zu etw. haben non avere motivazioni per qcs. **Mo|tiv|for|schung** f. *(-,-en)* ricerca *f.* motivazionale. **mo|ti|vie|ren** tr. motivare: ***eine Tat mit psychologischen Gründen ~*** motivare un'azione con argomenti psicologici; ***jdn zu mehr Einsatz ~*** motivare qcn. a impegnarsi di più. **mo|ti|viert** p.pass. agg. **1** → **motivieren 2** motivato: ***stark ~ sein*** essere fortemente motivato. **Mo|ti|vie|rung** f. *(-,-en)* motivazione *f.* **Mo|ti|vik** f. *(-)* (insieme *m.* dei) motivi *m.pl.* **mo|ti|visch** agg. del motivo, dei motivi.

Mo|to-Cross n. *(-,-e)* moto-cross *m.* **Mo|to|drom** n. *(-s,-e)* motodromo *m.*

Mo|tor m. *(-s,-en)* **1** motore *m.*: ***den ~ anlassen*** (EL. ***einschalten)*** accendere (*o* mettere in moto) il motore; ***den ~ abstellen, ausstellen*** (EL. ***ausschalten)*** spegnere (*o* fermare) il motore; ***den ~ anwerfen*** avviare il motore; ***den ~ frisieren, hochjagen*** truccare, imballare il motore; ***ein starker, heißgelaufener ~*** un motore potente, surriscaldato; ***der ~ ist abgesoffen*** il motore si è ingolfato; ***der ~ springt leicht an*** il motore si avvia, parte facilmente; ***der ~ setzt ab und zu aus*** a intervalli il motore perde colpi; ***dieser ~ leistet 100 PS*** questo motore sviluppa (una potenza di) 100 CV **2** FIG. motore *m.*, anima *f.*, animatore *m.*: ***er ist der ~ der Mannschaft*** è il motore della squadra ◆ ***den ~ absaufen lassen*** ingolfare il motore; ***~ mit gegenläufigen Kolben*** motore a cilindri contrapposti; ***der ~ klopft*** → ***der ~ nagelt***; ***der ~ kocht*** l'acqua nel radiatore bolle; ***bei, mit laufendem ~*** con il motore acceso; ***liegender ~*** motore orizzontale (*o* a cilindri orizzontali); ***luftgekühlter ~*** motore raffreddato ad aria; ***der ~ nagelt*** il motore batte in testa; ***selbstansaugender ~*** motore aspirato; ***der sternförmige ~*** il motore stellare; ***der ~ streikt*** il motore non parte (più); ***der ~ läuft auf vollen Touren*** il motore va a pieni giri; ***~ mit Vorverdichtung*** motore sovralimentato; ***der V-Zylinder-~*** il motore con cilindri a V; ***wassergekühlter ~*** motore raffreddato ad acqua. **Mo|tor|auf|hän|gung** f. *(-,-en)* sospensione *f.* del motore. **Mo|tor|block** m. *(-[e]s, -blöcke)* blocco *m.* motore. **Mo|tor|boot** n. *(-[e]s,-e)* barca *f.* a motore; *(Sportboot)* motoscafo *m.* **Mo|tor|brem|se** f. *(-,-n)* freno *m.* motore. **Mo|to|ren|bau** m. *(-s)* costruzione *f.* di motori, motoristica *f.* **Mo|to|ren|ge|räusch** m. *(-es,-e)* rumore *m.* di motori. **Mo|to|ren|lärm** m. *(-s)* frastuono *m.*, rombo *m.* di, dei motori. **Mo|to|ren|öl** n. → **Motoröl. Mo|to|ren|werk** n. *(-[e]s,-e)* fabbrica *f.* di motori. **Mo|tor|fahr|rad** n. *(-[e]s,-räder)* ciclomotore *m.*, motorino *m.* **Mo|tor|fahr|zeug** n. *(-[e]s,-e)* **1** veicolo *m.* a motore **2** SVIZZ. BUROCR. *(Kraftfahrzeug)* autoveicolo *m.*, automezzo *m.* **Mo|tor|ge|häu|se** n. *(-s,-)* basamento *m.* del motore. **Mo|tor|ge|räusch** m. *(-es,-e)* rumore *m.* del motore. **Mo|tor|hau|be** f. *(-,-n)* cofano *m.* (del motore).

Mo|to|rik f. *(-)* **1a** MED. motricità *f.* **b** *(Bewegungsart)* movimenti *m.pl.*, modo *m.* di muoversi **2** *(gleichmäßiger Bewegungsablauf)* movimento *m.*, ritmo *m.* regolare. **mo|to|risch** agg. **1** MED. motorio: ***die -en Nerven*** i nervi motori; ***-e Reflexe*** riflessi motori **2a** *(den Motor betreffend)* del motore **b** RAR. *(von einem Motor angetrieben)* a motore **3** *(gleichmäßig)* ritmico, regolare. **mo|to|ri|sie|ren I** tr. motorizzare **II** rifl. **sich ~** COLLOQ. motorizzarsi. **Mo|to|ri|sie|rung** f. *(-,-en)* motorizzazione *f.*

Mo|tor|jacht f. *(-,-en)* yacht *m.* (a motore). **Mo|tor|küh|lung** f. *(-)* raffreddamento *m.* del motore. **Mo|tor|leis|tung** f. *(-)* prestazioni *f.pl.*, potenza *f.* del motore. **Mo|tor|öl** n. *(-[e]s,-e)* olio *m.* lubrificante. **Mo|tor|pflug** m. *(-[e]s,-pflüge)* motoaratrice *f.*

Mo|tor|rad n. *(-[e]s,-räder)* motocicletta *f.*: ***~ fahren*** andare in motocicletta; ***aufs, vom ~ steigen*** salire sulla, scendere dalla motocicletta; ***das ~ anwerfen*** avviare (*o* mettere in moto) la motocicletta; ***vom ~ stürzen*** cadere dalla motocicletta. **Mo|tor|rad|braut** f. *(-,-bräute)* SCHERZ. passeggera *f.* (di una motocicletta). **Mo|tor|rad|bril|le** f. *(-,-n)* occhiali *m.pl.*, occhialoni *m.pl.* da motociclista. **Mo|tor|rad|fah|rer** m. *(-s,-)* motociclista *m.* **Mo|tor|rad|helm** m. *(-s,-e)* casco *m.* (protettivo). **Mo|tor|rad|ren|nen** n. *(-s,-)* corsa *f.*, gara *f.* motociclistica.

Mo|tor|raum m. *(-[e]s,-räume)* vano *m.* motore. **Mo|tor|rol|ler** m. *(-s,-)* scooter *m.* **Mo|tor|sä|ge** f. *(-,-n)* motosega *f.* **Mo|tor|scha|den** m. *(-s,-schäden)* danno *m.* al, del motore. **Mo|tor|schiff** n. *(-[e]s,-e)* motonave *f.* **Mo|tor|schlep|per** m. *(-s,-)* trattore *m.* **Mo|tor|schlit|ten** m. *(-s,-)* motoslitta *f.* **Mo|tor|seg|ler** m. *(-s,-)* aliante *m.* con motore ausiliario. **Mo|tor|sport** m. *(-[e]s)* motorismo *m.* **Mo|tor|wa|gen** m. *(-s,-)* motrice *f.* **Mo|tor|wä|sche** f. *(-,-n)* lavaggio *m.* del motore. **Mo|tor|wel|le** f. *(-,-n)* albero *m.* motore. **Mo|tor|win|de** f. *(-,-n)* argano *m.* a motore.

Mot|te f. *(-,-n)* **1** tarma *f.* **2** COLLOQ. o ANT. *(Mädchen)* ragazza *f.* ◆ COLLOQ. ***die -en haben*** essere tisici; COLLOQ. ***hast du die -n?*** sei bacato nel cervello? COLLOQ. ***du kriegst die -n!*** accidenti! accipicchia! ***von etw. angezogen sein, wie die -n vom Licht*** essere attratti da qcs. come le mosche dal miele; ***von den -n zerfressen*** tarmato, divorato dalle tarme. **mot|ten|echt, mot|ten|fest** agg. antitarmico. **Mot|ten|fraß** m. *(-es)* intarmatura *f.* **Mot|ten|kis|te** f. *(-,-n)* baule *m.* per proteggere i vestiti dalle tarme ◆ COLLOQ. ***etw. aus der ~ holen*** riesumare, rispolverare qcs.; ***aus der ~ stammen*** essere più vecchio di Matusalemme. **Mot|ten|ku|gel** f. *(-,-n)* pallina *f.* di tarmicida. **Mot|ten|loch** n. *(-[e]s,-löcher)* intignatura *f.* **Mot|ten|pul|ver** n. *(-s,-)* polvere *f.* tarmicida. **mot|ten|si|cher** agg. protetto dalle tarme. **mot|ten|zer|fres|sen** agg. tarmato, divorato dalle tarme.

Mot|to n. *(-s,-s)* motto *m.*, massima *f.*

mot|zen intr. (aus. *haben*) **1** brontolare, lamentarsi: ***über die Professoren ~*** lamentarsi dei professori; ***gegen alles und jedes ~*** brontolare contro tutto e tutti **2** REGION. *(schmollen)* tenere il broncio: ***sie motzt seit einer Woche*** tiene il broncio da una settimana. **Mot|ze|rei** f. *(-,-en)* COLLOQ. brontolamento *m.* **mot|zig** agg. **1** brontolone **2** *(schmollend)* immusonito.

mouil|lie|ren [mu'ji:rən] tr. LING. palatizzare. **Mouil|lie|rung** f. *(-,-en)* LING. palatizzazione *f.*

Moun|tain|bike ['maʊntɪnbaɪk] n. *(-s,-s)* rampichino *m.*, mountain bike *f.*

Mount E|ve|rest ['maʊnt 'ɛvərɪst] n.pr.m. *(-)* Everest *m.*

Mousse [mʊs] f. *(-,-s)* GASTR. mousse *f.*, spuma *f.* **mous|sie|ren** [mʊ'si:rən] intr. (aus. *haben*) ENOL. spumare, spumeggiare.

Mö|we f. *(-,-n)* gabbiano *m.* **Mö|wen|ko|lo|nie** f. *(-,-n)* colonia *f.* di gabbiani. **Mö|wen|schrei** m. *(-[e]s,-e)* urlo *m.*, urli *m.pl.* di gabbiani. **Mö|wen|vo|gel** m. *(-s,-vögel)* lariforme *m.*

moz|ara|bisch agg. mozarabo.

mo|zar|tisch agg. mozartiano, di Mozart. **Mo|zart|ku|gel** f. *(-,-n)* INTRAD. (cioccolatino tondeggiante con ripieno di rum e marzapane).

MP, MPi f. *(-,-s)* (⇒ *Maschinenpistole*) mitra *m.*

Mrd. ⇒ *Milliarde(n)* miliardo.

MS ⇒ *Motorschiff* motonave (M/N).

Ms. ⇒ *Manuskript* manoscritto (ms.).

m/s ⇒ *Meter je Sekunde* metro al secondo (m/sec.).

Mskr. ⇒ *Manuskript* manoscritto (ms.).

Mss. ⇒ *Manuskripte* manoscritti (mss.).

MTA ⇒ *medizinisch-technische Assistentin* assistente tecnico-sanitaria.

Muck m. *(-s,-e)* COLLOQ. → **Mucks.**

Mu|cke f. *(-,-n)* **1** REGION. → **Mücke 2** pl. COLLOQ. bizze *f.pl.*, lune *f.pl.*: ***das Auto hat seine -n*** l'auto fa le bizze; ***seine -n haben*** avere le lune, essere di luna storta; ***jdm seine -n austreiben*** togliere a qcn. i grilli dalla testa.

Mü|cke f. *(-,-n)* **1** zanzara *f.* **2** REGION. *(Fliege)* mosca *f.* **3** pl. COLLOQ. *(Geld)* grana *f.* ◆ MED. ***fliegende -n*** mosche volanti, miodesopsia; ***aus einer ~ einen Elefanten machen*** fare di una sciocchezza una questione di stato; COLLOQ. ***die, eine ~ machen*** tagliare la corda, svignarsela.

Mu|cke|fuck m. *(-s)* COLLOQ. brodaglia *f.* (di caffè). **mu|cken** intr. (aus. *haben*) COLLOQ. *(murren)* fiatare, farsi sentire: ***ohne zu ~*** senza fiatare, aprir bocca.

Mü|cken|dreck m. *(-s)* COLLOQ. cretinata *f.*, stupidata *f.* **Mü|cken|netz** n. *(-es,-e)* zanzariera *f.* **Mü|cken|pla|ge** f. *(-,-n)* tormento *m.* delle zanzare. **Mü|cken|schiss** m. *(-es,-e)* COLLOQ. → **Mückendreck. Mü|cken|schwarm** m. *(-[e]s,-schwärme)* sciame *m.*, nugolo *m.* di zanzare. **Mü|cken|stich** m. *(-[e]s,-e)* puntura *f.* di zanzara.

Mu|cker m. *(-s,-)* **1a** *(Duckmäuser)* sornione *m.* **b** *(Heuchler)* ipocrita *m.*, fariseo *m.* **2** *(Frömmler)* bacchettone *m.*, bigotto *m.* **3** REGION. *(griesgrämiger Mensch)* tipo *m.* arcigno; *(verschlossen)* scontroso *m.* **mu|cke|risch** agg. **1** ipocrita **2** *(bigott)* bigotto **3** REGION. *(griesgrämig)* arcigno. **Mu|cker|tum** n. *(-s)* COLLOQ. ipocrisia *f.*, falsità *f.*

Mucks m. *(-es,-e)* COLLOQ. mugolio *m.*, piccolo grido *m.* represso ◆ ***keinen ~ machen, tun*** non fiatare, non batter ciglio; ***ich will keinen ~ hören!*** non voglio sentir fiatare (*o* volare una mosca)! FIG. ***der Motor sagt keinen ~*** il motore non dà segni di vita. **muck|sen** intr. (aus. *haben*) e rifl. **sich ~** fiatare, fare il minimo gesto: ***sich nicht ~*** non muoversi; *(nicht widersprechen)* non aprir bocca. **Muck|ser** m. *(-s,-)* COLLOQ. → **Mucks. mucks|mäus|chen|still** agg. COLLOQ. che non fiata neppure.

Mud m. *(-s)* REGION. melma *f.*, fango *m.*, pantano *m.* **mud|deln** intr. (aus. *haben*) REGION. COLLOQ. **1** *(wühlen)* rotolarsi: ***im Schlamm ~*** rotolarsi nel fango **2** *(pfuschen)* ***bei der Arbeit ~*** raffazzonare, abborracciare un lavoro. **mud|dig** agg. REGION. melmoso.

mü|de I agg. **1a** stanco: ***~ von der Fahrt, Arbeit sein*** essere stanco per il viaggio, per il lavoro **b** FIG. *(schwach)* debole: ***mit -r Stimme*** con voce debole **2** *(überdrüssig)* stanco, stufo: ***jds (o*** RAR. ***jdn), etw. (G) ~ sein, werden*** essere stanco di qcn., qcs., stancarsi di qcn., qcs.; ***vom Reden, Leben ~ sein*** essere stanco di parlare, di vivere **II** avv. stancamente: ***sich ~ fortbewegen, fortschleppen*** spostarsi (*o* muoversi), trascinarsi stancamente ◆ ***sich ~ arbeiten*** affaticarsi lavorando; ***~ aussehen*** avere l'aria stanca; ***seine -n Glieder ausruhen*** riposare le (proprie) stanche membra; ***für etw. keine ~ Mark geben*** non dare nemmeno un centesimo per qcs.; ***rechtschaffen ~ sein*** essere stanco morto; ***sich ~ schreien*** stancarsi a furia di gridare; ***~ sein*** essere stanco; *(schläfrig sein)* aver sonno; ***~ zum Umfallen sein*** non reggersi in piedi dalla stanchezza; SCHERZ. ***er ist schon ~ auf die Welt gekommen*** è nato stanco; ***~ werden*** stancarsi; ***(nicht) ~ werden, etw. zu tun*** (non) stancarsi, (non) smettere di fare qcs. **Mü|dig|keit** f. *(-)* stanchezza *f.*: ***eine große, tiefe ~ verspüren*** provare (*o* sentire) una grande, profonda stanchezza; ***die ~ überwinden*** vincere la stanchezza; ***von ~ befallen, ergriffen, übermannt werden*** essere vinto, colto, sopraffatto dalla stanchezza; ***vor ~ umsinken*** crollare dalla stanchezza ◆ COLLOQ. ***nur keine ~ vorschützen!*** poche storie, al lavoro!

Mu|ez|zin m. *(-s,-s)* muezzin *m.*, muezzino *m.*

1.Muff m. *(-[e]s)* REGION. **1** odore *m.* di muffa **2** FIG. muffa *f.*

2.Muff m. *(-[e]s,-e)* manicotto *m.*

Müff|chen n. *(-s,-)* (piccolo) manicotto *m.*

Muf|fe f. *(-,-n)* **1** MECC. manicotto *m.* **2** *(in Öfen)* muffola *f.* ◆ COLLOQ. ***~ haben*** avere fifa, paura.

1.Muf|fel m. *(-s,-)* **1** COLLOQ. musone *m.* **2** ZOOL. apice *m.* del muso; *(von Wiederkäuern)* muffolo *m.*, musello *m.*; *(von Hunden)* tartufo *m.*

2.Muf|fel n. *(-s,-)* → **Mufflon.**

3.Muf|fel f. *(-,-n)* MECC. muffola *f.*

1.muf|fe|lig agg. COLLOQ. scorbutico, scontroso: ***ein -er Typ*** un tipo scorbutico, un musone.

2.muf|fe|lig COLLOQ. **I** agg. SPREG. che puzza di muffa **II** avv. ***~ riechen*** puzzare di muffa: ***es riecht ~*** c'è puzza di muffa.

1.muf|feln intr. (aus. *haben*) COLLOQ. **1** essere scorbutico, fare il musone **2** *(undeutlich reden)* borbottare **3** SCHERZ. *(ständig kauen, essen)* lavorare di mascelle, ruminare.

2.muf|feln, müf|feln intr. (aus. *haben*) COLLOQ. impers. ***es muffelt*** c'è puzza di muffa.

Muf|fel|ofen m. *(-,-öfen)* forno *m.* a muffola.

Muf|fel|tier n. *(-[e]s,-e)*, **Muf|fel|wild** n. *(-[e]s)* VENAT. → **Mufflon.**

muf|fen REGION. → **2.muffeln.**

Muf|fen|sau|sen, COLLOQ. VOLG. ***~ haben*** farsela sotto.

1.muf|fig agg. → **1.muffelig.**

2.muf|fig agg. **1** → **2.muffelig 2** FIG. *(kleinbürgerlich)* da borghesucci(o).

1.Muf|fig|keit f. *(-)* RAR. puzza *f.* di muffa.

2.Muf|fig|keit f. *(-)* COLLOQ. l'essere scorbutico, scontrosità *f.*

muff|lig → **1,2.muffelig.**

Muff|lon m. *(-s,-s)* muflone *m.*

Muf|ti m. *(-s,-s)* mufti *m.*

Mu|gel m. *(-s,-[n])* AUSTR. collinetta *f.*

muh inter. muu: ***~ machen*** fare muu, muggire.

Mü|he f. *(-,-n)* **1a** fatica *f.*: ***große, schwere, vergebliche ~*** grande fatica (*o* faticata), faticaccia, fatica inutile; ***~ kosten, verursachen (bereiten)*** costare fatica, dare da fare **b** *(Anstrengung)* sforzo *m.*: ***die ~ hat sich gelohnt, ist nicht umsonst gewesen*** ne è valso lo sforzo **2** *(Bemühung)* disturbo *m.*, incomodo *m.*: ***machen Sie sich bitte keine ~!*** non si disturbi, prego! ◆ ***sich (D) ~ geben*** darsi la pena, prendersi la briga (*o* il disturbo); *(sich anstrengen)* fare lo sforzo, sforzarsi; ***sich (D) mit jdm, etw. ~ geben*** darsi da fare per qcn., qcs.; ***~ haben*** fare (*o* durare) fatica, faticare; ***alle ~ haben*** fare molta fatica, faticare molto; ***seine (liebe) ~ mit jdm, etw. haben*** avere il proprio (bel) daffare con qcn., qcs.; ***das lohnt die ~ nicht*** non ne vale la pena; ***~ machen*** costare fatica; *(Umstände bereiten)* essere di disturbo; ***mit ~*** a fatica, a malapena; ***mit Müh und Not*** a gran fatica, con grande sforzo; ***keine ~ scheuen, etw. zu erreichen*** mettere tutto l'impegno possibile (*o* sforzarsi al massimo) per ottenere qcs.; ***er scheut keine ~*** non lo spaventa la fatica, non si fa spaventare dalla fatica; ***sich (D) die ~ sparen*** risparmiarsi la fatica; ***das ist verlorene ~*** è fatica sprecata; ***er hat viel ~ und Zeit darauf verwendet*** gli è costato molto tempo e fatica; ***die (o der) ~ wert sein*** valere lo sforzo, la fatica, la pena.

mü|he|los I agg. facile, agevole **II** avv. senza (fare) fatica, facilmente, agevolmente. **Mü|he|lo|sig|keit** f. *(-)* facilità *f.*, agevolezza *f.*

mu|hen intr. (aus. *haben*) muggire.

mü|hen rifl. ***sich (um jdn, etw.) ~*** affaticarsi, affannarsi, darsi pena (per qcn., qcs.).

mü|he|voll I agg. faticoso; *(schwer)* difficile, pesante **II** avv. a fatica, con difficoltà. **Mü|he|wal|tung** f. *(-)* BUROCR. disturbo *m.*, incomodo *m.*: ***wir danken für Ihre ~*** la ringraziamo per il disturbo.

Muh|kuh f. *(-,-kühe)* INFANT. mucca *f.*

Mühl|bach m. *(-[e]s,-bäche)* torrente *m.* del mulino, gora *f.*

Müh|le f. *(-,-n)* **1a** mulino *m.*: ***das Korn zur ~ bringen*** portare il grano al mulino **b** *(Mühlwerk)* macinatoio *m.*, macina *f.*: ***die ~ geht, klappert*** la macina gira **2** *(Haushaltsgerät)* macinino *m.* **3** GIOC. filetto *m.*, tria *f.*, RAR. mulinello *m.*: ***~ spielen, die ~ schließen*** giocare a, fare filetto **4** COLLOQ. *(Fahrzeug)* macinino *m.*, trabiccolo *m.*, carretta *f.* ◆ ***jdn durch die ~ drehen*** strigliare qcn., dare una strigliata a qcn.; ***in die ~ der Justiz geraten*** finire nella macchina della giustizia, essere preso dagli ingranaggi della giustizia; COLLOQ. ANT. ***seine ~ steht niemals still*** la sua lingua non si ferma mai; PROV. ***Gottes -n mahlen langsam, aber sicher*** Dio non paga il sabato. **Müh|len|bau|er** m. *(-s,-)* costruttore *m.* di mulini. **Müh|len|be|sit|zer** m. *(-s,-)* proprietario *m.* del, di un mulino, mugnaio *m.* **Müh|len|flü|gel** m. *(-s,-)* pala *f.* del mulino. **Müh|len|rad** → **Mühlrad. Müh|len|stein** → **Mühlstein. Müh|len|wehr** → **Mühlwehr.**

Müh|le|spiel n. *(-[e]s,-e)* (gioco *m.* del) filetto *m.*

Mühl|gang m. *(-[e]s,-gänge)* macinatoio *m.*, macina *f.* **Mühl|gra|ben** m. *(-s,-gräben)* canale *m.* di mulino, gora *f.*, bottaccio *m.* **Mühl|rad** n. *(-[e]s,-räder)* ruota *f.* del mulino. **Mühl|stein** m. *(-[e]s,-e)* macina *f.*, mola *f.* **Mühl|wehr** n. *(-[e]s,-e)* chiusa *f.* del mulino. **Mühl|werk** n. *(-[e]s,-e)* macinatoio *m.*, macina *f.*

Muh|me f. *(-,-n)* ANT. zia *f.*

Müh|sal f. *(-,-e)* **1** (grande) fatica *f.*, sforzo *m.*: ***die ~ des Alltags*** la fatica di ogni giorno **2** *(Kummer)* affanni *m.pl.*: ***die ~ des Lebens*** gli affanni della vita. **müh|sam I** agg. faticoso; *(schwer)* difficoltoso, disagevole **II** avv. a fatica, con difficoltà. **Müh|sam|keit** f. *(-)* difficoltà *f.* **müh|se|lig I** agg. faticoso, difficile, stentato: ***ein -es Leben*** una vita stentata **II** avv. a fatica, faticosamente. **Müh|se|lig|keit** f. *(-,-en)* fatica *f.*, difficoltà *f.*, disagio *m.*

mu|kös agg. mucoso.

Mu|lat|te m. *(-n,-n)* mulatto *m.* **Mu|lat|tin** f. *(-,-nen)* mulatta *f.*

Mulch m. *(-[e]s,-e)* pacciame *m.*

Mul|de f. *(-,-n)* **1** conca *f.*, avvallamento *m.*, infossamento *m.*: ***eine ~ im Erdboden, im Flussbett*** un avvallamento nel terreno, un infossamento nel letto del fiume **2** REGION. *(Trog)* trogolo *m.*; *(Backtrog)* madia *f.* **mul|den|för|mig** agg. a (forma di) conca, infossato.

Mu|li n. *(-s,-s)* REGION. mulo *m.*

1.Mull m. *(-[e]s,-e)* garza *f.*

2.Mull m. *(-[e]s,-e)* REGION. terriccio *m.*, humus *m.*

Müll m. *(-s)* **1** rifiuti *m.pl.*, scarti *m.pl.*: ***~ abtransportieren, beseitigen, verbrennen, wieder verwerten*** rimuovere, smaltire, incenerire, riciclare rifiuti **2** *(Hausmüll)* rifiuti *m.pl.*, immondizia *f.*, spazzatura *f.*: ***etw. in den ~ werfen*** buttare qcs. nell'immondizia; ***das kommt in den, zum ~*** questo va nell'immondizia, è da buttare via ◆ ***radioaktiver ~*** scorie radioattive. **Müll|ab|fuhr** f. *(-,-en)* **1** rimozione *f.* dei rifiuti, ritiro *m.* delle immondizie **2** *(kommunale Anstalt)* (servizio *m.* di) nettezza *f.* urbana. **Müll|ab|la|de|platz** m. *(-es,-plätze)* → **Mülldeponie. Müll|ab|la|ge|rung** f. *(-,-en)* scarico *m.* dei rifiuti (solidi). **Müll|au|to** n. *(-s,-s)* → **Müllwagen. Müll|be|sei|ti|gung** f. *(-)* smaltimento *m.* dei rifiuti. **Müll|beu|tel** m. *(-s,-)* sacchetto *m.* per l'immondizia, dell'immondizia.

Mull|bin|de f. *(-,-n)* fascia *f.* (*o* benda *f.*) di garza.

Müll|con|tai|ner m. *(-s,-)* cassonetto *m.* dei rifiuti. **Müll|de|po|nie** f. *(-,-n)* deposito *m.* (di) rifiuti, discarica *f.* **Müll|ei|mer** m. *(-s,-)* secchio *m.* dei rifiuti, dell'immondizia.

Mül|ler m. *(-s,-)* mugnaio *m.* **Mül|ler|bursch** m. *(-en,-en)*, **Mül|ler|bur|sche** m. *(-n,-n)* ANT. garzone *m.* di mugnaio. **Mül|le|rei** f. *(-)* molitura *f.* **Mül|ler|ge|sel|le** m. *(-n,-n)* garzone *m.* del mugnaio. **Mül|le|rin** f. *(-,-nen)* mugnaia *f.* **Mül|le|rin|art,** GASTR. ***auf, nach ~*** alla mugnaia: ***Forelle auf ~*** trota alla mugnaia.

Müll|fah|rer m. *(-s,-)* autista *m.* del servizio di nettezza urbana.

Mull|gar|di|ne f. *(-,-n)* tenda *f.* di mussolina.

Müll|gru|be f. *(-,-n)* immondezzaio *m.* **Müll|hal|de** f. *(-,-n)* → **Mülldeponie. Müll|hau|fen** m. *(-s,-)* mucchio *m.* di rifiuti. **Müll|kip|pe** f. *(-,-n)* → **Mülldeponie. Müll|kip|per** m. *(-s,-)* camion *m.* della nettezza urbana (con cassone ribaltabile). **Müll|kut|scher** m. *(-s,-)* REGION. → **Müllfahrer.**

Mull|läpp|chen n. *(-s,-)* compressa *f.* di garza.

Müll|mann m. *(-[e]s,-männer* e RAR. *Müllleute)* COLLOQ. → **Müllwerker. Müll|sack** m. *(-[e]s,-säcke)* sacco *m.* per la, della spazzatura. **Müll|samm|lung** f. *(-,-en)* raccolta *f.* (dei) rifiuti; ***getrennte ~*** raccolta differenziata. **Müll|schlu|cker** m. *(-s,-)* scarico *m.* dell'immondizia: ***etw. in den ~ werfen*** buttare qcs. nell'immondizia (*o* nella pattumiera). **Müll|sor|tie|rung** → **Mülltrennung. Müll|ton|ne** f. *(-,-n)* bidone *m.* dell'immondizia, della spazzatura. **Müll|tren|nung** f. *(-)* raccolta *f.* differenziata.

Müll|ver|bren|nung f. *(-)* incenerimento *m.* dei rifiuti. **Müll|ver|bren|nungs|an|la|ge** f. *(-,-n)* inceneritore *m.*

Müll|ver|wer|tung f. *(-)* riciclaggio *m.* dei rifiuti. **Müll|wa|gen** m. *(-s,-)* camion *m.* della nettezza urbana. **Müll|wer|ker** m. *(-s,-)* addetto *m.* alla raccolta rifiuti.

Mull|win|del f. *(-,-n)* pannolino *m.* di garza.

Müll|zer|klei|ne|rer m. *(-s,-)* tritarifiuti *m.*

Mulm m. *(-[e]s)* **1** terreno *m.* friabile; *(Humus)* humus *m.* **2** *(verfaultes Holz)* legno *m.* infracidito **3** *(verwittertes Gestein)* roccia *f.* friabile. **mul|men I** tr. **1** ridurre in polvere, polverizzare **II** intr. (aus. *haben, sein*) ridursi in polvere. **mul|mig** agg. **1** friabile **2** REGION. *(morsch)* marcio, fradicio **3a** COLLOQ. *(gefährlich)* pericoloso, critico **b** *(unbehaglich)* spiacevole ◆ ***jdm wird, ist es ~*** qcn. ha paura; *(jd fühlt sich unbehaglich)* qcn. si sente a disagio.

Mul|ti m. *(-s,-s)* GERG. multinazionale *f.* **mul|ti|di|men|si|o|nal** agg. multidimensionale. **mul|ti|fak|to|ri|ell** agg. multifattoriale. **mul|ti|funk|ti|o|nal** agg. multifunzionale. **Mul|ti|funk|ti|ons|an|zei|ge** f. *(-,-n)* check *m.* control. **mul|ti|kul|tu|rell** agg. multiculturale. **mul|ti|la|te|ral** agg. multilaterale. **mul|ti|lin|gu|al** agg. multilingue.

mul|ti|me|di|al agg. multimedia(le). **Mul|ti|me|dia** n. *(-[s])* multimedialità *f.* **Mul|ti|me|di|a|show** [-ʃoʊ] f. *(-,-s)* → **Multimediaveranstaltung. Mul|ti|me|di|a|sys|tem** n. *(-s,-e)* PED. sistema *m.* multimediale. **Mul|ti|me|di|a|ver|an|stal|tung** f. *(-,-en)* spettacolo *m.* multimediale.

Mul|ti|me|ter n. *(-s,-)* multimetro *m.*

Mul|ti|mil|li|o|när m. *(-s,-e)* multimilionario *m.* **mul|ti|na|ti|o|nal** agg. multinazionale: ***-e Unternehmen, Konzerne*** (società) multinazionali.

mul|ti|pel agg. multiplo: ***multiple Sklerose*** sclerosi multipla.

Mul|ti|pli|kand m. *(-en,-en)* moltiplicando *m.* **Mul|ti|pli|ka|ti|on** f. *(-,-en)* moltiplicazione *f.* **Mul|ti|pli|ka|tor** m. *(-s,-en)* moltiplicatore *m.* **mul|ti|pli|zie|ren I** tr. moltiplicare **II** rifl. **sich ~** moltiplicarsi: ***die Schwierigkeiten ~ sich*** le difficoltà si moltiplicano.

mul|ti|va|lent agg. multivalente (anche PSIC.). **Mul|ti|va|lenz** f. *(-,-en)* multivalenza *f.* (anche PSIC.).

Mul|ti|vib|ra|tor m. *(-s,-en)* multivibratore *m.*

Mu|lus m. *(-, Muli)* mulo *m.*

Mu|mie f. *(-,-n)* mummia *f.* **mu|mi|en|haft** agg. simile a una mummia, mummificato. **Mu|mi|fi|ka|ti|on** f. *(-,-en)* mummificazione *f.* **mu|mi|fi|zie|ren I** tr. mummificare **II** intr. (aus. *sein*) mummificarsi. **Mu|mi|fi|zie|rung** f. *(-,-en)* mummificazione *f.*

Mumm m. *(-s)* COLLOQ. **1** coraggio *m.*, fegato *m.*: ***nicht den ~ haben, jdm die Wahrheit zu sagen*** non avere il fegato di dire la verità a qcn.; ***keinen ~ in den Knochen haben*** essere uno smidollato **2** *(Kraft)* energia *f.*

Mum|mel f. *(-,-n)* ninfea *f.* gialla.

Mum|mel|greis m. *(-es,-e)* COLLOQ. SPREG. vecchio *m.* bacucco. **Müm|mel|mann** m. *(-[e]s,-männer)* FAM. lepre *f.*

1.mum|meln REGION. FAM. **I** tr. imbacuccare, infagottare **II** rifl. **sich ~** imbacuccarsi, infagottarsi: ***sich in einen Mantel ~*** imbacuccarsi in un cappotto.

2.mum|meln REGION., **müm|meln** intr. (aus. *haben*) **1** *(äsen)* brucare **2** COLLOQ. *(kauen)* masticare a lungo e in fretta **3** *(murmeln)* borbottare.

mum|men ANT. **I** tr. imbacuccare **II** rifl. **sich ~** imbacuccarsi. **Mum|men|schanz** m. *(-es)* **1** *(Maskenfest)* festa *f.* in maschera **2** *(Verkleidung)* mascheramento *m.*, travestimento *m.*

Mum|pitz m. *(-es)* COLLOQ. sciocchezze *f.pl.*, baggianate *f.pl.*: ***das ist alles ~*** sono tutte sciocchezze; ***rede keinen ~!*** non dire baggianate!

Mumps m. REGION. f. *(-)* orecchioni *m.pl.*

Mün|chen n.pr.n. *(-s)* Monaco *f.* (di Baviera). **Mün|che|ner** → **Münchner.**

Münch|hau|sen m. *(-,-)* spaccone *m.*, fanfarone *m.* (come il barone di Münchhausen). **Münch|hau|si|a|de** f. *(-,-n)* spacconata *f.*, smargiassata *f.* (come quelle del barone di Münchhausen).

Münch|ner I m. *(-s,-)* monacense *m.*, abitante *m.* di Monaco **II** agg. inv. monacense, di Monaco.

1.Mund m. *(-[e]s, Münder,* RAR. *-e/Münde)* **1** bocca *f.*: ***den ~ öffnen (aufmachen), schließen, verziehen*** aprire, chiudere, storcere la bocca; ***jdn auf den ~ küssen*** baciare qcn. sulla bocca; FIG. ***der ~ des Ofens*** la bocca del forno **2** MIN. *(Mundloch)* imboccatura *f.*, imbocco *m.* ◆ ***sich (D) etw. vom ~ absparen*** togliersi qcs. di bocca; ***in aller -e sein*** essere sulla bocca di tutti; ***den ~ nicht aufbekommen, aufkriegen*** non riuscire ad aprire bocca; ***den ~ nicht aufmachen*** non aprire bocca; ***den ~ aufreißen*** darsi delle arie; ***~ und Augen (~ und Nase) aufreißen, aufsperren*** restare a bocca aperta; ***den ~ nicht auftun*** → ***den ~ nicht aufmachen***; ***etw. aus jds ~ hören*** udire qcs. dalle labbra (*o* dalla viva voce) di qcn.; ***von ~ zu ~ beatmen*** fare la respirazione bocca a bocca; ***sich kein Blatt vor den ~ nehmen*** non avere peli sulla lingua; ***den Finger auf den ~ legen*** portare il dito alle labbra; ***jdn, etw. dauernd im ~ führen*** avere sempre qcn., qcs. in, sulla bocca; ***sich den ~ fusselig reden*** sgolarsi; ***nicht auf den ~ gefallen sein*** avere sempre la risposta pronta; ***das Glas an den ~ setzen*** portare il bicchiere alla bocca; FIG. ***einen großen ~ haben*** essere un impertinente; FIG. ***den ~ halten*** tenere la bocca chiusa, cucita; ***an jds ~ hängen*** pendere dalle labbra di qcn.; ***jdm das Wort im -e herumdrehen*** rigirare le parole in bocca a qcn.; ***von der Hand in den ~ leben*** vivere alla giornata; ***jdm etw. in den ~ legen*** mettere qcs. in bocca a qcn.; ***einen losen ~ haben*** essere una linguaccia; ***ja, mit dem -e*** sì, a parole; ***jdm nach dem -e reden*** dire cose per far piacere a qcn.; ***etw. in den ~ nehmen*** dire qcs.; ***so etw. nimmt man nicht in den ~*** certe cose non si dicono; ***mit offenem ~ zuhören*** ascoltare a bocca aperta; ***jdm den ~ öffnen*** far parlare qcn.; ***aus dem ~ riechen*** avere l'alito pesante; ***den ~ spitzen*** fare boccuccia (per dare un bacio); *(pfeifen)* fischiare; ***sein ~ steht nicht still*** non sta mai zitto; ***jdm (mit etw.) den ~ stopfen*** tappare la bocca a qcn. (con qcs.); COLLOQ. FIG. ***stopf dir doch den ~ nicht so voll!*** non riempirti la bocca così! ***viele Münder zu stopfen haben*** avere molte bocche da sfamare; ***jdm über den ~ fahren*** dare sulla voce a qcn.; ***jdm den ~ verbieten*** proibire a qcn. di aprire bocca; ***sich (D) den ~ verbrennen*** parlare troppo (a proprio danno); *(von Speisen und Getränken)* ***~ voll*** boccata; ***mit vollem ~ sprechen*** parlare con la bocca piena; ***den ~ voll nehmen*** → ***den ~ aufreißen***; ***von ~ zu ~ gehen*** passare (*o* correre) di bocca in bocca; ***immer mit dem ~ vorneweg sein*** mettere (*o* metterci) sempre bocca; ***das Wasser läuft jdm im -e zusammen*** qcn. ha, a qcn. viene l'acquolina in bocca; FIG. ***jdm den ~ wässrig machen*** far venire l'acquolina in bocca a qcn.; SCHERZ. ***du hast wohl deinen ~ zu Hause gelassen*** dove hai messo la lingua? PROV. ***trunkner ~ tut Wahrheit kund*** in vino veritas; ***Morgenstund hat Gold im ~*** il mattino ha l'oro in bocca.

2.Mund f. *(-)* STOR. mundio *m.*

Mund|art f. *(-,-en)* dialetto *m.*: ***~ sprechen*** parlare in dialetto. **Mund|art|dich|ter** m. *(-s,-)* poeta *m.* dialettale. **Mund|art|dich|tung** f. *(-,-en)* poesia *f.* dialettale. **Mund|ar|ten|for|schung, Mund|art|for|schung** f. *(-)* dialettologia *f.* **mund|art|lich I** agg. dialettale: ***ein -er Ausdruck*** un'espressione dialettale **II** avv. in, nel dialetto: ***dieses Wort wird nur ~ gebraucht*** questa parola viene usata soltanto in dialetto. **Mund|art|spre|cher** m. *(-s,-)* dialettofono *m.* **Mund|art|wör|ter|buch** n. *(-[e]s,-bücher)* vocabolario *m.* dialettale.

Münd|chen n. *(-s,-)* boccuccia *f.* **Mund|du|sche** f. *(-,-n)* idropulsore *m.*

Mün|del I n. e m. *(-s,-)* DIR. pupillo *m.* **II** f. *(-,-n)* DIR. pupilla *f.* **Mün|del|geld** n. *(-[e]s,-er)* beni *m.pl.* pupillari, capitali *m.pl.* del minore. **mün|del|si|cher** agg. di tutto riposo, che offre assoluta sicurezza: ***eine -e Anlage, Aktie*** investimento di tutto riposo, azione di sicuro investimento. **Mün|del|si|cher|heit** f. *(-)* sicurezza *f.* prescritta per l'investimento dei capitali del minore.

mun|den intr. (aus. *haben*) piacere: ***es mundet mir herrlich*** mi piace moltissimo ◆ ***sich (D) etw. ~ lassen*** degustare qcs.

mün|den intr. (aus. *sein, haben*) sfociare, sboccare: ***der Fluss mündet ins Meer*** il fiume sfocia nel mare; ***viele Straßen ~ auf den (o dem) Platz*** molte strade sboccano in piazza; FIG. ***in einen (o einem) Aufstand ~*** sfociare in una rivolta.

mund|faul agg. COLLOQ. poco loquace, di poche parole. **Mund|fäu|le** f. *(-)* stomatite *f.* ulcerosa. **Mund|faul|heit** f. *(-)* COLLOQ. scarsa loquacità *f.* **mund|fer|tig** agg. RAR. dalla lingua sciolta; *(schlagfertig)* che ha la risposta pronta. **Mund|flo|ra** f. *(-)* flora *f.* (batterica della cavità) orale. **mund|ge|recht** agg. ***in -en Stücken*** a bocconcini ◆ ***jdm etw. ~ machen*** mettere qcs. sul piatto d'argento a qcn. **Mund|ge|ruch** m. *(-[e]s,-gerüche)* alito *m.* (cattivo). **Mund|har|mo|ni|ka** f. *(-,-s* e *-harmoniken)* armonica *f.* a bocca. **Mund|höh|le** f. *(-,-n)* cavità *f.* orale.

mün|dig agg. maggiorenne: ***mit 18 Jahren ~ werden*** diventare maggiorenne a 18 anni; ***~ sprechen*** dichiarare maggiorenne. **Mün|dig|keit** f. *(-)* maggiore età *f.* **Mün|dig|keits|er|klä|rung** f. *(-,-en)* dichiarazione *f.* di maggiore età. **Mün|dig|spre|chung** f. *(-,-en)* → **Mündigkeitserklärung.**

Mun|di|um n. *(-s, Mundien* e *Mundia)* STOR. mundio *m.*

münd|lich I agg. **1** orale: ***-e Prüfung*** esame orale **2** verbale: ***-e Vereinbarungen*** accordi verbali **II** avv. **1** oralmente, a voce: ***etw. ~***

überliefern tramandare qcs. oralmente **2** verbalmente: ***etw. ~ mitteilen*** comunicare qcs. verbalmente ◆ POL. ***-e Anfrage*** interrogazione. **Mund|lich|keit** f. *(-)* oralità *f.*

Mund|loch n. *(-s,-löcher)* MIN. imboccatura *f.*, imbocco *m.* **Mund|öff|nung** f. *(-,-en)* apertura *f.* della bocca. **Mund|par|tie** f. *(-,-n)* MED. parte *f.* buccale (*o* boccale). **Mund|pfle|ge** f. *(-)* igiene *f.* orale. **Mund|pro|pa|gan|da** f. *(-)* ***für jdn, etw. ~ machen*** fare pubblicità a qcn., qcs. **Mund|raub** m. *(-[e]s)* STOR. furto *m.* lieve (di generi alimentari o voluttuari). **Mund|schenk** m. *(-en,-en)* STOR. coppiere *m.* **Mund|schleim|haut** f. *(-,-häute)* mucosa *f.* orale. **Mund|schleim|haut|ent|zün|dung** f. *(-,-en)* stomatite *f.* **Mund|schutz** m. *(-es,-e)* **1** *(für Ärzte, Schwestern)* mascherina *f.* **2** *(für Boxer)* paradenti *m.* **Mund|sper|re** f. *(-,-n)* trisma *m.*, trismo *m.* **Mund|stück** n. *(-s,-e)* **1** *(von Blasinstrumenten, Zigaretten, Tabakspfeifen)* bocchino *m.* **2** *(von Atmungsschläuchen)* boccaglio *m.* **3** *(Stück des Zaumzeugs)* morso *m.* **mund|tot** agg., ***jdn ~ machen*** ridurre qcn. al silenzio, fare ammutolire qcn. **Mund|tuch** n. *(-[e]s,-tücher)* ANT. tovagliolo *m.*

Mün|dung f. *(-,-en)* **1** *(von Flüssen)* foce *f.*, sbocco *m.* **2** *(von Straßen)* sbocco *m.* **3** *(von Feuerwaffen)* bocca *f.* **Mün|dungs|arm** m. *(-s,-e)* ramo *m.* (*o* braccio) della foce. **Mün|dungs|feu|er** n. *(-s,-)* vampa *f.* **Mün|dungs|ge|biet** n. *(-[e]s,-e)* (zona *f.* della) foce *f.*

Mund|vor|rat m. *(-[e]s,-vorräte)* vettovaglie *f.pl.*, provviste *f.pl.* **Mund|was|ser** n. *(-s,-wässer)* **1** COSMET. acqua *f.* dentifricia **2** FARM. collutorio *m.* **Mund|werk** n. *(-[e]s)* COLLOQ. **1** *(Sprachgewandtheit)* parlantina *f.*, scioglinguagnolo *m.*: ***ein gutes, loses ~ haben*** avere una buona parlantina, la parlantina sciolta **2** *(Mund)* bocca *f.*: ***jds ~ steht nie still*** non tiene mai la bocca chiusa ◆ ***ein böses, freches ~*** una malalingua, una linguaccia; ***ein großes, flinkes ~ haben*** avere sempre la risposta pronta. **Mund|win|kel** m. *(-s,-)* angolo *m.* della bocca: ***ihre ~ zittern vor Wut*** le tremano gli angoli della bocca per la rabbia; ***ein Lächeln huschte um seine ~*** un sorriso gli sfiorò le labbra. **Mund-zu-Mund-Be|at|mung** f. *(-,-en)* respirazione *f.* bocca a bocca.

Mun|go m. *(-[s],-s)* mungo *m.*, mangusta *f.* indiana.

Mu|ni|ti|on f. *(-,-en)* munizioni *f.pl.* (anche FIG.); *(Sprengmaterial)* esplosivi *m.pl.*: ***jdm ~ liefern*** fornire qcn. di munizioni; ***seine ~ verschießen*** esaurire le munizioni; ***jdm geht die ~ aus*** rimanere senza munizioni; ***scharfe ~*** munizioni innescate. **mu|ni|ti|o|nie|ren** tr. dotare, fornire di munizioni. **Mu|ni|ti|o|nie|rung** f. *(-)* fornitura *f.* di munizioni.

Mu|ni|ti|ons|be|darf m. *(-s)* fabbisogno *m.* di munizioni. **Mu|ni|ti|ons|de|pot** n. *(-s,-s)* deposito *m.* di munizioni. **Mu|ni|ti|ons|fab|rik** f. *(-,-en)* fabbrica *f.* di munizioni. **Mu|ni|ti|ons|la|ger** n. *(-s,-)* → **Munitionsdepot. Mu|ni|ti|ons|ver|brauch** m. *(-[e]s)* consumo *m.* di munizioni. **Mu|ni|ti|ons|wa|gen** m. *(-s,-)* carro *m.* munizioni. **Mu|ni|ti|ons|zug** m. *(-[e]s,-züge)* treno *m.*, convoglio *m.* di munizioni.

mu|ni|zi|pal agg. ANT. municipale. **Mu|ni|zi|pi|um** n. *(-s, Munizipien)* STOR. municipio *m.*

Mun|ke|lei f. *(-,-en)* COLLOQ. diceria *f.*, chiacchiera *f.* **mun|keln** COLLOQ. **I** tr. mormorare: ***es wird gemunkelt, dass...*** si mormora che... **II** intr. (aus. *haben*) mormorare: ***viel über etw., jdn ~*** mormorare parecchio su qcs., sul conto di qcn.

Müns|ter n. e RAR. m. *(-s,-)* **1** ANT. monastero *m.* **2a** *(große Kirche)* collegiata *f.* **b** REGION. *(Dom)* duomo *m.*, cattedrale *f.* **c** *(Stiftskirche)* chiesa *f.* votiva.

mun|ter **I** agg. **1** vivace, vispo: ***-e Kinder, Augen*** bambini vivaci, occhi vispi **2** *(fröhlich)* allegro: ***in -er Stimmung, -er Laune sein*** essere allegro, di buon umore **3** *(wach)* sveglio: ***er ist immer noch ~*** continua a essere sveglio; ***Kaffee hält mich ~*** il caffè mi tiene sveglio **II** avv. **1** allegramente **2** *(unbekümmert)* liberamente, senza problemi ◆ ***gesund und ~ sein*** essere vivo e vegeto; ***gesund und ~ wie ein Fisch im Wasser*** sano come un pesce; ***~ werden*** svegliarsi; ***ich bin wieder ~ geworden*** mi è passato il sonno. **Mun|ter|keit** f. *(-)* **1** vivacità *f.* **2** *(Fröhlichkeit)* allegria *f.*, buon umore *m.*: ***jdn mit seiner ~ anstecken*** trasmettere a qcn. la propria allegria **3** *(Wachsein)* l'essere sveglio. **Mun|ter|ma|cher** m. *(-s,-)* SCHERZ. eccitante *m.*, stimolante *m.*

Münz|amt n. *(-[e]s,-ämter)*, **Münz|an|stalt** f. *(-,-en)* zecca *f.* **Münz|ap|pa|rat** m. *(-[e]s,-e)* → **Münzfernsprecher. Münz|ar|bei|ter** m. *(-s,-)* operaio *m.* della zecca. **Münz|au|to|mat** m. *(-en,-en)* distributore *m.* a monete, a gettoni. **Münz|be|am|te** m. *(-n,-n)* funzionario *m.* della zecca.

Mün|ze f. *(-,-n)* **1** moneta *f.*: ***-n prägen, schlagen*** coniare, battere moneta; ***eine ~ in Umlauf setzen, aus dem Verkehr ziehen*** mettere in, ritirare dalla circolazione una moneta; ***bare, gängige, gesetzliche ~*** moneta contante, corrente, legale **2** *(Münzstätte)* zecca *f.* ◆ ***jdm etw. in, mit gleicher ~ heimzahlen*** ripagare qcn. di qcs. con la stessa moneta; ***mit klingender ~ bezahlen*** pagare con moneta sonante; ***etw. für bare ~ nehmen*** prendere qcs. per oro colato; ***eine ~ werfen*** lanciare una moneta, fare testa o croce.

Münz|ein|heit f. *(-,en)* unità *f.* monetaria.

mün|zen **I** tr. monetare: ***Gold ~*** monetare l'oro **II** intr. (aus. *haben*) coniare, battere moneta ◆ ***auf jdn, etw. gemünzt sein*** alludere, riferirsi a qcn., qcs. **Mün|zen** n. *(-s)* monetazione *f.*, coniazione *f.* **Mün|zen|samm|ler** m. *(-s,-)* collezionista *m.* di monete. **Mün|zen|samm|lung** f. *(-,-en)* collezione *f.* di monete.

Münz|fäl|scher m. *(-s,-)* falsario *m.* **Münz|fäl|schung** f. *(-,-en)* falsificazione *f.* di monete. **Münz|fern|spre|cher** m. *(-s,-)* telefono *m.* a monete. **Münz|fuß** m. *(-es)* titolo *m.* della moneta. **Münz|ge|rech|tig|keit** f. *(-)* → **Münzhoheit. Münz|ge|wicht** n. *(-[e]s,-e)* peso *m.* di una, della moneta. **Münz|ho|heit** f. *(-)* diritto *m.* di battere moneta. **Münz|ka|bi|nett** n. *(-s,-e)* **1** gabinetto *m.* numismatico **2** *(Münzsammlung)* collezione *f.* di monete **3** ANT. *(Schränkchen für Münzen)* monetiere *m.* **Münz|kun|de** f. *(-)* numismatica *f.* **Münz|meis|ter** m. *(-s,-)* direttore *m.* di una, della zecca. **Münz|prä|gung** f. *(-,-en)* coniazione *f.*, coniatura *f.* (di monete). **Münz|recht** n. *(-[e]s)* diritto *m.* di battere moneta. **Münz|samm|lung** → **Münzensammlung. Münz|stät|te** f. *(-,-n)* zecca *f.* **Münz|stem|pel** m. *(-s,-)* conio *m.*, punzone *m.* **Münz|tank** m. *(-s,-s)*, **Münz|tank|au|to|mat** m. *(-en,-en)*, **Münz|tank|stel|le** f. *(-,-n)* distributore *m.* (di benzina) automatico. **Münz|ver|ge|hen** n. *(-s,-)* falso *m.* monetario. **Münz|wechs|ler** m. *(-s,-)* cambiamonete *m.* (automatico). **Münz|wis|sen|schaft** f. *(-)* numismatica *f.* **Münz|zei|chen** n. *(-s,-)* marchio *m.*

Mur f. *(-,-en)* → **Murbruch.**

Mu|rä|ne f. *(-,-n)* murena *f.*

mürb REGION. → **mürbe. mür|be** agg. **1a** *(zart)* tenero: ***-s Fleisch*** carne tenera **b** morbido, friabile: ***~ Kekse*** biscotti friabili **c** *(von Teig)* frollo: ***ein -r Teig*** pasta frolla **2** *(leicht zerfallend)* friabile: ***-s Gestein*** roccia friabile **3** *(brüchig)* consunto, logoro, che si strappa facilmente **4** *(morsch)* marcio: ***-s Holz*** legno marcio **5a** FIG. COLLOQ. *(zermürbt)* indebolito, fiacco **b** *(nachgiebig)* arrendevole, docile ◆ ***das Fleisch ~ klopfen*** battere la carne per renderla tenera; ***jdn ~ machen*** logorare, fiaccare qcn.

Mür|be → **Mürbheit. Mür|be|bra|ten** m. *(-s,-)* **1** REGION. *(Lendenbraten)* arrosto *m.* di lombo, lombata *f.* **2** VENAT. *(Lendenstück)* lombata *f.* **Mür|be|teig** m. *(-[e]s)* pasta *f.* frolla.

Mürb|heit f. *(-)* **1** morbidezza *f.*, friabilità *f.*: ***die ~ des Fleisches, Gebäcks, Gesteins*** la morbidezza della carne, la friabilità del dolce, della roccia **2a** FIG. *(Zermürbtheit)* fiacchezza *f.* **b** *(Nachgiebigkeit)* arrendevolezza *f.*, docilità *f.*

Mur|bruch m. *(-[e]s,-brüche)*, **Mu|re** f. *(-,-n)* frana *f.* (di disgregazione). **mu|rig** agg. franoso.

Mur|kel m. *(-s,-)* REGION. COLLOQ. marmocchio *m.* **mur|ke|lig** agg. REGION. COLLOQ. nano.

Murks m. *(-es)* COLLOQ. SPREG. pasticcio *m.*: ***~ machen, bauen, produzieren*** fare un pasticcio. **murk|sen** intr. (aus. *haben*) COLLOQ. SPREG. pasticciare: ***er hat zwei Stunden erfolglos gemurkst*** ha pasticciato, armeggiato per due ore senza risultato.

Mur|mel f. *(-,-n)* REGION. bi(g)lia *f.*: ***(mit) -n spielen*** giocare a biglie.

1.mur|meln intr. (aus. *haben*) REGION. giocare a bi(g)lie.

2.mur|meln **I** tr. mormorare, borbottare: ***etw. (vor sich hin, in seinen Bart) ~*** mormorare qcs. (fra sé e sé) **II** intr. (aus. *haben*) mormorare: ***der Bach, die Quelle murmelt*** il torrente, la fonte mormora. **Mur|meln** n. *(-s)* mormorio *m.*, borbottio *m.*

Mur|mel|tier n. *(-[e]s,-e)* marmotta *f.* ◆ ***wie ein ~ schlafen*** dormire come un ghiro.

mur|ren intr. (aus. *haben*) brontolare: ***über etw. ~*** brontolare per qcs.; ***gegen etw. ~*** insorgere contro qcs.

mür|risch **I** agg. **1** *(brummig)* brontolone **2** imbronciato: ***ein -es Gesicht*** un viso imbronciato **3** *(unfreundlich)* scontroso **II** avv. **1** brontolando **2** *(schlecht gelaunt)* con il broncio **3** *(unfreundlich)* scontrosamente. **Mür|risch|keit** f. *(-)* **1** l'essere imbronciato **2** *(Unfreundlichkeit)* scontrosità *f.*

murr|köp|fig, murr|köp|fisch agg. ANT. → **mürrisch.**

Mus n. e REGION. m. *(-es,-e)* passato *m.*; *(von Kartoffeln)* purè *m.*, purea *f.*: ***~ kochen*** fare (cuocere) il purè ◆ FIG. COLLOQ. ***(im Bus) zu ~ gedrückt werden*** (sull'autobus) essere stretti (*o* pigiati) come sardine; FIG. COLLOQ. ***jdn, etw. zu ~ machen, schlagen*** ridurre qcn., qcs. in poltiglia (*o* fare a polpette qcn., qcs.).

Mu|schel f. *(-,-n)* **1a** mollusco *m.* (con conchiglia): ***-n essen*** mangiare molluschi **b** pl. *(Klasse)* lamellibranchi *m.pl.*, bivalvi *m.pl.* **2** *(Muschelschale)* conchiglia *f.*: ***-n suchen, sammeln*** cercare, raccogliere conchiglie **3a** *(Hörmuschel)* ricevitore *m.* **b** *(Sprechmuschel)* microfono *m.* **4** RAR. *(Ohrmuschel)* padiglione *m.* auricolare. **Mu|schel|bank** f. *(-,-bänke)* banco *m.* di conchiglie. **Mü|schel|chen** n. *(-s,-)* conchiglietta *f.* **mu|schel|för|mig** agg. a forma di conchiglia, concoide. **Mu|schel|geld** n. *(-[e]s)* ETNOL. conchiglia *f.* usata come moneta. **mu|sche|lig** agg. → **muschelförmig. Mu|schel|kalk** m. *(-[e]s)* GEOL. calcare *m.* conchilifero. **Mu|schel|krebs** m. *(-[e]s,-e)* ostracode *m.* **mu|schel|reich** agg. ricco di conchiglie, GEOL. conchilifero. **Mu|schel|samm|lung** f. *(-,-en)* collezione *f.* (*o* raccolta *f.*) di conchiglie. **Mu|schel|scha|le** f. *(-,-n)* guscio *m.* di mollusco, conchiglia *f.* **Mu|schel|sei|de** f. *(-,-n)* bisso *m.*, seta *f.* marina. **Mu|schel|tier** n. *(-[e]s,-e)* mollusco *m.* **Mu|schel|werk** n. *(-[e]s)* ARCH. rocaille *f.*

Mu|schi f. *(-,-s)* **1** INFANT. micio *m.* **2** COLLOQ. *(Vulva)* passerina *f.*

Mu|schik, Mu|schik ['muʃik, mu'ʃik] m. *(-s,-s)* STOR. mugik *m.*

Mu|se f. *(-,-n)* musa *f.* ◆ ***die ernste ~*** la musa tragica; SCHERZ. ***von der ~ geküsst werden*** essere ispirato dalla musa; ***die heitere ~*** la musa comica; ***die zehnte ~*** la decima musa.

mu|se|al agg. **1** di, del museo **2** museale: ***der -e Bestand einer Stadt*** il patrimonio museale di una città.

Mu|sel|man m. *(-en,-en)* ANT. o SCHERZ. mus(s)ulmano *m.* **Mu|sel|ma|nin** f. *(-,-nen)* ANT. o SCHERZ. mus(s)ulmana *f.* **mu|sel|ma|nisch** agg. ANT. → **moslemisch. Mu|sel|mann** m. *(-[e]s,-männer)* → **Muselman.**

Mu|sen|sohn m. *(-[e]s,-söhne)* ANT. o SCHERZ. **1** *(Dichter)* poeta *m.* **2** *(Student)* studente *m.* **Mu|sen|tem|pel** m. *(-s,-)* ANT. o SCHERZ. tempio *m.* delle muse.

Mu|se|um n. *(-s, Museen)* museo *m.* **Mu|se|ums|auf|se|her** m. *(-s,-)* guardiano *m.* di, del museo. **Mu|se|ums|füh|rer** m. *(-s,-)* guida *f.* di un, del museo. **Mu|se|ums|kä|fer** m. *(-s,-)* antreno *m.* **Mu|se|ums|ka|ta|log** m. *(-[e]s,-e)* catalogo *m.* di un, del museo. **mu|se|ums|reif** agg. COLLOQ. IRON. da museo. **Mu|se|ums|stück** n. *(-[e]s,-e)* pezzo *m.* da museo. **Mu|se|ums|wär|ter** m. *(-s,-)* guardiano *m.* di, del museo.

Mu|si|cal ['mju:zɪkl] n. *(-s,-s)* musical *m.*, commedia *f.* musicale.

Mu|sik f. *(-,-en)* **1a** musica *f.*: ***~ treiben, studieren*** studiare musica; ***~ machen*** fare (della) musica; ***~ liebend*** amante della musica; ***die ~ bricht ab, setzt wieder ein*** la musica s'interrompe, riprende; ***~ von Mozart*** musica di Mozart; ***die ~ erklingt*** la musica risuona **b** *(Musikstück)* musica *f.*, brano *m.*, componimento *m.* musicale: ***die ~ zu einem Film schreiben, komponieren*** scrivere, comporre la musica (*o* le musiche) per un film **2** COLLOQ. *(Musikkapelle)* musica *f.*, banda *f.* (musicale) ◆ ***atonale ~*** musica atonale; ***mit ~ geht alles besser*** canta che ti passa; ***~ im Blut haben*** aver la musica nel sangue; ***da ist ~ drin*** ha brio; ***ernste ~*** musica seria; ***geistliche ~*** musica sacra; ***hinter, in etw. ist, steckt ~*** qcs. ha nerbo; ***klassische ~*** musica classica; ***leichte ~*** musica leggera; ***das ist ~ in meinen, für meine Ohren*** questa è musica per le mie orecchie. **Mu|sik|abend** m. *(-s,-e)* serata *f.* musicale. **Mu|sik|aka|de|mie** f. *(-,-n)* → **Musikhochschule.**

Mu|si|ka|li|en pl. spartiti *m.pl.*, partiture *f.pl.* **Mu|si|ka|li|en|hand|lung** f. *(-,-en)* negozio *m.* di musica. **mu|si|ka|lisch I** agg. **1** musicale: ***~ sein*** essere musicale; ***-e Begleitung, Einlage*** accompagnamento, intermezzo musicale; ***ein -es Ohr haben*** avere (molto) orecchio **2** *(klangvoll)* musicale, melodioso: ***eine -e Sprache, Stimme*** una lingua musicale, una voce melodiosa **II** musicalmente, dal punto di vista musicale: ***~ begabt sein*** essere dotato musicalmente. **Mu|si|ka|li|tät** f. *(-)* musicalità *f.*

Mu|si|kant m. *(-en,-en)* musicante *m.*, suonatore *m.* **Mu|si|kan|ten|kno|chen** m. *(-s,-)* epicondilo *m.*

Mu|sik|au|to|mat m. *(-en,-en)* **1** carillon *m.*, scatola *f.* musicale **2** *(Musikbox)* juke-box *m.* **Mu|sik|be|glei|tung** f. *(-,-en)* accompagnamento *m.* musicale. **Mu|sik|bib|li|o|thek** f. *(-,-en)* biblioteca *f.* musicale. **Mu|sik|box** f. *(-,-en)* juke-box *m.* **Mu|sik|di|rek|tor** m. *(-s,-en)* direttore *m.* **Mu|sik|dra|ma** n. *(-s,-dramen)* dramma *m.* musicale. **Mu|si|ker** m. *(-s,-)* **1** musicista *m.* **2** *(Orchestermusiker)* orchestrale *m.* **Mu|sik|er|zie|hung** f. *(-)* educazione *f.* musicale. **Mu|sik|fest** n. *(-[e]s,-e)* festival *m.* (musicale). **Mu|sik|film** m. *(-s,-e)* film *m.* musicale. **Mu|sik|freund** m. *(-[e]s,-e)* amante *m.* della musica, musicofilo *m.* **Mu|sik|ge|schich|te** f. *(-)* storia *f.* della musica. **Mu|sik|hoch|schu|le** f. *(-,-n)* conservatorio *m.* (di musica). **Mu|sik|in|stru|ment** n. *(-[e]s,-e)* strumento *m.* musicale. **Mu|sik|ka|pel|le** f. *(-,-n)* **1** orchestrina *f.*, complesso *m.* **2** *(Blaskapelle)* banda *f.* (musicale). **Mu|sik|kas|set|te** f. *(-,-n)* musicassetta *f.* **Mu|sik|kon|ser|ve** f. *(-,-n)* COLLOQ. musica *f.* registrata. **Mu|sik|kri|tik** f. *(-,-en)* critica *f.* musicale. **Mu|sik|kri|ti|ker** m. *(-s,-)* critico *m.* musicale. **Mu|sik|leh|re** f. *(-,-n)* teoria *f.* della musica. **Mu|sik|leh|rer** m. *(-s,-)* insegnante *m.* di musica. **Mu|sik|lieb|ha|ber** m. *(-s,-)* → **Musikfreund. Mu|si|ko|lo|ge** m. *(-n,-n)* musicologo *m.* **Mu|si|ko|lo|gie** f. *(-)* musicologia *f.* **Mu|sik|preis** m. *(-es,-e)* premio *m.* musicale. **Mu|sik|saal** m. *(-[e]s,-säle)* aula *f.* di, da musica. **Mu|sik|schu|le** f. *(-,-n)* scuola *f.* di musica. **Mu|sik|stück** n. *(-[e]s,-e)* brano *m.* musicale. **Mu|sik|stu|dent** m. *(-en,-en)* studente *m.* di musica. **Mu|sik|stun|de** f. *(-,-n)* lezione *f.* di musica. **Mu|sik|the|a|ter** n. *(-s,-)* teatro *m.* musicale. **Mu|sik|the|ra|pie** f. *(-)* musicoterapia *f.* **Mu|sik|tru|he** f. *(-,-n)* radiogrammofono *m.* a mobiletto. **Mu|sik|un|ter|richt** m. *(-[e]s)* insegnamento *m.* della musica; *(Musikstunde)* lezione *f.* di musica.

Mu|si|kus m. *(-, Musizi* e *-se)* SCHERZ. musicista *m.*

Mu|sik|ver|lag m. *(-[e]s,-e)* casa *f.* di edizioni musicali. **Mu|sik|werk** n. *(-[e]s,-e)* **1** opera *f.*, composizione *f.* musicale **2** carillon *m.* **Mu|sik|wis|sen|schaft** f. *(-)* musicologia *f.* **Mu|sik|wis|sen|schaft|ler** m. *(-s,-)* musicologo *m.* **Mu|sik|zeit|schrift** f. *(-,-en)* rivista *f.* musicale, di musica.

mu|sisch I agg. **1** artistico: ***die -en Fächer*** le materie artistiche; ***-e Neigung*** inclinazione artistica **2** *(künstlerisch begabt)* artisticamente dotato, portato per le arti.

Mu|siv|ar|beit f. *(-,-en)* lavoro *m.* musivo, opera *f.* musiva. **Mu|siv|gold** n. *(-[e]s)* oro *m.* musivo. **mu|si|visch** agg. musivo. **Mu|siv|sil|ber** n. *(-s)* argento *m.* musivo.

mu|si|zie|ren intr. (aus. *haben*) fare (della) musica; *(spielen)* suonare.

Mus|kat m. *(-[e]s,-e)* noce *f.* moscata. **Mus|kat|blü|te** f. *(-,-n)* macis *m.* e *f.* **Mus|ka|tel|ler** m. *(-s,-)* **1** uva *f.* moscatella **2** *(Wein)* moscatello *m.* **Mus|ka|tel|ler|wein** m. *(-[e]s,-e)* → **Muskatwein. Mus|kat|nuss** f. *(-,-nüsse)* noce *f.* moscata. **Mus|kat|wein** m. *(-[e]s,-e)* moscatello *m.*

Mus|kel m. *(-s,-n)* muscolo *m.*: ***einen ~ (an)spannen, entspannen*** contrarre, rilassare un muscolo; ***er hat sich einen ~ gezerrt*** si è provocato uno strappo muscolare ◆ COLLOQ. FIG. ***seine, die -n spielen lassen*** mostrare i muscoli. **Mus|kel|ar|beit** f. *(-)* lavoro *m.* muscolare. **Mus|kel|at|ro|phie** f. *(-)* atrofia *f.* muscolare. **mus|kel|be|packt** agg. COLLOQ. tutto muscoli. **Mus|kel|bün|del** n. *(-s,-)* fascio *m.* muscolare. **Mus|kel|fa|ser** f. *(-,-n)* fibra *f.* muscolare. **Mus|kel|fleisch** n. *(-[e]s)* muscolo *m.* **Mus|kel|ge|schwulst** f. *(-,-geschwülste)* tumore *m.* muscolare; MED. mioma *m.* **Mus|kel|ge|we|be** n. *(-s)* tessuto *m.* muscolare. **Mus|kel|haut** f. *(-,-häute)* guaina *f.* muscolare. **Mus|kel|ka|ter** m. *(-s,-)* indolenzimento *m.* muscolare (dovuto a sforzo). **Mus|kel|kraft** f. *(-,-kräfte)* forza *f.* muscolare. **Mus|kel|krampf** m. *(-[e]s,-krämpfe)* crampo *m.* muscolare. **Mus|kel|mann** m. *(-es,-männer)* COLLOQ. uomo *m.* tutto muscoli, mister *m.* muscolo. **Mus|kel|pa|ket** n. *(-[e]s,-e)* **1** muscoli *m.pl.* d'acciaio **2** → **Muskelmann. Mus|kel|protz** m. *(-en* e *-es,-e[n])* COLLOQ. montagna *f.* di muscoli, bestione *m.* **Mus|kel|riss** m. *(-es,-e)* strappo *m.* muscolare. **Mus|kel|schmerz** m. *(-es,-en)* dolore *m.* muscolare; MED. mialgia *f.* **Mus|kel|schwä|che** f. *(-)* MED. miastenia *f.* **Mus|kel|schwund** m. *(-[e]s)* atrofia *f.* muscolare. **Mus|kel|star|re** f. *(-)* rigidità *f.* muscolare. **Mus|kel|to|nus** m. *(-)* tono *m.* muscolare. **Mus|kel|zer|rung** f. *(-,-en)* strappo *m.* muscolare.

Mus|ke|te f. *(-,-n)* moschetto *m.* **Mus|ke|tier** m. *(-s,-e)* moschettiere *m.*

Mus|ko|vit, Mus|ko|wit m. *(-s,-e)* muscovite *f.*, moscovite *f.*

mus|ku|lär agg. muscolare. **Mus|ku|la|tur** f. *(-,-en)* muscolatura *f.*: ***glatte, quergestreifte ~*** muscolatura liscia, striata. **mus|ku|lös** agg. muscoloso.

1.Müs|li n. *(-s,-)* müsli *m.*, muesli *m.*

2.Müs|li m. *(-[s],-s)* COLLOQ. SPREG. = ambientalista *m.*, ecologista *m.*

Mus|lim m. *(-[s],-e* e *-s)* → **Moslem. Mus|li|me** f. *(-,-n)* → **Moslime. mus|li|misch** agg. → **moslemisch.**

muss → **müssen. Muss** n. *(-)* necessità *f.* (assoluta), imperativo *m.*: ***ein zwingendes ~*** un'urgente necessità. **Muss|be|stim|mung** f. *(-,-en)* disposizione *f.* obbligatoria.

Mu|ße f. *(-)* **1** *(freie Zeit)* tempo *m.* (libero): ***(Zeit und) ~ zu etw. haben*** avere tempo di fare qcs. **2** *(Ruhe)* calma *f.*; comodo *m.*: ***mit aller ~*** con tutto comodo; ***die nötige ~*** la calma necessaria.

Muss|ehe f. *(-,-n)* COLLOQ. matrimonio *m.* riparatore.

Mus|se|lin m. *(-s,-e)* mussolina *f.*, mussola *f.* **mus|se|li|nen** agg. di mussolina, di mussola.

müs|sen mod. (ich *muss*, du *musst*, er *muss*, wir *müssen*, ihr *müsst*, sie *müssen*; *musste, gemusst/hat...müssen*) **I** *mit Infinitiv* (p.pass. *hat...müssen*) **1a** *(gezwungen, verpflichtet sein)* dovere, essere costretto (*o* obbligato) a: ***er muss jetzt zahlen*** ora deve pagare; ***jeden Tag um 7 Uhr aufstehen ~*** doversi alzare ogni giorno alle 7; ***wir haben es machen, sagen ~*** lo abbiamo dovuto fare, dire; ***sie muss heiraten*** deve sposarsi; ***eine Einladung annehmen ~*** dover accettare un invito; ***sie muss nicht, (sie) geht aber trotzdem hin*** non è obbligata, ma ci va lo stesso **b** *(dürfen – verneint)* ***das musst du nicht denken, glauben*** questo non devi pensarlo, crederlo **c** *(sollen)* ***das hätte er nicht sagen, tun ~*** questo non lo avrebbe dovuto fare; ***ich müsste sie mal anrufen*** dovrei proprio telefonarle **2a** *(notwendig sein)* dovere, bisognare, occorrere: ***ich muss gehen*** devo andare; ***diese Arbeit muss heute erledigt werden*** questo lavoro dev'essere sbrigato oggi; ***muss es ausgerechnet Italien sein?*** deve essere proprio l'Italia? ***man muss abwarten können*** occorre saper aspettare **b** *(sich nicht zurückhalten können)* ***ich musste lachen, weinen*** dovetti ridere, mi venne da piangere **3** *(sehr wahrscheinlich sein)* dovere: ***das musste ja passieren*** doveva succedere; ***sie muss jeden Augenblick kommen*** deve arrivare da un momento all'altro; ***es muss schwierig, nichts Besonderes gewesen sein*** deve essere stato difficile, non deve essere stato un gran che; ***er muss ziemlich alt sein*** deve essere piuttosto vecchio **4** *(im 2. Konjunktiv: Wunsch)* ***man müsste mehr Zeit, Geld haben*** si dovrebbe (*o* bisognerebbe) avere più tempo, più denaro **II** *als Vollverb* (p.pass. *gemusst*) **1** *(gehen müssen)* dover andare: ***ich muss nach Rom, in die Stadt*** devo andare a Roma, in centro; ***er hat zum Bahnhof gemusst*** è dovuto andare alla stazione **2a** *(gebracht werden müssen)* dover essere portato: ***dieser Scheck muss zur Bank*** questo assegno dev'essere portato in banca **b** *(gestellt, gelegt, gesetzt werden müssen)* dover essere messo: ***die Milch muss in den Kühlschrank*** il latte dev'essere messo in frigorifero ◆ ***so etwas musst du gesehen haben*** una cosa così non te la puoi perdere; COLLOQ. ***ich muss mal*** devo andare al gabinetto; COMM. ***wir ~ Ihnen leider mitteilen, dass...*** siamo spiacenti di dovervi comunicare che...; ***es müsste denn sein, dass...*** a meno che non sia...; ***muss das sein?*** è necessario? ***es muss sein!*** così dev'essere; ***zwei Jahre mussten vergehen bis...*** ci sono voluti due anni prima di (*o* che)...; ***das müsstest du doch wissen!*** questo dovresti proprio saperlo! ***man muss sich nur wundern, wie er das geschafft hat*** c'è proprio da chiedersi come ci sia riuscito; PROV. ***man muss gar nichts, nur sterben muss man*** = l'unica cosa inevitabile è la morte.

Mu|ße|stun|de f. *(-,-n)* momento *m.* libero (*o* di riposo), ritaglio *m.* di tempo: ***in seinen -n lesen*** leggere nei ritagli di tempo (*o* nel tempo libero).

Muss|hei|rat f. *(-,-en)* → **Mussehe.**

mü|ßig I agg. **1a** ozioso, inoperoso: ***~ sein*** starsene in ozio **b** ***-e Stunden*** ore libere, ritagli di tempo **2** FIG. *(unnütz)* ozioso, inutile: ***-e Fragen*** domande oziose; ***es ist ~, weiter daran zu denken*** è inutile continuare a pensarci **II** avv. in ozio, con le mani in mano, senza far niente: ***~ herumstehen*** starsene in ozio; ***~ gehen*** oziare. **Mü|ßig|gang** m. *(-[e]s)* ozio *m.*: ***sich dem ~ ergeben*** darsi all'ozio ◆ PROV. ***~ ist aller Laster Anfang*** l'ozio è il padre dei vizi. **Mü|ßig|gän|ger** m. *(-s,-)* ozioso *m.*, sfaccendato *m.* **mü|ßig|gän|ge|risch** agg. ozioso, sfaccendato. **Mü|ßig|keit** f. *(-)* oziosità *f.*

Mus|ter n. *(-s,-)* **1a** modello *m.*: ***nach ~ zeichnen, stricken*** disegnare, lavorare (a maglia) su modello **b** FIG. *(Vorbild)* modello *m.*, esempio *m.*: ***ein ~ an Disziplin, Tugend*** un modello di disciplina, di virtù; ***er ist das ~ eines Beamten*** è un impiegato modello; ***als ~ dienen*** servire da modello; ***jdn zum, als ~ nehmen*** prendere esempio da qcn., prendere qcn. a modello (*o* a esempio); ***nach dem ~ von jdm*** sull'esempio di qcn. **2** *(Warenprobe)* campione *m.*: ***~ anfordern*** richiedere campioni; ***nach ~ herstellen*** fabbricare su campione **3a** *(Verzierung)* disegno *m.*, motivo *m.*: ***das ~ eines Stoffes entwerfen*** disegnare il motivo di una stoffa **b** FIG. *(Schema)* schema *m.*, sistema *m.*: ***immer nach dem gleichen ~ laufen*** procedere sempre secondo (*o* seguire sempre) lo stesso schema ◆ ***eingetragenes ~*** modello brevettato (*o* registrato); ***~ ohne Wert*** campione senza valore. **Mus|ter|bei|spiel** n. *(-[e]s,-e)* esempio *m.* tipico. **Mus|ter|be|trieb** m. *(-[e]s,-e)* azienda *f.* modello. **Mus|ter|bild** n. *(-[e]s,-er)* modello *m.*, prototipo *m.*: ***das ~ eines Schülers, von einem Schüler*** uno scolaro modello. **Mus|ter|brief** m. *(-[e]s,-e)* modello *m.* di lettera, lettera *f.* tipo. **Mus|ter|buch** n. *(-[e]s,-bücher)* campionario *m.* **Mus|ter|ehe** f. *(-,-n)* matrimonio *m.* modello. **Mus|ter|exemp|lar** n. *(-s,-e)* campione *m.*, modello *m.* (anche FIG.). **Mus|ter|farm** f. *(-,-en)* fattoria *f.* modello. **Mus|ter|gat|te** m. *(-n,-n)* marito *m.* modello. **mus|ter|ge|mäß, mus|ter|ge|recht, mus|ter|ge|treu I** agg. conforme al campione **II** avv. conformemente al campione. come da campione. **mus|ter|gül|tig I** agg. esemplare, perfetto: ***ein -es Benehmen*** un comportamento esemplare **II** avv. in modo esemplare, perfettamente. **Mus|ter|gül|tig|keit** f. *(-)* esemplarità *f.* **mus|ter|haft I** agg. esemplare, perfetto: ***ein -er Student*** uno studente modello **II** avv. in modo esemplare. **Mus|ter|haf|tig|keit** f. *(-)* esemplarità *f.* **Mus|ter|kar|te** f. *(-,-n)* campionario *m.* **Mus|ter|klam|mer** f. *(-,-n)* fermacampione *m.*, fermacampioni *m.* **Mus|ter|kna|be** m. *(-n,-n)* SPREG. modello *m.* di perfezione, perla *f.*; *(Schüler)* scolaro *m.* modello, primo *m.* della classe. **Mus|ter|kof|fer** m. *(-s,-)* valigetta *f.* del, col campionario. **Mus|ter|kol|lek|ti|on** f. *(-,-en)* campionario *m.* **Mus|ter|mes|se** f. *(-,-n)* (fiera *f.*) campionaria *f.*

mus|tern I tr. **1** decorare (con disegni); *(bedrucken)* stampare **2a** *(prüfend betrachten)* ispezionare, controllare: ***die Ware ~*** ispezionare la merce **b** *(Menschen)* squadrare, scrutare: ***jdn von Kopf bis Fuß ~*** squadrare qcn. da capo a piedi **3a** MIL. ispezionare, passare in rassegna **b** *(auf Wehrtauglichkeit untersuchen)* sottoporre alla visita di leva **II** rifl. **sich ~** REGION. SPREG. vestirsi male, conciarsi.

Mus|ter|pro|zess m. *(-es,-e)* processo *m.* esemplare. **Mus|ter|rol|le** f. *(-,-n)* MAR. ruolo *m.* (*o* elenco *m.*) dell'equipaggio. **Mus|ter|schü|ler** m. *(-s,-)* scolaro *m.* (*o* allievo *m.*) modello. **Mus|ter|schutz** m. *(-es)* DIR. protezione *f.* del modello, tutela *f.* dei modelli. **Mus|ter|sen|dung** f. *(-,-en)* invio *m.* di campioni (*o* di campionario). **Mus|ter|stück** n. *(-[e]s,-e)* → **Musterexemplar.**

Mus|te|rung f. *(-,-en)* **1a** ANT. ispezione *f.*, controllo *m.* **b** *(von Menschen)* lo squadrare, lo scrutare **2a** MIL. ispezione *f.*, il passare in rassegna (le truppe): ***eine ~ abhalten*** passare in rassegna (*o* ispezionare) le truppe **b** *(Prüfung auf Tauglichkeit)* visita *f.* di leva **3** *(Muster)* disegno *m.*, motivo *m.* **Mus|te|rungs|be|scheid** m. *(-[e]s,-e)* MIL. cartolina *f.* precetto. **Mus|te|rungs|kom|mis|si|on** f. *(-,-en)* commissione *f.* di leva.

Mus|ter|ver|trag m. *(-[e]s,-verträge)* contratto-tipo *m.* **Mus|ter|wirt|schaft** f. *(-,-en)* azienda *f.* (agricola) modello. **Mus|ter|zeich|ner** m. *(-s,-)* IND. disegnatore *m.* (di stoffe, carta da parati...). **Mus|ter|zeich|nung** f. *(-,-en)* IND. disegno *m.* (di stoffe, carta da parati...).

Mut m. *(-[e]s)* **1** coraggio *m.*: ***~ bekommen, fassen, zeigen*** farsi, prendere, mostrare coraggio; ***den ~ zu etw. haben, aufbringen*** avere il coraggio di, trovare il coraggio per (fare) qcs.; ***jdm ~ einflößen, machen*** infondere coraggio a qcn., fare coraggio a (*o* incoraggiare qcn.); ***sich gegenseitig ~ machen*** farsi coraggio a vicenda; ***dazu fehlt ihm der ~*** gli manca il coraggio (di farlo), non ne ha il coraggio; ***dazu gehört viel ~*** ci vuole un bel coraggio **2** *(Stimmung)* animo *m.*, umore *m.*: ***frohen, guten -es sein*** essere di umore lieto, di buon animo; ***zu -e sein*** → **zumute** ◆ ***wieder ~ bekommen*** ritrovare (*o* riprendere) coraggio; *(sich ermutigen)* rianimarsi, rincuorarsi; ***mit frischem ~*** con nuova lena; ***der ~ zur Hässlichkeit*** il coraggio di imbruttirsi (*o* di mostrarsi brutto); ***jdm den ~ nehmen*** togliere il coraggio a qcn.; *(entmutigen)* scoraggiare qcn.; ***mit neuem ~*** → ***mit frischem ~***; ***nur ~!*** su! coraggio! animo! ***den ~ sinken lassen*** farsi scoraggiare, scoraggiarsi; ***den ~ verlieren*** perdere coraggio; *(verzagen)* perdersi d'animo, scoraggiarsi; ***mit dem ~ der Verzweiflung*** con la forza, il coraggio della disperazione; ***all seinen ~ zusammennehmen*** fare appello a tutto il proprio coraggio.

Mu|ta f. *(-, Mutä)* consonante *f.* muta.

Mu|tant m. *(-en,-en)*, **Mu|tan|te** f. *(-,-n)* mutante *m.*

Mu|ta|ti|on f. *(-,-en)* **1** BIOL. mutazione *f.* **2** *(Stimmwechsel)* muta *f.* (della voce) **3** ANT. *(Änderung)* mutazione *f.*, cambiamento *m.*

Müt|chen, *sein ~ (an jdm) kühlen* sfogare la propria rabbia (su qcn.).

mu|ten tr. MIN. ***eine Grube ~*** = chiedere la licenza di sfruttamento di una miniera.

mut|er|füllt agg. LETT. pieno di coraggio, valoroso.

mu|tie|ren intr. (aus. *haben*) **1** BIOL. mutare, subire una mutazione **2** MED. *(Stimmwechsel haben)* mutare la voce, cambiare voce.

mu|tig I agg. coraggioso: ***eine -e Entscheidung*** una decisione coraggiosa **II** avv. coraggiosamente, con coraggio.

mut|los agg. scoraggiato, sfiduciato, avvilito: ***~ werden*** scoraggiarsi, avvilirsi; ***jdn ~ machen*** scoraggiare qcn. **Mut|lo|sig|keit** f. *(-)* scoraggiamento *m.*, sconforto *m.*, avvilimento *m.*

mut|ma|ßen tr. presumere, supporre, congetturare. **mut|maß|lich I** agg. presunto; *(wahrscheinlich)* probabile **II** avv. presumibilmente; *(wahrscheinlich)* probabilmente. **Mut|ma|ßung** f. *(-,-en)* supposizione *f.*, congettura *f.*: ***-en anstellen*** fare (delle) supposizioni.

Mut|pro|be f. *(-,-n)* prova *f.* di coraggio: ***eine ~ bestehen*** sostenere una prova di coraggio.

Mutt|chen n. *(-s,-)* mammina *f.*

1.Mut|ter f. *(-, Mütter)* **1** madre *f.*, FAM. mamma *f.*: ***eine besorgte, gute, schlechte ~*** una madre apprensiva, una buona, cattiva madre; ***sie ist ~ von drei Kindern*** è madre di tre figli; ***seinen Kindern eine neue ~ geben*** dare una nuova madre ai propri figli; ***wie eine ~ zu jdm sein*** essere (come) una madre per qcn.; ***sehr an seiner ~ hängen*** essere molto attaccato alla madre **2** TECN. madre *f.*, matrice *f.* ◆ ***~ Erde*** madre terra; ***jdm die ~ ersetzen*** fare da madre a qcn.; ***sie fühlt sich ~*** sente di essere incinta; ***sie ist ganz die ~*** è tutta sua madre, è uguale alla madre; ***~ Gottes*** madre di Dio, Madonna; ***bei ~ Grün schlafen*** dormire sotto le stelle, all'aperto; ***an -s Rockzipfel hängen*** stare attaccato alla sottana della mamma; ***~ der Kompanie*** = furiere; ***eine ledige ~*** una ragazza madre; ***die leibliche ~*** la madre naturale; ***~ Natur*** madre natura; ***eine werdende ~*** una futura madre, una puerpera; ***wie bei -n*** come a casa, dalla mamma.

2.Mut|ter f. *(-,-n)* madrevite *f.*, dado *m.*

Mut|ter|band n. *(-[e]s,-bänder)* legamento *m.* dell'utero.

Müt|ter|be|ra|tungs|stel|le f. *(-,-n)* centro *m.* (di) assistenza per la maternità.

Mut|ter|bild n. *(-[e]s,-er)* PSIC. PED. figura *f.* materna. **Mut|ter|bin|dung** f. *(-)* PSIC. legame *m.* con la madre. **Mut|ter|bo|den** m. *(-s)* terriccio *m.*, terra *f.* vegetale.

Müt|ter|chen n. *(-s,-)* **1** vecchietta *f.*, vecchina *f.*, nonnina *f.* **2** *(Muttchen)* mammina *f.*

Mut|ter|er|de f. *(-)* → **Mutterboden. Mut|ter|freu|den** pl. gioia *f.* della maternità ◆ ***~ entgegensehen*** essere in dolce attesa; ***~ genießen*** provare la gioia della maternità (*o* di essere madre). **Mut|ter|für|sor|ge** f. *(-)* assistenza *f.* di (*o* alla) maternità.

Müt|ter|ge|ne|sungs|heim n. *(-[e]s,-e)* casa *f.* di riposo per madri.

Mut|ter|ge|sell|schaft f. *(-,-en)* società *f.* (*o* casa *f.*) madre. **Mut|ter|ge|stein** n. *(-[e]s)* roccia *f.* madre. **Mut|ter|ge|win|de** n. *(-s,-)* filettatura *f.* interna, madrevite *f.* **Mut|ter|glück** n. *(-[e]s)* gioia *f.* materna (*o* della maternità). **Mut|ter|got|tes** f. *(-)* madre *f.* di Dio, Madonna *f.* **Mut|ter|got|tes|bild** n. *(-[e]s,-er)* ART. (immagine *f.* della) Madonna *f.* **Mut|ter|haus** n. *(-es,-häuser)* casa *f.* madre. **Mut|ter|herr|schaft** f. *(-)* matriarcato *m.* **Mut|ter|herz** n. *(-ens,-en)* cuore *m.* di madre (*o* FAM. di mamma). **Mut|ter|kind** n. *(-[e]s,-er)* figlio *m.* di mamma, mammone *m.* **Mut|ter|kir|che** f. *(-,-n)* chiesa *f.* madre. **Mut|ter|kom|plex** m. *(-es)* complesso *m.* materno. **Mut|ter|korn** n. *(-[e]s,-e)* segala *f.* cornuta. **Mut|ter|kreuz** n. *(-es,-e)* INTRAD. STOR. (onorificenza concessa a donne con molti figli). **Mut|ter|ku|chen** m. *(-s,-)* placenta *f.* **Mut|ter|land** n. *(-[e]s,-länder)* **1** madrepatria *f.* **2** *(Ursprungsland)* patria *f.*, terra *f.* (d'origine). **Mut|ter|lau|ge** f. *(-,-n)* acqua *f.* madre. **Mut|ter|leib** m. *(-[e]s)* grembo *m.* materno ◆ ***vom ~ an*** fin dalla nascita, fin dal grembo materno.

Müt|ter|lein → **Mütterchen.**

müt|ter|lich I agg. materno: ***das -e Erbteil*** l'eredità materna; ***eine -e Freundin*** un'amica materna **II** avv. maternamente, in modo materno. **müt|ter|li|cher|seits** avv. da parte di madre: ***seine Verwandtschaft, Großeltern ~*** i parenti da parte di madre, i (propri) nonni materni. **Müt|ter|lich|keit** f. *(-)* maternità *f.*

Mut|ter|lie|be f. *(-)* amore *m.* materno. **mut|ter|los I** agg. senza madre, orfano di madre **II** avv. senza madre. **Mut|ter|mal** n. *(-[e]s,-e)* MED. voglia *f.* **Mut|ter|milch** f. *(-)* latte *m.* materno ◆ FIG. ***etw. mit der ~ einsaugen*** assorbire qcs. con il latte materno. **Mut|ter|mord** m. *(-[e]s,-e)* matricidio *m.* **Mut|ter|mör|der** m. *(-s,-)* matricida *m.* **Mut|ter|mund** m. *(-[e]s)* bocca *f.* dell'utero.

Mut|tern|schlüs|sel m. *(-s,-)* chiave *f.* per dadi.

Mut|ter|pass, Müt|ter|pass m. *(-es,-pässe)* libretto *m.* sanitario (per donne in gravidanza). **Mut|ter|pflan|ze** f. *(-,-n)* AGR. pianta *f.* madre, matricina *f.* **Mut|ter|pflicht** f. *(-,-en)* dovere *m.* di madre, dovere *m.* materno. **Mut|ter|recht** n. *(-[e]s)* matriarcato *m.* **Mut|ter|ring** m. *(-[e]s,-e)* pessario *m.* **Mut|ter|rol|le** f. *(-,-n)* **1** ruolo *m.* di madre **2** DIR. registro *m.* catastale.

Mut|ter|schaft f. *(-)* maternità *f.* **Mut|ter|schafts|hil|fe** f. *(-,-n)* (servizio *m.* di) assistenza *f.* per le donne in maternità. **Mut|ter|schafts|ur|laub** m. *(-s)* congedo *m.* di maternità.

Mut|ter|schiff n. *(-[e]s,-e)* nave *f.* appoggio. **Mut|ter|schutz** m. *(-es)* tutela *f.* della maternità. **Mut|ter|schutz|ge|setz** n. *(-es)* legge *f.* per la tutela della maternità. **mut|ter|see|len|al|lein** agg. COLLOQ. solo soletto, tutto solo. **Mut|ter|söhn|chen** n. *(-s,-)* COLLOQ. SPREG. cocco *m.* di mamma. **Mut|ter|spra|che** f. *(-,-n)* lingua *f.* materna, madrelingua *f.* **Mut|ter|sprach|ler** m. *(-s,-)* (parlante *m.* di) madrelingua *m.* **Mut|ter|stel|le, *an, bei jdm ~ vertreten*** fare le veci della madre per qcn., fare da madre a qcn. **Müt|ter|sterb|lich|keit** f. *(-)* mortalità *f.* legata al parto. **Mut|ter|tag** m. *(-[e]s,-e)* festa *f.* della mamma. **Mut|ter|tier** n. *(-[e]s,-e)* **1** ZOOL. madre *f.* **2** estens. *(weibliches Zuchttier)* femmina *f.* (di animale). **Mut|ter|trom|pe|te** f. *(-,-n)* tromba *f.* (*o* tuba *f.*) uterina. **Mut|ter|witz** m. *(-es)* arguzia *f.* innata, umorismo *m.* innato; *(natürliche Schlauheit)* innata furbizia *f.*

Mut|ti f. *(-,-s)* mamma *f.*, mammina *f.*

mu|tu|al, mu|tu|ell agg. mutuo.

Mu|tung f. *(-,-en)* domanda *f.* di concessione mineraria.

Mut|wil|le m. *(-ns)* **1a** *(boshafte Absicht)* cattiveria *f.*: ***das ist reiner ~*** è pura cattiveria; ***seinen -n an jdm auslassen*** sfogare il proprio malumore su qcn. **b** DIR. dolo *m.* **2** *(Übermut)* spavalderia *f.* **mut|wil|lig I** agg. **1a** *(absichtlich)* intenzionale **b** DIR. *(dolos)* doloso **2** *(übermütig)* spavaldo **II** avv. **1a** *(absichtlich)* intenzionalmente, di proposito **b** DIR. *(dolos)* dolosamente **2** *(übermütig)* spavaldamente. **Mut|wil|lig|keit** f. *(-)* → **Mutwille.**

Mütz|chen n. *(-s,-)* berrettino *m.* **Müt|ze** f. *(-,-n)* **1** berretto *m.*: ***eine ~ tragen, aufsetzen, abnehmen*** portare, mettere, togliere un berretto; ***die ~ ins Gesicht ziehen*** calcarsi il berretto sul viso **2** FIG. cappuccio *m.*: ***die Berge hatten weiße -n*** i monti erano incappucciati di bianco ◆ COLLOQ. ***etwas, eins auf die ~ bekommen, kriegen*** prendersi un rabbuffo, una ramanzina; COLLOQ. ***jdm nicht nach der ~ sein*** non andare a genio a qcn.; ***die ~ aufs linke Ohr setzen*** mettere il berretto sulle ventitré; COLLOQ. ***eine ~ voll Schlaf nehmen*** schiacciare un pisolino; REGION. ***eine ~ voll Wind*** un alito, un soffio di vento; ***die ~ vor jdm ziehen*** togliersi il berretto in segno di saluto (*o* per salutare qcn.). **Müt|zen|schirm** m. *(-[e]s,-e)* visiera *f.* (del berretto).

MwSt., Mw.-St. ⇒ *Mehrwertsteuer* imposta sul valore aggiunto (IVA).

My n. *(-[s],-s)* mi *m.*

My|al|gie f. *(-)* mialgia *f.* **My|as|the|nie** f. *(-)* miastenia *f.* **My|ato|nie** f. *(-)* miatonia *f.*

My|e|li|tis f. *(-, Myelitiden)* mielite *f.* **My|e|lo|pa|thie** f. *(-)* mielopatia *f.*

My|ke|nä, My|ke|ne n.pr.n. *(-s)* Micene *f.* **my|ke|nisch** agg. miceneo.

My|ko|lo|ge m. *(-n,-n)* micologo *m.* **My|ko|lo|gie** f. *(-)* micologia *f.* **my|ko|lo|gisch** agg. micologico.

My|o|kard n. *(-[e]s,-e)* miocardio *m.* **My|o|kar|die** f. *(-,-n)* miocardia *f.* **My|o|kard|in|farkt** m. *(-[e]s,-e)* infarto *m.* del miocardio. **My|o|kar|di|tis** f. *(-, Myokarditiden)* miocardite *f.* **My|o|kar|di|um** n. *(-s, Myokardia)* miocardio *m.* **My|o|kar|do|se** f. *(-,-n)* miocard(i)osi *f.*

My|o|lo|gie f. *(-)* miologia *f.*

My|om n. *(-s,-e)* mioma *m.*

My|o|pa|thie f. *(-,-n)* miopatia *f.*

My|o|pie f. *(-)* miopia *f.* **my|o|pisch** agg. miope.

My|o|sin n. *(-s)* miosina *f.*

My|ri|a|de f. *(-,-n)* miriade *f.*: ***-n von Sternen*** miriadi di stelle.

Myr|me|ko|lo|gie f. *(-)* mirmecologia *f.*

My|ro|ba|la|ne f. *(-,-n)* mirabolano *m.*

Myr|re, Myr|rhe f. *(-,-n)* mirra *f.*

Myr|te f. *(-,-n)* mirto *m.*

Mys|te|ri|en|spiel n. *(-[e]s,-e)* sacra rappresentazione *f.*, mistero *m.* **mys|te|ri|ös I** agg. misterioso **II** avv. misteriosamente, in modo misterioso. **Mys|te|ri|um** n. *(-s, Mysterien)* **1** mistero *m.* **2** pl. RELIG. ANT. misteri *m.pl.*

Mys|ti|fi|ka|ti|on f. *(-,-en)* **1** ANT. mistificazione *f.* **2** *(Täuschung)* imbroglio *m.*, inganno *m.* **mys|ti|fi|zie|ren** tr. **1a** ANT. mistificare **b** *(täuschen)* imbrogliare, ingannare **2** mitizzare: ***die Natur ~*** mitizzare la natura. **Mys|ti|fi|zie|rung** f. *(-,-en)* → **Mystifikation.**

Mys|tik f. *(-)* mistica *f.* **Mys|ti|ker** m. *(-s,-)* mistico *m.* **mys|tisch I** agg. **1** mistico **2** *(rätselhaft)* misterioso, oscuro: ***-e Umstände*** circostanze oscure **II** avv. ***etw. ~ verhüllen*** avvolgere qcs. di, nel mistero; ***sich ~ geben*** fare il misterioso; ***die Sache klingt ~*** la cosa suona misteriosa. **Mys|ti|zis|mus** m. *(-s, Mystizismen)* misticismo *m.* **mys|ti|zis|tisch** agg. mistico.

My|the f. *(-,-n)* ANT. mito *m.* **My|then|bil|dung** f. *(-,-en)* mitopoiesi *f.* **My|then|for|schung** f. *(-)* mitografia *f.* **my|then|haft, my|thisch** agg. **1** mitico **2** *(legendär)* mitico, leggendario.

my|thi|sie|ren tr. mitizzare.

My|tho|lo|ge m. *(-n,-n)* mitologo *m.*, mitologista *m.* **My|tho|lo|gie** f. *(-,-n)* mitologia *f.* **my|tho|lo|gisch** agg. mitologico. **my|tho|lo|gi|sie|ren** tr. mitizzare.

My|thos, My|thus m. *(-, Mythen)* mito *m.*: ***die griechischen Mythen*** i miti greci; *(legendäre Person, Sache)* ***er ist schon zum ~ geworden*** è già diventato un mito; ***aus jdm einen ~ machen*** fare di qcn. un mito ◆ ***jdn mit einem ~ umgeben*** circondare qcn. di un alone di leggenda.

My|ti|le|ne n.pr.n. *(-s)* Mitilene *f.*

Myx|ö|dem n. *(-s,-e)* mixedema *m.*

My|xo|ma|to|se f. *(-,-n)* mixomatosi *f.* **My|xo|my|zet** m. *(-en,-en)* mixomicete *m.*

My|zel, My|ze|li|um n. *(-s, Myzelien)* micelio *m.* **My|zet** m. *(-en,-en)* micete *m.* **My|ze|to|lo|gie** f. *(-)* micetologia *f.*, micologia *f.*

N

n, N n. *(-,-)* n, N, enne *f.* e *m.*: ***ein großes N, ein kleines n*** una N maiuscola, una n minuscola.
N ⇒ SVIZZ. *Nationalstraße* strada *f.* nazionale.
na inter. COLLOQ. **1a** *(als Aufforderung)* su, dài, forza: ***~, los!*** dài, sbrigati! ***~, sprich doch!*** avanti, parla! ***~, komm (schon)!*** su, vieni! **b** *(Ausdruck der Ungeduld)* oh: ***~, endlich!*** (oh) finalmente! **c** *(Drohung)* insomma: ***~ warte!*** (insomma) aspetta! **2** *(Ausdruck des Ärgers)* e, be', beh: ***~, habe ich's nicht gesagt?*** e non l'ho forse detto? **3a** *(nachgebend)* ma, beh: ***~, mir soll es recht sein*** beh, a me va bene **b** *(Ausdruck der Erleichterung)* be', beh: ***~, das wäre fertig*** be', questa è fatta! **4a** *(bekräftigend)* ma sì: ***~, dann werde ich ihm also schreiben*** ma sì, gli scriverò **b** *(zustimmend)* ***~, warum nicht!*** ma sì, perché no! **5a** *(zweifelnd)* ma, mah: ***~, dann wäre ich im Unrecht?*** mah, allora il torto sarebbe mio? **b** *(erstaunend)* ma: ***~, so was!*** ma come! ma guarda che roba! **6** *(in vertraulicher Anrede)* dunque, beh, allora: ***~, siehst du?*** allora, vedi? ***~, Kleiner?*** beh, piccolo? ***~, was sagen Sie dazu?*** allora, che ne dice? ◆ ***~ also!*** e allora? beh? ***~ bitte!*** su, avanti! *(als Beweis, triumphierend)* visto? ***~, ich danke!*** *(Entrüstung, Ablehnung)* grazie tante; ***~, dann eben nicht*** allora proprio no; ***~, Gott sei Dank!*** per fortuna! ***~ gut*** va be', e va bene; ***~ hör mal!*** beh senti! (che ti salta in mente? così non va); ***~ ja*** ma sì, va beh; ***~ klar!*** ma certo! ***na, na*** eh, eh (attenzione)! *(Beschwichtigung)* su, su (non fare così); ***~ und ob!*** altroché! eccome! ***~ schön*** e va be'; ***~, und?*** e con questo? e allora?
Na|be f. *(-,-n)* mozzo *m.* (di una ruota).
Na|bel m. *(-s,-)* ombelico *m.* ◆ ***der ~ der Welt*** l'ombelico del mondo. **Na|bel|bin|de** f. *(-,-n)* fascia *f.* ombelicale. **Na|bel|bruch** m. *(-[e]s, -brüche)* ernia *f.* ombelicale. **Na|bel|schau** f. *(-,-en)* COLLOQ. **1** *(Narzissmus)* narcisismo *m.* **2** *(Zurschaustellung des Körpers)* il mettersi in mostra, in vetrina, esposizione *f.* (del corpo). **Na|bel|schnur** f. *(-,-schnüre)* cordone *m.* ombelicale: ***die ~ durchtrennen, durchschneiden*** tagliare il cordone ombelicale. **Na|bel|strang** m. *(-[e]s,-stränge)* → **Nabelschnur.**
Na|bob m. *(-s,-s)* nababbo *m.* (anche FIG.).
nach I prep. + dat. **1a** *(lokal)* a, in: ***~ Wien, ~ Deutschland fahren*** andare a Vienna, in Germania; ***~ Hause gehen, kommen*** andare, venire a casa **b** verso, in: ***~ oben, unten*** verso l'alto, il basso (*o* in su, in giù); ***von links ~ rechts*** da sinistra a (*o* verso) destra; ***~ allen Richtungen*** in tutte le direzioni; ***das Zimmer liegt ~ dem Garten*** la stanza dà sul giardino **c** per, alla volta di: ***ein Zug ~ Berlin*** un treno per Berlino **d** REGION. *(zu...hin)* verso, a: ***~ dem Bahnhof*** verso la stazione, alla stazione; ***~ dem Osten*** a, verso est **2a** *(temporal)* dopo: ***~ meiner Ankunft*** dopo il mio arrivo; ***einen Tag ~ seiner Rückkehr*** un giorno dopo il suo ritorno, all'indomani del suo ritorno; ***~ langer Zeit*** dopo molto tempo; ***~ dem Essen*** dopo mangiato; ***im Jahre 33 ~ Christi*** nel 33 dopo Cristo **b** *(Angabe der Uhrzeit)* ***es ist fünf ~ sechs*** sono le sei e cinque **3** *(hinter, folgend)* dopo: ***wer kommt ~ Ihnen an die Reihe?*** a chi tocca dopo di Lei? ***eins ~ dem andern*** uno dopo l'altro; ***bitte, ~ Ihnen!*** prego, dopo di Lei! **4a** *(gemäß, entsprechend; auch als Postposition)* secondo: ***meiner Ansicht, Meinung ~, ~ meiner Ansicht, meiner Meinung*** a mio parere, secondo me; ***~ geltendem Recht, bestimmten Regeln*** secondo le leggi vigenti, secondo determinate regole; ***aller Wahrscheinlichkeit ~*** secondo (*o* con) ogni probabilità; ***seinem Aussehen ~*** stando al suo aspetto, a giudicare dal suo aspetto **b** per, in ordine di: ***dem Alter ~*** per età; ***~ der Größe, der Größe ~*** per grandezza, in ordine di grandezza **5a** *(in Abhängigkeit von Verben)* ***~ jdm fragen*** chiedere di qcn.; ***sich ~ jdm richten, sehnen*** seguire l'esempio di qcn., avere nostalgia di qcn.; ***~ etw. streben*** tendere, aspirare a qcs.; ***~ jdm suchen*** cercare qcn.; ***~ Fisch schmecken*** avere sapore di pesce **b** COLLOQ. *(wonach)* ***~ was suchst du denn?*** che cosa stai cercando? ***er hat erreicht, ~ was er verlangte*** ha ottenuto quello che voleva **II** avv. **1** dietro: ***mir ~!*** dietro a me! seguitemi! **2** REGION. *(danach, wonach)* ***da kannst du dich nicht ~ richten*** non ti puoi regolare secondo queste cose ◆ ***acht Tage ~ Ansicht zahlbar*** pagabile a vista a (dopo) otto giorni; ***dem Dieb ~!*** al ladro! ***~ Diktat schreiben*** scrivere sotto dettatura; ***frei ~ Goethe*** liberamente tratto da Goethe; ***~ dem Gedächtnis aufsagen*** recitare a memoria; ***~ dem Gehör singen*** cantare a orecchio; ***~ deutschem Geld*** in moneta tedesca; ***~ dem Leben*** dal vero; ***ein Anzug ~ Maß*** un abito su misura; ***jdn nur dem Namen ~ kennen*** conoscere qcn. solo di nome; ***~ Sicht*** a vista; ***~ und ~*** a poco a poco, gradatamente; ***~ wie vor*** come prima, come sempre; ***~ einiger, kurzer Zeit*** poco dopo.
nach‿äf|fen tr. scimmiottare. **Nach|äf|fer** m. *(-s,-)* scimmiottatore *m.*, chi scimmiotta. **Nach|äf|fe|rei** f. *(-,-en)* scimmiottatura *f.*
nach‿ah|men tr. **1a** imitare: ***jdn ~*** imitare qcn.; ***jds Art zu sprechen ~*** imitare il modo di parlare di qcn. **b** *(nachbilden)* imitare, contraffare: ***jds Unterschrift, eine Ware ~*** contraffare la firma di qcn., una merce **2** *(einem Vorbild nachstreben)* ***jdn ~*** cercare di emulare qcn. **nach|ah|mens|wert** agg. degno di essere imitato. **Nach|ah|mer** m. *(-s,-)* imitatore *m.* **Nach|ah|mung** f. *(-,-en)* imitazione *f.*; *(das Nachgeahmte)* imitazione *f.*, copia *f.*: ***die ~ eines Edelsteins*** l'imitazione di una pietra preziosa; ***die ~ einer Unterschrift*** l'imitazione, la contraffazione di una firma. **Nach|ah|mungs|trieb** m. *(-[e]s,-e)* PSIC. istinto *m.* di imitazione (*o* imitativo). **nach|ah|mungs|wür|dig** agg. → **nachahmenswert.**
Nach|ar|beit f. *(-,-en)* **1** *(Bearbeitung)* rifinitura *f.*, ritocco *m.* **2** *(Überarbeiten)* recupero *m.* (posticipato). **nach‿ar|bei|ten** tr. **1** recuperare (in seguito): ***eine Stunde ~*** recuperare un'ora **2** *(bearbeiten)* rifinire, ritoccare: ***etw. mit der Hand, von Hand ~*** ritoccare qcs. a mano **3** *(nachbilden)* riprodurre: ***eine antike Statue ~*** riprodurre una statua antica.
nach‿ar|ten intr. (aus. *sein*) ***jdm ~*** (as)somigliare a qcn.
Nach|auf|la|ge f. *(-,-n)* riedizione *f.*
Nach|bar m. *(-n* e rar. *-s, -n)* vicino *m.*: ***neue -n bekommen*** avere dei nuovi vicini; ***mein ~ am Tisch*** il mio vicino di tavola; *(Nachbarland)* ***unser ~ Frankreich*** la nostra vicina, la Francia. **Nach|bar|dorf** n. *(-[e]s,-dörfer)* paese *m.*, villaggio *m.* vicino. **Nach|bar|ge|biet** n. *(-[e]s,-e)* regione *f.* vicina, confinante. **Nach|bar|haus** n. *(-[e]s,-häuser)* casa *f.* vicina, adiacente. **Nach|ba|rin** f. *(-,-nen)* vicina *f.* **Nach|bar|land** n. *(-[e]s,-länder)* paese *m.* vicino, confinante. **nach|bar|lich I** agg. **1** vicino, del vicino: ***der -e Garten*** il giardino del vicino **2** *(in der Art von Nachbarn)* di vicinato: ***ein gutes -es Einvernehmen*** un buon rapporto di vicinato; ***-e Beziehungen pflegen*** curare i rapporti con i vicini **II** avv. ***mit jdm ~ verkehren*** essere in rapporti di vicinato con qcn. **Nach|bar|ort** m. *(-[e]s,-e)* località *f.* vicina. **Nach|bar|recht** n. *(-[e]s)* diritto *m.* dei rapporti di vicinato.
Nach|bar|schaft f. *(-)* **1a** vicinato *m.*, vicini *m.pl.* **b** *(Verhältnis zwischen Nachbarn)* (rapporto *m.* di) vicinato *m.*: ***(eine) gute ~ mit jdm halten*** avere rapporti di buon vicinato con qcn. **2** *(unmittelbare Nähe)* vicinanze *f.pl.*: ***in der ~ wohnen*** vivere nelle vicinanze. **nach|bar|schaft|lich** agg. di vicinato. **Nach|bar|schafts|hil|fe** f. *(-)* aiuto *m.* (prestato) tra vicini.
Nach|bars|fa|mi|lie f. *(-,-n)* famiglia *f.* di, dei vicini. **Nach|bars|frau** f. *(-,-en)* vicina *f.* **Nach|bars|kind** n. *(-[e]s,-er)* figlio *m.* (*o* bambino *m.*) dei vicini. **Nach|bars|leu|te** pl. vicini *m.pl.*, vicinato *m.* **Nach|bar|staat** m. *(-[e]s,-en)* stato *m.* vicino, confinante. **Nach|bar|stadt** f. *(-,-städte)* città *f.* vicina.
Nach|bau m. *(-[e]s,-ten)* **1** costruzione *f.* posteriore **2** TECN. imitazione *f.*, riproduzione *f.* **3** AGR. seconda coltura *f.* **nach‿bau|en** tr. **1** *(nachbilden)* imitare, riprodurre **2** costruire in seguito.
Nach|be|ben n. *(-s,-)* scosse *f.pl.* di assestamento.
nach‿be|han|deln tr. **1** *(Gegenstand, Material)* trattare ulteriormente **2** *(weiter ärztlich versorgen)* sottoporre a ulteriore terapia. **Nach|be|hand|lung** f. *(-,-en)* **1** trattamento *m.* ulteriore **2** MED. terapia *f.* supplementare.

nach_be|kom|men *(bekam, bekommen)* tr. COLLOQ. **1** ricevere in più **2** *(nachkaufen können)* ricevere in seguito.
nach_be|rech|nen tr. calcolare in più, aggiungere al conto. **Nach|be|rech|nung** f. *(-,-en)* **1** *(das Nachberechnen)* calcolo *m.* in più **2** somma *f.* aggiunta.
nach_be|rei|ten tr. *(beim Unterrichten)* ***ein Thema ~*** rivedere un argomento. **Nach|be|rei|tung** f. *(-,-en)* revisione *f.*
nach_bes|sern tr. ritoccare, ripassare. **Nach|bes|se|rung** f. *(-,-en)* ritocco *m.*, ripassata *f.*
nach_be|stel|len tr. ***etw.*** ~ fare un'ulteriore ordinazione di qcs. **Nach|be|stel|lung** f. *(-,-en)* ordinazione *f.* ulteriore.
nach_be|ten intr. (aus. *haben*) **1** RAR. ripetere le preghiere **2** SPREG. *(kritiklos wiederholen)* ripetere a pappagallo. **Nach|be|ter** m. *(-s,-)* SPREG. FIG. pappagallo *m.*
nach_be|zah|len → **nachzahlen.**
nach|be|zeich|net agg. COMM. nominato qui di seguito.
Nach|bild n. *(-[e]s,-er)* OTT. immagine *f.* postuma. **nach_bil|den** tr. ***etw.*** ~ riprodurre qcs., fare una copia di qcs. **Nach|bil|dung** f. *(-,-en)* riproduzione *f.*, imitazione *f.*, copia *f.*: ***eine gelungene ~ einer antiken Statue*** una copia riuscita di una statua antica.
nach_blät|tern tr. COLLOQ. sfogliare: ***in einem Katalog ~*** sfogliare un catalogo.
nach_blei|ben intr. *(blieb, geblieben;* aus. *sein)* **1** REGION. *(zurückbleiben)* rimanere indietro **2** *(von der Uhr)* ritardare, essere indietro **3** *(in der Schule)* fermarsi (per punizione).
nach_bli|cken intr. (aus. *haben*) ***jdm*** ~ seguire qcn. con lo sguardo.
Nach|blü|te f. *(-,-n)* tarda fioritura *f.*
nach_blu|ten intr. (aus. *haben*) avere un'emorragia secondaria. **Nach|blu|tung** f. *(-,-en)* emorragia *f.* secondaria.
nach_boh|ren I tr. ***ein Loch ~*** ripassare un foro con il trapano **II** intr. (aus. *haben*) COLLOQ. insistere, chiedere in modo insistente.
Nach|bör|se f. *(-,-n)* dopoborsa *m.* **nach|börs|lich** agg. del, nel dopoborsa.
nach_brin|gen tr. *(brachte, gebracht)* **1** ***jdm etw.*** ~ rincorrere qcn. per dargli qcs., portare qcs. a qcn.: ***sie brachte ihm den Hut nach*** lo rincorse per dargli il cappello **2** *(nachträglich bringen)* portare dopo (*o* in seguito).
nach_brum|men intr. (aus. *haben*) COLLOQ. → **nachsitzen.**
nach_brü|ten intr. (aus. *haben*) ***über etw. (A) ~*** rimuginare qcs.
Nach|bür|ge m. *(-n,-n)* fideiussore *m.* del fideiussore.
nach|christ|lich agg. dopo Cristo, dell'era cristiana.
nach_da|tie|ren tr. retrodatare; *(nachträglich datieren)* datare in seguito. **Nach|da|tie|rung** f. *(-,-en)* retrodatazione *f.*; *(nachträgliche Datierung)* datazione *f.* successiva.
nach|dem cong. **1** *(temporal)* dopo, dopo che: ***kurz ~ er ausgegangen war, rief seine Frau an*** poco dopo che fu uscito telefonò sua moglie; ***~ sie ihr Abitur gemacht hat, geht sie nach Amerika*** dopo aver dato la maturità andrà in America **2** REGION. *(kausal)* poiché, siccome: ***~ sie erst am Nachmittag kommen kann, verschieben wir die Sitzung auf 16 Uhr*** poiché lei può venire solo nel pomeriggio, rimandiamo la riunione alle 16 ◆ ***je ~!*** dipende! a seconda delle circostanze! ***je ~, wie, wann...*** dipende da (*o* a seconda di) come, quando...; ***je ~, wie spät es ist*** dipende da che ora è; ***je ~, wann er kommt*** dipende da quando arriva: ***je ~, ob...*** secondo se...
nach_den|ken intr. *(dachte, gedacht;* aus. *haben)* ***über etw. (A) ~,*** SVIZZ. o LETT. ***etw. (D) ~*** riflettere, meditare su qcs., pensare a qcs. **nach|denk|lich I** agg. **1a** pensoso, pensieroso, meditabondo **b** *(zum Nachdenken geneigt)* riflessivo **2a** ANT. *(zum Nachdenken anregend)* che fa riflettere, degno di riflessione **b** *(Bedenken weckend)* cha dà da pensare **II** avv. ***jdn ~ stimmen*** far riflettere qcn., dare da pensare a qcn. **Nach|denk|lich|keit** f. *(-)* **1** pensosità *f.* **2** *(Neigung zum Nachdenken)* riflessività *f.*
nach_dich|ten tr. ***Gedichte ~*** tradurre liberamente poesie, rielaborare poesie (traducendole). **Nach|dich|tung** f. *(-,-en)* libera traduzione *f.* (di poesie), versione *f.* libera.
nach_drän|gen intr. (aus. *haben, sein*) accalcarsi (dietro ad altri), incalzare.
nach_dre|hen tr. CINEM. TELEV. ***eine Szene ~*** girare di nuovo, ripetere una scena.
1.Nach|druck m. *(-[e]s,-e)* TIP. **1** riproduzione *f.*: ***unerlaubter ~*** riproduzione non autorizzata **2** *(Neudruck)* ristampa *f.* ◆ ***~ verboten*** riproduzione vietata.
2.Nach|druck m. *(-[e]s)* **1** accento *m.*, peso *m.*, rilievo *m.*: ***besonderen ~ auf etw. (A) legen*** porre un particolare accento su qcs., dare particolare peso (*o* rilievo) a qcs.; ***seinen Worten (mit Gesten) ~ verleihen*** accentuare le proprie parole (con i gesti) **2** *(Festigkeit)* energia *f.*, vigore *m.*, forza *f.*: ***eine Sache mit ~ betreiben*** dedicarsi con energia a qcs.
nach_dru|cken tr. ristampare. **Nach|druck|er|laub|nis** f. *(-,-se)* EDIT. autorizzazione *f.* di riproduzione.
nach|drück|lich I agg. **1a** energico, fermo, vigoroso **b** *(eindringlich)* insistente **2** RAR. → **nachhaltig II** avv. **1** energicamente, con forza (*o* fermezza), fermamente **2** *(eindringlich)* insistentemente, con insistenza: ***jdn ~ auffordern, etw. zu tun*** invitare insistentemente qcn. a fare qcs. **Nach|drück|lich|keit** f. *(-)* energia *f.*, forza *f.*; *(Festigkeit)* fermezza *f.*; *(Eindringlichkeit)* insistenza *f.*
nach|dun|keln intr. (aus. *haben, sein*) scurirsi.
Nach|durst m. *(-[e]s)* COLLOQ. sete *f.* da sbornia.
nach_ei|fern intr. (aus. *haben*) ***jdm (in etw. [D]) ~*** emulare qcn. (in qcs.). **nach|ei|ferns|wert** agg. degno di essere emulato, da emulare. **Nach|ei|fe|rung** f. *(-)* emulazione *f.*
nach_ei|len intr. (aus. *sein*) ***jdm ~*** correre dietro a qcn., rincorrere qcn.
nach|ei|nan|der avv. **1a** uno dopo l'altro, di seguito: ***sie kamen ~ aus dem Haus*** uscirono di casa uno dopo l'altro; ***die Läufer starten ~*** i corridori partono uno dopo l'altro; ***zweimal, drei Tage ~*** due volte, tre giorni di seguito **b** *(der Reihe nach)* uno per volta, uno alla volta, per ordine, a turno: ***der Arzt untersuchte sie ~*** il medico li visitò uno per volta **2** *(wechselseitig)* ***sich ~ sehnen*** avere nostalgia l'uno dell'altro; ***~ schauen*** badare uno all'altro. **Nach|ei|nan|der** n. *(-s)* successione *f.*, il susseguirsi.
nach|eis|zeit|lich agg. postglaciale.
nach_emp|fin|den tr. *(empfand, empfunden)* **1a** provare, sentire (ciò che sente, prova un altro): ***jds Freude, Schmerz ~*** provare la stessa gioia, lo stesso dolore di qcn. **b** *(mitempfinden)* condividere, partecipare a: ***ich kann ihm den Verlust ~*** condivido il suo dolore per questa perdita **c** *(verstehen)* comprendere: ***kannst du ~, was ich fühle?*** riesci a comprendere ciò che provo? **2** ART. ***jdm, etw. ein Gedicht, ein Bild ~*** scrivere una poesia, dipingere un quadro rifacendosi (*o* ispirandosi) a qcn., qcs. **Nach|emp|fin|dung** f. *(-,-en)* **1a** il provare, il sentire (ciò che ha sentito, provato un altro) **b** *(Mitempfinden)* il condividere **2** ART. il rifarsi, ispirazione *f.* **3** PSIC. sensazione *f.* consecutiva. **nach|emp|fun|den** p.pass. agg. **1** → **nachempfinden 2** ART. che si rifà, ispirato: ***etw. ist orientalischen Vorbildern ~*** qcs. si rifà ai modelli orientali.
Na|chen m. *(-s,-)* LETT. navicella *f.*, legno *m.*
nach_ent|rich|ten tr. BUROCR. versare, pagare successivamente, posteriormente. **Nach|ent|rich|tung** f. *(-,-en)* BUROCR. pagamento *m.* (*o* versamento *m.*) posteriore, successivo.
Nach|er|be m. *(-n,-n)* erede *m.* sostituito. **Nach|erb|schaft** f. *(-,-en)* sostituzione *f.* d'eredità.
Nach|er|he|bung f. *(-,-en)* riscossione *f.* posticipata. **Nach|ern|te** f. *(-,-n)* seconda raccolta *f.*; *(von Korn)* spigolatura *f.*
nach_er|zäh|len tr. raccontare (con parole proprie): ***den Inhalt eines Films ~*** raccontare la trama di un film; *(mit eigenen Worten wiederholen)* ripetere con parole proprie. **Nach|er|zäh|lung** f. *(-,-en)* racconto *m.*, ripetizione *f.* (con parole proprie); *(Inhaltsangabe)* riassunto *m.*: ***eine ~ machen, schreiben*** fare un riassunto.
nach_exer|zie|ren intr. (aus. *haben*) MIL. fare esercizi supplementari (per punizione).
Nachf. ⇒ *Nachfolger(in)* successore.
Nach|fahr m. *(-en,-en)*, **Nach|fah|re** m. *(-n,-n)* discendente *m.*
nach_fah|ren intr. *(fährt, fuhr, gefahren;* aus. *sein)* **1** seguire, andare dietro, viaggiare dietro **2** *(mit dem Stift folgen;* aus. *haben, sein)* ripassare (con la matita, la penna...).
Nach|fah|ren|ta|fel f. *(-,-n)* ANT. tavola *f.* genealogica.
nach_fär|ben tr. ritingere, ricolorire.
nach_fas|sen I intr. (aus. *haben*) **1a** SPORT ripetere la presa **b** GINN. correggere la presa **2** COLLOQ. cercare di andare a fondo, indagare **II** tr. MIL. ricevere, prendere ancora.
Nach|fi|nan|zie|rung f. *(-,-en)* finanziamento *m.* supplementare.
Nach|fol|ge f. *(-)* successione *f.*: ***die ~ auf dem Thron, an der Parteispitze*** la successione al trono, al vertice del partito; ***jds ~ antreten*** succedere a qcn. ◆ ***ohne ~ bleiben*** rimanere senza seguito, non avere seguito; ***die ~ Christi*** l'imitazione di Cristo. **nach_fol|gen** intr. (aus. *sein*) **1a** ***jdm, etw.*** ~ seguire qcn., qcs.: ***jdm in ein fremdes Land ~*** seguire qcn. in un paese straniero; ***das Paket mit den Büchern folgt nach*** il pacco coi libri arriverà in seguito **b** *(zeitlich folgen)* succedere: ***jdm in einem Amt ~*** succedere a qcn. in una carica **2** *(jds Anhänger sein)* ***jdm ~*** seguire l'insegnamento (*o* l'esempio) di qcn. **nach|fol|gend** p.pres. agg. **1** → **nachfolgen 2** seguente **3** *(darauf folgend)* successivo, susseguente ◆ ***im Nachfolgenden*** qui di seguito, qui appresso. **Nach|fol|ge|or|ga|ni|sa|ti|on** f. *(-,-en)* organizzazione *f.* continuatrice. **Nach|fol|ger** m. *(-s,-)* successore *m.* **Nach|fol|ge|rin** f. *(-,-nen)* chi succede, subentra: ***die ~ in der Direktion*** la nuova direttrice. **Nach|fol|ger|**

schaft f. *(-)* successione *f.* **Nach|fol|ger|staat** m. *(-[e]s,-en)* stato *m.* successore.

nach‿for|dern tr. richiedere ulteriormente; *(nachträglich fordern)* richiedere successivamente. **Nach|for|de|rung** f. *(-,-en)* richiesta *f.* (*o* domanda *f.*) ulteriore; *(nachträgliche Forderung)* richiesta *f.* (*o* domanda *f.*) successiva.

nach‿for|men tr. riprodurre.

nach‿for|schen intr. (aus. *haben*) **1** ***jdm, etw.*** **~** indagare, fare delle indagini (*o* delle ricerche) su qcn., qcs. **2** *(feststellen)* verificare, controllare qcs., accertarsi di qcs.: ***bitte forschen Sie nach, wo das Buch geblieben ist*** per favore verifichi dov'è finito il libro. **Nach|for|schung** f. *(-,-en)* **1** indagine *f.*, ricerca *f.*: ***über jdn, etw. -en anstellen, betreiben*** fare delle indagini su qcn., qcs. **2** *(Feststellen)* verifica *f.*, controllo *m.*, accertamento *m.*

Nach|fra|ge f. *(-,-n)* **1** ANT. l'informarsi, il chiedere, richiesta *f.* di notizie: ***nach jdm, etw. ~ halten*** informarsi su qcn., di qcs. **2** COMM. richiesta *f.*; ECON. domanda *f.*: ***es besteht, herrscht eine starke ~ nach diesem Artikel*** c'è una forte richiesta di questo articolo; ***die ~ nimmt zu (steigt), geht zurück (lässt nach)*** la richiesta (*o* la domanda) aumenta, diminuisce (*o* cala); ***die ~ befriedigen*** soddisfare la domanda; ECON. ***Angebot und ~*** domanda e offerta **3** RAR. *(weitere Frage)* domanda *f.* (ulteriore) ◆ ***danke der freundlichen, für die freundliche ~!*** ringrazio del (*o* per il) gentile interessamento! IRON. grazie per l'interessamento! **nach‿fra|gen I** intr. (aus. *haben*) **1a** informarsi, chiedere: ***bei jdm ~*** informarsi presso qcn., chiedere a qcn. **b** *(nochmals fragen)* chiedere (di nuovo), richiedere: ***er musste mehrmals ~, ehe er eine Antwort bekam*** dovette chiedere più volte prima di ricevere una risposta **2** *(nachsuchen)* ***um etw. ~*** (ri)chiedere qcs. **II** tr. COMM. richiedere: ***diese Waren werden oft nachgefragt*** queste merci sono molto richieste.

Nach|frist f. *(-,-en)* dilazione *f.*, proroga *f.*

nach‿füh|len tr. → **nachempfinden.**

nach‿fül|len tr. **1a** riempire di nuovo, ANT. rabboccare **b** *(Gasflaschen, Feuerzeuge)* ricaricare **2** *(wieder in etwas füllen)* mettere di nuovo, aggiungere (fino a riempire): ***Kekse in die Dose ~*** aggiungere biscotti nella scatola, riempire la scatola di biscotti. **Nach|fül|lung** f. *(-,-en)* **1** riempimento *m.*, ANT. rabbocco *m.*, rabboccatura *f.* **2** *(von Gasflaschen, Feuerzeugen)* ricaricamento *m.*

Nach|für|sor|ge f. *(-,-n)* SVIZZ. terapia *f.* supplementare. **Nach|gang** m. *(-[e]s,-gänge)*, BUROCR. ***im ~*** in seguito, successivamente.

nach‿gä|ren intr. *(gärte/gor, gegärt/gegoren;* aus. *haben, sein)* continuare a fermentare. **Nach|gä|rung** f. *(-,-en)* fermentazione *f.* secondaria.

nach‿ge|ben *(gibt, gab, gegeben)* **I** tr. dare ancora: ***darf ich Ihnen ein Stück Kuchen ~?*** posso darle (*o* desidera) ancora un pezzo di dolce? **II** intr. (aus. *haben*) cedere (anche FIG.): ***der Boden unter seinen Füßen gab nach*** il terreno gli cedette sotto i piedi; ***jds Drängen, Verlockungen ~*** cedere alle insistenze, alle lusinghe di qcn.; ***seine Knie gaben nach*** si sentì cedere le ginocchia; ***einer Laune, Schwäche ~*** togliersi uno sfizio, cedere a una debolezza; ECON. ***die Preise, die Kurse geben nach*** i prezzi, le quotazioni cedono ◆ ***jdm in etw. (D) nichts ~*** non essere inferiore a qcn. in qcs.; ***an Intelligenz gibt er keinem etwas nach*** in quanto a intelligenza non è inferiore a nessuno.

nach|ge|bo|ren agg. **1** nato molto dopo (i fratelli) **2** *(als Letzter der Geschwister)* ultimo (nato) **3** RAR. *(nach dem Tode des Vaters geboren)* postumo. **Nach|ge|bo|re|ne** m. e f. *(-n,-n)* **1** figlio *m.* nato (-a *f.* nata) dopo la morte del padre, figlio *m.* postumo (-a *f.* postuma) **2** → **Nachkömmling 3** pl. LETT. *(spätere Generationen)* generazioni *f.pl.* successive (*o* future).

Nach|ge|bühr f. *(-,-en)* soprattassa *f.* **Nach|ge|burt** f. *(-,-en)* **1** espulsione *f.* della placenta **2** *(ausgestoßener Mutterkuchen)* placenta *f.* (espulsa). **Nach|ge|fühl** n. *(-s,-e)* sensazione *f.* lasciata (da): ***~ eines Erlebnisses, eines Traums*** sensazione lasciata da un'esperienza, da un sogno.

nach‿ge|hen intr. *(ging, gegangen;* aus. *sein)* **1** ***jdm, etw. ~*** andare dietro a qcn., qcs., seguire qcn., qcs. **2** *(zurückbleiben)* ritardare, andare (*o* essere) indietro: ***meine Uhr geht (um) zehn Minuten nach*** il mio orologio è indietro di dieci minuti **3** *(genau überprüfen)* ***etw. (D) ~*** approfondire, analizzare qcs.; ***einer Frage ~*** approfondire una questione **4** *(nachwirken)* rimanere impresso: ***dieses Erlebnis ging ihm noch lange nach*** questa esperienza gli rimase impressa (*o* lo accompagnò) ancora per molto tempo **5** *(sich widmen)* dedicarsi: ***seiner Arbeit, einem Hobby ~*** dedicarsi al proprio lavoro, a un hobby; ***Abenteuern, dem Vergnügen ~*** inseguire le avventure, dedicarsi al divertimento.

nach|ge|las|sen p.pass. agg. **1** → **nachlassen 2** postumo: ***-e Werke*** opere postume.

nach|ge|macht p.pass. agg. **1** → **nachmachen 2** *(künstlich)* artificiale, finto: ***-e Blumen*** fiori finti.

nach|ge|ord|net agg. BUROCR. subordinato, in sott'ordine.

nach|ge|ra|de avv. **1** *(allmählich)* a poco a poco, piano piano **2** *(geradezu)* addirittura **3** *(schließlich)* alla fin fine, dopo tutto: ***es war ~ ein Verbrechen*** in fin dei conti fu un crimine.

nach‿ge|ra|ten intr. *(gerät, geriet, geraten;* aus. *sein)* ***jdm ~*** assomigliare a qcn.; ***(ganz) dem Vater nachgeraten sein*** aver preso (tutto) dal padre.

Nach|ge|schmack m. *(-[e]s)* **1** retrogusto *m.* **2** FIG. bocca *f.* amara: ***die Sache hat bei vielen einen unangenehmen ~ hinterlassen*** la cosa ha lasciato la bocca amara a molti.

nach|ge|wie|se|ner|ma|ßen avv. come è stato dimostrato, secondo quanto è stato provato.

nach|gie|big agg. **1** *(weich)* cedevole: ***ein -er Boden*** un terreno cedevole; ***die Sitzpolster sind zu ~*** le imbottiture delle poltrone cedono troppo facilmente **2** FIG. arrendevole, (ac)condiscendente, remissivo: ***~ gegenüber jdm sein*** essere condiscendenti verso qcn.; ***jdn ~ stimmen*** far cedere qcn. **Nach|gie|big|keit** f. *(-)* **1** cedevolezza *f.* **2** FIG. arrendevolezza *f.*, condiscendenza *f.*

nach‿gie|ßen tr. *(goss, gegossen)* **1** versare ancora, aggiungere (versando) **2** *(auffüllen)* rabboccare.

nach‿gra|ben intr. *(gräbt, grub, gegraben;* aus. *haben)* cercare (scavando), scavare. **Nach|gra|bung** f. *(-,-en)* scavo *m.*

nach‿grei|fen intr. *(griff, gegriffen;* aus. *haben)* GINN. correggere la presa.

nach‿grü|beln intr. (aus. *haben*) ***über etw. ~*** lambiccarsi il cervello su qcs.; ***jds Worten ~*** rimuginare le parole di qcn.

nach‿gu|cken intr. (aus. *haben*) REGION. → **nachsehen.**

nach‿ha|ken intr. (aus. *haben*) **1** COLLOQ. ***da müssen wir noch mal ~*** la questione va ulteriormente approfondita **2** SPORT fare lo sgambetto.

Nach|hall m. *(-[e]s,-e)* risonanza *f.*, eco *f.* e *m.* (anche FIG.). **nach‿hal|len** intr. (aus. *haben, sein*) **1** risuonare, echeggiare **2** *(nachträglich wirken)* avere una risonanza, ripercuotersi.

nach|hal|tig I agg. durevole, persistente: ***ein -er Eindruck*** un'impressione persistente **II** avv. durevolmente. **Nach|hal|tig|keit** f. *(-)* durevolezza *f.*, persistenza *f.*

nach‿hän|gen intr. *(hing, gehangen;* aus. *haben)* **1a** essere assorto, immerso: ***seinen Gedanken ~*** essere assorto nei propri pensieri **b** *(wehmütig denken)* abbandonarsi: ***den Erinnerungen an die Jugend ~*** abbandonarsi ai ricordi di gioventù **2** *(anhängen)* ***jdm, etw. ~*** rimanere attaccato a qcn., qcs.: ***seine kriminelle Vergangenheit hing ihm lange nach*** il suo passato criminale gli rimase a lungo attaccato addosso **3** COLLOQ. *(zurück sein)* essere indietro: ***in Mathematik ~*** essere indietro in matematica.

nach|hau|se AUSTR. SVIZZ. avv. a casa. **Nach|hau|se|weg** m. *(-[e]s,-e)* strada *f.* verso casa: ***auf dem ~ sein*** essere sulla via del ritorno.

nach‿hel|fen intr. *(hilft, half, geholfen;* aus. *haben)* aiutare, dare una mano: ***dem Verständnis, dem Glück ~*** aiutare la comprensione, la fortuna; *(vorantreiben)* ***bei ihm muss man ab und zu ~*** ogni tanto bisogna dargli una spinta; ***~, damit das Gesuch angenommen wird*** spingere, affinché la domanda venga accettata.

nach|her, nach|her avv. dopo, più tardi, poi: ***~ helfe ich dir*** poi ti aiuto; ***das kann ich ~ machen*** posso farlo dopo ◆ ***bald ~*** poco dopo; ***bis ~!*** a dopo! ***kurz ~*** → ***bald ~***; ***~ weiß man alles besser*** col senno di poi... **nach|he|rig** agg. seguente, successivo.

Nach|hil|fe f. *(-,-n)* **1** aiuto *m.*, il dare una mano **2** *(Nachhilfeunterricht)* ripetizione *f.*: ***in etw. ~ geben (erteilen), bekommen (nehmen)*** dare, prendere ripetizioni di qcs. **Nach|hil|fe|leh|rer** m. *(-s,-)* insegnante *m.* che dà lezioni private (*o* ripetizioni). **Nach|hil|fe|schü|ler** m. *(-s,-)* studente *m.* che prende ripetizioni. **Nach|hil|fe|stun|de** f. *(-,-n)*, **Nach|hil|fe|un|ter|richt** m. *(-[e]s,-e)* ripetizione *f.*, lezione *f.* (privata).

Nach|hi|nein, avv. ***im ~*** in seguito.

nach‿hin|ken intr. (aus. *sein*) **1** venire dietro, seguire zoppicando **2** FIG. ***in etw. (D) ~*** restare indietro in qcs.

Nach|hol|be|darf m. *(-[e]s)* bisogno *m.* di ricuperare: ***einen ~ an Schlaf haben*** avere bisogno di ricuperare sonno. **nach‿ho|len** tr. **1** fare venire (successivamente): ***seine Familie nach Wien ~*** far venire la propria famiglia a Vienna **2** ricuperare: ***Schlaf ~*** ricuperare il sonno; ***die verlorene Zeit ~*** ricuperare (*o* riguadagnare) il tempo perduto **3** *(wiederholen)* riparare: ***eine Prüfung ~*** riparare un esame. **Nach|hol|spiel** n. *(-s,-e)* partita *f.* di ricupero.

Nach|hut f. *(-,-en)* MIL. retroguardia *f.*

nach‿imp|fen tr. ***jdn ~*** fare il richiamo a qcn. **Nach|imp|fung** f. *(-,-en)* richiamo *m.*, vaccinazione *f.* di richiamo.

nach‿ja|gen I intr. (aus. *sein*) ***jdm, etw.*** ~ dare la caccia (*o* correre dietro) a qcn., qcs., inseguire qcn., qcs. (anche FIG.): ***einem Dieb*** ~ dare la caccia a un ladro; ***dem Geld, Glück*** ~ correre dietro ai soldi, inseguire la fortuna **II** tr. COLLOQ. ***jdm etw.*** ~ spedire qcs. dietro a qcn.
nach‿jam|mern intr. (aus. *haben*) ***jdm, etw.*** ~ rimpiangere qcn., qcs.
Nach|kauf m. *(-[e]s)* il rivendere, rivendita *f.* **nach‿kau|fen** tr. rivendere.
Nach|klang m. *(-[e]s,-klänge)* risonanza *f.*, eco *f.* e *m.* (anche FIG.).
Nach|klapp m. *(-s,-s)* COLLOQ. → **Nachtrag.**
nach‿klin|gen intr. (aus. *sein*) **1** risuonare, riecheggiare **2** FIG. rimanere impresso: ***ein Ereignis, das lange in mir nachklang*** un evento che è rimasto impresso dentro di me.
Nach|kom|me m. *(-n,-n)* discendente *m.*: ***keine -n haben*** non avere discendenti.
nach‿kom|men intr. *(kam, gekommen;* aus. *sein)* **1** *(später kommen)* venire (dopo): ***geht schon vor, wir werden gleich*** ~ andate pure avanti, veniamo subito; ***es sind noch drei Kinder nachgekommen*** sono arrivati (*o* nati) ancora tre bambini **2** *(folgen)* ***jdm*** ~ seguire qcn. **3** *(Schritt halten)* seguire, tenere il passo: ***mit der Arbeit*** ~ tenere il passo con il lavoro; ***beim Diktat nicht ~ können*** non riuscire a seguire nel dettato **4a** *(erfüllen)* ***etw. (D)*** ~ soddisfare qcs., accondiscendere a qcs.: ***einer Bitte, Forderung*** ~ soddisfare una preghiera, dar seguito a una richiesta; ***jds Wünschen*** ~ accondiscendere ai desideri di qcn. **b** adempiere: ***seinen Verpflichtungen*** ~ adempiere i propri obblighi; ***einer Anordnung*** ~ ottemperare a un ordine ◆ ***da kann noch etw.*** ~ *(Komplikation geben)* può ancora succedere qcs. **Nach|kom|men|schaft** f. *(-)* discendenza *f.*, discendenti *m.pl.* **Nach|kömm|ling** m. *(-s,-e)* **1** = figlio *m.* nato molto tempo dopo i fratelli **2** *(Nachkomme)* discendente *m.*
Nach|kon|trol|le f. *(-,-n)* controllo *m.* ulteriore. **nach‿kon|trol|lie|ren** tr. ricontrollare.
Nach|kriegs|ge|ne|ra|ti|on f. *(-,-en)* generazione *f.* del dopoguerra. **Nach|kriegs|zeit** f. *(-,-en)* dopoguerra *m.*
Nach|kur f. *(-,-en)* periodo *m.* successivo a una cura.
Nach|lass m. *(-es,-e* e *-lässe)* **1** *(Hinterlassenschaft)* lascito *m.*: ***einen ~ verwalten*** amministrare un lascito **2** *(Preisherabsetzung)* sconto *m.*, riduzione *f.*, ribasso *m.*: ***~ gewähren, fordern*** concedere, chiedere uno sconto **3** *(von Strafen)* remissione *f.* **4** *(von Steuern)* sgravio *m.* ◆ ***künstlerischer, literarischer*** ~ opere postume *f.pl.*; ***Schriften aus dem ~ herausgeben*** pubblicare scritti inediti. **nach‿las|sen** *(lässt, ließ, gelassen)* **I** intr. (aus. *haben*) **1a** diminuire, affievolirsi: ***der Schmerz hat an Heftigkeit nachgelassen*** il dolore è diminuito d'intensità; ***die Kräfte lassen im Alter nach*** vengono meno le forze con l'età; ***sein Eifer hat (er hat in seinem Eifer) nachgelassen*** il suo zelo si è affievolito **b** *(von Regen, Sturm)* calmarsi, placarsi **c** *(sich verschlechtern)* calare, essere in ribasso: ***seine Leistungen, Geschäfte lassen nach*** le sue prestazioni calano, i suoi affari sono in ribasso **2** *(geringer werden)* allentarsi: ***die Spannung lässt nach*** la tensione si allenta **3** REGION. *(aufhören)* smettere: ***mit seinen Vorwürfen*** ~ smettere con i rimproveri **II** tr. **1** *(weniger berechnen)* ribassare, fare uno sconto di: ***jdm 40 % des Preises, vom Preis*** ~ ribassare il prezzo del 40 % a qcn., fare a qcn. uno sconto del 40 % **2** *(lockern)* allentare: ***die Zügel*** ~ allentare le briglie ◆ ***nicht ~!*** non mollare! forza! **Nach|las|sen|schaft** f. *(-,-en)* ANT. *(Erbschaft)* eredità *f.*; *(Hinterlassenschaft)* lascito *m.* **Nach|las|ser** m. *(-s,-)* testatore *m.* **Nach|lass|ge|richt** n. *(-[e]s,-e)* ufficio *m.* giudiziario competente per le successioni. **Nach|lass|gläu|bi|ger** m. *(-s,-)* creditore *m.* della massa ereditaria.
nach|läs|sig **I** agg. **1a** negligente, svogliato: ***ein -er Schüler*** uno scolaro negligente **b** *(unordentlich)* trascurato, sciatto: ***eine -e Arbeit*** un lavoro trascurato; ***eine -e Ausdrucksweise*** un modo di esprimersi trascurato **2a** *(teilnahmslos)* noncurante: ***mit einer -en Handbewegung*** con un gesto noncurante della mano **b** *(ungezwungen)* disinvolto: ***eine -e Haltung*** un atteggiamento disinvolto **II** avv. **1** in modo trascurato, con trascuratezza: ***~ gekleidet sein*** essere vestito in modo trascurato **2** *(teilnahmslos)* con noncuranza. **nach|läs|si|ger|wei|se** avv. per negligenza, per trascuratezza. **Nach|läs|sig|keit** f. *(-,-en)* **1a** negligenza *f.*, svogliatezza *f.*: ***die ~ des Personals*** la negligenza del personale **b** *(ohne Rücksicht auf Formen)* trascuratezza *f.*, sciatteria *f.* **2** *(Teilnahmslosigkeit)* indifferenza *f.*
Nach|lass|pfle|ger m. *(-s,-)* curatore *m.* della successione. **Nach|lass|steu|er** f. *(-,-n)* imposta *f.* di successione. **Nach|lass|ver|wal|ter** m. *(-s,-)* amministratore *m.* dell'eredità.
Nach|lauf m. *(-[e]s,-läufe)* **1** CHIM. prodotto *m.* di coda **2** AUT. incidenza *f.* **nach‿lau|fen** intr. *(läuft, lief, gelaufen;* aus. *sein)* **1** ***jdm, etw.*** ~ rincorrere qcn., qcs., correre dietro a qcn., qcs. (anche FIG.): ***Illusionen*** ~ rincorrere illusioni; ***einem Mädchen*** ~ correre dietro a una ragazza **2** *(anhängen)* ***jdm*** ~ andare dietro a qcn., essere seguace di qcn. **3** ***kaltes Wasser ~ lassen*** aggiungere acqua fredda. **Nach|läu|fer** m. *(-s,-)* chi va dietro, seguace *m.* credulone.
nach‿le|ben intr. (aus. *haben*) ***jdm, etw.*** ~ vivere seguendo qcn., secondo qcs.: ***einem Vorbild*** ~ vivere secondo un modello. **Nach|le|ben** n. *(-s)* il rivivere, sopravvivenza *f.*: ***das ~ in der Erinnerung seiner Freunde*** il rivivere nel ricordo dei propri amici.
nach‿le|gen tr. **1** aggiungere: ***Holz*** ~ aggiungere legna; *(von Essen)* ***darf ich Ihnen ~?*** (ne) gradisce ancora? **2** assol. ***dem Feuer im Ofen*** ~ riattizzare il fuoco nella stufa.
Nach|le|se f. *(-,-n)* **1** seconda raccolta *f.*; *(zweite Weinlese)* racimolatura *f.*; *(Ährenlese)* spigolatura *f.* **2** FIG. spigolatura *f.*
1.nach‿le|sen tr. *(liest, las, gelesen)* **1** rileggere **2** *(durch Lesen überprüfen)* controllare leggendo.
2.nach‿le|sen tr. *(liest, las, gelesen)* **1** *(Nachlese halten)* spigolare **2** *(verlesen)* scegliere, fare un'ulteriore scelta.
nach‿lie|fern tr. **1** fornire in seguito, in un secondo tempo **2** ***diese Ware wird regelmäßig nachgeliefert*** questa merce viene fornita regolarmente. **Nach|lie|fe|rung** f. *(-,-en)* fornitura *f.* posteriore, successiva.
nach‿lö|sen tr. ***die Fahrkarte*** ~ fare il biglietto sul treno; ***den IC-Zuschlag*** ~ pagare il supplemento IC in treno.
nachm. ⇒ *nachmittags* di pomeriggio.
nach‿ma|chen tr. **1a** imitare: ***die Erwachsenen, Tierstimmen, Kunstwerke*** ~ imitare gli adulti, i versi degli animali, opere d'arte; ***das soll ihm erst einer*** ~ si provi un po' a fare come (fa) lui **b** *(fälschen)* contraffare, falsificare: ***Banknoten*** ~ falsificare banconote **2** *(später machen)* fare dopo, in seguito, più tardi ◆ ***das macht uns niemand nach*** nessuno sa farlo come noi.
nach‿ma|len tr. **1** copiare, riprodurre (dipingendo): ***aus der Erinnerung*** ~ riprodurre a memoria **2** *(Farben)* ripassare, ritoccare (dipingendo).
nach|ma|lig agg. ANT. successivo: ***der -e Vorsitzende*** il successivo presidente. **nach|mals** avv. ANT. più tardi, dopo, in seguito.
nach‿mes|sen tr. *(misst, maß, gemessen)* ***etw.*** ~ controllare, verificare le misure di qcs.; *(nochmals messen)* rimisurare. **Nach|mes|sung** f. *(-,-en)* controllo *f.*, verifica *f.* della misura; *(zweite Messung)* seconda misurazione *f.*, misurazione *f.* ulteriore.
Nach|mie|ter m. *(-s,-)* inquilino *m.* successivo.
Nach|mit|tag m. *(-s,-e)* pomeriggio *m.*: ***am frühen*** ~ nel primo pomeriggio; ***jeden*** ~ ogni pomeriggio; ***spät am, am späten*** ~ nel tardo pomeriggio; ***heute*** ~ oggi pomeriggio; ***im Laufe des -s*** nel pomeriggio. **nach|mit|tä|gig** agg. pomeridiano, del pomeriggio. **nach|mit|täg|lich** agg. di ogni pomeriggio. **nach|mit|tags** avv. al, del, nel pomeriggio: ***~ um drei*** alle tre del pomeriggio. **Nach|mit|tags|kaf|fee** m. *(-s,-s)*, ***zum ~ gehen, eingeladen sein*** andare a prendere il caffè, essere invitati per una merenda. **Nach|mit|tags|ru|he** f. *(-)*, **Nach|mit|tags|schlaf** m. *(-[e]s)*, **Nach|mit|tags|schläf|chen** n. *(-s)* sonnellino *m.* (*o* pisolino *m.*, riposino *m.*) pomeridiano. **Nach|mit|tags|stun|de** f. *(-,-n)* ora *f.* pomeridiana (*o* del pomeriggio) ◆ ***zur frühen, späten*** ~ nel primo, tardo pomeriggio. **Nach|mit|tags|zeit** f. *(-)* ore *f.pl.* pomeridiane, pomeriggio *m.*
Nach|nah|me f. *(-,-n)* COMM. **1** contrassegno *m.*: ***per, als, mit ~ schicken*** spedire (in) contrassegno; ***Lieferung, Zahlung gegen*** ~ pagamento (in) contrassegno; ***eine Sendung mit ~ belasten*** contrassegnare una spedizione **2** *(Nachnahmesendung)* spedizione *f.* (in) contrassegno. **Nach|nah|me|ge|bühr** f. *(-,-en)* tassa *f.* di spedizione in contrassegno. **Nach|nah|me|sen|dung** f. *(-,-en)* spedizione *f.* in contrassegno.
Nach|na|me m. *(-ns,-n)* cognome *m.*
nach‿neh|men tr. *(nimmt, nahm, genommen)* **1** prendere ancora: ***nimm dir Kartoffeln nach*** prendi ancora patate **2** COMM. riscuotere, farsi pagare alla consegna: ***der Betrag wird nachgenommen*** l'importo verrà riscosso alla consegna.
nach‿pfei|fen **I** tr. ***etw.*** ~ riprodurre fischiando qcs. **II** intr. *(pfiff, gepfiffen;* aus. *haben)* ***jdm*** ~ fischiare dietro qcn.
nach‿plap|pern tr. COLLOQ. ripetere come un pappagallo, pappagallescamente.
Nach|por|to n. *(-s,-s* e *-porti)* → **Nachgebühr.**
nach‿prä|gen tr. **1** coniare in un secondo tempo, successivamente **2** *(neu prägen)* riprodurre coniando.
nach|prüf|bar agg. verificabile, controllabile. **Nach|prüf|bar|keit** f. *(-)* verificabilità *f.* **nach‿prü|fen** tr. **1** verificare, controlla-

re: ***Daten ~*** verificare dei dati **2** riesaminare: ***einen Kandidaten ~*** riesaminare un candidato. **Nach|prü|fung** f. *(-,-en)* **1** verifica *f.*, controllo *m.* **2** *(nochmalige Prüfung)* riesame *m.* **3** *(Wiederholung einer Prüfung)* esame *m.* di riparazione.

Nach|raum m. *(-[e]s)* scarti *m.pl.* **nach‿räu|men** tr. COLLOQ. riordinare: ***ich muss dir immer alles ~*** devo sempre starti dietro, devo sempre riordinare le tue cose.

nach‿re|cher|chie|ren tr. fare altre ricerche, cercare ancora.

nach‿rech|nen tr. **1** *(noch einmal rechnen)* ricontare, rifare i calcoli per controllare **2** contare: ***die Jahre ~*** contare gli (*o* fare il conto degli) anni (passati). **Nach|rech|nung** f. *(-,-en)* **1** controllo *m.*, verifica *f.* (di un calcolo) **2** *(Berechnung)* conteggio *m.*

Nach|re|de f. *(-,-n)* **1** ANT. *(Epilog)* epilogo *m.* **2** *(abfällige Äußerung)* ***üble ~*** maldicenza *f.* ◆ ***jdn in üble ~ bringen*** mettere in cattiva luce qcn.; ***in üble ~ geraten, kommen*** essere denigrato; ***schlechte ~ über jdn führen, verbreiten*** diffamare, denigrare qcn. **nach‿re|den** tr. **1** ripetere: ***jdm etw. ~*** ripetere le parole di qcn. **2** *(nachsagen)* ***jdm etw. ~*** dire qcs. di qcn.; ***jdm Übles, Schlechtes ~*** dire male (*o* sparlare) di qcn.

nach‿rei|chen tr. fornire in seguito, successivamente, in un secondo tempo.

Nach|rei|fe f. *(-)* maturazione *f.* dopo il raccolto. **nach‿rei|fen** intr. (aus. *haben*) maturare dopo il raccolto.

nach‿rei|sen intr. (aus. *sein*) ***jdm ~*** viaggiare per raggiungere qcn., seguire qcn. in un viaggio.

nach‿ren|nen intr. *(rannte, gerannt;* aus. *sein)* ***jdm, etw. ~*** correre dietro a qcn., qcs.

Nach|richt f. *(-,-en)* **1a** notizia *f.*: ***eine gute, falsche, überholte, brandheiße ~*** una buona notizia, una notizia falsa, superata, di grande attualità; ***neueste -en*** ultime notizie, notizie dell'ultima ora; ***eine ~ erhalten, überbringen, übermitteln, weiterleiten*** ricevere, trasmettere, comunicare, diramare una notizia; ***eingehende -en*** notizie in arrivo; ***eine ~ im Rundfunk bringen, durch das Fernsehen verbreiten*** dare una notizia alla radio, diffondere una notizia alla televisione; ***keine ~ von jdm haben*** non avere notizie di qcn. **b** messaggio *m.*: ***eine ~ hinterlassen*** lasciare un messaggio **2** pl. *(Nachrichtensendung)* notiziario *m.*: ***die -en hören, sehen*** ascoltare, vedere il notiziario ◆ ***jdm ~ geben, dass...*** comunicare, far sapere a qcn. che...; ***er hat noch keine ~ gegeben*** non si è ancora fatto vivo; ***die -en sperren*** imporre il silenzio stampa.

Nach|rich|ten|agen|tur f. *(-,-en)*, **Nach|rich|ten|bü|ro** n. *(-s,-s)* agenzia *f.* di stampa, agenzia *f.* giornalistica. **Nach|rich|ten|dienst** m. *(-[e]s,-e)* **1** servizi *m.pl.* segreti, servizio *m.* informazioni **2** *(Nachrichtenagentur)* agenzia *f.* di stampa **3** ANT. → **Nachrichtensendung. nach|rich|ten|dienst|lich** agg. dei servizi segreti, del servizio informazioni. **Nach|rich|ten|ma|ga|zin** n. *(-s,-e)* rivista *f.* di attualità. **Nach|rich|ten|sa|tel|lit** m. *(-en,-en)* satellite *m.* per telecomunicazioni. **Nach|rich|ten|sen|dung** f. *(-,-en)* RAD. notiziario *m.*, giornale *m.* radio; TELEV. notiziario *m.*, telegiornale *m.* **Nach|rich|ten|sper|re** f. *(-,-n)* blocco *m.* delle informazioni, silenzio *m.* stampa: ***eine ~ verhängen, aufheben*** imporre, togliere il silenzio stampa. **Nach|rich|ten|spre|cher** m. *(-s,-)* RAD. TELEV. annunciatore *m.* **Nach|rich|ten|spre|che|rin** f. *(-,-nen)* RAD. TELEV. annunciatrice *f.* **Nach|rich|ten|tech|nik** f. *(-)* tecnica *f.* delle telecomunicazioni. **Nach|rich|ten|trup|pe** f. *(-,-n)* MIL. ANT. genio *m.* radiotelegrafisti. **Nach|rich|ten|über|mitt|lung** f. *(-)* trasmissione *f.* di notizie, di informazioni. **Nach|rich|ten|ver|bin|dung** f. *(-,-en)* RAD. TELEV. collegamento *m.* (radio, radiofonico, televisivo): ***eine ~ herstellen*** stabilire un collegamento. **Nach|rich|ten|we|sen** n. *(-s)* informazione *f.*: ***die Entwicklung des -s im zwanzigsten Jahrhundert*** lo sviluppo dell'informazione nel ventesimo secolo.

Nach|rich|ter m. *(-s,-)* **1** ANT. *(Henker)* carnefice *m.* **2** MIL. ANT. radiotelegrafista *m.* **nach|richt|lich I** agg. di informazione **II** avv. a titolo informativo.

nach|rü|cken intr. (aus. *sein*) **1** *(aufrücken)* avanzare, avvicinarsi (in una fila) **2** MIL. *(nachfolgen)* seguire: ***jdm ~*** seguire qcn. **3** subentrare: ***auf jds Posten ~*** subentrare a qcn. in una carica.

Nach|ruf m. *(-[e]s,-e)* necrologio *m.*: ***die Zeitung bringt einen ~ auf den Verstorbenen*** il giornale riporta un necrologio sul defunto. **nach‿ru|fen** tr. *(rief, gerufen)* ***jdm etw. ~*** gridare qcs. dietro a qcn.

Nach|ruhm m. *(-[e]s)* fama *f.* (*o* gloria *f.*) postuma. **nach‿rüh|men** tr. ***jdm etw. ~*** dire qcs. (in lode) di qcn.: ***man rühmt ihm Wundertaten nach*** di lui si dicono meraviglie.

nach‿rüs|ten I tr. attrezzare: ***eine Kamera für die Makrofotografie ~*** attrezzare una macchina fotografica per la macrofotografia **II** intr. (aus. *haben*) **1a** potenziare l'attrezzatura, l'equipaggiamento **b** potenziare gli armamenti. **Nach|rüs|tung** f. *(-,-en)* potenziamento *m.* dell'attrezzatura; potenziamento *m.* degli armamenti.

nach‿sa|gen tr. **1** *(wiederholen)* ripetere **2** ***jdm etw. ~*** dire qcs. di qcn. (in sua assenza): ***jdm Böses ~*** dire male (*o* sparlare) di qcn.; ***jdm große Intelligenz ~*** attribuire a qcn. grande intelligenza; ***das lasse ich mir nicht ~*** non permetto che si dica questo di me ◆ ***man kann ihm nichts ~*** non gli si può rimproverare nulla.

Nach|sai|son f. *(-,-s* e REGION. *-en)* bassa stagione *f.*

nach‿sal|zen tr. ***etw. ~*** aggiungere sale a, in qcs.

Nach|satz m. *(-[e]s,-sätze)* **1a** *(Nachtrag)* aggiunta *f.* **b** *(Nachschrift)* poscritto *m.* **2** GRAMM. apodosi *f.*

nach‿schaf|fen tr. *(schuf, geschaffen)* rifare, ricreare.

Nach|schau, ***~ halten*** andare a vedere, verificare. **nach‿schau|en** intr. e tr. → **nachsehen.**

nach‿schen|ken tr. versare ancora (anche assol.): ***darf ich Ihnen noch ein wenig Wein ~?*** posso versarLe ancora un po', un altro po' di vino?

nach‿schi|cken → **nachsenden.**

nach‿schie|ben tr. *(schob, geschoben)* **1** GERG. aggiungere: ***der Reporter schob noch eine Frage nach*** il reporter aggiunse ancora una domanda **2** ***Holzscheite (ins Feuer) ~*** aggiungere legna (nel fuoco).

Nach|schlag m. *(-[e]s,-schläge)* **1** MUS. acciaccatura *f.* **2** GERG. porzione *f.* supplementare. **nach‿schla|gen** *(schlägt, schlug, geschlagen)* **I** tr. **1** andare a vedere, controllare; ***etw. im Wörterbuch ~*** cercare qcs. sul dizionario; ***ein Zitat ~*** controllare una citazione **2** consultare: ***ein Handbuch ~*** consultare un manuale **3** (assol.; *Boxen*) colpire l'avversario dopo il break **II** intr. (aus. *sein*) assomigliare: ***das Kind schlägt ganz der Mutter nach*** il bambino è tutto sua madre. **Nach|schla|ge|werk** n. *(-[e]s,-e)* opera *f.* di consultazione.

nach‿schlei|chen intr. *(schlich, geschlichen;* aus. *sein)* ***jdm ~*** seguire qcn. di soppiatto, pedinare qcn.

nach‿schlep|pen tr. **1** seguire trascinando, trascinar dietro: ***jdm das Gepäck ~*** seguire qcn. trascinando il bagaglio **2** *(nachziehen)* trascinare: ***ein verletztes Bein ~*** trascinare una gamba ferita.

Nach|schlüs|sel m. *(-s,-)* controchiave *f.*

nach‿schme|cken intr. (aus. *haben*) lasciare un sapore (in bocca): ***dieser Likör schmeckt bitter nach*** questo liquore lascia un sapore amaro (in bocca).

nach‿schmei|ßen tr. *(schmiss, geschmissen)* COLLOQ. tirare, gettare dietro.

nach‿schmin|ken I intr. (aus. *haben*) ritoccare, rifare il trucco **II** rifl. ritoccarsi (*o* rifarsi) il trucco.

nach‿schnei|den tr. *(schnitt, geschnitten)* **1** tagliare ancora, rifinire **2** TECN. passare al tornio.

nach‿schnüf|feln tr. COLLOQ. → **nachschleichen.**

Nach|schöp|fung f. *(-,-en)* nuova creazione *f.*

nach‿schrei|ben tr. *(schrieb, geschrieben)* **1** trascrivere, copiare **2** *(später schreiben)* scrivere dopo, in un secondo tempo **3** *(in Stichworten)* prendere appunti.

nach‿schrei|en tr. *(schrie, geschrien)* ***jdm etw. ~*** gridare, urlare qcs. dietro a qcn.

Nach|schrift f. *(-,-en)* **1** poscritto *m.* **2** *(Nachtrag)* aggiunta *f.* **3** *(schriftliche Wiedergabe)* appunti *m.pl.*

Nach|schub m. *(-[e]s,-schübe)* **1a** MIL. rifornimento *m.* approvvigionamento *m.*: ***~ an Munition, Proviant*** rifornimento di munizioni, viveri (*o* vettovaglie); ***jdn mit ~ versorgen*** provvedere qcn. di rifornimenti **b** *(von Truppen)* rinforzi *m.pl.* **2** MIL. *(Versorgungsmaterial)* rifornimenti *m.pl.* **Nach|schub|ko|lon|ne** f. *(-,-n)* MIL. (auto)colonna *f.*, convoglio *m.* dei rifornimenti. **Nach|schub|la|ger** m. *(-s,-)* MIL. deposito *m.* di rifornimenti. **Nach|schub|li|nie** f. *(-,-n)* MIL. → **Nachschubweg. Nach|schub|trup|pe** f. *(-,-n)* MIL. servizi *m.pl.* di rifornimento. **Nach|schub|weg** m. *(-[e]s,-e)* MIL. linea *f.* di rifornimento.

Nach|schur f. *(-,-en)* seconda tosatura *f.*

Nach|schuss m. *(-es,-schüsse)* **1** ECON. apporto *m.* supplementare di capitale **2** SPORT tiro *m.* su respinta. **Nach|schuss|tor** n. *(-[e]s,-e)* SPORT rete *f.*, gol *m.* su respinta.

nach‿schüt|ten tr. aggiungere (versando).

nach‿schwin|gen intr. (aus. *haben*) risuonare (anche FIG.): ***seine Worte schwangen in ihr noch lange nach*** le sue parole le risuonarono ancora a lungo nella mente.

nach‿se|hen I intr. (aus. *haben*) **1** ***jdm, etw. (D) ~*** seguire qcn., qcs. con lo sguardo **2** *(nachschauen)* andare a vedere, dare un'occhiata: ***sieh mal nach, ob die Tür zu ist*** va' un po' a vedere se la porta è chiusa; ***sieh im Telefonbuch nach, ob...*** controlla sull'elenco telefonico se... **II** tr. **1a** *(überprüfen)* verificare, controllare: ***die Übun-***

gen, Ware ~ controllare gli esercizi, ispezionare la merce **b** *(nachschlagen)* cercare, controllare: ***etw. im Fahrplan*** ~ cercare qcs. sull'orario; assol. ***im Wörterbuch*** ~ consultare il dizionario **2** *(nicht übel nehmen)* lasciar correre, perdonare: ***jdm seine Laster*** ~ perdonare a qcn. i propri vizi ◆ ***die Post*** ~ fare lo spoglio della corrispondenza. **Nach|se|hen, *das*** ~ ***haben*** restare con le briciole; ***ihm blieb das*** ~ non gli sono rimaste che le briciole.

Nach|sen|de|auf|trag m. *(-[e]s,-aufträge)* segnalazione *f.* del cambio di indirizzo (alla posta). **nach‿sen|den** tr. *(sandte/*RAR. *sendete; gesandt/*RAR. *gesendet)* **1** inoltrare al nuovo recapito: ***bitte ~!*** si prega di spedire al nuovo indirizzo **2** *(nachschicken)* inviare in seguito, mandare (dopo), far seguire: FIG. ***jdm einen hasserfüllten Blick*** ~ seguire qcn. con uno sguardo pieno d'odio. **Nach|sen|dung** f. *(-,-en)* inoltro *m.* al nuovo indirizzo.

nach‿set|zen I intr. (aus. *haben*) ***jdm*** ~ inseguire qcn. **II** tr. **1** porre dopo, dietro; posporre: ***dieses Wort muss nachgesetzt werden*** questa parola deve essere posposta **2** *(im Gespräch hinzufügen)* aggiungere.

Nach|sicht f. *(-)* **1** indulgenza *f.*, condiscendenza *f.*: ***mit jdm ~ haben, üben, walten lassen*** essere indulgente con (*o* usare indulgenza a) qcn.; ***keine ~ kennen*** non conoscere indulgenza; ***jdn, etw. mit ~ behandeln, beurteilen*** trattare, giudicare qcn. con indulgenza; ***ohne*** ~ severamente, con intransigenza. **nach|sich|tig I** agg. indulgente: ***~ gegen jdn sein*** essere indulgente verso qcn. **II** avv. con indulgenza, indulgentemente: ***jdn ~ behandeln*** trattare qcn. con indulgenza. **Nach|sich|tig|keit** f. *(-)* indulgenza *f.* **nach|sichts|voll** → **nachsichtig.**

Nach|sicht|wech|sel m. *(-s,-)* cambiale *f.* a certo tempo vista.

Nach|sil|be f. *(-,-n)* suffisso *m.*

nach‿sin|gen tr. *(sang, gesungen)* ripetere (cantando): ***jdm*** ~ ripetere il canto di qcn.; ***eine Melodie nach Gehör*** ~ ripetere una melodia a orecchio.

nach‿sin|nen intr. *(sann, gesonnen;* aus. *haben)* meditare, riflettere: ***über eine schwierige Frage*** ~ riflettere su una questione difficile; ***jds Bemerkungen*** ~ riflettere sulle osservazioni di qcn.

nach‿sit|zen intr. (aus. *haben*) rimanere a scuola in (*o* per) castigo.

Nach|som|mer m. *(-s,-)* tarda estate *f.*

Nach|sor|ge f. *(-)* = assistenza *f.* medica durante la convalescenza. **Nach|sor|ge|kli|nik** f. *(-,-en)* convalescenziario *m.*

Nach|spann m. *(-[e]s,-e)* titoli *m.pl.* di coda.

Nach|spei|se f. *(-,-n)* dessert *m.*, dolce *m.*

Nach|spiel n. *(-[e]s,-e)* **1a** TEATR. epilogo *m.* **b** *(Musikstück)* brano *m.* musicale conclusivo, postludio *m.* **2** *(Folgen)* strascico *m.*: ***ein politisches, gerichtliches ~ haben*** avere uno strascico politico, giudiziario. **nach‿spie|len I** tr. **1** ripetere (suonando): ***eine Sonate aus dem Gedächtnis*** ~ ripetere a memoria una sonata **2** riprodurre: ***die Komödie spielt die damaligen gesellschaftlichen Normen nach*** la commedia riproduce le norme sociali del tempo **3** TEATR. riprendere, rimettere in scena: ***viele Bühnen haben dieses Drama nachgespielt*** molti teatri hanno ripreso questo dramma **4** *(beim Kartenspiel)* giocare ancora: ***Karo*** ~ continuare a giocare quadri **II** intr. (aus. *haben*) SPORT giocare i minuti di recupero. **Nach|spiel|zeit** f. *(-,-en)* recupero *m.*

nach‿spi|o|nie|ren intr. (aus. *haben*) ***jdm*** ~ spiare qcn., seguire qcn. spiando.

nach‿sprin|gen intr. *(sprang, gesprungen;* aus. *sein)* saltare (dietro): ***er springt ihm ins Wasser nach*** salta in acqua dietro di lui.

nach‿spü|len tr. **1a** *(wieder abspülen)* rilavare **b** *(wieder ausspülen)* risciacquare **2** sciacquare: ***nach der Behandlung mit Wasser*** ~ dopo il trattamento sciacquare con acqua **3** COLLOQ. bere subito dopo, sopra: ***nach dem Kaffee spülte er einen Cognac nach*** dopo il caffè ci ha bevuto sopra un cognac.

nach‿spü|ren intr. (aus. *haben*) **1** seguire le tracce **2** ***etw. (D)*** ~ indagare su qcs., cercare di scoprire qcs.

nächst prep. + dat. **1** RAR. accanto, vicino, presso: ***~ der Schule*** accanto alla (*o* presso la) scuola **2** *(der Ordnung, dem Wert nach)* dopo: ***der Erste ~ dem König*** il primo dopo il re.

nächst... I agg. (superl. di *nahe*) **1** *(lokal)* prossimo, più vicino: ***das -e Dorf*** il paese più vicino; ***die -e Straße rechts*** la prossima strada a destra **2** *(temporal)* prossimo: ***im Juni -en Jahres*** a giugno dell'anno prossimo; ***-es Mal (beim, zum -en Mal), Jahr*** la volta prossima, l'anno prossimo; ***-e Woche*** la prossima settimana; ***(am) -en Dienstag*** martedì prossimo; ***bei -er Gelegenheit*** alla prossima occasione **3** *(folgend)* seguente, successivo: ***am -en Tag*** il giorno dopo, seguente **4** più stretto: ***unsere -en Verwandten, Mitarbeiter*** i nostri parenti, collaboratori più stretti **II** pron. prossimo *m.* (-a *f.*): ***der Nächste, bitte!*** avanti il prossimo; ***wer kommt als Nächster?*** chi è il prossimo? **III** pron.n. la prossima cosa: ***das Nächste, was zu tun wäre*** la prossima cosa che bisognerebbe fare (*o* da farsi) ◆ ***am -en*** più vicino; ***er ist ihr im Alter am -en*** è il più vicino a lei per età; ***diese Bank ist am -en*** questa è la banca più vicina; ***am -en kommen*** avvicinarsi di più; ***diese Vermutung liegt am -en*** questa congettura è la più ovvia; ***aus -er Nähe*** da molto vicino; ***der, die, das -e Beste*** il primo, la prima che capita, la prima cosa che capita; ***fürs Nächste*** per il momento, per ora; ***in den -en Tagen*** nei prossimi giorni; ANT. ***mit Nächstem*** prossimamente; COLLOQ. ***der -e Weg*** la via più breve; ***in -er Zeit*** prossimamente.

nächst|bes|ser agg. secondo migliore: ***die -e Sportlerin*** la seconda migliore atleta. **nächst|best...** agg. ***bei -er, der -en Gelegenheit*** alla prima occasione. **Nächst|bes|te** m. f. n. *(-n,-n)* primo *m.* (-a *f.*) che capita, primo *m.* (-a *f.*) venuto (-a *f.*). **nächst|dem** avv. subito dopo; *(außerdem)* oltre a ciò, inoltre.

Nächs|te m. *(-n,-n)* prossimo *m.*: ***die Liebe zum -n*** l'amore per il prossimo; PROV. ***jeder ist sich selbst der*** ~ = la prima carità comincia da se stessi.

nach‿ste|hen intr. *(stand, gestanden;* aus. *haben)* venire dopo, seguire; *(untergeordnet sein)* ***jdm (in etw. D)*** ~ essere inferiore a qcn. (in qcs.); ***jdm an Tüchtigkeit nicht*** ~ non essere inferiore a qcn. per abilità; ***jdm in nichts*** ~ non essere inferiore in nulla a qcn. **nach|ste|hend** p.pres. agg. **1** → **nachstehen 2** seguente ◆ ~ qui di seguito, più avanti; ***~ aufgeführte Ware*** la merce sottoelencata. **Nach|ste|hen|de** n. *(-n)* ciò che segue: ***-s genau lesen*** leggere attentamente quanto segue; ***im -n*** qui di seguito, più avanti.

nach‿stei|gen intr. *(stieg, gestiegen;* aus. *sein)* COLLOQ. ***jdm*** ~ rincorrere qcn., correr dietro a qcn.; FIG. ***einem Mädchen*** ~ correre, stare dietro a una ragazza.

nach‿stel|len I tr. **1** *(nach einem Vorbild darstellen)* riprodurre, rappresentare **2** LING. posporre: ***das Verb dem Subjekt*** ~ posporre il verbo al soggetto **3a** *(neu einstellen)* regolare, registrare: ***die Bremsen*** ~ registrare i freni **b** ***die Uhr (10 Minuten)*** ~ spostare, mettere indietro l'orologio (di 10 minuti) **II** intr. (aus. *haben*) **1** dare la caccia: ***jdm, einem Tier*** ~ dare la caccia a qcn., ad un animale **2** *(aufdringlich verfolgen)* ***jdm*** ~ perseguitare qcn. **Nach|stel|lung** f. *(-,-en)* **1** LING. posposizione *f.* **2** *(neue Einstellung)* regolazione *f.*, registrazione *f.* **3** *(Verfolgung)* persecuzione *f.*, caccia *f.*

Nächs|ten|lie|be f. *(-)* amore *m.* verso, per il prossimo. **nächs|tens** avv. prossimamente: ***ich werde ~ bei dir vorbeischauen*** verrò a trovarti prossimamente. **nächst|fol|gend** agg. successivo, seguente: ***am -en Tag*** il giorno seguente (*o* dopo), l'indomani. **Nächst|fol|gen|de I** m. e f. *(-n,-n)* prossimo *m.* (-a *f.*), successivo (-a *f.*) **II** n. *(-n)* cosa *f.* seguente. **nächst|ge|le|gen** agg. più vicino, prossimo: ***die -e Stadt*** la città più vicina. **nächst|höchst...** COLLOQ., **nächst|hö|her** agg. **1** *(der Höhe nach)* prossimo in, per altezza **2** *(dem Rang, der Reihe nach)* immediatamente superiore. **Nächst|hö|he|re I** m. e f *(-n,-n)* immediato superiore *m.* **II** n. *(-n)* cosa *f.* superiore. **nächst|jäh|rig** agg. dell'anno prossimo. **nächst|lie|gend** ag g. **1** più vicino, primo: ***das -e Dorf*** il paese più vicino **2** più semplice, ovvia: ***die -e Antwort*** la risposta più semplice. **Nächst|lie|gen|de** n. *(-n)* cosa *f.* più semplice, prima cosa *f.* **nächst|mög|lich** agg. prossimo possibile: ***der -e Termin*** il prossimo appuntamento possibile.

nach‿sto|ßen intr. *(stieß, gestoßen)* **1** (aus. *sein*) incalzare **2** (aus. *haben*) FIG. incalzare, insistere: ***mit neuen Fragen*** ~ incalzare con nuove domande.

nach‿stre|ben intr. (aus. *haben*) ***jdm (in etw.)*** ~ cercare di eguagliare, emulare qcn. (in qcs.).

nach‿stür|zen intr. (aus. *sein*) **1** precipitare, abbattersi dietro **2** COLLOQ. *(hastig hinterherlaufen)* ***jdm*** ~ precipitarsi dietro a qcn.

nach‿su|chen I tr. cercare: ***ein Wort im Lexikon*** ~ cercare una parola sul dizionario **II** intr. (aus. *haben*) **1** *(nachschauen)* cercare, guardare: ***hast du schon in deinem Zimmer nachgesucht?*** hai già cercato in camera tua? **2** *(offiziell beantragen)* ***bei jdm um etw.*** ~ fare domanda di, richiedere qcs. presso qcn. **Nach|su|chung** f. *(-,-en)* richiesta *f.*, domanda *f.*

Nacht f. *(-, Nächte)* notte *f.*; *(die ganze Nacht)* nottata *f.*: ***heute*** ~ stanotte; ***gestern, morgen*** ~ ieri, domani notte; ***schwarze*** ~ notte fonda; ***des -s*** di notte; ***eines*** ~ una notte; ***in der*** ~ durante la notte, di notte; ***eine schlaflose ~ verbringen, haben*** passare una notte insonne; ***es wird*** ~ si fa notte, annotta; ***jdm gute ~ wünschen*** augurare la buona notte a qcn.; ***die ~ kommt, bricht an (herein), sinkt hernieder*** cala la notte ◆ ***die ~ auf Sonntag*** sabato notte; ***ihm wird es ~ vor den Augen*** gli si ottenebra la vista; ***bei*** ~ di notte; ***die Arbeit bereitet ihm schlaflose Nächte*** il lavoro non lo lascia dormire; ***zu ~ essen*** cenare; ***gute*** ~ buona notte; ***dann gute ~!*** allora buona notte! ***hässlich wie die*** ~ brutto come la morte; ***Heilige*** ~ notte di Natale; ***drei Nächte lang*** per tre notti; ***die ~ der lan-***

gen Messer notte dei lunghi coltelli; ***letzte ~*** la notte scorsa; ***mitten in der ~*** nel cuore della notte; ***mondhelle ~*** notte illuminata dalla luna; ***bei ~ und Nebel*** col favore delle tenebre; *(ganz heimlich)* in gran segreto; ***sich die ~ um die Ohren schlagen*** passare la notte in bianco; ***eine schlechte ~ haben*** passare una nottataccia; ***im Schutz der ~*** col favore delle tenebre; ***schwarz wie die ~*** nero come la pece, il carbone; ***spät in der ~*** a notte inoltrata (*o* fonda); ***bis in die späte ~ hinein*** fino a notte inoltrata; ***die ~ zum Tage machen*** fare della notte il giorno; ***Tausendundeine ~*** le mille e una notte; ***über ~ bleiben*** pernottare, passare la notte; ***die ~ über*** tutta la notte; ***während der ~*** durante la notte; COLLOQ. ***über ~ wegbleiben*** rimanere fuori tutta la notte; LETT. ***zur ~*** di notte; ***die Zwölf Nächte*** = le notti comprese fra Natale e l'Epifania; PROV. ***bei ~ sind alle Katzen grau*** = di notte tutti i gatti sono bigi; ***guter Rat kommt über ~*** la notte porta consiglio. **nacht|ak|tiv** agg. ZOOL. notturno, che vive di notte. **Nacht|ar|beit** f. *(-,-en)* lavoro *m.* notturno. **Nacht|asyl** n. *(-s,-e)* dormitorio *m.* **Nacht|aus|ga|be** f. *(-,-n)* edizione *f.* della notte. **Nacht|bar** f. *(-,-s)* bar *m.* notturno, aperto di notte. **nacht|blau** agg. blu notte. **nacht|blind** agg. emeralopo. **Nacht|blind|heit** f. *(-)* emeralopia *f.* **Nacht|bo|gen** m. *(-s,-)* arco *m.* notturno (del sole). **Nacht|creme** f. *(-,-s)* crema *f.* da notte. **Nacht|dienst** m. *(-[e]s,-e)* servizio *m.* notturno.

Nach|teil m. *(-[e]s,-e)* **1** svantaggio *m.*: ***sich als ~ erweisen*** rivelarsi uno svantaggio; ***jdm -e bringen*** arrecare svantaggio a qcn.; ***für jdn von ~ sein*** essere svantaggioso per qcn.; ***sich im ~ (gegenüber jdm, etw.) befinden, im ~ sein*** trovarsi, essere in svantaggio (rispetto a qcn., qcs.); ***daraus erwachsen, entstehen mir -e*** me ne vengono degli svantaggi; ***das hat den ~, dass...*** questo ha lo svantaggio che...; ***die -e des Zusammenwohnens*** gli inconvenienti della coabitazione **2a** *(Verlust)* perdita *f.* **b** *(Schaden)* danno *m.*: ***ein finanzieller ~*** un danno finanziario; ***einen ~ durch, von etw. haben*** ricevere un danno, essere danneggiato da qcs.; ***jdm zum ~ gereichen*** recar danno a qcn.; ***zu jds ~*** a danno di qcn.; ***sich zu jds ~ auswirken*** ripercuotersi a danno di qcn. ◆ ***Vor- und -e abwägen*** soppesare i pro e i contro. **nach|tei|lig I** agg. **1** svantaggioso: ***jdm, für jdn ~ sein*** essere svantaggioso per qcn., tornare a svantaggio di qcn. **2** *(schädlich)* dannoso: ***-e Folgen für jdn, etw. haben*** avere conseguenze dannose per qcn., qcs. **3** *(ungünstig)* sfavorevole: ***-e Umstände*** circostanze sfavorevoli **II** avv. svantaggiosamente, negativamente: ***sich auf etw. (A) ~ auswirken*** ripercuotersi negativamente su qcs.

Nacht|ein|satz m. *(-[e]s,-einsätze)* MIL. missione *f.* notturna.

näch|te|lang I agg. che dura notti intere, di notti intere **II** avv. per notti intere.

nach|ten intr. (aus. *haben*) impers. SVIZZ. annottare, farsi notte: ***es hat genachtet*** si è fatta notte.

näch|tens avv. di notte, nottetempo.

Nacht|es|sen n. *(-s,-)* REGION. cena *f.* **Nacht|eu|le** f. *(-,-n)* SCHERZ. nottambulo *m.* **Nacht|fal|ter** m. *(-s,-)* **1** ENTOM. falena *f.* **2** *(Nachtschwärmer)* nottambulo *m.* **nacht|far|ben, nacht|far|big** agg. RAR. blu notte. **Nacht|flug** m. *(-[e]s,-flüge)* volo *m.* notturno. **Nacht|frost** m. *(-[e]s,-fröste)* gelo *m.* notturno. **Nacht|ge|bet** n. *(-[e]s,-e)* preghiera *f.* della sera. **Nacht|ge|schirr** n. *(-[e]s,-e)* ANT. vaso *m.* da notte. **Nacht|ge|wand** n. *(-[e]s,-gewänder)* → **Nachthemd. Nacht|glei|che** f. *(-,-n)* equinozio *m.* **Nacht|hau|be** f. *(-,-n)* berretto *m.* da notte. **Nacht|hemd** n. *(-[e]s,-en)* camicia *f.* da notte. **Nacht|him|mel** m. *(-s)* cielo *m.* notturno.

näch|tig agg. LETT. ANT. **1** notturno **2** *(nachtdunkel)* oscuro.

Nach|ti|gall f. *(-,-en)* **1** usignolo *m.*: ***die ~ schlägt*** l'usignolo canta; ***wie eine ~ singen*** cantare come un usignolo ◆ FIG. ***die -en singen lehren wollen*** voler insegnare ai gatti ad arrampicarsi; COLLOQ. ***~, ich hör dir trapsen*** ti conosco mascherina. **Nach|ti|gal|len|schlag** m. *(-[e]s,-schläge)* canto *m.* di, dell'usignolo.

näch|ti|gen intr. (aus. *haben*) pernottare: ***in einem Hotel, unter freiem Himmel ~*** pernottare in un albergo, a cielo aperto. **Näch|ti|gung** f. *(-,-en)* AUSTR. pernottamento *m.*

Nach|tisch m. *(-[e]s,-e)* dessert *m.*: ***was gibt es zum, als ~?*** che cosa c'è di, come dessert?

Nacht|kas|ten m. *(-s,-kästen)*, **Nacht|käst|chen** n. *(-s,-)* REGION. comodino *m.* **Nacht|ker|ze** f. *(-,-n)* enotera *f.* **Nacht|klub** m. *(-s,-s)* locale *m.* notturno, night-club *m.* **Nacht|küh|le** f. *(-)* frescura *f.* notturna. **Nacht|la|ger** n. *(-s,-)* **1** giaciglio *m.* **2** *(Biwak)* bivacco *m.* **Nacht|le|ben** n. *(-s)* vita *f.* notturna.

nächt|lich agg. **1** notturno **2** *(nachtdunkel)* oscuro. **nächt|li|cher|wei|le** avv. di notte, nottetempo.

Nacht|licht n. *(-es,-er)* **1** lumino *m.* da notte **2** COLLOQ. FIG. *(Nachtschwärmer)* nottambulo *m.* **Nacht|lo|kal** n. *(-[e]s,-e)* locale *m.* notturno, night club *m.* **Nacht|mahl** n. *(-[e]s,-e)* REGION. cena *f.* **nacht|mah|len** AUSTR. intr. (aus. *haben*) cenare. **Nacht|mahr** m. *(-[e]s,-e)* **1** fantasma *m.* notturno **2** *(Alp)* incubo *m.* notturno. **Nacht|marsch** m. *(-[e]s,-märsche)* marcia *f.* notturna. **Nacht|mensch** m. *(-en,-en)* nottambulo *m.*

nach‿tö|nen intr. (aus. *haben*) risuonare, echeggiare.

Nacht|mu|sik f. *(-,-en)* serenata *f.* **Nacht|müt|ze** f. *(-,-n)* **1** berretto *m.* da notte **2** COLLOQ. *(träger Mensch)* poltrone *m.*, pelandrone *m.* **Nacht|pfau|en|au|ge** n. *(-s,-n)* pavonia *f.*; pl. saturnidi *m.pl.* **Nacht|por|ti|er** [-pɔrtje:] m. *(-s,-s)* portiere *m.* di notte. **Nacht|quar|tier** n. *(-s,-e)* posto *m.* per la notte (*o* per dormire).

Nach|trag m. *(-[e]s, Nachträge)* **1** aggiunta *f.*, appendice *f.* **2** *(Zusatz)* supplemento *m.* **nach‿tra|gen** tr. *(trägt, trug, getragen)* **1** *(hinterhertragen)* portare dietro **2** *(später hinzufügen)* aggiungere (in un secondo tempo, successivamente) **3** FIG. *(lange übel nehmen)* ***jdm sein Verhalten ~*** serbare rancore a qcn., risentirsi con qcn. per il suo comportamento ◆ ***nichts ~*** non essere rancoroso. **nach|tra|gend** p.pres. agg. **1** → **nachtragen 2** rancoroso. **nach|trä|ge|risch** agg. rancoroso. **nach|träg|lich I** agg. **1** posteriore, successivo **2** *(zusätzlich)* supplementare **II** avv. **1** successivamente, in un secondo tempo **2** *(zusätzlich)* come supplemento, come aggiunta. **Nach|trags|haus|halt** m. *(-[e]s,-e)* bilancio *m.* complementare di previsione.

nach‿trau|ern intr. (aus. *haben*) **1** RAR. ***jdm ~*** piangere (la morte, la scomparsa di) qcn. **2** ***etw. (D) ~*** rimpiangere qcs.: ***der Jugendzeit ~*** rimpiangere la giovinezza.

nach‿tre|ten tr. commettere un fallo di reazione.

nach‿trock|nen intr. (aus. *haben, sein*) (lasciar) asciugare.

Nacht|ru|he f. *(-)* riposo *m.* notturno: ***jds ~, jdn in seiner ~ stören*** disturbare il riposo di qcn.

Nach|trupp m. *(-s,-s)* retroguardia *f.*

nachts avv. di notte: ***~ arbeiten*** lavorare di notte; ***um 3 Uhr ~*** alle tre di notte ◆ ***spät ~*** a tarda notte, a notte tarda; ***donnerstags ~*** il giovedì notte.

Nacht|schat|ten m. *(-s)* solano *m.* ◆ ***schwarzer ~*** ballerina *f.*, morella *f.* **Nacht|schat|ten|ge|wächs** n. *(-es,-e)* solanacea *f.* **Nacht|schicht** f. *(-,-en)* turno *m.* di notte: ***~ haben*** fare il turno di notte. **Nacht|schlaf** m. *(-[e]s)* sonno *m.* notturno. **nacht|schla|fend** agg., ***bei, zu -er Zeit*** a notte fonda, nel cuore della notte. **Nacht|schränk|chen** n. *(-s,-)* comodino *m.* (da notte). **Nacht|schwär|mer** m. *(-s,-)* **1** ENTOM. falena *f.* **2** SCHERZ. nottambulo *m.* **nacht|schwarz** agg. nero come la notte. **Nacht|schweiß** m. *(-es)* sudorazione *f.* notturna. **Nacht|schwes|ter** f. *(-,-n)* infermiera *f.* di notte. **Nacht|sei|te** f. *(-,-n)* lato *m.* oscuro. **Nacht|sich|tig|keit** f. *(-)* nictalopia *f.* **Nacht|spei|cher|ofen** m. *(-s,-öfen)* radiatore ad accumulo notturno (di calore). **Nacht|strom** m. *(-[e]s)* corrente *f.* (elettrica) notturna (a tariffa ridotta). **Nacht|stück** n. *(-[e]s,-e)* MUS. PITT. notturno *m.* **Nacht|stuhl** m. *(-[e]s,-stühle)* comoda *f.*, seggetta *f.* **nachts|über** avv. di notte, nottetempo. **Nacht|ta|rif** m. *(-s,-e)* tariffa *f.* notturna. **Nacht|tier** n. *(-[e]s,-e)* animale *m.* notturno. **Nacht|tisch** m. *(-[e]s,-e)* tavolino *m.* da notte, comodino *m.* **Nacht|topf** m. *(-[e]s,-töpfe)* vaso *m.* da notte. **Nacht|tre|sor** m. *(-[e]s,-e)* cassa *f.* continua. **Nacht|übung** f. *(-,-en)* esercitazione *f.* notturna.

nach‿tun tr. *(tat, getan)* COLLOQ. RAR. imitare: ***jdm etw. ~*** imitare, prendere qcs. da qcn.

Nacht-und-Ne|bel-Ak|ti|on f. *(-,-en)* (fulminea) operazione *f.* segreta. **Nacht|vi|o|le** f. *(-,-n)* viola *f.* matronale. **Nacht|vo|gel** m. *(-s,-vögel)* uccello *m.* notturno. **Nacht|vor|stel|lung** f. *(-,-en)* rappresentazione *f.* notturna, spettacolo *m.* notturno. **Nacht|wa|che** f. *(-,-n)* **1** *(Nachtwächter)* guardia *f.* notturna, guardiano *m.* notturno **2** *(Nachtdienst)* guardia *f.* (di notte): ***der Soldat ist auf ~*** il soldato è di guardia; ANT. ***die erste, zweite ~*** il primo, secondo turno di guardia ◆ ***die ~ haben*** fare servizio di guardia (di notte); ***~ halten*** fare la veglia. **Nacht|wäch|ter** m. *(-s,-)* **1** guardia *f.* notturna, guardiano *m.* notturno **2** ANT. *(in Städten)* metronotte *m.* **3** COLLOQ. *(träger Mensch)* morto *m.* di sonno. **nacht|wan|deln** intr. (aus. *haben, sein*) essere, fare il sonnambulo. **Nacht|wan|deln** n. *(-s)* sonnambulismo *m.* **Nacht|wan|de|rung** f. *(-,-en)* passeggiata *f.* notturna. **Nacht|wand|ler** m. *(-s,-)* sonnambulo *m.* **nacht|wand|le|risch** agg. da sonnambulo, RAR. sonnambolico. **Nacht|wä|sche** f. *(-)* biancheria *f.* per la notte. **Nacht|zeit** f. *(-,-en)* notte *f.*: ***zu später ~*** a tarda notte. **Nacht|zeug** n. *(-[e]s)* COLLOQ. necessario *m.* per la notte. **Nacht|zug** m. *(-[e]s,-züge)* treno *m.* notturno. **Nacht|zu|schlag** m. *(-[e]s,-zuschläge)* supplemento *m.* notturno.

nach‿unter|su|chen tr. ***jdn ~*** fare una visita di controllo a qcn. **Nach|un|ter|su|chung** f. *(-,-en)* visita *f.* di controllo.

Nach|ver|an|la|gung f. *(-,-en)* ulteriore accertamento *m.* fiscale.

Nach|ver|mächt|nis n. *(-ses,-se)* SVIZZ. DIR. = legato *m.* gravato da sostituzione fedecommissaria.
nach‿ver|si|chern tr. assicurare ulteriormente. **Nach|ver|si|che|rung** f. *(-,-en)* assicurazione *f.* suppletiva.
nach|voll|zieh|bar agg. **1** condivisibile: ***ein -es Verhalten*** un comportamento condivisibile **2** ricostruibile: ***eine nicht -e Logik*** una logica non ricostruibile. **nach‿voll|zie|hen** tr. *(vollzog, vollzogen)* **1** seguire, ricostruire: ***einen Gedankengang ~*** seguire un ragionamento **2** *(verstehen)* capire, comprendere: ***jds Entscheidung ~ können*** capire la decisione di qcn.; ***jds Leid ~*** comprendere la sofferenza di qcn.
nach‿wach|sen intr. *(wächst, wuchs, gewachsen;* aus. *sein)* ricrescere.
Nach|wahl f. *(-,-en)* elezione *f.* complementare, suppletiva. **nach‿wäh|len** tr. eleggere in seconda elezione.
Nach|we|hen pl. **1** MED. morsi *m.pl.* uterini **2** FIG. postumi *m.pl.* (spiacevoli).
nach‿wei|nen intr. (aus. *haben*) ***jdm ~*** piangere (la morte, la scomparsa) di qcn. ◆ ***jdm keine Träne ~*** non versare neanche una lacrima per qcn.
Nach|weis m. *(-es,-e)* **1** prova *f.*, dimostrazione *f.*: ***einen unwiderlegbaren ~ erbringen, führen, liefern*** portare (*o* dare), fornire, produrre una prova inconfutabile: ***bis zum ~ des Gegenteils*** fino a prova contraria **2** COMM. *(Beleg)* pezza *f.* d'appoggio. **nach|weis|bar** agg. provabile, dimostrabile; *(urkundlich belegbar)* documentabile, comprovabile. **nach‿wei|sen** tr. *(wies, gewiesen)* **1** provare: ***die Richtigkeit einer Behauptung ~*** provare la giustezza di un'affermazione; ***jdm eine Schuld, einen Fehler, den Diebstahl ~*** provare la colpa, l'errore, il furto di qcn. **2** *(urkundlich belegen)* documentare, comprovare **3** BUROCR. *(angeben)* indicare, segnalare. **nach|weis|lich I** agg. provato, dimostrato **II** avv. ***das ist ~ falsch*** è provato che ciò è falso, è un falso documentato.
nach‿wei|ßen tr. ***etw. ~*** dare una seconda mano di bianco a qcs.
Nach|welt f. *(-)* posteri *m.pl.*, posterità *f.*: ***etw. der ~ überliefern, hinterlassen*** tramandare, lasciare qcs. ai posteri.
nach‿wer|fen tr. *(wirft, warf, geworfen)* **1** ***jdm etw. ~*** gettare qcs. dietro a qcn. **2** COLLOQ. FIG. tirare dietro: ***die Tomaten sind wirklich nicht teuer, sie werden einem fast nachgeworfen*** i pomodori non sono affatto cari, te li tirano quasi dietro **3** *(noch einmal hineinwerfen)* (im)mettere in più, aggiungere, inserire in più.
nach‿wie|gen tr. *(wog, gewogen)* ripesare.
nach‿win|ken intr. (aus. *haben*) ***jdm ~*** salutare qcn. (che sta andando via) con la mano.
Nach|win|ter m. *(-s,-)* ritorno *m.* del freddo invernale (*o* dell'inverno). **nach|win|ter|lich** agg. freddo come in inverno.
nach‿wir|ken intr. (aus. *haben*) ***etw. wirkt nach*** l'effetto di qcs. si prolunga, perdura: ***die Betäubung wirkt noch nach*** l'anestesia sta ancora facendo effetto; ***der Eindruck des Konzerts wirkte noch lange nach*** l'impressione suscitata dal concerto perdurò ancora a lungo. **Nach|wir|kung** f. *(-,-en)* **1** effetto *m.*, ripercussione *f.*: ***unter den -en des Krieges leiden*** risentire degli effetti della guerra; ***der Alkohol hat üble -en bei mir*** l'alcol mi fa un brutto effetto **2** postumi *m.pl.*: ***die -en einer Krankheit, Operation*** i postumi di una malattia, di un'operazione.
nach‿wol|len intr. *(will, wollte, gewollt;* aus. *haben)* COLLOQ. ***jdm ~*** voler seguire qcn.
Nach|wort n. *(-[e]s,-e)* postfazione *f.*: ***das ~ zu einem Buch schreiben*** scrivere la postfazione di un libro; ***mit einem ~ von...*** con postfazione di...
Nach|wuchs m. *(-es)* **1** *(junge Kräfte)* nuove leve *f.pl.*, giovani leve *f.pl.*: ***der wissenschaftliche, musikalische ~*** le nuove leve della scienza, la nuova generazione nella musica **2** SCHERZ. *(Kind)* rampollo *m.*; *(Kinder)* rampolli *m.pl.*, prole *f.*: ***bei ihnen ist ~ angekommen*** hanno avuto un rampollo; ***was macht der ~?*** che fa la prole? **Nach|wuchs|au|tor** m. *(-s,-en)* giovane autore *m.*, autore *m.* della nuova generazione. **Nach|wuchs|be|darf** m. *(-[e]s)* bisogno *m.* di forze nuove, di giovani. **Nach|wuchs|fah|rer** m. *(-s,-)* giovane corridore *m.* (automobilistico). **Nach|wuchs|kraft** f. *(-,-kräfte)* nuove leve *f.pl.*, giovani *m.pl.* **Nach|wuchs|man|gel** m. *(-s)* mancanza *f.* di nuove leve. **Nach|wuchs|prob|lem** n. *(-s,-e)* problema *m.* della mancanza di nuove leve. **Nach|wuchs|spie|ler** m. *(-s,-)* giocatore *m.* delle nuove leve. **Nach|wuchs|ta|lent** n. *(-[e]s,-e)* giovane talento *m.*
nach‿wür|zen tr. ***etw. ~*** aggiungere spezie a qcs., speziare ulteriormente qcs.
nach‿zah|len tr. **1** *(später zahlen)* pagare dopo: ***das Gehalt nachgezahlt bekommen*** ricevere lo stipendio arretrato **2** *(zusätzlich zahlen)* pagare in più **3** FERR. *(nachlösen)* ***einen Zuschlag ~*** pagare un supplemento. **nach‿zäh|len** tr. ricontare. **Nach|zah|lung** f. *(-,-en)* **1** *(nachträgliche Zahlung)* pagamento *m.* supplementare **2** *(nachgezahlte Geldsumme)* arretrato *m.*: ***-en bekommen*** ricevere gli arretrati. **Nach|zäh|lung** f. *(-,-en)* il ricontare.
nach‿zeich|nen tr. **1** copiare, riprodurre (disegnando), disegnare: ***eine Figur ~*** riprodurre una figura **2** *(nachziehen)* ricalcare, ripassare **3** FIG. *(schildern)* delineare. **Nach|zeich|nung** f. *(-,-en)* disegno *m.* copiato, copia *f.*
Nach|zei|tig|keit f. *(-)* GRAMM. posteriorità *f.*
nach‿zie|hen *(zog, gezogen)* **I** tr. **1** tirarsi dietro, trascinare (dietro): ***das kranke Bein ~*** trascinare la gamba malata **2** *(nochmals zeichnen)* ripassare, ritoccare **3** *(fester anziehen)* serrare, stringere ulteriormente: ***Schrauben ~*** stringere di più le viti **II** rifl. ***sich (D) die Lippen, die Augenbrauen ~*** ritoccarsi le labbra, le sopracciglia **III** intr. **1** (aus. *sein*) ***jdm ~*** seguire qcn., andare dietro a qcn. **2** COLLOQ. *(ebenso handeln;* aus. *haben)* accodarsi: ***die anderen Hersteller zogen mit Preiserhöhungen nach*** gli altri produttori si accodarono agli aumenti dei prezzi **3** *(bei Brettspielen;* aus. *haben)* seguire la mossa dell'avversario.
Nach|zoll m. *(-[e]s,-zölle)* dazio *m.* supplementare.
nach‿zot|teln intr. (aus. *sein*) trotterellare dietro, seguire trotterellando.
Nach|zucht f. *(-)* ALLEV. piccoli *m.pl.*
Nach|zug m. *(-[e]s,-züge)* **1** treno *m.* supplementare **2** *(das Nachziehen)* il seguire nel trasferimento (*o* nell'immigrazione). **Nach|züg|ler** m. *(-s,-)* **1** ritardatario *m.* **2** → **Nachkömmling. nach|züg|le|risch I** agg. ritardatario **II** avv. in ritardo. **Nach|zugs|ver|bot** n. *(-[e]s)* divieto *m.* d'immigrazione (per parenti di immigrati).
Nach|zün|dung f. *(-,-en)* accensione *f.* ritardata.
Na|cke|dei n. *(-s,-s)* SCHERZ. nudo *m.*
Na|cken m. *(-s,-)* nuca *f.* ◆ ***jdm den ~ beugen*** far piegare la testa a qcn. (anche FIG.); ***seinen ~ beugen*** piegarsi, piegare la testa (anche FIG.); ***die Faust im ~ spüren*** essere sotto pressione; ***jdm den Fuß auf den ~ setzen*** mettere i piedi in testa a qcn.; ***ihm sitzt der Geiz im ~*** è uno spilorcio; ***einen starren, unbeugsamen ~ haben*** essere rigido; ***einen steifen ~ haben*** avere il torcicollo; FIG. avere la testa dura; ***jdn im ~ haben*** avere il fiato di qcn. sul collo, avere qcn. addosso; ***er hat den Schalk im ~*** è una canaglia; ***jdm im ~ sitzen*** stare addosso a qcn., soffiare sul collo di qcn.: ***der Feind, die Konkurrenz sitzt uns im ~*** il nemico, la concorrenza ci sta addosso, ci soffia sul collo; ***die Angst saß ihm im ~*** era in preda alla paura; ***jdm den ~ steifen*** incoraggiare qcn. (a resistere, a opporsi); FIG. ***den ~ steif halten*** non piegarsi, non cedere; ***den Kopf in den ~ werfen*** rovesciare il capo all'indietro.
Na|cken|haar n. *(-[e]s)* capelli *m.pl.* sulla nuca (*o* sul collo). **Na|cken|he|bel** m. *(-s,-)* presa *f.* alla nuca, elson *f.* **Na|cken|rol|le** f. *(-,-n)* tombolo *m.* **Na|cken|schlag** m. *(-[e]s,-schläge)* colpo *m.* alla nuca; FIG. colpo *m.*: ***jdm einen harten ~ versetzen*** assestare un duro colpo alla nuca a qcn.; FIG. infliggere un duro colpo a qcn. **Na|cken|stand** m. *(-[e]s,-stände)* GINN. candela *f.* **Na|cken|star|re** f. *(-)* torcicollo *m.* **Na|cken|stück** n. *(-[e]s,-e)* coppa *f.* (di maiale). **Na|cken|stüt|ze** f. *(-,-n)* poggiatesta *m.* **Na|cken|wir|bel** m. *(-s,-)* vertebra *f.* cervicale.
na|ckert agg. REGION. COLLOQ. → **nackt. Nack|frosch** → **Nacktfrosch. na|ckicht, na|ckig** agg. REGION. → **nackt.**
nackt I agg. **1a** nudo: ***halb ~ sein*** essere mezzo nudo; ***~ baden*** fare il bagno nudo; ***mit -en Füßen*** a piedi nudi; ***mit -em Oberkörper*** a torso nudo **b** *(schmucklos)* ***-e Wände*** pareti nude **c** *(blank)* ***auf der -en Erde*** sulla nuda terra; ***das -e Schwert*** la spada nuda, snudata **2** *(ohne Pflanzenwuchs)* nudo, brullo, spoglio: ***-e Bergen*** montagne nude; ***-e Bäume*** alberi spogli **3a** *(kahl)* pelato: ***ein -er Schädel*** un cranio pelato **b** *(von Tieren)* spelato, senza peli; *(von Vögeln)* spiumato **II** avv. ***sich ~ ausziehen*** spogliarsi nudo ◆ ***mit -em Auge*** a occhio nudo; ***~ und bloß*** nudo come Dio (*o* mamma) l'ha fatto, nudo come un verme; ***das -e Elend*** la squallida miseria; ***das -e Leben*** soltanto la vita; ***das ist die -e Wahrheit*** questa è la nuda verità (*o* la verità nuda e cruda); ***mit -en Worten*** apertamente.
nackt|ar|mig agg. con le, a braccia nude. **Nackt|ba|den** n. *(-s)* il fare il bagno nudi. **Nackt|ba|de|strand** m. *(-[e]s,-strände)* spiaggia *f.* per nudisti. **Nack|te I** m. e f. *(-n,-n)* ignudo *m.* (-a *f.*) **II** n. *(-n)* nudo *m.* **Nackt|fo|to** n. *(-s,-s)* foto *f.* di nudo. **Nackt|frosch** m. *(-es,-frösche)* SCHERZ. = bambino *m.* nudo. **Nackt|heit** f. *(-)* nudità *f.* **Nackt|kul|tur** f. *(-)* nudismo *m.* **Nackt|mo|dell** n. *(-s,-e)* modello *m.* (-a *f.*) per foto di nudo.
Nackt|sa|mer pl. gimnosperme *f.pl.* **nackt|sa|mig** agg. gimnospermo.
Nackt|schne|cke f. *(-,-n)* lumaca *f.* senza guscio.
Na|del f. *(-,-n)* **1a** ago *m.*: ***eine spitze, stumpfe ~*** un ago aguzzo,

spuntato; ***die ~ einfädeln*** infilare l'ago; ***den Faden in die ~ einfädeln, auf die ~ fädeln*** infilare il filo nell'ago; ***sich mit, an einer ~ stechen*** pungersi con un ago **b** *(Injektionsnadel)* ago *m.* (per iniezioni) **c** *(Zeiger)* ago *m.*, lancetta *f.*: ***die ~ zeigt nach Norden*** l'ago (magnetico, della bussola) segna il nord; ***die ~ pendelt, zittert, steht still*** la lancetta oscilla, vibra, è ferma **d** *(Blatt eines Nadelbaumes)* ***die -n der Lärchen fallen ab*** gli aghi dei larici cadono **2** *(Stecknadel)* spillo *m.*: ***etw. mit -n stecken*** puntare qcs. con gli spilli **3** *(Haarnadel)* spillone *m.* **4** *(Brosche, Krawattennadel)* spilla *f.* **5** *(Häkelnadel)* uncinetto *m.*, ago *m.* torto **6** *(Stricknadel)* ago *m.* (*o* ferro *m.*) da calza **7** *(Felsnadel)* guglia *f.* **8** *(Radiernadel)* punta *f.* **9** *(von Plattenspieler)* puntina *f.* ◆ ***man konnte eine ~ zu Boden fallen hören*** non si sentiva volare una mosca; ***es konnte keine ~ zur Erde fallen*** si era pigiati come sardine; GERG. ***an der ~ hängen*** bucare, bucarsi; ***wie auf -n sitzen, stehen*** essere, stare sulle spine; ***etw. wie eine ~ im Heuhaufen suchen*** cercare qcs. come un ago in un pagliaio.

Na|del|ar|beit f. *(-,-en)* lavoro *m.* d'ago. **Na|del|baum** m. *(-[e]s, -bäume)* aghifoglia *f.*, conifera *f.* **Na|del|brief** m. *(-[e]s,-e)* cartina *f.* di aghi. **Na|del|büch|se** f. *(-,-n)* → **Nadelhülse. Nä|del|chen** n. *(-s,-)* aghetto *m.*; *(Stecknadel)* spillino *m.* **Na|del|dru|cker** m. *(-s,-)* stampante *f.* ad aghi. **Na|del|ei|sen|erz** n. *(-es)* MINER. goethite *f.* **na|del|fein** agg. fine, sottile come un ago. **na|del|fer|tig** agg. TESS. pronto per la lavorazione, per essere cucito. **Na|del|fisch** m. *(-es,-e)* galiotto *m.* **na|del|för|mig** agg. aghiforme. **Na|del|ge|hölz** n. *(-es,-e)* conifere *f.pl.* **Na|del|geld** n. *(-[e]s,-er)* STOR. spillatico *m.* **Na|del|holz** n. *(-es,-hölzer)* **1** *(Nadelbaum)* conifera *f.* **2** legno *m.* di conifera. **Na|del|hül|se** f. *(-,-n)* agoraio *m.* **na|de|lig** agg. TECN. aghiforme. **Na|del|kis|sen** n. *(-s,-)* puntaspilli *m.* **Na|del|kopf** m. *(-[e]s,-köpfe)* capocchia *f.* di spillo. **Na|del|loch** n. *(-es,-löcher)* → **Nadelöhr. Na|del|ma|le|rei** f. *(-,-en)* ricamo *m.* artistico. **na|deln** intr. (aus. *haben*) BOT. perdere gli aghi. **Na|del|öhr** n. *(-[e]s,-e)* cruna *f.* dell'ago. **na|del|spitz** agg. appuntito come un ago. **Na|del|spit|ze** f. *(-,-n)* **1** punta *f.* dell'ago **2** *(mit Nadel gearbeitete Spitze)* pizzo *m.* (fatto ad ago). **Na|del|stich** m. *(-s,-e)* **1** puntura *f.* d'ago **2** *(Nähstich)* punto *m.* (di cucito) **3** FIG. *(versteckte Bosheit)* punzecchiatura *f.*, colpo *m.* di spillo: ***jdm -e versetzen*** punzecchiare qcn. **Na|del|strei|fen** pl. TESS. rigatino *m.* **Na|del|wald** m. *(-[e]s,-wälder)* bosco *m.* di conifere.

Na|de|rer m. *(-s,-)* AUSTR. COLLOQ. spia *f.*, traditore *m.*

Na|dir, Na|dir m. *(-s)* nadir *m.*

Nad|ler m. *(-s,-)* fabbricante *m.* di reti metalliche.

nad|lig → **nadelig.**

Na|gel m. *(-s, Nägel)* **1** chiodo *m.*: ***etw. mit Nägeln beschlagen*** inchiodare qcs.; ***einen ~ einschlagen, in die Wand schlagen*** piantare un chiodo, piantare un chiodo nel muro **2** unghia *f.*: ***an den Nägeln kauen*** mangiare le unghie; ***die Nägel schneiden, feilen (polieren), lackieren*** tagliare, limare le unghie, mettere lo smalto sulle unghie; ***eingewachsener ~*** unghia incarnita ◆ ***die Sache brennt ihm auf, unter den Nägeln*** è una cosa urgente, che scotta; FIG. ***etw. an den ~ hängen*** attaccare qcs. al chiodo; ***den ~ auf den Kopf treffen*** cogliere qcs. nel segno, imbroccare qcs.; ***Nägel mit Köpfen machen*** fare le cose per benino; ***sich (D) etw. unter den ~ reißen, ritzen*** grattare, sgraffignare qcs.; ***ein ~ zu jds Sarg sein*** = far morire qcn. prima del tempo; ***jdm nicht das Schwarze unter dem, unterm ~ gönnen*** invidiare a qcn. l'aria che respira; ***nicht das Schwarze unter dem ~ besitzen*** non avere il becco di un quattrino.

Na|gel|bett n. *(-[e]s,-en* e RAR. *-e)* letto *m.* ungueale (*o* dell'unghia). **Na|gel|bett|ent|zün|dung** f. *(-,-en)* onichia *f.*, onicosi *f.* **Na|gel|blu|me** f. *(-,-n)* **1** garofano *m.* **2** *(Flieder)* lillà *f.* **Na|gel|boh|rer** m. *(-s,-)* succhiello *m.* **Na|gel|brett** n. *(-[e]s,-er)* letto *m.* di chiodi. **Na|gel|bürs|te** f. *(-,-n)* spazzolino *m.* per unghie.

Nä|gel|chen n. *(-s,-)* **1** chiodino *m.* **2** ANT. O REGION. *(Gewürznelke)* chiodo *m.* di garofano.

Na|gel|ei|sen n. *(-s,-)* tirachiodi *m.*, cavachiodi *m.* **Na|gel|fei|le** f. *(-,-n)* lima *f.* (*o* limetta *f.*) per unghie. **na|gel|fest**, ***niet- und ~*** saldo, fisso, fissato. **Na|gel|fleck** m. *(-[e]s,-e)* **1** macchia *f.* sull'unghia, FAM. bugia *f.* **2** ENTOM. aglia tau *f.* **Na|gel|fluh** f. *(-)* GEOL. puddinga *f.*

Na|gel|haut f. *(-)*, **Na|gel|häut|chen** n. *(-s)* pellicina *f.* dell'unghia, pipita *f.*, cuticola *f.* (delle unghie). **Na|gel|haut|ent|fer|ner** m. *(-s,-)* crema *f.* anticuticola.

Nä|gel|kau|en n. *(-s)* tendenza *f.* a rosicchiarsi le unghie, MED. onicofagia *f.*

Na|gel|kopf m. *(-[e]s,-köpfe)* testa *f.* (*o* capocchia *f.*) del chiodo. **Na|gel|lack** m. *(-[e]s,-e)* smalto *m.* (per unghie): ***~ auftragen, entfernen*** mettere, togliere lo smalto. **Na|gel|lack|ent|fer|ner** m. *(-s,-)* solvente *m.* per smalto, acetone *m.* **Na|gel|mönd|chen** n. *(-s,-)* lunula *f.*

na|geln I tr. **1** inchiodare, fissare (*o* attaccare) con chiodi: ***ein Schild an die Wand ~*** attaccare un cartello alla parete coi chiodi **2** *(mit Nägeln versehen)* munire di chiodi, chiodare **3** MED. fissare mediante un chiodo **II** intr. (aus. *haben*) **1** piantare chiodi **2** ANT. *(stark klopfen)* battere (forte), picchiare ◆ ***der Motor nagelt*** il motore batte in testa.

na|gel|neu agg. nuovo fiammante, nuovo di zecca. **Na|gel|pfle|ge** f. *(-)* cura *f.* delle unghie. **Na|gel|pro|be** f. *(-,-n)* prova *f.* decisiva (*o* del fuoco); prova *f.* del nove ◆ ***die ~ auf etw. (A) machen*** sottoporre qcs. alla prova decisiva, fare la prova del nove a qcs. **Na|gel|rei|ni|ger** m. *(-s,-)* nettaunghie *m.* **Na|gel|sche|re** f. *(-,-n)* forbicine *f.pl.* per unghie. **Na|gel|schmied** m. *(-[e]s,-e)* chiodaiolo *m.*, chiodaio *m.* **Na|gel|schmie|de** f. *(-,-n)* chioderia *f.* **Na|gel|schuh** m. *(-[e]s,-e)* scarpa *f.* chiodata. **Na|ge|lung** f. *(-,-en)* MED. inchiodamento *m.*, osteosintesi *f.* con chiodo. **Na|gel|wur|zel** f. *(-,-n)* radice *f.* dell'unghia. **Na|gel|zan|ge** f. *(-,-n)* **1** tenaglia *f.* **2** *(Nagelschere)* tronchesina *f.*

na|gen I intr. (aus. *haben*) **1a** ***an etw. (D) ~*** rosicchiare qcs.; *(von Tieren)* rodere qcs.: ***an einer Möhre ~*** rosicchiare una carota **b** FIG. *(allmählich zerstören)* intaccare, corrodere, rodere: ***der Rost nagt am Eisen*** la ruggine corrode il ferro **2** ***an jdm ~*** rodere qcn.; *(verzehren)* consumare, logorare qcn.; ***Zweifel, Sorgen ~ an ihm*** lo rodono i dubbi, lo logorano le preoccupazioni **II** tr. **1** staccare (rosicchiando), rosicchiare, rodere: ***das Fleisch vom Knochen ~*** rosicchiare la carne dall'osso **2** *(durch Nagen hervorbringen)* fare (rosicchiando): ***die Mäuse haben Löcher (ins Holz) genagt*** i topi hanno fatto dei buchi (nel legno) **III** rifl. ***sich durch etw. ~*** (cor)rodere qcs. (anche FIG.): ***die Säure hat sich durchs Metall genagt*** l'acido ha roso il metallo ◆ ***nichts zu ~ und zu beißen haben*** non avere niente da mettere sotto i denti; SCHERZ. ***am Hungertuch ~*** tirare la cinghia, patire la fame; ***an der Unterlippe ~*** mordicchiarsi il labbro inferiore. **na|gend** p.pres. agg. **1** → **nagen 2** che rode: ***ich habe einen -en Kummer, Hunger*** ho una pena che mi rode, ho i morsi della fame. **Na|ger** m. *(-s,-)*, **Na|ge|tier** n. *(-[e]s, -e)* roditore *m.*

Näg|lein n. *(-s,-)* ANT. garofano *m.*

nah → **nahe.**

Näh|ar|beit f. *(-,-en)* (lavoro *m.* di) cucito *m.*

Nah|auf|nah|me f. *(-,-n)* primo piano *m.*: ***eine ~ (von jdm) machen*** fare un primo piano (a qcn.). **Nah|be|reich** m. *(-[e]s,-e)* dintorni *m.pl.*, circondario *m.*: ***im ~ von München wohnen*** abitare nei dintorni di Monaco. **Nah|bril|le** f. *(-,-n)* COLLOQ. occhiali *m.pl.* da presbite.

na|he (compar. *näher*, superl. *nächst...*) **I** agg. **1** vicino: ***die -n Dörfer*** i paesi vicini (*o* limitrofi); ***~ am Ziel sein*** essere vicino alla meta **2a** *(eng)* stretto: ***in -r Beziehung mit jdm stehen*** essere in rapporti stretti con qcn.; ***~ Verwandte*** parenti stretti **b** *(vertraut)* intimo: ***in -r Freundschaft mit jdm verbunden sein*** essere legato a qcn. da intima amicizia **3** *(bald zu erwarten)* vicino, imminente, prossimo: ***der Winter ist ~*** l'inverno è vicino, si avvicina; ***in -r Zukunft*** nel prossimo (*o* nell'imminente) futuro **II** avv. **1** nelle vicinanze, vicino: ***das Hotel steht ~ am, beim Bahnhof*** l'hotel è vicino alla stazione **2a** ***~ bringen*** far conoscere: ***jdm die moderne Musik ~ bringen*** far conoscere la musica moderna a qcn., avvicinare qcn. alla musica moderna; *(vertraut machen)* avvicinare: ***das hat beide einander ~ gebracht*** ciò li ha avvicinati; *(in unmittelbare Nähe von etw. bringen)* ***jdn dem Ruin, dem Wahnsinn ~ bringen*** portare qcn. sull'orlo della rovina, della follia; ***jdm ~ gehen*** toccare (molto) da vicino, colpire profondamente qcn.; ***~ kommen, ~ treten*** avvicinarsi: ***der Wahrheit ~ kommen*** avvicinarsi alla verità; *(fast gleichkommen)* equivalere (*o* essere) quasi: ***das kommt einem Betrug ~*** questo è quasi un imbroglio; ***jdm ~ kommen*** entrare in confidenza (*o* stringere rapporti stretti) con qcn., diventare intimo di qcn.; ***sich ~ kommen*** avvicinarsi: ***in der letzten Zeit sind sie sich wieder ~ gekommen*** negli ultimi tempi si sono riavvicinati; ***sich persönlich ~ kommen*** entrare in confidenza; ***~ legen*** raccomandare, consigliare: ***jdm die Kündigung ~ legen*** consigliare a qcn. di licenziarsi; *(zu etwas veranlassen)* ***etw. legt den Verdacht, die Vermutung, den Gedanken ~, dass...*** qcs. fa nascere il sospetto, induce a (*o* fa) supporre, pensare che...; ***~ liegen*** essere ovvio (*o* evidente); ***~ liegend*** (compar. *näher liegend*, superl. *nächstliegend*) ovvio, evidente: ***aus ~ liegenden Gründen*** per ovvi motivi; ***~ stehen*** stare, essere vicino: ***er hat ihr sehr ~ gestanden*** le è stato molto vicino; ***jdm menschlich ~ stehen*** avere un rapporto umano con qcn.; ***einer Partei ~ stehen*** essere vicino a un partito; ***~ stehend*** vicino: ***die ihm ~ stehenden Personen*** le persone a lui vicine; ***eine den Konservativen ~ stehende Zeitung*** un giornale vicino ai conservatori **b** ***nah verwandt*** strettamente imparentato **III** prep. + dat. **1** LETT. vicino (a): ***~ dem Hause*** vicino alla casa **2** *(kurz vor)* sul punto, sull'orlo (di): ***dem Tode, einer Ohnmacht ~ sein*** essere in punto di morte (*o* stare per morire), essere sul punto di (*o* stare per) svenire; ***den Tränen, der Verzweiflung ~ sein*** stare per (*o* essere sul punto di) piangere, essere sull'orlo della disperazione ◆ COLLOQ. ***~ an (die) fünfzig, sechzig sein*** essere vicino ai cinquanta, ai sessanta; ***er war ~ dabei, sich zu verraten*** ci mancò poco che si tradisse; ***~ daran sein, etw. zu tun*** essere sul punto di fare qcs., stare (*o* essere lì lì) per far qcs.; ***von fern und nah (von nah und fern)*** da ogni dove; ***jdm zu ~ kommen*** stare (troppo) addosso a qcn., pressare qcn.; *(jdn stören)* pestare i piedi a qcn.; ***~ mit jdm befreundet, verwandt sein*** essere amico intimo, parente stretto (*o* prossimo) di qcn.; ***der Nahe Osten*** il Medio (*o* Vicino) Oriente; ***jdm zu ~ treten*** ferire, offendere qcn.; ***von -m*** da vicino (anche FIG.); ***von -m betrachtet sieht die Angelegenheit nicht so schlimm aus*** vista da vicino la faccenda non sembra così brutta.

Nä|he f. *(-)* **1** vicinanza *f.*: ***jds ~ suchen*** cercare la vicinanza di qcn.; ***deine ~ stört sie*** la tua vicinanza la disturba; ***in seiner ~ fühle ich mich wohl*** vicino a lui sto bene; ***in jds ~ bleiben*** restare, stare vicino a qcn. **2** *(Umgebung)* vicinanze *f.pl.*, dintorni *m.pl.*: ***in der ~ des Dorfes, des Waldes wohnen*** vivere nei dintorni del paese, in prossimità del bosco; ***hier in der ~*** qui vicino **3** LETT. *(Herannahen)* l'avvicinarsi, l'approssimarsi: ***er fühlte die ~ des Todes*** sentiva avvicinarsi la morte ◆ ***aus der ~*** da vicino: ***etw. aus der ~ beobachten, prüfen*** osservare, esaminare qcs. da vicino; ***aus der ~ betrachtet*** visto da vicino; ***eine Brille für die ~*** occhiali per vedere vicino (*o* da presbite); ***ganz in der ~*** vicinissimo; ***in greifbarer ~*** a portata di mano; ***ein Schuss aus nächster ~*** un colpo sparato da distanza ravvicinata; ***in nächster, unmittelbarer ~*** nelle immediate vicinanze, vicinissimo.

na|he|bei avv. nelle vicinanze, vicino.

Nah|ein|stel|lung f. *(-,-en)* **1** CINEM. FOT. messa *f.* a fuoco (per riprese a distanza ravvicinata) **2** *(Nahaufnahme)* primo piano *m.*

na|hen I intr. (aus. *sein*) avvicinarsi, approssimarsi: ***der Winter naht*** si avvicina l'inverno **II** rifl. **sich ~** ANT. avvicinarsi.

nä|hen tr. **1** cucire: ***(etw.) mit der Hand, der Maschine ~*** cucire (qcs.) a mano, a macchina; ***ein Kleid, eine Jacke ~*** cucire un vestito, una giacca; ***Knöpfe an ein Hemd ~*** cucire (*o* attaccare) i bottoni a una camicia; ***eine Naht ~*** fare una cucitura **2** MED. cucire, suturare: ***eine Wunde ~*** suturare una ferita; ***der Patient muss genäht werden*** bisogna suturare (*o* COLLOQ. ricucire) il paziente; ***es musste genäht werden*** si devono dare dei punti.

nä|her (compar. di *nahe*) **I** agg. **1a** più vicino: ***in der -en Umgebung von Berlin*** negli immediati dintorni di Berlino; **b** FIG. ***-e Kontakte mit jdm haben*** avere contatti stretti con qcn. **2a** *(enger)* più stretto, prossimo: ***die -en Angehörigen*** i parenti più stretti **b** *(vertrauter)* più intimo: ***die -en Bekannten*** i più intimi conoscenti; ***jds -e Bekanntschaft machen*** conoscere qcn. più da vicino **3** *(ausführlicher)* più dettagliato, particolareggiato; *(genauer)* più preciso **II** avv. **1a** più vicino: ***etw. ~ bringen*** portare più vicino, avvicinare qcs.; ***~ kommen*** venire più vicino, avvicinarsi: ***jdm menschlich, persönlich ~ kommen*** stabilire un rapporto umano, personale con qcn.; ***sich ~ kommen*** avvicinarsi: ***in letzter Zeit sind sie sich sehr ~ gekommen*** negli ultimi tempi si sono avvicinati molto (*o* sono diventati intimi); ***~ stehen*** stare piu vicino **b** *(temporal)* ***der Termin rückt ~*** la scadenza si avvicina **2a** *(besser)* meglio, più da vicino: ***jdn ~ kennenlernen, kennen*** conoscere qcn. più da vicino (*o* meglio); ***etw. ~ verfolgen*** approfondire qcs.; ***~ liegen*** essere meglio, convenire: ***es liegt ~ nach Hause zu gehen, als noch länger hier zu warten*** conviene andare a casa, piuttosto che stare qui ancora ad aspettare; ***~ liegend*** più adeguato, più ovvio: ***eine ~ liegende Erklärung*** una spiegazione più ovvia **b** *(ausführlicher)* più da vicino, più dettagliatamente, più particolareggiatamente: ***auf etw. ~ eingehen*** occuparsi più da vicino (*o* meglio) di qcs.; *(genauer)* più precisamente; ***etw. (D) ~ treten*** occuparsi, interessarsi di qcs., lavorare a qcs. **III** prep. + dat. più vicino (a): ***~ den vierzig als den dreißig sein*** essere più vicino ai quaranta che ai trenta ◆ ***jdm in -em Abstand folgen*** seguire qcn. a distanza ravvicinata, da vicino; ***~ bestimmen*** determinare; ***bei -er Betrachtung*** a un più attento esame; ***die -en Einzelheiten*** i particolari; ***bei -em Hinsehen*** visto (più) da vicino; ***treten Sie ~!*** venga avanti! ***die -en Umstände*** i particolari; COLLOQ. ***der -e Weg*** la strada più corta; ***bei -em Zusehen*** visto (più) da vicino. **nä|her‿brin|gen** tr. *(brachte, gebracht)* far conoscere: ***den Schülern die Romantik ~*** far conoscere il romanticismo agli allievi, avvicinare gli allievi al romanticismo; *(verständlich machen)* rendere comprensibile (*o* accessibile) ◆ ***ein Problem der Lösung ~*** avvicinarsi alla soluzione di un problema.

Nä|he|re n. *(-n)* **1** maggiori, ulteriori informazioni *f.pl.*: ***-s erfahren Sie bei...*** per ulteriori informazioni rivolgersi a... **2** *(Einzelheiten)* particolari *m.pl.*: ***alles ~ besprechen wir morgen*** di tutti i particolari parleremo domani; ***des -n*** più precisamente.

Nä|he|rei f. *(-,-en)* **1** il cucire **2** *(Näharbeit)* (lavoro *m.* di) cucito *m.* **Nä|he|rin** f. *(-,-nen)* cucitrice *f.*

nä|hern I rifl. **sich ~ 1** avvicinarsi: ***sich dem Ziel, Ende*** avvicinarsi alla meta, alla fine; COLLOQ. ***er nähert sich den fünfzig*** si avvicina, è vicino ai cinquanta; ***er versuchte, sich dem Mädchen zu ~*** cercò di avvicinarsi alla (*o* di avvicinare la) ragazza **2** FIG. avvicinarsi, accostarsi: ***sich einer Idee, Partei ~*** accostarsi a un'idea, un partito **II** tr. RAR. avvicinare, accostare.

Nä|he|rung f. *(-,-en)* MAT. approssimazione *f.* **Nä|he|rungs|wert** m. *(-[e]s,-e)* MAT. valore *m.* approssimativo.

na|he|zu avv. quasi, circa.

Näh|fa|den m. *(-s,-fäden)*, **Näh|garn** n. *(-[e]s,-e)* filo *m.* per cucire, cucirino *m.*

Nah|kampf m. *(-[e]s,-kämpfe)* combattimento *m.* ravvicinato, (lotta *f.*) corpo a corpo *m.*

Näh|käst|chen n. *(-s,-)* cassettina *f.* del cucito ◆ SCHERZ. ***aus dem ~ plaudern*** = spettegolare, fare pettegolezzi. **Näh|kas|ten** m. *(-s, -kästen)* cassetta *f.* del cucito. **Näh|korb** m. *(-[e]s,-körbe)* cesta *f.* del cucito (*o* da lavoro). **Näh|körb|chen** n. *(-s,-)* cestino *m.* del cucito (*o* da lavoro) ◆ SCHERZ. ***aus dem ~ plaudern*** = spettegolare, fare pettegolezzi.

nahm → **nehmen.**

Näh|ma|schi|ne f. *(-,-n)* macchina *f.* da cucire. **Näh|na|del** f. *(-,-n)* ago *m.* (da cucire).

Nah|ost n.pr.m. *(-)* Medio Oriente *m.*, Vicino Oriente *m.*: ***aus, in ~*** dal, nel (*o* in) Medio Oriente. **Nah|ost|kon|flikt** m. *(-[e]s,-e)* conflitto *m.* mediorientale (*o* in Medio Oriente). **Nah|ost|kri|se** f. *(-)* crisi *f.* mediorientale (*o* in, del Medio Oriente). **nah|öst|lich** agg. mediorientale.

nähr|bar agg. nutribile. **Nähr|bier** n. *(-[e]s,-e)* birra *f.* al malto. **Nähr|bo|den** m. *(-s,-böden)* **1** BIOL. terreno *m.* di coltura **2** FIG. terreno *m.* fertile: ***ein ~ für revolutionäre Ideen*** un terreno propizio per idee rivoluzionarie. **Nähr|brü|he** f. *(-,-n)* brodo *m.* di coltura. **Nähr|creme** f. *(-,-s)* crema *f.* nutriente, nutritiva.

näh|ren I tr. **1a** nutrire: ***jdn mit etw. ~*** nutrire qcn. con qcs.; ***eine große Familie zu ~ haben*** dover mantenere una grande famiglia **b** FIG. ***einen Verdacht gegen jdn ~*** nutrire un sospetto nei confronti di qcn.; ***eine Hoffnung ~*** nutrire una speranza **II** intr. (aus. *haben*) nutrire, essere nutriente: ***Eier ~*** le uova sono nutrienti **III** rifl. **sich ~ 1** nutrirsi, cibarsi, alimentarsi: ***sich von Fleisch ~*** nutrirsi di carne **2** mantenersi, vivere: ***sich von seiner Malerei ~*** mantenersi con la (*o* vivere della) propria pittura ◆ ***sein Kind selbst ~*** allattare il proprio bambino.

Nähr|ge|we|be n. *(-s,-)* BIOL. parenchima *m.* nutritizio.

nahr|haft agg. nutriente: ***-e Kost, Speisen*** cibi, vivande nutrienti.

Nähr|he|fe f. *(-)* lievito *m.* alimentare. **Nähr|lö|sung** f. *(-,-en)* **1** BIOL. brodo *m.* di coltura **2** MED. soluzione *f.* nutritiva. **Nähr|mehl** n. *(-[e]s,-e)* farina *f.* lattea. **Nähr|mit|tel** n. *(-s,-)* alimento *m.*, nutrimento *m.* **Nähr|mut|ter** f. *(-,-mütter)* ANT. nutrice *f.* (anche FIG.): ***die ~ Erde*** la madre terra. **Nähr|prä|pa|rat** n. *(-[e]s,-e)* preparato *m.* alimentare. **Nähr|salz** n. *(-es,-e)* sale *m.* nutritivo. **Nähr|stand** m. *(-[e]s)* ANT. = ceto *m.* contadino.

Nähr|stoff m. *(-[e]s,-e)* sostanza *f.* nutritiva. **nähr|stoff|arm** agg. povero di sostanze nutritive. **Nähr|stoff|ge|halt** m. *(-[e]s)* contenuto *m.* nutritivo. **nähr|stoff|reich** agg. ricco di principi nutritivi.

Nah|rung f. *(-)* **1** alimentazione *f.*, nutrizione *f.*: ***pflanzliche, flüssige ~*** alimentazione vegetale, liquida **2** *(Nahrungsmittel)* cibo *m.*: ***~ zubereiten*** preparare il cibo; ***~ zu sich nehmen*** assumere cibo, alimentarsi; ***die ~ verweigern*** rifiutare il cibo **3** FIG. alimento *m.*: ***etw. (D) ~ geben*** dare alimento a, alimentare qcs.; ***mit seinem, durch sein Verhalten jds Befürchtungen ~ geben*** alimentare le paure di qcn. con il proprio comportamento; ***durch etw., jdn ~ erhalten, finden*** trovare alimento, essere alimentato da qcs., qcn. **Nah|rungs|auf|nah|me** f. *(-)* assunzione *f.* di cibo. **Nah|rungs|hil|fe** f. *(-,-n)* aiuti *m.pl.* alimentari. **Nah|rungs|ket|te** f. *(-,-n)* catena *f.* alimentare. **Nah|rungs|man|gel** m. *(-s)* carenza *f.* alimentare.

Nah|rungs|mit|tel n. *(-s,-)* **1** alimento *m.*, cibo *m.* **2** pl. *(Lebensmittel)* alimentari *m.pl.* **Nah|rungs|mit|tel|che|mie** f. *(-)* chimica *f.* alimentare, bromatologia *f.* **Nah|rungs|mit|tel|in|dust|rie** f. *(-)* industria *f.* alimentare. **Nah|rungs|mit|tel|ver|gif|tung** f. *(-,-en)*

intossicazione *f.* (*o* avvelenamento *m.*) da alimenti, intossicazione *f.* alimentare.
Nah|rungs|quel|le f. *(-,-n)* fonte *f.* di sostentamento. **Nah|rungs|sor|gen** pl. preoccupazioni *f.pl.* per procurarsi il sostentamento. **Nah|rungs|stoff** m. *(-[e]s,-e)* → **Nährstoff. Nah|rungs|su|che** f. *(-)* ricerca *f.* del cibo. **Nah|rungs|trieb** m. *(-[e]s)* istinto *m.* di nutrirsi. **Nah|rungs|über|schuss** m. *(-es,-überschüsse)* eccedenza *f.* alimentare. **Nah|rungs|ver|sor|gung** f. *(-)* rifornimento *m.* alimentare. **Nah|rungs|ver|wei|ge|rung** f. *(-,-en)* rifiuto *m.* del cibo, di assumere cibo.
Nähr|va|ter m. *(-s,-väter)* padre *m.* adottivo. **Nähr|wert** m. *(-[e]s,-e)* **1** valore *m.* nutritivo, nutrizionale **2** FIG. sostanza *f.*, spessore *m.*: COLLOQ. ***das hat keinen (geistigen, sittlichen) ~*** questo non ha spessore (spirituale, morale).
Nah|schnell|ver|kehrs|zug m. *(-[e]s,-züge)* treno *m.* locale a rapida percorrenza.
Näh|sei|de f. *(-,-n)* cucirino *m.* di seta.
Naht f. *(-, Nähte)* **1** cucitura *f.*: ***einfache, doppelte ~*** cucitura semplice, doppia; ***die ~ ist geplatzt, aufgegangen*** la cucitura è strappata (*o* saltata), scucita; ***eine ~ nähen, auftrennen, steppen*** fare, disfare, impuntire una cucitura **2** MED. sutura *f.*: ***eine ~ anlegen*** eseguire una sutura **3a** TECN. giuntura *f.*, saldatura *f.*: ***die Nähte werden geschweißt*** le giunture vengono saldate **b** *(Schweißnaht)* cordone *m.* ◆ COLLOQ. ***aus den, aus allen Nähten platzen*** non entrare più nei vestiti; ***das Büro platzt aus den Nähten*** l'ufficio è pieno da scoppiare. **Naht|band** n. *(-[e]s,-bänder)* SART. passamano *m.*
Näh|tisch m. *(-es,-e)* tavolino *m.* da lavoro.
naht|los I agg. **1** privo di, senza cuciture: ***-e Strümpfe*** calze senza cucitura **2** TECN. senza saldature **II** avv. FIG. senza soluzione di continuità ◆ ***~ braun sein*** = essere abbronzato in modo uniforme. **Naht|stel|le** f. *(-,-n)* **1** punto *m.* di (con)giunzione **2** MED. punto *m.* di sutura **3** TECN. punto *m.* di saldatura. **Naht|tren|ner** m. *(-s,-)* scucitrice *f.* **Naht|zu|ga|be** f. *(-,-n)* SART. stoffa *f.* aggiunta per le cuciture.
Nah|ver|kehr m. *(-s)* traffico *m.* locale. **Nah|ver|kehrs|zug** m. *(-[e]s, -züge)* treno *m.* locale.
Näh|zeug n. *(-[e]s)* **1** occorrente *m.* per il cucito **2** *(Näharbeit)* cucito *m.*
Nah|ziel n. *(-[e]s,-e)* meta *f.* vicina, prossima. **Nah|zo|ne** f. *(-,-n)* zona *f.* vicina, nelle vicinanze.
na|iv I agg. **1a** ingenuo, candido: ***ein -es Wesen*** un essere innocente **b** SPREG. ingenuo, ingenuotto, sempliciotto: ***eine -e Meinung, Frage*** un'opinione, una domanda ingenua **c** LETT. *(von Dichtung)* ingenuo **2** ART. naïf: ***-e Malerei*** pittura naïf **II** avv. **1** ingenuamente: ***etw. ~ glauben*** credere ingenuamente a qcs. **2** SPREG. da ingenuo, da sprovveduto: ***er wirkt etwas ~*** ha un'aria piuttosto ingenua; ***~ klingen*** suonare ingenuo. **Na|i|ve** m. e f. *(-n,-n)* ingenuo *m.* (-a *f.*): ***den -n, die ~ spielen*** fare l'ingenuo, l'ingenua. **Na|i|vi|tät** f. *(-)* ingenuità *f.*, candore *m.*; SPREG. ingenuità *f.*, dabbenaggine *f.* **Na|iv|ling** m. *(-s,-)* COLLOQ. SPREG. sempliciotto *m.*
Na|ja|de f. *(-,-n)* naiade *f.*
Na|me m. *(-ns,-n)*, RAR. **Na|men** m. *(-s,-)* **1a** nome *m.*: ***einem Kind einen -n geben, aussuchen*** dare un nome a, scegliere un nome per un bambino; ***jdn dem -n nach kennen*** conoscere qcn. di nome; ***sie trägt den -n ihrer Großmutter*** porta il nome di sua nonna; ***noch keinen -n haben*** non avere ancora un nome (anche FIG.); ***sich einen anderen -n beilegen, zulegen*** assumere un altro nome; ***wie ist Ihr ~?*** qual è il suo nome? ***eine Frau mit -n Gerda*** una donna di nome Gerda; ***sein Hund hört auf den -n Karo*** il suo cane risponde al nome di Karo; ***es fiel auch dein ~*** è stato fatto anche il tuo nome **b** *(Familienname)* nome *m.*, cognome *m.*: ***mein ~ ist Maier*** mi chiamo Maier; ***unter dem -n Müller gemeldet sein*** essere denunciato sotto il nome Müller **2** *(Benennung)* denominazione *f.*: ***der ~ eines Tieres*** la denominazione di un animale ◆ ***angenommener ~*** pseudonimo, nome d'arte; ***die -n aufrufen*** fare l'appello; ***etw. beim -n nennen*** chiamare qcs. per nome; FIG. parlare chiaro, dire pane al pane; ***seinem -n (keine) Ehre machen*** rendere onore al proprio nome; ***unter falschem -n*** sotto falso nome; ***im -n des Gesetzes*** in nome della legge; ***in Gottes -n!*** in nome del cielo! ***in eigenem, fremden -n handeln*** agire in nome proprio, in nome altrui; SCHERZ. ***mein ~ ist Hase*** = non ne so niente; ***seinen -n zu etw. hergeben*** prestare il proprio nome per qcs.; ***in jds -n*** a nome di qcn.; ***sein ~ hat einen guten Klang*** il suo nome è apprezzato, gode di buon nome; ***auf jds -n lauten*** essere intestato a qcn., essere a nome di qcn.; ***auf den -n lautend*** nominativo; ***sich (D) einen -n machen*** farsi un nome; ***keine -n nennen wollen*** non voler fare nomi; ***jdn beim, mit -n rufen*** chiamare qcn. per nome; ***der ~ tut nichts zur Sache*** il nome è irrilevante; ***in -n des Volkes*** in nome del popolo; ***der volle ~*** il nome completo; ***mit seinem -n zeichnen*** firmare. **Na|men|än|de|rung** RAR. → **Namensänderung. Na|men|buch** n. *(-[e]s,-bücher)* dizionario *m.* dei nomi propri. **Na|men|for|schung** f. *(-)* → **Namenkunde. Na|men|ge|bung** f. *(-,-en)* **1** assegnazione *f.*, imposizione *f.* del, di un nome **2** → **Namenweihe. Na|men|ge|dächt|nis** n. *(-ses)* memoria *f.* per i nomi. **Na|men|kun|de** f. *(-)* onomastica *f.* **na|men|kund|lich** agg. di, dell'onomastica, onomastico. **Na|men|lis|te** f. *(-,-n)* lista *f.* di, dei nomi, elenco *m.* nominativo.
na|men|los I agg. **1** senza nome **2** *(anonym)* anonimo, ignoto: ***ein -er Autor*** un autore anonimo **3** rafforz. *(sehr groß, stark)* indicibile, inesprimibile: ***-e Freude, Begeisterung*** gioia, entusiasmo indicibile **II** avv. **1** anonimamente **2** rafforz. *(sehr)* tremendamente, terribilmente: ***~ traurig sein*** essere terribilmente triste. **Na|men|lo|se** m. e f. *(-n,-n)* **1** anonimo *m.* (-a *f.*) **2** ignoto *m.* (-a *f.*). **Na|men|lo|sig|keit** f. *(-)* **1** mancanza *f.* del nome **2** *(Anonymität)* anonimia *f.*, anonimato *m.*
Na|men|nen|nung → **Namensnennung. Na|men|pa|pier** n. *(-s,-e)* effetto *m.*, titolo *m.* nominativo. **Na|men|re|gis|ter** n. *(-s,-)* registro *m.* nominativo.
na|mens I avv. di nome: ***eine Frau ~ Schmidt*** una signora di nome Schmidt **II** prep. + gen. in nome: ***~ des Gesetzes*** in nome della legge. **Na|mens|ak|tie** f. *(-,-n)* azione *f.* nominativa. **Na|mens|än|de|rung** f. *(-,-en)* cambiamento *m.* di, del nome. **Na|mens|bru|der** m. *(-s,-brüder)* omonimo *m.* **Na|mens|fest** n. *(-[e]s,-e)* → **Namenstag. Na|mens|form** f. *(-,-en)* LING. forma *f.* del nome. **Na|mens|nen|nung** f. *(-,-en)* menzione *f.* del nome; BUROCR. nominativo *m.* **Na|mens|pa|pier** → **Namenpapier. Na|mens|pat|ron** m. *(-s,-e)* patrono *m.* **Na|mens|schild** n. *(-[e]s,-er)* targhetta *f.* con il, del nome. **Na|mens|stem|pel** m. *(-s,-)* timbro *m.* con il nome. **Na|mens|tag** m. *(-[e]s,-e)* onomastico *m.*: ***jds ~ feiern*** festeggiare l'onomastico di qcn. **Na|mens|trä|ger** m. *(-s,-)* chi porta un, il nome. **Na|mens|vet|ter** m. *(-s,-n)* omonimo *m.* **Na|mens|wech|sel** → **Namenwechsel. Na|mens|zei|chen** n. *(-s,-)* sigla *f.* (del nome). **Na|mens|zug** m. *(-[e]s,-züge)* **1** firma *f.* **2** ANT. *(Monogramm)* monogramma *m.*
na|ment|lich I agg. **1** nominativo: ***eine -e Liste*** un elenco nominativo **2** *(nominell)* nominale: ***eine -e Abstimmung*** una votazione nominale **II** avv. **1** nominativamente, per nome: ***~ aufgeführt sein*** essere indicato per nome; ***~ aufrufen*** chiamare per nome, fare l'appello nominale **2** *(besonders)* specialmente, particolarmente, soprattutto: ***das betrifft ~ die Rentner*** ciò riguarda particolarmente i pensionati.
Na|men|ver|wechs|lung f. *(-,-en)* scambio *m.* di, del nome. **Na|men|ver|zeich|nis** n. *(-ses,-se)* indice *m.* dei nomi. **Na|men|wech|sel** m. *(-s,-)* cambiamento *m.* di, del nome. **Na|men|wei|he** f. *(-,-n)* EX-RDT = imposizione *f.* del nome (ai neonati, in luogo del battesimo).
nam|haft I agg. **1** *(berühmt)* rinomato **2** *(ansehnlich)* notevole, considerevole: ***ein -er Betrag, Unterschied*** una somma, una differenza considerevole **II** avv. BUROCR. ***jdn, etw. ~ machen*** identificare, indicare qcn., qcs. **Nam|haft|ma|chung** f. *(-,-en)* BUROCR. identificazione *f.*
Na|mi|bia n.pr.n. *(-s)* Namibia *f.* **Na|mi|bi|er** m. *(-s,-)* namibiano *m.*, abitante *m.* della Namibia. **na|mi|bisch** agg. namibiano, della Namibia.
näm|lich I cong. **1** *(denn)* infatti, siccome: ***davon weiß ich nichts, ich war ~ nicht dabei*** non ne so niente, infatti non c'ero; ***es ist ~ so*** è così infatti **2** *(und zwar; oft ausgelassen)* cioè, vale a dire: ***er hat schon zweimal angerufen, ~ um 8 und um 11 Uhr*** ha telefonato già due volte, (cioè) alle 8 e alle 11 **II** agg. **1** stesso: ***die -en Leute*** le stesse persone; ***am -en Ort*** nello stesso luogo **2** *(absolut)* stesso: ***er ist der Nämliche, den wir gesehen haben*** è lo stesso che abbiamo visto noi; ***sie sagt immer das Nämliche*** dice sempre le stesse cose. **Näm|lich|keit** f. *(-)* BUROCR. identità *f.* **Näm|lich|keits|be|schei|ni|gung** f. *(-,-en)* certificato *m.* d'identità. **Näm|lich|keits|er|klä|rung** f. *(-,-en)* dichiarazione *f.* d'identità.
nam nam inter. gnam gnam.
Nä|nie f. *(-,-n)* nenia *f.*
Na|nis|mus m. *(-)* nanismo *m.*
Nan|king I n.pr.n. *(-s)* Nanchino *f.* **II** m. *(-s,-e* e *-s)* TESS. nanchino *m.*
nann|te → **nennen.**
Na|no|me|ter m. e n. *(-s,-)* nanometro *m.*
na|nu inter. toh, (ma) guarda un po'.
Na|palm n. *(-s)* napalm *m.* **Na|palm|bom|be** f. *(-,-n)* bomba *f.* al napalm.

Napf m. *(-[e]s, Näpfe)* REGION. ciotola *f.*, scodella *f.*: ***ein ~ Hundefutter, Suppe*** una ciotola di cibo per cani, una scodella di minestra. **Näpf|chen** n. *(-s,-)* ciotolina *f.*, scodellina *f.* **Napf|ku|chen** m. *(-s,-)* INTRAD. (tipo di dolce con mandorle, uvetta, canditi). **Napf|schne|cke** f. *(-,-n)* patella *f.*

Naph|tha n. *(-s)*, RAR. f. *(-)* nafta *f.* **Naph|tha|lin** n. *(-s)* naftalina *f.* **Naph|the|ne** pl. naftene *m.* **Naph|tho|le** pl. naftolo *m.*

Na|po|le|on n.pr.m. Napoleone *m.* **Na|po|le|on|dor** m. *(-s,-e)* napoleone *m.* (d'oro). **na|po|le|o|nisch** agg. napoleonico.

Nap|pa n. *(-[s])*, **Nap|pa|le|der** n. *(-s)* nappa *f.*

Nar|be f. *(-,-n)* cicatrice *f.*: ***eine ~ hinterlassen*** lasciare una cicatrice; ***eine ~ bleibt zurück*** rimane una cicatrice; ***von einer ~ entstellt*** sfigurato da una cicatrice; ***mit -n bedeckt*** coperto di cicatrici **2** CONC. → **Narben 3** BOT. stigma *m.* **4** *(Grasnarbe)* strato *m.* erboso. **nar|ben** tr. CONC. zigrinare. **Nar|ben** m. *(-s,-)* CONC. fiore *m.*, lato *m.* granito. **Nar|ben|bil|dung** f. *(-,-en)* cicatrizzazione *f.* **Nar|ben|bruch** m. *(-[e]s,-brüche)* CHIR. riapertura *f.* di una ferita. **Nar|ben|ge|we|be** n. *(-s,-)* tessuto *m.* cicatriziale. **Nar|ben|le|der** n. *(-s,-)* CONC. zigrino *m.* **Nar|ben|schicht** f. *(-,-en)*, **Nar|ben|sei|te** f. *(-,-n)* → **Narben. nar|big** agg. coperto, pieno di cicatrici. **Nar|bung** f. *(-,-en)* CONC. zigrinatura *f.*, granitura *f.*

Nar|de f. *(-,-n)* nardo *m.* **Nar|den|öl** n. *(-[e]s)* olio *m.* di nardo.

Nar|gi|leh, Nar|gi|leh f. *(-,-[s])* e n. *(-s,-s)* narghilè *m.*

Nar|ko|ma|nie f. *(-)* narcomania *f.* **Nar|ko|se** f. *(-,-n)* narcosi *f.*, anestesia *f.* (totale): ***aus der ~ erwachen*** risvegliarsi dall'anestesia; ***die ~ einleiten*** praticare l'anestesia; ***in (der) ~ liegen*** essere sotto (effetto della) anestesia; ***jdn in ~ versetzen*** narcotizzare qcn. **Nar|ko|se|ap|pa|rat** m. *(-[e]s,-e)* apparecchiatura *f.* per anestesia chirurgica. **Nar|ko|se|arzt** m. *(-es,-ärzte)* anestesista *m.* **Nar|ko|se|mas|ke** f. *(-,-n)* CHIR. maschera *f.* anestetica. **Nar|ko|se|mit|tel** n. *(-s,-)* (farmaco *m.*) narcotico *m.* **Nar|ko|se|schwes|ter** f. *(-,-n)* infermiera *f.* anestesista. **Nar|ko|ti|kum** n. *(-s, Narkotika)* narcotico *m.* **nar|ko|tisch** agg. **1** MED. narcotico **2** *(betäubend)* narcotizzante, che stordisce: ***ein -er Geruch*** un odore che stordisce. **Nar|ko|ti|seur** [-zøːɐ] m. *(-s,-e)* anestesista *m.* **nar|ko|ti|sie|ren** tr. MED. narcotizzare. **Nar|ko|ti|sie|rung** f. *(-,-en)* narcotizzazione *f.* **Nar|ko|tis|mus** m. *(-)* narcotismo *m.*

Narr m. *(-en,-en)* **1** folle *m.*, matto *m.*, pazzo *m.* **2a** *(Spaßmacher)* buffone *m.* (anche TEATR.) **b** *(Hofnarr)* buffone *m.* (di corte) ◆ ***einen -en an etw., jdm gefressen haben*** andare pazzo per qcs., essere pazzo di qcn. (*o* stravedere per qcn.); ***jdn zum -en haben, halten*** prendersi gioco (*o* farsi beffe) di qcn.; ***sich zum -en machen*** rendersi ridicolo.

nar|ra|tiv agg. LING. narrativo: ***-e Formen*** forme narrative. **Nar|ra|ti|vik** f. *(-)* narratologia *f.* **nar|ra|to|risch** agg. narrativo: ***ein Text -en Charakters*** un testo di carattere narrativo.

Närr|chen n. *(-s,-)* buffoncello *m.*, pazzarello *m.* **nar|ren** tr. ***jdn ~*** prendersi gioco di qcn.; *(täuschen)* ingannare qcn. **Nar|ren|fest** n. *(-[e]s,-e)* ballo *m.* in maschera. **Nar|ren|frei|heit** f. *(-)* = licenza *f.* di comportarsi in modo stravagante. **nar|ren|haft** agg. RAR. buffonesco. **Nar|ren|haus** n. *(-es,-häuser)* ANT. manicomio *m.*; FIG. gabbia *f.* di matti: ***man kommt sich vor wie im ~*** sembra di essere al manicomio, in una gabbia di matti. **Nar|ren|kap|pe** f. *(-,-n)* berretto *m.* da buffone. **Nar|ren|pos|se** f. *(-,-n)* ANT. buffoneria *f.*; *(Unsinn)* buffonata *f.* **Nar|ren|seil**, ***jdn am ~ führen*** menare qcn. per il naso, prendersi gioco di qcn. **nar|ren|si|cher** agg. SCHERZ. a prova di stupido: ***ein -er Verschluss*** una chiusura a prova di stupido. **Nar|rens|pos|se** → **Narrenposse. Nar|ren|streich** m. *(-[e]s,-e)* ANT. bravata *f.* **Nar|ren|zep|ter** n. *(-s,-)* scettro *m.* da buffone. **Nar|re|tei** f. *(-,-en)* ANT. **1** *(närrischer Spaß)* scherzo *m.* **2** *(Unsinn)* buffonata *f.*, idiozia *f.* **Narr|heit** f. *(-,-en)* **1** *(Torheit)* pazzia *f.*, follia *f.* **2** *(Dummheit)* stupidaggine *f.*, sciocchezza *f.* **3** *(dummer Streich)* scherzo *m.* sciocco, stupido. **När|rin** f. *(-,-nen)* pazza *f.*, folle *f.* **när|risch I** agg. **1a** *(verrückt)* pazzo, folle; insensato: ***-e Einfälle*** idee insensate; ***~ vor Freude sein*** essere pazzo di gioia **b** *(merkwürdig)* strano, strambo, bizzarro: ***ein -er Mensch, Anzug*** un tipo strambo, un vestito bizzarro **2** COLLOQ. *(sehr)* pazzesco, folle: ***eine -e Freude*** una gioia pazzesca **3** *(karnevalistisch)* carnevalesco, carnascialesco **II** avv. pazzamente, follemente ◆ ***auf jdn, etw., nach jdm, etw. ~ sein*** essere pazzo di qcn., andare pazzo per qcn., qcs.; ***bist du ~?*** sei pazzo?

Nar|ziss I n.pr.m. *(- e Narzisses)* MITOL. Narciso *m.* **II** m. *(- e Narzisses, Narzisse)* narciso *m.* **Nar|zis|se** f. *(-,-n)* BOT. narciso *m.* **Nar|ziss|mus** m. *(-)* narcisismo *m.* **Nar|zisst** m. *(-en,-en)* narcisista *m.* **nar|ziss|tisch** agg. **1** narcisista **2** *(den Narzissmus betreffend)* narcisistico.

na|sal agg. nasale (anche FON.): ***eine -e Stimme, ein -er Laut*** una voce, un suono nasale. **Na|sal** m. *(-s,-e)* nasale *f.* **na|sa|lie|ren** tr. nasalizzare. **Na|sa|lie|rung** f. *(-,-en)* nasalizzazione *f.* **Na|sal|laut** m. *(-[e]s,-e)* suono *m.* nasale, nasale *f.* **Na|sal|vo|kal** m. *(-[e]s,-e)* vocale *f.* nasale.

na|schen I tr. mangiucchiare, spiluzzicare (con golosità): assol. ***gerne ~*** mangiucchiare volentieri dolciumi **II** intr. (aus. *haben*) **1** *(heimlich)* ***von etw., an etw. (D) ~*** spiluzzicare di nascosto qcs. **2** FIG. ***von allem nur ~*** = occuparsi di tutto solo superficialmente.

Näs|chen n. *(-s,-)* nasino *m.*, nasetto *m.*

Na|scher, RAR. **Nä|scher** m. *(-s,-)* golosone *m.*, ghiottone *m.* **Na|sche|rei** f. *(-,-en)* **1** spiluzzicamento *m.*, il continuo spiluzzicare **2** → **Näscherei. Nä|sche|rei** f. *(-,-en)* ANT. leccornia *f.*, ghiottoneria *f.* **nasch|haft** agg. goloso, ghiotto. **Nasch|haf|tig|keit** f. *(-)* golosità *f.*, ghiottoneria *f.* **Nasch|kat|ze** f. *(-,-n)*, **Nasch|maul** n. *(-[e]s,-mäuler)* COLLOQ. golosone *m.*, ghiottone *m.* **Nasch|sucht** f. *(-)* golosità *f.* morbosa. **nasch|süch|tig** agg. goloso, ghiotto. **Nasch|wa|re** f. *(-,-n)* ANT., **Nasch|werk** n. *(-[e]s)* ANT. → **Näscherei.**

Na|se f. *(-,-n)* **1a** naso *m.*: ***sich die ~ putzen, schneuzen*** soffiarsi il naso; ***durch die ~ atmen*** respirare con il naso; ***meine ~ ist verstopft*** ho il naso chiuso; ***ihr läuft, blutet, rinnt die ~*** le gocciola, sanguina, cola il naso; ***in der ~ bohren*** mettersi le dita nel naso; ***sich die ~ zuhalten*** tapparsi il naso **b** *(Geruchssinn)* ***eine gute, feine ~ haben*** avere buon naso **2** FIG. *(Spürsinn)* naso *m.*, fiuto *m.*: ***die richtige ~ für etw. haben*** avere fiuto per qcs. **3** *(Vorsprung)* sporgenza *f.*; *(an einer Felswand)* spuntone *m.* (di roccia) **4a** SCHERZ. *(von Autos, Flugzeugen)* muso *m.* **b** MAR. *(von Schiffen)* prua *f.* **5** *(herablaufender Farbtropfen)* colata *f.* **6** ITTIOL. → **Näsling** ENOL. naso *m.*, profumo *m.* ◆ COLLOQ. ***sich die ~ begießen*** bagnarsi il becco; ***etw. in die ~ bekommen*** sentire l'odore di qcs.; ***jdm etw. auf die ~ binden*** far credere (*o* dare ad intendere) qcs. a qcn.; ***aus der ~ bluten*** perdere sangue (*o* sanguinare) dal naso; ***die Brille auf die ~ setzen*** mettersi gli occhiali sul naso; ***die ~ in ein Buch stecken*** tenere la testa su un libro; ***jdm eine ~ drehen*** prendere in giro, sfottere qcn.; ***auf die ~ fallen*** sbattere il naso; ***fass dich an deine eigene ~!*** ficca il naso negli affari tuoi! ***die ~ aus dem Fenster stecken*** mettere il naso fuori di casa; ***jdm eins, was auf die ~ geben*** fare una lavata di capo a qcn.; ***die ~ zu tief ins Glas stecken*** = ubriacarsi; ***eine goldene ~ haben*** avere naso per gli affari; ***sich eine goldene ~ verdienen*** farsi una fortuna; ***jdm etw. unter die ~ halten*** mettere qcs. sotto il naso a qcn.; ***jdn an der ~ herumführen*** menare qcn. per il naso; ***jdm auf der ~ herumtanzen*** mettere qcn. sotto i piedi; ***die ~ hoch tragen*** fare il sostenuto, darsi delle arie; ***die ~ hochziehen*** tirare su col naso; ***eine knollige ~*** naso a patata; ***jdm eine lange ~ machen*** fare marameo a qcn.; ***jdn mit langer ~ abziehen lassen*** lasciare qcn. con un palmo di naso; ***auf der ~ liegen*** essere (a letto) ammalato; ***immer der ~ nach*** sempre diritto; ***nach seiner, jds ~ gehen*** fare di testa propria, agire secondo i desideri di qcn.; ***nicht nach jds ~ sein*** non andare a genio a qcn.; COLLOQ. ***ihr passt seine ~ nicht*** non lo sopporta; ***pro ~*** a testa; ***sich die ~ reiben*** strofinarsi il naso; ***jdm etw. unter die ~ reiben*** gettare in faccia, rinfacciare qcs. a qcn.; ***die ~ rümpfen*** storcere il naso; ***man sieht es dir an der ~ an*** te lo si legge in faccia; ***eine spitze ~*** un naso a punta; ***durch die ~ sprechen*** parlare col naso; ***die ~ in etw., in alles stecken*** cacciare (*o* ficcare) il naso in qcs., dappertutto; ***jdn mit der ~ auf etw. stoßen*** far toccare con mano qcs. a qcn.; ***von jdm, etw. die ~ (gestrichen) voll haben*** averne le tasche piene di qcn., qcs.; ***vor der ~*** sotto il naso; ***der Bus ist ihm vor der ~ weggefahren*** l'autobus gli è passato sotto il naso; ***jdm etw. vor der ~ wegschnappen*** portare via qcs. a qcn. (da) sotto il naso; ***immer mit der ~ voran sein*** mettere sempre becco; ***sich den Wind um die ~ wehen lassen*** = girare il mondo; FIG. *(Erfahrungen sammeln)* conoscere il mondo; ***nicht weiter sehen als seine ~*** non vedere oltre il proprio naso; ***jdm etw., die Würmer aus der ~ ziehen*** strappare qcs., le parole di bocca a qcn.; ***jdm die Tür vor der ~ zuschlagen*** sbattere la porta in faccia a qcn.

na|se|lang avv., ***alle ~*** a ogni piè sospinto.

nä|seln intr. (aus. *haben*) parlare col naso, con voce nasale.

Na|sen|af|fe m. *(-n,-n)* nasica *f.* **Na|sen|bär** m. *(-en,-en)* nasua *f.* **Na|sen|bein** n. *(-[e]s,-e)* osso *m.* nasale. **Na|sen|blu|ten** n. *(-s)* sangue *m.* dal naso; MED. epitassi *f.*: ***~ haben*** avere il sangue dal naso. **Na|sen|du|sche** f. *(-,-n)* irrigazione *f.* nasale. **Na|sen|flü|gel** m. *(-s,-)* pinna *f.* nasale, aletta *f.* del naso. **Na|sen|gruß** m. *(-es,-grüße)* saluto *m.*, bacio *m.* eschimese. **Na|sen|hai** m. *(-[e]s,-e)* scapanorinco *m.* **Na|sen|heil|kun|de** f. *(-)* rinologia *f.*, rinoiatria *f.* **Na|sen|höh|le** f. *(-,-n)* fossa *f.* nasale, naso *m.* interno. **Na|sen|klam|mer** f. *(-,-n)* TIP. graffa *f.* **Na|sen|kor|rek|tur** f. *(-,-en)* plastica *f.* al, del naso, MED. rinoplastica *f.* **na|sen|lang** → **naselang. Na|sen|län|ge** f. *(-,-n)* **1** *(kleiner Vorsprung)* stretta misura *f.*: ***um eine ~ gewinnen, schlagen*** vincere, battere di stretta misura **2** EQUIT. testa *f.*: ***mit einer ~*** di una testa. **Na|sen|laut** m. *(-[e]s,-e)* → **Nasallaut. Na|sen|loch** n. *(-[e]s,-löcher)* narice *f.*; *(von Pferden)* frogia *f.* **Na|sen|ne|ben|höh|le** f. *(-,-n)* seno *m.* paranasale. **Na|sen|po|lyp** m. *(-en,-en)* MED. polipo *m.* nasale. **Na|sen-Ra|chen-Raum** m. *(-[e]s)* cavità *f.* rinofaringea. **Na|sen|ring** m. *(-[e]s,-e)* **1** *(von Bullen)* nasiera *f.* **2** *(als Schmuck)* anello *m.* al naso. **Na|sen|rü|cken** m. *(-s,-)* dorso *m.* del naso. **Na|sen|schei|de|wand** f. *(-,-wände)* setto *m.* nasale. **Na|sen|schleim** m. *(-[e]s)* muco *m.* nasale. **Na|sen|schleim|haut** f. *(-,-häute)* mucosa *f.* nasale. **Na|sen|schmuck** m. *(-[e]s)* ornamento *m.* per il naso. **Na|sen|sek|ret** n. *(-[e]s,-e)* secreto *m.* nasale. **Na|sen|spie|gel** m. *(-s,-)* **1** rinoscopio *m.* **2** ZOOL. *(Muffel)* apice *m.* del muso, musello *m.* **Na|sen|spit|ze** f. *(-,-n)* punta *f.* del naso ◆ ***nicht weitersehen als die ~ reicht*** non vedere più in là del proprio naso; ***das sieht man dir an der ~ an*** te lo si legge in faccia. **Na|sen|spray** m. e n. *(-s,-s)* spray *m.* nasale. **Na|sen|stü|ber** m. *(-s,-)* **1** buffetto *m.* sul naso: ***jdm einen ~ versetzen, verabreichen*** dare un buffetto sul naso a qcn.; FIG. rimproverare qcn. **2** REGION. *(Tadel)* rimprovero *m.* **Na|sen|trop|fen** pl. gocce *f.pl.* per il naso. **Na|sen|wur|zel** f. *(-,-n)* radice *f.* del naso.

Na|se|rümp|fen n. *(-s)* l'arricciare, lo storcere il naso. **na|se|rümp|fend** avv. storcendo il naso.

na|se|weis agg. saccente, saputello. **Na|se|weis** m. *(-es,-e)* saputello *m.*, saccente *m.* **nas|füh|ren** tr. menare per il naso.

Nas|horn n. *(-[e]s,-hörner)* rinoceronte *m.* **Nas|horn|kä|fer** m. *(-s,-)* scarabeo *m.* rinoceronte. **Nas|horn|vo|gel** m. *(-s,-vögel)* bucerotide *m.*

nas|lang → **naselang.**

Näs|ling m. *(-s,-e)* ITTIOL. naso *m.*

nass agg. (compar. *nasser/nässer*, superl. *nassest.../nässest...*) **1** bagnato: ***~ bis auf die Haut*** bagnato fino alle ossa **2** *(regenreich)* piovoso: ***ein nasser Winter*** un inverno piovoso ◆ ***mit nassen Augen*** con gli occhi umidi; ***durch und durch ~*** fradicio, zuppo; ***nasse Füße bekommen*** bagnarsi i piedi; ***~ geschwitzt*** madido di sudore; ***~ wie eine Katze*** bagnato come un pulcino; ***~ machen*** bagnare; ***das Bett ~ machen*** bagnare il letto; GERG. ***jdn ~ machen*** strapazzare qcn.; SPORT *(austricksen)* scartare; *(hoch besiegen)* stracciare qcn.; ***noch ~ hinter den Ohren sein*** puzzare ancora di latte; ***~ vor Schweiß*** madido di sudore; ***triefend ~*** grondante, fradicio. **Nass** n. *(-es)* LETT. **1** *(Wasser)* acqua *f.*: ***ins kühle ~ tauchen*** entrare in acqua **2** *(Regen)* pioggia *f.* **3** *(Getränk)* bevanda *f.*

Nas|sau n.pr.n. *(-s)* Nassau *f.* **Nas|sau|er I** m. *(-s,-)* **1** abitante *m.* di Nassau **2** SCHERZ. *(Regenguss)* acquazzone *m.*, rovescio *m.* **3** SPREG. *(Schmarotzer)* scroccone *m.* **II** agg.inv. di Nassau. **nas|sau|ern** intr. (aus. *haben*) COLLOQ. vivere a scrocco, a sbafo.

Nass|auf|ar|bei|tung f. *(-,-en)* TECN. preparazione *f.* per via umida.

nas|sau|isch agg. di Nassau.

Näs|se f. *(-)* bagnato *m.*, umidità *f.*: ***etw. vor ~ schützen, bewahren*** proteggere qcs. dall'umidità; ***vor ~ triefen*** essere zuppo, grondante. **näs|seln** intr. (aus. *haben*) ANT. o REGION. **1** *(leise regnen)* piovigginare **2** *(wenig nässen)* colare un po'. **näs|sen I** tr. bagnare, inumidire **II** intr. (aus. *haben*) **1** colare: ***die Wunde nässt*** la ferita cola **2** VENAT. urinare ◆ ***das Bett ~*** bagnare il letto.

Nass|fäu|le f. *(-)* AGR. marciume *m.* **nass|fest** agg. *(von Fasern)* resistente all'acqua. **nass|forsch** agg. sfrontato, sfacciato. **nass|kalt** agg. freddo umido. **Nass|ra|sur** f. *(-,-en)* rasatura *f.* con schiuma e pennello. **Nass|schlei|fen** n. *(-s)* rettifica *f.* a umido. **Nass|schnee** m. *(-s)* neve *f.* bagnata. **Nass|wä|sche** f. *(-,-n)* biancheria *f.* umida. **Nass|zel|le** f. *(-,-n)* locale *m.* (adibito) ad uso servizi.

Nas|tie f. *(-)* nastia *f.*

Nas|tuch n. *(-[e]s,-tücher)* REGION. e SVIZZ. fazzoletto *m.* (da naso).

nas|zie|rend agg. CHIM. nascente.

Na|ta|lie n.pr.f. Natalia *f.*

Na|ta|li|tät f. *(-)* natalità *f.*

Na|ti|on f. *(-,-en)* nazione *f.*: ***der Held der ~*** l'eroe nazionale ◆ ***die Vereinten -en*** le Nazioni Unite. **na|ti|o|nal** agg. nazionale: ***auf -er Ebene*** sul piano nazionale ◆ ***~ handeln*** agire in senso nazionale; ***~ fühlen*** avere senso patriottico. **Na|ti|o|nal|bank** f. *(-,-en)* banca *f.* nazionale. **na|ti|o|nal|be|wusst** agg. che ha una coscienza nazionale. **Na|ti|o|nal|be|wusst|sein** n. *(-s)* coscienza *f.* nazionale. **Na|ti|o|nal|bib|li|o|thek** f. *(-,-en)* biblioteca *f.* nazionale. **Na|ti|o|nal|cha|rak|ter** m. *(-s,-e)* carattere *m.* nazionale. **na|ti|o|nal|de|mo|kra|tisch** agg. nazional-democratico. **Na|ti|o|nal|denk|mal** n. *(-[e]s,-mäler)* monumento *m.* nazionale. **Na|ti|o|nal|dress** m. *(-s,-e)* divisa *f.* della nazionale. **Na|ti|o|na|le** n. *(-s,-)* AUSTR. **1** generalità *f.pl.* **2** *(Formular)* modulo *m.* (per registrare le generalità).

Na|ti|o|nal|ein|kom|men n. *(-s,-)* reddito *m.* nazionale. **Na|ti|o|nal|elf** f. *(-,-en)* SPORT *(Fußball)* (squadra *f.*) nazionale *f.* **Na|ti|o|nal|epos** n. *(-)* epopea *f.* nazionale. **Na|ti|o|nal|far|ben** pl. colori *m.pl.* nazionali. **Na|ti|o|nal|fei|er|tag** m. *(-[e]s,-e)* festa *f.* nazionale. **Na|ti|o|nal|flag|ge** f. *(-,-n)* bandiera *f.* (nazionale). **Na|ti|o|nal|ga|le|rie** f. *(-,-n)* galleria *f.* nazionale. **Na|ti|o|nal|gar|de** f. *(-)* guardia *f.* nazionale. **Na|ti|o|nal|gar|dist** m. *(-en,-en)* guardia *f.* nazionale. **Na|ti|o|nal|ge|fühl** n. *(-[e]s,-e)* sentimento *m.* nazionale. **Na|ti|o|nal|ge|richt** n. *(-[e]s,-e)* piatto *m.* nazionale. **Na|ti|o|nal|ge|tränk** n. *(-[e]s,-e)* bevanda *f.* nazionale. **Na|ti|o|nal|held** m. *(-en,-en)* eroe *m.* nazionale. **Na|ti|o|nal|hym|ne** f. *(-,-n)* inno *m.* nazionale.

na|ti|o|na|li|sie|ren tr. **1** nazionalizzare **2** *(einbürgern)* naturalizzare. **Na|ti|o|na|li|sie|rung** f. *(-,-en)* **1** nazionalizzazione *f.* **2** *(Einbürgerung)* naturalizzazione *f.* **Na|ti|o|na|lis|mus** m. *(-)* nazionalismo *m.* **Na|ti|o|na|list** m. *(-en,-en)* nazionalista *m.* **na|ti|o|na|lis|tisch** agg. nazionalistico.

Na|ti|o|na|li|tät f. *(-,-en)* nazionalità *f.*: ***spanischer ~*** di nazionalità spagnola; ***die ~ wechseln*** cambiare nazionalità. **Na|ti|o|na|li|tä|ten|fra|ge** f. *(-)* problema *m.*, questione *f.* delle minoranze. **Na|ti|o|na|li|tä|ten|staat** m. *(-[e]s,-en)* stato *m.* plurinazionale. **Na|ti|o|na|li|täts|prin|zip** n. *(-s)* DIR. principio *m.* della nazionalità.

Na|ti|o|nal|kir|che f. *(-,-n)* chiesa *f.* nazionale. **na|ti|o|nal|li|be|ral** agg. nazional-liberale. **Na|ti|o|nal|li|te|ra|tur** f. *(-,-en)* letteratura *f.* nazionale. **Na|ti|o|nal|mann|schaft** f. *(-,-en)* (squadra *f.*) nazionale *f.*

Na|ti|o|nal|öko|nom m. *(-en,-en)* esperto *m.* di economia politica. **Na|ti|o|nal|öko|no|mie** f. *(-)* economia *f.* politica. **na|ti|o|nal|öko|no|misch I** agg. di, dell'economia politica **II** avv. ***~ betrachtet*** dal punto di vista dell'economia politica.

Na|ti|o|nal|park m. *(-s,-s)* parco *m.* nazionale. **Na|ti|o|nal|rat** m. *(-[e]s,-räte)* **1** consiglio *m.* nazionale **2** *(Mitglied)* consigliere *m.* nazionale.

Na|ti|o|nal|so|zi|a|lis|mus m. *(-)* nazionalsocialismo *m.* **Na|ti|o|nal|so|zi|a|list** m. *(-en,-en)* nazionalsocialista *m.* **na|ti|o|nal|so|zi|a|lis|tisch** agg. nazionalsocialista.

Na|ti|o|nal|spie|ler m. *(-s,-)* SPORT giocatore *m.* della nazionale, nazionale *m.* **Na|ti|o|nal|spra|che** f. *(-,-n)* lingua *f.* nazionale. **Na|ti|o|nal|staat** m. *(-[e]s,-en)* stato *m.* nazionale. **na|ti|o|nal|staat|lich** agg. di, dello stato nazionale. **Na|ti|o|nal|stolz** m. *(-es)* orgoglio *m.* nazionale. **Na|ti|o|nal|stra|ße** f. *(-,-n)* SVIZZ. autostrada *f.* **Na|ti|o|nal|the|a|ter** n. *(-s)* teatro *m.* nazionale. **Na|ti|o|nal|tracht** f. *(-,-en)* costume *m.* nazionale. **Na|ti|o|nal|ver|samm|lung** f. *(-,-en)* assemblea *f.* nazionale (anche STOR.).

na|tiv agg. CHIM. LING. nativo. **Na|ti|ve** m. *(-n,-n)* nativo *m.* **Na|ti|vis|mus** m. *(-)* innatismo *m.* **Na|ti|vist** m. *(-en,-en)* innatista *m.* **na|ti|vis|tisch** agg. innatistico. **Na|ti|vi|tät** f. *(-,-en)* ASTROL. quadro *m.* astrale.

NATO, Na|to f. *(-)* Nato *f.*

Nat|ri|um n. *(-s)* sodio *m.* **nat|ri|um|arm** agg. povero di sodio. **Nat|ri|um|bi|kar|bo|nat** n. *(-[e]s)* **Nat|ri|um|chlo|rid** n. *(-[e]s)* cloruro *m.* di sodio. **Nat|ri|um|hyd|ro|xid** n. *(-[e]s)* idrossido *m.* di sodio. **Nat|ri|um|kar|bo|nat** n. *(-[e]s)* carbonato *m.* di sodio. **Nat|ri|um|nit|rat** n. *(-[e]s)* nitrato *m.* di sodio. **Nat|ri|um|sul|fat** n. *(-[e]s)* solfato *m.* di sodio.

Nat|ron n. *(-s)* bicarbonato *m.* di sodio. **Nat|ron|lau|ge** f. *(-)* soluzione *f.* di soda caustica.

Nat|ter f. *(-,-n)* **1** ZOOL. colubro *m.* **2** FIG. serpe *f.*, vipera *f.*: ***eine ~ am Busen nähren*** allevare una serpe in seno. **Nat|tern** pl. colubridi *m.pl.* **Nat|tern|brut** f. *(-)*, **Nat|tern|ge|zücht** n. *(-[e]s)* FIG. SPREG. covo *m.* di vipere. **Nat|tern|hemd** n. *(-[e]s,-en)* esuvia *f.* di serpente. **Nat|ter|wurz** f. *(-,-en)* bistorta *f.*

Na|tur f. *(-,-en)* **1a** natura *f.*: ***die unberührte ~*** la natura incontaminata; ***die Gesetze der ~*** le leggi della natura; ***die ~ erforschen, beobachten*** studiare, osservare la natura **b** *(Wesen)* ***die menschliche ~*** la natura umana; ***gegen seine ~ handeln*** agire contro la propria natura; ***seine wahre ~ zeigen*** mostrare la propria vera natura; ***seine ~ nicht verleugnen können*** non poter rinnegare la propria natura; ***jdm wider, gegen die ~ gehen, sein*** andare, essere contro la (*o* contrario alla) natura di qcn. **c** *(Art)* ***Fragen grundsätzlicher ~*** questioni di natura fondamentale **2** *(Mensch)* indole *f.*, temperamento *m.*: ***eine kämpferische, schöpferische, gesellige ~*** un'indole combattiva, creativa, socievole; ***die beiden sind zu verschiedene -en*** i due hanno temperamenti troppo diversi **3** *(Konstitution)* costituzione *f.*, fisico *m.*: ***eine gesunde, kräftige,*** COLLOQ. ***eiserne ~*** una costituzione sana, robusta, una salute di ferro **4** COMM. *(natürlicher Zustand)* ***~ sein*** essere naturale, autentico; ***Möbel in Buche ~*** mobili in faggio naturale ◆ ***in die freie,***

in der freien ~ all'aperto; *(von Tieren, Pflanzen)* ***nur in freier ~ gedeihen*** essere selvatico; ***das liegt in der ~ der Sache, der Dinge*** è nella natura delle cose; ***Mutter ~*** madre natura; ***nach der ~ malen, zeichnen*** dipingere, disegnare dal vero; ***die ~ verlangt ihr Recht*** il corpo ha le sue esigenze; ***die ~ hat ihn, sie stiefmütterlich behandelt*** la natura gli, le è stata matrigna; ***von ~ (aus, her)*** di, per natura; ***wider die ~ sein*** essere contro natura; ***zurück zur ~!*** ritornare alla natura! ***jdm zur zweiten ~ werden*** diventare una seconda natura per qcn.

Na|tu|ral|ab|ga|ben pl. tributi *m.pl.* in natura. **Na|tu|ral|be|zü|ge** pl. rendite *f.pl.* in natura. **Na|tu|ral|ein|kom|men** n. *(-s,-)*, **Na|tu|ral|ein|künf|te** pl. reddito *m.* in natura.

Na|tu|ra|li|en pl. **1a** prodotti *m.pl.* naturali **b** *(Rohstoffe)* materie *f.pl.* prime **2** *(Sammlungsobjekte)* reperti *m.pl.* (di scienze) naturali ◆ ***in ~ bezahlen*** pagare in natura. **Na|tu|ra|li|en|ka|bi|nett** n. *(-[e]s,-e)* gabinetto *m.* di scienze naturali, naturalistico. **Na|tu|ra|li|en|samm|lung** f. *(-,-en)* collezione *f.* di scienze naturali, naturalistica.

Na|tu|ra|li|sa|ti|on f. *(-,-en)* naturalizzazione *f.* **na|tu|ra|li|sie|ren** tr. naturalizzare. **Na|tu|ra|li|sie|rung** f. *(-,-en)* → **Naturalisation.**

Na|tu|ra|lis|mus m. *(-, Naturalismen)* naturalismo *m.* **Na|tu|ra|list** m. *(-en,-en)* ART. naturalista *m.* **na|tu|ra|lis|tisch I** agg. naturalistico: ***eine -e Beschreibung*** una descrizione naturalistica **II** avv. in modo naturalistico.

Na|tu|ral|leis|tung f. *(-,-en)* prestazione *f.* in natura. **Na|tu|ral|lohn** m. *(-[e]s,-löhne)* retribuzione *f.* in natura. **Na|tu|ral|wirt|schaft** f. *(-)* **1** *(Tauschwirtschaft)* economia *f.* naturale **2** *(Produktion für den Eigenbedarf)* economia *f.* chiusa, produzione *f.* per il proprio fabbisogno.

Na|tur|apos|tel m. *(-s,-)* IRON. fanatico *m.* della natura. **Na|tur|arzt** m. *(-[e]s,-ärzte)* medico *m.* naturale. **Na|tur|be|ga|bung** f. *(-,-en)* **1** dote *f.* naturale **2** *(Mensch)* persona *f.* di talento naturale. **na|tur|be|las|sen** agg. allo stato naturale. **Na|tur|be|obach|tung** f. *(-,-en)* osservazione *f.* della natura. **Na|tur|be|schrei|bung** f. *(-,-en)* descrizione *f.* della natura. **na|tur|blond** agg. biondo naturale. **Na|tur|bur|sche** m. *(-n,-n)* giovane *m.* semplice, spontaneo. **Na|tur|denk|mal** n. *(-s,-mäler)* meraviglia *f.* della natura. **Na|tur|dün|ger** m. *(-s,-)* concime *m.* naturale.

na|ture [na'ty:ɐ], **na|tu|rell** agg. GASTR. al naturale: ***Thunfisch ~*** tonno al naturale. **Na|tu|rell** n. *(-s,-e)* indole *f.*, temperamento *m.*

Na|tur|er|eig|nis n. *(-ses,-se)* evento *m.* naturale. **Na|tur|er|schei|nung** f. *(-,-en)* fenomeno *m.* naturale. **Na|tur|er|zeug|nis** n. *(-ses,-se)* prodotto *m.* naturale.

Na|tur|far|be f. *(-,-n)* colore *m.* naturale. **na|tur|far|ben** agg. di colore naturale. **Na|tur|farb|stoff** m. *(-[e]s,-e)* colorante *m.* naturale.

Na|tur|fa|ser f. *(-,-n)* fibra *f.* naturale. **Na|tur|film** m. *(-[e]s,-e)* documentario *m.* sulla natura.

Na|tur|for|scher m. *(-s,-)* naturalista *m.*, studioso *m.* di scienze naturali. **Na|tur|for|schung** f. *(-,-en)* studio *m.* delle scienze naturali.

Na|tur|freund m. *(-[e]s,-e)* amante *m.* della natura. **Na|tur|ga|be** f. *(-,-n)* dono *m.* di natura. **Na|tur|gas** n. *(-es,-e)* gas *m.* naturale. **Na|tur|ge|fühl** n. *(-s)* sentimento *m.* della natura. **na|tur|ge|ge|ben** agg. naturale: ***etw. als ~ betrachten*** considerare qcs. naturale.

na|tur|ge|mäß I agg. conforme alla natura, naturale **II** avv. **1** in modo naturale, secondo natura **2** *(aus sich selbst folgend)* naturalmente: ***das ist ~ schwierig*** è naturalmente difficile, è difficile in sé.

Na|tur|ge|schich|te f. *(-)* storia *f.* naturale. **na|tur|ge|schicht|lich** agg. di, della storia naturale.

Na|tur|ge|setz n. *(-es,-e)* legge *f.* di natura, naturale. **na|tur|ge|treu I** agg. fedele, conforme all'originale: ***eine -e Darstellung*** una fedele rappresentazione **II** avv. fedelmente. **Na|tur|ge|walt** f. *(-,-en)* forza *f.* della natura.

Na|tur|heil|kun|de f. *(-)* medicina *f.* naturale. **na|tur|heil|kund|lich** agg. di medicina naturale. **Na|tur|heil|ver|fah|ren** n. *(-s,-)* terapia *f.* naturale.

na|tur|his|to|risch agg. di storia naturale.

Na|tu|ris|mus m. *(-)* naturismo *m.* **Na|tu|rist** m. *(-en,-en)* naturista *m.* **na|tu|ris|tisch** agg. naturista.

Na|tur|ka|ta|stro|phe f. *(-,-n)* calamità *f.* naturale. **Na|tur|kind** n. *(-[e]s,-er)* persona *f.* semplice, vicina alla natura. **Na|tur|kon|stan|te** f. *(-,-n)* FIS. costante *f.* naturale. **Na|tur|kost** f. *(-)* alimentazione *f.* naturale. **Na|tur|kraft** f. *(-,-kräfte)* → **Naturgewalt.** **na|tur|kraus** agg. dai capelli crespi, crespo (naturalmente).

Na|tur|kun|de f. *(-)* scienze *f.pl.* naturali. **na|tur|kund|lich** agg. di, delle scienze naturali.

Na|tur|land|schaft f. *(-,-en)* paesaggio *m.* naturale. **Na|tur|lehr|pfad** m. *(-[e]s,-e)* percorso *m.* didattico naturalistico.

na|tür|lich I agg. naturale: ***ein -er Lebensraum, See*** un ambiente naturale, un lago naturale; ***die -en Funktionen des Körpers*** le funzioni naturali del corpo; *(angeboren)* ***die -e Haarfarbe*** il colore naturale dei capelli; ***-e Gefühle*** sentimenti naturali; *(folgerichtig)* ***es ist ~, dass...*** è naturale che...; ***das ist die -ste Sache der Welt*** è la cosa più naturale del mondo; *(ungekünstelt)* ***eine -e Anmut, Art haben*** avere una grazia naturale, avere modi semplici; ***ein sehr -es Mädchen sein*** essere una ragazza molto naturale **II** avv. *(selbstverständlich)* naturalmente: ***du hast ~ recht*** naturalmente hai ragione; ***er kam ~ zu spät*** naturalmente arrivò in ritardo; *(zwar)* ***das gefällt mir ~, aber...*** questo mi piace naturalmente, ma... ◆ ***-e Grenzen*** confini naturali; ***in -er Größe*** in grandezza naturale; ANT. ***ein -es Kind*** un figlio naturale; ***-es Licht*** luce naturale; DIR. ***-e Person*** persona fisica; ***eines -en Todes sterben*** morire di morte naturale; ***-e Zahlen*** numeri naturali. **na|tür|li|cher|wei|se** avv. naturalmente. **Na|tür|lich|keit** f. *(-)* naturalezza *f.*: ***die ~ der Farben*** la naturalezza dei colori; ***etw. mit ~ tun*** fare qcs. con naturalezza; ***die ~ verlieren*** perdere la spontaneità.

Na|tur|lo|cken pl. riccioli *m.pl.* naturali. **Na|tur|mensch** m. *(-en,-en)* **1** *(Naturfreund)* amante *m.* della natura **2** *(Angehöriger eines Naturvolks)* (uomo *m.*) primitivo *m.*

na|tur|nah I agg. naturale: ***-e Verarbeitung*** lavorazione naturale **II** avv. in modo naturale. **Na|tur|nä|he** f. *(-)* naturalezza *f.*

na|tur|not|wen|dig agg. necessario per natura, naturalmente necessario. **Na|tur|not|wen|dig|keit** f. *(-)* necessità *f.* naturale.

Na|tur|park m. *(-s,-s)* parco *m.* naturale.

Na|tur|phi|lo|so|phie f. *(-)* filosofia *f.* naturalistica. **na|tur|phi|lo|so|phisch I** agg. della filosofia naturalistica **II** avv. secondo la filosofia naturalistica.

Na|tur|pro|dukt n. *(-[e]s,-e)* prodotto *m.* naturale.

Na|tur|recht n. *(-[e]s)* diritto *m.* naturale. **na|tur|recht|lich** agg. del diritto naturale. **Na|tur|rechts|leh|re** f. *(-)* giusnaturalismo *m.*

Na|tur|reich n. *(-[e]s,-e)* regno *m.* della natura. **na|tur|rein** agg. *(von Lebensmitteln)* genuino. **Na|tur|re|li|gi|on** f. *(-,-en)* religione *f.* naturale. **Na|tur|schau|spiel** n. *(-s,-e)* spettacolo *m.* naturale. **Na|tur|schil|de|rung** f. *(-,-en)* descrizione *f.* della natura. **Na|tur|schön|heit** f. *(-,-en)* bellezza *f.* naturale.

Na|tur|schutz m. *(-es)* tutela *f.* della natura, ambientale: ***unter ~ stehen*** essere posto sotto tutela ambientale; ***etw. unter ~ stellen*** porre qcs. sotto tutela ambientale. **Na|tur|schutz|ge|biet** n. *(-[e]s,-e)*, ANT. **Na|tur|schutz|park** m. *(-s,-s)* parco *m.* nazionale.

Na|tur|sei|de f. *(-,-n)* seta *f.* naturale. **Na|tur|the|a|ter** n. *(-s,-)* ANT. teatro *m.* all'aperto. **Na|tur|treue** f. *(-)* fedeltà *f.* all'originale. **Na|tur|trieb** m. *(-[e]s,-e)* istinto *m.* (naturale). **na|tur|trüb** agg. *(von Säften)* al naturale; ***-es Bier*** birra (naturalmente) torbida (che non è indice di alterazione del prodotto).

na|tur|ver|bun|den agg. legato alla natura, amante della natura. **Na|tur|ver|bun|den|heit** f. *(-)* amore *m.* per la natura.

Na|tur|ver|eh|rung f. *(-)* culto *m.* della natura. **Na|tur|volk** n. *(-[e]s,-völker)* popolo *m.* primitivo. **na|tur|wid|rig** agg. e avv. contro natura.

Na|tur|wis|sen|schaft f. *(-,-en)* scienze *f.pl.* naturali. **Na|tur|wis|sen|schaft|ler** m. *(-s,-)* naturalista *m.*, studioso *m.* di scienze naturali. **na|tur|wis|sen|schaft|lich** agg. di, delle scienze naturali, naturalistico.

na|tur|wüch|sig agg. naturale, schietto, semplice; *(aus sich selbst ergebend)* con uno sviluppo naturale, spontaneo: ***die -e Entwicklung einer Gesellschaft*** l'evoluzione naturale di una società. **Na|tur|wüch|sig|keit** f. *(-)* naturalezza *f.*, schiettezza *f.*, semplicità *f.*; *(natürliche Entwicklung)* sviluppo *m.* naturale.

Na|tur|wun|der n. *(-s,-)* meraviglia *f.* della natura. **Na|tur|zu|stand** m. *(-[e]s)* stato *m.* di natura, condizione *f.* naturale: ***im ~*** allo stato di natura, nella condizione naturale.

Naue f. *(-,-n)*, **Nau|en** m. *(-s,-)* **1** REGION. traghetto *m.* **2** SVIZZ. barcone *m.*

'nauf REGION. → **hinauf.**

'naus REGION. → **hinaus.**

Nau|tik f. *(-)* nautica *f.* **Nau|ti|ker** m. *(-s,-)* esperto *m.* di nautica. **Nau|ti|lus** m. *(-,- e -se)* nautilo *m.* **nau|tisch** agg. nautico.

Na|vel ['neɪvəl] f. *(-,-s)*, **Na|vel|oran|ge** f. *(-,-n)* navel *m.*

Na|vi|ga|ti|on f. *(-)* MAR. AER. navigazione *f.* **Na|vi|ga|ti|ons|feh|ler** m. *(-s,-)* errore *m.* di rotta. **Na|vi|ga|ti|ons|kar|te** f. *(-,-n)* carta *f.* nautica. **Na|vi|ga|ti|ons|of|fi|zier** m. *(-s,-e)* ufficiale *m.* di rotta. **Na|vi|ga|ti|ons|raum** m. *(-[e]s,-räume)* sala *f.* nautica. **Na|vi|ga|ti|ons|schu|le** f. *(-,-n)* istituto *m.* nautico. **Na|vi|ga|tor** m. *(-s,-en)* MAR. AER. navigatore *m.* **na|vi|ga|to|risch** agg. navigatorio. **na|vi|gie|ren** intr. (aus. *haben*) MAR. AER. navigare.

Na|za|rä|er m. *(-s,-)* nazareo *m.* **Na|za|re|ner** m. *(-s,-)* **1** *(Jesus)* nazareno *m.*, Nazareno *m.* **2** PITT. nazareno *m.*

Na|zi m. *(-s,-s)* nazista *m.* **Na|zis|mus** m. *(-)* nazismo *m.* **na|zis|tisch** agg. nazista. **Na|zi|ver|bre|chen** n. *(-s,-)* crimine *m.* nazista. **Na|zi|zeit** f. *(-)* periodo *m.* del nazismo, epoca *f.* nazista.

n. Br. ⇒ *nördlicher Breite* latitudine Nord (lat.N).

Nchf. ⇒ *Nachfolger* successori (succ.ri).

n. Chr. ⇒ *nach Christus* dopo Cristo (d.C.).

n. Chr. G. ⇒ *nach Christi Geburt* dopo Cristo (d.C.).

nd. ⇒ *niederdeutsch* basso tedesco (b.ted.).

NDR ⇒ *Norddeutscher Rundfunk* Radio della Germania settentrionale.

1.ne inter. *~!* no!

2.ne [nə] part.at. COLLOQ. mmh, no: ***super ~?*** fantastico, no?

'ne [nə] COLLOQ. → **eine.**

Ne|an|der|ta|ler m. *(-s,-)* uomo *m.* di Neandertal, neandertaliano *m.*

Ne|a|pel n.pr.n. *(-s)* Napoli *f.* **Ne|a|pe|ler, Ne|ap|ler** m. *(-s,-)* napoletano *m.* **Ne|a|po|li|ta|ner I** m. *(-s,-)* → **Neapeler II** agg.inv. napoletano, di Napoli. **ne|a|po|li|ta|nisch** agg. napoletano.

Ne|ark|tis f. *(-)* regione *f.* neartica (*o* neoartica). **ne|ark|tisch** agg. neartico, neoartico.

neb|bich inter. COLLOQ. che (*o* cosa) importa, che fa. **Neb|bich** m. *(-s,-e)* COLLOQ. nullità *f.*, zero *m.*: ***ein ~ sein*** essere uno zero.

Ne|bel m. *(-s,-)* **1** nebbia *f.*: ***der ~ fällt, hebt sich*** cala, si alza (*o* sale) la nebbia; ***der ~ lichtet sich (zerreißt, verzieht sich), verdichtet sich*** la nebbia si dirada, si infittisce; ***sich im ~ verirren*** perdersi nella nebbia; ***bei ~*** in caso di nebbia; ***es herrscht ~ mit Sichtweiten unter 50 Metern*** c'è (presenza di) nebbia con visibilità sotto i 50 metri; ***~ kommt auf*** si sta formando nebbia; ***~ lagert über dem Fluss*** il fiume è coperto di nebbia; ***in ~ gehüllt sein*** essere avvolto nella nebbia **2** ASTR. nebulosa *f.* ◆ ***bei Nacht und ~*** segretamente, di nascosto; FIG. ***im ~ der Unwissenheit*** nelle tenebre dell'ignoranza; SCHERZ. ***wegen ~ (o -s) ausfallen*** andare a monte, andare in fumo. **Ne|bel|bank** f. *(-,-bänke)* banco *m.* di nebbia. **Ne|bel|bil|dung** f. *(-,-en)* formazione *f.* di nebbia. **Ne|bel|bo|je** f. *(-,-n)* MAR. boa *f.* acustica. **Ne|bel|bom|be** f. *(-,-n)* bomba *f.* fumogena. **Ne|bel|de|cke** f. *(-,-n)* coltre *f.* di nebbia. **Ne|bel|dü|se** f. *(-,-n)* ugello *m.* nebulizzatore. **Ne|bel|feld** n. *(-[e]s,-er)* piccolo banco *m.* di nebbia. **ne|bel|feucht** agg. umido per la, di nebbia. **Ne|bel|fleck** m. *(-s,-e)* nebulosa *f.* **ne|bel|frei** agg. senza nebbia. **Ne|bel|glo|cke** f. *(-,-n)* **1** cappa *f.* di nebbia **2** MAR. campana *f.* (per farsi sentire nella nebbia). **ne|bel|grau** agg. grigio di nebbia. **ne|bel|haft** agg. **1** *(unklar)* nebuloso: ***eine -e Erinnerung*** un ricordo nebuloso **2** RAR. *(neblig)* nebbioso, nebuloso. **Ne|bel|horn** n. *(-[e]s, -hörner)* sirena *f.* da nebbia. **ne|be|lig** → **neblig. Ne|bel|kam|mer** f. *(-,-n)* FIS. camera *f.* a nebbia. **Ne|bel|kap|pe** f. *(-,-n)* MITOL. cappa *f.* magica (che rende invisibili). **Ne|bel|ker|ze** f. *(-,-n)* candelotto *m.* fumogeno, nebbiogeno *m.* **Ne|bel|krä|he** f. *(-,-n)* cornacchia *f.* bigia. **Ne|bel|lam|pe, Ne|bel|leuch|te** f. *(-,-n)* luce *f.* antinebbia. **Ne|bel|mo|nat** m. *(-[e]s,-e)* mese *m.* della nebbia. **ne|beln** intr. (aus. *haben*) **1** impers. ***es nebelt*** c'è nebbia **2** coprirsi di nebbia. **Ne|bel|näs|sen** n. *(-s)*, **Ne|bel|re|gen** m. *(-s)* acquerugiola *f.*, pioggerellina *f.* **Ne|bel|rück|leuch|te** f. *(-,-n)* → **Nebelschlussleuchte. Ne|bel|schein|wer|fer** m. *(-s,-)* (faro *m.*) antinebbia *m.*, fendinebbia *m.* **Ne|bel|schlei|er** m. *(-s,-)* LETT. cortina *f.* di nebbia. **Ne|bel|schluss|leuch|te** f. *(-,-n)* luce *f.* posteriore antinebbia, retronebbia *m.* **Ne|bel|schwa|den** m. *(-s,-)* lembo *m.* di nebbia. **Ne|bel|stern** m. *(-[e]s,-e)* nebulosa *f.* stellare. **ne|bel|ver|han|gen** agg. avvolto dalla nebbia. **Ne|bel|wald** m. *(-[e]s, -wälder)* foresta *f.* pluviale. **Ne|bel|wand** f. *(-,-wände)* muro *m.* di nebbia.

ne|ben prep. + dat. e acc. **1** + dat. *(lokal)* vicino a, accanto a, a fianco di: ***das Sofa steht ~ dem Fenster*** il divano è vicino alla finestra; ***auf dem Platz stand Auto ~ Auto*** nella piazza le auto erano una attaccata (*o* vicina) all'altra; ***sie wohnen ~ uns*** abitano vicino a noi; ***er saß ~ ihr*** sedeva accanto a lei, al suo fianco; ***das Bild hängt ~ der Tür*** il quadro è appeso a fianco della porta **2** + acc. *(lokal: Richtung)* vicino a, accanto a, a fianco di: ***stell den Regenschirm ~ die Tür*** metti l'ombrello vicino alla porta; ***das Besteck ~ den Teller legen*** mettere le posate a fianco del piatto **3** + dat. *(außer)* oltre a: ***~ ihm war niemand da*** oltre a lui non c'era nessuno; ***~ seiner Arbeit pflegt er den Garten*** oltre al suo lavoro cura il giardino **4** + dat. *(verglichen mit)* in confronto a, rispetto a: ***~ ihm sind alle anderen Nullen*** in confronto a lui tutti gli altri sono nullità; ***~ ihr fällt er ab*** rispetto a lei delude. **Ne|ben|ab|re|de** f. *(-,-n)* DIR. accordo *m.* accessorio. **Ne|ben|ab|sicht** f. *(-,-en)* secondo fine *m.* **Ne|ben|al|tar** m. *(-[e]s,-altäre)* altare *m.* laterale, secondario. **Ne|ben|amt** n. *(-[e]s,-ämter)* incarico *m.* secondario. **ne|ben|amt|lich I** agg. secondario, accessorio: ***eine -e Tätigkeit*** un'attività secondaria **II** avv. come seconda occupazione.

ne|ben|an avv. vicino, accanto, di fianco: ***das Haus ~ steht leer*** la casa accanto è vuota.

Ne|ben|an|schluss m. *(-es,-anschlüsse)* TEL. derivazione *f.* **Ne|ben|ar|beit** f. *(-,-en)* lavoro *m.* secondario, extra. **Ne|ben|arm** m. *(-[e]s,-e)* braccio *m.* secondario. **Ne|ben|aus|ga|be** f. *(-,-n)* **1** spesa *f.* accessoria **2** *(von Zeitungen)* edizione *f.* locale. **Ne|ben|aus|gang** m. *(-[e]s,-ausgänge)* uscita *f.* secondaria. **Ne|ben|bahn** f. *(-,-en)* FERR. linea *f.* secondaria, ramo *m.* secondario. **Ne|ben|bau** m. *(-[e]s,-ten)* → **Nebengebäude. Ne|ben|be|deu|tung** f. *(-,-en)* secondo significato *m.*

ne|ben|bei avv. **1a** *(außerdem)* inoltre, in più: ***sie arbeitet schon und studiert ~*** lavora già e inoltre studia **b** (come) extra: ***er macht diese Arbeit ~*** fa questo lavoro come extra; ***etw. ~ verdienen*** avere delle entrate extra **2** *(beiläufig)* incidentalmente, per inciso, tra parentesi: ***etw. ~ bemerken*** osservare qcs. incidentalmente; ***~ gesagt*** detto per inciso.

Ne|ben|be|ruf m. *(-[e]s,-e)* secondo lavoro *m.* **ne|ben|be|ruf|lich** agg. e avv. → **nebenamtlich. Ne|ben|be|schäf|ti|gung** f. *(-,-en)* occupazione *f.* secondaria. **Ne|ben|buh|ler** m. *(-s,-)* **1** rivale *m.* (anche ZOOL.) **2** COLLOQ. SPREG. *(Konkurrent)* competitore *m.* **Ne|ben|buh|le|rin** f. *(-,-nen)* **1** rivale *f.* **2** COLLOQ. SPREG. *(Konkurrentin)* competitrice *f.* **Ne|ben|din|ge** pl. cose *f.pl.* secondarie: ***sich mit -n aufhalten*** soffermarsi su faccende secondarie. **Ne|ben|ef|fekt** m. *(-[e]s,-e)* effetto *m.* secondario.

ne|ben|ei|nan|der avv. **1** uno vicino (*o* accanto) all'altro, fianco a fianco: ***~ halten*** tenere uno vicino, accanto all'altro; ***~ legen*** mettere uno vicino, accanto all'altro; ***~ liegen*** giacere, stare sdraiati uno accanto (*o* vicino) all'altro; *(sich nebeneinander befinden)* trovarsi, essere uno accanto (*o* vicino) all'altro; EL. ***~ schalten*** collegare in parallelo; ***~ setzen*** mettere uno vicino, accanto all'altro; ***~ sitzen*** sedere, essere seduto uno accanto (*o* vicino) all'altro; ***~ stellen*** mettere uno vicino, accanto all'altro; **2** *(gleichzeitig)* insieme, parallelamente, contemporaneamente. **Ne|ben|ei|nan|der** n. *(-s)* accostamento *m.*

ne|ben|ei|nan|der|her avv. uno vicino, accanto all'altro, parallelamente: ***~ leben*** = vivere (uno accanto all'altro) come due estranei. **Ne|ben|ei|nan|der|schal|tung** f. *(-,-en)* EL. collegamento *m.* in parallelo.

Ne|ben|ein|gang m. *(-[e]s,-eingänge)* entrata *f.* secondaria. **Ne|ben|ein|kom|men** n. *(-s,-)* → **Nebeneinnahme. Ne|ben|ein|künf|te** pl. entrate *f.pl.* secondarie, extra. **Ne|ben|ein|nah|me** f. *(-,-n)* entrata *f.* secondaria, extra. **Ne|ben|er|schei|nung** f. *(-,-en)* fenomeno *m.* secondario, concomitante. **Ne|ben|er|werb** m. *(-[e]s,-e)* attività *f.*, occupazione *f.* secondaria. **Ne|ben|er|werbs|land|wirt|schaft** f. *(-)* attività *f.* agricola condotta come occupazione secondaria. **Ne|ben|fach** n. *(-[e]s,-fächer)* **1** SCOL. materia *f.* secondaria, complementare **2** *(Seitenfach)* scomparto *m.* laterale. **Ne|ben|fi|gur** f. *(-,-en)* figura *f.* secondaria. **Ne|ben|fluss** m. *(-es, -flüsse)* affluente *m.*, tributario *m.* **Ne|ben|form** f. *(-,-en)* LING. forma *f.* secondaria. **Ne|ben|frau** f. *(-,-en)* concubina *f.* **Ne|ben|ge|bäu|de** n. *(-s,-)* **1** edificio *m.* annesso, dipendenza *f.* **2** *(angrenzendes Gebäude)* edificio *m.* adiacente, attiguo. **Ne|ben|ge|dan|ke** m. *(-ns,-n)* idea *f.* secondaria, concetto *m.* secondario. **Ne|ben|ge|lei|se** *n. (-s,-)* → **Nebengleis. Ne|ben|ge|räusch** n. *(-[e]s,-e)* **1a** RAD. disturbo *m.* **b** *(bei Musikwiedergabe)* fruscio *m.* **2** MED. rumori *m.pl.* secondari. **Ne|ben|ge|schäft** n. *(-[e]s,-e)* **1** *(einer Firma)* filiale *f.*, succursale *f.* **2** *(Nebenbeschäftigung)* affare *m.* secondario: ***ein einträgliches ~*** un remunerativo affare secondario. **Ne|ben|ge|winn** m. *(-[e]s,-e)* guadagno *m.* extra. **Ne|ben|gleis** n. *(-es,-e)* binario *m.* secondario. **Ne|ben|hand|lung** f. *(-,-en)* azione *f.* secondaria. **Ne|ben|haus** n. *(-[e]s,-häuser)* casa *f.* vicina, attigua.

ne|ben|her avv. **1** inoltre, in più: ***er arbeitet und besucht ~ die Abendschule*** lavora e inoltre va alla scuola serale **2** *(nebenbei)* incidentalmente, per inciso. **ne|ben|her‿fah|ren** intr. *(fährt, fuhr, gefahren;* aus. *sein)* ***neben jdm, etw. herfahren*** procedere accanto a (*o* a fianco di) qcn., qcs. **ne|ben|her‿ge|hen** intr. *(ging, gegangen;* aus. *sein)* ***neben jdm, etw. hergehen*** camminare accanto a (*o* a fianco di) qcn., qcs. **ne|ben|her‿lau|fen** intr. *(läuft, lief, gelaufen;* aus. *sein)* **1** ***neben jdm herlaufen*** correre accanto a (*o* al fianco di) qcn. **2** → **nebenhergehen 3** *(verlaufen)* procedere parallelamente, contemporaneamente.

ne|ben|hin avv. RAR. incidentalmente, per inciso.

Ne|ben|ho|den m. *(-s,-)* epididimo *m.* **Ne|ben|höh|le** f. *(-,-n)* ANAT. seno *m.* paranasale. **Ne|ben|job** [-dʒɔp] m. *(-s,-s)* lavoro *m.* extra. **Ne|ben|kla|ge** f. *(-,-n)* = costituzione *f.* di parte civile. **Ne|ben|klä|ger** m. *(-s,-)* parte *f.* civile. **Ne|ben|kos|ten** pl. spese *f.pl.* accessorie, secondarie: ***Miete mit ~*** affitto comprensivo delle spese secondarie. **Ne|ben|kra|ter** m. *(-s,-)* cratere *m.* secondario. **Ne|ben|li|nie** f. *(-,-n)* **1** FERR. linea *f.* secondaria **2** *(genealogisch)* linea *f.* collaterale. **Ne|ben|mann** m. *(-[e]s,-männer* e *Nebenleute)* vicino *m.* (nella fila). **Ne|ben|mensch** m. *(-en,-en)* RAR. **1** *(Mitmensch)* prossimo *m.* **2** *(Nachbar)* vicino *m.* **Ne|ben|nie|re** f. *(-,-n)* ghiandola *f.* surrenale. **Ne|ben|nie|ren|rin|de** f. *(-)* corteccia *f.* surrenale.

ne|ben_ord|nen tr. LING. coordinare. **ne|ben|ord|nend** p.pres. → **nebenordnen** ◆ ***-e Konjunktion*** congiunzione coordinante. **Ne|ben|ord|nung** f. *(-,-en)* LING. coordinazione *f.*

Ne|ben|per|son f. *(-,-en)* personaggio *m.* secondario. **Ne|ben|pro|dukt** n. *(-[e]s,-e)* sottoprodotto *m.* **Ne|ben|punkt** m. *(-[e]s,-e)* punto *m.* secondario. **Ne|ben|raum** m. *(-[e]s,-räume)* **1** stanza *f.* attigua **2** *(kleinerer Abstellraum)* locale *m.* di servizio. **Ne|ben|rol|le** f. *(-,-n)* parte *f.* secondaria, ruolo *m.* secondario (anche FIG.): ***eine ~ spielen*** avere un ruolo secondario ◆ CINEM. ***beste ~*** migliore attore, attrice non protagonista.

Ne|ben|sa|che f. *(-,-n)* questione *f.* secondaria (*o* marginale, di secondaria importanza): ***was du willst, ist ~*** quello che vuoi tu è di secondaria importanza. **ne|ben|säch|lich** agg. secondario, di secondaria importanza, marginale. **Ne|ben|säch|lich|keit** f. *(-,-en)* **1** secondarietà *f.*, marginalità *f.* **2** *(Unwichtiges)* cosa *f.* marginale, secondaria.

Ne|ben|sai|son f. *(-,-s)* bassa stagione *f.* **Ne|ben|satz** m. *(-es,-sätze)* **1** proposizione *f.* subordinata (*o* secondaria), subordinata *f.*, secondaria *f.* **2** *(beiläufige Bemerkung)* osservazione *f.* marginale.

ne|ben_schal|ten tr. EL. collegare in parallelo. **Ne|ben|schal|tung** f. *(-,-en)* EL. collegamento *m.* in parallelo.

Ne|ben|schild|drü|se f. *(-,-n)* paratiroide *f.* **Ne|ben|schluss** m. *(-es,-schlüsse)* EL. derivazione *f.* **Ne|ben|sinn** m. *(-[e]s,-e)* secondo significato *m.* **Ne|ben|spie|ler** m. *(-s,-)* SPORT (giocatore *m.*) vicino *m.* **ne|ben|ste|hend** agg. a lato, in margine, marginale: ***eine -e Erläuterung*** una spiegazione a margine.

Ne|ben|stel|le f. *(-,-n)* **1** *(Filiale)* filiale *f.*, succursale *f.* **2** TEL. derivazione *f.* **Ne|ben|stel|len|an|la|ge** f. *(-,-n)* impianto *m.* (telefonico) interno.

Ne|ben|stra|fe f. *(-,-n)* pena *f.* accessoria. **Ne|ben|stra|ße** f. *(-,-n)* strada *f.* secondaria. **Ne|ben|stre|cke** f. *(-,-n)* **1** *(Nebenbahn)* linea *f.* secondaria, ramo *m.* secondario **2** → **Nebenstraße. Ne|ben|tä|tig|keit** f. *(-,-en)* attività *f.* secondaria. **Ne|ben|tisch** m. *(-[e]s,-e)* tavolo *m.* vicino.

Ne|ben|ton m. *(-[e]s,-töne)* **1** FON. accento *m.* secondario **2** MUS. *(Oberton)* (suono *m.*) armonico *m.* **ne|ben|to|nig** agg. FON. con un accento secondario: ***eine -e Silbe*** una sillaba con accento secondario.

Ne|ben|trep|pe f. *(-,-n)* scala *f.* secondaria, di servizio. **Ne|ben|um|stand** m. *(-[e]s,-umstände)* circostanza *f.* concomitante. **Ne|ben|ver|dienst** m. *(-[e]s,-e)* guadagno *m.* accessorio, extra. **Ne|ben|va|len|zen** pl. CHIM. valenze *f.pl.* secondarie. **Ne|ben|weg** m. *(-[e]s,-e)* via *f.* secondaria; *(Seitenweg)* via *f.* laterale. **Ne|ben|win|kel** m. *(-s,-)* GEOM. angolo *m.* adiacente. **Ne|ben|wir|kung** f. *(-,-en)* effetto *m.* secondario, collaterale: ***die -en eines Arzneimittels*** gli effetti collaterali di un farmaco. **Ne|ben|woh|nung** f. *(-,-en)* appartamento *m.* attiguo, a fianco. **Ne|ben|zim|mer** n. *(-s,-)* camera *f.* (*o* stanza *f.*) attigua, a fianco. **Ne|ben|zweck** m. *(-[e]s,-e)* fine *m.*, scopo *m.* secondario. **Ne|ben|zweig** m. *(-[e]s,-e)* ramo *m.*, settore *m.* secondario, branca *f.* secondaria.

neb|lig agg. nebbioso: ***ein -er Tag*** una giornata nebbiosa; ***es ist ~*** è nebbioso, c'è nebbia.

nebst prep. + dat. ANT. unitamente a, insieme a, con: ***Klaus ~ seinen Freunden*** Klaus con i suoi amici. **nebst|bei** avv. AUSTR. → **nebenbei. nebst|dem** avv. SVIZZ. inoltre.

ne|bu|los, ne|bu|lös agg. nebuloso, vago: ***-e Ideen*** idee nebulose.

Ne|ces|saire [nesɛ'sɛːɐ] n. *(-s,-s)* necessaire *m.*

Neck m. *(-en,-en)* genio *m.* delle acque.

ne|cken I tr. **1** stuzzicare, punzecchiare: ***du sollst ihn nicht immerzu mit seiner Vorliebe für Süßigkeiten ~*** non devi punzecchiarlo continuamente con la sua predilezione per i dolci **2** *(spötteln)* prendere in giro, canzonare: ***sie ~ ihn wegen seiner Frisur*** lo prendono in giro per la sua pettinatura **II** rifl. **sich ~** stuzzicarsi, punzecchiarsi; PROV. ***was sich liebt, das neckt sich*** l'amore non è bello, se non è litigarello. **Ne|cke|rei** f. *(-,-en)* punzecchiamento *m.*, stuzzicamento *m.*

Ne|cking n. *(-[s],-s)* COLLOQ. pomiciata *f.*

ne|ckisch agg. **1** canzonatore **2** *(kokett)* civettuolo. **Neck|na|me** m. *(-ns,-n)* RAR. nomignolo *m.*

nee inter. → **1.ne.**

Nef|fe m. *(-n,-n)* nipote *m.* (di zio, zia).

Ne|ga|ti|on f. *(-,-en)* **1** FILOS. GRAMM. MAT. negazione *f.* **2** *(Ablehnung)* negazione *f.*, rifiuto *m.*: ***die ~ eines Wertes, der gängigen Moral*** la negazione di un valore, il rifiuto della morale corrente. **Ne|ga|ti|ons|wort** n. *(-[e]s,-wörter)* GRAMM. negazione *f.* **ne|ga|tiv, ne|ga|tiv I** agg. **1** negativo: ***eine -e Antwort*** una risposta negativa; ***-e Folgen*** conseguenze negative; MAT. ***-e Zahlen*** numeri negativi; FIS. ***eine -e Ladung, der -e Pol*** una carica negativa, il polo negativo; MED. ***ein -er Befund*** un referto negativo **2** *(schlecht)* negativo, scadente: ***-e Leistungen*** prestazioni scadenti **II** avv. negativamente: ***jdn ~ beeinflussen*** influenzare qcn. negativamente; ***sich ~ auswirken*** avere un effetto negativo; ***sich ~ zu etw. äußern*** esprimersi negativamente su qcs.; ***jdm, etw. ~ gegenüberstehen*** porsi negativamente, avere un atteggiamento negativo nei confronti di qcn., di fronte a qcs. ◆ ***~ geladen sein*** avere una carica negativa. **Ne|ga|tiv, Ne|ga|tiv** n. *(-s,-e)* FOT. negativo *m.*, negativa *f.* **Ne|ga|tiv|bei|spiel** n. *(-[e]s,-e)* esempio *m.* negativo. **Ne|ga|tiv|bild** n. *(-[e]s,-er)* FOT. negativo *m.* **Ne|ga|ti|ve, Ne|ga|ti|ve** f. *(-,-n)* RAR. **1** negativa *f.*: ***sich in der ~ halten*** mantenersi, stare sulla negativa **2** *(Ablehnung)* rifiuto *m.*: ***in der ~ antworten*** rispondere con un rifiuto. **Ne|ga|tiv|farb|film** m. *(-s,-e)* pellicola *f.* a colori negativa. **Ne|ga|tiv|film** m. *(-s,-)* pellicola *f.* negativa. **Ne|ga|tiv|image** [-ɪmɪtʃ,-ɪmɪdʒ] n. *(-[s],-s)* **1** immagine *f.* negativa **2** FIG. idea *f.* negativa: ***ein ~ von etw. haben*** avere un'idea negativa di qcs.

Ne|ga|ti|vi|tät f. *(-)* negatività *f.* **Ne|ga|ti|vum** n. *(-s, Negativa)* elemento *m.*, aspetto *m.* negativo.

Ne|gat|ron n. *(-s,-en)* RAR. negatrone *m.*, negatone *m.*

Ne|ger m. *(-s,-)* **1** negro *m.*, nero *m.* **2** GERG. TELEV. gobbo *m.* **Ne|ger|haar** n. *(-[e]s,-e)* COLLOQ. capelli *m.pl.* ricci come un negro. **Ne|ge|rin** f. *(-,-nen)* negra *f.*, nera *f.* **Ne|ger|kuss** m. *(-es,-küsse)* INTRAD. (meringa morbida ricoperta di cioccolato). **Ne|ger|mu|sik** f. *(-)* SPREG. musica *f.* da negri. **Ne|ger|sän|ger** m. *(-s,-)* cantante *m.* negro (*o* di colore). **Ne|ger|skla|ve** m. *(-n,-n)* schiavo *m.* negro. **Ne|ger|stamm** m. *(-[e]s,-stämme)* tribù *f.* negra. **Ne|ger|volk** n. *(-[e]s,-völker)* popolazione *f.* negra.

ne|gie|ren tr. **1a** negare: ***eine Tatsache, die Realität, seine Schuld ~*** negare un fatto, la realtà, la propria colpa **b** LING. ***einen Satz ~*** negare una frase **2** *(abstreiten)* contestare, negare, rifiutare: ***jds Ansprüche ~*** contestare le pretese di qcn. **Ne|gie|rung** f. *(-,-en)* **1** negazione *f.* **2** *(Abstreiten)* contestazione *f.*, negazione *f.*, rifiuto *m.*

Neg|li|gee [-'ʒeː] n. *(-s,-s)* négligé *m.*

neg|li|gie|ren [-'ʒiːrən] tr. RAR. ***etw. ~*** trascurare, non badare a qcs.

Ne|go|zi|a|ti|on f. *(-,-en)* negoziazione *f.*

neg|rid agg. negride. **Neg|ri|to** m. *(-[s],-[s])* negrito *m.* **Neg|ri|tude** [-'tyd] f. *(-)* negritudine *f.*, negrità *f.*

neg|ro|id agg. negroide. **Neg|ro|i|de** m. e f. *(-n,-n)* negroide *m.* e *f.*

neh|men tr. *(nimmt, nahm, genommen)* **1** prendere, pigliare: ***etw. in die Hand, zur Hand ~*** prendere in mano qcs.; ***etw. aus der Schublade, vom Regal ~*** prendere qcs. dal cassetto, dallo scaffale **2a** *(kaufen, wählen)* prendere: ***sie hat das Kleid nicht genommen*** non ha preso il vestito **b** *(engagieren)* ***(sich [D]) einen Anwalt, eine Hilfe ~*** prender(si) un avvocato, un aiutante **c** *(sich einer Sache bedienen)* ***den Bus, ein Taxi, den Zug ~*** prendere l'autobus, un taxi, il treno **d** *(als Preis fordern)* ***was, wie viel ~ Sie für die Fahrt, für die Stunde?*** quanto prende per la corsa, per la lezione? **e** *(sich geben lassen)* ***Unterricht, Urlaub ~*** prendere lezioni, prendersi una vacanza **f** *(stehlen)* ***die Diebe haben alle Juwelen genommen*** i ladri hanno preso tutti i gioielli **g** *(bei sich unterbringen)* ***jdn ins Haus, zu sich ~*** prendere qcn. in casa, presso di sé **h** *(trinken)* ***eine Tasse Tee ~*** prendere una tazza di tè **i** LETT. ***das Frühstück ~*** prendere la colazione **3** *(einnehmen)* prendere, assumere: ***eine Medizin, die Pille, Drogen ~*** prendere una medicina, la pillola, assumere droghe **4** *(an eine Stelle bei sich bringen)* prendere, mettersi: ***das Baby auf den Schoß, die Schulter ~*** prendere (*o* mettersi) il bambino in grembo, in spalla; ***jdn in den Arm ~*** prendere qcn. fra le braccia; ***etw. auf den Rücken, unter den Arm ~*** mettersi qcs. in spalla, sotto il braccio **5a** *(weg-, fortnehmen)* togliere: ***die Gläser vom Tisch ~*** togliere i bicchieri dal tavolo; ***den Hut vom Kopf ~*** togliersi il cappello (di testa) **b** FIG. ***(von) jdm eine Last, eine Sorge ~*** togliere un peso, una preoccupazione a qcn. **6** *(überwinden)* prendere, affrontare, superare: ***eine Kurve, eine Steigung, ein Hindernis ~*** prendere una curva, affrontare una salita, superare (*o* saltare) un ostacolo **7** *(mit jdm umgehen)* trattare, prendere: ***jdn zu ~ wissen*** saper prendere qcn.; ***sie weiß, wie sie ihn ~ soll*** sa come prenderlo **8** *(annehmen)* accettare, prendere: ***keine Geschenke, Schecks ~*** non accettare regali, assegni; ***die angebotene Stelle ~*** accettare il posto offerto **9** *(entziehen)* togliere, privare di: ***jdm die Sicht ~*** togliere la visuale a qcn.; ***jdm die Freude, die Hoffnung, die Lust, den Spaß ~*** privare della gioia, togliere la speranza, far passare la voglia, rovinare il divertimento a qcn. **10** *(verwenden)* usare: ***nur Butter zum Kochen ~*** usare solo burro per cucinare **11** *(auffassen)* prendere, intendere, interpretare: ***etw. für ein günstiges Omen, als Scherz ~*** prendere qcs. come un buon segno, come uno scherzo **12** *(essen)* ***etw. zu sich ~*** mangiare, prendere qcs.: ***der Kranke hat noch nichts zu sich genommen*** il malato non ha ancora mangiato nulla; ***eine Kleinigkeit zu sich ~*** mangiare qualcosina **13a** ***etw. auf sich (A) ~*** assumersi qcs., prendere qcs. (su di sé); ***die Last, die Schuld, die Verantwortung auf sich ~*** assumersi un peso, la colpa, la responsabilità; ***er hat es auf sich genommen, ihm zu helfen*** si è assunto l'impegno di (*o* si è impegnato ad) aiutarlo **b** ***Entbehrungen, die Folgen auf sich ~*** sottoporsi a privazioni, accettare le conseguenze **14** ***etw. an sich (A) ~*** conservare, tenere qcs.: ***die Unterlagen, einen Schlüssel an sich ~*** tenere i documenti, conservare una chiave **15** *(aufnehmen)* registrare: ***etw. auf Band ~*** registrare qcs. su nastro **16** GIOC. mangiare, prendere: ***jdm einen Stein, den Springer ~*** mangiare una pedina, prendere il cavallo a qcn. **17** MIL. prendere, conquistare: ***eine Stadt, eine feindliche Stellung ~*** prendere una città, una postazione nemica **18a** SPORT ricevere **b** *(grob foulen)* ***jdn hart ~*** fare un brutto fallo a qcn. **c** *(beim Boxen)* prendere, incassare **d** prendere, marcare: ***jeder nimmt einen Mann*** ognuno marca un avversario **19** *(in festen Verbindungen)* ***Abschied, Abstand, Maß ~*** prendere congedo, le distanze, le misure; ***ein Bad ~*** fare un bagno; ***auf etw. (A) Kurs ~*** fare rotta su qcs.; ***etw. in Angriff, zu Protokoll ~*** iniziare qcs., mettere qcs. a verbale; ***seinen Anfang, ein Ende ~*** cominciare, finire; ***Einfluss auf jdn, etw. ~*** influenzare qcn., qcs. ◆ ***das Abendmahl ~*** fare (*o* ricevere) la comunione; ***jdn auf den Arm ~*** prendere in braccio qcn., FIG. prendere in giro qcn.; ***~ Sie meinen aufrichtigsten Dank!*** voglia accettare i miei più sinceri ringraziamenti! ***jdn, etw. ernst ~*** prendere sul serio qcn., qcs.; ***~ wir den Fall, dass...*** mettiamo (*o* poniamo) il caso che...; metti che...; ***jdn zur Frau ~*** prendere qcn. in moglie; ***(sich [D]) eine Frau ~*** trovarsi una donna; *(sich verheiraten)* prender moglie; ***es nicht (so, zu) genau ~*** non andare (tanto, troppo) per il sottile; ***eine Frau mit Gewalt ~*** prendere una donna con la forza; ***Gift ~*** prendere il veleno, avvelenarsi; COLLOQ. ***darauf kannst du Gift ~!*** puoi metterci la mano sul fuoco! puoi giurarci! ***hart im Nehmen sein*** saper incassare bene (anche FIG.); ***ein Kind zu sich ~*** prendersi in casa un bambino; ***sich nicht ~ lassen, etw. zu tun*** non rinunciare a fare qcs., non poter fare a meno di fare qcs.; ***sich (D) das Leben ~*** togliersi la vita; ***etw. (zu) leicht ~*** prendere qcs. (troppo) alla leggera; ***jdn zum Mann ~*** sposare qcn.; ***sich (D) einen Mann ~*** trovarsi un uomo; *(sich verheiraten)* prendere marito; ***Platz ~*** prendere posto; ***jdn von der richtigen Seite ~*** prendere qcn. per il verso giusto; ***jdn aus, von der Schule ~*** togliere qcn. da scuola; ***ich nehme es schwer*** mi pesa molto; ***woher ~ und nicht stehlen!*** e dove vado a prenderlo? ***etw. tragisch ~*** prendere qcs. sul tragico; ***jdn (nicht) für voll ~*** (non) prendere sul serio qcn.; ***einen anderen Weg ~*** prendere un'altra strada; ***jdn, etw. wichtig ~*** ritenere importante qcn., qcs., dare importanza a qcn., qcs.; ***jdn ~, wie er ist*** prendere qcn. così com'è; ***die Dinge ~, wie sie sind*** prendere le cose come vengono; ***wie man es nimmt!*** dipende! ***jdm das Wort aus dem Mund ~*** togliere le parole di bocca a qcn.; ***etw. wörtlich ~*** prendere qcs. alla lettera.

Neh|rung f. *(-,-en)* lingua *f.* di terra, GEOGR. cordone *m.* litoraneo.

Neid m. *(-[e]s)* invidia *f.*: ***~ empfinden*** provare invidia; ***jds ~ erregen, erwecken*** suscitare l'invidia di qcn., fare invidia a qcn.; ***von ~ erfüllt sein*** essere pieno d'invidia; ***jdn voll(er) ~ ansehen*** guardare qcn. pieno d'invidia; ***vor ~ bersten (***LETT. ***platzen), vergehen*** scoppiare, morire d'invidia; ***etw. aus ~ tun*** fare qcs. per invidia; ***der ~ frisst, nagt an ihm*** lo rode l'invidia, è roso dall'invidia; ***blass, gelb, grün vor ~ sein*** essere verde d'invidia; ***vor ~ erblassen*** diventare verde dall'invidia, morire d'invidia ◆ ***das muss der ~ ihm lassen!*** questo bisogna riconoscerglielo! ***das ist bei ihm nichts als ~!*** non è nient'altro che invidia, la sua! COLLOQ. ***nur kein ~!*** niente invidia, prego! **nei|den** tr. ***jdm etw. ~*** invidiare qcs. a qcn. **Nei|der** m. *(-s,-)* chi invidia: ***sie hat viele ~*** è invidiata da molti, molta gente la invidia. **neid|er|füllt** agg. pieno d'invidia. **Neid|ge|fühl** n. *(-[e]s,-e)* sentimento *m.* (*o* senso *m.*) d'invidia. **Neid|ham|mel** m. *(-s,-)* COLLOQ. invidioso *m.* **nei|dig** REGION. → **neidisch. nei|disch I** agg. invidioso: ***auf jdn, etw. ~ sein*** essere invidioso di qcn., qcs. **II** avv. con invidia. **neid|los I** agg. senza invidia, privo d'invidia **II** avv. senza invidia. **neid|voll** agg. pieno d'invidia.

Nei|ge f. *(-,-n)* fondo *m.*, feccia *f.*: ***die ~ austrinken, wegschütten*** bere, vuotare via il fondo (del bicchiere) ◆ ***auf die, zur ~ gehen*** stare per finire, esaurirsi; *(temporal)* volgere al termine, stare per finire; ***sein Glas bis auf die, bis zur ~ leeren*** vuotare il bicchiere fino in fondo; FIG. ***seinen Triumph bis zur ~ auskosten*** gustare il proprio trionfo fino in fondo.

nei|gen I tr. **1** inclinare **2** *(nach unten beugen, senken)* chinare, piegare (in giù), abbassare: ***den Kopf ~*** chinare il capo; ***der Baum neigt seine Zweige (bis zur Erde)*** l'albero piega i suoi rami (fino a terra) **II** rifl. ***sich ~*** **1** essere inclinato, pendere: ***das Bild, die Waagschale, der Turm neigt sich nach einer Seite*** il quadro, il piatto della bilancia, la torre pende da un lato **2a** *(sich nach unten beugen)* chinarsi, piegarsi: ***sich nach vorn, über etw. (A), zur Seite ~*** chinarsi in avanti, su qcs., piegarsi su un lato **b** *(sich senken)* abbassarsi **3** *(schräg abfallen)* declinare, digradare: ***das Gelände neigt sich zum Fluss, zur Straße*** il terreno digrada verso il fiume, verso la strada **4** LETT. *(zu Ende gehen)* volgere al termine, (stare per) finire; ***der Tag neigt sich*** il giorno volge al tramonto **III** intr. (aus. *haben*) **1a** ***zu etw. ~*** tendere a qcs.: ***zum Geiz, Dickwerden, Trinken ~*** tendere all'avarizia, a ingrassare, a bere **b** *(für etw. anfällig sein)* essere soggetto, tendere (facilmente): ***zu Erkältungen ~*** essere soggetto a raffreddori, tendere a raffreddarsi facilmente **2** *(eine bestimmte Richtung einschlagen)* propendere, essere propenso, tendere: ***zu einer Meinung, Ansicht ~*** propendere per un'opinione; ***ich würde dazu ~, ihr zu glauben*** sarei propenso a crederle.

Nei|gung f. *(-,-en)* **1** il chinare: ***jdn mit einer ~ des Kopfes begrüßen*** salutare qcn. chinando il capo **2** *(geneigte Lage)* inclinazione *f.*, pendenza *f.*: ***die ~ der Straße beträgt 10 Grad*** la pendenza della strada è di 10 gradi, la strada pende di 10 gradi; ***der Turm hat eine ~ nach Norden*** la torre pende verso nord **3a** LETT. *(Hang)* tendenza *f.*: ***~ zum Dickwerden, Kritisieren*** tendenza a ingrassare, a criticare **b** *(Lust)* propensione *f.*: ***wenig ~ zeigen, etw. zu tun*** essere poco propenso a fare qcs. **4a** *(Anlage)* inclinazione *f.*, attitudine *f.*: ***künstlerische, musikalische -en*** inclinazioni artistiche, musicali **b** *(Tendenz)* tendenza *f.*: ***politische -en*** tendenze politiche **c** *(Vorliebe)* predilezione *f.*: ***seine ~ kann ich nicht teilen, verstehen*** non riesco a condividere, capire questa sua predilezione **5** LETT. *(Zuneigung)* simpatia *f.*, LETT. inclinazione *f.*: ***jds ~ erwidern, gewinnen*** ricambiare, conquistarsi le simpatie di qcn. **6** ECON. tendenza *f.*: ***die Papiere haben ~ zu steigen*** i titoli hanno una tendenza al rialzo ◆ ***nur seinen -en leben*** vivere seguendo solo le proprie inclinazioni. **Nei|gungs|ehe** f. *(-,-n)* matrimonio *m.* d'amore. **Nei|gungs|flä|che** f. *(-,-n)* piano *m.* inclinato. **Nei|gungs|grup|pe** f. *(-,-n)* SCOL. = gruppo *m.* (*o* classe *f.*) che segue corsi facoltativi: ***~ Schwimmen, Musik*** il gruppo (del corso facoltativo) di nuoto, musica. **Nei|gungs|hei|rat** f. *(-,-en)* → **Neigungsehe. Nei|gungs|mes|ser** m. *(-s,-)* clinometro *m.* **Nei|gungs|win|kel** m. *(-s,-)* angolo *m.* d'inclinazione.

nein avv. **1** no: ***kennst du ihn? – ~!*** lo conosci? – no! ***möchtest du Kaffee? – ~, danke!*** vuoi del caffè? – no, grazie! ***er antwortete ~*** rispose di no; ***ich glaube, fürchte ~*** credo, temo di no; ***bitte, sag nicht ~!*** ti prego, non dire di no! **2** *(nicht wahr?)* no, vero: ***du fährst doch jetzt noch nicht, ~?*** non te ne vai ancora, no? **3** *(mehr noch)* no, anzi: ***ich habe es ihm hundertmal, ~ tausendmal gesagt!*** glielo avrò già detto cento, anzi mille volte! **4a** *(zur Bekräftigung; oft unübersetzt)* no: ***~, so ein Glück, so eine Überraschung!*** no, che fortuna, che sorpresa! ***~, bin ich froh!*** come sono contento! ***~, dass ihr daran gedacht habt!*** no, non mi dire che ci avete pensato voi! **b** COLLOQ. ***~, das gibt es nicht!*** no, non è possibile! no, non posso crederci! ◆ ***aber ~!*** ma no! ***~ und abermals ~!*** no e poi no! ***ach ~!*** oh no! *(aber nein!)* (ma) no! ***~ doch!*** ma no! ***~ und nochmals ~!*** no e poi no! ***zu etw. ~ sagen*** dire (di) no a qcs., rifiutare qcs.; ***nicht ~ sagen können*** non saper dire di no; ***~, so was!*** ma guarda un po'! ma no! **Nein** n. *(-[s],-[s])* no *m.*: ***ein klares, eindeutiges ~*** un no chiaro e tondo; ***sein ~ klang sehr zaghaft*** il suo no (*o* il suo rifiuto) fu molto esitante; ***mit (einem) ~ antworten*** rispondere (con un) no; ***mit ~ stimmen*** dare voto sfavorevole, votare no, votare contro.

'nein REGION. → **hinein.**

Nein|sa|ger m. *(-s,-)* SPREG. bastian contrario *m.* **Nein|stim|me** f. *(-,-n)* voto *m.* a sfavore (*o* sfavorevole, contrario).

Nek|ro|bi|o|se f. *(-)* necrobiosi *f.*

1.Nek|ro|log m. *(-[e]s,-e)* **1** necrologio *m.*: ***jdm einen ~ schreiben*** scrivere un necrologio su qcn. **2** *(Gedenkrede)* elogio *m.* funebre, necrologia *f.*: ***einen ~ halten*** fare un elogio funebre, pronunciare una necrologia.

2.Nek|ro|log n. *(-[e]s,-e)*, **Nek|ro|lo|gi|um** n. *(-s, Nekrologien)* ECCL. necrologio *m.*, obituario *m.*

Nek|ro|ma|nie f. *(-)* → **Nekrophilie. Nek|ro|mant** m. *(-en,-en)* necromante (*o* negromante) *m.* **Nek|ro|man|tie** f. *(-)* necromanzia (*o* negromanzia) *f.*

Nek|ro|phi|lie f. *(-)* necrofilia *f.* **Nek|ro|po|le, Nek|ro|po|lis** f.

(-,Nekropolen) necropoli *f.* **Nek|ro|se** f. *(-,-n)* MED. necrosi *f.* **Nek|ro|sper|mie** f. *(-)* necrospermia *f.* **nek|ro|tisch** agg. MED. necrotico.
Nek|tar m. *(-s,-e)* nettare *m.*
Nek|ta|ri|ne f. *(-,-n)* pesca *f.* noce.
Nek|ta|ri|um n. *(-s, Nektarien)* nettario *m.*
Nel|ke f. *(-,-n)* **1** garofano *m.* **2** *(Gewürznelke)* chiodo *m.* di garofano. **Nel|ken|ge|wäch|se** pl. cariofillacee *f.pl.* **Nel|ken|pfef|fer** m. *(-s)* pepe *m.* della Giamaica, pimento *m.* **Nel|ken|stock** m. *(-[e]s,-stöcke)* pianta *f.* di garofano. **Nel|ken|strauß** m. *(-es, -sträuße)* mazzo *m.* di garofani. **Nel|ken|wurz** f. *(-,-en)* garofanaia *f.*, cariofillata *f.*
Nel|son m. *(-[s],-s)* SPORT elson *f.*
Ne|ma|to|de m. *(-n,-n)* nematode *m.*
Ne|me|sis f. *(-)* nemesi *f.*
NE-Me|tall n. *(-s,-e)* accorc. → **Nichteisenmetall.**
Nenn|be|trag m. *(-[e]s,-beträge)* valore *m.* nominale.
nen|nen *(nannte, genannt)* **I** tr. **1a** chiamare: ***wie nennt sie ihren Hund?*** come chiama il suo cane? ***jdn bei, mit seinem Vornamen ~*** chiamare qcn. per nome; ***seine Freunde ~ ihn Uli*** i suoi amici lo chiamano Uli; ***das Kind nach dem Großvater ~*** chiamare il bambino come suo nonno **b** *(bezeichnen)* chiamare, dire: ***diesen König nennt man „den Weisen"*** questo re è detto "il saggio"; ***das nenne ich Mut!*** questo si chiama coraggio! ***man kann ihn nicht schön ~*** non si può dire che sia bello **2** *(betiteln)* intitolare: ***er hat das Bild „Am Abend" genannt*** ha intitolato il quadro "Di Sera" **3** COLLOQ. ***jdn einen Faulenzer ~*** dare del fannullone a qcn. **4a** *(erwähnen)* citare, menzionare: ***sein Name wurde nicht genannt*** il suo nome non fu menzionato; ***Beispiele ~*** citare degli esempi **b** *(angeben)* ***jdn, etw. ~*** fare il nome di, indicare qcn., qcs.: ***kannst du mir ein gutes Hotel ~?*** puoi farmi il nome di un buon albergo? **c** dire: ***können Sie mir den Preis für dieses Auto ~?*** potrebbe dirmi il prezzo di questa macchina? **5** *(geben)* dare: ***einen Termin ~*** dare un appuntamento **6** SPORT *(melden)* ***drei Läufer für den Wettkampf ~*** iscrivere tre corridori alla gara **II** rifl. **sich ~ 1** *(heißen)* chiamarsi: ***das Lokal nennt sich „Bei Eva"*** il locale si chiama "da Eva" **2** *(sich bezeichnen)* dirsi, proclamarsi: ***er nennt sich Christ, Maler*** si proclama cristiano, dice di essere un pittore ◆ ***und so was nennt sich dein Freund?*** e questo sarebbe un amico? ***keine Namen ~ wollen*** non voler fare nomi. **nen|nens|wert I** agg. degno di nota, rilevante: ***keine -en Veränderungen*** nessun cambiamento rilevante **II** avv. in modo apprezzabile, in modo considerevole.
Nen|ner m. *(-s,-)* denominatore *m.*: ***Brüche auf den gleichen ~ bringen*** ridurre frazioni al comun denominatore; FIG. ***einen (gemeinsamen) ~ finden*** trovare un denominatore comune.
Nenn|fall m. *(-[e]s)* (caso *m.*) nominativo *m.* **Nenn|form** f. *(-)* (forma *f.* all') infinito *m.* **Nenn|form|satz** m. *(-[e]s,-sätze)* (proposizione *f.*) infinitiva *f.* **Nenn|leis|tung** f. *(-,-en)* potenza *f.* nominale. **Nenn|on|kel** m. *(-s,-)*, ***er ist mein ~*** lo chiamo zio; ***das ist unser ~*** lo chiamiamo tutti zio. **Nenn|tan|te** f. *(-,-n)*, ***sie ist meine ~*** la chiamo zia; ***das ist unsere ~*** la chiamiamo tutti zia.
Nen|nung f. *(-,-en)* **1** denominazione *f.* **2a** *(Erwähnung)* menzione *f.* **b** *(Angabe)* indicazione *f.* **3** SPORT *(Anmeldung)* iscrizione *f.*: ***die ~ zum Wettbewerb*** l'iscrizione alla gara. **Nen|nungs|geld** n. *(-[e]s, -er)* SPORT tassa *f.* di iscrizione.
Nenn|wert m. *(-[e]s,-e)* valore *m.* nominale ◆ ***über dem ~*** sopra la pari; ***zum ~*** alla pari. **Nenn|wort** n. *(-[e]s,-wörter)* sostantivo *m.*
Ne|o|dym n. *(-s)* neodimio *m.*
Ne|o|fa|schis|mus m. *(-)* neofascismo *m.* **Ne|o|fa|schist** m. *(-en, -en)* neofascista *m.* **ne|o|fa|schis|tisch** agg. neofascista.
Ne|o|gen n. *(-s)* neogene *m.*
ne|o|klas|sisch agg. neoclassico. **Ne|o|klas|si|zis|mus** m. *(-)* neoclassicismo *m.* **ne|o|klas|si|zis|tisch** agg. neoclassicista, neoclassicistico.
Ne|o|ko|lo|ni|a|lis|mus m. *(-)* neocolonialismo *m.*
Ne|o|li|be|ra|lis|mus m. *(-)* neoliberalismo *m.*
Ne|o|li|thi|ker m. *(-s,-)* uomo *m.* del neolitico. **Ne|o|li|thi|kum** n. *(-s)* neolitico *m.* **ne|o|li|thisch** agg. neolitico.
Ne|o|lo|gis|mus m. *(-, Neologismen)* neologismo *m.*
Ne|o|mar|xis|mus m. *(-)* neomarxismo *m.* **ne|o|mar|xis|tisch** agg. neomarxista.
Ne|on n. *(-s)* neon *m.*
Ne|o|na|zi m. *(-s,-s)* neonazista *m.* **Ne|o|na|zis|mus** m. *(-)* neonazismo *m.* **Ne|o|na|zist** m. *(-en,-en)* neonazista *m.* **ne|o|na|zis|tisch** agg. neonazista.
Ne|on|lam|pe f. *(-,-n)* lampada *f.* al neon, neon *m.* **Ne|on|licht** n. *(-[e]s,-er)* luce *f.* al neon, neon *m.* **Ne|on|re|kla|me** f. *(-,-n)* réclame *f.* al neon. **Ne|on|röh|re** f. *(-,-n)* tubo *m.* al neon.
Ne|o|phyt m. *(-en,-en)* RELIG. neofita *m.*
Ne|o|po|si|ti|vis|mus m. *(-)* neopositivismo *m.*
Ne|o|re|a|lis|mus m. *(-)* neorealismo *m.*
Ne|o|te|nie f. *(-)* neotenia *f.*
Ne|o|zo|i|kum n. *(-s)* cenozoico *m.* e neozoico *m.* **ne|o|zo|isch** agg. cenozoico e neozoico.
Ne|pa|ler m. *(-s,-)*, **Ne|pa|le|se** m. *(-n,-n)* nepalese *m.* **ne|pa|le|sisch** agg. nepalese. **Ne|pa|li** n. *(-)* nepali *m.* **ne|pa|lisch** agg. nepalese.
Ne|pho|skop n. *(-s,-e)* nefoscopio *m.*
Neph|ral|gie f. *(-,-n)* nevralgia *f.*
Neph|rit m. *(-s,-e)* MINER. nefrite *f.*
Neph|ri|tis f. *(-, Nephritiden)* MED. nefrite *f.*
Ne|po|muk n.pr.m. Nepomuceno *m.*
Ne|po|tis|mus m. *(-)* nepotismo *m.* **ne|po|tis|tisch** agg. nepotistico.
Nepp m. *(-s)* COLLOQ. ladreria *f.* **nep|pen** tr. COLLOQ. FIG. spennare, pelare, impiccare: ***in diesem Lokal ~ sie dich*** in quel locale ti pelano. **Nep|per** m. *(-s,-)* COLLOQ. FIG. ladro *m.*, strozzino *m.* **Nep|pe|rei** f. *(-,-en)* → **Nepp.**
Nep|tun I n.pr.m. Nettuno *m.* **II** m. *(-s)* ASTR. Nettuno *m.* **Nep|tu|ni|um** n. *(-s)* CHIM. nettunio *m.*
Ne|re|i|de f. *(-,-n)* nereide *f.*
Ne|reus n.pr.m. Nereo *m.*
Nerf|ling m. *(-s,-)* leucisco *m.*
Ne|ro n.pr.m. Nerone *m.* **ne|ro|nisch** agg. neroniano.
Nerv m. *(-s,-en)* **1** nervo *m.*: ***motorischer, optischer, vegetativer ~*** nervo motorio, ottico, del sistema vegetativo; ***der ~ liegt frei*** il nervo è scoperto; ***den ~ (im Zahn) töten*** devitalizzare il nervo (del dente) **2** FIG. *(wesentlicher Kern)* carattere *m.* portante, essenziale, sostanza *f.*: ***den ~ der Zeit treffen*** cogliere il carattere essenziale dell'epoca **3** BOT. ENTOM. nervo *m.*, nervatura *f.* ◆ ***an die -en gehen*** dare ai, sui nervi; ***an den -en zerren*** logorare i nervi; ***jdm auf die -en fallen, gehen*** dare ai (*o* sui) nervi a qcn.; ***die -en behalten*** tenere i nervi a posto, mantenere la calma; COLLOQ. ***-en wie Drahtseile*** nervi d'acciaio; ***mit den -en durcheinander sein*** avere i nervi a pezzi; COLLOQ. ***die -en sind ihm durchgegangen*** i suoi nervi hanno ceduto; COLLOQ. ***völlig mit den -en am Ende, fertig sein*** avere i nervi a pezzi; COLLOQ. ***den ~ (nicht) finden*** (non) trovare la forza; ***die -en haben, etw. zu tun*** avere il coraggio di fare qcs.; ***du hast nicht die -en für diese, zu dieser Arbeit*** non hai la tempra per questo lavoro; ***du hast (vielleicht) -en!*** ti dà (forse) di volta il cervello?! FIG. ***-en haben*** avere i nervi; ***meine -en halten das nicht aus*** i miei nervi non reggono; ***keine -en kennen*** avere sempre i nervi saldi, a posto; ***das kostet -en*** ciò mette i nervi a dura prova; ***an den -en leiden*** soffrire di nervi; COLLOQ. ***jdn auf den -en rumtrampeln*** far perdere la pazienza a qcn.; COLLOQ. ***mit den -en runter sein*** essere giù di nervi; COLLOQ. ***jdm an den -en sägen*** logorare i nervi a qcn.; ***schlechte -en haben*** avere i nervi a fior di pelle; ***schwache -en haben*** essere debole di nervi; COLLOQ. ***-en aus Stahl haben*** avere nervi d'acciaio; ***starke -en haben*** avere i nervi saldi; COLLOQ. FIG. ***jdm den (letzten) ~ töten*** dare ai (*o* sui) nervi a qcn.; *(jdm die Geduld rauben)* far perdere la pazienza a qcn.; ***die -en verlieren*** perdere la calma; ***seine -en haben versagt*** i suoi nervi hanno ceduto; COLLOQ. ***-en zeigen*** innervosirsi; ***seine -en sind zum Zerreißen gespannt*** i suoi nervi sono tesi al massimo, tesi come corde di violino; ***zerrüttete -en*** nervi scossi.
ner|val [-v-] agg. MED. nervoso.
Ner|va|tur [-v-] f. *(-,-en)* BOT. ENTOM. nervatura *f.*
ner|ven tr. COLLOQ. **1** *(äußerst lästig werden)* ***jdn ~*** dare ai, sui nervi a qcn. **2a** *(nervlich anstrengen)* snervare **b** assol. essere snervante.
Ner|ven|an|span|nung f. *(-,-en)* **1** tensione *f.* del nervo, dei nervi **2** *(nervliche Anspannung)* tensione *f.* nervosa. **Ner|ven|arzt** m. *(-es,-ärzte)* neurologo *m.* **ner|ven|auf|peit|schend** agg. eccitante. **ner|ven|auf|rei|bend** agg. snervante. **Ner|ven|bahn** f. *(-,-en)* funicolo *m.* nervoso. **Ner|ven|be|las|tung** f. *(-,-en)* affaticamento *m.* nervoso. **ner|ven|be|ru|hi|gend** agg. calmante. **Ner|ven|be|ru|hi|gungs|mit|tel** n. *(-s,-)* neurosedativo *m.* **Ner|ven|bün|del** n. *(-s,-)* **1** fascio *m.* nervoso, di nervi **2** COLLOQ. FIG. *(äußerst nervöser Mensch)* fascio *m.* di nervi. **Ner|ven|chi|rur|gie** f. *(-)* neurochirurgia *f.* **Ner|ven|ent|zün|dung** f. *(-,-en)* neurite *f.*, nevrite *f.* **Ner|ven|fa|ser** f. *(-,-n)* fibra *f.* nervosa. **Ner|ven|fie|ber** n. *(-s)* febbre *f.* tifoide. **Ner|ven|gas** n. *(-es,-e)* gas *m.* nervino. **Ner|ven|ge|flecht** n. *(-[e]s,-e)* plesso *m.* nervoso. **Ner|ven|gift** n. *(-[e]s,-e)* neurotossico *m.* **Ner|ven|heil|an|stalt** f. *(-,-en)* ANT. clinica *f.* neurologica. **Ner|ven|heil|kun|de** f. *(-)* neurologia *f.* **Ner|ven|kern** m. *(-[e]s,-e)* centro *m.* nervoso. **Ner|ven|kit|zel** m. *(-s)* COLLOQ. (senso *m.* di) eccitazione f. (nervosa). **Ner|ven|kli|nik** f. *(-,-en)* clinica *f.* neurologica. **Ner|ven|kos|tüm** n. *(-s)* COLLOQ. SCHERZ. nervi *m.pl.*: ***ein schwaches, starkes ~*** nervi deboli, saldi.

Nerlven|kraft f. *(-,-kräfte)* forza *f.* di nervi.
ner|ven|krank agg. malato di nervi, nevrotico. **Ner|ven|kran|ke** m. e f. *(-n,-n)* malato *m.* (-a *f.*) di nervi, nevrotico *m.* (-a *f.*). **Ner|ven|krank|heit** f. *(-,-en)* malattia *f.* nervosa.
Ner|ven|krieg m. *(-[e]s)* guerra *f.* dei nervi. **Ner|ven|kri|se** f. *(-,-n)* crisi *f.* di nervi, nervosa: ***eine ~ haben*** avere una crisi di nervi. **Ner|ven|läh|mung** f. *(-,-en)* paresi *f.* nervosa. **Ner|ven|lei|den** n. *(-s,-)* → **Nervenkrankheit. ner|ven|lei|dend** agg. → **nervenkrank. Ner|ven|mit|tel** n. *(-s,-)* COLLOQ. tranquillante *m.* **Ner|ven|müh|le** f. *(-,-n)* COLLOQ. attività *f.*, lavoro *m.* snervante. **Ner|ven|nah|rung** f. *(-)* neurotonico *m.* **Ner|ven|pro|be** f. *(-,-n)* prova *f.* di, dei nervi. **Ner|ven|sa|che, *das ist (eine) reine ~*** è solo una questione nervosa. **Ner|ven|sä|ge** f. *(-,-n)* COLLOQ. tormento *m.* **Ner|ven|schmerz** m. *(-es,-en)* nevralgia *f.* **Ner|ven|schnitt** m. *(-[e]s,-e)* recisione *f.* di un nervo, neurotomia *f.* **Ner|ven|schock** m. *(-[e]s,-s)* choc *m.* nervoso.
ner|ven|schwach agg. debole di nervi, nevrastenico. **Ner|ven|schwä|che** f. *(-)* debolezza *f.* di nervi, nevrastenia *f.*
ner|ven|stark agg. robusto di nervi, con un robusto sistema nervoso. **Ner|ven|stär|ke** f. *(-)* robustezza *f.* del sistema nervoso.
Ner|ven|strang m. *(-[e]s,-stränge)* funicolo *m.* nervoso. **Ner|ven|sys|tem** n. *(-s,-e)* sistema *m.* nervoso. **Ner|ven|zel|le** f. *(-,-n)* cellula *f.* nervosa. **Ner|ven|zer|rüt|tung** f. *(-,-en)* sfinimento *m.*, spossatezza *f.* psichica. **Ner|ven|zu|cken** n. *(-s)* contrazione *f.* nervosa. **Ner|ven|zu|sam|men|bruch** m. *(-[e]s,-zusammenbrüche)* collasso *m.* nervoso.
ner|vig [-f-, -v-] agg. nerboruto; *(sehnig)* nervoso, asciutto.
nerv|lich I agg. (del sistema) nervoso: ***-e Belastung*** affaticamento del sistema nervoso **II** avv. dal punto di vista nervoso, dal sistema nervoso: ***~ (völlig) am Ende sein*** essere a terra dal punto di vista nervoso.
ner|vös [-v-] **I** agg. **1** nervoso: ***ein -es Kind, eine -e Unruhe, Spannung*** un bambino nervoso, un'agitazione, una tensione nervosa **2** MED. → **nervlich II** avv. **1** nervosamente **2** MED. → **nervlich** ◆ ***~ bedingt*** di origine nervosa: ***ein ~ bedingter Kopfschmerz*** un mal di testa di origine nervosa. **Ner|vo|si|tät** f. *(-)* **1** nervosismo *m.*: ***es herrschte ~*** c'era nervosismo; *(Erregbarkeit)* nervosità *f.* **2** ANT. *(Neurasthenie)* nevrastenia *f.*
nerv|tö|tend agg. snervante.
Nerz m. *(-es,-e)* visone *m.* **Nerz|farm** f. *(-,-en)* allevamento *m.* di visoni. **Nerz|fell** n. *(-[e]s,-e)* pelle *f.* di visone. **Nerz|kra|gen** m. *(-s,-)* colletto *m.* di visone. **Nerz|man|tel** m. *(-s,-mäntel)* pelliccia *f.* di visone. **Nerz|sto|la** f. *(-,-stolen)* stola *f.* di visone.
1.Nes|sel f. *(-,-n)* ortica *f.* ◆ COLLOQ. ***sich (mit etw.) in die -n setzen*** mettersi nei pasticci (con qcs.); COLLOQ. ***wie auf -n sitzen*** stare sulle spine.
2.Nes|sel m. *(-s,-)* TESS. tessuto *m.* di ortica. **Nes|sel|aus|schlag** m. *(-[e]s)* orticaria *f.* **Nes|sel|fa|den** m. *(-s,-fäden)* ZOOL. tentacolo *m.* urticante. **Nes|sel|fie|ber** n. *(-s)* febbre *f.* orticaria. **Nes|sel|garn** n. *(-[e]s,-e)* filato *m.* di ortica. **Nes|sel|ge|wächs** n. *(-es,-e)* urticacea *f.*, orticacea *f.* **Nes|sel|pflan|ze** f. *(-,-n)* ortica *f.* **Nes|sel|qual|le** f. *(-,-n)* medusa *f.* urticante. **Nes|sel|stoff** m. *(-[e]s)* tessuto *m.* di ortica. **Nes|sel|sucht** f. *(-)* orticaria *f.* **Nes|sel|tie|re** pl. cnidari *m.pl.*
Nes|ses|sär→ **Necessaire.**
Nes|sus|ge|wand n. *(-[e]s)*, **Nes|sus|hemd** n. *(-[e]s)* camicia *f.* di Nesso.
Nest n. *(-[e]s,-er)* **1** nido *m.* (anche FIG.): ***ein ~ bauen*** fare un nido, nidificare; ***ein ~ voller Eier*** un nido pieno di uova; ***aus dem ~ fallen*** cadere dal nido; ***sein ~ verlassen*** abbandonare il proprio nido; FIG. ***sich (D) ein ~ bauen*** farsi il nido **2a** *(Schlupfwinkel)* covo *m.*, nido *m.* **b** COLLOQ. SPREG. *(kleiner, abgelegener Ort)* buco *m.*: ***ein gottverlassenes ~*** un buco dimenticato da Dio **3** FAM. *(Bett)* letto *m.*, lenzuola *f.pl.*: ***ins ~ schlüpfen, steigen*** infilarsi sotto le lenzuola **4** MIL. *(von MG-Schützen)* nido *m.* (di mitragliatrici) **5** MIN. piccolo giacimento *m.* ◆ ***ein ~ ausheben, ausnehmen*** levare le uova dal nido; FIG. scovare, smascherare; ***sein eigenes ~ beschmutzen*** sputare nel piatto in cui si mangia; COLLOQ. ***sich ins gemachte, warme ~ setzen*** trovare la pappa fatta. **Nest|bau** m. *(-[e]s,-ten)* nidificazione *f.* **Nest|be|schmut|zer** m. *(-s,-)* = chi sputa nel piatto in cui mangia. **Nest|chen** n. *(-s,-)* nidietto *m.* **Nest|ei** n. *(-[e]s,-er)* endice *m.*
Nes|tel f. *(-,-n)* REGION. cordoncino *m.*, cordicella *f.*, spago *m.*
nes|teln I intr. (aus. *haben*) armeggiare: ***an etw. (D) ~*** armeggiare attorno a qcs. **II** tr. **1** mettere: ***eine Nadel ins Haar ~*** mettere uno spillone nei capelli **2** *(entfernen)* togliere: ***die Brosche vom Kleid ~*** togliere la spilla dal vestito.
Nest|flüch|ter m. *(-s,-)* uccello *m.* nidifugo. **Nest|häk|chen** n. *(-s,-)* **1** uccellino *m.* implume **2** FIG. *(jüngstes Kind)* ultimo nato *m.* **Nest|ho|cker** m. *(-s,-)* **1** uccello *m.* nidicolo **2** FIG. pantofolaio *m.* **Nest|jun|ge** n. *(-n,-n)* uccello *m.* nidicolo. **Nest|kü|ken** n. *(-s,-)* → **Nesthäkchen. Nest|ling** m. *(-s,-e)* **1** uccellino *m.* implume **2** *(kleines Kind)* bimbo *m.* piccolo.
Nes|tor I n.pr.m. *(-s)* Nestore *m.* **II** m. *(-s,-en)* FIG. nestore *m.* **Nes|to|ri|a|ner** m. *(-s,-)* nestoriano *m.* **Nes|to|ri|a|nis|mus** m. *(-)* nestorianesimo *m.*, nestorianismo *m.*
nest|warm agg. caldo (di nido). **Nest|wär|me** f. *(-)* calore *m.* dell'ambiente familiare, della famiglia.
nett I agg. **1** *(liebenswürdig)* gentile, carino: ***~ zu jdm sein*** essere gentile con (*o* verso) qcn.; ***(es ist) sehr ~ von Ihnen!*** (è) molto gentile da parte Sua! ***seien Sie bitte so ~ und ...*** sia così gentile da... (*o* mi faccia il piacere di...) **2** *(freundlich)* simpatico: ***ein -er Mensch*** una persona simpatica; ***-e Leute*** gente simpatica **3a** *(hübsch)* carino, grazioso: ***ein -es Geschenk, Kleid*** un regalo, vestito carino **b** *(gefällig)* gradevole, piacevole, simpatico: ***es war ein -er Urlaub, Abend*** è stata una piacevole vacanza, serata; ***ein -es Lokal*** un locale simpatico **4a** COLLOQ. *(beträchtlich)* bello: ***ein -es Sümmchen*** una bella sommetta **b** IRON. *(unangenehm)* ***ein -es Benehmen!*** bel modo di comportarsi! ***eine -e Geschichte*** una bella faccenda **II** avv. **1** gentilmente: ***sich ~ benehmen*** comportarsi in modo gentile **2** *(angenehm)* piacevolmente, amabilmente: ***sich ~ unterhalten*** chiacchierare amabilmente **3** COLLOQ. *(sehr)* parecchio: ***sie hat ganz ~ zugenommen*** è ingrassata parecchio, di un bel po'; ***ich habe ganz ~ geschwitzt*** ho sudato parecchio (*o* un sacco) ◆ ***das fängt ja ~ an*** si comincia bene; ***das kann ja ~ werden*** ne vedremo delle belle, promette bene.
Nett|chen n.pr.n., **Net|te** n.pr.f. Annetta *f.*
net|ter|wei|se avv. COLLOQ. gentilmente.
Net|tig|keit f. *(-)* **1** gentilezza *f.*: ***jdm eine ~ sagen*** dire una gentilezza a qcn. **2** *(Kleinigkeit)* pensierino *m.*, cosetta *f.*: ***jdm eine ~ mitbringen*** portare un pensierino a qcn.
net|to avv. (al) netto: ***der Preis beträgt ~ DM 1000*** il prezzo ammonta al netto a 1000 marchi. **Net|to|be|trag** m. *(-[e]s,-beträge)* importo *m.* netto. **Net|to|ein|kom|men** n. *(-s,-)* reddito *m.* netto. **Net|to|ein|künf|te** pl. entrate *f.pl.* nette, al netto. **Net|to|er|trag** m. *(-[e]s,-erträge)* utile *m.*, ricavo *m.* netto. **Net|to|ge|halt** n. *(-[e]s,-gehälter)* stipendio *m.* netto. **Net|to|ge|wicht** n. *(-[e]s,-e)* peso *m.* netto. **Net|to|ge|winn** m. *(-[e]s,-e)* guadagno *m.* netto. **Net|to|lohn** m. *(-[e]s,-löhne)* salario *m.* netto. **Net|to|preis** m. *(-es,-e)* prezzo *m.* netto. **Net|to|raum|zahl** f. *(-,-en)* MAR. stazza *f.* netta. **Net|to|re|gis|ter|ton|ne** f. *(-,-n)* tonnellata *f.* di registro netta. **Net|to|ver|dienst** m. *(-[e]s,-e)* guadagno *m.* netto.
Netz n. *(-es,-e)* **1a** rete *f.*: ***ein ~ knüpfen, stellen (spannen), auswerfen*** annodare, tendere, gettare una rete; ***die -e einholen*** tirare le reti; ***ein ~ flicken, ausbessern*** rammendare, riparare una rete; ***die Maschen des -es*** le maglie della rete; ***der Akrobat arbeitet ohne ~*** l'acrobata lavora senza rete; ***ein weitmaschiges ~*** una rete a maglia larga **b** SPORT ***den Ball ins ~ schießen, schlagen*** tirare la palla in rete; ***der Ball hat das ~ berührt*** la palla ha toccato la rete; ***am ~ stehen*** essere a, sotto rete **c** *(Einkaufsnetz)* (borsa *f.* a) rete *f.* **2** FIG. *(Falle)* rete *f.*: ***jdn in sein ~ ziehen, locken*** attirare qcn. nella propria rete; ***in jds ~ geraten, fallen*** finire, cadere nella rete di qcn. **3a** *(netzartiges System)* rete *f.*: ***ein verzweigtes ~ von Filialen*** una rete ramificata di filiali; ***ein ~ von Kanälen, Schienen, Leitungen*** una rete di canali, binari, condutture **b** EL. rete *f.* (elettrica): ***an das (öffentliche) ~ angeschlossen sein*** essere allacciato alla rete elettrica **c** rete *f.* telefonica **4a** *(Haarnetz)* retina *f.*, reticella *f.* (per capelli) **b** *(für Schmetterlinge)* retino *m.* **5** *(Spinnennetz)* ragnatela *f.*, tela *f.* (di ragno) **6** GEOGR. reticolo *m.* (geografico) **7** MED. omento *m.* ◆ FIG. ***überall seine -e auswerfen*** tendere insidie ovunque; COLLOQ. ***mit ~ und doppeltem Boden*** con molte precauzioni; ***jdm ins ~ gehen*** cadere nella rete di qcn.; *(gefangen werden)* essere catturato; ***sich in einem ~ von Lügen verstricken*** impelagarsi in un mare di bugie; FIG. ***-e stellen*** tendere insidie; ***im eigenen ~ verstricken*** cadere nella propria rete. **Netz|an|schluss** m. *(-es,-anschlüsse)* allacciamento *m.* alla rete (elettrica). **Netz|an|schluss|ge|rät** n. *(-[e]s,-e)* **1** apparecchio *m.* allacciato alla rete (elettrica) **2** *(zur Netzspeisung)* alimentatore *m.* **netz|ar|tig I** agg. reticolare, reticolato **II** avv. a rete. **Netz|au|ge** n. *(-s,-n)* ENTOM. occhio *m.* composto. **Netz|ball** m. *(-[e]s,-bälle)* net *m.*
net|zen tr. **1a** inumidire, umettare **b** *(nass machen)* bagnare: ***Tränen netzten seine Wangen*** le lacrime gli bagnavano il viso **2** REGION. *(gießen)* innaffiare.
Netz|flüg|ler m. *(-s,-)* neurottero *m.* **netz|för|mig I** agg. retiforme, reticolare **II** avv. a rete. **Netz|fre|quenz** f. *(-,-en)* EL. frequenza *f.* di, della rete. **Netz|ge|rät** n. *(-[e]s,-e)* accumulatore *m.* **Netz|ge|**

we|be n. *(-s)* rete *f.*; *(netzartiges Gewebe)* tessuto *m.* a rete. **Netz|ge|wöl|be** n. *(-s,-)* volta *f.* a costoloni. **Netz|gleich|rich|ter** m. *(-s,-)* EL. raddrizzatore *m.* di rete.

Netz|haut f. *(-,-häute)* retina *f.* **Netz|haut|ab|lö|sung** f. *(-)* distacco *m.* della retina. **Netz|haut|ent|zün|dung** f. *(-)* retinite *f.*

Netz|hemd n. *(-[e]s,-en)* canottiera *f.* a rete. **Netz|kan|te** f. *(-,-n)* spigolo *m.* della rete. **Netz|kar|te** f. *(-,-n)* biglietto *m.* valido su tutta la rete (anche FERR.). **Netz|ma|gen** m. *(-s,-mägen)* ZOOL. reticolo *m.* **Netz|mit|tel** n. *(-s,-)* TECN. imbibente *m.* **Netz|pa|pier** n. *(-s,-e)* carta *f.* quadrettata, a quadretti. **Netz|plan** m. *(-[e]s,-pläne)* grafico *m.*, reticolo *m.* **Netz|py|thon** m. *(-s,-s)* pitone *m.* reticolato. **Netz|schal|ter** m. *(-s,-)* interruttore *m.* generale, di rete. **Netz|span|nung** f. *(-,-en)* EL. tensione *f.* di rete. **Netz|spie|ler** m. *(-s,-)* giocatore *m.* a, sotto rete. **Netz|ste|cker** m. *(-s,-)* EL. spina *f.* **Netz|stoff** m. *(-[e]s,-e)* tessuto *m.* a rete. **Netz|strumpf** m. *(-[e]s,-strümpfe)* calza *f.* a rete. **Netz|tuch** n. *(-[e]s,-tücher)* tela *f.* **Netz|werk** n. *(-[e]s,-e)* **1a** rete *f.*, reticolo *m.*: ***ein ~ von Adern, Linien*** un reticolo di arterie, linee **b** FIG. rete *f.*, intreccio *m.*: ***ein ~ von Beziehungen, Organisationen*** una rete di relazioni, di organizzazioni **2** EL. INFORM. rete *f.* **Netz|wir|kung** f. *(-,-en)* azione *f.* imbibente.

neu (compar. *neuer*, superl. *neu[e]st...*) **I** agg. **1a** nuovo: ***ein -es Heft*** un quaderno nuovo; ***ein -er Film*** un nuovo film; ***eine -e Ära*** una nuova era; ***die -e Mode*** la nuova moda **b** *(nicht bekannt)* ***eine -e Wissenschaft, Therapie*** una scienza nuova, una nuova terapia; ***einen -en Planeten entdecken*** scoprire un nuovo pianeta; ***das ist mir ~*** la cosa mi giunge nuova **c** *(anders)* ***-e Wege versuchen*** tentare vie nuove; ***ein -es Leben*** una nuova vita; ***ein -es Jahr, ein -er Tag*** un nuovo anno, giorno **2** COLLOQ. *(jung)* giovane **3** novello: ***-er Wein*** vino novello; ***-e Kartoffeln*** patate novelle **4** *(modern)* moderno: ***die -e Literatur*** la letteratura moderna; ***die -en Sprachen*** le lingue moderne **5a** *(aktuell)* recente: ***-e Nachrichten*** notizie recenti; ***die -sten Nachrichten*** le ultime notizie **b** *(seit kurzer Zeit)* nuovo: ***er ist in dieser Arbeit ~*** è nuovo del mestiere; ***ich bin hier ~*** sono nuovo di qui **II** avv. **1** da poco, recentemente, di recente: ***dieser Roman ist ~ erschienen*** questo romanzo è uscito recentemente; ***sie sind ~ eingezogen*** hanno traslocato da poco; ***ein ~ bearbeiteter Text*** un testo rielaborato; *(auf den neuesten Stand gebracht)* ***ein ~ bearbeiteter Katalog*** un catalogo aggiornato; ***~ bekehrt*** convertito di recente; ***~ eröffnet*** aperto recentemente, *(erneut eröffnet)* riaperto; ***~ gebacken*** novello, fresco fresco: ***ein ~ gebackener Ehemann*** un sposino novello; ***~ geschaffen*** creato recentemente; ***~ vermählt*** sposato di fresco, da poco **2** *(wieder)* di nuovo, nuovamente ◆ ***wie ~ aussehen*** sembrare nuovo; ***~ bearbeiten*** rielaborare; ***~, von -em beginnen*** ricominciare; ***~ eröffnet*** di nuova apertura; ***ganz ~*** nuovissimo; ***-ere Geschichte*** storia moderna; ***~ herausgegeben*** di nuova pubblicazione; ***ein -er Mensch werden*** diventare un altro; ***seit -estem*** di recente, ultimamente; ***auf dem -esten Stand sein*** essere aggiornato; ***auf den -sten Stand bringen*** aggiornare; ***das Neue Testament*** il Nuovo Testamento; ***~ vermählt sein*** essere giovani sposi, appena sposati; ***von -em*** nuovamente, da capo; ***wie ~ sein*** essere come nuovo; ***in -erer Zeit*** recentemente.

Neu|an|fer|ti|gung f. *(-,-en)* nuova produzione *f.* **Neu|an|kömm|ling** m. *(-s,-e)* nuovo arrivato *m.* **Neu|an|schaf|fung** f. *(-,-en)* → **Neuerwerb. neu|ar|tig** agg. di nuovo tipo, nuovo: ***eine -e Methode*** un nuovo metodo. **Neu|ar|tig|keit** f. *(-,-en)* novità *f.* **Neu|auf|la|ge** f. *(-,-n)* ristampa *f.*, riedizione *f.*; FIG. ***eine ~ der alten Partei*** una riedizione del vecchio partito. **Neu|auf|nah|me** f. *(-,-n)* **1** *(Zulassung)* (nuova) ammissione *f.* **2** *(Eingliederung)* recente inserimento *m.* **3a** *(Neueingetragener)* nuovo iscritto *m.*, neoiscritto *m.* **b** *(neuer Patient)* nuovo paziente *m.* **4a** *(von Musikaufnahmen)* nuova registrazione *f.* **b** *(von Bildaufnahmen)* nuova fotografia *f.* **Neu|aus|ga|be** f. *(-,-n)* riedizione *f.*, nuova edizione *f.*

Neu|bau m. *(-[e]s,-ten)* **1a** (nuova) costruzione *f.*: ***der ~ einer Brücke*** la costruzione di un nuovo ponte **b** *(neues Gebäude)* nuovo edificio *m.*, nuova costruzione *f.*: ***in einem ~ wohnen*** abitare in un edificio di nuova costruzione **2** *(Wiedererrichten)* ricostruzione *f.* **3** *(Baustelle)* cantiere *m.*, edificio *m.* in costruzione. **Neu|bau|vier|tel** n. *(-s,-)* quartiere *m.* nuovo, di recente costruzione. **Neu|bau|woh|nung** f. *(-,-en)* appartamento *m.* nuovo.

Neu|be|ar|bei|tung f. *(-,-en)* **1** rifacimento *m.*, rielaborazione *f.*: ***bei der ~*** nel corso del rifacimento **2** nuova versione *f.*: ***die ~ des Katalogs ist praktischer*** la nuova versione del catalogo è più pratica. **Neu|be|ginn** m. *(-[e]s,-e)* nuovo inizio *m.* **Neu|be|kehr|te** m. e f. *(-n,-n)* neofita *m.* e *f.* **Neu|be|set|zung** f. *(-,-en)* nuova assegnazione *f.*: ***die ~ einer Rolle*** la nuova assegnazione di una parte. **Neu|bil|dung** f. *(-,-en)* **1** nuova formazione *f.* **2** LING. MED. neoformazione *f.* **3** *(Umgestaltung)* trasformazione *f.* **4** POL. *(Umbildung)* rimpasto *m.*

Neu-De|lhi n.pr.n. *(-s)* Nuova Delhi *f.*

neu|deutsch agg. tedesco moderno: ***die -e Gesellschaft*** la società tedesca moderna. **Neu|druck** m. *(-[e]s,-e)* ristampa *f.*

Neue I n. *(-n)* nuovo *m.*, novità *f.*: ***das ist mir nichts -s*** non mi è nuovo, non è una novità; ***gibt's was -s?*** c'è qualcosa di nuovo? c'è qualche novità? ***nichts -s wissen*** non sapere niente di nuovo; IRON. ***das ist ja etwas ~!*** che bella novità! **II** m. e f. *(-n,-n)* COLLOQ. nuovo *m.* (-a *f.*): ***die -n sind heute angekommen*** i nuovi sono arrivati oggi ◆ ***aufs ~*** di nuovo, nuovamente; ***auf ein -s!*** da capo! ***nichts -s unter der Sonne*** niente di nuovo sotto il sole; ***-n trinken*** bere vino novello; ***das -ste vom -n*** l'ultima novità.

Neu|ein|stel|lung f. *(-,-en)* **1** neoassunzione *f.* **2a** *(neue Regulierung)* nuova regolazione *f.* **b** TECN. nuova registrazione *f.* **Neu|ein|stu|die|rung** f. *(-,-en)* TEATR. nuovo allestimento *m.*

Neu|eng|land n.pr.n. *(-s)* Nuova Inghilterra *f.*

neu|eng|lisch agg. inglese moderno.

Neu|ent|de|ckung f. *(-,-en)* **1a** nuova scoperta *f.*: ***eine wissenschaftliche ~*** una nuova scoperta scientifica **b** FIG. ultima scoperta *f.* **2** *(Wiederentdeckung)* riscoperta *f.* **Neu|ent|wick|lung** f. *(-,-en)* **1** *(neue Erzeugung)* nuova produzione *f.* **2** innovazione *f.*: ***technische -en vorführen*** presentare innovazioni tecniche.

neu|er|dings avv. **1** *(seit kurzem)* recentemente, di recente **2** REGION. o ANT. *(nochmals)* nuovamente, di nuovo. **Neu|e|rer** m. *(-s,-)* innovatore *m.* **neu|er|lich I** agg. nuovo, recente: ***-e Erfolge, Nachforschungen*** recenti successi, indagini nuove **II** avv. recentemente. **neu|ern** tr. ANT. innovare.

Neu|er|öff|nung f. *(-,-en)* **1** recente apertura *f.*: ***die ~ einer Filiale*** la recente apertura di una filiale **2** *(erneute Eröffnung)* riapertura *f.* **Neu|er|schei|nung** f. *(-,-en)* novità *f.* (sul mercato).

Neu|e|rung f. *(-,-en)* innovazione *f.* **Neu|e|rungs|sucht** f. *(-)* mania *f.* di innovazioni. **neu|e|rungs|süch|tig** agg. maniaco delle innovazioni.

Neu|er|werb m. *(-[e]s,-e)* nuovo acquisto *m.* **Neu|er|wer|bung** f. *(-,-en)* recente acquisizione *f.*

neu|es|tens avv. RAR. → **neuerdings.**

Neu|fas|sung f. *(-,-en)* rifacimento *m.*, nuova versione *f.* **neu|fran|zö|sisch** agg. francese moderno.

Neu|fund|land n.pr.n. *(-[s])* Terranova *f.* **Neu|fund|län|der** m. *(-s,-)* **1** abitante *m.* di Terranova **2** *(Hund)* (cane *m.*) terranova *m.* **neu|fund|län|disch** agg. di Terranova.

neu|ge|bo|ren agg. neonato, appena nato ◆ FIG. *(erneuert)* ***wie ~*** rinato. **Neu|ge|bo|re|ne** n. *(-n,-n)* neonato *m.* (-a *f.*). **Neu|ge|burt** f. *(-,-en)* rinascita *f.*: ***die ~ der dramatischen Kunst*** la rinascita dell'arte drammatica.

Neu|ge|stal|tung f. *(-,-en)* riordinamento *m.*, riorganizzazione *f.*

Neu|gier, Neu|gier|de f. *(-)* curiosità *f.*: ***unverhohlene, krankhafte ~ auf etw. (A)*** curiosità non dissimulata, morbosa nei confronti di qcs.; ***aus reiner, purer ~*** per pura curiosità; ***vor ~ brennen, platzen*** bruciare, morire di curiosità; ***etw. erregt, reizt, weckt jds ~*** qcs. suscita, stimola, risveglia la curiosità di qcn.; ***seine ~ befriedigen, stillen*** soddisfare, placare la propria curiosità; ***jdn plagt, quält, packt die ~*** qcn. è tormentato dalla curiosità. **neu|gie|rig I** agg. curioso: ***~ auf etw. (A) sein*** essere curioso nei confronti di qcs.; ***ich bin ~, wie sie jetzt aussieht*** sono curioso di vedere che aspetto ha **II** avv. con curiosità: ***~ fragen*** chiedere con curiosità ◆ ***jdn ~ machen*** incuriosire qcn.

Neu|glie|de|rung f. *(-,-en)* nuova suddivisione *f.* **Neu|go|tik** f. *(-)* neogotico *m.* **neu|go|tisch** agg. neogotico.

neu|grie|chisch agg. neoellenico, neogreco. **Neu|grie|chisch** n. *(-[s])*, **Neu|grie|chi|sche** n. *(-n)* neoellenico *m.*, neogreco *m.*, greco *m.* moderno.

Neu|grün|dung f. *(-,-en)* **1** nuova fondazione *f.*, nuova istituzione *f.* **2** *(erneute Gründung)* rifondazione *f.*

Neu|gui|nea [-gi-] n.pr.n. *(-s)* Nuova Guinea *f.*

neu|heb|rä|isch agg. neoebraico. **Neu|heb|rä|isch** n. *(-[s])*, **Neu|heb|rä|i|sche** n. *(-n)* neoebraico *m.*

Neu|he|ge|li|a|ner m. *(-s,-)* neohegeliano *m.* **neu|he|ge|li|a|nisch** agg. neohegeliano. **Neu|he|ge|li|a|nis|mus** m. *(-)* neohegelismo *m.*

Neu|heit f. *(-,-en)* novità *f.*: ***der Reiz der ~*** il fascino della novità; ***technische -en zeigen*** mostrare le novità tecniche.

neu|hoch|deutsch agg. alto tedesco moderno. **Neu|hoch|deutsch** n. *(-[s])*, **Neu|hoch|deut|sche** n. *(-n)* alto tedesco *m.* moderno.

Neu|hu|ma|nis|mus m. *(-)* neoumanesimo *m.*

Neu|ig|keit f. *(-,-en)* novità *f.*: ***interessante -en mitbringen, erzählen, wissen*** portare, raccontare, sapere novità (*o* notizie) in-

teressanti; TECN. o RAR. *(Neuheit)* ***die -en der Autoindustrie*** le novità dell'industria automobilistica.
Neu|in|sze|nie|rung f. *(-,-en)* TEATR. nuova messinscena *f.*, nuovo allestimento *m.*
Neu|jahr, Neu|jahr n. *(-[e]s)* capodanno *m.*: ***zu ~*** a capodanno; ***~ fällt auf einen Sonntag*** capodanno cade di domenica ◆ ***prosit ~!*** buon anno! **Neu|jahrs|abend** m. *(-[e]s,-e)* sera *f.* di capodanno, di san Silvestro. **Neu|jahrs|bot|schaft** f. *(-,-en)* messaggio *m.* di capodanno. **Neu|jahrs|fest** n. *(-[e]s,-e)* festa *f.* di capodanno. **Neu|jahrs|glück|wunsch** m. *(-[e]s,-wünsche)*, **Neu|jahrs|gruß** m. *(-es,-grüße)* augurio *m.* di buon anno. **Neu|jahrs|kar|te** f. *(-,-n)* biglietto *m.* di auguri di capodanno, di buon anno. **Neu|jahrs|nacht** f. *(-,-nächte)* notte *f.* di capodanno, di san Silvestro. **Neu|jahrs|tag** m. *(-[e]s,-e)* (giorno *m.* di) capodanno *m.* **Neu|jahrs|wunsch** → **Neujahrsglückwunsch.**
Neu|ka|le|do|ni|en n.pr.n. *(-s)* Nuova Caledonia *f.*
Neu|kan|ti|a|ner m. *(-s,-)* neokantiano *m.* **neu|kan|ti|a|nisch** agg. neokantiano. **Neu|kan|ti|a|nis|mus** m. *(-)* neokantismo *m.*
Neu|kauf m. *(-[e]s,-käufe)* nuovo acquisto *m.*
Neu|klas|sik f. *(-)*, **Neu|klas|si|zis|mus** m. *(-)* neoclassicismo *m.*
Neu|kon|struk|ti|on f. *(-,-en)* costruzione *f.* nuova.
Neu|land n. *(-[e]s)* **1** *(für Nutzung)* terra *f.* vergine **2a** *(unerforschtes Gebiet)* campo *m.* nuovo, terreno *m.* inesplorato: ***wissenschaftliches ~ betreten*** entrare in un campo scientifico nuovo **b** RAR. *(unerforschtes Land)* terra *f.* inesplorata. **Neu|land|ge|win|nung** f. *(-,-en)* bonifica *f.*
Neu|la|tein n. *(-s)* latino *m.* umanistico. **neu|la|tei|nisch** agg. latino umanistico.
neu|lich avv. recentemente, di recente: ***ich habe ihn ~ besucht*** gli ho fatto visita di recente; ***unser Gespräch von ~*** il nostro recente colloquio.
Neu|ling m. *(-s,-e)* novellino *m.*: ***noch ein ~ (auf einem Gebiet) sein*** essere ancora un novellino (in un campo); ***darin ist er ~*** in questo è un novellino.
Neu|me f. *(-,-n)* MUS. neuma *m.*
neu|mo|disch spec. SPREG. **I** agg. moderno, nuovo, dell'ultima moda **II** avv. all'ultima moda: ***~ gekleidet sein*** essere vestito all'ultima moda. **Neu|mond** m. *(-[e]s)* novilunio *m.*, luna *f.* nuova.
neun agg.inv. **1** nove: ***es sind gerade ~ Jahre*** sono appena nove anni; ***er ist ~*** ha nove anni; ***es waren ihrer ~*** erano in nove; *(Wagen, Zug)* ***mit der Linie ~ fahren*** prendere il nove **2** *(neun Uhr)* le nove: ***gegen ~*** verso le nove; ***um ~ (Uhr)*** alle nove; ***es ist, schlägt halb ~*** sono, suonano le otto e mezza; ***ein Viertel vor, nach ~*** un quarto alle nove (*o* le nove meno un quarto), le nove e un quarto ◆ *(beim Kegeln)* ***alle -[e]!*** strike! SCHERZ. *(wenn alles herunterfällt)* patatrac! **Neun** f. *(-,-en)* **1** nove *m.* **2** COLLOQ. *(Straßenbahn, Bus)* ***die ~ nehmen*** prendere il nove **3** *(Spielkarte)* ***die ~ ablegen*** scartare il nove ◆ ***ach, du grüne -e!*** perbacco! accidenti!
Neun|au|ge n. *(-s,-n)* lampreda *f.* marina.
neun|bän|dig agg. in, di nove volumi. **Neun|eck** n. *(-[e]s,-e)* ennagono *m.* **neun|eckig** agg. ennagonale. **neun|ein|halb** agg. nove e mezzo.
Neu|ner m. *(-s,-)* COLLOQ. nove *m.*: ***mit dem ~ fahren*** prendere il nove. **neu|ner|lei I** agg.inv. nove... (diversi), di nove tipi **II** pron. nove cose *f.pl.* diverse.
neun|fach I agg. di nove volte, RAR. nonuplo: ***in -er Ausfertigung*** in nove copie **II** avv. nove volte: ***etw. ~ falten*** piegare qcs. nove volte, in nove. **Neun|fa|che** n. *(-n)* nonuplo *m.*, nove volte *f.pl.*: ***etw. um das ~ erhöhen*** aumentare qcs. di nove volte (*o* nove volte tanto).
neun|hun|dert agg.inv. novecento. **neun|jäh|rig** agg. **1** di nove anni, novenne: ***ein -es Kind*** un bambino di nove anni **2** *(neun Jahre dauernd)* di nove anni, novennale. **neun|jähr|lich I** agg. di nove anni, novennale **II** avv. ogni nove anni.
neun|mal avv. nove volte. **neun|mal|ge|scheit** agg. saputello. **neun|ma|lig** agg. di nove volte. **neun|mal|klug** agg. saccente: ***ein -es Gerede*** un discorso saccente.
neun|mo|na|tig agg. **1** di nove mesi: ***ein -es Kind*** un bambino di nove mesi **2** *(neun Monate dauernd)* di nove mesi. **neun|mo|nat|lich I** agg. di nove mesi, ANT. novemestre **II** avv. ogni nove mesi.
neun|pfün|dig agg. di quattro chili e mezzo; *(in Großbritannien)* di nove libbre. **neun|schwän|zig** agg. a nove code ◆ ***-e Katze*** gatto a nove code. **neun|stel|lig** agg. di, a nove cifre: ***eine -e Zahl*** un numero di nove cifre. **neun|stün|dig** agg. di nove ore.
neunt, *zu ~* in nove.
neun|tä|gig agg. di nove giorni. **neun|täg|lich I** agg. che si ripete ogni nove giorni **II** avv. ogni nove giorni. **neun|tau|send** agg. novemila.
neun|te agg. **1** nono **2** *(im Datum)* nove: ***am -n Mai*** il nove maggio; ***Bonn, der ~ Mai*** Bonn, il nove maggio. **Neun|te I** m. e f. *(-n,-n)* nono *m.* (-a *f.*) **II** m. *(als Monatstag)* nove *m.*: ***heute ist der ~*** oggi è il nove.
neun|tel agg.inv. nono. **Neun|tel** n. *(-s,-)* nono *m.*: ***zwei, drei ~*** due, tre noni. **neun|tens** avv. nono, in nono luogo.
Neun|tö|ter m. *(-s,-)* falconcello *m.*, averla *f.* piccola.
neun|zehn agg.inv. diciannove. **neun|zehn|hun|dert** agg.inv. millenovecento.
neun|zig agg.inv. **1** *(Zahl)* novanta **2** *(Alter)* novant'anni *m.pl.*, novanta *m.pl.*, novantina *f.*: ***in die ~ kommen*** arrivare ai novanta. **Neun|zig** f. *(-,-en)* novanta *m.* **neun|zi|ger** agg.inv. **1** *(Zeit)* novanta: ***in den ~ Jahren*** negli anni novanta **2** *(Alter)* novantina *f.*, novant'anni *m.pl.* **Neun|zi|ger** m. *(-s,-)* **1** novantenne *m.* **2a** pl. *(Neunzigerjahre)* novantina *f.*, novant'anni *m.pl.*: ***er ist nahe den -n*** è vicino alla novantina; ***hoch in den -n sein*** essere vicino ai cent'anni **b** anni *m.pl.* novanta **3** *(Wein)* vino *m.* del novanta, dell'annata '90. **Neun|zi|ge|rin** f. *(-,-nen)* novantenne *f.* **Neun|zi|ger|jah|re** pl. → **neunziger. neun|zigs|te** agg. novantesimo. **Neun|zigs|tel** n. *(-s,-)* novantesimo *m.*, novantesima parte *f.*
Neu|ord|nung f. *(-,-en)* riordinamento *m.*, riassetto *m.* **Neu|ori|en|tie|rung** f. *(-,-en)* nuovo orientamento *m.*
Neu|phi|lo|lo|ge m. *(-n,-n)* filologo *m.* moderno. **Neu|phi|lo|lo|gie** f. *(-)* filologia *f.* moderna. **neu|phi|lo|lo|gisch** agg. di, della filologia moderna.
Neu|pla|to|ni|ker m. *(-s,-)* neoplatonico *m.* **neu|pla|to|nisch** agg. neoplatonico. **Neu|pla|to|nis|mus** m. *(-)* neoplatonismo *m.*
Neu|prä|gung f. *(-,-en)* LING. neoformazione *f.*, neoconiazione *f.*
Neu|preis m. *(-es,-e)* prezzo *m.* da nuovo.
Neu|ral|chi|rur|gie → **Neurochirurgie.**
Neu|ral|gie f. *(-,-n)* nevralgia *f.* **Neu|ral|gi|ker** m. *(-s,-)* chi soffre di nevralgie. **neu|ral|gisch** agg. nevralgico (anche FIG.): ***-e Schmerzen, Punkte*** dolori, punti nevralgici.
Neu|ras|the|nie f. *(-)* nevrastenia *f.* **Neu|ras|the|ni|ker** m. *(-s,-)* nevrastenico *m.* **neu|ras|the|nisch** agg. nevrastenico.
Neu|re|ge|lung, Neu|reg|lung f. *(-,-en)* nuova regolamentazione *f.*; *(Umordnung)* riordinamento *m.*, riassetto *m.*
neu|reich agg. SPREG. arricchito; ***eine -e Familie*** una famiglia di arricchiti. **Neu|rei|che** m. e f. *(-n,-n)* SPREG. arricchito *m.* (-a *f.*), parvenu *m.* e *f.*, nuovo ricco *m.* (nuova ricca *f.*).
Neu|rin n. *(-s)* neurina *f.*
Neu|ri|tis f. *(-, Neuritiden)* neurite *f.*, nevrite *f.*
Neu|ro|bi|o|lo|gie f. *(-)* neurobiologia *f.*
Neu|ro|chi|rurg m. *(-en,-en)* neurochirurgo *m.* **Neu|ro|chi|rur|gie** f. *(-)* neurochirurgia *f.*
Neu|ro|lo|ge m. *(-n,-n)* neurologo *m.* **Neu|ro|lo|gie** f. *(-)* neurologia *f.* **neu|ro|lo|gisch** agg. neurologico.
Neu|rom n. *(-s,-e)* neuroma *m.*
Neu|ro|man|tik f. *(-)* neoromanticismo *m.* **Neu|ro|man|ti|ker** m. *(-s,-)* neoromantico *m.* **neu|ro|man|tisch** agg. neoromantico.
Neu|ron n. *(-s,-e[n])* neurone *m.*
Neu|ro|pa|thie f. *(-,-n)* neuropatia *f.* **neu|ro|pa|thisch** agg. neuropatico. **Neu|ro|pa|tho|lo|gie** f. *(-)* neuropatologia *f.* **Neu|ro|phy|si|o|lo|gie** f. *(-)* neurofisiologia *f.*
Neu|ro|se f. *(-,-n)* nevrosi *f.* **Neu|ro|ti|ker** m. *(-s,-)* nevrotico *m.* **neu|ro|tisch** agg. nevrotico.
Neu|schnee m. *(-s)* neve *f.* fresca.
Neu|scho|las|tik f. *(-)* neoscolastica *f.* **neu|scho|las|tisch** agg. neoscolastico.
Neu|schöp|fung f. *(-,-en)* **1** nuova creazione *f.* **2** → **Neuprägung.**
Neu|see|land n.pr.n. *(-s)* Nuova Zelanda *f.* **Neu|see|län|der I** m. *(-s,-)* neozelandese *m.* **II** agg.inv. RAR. neozelandese. **neu|see|län|disch** agg. neozelandese.
Neu|sil|ber n. *(-s)* alpacca *f.*, argentone *m.*
Neu|sprach|ler m. *(-s,-)* studioso *m.* di lingue moderne. **neu|sprach|lich** agg. di, delle lingue moderne.
Neu|tes|ta|ment|ler m. *(-s,-)* studioso *m.* del Nuovo Testamento. **neu|tes|ta|ment|lich** agg. neotestamentario, del Nuovo Testamento.
Neu|tö|ner m. *(-s,-)* innovatore *m.*, modernista *m.*
neut|ral I agg. **1a** POL. neutrale: ***-e Länder*** paesi neutrali; ***eine -e Stellung*** una posizione neutrale **b** *(unparteiisch)* imparziale: ***ein -er Beobachter*** un osservatore imparziale **2a** neutro (anche GRAMM.): ***auf -em Platz spielen*** giocare in campo neutro; ***ein -es Substantiv*** un sostantivo neutro **b** *(nicht auffällig)* ***-e Farben*** colori neutri; ***geschmacklich, im Geschmack ~*** neutro, dal gusto neutro **c** CHIM. FIS. ***-e Seifen*** saponi neutri; ***elektrisch -e Teilchen*** particelle elettricamente neutre **II** avv. **1** in modo neutrale: ***~ bleiben*** restare neutrale **2** *(unparteiisch)* in modo imparziale, con im-

parzialità ◆ ***-es Briefpapier*** carta da lettere bianca, non intestata.

Neut|ra|le m. *(-n,-n)* neutrale *m.*

Neut|ra|li|sa|ti|on f. *(-,-en)* neutralizzazione *f.* **neut|ra|li|sie|ren** tr. neutralizzare. **Neut|ra|li|sie|rung** f. *(-,-en)* neutralizzazione *f.*

Neut|ra|lis|mus m. *(-)* neutralismo *m.* **Neut|ra|list** m. *(-en,-en)* neutralista *m.* **neut|ra|lis|tisch** agg. neutralistico.

Neut|ra|li|tät f. *(-)* neutralità *f.*: ***die ~ eines Landes garantieren, verletzen*** garantire, violare la neutralità di un paese ◆ ***dauernde, ständige ~*** neutralità permanente; ***bewaffnete ~*** neutralità armata. **Neut|ra|li|täts|bruch** m. *(-[e]s,-brüche)* violazione *f.* della neutralità. **Neut|ra|li|täts|er|klä|rung** f. *(-,-en)* dichiarazione *f.* di neutralità. **Neut|ra|li|täts|po|li|tik** f. *(-)* politica *f.* neutralistica, di neutralità. **Neut|ra|li|täts|ver|let|zung** f. *(-,-en)* violazione *f.* della neutralità.

Neut|ri|no n. *(-s,-s)* neutrino *m.*

Neut|ron n. *(-s,-en)* neutrone *m.* **Neut|ro|nen|bom|be** f. *(-,-n)* bomba *f.* al neutrone, bomba *f.* N. **Neut|ro|nen|strah|lung** f. *(-,-en)* emissione *f.* di neutroni. **Neut|ro|nen|waf|fe** f. *(-,-n)* arma *f.* neutronica, al neutrone.

Neut|rum n. *(-s, Neutra)* **1** GRAMM. neutro *m.* **2** FIG. = persona *f.* insignificante: ***für mich ist er ein ~*** lo trovo insignificante.

Neu|ver|mähl|te m. e f. *(-n,-n)* sposo *m.* novello (sposa *f.* novella), sposino *m.* (-a *f.*).

Neu|wa|gen m. *(-s,-)* macchina *f.* nuova, automobile *f.* nuova.

Neu|wahl f. *(-,-en)* nuova elezione *f.*

Neu|wert m. *(-[e]s,-e)* **1** valore *m.* da nuovo: ***der ~ eines Autos*** il valore di una macchina da nuova **2** *(in der marxistischen Philosophie)* valore *m.* del prodotto. **neu|wer|tig** agg. come nuovo. **Neu|wert|ver|si|che|rung** f. *(-,-en)* assicurazione *f.* del valore a nuovo.

Neu|wort n. *(-[e]s,-wörter)* termine *m.* nuovo, neologismo *m.*

Neu|zeit f. *(-)* età *f.* moderna, evo *m.* moderno. **neu|zeit|lich** agg. moderno.

Neu|zu|gang m. *(-[e]s,-zugänge)* nuovo arrivo *m.*; *(neu gekommene Person, Sache)* nuovo arrivato *m.* **Neu|zu|las|sung** f. *(-,-en)* nuova immatricolazione *f.* **Neu|zu|stand, *im ~*** come nuovo.

New|ton ['nju:tn] n. *(-s,-)* newton *m.*

New-Yor|ker [nju:] **I** m. *(-s,-)* newyorchese *m.* **II** agg.inv. newyorchese, di New York.

Ne|xus m. *(-,-)* nesso *m.*: ***ein logischer ~*** un nesso logico.

N. F. ⇒ *Neue Folge* nuova serie.

n-fach I agg. ennesimo **II** avv. enne volte.

nhd. ⇒ *neuhochdeutsch* alto tedesco moderno.

Ni|a|ga|ra|fäl|le n.pr.pl. cascate *f.pl.* del Niagara.

Ni|be|lun|gen n.pr.pl. Nibelunghi *m.pl.* **Ni|be|lun|gen|hort** m. *(-[e]s)* tesoro *m.* dei Nibelunghi. **Ni|be|lun|gen|lied** n. *(-[e]s)* canzone *f.* dei Nibelunghi. **Ni|be|lun|gen|sa|ge** f. *(-)* saga *f.* nibelungica, dei Nibelunghi.

Ni|ca|ra|gua n.pr.n. *(-s)* Nicaragua *m.* **Ni|ca|ra|gu|a|ner** m. *(-s,-)* nicaraguegno *m.*, nicaraguense *m.*, abitante *m.* del Nicaragua. **ni|ca|ra|gu|a|nisch** agg. nicaraguegno, nicaraguense.

nicht I avv. **1** non: ***kennst du sie ~ mehr?*** non la riconosci più? ***~ zu glauben!*** da non credere! ***bitte, ~ berühren*** si prega di non toccare; ***das ist ~ übel*** non è male; ***das ist ~ lesbar*** non è leggibile; BUROCR. ***~ beamtet*** non impiegato; *(von Lehrern)* non di ruolo; ***~ leitend*** non conduttore, cattivo conduttore, coibente; ***~ organisiert*** non organizzato (in sindacato); ***~ rostend*** inossidabile **2** rafforz. no: ***ich ~!*** io no! ***durchaus, gar ~!*** assolutamente, proprio no! non... affatto! ***bestimmt ~!*** no di certo! certo che no! **II** part.at. **1** non: ***ist es ~ schön hier?*** non è bello qui? **2** no, (non è) vero: ***das gehört doch dir, ~?*** questo è tuo, vero? ***er hat doch Recht, ~?*** ha ragione, no? ◆ ***ich (du, wir...) auch ~*** neanche, nemmeno io (tu, noi...); ***~ besonders*** non particolarmente; ***~ doch!*** ma no! ***~ einer*** non uno, nessuno; ***ganz und gar ~*** niente affatto; ***~ im geringsten*** non... minimamente; ***~ mehr*** non più; ***~ mehr und ~ weniger*** niente più e niente meno; ***nicht, dass ich ~ könnte*** non è che io non possa; ***~ groß und ~ klein*** né alto né basso; ***noch ~*** non ancora; ***~... noch*** né... né; ***~ nur*** non solo; ***das ist ~ ohne*** la cosa non è così pacifica; ***~ wahr?*** (non è) vero? ***warum ~?*** perché no? ***wenn ~*** in caso contrario, se no; ***~ Zutreffendes bitte streichen*** cancellare ciò che non interessa.

Nicht|ach|tung f. *(-)* **1a** *(Nichtachten)* il trascurare, l'ignorare: ***jdn mit ~ strafen*** punire qcn. ignorandolo **b** inosservanza *f.*: ***die ~ des Gesetzes*** l'inosservanza della legge **2** *(Mangel an Respekt)* mancanza *f.* di rispetto. **nicht|al|ko|ho|lisch** agg. analcolico. **nicht|amt|lich** agg. non ufficiale, ufficioso ◆ ***in -er Eigenschaft*** a titolo personale; ***ein -es Schriftstück*** una scrittura privata. **Nicht|an|er|ken|nung** f. *(-)* mancato riconoscimento *m.*, disconoscimento *m.* **Nicht|an|griffs|pakt** m. *(-[e]s,-e)* patto *m.* di non aggressione. **Nicht|an|nah|me** f. *(-,-en)* mancata accettazione *f.*, non accettazione *f.* **Nicht|an|wen|dung** f. *(-,-en)* MED. mancata applicazione *f.* **Nicht|an|we|sen|heit** f. *(-,-en)* assenza *f.* **nicht|arisch** agg. non ariano. **Nicht|aus|füh|rung** f. *(-,-en)* mancata esecuzione *f.*, non esecuzione *f.* **Nicht|be|ach|tung** f. *(-)* inosservanza *f.*, trasgressione *f.* **Nicht|be|fol|gung** f. *(-,-en)* inosservanza *f.*, non osservanza *f.* **Nicht|be|nut|zung** f. *(-,-en)* mancato utilizzo *m.*, non utilizzo *m.* **nicht|be|rufs|tä|tig** agg. che non esercita nessuna professione, senza professione. **Nicht|be|rufs|tä|ti|ge** m. e f. *(-n,-n)* chi non esercita nessuna professione. **Nicht|be|ste|hen** n. *(-s)* **1** inesistenza *f.* **2** mancato superamento *m.*: ***das ~ einer Prüfung*** il mancato superamento di un esame. **Nicht|be|tei|lig|te** m. e f. *(-n,-n)* persona *f.* non coinvolta. **Nicht|be|zah|lung** f. *(-,-en)* mancato pagamento *m.* **nicht|brenn|bar** agg. ininfiammabile, ignifugo.

Nicht|christ m. *(-en,-en)* non cristiano *m.* **nicht|christ|lich** agg. non cristiano.

Nich|te f. *(-,-n)* nipote *f.* (di zio).

nicht|ehe|lich agg. DIR. illegittimo: ***ein -es Kind*** un figlio illegittimo.

Nicht|ein|hal|tung f. *(-)* inosservanza *f.*, inadempienza *f.* **Nicht|ein|klag|bar|keit** f. *(-,-en)* inesigibilità *f.* (di un credito). **Nicht|ein|lö|sung** f. *(-,-en)* mancato pagamento *m.* **Nicht|ein|mi|schung** f. *(-,-en)* non intervento *m.* **Nicht|ein|mi|schungs|po|li|tik** f. *(-)* politica *f.* del non intervento. **Nicht|ei|sen|me|tall** n. *(-s,-e)* metallo *m.* non ferroso. **Nicht|er|fül|lung** f. *(-,-en)* inadempimento *m.*, inadempienza *f.*: ***bei ~ des Vertrags*** in caso di inadempienza contrattuale. **Nicht|er|schei|nen** n. *(-s)*, **Nicht|er|schei|nung** f. *(-)* DIR. non comparizione *f.* **Nicht|er|wäh|nung** f. *(-,-en)* mancata menzione *f.* **nicht|euk|li|disch** agg. non euclideo: ***eine -e Geometrie*** una geometria non euclidea. **Nicht|fach|mann** m. *(-[e]s,-leute)* profano *m.*, non esperto *m.* **nicht|flek|tier|bar** agg. indeclinabile, invariabile. **Nicht|ge|fal|len** n. *(-s)* COMM. mancato gradimento *m.* ◆ ***bei ~ Geld zurück*** soddisfatti o rimborsati. **nicht|ge|schäfts|fä|hig** agg. DIR. incapace di agire. **Nicht|ge|wünsch|te** n. *(-n)* COMM. voce *f.* che non interessa: ***-s bitte streichen*** si prega di cancellare ciò che non interessa.

Nicht-Ich n. *(-[s])* FILOS. Non-Io *m.*, non io *m.*

nich|tig agg. **1** da nulla, futile: ***-e Dinge*** cose da nulla; ***ein -er Grund*** un motivo futile, meschino **2** DIR. *(ungültig)* nullo: ***einen Vertrag für ~ erklären*** dichiarare nullo (*o* invalidare) un contratto.

Nich|tig|keit f. *(-,-en)* **1a** *(das Nichtigsein)* nullità *f.*, futilità *f.* **b** *(etwas Nichtiges)* nonnulla *m.*, inezia *f.*: ***sich wegen jeder ~ aufregen*** agitarsi per un nonnulla **2** DIR. nullità *f.*: ***bei ~*** a pena di (*o* sotto) nullità. **Nich|tig|keits|be|schwer|de** f. *(-,-n)* DIR. ricorso *m.* per nullità. **Nich|tig|keits|er|klä|rung** f. *(-,-en)* DIR. annullamento *m.*, invalidamento *m.* **Nich|tig|keits|kla|ge** f. *(-,-n)* azione *f.* di annullamento. **Nich|tig|keits|ur|teil** n. *(-s,-e)* sentenza *f.* di annullamento.

Nicht|in|an|spruch|nah|me f. *(-)* BUROCR. mancato ricorso *m.* **Nicht|ka|tho|lik** m. *(-en,-en)* non cattolico *m.*, acattolico *m.* **Nicht|lei|ter** m. *(-s,-)* (corpo *m.*) non conduttore *m.*, coibente *m.* **Nicht|me|tall** n. *(-s,-e)* metalloide *m.*, non-metallo *m.* **Nicht|mit|glied** n. *(-[e]s,-er)* non membro *m.*, non iscritto *m.* (di un partito, di un'organizzazione). **nicht|öf|fent|lich** agg. non pubblico, a porte chiuse.

Nicht|rau|cher m. *(-s,-)* non fumatore *m.* **Nicht|rau|cher|ab|teil** n. *(-[e]s,-e)* scompartimento *m.* per non fumatori. **Nicht|rau|cher|zo|ne** f. *(-,-n)* zona *f.* (*o* sala *f.*) per non fumatori.

nicht|rechts|fä|hig agg. senza capacità giuridica.

nichts pron.indef. niente, nulla: ***~ sagen, wissen*** non dire, non sapere niente; ***~ Gutes ahnen*** non presagire nulla di buono; ***es gibt ~ Besseres*** non c'è niente di meglio; ***~ unversucht lassen*** non lasciare nulla di intentato; ***durch ~ zu überzeugen sein*** non farsi convincere da niente; ***mit ~ zufrieden sein*** non essere contento di nulla; ***von ~ gewusst haben*** non aver saputo niente; ***das macht, tut, schadet ~*** (non) fa niente; ***~ ahnend*** ignaro; ***~ sagend*** insignificante, che non dice nulla; ***eine ~ sagende Antwort*** una risposta inconcludente; ***ein ~ sagendes Gesicht*** un viso inespressivo; ◆ ***~ von alledem*** niente di tutto ciò; ***~ als*** nient'altro che; ***so tun, als ob ~ wäre*** fare come se niente fosse; ***sich in ~ auflösen*** dissolversi nel nulla; ***~ von Bedeutung, Belang*** nulla d'importante; ***es zu ~ bringen*** non riuscire a combinare nulla; COLLOQ. ***~ da!*** niente! non se ne parla neanche! ***hast du ~ dagegen?*** hai niente in contrario? ***~ zu danken!*** prego! non c'è di che! ***daraus wird ~!*** non se ne fa nulla! ***ich mache mir ~ daraus*** non me ne faccio niente; *(es kränkt mich nicht)* non me ne importa niente; ***ich habe ~ davon*** non me ne viene niente in tasca; ***~ dergleichen*** nulla di simile; ***durchaus ~*** assolutamente niente; ***zu ~ führen*** non portare a niente; ***für ~ (und wieder ~)*** per niente, inutilmente; ***das ist ~ für dich*** non è per te; ***auf etw. (A) ~ geben*** non dare alcun valore a qcs.; ***zu ~ kommen*** non giungere a nulla, non combinare niente; ***viel Lärm um ~*** molto rumore per nulla; COLLOQ. ***(da ist leider) ~ zu machen!*** (purtroppo qui) non c'è niente da fare! ***mir ~ dir ~*** come se niente fosse; ***mit jdm ~ zu tun haben*** non avere niente (a) che fare con qcn.; COLLOQ. ***das sieht nach ~ aus*** ha l'aria da poco; ***zu ~ nütze sein*** non essere buono a nulla; ***alles oder ~*** tutto o niente; ***sonst ~?*** nient'altro? tutto qui? ***um ~ und wieder ~*** → ***für ~***; ***~ für ungut!*** non avertene a male! non te la prendere! ***~ vorstellen*** non rappresentare niente, non essere nessuno; ***weiter ~?*** nient'altro? ***wenn es weiter ~ ist...*** se non c'è altro...; ***um ~ in der Welt*** per niente al mondo; ***~ wert sein*** non avere nessun (*o* alcun) valore; COLLOQ. ***wie ~*** come niente, facilmente; ***so gut wie ~ gegessen haben*** non avere mangiato praticamente nulla; ***~ wie heim!*** subito a casa! ***~ wie hin!*** subito lì! ***da ist ~ zu wollen*** non c'è niente da fare; PROV. ***aus ~ wird ~*** non si può cavare sangue da una rapa; ***von ~ kommt ~*** niente nasce dal nulla. **Nichts** n. *(-,-e)* **1a** niente *m.*, nulla *m.*: ***etw. für ein ~ kaufen*** comprare qcs. per niente; ***um ein ~ streiten*** litigare per nulla **b** FILOS. nulla *m.*: ***das absolute ~*** il nulla assoluto; ***etw. aus dem ~ erschaffen*** creare qcs. dal nulla **2** SPREG. *(Mensch)* nullità *f.*, zero *m.*: ***er ist ein ~*** è una nullità, uno zero ◆ ***vor dem ~ stehen*** essere rovinato, essere sull'orlo dell'abisso; ***ein ~ an, von etw. sein*** essere piccolissimo, ridottissimo, FIG. essere una nullità.

Nicht|schwim|mer m. *(-s,-)* non nuotatore *m.*, chi non sa nuotare.

nichts|des|to|min|der avv. RAR. → **nichtsdestoweniger. nichts|des|to|trotz** avv. COLLOQ. ciò nonostante. **nichts|des|to|we|ni|ger** avv. ciò nondimeno.

Nicht|sein n. *(-s)* non essere *m.* **Nicht|sess|haf|te** m. e f. *(-n,-n)* BUROCR. (persona) senza fissa dimora.

Nichts|kön|ner m. *(-s,-)* incapace *m.*, buono *m.* a niente, buono *m.* a nulla.

Nichts|nutz m. *(-es,-e)* ANT. inetto *m.*, chi non serve a niente: ***ein ~ sein*** essere un inetto. **nichts|nut|zig** agg. ANT. inetto. **Nichts|nut|zig|keit** f. *(-,-en)* inettitudine *f.*

Nichts|tu|er m. *(-s,-)* perdigiorno *m.* **nichts|tu|e|risch** agg. che non fa nulla. **Nichts|tun** n. *(-s)* il non fare niente: ***das süße ~*** il dolce far niente.

Nichts|wis|ser m. *(-s,-)* ignorante *m.* **nichts|wür|dig I** agg. indegno, infame **II** avv. indegnamente, in modo infame. **Nichts|wür|dig|keit** f. *(-,-en)* indegnità *f.*, infamia *f.*

Nicht|über|ein|stim|mung f. *(-,-en)* mancato accordo *m.*, disaccordo *m.* **nicht|über|trag|bar** agg. *(von Krankheiten)* non contagioso. **Nicht|wei|ter|ga|be** f. *(-,-n)* non trasmissione *f.*, mancato inoltro *m.* **nicht|zie|lend** agg. intransitivo. **Nicht|zu|las|sung** f. *(-,-en)* non ammissione *f.*, esclusione *f.* **nicht|zu|stän|dig** agg. incompetente.

1.Ni|ckel n. *(-s)* nichel *m.*

2.Ni|ckel m. *(-s,-)* **1** ANT. COLLOQ. *(Münze)* nichelino *m.* **2** REGION. *(schwieriges Kind)* (piccola) peste *f.*, diavoletto *m.*

Ni|ckel|bril|le f. *(-,-n)* occhiali *m.pl.* (con montatura) in metallo. **Ni|ckel|erz** n. *(-es)* minerale *m.* nichelifero. **Ni|ckel|mün|ze** f. *(-,-n)* moneta *f.* di nichel. **Ni|ckel|stahl** m. *(-[e]s)* acciaio *m.* al nichel.

ni|cken I intr. (aus. *haben*) **1** annuire, fare segno (*o* cenno) di sì (con il capo): ***beifällig, zustimmend ~*** annuire in segno di approvazione **2** LETT. ondeggiare, oscillare: ***die Ähren ~ im Wind*** le spighe ondeggiano al vento **3** FAM. *(kurz schlafen)* sonnecchiare **II** tr. SPORT GERG. colpire di testa; ***den Ball ins Netz ~*** mandare la palla in rete di testa ◆ ***jdm Beifall, Dank ~*** fare a qcn. un cenno col capo in segno di approvazione, ringraziare qcn. con un cenno del capo. **ni|ckend** p.pres. agg. **1** → **nicken 2** (von Pflanzen) che piega la corolla. **Ni|cker** m. *(-s,-)* COLLOQ. **1** cenno *m.* (affermativo) del capo **2** → **Nickerchen. Ni|cker|chen** n. *(-s,-)* pisolino *m.*: ***ein ~ machen, halten*** fare, schiacciare un pisolino.

Nick|haut f. *(-,-häute)* membrana *f.* nittitante.

Ni|cki m. *(-[s],-s)*, **Ni|cki|pul|lo|ver** m. *(-s,-)* pullover *m.*, maglia *f.* di ciniglia.

Ni|del m. *(-s)* e f. *(-)*, **Nid|le** f. *(-)* SVIZZ. panna *f.*

nie avv. mai: ***das wird er ~ vergessen*** questo non lo dimenticherà mai ◆ COLLOQ. ***~ gehört*** mai sentito; ***jetzt oder ~*** adesso o mai più; ***~ im Leben*** mai in vita mia; ***~ und nimmer*** mai e poi mai; ***~ mehr, ~ wieder*** mai più; PROV. ***besser spät als ~*** meglio tardi che mai.

nie|der I agg. **1a** basso, di livello basso (*o* inferiore): ***die -e Geistlichkeit*** il basso clero; ***der -e Adel*** la piccola nobiltà; ***die -en Schichten*** i ceti inferiori **b** *(im Rang untergeordnet)* subalterno: ***-e Beamte*** ufficiali subalterni **2** REGION. *(niedrig)* basso: ***-e Temperaturen*** basse temperature; ***-es Gebüsch*** bassi cespugli **3a** *(nicht adelig, dürftig)* umile, di bassa condizione: ***das -e Volk*** il popolino; ***von -er Geburt, Herkunft*** di umili natali, origini **b** *(gering geachtet)* umile: ***-e Arbeiten*** lavori umili **4** *(einfach)* inferiore: ***-e Tiere, Organismen*** animali, organismi inferiori **5** RAR. *(primitiv)* basso, elementare: ***-e Instinkte*** istinti elementari **II** avv. **1** giù: ***auf und ~*** su e giù; ***~ mit den Waffen!*** giù le armi! **2** *(als Hassruf)* abbasso: ***~ mit dem Diktator!*** abbasso il dittatore!

Nie|der|bay|ern n.pr.n. *(-s)* Bassa Baviera *f.* **nie|der|bay(|e)|risch** agg. della Bassa Baviera. **nie|der‿beu|gen I** tr. piegare (in giù), chinare: ***den Kopf ~*** chinare il capo **II** rifl. **sich ~** piegarsi (in giù), chinarsi: ***sich zum Boden ~*** chinarsi verso terra. **nie|der‿bie|gen I** tr. piegare (in giù) **II** rifl. **sich ~** chinarsi, piegarsi in giù. **nie|der‿bre|chen** *(bricht, brach, gebrochen)* **I** tr. abbattere, demolire **II** intr. (aus. *sein*) crollare. **nie|der‿bren|nen** *(brannte, gebrannt)* **I** tr. ridurre in cenere, incenerire **II** intr. (aus. *sein*) **1** bruciare completamente, ridursi in cenere **2** consumarsi (bruciando): ***die Kerze ist niedergebrannt*** la candela si è consumata. **nie|der‿brin|gen** tr. *(brachte, gebracht)* MIN. scavare: ***einen Schacht ~*** scavare un pozzo. **nie|der‿brül|len** tr. subissare di urla. **nie|der‿bü|geln** tr. COLLOQ. **1** mettere a tacere, zittire **2** GERG. SPORT *(hoch besiegen)* stracciare.

nie|der|deutsch agg. basso-tedesco. **Nie|der|deutsch** n. *(-[s])*, **Nie|der|deut|sche** n. *(-n)* basso tedesco *m.* **Nie|der|deutsch|land** n.pr.n. *(-s)* Germania *f.* settentrionale.

nie|der‿don|nern I tr. COLLOQ. mettere a tacere urlando **II** intr. (aus. *sein*) precipitare con fragore, rovinare: ***eine Lawine donnerte nieder*** una slavina precipitò fragorosamente.

Nie|der|druck m. *(-[e]s,-drücke)* bassa pressione *f.* **Nie|der|druck|dampf|ma|schi|ne** f. *(-,-n)* macchina *f.* a vapore a bassa pressione. **nie|der‿drü|cken** tr. **1** abbassare, premere in giù (*o* verso il basso): ***einen Hebel ~*** abbassare una leva **2** *(deprimieren)* abbattere, deprimere, avvilire. **nie|der|drü|ckend** p.pres. agg. **1** → **niederdrücken 2** avvilente, deprimente. **Nie|der|druck|hei|zung** f. *(-,-en)* riscaldamento *m.* a, con vapore a bassa pressione. **Nie|der|druck|rei|fen** m. *(-s,-)* pneumatico *m.* a bassa pressione.

nie|der‿fah|ren *(fährt, fuhr, gefahren)* **I** intr. (aus. *sein*) cadere, abbattersi: ***ein Blitz fuhr nieder*** un fulmine si abbattè **II** tr. COLLOQ. *(überfahren)* investire. **nie|der‿fal|len** intr. *(fällt, fiel, gefallen;* aus. *sein)* **1** cadere (giù): ***Regen, Schnee fällt nieder*** cade la pioggia, la neve **2** *(hinfallen)* cadere a terra: ***vor jdm ~*** cadere in ginocchio davanti a qcn.

nie|der|fre|quent agg. a bassa frequenza. **Nie|der|fre|quenz** f. *(-,-en)* bassa frequenza *f.* **Nie|der|fre|quenz|strom** m. *(-[e]s,-ströme)* corrente *f.* a bassa frequenza.

Nie|der|gang m. *(-[e]s,-gänge)* **1** *(Verfall)* decadenza *f.*, decadimento *m.*, tramonto *m.*: ***der ~ der Kultur, der Moral*** il decadimento della cultura, della morale; ***der ~ des Römischen Reiches*** il tramonto dell'impero romano **2** MAR. scaletta *f.* **nie|der|ge|drückt** p.pass. agg. **1** → **niederdrücken 2** depresso, abbattuto. **Nie|der|ge|drückt|heit** f. *(-)* abbattimento *m.*, depressione *f.* **nie|der‿ge|hen** intr. *(ging, gegangen;* aus. *sein)* **1** *(landen)* scendere, atterrare **2** abbattersi: ***ein heftiger Regen ging auf die Stadt nieder*** una violenta pioggia si abbatté sulla città **3** RAR. calare, abbassarsi: ***der Vorhang geht nieder*** si abbassa il sipario **4** RAR. *(untergehen)* tramontare (anche FIG.) **5** SPORT *(beim Boxen)* finire a terra. **Nie|der|ge|las|se|ne** m. e f. *(-n,-n)* SVIZZ. residente *m.* e *f.* **nie|der|ge|schla|gen** p.pass. agg. **1** → **niederschlagen 2** avvilito, abbattuto; *(mutlos)* scoraggiato ◆ ***mit -en Augen*** a occhi bassi. **Nie|der|ge|schla|gen|heit** f. *(-)* abbattimento *m.*, avvilimento *m.*

nie|der‿hal|ten tr. *(hält, hielt, gehalten)* **1** tenere giù **2** *(unterdrücken)* tenere sottomesso, sottomettere **3** contenere, (raf)frenare: ***seinen Ärger ~*** contenere la propria rabbia ◆ ***den Feind ~*** tenere sotto tiro il nemico. **Nie|der|hal|tung** f. *(-)* **1** il tenere giù **2** *(Unterwerfung)* sottomissione *f.* **3** contenimento *m.* **nie|der‿hau|en** tr. *(hieb/haute, gehauen)* **1** buttare, scaraventare a terra **2** *(niedermetzeln)* trucidare. **nie|der‿ho|cken** rifl. **sich ~** accovacciarsi. **nie|der‿ho|len** tr. **1** tirare giù, fare scendere **2** *(von Flaggen, Segeln)* ammainare, abbassare. **Nie|der|holz** n. *(-[e]s)* sottobosco *m.* **Nie|der|jagd** f. *(-)* VENAT. caccia *f.* minuta. **nie|der‿kämp|fen** tr. **1** RAR. vincere (*o* battere) in combattimento, nella lotta **2** *(zurückhalten)* vincere: ***die Müdigkeit, Tränen ~*** vincere la stanchezza, trattenere le lacrime. **nie|der‿kau|ern** rifl. **sich ~** accovacciarsi. **nie|der‿klap|pen** tr. abbassare: ***den Sitz ~*** abbassare il sedile. **nie|der‿knal|len** tr. COLLOQ. abbattere, stendere (sparando). **nie|der‿kni|en** intr. (aus. *sein*) e rifl. **sich ~** inginocchiarsi. **nie|der‿knüp|peln** tr. **1** abbattere a bastonate, a randellate **2** FIG. *(gewaltsam unterdrücken)* reprimere violentemente. **nie|**

der_kom|men intr. *(kam, gekommen;* aus. *sein)* **1** ANT. *(gebären)* ***mit Zwillingen ~*** partorire due gemelli **2** RAR. *(herunterkommen)* scendere: ***Regen kommt nieder*** scende la pioggia. **Nie|der|kunft** f. *(-,-künfte)* ANT. parto *m.*

Nie|der|la|ge f. *(-,-n)* **1a** sconfitta *f.*: ***eine ~ erleiden, erleben, einstecken*** subire, patire, incassare una sconfitta; ***jdm eine ~ beibringen, bereiten*** infliggere una sconfitta a qcn. **b** insuccesso *m.*, sconfitta *f.*: ***seine -n eingestehen*** ammettere i propri insuccessi **2** *(Lager)* magazzino *m.*, deposito *m.* **3** ANT. *(Niederlassung)* agenzia *f.*, filiale *f.*

Nie|der|lan|de n.pr.pl. ***die ~*** i Paesi Bassi. **Nie|der|län|der** m. *(-s,-)* olandese *m.*, abitante *m.* dei Paesi Bassi. **nie|der|län|disch** agg. olandese, dei Paesi Bassi. **Nie|der|län|disch** n. *(-[s])*, **Nie|der|län|di|sche** n. *(-n)* olandese *m.*, LING. neerlandese *m.*

nie|der_las|sen *(lässt, ließ, gelassen)* **I** tr. ANT. abbassare **II** rifl. **sich ~ 1** posarsi: ***sich auf einem Ast ~*** posarsi su un ramo **2** *(sich setzen)* sedersi, prendere posto **3** *(sich etablieren)* stabilirsi: ***sich in der Stadt, auf dem Land ~*** stabilirsi in città, in campagna ◆ ***sich als Arzt, Rechtsanwalt ~*** aprire uno studio medico, legale; ***sich bei jdm häuslich ~*** stabilirsi da qcn. come se fosse casa propria. **Nie|der|las|sung** f. *(-,-en)* **1** lo stabilirsi, stabilimento *m.* **2** *(Eröffnung einer Praxis)* apertura *f.*: ***seine ~ als Arzt*** l'apertura del suo studio medico **3a** COMM. sede *f.* **b** *(Zweiggeschäft)* filiale *f.*, succursale *f.*, agenzia *f.*: ***eine ~ im Ausland*** una filiale all'estero. **Nie|der|las|sungs|frei|heit** f. *(-)* DIR. libertà *f.* di stabilire il proprio domicilio. **Nie|der|las|sungs|recht** n. *(-[e]s)* DIR. diritto *m.* di stabilire il proprio domicilio.

nie|der|läu|fig agg. con le, dalle zampe corte.

nie|der_le|gen I tr. **1** posare, deporre: ***eine Last ~*** posare un carico; ***einen Kranz ~*** deporre una corona; ***einen Sack, die Waffen ~*** posare un sacco, deporre le armi **2a** *(zur Ruhe legen)* coricare **b** *(ins Bett legen)* mettere a letto **3** *(aufgeben)* abbandonare: ***ein Amt ~*** abbandonare (*o* rinunciare a, dimettersi da) una carica; ***das Mandat ~*** deporre il mandato **4** RAR. *(abbrechen)* abbattere, demolire **5** RAR. *(schriftlich festhalten)* mettere per iscritto: ***die Untersuchungsergebnisse ~*** mettere per iscritto i risultati dell'inchiesta **6** ANT. *(hinterlegen)* depositare **II** rifl. **sich ~ 1** coricarsi, stendersi: ***sich auf das, dem Sofa ~*** coricarsi sul divano **2** *(sich ins Bett legen)* mettersi a letto ◆ ***die Arbeit ~*** sospendere il lavoro, incrociare le braccia; ***etw. schriftlich ~*** mettere qcs. per iscritto. **Nie|der|le|gung** f. *(-,-en)* **1** deposizione *f.*: ***die ~ eines Kranzes*** la deposizione di una corona **2** *(Verweigerung, Aufgabe)* abbandono *m.*, rinuncia *f.* **3** RAR. demolizione *f.*: ***die ~ eines Gebäudes*** la demolizione di un edificio **4** ANT. *(Hinterlegung)* deposito *m.*

nie|der_ma|chen tr. COLLOQ. trucidare. **nie|der_mä|hen** tr. falciare: ***jdn mit der Maschinenpistole ~*** falciare qcn. con il mitra. **nie|der_met|zeln** tr. massacrare. **nie|der|oh|mig** agg. a bassa resistenza. **Nie|der|ös|ter|reich** n.pr.n. *(-s)* Austria *f.* Inferiore, Bassa Austria *f.* **nie|der_pras|seln** intr. (aus. *sein*) **1** scrosciare **2** FIG. piovere: ***Schimpfwörter prasselten auf ihn nieder*** gli piovvero addosso degli insulti. **nie|der_rau|schen** intr. (aus. *sein*) scrosciare. **nie|der_re|den** tr. subissare di parole, sfinire a forza di parlare. **nie|der_reg|nen** intr. (aus. *sein*) piovere: ***Konfetti regnet auf sie nieder*** su di loro piovono coriandoli. **nie|der_rei|ßen** tr. *(riss, gerissen)* **1** demolire, abbattere: ***ein Haus ~*** demolire una casa **2** FIG. demolire, stroncare **3** RAR. *(zu Boden reißen)* scaraventare a terra. **nie|der_ren|nen** tr. *(rannte, gerannt)* rovesciare, travolgere correndo.

Nie|der|rhein n.pr.m. *(-s)* Basso Reno *m.* **nie|der|rhei|nisch** agg. del Basso Reno.

nie|der_rin|gen tr. *(rang, gerungen)* → **niederkämpfen. nie|der_sä|beln** tr. uccidere, abbattere a sciabolate.

Nie|der|sach|se m. *(-n,-n)* abitante *m.* della Bassa Sassonia. **Nie|der|sach|sen** n.pr.n. *(-s)* Bassa Sassonia *f.* **nie|der|säch|sisch** agg. della Bassa Sassonia.

nie|der_sau|sen intr. (aus. *sein*) abbattersi (come un fulmine): ***einen Schlag ~ lassen*** sferrare un colpo. **nie|der_schie|ßen** *(schoss, geschossen)* **I** tr. abbattere (sparando) **II** intr. (aus. *sein*) abbattersi, piombare.

Nie|der|schlag m. *(-[e]s,-schläge)* **1** METEOR. precipitazione *f.*: ***der Wetterbericht sagt starke Niederschläge voraus*** il bollettino meteorologico prevede forti precipitazioni **2** *(Bodensatz)* sedimento *m.*, deposito *m.* **3** CHIM. precipitato *m.* **4** SPORT atterramento *m.* **5** MUS. colpo *m.* discendente (della bacchetta), il battere **6** *(Ausdruck)* espressione *f.*: ***das fand ~ in seinen Werken*** ciò trovò espressione nei suoi lavori; ***seine Freude fand ~ in seinen Worten*** le sue parole esprimevano la sua gioia ◆ ***radioaktiver ~*** pioggia radioattiva.

nie|der_schla|gen *(schlägt, schlug, geschlagen)* **I** tr. **1** atterrare, abbattere, stendere (a terra): ***jdn mit einem Fausthieb ~*** stendere qcn. con un pugno **2** *(zu Boden drücken)* piegare a terra: ***der Hagel hat das Korn niedergeschlagen*** la grandine ha piegato a terra il grano **3a** *(senken)* abbassare: ***den Blick, die Augen ~*** abbassare lo sguardo, gli occhi **b** ANT. ***das Fieber ~*** abbassare la febbre **4** *(unterdrücken)* reprimere, stroncare: ***einen Aufstand blutig ~*** stroncare nel sangue una rivolta **5a** DIR. archiviare: ***ein Verfahren ~*** archiviare un procedimento **b** *(erlassen)* condonare, rimettere; *(Kosten)* annullare **II** rifl. **sich ~ 1a** depositarsi, formarsi: ***Dampf hat sich auf den Scheiben niedergeschlagen*** si è formato vapore sui vetri **b** TECN. condensare **2** *(Ausdruck finden)* trovare espressione, ripercuotersi, riflettersi: ***sich in etw. (D) ~*** trovare espressione in qcs. **3** CHIM. precipitare.

nie|der|schlags|arm agg. povero di precipitazioni. **nie|der|schlags|frei** agg. senza precipitazioni. **Nie|der|schlags|men|ge** f. *(-,-n)* (quantità *f.* di) precipitazioni *f.pl.* **Nie|der|schlags|mes|ser** m. *(-s,-)* pluviometro *m.*, pluviografo *m.* **nie|der|schlags|reich** agg. con abbondanti precipitazioni, ricco di precipitazioni.

Nie|der|schla|gung f. *(-,-en)* **1** repressione *f.* **2** CHIM. precipitazione *f.* **3a** DIR. sospensione *f.* **b** *(Erlassung)* condono *m.*

nie|der_schmet|tern tr. **1** scaraventare a terra **2** FIG. *(erschüttern)* sgomentare, costernare. **nie|der|schmet|ternd** p.pres. agg. **1** → **niederschmettern 2** che sgomenta: ***(auf jdn) einen -en Eindruck machen*** sgomentare, costernare (qcn.). **nie|der_schrei|ben** tr. *(schrieb, geschrieben)* mettere per iscritto, scrivere: ***seine Erinnerungen ~*** scrivere le proprie memorie. **nie|der_schrei|en** tr. *(schrie, geschrie[e]n)* subissare di urla.

Nie|der|schrift f. *(-,-en)* **1** stesura *f.* **2a** *(Niedergeschriebenes)* scritto *m.* **b** *(Protokoll)* verbale *m.*

nie|der_set|zen I tr. posare, mettere giù **II** rifl. **sich ~** sedersi, mettersi a sedere. **nie|der_sin|ken** intr. *(sank, gesunken;* aus. *sein)* **1** cadere (giù, a terra): ***ohnmächtig ~*** cadere a terra svenuto; ***ehrfürchtig vor jdm, etw. ~*** prostrarsi di fronte a qcn., qcs. in segno di rispetto **2** RAR. *(versinken)* affondare. **nie|der_sit|zen** intr. *(saß, gesessen;* aus. *sein)* REGION. sedersi.

Nie|der|span|nung f. *(-,-en)* bassa tensione *f.*

nie|der_ste|chen tr. *(sticht, stach, gestochen)* abbattere con una coltellata, accoltellare; *(erdolchen)* pugnalare. **nie|der_stei|gen** intr. *(stieg, gestiegen;* aus. *sein)* LETT. scendere. **nie|der_stel|len** tr. mettere giù, posare. **nie|der_stim|men** tr. bocciare, respingere (votando): ***einen Vorschlag ~*** bocciare una proposta; ***jdn ~*** bocciare la mozione (*o* la proposta) di qcn., mettere in minoranza qcn. **nie|der_sto|ßen** *(stößt, stieß, gestoßen)* **I** tr. **1** buttare a terra, atterrare, abbattere **II** intr. (aus. *sein*) buttarsi (giù), piombare: ***auf die Beute ~*** buttarsi sulla preda. **nie|der_stre|cken I** tr. abbattere, atterrare: ***jdn mit einem Hieb ~*** atterrare qcn. con un pugno **II** rifl. **sich ~** (di)stendersi, allungarsi.

Nie|der|sturz m. *(-es,-stürze)* caduta *f.* **nie|der_stür|zen** intr. (aus. *sein*) **1** crollare a terra, accasciarsi: ***ohnmächtig ~*** crollare a terra svenuto **2** *(herabstürzen)* venire giù, cadere.

nie|der|tou|rig agg. a basso numero di giri, a basso regime.

Nie|der|tracht f. *(-,-en)* **1** bassezza *f.*, viltà *f.*, infamia *f.*: ***eine ~ begehen*** commettere una bassezza; ***zu jeder ~ fähig sein*** essere capace di ogni bassezza; ***voller ~ sein*** essere un infame **2** *(Gesinnung)* viltà *f.*, bassezza *f.*: ***etw. aus ~ sagen*** dire qcs. per viltà. **nie|der|träch|tig I** agg. **1a** basso, vile, abietto, ignobile: ***-e Menschen, Taten, Zwecke*** persone, azioni ignobili, bassi scopi; ***das ist eine -e Behauptung!*** questa è una bassa insinuazione! **b** *(gemein)* meschino: ***-e Gesinnung*** modo di pensare meschino **2** COLLOQ. rafforz. tremendo: ***eine -e Kälte*** un freddo tremendo; ***-e Schmerzen*** dolori tremendi **II** avv. **1** in modo basso (*o* vile, abietto), ignobilmente **2** COLLOQ. tremendamente: ***es ist ~ kalt*** fa un freddo cane. **Nie|der|träch|tig|keit** f. *(-,-en)* **1** bassezza *f.*, viltà *f.*, infamia *f.* **2** *(Gesinnung)* viltà *f.*, bassezza *f.*

nie|der_tram|peln tr. COLLOQ. **1** calpestare **2** *(flach machen)* spianare coi piedi. **nie|der_tre|ten** tr. *(tritt, trat, getreten)* **1a** calpestare: ***den Rasen ~*** calpestare il prato **b** *(flach machen)* spianare coi piedi **2** LETT. *(ablaufen)* consumare, logorare (camminando): ***die Absätze, den Teppich ~*** consumare i tacchi, il tappeto **3** RAR. *(festtreten)* rendere compatto calpestando, calpestare.

Nie|de|rung f. *(-,-en)* **1** depressione *f.*, avvallamento *m.*, bassura *f.*; *(Tiefebene)* bassopiano *m.* **2** FIG. ***die -en der Gesellschaft, des Lebens*** gli strati più bassi della società, gli aspetti più bassi della vita.

Nie|der|wald m. *(-[e]s,-wälder)* bosco *m.* ceduo.

nie|der_wal|zen tr. spianare, livellare (spianando); *(zerstören)* distruggere (passandoci sopra), schiacciare.

nie|der|wärts avv. verso il basso, (in) giù.

nie|der_wer|fen *(wirft, warf, geworfen)* **I** tr. LETT. **1** reprimere, soffocare, stroncare: ***einen Aufstand ~*** soffocare una rivolta; *(Angriffe)* respingere **2** *(besiegen)* sconfiggere, vincere **3a** *(schwach machen)* debilitare, COLLOQ. buttare giù: ***das Fieber hat sie niedergeworfen*** la febbre l'ha debilitata **b** *(schwer erschüttern)* scuotere profondamente, sconvolgere **II** rifl. **sich ~** gettarsi a terra; ***sich vor jdm ehrfürchtig ~*** prostrarsi di fronte a qcn. in segno di rispetto. **Nie|der|wer|fung** f. *(-,-en)* **1** repressione *f.*; *(von Angriffen)* respinta *f.* **2** *(Überwältigung)* sconfitta *f.*

Nie|der|wild n. *(-[e]s)* selvaggina *f.* minuta.

nie|der_zie|hen tr. *(zog, gezogen)* tirare giù. **nie|der_zwin|gen** tr. **1** SPORT immobilizzare, bloccare a terra **2** FIG. trattenere, vincere, controllare: ***seine Erregung, Wut ~*** vincere la propria emozione, trattenere la propria collera.

nied|lich I agg. **1** carino, grazioso **2** REGION. *(winzig)* minuscolo **II** avv. ***~ aussehen*** avere un aspetto grazioso. **Nied|lich|keit** f. *(-)* grazia *f.*, bellezza *f.*

Nied|na|gel m. *(-s,-nägel)* pellicina *f.* dell'unghia, pipita *f.*

nied|rig I agg. **1a** basso: ***ein -er Stuhl, Tisch*** una sedia bassa, un tavolo basso; ***ein Zimmer mit -er Decke*** una stanza dal soffitto basso; ***Schuhe mit -en Absätzen*** scarpe col tacco basso, scarpe basse; ***eine -e Stirn haben*** avere la fronte bassa **b** *(gering)* ***-e Kosten, Löhne, Mieten, Preise*** costi, stipendi, affitti, prezzi bassi; ***mit -er Geschwindigkeit*** a bassa velocità; ***eine -e Temperatur*** una temperatura bassa; ***ein -es geistiges Niveau*** un basso livello intellettuale **c** *(sittlich tiefstehend, niederträchtig)* ***eine -e Denkweise, Gesinnung*** un modo di pensare basso (*o* meschino); ***die -sten Instinkte in jdm wecken*** risvegliare i più bassi istinti in qcn.; ***aus -en Beweggründen handeln*** agire per bassi motivi **2** *(wenig)* basso, scarso, poco: ***in -er Achtung stehen*** godere di scarsa considerazione **3** *(nicht adelig, dürftig)* umile, basso: ***von -er Geburt, Herkunft*** di umili natali, origini; ***-e Arbeiten*** lavori umili **II** avv. **1** (in) basso: ***~ fliegen*** volare basso (*o* a bassa quota); ***~ liegen*** essere (in) basso; ***das Bild hängt zu ~*** il quadro è troppo basso; ***die Sonne steht schon ~*** il sole è già basso; ***~ stehend*** basso, inferiore; *(unentwickelt)* non sviluppato **2** *(wenig)* poco: ***jdn ~ einschätzen*** stimare poco qcn.; ***~ von jdm denken*** avere scarsa considerazione di qcn. **3** *(niederträchtig)* ***~ handeln*** agire in modo basso, vile, ignobile ◆ ANT. ***das -e Volk*** il popolo minuto, il popolino. **Nied|rig|hal|tung** f. *(-)* ***die ~ der Preise*** il contenimento dei prezzi. **Nied|rig|keit** f. *(-)* FIG. bassezza *f.*, meschinità *f.* **Nied|rig|lohn** m. *(-[e]s,-löhne)* salario *m.* basso, paga *f.* bassa. **nied|rig|pro|zen|tig** agg. a bassa percentuale; *(von Alkohol)* a bassa gradazione. **Nied|rig|was|ser** n. *(-s,-)* acqua *f.* bassa; *(von Flüssen)* magra *f.*

ni|el|lie|ren tr. niellare. **Ni|el|lo** n. *(-[s],-s)* niello *m.*

nie|mals avv. mai, LETT. o SCHERZ. giammai: ***das wird er ~ erlauben*** non lo permetterà mai.

nie|mand pron.indef. (gen. **niemand[e]s**, dat. **niemand[em]**, acc. **niemand[en]**) nessuno: ***es war ~ da, den ich kannte*** non c'era nessuno che conoscevo; ***~ kann das besser wissen als du*** nessuno lo sa meglio di te; ***ich habe mit -(em) gesprochen*** non ho parlato con nessuno; ***er wollte -(en) anders, anderen als mich um sich haben*** non voleva intorno nessun altro tranne me; ***sie vertraut ~ Fremdem, Fremdes*** non dà confidenza agli sconosciuti ◆ ***~ als sie, außer ihr war dabei*** non c'era nessuno all'infuori di (*o* tranne) lei; ***~ da?*** non c'è nessuno? ***ein Niemand sein*** (non) essere nessuno. **Nie|mands|land** n. *(-[e]s)* **1** terra *f.* di nessuno **2** *(unerschlossenes Land)* terra *f.* vergine (*o* inesplorata).

Nie|re f. *(-,-n)* **1** rene *m.*: ***jdm eine ~ entfernen*** asportare un rene a qcn.; ***eine künstliche ~*** un rene artificiale; COLLOQ. ***er hat es an den -n*** è malato di reni **2** GASTR. rognone *m.* ◆ ***jdm an die -n gehen*** = provare molto, distruggere qcn. **Nie|ren|be|cken** n. *(-s,-)* bacinetto *m.* (*o* pelvi *f.*) renale. **Nie|ren|be|cken|ent|zün|dung** f. *(-,-en)* pielite *f.* **Nie|ren|bra|ten** m. *(-s,-)* arrosto *m.* di vitello con rognoni. **Nie|ren|ent|zün|dung** f. *(-,-en)* nefrite *f.* **Nie|ren|fett** n. *(-[e]s)* sugna *f.* **nie|ren|för|mig** agg. **1** a forma di fagiolo **2** BOT. reniforme. **Nie|ren|grieß** m. *(-es)* MED. renella *f.* **Nie|ren|in|suf|fi|zi|enz** f. *(-)* insufficienza *f.* renale. **Nie|ren|ko|lik** f. *(-,-en)* colica *f.* renale.

nie|ren|krank agg. malato di reni, MED. nefropatico. **Nie|ren|kran|ke** m. e f. *(-n,-n)* malato *m.* (-a *f.*) di reni, MED. nefropatico *m.* (-a *f.*). **Nie|ren|krank|heit** f. *(-,-en)* malattia *f.* di reni, MED. nefropatia *f.*

Nie|ren|scha|le f. *(-,-n)* (bacinella *f.* a) fagiolo *m.* **Nie|ren|sen|kung** f. *(-,-en)* nefroptosi *f.* **Nie|ren|stein** m. *(-[e]s,-e)* calcolo *m.* renale, MED. nefrolito *m.* **Nie|ren|stein|krank|heit** f. *(-)* MED. calcolosi *f.* renale, nefrolitiasi *f.* **Nie|ren|stück** n. *(-[e]s,-e)* GASTR. schienale *m.* con rognoni. **Nie|ren|tisch** m. *(-es,-e)* tavolino *m.* a forma di fagiolo. **Nie|ren|trans|plan|ta|ti|on** f. *(-,-en)* trapianto *m.* di rene. **Nie|ren|ver|sa|gen** n. *(-s,-)* blocco *m.* renale.

nie|seln intr. (aus. *haben*) impers. ***es nieselt*** pioviggina. **Nie|sel|re|gen** m. *(-s)* (fine) pioggerellina *f.*, pioggerella *f.*, METEOR. pioviggine *f.*

nie|sen intr. (aus. *haben*) starnutire: ***laut, mehrmals ~*** starnutire forte, fare una serie di starnuti. **Nie|sen** n. *(-s)* lo starnutire. **Nie|ser** m. *(-s,-)* COLLOQ. starnuto *m.* **Nies|pul|ver** n. *(-s)* polvere *f.* che fa starnutire. **Nies|reiz** m. *(-es,-e)* stimolo *m.* a starnutire.

Nieß|brauch m. *(-[e]s)* usufrutto *m.*: ***den ~ an etw. (D) haben*** avere l'usufrutto di qcs. **Nieß|brau|cher** m. *(-s,-)* usufruttuario *m.* **Nieß|nutz** m. *(-es)* → **Nießbrauch.** **Nieß|nut|zer** m. *(-s,-)* → **Nießbraucher.**

Nies|wurz f. *(-,-en)* elleboro *m.*

Niet m. e n. *(-[e]s,-e)* → **2.Niete.** **Niet|bol|zen** m. *(-s,-)* gambo *m.* del chiodo (*o* del rivetto, del ribattino).

1.Nie|te f. *(-,-n)* **1** biglietto *m.* non vincente **2** COLLOQ. *(unfähiger Mensch)* schiappa *f.*, frana *f.*

2.Nie|te f. *(-,-n)* chiodo *m.* (da ribadire), rivetto *m.*, ribattino *m.* **nie|ten** tr. chiodare, rivettare. **Nie|ten|ho|se** f. *(-,-n)* blue jeans *m.pl.* **Nie|ter** m. *(-s,-)* **1** ribaditore *m.*, chiodatore *m.* **2** → **Nietmaschine.** **Niet|ham|mer** m. *(-s,-hämmer)* martello *m.* da ribadire, TECN. ribaditoio *m.* **Niet|hose** RAR. → **Nietenhose.** **Niet|kopf** m. *(-[e]s,-köpfe)* testa *f.* del chiodo (*o* del rivetto, del ribattino). **Niet|ma|schi|ne** f. *(-,-n)* chiodatrice *f.* **Niet|na|gel** m. *(-s,-nägel)* RAR. → **2.Niete.** **niet- und na|gel|fest** COLLOQ. ***alles mitnehmen, was nicht ~ ist*** prendere tutto ciò che si può portare via. **Nie|tung** f. *(-,-en)* chiodatura *f.*

Ni|fe n. *(-)*, **Ni|fe|kern** m. *(-[e]s)* nife *m.*

Ni|ger n.pr.m. *(-s)* Niger *m.*

Ni|ge|ria n.pr.n. *(-s)* Nigeria *f.* **Ni|ge|ri|a|ner** m. *(-s,-)* nigeriano *m.*, abitante *m.* della Nigeria. **ni|ge|ri|a|nisch** agg. nigeriano.

Nig|ger m. *(-s,-)* SPREG. negro *m.*

Nig|rer m. *(-s,-)* nigerino *m.* **nig|risch** agg. nigerino.

Ni|hi|lis|mus m. *(-)* nichilismo *m.* **Ni|hi|list** m. *(-en,-en)* nichilista *m.* **ni|hi|lis|tisch I** agg. nichilista **II** avv. in modo nichilistico.

Ni|ka|ra|gua → **Nicaragua.** **Ni|ka|ra|gu|a|ner** → **Nicaraguaner.** **ni|ka|ra|gu|a|nisch** → **nicaraguanisch.**

Ni|ke n.pr.f. Nike *f.*, Vittoria *f.*

Nik|las, Ni|ko|laus I n.pr.m. *(-)* Nicola *m.*, Nic(c)olò *m.* **II** m. *(-,-e)* **1** INTRAD. (figura della tradizione popolare analoga a Babbo Natale) **2** → **Nikolaustag.** **Ni|ko|laus|abend** m. *(-[e]s,-e)* vigilia *f.* del giorno di Nikolaus. **Ni|ko|laus|tag** m. *(-[e]s,-e)* giorno *m.* di Nikolaus.

Ni|ko|lo m. *(-s,-s)* REGION. AUSTR. → **Nikolaus.**

Ni|ko|sia n.pr.n. *(-s)* Nicosia *f.*

Ni|ko|tin n. *(-s)* nicotina *f.* **ni|ko|tin|arm** agg. povero (*o* a basso contenuto) di nicotina. **ni|ko|tin|frei** agg. privo di (*o* senza) nicotina; denicotinizzato. **Ni|ko|tin|ge|halt** m. *(-[e]s)* contenuto *m.* di nicotina. **ni|ko|tin|hal|tig** agg. contenente, che contiene nicotina. **Ni|ko|tin|ver|gif|tung** f. *(-,-en)* intossicazione *f.* da nicotina, nicotinismo *m.*

Nil n.pr.m. *(-s)* Nilo *m.* **Nil|gans** f. *(-,-gänse)* oca *f.* egiziana. **Nil|hecht** m. *(-[e]s,-e)* mormiride *m.* **Ni|lo|te** m. *(-n,-n)* nilota *m.* e *f.* **ni|lo|tisch** agg. nilotico. **Nil|pferd** n. *(-[e]s,-e)* ippopotamo *m.*

Nim|bo|stra|tus m. *(-,-strati)* nembostrato *m.* **Nim|bus** m. *(-,-se)* **1** ANT. METEOR. nembo *m.* **2a** *(Ansehen, Ruhm)* aura *f.*, fama *f.*: ***seinen ~ verlieren*** perdere la fama; ***sich mit einem gewissen ~ umgeben*** circondarsi di una certa aura; ***jdn seines ~ entkleiden*** privare qcn. della fama **b** *(Gloriole)* nimbo *m.*, aureola *f.* **Nim|bus|wol|ke** f. *(-,-n)* nembo *m.*

nim|mer avv. **1** ANT. giammai, mai **2** REGION. AUSTR. *(nicht mehr)* non più: ***ich will ~ daran denken*** non voglio più pensarci. **Nim|mer|leins|tag,** SCHERZ. ***am ~*** alle calende greche, il giorno del mai; ***etw. auf den, bis zum ~ verschieben*** rimandare qcs. alle calende greche. **nim|mer|mehr** avv. **1** ANT. mai **2** REGION. *(nie wieder)* mai più. **Nim|mer|mehrs|tag** → **Nimmerleinstag.** **nim|mer|mü|de** agg. infaticabile, instancabile. **Nim|mer|satt** m. *(- e -[e]s,-e)* **1** FAM. mangione *m.* **2** ORNIT. tantalo *m.* **Nim|mer|wie|der|se|hen,** COLLOQ. ***auf ~ verschwinden*** sparire per sempre; ***auf ~*** addio per sempre.

Ni|ni|ve n.pr.n. *(-s)* Ninive *f.* **Ni|ni|vit** m. *(-en,-en)* abitante *m.* di Ninive. **ni|ni|vi|tisch** agg. di Ninive.

Ni|ob, Ni|o|bi|um n. *(-s)* niobio *m.*

Nip|pel m. *(-s,-)* raccordo *m.* filettato.

nip|pen intr. (aus. *haben*) ***am Wein ~*** sorseggiare, centellinare il vino; ***an einem Glas ~*** bere da un bicchiere a piccoli sorsi.

Nip|pes pl. → **Nippsachen.** **Nipp|fi|gur** f. *(-,-en)* statuina *f.*, statuetta *f.* **Nipp|flut** f. *(-,-en)* marea *f.* delle quadrature. **Nipp|sa|chen** pl. ninnoli *m.pl.*, gingilli *m.pl.* **Nipp|ti|de** f. *(-,-n)*, **Nipp|zeit** f. *(-,-en)* → **Nippflut.**

nir|gend avv. ANT. → **nirgends. nir|gend|her** avv. da nessuna parte. **nir|gend|hin** avv. in nessun luogo, da nessuna parte. **nir|gends** avv. in nessun luogo, da nessuna parte: ***das ist ~ zu finden*** non lo si trova da nessuna parte; ***~ sonst*** in nessun altro luogo. **nir|gends|her** RAR. → **nirgendher. nir|gends|wo** RAR., **nir|gend|wo** avv. → **nirgends. nir|gend|wo|her** avv. → **nirgendher. nir|gend|wo|hin** avv. → **nirgendhin.**

Nir|wa|na n. *(-[s])* Nirvana *m.*

Ni|sche f. *(-,-n)* nicchia *f.*: ***ökologische ~*** nicchia ecologica. **Ni|schen|al|tar** m. *(-s,-altäre)* altare *m.* in una nicchia.

Niss f. *(-,-e)* ANT., **Nis|se** f. *(-,-n)* lendine *f.* **nis|sig** agg. pieno di lendini, lendinoso.

nis|ten intr. (aus. *haben*) fare il nido, nidificare. **Nist|höh|le** f. *(-,-n)* cavità *f.* usata come nido. **Nist|kas|ten** m. *(-s,-kästen)* cassetta *f.* per fare il nido. **Nist|platz** m. *(-es,-plätze)*, **Nist|stät|te** f. *(-,-n)* luogo *m.* di nidificazione.

Nit|rat n. *(-[e]s,-e)* nitrato *m.*

Nit|rid n. *(-s,-e)* nitruro *m.*

nit|rie|ren tr. **1** nitrare **2** → **nitrierhärten. nit|rier|här|ten** tr. sottoporre a nitrurazione.

Nit|ri|fi|ka|ti|on f. *(-,-en)* nitrificazione *f.* **nit|ri|fi|zie|ren** tr. nitrificare. **Nit|ri|fi|zie|rung** f. *(-,-en)* → **Nitrifikation.**

Nit|ril n. *(-s,-e)* nitrile *m.*

Nit|rit n. *(-s,-e)* nitrito *m.*

Nit|ro|farb|stof|fe pl. coloranti *m.pl.* nitrici, nitrocoloranti *m.pl.* **Nit|ro|ge|la|ti|ne, Nit|ro|ge|la|ti|ne** [-ʒə-] f. *(-)* gelatina *f.* esplosiva. **Nit|ro|gen, Nit|ro|ge|ni|um** n. *(-s)* nitrogeno *m.* **Nit|ro|gly|ze|rin** n. *(-s)* nitroglicerina *f.* **Nit|ro|grup|pe** f. *(-)* gruppo *m.* nitro, nitrogruppo *m.* **Nit|ro|lack** m. *(-[e]s,-e)* vernice *f.* alla nitro(cellulosa). **nit|ros** agg. nitroso. **Nit|ro|zel|lu|lo|se** f. *(-)* nitrocellulosa *f.*

Nit|rum n. *(-s)* ANT. nitro *m.*

ni|val agg. nivale.

Ni|veau [ni'vo:] n. *(-s,-s)* **1** *(Höhenstufe)* livello *m.* (anche FIG.): ***das ~ des Wassers sinkt*** il livello dell'acqua si abbassa; ***das ~ der Preise*** il livello dei prezzi; ***das ~ halten (wahren) heben (steigern)*** mantenere, elevare il livello; ***das gleiche ~ haben*** essere allo stesso livello; ***eine Darbietung von hohem ~*** un'esecuzione di alto livello; ***das finanzielle, wirtschaftliche ~*** il livello finanziario, economico; ***mit ~*** di un certo livello **2** *(geistiger Rang)* levatura *f.*: ***ein gewisses ~ haben*** avere una certa levatura ◆ ***etw. ist unter jds ~*** qcs. è al di sotto del livello di qcn. **Ni|veau|flä|che** f. *(-,-n)* superficie *f.* di livello. **ni|veau|frei** agg. non allo stesso livello. **ni|veau|gleich** agg. allo stesso livello. **Ni|veau|li|nie** f. *(-,-n)* curva *f.* di livello (*o* altimetrica). **ni|veau|los** agg. di basso livello. **Ni|veau|schwan|kung** f. *(-,-en)* variazione *f.* di livello. **Ni|veau|sen|kung** f. *(-,-en)* abbassamento *m.* del livello. **Ni|veau|über|gang** m. *(-[e]s,-übergänge)* passaggio *m.* a livello. **Ni|veau|un|ter|schied** m. *(-[e]s,-e)* dislivello *m.* **ni|veau|voll** agg. di alto livello.

Ni|vel|le|ment [nivɛlə'mã:] n. *(-s,-s)* **1** livellamento *m.* (anche FIG.): ***das ~ einer Straße*** il livellamento di una strada **2** *(von Höhenunterschieden)* livellazione *f.* **ni|vel|lie|ren** livellare: ***ein Gelände ~*** livellare un terreno; FIG. ***die sozialen Unterschiede ~*** eliminare le differenze sociali. **Ni|vel|lier|ge|rät, Ni|vel|lier|in|stru|ment** n. *(-[e]s,-e)* livello *m.* a cannocchiale. **Ni|vel|lier|lat|te** f. *(-,-n)* stadia *f.* **Ni|vel|lie|rung** f. *(-,-en)* livellamento *m.*; livellazione *f.*

nix pron.indef. COLLOQ. → **nichts.**

Nix m. *(-es,-e)* MITOL. genio *m.* delle acque. **Ni|xe** f. *(-,-n)* MITOL. **1** *(in der nordischen Mythologie)* ondina *f.* **2** *(in der klassischen Mythologie)* sirena *f.* **ni|xen|haft** agg. di, da sirena.

Ni|zäa n.pr.n. *(-s)* Nicea *f.* **ni|zä|isch** agg. di Nicea.

Niz|za n.pr.n. *(-s)* Nizza *f.* **Niz|za|er I** m. *(-s,-)* abitante *m.* di Nizza, nizzardo *m.* **II** agg.inv. nizzardo, di Nizza. **niz|za|isch** agg. nizzardo, di Nizza.

n. J. ⇒ *nächsten Jahres* dell'anno prossimo.

nkr ⇒ *norwegische Krone* corona norvegese (NOK).

nlat. ⇒ *neulateinisch* latino umanistico.

nm. ⇒ *nachmittags* di, al pomeriggio.

n. M. ⇒ *nächsten Monats* mese prossimo, venturo.

No., N° ⇒ *Numero* numero (n., n°).

No|ah n.pr.m. Noè *m.*

no|bel (compar. *nobler*, superl. *nobelst...*) **I** agg. **1** nobile: ***eine noble Geste*** un nobile gesto; ***noble Gesinnungen*** nobili principi **2** COLLOQ. *(großzügig)* generoso: ***ein nobles Trinkgeld geben*** dare una mancia generosa **3** IRON. *(elegant)* distinto, elegante; *(luxuriös)* lussuoso, costoso: ***ein nobles Hotel*** un hotel di lusso **II** avv. **1** nobilmente **2** *(großzügig)* generosamente: ***sich ~ verhalten*** comportarsi generosamente **3** *(elegant)* elegantemente ◆ ***~ gedacht*** un pensiero nobile. **No|bel|ge|gend** f. *(-,-en)* zona *f.*, quartiere *m.* elegante. **No|bel|ho|tel** n. *(-s,-s)* hotel *m.* di (gran) lusso.

No|be|li|um n. *(-s)* nobelio *m.*

No|bel|mar|ke f. *(-,-n)* marca *f.* di (gran) lusso.

No|bel|preis m. *(-es,-e)* premio *m.* Nobel: ***den ~ bekommen*** ricevere il premio Nobel. **No|bel|preis|trä|ger** m. *(-s,-)* premio *m.* Nobel: ***der Autor ist ein ~*** l'autore è un premio Nobel.

No|bel|res|tau|rant n. *(-[e]s,-s)* ristorante *m.* di (gran) lusso.

No|bel|stif|tung f. *(-)* fondazione *f.* Nobel.

No|bi|li|tät f. *(-)* STOR. nobiltà *f.*, aristocrazia *f.* (romana). **no|bi|li|tie|ren** tr. STOR. nobilitare. **Nob|les|se** f. *(-,-n)* ANT. **1** *(Adel)* nobiltà *f.* **2** *(Vornehmheit)* eleganza *f.*, distinzione *f.*

noch I avv. **1a** *(bis jetzt)* ancora: ***sie schläft ~*** dorme ancora; ***es ist ~ zu früh für die Ernte*** è ancora troppo presto per il raccolto; ***eine ~ ungelöste Frage*** una questione ancora irrisolta; ***das wusste ich ~ nicht*** non lo sapevo ancora; ***weißt du das ~?*** te lo ricordi ancora? **b** *(nicht später)* non più tardi, ancora: ***~ bis vor drei Tagen*** non più tardi di (*o* fino a) tre giorni fa; ***~ keine drei Tage später*** non più (tardi) di tre giorni dopo, neppure tre giorni dopo; ***~ gestern*** soltanto ieri, non più tardi di ieri; ***gestern war er ~ gesund*** ieri stava ancora bene; ***~ heute*** oggi stesso, ancora oggi **c** *(als Ausdruck einer Veränderung)* ***in Bonn war der Zug ~ pünktlich*** a Bonn il treno era ancora in orario **2** *(nicht mehr als)* ancora: ***du hast ~ 5 Minuten!*** hai ancora 5 minuti! ***ich habe ~ 10 DM*** ho ancora 10 marchi **3** *(mehr)* ancora: ***das ist ~ schöner*** è ancora più bello; ***möchtest du ~ Wein?*** vuoi altro (o ancora del) vino? ***~ eine Frage!*** ancora una domanda! ***~ einen Kaffee, bitte!*** ancora un caffè per favore! ***sie will ~ mehr haben*** ne vuole (ancora) di più; ***die Schlange ist ~ gewachsen*** la coda è ancora aumentata **4a** *(rechtzeitig)* ***er hat den Zug ~ erreicht*** è ancora riuscito a prendere il treno; ***sie hat ihre Urgroßmutter ~ gesehen*** ha ancora visto la sua bisnonna; ***wir haben die Karten ~ gefunden*** abbiamo ancora trovato i biglietti **b** *(als Ausdruck zeitlicher Abfolge)* ***ich muss diese Arbeit ~ beenden*** devo ancora finire questo lavoro; ***erst will ich ~ duschen*** prima voglio ancora fare la doccia **5** *(irgendwann)* ancora, prima o poi: ***wird er ~ kommen?*** arriverà ancora? ***brauchen wir das ~?*** ne abbiamo ancora bisogno? ***du wirst dir ~ ein Bein brechen!*** ti romperai una gamba prima o poi! **6a** *(konzessiv: in Verbindung mit so)* anche se, per quanto: ***jeder Betrag, mag er ~ so gering sein (sei er ~ so gering)*** qualunque importo per quanto esiguo (*o* per esiguo che sia); ***du kannst dich ~ so ärgern...*** puoi arrabbiarti quanto vuoi... **b** *(gerade noch)* ancora (ancora): ***das lasse ich mir eben ~ gefallen*** questo ancora ancora lo accetto **7** *(außerdem)* anche, in più: ***was soll ich ~ tun?*** in più che posso fare? ***nebenbei studiert sie ~*** e studia anche **II** cong. né: ***weder... ~...*** né... né...; ***er ist weder groß ~ klein*** non è né alto né basso **III** part.at. **1** ***das wirst du ~ bereuen*** lo rimpiangerai; ***du erkältest dich ~!*** ti prenderai un raffreddore; ***der wird sich ~ wundern*** si stupirà **2a** *(rhetorisch)* (ben) ancora: ***man darf (wohl) ~ lachen*** si potrà ben ancora ridere **b** sì: ***das ist ~ wahre Musik*** questa sì che è musica **3** *(in Verbindung mit Negation)* neppure, neanche: ***das kostet ~ keine 10 DM*** non costa neppure 10 marchi **4** già: ***wie hieß er ~?*** come si chiamava già? com'è già che si chiamava? ◆ ***das auch ~!*** ci voleva anche questa! ***~ dazu*** in più, inoltre; ***ehe ~*** prima ancora; ***~ einmal*** ancora una volta, di nuovo; ***~ einmal so groß, lang*** grande, lungo il doppio; ***~ einmal so viel*** due volte tanto; ***wünschen Sie ~ etwas?*** desidera altro? ***so (et)was, das fehlte ~*** ci mancava anche questa; ***gerade ~*** appena; ***er, sie ist ~ zu haben*** è ancora da sposare; ***immer ~*** sempre (ancora); ***kaum ~*** appena; ***es regnet kaum ~*** non piove quasi più; ***hinzu kommt ~, dass...*** in più si aggiunge il fatto che...; ***~ lange*** di gran lunga; ***~ nicht*** non ancora; ***~ regnet es nicht*** non sta ancora piovendo; ***~ nie*** mai; ***nur ~*** soltanto, solamente; ***obendrein ~*** per giunta, per di più; ***~ und ~***, COLLOQ. ***~ und nöcher*** estremamente, molto, a non finire: ***er hat Geld ~ und ~*** ha soldi a palate; ***~ ein wenig*** ancora un po' (*o* un altro po'); ***es ist ~ Zeit*** c'è ancora tempo.

Noch|ge|schäft n. *(-[e]s,-e)* contratto *m.* di aggiunta.

noch|ma|lig agg. nuovo, altro; *(wiederholt)* ripetuto, rinnovato: ***nach -er Überprüfung*** dopo un altro controllo. **noch|mals** avv. ancora (una volta), di nuovo: ***er ist ~ zurückgekommen*** è ritornato di nuovo; ***sie brauchen Ruhe, und ~ Ruhe*** hanno bisogno di riposo e poi ancora riposo.

1.Nock n. *(-[e]s,-e)* e f. *(-,-en)* MAR. penna *f.*

2.Nock m. *(-s,-e)* REGION. **1** *(Felskuppe)* cupola *f.* rocciosa **2** *(Hügel)* collina *f.*

No|cke(n) f. *(-,-[n])* REGION. SPREG. presuntuosa *f.* **No|cken** m. *(-s,-)* camma *f.*, eccentrico *m.* **No|cken|wel|le** f. *(-,-n)* albero *m.* a camme (*o* di distribuzione).

No|ckerl n. *(-s,-n)* REGION. gnocco *m.* (di pasta) ◆ ***Salzburger ~*** spumino, meringa. **No|ckerl|sup|pe** f. *(-,-n)* minestra *f.* con gnocchetti di pasta.

Noc|turne [nɔk'tyrn] n. *(-s,-s)* e f. *(-,-s)* MUS. notturno *m.*

No|em n. *(-s,-e)* LING. noema *m.* **No|e|ma** n. *(-s, Noemata)* FILOS. noema *m.* **No|e|ma|tik** f. *(-)* scienza *f.* dei noemi. **No|e|sis** f. *(-)* noesi *f.* **no|e|tisch** agg. noetico.

Noir [noa:ɐ] n. *(-s)* nero *m.*: ***auf ~ setzen*** puntare sul nero.

NOK ⇒ *Nationales Olympisches Komitee* Comitato Olimpico Nazionale.

nö|len intr. (aus. *haben*) REGION. COLLOQ. **1** *(trödeln)* gingillarsi, perdere tempo **2** *(nörgeln)* brontolare, piagnucolare. **Nö|ler** m. *(-s,-)* REGION. COLLOQ. lungagnone *m.* **Nö|le|rei** f. *(-)* REGION. COLLOQ. **1** perdita *f.* di tempo **2** *(Nörgelei)* piagnisteo *m.* **nö|lig** agg. REGION. COLLOQ. **1** lento, tardo **2** *(nörglig)* brontolone, piagnucolone.

No|li|me|tan|ge|re n. *(-,-)* BOT. nolimetangere *f.*, impaziente *f.*

Nom. ⇒ *Nominativ* nominativo (nom.).

No|ma|de m. *(-n,-n)* nomade *m.* **No|ma|den|da|sein** n. *(-s)* → **Nomadenleben. no|ma|den|haft** agg. nomade. **No|ma|den|le|ben** n. *(-s)* vita *f.* nomade. **No|ma|den|volk** n. *(-[e]s,-völker)* popolo *m.* nomade. **no|ma|disch** agg. nomade, dei nomadi: ***-e Sitten*** usanze nomadi. **no|ma|di|sie|ren I** tr. rendere nomade, ridurre al nomadismo **II** intr. (aus. *haben*) condurre vita nomade (anche FIG.). **No|ma|dis|mus** m. *(-)* nomadismo *m.*

No|men n. *(-s,- e Nomina)* GRAMM. nome *m.*

No|men|kla|tor m. *(-s,-en)* (lessico *m.*) nomenclatore *m.* **no|men|kla|to|risch** agg. nomenclatore. **No|men|kla|tur** f. *(-,-en)* **1** nomenclatura *f.* **2** *(Verzeichnis technischer Namen)* lessico *m.* nomenclatore.

no|mi|nal agg. GRAMM. ECON. nominale. **No|mi|nal|be|trag** m. *(-[e]s,-beträge)* importo *m.* nominale. **No|mi|nal|ein|kom|men** n. *(-s,-)* reddito *m.* nominale. **No|mi|nal|form** f. *(-,-en)* forma *f.* nominale.

no|mi|na|li|sie|ren tr. nominalizzare.

No|mi|na|lis|mus m. *(-s)* nominalismo *m.* **No|mi|na|list** m. *(-en,-en)* nominalista *m.*

No|mi|nal|lohn m. *(-[e]s,-löhne)* salario *m.* nominale. **No|mi|nal|prä|fix** n. *(-es,-e)* prefisso *m.* nominale. **No|mi|nal|satz** m. *(-[e]s,-sätze)* proposizione *f.*, frase *f.* nominale. **No|mi|nal|stil** m. *(-[e]s)* stile *m.* nominale. **No|mi|nal|wert** m. *(-[e]s,-e)* valore *m.* nominale.

No|mi|na|tiv m. *(-s,-e)* nominativo *m.*: ***im ~ stehen*** essere al nominativo. **no|mi|na|ti|visch** agg. al, del nominativo.

no|mi|nell I agg. nominale **II** avv. nominalmente, di nome.

no|mi|nie|ren tr. nominare: ***einen Nachfolger ~*** nominare un successore; *(vorschlagen)* ***jdn (als Kandidat) für die Wahl ~*** proporre qcn. come candidato per le elezioni. **No|mi|nie|rung** f. *(-,-en)* nomina *f.*

No|mo|gramm n. *(-s,-e)* nomogramma *m.*

No|na|gon n. *(-s,-e)* nonagono *m.*

non|cha|lant [nõʃa'lã:] **I** agg. noncurante, disinvolto **II** avv. con noncuranza, disinvoltamente, con nonchalance.

No|ne f. *(-,-n)* LIT. MUS. nona *f.* **No|nen|ak|kord** m. *(-[e]s,-e)* accordo *m.* di nona.

non|fi|gu|ra|tiv agg. non figurativo.

No|ni|us m. *(-,-se e Nonien)* nonio *m.*

Non|kon|for|mis|mus m. *(-)* non conformismo *m.*, anticonformismo *m.* **Non|kon|for|mist** m. *(-en,-en)* nonconformista *m.*, anticonformista *m.* **non|kon|for|mis|tisch** agg. nonconformista, anticonformista.

Nönn|chen n. *(-s,-)* suorina *f.*, monachella *f.*

Non|ne f. *(-,-n)* **1** suora *f.*, monaca *f.* **2** ENTOM. limantria *f.* monaca, monaca *f.* **3** EDIL. coppo *m.* ricurvo ◆ ***weiße ~*** monaca bianca, smergo minore. **non|nen|haft** agg. monacale, da monaca, da suora. **Non|nen|klos|ter** n. *(-s,-klöster)* convento *m.* di suore (*o* monache). **Non|nen|zie|gel** m. *(-s,-)* coppo *m.* ricurvo.

Non|pa|reille [nõpa'rɛ:j] f. *(-)* **1** TIP. nompariglia *m.* **2** GASTR. *(Zuckerkörner)* codetta *f.*

Non|plus|ul|tra n. *(-)* non plus ultra *m.*

Non|pro|li|fe|ra|ti|on ['nɔnproulɪfə'reɪʃən] f. *(-)* POL. non proliferazione *f.* (di armi nucleari).

Non|sens m. *(- e -es)* nonsenso *m.*: ***nur ~ reden, schreiben*** dire, scrivere cose senza senso.

non|stop avv. senza sosta (*o* interruzione), non stop. **Non-Stop-Flug** m. *(-[e]s,-flüge)* volo *m.* non stop, senza scalo.

Non|va|leur [nõva'lø:ɐ] m. *(-s,-s)* **1** ECON. titolo *m.* senza valore **2** ANT. *(Versager)* inetto *m.*, nullità *f.* **3** ANT. cosa *f.* priva di valore.

non|ver|bal agg. non verbale: ***-e Kommunikation*** comunicazione non verbale.

Nop|pe f. *(-,-n)* **1** nodo *m.*, grumello *m.*, groppo *m.* (di filo) **2** *(höckerartige Erhebung)* protuberanza *f.* **nop|pen** tr. **1** ***einen Stoff ~*** levare i nodi da una stoffa **2** *(mit Noppen versehen)* ***etw. ~*** dotare qcs. di nodi, fare dei groppi di filo in qcs. **Nop|pen|garn** n. *(-[e]s,-e)* filato *m.* a nodi. **Nop|pen|ge|we|be** n. *(-s,-)* tessuto *m.* a nodi. **nop|pig** agg. a, con nodi (*o* grumelli).

Nor|bert n.pr.m. Norberto *m.*

Nord m. *(-[e]s)* **1** nord *m.*, settentrione *m.*: ***aus, von ~ kommende Winde*** venti che arrivano da(l) nord; ***der Wind dreht nach ~*** il vento volge a nord **2** MAR. e LETT. *(Nordwind;* pl. *-e)* vento *m.* del nord.

Nord|af|ri|ka n.pr.n. *(-s)* Nord-Africa *m.* **Nord|af|ri|ka|ner** m. *(-s,-)* nordafricano *m.* **nord|af|ri|ka|nisch** agg. nordafricano, del Nord-Africa.

Nord|ame|ri|ka n.pr.n. *(-s)* Nord-America *m.* **Nord|ame|ri|ka|ner** m. *(-s,-)* nordamericano *m.* **nord|ame|ri|ka|nisch** agg. nordamericano, del Nord-America.

Nord|at|lan|tik|pakt m. *(-[e]s)* patto *m.* atlantico.

nord|deutsch agg. della Germania settentrionale (*o* del nord). **Nord|deut|sche** m. e f. *(-n,-n)* tedesco *m.* (-a *f.*) del nord. **Nord|deutsch|land** n.pr.n. *(-s)* Germania *f.* settentrionale (*o* del Nord).

Nor|den m. *(-s)* nord *m.*, settentrione *m.*: ***das Fenster geht, liegt, blickt nach ~*** la finestra dà, è posta, guarda a nord; ***der Wind weht aus, von ~*** il vento spira da nord; ***der hohe ~*** l'estremo nord; ***im ~ von München*** a nord di Monaco ◆ ***in den ~ fahren*** andare nei paesi nordici.

Nord|eu|ro|pa n.pr.n. *(-s)* Nord-Europa *m.*, Europa *f.* settentrionale. **Nord|eu|ro|pä|er** m. *(-s,-)* nordeuropeo *m.*, nordico *m.*, abitante *m.* del Nord-Europa. **nord|eu|ro|pä|isch** agg. nordeuropeo, nordico, del Nord-Europa.

Nord|fens|ter n. *(-s,-)* finestra *f.* rivolta a nord (*o* a settentrione). **Nord|flan|ke** f. *(-,-n)* lato *m.* (*o* fianco *m.*) nord (*o* settentrionale). **Nord|flü|gel** m. *(-s,-)* ala *f.* nord: ***der ~ des Gebäudes, des Heeres*** l'ala nord dell'edificio, l'ala dell'esercito posta a settentrione.

Nord|frank|reich n.pr.n. *(-s)* Francia *f.* settentrionale.

nord|frie|sisch agg. frisone settentrionale. **Nord|fries|land** n.pr.n. *(-s)* Frisia *f.* settentrionale.

Nord|hang m. *(-[e]s,-hänge)* versante *m.* settentrionale.

Nord|ir|land n.pr.n. *(-s)* Irlanda *f.* del nord.

nor|disch agg. **1** nordico: ***das -e Klima*** il clima nordico; ***die -e Literatur*** la letteratura nordica **2** STOR. *(im Nationalsozialismus)* ariano ◆ ***-e Kälte*** freddo polare; SPORT ***-e Kombination*** combinata nordica. **Nor|dist** m. *(-en,-en)* studioso *m.* delle culture nordiche.

Nord|ita|li|en n.pr.n. *(-s)* Italia *f.* settentrionale.

Nord|kap n.pr.n. *(-s)* capo *m.* Nord.

Nord|ko|rea n.pr.n. *(-s)* Corea *f.* del Nord. **Nord|ko|re|a|ner** m. *(-s,-)* nordcoreano *m.*, coreano *m.* del nord. **nord|ko|re|a|nisch** agg. nordcoreano, della Corea del Nord.

Nord|küs|te f. *(-,-n)* costa *f.* settentrionale. **Nord|län|der** m. *(-s,-)* nordico *m.* **Nord|land|fahrt** f. *(-,-en)* → **Nordlandreise. nord|län|disch** agg. settentrionale, del nord. **Nord|land|rei|se** f. *(-,-n)* viaggio *m.* nei paesi nordici.

nörd|lich I agg. **1** nordico, del nord: ***die -en Winde, Völker*** i venti, i popoli del nord **2** settentrionale: ***die -e Halbkugel*** l'emisfero settentrionale (*o* boreale) **3** nord: ***50 Grad -er Breite*** 50 gradi latitudine nord **II** avv. a nord: ***~ von Berlin*** a nord di Berlino **III** prep. + gen. a nord di: ***1 km ~ des Flughafens*** 1 km a nord dell'aeroporto ◆ ***in -er Richtung*** verso nord.

Nord|licht n. *(-[e]s,-er)* aurora *f.* boreale. **Nord|meer** n. *(-[e]s)* oceano *m.* artico.

Nord|nord|ost m. *(-[e]s)* **1** nord-nordest *m.* **2** MAR. *(Wind;* pl. *-e)* vento *m.* che viene da nord-nordest. **Nord|nord|os|ten** m. *(-s)* nord-nordest *m.* **Nord|nord|west** m. *(-[e]s)* **1** nord-nordovest *m.* **2** MAR. *(Wind;* pl. *-e)* vento *m.* che viene da nord-nordovest. **Nord|nord|wes|ten** m. *(-s)* nord-nordovest *m.* **Nord|ost** m. *(-[e]s)* **1** nordest *m.* **2** MAR. *(Wind;* pl. *-e)* vento *m.* di nordest. **Nord|os|ten** m. *(-s)* nordest *m.* **nord|öst|lich I** agg. nordorientale, di, del nordest **II** avv. a nordest: ***~ von Köln*** a nordest di Colonia **III** prep. + gen. a nordest di: ***~ des Gebirges*** a nordest della montagna.

Nord-Ost|see-Ka|nal m. *(-[e]s)* canale *m.* di Kiel. **Nord|ost|wind** m. *(-[e]s,-e)* vento *m.* di nordest.

Nord|pol m. *(-[e]s)* polo *m.* Nord.

Nord|po|lar|ge|biet n. *(-[e]s)* regione *f.* artica. **Nord|po|lar|kreis** m. *(-es)* circolo *m.* polare artico. **Nord|po|lar|meer** n. *(-[e]s)* Oceano *m.* artico.

Nord|pol|ex|pe|di|ti|on f. *(-,-en)* spedizione *f.* al polo Nord. **Nord|**

punkt m. *(-[e]s)* GEOGR. punto *m.* nord.

Nord|rhein-West|fa|len n.pr.n. *(-s)* Renania settentrionale-Vestfalia *f.* **nord|rhein-west|fä|lisch** agg. della Renania settentrionale-Vestfalia.

Nord|see n.pr.f. *(-)* mare *m.* del Nord.

Nord|sei|te f. *(-,-n)* lato *m.* nord (*o* settentrionale). **Nord|stern** m. *(-[e]s)* stella *f.* polare. **Nord-Süd-Ge|fäl|le** n. *(-s)* divario *m.* (economico) nordsud. **nord|süd|lich** agg. nordsud: ***in -er Richtung*** in direzione nordsud. **Nord|wand** f. *(-,-wände)* parete *f.* nord. **nord|wärts** avv. a nord.

Nord|west m. *(-[e]s)* **1** nordovest *m.* **2** MAR. *(Nordwind;* pl. *-e)* vento *m.* di nordovest. **Nord|wes|ten** m. *(-s)* nordovest *m.* **nord|west|lich I** agg. di nordovest, nordoccidentale **II** avv. ***~ von*** a nordovest di **III** prep. + gen. a nordovest: ***30 km ~ der Grenze*** 30 km a nordovest del confine. **Nord|west|wind** m. *(-[e]s,-e)* vento *m.* di, da nordovest. **Nord|wind** m. *(-[e]s,-e)* vento *m.* del nord, da nord.

Nör|ge|lei f. *(-,-en)* SPREG. **1** l'essere criticone, brontolone **2** pl. *(nörgelnde Bemerkungen)* critiche *f.pl.* continue. **Nör|gel|frit|ze** m. *(-n,-n)* COLLOQ. SPREG. brontolone *m.* **nör|ge|lig** agg. SPREG. brontolone, criticone. **nör|geln** intr. (aus. *haben*) SPREG. trovare da ridire, da criticare, brontolare: ***an jdm, allem, über alles ~*** trovare da ridire a qcn., su tutto. **Nörg|ler** m. *(-s,-)* SPREG. brontolone *m.*, criticone *m.* **nörg|le|risch** agg. SPREG. da brontolone. **nörg|lig** → **nörgelig.**

no|risch agg. norico ◆ ***die Norischen Alpen*** le Alpi Noriche.

Norm f. *(-,-en)* **1a** norma *f.*: ***moralische, sprachliche, technische -en*** norme morali, linguistiche, tecniche; ***geltende -en*** norme vigenti; ***der ~ entsprechend handeln*** agire secondo la norma; ***-en aufstellen, festsetzen*** porre, stabilire delle norme per qcs.; ***die ~ befolgen, sich an die ~ halten*** attenersi alla norma **b** *(Durchschnitt)* ***von der ~ abweichen*** differire dalla norma **c** *(Produktionsrichtlinien)* ***einer ~ entsprechen*** essere conforme a una norma; ***nach ~ herstellen*** produrre secondo la norma **2** *(geforderte Arbeitsleistung)* prestazione *f.* di lavoro richiesta; *(Produktionsleistung)* standard *m.* di produzione: ***die ~ erfüllen, erreichen*** realizzare, raggiungere lo standard di produzione **3** SPORT *(vorgeschriebene Mindestleistung)* minimo *m.*: ***die ~ für den Hundertmeterlauf liegt bei 11,2 Sekunden*** il minimo per accedere ai 100 metri è di 11,2 secondi **4** TIP. segnatura *f.*

nor|mal I agg. normale: *(der Norm entsprechend)* ***ein -es Gewicht*** un peso normale; ***-e Atmung, Herztätigkeit*** respirazione, attività cardiaca normale; *(üblich)* ***unter -en Bedingungen*** in condizioni normali; ***diese Reaktion ist nicht ~*** questa reazione non è normale; *(gesund)* ***ein ganz -es Kind*** un bambino del tutto normale **II** avv. COLLOQ. normalmente, in modo normale: ***sich nicht ~ benehmen*** non comportarsi normalmente ◆ COLLOQ. ***bist du noch ~?*** sei impazzito?

Nor|mal n. *(-s,-e)* **1** misura *f.* campione, standard *m.* **2** COLLOQ. *(Normalbenzin)* normale *f.*: ***~ tanken*** fare il pieno di normale. **Nor|mal|ben|zin** n. *(-s)* benzina *f.* normale. **Nor|mal|bür|ger** m. *(-s,-)* cittadino *m.* medio. **Nor|ma|le** f. *(-[n],-n)* MAT. normale *f.* **nor|ma|ler|wei|se** avv. normalmente. **Nor|mal|fall** m. *(-[e]s,-fälle)* caso *m.* normale; ***im ~*** di norma. **Nor|mal|film** m. *(-[e]s,-e)* pellicola *f.* a passo normale. **Nor|mal|for|mat** n. *(-[e]s,-e)* formato *m.* normale. **Nor|mal|hö|he** f. *(-,-n)* TECN. altezza *f.* normale. **Nor|mal|hö|hen|punkt** m. *(-[e]s,-e)* TOPOGR. quota *f.*

Nor|ma|li|en pl. elementi *m.pl.* fondamentali; *(Regeln)* norme *f.pl.*, regole *f.pl.*

nor|ma|li|sie|ren I tr. normalizzare **II** rifl. **sich ~** normalizzarsi. **Nor|ma|li|sie|rung** f. *(-,-en)* normalizzazione *f.* **Nor|ma|li|tät** f. *(-)* normalità *f.*

Nor|mal|maß n. *(-es,-e)* misura *f.* normale. **Nor|mal|null** n. *(-[s])* TOPOGR. quota *f.* zero, livello *m.* del mare. **Nor|mal|spur** f. *(-)* FERR. scartamento *m.* normale. **nor|mal|spu|rig** agg. FERR. a scartamento normale. **Nor|mal|ton** m. *(-[e]s,-töne)* **1** suono *m.* determinato **2** *(Kammerton)* la *m.* diapason. **Nor|mal|uhr** f. *(-,-en)* orologio *m.* (che indica l'ora ufficiale). **Nor|mal|ver|brau|cher** m. *(-s,-)* consumatore *m.* medio ◆ ***Otto ~*** = l'uomo medio, della strada. **Nor|mal|zeit** f. *(-)* ora *f.* ufficiale. **Nor|mal|zu|stand** m. *(-[e]s)* stato *m.* normale.

Nor|man|die n.pr.f. *(-)* Normandia *f.* **Nor|man|ne** m. *(-n,-n)* STOR. normanno *m.* **nor|man|nisch** agg. STOR. normanno.

nor|ma|tiv agg. normativo: ***-e Bedeutung, Grammatik*** significato normativo, grammatica normativa. **Nor|ma|tiv** n. *(-s,-e)* EX-RDT normativa *f.*

Norm|blatt n. *(-[e]s,-blätter)* prospetto *m.* norme (DIN). **nor|men** tr. TECN. normalizzare, unificare, standardizzare: ***Maschinenteile, Prüfverfahren ~*** normalizzare i pezzi di una macchina, la procedura di collaudo. **Nor|men|aus|schuss** m. *(-es,-ausschüsse)* comitato *m.* per la normalizzazione (dei dati scientifici e tecnici). **Nor|men|kon|trol|le** f. *(-,-n)* controllo *m.* della costituzionalità di una legge. **Nor|men|kon|troll|kla|ge** f. *(-,-n)* azione *f.* di controllo della costituzionalità di una legge.

nor|mie|ren tr. normalizzare, uniformare alla norma: ***die Rechtschreibung ~*** uniformare l'ortografia. **nor|miert** p.pass. agg. **1** → **normieren 2** normalizzato: ***-e Größen*** grandezze normalizzate. **Nor|mie|rung** f. *(-,-en)* normalizzazione *f.*

Nor|mung f. *(-,-en)* TECN. normalizzazione *f.*, unificazione *f.*, standardizzazione *f.* **norm|wid|rig** agg. contrario alla norma.

Nor|ne f. *(-,-n)* MITOL. norna *f.*

Nor|we|gen n.pr.n. *(-s)* Norvegia *f.* **Nor|we|ger** m. *(-s,-)* norvegese *m.* **Nor|we|ger|mus|ter** n. *(-s,-)* TESS. disegno *m.*, modello *m.* norvegese. **nor|we|gisch** agg. norvegese, della Norvegia. **Nor|we|gisch** n. *(-[s])*, **Nor|we|gi|sche** n. *(-n)* norvegese *m.*

No|so|gra|phie f. *(-)* nosografia *f.* **No|so|lo|gie** f. *(-)* nosologia *f.*

Nos|tal|gie f. *(-)* nostalgia *f.*: ***~ haben*** avere nostalgia. **Nos|tal|gi|ker** m. *(-s,-)* nostalgico *m.* **nos|tal|gisch I** agg. nostalgico **II** avv. nostalgicamente.

Nost|ri|fi|ka|ti|on f. *(-,-en)* **1** DIR. *(Einbürgerung)* naturalizzazione *f.* **2** *(Anerkennung ausländischer Diplome)* riconoscimento *m.* **nost|ri|fi|zie|ren** tr. **1** *(einbürgern)* naturalizzare **2** *(ausländische Diplome)* riconoscere (la validità).

Nost|ro|kon|to n. *(-s,-konten* e *-konti)* conto *m.* nostro.

Not f. *(-, Nöte)* **1a** *(schlimme Lage)* necessità *f.*, bisogno *m.*, difficoltà *f.*: ***jdm in der Stunde der ~ helfen, beistehen*** aiutare qcn., essere accanto a qcn. nel momento del bisogno; ***in größter ~ sein*** trovarsi in estrema difficoltà **b** *(Gefahr)* impicci *m.pl.*, pericolo *m.*: ***Rettung aus höchster ~*** salvezza da un estremo pericolo **c** *(Elend)* necessità *f.*, miseria *f.*: ***auf dem Land herrschte bittere ~*** in campagna regnava una grande miseria; ***wirtschaftliche ~*** miseria; ***aus ~ stehlen*** rubare per necessità **2a** *(Bedrängnis)* travaglio *m.*, pena *f.*: ***innere ~*** travaglio interiore; ***jds ~ erleichtern, lindern, mindern*** alleviare le pene di qcn.; ***jdm seine ~ klagen*** raccontare a qcn. le proprie pene **b** *(Sorgen)* preoccupazioni *f.pl.*: ***in höchsten, tausend Nöten sein*** avere molte preoccupazioni **c** *(Schwierigkeiten, Mühe)* difficoltà *f.pl.*, fatica *f.*: ***~ haben, etw. zu tun*** avere difficoltà (*o* fare fatica) a fare qcs.; ***mit Mühe und ~ etw. fertig bringen*** portare a termine qcs. con fatica **3** ANT. *(Zwang, Notwendigkeit)* necessità *f.*: ***tun, was die ~ gebietet*** fare ciò che la necessità impone; ***damit hat es keine ~*** non c'è alcuna necessità ◆ ***der ~ gehorchend*** spinto dal bisogno, dalla necessità; ***mit genauer ~*** → ***mit knapper ~***; ***in äußerste ~ geraten*** ridursi a un'estrema miseria; ***mit knapper ~*** a malapena; ***(an allem) ~ leiden*** patire la miseria, mancare di tutto; ***keine ~ leiden*** non mancare di nulla; ***~ leidend*** bisognoso, indigente; ***ein ~ Leidender*** un bisognoso, povero; ***wenn ~ am Mann ist*** quando urge il bisogno; ***es ist ~ am Mann*** c'è bisogno di aiuto; ***seine (liebe) ~ mit jdm, etw. haben*** avere il proprio (bel) daffare con qcn., qcs.; ***ohne ~*** senza difficoltà; *(ohne zwingenden Grund)* senza essere costretto; ***in ~ und Tod*** per la vita e per la morte; ***aus der ~ eine Tugend machen*** fare di necessità virtù; ANT. ***jdm tut etw. ~*** qcn. ha bisogno di qcs., qcs. occorre a qcn.; ***~ tun*** essere necessario, occorrere; ***zur ~*** all'occorrenza; PROV. ***~ lehrt beten*** il bisogno insegna a pregare; ***~ macht erfinderisch*** il bisogno aguzza l'ingegno; ***~ kennt kein Gebot*** necessità non conosce legge; ***wenn die ~ am größten, ist Gottes Hilfe am nächsten*** dove il bisogno è maggiore, l'aiuto di Dio è più vicino; ***in der ~ frisst der Teufel Fliegen*** in tempo di carestia pan raffermo.

No|ta f. *(-,-s)* ANT. **1** *(Notiz)* annotazione *f.*, appunto *m.* **2a** COMM. *(Auftrag)* commissione *f.*: ***etw. in ~ geben, nehmen*** dare, ricevere in commissione **b** *(Rechnung)* nota *f.* spese.

No|ta|beln pl. STOR. notabili *m.pl.*

no|ta|be|ne avv. nota bene. **No|ta|be|ne** n. *(-[s],-[s])* RAR. notabene *m.*

No|ta|bi|li|tät f. *(-,-en)* **1** ANT. *(Vornehmheit)* notabilità *f.* **2** pl. notabili *m.pl.*

Not|abi|tur n. *(-s,-e)* maturità *f.* straordinaria (in tempo di guerra). **Not|ag|gre|gat** n. *(-[e]s,-e)* gruppo *m.* elettrogeno (di emergenza). **Not|an|ker** m. *(-s,-)* **1** MAR. ancora *f.* di rispetto **2** FIG. ancora *f.* di salvezza.

No|tar m. *(-s,-e)* notaio *m.* **No|ta|ri|at** n. *(-[e]s,-e)* notariato *m.* **No|ta|ri|ats|ge|hil|fe** m. *(-n,-n)* assistente *m.* in uno studio notarile. **no|ta|ri|ell** agg. RAR. → **notarisch. No|ta|rin** f. *(-,-nen)* notaio *m.* (donna). **no|ta|risch** agg. di, da notaio, notarile ◆ ***etw. ~ beglaubigen*** legalizzare con atto notarile, dal notaio.

Not|arzt m. *(-[e]s,-ärzte)* medico *m.* di, per il pronto intervento.

No|ta|ti|on f. *(-,-en)* notazione *f.*

Not|auf|nah|me f. *(-,-n)* **1** accoglienza *f.* profughi (della EX-RDT) **2a** *(erste Hilfe)* pronto soccorso *m.* **b** *(Station)* pronto soccorso *m.* **Not|aus|gang** m. *(-[e]s,-ausgänge)* uscita *f.* di sicurezza. **Not|be|helf** m. *(-[e]s,-e)* **1** mezzo *m.* di fortuna **2** *(vorübergehende Lösung)* ripiego *m.* **Not|be|leuch|tung** f. *(-,-en)* illuminazione *f.* d'emergenza. **Not|bett** n. *(-es,-en)* letto *m.* (d'ospedale) d'emergenza, per le emergenze. **Not|brem|se** f. *(-,-n)* freno *m.* d'emergenza: ***die ~ betätigen, ziehen*** azionare, tirare il freno d'emergenza. **Not|brem|sung** f. *(-,-en)* frenata *f.* d'emergenza. **Not|brü|cke** f. *(-,-n)* ponte *m.* di fortuna. **Not|dienst** m. *(-[e]s,-e)* servizio *m.* di pronto intervento. **Not|durft** f. *(-)* **1** bisogno *m.*, necessità *f.* **2** *(menschliche Ausscheidung)* bisogno *m.*: ***seine ~ verrichten*** fare i propri bisogni. **not|dürf|tig I** agg. **1** appena sufficiente: ***eine -e Wasserreserve*** una riserva d'acqua appena sufficiente **2** *(behelfsmäßig)* di fortuna: ***eine -e Unterkunft*** un alloggio, riparo di fortuna **II** avv. **1** a stento, a malapena, appena: ***mit dem Geld leben sie ~*** con quei soldi vivono a stento **2** sommariamente, alla meno peggio: ***etw. ~ reparieren*** riparare qcs. alla meno peggio; ***~ bekleidet sein*** essere vestito sommariamente ◆ ***jdn ~ verarzten*** prestare a qcn. le prime cure mediche, i primi soccorsi.

No|te f. *(-,-n)* **1a** MUS. nota *f.*: ***eine punktierte ~*** una nota puntata **b** pl. *(Notentext)* spartito *m.*, partitura *f.*: ***ohne -n spielen, singen*** suonare, cantare senza spartito; ***nach -n spielen, singen*** suonare, cantare, seguendo lo spartito; ***-n lesen*** leggere le note **2a** *(Schulnote)* voto *m.*: ***eine gute, schlechte ~ in Latein geben, bekommen*** dare, ricevere un bel, un brutto voto di (*o* in) latino; ***gute -n haben*** avere (dei) buoni voti; ***mündliche, schriftliche ~*** voto nell'(*o* di) orale, nello (*o* di) scritto **b** *(im Sport)* punteggio *m.*: ***eine hohe, niedrige ~ ziehen*** dare un punteggio elevato, basso **3** *(Banknote)* banconota *f.*: ***-n drucken, fälschen*** stampare, falsificare banconote **4a** *(diplomatische Mitteilung)* nota *f.*: ***-en austauschen, überreichen*** scambiare (*o* scambiarsi), presentare note **b** RAR. *(Notiz)* appunto *m.*, annotazione *f.* **5** FIG. nota *f.*, caratteristica *f.*: ***eine individuelle ~*** una nota individuale ◆ ***eine falsche ~*** una nota sbagliata, falsa; ***eine ganze ~*** una semibreve; ***eine halbe ~*** una minima; SCHERZ. ***nach -n*** alla perfezione, cantando; COLLOQ. ***gern schlechte -n austeilen*** essere facili alla critica; ***jdn nach -n verprügeln*** bastonare qcn. a dovere, di santa ragione; ***-n aus dem Verkehr ziehen*** ritirare banconote dalla circolazione.

Note|book n. *(-s,-s)* notebook *m.*, computer *m.* portatile.

No|ten|aus|tausch m. *(-es)* scambio *m.* di note (diplomatiche). **No|ten|bank** f. *(-,-en)* banca *f.* d'emissione. **No|ten|buch** n. *(-[e]s,-bücher)* spartito *m.*, partitura *f.* **No|ten|druck** m. *(-[e]s,-e)* **1** stampa *f.* di spartiti, musicale **2** *(von Banknoten)* stampa *f.* di banconote. **No|ten|durch|schnitt** m. *(-[e]s,-e)* media *f.* dei voti. **No|ten|ge|bung** f. *(-,-en)* votazione *f.* **No|ten|heft** n. *(-[e]s,-e)* quaderno *m.* di musica; *(Notentext)* spartito *m.* **No|ten|li|nie** f. *(-,-n)* rigo *m.* (musicale). **No|ten|pa|pier** n. *(-s,-e)* carta *f.* da, per musica. **No|ten|pult** n. *(-[e]s,-e)* leggio *m.* **No|ten|schlüs|sel** m. *(-s,-)* MUS. chiave *f.* **No|ten|schrift** f. *(-)* MUS. notazione *f.* (musicale) **No|ten|stän|der** m. *(-s,-)* leggio *m.* **No|ten|sys|tem** n. *(-s,-e)* **1** MUS. sistema *m.* di notazione **2** SCOL. sistema *m.* di valutazione mediante voti. **No|ten|text** m. *(-es,-e)* partitura *f.*, spartito *m.* **No|ten|wech|sel** m. *(-s,-)* → **Notenaustausch.** **No|ten|wert** m. *(-[e]s,-e)* MUS. valore *m.* (della nota).

Not|er|be m. *(-n,-n)* DIR. erede *m.* necessario (*o* legittimario). **Not|fall** m. *(-[e]s,-fälle)* caso *m.* di emergenza, necessità; emergenza *f.*: ***im ~*** all'occorrenza, in caso di necessità; ***für den ~ gerüstet sein*** essere preparato ad affrontare le emergenze. **not|falls** avv. all'occorrenza, in caso di necessità: ***~ gehen wir zu Fuß*** all'occorrenza andiamo a piedi. **Not|feu|er** n. *(-s,-)* fuoco *m.* di segnalazione. **Not|flag|ge** f. *(-,-n)* MAR. bandiera *f.* di derno. **Not|fre|quenz** f. *(-,-en)* RAD. frequenza *f.* di soccorso. **not|ge|drun|gen I** agg. spinto dal bisogno, costretto dalla necessità, dal bisogno **II** avv. per necessità: ***ich tat es ~*** lo feci per necessità. **Not|geld** n. *(-[e]s)* moneta *f.* provvisoria (emessa durante una crisi economica). **Not|ge|mein|schaft** f. *(-,-en)* **1** organizzazione *f.* di soccorso **2** *(durch eine Notlage vereinte Personen)* persone *f.pl.* colpite (dall', da un'emergenza). **Not|ge|setz** n. *(-es,-e)* legge *f.* eccezionale, d'emergenza. **Not|ge|spräch** n. *(-[e]s,-e)* chiamata *f.* urgente. **Not|gro|schen** m. *(-s)* gruzzolo *m.*, risparmi *m.pl.* per i momenti d'emergenza: ***einen ~ zurücklegen*** mettere via un gruzzoletto. **Not|ha|fen** m. *(-s,-häfen)* porto *m.* di rifugio. **Not|hel|fer** m. *(-s,-)* **1** *(Helfer)* soccorritore *m.* **2** *(Heiliger)* santo *m.* ausiliatore. **Not|hil|fe** f. *(-,-n)* pronto soccorso *m.*

no|tie|ren I tr. **1** annotare, segnare: ***etw. auf einen, einem Zettel ~*** annotare qcs., prendere nota di qcs. su un foglio; ***eine Frist im Kalender ~*** segnare una scadenza sul calendario **2** *(vormerken)* prenotare, iscrivere: ***jdn für einen Tanzkurs ~*** prenotare qcn. per un corso di danza **3** *(in Noten aufschreiben)* ***ein Lied ~*** scrivere le note di una canzone **4** ECON. quotare: ***eine Aktie mit 10 DM ~*** quotare un'azione a 10 marchi **II** intr. (aus. *haben*) avere una, la quotazione: ***die Lira notiert zum Vortagskurs*** la lira mantiene la quotazione del giorno precedente **III** rifl. ***sich (D) etw. ~*** annotarsi, segnarsi qcs. ◆ ***etw. in Stichworten ~*** prendere qualche appunto, appunti su qcs. **No|tie|rung** f. *(-,-en)* **1** il prender nota **2** MUS. notazione *f.* **3** ECON. quotazione *f.*; corso *m.* di vendita.

No|ti|fi|ka|ti|on f. *(-,-en)* **1** BUROCR. notificazione *f.*, notifica *f.* **2** ANT. *(Benachrichtigung)* comunicazione *f.*, avviso *m.* **no|ti|fi|zie|ren** tr. **1** notificare **2** ANT. *(anzeigen)* comunicare.

nö|tig agg. necessario; indispensabile: ***die -en Schritte, Maßnahmen*** i passi necessari, le misure necessarie; ***ihm fehlt es an der -en Ruhe*** gli manca la calma necessaria; ***mir fehlt das -e Geld*** mi manca il denaro necessario; ***wenn ~*** se necessario (*o* all'occorrenza); ***etw. für ~ halten, finden*** ritenere, trovare necessario qcs.; ***etw. ~ machen*** rendere necessario qcs. ◆ ***etw. ~ brauchen*** avere necessità di qcs.; ***etw., jdn ~ haben*** aver bisogno di qcs., qcn.; ***ich habe viel Geld ~*** mi occorrono (*o* ho bisogno di) molti soldi; ***hast du das ~?*** era proprio il caso? ***sie hat es nicht ~ zu arbeiten*** non ha bisogno di lavorare; ***es ist ~, dass...*** occorre (*o* è necessario) che...; ***das wäre doch nicht ~ gewesen!*** non era proprio il caso! non era necessario! COLLOQ. ***ich muss mal ~*** ho un bisogno urgente. **Nö|ti|ge** n. *(-n)* necessario *m.*: ***alles ~ mitnehmen*** portare (con sé) tutto il necessario; ***alles ~ veranlassen*** predisporre tutto il necessario; ***sich aufs ~ (o Nötigste) beschränken*** limitarsi al minimo indispensabile.

nö|ti|gen tr. **1** costringere, obbligare: ***jdn zu etw. ~*** costringere qcn. a (fare) qcs.; ***der Regen nötigte ihn, die Abfahrt zu verschieben*** la pioggia lo costrinse a posticipare la partenza **2** *(heftig drängen)* pregare, invitare con insistenza: ***jdn zum Bleiben ~*** pregare qcn. di rimanere; ***jdn ins Haus ~*** invitare con insistenza qcn. ad entrare in casa; ***jdn ~, Platz zu nehmen*** invitare qcn. ad accomodarsi ◆ ***sich ~ lassen*** farsi pregare; ***lass dich nicht ~!*** non fare complimenti!

nö|ti|gen|falls avv. all'occorrenza, se necessario.

Nö|ti|gung f. *(-,-en)* **1** DIR. costrizione *f.*, coercizione *f.* **2** *(dringliche Aufforderung)* invito *m.* insistente, sollecitazione *f.* ◆ ***etw. als ~ empfinden*** sentire qcs. come una costrizione.

No|tiz f. *(-,-en)* **1** appunto *m.*, nota *f.*: ***(sich) -en machen*** prendere appunti **2** *(Zeitungsmeldung)* notizia *f.*: ***eine kurze, knappe ~*** una breve notizia **3** *(an der Börse)* quotazione *f.* ◆ ***~ von jdm, etw. nehmen*** prestare attenzione a qcn., qcs. **No|tiz|block** m. *(-[e]s,-blöcke)* blocco *m.* per appunti, bloc(k)-notes *m.* **No|tiz|buch** n. *(-[e]s,-bücher)* taccuino *m.* **No|tiz|ka|len|der** m. *(-s,-)* agenda *f.* **No|tiz|zet|tel** m. *(-s,-)* foglio *m.* d'appunti.

Not|jahr n. *(-[e]s,-e)* anno *m.* di carestia. **Not|la|ge** f. *(-,-n)* stato *m.*, situazione *f.* d'emergenza; *(Zustand der Not)* condizione *f.* di bisogno, di necessità: ***sich in einer finanziellen, wirtschaftlichen ~ befinden*** trovarsi, essere in difficoltà finanziarie, economiche; ***jdn aus einer ~ befreien, retten*** soccorrere qcn. in una situazione di emergenza. **Not|la|ger** n. *(-s,-)* letto *m.* improvvisato, provvisorio. **not|lan|den I** intr. (aus. *haben*) compiere un atterraggio di fortuna, d'emergenza **II** tr. ***der Pilot hat das Flugzeug notgelandet*** il pilota ha compiuto con l'aereo un atterraggio di emergenza. **Not|lan|dung** f. *(-,-en)* atterraggio *m.* di fortuna, d'emergenza. **Not|lei|ter** f. *(-,-n)* scala *f.* di sicurezza, d'emergenza. **Not|licht** n. *(-[e]s,-er)* luce *f.* d'emergenza. **Not|lö|sung** f. *(-,-en)* soluzione *f.* di ripiego. **Not|lü|ge** f. *(-,-n)* bugia *f.* necessaria: ***zu einer ~ greifen*** ricorrere a una bugia (necessaria). **Not|maß|nah|me** f. *(-,-n)* misura *f.* d'emergenza. **Not|na|gel** m. *(-s,-nägel)* COLLOQ. SPREG. tappabuchi *m.* **2** *(Notbehelf)* ripiego *m.* **Not|op|fer** n. *(-s,-)* misura *f.* fiscale straordinaria.

no|to|risch I agg. **1** *(gewohnheitsmäßig)* accanito, incallito: ***ein -er Trinker, Lügner*** un bevitore, bugiardo accanito **2** ANT. *(allbekannt)* notorio **II** avv. notoriamente.

Not|pfen|nig m. *(-[e]s,-e)* → **Notgroschen.** **not|reif** agg. AGR. prematuro. **Not|ruf** m. *(-[e]s,-e)* **1** chiamata *f.* d'emergenza **2** → **Notrufnummer** **3** *(von Vögeln)* grido *m.* di allarme. **Not|ruf|num|mer** f. *(-,-n)* numero *m.* d'emergenza. **Not|ruf|säu|le** f. *(-,-n)* colonnina *f.* di soccorso. **Not|schal|ter** m. *(-s,-)* interruttore *m.* generale (d'emergenza). **not|schlach|ten** tr. abbattere. **Not|schrei** m. *(-s,-e)* **1** ANT. grido *m.* d'aiuto **2** *(von Vögeln)* grido *m.* di allarme. **Not|sig|nal** n. *(-s,-e)* segnale *m.* di soccorso. **Not|si|tu|a|ti|on** f. *(-,-en)* situazione *f.* d'emergenza; *(schwierige Lage)* situazione *f.* di bisogno, di necessità. **Not|sitz** m. *(-es,-e)* seggiolino *m.* (d'emergenza).

Not|stand m. *(-[e]s,-stände)* stato *m.* d'emergenza: ***den ~ ausrufen,***

verkünden, erklären dichiarare lo stato d'emergenza. **Not|stands|ge|biet** n. *(-[e]s,-e)* zona *f.*, area *f.* (geografica) in stato d'emergenza. **Not|stands|ge|setz** n. *(-es,-e)* legge *f.* d'emergenza, eccezionale.

Not|strom|ag|gre|gat n. *(-[e]s,-e)* gruppo *m.* elettrogeno d'emergenza. **Not|tau|fe** f. *(-,-n)* battesimo *m.* in extremis. **not|tau|fen** tr. battezzare in extremis. **Not|tür** f. *(-,-en)* uscita *f.* di sicurezza. **Not|un|ter|kunft** f. *(-,-unterkünfte)* alloggio *m.* di fortuna; ricovero *m.* per senzatetto. **Not|ver|band** m. *(-[e]s,-verbände)* fasciatura *f.* d'emergenza. **Not|ver|ord|nung** f. *(-,-en)* ordinanza *f.* d'emergenza. **not|was|sern** intr. (aus. *sein*) eseguire, fare un ammaraggio di fortuna. **Not|was|se|rung** f. *(-,-en)* ammaraggio *m.* di fortuna, d'emergenza. **Not|wehr** f. *(-)* legittima difesa *f.*: ***aus, in ~*** per legittima difesa.

not|wen|dig, not|wen|dig I agg. necessario: ***für, zu etw., für jdn ~ sein*** essere necessario per qcs., qcn.; ***die -en Maßnahmen treffen*** prendere le misure necessarie; ***etw. für ~ halten, erachten*** ritenere, reputare qcs. necessario; ***etw. als ~ ansehen*** considerare qcs. come necessario **II** avv. **1** necessariamente: ***das musste ~ scheitern*** doveva necessariamente fallire **2** *(unbedingt)* assolutamente: ***etw. ~ brauchen*** avere assolutamente bisogno di qcs. **Not|wen|di|ge** n. *(-n)* necessario *m.*: ***sich aufs ~ beschränken*** limitarsi al necessario. **not|wen|di|gen|falls** avv. in caso di necessità, se necessario. **not|wen|di|ger|wei|se** avv. necessariamente. **Not|wen|dig|keit, Not|wen|dig|keit** f. *(-,-en)* necessità *f.*, bisogno *m.*: ***die ~ von etw. einsehen*** riconoscere la necessità di qcs.; ***dazu besteht keine ~*** non ce n'è alcun bisogno. **Not|wen|digs|te** n. *(-n)* stretto necessario *m.*, indispensabile *m.*: ***es fehlt ihnen am -n*** manca loro lo stretto necessario.

Not|woh|nung f. *(-,-en)* alloggio *m.* di fortuna. **Not|zei|chen** n. *(-)* segnale *m.* di soccorso. **Not|zucht** f. *(-)* DIR. violenza *f.* carnale ◆ ***~ an jdm begehen*** violentare qcn., commettere violenza carnale su qcn. **not|züch|ti|gen** tr. DIR. sottoporre a violenza carnale. **Not|zu|stand** m. *(-[e]s,-zustände)* stato *m.* di emergenza.

Nou|gat → **Nugat.**

Nov. ⇒ *November* novembre (nov.).

No|va|ti|on f. *(-,-en)* DIR. novazione *f.*

No|vel|le f. *(-,-n)* **1** novella *f.*: ***-n schreiben*** scrivere novelle **2** DIR. legge *f.* derogatoria, novella *f.* **no|vel|len|ar|tig** agg. simile a una novella. **No|vel|len|band** m. *(-[e]s,-bände)* volume *m.* di novelle. **No|vel|len|dich|ter** m. *(-s,-)* novelliere *m.* **No|vel|len|samm|lung** f. *(-,-en)* raccolta *f.* di novelle. **No|vel|let|te** f. *(-,-n)* breve novella *f.* **no|vel|lie|ren** tr. DIR. POL. emendare. **No|vel|lie|rung** f. *(-,-en)* DIR. POL. emendamento *m.* **No|vel|list** m. *(-en,-en)* novelliere *m.*, novellista *m.* **No|vel|lis|tik** f. *(-)* novellistica *f.* **no|vel|lis|tisch** agg. novellistico.

No|vem|ber m. *(-[s],-)* novembre *m.*: ***Anfang, Ende ~*** all'inizio, alla fine di novembre; ***Mitte ~*** a metà novembre; ***im ~*** in (*o* a) novembre; ***am ersten, zweiten ~*** il primo, il due (di) novembre. **No|vem|ber|ne|bel** m. *(-s,-)* nebbia *f.* di novembre (*o* novembrina). **No|vem|ber|re|vo|lu|ti|on** f. *(-)* STOR. rivoluzione *f.* di novembre.

No|ve|ne f. *(-,-n)* novena *f.*

No|vi|tät f. *(-,-en)* novità *f.*

No|vi|ze I m. *(-n,-n)* novizio *m.* **II** f. *(-,-n)* novizia *f.* **No|vi|zi|at** n. *(-[e]s,-e)* noviziato *m.* **No|vi|zin** f. *(-,-nen)* novizia *f.*

No|vum n. *(-s, Nova)* novità *f.*

NPD ⇒ *Nationaldemokratische Partei Deutschlands* partito nazionaldemocratico tedesco.

Nr(n). ⇒ *Nummer(n)* numero (-i) (n.).

NRT ⇒ *Nettoregistertonne* tonnellata di stazza (*o* registro) netta (T.S.N.).

NS ⇒ **1** *Nachschrift* poscritto (P.S.) **2** ECON. *nach Sicht* a vista **3** *Nationalsozialismus* nazionalsocialismo. **NS-Ver|bre|chen** [en'es-] n. *(-s,-)* crimine *m.* nazista.

N. T. ⇒ *Neues Testament* Nuovo Testamento (N.T.).

nu avv. REGION. COLLOQ. adesso, ora: ***~, mach mal!*** su, fallo subito! **Nu,** COLLOQ. ***im ~, in einem ~*** in un istante, in un battibaleno.

Nu|an|ce ['nyã:sə] f. *(-,-n)* nuance *f.*, sfumatura *f.*: ***stilistische -n*** sfumature stilistiche ◆ ***(um) eine ~ größer, herber, süßer*** appena (un po') piu grande, aspro, dolce. **nu|an|cen|reich** agg. ricco di sfumature. **nu|an|cie|ren** tr. sfumare. **Nu|an|cie|rung** f. *(-,-en)* sfumatura *f.*

'nü|ber avv. REGION. → **hinüber.**

Nu|bi|en n.pr.n. *(-s)* Nubia *f.* **Nu|bi|er** m. *(-s,-)* nubiano *m.* **nu|bisch** agg. nubiano.

Nu|buk n. *(-[e]s)* nabuk *m.*

nüch|tern I agg. **1a** *(nicht betrunken)* sobrio: ***nicht mehr ganz ~ sein*** non essere del tutto sobrio **b** *(schmucklos)* ***eine -e Einrichtung*** un arredamento sobrio; ***ein -er Stil*** uno stile sobrio **2** *(mit leerem Magen)* digiuno: ***eine Arznei auf -en Magen nehmen*** prendere una medicina a stomaco vuoto **3a** FIG. *(knapp)* conciso, asciutto: ***ein -er Bericht*** un asciutto resoconto **b** FIG. *(sachlich)* obiettivo, realistico: ***nach -er Einschätzung der Lage*** secondo una valutazione obiettiva della situazione **c** FIG. *(von Menschen)* obiettivo, realista **4** ANT. o REGION. *(fade)* insipido: ***die Suppe schmeckt ~*** la minestra è insipida, non sa di niente **II** avv. **1** *(schmucklos)* sobriamente **2** a digiuno, a stomaco vuoto: ***die Tablette ~ nehmen*** prendere la pastiglia a digiuno **3a** *(knapp)* in modo asciutto, concisamente **b** con oggettività, con realismo: ***ein ~ denkender Mensch*** una persona che ragiona con realismo ◆ ***einen -en Eindruck machen*** dare l'impressione di essere sobrio; COLLOQ. ***ein Schreck auf -en Magen*** = uno spavento improvviso; ***(wieder) ~ werden*** smaltire la sbornia; ***das Neonlicht wirkt ~*** la luce al neon sembra fredda. **Nüch|tern|heit** f. *(-)* **1** sobrietà *f.*: ***die ~ der Wohnung*** la sobrietà dell'appartamento **2** *(mit leerem Magen)* l'essere (a) digiuno **3a** FIG. *(Trockenheit)* asciuttezza *f.*, concisione *f.*: ***die ~ seiner Rede*** l'asciuttezza del suo discorso; ***die ~ des Stils*** la prosaicità dello stile **b** FIG. *(Sachlichkeit)* obiettività *f.*, realismo *m.*

Nu|cke, Nü|cke f. *(-,-n)* REGION. capriccio *m.*, grillo *m.*, ghiribizzo *m.* ◆ ***seine Nücken und Tücken haben*** fare i capricci, fare le bizze.

Nu|ckel m. *(-s,-)* COLLOQ. REGION. ciuccio *m.*, succhiotto *m.* **nu|ckeln I** tr. sorseggiare **II** intr. (aus. *haben*) COLLOQ. **1** ***an etw. (D) ~*** succhiare, ciucciare qcs.: ***am Schnuller, Daumen ~*** succhiare il ciuccio, il pollice **2** assol. ***unser Kind nuckelt immer noch*** il nostro bimbo si succhia ancora il pollice.

nü|ckisch agg. capriccioso, ghiribizzoso.

Nu|del f. *(-,-n)* **1** pasta *f.*: ***-n kochen, abgießen*** cuocere, scolare la pasta **2** *(zur Gänsemast)* pastone *m.* (da ingrasso) **3** COLLOQ. FIG. ***eine dicke, freche, lustige, komische (ulkige) ~*** una cicciona, una sfacciata, un tipo divertente, strambo ◆ COLLOQ. FIG. ***eine giftige ~*** una linguaccia. **Nu|del|brett** n. *(-[e]s,-er)* spianatoia *f.* **nu|del|dick** agg. COLLOQ. molto grasso. **Nu|del|ge|richt** n. *(-[e]s,-e)* piatto *m.* a base di pasta. **Nu|del|holz** n. *(-es,-hölzer)* matterello *m.*, mattarello *m.* **nu|deln** tr. **1a** *(Gänse)* ingrassare, mettere all'ingrasso **b** FIG. *(überfüttern)* ingozzare, rimpinzare **2** ANT. *(Nudelteig)* spianare. **Nu|del|sa|lat** m. *(-[e]s,-e)* insalata *f.* di pasta. **Nu|del|sup|pe** f. *(-,-n)* pasta *f.* (*o* pastina *f.*) in brodo. **Nu|del|teig** m. *(-[e]s,-e)* pasta *f.* **Nu|del|wal|ker** m. *(-s,-)* REGION. → **Nudelholz.**

Nu|dis|mus m. *(-)* nudismo *m.* **Nu|dist** m. *(-en,-en)* nudista *m.* **Nu|di|tät** f. *(-)* nudità *f.*

Nu|gat m. e n. *(-s,-s)* nougat *m.*

nuk|le|ar I agg. nucleare: ***-e Energie, Bedrohung, Waffen*** energia, minaccia nucleare, armi nucleari **II** avv. ***ein ~ angetriebenes U-Boot*** un sommergibile a propulsione nucleare. **Nuk|le|ar|macht** f. *(-,-mächte)* potenza *f.* nucleare. **Nuk|le|ar|me|di|zin** f. *(-)* medicina *f.* nucleare. **Nuk|le|ar|phy|sik** f. *(-)* fisica *f.* nucleare. **Nuk|le|ar|waf|fe** f. *(-,-n)* arma *f.* nucleare.

Nuk|le|a|se f. *(-)* nucleasi *f.*

Nuk|le|in f. *(-)* nucleina *f.* **Nuk|le|in|säu|re** f. *(-)* acido *m.* nucleico.

Nuk|le|on n. *(-s,-en)* nucleone *m.* **Nuk|le|o|nik** f. *(-)* nucleonica *f.*

Nuk|le|o|pro|te|id n. *(-[e]s,-e)* nucleoprotide *m.*, nucleoproteina *f.* **Nuk|le|o|tid** n. *(-[e]s,-e)* nucleotide *m.*

Nuk|le|us m. *(-, Nuklei)* **1** BIOL. ARCHEOL. nucleo *m.* **2** ANAT. *(Nervenkern)* centro *m.* nervoso.

null agg.inv. **1** zero: ***drei weniger drei ist (gleich) ~*** tre meno tre fa, è uguale a zero; ***~ Grad*** zero gradi; ***Temperaturen über, unter ~*** temperature sopra, sotto (lo) zero; ***auf ~ stehen, zeigen*** essere sullo zero, indicare lo zero; ***gegen ~ tendieren*** tendere allo zero; ***das Spiel endete zwei zu ~*** la partita è finita due a zero **2** *(kein)* nessuno: ***~ Fehler haben*** non aver fatto nessun errore; COLLOQ. ***~ Ahnung von etw. haben*** non avere idea di qcs. ◆ ***bei ~ anfangen*** partire (*o* incominciare) da zero; COLLOQ. ***~ Bock auf Arbeit haben*** non avere nessuna voglia di lavorare; COLLOQ. ***gleich ~ sein*** essere (praticamente) nullo; ***seine Laune, Stimmung ist gleich ~*** ha il morale a terra; ***das Jahr ~*** l'anno zero; COLLOQ. ***in ~ Komma nichts*** in un batter d'occhio; COLLOQ. ***~ Komma nichts*** assolutamente nulla; ***~ und nichtig*** nullo; ***etw. auf ~ stellen*** azzerare qcs.; ***die Stunde ~*** l'ora zero; ***es ist ~ Uhr*** sono le ventiquattro.

Null f. *(-,-en)* **1** zero *m.*: ***eine ~ anhängen*** aggiungere uno zero; ***eine Zahl mit drei -en*** una cifra con tre zeri **2** COLLOQ. *(Versager)* nullità *f.*

null|acht|fünf|zehn COLLOQ. SPREG. **I** agg. inv. banale, ordinario: ***sein Geschmack ist ~*** il suo gusto è banale **II** avv. in modo banale, ordinario: ***~ gekleidet sein*** essere vestito in modo ordinario.

Null-Bock-Ge|ne|ra|ti|on f. *(-)* generazione *f.* di svogliati.

Null|di|ät f. *(-,-en)* dieta *f.* rigida (senza cibi solidi).

nul|len I tr. **1** EL. mettere a terra **2** *(Rechner)* azzerare **II** intr. (aus.

haben) SCHERZ. *(ein neues Lebensjahrzehnt beginnen)* = entrare in un nuovo decennio, ricominciare dallo zero.

Nul|li|fi|ka|ti|on f. *(-,-en)* DIR. ANT. annullamento *m.* **nul|li|fi|zie|ren** tr. DIR. ANT. annullare.

Nul|li|tät f. *(-,-en)* nullità *f.*

Null|la|ge f. *(-)* → **Nullstellung. Null|lei|ter** m. *(-s,-)* EL. (conduttore *m.*) neutro *m.* **Null|li|nie** f. *(-,-n)* linea *f.* dello zero. **Null|lö|sung** f. *(-,-en)* POL. soluzione *f.* zero. **Null|mar|ke** f. *(-,-n)* (tacca *f.*, segno *m.* dello) zero *m.* **Null|men|ge** f. *(-,-n)* MAT. insieme *m.* vuoto. **Null|me|ri|di|an** m. *(-s)* meridiano *m.* zero (*o* di Greenwich). **Null-Null** n. *(-,-[s])* COLLOQ. gabinetto *m.* **Null|num|mer** f. *(-,-n)* numero *m.* zero (di una rivista). **Null|op|ti|on** f. *(-,-en)* POL. opzione *f.* zero. **Null|punkt** m. *(-[e]s,-e)* zero *m.*: **die Temperatur ist auf den ~ gesunken** la temperatura è scesa a zero ◆ FIG. **auf dem ~ angekommen sein** essere a zero, aver toccato il fondo; **die Stimmung sank auf den ~** il morale era crollato, era a terra. **Null|se|rie** f. *(-,-n)* preserie *f.* **Null|stel|lung** f. *(-,-en)* posizione *f.* (sullo) zero, azzeramento *m.* **Null|sum|men|spiel** n. *(-s,-e)* gioco *m.* a somma zero. **Null|ta|rif** m. *(-s,-e)* costo *m.* zero: **~ bei öffentlichen Verkehrsmitteln** mezzi pubblici gratuiti. **Null|wachs|tum** n. *(-s)* crescita *f.* zero.

Nul|pe f. *(-,-n)* COLLOQ. SPREG. tonto *m.*

Nu|me|ra|le n. *(-s, Numeralien* e *Numeralia)* numerale *m.*

nu|me|rie|ren → **nummerieren. nu|me|riert** → **nummeriert. Nu|me|rie|rung** → **Nummerierung.**

nu|me|risch I agg. numerico: **ein -er Kode** un codice numerico **II** avv. numericamente, di numero: **eine ~ kleine Gruppe** un gruppo piccolo di numero. **Nu|me|rus** m. *(-, Numeri)* **1** MAT. numero *m.* (di logaritmo) **2** GRAMM. numero *m.* **Nu|me|rus clau|sus** m. *(- -)* UNIV. numero *m.* chiuso.

Nu|mi|der m. *(-s,-)* numida *m.* **Nu|mi|di|en** n.pr.n. *(-s)* Numidia *f.* **nu|mi|disch** agg. numida, numidico.

nu|mi|nos agg. numinoso.

Nu|mis|ma|tik f. *(-)* numismatica *f.* **Nu|mis|ma|ti|ker** m. *(-s,-)* numismatico *m.* **nu|mis|ma|tisch** agg. numismatico.

Num|mer f. *(-,-n)* **1a** numero *m.*: **eine hohe, niedrige ~** un numero alto, basso; **die laufende ~** il numero progressivo; **etw. mit -n versehen** numerare qcs. **b** *(Telefonnummer)* **die ~ wählen** fare, comporre il numero; **ich bin unter dieser ~ zu erreichen** mi trova a questo numero **c** *(Hausnummer)* **auf ~ vier wohnen** abitare al numero quattro; *(Zimmernummer)* **welche ~ haben Sie?** a che numero abita? **im sechsten Stock, ~ drei wohnen** abitare al sesto piano, al numero tre **d** *(Autonummer)* numero *m.* (di targa), targa *f.*: **ein Wagen mit Berliner ~** una macchina con la targa di Berlino **e** *(Ausgabe)* **sein Artikel stand in der letzten ~ (der Zeitschrift)** il suo articolo era nell'ultimo numero (della rivista); **ältere -n** numeri arretrati **f** *(Größe)* **haben Sie die Schuhe eine ~ kleiner?** ha un numero più piccolo (di queste scarpe)? **welche ~ tragen Sie?** che numero porta? **g** *(von Kabarett-, Varieté-, Zirkusprogrammen)* **eine ~ proben, vorführen** provare, eseguire (*o* fare) un numero; COLLOQ. *(Musikstück)* numero *m.*, pezzo *m.* **2** COLLOQ. *(Kerl)* tipo *m.*: **eine komische ~** uno strano tipo; **er gilt als große ~ im Radsport** passa per un gran ciclista, per un pezzo grosso del ciclismo; **eine ~ für sich sein** essere uno a sé, un tipo particolare **3** VOLG. *(Koitus)* scopata *f.*: **eine ~ machen, schieben** fare una scopata ◆ **(s)eine ~ abziehen** mettersi in mostra; **~ eins** il numero uno; COLLOQ. **bei jdm eine große, gute ~ haben** essere molto considerato da qcn.; COLLOQ. **~ null** gabinetto; **(nur) eine ~ sein** essere (soltanto) un numero; **auf ~ Sicher gehen** andare sul sicuro; COLLOQ. **auf ~ Sicher sein, sitzen** essere dentro, stare al fresco; COLLOQ. **das ist eine ~ (einige, ein paar -n) zu groß für mich** questo va oltre le mie possibilità, è un po' troppo per me.

num|me|rie|ren tr. numerare: **die Seiten ~** numerare le pagine. **num|me|riert** p.pass. agg. **1** → **nummerieren 2** numerato: **-e Plätze** posti numerati. **Num|me|rie|rung** f. *(-,-en)* **1** numerazione *f.* **2** *(Platznummer)* numero *m.*

num|mern tr. RAR. numerare. **Num|mern|girl** [-gœrl] n. *(-s,-s)* valletta *f.* con il numero della prossima rappresentazione. **Num|mern|kon|to** n. *(-s,-s)* BANC. conto *m.* cifrato. **Num|mern|oper** f. *(-,-n)* MUS. opera *f.* a numeri. **Num|mern|schei|be** f. *(-,-n)* TEL. disco *m.* combinatore. **Num|mern|schild** n. *(-[e]s,-er)* AUT. targa *f.* (d'immatricolazione). **Num|mern|stem|pel** m. *(-s,-)* (timbro *m.*) numeratore *m.*

nun I avv. *(jetzt)* ora, adesso: **~ ist es zu spät** ora è troppo tardi; **~ reicht's aber!** adesso basta! **~ wird's aber Zeit!** sarebbe tempo! *(unter diesen Umständen)* **~ darf ich nicht mehr zögern** ora non posso più esitare; **was wird er ~ dazu sagen?** e ora che dirà? *(inzwischen)* **die Lage hat sich ~ verbessert** la situazione adesso è migliorata; *(heute)* **der ehemals geliebte, ~ so verhasste Politiker** il politico un tempo amato ed ora tanto odiato **II** part.at. **1** *(aber)* però: **mittlerweile hat sich ~ gezeigt...** nel frattempo però si è visto... **2** *(vielleicht)* forse: **war das ~ kein Erfolg?** non è stato forse un successo? **3** *(eben)* appunto: **das gefällt mir ~ mal nicht** questo, appunto, non mi piace; **es ist ~ mal so** il fatto è appunto questo **4** *(denn)* allora, dunque: **was war ~ eigentlich mit dir los?** e allora che cosa ti è successo? **muss das ~ eben jetzt sein?** bisogna farlo proprio adesso? **5** *(doch)* però, eppure: **die Frage war ~ wirklich berechtigt** la domanda però era davvero giustificata **6** *(also)* ebbene, be', allora: **~, was gibt's Neues?** be', che c'è di nuovo? **7** *(unübersetzt)* **und das ist ~ mein Freund** e questo è il mio ragazzo; **ob du ~ willst oder nicht** se vuoi o no; **da stehe ich ~ und weiß nicht weiter** eccomi qua che non so come andare avanti ◆ **~ denn** e allora; **~ denn, viel Spaß!** allora, buon divertimento! **~ einmal** oramai; **~ erst recht!** ora più che mai! **~ gerade!** alla buon'ora! **~ gut! je ~!** orbene! ebbene! e va bene! **~ und nimmer (mehr)** mai e poi mai; **~ schön!** → **~ gut! von ~ an, ab** d'ora in poi; *(in Bezug auf die Vergangenheit)* da allora in poi; **was ~?** e adesso?

nun|mehr avv. ora, d'ora in poi. **nun|meh|rig** agg. RAR. attuale, di adesso.

'nun|ter avv. REGION. → **hinunter.**

Nun|ti|a|tur f. *(-,-en)* nunziatura *f.* **Nun|ti|us** m. *(-, Nuntien)* nunzio *m.* (pontificio, apostolico).

nur I avv. **1a** *(nicht mehr als)* solo, soltanto, solamente: **das kostet ~ 40 Mark** costa solo 40 marchi; **es ist ~ mehr eine Woche Zeit** c'è soltanto più una settimana di tempo; **~ einer unter, von vielen** solamente uno tra (*o* uno di) molti **b** *(lediglich)* **~ wenig Zeit haben** avere solo poco tempo; **ich wollte ~ sagen, dass...** volevo solo dire che...; **Sie brauchen es mir ~ zu sagen** non ha che da dirmelo, basta che me lo dica **2a** *(ausschließlich)* solo, unicamente, esclusivamente: **~ einmal** solo una volta; **~ gegen bar** solo pagamento in contanti; **Zutritt ~ für Mitglieder** ingresso per soli soci; **das habe ich doch ~ so gesagt** ho solo detto così per dire **b nicht ~... sondern auch...** non solo... ma anche...; **er ist nicht ~ dumm, sondern auch faul** non è soltanto stupido, ma anche pigro **c ~ nicht** tranne, fuorché, salvo: **alle, ~ die Genannten nicht** tutti tranne (*o* meno) quelli nominati; **ich esse alles, ~ keine Zwiebeln** mangio di tutto, fuorché le cipolle **3** *(konjunktional; allerdings)* solo (che): **die Wohnung ist schön, ~ müsste sie billiger sein** l'appartamento è bello, solo (che) dovrebbe costare meno; **~ weiß ich leider nicht, ob...** solo che purtroppo non so se...; *(ausgenommen)* **die Reise war herrlich, ~ dass es öfter geregnet hat** il viaggio è stato magnifico, solo che pioveva spesso **II** part.at. **1** *(in Wunschsätzen)* solo, almeno: **wäre er ~ aufrichtig gewesen!** se solo fosse stato sincero! **wenn du ~ nicht soviel trinken würdest!** se solo (*o* almeno) non bevessi tanto! **2 wenn ... ~** purché, solo che, basta che; **wenn es ihm ~ schmeckt!** purché gli piaccia! **3** *(in Aufforderungssätzen)* pure: **sagen Sie es ~!** dica pure! dica, dica! **warten Sie ~!** aspetti un po'! **geh ~!** va' pure! **4** *(in Fragesätzen)* **wie kann er das ~ sagen?** ma come può dire questo? **wo hat er das ~ versteckt?** ma dove l'ha nascosto? chissà dove l'ha nascosto! *(innere Anteilnahme)* **was hat sie ~?** ma che cos'ha? **5** *(Steigerung)* **ich helfe ihm, sooft ich ~ kann** lo aiuto tutte le volte che posso; **helfen Sie, soviel Sie ~ können!** aiuti quanto più Le è possibile! **6** *(nur noch + Komparativ)* **er wurde ~ noch wütender** diventò sempre più furioso **7** *(nur zu + Adverb)* **ich weiß es ~ zu gut** lo so fin troppo bene ◆ **~ her damit!** dà (solo) qua! **~ Mut!** su, coraggio! animo, su! **~ noch** soltanto, solamente; **~ (immer) mit der Ruhe!** calma, mi raccomando! **~ keine Umstände!** (solo) niente storie! **wer, was ~ (immer)** chiunque, checché, qualunque cosa: **was Sie ~ immer behaupten (mögen)** qualunque cosa affermiate; **wo(hin) ~ (immer)** ovunque, dovunque: **wo er ~ immer sein mag** ovunque si trovi; **~ zu!** avanti! niente paura!

Nur|haus|frau f. *(-,-en)* casalinga *f.*

Nürn|berg n.pr.n. *(-s)* Norimberga *f.* **Nürn|ber|ger I** m. *(-s,-)* abitante *m.* di Norimberga **II** agg.inv. di Norimberga ◆ STOR. **der ~ Prozess** il processo di Norimberga; **~ Lebkuchen** panpepato di Norimberga.

Nurse [nœrs, nə:s] f. *(-,-s)* nurse *f.*

nu|scheln I tr. farfugliare: **ein paar Sätze ~** farfugliare un paio di frasi **II** intr. (aus. *haben*) COLLOQ. parlare nel (*o* col) naso, con voce nasale.

Nuss f. *(-, Nüsse)* **1a** noce *f.* **b** *(Walnuss)* noce *f.*; *(Haselnuss)* nocciola *f.*: **eine leere, hohle ~** una noce vuota; **Nüsse knacken, aufmachen** schiacciare, rompere le noci **c** GASTR. *(Fleischstück aus der Keule)* noce *f.* **d** TECN. *(von Schlössern)* noce *f.*; *(bei Ratschen)* adattatore *m.* **2** SPREG. *(dummer Mensch)* zuccone *m.*, testa *f.* dura: ***du dumme, doofe ~!*** stupido zuccone! ◆ COLLOQ. ***jdm eins auf die ~ geben*** dare uno scappellotto in testa a qcn.; COLLOQ. ***(für) jdn eine harte ~ sein*** essere un osso duro, un bel problema (per qcn.); COLLOQ. ***jdm manche, eine harte ~ zu knacken, beißen geben*** dare a qcn. una (bella) gatta da pelare; ***manche, eine harte ~ zu knacken haben, bekommen*** avere una (bella) gatta da pelare; ***das ist eine taube ~*** non vale un fico secco.

Nuss|baum m. *(-[e]s,-bäume)* noce *m.* **nuss|braun** agg. marrone, color noce; *(wie eine Haselnuss)* (color) nocciola. **Nüss|chen** n. *(-s,-)* nocina *f.*; *(Haselnüsschen)* nocciolina *f.* **nuss|för|mig** agg. a forma di noce, nuciforme. **Nuss|fül|lung** f. *(-,-en)* ripieno *m.* di noci tritate. **Nuss|holz** n. *(-es)* noce *m.*, legno *m.* di noce. **Nuss|kern** m. *(-[e]s,-e)* gheriglio *m.* **Nuss|kna|cker** m. *(-s,-)* **1** schiaccianoci *m.* **2** COLLOQ. SPREG. *(alter grimmiger Mann)* vecchio *m.* rabbioso. **Nuss|koh|le** f. *(-,-n)* carbone *m.* di pezzatura noce. **Nuss|ku|chen** m. *(-s,-)* torta *f.* di nocciole. **Nuss|li|kör** m. *(-s,-e)* nocino *m.* **Nuss|öl** n. *(-s,-e)* olio *m.* di noci. **Nuss|scha|le** f. *(-,-n)* guscio *m.* di noce; FIG. IRON. ***das Schiff war eine ~*** la nave era un guscio di noce. **Nuss|scho|ko|la|de** f. *(-,-n)* cioccolata *f.* alle nocciole. **Nuss|tor|te** f. *(-,-n)* → **Nusskuchen.**

Nüs|ter f. *(-,-n)* frogia *f.*

Nut f. *(-,-en)* scanalatura *f.*: ***eine ~ fräsen*** fresare una scanalatura; ***Bretter auf ~ einschieben*** incastrare degli assi in una scanalatura.

Nu|ta|ti|on f. *(-,-en)* BIOL. ASTR. nutazione *f.*

Nu|te f. *(-,-n)* → **Nut. Nut|ei|sen** n. *(-s,-)* incorsatoio *m.* **nu|ten** tr. scanalare. **Nu|ten|frä|ser** m. *(-s,-)* fresa *f.* per scanalature. **Nut|ho|bel** m. *(-s,-)* incorsatoio *m.*

Nut|ria I f. *(-,-s)* nutria *f.* **II** m. *(-s,-s)* (pelliccia *f.* di) nutria *f.*

Nut|ri|ti|on f. *(-)* nutrizione *f.* **nut|ri|tiv** agg. MED. nutritivo.

Nut|sche f. *(-,-n)* CHIM. filtro *m.* di Büchner. **nut|schen** tr. **1** CHIM. filtrare (con il filtro di Büchner) **2** REGION. *(saugen)* succhiare.

Nut|te f. *(-,-n)* COLLOQ. SPREG. puttana *f.* **nut|ten|haft** COLLOQ. SPREG. **I** agg. puttanesco **II** avv. da puttana: ***~ angezogen sein*** essere vestita da puttana. **nut|tig** avv. → **nuttenhaft.**

nutz REGION. → **nütze. Nutz,** ANT. O SCHERZ. ***jdm zu ~, zu jds ~ und Frommen*** per il bene di qcn. **Nutz|an|wen|dung** f. *(-,-en)* applicazione *f.* pratica, utile.

nutz|bar agg. utilizzabile, utile: ***für etw. ~ sein*** essere utilizzabile per qcs.; ***eine -e Idee*** un'idea utile ◆ ***den Boden ~ machen*** rendere un terreno coltivabile; ***sich etwas ~ machen*** sfruttare, utilizzare qcs. **Nutz|bar|keit** f. *(-)* utilizzabilità *f.*, utilità *f.* **Nutz|bar|ma|chung** f. *(-)* utilizzazione *f.*, sfruttamento *m.*; *(vom Boden)* coltivazione *f.*, messa *f.* a coltura.

nutz|brin|gend I agg. *(Gewinn bringend)* proficuo, vantaggioso; *(ertragreich)* produttivo **II** avv. con profitto, proficuamente: ***Geld ~ anlegen*** investire denaro con profitto. **nüt|ze, *(zu) etw. ~ sein*** servire a qcs. **Nutz|ef|fekt** m. *(-[e]s,-e)* effetto *m.* utile (*o* produttivo), rendimento *m.*

nut|zen, nüt|zen I intr. (aus. *haben*) ***jdm ~*** servire, giovare, essere utile a qcn.; ***zu, für etw. ~*** servire, essere utile a qcs.; ***wozu soll das ~?*** a cosa servirà questo? ***bei, gegen Bauchweh ~*** servire per, contro il mal di pancia; ***das nützt mir viel, wenig, nichts*** mi serve molto, poco, a niente **II** tr. **1** utilizzare, sfruttare: ***einen Vorteil geschickt ~*** utilizzare abilmente un vantaggio; ***Bodenschätze ~*** sfruttare le risorse del terreno; ***eine Gelegenheit, Möglichkeit ~*** approfittare di un'occasione, di una possibilità; ***jede Minute ~*** sfruttare ogni minuto **2** *(Geld)* mettere a profitto ◆ ***es nutzt alles nichts*** tutto questo non serve a niente; ***die Gunst der Stunde ~*** cogliere l'attimo.

Nut|zen m. *(-s)* **1** utilità *f.*, vantaggio *m.*: ***~ von etw. haben*** ricavare vantaggio da qcs.; ***die Sache bringt wenig ~, wirft wenig ~ ab*** la cosa reca scarso giovamento; ***jdm von großem, keinem ~ sein*** essere di grande, di nessuna utilità per qcn.; ***welchen ~ versprecht ihr euch davon?*** quale utilità ve ne ripromettete? ***aus etw. ~ ziehen*** trarre vantaggio da qcs. **2** *(Gewinn)* utile *m.*, profitto *m.*: ***etw. mit ~ verkaufen*** vendere qcs. con profitto ◆ ***einen beträchtlichen ~ abwerfen*** rendere considerevolmente; ***ohne ~*** inutilmente; ***es wäre von ~, wenn...*** sarebbe utile se...; ***zu welchem ~?*** a che pro?

Nut|zer m. *(-s,-)* BUROCR. usufruttuario *m.* **Nutz|fahr|zeug** n. *(-[e]s,-e)* autoveicolo per il trasporto di merci o persone. **Nutz|flä|che** f. *(-,-n)* superficie *f.* utile; *(vom Erdboden)* superficie *f.* coltivabile. **Nutz|gar|ten** m. *(-s,-gärten)* orto *m.* **Nutz|holz** n. *(-es,-hölzer)* legno *m.*, legname *m.* da costruzione; *(Holz zum Verarbeiten)* legno *m.* da falegnameria. **Nutz|last** f. *(-,-en)* carico *m.* utile; ***zulässige ~*** carico massimo. **Nutz|leis|tung** f. *(-,-en)* TECN. potenza *f.* effettiva.

nütz|lich agg. utile: ***-e Dinge, Tiere*** cose, animali utili; ***jdm bei einer Arbeit sehr ~ sein*** essere molto utile a qcn. in un lavoro; ***sich ~ machen*** rendersi utile; ***sich als ~ erweisen*** dimostrarsi utile; ***kann ich Ihnen in, mit etw. ~ sein?*** posso esserLe utile in qcs.? ◆ ***das Angenehme mit dem Nützlichen verbinden*** unire l'utile al dilettevole. **Nütz|lich|keit** f. *(-)* utilità *f.* **Nütz|lich|keits|den|ken** n. *(-s)* pensiero *m.* utilitaristico. **Nütz|lich|keits|prin|zip** n. *(-s,-ien)* principio *m.* utilitaristico, utilitarismo *m.* **Nütz|lich|keits|stand|punkt** m. *(-[e]s,-e)* punto *m.* di vista utilitaristico.

Nütz|ling m. *(-s,-e)* essere *m.* vivente (pianta o animale) utile all'uomo. **nutz|los I** agg. inutile: ***-e Mühe, Versuche*** fatica inutile, tentativi inutili; ***sich ~ fühlen*** sentirsi inutile **II** avv. inutilmente. **Nutz|lo|sig|keit** f. *(-)* inutilità *f.*

nutz|nie|ßen intr. (aus. *haben*) ***von etw. ~*** usufruire di qcs. **Nutz|nie|ßer** m. *(-s,-)* usufruttuario *m.* **nutz|nie|ße|risch** agg. ***eine -e Art und Weise*** un modo di fare parassitario. **Nutz|nie|ßung** f. *(-,-en)* usufrutto *m.*

Nutz|pflan|ze f. *(-,-n)* pianta *f.* utile; *(essbare Pflanze)* pianta *f.* commestibile; *(Kulturpflanze für technische Zwecke)* pianta *f.* per uso industriale. **Nutz|tier** n. *(-s,-e)* animale *m.* utile.

Nut|zung f. *(-,-en)* uso *m.*, utilizzo *m.*, impiego *m.*; DIR. usufrutto *m.*: ***jdm etw. zur ~ überlassen*** lasciare qcs. in usufrutto a qcn. **Nut|zungs|recht** n. *(-[e]s,-e)* diritto *m.* d'usufrutto.

Nutz|was|ser n. *(-s,- e -wässer)* acqua *f.* per uso industriale. **Nutz|wert** m. *(-[e]s)* valore *m.* d'uso. **Nutz|wild** n. *(-[e]s)* selvaggina *f.* commestibile.

Ny|lon® ['nailɔn] n. *(-s)* nylon *m.* ◆ COLLOQ. ***-s*** calze di nylon. **Ny|lon|strumpf** m. *(-es,-strümpfe)* calza *f.* di nylon.

Nym|phä|um n. *(-s, Nymphäen)* ninfeo *m.* **Nym|phe** f. *(-,-n)* MITOL. ZOOL. ninfa *f.* **nym|phen|haft** agg. di, da ninfa.

nym|pho|man agg. ninfomane. **Nym|pho|ma|nie** f. *(-)* ninfomania *f.* **Nym|pho|ma|nin** f. *(-,-nen)* ninfomane *f.* **nym|pho|ma|nisch** agg. → **nymphoman.**

O

o, O n. *(-,-)* o, O *f.* e *m.*: ***ein großes O, ein kleines o*** una O maiuscola, una o minuscola.

o inter. o(h), ah: ***o ja, o nein!*** oh sì, oh no! ***o der Arme!*** oh, il poveretto! ***o wäre er doch schon hier!*** ah, se fosse già qui! ◆ ***o doch!*** ma sì! ***o Gott!*** oddio! ***o weh!*** ahimè!

O ⇒ *Osten* est (E).

o. a. ⇒ *oben angeführt* sopraccitato, suddetto.

o. Ä. ⇒ *oder Ähnliches* o simili (o sim.).

ÖAMTC ⇒ *Österreichischer Automobil-, Motorrad- und Touring-Club* automobile e touringclub austriaco.

O|a|se f. *(-,-n)* oasi *f.* (anche FIG.): ***eine ~ der Ruhe*** un'oasi di pace.

ob I cong. se: ***er fragte, ~ sie noch da sei*** chiese se era ancora là; ***~ ich kommen kann, (das) weiß ich noch nicht*** non so ancora se potrò venire; ***er ist neugierig, ~ es geklappt hat*** è curioso di sapere se ha funzionato; *(in elliptischen Sätzen)* ***~ es wohl regnen wird?*** chissà se pioverà? **II** prep. + gen. e dat. ANT. **1** + gen. e RAR. dat. LETT. per, a causa di: ***er wurde ~ seines Fleißes vom Chef gelobt*** fu lodato dal capo per il suo zelo **2** + dat. SVIZZ. su, sopra ◆ ***als ~*** come se: ***er verhält sich (so), als ~ nichts passiert wäre*** si comporta come se non fosse successo niente; ***so tun, als ~...*** fare finta che (*o* di)...; ***es ist, als ~...*** si direbbe, sembrerebbe che...; ***mir ist's, als ~ ich ihn kommen hörte*** mi sembra di sentirlo arrivare; ANT. ***~... auch*** anche se...: ***er will es tun, ~ es auch gefährlich ist*** vuole farlo, anche se è pericoloso; ***ob... ob...*** sia... sia (*o* che)...: ***jeder, ~ groß, ~ klein, war davon begeistert*** tutti, sia grandi che piccini, ne erano entusiasti; ***~... oder...*** che... o...: ***~ du willst oder nicht, das hat keine Bedeutung*** che tu voglia o no non ha nessuna importanza; ***~ Anfänger oder Profi...*** principiante o professionista...; ***und ~!*** altroché! eccome! ***und ~ ich ihn kenne!*** eccome se lo conosco! lo conosco eccome! ***und ~ er wütend war!*** altroché se era furente!

OB ⇒ *Oberbürgermeister* borgomastro (di una grande città).

o. B. ⇒ *ohne Befund* esito negativo.

O|bacht f. *(-)* attenzione *f.*: ***auf etw. (A) ~ geben*** (RAR. ***haben***) fare attenzione a qcs.

ÖBB ⇒ *Österreichische Bundesbahnen* Ferrovie Federali Austriache.

Ob|dach n. *(-[e]s)* BUROCR. alloggio *m.*, ricovero *m.*, asilo *m.*: ***jdm ~ gewähren*** dare alloggio a qcn.; ***um ~ bitten*** chiedere asilo; ***~ suchen*** cercare asilo; ***kein ~ haben*** non avere alloggio. **ob|dach|los** agg. senza dimora, senza casa; *(in Folge von Naturkatastrophen)* senza tetto, senzatetto. **Ob|dach|lo|se** m. e f. *(-n,-n)* persona *f.* senza (fissa) dimora, senzacasa *m.* e *f.*; *(in Folge von Naturkatastrophen)* senzatetto *m.* e *f.* **Ob|dach|lo|sen|asyl** n. *(-s,-e)* ricovero *m.* per persone senza fissa dimora, dormitorio *m.* pubblico. **Ob|dach|lo|sen|für|sor|ge** f. *(-)* assistenza *f.* a persone senza fissa dimora. **Ob|dach|lo|sen|heim** n. *(-[e]s,-e)* → **Obdachlosenasyl.**

Ob|duk|ti|on f. *(-,-en)* autopsia *f.*, necroscopia *f.*: ***eine ~ durchführen*** fare (*o* eseguire) un'autopsia. **Ob|duk|ti|ons|be|fund** m. *(-es,-e)* referto *m.* dell'autopsia (*o* autoptico). **ob|du|zie|ren** tr. ***eine Leiche ~*** fare l'autopsia di un cadavere.

O|be|di|enz f. *(-)* RELIG. obbedienza *f.*

O-Bei|ne pl. COLLOQ. gambe *f.pl.* storte (*o* arcuate), gambe *f.pl.* da fantino. **O-bei|nig** agg. COLLOQ. con le, dalle gambe storte (*o* arcuate).

O|be|lisk m. *(-en,-en)* obelisco *m.*

o|ben avv. **1** sopra, su, in alto: ***~ links, rechts*** sopra (*o* su) a sinistra, a destra; ***etw. ~ auf den Schrank legen*** mettere qcs. sull'armadio **2a** *(am oberen Ende)* in su, in alto: ***diese Seite der Schachtel muss ~ sein*** questo lato della scatola deve stare in alto **b** *(Kistenaufschrift)* ***Oben! nicht stürzen!*** alto! non capovolgere! **3** *(in einem höheren Stockwerk)* di sopra, su: ***sie wohnt ~*** abita di sopra **4** *(über Wasser)* su, a galla (anche FIG.): ***der Taucher kommt nach ~*** il sommozzatore viene su; ***sich ~ halten*** tenersi (*o* restare) a galla (anche FIG.) **5a** *(an einer hohen Stelle)* in alto, in cima (anche FIG.): ***~ auf der Treppe*** in cima alle scale; ***der Befehl kommt von ~*** l'ordine viene dall'alto; FIG. COLLOQ. ***nach ~ wollen*** voler arrivare in alto (*o* in cima); ***endlich ~ sein*** essere finalmente arrivato in cima **b** *(am Anfang)* ***auf Seite 8 ~*** a pagina 8 in alto; ***~ auf der Liste*** in cima alla lista **6** COLLOQ. *(im Norden)* su, al nord: ***von ~ kommen*** venire dal nord ◆ ***~ angeführt*** sopraccitato, suddetto; ***jdn von ~ herab ansehen, behandeln*** guardare, trattare qcn. dall'alto in basso; ***~ sehr beliebt sein*** essere benvisto in alto loco; ***mir steht es bis (hier, da) ~*** ne ho fin sopra ai capelli; ***da, dort ~*** lassù, là sopra; ***~ erwähnt*** succitato, sopraccitato, menzionato sopra; ***~ genannt*** suddetto, succitato; ***hier ~*** quassù, qua sopra; ***~ hui, unten pfui*** = pulito, curato solo in apparenza; ***den Kopf ~ behalten*** non perdersi d'animo, non scoraggiarsi; ***nach ~ blicken, gucken*** guardare in alto; ***nach ~ gehen*** andare di sopra; ***etw. nach ~ drehen*** girare in su (*o* in alto) qcs.; ***eine Tendenz nach ~*** una tendenza verso l'alto; COLLOQ. ***~ ohne*** a seno nudo; *(topless)* in topless; ***siehe ~!*** vedi sopra! ***~ stehend*** suddetto, succitato; ***~ am Tisch sitzen*** sedere a capotavola; ***von ~ bis unten*** dall'alto in basso; *(ganz und gar)* da cima a fondo; *(von Kopf bis Fuß)* dalla testa ai piedi; ***das Oben und das Unten*** il sopra e il sotto, l'alto e il basso; FIG. il dritto e il rovescio; ***wie ~*** come sopra; ***nicht mehr wissen, wo ~ und (wo) unten ist*** non capire più niente, essere completamente fuso; ***~ zitiert*** → ***~ erwähnt.***

o|ben|an avv. in cima, in capo, in testa: ***ihr Name steht ganz ~ (auf der Liste)*** il suo nome sta proprio in cima (alla lista) ◆ ***~ (am Tisch) sitzen*** sedere a capotavola. **o|ben|auf** avv. **1** REGION. → **obendrauf 2a** FIG. ***wieder ~ sein*** stare di nuovo bene **b** *(guter Laune)* di buon umore, su **3** *(selbstbewusst)* consapevole, cosciente del proprio valore **o|ben|drauf** avv. sopra, in cima. **o|ben|drein** avv. per giunta, per di più; *(außerdem)* inoltre. **o|ben|drü|ber** avv. sopra: ***eine Decke ~ legen*** mettere sopra (*o* aggiungere) una coperta. **o|ben|durch** avv. (da) sopra: ***den Zwirn erst ~ und dann untendurch ziehen*** far passare il filo prima sopra e poi sotto. **o|ben|he|rum** avv. COLLOQ. (di) sopra ◆ ***~ etwas stark sein*** avere una bella circonferenza (*o* un bel seno). **o|ben|hin** avv. di sfuggita, senza pensarci; *(oberflächlich)* superficialmente; *(beiläufig)* casualmente. **o|ben|hi|naus, *~ wollen*** mirare in alto.

O|ben-oh|ne-Ba|de|an|zug m. *(-[e]s,-anzüge)* topless *m.* **O|ben-oh|ne-Lo|kal** n. *(-[e]s,-e)* localino *m.* topless.

o|ben|rum avv. COLLOQ. → **obenherum.**

o|ber prep. + dat. AUSTR. sopra.

O|ber m. *(-s,-)* **1** *(Kellner)* cameriere *m.*: ***Herr ~ bitte!*** cameriere! ***nach dem ~ rufen*** chiamare il cameriere **2** INTRAD. (figura delle carte tedesche, corrispondente alla donna delle carte francesi).

O|ber|arm m. *(-[e]s,-e)* braccio *m.*, parte *f.* superiore del braccio. **O|ber|arzt** m. *(-[e]s,-ärzte)* primo assistente *m.* (del primario). **O|ber|auf|se|her** m. *(-s,-)* **1** supervisore *m.* **2** *(im Gefängnis, KZ)* capo *m.* delle guardie (*o* della sorveglianza). **O|ber|auf|sicht** f. *(-,-en)* **1** supervisione *f.*: ***die ~ bei etw. haben, führen*** avere la supervisione di qcs. **2** *(im Gefängnis, KZ)* coordinamento *m.* della sorveglianza. **O|ber|bau** m. *(-[e]s,-ten)* EDIL. FERR. sovrastruttura *f.* **O|ber|bauch** m. *(-[e]s)* parte *f.* superiore del ventre. **O|ber|bay|ern** n.pr.n. *(-s)* Baviera *f.* superiore, Alta Baviera *f.* **O|ber|be|fehl** m. *(-s)* MIL. comando *m.* supremo. **O|ber|be|fehls|ha|ber** m. *(-s,-)* comandante *m.* in capo (*o* supremo). **O|ber|be|griff** m. *(-[e]s,-e)* concetto *m.* generale, termine *m.* generico. **O|ber|be|klei|dung** f. *(-,-en)* abbigliamento *m.*, vestiti *m.pl.* **O|ber|berg|amt** n. *(-[e]s,-ämter)* sovrintendenza *f.* alle miniere. **O|ber|bett** n. *(-[e]s,-en)* piumino *m.* **O|ber|be|wusst|sein** n. *(-s)* PSIC. coscienza *f.* (vigile, attiva). **O|ber|bun|des|an|walt** m. *(-[e]s,-anwälte)* = procuratore *m.* generale della Repubblica (presso il tribunale amministrativo federale). **O|ber|bür|ger|meis|ter** m.

(-s,-) borgomastro *m.* (di una grande città tedesca). **O|ber|deck** n. *(-s,-s)* **1** MAR. ponte *m.* superiore, coperta *f.*, ANT. tolda *f.* **2** *(in Bussen)* piano *m.* superiore (di autobus a due piani). **o|ber|deutsch** agg. tedesco meridionale, delle regioni meridionali (Germania meridionale, Austria e Svizzera). **O|ber|dorf** n. *(-[e]s, -dörfer)* parte *f.* alta del paese.

o|be|re agg. superiore, (in) alto: ***der ~ Rand des Blattes*** il margine superiore del foglio; ***drücken Sie den -n Knopf!*** prema il pulsante in alto! ***der ~ Flusslauf*** il corso superiore del fiume; ***die -n Gesellschaftsschichten*** i ceti più alti della società ◆ MUS. ***die -n Töne*** i toni alti, gli alti.

O|be|re m. *(-n,-n)* superiore *m.*: ***sich an seine -n wenden*** rivolgersi ai propri superiori; ***der ~ des Klosters*** il superiore del convento.

o|ber|faul agg. **1** pigrissimo **2** COLLOQ. *(sehr anrüchig)* che puzza molto: ***die Geschichte ist ~*** la faccenda puzza molto.

O|ber|feld|arzt m. *(-es,-ärzte)* tenente *m.* colonnello medico. **O|ber|feld|we|bel** m. *(-s,-)* maresciallo *m.* (capo).

O|ber|flä|che f. *(-,-n)* **1** superficie *f.*: ***eine glatte, rauhe ~*** una superficie liscia, ruvida; ***die ~ des Wassers, der Erde*** la superficie dell'acqua, terrestre; ***an der ~*** in (*o* alla) superficie; ***an die ~ kommen*** venire in superficie, riemergere **2** INFORM. interfaccia *f.*: ***graphische ~*** interfaccia grafica.

o|ber|flä|chen|ak|tiv agg. tensioattivo. **O|ber|flä|chen|be|hand|lung** f. *(-,-en)* trattamento *m.* di superfici. **O|ber|flä|chen|här|tung** f. *(-)* METALL. indurimento *m.* superficiale. **O|ber|flä|chen|span|nung** f. *(-,-en)* tensione *f.* superficiale. **O|ber|flä|chen|struk|tur** f. *(-,-en)* struttura *f.* superficiale (anche LING.). **O|ber|flä|chen|ver|bren|nung** f. *(-)* ustione *f.* superficiale. **O|ber|flä|chen|was|ser** n. *(-s,-)* acque *f.pl.* superficiali. **O|ber|flä|chen|wir|kung** f. *(-)* EL. effetto *m.* di superficie.

o|ber|fläch|lich I agg. superficiale: ***eine -e Person, Wunde*** una persona, una ferita superficiale; ***bei -er Betrachtung*** a una osservazione superficiale **II** avv. superficialmente, in modo superficiale: ***etw. ~ behandeln*** trattare qcs. in modo superficiale; ***jdn nur ~ kennen*** conoscere qcn. solo superficialmente. **O|ber|fläch|lich|keit** f. *(-)* superficialità *f.*

O|ber|förs|ter m. *(-s,-)* ispettore *m.* forestale.

O|ber|fran|ke m. *(-n,-n)* abitante *m.* dell'Alta Franconia. **O|ber|fran|ken** n.pr.n. *(-s)* Alta Franconia *f.*

o|ber|gä|rig agg. ad alta fermentazione: ***-es Bier*** birra ad alta fermentazione. **O|ber|gä|rung** f. *(-)* alta fermentazione *f.* **O|ber|gau|ner** m. *(-s,-)* COLLOQ. furfante *m.*, mascalzone *m.* **O|ber|ge|frei|te** m. *(-n,-n)* MIL. caporalmaggiore *m.* **O|ber|ge|richt** n. *(-[e]s,-e)* SVIZZ. tribunale *m.* cantonale. **O|ber|ge|schoss,** AUSTR. **O|ber|ge|schoß** n. *(-es,-e)* piano *m.* superiore ◆ ***zweites, drittes ~*** secondo, terzo piano. **O|ber|ge|wand** n. *(-[e]s,-gewänder)* LETT. vesti *f.pl.*; *(Bekleidung)* abbigliamento *m.* **O|ber|ge|walt** f. *(-)* potere *m.* supremo. **O|ber|gren|ze** f. *(-,-n)* limite *m.* estremo (*o* massimo).

o|ber|halb prep. + gen. al di sopra (di), sopra: ***~ der Taille, des Dorfes*** sopra la vita, al di sopra del paese ◆ ***~ von*** sopra, al di sopra di: ***~ von Innsbruck*** sopra Innsbruck.

O|ber|hand f. *(-)*, ***die ~ über jdn, etw. bekommen, erhalten, gewinnen*** avere il sopravvento (su qcn., qcs.); ***bei etw. die ~ haben, behalten*** avere la supremazia (in qcs.), vincere (qcs.). **O|ber|haupt** n. *(-[e]s,-häupter)* LETT. capo *m.*: ***das ~ des Staates, der Familie*** il capo dello Stato, il capofamiglia. **O|ber|haus** n. *(-es, -häuser)* POL. Camera *f.* Alta. **O|ber|haut** f. *(-)* epidermide *f.* **O|ber|hemd** n. *(-[e]s,-en)* camicia *f.* (da uomo). **O|ber|herr** m. *(-n,-en)* capo *m.* supremo; *(Souverän)* sovrano *m.* **O|ber|herr|schaft** f. *(-)* supremazia *f.*, dominio *m.*; *(Souveränität)* sovranità *f.*, LETT. imperio *m.* **O|ber|hir|te** m. *(-n,-n)* RELIG. (sommo) pastore *m.*: ***der Papst ist der ~ der katholischen Kirche*** il papa è il (sommo) pastore della chiesa cattolica. **O|ber|hof|meis|ter** m. *(-s,-)* maggiordomo *m.* di corte. **O|ber|ho|heit** f. *(-)* → **Oberherrschaft.**

O|be|rin f. *(-,-nen)* **1** RELIG. (madre *f.*) superiora **2** → **Oberschwester.**

O|ber|in|ge|ni|eur m. *(-s,-e)* ingegnere *m.* capo. **O|ber|in|spek|tor** m. *(-s,-en)* ispettore *m.* capo, ispettore *m.* generale.

o|ber|ir|disch agg. **1a** (che sta) in superficie, sopra il suolo **b** EL. IDR. non interrato, sopra terra **c** BOT. aereo, epigeo **2** *(in der Luft)* aereo, sopraelevato da terra.

O|ber|ita|li|en n.pr.n. *(-s)* Italia *f.* settentrionale (*o* del Nord). **O|ber|kan|te** f. *(-,-n)* spigolo *m.* superiore ◆ COLLOQ. ***das steht mir bis (zur) ~ Unterlippe*** mi sta sull'anima. **O|ber|kell|ner** m. *(-s,-)* capocameriere *m.* **O|ber|kie|fer** m. *(-s,-)* mascella *f.* superiore. **O|ber|kir|chen|rat** m. *(-[e]s,-räte)* supremo consiglio *m.* ecclesiastico (protestante). **O|ber|klas|se** f. *(-,-n)* **1** ceto *m.* elevato **2** SCOL. classe *f.* superiore. **O|ber|kom|man|die|ren|de** m. *(-n,-n)* comandante *m.* supremo. **O|ber|kom|man|do** n. *(-s,-s)* comando *m.* supremo ◆ STOR. ***~ der Wehrmacht*** comando supremo della Wehrmacht. **O|ber|kör|per** m. *(-s,-)* busto *m.* ◆ ***mit nacktem ~*** a torso nudo. **O|ber|kreis|di|rek|tor** m. *(-s,-en)* direttore *m.* superiore distrettuale.

O|ber|land n. *(-[e]s)* INTRAD. (regione montuosa): ***das Berner ~*** l'Oberland bernese. **O|ber|län|der** m. *(-s,-)* abitante *m.* dell'Oberland. **O|ber|lan|des|ge|richt** n. *(-[e]s,-e)* DIR. corte *f.* d'appello.

O|ber|län|ge f. *(-,-n)* TIP. asta *f.* (ascendente): ***die ~ des d*** l'asta della d. **o|ber|las|tig** agg. MAR. sovraccarico. **O|ber|lauf** m. *(-[e]s, -läufe)* GEOGR. corso *m.* superiore. **O|ber|le|der** n. *(-s,-)* tomaia *f.* **O|ber|leh|rer** m. *(-s,-)* ANT. **1** maestro *m.* benemerito **2** *(Beförderungsstufe)* insegnante *m.* di grado superiore. **o|ber|leh|rer|haft** agg. pedante, pedantesco. **O|ber|leib** m. *(-[e]s,-er)* → **Oberkörper.**

O|ber|lei|tung f. *(-,-en)* **1** direzione *f.* generale **2** EL. linea *f.* aerea. **O|ber|lei|tungs|om|ni|bus** m. *(-ses,-se)* filobus *m.* **O|ber|lei|tungs|om|ni|bus|li|nie** f. *(-,-n)* filovia *f.*

O|ber|leut|nant m. *(-s,-s)* tenente *m.*; ***~ zur See*** tenente di vascello. **O|ber|licht** n. *(-[e]s,-e[r])* **1** luce *f.* dall'alto **2** *(Fenster)* lucernario *m.* **O|ber|li|ga** f. *(-,-ligen)* SPORT serie *f.* C. **O|ber|li|gist** m. *(-en, -en)* giocatore *m.* di serie C. **O|ber|lip|pe** f. *(-,-n)* labbro *m.* superiore. **O|ber|maat** m. *(-[e]s,-e[n])* MAR. secondo capo *m.* **O|ber|macht** f. *(-)* supremazia *f.*, predominio *m.* **O|ber|ma|te|ri|al** n. *(-s,-ien)* (materiale *m.* della) tomaia *f.*: ***~ Leder*** tomaia in cuoio.

O|ber|ös|ter|reich n.pr.n. *(-s)* Austria *f.* superiore, Alta Austria *f.* **o|ber|ös|ter|rei|chisch** agg. dell'Austria superiore. **O|ber|pfalz** n.pr.f. *(-)* Alto Palatinato *m.* **O|ber|pfäl|zer** m. *(-s,-)* abitante *m.* dell'Alto Palatinato.

O|ber|post|di|rek|ti|on f. *(-,-en)* direzione *f.* superiore delle poste. **O|ber|pries|ter** m. *(-s,-)* gran sacerdote *m.*

O|ber|pri|ma f. *(-,-primen)* prima *f.* superiore (RFT ant. nona classe del Gymnasium). **O|ber|pri|ma|ner** m. *(-s,-)* alunno *m.* della prima superiore.

O|ber|re|gie|rungs|rat m. *(-[e]s,-räte)* consigliere *m.* di prima classe. **O|ber|rhein** n.pr.m. *(-[e]s)* alto Reno *m.* **o|ber|rhei|nisch** agg. dell'alto Reno. **O|ber|rich|ter** m. *(-s,-)* SVIZZ. giudice *m.* superiore.

O|bers n. *(-)* REGION. panna *f.*

O|ber|sach|sen n.pr.n. *(-s)* Alta Sassonia *f.*, Sassonia *f.* superiore.

O|ber|schen|kel m. *(-s,-)* coscia *f.* **O|ber|schen|kel|hals** m. *(-es, -hälse)* collo *m.* del femore. **O|ber|schen|kel|hals|bruch** m. *(-[e]s,-brüche)* frattura *f.* del femore. **O|ber|schen|kel|kno|chen** m. *(-s,-)* femore *m.* **O|ber|schen|kel|kopf** m. *(-[e]s,-köpfe)* testa *f.* del femore.

O|ber|schicht f. *(-,-en)* **1** ceto *m.* elevato, classe *f.* elevata **2** RAR. *(obere Schicht)* strato *m.* superiore. **o|ber|schlau** agg. COLLOQ. IRON. astutissimo, furbissimo: ***er hält sich wohl für ~*** si crede furbissimo. **O|ber|schle|si|en** n.pr.n. *(-s)* alta Slesia *f.*

O|ber|schu|le f. *(-,-n)* COLLOQ. scuola *f.* (media) superiore. **O|ber|schü|ler** m. *(-s,-)* allievo *m.* (*o* studente *m.*) di scuola superiore. **O|ber|schul|rat** m. *(-[e]s,-räte)* sovrintendente *m.* scolastico.

O|ber|schwes|ter f. *(-,-n)* capoinfermiera *f.*, caposala *f.* **O|ber|sei|te** f. *(-,-n)* lato *m.* superiore. **o|ber|seits** avv. sul lato superiore.

O|ber|se|kun|da f. *(-,-sekunden)* seconda *f.* superiore (ANT. settimo anno del Gymnasium). **O|ber|se|kun|da|ner** m. *(-s,-)* alunno *m.* di seconda superiore.

o|berst... agg. (superl. di *obere*) supremo, (il) più alto, massimo: ***die -e Behörde, Gewalt*** la massima autorità, il potere supremo ◆ ***der -e Sowjet*** il soviet supremo; ***das -e Stockwerk*** l'ultimo piano.

O|berst m. *(-en* e *-s,-en* e RAR. *-e)* colonnello *m.*

O|ber|staats|an|walt m. *(-[e]s,-anwälte)* procuratore *m.* generale. **O|ber|stabs|arzt** m. *(-es,-ärzte)* maggiore *m.* medico. **o|ber|stän|dig** agg. BOT. supero. **O|berst|arzt** m. *(-es,-ärzte)* colonnello *m.* medico.

O|bers|te, ***das ~ zuunterst kehren*** mettere tutto sottosopra.

O|ber|stei|ger m. *(-s,-)* MIN. caposquadra *m.* **O|ber|stim|me** f. *(-,-n)* voce *f.* più alta; soprano *m.*

O|berst|leut|nant m. *(-s,-s)* tenente *m.* colonnello.

O|ber|stock m. *(-[e]s,-stöcke)* → **Obergeschoss. O|ber|stüb|chen** n. *(-s,-)* COLLOQ. testa *f.*, zucca *f.* ◆ ***jd ist nicht (ganz) richtig im ~*** a qcn. manca qualche rotella, qcn. è un po' tocco. **O|ber|stu|di|en|di|rek|tor** m. *(-s,-en)* preside *m.* di liceo (qualifica superiore a quella di *Studiendirektor*). **O|ber|stu|di|en|rat** m. *(-[e]s,-räte)* insegnante *m.* (di ruolo) di scuola superiore (qualifica superiore a quella di *Studienrat*). **O|ber|stu|fe** f. *(-,-n)* **1** corso *m.* superiore **2**

SCOL. ultimi tre anni *m.pl.* (della scuola superiore). **O|ber|tas|se** f. *(-,-n)* tazza *f.* **O|ber|tas|te** f. *(-,-n)* tasto *m.* nero (del pianoforte). **O|ber|teil** m. e n. *(-s,-e)* parte *f.* superiore, (di)sopra *m.*
O|ber|ter|tia f. *(-,-tertien)* terza *f.* superiore (RFT ant. quinto anno del Gymnasium). **O|ber|ter|ti|a|ner** m. *(-s,-)* alunno *m.* della terza superiore.
O|ber|ton m. *(-[e]s,-töne)* MUS. suono *m.* armonico. **O|ber|ver|wal|tungs|ge|richt** n. *(-[e]s,-e)* tribunale *m.* amministrativo (di grado intermedio). **o|ber|wärts** avv. ANT. verso l'alto, in su, all'insù. **O|ber|was|ser** n. *(-s)* **1** acqua *f.* a monte **2** IDR. acqua *f.* di alimentazione ◆ **~ haben** essere avvantaggiato, avere una posizione privilegiata; **~ bekommen** avvantaggiarsi, avere il sopravvento. **O|ber|wei|te** f. *(-,-n)* **1** (circonferenza *f.* del) torace *m.* **2a** *(von Frauen)* petto *m.*, seno *m.*: ***eine ganz schöne ~ haben*** avere un bel seno, un seno notevole **b** SART. circonferenza *f.* petto. **O|ber|welt** f. *(-)* (superficie *f.* della) terra *f.* **O|ber|zei|le** f. *(-,-n)* GIORN. occhiello *m.*
Ob|frau f. *(-,-en)* presidentessa *f.*
ob|gleich cong. → **obwohl.**
Ob|hut f. *(-)* **1** custodia *f.*: ***jdn, etw. in, unter seine ~ nehmen*** prendere qcn., qcs. in custodia **2** *(fürsorgliche Aufsicht)* sorveglianza *f.*, cura *f.*: ***jdn jds ~ anvertrauen*** affidare qcn. alla sorveglianza, alle cure di qcn.; ***unter jds ~ stehen*** essere sotto la protezione di qcn.◆ ***bei ihr sind die Kinder in guter ~*** con lei i bambini sono in buone mani.
o|big agg. BUROCR. suddetto, succitato, summenzionato: ***die -e Nummer wählen*** formare il numero suddetto. **O|bi|ge I** m. e f. *(-n,-n)* suddetto *m.* (-a *f.*) **II** n. *(-n)* quanto detto sopra.
Ob|jekt n. *(-[e]s,-e)* **1** oggetto *m.*: ***das ~ seiner Untersuchung, seiner Neugierde*** l'oggetto della sua ricerca, della sua curiosità **2** *(Satzergänzung)* complemento *m.*: ***direktes ~*** complemento oggetto **3** DIR. COMM. *(Gebäude)* immobile *m.*: ***ein günstiges, interessantes ~*** un immobile conveniente, interessante ◆ ***am lebenden ~*** dal vivo. **Ob|jek|te|ma|cher** m. *(-s,-)* (artista *m.*) oggettuale *m.* **Ob|jekt|ero|tik** f. *(-)* → **Objektlibido.**
Ob|jekt|glas n. *(-[e]s,-gläser)* → **Objektträger. ob|jek|tiv I** agg. oggettivo: ***-e Gegebenheiten, Tatsachen*** dati, fatti oggettivi; *(unparteiisch)* oggettivo, imparziale: ***eine -e Beurteilung*** una valutazione oggettiva; ***ein -es Urteil*** un giudizio imparziale **II** avv. oggettivamente, con oggettività: ***etw. ~ sehen, darstellen*** guardare, presentare qcs. con obiettività. **Ob|jek|tiv** n. *(-s,-e)* obiettivo *m.*: ***das ~ auf etw. richten*** puntare l'obiettivo su qcs.; ***das ~ wechseln*** cambiare (l')obiettivo.
Ob|jek|ti|va|ti|on f. *(-,-en)* oggettivazione *f.* **ob|jek|ti|vier|bar** agg. FIS. oggettivabile. **ob|jek|ti|vie|ren** tr. oggettivare, obiettivare. **Ob|jek|ti|vie|rung** f. *(-,-en)* oggettivazione *f.* **Ob|jek|ti|vis|mus** m. *(-)* oggettivismo *m.* **Ob|jek|ti|vist** m. *(-en,-en)* oggettivista *m.* **ob|jek|ti|vis|tisch** agg. oggettivistico. **Ob|jek|ti|vi|tät** f. *(-)* oggettività *f.*, obiettività *f.*
Ob|jekt|kunst f. *(-)* arte *f.* oggettuale. **Ob|jekt|li|bi|do** f. *(-)* libido *f.* oggettuale. **Ob|jekt|satz** m. *(-es,-sätze)* frase *f.*, (*o* proposizione *f.*) oggettiva. **Ob|jekt|schutz** m. *(-es)* protezione *f.* degli edifici e impianti.
Ob|jekts|ge|ni|tiv m. *(-[e]s)* genitivo *m.* oggettivo.
Ob|jekt|spra|che f. *(-,-n)* lingua *f.* oggetto. **Ob|jekt|steu|er** f. *(-,-n)* imposta *f.* oggettiva. **Ob|jekt|tisch** m. *(-es,-e)* OTT. portaoggetti *m.* **Ob|jekt|trä|ger** m. *(-s,-)* OTT. vetrino *m.*
1.Ob|la|te f. *(-,-n)* **1** LIT. ostia *f.*, particola *f.* **2** ALIM. cialda *f.* **3** FARM. ostia *f.*, cialda *f.* **4** *(Siegelmarke)* cialda *f.* per sigillare.
2.Ob|la|te m. *(-n,-n)* ECCL. oblato *m.*
Ob|la|ti|on f. *(-,-en)* LIT. oblazione *f.*
Ob|leu|te → **Obmann.**
ob_lie|gen, ob|lie|gen *(lag/oblag, obgelegen/oblegen)* intr. (aus. *haben*) ANT. **1** ***etw. (D) ~*** dedicarsi a, occuparsi di qcs. **2** impers. spettare, toccare: ***es liegt ihm ob, es obliegt ihm zu schreiben*** tocca a lui scrivere; ***ihr obliegt die Pflicht*** le tocca l'onere. **Ob|lie|gen|heit, Ob|lie|gen|heit** f. *(-,-en)* obbligo *m.*, dovere *m.*; *(Aufgabe)* compito *m.*, mansione *f.*
ob|li|gat agg. **1** ANT. *(erforderlich)* obbligato, d'obbligo, prescritto **2** IRON. *(üblich)* prescritto, d'obbligo: ***die -en Weihnachts-, Geburtstagsgrüße*** i dovuti auguri di Natale e di compleanno **3** MUS. obbligato.
Ob|li|ga|ti|on f. *(-,-en)* DIR. ECON. obbligazione *f.* **Ob|li|ga|ti|o|nen|aus|ga|be** f. *(-)* emissione *f.* di obbligazioni. **Ob|li|ga|ti|o|nen|in|ha|ber** m. *(-s,-)* obbligazionista *m.* **Ob|li|ga|ti|o|nen|recht** n. *(-[e]s)* SVIZZ. diritto *m.* obbligazionario. **Ob|li|ga|ti|o|nen|schuld** f. *(-,-en)* debito *m.* obbligazionario. **Ob|li|ga|ti|ons|pa|pie|re** pl. titoli *m.pl.* di credito, effetti *m.pl.* **Ob|li|ga|ti|ons|zin|sen** pl. interessi *m.pl.* obbligazionari.
ob|li|ga|to|risch agg. **1** obbligatorio: ***-e Unterrichtsfächer*** materie obbligatorie **2** IRON. *(obligat)* obbligatorio, d'obbligo. **Ob|li|ga|to|ri|um** n. *(-s)* SVIZZ. obbligo *m.*
Ob|li|go n. *(-s,-s)* **1** *(Verpflichtung)* obbligo *m.* **2** *(Gewähr)* garanzia *f.*: ***für etw. ~ übernehmen*** assumersi la garanzia di qcs.
ob|lique [o'bli:k] agg. GRAMM. obliquo: ***-r Kasus*** caso obliquo.
Ob|li|te|ra|ti|on f. *(-,-en)* **1** COMM. obliterazione *f.*, annullamento *m.* **2** MED. obliterazione *f.* **ob|li|te|rie|ren** tr. obliterare, annullare.
OBM → **OB.**
Ob|mann m. *(-[e]s, Obmänner* e *Obleute)* **1** *(Vorsitzender)* presidente *m.*, capo *m.* **2** SPORT presidente *m.* della giuria. **Ob|män|nin** f. *(-,-nen)* presidentessa *f.*
O|bö|di|enz → **Obedienz.**
O|boe f. *(-,-n)* MUS. *(Musikinstrument und Orgelregister)* oboe *m.* **O|bo|er** m. *(-s,-)*, **O|bo|ist** m. *(-en,-en)* oboista *m.*, suonatore *m.* di oboe.
O|bo|lus m. *(-,-* e *-se)* **1** STOR. obolo *m.* **2** *(Geldbeitrag)* ***seinen ~ entrichten, beisteuern*** versare, dare l'obolo.
Ob|rig|keit f. *(-,-en)* ANT. autorità *f.*: ***die geistliche, weltliche ~*** l'autorità ecclesiastica, potere mondano ◆ ***von -s wegen*** d'autorità, d'ufficio. **ob|rig|keit|lich** agg. ANT. superiore, autoritativo, dell'autorità: ***-e Befehle*** ordini superiori. **Ob|rig|keits|den|ken** n. *(-s)* riconoscimento *m.* incondizionato dell'autorità. **Ob|rig|keits|staat** m. *(-[e]s,-en)* stato *m.* autoritario.
Ob|rist m. *(-en,-en)* ANT. colonnello *m.*
ob|schon cong. → **obwohl.**
Ob|se|qui|en pl. esequie *f.pl.*
ob|ser|va|bel agg. SCIENT. osservabile. **Ob|ser|vab|le** f. *(-,-n)* FIS. grandezza *f.* osservabile.
Ob|ser|vant m. *(-en,-en)* **1** osservante *m.* **2** *(Mönch)* frate *m.* osservante. **Ob|ser|vanz** f. *(-,-en)* **1** osservanza *f.*: ***von strenger ~*** di stretta osservanza **2** DIR. consuetudine *f.*
Ob|ser|va|ti|on f. *(-,-en)* osservazione *f.* **Ob|ser|va|tor** m. *(-s,-en)* osservatore *m.* **Ob|ser|va|to|ri|um** n. *(-s, Observatorien)* osservatorio *m.* **ob|ser|vie|ren** tr. **1** osservare **2** *(polizeilich überwachen)* sorvegliare, tenere sotto sorveglianza.
Ob|ses|si|on f. *(-,-en)* PSIC. ossessione *f.* **ob|ses|siv** agg. PSIC. ossessivo.
Ob|si|di|an m. *(-s,-e)* ossidiana *f.*
ob|sie|gen, ob_sie|gen intr. (aus. *haben*) ANT. **1** ***über etw., jdn ~*** vincere qcn., qcs. **2** assol. prevalere: ***die Vernunft obsiegte, siegte ob*** la ragione prevalse.
obs|kur agg. **1** *(unbekannt)* oscuro, ignoto: ***ein -er Ort*** un luogo oscuro **2** *(fragwürdig)* equivoco, sospetto, losco: ***ein -er Mensch*** una persona sospetta; ***ein -es Geschäft*** un affare losco; ***ein -es Lokal*** un locale equivoco. **Obs|ku|ran|tis|mus** m. *(-)* oscurantismo *m.* **Obs|ku|ri|tät** f. *(-)* **1** oscurità *f.* **2** *(Fragwürdigkeit)* equivocità *f.*
ob|so|let agg. obsoleto.
Ob|sor|ge f. *(-)* AUSTR. BUROCR. custodia *f.*
Obst n. *(-[e]s)* frutta *f.*: ***frisches, reifes, eingemachtes, gedörrtes ~*** frutta fresca, matura, in conserva, secca; ***~ ernten, auflesen*** raccogliere, cogliere (da terra) la frutta; ***~ einkochen*** cuocere la frutta (per conservarla). **Obst|an|bau, Obst|bau** m. *(-[e]s)* frutticoltura *f.*, coltivazione *f.* di, degli alberi da frutta. **obst|bau|lich** agg. frutticolo. **Obst|baum** m. *(-[e]s,-bäume)* albero *m.* da frutta. **Obst|baum|schäd|ling** m. *(-s,-e)* parassita *m.* degli alberi da frutta. **Obst|blü|te** f. *(-,-n)* fioritura *f.* degli alberi da frutta. **Obst|ern|te** f. *(-)* raccolta *f.* della frutta, raccolto *m.* frutticolo. **Obst|es|sig** m. *(-s,-e)* aceto *m.* di frutta.
Obs|tet|rik f. *(-)* MED. ostetrica *f.*
Obst|gar|ten m. *(-s,-gärten)* frutteto *m.* **Obst|händ|ler** m. *(-s,-)* commerciante *m.* di frutta; *(Verkäufer)* fruttivendolo *m.*
obs|ti|nat I agg. ostinato, caparbio **II** avv. ostinatamente, caparbiamente.
Obs|ti|pa|ti|on f. *(-,-en)* costipazione *f.*, stitichezza *f.* **obs|ti|pie|ren** tr. costipare.
Obst|jahr n. *(-[e]s,-e)* annata *f.* di frutta. **Obst|kon|ser|ve** f. *(-,-n)* conserva *f.* di frutta. **Obst|ku|chen** m. *(-s,-)* dolce *m.* di frutta.
Obst|ler m. *(-s,-)* REGION. **1** → **Obstwasser 2** → **Obsthändler.** **Öbst|ler** m. *(-s,-)* AUSTR. → **Obsthändler.**
Obst|ma|de f. *(-,-n)* baco *m.*, verme *m.* della frutta. **Obst|markt** m. *(-[e]s,-märkte)* mercato *m.* della frutta. **Obst|mes|ser** n. *(-s,-)* coltello *m.* da frutta. **Obst|most** m. *(-[e]s)* mosto *m.* di frutta. **Obst|pflü|cker** m. *(-s,-)* raccoglitore *m.* di frutta. **Obst|plan|ta|ge** f. *(-,-n)* piantagione *f.* di alberi da frutta, frutteto *m.* **Obst|pres|se** f. *(-,-n)* torchio *m.* per spremere la frutta, pressa *f.*

da frutta. **obst|reich** agg. ricco di frutta.
ob|stru|ie|ren tr. **1** ostacolare: ***jds Pläne ~*** ostacolare i piani di qcn.; ***die Parlamentsarbeiten ~*** ostacolare (*o* fare ostruzionismo contro) i lavori parlamentari **2** MED. *(verstopfen)* ostruire, occludere. **Ob|struk|ti|on** f. *(-,-en)* **1** *(Verhinderung)* impedimento *m.* **2** POL. ostruzionismo *m.* **3** MED. *(Verstopfung)* ostruzione *f.*, occlusione *f.* **Ob|struk|ti|ons|po|li|tik** f. *(-)* politica *f.* ostruzionistica. **Ob|struk|ti|ons|tak|tik** f. *(-,-en)* tattica *f.* ostruzionistica. **ob|struk|tiv** agg. **1a** *(hemmend)* che frena, ostacola **b** POL. ostruzionistico **2** MED. ostruente, ostruttivo.
Obst|saft m. *(-[e]s,-säfte)* succo *m.* di frutta. **Obst|sa|lat** m. *(-[e]s,-e)* macedonia *f.* di frutta. **Obst|scha|le** f. *(-,-n)* **1** buccia *f.* (della frutta) **2** *(Gefäß)* fruttiera *f.* **Obst|schaum|wein** m. *(-s,-e)* vino *m.* di frutta spumante. **Obst|schüs|sel** f. *(-,-n)* fruttiera *f.* **Obst|sor|te** f. *(-,-n)* qualità *f.*, tipo *m.* di frutta. **Obst|stand** m. *(-[e]s,-stände)* bancarella *f.* di frutta. **Obst|tor|te** f. *(-,-n)* torta *f.* di, alla frutta. **Obst|was|ser** n. *(-s,-wässer)* acquavite *f.* di frutta. **Obst|wein** m. *(-s,-e)* vino *m.* di frutta. **Obst|zeit** f. *(-)* stagione *f.* della frutta. **Obst|züch|ter** m. *(-s,-)* frutticultore *m.*
obs|zön I agg. **1** osceno, scurrile: ***ein -er Film*** un film osceno; ***-e Witze*** barzellette oscene, scurrili **2** COLLOQ. FIG. *(skandalös)* osceno, scandaloso: ***das sind -e Preise*** sono prezzi scandalosi **II** avv. in modo osceno: ***~ reden*** avere un linguaggio scurrile. **Obs|zö|ni|tät** f. *(-,-en)* oscenità *f.*
O|bus m. *(-ses,-se)* (accorc. *Oberleitungsomnibus*) filobus *m.*
ob‿wal|ten, ob|wal|ten intr. (aus. *haben*) ANT. esserci, vigere, sussistere: ***es waltet ein Verhängnis ob, ein Verhängnis obwaltet*** si manifesta una fatalità. **ob|wal|tend** p.pres. agg. **1** → **obwalten 2** presente, vigente: ***unter den -en Umständen*** nelle circostanze presenti.
ob|wohl cong. sebbene, benché, nonostante, quantunque: ***~ es sehr kalt war, zog sie dünne Kleider an*** benché facesse freddo indossò abiti leggeri. **ob|zwar** cong. ANT. → **obwohl.**
Oc|ca|si|on f. *(-,-en)* AUSTR. SVIZZ. (acquisto *m.* d') occasione *f.*
och inter. → **ach.**
Ochs m. *(-en,-en)* REGION., **Och|se** m. *(-n,-n)* **1** bue *m.*: ***mit -n pflügen*** arare con i buoi; ***einen -n braten*** fare un arrosto di bue **2** FIG. COLLOQ. *(Dummkopf)* bue *m.*: ***du blöder ~!*** pezzo di bue! ◆ ***wie der ~ vorm Berg, vorm neuen Tor, vorm Scheunentor dastehen*** rimanere perplesso, non sapere che pesci pigliare; ***die -n hinter den Pflug (den Pflug vor die -n) spannen*** mettere il carro davanti ai buoi; PROV. ***du sollst dem -n, der (da) drischt, nicht das Maul verbinden*** non legare la bocca al bue che trebbia.
och|sen I intr. (aus. *haben*) COLLOQ. sgobbare (come un negro): ***für, auf eine Prüfung ~*** sgobbare per un esame **II** tr. ***Latein ~*** sgobbare (*o* sudare) sul latino. **Och|sen|au|ge** n. *(-s,-n)* **1** ARCH. MAR. occhio *m.* di bue **2** REGION. *(Spiegelei)* uovo *m.* all'occhio di bue, al tegamino **3** ENTOM. vanessa io *f.* **4** BOT. occhio *m.* di bue, buftalmo *m.* **Och|sen|fie|sel** m. *(-s,-)* REGION. → **Ochsenziemer. Och|sen|fleisch** n. *(-es)* carne *f.* di bue. **Och|sen|frosch** m. *(-es,-frösche)* rana *f.* muggente. **Och|sen|ge|spann** n. *(-[e]s,-e)* coppia *f.* di buoi. **Och|sen|herz** n. *(-ens,-en)* MED. cuore *m.* dilatato, ipertrofico. **Och|sen|kar|ren** m. *(-s,-)* carro *m.* tirato da buoi. **Och|sen|kopf** m. *(-[e]s,-köpfe)* GEOM. deltoide *m.* **Och|sen|maul** n. *(-[e]s,-mäuler)* musello *m.* di bue. **Och|sen|maul|sa|lat** m. *(-[e]s)* insalata *f.* di muso di bue. **Och|sen|schlepp** m. *(-[e]s)* AUSTR., **Och|sen|schwanz** m. *(-es,-schwänze)* coda *f.* di bue. **Och|sen|schwanz|sup|pe** f. *(-,-n)* minestra *f.* di coda di bue. **Och|sen|tour** f. *(-,-en)* SCHERZ. **1** sfaticata *f.*, tour *m.* de force **2** *(mühevolle Laufbahn)* = carriera *f.* lenta e faticosa. **Och|sen|zie|mer** m. *(-s,-)* nerbo *m.* di bue. **Och|sen|zun|ge** f. *(-,-n)* **1** GASTR. lingua *f.* (di bue) **2a** BOT. *(Leberpilz)* lingua *f.* di bue **b** REGION. *(Borretsch)* borragine *f.* **Och|se|rei** f. *(-,-en)* COLLOQ. **1** sgobbata *f.*, sfaticata *f.* **2** *(Dummheit)* stupidaggine *f.* **och|sig** agg. COLLOQ. bovino, ottuso.
o|cker agg. ocra. **O|cker** m. e n. *(-s,-)* ocra *f.*; *(Farbe)* ocra *f.*, giallo *m.* ocra. **o|cker|braun** agg. ocra. **o|cker|far|ben, o|cker|far|big** agg. color ocra. **o|cker|gelb** agg. giallo ocra. **O|cker|gelb** n. *(-s)* giallo *m.* ocra. **o|cker|hal|tig** agg. che contiene ocra.
Ock|ha|mis|mus m. *(-)* occamismo *m.*
öd agg. → **öde.**
od. ⇒ *oder* o, oppure.
O|da|lis|ke f. *(-,-)* odalisca *f.*
O|de f. *(-,-n)* ode *f.*
ö|de I agg. **1a** *(verlassen)* desolato: ***eine ~ Landschaft*** un paesaggio desolato **b** *(menschenleer)* deserto, solitario: ***ein -r Strand*** una spiaggia deserta **2** *(unfruchtbar)* brullo, incolto: ***ein -r Acker*** un terreno incolto **3a** *(langweilig)* noioso, monotono: ***der ~ Alltag*** la monotona quotidianità **b** *(inhaltlos)* vuoto **II** avv. monotonamente: ***sein Leben verläuft ziemlich ~*** la sua vita trascorre monotonamente (*o* monotona). **Ö|de** f. *(-)* **1a** desolazione *f.*, squallore *m.*: ***die ~ der Industriestädte*** lo squallore delle città industriali **b** *(unfruchtbares Land)* deserto *m.* **2a** FIG. *(Leere)* vuoto *m.*: ***eine geistige ~*** un vuoto interiore, spirituale **b** *(Langeweile)* monotonia *f.*, tedio *m.*, noiosità *f.*: ***die ~ seines Lebens*** la monotonia della sua vita.
O|dem m. *(-s)* LETT. respiro *m.*, alito *m.*
Ö|dem n. *(-s,-e)* edema *m.* **ö|de|ma|tisch, ö|de|ma|tös** agg. edematoso.
ö|den ANT. **I** tr. **1** *(langweilen)* annoiare, tediare **2** REGION. *(roden)* dissodare **II** rifl. **sich ~** annoiarsi.
O|de|on n. *(-s,-s)* odeon *m.*
o|der cong. **1** o, oppure: ***nimmst du Kaffee ~ Tee?*** prendi il tè o il caffè? ***entweder... ~*** (o)... o...; ***entweder das grüne ~ das rote Kleid*** (o) il vestito verde o quello rosso; ***das eine ~ das andere*** l'uno o l'altro; ***alles ~ nichts*** (o) tutto o niente; ***entweder sie ~ wir*** (o) noi o loro **2** *(auch)* ovvero, ossia, o meglio: ***das Paläolitikum ~ die ältere Steinzeit*** il paleolitico ovvero l'antica età della pietra **3** *(andernfalls)* altrimenti, o, oppure: ***beeile dich, ~ wir verpassen den Zug*** fa' in fretta o perdiamo il treno **4a** COLLOQ. *(nachgestellt – nicht wahr)* vero, (o) no: ***heute Abend kommst du auch mit, ~?*** stasera vieni anche tu, no? **b** *(rhetorische Fragen)* ***das glaubst du doch auch nicht, ~?*** non lo crederai mica anche tu, no? ◆ ***~ so*** all'incirca, più o meno; ***es kostet 50 DM ~ so*** costa 50 marchi o giù di lì; ***so ~ so*** in un modo o nell'altro.
O|der n.pr.f. *(-)* Oder *m.*
O|der|men|nig m. *(-[e]s,-e)* agrimonia *f.*
O|der-Nei|ße-Gren|ze n.pr.f. *(-)* STOR. linea *f.* Oder-Neiße.
O|de|um n. *(-s, Odeen)* odeon *m.*
Öd|heit, RAR. **Ö|dig|keit** f. *(-)* desolazione *f.*
O|din n.pr.m. *(-s)* Odino *m.*
o|di|os, RAR. **o|di|ös** agg. odioso, detestabile: ***ein -es Wesen*** un essere odioso.
ö|di|pal agg. PSIC. edipico: ***die -e Phase*** la fase edipica. **Ö|di|pus** n.pr.m. Edipo *m.* **Ö|di|pus|kom|plex** m. *(-es)* complesso *m.* di Edipo, edipico.
O|di|um n. *(-s)* macchia *f.*, onta *f.*: ***an jdm haftet das ~ des Verrates*** macchiarsi dell'onta del tradimento.
Öd|land n. *(-[e]s)* terreno *m.* incolto. **Öd|nis** f. *(-)* → **Öde.**
O|don|tal|gie f. *(-)* odontalgia *f.* **O|don|ti|at|rie** f. *(-)* odontoiatria *f.* **o|don|to|gen** agg. di origine dentaria. **O|don|to|lo|gie** f. *(-)* odontologia *f.* **O|don|to|met|rie** f. *(-)* odontometria *f.*
o|do|rie|ren tr. odorizzare: ***ein Gas ~*** odorizzare un gas.
O|dys|see f. *(-,-n)* Odissea *f.*; FIG. odissea *f.*: ***diese Reise war eine richtige ~*** questo viaggio è stato una vera odissea. **o|dys|se|isch** agg. dell'Odissea. **O|dys|seus** n.pr.m. *(-)* Odisseo *m.*
OECD ⇒ *Organization for Economic Cooperation Development* Organizzazione per la Cooperazione e lo Sviluppo Economico (OCSE).
OEZ ⇒ *osteuropäische Zeit* ora dell'Europa orientale.
Öf|chen n. *(-s,-)* stufetta *f.*
O|fen m. *(-s, Öfen)* **1** stufa *f.*: ***den ~ heizen, anzünden*** accendere la stufa; ***am ~ sitzen*** sedere accanto alla stufa; ***der ~ brennt*** la stufa è accesa; ***der ~ hat keinen Zug, zieht nicht*** la stufa non ha tiraggio; ***einen ~ setzen (lassen)*** far installare una stufa **2a** *(Backofen)* forno *m.*: ***im ~ backen*** cuocere in forno; ***etw. in den ~ schieben*** mettere qcs. in forno **b** REGION. *(Kochherd)* fornello *m.* **3** *(für Keramik)* fornace *f.* ◆ COLLOQ. ***jetzt ist der ~ aus*** adesso basta, la cosa è chiusa; COLLOQ. ***ein heißer ~*** *(Wagen)* un bolide; *(attraktive Frau)* una bomba, uno schianto; ***hinter dem ~ hocken, sitzen, sich hinter dem ~ verkriechen*** starsene rintanato in casa. **O|fen|bank** f. *(-,-bänke)* panca *f.* accanto alla stufa. **O|fen|blech** n. *(-[e]s,-e)* **1** lamiera *f.* posta sotto la stufa **2** REGION. *(Kuchenblech)* piastra *f.* del forno. **o|fen|frisch** agg. appena sfornato: ***-e Kekse*** biscotti appena sfornati. **O|fen|hei|zung** f. *(-,-en)* riscaldamento *m.* a stufa. **O|fen|hocker** m. *(-s,-)* COLLOQ. pantofolaio *m.* **O|fen|ka|chel** f. *(-,-n)* piastrella *f.* per stufe. **O|fen|klap|pe** f. *(-,-n)* **1** tiraggio *m.* **2** *(Ofentür)* sportello *m.* della stufa. **O|fen|knie** n. *(-s,-)* gomito *m.* del tubo della stufa. **O|fen|loch** n. *(-[e]s,-löcher)* bocca *f.* della stufa. **O|fen|plat|te** f. *(-,-n)* piastra *f.* (della cucina economica). **O|fen|rohr** n. *(-[e]s,-e)* tubo *m.* della stufa. **O|fen|röh|re** f. *(-,-n)* forno *m.* ◆ COLLOQ. ***in die ~ gucken*** rimanere a bocca asciutta, a mani vuote. **O|fen|schirm** m. *(-[e]s,-e)* parafuoco *m.* **O|fen|set|zer** m. *(-s,-)* fumista *m.* **O|fen|tür** f. *(-,-en)* sportello *m.* della stufa; *(vom Backofen)* sportello *m.* del forno. **o|fen|warm** agg. appena sfornato. **O|fen|zie|gel** m. *(-s,-)* mattone *m.* refrattario.
off avv., **Off** n. *(-)* TEATR. TELEV. CINEM. fuori campo: ***aus dem ~ sprechen*** parlare fuori campo.

of|fen I agg. 1a *(nicht geschlossen)* aperto: ***die Tür steht, ist ~*** la porta è aperta; ***bei -en Fenstern, Türen*** con le finestre aperte, a porte aperte; ***eine -e Flasche*** una bottiglia aperta; ***die Augen ~ haben, halten*** avere, tenere gli occhi aperti; ***die Geschäfte sind, haben sonntags ~*** i negozi sono aperti di domenica; FIG. ***ein -es Haus haben*** avere (una) casa aperta; ***eine -e Gesellschaft*** una società aperta **b** *(nicht begrenzt)* ***auf -er See*** in mare aperto; ***auf -em Feld*** in aperta campagna; ***der Zug hielt auf -er Strecke*** il treno si è fermato in aperta campagna **c** *(zugänglich)* ***die Jagd ist ~*** la caccia è aperta; ***der Pass ist ~*** il passo è aperto; ***die Teilnahme ist für alle ~*** la partecipazione è aperta a tutti **d** LING. ***ein -er Vokal*** una vocale aperta; ***eine -e Silbe*** una sillaba aperta **e** *(aufrichtig)* ***ein -es Gesicht*** un viso aperto; ***ein -es Bekenntnis*** una aperta confessione **f** *(aufgeschlossen)* ***eine -e Gesinnung, Person*** una mentalità, una persona aperta; ***für neue Ideen ~ sein*** essere aperto a nuove idee **g** *(offenbar)* ***ein -er Protest, Kampf*** una chiara protesta, uno scontro aperto; ***eine -e Kritik*** una aperta critica; ***es ist zum -en Bruch gekommen*** si è giunti a un'aperta rottura **h** *(nicht erledigt)* in sospeso, aperto: ***eine -e Frage, Partie*** una questione, partita aperta **2** POL. *(von Abstimmung)* palese: ***in -er Abstimmung*** con voto palese **3** *(nicht bedeckt)* aperto, scoperto: ***-e Schuhe*** scarpe aperte; ***ein -er Wagen*** un auto scoperta **4** *(lose verkauft)* sfuso: ***-er Wein*** vino sfuso **5** *(nicht besetzt)* libero, vacante: ***-e Stellen*** posti (di lavoro) vacanti **6** COMM. *(nicht bezahlt)* non pagato, in sospeso: ***eine -e Rechnung*** una fattura non pagata **7** SPORT scoperto **II** avv. **1** apertamente; *(ehrlich)* apertamente, francamente: ***die Wahrheit ~ sagen*** dire apertamente la verità; ***etw. ~ zeigen, zugeben*** mostrare, ammettere apertamente qcs.; ***~ zu jdm stehen*** parteggiare apertamente per qcn. **2a** ***~ bleiben*** restare, rimanere aperto: ***die Tür bleibt immer offen*** la porta resta sempre aperta **b** *(ungelöst bleiben)* rimanere aperto, in sospeso: ***die Frage bleibt offen*** la questione resta aperta **3a** ***~ halten*** tenere aperto: ***die Tür ~ halten*** tenere aperta la porta; ***das Restaurant die ganze Woche ~ halten*** tenere aperto il ristorante tutta la settimana **b** FIG. *(unentschieden lassen)* lasciare in sospeso **c** ***sich einen Ausweg ~ halten*** tenersi aperta una via d'uscita **4a** ***~ lassen*** lasciare aperto: ***die Tür ~ lassen*** lasciare aperta la porta **b** FIG. ***sich alle Wege ~ lassen*** lasciarsi aperte tutte le strade; *(ungeklärt lassen)* ***eine Frage ~ lassen*** lasciare una questione aperta, in sospeso **c** *(nicht besetzen)* lasciare libero: ***eine Arbeitsstelle, Zeile ~ lassen*** lasciare libero un posto di lavoro, lasciare libera una riga **5** ***~ legen*** BUROCR. rivelare, comunicare **6** ***~ liegen*** BUROCR. = essere a disposizione del pubblico **7a** ***~ stehen*** essere aperto: ***die Tür steht offen*** la porta è aperta; ***ihre Bluse steht am Hals offen*** ha la camicetta aperta sul collo **b** FIG. ***alle Türen, Möglichkeiten stehen ihm offen*** tutte le porte, le possibilità gli sono aperte; *(zur Verfügung stehen)* essere aperto, a disposizione: ***die Bibliothek steht allen offen*** la biblioteca è aperta a tutti **c** *(frei sein)* essere libero, vacante: ***viele Stellen stehen noch offen*** molti posti sono ancora vacanti **d** *(freistehen)* ***es steht dir offen, das zu tun oder nicht*** sta a te farlo oppure no, sei padrone di farlo oppure di non farlo **e** *(noch nicht bezahlt sein)* non essere pagato (*o* saldato) ◆ ***~ abstimmen*** votare con voto palese; ***-e Anstalt*** sanatorio, casa di cura, sanatorio (con permesso di uscita); ***jdn mit -en Armen empfangen*** accogliere qcn. a braccia aperte; ***mit -en Augen träumen*** sognare ad occhi aperti; ***-e Beine*** gambe piagate; ***ein -er Brief*** una lettera aperta; ***-er Bruch*** frattura complicata; ***~ gesagt, gestanden*** per la verità, a dire il vero; ***das Haar ~ tragen*** portare i capelli sciolti; ***halb ~*** socchiuso; ***~ auf der Hand liegen*** essere palese; FIG. ***mit -en Karten spielen*** giocare a carte scoperte; ***eine Seite ~ lassen*** lasciare una pagina; ***vor Staunen blieb ihm der Mund ~ stehen*** gli restò la bocca aperta per lo stupore; ***~ stehende Stellen*** posti vacanti (*o* liberi); FIG. ***Tag der -en Tür*** giorno di visita aperta a tutti; FIG. ***-e Türen einrennen*** aprire porte aperte; ***weit ~*** spalancato; ***~ zutage liegen*** essere palese, manifesto.

of|fen|bar, of|fen|bar I agg. evidente, palese, manifesto: ***ein -er Widerspruch, Irrtum*** una palese contraddizione, un errore evidente **II** avv. visibilmente, evidentemente: ***das war ~ ein Missverständnis*** era evidentemente un malinteso ◆ ***~ machen*** palesare, manifestare; ***~ werden*** palesarsi, manifestarsi.

öf|fen|bar agg. che si può aprire.

of|fen|ba|ren I tr. **1** rivelare: ***ein Geheimnis ~*** rivelare un segreto **2** manifestare, palesare: ***seine Absicht ~*** manifestare la propria intenzione **II** rifl. ***sich ~*** rivelarsi: ***sich als Fehler ~*** rivelarsi un errore; ***sich jdm ~*** aprirsi, confidarsi con qcn. **Of|fen|ba|rung** f. *(-,-en)* **1** rivelazione *f.*, palesamento *m.*: ***die ~ einer Strategie, einer Absicht*** la rivelazione di una strategia, il palesamento di un'intenzione **2a** RELIG. rivelazione *f.*: ***die ~ des Johannes*** la rivelazione di Giovanni, l'Apocalisse **b** FIG. *(plötzliche Erkenntnis)* ***es kam über ihn wie eine ~*** fu per lui come una rivelazione; ***seine musikalische Begabung war eine ~*** le sue doti musicali furono una rivelazione. **Of|fen|ba|rungs|eid** m. *(-[e]s,-e)* DIR. giuramento *m.* dichiarativo (del debitore): ***den ~ ablegen, leisten*** fare, prestare giuramento dichiarativo.

Of|fen|heit f. *(-)* **1** franchezza *f.*, schiettezza *f.*: ***etw. in aller ~ sagen*** dire qcs. in, con tutta franchezza; ***mit entwaffnender ~*** con una schiettezza disarmante **2** *(Aufgeschlossenheit)* apertura *f.* (mentale). **of|fen|her|zig** I agg. aperto, franco, schietto **II** avv. apertamente, a cuore aperto, francamente, schiettamente: ***~ reden*** parlare francamente ◆ SCHERZ. FIG. ***ein sehr -es Kleid*** un vestito molto scollato. **Of|fen|her|zig|keit** f. *(-)* schiettezza *f.*, franchezza *f.*

of|fen|kun|dig, of|fen|kun|dig I agg. palese, evidente: ***-e Beweise*** prove palesi; ***es ist ~, dass er ein Betrüger ist*** è evidente che è un imbroglione **II** avv. palesemente, manifestamente, evidentemente ◆ ANT. ***etw. ~ machen*** palesare qcs.; ***~ werden*** palesarsi. **Of|fen|kun|dig|keit** f. *(-)* evidenza *f.*; *(Bekanntsein)* notorietà *f.*

Of|fen|le|gung f. *(-,-en)* rivelazione *f.*, comunicazione *f.*

Of|fen|markt|po|li|tik f. *(-)* politica *f.* del mercato libero.

of|fen|sicht|lich, of|fen|sicht|lich I agg. evidente, chiaro: ***ein -er Irrtum*** un errore evidente **II** avv. evidentemente, chiaramente: ***er hat es ~ vergessen*** evidentemente lo ha dimenticato. **Of|fen|sicht|lich|keit** f. *(-)* evidenza *f.*, chiarezza *f.*

of|fen|siv I agg. offensivo: ***eine -e Taktik*** una tattica offensiva (anche SPORT) **II** avv. in modo offensivo (anche SPORT). **Of|fen|siv|bünd|nis** n. *(-ses,-se)* alleanza *f.* a scopo offensivo. **Of|fen|si|ve** f. *(-,-n)* offensiva *f.* (anche SPORT): ***eine ~ durchführen, einleiten*** sferrare un'offensiva; ***die ~ ergreifen*** prendere l'offensiva; ***eine ~ auffangen, zurückschlagen*** fermare un'offensiva; ***in die, zur ~ übergehen*** passare all'offensiva. **Of|fen|siv|krieg** m. *(-[e]s,-e)* guerra *f.* offensiva. **Of|fen|siv|spiel** n. *(-s,-e)* SPORT gioco *m.* offensivo. **Of|fen|siv|stel|lung** f. *(-,-en)* posizione *f.* offensiva, d'attacco. **Of|fen|siv|tak|tik** f. *(-,-en)* tattica *f.* offensiva. **Of|fen|siv|ver|tei|di|ger** m. *(-s,-)* SPORT difensore *m.* con doti offensive (*o* di spinta). **Of|fen|siv|waf|fe** f. *(-,-n)* arma *f.* offensiva.

Of|fen|stall m. *(-s,-ställe)* stalla *f.* libera.

öf|fent|lich I agg. pubblico: ***eine -e Veranstaltung*** una rappresentazione pubblica; *(allgemein benutzbar)* ***ein -er Fernsprecher*** un telefono pubblico; ***-e Anlagen, Verkehrsmittel*** giardini, mezzi pubblici; *(auf die Gesellschaft bezogen)* ***die -e Meinung, Ordnung*** l'opinione pubblica, l'ordine pubblico; *(kommunal)* ***-e Gelder, Ausgaben*** denaro pubblico, spesa pubblica **II** avv. pubblicamente: ***etw. ~ erklären*** dichiarare qcs. pubblicamente; ***~ bekannt sein*** essere noto pubblicamente; ***~ auftreten*** apparire in pubblico ◆ ***-es Ärgernis erregen*** destare il pubblico sdegno; ***etw. ~ bekannt geben*** → ***etw. ~ machen***; ***ein -es Geheimnis*** un segreto di Pulcinella; ***im -en Leben stehen*** essere un personaggio pubblico; ***etw. ~ machen*** rendere qcs. pubblico, di dominio pubblico; ***-es Recht*** diritto pubblico.

Öf|fent|lich|keit f. *(-)* pubblico *m.*: ***die ~ von etw. informieren*** informare il pubblico di qcs.; ***über etw. in der ~ diskutieren*** discutere di qcs. in pubblico ◆ DIR. ***unter Ausschluss der ~*** a porte chiuse; ***ein Bauwerk der ~ übergeben*** aprire al pubblico un edificio; ***im Blickpunkt der ~ stehen*** essere al centro dell'attenzione pubblica; ***etw. in, an die ~ bringen*** rendere qcs. di dominio pubblico; ***an die ~ dringen*** diventare di dominio pubblico; ***in aller ~*** → ***vor aller ~***; ***mit etw. an, vor die ~ treten*** pubblicare qcs., presentarsi al pubblico con qcs.; ***etw. der ~ übergeben*** rendere pubblico qcs.; ***vor aller ~*** in pubblico, davanti a tutti; ***sich (mit etw.) an die ~ wenden*** rivolgersi all'opinione pubblica (con qcs.); ***etw. einer breiten ~ zugänglich machen*** rendere qcs. accessibile a un vasto pubblico. **Öf|fent|lich|keits|ar|beit** f. *(-)* pubbliche relazioni *f.pl.* **öf|fent|lich-recht|lich** agg. di diritto pubblico.

Of|fe|rent m. *(-en,-en)* COMM. offerente *m.* **of|fe|rie|ren** tr. COMM. **1** *(Ware, Preis)* offrire **2** assol. fare un'offerta: ***am günstigsten ~*** fare l'offerta più vantaggiosa. **Of|fert** n. *(-[e]s,-e)* AUSTR., **Of|fer|te** f. *(-,-n)* COMM. offerta *f.*: ***jdm eine ~ machen, unterbreiten*** fare, presentare un'offerta a qcn. **Of|fer|to|ri|um** n. *(-s, Offertorien)* LIT. offertorio *m.*

Of|fice ['ɔfıs] n. *(-,-s)* **1** *(Büro)* ufficio *m.* **2** SVIZZ. *(Anrichteraum)* office *m.*

Of|fi|zi|al|de|likt n. *(-[e]s,-e)* DIR. delitto *m.* perseguibile d'ufficio. **Of|fi|zi|al|ver|tei|di|ger** m. *(-s,-)* difensore *m.* d'ufficio.

Of|fi|zi|ant m. *(-en,-en)* ANT. **1** *(Zelebrant)* officiante *m.* **2** *(Beamter)* impiegato *m.* subalterno **3** *(Schulhausmeister)* bidello *m.*

of|fi|zi|ell I agg. ufficiale: ***eine -e Mitteilung*** una comunicazione ufficiale; ***in -er Mission*** in missione ufficiale; ***eine Anordnung von***

-er Seite, Stelle una disposizione ufficiale; *(förmlich)* ***ein -er Empfang*** un ricevimento ufficiale **II** avv. ufficialmente, in modo ufficiale: ***etw. ~ bestätigen*** confermare qcs. ufficialmente; ***~ heißt es...*** ufficialmente (*o* in via ufficiale) si dice...; ***jdn ~ einladen*** invitare qcn. in modo ufficiale, fare a qcn. un invito ufficiale.

Of|fi|zier m. *(-s,-e)* **1** ufficiale *m.*: ***~ werden*** diventare ufficiale **2** *(Schachfigur)* figura *f.* ◆ ***~ vom Dienst*** ufficiale di servizio (*o* di guardia); ***~ auf Zeit*** ufficiale di complemento. **Of|fi|zier(s)|an|wär|ter** m. *(-s,-)* allievo *m.* ufficiale. **Of|fi|ziers|bur|sche** m. *(-n,-n)* ANT. attendente *m.* **Of|fi|ziers|ka|si|no** n. *(-s,-s)* circolo *m.* ufficiali. **Of|fi|ziers|korps** n. *(-,-)* MIL. ufficialità *f.* **Of|fi|ziers|lauf|bahn** f. *(-)* carriera *f.* di ufficiale. **Of|fi|ziers|mes|se** f. *(-,-n)* mensa *f.* ufficiali. **Of|fi|ziers|rang** m. *(-[e]s)* grado *m.* di ufficiale. **Of|fi|ziers|schu|le** f. *(-,-n)* scuola *f.* allievi ufficiali.

Of|fi|zin f. *(-,-en)* ANT. **1a** laboratorio *m.* (di farmacia) **b** *(Apotheke)* farmacia *f.* **2** *(Buchdruckerei)* officina *f.* tipografica. **of|fi|zi|nal, of|fi|zi|nell** agg. officinale.

of|fi|zi|ös agg. ufficioso: ***eine -e Nachricht*** una notizia ufficiosa.

Of|fi|zi|um n. *(-s, Offizien)* **1** LIT. ufficio *m.*, uffizio *m.* **2** ANT. *(Dienstpflicht)* ufficio *m.*, obbligo *m.* di servizio ◆ STOR. ***das Heilige ~*** il Sant'Uffizio.

öff|nen I tr. aprire: ***die Schublade, ein Paket ~*** aprire il cassetto, un pacco; ***den Regenschirm, ein Buch ~*** aprire l'ombrello, un libro; ***eine Flasche, eine Dose ~*** aprire una bottiglia, una lattina; *(aufknöpfen)* ***die Jacke, den Mantel ~*** aprire la giacca, il cappotto; *(ausbreiten)* ***die Arme ~*** aprire le braccia; *(die Tür aufmachen)* ***jdm ~*** aprire a qcn.; ***das Geschäft wird um acht Uhr geöffnet*** il negozio apre alle otto **II** rifl. **sich ~** aprirsi: ***die Tür, der Fallschirm öffnet sich automatisch*** la porta, il paracadute si apre automaticamente; ***das Tal öffnet sich nach Süden hin*** la valle si apre verso sud; ***die Knospen beginnen sich zu ~*** le gemme cominciano ad aprirsi (*o* a schiudersi); FIG. ***neue Wege ~ sich der, für die Industrie*** si aprono nuove strade per l'industria; *(sich innerlich aufschließen)* ***sich einer neuen Lehre ~*** aprirsi a una dottrina nuova; *(anvertrauen)* ***sich jdm ~*** aprirsi a qcn. ◆ ***jdm die Augen ~*** aprire gli occhi a qcn.; ***die Grenzen ~*** aprire i confini; ***jdm sein Herz ~*** aprire il proprio cuore a qcn.; MED. ***eine Leiche ~*** aprire un, fare l'autopsia di un cadavere; ***einer Initiative Tür und Tor ~*** dare pieno sostegno a un'iniziativa; ***etw. weit ~*** spalancare qcs. **Öff|ner** m. *(-s,-)* **1** apriscatole *m.*; *(von Flaschen)* apribottiglie *m.* **2** *(Türöffner)* apriporta *m.*

Öff|nung f. *(-,-en)* apertura *f.*: ***eine ~ erweitern, versperren*** allargare, chiudere un'apertura; FIG. ***die ~ einer Partei nach links*** l'apertura a sinistra di un partito. **Öff|nungs|win|kel** m. *(-s)* FOT. angolo *m.* d'apertura. **Öff|nungs|zeit** f. *(-,-en)* orario *m.* d'apertura.

Off|set|druck m. *(-[e]s,-e)* stampa *f.* offset. **Off|set|druck|ma|schi|ne** f. *(-,-n)* macchina *f.* offset. **Off|set|druck|ver|fah|ren** n. *(-s,-)* (procedimento *m.* di) stampa *f.* offset. **Off|set|pa|pier** n. *(-s,-e)* carta *f.* per (stampa) offset.

Off|shore|boh|rung ['ɔf'ʃɔ:-] f. *(-,-en)* trivellazione *f.* sottomarina (*o* off-shore).

Off|stim|me f. *(-,-n)* TEATR. CINEM. TELEV. voce *f.* fuori campo.

o-för|mig, O-för|mig agg. a forma di O, a O.

oft avv. (compar. *öfter*, superl. *am öftesten*) spesso, sovente: ***der Zug hält ~*** il treno si ferma spesso; ***so etwas gibt es ~*** è una cosa che accade spesso ◆ ***sehr ~*** spessissimo; ***so ~ wie...*** tante volte come...; ***schon so ~*** già tante volte; ***~ vorkommen*** accadere spesso, ripetersi frequentemente; ***wie ~ muss ich das noch wiederholen?*** quante volte lo devo ancora ripetere? ***zu ~*** troppo spesso, troppe volte.

öf|ter avv. (compar. di *oft*) **1** più spesso, più sovente: ***das passiert immer ~*** succede sempre più sovente **2** assol. abbastanza spesso, di frequente: ***jdn ~ besuchen*** andare a trovare qcn. abbastanza spesso ◆ ***des Öfteren*** più volte; ***je ~..., umso besser...*** (quanto) più..., (tanto) meglio... **öf|ters** avv. REGION. → **öfter. oft|ma|lig** agg. BUROCR. ripetuto, reiterato. **oft|mals** avv. più volte, ripetutamente.

o. g. ⇒ *oben genannt* suddetto.

O|ger m. *(-s,-)* orco *m.* (delle fiabe).

o|gi|val [ogi-, oʒi-] agg. ogivale. **O|gi|val|stil** m. *(-s)* stile *m.* ogivale.

oh inter. oh, o: ***~, wie schön!*** oh, che bello! ***~, wie ich das hasse!*** oh, come lo odio! **Oh** n. *(-s,-s)* oh *m.*

o|ha inter. COLLOQ. **1** *(Ausruf der Bewunderung)* oh, ohè **2** *(Ausruf des Staunens)* aoh, ohè. **ö|ha** inter. ehi là, ehilà.

O|heim m. *(-s,-e)* ANT. zio *m.*

OHG ⇒ *offene Handelsgesellschaft* società in nome collettivo (s.n.c.).

1.Ohm n. *(-[s],-)* FIS. ohm *m.*

2.Ohm n. *(-[e]s,-e)* = antica misura di capacità (130-160 l).

3.Ohm, Öhm m. *(-[e]s,-e)* ANT. zio *m.*

Ohm|me|ter n. *(-s,-)* ohmmetro *m.* **ohmsch** agg. ohmico: ***-er Widerstand*** resistenza ohmica ◆ ***das ohmsche Gesetz*** la legge di Ohm.

oh|ne I prep. + acc. **1** senza: ***~ Geld, Mittel*** senza soldi, senza (*o* privo di) mezzi; ***ein Kleid ~ Ärmel*** un vestito senza maniche; ***Kaffee ~ Zucker*** caffè senza zucchero; ***~ Pfand*** senza cauzione; ***~ Furcht, ~ Hoffnung*** senza timore, senza speranza **2** *(mit Personalpronomen)* senza di: ***~ mich, ihn*** senza di me, senza di lui **II** cong. **1** ***~ dass*** senza che: ***er tat es, ~ dass ich es wusste*** lo fece, senza che io lo sapessi **2** ***~ zu*** senza: ***~ etw. zu sagen*** senza dire nulla ◆ ***~ Absicht*** senza volere, involontariamente; ***Bier ~ Alkohol*** birra analcolica; ***~ Befund*** con esito negativo; ***~ Belang*** senza importanza, di poco conto; ***~ Erfolg*** senza successo, infruttuoso; ***~ einen Pfennig Geld*** senza un soldo; ***Gewicht ~ Verpackung*** peso netto; ***den Kaffee ~ trinken*** bere il caffè nero; ***~ mich!*** non ci sto! COLLOQ. ***gar nicht (so) ~ sein*** non essere da sottovalutare; *(von Personen, in positivem Sinne)* non essere poi così male; ***~ Nutzen*** inutile; *(adverbial)* inutilmente, invano; ***~ schlafen*** dormire senza niente, nudo; SPORT ***Vierer ~*** quattro senza; ***~ weiteres*** senz'altro.

oh|ne|dem avv. ANT. → **ohnehin. oh|ne|dies** avv. → **ohnehin. oh|ne|ei|nan|der** avv. da solo, da soli, senza gli altri. **oh|ne|glei|chen** avv. senza pari, senza uguali: ***mit einer Frechheit ~*** con una sfacciataggine senza pari.

Oh|ne|halt|flug m. *(-[e]s,-flüge)* volo *m.* senza scalo.

oh|ne|hin avv. comunque, in ogni caso, tanto: ***das Museum ist ~ zu*** tanto il museo è chiuso; ***das schickt er uns ~*** ce lo manda comunque (*o* lo stesso). **oh|ne|wei|ters** avv. AUSTR. senz'altro.

Ohn|macht f. *(-,-en)* **1** *(vorübergehende Bewusstlosigkeit)* svenimento *m.*, LETT. deliquio *m.* **2** *(Machtlosigkeit)* impotenza *f.*: ***die wirtschaftliche, politische ~*** l'impotenza economica, politica; ***zur ~ verurteilt sein*** essere ridotto all'impotenza ◆ ***aus der ~ erwachen*** rinvenire; ***in ~ fallen*** perdere i sensi, svenire; SCHERZ. ***aus einer ~ in die andere fallen*** provare continui spaventi; ***in (tiefer) ~ liegen*** essere (*o* giacere) svenuto; ***einer ~ nahe sein*** sentirsi svenire. **ohn|mäch|tig** agg. **1** svenuto: ***~ werden*** venir meno, svenire **2** *(machtlos)* impotente: ***-er Zorn*** rabbia impotente. **Ohn|machts|an|fall** m. *(-s,-anfälle)* svenimento *m.* (improvviso). **Ohn|machts|ge|fühl** n. *(-s,-e)* sensazione *f.* di debolezza, di impotenza.

o|ho inter., ***~, was tust du hier?*** ehilà, che fai qui? ***~, so geht das nicht!*** eh, così non va!

Ohr n. *(-[e]s,-en)* **1** orecchio *m.*: ***das äußere, mittlere, innere ~*** l'orecchio esterno, medio, interno; ***abstehende -en*** orecchie a sventola; ***die -en sausen, gellen mir*** mi fischiano, mi rintronano le orecchie; ***auf einem ~ taub sein*** essere sordo da un orecchio; FIG. ***die -en aufstellen, spitzen*** (d)rizzare (*o* tendere) le orecchie; ***jdn am ~, bei den -en ziehen*** tirare qcn. per un orecchio, per le orecchie; ***ich habe Wasser ins ~ bekommen*** mi è entrata dell'acqua nell'orecchio; ***jdm etw. ins ~ flüstern*** bisbigliare qcs. all'orecchio di qcn.; ***sich die -en zuhalten*** tapparsi le orecchie **2** *(an Heft-, Buchseiten)* orecchia *f.* **3** *(an Sesseln)* orecchione *m.* ◆ ***jdm ein ~, die -en abreden, abschwätzen*** subissare qcn. di parole; ***die -en anlegen*** darsi da fare; ***die -en aufmachen, aufsperren, auftun*** aprire le orecchie; ***bis über die -en*** fin sopra i capelli; ***bis über die -en in der Arbeit, in Schulden stecken*** avere lavoro fin sopra i capelli, essere indebitato fino al collo; ***sich nicht die -en brechen*** non spezzarsi la schiena (anche FIG.); SCHERZ. ***die -en auf Durchfahrt, Durchzug stellen*** non stare ad ascoltare, non dare retta; SCHERZ. ***die -en auf Empfang stellen*** tendere le orecchie; ***ein feines ~ für etw. haben*** avere intuito per qcs.; ***ein feines ~ für Musik haben*** avere un buon orecchio per la musica; ***bei jdm ein geneigtes, offenes, williges ~ finden*** trovare benevolo ascolto in qcn.; ***jdm einen Floh ins ~ setzen*** mettere un ghiribizzo in testa a qcn.; ***nichts für fremde -en sein*** non essere destinato a orecchie estranee, essere riservato; ***ganz ~ sein*** essere tutt'orecchi; ***um ein geneigtes ~ bitten*** chiedere di essere ascoltato; ***geschultes ~*** orecchio esperto; ***gute -en haben*** avere un buon udito; FIG. → ***ein feines ~ haben***; ***ein ~ für etw. haben*** avere orecchio per qcs.; FIG. ***mit halbem ~ hinhören, zuhören*** ascoltare solo con un orecchio; FIG. ***die -en hängen lassen*** abbassare le orecchie; COLLOQ. ***sich aufs ~ hauen*** mettersi a dormire; ***jdn übers ~ hauen*** imbrogliare qcn., farla a qcn.; ***zum einen ~ herein-, zum anderen wieder hinausgehen*** entrare da un orecchio e uscire dall'altro; FIG. ***noch feucht (noch nicht trocken) hinter den -en sein*** avere ancora il latte sulle labbra; ***es faustdick (knüppeldick) hinter den -en haben*** essere un furbastro, un furbo di tre cotte; ***jdm eins, ein paar***

hinter die -en geben, fegen dare, mollare una sberla, un paio di sberle a qcn.; ***auf diesem ~ hört er nicht, schlecht*** da questo orecchio non ci sente (anche FIG.); ***wer -en hat, der höre!*** chi ha orecchie per intendere, intenda! FIG. ***eine Melodie im ~ haben*** avere nelle orecchie una melodia; FIG. ***ins ~ gehen*** entrare nelle orecchie; ***jdm die -en voll jammern*** riempire la testa a qcn. con le proprie lamentele; FIG. ***keine -en haben*** non voler sentire; SCHERZ. ***ihm klingen die -en*** gli fischiano le orecchie; ***jdm zu -en kommen*** giungere alle orecchie (o all'orecchio) di qcn.; ***lange -en machen*** (d)rizzare le orecchie; FIG. ***jdm die -en lang ziehen*** tirare le orecchie a qcn.; COLLOQ. ***sich aufs ~ legen*** andare a dormire; ***jdm sein ~ leihen*** prestare orecchio, attenzione a qcn.; ***jdm (mit etw.) in den -en liegen*** scocciare qcn. (con qcs.); ***-en wie ein Luchs haben*** avere l'orecchio fino; ***jdn beim ~, bei den -en nehmen*** prendere qcn. per un orecchio (*o* per le orecchie); FIG. *(zurechtweisen)* dare una tirata d'orecchi a qcn.; ***ein offenes ~ für jdn haben*** essere disponibili ad ascoltare qcn.; ***es gibt gleich rote -en!*** guarda che te le prendi! ***ein scharfes ~ haben*** avere l'orecchio fino; ***jdm sein ~ schenken*** → ***jdm sein ~ leihen***; COLLOQ. ***mit den -en schlackern*** essere senza parole; ***schlechte -en haben*** sentirci male; FIG. ***sich (D) etw. hinter die -en schreiben*** attaccarsi qcs. all'orecchio, legarsi qcs. al dito; ***auf den -en sitzen*** avere le orecchie foderate di prosciutto; ***die -en steif halten*** tenere duro, non cedere; ***von einem ~ zum anderen strahlen*** essere raggiante di gioia; FIG. ***auf diesem ~ ist er taub*** → ***auf diesem ~ hört er nicht;*** FIG. ***tauben -en predigen*** parlare ai sordi, (*o* al muro); ***seinen -en nicht trauen*** non credere alle proprie orecchie; FIG. ***noch nicht trocken hinter den -en sein*** → ***noch feucht hinter den -en sein***; ***bis über die, über beide -en verliebt sein*** essere innamorato pazzo; FIG. ***die -en verschließen*** turarsi le orecchie, non voler sentire; ***viel um die -en haben*** avere un sacco di cose per la testa; ***jdm die -en voll lärmen, voll schreien*** rompere i timpani a qcn. (*o* assordare qcn.); ***jdm die -en voll schwätzen*** riempire a qcn. le orecchie di pettegolezzi; ***auch die Wände haben -en*** anche i muri hanno orecchie; ***wo hast du denn deine -en?*** ma dove hai la testa? ***nichts für zarte -en sein*** non essere fatto per orecchie delicate.

Öhr n. *(-[e]s,-e)* **1** *(von Nähnadeln)* cruna *f.* **2a** *(von Werkzeugen)* foro *m.* **b** *(von Scheren)* anello *m.*

Öhr|chen n. *(-s,-)* orecchietta *f.*

Oh|ren|arzt m. *(-es,-ärzte)* otoiatra *m.* **Oh|ren|beich|te** f. *(-)* confessione *f.* auricolare. **oh|ren|be|täu|bend** agg. COLLOQ. assordante. **Oh|ren|blä|ser** m. *(-[e]s,-)* maldicente, calunniatore. **Oh|ren|blä|se|rei** f. *(-,-en)* maldicenza *f.*, il (continuo) calunniare. **Oh|ren|ent|zün|dung** f. *(-,-en)* otite *f.* **oh|ren|fäl|lig** agg. udibile. **Oh|ren|fluss** m. *(-es)* otorrea *f.* **Oh|ren|heil|kun|de** f. *(-)* otoiatria *f.* **Oh|ren|klap|pe** f. *(-,-n)* paraorecchie *m.* **Oh|ren|klipp** m. *(-[e]s,-e)* orecchino *m.* a clip. **oh|ren|krank** agg. malato alle orecchie. **Oh|ren|krank|heit** f. *(-,-en)* malattia *f.* alle, delle orecchie; MED. otopatia *f.* **Oh|ren|krie|cher** m. *(-s,-)* **1** ENTOM. dermattro *m.* **2** COLLOQ. FIG. *(Schmeichler)* adulatore *m.* **Oh|ren|ma|ki** m. *(-s,-s)* galagone *m.* **Oh|ren|qual|le** f. *(-,-n)* ZOOL. aurelia *f.* **Oh|ren|rob|be** f. *(-,-n)* otaria *f.* **Oh|ren|sau|sen** n. *(-s)* ronzio *m.* nelle orecchie. **Oh|ren|schmalz** n. *(-es)* cerume *m.* **Oh|ren|schmaus** m. *(-es)* COLLOQ. delizia *f.* per le orecchie: ***diese Musik war ein echter ~*** quella musica era una vera delizia per le orecchie. **Oh|ren|schmerz** m. *(-es,-en)* mal *m.* d'orecchie; MED. otalgia *f.* **Oh|ren|schüt|zer** pl. *(-s,-)* paraorecchie *m.pl.* **Oh|ren|ses|sel** m. *(-s,-)* poltrona *f.* a orecchioni. **Oh|ren|spie|gel** m. *(-s,-)* otoscopio *m.* **Oh|ren|zeu|ge** m. *(-n,-n)* testimone *m.* auricolare.

Ohr|fei|ge f. *(-,-n)* schiaffo *m.*, ceffone *m.*: ***jdm eine schallende ~ geben, verabreichen (versetzen)*** dare, assestare un sonoro ceffone a qcn.; ***eine ~ bekommen*** prendersi uno schiaffo ◆ FIG. ***eine moralische ~*** uno schiaffo morale. **ohr|fei|gen** tr. schiaffeggiare, prendere a schiaffi, a ceffoni ◆ COLLOQ. ***dafür hätte ich mich ~ können, mögen*** avrei voluto prendermi a schiaffi per questo. **Ohr|fei|gen|ge|sicht** n. *(-[e]s,-er)* COLLOQ. faccia *f.* da schiaffi.

Ohr|ge|hän|ge n. *(-s,-)* (orecchino *m.*) pendente *m.* **Ohr|klipp** → **Ohrenklipp. Ohr|läpp|chen** n. *(-s,-)* lobo *m.* (dell'orecchio): ***sich die ~ (durch)stechen lassen*** farsi forare le orecchie (per mettere gli orecchini). **Ohr|loch** n. *(-[e]s,-löcher)* buco *m.*, foro *m.* per gli orecchini. **Ohr|mar|ke** f. *(-,-n)* marca *f.* (applicata) all'orecchio. **Ohr|mu|schel** f. *(-,-n)* **1** ANAT. padiglione *m.* auricolare. **2** ARCH. (ornamento *m.* a) conchiglia *f.* **Ohr|ring** m. *(-[e]s,-e)* orecchino *m.* **Ohr|spei|chel|drü|se** f. *(-,-n)* parotide *f.* **Ohr|spü|lung** f. *(-,-en)* irrigazione *f.* dell'orecchio. **Ohr|ste|cker** m. *(-s,-)* orecchino *m.* a buco. **Ohr|trom|pe|te** f. *(-,-n)* tromba *f.* di Eustachio. **Ohr|wa|schel** n. *(-s,-n)* REGION. → **Ohrmuschel. Ohr|wurm** m. *(-s,-würmer)* **1** ENTOM. forbicina *f.*, forfecchia *f.* **2** ANT. *(Schmeichler)* adulatore *m.* **3** COLLOQ. *(leicht eingängige Melodie)* tormentone *m.*

o. J. ⇒ *ohne Jahr* senza anno (s.a.).

o|je, o|je|mi|ne inter. ANT. diamine, santo cielo.

Oka|ri|na f. *(-,-s* e *Okarinen)* ocarina *f.*

o|kay [o'ke:, oʊ'keɪ] COLLOQ. **I** avv. okay: ***etw. ganz ~ machen*** fare qcs. molto bene **II** agg. ***wieder ~ sein*** essere di nuovo a posto; ***der Flug ist ~*** il volo ha l'okay. **O|kay** n. *(-[s],-s)* COLLOQ. okay *m.*: ***das ~ geben*** dare l'okay.

O|ke|a|ni|de f. *(-,-n)* oceanina *f.*

Ok|ka|si|on f. *(-,-en)* ANT. o COMM. occasione *f.*

Ok|ka|si|o|na|lis|mus m. *(-)* **1** FILOS. occasionalismo *m.* **2** LING. ANT. = termine *m.* creato ad hoc. **Ok|ka|si|o|na|list** m. *(-en,-en)* occasionalista *m.* **ok|ka|si|o|na|lis|tisch** agg. occasionalistico.

ok|ka|si|o|nell agg. occasionale.

Ok|ki|ar|beit f. *(-,-en)* chiacchierino *m.* **Ok|ki|spit|ze** f. *(-,-n)* chiacchierino *m.*

Ok|klu|si|on f. *(-,-en)* **1** ostruzione *f.*, occlusione *f.* **2** MED. METEOR. occlusione *f.* **ok|klu|siv** agg. occlusivo. **Ok|klu|siv** m. *(-s,-e)* (consonante *f.*) occlusiva *f.*

ok|kult agg. occulto: ***-e Kräfte, Fähigkeiten*** forze occulte, poteri occulti. **Ok|kul|tis|mus** m. *(-)* occultismo *m.* **Ok|kul|tist** m. *(-en,-en)* occultista *m.*, cultore *m.* di scienze occulte. **ok|kul|tis|tisch** agg. occultistico.

Ok|ku|pant m. *(-en,-en)* occupante *m.*

Ok|ku|pa|ti|on f. *(-,-en)* occupazione *f.* **Ok|ku|pa|ti|ons|heer** n. *(-[e]s,-e)* esercito *m.* di occupazione. **Ok|ku|pa|ti|ons|macht** f. *(-,-mächte)* potenza *f.* occupante (*o* di occupazione).

ok|ku|pa|to|risch agg. di occupazione.

ok|ku|pie|ren tr. occupare. **Ok|ku|pie|rung** f. *(-,-en)* occupazione *f.*

Ok|kur|renz f. *(-,-en)* LING. occorrenza *f.*

Ö|ko|ka|ta|stro|phe f. *(-,-n)* ecocatastrofe *f.* **Ö|ko|la|den** m. *(-s,-läden)* negozio *m.* di prodotti biologici.

Ö|ko|lo|ge m. *(-n,-n)* ecologo *m.* **Ö|ko|lo|gie** f. *(-,-n)* ecologia *f.* **Ö|ko|lo|gie|be|we|gung** f. *(-,-en)* movimento *m.* ecologista. **ö|ko|lo|gisch** agg. ecologico.

Ö|ko|nom m. *(-en,-en)* ANT. **1** *(Verwalter)* economo *m.* **2** EX-RDT *(Wirtschaftswissenschaftler)* economista *m.* **Ö|ko|no|mie** f. *(-,-n)* **1** economia *f.*: ***politische ~*** economia politica; ***die ~ der westlichen Länder*** l'economia dei paesi occidentali; ***~ halten*** fare economia **2** AUSTR. o ANT. *(landwirtschaftlicher Betrieb)* azienda *f.* agricola. **Ö|ko|no|mie|rat** m. *(-[e]s,-räte)* AUSTR. consigliere *m.* agricolo. **Ö|ko|no|mik** f. *(-)* economia *f.* **ö|ko|no|misch I** agg. economico: ***-e Probleme, Prinzipien*** problemi, principi economici **II** avv. economicamente, con economia. **ö|ko|no|mi|sie|ren** tr. razionalizzare: ***den Haushalt ~*** razionalizzare la gestione domestica. **Ö|ko|no|mis|mus** m. *(-)* economismo *m.* **Ö|ko|no|mist** m. *(-en,-en)* economista *m.*

Ö|ko|pax|be|we|gung f. *(-)* movimento *m.* ecopacifista. **Ö|ko|sys|tem** n. *(-s,-e)* ecosistema *m.* **Ö|ko|ty|pus** m. *(-,-typen)* ecotipo *m.* **Ö|ko|tro|pho|lo|gie** f. *(-)* = scienza *f.* dell'alimentazione. **Ö|ko|zid** m. e n. *(-s)* ecocidio *m.*, ecostrage *f.*

Okt. ⇒ *Oktober* ottobre (ott.).

Ok|ta|e|der n. *(-s,-)* ottaedro *m.* **ok|ta|e|drisch** agg. ottaedrico. **Ok|ta|gon** → **Oktogon.**

Ok|tan n. *(-s,-e)* ottano *m.*

Ok|tant m. *(-en,-en)* GEOM. MAR. ottante *m.*

Ok|tan|zahl f. *(-,-en)* numero *m.* di ottani.

1.Ok|tav n. *(-s)* in-ottavo *m.*

2.Ok|tav f. *(-,-en)* **1** REGION. MUS. *(Oktave)* ottava *f.* **2** RELIG. ottava *f.*, ottavario *m.*

Ok|ta|va f. *(-, Oktaven)* AUSTR. ottava *f.* (classe del Gymnasium).

Ok|tav|band m. *(-[e]s,-bände)* volume *m.* in-ottavo.

Ok|ta|ve f. *(-,-n)* **1** MUS. ottava *f.*: ***eine ~ höher, tiefer spielen, greifen*** suonare, prendere un'ottava più alta, più bassa **2** *(Stanze)* ottava *f.*

Ok|tav|for|mat n. *(-[e]s,-e)*, **Ok|tav|grö|ße** f. *(-,-n)* formato *m.* in-ottavo.

Ok|ta|via n.pr.f. Ottavia *f.* **Ok|ta|vi|a|nus** n.pr.m. Ottaviano *m.*

Ok|ta|vi|us n.pr.m. Ottavio *m.*

Ok|tett n. *(-[e]s,-e)* MUS. CHIM. ottetto *m.*

Ok|to|ber m. *(-[s],-)* ottobre *m.*: ***Anfang, Ende ~*** all'inizio, alla fine di ottobre; ***Mitte ~*** a metà ottobre; ***im ~*** in (*o* a) ottobre; ***am ersten, zweiten ~*** il primo, il due (di) ottobre. **Ok|to|ber|fest** n. *(-[e]s)* INTRAD. (festa della birra a Monaco). **Ok|to|ber|re|vo|lu|ti|on** f. *(-)* rivoluzione *f.* di ottobre.

Ok|to|de f. *(-,-n)* ottodo *m.*

Ok|to|gon n. *(-s,-e)* ottagono *m.* **ok|to|go|nal** agg. ottagonale.

Ok|to|po|de m. *(-n,-n)* ottòpode *m.* **okt|ro|yie|ren** [ɔktroaˈjiːrən] tr. imporre. **o|ku|lar** agg. oculare. **O|ku|lar** n. *(-s,-e)* oculare *m.* **O|ku|lar|in|spek|ti|on** f. *(-,-en)* MED. esame *m.* obiettivo, ispezione *f.* **O|ku|la|ti|on** f. *(-,-en)* innesto *m.* a occhio (*o* a scudo). **o|ku|lie|ren** tr. innestare a occhio, RAR. inoculare. **O|ku|lier|mes|ser** n. *(-s,-)* coltello *m.* da innesti (a occhio), innestatoio *m.* **O|ku|lie|rung** f. *(-,-en)* → **Okulation.**

Ö|ku|me|ne f. *(-)* ecumene *f.* **ö|ku|me|nisch** agg. ecumenico. **Ö|ku|me|nis|mus** m. *(-)* ecumenismo *m.*

Ok|zi|dent m. *(-s)* occidente *m.* **ok|zi|den|tal, ok|zi|den|ta|lisch** agg. occidentale.

ok|zi|pi|tal agg. occipitale.

ö. L. ⇒ *östlicher Länge* longitudine est.

Öl n. *(-[e]s,-e)* **1a** olio *m.*: ***dick-, dünnflüssiges ~*** olio denso, fluido; ***pflanzliches, tierisches ~*** olio vegetale, animale; ***~ pressen*** spremere l'olio; ***etw. mit Essig und ~ anmachen*** condire qcs. con olio e aceto **b** *(Motoröl, Schmieröl)* ***~ nachfüllen*** aggiungere olio; ***~ wechseln*** cambiare l'olio **c** *(Sonnenöl)* ***sich mit ~ einreiben*** spalmarsi l'olio (solare) **2** *(Erdöl)* petrolio *m.*: ***~ fördern, raffinieren, nach ~ bohren*** estrarre, raffinare, fare trivellazioni alla ricerca di petrolio **3** *(Heizöl)* olio *m.* combustibile; gasolio *m.*; nafta *f.*: ***mit ~ heizen*** riscaldare a gasolio (*o* a nafta) ◆ ***~ ins Feuer gießen, schütten*** versare olio sul fuoco; ***in ~*** ART. a olio; GASTR. sott'olio; ***das geht mir runter wie ~*** questa è musica per le mie orecchie; ***~ auf die Wogen gießen*** calmare le acque, gettare olio sulle onde. **Öl|ab|dich|tung** f. *(-,-en)* paraolio *m.* **Öl|ab|lass|schrau|be** f. *(-,-n)* tappo *m.* di scarico dell'olio. **Öl|ab|schei|der** m. *(-s,-)* TECN. separatore *m.* di olio. **Öl|an|strich** m. *(-[e]s,-e)* verniciatura *f.* (*o* tinteggiatura *f.*) a olio. **Öl|an|zei|ge** f. *(-,-n)*, **Öl|an|zei|ger** m. *(-s,-)* → **Ölstandsanzeiger.** **öl|ar|tig** agg. oleoso, RAR. oleaceo.

Öl|baum m. *(-[e]s,-bäume)* ulivo *m.*, olivo *m.* **Öl|baum|ge|wäch|se** pl. oleacee *f.pl.* **Öl|berg** n.pr.m. *(-[e]s)* BIBL. monte *m.* degli ulivi. **Öl|bild** n. *(-[e]s,-er)* → **Ölgemälde.** **Öl|bohr|turm** m. *(-[e]s,-türme)* torre *f.* di trivellazione (petrolifera). **Öl|boh|rung** f. *(-,-en)* trivellazione *f.* (petrolifera); *(Erdölquelle)* pozzo *m.* petrolifero.

Ol|den|bur|ger I m. *(-s,-)* **1** abitante *m.* di Oldenburg **2** ZOOL. INTRAD. (razza di cavalli tedeschi) **II** agg.inv. di Oldenburg. **ol|den|bur|gisch** agg. di Oldenburg.

Ol|die [ˈoʊldɪ] m. *(-s,-s)* COLLOQ. **1a** canzone *f.* intramontabile, evergreen *m.* **b** *(Film)* film *m.* intramontabile **2** SCHERZ. *(Mensch)* vecchio *m.* (-a *f.*), vecchietto *m.* (-a *f.*).

Öl|druck m. *(-[e]s)* **1** pressione *f.* dell'olio **2** → **Ölfarbendruck.** **Öl|druck|an|zei|ger** m. *(-s,-)* indicatore *m.* della pressione dell'olio, manometro *m.* dell'olio. **Öl|druck|brem|se** f. *(-,-n)* freno *m.* idraulico (a olio). **Öl|druck|kon|troll|lam|pe** f. *(-,-n)* spia *f.* (della pressione) dell'olio. **Öl|druck|lei|tung** f. *(-,-en)* tubo *m.* di mandata dell'olio.

Old|ti|mer [ˈoʊldtaɪmə] m. *(-s,-)* **1** AUT. auto *f.* d'epoca **2** FIG. SCHERZ. veterano *m.*

o|lé inter. urrà, evviva; *(los)* forza.

O|le|an|der m. *(-s,-)* oleandro *m.* **O|le|an|der|schwär|mer** m. *(-s,-)* sfinge *f.* dell'oleandro.

O|le|as|ter m. *(-s,-)* oleastro *m.*, olivastro *m.*

O|le|at n. *(-[e]s,-e)* oleato *m.* **O|le|fin** n. *(-s,-e)* olefina *f.* **O|le|in** n. *(-s,-e)* oleina *f.*

Öl|em|bar|go n. *(-s)* embargo *m.* petrolifero.

ö|len tr. **1** oliare **2** *(Fußboden)* trattare con olio.

O|le|o|dukt n. *(-[e]s,-e)* oleodotto *m.*

Ö|ler m. *(-s,-)* oliatore *m.*

O|le|um n. *(-s)* oleum *m.*

ol|fak|to|risch agg. olfattivo.

Öl|fän|ger m. *(-s,-)* MECC. scodellino *m.*, sbattiolio *m.* **Öl|far|be** f. *(-,-n)* colore *m.* a olio. **Öl|far|ben|druck** m. *(-[e]s,-e)* oleografia *f.* **Öl|feld** → **Erdölfeld.** **Öl|feu|e|rung** f. *(-)* combustione *f.* a nafta. **Öl|film** m. *(-[e]s,-e)* MECC. velo *m.* d'olio. **Öl|fil|ter** m. *(-s,-)* filtro *m.* dell'olio. **Öl|fir|nis** m. *(-ses,-se)* vernice *f.* a olio. **Öl|fleck** m. *(-[e]s,-e)* macchia *f.* d'olio. **Öl|för|de|rung** → **Erdölförderung.** **Öl|frucht** f. *(-,-früchte)* frutto *m.* oleoso.

OLG ⇒ *Oberlandesgericht* corte d'appello (Cd'A).

Öl|gas n. *(-es,-e)* gas *m.* d'olio. **Öl|ge|mäl|de** n. *(-s,-)* quadro *m.* (*o* dipinto *m.*) a olio. **Öl|ge|misch** n. *(-[e]s,-e)* miscela *f.* **Öl|göt|ze,** ***wie ein ~ dasitzen, dastehen*** restare (lì) come un allocco. **öl|hal|tig** agg. oleoso, oleifero. **Öl|haut** f. *(-,-häute)* cerata *f.* **Öl|hei|zung** f. *(-)* riscaldamento *m.* a gasolio.

O|li|fant, O|li|fant m. *(-[e]s,-e)* olifante *m.*

ö|lig I agg. **1** unto **2** *(ölartig, ölhaltig)* oleoso, olioso **3** SPREG. *(salbungsvoll)* untuoso: ***ein -er Typ*** un tipo untuoso **II** avv. SPREG. in modo untuoso, untuosamente: ***~ reden*** parlare in modo untuoso.

O|li|gä|mie f. *(-,-n)* oligoemia *f.*

O|li|garch m. *(-en,-en)* **1** oligarca *m.* **2** *(Anhänger der Oligarchie)* oligarchico *m.* **O|li|gar|chie** f. *(-,-n)* oligarchia *f.*, RAR. oligocrazia *f.* **o|li|gar|chisch** agg. oligarchico.

O|li|go|phre|nie f. *(-,-n)* oligofrenia *f.*

O|li|go|pol n. *(-s,-e)* oligopolio *m.* **o|li|go|po|lis|tisch** agg. oligopolistico.

o|li|go|zän agg. dell'Oligocene. **O|li|go|zän** n. *(-s)* Oligocene *m.*

O|lim, ***seit, zu -s Zeit(en)*** SCHERZ. dai, ai tempi di Matusalemme, dal, al tempo che Berta filava.

Öl|in|dust|rie → **Erdölindustrie.**

o|liv agg. oliva, (di) color oliva. **O|liv** n. *(-s,-)* COLLOQ. color *m.* oliva. **O|li|ve** f. *(-,-n)* **1** oliva *f.* **2** *(Olivenbaum)* olivo *m.*, ulivo *m.* **O|li|ven|baum** m. *(-[e]s,-bäume)* (albero *m.* di) olivo *m.*, ulivo *m.* **O|li|ven|ern|te** f. *(-,-n)* **1** raccolta *f.* delle olive **2** *(geerntete Oliven)* raccolto *m.* di olive. **o|li|ven|far|ben, o|li|ven|far|big** agg. **1** → **oliv 2** olivastro: ***eine -e Haut*** una pelle olivastra. **O|li|ven|hain** m. *(-[e]s,-e)* oliveto *m.*, uliveto *m.* **O|li|ven|holz** n. *(-es)* (legno *m.* di) ulivo *m.* **O|li|ven|öl** n. *(-[e]s,-e)* olio *m.* d'oliva ◆ ***kaltgepresstes ~*** olio extravergine d'oliva. **O|li|ven|zweig** → **Ölzweig.** **o|liv|far|ben, o|liv|far|big** agg. → **oliv.** **o|liv|grün** agg. (color) verde oliva.

O|li|vin n. *(-s,-e)* MINER. olivina *f.*

Öl|ja|cke f. *(-,-n)* cerata *f.* **Öl|kä|fer** m. *(-s,-)* meloe *m.* **Öl|ka|nis|ter** m. *(-s,-)* tanica *f.* d'olio; *(Erdölkanister)* tanica *f.* di petrolio; *(Heizölkanister)* tanica *f.* di gasolio. **Öl|kan|ne** f. *(-,-n)* **1** oliatore *m.* **2** bidone *m.* d'olio. **Öl|känn|chen** n. *(-s,-)* **1** oliera *f.* **2** *(für Schmieröl)* oliatore *m.* **Öl|kon|zern** m. *(-[e]s,-e)* gruppo *m.* petrolifero. **Öl|kri|se** f. *(-,-n)* crisi *f.* del petrolio. **Öl|ku|chen** m. *(-s,-)* panello *m.*

oll agg. REGION. **1** vecchio **2** *(hässlich)* brutto **3** *(unangenehm)* sgradevole, spiacevole.

Öl|lam|pe f. *(-,-n)* lampada *f.* a petrolio. **Öl|land** n. *(-[e]s,-länder)* paese *m.* petrolifero (*o* produttore di petrolio).

Ol|le I m. *(-n,-n)* vecchio *m.* **II** f. *(-n,-n)* **1** vecchia *f.* **2** *(Mädchen)* ragazza *f.*: ***meine ~*** la mia ragazza.

Öl|lei|tung f. *(-,-en)* **1** oleodotto *m.* **2** AUT. tubo *m.* dell'olio. **öl|lös|lich** agg. solubile in olio. **Öl|luft|pum|pe** f. *(-,-n)* pompa *f.* pneumatica ad olio.

Olm m. *(-[e]s,-e)* proteo *m.*

Öl|mag|nat m. *(-en,-en)* magnate *m.* del petrolio. **Öl|ma|le|rei** f. *(-,-en)* **1** pittura *f.* a olio **2** *(Ölgemälde)* dipinto *m.* a olio. **Öl|mess|stab** m. *(-[e]s,-stäbe)* astina *f.* di livello (dell'olio), asta *f.* per controllare il livello dell'olio. **Öl|mo|tor** m. *(-s,-en)* ANT. motore *m.* a nafta. **Öl|müh|le** f. *(-,-n)* frantoio *m.* **Öl|mul|ti** m. *(-s,-s)* COLLOQ. multinazionale *f.* del petrolio. **Öl|ofen** m. *(-s,-öfen)* forno *m.* a nafta. **Öl|pal|me** f. *(-,-n)* palma *f.* da olio. **Öl|pa|pier** n. *(-s,-e)* carta *f.* oleata. **Öl|pest** f. *(-)* onda *f.* nera (disastro ecologico causato dalla dispersione di petrolio in mare). **Öl|pflan|ze** f. *(-,-n)* pianta *f.* oleifera. **Öl|platt|form** f. *(-,-en)* piattaforma *f.* petrolifera. **Öl|preis** m. *(-es,-e)* prezzo *m.* del petrolio; *(für Heizöl)* prezzo *m.* del gasolio. **Öl|pres|se** f. *(-,-n)* frantoio *m.* **Öl|pum|pe** f. *(-,-n)* pompa *f.* dell'olio; *(bei Erdölförderung)* pompa *f.* per il petrolio; *(für Heizung)* pompa *f.* del gasolio (*o* della nafta). **Öl|quel|le** f. *(-,-n)* pozzo *m.* petrolifero (*o* di petrolio). **Öl|raf|fi|ne|rie** → **Erdölraffinerie.** **Öl|saat** f. *(-,-en)* seme *m.* oleoso (*o* oleifero). **Öl|sand** m. *(-[e]s,-sände)* sabbia *f.* con (*o* che contiene) petrolio. **Öl|sar|di|ne** f. *(-,-n)* sardina *f.* sott'olio. **Öl|säu|re** f. *(-,-n)* acido *m.* oleico. **Öl|scheich** m. *(-s, -e* e *-s)* sceicco *m.* del petrolio. **Öl|schicht** f. *(-,-en)* strato *m.* d'olio. **Öl|schie|fer** m. *(-s)* GEOL. scisto *m.* bituminoso. **Öl|so|ckel** m. *(-s,-)* zoccolo *m.* verniciato a olio. **Öl|stand** m. *(-[e]s)* livello *m.* dell'olio: ***den ~ prüfen, messen*** controllare, misurare il livello dell'olio. **Öl|stand|an|zei|ger** m. *(-s,-)* **1** manometro *m.* dell'olio (combustibile) **2** AUT. indicatore *m.* del livello dell'olio. **Öl|su|che** → **Erdölsuche.** **Öl|tank** m. *(-s,-s* e RAR. *-e)* serbatoio *m.* dell'olio; *(Erdöltank)* serbatoio *m.* di petrolio; *(Heizöltank)* serbatoio *m.* di nafta. **Öl|tan|ker** m. *(-s,-)* petroliera *f.* **Öl|tep|pich** m. *(-[e]s,-e)* chiazza *f.* di petrolio. **Öl|tuch** n. *(-[e]s,-tücher)* tela *f.* cerata.

Ö|lung f. *(-)* RAR. oliatura *f.*, lubrificazione *f.* ◆ ***die Letzte ~*** l'estrema unzione.

Öl|ver|brauch m. *(-[e]s)* consumo *m.* d'olio; *(Erdölverbrauch)* consumo *m.* di petrolio. **Öl|vor|kom|men** → **Erdölvorkommen.** **Öl|wan|ne** f. *(-,-n)* coppa *f.* dell'olio. **Öl|wech|sel** m. *(-s,-)* cambio *m.* dell'olio: ***einen ~ vornehmen*** fare un cambio dell'olio. **Öl|wei|de** f. *(-,-n)* olivagno *m.*, eleagno *m.*

O|lymp I n.pr.m. *(-s)* Olimpo *m.* **II** m. *(-s)* SCHERZ. *(Galerie)* loggione *m.*, SCHERZ. piccionaia *f.* **O|lym|pia** n.pr.n. *(-[s])* Olimpia *f.*

O|lym|pi|a|de f. *(-,-n)* olimpiade *f.*, olimpiadi *f.pl.*: ***an der ~ teilnehmen*** partecipare alle olimpiadi; ***eine ~ ausrichten*** organizzare un'olimpiade; ***auf, bei der ~ eine Medaille gewinnen*** vincere una medaglia alle olimpiadi. **O|lym|pi|a|dorf** n. *(-[e]s,-dörfer)* villaggio *m.* olimpico. **O|lym|pi|a|jahr** n. *(-[e]s,-e)* anno *m.* delle olimpiadi. **O|lym|pi|a|kämp|fer** m. *(-s,-)* → **Olympiateilnehmer.** **O|lym|pi|a|mann|schaft** f. *(-,-en)* squadra *f.* olimpica. **O|lym|pi|a|me|dail|le** f. *(-,-n)* medaglia *f.* olimpica. **O|lym|pi|a|norm** f. *(-,-en)* minimo *m.* per accedere alle olimpiadi. **o|lym|pi|a|reif** agg. da olimpiadi: ***ein -er Läufer*** un corridore da olimpiadi. **O|lym|pi|a|sieg** m. *(-[e]s,-e)* vittoria *f.* alle olimpiadi, olimpica. **O|lym|pi|a|sie|ger** m. *(-s,-)* campione *m.* olimpionico. **O|lym|pi|a|sta|di|on** n. *(-s,-stadien)* stadio *m.* olimpico. **O|lym|pi|a|stadt** f. *(-,-städte)* città *f.* olimpica, che ospita le olimpiadi. **O|lym|pi|a|teil|neh|mer** m. *(-s,-)* (giocatore *m.*) olimpionico, chi partecipa alle olimpiadi. **O|lym|pi|o|ni|ke** m. *(-n,-n)* olimpionico *m.* **O|lym|pi|o|ni|kin** f. *(-,-nen)* olimpionica *f.* **o|lym|pisch** agg. **1** olimpico: ***ein -er Rekord, Sieg*** un record olimpico, una vittoria olimpica; ***das -e Feuer*** la fiamma olimpica; ***der -e Eid*** il giuramento olimpico **2a** MITOL. olimpico, dell'Olimpo **b** FIG. *(erhaben, majestätisch)* ***eine -e Ruhe besitzen*** avere una serenità olimpica ◆ ***Olympische Spiele*** giochi olimpici; ***-e Ringe*** gli anelli olimpici.

Öl|zeug n. *(-[e]s)* MAR. indumenti *m.pl.* di tela cerata. **Öl|zweig** m. *(-[e]s,-e)* ramo *m.* d'ulivo, ramoscello *m.* d'olivo.

O|ma f. *(-,-s)* **1** FAM. *(Großmutter)* nonna *f.* **2** SCHERZ. O SPREG. *(ältere Frau)* nonna *f.*, vecchia *f.* **O|ma|ma** f. *(-,-s)* FAM. nonna *f.*, nonnina *f.*

O|ma|ner m. *(-s,-)* abitante *m.* dell'Oman. **o|ma|nisch** agg. dell'Oman.

Omb|ro|graph m. *(-en,-en)* ombrografo *m.*, pluviografo *m.*

Om|buds|mann m. *(-[e]s,-männer* e *-leute)* difensore *m.* civico, ombudsman *m.*

O|me|ga n. *(-[s],-s)* omega *m.*

O|me|lett [ɔm(ə)'lɛt] n. *(-[e]s,-e* e *-s)*, AUSTR. SVIZZ. **O|me|lette** [-'lɛt] f. *(-,-n)* omelette *f.*

O|men n. *(-s,-* e *Omina)* segno *m.*, presagio *m.*

O|mi f. *(-,-s)* FAM. nonnina *f.*

o|mi|nös agg. ominoso.

Om|ni|bus m. *(-ses,-se)* autobus *m.*; *(außerhalb der Stadt)* autobus *m.*, corriera *f.*: ***den ~ nehmen, verpassen*** prendere, perdere l'autobus; ***mit dem ~ fahren*** viaggiare in autobus. **Om|ni|bus|bahn|hof** m. *(-[e]s,-höfe)* stazione *f.* degli autobus. **Om|ni|bus|fah|rer** m. *(-s,-)* conducente *m.* d'autobus. **Om|ni|bus|fahrt** f. *(-,-en)* viaggio *m.* in autobus. **Om|ni|bus|hal|te|stel|le** f. *(-,-n)* fermata *f.* dell'autobus. **Om|ni|bus|li|nie** f. *(-,-n)* linea *f.* d'autobus.

om|ni|po|tent agg. onnipotente. **Om|ni|po|tenz** f. *(-)* onnipotenza *f.* **om|ni|prä|sent** agg. onnipresente. **Om|ni|prä|senz** f. *(-)* onnipresenza *f.*

Om|ni|um n. *(-s, Omnien)* SPORT omnium *m.*

on avv. TEATR. sulla scena.

O|na|ger m. *(-s,-)* onagro *m.*

O|na|nie f. *(-)* onanismo *m.* **O|na|nist** m. *(-en,-en)* onanista *m.*

On|dit [ɔ̃'di:] n. *(-[s],-s)* voce *f.*, diceria *f.*

On|du|la|ti|on f. *(-,-en)* ANT. ondulazione *f.* **on|du|lie|ren** tr. ANT. *(Haare)* ondulare.

One|step ['wʌnstɛp] m. *(-s,-s)* one step *m.*

1.On|kel m. *(-s,-* COLLOQ. *-s)* **1** zio *m.*: ***mein ~ mütterlicherseits, väterlicherseits*** il mio zio materno, paterno; COLLOQ. *(männlicher Bekannter eines Kindes)* zio *m.* **2** SPREG. *(Mann)* ***was will dieser ~?*** che vuole questo qui? ◆ ***~ Dagobert*** zio Paperone.

2.On|kel m. *(-s,-)*, COLLOQ. ***großer, dicker ~*** ditone *m.* (del piede).

On|kel|ehe f. *(-)* COLLOQ. = convivenza *f.* con una vedova (che non si risposa per non perdere il diritto alla pensione del marito). **on|kel|haft** SPREG. **I** agg. da zio **II** avv. come uno zio, da zio.

On|ko|lo|ge m. *(-n,-n)* oncologo *m.* **On|ko|lo|gie** f. *(-)* oncologia *f.*

On|line-Dienst ['ɔnlain-] m. *(-[e]s,-e)* servizio *m.* on-line.

Ö|no|lo|gie f. *(-)* enologia *f.* **ö|no|lo|gisch** agg. enologico.

O|no|ma|si|o|lo|gie f. *(-)* onomasiologia *f.* **o|no|ma|si|o|lo|gisch** agg. onomasiologico. **O|no|mas|tik, O|no|ma|to|lo|gie** f. *(-)* onomastica *f.* **o|no|ma|to|po|e|tisch** agg. onomatopoetico. **O|no|ma|to|pö|ie** f. *(-,-n)* onomatopea *f.*

on|tisch agg. ontico. **On|to|ge|ne|se** f. *(-)* ontogenesi *f.* **on|to|ge|ne|tisch** agg. ontogenetico. **On|to|ge|nie** f. *(-)* → **Ontogenese.** **On|to|lo|gie** f. *(-)* ontologia *f.* **on|to|lo|gisch** **I** agg. ontologico **II** avv. ontologicamente. **On|to|lo|gis|mus** m. *(-)* ontologismo *m.*

O|nyx m. *(-[es],-e)* onice *f.*

o. O. ⇒ **1** COMM. *ohne Obligo* senza garanzia **2** *ohne Ort* senza luogo (s.l.).

o. ö. Prof. ⇒ *ordentlicher öffentlicher Professor* professore ordinario (prof. ord.).

o. O. u. J. ⇒ EDIT. *ohne Ort und Jahr* senza luogo e anno (sl. e s.a.).

o. P. ⇒ *ordentlicher Professor* professore ordinario (prof. ord.).

O|pa m. *(-s,-s)* FAM. nonno *m.* (anche SCHERZ. O SPREG.).

o|pak agg. opaco: ***-es Glas*** vetro opaco.

O|pal m. *(-s,-e)* **1** opale *m.* e *f.* **2** TESS. opalina *f.* **o|pa|len** agg. opalino. **o|pa|les|zent** agg. opalescente. **O|pa|les|zenz** f. *(-)* opalescenza *f.* **o|pa|les|zie|ren** intr. (aus. *haben*) essere opalescente. **O|pal|glas** n. *(-es)* vetro *m.* opalino, opalina *f.* **o|pa|li|sie|ren** intr. (aus. *haben*) opalizzare.

O|pan|ke f. *(-,-n)* opanca *f.*

O|pa|pa m. *(-s,-s)* FAM. nonno *m.*, nonnino *m.*

O|pa|zi|tät f. *(-)* opacità *f.*

O|pen-Air-Konzert ['oʊpn 'ɛə-] n. *(-[e]s,-e)* concerto *m.* all'aperto.

O|per f. *(-,-n)* **1** *(Gattung, Werk)* opera *f.* (lirica): ***die ~ lieben*** amare l'opera; ***die komische ~*** l'opera comica; ***eine ~ komponieren, aufführen*** comporre, rappresentare un'opera **2** *(Opernhaus)* opera *f.*; *(Aufführung)* ***in die ~ gehen*** andare all'opera ◆ COLLOQ. ***-n erzählen, reden, quatschen*** raccontare un sacco di sciocchezze.

o|pe|ra|bel agg. MED. operabile.

O|pe|rand m. *(-en,-en)* INFORM. operando *m.*

O|pe|ra|teur [opəra'tø:ɐ] m. *(-s,-e)* **1** chirurgo *m.* **2** ANT. *(Kameramann)* operatore *m.*; *(im Kino)* operatore *m.* (di cabina). **O|pe|ra|ti|on** f. *(-,-en)* operazione *f.*: ***eine ~ an jdm vornehmen*** eseguire un'operazione su qcn., sottoporre qcn. a un'operazione; ***sich einer ~ unterziehen*** sottoporsi a un'operazione; ***eine ~ am Herzen ausführen*** eseguire un'operazione al cuore; MIL. ***eine militärische ~ durchführen*** condurre un'operazione militare; MAT. ***arithmetische -en*** operazioni aritmetiche. **o|pe|ra|ti|o|nal** agg. operazionale. **o|pe|ra|ti|o|nell** agg. → **operational.**

O|pe|ra|ti|ons|ba|sis f. *(-,-basen)* base *f.* di operazioni, operativa. **O|pe|ra|ti|ons|feld** n. *(-[e]s,-er)* **1** CHIR. campo *m.* operatorio **2** MIL. zona *f.* (*o* teatro *m.*) delle operazioni. **O|pe|ra|ti|ons|nar|be** f. *(-,-n)* cicatrice *f.* di un'operazione. **O|pe|ra|ti|ons|plan** m. *(-[e]s,-pläne)* MIL. piano *m.* di operazioni. **O|pe|ra|tions-Re|search** [ɔpə'reɪʃənzrɪ'sɜ:tʃ] f. *(-)* ricerca *f.* operativa. **O|pe|ra|ti|ons|saal** m. *(-s,-säle)* sala *f.* operatoria. **O|pe|ra|ti|ons|schwes|ter** f. *(-,-n)* assistente *f.* di sala (operatoria). **O|pe|ra|ti|ons|tisch** m. *(-es,-e)* tavolo *m.* operatorio.

o|pe|ra|tiv **I** agg. **1** operativo **2** operatorio, chirurgico: ***ein -er Eingriff*** un intervento chirurgico **3** MIL. *(strategisch)* operativo **II** avv. **1** operativamente **2** chirurgicamente: ***einen Tumor ~ entfernen*** asportare un tumore chirurgicamente, con un intervento chirurgico. **O|pe|ra|tor** **I** m. *(-s,-en)* MAT. LING. operatore *m.* **II** m. *(-s,-[s])* INFORM. operatore *m.*

O|pe|ret|te f. *(-,-n)* operetta *f.*: ***in die ~ gehen*** andare all'operetta. **O|pe|ret|ten|film** m. *(-[e]s,-e)* film-operetta *m.* **o|pe|ret|ten|haft** agg. operettistico. **O|pe|ret|ten|kom|po|nist** m. *(-en,-en)* operettista *m.*, autore *m.* di operette. **O|pe|ret|ten|me|lo|die** f. *(-,-n)* melodia *f.* di operetta. **O|pe|ret|ten|sän|ger** m. *(-s,-)* cantante *m.* di operetta. **O|pe|ret|ten|staat** m. *(-[e]s,-en)* SCHERZ. stato *m.* da operetta.

o|pe|rie|ren **I** tr. operare: ***einen Patienten (an der Leber) ~*** operare un paziente (al fegato) **II** intr. (aus. *haben*) operare, agire (anche MIL.). **O|pe|rier|te** m. e f. *(-n,-n)* (paziente *m.* e *f.*) operato *m.* (-a *f.*): ***ein frisch -r*** un paziente appena operato.

O|pern|arie f. *(-,-n)* aria *f.* d'opera. **O|pern|ball** m. *(-s,-bälle)* ballo *m.* dell'opera. **O|pern|buch** n. *(-[e]s,-bücher)* libretto *m.* **O|pern|füh|rer** m. *(-s,-)* guida *f.* operistica. **O|pern|glas** n. *(-es,-gläser)*, COLLOQ. **O|pern|gu|cker** m. *(-s,-)* binocolo *m.* da teatro. **o|pern|haft** agg. operistico. **O|pern|haus** n. *(-[e]s,-häuser)* teatro *m.* lirico, (teatro *m.* dell') opera *f.* **O|pern|kom|po|nist** m. *(-en,-en)* compositore *m.* di opere. **O|pern|kon|zert** n. *(-[e]s,-e)* concerto *m.* operistico. **O|pern|me|lo|die** f. *(-,-n)* melodia *f.* d'opera, operistica. **O|pern|mu|sik** f. *(-,-en)* musica *f.* operistica (*o* lirica). **O|pern|sän|ger** m. *(-s,-)* cantante *m.* d'opera (*o* lirico). **O|pern|sän|ge|rin** f. *(-,-nen)* cantante *f.* d'opera (*o* lirica). **O|pern|text** m. *(-es,-e)* libretto *m.*

Op|fer n. *(-s,-)* **1a** sacrificio *m.*: ***Tiere zum ~ bringen*** offrire animali in sacrificio **b** *(Opfergabe)* offerta *f.*, sacrificio *m.*: ***den Göttern ~ bringen*** fare, offrire sacrifici agli dei **c** *(Verzicht)* ***jdm große ~ auferlegen, abverlangen*** imporre, richiedere grandi sacrifici a qcn.; ***das verlangt ~*** richiede sacrificio; ***ein kleines ~ bringen*** fare un piccolo sacrificio **2** *(Verunglückter)* vittima *f.* (anche FIG.): ***die ~ eines Unfalls*** le vittime di un incidente; ***jdm, etw. zum ~ fallen***

essere vittima di qcn., qcs.; ***das Erdbeben forderte über 1000 ~*** il terremoto provocò più di 1000 vittime; ***~ einer Intrige sein*** essere vittima di un intrigo ◆ ***einer Kugel zum ~ fallen*** essere ucciso da una pallottola; ***kein ~ scheuen*** non risparmiarsi sacrifici. **Op|fer|al|tar** m. *(-[e]s,-altäre)* altare *m.* sacrificale. **op|fer|be|reit** agg. pronto a fare sacrifici; votato al sacrificio. **Op|fer|be|reit|schaft** f. *(-)* spirito *m.* di sacrificio. **op|fer|freu|dig** → **opferbereit. Op|fer|ga|be** f. *(-,-n)* offerta *f.* sacrificale, sacrificio *m.* **Op|fer|gang** m. *(-[e]s,-gänge)* **1** sacrificio *m.*, olocausto *m.* **2** LIT. processione *f.* delle offerte all'altare. **Op|fer|geist** m. *(-[e]s)* spirito *m.* di sacrificio. **Op|fer|geld** n. *(-[e]s)* offerta *f.* di, in denaro. **Op|fer|lamm** n. *(-[e]s,-lämmer)* **1** agnello *m.* sacrificale **2** COLLOQ. FIG. *(unschuldiges Opfer)* vittima *f.* innocente. **Op|fer|mut** m. *(-[e]s)* spirito *m.* di sacrificio. **op|fern I** tr. **1** sacrificare, immolare: ***ein Lamm auf dem Altar ~*** immolare un agnello sull'altare **2** FIG. *(hingeben)* sacrificare, offrire: ***sein Leben, seine Freizeit (für etw.) ~*** sacrificare la propria vita, il proprio tempo libero (per qcs.); COLLOQ. ***Geld für etw. ~*** tirar fuori soldi per qcs. **II** rifl. **sich ~** sacrificarsi; LETT. immolarsi: ***sich einem, für ein Ideal, für die Familie ~*** sacrificarsi per un ideale, per la famiglia. **Op|fer|pfen|nig** m. *(-[e]s,-e)* offerta *f.* (di denaro in chiesa). **Op|fer|scha|le** f. *(-,-n)* patera *f.* **Op|fer|sinn** m. *(-[e]s)* spirito *m.* di sacrificio. **Op|fer|stein** m. *(-[e]s,-e)* ara *f.* sacrificale. **Op|fer|stock** m. *(-[e]s,-stöcke)* cassetta *f.* delle elemosine, ceppo *m.* **Op|fer|tier** n. *(-[e]s,-e)* animale *m.* destinato al sacrificio, vittima *f.* sacrificale. **Op|fer|tod** m. *(-[e]s)* sacrificio *m.* della vita: ***den ~ sterben*** sacrificare la propria vita. **Op|fe|rung** f. *(-,-en)* **1** sacrificio *m.*, immolazione *f.* **2** LIT. offertorio *m.*

Op|fer|wil|le f. *(-)* abnegazione *f.;* spirito *m.* di sacrificio, di abnegazione **op|fer|wil|lig** agg. → **opferbereit. Op|fer|wil|lig|keit** f. *(-)* desiderio *m.*, spirito *m.* di abnegazione.

O|phe|lia n.pr.f. Ofelia *f.*

O|phit m. *(-[e]s,-e)* ofite *f.*

Oph|thal|mi|at|rie, Oph|thal|mi|at|rik f. *(-)* oftalmoiatria *f.*, oftalmologia *f.* **Oph|thal|mo|lo|ge** m. *(-n,-n)* oftalmologo *m.* **Oph|thal|mo|lo|gie** f. *(-)* oftalmologia *f.*, oculistica *f.* **Oph|thal|mo|skop** n. *(-s,-s)* oftalmoscopio *m.*

O|pi|at n. *(-[e]s,-e)* oppiato *m.* **O|pi|um** n. *(-s)* oppio *m.*: ***mit ~ vermischt*** oppiato. **O|pi|um|ge|setz** n. *(-[e]s,-e)* legge *f.* sui narcotici. **O|pi|um|han|del** m. *(-s,-)* traffico *m.* d'oppio. **O|pi|um|höh|le** f. *(-,-n)* fumeria *f.* d'oppio. **O|pi|um|krieg** m. *(-[e]s)* STOR. guerra *f.* dell'oppio. **O|pi|um|pfei|fe** f. *(-,-n)* pipa *f.* da oppio. **O|pi|um|rau|cher** m. *(-s,-)* fumatore *m.* d'oppio. **O|pi|um|schmugg|ler** m. *(-s,-)* trafficante *m.* d'oppio. **O|pi|um|sucht** f. *(-)* oppiomania *f.* **o|pi|um|süch|tig** agg. oppiomane.

O|pos|sum I m. *(-s,-s)* opossum *m.* **II** m. e n. *(-s,-s)* pelliccia *f.* di opossum, opossum *m.*

Op|po|nent m. *(-en,-en)* oppositore *m.*: ***ein uneinsichtiger ~*** un oppositore ostinato. **op|po|nie|ren** intr. (aus. *haben*) opporsi, contrapporsi; fare opposizione: ***gegen jdn, eine Sache ~*** opporsi a qcn. a una cosa; ***sie wollen nur ~*** vogliono solo fare opposizione. **op|po|niert** p.pass. agg. **1** → **opponieren 2** opposto (anche BOT. MED.).

op|por|tun agg. opportuno; *(angebracht)* adatto, adeguato: ***eine (nicht) -e Bemerkung*** un'osservazione (non) opportuna. **Op|por|tu|nis|mus** m. *(-)* opportunismo *m.*: ***aus ~*** per opportunismo. **Op|por|tu|nist** m. *(-en,-en)* opportunista *m.* **op|por|tu|nis|tisch** agg. opportunistico. **Op|por|tu|ni|tät** f. *(-,-en)* opportunità *f.*

Op|po|si|ti|on f. *(-,-en)* **1** opposizione *f.*: ***~ machen, (be)treiben, in ~ treten*** fare opposizione; ***eine starke, offene ~*** una forte, aperta opposizione; POL. ***in die ~ gehen, sich der ~ anschließen*** andare all'opposizione; ***(zu etw.) in ~ stehen*** essere, stare all'opposizione (rispetto a qcs.); ***aus den Reihen der ~*** dalle file dell'opposizione; ***die Abgeordneten der ~*** i deputati dell'opposizione **2** ASTR. MED. LING. opposizione *f.* ◆ ***aus ~ gegen etw.*** per reazione a qcs.; ***aus bloßer ~*** per puro spirito di contraddizione. **op|po|si|ti|o|nell I** agg. di, d'opposizione **II** avv. in opposizione. **Op|po|si|ti|o|nel|le** m. *(-n,-n)* oppositore *m.*; POL. esponente *m.*, membro *m.* dell'opposizione. **Op|po|si|ti|ons|füh|rer** m. *(-s,-)* capo *m.* dell'opposizione. **Op|po|si|ti|ons|geist** m. *(-[e]s)* spirito *m.* di contraddizione. **Op|po|si|ti|ons|par|tei** f. *(-,-en)* partito *m.* d'opposizione. **Op|po|si|ti|ons|wort** n. *(-[e]s,-wörter)* LING. opposto *m.* **op|po|si|tiv** agg. LING. opposto.

Op|pres|si|on f. *(-,-en)* **1** MED. oppressione *f.* **2** ANT. *(Unterdrückung)* oppressione *f.*

OP-Saal m. *(-[e]s,-säle)* accorc. → **Operationssaal. OP-Schwes|ter** f. *(-,-n)* accorc. → **Operationsschwester.**

Op|tant m. *(-en,-en)* optante *m.*, chi opta.

Op|ta|tiv m. *(-s,-e)* ottativo *m.*, modo *m.* ottativo.

op|tie|ren intr. (aus. *haben*) DIR. optare: ***für jdn ~*** optare per qcn.

Op|tik f. *(-,-en)* **1a** FIS. ottica *f.* **b** FIG. *(Sehweise)* ottica *f.*, punto *m.* di vista: ***aus meiner ~*** dal mio punto di vista **2** GERG. *(Objektiv)* ottica *f.* **3a** *(optischer Eindruck)* effetto *m.* ottico **b** FIG. *(äußeres Erscheinungsbild)* immagine *f.* **Op|ti|ker** m. *(-s,-)* ottico *m.*

op|ti|mal I agg. ottimale: ***eine -e Nutzung*** un uso ottimale **II** avv. in modo ottimale.

Op|ti|mat m. *(-en,-en)* ottimate *m.*

op|ti|mie|ren tr. ottimizzare. **Op|ti|mie|rung** f. *(-)* ottimizzazione *f.* **Op|ti|mis|mus** m. *(-)* ottimismo *m.*: ***übertriebener, gedämpfter ~*** esagerato, moderato ottimismo; ***voller ~ sein*** essere ottimista. **Op|ti|mist** m. *(-en,-en)* ottimista *m.*: ***ein unverbesserlicher ~*** un incorreggibile ottimista. **op|ti|mis|tisch I** agg. ottimistico, ottimista **II** avv. in modo ottimista: ***~ gestimmt sein*** vedere le cose in modo ottimista. **Op|ti|mum** n. *(-s, Optima)* optimum *m.*

Op|ti|on f. *(-,-en)* DIR. COMM. opzione *f.* **Op|ti|ons|recht** n. *(-[e]s,-e)* diritto *m.* di opzione.

op|tisch agg. ottico (anche FIS.): ***-e Instrumente*** strumenti ottici; ***-er Eindruck*** effetto ottico; ***-e Täuschung*** illusione ottica; ***-e Signale*** segnali ottici, visivi ◆ ***~ größer, kleiner wirken*** sembrare, apparire più grande, più piccolo; ***-e Meldetafel*** pannello luminoso; ***-e Erscheinung*** fenomeno ottico. **Op|to|elek|tro|nik** f. *(-)* optoelettronica *f.* **Op|to|me|ter** n. *(-s,-)* optometro *m.* **Op|to|met|rie** f. *(-)* optometria *f.* **Opt|ro|nik** f. *(-)* accorc. → **Optoelektronik.**

o|pu|lent I agg. **1** *(üppig)* opulento, lauto, abbondante **2** ANT. *(mit großem Aufwand gestaltet)* dovizioso, ricco, fastoso **II** avv. **1** con abbondanza, opulenza **2** *(reichlich)* riccamente, fastosamente. **O|pu|lenz** f. *(-)* **1** *(Üppigkeit)* opulenza *f.*, abbondanza *f.* **2** ANT. *(Überschuss)* dovizia *f.*, ricchezza *f.*

O|pun|tie f. *(-,-n)* opunzia *f.*, fico *m.* d'India.

O|pus n. *(-, Opera)* **1a** opera *f.*: ***das neuste ~ des Autors*** l'opera più recente dell'autore **b** *(Gesamtwerk)* opera *f.* (completa) **2** *(musikalisches Werk)* opera *f.*: ***Beethovens Klaviersonate ~ 111*** la sonata opera 111 di Beethoven; *(in einem Verzeichnis)* opus *m.*

O|ra|kel n. *(-s,-)* **1** oracolo *m.*: ***das ~ von, zu Delphi*** l'oracolo di Delfi; ***das ~ befragen*** interrogare, consultare l' oracolo; ***ein ~ deuten, auslegen*** interpretare un oracolo **2** FIG. oracolo *m.*, sentenza *f.* sibillina ◆ ***wie ein ~ sprechen, reden*** parlare come un oracolo. **o|ra|kel|haft** agg. **1** di, da oracolo, oracolare **2** *(rätselhaft)* sibillino. **o|ra|keln** intr. (aus. *haben*) pronunciare oracoli, pronosticare, oracoleggiare. **O|ra|kel|spruch** m. *(-[e]s,-sprüche)* oracolo *m.* **O|ra|kel|stät|te** f. *(-,-n)* sede *f.* di un oracolo.

o|ral I agg. orale (anche MED. LING.): ***nasale und -e Laute*** suoni nasali e orali; PSIC. ***-e Phase*** fase orale; ***-e Tradition*** tradizione orale **II** avv. oralmente; MED. per via orale ◆ ***-e Antibiotika*** antibiotici per via orale. **O|ral|ero|tik** f. *(-)* PSIC. erotismo *m.* (della fase) orale. **O|ral|ver|kehr** m. *(-[e]s)* rapporto *m.* orale.

o|ran|ge [o'rɑ̃:ʒ(ə), o'raŋʒ(ə)] agg.inv. (di colore) arancione, arancio: ***ein ~ Kleid,*** COLLOQ. ***ein orangenes Kleid*** un vestito arancione.

1.O|ran|ge n. *(-,-)* arancione *m.*, colore *m.* arancione.

2.O|ran|ge [o'rɑ̃:ʒə, o'raŋʒə] f. *(-,-n)* arancia *f.* **O|ran|gea|de** [orɑ̃'ʒa:də, oraŋ'ʒa:də] f. *(-,-n)* aranciata *f.* **O|ran|geat** [-'ʒa:t] n. *(-s,-e)* scorza *f.* d'arancia candita. **o|ran|ge|far|ben, o|ran|ge|far|big** agg. → **orange. o|ran|ge|gelb** agg. giallo aranciato. **O|ran|gen|baum** m. *(-[e]s,-bäume)* arancio *m.* **O|ran|gen|blü|te** f. *(-,-n)* zagara *f.* **O|ran|gen|hain** m. *(-[e]s,-e)* aranceto *m.* **O|ran|gen|haut** f. *(-)* MED. pelle *f.* a buccia d'arancia. **O|ran|gen|mar|me|la|de** f. *(-,-n)* marmellata *f.* d'arancia. **O|ran|gen|öl** n. *(-[e]s,-e)* essenza *f.* d'arancia. **O|ran|gen|saft** m. *(-[e]s,-säfte)* succo *m.* d'arancia. **O|ran|gen|scha|le** f. *(-,-n)* scorza *f.* *(o* buccia *f.)* d'arancia. **O|ran|ge|rie** [orɑ̃ʒə'ri:, oraŋʒə'ri:] f. *(-,-n)* aranc(i)era *f.* **o|ran|ge|rot** agg. rosso aranciato.

O|rang-U|tan m. *(-s,-s)* orango *m.*, orangutan *m.*

O|ra|ni|en n.pr.n. *(-s)* STOR. ***das Haus ~*** la casa d'Orange. **O|ra|ni|er** m. *(-s,-)* Orange *m.*

O|ra|ti|on f. *(-,-en)* orazione *f.* **O|ra|to|ri|a|ner** m. *(-s,-)* oratoriano *m.*, filippino *m.* **o|ra|to|risch** agg. **1** oratorio: ***eine große -e Gabe*** possedere un grande talento oratorio **2** MUS. oratoriale. **O|ra|to|ri|um** n. *(-s, Oratorien)* MUS. REL. oratorio *m.*

Or|bis m. *(-)* orbe *m.*, cerchio *m.* **Or|bit** m. *(-s,-)* orbita *f.* **Or|bi|ta** f. *(-,-e)* MED. orbita *f.* **or|bi|tal** agg. orbitale (anche MED.). **Or|bi|tal|bahn** f. *(-,-en)* → **Orbit. Or|bi|tal|sta|ti|on** f. *(-,-en)* stazione *f.* spaziale.

Or|ches|ter [ɔr'kɛstɐ, AUSTR. ɔr'çɛstɐ] n. *(-s,-)* **1** orchestra *f.*: ***kleines, großes ~*** piccola, grande orchestra; ***ein ~ dirigieren, leiten*** dirigere un'orchestra **2** → **Orchestergraben. Or|ches|ter|be|**

glei|tung f. *(-,-en)* accompagnamento *m.* orchestrale. **Or|ches|ter|gra|ben** m. *(-s,-gräben)* fossa *f.* dell'orchestra. **Or|ches|ter|lei|ter** m. *(-s,-)* direttore *m.* d'orchestra. **Or|ches|ter|mu|si|ker** m. *(-s,-)* orchestrale *m.*, professore *m.* d'orchestra. **Or|ches|ter|pro|be** f. *(-,-n)* prova *f.* d'orchestra. **Or|ches|ter|raum** m. *(-[e]s,-räume)* fossa *f.* dell'orchestra. **Or|chest|ra** [ɔrˈċɛstra] f. *(-, Orchestren)* TEATR. orchestra *f.* **or|chest|ral** [orkɛ-, e orçɛ-] agg. orchestrale. **Or|chest|ra|ti|on** f. *(-,-en)* MUS. orchestrazione *f.* **or|chest|rie|ren** tr. MUS. orchestrare. **Or|chest|rie|rung** f. *(-,-en)* orchestrazione *f.*

Or|chi|dee f. *(-,-n)* orchidea *f.* **Or|chi|de|en|art** f. *(-,-en)* varietà *f.* di orchidea.

Or|chi|tis f. *(-, Orchitiden)* orchite *f.*

Or|den m. *(-s,-)* **1** ordine *m.*: ***einen ~ gründen, stiften*** fondare, istituire un ordine; ***einem ~ beitreten, in einen ~ eintreten*** entrare in un ordine; ***der Deutsche ~*** l'ordine teutonico; ***der ~ der Benediktiner*** l'ordine dei benedettini **2** *(Ehrenzeichen)* onorificenza *f.*, decorazione *f.*: ***jdm einen ~ verleihen*** conferire un'onorificenza a qcn.: ***jdm einen ~ an die Brust heften*** appuntare una decorazione al petto di qcn.; ***mit einem ~ ausgezeichnet werden*** essere insignito di un'onorificenza **or|den|ge|schmückt** agg. decorato.

Or|dens|band n. *(-[e]s,-bänder)* **1** nastro *m.* di una, dell'onorificenza **2** ENTOM. catocala *f.* **Or|dens|bru|der** m. *(-s,-brüder)* **1** frate *m.*, monaco *m.* **2** *(Mitbruder)* confratello *m.* **Or|dens|burg** f. *(-,-en)* STOR. castello *m.* di un, dell'ordine. **Or|dens|geist|li|che** m. *(-n,-n)* chierico *m.* regolare. **Or|dens|geist|lich|keit** f. *(-)* clero *m.* regolare. **Or|dens|ge|lüb|de** n. *(-s,-)* voto *m.* religioso, monastico. **Or|dens|ka|pi|tel** n. *(-s,-)* capitolo *m.* conventuale, dell' (*o* di un) ordine. **Or|dens|kleid** n. *(-[e]s,-er)* → **Ordenstracht. Or|dens|mann** m. *(-[e]s,-männer* e *Ordensleute)* membro *m.* di un, dell'ordine. **Or|dens|meis|ter** m. *(-s,-)* maestro *m.* di un, dell'ordine. **Or|dens|re|gel** f. *(-,-n)* regola *f.* di un, dell'ordine. **Or|dens|rit|ter** m. *(-s,-)* cavaliere *m.* di un, dell'ordine. **Or|dens|schwes|ter** f. *(-,-n)* suora *f.*, monaca *f.* **Or|dens|span|ge** f. *(-,-n)* nastrino *m.* **Or|dens|stern** m. *(-[e]s,-e)* **1** stella *f.* **2** BOT. stapelia *f.* **Or|dens|tracht** f. *(-,-en)* abito *m.* dell'ordine. **Or|dens|ver|lei|hung** f. *(-)* conferimento *m.* di un, dell'ordine.

or|dent|lich I agg. **1** ordinato: ***eine -e Person*** una persona ordinata; ***ein -es Zimmer*** una stanza ordinata (*o* in ordine); ***ein -es Leben führen*** condurre una vita ordinata (*o* regolata) **2** *(anständig)* ammodo, perbene: ***-e Leute*** gente per bene **3a** *(regelrecht)* regolare: ***ein -er Vertrag*** un contratto regolare; ***ein -es Mitglied der Akademie*** un membro ordinario dell'Accademia **b** *(gewöhnlich)* ordinario; ***-es Gesetz*** legge ordinaria; ***-er Rechtsweg*** vie legali ordinarie **4** ordinario, titolare: ***-er Professor*** professore ordinario **5** COLLOQ. *(richtig)* vero, come si deve: ***ohne alkoholische Getränke ist es keine -e Party*** senza alcolici non è un vero party **6** COLLOQ. *(gehörig)* bello, buono: ***ein -er Schluck*** una bella sorsata: ***eine -e Tracht Prügel*** una buona dose di bastonate **7** COLLOQ. *(gut)* buono, come si deve: ***ein -er Wein*** un buon vino; ***er ist ein ganz -er Handwerker*** è un buon artigiano **II** avv. **1** ordinatamente, con ordine: ***sich in zwei Reihen ~ aufstellen*** disporsi ordinatamente su due file; ***~ leben*** vivere ordinatamente, in modo regolato **2** *(anständig)* decentemente: ***~ gekleidet sein*** essere vestito decentemente **3** COLLOQ. *(wirklich)* davvero, veramente: ***ich war ~ erstaunt*** ero veramente stupito; ***es ist ~ kalt*** fa veramente freddo; ***jdm ~ die Meinung sagen*** dire veramente quello che si pensa a qcn. **4** COLLOQ. (per) bene, come si deve, a dovere: ***die Wäsche muss ~ gebügelt werden*** il bucato va stirato per bene; ***sich ~ verhalten*** comportarsi come si deve; ***seine Arbeit ganz ~ machen*** fare decentemente il proprio lavoro **5** COLLOQ. un bel po': ***daran hat er ~ verdient*** ci ha guadagnato un bel po'. **or|dent|li|cher|wei|se** avv. ordinatamente, regolarmente, secondo le regole. **Or|dent|lich|keit** f. *(-)* **1** *(Ordnung)* ordine *m.* **2** *(Anständigkeit)* costumatezza *f.*, decenza *f.* **3** *(Sorgfalt)* accuratezza *f.* **4** *(Planmäßigkeit)* regolarità *f.*

Or|der f. *(-,-s* e *-n)* **1** ordine *m.*: ***~ haben, geben*** avere, dare ordine; ***eine ~ erteilen*** trasmettere un ordine; ***bis auf weitere ~*** fino a nuovo ordine **2** COMM. *(Bestellung)* ordine *m.*, ordinazione *f.*: ***eine ~ machen*** fare un ordine; ***auf jds ~*** all'ordine di qcn.; ***an eigene ~*** all'ordine proprio; ***zahlbar an ~ von*** pagabile all'ordine di. **Or|der|buch** n. *(-[e]s,-bücher)* registro *m.* degli ordini, delle ordinazioni. **Or|der|ein|gang** m. *(-[e]s,-eingänge)* arrivo *m.* di ordini, di ordinazioni. **Or|der|klau|sel** f. *(-,-n)* clausola *f.* all'ordine. **or|dern** tr. COMM. **1** ordinare: ***Waren ~*** ordinare delle merci **2** assol. fare un, l'ordine: ***~ Sie jetzt!*** faccia subito l'ordine! **Or|der|pa|pier** n. *(-s,-e)* titolo *m.*, effetto *m.* all'ordine. **Or|der|scheck** m. *(-s,-s)* assegno *m.* all'ordine.

Or|di|na|le n. *(-[s], Ordinalia)*, **Or|di|nal|zahl** f. *(-,-en)* numero *m.* ordinale.

or|di|när I agg. **1a** SPREG. ordinario, grossolano: ***ein -er Geschmack*** un gusto ordinario **b** rozzo, grossolano: ***ein -er Mensch*** una persona rozza; ***-e Witze*** battute grossolane **2** *(gewöhnlich)* ordinario, comune **II** avv. **1** SPREG. rozzamente, in modo grossolano: ***sich ~ benehmen*** comportarsi rozzamente **2** *(gewöhnlich)* ordinariamente, comunemente ◆ ***~ lachen*** ridere in modo sguaiato.

Or|di|na|ri|at n. *(-[e]s,-e)* ordinariato *m.*

Or|di|na|ri|um n. *(-s, Ordinarien)* **1** *(Haushalt)* bilancio *m.* ordinario **2** LIT. ordinario *m.* **Or|di|na|ri|us** m. *(-, Ordinarien)* RELIG. UNIV. ordinario *m.*

Or|di|när|preis m. *(-es,-e)* EDIT. prezzo *m.* di copertina.

Or|di|na|te f. *(-,-n)* MAT. ordinata *f.* **Or|di|na|ten|ach|se** f. *(-)* asse *m.* delle ordinate.

Or|di|na|ti|on f. *(-,-en)* **1a** ECCL. ordinazione *f.* **b** insediamento *m.* (di un pastore evangelico) **2** MED. *(Verordnung)* prescrizione *f.* **3a** ANT. *(ärztliche Sprechstunde)* orario *m.* di visite (*o* di ambulatorio) **b** AUSTR. *(Arztpraxis)* ambulatorio *m.* **Or|di|na|ti|ons|hil|fe** f. *(-,-n)* AUSTR. assistente *m.* di studio medico.

or|di|nie|ren I tr. **1a** ECCL. ***jdn ~*** ordinare qcn. **b** ***einen Pfarrer ~*** insediare un pastore (evangelico) **2** MED. *(verordnen)* prescrivere **II** intr. (aus. *haben*) MED. ricevere, visitare in ambulatorio.

ord|nen I tr. **1a** ordinare, mettere in ordine: ***etw. alphabetisch ~*** ordinare qcs. alfabeticamente; ***etw. nach der Größe ~*** ordinare qcs. secondo la grandezza (*o* mettere qcs. in ordine di grandezza) **b** *(wieder Ordnung schaffen)* ***sein Zimmer ~*** riordinare la propria camera; ***seine Gedanken ~*** riordinare le idee **c** MAT. ordinare **2** disporre, sistemare: ***Blumen zu einem Strauß ~*** disporre i fiori in un mazzo; ***etw. in die Schachteln ~*** disporre qcs. nelle scatole **3** *(Haar)* ravviare, sistemare **4** *(regeln)* ***jds Angelegenheiten ~*** sistemare le faccende di qcn. **II** rifl. **sich ~ 1** ordinarsi, disporsi: ***sich zu einer Reihe ~*** disporsi su una fila **2** *(Haar)* sistemarsi, ravviarsi. **Ord|nen** n. *(-s)* **1** l'ordinare, (ri)ordinamento *m.* **2** *(Anordnung)* disposizione *f.*, sistemazione *f.* **ord|nend** p.pres. agg. **1** → **ordnen 2** (ri)ordinatore: ***ein -es Prinzip*** un principio ordinatore; ***der -e Verstand*** la ragione ordinatrice. **Ord|ner** m. *(-s,-)* **1** membro *m.* del servizio d'ordine: ***die ~ mussten einschreiten*** il servizio d'ordine dovette intervenire **2** *(Hefter)* raccoglitore *m.*, dossier *m.*, classificatore *m.*: ***einen ~ anlegen*** fare un dossier.

Ord|nung f. *(-)* **1a** *(Ordentlichkeit)* ordine *m.*: ***eine mustergültige ~*** un ordine esemplare; IRON. ***hier herrscht ja eine schöne ~!*** c'è un bell'ordine qui! ***etw. in ~ bringen*** mettere in ordine (*o* sistemare) qcs.; ***in etw. ~ machen (schaffen), halten*** fare, tenere ordine in qcs.; ***auf ~ achten, halten*** badare, tenere all'ordine **b** *(Anordnung)* ***etw. in alphabetische, chronologische ~ bringen*** mettere qcs. in ordine alfabetico, cronologico **c** *(Gesetz)* ***die kosmische, natürliche ~*** l'ordine cosmico, della natura **d** *(Klasse)* ***zweiter, dritter ~*** di second'ordine, di terz'ordine **2** *(Ruhe)* ordine *m.*, quiete *f.*: ***die öffentliche ~ stören, aufrechterhalten*** turbare, mantenere l'ordine pubblico **3** ordine *m.*, disciplina *f.*: ***die ~ wiederherstellen*** ristabilire l'ordine; ***eine strenge ~ einführen*** introdurre una disciplina severa **4a** *(Regelung)* ordinamento *m.*: ***verfassungsmäßige, soziale ~*** ordinamento costituzionale, sociale **b** *(Regel)* norma *f.*, regola *f.*: ***sich an die ~ des Schullebens gewöhnen*** abituarsi alle regole della vita scolastica **5** MIL. *(Formation)* ordine *m.*, formazione *f.* **6** MAT. ARCH. ordine *m.* **7** ZOOL. BOT. (pl. *-en*) ordine *m.*: ***die ~ der Fleischfresser*** l'ordine dei carnivori **8** RAR. → **Ordnen** ◆ ***jdn zur ~ anhalten*** abituare (*o* educare) qcn. all'ordine; ***etw. in beliebige ~ bringen*** ordinare qcs. a piacere; ***bestehende ~*** ordine costituito; COLLOQ. ***in bester ~*** in perfetto ordine; COLLOQ. ***jdn in ~ bringen*** rimettere a posto, guarire qcn.; ***etw. aus der ~ bringen*** disordinare, mettere fuori posto qcs.; FIG. ***ein Erfolg erster ~*** un clamoroso successo; ***jdn zur ~ erziehen*** educare qcn. all'ordine, a essere ordinato; ***etw. ganz in ~ finden*** trovare giusto qcs.; COLLOQ. ***in ~ gehen*** essere a posto; ***seine ~ haben*** condurre una vita regolata; ***alles muss seine ~ haben*** tutto deve seguire un suo ordine; COLLOQ. ***~ ist das halbe Leben*** l'ordine facilita la vita; ***der ~ halber*** per regolarità, per la (buona) regola; ***streng auf ~ halten*** tenere (*o* far osservare) rigorosamente la disciplina; ***in ~*** d'accordo (*o* va bene); COLLOQ. ***in ~ kommen*** andare, tornare a posto; ***~ muss sein*** l'ordine è necessario; DIR. ***Gericht niederer ~*** tribunale di bassa istanza; ***jdn zur ~ rufen*** richiamare qcn. all'ordine; COLLOQ. ***in schönster ~*** → ***in bester ~***; COLLOQ. ***in ~ sein*** essere in regola, a posto, andare bene; ***da ist etwas nicht in ~*** c'è qualcosa che non va; ***der neue Lehrer ist in ~*** il nuovo professore è okay; *(funktionsfähig sein)* ***die Waschmaschine ist in ~*** la lavatrice è a posto; *(gesund sein)* stare bene; ***das Fleisch ist noch in ~*** la carne è ancora commestibile; ***sittliche ~*** usanze, costumi; ***nach der ~ verfah-***

ren procedere secondo le regole; ***Verstoß gegen die ~*** mancanza disciplinare; ***gegen die ~ verstoßen*** trasgredire la, contravvenire alla regola. **Ord|nungs|dienst** m. *(-[e]s,-e)* servizio *m.* d'ordine: ***den ~ versehen, besorgen*** esercitare il, occuparsi del servizio d'ordine. **ord|nungs|ge|mäß I** agg. regolare, regolamentare **II** avv. regolarmente, secondo le regole. **ord|nungs|hal|ber** avv. per regolarità, per la (buona) regola. **Ord|nungs|hü|ter** m. *(-s,-)* tutore *m.* dell'ordine. **Ord|nungs|lie|be** f. *(-)* amore *m.* dell'ordine, per l'ordine. **ord|nungs|lie|bend** agg. amante dell'ordine. **Ord|nungs|maß|nah|me** f. *(-,-n)* misura *f.* (*o* provvedimento *m.*) disciplinare. **ord|nungs|mä|ßig I** agg. ordinato, regolare **II** avv. ordinatamente, in modo regolare. **Ord|nungs|po|li|zei** f. *(-)* forze *f.pl.* di polizia, Pubblica Sicurezza *f.* **Ord|nungs|prin|zip** n. *(-s,-ien)* principio *m.* ordinatore. **Ord|nungs|ruf** m. *(-[e]s,-e)* richiamo *m.* all'ordine. **Ord|nungs|sinn** m. *(-[e]s)* senso *m.* dell'ordine. **Ord|nungs|stra|fe** f. *(-,-n)* sanzione *f.* amministrativa, ammenda *f.* **ord|nungs|wid|rig** agg. contrario, non conforme all'ordinamento, irregolare. **Ord|nungs|wid|rig|keit** f. *(-)* infrazione *f.* (*o* contravvenzione *f.*) al regolamento, irregolarità *f.* **Ord|nungs|zahl** f. *(-,-en)* **1** *(Ordinalzahl)* numero *m.* ordinale **2** *(in Register, Kartei)* numero *m.* d'ordine, numero *m.* progressivo.

Or|do m. *(-, Ordines)* **1** STOR. *(Stand)* ordine *m.* **2** BOT. ZOOL. ordine *m.* **3** RELIG. *(Ordination)* ordinazione *f.*

Or|don|nanz f. *(-,-en)* **1** (soldato *m.* di) ordinanza *f.* **2** ANT. *(Befehl)* ordinanza *f.* **Or|don|nanz|of|fi|zier** m. *(-s,-e)* ufficiale *m.* di ordinanza.

Ord|re ['ɔrdɐ] f. *(-,-s)* → **Order.**

O|re|ga|no → **Origano.**

ORF ⇒ *Österreichischer Rundfunk* radio austriaca.

Or|gan n. *(-s,-e)* **1** organo *m.*: ***die inneren -e*** gli organi interni; ***-e verpflanzen, spenden*** trapiantare, donare organi **2** COLLOQ. *(Stimme)* (timbro *m.* di) voce *f.*: ***ein lautes ~ haben*** avere una voce forte **3** *(offizielle Zeitung)* organo *m.*: ***das ~ der Opposition*** l'organo dell'opposizione **4** BUROCR. POL. organo *m.*, organismo *m.*: ***das leitende, ausführende (vollziehende), Recht sprechende, gesetzgebende ~*** l'organo direttivo, esecutivo, giurisdizionale, legislativo **5** COLLOQ. disposizione *f.*, capacità *f.* di comprensione: ***kein ~ für etw. haben*** non avere alcuna disposizione per qcs.

or|ga|nal agg. organale, di organo; *(orgelartig)* simile a un organo.

Or|gan|bank f. *(-,-en)* banca *f.* degli organi.

Or|gan|din m. *(-s)* AUSTR. → **Organdy. Or|gan|dy** m. *(-s)* organza *f.*, organdi(s) *m.*

Or|gan|emp|fän|ger m. *(-s,-)* chi è sottoposto a un trapianto; *(nach dem Eingriff)* trapiantato *m.*: ***der ~ war ein Kind*** l'organo è stato trapiantato su un bambino. **Or|gan|ent|nah|me** f. *(-,-n)* prelievo *m.* di un, dell'organo.

Or|ga|ni|gramm n. *(-s,-e)* organigramma *m.* **Or|ga|ni|ker** m. *(-s,-)* chimico *m.* organico. **Or|ga|ni|sa|ti|on** f. *(-,-en)* organizzazione *f.*: ***eine Frage der ~*** una questione di organizzazione; *(Struktur)* ***die staatliche ~*** l'organizzazione statale; *(Gruppe)* ***eine politische, internationale ~ gründen, leiten*** fondare, dirigere un'organizzazione politica, internazionale; ***einer ~ angehören*** appartenere a un'organizzazione; ***die ~ klappte gut*** l'organizzazione funzionava bene; ***sich in einer ~ zusammenschließen*** unirsi in un'organizzazione; BIOL. *(von Körpergeweben)* organizzazione *f.* ◆ ***~ für die Afrikanische Einheit*** Organizzazione per l'Unità Africana; ***~ Erdöl exportierender Länder*** Organizzazione dei paesi esportatori di petrolio; ***~ für Ernährung und Landwirtschaft*** Organizzazione per l'Alimentazione e l'Agricoltura; ***~ der Vereinten Nationen*** Organizzazione delle Nazioni Unite; ***~ für europäische wirtschaftliche Zusammenarbeit*** Organizzazione di Cooperazione economica europea; ***~ für wirtschaftliche Zusammenarbeit und Entwicklung*** Organizzazione di Cooperazione economica e di Sviluppo. **Or|ga|ni|sa|ti|ons|bü|ro** n. *(-s,-s)* ufficio *m.* dell'organizzazione, organizzativo. **Or|ga|ni|sa|ti|ons|feh|ler** m. *(-s,-)* difetto *m.* d'organizzazione, errore *m.* organizzativo. **Or|ga|ni|sa|ti|ons|ga|be** f. *(-)* spirito *m.* organizzatore. **Or|ga|ni|sa|ti|ons|plan** m. *(-[e]s,-pläne)* → **Organigramm. Or|ga|ni|sa|ti|ons|ta|lent** n. *(-[e]s,-e)* talento *m.* organizzatore.

Or|ga|ni|sa|tor m. *(-s,-en)* organizzatore *m.* **or|ga|ni|sa|to|risch** agg. organizzatore, organizzativo.

or|ga|nisch I agg. organico: ***-e Substanzen*** sostanze organiche; ***die -e Chemie*** la chimica organica; ***-e Verbindung*** composto organico; *(den Organismus betreffend)* ***ein -es Leiden*** una malattia organica; *(naturgemäß)* ***ein -er Prozess*** un processo organico **II** avv. **1** organicamente, in modo organico: ***etw. entwickelt sich ~*** qcs. si sviluppa organicamente **2** *(den Organismus betreffend)* ***~ gesund, krank sein*** avere un organismo sano, malato.

or|ga|ni|sie|ren I tr. **1** organizzare: ***eine Ausstellung, eine Demonstration, die Flucht ~*** organizzare una mostra, una dimostrazione, la fuga; *(strukturieren)* ***die Verwaltung neu ~*** riorganizzare l'amministrazione; *(zusammenschließen)* ***die Bauern in Genossenschaften ~*** organizzare i contadini in cooperative **2** COLLOQ. *(beschaffen)* procurare: ***etw., sich (D) etw. ~*** procurare, procurarsi qcs. **II** rifl. **sich ~** organizzarsi: ***sich in Gewerkschaften, gewerkschaftlich ~*** organizzarsi in sindacati; ***sich zu etw. ~*** organizzarsi per qcs. **or|ga|ni|siert** p.pass. agg. → **organisieren** ◆ ***die gewerkschaftlich -en Arbeiter*** i lavoratori organizzati in un sindacato, iscritti a un sindacato; ***-e Reisen*** viaggi organizzati; ***das -e Verbrechen*** la criminalità organizzata. **Or|ga|ni|sie|rung** f. *(-,-en)* organizzazione *f.*

or|ga|nis|misch agg. organico, dell'organismo. **Or|ga|nis|mus** m. *(-, Organismen)* organismo *m.*: ***der menschliche, tierische, pflanzliche ~*** l'organismo umano, animale, vegetale; ***ein politischer ~*** un organismo politico.

Or|ga|nist m. *(-en,-en)* organista *m.*

Or|gan|kon|ser|ve f. *(-,-n)* MED. organo *m.* conservato. **Or|gan|kon|ser|vie|rung** f. *(-,-en)* MED. conservazione *f.* di un organo. **or|ga|no|gen** agg. organogenico. **Or|ga|no|gramm** n. *(-s,-e)* organogramma *m.* **Or|ga|no|gra|phie** f. *(-,-n)* organografia *f.* **Or|ga|no|lo|gie** f. *(-)* organologia *f.*

Or|gan|spen|de f. *(-,-n)* donazione *f.* di organi. **Or|gan|spen|der** m. *(-s,-)* donatore *m.* di organi. **Or|gan|trans|plan|ta|ti|on, Or|gan|über|tra|gung, Or|gan|ver|pflan|zung** f. *(-,-en)* trapianto *m.* di organi.

Or|gan|za m. *(-s)* organza *f.*

Or|gas|mus m. *(-, Orgasmen)* orgasmo *m.*: ***einen ~ haben, bekommen*** avere un orgasmo; ***zum ~ kommen*** arrivare all'orgasmo. **or|gas|tisch** agg. orgasmico.

Or|gel f. *(-,-n)* organo *m.*: ***eine elektrische ~*** un organo elettrico; ***die, auf der ~ spielen*** suonare l'organo. **Or|gel|bau|er** m. *(-s,-)* organaro *m.* **Or|gel|kon|zert** n. *(-[e]s,-e)* concerto *m.* per organo. **Or|gel|mu|sik** f. *(-)* musica *f.* per organo (*o* organistica). **or|geln** intr. (aus. *haben*) **1** suonare l'organo **2** COLLOQ. FIG. *(von Winden)* mugghiare **3** VENAT. *(röhren)* bramire. **Or|gel|pfei|fe** f. *(-,-n)* canna *f.* d'organo, dell'organo ◆ COLLOQ. ***wie die -n dastehen*** stare allineati in ordine di altezza, come le canne dell'organo. **Or|gel|pros|pekt** m. *(-[e]s,-e)* facciata *f.* dell'organo. **Or|gel|punkt** m. *(-[e]s,-e)* bordone *m.*, pedale *m.* armonico. **Or|gel|re|gis|ter** n. *(-s,-)* registro *m.* dell'organo. **Or|gel|spie|ler** m. *(-s,-)* organista *m.* **Or|gel|werk** n. *(-[e]s,-e)* opera *f.* per organo.

Or|gi|as|mus m. *(-, Orgiasmen)* → **Orgie. or|gi|as|tisch** agg. orgiastico. **Or|gie** f. *(-,-n)* orgia *f.*: ***-n feiern*** fare le orge.

O|ri|ent, O|ri|ent m. *(-s)* oriente *m.*, Oriente *m.* ◆ ***der Vordere ~*** il Medio Oriente, il Vicino Oriente; ***der Ferne ~*** l'Estremo Oriente. **O|ri|en|ta|le** m. *(-n,-n)* orientale *m.* **O|ri|en|ta|lin** f. *(-,-nen)* orientale *f.* **o|ri|en|ta|lisch** agg. orientale, dell'Oriente. **O|ri|en|ta|list** m. *(-en,-en)* orientalista *m.* **O|ri|en|ta|lis|tik** f. *(-)* orientalistica *f.* **o|ri|en|ta|lis|tisch** agg. orientalistico.

o|ri|en|tie|ren I rifl. **sich ~ 1a** *(sich zurechtfinden)* orientarsi: ***sich an der Karte, nach den (an den) Sternen ~*** orientarsi con la carta, con le stelle; ***sich leicht ~ können*** sapersi orientare facilmente **b** FIG. *(sich nach etwas richten)* orientarsi secondo, avere come punto di riferimento: ***sich an den Wünschen der Kunden ~*** avere i desideri dei clienti come punto di riferimento **2** *(sich informieren)* ***sich über etw. ~*** informarsi, mettersi al corrente su qcs. **II** tr. **1** informare: ***jdn über etw. ~*** informare qcn. su qcs.; ***darüber bin ich nicht orientiert*** su questo non sono informato; ***ich bin vollkommen orientiert*** sono perfettamente al corrente **2** *(hinlenken)* orientare, indirizzare: ***seine Tätigkeiten auf bestimmte Aufgaben ~*** orientare le proprie capacità su determinati compiti. **o|ri|en|tiert** p.pass. agg. **1** → **orientieren 2** ***monarchistisch ~*** di tendenze monarchiche; ***politisch -e Gruppen*** gruppi politicizzati.

O|ri|en|tie|rung f. *(-,-en)* **1** orientamento *m.*: ***jede ~ verlieren*** perdere del tutto l'orientamento; ***eine gute ~ haben*** avere un buon senso dell'orientamento; FIG. ***die ~ der Öffentlichkeit über die wirtschaftlichen Probleme*** l'orientamento dell'opinione pubblica sui problemi economici **2** *(Information)* informazione *f.*: ***zur ~*** a titolo d'informazione (*o* informativo). **O|ri|en|tie|rungs|hil|fe** f. *(-,-n)* aiuto *m.* per l'orientamento. **O|ri|en|tie|rungs|lauf** m. *(-[e]s,-läufe)* SPORT orientering *m.* **o|ri|en|tie|rungs|los I** agg. disorientato **II** avv. senza orientamento. **O|ri|en|tie|rungs|lo|sig|keit** f. *(-)* disorientamento *m.* **O|ri|en|tie|rungs|punkt** m. *(-[e]s,-e)* punto *m.* d'orientamento. **O|ri|en|tie|rungs|sinn** m. *(-[e]s)* senso *m.* dell'orientamento. **O|ri|en|tie|rungs|stu|fe** f. *(-)* = biennio *m.* di orientamento dopo la scuola elementare. **O|ri|en|tie|**

rungs|ver|mö|gen n. *(-s)* capacità *f.* di orientamento. **O|ri|en|tie|rungs|zei|chen** n. *(-s,-)* segno *m.* (*o* segnale *m.*) indicatore.

O|ri|ent|kun|de f. *(-)* orientalistica *f.* **O|ri|ent|tep|pich** m. *(-s,-e)* tappeto *m.* orientale.

O|ri|ga|no m. *(-)* origano *m.* **O|ri|ga|num** n. *(-[s])* BOT. origano *m.*

o|ri|gi|nal I agg. **1** originale: ***das Dokument ist ~*** il documento è originale; *(echt)* ***~ indische Seide*** seta originale indiana; *(eigenständig, schöpferisch)* ***ein Maler mit -er Ausdrucksfähigkeit*** un pittore con un'originale capacità espressiva **2** *(ursprünglich)* originale, originario **II** avv. **1** originalmente **2** *(ursprünglich)* originariamente **3** *(direkt, live)* in diretta, live: ***etw. ~ übertragen*** trasmettere qcs. in diretta.

O|ri|gi|nal n. *(-s,-e)* originale *m.*: ***eine Kopie des -s anfertigen, herstellen*** fare una copia dell'originale; ***ein ~ aus der Antike*** un originale antico, dell'antichità; *(Modell)* ***das ~ eines Bildes*** l'originale di un quadro; COLLOQ. *(origineller Mensch)* ***ein richtiges ~ sein*** essere proprio un originale ◆ ***etw., einen Autor im ~ lesen*** leggere qcs., un autore nell'originale, in lingua originale. **O|ri|gi|nal|auf|nah|me** f. *(-,-n)* **1** registrazione *f.* originale **2** *(Foto)* foto *f.* originale. **O|ri|gi|nal|aus|ga|be** f. *(-,-n)* edizione *f.* originale. **O|ri|gi|nal|do|ku|ment** n. *(-[e]s,-e)* documento *m.* originale. **O|ri|gi|nal|fas|sung** f. *(-,-en)* versione *f.* originale. **o|ri|gi|nal|ge|treu** agg. conforme all'originale.

O|ri|gi|na|li|tät f. *(-,-en)* originalità *f.*: ***die ~ eines Dokuments untersuchen*** verificare l'originalità di un documento; ***die ~ einer Idee*** l'originalità di un'idea.

O|ri|gi|nal|spra|che f. *(-,-n)* lingua *f.* originale. **O|ri|gi|nal|text** m. *(-[e]s,-e)* testo *m.* originale, originale *m.* **O|ri|gi|nal|ton** m. *(-[e]s)* registrazione *f.* originale. **O|ri|gi|nal|treue** f. *(-)* conformità *f.* all'originale. **O|ri|gi|nal|über|tra|gung** f. *(-,-en)* trasmissione *f.* in diretta. **O|ri|gi|nal|ver|pa|ckung** f. *(-,-en)* imballaggio *m.* originale.

o|ri|gi|när agg. originale: ***ein -es Werk*** un'opera originale.

o|ri|gi|nell I agg. originale: ***eine -e Geschichte erzählen*** raccontare una storia originale; ***eine -e Bemerkung*** un'osservazione originale; COLLOQ. *(eigenartig)* ***ein -er Typ*** un tipo originale, strano **II** avv. in modo originale.

O|ri|on n.pr.m. *(-[s])* ASTR. Orione *m.* **O|ri|on|ne|bel** m. *(-s)* nebulosa *f.* di Orione.

Or|kan m. *(-[e]s,-e)* uragano *m.*: ***ein ~ brach los, tobte (wütete)*** scoppiò, infuriava un uragano; FIG. ***ein ~ des Beifalls*** un uragano di applausi. **or|kan|ar|tig** agg. simile a un uragano ◆ ***ein -er Beifall*** un applauso entusiastico, travolgente. **Or|kan|stär|ke** f. *(-)* forza *f.* di un uragano.

Or|kus n.pr.m. *(-)* MITOL. Orco *m.* ◆ ***jdn, etw. in den ~ schicken, stoßen, befördern*** spedire qcn., qcs. all'inferno; ***etw. in den ~ versenken, im ~ verschwinden lassen*** = far sparire qcs.

Or|le|a|ner m. *(-s,-)* abitante *m.* di Orléans. **Or|le|ans** [-leũ] m. *(-)* TESS. orléans *m.*

Or|lon n. *(-[s])* TESS. orlon *m.*

Or|na|ment n. *(-[e]s,-e)* ornamento *m.* **or|na|men|tal** agg. ornamentale: ***mit -en Verzierungen*** con decorazioni ornamentali. **or|na|ment|ar|tig** agg. simile a un ornamento. **Or|na|men|ten|stil** m. *(-[e]s,-e)* stile *m.* ornamentale. **or|na|men|tie|ren** tr. ornare, decorare. **Or|na|men|tik** f. *(-)* **1** ornamentazione *f.* **2** arte *f.* dell'ornamentazione.

Or|nat m. *(-[e]s,-e)* paramenti *m.pl.* sacerdotali ◆ ***in vollem ~*** in pompa magna.

Or|nis f. *(-)* avifauna *f.*

Or|ni|tho|lo|ge m. *(-n,-n)* ornitologo *m.* **Or|ni|tho|lo|gie** f. *(-)* ornitologia *f.* **or|ni|tho|lo|gisch** agg. ornitologico.

O|ro|ge|ne|se f. *(-,-n)* orogenesi *f.* **o|ro|ge|ne|tisch** agg. orogenetico. **O|ro|gra|phie** f. *(-,-n)* orografia *f.* **o|ro|gra|phisch** agg. orografico. **O|ro|hyd|ro|gra|phie** f. *(-,-n)* oroidrografia *f.* **o|ro|hyd|ro|gra|phisch** agg. oroidrografico.

Or|pheus n.pr.m. Orfeo *m.* **Or|phik** f. *(-)* orfismo *m.* **Or|phi|ker** m. *(-s,-)* orfico *m.* **or|phisch** agg. orfico.

1.Ort m. *(-[e]s,-e* e *Örter)* **1** *(Platz, Stelle)* luogo *m.*, posto *m.*: ***~ und Zeit stehen noch nicht fest*** il tempo e il luogo non sono ancora stabiliti; ***bin ich hier am rechten ~?*** sono nel posto giusto? ***an öffentlichen -en*** in luoghi pubblici; ***an sicherem ~*** in un posto sicuro; TEATR. ***die Einheit von ~ und Zeit*** l'unità di tempo e di luogo **2** *(Dorf, Stadt)* località *f.*: ***ein ~ in den Bergen*** una località in montagna; ***durch mehrere -e kommen*** passare per alcune località ◆ ***an allen -en*** in ogni luogo, dovunque; ***etw. an seinen ~ legen, stellen*** mettere qcs. al proprio posto; ***etw. wieder an seinen ~ bringen*** riportare qcs. a posto; ***an seinem ~ liegen*** essere a posto, al proprio posto; ***an einem andern ~*** in un altro posto, altrove; ***am angegebenen ~*** loco citato; ***der astronomische ~*** il luogo astronomico; ***sich am ~ befinden*** trovarsi sul posto; ***an einem dritten ~*** in un posto neutrale; ***der geometrische ~*** il luogo geometrico; COLLOQ. EUFEM. *(Toilette)* ***der gewisse ~*** quel posto; ***höheren ~(es)*** in alto loco; ***mitten im ~*** nel centro del paese; ***der ganze ~ redet darüber*** tutta la città, tutto il paese ne parla; ***an ~ und Stelle*** sul posto, sul luogo; *(sofort)* sui due piedi; ***der stille ~*** → ***der gewisse ~***; ***an den ~ der Tat, des Verbrechens zurückkehren*** ritornare sul luogo del delitto; ***am unrechten ~*** fuori luogo, a sproposito; ***von ~ zu ~*** da un luogo all'altro; ***vor ~ arbeiten*** lavorare direttamente sul posto.

2.Ort m. e n. *(-[e]s,-e)* ANT. *(Ahle)* lesina *f.*

3.Ort n. *(-[e]s, Örter)* MIN. testata *f.* di galleria ◆ COLLOQ. ***vor ~*** direttamente sul posto.

Ört|chen n. *(-s,-)* posticino *m.*; EUFEM. *(Toilette)* quel posticino *m.*

or|ten tr. ***etw. ~*** localizzare qcs., rilevare la posizione di qcs.: ***ein Flugzeug ~*** rilevare la posizione di un aereo. **Or|ter** m. *(-s,-)* localizzatore *m.*

Ör|ter|bau m. *(-[e]s)* MIN. = coltivazione *f.* a pilastri sistematici.

or|tho|chro|ma|tisch agg. ortocromatico. **or|tho|dox** agg. ortodosso. **Or|tho|do|xie** f. *(-)* ortodossia *f.* **Or|tho|dro|me** f. *(-,-n)* (linea *f.*) ortodromica *f.* **or|tho|episch** agg. ortoepico. **Or|tho|ge|ne|se** f. *(-,-n)* ortogenesi *f.* **Or|tho|gon** n. *(-s,-e)* angolo *m.* retto. **or|tho|go|nal** agg. ortogonale. **Or|tho|gra|fie, Or|tho|gra|phie** f. *(-,-n)* ortografia *f.* **or|tho|gra|fisch, or|tho|gra|phisch** agg. ortografico. **Or|tho|klas** n. *(-es,-e)* ortoclasio *m.*

Or|tho|pä|de m. *(-n,-n)* MED. ortopedico *m.* **Or|tho|pä|die** f. *(-)* ortopedia *f.* **or|tho|pä|disch** agg. ortopedico. **Or|tho|pä|dist** m. *(-en,-en)* ortopedico *m.*

Or|thop|te|re f. *(-,-n)*, **Or|thop|te|ron** n. *(-s, Ortopteren)* ortottero *m.*

Or|thop|tik f. *(-)* ortottica *f.* **Or|thop|tist** m. *(-en,-en)* ortottista *m.*

Or|tho|skop n. *(-s,-e)* ortoscopio *m.* **Or|tho|sko|pie** f. *(-)* ortoscopia *f.*

Or|tho|zent|rum n. *(-s,-zentren)* ortocentro *m.*

Ort|ler n.pr.m. *(-s)* Ortles *m.*

ört|lich I agg. **1** locale: ***die -en Behörden*** le autorità locali; MED. ***-e Betäubung*** anestesia locale **2** FARM. topico **II** avv. **1** localmente **2** ***~ verschieden sein*** variare da luogo a luogo, a seconda del luogo. **Ört|lich|keit** f. *(-,-en)* **1** luogo *m.*, località *f.*: ***mit den -en vertraut sein*** essere pratico dei luoghi **2** EUFEM. *(Toilette)* quel posto *m.*

Or|to|lan m. *(-s,-e)* ORNIT. ortolano *m.*

Orts|an|ga|be f. *(-,-n)* indicazione *f.* del luogo. **orts|an|säs|sig** agg. residente nel luogo, del luogo, locale: ***die -e Bevölkerung*** la popolazione locale. **Orts|an|säs|si|ge** m. e f. *(-n,-n)* residente *m.* e *f.* (del luogo). **orts|an|we|send** agg. presente sul luogo. **Orts|aus|gang** m. *(-[e]s,-ausgänge)* uscita *f.* del centro abitato (*o* del paese): ***das Haus ist am ~*** la casa è all'uscita del paese. **Orts|be|schaf|fen|heit** f. *(-,-en)* natura *f.* del luogo. **Orts|be|sich|ti|gung** f. *(-,-en)* sopralluogo *m.* **Orts|be|stim|mung** f. *(-,-en)* **1a** determinazione *f.* della posizione **b** → **Ortung 2** GRAMM. complemento *m.* di luogo. **orts|be|weg|lich** agg. TECN. mobile, portatile.

Ort|schaft f. *(-,-en)* località *f.*; *(Dorf)* villaggio *m.*

Ort|scheit n. *(-[e]s,-e)* bilancino *m.* (di carri, carrozze).

Orts|durch|fahrt f. *(-,-en)* attraversamento *m.* di centro abitato.

Orts|ein|gang m. *(-[e]s,-eingänge)* accesso *m.* al centro abitato. **orts|fest** agg. TECN. fisso, permanente. **orts|fremd** agg. forestiero; *(nicht ortskundig)* non pratico del luogo. **Orts|ge|spräch** n. *(-[e]s,-e)* telefonata *f.* (*o* conversazione *f.*) urbana. **Orts|grup|pe** f. *(-,-n)* sezione *f.* locale. **Orts|kennt|nis** f. *(-,-se)* conoscenza *f.* del luogo, dei luoghi. **Orts|kenn|zahl** → **Ortsnetzkennzahl.** **Orts|kern** m. *(-[e]s,-e)* centro *m.* (di un, del paese). **Orts|kran|ken|kas|se** f. *(-,-n)* cassa *f.* malattia locale ◆ ***Allgemeine ~*** cassa malattia locale. **orts|kun|dig** agg. pratico del posto. **Orts|na|me** m. *(-ns,-n)* nome *m.* di luogo, toponimo *m.* **Orts|na|men|for|schung, Orts|na|men|kun|de** f. *(-)* toponomastica *f.*, toponimia *f.* **Orts|netz** n. *(-es,-e)* TEL. rete *f.* locale, urbana. **Orts|netz|kenn|zahl** f. *(-,-en)* prefisso *m.* interurbano. **Orts|po|li|zei** f. *(-,-en)* polizia *f.* locale. **Orts|prä|si|dent** m. *(-en,-en)* SVIZZ. presidente *m.* del consiglio comunale. **Orts|sen|der** m. *(-s,-)* RAD. TELEV. stazione *f.* (*o* emittente *f.*) locale. **Orts|sinn** m. *(-[e]s)* senso *m.* dell'orientamento. **Orts|teil** m. *(-[e]s,-e)* quartiere *m.*, rione *m.* **orts|üb|lich** agg. di uso locale, consueto. **Orts|um|ge|hung** f. *(-,-en)* circonvallazione *f.* **Orts|ver|än|de|rung** f. *(-,-en)* → **Ortswechsel.** **Orts|ver|ein** m. *(-[e]s,-e)* associazione *f.* locale. **Orts|ver|kehr** m. *(-s)* traffico *m.* locale. **Orts|wech|sel** m. *(-s,-)* cambiamento *m.* di luogo, spostamento *m.*; *(Wohnsitzwechsel)* cambiamento *m.* di residenza: ***einen ~ vornehmen*** trasferire la propria residenza. **Orts|zeit** f. *(-)* ora *f.* locale. **Orts|zu|la|ge** f. *(-,-n)*, **Orts|zu|schlag** m. *(-[e]s,-zuschläge)* indennità *f.* di residenza.

Or|tung f. *(-,-en)* localizzazione *f.*, rilevamento *m.* della posizione.
Ort|zie|gel m. *(-s,-)* ANT. tegola *f.*
Os|car m. *(-[s],-[s])* CINEM. (premio *m.*) oscar *m.*
Ö|se f. *(-,-n)* **1** occhiello *m.* (di metallo) **2a** MAR. gassa *f.* **b** *(für Seile)* occhiello *m.*
ö|sen tr. vuotare dall'acqua, MAR. sgottare.
O|si|ris n.pr.m. Osiride *m.*
Os|kar, ***frech wie ~ sein*** essere sfacciato, avere una faccia di bronzo.
Os|ker m. *(-s,-)* osco *m.* **os|kisch** agg. osco.
Os|ku|la|ti|on f. *(-,-en)* MAT. osculazione *f.* **os|ku|lie|ren** tr. MAT. osculare.
Os|ma|ne m. *(-n,-n)* osmanli *m.*, ottomano *m.* **os|ma|nisch** agg. osmanico, ottomano: ***das Osmanische Reich*** l'impero ottomano.
Os|mi|um n. *(-s)* osmio *m.*
Os|mo|se f. *(-,-n)* osmosi *f.* **os|mo|tisch** agg. osmotico.
Ö|so|pha|gus m. *(-, Ösophagi)* esofago *m.*
Os|sa|ri|um n. *(-s, Ossarien)* ossario *m.*
Os|se|in n. *(-s)* osseina *f.*
Os|si m. *(-s,-s)* e f. *(-,-s)* COLLOQ. INTRAD. (tedesco/tedesca dell'est, della EX-RDT).
Os|si|fi|ka|ti|on f. *(-,-en)* ossificazione *f.*
Ost m. *(-[e]s)* **1** est *m.*, oriente *m.*: ***von, aus ~ kommende Winde*** venti provenienti da est; ***München ~*** Monaco est **2** MAR. LETT. *(Ostwind*; pl. *-e)* vento *m.* dell'est. **Ost|af|ri|ka** n.pr.n. *(-s)* Africa *f.* orientale. **ost|af|ri|ka|nisch** agg. dell'Africa orientale. **Ost|agent** m. *(-en,-en)* agente *m.* dell'est. **ost|asi|a|tisch** agg. dell'Asia orientale. **Ost|asi|en** n.pr.n. *(-s)* Asia *f.* orientale. **Ost|ber|lin** n.pr.n. *(-s)* Berlino *f.* Est **Ost|ber|li|ner** m. *(-s,-)* abitante *m.* di Berlino Est.
Ost|block m. *(-[e]s)* STOR. blocco *m.* orientale. **Ost|block|land** n. *(-[e]s,-länder)* paese *m.* del blocco orientale. **Ost|block|staat** m. *(-[e]s,-en)* stato *m.* del blocco orientale.
ost|deutsch agg. tedesco orientale, della Germania (dell') Est. **Ost|deut|sche** m. e f. *(-n,-n)* abitante *m.* e *f.* della Germania Est, tedesco *m.* (-a *f.*) orientale. **Ost|deutsch|land** n.pr.n. *(-[s])* Germania *f.* Orientale, Germania *f.* Est (*o* dell'Est).
Os|te|al|gie f. *(-,-n)* ostealgia *f.*
Ost|el|bi|er m. *(-s,-)* STOR. = latifondista *m.* dell'oltre Elba.
os|ten tr. EDIL. RAR. orientare.
Os|ten m. *(-s)* **1** est *m.*, oriente *m.*, ANT. LETT. levante *m.*: ***der Wind weht von, aus ~*** il vento spira da est; ***der Balkon geht nach ~*** il balcone è rivolto verso est **2** *(im Osten gelegenes Gebiet)* parte *f.* orientale, (zona *f.*) est *m.*: ***der ~ des Landes*** la parte orientale del paese; ***im ~ Kölns*** nella zona est di Colonia ◆ ***der Ferne ~*** l'Estremo Oriente; ***der Mittlere ~*** Asia meridionale (dall'Iran alla Birmania); ***der Nahe ~*** il Medio (*o* Vicino) Oriente.
Ost|en|de n.pr.n. *(-s)* Ostenda *f.*
os|ten|si|bel agg. evidente, palese. **os|ten|siv** agg. **1** evidente, chiaro **2** → **ostentativ. Os|ten|ta|ti|on** f. *(-,-en)* ostentazione *f.* **os|ten|ta|tiv I** agg. ostentato **II** avv. ostentatamente, con ostentazione.
Os|te|o|lo|gie f. *(-)* osteologia *f.* **Os|te|o|ma|la|zie** f. *(-,-n)* osteomalacia *f.* **Os|te|o|my|e|li|tis** f. *(-,-myeliten)* osteomielite *f.* **Os|te|o|plas|tik** f. *(-)* osteoplastica *f.* **Os|te|o|po|ro|se** f. *(-,-n)* osteoporosi *f.*
Os|ter|blu|me f. *(-,-n)* fiore *m.* primaverile. **Os|ter|brauch** m. *(-[e]s,-bräuche)* usanza *f.* pasquale. **Os|ter|ei** n. *(-[e]s,-er)* uovo *m.* pasquale (colorato); *(aus Schokolade)* ovetto *m.* (di cioccolato). **Os|ter|fe|ri|en** pl. vacanze *f.pl.* di Pasqua (*o* pasquali). **Os|ter|fest** n. *(-[e]s,-e)* Pasqua *f.* **Os|ter|glo|cke** f. *(-,-n)* BOT. trombone *m.* **Os|ter|ha|se** m. *(-n,-n)* **1** INFANT. leprotto *m.* pasquale **2** *(Schokoladenfigur)* leprotto *m.* di cioccolata. **Os|ter|in|sel** n.pr.f. *(-)* isola *f.* di Pasqua. **Os|ter|ker|ze** f. *(-,-n)* cero *m.* pasquale. **Os|ter|lamm** n. *(-[e]s,-lämmer)* agnello *m.* pasquale.
ös|ter|lich agg. pasquale.
Os|ter|lu|zei f. *(-,-en)* aristolochia *f.*, COLLOQ. stalloggi *m.* **Os|ter|marsch** m. *(-[e]s,-märsche)* dimostrazione *f.* pacifista (che si svolge nel periodo pasquale). **Os|ter|mes|se** f. *(-,-n)* messa *f.* di Pasqua (*o* pasquale). **Os|ter|mo|nat** m. *(-[e]s,-e)*, **Os|ter|mond** m. *(-[e]s,-e)* ANT. aprile *m.* **Os|ter|mon|tag** m. *(-[e]s,-e)* lunedì *m.* di Pasqua, (giorno *m.* di) pasquetta *f.*
Os|tern n. *(-,-)* Pasqua *f.*: ***zu, an ~*** a Pasqua; ***dieses Jahr fällt ~ in den April*** quest'anno Pasqua è (*o* ricorre) ad aprile ◆ ***frohe ~!*** ***fröhliche ~!*** buona Pasqua!
Os|ter|nacht f. *(-,-nächte)* notte *f.* della vigilia di Pasqua.
Ös|ter|reich n.pr.n. *(-s)* Austria *f.* **Ös|ter|rei|cher** m. *(-s,-)* austriaco *m.* **ös|ter|rei|chisch** agg. austriaco. **ös|ter|rei|chisch-un|ga|risch** agg. austro-ungarico. **Ös|ter|reich-Un|garn** n.pr.n. *(-s)* STOR. Impero *m.* Austro-Ungarico, Austria-Ungheria *f.*

Os|ter|sonn|tag m. *(-[e]s,-e)* domenica *f.* di Pasqua. **Os|ter|spiel** n. *(-[e]s,-e)* (sacra) rappresentazione *f.* della Passione. **Os|ter|wo|che** f. *(-,-n)* settimana *f.* (prima) di Pasqua, RELIG. settimana *f.* santa. **Os|ter|zeit** f. *(-)* periodo *m.* pasquale (*o* di Pasqua); ***zur ~*** a Pasqua.
Ost|eu|ro|pa n.pr.n. *(-s)* Europa *f.* orientale (*o* dell'est). **ost|eu|ro|pä|isch** agg. dell'Europa orientale. **Ost|flan|ke** f. *(-,-n)* METEOR. fianco *m.* (*o* lato *m.*) orientale. **Ost|flücht|ling** m. *(-s,-e)* profugo *m.* dell'est. **Ost|flü|gel** m. *(-s,-)* ala *f.* orientale.
Ost|frie|se m. *(-n,-n)* frisone *m.* orientale, abitante *m.* della Frisia orientale. **ost|frie|sisch** agg. frisone orientale, della Frisia orientale. **Ost|fries|land** n.pr.n. *(-s)* Frisia *f.* orientale.
Ost|front f. *(-,-en)* fronte *m.* orientale. **Ost|ge|biet** n. *(-[e]s,-e)* **1** regione *f.* (*o* zona *f.*) orientale **2** pl. STOR. regioni *f.pl.* orientali (oltre la linea Oder-Neiße). **Ost|geld** n. *(-[e]s)* denaro *m.* della Germania orientale. **Ost|ger|ma|nen** pl. germani *m.pl.* orientali. **Ost|go|te** m. *(-n,-n)* ostrogoto *m.* **ost|go|tisch** agg. ostrogoto.
Os|ti|na|to m. e n. *(-s,-s* e *Ostinati)* MUS. ostinato *m.*
Ost|in|di|en n.pr.n. *(-s)* STOR. Indie *f.pl.* Orientali. **ost|in|disch** agg. delle Indie Orientali ◆ ***Ostindische Kompanie*** Compagnia delle Indie (Orientali).
Os|ti|tis f. *(-, Ostitiden)* osteite *f.*
Ost|ju|de m. *(-n,-n)* ebreo *m.* dell'Europa orientale. **Ost|kir|che** f. *(-)* Chiesa *f.* Orientale. **Ost|küs|te** f. *(-,-n)* costa *f.* orientale.
Ost|ler m. *(-s,-)* SPREG. tedesco *m.* dell'est.
öst|lich I agg. orientale: ***die -en Länder, Völker*** i paesi, popoli orientali **II** avv. a est, a oriente: ***~ von München*** ad est di Monaco; ***das Dorf liegt weiter ~*** il paese è più ad est **III** prep. + gen. a est di: ***~ Berlins*** a est di Berlino ◆ ***10 Grad -er Länge*** 10 gradi (di) longitudine est; ***in -er Richtung*** in direzione est, verso est.
Ost|mark f. *(-,-)* **1** STOR. marca *f.* orientale **2** *(Währung der ehemaligen DDR)* marco *m.* orientale. **ost|mit|tel|deutsch** agg. della Germania centro-orientale. **Ost|nord|ost** m. *(-[e]s)* **1** est-nordest *m.* **2** *(Wind;* pl. *-e)* vento *m.* da est-nordest. **Ost|nord|os|ten** m. *(-s)* est-nordest *m.* **Ost|po|li|tik** f. *(-)* STOR. Ostpolitik *f.* **Ost|preu|ßen** n.pr.n. *(-s)* STOR. Prussia *f.* orientale. **ost|preu|ßisch** agg. della Prussia orientale. **Ost|punkt** m. *(-[e]s)* GEOGR. punto *m.* est.
Ost|ra|zis|mus m. *(-)* ostracismo *m.*
Öst|ro|gen n. *(-s,-e)* estrogeno *m.*
Ost|rom n.pr.n. *(-s)* Impero *m.* Romano d'Oriente. **ost|rö|misch** agg. STOR. ***Oströmisches Reich*** Impero Romano d'Oriente.
Ost|see n.pr.f. *(-)* (mar *m.*) Baltico *m.* **Ost|see|bad** n. *(-[e]s,-bäder)* località *f.* turistica sul Baltico. **Ost|see|küs|te** f. *(-,-n)* costa *f.* baltica (*o* del Baltico).
Ost|sei|te f. *(-,-n)* lato *m.* orientale (*o* est); *(von Bergen)* versante *m.* est. **ost|sei|tig I** agg. del (*o* che si trova sul) lato orientale **II** avv. sul lato orientale. **Ost|süd|ost** m. *(-[e]s)* **1** est-sudest *m.* **2** *(Wind;* pl. *-e)* vento *m.* da est-sudest. **Ost|süd|os|ten** m. *(-s)* est-sudest *m.* **Ost|teil** m. *(-[e]s,-e)* parte *f.* orientale. **Ost|wand** f. *(-,-wände)* parete *f.* orientale (*o* est). **ost|wärts** avv. verso est, verso oriente (*o* levante). **Ost-West-Kon|flikt** m. *(-[e]s,-e)* contrasto *m.* Est-Ovest. **ost|west|lich** agg. da est verso ovest, estovest. **Ost|wind** m. *(-[e]s,-e)* (vento *m.* di) levante *m.*, vento *m.* dell'est (*o* da est). **Ost|zo|ne** f. *(-)* STOR. zona *f.* orientale (*o* sovietica).
Os|wald n.pr.m. Osvaldo *m.*
Os|zil|la|ti|on f. *(-,-en)* FIS. GEOL. oscillazione *f.* **Os|zil|la|tor** m. *(-s,-en)* oscillatore *m.* **os|zil|la|to|risch** agg. oscillatorio. **os|zil|lie|ren** intr. (aus. *haben*) FIS. GEOL. oscillare. **Os|zil|lo|gramm** n. *(-s,-e)* oscillogramma *m.* **Os|zil|lo|graph** m. *(-en,-en)* oscillografo *m.* **Os|zil|lo|met|rie** f. *(-,-n)* oscillometria *f.*
O|tal|gie f. *(-,-n)* otalgia *f.*
O|thel|lo n.pr.m. Otello *m.*
O|ti|at|rie f. *(-)* otoiatria *f.* **O|ti|tis** f. *(-, Otitiden)* otite *f.* **O|to|lo|ge** m. *(-n,-n)* otoiatra *m.* **O|to|lo|gie** f. *(-)* otoiatria *f.*
O-Ton m. *(-[e]s)* accorc. egistrazione *f.* originale.
O|tor|rhö, O|tor|rhoe f. *(-)* otorrea *f.* **O|to|skle|ro|se** f. *(-,-n)* otosclerosi *f.* **O|to|skop** n. *(-s,-e)* otoscopio *m.*
1.Ot|ter m. *(-s,-)* lontra *f.*
2.Ot|ter f. *(-,-n)* vipera *f.* **Ot|tern|brut** f. *(-,-en)*, **Ot|tern|ge|zücht** n. *(-[e]s,-e)* covo *m.* (*o* nido *m.*) di vipere.
Ot|to n.pr.m. Otto *m.*, Ottone *m.* ◆ ***den flotten ~ haben*** avere la cacarella; ***~ Normalverbraucher*** = l'uomo medio, della strada.
Ot|to|kar n.pr.m. Ottocaro *m.*
Ot|to|man m. *(-s,-e)* (tessuto *m.*) ottomano *m.* **Ot|to|ma|ne I** f. *(-,-n)* ottomana *f.* **II** m. *(-n,-n)* ottomano *m.*
Ot|to|mo|tor m. *(-s,-e[n])* motore *m.* a ciclo Otto.

Ot|to|nen pl. STOR. Ottoni *m.pl.* **ot|to|nisch** agg. ottoniano.
out [aut] avv. SPORT fuori (dal campo) ◆ COLLOQ. **~ *sein*** essere out, superato. **Out** n. *(-[s],-[s])* SPORT fallo *m.* di fondo; *(Seitenaus)* fallo *m.* laterale: ***der Ball rollt ins ~*** la palla rotola fuori dal campo. **Out|cast** ['autka:st] m. *(-s,-s)* paria *m.* (anche FIG.). **Out|fit** ['autfɪt] n. *(-[s],-s)* **1** abbigliamento *m.* **2** *(Ausrüstung)* equipaggiamento *m.* **Out|law** [-lo:] m. *(-[s],-s)* **1** fuorilegge *m.*, bandito *m.* **2** *(Geächteter)* proscritto *m.*, persona *f.* bandita. **Out|li|nie** f. *(-,-n)* SPORT linea *f.* laterale. **Out|put** [-pʊt] m. e n. *(-s,-s)* ECON. INFORM. output *m.* **Out|si|der** ['autzaidɐ] m. *(-s,-)* outsider *m.*
Ou|ver|tü|re [uvɛr-] f. *(-,-n)* ouverture *f.*
o|val [-v-] agg. ovale ◆ TECN. **~ *werden*** ovalizzarsi. **O|val** n. *(-s,-e)* ovale *m.*
O|var [-v-] n. *(-s,-e)* ovaia *f.*, ovaio *m.* **O|va|rek|to|mie** → **Ovariektomie. o|va|ri|al** agg. ovarico. **O|va|ri|ek|to|mie** f. *(-,-n)* ovariectomia *f.* **O|va|ri|um** n. *(-s, Ovarien)* **1** → **Ovar 2** BOT. ovario *m.*
O|va|ti|on [-v-] f. *(-,-en)* ovazione *f.*: ***jdm -en darbringen*** tributare ovazioni a qcn.
OvD, O. v. D. ⇒ *Offizier vom Dienst* ufficiale di servizio.
O|ver|all ['oʊvərɔ:l] m. *(-s,-s)* tuta *f.*, overall *m.*; *(für Kinder)* tutina *f.* **o|ver|dressed** [-drɛst] agg. vestito troppo bene, troppo elegante. **O|ver|drive** [-draɪv] m. *(-[s],-s)* overdrive *m.* **O|ver|head|pro|jek|tor** ['oʊvərhɛd-] m. *(-s,-en)* proiettore *m.* per lucidi, lavagna *f.* luminosa.
O|vid [-v-] n.pr.m. Ovidio *m.* **o|vi|disch** agg. ovidiano.
o|vi|par agg. oviparo. **o|vo|id, o|vo|i|disch** agg. ovoide, ovoidale.
ÖVP ⇒ *Österreichische Volkspartei* Partito Popolare Austriaco.
O|vu|la|ti|on f. *(-,-en)* ovulazione *f.* **O|vu|la|ti|ons|hem|mer** m. *(-s,-)* pillola *f.* (anticoncezionale). **O|vu|la|ti|ons|zyk|lus** m. *(-,-zyklen)* ciclo *m.* ovulatorio, ovulazione *f.*
O|xa|lat n. *(-[e]s,-e)* ossalato *m.* **O|xal|säu|re** f. *(-)* acido *m.* ossalico.
O|xid n. *(-[e]s,-e)* ossido *m.* **O|xi|da|se** f. *(-,-n)* ossidasi *f.* **O|xi|da|ti|on** f. *(-,-en)* ossidazione *f.* **o|xi|da|tiv** agg. ossidante, RAR. ossidativo. **o|xi|die|ren** tr. ossidare. **O|xi|die|rung** f. *(-,-en)* ossidazione *f.* **o|xi|disch** agg. che contiene ossido. **O|xi|dyl** n. *(-s,-e)* ossidulo *m.*, protossido *m.* **o|xyd..., O|xyd...** → **oxid..., Oxid...**
O|xy|gen, O|xy|ge|ni|um n. *(-s)* ossigeno *m.*
O|xy|hä|mo|glo|bin n. *(-s)* ossiemoglobina *f.*
O|xy|mo|ron n. *(-s, Oxymora)* ossimoro *m.* **O|xy|to|non** n. *(-s, Oxytona)* ossitono *m.*
OZ ⇒ **1** *Oktanzahl* numero di ottani **2** *Ordnungszahl* numero ordinale **3** *Ortszeit* ora locale **4** *Ortszuschlag* indennità di residenza.
o. Z. ⇒ **1** *ohne Zahl* senza numero (*o* numerazione), non numerato **2** *ohne Zahlung* franco pagamento.
o. Z., O. Z. ⇒ *ohne Zensur* senza voto.
O|ze|an m. *(-s,-e)* oceano *m.* ◆ ***der Atlantische, Indische, Pazifische (Große, Stille) ~*** l'oceano Atlantico, Indiano, Pacifico. **O|ze|a|na|ri|um** n. *(-s, Ozeanarien)* aquarium *m.* **O|ze|a|naut** m. *(-en,-en)* oceanauta *m.* **O|ze|an|damp|fer, O|ze|a|ner** m. *(-s,-)* transatlantico *m.* **O|ze|a|ni|de** → **Okeanide. O|ze|a|ni|en** n.pr.n. *(-s)* Oceania *f.* **o|ze|a|nisch** agg. **1** oceaniano, dell'Oceania **2** *(den Ozean betreffend)* oceanico.
O|ze|a|no|graph m. *(-en,-en)* oceanografo *m.* **O|ze|a|no|gra|phie** f. *(-)* oceanografia *f.* **o|ze|a|no|gra|phisch** agg. oceanografico.
O|ze|a|no|lo|ge m. *(-n,-n)* RAR. → **Ozeanograph. o|ze|a|no|lo|gisch** agg. RAR. → **ozeanographisch.**
O|ze|an|rie|se m. *(-n,-n)* enorme transatlantico *m.*
O|zel|le f. *(-,-n)* ENTOM. ocello *m.*
O|ze|lot m. *(-s,-e* e *-s)* **1** ozelot *m.*, ocelot *m.* **2** *(Pelz)* ocelot *m.*
O|zon m. e n. *(-s)* ozono *m.* **O|zon|ge|halt** m. *(-[e]s)* contenuto *m.* di ozono. **o|zon|hal|tig** agg. contenente ozono. **o|zo|ni|sie|ren** tr. ozonizzare. **O|zon|loch** n. *(-[e]s,-löcher)* buco *m.* nell'ozono. **O|zo|no|sphä|re** f. *(-)* ozonosfera *f.* **o|zon|reich** agg. ricco di ozono. **O|zon|schicht** f. *(-)* strato *m.* dell'ozono (*o* di ozono), ozonosfera *f.* **O|zon|the|ra|pie** f. *(-)* ozonoterapia *f.*
o. Zw. ⇒ **1** *ohne Zweifel* senza dubbio, indubbiamente **2** *ohne Zwischenfall, Zwischenfälle* senza incidenti.

P

p, P n. *(-,-)* p, P, pi *f.* e *m.*: ***ein großes P, ein kleines p*** una P maiuscola, una p minuscola.
P. ⇒ **1** RELIG. *Pastor* pastore **2** RELIG. *Pater* padre (P.) **3** *Papa* papa.
p. A. ⇒ *per Adresse* presso (c/o).
Pä|an m. *(-s,-e)* peana *f.*
1.paar agg.indef.inv. un paio, alcuni, qualche: ***ein ~ Mal(e), Leute*** un paio di volte, di persone; ***ein ~ Zeilen*** un paio di righe, due righe; ***vor ein ~ Tagen, Wochen*** un paio di giorni fa, alcune settimane fa ◆ ***du kriegst gleich ein ~ (Ohrfeigen)*** ti prendi un paio di schiaffi; ***die letzten ~ Mark, Groschen*** gli ultimi quattro soldi; ***ein ~ Schritte machen, gehen*** fare quattro (*o* due) passi; ***ein ~ Worte sagen*** dire quattro parole.
2.paar agg. BIOL. RAR. → **paarig.**
Paar n. *(-[e]s,-e)* **1** paio *m.*: ***ein ~, drei ~ Handschuhe*** un paio, tre paia di guanti; ***ein neues ~ Strümpfe, ein ~ neue Strümpfe*** un nuovo paio di calze **2a** coppia *f.*: ***sich in, zu -en aufstellen*** disporsi a coppie **b** *(Liebes-, Ehepaar)* ***ein junges ~*** una giovane coppia; ***ein ungleiches ~*** una coppia mal assortita **c** *(von Tieren)* ***ein ~ Ochsen*** una coppia di buoi ◆ MAT. ***geordnetes ~*** coppia ordinata; ***ein ~ werden*** sposarsi; ***zu -en*** a coppie; ANT. ***jdn zu -en treiben*** mettere qcn. alle strette; *(jdn vertreiben)* scacciare, mettere in fuga qcn. **Paar|bil|dung** f. *(-,-en)* formazione *f.*, costituzione *f.* di una coppia; FIS. produzione *f.* di coppie. **paa|ren I** tr. **1** *(zur Zucht zusammenbringen)* accoppiare **2** FIG. *(vereinen)* abbinare, accoppiare: ***Blau mit Weiß ~*** abbinare il blu al bianco; ***in sich Güte und Strenge ~*** riunire in sé bontà e severità **II** rifl. **sich ~ 1** *(sich begatten)* accoppiarsi **2** FIG. *(sich verbinden)* unirsi, abbinarsi: ***in ihm paart sich Begabung mit Erfahrung*** in lui il talento si abbina all'esperienza. **Paar|er|zeu|gung** f. *(-,-en)* FIS. produzione *f.* di coppie. **Paar|hu|fer** m. *(-s,-)* artiodattilo *m.*, fissipede *m.* **paa|rig** agg. a coppie, appaiato; BOT. geminato. **Paa|rig|keit** f. *(-)* geminazione *f.*
Paar|lauf m. *(-[e]s)* pattinaggio *m.* a coppie. **paar|lau|fen** intr. (solo inf. e p.pass.; aus. *haben, sein*) pattinare a coppie. **Paar|läu|fer** m. *(-s,-)* partner *m.*, pattinatore *m.* (nel pattinaggio a coppie).
paar|mal, *ein ~* un paio di volte.
Paar|reim m. *(-[e]s,-e)* rima *f.* baciata.
Paa|rung f. *(-,-en)* accoppiamento *m.* **paa|rungs|be|reit** agg. ZOOL. pronto all'accoppiamento. **Paa|rungs|zeit** f. *(-)* ZOOL. periodo *m.* dell'accoppiamento. **Paar|ver|nich|tung** f. *(-,-en)* FIS. conversione *f.* di coppie. **paar|wei|se** avv. a coppie, a due a due: ***sich ~ aufstellen*** disporsi a coppie ◆ ***etw. ~ anordnen*** appaiare qcs., disporre qcs. a coppie. **Paar|zeh|er** m. *(-s,-)* → **Paarhufer.**
Pace [peɪs] f. *(-)* EQUIT. pace *m.* **Pace|maker** ['peɪsmeɪkə] m. *(-s,-)* pacemaker *m.*
Pacht f. *(-,-en)* **1a** locazione *f.*, affitto *m.* **b** *(von Geschäften)* gestione *f.* **2** *(Pachtvertrag)* contratto *m.* d'affitto, di locazione: ***die ~ erneuern, kündigen*** rinnovare, disdire il contratto di locazione; ***die ~ läuft ab*** il contratto d'affitto scade **3** *(Pachtzins)* affitto *m.*, fitto *m.*: ***die ~ zahlen, erhöhen*** pagare, aumentare l'affitto ◆ ***in ~ nehmen, geben*** prendere, dare in affitto; *(von Geschäften)* prendere, dare in gestione; ***etw. in ~ haben*** avere qcs. in gestione. **Pacht|brief** m. *(-[e]s,-e)* contratto *m.* di locazione. **pach|ten** tr. **1** prendere in affitto, affittare: ***ein Grundstück ~*** affittare un terreno **2** *(von Unternehmen)* prendere in gestione: ***ein Restaurant ~*** prendere in gestione un ristorante **3** COLLOQ. FIG. ***etw. für sich gepachtet haben*** avere (per sé) il monopolio di qcs. **Päch|ter** m. *(-s,-)* **1** affittuario *m.*, locatario *m.* **2** *(von Geschäften)* gestore *m.*, conduttore *m.* **Pacht|geld** n. *(-[e]s,-er)* → **Pachtzins. Pacht|grund|stück** n. *(-[e]s,-e)* terreno *m.* (dato) in affitto. **Pacht|gut** n. *(-[e]s,-güter)*, **Pacht|hof** m. *(-[e]s,-höfe)* podere *m.* (dato) in affitto. **Pacht|neh|mer** m. *(-s,-)* conduttore *m.*, locatario *m.* **Pacht|sum|me** f. *(-,-n)* → **Pachtzins. Pach|tung** f. *(-,-en)* locazione *f.*, conduzione *f.*; *(von Geschäften)* gestione *f.* **Pacht|ver|hält|nis** n. *(-ses,-se)* rapporto *m.* di locazione. **Pacht|ver|trag** m. *(-[e]s,-verträge)* contratto *m.* di locazione. **pacht|wei|se** avv. in affitto; in gestione: ***ein Grundstück, ein Geschäft ~ überlassen*** dare un terreno in affitto, dare in gestione un negozio. **Pacht|zeit** f. *(-)* periodo *m.* di, della locazione. **Pacht|zins** m. *(-es,-en)* canone *m.* d'affitto, affitto *m.*
Pa|chul|ke m. *(-n,-n)* REGION. SPREG. tanghero *m.*, zoticone *m.*; *(Tölpel)* babbeo *m.*
Pa|chy|der|men pl. pachidermi *m.pl.*
1.Pack m. *(-[e]s,-e* e *Päcke)* **1** pacco *m.*: ***ein ~ Bücher*** un pacco di libri **2** *(Bündel)* fascio *m.*, fagotto *m.*: ***ein ~ Wäsche*** un fagotto di biancheria; ***ein ~ Zeitungen*** un fascio di giornali.
2.Pack n. *([e]s)* gentaglia *f.*, marmaglia *f.* ◆ PROV. ***~ schlägt sich, ~ verträgt sich*** cane non mangia cane.
Pa|ckage|tour ['pɛkɪtʃ-, 'pækɪdʒ-] f. *(-,-en)* pacchetto *m.*, viaggio *m.* tutto compreso.
Päck|chen n. *(-s,-)* **1a** pacchetto *m.*: ***ein ~ machen, verschnüren (binden), öffnen (auspacken)*** fare, legare, aprire un pacchetto; ***das ~ enthält Bücher*** il pacchetto contiene libri **b** *(von Postsendungen)* ***ein ~ zur, auf die Post bringen*** portare un pacchetto alla posta; ***ein ~ abholen, zustellen, schicken (aufgeben)*** ritirare, consegnare, spedire un pacchetto **2** *(kleine Mengenpackung)* confezione *m.*, pacchetto *m.*: ***ein ~ Backpulver*** una bustina di lievito; ***ein ~ Tee*** una confezione di tè ◆ FIG. ***sein ~ zu tragen haben*** dover portare il proprio fardello (*o* la propria croce).
Pack|eis n. *(-es)* pack *m.*, banchisa *f.*
Pa|cke|lei f. *(-,-en)* AUSTR. SPREG. il (continuo) tramare. **pa|ckeln** intr. (aus. *haben*) AUSTR. SPREG. **1** fare combutta, mettersi in combutta **2** *(Kompromisse schließen)* scendere a patti.
pa|cken I tr. **1a** sistemare, mettere: ***etw. in den Koffer ~*** mettere qcs. nella valigia; ***etw. auf den Schrank, unter das Bett ~*** sistemare qcs. sull'armadio, sotto il letto **b** FIG. ***das Kind ins Bett ~*** mettere a letto il bambino **2** *(einpacken)* impacchettare, imballare: ***etw. in einen Karton ~*** imballare qcs. in uno scatolone; ***etw. in Papier ~*** impacchettare qcs. (nella carta), incartare qcs.; ***ein Päckchen ~*** fare un pacchetto **3a** *(zusammenpacken)* radunare, raccogliere: ***seine Sachen ~*** raccogliere le proprie cose **b** assol. ***ich muss noch ~*** devo ancora fare i bagagli, le valigie **4a** afferrare, prendere: ***jdn an der Hand, am Kragen ~*** afferrare qcn. per la mano, per il collo; ***jds Arm ~*** afferrare il braccio di qcn. **b** FIG. cogliere, assalire: ***die Angst, Leidenschaft packte ihn*** la paura lo colse, fu travolto dalla passione **c** COLLOQ. *(begreifen)* afferrare, capire: ***hast du's endlich gepackt?*** l'hai capito finalmente? **5** FIG. *(fesseln)* trascinare, avvincere: ***das Publikum ~*** trascinare il pubblico **6** FIG. prendere, trattare: ***wissen, wo man jdn ~ kann*** sapere come prendere qcn. **7a** COLLOQ. *(erreichen)* ***den Zug noch ~*** riuscire, farcela a prendere il treno **b** *(schaffen)* ***eine Prüfung ~*** riuscire, farcela a dare un esame; ***~ wir's noch?*** ce la facciamo? **II** rifl. **sich ~ 1** COLLOQ. andarsene, andare via: ***pack dich!*** vattene! fila! sparisci! **2** sistemarsi, mettersi: ***sich aufs Sofa ~*** mettersi sul divano ◆ SPORT ***seinen Gegner ~*** battere il proprio avversario; ***es hat sie gepackt*** si è ammalata; *(sie hat sich verliebt)* si è presa una cotta. **Pa|cken** m. *(-s,-)* **1** → **Pack 2** FIG. *(Haufen)* mucchio *m.*: ***das ist ein schöner ~ Arbeit*** è un bel mucchio di lavoro. **pa|ckend** p.pres. agg. **1** → **packen 2** avvincente, appassionante. **pa|cken|wei|se** avv. in, a pacchi. **Pa|cker** m. *(-s,-)* **1a** imballatore *m.* **b** *(Möbelpacker)* operaio *m.* di un'impresa di traslochi **2** VENAT. cane *m.* da seguito. **Pa|cke|rei** f. *(-,-en)* **1a** COLLOQ. il fare e disfare pacchi **b** *(von Koffern)* il fare e disfare le valigie **2** *(Abteilung)* reparto *m.* imballaggio. **Pack|esel** m. *(-s,-)* **1** asino *m.* (da soma) **2** FIG. bestia *f.* da soma ◆ ***wie ein ~ beladen sein*** essere carico come un mulo.
Pack|fong n. *(-s)* packfong *m.*, argentone *m.*
Pack|kis|te f. *(-,-n)* cassa *f.* da imballaggio.
Pack|la|ge f. *(-,-n)* TECN. massicciata *f.*, fondazione *f.*

Pack|lei|nen n. *(-s)*, **Pack|lein|wand** f. *(-)* tela *f.* da imballaggio. **Pack|ma|te|ri|al** n. *(-s,-ien)* materiale *m.* da imballaggio. **Pack|meis|ter** m. *(-s,-)* capo *m.* di un, del reparto imballaggio. **Pack|na|del** f. *(-,-n)* ago *m.* da imballaggio, per imballare. **Pack|pa|pier** n. *(-s,-e)* carta *f.* da pacchi, da imballaggio. **Pack|pferd** n. *(-[e]s,-e)* cavallo *m.* da soma. **Pack|sat|tel** m. *(-s,-sättel)* basto *m.* **Pack|ta|sche** f. *(-,-n)* bisaccia *f.*, borsa *f.* da sella. **Pack|tier** n. *(-s,-e)* bestia *f.* da soma.

Pa|ckung f. *(-,-en)* **1a** pacco *m.*, pacchetto *m.*: ***eine ~ Zigaretten*** un pacchetto di sigarette **b** *(Hülle)* confezione *f.*, involucro *m.*: ***eine ~ aufreißen, anbrechen, aufschneiden*** aprire un pacchetto **2** impacco *m.*: ***heiße, kalte -en*** impacchi caldi, freddi **3** SPORT *(hohe Niederlage)* clamorosa sconfitta *f.*: ***eine ~ bekommen*** essere clamorosamente battuto, ricevere una bella batosta **4a** SVIZZ. *(Gepäck)* bagaglio *m.* **b** MIL. *(Ausrüstung)* equipaggiamento *m.* **5** TECN. *(Dichtungsteil)* guarnizione *f.*, tenuta *f.* ◆ ***er raucht jeden Tag eine ~*** fuma un pacchetto (di sigarette) al giorno. **Pack|wa|gen** m. *(-s,-)* **1** ANT. *(Gepäckwagen)* carrello *m.* per bagagli **2** FERR. carro *m.* merci. **Pack|werk** n. *(-[e]s,-e)* mantellata *f.* di pietrame. **Pack|zet|tel** m. *(-s,-)* **1** elenco *m.* del contenuto (del pacco) **2** *(Kontrollzettel)* tagliando *m.* di controllo.

Pä|da|go|ge m. *(-n,-n)* **1** *(Erzieher)* pedagogo *m.* **2** *(Wissenschaftler)* pedagogista *m.* **Pä|da|go|gik** f. *(-)* pedagogia *f.* **Pä|da|go|gi|kum** n. *(-s, Pädagogika)* INTRAD. (esame di pedagogia per futuri insegnanti). **Pä|da|go|gin** f. *(-,-nen)* **1** *(Erzieherin)* pedagoga *f.* **2** *(Wissenschaftlerin)* pedagogista *f.* **pä|da|go|gisch** **I** agg. pedagogico **II** avv. pedagogicamente. **Pä|da|go|gi|um** n. *(-s, Pädagogien)* ANT. istituto *m.* magistrale.

Pad|del n. *(-s,-)* pagaia *f.* **Pad|del|boot** n. *(-[e]s,-e)* canoa *f.* **pad|deln** intr. **1** *(mit Paddeln rudern;* aus. *haben, sein)* pagaiare **2** (aus. *sein)* andare in canoa. **Padd|ler** m. *(-s,-)* canoista *m.*

Pad|dock ['pɛdɔk] m. *(-s,-s)* paddock *m.*

Pä|de|rast m. *(-en,-en)* pederasta *m.* **Pä|de|ras|tie** f. *(-)* pederastia *f.*

Pä|di|a|ter m. *(-s,-)* pediatra *m.* **Pä|di|at|rie** f. *(-)* pediatria *f.* **pä|di|at|risch** agg. pediatrico.

Pä|do|ge|ne|se, Pä|do|ge|ne|sis f. *(-)* BIOL. pedogenesi *f.* **Pä|do|lo|gie** f. *(-)* pedologia *f.*

pä|do|phil agg. pedofilo. **Pä|do|phi|le** m. *(-n,-n)* pedofilo *m.* **Pä|do|phi|lie** f. *(-)* pedofilia *f.*

Pa|dua n.pr.n. *(-s)* Padova *f.* **Pa|du|a|ner** m. *(-s,-)* padovano *m.* **pa|du|a|nisch** agg. padovano.

paff inter. paf, paffete. **paf|fen** COLLOQ. **I** tr. fumare senza aspirare: ***eine Zigarette ~*** fumare una sigaretta (senza aspirare) **II** intr. (aus. *haben*) fumare (mandando sbuffi di fumo); fumare senza aspirare.

pag. ⇒ *Pagina* pagina (pag.).

Pa|gaie f. *(-,-n)* pagaia *f.*

pa|gan agg. pagano. **Pa|ga|nis|mus** m. *(-, Paganismen)* paganesimo *m.*

Pa|gat m. *(-[e]s,-e)* GIOC. *(Kartenspiel)* bagatto *m.*

Pa|ge ['pa:ʒə] m. *(-n,-n)* **1** STOR. paggio *m.* **2a** *(Diener)* valletto *m.* **b** *(im Hotel)* ragazzo *m.* d'albergo. **Pa|gen|dienst** m. *(-[e]s,-e)* STOR. servizio *m.* di paggio. **Pa|gen|fri|sur** f. *(-,-en)* acconciatura *f.* alla paggio. **Pa|gen|kopf** m. *(-[e]s,-köpfe)* capelli *m.pl.* alla paggetto.

Pa|gi|na f. *(-,-s* e *Paginä)* ANT. pagina *f.* **pa|gi|nie|ren** tr. ***einen Text ~*** numerare le pagine di un testo. **Pa|gi|nier|ma|schi|ne** f. *(-,-n)* **1** *(Gerät)* numeratrice *f.* **2** → **Paginierstempel. Pa|gi|nier|stem|pel** m. *(-s,-)* (timbro *m.*) numeratore *m.* **Pa|gi|nie|rung** f. *(-,-en)* paginatura *f.*

Pa|go|de **I** f. *(-,-n)* pagoda *f.* **II** f. *(-,-n)* e m. *(-n,-n)* AUSTR. O ANT. *(Porzellanfigur)* pagoda *f.* **Pa|go|den|dach** n. *(-[e]s,-dächer)* tetto *m.* a pagoda. **Pa|go|den|kra|gen** m. *(-s,-)* colletto *m.* a pagoda.

pah inter. bah.

Pail|let|te [paj'jɛtə] f. *(-,-n)* paillette *f.*, lustrino *m.* **pail|let|ten|be|setzt** agg. con (le) paillettes, con (i) lustrini.

Pair [pɛ:ɐ] m. *(-s,-s)* STOR. pari *m.* **Pai|rie** [pɛ:'ri:] f. *(-,-n)* dignità *f.* di pari. **Pairs|wür|de** f. *(-,-n)* → **Pairie.**

Pak f. *(-,-* e *-s)* **1** (accorc. *Panzerabwehrkanone)* cannone *m.* anticarro, anticarro *m.* **2** artiglieria *f.* anticarro.

Pa|ket n. *(-[e]s,-e)* **1a** pacco *m.*: ***ein kleines ~*** un piccolo pacco, un pacchetto; ***das ~ enthält Spielzeug*** il pacco contiene giocattoli; ***ein ~ packen, öffnen, verschnüren*** fare un pacco, aprire, legare un pacco **b** *(verpackte Postsendung)* ***ein ~ aufgeben, schicken*** spedire un pacco; ***ein dringendes, sperriges ~*** un pacco urgente, ingombrante; ***ein ~ auf die, zur Post bringen, von der Post abholen*** portare, ritirare un pacco alla posta **c** *(Packung einer Ware)* scatola *f.*: ***ein ~ Kräcker, Waschpulver*** una scatola di cracker, di detersivo **2** ECON. POL. pacchetto *m.*: ***ein ~ Aktien*** un pacchetto azionario; ***ein ~ von Forderungen, Vorschlägen*** un pacchetto di richieste, di proposte **3** SPORT *(Rugby)* pacchetto *m.*

Pa|ket|an|nah|me f. *(-,-n)* accettazione *f.* dei, di pacchi postali. **Pa|ket|aus|ga|be** f. *(-,-n)* distribuzione *f.* dei, di pacchi postali. **Pa|ket|be|för|de|rung** f. *(-,-en)* trasporto *m.* dei, di pacchi postali. **Pa|ket|boot** n. *(-[e]s,-e)* battello *m.* postale. **pa|ke|tie|ren** tr. impaccare, impacchettare. **Pa|ke|tier|ma|schi|ne** f. *(-,-n)* impacchettatrice *f.* **Pa|ke|tie|rung** f. *(-,-en)* impaccaggio *m.*

Pa|ket|kar|te f. *(-,-n)* bollettino *m.* di spedizione dei, per pacchi postali. **Pa|ket|post** f. *(-)* servizio *m.* pacchi postali. **Pa|ket|schal|ter** m. *(-s,-)* sportello *m.* per (l'accettazione di) pacchi postali. **Pa|ket|sen|dung** f. *(-,-en)* pacco *m.* postale. **Pa|ket|wa|gen** m. *(-s,-)* furgone *m.* postale. **Pa|ket|zu|stel|ler** m. *(-s,-)* fattorino *m.* (dei pacchi postali). **Pa|ket|zu|stel|lung** f. *(-,-en)* consegna *f.* dei, di pacchi postali.

Pak|ge|schütz n. *(-es,-e)* cannone *m.* anticarro.

Pa|kis|tan n.pr.n. *(-s)* Pakistan *m.* **Pa|kis|ta|ner** m. *(-s,-)*, **Pa|kis|ta|ni** m. *(-[s],-[s])* pakistano *m.* **pa|kis|ta|nisch** agg. pakistano.

Pakt m. *(-[e]s,-e)* patto *m.*: ***einen ~ mit jdm (ab)schließen*** concludere un patto con qcn.; ***einem ~ beitreten*** aderire a un patto; ***einen ~ brechen, nicht halten*** rompere, non mantenere un patto. **pak|tie|ren** intr. (aus. *haben*) SPREG. ***mit jdm ~*** fare causa comune, scendere (*o* venire) a patti, patteggiare con qcn.; ***mit dem Feind ~*** far causa comune con il nemico. **Pak|tie|rer** m. *(-s,-)* chi scende a patti, patteggiatore *m.*

Pa|lä|an|thro|po|lo|gie f. *(-)* paleoantropologia *f.*

Pa|la|din, Pa|la|din m. *(-s,-e)* paladino *m.*; FIG. ***ein ~ der Freiheit*** un paladino della libertà.

Pa|lais [pa'lɛ:] n. *(-,-)* palazzo *m.*

Pa|lan|kin m. *(-s,-e* e *-s)* palanchino *m.*

Pa|lä|o|bi|o|lo|gie f. *(-)* paleobiologia *f.* **Pa|lä|o|bo|ta|nik** f. *(-)* paleobotanica *f.* **pa|lä|o|gen** agg. del paleogene. **Pa|lä|o|gen** n. *(-s)* paleogene *m.* **Pa|lä|o|ge|o|gra|fie, Pa|lä|o|ge|o|gra|phie** f. *(-)* paleogeografia *f.*

Pa|lä|o|graph m. *(-en,-en)* paleografo *m.* **Pa|lä|o|gra|phie** f. *(-)* paleografia *f.* **pa|lä|o|gra|phisch** agg. paleografico.

Pa|lä|o|kli|ma|to|lo|gie f. *(-)* paleoclimatologia *f.*

Pa|lä|o|lith m. *(-en,-en)* paleolite *m.* **Pa|lä|o|li|thi|ker** m. *(-s,-)* (uomo *m.*) paleolitico *m.* **Pa|lä|o|li|thi|kum** n. *(-s)* paleolitico *m.* **pa|lä|o|li|thisch** agg. paleolitico.

Pa|lä|on|to|lo|ge m. *(-n,-n)* paleontologo *m.* **Pa|lä|on|to|lo|gie** f. *(-)* paleontologia *f.* **pa|lä|on|to|lo|gisch** agg. paleontologico.

pa|lä|o|zän agg. del paleocene. **Pa|lä|o|zän** n. *(-s)* paleocene *m.*

Pa|lä|o|zo|i|kum n. *(-s)* paleozoico *m.* **pa|lä|o|zo|isch** agg. paleozoico. **Pa|lä|o|zo|o|lo|gie** f. *(-)* paleozoologia *f.*

Pa|las m. *(-,-se)* STOR. *(Hauptgebäude der Burg)* palazzo *m.* **Pa|last** m. *(-es, Paläste)* **1** *(Schloss)* palazzo *m.* **2** FIG. COLLOQ. *(pompöse Villa)* reggia *f.*

Pa|läs|ti|na n.pr.n. *(-s)* Palestina *f.* **Pa|läs|ti|nen|ser** m. *(-s,-)* palestinese *m.* **Pa|läs|ti|nen|ser|fra|ge** f. *(-)* questione *f.* palestinese. **Pa|läs|ti|nen|ser|füh|rer** m. *(-s,-)* leader *m.* palestinese. **pa|läs|ti|nen|sisch, pa|läs|ti|nisch** agg. palestinese.

Pa|last|re|vo|lu|ti|on f. *(-,-en)* rivolta *f.* di palazzo (anche FIG.).

pa|la|tal agg. palatale. **Pa|la|tal** m. *(-s,-e)* palatale *f.* **pa|la|ta|li|sie|ren** tr. palatalizzare. **Pa|la|ta|li|sie|rung** f. *(-,-en)* palatalizzazione *f.* **Pa|la|tal|laut** m. *(-[e]s,-e)* suono *m.* palatale.

1.Pa|la|tin n.pr.m. *(-s)* Palatino *m.*

2.Pa|la|tin m. *(-s,-e)* (conte *m.*) palatino *m.* **Pa|la|ti|nat** m. *(-[e]s,-e)* palatinato *m.* **pa|la|ti|nisch** agg. *(pfälzisch)* palatino ◆ ***der Palatinische Hügel*** il colle Palatino.

Pa|lat|schin|ke f. *(-,-n)* AUSTR. INTRAD. (specie di omelette ripiena di marmellata).

Pa|la|ver n. *(-s,-)* **1** COLLOQ. SPREG. tiritera *f.*, lunga chiacchierata *f.*: ***ein großes, langes ~ (um etw.) machen, abhalten*** fare una lunga tiritera (su qcs.) **2** REGION. *(Geschrei)* chiasso *m.* **pa|la|vern** intr. (aus. *haben*) fare una tiritera: ***mit jdm über etw. ~*** chiacchierare a lungo con qcn. di qcs.

pa|len tr. REGION. *(Hülsenfrüchten)* sgranare.

Pa|le|o|zän → **Paläozän.**

Pa|ler|mer m. *(-s,-)* palermitano *m.* **pa|ler|misch** agg. palermitano, di Palermo.

Pa|le|tot ['paləto, pal'to:] m. *(-s,-s)* paletot *m.*, paltò *m.*, cappotto *m.*

Pa|let|te f. *(-,-n)* **1a** tavolozza *f.*: ***Pinsel und ~ nehmen*** prendere pennello e tavolozza **b** FIG. *(Vielfalt)* tavolozza *f.*, gamma *f.*: ***eine bunte ~*** una svariata gamma di colori (*o* una ricca tavolozza); ***die reiche ~ unseres Angebots*** la ricca gamma della nostra offerta; ***die ganze ~ an Möglichkeiten*** l'intera gamma di possibilità **2**

(Holzuntersatz) pallet *m.*, paletta *f.*: ***etw. auf -n stapeln*** accatastare qcs. su pallet.
pa|let|ti, GERG. ***(es ist) alles ~*** tutto a posto.
pa|let|tie|ren tr. palettizzare, pallettizzare. **pa|let|tiert** p.pass. → **palettieren** ◆ ***-e Ladungen*** merci su pallet. **pa|let|ti|sie|ren** → **palettieren.**
Pa|li n. *(-[s])* pali *m.*
Pa|limp|sest m. e n. *(-[e]s,-e)* palinsesto *m.* **Pa|lind|rom** n. *(-s,-e)* palindromo *m.* **Pa|lin|ge|ne|se** f. *(-,-n)* palingenesi *f.* **Pa|li|no|die** f. *(-,-n)* palinodia *f.*
Pa|li|sa|de f. *(-,-n)* palizzata *f.* **Pa|li|sa|den|wand** f. *(-,-wände)* parete *f.* a palizzata. **Pa|li|sa|den|zaun** m. *(-[e]s,-zäune)* recinto *m.* a palizzata.
Pa|li|san|der m. *(-s,-)*, **Pa|li|san|der|holz** n. *(-es)* palissandro *m.*, legno *m.* di palissandro. **pa|li|san|dern** agg. di palissandro.
Pall n. e m. *(-[e]s,-en)* TECN. scontro *m.*, castagna *f.*
Pal|la|di|um n. *(-s, Palladien)* ART. CHIM. palladio *m.*
Pal|las n.pr.f. Pallade *f.*
Pal|lasch m. *(-[e]s,-e)* sciabola *f.* (pesante).
Pal|la|watsch m. *(-s,-e)* AUSTR. COLLOQ. **1** *(Durcheinander)* casino *m.* **2** *(Niete)* brocco *m.*
pal|li|a|tiv agg. palliativo. **Pal|li|a|tiv** n. *(-s,-e)*, **Pal|li|a|ti|vum** n. *(-s, Palliativa)* palliativo *m.*
Pal|li|um n. *(-s, Pallien)* pallio *m.*
Palm m. *(-s,-e)* REGION. (ramo *m.* di) palma *f.* **Palm|art** → **Palmenart. Pal|ma|rum** → **Palmsonntag. Palm|baum** m. *(-[e]s,-bäume)* ANT. palma *f.* **Palm|blatt** n. *(-[e]s,-blätter)* foglia *f.* di palma. **Palm|blatt|ka|pi|tell** → **Palmenkapitell. Palm|bu|schen** m. *(-s,-)* REGION. ramo *m.* di palma. **Pal|me** f. *(-,-n)* **1** palma *f.* **2** FIG. *(Siegespreis)* palma *f.* (della vittoria): ***ihm gebührt die ~*** gli spetta la palma della vittoria ◆ ***jdn auf die ~ bringen*** far inalberare qcn.; ***auf die ~ gehen*** inalberarsi; ***von der ~ (wieder) herunterkommen*** darsi una calmata; ***auf der ~ sein*** essere fuori di sé. **Pal|men|art** f. *(-,-en)* varietà *f.* di palma. **pal|men|ar|tig** agg. a forma di palma, palmato. **Pal|men|blatt** → **Palmblatt. Pal|men|blatt|ka|pi|tell** → **Palmenkapitell. Pal|men|hain** m. *(-s,-e)* palmeto *m.* **Pal|men|haus** n. *(-[e]s,-häuser)* serra *f.* di palmizi. **Pal|men|her|zen** → **Palmherzen. Pal|men|ka|pi|tell** n. *(-s,-e)* capitello *m.* a palmette. **Pal|men|mark** → **Palmmark. Pal|men|we|del** → **Palmwedel. Pal|men|zweig** → **Palmzweig. Pal|met|te** f. *(-,-n)* ART. AGR. palmetta *f.* **Palm|fett** n. *(-[e]s)* olio *m.* di palma. **Palm|her|zen** pl. cuori *m.pl.* di palma.
Pal|mi|tin|säu|re f. *(-)* acido *m.* palmitico.
Palm|kätz|chen n. *(-s,-)* gattino *m.* di salice. **Palm|kern** m. *(-s,-e)* seme *m.* di palma, palmisti *m.* **Palm|li|lie** f. *(-,-n)* BOT. iucca *f.* **Palm|mark** n. *(-[e]s)* midollo *m.* di palma. **Palm|sonn|tag** m. *(-[e]s,-e)* domenica *f.* delle Palme. **Palm|we|del** m. *(-s,-)* ramo *m.* di palma. **Palm|wei|de** f. *(-,-n)* salice *m.* **Pal|my|ra|pal|me** f. *(-,-n)* palma *f.* palmira, borasso *m.* **Palm|zweig** m. *(-[e]s,-e)* **1** ramo *m.* di palma **2** RELIG. *(Palm)* (ramo *m.* di) palma *f.*
pal|pa|bel agg. MED. **1** palpabile: ***die Leber ist ~*** il fegato è palpabile **2** *(greifbar)* percepibile: ***der Puls ist ~*** il polso è percepibile. **Pal|pa|ti|on** f. *(-)* MED. palpazione *f.* **Pal|pe** f. *(-,-n)* palpo *m.* **pal|pie|ren** tr. MED. palpare.
Pal|pi|ta|ti|on f. *(-,-en)* MED. palpitazione *f.* **pal|pi|tie|ren** intr. (aus. *haben*) MED. palpitare, pulsare.
PAL-Sys|tem n. *(-s)* sistema *m.* PAL.
Pamp m. *(-s)* REGION. → **Pamps.**
Pam|pa f. *(-,-s)* pampa *f.* ◆ SCHERZ. ***irgendwo in der ~ wohnen*** abitare in mezzo ai lupi. **Pam|pa(s)|gras** n. *(-es,-gräser)* ginerio *m.* **Pam|pas|strauß** m. *(-es,-e)* nandù *m.*
Pam|pe f. *(-)* pappa *f.*, poltiglia *f.*
Pam|pel|mu|se f. *(-,-n)* pompelmo *m.*
Pampf m. *(-s)* REGION. → **Pamps.**
Pamph|let n. *(-[e]s,-e)* pamphlet *m.*, libello *m.* **Pamph|le|tist** m. *(-en,-en)* panflettista *m.*, libellista *m.*
pam|pig agg. **1** *(breiig)* denso, pastoso **2** COLLOQ. *(patzig)* insolente, sfacciato.
Pamps m. *(-[e]s)* COLLOQ. pappa *f.*, poltiglia *f.* **pamp|sig** agg. poltiglioso.
Pa|na|de f. *(-,-n)* impanatura *f.* **Pa|na|de|sup|pe** f. *(-,-n)* REGION. panata *f.*
pan|af|ri|ka|nisch agg. panafricano. **Pan|af|ri|ka|nis|mus** m. *(-)* panafricanismo *m.*
Pa|na|ma I n.pr.n. *(-s)* **1** (stato *m.* di) Panama **2** (città *f.* di) Panama **II** m. *(-s,-s)* **1** *(Gewebe)* panama *m.* **2** → **Panamahut. Pa|na|ma|bin|dung** f. *(-)* TESS. (armatura *f.*) panama *m.* **Pa|na|ma|er** m. *(-s,-)* panamense *m.*, abitante *m.* di Panama. **Pa|na|ma|hut** m. *(-[e]s,-hüte)* panama *m.* **pa|na|ma|isch** agg. panamense.
pan|ame|ri|ka|nisch agg. panamericano. **Pan|ame|ri|ka|nis|mus** m. *(-)* panamericanismo *m.*
pan|ara|bisch agg. panarabo. **Pan|ara|bis|mus** m. *(-)* panarabismo *m.*
Pa|nasch m. *(-[e]s,-e)* pennacchio *m.*
Pa|na|schee n. *(-s,-s)* ANT. O REGION. **1** composta *f.* di frutta mista **2** *(Getränk)* panaché *m.* **pa|na|schie|ren** intr. (aus. *haben*) votare candidati di liste diverse. **Pa|na|schier|sys|tem** n. *(-s)* panachage *m.* **pa|na|schiert** p.pass. agg. **1** → **panaschieren 2** BOT. screziato di bianco. **Pa|na|schie|rung** f. *(-,-en)* **1** il votare candidati di liste diverse **2** BOT. *(weiße Musterung)* screziatura *f.* bianca. **Pa|na|schü|re** f. *(-,-n)* BOT. screziatura *f.* bianca.
Pan|athe|nä|en pl. panatenee *f.pl.*
Pa|na|zee [pana'tse:(ə)] f. *(-,-n)* panacea *f.*
pan|chro|ma|tisch agg. pancromatico.
Pan|da m. *(-s,-s)* panda *m.*
Pan|dek|ten pl. pandette *f.pl.*
Pan|de|mie f. *(-,-n)* pandemia *f.* **pan|de|misch** agg. pandemico.
Pan|do|ra n.pr.f. Pandora *f.*: ***die Büchse der ~*** il vaso di Pandora.
Pand|schab n.pr.n. *(-s)* Punjab *m.* **Pand|scha|bi** n. *(-[s])* LING. punjabi *m.*
Pan|dur m. *(-en,-en)* STOR. panduro *m.*
Pa|neel n. *(-s,-e)* pannello *m.* **pa|nee|lie|ren** tr. rivestire di, con pannelli.
Pa|ne|gy|ri|ker m. *(-s,-)* panegirista *m.* **Pa|ne|gy|ri|kon** n. *(-[s], Panegyrika)* LIT. panegirico *m.* **Pa|ne|gy|ri|kos** m. *(-, Panegyrikoi)*, **Pa|ne|gy|ri|kus** m. *(-, Panegyriken)* RET. panegirico *m.* **pa|ne|gy|risch** agg. panegirico.
Pa|nel ['pɛnl] n. *(-s,-s)* panel *m.*
pan|eu|ro|pä|isch agg. paneuropeo.
Pan|flö|te f. *(-,-n)* flauto *m.* di Pan, siringa *f.*
Pan|ger|ma|nis|mus m. *(-)* pangermanesimo *m.*, pangermanismo *m.* **pan|ger|ma|nis|tisch** agg. pangermanistico.
Pan|hel|le|nis|mus m. *(-)* panellenismo *m.* **pan|hel|le|nis|tisch** agg. panellenico.
1.Pa|nier n. *(-s,-e)* **1** ANT. insegna *f.*, vessillo *m.* **2** *(Wahlspruch)* motto *m.*, slogan *m.* ◆ ***etw. auf sein ~ schreiben*** far di qcs. il proprio vessillo.
2.Pa|nier f. *(-)* AUSTR. impanatura *f.* **pa|nie|ren** tr. (im)panare. **Pa|nier|mehl** n. *(-[e]s)* pangrattato *m.* **Pa|nie|rung** f. *(-,-en)* impanatura *f.*
Pa|nik f. *(-,-en)* panico *m.*: ***eine ~ bricht aus*** esplode il panico; ***von ~ erfasst, ergriffen werden*** essere preso, colto dal panico; ***in ~ geraten*** farsi prendere dal panico; ***~ auslösen*** scatenare il panico; ***jdn in ~ versetzen*** gettare qcn. nel panico. **pa|nik|ar|tig I** agg. di panico: ***-es Geschrei*** grida di panico **II** avv. (come) in preda al panico. **Pa|nik|ma|che** f. *(-)* SPREG. il creare (il) panico: ***das ist alles nur ~*** è solo un modo per creare il panico. **Pa|nik|re|ak|ti|on** f. *(-,-en)* reazione *f.* di panico. **Pa|nik|stim|mung** f. *(-,-en)* (senso *m.* di) panico *m.*; *(panikartige Atmosphäre)* atmosfera *f.* di panico: ***in ~ geraten*** cadere nel panico. **pa|nisch I** agg. panico: ***-e Angst*** timor panico **II** avv. (come) in preda al panico.
pan|is|la|misch agg. panislamico. **Pan|is|la|mis|mus** m. *(-)* panislamismo *m.*
Pan|je|pferd n. *(-[e]s,-e)* cavallino *m.* russo.
Pank|re|as n. *(-)* pancreas *m.* **Pank|re|a|ti|tis** f. *(-, Pankreatitiden)* pancreatite *f.*
Pan|lo|gis|mus m. *(-, Panlogismen)* panlogismo *m.*
Pan|ne f. *(-,-n)* **1a** panne *f.*: ***mit einer ~ liegen bleiben*** restare in panne; ***eine ~ haben*** avere una panne **b** *(technischer Schaden)* guasto *m.*: ***eine ~ (am Motorrad) reparieren, beheben*** riparare un guasto (alla moto) **2** FIG. *(Missgeschick)* intoppo *m.*, disavventura *f.*: ***diplomatische -n*** noie diplomatiche; ***während der Veranstaltung gab es eine ~*** durante la manifestazione ci fu un intoppo. **Pan|nen|dienst** m. *(-[e]s,-e)*, **Pan|nen|hil|fe** f. *(-)* soccorso *m.* stradale. **Pan|nen|kof|fer** m. *(-s,-)* AUT. cassetta *f.* degli attrezzi.
Pan|no|ni|en n.pr.n. *(-s)* Pannonia *f.*
Pa|nop|ti|kum n. *(-s, Panoptiken)* **1** *(Wachsfigurenkabinett)* museo *m.* delle cere **2** *(Kuriositätensammlung)* collezione *f.* di curiosità.
Pa|no|ra|ma n. *(-s, Panoramen)* panorama *m.* **Pa|no|ra|ma|auf|nah|me** f. *(-,-n)* fotografia *f.* panoramica. **Pa|no|ra|ma|bus** m. *(-ses,-se)* autobus *m.* panoramico. **Pa|no|ra|ma|fens|ter** n. *(-s,-)* finestra *f.* panoramica. **Pa|no|ra|ma|schei|be** f. *(-,-n)* parabrezza *m.* avvolgente. **Pa|no|ra|ma|spie|gel** m. *(-s,-)* specchietto *m.* (retrovisore) panoramico.

Pan|ple|gie f. *(-,-n)* MED. pamplegia *f.* **Pan|psy|chis|mus** m. *(-)* panpsichismo *m.* **pan|schen I** tr. annacquare; *(verfälschen)* adulterare, sofisticare (anche assol.): ***Wein ~*** annacquare (*o* adulterare) il vino **II** intr. (aus. *haben*) COLLOQ. sguazzare. **Pan|scher** m. *(-s,-)* chi annacqua bevande alcoliche. **Pan|sche|rei** f. *(-,-en)* COLLOQ. annacquatura *f.* di bevande alcoliche.
Pan|sen m. *(-s,-)* **1** ZOOL. rumine *m.* **2** REGION. SCHERZ. *(Magen)* stomaco *m.*
Pan|se|xu|a|lis|mus m. *(-)* pansessualismo *m.*
Pans|flö|te → **Panflöte.**
Pan|sla|wis|mus m. *(-)* panslavismo *m.* **Pan|sla|wist** m. *(-en,-en)* panslavista *m.* **pan|sla|wis|tisch** agg. panslavistico.
Pan|so|phie f. *(-)* pansofia *f.*
Pan|ter → **Panther. Pan|ter|fell** → **Pantherfell. Pan|ter|kat|ze** → **Pantherkatze. Pan|ter|pilz** → **Pantherpilz.**
Pan|the|is|mus m. *(-)* panteismo *m.* **Pan|the|ist** m. *(-en,-en)* panteista *m.* **pan|the|is|tisch** agg. panteistico.
Pan|the|on n. *(-s,-s)* pantheon *m.* (anche ESTENS.).
Pan|ther m. *(-s,-)* pantera *f.*, leopardo *m.* **Pan|ther|fell** n. *(-[e]s,-e)* pelliccia *f.* di leopardo. **Pan|ther|kat|ze** f. *(-,-n)* gattopardo *m.* americano, ozelot *m.* **Pan|ther|pilz** m. *(-es,-e)* tignosa *f.* bigia (*o* bruna).
Pan|ti|ne f. *(-,-n)* **1** zoccolo *m.* **2** *(Pantoffel)* pantofola *f.* ◆ COLLOQ. ***aus den -n kippen*** = svenire; *(die Fassung verlieren)* perdere il controllo (di sé).
Pan|tof|fel m. *(-s,-n)* ciabatta *f.*: ***in die -n schlüpfen*** infilarsi le ciabatte ◆ COLLOQ. ***unter den ~ geraten, kommen*** = diventare succube della moglie; FIG. ***den ~ schwingen*** portare i calzoni; COLLOQ. ***unter dem ~ stehen*** = essere succube della moglie. **Pan|tof|fel|blu|me** f. *(-,-n)* calceolaria *f.*
Pan|töf|fel|chen n. *(-s,-)* pantofolina *f.*
Pan|tof|fel|held m. *(-en,-en)* COLLOQ. SPREG. fantoccio *m.*, uomo *m.* di stoppa. **Pan|tof|fel|ki|no** n. *(-s,-s)* SCHERZ. tivù *f.* **Pan|tof|fel|tier|chen** n. *(-s,-)* paramecio *m.*
Pan|to|graph m. *(-en,-en)* pantografo *m.* **Pan|to|gra|phie** f. *(-)* disegno *m.* fatto col pantografo.
Pan|to|me|ter n. *(-s,-)* pantometro *m.*
1.Pan|to|mi|me f. *(-,-n)* pantomima *f.*: ***eine ~ aufführen*** fare, eseguire una pantomima.
2.Pan|to|mi|me m. *(-n,-n)* pantomimo *m.* **Pan|to|mi|mik** f. *(-)* **1** arte *f.* pantomimica, pantomima *f.* **2** PSIC. mimica *f.*, gestualità *f.* **pan|to|mi|misch** agg. pantomimico.
pan|to|phag agg. pantofago. **Pan|to|pha|ge** m. *(-n,-n)* pantofago *m.* **Pan|to|pha|gie** f. *(-)* pantofagia *f.*
Pant|ry ['pɛntri] f. *(-,-s)* MAR. dispensa *f.*, cambusa *f.*
pant|schen → **panschen. Pant|scher** → **Panscher.**
Pän|ul|ti|ma f. *(-, Pänultimä* e *Pänultimen)* penultima sillaba *f.*
Pan|zen m. *(-s,-)* REGION. SPREG. pancione *m.*, trippa *f.*: ***sich einen ~ anfressen*** metter su trippa (a furia di mangiare).
Pan|zer m. *(-s,-)* **1** STOR. *(Rüstung)* corazza *f.*: ***den ~ anlegen, ablegen*** mettersi, togliersi la corazza **2** *(bei Tieren)* ZOOL. corazza *f.*: ***der ~ des Krebses*** la corazza del granchio **3** *(Panzerung)* corazza *f.*, corazzatura *f.*, blindaggio *m.* **4a** MIL. *(Kampffahrzeug)* carro *m.* (armato), panzer *m.*: ***schwere ~*** carri pesanti; ***die ~ rollen, stoßen vor*** i carri armati avanzano, attaccano; COLLOQ. ***einen ~ knacken*** mettere fuori combattimento un carro armato **b** pl. → **Panzertruppe. Pan|zer|ab|tei|lung** f. *(-,-en)* reparto *m.* corazzato.
Pan|zer|ab|wehr f. *(-)* difesa *f.* anticarro. **Pan|zer|ab|wehr|ka|no|ne** f. *(-,-n)* cannone *m.* anticarro. **Pan|zer|ab|wehr|ra|ke|te** f. *(-,-n)* missile *m.* anticarro.
Pan|zer|ar|mee f. *(-,-n)* armata *f.* corazzata. **Pan|zer|auf|klä|rer** pl. truppe *f.pl.* corazzate di ricognizione. **pan|zer|bre|chend** agg. anticarro. **Pan|zer|deck** n. *(-[e]s,-e)* ponte *m.* corazzato. **Pan|zer|di|vi|si|on** f. *(-,-en)* divisione *f.* corazzata. **Pan|zer|ech|se** f. *(-,-n)* coccodrillo *m.* **Pan|zer|fah|rer** m. *(-s,-)* carrista *m.* **Pan|zer|fahr|zeug** n. *(-[e]s,-e)* mezzo *m.*, veicolo *m.* blindato. **Pan|zer|faust** f. *(-,-fäuste)* lanciarazzi *m.* anticarro. **Pan|zer|fi|sche** pl. placodermi *m.pl.* **Pan|zer|glas** n. *(-[e]s)* vetro *m.* blindato. **Pan|zer|gra|ben** m. *(-s,-gräben)* fosso *m.* anticarro. **Pan|zer|gra|na|te** f. *(-,-n)* granata *f.* anticarro, perforante. **Pan|zer|gre|na|dier** m. *(-s,-e)* **1** granatiere *m.* (*o* fante *m.*) corazzato **2** pl. *(Truppengattung)* granatieri *m.pl.* corazzati. **Pan|zer|hemd** n. *(-s,-en)* cotta *f.* di maglia, giaco *m.* **Pan|zer|kampf|wa|gen** m. *(-s,-)* carro *m.* armato. **Pan|zer|ket|te** f. *(-,-n)* cingolo *m.* **Pan|zer|ko|lon|ne** f. *(-,-n)* colonna *f.* di carri armati. **Pan|zer|krebs** m. *(-es,-e)* aragosta *f.* **Pan|zer|kreu|zer** m. *(-s,-)* incrociatore *m.* corazzato, corazzata *f.* ◆ ***~ Potemkin*** la corazzata Potemkin. **Pan|zer|lurch** m. *(-[e]s,-e)* coccodrillo *m.* **Pan|zer|mu|ni|ti|on** f. *(-)* munizioni *f.pl.* anticarro.
pan|zern I tr. corazzare, blindare: ***eine Tür, ein Fahrzeug ~*** blindare una porta, un veicolo **II** rifl. **sich ~ 1** STOR. indossare la corazza: ***die Krieger panzerten sich vor dem Kampf*** i guerrieri indossavano la corazza prima della battaglia **2** FIG. corazzarsi: ***sich gegen die Außenwelt, die ständigen Demütigungen ~*** corazzarsi contro il mondo esterno, contro le continue mortificazioni. **Pan|zer|plat|te** f. *(-,-n)* piastra *f.* metallica (per corazzatura). **Pan|zer|schiff** n. *(-[e]s,-e)* corazzata *f.* **Pan|zer|schlacht** f. *(-,-en)* MIL. battaglia *f.* di carri (armati), di mezzi corazzati. **Pan|zer|schrank** m. *(-[e]s,-schränke)* cassaforte *f.* **Pan|zer|späh|wa|gen** m. *(-s,-)* autoblindo *m.*, blindato *m.* (da ricognizione). **Pan|zer|sper|re** f. *(-,-n)* sbarramento *f.* anticarro. **Pan|zer|trup|pe** f. *(-,-n)* truppe *f.pl.* corazzate. **Pan|zer|turm** m. *(-[e]s,-türme)* torretta *f.* blindata; *(von Panzern)* torretta *f.* **Pan|ze|rung** f. *(-,-en)* corazzatura *f.*, blindatura *f.*, blindaggio *m.* **Pan|zer|ver|band** m. *(-,-verbände)* unità *f.* corazzata. **Pan|zer|wa|gen** m. *(-s,-)* blindato *m.* **Pan|zer|zug** m. *(-[e]s,-züge)* treno *m.* blindato.
Pä|o|nie f. *(-,-n)* peonia *f.*
1.Pa|pa m. *(-s,-s)* FAM. papà *m.*, babbo *m.*
2.Pa|pa m. *(-s)* *(Papst)* papa *m.*
Pa|pa|chen n. *(-s,-)* VEZZ. → **Papi.**
Pa|pa|gei, Pa|pa|gei m. *(-en* e *-s,-en* RAR. *-e)* ORNIT. pappagallo *m.* ◆ ***alles wie ein ~ nachplappern*** ripetere tutto come un pappagallo; ***wie ein ~ reden*** parlare come un pappagallo. **pa|pa|gei|en|grün** agg. verde chiaro brillante. **Pa|pa|gei|en|grün** n. *(-[e]s)* verde *m.* chiaro brillante. **pa|pa|gei|en|haft** agg. pappagallesco. **Pa|pa|gei|en|krank|heit** f. *(-)* psittacosi *f.* **Pa|pa|gei|en|schna|bel** m. *(-[e]s,-schnäbel)* becco *m.* di pappagallo. **Pa|pa|gei|fisch** m. *(-[e]s,-e)* scaro *m.* cretese. **Pa|pa|gei|tau|cher** m. *(-s,-)* alca *f.*
pa|pal agg. RAR. papale. **Pa|pa|lis|mus** m. *(-)*, **Pa|pal|sys|tem** n. *(-[e]s)* papismo *m.* **Pa|pat** m. e n. *(-[e]s)* papato *m.*
Pa|pa|ve|ra|ze|en pl. papaveracee *f.pl.* **Pa|pa|ve|rin** n. *(-s)* papaverina *f.*
Pa|pa|ya f. *(-,-s)* papaia *f.*
Pap|chen n. *(-s,-)* → **Papi.**
Pa|pel f. *(-,-n)* papula *f.*
Pa|per ['peɪpə] n. *(-s,-s)* scritto *m.* **Pa|per|back** [-bæk] n. *(-s,-s)* paperback *m.*, brossura *f.*
Pa|pe|te|rie f. *(-,-n)* SVIZZ. **1** *(Papierwaren)* cancelleria *f.* **2** *(Papiergeschäft)* cartoleria *f.*
Pa|pi m. *(-s,-s)* VEZZ. papi(no) *m.*, paparino *m.*, TOSC. babbino *m.*
Pa|pier n. *(-[e]s,-e)* **1** carta *f.*: ***buntes, glattes, rauhes ~*** carta colorata, liscia, ruvida; ***ein Blatt, Bogen ~*** un foglio di carta; ***ein Fetzen ~*** un pezzetto di carta; ***ein Stück ~ abreißen*** strappare un pezzo di carta; ***etw. auf ~ drucken*** stampare qcs. su carta; ***etw. in ~ einwickeln, einschlagen*** avvolgere, imballare qcs. con la (*o* nella) carta **2** *(Schriftstück, Urkunde)* scritto *m.*, atto *m.*, documento *m.*: ***ein ~ unterschreiben*** firmare un documento; ***in alten -en kramen*** rovistare fra vecchie carte **3** pl. *(Personaldokumente)* documenti *m.pl.*, carte *f.pl.*: ***seine -e sind (nicht) in Ordnung*** i suoi documenti (non) sono in regola; ***gefälschte -e*** documenti falsi; ***seine -e vorzeigen, vorweisen*** mostrare i documenti; ***seine -e verlieren*** perdere, smarrire i documenti **4** *(Wertpapier)* effetto *m.*, titolo *m.*, valore *m.*: ***die -e sind gefallen, gestiegen*** i titoli sono scesi, saliti; ***sein Geld in -en anlegen*** investire il proprio denaro in titoli ◆ ***ein ~ abstoßen*** realizzare un titolo; ***nur auf dem ~ stehen, existieren*** essere, esistere solo sulla carta; ***bedrucktes ~*** carta stampata; ***etw. zu ~ bringen*** mettere qcs. sulla carta; ***geleimtes ~*** carta con colla; ***gummiertes ~*** carta gommata; ***hochsatiniertes ~*** carta calandrata (*o* lucidata); ***holzfreies, holzhaltiges ~*** carta senza, con (pasta di) legno; FOT. ***lichtempfindliches ~*** carta sensibile alla luce; ***satiniertes ~*** carta satinata; ***selbstklebendes ~*** carta autoadesiva; ***ungeglättetes ~*** carta non calandrata (*o* lucidata); ***~ verarbeitende Industrie*** industria della lavorazione della carta; ***etw. aufs ~ werfen*** buttare giù, schizzare qcs. **Pa|pier|bahn** f. *(-,-en)* nastro *m.* di carta. **Pa|pier|block** m. *(-[e]s,-blöcke)* blocchetto *m.*, blocco *m.* (di carta). **Pa|pier|blu|me** f. *(-,-n)* fiore *m.* di carta. **Pa|pier|bo|gen** m. *(-s,-)* foglio *m.* di carta. **Pa|pier|boot** n. *(-[e]s,-e)* ITTIOL. argonauta *m.* **Pa|pier|brei** m. *(-s,-e)* pasta *m.* per fare la carta. **Pa|pier|deutsch** n. *(-[s])* SPREG. tedesco *m.* burocratico. **pa|pie|ren** agg. di carta, cartaceo; FIG. *(trocken, nüchtern)* arido: ***ein -er Stil*** uno stile arido. **Pa|pier|fab|rik** f. *(-,-en)* cartiera *f.* **Pa|pier|fet|zen** m. *(-s,-)* pezzetto *m.* di carta. **Pa|pier|form** f. *(-,-en)* SPORT GERG. presunta buona forma *f.*: ***die ~ des Spielers ist gut*** sulla carta è un buon giocatore. **Pa|pier|for|mat** n. *(-[e]s,-e)* formato *m.* della carta. **Pa|pier|geld** n. *(-[e]s)* cartamoneta *f.*, banconote *f.pl.*

Pa|pier|ge|schäft n. *(-[e]s,-e)* cartoleria *f.* **Pa|pier|ge|wicht** n. *(-[e]s,-e)* SPORT peso *m.* carta. **Pa|pier|hand|lung** f. *(-,-en)* → **Papiergeschäft. Pa|pier|hand|tuch** n. *(-[e]s,-tücher)* asciugamano *m.* di carta. **Pa|pier|her|stel|lung** f. *(-)* produzione *f.* della carta. **Pa|pier|in|dust|rie** f. *(-)* industria *f.* cartaria. **Pa|pier|korb** m. *(-[e]s,-körbe)* cestino *m.* per la carta. **Pa|pier|kram** m. *(-[e]s)* COLLOQ. SPREG. scartoffie *f.pl.*, cartacce *f.pl.* **Pa|pier|krieg** m. *(-[e]s,-e)* COLLOQ. SPREG. polemica *f.* (*o* contesa *f.*) cartacea. **Pa|pier|la|den** m. *(-s,-läden)* → **Papiergeschäft. Pa|pier|la|ter|ne** f. *(-,-n)* lampioncino *f.* di carta, alla veneziana. **Pa|pier|ma|ché** [papiemaˈʃeː, AUSTR. paˈpiːɐ-] n. *(-s,-s)* cartapesta *f.* **Pa|pier|mes|ser** n. *(-s,-)* ANT. tagliacarte *m.* **Pa|pier|müh|le** f. *(-,-n)* **1** CART. olandese **2** ANT. cartiera *f.* **Pa|pier|rol|le** f. *(-,-n)* rotolo *m.* di carta. **Pa|pier|sack** m. *(-[e]s,-säcke)* **1** sacco *m.* di carta **2** AUSTR. → **Papiertüte. Pa|pier|sche|re** f. *(-,-n)* forbici *f.pl.* da carta. **Pa|pier|schlan|ge** f. *(-,-n)* stella *f.* filante. **Pa|pier|schnip|sel,** AUSTR. **Pa|pier|schnit|zel** n. e m. *(-s,-)* ritaglio *m.* di carta. **Pa|pier|ser|vi|et|te** f. *(-,-n)* tovagliolo *m.* di carta. **Pa|pier|stau|de** f. *(-,-n)* → **Papyrusstaude. Pa|pier|strei|fen** m. *(-s,-)* striscia *f.* di carta. **Pa|pier|ta|schen|tuch** n. *(-[e]s,-tücher)* fazzoletto *m.* di carta. **Pa|pier|ti|ger** m. *(-s,-)* FIG. tigre *f.* di carta. **Pa|pier|ton|ne** f. *(-,-n)* bidone *m.* per la carta (da riciclare). **Pa|pier|tü|te** f. *(-,-n)* sacchetto *m.* di carta, borsa *f.* di carta. **Pa|pier|ver|ar|bei|tung** f. *(-,-en)* lavorazione *f.* della carta. **Pa|pier|wäh|rung** f. *(-)* → **Papiergeld. Pa|pier|wa|ren** pl. articoli *m.pl.* di carta, cancelleria. **Pa|pier|wa|ren|hand|lung** f. *(-,-en)* cartoleria *f.* **Pa|pier|win|del** f. *(-,-n)* pannolino *m.* (di carta per neonati).

pa|pil|lar agg. papillare. **Pa|pil|lar|ge|schwulst** f. *(-,-geschwülste)* → **Papillom. Pa|pil|lar|kör|per** m. *(-s)* corpo *m.* papillare. **Pa|pil|lar|li|ni|en** pl. linee *f.pl.* papillari. **Pa|pil|lar|schicht** f. *(-)* strato *m.* papillare. **Pa|pil|le** f. *(-,-n)* papilla *f.* **Pa|pil|lom** n. *(-s,-e)* papilloma *m.*

Pa|pil|lo|te [-ˈjoːtə] f. *(-,-n)* bigodino *m.*

Pa|pin|topf [paˈpɛ̃ː-] m. *(-[e]s,-töpfe)* pentola *f.* di Papin.

Pa|pis|mus m. *(-)* papismo *m.* **Pa|pist** m. *(-en,-en)* papista *m.* **pa|pis|tisch** agg. papista.

papp, COLLOQ. ***nicht mehr ~ sagen können*** essere pieno come un otre.

Papp m. *(-s,-e)* REGION. **1** pappa *f.* **2** *(Kleister)* colla *f.* **Papp|band** m. *(-[e]s,-bände)* libro *m.* cartonato, rilegato in cartone. **Papp|be|cher** m. *(-s,-)* bicchiere *m.* di carta. **Papp|de|ckel** m. *(-s,-)* cartone *m.* **Pap|pe** f. *(-,-n)* **1** cartone *m.*: ***in ~ gebunden*** rilegato in cartone; ***steife ~*** cartone rigido **2** COLLOQ. → **Papp** ◆ ***dünne ~*** cartoncino; REGION. ***jdm ~ ums Maul schmieren*** lisciare la coda a qcn.; COLLOQ. ***nicht von, aus ~ sein*** non essere una pappamolle; *(nicht zu unterschätzen sein)* non essere da buttare via.

Pap|pel f. *(-,-n)* **1** pioppo *m.* **2** → **Pappelholz. Pap|pel|al|lee** f. *(-,-n)* viale *m.* di pioppi. **Pap|pel|bock** m. *(-[e]s,-böcke)* saperda *f.* **Pap|pel|holz** n. *(-es)* legno *m.* di pioppo. **pap|peln** agg. di (legno di) pioppo.

päp|peln tr. nutrire bene, con cura.

Pap|pel|wald m. *(-[e]s,-wälder)* pioppeto *m.*

pap|pen I tr. COLLOQ. incollare, appiccicare: ***etw. an die Wand, auf eine Kiste ~*** appiccicare qcs. alla parete, su una cassa **II** intr. (aus. *haben*) appiccicarsi, incollarsi: ***alles pappt*** tutto appiccica, è appiccicoso; *(von Schnee)* attaccarsi. **Pap|pen|de|ckel** → **Pappdeckel. Pap|pen|hei|mer, *seine ~ kennen*** conoscere i propri polli. **Pap|pen|stiel, *kein ~ sein*** non essere poco, una nullità; ***keinen ~ wert sein*** non valere un fico secco; ***etw. für, um einen ~ verkaufen*** vendere qcs. per un tozzo di pane, per quattro soldi.

pap|per|la|papp inter. chiacchiere, bla bla.

pap|pig agg. **1** *(klebrig)* appiccicoso, attaccaticcio: ***-e Finger*** dita appiccicose **2** *(breiig)* poltiglioso: ***-er Teig*** impasto poltiglioso, poltiglia; ***der Reis ist ~*** il riso è una (*o* in) poltiglia **3** *(von Brot)* gommoso, non croccante. **Papp|ka|me|rad** m. *(-en,-en)* sagoma *f.* di cartone (come bersaglio). **Papp|kar|ton** m. *(-s,-s)* (scatola *f.* di) cartone *m.* **Papp|ma|ché** [-maʃeː], **Papp|ma|schee** → **Papiermaché. Papp|na|se** f. *(-,-n)* naso *m.* finto. **papp|satt** agg. pieno come un otre. **Papp|schach|tel** f. *(-,-n)* scatola *f.* di cartone. **Papp|schild** n. *(-[e]s,-er)* cartello *m.* (di cartone). **Papp|schnee** m. *(-s)* neve *f.* marcia. **Papp|tel|ler** m. *(-s,-)* piatto *m.* di cartone, di carta.

Pap|ri|ka m. *(-s,-[s])* **1** peperone *m.*: ***gefüllte ~*** peperoni ripieni **2** *(Gewürz)* paprica *f.*, peperoncino *m.* **Pap|ri|ka|scho|te** f. *(-,-n)* peperone *m.* **pap|ri|zie|ren** tr. insaporire con la paprica. **pap|ri|ziert** p.pass. agg. **1** → **paprizieren 2** FIG. *(heftig)* pepato: ***eine -e Antwort*** una risposta pepata.

Paps m. *(-,-e)* → **Papi.**

Papst m. *(-[e]s, Päpste)* **1** papa *m.*, pontefice *m.*: ***eine Audienz beim ~*** un'udienza dal papa **2** FIG. principe *m.*: ***er ist der ~ der Literaturkritik*** è il principe della critica letteraria ◆ ***in Rom gewesen sein und nicht den ~ gesehen haben*** andare a Roma e non vedere il papa; ***päpstlicher sein als der ~*** essere più realisti del re. **Papst|fa|mi|lie** f. *(-,-n)* famiglia *f.* pontificia. **Päps|tin** f. *(-,-nen)* papessa *f.* **Papst|ka|ta|log** m. *(-s)* → **Papstliste. Papst|kro|ne** f. *(-)* tiara *f.* **päpst|lich** agg. **1** papale, pontificio: ***die -e Würde, Enzyklika*** la dignità, l'enciclica papale **2** *(papist)* papista ◆ ***der -e Stuhl*** la Santa Sede; ***~ gesinnt*** di sentimenti papistici, papista. **Papst|lis|te** f. *(-)* lista *f.* dei pontefici. **Papst|tum** n. *(-s)* papato *m.* **Papst|ur|kun|de** f. *(-,-n)* documento *m.* pontificio. **Papst|wahl** f. *(-,-en)* elezione *f.* del papa. **Papst|wür|de** f. *(-)* dignità *f.* papale.

Pa|pua, Pa|pua m. *(-[s],-[s])* papua *m.*, papuano *m.*, papuaso *m.* **Pa|pua-Neu|gui|nea** n.pr.n. *(-s)* Papua-Nuova Guinea *f.*, Papuasia *f.* **pa|pu|a|nisch** agg. papuano. **Pa|pu|a|spra|che** f. *(-)* lingua *f.* papuana.

Pa|py|rin n. *(-s)* carta *f.* pergamenata. **Pa|py|ro|lo|gie** f. *(-)* papirologia *f.* **Pa|py|rus** m. *(-, Papyri)* papiro *m.* **Pa|py|rus|blatt** n. *(-[e]s,-blätter)* foglio *m.* di papiro. **Pa|py|rus|kun|de** f. *(-)* → **Papyrologie. Pa|py|rus|rol|le** f. *(-,-n)* rotolo *m.* di papiro. **Pa|py|rus|stau|de** f. *(-,-n)* papiro *m.*, giunco *m.* del Nilo.

Pa|ra|ba|se f. *(-,-n)* parabasi *f.*

Pa|ra|bel f. *(-,-n)* parabola *f.*: ***etw. durch eine, in einer ~ ausdrücken*** esprimere qcs. attraverso una parabola, in parabole; MAT. ***eine ~ konstruieren*** costruire una parabola.

Pa|ra|bel|lum® f. *(-,-s)*, **Pa|ra|bel|lum|pis|to|le** f. *(-,-n)* parabellum *m.*

Pa|ra|bi|o|se f. *(-,-n)* parabiosi *f.*

Pa|ra|bol|an|ten|ne f. *(-,-n)* antenna *f.* parabolica. **pa|ra|bo|lisch I** agg. **1** MAT. parabolico **2** *(gleichnishaft)* di parabola **II** avv. ***etw. ~ darstellen*** dire qcs. in parabole. **Pa|ra|bo|lo|id** n. *(-[e]s,-e)* paraboloide *m.* **Pa|ra|bol|spie|gel** m. *(-s,-)* specchio *m.* parabolico.

Pa|ra|de f. *(-,-n)* **1** MIL. parata *f.*, rivista *f.*, rassegna *f.*: ***die ~ abnehmen*** passare in rivista le truppe; ***eine ~ abhalten*** fare una parata **2** SPORT parata *f.*: *(beim Fechten)* ***eine ~ schlagen, ausführen*** eseguire una parata ◆ ***jdm in die ~ fahren*** guastare i piani a qcn., opporsi energicamente a qcn. **Pa|ra|de|bei|spiel** n. *(-s,-e)* esempio *m.* paradigmatico. **Pa|ra|de|bett** n. *(-[e]s,-en)* letto *m.* di parata. **Pa|ra|de|dis|zi|plin** f. *(-)* disciplina *f.* ferrea.

Pa|ra|dei|ser m. *(-s,-)* AUSTR. pomodoro *m.*

Pa|ra|de|pferd n. *(-[e]s,-e)* **1** cavallo *m.* da parata **2** COLLOQ. FIG. cavallo *m.* di battaglia, pezzo *m.* forte. **Pa|ra|de|schritt** m. *(-[e]s,-e)* passo *m.* di parata: ***im ~*** a passo di parata, in parata. **Pa|ra|de|stück** n. *(-[e]s,-e)* cavallo *m.* di battaglia, pezzo *m.* forte: ***das ~ der Sammlung, Ausstellung*** il pezzo forte della collezione, della mostra. **Pa|ra|de|uni|form** f. *(-,-en)* alta uniforme *f.*, uniforme *f.* da parata.

pa|ra|die|ren intr. (aus. *haben*) **1** sfilare in parata: ***die Truppen ~*** le truppe sfilano in parata **2** *(zur Schau gestellt sein)* fare sfoggio di sé, fare bella mostra: ***an der Wand ~ die Familienfotos*** sulla parete fanno sfoggio di sé le foto di famiglia **3** *(prunken)* ***mit etw. ~*** sfoggiare qcs., mettere in mostra qcs.; ***mit seiner Stärke ~*** sfoggiare la propria forza.

Pa|ra|dies n. *(-es,-e)* paradiso *m.* (anche FIG.): ***ins ~ kommen, eingehen*** andare in paradiso; ***das irdische ~*** il paradiso terrestre; ***die Vertreibung aus dem ~*** la cacciata dal paradiso; FIG. ***ein ~ für Kinder*** un paradiso per i bambini ◆ ***das ~ auf Erden haben*** avere il paradiso in terra. **Pa|ra|dies|ap|fel** m. *(-s,-äpfel)* **1** mela *f.* paradiso **2** REGION. *(Tomate)* pomodoro *m.* **Pa|ra|dies|fisch** m. *(-es,-e)* pesce *m.* paradiso. **pa|ra|die|sisch** agg. paradisiaco (anche FIG.): ***-e Freuden*** gioie paradisiache. **Pa|ra|dies|vo|gel** m. *(-s,-vögel)* uccello *m.* del paradiso; FIG. persona *f.* appariscente, vistosa.

Pa|ra|dig|ma n. *(-s, Paradigmen* e *Paradigmata)* paradigma *m.* **pa|ra|dig|ma|tisch I** agg. paradigmatico **II** avv. in modo paradigmatico.

pa|ra|dox I agg. paradossale: ***eine -e Äußerung*** un'affermazione paradossale **II** avv. in modo paradossale. **Pa|ra|dox** n. *(-es,-e)* paradosso *m.* **pa|ra|do|xer|wei|se** avv. paradossalmente. **Pa|ra|do|xie** f. *(-,-n)* carattere *m.* paradossale: ***die ~ seiner Handlungsweise*** il carattere paradossale del suo modo di agire. **Pa|ra|do|xon** n. *(-s, Paradoxa)* paradosso *m.*

Pa|raf|fin n. *(-s,-e)* paraffina *f.* **pa|raf|fi|nie|ren** tr. paraffinare. **pa|raf|fi|nisch** agg. di paraffina, paraffinico. **Pa|raf|fin|ker|ze** f. *(-,-n)* candela *f.* di paraffina. **Pa|raf|fin|öl** n. *(-s,-e)* olio *m.* di paraffina. **Pa|raf|fin|pa|pier** n. *(-s,-e)* carta *f.* paraffinata. **Pa|raf|fin|sal|be** f. *(-,-n)* vaselina *f.*

Pa|ra|gli|ding [-glaɪdɪŋ] n. *(-s)* parapendio *m.*
Pa|ra|gramm n. *(-s,-e)* paragramma *m.*
Pa|ra|graph m. *(-en,-en)* paragrafo *m.*; *(eines Gesetzes)* articolo *m.*: ***einen -en ändern, beseitigen*** modificare, eliminare un paragrafo; ***das ist unter ~ X zu lesen*** si legge al paragrafo X; ***das steht in den -en 11, 12, 13*** è (*o* si trova) ai paragrafi 11, 12, 13; ***gegen einen -en verstoßen*** infrangere un articolo; ***nach ~ X verurteilt werden*** essere condannato secondo il paragrafo X. **Pa|ra|gra|phen|rei|ter** m. *(-s,-)* SPREG. = pedante *m.*, pignolo *m.* **pa|ra|gra|phen|wei|se** avv. in paragrafi. **Pa|ra|gra|phen|zei|chen** → **Paragraphzeichen.**
Pa|ra|gra|phie f. *(-)* paragrafia *f.* **pa|ra|gra|phie|ren** tr. paragrafare, distinguere in paragrafi. **Pa|ra|gra|phie|rung** f. *(-,-en)* suddivisione *f.* in paragrafi. **Pa|ra|graph|zei|chen** n. *(-s,-)* segno *m.* di paragrafo.
Pa|ra|gu|ay I n.pr.m. *(-[s])* (fiume *m.*) Paraguay *m.* **II** n.pr.n. *(-s)* (stato *m.* del) Paraguay *m.* **Pa|ra|gu|ay|er** m. *(-s,-)* paraguayano *m.*, paraguaiano *m.* **pa|ra|gu|ay|isch** agg. paraguayano, paraguaiano.
Pa|ra|ki|ne|se f. *(-)* paracinesi *f.*
Pa|rak|let m. *(-[e]s* e *-en,-e[n])* paraclito *m.*, paracleto *m.*
Pa|ra|la|lie f. *(-)* paralalia *f.*
Pa|ra|le|xie f. *(-)* paralessia *f.*
pa|ra|lin|gu|al agg. paralinguale. **Pa|ra|lin|gu|is|tik** f. *(-)* paralinguistica *f.*
Pa|ra|li|po|me|na pl. paralipomeni *m.pl.*
pa|ral|lak|tisch agg. parallattico. **Pa|ral|la|xe** f. *(-,-n)* parallasse *f.* **Pa|ral|la|xen|aus|gleich** m. *(-[e]s,-e)* antiparallasse *m.*
pa|ral|lel I agg. parallelo: ***-e Geraden*** rette parallele; ***-e Entwicklungen*** sviluppi paralleli **II** avv. parallelamente: ***~ zum Jurastudium besucht er das Konservatorium*** parallelamente agli studi di legge frequenta il conservatorio ◆ ***~ mit, zu etw. laufen, verlaufen*** essere parallelo a qcs.; ***~ laufend*** parallelo; EL. ***~ schalten*** collegare in parallelo. **Pa|ral|le|le** f. *(-,-n)* **1** parallela *f.*: ***zu einer Geraden die ~ ziehen*** tracciare la parallela di una retta **2a** parallelo *m.*: ***jdn, etw. zu jdm, etw. in ~ bringen (setzen, stellen)*** fare (*o* istituire) un parallelo fra qcn., qcs. e qcn., qcs. altro **b** *(Vergleich)* paragone *m.*: ***dazu fällt mir keine ~ ein*** a questo proposito non mi viene in mente nessun paragone **3** MUS. moto *m.* parallelo. **Pa|ral|le|len|axi|om** n. *(-s)* postulato *m.* delle parallele di Euclide. **Pa|ral|lel|be|we|gung** f. *(-,-en)* movimento *m.* parallelo.
Pa|ral|lel|epi|ped n. *(-[e]s,-e)*, **Pa|ral|lel|epi|pe|don** n. *(-s, Parallelepipeda* e *Parallelepipeden)* parallelepipedo *m.*
Pa|ral|lel|fall m. *(-[e]s,-fälle)* caso *m.* parallelo.
pa|ral|le|li|sie|ren tr. paragonare, istituire un parallelo. **Pa|ral|le|lis|mus** m. *(-, Parallelismen)* parallelismo *m.* (anche RET.). **Pa|ral|le|li|tät** f. *(-,-en)* parallelismo *m.* (anche GEOM.).
Pa|ral|lel|klas|se f. *(-,-n)* SCOL. classe *f.* parallela. **Pa|ral|lel|kreis** m. *(-es,-e)* GEOGR. parallelo *m.* **Pa|ral|lel|li|nie** f. *(-,-n)* (linea *f.*) parallela *f.*
Pa|ral|le|lo|gramm n. *(-s,-e)* parallelogramma *m.*
Pa|ral|lel|pro|jek|ti|on f. *(-,-en)* proiezione *f.* parallela. **Pa|ral|lel|schal|tung** f. *(-,-en)* collegamento *m.* in parallelo. **Pa|ral|lel|schwung** m. *(-[e]s,-schwünge)* SPORT curva *f.* a sci paralleli. **Pa|ral|lel|sla|lom** m. *(-s,-s)* slalom *m.* parallelo. **Pa|ral|lel|stra|ße** f. *(-,-n)* (via *f.*) parallela *f.* **Pa|ral|lel|ton|art** f. *(-,-en)* tonalità *f.* parallela. **Pa|ral|lel|ver|schie|bung** f. *(-,-en)* spostamento *m.* parallelo.
Pa|ra|lo|gie f. *(-,-n)* paralogia *f.* **Pa|ra|lo|gis|mus** m. *(-, Paralogismen)* paralogismo *m.*
Pa|ra|ly|se f. *(-,-n)* paralisi *f.*: ***progressive ~*** paralisi progressiva. **pa|ra|ly|sie|ren** tr. paralizzare (anche FIG.). **Pa|ra|ly|ti|ker** m. *(-s,-)* paralitico *m.* **pa|ra|ly|tisch** agg. paralitico.
Pa|ra|ment n. *(-[e]s,-e)* LIT. paramento *m.*
Pa|ra|me|ter m. *(-s,-)* parametro *m.*
pa|ra|mi|li|tä|risch agg. paramilitare.
Pa|rä|ne|se f. *(-,-n)* parenesi *f.*
Pa|ra|noia f. *(-)* paranoia *f.* **pa|ra|no|id** agg. paranoide. **Pa|ra|no|i|ker** m. *(-s,-)* paranoico *m.* **pa|ra|no|isch** agg. paranoico.
pa|ra|nor|mal agg. paranormale.
Pa|ra|nuss f. *(-,-nüsse)* noce *f.* del Brasile. **Pa|ra|nuss|baum** m. *(-[e]s,-bäume)* noce *m.* del Brasile.
Pa|ra|phe f. *(-,-n)* BUROCR. parafa *f.* (*o* paraffa *f.*), sigla *f.* **pa|ra|phie|ren** tr. BUROCR. parafare (*o* paraffare), siglare. **Pa|ra|phie|rung** f. *(-,-en)* BUROCR. parafatura *f.*, siglatura *f.*
Pa|ra|phra|se f. *(-,-n)* parafrasi *f.* **pa|ra|phra|sie|ren** tr. parafrasare. **pa|ra|phras|tisch** agg. parafrastico.
Pa|ra|ple|gie f. *(-,-n)* paraplegia *f.* **Pa|ra|ple|gi|ker** m. *(-s,-)* paraplegico *m.*
pa|ra|psy|chisch agg. parapsichico. **Pa|ra|psy|cho|lo|gie** f. *(-)* parapsicologia *f.* **pa|ra|psy|cho|lo|gisch** agg. parapsicologico.
Pa|ra|sit m. *(-en,-en)* parassita *m.* (anche FIG.). **pa|ra|si|tär** agg. parassitario, parassita. **Pa|ra|si|ten|tum** n. *(-s)* parassitismo *m.* (anche FIG.). **pa|ra|si|tie|ren** tr. BIOL. parassitare. **pa|ra|si|tisch** agg. parassitico. **Pa|ra|si|tis|mus** m. *(-)* parassitismo *m.* (anche FIG.). **Pa|ra|si|to|lo|gie** f. *(-)* parassitologia *f.*
Pa|ra|sol m. *(-s,-e* e *-s)*, **Pa|ra|sol|pilz** m. *(-es,-e)* fungo *m.* parasole, bubbola *f.* maggiore.
Pa|ra|sym|pa|thi|kus m. *(-)* (sistema *m.*) parasimpatico *m.* **pa|ra|sym|pa|thisch** agg. parasimpatico.
pa|rat agg. **1** pronto, a portata di mano: ***etw. ~ haben, halten*** avere, tenere qcs. pronto; FIG. ***immer eine Antwort, Ausrede ~ haben*** avere sempre la risposta pronta **2** ANT. *(reisefertig)* ***~ sein*** essere pronto (a partire).
pa|ra|tak|tisch agg. paratattico. **Pa|ra|ta|xe** f. *(-,-n)* paratassi *f.* **Pa|ra|ta|xie** f. *(-,-n)* paratassia *f.*
Pa|ra|ty|phus m. *(-)* paratifo *m.*
Pa|ra|vent [-'vɑ̃:] m. e n. *(-s,-s)* AUSTR. O ANT. paravento *m.*
Pär|chen n. *(-s,-)* coppietta *f.*
Par|cours [par'ku:ɐ] m. *(-)* EQUIT. percorso *m.*
Pard m. *(-en,-en)* ANT. leopardo *m.*
par|dauz inter. ANT. perbacco, caspita.
par|don [par'do:(n)] inter. scusi, pardon: ***~, darf ich vorbei?*** scusi, posso passare? **Par|don** [par'do:(n)] n. *(-s)* ANT. perdono *m.*: ***jdn um ~ bitten*** chiedere perdono a qcn.; ***jdm ~ gewähren*** concedere il perdono a qcn. ◆ ***kein ~ kennen*** non conoscere pietà, non perdonare nessuno. **par|do|nie|ren** tr. ANT. scusare; *(begnadigen)* graziare.
Par|dun n. *(-[e]s,-s)*, **Par|du|ne** f. *(-,-n)* paterazzo *m.*
Pa|ren|chym n. *(-s,-e)* parenchima *m.*
Pa|ren|the|se f. *(-,-n)* parentesi *f.*: ***ein Wort in ~ setzen*** mettere una parola fra parentesi ◆ ***in ~*** fra parentesi, per inciso. **pa|ren|the|tisch I** agg. parentetico: ***ein -er Satz*** una frase parentetica **II** avv. fra parentesi, per inciso.
Par|fait [par'fɛ] n. *(-s,-s)* **1** INTRAD. (piatto di carne o pesce finemente tritati) **2** *(halbgefrorene Süßspeise)* semifreddo *m.*
par force [par 'fɔrs] avv. per forza, a ogni costo. **Par|force|jagd** f. *(-,-en)* caccia *f.* a inseguimento, a seguito. **Par|force|ritt** m. *(-[e]s,-e)* tour *m.* de force.
Par|fum [par'fɛ̃:] n. *(-s,-s)*, **Par|füm** n. *(-s,-e* e *-s)* profumo *m.*: ***ein schweres, aufdringliches, süßes ~*** un profumo persistente, penetrante, dolce; ***kein ~ nehmen, tragen*** non mettersi, darsi nessun profumo. **Par|fü|me|rie** f. *(-,-n)* profumeria *f.* **Par|fü|meur** [-mø:ɐ] m. *(-s,-e)* profumiere *m.* **Par|fum|fla|sche, Par|füm|fla|sche** f. *(-,-n)* boccetta *f.* (*o* flacone *m.*) di profumo. **par|fü|mie|ren I** tr. profumare **II** rifl. **sich ~** profumarsi. **Par|füm|mit|tel** n. *(-s,-)* sostanza *f.* odorosa, profumo *m.* **Par|füm|zer|stäu|ber** m. *(-s,-)* spruzzatore *m.* di profumo.
pa|ri, 1 ECON. ***zu, über, unter ~*** alla, sopra la, sotto la pari **2** ***~ stehen*** essere pari.
Pa|ria m. *(-s,-s)* paria *m.* (anche ESTENS.).
pa|rie|ren I tr. **1** parare (anche EQUIT.): ***den Schuss ~*** parare il colpo; FIG. ***jeden Angriff der Kritiker ~*** parare ogni attacco dei critici **2** GASTR. preparare: ***das Fleisch ~*** preparare la carne (tagliandola) **II** intr. (aus. *haben*) COLLOQ. obbedire: ***jdm aufs Wort ~*** obbedire alla lettera a qcn.
pa|ri|e|tal agg. parietale.
Pa|ri|kurs m. *(-es,-e)* ECON. corso *m.* (*o* cambio *m.*) alla pari.
1.Pa|ris n.pr.m. Paride *m.*
2.Pa|ris n.pr.n. Parigi *f.*
Pa|ri|ser I m. *(-s,-)* **1** parigino *m.* **2** GERG. *(Kondom)* guanto *m.* **II** agg.inv. parigino. **pa|ri|se|risch I** agg. parigino **II** avv. alla parigina. **Pa|ri|si|enne** [pari'ziɛn] f. *(-)* seta *f.* lamé. **pa|ri|sisch** agg. parigino.
Pa|ri|tät f. *(-,-en)* DIR. ECON. parità *f.*: ***rechtliche ~ gewährleisten*** garantire parità di diritti; ***die ~ der Währung*** la parità monetaria. **pa|ri|tä|tisch I** agg. paritetico: ***-e Ausschüsse*** commissioni paritetiche **II** avv. pariteticamente.
Park m. *(-s,-s)* **1** parco *m.*: ***in den ~ gehen*** andare al parco; ***ein öffentlicher ~*** un parco pubblico **2** *(Fuhrpark)* parco *m.* macchine.
Par|ka m. *(-s,-s)* e f. *(-,-s)* parka *m.*; eskimo *m.*
Park|an|la|ge f. *(-,-n)* parco *m.* **park|ar|tig** agg. come un parco, simile a un parco. **Park|auf|se|her** m. *(-s,-)* **1** guardamacchine *m.*, sorvegliante *m.* di un, del parcheggio **2** guardaparco *m.* **Park|bahn** f. *(-,-en)* AER. orbita *f.* di parcheggio. **Park|bank** f. *(-,-bänke)* panchina *f.* di un, del parco. **Park|baum** m. *(-s,-bäume)* albero *m.* del parco. **Park|be|schrän|kung** f. *(-,-en)* limitazione *f.* del par-

cheggio. **Park|bucht** f. *(-,-en)* piazzola *f.* **Park|dau|er** f. *(-)* durata *f.* del parcheggio. **Park|deck** n. *(-[e]s,-s)* piano *m.* (di un parcheggio, di un autosilo).

par|ken I tr. parcheggiare, posteggiare (anche assol.): ***(den Wagen) vor dem Haus ~*** parcheggiare (la macchina) davanti a casa; ***schlecht, falsch ~*** parcheggiare male **II** intr. (aus. *haben*) essere parcheggiato, posteggiato: ***das Auto parkt an der Straßenecke*** l'auto è parcheggiata sull'angolo ◆ ***Parken verboten*** divieto di sosta. **par|kend** p.pres. agg. **1** → **parken 2** in sosta, in parcheggio: ***-e Autos*** auto in sosta. **Par|ker** m. *(-s,-)* chi parcheggia.

Par|kett n. *(-[e]s,-e* e *-s)* **1** parquet *m.*: ***ein ~ verlegen, bohnern versiegeln*** posare (*o* mettere), lucidare, laccare un parquet **2** FIG. scena *f.*: ***sich aufs politische ~ wagen*** avventurarsi sulla scena politica **3** TEATR. platea *f.*: ***im ~ sitzen*** sedere in platea **4a** ECON. recinto *m.* delle grida **b** *(Börsenverkehr)* contrattazioni *f.pl.* di borsa.

Par|kett|bo|den m. *(-s,-böden)* parquet *m.*

par|ket|tie|ren tr. pavimentare in, a parquet.

Par|kett|le|ger m. *(-s,-)* parchettista *m.* **Par|kett|platz** m. *(-es,-plätze)*, **Par|kett|sitz** m. *(-es,-e)* posto *m.* in, di platea.

Park|ga|ra|ge f. *(-,-n)*, **Park|haus** n. *(-es,-häuser)* autosilo *m.*, parcheggio *m.* multipiano. **par|kie|ren** tr. SVIZZ. → **parken. Par|king|me|ter** m. *(-s,-)* SVIZZ. → **Parkuhr.**

Par|kin|son|krank|heit, par|kin|son|sche Krank|heit f. *(-)* morbo *m.* di Parkinson.

Park|kral|le f. *(-,-n)* dispositivo *m.* di bloccaggio ruote. **Park|land|schaft** f. *(-,-en)* paesaggio *m.* a parco. **Park|leuch|te** f. *(-,-n)*, **Park|licht** n. *(-[e]s,-er)* luce *f.* di posizione. **Park|lü|cke** f. *(-,-n)* posto *m.* per parcheggiare, parcheggio *m.*: ***eine ~ finden, suchen*** trovare, cercare un parcheggio. **Park|mau|er** f. *(-,-n)* muro *m.* di, del parco.

Par|ko|me|ter m. e n. *(-s,-)* parchimetro *m.*

Park|platz m. *(-es,-plätze)* parcheggio *m.* **Park|raum** m. *(-[e]s)* spazio *m.* per il parcheggio, per parcheggiare. **Park|raum|not** f. *(-)* mancanza *f.* di parcheggi. **Park|schei|be** f. *(-,-n)* disco *m.* orario. **Park|schein** m. *(-s,-e)* tagliando *m.* di parcheggio. **Park|stu|di|um** n. *(-s)* COLLOQ. UNIV. studio *m.* di attesa, di parcheggio (svolto in attesa di ottenere un posto nella facoltà desiderata). **Park|sün|der** m. *(-s,-)* COLLOQ. chi parcheggia in divieto (di sosta). **Park|uhr** f. *(-,-en)* parchimetro *m.* **Park|ver|bot** n. *(-es,-e)* divieto *m.* di sosta: ***im ~ stehen*** essere in divieto di sosta. **Park|wäch|ter** m. *(-s,-)* **1** parcheggiatore *m.* **2** guardaparco *m.* **Park|weg** m. *(-[e]s,-e)* viale *m.* del, di un parco. **Park|zeit** f. *(-,-en)* → **Parkdauer. Park|zeit|uhr** f. *(-,-en)* parchimetro *m.*

Par|la|ment n. *(-[e]s,-e)* **1** parlamento *m.*: ***das ~ einberufen (zusammenrufen), auflösen*** convocare, sciogliere il parlamento; ***das ~ tritt zusammen*** il parlamento si riunisce; ***ins ~ einziehen*** entrare in parlamento **2** → **Parlamentsgebäude.**

Par|la|men|tär m. *(-s,-e)* MIL. parlamentare *m.*, parlamentario *m.* **Par|la|men|tär|flag|ge** f. *(-,-n)* MIL. bandiera *f.* bianca (per parlamentare).

Par|la|men|ta|ri|er m. *(-s,-)* parlamentare *m.* **par|la|men|ta|risch** agg. di, del parlamento, parlamentare: ***die -e Demokratie*** la democrazia parlamentare ◆ ***etw. ~ untersuchen*** fare un'inchiesta parlamentare su qcs. **Par|la|men|ta|ris|mus** m. *(-)* parlamentarismo *m.* **par|la|men|tie|ren** tr. **1** ANT. parlamentare **2** REGION. *(hin und her reden)* discutere.

Par|la|ments|aus|schuss m. *(-es,-ausschüsse)* commissione *f.* parlamentare. **Par|la|ments|be|schluss** m. *(-es,-beschlüsse)* deliberazione *f.* del parlamento. **Par|la|ments|de|bat|te** f. *(-,-n)* dibattito *m.* parlamentare. **Par|la|ments|fe|ri|en** pl. vacanze *f.pl.* parlamentari. **Par|la|ments|frak|ti|on** f. *(-,-en)* frazione *f.* parlamentare. **Par|la|ments|ge|bäu|de** n. *(-s,-)* palazzo *m.* del parlamento. **Par|la|ments|mit|glied** m. *(-[e]s,-er)* membro *m.* del parlamento. **Par|la|ments|sit|zung** f. *(-,-en)* seduta *f.* parlamentare. **Par|la|ments|wahl** f. *(-,-en)* elezioni *f.pl.* politiche.

Par|lan|do n. *(-s,-s)* MUS. parlando *m.*, parlato *m.*

par|lie|ren intr. (aus. *haben*) ANT. **1** conversare, chiacchierare **2** *(eine Fremdsprache sprechen)* parlare: **Italienisch ~** (saper) parlare italiano.

Par|ma|er m. *(-s,-)* parmense *m.*, parmigiano *m.* **par|ma|isch** agg. parmigiano. **Par|me|san** m. *(-[s])* (formaggio *m.*) parmigiano *m.* **Par|me|sa|ner** m. *(-s,-)* parmigiano *m.*, abitante *m.* di Parma. **Par|me|san|kä|se** m. *(-s)* formaggio *m.* parmigiano.

Par|nass I n.pr.m. *(-* e *-es)* Parnaso *m.* **II** m. ANT. LETT. parnas(s)o *m.* **par|nas|sisch** agg. parnasio. **Par|nas|sos, Par|nas|sus** m. *(-)* → **Parnass.**

pa|ro|chi|al agg. parrocchiale. **Pa|ro|chi|al|kir|che** f. *(-,-n)* chiesa *f.* parrocchiale. **Pa|ro|chie** f. *(-,-n)* parrocchia *f.*

Pa|ro|die f. *(-,-n)* parodia *f.*: ***eine gute, gelungene ~ auf etw.*** una buona, riuscita parodia di qcs. **pa|ro|die|ren** tr. ***jdn, etw. ~*** fare la parodia di, parodiare qcn., qcs. **Pa|ro|dist** m. *(-en,-en)* parodista *m.* **pa|ro|dis|tisch** agg. parodistico.

Pa|ro|don|to|se f. *(-,-n)* parodontosi *f.*, paradentosi *f.*

Pa|ro|le f. *(-,-n)* **1** *(Kennwort)* parola *f.* d'ordine: ***eine ~ ausgeben, weitergeben*** dare, passare una parola d'ordine **2** *(Leitspruch)* slogan *m.*, motto *m.*: ***politische -n*** slogan politici **3** *(Behauptung)* voce *f.*, diceria *f.*: ***entmutigende -n*** voci scoraggianti. **Pa|ro|le|aus|ga|be** f. *(-)* il dare la parola d'ordine.

Pa|ro|li, *jdm, etw. ~ bieten* rispondere picche a qcn., qcs.

Pa|ro|no|ma|sie f. *(-,-n)* paronomasia *f.* **pa|ro|no|mas|tisch** agg. paronomastico.

Pa|ro|nym → **Paronymon. Pa|ro|ny|mie** f. *(-,-n)* ANT. paronimia *f.* **Pa|ro|ny|mon** n. *(-s, Paronyma* e *Paronyme)* paronimo *m.*

Pa|ro|ti|tis f. *(-, Parotiden)* parotite *f.*

Pa|ro|xys|mus m. *(-, Paroxismen)* MED. GEOL. parossismo *m.*

Par|se m. *(-n,-n)* parsi *m.* **par|sisch** agg. parsi. **Par|sis|mus** m. *(-)* parsismo *m.*

Part m. *(-s,-s* e *-e/-en)* **1** MUS. TEATR. parte *f.*: ***seinen ~ gut spielen*** suonare, recitare bene la propria parte **2** COMM. parte *f.*, quota *f.*

part. ⇒ *parterre* al pianterreno.

Part. ⇒ *Parterre* piano terreno (p.T.).

Par|te f. *(-,-n)* AUSTR. annuncio *m.* funebre, necrologio *m.*

Par|tei f. *(-,-en)* **1** partito *m.*: ***eine linke, rechte ~*** un partito di sinistra, di destra; ***eine ~ der Mitte*** un partito di centro; ***eine ~ gründen, auflösen, wählen*** fondare, sciogliere, votare un partito; ***einer ~ angehören*** appartenere a un partito; ***aus einer ~ austreten*** uscire da un partito; ***in eine ~ eintreten*** entrare in un partito **2** DIR. parte *f.*: ***die streitenden -en*** le parti in causa, i contendenti; ***antragstellende, beteiligte, beklagte ~*** parte istante, interessata, lesa **3** *(Mietpartei)* inquilino *m.*: ***im Haus wohnen zehn -en*** nella casa abitano dieci inquilini **4** *(Gruppe)* partito *m.*, parte *f.*, fazione *f.*: ***von jds ~ sein*** essere del partito di qcn. ◆ ***jds ~, für jdn ~ ergreifen, nehmen*** prendere le parti di qcn., parteggiare per qcn.; ***sich zu einer ~ schlagen*** abbracciare un partito; ***~ sein*** essere parte in causa; ***über den -en stehen*** stare al di sopra delle parti. **Par|tei|ab|zei|chen** n. *(-s,-)* distintivo *m.* di, del partito. **Par|tei|ak|tiv** n. *(-s,-s)* EX-RDT attivo *m.* di, del partito. **Par|tei|amt** n. *(-[e]s,-ämter)* ufficio *m.* di, del partito. **par|tei|amt|lich** agg. ufficiale del partito. **Par|tei|an|hän|ger** m. *(-s,-)* seguace *m.* di un, del partito. **Par|tei|ap|pa|rat** m. *(-[e]s,-e)* apparato *m.* del partito. **Par|tei|aus|schuss** m. *(-es,-ausschüsse)* comitato *m.* di partito. **Par|tei|aus|weis** m. *(-es,-e)* → **Parteibuch. Par|tei|bon|ze** m. *(-n,-n)* SPREG. pezzo *m.* grosso del, di (un) partito. **Par|tei|buch** n. *(-[e]s,-bücher)* tessera *f.* di, del partito ◆ COLLOQ. ***sein ~ zurückgeben*** restituire la propria tessera, uscire dal partito; COLLOQ. ***das falsche ~ haben*** avere la tessera sbagliata. **Par|tei|chef** m. *(-s,-s)* capo *m.* di, del partito. **Par|tei|chi|ne|sisch** n. *(-[s])* SPREG. politichese *m.* **Par|tei|dis|zip|lin** f. *(-)* disciplina *f.* di partito. **Par|tei|do|ku|ment** n. *(-[e]s,-e)* EX-RDT tessera *f.* del partito. **Par|tei|en|fi|nan|zie|rung** f. *(-,-en)* finanziamento *m.* dei partiti. **Par|tei|en|kampf** m. *(-[e]s,-kämpfe)* lotta *f.* tra i partiti. **Par|tei|en|ver|kehr** m. *(-s)* AUSTR. orario *m.* d'ufficio. **Par|tei|feind** m. *(-[e]s,-e)* nemico *m.* del partito (comunista). **Par|tei|freund** m. *(-[e]s,-e)* compagno *m.* di partito. **Par|tei|füh|rer** m. *(-s,-)* capo *m.* del, di un partito. **Par|tei|füh|rung** f. *(-,-en)* direzione *f.* del, di un partito. **Par|tei|funk|ti|o|när** m. *(-s,-e)* funzionario *m.* del, di (un) partito. **Par|tei|gän|ger** m. *(-s,-)* SPREG. seguace *m.* del, di un partito, di una personalità politica. **Par|tei|ge|nos|se** m. *(-n,-n)* **1** *(nationalsozialistisch)* camerata *m.* **2** *(kommunistisch)* compagno *m.* **Par|tei|ide|o|lo|ge** m. *(-n,-n)* ideologo *m.* del partito. **par|tei|in|tern I** agg. interno al partito **II** avv. internamente al partito.

par|tei|isch I agg. parziale, di parte: ***ein -es Urteil*** un giudizio parziale **II** avv. in modo parziale, con parzialità.

Par|tei|ka|der m. *(-s,-)* quadro *m.* del, di un partito. **Par|tei|kon|gress** m. *(-es,-e)* congresso *m.* del, di (un) partito. **Par|tei|lei|tung** f. *(-,-en)* direzione *f.* del partito.

par|tei|lich I agg. **1** partitico, di partito: ***-e Interessen*** interessi di partito **2** *(parteiisch)* parziale: ***ein -es Urteil*** un giudizio parziale **II** avv. con parzialità. **Par|tei|lich|keit** f. *(-)* parzialità *f.*

Par|tei|li|nie f. *(-,-n)* linea *f.* del partito.

par|tei|los I agg. apartitico; *(ohne Parteizugehörigkeit)* indipendente **II** avv. senza partito. **Par|tei|lo|se** m. e f. *(-n,-n)* indipendente *m.* e *f.*; GERG. cane *m.* sciolto. **Par|tei|lo|sig|keit** f. *(-)* apartiticità *f.*; *(ohne Parteizugehörigkeit)* indipendenza *f.*

par|tei|mä|ßig agg. conforme alle direttive di partito. **Par|tei|mit|glied** n. *(-[e]s,-er)* membro *m.* di un, del partito. **Par|tei|nah|**

me f. *(-,-n)* presa *f.* di posizione. **Par|tei|or|gan** n. *(-s,-e)* organo *m.* di partito. **Par|tei|or|ga|ni|sa|ti|on** f. *(-,-en)* organizzazione *f.* di partito. **Par|tei|po|li|tik** f. *(-)* politica *f.* di partito. **par|tei|po|li|tisch** agg. riguardante la politica del, di un partito. **Par|tei|prä|si|di|um** m. *(-s,-präsidien)* presidenza *f.* del, di (un) partito. **Par|tei|pro|gramm** n. *(-s,-e)* programma *m.* del, di (un) partito. **Par|tei|pro|pa|gan|da** f. *(-)* propaganda *f.* di partito. **par|tei|schä|di|gend** agg. pregiudizievole, dannoso per il partito. **Par|tei|sek|re|tär** m. *(-s,-e)* segretario *m.* di partito. **Par|tei|sol|dat** m. *(-en,-en)* GERG. militante *m.* (di un partito). **Par|tei|spen|den|af|fä|re** f. *(-,-n)* storia *f.* di tangenti (a un partito), scandalo *m.* delle tangenti. **Par|tei|spit|ze** f. *(-,-n)* vertice *m.* di, del, di un partito. **Par|tei|tag** m. *(-[e]s,-e)* congresso *m.* del, di (un) partito: ***einen ~ abhalten*** tenere un congresso del partito. **par|tei|über|grei|fend** agg. POL. trasversale. **Par|tei|ung** f. *(-,-en)* **1** *(Gruppierung)* raggruppamento *m.* (politico) **2** RAR. *(Zerfall in Parteien)* scissione *f.* in partiti. **Par|tei|ver|samm|lung** f. *(-,-en)* riunione *f.* di, del, di un partito. **Par|tei|vor|sit|zen|de** m. e f. *(-n,-n)* presidente *m.* del, di un partito. **Par|tei|vor|stand** m. *(-[e]s,-vorstände)* presidenza *f.* del, di un partito. **Par|tei|zei|tung** f. *(-,-en)* organo *m.* ufficiale di, del, di un partito.

par|terre [-'tɛr] avv. a, al pianterreno: ***~ wohnen*** abitare a pianterreno. **Par|ter|re** n. *(-s,-s)* **1** *(Erdgeschoss)* pianterreno *m.* **2** ANT. *(im Kino, Theater)* parterre *m.*, platea *f.* **Par|ter|re|ak|ro|ba|tik** f. *(-)* ginnastica artistica *f.* a terra. **Par|ter|re|woh|nung** f. *(-,-en)* appartamento *m.* al pianterreno.

Par|te|zet|tel m. *(-s,-)* AUSTR. → **Parte.**

Par|the|no|ge|ne|se, Par|the|no|ge|ne|sis f. *(-)* partenogenesi *f.*

Par|ther m. *(-s,-)* Parto *m.*

par|ti|al agg. → **partiell. Par|ti|al|bruch** m. *(-[e]s,-brüche)* fratto *m.*, frazione *f.* parziale. **Par|ti|al|ob|li|ga|ti|on** f. *(-,-en)* ECON. obbligazione *f.* parziale. **Par|ti|al|tö|ne** pl. MUS. toni *m.pl.* parziali.

Par|tie f. *(-,-n)* **1a** *(Teil)* parte *f.*: ***die mittlere ~ des Rückens*** la parte centrale della schiena **b** *(Rolle)* parte *f.*: ***die ~ der Tosca übernehmen, singen*** ricoprire, cantare la parte di Tosca; ***für eine ~ (nicht) geeignet sein*** (non) essere adatto per una parte **2a** *(Runde in einem Spiel)* partita *f.*: ***eine ~ Dame, Billard spielen*** giocare una partita a dama, a biliardo; ***eine gute, schlechte ~ liefern*** giocare una bella, brutta partita; ***eine ~ gewinnen, verlieren*** vincere, perdere una partita **b** COMM. *(Posten)* partita *f.*: ***eine ~ Seidenstoffe*** una partita di stoffe di seta **3** ANT. *(Ausflugsfahrt)* gita *f.*, scampagnata *f.* ◆ ***mit von der ~ sein*** essere della partita, starci; ***eine schlechte, gute (glänzende) ~*** un cattivo, un buon partito.

par|ti|ell agg. parziale: ***-e Verbrennungen*** ustioni parziali. **par|ti|en|wei|se** → **partieweise. Par|tie|preis** m. *(-es,-e)* prezzo *m.* della, di una partita. **Par|tie|wa|ren** pl. partita *f.* (di merce), merci *f.pl.* vendute in blocco. **par|tie|wei|se** avv. COMM. a partite, a (*o* in) lotti.

1.Par|ti|kel f. *(-,-n)* GRAMM. particella *f.*: ***unbetonte ~*** particella atona.

2.Par|ti|kel n. *(-s,-)* e f. *(-,-n)* particella *f.*: ***radioaktive ~*** particelle radioattive.

par|ti|ku|lar, par|ti|ku|lär agg. particolare: ***-e Aspekte*** aspetti particolari.

Par|ti|ku|la|ris|mus m. *(-)* particolarismo *m.* **Par|ti|ku|la|rist** m. *(-en,-en)* particolarista *m.* **par|ti|ku|la|ris|tisch** agg. particolaristico.

Par|ti|san m. *(-s* e *-en,-en)* partigiano *m.*: ***als ~ kämpfen*** combattere come partigiano; ***zu den -en gehen*** unirsi ai partigiani. **Par|ti|sa|ne** f. *(-,-n)* *(alte Waffe)* partigiana *f.* **Par|ti|sa|nen|kampf** m. *(-[e]s,-kämpfe)* lotta *f.* partigiana. **Par|ti|sa|nen|krieg** m. *(-[e]s,-e)* guerra *f.* partigiana.

Par|ti|ta f. *(-, Partiten)* MUS. partita *f.*

par|ti|tiv agg. partitivo: ***-er Genitiv*** genitivo partitivo. **Par|ti|tiv** m. *(-s,-e)* partitivo *m.*

Par|ti|tur f. *(-,-en)* partitura *f.*

Par|ti|zip n. *(-s,-ien)* participio *m.*: ***das erste ~, das ~ Präsens*** il participio presente; ***das zweite ~, das ~ Perfekt, das ~ des Perfekts*** il participio passato, *(in den klassischen Sprachen)* il participio perfetto.

Par|ti|zi|pa|ti|on f. *(-,-en)* il partecipare, partecipazione *f.* **Par|ti|zi|pa|ti|ons|ge|schäft** n. *(-[e]s,-e)* affare *m.* in (com)partecipazione. **Par|ti|zi|pa|ti|ons|kon|to** n. *(-s,-s* e *-konten/-konti)* conto *m.* in partecipazione.

par|ti|zi|pi|al agg. participiale. **Par|ti|zi|pi|al|kon|struk|ti|on** f. *(-,-en)* costruzione *f.* participiale.

par|ti|zi|pie|ren intr. (aus. *haben*) ***an etw. (D) ~*** partecipare a qcs., essere partecipe di qcs.

Par|ti|zi|pi|um n. *(-s, Partizipia)* ANT. → **Partizip.**

Part|ner m. *(-s,-)* **1a** partner *m.*: ***ihr ~ beim Tanz, im Doppel*** il suo partner (*o* cavaliere) nella danza, nel doppio; ***ihr ~ auf der Bühne*** il suo partner sulla scena **b** *(Freund, Gatte)* compagno *m.*, partner *m.*: ***ein ~ fürs Leben*** un compagno per la, di vita **2a** *(Gesprächspartner)* interlocutore *m.* **b** *(Briefpartner)* corrispondente *m.* **3** *(Geschäftspartner)* partner *m.*, socio *m.*: ***einen ~ in die Firma nehmen*** prendere un socio nella ditta **4** *(Verhandlungspartner)* controparte *f.* **5** *(Vertragspartner)* parte *f.* **Part|ner|be|zie|hung** f. *(-,-en)* relazione *f.* di coppia. **Part|ne|rin** f. *(-,-nen)* **1a** partner *f.*: ***seine ~ beim Tanz, im Film*** la sua partner (*o* dama) nella danza, la sua partner nel film **b** *(Freundin, Gattin)* partner *f.*, compagna *f.* **2a** *(Gesprächspartnerin)* interlocutrice *f.* **b** *(Briefpartnerin)* corrispondente *f.* **3** *(Geschäftspartnerin)* partner *f.*, socia *f.* **Part|ner|land** n. *(-[e]s,-länder)* paese *m.* partner. **Part|ner|look** m. *(-s)* look *m.* di coppia. **Part|ner|schaft** f. *(-,-en)* **1a** l'essere partner: ***zwischen den Arbeitskollegen gibt es echte ~*** tra i colleghi c'è una vera intesa, una bella unione; ***ich erwarte mir von dir ~*** mi aspetto collaborazione da te **b** *(Zweierbeziehung)* vita *f.* (*o* rapporto *m.*) di coppia (*o* con il compagno, la compagna): ***eine lebenslange ~*** un rapporto di coppia per tutta la vita **2** ECON. partecipazione *f.* **3** *(zwischen Städten)* gemellaggio *m.* **part|ner|schaft|lich** agg. di, da compagni. **Part|ner|staat** m. *(-[e]s,-en)* stato *m.* partner. **Part|ner|stadt** f. *(-,-städte)* città *f.* gemellata. **Part|ner|tausch** m. *(-[e]s)* scambio *m.* di partner. **Part|ner|wahl** f. *(-)* scelta *f.* del partner. **Part|ner|wech|sel** m. *(-s,-)* cambio *m.* di partner.

par|tout [-'tu:] avv. COLLOQ. assolutamente, a ogni costo: ***etw. ~ wollen*** volere qcs. a ogni costo.

Par|ty ['pa:ɐti, 'pɑ:ti] f. *(-,-s)* party *m.*, festa *f.*: ***eine ~ geben*** dare una festa; ***auf eine, zu einer ~ gehen*** andare a una festa.

Pa|ru|sie f. *(-)* parusia *f.*

Par|ve|nü, AUSTR. **Par|ve|nu** m. *(-s,-s)* parvenu *m.*, nuovo ricco *m.*

Par|ze f. *(-,-n)* MITOL. parca *f.*

Par|zel|le f. *(-,-n)* appezzamento *m.*, lotto *m.*; DIR. parcella *f.* **par|zel|lie|ren** tr. dividere in parcelle, lottizzare. **Par|zel|lie|rung** f. *(-,-en)* parcellizzazione *f.*, lottizzazione *f.*

Pas [pa] m. *(-,-)* passo *m.* (di danza).

Pas|cal n. *(-s,-)* pascal *m.*

Pasch m. *(-[e]s,-e* e *Päsche)* GIOC. pariglia *f.*

Pa|scha m. *(-s,-s)* pascià *m.* (anche FIG.): ***wie ein ~ leben*** vivere come un pascià.

1.pa|schen tr. COLLOQ. contrabbandare.

2.pa|schen intr. (aus. *haben*) giocare a, ai dadi.

Pa|scher m. *(-s,-)* COLLOQ. contrabbandiere *m.* **Pa|sche|rei** f. *(-,-en)* COLLOQ. contrabbando *m.*

Pas|pel f. *(-,-n)*, RAR. m. *(-s,-)* pistagna *f.*, filetto *m.* **pas|pe|lie|ren** tr. ***etw. ~*** applicare la pistagna a qcs.

Pas|quill n. *(-s,-e)* pasquinata *f.* **Pas|quil|lant** m. *(-en,-en)* autore *m.* di pasquinate.

Pass m. *(-es, Pässe)* **1** passaporto *m.*: ***einen ~ ausstellen*** rilasciare un passaporto; ***den ~ beantragen, erneuern lassen*** (ri)chiedere, far rinnovare il passaporto; ***der ~ ist abgelaufen, gefälscht, ungültig*** il passaporto è scaduto, falso, non è valido; ***die Pässe kontrollieren*** controllare i passaporti; ***den ~ vorzeigen*** mostrare il passaporto **2** *(Gebirgsübergang)* passo *m.*, valico *m.*: ***einen ~ überqueren*** attraversare (*o* valicare) un passo **3** SPORT passaggio *m.*: ***einen genauen ~ spielen*** fare un passaggio perfetto **4** ARCH. lobo *m.* **5** *(Passgang)* ambio *m.*: ***im ~ gehen*** ambiare **6** VENAT. passo *m.*

Pas|sa → **Passah.**

pas|sa|bel I agg. passabile **II** avv. passabilmente.

Pas|sa|cag|lia [-'kalja] f. *(-, Passacaglien)* passacaglia *f.*

Pas|sa|ge [-ʒə] f. *(-,-n)* **1** passaggio *m.*: ***die ~ durch einen Kanal*** il passaggio di un canale; ***die ~ versperren*** ostruire il passaggio **2** *(große Reise über das Meer)* passaggio *m.*, traversata *f.*: ***eine ~ nach Australien buchen*** prenotare un passaggio in Australia **3** *(überdachte Ladenstraße)* galleria *f.* **4** *(Passus)* passo *m.*, passaggio *m.*: ***die wichtigsten -n eines Textes unterstreichen*** sottolineare i passi più importanti di un testo **5** MUS. SPORT passaggio *m.*: ***eine schwierige ~ vollführen*** eseguire un passaggio difficile.

Pas|sa|gier [-'ʒi:ɐ] m. *(-s,-e)* passeggero *m.* ◆ ***blinder ~*** = (passeggero) clandestino. **Pas|sa|gier|flug|zeug** n. *(-[e]s,-e)* aereo *m.* passeggeri. **Pas|sa|gier|gut** n. *(-[e]s,-güter)* bagaglio *m.* dei passeggeri. **Pas|sa|gie|rin** f. *(-,-nen)* passeggera *f.* **Pas|sa|gier|lis|te** f. *(-,-n)* lista *f.* (dei) passeggeri. **Pas|sa|gier|schiff** n. *(-[e]s,-e)* nave *f.* passeggeri.

Pas|sah n. *(-s)*, **Pas|sah|fest** n. *(-[e]s)* RELIG. pasqua *f.* (ebraica). **Pas|sah|lamm** n. *(-[e]s,-lämmer)* agnello *m.* pasquale.

Pass|amt n. *(-[e]s,-ämter)* ufficio *m.* passaporti.

Pas|sant m. *(-en,-en)* **1** passante *m.* **2** SVIZZ. *(Durchreisender)* passeggero *m.*, viaggiatore *m.*
Pas|sat, **Pas|sat|wind** m. *(-[e]s,-e)* (vento *m.*) aliseo *m.*
Pas|sau|er I m. *(-s,-)* abitante *m.* di Passau **II** agg.inv. di Passau.
Pass|bild n. *(-[e]s,-er)* fototessera *f.*
Pas|se f. *(-,-n)* SART. sprone *m.*, carré *m.*
Pas|sei|er|tal n.pr.n. *(-[e]s)* Val Passiria *f.*
pas|sen I intr. (aus. *haben*) **1** andare (bene), essere della giusta misura: ***die Schuhe ~ mir (nicht)*** le scarpe (non) sono della mia misura, (non) mi vanno bene; ***der Deckel passt nicht auf den Topf*** il coperchio non è della misura della pentola **2a** *(für etw. geeignet, richtig sein)* adattarsi, essere adatto, stare (bene): ***diese Lampe passt nicht zur Einrichtung*** questa lampada non si adatta (*o* non è adatta) all'arredamento; ***diese Farbe passt nicht zu dir*** questo colore non ti sta bene; *(für eine Arbeit, Stellung)* essere adatto, idoneo: ***er passt in keine leitende Stellung, nicht zum Richter*** non è adatto (*o* idoneo) a una carica direttiva, a fare il giudice **b** *(für jdn geeignet sein)* essere adatto, addirsi, confarsi: ***diese Worte ~ nicht zu ihm*** queste parole non gli si addicono, non sono da lui; ***sie passt nicht zu ihm*** non è adatta a (*o* fatta per) lui **3** *(sich einfügen, anbringen lassen)* starci, entrare: ***das Buch passt nicht ins Regal*** il libro non ci sta nella libreria **4a** *(gefallen)* andare a genio, piacere: ***dem Chef nicht ~*** non andare a genio al capoufficio **b** *(recht sein)* andare (bene), stare bene: ***passt es dir morgen um 9 Uhr?*** ti va bene domani alle 9? ***es passt mir nicht, dass...*** non mi va che... **5** *(entsprechend sein)* corrispondere: ***die Beschreibung passt auf den geflohenen Mörder*** la descrizione corrisponde a quella dell'assassino in fuga **6** AUSTR. *(lauern)* ***auf jdn, etw. ~*** fare la posta a qcn., qcs. **7a** GIOC. passare: ***(ich) passe!*** passo! **b** FIG. arrendersi: ***ich passe, das weiß ich nicht!*** mi arrendo, questo non lo so! **8** SPORT passare (la palla), fare un passaggio **II** tr. adattare, far entrare: ***das Brett in das Regal ~*** far entrare un ripiano nella libreria **III** rifl. ***sich ~*** COLLOQ. addirsi, convenire, andare (bene): ***es passt sich nicht, dass...*** non va (bene) che... ◆ ***wie angegossen ~*** stare a pennello; ***das passt wie die Faust aufs Auge*** è un pugno in un occhio; ***das passt nicht hierher!*** questo non c'entra! questo è fuori luogo! ***das könnte dir so ~!*** ti piacerebbe, eh! ti farebbe comodo, eh! COLLOQ. ***das passt mir nicht in den Kram!*** non mi va affatto! ***das passt zu ihm!*** è tipico di lui! ***(nicht) zueinander ~*** (non) essere adatto l'uno all'altro (*o* fatto l'uno per l'altro).
pas|send I p.pres. agg. **1** → **passen 2** che va (bene), che è della giusta misura: ***gut -e Schuhe*** scarpe che vanno bene **3a** *(für etw. geeignet, richtig)* adatto, giusto, appropriato: ***die -en Worte finden*** trovare le parole adatte; ***eine zum Hemd -e Krawatte*** una cravatta giusta per (*o* che sta bene con) la camicia; *(für eine Arbeit, Stellung)* adatto, idoneo **b** *(für jdn geeignet)* adatto, confacente: ***eine zu seinen Fähigkeiten -e Aufgabe*** un incarico confacente alle proprie capacità; ***bei -er Gelegenheit*** all'occasione adatta (*o* opportuna) **4** *(angebracht)* opportuno, conveniente: ***das halte ich nicht für ~*** non mi sembra opportuno, non mi sembra il caso **II** avv. adeguatamente, in modo adatto ◆ COLLOQ. ***hast du's ~?*** hai i soldi giusti? li hai giusti? ***etw. ~ machen*** adattare qcs.
Passe|par|tout [paspar'tu:] n. e SVIZZ. m. *(-s,-s)* **1** passe-partout *m.* **2** SVIZZ. *(Dauerkarte)* tessera *f.* d'abbonamento.
Passe|poil [pas'poal] m. *(-s,-s)* AUSTR. → **Paspel. passe|poi|lie|ren** tr. AUSTR. → **paspelieren.**
Pass|form f. *(-)* SART. taglio *m.*, linea *f.* **Pass|fo|to** n. *(-s,-s)* → **Passbild. Pass|gang** m. *(-[e]s)* ambio *m.*, RAR. ambiatura *f.*: ***im ~ gehen*** andare d'ambio, ambiare. **Pass|gän|ger** m. *(-s,-)* quadrupede *m.* che ambia; EQUIT. ambiatore *m.* **pass|ge|recht I** agg. della giusta misura **II** avv. su misura. **Pass|hö|he** f. *(-,-n)* culmine *m.* di un passo.
Pas|sier|ball m. *(-[e]s,-bälle)* → **Passierschlag. pas|sier|bar** agg. **1** transitabile, valicabile **2** *(von Brücken, Flüssen)* attraversabile **3** *(von Kontrollen, Sperren)* che si può passare, superare.
pas|sie|ren I intr. (aus. *sein*) **1** succedere, accadere, capitare: ***was ist (dir) passiert?*** cosa (ti) è successo? ***er tut so, als sei nichts passiert*** si comporta come se non fosse successo nulla; ***es ist etwas Schreckliches passiert*** è successa una cosa tremenda; ***ihm ist ein Malheur, eine Panne passiert*** gli è successa una disgrazia, gli è successo (*o* ha passato) un guaio; ***so was ist mir noch nie passiert*** non mi è mai capitata una cosa del genere **2** ANT. *(durchgehen)* essere passabile, accettabile, COLLOQ. andare **II** tr. **1** passare, valicare: ***die Grenze ~*** passare il confine **2** *(überqueren, durch etw. hindurchgehen,-fahren)* attraversare: ***eine Brücke, eine Stadt ~*** attraversare un ponte, una città **3a** *(an etw. vorbeigehen,-fahren)* (oltre)passare, superare: ***die Polizeisperre, Zollkontrolle ~*** passare il posto di blocco della polizia, il controllo della dogana **b** FIG. ***die Zensur ~*** passare la censura **4** GASTR. passare **5** SPORT ***den Gegner ~*** superare l'avversario con un passante, fare un passante all'avversario ◆ SPORT ***der Torwart musste den Ball ~ lassen*** il portiere non riuscì a trattenere la palla; ***das soll mir nicht noch einmal ~!*** non mi succederà una seconda volta! ***es muss endlich etwas ~!*** è ora di fare qualcosa! è ora di muoversi! ***dass das gerade mir ~ musste!*** proprio a me doveva capitare! ***das kann jedem (mal) ~!*** questo può succedere a chiunque (*o* a tutti)! ***das kann auch nur ihm ~!*** questo può succedere solo a lui! ***wenn du nicht aufhörst, passiert dir was!*** se non la smetti, le prendi!
Pas|sier|ge|wicht n. *(-[e]s,-e)* peso *m.* tollerabile. **Pas|sier|ma|schi|ne** f. *(-,-n)* passaverdura *m.*, passatutto *m.* **Pas|sier|schein** m. *(-[e]s,-e)* lasciapassare *m.*; *(in öffentlichen Einrichtungen, großen Betrieben)* passi *m.* **Pas|sier|schlag** m. *(-[e]s,-schläge)* SPORT passante *m.* **Pas|sier|sieb** n. *(-[e]s,-e)* setaccio *m.*, passino *m.*
Pas|si|on f. *(-,-en)* passione *f.*: ***eine ~ für jdn, etw. haben*** avere una passione per qcn., qcs.; ***etw. aus, mit ~ tun*** fare qcs. per, con passione; RELIG. ART. ***die ~ (Christi)*** la Passione (di Cristo).
pas|si|o|niert agg. appassionato: ***ein -er Jäger, Leser, Philatelist*** un appassionato di caccia, di lettura, di filatelia.
Pas|si|ons|blu|me f. *(-,-n)* fiore *m.* della passione, passiflora *f.* **Pas|si|ons|frucht** f. *(-,-früchte)* frutto *m.* della passione. **Pas|si|ons|sonn|tag** m. *(-[e]s,-e)* quinta *f.* (domenica) di passione. **Pas|si|ons|spiel** n. *(-[e]s,-e)* TEATR. passione *f.*, sacra rappresentazione *f.* **Pas|si|ons|weg** m. *(-[e]s)* LETT. via *f.* crucis. **Pas|si|ons|wo|che** f. *(-,-n)* settimana *f.* di passione. **Pas|si|ons|zeit** f. *(-)* **1** periodo *m.* della passione **2** *(Fastenzeit)* quaresima *f.*
pas|siv, pas|siv I agg. passivo: ***ein -er Charakter*** un carattere passivo; ***eine -e Haltung, Gehorsamkeit*** un atteggiamento passivo, un'obbedienza passiva; ***-er Widerstand*** resistenza passiva; ***-es Rauchen*** fumo passivo; COMM. ***-e Bilanz*** bilancio passivo; DIR. ***-e Bestechung*** corruzione passiva; RAR. GRAMM. ***die -en Formen des Verbs*** le forme passive del verbo **II** avv. passivamente: ***sich ~ verhalten, zeigen*** comportarsi passivamente, mostrarsi passivo; ***alles ~ annehmen*** accettare tutto passivamente ◆ ***ein -es Mitglied*** un socio promotore; ***nur -er Teilnehmer sein*** partecipare solo come semplice spettatore, ascoltatore; DIR. ***-es Wahlrecht*** (diritto di) elettorato passivo, eleggibilità. **Pas|siv** n. *(-s,-e)* passivo *m.*, forma *f.* passiva: ***das Verb steht im ~*** il verbo è al passivo.
Pas|si|va, AUSTR. **Pas|si|ven** pl. COMM. passività *f.pl.*, passivo *m.*: ***Aktiva und ~*** attività e passività (*o* attivo e passivo) ◆ ***antizipative ~*** risconti passivi; ***transitorische ~*** ratei passivi.
Pas|siv|ge|schäft n. *(-[e]s,-e)* BANC. operazione *f.* passiva. **Pas|siv|han|del** m. *(-s)* commercio *m.* passivo (*o* d'importazione).
pas|si|vie|ren tr. **1** COMM. iscrivere, registrare al passivo **2** CHIM. passivare. **Pas|si|vie|rung** f. *(-,-en)* **1** COMM. iscrizione *f.* (*o* registrazione *f.*) al passivo **2** CHIM. passivazione *f.*
pas|si|visch GRAMM. **I** agg. passivo **II** avv. al passivo, in forma passiva: ***einen Satz ~ konstruieren*** costruire una frase al passivo.
Pas|si|vis|mus m. *(-)* passivismo *m.* **Pas|si|vi|tät** f. *(-)* passività *f.* (anche CHIM.).
Pas|siv|mas|se f. *(-,-n)* DIR. massa *f.* passiva. **Pas|siv|pos|ten** m. *(-s,-)* voce *f.* passiva (*o* al passivo). **Pas|siv|rau|chen** n. *(-s)* fumo *m.* passivo. **Pas|siv|sal|do** m. *(-s,-s* e *-saldi/-salden)* saldo *m.* passivo. **Pas|siv|sei|te** f. *(-,-n)* (sezione *f.* del) passivo *m.*: ***auf der ~*** al passivo. **Pas|siv|zin|sen** pl. interessi *m.pl.* passivi.
Pass|kon|trol|le f. *(-,-n)* controllo *m.* (dei) passaporti.
pass|lich agg. ANT. → **passend.**
Pass|stel|le f. *(-,-n)* ufficio *m.* passaporti. **Pass|stra|ße** f. *(-,-n)* strada *f.* di un, del passo.
Pas|sung f. *(-,-en)* TECN. accoppiamento *m.*
Pas|sus m. *(-,-)* LETT. passo *m.* (di un testo).
Pas|ta f. *(-, Pasten)* RAR. → **Paste. Pas|te** f. *(-,-n)* **1** GASTR. pasta *f.*; *(aus Fleisch)* pâté *m.* **2** FARM. pasta *f.*
Pas|tell n. *(-[e]s,-e)* **1** pastello *m.*: ***in ~ malen*** dipingere a pastello; ***eine Ausstellung von -en und Aquarellen*** una mostra di pastelli e acquarelli **2** → **Pastellton. Pas|tell|bild** n. *(-[e]s,-er)* (quadro *m.* a) pastello *m.* **pas|tel|len** agg. **1** (dipinto) a pastello **2** → **pastellfarben. Pas|tell|far|be** f. *(-,-n)* **1** (colore *m.* a) pastello *m.* **2** → **Pastellton. pas|tell|far|ben**, RAR. **pas|tel|lig** agg. color pastello. **Pas|tell|ma|ler** m. *(-s,-)* pastellista *m.* **Pas|tell|ma|le|rei** f. *(-,-en)* **1** pittura *f.* a pastello **2** → **Pastellbild. Pas|tell|stift** m. *(-[e]s,-e)* pastello *m.* **Pas|tell|ton** m. *(-[e]s,-töne)* colore *m.* (*o* tinta *f.*) pastello. **Pas|tell|zeich|nung** f. *(-,-en)* disegno *m.* a pastello.
Pas|tet|chen n. *(-s,-)* vol-au-vent *m.* **Pas|te|te** f. *(-,-n)* **1** vol-au-vent *m.* **2** *(Fleischspeise)* pâté *m.*
Pas|teu|ri|sa|ti|on [pastø-] f. *(-,-en)* pastorizzazione *f.* **pas|teu|ri|**

sie|ren tr. pastorizzare: ***Milch ~*** pastorizzare il latte. **Pas|teu|ri|sie|rung** f. *(-,-en)* → **Pasteurisation.**

Pas|tic|cio [pas'tɪtʃo] n. *(-s,-s* e *Pasticci)* **1** PITT. pastiche *m.* **2** MUS. pasticcio *m.*

Pas|til|le f. *(-,-n)* pastiglia *f.*, pasticca *f.*

Pas|ti|nak m. *(-s,-e)*, **Pas|ti|na|ke** f. *(-,-n)* BOT. **1** pastinaca *f.* **2** *(Wurzel)* radice *f.* di pastinaca.

Pas|tor, Pas|tor m. *(-s,-en)* **1** ECCL. pastore *m.*: ***evangelischer ~*** pastore evangelico **2** REGION. *(Pfarrer)* parroco *m.* **pas|to|ral** agg. **1** ECCL. pastorale, del pastore, dei pastori **2** *(ländlich, idyllisch)* pastorale: ***-e Dichtung, Musik*** poesia, musica pastorale **3** SPREG. *(übertrieben feierlich)* pomposo, enfatico. **Pas|to|ral|brief** m. *(-[e]s,-e)* RELIG. (lettera *f.*) pastorale *f.*

1.Pas|to|ra|le n. *(-s,-s)* e f. *(-,-n)* **1** MUS. pastorale *f.* **2** TEATR. dramma *m.* pastorale **3** PITT. scena *f.* pastorale.

2.Pas|to|ra|le n. *(-s,-s)* RELIG. (bastone *m.*) pastorale *m.*

Pas|to|ral|sin|fo|nie f. *(-,-n)* (sinfonia *f.*) pastorale *f.* **Pas|to|ral|the|o|lo|gie** f. *(-)* teologia *f.* pastorale.

Pas|to|rat n. *(-[e]s,-e)* REGION. RELIG. **1** ufficio *m.* pastorale **2** *(Wohnung des Pastors)* canonica *f.*

Pas|to|rel|le f. *(-,-n)* LETT. pastorella *f.* (genere poetico).

Pas|to|rin f. *(-,-nen)* ECCL. **1** pastore *m.* (donna) **2** COLLOQ. *(Frau des Pastors)* moglie *f.* del pastore.

pas|tos agg. pastoso. **pas|tös** agg. pastoso (anche MED.).

Pa|ta|go|ni|en n.pr.n. *(-s)* Patagonia *f.* **Pa|ta|go|ni|er** m. *(-s,-)* patagone *m.* **pa|ta|go|nisch** agg. patagonico, della Patagonia.

Pat|chen n. *(-s,-)* FAM. → **Patenkind.**

1.Pa|te m. *(-n,-n)* **1** padrino *m.*, REGION. compare *m.*: ***bei jdm ~ stehen*** fare da padrino a qcn.; ***jdn zum ~ haben*** avere qcn. come padrino **2** REGION. → **Patenkind** ◆ FIG. ***bei etw. ~ stehen*** = influire profondamente su qcs.

2.Pa|te f. *(-n,-n)* → **Patin.**

Pa|te|ne f. *(-,-n)* LIT. patena *f.*

Pa|ten|ge|schenk n. *(-[e]s,-e)* regalo *m.* (di battesimo) del padrino o della madrina. **Pa|ten|kind** n. *(-[e]s,-er)* figlioccio *m.*; *(Mädchen)* figlioccia *f.* **Pa|ten|on|kel** m. *(-s,-)* padrino *m.*, REGION. compare *m.* **Pa|ten|schaft** f. *(-,-en)* condizione *f.* di padrino o madrina: ***die ~ für jdn übernehmen*** fare da padrino o madrina a qcn. ◆ FIG. ***die ~ für ein Projekt, eine Schulklasse übernehmen*** impegnarsi a favore di un progetto, portare avanti (*o* seguire) una classe. **Pa|ten|sohn** m. *(-[e]s,-söhne)* figlioccio *m.* **Pa|ten|stadt** f. *(-,-städte)* città *f.* gemellata.

pa|tent I agg. COLLOQ. **1** *(tüchtig)* bravo, in gamba: ***ein -es Mädchen*** una ragazza in gamba **2** *(brauchbar, geschickt)* utile, abile, buono, ben congegnato: ***das ist ein -er Vorschlag*** è una buona proposta **II** avv. **1** abilmente: ***etw. ~ lösen*** risolvere qcs. abilmente **2** REGION. elegantemente: ***sich ~ kleiden*** vestirsi elegantemente. **Pa|tent** n. *(-[e]s,-e)* **1a** brevetto *m.*: ***ein ~ ist gültig, erloschen*** un brevetto è valido, scaduto; ***ein ~ auf etw. (A) haben*** avere un brevetto su qcs.; ***ein ~ erteilen*** rilasciare (*o* concedere) un brevetto; ***etw. zum ~ anmelden*** chiedere il brevetto per qcs. (*o* depositare domanda di brevetto per qcs.) **b** *(Bestallungsurkunde)* ***das ~ als Steuermann erwerben*** prendere il brevetto da pilota **2** SVIZZ. *(Erlaubnis zur Berufsausübung)* licenza *f.* **Pa|tent|amt** n. *(-[e]s,-ämter)* ufficio *m.* (centrale) brevetti.

Pa|ten|tan|te f. *(-,-n)* madrina *f.*

Pa|tent|an|mel|der m. *(-s,-)* depositante *m.* (*o* richiedente *m.*). **Pa|tent|an|mel|dung** f. *(-,-en)* domanda *f.* di brevetto: ***eine ~ einreichen*** depositare una domanda di brevetto. **Pa|tent|an|sprü|che** pl. rivendicazioni *f.pl.* **Pa|tent|an|walt** m. *(-[e]s,-anwälte)* agente *m.* (*o* consulente *m.*) brevetti (*o* brevettuale). **Pa|tent|brief** m. *(-[e]s,-e)* lettera *f.* patente. **Pa|tent|er|tei|lung** f. *(-,-en)* rilascio *m.* (*o* concessione *f.*) di un, del brevetto. **pa|tent|fä|hig** agg. brevettabile. **Pa|tent|ge|büh|ren** pl. tassa *f.* sul brevetto. **pa|ten|tier|bar** agg. brevettabile. **pa|ten|tie|ren** tr. **1** brevettare **2** TECN. METALL. patentare. **Pa|tent|in|ha|ber** m. *(-s,-)* titolare *m.* di un, del brevetto. **Pa|tent|knopf** m. *(-[e]s,-knöpfe)* bottone *m.* automatico. **Pa|tent|lö|sung** f. *(-,-en)* soluzione *f.* garantita.

Pa|ten|toch|ter f. *(-,-töchter)* figlioccia *f.*

Pa|tent|recht n. *(-[e]s)* **1** diritto *m.* di privativa **2** *(Rechtsvorschriften)* diritto *m.* brevettuale. **Pa|tent|re|zept** n. *(-es,-e)* sistema *m.* garantito, brevettato. **Pa|tent|schrift** f. *(-,-en)* **1** *(Dokumentenmaterial)* fascicolo *m.* brevettuale **2** *(Text eines erteilten Patents)* brevetto *m.* (concesso). **Pa|tent|schutz** m. *(-es)* tutela *f.* brevettuale. **Pa|tent|ur|kun|de** f. *(-,-n)* brevetto *m.* **Pa|tent|ver|schluss** m. *(-es,-verschlüsse)* chiusura *f.* brevettata.

Pa|ter m. *(-s,-* e *Patres)* RELIG. padre *m.*

Pa|ter|ni|tät f. *(-)* ANT. paternità *f.*

1.Pa|ter|nos|ter n. *(-s,-)* RELIG. Padrenostro *m.*, Paternostro *m.*: ***das ~ beten*** recitare il Padrenostro.

2.Pa|ter|nos|ter m. *(-s,-)*, **Pa|ter|nos|ter|auf|zug** m. *(-[e]s,-aufzüge)* ascensore *m.* a paternoster.

Pa|the|tik f. *(-)* patetismo *m.* **pa|the|tisch I** agg. patetico: ***ein -er Stil*** uno stile patetico **II** avv. pateticamente, con patetismo.

pa|tho|gen agg. patogeno. **Pa|tho|ge|ne|se** f. *(-,-n)* patogenesi *f.* **pa|tho|ge|ne|tisch** agg. patogenetico. **Pa|tho|ge|ni|tät** f. *(-)* patogenicità *f.*

pa|tho|gno|mo|nisch, pa|tho|gnos|tisch agg. patognomonico. **Pa|tho|lo|ge** m. *(-n,-n)* patologo *m.* **Pa|tho|lo|gie** f. *(-)* patologia *f.* **pa|tho|lo|gisch** agg. patologico. **Pa|tho|phy|si|o|lo|gie** f. *(-)* patofisiologia *f.* **Pa|tho|psy|cho|lo|gie** f. *(-)* patopsicologia *f.*

Pa|thos n. *(-)* pathos *m.*: ***mit übersteigertem ~ sprechen*** parlare con pathos esagerato; ***schillersches ~*** il pathos di Schiller.

Pa|ti|ence [pa'siã:s] f. *(-,-n)* solitario *m.*: ***eine ~ legen, machen*** fare un solitario; ***die ~ geht nicht auf*** il solitario non riesce. **Pa|ti|ence|kar|ten** pl. carte *f.pl.* da solitario. **Pa|ti|ence|spiel** n. *(-[e]s,-e)* gioco *m.* di pazienza, solitario *m.*

Pa|ti|ent m. *(-en,-en)* paziente *m.*: ***ein schwieriger ~*** un paziente difficile: ***einen -en pflegen, heilen*** assistere, curare un paziente. **Pa|ti|en|tin** f. *(-,-nen)* paziente *f.*

Pa|tin f. *(-,-nen)* madrina *f.*

1.Pa|ti|na f. *(-)* patina *f.* ◆ FIG. ***~ ansetzen*** offuscarsi.

2.Pa|ti|na f. *(-, Patinen)*, **Pa|ti|ne** f. *(-,-n)* LIT. → **Patene. pa|ti|nie|ren** tr. patinare. **Pa|ti|nie|rung** f. *(-,-en)* patinatura *f.*

Pa|tis|se|rie f. *(-,-n)* pasticceria *f.*

Pa|tois [pa'toa] n. *(-,-)* patois *m.*

Pat|ras n.pr.n. *(-)* Patrasso *f.*

Pat|ri|arch m. *(-en,-en)* patriarca *m.* **pat|ri|ar|chal, pat|ri|ar|cha|lisch I** agg. patriarcale: ***eine -e Gesellschaft*** una società patriarcale **II** avv. da patriarca: ***sich ~ geben*** comportarsi da patriarca. **Pat|ri|ar|chal|kir|che** f. *(-,-n)* chiesa *f.* patriarcale. **Pat|ri|ar|chal|staat** m. *(-[e]s,-en)* stato *m.* patriarcale. **Pat|ri|ar|chat** n. *(-[e]s,-e)* patriarcato *m.* **Pat|ri|ar|chen|sitz** m. *(-es,-e)* sede *f.*, residenza *f.* del patriarca. **Pat|ri|ar|chen|tum** n. *(-s)* ECCL. patriarcato *m.* **pat|ri|ar|chisch** agg. ANT. patriarcale.

pat|ri|mo|ni|al agg. **1** patrimoniale **2** *(väterlich)* paterno, ereditato dal padre. **Pat|ri|mo|ni|al|ge|richt** n. *(-[e]s,-e)* STOR. corte *f.* di giustizia padronale. **Pat|ri|mo|ni|al|ge|richts|bar|keit** f. *(-)* STOR. giurisdizione *f.* padronale. **Pat|ri|mo|ni|al|gü|ter** pl. beni *m.pl.* patrimoniali. **Pat|ri|mo|ni|al|staat** m. *(-[e]s,-en)* STOR. stato *m.* patrimoniale.

Pat|ri|ot m. *(-en,-en)* patriota *m.* **pat|ri|o|tisch I** agg. patriottico **II** avv. da patriota: ***~ gesinnt, eingestellt sein*** essere animato da sentimenti patriottici. **Pat|ri|o|tis|mus** m. *(-)* patriottismo *m.*

Pat|ris|tik f. *(-)* patristica *f.* **pat|ris|tisch** agg. patristico.

Pat|ri|ze f. *(-,-n)* punzone *m.*, controstampo *m.*

Pat|ri|zi|at n. *(-[e]s,-e)* patriziato *m.* **Pat|ri|zi|er** m. *(-s,-)* patrizio *m.* **Pat|ri|zi|er|ge|schlecht** n. *(-[e]s,-er)* stirpe *f.* patrizia. **Pat|ri|zi|er|haus** n. *(-[e]s,-häuser)* casa *f.* patrizia. **Pat|ri|zi|er|tum** n. *(-s)* patriziato *m.* **pat|ri|zisch** agg. patrizio.

Pat|ro|lo|ge m. *(-n,-n)* patrologo *m.* **Pat|ro|lo|gie** f. *(-)* patrologia *f.*

Pat|ron m. *(-s,-e)* **1** patrono *m.* (anche STOR.): ***der ~ einer Stadt, Kirche*** il patrono di una città, di una chiesa **2** COLLOQ. SPREG. tipo *m.*: ***ein widerlicher ~*** un tipo disgustoso ◆ ***ein sauberer ~*** un bel tipo. **Pat|ro|na** f. *(-, Patronä)* patrona *f.* **Pat|ro|na|ge** [patro'na:ʒə] f. *(-,-n)* favoritismo *m.* **Pat|ro|nanz** f. *(-)* AUSTR. ECCL. patronato *m.* **Pat|ro|nat** n. *(-[e]s,-e)* patronato *m.* (anche STOR. ECCL.): ***unter dem ~ des Präsidenten*** sotto il patronato del presidente. **Pat|ro|nats|fest** n. *(-es,-e)* festa *f.* del (santo) patrono. **Pat|ro|nats|herr** m. *(-en,-en)* ECCL. patrono *m.*

Pat|ro|ne f. *(-,-n)* **1** cartuccia *f.*: ***blinde, scharfe ~*** cartuccia a salve, a palla; *(für Tinte)* ***eine neue ~ in den Füller einlegen*** infilare una nuova cartuccia nella stilografica **2** FOT. rullino *m.* **3** TESS. cartoncino *m.* per jaquard. **Pat|ro|nen|fül|ler** m. *(-s,-)*, **Pat|ro|nen|füll|hal|ter** m. *(-s,-)* stilografica *f.* a cartucce. **Pat|ro|nen|gurt** m. *(-[e]s,-e)* **1** *(Gurt aus Metall)* caricatore *m.* a nastro **2** *(Patronengürtel)* cartucciera *f.* **Pat|ro|nen|gür|tel** m. *(-s,-)* cartucciera f. **Pat|ro|nen|hül|se** f. *(-,-n)* bossolo *m.* **Pat|ro|nen|kam|mer** f. *(-,-n)* camera *f.* di caricamento. **Pat|ro|nen|kas|ten** m. *(-s,-kästen)* **1** serbatoio *m.* (di fucile) **2** *(Kiste mit Munition)* cassa *f.* di munizioni. **Pat|ro|nen|la|ger** n. *(-s,-)* camera *f.* di caricamento. **Pat|ro|nen|si|che|rung** f. *(-,-en)* fusibile *m.* a cartuccia. **Pat|ro|nen|ta|sche** f. *(-,-n)* cartucciera *f.*, giberna *f.* **Pat|ro|nen|trom|mel** f. *(-,-n)* tamburo *m.*

Pat|ro|nin f. *(-,-nen)* patrona *f.*

Pat|ro|ny|mie f. *(-)* patronimia *f.* **Pat|ro|ny|mi|kon, Pat|ro|ny|mi|**

kum n. *(-s, Patronymika)* patronimico *m.* **pat|ro|ny|misch** agg. patronimico.
Pat|rouil|le [pa'trʊljə] f. *(-,-n)* **1** *(Trupp)* pattuglia *f.*: ***auf ~ sein*** essere di pattuglia **2** *(Kontrollgang)* ronda *f.*: ***~ gehen, machen*** fare la ronda. **Pat|rouil|len|fahrt** f. *(-,-en)* pattugliamento *m.* **Pat|rouil|len|flug** m. *(-[e]s,-flüge)* volo *m.* di pattuglia. **Pat|rouil|len|füh|rer** m. *(-s,-)* capopattuglia *f.* **Pat|rouil|len|gang** m. *(-[e]s,-gänge)* pattugliamento *m.* **pat|rouil|lie|ren** intr. (aus. *haben, sein*) pattugliare, compiere servizio di pattuglia: ***im Grenzgebiet ~*** pattugliare la zona di confino.
Pat|ro|zi|ni|um m. *(-s, Patrozinien)* **1** STOR. RELIG. patrocinio *m.* **2** → **Patronatsfest.**
patsch inter. paf, ciaf, ciac.
1.Patsch m. *(-[e]s,-e)* **1** *(Geräusch)* ***mit einem ~*** facendo paf (*o* ciaf, ciac) **2** COLLOQ. *(Matsch)* fango *m.*, fanghiglia *f.*
2.Patsch m. *(-en,-en)* AUSTR. COLLOQ. balordo *m.*, manigoldo *m.*
Pat|sche f. *(-,-n)* COLLOQ. **1** *(Hand)* zampa *f.*; *(Händchen)* zampetta *f.*: ***gib mir deine ~*** dammi la zampa **2** *(Matsch)* fango *m.*, fanghiglia *f.* **3** *(Bedrängnis)* guaio *m.*, impiccio *m.*: ***in eine ~ geraten, kommen*** cacciarsi in un guaio; ***in der ~ sitzen*** essere in un bel guaio; ***jdm aus der ~ helfen, ziehen*** aiutare qcn. ad uscire, tirare fuori qcn. da un impiccio.
pät|scheln REGION. **I** tr. ***jdn ~*** dare dei buffetti a qcn. **II** intr. (aus. *haben, sein*) remare.
pat|schen intr. COLLOQ. **1** (aus. *haben*) fare cic ciac: ***das Wasser patscht unter den Schuhen*** l'acqua fa cic ciac sotto le scarpe **2** *(aufprallen;* aus. *sein)* scrosciare: ***der Regen patscht auf das Dach*** la pioggia scroscia sul tetto **3** *(mit der flachen Hand klatschen;* aus. *haben)* fare ciac: ***in die Hände ~*** fare ciac con le mani **4** (aus. *sein*) sguazzare: ***durchs Wasser ~*** sguazzare nell'acqua **5** *(täppisch greifen;* aus. *haben)* toccare in modo maldestro ◆ ***jdm ins Gesicht ~*** dare un ceffone a qcn. **Pat|schen** m. *(-s,-)* AUSTR. **1** pantofola *f.* **2** *(Reifenpanne)* bucatura *f.* di una gomma. **pat|sche|nass** → **patschnass.**
Pat|scherl n. *(-s,-n)* AUSTR. COLLOQ. bambino *m.* impacciato, goffo. **pat|schert** agg. AUSTR. COLLOQ. impacciato.
Patsch|hand f. *(-,-hände)*, **Patsch|händ|chen** n. *(-s,-)* INFANT. manina *f.* **patsch|nass** agg. COLLOQ. bagnato fradicio.
Pat|schu|li n. *(-s)* **1** patchouli *m.* **2** *(Öl)* essenza *f.* di patchouli.
patt agg. ***~ sein*** essere in stallo. **Patt** n. *(-s,-s)* **1** patta *f.* **2** *(beim Schachspiel)* stallo *m.* ◆ ***nukleares ~*** stallo nucleare. **Pat|te** f. *(-,-n)* ABBIGL. patta *f.* **Pat|ten|ver|schluss** m. *(-es,-verschlüsse)* chiusura *f.* a patta, a pattina.
Pat|tern ['pɛtən] n. *(-s,-s)* pattern *m.*
pat|tie|ren tr. stampare a reticolo.
Patt|si|tu|a|ti|on f. *(-,-en)* situazione *f.* di parità, di equilibrio.
pat|zen intr. (aus. *haben*) **1** COLLOQ. *(Fehler machen)* fare pasticci, pasticciare **2** AUSTR. *(klecksen)* fare macchie: ***beim Schreiben ~*** fare delle macchie d'inchiostro scrivendo. **Pat|zen** m. *(-s,-)* REGION. **1** *(Klecks)* macchia *f.* **2** *(Klumpen)* mucchio *m.*
Pat|zer m. *(-s,-)* COLLOQ. **1** pasticcione *m.* **2** *(Fehler)* piccolo errore *m.* **Pat|ze|rei** f. *(-,-en)* COLLOQ. **1** pasticcio *m.* **2** AUSTR. *(Kleckserei)* imbrattatura *f.*
pat|zig **I** agg. COLLOQ. **1** sfacciato, sfrontato: ***eine -e Antwort*** una risposta sfacciata **2** AUSTR. *(klebrig)* attaccaticcio, appiccicoso **II** avv. sfacciatamente, sfrontatamente. **Pat|zig|keit** f. *(-,-en)* sfacciataggine *f.*, sfrontatezza *f.*
Pau|kant m. *(-en,-en)* duellante *m.*
Pau|ke f. *(-,-n)* **1** MUS. timpano *m.* **2** ANT. *(Standpauke)* ramanzina *f.*, predicozzo *m.* ◆ COLLOQ. ***mit -n und Trompeten durchfallen*** essere clamorosamente stangato; ***jdn mit -n und Trompeten empfangen*** accogliere qcn. con tutti gli onori; ***auf die ~ hauen*** far baldoria; *(großsprecherisch auftreten)* spararle grosse. **pau|ken** intr. (aus. *haben*) **1** suonare, battere il timpano **2** COLLOQ. *(intensiv lernen)* sgobbare: ***für eine, vor einer Prüfung ~*** sgobbare per un esame **3** STOR. UNIV. *(fechten)* battersi in duello **II** tr. **1** COLLOQ. *(herauspauken)* trarre d'impaccio **2** COLLOQ. *(intensiv lernen)* studiare intensamente: ***Mathematik ~*** studiare intensamente matematica. **Pau|ken|fell** n. *(-[e]s,-e)* **1** MUS. membrana *f.* (del timpano) **2** MED. membrana *f.* timpanica. **Pau|ken|höh|le** f. *(-,-n)* MED. cassa *f.* timpanica. **Pau|ken|klöp|pel** m. *(-s,-)* mazzuolo *m.* del timpano.
Pau|ken|schlag m. *(-[e]s,-schläge)* colpo *m.* di timpano; FIG. ***mit einem ~ war alles zu Ende*** in un batter d'occhio era tutto finito.
Pau|ken|schlä|gel m. *(-s,-)* mazzuolo *m.* del timpano. **Pau|ken|schlä|ger** m. *(-s,-)* → **Paukist.**
Pau|ken|wir|bel m. *(-s,-)* rullo *m.* di timpano. **Pau|ker** m. *(-s,-)* **1** → **Paukist** **2** GERG. *(Lehrer)* prof *m.* e *f.* **3** GERG. *(Büffler)* sgobbone *m.*, secchione *m.* **Pau|ke|rei** f. *(-,-en)* **1** sgobbata *f.* **2** il suonare i timpani. **Pau|kist** m. *(-en,-en)* timpanista *m.*, suonatore *m.* di timpano. **Pauk|tag** m. *(-[e]s,-e)* UNIV. ANT. giorno *m.* del duello.
Paul n.pr.m. Paolo *m.* **Pau|la** n.pr.f. Paola *f.* **Pau|li|ne** f. Paolina *f.* **pau|li|nisch** agg. paolino.
Pau|low|nia f. *(-, Paulownien)*, **Pau|low|nie** f. *(-,-n)* paulonia *f.*
Pau|lus n.pr.m. *(Pauli)* Paolo *m.*: ***der heilige ~*** san Paolo. **Pau|lus|brief** m. *(-[e]s,-e)* REL. Lettera *f.* di (san) Paolo.
pau|pe|rie|ren intr. (aus. *haben*) BIOL. impoverirsi. **Pau|pe|ris|mus** m. *(-)* pauperismo *m.* **Pau|pe|ri|tät** f. *(-)* povertà *f.*, indigenza *f.*
Paus|back m. *(-s,-e)* REGION. persona *f.* paffuta. **Paus|ba|cke** f. *(-,-n)* REGION. guancia *f.* paffuta. **paus|bä|ckig** agg. dalle guance paffute.
pau|schal **I** agg. forfet(t)ario: ***-e Kosten*** costi forfettari; *(allgemein)* globale, complessivo: ***ein -es Urteil*** un giudizio globale **II** avv. **1** in blocco, a forfait, forfettariamente: ***etw. ~ vergüten, bezahlen*** rimborsare qcs. in blocco, pagare qcs. a forfait (*o* forfettariamente) **2** globalmente, complessivamente: ***etw. ~ beantworten*** rispondere globalmente a qcs. **Pau|schal|ab|fin|dung** f. *(-,-en)* indennità *f.* forfettaria. **Pau|schal|ab|ga|be** f. *(-,-n)* tassa *f.* forfettaria. **Pau|schal|ab|schlag** m. *(-[e]s,-abschläge)* sconto *m.* forfettario. **Pau|schal|ab|schrei|bung** f. *(-,-en)* deduzione *f.*, detrazione *f.* (fiscale) forfettaria. **Pau|schal|be|trag** m. *(-[e]s,-beträge)* importo *m.* globale, forfettario. **Pau|schal|be|wer|tung** f. *(-,-en)* valutazione *f.* globale. **Pau|scha|le** f. *(-,-n)* forfait *m.*, somma *f.* forfettaria. **Pau|schal|ent|schä|di|gung** f. *(-,-en)* risarcimento *m.* forfettario. **Pau|schal|ge|bühr** f. *(-,-en)* tassa *f.* globale.
pau|scha|lie|ren tr. stabilire forfettariamente: ***einen Preis ~*** stabilire un prezzo a forfait. **pau|scha|li|sie|ren** tr. generalizzare, considerare (*o* trattare) genericamente. **Pau|scha|li|sie|rung** f. *(-,-en)* liquidazione *f.* forfettaria. **Pau|scha|li|tät** f. *(-)* generalizzazione *f.*
Pau|schal|kauf m. *(-[e]s,-käufe)* acquisto *m.* in blocco. **Pau|schal|lohn** m. *(-[e]s,-löhne)* compenso *m.* forfettario. **Pau|schal|preis** m. *(-es,-e)* prezzo *m.* forfettario. **Pau|schal|quan|tum** n. *(-s,-quanta* e *-quanten)* quantità *f.* in blocco. **Pau|schal|rei|se** f. *(-,-n)* viaggio *m.* tutto compreso. **Pau|schal|satz** m. *(-es,-sätze)* aliquota *f.* forfettaria. **Pau|schal|steu|er** f. *(-,-n)* imposta *f.* forfettaria. **Pau|schal|sum|me** f. *(-,-n)* somma *f.* globale, forfettaria. **Pau|schal|ur|teil** m. *(-[e]s,-e)* giudizio *m.* sommario. **Pau|schal|ver|si|che|rung** f. *(-,-en)* assicurazione *f.* globale (*o* forfettaria).
Pausch|be|steu|e|rung f. *(-,-en)* tassazione *f.* forfettaria. **Pausch|be|trag** → **Pauschalbetrag.**
Pau|sche f. *(-,-n)* **1** EQUIT. appoggio *m.* della sella, cuscinetto *m.* **2** GINN. maniglia *f.* del cavallo.
Päu|schel m. e n. *(-s,-)* MIN. pesante martello *m.*, mazza *f.*
Pausch|sum|me → **Pauschalsumme.**
1.Pau|se f. *(-,-n)* **1a** pausa *f.*, intervallo *m.*: ***eine ~ machen, einlegen, einschieben*** fare, inserire una pausa, un intervallo; ***fünf Minuten ~*** cinque minuti di pausa; ***die ~ zwischen zwei Akten eines Schauspiels*** l'intervallo tra due atti di uno spettacolo; ***sich keine ~ gönnen*** non concedersi una pausa **b** MUS. ***eine ~ einhalten*** rispettare una pausa; ***eine ~ von 2 Takten*** una pausa di due battute **2** SCOL. intervallo *m.*, ricreazione *f.*: ***es klingelt zur ~*** suona l'intervallo ◆ ***ohne ~*** ininterrottamente, senza sosta; ***eine schöpferische ~*** una pausa di raccoglimento (per raccogliere le idee).
2.Pau|se f. *(-,-n)* copia *f.*, calco *m.*, lucido *m.*: ***eine ~ anfertigen*** fare una copia, un calco. **pau|sen** tr. ricalcare, riprodurre, copiare: ***eine Zeichnung ~*** riprodurre un disegno.
Pau|sen|brot n. *(-[e]s,-e)* spuntino *m.* **Pau|sen|fül|ler** m. *(-s,-)* COLLOQ. fuoriprogramma *m.* **Pau|sen|hal|le** f. *(-,-n)* sala *f.* per la ricreazione. **pau|sen|los** **I** agg. ininterrotto, senza sosta **II** avv. ininterrottamente, senza sosta. **Pau|sen|pfiff** m. *(-[e]s,-e)* SPORT fischio *m.* della fine di un tempo. **Pau|sen|stand** m. *(-[e]s)* SPORT punteggio *m.* alla fine del primo tempo. **Pau|sen|tee** m. *(-s,-s)* INTRAD. (il tè che i giocatori bevono nell'intervallo). **Pau|sen|zei|chen** n. *(-s,-)* **1** MUS. segno *m.* di pausa, pausa *f.* **2** RAD. TEL. segnale *m.* d'intervallo. **pau|sie|ren** intr. (aus. *haben*) fare una pausa: ***er musste wegen seiner Krankheit oft ~*** a causa della sua malattia doveva fare frequenti pause. **Paus|pa|pier** n. *(-[e]s,-e)* **1** carta *f.* velina **2** *(Kohlepapier)* carta *f.* carbone.
Pa|va|ne f. *(-,-n)* pavana *f.*
Pa|ve|se f. *(-,-n)* MIL. pavese *m.*
Pa|vi|an m. *(-s,-e)* babbuino *m.*
Pa|vil|lon ['pavɪljɔŋ] m. *(-s,-s)* **1** padiglione *m.* **2** *(in Gärten)* gaze-

bo *m.*, chiosco *m.* **3** *(Festzelt)* tendone *m.*
Paw|lat|sche f. *(-,-n)* AUSTR. COLLOQ. porticato *m.* **Paw|lat|schen|the|a|ter** n. *(-s,-)* AUSTR. teatro *m.* all'aperto.
Pa|zi|fik, Pa|zi|fik n.pr.m. *(-s)* Pacifico *m.*, Oceano *m.* Pacifico: ***der Krieg im ~*** la guerra del Pacifico. **pa|zi|fisch** agg. del Pacifico ◆ ***der Pazifische Ozean*** l'Oceano Pacifico.
Pa|zi|fis|mus m. *(-)* pacifismo *m.* **Pa|zi|fist** m. *(-en,-en)* pacifista *m.* **pa|zi|fis|tisch** agg. pacifista: ***eine -e Demonstration*** una manifestazione pacifista. **pa|zi|fi|zie|ren** tr. ANT. pacificare; *(beruhigen)* placare. **Pa|zi|fi|zie|rung** f. *(-,-en)* ANT. pacificazione *f.*
PC [pe:'tse:] m. *(-[s],-[s])* (⇒ *Personalcomputer*) PC *m.*
p. c. ⇒ *pro centum* per cento.
p. Chr. (n.) ⇒ *post Christum (natum)* dopo Cristo (d.C.).
PdA ⇒ SVIZZ. *Partei der Arbeit* Partito del lavoro.
PDS ⇒ *Partei des Demokratischen Sozialismus* Partito socialista democratico.
Pech n. *(-s* RAR. *-es,-e)* **1** pece *f.*: ***etw. mit ~ bestreichen*** impeciare qcs., cospargere di pece; ***mit ~ abdichten*** isolare, otturare con la pece **2** *(Missgeschick)* sfortuna *f.*, scalogna *f.*; disdetta *f.*: ***(viel) ~ haben*** avere (molta) sfortuna; ***vom, von ~ verfolgt sein*** essere perseguitato dalla sfortuna ◆ COLLOQ. ***dein ~, wenn...*** è colpa tua se...; COLLOQ. ***~ gehabt!*** è andata male! COLLOQ. ***~ an den Hosen haben*** rimanere incollato alla sedia; ***das nenn' ich ~!*** questo si chiama aver sfortuna, questa sì che è sfortuna! ***schwarz wie ~*** nero come la pece; ***zusammenhalten wie ~ und Schwefel*** = essere inseparabili; ***so ein ~!*** che sfortuna! che scalogna! **Pech|blen|de** f. *(-)* pechblenda *f.* **Pech|draht** m. *(-[e]s)* spago *m.* impeciato. **Pech|fa|ckel** f. *(-,-n)* torcia *f.* a vento. **pech|fins|ter** agg. nero come la pece: ***es war ~*** era buio pesto. **pe|chig** agg. pecioso, piceo. **Pech|kes|sel** m. *(-s,-)* caldaia *f.* per la pece. **Pech|koh|le** f. *(-,-n)* carbone *m.* bituminoso. **Pech|licht** n. *(-[e]s,-er)* candela *f.* di sego. **Pech|na|se** f. *(-,-n)* caditoia *f.*, piombatoia *f.* **Pech|nel|ke** f. *(-,-n)* licnide *f.* **Pech|öl** n. *(-[e]s)* olio *m.* di pece, di resina. **Pech|pfan|ne** f. *(-,-n)* → **Pechkessel. pech|ra|ben|schwarz** agg. più nero della pece. **pech|schwarz** agg. COLLOQ. nero come la pece. **Pech|stein** m. *(-[e]s)* ossidiana *f.* **Pech|sträh|ne** f. *(-,-n)* sfilza *f.*, serie *f.* di guai: ***sie hat eine wahre ~*** la sfortuna la sta perseguitando; ***die ~ muss einmal abreißen, zu Ende gehen*** i guai dovranno pur finire. **Pech|vo|gel** m. *(-s,-vögel)* persona *f.* sfortunata, sfortunato *m.* ◆ ***ein ~ sein*** avere la sfortuna addosso.
Pe|dal n. *(-s,-e)* **1** pedale *m.*: ***den Fuß vom ~ nehmen, das ~ loslassen*** togliere il piede dal pedale; ***auf das ~ treten, drücken*** schiacciare il pedale; ***sich in die -e legen*** pedalare con forza **2a** *(bei Musikinstrumenten)* pedale *m.* **b** *(Pedalklaviatur)* pedaliera *f.* ◆ ***in die -e, ins ~ treten*** pedalare; MUS. ***zuviel ~ nehmen*** usare troppo il pedale. **Pe|dal|ach|se** f. *(-,-n)* perno *m.* del pedale. **pe|da|len** intr. (aus. *haben, sein*) SVIZZ. andare in bicicletta. **Pe|dal|kla|vi|a|tur** f. *(-,-en)* pedaliera *f.* **Pe|dal|schal|ter** m. *(-s,-)* interruttore *m.* a pedale. **Pe|dal|weg** m. *(-[e]s)* corsa *f.* del pedale.
pe|dant agg. AUSTR. COLLOQ. → **pedantisch. Pe|dant** m. *(-en,-en)* pedante *m.* **Pe|dan|te|rie** f. *(-,-n)* pedanteria *f.* **pe|dan|tisch I** agg. pedante, pedantesco: ***-e Anmerkungen*** osservazioni pedantesche **II** avv. pedantescamente, con pedanteria: ***alles ~ nachprüfen*** verificare tutto con pedanteria. **Pe|dan|tis|mus** m. *(-)* ANT. pedantismo *m.*, pedanteria *f.*
Ped|dig|rohr n. *(-[e]s)* canna *f.* d'India.
Pe|dell m. *(-s,-e)* ANT. bidello *m.*
Pe|dig|ree ['pɛdigri] m. *(-s,-s)* pedigree *m.*
Pe|di|kü|re f. *(-,-n)* **1** pedicure *m.*: ***~ machen*** fare il pedicure **2** *(Fußpflegerin)* pedicure *f.*, callista *f.* **pe|di|kü|ren** intr. (aus. *haben*) fare il pedicure.
Pe|do|lo|ge m. *(-n,-n)* AGR. pedologo *m.* **Pe|do|lo|gie** f. *(-)* AGR. pedologia *f.* **pe|do|lo|gisch** agg. AGR. pedologico.
Pe|do|me|ter n. *(-s,-)* pedometro *m.*
Peep|show ['pi:p-] f. *(-,-s)* peep-show *m.*
Peer [pi:ɐ, pɪə] m. *(-s,-s)* pari *m.* **Peers|wür|de** ['pi:ɐs-] f. *(-)* dignità *f.* di pari, paria *f.*
Pe|ga|sos m. MITOL. Pegaso *m.* **Pe|ga|sus** m. *(-)* MITOL. ASTR. Pegaso *m.* ◆ SCHERZ. ***den ~ besteigen, reiten*** = poetare.
Pe|gel m. *(-s,-)* **1a** *(Messgerät für den Wasserstand)* idrometro *m.* **b** *(vom Meer)* mareografo *m.* **2a** → **Pegelstand b** FIS. livello *m.* **Pe|gel|hö|he** f. *(-,-n)* → **Pegelstand. Pe|gel|mes|ser** m. *(-s,-)* misuratore *m.* di livello. **Pe|gel|stand** m. *(-[e]s,-stände)* livello *m.* dell'acqua, della scala idrometrica.
Peg|ma|tit m. *(-s,-e)* pegmatite *f.*
Peil|an|ten|ne f. *(-,-n)* antenna *f.* radiogoniometrica. **Peil|an|la|ge** f. *(-,-n)* radiogoniometro *m.* **pei|len I** tr. **1** MAR. rilevare: ***den Standort eines Schiffes ~*** rilevare la posizione di una nave; assol. fare il punto **2** *(Wassertiefe feststellen)* scandagliare **II** intr. (aus. *haben*) COLLOQ. ***um die Ecke ~*** sbirciare dietro l'angolo ◆ ***etw. über den Daumen ~*** stimare qcs. a occhio e croce, grosso modo; FIG. ***die Lage ~*** sondare il terreno. **Pei|ler** m. *(-s,-)* **1** radiogoniometrista *m.* **2** → **Peilgerät. Peil|feh|ler** m. *(-s,-)* errore *m.* di rilevamento. **Peil|funk** m. *(-[e]s)* radiogoniometria *f.* **Peil|fre|quenz** f. *(-,-en)* frequenza *f.* di rilevamento. **Peil|ge|rät** n. *(-[e]s,-e)* radiogoniometro *m.* **Peil|kom|pass** m. *(-es,-e)* radiobussola *f.* **Peil|sen|der** m. *(-s,-)* radiofaro *m.* **Peil|stan|ge** f. *(-,-n)*, **Peil|stock** m. *(-[e]s,-stöcke)* scandaglio *m.* **Pei|lung** f. *(-,-en)* MAR. **1** rilevamento *m.*, determinazione *f.* della direzione **2** *(von der Wassertiefe)* scandagliamento *m.*
Pein f. *(-)* pena *f.*: ***körperliche, seelische ~*** pena corporale, spirituale; ***etw. verursacht, bereitet jdm ~*** qcs. procura pena a qcn.; ***das macht mir große ~*** mi fa molta pena ◆ LETT. ***die ewige ~*** la pena eterna; ***jdm das Leben zur ~ machen*** rendere la vita di qcn. un tormento.
pei|ni|gen tr. tormentare, torturare: ***jdn mit seinen Fragen ~*** tormentare qcn. con le proprie domande; ***mein Gewissen peinigt mich*** la coscienza mi tormenta; ***von Durst, Neugier gepeinigt sein*** essere torturato dalla sete, dalla curiosità; ***jdn bis aufs Blut, zu Tode ~*** torturare qcn. a sangue, a morte (anche FIG.); ANT. *(quälen)* ***jdn, ein Tier ~*** torturare (*o* seviziare) qcn., un animale. **Pei|ni|ger** m. *(-s,-)* **1** seccatore *m.*, tormentatore *m.* **2** ANT. aguzzino *m.* **Pei|ni|gung** f. *(-,-en)* tormento *m.*, tortura *f.*
pein|lich I agg. **1** penoso, incresciosos; *(beschämend)* imbarazzante: ***eine -e Lage*** una situazione penosa, imbarazzante (*o* incresciosa); ***eine -e Frage*** una domanda imbarazzante; ***ein -es Gefühl*** un senso d'imbarazzo; ***das ist furchtbar ~*** è terribilmente imbarazzante **2** *(äußerst genau)* meticoloso, minuzioso, scrupoloso: ***eine -e Ordnung, Sauberkeit*** un ordine meticoloso, una pulizia meticolosa **3** DIR. STOR. penale: ***das -e Gericht*** il tribunale penale; ***ein -es Verhör*** un interrogatorio con tortura **II** avv. **1** penosamente: ***von etw. ~ berührt sein*** provare un'impressione penosa, una sensazione di pena per qcs. **2** meticolosamente, minuziosamente, scrupolosamente: ***etw. ~ befolgen*** seguire qcs. meticolosamente; ***sich ~ an etw. (A) halten*** attenersi scrupolosamente a qcs. **3** *(äußerst)* estremamente: ***~ sauber, genau*** è tutto estremamente pulito, assolutamente esatto. **Pein|lich|keit** f. *(-,-en)* **1** penosità *f.*, incresciosità *f.*: ***die ~ einer Angelegenheit, Situation*** la penosità di una faccenda, l'incresciosità di una situazione **2** *(peinliche Äußerung, Handlung)* cosa *f.* imbarazzante. **pein|sam** agg. RAR. → **peinlich (1). pein|voll** agg. penoso.
Peit|sche f. *(-,-n)* frusta *f.*, sferza *f.*; *(für Reitpferde)* scudiscio *m.*, frustino *m.*: ***mit der ~ knallen, schlagen*** far schioccare la frusta, colpire con la frusta; ***das Pferd mit der ~ antreiben*** incitare il cavallo con il frustino; FIG. ***jdn mit der ~ antreiben*** incitare qcn. con la frusta ◆ FIG. ***mit Zuckerbrot und ~*** col bastone e la carota. **peit|schen I** tr. **1** frustare, sferzare **2** FIG. sferzare: ***der Regen peitscht die Wellen*** la pioggia sferza le onde **3** GERG. *(beim Tischtennis)* ***den Ball ~*** sferzare, tagliare la palla **II** intr. (aus. *sein*) **1** battere, sbattere: ***der Regen peitscht an, gegen die Scheiben*** la pioggia batte contro i vetri **2** sibilare: ***Schüsse ~*** sibilano i colpi. **Peit|schen|hieb** m. *(-[e]s,-e)* frustata *f.*, sferzata *f.* **Peit|schen|hieb|syn|drom** n. *(-s,-e)* colpo *m.* di frusta. **Peit|schen|knall** m. *(-s,-e)* schiocco *m.* di, della frusta. **Peit|schen|lam|pe, Peit|schen|leuch|te** f. *(-,-n)* lampione *m.* arcuato. **Peit|schen|schlag** m. *(-[e]s,-schläge)* → **Peitschenhieb. Peit|schen|schmit|ze** f. *(-,-n)* codetta *f.* (della frusta). **Peit|schen|stiel** m. *(-s,-e)* manico *m.* della frusta. **Peit|schen|wurm** m. *(-[e]s,-würmer)* tricocefalo *m.* **Peit|schen|wurm|krank|heit** f. *(-)* tricocefalosi *f.*
Pe|jo|ra|ti|on f. *(-,-en)* GRAMM. alterazione *f.* peggiorativa. **pe|jo|ra|tiv** agg. peggiorativo. **Pe|jo|ra|ti|vum** n. *(-s, Pejorativa)* peggiorativo *m.*
Pe|ka|ri n. *(-s,-s)* pecari *m.*
Pe|ke|sche f. *(-,-n)* polacca *f.*, giacca *f.* alla polacca.
Pe|ki|ne|se m. *(-n,-n)* pechinese *m.*, cane *m.* pechinese. **Pe|king** n.pr.n. *(-s)* Pechino *m.* **Pe|kin|ger I** m. *(-s,-)* pechinese *m.* **II** agg.inv. pechinese. **Pe|king|hünd|chen** n. *(-s,-)* → **Pekinese. Pe|king|mensch** m. *(-en,-en)* ANTROP. uomo *m.* di Pechino. **Pe|king|oper** f. *(-,-n)* opera *f.* di Pechino.
Pek|ten|mu|schel f. *(-,-n)* ZOOL. pettine *m.*
Pek|tin n. *(-s,-e)* pectina *f.* **Pek|tin|zu|cker** m. *(-s)* pectosio *m.*, pectinosio *m.*
pek|to|ral agg. pettorale. **Pek|to|ra|le** n. *(-[s],-s* e *Pektoralien)* croce *f.* pettorale.
pe|ku|ni|är I agg. pecuniario, finanziario: ***-e Sorgen*** preoccupazio-

ni finanziarie **II** avv. finanziariamente: ***es geht ihm ~ gut, schlecht*** finanziariamente gli va bene, male.

pe|la|gi|al agg. → **pelagisch. Pe|la|gi|al** n. *(-s)* mondo *m.* pelagico. **Pe|la|gi|a|ner** m. *(-s,-)* pelagiano *m.* **Pe|la|gi|a|nis|mus** m. *(-)* pelagianismo *m.* **pe|la|gisch** agg. pelagico: ***-e Tiere, Pflanzen*** fauna, flora pelagica.

Pe|lar|go|nie f. *(-,-n)* pelargonio *m.*

Pe|las|ger pl. pelasgi *m.pl.* **pe|las|gisch** agg. pelasgico.

Pe|le|ri|ne f. *(-,-n)* ABBIGL. pellegrina *f.*

Pe|leus n.pr.m. Peleo *m.* **Pe|li|de** m. *(-n,-n)* Pelide *m.*

Pe|li|kan, Pe|li|kan m. *(-s,-e)* pellicano *m.*

Pel|lag|ra n. *(-[s])* pellagra *f.*

Pel|le f. *(-,-n)* REGION. **1** *(von Kartoffeln, Obst)* pelle *f.*, buccia *f.*: ***die ~ abziehen*** sbucciare **2** *(Wursthaut)* pelle *f.* ◆ COLLOQ. ***jdm nicht von der ~ gehen*** non levarsi dalle scatole (*o* dai piedi); COLLOQ. ***jdm auf die ~ rücken*** stare alle costole di qcn. (essere invadente, importunare); *(mit einer Bitte, Forderung)* stare addosso a qcn., mettere qcn. alle strette; COLLOQ. ***jdm auf der ~ sitzen, liegen*** stare sulle (*o* rompere le) scatole a qcn. **pel|len** REGION. **I** tr. pelare, sbucciare: ***Kartoffeln ~*** pelare le patate **II** rifl. ***sich ~*** pelarsi: ***die Haut pellt sich*** la pelle si pela ◆ ***Eier ~*** sgusciare le uova.

pel|le|tie|ren, pel|le|ti|sie|ren tr. pellettizzare. **Pel|lets** pl. pellet *m.pl.*, granuli *m.pl.*

Pell|kar|tof|fel f. *(-,-n)* patata *f.* lessata con la buccia.

Pe|lo|pon|nes n.pr.m. *(-[es])* e f. *(-)* Peloponneso *m.* **pe|lo|pon|ne|sisch** agg. peloponnesiaco.

Pe|lops n.pr.m. Pelope *m.*

Pe|lo|ta f. *(-)* pelota *f.*

Pe|lo|ton [pelo'tɔ̃:] n. *(-s,-s)* **1** STOR. plotone *m.* **2** *(Exekutionskommando)* plotone *m.* d'esecuzione.

Pe|lot|te f. *(-,-n)* MED. cuscinetto *m.* del cinto.

Pelz m. *(-es,-e)* **1** pelliccia *f.*, pelle *f.*: ***der zottige ~ des Bären*** la pelliccia arruffata dell'orso **2** pelliccia *f.*: ***eine Mütze aus ~*** un berretto di pelliccia; ***etw. mit ~ besetzen, füttern*** ornare, imbottire (*o* foderare) qcs. di pelliccia; *(Pelzmantel, Pelzjacke)* ***einen echten ~ tragen*** portare una pelliccia vera ◆ COLLOQ. ***jdm eins auf den ~ brennen, geben*** sparare a bruciapelo contro qcn., darle a qcn. sul groppone; ***jdm eine Laus in den ~ setzen*** mettere a qcn. una pulce nell'orecchio; ***jdm auf den ~ rücken*** stare alle costole di qcn., stare addosso a qcn.; ***jdm auf dem ~ sitzen*** stare sulle scatole a qcn.; ***jdm den ~ waschen*** dare una lavata di capo a qcn.; *(prügeln)* bastonare qcn. **Pelz|be|satz** m. *(-es,-besätze)* guarnizione *f.* di pelliccia. **pelz|be|setzt** agg. ornato (*o* guarnito) di pelliccia. **Pelz|de|cke** f. *(-,-n)* coperta *f.* di pelliccia.

1.pel|zen I tr. ***ein Tier ~*** scuoiare un animale, levare la pelliccia a un animale **II** intr. (aus. *haben*) REGION. *(faulenzen)* poltrire.

2.pel|zen agg. RAR. di pelliccia. **Pelz|flat|te|rer** m. *(-s,-)* gatto *m.* volante, cinocefalo *m.* **Pelz|fut|ter** m. *(-s,-)* imbottitura *f.* (*o* fodera *f.*) di pelliccia. **pelz|ge|füt|tert** agg. foderato di pelliccia. **Pelz|han|del** m. *(-s)* commercio *m.* di pellicce. **Pelz|händ|ler** m. *(-s,-)* pellicciaio *m.* **Pelz|hand|lung** f. *(-,-en)* pellicceria *f.* **Pelz|hand|schuh** m. *(-[e]s,-e)* guanto *m.* foderato di pelliccia. **pel|zig** agg. **1** peloso **2** FIG. stopposo: ***ein -er Geschmack*** un gusto stopposo. **Pelz|imi|ta|ti|on** f. *(-,-en)* pelliccia *f.* finta (*o* ecologica). **Pelz|jäck|chen** n. *(-s,-)* pellicciotto *m.* **Pelz|ja|cke** f. *(-,-n)* giacca *f.* (*o* giaccone *m.*) di pelliccia. **Pelz|kä|fer** m. *(-s,-)* ENTOM. pellicciaio *m.* **Pelz|kap|pe** f. *(-,-n)* berretto *m.* (*o* cuffia *f.*) di pelliccia. **Pelz|kra|gen** m. *(-s,-)* collo *m.* di pelliccia. **Pelz|man|tel** m. *(-s,-mäntel)* (cappotto *m.* di) pelliccia *f.* **Pelz|mot|te** f. *(-,-n)* tignola *f.* delle pellicce (*o* dei panni, dei tappeti). **Pelz|müt|ze** f. *(-,-n)* berretto *m.* di pelliccia. **Pelz|rob|be** f. *(-,-n)* otaria *f.* orsina. **Pelz|stie|fel** m. *(-s,-)* stivale *m.* foderato di pelo. **Pelz|tier** n. *(-s,-e)* animale *m.* da pelliccia. **Pelz|tier|jä|ger** m. *(-s,-)* cacciatore *m.* di pelli, di animali da pelliccia. **pelz|ver|brämt** agg. → **pelzbesetzt. Pelz|ver|brä|mung** f. *(-,-en)* → **Pelzbesatz. Pelz|wa|ren** pl. articoli *m.pl.* di pellicceria. **Pelz|wa|ren|hand|lung** → **Pelzhandlung. Pelz|werk** n. *(-[e]s)* pellicceria *f.*

Pe|na|ten pl. Penati *m.pl.*

Pen|dant [pã'dã:] n. *(-s,-s)* **1** pendant *m.*: ***das ~ zu etw.*** il pendant di qcs. **2** ANT. *(Ohrgehänge)* pendente *m.*

Pen|del n. *(-s,-)* pendolo *m.*: ***das ~ schwingt, steht still*** il pendolo oscilla, sta fermo; ***mathematisches ~*** pendolo semplice, matematico; ***physikalisches ~*** pendolo composto, fisico. **Pen|del|ach|se** f. *(-,-n)* assale *m.* oscillante (*o* pendolare). **pen|del|ar|tig I** agg. pendolare **II** avv. a pendolo. **Pen|del|aus|schlag** m. *(-[e]s,-ausschläge)* ampiezza *f.* di oscillazione del pendolo. **Pen|del|be|we|gung** f. *(-,-en)* movimento *m.* del pendolo, moto *m.* pendolare. **Pen|del|lam|pe** f. *(-,-n)* lampada *f.* sospesa (al soffitto). **pen|deln** intr. **1** (aus. *haben*) oscillare, dondolare **2** (aus. *sein*) fare il pendolare: ***zwischen Köln und Leverkusen ~*** fare la spola tra Colonia e Leverkusen ◆ ***die Beine ~ lassen*** lasciar penzolare le gambe. **Pen|del|sä|ge** f. *(-,-n)* sega *f.* (circolare) a lama oscillante. **Pen|del|schwin|gung** f. *(-,-en)* oscillazione *f.* del pendolo. **Pen|del|tür** f. *(-,-en)* porta *f.* a vento. **Pen|del|uhr** f. *(-,-en)* orologio *m.* a pendolo, pendola *f.* **Pen|del|ver|kehr** m. *(-s)* **1** traffico *m.* pendolare **2** *(von hin- und herfahrenden Verkehrsmitteln)* spola *f.* **Pen|del|zug** m. *(-[e]s,-züge)* **1** *(für Pendler)* treno *m.* dei, per i pendolari **2** *(hin- und herfahrender Zug)* treno *m.* navetta. **Pend|ler** m. *(-s,-)* pendolare *m.*

Pen|du|le, Pen|dü|le [pã'dy:lə] f. *(-,-n)* ANT. → **Pendeluhr.**

pe|net|rant I agg. **1** penetrante, intenso; *(von Geruch)* pungente, fastidioso; *(von Geschmack)* forte **2** COLLOQ. SPREG. *(aufdringlich)* invadente **II** avv. **1** in modo penetrante, intensamente: ***~ nach Fett schmecken, riechen*** avere un forte sapore, odore di grasso **2** COLLOQ. SPREG. in modo invadente. **Pe|net|ranz** f. *(-)* **1** intensità *f.*: ***die ~ eines Parfüms*** l'intensità di un profumo **2** COLLOQ. *(Aufdringlichkeit)* invadenza *f.* **3** BIOL. penetranza *f.*

Pe|net|ra|ti|on f. *(-,-en)* penetrazione *f.* **pe|net|rie|ren** tr. **1** penetrare **2** *(durchsetzen)* infiltrare. **Pe|net|rie|rung** f. *(-,-en)* **1** penetrazione *f.* **2** *(Durchsetzung)* infiltrazione *f.*, inserimento *m.*

peng inter. bang, bum.

pe|ni|bel agg. **1** meticoloso, scrupoloso: ***eine penible Ordnung, Sauberkeit*** un ordine meticoloso, una pulizia scrupolosa; ***darin ist er sehr ~*** in questo è molto meticoloso **2** REGION. *(peinlich)* penoso, spiacevole, imbarazzante. **Pe|ni|bi|li|tät** f. *(-)* meticolosità *f.*, scrupolosità *f.*

Pe|ni|cil|lin → **Penizillin.**

Pe|nis m. *(-,-se)* pene *m.* **Pe|nis|neid** m. *(-[e]s)* PSIC. invidia *f.* del pene.

Pe|ni|zil|lin n. *(-s,-e)* penicillina *f.*

Pen|nal n. *(-s,-e)* **1** AUSTR. o ANT. portapenne *m.* **2** ANT. *(höhere Schule)* istituto *m.* superiore. **Pen|näl|er** m. *(-s,-)* studente *m.* (di un istituto superiore). **pen|näl|er|haft I** agg. studentesco, da studente **II** avv. come uno studente. **Pen|näl|er|spra|che** f. *(-)* gergo *m.* studentesco.

Penn|bru|der m. *(-s,-brüder)* COLLOQ. vagabondo *m.*

1.Pen|ne f. *(-,-n)* COLLOQ. **1** *(Nachtquartier)* topaia *f.*, locanda *f.* d'infimo ordine **2** *(Prostituierte)* battona *f.*

2.Pen|ne f. *(-,-n)* GERG. scuola *f.*

pen|nen intr. (aus. *haben*) COLLOQ. dormire: ***auf einer Bank, im Unterricht ~*** dormire su una panchina, durante la lezione; ***mit jdm ~*** andare a letto con qcn. **Pen|ner** m. *(-s,-)* COLLOQ. **1** → **Pennbruder 2** dormiglione *m.*

Pen|ny ['pɛni] m. *(-s, -s* e *Pence)* penny *m.*

Pen|si|on [pã'zio:n, pã'sio:n, pɛn'zio:n] f. *(-,-en)* **1** pensione *f.*: ***in ~ gehen, sein*** andare, essere in pensione; ***jdn in ~ schicken*** mandare qcn. in pensione; *(Rente)* ***eine gute ~ beziehen, haben*** riscuotere, avere una buona pensione **2a** *(Fremdenheim)* pensione *f.*: ***in einer ~ übernachten, wohnen, unterkommen*** pernottare, abitare, essere alloggiato in una pensione **b** *(Unterkunft mit Verpflegung)* ***die Tochter zu einer befreundeten Familie in ~ geben*** mettere la figlia a pensione presso una famiglia di amici ◆ ***~ auf Lebenszeit*** rendita vitalizia.

Pen|si|o|när m. *(-s,-e)* **1** *(Rentner)* pensionato *m.* **2** SVIZZ. o ANT. *(Pensionsgast)* pensionante *m.* **Pen|si|o|nat** n. *(-[e]s,-e)* ANT. pensionato *m.*, collegio *m.*, convitto *m.* (per ragazze).

pen|si|o|nier|bar agg. pensionabile. **pen|si|o|nie|ren** tr. pensionare, mandare in pensione: ***jdn vorzeitig ~*** mandare qcn. in prepensionamento. **pen|si|o|niert** p.pass. agg. **1** → **pensionieren 2** pensionato, in pensione: ***-e Lehrer*** insegnanti in pensione. **Pen|si|o|nie|rung** f. *(-,-en)* pensionamento *m.* **Pen|si|o|nie|rungs|an|trag** m. *(-[e]s,-anträge)* domanda *f.* di pensionamento. **Pen|si|o|nist** m. *(-en,-en)* REGION. pensionato *m.*

Pen|si|ons|al|ter n. *(-s)* età *f.* della pensione; BUROCR. età *f.* pensionabile: ***das ~ herauf-, herabsetzen*** aumentare, diminuire l'età pensionabile: ***das ~ erreichen*** raggiungere l'età pensionabile. **Pen|si|ons|an|spruch** m. *(-[e]s,-ansprüche)* diritto *m.* alla pensione. **Pen|si|ons|bei|trag** m. *(-[e]s,-beiträge)* contributo *m.* per la pensione, pensionistico. **pen|si|ons|be|rech|tigt** agg. che ha diritto alla pensione ◆ ***-es Alter*** età pensionabile. **Pen|si|ons|be|rech|ti|gung** f. *(-,-en)* diritto *m.* alla pensione. **Pen|si|ons|emp|fän|ger** m. *(-s,-)* titolare *m.* di pensione. **Pen|si|ons|fonds** m. *(-,-)* fondo *m.* pensione. **Pen|si|ons|gast** m. *(-[e]s,-gäste)* pensionante *m.* **Pen|si|ons|ge|setz** n. *(-[e]s,-e)* legge *f.* sulle pensioni. **Pen|si|ons|kas|se** f. *(-,-n)* cassa *f.* pensioni. **pen|si|ons|reif** agg. maturo per la pensione. **Pen|si|ons|rück|stel|lun|gen** pl. ECON.

accantonamento *m.* pensionistico.
Pen|sum n. *(-s, Pensen* e *Pensa)* **1** compito *m.*; *(Arbeit)* lavoro *m.*: ***sein ~ bewältigen (erledigen), schaffen, erfüllen*** sbrigare, fare, portare a termine il proprio lavoro **2** SCOL. ANT. *(Lehrstoff)* programma *m.*
Pen|ta|e|der n. *(-s,-)* pentaedro *m.* **pen|ta|ed|risch** agg. pentaedrico.
1.Pen|ta|gon n. *(-s,-e)* pentagono *m.*
2.Pen|ta|gon n. *(-s) (amerikanisches Verteidigungsministerium)* Pentagono *m.*
pen|ta|go|nal agg. pentagonale.
Pen|ta|gramm n. *(-s,-e)* pentacolo *m.* **Pen|ta|me|ter** m. *(-s,-)* pentametro *m.*
Pen|tan n. *(-s,-e)* pentano *m.*
Pen|tar|chie f. *(-,-n)* pentarchia *f.* **Pen|ta|teuch** m. *(-s)* pentateuco *m.* **Pen|tath|lon** n. *(-s)* pentatlon *m.* **pen|ta|to|nisch** agg. pentatonico.
Pent|haus n. *(-es,-häuser)*, **Pent|house** ['pεnthaʊs] n. *(-,-s)* attico *m.*
Pe|nun|se, Pe|nun|ze f. *(-,-n)* COLLOQ. quattrini *m.pl.*, grana *f.*
Pep m. *(-[s])* slancio *m.*: ***das, der hat (keinen) ~ !*** (non) ha slancio!
Pe|pi|ta m. e n. *(-s,-s)* (tessuto *m.*) pied-de-poule *m.*
Pep|sin n. *(-s,-e)* pepsina *f.* **pep|tisch** agg. peptico.
per prep. + acc. **1** per, con, (a) mezzo: ***~ Post, Bahn*** per posta, per ferrovia; ***~ Bank*** a mezzo banca; ***~ Eilboten*** per espresso; ***~ Anhalter fahren*** viaggiare in autostop **2** COMM. *(zur Angabe eines Zeitpunkts)* per, entro: ***~ zweiten April*** per il due aprile **3** *(pro)* per, a: ***10 Mark ~ Stück*** 10 marchi al pezzo; ***ein Mal ~ Jahr*** una volta all'anno ◆ ***~ Adresse*** presso; ***jdn ~ du, Sie anreden*** dare del tu, Lei a qcn.; ***~ Kasse*** in contanti, pronta cassa; SCHERZ. ***~ pedes*** a piedi; ***~ Saldo*** a saldo; ***~ sofort*** in breve tempo.
Per|bo|rat n. *(-[e]s,-e)* perborato *m.*
per cas|sa avv. per, in contanti.
Per|chlo|rat n. *(-[e]s,-e)* perclorato *m.* **Per|chlo|rid** n. *(-[e]s,-e)* percloruro *m.*
Perch|ten pl. INTRAD. (spiriti *m.pl.* vaganti dei morti).
per con|to avv. BANC. sul conto.
per|dauz inter. → **pardauz.**
pe|rem(p)|to|risch agg. DIR. perentorio: ***-e Einrede*** eccezione perentoria.
per|en|nie|rend agg. BOT. perenne; *(von Gewässern)* perenne.
Pe|rest|roi|ka f. *(-)* perestroika *f.*, perestrojka *f.*
per|fekt I agg. **1** perfetto: ***eine -e Sekretärin, Nachbildung*** una segretaria, un'imitazione perfetta **2** *(abgemacht)* concluso, definito, cosa fatta: ***der Vertrag ist ~*** il contratto è definito **3** *(besiegelt)* totale, completo: SPORT ***die Niederlage ist ~*** la sconfitta è definitiva; ***einen Kauf ~ machen*** portare a termine un acquisto **II** avv. perfettamente, alla perfezione: ***etw. ~ beherrschen*** padroneggiare perfettamente qcs. ◆ ***in etw. (D) ~ sein*** essere bravissimo in qcs. **Per|fekt** n. *(-s,-e)* GRAMM. perfetto *m.* **per|fek|ti|bel** agg. perfettibile. **Per|fek|ti|bi|li|tät** f. *(-)* perfettibilità *f.*
Per|fek|ti|on f. *(-)* perfezione *f.*: ***etw. bis zur ~, es in etw. (D) zur ~ bringen*** portare qcs. alla perfezione, fare raggiungere la perfezione a qcs.; ***etw. bis zur ~ beherrschen*** saper fare qcs. alla perfezione. **per|fek|ti|o|nie|ren** tr. perfezionare. **Per|fek|ti|o|nis|mus** m. *(-)* perfezionismo *m.* **Per|fek|ti|o|nist** m. *(-en,-en)* perfezionista *m.* **per|fek|ti|o|nis|tisch** agg. perfezionistico.
per|fek|tisch GRAMM. **I** agg. perfetto **II** avv. al perfetto. **per|fek|tiv, per|fek|ti|v** agg. LING. perfettivo.
Per|fek|tum n. *(-s, Perfekta)* GRAMM. ANT. perfetto *m.*
per|fid, per|fi|de I agg. perfido **II** avv. perfidamente, con perfidia.
per|fo|ra|bel agg. perforabile. **Per|fo|ra|ti|on** f. *(-,-en)* **1** perforazione *f.* (anche CINEM. MED.) **2** *(Trennlinie)* perforazione *f.*, fustellatura *f.* **3** *(bei Briefmarken)* dentellatura *f.* **Per|fo|ra|tor** m. *(-s,-en)* perforatore *m.* **per|fo|rie|ren** tr. perforare ◆ ***das Geschwür hat, ist perforiert*** l'ulcera è perforata. **Per|fo|rier|stem|pel** m. *(-s,-)* punzone *m.* perforatore. **Per|fo|rier|ma|schi|ne** f. *(-,-n)* (macchina *f.*) perforatrice *f.* **Per|fo|rie|rung** f. *(-,-en)* perforazione *f.*
Per|for|mance [pəˈfɔːməns] f. *(-,-s)* performance *f.*
Per|for|manz f. *(-,-en)* LING. esecuzione *f.* **per|for|ma|tiv, per|for|ma|to|risch** agg. performativo.
per|ga|me|nisch agg. di Pergamo ◆ ***die Pergamenischen Altertümer*** le antichità di Pergamo.
Per|ga|ment n. *(-[e]s,-e)* pergamena *f.* **per|ga|ment|ar|tig** agg. pergamenaceo: ***-es Papier*** carta pergamenacea, pergamenata ◆ ***-e Haut*** pelle trasparente, traslucida. **Per|ga|ment|band** m. *(-[e]s, -bände)* volume *m.* in pergamena. **per|ga|men|ten** agg. di pergamena; *(wie aus Pergament)* pergamenaceo. **Per|ga|ment|pa|pier** n. *(-[e]s,-e)*, **Per|ga|min** n. *(-s)* carta *f.* pergamena.
Per|ga|mon, Per|ga|mum n.pr.n. *(-s)* Pergamo *f.* **Per|ga|mon|al|tar** m. *(-s)* ara *f.* di Pergamo.
Per|gel n. *(-s,-)* REGION., **Per|go|la** f. *(-, Pergolen)* pergola *f.*, pergolato *m.*
per|hor|res|zie|ren tr. LETT. aborrire, esecrare.
Pe|ri|arth|ri|tis f. *(-,-arthritiden)* periartrite *f.* **Pe|ri|chond|ri|tis** f. *(-, Perichondritiden)* pericondrite *f.*
Pe|ri|ge|ne|se f. *(-,-n)* LETT. perigenesi *f.*
Pe|ri|gast|ri|tis f. *(-,-gastritiden)* perigastrite *f.*
Pe|ri|kard n. *(-s,-e)*, **Pe|ri|kar|di|um** n. *(-s, Perikardien)* pericardio *m.* **Pe|ri|kar|di|tis** f. *(-,-karditiden)* pericardite *f.*
pe|rik|le|isch agg. pericleo, di Pericle ◆ ***die Perikleische Verwaltung*** l'amministrazione periclea. **Pe|rik|les** n.pr.m. Pericle *m.*
Pe|ri|ko|pe f. *(-,-n)* pericope *f.*
Pe|ri|me|ter n. *(-s,-)* MED. perimetro *m.*
pe|ri|na|tal agg. perinatale.
Pe|ri|o|de f. *(-,-n)* **1** periodo *m.* (anche MAT. FIS. MUS.): ***historische, geologische -n*** periodi storici, geologici; LING. ***lange -n bilden*** costruire periodi lunghi **2** FISIOL. *(Menstruation)* ciclo *m.*: ***die ~ ist überfällig*** le mestruazioni sono in ritardo. **Pe|ri|o|den|bau** m. *(-[e]s)* LING. costruzione *f.* (*o* struttura *f.*) di un, del periodo. **Pe|ri|o|den|rech|nung** f. *(-,-en)* ECON. conteggio *m.* (*o* bilancio *m.*) periodico. **Pe|ri|o|den|sys|tem** n. *(-s)* sistema *m.* periodico.
Pe|ri|o|dik f. *(-)* periodicità *f.* **Pe|ri|o|di|kum** n. *(-s, Periodika)* periodico *m.* **pe|ri|o|disch I** agg. periodico: ***das -e System*** il sistema periodico **II** avv. periodicamente: ***~ erscheinen*** manifestarsi periodicamente, GIORN. uscire periodicamente. **pe|ri|o|di|sie|ren** tr. dividere in periodi, periodizzare. **Pe|ri|o|di|sie|rung** f. *(-,-en)* periodizzazione *f.* **Pe|ri|o|di|zi|tät** f. *(-)* periodicità *f.*
Pe|ri|ö|ke m. *(-n,-n)* perieco *m.*
Pe|ri|os|ti|tis f. *(-, Periostitiden)* periostite *f.*
Pe|ri|pa|te|ti|ker m. *(-s,-)* peripatetico *m.* **pe|ri|pa|te|tisch** agg. peripatetico.
Pe|ri|pe|tie f. *(-,-n)* TEATR. peripezia *f.*
pe|ri|pher agg. periferico (anche MED. INFORM.): ***-e Gebiete, Fragen*** zone, questioni periferiche. **Pe|ri|phe|rie** f. *(-,-n)* **1** periferia *f.* (anche MED. INFORM.): ***an der ~ leben*** vivere in periferia **2** GEOM. circonferenza *f.* **Pe|ri|phe|rie|ge|rät** n. *(-[e]s,-e)* INFORM. unità *f.* periferica, periferica *f.* **Pe|ri|phe|rie|win|kel** m. *(-s,-)* angolo *m.* alla circonferenza. **pe|ri|phe|risch** agg. ANT. periferico.
Pe|ri|phra|se f. *(-,-n)* perifrasi *f.* **pe|ri|phras|tisch** agg. perifrastico.
Pe|rip|te|ral|tem|pel m. *(-s,-)*, **Pe|rip|te|ros** m. *(-,-* e *Peripteren)* tempio *m.* periptero.
Pe|ri|skop n. *(-s,-e)* periscopio *m.* **pe|ri|sko|pisch** agg. periscopico.
Pe|ris|tal|tik f. *(-)* peristalsi *f.* **pe|ris|tal|tisch** agg. peristaltico.
Pe|ris|ta|se f. *(-,-n)* peristasi *f.* **pe|ris|ta|tisch** agg. peristatico.
Pe|ris|tyl n. *(-s,-e)*, **Pe|ris|ty|li|um** n. *(-s, Peristilien)* peristilio *m.*
pe|ri|to|ne|al agg. peritoneale. **Pe|ri|to|ne|um** n. *(-s, Peritoneen)* peritoneo *m.* **Pe|ri|to|ni|tis** f. *(-, Peritonitiden)* peritonite *f.*
Per|kal m. *(-s,-e)* percalle *f.* **Per|ka|lin** n. *(-s,-e)* percallino *m.*, percallina *f.*
Per|ko|la|ti|on f. *(-,-en)* percolazione *f.* **Per|ko|la|tor** m. *(-s,-en)* percolatore *m.* **per|ko|lie|ren** tr. percolare.
Per|kus|si|on f. *(-,-en)* percussione *f.* **Per|kus|si|ons|ge|wehr** n. *(-[e]s,-e)* fucile *m.* a percussione. **Per|kus|si|ons|ham|mer** m. *(-s,-hämmer)* MED. martelletto *m.* da percussione. **Per|kus|si|ons|in|stru|ment** n. *(-s,-e)* MUS. strumento *m.* a percussione. **Per|kus|si|ons|zün|dung** f. *(-,-en)* accensione *f.* a percussione. **per|kus|so|risch** MED. **I** agg. di, della percussione **II** avv. per, con percussione.
per|ku|tan agg. percutaneo.
Perl f. *(-)* TIP. corpo *m.* cinque.
Perl|boot n. *(-[e]s,-e)* nautilo *m.*
Perl|chen n. *(-s,-)* perlina *f.*
Per|le f. *(-,-n)* **1a** perla *f.*: ***eine Reihe, Schnur -n*** un filo di perle; ***-n züchten*** coltivare perle; ***-n auf eine Schnur aufreihen*** infilare perle **b** FIG. *(Juwel)* perla *f.*, gioiello *m.*: ***diese Kirche ist eine ~ der Barockkunst*** questa chiesa è un gioiello dell'arte barocca **2a** *(perlenförmiges Gebilde)* perlina *f.*, perla *f.*: ***bunte -n*** perline colorate; ***-n aus Glas*** perle di vetro; FARM. perla *f.* **b** *(vom Rosenkranz)* grano *m.* **c** *(vom Schweiß)* goccia *f.* **3** *(Bläschen)* bollicina *f.*: ***die -n im Sekt*** le bollicine dello spumante **4** COLLOQ. FIG. *(Hausgehilfin)* domestica *f.* ◆ ***echte -n*** perle vere; ***-n fassen*** incastonare perle; ***-n fischen*** pescare perle; ***dir fällt keine ~ aus der Krone*** non ti sprechi, non ti sciupi davvero; ***künstliche ~*** perla artificiale; ***-n vor***

die Säue werfen gettare (*o* buttare) le perle ai porci; ***nach -n tauchen*** → ***-n fischen***; ***unechte -n*** perle false; ***Zähne wie -n*** denti come perle.

1.per|len intr. **1a** (aus. *haben*) imperlarsi: ***die Wiese perlt von Tau*** il prato si imperla di rugiada; ***Tränen perlten über ihre Wangen*** le sue guance si imperlarono di lacrime **b** (aus. *haben, sein*) ***der Tau perlt auf den Blättern*** la rugiada imperla le foglie; ***der Schweiß perlte ihm von der Stirn*** il sudore gli imperlava la fronte **2** *(sprudeln;* aus. *haben)* spumeggiare, spumare: ***der Wein ~*** il vino spumeggia **3** *(in Perlen laufen;* aus. *sein)* ***aus etw. ~*** stillare, gocciolare da qcs. **4** *(ertönen;* aus. *haben)* risuonare: ***ihr Lachen perlte*** la sua risata risuonò.

2.per|len agg. di perle.

per|len|ar|tig agg. simile a una perla. **Per|len|aus|ter** f. *(-,-n)* ostrica *f.* perlifera. **per|len|be|stickt** agg. decorato con perle, con perline. **per|lend** p.pres. agg. → **1.perlen** ◆ ***-es Lachen*** risata argentina; ***-er Wein*** vino spumeggiante. **Per|len|fi|scher** m. *(-s,-)* pescatore *m.* di perle. **Per|len|fi|sche|rei** f. *(-)* pesca *f.* delle perle. **per|len|för|mig** agg. a forma di perla, a perla. **Per|len|ket|te** f. *(-,-n)* collana *f.* di perle. **Per|len|kol|li|er** n. *(-s,-s)* collier *m.* di perle. **Per|len|schmuck** m. *(-[e]s)* gioielli *m.pl.* con perle. **Per|len|schnur** f. *(-,-schnüre)* filo *m.* di perle. **Per|len|sti|cke|rei** f. *(-,-en)* ricamo *m.* con perle. **Per|len|tau|cher** m. *(-s,-)* pescatore *m.* di perle.

Perl|eu|le f. *(-,-n)* barbagianni *m.* **Perl|garn** n. *(-[e]s)* cotone *m.* perlé. **Perl|gras** n. *(-es)* BOT. melica *f.* **perl|grau** agg. grigio perla. **Perl|grau|pe** f. *(-,-n)* orzo *m.* perlato. **Perl|huhn** n. *(-[e]s,-hühner)* faraona *f.*, gallina *f.* faraona. **per|lig** agg. → **perlenförmig.**

Per|lit, Per|lit m. *(-s,-e)* perlite *f.* **Per|lit|guss** m. *(-es)* ghisa *f.* perlitica.

Perl|mu|schel f. *(-,-n)* conchiglia *f.* perlifera. **Perl|mutt, Perl|mutt** n. *(-s)* → **Perlmutter. perl|mutt|ar|tig** agg. → **perlmutterartig. Perl|mut|ter, Perl|mut|ter I** f. *(-)* e n. *(-s)* madreperla *f.* **II** n. *(-s)* madreperla *m.*, color *m.* madreperla. **perl|mut|ter|ar|tig** agg. madreperlaceo. **Perl|mut|ter|fal|ter** m. *(-s,-)* arginnide *f.* **Perl|mut|ter|far|be** f. *(-)* colore *m.* madreperla, madreperla *m.* **perl|mut|ter|far|ben, perl|mut|ter|far|big** agg. di color madreperla. **Perl|mut|ter|knopf** m. *(-[e]s,-knöpfe)* bottone *m.* di madreperla. **perl|mut|tern** agg. **1** di madreperla **2** *(wie aus Perlmutter)* madreperlaceo. **Perl|mutt|knopf** → **Perlmutterknopf.**

per|lo|ku|ti|o|när, per|lo|ku|tiv agg. perlocutorio.

Per|lon® n. *(-s)* perlon *m.* **Per|lon|strumpf** m. *(-[e]s,-strümpfe)* calza *f.* di perlon.

Perl|reis m. *(-es)* riso *m.* perlato. **Perl|schrift** f. *(-)* → **Perl. Perl|stein** m. *(-[e]s)* perlite *f.* **Perl|stich** m. *(-[e]s,-e)* SART. punto *m.* perla. **Perl|sucht** f. *(-)* tubercolosi *f.* bovina.

Per|lust|ra|ti|on f. *(-,-en)* AUSTR. → **Perlustrierung. per|lust|rie|ren** tr. AUSTR. perlustrare; perquisire. **Per|lust|rie|rung** f. *(-,-en)* AUSTR. perlustrazione *f.*

Perl|wein m. *(-[e]s,-e)* vino *m.* frizzante. **perl|weiß** agg. bianco perla(to). **Perl|zwie|bel** f. *(-,-n)* aglio *m.* romano (*o* di Spagna). **Perl|zwirn** m. *(-[e]s)* filato *m.* ritorto di cotone perlé.

Perm n. *(-s)* permico *m.*, permiano *m.* **Per|ma|frost|bo|den** m. *(-s)* permafrost *m.*, permagelo *m.*

per|ma|nent I agg. permanente: ***eine -e Bedrohung, ein -es Heer*** una minaccia, un esercito permanente; ***eine -e Ausstellung*** una mostra permanente **II** di continuo, continuamente; permanentemente: ***~ lügen*** mentire di continuo. **Per|ma|nent|farb|stoff** m. *(-[e]s,-e)* colore *m.* inalterabile alla luce. **Per|ma|nent|mag|net** m. *(-[e]s,-en)* magnete *m.* permanente. **Per|ma|nenz** f. *(-)* permanenza *f.*, durevolezza *f.*, stabilità *f.* ◆ ***in ~*** continuamente, di continuo; POL. ***sich in ~ erklären*** dichiararsi in permanenza.

Per|man|ga|nat n. *(-s,-e)* permanganato *m.*

per|me|a|bel agg. permeabile. **Per|me|a|bi|li|tät** f. *(-)* permeabilità *f.*

per mil|le → **pro mille.**

per|misch agg. permico, permiano.

Per|mis|si|on f. *(-,-en)* permesso *m.* **per|mis|siv** agg. permissivo: ***eine -e Erziehung*** un'educazione permissiva. **Per|mis|si|vi|tät** f. *(-)* SOCIOL. PSIC. permissività *f.*

per|mu|ta|bel agg. permutabile. **Per|mu|ta|ti|on** f. *(-,-en)* MAT. LING. permutazione *f.* **per|mu|tie|ren** tr. MAT. LING. permutare.

Per|nam|buk|holz n. *(-es)* legno *m.* di Pernambuco.

per|ni|zi|ös agg. pernicioso.

Pe|ro|nis|mus m. *(-)* peronismo *m.* **Pe|ro|nist** m. *(-en,-en)* peronista *m.* **pe|ro|nis|tisch** agg. peronista.

Pe|ro|nos|po|ra f. *(-)* peronospora *f.*

Per|oxid, Per|oxyd n. *(-s,-e)* perossido *m.*

Per|pen|di|kel m. e n. *(-s,-)* pendolo *m.* **per|pen|di|ku|lar, per|pen|di|ku|lär** agg. perpendicolare.

per|pe|tu|ell agg. ANT. continuato, ininterrotto. **per|pe|tu|ie|ren** tr. perpetuare. **per|pe|tu|ier|lich** → **perpetuell. Per|pe|tu|um mo|bi|le** n. *(-, Perpetua mobilia)* moto *m.* perpetuo.

per|plex agg. COLLOQ. sbigottito, allibito: ***über etw. ~ sein*** essere, restare allibito per qcs.; ***jdn, etw. ganz ~ anschauen*** guardare sbigottito qcn., qcs. **Per|ple|xi|tät** f. *(-,-en)* sbigottimento *m.*, costernazione *f.*; *(Ratlosigkeit)* perplessità *f.*

Per|ron [pɛ'rɔ̃, pɛ'rɔŋ] m. *(-s,-s)* ANT. O SVIZZ. *(Bahnsteig)* binario *m.*, marciapiede *m.*

per sal|do avv. in saldo.

Per|sen|ning f. *(-,-e[n]* e *-s)* MAR. TESS. (in)cerata *f.*

Per|se|pho|ne n.pr.f. Persefone *f.*

Per|ser m. *(-s,-)* **1** persiano *m.*; *(Iraner)* iraniano *m.* **2** COLLOQ. → **Perserteppich. Per|ser|kat|ze** f. *(-,-n)* (gatto *m.*) persiano m. **Per|ser|krieg** m. *(-[e]s,-e)* STOR. guerra *f.* persiana. **Per|ser|tep|pich** m. *(-[e]s,-e)* tappeto *m.* persiano.

Per|seus n.pr.m. Perseo *m.*

Per|se|ve|ranz f. *(-)* perseveranza *f.* **Per|se|ve|ra|ti|on** f. *(-,-en)* perseverazione *f.* **per|se|ve|rie|ren** intr. (aus. *haben*) perseverare.

Per|si|a|ner m. *(-s,-)*, **Per|si|a|ner|man|tel** m. *(-s,-mäntel)* pelliccia *f.* di persiano. **Per|si|en** n.pr.n. *(-s)* Persia *f.*

Per|sif|la|ge [-'fla:ʒə] f. *(-,-n)* canzonatura *f.*, motteggio *m.*: ***eine ~ auf jdn, etw.*** una presa in giro di qcn., qcs. **per|sif|lie|ren** tr. canzonare.

Per|si|ko m. *(-s,-s)* liquore *m.* di pesche.

per|sisch agg. persiano ◆ ***der Persische Golf*** il Golfo Persico.

per|sis|tent agg. **1** MED. BOT. persistente: ***ein -er Schmerz*** un dolore persistente **2** ANT. *(beharrlich)* perseverante, tenace; ostinato: ***-e Forderungen*** richieste ostinate. **Per|sis|tenz** f. *(-,-en)* **1** persistenza *f.* **2** ANT. *(Beharrlichkeit)* perseveranza *f.* **per|sis|tie|ren** intr. (aus. *haben*) **1** MED. persistere **2** *(insistieren)* insistere.

Per|son f. *(-,-en)* **1a** persona *f.*: ***allerlei -en*** ogni genere, ordine di persone; ***der Aufzug fasst fünf -en*** l'ascensore porta cinque persone; ***-en verschiedenen Alters*** persone, individui di età diversa; ***er hat sich in der ~ geirrt*** ha sbagliato persona; ***eine bedeutende ~*** un persona in vista, importante **b** GRAMM. ***die erste, zweite ~ Einzahl, Plural*** la prima, seconda persona singolare, plurale; ***in der ersten ~ schreiben*** scrivere in prima persona **2** *(Figur)* personaggio *m.*, persona *f.*: ***die -en und ihre Darsteller*** i personaggi e i loro interpreti; ***lustige ~*** personaggio comico **3** *(Persönlichkeit)* autorità *f.*, influenza *f.*: ***mit seiner ganzen ~ dahinter stehen*** sostenere qcs. con tutta la propria influenza **4** *(Frau)* donna *f.*, signora *f.*; *(Mädchen)* ragazza *f.*: ***eine nette ~*** una donna simpatica ◆ ***Angaben zur ~ machen*** fornire dati relativi alla persona; ***ohne Ansehen der ~ urteilen*** giudicare senza riguardo alla persona; ***auf jede ~ entfallen 10 DM*** a ognuno toccano 10 marchi; ***freche ~!*** sfacciato! ***ich für meine ~*** per quanto mi riguarda, per quanto concerne la mia persona, (in) quanto a me; ***göttliche ~*** persona divina; ***in ~*** in persona (*o* personalmente); ***in (eigener) ~ erscheinen*** presentarsi di persona (*o* personalmente); ***die Pünktlichkeit in ~*** la puntualità personificata (*o* in persona); ***Regisseur und Schauspieler in einer ~ sein*** essere nel contempo regista e attore; DIR. ***juristische ~*** persona giuridica; ***keine ~*** nessuno, non un'anima viva; ***eine männliche ~*** una persona di sesso maschile, un uomo; DIR. ***natürliche ~*** persona fisica; ***pro ~*** a persona (*o* a testa); ***eine weibliche ~*** una persona di sesso femminile, una donna.

per|so|nal agg. della persona, personale. **Per|so|nal** n. *(-s)* **1** personale *m.*: ***das ~ einer Firma*** il personale di una ditta; ***~ einstellen, entlassen*** assumere, licenziare personale; ***das ~ abbauen*** ridurre il personale **2** *(Dienstpersonal)* personale *m.* (di servizio), servitù *f.* ◆ ***das fliegende ~*** il personale di volo; ***geschultes ~*** personale qualificato. **Per|so|nal|ab|bau** m. *(-[e]s)* riduzione *f.* di, del personale. **Per|so|nal|ab|tei|lung** f. *(-,-en)* ufficio *m.* (del) personale. **Per|so|nal|ak|te** f. *(-,-n)* fascicolo *m.* personale. **Per|so|nal|aus|wahl** f. *(-)* selezione *f.* del personale. **Per|so|nal|aus|weis** m. *(-es,-e)* carta *f.* d'identità. **Per|so|nal|be|ra|tung** f. *(-,-en)* consulenza *f.* per le questioni di personale. **Per|so|nal|be|schrei|bung** f. *(-,-en)* connotati *m.pl.*, dati *m.pl.* segnaletici. **Per|so|nal|be|stand** m. *(-[e]s,-bestände)* organico *m.* **Per|so|nal|bo|gen** m. *(-s,-)* scheda *f.* personale. **Per|so|nal|bü|ro** n. *(-s,-s)* → **Personalabteilung. Per|so|nal|chef** m. *(-s,-s)* capo *m.* del personale. **Per|so|nal|com|pu|ter** m. *(-s,-)* personal computer *m.* **Per|so|nal|da|ten** pl. dati *m.pl.* personali. **Per|so|nal|de|cke** f. *(-)* personale *m.* addetto, addetti *m.pl.* **Per|so|nal|di|rek|tor** m. *(-s,-en)* direttore *m.* del personale. **Per|so|nal|ge|sell|schaft** f. *(-,-en)* → **Personengesellschaft.**

Per|so|na|li|en pl. generalità *f.pl.*: ***seine ~ angeben*** dare, declinare le proprie generalità; ***jds ~ feststellen, aufnehmen*** prendere, rilevare le generalità di qcn.
per|so|nal|in|ten|siv agg. ad alto impiego di personale. **per|so|na|li|sie|ren** tr. personalizzare. **Per|so|na|lis|mus** m. *(-)* FILOS. TEOL. personalismo *m.* **Per|so|na|list** m. *(-en,-en)* FILOS. personalista *m.* **per|so|na|lis|tisch** agg. **1** di, del personalismo **2** *(die Person betonend)* personalistico.
Per|so|na|li|tät f. *(-,-en)* personalità *f.* **Per|so|na|li|täts|prin|zip** n. *(-s)* DIR. principio *m.* di personalità del diritto.
per|so|na|li|ter avv. in persona, di persona (*o* personalmente).
Per|so|nal|kos|ten pl. spese *f.pl.* per il personale. **Per|so|nal|kon|struk|ti|on** f. *(-,-en)* GRAMM. costruzione *f.* personale. **Per|so|nal|lei|ter** m. *(-s,-)* → **Personalchef. Per|so|nal|man|gel** m. *(-s,-mängel)* mancanza *f.*, carenza *f.* di personale. **Per|so|nal|pa|pie|re** pl. documenti *m.pl.* (d'identificazione). **Per|so|nal|po|li|tik** f. *(-)* politica *f.* (di gestione) del personale. **Per|so|nal|pro|no|men** n. *(-s,-)* pronome *m.* personale. **Per|so|nal|ord|nung** f. *(-,-en)* regolamento *m.* del personale. **Per|so|nal|rat** m. *(-[e]s,-räte)* **1** consiglio *m.* del personale (nell'impiego pubblico) **2** *(Vertreter)* rappresentante *m.* del personale (nel pubblico impiego). **Per|so|nal|steu|er** → **Personensteuer. Per|so|nal|uni|on** f. *(-,-en)* POL. STOR. unione *f.* personale. **Per|so|nal|ver|tre|tung** f. *(-,-en)* rappresentanza *f.* del personale. **Per|so|nal|ver|wal|tung** f. *(-,-en)* → **Personalabteilung.**
Per|sön|chen n. *(-s,-)* personcina *f.*, donnina *f.*
per|so|nell agg. **1** del personale **2** *(persönlich)* personale.
Per|so|nen|auf|zug m. *(-[e]s,-aufzüge)* ascensore *m.* **Per|so|nen|be|för|de|rung** f. *(-)* trasporto *m.* (di) passeggeri. **Per|so|nen|be|schrei|bung** f. *(-,-en)* descrizione *f.* della persona, connotati *m.pl.*; *(bei der Polizei)* dati *m.pl.* segnaletici. **per|so|nen|be|zo|gen** agg. relativo alla persona, personale. **Per|so|nen|fir|ma** f. *(-,-firmen)* → **Personengesellschaft. per|so|nen|ge|bun|den I** agg. legato a una persona **II** avv. a una (determinata) persona. **Per|so|nen|ge|dächt|nis** n. *(-ses)* memoria *f.* per le persone: ***ein schlechtes ~ haben*** avere scarsa memoria per le persone. **Per|so|nen|ge|sell|schaft** f. *(-,-en)* ECON. società *f.* di persone. **Per|so|nen|kenn|zahl** f. *(-,-en)*, **Per|so|nen|kenn|zei|chen** n. *(-s,-)* codice *m.* d'identità personale. **Per|so|nen|kon|to** n. *(-s,-s* e *-konten/konti)* conto *m.* personale (*o* individuale). **Per|so|nen|kraft|wa|gen** m. *(-s,-)* autovettura *f.*, automobile *f.* **Per|so|nen|kreis** m. *(-es,-e)* cerchia *f.* (di persone). **Per|so|nen|kult** m. *(-[e]s,-e)* culto *m.* della personalità. **Per|so|nen|na|me** m. *(-ns,-n)* nome *m.* (di persona). **Per|so|nen|re|gis|ter** n. *(-s,-)* registro *m.* (dei nomi). **Per|so|nen|ruf|an|la|ge** → **Personensuchanlage. Per|so|nen|scha|den** m. *(-s,-schäden)* danno *m.* a, alle persone. **Per|so|nen|schutz** m. *(-es)* protezione *f.* personale.
Per|so|nen|stand m. *(-[e]s)* stato *m.* civile. **Per|so|nen|stands|buch** n. *(-[e]s,-bücher)*, **Per|so|nen|stands|re|gis|ter** n. *(-s,-)* registro *m.* dello stato civile.
Per|so|nen|steu|er f. *(-)* imposta *f.* sulle persone fisiche. **Per|so|nen|such|an|la|ge** f. *(-,-n)* (sistema) cercapersone *m.* **Per|so|nen|ver|kehr** m. *(-s)* traffico *m.* (*o* movimento *m.*) viaggiatori. **Per|so|nen|ver|si|che|rung** f. *(-,-en)* assicurazione *f.* di persone. **Per|so|nen|ver|wechs|lung** f. *(-,-en)* scambio *m.* di persona. **Per|so|nen|waa|ge** f. *(-,-n)* pesapersone *f.* **Per|so|nen|wa|gen** m. *(-s,-)* **1** FERR. vagone *m.* (*o* carrozza *f.*) passeggeri **2** → **Personenkraftwagen. Per|so|nen|zahl** f. *(-)* numero *m.* di, delle persone. **Per|so|nen|zug** m. *(-[e]s,-züge)* **1** (treno *m.*) accelerato *m.* **2** *(Zug für Personenbeförderung)* treno *m.* passeggeri.
Per|so|ni|fi|ka|ti|on f. *(-,-en)* personificazione *f.*: ***die ~ der Geduld sein*** essere la pazienza personificata. **per|so|ni|fi|zie|ren** tr. personificare. **Per|so|ni|fi|zie|rung** f. *(-,-en)* → **Personifikation.**
per|sön|lich I agg. **1a** personale: ***eine -e Beleidigung, Angelegenheit*** un'offesa, una questione personale; ***meine ganz -e Meinung*** la mia opinione del tutto personale; ***-e Gründe, Vorteile*** motivi, vantaggi personali; **b** GRAMM. ***das -e Fürwort*** il pronome personale **c** TEOL. ***ein -er Gott*** un dio personale **2** *(individuell)* individuale, personale: ***-e Freiheit, -er Kredit*** libertà, credito individuale; ***-es Eigentum*** proprietà personale **3a** *(vertraulich)* riservato, confidenziale, personale: *(auf Briefen)* **~!** riservato! ***einen -en Ton anschlagen*** assumere un tono confidenziale **b** *(privat)* privato, personale: ***-e Gespräche, Interessen*** colloqui privati, interessi personali **II** avv. **1** personalmente: ***~ habe ich nichts dagegen*** personalmente non ho nulla in contrario **2a** *(selbst)* personalmente, in persona: ***der Präsident war ~ anwesend*** il presidente in persona era presente **b** personalmente, di persona: ***jdn ~ kennen*** conoscere qcn. di persona; ***für etw. ~ haften*** rispondere di qcs. personalmente; ***sich ~ um etw. kümmern*** occuparsi personalmente di qcs. ◆ ***das habe ich nicht ~ gemeint*** non va inteso come un fatto personale; ***etw. (nicht) ~ nehmen*** (non) prendere qcs. come un fatto personale; ***einen -en Stil schreiben*** scrivere in uno stile personale; ***~ werden*** diventare offensivo.
Per|sön|lich|keit f. *(-,-en)* **1** personalità *f.*: ***seine eigene ~ entwickeln, entfalten*** sviluppare la propria personalità; ***die freie Entfaltung der ~*** il libero sviluppo della personalità **2** *(Mensch)* personaggio *m.* (importante), personalità *f.*: ***eine einflussreiche, hochgestellte, prominente ~*** una personalità influente, un'alta, un'eminente personalità; ***eine historische ~*** un personaggio storico ◆ ***eine ~ sein*** avere una propria personalità. **per|sön|lich|keits|be|wusst** agg. consapevole della propria personalità. **Per|sön|lich|keits|bil|dung** f. *(-)* formazione *f.* della personalità. **Per|sön|lich|keits|ent|fal|tung** f. *(-)* sviluppo *m.* della personalità. **Per|sön|lich|keits|for|schung** f. *(-)* PSIC. caratterologia *f.* **Per|sön|lich|keits|kult** → **Personenkult. Per|sön|lich|keits|spal|tung** f. *(-)* sdoppiamento *m.* della personalità. **Per|sön|lich|keits|struk|tur** f. *(-,-en)* struttura *f.* della personalità. **Per|sön|lich|keits|wahl** f. *(-,-en)* elezione *f.* uninominale.
Per|sons|be|schrei|bung AUSTR. → **Personenbeschreibung.**
Per|spek|tiv n. *(-s,-e)* cannocchiale *m.*
Per|spek|ti|ve f. *(-,-n)* prospettiva *f.*: ***die ~ des Bildes stimmt nicht*** la prospettiva del quadro è sbagliata; *(Blickwinkel)* ***etw. in, aus einer bestimmten ~ aufnehmen*** fotografare qcs. da una certa prospettiva; *(Standpunkt)* ***etw. aus einer geschichtlichen ~ betrachten*** considerare qcs. da una prospettiva storica (*o* da un punto di vista storico); *(Zukunftsaussicht)* ***für etw. keine ~ (mehr) sehen*** non vedere (più) prospettive per qcs.; ***für etw. eröffnen sich neue -n*** per qcs. si aprono nuove prospettive. **per|spek|ti|visch I** agg. di prospettiva, prospettico: ***ein -er Fehler*** un errore prospettico **II** avv. prospetticamente, in prospettiva: ***etw. ~ zeichnen*** disegnare qcs. in prospettiva ◆ ***-e Verkürzung*** prospettiva scorciata. **Per|spek|tiv|lo|sig|keit** f. *(-)* mancanza *f.* di prospettiva.
Per|sua|si|on f. *(-,-en)* LETT. persuasione *f.*
Pe|ru n.pr.n. *(-s)* Perù *m.* **Pe|ru|a|ner** m. *(-s,-)* peruviano *m.* **Pe|ru|a|ne|rin** f. *(-,-nen)* peruviana *f.* **pe|ru|a|nisch** agg. peruviano.
Pe|rü|cke f. *(-,-n)* parrucca *f.*: ***eine ~ tragen*** portare una parrucca; ***sich (D) eine ~ aufsetzen*** mettersi una parrucca. **Pe|rü|cken|ma|cher** m. *(-s,-)* parrucchiere *m.* **Pe|rü|cken|kopf** m. *(-[e]s,-köpfe)* testiera *f.* (per parrucche).
per|vers I agg. **1** da pervertito; *(von Menschen)* pervertito **2** COLLOQ. folle, pazzesco: ***das ist echt ~!*** ma è pazzesco! **II** avv. ***~ veranlagt sein*** essere perverso. **Per|ver|si|on** f. *(-,-en)* perversione *f.*: ***sexuelle -en*** perversioni sessuali. **Per|ver|si|tät** f. *(-,-en)* perversione *f.* **per|ver|tie|ren I** tr. pervertire **II** intr. (aus. *sein*) pervertirsi, FIG. degenerare. **Per|ver|tiert|heit** f. *(-,-en)* → **Perversität.**
Per|zent n. *(-[e]s,-e)* AUSTR. → **Prozent. per|zen|tu|ell** agg. avv. AUSTR. → **prozentual.**
per|zep|ti|bel agg. percettibile. **Per|zep|ti|bi|li|tät** f. *(-)* percettibilità *f.* **Per|zep|ti|on** f. *(-,-en)* percezione *f.* **per|zep|tiv** agg. percettivo.
per|zi|pie|ren tr. percepire.
Pe|sa|de f. *(-,-n)* EQUIT. posata *f.*
Pe|se|ta, Pe|se|te f. *(-, Peseten)* **1** peseta *f.* **2** pl. COLLOQ. *(Geld)* grana *f.*
Pes|sar n. *(-s,-e)* pessario *m.*
Pes|si|mis|mus m. *(-)* pessimismo *m.* **Pes|si|mist** m. *(-en,-en)* pessimista *m.* **pes|si|mis|tisch I** agg. pessimistico, pessimista **II** avv. pessimisticamente, da pessimista.
Pest f. *(-)* peste *f.*: ***die ~ bricht aus, geht um, wütet*** scoppia, si diffonde, infuria la peste; ***an der ~ sterben*** morire di peste; ***jdn, etw. wie die ~ fürchten, meiden*** temere, fuggire qcn., qcs. come la peste ◆ ***jdm die ~ an den Hals wünschen*** augurare ogni male a qcn.; ***jdn wie die ~ hassen*** odiare a morte qcn.; ***wie die ~ stinken*** puzzare come un caprone. **pest|ar|tig** agg. pestifero, pestilenziale. **Pest|beu|le** f. *(-,-n)* bubbone *m.* della peste. **Pest|ge|ruch** m. *(-[e]s)* odore *m.* pestilenziale. **Pest|hauch** m. *(-[e]s)* LETT. **1** miasma *m.* (*o* esalazione *f.*) pestilenziale **2** FIG. *(böser Einfluss)* influsso *m.* venefico. **Pest|haus** n. *(-es,-häuser)* lazzaretto *m.*
Pes|ti|lenz f. *(-,-en)* ANT. pestilenza *f.* **pes|ti|len|zi|a|lisch** agg. COLLOQ. pestilenziale.
Pes|ti|zid n. *(-s,-e)* pesticida *m.*
pest|krank agg. malato di peste, appestato. **Pest|kran|ke** m. e f. *(-n,-n)* appestato *m.* (-a *f.*). **Pest|kraut** n. *(-[e]s)* → **Pestwurz. Pest|säu|le** f. *(-,-n)* colonna *f.* della peste. **Pest|wurz** f. *(-,-en)* petasite *f.*
Pe|tar|de f. *(-,-n)* petardo *m.*: ***eine ~ explodieren lassen*** far scoppiare un petardo.

Pe|ter I n.pr.m. Pietro *m.* II m. *(-s,-)* tipo *m.*: ***ein langweiliger, dummer ~*** un tipo noioso, uno stupido ◆ GIOC. ***Schwarzer ~*** uomo nero; FIG. ***jdm den schwarzen ~ zuschieben, zuspielen*** dare la colpa a qcn.

Pe|ter|le n. *(-[s])* REGION. → **Petersilie.**

Pe|ter|männ|chen n. *(-s,-)* trachino *m.*, pesce *m.* ragno.

Pe|ters|burg n.pr.n. *(-s)* Pietroburgo *f.* **Pe|ters|dom** m. *(-[e]s)* → **Peterskirche. Pe|ters|fisch** m. *(-[e]s,-e)* sampie(t)ro *m.*, pesce *m.* san Pietro.

Pe|ter|sil m. *(-s)* AUSTR., **Pe|ter|si|lie** f. *(-,-n)* prezzemolo *m.* ◆ ***jdm die ~ verhageln*** demoralizzare, abbattere, mettere di malumore qcn.; ***er sieht aus, als hätte es ihm die ~ verhagelt*** sembra che gli sia morto il gatto. **Pe|ter|si|li|en|kar|tof|feln** pl. patate *f.pl.* al prezzemolo. **Pe|ter|si|li|en|wur|zel** f. *(-,-n)* radice *f.* del prezzemolo.

Pe|ters|kir|che f. *(-)* chiesa *f.* di san Pietro; *(in Rom)* basilica *f.* di san Pietro. **Pe|ters|pfen|nig** m. *(-s,-e)* obolo *m.* di san Pietro. **Pe|ters|platz** m. *(-es)* piazza *f.* san Pietro.

Pe|ter-und-Pauls-Tag m. *(-[e]s)* festa *f.* (*o* giorno *m.*) di san Pietro e Paolo.

Pe|ter|wa|gen m. *(-s,-)* COLLOQ. = radiomobile *f.* della polizia.

Pe|tit [pəti:] f. *(-)* TIP. corpo *m.* otto.

Pe|ti|ti|on f. *(-,-en)* petizione *f.*, istanza *f.*: ***eine ~ einreichen*** presentare una petizione. **pe|ti|ti|o|nie|ren** intr. (aus. *haben*) presentare una petizione. **Pe|ti|ti|ons|aus|schuss** m. *(-es,-ausschüsse)* POL. commissione *f.* (parlamentare) che esamina le petizioni, le istanze. **Pe|ti|ti|ons|recht** n. *(-[e]s)* diritto *m.* di petizione.

Pe|tit|satz [pəti:-] m. *(-es)* TIP. composizione *f.* in corpo otto. **Pe|tit|schrift** f. *(-)* TIP. corpo *m.* otto.

Pet|rar|kis|mus m. *(-)* petrarchismo *m.* **Pet|rar|kist** m. *(-en,-en)* petrarchista *m.*

Pet|ri|fi|ka|ti|on f. *(-,-en)* ANT. pietrificazione *f.*

Pet|ri|jün|ger m. *(-s,-)* SCHERZ. = patito *m.* di, della pesca.

Pet|ro|che|mie f. *(-)* petro(l)chimica *f.* **pet|ro|che|misch** agg. petro(l)chimico. **Pet|ro|dol|lar** m. *(-s,-s)* petrodollaro *m.* **Pet|ro|ge|ne|se** f. *(-)* petrogenesi *f.*

Pet|ro|graph m. *(-en,-en)* petrografo *m.* **Pet|ro|gra|phie** f. *(-)* petrografia *f.* **pet|ro|gra|phisch** agg. petrografico.

Pet|rol n. *(-s)* SVIZZ. → **Petroleum. Pet|rol|che|mie** f. *(-)* petrolchimica *f.* **pet|rol|che|misch** agg. petrolchimico.

Pet|ro|le|um n. *(-s)* petrolio *m.* **Pet|ro|le|um|ko|cher** m. *(-s,-)* fornello *m.* a petrolio. **Pet|ro|le|um|lam|pe** f. *(-,-n)* lampada *f.* a petrolio. **Pet|ro|le|um|ofen** m. *(-s,-öfen)* stufa *f.* a cherosene.

Pet|ro|lo|ge m. *(-n,-n)* petrografo *m.* **Pet|ro|lo|gie** f. *(-)* petrografia *f.*

Pet|rus n.pr.m. Pietro *m.*: ***der heilige ~*** san Pietro. **Pet|rus|brief** m. *(-[e]s,-e)* BIBL. lettera *f.* di Pietro. **Pet|rus|kreuz** n. *(-es)* ARALD. croce *f.* di san Pietro.

Pet|schaft n. *(-s,-e)* sigillo *m.* **pet|schie|ren** tr. sigillare. **Pet|schier|stock** m. *(-[e]s,-stöcke)* sigillo *m.*

Pet|ti|coat ['pɛtɪkout] m. *(-s,-s)* petticoat *m.*

Pet|ting n. *(-[s],-s)* petting *m.*: ***~ machen*** fare (del) petting.

Pe|tu|nie f. *(-,-n)* petunia *f.*

Petz m. *(-es,-e)*, ***Meister ~*** compare Orso.

1.Pet|ze f. *(-,-n)* cagna *f.*

2.Pet|ze f. *(-,-n)* → **Petzer.**

pet|zen intr. (aus. *haben*) GERG. SCOL. fare la spia. **Pet|zer** m. *(-s,-)* GERG. SCOL. spia *f.*

Pf ⇒ *Pfennig.*

Pfad m. *(-[e]s,-e)* 1 sentiero *m.*, *(nur auf dem Land)* viottolo *m.*: ***ein schmaler, enger ~*** un sentierino 2 FIG. sentiero *m.*, via *f.*: ***ein dorniger ~*** una via molto difficile; ***vom rechten ~ abkommen*** allontanarsi dalla retta via ◆ ***die ausgetretenen -e verlassen*** abbandonare i sentieri battuti; ***auf krummen -en wandeln*** seguire vie traverse; ***auf dem ~ der Tugend wandeln*** seguire la retta via; ***vom ~ der Tugend abweichen*** deviare dalla retta via; ***jdn auf den ~ der Tugend zurückführen*** riportare qcn. sulla retta via. **Pfa|der** m. *(-s,-)* SVIZZ., **Pfad|fin|der** m. *(-s,-)* boy scout *m.*, scout *m.*: ***zu den -n gehen*** andare negli scout. **Pfad|fin|der|be|we|gung** f. *(-)* scoutismo *m.* **Pfad|fin|de|rin** f. *(-,-nen)* scout *f.* **pfad|los** agg. impervio, privo di, senza sentieri.

Pfaf|fe m. *(-n,-n)* SPREG. pretaccio *m.* **Pfaf|fen|hüt|chen** n. *(-s,-)* BOT. berretta *f.* da prete. **Pfaf|fen|knecht** m. *(-[e]s,-e)* SPREG. ANT. servo *m.* dei preti, RAR. pretaiolo *m.* **Pfaf|fen|müt|ze** f. *(-,-n)* berretta *f.* da prete. **Pfaf|fen|tum** n. *(-s)* SPREG. pretaglia *f.* **Pfaf|fen|wirt|schaft** f. *(-)* SPREG. governo *m.* pretesco. **pfäf|fisch** agg. SPREG. pretesco, pretaiolo.

Pfahl m. *(-[e]s, Pfähle)* palo *m.*: ***Pfähle in den Boden rammen, (ein)treiben*** conficcare, piantare pali nel terreno ◆ FIG. ***ein ~ im Fleische*** una spina nel cuore; ***auf Pfählen gebaut*** su palafitte; ***die Rebstöcke mit Pfählen stützen*** palare (*o* impalare) le viti. **Pfahl|bau** m. *(-[e]s,-bauten)* capanna *f.* su palafitte, palafitta *f.* **Pfahl|bau|be|woh|ner** m. *(-s,-)* palafitticolo *m.* **Pfahl|bau|dorf** n. *(-[e]s,-dörfer)* villaggio *m.* su, di palafitte. **Pfahl|bau|er** m. *(-s,-)* palafitticolo *m.* **Pfahl|brü|cke** f. *(-,-n)* ponte *m.* di palafitte. **Pfahl|bür|ger** m. *(-s,-)* 1 STOR. abitante *m.* del suburbio 2 SPREG. ANT. *(Spießbürger)* borghesuccio *m.* **pfahl|bür|ge|risch, pfahl|bür|ger|lich** agg. SPREG. ANT. da borghesuccio. **Pfahl|dorf** → **Pfahlbaudorf. pfäh|len** tr. 1 *(mit Pfählen befestigen)* rafforzare (*o* armare) con pali, palificare, RAR. palafittare: ***den Baugrund ~*** palificare il terreno 2 palare: ***Obstbäume ~*** palare gli alberi da frutto 3 *(mit dem Pfahl töten)* impalare. **Pfäh|len** n. *(-s)* 1 rafforzamento *m.* con pali, palificazione *f.* 2 AGR. impalatura *f.* 3 STOR. impalamento *m.* **Pfahl|grün|dung** f. *(-,-en)* EDIL. palafitta *f.* **Pfahl|mast** m. *(-[e]s,-en* e *-e)* pilone *m.* **Pfahl|mu|schel** f. *(-,-n)* mitilo *m.*, cozza *f.* **Pfahl|ram|me** f. *(-,-n)* berta *f.*, battipalo *m.* **Pfahl|rost** m. *(-[e]s,-e)* EDIL. palificata *f.*, palizzata *f.* **Pfahl|schuh** m. *(-[e]s,-e)* puntazza *f.* **Pfäh|lung** f. *(-,-en)* → **Pfählen. Pfahl|wand** f. *(-[e]s,-wände)* palizzata *f.* **Pfahl|werk** n. *(-[e]s,-e)* EDIL. palafitta *f.* **Pfahl|wurm** m. *(-[e]s,-würmer)* bruma *f.*, teredine *f.* **Pfahl|wur|zel** f. *(-,-n)* fittone *m.* **Pfahl|zaun** m. *(-[e]s,-zäune)* staccionata *f.*, palizzata *f.*

1.Pfalz f. *(-,-en)* STOR. palazzo *m.* reale, reggia *f.*: ***die staufische ~*** il palazzo degli svevi, svevo.

2.Pfalz n.pr.f. *(-)* Palatinato *m.* (del Reno).

Pfäl|zer I m. *(-s,-)* 1 abitante *m.* del Palatinato 2 *(Pfalzwein)* vino *m.* del Palatinato II agg.inv. del Palatinato. **Pfalz|graf** m. *(-en,-en)* (conte *m.*) palatino *m.* **pfalz|gräf|lich** agg. palatino. **pfäl|zisch** agg. del, nel Palatinato: ***der -e Dialekt*** il dialetto del Palatinato. **Pfalz|wein** m. *(-[e]s,-e)* vino *m.* del Palatinato.

Pfand n. *(-[e]s, Pfänder)* 1 pegno *m.* (anche FIG.): ***ein ~ einlösen, auslösen*** riscattare un pegno; ***etw. als ~ behalten, nehmen*** tenere, accettare qcs. in pegno; ***etw. als ~ zurücklassen*** lasciare qcs. in pegno; ***ein ~ meiner Treue*** un pegno della mia fedeltà 2 *(Kaution)* cauzione *f.*, deposito *m.* ◆ ***~ für etw. bezahlen*** pagare pegno per qcs.; ***etw. als*** (*o* ***zum***) ***~ für etw. geben*** dare qcs. in pegno, impegnare qcs. per qcs.; ***als ~ hinterlegt*** ricevuto in pegno, vincolato; ***etw. gegen, auf ~ leihen*** prestare qcs. su pegno; ***in ~ nehmen*** prendere in pegno; *(auf Flaschen)* ***ohne ~*** vuoto a perdere; ***etw. als, zum ~ setzen*** impegnare qcs.

pfänd|bar agg. pignorabile. **Pfänd|bar|keit** f. *(-)* pignorabilità *f.*

Pfand|brief m. *(-[e]s,-e)* lettera *f.* (*o* polizza *f.*) di pegno; *(Pfandverschreibung)* obbligazione *f.* ipotecaria. **Pfand|brief|an|lei|he** f. *(-,-n)* prestito *m.* ipotecario. **Pfand|brief|an|stalt** f. *(-,-en)* istituto *m.* di credito fondiario.

Pfand|bruch m. *(-[e]s,-brüche)* sottrazione *f.* (*o* danneggiamento *m.*) di cose pignorate. **Pfand|bür|ge** m. *(-n,-n)* garante *m.* **Pfand|dar|le|hen** n. *(-s,-)* prestito *m.* su pegno. **Pfand|ef|fek|ten** pl. effetti *m.pl.* in pegno (per un credito). **Pfand|ein|lö|sung** f. *(-,-en)* disimpegno *m.*, riscatto *m.* di un pegno.

pfän|den tr. ***jdn, etw. ~*** pignorare i beni di qcn., pignorare (*o* sequestrare) qcs.; ***jds Möbel ~*** pignorare i mobili di qcn. **Pfän|den** n. *(-s)* pignoramento *m.*, sequestro *m.* **Pfän|der** m. *(-s,-)* pignoratore *m.* **Pfän|der|spiel** n. *(-s,-e)* gioco *m.* dei pegni.

Pfand|fla|sche f. *(-,-n)* vuoto *m.* a rendere. **Pfand|ge|ber** m. *(-s,-)* chi dà qcs. in pegno. **Pfand|ge|gen|stand** n. *(-[e]s,-gegenstände)* oggetto *m.* dato in pegno. **Pfand|geld** n. *(-[e]s,-er)* pegno *m.* **Pfand|gläu|bi|ger** m. *(-s,-)* creditore *m.* pignoratizio. **Pfand|haus** n. *(-[e]s,-häuser)* ANT. → **Pfandleihanstalt. Pfand|hin|ter|le|gung** f. *(-,-en)* deposito *m.* cauzionale. **Pfand|kehr** f. *(-)* → **Pfandbruch.**

Pfand|leih|an|stalt f. *(-,-en)* banco *m.* (*o* monte *m.*) dei pegni. **Pfand|lei|he** f. *(-,-n)* 1 prestito *m.* su pegno 2 → **Pfandleihanstalt. Pfand|lei|her** m. *(-s,-)* prestatore *m.* su pegno.

Pfand|neh|mer m. *(-s,-)* pignorante *m.*, pignoratario *m.* **Pfand|ob|jekt** n. *(-[e]s,-e)* → **Pfandgegenstand. Pfand|pa|pier** n. *(-s,-e)* → **Pfandbrief. Pfand|recht** n. *(-[e]s)* diritto *m.* di pegno. **Pfand|rück|ga|be** f. *(-)* restituzione *f.* di una cauzione. **Pfand|schein** m. *(-[e]s,-e)* atto *m.* (*o* polizza *f.*) di pegno. **Pfand|schuld** f. *(-,-en)* debito *m.* pignoratizio. **Pfand|schuld|ner** m. *(-s,-)* debitore *m.* pignoratizio. **Pfand|si|cher|heit** f. *(-,-en)* garanzia *f.* pignoratizia.

Pfän|dung f. *(-,-en)* pignoramento *m.*: ***eine ~ haben*** subire un pignoramento. **Pfän|dungs|be|fehl** m. *(-s,-e)* ordine *m.* di pignoramento. **Pfän|dungs|pro|to|koll** n. *(-s,-e)* verbale *m.* di pignoramento. **Pfän|dungs|ver|fü|gung** f. *(-,-en)* disposizione *f.* di pignoramento.

Pfand|ver|kauf m. *(-[e]s,-verkäufe)* vendita *f.* di un pegno. **Pfand|ver|schrei|bung** f. *(-,-en)* obbligazione *f.* ipotecaria. **Pfand|ver|wah|rung** f. *(-,-en)* custodia *f.* di pegno. **pfand|wei|se** avv. ANT. a titolo di pegno. **Pfand|zet|tel** m. *(-s,-)* → **Pfandschein.**

Pfänn|chen n. *(-s,-)* padellino *m.*, padellina *f.* **Pfan|ne** f. *(-,-n)* **1** padella *f.* **2** *(Dachpfanne)* tegola *f.* curva, coppo *m.* **3** *(für flüssiges Metall)* siviera *f.* **4** ANAT. *(Gelenkpfanne)* glene *f.*, glenoide *f.* **5** GEOGR. conca *f.* (salata) **6** *(Bettpfanne)* padella *f.* **7** MIL. ANT. scodellino *m.* ◆ ***etw. auf der ~ haben*** avere qcs. in mente, avere una sorpresa pronta; COLLOQ. ***jdn in die ~ hauen*** *(hart kritisieren)* strapazzare qcn.; *(vernichten)* annientare qcn.; ***sich ein paar Eier in die ~ schlagen*** farsi due uova al tegamino.

pfan|nen|ar|tig agg. a forma di padella. **Pfan|nen|dach** n. *(-[e]s, -dächer)* tetto *m.* di coppi. **Pfan|nen|fli|cker** m. *(-s,-)* conciabrocche *m.* **Pfan|nen|ge|richt** n. *(-[e]s,-e)* vivanda *f.* cotta in padella. **Pfan|nen|höh|le** f. *(-,-n)* cavità *f.* glenoidea. **Pfan|nen|stiel** m. *(-[e]s,-e)* manico *m.* di padella.

Pfän|ner m. *(-s,-)* comproprietario *m.* di una salina. **Pfän|ner|schaft** f. *(-,-en)* consorzio *m.* per lo sfruttamento di una salina.

Pfann|ku|chen m. *(-s,-)* **1** *(Eierpfannkuchen)* frittata *f.* **2** *(Berliner)* bombolone *m.*, krapfen *m.* ◆ ***platt sein wie ein ~*** rimanere di stucco; ***aufgehen wie ein ~*** gonfiarsi come un pallone.

Pfarr|ad|mi|nist|ra|tor m. *(-s,-en)* → **Pfarrverweser. Pfarr|amt** n. *(-[e]s,-ämter)* **1** ufficio *m.* parrocchiale **2** *(Beruf)* ufficio *m.* di parroco, attività *f.* pastorale. **Pfarr|be|zirk** m. *(-s,-e)* parrocchia *f.* **Pfarr|buch** n. *(-[e]s,-bücher)* registro *m.* parrocchiale. **Pfar|re** f. *(-,-n)* REGION., **Pfar|rei** f. *(-,-en)* parrocchia *f.* **pfar|rei|lich** agg. parrocchiale. **Pfar|rer** m. *(-s,-)* **1** parroco *m.* **2** *(in der evangelischen Kirche)* pastore *m.* **Pfar|re|rin** f. *(-,-nen)* pastore *m.* donna. **Pfar|rers|frau, Pfarr|frau** f. *(-,-en)* moglie *f.* del pastore. **Pfarr|ge|mein|de** f. *(-,-n)* comunità *f.* parrocchiale. **Pfarr|ge|mein|de|rat** m. *(-[e]s,-räte)* consiglio *m.* parrocchiale. **Pfarr|haus** n. *(-[e]s,-häuser)* **1** casa *f.* parrocchiale, canonica *f.* **2** *(in der evangelischen Kirche)* casa *f.* del pastore. **Pfarr|hel|fer** m. *(-s,-)* **1** cappellano *m.* **2** *(in der evangelischen Kirche)* assistente *m.* del pastore. **Pfarr|herr** m. *(-en,-en)* ANT. → **Pfarrer. Pfarr|hof** m. *(-[e]s,-höfe)* ANT. pieve *f.* **Pfarr|kind** n. *(-[e]s,-er)* parrocchiano *m.* (-a *f.*). **Pfarr|kir|che** f. *(-,-n)* chiesa *f.* parrocchiale, parrocchia *f.* **pfarr|lich** agg. → **pfarreilich. Pfarr|stel|le** f. *(-,-n)* **1** ufficio *m.* di parroco **2** *(in der evangelischen Kirche)* ufficio *m.* di pastore. **Pfarr|ver|we|ser** m. *(-s,-)* amministratore *m.* di una parrocchia. **Pfarr|vi|kar** m. *(-s,-e)* **1** viceparroco *m.* **2** *(in der evangelischen Kirche)* teologo *m.*

Pfau m. *(-[e]s,-en,* AUSTR. *-en,-e)* pavone *m.* (anche FIG.): ***der ~ schlägt ein Rad*** il pavone fa la ruota; FIG. ***ein (eitler) ~ sein*** essere un pavone (vanitoso) ◆ ***einherstolzieren, sich spreizen wie ein ~*** pavoneggiarsi. **pfau|blau** → **pfauenblau. Pfau|en|au|ge** n. *(-s,-n)* pavonia *f.* **pfau|en|blau** agg.inv. pavone, blu pavone. **Pfau|en|ei** n. *(-[e]s,-er)* uovo *m.* di pavone. **Pfau|en|fe|der** f. *(-,-n)* penna *f.* di pavone. **Pfau|en|kra|nich** m. *(-[e]s,-e)* gru *f.* coronata. **Pfau|en|rad** n. *(-[e]s,-räder)* ruota *f.* del pavone. **Pfau|en|thron** m. *(-s)* STOR. trono *m.* del pavone. **Pfau|hahn** m. *(-[e]s,-hähne)* maschio *m.* del pavone. **Pfau|hen|ne** f. *(-,-n)* femmina *f.* del pavone, pavonessa *f.*

Pfd. ⇒ *Pfund* libbra (lb.).

Pfef|fer m. *(-s,-)* pepe *m.*: ***gemahlener, ganzer ~*** pepe macinato, in grani; ***grüner, roter, schwarzer, weißer ~*** pepe verde, rosso (*o* paprica *f.*), pepe nero, bianco; ***~ auf etw. tun, etw. mit ~ würzen*** pepare qcs., aggiungere il pepe a qcs.; FIG. ***die Sendung hat keinen ~*** la trasmissione non ha pepe ◆ ***jdm ~ geben*** mettere il pepe a qcn., stimolare qcn.; COLLOQ. ***~ im Hintern haben*** essere un peperino; TESS. ***~ und Salz*** pepe e sale; ***spanischer, türkischer ~*** peperoncino; ***geh hin, wo der ~ wächst*** va' a quel paese. **Pfef|fer|fres|ser** m. *(-s,-)* tucano *m.* **Pfef|fer|ge|wächs** n. *(-[e]s,-e)* pianta *f.* del pepe. **pfef|fe|rig** agg. → **pfeffrig. Pfef|fer|korn** n. *(-[e]s, -körner)* grano *m.* (*o* chicco *m.*) di pepe. **Pfef|fer|kraut** n. *(-[e]s)* santoreggia *f.* **Pfef|fer|ku|chen** m. *(-s,-)* INTRAD. (specie di panpepato). **Pfef|fer|ku|chen|häus|chen** n. *(-s,-)* LETT. casetta *f.* di marzapane.

Pfef|fer|ling RAR. → **Pfifferling.**

Pfef|fer|minz I m. *(-es,-e)* → **Pfefferminzlikör II** n. *(-es,-e)* → **Pfefferminzbonbon** ◆ ***das schmeckt, riecht nach ~*** sa di menta. **Pfef|fer|minz|bon|bon** m. *(-s,-s)* caramella *f.* alla menta.

Pfef|fer|min|ze, Pfef|fer|min|ze f. *(-)* menta *f.* piperita.

Pfef|fer|minz|kamp|fer m. *(-s)* mentolo *m.* **Pfef|fer|minz|küch|lein** n. *(-s,-)* pasticca *f.* alla menta. **Pfef|fer|minz|li|kör** m. *(-[e]s,-e)* liquore *m.* alla menta. **Pfef|fer|minz|öl** n. *(-[e]s)* olio *m.* essenziale di menta. **Pfef|fer|minz|pas|til|le** f. *(-,-n)*, **Pfef|fer|minz|plätz|chen** n. *(-s,-)* pasticca *f.* alla menta. **Pfef|fer|minz|tee** m. *(-s)* tè *m.* alla menta.

Pfef|fer|müh|le f. *(-,-n)* macinino *m.* per il, da pepe.

pfef|fern tr. **1** (im)pepare **2** FIG. impepare, infarcire: ***eine Rede mit Anspielungen ~*** infarcire un discorso di allusioni **3** COLLOQ. *(mit Wucht werfen)* scaraventare: ***etw. in die Ecke ~*** scaraventare qcs. in un angolo ◆ COLLOQ. ***jdm eine ~*** mollare un ceffone a qcn.

Pfef|fer|näpf|chen n. *(-s,-)* portapepe *m.*, pepiera *f.* **Pfef|fer|nuss** f. *(-,-nüsse)* INTRAD. (dolcetto di pampepato).

Pfef|fe|ro|ni m. *(-,-)* AUSTR. peperone *m.* sott'aceto.

Pfef|fer|sack m. *(-[e]s,-säcke)* ANT. SPREG. = ricco mercante *m.* **Pfef|fer|scho|te** f. *(-,-n)* peperone *m.* rosso. **Pfef|fer|schwamm** m. *(-[e]s,-schwämme)* cantarello *m.*, gallinaccio *m.* **Pfef|fer|steak** [-ste:k] n. *(-s,-s)* bistecca *f.* al pepe. **Pfef|fer|stein** m. *(-[e]s)* MINER. peperino *m.* **Pfef|fer|strauch** m. *(-[e]s,-sträucher)* pianta *f.* del pepe. **Pfef|fer|streu|er** m. *(-s,-)* macinapepe *m.* **Pfef|fer-und-Salz-Mus|ter** n. *(-s)* TESS. disegno *m.* sale e pepe. **Pfef|fer|vo|gel** m. *(-s,-vögel)* → **Pfefferfresser.**

pfeff|rig agg. pepato.

Pfeif|chen n. *(-s,-)* **1** MUS. piccolo piffero *m.* **2** piccola pipa *f.* **Pfei|fe** f. *(-,-n)* **1** piffero *m.*: ***die ~ blasen*** suonare il piffero **2a** *(Orgelpfeife)* canna *f.* d'organo **b** *(beim Dudelsack)* canna *f.* della melodia **3** fischietto *m.*: ***die ~ des Schiedsrichters*** il fischietto dell'arbitro **4** pipa *f.*: ***~ rauchen, an der ~ ziehen*** fumare la pipa; ***die ~ stopfen, anzünden, ausklopfen*** caricare accendere, svuotare la pipa **5** COLLOQ. SPREG. *(unfähiger Mensch)* schiappa *f.* ◆ ***nach jds ~ tanzen*** farsi comandare a bacchetta da qcn.

pfei|fen *(pfiff, gepfiffen)* **I** tr. fischiare, fischiettare: ***eine Melodie ~*** fischiettare una melodia; SPORT ***einen Elfmeter ~*** fischiare un rigore **II** intr. (aus. *haben*) **1a** fischiare: ***auf zwei Fingern ~*** fischiare con due dita; ***der Polizist pfeift*** il poliziotto fischia; ***das Murmeltier pfeift*** la marmotta fischia; ***jdm ~*** fischiare a qcn., chiamare con un fischio qcn.; ***sie pfiff nach ihrem Hund*** fischiò al suo cane; ***das Publikum pfiff*** il pubblico fischiava **b** *(von Wind, Geschossen, Geräten)* fischiare, sibilare: ***die Lokomotive, der Wasserkessel pfeift*** la locomotiva, il bollitore fischia; ***das Radio pfeift*** la radio sibila **2** fischiettare: ***fröhlich vor sich hin ~*** fischiettare allegramente tra sé (e sé) **3** RAR. *(auf einer Pfeife spielen)* zufolare **4a** GERG. *(singen)* spifferare, spiattellare: ***vor Gericht hat er alles gepfiffen*** in tribunale ha spifferato tutto **b** COLLOQ. *(verraten)* ***wer hat dir das gepfiffen?*** chi te l'ha riferito? da chi hai avuto la soffiata? **5** COLLOQ. *(geringschätzen)* infischiarsene: ***auf etw. (A) ~*** infischiarsene di qcs. ◆ COLLOQ. ***sich eins ~*** fischiettare fra sé; *(den Unbeteiligten spielen)* fare l'indifferente; ***ein pfeifendes Geräusch*** un fischio, un sibilo; COLLOQ. ***jdm etw. ~*** dirne quattro a qcn.; ***die Kugeln pfiffen ihm um die Ohren*** le pallottole gli sibilavano intorno; ***auf (aus) dem letzten Loch ~*** essere agli estremi; ***etw. auf der Pfeife ~*** suonare qcs. con il piffero; COLLOQ. FIG. ***die Spatzen ~ es von allen Dächern*** è un segreto di Pulcinella; SPORT ***das Spiel ~*** arbitrare la partita; ***er tanzt, wie sie pfeift*** (lei) lo comanda a bacchetta; COLLOQ. ***ich pfeif dir was!*** nemmeno per sogno! ***daher pfeift der Wind?*** così stanno le cose? **Pfei|fen** n. *(-s)* fischio *m.*; *(von Wind, Geschossen)* fischio *m.*, sibilo *m.*

Pfei|fen|be|steck n. *(-[e]s,-e)* nettapipe *m.*, curapipe *m.* **Pfei|fen|blä|ser** m. *(-s,-)* suonatore *m.* di piffero, pifferaio *m.* **Pfei|fen|de|ckel** m. *(-s,-)* coperchietto *m.* della pipa ◆ COLLOQ. ~! scordatelo! **Pfei|fen|fi|sche** pl. ITTIOL. fistularidi *m.pl.* **Pfei|fen|gras** n. *(-es, -gräser)* BOT. molinia *f.* **Pfei|fen|kopf** m. *(-[e]s,-köpfe)* **1** fornello *m.* della pipa **2** COLLOQ. SPREG. schiappa *f.* **Pfei|fen|ma|cher** m. *(-s,-)* fabbricante *m.* di pipe, pipaio *m.* **Pfei|fen|mann** m. *(-[e]s, -männer)* SPORT GERG. fischietto *m.*, arbitro *m.* **Pfei|fen|rau|chen** n. *(-s)* il fumare la pipa. **Pfei|fen|rau|cher** m. *(-s,-)* fumatore *m.* di pipa. **Pfei|fen|räu|mer** m. *(-s,-)*, **Pfei|fen|rei|ni|ger** m. *(-s,-)* scovolino *m.*, nettapipe *m.* **Pfei|fen|rohr** n. *(-[e]s,-e)* cannello *m.* della pipa. **Pfei|fen|spie|ler** m. *(-s,-)* pifferaio *m.* **Pfei|fen|spit|ze** f. *(-,-n)* bocchino *m.* della pipa. **Pfei|fen|stän|der** m. *(-s,-)* portapipe *m.* **Pfei|fen|stop|fer** m. *(-s,-)* → **Pfeifenbesteck. Pfei|fen|strauch** m. *(-[e]s,-sträucher)* fior *m.* d'angelo, fiore *m.* d'arancio. **Pfei|fen|ta|bak** m. *(-s,-e)* tabacco *m.* da pipa.

Pfeif|en|te f. *(-,-n)* ORNIT. fischione *m.*, penelope *f.*, anatra *f.* matta.

Pfei|fen|ton m. *(-s)* argilla *f.*, terra *f.* da pipe. **Pfei|fen|werk** n. *(-[e]s,-e)* MUS. canne *f.pl.* (dell'organo).

Pfei|fer m. *(-s,-)* **1** chi fischia **2** → **Pfeifenspieler. Pfei|fe|rei** f. *(-,-en)* SPREG. fischiata *f.*

Pfeif|ge|räusch n. *(-[e]s,-e)* fischio *m.*, sibilo *m.* **Pfeif|ha|se** m. *(-n,-n)* ocotona *m.* **Pfeif|kon|zert** n. *(-[e]s,-e)* salva *f.* di fischi. **Pfeif|sig|nal** n. *(-[e]s,-e)* fischio *m.*, segnale *m.* acustico. **Pfeif|ton** m. *(-[e]s,-töne)* fischio *m.* **Pfeif|zei|chen** n. *(-s,-)* fischio *m.* di segnalazione.

Pfeil m. *(-[e]s,-e)* **1** freccia *f.*: ***einen ~ abschießen*** scoccare, tirare una freccia; ***ein ~ fliegt durch die Luft, trifft das Ziel*** una freccia taglia l'aria, centra il bersaglio; ***ein vergifteter ~*** una freccia avvelenata; *(segnale indicatore)* ***der ~ zeigt nach Norden, den Weg*** la freccia segna il nord, indica il percorso **2** FIG. frecciata *f.*, frecciatina *f.*: ***giftige -e abschießen*** lanciare frecciate velenose ◆ ***die -e Amors*** le frecce di Cupido; ***mit ~ und Bogen*** con arco e freccia; ***wie ein ~ davonschießen*** fuggirsene come una saetta; ***schnell wie ein ~ sein*** essere veloce come una freccia, un lampo; FIG. ***alle seine -e verschossen haben*** aver giocato tutte le proprie carte.

Pfei|ler m. *(-s,-)* **1** pilastro *m.* (anche FIG.): ***die ~ eines Gewölbes*** i pilastri di una volta **2** pila *f.*, pilone *m.*: ***die ~ der Brücke*** i piloni del ponte. **Pfei|ler|bau** m. *(-[e]s)* MIN. coltivazione *f.* a pilastri. **Pfei|ler|bo|gen** m. *(-s,-)* sottarco *m.* **Pfei|ler|brü|cke** f. *(-,-n)* ponte *m.* a pile. **pfei|ler|för|mig** agg. a (forma di) pilastro. **Pfei|ler|schaft** f. *(-,-schäfte)* corpo *m.* del pilastro.

pfeil|för|mig agg. BOT. saettiforme. **pfeil|ge|ra|de** agg. dritto come una freccia. **pfeil|grad** avv. REGION. esattamente, precisamente. **pfeil|ge|schwind** REGION. → **pfeilschnell. Pfeil|gift** n. *(-[e]s,-e)* veleno *m.* per frecce. **Pfeil|ha|gel** m. *(-s)* → **Pfeilregen. Pfeil|hecht** m. *(-[e]s,-e)* barracuda *m.* **Pfeil|hö|he** f. *(-,-n)* ARCH. monta *f.*, freccia *f.* di arco, di volta. **Pfeil|kö|cher** m. *(-s,-)* faretra *f.*, turcasso *m.* **Pfeil|kraut** n. *(-[e]s)* sagittaria *f.*, erba *f.* saetta. **Pfeil|naht** f. *(-,-nähte)* sutura *f.* sagittale. **Pfeil|rad** n. *(-[e]s,-räder)* ruota *f.* con dentatura a freccia. **Pfeil|re|gen** m. *(-s)* pioggia *f.* di frecce. **Pfeil|rich|tung** f. *(-,-en)* direzione *f.* della (*o* indicata dalla) freccia. **pfeil|schnell I** agg. veloce come una freccia **II** avv. come una freccia. **Pfeil|schuss** m. *(-es,-schüsse)* tiro *m.* (*o* colpo *m.*) di freccia, frecciata *f.* **Pfeil|schüt|ze** m. *(-n,-n)* arciere *m.* **Pfeil|schwanz** m. *(-es,-schwänze)* xifosuro *m.* **Pfeil|spit|ze** f. *(-,-n)* punta *f.* di freccia. **Pfeil|wurf|spiel** n. *(-[e]s)* tiro *m.* all'arco. **Pfeil|wurm** m. *(-s,-würmer)* chetognato *m.* **Pfeil|wurz** f. *(-,-en)* maranta *f.*

Pfen|nig m. *(-s,-e)* **1** pfennig *m.*: ***ein Brötchen kostet 50 ~, -e*** una pagnottina costa 50 pfennig **2** FIG. *(Geld)* soldo *m.*, centesimo *m.*: ***keinen ~ (bei sich) haben*** non avere un soldo (con sé); ***bis auf den letzten ~, auf den ~ genau*** fino all'ultimo centesimo ◆ COLLOQ. ***nicht für fünf -(e)*** neanche per sogno (*o* per idea); COLLOQ. FIG. ***für jdn, etw. keinen ~ geben*** non dare una lira per qcn., qcs.; ***es kostet nur ein paar -e*** costa una bazzecola; ***mit dem ~ rechnen müssen*** dover fare i conti coi centesimi, dover lesinare il centesimo; ***am ~ sparen*** lesinare il centesimo; COLLOQ. FIG. ***auf den ~ sehen, jeden ~ (dreimal) umdrehen*** guardare il centesimo; COLLOQ. ***keinen ~ wert sein*** non valere un centesimo; PROV. ***wer den ~ nicht ehrt, ist des Talers nicht wert*** = chi non dà valore ai centesimi non diventerà mai ricco. **Pfen|nig|ab|satz** m. *(-[e]s,-absätze)* tacco *m.* a spillo. **Pfen|nig|ar|ti|kel** m. *(-s,-)* articolo *m.* da (*o* che costa) pochi soldi. **Pfen|nig|be|trag** m. *(-[e]s,-beträge)* importo *m.* di soli pfennig.

Pfen|nig|fuch|ser m. *(-s,-)* COLLOQ. tirchio *m.*, spilorcio *m.*, taccagno *m.* **Pfen|nig|fuch|se|rei** f. *(-,-en)* COLLOQ. tirchieria *f.*, spilorceria *f.*, taccagneria *f.*

pfen|nig|groß agg. grande come un pfennig. **Pfen|nig|kraut** n. *(-[e]s)* nummularia *f.* **Pfen|nig|stück** n. *(-[e]s,-e)* moneta *f.* da un pfennig. **Pfen|nig|wa|re** f. *(-,-n)* merce *f.*, roba *f.* da pochi soldi. **pfen|nig|wei|se** avv. centesimo per centesimo.

Pferch m. *(-[e]s,-e)* **1** stabbio *m.*, addiaccio *m.* **2** ANT. *(Herde)* mandria *f.* nello stabbio. **pfer|chen** tr. **1** stabbiare, chiudere nello stabbio **2** FIG. stipare, accalcare: ***alle in einen Raum ~*** stipare tutti in una stanza.

Pferd n. *(-[e]s,-e)* cavallo *m.* (anche GINN. GIOC.): ***das ~ geht, trabt, galoppiert*** il cavallo va al passo, trotta, galoppa; ***ein ~ zureiten*** scozzonare, ammaestrare un cavallo; ***auf einem ~ reiten*** andare a cavallo; ***ein ~ besteigen*** montare un cavallo; ***-e halten, züchten*** tenere, allevare cavalli; ***die -e tränken, satteln, striegeln*** abbeverare, sellare, strigliare i cavalli; ***sich aufs ~ setzen, aufs ~ steigen*** montare a cavallo; ***vom ~ absitzen, steigen*** smontare da cavallo; ***jdm aufs ~ helfen*** aiutare qcn. a salire a cavallo; ***vom ~ stürzen*** cadere da cavallo; GINN. ***übers ~ springen*** saltare il cavallo; ***am ~ turnen*** esercitarsi al cavallo ◆ COLLOQ. ***wie ein ~ arbeiten*** lavorare come un mulo; COLLOQ. ***das hält kein ~ aus*** è una cosa insopportabile; MIL. ***zu -e dienen*** servire nella cavalleria; COLLOQ. ***ihm gehen die -e durch*** perde le staffe; ***ein edles ~*** un destriero; COLLOQ. ***man hat schon -e kotzen sehen*** si son visti anche gli asini volare, niente è impossibile; COLLOQ. ***immer sachte mit den jungen -n!*** adagio, non bisogna precipitare (gli eventi)! COLLOQ. ***die -e scheu machen*** = creare scompiglio; COLLOQ. ***das ~ beim, am Schwanz aufzäumen*** iniziare qcs. dal verso sbagliato; ***auf das richtige, falsche ~ setzen*** puntare sul cavallo vincente, perdente; ***das ~ vor den Wagen spannen*** mettere il carro davanti ai buoi; COLLOQ. ***das beste ~ im Stall*** il migliore della scuderia (o squadra); ***mit ihm kann man -e stehlen gehen*** con lui si può fare qualunque cosa; COLLOQ. ***ich denke, mich tritt ein ~*** non è possibile; ***das Trojanische ~*** il cavallo di Troia; COLLOQ. ***keine zehn -e bringen mich dahin, dazu*** non c'è niente che possa convincermi ad andarci, a farlo.

Pferd|chen n. *(-s,-)* **1** cavallino *m.* **2** GERG. *(Prostituierte)* prostituta *f.* **Pferd|chen|sprung** m. *(-[e]s,-sprünge)* GINN. salto *m.* del cervo.

Pfer|de|ap|fel m. *(-s,-äpfel)* palla *f.* di sterco di cavallo. **Pfer|de|ar|beit** f. *(-,-en)* lavoro *m.* del cavallo; FIG. lavoro *m.* da cani. **Pfer|de|ar|ti|ge** pl. equidi m.pl. **Pfer|de|aus|stel|lung** f. *(-,-en)* esposizione *f.* equina. **Pfer|de|bahn** f. *(-,-en)* tram *m.* a cavalli. **pfer|de|be|spannt** agg. tirato, trainato da cavalli. **Pfer|de|boh|ne** f. *(-,-n)* fava *f.* **Pfer|de|brem|se** f. *(-,-n)* mosca *f.* cavallina. **Pfer|de|de|cke** f. *(-,-n)* coperta *f.* da cavallo. **Pfer|de|dieb** m. *(-[e]s,-e)* ladro *m.* di cavalli. **Pfer|de|drosch|ke** f. *(-,-n)* fiacre *m.*, vettura *f.* a cavalli. **Pfer|de|egel** m. *(-s,-)* sanguisuga *f.* cavallina, emopide *f.* **Pfer|de|esel** m. *(-s,-)* emione *m.* **Pfer|de|fleisch** n. *(-[e]s)* carne *f.* equina (*o* di cavallo). **Pfer|de|flie|ge** f. *(-,-n)* → **Pferdebremse. Pfer|de|fuhr|werk** n. *(-[e]s,-e)* carro *m.* a cavalli. **Pfer|de|fuß** m. *(-es,-füße)* **1** piede *m.* del cavallo **2** LETT. *(Teufelsfuß)* piede *m.* caprino, del diavolo **3** *(Nachteil)* inconveniente *m.*, svantaggio *m.*: ***die Sache hat einen ~*** la cosa presenta uno svantaggio, qui gatta ci cova **4** MED. *(Spitzfuß)* piede *m.* equino. **Pfer|de|ge|biss** n. *(-es,-e)* COLLOQ. sorriso *m.* equino, cavallino. **Pfer|de|ge|schirr** n. *(-s)* finimenti *m.pl.* (del cavallo). **Pfer|de|ge|sicht** n. *(-[e]s,-er)* COLLOQ. faccia *f.* cavallina, equina. **Pfer|de|haar** n. *(-[e]s,-e)* **1** pelo *m.*, crine *m.* di cavallo **2** *(Fell)* pelame *m.*, mantello *m.* **Pfer|de|händ|ler** m. *(-s,-)* commerciante *m.* (*o* ANT. mercante *m.*) di cavalli. **Pfer|de|heil|kun|de** f. *(-)* ippiatria *f.* **Pfer|de|hirt** m. *(-en,-en)* cavallaio *m.*, buttero *m.* **Pfer|de|huf** m. *(-[e]s,-e)* zoccolo *m.* di cavallo. **Pfer|de|jun|ge** m. *(-n,-n)* → **Pferdeknecht. Pfer|de|kas|ta|nie** f. *(-,-n)* ippocastano *m.* **Pfer|de|knecht** m. *(-[e]s,-e)* stalliere *m.* **Pfer|de|kop|pel** f. *(-,-n)* recinto *m.* dei cavalli. **Pfer|de|kot** m. *(-[e]s)* sterco *m.* di cavallo, equino. **Pfer|de|kraft** f. *(-,-kräfte)* → **Pferdestärke. Pfer|de|kun|de** f. *(-)* ippologia *f.* **Pfer|de|kur** f. *(-,-en)* cura *f.* da cavallo. **Pfer|de|län|ge** f. *(-,-n)* EQUIT. lunghezza *f.*: ***mit einer ~ siegen*** vincere per una lunghezza; ***um eine ~ voraus sein*** essere in anticipo di una lunghezza. **Pfer|de|laus|flie|ge** f. *(-,-n)* → **Pferdebremse. Pfer|de|lot|to** n. *(-s,-s)* totip *m.* **Pfer|de|markt** m. *(-[e]s,-märkte)* mercato *m.* di cavalli. **Pfer|de|metz|ge|rei** f. *(-,-en)* REGION. macelleria *f.* equina. **Pfer|de|mist** m. *(-[e]s)* sterco *m.* di cavallo. **Pfer|de|narr** m. *(-en,-en)* fanatico *m.*, appassionato *m.* di cavalli. **Pfer|de|na|tur** f. *(-,-en)* COLLOQ. costituzione *f.* robusta, fisico *m.* di ferro. **Pfer|de|pfle|ge** f. *(-)* cura *f.*, governo *m.* del cavallo. **Pfer|de|pfle|ger** m. *(-s,-)* → **Pferdeknecht. Pfer|de|ras|se** f. *(-,-n)* razza *f.* equina. **Pfer|de|renn|bahn** f. *(-,-en)* ippodromo m. **Pfer|de|ren|nen** n. *(-s,-)* corsa *f.* di cavalli. **Pfer|de|schlach|ter, Pfer|de|schläch|ter** m. *(-s,-)* REGION. macellaio *m.* (di carne equina). **Pfer|de|schlach|te|rei, Pfer|de|schläch|te|rei** f. *(-,-en)* REGION. macelleria *f.* equina. **Pfer|de|schlit|ten** m. *(-s,-)* slitta *f.* trainata da cavalli. **Pfer|de|schwanz** m. *(-es,-schwänze)* **1** coda *f.* del cavallo **2** *(Frisur)* coda *f.* di cavallo. **Pfer|de|schwanz|fri|sur** f. *(-,-en)* pettinatura *f.* a coda di cavallo. **Pfer|de|schweif** m. *(-[e]s,-e)* coda f. del cavallo. **Pfer|de|sport** m. *(-s)* ippica *f.* **Pfer|de|stall** m. *(-[e]s,-ställe)* stalla *f.* di cavalli; *(bei Pferderennbahnen)* scuderia *f.* **Pfer|de|stär|ke** f. *(-,-n)* FIS. cavallo *m.* vapore: ***ein Motor von 50 -n*** un motore da 50 cavalli. **Pfer|de|stau|pe** f. *(-)* peste *f.* equina. **Pfer|de|strie|gel** m. *(-s,-)* striglia *f.* **Pfer|de|to|to** n. *(-s,-s)* → **Pferdelotto. Pfer|de|wa|gen** m. *(-s,-)* carrozza *f.* a cavalli; *(Karre)* carro *m.* a cavalli. **Pfer|de|wech|sel** m. *(-s,-)* cambio *m.* dei cavalli. **Pfer|de|wet|te** f. *(-,-n)* scommessa *f.* sui cavalli. **Pfer|de|wirt** m. *(-s,-e)* → **Pferdezüchter.**

Pfer|de|zucht f. *(-)* allevamento *m.* di cavalli. **Pfer|de|züch|ter** m. *(-s,-)* allevatore *m.* di cavalli. **Pfer|de|züch|tung** f. *(-,-en)* → **Pferdezucht.**

Pferd|sprung m. *(-[e]s,-sprünge)* SPORT salto *m.* al cavallo.

Pfet|te f. *(-,-n)* terzera *f.*, arcareccio *m.*

pfiff → **pfeifen.**

Pfiff m. *(-[e]s,-e)* **1** fischio *m.*: ***ein scharfer, schriller ~*** un fischio acuto; ***der ~ einer Lokomotive, des Schiedsrichters*** il fischio di una locomotiva, dell'arbitro; ***einen ~ ausstoßen*** fare un fischio; ***Beifall und -e*** applausi e fischi **2** COLLOQ. tocco *m.*; garbo *m.*: ***es fehlt der letzte ~*** manca l'ultimo tocco; ***etw. (D) den richtigen ~ geben*** dare a qcs. il giusto garbo **3** ANT. *(Trick)* trucco *m.*, astuzia *f.*, stratagemma *m.*: COLLOQ. ***den ~ heraushaben*** aver capito il trucco.

Pfif|fer|ling m. *(-s,-e)* BOT. gallinaccio *m.*, cantarello *m.* ◆ COLLOQ. ***keinen, nicht einen ~ wert sein*** non valere un fico secco; COLLOQ. ***dafür würde ich keinen, nicht einen ~ geben*** per questo non darei neppure un soldo.

pfif|fig **I** agg. furbo, astuto: ***ein -er Kerl*** un tipo furbo; ***eine -e Idee*** un'idea astuta **II** avv. astutamente. **Pfif|fig|keit** f. *(-)* furbizia *f.*, astuzia *f.* **Pfif|fi|kus** m. *(-[ses],-se)* SCHERZ. volpone *m.*, furbacchione *m.*

Pfingst|be|we|gung f. *(-)* movimento *m.* dei pentecostali. **Pfingst|blu|me** f. *(-,-n)* → **Pfingstrose. Pfings|ten** n. *(-,-)* Pentecoste *f.*: ***~ fällt in den Mai*** Pentecoste cade in maggio; ***zu (an), bis, nach ~*** a, fino a, dopo Pentecoste. **Pfingst|fei|er|ta|ge** pl. feste *f.pl.* di Pentecoste. **Pfingst|fe|ri|en** pl. vacanze *f.pl.* di Pentecoste. **Pfingst|fest** n. *(-[e]s,-e)* → **Pfingsten. Pfingst|ler** m. *(-s,-)* pentecostale *m.* **pfingst|le|risch** agg. dei pentecostali. **pfingst|lich** agg. pentecostale, di Pentecoste. **Pfingst|mon|tag** m. *(-s,-e)* lunedì *m.* di Pentecoste. **Pfingst|och|se** m. *(-n,-n)* bue *m.* addobbato per la Pentecoste ◆ COLLOQ. SPREG. ***wie ein ~ aussehen*** essere in ghingheri. **Pfingst|ro|se** f. *(-,-n)* peonia *f.* **Pfingst|sonn|tag** m. *(-[e]s,-e)* domenica *f.* di Pentecoste. **Pfingst|wo|che** f. *(-,-n)* settimana *f.* di Pentecoste. **Pfingst|zeit** f. *(-)* periodo *m.* di Pentecoste.

Pfir|sich m. *(-s,-e)* **1** *(Frucht)* pesca *f.* **2** → **Pfirsichbaum. Pfir|sich|baum** m. *(-[e]s,-bäume)* pesco *m.* **Pfir|sich|blü|te** f. *(-,-n)* fiore *m.* di pesco. **pfir|sich|far|ben** agg. color pesca. **Pfir|sich|haut** f. *(-)* buccia *f.* di pesca: ***die ~ abziehen*** sbucciare la, una pesca; FIG. *(samtige Haut)* pelle *f.* di pesca. **Pfir|sich|kern** m. *(-[e]s,-e)* nocciolo *m.* di pesca. **Pfir|sich|kom|pott** n. *(-[e]s)* composta *f.* di pesche. **Pfir|sich|mar|me|la|de** f. *(-,-n)* marmellata *f.* di pesche. **Pfir|sich|rost** m. *(-[e]s)* ruggine *f.* delle pesche.

Pfis|ter m. *(-s,-)* ANT. fornaio *m.*

pflanz|bar agg. piantabile, che si può piantare. **Pflänz|chen** n. *(-s,-)* piantina *f.*, pianticella *f.* ◆ FIG. ***ein sauberes ~*** un bel tipo. **Pflan|ze** f. *(-,-n)* **1** pianta *f.* (anche FIG.): ***die -n gießen, düngen*** innaffiare, concimare le piante; ***eine ~ ziehen, züchten, kultivieren*** coltivare una pianta; ***die ~ wächst, blüht, welkt (geht ein), stirbt ab*** la pianta cresce, fiorisce, appassisce, muore; ***die -n bestimmen*** classificare le piante **2** *(eigenartige Person)* individuo *m.*, soggetto *m.*, tipo *m.* ◆ ***eine Berliner ~*** un vero, autentico berlinese; ***Fleisch fressende -n*** piante carnivore; ***-n fressend*** erbivoro, fitofago; ***fruchttragende -n*** piante da frutto; ***immergrüne -n*** piante sempreverdi; ***-n schädigend*** nocivo per le piante; ***wild wachsende ~*** pianta selvatica (*o* spontanea); ***wuchernde -n*** piante lussureggianti.

pflan|zen **I** tr. **1** piantare: ***einen Baum ~*** piantare un albero; ***Blumen auf einem (o ein) Beet ~*** piantare fiori in un'aiuola **2** *(von Fahnen)* piantare, issare **3** *(pfropfen)* innestare **II** rifl. **sich ~** COLLOQ. piazzarsi, mettersi (a sedere): ***er hat sich sofort aufs Sofa gepflanzt*** si è piazzato subito sul divano ◆ AUSTR. ***jdn ~*** = prendere in giro qcn.; COLLOQ. ***jdm eine ~*** dare un ceffone a qcn.

pflan|zen|ar|tig agg. → **pflanzenhaft. Pflan|zen|asche** f. *(-)* cenere *f.* vegetale. **Pflan|zen|bau** m. *(-[e]s)* coltivazione *f.* di piante. **Pflan|zen|buch** n. *(-[e]s,-bücher)* erbario *m.* **Pflan|zen|but|ter** f. *(-)* burro *m.* vegetale. **Pflan|zen|de|cke** f. *(-,-n)* manto *m.* di vegetazione. **Pflan|zen|er|näh|rung** f. *(-)* nutrimento *m.* della pianta. **Pflan|zen|ex|trakt** m. *(-[e]s,-e)* estratto *m.* vegetale. **Pflan|zen|farb|stoff** m. *(-[e]s,-e)* colorante *m.* vegetale. **Pflan|zen|fa|ser** f. *(-,-n)* fibra *f.* vegetale. **Pflan|zen|fett** n. *(-[e]s,-e)* grasso *m.* vegetale. **Pflan|zen|form** f. *(-,-en)* forma *f.* vegetale (o di vegetazione). **Pflan|zen|for|scher** m. *(-s,-)* botanico *m.* **Pflan|zen|fres|ser** m. *(-s,-)* erbivoro *m.*; *(Phitophage)* fitofago *m.* **Pflan|zen|gat|tung** f. *(-,-en)* genere *m.* di piante. **Pflan|zen|ge|o|gra|phie** f. *(-)* fitogeografia *f.*, geografia *f.* delle piante. **Pflan|zen|ge|sell|schaft** f. *(-,-en)* fitocenosi *f.* **Pflan|zen|gift** n. *(-[e]s,-e)* **1** veleno *m.* vegetale **2** *(Vertilgungsmittel)* diserbante *m.*, erbicida *m.* **Pflan|zen|grün** n. *(-[e]s)* clorofilla *f.* **Pflan|zen|haar** n. *(-[e]s,-e)* BOT. pelo *m.* **pflan|zen|haft** agg. simile a un vegetale, a una pianta. **Pflan|zen|heil|kun|de** f. *(-)* fitoterapia *f.* **Pflan|zen|koh|le** f. *(-)* carbone *m.* vegetale. **Pflan|zen|kost** f. *(-)* alimentazione *f.*, dieta *f.* vegetariana. **Pflan|zen|krank|heit** f. *(-,-en)* malattia *f.* delle piante, BOT. fitopatia *f.* **Pflan|zen|krebs** m. *(-es)* cancro *m.* dei vegetali, delle piante. **Pflan|zen|kun|de** f. *(-)* botanica *f.* **Pflan|zen|laus** f. *(-,-läuse)* fitofora *f.* **Pflan|zen|le|ben** n. *(-s)* vita *f.* vegetale, delle piante. **Pflan|zen|leh|re** f. *(-)* → **Pflanzenkunde. Pflan|zen|milch** f. *(-)* latte *f.* (vegetale), latice *m.* **Pflan|zen|öl** n. *(-[e]s,-e)* olio *m.* vegetali. **Pflan|zen|pa|tho|lo|gie** f. *(-)* fitopatologia *f.* **Pflan|zen|phy|si|o|lo|gie** f. *(-)* fitofisiologia *f.* **Pflan|zen|pro|te|in** n. *(-s,-e)* proteina *f.* vegetale. **Pflan|zen|reich** n. *(-[e]s)* regno *m.* vegetale. **pflan|zen|reich** agg. ricco di vegetazione. **Pflan|zen|saft** m. *(-[e]s,-säfte)* linfa *f.* (vegetale). **Pflan|zen|samm|ler** m. *(-s,-)* erborista *m.* **Pflan|zen|samm|lung** f. *(-,-en)* erbario *m.* **Pflan|zen|sau|ger** m. *(-s,-)* omottero *m.* **Pflan|zen|schäd|ling** m. *(-s,-e)* parassita *m.* delle piante. **Pflan|zen|schutz** m. *(-es)* difesa *f.*, protezione *f.* delle piante. **Pflan|zen|schutz|mit|tel** n. *(-s,-)* fitofarmaco *m.* **Pflan|zen|sys|tem** n. *(-s,-e)* sistema *m.* di classificazione delle piante. **Pflan|zen|teer** m. *(-[e]s)* catrame *m.* vegetale. **Pflan|zen|tier** n. *(-[e]s,-e)* zoofito *m.* **Pflan|zen|topf** m. *(-[e]s,-töpfe)* vaso *m.* (da fiori). **Pflan|zen|welt** f. *(-)* mondo *f.* vegetale, flora *f.* **Pflan|zen|wuchs** m. *(-es)* crescita *f.* delle piante. **Pflan|zen|züch|ter** m. *(-s,-)* coltivatore *m.* di piante. **Pflan|zen|züch|tung** f. *(-,-en)* coltivazione *f.* delle piante.

Pflan|zer m. *(-s,-)* **1** imprenditore *m.* agricolo **2** *(Plantagenbesitzer)* piantatore *m.*

Pflanz|gar|ten m. *(-s,-gärten)* vivaio *m.* **Pflanz|holz** n. *(-es,-hölzer)* piantatoio *m.*, cavicchio *m.*, foraterra *m.* **Pflänz|lein** n. *(-s,-)* piantina *f.*, pianticella *f.* **pflanz|lich** agg. **1** vegetale: ***-e Fette*** grassi vegetali; ***-es Eiweiß*** proteina vegetale **2** *(vegetarisch)* vegetariano: ***-e Nahrung*** alimentazione vegetariana. **Pflänz|ling** m. *(-s,-e)* BOT. piantone *m.*

Pflanz|ma|schi|ne f. *(-,-n)* piantatrice *f.* **Pflanz|rei|he** f. *(-,-n)* fila *f.*, filare *m.* **Pflanz|stadt** f. *(-,-städte)* STOR. colonia *f.* **Pflanz|stät|te** f. *(-,-n)* FIG. vivaio *m.*: ***eine ~ humanistischer Bildung*** un vivaio di cultura umanistica. **Pflanz|stock** m. *(-[e]s,-stöcke)* → **Pflanzholz. Pflan|zung** f. *(-,-en)* **1** coltivazione *f.* coltura *f.* **2** *(Plantage)* piantagione *f.* **Pflanz|ver|fah|ren** n. *(-s,-)* metodo *m.*, (*o* tecnica *f.*) di piantamento.

Pflas|ter n. *(-s,-)* **1** *(Straßenpflaster)* selciato *m.*, lastrico *m.*, lastricato *m.* **2** *(Heftpflaster)* cerotto *m.*: ***ein ~ auf den Arm kleben, auflegen*** applicare, mettere un cerotto sul braccio; ***das ~ erneuern*** cambiare il cerotto **3** FIG. *(Entschädigung, Trost)* rimedio *m.*, lenimento *m.* ◆ ***das ~ aufreißen*** disselciare una strada; COLLOQ. ***ein gefährliches, heißes ~*** una città pericolosa, calda; ***~ legen*** lastricare una strada; COLLOQ. ***ein teures ~*** una città cara; COLLOQ. ***~ treten*** andare a zonzo, girare a lungo senza meta. **Pfläs|ter|chen** n. *(-s,-)* cerottino *m.* **Pflas|te|rer,** REGION. **Pfläs|te|rer** m. *(-s,-)* lastricatore *m.*, selciatore *m.* **Pflas|ter|ma|ler** m. *(-s,-)* chi disegna sui marciapiedi. **pflas|ter|mü|de** agg. COLLOQ. stanco di camminare. **pflas|tern,** REGION. **pfläs|tern** tr. **1** lastricare, selciare: ***eine Straße, einen Platz ~*** lastricare una strada, una piazza **2** COLLOQ. RAR. incerottare ◆ COLLOQ. ***jdm eine ~*** tirare un ceffone a qcn. **Pflas|tern** n. *(-s)* lastricatura *f.*, selciatura *f.* **Pflas|ter|ram|me** f. *(-,-n)* mazzapicchio *m.*, mazzeranga *f.* (per pavimentazione). **Pflas|ter|stein** m. *(-[e]s,-e)* pietra *f.* per pavimentazione. **Pflas|ter|stra|ße** f. *(-,-n)* strada *f.* lastricata. **Pflas|ter|tre|ter** m. *(-s,-)* ANT. bighellone *m.*, scioperato *m.* **Pflas|te|rung,** REGION. **Pfläs|te|rung** f. *(-,-en)* **1** *(Pflastern)* lastricatura *f.*, selciatura *f.* **2** *(Straßenpflaster)* lastricato *m.*, selciato *m.*

Pfläum|chen n. *(-s,-)* susinetta *f.*, prugnetta *f.*

1.Pflau|me f. *(-,-n)* **1** susina *f.*, prugna *f.*: ***getrocknete -n*** prugne secche; ***die -n vom Baum schütteln*** far cadere le susine scuotendo l'albero **2** *(Pflaumenbaum)* susino *m.* **3** COLLOQ. *(unfähiger Mensch)* mollusco *m.*, pera cotta *f.* **4** VOLG. *(Vulva)* fica *f.*

2.Pflau|me f. *(-,-n)* REGION. frecciata *f.*, frecciatina *f.*

pflau|men intr. (aus. *haben*) COLLOQ. lanciare frecciatine, punzecchiare. **Pflau|men|baum** m. *(-[e]s,-bäume)* susino *m.* **Pflau|men|blatt|laus** f. *(-,-läuse)* pidocchio *m.* delle susine. **Pflau|men|boh|rer** m. *(-s,-)* ENTOM. punteruolo *m.* delle susine. **Pflau|men|kern** m. *(-[e]s,-e)* nocciolo *m.* di susina. **Pflau|men|kom|pott** n. *(-[e]s)* composta *f.* di prugne. **Pflau|men|ku|chen** m. *(-s,-)* torta *f.* di prugne. **Pflau|men|mus** n. *(-es,-e)* passato *m.* di prugne. **Pflau|men|schnaps** m. *(-es,-schnäpse)* acquavite *f.* di prugne. **pflau|men|weich** agg. COLLOQ. smidollato. **Pflau|men|wick|ler** m. *(-s,-)* tignola *f.* delle susine.

Pfle|ge f. *(-)* **1a** *(Obhut, Fürsorge)* cure *f.pl.*: ***der mütterlichen ~ bedürfen*** avere bisogno delle cure materne; ***der Kranke braucht besondere ~*** il malato necessita di cure particolari; ***jdm, etw. die nötige ~ angedeihen lassen*** dedicare a qcn., qcs. le cure necessarie; ***jdm ein Kind, ein Tier, eine Pflanze in ~ geben*** affidare alle cure di qcn. un bambino (DIR. dare un bambino in affidamento), un animale, una pianta; ***jdn, etw. in ~ nehmen*** prendere qcn. in affidamento, qcs. in custodia **b** *(Sorge für Gesunderhaltung, Instandhaltung)* cura *f.*: ***die ~ des Körpers, der Gesundheit*** la cura del corpo, della salute (*o* igiene *f.*); ***die ~ des Gartens, des Autos*** la cura del giardino, la manutenzione della macchina; ***diese Pflan-***

ze erfordert nicht viel* ~** questa pianta non richiede molta cura **2** *(von Kranken)* assistenza *f.* **3** il curare, il coltivare: ***die ~ der Künste, guter nachbarlicher Beziehungen il coltivare le arti, buone relazioni di vicinato **4a** DIR. ECON. *(Verwaltung)* amministrazione *f.*, gestione *f.*: ***die ~ des Rechts*** l'amministrazione della giustizia **b** *(Schutz)* tutela *f.* **5** SVIZZ. *(Pflegeamt)* ente *m.* assistenziale ◆ ***bei jdm in ~ sein*** essere affidato alle cure di qcn.

Pfle|ge|amt n. *(-[e]s,-ämter)* ente *m.* assistenziale. **pfle|ge|arm** agg. richiedente poche cure. **pfle|ge|be|dürf|tig** agg. bisognoso di cure. **Pfle|ge|be|foh|le|ne** m. e f. *(-n,-n)* = persona *f.* affidata alle cure (di qcn.). **Pfle|ge|el|tern** pl. genitori *m.pl.* affidatari. **Pfle|ge|fall** m. *(-[e]s,-fälle)* ospite *m.* (*o* paziente *m.*) di un ricovero. **Pfle|ge|geld** n. *(-[e]s)* spese *f.pl.* di assistenza medica. **Pfle|ge|heim** n. *(-[e]s,-e)* ricovero *m.* **Pfle|ge|kind** n. *(-[e]s,-er)* bambino *m.* in affidamento. **pfle|ge|leicht** agg. pratico (che si lava facilmente e non si stira). **Pfle|ge|mut|ter** f. *(-,-mütter)* madre *f.* affidataria.

pfle|gen tr. *(pflegte/*LETT. *pflog, gepflegt/*LETT. *gepflogen)* **1a** curare: ***Kranke* ~** curare ammalati **b** *(sorglich behandeln)* avere cura di: ***Blumen* ~** aver cura dei fiori; ***sein Äußeres* ~** avere cura del proprio corpo **2** *(betreiben)* coltivare, esercitare: ***die Künste, die Wissenschaften* ~** coltivare le arti, le scienze; ***seinen Stil, die Sprachen* ~** coltivare il proprio stile, esercitare le lingue **3** *(gewöhnlich tun)* ***etw. zu tun* ~** essere solito (*o* ANT. solere) fare qcs., aver l'abitudine di fare qcs.; ***abends pflegt er einen Spaziergang zu machen*** la sera è solito (*o* ANT. suole) fare una passeggiata; ***wie man zu sagen pflegt*** come si suol dire **II** rifl. **sich ~** curarsi, avere cura di sé ◆ ***mit jdm Freundschaft* ~** coltivare l'amicizia con qcn.; ***jdn gesund* ~** guarire qcn.; ***der Ruhe* ~** riposarsi; ***mit jdm Umgang* ~** essere in relazione con qcn.

Pfle|ge|per|so|nal n. *(-s)* personale *m.* infermieristico.

Pfle|ger m. *(-s,-)* **1** *(Krankenpfleger)* infermiere *m.* **2** *(Tierpfleger)* chi accudisce gli animali, addetto *m.* alla cura degli animali **3** DIR. *(Vormund)* curatore *m.*, tutore *m.* **4** SVIZZ. *(Organisator)* organizzatore *m.* **Pfle|ge|rin** f. *(-,-nen)* **1** *(Krankenpflegerin)* infermiera *f.* **2** *(Tierpflegerin)* addetta *f.* alla cura degli animali **3** *(Kinderpflegerin)* puericultrice *f.* **pfle|ge|risch** agg. **1** infermieristico **2** *(heilend)* curativo.

Pfle|ge|satz m. *(-es,-sätze)* retta *f.* ospedaliera. **Pfle|ge|sham|poo** n. *(-s,-s)* shampoo *m.* curativo. **Pfle|ge|sohn** m. *(-[e]s,-söhne)* figlio *m.* in affidamento. **Pfle|ge|stät|te** f. *(-,-n)* luogo *m.*, sede *f.* (di valori culturali). **Pfle|ge|toch|ter** f. *(-,-töchter)* figlia *f.* in affidamento. **Pfle|ge|va|ter** m. *(-s,-väter)* padre *m.* affidatario. **Pfle|ge|ver|si|che|rung** f. *(-)* previdenza *f.* per gli anziani inabili.

pfleg|lich I agg. premuroso, attento, pieno di cure **II** avv. premurosamente, con cura: ***etw. ~ behandeln*** trattare qcs. con cura. **Pfleg|ling** m. *(-s,-e)* **1** chi è in custodia (*o* in affidamento) **2** DIR. persona *f.* soggetta a curatela. **Pfleg|schaft** f. *(-,-en)* curatela *f.*

Pflicht f. *(-,-en)* **1a** dovere *m.*: ***seine ~ erfüllen, tun, vernachlässigen*** compiere (*o* adempiere), fare, trascurare il proprio dovere; ***einer ~ nachkommen, zuwiderhandeln*** adempiere, venir meno a un proprio dovere **b** dovere *m.*, obbligo *m.*: ***berufliche, moralische, staatsbürgerliche -en*** doveri professionali, morali, civili; EUFEM. ***eheliche -en*** doveri coniugali; ***sich seinen -en entziehen*** sottrarsi ai propri doveri; ***das gehört zu deinen -en*** fa parte dei tuoi doveri **2** SPORT esercizi *m.pl.* obbligatori ◆ ***jdm eine ~, etw. als ~ auferlegen*** imporre a qcn. un dovere, imporre a qcn. l'obbligo di qcs.; ***es für seine ~ halten, etw. zu tun*** ritenere proprio dovere (*o* ritenere doveroso) fare qcs.; ***sich (D) etw. zur ~ machen*** farsi un dovere di qcs.; ***jdn in (die) ~ nehmen*** richiamare qcn. al dovere; ***die ~ ruft*** il dovere (mi) chiama; ***es ist deine (verdammte, verfluchte) ~ und Schuldigkeit*** è un tuo dovere sacrosanto; ***etw. aus ~ tun*** fare qcs. per dovere.

Pflicht|an|walt m. *(-[e]s,-anwälte)* → **Pflichtverteidiger**. **Pflicht|ar|beit** f. *(-,-en)* lavoro *m.* obbligatorio. **Pflicht|auf|ga|be** f. *(-,-n)* obbligo *m.* **Pflicht|auf|fas|sung** f. *(-,-en)* concezione *f.* del dovere. **Pflicht|bei|trag** m. *(-[e]s,-beiträge)* contributo *m.* obbligatorio. **Pflicht|be|such** m. *(-s,-e)* visita *f.* d'obbligo: ***jdm einen ~ abstatten*** fare una visita d'obbligo a qcn. **pflicht|be|wusst I** agg. conscio del proprio dovere, coscienzioso **II** avv. con coscienza del dovere, coscienziosamente. **Pflicht|be|wusst|sein** n. *(-s)* consapevolezza *f.* del proprio dovere. **pflicht|brü|chig** agg. che manca al proprio dovere. **Pflicht|ei|fer** m. *(-s)* zelo *m.* (nell'adempimento) del dovere. **pflicht|eif|rig I** agg. zelante (nell'adempimento del dovere) **II** avv. con zelo (nell'adempimento del dovere). **Pflicht|ein|la|ge** f. *(-,-n)* deposito *m.* obbligatorio. **Pflicht|ein|stel|lung** f. *(-,-en)* inserimento *m.* obbligatorio (di handicappati nel posto di lavoro). **Pflich|ten|kol|li|si|on** f. *(-)* DIR. conflitto *m.* di doveri. **Pflich|ten|kreis** m. *(-es,-e)* ambito *m.* di obblighi. **pflich|ten|los** agg. libero da obblighi. **Pflicht|er|fül|lung** f. *(-)* adempimento *m.* del dovere. **Pflicht|exemp|lar** n. *(-s,-e)* esemplare *m.* (*o* copia *f.*) d'obbligo. **Pflicht|fach** n. *(-[e]s,-fächer)* materia *f.* obbligatoria. **Pflicht|fi|gur** f. *(-,-en)* SPORT esercizio *m.* obbligatorio. **Pflicht|ge|fühl** n. *(-s)* senso *m.* del dovere. **Pflicht|ge|gen|stand** m. *(-[e]s,-gegenstände)* AUSTR. → **Pflichtfach.**

pflicht|ge|mäß I agg. doveroso, debito: ***eine -e Handlung*** un'azione doverosa **II** avv. doverosamente, debitamente. **pflicht|ge|treu I** agg. fedele al, che compie il proprio dovere **II** avv. fedelmente al proprio dovere. **Pflicht|jahr** n. *(-s)* STOR. anno *m.* di servizio femminile obbligatorio. **Pflicht|ko|dex** m. *(-es* e *-, -e* e *Kodizes)* codice *m.* deontologico. **Pflicht|lauf** m. *(-[e]s,-läufe)*, **Pflicht|lau|fen** n. *(-s)* esercizio *m.* obbligatorio (sui pattini). **Pflicht|leis|tung** f. *(-,-en)* prestazione *f.* obbligatoria. **Pflicht|platz** m. *(-es,-plätze)* posto *m.* di lavoro riservato (a handicappati). **Pflicht|prü|fung** f. *(-,-en)* esame *m.* obbligatorio. **Pflicht|re|ser|ve** f. *(-,-n)* ECON. riserva *f.* obbligatoria. **pflicht|schul|dig** avv. di prammatica: **~ *lächeln*** fare un sorriso di prammatica. **Pflicht|schu|le** f. *(-,-n)* scuola *f.* dell'obbligo. **Pflicht|stun|de** f. *(-,-n)* ora *f.* (di lezione) obbligatoria. **Pflicht|teil** m. e n. *(-s,-e)* DIR. legittima *f.* **pflicht|treu** agg. fedele al proprio dovere. **Pflicht|treue** f. *(-)* fedeltà *f.* al proprio dovere. **Pflicht|übung** f. *(-,-en)* SPORT esercizio *m.* obbligatorio. **Pflicht|um|tausch** m. *(-es)* ECON. cambio *m.* obbligatorio. **pflicht|ver|ges|sen** agg. dimentico del dovere. **Pflicht|ver|let|zung** f. *(-,-en)* violazione *f.* (*o* trasgressione *f.*) del dovere. **Pflicht|ver|säum|nis** n. *(-ses,-se)* trascuranza *f.* del proprio dovere.

pflicht|ver|si|chert agg. con un'assicurazione obbligatoria. **Pflicht|ver|si|cher|te** m. e f. *(-n,-n)* titolare *m.* e *f.* di un'assicurazione obbligatoria. **Pflicht|ver|si|che|rung** f. *(-,-en)* assicurazione *f.* obbligatoria.

Pflicht|ver|tei|di|ger m. *(-s,-)* difensore *m.* d'ufficio. **Pflicht|vor|le|sung** f. *(-,-en)* UNIV. lezione *f.* con obbligo di frequenza. **pflicht|wid|rig** agg. contrario al proprio dovere.

Pflock m. *(-[e]s, Pflöcke)* **1** piolo *m.*, paletto *m.*: ***einen ~ in die Erde treiben, schlagen*** piantare un paletto per terra; ***etw. an Pflöcken festbinden, an Pflöcke binden*** legare qcs. a paletti **2** picchetto *m.*: ***das Zelt an, mit Pflöcken befestigen*** fissare la tenda con picchetti **3** *(Dübel)* cavicchio *m.* ◆ COLLOQ. ***wie ein ~ dastehen*** rimanere impalato; COLLOQ. ***einige, ein paar Pflöcke zurückstecken (müssen)*** (dover) ridurre le proprie pretese. **pflo|cken**, **pflö|cken** tr. incavicchiare, fissare con cavicchi. **Pflöck|ling** m. *(-s,-e)* → **Pflock.**

pflog → **pflegen.**

pflü|cken tr. **1** (rac)cogliere, staccare, LETT. spiccare: ***Früchte (vom Ast), Heidelbeeren (vom Strauch)* ~** cogliere frutti (dal ramo), mirtilli (dal cespuglio); ***Baumwolle, Tee* ~** raccogliere il cotone, il tè **2** *(Blumen)* cogliere: ***einen Strauß Feldblumen* ~** cogliere un mazzo di fiori di campo. **Pflü|cker** m. *(-s,-)* **1** (rac)coglitore *m.* (di frutta, cotone...) **2** *(Maschine)* raccoglitrice *f.* **pflück|reif** agg. pronto per essere colto, maturo.

Pflug m. *(-[e]s, Pflüge)* **1** aratro *m.*: ***ein ein-, doppelschariger* ~** un aratro monovomero, a doppio vomere; ***den ~ führen, hinter dem ~ gehen*** spingere l'aratro **2** *(Schneepflug)* spazzaneve *m.*, spartineve *m.* ◆ FIG. ***die Hand an den ~ legen*** mettersi al lavoro; ***unter den ~ kommen, unter dem ~ sein*** diventare, essere terreno arativo. **Pflug|bal|ken** m. *(-s,-)* → **Pflugbaum.**

pflüg|bar agg. arabile.

Pflug|baum m. *(-[e]s,-bäume)* bure *f.*

pflü|gen tr. **1a** arare: ***(den Acker) mit Ochsen, Pferden* ~** arare (il campo) coi buoi, coi cavalli **b** FIG. solcare, fendere: ***mit dem Boot das Wasser* ~** fendere l'acqua con la barca **2** ***Furchen* ~** fare (*o* tracciare) solchi con l'aratro. **Pflü|ger** m. *(-s,-)* aratore *m.*

Pflug|fur|che f. *(-,-n)* solco *m.* (dell'aratro). **Pflug|kol|ter** n. *(-s,-)* → **Pflugmesser. Pflug|land** n. *(-[e]s)* terreno *m.* arativo. **Pflug|mes|ser** n. *(-s,-)* coltro *m.* **Pflug|schar** f. *(-,-en)* vomere *m.* **Pflug|schar|bein** n. *(-[e]s,-e)* ANAT. vomere *m.* **Pflug|sterz** m. *(-es,-e)* stegola *f.*, stevola *f.* **Pflug|tie|fe** f. *(-)* profondità *f.* di aratura.

Pfort|ader f. *(-,-n)* (vena *f.*) porta *f.*

Pfört|chen n. *(-s,-)* porticina *f.*

Pfor|te f. *(-,-n)* **1** porta *f.*, porticina *f.* **2** *(bewachter Eingang)* porta *f.* (d'ingresso), ingresso *m.* ◆ ***die Burgundische* ~** la Porta Burgunda; ***die ~ des Himmels*** la porta del paradiso; STOR. ***die Hohe* ~** la Sublime Porta; ***die -n der Hölle*** le porte dell'inferno; ***seine -n schließen*** chiudere bottega; ***die Westfälische* ~** la porta di Vestfalia. **Pfor|ten|ring** m. *(-[e]s,-e)* battiporta *m.*, batacchio *m.*

Pfört|ner m. *(-s,-)* **1** portinaio *m.*, portiere *m.* **2** ANAT. piloro *m.*

Pfört|ne|rin f. *(-,-nen)* portinaia *f.*, portiera *f.* **Pfört|ner|haus** n. *(-es,-häuser)* portineria *f.* **Pfört|ner|krampf** m. *(-[e]s,-krämpfe)* MED. spasmo *m.* pilorico. **Pfört|ner|lo|ge** f. *(-,-n)* portineria *f.*, guardiola *f.*

Pfos|ten m. *(-s,-)* **1a** montante *m.* **b** *(Türpfosten)* stipite *m.*, montante *m.* **2** SPORT palo *m.*, montante *m.* (della porta): ***den ~ treffen*** colpire il palo; ***zwischen den ~ stehen*** stare fra i pali. **Pfos|ten|schuss** m. *(-es,-schüsse)* SPORT tiro *m.* contro il palo, palo *m.*

Pföt|chen n. *(-s,-)* zampina *f.*, zampetta *f.*

Pfo|te f. *(-,-n)* **1a** zampa *f.*: ***die Katze leckt sich die ~*** il gatto si lecca la zampa; ***gib ~!*** dammi la zampa! **b** *(mit Krallen)* branca *f.* **2** COLLOQ. *(Hand)* zampa *f.*, manaccia *f.*: ***tu die -n da weg!*** via le mani di lì! **3** COLLOQ. *(Klaue)* scrittura *f.* (da gallina) ◆ ***jdm auf die -n klopfen*** dare una lezione a qcn.; *(Vorwürfe machen)* rimproverare qcn.; ***sich (D) die -n verbrennen*** scottarsi le dita, rimanere scottato.

Pfriem m. *(-[e]s,-e)* ARTIG. lesina *f.*

pfrie|meln intr. (aus. *haben*) REGION. ***an etw. (D) ~*** giocherellare con qcs., rigirarsi qcs. fra le dita.

pfrie|men tr. forare con la lesina.

Pfrie|men|gras n. *(-es,-gräser)* stipa *f.* pennata. **Pfrie|men|kraut** n. *(-[e]s)* ginestra *f.*

Pfril|le f. *(-,-n)* sanguinerola *f.*, fregarolo *m.*

Pfropf m. *(-[e]s,-e)* **1** tampone *m.* **2** *(Blutpropf)* embolo *m.*, trombo *m.*

1.pfrop|fen tr. AGR. innestare (a marza).

2.pfrop|fen tr. **1** turare, tappare: ***eine Flasche ~*** turare una bottiglia **2** *(hineinpressen)* stipare, pigiare, cacciare. **Pfrop|fen** m. *(-s,-)* tappo *m.*, turacciolo *m.*

Pröpf|ling m. *(-s,-e)* → **Propfreis. Pfropf|mes|ser** n. *(-s,-)* coltello *m.* da innesti (a marza), innestatoio *m.* **Pfropf|reis** n. *(-es,-e)* marza *f.* **Pfrop|fung** f. *(-,-en)* innesto *m.* a marza.

Pfrün|de f. *(-,-n)* **1** prebenda *f.* **2** FIG. beneficio *m.*, guadagno *m.*, sinecura *f.*: ***sein neuer Posten ist eine fette ~*** il suo nuovo lavoro è una sinecura redditizia. **Pfrün|den|be|sit|zer** m. *(-s,-)* → **Pfründeninhaber. Pfrün|den|er|trag** m. *(-[e]s,-erträge)* rendita *f.* di una prebenda. **Pfrün|den|in|ha|ber** m. *(-s,-)* prebendario *m.*

Pfrün|der m. *(-s,-)* SVIZZ. → **Pfründner.**

Pfründ|haus n. *(-es,-häuser)* REGION. **1** ospizio *m.* (per vecchi) **2** *(Armenhaus)* ospizio *m.* dei poveri. **Pfründ|ner** m. *(-s,-)* **1** prebendario *m.* **2** *(Insasse eines Pfründhauses)* ospite *m.* dell'ospizio.

Pfuhl m. *(-[e]s,-e)* **1a** acquitrino *m.*, pantano *m.*, pozza *f.* paludosa **b** FIG. *(Ort des Lasters)* cloaca *f.*, fango *m.*: ***im ~ der Großstadt*** nel fango della metropoli **2** REGION. *(Jauche)* liquame *m.*, colaticcio *m.*

Pfühl m. *(-[e]s,-e)* ANT. **1** morbido giaciglio *m.* **2** *(Kissen)* guanciale *m.*

Pfuhl|schnep|fe f. *(-,-n)* ORNIT. pittima *f.*

pfui inter. **1** puah, puh, pfui: ***~, schäme dich!*** puah, vergognati! **2** *(fort)* via, sciò ◆ ***~ Teufel!*** che schifo! **Pfui** n. *(-s,-s)* puah *m.* **Pfui|ruf** m. *(-[e]s,-e)* esclamazione *f.* di disgusto (*o* di disprezzo).

Pfund n. *(-[e]s,-e)* **1a** *(Maßeinheit)* mezzo chilo *m.*: ***zwei, fünf ~ Mehl*** un chilo, due chili e mezzo di farina; ***der Preis eines -es Brot, eines ~ Brotes*** il prezzo di mezzo chilo di pane; ***vier ~ schöne (o schöner) Äpfel*** due chili di belle mele **b** *(in Großbritannien)* libbra *f.* **2** *(Währungseinheit)* ***ein ~ (Sterling)*** una (lira) sterlina: ***das kostet 10 ~*** questo costa 10 sterline **3a** SPORT GERG. cannonata *f.*, fucilata *f.* **b** *(Schusskraft)* potenza *f.* di, nel tiro ◆ STOR. ***das römische ~*** la libbra (romana); ***überflüssige -e verlieren*** perdere i chili di troppo; ***zwanzig ~ Übergewicht haben*** essere in sovrappeso di dieci chili; FIG. ***sein ~ vergraben*** nascondere il proprio talento (*o* le proprie capacità); ***mit seinem -e wuchern*** mettere a frutto il proprio talento, sfruttare le proprie capacità.

pfun|den intr. (aus. *haben*) SPORT GERG. sparare, tirare una cannonata: ***ins Tor ~*** tirare una cannonata in porta.

Pfund|ge|wicht n. *(-[e]s)* peso *m.* di una libbra.

pfun|dig agg. COLLOQ. straordinario, fantastico: ***eine -e Überraschung*** una sorpresa fantastica; ***ein -er Kerl*** un tipo fantastico (*o* veramente in gamba).

Pfund|no|te f. *(-,-n)* banconota *f.* da una sterlina, sterlina *f.* (di carta).

Pfunds|kerl m. *(-[e]s,-e)* COLLOQ. tipo *m.* fantastico. **Pfunds|mä|del** n. *(-s,-)* COLLOQ. ragazza *f.* fantastica. **Pfunds|spaß** m. *(-es)* COLLOQ. divertimento *m.* folle (*o* pazzesco).

Pfund Ster|ling m. *(-,-)* lira *f.* sterlina.

pfund|wei|se avv. **1a** a mezzi chili **b** *(in Großbritannien)* a libbre **2** *(in großer Menge)* a chili.

Pfusch m. *(-[e]s)* **1** COLLOQ. lavoro *m.* mal fatto, tirato via, abborracciatura *f.*: ***~ machen*** tirare via un lavoro **2** AUSTR. *(Schwarzarbeit)* lavoro *m.* nero. **Pfusch|ar|beit** f. *(-)* COLLOQ. → **Pfusch. pfu|schen** intr. (aus. *haben*) **1** COLLOQ. lavorare male, in fretta, fare un lavoro abborracciato **2** AUSTR. *(schwarzarbeiten)* lavorare in nero. **Pfu|scher** m. *(-s,-)* **1** chi lavora male, in fretta, abborracciatore *m.* **2** AUSTR. *(Schwarzarbeit)* lavoratore *m.* in nero. **pfu|scher|haft** agg. abborracciato, mal fatto.

pfutsch AUSTR. → **futsch.**

Pfütz|chen n. *(-s,-)* pozzetta *f.* **Pfüt|ze** f. *(-,-n)* pozza *f.*; *(schlammige Wasserpfütze)* pozzanghera *f.*: ***in eine ~ treten*** finire in una pozzanghera ◆ ***die letzte ~*** l'ultimo sorso; ***eine ~ machen*** fare (una, la) pipì. **Pfütz|ei|mer** m. *(-s,-)* MIN. secchio *m.*

PGiroA ⇒ *Postgiroamt* ufficio conti correnti.

PH ⇒ *pädagogische Hochschule* (istituto superiore di) magistero.

Phä|a|ke m. *(-n,-n)* **1** MITOL. feace *m.* **2** *(Genießer)* gaudente *m.*, epicureo *m.* **Phä|a|ken|le|ben** n. *(-s)* vita *f.* da gaudente.

Pha|ge m. *(-n,-n)* batteriofago *m.*

Pha|go|zyt m. *(-en,-en)* fagocito *m.*, fagocita *m.* **Pha|go|zy|to|se** f. *(-)* fagocitosi *f.*

Pha|lanx f. *(-, Phalangen)* **1** MIL. ANAT. falange *f.* **2** *(geschlossene Front)* schiera *f.* compatta: ***eine ~ bilden*** formare una schiera compatta.

phal|lisch agg. fallico.

Phal|lo|krat m. *(-en,-en)* fallocrate *m.* **Phal|lo|kra|tie** f. *(-)* fallocrazia *f.* **phal|lo|kra|tisch** agg. fallocratico.

Phal|los m. *(-, Phalloi* e *Phallen)*, **Phal|lus** m. *(-, Phalli* e *Phallen)* fallo *m.* **Phal|lus|kult** m. *(-[e]s)* culto *m.* fallico. **Phal|lus|sym|bol** n. *(-s,-e)* simbolo *m.* fallico.

Phä|no|lo|gie f. *(-)* fenologia *f.* **phä|no|lo|gisch** agg. fenologico.

Phä|no|men n. *(-s,-e)* fenomeno *m.*: ***physikalische, soziale, rätselhafte -e*** fenomeni fisici, sociali, misteriosi; LETT. ***er ist ein wahres ~ auf seinem Gebiet*** è un vero fenomeno nel suo campo. **Phä|no|me|na** pl. → **Phenomenon. phä|no|me|nal I** agg. **1** fenomenale, eccezionale **2** FILOS. fenomenico **II** avv. in modo fenomenale, eccezionale. **Phä|no|me|na|lis|mus** m. *(-)* fenomenismo *m.*, fenomenalismo *m.* **Phä|no|me|no|lo|gie** f. *(-)* fenomenologia *f.* **phä|no|me|no|lo|gisch** agg. fenomenologico. **Phä|no|me|non** n. *(-s, Phänomena)* FILOS. fenomeno *m.*

Phä|no|typ m. *(-s,-en)* → **Phänotypus. phä|no|ty|pisch** agg. fenotipico. **Phä|no|ty|pus** m. *(-,-typen)* fenotipo *m.*

Phan|ta|sie usw. → **Fantasie.**

Phan|tas|ma n. *(-s, Phantasmen)* PSIC. allucinazione *f.*, immagine *f.* illusoria.

Phan|tas|ma|go|rie f. *(-,-n)* fantasmagoria *f.* **phan|tas|ma|go|risch I** agg. fantasmagorico **II** avv. fantasmagoricamente.

Phan|tom n. *(-s,-e)* **1** *(Trugbild)* fantasma *m.*, prodotto *m.* della fantasia **2** MED. *(nachgebildeter Körperteil)* modello *m.* di organo. **Phan|tom|an|ten|ne** f. *(-,-n)* RAD. antenna *f.* artificiale. **Phan|tom|bild** n. *(-[e]s,-er)* **1** identikit *m.*: ***ein ~ des Täters herstellen*** fare un identikit del colpevole. **Phan|tom|glied** n. *(-[e]s,-er)* MED. arto *m.* fantasma. **Phan|tom|schmerz** m. *(-es,-en)* MED. dolore *m.* all'arto fantasma. **Phan|tom|wort** n. *(-[e]s,-wörter)* LING. parola *f.* fantasma.

Pha|rao I m. *(-s, Pharaonen)* faraone *m.* **II** n. *(-s)* GIOC. faraone *m.* **Pha|ra|o|nen|grab** n. *(-[e]s,-gräber)* tomba *f.* faraonica, del faraone. **Pha|ra|o|nen|rat|te** f. *(-,-n)* icneumone *m.* egiziano. **Pha|ra|o|nen|zeit** f. *(-)* epoca *f.* faraonica, dei faraoni. **pha|ra|o|nisch** agg. faraonico, del faraone, dei faraoni.

Pha|ri|sä|er m. *(-s,-)* **1** fariseo *m.* (anche FIG.) **2** GASTR. INTRAD. (caffè con rum e panna montata). **pha|ri|sä|er|haft** agg. FIG. SPREG. farisaico, (da) ipocrita. **Pha|ri|sä|er|tum** n. *(-s)* FIG. SPREG. fariseismo *m.*, ipocrisia *f.* **pha|ri|sä|isch** agg. farisaico, (da) ipocrita. **Pha|ri|sä|is|mus** m. *(-)* fariseismo *m.* (anche FIG. SPREG.).

Phar|ma|er|zeug|nis n. *(-ses,-se)* prodotto *m.* farmaceutico. **Phar|ma|for|schung** f. *(-,-en)* ricerca *f.* farmaceutica. **Phar|ma|in|dust|rie** f. *(-)* industria *f.* farmaceutica.

Phar|ma|ko|lo|ge m. *(-n,-n)* farmacologo *m.* **Phar|ma|ko|lo|gie** f. *(-)* farmacologia *f.* **phar|ma|ko|lo|gisch** agg. farmacologico.

Phar|ma|kon n. *(-s, Pharmaka)* farmaco *m.* **Phar|ma|ko|the|ra|pie** f. *(-,-n)* farmacoterapia *f.*

Phar|ma|re|fe|rent m. *(-en,-en)* informatore *m.* farmaceutico. **Phar|ma|un|ter|neh|men** n. *(-s,-)* casa *f.*, ditta *f.* farmaceutica.

Phar|ma|zeut m. *(-en,-en)* farmacista *m.* **Phar|ma|zeu|tik** f. *(-)* farmacia *f.* **Phar|ma|zeu|ti|kum** n. *(-s, Pharmazeutika)* farmaco *m.* **phar|ma|zeu|tisch** agg. farmaceutico: ***die -e Industrie*** l'industria farmaceutica.

Phar|ma|zie f. *(-)* farmacia *f.*, farmacologia *f.*

Pha|ro n. *(-s)* GIOC. faraone *m.*

pha|ryn|gal agg. faringale. **Pha|ryn|gi|tis** f. *(-, Pfaryngitiden)* faringite *f.* **Pha|ryn|go|lo|gie** f. *(-)* faringoiatria *f.* **Pha|ryn|go|skop** n. *(-s,-e)* faringoscopio *m.* **Pha|ryn|go|sko|pie** f. *(-,-n)* faringoscopia *f.* **Pha|rynx** m. *(-, Pharyngen)* faringe *f.*

Pha|se f. *(-,-n)* **1** fase *f.* (anche FIS. ASTR. EL.): ***historische -n*** fasi storiche; ***eine neue ~ beginnt*** inizia una nuova fase; ***die -n des Mondes*** le fasi lunari; ***in eine kritische, entscheidende, heiße ~ treten*** entrare in una fase critica, decisiva, calda; ***eine ~ durchlaufen, durchmachen*** attraversare una fase **2** CHIM. stadio *m.*: ***die feste, flüssige, gasförmige ~*** lo stadio solido, liquido, gassoso. **Pha|sen|bild** n. *(-[e]s,-er)* CINEM. vignetta *f.*, fotogramma (di cartone animato). **Pha|sen|de|tek|tor** m. *(-s,-en)* discriminatore *m.* di fase, detector *m.*, rilevatore *m.* **pha|sen|gleich** agg. e avv. in fase. **Pha|sen|kon|trast|mik|ro|skop** n. *(-[e]s,-e)* microscopio *m.* a contrasto di fase. **Pha|sen|mes|ser** m. *(-s,-)* fasometro *m.* **Pha|sen|prü|fer** m. *(-s,-)* cercafase *m.* **pha|sen|rich|tig** agg. in fase. **Pha|sen|span|nung** f. *(-,-en)* tensione *f.* di fase. **Pha|sen|sprung** m. *(-[e]s,-sprünge)* EL. sfasamento *m.* **Pha|sen|ver|schie|bung** f. *(-,-en)* **1** differenza *f.* di fase **2** → **Phasensprung. Pha|sen|zahl** f. *(-)* numero *m.* delle fasi. **pha|sisch I** agg. a fasi, periodico **II** avv. a fasi, periodicamente.

Phe|na|ce|tin n. *(-s)* fenacetina *f.*

Phe|nol n. *(-s)* fenolo *m.*, acido *m.* fenico. **Phe|no|le** pl. fenoli m.pl. **Phe|nol|harz** n. *(-es)* resina *f.* fenolica, fenoplasto *m.* **Phe|nolph|tha|le|in** n. *(-s)* fenolftaleina *f.*

Phe|no|plast m. *(-[e]s)* → **Phenolharz.**

Phe|nyl n. *(-s)* fenile *m.* **Phe|nyl|grup|pe** f. *(-)* gruppo *m.* fenilico.

Phe|ro|mon n. *(-s,-e)* feromone *m.*

Phi|di|as n.pr.m. Fidia *m.* **phi|di|as|sisch** agg. fidiaco.

Phi|lanth|rop m. *(-en,-en)* filantropo *m.* **Phi|lanth|ro|pie** f. *(-)* filantropia *f.* **Phi|lanth|ro|pi|nis|mus** → **Philanthropismus. phi|lanth|ro|pisch** agg. filantropico. **Phi|lanth|ro|pis|mus** m. *(-)* filantropismo *m.*

Phi|la|te|lie f. *(-)* filatelia *f.* **Phi|la|te|list** m. *(-en,-en)* filatelista *m.*, filatelico *m.* **phi|la|te|lis|tisch** agg. filatelico.

Phi|le|mon n.pr.m. Filemone *m.*

Phil|har|mo|nie f. *(-,-n)* filarmonica *f.*: ***ein Konzert in der ~*** un concerto alla filarmonica. **Phil|har|mo|ni|ker** m. *(-s,-)* **1** membro *m.* della filarmonica, filarmonico *m.* ♦ ***die Berliner, die Wiener ~*** la filarmonica di Berlino, di Vienna. **phil|har|mo|nisch** agg. filarmonico.

Phi|lipp n.pr.m. Filippo *m.* **Phi|lip|per|brief** m. *(-[e]s,-e)* BIBL. lettera *f.* ai Filippesi. **Phi|lip|pi|ka** f. *(-, Philippiken)* filippica *f.*: ***eine ~ halten*** tenere una filippica.

Phi|lip|pi|nen n.pr.pl. Filippine *f.pl.*: ***auf den ~ leben*** vivere alle Filippine. **Phi|lip|pi|ner** m. *(-s,-)* filippino *m.* **phi|lip|pi|nisch** agg. filippino: ***die -en Inseln*** le isole filippine.

phi|lip|pisch agg. STOR. filippico ♦ ***philippische Reden*** le filippiche.

Phi|lis|ter m. *(-s,-)* **1** SPREG. filisteo *m.* **2a** ANT. GERG. UNIV. non studente *m.* **b** *(Alter Herr)* ex-membro *m.* di un'associazione studentesca. **Phi|lis|te|rei** f. *(-,-en)* SPREG. filisteismo *m.* **phi|lis|ter|haft** agg. SPREG. da filisteo. **Phi|lis|te|ri|um** n. *(-s)* GERG. UNIV. vita *f.* da filisteo. **Phi|lis|ter|tum** n. *(-s)* SPREG. filisteismo *m.* **phi|list|rös** agg. da borghesuccio, da filisteo.

Phi|lo|dend|ron m. e n. *(-s, Philodendren)* filodendro *m.*

Phi|lo|lo|ge m. *(-n,-n)* filologo *m.* **Phi|lo|lo|gie** f. *(-)* filologia *f.* **phi|lo|lo|gisch** agg. filologico: ***ein -er Ansatz*** un approccio filologico.

Phi|lo|me|na, Phi|lo|me|ne n.pr.f. Filomena *f.*

Phi|lo|se|mit m. *(-en,-en)* filosemita *m.* **phi|lo|se|mi|tisch** agg. filosemita. **Phi|lo|se|mi|tis|mus** m. *(-)* filosemitismo *m.*

Phi|lo|soph m. *(-en,-en)* filosofo *m.* **Phi|lo|so|phas|ter** m. *(-s,-)* filosofastro *m.* **Phi|lo|so|phem** n. *(-s,-e)* filosofema *m.* **phi|lo|so|phen|haft** agg. e avv. da filosofo. **Phi|lo|so|phie** f. *(-,-n)* filosofia *f.* (anche ESTENS.): ***~ lehren, studieren*** insegnare, studiare filosofia; ***die ~ Fichtes*** la filosofia di Fichte; ***er hat eine eigene ~*** ha una sua filosofia personale. **phi|lo|so|phie|ren** intr. (aus. *haben*) filosofare: ***über etw. ~*** filosofare su qcs. **Phi|lo|so|phi|kum** n. *(-s, Philosophika)* INTRAD. (esame di filosofia per futuri insegnanti). **phi|lo|so|phisch I** agg. **1** filosofico: ***das -e Denken*** il pensiero filosofico **2** *(nachdenklich)* riflessivo **II** avv. dal punto di vista filosofico.

Phi|mo|se f. *(-,-n)* fimosi *f.*

Phle|bi|tis f. *(-, Phlebitiden)* flebite *f.* **Phle|bo|gramm** n. *(-s,-e)* flebogramma *m.* **Phle|bo|gra|phie** f. *(-,-n)* flebografia *f.*

Phleg|ma n. *(-s* e AUSTR. *-)* flemma *f.* **Phleg|ma|ti|ker** m. *(-s,-)* flemmatico *m.* **phleg|ma|tisch** agg. flemmatico. **Phleg|mo|ne** f. *(-,-n)* flemmone *m.*

Phlo|em n. *(-s,-e)* floema *m.*

phlo|gis|tisch agg. flogistico. **Phlo|gis|ton** n. *(-s)* flogisto *m.*

Phlox m. *(es,-e)* flox *f.*

Pho|bie f. *(-,-n)* fobia *f.*

Phö|bus n.pr.m. Febo *m.*

Pho|kis n.pr.n. *(-)* Focide *f.*

pho|ko|me|lisch agg. focomelico.

Phon n. *(-s,-s)* ACUST. phon *m.*

Pho|na|ti|on f. *(-,-en)* fonazione *f.* **Pho|nem** n. *(-s,-e)* fonema *m.* **Pho|ne|ma|tik** f. *(-)* fonematica *f.* **pho|ne|ma|tisch** agg. fonematico. **Pho|ne|mik** f. *(-)* fonemica *f.* **pho|ne|misch** agg. fonemico.

Phon|en|do|skop n. *(-s,-e)* fonendoscopio *m.*

Pho|ne|tik f. *(-)* fonetica *f.* **Pho|ne|ti|ker** m. *(-s,-)* fonetista *m.* **pho|ne|tisch I** agg. fonetico: ***-e Schrift*** scrittura (*o* trascrizione) fonetica, alfabeto fonetico **II** avv. foneticamente, dal punto di vista fonetico. **Pho|ne|tis|mus** m. *(-)* fonetismo *m.* **Pho|ni|a|ter** m. *(-s,-)* foniatra *m.* **Pho|ni|at|rie** f. *(-)* foniatria *f.*

Phö|ni|ker → **Phönizier. phö|ni|kisch** → **phönizisch.**

pho|nisch I agg. fonico **II** avv. fonicamente, dal punto di vista fonico.

Phö|nix m. *(-[es],-e)* MITOL. fenice *f.*

Phö|ni|zi|en n.pr.n. *(-s)* Fenicia *f.* **Phö|ni|zi|er** m. *(-s,-)* fenicio *m.* **phö|ni|zisch** agg. fenicio.

Pho|no|dik|tat n. *(-[e]s,-e)* dettato *m.* al dittafono (*o* al registratore). **Pho|no|gramm** n. *(-s,-e)* FIS. fonogramma *m.* **Pho|no|graph** m. *(-en,-en)* fonografo *m.* **pho|no|gra|phisch** agg. fonografico. **Pho|no|kof|fer** m. *(-s,-)* fonovaligia *f.*

Pho|no|la n. *(-s,-s)* e f. *(-,-s)* pianola *f.*

Pho|no|lith m. *(-s* e *-en,-e[n])* fonolite *f.*

Pho|no|lo|ge m. *(-n,-n)* fonologo *m.* **Pho|no|lo|gie** f. *(-)* fonologia *f.* **pho|no|lo|gisch I** agg. fonologico **II** avv. fonologicamente, dal punto di vista fonologico. **Pho|no|me|ter** n. *(-s,-)* fonometro *m.* **Pho|no|met|rie** f. *(-)* fonometria *f.*

Pho|non n. *(-s,-e)* FIS. fonone *m.*

Pho|no|thek f. *(-,-en)* fonoteca *f.*; *(von Tonbandaufnahmen)* nastroteca *f.* **Pho|no|ty|pis|tin** f. *(-,-nen)* = dattilografa *f.* che scrive con registratore (*o* ANT. con dittafono).

Phos|gen n. *(-s)* fosgene *m.*

Phos|phat n. *(-[e]s,-e)* fosfato *m.* **phos|phat|hal|tig** agg. contenente fosfati, fosfatico. **phos|pha|tie|ren** tr. fosfatare, fosfatizzare. **Phos|phat|sal|pe|ter** m. *(-s)* nitrofosfato *m.*

Phos|phid n. *(-[e]s,-e)* fosfuro *m.* **Phos|phin** n. *(-s)* fosfina *f.* **Phos|phit** n. *(-s,-e)* fosfito *m.*

Phos|phor m. *(-s,-e)* fosforo *m.* **Phos|phor|bom|be** f. *(-,-n)* bomba *f.* al fosforo.

Phos|pho|res|zenz f. *(-)* fosforescenza *f.* **phos|pho|res|zie|ren** intr. (aus. *haben*) essere fosforescente. **phos|pho|res|zie|rend** p.pres. agg. **1** → **phosphoreszieren 2** fosforescente.

phos|phor|hal|tig agg. fosforato. **phos|pho|rig** agg. fosforico. **Phos|pho|ris|mus** m. *(-)* fosforismo *m.* **Phos|pho|rit** m. *(-[e]s,-e)* fosforite *f.* **Phos|phor|salz** n. *(-es)* sale *m.* di fosforo. **Phos|phor|säu|re** f. *(-)* acido *m.* fosforico. **Phos|phor|ver|gif|tung** f. *(-,-en)* intossicazione *f.* da fosforo. **Phos|phor|was|ser|stoff** m. *(-[e]s)* idrogeno *m.* fosforato.

Phot n. *(-s,-)* fot *m.*, phot *m.*

pho|to..., Pho|to... → auch **foto..., Foto...**

Pho|to|bi|o|lo|gie f. *(-)* fotobiologia *f.*

Pho|to|che|mie f. *(-)* fotochimica *f.* **Pho|to|che|mi|gra|phie** f. *(-)* fotoincisione *f.* **pho|to|che|misch** agg. fotochimico.

pho|to|chrom agg. fotocromatico. **Pho|to|ef|fekt** m. *(-[e]s,-e)* effetto *m.* fotoelettrico.

pho|to|elekt|risch agg. fotoelettrico. **Pho|to|elekt|ri|zi|tät** f. *(-)* fotoelettricità *f.* **Pho|to|elekt|ron** n. *(-s,-en)* fotoelettrone *m.*

Pho|to|ele|ment n. *(-[e]s,-e)* cellula *f.* fotoelettrica.

pho|to|gen agg. *(lichterzeugt)* fotogeno.

Pho|to|gramm n. *(-s,-e)* TOPOGR. immagine *f.* fotogrammetrica. **Pho|to|gram|met|rie** f. *(-)* fotogrammetria *f.*

Pho|to|gra|veur [-'vøːɐ] m. *(-s,-e)* fotoincisore *m.* **Pho|to|gra|vü|re** f. *(-,-n)* fotoincisione *f.*

Pho|to|li|tho|gra|phie f. *(-,-n)* fotolito(grafia) *f.* **Pho|to|lu|mi|nes|zenz** f. *(-)* fotoluminescenza *f.* **Pho|to|ly|se** f. *(-)* fotolisi *f.* **pho|to|me|cha|nisch** agg. fotomeccanico.

Pho|to|me|ter m. *(-s,-)* fotometro *m.* **Pho|to|met|rie** f. *(-)* fotometria *f.* **pho|to|met|risch** agg. fotometrico.

Pho|ton n. *(-s,-en)* fotone *m.*

Pho|to|pho|bie f. *(-)* fotofobia *f.* **Pho|to|sphä|re** f. *(-)* fotosfera *f.* **Pho|to|syn|the|se** f. *(-)* fotosintesi *f.* **Pho|to|ta|xis** f. *(-)* fototassi *f.*, fototattismo *m.* **Pho|to|the|ra|pie** f. *(-,-n)* fototerapia *f.*

pho|to|trop agg. BIOL. → **phototropisch. pho|to|tro|pisch** agg. fototropico. **Pho|to|tro|pis|mus** m. *(-)* fototropismo *m.*
Pho|to|ty|pie f. *(-,-n)* ANT. fototipia *f.* **pho|to|vol|ta|isch** agg. fotovoltaico. **Pho|to|zin|ko|gra|phie** f. *(-,-n)* **1** fotozincografia *f.* **2** *(hergestellte Zinkographie)* cliché *m.*
Phra|se f. *(-,-n)* **1** SPREG. luogo *m.* comune, parole *f.pl.* (vuote): ***das sind nur leere, schön klingende -n*** sono solo parole vuote, belle parole **2** LING. *(Satzglied)* parte *f.* della proposizione **3** ANT. *(Formel)* formula *f.* **4** MUS. frase *f.* ◆ COLLOQ. ***-n dreschen*** fare della retorica. **Phra|sen|dre|scher** m. *(-s,-)* COLLOQ. parolaio *m.* **phra|sen|haft** agg. SPREG. retorico, vuoto. **Phra|sen|struk|tur|gram|ma|tik** f. *(-)* grammatica *f.* strutturale dei costituenti.
Phra|se|o|lo|gie f. *(-,-n)* fraseologia *f.* **phra|se|o|lo|gisch** agg. fraseologico. **Phra|se|o|lo|gis|mus** m. *(-,-logismen)* LING. espressione *f.* (*o* frase) idiomatica.
phra|sie|ren intr. (aus. *haben*) MUS. fraseggiare. **Phra|sie|rung** f. *(-,-en)* MUS. fraseggio *m.*
Phre|no|lo|ge m. *(-n,-n)* frenologo *m.* **Phre|no|lo|gie** f. *(-)* frenologia *f.* **phre|no|lo|gisch** agg. frenologico.
Phry|gi|en n.pr.n. *(-s)* Frigia *f.* **Phry|gi|er** m. *(-s,-)* frigio *m.* **phry|gisch** agg. frigio.
Phtha|le|in n. *(-s,-e)* ftaleina *f.* **Phthal|säu|re** f. *(-)* acido *m.* ftalico.
Phthi|se, Phthi|sis f. *(-, Phthisen)* tisi *f.* **Phthi|si|ker** m. *(-s,-)* tisico *m.*
Phy|lo|ge|ne|se f. *(-)* filogenesi *f.* **Phy|lo|ge|ne|tik** f. *(-)* teoria *f.* filogenetica. **phy|lo|ge|ne|tisch** agg. filogenetico. **Phy|lo|ge|nie** f. *(-)* filogenesi *f.*
Phy|si|a|ter m. *(-s,-)* fisiatra *m.* **Phy|si|at|rie** f. *(-)* fisiatria *f.*
Phy|sik f. *(-)* fisica *f.*: ***experimentelle ~*** fisica sperimentale; ***Lehrer für ~ sein*** essere professore di fisica ◆ ***kosmische ~*** astrofisica. **phy|si|ka|lisch I** agg. fisico, di fisica; ***die -e Forschung*** la ricerca (nel campo della) fisica: ***-e Therapie*** fisioterapia **II** avv. fisicamente, dal punto di vista della fisica. **Phy|si|ker** m. *(-s,-)* fisico *m.* **Phy|sik|leh|rer** m. *(-s,-)* professore *m.* di fisica. **Phy|si|kum** n. *(-s, Physika)* INTRAD. (esame di fisica per studenti di medicina al termine del primo semestre). **Phy|sik|un|ter|richt** m. *(-[e]s)* lezione *f.* di fisica.
Phy|si|o|ge|o|gra|phie f. *(-)* geografia *f.* fisica.
Phy|si|og|nom m. *(-en,-en)* fisiognomo *m.* **Phy|si|og|no|mie** f. *(-)* fisionomia *f.* (anche FIG.): ***die ~ eines Landes*** la fisionomia di un paese. **Phy|si|og|no|mik** f. *(-)* fisiognomica *f.* **Phy|si|og|no|mi|ker** m. *(-s,-)* → **Physiognom. phy|si|og|no|misch** agg. fisiognomico.
Phy|si|o|kli|ma|to|lo|gie f. *(-)* climatologia *f.* fisica.
Phy|si|o|krat m. *(-en,-en)* fisiocrate *m.*, fisiocratico *m.* **Phy|si|o|kra|tie** f. *(-)* fisiocrazia *f.* **phy|si|o|kra|tisch** agg. fisiocratico.
Phy|si|o|lo|ge m. *(-n,-n)* fisiologo *m.* **Phy|si|o|lo|gie** f. *(-)* fisiologia *f.* **phy|si|o|lo|gisch** agg. fisiologico.
Phy|si|o|the|ra|peut m. *(-en,-en)* fisioterapista *m.* **Phy|si|o|the|ra|pie** f. *(-)* fisioterapia *f.*
Phy|sis f. *(-)* fisico *m.*: ***eine gesunde ~ haben*** avere un fisico sano. **phy|sisch I** agg. fisico: ***-e Kraft, Anstrengungen*** forza fisica, sforzi fisici; ***-e Geographie*** geografia fisica **II** avv. fisicamente, dal punto di vista fisico: ***~ überlegen sein*** essere superiore fisicamente.
phy|to|gen agg. fitogeno, fitogenico. **Phy|to|ge|o|gra|phie** f. *(-)* fitogeografia *f.* **Phy|to|lo|gie** f. *(-)* fitologia *f.* **Phy|to|pa|tho|lo|gie** f. *(-)* fitopatologia *f.* **phy|to|phag** agg. fitofago. **Phy|to|phar|ma|zie** f. *(-)* fitofarmacia *f.* **Phy|to|plank|ton** n. *(-s)* fitoplancton *m.* **Phy|to|the|ra|pie** f. *(-)* fitoterapia *f.*
Pi n. *(-[s],-s)* **1** *(im griechischen Alphabet)* pi *m.* **2** MAT. pi *m.* greco ◆ COLLOQ. ***~ mal Daumen, Schnauze*** a occhio, a lume di naso.
Pi|af|fe f. *(-,-n)* EQUIT. ciambella *f.* **pi|af|fie|ren** intr. (aus. *haben*) EQUIT. fare la ciambella.
Pi|a|nis|si|mo n. *(-s,-s e Pianissimi)* MUS. pianissimo *m.* **Pi|a|nist** m. *(-en,-en)* pianista *m.* **Pi|a|nis|tin** f. *(-,-nen)* pianista *f.* **pi|a|nis|tisch** agg. pianistico. **Pi|a|no I** n. *(-s,-s e Piani)* MUS. piano *m.* **II** n. *(-s,-s)* ANT. piano *m.*, pianoforte *m.* **Pi|a|no|for|te** n. *(-s,-s)* pianoforte *m.* **Pi|a|no|la** n. *(-s,-s)* pianola *f.*
Pic|co|lo|flö|te → **Pikkoloflöte.**
Pi|as|ter m. *(-s,-)* NUM. piastra *f.*
Pi|che|lei f. *(-,-en)* COLLOQ. sbevazzamento *m.*, sbevazzata *f.* **Pi|che|ler** REGION. → **Pichler. pi|cheln** tr. COLLOQ. sbevazzare, trincare.
pi|chen tr. impeciare. **Pich|holz** n. *(-es,-hölzer)* bisegolo *m.*, bussetto *m.*
Pich|ler m. *(-s,-)* COLLOQ. beone *m.*
1.Pick m., ***einen richtigen ~ auf jdn haben*** avere il dente avvelenato con qcn.
2.Pick m. *(-s)* AUSTR. COLLOQ. colla *f.*, collante *m.*
Pi|cke f. *(-,-n)* piccozza *f.* (da ghiaccio).
1.Pi|ckel m. *(-s,-)* **1** piccone *m.* **2** *(Eispickel)* piccozza *f.* (da ghiaccio).
2.Pi|ckel m. *(-s,-)* pustola *f.*; foruncoletto *m.*: ***einen ~ ausdrücken*** schiacciare una pustola.
Pi|ckel|flö|te f. *(-,-n)* → **Pikkoloflöte. Pi|ckel|hau|be** f. *(-,-n)* elmo *m.* chiodato, col chiodo.
pi|cke|lig agg. pustoloso, pieno di pustole.
pi|ckeln tr. REGION. picconare.
1.pi|cken I tr. **1** beccare: ***die Körner ~*** beccare i chicchi **2a** COLLOQ. prendere, tirare fuori: ***Oliven aus einer Schale ~*** prendere le olive da una ciotola (con uno stuzzicadenti); ***Rosinen aus dem Kuchen ~*** prendere l'uvetta dalla torta **b** ESTENS. tirar fuori: ***Wörter aus dem Zusammenhang ~*** tirar fuori parole dal contesto **II** intr. (aus. *haben*) ***nach etw. (D) ~*** beccare qcs.; ***an (o gegen) etw. ~*** dare colpi di becco contro qcs.
2.pi|cken intr. (aus. *haben*) AUSTR. ***an etw., jdm ~*** essere appiccicato, attaccato a qcs., a qcn. ◆ FIG. ***~ bleiben*** rimanere incollato alla sedia. **Pi|ckerl** n. *(-s,-n)* AUSTR. (auto)adesivo *m.*
Pick|ham|mer m. *(-s,-hämmer)* martello *m.* perforatore. **Pick|haue** f. *(-,-n)* piccone *m.*
pick|lig → **pickelig.**
Pick|nick n. *(-s,-e* e *-s)* picnic *m.*: ***(ein) ~ machen*** fare un picnic. **pick|ni|cken** intr. (aus. *haben*) fare un picnic. **Pick|nick|korb** m. *(-[e]s,-körbe)* cestino *m.* da picnic.
pi|co|bel|lo I agg. inv. COLLOQ. extra **II** avv. benissimo: ***~ frisiert, angezogen*** pettinato, vestito benissimo.
Pi|cot [pi'ko:] m. *(-s,-s)* pippiolino *m.*
Pi|e|des|tal n. *(-s,-e)* **1** piedestallo *m.*, piedistallo *m.* **2** ARCH. *(Sockel)* base *f.*, zoccolo *m.*
Piek f. *(-,-en)* MAR. **1** penna *f.* **2** *(unterster Raum des Schiffes)* sentina *f.*
Pie|ke f. *(-,-n)* picche *f.pl.*
pie|ken tr. → **piken.**
piek|fein I agg. COLLOQ. e IRON. finissimo, raffinato: ***eine -e Familie*** una famiglia molto raffinata; ***ein -es Lokal*** un locale molto raffinato **II** avv. in modo molto raffinato; benissimo ◆ SCHERZ. ***sich ~ machen*** vestirsi a festa, vestirsi in modo elegante. **piek|sau|ber** agg. COLLOQ. pulitissimo.
Pi|e|mont n.pr. n. *(-s)* Piemonte *m.* **Pi|e|mon|te|se** m. *(-n,-n)* piemontese *m.* **pi|e|mon|te|sisch, pi|e|mon|tisch** agg. piemontese.
piep inter. **1** *(von Küken)* pio, pio **2** *(von Vögeln)* cip, cip ◆ ***nicht (einmal) ~ sagen*** non dire né ai né bai; ***nicht mehr, mal ~ sagen können*** non riuscire più ad aprire bocca; *(tot sein)* essere stecchito. **Piep** m. *(-s,-e)* pio *m.*, cip *m.* ◆ ***keinen ~ mehr sagen*** non aprir più bocca; ***keinen ~ mehr machen, tun*** essere stecchito; ***einen ~ haben*** essere un po' tocco (*o* matto). **piep|egal** agg. COLLOQ. ***das ist mir ~*** me ne infischio.
pie|pen intr. (aus. *haben*) **1** pigolare **2** *(von Mäusen)* squittire ◆ COLLOQ. ***bei dir piept's wohl*** sei un po' suonato, ti ha dato di volta il cervello; COLLOQ. ***es ist zum Piepen*** c'è da morir dal ridere. **Pie|pen** pl. COLLOQ. **1** quattrini *m.pl.*, grana *f.*: ***keine ~ mehr haben*** non aver più grana **2** *(Mark)* marchi *m.pl.* **Pie|per** m. *(-s,-)* ORNIT. pispola *f.*; *(Piepmatz)* uccellino *m.* **Piep|hahn** m. *(-[e]s,-hähne)* INFANT. pistolino *m.*, pisellino *m.* **pie|pig** agg. deboluccio, gracile; malaticcio. **Piep|matz** m. *(-es,-e* e *-mätze)* INFANT. uccellino *m.* ◆ ***einen ~ haben*** essere un po' matto.
piep|sen intr. (aus. *haben*) **1** → **piepen 2a** *(mit hoher Stimme sprechen)* parlare con voce stridula **b** *(mit hoher Stimme singen)* cantare con voce stridula. **Piep|ser** m. *(-s,-)* **1** → **Piep 2** *(Summer)* cicalino *m.* **3** *(kleines Funkgerät)* cercapersone *m.* **piep|sig** agg. **1** stridulo, acuto **2** *(winzig)* minuto, minuscolo.
Piep|vo|gel m. *(-s,-vögel)* INFANT. uccellino *m.*
1.Pier m. *(-s,-e* e *-s)* banchina *f.*, molo *m.*
2.Pier m. *(-[s],-e)* REGION. verme *m.* da esca.
pier|cen tr. fare il piercing.
Pier|wurm m. *(-[e]s,-würmer)* arenicola *f.*
Pi|er|rot [pie'ro:] m. *(-s,-s)* Pierrot *m.*
pie|sa|cken tr. COLLOQ. tormentare, molestare. **Pie|sa|cke|rei** f. *(-,-en)* tormento *m.*
pie|seln intr. (aus. *haben*) FAM. **1** piovigginare **2** *(urinieren)* fare (la) pipì.
Pi|e|ta, Pi|e|tà f. *(-,-s)* ART. pietà *f.* **Pi|e|tät** f. *(-,-en)* **1** *(Respekt)* rispetto *m.*: ***Mangel an ~*** mancanza di rispetto; ***~ gegenüber den Toten*** rispetto per i morti **2a** *(taktvolle Rücksicht)* attenzione *f.*, dedizione *f.* **b** *(Frömmigkeit)* devozione *f.* **3** REGION. *(Beerdigungsinstitut)* pompe *f.pl.* funebri. **pi|e|tät|los** agg. irrispettoso, irriverente: ***ein -es Benehmen*** un comportamento irrispettoso. **Pi|e|**

tät|lo|sig|keit f. *(-)* mancanza *f.* di rispetto. **pi|e|tät|voll** agg. **1** rispettoso, attento **2** *(fromm)* devoto, pio. **Pi|e|tis|mus** m. *(-)* pietismo *m.* **Pi|e|tist** m. *(-en,-en)* pietista *m.* **pi|e|tis|tisch** agg. pietista, pietistico.

pi|e|zo|e|lekt|risch agg. piezoelettrico. **Pi|e|zo|elekt|ri|zi|tät** f. *(-)* piezoelettricità *f.* **Pi|e|zo|me|ter** n. *(-s,-)* piezometro *m.* **pi|e|zo|met|risch** agg. piezometrico. **Pi|e|zo|quarz** m. *(-es,-e)* quarzo *m.* piezoelettrico.

piff, paff inter. INFANT. pam, pam.

Pig|ment n. *(-[e]s,-e)* pigmento *m.* (anche CHIM.). **Pig|men|ta|ti|on** f. *(-,-en)* BIOL. MED. pigmentazione *f.* **Pig|ment|bil|dung** f. *(-)* pigmentagione *f.* **Pig|ment|druck** m. *(-[e]s,-e)* stampa *f.* a pigmento. **Pig|ment|farb|stoff** m. *(-[e]s,-e)* CHIM. pigmento *m.* **pig|men|tie|ren I** intr. (aus. *haben*) BIOL. MED. pigmentarsi **II** tr. BIOL. CHIM. pigmentare, colorire con pigmenti. **pig|men|tiert** agg. pigmentato. **Pig|men|tie|rung** f. *(-,-en)* pigmentazione *f.*

Pig|ment|kör|per m. *(-s,-)* BIOL. (cellula *f.*) pigmentale *m.* **pig|ment|los** agg. non pigmentato.

1.Pik m. *(-s,-e* e *-s)* **1** picco *m.*, cima *f.* **2** ***einen richtigen ~ auf jdn haben*** avere il dente avvelenato contro qcn.; avercela con qcn.

2.Pik n. *(-s,-s)* picche *f.pl.*

pi|kant I agg. **1** piccante: ***-er Käse*** formaggio piccante; FIG. ***-e Witze, Geschichten*** barzellette, storielle piccanti **2** ANT. *(reizvoll)* interessante, affascinante: ***ein -es Gesicht*** un viso interessante **II** avv. in modo piccante. **Pi|kan|te|rie** f. *(-,-n)* **1** nota *f.* piccante: ***seine Anspielungen haben immer eine gewisse ~*** le sue allusioni hanno sempre una certa nota piccante **2** *(pikante Geschichte)* faccenda *f.* piccante. **pi|kan|ter|wei|se** avv. FIG. in modo piccante.

pi|ka|resk, pi|ka|risch agg. picaresco.

Pik|ass n. *(-es,-e)* asso *m.* di picche. **Pik|bu|be** m. *(-n,-n)* fante *m.* di picche. **Pik|da|me** f. *(-,-n)* donna *f.* di picche.

Pi|ke f. *(-,-n)* MIL.STOR. picca *f.* ◆ COLLOQ. ***von der ~ auf dienen*** venire dalla gavetta; ***etw. von der ~ auf (er)lernen*** studiare qcs. dall'abbiccì.

Pi|kee I m. e AUSTR. n. *(-s,-s)* TESS. piqué *m.*, picchè *m.* **II** n. *(-s,-s)* MINER. piqué *m.*

pi|ken I tr. e intr. (aus. *haben*) COLLOQ. pungere: ***der Dorn pikt*** la spina punge; ***jdn, etw. ~*** pungere qcn., qcs. **II** rifl. ***sich mit, an etw. (D) ~*** pungersi con qcs.

Pi|ke|nier m. *(-s,-e)* picchiere *m.*

Pi|kett m. *(-[e]s,-e)* **1** *(Kartenspiel)* picchetto *m.* **2** SVIZZ. squadra *f.* di pronto intervento **3** MIL. ANT. *(Vorposten)* avamposto *m.* **Pi|kett|spiel** n. *(-s)* gioco *m.* del picchetto.

pi|kie|ren tr. **1** ripicchettare, trapiantare **2** SART. cucire a soppunto **3** FIG. ANT. ***jdn ~*** offendere, irritare qcn. **Pi|kier|holz** n. *(-es,-hölzer)* AGR. piolo *m.*, piantatoio *m.* **pi|kiert** p.pass. agg. **1** → **pikieren** **2** risentito, impermalito, piccato: ***über etw. ~ sein*** essere risentito per qcs. **Pi|kiert|heit** f. *(-)* risentimento *m.*

1.Pik|ko|lo m. *(-s,-s)* **1** aiuto cameriere *m.* **2** *(Sekt)* spumantino *m.*

2.Pik|ko|lo n. *(-s,-s)* **1** → **Pikkoloflöte** **2** *(kleinstes Kornett)* cornetto *m.* piccolo.

Pik|ko|lo|flö|te f. *(-,-n)* ottavino *m.*, flauto *m.* piccolo.

Pi|ko|fa|rad n. *(-[s],-)* picofarad *m.*

pik|rin|sau|er agg. picrico. **Pik|rin|säu|re** f. *(-,-n)* acido *m.* picrico, trinitrofenolo *m.*

pik|sen → **piken.**

Pik|sie|ben, Pik|sie|ben f. *(-,-)* sette *m.* di picche ◆ ***dastehen wie ~*** rimanere lì impalato, rimanere come un allocco.

Pik|to|gramm n. *(-s,-e)* pittogramma *m.*

Pi|la|tus n.pr.m. Pilato *m.* ◆ FIG. ***von Pontius zu ~ gehen*** andare da Ponzio a Pilato.

Pil|ger m. *(-s,-)* pellegrino *m.* **Pil|ger|fahrt** f. *(-,-en)* pellegrinaggio *m.* **Pil|ger|hut** m. *(-[e]s,-hüte)* cappello *m.* da pellegrino. **Pil|ger|man|tel** m. *(-s,-mäntel)* mantello *m.* da pellegrino. **Pil|ger|mu|schel** f. *(-,-n)* ZOOL. pettine *m.* **pil|gern** intr. (aus. *sein*) **1a** andare in pellegrinaggio: ***nach Rom ~*** andare in pellegrinaggio a Roma **b** FIG. ***von Bar zu Bar ~*** passare da un bar all'altro **2** *(gehen)* peregrinare, pellegrinare. **Pil|ger|schaft** f. *(-)* pellegrinaggio *m.*: ***eine ~ antreten*** iniziare un pellegrinaggio. **Pil|ger|schar** f. *(-,-en)* schiera *f.* di pellegrini. **Pil|ger|stab** m. *(-[e]s,-stäbe)* bastone *m.* da pellegrino. **Pil|ger|ta|sche** f. *(-,-n)* borsa *f.* da pellegrino. **Pil|ger|va|ter** m. *(-s,-väter)* padre *m.* pellegrino. **Pil|ger|weg** m. *(-s,-e)* itinerario *m.* di pellegrinaggio. **Pil|ger|zug** m. *(-[e]s,-züge)* corteo *m.* di pellegrini.

Pilg|rim m. *(-s,-e)* ANT. pellegrino *m.*

Pil|le f. *(-,-n)* pillola *f.*: ***-n gegen Kopfschmerzen, zum Schlafen verschreiben*** prescrivere pillole contro il mal di testa, per dormire; ***eine ~ schlucken, (ein)nehmen*** ingoiare, prendere una pillola; *(Antibabypille)* ***die ~ nehmen, absetzen*** prendere, smettere (di prendere) la pillola ◆ FIG. ***eine bittere ~*** un boccone amaro; FIG. ***bei ihm helfen keine -n*** per lui non c'è rimedio; FIG. ***die ~ schlucken, jdm eine ~ zu schlucken geben*** mandar giù (*o* ingoiare) la pillola, far trangugiare il boccone amaro a qcn.; ***jdm die bittere ~ versüßen*** indorare (*o* addolcire) la pillola a qcn. **Pil|len|dös|chen** n. *(-s,-)* scatolina *f.* portapillole. **Pil|len|dre|her** m. *(-s,-)* **1** scarabeo *m.* stercorario **2** SCHERZ. *(Apotheker)* farmacista *m.* **pil|len|för|mig** agg. a forma di pillola. **Pil|len|knick** m. *(-s)* sboom *m.*, decremento *m.* delle nascite (provocato dall'uso della pillola). **Pil|len|schach|tel** f. *(-,-n)* scatoletta *f.* delle pillole. **Pil|len|wes|pe** f. *(-,-n)* eumene *f.*

Pi|lot m. *(-en,-en)* **1** pilota *m.* **2** → **Pilotfisch. Pi|lot|an|la|ge** f. *(-,-n)* impianto *m.* pilota. **Pi|lot|bal|lon** m. *(-s,-s)* pallone *m.* sonda.

Pi|lo|ten|ka|bi|ne f. *(-,-n)* cabina *f.* di pilotaggio. **Pi|lo|ten|kan|zel** f. *(-,-n)* cabina *f.* di pilotaggio. **Pi|lo|ten|schein** m. *(-[e]s,-e)* brevetto *m.* di volo.

Pi|lot|ex|pe|ri|ment n. *(-[e]s,-e)* esperimento *m.* pilota. **Pi|lot|fisch** m. *(-[e]s,-e)* pesce *m.* pilota. **pi|lo|tie|ren I** tr. pilotare: ***ein Flugzeug ~*** pilotare un aereo **II** intr. (aus. *haben*) conficcare pali. **Pi|lo|tie|rung** f. *(-,-en)* conficcamento *m.* di pali. **Pi|lo|tin** f. *(-,-nen)* pilota *f.* **Pi|lot|pro|jekt** n. *(-[e]s,-e)* progetto *m.* pilota. **Pi|lot|ton** m. *(-s,-töne)* frequenza *f.* di sincronizzazione.

Pils n. *(-,-)* birra *f.* di Pilsen. **Pil|se|ner, Pils|ner I** m. *(-s,-)* abitante *m.* di Pilsen **II** n. *(-s,-)* birra *f.* di Pilsen **III** agg.inv. di Pilsen.

Pilz m. *(-es,-e)* fungo *m.*: ***-e suchen, sammeln*** cercare funghi; ***essbare, giftige -e*** funghi commestibili, velenosi; COLLOQ. *(Hautpilz)* fungo *m.* ◆ ***-e bestimmen*** classificare funghi; REGION. ***in die -e gehen*** andare per funghi; ***wie -e aus der Erde, aus dem Erdboden schießen*** spuntare, crescere come i funghi. **Pilz|an|ker** m. *(-s,-)* ancora *f.* a fungo. **pilz|ar|tig** agg. simile a un fungo; fungoso. **Pilz|be|fall** m. *(-[e]s)* infezione *f.* da funghi. **Pilz|er|kran|kung** f. *(-,-en)* micosi *f.* **Pilz|fa|den** m. *(-s,-fäden)* ifa *f.* **pilz|för|mig I** agg. a forma di fungo, fungiforme **II** avv. a forma di fungo. **Pilz|ge|richt** n. *(-[e]s,-e)* piatto *m.* di (*o* con) funghi. **Pilz|hut** m. *(-[e]s,-hüte)*, **Pilz|hüt|chen** n. *(-s,-)* cappella *f.* (*o* cappello *m.*) del fungo.

Pilz|kopf m. *(-[e]s,-köpfe)* COLLOQ. capellone *m.* **Pilz|kopf|fri|sur** f. *(-,-en)* COLLOQ. capelli *m.pl.* lunghi (a caschetto).

Pilz|krank|heit f. *(-,-en)* micosi *f.* **Pilz|kul|tur** f. *(-,-en)* coltura *f.* di funghi. **Pilz|kun|de** f. *(-)* micologia *f.*, micetologia *f.* **pilz|kund|lich** agg. micologico. **Pilz|ling** m. *(-s,-e)* AUSTR. fungo *m.* **Pilz|mü|cke** f. *(-,-n)* fungivoride *m.* **Pilz|sa|me** m. *(-ns,-n)* spora *f.* **Pilz|samm|ler** m. *(-s,-)* cercatore *m.* di funghi. **Pilz|stiel** m. *(-s,-e)* piede *m.* (*o* gambo *m.*) di fungo. **Pilz|tier** n. *(-s,-e)* micetozoo *m.* **pilz|tö|tend** agg. fungicida. **Pilz|ver|gif|tung** f. *(-,-en)* avvelenamento *m.* (*o* intossicazione *f.*) da funghi. **Pilz|ver|nich|tungs|mit|tel** n. *(-s,-)* fungicida *m.* **Pilz|zucht** f. *(-,-en)* funghicoltura *f.*, funghicultura *f.* **Pilz|züch|ter** m. *(-s,-)* funghicoltore *m.*, funghicultore *m.*

Pi|ment m. e n. *(-[e]s,-e)* pimento *m.*

Pim|mel m. *(-s,-)* COLLOQ. *(Penis)* uccello *m.*

Pim|pe|lei f. *(-,-en)* COLLOQ. piagnisteo *m.*, frigno *m.* **pim|pe|lig** agg. COLLOQ. piagnucoloso, lamentoso. **Pim|pel|lie|se** f. *(-,-n)* COLLOQ. piagnucolona *f.* **pim|peln** intr. (aus. *haben*) COLLOQ. piagnucolare, frignare ◆ ***er pimpelt oft ein bisschen*** è spesso un po' malaticcio.

Pim|per|lin|ge pl. COLLOQ. monetine *f.pl.*, spiccioli *m.pl.*

pim|pern tr. e intr. (aus. *haben*) VOLG. chiavare, fottere. **Pim|per|nell** m. *(-s,-e)* → **Pimpinelle.**

Pim|per|nuss f. *(-,-nüsse)* pistacchio *m.* falso (*o* di montagna).

Pimpf m. *(-[e]s,-e)* **1** STOR. INTRAD. (membro dello Jungvolk nazionalsocialista, minore di dieci anni) **2** AUSTR. COLLOQ. *(unerfahrener Junge)* ragazzino *m.*, bambinone *m.*

Pim|pi|nel|le f. *(-,-n)* pimpinella *f.*

pimp|lig → **pimpelig.**

PIN ⇒ *persönliche Identifikationsnummer* numero di identificazione personale.

Pi|na|ko|thek f. *(-,-en)* pinacoteca *f.*

Pi|nas|se f. *(-,-n)* MAR. **1** pinaccia *f.* **2** *(Beiboot auf Kriegsschiffen)* lancia *f.*

Pin|ce|nez [pɛ̃s'ne:] n. *(-,-)* ANT. pince-nez *m.*, stringinaso *m.*

Pin|dar n.pr.m. Pindaro *m.* **pin|da|risch** agg. pindarico.

pin|ge|lig agg. COLLOQ. pedante, puntiglioso. **Pin|ge|lig|keit** f. *(-)* pedanteria *f.*, puntigliosità *f.*

Pin|gu|in, RAR. **Pin|gu|in** m. *(-s,-e)* pinguino *m.*

Pi|nie f. *(-,-n)* pino *m.* **Pi|ni|en|wald** m. *(-[e]s,-wälder)* pineta *f.* **Pi|ni|en|zap|fen** m. *(-s,-)* pigna *f.* **Pi|ni|o|le** f. *(-,-n)* pinolo *m.*

pink agg.inv. (rosa) fucsia. **Pink** n. *(-s,-s)* (rosa *m.*) fucsia *m.*

Pin|ke f. *(-)* COLLOQ. soldi *m.pl.*, quattrini *f.pl.*
Pin|kel m. *(-s,- e -s)* COLLOQ., ***ein armseliger ~*** una mezza cartuccia; ***ein feiner, vornehmer ~*** un bellimbusto.
Pin|kel|be|cken n. *(-s,-)* COLLOQ. pisciatoio *m.* **Pin|ke|lei** f. *(-,-en)* COLLOQ. il correre (continuamente) a fare la pipì. **pin|keln** intr. (aus. *haben*) COLLOQ. **1** fare la pipì **2** impers. *(leicht regnen)* ***es pinkelt*** pioviggina.
pin|ken intr. (aus. *haben*) REGION. martellare.
Pin|ke|pin|ke → **Pinke.**
pink|far|ben agg. (rosa) fucsia.
Pink|ler m. *(-s,-)* COLLOQ. chi fa la pipì.
Pin|ne f. *(-,-n)* **1** barra *f.* (del timone): ***die ~ in die Hand nehmen, loslassen*** prendere, lasciare la barra **2** *(Kompassstift)* perno *m.* (dell'ago magnetico) **3** *(vom Hammer)* penna *f.* **4** REGION. *(kleiner Nagel, Reißzwecke)* puntina *f.* **pin|nen** tr. COLLOQ. fissare, fermare con puntine. **Pinn|wand** f. *(-,-wände)* pannello *m.* (per gli avvisi).
Pi|no|le f. *(-,-n)* TECN. cannotto *m.*
Pin|scher m. *(-s,-)* pincer *m.*
Pin|sel m. *(-s,-)* **1a** pennello *m.*: ***den ~ eintauchen*** intingere il pennello; ***mit dem ~ Farbe auftragen*** stendere il colore con il pennello; ***den ~ führen*** maneggiare il pennello **b** FIG. *(Malweise)* pennellata *f.*: ***einen Maler an seinem ~ erkennen*** riconoscere un pittore dalla pennellata; ***mit leichtem ~*** a pennellate leggere **2** COLLOQ. *(Dummkopf)* sempliciotto *m.* **3** VENAT. *(Haarbüschel)* ciuffo *m.* di peli, pennacchio *m.* **4** VOLG. *(Penis)* uccello *m.* ◆ COLLOQ. ***auf den ~ drücken, treten*** spingere sull'acceleratore.
Pin|sel|äff|chen n. *(-s,-)* callitrice *f.*, apale *f.*
pin|sel|ar|tig agg. simile a un pennello, a forma di pennello. **Pin|se|lei** f. *(-,-en)* COLLOQ. SPREG. **1** pittura *f.* da strapazzo **2** *(schlechtes Gemälde)* sgorbio *m.* **3** ANT. *(Dummheit)* stupidaggine *f.*, cretinata *f.* **Pin|se|ler** m. *(-s,-)* COLLOQ. SPREG. imbrattatele *m.* **Pin|sel|füh|rung** f. *(-)* pennellata *f.*, pennellatura *f.*
pin|seln tr. **1** COLLOQ. pennellare, dipingere: ***ein Bild ~*** dipingere un quadro; ***etw. gelb ~*** pennellare qcs. di giallo; ***den Namen auf ein Schild ~*** dipingere il nome su un cartellone **2** pennellare, spennellare: ***den Rachen (mit einer Tinktur) ~*** spennellare la gola (con una tintura) **3** COLLOQ. *(sorgfältig schreiben)* scrivere (con cura). **Pin|sel|schim|mel** m. *(-s)* muffa *f.* a pennello, penicillo *m.* **Pin|sel|stiel** m. *(-s,-e)* manico *m.* di pennello. **Pin|sel|strich** m. *(-[e]s,-e)* pennellata *f.*, tratto *m.* di pennello. **Pin|se|lung** f. *(-,-en)* MED. pennellatura *f.*, spennellatura *f.* **Pin|sel|züng|ler** m. *(-s,-)* lori *m.*
Pins|ler → **Pinseler.**
Pin|te f. *(-,-n)* **1** pinta *f.* **2** COLLOQ. *(Lokal)* osteria *f.*
Pin-up-Girl [pɪn'apgø:l] n. *(-s,-s)* pin-up *f.*
Pin|zet|te f. *(-,-n)* pinzetta *f.*
Pi|o|nier m. *(-s,-e)* **1** MIL. pioniere *m.* **2** *(Wegbereiter)* pioniere *m.*, iniziatore *m.*: ***als ~ der Technik gelten*** essere ritenuto un pioniere della tecnica **3** EX-RDT *(Mitglied einer Pionierorganisation)* pioniere *m.* **Pi|o|nier|ar|beit** f. *(-,-en)* opera *f.* da pionieri (*o* pionieristica). **Pi|o|nier|geist** m. *(-[e]s)* spirito *m.* da pionieri (*o* pionieristico). **Pi|o|nie|rin** f. *(-,-nen)* pioniera *f.*, iniziatrice *f.* **Pi|o|nier|or|ga|ni|sa|ti|on** f. *(-)* EX-RDT INTRAD. (organizzazione comunista per bambini dai 6 ai 14 anni). **Pi|o|nier|pflan|ze** f. *(-,-n)* pianta *f.* pioniera. **Pi|o|nier|trup|pe** f. *(-,-n)* genio *m.* pionieri. **Pi|o|nier|ver|band** m. *(-[e]s,-verbände)* unità *f.* di pionieri. **Pi|o|nier|zeit** f. *(-,-en)* epoca *f.* pionieristica, primordi *m.pl.*, albori *m.pl.*
Pi|pa|po n. *(-s)*, COLLOQ. ***mit allem ~*** con tutti gli annessi e connessi.
Pi|pe f. *(-,-n)* AUSTR. cannella *f.* della botte.
Pipe|line ['paiplain] f. *(-,-s)* pipeline *f.*, oleodotto *m.*
Pi|pet|te f. *(-,-n)* CHIM. pipetta *f.*
Pi|pi n. *(-s)* INFANT. pipì *f.*: ***~ machen*** fare (la) pipì. **Pi|pi|fax** m. *(-)* COLLOQ. sciocchezza *f.*
Pip|pin, Pip|pin n.pr.m. Pipino *m.* ◆ ***~ der Kleine*** Pipino il Breve.
Pips m. *(-es)* VETER. pipita *f.* ◆ COLLOQ. FIG. ***den ~ haben*** = essere raffreddato. **pip|sig** agg. affetto da pipita.
pi|rä|isch agg. del Pireo.
Pi|ran|ha m. *(-[s],-s)* piranha *m.*
Pi|rat m. *(-en,-en)* pirata *m.* **Pi|ra|ten|schiff** n. *(-[e]s,-e)* nave *f.* pirata, dei pirati. **Pi|ra|ten|sen|der** m. *(-s,-)* emittente *f.* (*o* radio *f.*) pirata. **Pi|ra|ten|tum** n. *(-s)*, **Pi|ra|te|rie** f. *(-,-n)* pirateria *f.*
Pi|rä|us n.pr.m. *(-)* Pireo *m.*
Pi|ra|ya → **Piranha.**
Pi|ro|ge f. *(-,-n)* piroga *f.*
Pi|rol m. *(-s,-e)* ORNIT. rigogolo *m.*
Pi|rou|et|te [pi'rʊɛtə] f. *(-,-n)* piroetta *f.*: ***eine ~ drehen*** fare una piroetta. **pi|rou|et|tie|ren** intr. (aus. *haben*) piroettare, eseguire piroette.
Pirsch f. *(-)* VENAT. caccia *f.* (vagante): ***auf die ~ gehen*** andare a caccia. **pir|schen** intr. (aus. *haben*) e rifl. **sich ~ 1** andare a caccia: ***auf Fasanen ~*** andare a caccia di fagiani **2** *(schleichen)* andare quatto quatto, camminare di soppiatto: ***sich in die Nähe der Hütte ~*** avvicinarsi di soppiatto alla capanna. **Pirsch|gang** m. *(-[e]s,-gänge)* VENAT. → **Pirsch.**
Pi|sa|ner I m. *(-s,-)* pisano *m.* **II** agg.inv. pisano.
Pi|sang|hanf m. *(-[e]s)* manilla *f.*, canapa *f.* di Manila.
pi|sa|nisch agg. pisano.
pis|peln, pis|pern intr. (aus. *haben*) REGION. fare pissi pissi.
Piss m. *(-es)* RAR., **Pis|se** f. *(-)* VOLG. piscia *f.*, piscio *m.* **pis|sen** intr. (aus. *haben*) VOLG. pisciare ◆ ***es pisst*** piove. **Piss|nel|ke** f. *(-,-n)* VOLG. = una che non ci sta. **Pis|soir** [pɪ'soa:ɐ] n. *(-s,-e e -s)* pisciatoio *m.*
Pis|ta|zie f. *(-,-n)* pistacchio *m.* **Pis|ta|zi|en|baum** m. *(-[e]s,-bäume)* (pianta *f.* di) pistacchio *m.* **Pis|ta|zi|en|nuss** f. *(-,-nüsse)* pistacchio *m.* **Pis|ta|zi|en|tor|te** f. *(-,-n)* torta *f.* ai pistacchi.
Pis|te f. *(-,-n)* pista *f.*: ***auf der ~ landen, aufsetzen*** atterrare sulla pista; ***von der ~ abkommen*** uscire di pista. **Pis|ten|sau** f. *(-,-säue)*, **Pis|ten|schwein** n. *(-[e]s,-e)* GERG. SPREG. = pirata *m.* delle piste da sci.
Pis|till n. *(-s,-e)* **1** *(Stößel)* pestello *m.* **2** BOT. pistillo *m.*
Pis|tol n. *(-s,-en)* ANT. → **1.Pistole.**
1.Pis|to|le f. *(-,-n)* pistola *f.*: ***die ~ laden, entsichern, abdrücken*** caricare la pistola, togliere la sicura alla pistola, scaricare la pistola; ***die ~ auf jdn richten*** puntare la pistola su qcn.; ***mit der ~ auf jdn schießen*** sparare a qcn. con la pistola ◆ COLLOQ. FIG. ***jdm die ~ auf die Brust setzen*** mettere il coltello alla gola a qcn.; COLLOQ. ***wie aus der ~ geschossen*** di colpo, di botto.
2.Pis|to|le f. *(-,-n)* NUMISM. pistola *f.*
Pis|to|len|du|ell n. *(-s,-e)* duello *m.* alla pistola. **Pis|to|len|griff** m. *(-[e]s,-e)* impugnatura *f.* della pistola. **Pis|to|len|knauf** m. *(-[e]s,-knäufe)* calcio *m.* della pistola. **Pis|to|len|ku|gel** f. *(-,-n)* pallottola *f.* (di pistola). **Pis|to|len|lauf** m. *(-[e]s,-läufe)* canna *f.* della pistola. **Pis|to|len|schuss** m. *(-es,-schüsse)* colpo *m.* di pistola, pistolettata *f.* **Pis|to|len|schüt|ze** m. *(-n,-n)* tiratore *m.* di pistola. **Pis|to|len|ta|sche** f. *(-,-n)* fondina *f.* della pistola.
Pis|ton [pɪs'tõ:] n. *(-s,-s)* **1** *(Kornett)* cornetta *f.* a pistoni **2** MUS. *(Ventil)* pistone *m.* **3** *(Zündstift)* percussore *m.* **Pis|ton|blä|ser** m. *(-s,-)* cornettista *m.*
Pi|the|kanth|ro|pus m. *(-, Pithekanthropi* e *Pithekanthropen)* pitecantropo *m.* **pi|the|ko|id** agg. pitecoide.
pit|sche|nass, pit|sche|pat|sche|nass, pitsch|nass agg. COLLOQ. zuppo, fradicio. **pitsch, patsch** inter. cic, ciac.
pit|to|resk agg. pittoresco.
Pi|vot [pi'vo:] m. e n. *(-s,-s)* pivot *m.*
Piz m. *(-es,-e)* ALP. piz *m.*, pizzo *m.*
Piz|za f. *(-,-s* e *Pizzen)* pizza *f.* **Piz|za|bä|cker** m. *(-s,-)* pizzaiolo *m.* **Piz|za|bä|cke|rei** f. *(-,-en)*, **Piz|ze|ria** f. *(-,-s)* pizzeria *f.*
Pkt. ⇒ *Punkt* punto.
Pkw, PKW ['pe:ka:ve:, pe:ka:'ve:] m. *(-[s],-s* e *-)* (⇒ *Personenkraftwagen*) autovettura *f.*, automobile *f.*
pl., Pl. ⇒ *Plural* plurale (pl.).
Pla|ce|ment [plasə'mã:] n. *(-s,-s)* ECON. *(von Kapitalien, Waren)* piazzamento *m.*, collocamento *m.*
Pla|cet → **Plazet.**
Pla|che f. *(-,-n)* AUSTR. telone *m.*
pla|cken rifl. **sich ~** COLLOQ. affaticarsi, strapazzarsi.
Pla|cken m. *(-s,-)* REGION. **1** macchia *f.* **2** *(Flicken)* toppa *f.*
Pla|cke|rei f. *(-,-en)* COLLOQ. faticaccia *f.*, sfacchinata *f.*
plad|dern intr. (aus. *haben*) REGION. **1** impers. ***es pladdert*** piove a dirotto **2** battere, tambureggiare: ***der Hagel pladdert auf das Dach, an die Scheiben*** la grandine batte sul tetto, contro i vetri.
plä|die|ren intr. (aus. *haben*) **1** DIR. ***auf, für etw. ~*** perorare, patrocinare qcs.: ***der Staatsanwalt plädierte auf schuldig*** il pubblico ministero perorava la colpevolezza **2** *(stimmen für)* ***für etw. ~*** esprimersi a favore di qcs., dichiararsi favorevole a qcs. **Plä|do|yer** [plɛdoa'je:] n. *(-s,-s)* arringa *f.* (processuale), perorazione *f.*: ***ein ~ halten*** tenere, pronunciare un'arringa.
Pla|fond [pla'fõ:] m. *(-s,-s)* **1** REGION. soffitto *m.* **2** ECON. plafond *m.* **pla|fo|nie|ren** tr. SVIZZ. ECON. ***etw. ~*** = porre un limite massimo a qcs., limitare qcs. verso l'alto. **Pla|fo|nie|rung** f. *(-,-en)* ECON. = imposizione *f.* di un limite massimo, limitazione *f.* verso l'alto.
Pla|ge f. *(-,-n)* **1** piaga *f.*, flagello *m.*: ***die Wespen sind eine wahre ~*** le vespe sono un vero flagello **2** *(Qual)* tormento *m.*: ***jdm etw. zur ~ machen*** rendere qcs. un tormento a qcn. **3a** *(schwere Arbeit)* lavoraccio *m.*: ***sie hat mit den Kindern ihre ~*** con i bambini ha il suo da fare **b** *(schwere Mühe)* faticaccia *f.*, tribolazione *f.*: ***der Abstieg war eine ~*** la discesa fu una faticaccia. **Pla|ge|geist** m.

(-[e]s,-er) COLLOQ. seccatore *m.*, importuno *m.* **pla|gen I** tr. tormentare: ***ihn plagte die Hitze, der Zweifel*** lo tormentava il caldo, il dubbio; ***jdn mit seinen Zweifeln ~*** tormentare qcn. con i propri dubbi **II** rifl. **sich ~** faticare, sfacchinare: ***sich von früh bis spät ~*** sfacchinare dal mattino alla sera; ***er hat sich bei dieser Arbeit recht ~ müssen*** ha dovuto davvero faticare per questo lavoro. **Pla|ge|rei** f. *(-,-en)* faticaccia *f.*

Pla|gi|ar m. *(-s,-e)*, **Pla|gi|a|ri|us** m. *(-s, Plagiarii)* ANT. → **Plagiator.** **Pla|gi|at** n. *(-[e]s,-e)* plagio *m.*: ***ein ~ begehen*** commettere (un) plagio; ***jdn des -s bezichtigen*** accusare qcn. di plagio. **Pla|gi|a|tor** m. *(-s,-en)* plagiario *m.* **pla|gi|a|to|risch** agg. plagiario. **pla|gi|ie|ren** tr. plagiare.

Plaid [ple:t] m. e n. *(-s,-s)* plaid *m.*

Pla|kat n. *(-[e]s,-e)* manifesto *m.*, cartellone *m.* (pubblicitario): ***-e (an)kleben, anschlagen*** affiggere manifesti. **Pla|kat|an|schlä|ger** m. *(-s,-)* attacchino *m.* **Pla|kat|far|be** f. *(-,-n)* inchiostro *m.* per manifesti.

pla|ka|tie|ren I tr. pubblicizzare con manifesti **II** intr. (aus. *haben*) affiggere manifesti. **pla|ka|tiert** p.pass. agg. **1** → **plakatieren 2** ***es ist überall ~*** ci sono manifesti affissi dappertutto. **Pla|ka|tie|rung** f. *(-,-en)* affissione *f.* di manifesti. **pla|ka|tiv** agg. plateale, ostentato; *(von Farben)* appariscente.

Pla|kat|kunst f. *(-)* → **Plakatmalerei. Pla|kat|ma|ler** m. *(-s,-)* cartellonista *m.* **Pla|kat|ma|le|rei** f. *(-,-en)* cartellonistica *f.* **Pla|kat|schrift** f. *(-)* caratteri *m.pl.* cubitali. **Pla|kat|trä|ger** m. *(-s,-)* **1** supporto *m.* per affissioni **2** *(Sandwichman)* uomo-sandwich *m.* **Pla|kat|wand** f. *(-,-wände)* parete *f.* per affissioni. **Pla|kat|wer|bung** f. *(-,-en)* pubblicità *f.* murale.

Pla|ket|te f. *(-,-n)* **1** piccola targa *f.* (commemorativa) **2** *(Abzeichen)* distintivo *m.*: ***eine ~ anstecken*** appuntare, mettere un distintivo **3** *(Schaumünze)* medaglia *f.*

Pla|ko|der|men pl. placodermi *m.pl.*

plan I agg. piano, piatto; *(glatt)* liscio **II** avv. in piano.

1.Plan m. *(-[e]s, Pläne)* **1a** piano *m.*: ***einen ~ ersinnen, ausarbeiten (erarbeiten), entwickeln, ausführen, aufgeben, verwerfen, vereiteln*** escogitare, elaborare, creare, eseguire, abbandonare, respingere, sventare un piano; ***es läuft alles nach ~*** va tutto secondo i piani; ***das passt nicht in seinen ~*** questo non rientra nei suoi piani **b** *(Absicht)* progetto *m.*, programma *m.*: ***was sind Ihre weiteren Pläne?*** quali sono i Suoi progetti futuri? ***auf dem ~ stehen*** essere in programma; ***jds Pläne durchkreuzen*** ostacolare (*o* intralciare) i progetti di qcn. **2a** *(Entwurf)* progetto *m.*: ***den ~ (zu) einer Villa entwerfen*** fare il progetto di (*o* progettare) una villa; ***einen ~ prüfen, ablehnen, durchführen (verwirklichen)*** studiare, bocciare, realizzare un progetto **b** *(von etw. Schriftlichem)* piano *m.*, traccia *f.* **3** *(Übersichtskarte)* carta *f.*, pianta *f.*: ***ein ~ von Köln*** una pianta di Colonia; ***der ~ eines Gebäudes*** la pianta di un edificio; ***im ~ (nicht) eingezeichnet sein*** (non) essere riportato sulla carta ◆ ***Pläne schmieden*** fare progetti; ***voller Pläne sein, stecken*** essere pieno di progetti.

2.Plan m. *(-[e]s)* campo *m.*: FIG. ***auf dem ~ erscheinen*** entrare in campo; FIG. ***jdn, etw. auf den ~ rufen*** chiamare in campo (*o* in causa) qcn., qcs.; FIG. ***auf den ~ treten*** entrare in campo, in scena.

plan|bar agg. pianificabile.

Plan|dreh|bank f. *(-,-bänke)* tornio *m.* frontale, tornio *m.* per spianare (*o* sfacciare). **plan_dre|hen** tr. tornire in piano, pianare (*o* sfacciare) al tornio. **Plan|dre|hen** n. *(-s)* tornitura *f.* in piano.

Pla|ne f. *(-,-n)* telone *m.* (impermeabile).

Plä|ne|ma|cher m. *(-s,-)* → **Pläneschmied.**

pla|nen tr. **1** programmare, progettare, pianificare: ***den Urlaub ~*** programmare le vacanze **2a** *(entwerfen)* ***etw. ~*** progettare qcs., fare un progetto per qcs. **b** assol. ***er plant immer voraus, auf lange Sicht*** fa sempre progetti in anticipo, a lungo termine **3** *(ersinnen)* progettare, ideare: ***einen Überfall ~*** progettare un attacco. **Pla|ner** m. *(-s,-)* **1** pianificatore *m.* **2** *(Entwerfer)* progettista *m.* **Plan|er|fül|lung** f. *(-,-en)* EX-RDT attuazione *f.* di un piano (di sviluppo).

pla|ne|risch agg. del progetto, relativo al progetto.

Plä|ne|schmied m. *(-[e]s,-e)* persona *f.* piena di progetti. **Plä|ne|schmie|den** n. *(-s)* il fare progetti (per l'avvenire).

Pla|net m. *(-en,-en)* pianeta *m.* ◆ ***der Blaue ~*** la Terra, il Pianeta Azzurro; ***der Rote ~*** il Marte, il Pianeta Rosso. **pla|ne|tar, pla|ne|ta|risch** agg. planetario. **Pla|ne|ta|ri|um** n. *(-s, Planetarien)* ASTR. planetario *m.*

Pla|ne|ten|bahn f. *(-,-en)* orbita *f.* planetaria, del pianeta. **Pla|ne|ten|be|we|gung** f. *(-,-en)* movimento *m.*, moto *m.* planetario. **Pla|ne|ten|ge|trie|be** n. *(-s,-)* MECC. (ingranaggio *m.*) planetario *m.* **Pla|ne|ten|jahr** n. *(-[e]s,-e)* anno *m.* planetario. **Pla|ne|ten|sys|tem** n. *(-s,-e)* sistema *m.* planetario.

Pla|ne|to|id m. *(-en,-en)* planetoide *m.*, pianetino *m.*

Plan|fest|stel|lung f. *(-)* BUROCR. definizione *f.* del piano regolatore. **Plan|film** m. *(-[e]s,-e)* FOT. pellicola *f.* piana. **Plan|fräs|er** m. *(-s,-)* fresa *f.* spianatrice. **plan|ge|mäß** agg. RAR. → **planmäßig. Plan|ge|rät** n. *(-[e]s,-e)* strumento *m.* planimetrico.

pla|nie|ren tr. spianare, appianare, livellare: ***ein Gelände ~*** livellare un terreno. **Pla|nier|bank** f. *(-,-bänke)* imbutitrice *f.* in lastra, tornio *m.* in lastra. **Pla|nier|rau|pe** f. *(-,-n)* bulldozer *m.*, apripista *m.* **Pla|nier|schild** m. *(-[e]s,-e)* lama *f.* del bulldozer. **Pla|nie|rung** f. *(-,-en)* spianamento *m.*, livellamento *m.*

Pla|ni|fi|ka|ti|on f. *(-,-en)* ECON. pianificazione *f.*

Pla|ni|glob n. *(-s,-en)* planisfero *m.* (terrestre).

Pla|ni|me|ter n. *(-s,-)* planimetro *m.* **Pla|ni|met|rie** f. *(-,-n)* planimetria *f.* **pla|ni|met|risch** agg. planimetrico.

Pla|ni|sphä|re f. *(-,-n)* **1** planisfero *m.* (celeste) **2** → **Planiglob.**

Plan|ke f. *(-,-n)* **1** tavolone *m.*, asse *m.*, pancone *m.* **2** *(Bretterzaun)* steccato *m.*

Plän|ke|lei f. *(-,-en)* schermaglia *f.*, scaramuccia *f.* (anche FIG.). **plän|keln** intr. (aus. *haben*) fare una schermaglia, una scaramuccia.

plan|ken tr. ricoprire di tavoloni, di panconi. **Plan|ken|werk** n. *(-[e]s,-e)* **1** assito *m.*, tavolato *m.* **2** *(Umzäunung)* steccato *m.*

plan|kon|kav agg. pianoconcavo. **plan|kon|vex** agg. pianoconvesso.

Plan|kos|ten pl. spese *f.pl.* messe in conto, costi *m.pl.* preventivati. **Plan|kos|ten|rech|nung** f. *(-,-en)* preventivo *m.* delle spese, dei costi.

Plank|ton n. *(-s)* plancton *m.* **plank|to|nisch** agg. di plancton, planctonico.

plan|los I agg. privo di metodo, senza un piano (prestabilito): ***eine -e Suche*** una ricerca priva di metodo **II** avv. senza metodo, a casaccio. **Plan|lo|sig|keit** f. *(-)* mancanza *f.* di un piano, mancanza *f.* di metodo.

plan|mä|ßig I agg. conforme ai piani, alle previsioni, regolare; *(rechtzeitig)* regolare, puntuale: ***-e Ankunft*** arrivo puntuale **II** avv. **1** conformemente ai piani, come previsto; *(rechtzeitig)* regolarmente, puntualmente: ***die Ware wurde ~ geliefert*** la merce fu consegnata regolarmente **2** *(systematisch)* regolarmente: ***etw. ~ ausüben*** praticare qcs. regolarmente. **Plan|mä|ßig|keit** f. *(-,-en)* conformità *f.* ai piani, alle previsioni, regolarità *f.*

plan|pa|ral|lel agg. a piani paralleli, pian-parallelo. **Plan|preis** m. *(-[e]s,-e)* ECON. prezzo *m.* previsto. **Plan|quad|rat** n. *(-[e]s,-e)* riquadro *m.* di reticolato geografico. **Plan|rost** m. *(-[e]s,-e)* griglia *f.* piana, orizzontale. **Plan|rück|stand** m. *(-[e]s)* ECON. EX-RDT ritardo *m.* nell'attuazione del piano.

Plansch|be|cken → **Plantschbecken. plan|schen** → **plantschen. Plan|sche|rei** → **Plantscherei.**

Plan|schie|ßen n. *(-s)* tiro *m.* con puntamento preparato. **Plan|soll** n. *(-[s],-[s])* EX-RDT norma *f.* di produzione. **Plan|spiel** n. *(-[e]s,-e)* MIL. esercitazione *f.* sulla carta. **Plan|stel|le** f. *(-,-n)* posto *m.* in organico.

Plan|ta|ge [plan'ta:ʒə] f. *(-,-n)* piantagione *f.* **Plan|ta|gen|be|sit|zer** m. *(-s,-)* proprietario *m.* di una, della piantagione. **Plan|ta|gen|wirt|schaft** f. *(-)* agricoltura *f.* in piantagioni.

plan|tar agg. plantare.

Plantsch|be|cken n. *(-s,-)* piscinetta *f.* per bambini. **plant|schen** intr. (aus. *haben*) sguazzare (nell'acqua). **Plant|sche|rei** f. *(-,-en)* lo sguazzare (nell'acqua).

Plan|über|gang m. *(-[e]s,-übergänge)* passaggio *m.* a livello.

Pla|nung f. *(-,-en)* **1** pianificazione *f.*, programmazione *f.*: ***langfristige, mittelfristige ~*** programmazione a lungo, a breve termine **2** *(Entwerfen)* progettazione *f.* **3** *(Ersinnen)* progettazione *f.*, ideazione *f.*: ***die ~ eines Verbrechens*** l'ideazione di un crimine **4** *(das Geplante)* piano *m.*, progetto *m.*: ***sich an die ~ halten*** tenersi al progetto. **Pla|nungs|ab|tei|lung** f. *(-,-en)* settore *m.* di programmazione; *(in der Industrie)* ufficio *m.* tempi e metodi. **Pla|nungs|bü|ro** n. *(-s,-s)* ufficio *m.* di programmazione. **Pla|nungs|kom|mis|si|on** f. *(-,-en)* commissione *f.* per la programmazione. **Pla|nungs|rech|nung** f. *(-,-en)* MAT. calcolo *m.* operazionale. **Pla|nungs|sta|di|um** n. *(-s,-stadien)* fase *f.* di programmazione.

plan|voll I agg. che segue un piano, sistematico, metodico: ***ein -es Vorgehen*** un procedimento metodico **II** avv. secondo un piano, un metodo, sistematicamente.

Plan|wa|gen m. *(-s,-)* carro *m.* coperto.

Plan|wirt|schaft f. *(-)* economia *f.* pianificata.

plan|zeich|nen intr. (solo inf.) disegnare piante topografiche. **Plan|zeich|nen** n. *(-s)* disegno *m.* di piante topografiche. **Plan|**

zeich|ner m. *(-s,-)* disegnatore *m.* di piante topografiche. **Plan|zeich|nung** f. *(-,-en)* pianta *f.*

Plan|zei|ger m. *(-s,-)* misuratore *m.* di coordinate. **Plan|ziel** n. *(-[e]s,-e)* ECON. EX-RDT obiettivo *m.* di produzione.

Plap|pe|rei f. *(-,-en)* COLLOQ. SPREG. cicaleccio *m.*, chiacchierio *m.* **Plap|pe|rer** m. *(-s,-)* COLLOQ. SPREG. ciarlone *m.*, chiacchierone *m.* **plap|per|haft** agg. COLLOQ. SPREG. ciarliero, chiacchierone. **Plap|per|haf|tig|keit** f. *(-)* COLLOQ. SPREG. chiacchiera *f.* **Plap|pe|rin** f. *(-,-nen)* COLLOQ. SPREG. chiacchierona *f.* **Plap|per|maul** n. *(-[e]s, -mäuler)* COLLOQ. SPREG. → **Plapperer. plap|pern** intr. (aus. *haben*) COLLOQ. SPREG. chiacchierare ◆ ***Unsinn ~*** blaterare. **Plap|per|ta|sche** f. *(-,-n)* COLLOQ. SPREG. → **Plapperer. Plapp|rer** → **Plapperer.**

Plaque [plak] f. *(-,-s)* MED. placca *f.*

plär|ren SPREG. **I** tr. cantare in modo sguaiato **II** intr. (aus. *haben*) **1** strillare, sbraitare (anche FIG.): ***das Radio plärrt*** la radio strilla **2** *(weinen)* strillare: ***das Kind plärrte in der Wiege*** il bambino strillava nella culla. **Plär|rer** m. *(-s,-)* COLLOQ. SPREG. **1** strillone *f.*, bercione *f.* **2** *(Weinender)* piagnone *m.*

Plä|sier n. *(-s,-e* e AUSTR. *-s)* REGION. piacere *m.*, diletto *m.* **Plä|sier|chen** n. *(-s,-)* SCHERZ., ***jedem Tierchen sein ~*** a ciascuno il suo vizietto. **plä|sier|lich** agg. REGION. piacevole.

Plas|ma n. *(-s, Plasmen)* **1** BIOL. protoplasma *m.* **2** MED. FIS. MINER. plasma *m.* **Plas|ma|che|mie** f. *(-)* chimica *f.* dei plasmi. **Plas|ma|phy|sik** f. *(-)* fisica *f.* dei plasmi.

Plas|mo|di|um n. *(-s, Plasmodien)* BIOL. plasmodio *m.*

Plast m. *(-[e]s,-e)*, **Plas|te** f. *(-,-n)* EX-RDT materiale *m.* sintetico; *(Plastik)* plastica *f.*

plas|ti|fi|zie|ren tr. plastificare. **Plas|ti|fi|zie|ren** n. *(-s)* plastificazione *f.*

1.Plas|tik f. *(-,-en)* **1a** (arte *f.*) plastica *f.*, scultura *f.*: ***die ~ der Griechen, des Barocks*** la scultura greca, del Barocco **b** *(Werk)* scultura *f.*: ***eine ~ Rodins*** una scultura di Rodin; ***eine ~ aufstellen*** erigere una scultura **2** *(Ausdruckskraft)* plasticità *f.* **3** CHIR. plastica *f.*: ***sich eine ~ machen lassen*** farsi la plastica.

2.Plas|tik n. *(-s)* TECN. plastica *f.*: ***Besteck, Becher aus ~*** posate, bicchieri di plastica. **Plas|tik|beu|tel** m. *(-s,-)* sacchetto *m.* di plastica. **Plas|tik|blu|me** f. *(-,-n)* fiore *m.* di plastica. **Plas|tik|bom|be** f. *(-,-n)* bomba *f.* al plastico. **Plas|tik|ein|band** m. *(-[e]s,-einbände)* copertina *f.* di plastica.

Plas|ti|ker m. *(-s,-)* scultore *m.*

Plas|tik|fo|lie f. *(-,-n)* foglio *m.* di plastica; *(für Nahrungsmittel)* pellicola *f.* trasparente. **Plas|tik|geld** n. *(-[e]s)* COLLOQ. = carta *f.* di credito. **Plas|tik|ge|schirr** n. *(-[e]s,-e)* stoviglie *f.pl.* di plastica. **Plas|tik|hül|le** f. *(-,-n)* involucro *m.* di plastica; *(von Schallplatten)* copertina *f.* di plastica. **Plas|tik|mu|sik** f. *(-)* COLLOQ. musica *f.* elettronica. **Plas|tik|sack** m. *(-[e]s,-säcke)* sacco *m.* di plastica. **Plas|tik|spreng|stoff** m. *(-[e]s,-e)* (esplosivo *m.* al) plastico *m.* **Plas|tik|tü|te** f. *(-,-n)* borsa *f.* (*o* sacchetto *m.*) di plastica.

Plas|ti|lin n. *(-s)*, **Plas|ti|li|na** f. *(-)* plastilina *f.*

plas|tisch I agg. **1** plastico, in rilievo, tridimensionale: ***-er Effekt*** effetto plastico **2** *(bildhauerisch)* scultoreo: ***ein -es Kunstwerk*** un'opera scultorea **3** FIG. *(anschaulich)* plastico: ***eine -e Beschreibung, Schilderung*** una descrizione, una rappresentazione plastica **4** *(knetbar)* plastico: ***-es Material*** materia plastica **5** MED. ***-e Chirurgie*** chirurgia plastica **II** avv. in modo plastico, plasticamente; ***etw. ~ erzählen, schildern*** raccontare, descrivere qcs. in modo plastico; ***~ wirken*** avere un effetto plastico.

Plas|ti|zi|tät f. *(-)* plasticità *f.*

Plast|ron [plas'trõ:] m. e n. *(-s,-s)* **1** STOR. SPORT piastrone *m.* **2** ABBIGL. plastron *m.*

Pla|ta|ne f. *(-,-n)* platano *m.* **Pla|ta|nen|ge|wächs** n. *(-es,-e)* platanacea *f.*

Pla|teau [pla:'to:] n. *(-s,-s)* plateau *m.*; *(Hochebene)* altipiano *m.* **Pla|teau|soh|le** f. *(-,-n)* (suola *f.* con la) zeppa *f.*

pla|te|resk agg. plateresco. **Pla|te|resk** n. *(-[e]s)*, **Pla|te|res|ken|stil** m. *(-[e]s)* stile *m.* plateresco.

Pla|tin, Pla|tin n. *(-s)* platino *m.* **pla|tin|blond** agg. biondo platino. **Pla|tin|draht** m. *(-[e]s,-drähte)* filo *m.* di platino.

Pla|ti|ne f. *(-,-n)* **1** EL. piastrina *f.* **2a** METALL. bidone *m.* **b** *(in der Blechverarbeitung)* sviluppo *m.* (di lamiera) **3** ELETTRON. scheda *f.*

Pla|tin|erz n. *(-es)* minerale *m.* platinifero. **Pla|tin|fuchs** m. *(-es, -füchse)* volpe *f.* platinata. **pla|tin|hal|tig** agg. platinifero, CHIM. platinoso; platinico. **Pla|tin|hoch|zeit** f. *(-)* nozze *f.pl.* di platino.

pla|ti|nie|ren tr. platinare. **Pla|ti|nie|rung** f. *(-,-en)* platinatura *f.*, platinaggio *m.*

Pla|tin|le|gie|rung f. *(-,-en)* lega *f.* di platino. **Pla|tin|me|tal|le** pl. gruppo *m.* del platino. **Pla|ti|no|id** n. *(-[e]s,-e)* lega *f.* platinoide.

Pla|ti|tü|de → **Plattitüde.**

Pla|to, Pla|ton n.pr.m. Platone *m.* **Pla|to|ni|ker** m. *(-s,-)* platonico *m.* **pla|to|nisch I** agg. platonico: ***-e Liebe*** amore platonico **II** avv. platonicamente, in modo platonico ◆ ***platonische Dialoge*** dialoghi di Platone. **Pla|to|nis|mus** m. *(-)* platonismo *m.*

platsch inter. ciac, ciaf; *(wenn etwas ins Wasser fällt)* splash. **plat|schen** intr. COLLOQ. **1a** (aus. *sein*) fare cic ciac: ***der Regen platscht auf das Dach*** la pioggia fa cic ciac (*o* batte, cade) sul tetto **b** *(von Wellen)* sciabordare, frangersi **2** (aus. *haben, sein*) ***im Wasser ~*** sguazzare nell'acqua **3** *(mit klatschendem Geräusch fallen*; aus. *sein)* fare un tonfo: ***ins Wasser ~*** fare un tonfo in acqua **4** REGION. impers. (aus. *haben*) ***es platscht*** piove a dirotto.

plät|schern intr. (aus. *haben*) **1a** gorgogliare: ***der Bach plätschert*** il ruscello gorgoglia **b** *(vom Regen)* scrosciare **2** *(platschen)* sguazzare **3a** *(plätschernd fließen*; aus. *sein)* scorrere gorgogliando **b** FIG. ***die Unterhaltung plätschert vor sich hin*** la conversazione scorre piacevolmente.

platsch|nass agg. REGION. bagnato fradicio. **Platsch|re|gen** REGION. → **Platzregen.**

platt agg. **1** piatto: ***-e Füße*** piedi piatti; ***-e Nase*** naso piatto (*o* schiacciato, camuso); COLLOQ. ***sie ist ~ wie ein Brett*** è piatta come un asse **2** *(von Reifen)* sgonfio, a terra **3a** *(geistlos)* piatto, insulso, banale: ***eine -e Konversation*** una conversazione piatta; *(von Zynismus)* volgare **b** *(glatt)* evidente, chiaro, bell'e buono: ***das ist eine -e Lüge!*** è una bugia bella e buona! ◆ ***etw. ~ drücken*** appiattire, schiacciare qcs.; ***sich (D) die Nase an der Scheibe ~ drücken*** schiacciare il naso contro il vetro; ***etw. ~ hämmern*** spianare qcs. col martello; ***auf dem -en Land*** in pianura; ***sich ~ auf den Boden legen*** appiattirsi al terreno; ***~ auf dem Boden liegen*** starsene appiattito al terreno; COLLOQ. ***wir hatten einen Platten*** abbiamo bucato (una ruota); COLLOQ. ***~ sein*** essere sbalordito, rimanere di stucco.

Platt n. *(-[s])* **1** → **Plattdeutsch 2** REGION. *(Dialekt)* dialetto *m.*

Plätt|brett n. *(-[e]s,-er)* REGION. asse *m.* da stiro.

platt|deutsch agg. basso-tedesco. **Platt|deutsch** n. *(-[s])*, **Platt|deut|sche** n. *(-n)* basso tedesco *m.*

Plat|te f. *(-,-n)* **1a** piastra *f.*, placca *f.*, lastra *f.*: ***eine ~ aus Eisen, Marmor, Gold, Metall*** una lastra di ghiaccio, di marmo, una placca d'oro, una piastra (*o* placca) di metallo **b** *(Gedenktafel)* targa *f.* (commemorativa): ***eine ~ anbringen*** collocare una targa **c** *(Grabplatte)* lapide *f.* **d** *(Tischplatte)* piano *m.* (del tavolo) **e** *(Holzplatte)* tavola *f.* (di legno) **2** *(Herdplatte)* piastra *f.*, fornello *m.*: ***die ~ einschalten, ausschalten*** accendere, spegnere la piastra **3** *(Fliese)* piastrella *f.*: ***-n verlegen*** mettere le piastrelle, piastrellare **4** *(Schallplatte)* disco *m.*: ***etw. auf ~ aufnehmen*** incidere qcs. su disco; ***eine ~ auflegen, (an)hören*** mettere, ascoltare un disco **5** *(größerer Teller)* piatto *m.* (grande): ***eine ~ mit Käse*** un piatto di formaggi: ***gemischte, kalte -n*** piatti misti, freddi **6** FOT. TIP. lastra *f.* **7** ALP. placca *f.*, lastra *f.* **8** NUMISM. disco *m.* (metallico), tondello *m.* **9** EDIL. soletta *f.* **10** COLLOQ. *(Glatze)* pelata *f.*: ***eine ~ haben, bekommen*** essere, diventare pelato (*o* calvo) **11** AUSTR. *(Gang)* banda *f.* ◆ ***eine andere, neue ~ auflegen*** cambiare disco, musica (anche FIG.); ANT. ***jdn, etw. auf die ~ bannen*** fissare su lastra, fotografare qcn., qcs.; ***etw. auf der ~ haben*** = sapere, conoscere qcs.; ***die ~ kenne ich schon!*** conosco questa musica! GERG. ***die ~ putzen*** tagliare la corda, svignarsela; ***ständig die alte, die gleiche, dieselbe ~ (ablaufen lassen)*** (ripetere) sempre la stessa musica (*o* solfa).

Plät|te f. *(-,-n)* **1** REGION. ferro *m.* da stiro **2** AUSTR. *(Schiff)* chiatta *f.* **Plätt|ei|sen** n. *(-s,-)* REGION. ferro *m.* da stiro. **plät|ten** tr. REGION. stirare.

Plat|ten|al|bum n. *(-s,-alben)* album *m.* per dischi, portadischi *m.* **Plat|ten|ar|chiv** n. *(-s,-e)* archivio *m.* discografico, discoteca *f.* **Plat|ten|auf|nah|me** f. *(-,-n)* incisione *f.* discografica (*o* su disco). **Plat|ten|bar** f. *(-,-s)* banco *m.* d'ascolto. **Plat|ten|bau|wei|se** f. *(-)* costruzione *f.* con prefabbricati. **Plat|ten|be|lag** m. *(-[e]s,-beläge)* lastricatura *f.*, lastrico *m.*; *(aus Fliesen)* rivestimento *m.* di piastrelle. **Plat|ten|co|ver** n. *(-s,-[s])* → **Plattenhülle. Plat|ten|eis** n. *(-es)* ghiaccio *m.* in lastre. **Plat|ten|emp|find|lich|keit** f. *(-)* sensibilità *f.* della lastra fotografica. **plat|ten|för|mig** agg. a forma di lastra, di piastra. **Plat|ten|hül|le** f. *(-,-n)* copertina *f.* del disco. **Plat|ten|la|bel** n. *(-s,-s)* **1** etichetta *f.* discografica **2** *(Schallplattenfirma)* casa *f.* discografica. **Plat|ten|in|dust|rie** f. *(-)* industria *f.* discografica. **Plat|ten|kie|mer** m. *(-s,-)* elasmobranchio *m.* **Plat|ten|kon|den|sa|tor** m. *(-s,-en)* condensatore *m.* a piastre. **Plat|ten|le|ger** m. *(-s,-)* piastrellista *m.* **Plat|ten|samm|lung** f. *(-,-en)* raccolta *f.* di dischi. **Plat|ten|schrank** m. *(-[e]s,-schränke)* radiofonobar *m.*

Plat|ten|see n.pr.m. *(-s)* lago *m.* Balaton.

Plat|ten|spie|ler m. *(-s,-)* giradischi *m.* **Plat|ten|ste|cher** m. *(-s,-)* incisore *m.* **Plat|ten|ta|sche** f. *(-,-n)* busta *f.* del disco. **Plat|ten|tel|ler** m. *(-s,-)* piatto *m.* giradischi. **Plat|ten|ven|til** n. *(-s,-e)* valvola *f.* a disco. **Plat|ten|wechs|ler** m. *(-s,-)* cambiadischi *m.* **Plat|ten|weg** m. *(-[e]s,-e)* sentiero *m.* lastricato.

Platt|erb|se f. *(-,-n)* latiro *m.*, erba *f.* galletta.

plat|ter|dings avv. ANT. del tutto, assolutamente.

Plät|te|rei f. *(-,-en)* REGION. **1** stireria *f.* **2** COLLOQ. *(Plätten)* lo stirare, stiratura *f.* **Plät|te|rin** f. *(-,-nen)* REGION. stiratrice *f.*

Platt|fisch m. *(-[e]s,-e)* pleuronettide *m.*

Platt|form f. *(-,-en)* piattaforma *f.* (anche FIG.): ***eine ~ errichten*** erigere una piattaforma; ***eine gemeinsame ~ ausarbeiten*** elaborare una piattaforma comune. **Platt|form|an|hän|ger** m. *(-s,-)* rimorchio *m.* a pianale. **Platt|form|wa|gen** m. *(-s,-)* carro *m.* pianale (*o* piatto).

Platt|fuß m. *(-es,-füße)* **1** pl. piedi *m.pl.* piatti **2** COLLOQ. *(Reifen)* ruota *f.* sgonfia, gomma *f.* a terra. **platt|fü|ßig** agg. dai, coi piedi piatti. **Platt|fuß|in|di|a|ner** m. *(-s,-)* **1** uomo *m.* dai piedi piatti **2** *(als Schimpfwort)* baluba *m.* **3** MIL. GERG. fante *m.*, fantaccino *m.*

Platt|heit f. *(-,-en)* **1** piattezza *f.* **2** FIG. → **Plattitüde.**

Platt|hirsch m. *(-[e]s,-e)* VENAT. cervo *m.* senza corna.

plat|tie|ren tr. placcare. **Plat|tie|rung** f. *(-,-en)* placcatura *f.* **Plat|tier|ver|fah|ren** n. *(-s)* (processo *m.* di) placcatura *f.*

plat|tig agg. ALP. liscio, senza appigli.

Plat|ti|tü|de f. *(-,-n)* piattezza *f.*, insulsaggine *f.*, banalità *f.*: ***-n von sich geben*** dire banalità.

Platt|ler m. *(-s,-)* INTRAD. (danza popolare bavarese).

Plätt|ma|schi|ne f. *(-,-n)* REGION. stiratrice *f.*

Platt|na|se f. *(-,-n)* naso *m.* piatto (*o* schiacciato, camuso). **platt|na|sig** agg. dal, col naso piatto (*o* schiacciato, camuso). **Platt|stich** m. *(-[e]s,-e)* punto *m.* piatto. **Platt|(stich|)sti|cke|rei** f. *(-,-en)* lavoro *m.* a punto piatto.

Plätt|wä|sche f. *(-)* REGION. biancheria *f.* da stirare.

Platt|wurm m. *(-[e]s,-würmer)* platelminta *m.*

Platz m. *(-es, Plätze)* **1a** *(Stelle, Ort)* posto *m.*, luogo *m.*: ***ein schattiger, windiger ~*** un posto ombroso, ventoso; ***das beste Restaurant am ~*** il miglior ristorante del luogo **b** posto *m.*, spazio *m.*: ***im Schrank, im Auto ist noch ~*** nell'armadio, in macchina c'è ancora posto; ***der Tisch nimmt zu viel ~ ein, weg*** il tavolo porta via troppo spazio, occupa troppo posto; ***keinen ~ mehr für etw. haben*** non avere più posto per qcs.; ***~ für etw. lassen*** lasciare posto per qcs.; ***~ sparend*** poco ingombrante; ***~ sparend packen*** fare i bagagli in modo da tenere poco posto (*o* risparmiando spazio); ***~ raubend*** ingombrante **c** *(Sitzplatz)* posto *m.* (a sedere): ***ist der ~ noch frei?*** è ancora libero questo posto? ***dieser ~ ist besetzt*** questo posto è occupato; ***auf seinen ~ gehen*** andare al proprio posto; ***einen ~ anweisen, belegen, für jdn freihalten*** assegnare, prenotare (*o* occupare) un posto, riservare un posto a qcn.; ***zwei Plätze (im Restaurant) reservieren lassen*** prenotare due posti (al ristorante) **d** *(Teilnahmemöglichkeit)* ***im Kurs sind noch Plätze frei*** nel corso ci sono ancora posti liberi; ***alle Plätze sind gebucht*** tutti i posti sono prenotati **e** *(Position)* ***seinen ~ ausfüllen, behaupten*** ricoprire, conservare il proprio posto; ***den ersten ~ einnehmen*** occupare il primo posto; ***jdn von seinem ~ verdrängen*** togliere a qcn. il suo posto, rimuovere qcn. dal suo posto **f** SPORT *(Plazierung)* posto *m.*, piazzamento *m.*: ***einen ~ im Mittelfeld, den zweiten ~ belegen*** occupare un posto (*o* piazzarsi) a, in centro classifica, occupare il secondo posto (*o* piazzarsi secondo); ***einen guten ~ erobern*** conquistare un buon piazzamento **2a** piazza *f.*: ***auf dem ~ vor der Schule*** sulla (*o* nella) piazza davanti alla scuola **b** COMM. ***die wichtigsten Plätze für unseren Handel*** le piazze più importanti per il nostro commercio; ***am -e*** sulla piazza **3** SPORT *(Sportplatz)* campo *m.*: ***auf eigenem ~ spielen*** giocare sul proprio campo (*o* in casa); ***vom ~ gestellt werden*** essere espulso dal campo **4** *(Befehl an einen Hund)* ***~!*** giù!, (a) cuccia! ◆ ***nicht, fehl am (-e) sein*** essere fuori luogo, essere inopportuno; ***auf die Plätze, fertig, los!*** ai vostri posti, pronti, via! ***bitte, behalten Sie ~!*** prego, stia comodo! resti seduto! ***~ für 250 Personen bieten*** avere posto per 250 persone; *(beim Zweikampf)* ***auf dem ~ bleiben*** rimanere sul campo; ***~ da!*** largo! ***~ greifen*** prendere piede, diffondersi; ***in etw. (D) keinen ~ haben*** non avere (*o* non trovare) posto in qcs.; ***jdm, für jdn ~ machen*** fare posto a qcn. (anche FIG.); ***nehmen Sie doch ~!*** si accomodi! ***der rechte Mann am rechten ~*** l'uomo giusto al posto giusto; ***~ für etw. schaffen*** fare posto a qcs.; ***nach einem ~ an der Sonne streben*** volere un posto al sole; ***nicht an seinem ~ stehen*** non essere al proprio posto; ***etw. an seinen ~ stellen*** mettere qcs. al suo posto; ***jdn auf die Plätze verweisen*** riportare una vittoria su qcn.; EQUIT. ***auf ~ wetten*** scommettere su (cavalli) piazzati.

Platz|angst f. *(-)* agorafobia *f.* **Platz|an|wei|ser** m. *(-s,-)*, **Platz|an|wei|se|rin** f. *(-,-nen)* TEATR. maschera *f.* **Platz|be|darf** m. *(-[e]s)* bisogno *m.* di posto (*o* di spazio). **Plätz|chen** n. *(-s,-)* **1** *(kleine Stelle, kleiner Raum)* posticino *m.* **2** piazzetta *f.* **3** *(Kleingebäck)* biscotto *m.*, pasticcino *m.* **Platz|deck|chen** n. *(-s,-)* tovaglietta *f.* all'americana.

Plat|ze, REGION. ***die ~ kriegen*** scoppiare (di rabbia); ***sich (D) die ~ (an den Hals) ärgern*** esplodere di rabbia.

plat|zen intr. (aus. *sein*) **1a** scoppiare, esplodere: ***der Ballon, der Reifen ist geplatzt*** il pallone, il pneumatico è scoppiato; ***die Granate platzte in der Nähe*** la granata scoppiò nelle vicinanze **b** *(aufplatzen)* cedere: ***die Naht ist geplatzt*** la cucitura ha ceduto, si è aperta **2** FIG. scoppiare, crepare: ***vor Neugier, Stolz ~*** scoppiare di curiosità, d'orgoglio; ***vor Lachen, Neid, Wut ~*** crepare dal ridere, d'invidia, di rabbia **3** COLLOQ. *(scheitern)* saltare, andare a monte: ***die Veranstaltung, die Verlobung ist geplatzt*** lo spettacolo è saltato, il fidanzamento è andato a monte **4** COLLOQ. *(hineinplatzen)* piombare: ***plötzlich ins Haus ~*** piombare improvvisamente in casa ◆ ***wenn ich noch etw. esse, platze ich*** se mangio ancora qcs., scoppio; ***bei diesem Lärm platzt mein Trommelfell*** con questo chiasso mi si spaccano i timpani.

Platz|grün|de, ***aus -n*** per motivi di spazio. **Platz|hal|ter** m. *(-s,-)* persona *f.* (*o* cosa *f.*) che occupa un posto per persona (*o* cosa). **Platz|hirsch** m. *(-es,-e)* cervo *m.* più forte.

plat|zie|ren I tr. piazzare (anche COMM. e SPORT): ***Polizisten an allen Ausgängen ~*** piazzare poliziotti a tutte le uscite; ***eine Anzeige gut ~*** piazzare (*o* collocare) bene un annuncio; SPORT ***einen Schuss ~*** piazzare un tiro; ***eine Ware auf dem Markt ~*** piazzare (*o* collocare) una merce sul mercato **II** rifl. **sich ~** piazzarsi: ***sich unter den ersten fünf ~*** piazzarsi tra i primi cinque. **plat|ziert I** p.pass. agg. → **plazieren II** avv. ***~ schießen*** battere un calcio piazzato. **Plat|zie|rung** f. *(-,-en)* piazzamento *m.*

Platz|kar|te f. *(-,-n)* FERR. biglietto *m.* di prenotazione (di un posto). **Platz|kon|zert** n. *(-[e]s,-e)* concerto *m.* in piazza. **Platz|man|gel** m. *(-s)* mancanza *f.* di posto. **Platz|mie|te** f. *(-,-n)* **1** TEATR. abbonamento *m.* a una poltrona numerata **2** *(auf Marktplätzen)* plateatico *m.*

Platz|pat|ro|ne f. *(-,-n)* cartuccia *f.* a salve. **Platz|re|gen** m. *(-s)* acquazzone *m.*, rovescio *m.* (di pioggia).

Platz|re|ser|vie|rung f. *(-,-en)* prenotazione *f.* (del) posto.

Platz|run|de f. *(-,-n)* **1** giro *m.* del campo: ***eine ~ laufen*** fare un giro di corsa intorno al campo **2** AER. giro *m.* sul campo. **Platz|tel|ler** m. *(-s,-)* sottopiatto *m.* **Platz|ver|än|de|rung** f. *(-,-en)* cambiamento *m.* di posto. **Platz|ver|hält|nis|se** pl. condizioni *f.pl.* del campo (da gioco). **Platz|ver|tre|ter** m. *(-s,-)* COMM. agente *m.* (di vendita) locale, rappresentante *m.* del, sul posto. **Platz|ver|tre|tung** f. *(-,-en)* COMM. rappresentanza *f.* sul posto. **Platz|ver|weis** m. *(-es,-e)* SPORT espulsione *f.* (dal campo); ***einen ~ verhängen*** espellere dal campo. **Platz|vor|teil** m. *(-s,-e)* SPORT fattore *m.* campo. **Platz|wahl** f. *(-,-en)* **1** scelta *f.* del posto **2** SPORT scelta *f.* del campo. **Platz|wart** m. *(-[e]s,-e)* custode *m.* di, del campo sportivo. **Platz|wech|sel** m. *(-s,-)* SPORT cambio *m.* di posto. **Platz|wet|te** f. *(-,-n)* scommessa *f.* sui piazzati.

Platz|wun|de f. *(-,-n)* ferita *f.* superficiale.

Platz|zif|fer f. *(-,-n)* SPORT punteggio *m.*

Plau|de|rei f. *(-,-en)* chiacchierata *f.*, conversazione *f.* (piacevole). **Plau|de|rer** m. *(-s,-)* **1** piacevole conversatore *m.* **2** *(Ausplauderer)* chiacchierone *m.*, pettegolo *m.* **plau|der|haft** agg. chiacchierone. **plau|dern** intr. (aus. *haben*) **1** conversare, chiacchierare: ***mit jdm angeregt ~*** chiacchierare con qcn. animatamente **2** *(Geheimnisse ausplaudern)* parlare (troppo) ◆ ***aus der Schule ~*** spiattellare tutto. **Plau|der|stünd|chen** n. *(-s,-)*, **Plau|der|stun|de** f. *(-,-n)* (breve) chiacchierata *f.*, quattro chiacchiere *f.pl.*: ***sich zu einer ~ treffen*** vedersi per fare quattro chiacchiere. **Plau|der|ta|sche** f. *(-,-n)* SPREG. boccaccia *f.*, chiacchierona *f.* **Plau|der|ton** m. *(-s)* tono *m.* colloquiale, di piacevole conversazione. **Plaud|rer** → **Plauderer.**

Plausch m. *(-[e]s,-e)* REGION. chiacchierata *f.*, piacevole conversazione *f.*: ***mit jdm einen kleinen ~ halten*** fare una chiacchieratina con qcn. **plau|schen** intr. (aus. *haben*) **1** REGION. chiacchierare piacevolmente **2** AUSTR. esagerare, mentire.

plau|si|bel I agg. plausibile: ***(k)einen plausiblen Grund für etw. haben*** (non) avere un motivo plausibile per qcs. **II** avv. in modo plausibile: ***etw. ~ begründen*** motivare qcs. in modo plausibile; ***etw. klingt ~*** qcs. suona plausibile. **plau|si|bi|li|sie|ren** tr. rendere plausibile. **Plau|si|bi|li|tät** f. *(-)* plausibilità *f.*

plauz inter. tonfete. **Plauz** m. *(-es,-e)* COLLOQ. tonfo *m.*

Plau|ze f. *(-,-n)* REGION. VOLG. **1** *(Lunge)* polmone *m.* **2** *(Bauch)* pancia *f.* ◆ ***sich die ~ ausschreien*** spolmonarsi; COLLOQ. ***auf der ~ liegen*** = essere a letto malato.

plau|zen I intr. REGION. **1** (aus. *haben*) ***mit etw. ~*** far sbattere qcs. **2** *(krachen;* aus. *sein)* schiantarsi **II** tr. sbattere: ***die Tür ~*** sbattere la porta.

Play-back ['pleɪbæk] n. *(-,-s)* play-back *m.*, playback *m.*: ***zu einem ~ singen*** cantare in playback. **Play|boy** [-bɔi] m. *(-s,-s)* playboy *m.* **Play|girl** [-gø:ɐl] n. *(-s,-s)* playgirl *f.* **Play-off** n. *(-,-)* play-off *m.*

Pla|zen|ta f. *(-,-s* e *Plazenten)* placenta *f.* **pla|zen|tal, pla|zen|tar** agg. placentare.

Pla|zet n. *(-s,-s)* placet *m.*: ***sein ~ zu, für etw. geben*** dare il proprio placet a, per qcs.

Ple|be|jer m. *(-s,-)* plebeo *m.* (anche FIG. SPREG.). **ple|be|jisch** agg. plebeo (anche FIG. SPREG.).

Ple|bis|zit n. *(-[e]s,-e)* POL. plebiscito *m.* **ple|bis|zi|tär** agg. POL. plebiscitario. **Plebs I** f. *(-)* STOR. plebe *f.* **II** m. *(-es)*, AUSTR. f. *(-)* FIG. SPREG. plebe *f.*

pleis|to|zän agg. pleistocenico. **Pleis|to|zän** n. *(-s)* pleistocene *m.*

plei|te, COLLOQ. ***~ sein*** essere fallito; *(ohne Geld sein)* essere spiantato. **Plei|te** f. *(-,-n)* COLLOQ. fallimento *m.*: ***~ gehen*** andare in, fare fallimento; ***~ machen*** fare fallimento; ***kurz vor der ~ stehen*** essere a un passo dalla bancarotta; ***das Fest war eine völlige ~*** la festa è stata un completo fallimento. **Plei|te|gei|er** m. *(-s,-)* COLLOQ. spettro *m.* della bancarotta.

Ple|ja|den n.pr.pl. Pleiadi *f.pl.*

Plekt|ron, Plekt|rum n. *(-s, Plektren)* plettro *m.*

plem → **plemplem.**

Plem|pe f. *(-,-n)* **1** REGION. SPREG. *(Getränk)* brodaglia *f.* **2a** ANT. *(Säbel)* sciabola *f.* **b** *(Seitengewehr)* baionetta *f.*

plem|plem agg. inv. COLLOQ. toccò, matto.

Ple|nar|sit|zung f. *(-,-en)* seduta *f.* plenaria. **Ple|nar|ta|gung** f. *(-,-en)* sessione *f.* plenaria. **Ple|nar|ver|samm|lung** f. *(-,-en)* riunione *f.* plenaria, assemblea *f.* plenaria.

plen|tern tr. AGR. sfoltire, diradare.

Ple|num n. *(-s, Plenen)* plenum *m.*

Ple|o|nas|mus m. *(-, Pleonasmen)* pleonasmo *m.* **ple|o|nas|tisch** agg. pleonastico.

Pleu|el m. *(-s,-)*, **Pleu|el|stan|ge** f. *(-,-n)* biella *f.*

Pleu|ra f. *(-, Pleuren)* pleura *f.* **Pleu|ri|tis** f. *(-, Pleuritiden)* pleurite *f.* **Pleu|ro|pneu|mo|nie** f. *(-,-n)* pleuropolmonite *f.*

Ple|xus m. *(-,-)* MED. plesso *m.*

Plicht f. *(-,-en)* MAR. pozzetto *m.*

plie|ren intr. (aus. *haben*) REGION. **1** ammiccare, strizzare gli occhi **2** *(weinen)* piangere. **plie|rig** REGION. agg. **1** *(blinzelnd)* ammiccante **2** *(verweint)* bagnato di lacrime **3** *(nass)* fradicio.

plietsch agg. REGION. sveglio, furbo.

plin|kern intr. (aus. *haben*) REGION. strizzare l'occhio.

plin|sen intr. (aus. *haben*) REGION. piangere, strillare.

Plin|the f. *(-,-n)* ARCH. plinto *m.*

pli|o|zän agg. pliocenico. **Pli|o|zän** n. *(-s)* pliocene *m.*

Plis|see n. *(-s,-s)* plissé *m.*, plissettato *m.* **Plis|see|rock** m. *(-s, -röcke)* gonna *f.* plissettata (*o* plissé). **plis|sie|ren** tr. plissettare. **plis|siert** p.pass. agg. **1** → **plissieren 2** plissettato, plissé.

PLO ⇒ *Palestine Liberation Organization* Organizzazione per la liberazione della Palestina (OLP).

Plom|be f. *(-,-n)* **1** piombo *m.*, piombino *m.*: ***eine ~ anbringen, entfernen*** mettere, togliere un piombino **2** ANT. *(Zahnfüllung)* (im)piombatura *f.* **Plom|ben|ver|schluss** m. *(-es,-verschlüsse)* piombatura *f.* **plom|bie|ren** tr. (im)piombare: ***einen Gaszähler, einen Zahn ~*** impiombare un contatore del gas, un dente. **Plom|bie|rung** f. *(-,-en)* (im)piombatura *f.*

plo|siv agg. FON. occlusivo. **Plo|siv** m. *(-s,-e)*, **Plo|siv|laut** m. *(-[e]s, -e)* (consonante *f.*) occlusiva *f.*

Plot m. e n. *(-s,-s)* plot *m.*: ***der ~ des Films*** il plot del film.

Plot|te f. *(-,-n)* COLLOQ. SPREG. polpettone *m.*

Plöt|ze f. *(-,-n)* leucisco *m.* rosso.

plötz|lich I agg. improvviso, repentino, subitaneo; *(unerwartet)* improvviso, inatteso: ***ein -er Besuch, Tod*** una visita, una morte improvvisa **II** avv. **1** improvvisamente, all'improvviso, d'un tratto, di colpo; *(unerwartet)* inaspettatamente **2** *(sofort)* presto, alla svelta: ***jetzt aber ~!*** adesso però presto! **Plötz|lich|keit** f. *(-)* repentinità *f.*, subitaneità *f.*

Plu|der|ho|se f. *(-,-n)* pantaloni *m.pl.* alla turca; *(halblange)* pantaloni *m.pl.* a sbuffo. **plu|de|rig** agg. a sbuffo. **plu|dern** intr. (aus. *haben*) essere gonfio, stare a sbuffo: ***ihr Rock pludert*** ha una gonna a sbuffo.

Plu|meau [ply'mo:] n. *(-s,-s)* piumino *m.* (per il letto).

plump I agg. **1** *(dick und unförmig)* tozzo: ***ein -er Körper*** un corpo tozzo; ***-e Füße*** piedi tozzi **2** *(unbeholfen, ungeschickt)* pesante, goffo, impacciato; *(taktlos)* grossolano: ***-e Bewegungen*** movimenti goffi; ***ein -er Annäherungsversuch*** un goffo tentativo di approccio ***eine -e Lüge*** una bugia grossolana **II** avv. **1** pesantemente, in modo sgarbato: ***sich ~ ausdrücken*** esprimersi in modo sgarbato **2** *(ungeschickt)* goffamente, in modo impacciato **3** *(derb)* in modo grossolano.

Plump|beut|ler m. *(-s,-)* ZOOL. vombato *m.*

Plump|heit f. *(-,-en)* **1** forma *f.* tozza **2** *(Unbeholfensein)* pesantezza *f.* **3** *(Ungeschicktheit)* goffaggine *f.* **4** *(Taktlosigkeit)* grossolanità *f.*, mancanza *f.* di tatto.

plumps inter. tonfete, patapum. **Plumps** m. *(-es,-e)* COLLOQ. tonfo *m.*

Plump|sack m. *(-[e]s,-säcke)* **1** ANT. *(plumper Mensch)* salame *m.* **2** INTRAD. (gioco di bambini).

plump|sen intr. COLLOQ. **1** impers. (aus. *haben*) ***es hat geplumpst*** c'è stato un tonfo **2** (aus. *sein*) cadere, piombare giù (con un tonfo): ***ins Bett ~*** piombare giù nel letto. **Plump|ser** m. *(-s,-)* → **Plumps.**

Plumps|klo m. *(-s,-s)*, **Plumps|klo|sett** n. *(-s,-s* e *-e)* COLLOQ. pozzo *m.* nero.

plump|ver|trau|lich I agg. che si prende troppa confidenza, troppo confidenziale **II** avv. con troppa confidenza.

Plun|der m. *(-s)* **1** COLLOQ. SPREG. ciarpame *m.* **2** → **Plunderteig 3** → **Plundergebäck.**

Plün|de|rei f. *(-,-en)* razzia *f.*, saccheggio *m.* **Plün|de|rer** m. *(-s,-)* saccheggiatore *m.*, depredatore *m.*

Plun|der|ge|bäck n. *(-[e]s)* dolci *m.pl.* di pasta sfoglia. **Plun|der|kam|mer** f. *(-,-n)* ANT. ripostiglio *m.*, sgabuzzino *m.* **Plun|der|markt** m. *(-[e]s,-märkte)* ANT. mercato *m.* delle pulci.

plün|dern I tr. **1** saccheggiare, depredare: ***die Soldaten haben das Dorf geplündert*** i soldati hanno saccheggiato il paese; SCHERZ. ***den Kühlschrank ~*** saccheggiare il frigorifero **2** *(ausrauben)* svaligiare: ***ein Geschäft, ein literarisches Werk ~*** svaligiare un negozio, saccheggiare un'opera letteraria **II** intr. (aus. *haben*) fare razzie, scorrerie.

Plun|der|stück n. *(-[e]s,-e)* dolce *m.* di pasta sfoglia. **Plun|der|teig** m. *(-[e]s)* pasta *f.* sfoglia.

Plün|de|rung f. *(-,-en)* **1** saccheggio *m.* **2** *(Ausraubung)* svaligiamento *m.* **Plün|der|zug** m. *(-[e]s,-züge)* scorreria *f.*: ***einen ~ unternehmen*** fare una scorreria.

Plur. ⇒ *Plural* plurale (pl.).

plu|ral agg. → **pluralistisch. Plu|ral** m. *(-s,-e)* plurale *m.*: ***dieses Wort hat, bildet keinen ~*** questa parola non ha plurale; ***im ~ stehen*** essere al plurale. **Plu|ral|bil|dung** f. *(-,-en)* formazione *f.* del plurale. **Plu|ral|en|dung** f. *(-,-en)* desinenza *f.* del plurale. **Plu|ral|form** f. *(-,-en)* forma *f.* (del) plurale. **plu|ra|lisch** agg. GRAMM. plurale. **plu|ra|li|sie|ren** tr. flettere al plurale: ***ein Wort ~*** flettere una parola al plurale.

Plu|ra|lis|mus m. *(-s)* pluralismo *m.* **Plu|ra|list** m. *(-en,-en)* pluralista *m.* **plu|ra|lis|tisch I** agg. pluralistico: ***eine -e Gesellschaft*** una società pluralistica **II** avv. ***~ denken*** pensare in termini pluralistici.

Plu|ra|li|tät f. *(-,-en)* **1** pluralità *f.* **2** RAR. *(Majorität)* maggioranza *f.* **Plu|ral|wahl|recht** n. *(-[e]s)* voto *m.* plurimo. **Plu|ral|wahl|sys|tem** n. *(-s)* sistema *m.* elettorale a voto plurimo.

plus I avv. **1a** più: ***drei ~ zwei ist, gibt, macht fünf*** tre più due fa cinque **b** *(von Zahlen, Werten größer als Null)* ***~ fünf*** più cinque; ***die Temperatur beträgt zwei Grad ~ (~ zwei Grad)*** la temperatura è di due gradi sopra lo zero **2** EL. ***von ~ nach minus*** dal positivo al negativo **II** prep. + gen. più: ***das Gehalt ~ der Überstunden*** lo stipendio più gli straordinari. **Plus** n. *(-,-)* **1** *(Mehrbetrag)* eccedenza *f.* (di cassa): ***ein ~ von 30 Mark haben*** avere un'eccedenza di 30 marchi; ***mit einem ~ schließen*** chiudere con un'eccedenza **2a** COLLOQ. guadagno *m.*, vantaggio *m.*: ***bei etw. (ein) ~ machen*** trarre guadagno da qcs.; ***etw. als ein ~ werten*** giudicare qcs. un vantaggio **b** *(Pluspunkt)* elemento *m.*, aspetto *m.* positivo. **Plus|be|trag** m. *(-[e]s,-beträge)* sovrappiù *m.*, eccedenza *f.*

Plüsch m. *(-[e]s,-e)* **1** TESS. felpa *f.* **2** *(langhaarige Wirkware)* peluche *m.* **Plüsch|au|gen** pl. COLLOQ. occhioni *m.pl.* **Plüsch|bär** m. *(-en,-en)* orso *m.* di peluche. **plü|schen** agg. **1a** di felpa, felpato **b** *(aus langhaariger Wirkware)* di peluche **2** IRON. di gusto piccolo borghese, kitsch. **plü|schig** agg. **1** di peluche **2** IRON. *(plüschen)* di gusto piccolo borghese, kitsch. **Plüsch|pan|tof|fel** m. *(-s,-n)* pantofola *f.*, ciabatta *f.* felpata. **Plüsch|tier** n. *(-[e]s,-e)* animale *m.* di peluche, peluche *m.*

Plus|klem|me f. *(-,-n)* EL. morsetto *m.* positivo. **Plus|lei|tung** f.

(-,-en) EL. conduttore *m.* positivo. **Plus|pol** m. *(-[e]s,-e)* polo *m.* positivo. **Plus|punkt** m. *(-[e]s,-e)* **1** punto *m.* di vantaggio: ***einen ~ erzielen*** ottenere un punto di vantaggio **2** *(Vorteil)* vantaggio *m.*, elemento *m.* (*o* aspetto *m.*) positivo ◆ ***bei jdm -e sammeln*** = mettersi in mostra con qcn. **Plus|quam|per|fekt** n. *(-s,-)* piuccheperfetto *m.* ◆ ***erstes ~*** trapassato prossimo; ***zweites ~*** trapassato remoto.

plus|te|rig agg. arruffato, rizzato. **plus|tern** RAR. **I** tr. **1** *(das Gefieder)* rizzare **2** FIG. *(aufbauschen)* gonfiare **II** rifl. **sich ~ 1** *(von Vögeln)* gonfiarsi rizzando le penne **2** FIG. pavoneggiarsi, darsi delle arie.

Plus|zei|chen n. *(-s,-)* (segno *m.*) più *m.*

Plu|tarch n.pr.m. Plutarco *m.*

Plu|to n.pr.m. Plutone *m.*

Plu|to|krat m. *(-en,-en)* plutocrate *m.* **Plu|to|kra|tie** f. *(-)* plutocrazia *f.* **plu|to|kra|tisch** agg. plutocratico.

plu|to|nisch agg. GEOL. plutoniano, plutonico. **Plu|to|nis|mus** m. *(-)* plutonismo *m.*

Plu|to|ni|um n. *(-s)* plutonio *m.* **Plu|to|ni|um|bom|be** f. *(-,-n)* bomba *f.* al plutonio. **Plu|to|ni|um|bren|ner** m. *(-s,-)*, **Plu|to|ni|um|re|ak|tor** m. *(-s,-en)* reattore *m.* a (*o* al) plutonio.

plu|vi|al agg. pluviale.

Plu|vi|a|le n. *(-s,-[s])* piviale *m.*

Plu|vi|al|zeit f. *(-)* stagione *f.* delle piogge. **Plu|vi|o|graph** m. *(-en,-en)* pluviografo *m.* **Plu|vi|o|me|ter** n. *(-s,-)* pluviometro *m.*

PLZ ⇒ *Postleitzahl* codice di avviamento postale (CAP).

Pneu m. *(-s,-s)* **1** REGION. *(Pneumatik)* pneumatico *m.* **2** GERG. MED. *(Pneumothorax)* pneumotorace *m.*

Pneu|ma n. *(-s)* pneuma *m.*

1.Pneu|ma|tik f. *(-,-en)* **1** FIS. pneumatica *f.* **2** TECN. impianto *m.* pneumatico.

2.Pneu|ma|tik m. *(-s,-s* e AUSTR. *-,-en)* REGION. o ANT. pneumatico *m.*

pneu|ma|tisch agg. **1** FILOS. TECN. pneumatico **2** BIOL. pneumatizzato. **Pneu|ma|to|ly|se** f. *(-,-n)* pneumatolisi *m.* **Pneu|ma|to|me|ter** n. *(-s,-)* spirometro *m.*, pneumatometro *m.* **Pneu|mo|graph** m. *(-en,-en)* pneumografo *m.* **Pneu|mo|kok|ke** f. *(-,-n)*, **Pneu|mo|kok|kus** m. *(-,-kokken)* pneumococco *m.* **Pneu|mo|nie** f. *(-,-n)* polmonite *f.* **Pneu|mo|pleu|ri|tis** f. *(-,-pleuritiden)* pneumopleurite *f.* **Pneu|mo|tho|rax** m. *(-[es],-e)* pneumotorace *m.*

Po m. *(-s,-s)* FAM. culetto *m.*, popò *m.*

Pö|bel m. *(-s)* SPREG. plebaglia *f.*, volgo *m.*: ***der gemeine ~*** il volgo comune. **Pö|be|lei** f. *(-,-en)* COLLOQ. **1** il fare il villano **2** *(pöbelhafte Handlung)* volgarità *f.* **pö|bel|haft I** agg. plebeo, volgare, triviale: ***ein -es Benehmen*** un comportamento villano **II** avv. volgarmente, in modo volgare. **Pö|bel|haf|tig|keit** f. *(-)* volgarità *f.*, trivialità *f.* **Pö|bel|herr|schaft** f. *(-,-en)* governo *m.* della plebe. **pö|beln** intr. (aus. *haben*) COLLOQ. fare il villano.

po|chen I intr. (aus. *haben*) **1a** battere, picchiare: ***ans Fenster ~*** battere contro la finestra **b** *(anklopfen)* bussare: ***an, gegen die Tür ~*** bussare alla porta; impers. ***es pocht*** bussano **2** battere: ***das Herz pocht*** il cuore batte **3a** FIG. *(bestehen)* battere, insistere: ***auf sein Recht ~*** insistere sulle proprie ragioni **b** *(sich rühmen)* vantarsi: ***auf etw. (A) ~*** vantarsi di qcs. **II** tr. MIN. ANT. *(zerklopfen)* frantumare: ***Erze ~*** frantumare minerali ◆ ***das Blut pocht in den Schläfen*** le tempie pulsano.

Po|cher m. *(-s,-)* **1** chi bussa **2** *(Prahler)* fanfarone *m.* **3a** TECN. MIN. frantoio *m.* **b** *(Arbeiter)* frantoista *m.*

Poch|ham|mer m. *(-s,-hämmer)* → **Pochwerk.**

po|chie|ren [-ʃi-] tr. GASTR. affogare.

Poch|schlamm m. *(-[e]s,-e* e *-schlämme)* melma *f.*, fanghiglia *f.*

Poch|werk n. *(-[e]s,-e)* TECN. MIN. frantoio *m.*

Po|cke f. *(-,-n)* **1** pustola *f.* vaccinica **2** *(Krankheitserscheinung)* pustola *f.* del vaiolo.

Po|cken pl. vaiolo *m.*: ***jdn gegen ~ impfen*** vaccinare qcn. contro il vaiolo. **Po|cken|aus|schlag** m. *(-[e]s,-ausschläge)* esantema *m.* vaioloso. **Po|cken|epi|de|mie** f. *(-,-n)* epidemia *f.* di vaiolo. **Po|cken|imp|fung** f. *(-,-en)* vaccinazione *f.* antivaiolosa, antivaiolosa *f.* **Po|cken|nar|be** f. *(-,-n)* buttero *m.*, cicatrice *f.* del vaiolo. **po|cken|nar|big** agg. butterato. **Po|cken|schutz|imp|fung** f. *(-,-en)* → **Pockenimpfung. Po|cken|vi|rus** n. *(-)* virus *m.* del vaiolo. **Pock|holz** n. *(-es)* legno *m.* di guaiaco. **po|ckig** agg. butterato.

Po|dag|ra n. *(-s)* podagra *f.* **po|dag|risch** agg. podagrico.

Po|dest n. e RAR. m. *(-[e]s,-e)* **1** pedana *f.* **2** REGION. *(Treppenabsatz)* pianerottolo *m.* ◆ FIG. ***jdn aufs ~ stellen*** mettere qcn. su un piedistallo.

Po|dex m. *(-[es],-e)* FAM. sedere *m.*

Po|di|um n. *(-s, Podien)* **1** podio *m.*, palco *m.* **2** ARCH. podio *m.* **Po|di|ums|dis|kus|si|on** f. *(-,-en)*, **Po|di|ums|ge|spräch** n. *(-[e]s,-e)* tavola *f.* rotonda, dibattito *m.* (su un palco).

Po|do|me|ter n. *(-s,-)* podometro *m.*

Po|ebe|ne f. *(-)* pianura *f.* padana.

Po|em n. *(-s,-e)* ANT. o SCHERZ. poema *m.*

Po|e|sie f. *(-,-n)* poesia *f.* (anche FIG.). **Po|e|sie|al|bum** n. *(-s,-alben)* album *m.* di, delle dediche (in versi). **po|e|sie|los** agg. privo di poesia. **Po|e|sie|lo|sig|keit** f. *(-)* mancanza *f.* di poesia.

Po|et m. *(-en,-en)* ANT. o SCHERZ. poeta *f.* **Po|e|tas|ter** m. *(-s,-)* poetastro *m.*

Po|e|tik f. *(-,-en)* poetica *f.* **po|e|tisch I** agg. poetico (anche FIG.) **II** avv. ***~ veranlagt sein*** essere poetico, avere un animo poetico.

po|e|ti|sie|ren tr. poetizzare, poeticizzare. **Po|e|ti|sie|rung** f. *(-,-en)* poetizzazione *f.*

Po|fel m. *(-s)* REGION. **1** merce *f.* difettosa (*o* di scarto), scarti *m.pl.* **2** *(Schar)* schiera *f.*, gruppo *m.*; *(von Tieren)* branco *m.*

po|fen intr. (aus. *haben*) COLLOQ. ronfare, dormire.

Pog|rom m. e n. *(-s,-e)* pogrom *m.*

Point [poɛ̃:] m. *(-s,-s)* GIOC. punto *m.* **Poin|te** [poɛ̃:tə] f. *(-,-n)* effetto *m.* (finale), finale *m.*: ***die ~ (eines Witzes) vergessen, nicht verstehen*** dimenticare il finale (di una barzelletta), non capire una barzelletta; ***die ~ verderben*** rovinare l'effetto finale.

Poin|ter m. *(-s,-)* pointer *m.*

poin|tie|ren tr. **1** mettere in rilievo (*o* in evidenza); assol. ***zu ~ wissen*** saper mettere in rilievo le cose **2** GIOC. ANT. puntare. **poin|tiert I** p.pass. agg. **1** → **pointieren 2** arguto, acuto **II** avv. in modo arguto, acuto.

Poin|til|lis|mus m. *(-)* PITT. divisionismo *m.* **Poin|til|list** m. *(-en,-en)* PITT. divisionista *m.* **poin|til|lis|tisch** agg. divisionistico, divisionista.

Po|jatz m. *(-,-e)* REGION. pagliaccio *m.*, buffone *m.*

Po|kal m. *(-s,-e)* coppa *f.* (anche SPORT): ***ein goldener, kristallener ~*** una coppa d'oro, di cristallo; ***sich (D) einen ~ holen*** vincere una coppa; *(Pokalwettbewerb)* ***einen ~ austragen*** disputare una coppa; ***im ~ ausscheiden, gewinnen*** essere eliminato (*o* uscire) dalla coppa, vincere una partita di coppa. **Po|kal|end|spiel** n. *(-[e]s,-e)* finale *f.* di coppa. **Po|kal|sie|ger** m. *(-s,-)* vincitore *m.* della coppa. **Po|kal|spiel** n. *(-[e]s,-e)* partita *f.* (*o* gara *f.*) di coppa. **Po|kal|ver|tei|di|ger** m. *(-s,-)* detentore *m.* della coppa (*o* del titolo). **Po|kal|wett|be|werb** m. *(-[e]s,-e)* torneo *m.* di coppa.

Pö|kel|fleisch n. *(-[e]s)* carne *f.* salmistrata. **Pö|kel|he|ring** m. *(-s,-e)* aringa *f.* sotto sale. **pö|keln** tr. salmistrare. **Pö|kel|salz** n. *(-es)* sale *m.* per salmistrare. **Pö|kel|zun|ge** f. *(-,-n)* lingua *f.* salmistrata.

Po|ker m. e n. *(-s)* **1** poker *m.*: ***~ spielen, eine Partie, eine Runde ~ spielen*** giocare, fare una partita a poker **2** FIG. azzardo *m.*: ***dieses Unternehmen ist der reinste ~*** questa impresa è un vero azzardo. **po|kern** intr. (aus. *haben*) **1** giocare a poker **2** FIG. rischiare (molto), azzardare: ***um etw. hoch ~*** rischiare molto su qcs. **Po|ker|spiel** n. *(-[e]s)* (gioco *m.* del) poker *m.* **Po|ker|spie|ler** m. *(-s,-)* giocatore *m.* di poker, pokerista *m.*

Pöks m. *(-es,-e)* FAM. sedere *m.*

po|ku|lie|ren intr. (aus. *haben*) ANT. trincare, sbevazzare.

1.Pol m. *(-s,-e)* polo *m.* (anche FIG.): ***der nördliche, südliche ~*** il polo nord, sud; ***eine Expedition zum ~*** una spedizione al polo; ASTR. ***die -e des Himmels*** i poli celesti; FIS. ***der negative, positive ~*** il polo negativo, positivo; ***gleiche -e stoßen sich ab, ungleiche -e ziehen sich an*** poli uguali si respingono, poli opposti si attraggono; EL. ***die -e einer Batterie*** i poli di una batteria ◆ ***der ruhende ~*** = chi mantiene la calma, il punto di riferimento, il punto fermo (*o* saldo).

2.Pol m. *(-s,-e)* TESS. diritto *m.* (di velluto, di tappeti).

po|lar I agg. polare (anche FIG.) **II** avv. polarmente, in modo diametralmente opposto. **Po|lar|ach|se** f. *(-)* asse *m.* polare. **Po|lar|bär** m. *(-en,-en)* orso *m.* polare (*o* bianco).

Po|la|re f. *(-n,-n)* MAT. polare *f.*

Po|lar|eis n. *(-es)* ghiacci *m.pl.* polari. **Po|lar|ex|pe|di|ti|on** f. *(-,-en)* spedizione *f.* polare. **Po|lar|for|scher** m. *(-s,-)* esploratore *m.* polare. **Po|lar|fuchs** m. *(-es,-füchse)* volpe *f.* polare (*o* bianca). **Po|lar|ge|biet** n. *(-[e]s,-e)*, **Po|lar|ge|gend** f. *(-,-en)* regione *f.* polare. **Po|lar|hund** m. *(-[e]s,-e)* cane *m.* da slitta.

Po|la|ri|me|ter n. *(-s,-)* polarimetro *m.*

Po|la|ri|sa|ti|on f. *(-,-en)* polarizzazione *f.* (anche FIG.). **Po|la|ri|sa|ti|ons|ebe|ne** f. *(-,-n)* piano *m.* di polarizzazione. **Po|la|ri|sa|ti|ons|fil|ter** m. *(-s,-)* filtro *m.* polarizzatore. **Po|la|ri|sa|ti|ons|mik|ro|skop** n. *(-s,-e)* microscopio *m.* polarizzatore. **Po|la|ri|sa|ti|ons|pris|ma** n. *(-s,-prismen)* prisma *m.* polarizzatore. **Po|la|ri|sa|ti|ons|strom** m. *(-[e]s,-ströme)* corrente *f.* di polarizzazione.

Po|la|ri|sa|tor m. *(-s,-en)* polarizzatore *m.* **po|la|ri|sie|ren I** tr. polarizzare **II** rifl. **sich ~** polarizzarsi. **Po|la|ri|sie|rung** f. *(-,-en)* polarizzazione *f.*

Po|la|ri|tät f. *(-,-en)* polarità *f.* (anche FIG.).

Po|lar|ko|or|di|na|ten pl. coordinate *f.pl.* polari. **Po|lar|kreis** m. *(-es,-e)* circolo *m.* polare ◆ ***der nördliche, südliche ~*** il circolo polare artico, antartico. **Po|lar|land** n. *(-[e]s,-länder)* → **Polargebiet. Po|lar|licht** n. *(-[e]s,-er)* luce *f.* polare. **Po|lar|luft** f. *(-)* aria *f.* polare. **Po|lar|meer** n. *(-[e]s,-e)* mar(e) *m.* glaciale. **Po|lar|nacht** f. *(-,-nächte)* notte *f.* polare.

Po|la|ro|gra|phie f. *(-,-n)* polarografia *f.*

Po|la|ro|id|ka|me|ra® f. *(-,-s)* (macchina *f.*) polaroid *f.*

Po|lar|stern m. *(-[e]s,-e)* stella *f.* polare. **Po|lar|strom** m. *(-[e]s, -ströme)* corrente *f.* polare.

Pol|der m. *(-s,-)* polder *m.* **Pol|der|deich** m. *(-[e]s,-e)* diga *f.* del (*o* di un) polder.

Po|le m. *(-n,-n)* polacco *m.*

Po|lei m. *(-[e]s,-e)*, **Po|lei|min|ze** f. *(-,-n)* pule(g)gio *m.*

Po|le|mik f. *(-,-en)* **1a** polemica *f.*: ***eine Schrift voller ~*** uno scritto molto polemico **b** *(Auseinandersetzung)* disputa *f.*, contesa *f.*, polemica *f.*: ***eine wissenschaftliche ~*** una disputa scientifica; ***eine ~ entfachen, führen*** accendere, condurre una polemica. **Po|le|mi|ker** m. *(-s,-)* polemico *m.* **po|le|misch I** agg. polemico **II** avv. in modo polemico, polemicamente. **po|le|mi|sie|ren** intr. (aus. *haben*) ***(gegen jdn, etw.) ~*** polemizzare (con qcn., su qcs.).

po|len tr. EL. polarizzare.

Po|len n.pr.n. *(-s)* Polonia *f.* ◆ ***noch ist ~ nicht verloren*** non tutto è perduto.

Po|len|te f. *(-)* GERG. madama *f.*, sbirri *m.pl.*

Po|len|tum n. *(-s)* **1** carattere *m.* (nazionale) polacco **2** *(Zugehörigkeit zum polnischen Volk)* l'essere polacco, appartenenza *f.* al popolo polacco **3** *(Gesamtheit der Polen)* polacchi *m.pl.*

Pol|hö|he f. *(-)* latitudine *f.*

Po|li|ce [po'li:sə] f. *(-,-n)* polizza *f.* **Po|li|cen|in|ha|ber** m. *(-s,-)* detentore *m.* di una polizza.

Po|lier m. *(-s,-e)* capomastro *m.*

Po|lier|au|to|mat m. *(-en,-en)* lucidatrice *f.* automatica. **Po|lier|bürs|te** f. *(-,-en)* spazzola *f.* per lucidare.

po|lie|ren I tr. **1a** lucidare, lustrare: ***einen Schrank, seine Schuhe ~*** lucidare un armadio, lucidar(si) le scarpe **b** *(glätten)* levigare: ***den Marmor ~*** levigare il marmo **c** *(Metalle)* lucidare: ***das Auto ~*** lucidare l'auto; *(mit dem Polierstahl)* brunire **d** *(Reis)* brillare, sottoporre a brillatura **2** *(feilen)* limare (anche FIG.): ***der Text muss noch poliert werden*** il testo va ancora limato **II** rifl. **1** ***sich (D) etw. ~*** lucidarsi qcs. **2** ***sich (D) die Fingernägel ~*** limarsi le unghie ◆ ***etw. auf Hochglanz ~*** tirare a lucido, lustrare a specchio qcs.; COLLOQ. ***jdm die Fresse ~*** spaccare il muso a qcn. **Po|lie|rer** m. *(-s,-)* **1** lucidatore *m.* **2** METALL. *(Facharbeiter)* brunitore *m.*

Po|lier|fei|le f. *(-,-n)* MECC. lima *f.* dolce. **Po|lier|ma|schi|ne** f. *(-,-n)* **1** lucidatrice *f.* **2** *(für Marmor)* levigatrice *f.* **Po|lier|mit|tel** n. *(-s,-)* lucido *m.*, sostanza *f.* per lucidare. **Po|lier|schei|be** f. *(-,-n)* disco *m.* lucidatore (*o* per lucidatrice). **Po|lier|stahl** m. *(-[e]s)* brunitoio *m.*

po|liert p.pass. agg. **1** → **polieren 2** ***-er Reis*** riso brillato.

Po|lier|tuch n. *(-[e]s,-tücher)* panno *m.* (*o* pezza *f.*) per lucidare.

Po|lier|wachs n. *(-es,-e)* cera *f.* lucidante (*o* per auto).

Po|li|kli|nik f. *(-,-en)* poliambulatorio *m.* **po|li|kli|nisch** agg. di, del poliambulatorio, poliambulatoriale.

Po|lin f. *(-,-nen)* polacca *f.*

Po|lio f. *(-)* (accorc. *Poliomyelitis*) polio *f.* **Po|li|o|in|fek|ti|on** f. *(-,-en)* infezione *f.* poliomielitica (*o* da virus polio). **Po|li|o|imp|fung** f. *(-,-en)* (vaccinazione *f.*) antipolio *f.* **Po|li|o|my|e|li|tis** f. *(-)* poliomielite *f.* **po|li|o|my|e|li|tisch** agg. poliomielitico.

Po|lit|bü|ro n. *(-s,-s)* Politburo *m.*

1.Po|li|tes|se f. *(-,-n)* vigilessa *f.*

2.Po|li|tes|se f. *(-)* ANT. cortesia *f.*

Po|li|tik f. *(-,-en)* politica *f.* (anche FIG.): ***die deutsche ~*** la politica tedesca; ***die innere, äußere (auswärtige) ~*** la politica interna, estera; ***eine friedliche, kriegerische ~*** una politica pacifista, bellicista; ***eine ~ auf weite Sicht*** una politica lungimirante; ***eine ~ des Ausgleichs, des Gleichgewichts, der Entspannung treiben*** fare (*o* seguire) una politica del compromesso, dell'equilibrio, della distensione; ***eine neue ~ einschlagen, verfolgen*** intraprendere, perseguire una nuova politica; ***sich (nicht) für ~ interessieren*** (non) interessarsi di politica; ***aktive ~ betreiben*** occuparsi attivamente di politica; ***in der ~ tätig sein*** essere attivo in politica; ***in die ~ eintreten*** entrare in politica; ***sich aus der ~ zurückziehen*** ritirarsi dalla politica. **Po|li|ti|ker** m. *(-s,-)* politico *m.* **Po|li|ti|ke|rin** f. *(-,-nen)* politico *m.* (donna). **Po|li|ti|kum** n. *(-s, Politika)* fatto *m.* politico, questione *f.* politica: ***diese Sache wird zu einem ~*** questa faccenda diventerà una questione politica; *(Ereignis)* evento *m.* politico.

Po|li|tik|wis|sen|schaft f. *(-)* politologia *f.* **Po|li|tik|wis|sen|schaft|ler** m. *(-s,-)* politologo *m.* **po|li|tik|wis|sen|schaft|lich** agg. di (*o* relativo alla) politologia.

po|li|tisch I agg. politico: ***-e Prozesse, Verbrechen*** processi, reati politici; ***die -e Lage, Welt*** la situazione politica, il mondo politico (*o* della politica); ***ein -er Funktionär, Beobachter, Häftling*** un funzionario, osservatore, prigioniero politico; ***die -en Hintergründe*** i retroscena politici; ***im -en Leben stehen*** essere nella vita politica **II** avv. politicamente: ***~ durchsetzbar sein*** essere realizzabile politicamente; ***~ korrekt*** politicamente corretto; ***eine ~ bedeutende Rolle*** un ruolo politicamente importante (*o* importante dal punto di vista politico); ***sich ~ betätigen*** svolgere un'attività politica; ***~ geschult, interessiert, tätig, zuverlässig, verfolgt sein*** avere una formazione politica, interessarsi, occuparsi di politica, avere una credibilità politica, essere un perseguitato politico; ***ein ~ Verfolgter*** un perseguitato politico.

po|li|ti|sie|ren I intr. (aus. *haben*) **1** parlare di politica **2** *(sich politisch betätigen)* impegnarsi politicamente **II** tr. politicizzare **III** rifl. **sich ~** politicizzarsi. **Po|li|ti|sie|rung** f. *(-,-en)* politicizzazione *f.* **Po|lit|jar|gon** [-ʒargɔ̃:] m. *(-s)* gergo *m.* politico, politichese *m.* **Po|lit|ma|ga|zin** n. *(-s,-e)* periodico *m.* politico. **Po|lit|öko|no|mie** f. *(-)* economia *f.* politica.

Po|li|to|lo|ge m. *(-n,-n)* politologo *m.* **Po|li|to|lo|gie** f. *(-)* politologia *f.* **po|li|to|lo|gisch** agg. politologico.

Po|lit|pro|mi|nenz f. *(-)* personalità *f.* politica. **Po|lit|re|vue** [-'rəvy:] f. *(-,-n)* rivista *f.* politica, varietà *m.* politico. **Po|lit|sa|ti|re** f. *(-,-n)* satira *f.* politica. **Po|lit|sze|ne** f. *(-)* scena *f.* politica.

Po|li|tur f. *(-,-en)* **1** (strato *m.* di) lucido *m.*: ***die ~ ist zerkratzt*** il lucido è graffiato **2** *(Schutzlack)* vernice *f.* protettiva: ***die ~ auftragen*** applicare il lucido.

Po|li|zei f. *(-,-en)* polizia *f.*: ***die ~ rufen (holen), verständigen*** chiamare, informare la polizia; ***zur ~ gehen*** andare alla polizia; *(als Polizist arbeiten)* entrare in polizia; ***sich bei der ~ stellen, melden*** costituirsi, presentarsi alla polizia; ***Ärger mit der ~ haben*** avere guai con la polizia; ***jdn bei der ~ anzeigen*** denunciare qcn. alla polizia; ***jdm der ~ übergeben*** consegnare qcn. alla polizia ◆ ***bei der ~ sein*** essere un poliziotto; COLLOQ. ***dümmer sein als die ~ erlaubt*** essere tremendamente stupido; ***geheime ~*** polizia segreta; ***jdm die ~ auf den Hals schicken*** mettere la polizia alle calcagna di qcn.; ***politische ~*** polizia politica. **Po|li|zei|ab|tei|lung** f. *(-,-en)* sezione *f.* reparto *m.* di polizia. **Po|li|zei|agent** m. *(-en,-en)* agente *m.* di polizia. **Po|li|zei|ak|ti|on** f. *(-,-en)* operazione *f.* di polizia. **Po|li|zei|amt** n. *(-[e]s,-ämter)* ufficio *m.* di polizia. **Po|li|zei|ap|pa|rat** m. *(-[e]s,-e)* apparato *m.* di polizia. **Po|li|zei|auf|ga|ben|ge|setz** n. *(-es)* legge *f.* sui compiti della polizia. **Po|li|zei|auf|ge|bot** n. *(-[e]s,-e)* spiegamento *m.* di forze di polizia (*o* dell'ordine). **Po|li|zei|auf|sicht** f. *(-)* sorveglianza *f.* speciale: ***unter ~ stellen, stehen*** sottoporre a, essere sotto sorveglianza speciale. **Po|li|zei|au|to** n. *(-s,-s)* auto *f.* della polizia. **Po|li|zei|be|am|te** m. *(-n,-n)* funzionario *m.* di polizia. **Po|li|zei|be|hör|de** f. *(-,-n)* → **Polizeidienststelle. Po|li|zei|chef** m. *(-s,-s)* capo *m.* della polizia. **Po|li|zei|dienst** m. *(-[e]s)* servizio *m.* di pubblica sicurezza. **Po|li|zei|dienst|stel|le** f. *(-,-n)* posto *m.*, ufficio *m.* di polizia: ***sachdienliche Hinweise nimmt jede ~ entgegen*** informazioni in merito da comunicare al più vicino posto di polizia. **Po|li|zei|di|rek|ti|on** f. *(-,-en)* comando *m.* di polizia. **Po|li|zei|di|rek|tor** m. *(-s,-en)* comandante *m.* della polizia. **Po|li|zei|ein|satz** m. *(-es, -einsätze)* impiego *m.* di forze di polizia. **Po|li|zei|er|laub|nis** f. *(-,-se)* permesso *m.* della polizia. **Po|li|zei|es|kor|te** f. *(-,-n)* scorta *f.* di, della polizia. **Po|li|zei|funk** m. *(-[e]s)* radio *f.* della polizia. **Po|li|zei|ge|wahr|sam** m. *(-s,-e)* arresto *m.*: ***jdn in ~ nehmen*** trarre in arresto (*o* arrestare) qcn. **Po|li|zei|ge|walt** f. *(-)* autorità *f.* di polizia: ***unter ~*** con l'impiego delle forze di polizia. **Po|li|zei|hund** m. *(-[e]s,-e)* cane *m.* poliziotto. **Po|li|zei|in|spek|ti|on** f. *(-,-en)* → **Polizeiwache. Po|li|zei|kom|mis|sar** m. *(-s,-e)* commissario *m.* di polizia. **Po|li|zei|kom|mis|sa|ri|at** n. *(-[e]s,-e)* commissariato *m.* di polizia. **Po|li|zei|kräf|te** pl. forze *f.pl.* di polizia, dell'ordine. **po|li|zei|lich** agg. di, della polizia: ***unter -er Bewachung*** sotto sorveglianza della polizia; ***-e Ermittlungen*** indagini della polizia ◆ ***sich ~ anmelden, abmelden*** notificare il proprio arrivo, il proprio trasferimento alla polizia; ***-es Führungszeugnis*** casellario giudiziale; ***-es Kennzeichen*** targa automobilistica; ***~ verboten*** vietato dalla polizia. **Po|li|zei|meis|ter** m. *(-s,-)*, **Po|li|zei|of|fi|zier** m. *(-s,-e)* ufficiale *m.* di polizia. **Po|li|zei|ord|**

nung f. *(-,-en)* regolamento *m.* di polizia. **Po|li|zei|prä|si|dent** m. *(-en,-en)* questore *m.* **Po|li|zei|prä|si|di|um** n. *(-s,-präsidien)* comando *m.* di polizia; *(in Italien)* questura *f.* **Po|li|zei|re|vier** n. *(-s,-e)* distretto *m.* di polizia. **Po|li|zei|schutz** m. *(-es)* protezione *f.* della polizia: ***unter ~ stehen*** essere sotto la protezione della polizia. **Po|li|zei|sper|re** f. *(-,-n)* blocco *m.* stradale (della polizia). **Po|li|zei|spit|zel** m. *(-s,-)* confidente *m.*, informatore *m.* della polizia. **Po|li|zei|staat** m. *(-[e]s,-en)* stato *m.* di polizia. **Po|li|zei|stel|le** f. *(-,-n)* posto *m.* di polizia. **Po|li|zei|strei|fe** f. *(-,-n)* pattuglia *f.* di polizia. **Po|li|zei|stun|de** f. *(-)* orario *m.* di chiusura (dei locali pubblici). **Po|li|zei|über|tre|tung** f. *(-,-en)*, **Po|li|zei|ver|ge|hen** n. *(-s,-)* contravvenzione *f.* ai regolamenti di polizia. **Po|li|zei|ver|ord|nung** f. *(-,-en)* regolamento *m.* di polizia. **Po|li|zei|wa|che** f. *(-,-n)* posto *m.* di polizia. **Po|li|zei|we|sen** n. *(-s)* ordinamento *m.* (*o* organizzazione *f.*) della polizia. **po|li|zei|wid|rig I** agg. contrario ai regolamenti di polizia **II** avv. contro i regolamenti di polizia. **Po|li|zist** m. *(-en,-en)* poliziotto *m.*, agente *m.* di polizia. **Po|li|zis|tin** f. *(-,-nen)* donna *f.* poliziotto.

Pol|ka f. *(-,-s)* polca *f.*: ***~ tanzen*** ballare la polca.

Pol|klem|me f. *(-,-n)* EL. morsetto *m.*

Pol|lack m. *(-s,-s)* merlano *m.*, merlango *m.*

Pol|len m. *(-s,-)* polline *m.* **Pol|len|ana|ly|se** f. *(-,-n)* analisi *f.* dei pollini. **Pol|len|blu|me** f. *(-,-n)* fiore *m.* pollinifero. **Pol|len|korn** n. *(-[e]s,-körner)* granello *m.* pollinico. **Pol|len|sack** m. *(-[e]s,-säcke)* sacco *m.* pollinico. **Pol|len|schlauch** m. *(-[e]s,-schläuche)* tubo *m.* pollinico.

Pol|ler m. *(-s,-)* **1** bitta *f.* **2** *(Markierungsklotz)* paracarro *m.*

Pol|lu|ti|on f. *(-,-en)* MED. polluzione *f.*

Pol|lux n.pr.m. Polluce *m.* ◆ ANT. ***wie Kastor und ~ sein*** essere come Castore e Polluce.

pol|nisch agg. polacco ◆ STOR. ***der Polnische Korridor*** il corridoio polacco (*o* di Danzica). **Pol|nisch** n. *(-[s])*, **Pol|ni|sche** n. *(-n)* polacco *m.*

Po|lo n. *(-s)* polo *m.* **Po|lo|hemd** n. *(-[e]s,-en)* polo *f.*

Po|lo|nai|se [-'nɛzə], **Po|lo|nä|se** f. *(-,-n)* polacca *f.*, polonaise *f.*

Po|lo|ni|um n. *(-s)* polonio *m.*

Po|lo|schlä|ger m. *(-s,-)* mazza *f.* da polo. **Po|lo|spiel** n. *(-[e]s)* (gioco *m.* del) polo *m.*

Pol|prü|fer m. *(-s,-)* cercapoli *m.*, indicatore *m.* di polarità. **Pol|schie|ne** f. *(-,-n)* EL. connettore *m.* **Pol|schuh** m. *(-[e]s,-e)* espansione *f.* polare. **Pol|schwan|kung** f. *(-,-en)* oscillazione *f.*, spostamento *m.* del polo. **Pol|stär|ke** f. *(-)* intensità *f.* del polo.

Pols|ter n., AUSTR. m. *(-s,-)* **1** imbottitura *f.* (anche SART.): ***ein dickes, hartes ~*** un'imbottitura spessa, rigida **2** AUSTR. *(Kissen)* cuscino *m.*, guanciale *m.*: ***die ~ beziehen*** mettere la federa ai cuscini **3** BOT. cuscinetto *m.*, pulvino *m.* **4** *(Geldreserve)* gruzzolo *m.*, riserva *f.* (di denaro). **Pols|te|rer** m. *(-s,-)* materassaio *m.*, tappezziere *m.* **Pols|ter|gar|ni|tur** f. *(-,-en)*, **Pols|ter|grup|pe** f. *(-,-n)* divano *m.* e poltrone *f.pl.* (imbottiti), salotto *m.* **Pols|ter|mö|bel** n. *(-s,-)* mobile *m.* imbottito. **pols|tern** tr. imbottire: ***etw. mit Schaumstoff ~*** imbottire qcs. di (*o* con la) gommapiuma. **Pols|ter|na|gel** m. *(-s,-nägel)* sellerina *f.*, chiodo *m.* da tappezziere. **Pols|ter|ses|sel** m. *(-s,-)* poltrona *f.* **Pols|ter|sitz** m. *(-es,-e)* sedile *m.* imbottito. **Pols|ter|stuhl** m. *(-[e]s,-stühle)* sedia *f.* imbottita. **Pols|ter|über|zug** m. *(-[e]s,-überzüge)* federa *f.* **Pols|te|rung** f. *(-,-en)* imbottitura *f.*

Pol|su|cher m. *(-s,-)* → **Polprüfer.**

Pol|ter|abend m. *(-s,-e)* festa *f.* alla vigilia delle nozze. **Pol|te|rer** m. *(-s,-)* COLLOQ. fracassone *m.*, chiassone *m.* **Pol|ter|geist** m. *(-[e]s,-er)* poltergeist *m.* **pol|te|rig** agg. **1** rumoroso, chiassoso **2** *(scheltend)* che brontola. **pol|tern** intr. (aus. *haben*) **1a** far fracasso, baccano: ***die Nachbarn ~ die ganze Nacht*** i vicini fanno fracasso tutta la notte **b** impers. ***draußen poltert es*** fuori c'è rumore, fracasso **2a** *(sich geräuschvoll fortbewegen)* ***über etw. (A) ~*** passare con fragore su qcs. **b** *(geräuschvoll fallen)* cadere rumorosamente, con fragore **3** *(laut schelten)* sbraitare, strepitare **4** COLLOQ. *(Polterabend feiern)* festeggiare la vigilia delle nozze ◆ ***an der Tür ~*** battere alla porta. **pol|ternd I** p.pres. agg. **1** → **poltern 2** rumoroso, fragoroso, che fa baccano **II** avv. con fragore, rumorosamente: ***~ die Treppe herabkommen*** scendere le scale rumorosamente.

polt|rig → **polterig.**

Polt|ron m. *(-s)* ANT. codardo *m.*, vile *m.*

Pol|um|schal|tung f. *(-,-en)* inversione *f.* di polarità. **Pol|wechs|ler, Pol|wen|der** m. *(-s,-)* EL. commutatore *m.*, inversore *m.*

Po|ly|ac|ryl n. *(-s)* poliacrilico *m.* **Po|ly|amid®** n. *(-[e]s,-e)* poliammide *f.* **Po|ly|and|rie** f. *(-)* poliandria *f.* **Po|ly|arth|ri|tis** f. *(-,-arthritiden)* poliartrite *f.* **Po|ly|äs|the|sie** f. *(-)* poliestesia *f.* **Po|ly|äthy|len** n. *(-s,-e)* polietilene *m.*

po|ly|chrom agg. policromo. **po|ly|chro|ma|tisch** agg. policromatico. **Po|ly|chro|mie** f. *(-)* policromia *f.* **po|ly|chro|mie|ren** tr. RAR. policromare, decorare con policromia.

Po|ly|e|der n. *(-s,-)* poliedro *m.* **Po|ly|e|der|krank|heit** f. *(-)* ZOOL. poliedria *f.* **Po|ly|e|der|pro|jek|ti|on** f. *(-,-en)* proiezione *f.* poliedrica. **po|ly|ed|risch** agg. poliedrico.

Po|ly|es|ter m. *(-s,-)* poliestere *m.* **po|ly|gam** agg. poligamo, poligamico; BOT. poligamo. **Po|ly|ga|mie** f. *(-)* poligamia *f.* (anche BOT.). **po|ly|gen** agg. poligeno, poligenico.

po|ly|glott agg. poliglotta. **Po|ly|glot|te I** m. e f. *(-n,-n)* poliglotta *m.* e *f.* **II** f. *(-,-n)* **1** *(polyglottes Buch)* libro *m.* poliglotta **b** *(Bibel)* bibbia *f.* poliglotta **2** ANT. *(mehrsprachiges Wörterbuch)* dizionario *m.* plurilingue. **po|ly|glot|tisch** agg. ANT. poliglotta.

Po|ly|gon n. *(-s,-e)* MAT. poligono *m.* **po|ly|go|nal** agg. poligonale. **Po|ly|gon|bo|den** m. *(-s,-böden)* GEOL. terreno *m.* poligonale. **Po|ly|gon|win|kel** m. *(-s,-)* angolo *m.* del poligono.

Po|ly|graph m. *(-en,-en)* **1** TIP. poligrafo *m.* **2** EX-RDT poligrafico *m.* **Po|ly|gra|phie** f. *(-)* poligrafia *f.* **po|ly|gra|phisch** agg. poligrafico. **Po|ly|gy|nie** f. *(-)* poliginia *f.* **Po|ly|his|tor** m. *(-s,-en)* ANT. erudito *m.*

Po|ly|hym|nia n.pr.f. Polimnia *f.*

po|ly|klo|nal agg. policlonale.

Po|ly|kon|den|sa|ti|on f. *(-)* policondensazione *f.*

Po|ly|kra|tes n.pr.m. Policrate *m.*

Po|ly|me|des n.pr.m. Polimede *m.*

po|ly|mer agg. polimero, polimerico. **Po|ly|mer** n. *(-s,-e)*, **Po|ly|me|re** n. *(-n,-n)* polimero *m.* **Po|ly|me|rie** f. *(-,-n)* polimeria *f.* **Po|ly|me|ri|sat** n. *(-[e]s,-e)* prodotto *m.* di polimerizzazione. **Po|ly|me|ri|sa|ti|on** f. *(-)* polimerizzazione *f.* **po|ly|me|ri|sie|ren** tr. polimerizzare. **Po|ly|me|ri|sie|rung** f. *(-,-en)* polimerizzazione *f.*

Po|lym|nia → **Polyhymnia.**

po|ly|morph agg. polimorfo. **Po|ly|mor|phie** f. *(-)*, **Po|ly|mor|phis|mus** m. *(-)* polimorfismo *m.*

Po|ly|ne|si|en n.pr.n. *(-s)* Polinesia *f.* **Po|ly|ne|si|er** m. *(-s,-)* polinesiano *m.* **po|ly|ne|sisch** agg. polinesiano.

Po|ly|ni|kes n.pr.m. Polinice *m.*

Po|ly|nom n. *(-s,-e)* polinomio *m.* **po|ly|no|misch** agg. polinomiale. **Po|lyp** m. *(-en,-en)* **1a** ZOOL. pol(i)po *m.* **b** MED. polipo *m.*: ***die Polypen herausnehmen*** togliere i polipi **2** ANT. o COLLOQ. *(Krake)* ronzino *m.* **3** COLLOQ. *(Polizist)* piedipiatti *m.* **po|ly|pen|ar|tig** agg. polipoide, a forma di polipo.

Po|ly|phem, Po|ly|phe|mos n.pr.m. Polifemo *m.*

po|ly|phon I agg. polifonico: ***-e Musik*** musica polifonica **II** avv. polifonicamente. **Po|ly|pho|nie** f. *(-)* polifonia *f.* **po|ly|pho|nisch** agg. ANT. → **polyphon.**

Po|lyp|ty|chon n. *(-s, Polyptychen* e *Polyptycha)* polittico *m.*

Po|ly|rhyth|mik f. *(-)* poliritmia *f.*

Po|ly|sa(c)|cha|rid n. *(-[e]s,-e)* polisaccaride *m.*

po|ly|sem agg. polisemico. **po|ly|se|man|tisch** agg. polisemantico. **Po|ly|se|mie** f. *(-)* polisemia *f.*

Po|ly|sty|rol n. *(-s,-e)* polistirolo *m.*, polistirene *m.* **Po|ly|sty|rol|schaum** m. *(-[e]s)* polistirolo *m.* espanso.

Po|ly|syl|la|bum n. *(-s, Polysyllaba)* polisillabo *m.*

Po|ly|syn|de|ton n. *(-s, Polysyndeta)* polisindeto *m.*

Po|ly|syn|the|se f. *(-,-n)* polisintesi *f.* **po|ly|syn|the|tisch** agg. polisintetico.

Po|ly|tech|ni|ker m. *(-s,-)* studente *m.* di, del politecnico. **Po|ly|tech|ni|kum** n. *(-s,-technika* e *-techniken)* politecnico *m.* **po|ly|tech|nisch** agg. politecnico, del politecnico.

Po|ly|the|is|mus m. *(-)* politeismo *m.* **Po|ly|the|ist** m. *(-en,-en)* politeista *m.* **po|ly|the|is|tisch** agg. politeistico, politeista.

po|ly|to|nal agg. politonale. **Po|ly|to|na|li|tät** f. *(-)* politonalità *f.*

Po|ly|ure|than n. *(-s,-e)* poliuretano *m.*

Po|ly|urie f. *(-)* poliuria *f.*

po|ly|va|lent agg. polivalente.

Po|ly|vi|nyl|chlo|rid n. *(-[e]s,-e)* cloruro *m.* di polivinile. **Po|ly|vi|nyl|harz** m. *(-es)* polivinile *m.*

Po|ly|xe|na n.pr.f. Polissena *f.*

po|ly|zent|risch agg. policentrico.

po|ly|zyk|lisch agg. CHIM. policiclico.

pöl|zen tr. AUSTR. sostenere con pali.

Po|ma|de f. *(-,-n)* **1** brillantina *f.*, pomata *f.* per capelli **2** RAR. *(Lippenpomade)* crema *f.* per le labbra. **Po|ma|den|hengst** m. *(-es,-e)* COLLOQ. tipo *m.* impomatato. **po|ma|dig** agg. **1** impomatato: ***-es Haar*** capelli impomatati **2** REGION. *(blasiert)* altezzoso, borioso **3** COLLOQ. *(träge)* lento, indolente, flemmatico. **po|ma|di|sie|ren** tr. impomatare.

Po|me|ran|ze f. *(-,-n)* **1** melangolo *m.* **2** *(Frucht)* arancia *f.* amara.

Po|me|ran|zen|baum m. *(-[e]s,-bäume)* melangolo *m.* **Po|me|ran|zen|blü|te** f. *(-,-n)* fiore *m.* d'arancio. **Po|me|ran|zen|öl** n. *(-s)* neroli *m.*, nerola *f.* **Po|me|ran|zen|was|ser** n. *(-s)* acqua *f.* nanfa.

1.Pom|mer m. *(-n,-n)* pomerano *m.*, abitante *m.* della Pomerania.

2.Pom|mer m. *(-s,-)* MUS. STOR. bombarda *f.*

pom|me|risch agg. pomerano, di (*o* della) Pomerania. **Pom|mer|land** n. *(-[e]s)* RAR., **Pom|mern** n.pr.n. *(-s)* Pomerania *f.* **pom|mersch** agg. → **pommerisch.**

Pom|mes pl. COLLOQ., **Pommes frites** [pɔm'frıt] pl. patatine *f.pl.* fritte.

Po|mo|lo|ge m. *(-n,-n)* pomologo *m.* **Po|mo|lo|gie** f. *(-)* pomologia *f.* **po|mo|lo|gisch** agg. pomologico.

Pomp m. *(-[e]s)* pompa *f.*, sfarzo *m.*

Pom|pe|ja|ner m. *(-s,-)* STOR. pompeiano *m.* **pom|pe|ja|nisch** agg. STOR. pompeiano. **Pom|pe|jer** m. *(-s,-)* pompeiano *m.*, abitante *m.* di Pompei. **Pom|pe|ji** n.pr.n. *(-s)* Pompei *f.* **pom|pe|jisch** agg. pompeiano, di Pompei. **Pom|pe|jus** n.pr.m. Pompeo *m.*

pomp|haft I agg. pomposo, sontuoso, sfarzoso **II** avv. pomposamente, sontuosamente, sfarzosamente. **Pomp|haf|tig|keit** f. *(-)* pomposità *f.*, sontuosità *f.*, sfarzosità *f.*

Pom|pon [pɔ̃'pɔ̃n:] m. *(-s,-s)* pompon *m.*, nappa *f.*

pom|pös I agg. pomposo **II** avv. pomposamente.

Po|mu|chel m. *(-s,-)* REGION. merluzzo *m.*

pö|nal agg. DIR. ANT. penale. **Pö|na|le** n. *(-s, Pönalien* e AUSTR. *-)* AUSTR. o ANT. penale *f.* **pö|na|li|sie|ren** tr. punire.

Pon|cho ['pɔntʃo] m. *(-s,-s)* poncho *m.*

pon|cie|ren [pɔ̃:'si:rən] tr. pomiciare, pulire con la pomice.

Pond n. *(-s,-)* FIS. grammo-peso *m.*

pon|de|ra|bel agg. ANT. ponderabile. **Pon|de|ra|bi|li|en** pl. RAR. cose *f.pl.* ponderabili.

Pon|de|ra|ti|on f. *(-)* SCULT. ponderazione *f.*

Pon|ti|cel|lo [-'tʃɛlo] m. *(-s,-s* e *Ponticelli)* MUS. ponticello *m.*

Pon|ti|fex m. *(-, Pontifizes)* STOR. *(im antiken Rom)* pontefice *m.* ◆ ***~ maximus*** STOR. pontefice massimo; ECCL. *(Papst)* Sommo pontefice. **pon|ti|fi|kal** agg. pontificale. **Pon|ti|fi|kal|amt** n. *(-[e]s,-ämter)* pontificale *m.*, messa *f.* pontificale. **Pon|ti|fi|ka|le** n. *(-[s]; Pontifikalien)* **1** pontificale *m.*, libro *m.* pontificale **2** pl. paramenti *m.pl.* pontificali; *(Pontifikalamt)* pontificale *m.* **Pon|ti|fi|kat** n. e m. *(-[e]s,-e)* ECCL. pontificato *m.*

Pon|ti|us, ***von ~ zu Pilatus laufen*** andare da Ponzio a Pilato.

Pon|ton [pɔ̃'tɔ̃:, pɔn'to:n] m. *(-s,-s)* pontone *m.* **Pon|ton|brü|cke** f. *(-,-n)* ponte *m.* di barche.

1.Po|ny n. *(-s,-s)* pony *m.*: ***auf dem ~ reiten*** cavalcare sul pony.

2.Po|ny m. *(-s,-s)* frangia *f.*, frangetta *f.*: ***~ tragen*** avere la frangia. **Po|ny|fran|sen** pl. COLLOQ. frangetta *f.* **Po|ny|fri|sur** f. *(-,-en)* frangia *f.*, pettinatura *f.* con la frangia.

1.Pool [pu:l] m. *(-s,-s)* COLLOQ. *(Swimmingpool)* piscina *f.*

2.Pool m. *(-s,-s)* ECON. pool *m.*

3.Pool n. *(-s)* COLLOQ., **Pool|bil|lard** n. *(-s)* pool *m.*

Pop m. *(-[s])* pop *m.*: ***~ hören*** ascoltare il pop.

Po|panz m. *(-es,-e)* **1** spauracchio *m.*: ***etw. zum ~ machen*** far diventare qcs. uno spauracchio **2** FIG. SPREG. *(willenloser Mensch)* fantoccio *m.*, pupazzo *m.* **3** ANT. *(Strohpuppe)* spaventapasseri *m.*

Pop-Art ['pɔpa:ɐt] f. *(-)* pop art (*o* pop-art) *f.*

Pop|corn n. *(-s)* popcorn (*o* pop-corn) *m.*

Po|pe m. *(-n,-n)* **1** pope *m.* **2** SPREG. *(Geistlicher)* prete *m.*

Po|pel m. *(-s,-)* **1** COLLOQ. caccola *f.* **2a** REGION. *(kleines Kind)* moccioso *m.* **b** *(unbedeutender Mensch)* poveretto *m.*, miserabile *m.*

po|pe|lig I agg. COLLOQ. **1** *(schäbig)* miserabile, piccolo, povero: ***eine -e Jacke anhaben*** indossare una povera giacchetta **2** *(unbedeutend, gewöhnlich)* insignificante, banale: ***wegen jedes -en Unwohlseins zum Arzt gehen*** andare dal medico per ogni minimo malanno **3** *(geizig)* gretto, meschino **II** avv. ***sich ~ kleiden*** vestirsi male, miseramente. **Po|pe|lig|keit** f. *(-)* **1** miserabilità *f.*, povertà *f.* **2** *(Unbedeutendheit)* insignificanza *f.*, banalità *f.* **3** *(Geizigkeit)* grettezza *f.*, meschinità *f.*

Po|pe|lin m. *(-s,-e)*, **Po|pe|li|ne** [-li:n] m. *(-s,-)* e f. *(-,-)* popelin *m.*, popelina *f.*

po|peln intr. (aus. *haben*) COLLOQ. scaccolarsi.

Pop|far|be f. *(-,-n)* colore *m.* sgargiante. **Pop|grup|pe** f. *(-,-n)* gruppo *m.* pop. **Pop|kunst** f. *(-)* arte *f.* pop.

pop|lig → **popelig.**

Pop|mu|sik f. *(-)* musica *f.* pop.

Po|po m. *(-s,-s)* FAM. popò *m.*, culetto *m.* **Po|po|schei|tel** m. *(-s,-)* SCHERZ. riga *f.* nel mezzo, scriminatura *f.*

Pop|per m. *(-s,-)* fighetto *m.* **pop|pig** agg. **1** pop **2** *(mit auffallenden Farben)* sgargiante; *(in auffallender Gestaltung)* vistoso, appariscente. **Pop|sän|ger** m. *(-s,-)* cantante *m.* pop. **Pop|star** m. *(-s,-s)* popstar *f.*

po|pu|lär I agg. **1a** *(beliebt, bekannt)* popolare: ***jdn, sich ~ machen*** rendere qcn., rendersi popolare; ***durch etw. ~ werden*** diventare popolare per qcs. **b** *(dem Volk willkommen)* ***-e Maßnahmen ergreifen*** emanare provvedimenti popolari **2a** *(volkstümlich)* popolaresco **b** *(gemeinverständlich)* divulgativo: ***-e Vorträge halten*** tenere conferenze a carattere divulgativo **II** avv. **1** popolarmente, in modo popolare **2a** *(volkstümlich)* in modo popolaresco: ***~ reden, schreiben*** parlare, scrivere in modo popolaresco **b** *(gemeinverständlich)* in modo divulgativo.

po|pu|la|ri|sie|ren tr. **1** rendere popolare, RAR. popolarizzare **2** *(gemeinverständlich darstellen)* volgarizzare, rendere divulgativo. **Po|pu|la|ri|sie|rung** f. *(-,-en)* popolarizzazione *f.*; volgarizzazione *f.*, divulgazione *f.*

Po|pu|la|ri|tät f. *(-)* popolarità *f.*: ***große, geringe ~ genießen, gewinnen*** godere di, acquistare una grande (*o* vasta), una scarsa popolarità; ***seine ~ steigt, sinkt*** la sua popolarità aumenta (*o* cresce), diminuisce; ***seine ~ als Politiker verlieren*** perdere la propria popolarità come politico. **po|pu|lär|wis|sen|schaft|lich I** agg. divulgativo, di divulgazione (scientifica) **II** avv. in modo divulgativo.

Po|pu|la|ti|on f. *(-,-en)* **1** BIOL. popolazione *f.* **2** ANT. *(Bevölkerung)* popolazione *f.*

Po|pu|lis|mus m. *(-)* populismo *m.* **Po|pu|list** m. *(-en,-en)* populista *m.* **po|pu|lis|tisch** agg. populista.

Po|re f. *(-,-n)* poro *m.*: ***der Schweiß bricht ihm aus allen -n*** suda da tutti i pori. **po|ren|tief** agg. che agisce, che pulisce in profondità. **po|rig** agg. **1** poroso **2** *(großporig)* ***-e Haut*** pelle coi pori dilatati. **Po|rig|keit** f. *(-)* porosità *f.*

Por|ling m. *(-s,-e)* poliporo *m.*

Por|no m. *(-s,-s)* COLLOQ. *(Pornofilm, Pornoroman)* porno *m.* **Por|no|film** m. *(-s,-e)* pornofilm *m.*, film *m.* porno. **Por|no|graph** m. *(-en,-en)* pornografo *m.* **Por|no|gra|phie** f. *(-,-n)* pornografia *f.*: ***~ verbreiten*** diffondere la pornografia. **por|no|gra|phisch** agg. pornografico. **Por|no|heft** n. *(-[e]s,-e)* rivista *f.* porno. **Por|no|ro|man** m. *(-s,-e)* romanzo *m.* porno.

po|rös agg. poroso: ***-e Stoffe*** materiali porosi; ***-es Gestein*** roccia porosa (*o* madrosa). **Po|ro|si|tät** f. *(-)* porosità *f.*

Por|phyr, Por|phyr m. *(-s)* porfido *m.* **Por|phy|rin** n. *(-s,-e)* porfirina *f.* **por|phy|risch** agg. porfirico. **Por|phy|rit** m. *(-s,-e)* porfirite *f.*

Por|ree m. *(-s,-s)* porro *m.*: ***eine Stange ~*** un porro.

Por|ridge ['pɔrıtʃ] m. e n. *(-s)* porridge *m.*

Porst m. *(-[e]s,-e)* ramerino *m.* (*o* rosmarino *m.*) di palude.

Por|ta|ble ['pɔ:rtəbl] m. e n. *(-s,-s)* portatile *m.* (televisione o radio).

Por|tal n. *(-s,-e)* portale *m.*, portone *m.*: ***aus dem ~ treten*** uscire dal portone. **Por|tal|kran** m. *(-[e]s,-kräne)* gru *f.* a cavalletto (*o* portale). **Por|tal|ver|zie|rung** f. *(-,-en)* decorazione *f.* di, del portale.

Por|ta|ment n. *(-[e]s,-e)*, **Por|ta|men|to** n. *(-s,-s* e *Portamenti)* MUS. portamento *m.*

Por|ta|tiv n. *(-s,-e)* MUS. organo *m.* portativo.

Porte|feuille [pɔrt'fø:j] n. *(-s,-s)* **1** POL. portafoglio *m.*: ***ein Minister ohne ~*** un ministro senza portafoglio **2** ANT. *(Brieftasche, Aktenmappe)* portafoglio *m.*

Porte|mon|naie [pɔrtmɔ'nɛ:, 'pɔrtmɔnɛ] n. *(-s,-s)* portamonete *m.*: ***das ~ herausholen, (heraus)ziehen*** tirare fuori il portamonete; ***Geld ins ~ stecken*** mettere i soldi nel portamonete ◆ COLLOQ. ***ein dickes ~ haben*** avere un portafoglio gonfio, ben fornito.

Por|ter m. e n. *(-s,-)* (birra *f.*) porter *m.*

Por|ti|er [pɔr'tje:] m. *(-s,-s* e AUSTR. *-e)* **1** portiere *m.* (d'albergo) **2** ANT. *(Hausmeister)* portinaio *m.* **Por|ti|e|re** f. *(-,-n)* portiera *f.* **Por|ti|er(s)|frau** f. *(-,-en)* portinaia *f.* **Por|ti|ers|lo|ge** f. *(-,-n)* portineria *f.*, guardiola *f.* (del portinaio).

Por|ti|kus m. e TECN. f. *(-,-* e *Portiken)* portico *m.*

Por|ti|on f. *(-,-en)* **1** porzione *f.*: ***eine ~ Kartoffeln*** una porzione di patate; ***eine knappe, reichliche ~*** una porzione scarsa, abbondante; ***eine halbe, doppelte ~*** una mezza porzione, una porzione doppia **2** FIG. dose *f.*: ***eine große ~ Glück, Frechheit, Mut haben*** avere una buona dose di fortuna, di sfacciataggine, di coraggio ◆ COLLOQ. FIG. ***halbe ~*** mezza cartuccia; ***eine ~ Kaffee*** un bricco di caffè (da 2 tazze). **Por|ti|ön|chen** n. *(-s,-)* porzioncina *f.* **por|ti|o|nen|wei|se** → **portionsweise. por|ti|o|nie|ren** tr. dividere in porzioni: ***Eis ~*** fare le porzioni di gelato. **Por|ti|o|nie|rer** m. *(-s,-)* strumento *m.* (per fare le porzioni); *(für Flüssigkeiten)* dosatore *m.* **Por|ti|o|nie|rung** f. *(-,-en)* divisione *f.* in porzioni. **por|ti|ons|wei|se** avv. in, a porzioni.

Port|mo|nee → **Portemonnaie.**

Por|to n. *(-s,-s e Porti)* **1** affrancatura *f.*, porto *m.*: ***das ~ eines Briefes*** l'affrancatura di una lettera; ***das kostet 1 DM ~*** costa un marco di affrancatura **2** *(Postgebühr)* spese *f.pl.* postali: ***~ zahlt Empfänger*** spese postali a carico del destinatario; ***das ~ geht zu meinen Lasten*** le spese postali sono a mio carico. **por|to|frei** agg. avv. franco (*o* esente) di porto, in franchigia. **Por|to|frei|heit** f. *(-)* franchigia *f.* postale. **Por|to|kas|se** f. *(-,-n)* piccola cassa *f.* **Por|to|kos|ten** pl. spese *f.pl.* postali, costi *m.pl.* di spedizione. **por|to|pflich|tig** agg. soggetto ad affrancatura.

Port|rait ANT., **Port|rät** [-'trɛ] n. *(-s e -[e]s,-s e -e)* ritratto *m.*: ***lebensgroßes ~*** ritratto a grandezza naturale; *(Charakterbild)* ***ein ~ des Dichters*** un ritratto del poeta ◆ ***jdm ~ sitzen*** farsi ritrarre da qcn.; ***auf dem ~ bist du gut getroffen*** = il ritratto è molto somigliante. **Port|rät|auf|nah|me** f. *(-,-n)* ritratto *m.* fotografico. **Port|rät|fo|to|graf** m. *(-en,-en)* fotografo *m.* ritrattista. **port|rä|tie|ren** tr. ritrarre (anche FIG.): ***jdn, etw. ~*** fare il ritratto a (*o* di) qcn., qcs., ritrarre qcn., qcs. **Port|rä|tist** m. *(-en,-en)*, **Port|rät|ma|ler** m. *(-s,-)* PITT. ritrattista *m.* **Port|rät|stu|die** f. *(-,-n)* PITT. studio *m.* per un ritratto. **Port|rät|zeich|nung** f. *(-,-en)* ritratto *m.* a matita.

Por|tu|gal n.pr.n. *(-s)* Portogallo *m.* **Por|tu|gie|se** m. *(-n,-n)* portoghese *m.* **Por|tu|gie|ser** m. *(-s)* ENOL. portoghese *m.* **Por|tu|gie|sin** f. *(-,-nen)* portoghese *f.* **por|tu|gie|sisch I** agg. portoghese **II** avv. **1** alla portoghese **2** *(auf Portugiesisch)* in portoghese. **Por|tu|gie|sisch** n. *(-[s])*, **Por|tu|gie|si|sche** n. *(-n)* portoghese *m.*, lingua *f.* portoghese.

Por|tu|lak m. *(-s,-e e -s)* portulaca *f.*

Port|wein m. *(-[e]s,-e)* ENOL. porto *m.*

Por|zel|lan n. *(-s,-e)* **1** porcellana *f.*: ***ein Teller aus ~*** un piatto di porcellana **2** *(Geschirr aus Porzellan)* porcellane *f.pl.*, stoviglie *f.pl.* di porcellana: ***~ sammeln*** collezionare porcellane ◆ ***wie aus ~ sein*** sembrare di porcellana; FIG. ***~ zerschlagen*** = guastare, rovinare tutto, provocare danni. **por|zel|lan|ar|tig** agg. simile alla porcellana. **por|zel|la|nen** agg. di porcellana. **Por|zel|lan|er|de** f. *(-)* caolino *m.* **Por|zel|lan|fi|gur** f. *(-,-en)* figura *f.* (*o* statuetta *f.*) di porcellana. **Por|zel|lan|ge|schirr** n. *(-[e]s,-e)* stoviglie *f.pl.* di porcellana, porcellane *f.pl.* **Por|zel|lan|iso|la|tor** m. *(-s,-en)* EL. isolatore *m.* di porcellana. **Por|zel|lan|kro|ne** f. *(-,-n)* MED. corona *f.* (*o* capsula *f.*) in porcellana. **Por|zel|lan|la|den** m. *(-s,-läden)* negozio *m.* di porcellane ◆ SCHERZ. ***wie ein Elefant im ~*** come un elefante in un negozio di porcellane. **Por|zel|lan|ma|le|rei** f. *(-,-en)* pittura *f.* su porcellana. **Por|zel|lan|ma|nu|fak|tur** f. *(-,-en)* manifattura *f.* di porcellana. **Por|zel|lan|mar|ke** f. *(-,-n)* marca *f.* di porcellana; *(Firmenzeichen)* marchio *m.* della porcellana. **Por|zel|lan|mas|se** f. *(-,-n)* pasta *f.* di porcellana. **Por|zel|lan|schne|cke** f. *(-,-n)* ciprea *f.* **Por|zel|lan|tas|se** f. *(-,-n)* tazza *f.* di porcellana. **Por|zel|lan|tel|ler** m. *(-s,-)* piatto *m.* di porcellana.

Pos. ⇒ *Position* posizione.

Po|sa|ment n. *(-[e]s,-en)* passamano *m.*, passamaneria *f.* **Po|sa|men|ter** m. *(-s,-)* fabbricante *m.* di passamanerie; *(Händler)* commerciante *m.* di passamanerie. **Po|sa|men|te|rie** f. *(-,-n)* **1** passamaneria *f.* **2** *(Laden)* negozio *m.* di passamanerie. **Po|sa|men|tier** m. *(-s,-e)* → **Posamenter. Po|sa|men|tier|ar|beit** f. *(-,-en)* oggetto *m.* decorato con passamaneria. **po|sa|men|tie|ren I** tr. decorare con passamaneria **II** intr. (aus, *haben*) produrre passamanerie. **Po|sa|men|tie|rer** m. *(-s,-)* AUSTR. → **Posamenter.**

Po|sau|ne f. *(-,-n)* trombone *m.*: ***(die) ~ spielen, blasen*** suonare il trombone. **po|sau|nen I** intr. (aus. *haben*) **1** suonare il trombone **2** FIG. *(laut verkünden)* tuonare **II** tr. COLLOQ. *(ausposaunen)* strombazzare, gridare ai quattro venti: ***etw. in alle Welt ~*** gridare qcs. ai quattro venti. **Po|sau|nen|blä|ser** m. *(-s,-)* suonatore *m.* di trombone. **Po|sau|nen|chor** m. *(-[e]s,-chöre)* (gruppo *m.* di) tromboni *m.pl.* **Po|sau|nen|en|gel** m. *(-s,-)* **1** PITT. angelo *m.* che suona la tromba **2** COLLOQ. *(pausbäckiges Kind)* bambino *m.* paffuto. **Po|sau|nen|klang** m. *(-[e]s,-klänge)*, **Po|sau|nen|schall** m. *(-[e]s,-e e -schälle)* suono *m.* di trombone. **Po|sau|nen|stoß** m. *(-es,-stöße)* squillo *m.* di trombone. **Po|sau|nist** m. *(-en,-en)* trombonista *m.*

1.Po|se f. *(-,-n)* posa *f.* (anche SPREG.): ***eine affektierte ~*** una posa affettata; ***eine ~ annehmen, einnehmen*** assumere una posa; ***das ist alles ~!*** è tutta una posa! ***sich in ~ werfen*** assumere delle pose.

2.Po|se f. *(-,-n)* **1** *(Federkiel)* rachide *f.*, costola *f.* della penna **2** PESC. galleggiante *m.* ◆ REGION. ***nicht aus den -n kommen*** = non alzarsi dal letto; ***ab in die -n!*** a letto!

Po|sei|don n.pr.m. Poseidone *m.*

Po|se|mu|ckel, Po|se|mu|kel n. *(-s,-)* SPREG. paesucolo *m.*

po|sen intr. (aus. *haben*) → **posieren. Po|seur** [po'zøːɐ] m. *(-s,-e)* SPREG. posatore *m.*, ostentatore *m.* **po|sie|ren** intr. (aus. *haben*) mettersi in posa.

Po|si|ti|on f. *(-,-en)* **1** *(Stellung)* posizione *f.*, posto *m.*, ruolo *m.*: ***eine gute, leitende, verantwortliche ~ bekleiden*** ricoprire una buona posizione, una posizione direttiva, di responsabilità **2a** *(Lage)* posizione *f.* (anche FIG.): ***einen Hebel in die richtige ~ bringen*** mettere, portare una leva nella giusta posizione; ***sich in einer starken, bevorzugten ~ befinden*** essere, trovarsi in una posizione di forza, privilegiata **b** *(Standpunkt)* ***eine bestimmte ~ einnehmen*** prendere (*o* assumere) una posizione precisa **c** MAR. AER. ***die ~ eines Schiffes, eines Flugzeuges*** la posizione di una nave, di un aereo **d** ASTR. ***die ~ eines Gestirnes*** la posizione di un astro **e** SPORT ***in, auf ~ gehen*** mettersi in posizione **3** ECON. *(Einzelposten)* voce *f.*: ***die -en einer Bestellung*** le voci di un'ordinazione; ***einige -en streichen*** cancellare, depennare alcune voci ◆ ***~ beziehen*** prendere posizione; ***in führender ~*** in posizione di comando; ***sich (D) eine ~ schaffen*** farsi una posizione; ***die soziale ~*** la posizione sociale.

po|si|ti|o|nell agg. posizionale.

po|si|ti|o|nie|ren tr. posizionare, collocare; COMM. collocare: ***eine Ware, ein Produkt ~*** collocare una merce, un prodotto. **Po|si|ti|o|nie|rung** f. *(-,-en)* posizionamento *m.*, collocamento *m.*

Po|si|ti|ons|be|stim|mung f. *(-,-en)* determinazione *f.* della posizione. **Po|si|ti|ons|lam|pe** f. *(-,-n)* MAR. AER. fanale *m.* di posizione (*o* navigazione). **po|si|ti|ons|lang** agg. METR. lungo per posizione. **Po|si|ti|ons|la|ter|ne, Po|si|ti|ons|leuch|te** f. *(-,-n)* → **Positionslampe. Po|si|ti|ons|licht** n. *(-[e]s,-er)* **1** → **Positionslampe 2** AUT. *(Standlicht)* luce *f.* di posizione. **Po|si|ti|ons|mel|dung** f. *(-,-en)* MAR. comunicazione *f.* della posizione. **Po|si|ti|ons|win|kel** m. *(-s,-)* angolo *m.* di posizione.

po|si|tiv I agg. **1a** positivo: ***eine -e Einstellung*** un atteggiamento positivo; ***-e Enwicklungen, Folgen, Einflüsse, Gefühle*** sviluppi positivi, conseguenze, influenze positive, sentimenti positivi **b** *(zustimmend)* ***eine -e Kritik, Reaktion*** una critica, reazione positiva **c** *(bejahend)* affermativo: ***ein -er Bescheid*** una risposta affermativa **2** *(konkret)* reale, concreto: ***-e Kenntnisse*** conoscenze reali; ***ein -er Vorschlag*** una proposta concreta **3** MAT. FIS. MED. positivo: ***eine -e Zahl, Ladung*** un numero positivo, una carica positiva; MED. ***der Befund ist ~*** il referto è positivo **4** COLLOQ. sicuro, certo: ***das ist ~!*** questo è sicuro! **II** avv. **1** positivamente, in modo positivo: ***etw. ~ bewerten*** valutare qcs. positivamente; ***sich zu etw. ~ äußern*** esprimersi positivamente su qcs. **2** COLLOQ. con certezza: ***das weiß ich ~*** questo lo so con certezza ◆ ***sich ~ auswirken*** avere degli effetti positivi; ***jdm, etw. ~ gegenüberstehen*** avere un atteggiamento positivo verso (*o* nei confronti di) qcn., qcs.; FIS. ***~ geladen sein*** avere carica positiva; ***der -e Pol*** il polo positivo; ***-es Recht*** diritto positivo.

1.Po|si|tiv m. *(-s,-e)* GRAMM. grado *m.* positivo.

2.Po|si|tiv n. *(-s,-e)* **1** MUS. (organo *m.*) positivo *m.* **2** FOT. positivo *m.*

Po|si|ti|vis|mus m. *(-)* positivismo *m.* **Po|si|ti|vist** m. *(-en,-en)* positivista *m.* **po|si|ti|vis|tisch** agg. **1** positivistico **2** SPREG. *(ohne neue Gedanken)* compilativo.

Po|si|ti|vum n. *(-s, Positiva)* cosa *f.* positiva.

Po|si|tiv|ver|fah|ren n. *(-s,-)* FOT. stampa *f.* da positivo.

Po|sit|ron n. *(-s,-en)* positrone *m.*

Po|si|tur f. *(-,-en)* IRON. **1** posa *f.*, atteggiamento *m.*: ***sich in ~ stellen, setzen, werfen*** mettersi in posa **2** SPORT posizione *f.*: ***in ~ gehen, sein*** mettersi, essere in posizione.

Pos|se f. *(-,-n)* TEATR. farsa *f.* **Pos|sen** m. *(-s,-)* ANT. **1** *(Streich)* tiro *m.*, scherzo *m.*: ***jdm einen ~ spielen*** giocare un tiro a qcn. **2** pl. *(Unsinn)* scemenze *f.pl.*, pagliacciate *f.pl.*: ***lass die ~!*** finiscila con le scemenze! ◆ ***~ reißen*** fare il buffone, fare buffonate. **pos|sen|haft** agg. farsesco, buffonesco. **Pos|sen|haf|tig|keit** f. *(-,-en)* buffoneria *f.* **Pos|sen|ma|cher, Pos|sen|rei|ßer** m. *(-s,-)* ANT. burlone *m.*, mattacchione *m.*

Pos|ses|si|on f. *(-,-en)* DIR. possesso *m.*

pos|ses|siv agg. GRAMM. possessivo. **Pos|ses|siv** n. *(-s,-e)*, **Pos|ses|siv|pro|no|men** n. *(-s,-)*, **Pos|ses|si|vum** n. *(-s, Possessiva)* GRAMM. pronome *m.* possessivo.

pos|ses|so|risch agg. DIR. possessorio: ***-e Klage*** azione possessoria.

pos|sier|lich I agg. buffo **II** avv. in modo buffo. **Pos|sier|lich|keit** f. *(-)* comicità *f.*

Post f. *(-)* **1a** posta *f.*: ***bei der ~ sein, arbeiten*** essere, lavorare alla posta; ***etw. mit der, durch die ~ schicken*** spedire qcs. per posta; **b** *(Postamt)* ***auf die, zur ~ gehen*** andare alla posta; ***etw. zur ~ bringen, auf die ~ tragen*** portare qcs. alla posta; ***etw. von der ~ holen*** ritirare qcs. alla posta; ***etw. durch die ~ beziehen*** ricevere qcs. per posta; ***wo ist die nächste ~?*** dov'è la posta più vicina? dov'è l'ufficio postale più vicino? **c** *(Postsendung)* posta *f.*, corrispondenza *f.*: ***die ~ aufgeben, austragen, bearbeiten*** spedire, distribuire, evadere la posta; ***wann geht die ~ ab?*** quando parte la posta? ***ist ~ für mich da?*** c'è posta per me? ***eingehende, ausgehende ~*** posta in arrivo, in partenza; ***die ~ ins Haus befördern, zustellen*** consegnare, inoltrare la posta a domicilio **2** ANT. *(Botschaft)* notizia *f.*: ***eine böse ~ für jdn haben*** avere una brutta notizia per qcn. **3** ANT. *(Postkutsche)* diligenza *f.* della posta ◆ COLLOQ. ***ab (geht) die ~!*** via! partenza! *(beeile dich)* muoviti! ***hier geht die ~ ab*** qui sì che c'è vita; ***Gasthof zur ~*** albergo della posta; ***mit getrennter ~*** in plico separato; ***mit gleicher ~*** con lo stesso giro di posta; ***mit umgehender ~*** a stretto giro di posta. **Post|ad|res|se** f. *(-,-n)* → **Postanschrift.**

pos|ta|lisch agg. postale: ***-e Aufgaben*** spedizioni postali; ***auf -em Wege*** per via postale.

Pos|ta|ment n. *(-[e]s,-e)* piedistallo *m.*, base *f.*

Post|amt n. *(-[e]s,-ämter)* ufficio *m.* postale. **post|amt|lich** agg. postale, della posta. **Post|an|schrift** f. *(-,-en)* recapito *m.* postale, indirizzo *m.* **Post|an|wei|sung** f. *(-,-en)* vaglia *m.* postale. **Post|auf|trag** m. *(-[e]s,-aufträge)* mandato *m.* postale. **Post|bar|scheck** m. *(-s,-s)* assegno *m.* postale. **Post|be|am|te** m. *(-n,-n)* impiegato *m.* delle poste. **Post|be|am|tin** f. *(-,-nen)* impiegata *f.* delle poste. **Post|be|för|de|rung** f. *(-,-en)* inoltro *m.* della posta ◆ ***falsche ~*** recapito a un indirizzo sbagliato. **Post|be|zirk** m. *(-[e]s,-e)* distretto *m.* postale. **Post|be|zug** m. *(-[e]s)* ricevimento *m.* per (*o* a mezzo) posta. **Post|bo|te** m. *(-n,-n)* COLLOQ. postino *m.*, portalettere *m.*

Pöst|chen n. *(-s,-)* **1** posticino *m.* **2** *(Nebenberuf)* impiego *m.* secondario.

post|da|tie|ren tr. ANT. **1** *(vorausdatieren)* postdatare **2** *(zurückdatieren)* retrodatare.

Post|de|bit m. *(-s)* spedizione *f.* in abbonamento postale. **Post|dienst** m. *(-[e]s,-e)* **1** servizio *m.* postale **2** *(Dienst bei der Post)* servizio *m.* presso le poste. **Post|di|rek|ti|on** f. *(-)* direzione *f.* delle poste. **Post|di|rek|tor** m. *(-s,-en)* direttore *m.* delle poste. **Post|ein|gang** m. *(-[e]s,-eingänge)* posta *f.* in arrivo.

post|em|bry|o|nal agg. postembrionale.

pos|ten SVIZZ. **I** tr. comperare: ***ein Kilo Mehl ~*** comperare un chilo di farina **II** intr. (aus. *haben*) fare commissioni.

Pos|ten m. *(-s,-)* **1** MIL. posto *m.*, postazione *f.*: ***auf seinem ~ sein, stehen*** essere, stare al proprio posto; ***seinen ~ verlassen*** abbandonare il proprio posto; ***ein vorgeschobener ~*** una postazione avanzata, un avamposto; ***auf seinen ~ ausharren*** mantenere il proprio posto **2** MIL. *(Wache)* sentinella *f.*: ***~ stehen, schieben*** fare la sentinella; ***den ~ ablösen*** dare il cambio alla sentinella; ***~ aufstellen*** disporre sentinelle **3a** *(berufliche Stellung)* posto *m.*: ***sich um einen ~ bewerben*** fare domanda per un posto; ***den ~ eines Prokuristen haben*** avere un posto da procuratore **b** *(angesehene Stellung)* posizione *f.*: ***einen ~ in der Gesellschaft, im Außenministerium haben*** avere un posizione nella società, una posizione di prestigio al ministero degli esteri **4** SPORT ruolo *m.* **5a** COMM. *(Partie)* lotto *m.*, partita *f.*: ***einen ~ Taschentücher beziehen, absetzen*** ritirare, vendere una partita di fazzoletti; ***laufender, offener ~*** partita corrente, in sospeso **b** *(Position)* voce *f.*: ***die einzelnen ~ der Rechnung*** le singole voci della fattura **6** *(Polizeiposten)* posto *m.* di polizia ◆ ***~ beziehen*** montare la guardia; COLLOQ. ***sich nicht (ganz) auf dem ~ fühlen*** non sentirsi (del tutto) in quadro; ***einen ruhigen ~ haben*** avere un impiego di tutto riposo; COLLOQ. ***auf dem ~ sein*** essere in buona salute; *(wachsam sein)* stare all'erta; SPREG. ***auf seinem ~ sitzen*** essere inamovibile; ***~ stehen*** essere di guardia; COMM. ***transitorische ~*** ratei; ***auf verlorenem ~ kämpfen, stehen*** combattere una battaglia perduta. **Pos|ten|ab|lö|sung** f. *(-)* cambio *m.* delle sentinelle. **Pos|ten|dienst** m. *(-[e]s,-e)* MIL. (servizio *m.* di) guardia *f.* **Pos|ten|jä|ger** m. *(-s,-)* COLLOQ. SPREG. arrivista *m.* **Pos|ten|ket|te** f. *(-,-n)*, **Pos|ten|li|nie** f. *(-,-n)* linea *f.* di, delle sentinelle. **pos|ten|wei|se** avv. a lotti, partita per partita.

Pos|ter m. e n. *(-s,- e -s)* poster *m.*: ***ein ~ aufhängen*** appendere un poster.

Pos|te|ri|o|ra pl. ANT. **1** SCHERZ. *(Gesäß)* posteriore *m.*, deretano *m.* **2** *(nachfolgende Ereignisse)* seguito *m.*

Po|ste|ri|tät f. *(-)* ANT. posterità *f.*, posteri *m.pl.*

Post|fach n. *(-[e]s,-fächer)* **1** casella *f.* postale **2** *(im Büro, Hotel)* casella *f.*, cassetta *f.* della posta. **post|fer|tig** agg. pronto per la spedizione. **Post|flug|zeug** n. *(-[e]s,-e)* aereo *m.* postale. **post|frisch** agg. *(von Briefmarken)* nuovo. **Post|ge|bäu|de** n. *(-s,-)* edificio *m.*, palazzo *m.* della posta. **Post|ge|bühr** f. *(-,-en)* tassa *f.* (*o* tariffa *f.*) postale, spese *f.pl.* postali: ***~ zahlt Empfänger*** le spese postali sono a carico del destinatario. **Post|ge|heim|nis** n. *(-es)* DIR. segreto *m.* epistolare.

Post|gi|ro|amt n. *(-[e]s,-ämter)* ufficio *m.* conti correnti. **Post|gi|ro|kon|to** n. *(-s,-konten* e *-s/-konti)* conto *m.* corrente (postale). **Post|gi|ro|ver|kehr** m. *(-s)* servizio *m.* dei conti correnti postali.

post|gla|zi|al agg. postglaciale.

Post|gut n. *(-[e]s)* merce *f.* spedita per posta. **Post|hal|ter** m. *(-s,-)* ANT. postiere *m.* **Post|hal|te|rei** f. *(-,-en)* ANT. stazione *f.* di posta. **Post|horn** n. *(-[e]s,-hörner)* corno *m.* del, da postiglione.

post|hum → **postum.**

pos|tie|ren I tr. piazzare, collocare **II** rifl. **sich ~** appostarsi, piazzarsi: ***Polizeibeamte postierten sich am Eingang*** i poliziotti si appostarono all'ingresso. **Pos|tie|rung** f. *(-,-en)* collocamento *m.*, postazione *f.*

Pos|til|le f. *(-,-n)* **1a** libro *m.* di devozione **b** *(Predigtsammlung)* raccolta *f.* di prediche **2** SPREG. rivista *f.*, libercolo *m.*

Pos|til|li|on m. *(-s,-e)* postiglione *m.*

Post|in|spek|tor m. *(-s,-en)* ispettore *m.* postale.

post|kar|bo|nisch agg. postcarbonico.

Post|kar|te f. *(-,-n)* **1** cartolina *f.* postale **2** *(Ansichtskarte)* cartolina *f.* **Post|kar|ten|grö|ße** f. *(-)* formato *m.* cartolina. **Post|kar|ten|gruß** m. *(-es,-grüße)* cartolina *f.* di saluti.

Post|kas|ten m. *(-s,-kästen)* REGION. buca *f.* da (*o* delle) lettere. **Post|kut|sche** f. *(-,-n)* diligenza *f.* (postale), corriera *f.* **post|la|gernd I** agg. fermo (in) posta, giacente in posta **II** avv. fermo posta. **Post|leit|zahl** f. *(-,-en)* codice *m.* (di avviamento) postale.

Post|ler REGION. COLLOQ., **Pöst|ler** SVIZZ. m. *(-s,-)* **1** *(Postbeamte)* impiegato *m.* delle poste **2** *(Postbote)* postino *m.*

Post|lu|di|um n. *(-s, Postludien)* postludio *m.*

Post|meis|ter m. *(-s,-)* ANT. maestro *m.* di posta. **Post|mi|nis|ter** m. *(-s,-)* ministro *m.* delle poste. **Post|mi|nis|te|ri|um** n. *(-s, -ministerien)* ministero *m.* delle poste.

post|mo|dern agg. postmoderno: ***die -e Architektur*** l'architettura postmoderna; ***ein -er Roman*** un romanzo postmoderno. **Post|mo|der|ne** f. *(-)* postmoderno *m.*

post|mor|tal agg. MED. postmortale. **post|na|tal** agg. MED. postnatale.

Post|ne|ben|stel|le f. *(-,-n)* ufficio *m.* postale.

post|nu|me|ran|do avv. posticipatamente: ***~ bezahlen*** pagare posticipatamente. **Post|nu|me|ra|ti|on** f. *(-)* pagamento *m.* posticipato.

Pos|to, ANT. MIL. ***~ fassen*** prendere posizione.

post|ope|ra|tiv MED. **I** agg. postoperatorio: ***-er Verlauf*** decorso postoperatorio **II** avv. dopo l'operazione.

Post|pa|ket n. *(-[e]s,-e)* pacco *m.* postale.

Post|po|si|ti|on f. *(-,-en)* LING. posposizione *f.*

Post|re|gal n. *(-s)* monopolio *m.* postale. **Post|rei|ter** m. *(-s,-)* ANT. corriere *m.* postale. **Post|sa|che** f. *(-,-n)* → **Postsendung. Post|sack** m. *(-[e]s,-säcke)* sacco *m.* postale, della posta. **Post|schal|ter** m. *(-s,-)* sportello *m.* dell'ufficio postale.

Post|scheck m. *(-s,-s)* assegno *m.* postale. **Post|scheck|amt** n. *(-[e]s, -ämter)* ANT. → **Postgiroamt. Post|scheck|kon|to** n. *(-s, -konten* e *-s/-konti)* conto *m.* corrente postale. **Post|scheck|kun|de** m. *(-n,-n)* correntista *m.* postale. **Post|scheck|über|wei|sung** f. *(-,-en)* postagiro *m.* **Post|scheck|ver|kehr** m. *(-s)* ANT. servizio *m.* dei conti correnti postali.

Post|schiff n. *(-[e]s,-e)* nave *f.* postale, postale *m.* **Post|schließ|fach** n. *(-[e]s,-fächer)* casella *f.* postale. **Post|sen|dung** f. *(-,-en)* spedizione *f.* postale.

Post|skrip|tum n. *(-s, Postskripta)* postscriptum *m.*, poscritto *m.*

Post|spar|buch n. *(-[e]s,-bücher)* libretto *m.* postale di risparmio. **Post|spa|ren** n. *(-s)* risparmio *m.* postale. **Post|spar|kas|se** f. *(-,-n)* servizio *m.* di bancoposta. **Post|spar|kas|sen|buch** → **Postsparbuch.**

Post|stel|le f. *(-,-n)* ufficio *m.* postale. **Post|stem|pel** m. *(-s,-)* timbro *m.* postale. **Post|über|wei|sung** f. *(-,-en)* **1** versamento *m.* in conto corrente postale **2** → **Postschecküberweisung.**

Post|sze|ni|um n. *(-s,-szenien)* TEATR. retroscena *m.*

post|ter|ti|är agg. GEOL. post-terziario.

post|trau|ma|tisch agg. MED. postraumatico.

Pos|tu|lant m. *(-en,-en)* **1** RELIG. postulante *m.* **2** ANT. *(Bewerber)* aspirante *m.*, concorrente *m.* **Pos|tu|lat** n. *(-[e]s,-e)* postulato *m.* (anche RELIG.): ***ein ~ der praktischen Vernunft*** un postulato della ragion pratica; ***ein ~ aufstellen*** enunciare un postulato. **pos|tu|lie|ren** tr. postulare. **Pos|tu|lie|rung** f. *(-,-en)* il postulare, RAR. postulazione *f.*

pos|tum I agg. postumo: ***-e Werke*** opere postume; ***ein -er Sohn*** un figlio postumo **II** avv. dopo la morte: ***ein ~ herausgegebenes Buch*** un libro pubblicato postumo, dopo la morte dell'autore.

Post|ver|bin|dung f. *(-,-en)* collegamento *m.* postale. **Post|ver|**

ein m. *(-[e]s,-e)* unione *f.* postale. **Post|ver|kehr** m. *(-s)* **1** traffico *m.*, servizio *m.* postale **2** *(Korrespondenz)* corrispondenza *f.*: ***den ~ der Gefangenen überwachen*** controllare la corrispondenza dei detenuti **3** *(Reiseverkehr)* trasporti *m.pl.* gestiti dalle poste. **Post|ver|sand** m. *(-[e]s)* spedizione *f.* a mezzo posta. **Post|ver|wal|tung** f. *(-,-en)* ammininistrazione *f.* delle poste. **Post|voll|macht** f. *(-,-en)* procura *f.* postale. **Post|wa|gen** m. *(-s,-)* **1** furgone *m.* postale **2** FERR. vettura *f.* (*o* carrozza *f.*) postale **3** ANT. → **Postkutsche. Post|weg**, ***etw. auf dem ~ schicken*** spedire qcs. per posta, a mezzo posta. **post|wen|dend** avv. a (stretto) giro di posta: ***~ antworten*** rispondere a stretto giro di posta. **Post|wert|zei|chen** n. *(-s,-)* valore *m.* postale. **Post|we|sen** n. *(-s)* poste *f.pl.*, sistema *m.* postale. **Post|wurf|sen|dung** f. *(-,-en)* stampati *m.pl.* **Post|zug** m. *(-[e]s,-züge)* treno *m.* postale. **Post|zu|stel|lung** f. *(-,-en)* recapito *m.*, consegna *f.* della posta.

1.Pot n. *(-s)* GERG. erba *f.*, fumo *m.*

2.Pot m. *(-s)* GIOC. piatto *m.*

po|tem|kin|sche Dör|fer pl. = illusione *f.*, inganno *m.*, miraggio *m.*

po|tent agg. **1a** potente: ***eine -e Lobby*** una lobby potente **b** *(vermögend)* facoltoso: ***ein -er Kunde*** un cliente facoltoso **2** *(sexuell)* sessualmente potente.

Po|ten|tat m. *(-en,-en)* SPREG. potentato *m.*, sovrano *m.*

Po|ten|ti|o|me|ter n. *(-s,-)* potenziometro *m.* **Po|ten|ti|o|met|rie** f. *(-)* titolazione *f.* (*o* titrazione *f.*) potenziometrica.

Po|tenz f. *(-,-en)* **1** potenza *f.* (anche MAT.): ***die wirtschaftliche ~ eines Landes*** la potenza economica di un paese; ***intellektuelle, künstlerische ~*** potenza intellettuale, artistica; ***eine Zahl in die zweite, dritte, n-te ~ erheben*** elevare un numero alla seconda, terza (potenza) (*o* al quadrato, al cubo), all'ennesima potenza; FIG. ***das ist Unsinn in der höchsten ~!*** queste sono sciocchezze all'ennesima potenza! **2** *(sexuelle Leistungsfähigkeit)* potenza *f.* sessuale: ***die ~ heben, steigern*** aumentare la potenza sessuale **3** MED. grado *m.* (di diluizione). **Po|tenz|ex|po|nent** m. *(-en,-en)* MAT. esponente *m.*

po|ten|zi|al agg. FILOS. LING. potenziale. **Po|ten|zi|al** n. *(-s,-e)* potenziale *m.* (anche FIS.): ***das politische, wirtschaftliche ~*** il potenziale politico, economico. **Po|ten|zi|al|dif|fe|renz** f. *(-,-en)* differenza *f.* di potenziale. **Po|ten|zi|al|ge|fäl|le** n. *(-s,-)* caduta *f.* di potenziale.

Po|ten|zi|a|lis m. *(-, Potentiales)* LING. forma *f.* (*o* modo *m.*) potenziale. **Po|ten|zi|a|li|tät** f. *(-)* FILOS. potenzialità *f.*, potenza *f.*

po|ten|zi|ell I agg. potenziale : ***ein -er Käufer, Wähler*** un potenziale acquirente, elettore; FIS. ***-e Energie*** energia potenziale **II** avv. potenzialmente.

po|ten|zie|ren I tr. **1** potenziare, accrescere, aumentare: ***Rauchen und Trinken potenziert die Infarktgefahr*** il fumo e il bere accrescono il pericolo d'infarto **2** MAT. elevare alla potenza: ***eine Zahl mit 2, 3 ~*** elevare un numero alla seconda, terza (potenza) (*o* al quadrato, al cubo) **II** rifl. **sich ~** potenziarsi, accrescersi. **Po|ten|zie|rung** f. *(-,-en)* **1** potenziamento *m.*, accrescimento *m.*, aumento *m.* **2** MAT. elevazione *f.* a potenza.

Po|tenz|rech|nung f. *(-,-en)* MAT. calcolo *m.* della potenza. **Po|tenz|schwä|che** f. *(-)* scarsa potenza *f.* sessuale. **Po|tenz|schwie|rig|kei|ten** pl. = difficoltà *f.pl.* a raggiungere l'erezione o l'orgasmo. **po|tenz|stei|gernd** agg. che accresce la potenza sessuale.

Pot|pour|ri ['pɔtpʊri] n. *(-s,-s)* e AUSTR. f. *(-,-s)* pot-pourri *m.*: ***ein ~ bekannter Lieder*** un pot-pourri di canzoni famose.

Pots|da|mer I m. *(-s,-)* abitante *m.* di Potsdam **II** agg.inv. di Potsdam.

Pott m. *(-[e]s, Pötte)* **1** terrina *f.*, ciotola *f.*; *(von Flüssigkeiten)* tazzona *f.*: ***ein ~ Kartoffeln, Milch*** una terrina di patate, una tazzona di latte **2** *(Blumenpott)* vaso *m.* **3** *(Nachttopf)* vaso *m.* da notte **4** COLLOQ. *(Schiff)* nave *f.* ◆ ***mit jdm, etw. zu -(e) kommen*** venire a capo di qcs. con qcn., qcs. **Pott|asche** f. *(-)* potassa *f.* **pott|häss|lich** agg. COLLOQ. bruttissimo, orribile. **Pott|sau** f. *(-,-säue)* COLLOQ. SPREG. maiale *m.*, porco *m.* **Pott|wal** m. *(-[e]s,-e)* capodoglio *m.*

potz inter. ***~ Blitz!*** perbacco! caspita! accidenti! **potz|tau|send** inter. accidenti: ***~, ist es hier heiß!*** accidenti, fa caldo qui!

Pou|lard [pu'laːɐ] n. *(-s,-s)*, **Pou|lar|de** [pu'lardə] f. *(-,-n)* pollastro *m.* da ingrasso. **Pou|let** [pu'leː] n. *(-s,-s)* pollastrino *m.* (*o* pollastrello *m.*) da ingrasso.

po|wer agg. REGION. povero, misero.

Pow|er ['pauɐ] f. *(-)* COLLOQ. **1** potenza *f.* **2** *(von Menschen)* energia *f.*, grinta *f.* **pow|ern** ['pauɐn] GERG. **I** tr. lanciare: ***ein neues Modell ~*** lanciare un nuovo modello **II** intr. (aus. *haben*) **1** dare il massimo, scatenarsi: ***jetzt muss ich ganz schön ~!*** ora devo proprio dare il massimo! **2** *(Wucht haben)* dare la carica: ***diese Musik powert richtig*** questa musica dà la carica.

Po|widl m. *(-s)* marmellata *f.* di prugne.

Poz|z(u)o|lan|er|de f. *(-)* pozzolana *f.*

PR ⇒ *Public Relations* pubbliche relazioni.

Prä, LETT. ***ein ~ haben*** avere la precedenza, la priorità; essere avvantaggiato.

Prä|am|bel f. *(-,-n)* **1** preambolo *m.*: ***die ~ eines Vortrags*** il preambolo di una relazione **2** MUS. ANT. preludio *m.*

Prä|ben|de f. *(-,-n)* prebenda *f.*

PR-Ab|tei|lung f. *(-,-en)* (ufficio *m.*) pubbliche relazioni *f.pl.*

Pra|cher m. *(-s,-)* REGION. accattone *m.* **pra|chern** intr. (aus. *haben*) REGION. mendicare, chiedere l'elemosina.

Pracht f. *(-)* **1** splendore *m.*, magnificenza *f.*, (straordinaria) bellezza *f.*: ***ein Fest von einmaliger ~*** una festa di straordinario splendore; ***sich in voller ~ zeigen*** mostrarsi in tutto il proprio splendore **2** *(Prunk)* sfarzo *m.*, pompa *f.*, fasto *m.*: ***verschwenderische ~*** sfarzo sontuoso; ***große ~ entfalten*** fare gran pompa ◆ COLLOQ. ***sie tanzten, dass es (nur so) eine ~ war!*** ballavano che era una meraviglia (guardarli)! ***er hat mir eine Standpauke gehalten, dass es eine (wahre) ~ war!*** mi ha fatto un cazziatone memorabile (*o* coi fiocchi)!

Pracht|aus|ga|be f. *(-,-n)* edizione *f.* di lusso. **Pracht|band** m. *(-[e]s,-bände)* volume *m.* di lusso. **Pracht|bau** m. *(-[e]s,-ten)* edificio *m.* sontuoso, sfarzoso. **Pracht|exemp|lar** n. *(-s,-e)* COLLOQ. **1** magnifico esemplare *m.* **2** *(tüchtiger Mensch)* tipo *m.* eccezionale, fenomeno *m.* **Pracht|fink** m. *(-en,-en)* bengalino *m.*

präch|tig I agg. **1** splendido, magnifico: ***-e Juwelen, Kleider, Bauwerke*** splendidi gioielli, vestiti, edifici; ***eine -e Erscheinung*** una splendida apparizione; ***ein -er Mensch*** una persona magnifica; ***ein -es Wetter*** un tempo splendido **2** *(prunkvoll)* sfarzoso, fastoso, sontuoso: ***die -en barocken Paläste*** i sontuosi palazzi barocchi **II** avv. **1** splendidamente, magnificamente: ***sich ~ verhalten*** comportarsi splendidamente; ***sich ~ verstehen*** capirsi a meraviglia, intendersela ottimamente **2** *(prunkvoll)* sfarzosamente, fastosamente, sontuosamente ◆ ***~ anzusehen sein*** essere splendido a vedersi. **Präch|tig|keit** f. *(-)* **1** splendore *m.*, magnificenza *f.* **2** *(Prunk)* sfarzosità *f.*, fastosità *f.*, sontuosità *f.*

Pracht|jun|ge m. *(-n,-n)*, **Pracht|kerl** m. *(-s,-e)* COLLOQ. tesoro *m.*, perla *f.*: ***ein ~ von einem Kind!*** un tesoro di bambino! **Pracht|kleid** n. *(-[e]s,-er)* ZOOL. livrea *f.* nuziale. **Pracht|lie|be** f. *(-)* amore *m.* per lo sfarzo. **pracht|lie|bend** agg. che ama lo sfarzo. **Pracht|mensch** m. *(-en,-en)* COLLOQ. persona *f.* meravigliosa, tesoro *m.* **Pracht|stra|ße** f. *(-,-n)* strada *f.* (*o* via *f.*) elegante. **Pracht|stück** n. *(-[e]s,-e)* COLLOQ. → **Prachtexemplar. pracht|voll** agg. **1** splendido, magnifico **2** *(prunkvoll)* sfarzoso, fastoso, sontuoso. **Pracht|weib** n. *(-[e]s,-er)* COLLOQ. donna *f.* meravigliosa, perla *f.*, tesoro *m.* **Pracht|werk** n. *(-[e]s,-e)* opera *f.* magnifica, stupenda.

Prä|des|ti|na|ti|on f. *(-,-en)* predestinazione *f.*: ***die ~ zu etw., für etw. haben*** essere predestinato a (fare) qcs. **Prä|des|ti|na|ti|ons|leh|re** f. *(-)* dottrina *f.* della predestinazione, predestinazionismo *m.* **prä|des|ti|nie|ren** tr. predestinare. **Prä|des|ti|nie|rung** f. *(-,-en)* predestinazione *f.*

Prä|di|ka|ment n. *(-[e]s,-e)* FILOS. predicamento *m.*

Prä|di|kant m. *(-en,-en)* predicatore *m.*

Prä|di|kat n. *(-[e]s,-e)* **1** FILOS. LING. predicato *m.* **2a** *(Beurteilung)* giudizio *m.*, valutazione *f.*: ***ein Film mit dem ~ "wertvoll"*** un film valutato „pregevole"; SCOL. ***für seine Leistung erhielt er das ~ "sehr gut"*** per la sua prova ottenne il giudizio "ottimo" **b** *(vom Wein)* certificato *m.* di garanzia, garanzia *f.* di qualità: ***Qualitätswein mit ~*** vino di qualità con certificato di garanzia.

Prä|di|ka|ti|on f. *(-,-en)* FILOS. predicazione *f.*

prä|di|ka|tiv LING. **I** agg. predicativo **II** avv. con (*o* in) funzione predicativa. **Prä|di|ka|tiv** n. *(-s,-e)* complemento *m.* predicativo. **Prä|di|ka|tiv|satz** m. *(-es,-sätze)* frase *f.* predicativa. **Prä|di|ka|ti|vum** n. *(-s, Prädikativa)* → **Prädikativ.**

Prä|di|ka|tor m. *(-s,-en)* FILOS. predicato *m.*

Prä|di|kats|no|men n. *(-s,-)* predicato *m.* nominale. **Prä|di|kats|wein** m. *(-[e]s,-e)* vino *m.* della qualità più pregiata (secondo la scala tedesca).

Prä|dik|ti|on f. *(-,-en)* predizione *f.*

prä|dis|po|nie|ren tr. predisporre. **prä|dis|po|niert** p.pass. agg. **1** → **prädisponieren 2** predisposto: MED. ***für eine Krankheit ~ sein*** avere predisposizione per una malattia. **Prä|dis|po|si|ti|on** f. *(-,-en)* MED. predisposizione *f.*

prä|di|zie|ren tr. FILOS. predicare.

Prä|do|mi|na|ti|on f. *(-)* predominio *m.* **prä|do|mi|nie|ren** intr. (aus. *haben*) predominare.

Prä|exis|tenz f. *(-)* preesistenza *f.*

prä|fab|ri|zie|ren tr. prefabbricare. **prä|fab|ri|ziert** p.pass. agg. **1** → **präfabrizieren 2** prefabbricato.
Prä|fa|ti|on f. *(-,-en)* LIT. prefazio *m.*
Prä|fekt m. *(-en,-en)* prefetto *m.* **Prä|fek|tur** f. *(-,-en)* prefettura *f.*
Prä|fe|renz f. *(-,-en)* ECON. preferenze *f.pl.* **prä|fe|ren|zi|ell** agg. ECON. preferenziale. **Prä|fe|renz|span|ne** f. *(-,-n)* ECON. margine *m.* di preferenza (massima). **Prä|fe|renz|zoll** m. *(-[e]s,-zölle)* dazio *m.* preferenziale.
prä|fe|rie|ren tr. LETT. preferire.
prä|fi|gie|ren tr. LING. prefissare. **Prä|fix** n. *(-es,-e)* prefisso *m.* **Prä|fix|verb** n. *(-s,-en)* verbo *m.* con, col prefisso.
Prä|for|ma|ti|on f. *(-)*, **Prä|for|ma|ti|ons|the|o|rie** f. *(-)* BIOL. preformazione *f.*
Prag n.pr.n. *(-s)* Praga *f.*
präg|bar agg. **1** adatto alla coniatura **2** FIG. plasmabile, influenzabile.
Prä|ge f. *(-,-n)*, **Prä|ge|an|stalt** f. *(-,-en)* zecca *f.* **Prä|ge|bild** n. *(-[e]s,-er)* effigie *f.* (di una moneta). **Prä|ge|druck** m. *(-[e]s)* **1** goffratura *f.*, goffraggio *m.* **2** TIP. stampa *f.* in rilievo. **Prä|ge|ei|sen** n. *(-s,-)* → **Prägestempel. Prä|ge|form** f. *(-,-en)* conio *m.*, matrice *f.* **Prä|ge|ma|schi|ne** f. *(-,-n)* → **Prägestock.**
prä|gen tr. **1a** imprimere, stampare, lasciare impresso: ***seine Spuren in den Sand ~*** lasciare (impresse) le proprie orme sulla sabbia **b** ***ein Bild auf Münzen ~*** imprimere (*o* raffigurare) un'immagine sulle monete **2** coniare (anche FIG.): ***Münzen (in Gold) ~*** coniare monete (in oro); ***ein neues Wort ~*** coniare una nuova parola **3a** *(Leder)* stampare **b** TESS. goffrare **4a** FIG. *(formen, gestalten)* plasmare, formare, dare un'impronta (a): ***die Erfahrungen der Kindheit ~ den Menschen*** le esperienze dell'infanzia plasmano l'uomo; ***barocke Paläste und Kirchen ~ das Bild der Innenstadt von Wien*** palazzi e chiese barocchi danno un'impronta al centro di Vienna **b** *(tief beeinflussen)* influenzare (profondamente), segnare: ***die moderne Musik ist zutiefst durch Schönberg geprägt worden*** la musica moderna ha subito profondamente l'influenza di Schönberg **II** rifl. **sich ~** imprimersi (anche FIG.): ***sich jdm ins Gedächtnis ~*** imprimersi nella memoria di qcn. ◆ ***Gold, Silber (zu Münzen) ~*** monetare l'oro, l'argento.
prä|ge|ni|tal agg. pregenitale.
Prä|ge|pres|se f. *(-,-n)* **1** pressa *f.* per goffrare **2** TIP. pressa *f.* per stampa in rilievo.
Pra|ger I m. *(-s,-)* praghese *m.* **II** agg.inv. praghese, di Praga ◆ ***der ~ Frühling*** la primavera di Praga.
Prä|ger m. *(-s,-)* coniatore *m.*
Prä|ge|stät|te f. *(-,-n)* zecca *f.* **Prä|ge|stem|pel** m. *(-s,-)* conio *m.*, punzone *m.*, tondello *m.* **Prä|ge|stock** m. *(-[e]s,-stöcke)* **1** pressa *f.* per coniare, bilanciere *m.* **2** TESS. pressa *f.* per goffrare **3** TIP. pressa *f.* per stampa in rilievo.
prä|gla|zi|al agg. preglaciale.
Prag|ma|lin|gu|is|tik f. *(-)* linguistica *f.* pragmatica.
Prag|ma|tik f. *(-,-en)* **1** pragmatica *f.* (anche LING.) **2a** AUSTR. *(Dienstordnung)* regolamento *m.* di servizio **b** *(Laufbahn)* carriera *f.* **Prag|ma|ti|ker** m. *(-s,-)* → **Pragmatist. prag|ma|tisch I** agg. pragmatico **II** avv. pragmaticamente. **prag|ma|ti|sie|ren** tr. AUSTR. BUROCR. assumere in ruolo. **Prag|ma|ti|sie|rung** f. *(-,-en)* AUSTR. BUROCR. assunzione *f.* in ruolo. **Prag|ma|tis|mus** m. *(-)* pragmatismo (*o* prammatismo) *m.* **Prag|ma|tist** m. *(-en,-en)* pragmatista *m.*
präg|nant I agg. **1** pregnante; *(knapp)* conciso **2** *(von Menschen)* tipico, rappresentativo **II** avv. pregnantemente; *(knapp)* in modo conciso. **Präg|nanz** f. *(-)* **1** pregnanza *f.*; *(Knappheit)* concisione *f.* **2** *(von Menschen)* carattere *m.* tipico, rappresentatività *f.*
Prä|gung f. *(-,-en)* **1a** coniatura *f.*, coniazione *f.*, conio *m.* **b** *(von Metallen)* monetazione *f.* **2** FIG. *(Schöpfung)* coniazione *f.*: ***die ~ neuer Wörter*** la coniazione di nuove parole **3a** *(von Leder)* stampatura *f.*, stampaggio *m.* **b** TESS. goffratura *f.* **4** *(Prägebild)* effigie *f.* **5** FIG. *(Art)* tipo *m.*, stampo *m.*: ***eine Wirtschaft kapitalistischer ~*** un'economia di tipo capitalista.
prah|len intr. (aus. *haben*) vantarsi, gloriarsi: ***mit etw. ~*** vantarsi di qcs., ostentare qcs. ◆ COLLOQ. ***das ist geprahlt*** è esagerato, è un'esagerazione. **Prah|ler** m. *(-s,-)* fanfarone *m.*, gradasso *m.*, spaccone *m.* **Prah|le|rei** f. *(-,-en)* **1** vanteria *f.* **2** *(Äußerung)* spacconata *f.*, fanfaronata *f.* **prah|le|risch** agg. millantatore; *(von Benehmen)* ostentato. **Prahl|hans** m. *(-es,-hänse)* COLLOQ. spaccone *m.* **Prahl|sucht** f. *(-)* vanagloria *f.* **prahl|süch|tig** agg. vanaglorioso.
Prahm m. *(-[e]s,-e* e *Prähme)* grossa chiatta *f.*, maona *f.*
Prä|ju|diz n. *(-es,-e)* **1** DIR. pregiudiziale *f.*, pregiudizio *m.*: ***unter dem ~ der Anerkennung*** a pregiudizio del riconoscimento **2** POL. *(vorgreifende Entscheidung)* prevenzione *f.*, decisione *f.* preventiva. **prä|ju|di|zi|ell** agg. pregiudiziale. **prä|ju|di|zie|ren** tr. POL. DIR. valutare, giudicare anticipatamente; ANT. pregiudicare.
prä|kar|di|al agg. precordiale.
prä|klu|die|ren tr. DIR. precludere. **Prä|klu|si|on** f. *(-,-en)* DIR. preclusione *f.* **prä|klu|siv** agg. DIR. preclusivo. **Prä|klu|siv|frist** f. *(-,-en)* DIR. termine *m.* perentorio.
Prä|kog|ni|ti|on f. *(-)* precognizione *f.*
prä|ko|lum|bi|a|nisch, prä|ko|lum|bisch agg. precolombiano: ***-e Kulturen*** civiltà precolombiane.
prä|kor|di|al → **präkardial.**
Pra|krit n. *(-s)* pracrito *m.* **pra|kri|tisch** agg. pracrito.
prak|ti|fi|zie|ren tr. concretare, tradurre in pratica. **Prak|ti|fi|zie|rung** f. *(-,-en)* concretizzazione *f.*, il tradurre in pratica.
Prak|tik f. *(-,-en)* **1** pratica *f.*, esercizio *m.* **2** *(Methode)* pratica *f.*, metodo *m.*: ***veraltete -en*** pratiche antiquate; ***unseriöse -en*** metodi poco seri **3** pl. SPREG. *(Kunstgriff)* manovra *f.*: ***dunkle -en*** manovre oscure **4** ANT. *(Kalenderanhang)* lunario *m.*
prak|ti|ka|bel agg. praticabile, attuabile: ***ein -er Vorschlag*** una proposta attuabile; TEATR. praticabile. **Prak|ti|ka|bel** n. *(-s,-)* TEATR. praticabile *m.* **Prak|ti|ka|bi|li|tät** f. *(-)* attuabilità *f.*
Prak|ti|kant m. *(-en,-en)* tirocinante *m.* (anche UNIV.), praticante *m.* **Prak|ti|kan|tin** f. *(-,-nen)* tirocinante *f.* (anche UNIV.).
Prak|ti|ker m. *(-s,-)* **1** persona *f.* pratica: ***er ist eher ein ~ als ein Theoretiker*** è più un pratico che un teorico **2** COLLOQ. *(praktischer Arzt)* medico *m.* generico.
Prak|ti|kum n. *(-s, Praktika)* tirocinio *m.* (anche UNIV.), apprendistato *m.*: ***ein ~ absolvieren*** fare un tirocinio.
Prak|ti|kus m. *(-,-se)* SCHERZ. praticone *m.*
prak|tisch I agg. **1a** pratico: ***-e Erfahrungen*** esperienze pratiche; ***die -e Durchführung*** la realizzazione pratica; ***-er Unterricht*** lezione pratica **b** *(zweckmäßig)* ***-e Kleidung*** vestiti pratici; ***eine -e Einrichtung*** un arredamento pratico **c** *(praktisch veranlagt)* ***ein -er Mensch*** una persona pratica **2** *(wirklich)* concreto, pratico: ***-e Probleme, Erfolge*** problemi, risultati concreti; ***im -en Leben*** nella vita pratica **II** avv. **1a** praticamente, in pratica: ***etw. ~ erproben*** provare praticamente qcs. **b** COLLOQ. *(im Grunde)* ***~ heißt das, dass...*** in pratica ciò significa che...; ***~ unmöglich, neu*** praticamente impossibile, nuovo **2** in modo pratico: ***~ denken*** pensare in modo pratico ◆ ***~ arbeiten, tätig sein*** svolgere un lavoro pratico; ANT. ***-er Arzt*** medico generico; ***ein -es Jahr ableisten*** fare un anno di tirocinio; ***~ veranlagt*** dotato di senso pratico.
prak|ti|zie|ren tr. **1** mettere in pratica, praticare: ***eine Methode ~*** praticare un metodo **2** COLLOQ. infilare, mettere: ***jdm etw. in die Tasche ~*** infilare qcs. nella tasca di qcn. **II** intr. (aus. *haben*) **1** *(ausüben)* esercitare praticare: ***als Zahnarzt ~*** esercitare come dentista **2** RAR. *(ein Praktikum machen)* fare apprendistato, tirocinio, pratica. **prak|ti|zie|rend** p.pres. agg. → **praktizieren** ◆ ***ein -er Katholik*** un cattolico praticante.
Prä|lat m. *(-en,-en)* prelato *m.* **Prä|la|ten|wür|de** f. *(-,-n)* dignità *f.* prelatizia. **Prä|la|tur** f. *(-,-en)* prelatura *f.*
Prä|li|mi|na|ri|en pl. preliminari *m.pl.* **prä|li|mi|nie|ren** tr. stabilire preliminarmente.
Pra|li|ne f. *(-,-n)*, ANT. o AUSTR. SVIZZ. **Pra|li|né, Pra|li|nee** n. *(-s,-s)* pralina *f.* **Pra|li|nen|schach|tel** f. *(-,-n)* scatola *f.* di praline.
prall agg. **1** *(gespannt)* teso, tirato: ***ein -es Segel*** una vela tesa **2a** gonfio: ***ein -er Luftballon*** un palloncino gonfio **b** *(voll)* pieno, rigonfio: ***ein -er Sack*** un sacco rigonfio; FIG. ***eine -e Geldbörse*** un portafoglio gonfio **3** *(fest)* sodo, duro; turgido: ***-e Tomaten*** pomodori sodi; ***-e Arme*** braccia sode (*o* piene) **4** *(von Licht)* diretto ◆ ***etw. ~ füllen*** riempire al massimo qcs.; ***~ gefüllt*** stracolmo, pieno zeppo; ***in der -en Sonne*** in pieno sole.
Prall m. *(-[e]s)* urto *m.*, colpo *m.* **pral|len** intr. **1** (aus. *sein*) urtare, cozzare: ***mit dem Körper gegen, an jdn, etw. ~*** urtare con il corpo contro qcn., qcs. **2a** (aus. *haben*) rimbalzare **b** FIG. *(von Licht)* picchiare: ***die Sonne prallt auf den Kopf, auf die Dächer*** il sole picchia sulla testa, sui tetti. **Pral|ler** m. *(-s,-)*, **Prall|tril|ler** m. *(-s,-)* MUS. mordente *m.* superiore. **prall|voll** agg. COLLOQ. pieno zeppo, strapieno.
prä|lo|gisch agg. FILOS. PED. prelogico.
prä|lu|die|ren intr. (aus. *haben*) MUS. preludiare. **Prä|lu|di|um** n. *(-s, Präludien)* MUS. preludio *m.*
Prä|ma|tu|ri|tät f. *(-)* MED. prematurità *f.*, precocità *f.*
Prä|mie f. *(-,-n)* **1a** premio *m.*, ricompensa *f.*: ***eine ~ für etw. aussetzen*** offrire una ricompensa per qcs.; ***eine ~ auf etw. (A) bewilligen*** assegnare un premio per qcs. **b** *(im Lotto)* premio *m.* straordinario: ***eine ~ verlosen*** sorteggiare un premio straordinario **c** *(Kopfprämie)* taglia *f.*: ***eine ~ auf jds Kopf aussetzen*** mettere una taglia sulla testa di qcn. **2a** ECON. premio *m.*: ***~ für Bausparverträ-***

ge premio per contratti di risparmio immobiliare **b** *(Versicherungsprämie)* premio *m.* (assicurativo, di assicurazione): ***die ~ ist fällig*** il premio è in scadenza **c** *(für Arbeitsleistungen)* premio *m.* (di produzione), indennità *f.* ◆ ***-n ausschütten*** versare i premi; ***eine ~ kassieren*** incassare un premio; ***laufende ~*** premio periodico; ***rückständige ~*** premio arretrato. **Prä|mi|en|an|lei|he** f. *(-,-n)* prestito *m.* a premi. **Prä|mi|en|aus|lo|sung** f. *(-,-en)* estrazione *f.* dei premi. **Prä|mi|en|de|pot** [-depo:] n. *(-s,-s)* deposito *m.* di premio. **prä|mi|en|frei** agg. senza premio. **Prä|mi|en|ge|schäft** n. *(-[e]s,-e)* contratto *m.* (*o* operazione *f.*) a premio. **Prä|mi|en|lohn** m. *(-[e]s,-löhne)* salario *m.* a premio. **Prä|mi|en|los** n. *(-es,-e)* buono *m.* (di) premio. **Prä|mi|en|schein** m. *(-[e]s,-e)* tagliando *m.* dei premi. **Prä|mi|en|spa|ren** n. *(-s)* risparmio *m.* a premi. **Prä|mi|en|zah|lung** f. *(-,-en)* pagamento *m.* del premio. **Prä|mi|en|zie|hung** f. *(-,-en)* estrazione *f.* dei premi.

prä|mi|e|ren → **prämiieren. Prä|mi|e|rung** → **Prämiierung. prä|mi|i|e|ren** tr. premiare. **Prä|mi|i|e|rung** f. *(-,-en)* premiazione *f.*

Prä|mis|se f. *(-,-n)* premessa *f.* (anche FILOS.): ***von falschen -n ausgehen*** partire da false premesse.

Prä|monst|ra|ten|ser m. *(-s,-)* premonstratense *m.*

prä|na|tal agg. MED. prenatale.

pran|gen intr. (aus. *haben*) **1a** *(auffallen)* spiccare, risaltare: ***an ihrem Finger prangte ein großer Diamant*** un grosso diamante spiccava sul suo dito **b** REGION *(glänzen)* splendere, brillare: ***die Sterne ~ am Himmel*** le stelle brillano nel cielo **2** ***mit etw. ~*** far sfoggio di qcs., sfoggiare (o mettere in mostra) qcs.

Pran|ger m. *(-s,-)* STOR. berlina *f.*, gogna *f.* ◆ FIG. ***jdn an den ~ bringen*** mettere qcn. alla berlina; FIG. ***an den ~ kommen*** essere messo alla berlina; FIG. ***am ~ stehen*** essere alla berlina; ***jdn an den ~ stellen*** → ***jdn an den ~ bringen.***

Pran|ke f. *(-,-n)* **1** ZOOL. branca *f.*, zampa *f.* **2** FIG. COLLOQ. *(große, grobe Hand)* manaccia *f.* **Pran|ken|hieb** m. *(-[e]s,-e)*, **Pran|ken|schlag** m. *(-[e]s,-schläge)* brancata *f.*, zampata *f.*

prä|nu|me|ran|do avv. COMM. anticipatamente. **Prä|nu|me|ra|ti|on** f. *(-,-en)* COMM. pagamento *m.* anticipato. **prä|nu|me|rie|ren** tr. COMM. pagare anticipatamente, in anticipo.

prä|ope|ra|tiv agg. MED. preoperatorio.

Prä|pa|rat n. *(-[e]s,-e)* **1** CHIM. FARM. preparato *m.* **2** BIOL. MED. preparato *m.*, preparazione *f.* **Prä|pa|ra|ten|samm|lung, Prä|pa|ra|ti|on** f. *(-,-en)* BIOL. MED. preparazione *f.* **Prä|pa|ra|tor** m. *(-s,-en)* preparatore *m.* **prä|pa|rie|ren I** tr. **1a** imbalsamare: ***einen Leichnam ~*** imbalsamare un cadavere **b** *(Tieren)* impagliare **c** *(Pflanzen)* conservare **2** BIOL. MED. anatomizzare, dissecare: ***die Muskeln ~*** dissecare i muscoli **3** *(vorbereiten)* preparare: ***die Rennbahn, eine Arznei ~*** preparare la pista, una medicina **II** rifl. ***sich ~*** prepararsi: ***sich für eine Prüfung ~*** prepararsi per un esame. **Prä|pa|rie|rung** f. *(-,-en)* **1** *(Haltbarmachen)* imbalsamazione *f.*; *(von Tieren)* impagliatura *f.*; *(von Pflanzen)* conservazione *f.* **2** *(Vorbereitung)* preparazione *f.*: ***die ~ einer Lektion*** la preparazione di una lezione.

Prä|po|si|ti|on f. *(-,-en)* preposizione *f.*: ***~ mit Dativ*** preposizione che regge il dativo. **prä|po|si|ti|o|nal** preposizionale. **Prä|po|si|ti|o|nal|at|tri|but** n. *(-[e]s,-e)* attributo *m.* preposizionale. **Prä|po|si|ti|o|nal|fall** m. *(-[e]s,-fälle)* → **Präpositionalkasus. Prä|po|si|ti|o|nal|ge|fü|ge** n. *(-s,-)* locuzione *f.* prepositiva. **Prä|po|si|ti|o|nal|ka|sus** m. *(-,-)* caso *m.* preposizionale. **Prä|po|si|ti|o|nal|ob|jekt** n. *(-s,-e)* oggetto *m.* preposizionale.

Prä|po|si|tur f. *(-,-en)* prepositura *f.* **Prä|po|si|tus** m. *(-, Präpositi)* RELIG. prevosto *m.*

prä|po|tent agg. **1** ANT. *(übermächtig)* molto potente **2** AUSTR. *(überheblich)* prepotente. **Prä|po|tenz** f. *(-)* **1** ANT. prepotere *m.* **2** AUSTR. *(Überheblichkeit)* prepotenza *f.*

Prä|pu|ti|um n. *(-s, Präputien)* prepuzio *m.*

Prä|raf|fa|e|lit m. *(-en,-en)* preraffaelita *m.*

Prä|rie f. *(-,-n)* prateria *f.* **Prä|rie|gras** n. *(-es,-gräser)* erba *f.* della prateria. **Prä|rie|hund** m. *(-[e]s,-e)* cane *m.* delle praterie. **Prä|rie|in|di|a|ner** m. *(-s,-)* indiano *m.* delle praterie. **Prä|rie|wolf** m. *(-[e]s,-wölfe)* lupo *m.* delle praterie, coyote *m.*

Prä|ro|ga|tiv n. *(-s,-e)*, **Prä|ro|ga|ti|ve** f. *(-,-n)* ANT. prerogativa *f.*

Prä|sens n. *(-s, Presentia* e *Presentien)* GRAMM. presente *m.*, tempo *m.* presente: ***im ~ stehen*** essere al presente; ***historisches ~*** presente storico. **Prä|sens|form** f. *(-,-en)* forma *f.* (del) presente. **Prä|sens|par|ti|zip** n. *(-s,-ien)* participio *m.* presente.

prä|sent agg. presente ◆ ***etw. ~ haben*** aver presente qcs.

Prä|sent n. *(-[e]s,-e)* dono *m.*, presente *m.*: ***jdm etw. zum ~ machen*** dare qcs. in dono a qcn.

prä|sen|ta|bel agg. ANT. presentabile.

Prä|sen|tant m. *(-en,-en)* presentatore *m.* di una cambiale (all'incasso).

Prä|sen|ta|ti|on f. *(-,-en)* **1** presentazione *f.* **2** COMM. presentazione *f.* (all'accettazione) ◆ COMM. ***bei ~*** a vista. **prä|sen|ta|ti|ons|fä|hig** agg. presentabile. **Prä|sen|ta|ti|ons|pflicht** f. *(-,-en)* COMM. obbligo *m.* di presentazione. **Prä|sen|ta|ti|ons|recht** n. *(-[e]s)* ECCL. diritto *m.* di presentazione.

Prä|sen|ta|tor m. *(-s,-en)* RAD. TEL. presentatore *m.*

Prä|sen|tier|brett → **Präsentierteller.**

prä|sen|tie|ren I tr. **1** *(darbieten)* offrire: ***jdm ein Glas Wein ~*** offrire a qcn. un bicchiere di vino **2a** *(vorstellen)* presentare: ***er präsentierte ihn als seinen Sohn*** lo presentò come suo figlio; ***ein neues Projekt ~*** presentare un nuovo progetto **b** COMM. *(vorlegen)* ***einen Wechsel ~*** presentare una cambiale; ***jdm die Rechnung ~*** presentare il conto a qcn. **3a** MIL. presentare: ***das Gewehr ~*** presentare le armi **b** assol. presentare l'arma **II** rifl. ***sich ~*** presentarsi: ***sich in einer neuen Rolle, als Künstler ~*** presentarsi in un ruolo diverso, come artista ◆ MIL. ***präsentiert das Gewehr!*** presentatarm!

Prä|sen|tier|marsch m. *(-[e]s,-e)* fanfara *f.* **Prä|sen|tier|tel|ler,** FIG. ***auf dem ~ sitzen*** essere in (bella) mostra.

Prä|sen|tie|rung f. *(-,-en)* presentazione *f.* (anche COMM.).

prä|sen|tisch I agg. GRAMM. (del) presente **II** avv. al presente.

Prä|sent|korb m. *(-[e]s,-körbe)* cesto *m.* dono.

Prä|senz f. *(-)* presenza *f.* **Prä|senz|bib|li|o|thek** f. *(-,-en)* biblioteca *f.* di consultazione. **Prä|senz|stär|ke** f. *(-)* MIL. forza *f.* effettiva presente.

Pra|se|o|dym n. *(-s)* praseodimio *m.*

Prä|ser m. *(-s,-)* COLLOQ. → **Präservativ. prä|ser|va|tiv** agg. profilattico. **Prä|ser|va|tiv** n. *(-s,-e)* preservativo *m.*, profilattico *m.*

Prä|ser|ve f. *(-,-n)* conserva *f.* alimentare deperibile. **prä|ser|vie|ren** tr. ANT. **1** preservare **2** *(haltbar machen)* conservare: ***Obst ~*** conservare la frutta.

Prä|ses m. *(-, Präsides* e *Präsiden)* presidente *m.* (ecclesiastico).

Prä|si|dent m. *(-en,-en)* **1** presidente *m.*: ***der ~ der Republik*** il presidente della repubblica; ***der ~ der Versammlung*** il presidente dell'assemblea; ***den -en wählen*** eleggere il presidente **2** *(einer Hochschule)* preside *m.* **Prä|si|den|ten|wahl** f. *(-,-en)* elezione *f.* del presidente (*o* presidenziale). **Prä|si|den|tin** f. *(-,-nen)* **1** presidentessa *f.* **2** *(einer Hochschule)* preside *f.* **Prä|si|dent|schaft** f. *(-,-en)* presidenza *f.* **Prä|si|dent|schafts|kan|di|dat** m. *(-en,-en)* candidato *m.* alla presidenza.

prä|si|di|al agg. presidenziale. **Prä|si|di|al|de|mo|kra|tie** f. *(-)* democrazia *f.* presidenziale. **Prä|si|di|al|ge|walt** f. *(-)* poteri *m.pl.* presidenziali. **Prä|si|di|al|re|gie|rung** f. *(-,-en)* governo *m.* presidenziale. **Prä|si|di|al|sys|tem** n. *(-s,-e)* sistema *m.* (di governo) presidenziale.

prä|si|die|ren I intr. (aus. *haben*) ***einem Ministerium, einer Versammlung ~*** presiedere un ministero, una riunione **II** tr. SVIZZ. presiedere: ***eine Konferenz ~*** presiedere una conferenza. **Prä|si|di|um** n. *(-s, Präsidien)* **1** *(leitendes Gremium)* direttivo *m.*, direzione *f.*: ***im ~ sitzen*** far parte del direttivo; ***das ~ einberufen*** convocare il direttivo **2** *(Amtsgebäude eines Präsidenten)* presidenza *f.* **3** *(Polizeipräsidium)* questura *f.* **4** POL. presidium *m.*: ***das ~ des Obersten Sowjets*** il presidium del soviet supremo. **Prä|si|di|ums|sit|zung** f. *(-,-en)* riunione *f.* del direttivo.

prä|skri|bie|ren tr. prescrivere. **Prä|skrip|ti|on** f. *(-,-en)* prescrizione *f.* **prä|skrip|tiv** agg. prescrittivo.

pras|seln intr. (aus. *haben, sein*) **1a** crepitare: ***man hörte Schüsse ~*** si udivano crepitare gli spari **b** *(von Feuer;* aus. *haben)* scoppiettare, crepitare **2** *(schlagen)* battere, picchiare: ***der Regen prasselt aufs Dach, gegen die Fensterscheiben*** la pioggia batte (*o* picchia) sul tetto, contro i vetri (della finestra) **3** FIG. rovesciarsi, abbattersi: ***Steine ~ gegen das Fenster*** una gragnola di pietre si abbatte contro la finestra; ***Fragen prasselten auf ihn*** una pioggia di domande si rovesciò su di lui. **pras|selnd** p.pres. agg. **1** → **prasseln 2** FIG. ***ein -er Beifall*** un applauso scrosciante.

pras|sen intr. (aus. *haben*) **1** *(verschwenderisch leben)* scialacquare, sperperare **2** *(schlemmen)* gozzovigliare. **Pras|ser** m. *(-s,-)* **1** crapulone *m.* **2** *(Verschwender)* scialacquatore *m.* **Pras|se|rei** f. *(-,-en)* gozzoviglia *f.*, crapula *f.*

prä|su|mie|ren tr. FILOS. DIR. presumere. **Prä|sum|ti|on** f. *(-,-en)* FILOS. DIR. presunzione *f.* **prä|sum|tiv** agg. FILOS. DIR. presuntivo.

Prä|sup|po|si|ti|on f. *(-,-en)* LING. presupposizione *f.*

Prä|ten|dent m. *(-en,-en)* pretendente *m.* (al trono). **prä|ten|die|ren I** intr. (aus. *haben*) ***auf etw. (A) ~*** pretendere qcs., accampare pretese su qcs. **II** tr. affermare, dare a intendere.

Prä|ten|ti|on f. *(-,-en)* pretensione *f.*, pretesa *f.* **prä|ten|ti|ös** agg. pretenzioso.

prä|te|ri|tal agg. GRAMM. di preterito, passato.

Prä|te|ri|to|prä|sens n. *(-,-präsentia* e *-präsenzien)* GRAMM. preteritopresente *m.* **Prä|te|ri|tum** n. *(-s, Präterita)* GRAMM. preterito *m.*, passato *m.*: ***das Verb steht im ~*** il verbo è al passato.

Prä|tor m. *(-s,-en)* STOR. pretore *m.* **Prä|to|ri|a|ner** m. *(-s,-)* STOR. pretoriano *m.* **Prä|tur** f. *(-,-en)* STOR. pretura *f.*

Prat|ze f. *(-,-n)* → **Pranke.**

prä|va|lie|ren [-v-] intr. (aus. *haben*) prevalere.

Prä|ven|ti|on f. *(-,-en)* prevenzione *f.* **prä|ven|tiv** agg. preventivo. **Prä|ven|tiv|an|griff** m. *(-[e]s,-e)* attacco *m.* preventivo. **Prä|ven|tiv|be|hand|lung** f. *(-,-en)* MED. cura *f.* preventiva. **Prä|ven|tiv|krieg** m. *(-[e]s,-e)* guerra *f.* preventiva. **Prä|ven|tiv|maß|nah|me** f. *(-,-n)* misura *f.* preventiva. **Prä|ven|tiv|me|di|zin** f. *(-)* medicina *f.* preventiva. **Prä|ven|tiv|mit|tel** n. *(-s,-)* MED. **1** rimedio *m.* preventivo (*o* profilattico) **2** *(Präservativ)* profilattico *m.* **Prä|ven|tiv|ver|kehr** m. *(-s,-e)* rapporto *m.* sessuale con (uso del) profilattico.

prä|ver|bal agg. preverbale.

Pra|xis f. *(-, Praxen)* **1a** pratica *f.*: ***etw. in die ~ umsetzen*** mettere qcs. in pratica; ***in der ~*** in pratica; ***Beispiele aus der ~*** esempi pratici **b** *(bestimmtes Verfahren)* prassi *f.*, procedura *f.*: ***das ist die übliche ~*** è la solita prassi, la procedura abituale **c** *(Erfahrung)* pratica *f.*, esperienza *f.*: ***(keine) ~ haben*** (non) avere pratica **2** *(vom Arzt, Anwalt)* studio *m.*: ***eine gut gehende ~*** uno studio ben avviato; ***eine ~ aufmachen (eröffnen), (vom Vater) übernehmen*** aprire uno studio, ereditare uno studio (dal padre); ***zum Arzt in die ~ gehen*** andare dal medico nel suo studio (*o* in ambulatorio). **pra|xis|be|zo|gen** agg. fondato sulla, orientato alla pratica. **Pra|xis|be|zug** m. *(-[e]s)* orientamento *m.* pratico. **pra|xis|fern, pra|xis|fremd** agg. lontano dalla pratica, troppo teorico. **pra|xis|ge|recht** agg. che funziona nella pratica, che soddisfa le esigenze pratiche. **pra|xis|nah** agg. vicino alla pratica. **pra|xis|ver|bun|den** agg. legato alla pratica.

Prä|ze|dens n. *(-, Präzedenzien)* precedente *m.* **Prä|ze|denz** f. *(-,-en)* precedenza *f.* **Prä|ze|denz|fall** m. *(-[e]s,-fälle)* precedente *m.*: ***einen ~ schaffen*** costituire un precedente.

Prä|zep|tor m. *(-s,-en)* ANT. precettore *m.*

Prä|zes|si|on f. *(-,-en)* precessione *f.*

Prä|zi|pi|tat n. *(-[e]s,-e)* CHIM. precipitato *m.* **Prä|zi|pi|ta|ti|on** f. *(-)* CHIM. precipitazione *f.* **prä|zi|pi|tie|ren** intr. (aus. *haben*) CHIM. precipitare.

prä|zis AUSTR. → **präzise.**

prä|zi|se I agg. preciso: ***~ Angaben*** dati precisi; *(pünktlich)* ***um 7 Uhr ~*** alle 7 precise **II** avv. precisamente, in modo preciso: ***etw. ~ darstellen*** rappresentare qcs. in modo preciso.

prä|zi|sie|ren tr. precisare: ***seinen Standpunkt, seine Absichten ~*** precisare il proprio punto di vista, le proprie intenzioni. **Prä|zi|sie|rung** f. *(-,-en)* precisazione *f.*

Prä|zi|si|on f. *(-)* precisione *f.* **Prä|zi|si|ons|ar|beit** f. *(-,-en)* lavoro *m.* di precisione. **Prä|zi|si|ons|ge|rät, Prä|zi|si|ons|in|stru|ment** n. *(-[e]s,-e)* strumento *m.* di precisione. **Prä|zi|si|ons|uhr** f. *(-,-en)* orologio *m.* di precisione. **Prä|zi|si|ons|waa|ge** f. *(-,-n)* bilancia *f.* di precisione.

Pre|del|la f. *(-,-s* e *Predellen)*, **Pre|del|le** f. *(-,-n)* predella *f.* (dell'altare).

pre|di|gen I tr. predicare: ***das Evangelium ~*** predicare il Vangelo; COLLOQ. *(mahnen)* ***jdm etw. ~*** predicare qcs. a qcn. **II** intr. (aus. *haben*) predicare: ***gegen den Krieg, über eine Bibelstelle ~*** predicare contro la guerra, commentare un passo della Bibbia ◆ FIG. COLLOQ. ***tauben Ohren ~*** predicare ai sordi, parlare al vento.

Pre|di|ger m. *(-s,-)* **1** predicatore *m.* **2** *(Buch der Bibel)* Ecclesiaste *m.* **Pre|di|ger|amt** n. *(-[e]s,-ämter)* ufficio *m.* di predicatore. **Pre|di|ger|se|mi|nar** n. *(-s,-e)* seminario *m.* per predicatori (protestanti).

Pre|digt f. *(-,-en)* **1** predica *f.*, omelia *f.*: ***die ~ halten*** tenere l'omelia (*o* fare la predica) **2** COLLOQ. *(Ermahnung)* predica *f.*, predicozzo *m.*: ***jdm eine ~ halten*** fare una predica a qcn.; ***eine gehörige ~ bekommen*** ricevere un bel predicozzo. **Pre|digt|amt** n. *(-[e]s,-ämter)* ufficio *m.* di predicatore. **Pre|digt|stuhl** m. *(-[e]s,-stühle)* ANT. pulpito *m.* **Pre|digt|text** m. *(-[e]s,-e)* testo *m.* biblico di riferimento per la predica.

Preis m. *(-es,-e)* **1a** *(Geldwert)* prezzo *m.*: ***ein annehmbarer, günstiger, mäßiger, niedriger ~*** un prezzo accettabile, vantaggioso, modico, basso; ***ausgemachter, gebundener, überhöhter ~*** prezzo convenuto, vincolato, eccessivo; ***der ~ für diese Ware beträgt 100 DM*** il prezzo di, per questa merce è (*o* ha un importo) di 100 DM; ***einen ~ bestimmen, festsetzen, nennen, vereinbaren*** determinare, fissare, fare, pattuire un prezzo; ***die -e steigen, schwanken, sinken, stürzen*** i prezzi salgono, oscillano, diminuiscono, crollano; ***einen zu hohen ~ fordern, verlangen*** esigere un prezzo troppo alto; ***jdm einen guten ~ machen*** fare un buon prezzo a qcn.; ***mit dem ~ hinaufgehen, heruntergehen*** aumentare, calare di prezzo **b** FIG. prezzo *m.*, costo *m.*: ***Freiheit hat ihren ~*** la libertà ha il suo prezzo; ***um den ~ seines Lebens*** a costo della propria vita **2** *(Siegespreis)* premio *m.*: ***jdn mit einem ~ auszeichnen*** conferire un premio a qcn.; ***den ersten, zweiten ~ gewinnen*** vincere il primo, il secondo premio; ***einen ~ bekommen (erhalten), erringen, davontragen*** ricevere, ottenere, conseguire, un premio; ***einen ~ ausschreiben, stiften*** istituire, elargire un premio **3** *(Lob)* lode *f.*, gloria *f.*: ***Gott sei Lob und ~, ~ und Dank*** lode e gloria a Dio, Dio sia lodato e ringraziato ◆ ***ein angemessener ~*** un prezzo giusto; ***-e angleichen*** allineare i prezzi; ***auf den ~ nicht sehen, achten, schauen*** non badare al prezzo; ***einen ~ auf jdn, etw. aussetzen*** mettere una taglia su qcn., un premio su qcs.; ***-e auszeichnen*** prezzare; ***billige -e machen*** fare (dei) prezzi bassi; ***die -e drücken*** comprimere i prezzi; ***die -e einfrieren*** congelare i prezzi; ***sich auf einen ~ einigen*** accordarsi su un prezzo; ***gepfefferte, gesalzene -e*** prezzi salati; ***von geringem ~*** a basso prezzo; ***der Große ~ von...*** il Gran Premio di...; ***den ~ herunterhandeln*** contrattare il prezzo; ***die -e in die Höhe treiben*** maggiorare i prezzi; ***etw. steigt im ~*** qcs. sale di prezzo; COLLOQ. ***hoch, gut im ~ stehen*** stare abbondantemente nel prezzo; ***die -e klettern in die Höhe*** i prezzi sono in aumento (*o* in rialzo); ***marktübliche -e*** prezzi di mercato; ***niedrig im ~*** a basso prezzo; ***die -e zeigen eine steigende, fallende Tendenz*** i prezzi tendono al rialzo, al ribasso; COLLOQ. ***um jeden, keinen ~*** ad ogni costo (*o* a tutti i costi), a nessun costo; ***etw. unter(m) ~ verkaufen*** vendere qcs. sotto costo; ***wie hoch ist der ~?*** quanto fa? ***etw. zu herabgesetzten, ermäßigten -en verkaufen*** vendere qcs. a prezzi scontati; ***etw. zum halben ~ erwerben*** ottenere qcs. a metà prezzo.

Preis|ab|bau m. *(-[e]s)* ribasso *m.* dei prezzi. **Preis|ab|re|de** f. *(-,-n)* → **Preisabsprache. Preis|ab|schlag** m. *(-[e]s,-abschläge)* ribasso *m.* dei prezzi. **Preis|ab|spra|che** f. *(-,-n)* accordo *m.* sui prezzi. **Preis|an|ga|be** f. *(-,-n)* indicazione *f.* del, di prezzo. **Preis|an|pas|sung** f. *(-,-en)* allineamento *m.* dei prezzi. **Preis|an|stieg** m. *(-[e]s)* rialzo *m.*, aumento *m.*, lievitazione *f.* dei prezzi. **Preis|auf|ga|be** f. *(-,-n)* (tema *m.* di) concorso *m.* a premi. **Preis|auf|schlag** m. *(-[e]s,-aufschläge)* aumento *m.*, maggiorazione *f.* dei prezzi. **Preis|auf|trieb** m. *(-[e]s)* ECON. lievitazione *f.*, rialzo *m.* dei prezzi. **Preis|aus|schrei|ben** n. *(-s,-)* concorso *m.* a premi: ***bei einem ~ mitmachen*** partecipare a un concorso a premi. **Preis|aus|zeich|nung** f. *(-,-en)* prezzatura *f.* **Preis|be|hör|de** f. *(-,-n)* autorità *f.* (*o* organismo *m.*) per il controllo dei prezzi. **Preis|be|we|gung** f. *(-,-en)* oscillazione *f.* (*o* fluttuazione *f.*) dei prezzi. **preis|be|wusst I** agg. attento al prezzo, ai prezzi **II** avv. con attenzione al prezzo, in modo oculato: ***~ kaufen*** comprare in modo oculato. **Preis|bil|dung** f. *(-)* ECON. formazione *f.* dei prezzi. **Preis|bin|dung** f. *(-,-en)* ECON. **1** imposizione *f.* del prezzo **2** *(Vereinbarung)* accordo *m.* sui prezzi. **Preis|bo|xer** m. *(-s,-)* boxeur *m.* (*o* pugile *m.*) professionista. **Preis|bre|cher** m. *(-s,-)* chi vende a prezzi stracciati. **Preis|druck** m. *(-[e]s)* ECON. pressione *f.* sui prezzi. **Preis|ein|bruch** m. *(-[e]s,-einbrüche)* ECON. crollo *m.* dei prezzi.

Prei|sel|bee|re f. *(-,-n)* mirtillo *m.* rosso. **Prei|sel|beer|strauch** m. *(-[e]s,-sträucher)* arbusto *m.* di, del mirtillo rosso.

Preis|emp|feh|lung f. *(-,-en)* prezzo *m.* indicativo.

prei|sen *(pries, gepriesen)* **I** tr. **1a** *(rühmen)* decantare, vantare, lodare, magnificare: ***jds Tugend ~*** decantare la virtù di qcn. **b** *(Menschen)* elogiare, lodare: ***jdn wegen seiner Güte ~*** elogiare qcn. per la sua bontà **2** considerare, ritenere: ***jdn glücklich ~*** considerare qcn. fortunato; ***etw. als Glück ~*** considerare qcs. una fortuna **II** rifl. **sich ~** ritenersi, considerarsi: ***sich als ein Kenner der Materie ~*** ritenersi un conoscitore della materia; ***sich glücklich ~*** ritenersi fortunato, stimarsi felice ◆ ***Gott ~*** lodare Dio.

Preis|ent|wick|lung f. *(-,-en)* evoluzione *f.*, andamento *m.* dei prezzi. **Preis|er|hö|hung** f. *(-,-en)* rialzo *m.* dei prezzi. **Preis|er|mä|ßi|gung** f. *(-,-en)* riduzione *f.* dei prezzi; *(Rabatt)* riduzione *f.*, sconto *m.* **Preis|ex|plo|si|on** f. *(-,-en)* boom *m.* dei prezzi. **Preis|fah|ren** n. *(-s)* SPORT gara *f.* (*o* competizione *f.*) a premi. **Preis|fest|set|zung** f. *(-,-en)* **1** determinazione *f.*, fissazione *f.* dei prezzi **2** *(bei einem Preisausschreiben)* determinazione *f.* dei premi. **Preis|fra|ge** f. *(-,-n)* **1** COLLOQ. questione *f.* di prezzo **2** quiz *m.* a premi: ***eine ~ beantworten*** rispondere a un quiz a premi. **Preis|frei|ga|be** f. *(-)* sblocco *m.* dei prezzi.

Preis|ga|be f. *(-)* **1** abbandono *m.*, rinuncia *f.* **2** *(Enthüllung)* rivelazione *f.* **preis‿ge|ben** *(gibt, gab, gegeben)* **I** tr. **1a** *(ausliefern)* abbandonare, lasciare: ***eine Stadt dem Feind ~*** lasciare una città al (*o* in balia del) nemico; ***seine Gefährten (dem Unglück) ~*** lasciare i propri compagni (in balia della sorte); ***die Gebäude dem Verfall ~*** abbandonare gli edifici al degrado **b** *(aufgeben)* ***etw. ~*** rinunciare a qcs.: ***seine Grundsätze ~*** rinunciare ai propri principi **2** *(aussetzen)* esporre: ***jdn der Lächerlichkeit ~*** esporre qcn. allo scherno generale **3** *(verraten)* rivelare: ***ein Geheimnis ~*** rivelare un segreto **II** rifl. **sich ~ 1** abbandonarsi: ***sich dem Laster, seinen Verfolgern ~*** abbandonarsi al vizio, ai propri inseguitori **2** *(sich aussetzen)* esporsi: ***sich der Sonnenbestrahlung, der Kälte ~*** esporsi ai raggi del sole, al freddo.

preis|ge|bun|den agg. ECON. a prezzo vincolato, imposto: ***-e Waren*** merci a prezzo imposto. **Preis|ge|fäl|le** n. *(-s,-)* ECON. disparità *f.* di prezzi. **Preis|ge|fü|ge** n. *(-s,-)* ECON. struttura *f.* dei prezzi. **preis|ge|krönt** agg. premiato: ***ein -er Film*** un film premiato ◆ SPORT ***eine -e Mannschaft*** una squadra blasonata. **Preis|ge|richt** n. *(-[e]s,-e)* giuria *f.* **preis|ge|senkt** agg. COMM. ribassato (nel prezzo), scontato. **Preis|ge|stal|tung** f. *(-,-en)* COMM. formazione *f.* dei prezzi. **preis|güns|tig I** agg. conveniente, a buon prezzo **II** avv. a buon prezzo, a buon mercato. **Preis|in|dex** m. *(-[es],-e* e *-indizes)* indice *m.* dei prezzi. **Preis|kar|tell** n. *(-s,-e)* ECON. cartello *m.* di prezzo. **Preis|klas|se** f. *(-,-n)* categoria *f.* di prezzo. **Preis|kon|junk|tur** f. *(-,-en)* ECON. congiuntura *f.* dei prezzi. **Preis|kon|trol|le** f. *(-,-n)* controllo *m.* dei, sui prezzi. **Preis|la|ge** f. *(-,-n)* (tipo *m.*, ordine *m.* di) prezzo *m.*: ***Strümpfe in allen -n*** calze di tutti i prezzi.

preis|lich agg. **1** di, nel prezzo: ***-e Veränderungen*** variazioni di prezzo **2** ANT. *(löblich)* pregevole.

Preis|lied n. *(-[e]s,-er)* canto *m.* encomiastico. **Preis|lis|te** f. *(-,-n)* listino *m.* (dei) prezzi, prezzario *m.* **Preis-Lohn-Spi|ra|le** f. *(-,-n)* ECON. spirale *f.* prezzi-salari. **Preis|nach|lass** m. *(-es,-e* e *-nachlässe)* sconto *m.* **Preis|ni|veau** n. *(-s,-s)* livello *m.* dei prezzi. **Preis|po|li|tik** f. *(-)* politica *f.* dei prezzi. **Preis|rät|sel** n. *(-s,-)* quiz *m.* a premi. **Preis|recht** n. *(-[e]s)* regolamentazione *f.* dei prezzi, delle tariffe. **Preis|rich|ter** m. *(-s,-)* membro *m.* della giuria. **Preis|rück|gang** m. *(-[e]s,-rückgänge)* diminuzione *f.*, calo *m.* dei prezzi. **Preis|sche|re** f. *(-)* ECON. sperequazione *f.* (*o* divario *m.*) dei prezzi. **Preis|schie|ßen** n. *(-s,-)* gara *f.* di tiro. **Preis|schild** n. *(-[e]s,-er)* cartellino *m.* del prezzo. **Preis|schla|ger** m. *(-s,-)* COLLOQ. articolo *m.* (*o* merce *f.*) a prezzo molto conveniente, offerta *f.* **Preis|schleu|de|rei** f. *(-,-en)* DIR. ribasso *m.* artificiale dei prezzi. **Preis|schrau|be** f. *(-)* ECON. spirale *f.* dei prezzi. **Preis|schwan|kung** f. *(-,-en)* oscillazione *f.* (*o* fluttuazione *f.*) del prezzo, dei prezzi. **Preis|sen|kung** f. *(-,-en)* ribasso *m.* dei prezzi. **Preis|span|ne** f. *(-,-n)* ECON. margine *m.* di prezzo. **preis|sta|bil** agg. con il, dal prezzo stabile. **Preis|sta|bi|li|tät** f. *(-)* stabilità *f.* del prezzo, dei prezzi. **Preis|stei|ge|rung** f. *(-,-en)* aumento *m.*, rialzo *m.* del prezzo. **Preis|stei|ge|rungs|ra|te** f. *(-,-n)* ECON. tasso *m.* di aumento, di crescita (dei prezzi). **Preis|stopp** m. *(-s,-s)* blocco *m.* dei prezzi. **Preis|sturz** m. *(-es,-stürze)* crollo *m.* dei prezzi. **Preis|ta|fel** f. *(-,-n)* tabella *f.* dei prezzi, listino *m.* prezzi. **Preis|trä|ger** m. *(-s,-)* premiato *m.*

preis|trei|bend agg. che fa salire, aumentare i prezzi. **Preis|trei|ber** m. *(-s,-)* rialzista *m.*, aumentista *m.* **Preis|trei|be|rei** f. *(-,-en)* gonfiatura *f.* dei prezzi.

Preis|über|wa|chung f. *(-,-en)* → **Preiskontrolle.** **Preis|über|wa|chungs|aus|schuss** m. *(-es,-ausschüsse)* comitato *m.* di controllo dei prezzi.

Prei|sung f. *(-,-en)* elogio *m.*

Preis|un|ter|gren|ze f. *(-,-n)* limite *m.* inferiore di, del prezzo. **preis|ver|däch|tig** agg. SCHERZ. = che ha i numeri per essere premiato: ***ein -er Roman*** un romanzo che ha i numeri per essere premiato. **Preis|ver|fall** m. *(-[e]s)* ECON. caduta *f.* dei prezzi. **Preis|ver|gleich** m. *(-[e]s,-e)* confronto *m.* fra i, dei prezzi. **Preis|ver|lei|hung** f. *(-,-en)* conferimento *m.* del premio, dei premi. **Preis|ver|stoß** m. *(-es,-verstöße)* DIR. violazione *f.* delle norme che regolamentano i prezzi. **Preis|ver|tei|lung** f. *(-,-en)* distribuzione *f.* dei premi, premiazione *f.* **Preis|ver|zeich|nis** n. *(-ses,-se)* listino *m.* (dei) prezzi, prezzario *m.* **Preis|vor|schrift** f. *(-,-en)* norma *f.* per la regolamentazione dei prezzi. **Preis|vor|teil** m. *(-[e]s,-e)* prezzo *m.* più vantaggioso, più conveniente. **Preis|wel|le** f. *(-,-n)* ondata *f.* di aumenti, di rincari. **preis|wert I** agg. conveniente **II** avv. a un prezzo conveniente, a buon prezzo: ***~ einkaufen*** acquistare a buon prezzo. **preis|wür|dig** agg. **1** encomiabile, degno di lode **2** ANT. → **preiswert.** **Preis|wür|dig|keit** f. *(-)* convenienza *f.* (di, nel prezzo).

pre|kär agg. precario: ***eine -e Lage*** una situazione precaria.

Prell|bock m. *(-[e]s,-böcke)* FERR. fermacarro *m.*, paraurti *m.* ◆ FIG. ***als ~ dienen*** essere il refugium peccatorum.

prel|len I tr. **1a** *(betrügen)* truffare, imbrogliare: ***seine Kunden ~*** imbrogliare i propri clienti **b** COLLOQ. privare, defraudare: ***jdn um etw. ~*** privare qcn. di qcs. **2** fare rimbalzare: ***den Ball ~*** fare rimbalzare la palla **II** intr. (aus. *sein*) sbattere, urtare, cozzare: ***auf, gegen etw. ~*** sbattere contro qcs. **III** rifl. **sich ~** ferirsi (sbattendo): ***sich an der Schulter ~*** procurarsi una contusione alla spalla; ***sich (D) die Hand ~*** contundersi la mano ◆ ***die Zeche ~*** = non pagare il conto. **Prel|ler** m. *(-s,-)* truffatore *m.*, imbroglione *m.* **Prel|le|rei** f. *(-,-en)* truffa *f.*, imbroglio *m.*

Prell|schuss m. *(-es,-schüsse)* colpo *m.* di rimbalzo. **Prell|stein** m. *(-[e]s,-e)* paracarri *m.*

Prel|lung f. *(-,-en)* contusione *f.*: ***-en erleiden*** procurarsi contusioni.

Pre|mi|er [prə'mje:] m. *(-s,-s)* premier *m.*

Pre|mi|e|re f. *(-,-n)* TEATR. prima *f.*, RAR. première *f.*: ***~ haben*** debuttare; ***in die, zur ~ gehen*** andare alla prima. **Pre|mi|e|ren|abend** m. *(-s,-e)* TEATR. prima *f.* **Pre|mi|e|ren|be|su|cher** m. *(-s,-),* **Pre|mi|e|ren|pub|li|kum** n. *(-s)* TEATR. pubblico *m.* della prima.

Pre|mi|er|mi|nis|ter [prə'mje:-] m. *(-s,-)* primo *m.* ministro.

Pres|by|ter m. *(-s,-)* **1** presbitero *m.* **2** RELIG. membro *m.* del presbiterio. **pres|by|te|ri|al** agg. presbiteriale. **Pres|by|te|ri|al|ver|fas|sung** f. *(-,-en)* presbiterianesimo *m.* **Pres|by|te|ri|a|ner** m. *(-s,-)* presbiteriano *m.* **pres|by|te|ri|a|nisch** agg. presbiteriano. **Pres|by|te|ri|at** n. *(-[e]s)* presbiteriato *m.*

Pres|by|te|ri|um n. *(-s, Presbyterien)* RELIG. ARCH. presbiterio *m.*

pre|schen intr. (aus. *sein*) correre (velocemente): ***über die Straße ~*** attraversare velocemente la strada; ***um die Ecke ~*** svoltare l'angolo di corsa.

Pre|sen|ning → **Persenning.**

press avv. SPORT ***jdn ~ decken*** marcare stretto qcn.

pres|sant agg. REGION. pressante.

Press|ball m. *(-[e]s,-bälle)* = palla *f.* calciata da due giocatori contemporaneamente.

Preß|burg n.pr.n. *(-s)* Bratislava *f.*, ANT. Presburgo *f.* **Preß|bur|ger** m. *(-s,-)* abitante *m.* di Bratislava.

Pres|se f. *(-,-n)* **1** pressa *f.*: ***etw. in die ~ geben, unter die ~ legen*** mettere qcs. sotto la pressa **2** *(Küchengerät)* spremitoio *m.* **3** TIP. ANT. *(Druckmaschine)* torchio *m.*: ***frisch aus der ~ kommen*** essere fresco di stampa **4a** *(Zeitungswesen)* stampa *f.*: ***die inländische, ausländische ~*** la stampa nazionale, estera; ***die linke ~*** la stampa di sinistra; ***er ist von der ~*** è della stampa; ***in der ~ stehen*** essere sui giornali **b** *(Presseecho)* giudizio *m.*, valutazione *f.* della stampa: ***eine gute, schlechte ~ haben*** avere un buon, cattivo giudizio della stampa **5** COLLOQ. SPREG. *(Privatschule)* scuola *f.* privata (con corsi intensivi) ◆ ***etw. durch die ~ treiben*** torchiare, pressare qcs. **Pres|se|ab|tei|lung** f. *(-,-en)* reparto *m.* stampa. **Pres|se|agen|tur** f. *(-,-en)* agenzia *f.* (di) stampa. **Pres|se|amt** n. *(-[e]s,-ämter)* ufficio *m.* stampa governativo: ***das ~ der Bundesregierung*** l'ufficio stampa del governo federale. **Pres|se|at|ta|ché** [-ata'ʃe:] m. *(-s,-s)* addetto *m.* stampa. **Pres|se|aus|weis** m. *(-es,-e)* tessera *f.* di giornalista. **Pres|se|be|richt** m. *(-[e]s,-e)* notizia *f.* di (*o* apparsa sulla) stampa. **Pres|se|be|richt|er|stat|ter** m. *(-s,-)* cronista *m.*; *(Pressekorrespondent)* corrispondente *m.* **Pres|se|bü|ro** n. *(-s,-s)* ufficio *m.* stampa. **Pres|se|chef** [-ʃɛf] m. *(-s,-s)* capo *m.* (di un, dell') ufficio stampa. **Pres|se|dienst** m. *(-[e]s,-e)* servizio *m.* stampa. **Pres|se|er|klä|rung** f. *(-,-en)* dichiarazione *f.* a mezzo stampa: ***eine ~ ablegen*** fare una dichiarazione a mezzo stampa. **Pres|se|fo|to|graf** m. *(-en,-en)* fotoreporter *m.* **Pres|se|frei|heit** f. *(-)* libertà *f.* di stampa. **Pres|se|ge|heim|nis** n. *(-ses,-se)* segreto *m.* di stampa. **Pres|se|ge|setz** n. *(-[e]s)* legge *f.* sulla stampa. **Pres|se|in|for|ma|ti|on** f. *(-,-en)* informazione *f.* giornalistica; *(für die Presse)* informazione *f.* per la stampa.

Press|eis n. *(-es)* ghiaccio *m.* secco.

Pres|se|jar|gon m. *(-s)* gergo *m.* giornalistico. **Pres|se|kam|pag|ne** f. *(-,-n)* campagna *f.* di stampa. **Pres|se|kar|te** f. *(-,-n)* biglietto *m.* omaggio per giornalisti. **Pres|se|kon|fe|renz** f. *(-,-en)* conferenza *f.* stampa: ***eine ~ einberufen, abhalten*** convocare, tenere (*o* fare) una conferenza stampa. **Pres|se|kon|zent|ra|ti|on** f. *(-)* concentrazione *f.*, accentramento *m.* della stampa, degli organi di stampa. **Pres|se|kor|res|pon|dent** m. *(-en,-en)* corrispondente *m.* (della stampa). **Pres|se|land|schaft** f. *(-)* panorama *m.* della stampa. **Pres|se|mann** m. *(-[e]s,-leute)* COLLOQ. giornalista *m.* **Pres|se|mel|dung** f. *(-,-en)* comunicato *m.* stampa. **Pres|se|mit|tei|lung** f. *(-,-en)* comunicato *m.* stampa.

pres|sen I tr. **1a** *(mit Druck bearbeiten)* pressare **b** *(formen)* stampare per compressione **c** *(ausdrücken)* spremere: ***Obst, Saft aus einer Zitrone ~*** spremere della frutta, del succo da un limone; *(Gemüse)* schiacciare, passare; *(Wein, Most)* pigiare, ottenere dalla pigiatura; *(Oliven)* torchiare **2** *(hineindrücken)* comprimere, schiacciare: ***Kleider in den Koffer ~*** stipare i vestiti nella valigia; FIG. ***etw. in ein logisches System ~*** comprimere qcs. in un sistema logico; ***etw. aus jdm ~*** estorcere qcs. a qcn. **3a** *(drücken)* premere: ***die Hände gegen die Scheibe ~*** premere le mani contro il vetro; ***jdm etw. auf den Mund ~*** premere qcs. sulla bocca a qcn. **b** ***jdn an die Brust, an sich ~*** stringere qcn. al petto, a sé **4a** ANT. *(unterdrücken)* opprimere **b** ***jdn zum Kriegsdienst ~*** costringere qcn. ad arruolarsi, arruolare qcn. con la forza **II** rifl. ***sich an jdn, etw. ~*** stringersi a qcn., qcs. **Pres|sen** n. *(-s)* → **Pressung.**

Pres|se|no|tiz f. *(-,-en)* nota *f.*, trafiletto *m.* **Pres|se|or|gan** n. *(-s,-e)* organo *m.* di stampa. **Pres|se|recht** n. *(-[e]s)* diritto *m.* di stampa. **Pres|se|re|fe|rent** m. *(-en,-en)* addetto *m.* stampa. **Pres|se|schau** f. *(-,-en)* RAD. TELEV. rassegna *f.* stampa. **Pres|se|spre|cher** m. *(-s,-)* addetto *m.* stampa. **Pres|se|stel|le** f. *(-,-n)* ufficio *m.* stampa. **Pres|se|stim|me** f. *(-,-n)* commento *m.* **Pres|se|tri|bü|ne** f. *(-,-n)* tribuna *f.* della stampa. **Pres|se|ver|tre|ter** m. *(-s,-)* rappresentante *m.* della stampa. **Pres|se|we|sen** n. *(-s)* stampa *f.* **Pres|se|zen|sur** f. *(-)* censura *f.* sulla stampa. **Pres|se|zent|rum** n. *(-s,-zentren)* sala *f.* stampa.

Press|form f. *(-,-en)* TECN. stampo *m.*, matrice *f.* **Press|frei|heit** → **Pressefreiheit. Press|glas** n. *(-es)* vetro *m.* stampato. **Press|guss** m. *(-es,-güsse)* METALL. **1** pressogetto *m.* **2** *(Verfahren)* pressofusione *f.* **Press|he|fe** f. *(-)* lievito *m.* secco. **Press|holz** n. *(-es)* legno *m.* pressato. **Press|holz|plat|te** f. *(-,-n)* tavola *f.* di legno pressato.

pres|sie|ren intr. (aus. *haben*) REGION. pressare, essere pressante (*o* urgente): ***die Sache pressiert*** la cosa è pressante; impers. ***mir pressiert's*** ho fretta; ***pressiert sein*** avere fretta. **Pres|si|on** f. *(-,-en)* pressione *f.*: ***-en (auf jdn) ausüben*** esercitare pressioni (su qcn.)

Press|koh|le f. *(-,-n)* bricchetta *f.*, mattonella *f.* di carbone. **Press|kopf** m. *(-[e]s)* **1** → **Presssack 2** MECC. cappello *m.* della pressa. **Press|ku|chen** m. *(-s,-)* panello *m.* **Press|ling** m. *(-s,-e)* **1** *(Presskohle)* bricchetta *f.* **2** *(Presskuchen)* panello *m.* **3** *(Pressstück)* (pezzo *m.*) stampato *m.*

Press|luft f. *(-)* aria *f.* compressa. **Press|luft|boh|rer** m. *(-s,-)* perforatrice *f.* pneumatica (*o* ad aria compressa). **Press|luft|fla|sche** f. *(-,-n)* bombola *f.* d'aria compressa. **Press|luft|ham|mer** m. *(-s,-hämmer)* martello *m.* pneumatico.

Press|mas|se f. *(-,-n)* materiale *m.* da stampaggio per compressione. **Press|sack** m. *(-[e]s)* soppressata *f.* **Press|schlag** m. *(-[e]s,-schläge)* SPORT tackle *m.* **Press|span** m. *(-[e]s,-späne)* cartone *m.* presspan. **Press|stoff** m. *(-[e]s,-e)* → **Pressmasse. Press|stroh** n. *(-[e]s)* paglia *f.* (pressata) in balle. **Press|stück** n. *(-[e]s,-e)* pezzo *m.* pressato. **Pres|sung** f. *(-,-en)* **1a** pressatura *f.* **b** *(Herauspressen)* spremitura *f.* **2** *(Zusammendrücken)* compressione *f.* **3** *(Druck)* pressione *f.* **4** ANT. *(Unterdrückung)* oppressione *f.* **Press|we|hen** pl. MED. doglie *f.pl.* del momento espulsivo. **Press|wurst** f. *(-,-würste)* → **Presssack.**

Pres|ti|ge [-'ti:ʒə] n. *(-s)* prestigio *m.*: ***jds ~ wächst, sinkt*** il prestigio di qcn. cresce, diminuisce; ***er hat an ~ gewonnen, verloren*** ha aumentato, diminuito il suo prestigio. **Pres|ti|ge|fra|ge** f. *(-,-n)* questione *f.* di prestigio. **Pres|ti|ge|ge|winn** m. *(-s,-e)* aumento *m.* di prestigio. **Pres|ti|ge|grund** m. *(-[e]s,-gründe)* motivo *m.* di prestigio. **Pres|ti|ge|sa|che** f. *(-,-n)* → **Prestigefrage. Pres|ti|ge|ver|lust** m. *(-[e]s,-e)* perdita *f.* di prestigio.

Pres|tis|si|mo n. *(-s,-s* e *Prestissimi)* MUS. prestissimo *m.* **Pres|to** n. *(-s,-s* e *Presti)* MUS. presto *m.*

Prêt-à-por|ter [pretapɔr'te:] n. *(-s,-s)* prêt-à-porter *m.*

pre|ti|ös → **preziös. Pre|ti|o|sen** → **Preziosen.**

Preu|ße m. *(-n,-n)* prussiano *m.* (anche FIG.) ◆ ***so schnell schießen die -n nicht*** = bisogna avere pazienza, non è una cosa veloce. **Preu|ßen** n.pr.n. *(-s)* Prussia *f.* **Preu|ßen|tum** n. *(-s)* prussianesimo *m.* **preu|ßisch I** agg. prussiano **II** avv. alla prussiana. **Preu|ßisch|blau** n. *(-s)* blu *m.* di Prussia.

pre|zi|ös agg. **1** *(kostbar)* prezioso **2** *(unnatürlich)* ricercato, affettato: ***ein -es Benehmen*** un comportamento ricercato. **Pre|zi|o|sen** pl. preziosi *m.pl.*

pri|a|pe|isch agg. priapeo. **Pri|a|pos, Pri|a|pus** n.pr.m. Priapo *m.*

1.Pri|cke f. *(-,-n)* MAR. segnale *m.* di secca, di acqua bassa.

2.Pri|cke f. *(-,-n)* lampreda *f.*

pri|cke|lig agg. → **prickelnd. pri|ckeln** intr. (aus. *haben*) **1a** *(jucken)* prudere: ***die Hände ~ ihm, es prickelt ihm in den Händen*** gli prudono le mani **b** pizzicare, pungere: ***auf der Zunge, in der Nase ~*** pizzicare sulla lingua, nel naso; ***die Hände ~ ihm vor Kälte*** il freddo gli fa pungere le mani **2** *(perlen)* frizzare. **pri|ckelnd** p.pres. agg. **1** → **prickeln 2** FIG. *(reizend)* pruriginoso, stuzzicante, solleticante: ***ein -es Gefühl*** una sensazione stuzzicante. **prick|lig** agg. → **prickelnd.**

Priel m. *(-[e]s,-e)* INTRAD. (stretto canale nel Watt).

Priem m. *(-[e]s,-e)* (pezzo *m.* di) tabacco *m.* da masticare. **prie|men** intr. (aus. *haben*) masticare tabacco. **Priem|ta|bak** m. *(-s,-e)* tabacco *m.* da masticare.

pries → **preisen.**

Pries|ter m. *(-s,-)* sacerdote *m.*: ***zum ~ geweiht werden*** essere ordinato sacerdote. **Pries|ter|amt** n. *(-[e]s)* sacerdozio *m.* **Pries|ter|ge|wand** n. *(-[e]s,-gewänder)* abito *m.* sacerdotale. **pries|ter|haft** agg. sacerdotale. **Pries|te|rin** f. *(-,-nen)* sacerdotessa *f.* **pries|ter|lich** agg. **1** sacerdotale **2** FIG. *(feierlich)* solenne. **Pries|ter|schaft** f. *(-)* clero *m.* **Pries|ter|se|mi|nar** n. *(-s,-e)* seminario *m.* **Pries|ter|stand** m. *(-[e]s)* ceto *m.* dei sacerdoti (*o* sacerdotale). **Pries|ter|tum** n. *(-s)* sacerdozio *m.* **Pries|ter|wei|he** f. *(-,-n)* ordinazione *f.* (sacerdotale).

prim agg. *(von Zahlen)* primo. **Prim** f. *(-,-en)* **1** RELIG. *(Morgengebet)* prima *f.* **2** *(beim Fechten)* prima *f.* **3** MUS. *(Einklang zweier Töne)* prima *f.*

pri|ma I agg.inv. **1** COMM. *(erstklassig)* eccellente, di prima qualità **2** COLLOQ. *(hervorragend)* magnifico, formidabile, eccezionale: ***unser Lehrer ist ~*** il nostro maestro è formidabile; ***ein ~ Kerl*** un tipo eccezionale **II** avv. benissimo, magnificamente: ***mir geht es ~*** mi va benissimo; ***das schmeckt ~*** è buonissimo.

Pri|ma f. *(-, Primen)* prima *f.* (ANT. ottava e nona classe del Gymnasium; AUSTR. prima classe del Gymnasium). **Pri|ma|bal|le|ri|na** f. *(-,-ballerinen)* prima ballerina *f.* **Pri|ma|don|na** f. *(-,-donnen)* prima donna *f.* (anche FIG. SPREG.).

Pri|ma|ner m. *(-s,-)* alunno *m.* della prima. **pri|ma|ner|haft** agg. *(unerfahren)* da liceale.

pri|mär I agg. **1** *(wesentlich)* primario: ***von -er Bedeutung, Wichtigkeit sein*** essere di primaria importanza; ***die -e Ursache von etw.*** la causa primaria di qcs. **2** MED. primitivo: ***das -e Stadium der Krankheit*** lo stadio primitivo della malattia **II** avv. primariamente.

Pri|mar m. *(-s,-e)*, **Pri|mar|arzt** m. *(-[e]s,-ärzte)* AUSTR. (medico *m.*) primario *m.*

Pri|ma|ra|te f. *(-,-n)* ECON. prime rate *m.*, tasso *m.* primario.

Pri|mär|ge|stein n. *(-s,-e)* roccia *f.* (di formazione) primaria. **Pri|mär|grup|pe** f. *(-,-n)* SOCIOL. gruppo *m.* primario.

Pri|ma|ri|us m. *(-, Primarien)* **1** *(erster Geiger)* primo violino *m.* **2** AUSTR. *(Primararzt)* primario *m.*

Pri|mar|leh|rer m. *(-s,-)* SVIZZ. maestro *m.* di scuola elementare.

Pri|mär|li|te|ra|tur f. *(-)* letteratura *f.* primaria.

Pri|mar|schu|le f. *(-,-n)* SVIZZ. scuola *f.* primaria (*o* elementare).

Pri|mär|span|nung f. *(-)* EL. tensione *f.* primaria. **Pri|mär|spu|le** f. *(-,-n)* EL. avvolgimento *m.* primario. **Pri|mär|strah|lung** f. *(-,-en)* radiazione *f.* primaria. **Pri|mär|strom** m. *(-[e]s,-ströme)* EL. corrente *f.* primaria. **Pri|mär|wick|lung** f. *(-,-en)* → **Primärspule.**

Pri|mas m. *(-,-se* e *Primaten)* **1** ECCL. (pl. *Primaten*) primate *m.* **2** *(erster Geiger einer Zigeunerkapelle;* pl. *-se)* = primo violino *m.* in un'orchestrina zigana.

1.Pri|mat m. e n. *(-[e]s,-e)* **1** primato *m.*: ***der ~ der Seele vor dem Körper, über den Körper*** il primato dell'anima sul corpo **2** *(vom Papst)* primato *m.* (papale).

2. Pri|mat m. *(-en,-en)* ZOOL. primate *m.*

Pri|ma|wa|re f. *(-,-n)* merce *f.* di prima qualità. **Pri|ma|wech|sel** m. *(-s,-)* COMM. prima *f.* di cambio.

Pri|me f. *(-,-n)* **1** MUS. prima *f.* **2** TIP. *(Signatur)* (numero *m.* di) segnatura *f.*

Pri|mel f. *(-,-n)* primula *f.* ◆ COLLOQ. ***eingehen wie eine ~*** perdere forte; *(verkümmern)* intristire. **Pri|mel|topf** m. *(-[e]s,-töpfe)* vaso *m.* di primule ◆ COLLOQ. ***grinsen, strahlen wie ein ~*** sghignazzare, essere raggiante.

Prim|gei|ge f. *(-,-n)*, **Prim|gei|ger** m. *(-s,-)* primo violino *m.*

pri|mis|si|ma agg.inv. COLLOQ. fantastico, eccezionale.

pri|mi|tiv I agg. **1a** primitivo: ***-e Völker, Kulturen*** popoli primitivi, culture primitive **b** *(einfach)* ***-e Werkzeuge, Techniken*** attrezzi primitivi, tecniche primitive; ***eine -e Vorrichtung*** un dispositivo rudimentale **2** *(ursprünglich, elementar)* primitivo, elementare: ***die -en Bedürfnisse*** i bisogni elementari **3a** SPREG. *(ungebildet)* primitivo, rozzo, incivile: ***ein -er Mensch*** una persona primitiva, incivile **b** *(von niedrigem Niveau)* semplice, elementare, ingenuo: ***-e Ansichten, Fragen*** idee semplici, domande ingenue; ***die -sten Regeln des Anstandes*** le più elementari regole della buona creanza **4** *(dürftig)* squallido, misero: ***-e Unterkünfte*** alloggiamenti squallidi **II** avv. **1a** primitivamente, in modo primitivo: ***~ gebaut*** costruito in modo primitivo, rudimentale **b** *(ungebildet)* ***sich ~ ausdrücken*** esprimersi in modo primitivo **2** *(kümmerlich)* miseramente: ***~ leben, wohnen*** vivere in condizioni misere. **Pri|mi|ti|ve** m. e f. *(-n,-n)* primitivo *m.* (-a *f.*). **pri|mi|ti|vi|sie|ren** tr. semplificare, riprodurre in modo elementare, ingenuo. **Pri|mi|ti|vi|sie|rung** f. *(-,-en)* semplificazione *f.*, riproduzione *f.* elementare, ingenua. **Pri|mi|ti|vis|mus** m. *(-)* primitivismo *m.* **Pri|mi|ti|vi|tät** f. *(-)* primitività *f.* **Pri|mi|tiv|ling** m. *(-s,-e)* SPREG. primitivo *m.* **Pri|mi|ti|vum** n. *(-s, Primitiva)* etimo *m.*

Pri|miz f. *(-,-en)* RELIG. prima messa *f.* **Pri|mi|zi|ant** m. *(-en,-en)* sacerdote *m.* (che celebra la sua prima messa). **Pri|mi|zi|en** pl. primizie *f.pl.* offerte agli dei.

Pri|mo|ge|ni|tur f. *(-,-en)* primogenitura *f.*

Pri|mus m. *(-, Primi* e *-se)* ANT. primo *m.* della classe.

Prim|zahl f. *(-,-en)* numero *m.* primo.

Prinz m. *(-en,-en)* principe *m.*

Prin|zen|in|seln pl. Isole *f.pl.* dei Principi.

Prin|zess f. *(-, Prinzessen)* ANT. principessa *f.* **Prin|zess|boh|ne** f. *(-,-n)* fagiolino *m.* tenero. **Prin|zes|sin** f. *(-,-nen)* principessa *f.* **Prin|zess|kleid** n. *(-[e]s,-er)* princesse *f.*

Prinz|ge|mahl m. *(-s,-e)* principe *m.* consorte.

Prin|zip n. *(-s,-ien* e RAR. *-e)* principio *m.*: ***ein Mensch von, mit (festen moralischen) -ien*** un uomo di (saldi) principi (morali); ***ein ~ befolgen, durchbrechen (seinen -ien untreu werden)*** attenersi, venir meno a un principio; ***seinen -ien treu bleiben, an seinen -ien festhalten*** rimanere fedele, attaccato ai propri principi; ***sich etw. zum ~ machen*** farsi un principio di qcs.; ***auf einem einfachen ~ beruhen*** fondarsi su un semplice principio; POL. ***das ~ der Nichteinmischung*** il principio della non ingerenza; MAT. ***das ~ des Archimedes*** il principio di Archimede ◆ ***aus ~*** per principio; ***im ~*** in linea di principio (*o* di massima).

1.Prin|zi|pal m. *(s-,-e)* ANT. **1** principale *m.*, padrone *m.* (di negozio) **2a** TEATR. direttore *m.* di, del teatro **b** *(einer Theatergruppe)* impresario *m.*

2.Prin|zi|pal n. *(-s,-e)* MUS. principale *m.*

Prin|zi|pat n. e m. *(-[e]s,-e)* STOR. principato *m.*

prin|zi|pi|ell I agg. di principio: ***eine -e Frage*** una questione di principio **II** avv. **1** per principio: ***etw. ~ (nicht) tun*** (non) fare qcs. per principio **2** *(im Prinzip)* in linea di principio (*o* di massima): ***~ bin ich dafür*** in linea di massima sono a favore **3** *(immer, ausnahmslos)* regolarmente, immancabilmente: ***das endet ~ mit Streit*** finisce regolarmente in lite.

prin|zi|pi|en|fest agg. con saldi principi. **Prin|zi|pi|en|fra|ge** f. *(-,-n)* questione *f.* di principio. **prin|zi|pi|en|los** agg. senza principi. **Prin|zi|pi|en|lo|sig|keit** f. *(-)* mancanza *f.* (*o* assenza *f.*) di principi. **Prin|zi|pi|en|rei|ter** m. *(-s,-)* SPREG. = persona *f.* ostinatamente attaccata ai propri principi. **Prin|zi|pi|en|rei|te|rei** f. *(-,-en)* SPREG. = ostinato attaccamento *m.* ai propri principi. **prin|zi|pi|en|treu** agg. fedele ai propri principi. **Prin|zi|pi|en|treue** f. *(-)* fedeltà *f.* ai propri principi.

prinz|lich I agg. principesco **II** avv. principescamente, da principe.

Prinz|re|gent m. *(-en,-en)* principe *m.* reggente.

Pri|or m. *(-s,-en)* priore *m.* **Pri|o|rat** n. *(-[e]s,-e)* priorato *m.* **Pri|o|rin** f. *(-,-nen)* priora *f.*

Pri|o|ri|tät f. *(-,-en)* **1** priorità *f.*: ***etw. (D) ~ einräumen*** dare priorità a qcs.; ***-en setzen*** fissare delle priorità **2** pl. ECON. titoli *m.pl.* privilegiati. **Pri|o|ri|täts|ak|tie** f. *(-,-n)* azione *f.* privilegiata. **Pri|o|ri|täts|gläu|bi|ger** m. *(-s,-)* creditore *m.* privilegiato. **Pri|o|ri|täts|ob|li|ga|ti|on** f. *(-,-en)* obbligazione *f.* privilegiata. **Pri|o|ri|täts|recht** n. *(-[e]s,-e)* diritto *m.* prioritario (*o* di priorità).

Pri|se f. *(-,-n)* **1** presa *f.*, pizzico *m.*: ***eine ~ Tabak, Pfeffer*** una presa di tabacco, un pizzico di pepe **2** MAR. preda *f.* (marittima). **Pri|sen|geld** n. *(-[e]s)* premio *m.* (all'equipaggio) per la cattura della nave. **Pri|sen|ge|richt** n. *(-[e]s,-e)* MAR. tribunale *m.* (*o* corte *f.*) delle prede. **Pri|sen|recht** n. *(-[e]s)* diritto *m.* di preda.

Pris|ma n. *(-s, Prismen)* FIS. MAT. prisma *m.* **pris|ma|tisch** agg. prismatico. **Pris|ma|to|id** n. *(-[e]s,-e)* prismoide *m.* **Pris|men|fern|rohr** n. *(-[e]s,-e)* → **Prismenglas. pris|men|för|mig** agg. prismatico. **Pris|men|glas** n. *(-es,-gläser)* binocolo *m.* **Pris|men|su|cher** m. *(-s,-)* FOT. mirino *m.* prismatico.

Prit|sche f. *(-,-n)* **1a** pancaccio *m.*, tavolaccio *m.* **b** *(Feldbett)* branda *f.* **2** *(Ladepritsche)* pianale *f.* di carico **3** SPREG. *(Prostituierte)* puttana *f.* **4** *(von Clowns)* spatola *f.* **prit|schen** tr. SPORT ***den Ball ~*** alzare la palla (in palleggio), palleggiare; *(dell'alzatore)* fare un'alzata. **Prit|schen|wa|gen** m. *(-s,-)* autocarro *m.* a pianale.

pri|vat I agg. **1** privato: ***eine -e Klinik, Schule*** una clinica, una scuola privata; ***ein -es Grundstück*** un terreno privato; ***-er Eingang*** ingresso privato **2** *(persönlich)* personale, privato: ***-e Angelegenheiten, Meinungen*** faccende private, opinioni personali; ***ein -er Brief*** una lettera privata **3** *(vertraulich)* confidenziale, privato: ***ein -es Gespräch*** un colloquio privato; ***ein -er Ton*** un tono confidenziale **II** avv. **1** privatamente, in privato: ***jdn ~ sprechen*** parlare a qcn. in privato **2a** *(nicht öffentlich)* privatamente, in forma privata: ***die Hochzeit ~ feiern*** celebrare il matrimonio in forma privata **b** *(nicht dienstlich)* in veste privata (*o* non ufficiale): ***er ist ~ hier*** è qui in veste privata **3** *(von privat)* da privati: ***~ finanziert werden*** essere finanziato da privati ◆ ***etw. an ~ verkaufen*** vendere a privati; ***ein Fest in -em Kreis*** una festa privata; ***mit jdm ~ verkehren*** avere rapporti privati (*o* personali) con qcn.; ***~ versichert*** assicurato presso un'assicurazione privata, con assicurazione privata; ***etw. von ~, von -er Hand kaufen*** acquistare da privati. **Pri|vat|ad|res|se** f. *(-,-n)* indirizzo *m.* privato. **Pri|vat|an|ge|le|gen|heit** f. *(-,-en)* faccenda *f.* privata (*o* personale): ***das ist seine ~*** è una sua faccenda privata. **Pri|vat|an|schrift** f. *(-,-en)* → **Privatadresse. Pri|vat|au|di|enz** f. *(-,-en)* udienza *f.* privata (*o* particolare). **Pri|vat|bahn** f. *(-,-en)* ferrovia *f.* privata. **Pri|vat|bank** f. *(-,-en)* banca *f.* privata. **Pri|vat|be|sitz** m. *(-es)* proprietà *f.* privata (*o* di privati): ***das Bild, Grundstück stammt aus ~*** il quadro, il terreno è di (*o* appartiene a) privati ◆ ***in ~*** in mano privata, in mano a privati. **Pri|vat|brief** m. *(-[e]s,-e)* lettera *f.* privata. **Pri|vat|de|tek|tiv** m. *(-s,-e)* investigatore *m.* (*o* detective *m.*) privato. **Pri|vat|do|zent** m. *(-en,-en)* UNIV. libero docente *m.* **Pri|vat|druck** m. *(-[e]s,-e)* edizione *f.* fuori commercio. **Pri|vat|ei|gen|tum** n. *(-s,-e)* proprietà *f.* privata. **Pri|vat|fahr|zeug** n. *(-[e]s,-e)* vettura *f.* privata, veicolo *m.* privato. **Pri|vat|fern|se|hen** n. *(-s)* COLLOQ. televisione *f.* (*o* tivù *f.*) privata. **Pri|vat|flug|zeug** n. *(-[e]s,-e)* aereo *m.* privato. **Pri|vat|ge|brauch** m. *(-[e]s)* uso *m.* privato (*o* personale): ***zum ~*** a (*o* per) uso privato. **Pri|vat|ge|spräch** n. *(-[e]s,-e)* colloquio *m.* privato; *(Telefongespräch)* conversazione *f.* privata. **Pri|vat|hand, aus (von) ~** da privati; ***in ~*** di proprietà privata, di privati. **Pri|vat|haus** n. *(-es,-häuser)* casa *f.* privata.

Pri|va|ti|er m. *(-s,-e)* ANT. chi vive di rendita, redditiere *m.*

pri|va|tim avv. ANT. **1** privatamente, in privato **2a** *(nicht öffentlich)* privatamente, in forma privata **b** *(nicht dienstlich)* in veste privata (*o* non ufficiale).

Pri|vat|ini|ti|a|ti|ve f. *(-,-n)* iniziativa *f.* privata. **Pri|vat|in|te|res|se** n. *(-s,-n)* interesse *m.* privato.

pri|va|ti|sie|ren I tr. ECON. privatizzare **II** intr. (aus. *haben*) vivere di rendita. **Pri|va|ti|sie|rung** f. *(-,-en)* ECON. privatizzazione *f.*

Pri|va|tis|si|mum n. *(-s, Privatissima)* ANT. **1** lezione *f.* riservata a pochi **2** SCHERZ. *(Ermahnung)* ammonizione *f.*

Pri|va|tist m. *(-en,-en)* AUSTR. privatista *m.*

pri|va|tiv agg. LING. privativo. **Pri|va|tiv** n. *(-s,-e)* (verbo *m.*) privativo *m.*

Pri|vat|kla|ge f. *(-,-n)* DIR. azione *f.* della (*o* promossa dalla) parte civile, querela *f.* di parte; ***~ erheben*** costituirsi parte civile. **Pri|vat|klä|ger** m. *(-s,-)* DIR. parte *f.* civile, querelante *m.*: ***als ~ auftreten*** costituirsi parte civile. **Pri|vat|kli|nik** f. *(-,-en)* clinica *f.* privata. **Pri|vat|krieg** m. *(-[e]s,-e)* guerra *f.* privata. **Pri|vat|le|ben** n. *(-s)* vita *f.* privata, privacy *f.*: ***sein ~ der Karriere opfern*** sacrificare la vita privata alla carriera; ***sich ins ~ zurückziehen*** ritirarsi a vita privata; ***auf sein ~ halten*** tenere alla privacy; ***in jds ~ eindringen*** entrare nella privacy di qcn. **Pri|vat|leh|rer** m. *(-s,-)* insegnante *m.* privato. **Pri|vat|leu|te** pl. → **Privatmann. Pri|vat|mann** m. *(-[e]s,-leute* e RAR. *-männer)* **1** privato *m.* **2** → **Privatier. Pri|vat|mit|tel** pl. fondi *m.pl.* privati. **Pri|vat|pa|ti|ent** m. *(-en,-en)* paziente *m.* privato. **Pri|vat|per|son** f. *(-,-en)* privato *m.* **Pri|vat|quar|tier** n. *(-s,-e)* alloggio *m.* presso privati, sistemazione *f.* presso famiglie. **Pri|vat|recht** n. *(-[e]s)* diritto *m.* privato. **pri|vat|recht|lich** agg. di (*o* relativo al) diritto privato. **Pri|vat|sa|che** f. *(-,-n)* questione *f.* (*o* faccenda *f.*) privata. **Pri|vat|schu|le** f. *(-,-n)* scuola *f.* privata. **Pri|vat|sek|re|tä|rin** f. *(-,-nen)* segretaria *f.* personale (*o* particolare). **Pri|vat|sen|der** m. *(-s,-)* emittente *f.* privata. **Pri|vat|sphä|re** f. *(-,-n)* sfera *f.* privata. **Pri|vat|sta|ti|on** f. *(-,-en)* reparto *m.* a pagamento. **Pri|vat|stun|de** f. *(-,-n)* lezione *f.* privata. **Pri|vat|un|ter|kunft** f. *(-,-unterkünfte)* → **Privatquartier. Pri|vat|un|ter|richt** f. *(-)* → **Privatstunde. Pri|vat|ver|gnü|gen** n. *(-s,-)* COLLOQ. piacere *m.* personale: ***etw. zu seinem ~ tun*** fare qcs. per il proprio piacere personale. **Pri|vat|ver|mö|gen** n. *(-s,-)* patrimonio *m.* privato. **Pri|vat|ver|si|che|rung** f. *(-,-en)* assicurazione *f.* privata. **Pri|vat|weg** m. *(-[e]s,-e)* strada *f.* privata. **Pri|vat|wirt|schaft** f. *(-)* **1** economia *f.* privata **2** settore *m.* privato. **pri|vat|wirt|schaft|lich** agg. di (*o* relativo alla) economia privata ◆ ***ein -es Unternehmen*** un'impresa privata. **Pri|vat|woh|nung** f. *(-,-en)* appartamento *m.* ad uso privato.

Pri|vi|leg n. *(-[e]s,-ien* e *-e)* privilegio *m.*: ***jdn mit -ien ausstatten*** accordare privilegi a qcn. **pri|vi|le|gie|ren** tr. privilegiare. **pri|vi|le|giert** p.pass. agg. **1** → **privilegieren 2** privilegiato. **Pri|vi|le|gi|um** n. *(-s, Privilegien)* ANT. → **Privileg.**

Prix [pri:] m. *(-,-)* premio *m.*

PR-Mann m. *(-[e]s,-leute)* ECON. GERG. PR *m.*, pierre *m.*

pro I prep. + acc. a, per (ogni): ***~ Quadratmeter, Stück*** per (*o* al) metro quadro, al pezzo; ***zweimal ~ Tag, Woche*** due volte al giorno, (al)la settimana; ***~ Person, Kopf*** a persona, a testa **II** avv. a favore, per, pro: ***ist er ~ oder kontra?*** è a favore o contro? ***~ stimmen*** votare pro ◆ ***das Pro und Kontra*** il pro e il contro, i pro e i contro; COLLOQ. ***~ Kopf und Nase*** a cranio, a testa.

Pro|ba|bi|lis|mus m. *(-)* probabilismo *m.* **Pro|ba|bi|li|tät** f. *(-,-en)* FILOS. probabilità *f.*

Pro|band m. *(-en,-en)* **1** soggetto *m.* (di test, indagini...) **2** *(in der Genealogie)* probando *m.* **3** DIR. = ex-detenuto *m.* in libertà vigilata (*o* con la sospensione condizionale della pena).

pro|bat agg. **1** provato, sperimentato; *(wirksam)* efficace: ***ein -es Mittel*** un rimedio sperimentato **2** *(geeignet)* idoneo, adatto: ***wenig -e Methoden*** metodi poco adatti.

Pro|be f. *(-,-n)* **1a** prova *f.*: ***eine ~ ablegen, vornehmen, bestehen*** sostenere, fare, superare una prova; ***jdn einer ~ unterziehen*** sottoporre qcn. a una prova **b** MAT. ***auf eine Division, Multiplikation die ~ machen*** fare la prova di una divisione, moltiplicazione **2** MUS. TEATR. prova *f.*, prove *f.pl.*: ***den -n beiwohnen*** assistere alle prove; ***spät zur ~ erscheinen*** arrivare tardi alle prove; ***die Kapelle hat jeden Abend ~*** il complesso prova ogni sera **3a** *(Muster)* campione *m.*: ***eine ~ Urin*** un campione di urina; ***eine ~ (Kaffee, Stoff) beilegen*** accludere un campione (di caffè, di stoffa) **b** FIG. prova *f.*, dimostrazione *f.*, saggio *m.*: ***eine ~ seines Könnens, seiner Kunst, seines Mutes*** un saggio della propria bravura, arte, una prova del proprio coraggio ◆ ***auf ~*** in prova; ***jdn auf ~ anstellen*** assumere qcn. in prova; ***die ~ aufs Exempel machen*** fare la prova della verità; ***~ fahren*** fare un giro di prova; ***ein Auto ~ fahren*** provare un'auto; ***Kauf gegen, nach ~*** acquisto su campione; ***Kauf auf ~*** vendita a prova (*o* con riserva di gradimento); ***~ laufen lassen*** fare la prova di funzionamento; ***~ singen*** fare un'audizione; ***jdn auf die ~ stellen*** mettere alla prova qcn.; ***jds Freundschaft, Geduld auf eine harte ~ stellen*** mettere a dura prova l'amicizia, la pazienza di qcn.; ***zur ~*** in prova; ***jdm einen Auftrag zur ~ erteilen*** fare un ordine di prova a qcn. **Pro|be|ab|zug** m. *(-[e]s,-abzüge)* **1** TIP. prima bozza *f.* **2** FOT. provino *m.* **Pro|be|alarm** m. *(-[e]s,-e)* allarme *m.* di prova (*o* simulato). **Pro|be|ar|beit** f. *(-,-en)* saggio *m.*, prova *f.* **Pro|be|auf|nah|me** f. *(-,-n)* **1** prova *f.* di registrazione **2** CINEM. provino *m.* **Pro|be|be|las|tung** f. *(-,-en)* TECN. carico *m.* di prova (*o* di collaudo). **Pro|be|be|stel|lung** f. *(-,-en)* COMM. ordine *m.* di prova. **Pro|be|bo|gen** m. *(-s,-)* prima bozza *f.* **Pro|be|boh|rung** f. *(-,-en)* prova *f.* di trivellazione. **Pro|be|druck** m. *(-[e]s,-e)* prova *f.* di stampa. **Pro|be|ehe** f. *(-,-n)* convivenza *f.* prematrimoniale. **Pro|be|exemp|lar** n. *(-s,-e)* **1** campione *m.*, esemplare *m.* **2** EDIT. copia *f.* in visione. **Pro|be|fahrt** f. *(-,-en)* **1** giro *m.* di prova, prova *f.* su strada **2** MAR. prova *f.* in mare. **Pro|be|flug** m. *(-[e]s,-flüge)* volo *m.* di prova. **pro|be|hal|ber** avv. per prova; ***ein neues Produkt ~ versuchen*** provare un nuovo prodotto. **Pro|be|heft** n. *(-[e]s,-e)* → **Probenummer. Pro|be|jahr** n. *(-[e]s,-e)* anno *m.* di prova. **Pro|be|lauf** m. *(-[e]s,-läufe)* **1** prova *f.* di funzionamento **2** SPORT corsa *f.* di prova.

pro|ben tr. provare: ***ein Lied, eine Szene ~*** provare una canzone, una scena; assol. ***sie haben täglich geprobt*** hanno provato ogni giorno ◆ ***den Ernstfall ~*** prepararsi al peggio.

Pro|ben|ar|beit f. *(-)* TEATR. prove *f.pl.*: ***mit der ~ beginnen*** cominciare le prove.

Pro|be|num|mer f. *(-,-n)* numero *m.* di saggio (*o* di prova). **Pro|be|sei|te** f. *(-,-n)* → **Probedruck. Pro|be|sen|dung** f. *(-,-en)* invio *m.* (*o* spedizione *f.*) di campioni. **Pro|be|spiel** n. *(-[e]s,-e)* **1** SPORT partita *f.* sperimentale, di prova **2** *(Vorspiel)* audizione *f.* **Pro|be|stück** n. *(-[e]s,-e)* → **Probeexemplar. pro|be|wei|se I** avv. in prova, per prova **II** agg. ***eine ~ Einstellung*** un'assunzione in prova. **Pro|be|zeit** f. *(-,-en)* periodo *m.* di prova.

pro|bie|ren tr. **1a** *(versuchen)* provare; tentare: ***hast du probiert, ob es funktioniert?*** hai provato se funziona? ***probier noch einmal!*** tenta ancora una volta! ***ein neues Rezept ~*** provare una nuova ricetta **b** *(anprobieren)* ***Schuhe, ein Hemd ~*** provare delle scarpe, una camicia **2** *(kosten)* assaggiare, provare: ***den Braten ~*** assaggiare l'arrosto; ***einen Wein ~*** assaggiare, degustare un vino **3** TEATR. provare: ***eine Nummer, Szene ~*** provare un numero, una scena ◆ ***er probiert's bei jeder*** tenta, ci prova con tutte; PROV. ***Probieren geht über Studieren*** val più la pratica che la grammatica.

Pro|bier|glas n. *(-es,-gläser)* **1** bicchiere *m.* da degustazione **2** *(Reagenzglas)* provetta *f.* **Pro|bier|stein** m. *(-[e]s,-e)* pietra *f.* di paragone.

Prob|lem n. *(-s,-e)* problema *m.* (anche MAT.): ***ein ~ haben, aufwerfen, anschneiden, erörtern, angehen, lösen*** avere, sollevare, accennare, discutere, affrontare, risolvere un problema; ***ein ~ taucht auf*** un problema sorge, emerge; ***ein ~ stellt sich, zeigt sich*** un problema si pone, si presenta; ***das ~ liegt darin, dass...*** il problema consiste nel fatto che...; ***vor einem ~ stehen*** essere di fronte a un problema; ***zum ~ werden*** diventare un problema; *(Schwierigkeit)* ***-e mit jdm, etw. haben*** avere problemi con qcn., qcs.; ***mit seinen -en allein fertig werden*** risolvere da soli i propri problemi; ***jdm -e machen*** causare problemi a qcn. ◆ ***das ist (nicht) dein ~*** (non) sono fatti tuoi, (non) è un tuo problema; ***kein ~!*** nessun problema! non è un problema! ***-e wälzen*** rimuginare problemi.

Prob|le|ma|tik f. *(-)* problematicità *f.*, carattere *m.* problematico. **prob|le|ma|tisch** agg. problematico: ***eine ~ Frage, Entscheidung*** una questione, una decisione problematica; ***ein -er Mensch*** una persona problematica. **prob|le|ma|ti|sie|ren** tr. problematizzare.

Prob|lem|be|reich m. *(-[e]s,-e)* ambito *m.* problematico. **Prob|lem|be|wusst|sein** n. *(-s)* consapevolezza *f.* di un problema. **Prob|lem|fall** m. *(-[e]s,-fälle)* caso *m.* problematico, difficile. **Prob|lem|film** m. *(-[e]s,-e)* film *m.* impegnato. **Prob|lem|haut** f. *(-)* pelle *f.* difficile. **Prob|lem|kind** n. *(-[e]s,-er)* bambino *m.* difficile, problematico. **Prob|lem|kreis** m. *(-[e]s,-e)* complesso *m.* di problemi, problematica *f.* **prob|lem|los I** agg. che non crea problemi: ***eine -e Zusammenarbeit*** una collaborazione senza problemi **II** avv. senza (alcun) problema: ***etw. ~ akzeptieren*** accettare qcs. senza problemi. **prob|lem|ori|en|tiert** agg. volto alla soluzione del problema. **Prob|lem|stel|lung** f. *(-,-en)* esposizione *f.* del problema; FILOS. posizione *f.* del problema. **Prob|lem|stück** n. *(-[e]s,-e)* dramma *m.* impegnato.

Pro|ce|de|re n. *(-,-)* procedura *f.*

pro cen|tum avv. per cento.

Pro|drom n. *(-s,-e)* prodromo *m.* **pro|dro|mal** agg. prodromico. **Pro|dro|mal|symp|tom** n. *(-s,-e)* sintomo *m.* prodromico.

Pro|dukt n. *(-[e]s,-e)* **1** prodotto m. (anche MAT.): ***pflanzliche, chemische, industrielle -e*** prodotti vegetali, chimici, industriali **2** FIG. prodotto *m.*, frutto *m.*: ***ein ~ seiner Fantasie, Erziehung*** un prodotto della sua fantasia, un frutto della sua educazione. **Pro|duk|ten|bör|se** f. *(-,-n)* ECON. borsa *f.* merci. **Pro|duk|ten|han|del** m. *(-s)* commercio *m.* di prodotti naturali e alimentari.

Pro|duk|ti|on f. *(-,-en)* **1a** produzione *f.*: ***die industrielle, landwirtschafliche, literarische ~*** la produzione industriale, agricola, letteraria; ***die ~ steigern, stoppen*** aumentare, fermare la produzione; ***die ~ aufnehmen, ankurbeln, drosseln, umstellen*** avviare, incrementare, diminuire, cambiare la produzione **b** *(Erzeugnisse)* ***die jährliche, tägliche ~*** la produzione annuale, giornaliera **c** COLLOQ. *(Abteilung eines Betriebes)* ***in der ~ arbeiten*** lavorare in produzione **2** ANT. ART. numero *m.* ◆ ***in ~ gehen, sein*** andare, essere in produzione.

Pro|duk|ti|ons|an|la|ge f. *(-,-n)* impianto *m.* di produzione. **Pro|duk|ti|ons|ap|pa|rat** m. *(-[e]s,-e)* apparato *m.* produttivo. **Pro|duk|ti|ons|aus|fall** m. *(-[e]s,-ausfälle)* perdita *f.* di produzione. **Pro|duk|ti|ons|ba|sis** f. *(-,-basen)* base f. produttiva. **Pro|duk|ti|ons|fak|tor** m. *(-[e]s,-en)* fattore *m.* produttivo. **Pro|duk|ti|ons|fluss** m. *(-es,-flüsse)* flusso *m.* produttivo. **Pro|duk|ti|ons|form** f. *(-,-en)* forma *f.* di produzione. **Pro|duk|ti|ons|gang** m. *(-[e]s,-gänge)* andamento *m.* produttivo. **Pro|duk|ti|ons|gü|ter** pl. ECON. beni *m.pl.* strumentali (*o* produttivi). **Pro|duk|ti|ons|in|dex** m. *(-[e]s,-e* e *-indices)* indice *m.* di produzione. **Pro|duk|ti|ons|ka|pa|zi|tät** f. *(-,-en)* capacità *f.* produttiva. **Pro|duk|ti|ons|kos|ten** pl. costi *m.pl.* di produzione. **Pro|duk|ti|ons|kraft** f. *(-,-kräfte)* → **Produktionskapazität. Pro|duk|ti|ons|leis|tung** f. *(-,-en)* produzione *f.*, quantità *f.* prodotta. **Pro|duk|ti|ons|lei|ter** m. *(-s,-)* direttore *m.* di produzione. **Pro|duk|ti|ons|men|ge** f. *(-,-n)* quantità *f.* prodotta. **Pro|duk|ti|ons|me|tho|de** f. *(-,-n)* metodo *m.* produttivo. **Pro|duk|ti|ons|mit|tel** pl. **1** *(Produktionsfaktoren)* fattori *m.pl.* produttivi **2** FILOS. mezzi *m.pl.* di produzione. **Pro|duk|ti|ons|plan** m. *(-[e]s,-pläne)* piano *m.* di produzione. **Pro|duk|ti|ons|pro|zess** m. *(-es,-e)* processo *m.* produttivo. **Pro|duk|ti|ons|stät|te** f. *(-,-n)* stabilimento *m.* (di produzione). **Pro|duk|ti|ons|stei|ge|rung** f. *(-,-en)* aumento *m.* (*o* incremento *m.*) della produzione. **Pro|duk|ti|ons|tech|nik** f. *(-,-en)* tecnica *f.* produttiva. **Pro|duk|ti|ons|ver|fah|ren** n. *(-s,-)* processo *m.* di produzione. **Pro|duk|ti|ons|ver|hält|nis|se** pl. rapporti *m.pl.* di produzione. **Pro|duk|ti|ons|vo|lu|men** n. *(-s,-)* volume *m.* produttivo, di produzione. **Pro|duk|ti|ons|wei|se** f. *(-,-n)* procedimento *m.* produttivo. **Pro|duk|ti|ons|zif|fer** f. *(-,-n)* indice *m.* di produzione. **Pro|duk|ti|ons|zweig** m. *(-[e]s,-e)* settore *m.* produttivo.

pro|duk|tiv I agg. produttivo: ***eine -e Arbeit*** un lavoro produttivo;

eine -e Kritik una critica produttiva; *(schöpferisch) ein -er Schriftsteller* uno scrittore produttivo **II** avv. in modo produttivo ◆ LING. *-e Suffixe* suffissi produttivi. **Pro|duk|ti|vi|tät** f. *(-)* produttività *f.*: *die ~ steigern* aumentare la produttività. **Pro|duk|ti|vi|täts|stei|ge|rung** f. *(-,-en)* aumento *m.* della produttività. **Pro|duk|ti|vi|täts|stu|fe** f. *(-,-n)* livello *m.* di produttività. **Pro|duk|tiv|kraft** f. *(-,-kräfte)* forza *f.* produttiva. **Pro|duk|tiv|kre|dit** m. *(-[e]s,-e)* credito *m.* alla produzione. **Pro|dukt|men|ge** f. *(-,-n)* MAT. prodotto *m.* cartesiano. **Pro|dukt|pi|rat** m. *(-en,-en)* contraffatore *m.* di prodotti. **Pro|dukt|wer|bung** f. *(-)* pubblicità *f.* di prodotto.

Pro|du|zent m. *(-en,-en)* produttore *m.*: *vom -en zum Konsumenten* dal produttore al consumatore; *der ~ eines Films* il produttore di un film. **pro|du|zie|ren I** tr. **1a** *(herstellen)* produrre, fabbricare: *Waren nach Bedarf ~* produrre merci secondo il fabbisogno **b** *(finanzieren) einen Film ~* produrre un film **2** COLLOQ. *(machen)* fare: *Unsinn, Lärm ~* fare sciocchezze, baccano (*o* chiasso) **3** ANT. o SVIZZ. *(vorlegen)* produrre, esibire: *die Papiere ~* produrre i documenti **II** rifl. **sich ~** COLLOQ. mettersi in mostra, farsi notare, esibirsi: *der produziert sich wieder!* cerca di nuovo di farsi notare ◆ COLLOQ. *Kinder ~* sfornare, scodellare figli; *einen Sänger ~* essere il produttore di un cantante.

Prof. ⇒ *Professor* professore (prof., Prof.).

pro|fan I agg. **1** profano: *-e Kunst, Musik* arte, musica profana **2** *(nicht außergewöhnlich)* comune, banale, ordinario: *ganz -e Sorgen haben* avere banalissime preoccupazioni **II** avv. da profano: *sich ~ ausdrücken* esprimersi da profano. **Pro|fa|na|ti|on** f. *(-,-en)* profanazione *f.* **Pro|fan|bau** m. *(-[e]s,-ten)* edificio *m.* profano. **Pro|fa|ne** m. e f. *(-n,-n)* profano *m.* (-a *f.*). **pro|fa|nie|ren** tr. **1** profanare **2** *(säkularisieren)* secolarizzare. **Pro|fa|nie|rung** f. *(-,-en)* profanazione *f.* **Pro|fa|ni|tät** f. *(-)* **1** *(Weltlichkeit)* secolarità *f.*, profanità *f.* **2** *(Alltäglichkeit)* ordinarietà *f.*

pro|fa|schis|tisch agg. filo-fascista.

1.Pro|fess m. *(-en,-en)* professo *m.*

2.Pro|fess f. *(-,-en)* RELIG. professione *f.*

Pro|fes|se m. e f. *(-n,-n)* professo m. (-a *f.*). **Pro|fes|si|on** f. *(-,-en)* ANT. o AUSTR. professione *f.* **Pro|fes|si|o|nal, Pro|fes|si|o|nal** [pro'fɛʃənəl] m. *(-s,-e* e *-s)* professionista *m.* **pro|fes|si|o|na|li|sie|ren** tr. **1** professionalizzare **2** *(als Beruf anerkennen)* riconoscere come professione, elevare a professione. **Pro|fes|si|o|na|li|sie|rung** f. *(-,-en)* professionalizzazione *f.* **Pro|fes|si|o|na|lis|mus** m. *(-)* professionalismo *m.* **Pro|fes|si|o|na|li|tät** f. *(-)* professionalità *f.* **pro|fes|si|o|nell I** agg. **1** di professione, professionista: *ein -er Sänger, Killer* un cantante di professione, un killer professionista; FIG. *mit -er Freundlichkeit* con gentilezza professionale **2** professionale: *eine -e Ausbildung* una formazione professionale **II** avv. in modo professionale, professionalmente. **Pro|fes|si|o|nist** m. *(-en,-en)* AUSTR. artigiano *m.* **pro|fes|si|ons|mä|ßig** agg. per professione.

Pro|fes|sor m. *(-s,-en)* **1** UNIV. professore *m.*: *~ der, für Germanistik* professore di germanistica; *außerordentlicher, ordentlicher ~* professore straordinario, ordinario; *sehr geehrter Herr ~ Müller* Egregio Professor Müller; *die Herren -en Müller und Schmidt* i professori Müller e Schmidt; *das Auto ~ Müllers, des -s Müller* l'auto del professor Müller **2** ANT. o AUSTR. professore *m.*, insegnante *m.* (di liceo) ◆ SCHERZ. *ein zerstreuter ~* = un distratto.

pro|fes|so|ral agg. professorale: *-e Würde* dignità professorale; SPREG. *ein -er Ton* un tono professorale.

Pro|fes|so|ren|kol|le|gi|um n. *(-s,-kollegien)* corpo *m.* docente. **pro|fes|so|ren|mä|ßig** agg. → **professoral. Pro|fes|so|ren|schaft** f. *(-,-en)* → **Professorenkollegium. Pro|fes|so|ren|ti|tel** m. *(-s,-)* titolo *m.* di professore. **Pro|fes|so|rin** f. *(-,-nen)* UNIV. professoressa *f.* **Pro|fes|sor|ti|tel** → **Professorentitel. Pro|fes|sur** f. *(-,-en)* cattedra *f.* (universitaria).

Pro|fi m. *(-s,-s)* professionista *m.* (anche SPORT); *eine Stereoanlage, ein Computer für -s* un impianto stereo da professionisti (*o* da intenditori), un computer professionale. **Pro|fi|bo|xer** m. *(-s,-)* pugile *m.* professionista. **Pro|fi|fuß|ball** m. *(-[e]s)* calcio *m.* professionistico. **pro|fi|haft** agg. avv. da professionista.

Pro|fil n. *(-s,-e)* **1** profilo *m.*: *jdn im ~ sehen, zeichnen* vedere, disegnare qcn. di profilo; *ein griechisches, strenges ~* un profilo greco, severo **2** carattere *m.*, personalità *f.*: *einer Rolle ~ geben* dare carattere ad un ruolo; *ein Mann mit ~* un uomo di grande personalità; *~ haben* avere personalità **3a** *(von Reifen)* battistrada *m.*, profilo *m.*, scolpitura *f.*: *das ~ ist abgefahren* il battistrada è consumato **b** *(von Schuhsohlen)* intaglio *m.* **4** GEOL. ARCH. profilo *m.* **5** TECN. profilato *m.* ◆ *an ~ gewinnen, verlieren* migliorare, peggiorare la propria immagine.

Pro|fi|la|ger n. *(-s,-)* GERG. SPORT professionisti *m.pl.*

Pro|fil|an|sicht f. *(-,-en)* vista *f.* di profilo. **Pro|fil|bild** n. *(-[e]s,-er)* immagine *f.* di profilo. **Pro|fil|ei|sen** n. *(-s,-)* profilato *m.* (di ferro).

pro|fi|lie|ren I tr. **1** profilare **2** *(eine Prägung geben)* connotare **II** rifl. **sich ~** mettersi in luce: *sich als Wissenschaftler ~* mettersi in luce come scienziato ◆ *Reifen ~* rigenerare pneumatici. **pro|fi|liert** p.pass. agg. **1** → **profilieren 2** FIG. ben delineato; *(von Charaktermerkmalen)* spiccato. **Pro|fi|lie|rung** f. *(-,-en)* **1** profilamento *m.*, il profilarsi: *seine ~ als Politiker* il suo profilarsi come politico **2** *(Umriss)* profilo *m.* **3** *(von Reifen)* scolpitura *f.*

Pro|fi|li|ga f. *(-,-ligen) (Fußball)* serie *f.* A (*o* B).

pro|fil|los agg. **1** senza profilo **2** *(von Personen)* privo di personalità **3** *(von Reifen, Sohlen)* liscio, consumato. **Pro|fil|neu|ro|se** f. *(-,-n)* PSIC. bisogno *m.* di affermazione (nel lavoro). **Pro|fil|soh|le** f. *(-,-n)* suola *f.* di gomma intagliata. **Pro|fil|stahl** m. *(-[e]s,-stähle)* profilato *m.* d'acciaio. **Pro|fil|tie|fe** f. *(-,-n)* **1a** spessore *m.* del profilo **b** *(von Reifen)* spessore *m.* del battistrada (*o* del profilo) **2** *(von Sohlen)* spessore *m.* dell'intaglio.

Pro|fi|spie|ler m. *(-s,-)* giocatore *m.* professionista. **Pro|fi|sport** m. *(-s)* sport *m.* professionistico.

Pro|fit m. *(-[e]s,-e)* **1a** profitto *m.*, utile *m.*, guadagno *m.*: *mit, ohne ~ arbeiten* lavorare con, senza profitto; *einen ~ erzielen, erwirtschaften* ottenere, realizzare un profitto; *~ machen* guadagnare; *~ bringend* redditizio, lucrativo **b** *(Nutzen)* profitto *m.*, vantaggio *m.*: *(keinen) ~ von etw. haben* (non) ricavare alcun profitto da qcs.; *~ aus etw. ziehen* trarre profitto da qcs.; *auf ~ aus sein* mirare al profitto **2** *(Kapitalertrag)* reddito *m.* di capitale. **pro|fi|ta|bel** agg. ANT. fruttuoso, vantaggioso, lucroso. **Pro|fit|chen** n. *(-s,-)* piccolo reddito *m.* **Pro|fi|teur** [-'tøːɐ] m. *(-s,-e)* SPREG. profittatore *m.* **Pro|fit|gier** f. *(-)* sete *f.* di guadagno. **pro|fit|gie|rig** agg. avido di guadagno. **pro|fi|tie|ren** intr. (aus. *haben*) trarre vantaggio, profitto: *von, bei, an einem Geschäft ~* trarre profitto da un affare; ESTENS. *von jdm ~* trarre insegnamento da qcn. **Pro|fit|jä|ger** m. *(-s,-)* avido *m.* di guadagno. **Pro|fit|ma|cher** m. *(-s,-)* profittatore *m.* **Pro|fit|ma|che|rei** f. *(-)* SPREG. lucro *m.* **Pro|fit|ra|te** f. *(-,-n)* margine *m.* di guadagno. **Pro|fit|stre|ben** n. *(-s)* avidità *f.* di guadagno.

Pro-for|ma-Rech|nung f. *(-,-en)* fattura *f.* pro forma.

pro|fund agg. profondo; (anche MED.) *-e Kenntnisse* conoscenze profonde. **Pro|fun|di|tät** f. *(-)* profondità *f.*: *die ~ ihres Wissens* la profondità del suo sapere.

pro|fus agg. profuso, abbondante: *eine -e Blutung* un'abbondante emorragia.

Pro|ge|ni|tur f. *(-,-en)* progenie *f.*

Pro|ges|te|ron n. *(-s)* progesterone *m.*

Prog|no|se f. *(-,-n)* **1** MED. prognosi *f.*: *eine ~ stellen* fare una prognosi; *ungünstige ~* prognosi infausta **2** ESTENS. previsione *f.*, pronostico *m.*: *eine ~ trifft ein* una previsione si verifica. **Prog|nos|tik** f. *(-)* MED. prognosi *f.* **Prog|nos|ti|kon, Prog|nos|ti|kum** n. *(-s, Prognostiken* e *Prognostika)* **1** pronostico *m.* **2** MED. segno *m.*, sintomo *m.* **prog|nos|tisch** agg. prognostico. **prog|nos|ti|zie|ren** tr. pronosticare, prevedere. **Prog|nos|ti|zie|rung** f. *(-,-en)* il pronosticare, RAR. pronosticazione *f.*

Pro|gramm n. *(-s,-e)* **1a** programma *m.*: *das ~ des Festivals* il programma del festival; *etw. ins ~ aufnehmen, vom ~ absetzen (aus dem ~ streichen), aus dem ~ nehmen* mettere qcs. in programma, togliere (*o* escludere) qcs. dal programma, prendere dal programma; *das ~ ansagen, einhalten* annunciare, rispettare il programma **b** *(Programmheft,-zettel) das ~ ist an der Kasse erhältlich* il programma è disponibile alla cassa **c** *(Konzept, Grundsätze) ein politisches ~ vertreten* sostenere un programma politico **d** *(maschinelle Arbeitsgänge) diese Waschmaschine hat acht -e* questa lavatrice ha otto programmi **e** INFORM. *ein ~ schreiben, laden* scrivere, caricare un programma **2** *(Vorhaben)* programma *m.*, programmi *m.pl.*: *wie sieht dein ~ für morgen aus?* quali sono i tuoi programmi per domani? *jds ~ stören* disturbare i programmi di qcn.; *ein volles ~ haben* essere molto impegnato **3** RAD. TELEV. programma *m.*, canale *m.*: *im ersten, zweiten ~* sul primo, secondo (canale); *ein ~ ausstrahlen, empfangen* trasmettere, ricevere un programma; *auf dem dritten ~ übertragen, gesendet werden* essere trasmesso, mandato in onda sul terzo (canale) **4** COMM. *(Sortiment)* assortimento *m.*, serie *f.*: *das ~ unserer Bücherregale* la serie delle nostre librerie ◆ *nach ~* secondo programma; *auf dem ~ stehen* essere in programma, essere previsto.

Pro|gramm|ab|lauf m. *(-[e]s,-abläufe)* svolgimento *m.* del programma. **Pro|gramm|än|de|rung** f. *(-,-en)* modifica *f.* del programma. **Pro|gramm|an|zei|ger** m. *(-s,-)* TELEV. sommario *m.* dei programmi.

Pro|gram|ma|tik f. *(-)* finalità *f.* **Pro|gram|ma|ti|ker** m. *(-s,-)* POL.

ECON. programmatore *m.* **pro|gram|ma|tisch** agg. programmatico, secondo il programma: ***eine -e Erklärung*** una dichiarazione programmatica.

Pro|gramm|di|rek|tor m. *(-s,-en)* TELEV. direttore *m.* di rete. **Pro|gramm|fül|ler** m. *(-s,-)* TELEV. fuoriprogramma *m.* **pro|gramm|ge|mäß I** agg. programmatico, secondo il programma **II** avv. secondo il programma: ***~ ablaufen*** svolgersi secondo il programma. **Pro|gramm|ge|stal|tung** f. *(-,-en)* programmazione *f.* **pro|gramm|ge|steu|ert** agg. TECN. INFORM. comandato da computer. **Pro|gramm|heft** n. *(-[e]s,-e)* (opuscolo *m.* del) programma *m.* **Pro|gramm|hin|weis** m. *(-es,-e)* RAD. TELEV. sommario *m.* dei programmi.

pro|gram|mier|bar agg. programmabile. **pro|gram|mie|ren** tr. programmare: ***eine Reise, einen Rechner ~*** programmare un viaggio, un calcolatore; ***jdn auf Erfolg ~*** programmare qcn. per vincere. **Pro|gram|mie|rer** m. *(-s,-)* INFORM. programmatore *m.* **Pro|gram|mie|re|rin** f. *(-,-nen)* INFORM. programmatrice *f.* **Pro|gram|mier|spra|che** f. *(-,-n)* linguaggio *m.* di programmazione. **Pro|gram|mie|rung** f. *(-,-en)* programmazione *f.*

Pro|gramm|ki|no n. *(-s,-s)* cinema *m.* d'essai. **pro|gramm|mä|ßig** agg. e avv. COLLOQ. → **programmgemäß. Pro|gramm|mu|sik** f. *(-)* musica *f.* a programma. **Pro|gramm|steue|rung** f. *(-,-en)* TECN. INFORM. controllo *m.* da computer. **Pro|gramm|vor|schau** f. *(-)* **1** RAD. TELEV. presentazione *f.* dei programmi, panoramica *f.* sui programmi **2** *(im Kino)* prossimamente *m.* **Pro|gramm|zeit|schrift** f. *(-,-en)* guida *f.* ai programmi radiotelevisivi. **Pro|gramm|zet|tel** m. *(-s,-)* programma *m.* (di sala).

Pro|gress m. *(-es,-e)* progresso *m.* **Pro|gres|si|on** f. *(-,-en)* progressione *f.* (anche MAT.).

Pro|gres|sis|mus m. *(-)* SPREG. progressismo *m.* **pro|gres|sis|tisch** agg. SPREG. progressista, progressistico.

pro|gres|siv I agg. progressivo **II** avv. progressivamente. **Pro|gres|si|vis|mus** m. *(-)* → **Progressismus. Pro|gres|siv|steu|er** f. *(-,-n)* imposta *f.* progressiva.

Pro|gym|na|si|um n. *(-s,-gymnasien)* INTRAD. (ginnasio della durata di soli sei anni).

pro|hi|bie|ren tr. ANT. proibire. **Pro|hi|bi|ti|on** f. *(-,-en)* **1** proibizionismo *m.* **2** ANT. *(Verbot)* proibizione *f.* **Pro|hi|bi|ti|o|nist** m. *(-en,-en)* proibizionista *m.*

pro|hi|bi|tiv agg. proibitivo. **Pro|hi|bi|tiv** m. *(-s,-s)* LING. (imperativo *m.*) proibitivo *m.* **Pro|hi|bi|tiv|zoll** m. *(-[e]s,-zölle)* ECON. dazio *m.* proibitivo.

Pro|jekt n. *(-[e]s,-e)* progetto *m.*: ***ein ~ durchführen, ausarbeiten, verwirklichen*** eseguire, elaborare, realizzare un progetto; ***ein ~ aufgeben, verwerfen*** rinunciare a, rifiutare un progetto. **Pro|jek|tant** m. *(-en,-en)* progettista *m.* **pro|jekt|be|zo|gen** agg. riferito, relativo al progetto. **Pro|jekt|grup|pe** f. *(-,-n)* gruppo *m.* di progetto. **pro|jek|tie|ren** tr. progettare. **Pro|jek|tie|rung** f. *(-,-en)* progettazione *f.*

Pro|jek|til n. *(-s,-e)* TECN. proiettile *m.*, proietto *m.*

Pro|jek|ti|on f. *(-,-en)* proiezione *f.* (anche MED. GEOGR.): FIG. ***das ist eine reine ~ von dir*** questa è proprio una tua proiezione. **Pro|jek|ti|ons|ap|pa|rat** m. *(-[e]s,-e)* apparecchio *m.* per la proiezione, proiettore *m.* **Pro|jek|ti|ons|ebe|ne** f. *(-,-n)* GEOM. piano *m.* di proiezione. **Pro|jek|ti|ons|flä|che** f. *(-,-n)* superficie *f.* di proiezione. **Pro|jek|ti|ons|lam|pe** f. *(-,-n)* lampada *f.* del proiettore. **Pro|jek|ti|ons|schirm** m. *(-[e]s,-e)* schermo *m.* di proiezione. **Pro|jek|ti|ons|strahl** m. *(-[e]s,-en)* **1** fascio *m.* di proiezione **2** MAT. linea *f.* di proiezione. **Pro|jek|ti|ons|ver|fah|ren** n. *(-s,-)* GEOGR. metodo *m.* di proiezione.

Pro|jek|tor m. *(-s,-en)* proiettore *m.*

pro|ji|zie|ren tr. proiettare: ***Dias auf die Wand ~*** proiettare diapositive sulla parete; FIG. ***seine Ängste auf jdn ~*** proiettare le proprie angosce su qcn. **Pro|ji|zie|rung** f. *(-,-en)* RAR. → **Projektion.**

Pro|kla|ma|ti|on f. *(-,-en)* proclamazione *f.* **pro|kla|mie|ren** tr. proclamare: ***den Ausnahmezustand ~*** proclamare lo stato di emergenza. **Pro|kla|mie|rung** f. *(-,-en)* proclamazione *f.*

pro|kli|tisch agg. proclitico.

pro|kom|mu|nis|tisch agg. filocomunista.

Pro|kon|sul m. *(-s,-n)* STOR. proconsole *m.* **Pro|kon|su|lat** n. *(-[e]s,-e)* STOR. proconsolato *m.*

Pro-Kopf-Ein|kom|men n. *(-s)* reddito *m.* pro capite. **Pro-Kopf-Ver|brauch** m. *(-[e]s)* consumo *m.* pro capite.

Pro|krus|tes|bett n. *(-[e]s)* letto *m.* di Procuste.

Pro|ku|ra f. *(-, Prokuren)* procura *f.*: ***jdm ~ erteilen*** conferire la procura a qcn.; ***in, per ~*** per procura; ***~ haben, besitzen*** avere la procura. **Pro|ku|ra|tor** m. *(-s,-en)* STOR. procuratore *m.* **Pro|ku|rist** m. *(-en,-en)* procuratore *m.* **Pro|ku|ris|tin** f. *(-,-nen)* procuratore *m.*

pro|la|bie|ren intr. (aus. *haben, sein*) MED. prolassare. **Pro|laps** m. *(-es,-e)*, **Pro|lap|sus** m. *(-,-)* prolasso *m.*

Pro|le|go|me|na pl. prolegomeni *m.pl.*

Pro|lep|se, Pro|lep|sis f. *(-, Prolepsen)* LING. FILOS. prolessi *f.* **pro|lep|tisch** agg. LING. prolettico.

Pro|let m. *(-en,-en)* **1** COLLOQ. ANT. proletario *m.* **2** SPREG. zotico(ne) *m.*, villano *m.*: ***so ein ~!*** che villano!

Pro|le|ta|ri|at n. *(-[e]s)* proletariato *m.*: ***das akademische ~*** il proletariato accademico. **Pro|le|ta|ri|er** m. *(-s,-)* proletario *m.* ◆ ***~ aller Länder, vereinigt Euch!*** proletari di tutto il mondo, unitevi! **pro|le|ta|risch** agg. proletario: ***von -er Herkunft*** di origini proletarie. **pro|le|ta|ri|sie|ren** tr. proletarizzare. **Pro|le|ta|ri|sie|rung** f. *(-)* proletarizzazione *f.*

pro|le|ten|haft agg. SPREG. zotico, villano.

1.Pro|li|fe|ra|ti|on f. *(-,-en)* MED. proliferazione *f.*: ***die ~ der erkrankten Zellen*** la proliferazione delle cellule malate.

2.Pro|li|fe|ra|tion [proʊlifəˈreɪʃ(ə)n] f. *(-)* proliferazione *f.*: ***die ~ der Atomwaffen*** la proliferazione delle armi atomiche.

pro|li|fe|rie|ren intr. (aus. *haben*) MED. proliferare.

Pro|log m. *(-[e]s,-e)* prologo *m.* (anche SPORT): ***der ~ zu einem Drama*** il prologo di un dramma.

Pro|lon|ga|ti|on f. *(-,-en)* **1** ECON. proroga *f.*, dilazione *f.* **2** AUSTR. prolungamento *m.* **Pro|lon|ga|ti|ons|ge|schäft** n. *(-[e]s,-e)* ECON. (contratto *m.* di) riporto *m.* **Pro|lon|ga|ti|ons|wech|sel** m. *(-s,-)* cambiale *f.* con proroga.

pro|lon|gie|ren tr. **1** ECON. prorogare **2** AUSTR. ***einen Film ~*** prolungare (la programmazione di) un film. **Pro|lon|gie|rung** f. *(-,-en)* → **Prolongation.**

Pro|me|mo|ria n. *(-s, Promemorien* e ANT. *-s)* **1** promemoria *m.* **2** *(Merkbuch)* notes *m.*

Pro|me|na|de f. *(-,-n)* passeggiata *f.*: ***jdn auf der ~ treffen*** incontrare qcn. sulla passeggiata; *(Spaziergang)* ***eine ~ machen*** fare una passeggiata. **Pro|me|na|den|deck** n. *(-[e]s,-s)* MAR. ponte *m.* di passeggiata. **Pro|me|na|den|kon|zert** n. *(-[e]s,-e)* concerto *m.* all'aperto. **Pro|me|na|den|mi|schung** f. *(-,-en)* SCHERZ. = cane *m.* di pura razza bastarda. **Pro|me|na|den|weg** m. *(-[e]s,-e)* passeggiata *f.*

pro|me|nie|ren intr. (aus. *haben, sein*) passeggiare, andare a passeggio: ***im Park ~*** passeggiare nel parco.

Pro|mes|se f. *(-,-n)* DIR. promessa *f.* **Pro|mes|sen|ge|schäft** n. *(-[e]s,-e)* COMM. affare *m.* su titolo a premi.

pro|me|the|isch agg. prometeico; FIG. titanico. **Pro|me|theus** n.pr.m. Prometeo *m.*

pro mil|le avv. per mille: ***1,6 ~ Alkohol im Blut haben*** avere 1,6 per mille di alcol nel sangue. **Pro|mil|le** n. *(-s)* **1** *(Promillesatz)* ***8 ~ Provision*** l'8 per mille di provvigione **2** *(Alkoholgehalt im Blut)* = tasso *m.* alcolico per mille (nel sangue): ***mehr als 0,8 ~*** più dello 0,8 per mille di alcol (nel sangue) ◆ COLLOQ. ***ohne ~ fahren, sein*** guidare, essere senza un goccio di alcol nelle vene. **Pro|mil|le|gren|ze** f. *(-,-n)* = limite *m.* massimo del tasso alcolico nel sangue (consentito ai guidatori). **Pro|mil|le|satz** m. *(-[e]s,-sätze)* tasso *m.* per mille.

pro|mi|nent agg. eminente, insigne: ***eine -e Persönlichkeit aus der Politik*** un'eminente personalità della politica; *(herausragend)* rilevante, di primo piano: ***eine -e Rolle bei etw. spielen*** avere un ruolo rilevante in qcs. **Pro|mi|nen|te** m. e f. *(-n,-n)* personalità *f.* eminente.

Pro|mi|nenz f. *(-,-en)* **1** personalità *f.pl.* (eminenti), notabili *m.pl.* **2** *(Prominentsein)* eminenza *f.*, importanza *f.* **3** RAR. *(prominente Bedeutung)* rilevanza *f.* ◆ ***zur ~ gehören*** essere una personalità.

Pro|mis|ku|i|tät f. *(-)* promiscuità *f.* (sessuale). **pro|mis|ku|i|tiv** agg. (sessualmente) promiscuo.

pro|mo|ten tr. promuovere: ***ein Produkt, einen Film ~*** promuovere un prodotto, un film. **Pro|mo|ter** [proˈmoːtɐ, prəˈmoʊtə] m. *(-s,-)* promoter *m.*: ***der ~ eines Wettkampfs, Festivals, Produktes*** il promoter di una gara, di un festival, di un prodotto.

1.Pro|mo|ti|on f. *(-,-en)* UNIV. dottorato *m.*

2.Pro|mo|tion [prəˈmoʊʃən] f. *(-)* promotion *f.*, promozione *f.*: ***für ein Buch ~ machen*** curare la promozione di un libro. **Pro|mo|tor** m. *(-s,-en)* promotore *m.*

Pro|mo|vend m. *(-en,-en)* dottorando *m.* **pro|mo|vie|ren I** tr. ***jdn zum Doktor der Philosophie ~*** conferire il dottorato in filosofia a qcn. **II** intr. (aus. *haben*) conseguire il dottorato: ***er hat zum Doktor in Philosophie, in Medizin promoviert*** ha conseguito il dottorato (*o* è diventato dottore) in filosofia, in medicina; ***über Hegel ~*** conseguire il dottorato con una tesi su Hegel.

prompt I agg. **1** pronto, immediato: ***eine -e Antwort*** una risposta pronta **2** pronto, tempestivo: ***-e Lieferung*** pronta consegna **II** avv.

1 prontamente, con prontezza: ***etw. ~ erledigen*** sbrigare qcs. prontamente **2** COLLOQ. IRON. *(tatsächlich)* subito, immancabilmente: ***er ist ~ darauf reingefallen*** c'è cascato subito ◆ ***-e Bedienung*** servizio rapido. **Prompt|heit** f. *(-)* **1** prontezza *f.* **2** tempestività *f.*

Pro|mul|ga|ti|on f. *(-,-en)* ANT. promulgazione *f.* **pro|mul|gie|ren** tr. ANT. promulgare.

Pro|no|men n. *(-s,- e Pronomina)* pronome *m.* **pro|no|mi|nal I** agg. pronominale **II** avv. ***etw. ~ ausdrücken*** esprimere qcs. per mezzo di pronomi. **Pro|no|mi|nal|ad|jek|tiv** n. *(-s,-e)* aggettivo *m.* pronominale. **Pro|no|mi|nal|ad|verb** n. *(-s,-ien)* avverbio *m.* pronominale.

pro|non|cie|ren [pronɔ̃'si:rən] tr. ANT. **1** pronunciare, dichiarare **2** *(stark betonen)* accentuare. **pro|non|ciert I** p.pass. agg. **1** → **prononcieren 2** chiaro, netto **3** *(ausgeprägt)* pronunciato, accentuato: ***-e Konturen*** contorni pronunciati **II** avv. **1** chiaramente, in modo netto **2** *(ausgeprägt)* in modo pronunciato.

Pro|ö|mi|um n. *(-s, Proömien)* proemio *m.*

Pro|pä|deu|tik f. *(-,-en)* propedeutica *f.* **pro|pä|deu|tisch** agg. propedeutico.

Pro|pa|gan|da f. *(-)* propaganda *f.*: ***~ für etw. machen, treiben*** fare propaganda per qcs.; ***die kommunistische, nationalsozialistische ~*** la propaganda comunista, nazionalsocialista; *(Werbung)* ***~ für ein Produkt machen, treiben*** fare propaganda (*o* pubblicità) a un prodotto; ***das ist alles nur ~*** è tutta, è solo propaganda. **Pro|pa|gan|da|ap|pa|rat** m. *(-[e]s)* apparato *m.* propagandistico. **Pro|pa|gan|da|chef** [-ʃɛf] m. *(-s,-s)* responsabile *m.* della propaganda. **Pro|pa|gan|da|feld|zug** m. *(-[e]s,-feldzüge)* campagna *f.* propagandistica (*o* pubblicitaria). **Pro|pa|gan|da|film** m. *(-[e]s, -e)* film *m.* propagandistico. **Pro|pa|gan|da|lü|ge** f. *(-,-n)* menzogna *f.* a scopi propagandistici. **Pro|pa|gan|da|ma|te|ri|al** n. *(-s, -ien)* materiale *m.* propagandistico (*o* pubblicitario). **Pro|pa|gan|da|schrift** f. *(-,-en)* scritto *m.* propagandistico. **Pro|pa|gan|da|sen|dung** f. *(-,-en)* trasmissione *f.* propagandistica. **pro|pa|gan|da|wirk|sam** agg. propagandisticamente (*o* pubblicitariamente) efficace.

Pro|pa|gan|dist m. *(-en,-en)* **1** POL. propagandista *m.* **2** ECON. *(Werbefachmann)* dimostratore *m.* **Pro|pa|gan|dis|tin** f. *(-,-nen)* dimostratrice *f.* **pro|pa|gan|dis|tisch I** agg. propagandistico: ***-e Mittel, Zwecke*** mezzi, scopi propagandistici; *(in der Werbung)* pubblicitario **II** avv. propagandisticamente, pubblicitariamente.

Pro|pa|ga|ti|on f. *(-,-en)* BIOL. propagazione *f.* **Pro|pa|ga|tor** m. *(-s,-en)* propagatore *m.* **pro|pa|gie|ren** tr. propagare, diffondere: ***eine Idee ~*** propagare un'idea. **Pro|pa|gie|rung** f. *(-,-en)* propagazione *f.*, diffusione *f.*

Pro|pan n. *(-s)* propano *m.* **Pro|pan|gas** n. *(-es)* gas *m.* propano.

Pro|pel|ler m. *(-s,-)* AER. MAR. elica *f.* **Pro|pel|ler|an|trieb** m. *(-[e]s, -e)* propulsione *f.* a elica. **Pro|pel|ler|blatt** n. *(-[e]s,-blätter)* pala *f.* d'elica. **Pro|pel|ler|flug|zeug** n. *(-[e]s,-e)* aeroplano *m.* a elica. **Pro|pel|ler|tur|bi|ne** f. *(-,-n)* turboelica *f.*

Pro|pen n. *(-s)* propilene *m.*

pro|per agg. **1a** pulito, lindo, ordinato: ***das Zimmer sieht ~ aus*** la stanza si presenta ordinata **b** *(gut gemacht)* ben fatto: ***eine -e Arbeit*** un lavoro ben fatto **2** *(herausgeputzt)* ben messo: ***ein -es Mädchen*** una ragazza ben messa ◆ ***~ gekleidet sein*** essere vestito in modo appropriato; ***sich ~ halten*** tenersi bene.

Pro|per|ge|schäft n. *(-[e]s,-e)* commercio *m.* in proprio.

Pro|phet m. *(-en,-en)* profeta *m.* (anche FIG.): ***die -en des Alten Testaments*** i profeti dell'Antico Testamento; ***ein falscher ~*** un falso profeta ◆ PROV. ***der ~ gilt nichts in seinem Vaterland(e)*** nessuno è profeta in patria, nemo propheta in patria. **Pro|phe|ten|ga|be** f. *(-)* dono *m.* profetico, della profezia. **Pro|phe|tie** f. *(-,-n)* profezia *f.*: ***eine ~ erfüllt sich*** una profezia si compie. **Pro|phe|tin** f. *(-,-nen)* profetessa *f.* **pro|phe|tisch I** agg. profetico (anche FIG.): ***seine Worte erwiesen sich als ~*** le sue parole si sono dimostrate profetiche **II** avv. profeticamente. **pro|phe|zei|en** tr. profetare, profetizzare: ***jdm eine große Zukunft ~*** profetizzare a qcn. un grande futuro. **Pro|phe|zei|ung** f. *(-,-en)* profezia *f.*: ***seine ~ ist eingetreten*** la sua profezia si è avverata.

Pro|phy|lak|ti|kum n. *(-s, Prophylaktika)* profilattico *m.* **pro|phy|lak|tisch I** agg. profilattico: ***-e Maßnahmen treffen*** attuare misure profilattiche **II** avv. a scopo profilattico, come profilassi: ***ein Medikament ~ einnehmen*** prendere una medicina a scopo profilattico. **Pro|phy|la|xe** f. *(-)* profilassi *f.*

Pro|po|lis f. *(-)* propoli *m.* e *f.*

Pro|po|nent m. *(-en,-en)* ANT. proponente *m.* **pro|po|nie|ren** tr. ANT. **1** proporre **2** *(beantragen)* ***etw. ~*** fare domanda di qcs.

Pro|por|ti|on f. *(-,-en)* proporzione *f.*: ***die -en stimmen*** le proporzioni sono giuste; ***in der richtigen ~ zueinander stehen*** stare nella giusta proporzione; MAT. ***die ~ eins zu zehn*** la proporzione di uno a dieci ◆ ***gute -en haben*** essere ben proporzionato. **pro|por|ti|o|nal I** agg. proporzionale: ***direkt, indirekt (umgekehrt) ~ zueinander sein*** essere direttamente, inversamente proporzionali **II** avv. proporzionalmente, in proporzione: ***etw. ~ verkleinern*** diminuire qcs. in proporzione. **Pro|por|ti|o|na|le** f. *(-,-n)* MAT. termine *m.* di una proporzione. **Pro|por|ti|o|na|li|tät** f. *(-)* proporzionalità *f.*: ***die ~ zweier, zwischen zwei Größen*** la proporzionalità tra due grandezze. **Pro|por|ti|o|nal|steu|er** f. *(-,-n)* imposta *f.* proporzionale. **Pro|por|ti|o|nal|wahl** f. *(-,-en)* REGION. elezione *f.* col sistema proporzionale. **Pro|por|ti|o|nal|wahl|sys|tem** n. *(-s)* sistema *m.* (elettorale) proporzionale. **pro|por|ti|o|nell** agg. AUSTR. proporzionale: ***eine -e Vertretung*** una rappresentanza proporzionale. **pro|por|ti|o|niert** agg. proporzionato: ***ein gut -er Körper*** un corpo ben proporzionato. **Pro|por|ti|o|niert|heit** f. *(-)* aspetto *m.* proporzionato. **Pro|por|ti|ons|glei|chung** f. *(-,-en)* MAT. proporzione *f.*

Pro|porz m. *(-es,-e)* **1** proporzionale *f.*: ***die Ämter im, nach dem ~ besetzen, aufteilen*** occupare, distribuire le cariche secondo la proporzionale; ***ethnischer ~*** proporzionale etnica **2** AUSTR. → **Proportionalwahl.**

Pro|po|si|ti|on f. *(-,-en)* **1** LING. RET. proposizione *f.* **2** EQUIT. annuncio *m.* di gara **3** ANT. *(Vorschlag)* proposta *f.*

Prop|pen m. *(-s,-)* REGION. → **Pfropfen. prop|pen|voll** agg. COLLOQ. pieno zeppo, pieno fino all'orlo.

prop|re → **proper. Prop|re|ge|schäft** → **Propergeschäft.**

Prop|ri|um n. *(-s)* PSIC. LIT. proprio *m.*

Propst m. *(-[e]s, Pröpste)* ECCL. prevosto *m.*, preposto *m.* **Props|tei** f. *(-,-en)* prepositura *f.* **props|tei|lich** agg. preposturale.

pro|pul|siv agg. propulsivo.

Pro|py|lä|en pl. propilei *m.pl.*

Pro|py|len n. *(-s)* propilene *m.*

Pro|rek|tor m. *(-s,-en)* prorettore *m.* **Pro|rek|to|rat** n. *(-s,-e)* prorettorato *m.*

Pro|ro|ga|ti|on f. *(-,-en)* **1** DIR. perpetuatio *f.* jurisdictionis **2** ANT. *(Aufschub, Verlängerung)* proroga *f.* **pro|ro|ga|tiv** agg. ANT. prorogativo. **pro|ro|gie|ren** tr. **1** ANT. prorogare, rinviare **2** *(verlängern)* prolungare.

Pro|sa f. *(-)* **1** prosa *f.*: ***eine gute ~ schreiben*** scrivere (in) una buona prosa; ***ein Band mit ~*** un volume di prosa, di testi in prosa **2** FIG. *(Nüchternheit)* prosaicità *f.*: ***die ~ des Alltags*** la prosaicità del quotidiano. **Pro|sa|dich|tung** f. *(-,-en)* poesia *f.* in prosa.

Pro|sa|i|ker m. *(-s,-)* **1** ANT. → **Prosaist 2** FIG. SPREG. *(prosaischer Mensch)* persona *f.* prosaica. **pro|sa|isch** agg. **1** prosaico: ***eine -e Rede*** un discorso prosaico; ***eine -e Natur*** una natura prosaica **2** RAR. *(in Prosa abgefasst)* prosastico. **Pro|sa|ist** m. *(-en,-en)* prosatore *m.*

Pro|sa|kunst f. *(-)* arte *f.* della prosa, prosastica. **Pro|sa|li|te|ra|tur** f. *(-)* letteratura *f.* in prosa, prosastica. **Pro|sa|schrift|stel|ler** m. *(-s,-)* scrittore *m.* di prosa. **Pro|sa|stück** n. *(-[e]s,-e)* brano *m.* in prosa. **Pro|sa|text** m. *(-[e]s,-e)* testo *m.* di, in prosa. **Pro|sa|über|set|zung** f. *(-,-en)* traduzione *f.* (*o* versione *f.*) in prosa. **Pro|sa|ver|si|on** f. *(-,-en)* versione *f.* in prosa. **Pro|sa|werk** n. *(-[e]s,-e)* opera *f.* in prosa.

Pro|sek|tor m. *(-s,-en)* prosettore *m.* **Pro|sek|tur** f. *(-,-en)* sala *f.* incisoria.

Pro|se|lyt m. *(-en,-en)* proselito *m.*: ***-en machen*** fare proseliti. **Pro|se|ly|ten|ma|cher** m. *(-s,-)* proselitista *m.* **Pro|se|ly|ten|ma|che|rei** f. *(-)* proselitismo *m.* **Pro|se|ly|ten|tum** n. *(-s)*, **Pro|se|ly|tis|mus** m. *(-)* proselitismo *m.*

Pro|sen|chym n. *(-s,-e)* prosenchima *m.*

pro|sit inter. alla salute, salute; *(beim Trinken)* prosit, cin cin ◆ ***~ Neujahr!*** buon anno! IRON. ***na, denn prost!*** tanti auguri! **Pro|sit** n. *(-s,-s)* brindisi *m.*: ***ein ~ (auf jdn) ausbringen*** fare un brindisi (a qcn.).

pro|skri|bie|ren tr. proscrivere. **Pro|skri|bier|te** m. *(-n,-n)* proscritto *m.* **Pro|skrip|ti|on** f. *(-,-en)* proscrizione *f.* **Pro|skrip|ti|ons|lis|te** f. *(-,-n)* lista *f.* di proscrizione.

Pro|so|die f. *(-,-n)*, RAR. **Pro|so|dik** f. *(-,-en)* prosodia *f.* **pro|so|disch** agg. prosodico, prosodiaco.

pro|sow|je|tisch agg. filosovietico.

Pros|pekt m. e AUSTR. n. *(-[e]s,-e)* **1** opuscolo *m.*; *(Faltblatt)* dépliant *m.*, pieghevole *m.*: ***ein ~ von Rom*** un dépliant su Roma; ***einen ~ verteilen*** distribuire un dépliant **2** ART. *(Ansicht)* prospettiva *f.*, veduta *f.* **3** ECON. *(Darlegung der Finanzlage)* prospetto *m.* **4** TEATR. *(Bühnenhintergrund)* fondale *m.* prospettico **5** *(Schauseite der Orgel)* facciata *f.* (dell'organo).

pros|pek|tie|ren tr. ***einen Boden ~*** fare la prospezione di un terreno. **Pros|pek|tie|rung** f. *(-,-en)* prospezione *f.* **Pros|pek|ti|on** f. *(-,-en)* **1** → **Prospektierung 2** COMM. *(Werbung)* documentazione *f.*, dépliant *m.pl.*

pros|pek|tiv agg. **1** *(vorausschauend)* previdente **2** *(voraussichtlich)* prevedibile: ***der -e Nachfolger*** il prevedibile successore **3** prospettivo, in prospettiva: ***eine -e Studie*** uno studio in prospettiva.

Pros|pek|tor m. *(-s,-en)* prospettore *m.*

pros|pe|rie|ren intr. (aus. *haben*) prosperare. **Pros|pe|ri|tät** f. *(-)* prosperità *f.*

prost → **prosit. Prost** n. *(-[e]s,-e)* COLLOQ. → **Prosit.**

Pros|ta|ta f. *(-, Prostatae)* prostata *f.* **Pros|ta|ti|ker** m. *(-s,-)* prostatico *m.* **Pros|ta|ti|tis** f. *(-, Prostatitiden)* prostatite *f.*

pros|ten intr. (aus. *haben*) brindare: ***auf jdn, etw. ~*** brindare a qcn., qcs.

prös|ter|chen inter. FAM. salute, cin cin. **Prös|ter|chen** n. *(-s,-)* FAM. cin cin *m.*

pros|ti|tu|ie|ren I tr. prostituire (anche FIG.): ***seinen Körper, seine Fähigkeiten ~*** prostituire il proprio corpo, le proprie capacità **II** rifl. **sich ~** prostituirsi. **Pros|ti|tu|ier|te** f. *(-n,-n)* prostituta *f.* **Pros|ti|tu|ti|on** f. *(-)* prostituzione *f.*: ***~ (be)treiben, der ~ nachgehen*** darsi alla prostituzione.

Prost|ra|ti|on f. *(-,-en)* RELIG. MED. prostrazione *f.*

Pro|sze|ni|um n. *(-s, Proszenien)* **1** proscenio *m.* **2** → **Proszeniumsloge. Pro|sze|ni|ums|lo|ge** f. *(-,-n)* palco *m.* di proscenio, barcaccia *f.*

prot. ⇒ *protestantisch* protestante.

Pro|ta|go|nist m. *(-en,-en)* **1** protagonista *m.*: FIG. ***er will immer der ~ sein*** vuole sempre essere il protagonista **2** *(Vorkämpfer)* precursore *m.*, antesignano *m.*

Pro|te|gé [-'ʒe:] m. *(-s,-s)* protetto *m.* **pro|te|gie|ren** tr. appoggiare, proteggere: ***er wird von seinem Vorgesetzten protegiert*** è appoggiato dal suo superiore.

Pro|te|id n. *(-[e]s,-e)* proteide *m.* **Pro|te|in** n. *(-s,-e)* proteina *f.*

pro|te|isch agg. volubile, mutevole.

Pro|tek|ti|on f. *(-,-en)* protezione *f.*, appoggio *m.*: ***jds ~ genießen*** godere della protezione di qcn.; ***unter jds ~ stehen*** essere sotto la protezione di qcn. **Pro|tek|ti|o|nis|mus** m. *(-)* ECON. protezionismo *m.* **Pro|tek|ti|o|nist** m. *(-en,-en)* ECON. protezionista *m.* **pro|tek|ti|o|nis|tisch** agg. protezionistico, protezionista. **Pro|tek|ti|ons|wirt|schaft** f. *(-)* SPREG. clientelismo *m.*, sistema *m.* clientelare. **Pro|tek|tor** m. *(-s,-en)* **1a** protettore *m.*, sostenitore *m.* **b** *(Schirmherr)* patrocinatore *m.*, sostenitore *m.* **2** POL. *(Schutzmacht)* potenza *f.* protettrice. **Pro|tek|to|rat** n. *(-[e]s,-e)* **1** protettorato *m.* **2** *(Schirmherrschaft)* patronato *m.*

Pro|te|ro|zo|i|kum n. *(-s)* proterozoico *m.*

Pro|test m. *(-[e]s,-e)* **1** protesta *f.*: ***~ gegen jdn, etw. erheben, einlegen*** sollevare, presentare una protesta contro qcn., qcs.; ***einen ~ zurückweisen*** respingere una protesta; ***einem ~ stattgeben*** accogliere una protesta; ***ein heftiger ~*** una dura protesta; ***ein mündlicher, schriftlicher, formeller ~*** una protesta verbale, scritta, formale **2** COMM. protesto *m.*: ***zu ~ gehen*** andare in protesto; ***ohne ~*** senza protesto; ***einen Wechsel mit ~ belegen*** protestare una cambiale ◆ ***aus ~*** per (*o* in segno di) protesta; ***es hagelt -e*** piovono proteste; ***etw. unter ~ tun*** fare qcs. protestando; COMM. ***unter ~ annehmen*** accettare con protesto. **Pro|test|ak|ti|on** f. *(-,-en)* azione *f.* di protesta.

Pro|tes|tant m. *(-en,-en)* **1** RELIG. protestante *m.* **2** RAR. *(Widerspruch Äußernder)* contestatore *m.* **Pro|tes|tan|tin** f. *(-,-nen)* RELIG. protestante *f.* **pro|tes|tan|tisch** agg. RELIG. protestante. **Pro|tes|tan|tis|mus** m. *(-)* protestantesimo *m.*

Pro|test|an|zei|ge f. *(-,-n)* avviso *m.* di protesto. **Pro|test|be|we|gung** f. *(-,-en)* movimento *m.* di protesta, di contestazione ◆ ***die ~ der Jugendlichen*** la contestazione giovanile. **Pro|test|de|monst|ra|ti|on** f. *(-,-en)* manifestazione *f.* di protesta. **Pro|test|frist** f. *(-)* termine *m.* di protesto. **Pro|test|hal|tung** f. *(-)* atteggiamento *m.* di protesta.

pro|tes|tie|ren I intr. (aus. *haben*) protestare: ***gegen jdn, etw. ~*** protestare contro qcn., qcs.; ***schwach, entschieden ~*** protestare debolmente, con decisione **II** tr. COMM. protestare: ***einen Wechsel ~*** protestare una cambiale.

Pro|test|kund|ge|bung f. *(-,-en)* manifestazione *f.*, dimostrazione *f.* di protesta. **Pro|test|ler** m. *(-s,-)* SPREG. contestatore *m.* **Pro|test|marsch** m. *(-[e]s,-märsche)* marcia *f.* di protesta. **Pro|test|no|te** f. *(-,-n)* nota *f.* di protesta. **Pro|test|ruf** m. *(-[e]s,-e)* grido *m.* di protesta. **Pro|test|sän|ger** m. *(-s,-)* cantante *m.* di protesta. **Pro|test|song** m. *(-s,-s)* canzone *f.* di protesta. **Pro|test|streik** m. *(-[e]s,-e)* sciopero *m.* di protesta. **Pro|test|sturm** m. *(-[e]s,-stürme)* marea *f.* di proteste. **Pro|test|ver|samm|lung** f. *(-,-en)* riunione *f.* di protesta. **Pro|test|wel|le** f. *(-,-n)* ondata *f.* di proteste.

Pro|teus I n.pr.m. Proteo *m.* **II** m. *(-,-)* proteo *m.* **pro|teus|haft** agg. proteiforme.

Pro|the|se f. *(-,-n)* protesi *f.* (anche LING.). **Pro|the|sen|trä|ger** m. *(-s,-)* chi porta una protesi. **Pro|the|tik** f. *(-)* MED. tecnica *f.* delle protesi. **pro|the|tisch** agg. **1** MED. protesico **2** LING. protetico.

Pro|tist m. *(-en,-en)* protista *m.*

Pro|to|evan|ge|li|um n. *(-s)* protoevangelo *m.*

Pro|to|koll n. *(-s,-e)* **1** verbale *m.*: ***ein ~ anfertigen, aufnehmen, aufsetzen*** fare, redigere, stendere un verbale; ***etw. ins ~ aufnehmen, zu ~ nehmen*** mettere (*o* iscrivere, inserire) qcs. a verbale **2** *(Zeremoniell)* protocollo *m.*: ***gegen das ~ verstoßen*** contravvenire al protocollo: ***auf strikte Einhaltug des -s achten*** osservare strettamente il protocollo **3** MED. *(Bericht)* rapporto *m.* (clinico) **4** REGION. *(Strafzettel)* multa *f.* ◆ ***(das) ~ führen*** tenere il verbale; ***zu ~ geben*** far mettere (*o* iscrivere) a verbale; ***ein polizeiliches ~*** un verbale di polizia. **Pro|to|koll|ab|tei|lung** f. *(-,-en)* BUROCR. ufficio *m.* del protocollo. **Pro|to|koll|auf|nah|me** f. *(-)* stesura *f.* del verbale.

Pro|to|kol|lant m. *(-en,-en)* protocollista *m.* **pro|to|kol|la|risch I** agg. protocollare, di protocollo **II** avv. in modo protocollare.

Pro|to|koll|be|am|te m. *(-n,-n)* impiegato *m.* dell'uffico del protocollo. **Pro|to|koll|chef** [-ʃɛf] m. *(-s,-s)* responsabile *m.* del protocollo. **Pro|to|koll|füh|rer** m. *(-s,-)* chi verbalizza, protocollista *m.*

pro|to|kol|lie|ren I tr. verbalizzare, mettere a verbale: ***eine Vernehmung ~*** verbalizzare un interrogatorio **II** intr. (aus. *haben*) tenere il verbale. **Pro|to|kol|lie|rung** f. *(-,-en)* verbalizzazione *f.*, stesura *f.* del verbale.

Pro|ton n. *(-s,-en)* protone *m.* **Pro|to|nen|be|schleu|ni|ger** m. *(-s,-)* acceleratore *m.* di protoni. **Pro|to|nen|mas|se** f. *(-)* massa *f.* protonica.

Pro|to|no|tar m. *(-s,-e)* protonotario *m.* **Pro|to|plas|ma** n. *(-s)* protoplasma *m.* **Pro|to|typ,** RAR. **Pro|to|typ** m. *(-s,-en)* **1** prototipo *m.*: ***einen neuen ~ entwickeln*** progettare un nuovo prototipo; *(Vorbild)* ***der ~ des Verbrechers*** il prototipo del malvivente; ***der ~ der romanischen Kathedrale*** il prototipo della cattedrale romanica **2** TECN. *(Normal)* misura *f.* campione. **pro|to|ty|pisch** agg. prototipo. **Pro|to|zoe** f. *(-,-n)*, **Pro|to|zo|on** n. *(-s, Protozoen)* protozoo *m.*

Pro|tu|be|ranz f. *(-,-en)* ASTR. protuberanza *f.*; MED. *(Vorwölbung an Knochen)* protuberanza *f.* ossea.

Protz m. *(-en* e *-es,-e[n])* COLLOQ. **1** fanfarone *m.*, borioso *m.* **2** *(übertriebener Prunk)* sfoggio *m.* **Prot|ze** f. *(-,-n)* MIL. avantreno *m.* **prot|zen** intr. (aus. *haben*) COLLOQ. ***mit etw. ~*** vantarsi di qcs., fare sfoggio di (*o* ostentare) qcs.; ***er protzt dauernd*** si vanta continuamente. **prot|zen|haft** agg. COLLOQ. borioso, montato, che si dà delle arie. **Prot|zen|haf|tig|keit** f. *(-)*, **Prot|zen|tum** n. *(-s)* COLLOQ. **1** boria *f.*, boriosità *f.* **2** *(übertriebener Prunk)* sfoggio *m.* **Prot|ze|rei** f. *(-,-en)* COLLOQ. vanteria *f.*, spacconata *f.* **Prot|zer|tum** → **Protzentum. prot|zig I** agg. **1** borioso, altezzoso **2** *(übertrieben aufwendig)* vistoso: ***ein -er Wagen*** un'auto vistosa **II** avv. boriosamente, altezzosamente. **Prot|zig|keit** f. *(-,-en)* boria *f.*, boriosità *f.* **Protz|kas|ten** m. *(-s,-kästen)* MIL. ANT. cassetta *f.* dell'avantreno. **Protz|wa|gen** m. *(-s,-)* ANT. → **Protze.**

Prov. ⇒ *Provinz* provincia (prov.).

Pro|vence [prɔ'vã:s] n.pr.f. *(-)* Provenza *f.*

Pro|ve|ni|enz f. *(-,-en)* provenienza *f.*

Pro|ven|za|le m. *(-n,-n)* provenzale *m.* **pro|ven|za|lisch** agg. provenzale. **Pro|ven|za|lisch** n. *(-s)*, **Pro|ven|za|li|sche** n. *(-n)* (lingua *f.*) provenzale *m.*

Pro|verb n. *(-s,-en)* ANT. proverbio *m.* **pro|ver|bi|al, pro|ver|bi|a|lisch** agg. ANT. proverbiale.

Pro|vi|ant m. *(-s,-e)* provviste *f.pl.* (di cibo), viveri *m.pl.*: ***jdn, sich mit ~ versehen, versorgen*** rifornire qcn., rifornirsi (di viveri); MIL. vettovaglie *f.pl.* **pro|vi|an|tie|ren** tr. RAR. approvvigionare. **Pro|vi|ant|meis|ter** m. *(-s,-)* commissario *m.* di sussistenza.

Pro|vinz f. *(-,-en)* provincia *f.*: ***die Region ist in -en eingeteilt*** la regione è suddivisa in province; *(Hinterland)* ***in der ~ leben*** vivere in provincia; ***aus der ~ kommen*** venire dalla provincia ◆ ***geistige ~ sein*** essere culturalmente provinciale; ***die hinterste ~*** la provincia più remota. **Pro|vinz|be|woh|ner** m. *(-s,-)* provinciale *m.*, abitante *m.* della provincia. **Pro|vinz|haupt|stadt** f. *(-,-städte)* capoluogo *m.* di provincia. **Pro|vin|zi|al** m. *(-s,-e)* ECCL. provinciale *m.* **Pro|vin|zi|a|lis|mus** m. *(-, Provinzialismen)* provincialismo *m.* (anche LING.). **Pro|vin|zi|a|li|tät** f. *(-)* **1** provincialità *f.* **2** *(provinzieller Zustand)* provincialismo *m.*: ***in der ~ versinken*** cadere nel provincialismo. **pro|vin|zi|ell I** agg. **1** di provincia, provinciale (anche SPREG.): ***-e Denkweise, Ideen*** mentalità provinciale, idee provinciali **2** *(landschaftlich)* regionale: ***ein -er Ausdruck*** un'espressione regionale **II** avv. in modo provinciale. **Pro|vinz|ler** m. *(-s,-)* COLLOQ. SPREG. provinciale *m.* **pro|vinz|le|risch** agg. COLLOQ. SPREG. provinciale. **Pro|vinz|nest** n. *(-[e]s,-er)* COLLOQ. SPREG. paesino *m.*, paesello *m.* di provincia. **Pro|vinz|stadt** f. *(-,-städte)* città *f.* di provincia.

Pro|vi|si|on f. *(-,-en)* **1** provvigione *f.*: ***auf, gegen ~ arbeiten*** lavorare a provvigione; ***eine ~ von 20 %*** una provvigione del 20 % **2** ECCL. provvisione *f.* **Pro|vi|si|ons|ba|sis** f. *(-)*, ***auf ~ arbeiten*** lavorare a provvigione. **pro|vi|si|ons|frei** agg. senza provvigione. **Pro|vi|si|ons|rei|sen|de** m. *(-n,-n)* agente *m.* di commercio, rappresentante *m.* (a provvigione). **Pro|vi|si|ons|satz** m. *(-es,-sätze)* percentuale *f.* di provvigione.

Pro|vi|sor m. *(-s,-en)* ANT. gerente *m.* di farmacia, farmacista *m.* **pro|vi|so|risch I** agg. provvisorio, temporaneo, transitorio: ***eine -e Regierung*** un governo provvisorio; ***eine -e Unterbringung*** una sistemazione temporanea, provvisoria **II** avv. provvisoriamente, temporaneamente. **Pro|vi|so|ri|um** n. *(-s, Provisorien)* soluzione *f.* provvisoria.

Pro|vi|ta|min n. *(-s,-e)* provitamina *f.*

pro|vo|kant agg. provocatorio: ***eine -e Äußerung*** un'affermazione provocatoria. **Pro|vo|ka|teur** [-'tøːɐ] m. *(-s,-e)* provocatore *m.* **Pro|vo|ka|ti|on** f. *(-,-en)* **1** provocazione *f.*: ***auf eine ~ antworten, reagieren*** rispondere, reagire a una provocazione **2** MED. induzione *f.* **pro|vo|ka|tiv** agg. provocativo. **pro|vo|ka|to|risch** agg. provocatorio: ***eine -e Haltung*** un atteggiamento provocatorio. **pro|vo|zie|ren** tr. provocare: ***jdn ~*** provocare qcn.; ***mit dieser Frage will er nur ~*** con questa domanda vuole solo provocare; *(hervorrufen)* ***einen Skandal, einen Streit ~*** provocare uno scandalo, un litigio; MED. ***Husten ~*** provocare la tosse. **Pro|vo|zie|rung** f. *(-,-en)* provocazione *f.*

pro|xi|mal agg. MED. prossimale.

Pro|ze|de|re → **Procedere.**

Pro|ze|dur f. *(-,-en)* **1** procedura *f.* (anche INFORM.); ***eine unangenehme ~ über sich ergehen lassen*** subire una procedura spiacevole **2** BUROCR. procedura *f.*, trafila *f.*: ***die ganze ~ wiederholen*** ripetere tutta la trafila ◆ ***das war eine ~!*** che faticaccia!

Pro|zent n. *(-[e]s,-e)* **1a** percentuale *f.*: ***in -en*** in percentuale **b** ECON. percentuale *f.*, utile *m.*: ***seine -e verlangen*** chiedere la percentuale spettante **2** *(nach Zahlen)* per cento (*o* percento) *m.*: ***10 ~ der Anwesenden*** il 10 per cento dei presenti; ***20 ~ Rabatt*** il 20 per cento di sconto; ***zu 6 ~*** al 6 per cento; ***3 ~ tragen*** rendere (*o* fruttare) il 3 per cento; ***sich mit 3 ~ verzinsen*** dare un interesse del 3 per cento **3** *(Alkoholgehalt)* grado *m.*: ***ein Schnaps mit 45 ~*** una grappa di 45 gradi (*o* con il 45 per cento di alcol) **4** pl. COLLOQ. sconti *m.pl.*: ***(auf eine Ware) -e bekommen, kriegen*** avere, ottenere degli sconti (su una merce); ***-e geben*** fare uno sconto.

Pro|zent|punkt m. *(-[e]s,-e)* punto *m.* percentuale. **Pro|zent|rech|nung** f. *(-,-en)* MAT. calcolo *m.* percentuale. **Pro|zent|satz** m. *(-[e]s,-sätze)* tasso *m.* percentuale: ***ein hoher, geringer ~*** un tasso percentuale alto, basso. **Pro|zent|span|ne** f. *(-,-n)* percentuale *f.*

pro|zen|tu|al, pro|zen|tu|ell I agg. percentuale **II** avv. in percentuale. **pro|zen|tu|ie|ren** tr. percentualizzare.

Pro|zent|wert m. *(-[e]s,-e)* valore *m.* percentuale.

Pro|zess m. *(-es,-e)* **1** DIR. processo *m.*, causa *f.*: ***einen ~ gegen jdn anstrengen, einleiten*** istruire un processo (*o* intentare una causa) contro qcn.; ***einen ~ gewinnen, verlieren*** vincere, perdere un processo (*o* una causa); ***einen ~ vertagen*** rinviare un processo; ***einen ~ wieder aufnehmen, wieder aufrollen*** riaprire un processo; ***einen ~ gegen jdn führen, entscheiden*** condurre, definire una causa contro qcn.; ***gegen jdn einen ~ anhängig machen*** fare causa a (*o* contro) qcn. **2** *(Vorgang)* processo *m.*: ***chemischer ~*** processo chimico ◆ ***jdm den ~ machen*** fare il processo a qcn., processare qcn.; COLLOQ. ***mit jdm kurzen ~ machen*** farla breve, tagliare corto con qcn.; *(jdn töten)* eliminare qcn. **Pro|zess|ak|te** f. *(-,-n)* atto *m.* processuale. **Pro|zess|aus|gang** m. *(-[e]s)* esito *m.* del processo. **Pro|zess|be|richt** m. *(-[e]s,-e)* verbale *m.* del processo. **Pro|zess|be|tei|lig|te** m. e f. *(-n,-n)* DIR. parte *f.* in causa. **Pro|zess|be|voll|mäch|tig|te** m. e f. *(-n,-n)* DIR. rappresentante *m.* e *f.* in giudizio. **Pro|zess|fä|hig|keit** f. *(-)* DIR. capacità *f.* di essere parte in giudizio, capacità *f.* processuale. **pro|zess|füh|rend** agg. che conduce il processo. **Pro|zess|füh|rung** f. *(-)* conduzione *f.* del processo. **Pro|zess|geg|ner** m. *(-s,-)* DIR. parte *f.* avversaria, controparte *f.* **Pro|zess|hand|lung** f. *(-,-en)* atto *m.* giudiziario. **Pro|zess|han|sel** m. *(-s,-[n])* COLLOQ. piantagrane *m.*

pro|zes|sie|ren I tr. ANT. querelare, citare in giudizio **II** intr. (aus. *haben*) fare, intentare causa: ***gegen jdn ~*** fare causa contro qcn.; ***mit jdm um, wegen etw. ~*** fare causa a qcn. per qcs.

Pro|zes|si|on f. *(-,-en)* processione *f.* (anche FIG.). **Pro|zes|si|ons|kreuz** n. *(-[e]s,-e)* croce *f.* della, per la processione. **Pro|zes|si|ons|spin|ner** m. *(-s,-)* processionaria *f.*

Pro|zess|kos|ten pl. spese *f.pl.* processuali. **Pro|zess|kos|ten|hil|fe** f. *(-)* DIR. gratuito patrocinio *m.*

Pro|zes|sor m. *(-s,-en)* processore *m.*

Pro|zess|ord|nung f. *(-,-en)* DIR. codice *m.* di procedura, norme *f.pl.* procedurali. **Pro|zess|par|tei** f. *(-,-en)* DIR. parte *f.* in causa. **Pro|zess|rech|ner** m. *(-s,-)* INFORM. calcolatore *m.* di processo. **Pro|zess|recht** n. *(-[e]s)* DIR. diritto *m.* processuale. **pro|zes|su|al** agg. processuale. **pro|zess|un|fä|hig** agg. DIR. incapace di stare in giudizio. **Pro|zess|ver|fah|ren** n. *(-s,-)* DIR. procedimento *f.*, procedura *f.* **Pro|zess|ver|lauf** m. *(-s)* svolgimento *m.* di processo. **Pro|zess|ver|schlep|pung** f. *(-,-en)* rinvio *m.* del processo. **Pro|zess|voll|macht** f. *(-,-en)* DIR. procura *f.* in giudizio.

prü|de agg. ritroso, RAR. prude; *(sittsam)* pudico; *(puritanisch)* puritano. **Prü|de|rie** f. *(-)* pruderie *f.*

Prüf|au|to|mat m. *(-en,-en)* TECN. macchina *f.* per (il) collaudo.

prüf|bar agg. **1a** esaminabile **b** *(kontrollierbar)* controllabile **2** TECN. collaudabile. **Prüf|be|richt** m. *(-[e]s,-e)* certificato *m.* di prova, di collaudo.

prü|fen I tr. **1a** esaminare: ***ein Angebot, einen Vorschlag ~*** esaminare un'offerta, esaminare (*o* vagliare) una proposta; ***eingehend ~*** esaminare nei dettagli, sottoporre a un esame accurato **b** *(kontrollieren)* controllare: ***jds Personalausweis ~*** controllare la carta d'identità di qcn. **c** *(feststellen)* appurare, verificare: ***etw. auf seine Reinheit, Richtigkeit, Echtheit ~*** verificare la purezza, l'esattezza, l'autenticità di qcs. **d** mettere alla prova: ***jds Reaktionsfähigkeit ~*** mettere alla prova la capacità di reazione di qcn.; FIG. ***das Leben hat ihn hart geprüft*** la vita lo ha messo a dura prova **2** provare: ***die Temperatur ~*** provare la temperatura **3** TECN. provare, collaudare: ***die Qualität des Stahls ~*** provare la qualità dell'acciaio; ***eine Ware auf ihren Zustand ~*** provare lo stato di una merce; ***eine Anlage ~*** collaudare un impianto **4a** SCOL. interrogare: ***jdn in Physik ~*** interrogare di fisica qcn.; *(examinieren)* esaminare **b** ***Englisch ~*** fare l'esame di inglese **II** rifl. **sich ~** pensare: ***du musst dich erst ernsthaft ~, ob du das kannst*** devi prima riflettere seriamente se sei in grado di farlo ◆ ***sein Gewissen ~*** fare un esame di coscienza; ***jdn auf Herz und Nieren ~*** esaminare, studiare a fondo qcn.; SCOL. ***jdn schriftlich und mündlich ~*** sottoporre qcn. a un esame scritto e orale. **prü|fend** p.pres. agg. **1** → **prüfen 2** ***ein -er Blick*** uno sguardo indagatore.

Prü|fer m. *(-s,-)* **1** esaminatore *m.* **2a** *(Kontrolleur)* controllore *m.* **b** COMM. revisore *m.* **3** TECN. collaudatore *m.* **Prü|fer|bi|lanz** f. *(-,-en)* bilancio *m.* di controllo.

Prüf|feld n. *(-[e]s,-er)* TECN. impianto *m.* di prova, di collaudo. **Prüf|ge|rät** n. *(-[e]s,-e)* macchina *f.* per collaudo.

Prüf|ling m. *(-s,-e)* **1** *(Prüfungskandidat)* esaminando *m.* **2** TECN. pezzo *m.* da collaudare.

Prüf|me|tho|de f. *(-,-n)* metodo *m.* di esame, di collaudo. **Prüf|röhr|chen** n. *(-s,-)* CHIM. pipetta *f.* **Prüf|stand** m. *(-[e]s,-stände)* banco *m.* di prova (anche FIG.). **Prüf|stein** m. *(-[e]s,-e)* pietra *f.* di paragone: ***ein ~ für etw., jdn sein*** essere una pietra di paragone per qcs., qcn.

Prü|fung f. *(-,-en)* **1a** *(Probe)* esame *m.*, prova *f.*: ***eine gründliche, eingehende ~*** un esame approfondito, accurato; ***jdn, etw. einer ~ unterziehen, unterwerfen*** sottoporre qcn., qcs. a un esame; ***einer genauen ~ nicht standhalten*** non reggere a un esame dettagliato **b** SCOL. *(Examen)* esame *m.*: ***die ~ in Mathematik*** l'esame di matematica; ***eine ~ ablegen, machen, bestehen*** sostenere, dare, superare un esame; ***sich auf, für eine ~ vorbereiten*** prepararsi a, per un esame; ***durch die ~ fallen, in (bei) der ~ durchfallen, in der ~ versagen*** essere bocciato all'esame; ***zur ~ antreten*** presentarsi all'esame; ***die schriftliche, mündliche ~*** l'esame scritto, orale (*o* la prova scritta, orale); **2** *(schicksalhafte Belastung)* prova *f.*: ***schwere -en durchmachen, durchstehen*** attraversare, superare prove difficili **3** COMM. controllo *m.*, revisione *f.*, verifica *f.*: ***die ~ einer Rechnung*** il controllo di una fattura **4** TECN. prova *f.*, collaudo *m.* **5** SPORT prova *f.* ◆ ***nach eingehender ~*** dopo attento esame; ***die juristische, medizinische ~*** l'esame legale, medico.

Prü|fungs|an|for|de|run|gen pl. prestazioni *f.pl.* richieste dall'esame: ***die ~ (nicht) erfüllen*** (non) rispondere alle esigenze dell'esame. **Prü|fungs|angst** f. *(-)* paura *f.* dell'esame, degli esami. **Prü|fungs|ar|beit** f. *(-,-en)* prova *f.* (d'esame) scritta. **Prü|fungs|auf|ga|be** f. *(-,-n)* tema *f.* d'esame. **Prü|fungs|aus|schuss** m. *(-es,-ausschüsse)* commissione *f.* d'esame (*o* esaminatrice). **Prü|fungs|be|din|gun|gen** pl. condizioni *f.pl.* (necessarie) per sostenere l'esame. **Prü|fungs|be|richt** m. *(-[e]s,-e)* **1** MECC. certificato *m.*, verbale *m.* di collaudo **2** ECON. relazione *f.* dei revisori. **Prü|fungs|bi|lanz** f. *(-)* → **Prüferbilanz. Prü|fungs|er|geb|nis** n. *(-ses,-se)* risultato *m.*, esito *m.* dell'esame. **Prü|fungs|fach** n. *(-[e]s,-fächer)* materia *f.* d'esame. **Prü|fungs|fahrt** f. *(-,-en)* giro *m.* di prova. **Prü|fungs|fra|ge** f. *(-,-n)* domanda *f.* d'esame. **Prü|fungs|ge|bühr** f. *(-,-en)* tassa *f.* d'esame. **Prü|fungs|kan|di|dat** m. *(-en,-en)* candidato *m.* all'esame. **Prü|fungs|kom|mis|sar** m. *(-s,-e)* commissario *m.* d'esame. **Prü|fungs|kom|mis|si|on** f. *(-,-en)* commissione *f.* d'esame (*o* esaminatrice). **Prü|fungs|ord|nung** f. *(-,-en)* regolamento *m.* d'esame. **Prü|fungs|ter|min** m. *(-s,-e)* data *f.* dell'esame. **Prü|fungs|un|ter|la|gen** pl. documenti *m.pl.* d'esame. **Prü|fungs|ver|fah|ren** n. *(-s,-)* procedura *f.* d'esame. **Prü|fungs|ver|merk** m. *(-[e]s,-e)* marchio *m.* di controllo. **Prü|fungs|zeug|nis** n. *(-ses,-se)* certificato *m.* d'esame.

Prüf|ver|fah|ren n. *(-s,-)* metodo *m.* di prova, di collaudo. **Prüf|zei|chen** n. *(-s,-)* marchio *m.* di controllo.

Prü|gel m. *(-s,-)* **1a** bastone *m.*, randello *m.*: ***mit einem ~ auf jdn einschlagen*** picchiare qcn. con un bastone **b** RAR. *(Schießprügel)* fucile *m.* **2a** pl. *(Schläge)* botte *f.pl.*, legnate *f.pl.*: ***~ austeilen, bekommen*** menare botte, prendersi botte **b** *(mit einem Stock)* bastonate *f.pl.*, randellate *f.pl.*, legnate *f.pl.* ◆ ***~ beziehen*** prenderle, buscarle; ***es gibt ~!*** sono botte! COLLOQ. ***eine ordentliche Tracht ~ bekommen, kriegen*** prendersi un sacco di botte (*o* un fracco di legnate). **Prü|ge|lei** f. *(-,-en)* rissa *f.* **Prü|gel|kna|be** m. *(-n,-n)* capro *m.* espiatorio: ***als ~ dienen*** essere il capro espiatorio; ***den -n für jdn abgeben*** diventare il capro espiatorio di qcn. **prü|geln I** tr. **1a** picchiare **b** *(mit einem Knüppel)* bastonare **2** ***jdn aus dem Haus ~*** buttare qcn. fuori di casa a bastonate **II** rifl. **sich ~** picchiarsi, darsele, prendersi a botte: ***sich (mit jdm) um etw. ~*** picchiarsi (con qcn.) per qcs. **Prü|gel|stra|fe** f. *(-,-n)* pena *f.* corporale.

Prü|nel|le f. *(-,-n)* prugna *f.* secca.

Prunk m. *(-[e]s)* sfarzo *m.*, fasto *m.*, pompa *f.* ◆ ***~ entfalten*** fare sfoggio. **Prunk|bau** m. *(-[e]s,-ten)* edificio *m.* sontuoso, di parata.

prun|ken intr. (aus. *haben*) **1** fare bella mostra: ***im Saal prunkten barocke Kristallspiegel*** nel salone facevano bella mostra specchiere barocche **2** ***mit etw. ~*** fare sfoggio di qcs., sfoggiare (*o* ostentare) qcs. **3** *(prangen)* splendere.

Prunk|ge|mach n. *(-[e]s,-gemächer)* sala *f.* (*o* salone *m.*) di gala. **Prunk|ge|wand** n. *(-[e]s,-gewänder)* abbigliamento *m.* sfarzoso, abiti *m.pl.* di gala. **prunk|haft** agg. sontuoso, sfarzoso, pomposo. **Prunk|lie|be** f. *(-)* amore *m.* per il, del fasto (*o* dello sfarzo). **prunk|lie|bend** agg. amante del fasto, dello sfarzo. **prunk|los** agg. senza sfarzo, senza pompa. **Prunk|saal** m. *(-[e]s,-säle)* sala *f.* (*o* salone *m.*) di gala. **Prunk|stück** n. *(-[e]s,-e)* pezzo *m.* (*o* oggetto *m.*) pregiato, prezioso. **Prunk|sucht** f. *(-)* mania *f.* dello sfarzo. **prunk|voll** agg. → **prunkhaft. Prunk|wa|gen** m. *(-s,-)* carrozza *f.* di gala.

prus|ten I tr. spruzzare: ***jdm Wasser ins Gesicht ~*** spruzzare acqua in faccia a qcn. **II** intr. (aus. *haben*) sbuffare ◆ ***vor Lachen ~*** scoppiare dal ridere.

Pry|ta|ne m. *(-n,-n)* pritano *m.* **Pry|ta|nei|on** n. *(-s, Prytaneien)*, **Pry|ta|ne|um** n. *(-s, Prytaneen)* pritaneo *m.*

1.PS ⇒ *Pferdestärke* cavallo vapore (C.V., CV).

2.PS ⇒ *Postskriptum* poscritto (P.S.).

Psalm m. *(-s,-en)* salmo *m.*: ***das Buch der -en*** il libro dei salmi. **Psal|men|dich|ter** m. *(-s,-)*, **Psal|men|sän|ger** m. *(-s,-)* salmista *m.* **Psal|mist** m. *(-en,-en)* salmista *m.*

Psal|mo|die f. *(-,-n)* salmodia *f.* **psal|mo|die|ren** intr. (aus. *haben*) salmodiare. **psal|mo|disch** agg. salmodico.

Psal|ter m. *(-s,-)*, **Psal|te|ri|um** n. *(-s, Psalterien)* **1** MUS. RELIG. salterio *m.* **2** BIOL. omaso *m.*, RAR. salterio *m.*

PSchA ⇒ *Postscheckamt* ufficio conti correnti postali.

pscht → **pst.**

Pseu|do|arth|ro|se f. *(-)* pseud(o)artrosi *f.* **Pseu|do|krupp** m. *(-s)* pseudocrupp *m.*, laringite *f.* stridula. **pseu|do|morph** agg. pseudomorfo, pseudomorfico. **Pseu|do|mor|pho|se** f. *(-,-n)* pseudomorfosi *f.*

pseu|do|nym I agg. pseudonimo **II** avv. sotto pseudonimo. **Pseu|do|nym** n. *(-s,-e)* pseudonimo *m.*

pseu|do|wis|sen|schaft|lich agg. pseudoscientifico.

PS-Gram|ma|tik f. *(-)* (⇒ *Phrasenstrukturgrammatik*) grammatica *f.* strutturale dei costituenti.

Psi n. *(-[s],-s)* psi *f.*

Psi|phä|no|men n. *(-s,-e)* fenomeno *m.* PSI (*o* parapsicologico).

Psit|ta|ko|se f. *(-,-n)* psittacosi *f.*

Pso|ri|a|sis f. *(-, Psoriasen)* psoriasi *f.*

pst inter. st, sst, sss: ***~! leise!*** sst, piano!

Psy|cha|go|gik f. *(-)* PED. PSIC. psicagogia *f.*

Psy|che f. *(-,-n)* **1** psiche *f.* **2** AUSTR. *(Frisiertoilette)* toeletta *f.* **psy|che|de|lisch** agg. psichedelico: ***-e Lichteffekte*** luci psichedeliche.

Psy|chi|a|ter m. *(-s,-)* psichiatra *m.* **Psy|chi|at|rie** f. *(-)* psichiatria *f.* **psy|chi|at|rie|ren** tr. AUSTR. sottoporre a perizia psichiatrica. **psy|chi|at|risch I** agg. psichiatrico: ***ein -es Krankenhaus*** un ospedale psichiatrico **II** avv. psichiatricamente; ***jdn ~ behandeln, untersuchen*** sottoporre qcn. a terapia psichiatrica, fare una visita psichiatrica a qcn.

psy|chisch I agg. **1** psichico: ***-e Phänomene, Störungen*** fenomeni, disturbi psichici **2** *(seelisch)* psicologico: ***-er Druck, -e Belastung*** pressione psicologica, stress psicologico **II** avv. **1** psichicamente, dal punto di vista psichico: ***~ labil sein*** essere psichicamente labile **2** *(seelisch)* psicologicamente: ***sich (bei jdm) ~ auswirken*** avere un effetto psicologico (su qcn.).

Psy|cho|ana|ly|se f. *(-)* psic(o)analisi *f.* **psy|cho|ana|ly|sie|ren** tr. psic(o)analizzare. **Psy|cho|ana|ly|ti|ker** m. *(-s,-)* (psico)analista *m.*, psicanalista *m.* **psy|cho|ana|ly|tisch I** agg. psic(o)analitico **II** avv. psic(o)analiticamente; ***jdn ~ behandeln*** sottoporre qcn. a terapia psicanalitica, a psicanalisi.

Psy|cho|di|ag|nos|tik f. *(-)* psicodiagnostica *f.* **Psy|cho|dra|ma** n. *(-s,-dramen)* **1** LETT. dramma *m.* psicologico **2** PSIC. psicodramma *m.* **psy|cho|gen** agg. psicogeno. **Psy|cho|ge|ne|se, Psy|cho|ge|ne|sis** f. *(-,-genesen)* psicogenesi *f.* **Psy|cho|gramm** n. *(-s,-e)* psicogramma *m.* **Psy|cho|graph** m. *(-en,-en)* psicografo *m.* **Psy|cho|gra|phie** f. *(-,-n)* psicografia *f.* **Psy|cho|ki|ne|se** f. *(-)* psicocinesi *f.* **Psy|cho|krieg** m. *(-[e]s)* guerra *f.* psicologica. **Psy|cho|lin|gu|is|tik** f. *(-)* psicolinguistica *f.*

Psy|cho|lo|ge m. *(-n,-n)* psicologo *m.* (anche FIG.): ***ein schlechter ~ sein*** non essere un buono psicologo. **Psy|cho|lo|gie** f. *(-)* psicologia *f.* (anche FIG.). **Psy|cho|lo|gin** f. *(-,-nen)* psicologa *f.* **psy|cho|lo|gisch I** agg. psicologico **2** COLLOQ. *(psychologisch geschickt)* da psicologo: ***ein -es Verhalten*** un comportamento da psicologo **II** avv. psicologicamente; ***jdn ~ testen*** fare un test psicologico a qcn. ◆ ***-e Kriegsführung*** guerra psicologica; ***das war nicht sehr ~ von dir!*** non sei stato molto psicologo! **psy|cho|lo|gi|sie|rend** agg. psicologizzante. **Psy|cho|lo|gis|mus** m. *(-)* psicologismo *m.*

Psy|cho|man|tie f. *(-)* psicomanzia *f.* **Psy|cho|met|rie** f. *(-)* psicometria *f.* **Psy|cho|mo|to|rik** f. *(-)* psicomotricità *f.* **Psy|cho|neu|ro|se** f. *(-,-n)* psiconevrosi *f.*

Psy|cho|path m. *(-en,-en)* psicopatico *m.* **Psy|cho|pa|thie** f. *(-,-n)* psicopatia *f.* **Psy|cho|pa|thin** f. *(-,-nen)* psicopatica *f.* **psy|cho|pa|thisch** agg. psicopatico. **Psy|cho|pa|tho|lo|gie** f. *(-)* psicopatologia *f.*

Psy|cho|phar|ma|kon n. *(-s, Psychopharmaka)* psicofarmaco *m.* **Psy|cho|phy|sik** f. *(-)* psicofisica *f.* **psy|cho|phy|sisch** agg. psicofisico.

Psy|cho|se f. *(-,-n)* psicosi *f.*

Psy|cho|so|ma|tik f. *(-)* psicosomatica *f.* **psy|cho|so|ma|tisch** agg. psicosomatico. **Psy|cho|tech|nik** f. *(-,-en)* psicotecnica *f.* **Psy|cho|ter|ror** m. *(-s)* terrorismo *m.* psicologico.

Psy|cho|the|ra|peut m. *(-en,-en)* psicoterapeuta *m.*, psicoterapista *m.* **psy|cho|the|ra|peu|tisch I** agg. psicoterapeutico **II** avv. ***jdn ~ behandeln*** sottoporre qcn. a psicoterapia. **Psy|cho|the|ra|pie** f. *(-)* psicoterapia *f.*

Psy|cho|thril|ler m. *(-s,-)* thriller *m.* (*o* giallo *m.*) psicologico.

Psy|cho|ti|ker m. *(-s,-)* psicotico *m.* **psy|cho|tisch** agg. psicotico.

psy|cho|trop agg. psicotropo.

Psych|ro|me|ter n. *(-s,-)* psicrometro *m.*

PTA ⇒ *pharmazeutisch-technischer Assistent* tecnico farmaceutico.

Pte|ro|dak|ty|lus m. *(-,-daktylen)* pterodattilo *m.* **Pte|ro|sau|ri|er** m. *(-s,-)* pterosauro *m.*

Pto|le|mä|er n.pr.pl. Tolomei *m.pl.* **pto|le|mä|isch** agg. tolemaico: ***das -e Weltbild, Weltsystem*** il sistema tolemaico. **Pto|le|mä|us** n.pr.m. Tolomeo *m.*

PTT ⇒ SVIZZ. *Post, Telefon, Telegraf* poste, telegrafi, telefoni.

Pub [pap, pʌb] n. e m. *(-s,-s)* pub *m.*

pu|ber|tär agg. **1** puberale **2** *(unreif)* immaturo, infantile. **Pu|ber|tät** f. *(-)* pubertà *f.*: ***in die ~ kommen*** entrare nella pubertà. **Pu|ber|täts|kri|se** f. *(-,-n)* crisi *f.* puberale. **Pu|ber|täts|pi|ckel** pl. acne *f.* giovanile. **Pu|ber|täts|zeit** f. *(-)* età *f.* puberale, pubertà *f.* **pu|ber|tie|ren** intr. (aus. *haben*) entrare nell'età puberale, svilupparsi.

Pub|li|ci|ty [pʌ'blɪsɪtɪ] f. *(-)* **1** popolarità *f.*, notorietà *f.*: ***~ genießen*** godere di popolarità **2** *(Propaganda)* pubblicità *f.*: ***für etw. ~ machen*** fare pubblicità a qcs. **pub|li|ci|ty|scheu** agg. che non ama la pubblicità.

Pub|lic Re|la|tions ['pʌblɪk rɪ'leɪʃənz] pl. public relations *f.pl.*, pubbliche relazioni *f.pl.* **Pub|lic-Re|la|tions-Ab|tei|lung** f. *(-,-en)* (ufficio *m.*) pubbliche relazioni *f.pl.*

pub|lik, *etw.* **~ machen** rendere pubblico, denunciare (pubblicamente) qcs.; **~ sein, werden** essere, diventare di dominio pubblico.

Pub|li|ka|ti|on f. *(-,-en)* pubblicazione *f.* **Pub|li|ka|ti|ons|mit|tel** n. *(-s,-)*, **Pub|li|ka|ti|ons|or|gan** n. *(-s,-e)* organo *m.* di stampa. **pub|li|ka|ti|ons|reif** agg. adatto alla pubblicazione, da pubblicare. **Pub|li|ka|ti|ons|ver|bot** n. *(-[e]s,-e)* divieto *m.* di pubblicazione.

Pub|li|kum n. *(-s)* **1a** pubblico *m.*: **ein anspruchvolles, interessiertes, kritisches ~** un pubblico esigente, interessato, critico; **sich an ein breites ~ wenden** rivolgersi a un vasto (*o* folto) pubblico; **der Schriftsteller hat ein treues ~** lo scrittore ha un pubblico (di lettori) fedele **b** *(Gesamtheit der Zuschauer)* **das ~ applaudiert, lacht, langweilt sich, pfeift** il pubblico applaude, ride, si annoia, fischia; **im ~ sitzen** sedere fra il pubblico; **vor das ~ treten** mostrarsi al pubblico; **beim ~ (gut) ankommen** incontrare il favore del pubblico **2** *(Gäste)* ospiti *m.pl.*, pubblico *m.*; *(Besucher)* visitatori *m.pl.* **3** *(von Geschäften, Lokalen)* clienti *m.pl.*, clientela *f.*: **in diesem Lokal verkehrt ein gutes ~** questo locale è frequentato da una buona clientela. **Pub|li|kums|er|folg** m. *(-[e]s,-e)* **1** successo *m.* di pubblico: **einen großen ~ haben** avere un grande successo di pubblico **2** *(großer Erfolg)* grande successo *m.*: **der Film ist ein ~** il film è un grande successo. **Pub|li|kums|ge|schmack** m. *(-[e]s)* gusto *m.* del pubblico. **Pub|li|kums|in|te|res|se** n. *(-s,-n)* interesse *m.* del pubblico. **Pub|li|kums|lieb|ling** m. *(-s,-e)* beniamino *m.* del pubblico. **Pub|li|kums|re|so|nanz** f. *(-)* successo *m.* di pubblico. **Pub|li|kums|ver|kehr** m. *(-s)* servizio *m.* per il pubblico; **für den ~ geöffnet sein** essere aperti al pubblico; **~ von 9 bis 12** aperto dalle 9 alle 12; **morgen kein ~** domani siamo chiusi al pubblico, domani chiuso. **pub|li|kums|wirk|sam** agg. che fa presa sul pubblico.

pub|li|zie|ren tr. EDIT. pubblicare. **pub|li|zier|freu|dig** agg. che fa molte pubblicazioni. **Pub|li|zist** m. *(-en,-en)* pubblicista *m.* **Pub|li|zis|tik** f. *(-)* pubblicistica *f.* **pub|li|zis|tisch** agg. pubblicistico.

Pub|li|zi|tät f. *(-)* **1** notorietà *f.*: **jdm eine große ~ verschaffen** procurare a qcn. una grossa notorietà **2** DIR. ECON. pubblicità *f.*

Puck m. *(-s,-s)* MITOL. SPORT puck *m.*

pu|ckern intr. (aus. *haben*) COLLOQ. battere: **mein Herz puckert** il mio cuore batte; impers. **es puckert im Zahn, in der Wunde** il dente batte, la ferita pulsa.

1.pud|deln REGION **I** tr. concimare con liquame **II** intr. (aus. *haben*) sguazzare nell'acqua.

2.pud|deln tr. METALL. puddellare. **Pud|deln** n. *(-s)* puddellazione *f.*, puddellaggio *m.* **Pud|del|ofen** m. *(-s,-öfen)* forno *m.* di puddellaggio. **Pud|del|stahl** m. *(-[e]s)* acciaio *m.* puddellato. **Pud|del|ver|fah|ren** n. *(-s)* puddellaggio *m.*, puddellazione *f.*

Pud|ding m. *(-s,-e* e *-s)* **1** budino *m.* **2** *(Auflauf)* sformato *m.*, flan *m.* ◆ **bei dir ist alles (nur) ~!** sei proprio una scamorza (*o* una pappamolla)! **auf den ~ hauen** = vantarsi; *(ausgelassen sein)* scatenarsi. **Pud|ding|form** f. *(-,-en)* forma *f.* per budino. **Pud|ding|pul|ver** n. *(-s,-)* budino *m.* in polvere.

Pu|del m. *(-s,-)* **1** (cane *m.*) barbone *m.* **2** *(beim Kegeln)* tiro *m.* mancato, sbagliato **3** COLLOQ. → **Pudelmütze** ◆ **wie ein begossener ~ dastehen, abziehen** starsene lì come un cane bastonato, andarsene con la coda fra le gambe; **des -s Kern** il nocciolo della questione; FIG. **den ~ machen** fare il fattorino, il galoppino. **Pu|del|müt|ze** f. *(-,-n)* berretto *m.* di lana.

pu|deln intr. (aus. *haben*) COLLOQ. **1** fallire il colpo, sbagliare il tiro **2** REGION. *(puddeln)* sguazzare nell'acqua.

pu|del|nackt agg. COLLOQ. nudo come un verme. **pu|del|När|risch** agg. COLLOQ. pazzo scatenato, matto da legare. **pu|del|nass** agg. COLLOQ. zuppo, bagnato fradicio. **pu|del|wohl** avv. COLLOQ. magnificamente, stupendamente (bene): **sich ~ fühlen** sentirsi magnificamente bene.

Pu|der m. e n. *(-s,-)* **1** COSMET. cipria *f.*: **~ auftragen, auflegen** mettere (*o* darsi) la cipria **2** FARM. talco *m.* **Pu|der|do|se** f. *(-,-n)* portacipria *m.*

pu|de|rig agg. simile alla cipria (*o* al talco), talcoso.

pu|dern **I** tr. **1** incipriare **2** *(mit Talkpuder)* cospargere di talco **3** REGION. VOLG. *(koitieren)* scopare, scoparsi **II** rifl. **sich ~ 1a** incipriarsi **b** *(mit Talkpuder)* cospargersi di talco, darsi il talco **2 sich (D) das Gesicht, die Nase ~** incipriarsi il viso, il naso.

Pu|der|quas|te f. *(-,-n)* piumino *m.* per la cipria. **Pu|der|zu|cker** m. *(-s)* zucchero *m.* a velo.

pud|rig → **puderig.**

pu|e|ril agg. MED. PSIC. puerile, infantile. **Pu|e|ri|lis|mus** m. *(-)* puerilismo *m.* **Pu|e|ri|li|tät** f. *(-)* MED. PSIC. puerilità *f.*, infantilismo *m.*

Pu|er|pe|ral|fie|ber n. *(-s)* febbre *f.* puerperale.

Pu|er|pe|ri|um n. *(-s, Puerperien)* puerperio *m.*

Pu|er|to|ri|ca|ner m. *(-s,-)* portoricano *m.* **pu|er|to|ri|ca|nisch** agg. portoricano. **Pu|er|to Ri|co** n.pr.n. *(-s)* Portorico *m.*

puff inter. taf(fete), puff, tuff.

1.Puff m. *(-[e]s, Püffe* e RAR. *-e)* **1a** leggera spinta *f.*, colpetto *m.* **b** *(mit dem Ellenbogen)* leggera gomitata *f.* **2** *(dumpfer Knall)* tonfo *m.* ◆ FIG. **einen ~, einige Püffe vertragen können** avere la pelle dura.

2.Puff m. e n. *(-s,-s)* COLLOQ. casino *m.*: **in den, ins ~ gehen** andare al casino.

3.Puff m. *(-[e]s,-e* e *-s)* **1** portabiancheria *m.* **2** *(Sitzkissen)* pouf *m.* **3** ANT. *(Bausch)* sbuffo *m.*

4.Puff n. *(-[e]s)* tric-trac *m.*, tavola *f.* reale.

Puff|är|mel m. *(-s,-)* manica *f.* a sbuffo. **Puff|boh|ne** f. *(-,-n)* fava *f.* **Puff|brett** n. *(-[e]s,-er)* tavoliere *m.* per il tric-trac. **Püff|chen** n. *(-s,-)* **1** leggera spinta *f.*, spintarella *f.* **2** *(Wäschepuff)* cestino *m.* portabiancheria **3** *(Sitzkissen)* piccolo pouf *m.*, sgabellino *m.* **Puf|fe** f. *(-,-n)* ANT. sbuffo *m.* **puf|fen** **I** tr. **1a** COLLOQ. spingere: **jdn zur Seite ~** spingere qcn. di lato **b** *(mit der Faust)* **jdn in die Rippen, Seite ~** dare pugni nel fianco a qcn. **2** FIG. spronare, spingere: **man muss ihn immer (zu allem) ~** bisogna sempre spronarlo **3** SART. **die Ärmel ~** fare gli sbuffi alle maniche **4** soffiare: **Reis, Mais ~** soffiare riso, mais **II** intr. (aus. *haben*) **1** sbuffare: **die Lokomotive pufft** la locomotiva sbuffa **2** *(knallen)* scoppiare **3** *(schießen)* sparare **III** rifl. **sich ~** spintonarsi.

Puf|fer m. *(-s,-)* **1** FERR. respingente *m.* **2** *(Kartoffelpuffer)* frittella *f.* di patate **3** → **Pufferspeicher 4** → **Pufferbatterie 5** SCHERZ. *(Pistole)* pistola *f.* **6** CHIM. tampone *m.* **Puf|fer|bat|te|rie** f. *(-,-n)* EL. batteria *f.* tampone. **Puf|fer|be|trieb** m. *(-[e]s,-e)* EL. funzionamento *m.* in tampone.

Puf|fer|lö|sung f. *(-,-en)* soluzione *f.* tampone. **puf|fern** tr. CHIM. tamponare. **Puf|fer|spei|cher** m. *(-s,-)* INFORM. memoria *f.* tampone. **Puf|fer|staat** m. *(-[e]s,-en)* stato *m.* cuscinetto. **Puf|fer|sub|stanz** f. *(-,-en)* CHIM. (sostanza *f.*) tampone *m.* **Puf|fer|zo|ne** f. *(-,-n)* zona *f.* cuscinetto.

puf|fig agg. SART. a sbuffi.

Puff|mais m. *(-es)* pop-corn *m.* **Puff|mut|ter** f. *(-,-mütter)* COLLOQ. tenutaria *f.* di bordello. **Puff|ot|ter** f. *(-,-n)* vipera *f.* del deserto. **Puff|reis** m. *(-es)* riso *m.* soffiato. **Puff|spiel** n. *(-[e]s,-e)* → **4.Puff.**

puh inter. puah.

Pül|cher m. *(-s,-)* AUSTR. COLLOQ. furfante *m.*, mascalzone *m.*

Pul|ci|nell m. *(-s,-e)*, **Pul|ci|nel|la** [pultʃi-] n.pr.m. *(-[s], Pulcinelle)* TEATR. Pulcinella *m.*

pu|len **I** intr. (aus. *haben*) REGION. **an etw. (D) ~** toccare, stuzzicare qcs. con le dita **II** tr. **1** sgusciare, sgranare: **die Krabben ~** sgusciare i gamberetti **2** piluccare: **die Rosinen aus dem Kuchen ~** piluccare l'uvetta (dalla torta) ◆ **in der Nase ~** mettere le dita nel naso.

Pulk m. *(-[e]s,-s* e RAR. *-e)* **1** MIL. formazione *f.* **2** *(Gedränge)* ammasso *m.*, assembramento *m.*

Pul|le f. *(-,-n)* COLLOQ. bottiglia *f.* ◆ **volle ~** a tutta birra; **volle ~ fahren** andare a tavoletta.

1.pul|len intr. (aus. *haben*) MAR. vogare, remare.

2.pul|len → **pullern. pul|lern** intr. (aus. *haben*) COLLOQ. REGION. fare acqua.

Pul|li m. *(-s,-s)* maglia *f.*, pullover *m.*

Pull|man|wa|gen m. *(-s,-)* FERR. carrozza *f.* pullman.

Pul|lo|ver m. *(-s,-)* pullover *m.*, maglia *f.*: **einen dicken ~ tragen** indossare un pullover pesante, un maglione; **einen ~ stricken** fare un pullover. **Pul|lun|der** m. *(-s,-)* pullover *m.* senza maniche, gilet *m.*

pul|mo|nal agg. MED. polmonare. **Pul|mo|nie** f. *(-,-n)* ANT. polmonite *f.*

Pul|pa f. *(-, Pulpae)* **1** MED. *(Zahnmark)* polpa *f.* dentaria **2** *(Fruchtmark)* polpa *f.* (di frutto).

Puls m. *(-es,-e)* **1** polso *m.*: **ein schwacher, beschleunigter, (un)regelmäßiger ~** un polso debole, accelerato, (ir)regolare; **jdm den ~ fühlen, messen** tastare il polso a qcn. (anche FIG.); **der ~ setzt aus** il polso si arresta; *(Handgelenk)* **nach jds ~ fassen** prendere qcn. per i polsi **2** EL. impulso *m.* ◆ FIG. **mit fliegendem ~** col cuore in gola, col batticuore. **Puls|ader** f. *(-,-n)* vena *f.* del polso; MED. arteria *f.* radiale: **sich die -n aufschneiden, öffnen** tagliarsi le vene (dei polsi).

Pul|sar m. *(-s,-e)* pulsar *f.* e *m.*

Pul|sa|ti|on f. *(-,-en)* pulsazione *f.* (anche MED.). **Pul|sa|tor** m. *(-s,-en)* TECN. pulsatore *m.* **pul|sen** intr. (aus. *haben*) **1** *(pulsieren)* pulsare **2** MED. GERG. *(den Puls messen)* tastare il polso **3** TECN. emettere impulsi. **Puls|fre|quenz** f. *(-,-en)* frequenza *f.* del polso.

pul|sie|ren intr. (aus. *haben*) **1** pulsare: **das Blut pulsiert in den Adern** il sangue pulsa nelle arterie **2** FIG. pulsare, palpitare: **das Le-**

ben pulsiert in den Straßen la vita pulsa per le strade, le strade pulsano di vita. **Pul|si|on** f. *(-)* pulsazione *f.* **Pul|so|me|ter** n. *(-s,-)* pulsometro *m.* **Puls|schlag** m. *(-[e]s,-schläge)* **1** *(Puls)* battito *m.* del polso, polso *m.*: ***einen schwachen ~ haben*** avere un polso debole **2** pulsazione *f.*, battito *m.*: ***mehr als 100 Pulsschläge pro Minute*** più di 100 pulsazioni al minuto ◆ ***der ~ der Zeit*** lo scandire del tempo. **Puls|still|stand** m. *(-[e]s)* arresto *m.* del polso. **Puls|wär|mer** m. *(-s,-)* manicotto *m.* **Puls|zahl** f. *(-)* MED. numero *m.* delle pulsazioni.

Pult n. *(-[e]s,-e)* **1a** leggio *m.* **b** *(als Schreibtisch)* scrittoio *m.* (col piano inclinato) **2** *(Lehrerpult)* cattedra *f.*: ***ans, hinter das ~ treten*** andare alla cattedra **3** *(für Dirigenten, Redner)* podio *m.* **4** *(Schaltpult)* quadro *m.* (elettrico). **Pult|dach** n. *(-[e]s,-dächer)* tetto *m.* a uno spiovente.

Pul|ver n. *(-s,-)* **1** polvere *f.*: ***etw. zu ~ zerreiben, zerstoßen, zermahlen*** ridurre in polvere, polverizzare qcs. **2** FARM. polverina *f.*, polvere *f.*: ***ein ~ im Wasser auflösen*** sciogliere una polverina in acqua **3** *(Schießpulver)* polvere *f.* da sparo **4** COLLOQ. *(Geld)* grana *f.*, quattrini *m.pl.*: ***nicht genug ~ haben*** non avere abbastanza grana ◆ FIG. ***das ~ nicht gerade erfunden haben*** = non essere propriamente un genio; FIG. ***er hat noch nie ~ gerochen*** non ha mai sentito l'odore della polvere; ***keinen Schuss ~ wert sein*** non valere un fico secco; FIG. ***sein ~ trocken halten*** tenere asciutte le polveri; FIG. ***viel ~ zu verschießen haben*** avere molte frecce al proprio arco; FIG. ***sein ~ verschossen haben*** aver sparato l'ultima cartuccia; ***zu ~ zerfallen*** ridursi in, diventare polvere. **Pül|ver|chen** n. *(-s,-)* FARM. polverina *f.*

Pul|ver|dampf m. *(-[e]s)* fumo *m.* di polvere da sparo. **Pul|ver|fass** n. *(-es,-fässer)* **1** barile *m.* di polvere (da sparo) **2** FIG. polveriera *f.*: ***auf einem ~ sitzen*** stare, essere seduti su una polveriera; ***dieses Land gleicht einem ~*** questo paese è una polveriera ◆ ***den Funken ins ~ werfen, schleudern*** suscitare un vespaio. **pul|ver|fein I** agg. fine come polvere **II** avv. finemente: ***etw. ~ mahlen*** macinare finemente. **Pul|ver|form, *in ~*** in polvere. **pul|ve|rig** agg. **1** in polvere, polverizzato **2** *(voller Pulver)* pieno di polvere, polveroso.

Pul|ve|ri|sa|tor m. *(-s,-en)* polverizzatore *m.* **pul|ve|ri|sie|ren** tr. polverizzare, ridurre in polvere. **Pul|ve|ri|sie|rung** f. *(-)* polverizzazione *f.*

Pul|ver|kaf|fee m. *(-s,-s)* caffè *m.* in polvere. **Pul|ver|kam|mer** f. *(-,-n)* **1** MIL. camera *f.* di caricamento **2** *(Munitionsdepot)* santabarbara *f.* **Pul|ver|la|dung** f. *(-,-en)* carica *f.* (di polvere). **Pul|ver|ma|ga|zin** n. *(-s,-e)* santabarbara *f.* **Pul|ver|me|tal|lur|gie** f. *(-)* metallurgia *f.* delle polveri. **Pul|ver|müh|le** f. *(-,-n)* ANT. polverificio *m.*, polveriera *f.* **pul|vern** tr. **1** COLLOQ. sparare **2** FIG. *(verschwenden)* sprecare, sciupare: ***Geld in etw. (A) ~*** sprecare soldi per qcs. **2** ANT. *(pulverisieren)* polverizzare ◆ ***in die Luft ~*** sparare in aria. **Pul|ver|schnee** m. *(-s)* neve *f.* farinosa. **pul|ver|tro|cken** agg. molto secco. **Pul|ver|turm** m. *(-[e]s,-türme)* torre *f.* delle polveri. **pulv|rig** → **pulverig.**

Pu|ma m. *(-s,-s)* puma *m.*

Pum|mel m. *(-s,-)*, **Pum|mel|chen** n. *(-s,-)* COLLOQ. bambino *m.* paffuto, grassottello; *(Mädchen)* bambina *f.* paffuta, grassottella. **pum|me|lig,** RAR. **pumm|lig** agg. COLLOQ. paffuto, grassottello.

1.Pump m. *(-s)* COLLOQ. prestito *m.*: ***etw. auf ~ kaufen, nehmen*** comprare, prendere qcs. a credito; ***auf ~ leben*** vivere di prestiti; ***einen ~ aufnehmen*** fare un prestito

2.Pump m. *(-[e]s,-e)* SART. sbuffo *m.*

Pum|pe f. *(-,-n)* **1** pompa *f.* **2** COLLOQ. *(Herz)* cuore *m.*: ***die ~ macht nicht mehr mit*** il cuore non funziona più **3** COLLOQ. *(Rauschgiftspritze)* pera *f.* **pum|pen I** tr. **1a** pompare: ***Wasser aus dem Brunnen ~*** pompare acqua dal pozzo; ***das Herz pumpt Blut in die Adern*** il cuore pompa il sangue nelle arterie **b** assol. ***die Maschine pumpt zu schnell*** la macchina pompa troppo velocemente **2** FIG. investire: ***viel Geld in ein Projekt ~*** investire molto denaro in un progetto **3a** COLLOQ. *(leihen)* prestare: ***jdm Geld, ein Buch ~*** prestare soldi, un libro a qcn. **b** *(ausleihen)* farsi prestare, prendere in prestito: ***von jdm das Auto ~*** farsi prestare l'auto da qcn. **II** rifl. ***sich (D) bei, von jdm etw. ~*** farsi prestare qcs., prendere qcs. in prestito da qcn. **Pum|pen|haus** n. *(-es,-häuser)* locale *m.* delle pompe. **Pum|pen|werk** → **Pumpwerk.**

pum|perl|ge|sund agg. REGION. sano come un pesce, sanissimo.

pum|pern intr. (aus. *haben*) REGION. bussare, battere, picchiare.

Pum|per|ni|ckel m. *(-s)* INTRAD. (tipo di pane dolce di segala).

Pump|haus → **Pumpenhaus. Pump|ho|se** f. *(-,-n)* calzoni *m.pl.* alla zuava. **Pump|leis|tung** f. *(-,-en)* portata *f.* di una, della pompa.

Pumps [pœmps] m. *(-,-)* INTRAD. (tipo di scarpa senza lacci o stringhe, con tacco piuttosto alto).

Pump|spei|cher|werk n. *(-[e]s,-e)* bacino *m.* di raccolta delle acque. **Pump|sta|ti|on** f. *(-,-en)* stazione *f.* di pompaggio. **Pump|werk** n. *(-[e]s,-e)* impianto *m.* di pompaggio.

Punch [pantʃ] m. *(-s,-s)* punch *m.* **Pun|ching|ball** [ˈpantʃiŋbol] m. *(-s,-bälle)* punching ball *m.*

Pu|ni|er m. *(-s,-)* cartaginese *m.*, punico *m.* **pu|nisch** agg. punico ◆ ***die Punischen Kriege*** le guerre puniche.

Punk [paŋk] m. *(-[s],-s)* punk *m.* **Pun|ker** m. *(-s,-)* punk *m.*, punkettaro *m.* **Pun|ke|rin** f. *(-,-nen)* punk *f.*, punkettara *f.* **pun|kig** agg. e avv. punk, da punk: ***-e Haare*** capelli da punk. **Punk|rock** m. *(-[s])* punk *m.*, punk rock *m.*

Punkt m. *(-[e]s,-e)* **1a** punto *m.* (anche MUS. MAT.): ***einen ~ setzen, machen*** mettere un punto; ***hier muss ein ~ stehen*** qui ci vuole un punto; ***~, (neuer) Absatz*** punto e a capo; ***zwei Gerade schneiden sich in einem ~*** due rette si intersecano in un punto **b** *(kleiner runder Fleck)* punto *m.*, puntino *m.*: ***eine weiße Bluse mit blauen -en*** una camicetta bianca a puntini blu; ***ein ~ im Weltall*** un punto nell'universo **c** *(Stelle)* ***ein strategisch wichtiger ~*** un importante punto strategico; FIG. ***das ist ein schwacher, wunder, neuralgischer ~*** è un punto debole, dolente, nevralgico; ***an, auf einem ~ sein, wo man nicht mehr weiterkann*** essere a un punto, dal quale non si riesce più a proseguire **d** *(zu behandelnder Gegenstand)* ***ein strittiger, kritischer ~*** un punto controverso, critico; ***der erste ~ auf der Tagesordnung*** il primo punto all'ordine del giorno; ***verschiedene -e berühren*** toccare diversi punti; ***in allen -en übereinstimmen, anderer Meinung sein*** essere d'accordo, essere di un'altra opinione su tutti i punti; ***über einen bestimmten ~ verhandeln*** negoziare un punto preciso; *(Abschnitt)* ***etw. ~ für ~ besprechen*** discutere qcs. punto per punto; ***die einzelnen -e des Vertrags durchgehen*** rivedere i singoli punti del contratto **e** *(Einheit einer Wertung)* ***-e sammeln, machen, verlieren, erzielen*** raccogliere, fare, perdere, ottenere punti; ***zwei -e erhalten*** ottenere due punti; ***jdn nach -en besiegen*** vincere qcn. ai punti; ***drei -e Vorsprung, Rückstand haben*** avere tre punti di vantaggio, di svantaggio; ***um die Prüfung zu bestehen, braucht es 100 -e*** per superare l'esame sono necessari 100 punti; ECON. ***diese Aktie wurde um 2 -e niedriger notiert*** questa azione è stata quotata 2 punti in meno **f** *(Bon)* ***-e von etw. abtrennen*** staccare i punti da qcs.; ***etw. auf -e kaufen*** comprare qcs. con i punti (*o* i buoni) **2a** *(Zeitpunkt)* momento *m.*: ***jetzt ist der ~ gekommen, wo du dich entscheiden musst*** ora è giunto il momento di deciderti **b** *(mit Zeitangabe)* ***das Konzert beginnt ~ neun Uhr*** il concerto inizia alle nove in punto, puntualmente alle nove ◆ ***etw. auf den ~ bringen*** puntualizzare qcs.; ***auf den ~ kommen*** arrivare al punto; ***ein dunkler ~ (in jds Vergangenheit)*** un punto oscuro (nel passato di qcn.); ***auf den ~ genau ankommen*** arrivare puntualissimo; ***die Schrift ist 10 ~ groß*** il testo è in corpo 10; INTRAD. ***der grüne ~*** (marchio per il riciclaggio dei rifiuti); ***der ~ auf dem i*** il puntino sulla i (anche FIG.); COLLOQ. ***ohne ~ und Komma reden*** parlare ininterrottamente; COLLOQ. ***nun mach mal einen ~!*** adesso basta, è ora di smetterla! ***der springende ~*** il punto saliente; TECN. e FIG. ***der tote ~*** il punto morto: ***an einem toten ~ ankommen, anlangen*** arrivare a un punto morto; ***jdm über den toten ~ hinweghelfen*** aiutare qcn. a superare il momento difficile; ***typographischer ~*** punto tipografico.

Punk|ta|ti|on f. *(-,-en)* **1** puntazione *f.* **2** *(Vertragsentwurf)* bozza *f.* di contratto.

Pünkt|chen n. *(-s,-)* puntino *m.*: ***ein leuchtendes ~*** un puntino luminoso; ***das ~ auf das i setzen*** mettere il puntino sulla i (anche FIG.).

Pun|kte|kampf m. *(-[e]s,-kämpfe)* → **Punktspiel. pun|kten I** tr. punteggiare, puntinare **II** intr. (aus. *haben*) fare punti. **Pun|kte|spiel** n. *(-s,-e)* → **Punktspiel. Punkt|feu|er** n. *(-s,-)* fuoco *m.* concentrato. **punkt|ge|nau** agg. puntuale, molto preciso. **Punkt|ge|winn** m. *(-s,-e)* guadagno *m.* di punti.

punkt|gleich agg. e avv. a pari punti, a pari merito, ex aequo. **Punkt|gleich|heit** f. *(-)* parità *f.* di punti, punteggio *m.* pari.

punk|tie|ren tr. **1** punteggiare: ***eine Fläche ~*** punteggiare una superficie **2** MED. fare una puntura **3** MUS. puntare. **Punk|tier|na|del** f. *(-,-n)* ago *m.* per punture. **Punk|tier|rad** n. *(-[e]s,-räder)* rotellina *f.* dentellatrice. **punk|tiert** p.pass. agg. **1** → **punktieren 2** punteggiato: ***eine -e Linie*** una linea punteggiata **3** MUS. puntato: ***eine -e Note*** una nota puntata. **Punk|tie|rung** f. *(-,-en)* **1** punteggiatura *f.* **2** MED. puntura *f.* **3** MUS. il puntare. **Punk|ti|on** f. *(-,-en)* MED. puntura *f.*

Punkt|lan|dung f. *(-,-en)* atterraggio *m.* di precisione.

pünkt|lich I agg. **1** puntuale: ***-e Lieferung*** consegna puntuale **2** ANT. *(korrekt)* puntuale, preciso, corretto **II** avv. puntualmente: ***~ zah-***

len pagare puntualmente; ***Veranstaltungsbeginn ~ um 20 Uhr, um 20 Uhr ~*** inizio della manifestazione alle otto in punto ◆ ***~ auf die Minute sein*** essere puntuale al minuto. **Pünkt|lich|keit** f. *(-)* puntualità *f.*: ***Wert auf ~ legen*** dare valore alla puntualità ◆ ***~ ist die Höflichkeit der Könige*** la puntualità è la gentilezza dei re.

Punkt|licht n. *(-[e]s)* luce *f.* puntiforme. **Punkt|mu|ta|ti|on** f. *(-,-en)* mutazione *f.* genica. **Punkt|nie|der|la|ge** f. *(-,-n)* sconfitta *f.* ai punti. **punk|to** prep. + gen. ANT. a proposito di. **Punkt|rich|ter** m. *(-s,-)* SPORT giudice *m.* (di gara). **Punkt|schrift** f. *(-)* alfabeto *m.* Braille. **punkt|schwei|ßen** tr. (solo inf e p.pass.) saldare a punti. **Punkt|schwei|ßung** f. *(-,-en)* saldatura *f.* a punti. **Punkt|sieg** m. *(-[e]s,-e)* SPORT vittoria *f.* ai punti. **Punkt|spiel** n. *(-s,-e)* SPORT gioco *m.* a punti. **Punkt|sys|tem** n. *(-s,-e)* **1** SPORT sistema *m.* a punti **2** *(Punktwertung)* sistema *m.* di valutazione a punti.

punk|tu|ell I agg. puntuale: ***-e Kritik, Musik*** critica, musica puntuale **II** avv. punto per punto: ***~ vorgehen*** procedere punto per punto.

Punk|tum inter. ANT. ***und damit ~!*** punto e basta!

Punk|tur f. *(-,-en)* → **Punktion.**

Punkt|ver|hält|nis n. *(-ses,-se)* SPORT differenza *f.* (tra punti vinti e persi). **Punkt|ver|lust** m. *(-[e]s,-e)* perdita *f.* di punti. **Punkt|wer|tung** f. *(-,-en)* classifica *f.* a punti. **Punkt|zahl** f. *(-,-en)* punteggio *m.*, numero *m.* di punti.

Punsch m. *(-[e]s,-e* e *Pünsche)* ponce *m.* **Punsch|glas** n. *(-[e]s,-gläser)* bicchiere *m.* da ponce.

Punz|ar|beit f. *(-,-en)* **1** lavoro *m.* al bulino, bulinatura *f.* **2** METALL. punzonatura *f.* **Pun|ze** f. *(-,-n)* **1** bulino *m.* **2** *(Edelmetallstempel)* punzone *m.* **3** TIP. occhio *m.* **pun|zen** tr. **1** bulinare **2** *(stempeln)* punzonare. **Punz|ham|mer** m. *(-s,-hämmer)* martello *m.* da cesellatore, punzone *m.* **pun|zie|ren** tr. → **punzen.**

Pup m. *(-[e]s,-e)* FAM. peto *m.* **Pu|pe** m. e f. *(-n,-n)* VOLG. *(Homosexueller)* culattone *m.* **pu|pen** intr. (aus. *haben*) FAM. petare.

pu|pil|lar agg. MED. pupillare. **Pu|pil|le** f. *(-,-n)* pupilla *f.* **Pu|pil|len|er|wei|te|rung** f. *(-,-en)* dilatazione *f.* della pupilla. **Pu|pil|len|ver|en|gung** f. *(-,-en)* restringimento *m.* della pupilla.

Püpp|chen n. *(-s,-)* bambolina *f.* (anche FIG.).

Pup|pe f. *(-,-n)* **1** bambola *f.* (anche FIG.): ***mit -n spielen*** giocare con le bambole; ***sie sieht wie eine ~ aus*** sembra una bambola **2a** *(Figur des Puppentheaters)* pupazzo *m.*; *(Marionette)* marionetta *f.* **b** FIG. burattino *m.*, marionetta *f.*, fantoccio *m.*: ***eine ~ in jds Händen sein*** essere una marionetta nelle mani di qcn. **3** *(Schaufenster-, Schneiderpuppe)* manichino *m.* **4** COLLOQ. *(Mädchen)* pupa *f.*, pupattola *f.* **5** ZOOL. pupa *f.*, crisalide *f.* ◆ FIG. ***die -n tanzen lassen*** *(stark beeinflussen)* essere un burattinaio; *(es hoch hergehen lassen)* fare baldoria; COLLOQ. ***bis in die -n schlafen, feiern, aufbleiben*** dormire fino a giorno fatto, festeggiare fino all'alba.

Pup|pen|bett n. *(-[e]s,-en)* lettino *m.* delle bambole (anche FIG.). **Pup|pen|ge|schirr** n. *(-[e]s,-e)* stoviglie *f.pl.* per le bambole. **Pup|pen|ge|sicht** n. *(-[e]s,-er)* viso *m.* da bambola. **pup|pen|haft** agg. e avv. da bambola. **Pup|pen|haus** n. *(-[e]s,-häuser)* casetta *f.* della bambola (anche FIG.). **Pup|pen|kind** n. *(-[e]s,-er)* COLLOQ. bambolotto *m.* **Pup|pen|kleid** n. *(-[e]s,-er)* vestitino *m.* della bambola. **Pup|pen|kü|che** f. *(-,-n)* cucina *f.* della bambola (anche FIG.). **Pup|pen|räu|ber** m. *(-s,-)* predatore *m.* di larve, ENTOM. calosoma *m.* **Pup|pen|spiel** n. *(-[e]s,-e)* **1** teatro *m.* di, delle marionette **2** *(Stück)* spettacolo *m.* di marionette. **Pup|pen|spie|ler** m. *(-s,-)* burattinaio *m.*; *(mit Marionetten)* marionettista *m.* **Pup|pen|stu|be** f. *(-,-n)* stanzetta *f.* della bambola (anche FIG.). **Pup|pen|the|a|ter** n. *(-s,-)* teatro *m.* delle marionette. **Pup|pen|wa|gen** m. *(-s,-)* carrozzina *f.* della bambola. **Pup|pen|wie|ge** f. *(-,-n)* culla *f.* della bambola. **Pup|pen|woh|nung** f. *(-,-en)* → **Puppenhaus.**

pup|pig agg. COLLOQ. (carino) come una bambola.

Pups m. *(-es,-e)* → **Pup. pup|sen** → **pupen. Pup|ser** m. *(-s,-)* → **Pup.**

pur agg. puro: ***-es Gold*** oro puro; FIG. ***die -e Wahrheit*** la pura verità; *(unvermischt)* ***den Rum ~ trinken*** bere il rum puro; COLLOQ. *(bloß)* ***aus -em Zufall*** per puro caso; ***aus -em Egoismus*** per puro egoismo; ***aus -er Berechnung*** per puro calcolo.

Pü|ree n. *(-s,-s)* purè *m.*, purea *f.*, passato *m.*; *(aus Obst)* frullato *m.*

Pur|gans n. *(-, Purganzien* e *Purgantia)* purgante *m.* **Pur|ga|to|ri|um** n. *(-s)* purgatorio *m.* **pur|gie|ren** tr. purgare: ***einen Patienten ~*** purgare un paziente; ANT. ***eine Schrift ~*** purgare uno scritto. **Pur|gier|mit|tel** n. *(-s,-)* purgante *m.*, purga *f.*

pü|rie|ren tr. passare, ridurre in purea; *(Obst)* frullare.

Pu|ri|fi|ka|ti|on f. *(-,-en)* LIT. purificazione *f.* **pu|ri|fi|zie|ren** tr. ANT. purificare, purgare.

Pu|rim, Pu|rim n. *(-s)* purim *m.*

Pu|rin n. *(-s,-e)* purina *f.*

Pu|ris|mus m. *(-)* purismo *m.* **Pu|rist** m. *(-en,-en)* purista *m.* **pu|ris|tisch** agg. purista, puristico.

Pu|ri|ta|ner m. *(-s,-)* puritano *m.* (anche ESTENS.). **pu|ri|ta|nisch** agg. puritano (anche ESTENS.). **Pu|ri|ta|nis|mus** m. *(-)* puritanesimo *m.*

Pur|pur m. *(-s)* porpora *f.*; *(Farbton)* ***ein Mantel aus ~*** un cappotto porpora; *(Kardinalswürde)* ***nach dem ~ streben*** aspirare alla porpora (cardinalizia) ◆ ***mit ~ färben*** imporporare; ***rot wie ~ werden*** farsi di porpora, imporporarsi. **Pur|pur|aus|schlag** m. *(-[e]s)* MED. porpora *f.* **Pur|pur|al|ge** f. *(-,-n)* alga *f.* rossa. **pur|pur|far|ben, pur|pur|far|big** agg. (color) porpora.

Pur|pu|rin n. *(-s)* porporina *f.*, purpurina *f.*

Pur|pur|man|tel m. *(-s,-mäntel)* manto *m.* purpureo (*o* di porpora).

pur|purn agg. purpureo, porporino. **pur|pur|rot** agg. (rosso) purpureo. **Pur|pur|rö|te** f. *(-)* **1** rosso *m.* porpora **2** FIG. rossore *m.*: ***~ überzog ihr Gesicht*** il rossore le tinse il viso. **Pur|pur|schne|cke** f. *(-,-n)* porpora *f.* patula, murice *m.*

pur|ren I tr. **1** MAR. svegliare **2** *(aufstacheln)* stimolare, aizzare **II** intr. (aus. *haben*) REGION. COLLOQ. **1** *(stochern)* ***in den Zähnen ~*** pulirsi i denti con stuzzicadenti; ***lustlos im Essen ~*** piluccare nel piatto **2** *(stöbern)* rovistare, frugare **3** *(von Insekten)* ronzare.

Pur|ser ['pɜːsə] m. *(-s,-)* **1** MAR. commissario *m.* di marina, di bordo **2** *(im Flugzeug)* steward *m.*

pu|ru|lent agg. MED. purulento. **Pu|ru|lenz** f. *(-)* MED. purulenza *f.*

Pur|zel m. *(-s,-)* COLLOQ. frugoletto *m.* **Pur|zel|baum** m. *(-[e]s,-bäume)* COLLOQ. capriola *f.*, giravolta *f.*: ***einen ~ machen, schlagen, schießen*** fare una capriola. **Pur|zel|mann** m. *(-[e]s,-männer)* misirizzi *m.*

pur|zeln intr. (aus. *sein*) **1** ruzzolare, fare un capitombolo, capitombolare: ***in den Schnee ~*** ruzzolare nella neve; ***vom Stuhl ~*** ruzzolare (giù) dalla sedia **2a** FIG. *(von Preisen)* crollare **b** *(von Rekorden)* essere battuto, superato.

Pu|schel, Pü|schel m. *(-s,-)* e f. *(-,-n)* REGION. **1** nappa *f.* **2** *(fixe Idee)* idea *f.* fissa.

pü|schel|wei|se avv. a manciate.

pu|schen tr. incentivare: ***den Verkauf ~*** incentivare le vendite.

pu|shen ['pʊʃn] tr. **1** gerg. COMM. spingere: ***ein neues Produkt ~*** spingere un nuovo prodotto **2** GERG. spacciare: ***Heroin ~*** spacciare eroina. **Pu|sher** m. *(-s,-)* GERG. spacciatore *m.*, pusher *m.*

Pus|sel|ar|beit f. *(-,-en)* lavoro *m.* da certosino.

Pus|sel|chen n. *(-s,-)* VEZZ. cocca *m.*

pus|se|lig agg. **1** pignolo, meticoloso **2** che richiede pazienza: ***eine -e Arbeit*** un lavoro di pazienza. **Pus|sel|kram** m. *(-[e]s)* COLLOQ. → **Pusselarbeit. pus|seln** intr. (aus. *haben*) **1** perdersi in minuzie **2** *(herumbasteln)* lavoricchiare. **puss|lig** → **pusselig.**

Pus|te f. *(-)* **1** COLLOQ. *(Atem)* fiato *m.*: ***keine ~ mehr haben*** non avere più fiato; ***ganz aus der, außer ~ sein, kommen*** aver perso il fiato, essere senza fiato **2** GERG. *(Pistole)* sputafuoco *m.* ◆ FIG. ***jdm geht die ~ aus*** non ce la fa (finanziariamente). **Pus|te|blu|me** f. *(-,-n)* soffione *m.* **Pus|te|ku|chen,** COLLOQ. ***[ja], ~!*** macché, niente affatto, tutt'altro.

Pus|tel f. *(-,-n)* MED. pustola *f.*; *(Bläschen)* vescicola *f.*

pus|ten I tr. soffiare: ***jdm den Rauch ins Gesicht ~*** soffiare il fumo in faccia a qcn.; ***den Staub von den Büchern ~*** soffiare (via) la polvere dai libri **II** intr. (aus. *haben*) **1a** soffiare: ***ins Feuer, in die Suppe, in die Trompete ~*** soffiare sul fuoco, sulla minestra, nella tromba **b** impers. ***draußen pustet es*** fuori tira vento **2** *(schwer atmen)* ansimare ◆ ***auf etw. (A) ~*** infischiarsene di qcs.; GERG. ***jdm ein Loch in den Schädel ~*** piantare una pallottola nel cranio a qcn.; COLLOQ. ***bei einer Verkehrskontrolle ~ müssen*** dover fare la prova del palloncino a un controllo stradale; ***ich puste dir was*** te lo puoi scordare.

Pus|te|rohr n. *(-[e]s,-)* cerbottana *f.*

Pus|ter|tal n.pr.n. *(-[e]s)* Val *m.* Pusteria.

pus|tu|lös agg. MED. pustoloso.

Pusz|ta [pusta] f. *(-, Puszten)* puszta *f.*

pu|ta|tiv agg. DIR. putativo. **Pu|ta|tiv|de|likt** n. *(-[e]s,-e)* DIR. delitto *m.*, reato *m.* putativo. **Pu|ta|tiv|ehe** f. *(-,-n)* DIR. matrimonio *m.* putativo. **Pu|ta|tiv|not|wehr** f. *(-)* DIR. legittima difesa *f.* putativa.

Pu|te f. *(-,-n)* **1** tacchina *f.* **2** COLLOQ. SPREG. *(dumme Frau)* oca *f.* **Pu|ter** m. *(-s,-)* tacchino *m.*: ***einen ~ braten*** arrostire un tacchino; ***rot wie ein ~ werden*** diventare rosso come un tacchino. **pu|ter|rot** agg. rosso come un tacchino.

put, put inter. pio, pio.

Put|put n. *(-s,-[s])* **1** *(Lockruf)* pio pio *m.* **2** INFANT. *(Huhn)* coccodè *m.*

Put|re|fak|ti|on, Put|res|zenz f. *(-,-en)* MED. putrefazione *f.*, ANT.

putrescenza *f.* **put|res|zie|ren** intr. (aus. *sein*) MED. putrefare, putrefarsi.
Putsch m. *(-[e]s,-e)* **1** colpo *m.* di stato, golpe *m.*, putsch *m.*: ***einen ~ versuchen*** tentare un colpo di stato **2** SVIZZ. COLLOQ. *(Stoß)* botta *f.*
put|schen intr. (aus. *haben*) fare un colpo di stato. **Put|schist** m. *(-en,-en)* autore *m.* di un colpo di stato, golpista *m.*
Pütt m. *(-s,-e)* REGION. miniera *f.*: ***auf dem, im ~ sein*** essere in miniera.
Put|te f. *(-,-n)*, **Put|to** m. *(-s, Putti* e *Putten)* putto *m.*
Putz m. *(-es)* **1** intonaco *m.*: ***mit ~ bewerfen*** intonacare; ***der ~ bröckelt, fällt von der Mauer (ab)*** l'intonaco si stacca dal muro, si sgretola; ***den ~ erneuern*** rifare l'intonaco **2a** ANT. *(feine Kleidung)* toeletta *f.*: ***sie gibt das ganze Geld für ~ aus*** spende tutti i soldi in toelette **b** *(Schmuck)* guarnizioni *f.pl.*, accessori *m.pl.* **3** *(Putzen)* pulizia *f.* della casa **4** COLLOQ. *(Streit)* lite *f.*: ***~ anfangen*** iniziare a litigare ◆ EL. ***auf ~*** a giorno; COLLOQ. ***auf den ~ hauen*** = vantarsi; *(ausgelassen sein)* scatenarsi; COLLOQ. ***~ machen*** iniziare una lite; *(viel Aufhebens machen)* farne un affare di stato; EL. ***unter ~*** sotto intonaco, sotto traccia, incassato; ***in vollem ~*** (tutto) in ghingheri.
Pütz f. *(-,-en)*, **Püt|ze** f. *(-,-n)* MAR. bugliolo *m.*
Put|ze f. *(-,-n)* COLLOQ. → **Putzfrau. Putz|ei|mer** m. *(-s,-)* secchio *m.* (per le pulizie). **put|zen I** tr. **1a** pulire: ***den Spiegel ~*** pulire lo specchio; ***den Fußboden, die Küche ~*** pulire il pavimento, la cucina; ***das Gemüse ~*** pulire la verdura **b** lucidare, lustrare: ***die Schuhe ~*** lustrare le scarpe; ***das Silberzeug ~*** lucidare l'argenteria **c** lavare: ***die Zähne, das Fenster ~*** lavare i denti, i vetri **d** *(Pferde)* strigliare **e** *(Kerzen)* smoccolare **2** assol. REGION. ***ich muss noch ~*** devo ancora pulire (*o* fare pulizia) **3** AUSTR. *(chemisch reinigen)* lavare a secco **4a** ANT. *(schmücken)* adornare: ***den Christbaum ~*** adornare l'albero di Natale **b** *(Personen)* mettere in ghingheri **5** EDIL. intonacare: ***die Wand ~*** intonacare la parete **6** COLLOQ. SPORT *(besiegen)* stracciare **7** TECN. sbavare **II** rifl. **sich ~ 1** *(sich säubern)* lavarsi, pulirsi: ***die Katze putzt sich*** il gatto si lava **2** ANT. *(sich schmücken)* farsi bello, mettersi in ghingheri ◆ ***sie geht ~*** va a fare le pulizie, fa la donna delle pulizie; ***sich die Nase ~*** soffiarsi il naso; FIG. ***den Teller blank ~*** ripulire il piatto. **Put|zen** n. *(-s)* **1a** pulizia *f.*, pulitura *f.* **b** *(Polieren)* lucidatura *f.* **c** *(Waschen)* lavaggio *m.* **2** EDIL. intonacatura *f.* **3** TECN. sbavatura *f.*
Put|zer m. *(-s,-)* **1** pulitore *m.* **2** EDIL. intonacatore *m.* **3** TECN. sbavatore *m.* **Put|ze|rei** f. *(-,-en)* **1** COLLOQ. il continuo pulire **2** AUSTR. *(Reinigungsanstalt)* tintoria *f.*, lavasecco *m.* **3** TECN. reparto *m.* sbavatura.
Putz|fim|mel m. *(-s)* SPREG. mania *f.* della pulizia: ***einen ~ haben*** avere la mania della pulizia. **Putz|frau** f. *(-,-en)* donna *f.* delle pulizie.
put|zig agg. COLLOQ. **1** *(possierlich)* buffo, bizzarro **2** *(eigenartig)* curioso, strano.
Putz|kas|ten m. *(-s,-)* cassetta *f.* con l'occorrente per la pulizia. **Putz|lap|pen** m. *(-s,-)* straccio *m.*, strofinaccio *m.* ◆ ***jdn wie einen ~ behandeln*** trattare qcn. come una pezza da piedi. **Putz|lum|pen** m. *(-s,-)* REGION. → **Putzlappen. Putz|ma|che|rin** f. *(-,-nen)* modista *f.* **Putz|mit|tel** n. *(-s,-)* detersivo *m.*; *(Poliermittel)* lucido *m.* **putz|mun|ter** agg. COLLOQ. molto vivace, arzillo. **Putz|sucht** f. *(-)* mania *f.* dell'eleganza. **putz|süch|tig** agg. maniaco dell'eleganza. **Putz|tag** m. *(-[e]s,-e)* giorno *m.* di, delle grandi pulizie. **Putz|teu|fel** m. *(-s,-)* COLLOQ. **1** maniaca *f.* delle pulizie **2** → **Putzfimmel. Putz|tuch** n. *(-[e]s,-tücher)* → **Putzlappen. Putz|wa|ren** pl. ANT. articoli *m.pl.* per guarnizioni, passamanerie *f.pl.* **Putz|wol|le** f. *(-)* cascami *m.pl.* di lana. **Putz|zeug** n. *(-[e]s)* occorrente *m.* per la pulizia.
puz|zeln ['pazln, 'pasln] intr. (aus. *haben*) fare (un) puzzle. **Puz|zle** ['pazl, 'pasl] n. *(-s,-s)* puzzle *m.*: ***ein ~ legen, zusammensetzen*** fare un puzzle. **Puzz|ler** ['pazlɐ, 'paslɐ] m. *(-s,-)* chi fa un, il puzzle. **Puz|zle|spiel** n. *(-[e]s,-e)* puzzle *m.*
Puz|zo|lan n. *(-s,-e)*, **Puz|zo|lan|er|de** f. *(-)* pozzolana *f.*
PVC [pe:fau'tse:] n. *(-[s])* PVC *m.*
Py|ä|mie f. *(-,-n)* piemia *f.*
Py|e|li|tis f. *(-, Pyelitiden)* pielite *f.* **Py|e|lo|gramm** n. *(-s,-e)* pielogramma *m.* **Py|e|lo|gra|phie** f. *(-,-n)* pielografia *f.*
Pyg|mäe m. *(-n,-n)* pigmeo *m.* **pyg|mä|en|haft** agg. pigmeo. **pyg|mä|isch** agg. pigmeo.
Py|ja|ma [py'(d)ʒa:ma] n. *(-s,-s)* pigiama *m.* **Py|ja|ma|ho|se** f. *(-,-n)* pantaloni *m.pl.* del pigiama. **Py|ja|ma|ja|cke** f. *(-,-n)* giacca *f.* del pigiama.
Pyk|ni|ker m. *(-s,-)* picnico *m.* **pyk|nisch** agg. picnico.
Pyk|no|me|ter n. *(-s,-)* picnometro *m.*
pyk|no|tisch agg. MED. picnotico.
Py|la|des n.pr.m. Pilade *m.*
Py|lon m. *(-en,-en)*, **Py|lo|ne** f. *(-,-n)* pilone *f.*
Py|lo|rus m. *(-, Piloren)* piloro *m.*
py|ra|mi|dal agg. piramidale. **Py|ra|mi|de** f. *(-,-n)* piramide *f.*: ***die ägyptischen -n*** le piramidi egizie; ***eine ~ aus Konservenbüchsen*** una piramide di scatolette. **Py|ra|mi|den|bahn** f. *(-,-en)* ANAT. vie *f.pl.* piramidali. **Py|ra|mi|den|form** f. *(-)* forma *f.* piramidale. **py|ra|mi|den|för|mig** agg. a forma di piramide, piramidale. **Py|ra|mi|den|stumpf** m. *(-[e]s,-stümpfe)* tronco *m.* di piramide, piramide *f.* tronca.
Py|re|nä|en n.pr.pl. *(-)* Pirenei *m.pl.* **Py|re|nä|en|halb|in|sel** n.pr.f. *(-)* penisola *f.* iberica. **py|re|nä|isch** agg. pirenaico.
Py|reth|rin n. *(-s)* piretrina *f.*
Py|reth|rum n. *(-s, Pyrethra)* piretro *m.* (anche BOT.).
py|re|tisch agg. piretico.
Py|rit m. *(-s,-e)* pirite *m.*
Py|ro|ma|ne m. *(-n,-n)* piromane *m.* **Py|ro|ma|nie** f. *(-)* piromania *f.*
Py|ro|tech|nik f. *(-)* pirotecnica *f.* **Py|ro|tech|ni|ker** m. *(-s,-)* pirotecnico *m.* **py|ro|tech|nisch** agg. pirotecnico.
Phyr|rhus|sieg m. *(-[e]s,-e)* vittoria *f.* di Pirro.
Pyr|rol n. *(-s)* pirrolo *m.*
Py|tha|go|rä|er AUSTR. → **Pythagoreer. py|tha|go|rä|isch** AUSTR. → **pythagoreisch. Py|tha|go|ras** n.pr.m. Pitagora *m.* **Py|tha|go|re|er** m. *(-s,-)* pitagorico *m.* **py|tha|go|re|isch** agg. pitagorico, pitagoreo ◆ ***-er Lehrsatz*** teorema di Pitagora.
py|thisch agg. oscuro, sibillino.
Py|thon m. *(-s,-s* e *-en)*, **Py|thon|schlan|ge** f. *(-,-n)* pitone *m.*

Q

q, Q n. *(-,-)* q, Q, cu (*o* qu) *f.* e *m.*: ***ein großes Q, ein kleines q*** una Q maiuscola, una q minuscola.

qcm ⇒ *Quadratzentimeter* centimetro quadrato (cmq).

qdm ⇒ *Quadratdezimeter* decimetro quadrato (dmq).

qkm ⇒ *Quadratkilometer* chilometro quadrato (kmq).

qm ⇒ *Quadratmeter* metro quadrato (mq).

qua I prep. + nom. e gen. BUROCR. **1** con, per mezzo di: ***etw. ~ Testament festlegen*** disporre qcs. per testamento **2** *(gemäß)* secondo, in conformità a, in base a **II** cong. come.

Quab|be f. *(-,-n)* REGION. massa *f.* tremolante. **quab|be|lig** → **quabblig. quab|beln** intr. (aus. *haben*) REGION. COLLOQ. tremolare. **quabb|lig** agg. REGION. COLLOQ. **1** viscido, molliccio; *(gallertartig)* gelatinoso **2** *(wackelig)* tremolante: ***ein -er Pudding*** un budino tremolante.

Qua|cke|lei f. *(-,-en)* REGION. COLLOQ. chiacchiere *f.pl.*, ciance *f.pl.* **Qua|cke|ler** m. *(-s,-)* REGION. COLLOQ. chiacchierone *m.*, ciarlone *m.* **qua|ckeln** intr. (aus. *haben*) REGION. COLLOQ. chiacchierare, cianciare. **Quack|ler** → **Quackeler.**

Quack|sal|ber m. *(-s,-)* (medico *m.*) ciarlatano *m.*, guaritore *m.* **Quack|sal|be|rei** f. *(-,-en)* ciarlataneria *f.* **quack|sal|be|risch** agg. ciarlatanesco, da stregone. **quack|sal|bern** intr. (aus. *haben*) fare il ciarlatano (*o* il guaritore).

Quad|del f. *(-,-n)* REGION. bolla *f.* (pruriginosa), pomfo *m.*

Qua|der m. *(-s,-* e AUSTR. *-n)* **1** → **Quaderstein 2** GEOM. parallelepipedo *m.* (a base rettangolare). **Qua|der|bau** m. *(-[e]s,-ten)* costruzione *f.* in pietra da taglio. **Qua|der|stein** m. *(-[e]s,-e)* pietra *f.* squadrata, quadrone *m.*, concio *m.*

Quad|ran|gel n. *(-s,-)* ANT. quadrangolo *m.*

Quad|rant m. *(-en,-en)* quadrante *m.*

Quad|rat n. *(-[e]s,-e[n])* **1a** quadrato *m.*: ***ein ~ bilden*** aver forma di un quadrato; ***den Flächeninhalt eines -s berechnen*** calcolare l'area di un quadrato; ***3 Meter im ~*** 3 metri quadri **b** MAT. ***eine Zahl ins ~ erheben*** elevare un numero al quadrato; ***zwei im, zum ~ macht vier*** due al quadrato fa quattro **2** *(Häuserblock)* isolato *m.*: ***ums ~ gehen*** fare il giro dell'isolato **3** TIP. quadratone *m.*, quadrato *m.* ◆ ***das magische ~*** il quadrato magico; COLLOQ. ***das war Pech im ~*** è stato il massimo della scalogna, è stata una scalogna maledetta. **Quad|rat|de|zi|me|ter** m. e n. *(-s,-)* decimetro *m.* quadrato.

Quad|rat|fuß m. *(-es,-)* piede *m.* quadrato.

quad|ra|tisch agg. **1** quadrato, quadro **2** MAT. quadratico, di secondo grado.

Quad|rat|ki|lo|me|ter m. *(-s,-)* chilometro *m.* quadrato. **Quad|rat|lat|schen** pl. SCHERZ. **1** *(Schuhe)* barche *f.pl.* **2** *(Füße)* fette *f.pl.*, fettoni *m.pl.* **Quad|rat|mei|le** f. *(-,-n)* miglio *m.* quadrato. **Quad|rat|me|ter** m. e n. *(-s,-)* metro *m.* quadrato. **Quad|rat|me|ter|preis** m. *(-es,-e)* prezzo *m.* al metro quadro. **Quad|rat|mil|li|me|ter** m. e n. *(-s,-)* millimetro *m.* quadrato. **Quad|rat|schä|del** m. *(-s,-)* COLLOQ. testa *f.* quadra, testone *m.*

Quad|ra|tur f. *(-,-en)* ASTR. MAT. quadratura *f.*: ***die ~ des Kreises, des Zirkels*** la quadratura del cerchio (anche FIG.). **Quad|ra|tur|ma|le|rei** f. *(-)* quadraturismo *m.*

Quad|rat|wur|zel f. *(-,-n)* radice *f.* quadrata: ***die ~ einer Zahl ziehen*** estrarre la radice quadrata di un numero; ***(die) ~ aus 25 ist 5*** la radice quadrata di 25 è 5. **Quad|rat|zahl** f. *(-,-en)* quadrato *m.*: ***die ~ von 3 ist 9*** il quadrato di 3 è 9. **Quad|rat|zen|ti|me|ter** m. e n. *(-s,-)* centimetro *m.* quadrato. **Quad|rat|zoll** m. *(-[e]s,-)* pollice *m.* quadrato.

quad|rie|ren tr. **1** MAT. elevare al quadrato, quadrare **2** ART. ARCH. quadrettare.

Quad|ri|ga f. *(-, Quadrigen)* quadriga *f.*

Quad|ril|le [kva'drɪljə] f. *(-,-n)* quadriglia *f.*

Quad|ril|li|on f. *(-,-en)* quadrilione *m.*

Quad|ri|nom n. *(-s,-e)* quadrinomio *m.* **Quad|ri|re|me** f. *(-,-n)* quadrireme *f.*

Quad|ri|vi|um n. *(-s)* quadrivio *m.*

quad|ro agg. COLLOQ. accorc. → **quadrophon. Quad|ro** n. *(-s)* COLLOQ. accorc. → **Quadrophonie. Quad|ro|auf|nah|me** f. *(-,-n)* registrazione *f.* quadrifonica. **quad|ro|phon** agg. quadrifonico. **Quad|ro|pho|nie** f. *(-)* quadrifonia *f.* **quad|ro|pho|nisch** agg. quadrifonico.

1.Quad|ru|pel n. *(-s,-)* MAT. successione *f.* di quattro elementi.

2.Quad|ru|pel m. *(-s,-)* quadrupla *f.* (spagnola).

Quad|ru|pel|al|li|anz f. *(-)* quadruplice alleanza *f.*

Quai [ke:, kɛ:] m. e n. *(-s,-s)* **1** banchina *f.* **2** SVIZZ. *(Uferstraße)* strada *f.* che costeggia la riva; *(am Meer)* lungomare *m.*; *(am See)* lungolago *m.*

quak inter. **1** *(von Fröschen)* cra **2** *(von Enten)* qua.

Qua|kel|chen n. *(-s,-)* SCHERZ. cucciolo *m.*, cucciolotto *m.*

qua|keln intr. (aus. *haben*) REGION. chiacchierare, cianciare.

qua|ken intr. (aus. *haben*) **1a** gracidare, gracchiare **b** *(von Enten)* fare qua qua, schiamazzare **2a** FIG. gracchiare **b** *(von Menschen)* schiamazzare, blaterare.

quä|ken intr. (aus. *haben*) **1** gracchiare **2** *(jammernd schreien)* piagnucolare, frignare. **quä|kend** p.pres. agg. **1** → **quäken 2** gracchiante **3** *(jammernd schreiend)* piagnucoloso, lamentoso.

Quak|en|te f. *(-,-n)* INFANT. (anatra *f.*) qua qua *f.*

Quä|ker m. *(-s,-)* quacchero *m.* **quä|ke|risch** agg. quacchero, quacquero. **Quä|ker|tum** n. *(-s)* quaccherismo *m.*

Quak|frosch m. *(-[e]s,-frösche)* INFANT. (rana *f.*) cra cra *f.*

quä|kig agg. → **quäkend.**

Qual f. *(-,-en)* tormento *m.*, pena *f.*; *(Leiden)* sofferenza *f.*: ***körperliche, seelische -en*** sofferenze fisiche, dell'anima; ***jds -en mildern, lindern*** alleviare le pene (*o* il tormento) di qcn.; ***jdn von seinen -en erlösen*** alleviare le sofferenze di qcn.; *(töten)* liberare qcn. dalle sofferenze; ***höllische -en ertragen*** (*o* ***erdulden***)***, leiden*** sopportare, soffrire le pene dell'inferno; ***das lange Warten war eine einzige ~*** la lunga attesa fu un vero tormento; ***jdm eine ~ bereiten, zufügen*** procurare un tormento a qcn.; ***unter -en sterben*** morire fra le sofferenze; ***die -en der Liebe, des Zweifels, des Gewissens*** le pene d'amore, i tormenti del dubbio, i morsi della coscienza ◆ ***die ~ der Wahl*** l'imbarazzo della scelta.

quä|len I tr. **1** tormentare, torturare: ***jdn zu Tode ~*** tormentare qcn. fino a farlo morire **2** *(seelisch)* tormentare, angustiare, affliggere: ***der Zweifel quälte sie*** il dubbio la tormentava **3** *(lästig fallen)* seccare, tormentare, assillare: ***jdn mit Fragen ~*** assillare qcn. di (*o* con) domande **II** rifl. **sich ~ 1** tormentarsi, essere tormentato, angustiarsi: ***er quält sich mit diesem Zweifel*** è tormentato da questo dubbio **2** *(sich abmühen)* penare, far fatica, stentare (a): ***der Kranke quält sich bei jeder Bewegung*** il malato stenta a fare qualsiasi movimento; ***sich mit der Arbeit, Hausaufgabe ~*** penare a fare un lavoro, i compiti **3** *(sich mühsam bewegen)* ***sich durch den Schnee, aus dem Bett, ans Ziel ~*** camminare a fatica nella neve, faticare ad alzarsi dal letto, penare a raggiungere la meta; ***sich in die engen Jeans ~*** entrare a fatica (*o* faticare a entrare) nei jeans stretti ◆ ***jdn bis aufs Blut ~*** torturare a sangue qcn. **quä|lend** p.pres. agg. **1** → **quälen 2** straziante, atroce: ***-e Schmerzen*** dolori strazianti **3** *(peinigend)* tormentoso, angoscioso, penoso: ***-e Gedanken*** pensieri angosciosi **4** *(belästigend)* assillante, molesto: ***-e Fragen*** domande assillanti. **Quä|ler** m. *(-s,-)* **1** tormentatore *m.* **2** *(lästiger Mensch)* seccatore *m.* **Quä|le|rei** f. *(-,-en)* **1a** tormento *m.*, supplizio *m.* **b** *(von Tieren)* maltrattamenti *m.pl.* **2** *(Belästigung)* (continue) seccature *f.pl.*, assilli *m.pl.* (continui) **3** COLLOQ. *(große Anstrengung, Arbeit)* grande fatica *f.*, faticaccia *f.* **quä|le|risch** agg. tormentoso, penoso; *(belästigend)* assillante. **Quäl|geist** m. *(-[e]s,-er)* COLLOQ. lagna *f.*, tormentone *m.*

Qua|li|fi|ka|ti|on f. *(-,-en)* **1** → **Qualifizierung 2** *(berufliche Tätigkeit)* qualifica *f.* (professionale): ***dafür fehlt ihm die nötige ~*** per questo gli manca la qualifica necessaria **3** SPORT qualificazione *f.*:

die ~ gewinnen, überstehen superare, vincere la qualificazione; ***in der ~ ausscheiden*** non superare la qualificazione. **Qua|li|fi|ka|ti|ons|run|de** f. *(-,-n)* SPORT girone *m.* di qualificazione, qualificazioni *f.pl.* **Qua|li|fi|ka|ti|ons|spiel** n. *(-[e]s,-e)* SPORT partita *f.* (*o* gara *f.*) di qualificazione.

qua|li|fi|zie|ren I tr. **1a** ***jdn ~*** qualificare qcn., attribuire una qualifica a qcn. **b** *(befähigen)* abilitare **c** *(ausbilden)* istruire **2** *(beurteilen)* giudicare, ritenere: ***jdn als genialen Maler ~*** giudicare qcn. un pittore geniale **II** rifl. **sich ~ 1a** ottenere una qualifica, specializzarsi: ***sich zum Facharbeiter ~*** ottenere la qualifica di operaio specializzato **b** *(sich als geeignet erweisen)* dimostrarsi idoneo (*o* adatto, qualificato): ***sich als Wissenschaftler, wissenschaftlich ~*** dimostrare di essere uno scienziato preparato; ***sich für einen Posten ~*** dimostrare di essere adatto a un impiego **2** SPORT qualificarsi. **qua|li|fi|ziert I** p.pass. agg. **1** → **qualifizieren 2** qualificato: ***ein -er Posten, Techniker*** un posto, un tecnico qualificato; ***eine -e Arbeit leisten*** fare un lavoro qualificato; POL. ***-e Mehrheit*** maggioranza qualificata; DIR. ***-e Straftat*** delitto qualificato; ECON. ***-e Mitbestimmung*** cogestione qualificata **II** avv. in modo qualificato. **Qua|li|fi|zie|rung** f. *(-,-en)* qualificazione *f.* (anche SPORT).

Qua|li|tät f. *(-,-en)* **1** qualità *f.*: ***menschliche, schauspielerische -en haben*** avere qualità umane, da attore; ***Waren erster, guter, mittlerer, schlechter, minderer ~*** merci di prima, buona, media, cattiva qualità, di qualità scadente; ***auf ~ achten, sehen*** badare alla qualità, guardare la qualità; ***für ~ bürgen*** garantire la qualità **2** *(gute Ware)* merce *f.* di buona qualità: ***nur ~ kaufen*** acquistare solo merce di qualità. **qua|li|ta|tiv I** agg. qualitativo **II** avv. qualitativamente. **Qua|li|täts|ar|beit** f. *(-,-en)* lavoro *m.* di qualità. **Qua|li|täts|be|wusst|sein** n. *(-s)* attenzione *f.* alla qualità. **Qua|li|täts|be|zeich|nung** f. *(-,-en)* marchio *m.* di qualità. **Qua|li|täts|er|zeug|nis** n. *(-ses,-se)* prodotto *m.* di qualità. **Qua|li|täts|kon|trol|le** f. *(-,-n)* controllo *m.* di, della qualità. **Qua|li|täts|min|de|rung** f. *(-,-en)* scadimento *m.* della qualità. **Qua|li|täts|norm** f. *(-,-en)* norma *f.* di qualità. **Qua|li|täts|stei|ge|rung** f. *(-,-en)* miglioramento *m.* della qualità. **Qua|li|täts|stu|fe** f. *(-,-n)* livello *m.* di qualità. **Qua|li|täts|un|ter|schied** m. *(-[e]s,-e)* differenza *f.* di qualità. **Qua|li|täts|wa|re** f. *(-,-n)* merce *f.* di (prima) qualità. **Qua|li|täts|wein** m. *(-[e]s,-e)* vino *m.* di qualità: ***~ mit Prädikat*** vino di qualità con certificato di garanzia.

Quall m. *(-[e]s,-e)* ANT. O REGION. sorgente *f.* gorgogliante.

Qual|le f. *(-,-n)* medusa *f.* **qual|lig** agg. viscido, gelatinoso.

Qualm m. *(-[e]s)* **1** fumo *m.* denso: ***beißender ~*** fumo che prende alla gola **2a** REGION. *(Dampf)* vapore *m.* **b** *(Dunst)* foschia *f.*, nebbiolina *f.* ◆ ***heute ist ~ in der Küche, Bude*** oggi c'è (aria di) burrasca in famiglia (*o* in casa); ***~ machen*** fare mille storie. **qual|men I** intr. (aus. *haben*) **1a** fumare, mandare fumo: ***der Schornstein qualmt*** il camino fuma **b** impers. ***es qualmt aus dem Ofen, im Zimmer*** esce (del) fumo dalla stufa, c'è (del) fumo nella camera **2** COLLOQ. *(stark rauchen)* fumare come una ciminiera (*o* come un turco) **II** tr. fumare: ***Pfeife, Zigarren ~*** fumare la pipa, sigari ◆ ***bei ihr qualmt es*** è furiosa, furibonda; ***sonst qualmt es!*** altrimenti finisce male! ***mir qualmt der Kopf*** mi fuma la testa; ***wie ein Schlot ~*** fumare come una ciminiera. **qual|mig** agg. SPREG. fumoso, pieno di fumo: ***ein -es Lokal*** un locale pieno di fumo.

Quals|ter m. *(-s)* COLLOQ. REGION. **1** *(Schleim)* muco *m.*, catarro *m.* **2** *(Auswurf)* sputo *m.* **quals|te|rig** → **qualstrig. quals|tern** intr. (aus. *haben*) REGION. COLLOQ. scatarrare. **qualst|rig** agg. COLLOQ. REGION. catarroso; *(voller Schleim)* pieno di muco, di catarro.

qual|voll agg. **1** atroce: ***ein -er Tod*** una morte atroce **2** *(quälend)* tormentoso, penoso: ***ein -es Warten*** un'attesa tormentosa.

Quant n. *(-s,-en)* FIS. quanto *m.* **quan|teln** intr. (aus. *haben*) FIS. quantizzare.

Quänt|chen n. *(-s,-)* pizzico *m.*: ***ein ~ Salz, Butter*** un pizzico di sale, un pochino di burro; FIG. ***ein ~ Glück, Hoffnung*** un pizzico di fortuna, un briciolo di speranza. **quänt|chen|wei|se** avv. **1** a pizzichi **2** FIG. poco per volta.

Quan|ten pl. COLLOQ. **1** *(große Schuhe)* barche *f.pl.* **2** *(große Füße)* fette *f.pl.*

Quan|ten|che|mie f. *(-)* chimica *f.* quantistica. **Quan|ten|leh|re** f. *(-)* teoria *f.* quantistica (*o* dei quanti). **Quan|ten|me|cha|nik** f. *(-)* meccanica *f.* quantistica. **Quan|ten|phy|sik** f. *(-)* fisica *f.* quantistica. **Quan|ten|sprung** m. *(-[e]s,-sprünge)* salto *m.* quantico. **Quan|ten|sta|tis|tik** f. *(-)* statistica *f.* quantistica. **Quan|ten|the|o|rie** f. *(-)* teoria *f.* quantistica (*o* dei quanti). **Quan|ten|zahl** f. *(-,-en)* numero *m.* quantico. **Quan|ten|zu|stand** m. *(-[e]s,-zustände)* stato *m.* quantico.

quan|ti|fi|zie|ren tr. quantificare. **Quan|ti|fi|zie|rung** f. *(-,-en)* quantificazione *f.*

Quan|ti|tät f. *(-,-en)* **1a** quantità *f.*: ***es geht um Qualität, nicht um ~*** è un problema di qualità non di quantità **b** *(bestimmte Menge)* quantitativo *m.*, quantità *f.*: ***eine große ~ Wein*** un grosso quantitativo di vino; ***etw. in kleinen, großen -en bestellen*** ordinare qcs. in piccole, grandi quantità **2** LING. METR. quantità *f.* **quan|ti|ta|tiv** agg. quantitativo. **Quan|ti|täts|the|o|rie** f. *(-,-n)* teoria *f.* quantitativa.

Quan|tum n. *(-s, Quanten)* **1a** dose *f.*: ***Quanten von je 20 g*** dosi di g 20 ciascuna **b** *(Anteil)* porzione *f.*, parte *f.*: ***von etw. sein ~ bekommen*** ricevere la propria parte di qcs. **2** COLLOQ. *(Quantität)* quantità *f.* ◆ COLLOQ. ***ein ~ Humor*** un pizzico di umorismo.

Quap|pe f. *(-,-n)* **1** bottatrice *f.* **2** *(Kaulquappe)* girino *m.*

Qua|ran|tä|ne [ka-] f. *(-,-n)* quarantena *f.*: ***jdn, ein Schiff in ~ legen, nehmen*** mettere qcn., una nave in quarantena; ***in ~ sein, stehen, halten*** essere, stare, tenere in quarantena; ***jdn unter ~ stellen*** mettere qcn. in quarantena; ***über jdn, etw. ~ verhängen*** mettere qcn., qcs. in quarantena; ***ein Schiff liegt in ~*** una nave sta in (*o* fa la) quarantena; ***die ~ aufheben*** togliere la quarantena. **Qua|ran|tä|ne|flag|ge** f. *(-,-n)* bandiera *f.* di quarantena. **Qua|ran|tä|ne|sta|ti|on** f. *(-,-en)* ospedale *m.* contumaciale. **Qua|ran|tä|ne|zeit** f. *(-,-en)* periodo *m.* di quarantena.

Quar|gel m. e n. *(-s,-)* AUSTR. caciotta *f.* di latte acido.

1.Quark m. *(-s)* **1** GASTR. quark *m.* **2** COLLOQ. *(Kleinigkeit)* sciocchezza *f.*, fesseria *f.*, inezia *f.* ◆ COLLOQ. ***einen ~ von etw. verstehen*** non capire un'acca (*o* un fico secco) di qcs.; COLLOQ. ***das interessiert mich einen ~*** non mi interessa un fico secco.

2.Quark [kwa:k] n. *(-s,-s)* FIS. quark *m.*

quar|kig agg. molle: ***ein -er Teig*** un impasto molle.

Quark|kä|se m. *(-s,-)* formaggio *m.* di quark. **Quark|ku|chen** m. *(-s,-)* dolce *m.*, torta *f.* al quark. **Quark|tor|te** f. *(-,-n)* torta *f.* al quark.

Quar|re f. *(-,-n)* REGION. **1** piagnucolone *m.* **2** *(zänkische Frau)* bisbetica *f.* **quar|ren** intr. (aus. *haben*) REGION. **1** piagnucolare, frignare **2** *(quaken)* gracchiare (anche FIG.). **quar|rig** agg. REGION. piagnucoloso.

1.Quart f. *(-,-en)* MUS. SPORT quarta *f.*

2.Quart n. *(-s,-e)* **1** *(Hohlmaß)* quarto *m.* **2** TIP. formato *m.* in quarto.

Quar|ta f. *(-, Quarten)* quarta *f.* (ANT. terza classe del Gymnasium; AUSTR. quarta classe del Gymnasium).

Quar|tal n. *(-s,-e)* trimestre *m.* **Quar|tal(s)|ab|schluss** m. *(-es,-abschlüsse)* ECON. bilancio *m.* consuntivo trimestrale. **Quar|tals|en|de** n. *(-s,-n)* fine *m.* del trimestre. **Quar|tal(s)|säu|fer** m. *(-s,-)* COLLOQ. ubriacone *m.* (saltuario). **quar|tal(s)|wei|se** avv. trimestralmente.

Quar|ta|ner m. *(-s,-)* ANT. allievo *m.* del terzo anno del Gymnasium.

Quar|tan|fie|ber n. *(-s)* MED. quartana *f.* **Quar|tant** m. *(-en,-en)* ANT. → **Quartband.**

quar|tär agg. quaternario. **Quar|tär** n. *(-s)* Quaternario *m.*

Quart|band m. *(-[e]s,-bände)* volume *m.* in quarto. **Quart|blatt** n. *(-[e]s,-blätter)*, **Quart|bo|gen** m. *(-s,-)* foglio *m.* in quarto.

Quar|te f. *(-,-n)* MUS. **1** *(Ton)* sottodominante *f.* **2** *(Intervall)* quarta *f.* **Quar|ter|deck** n. *(-[e]s,-s)* cassero *m.* di poppa. **Quar|ter|meis|ter** m. *(-s,-)* ufficiale *m.* in seconda.

Quar|tett n. *(-[e]s,-e)* **1** quartetto *m.* (anche MUS.) **2** METR. quartina *f.*

Quart|for|mat n. *(-[e]s,-e)* formato *m.* in quarto.

Quar|tier n. *(-s,-e)* **1a** *(Unterkunft)* alloggio *m.*; ricovero *m.*: ***ein ~ nehmen, beziehen*** prendere alloggio **b** *(Wohnung)* alloggio *m.* **2** MIL. alloggiamento *m.*, acquartieramento *m.* **3** AUSTR. *(Stadtviertel)* quartiere *m.* ◆ ***ein ~ bekommen*** trovare un alloggio; ***ein ~ bestellen*** prenotare una camera, un alloggio; MIL. ***in ~ liegen*** essere acquartierato; MIL. ANT. ***~ machen*** preparare gli alloggiamenti; ***bei jdm im ~ sein*** essere alloggiato presso qcn. **quar|tie|ren I** tr. alloggiare; MIL. acquartierare, accantonare **II** intr. (aus. *haben*) prendere alloggio, alloggiare; MIL. essere acquartierato **III** rifl. **sich ~** RAR. stabilirsi; MIL. acquartierarsi. **Quar|tier|ma|cher** m. *(-s,-)* MIL. ANT. furiere *m.* d'alloggiamento. **Quar|tier|meis|ter** m. *(-s,-)* MIL. ANT. quartiermastro *m.* **Quar|tier|su|che** f. *(-)*, ***auf ~ sein*** essere alla ricerca di un alloggio.

Quar|to n. *(-)* ANT. formato *m.* in quarto.

Quart|sext|ak|kord m. *(-[e]s,-e)* MUS. accordo *m.* di quarta e di sesta.

Quarz m. *(-es,-e)* quarzo *m.* **Quarz|fil|ter** m. *(-s,-)* filtro *m.* al quarzo. **Quarz|gang** m. *(-[e]s,-gänge)* filone *m.* quarzifero (*o* di quarzo). **quarz|ge|steu|ert** agg. al quarzo: ***eine -e Uhr*** un orologio al quarzo. **Quarz|glas** n. *(-ses)* vetro *m.* di quarzo. **quarz|hal|tig,** AUSTR. **quarz|häl|tig** agg. quarzifero, quarzoso. **quar|zig** agg. **1**

quarzoso **2** *(quarzähnlich)* simile al quarzo. **Quar|zit** m. *(-s,-e)* quarzite *f.* **Quarz|kris|tall** m. *(-[e]s,-e)* cristallo *m.* di quarzo. **Quarz|lam|pe** f. *(-,-n)* lampada *f.* al quarzo. **Quarz|por|phyr** m. *(-s,-e)* porfido *m.* di quarzo. **Quarz|sand** m. *(-[e]s,-sände)* sabbia *f.* quarzosa. **Quarz|steu|e|rung** f. *(-,-en)* controllo *m.* al quarzo. **Quarz|uhr** f. *(-,-en)* orologio *m.* al quarzo.

Qua|sar m. *(-s,-e)* quasar *m.*

qua|sen intr. (aus. *haben*) REGION. ANT. **1** scialacquare, sperperare: ***mit etw. ~*** sperperare qcs. **2** *(prassen)* gozzovigliare, banchettare.

qua|si avv. per così dire. **qua|si|of|fi|zi|ell** avv. semiufficiale, quasi ufficiale. **qua|si|op|tisch** agg. quasi-ottico.

Quas|se|lei f. *(-,-en)* SPREG. chiacchiere *f.pl.*, ciance *f.pl.* **quas|sel|ig** agg. COLLOQ. chiacchierone. **quas|seln** intr. (aus. *haben*) COLLOQ. chiacchierare, cianciare, blaterare ◆ ***dummes Zeug ~*** dire stupidaggini. **Quas|sel|strip|pe** f. *(-,-n)* **1** chiacchierone *m.* **2** SCHERZ. *(Telefon)* telefono *m.*

Quast m. *(-[e]s,-e)* REGION. **1** pennellessa *f.* **2** *(Haarbüschel)* ciuffo *m.* di peli. **Quas|te** f. *(-,-n)* **1** nappa *f.*, fiocco *m.* **2** *(Haarbüschel)* ciuffo *m.* (di peli) **3** *(Puderquaste)* piumino *m.* **4** REGION. *(breiter Pinsel)* pennellessa *f.* **Quas|ten|be|hang** m. *(-[e]s,-behänge)* guarnizione *m.* di fiocchetti (*o* nappine). **Quas|ten|flos|ser** m. *(-s,-)* crossopterigio *m.* **quas|ten|för|mig** agg. a mo' di fiocco.

Quäs|tor m. *(-,-en)* **1** STOR. questore *m.* **2** UNIV. economo *m.* **Quäs|tur** f. *(-,-en)* **1** STOR. questura *f.* **2** UNIV. economato *m.*

Qua|tem|ber m. *(-s,-)* quattro tempora *f.pl.*

qua|ter|när agg. CHIM. quaternario. **Qua|ter|ne** f. *(-,-n)* ANT. quaterna *f.*

quatsch inter. ciac, ciaf. **Quatsch** m. *(-[e]s)* COLLOQ. **1** scemenze *f.pl.*, sciocchezze *f.pl.*, fesserie *f.pl.*: ***rede, mach keinen ~!*** non dire scemenze! non fare sciocchezze! **2** *(Jux)* scherzo *m.* **3** REGION. *(Matsch)* fanghiglia *f.* ◆ ***~ mit Soße!*** sciocchezze! **quat|schen** COLLOQ. **I** tr. dire: ***dummes Zeug ~*** dire sciocchezze **II** intr. (aus. *haben*) **1a** chiacchierare, cianciare: ***hört auf zu ~*** smettetela di chiacchierare **b** *(tratschen)* spettegolare **2** *(ausplaudern)* spifferare tutto **3a** REGION. fare cic-ciac **b** impers. ***es quatscht in den Schuhen*** le scarpe fanno cic-ciac. **Quat|sche|rei** f. *(-,-en)* COLLOQ. chiacchiere *f.pl.*, ciance *f.pl.*

quat|schig agg. REGION. COLLOQ. fangoso.

Quatsch|kopf m. *(-[e]s,-köpfe)* COLLOQ. SPREG. chiacchierone *m.* **quatsch|nass** agg. bagnato fradicio. **Quatsch|tü|te** f. *(-,-n)* COLLOQ. burlone *m.*

Quat|tro|cen|tist [-tʃɛnˈtɪst] m. *(-en,-en)* ART. quattrocentista *m.* **Quat|tro|cen|to** n. *(-s)* ART. Quattrocento *m.*

Queb|ra|cho [keˈbratʃo] n. *(-s)* **1** quebracho *m.* **2** → **Quebrachorinde. Queb|ra|cho|baum** m. *(-[e]s,-bäume)* quebracho *m.* **Queb|ra|cho|rin|de** f. *(-)* corteccia *f.* del quebracho.

queck REGION. → **quick. Queck|born** REGION. → **Quickborn.**

Que|cke f. *(-,-n)* gramigna *f.* **que|ckig** agg. pieno di gramigna.

Queck|sil|ber n. *(-s)* mercurio *m.* ◆ ***~ im Leib haben*** avere l'argento vivo addosso; ***sie ist ein richtiges ~*** ha l'argento vivo addosso. **Queck|sil|ber|dampf** m. *(-[e]s,-dämpfe)* vapore *m.* di mercurio. **Queck|sil|ber|dampf|lam|pe** f. *(-,-n)* lampada *f.* ai vapori di mercurio. **queck|sil|ber|hal|tig, queck|sil|ber|häl|tig** agg. che contiene mercurio, mercurifero; FARM. mercuriale. **queck|sil|be|rig, queck|sil|bern** → **quecksilbrig. Queck|sil|ber|prä|pa|rat** n. *(-[e]s,-e)* preparato *m.* mercuriale. **Queck|sil|ber|sal|be** f. *(-,-n)* unguento *m.* mercuriale. **Queck|sil|ber|säu|le** f. *(-,-n)* colonnina *f.* di mercurio. **Queck|sil|ber|ver|gif|tung** f. *(-,-en)* avvelenamento *m.* da mercurio, mercurialismo *m.* **queck|silb|rig I** agg. **1** di mercurio **2** FIG. *(äußerst lebhaft)* con l'argento vivo **II** avv. come il mercurio.

Queen [kwi:n] f. *(-,-s)* **1** *(englische Königin)* regina *f.* d'Inghilterra **2** COLLOQ. reginetta *f.* **3** GERG. checca *f.*

Quell m. *(-[e]s)* LETT. → **Quelle. Quell|be|wöl|kung** f. *(-)* nuvolosità *f.* cumuliforme.

Quel|le f. *(-,-n)* **1** sorgente *f.*, LETT. fonte *f.*: ***eine warme, schwefelhaltige ~*** una sorgente calda, sulfurea; ***die -n der Mosel*** le sorgenti della Mosella; ***die ~ sprudelt*** la sorgente zampilla; ***eine ~ versiegt*** una sorgente si esaurisce **2a** FIG. fonte *f.*: ***die -n zitieren, angeben*** citare, indicare le fonti; ***neue -n für die Energieversorgung*** nuove fonti per il rifornimento energetico; *(Informationsquelle)* ***eine zuverlässige ~ haben*** avere una fonte fidata; ***aus sicherer ~*** da fonte sicura **b** *(Ursprung)* fonte *f.*, sorgente *f.*, origine *f.*: ***die ~ des Lebens, ihrer Unzufriedenheit*** la fonte della vita, della loro infelicità **3** *(Einkaufsquelle)* fornitore *m.*: ***ich habe (dafür) gute -n*** (per questo) ho dei buoni fornitori **4** FIS. sorgente *f.* ◆ ECON. ***an der ~ abziehen*** trattenere alla fonte; ***aus amtlicher ~*** da fonte ufficiale; COLLOQ. ***neue -n anbohren*** trovare nuove fonti, nuovi informatori; ***neue -n erschließen*** trovare nuove fonti (*o* fornitori); ***aus erster ~*** di prima mano; ***an der ~ sitzen*** essere immanicato.

1.quel|len intr. *(quillt, quoll, gequollen;* aus. *sein)* **1** scaturire, sgorgare, fuoriuscire: ***Rauch quillt aus dem Kamin*** il fumo esce dal camino **2** riversarsi: ***die Menge quillt aus dem Stadion*** la folla si riversa fuori dallo stadio **3** *(hervortreten)* uscire: ***vor Zorn quollen ihm fast die Augen aus dem Kopf*** per la rabbia gli uscivano quasi gli occhi dalle orbite **4a** *(sich ausdehnen)* gonfiare, gonfiarsi **b** GASTR. *(von getrockneten Hülsenfrüchten)* ammollarsi.

2.quel|len tr. **1** lasciare a bagno, ammollare **2** REGION. *(gar kochen lassen)* fare cuocere al punto giusto.

Quel|len|an|ga|be f. *(-,-n)* indicazione *f.* delle fonti. **Quel|len|be|steu|e|rung** f. *(-)* tassazione *f.* alla fonte (*o* all'origine). **Quel|len|for|schung** f. *(-)* ricerca *f.*, studio *m.* delle fonti. **Quel|len|ge|her** m. *(-s,-)* cercatore *m.* di sorgenti. **Quel|len|kri|tik** f. *(-)* critica *f.* delle fonti. **Quel|len|kun|de** f. *(-)* studio *m.* delle fonti. **quel|len|mä|ßig** agg. conforme alle fonti. **Quel|len|ma|te|ri|al** n. *(-[e]s,-ien)* materiale *m.* documentario. **Quel|len|nach|weis** m. *(-es,-e)* indicazione *f.* delle fonti. **quel|len|reich** agg. ricco di sorgenti. **Quel|len|steu|er** f. *(-,-n)* ritenuta *f.* alla fonte. **Quel|len|stu|di|um** n. *(-s,-studien)* studio *m.* delle fonti. **Quel|len|werk** n. *(-[e]s,-e)* raccolta *f.* di fonti.

Quel|ler m. *(-s,-)* salicornia *f.*

Quell|fas|sung f. *(-,-en)* presa *f.* di una, della sorgente. **Quell|fluss** m. *(-es,-flüsse)* ramo *m.* sorgentifero. **quell|frisch** agg. fresco di sorgente. **Quell|ge|biet** n. *(-[e]s,-e)* regione *f.* sorgentifera, sorgenti *m.pl.* **Quell|gott** m. *(-[e]s,-götter)* dio *m.* delle sorgenti. **Quell|kup|pe** f. *(-,-n)* cupola *f.* di lava. **Quell|nym|phe** f. *(-,-n)* ninfa *f.* delle sorgenti. **Quell|topf** m. *(-[e]s,-töpfe)* polla *f.* sorgiva. **Quel|lung** f. *(-,-en)* (ri)gonfiamento *m.* **Quell|ver|kehr** m. *(-[e]s)* traffico *m.* in uscita. **Quell|was|ser** n. *(-s,-)* acqua *f.* di sorgente. **Quell|wol|ke** f. *(-,-n)* METEOR. cumulo *m.*

Quen|del m. *(-s,-)* timo *m.*

Quen|ge|lei f. *(-,-en)* COLLOQ. piagnisteo *m.* **quen|ge|lig** agg. COLLOQ. piagnucoloso. **quen|geln** intr. (aus. *haben*) COLLOQ. **1** *(weinen)* piagnucolare **2** *(nörgeln)* lamentarsi, brontolare: ***über etw. ~*** lamentarsi di, brontolare per qcs. **Queng|ler** m. *(-s,-)* COLLOQ. piagnucolone *m.*; *(Brummbär)* brontolone *m.* **queng|lig** → **quengelig.**

Quent n. *(-[e]s,-e)* METROL. INTRAD. (antica unità di misura corrispondente a 1,67 g).

quer I agg. RAR. **1** trasversale, traverso, obliquo **2** FIG. *(verquer)* strampalato: ***-e Ideen*** idee strampalate **II** avv. trasversalmente, di traverso: ***den Stoff ~ nehmen*** prendere la stoffa di traverso; ***jdn ~ ansehen*** guardare qcn. di traverso; ***~ gestreift*** a righe (*o* strisce) trasversali; COLLOQ. ***~ kommen*** andare storto, di traverso; ***~ laufend*** trasversale; COLLOQ. ***sich (jdm) ~ legen*** opporsi (a qcn.); COLLOQ. ***~ liegen*** essere storto; COLLOQ. ***~ schießen*** essere d'intralcio, mettere i bastoni fra le ruote; BANC. ***~ schreiben*** firmare (per accettazione) ◆ ***~ durch etw.*** attraverso qcs.; ***heute geht wieder alles ~*** oggi va di nuovo tutto storto; ***seine Ansichten gehen mir ~*** le sue opinioni mi vanno per traverso; COLLOQ. ***kreuz und ~ liegen*** essere sottosopra; ***kreuz und ~ gehen*** (giro)vagare; ***~ über etw.*** attraverso qcs.; ***~ übereinander legen*** sovrapporre, accatastare in modo incrociato.

Quer|ach|se f. *(-,-n)* asse *m.* trasversale. **Quer|ader** f. *(-,-n)* MIN. vena *f.*, filone *m.* traversale. **Quer|bal|ken** m. *(-s,-)* **1** EDIL. trave *f.* trasversale, traversa *f.* **2** MUS. stanghetta *f.* trasversale (fra due note) **3** SPORT traversa *f.* **Quer|baum** m. *(-[e]s,-bäume)* SPORT ANT. sbarra *f.* trasversale. **quer|beet** agg. COLLOQ. a zonzo. **Quer|be|we|gung** f. *(-,-en)* movimento *m.* trasversale. **Quer|bin|der** m. *(-s,-)* ANT. farfallino *m.* **Quer|damm** m. *(-[e]s,-dämme)* argine *m.* trasversale, diga *f.* **Quer|den|ker** m. *(-s,-)* persona *f.* dalle idee stravaganti. **quer|durch** avv. di traverso.

Que|re f. *(-)* COLLOQ. traverso *m.* ◆ COLLOQ. ***jdm in die ~ geraten, kommen, laufen*** mettere i bastoni fra le ruote a qcn.; *(jdn zufällig treffen)* incrociare qcn.; *(in den Weg kommen)* scontrarsi con qcn.; ***ihm ist etw. in die ~ gekommen*** ha avuto un contrattempo; ***der ~ nach*** di traverso, trasversalmente.

Quer|ein|stieg m. *(-[e]s)* UNIV. passaggio *m.* di facoltà: ***~ in Biologie*** passaggio a biologia.

Que|re|le f. *(-,-n)* controversia *f.*, litigio *m.*: ***eine ~ beenden*** dirimere una controversia, porre fine a un litigio.

que|ren tr. ANT. attraversare; *(kreuzen)* incrociare.

Quer|fal|te f. *(-,-n)* piega *f.* trasversale.

quer|feld|ein avv. attraverso, per i campi. **Quer|feld|ein|lauf** m. *(-[e]s,-läufe)* corsa *f.* campestre. **Quer|feld|ein|ren|nen** n. *(-s)* ciclocross *m.*, ciclocampestre *m.* **Quer|feld|ein|stre|cke** f. *(-,-n)*

percorso *m.* (di, della gara campestre).
Quer|flö|te f. *(-,-n)* flauto *m.* traverso. **Quer|flü|gel** m. *(-s,-)* **1** MUS. pianoforte *m.* a coda **2** EDIL. ala *f.* trasversale. **Quer|for|mat** n. *(-[e]s,-e)* formato *m.* orizzontale. **Quer|fort|satz** m. *(-[e]s,-fortsätze)* ANAT. processo *m.* trasverso. **Quer|fra|ge** f. *(-,-n)* domanda *f.* in contraddittorio. **Quer|fu|ge** f. *(-,-n)* giunta *f.* trasversale. **Quer|gang** m. *(-[e]s,-gänge)* ALP. traversata *f.* **Quer|gas|se** f. *(-,-n)* via *f.* trasversale, traversa *f.* **Quer|ge|fäl|le** n. *(-,-)* inclinazione *f.* (*o* pendenza *f.*) trasversale. **Quer|ge|stein** n. *(-[e]s,-e)* MIN. roccia *f.* trasversale. **Quer|haupt** n. *(-[e]s,-häupter)* TECN. traversa *f.* **Quer|haus** n. *(-[e]s,-häuser)* transetto *m.* **Quer|holz** n. *(-[e]s,-hölzer)* trave *f.* trasversale, traversa *f.*
Quer|kopf m. *(-[e]s,-köpfe)* COLLOQ. bastian *m.* contrario. **quer|köp|fig** agg. da bastian contrario ◆ ***eine -e Person*** un bastian contrario. **Quer|köp|fig|keit** f. *(-,-en)* cocciutaggine *f.*
Quer|la|ge f. *(-)* posizione *f.* (fetale) trasversale. **Quer|lat|te** f. *(-,-n)* traversa *f.*: SPORT ***an die ~ schießen*** prendere (*o* colpire) la traversa. **Quer|leis|te** f. *(-,-n)* lista *f.*, listello *m.* trasversale. **Quer|li|nie** f. *(-,-n)* linea *f.* trasversale. **Quer|pass** m. *(-es,-pässe)* SPORT traversone *m.* **Quer|pfei|fe** f. *(-,-n)* piffero *m.* **Quer|rich|tung** f. *(-,-en)* direzione *f.* trasversale. **Quer|ru|der** n. *(-s,-)* alettone *m.* **Quer|sack** m. *(-[e]s,-säcke)* bisaccia *f.* **Quer|schiff** n. *(-[e]s,-e)* transetto *m.* **quer|schiffs** avv. MAR. al, per il traverso. **Quer|schlä|ger** m. *(-s,-)* **1** colpo *m.* di sbieco **2** COLLOQ. *(Quertreiber)* oppositore *m.*, intrigante *m.* **Quer|schlei|fe** f. *(-,-n)* (cravatta *f.* a) farfalla *f.*
Quer|schnitt m. *(-[e]s,-e)* **1** taglio *m.* trasversale **2** GEOM. sezione *f.* (trasversale) **3** FIG. panorama *f.*, rassegna *f.*: ***ein ~ durch die moderne Musik*** una rassegna di musica moderna. **quer|schnitt(s)|ge|lähmt** agg. paraplegico. **Quer|schnitt(s)|ge|lähm|te** m. *(-n,-n)* paraplegico *m.* **Quer|schnitt(s)|läh|mung** f. *(-,-en)* paraplegia *f.*
Quer|schrei|ben n. *(-s)* COLLOQ. firma *f.* (per accettazione). **Quer|schuss** m. *(-es,-schüsse)* COLLOQ. tiro *m.* mancino. **Quer|spal|te** f. *(-,-n)* crepaccio *m.* trasversale. **Quer|stol|len** m. *(-s,-)* MIN. galleria *f.* traversobanco. **Quer|stra|ße** f. *(-,-n)* via *f.* trasversale, traversa *f.* **Quer|strich** m. *(-[e]s,-e)* riga *f.* trasversale. **Quer|sum|me** f. *(-,-n)* somma *f.* delle cifre: ***die ~ von, aus 431 ist 8*** la somma delle cifre di 431 è 8. **Quer|tal** n. *(-[e]s,-täler)* valle *f.* trasversale. **Quer|trä|ger** m. *(-s,-)* trave *f.* trasversale, traversa *f.* **Quer|trei|ber** m. *(-s,-)* COLLOQ. intrigante *m.* **Quer|trei|be|rei** f. *(-,-en)* COLLOQ. intrighi *m.pl.*, raggiri *m.pl.* **quer|über** avv. di (*o* per) traverso.
Que|ru|lant m. *(-en,-en)* LETT. persona *f.* querula. **Que|ru|lan|ten|tum** n. *(-s)* LETT. querimonia *f.*, querela *f.* **que|ru|la|to|risch** agg. LETT. querulo. **que|ru|lie|ren** intr. (aus. *haben*) LETT. querelarsi, fare querimonie.
Quer|ver|band m. *(-[e],-verbände)* **1** fasciatura *f.* trasversale **2** EDIL. traversa *f.* **Quer|ver|bin|dung** f. *(-,-en)* collegamento *m.* trasversale. **Quer|ver|schie|bung** f. *(-,-en)* spostamento *m.* trasversale. **Quer|ver|weis** m. *(-es,-e)* rimando *m.* (incrociato). **Quer|vor|schub** m. *(-[e]s,-vorschübe)* TECN. avanzamento *m.* laterale. **Quer|wand** f. *(-,-wände)* parte *f.* trasversale. **Quer|wel|le** f. *(-,-n)* onda *f.* trasversale.
Que|se f. *(-,-n)* REGION. **1** vescica *f.* **2** *(Schwiele)* callo *m.* **3** VETER. *(Drehwurm)* cenuro *m.* **que|sen** intr. (aus. *haben*) REGION. piagnucolare, lamentarsi. **Que|sen|band|wurm** m. *(-[e]s,-würmer)* cenuro *m.* **que|sig** agg. REGION. **1** *(quengelig)* piagnucoloso, lamentoso **2** *(schwielig)* calloso **3** *(drehkrank)* che ha il capostorno, la cenurosi.
Quetsch m. *(-[e]s,-e)* REGION. prunella *f.*, acquavite *f.* di prugne.
1.Quet|sche f. *(-,-n)* REGION. prugna *f.*
2.Quet|sche f. *(-,-n)* **1** REGION. *(Kartoffelpresse)* schiacciapatate *m.* **2** COLLOQ. SPREG. *(kleiner Ort)* buco *m.*, paesucolo *m.*; *(kleiner Betrieb, Laden)* buco *m.*, bugigattolo *m.* **3** *(Ziehharmonika)* fisarmonica *f.* ◆ COLLOQ. ***in der ~ sein*** essere schiacciato, messo alle strette.
quet|schen I tr. **1a** schiacciare: ***jdn an, gegen die Wand ~*** schiacciare qcn. contro la parete; ***etw. in den Koffer ~*** schiacciare (*o* pigiare) qcs. nella valigia **b** COLLOQ. ***jdm bei der Begrüßung die Hand ~*** stritolare la mano a qcn. salutandolo **2a** REGION. ***Kartoffeln (zu Püree) ~*** schiacciare le patate (fare la purea) **b** *(auspressen)* spremere: ***den Saft aus einer Zitrone ~*** spremere il succo di un limone, schiacciare un limone **II** rifl. **1** ***sich (D) etw. ~*** schiacciarsi qcs. **2** ***sich (durch etw.) ~*** passare a fatica (attraverso qcs.); ***sich in den vollen Zug ~*** passare a fatica nel treno pieno di gente.
Quetsch|fal|te f. *(-,-n)* piega *f.* piatta. **Quetsch|fleck** m. *(-s,-e)* livido *m.* **Quetsch|gren|ze** f. *(-)* EDIL. limite *m.* di snervamento a compressione. **Quetsch|hahn** m. *(-[e]s,-hähne)* pinza *f.* a molla, pinza *f.* per tubi di gomma. **Quetsch|kar|tof|feln** pl. REGION. puré (*o* purea *f.*) di patate. **Quetsch|kom|mo|de** f. *(-,-n)* SCHERZ. fisarmonica *f.* **Quet|schung** f. *(-,-en)* contusione *f.* **Quetsch|walz|werk** n. *(-[e]s,-e)* frantoio *m.* a cilindri. **Quetsch|wun|de** f. *(-,-n)* contusione *f.*
Queue [kø:] n. e AUSTR. m. *(-s,-s)* stecca *f.* da biliardo.
quick agg. REGION. vivace, vispo.
Quick|born m. *(-[e]s)* ANT. fontana *f.* dell'eterna giovinezza.
qui|cken tr. CHIM. amalgamare.
Quick|heit f. *(-)* vivacità *f.* **quick|le|ben|dig** agg. COLLOQ. vivacissimo, molto vispo.
Quick|was|ser n. *(-s,-)* soluzione *f.* mercuriale. **Quick|wert** m. *(-[e]s,-e)* risultato *m.* del test di Quick.
Qui|ckie m. *(-s,-s)* sveltina *f.*
Quid|di|tät f. *(-,-en)* FILOS. quiddità *f.*
Quid|pro|quo n. *(-s,-s)* quiproquò *m.*
quiek inter. squit. **quie|ken, quiek|sen** intr. (aus. *haben*) squittire, stridere (anche FIG.): ***vor Vergnügen ~*** squittire di gioia. **Quiek|ser** m. *(-s,-)* COLLOQ. strillo *m.*
quie|men, quie|nen intr. (aus. *haben*) REGION. lamentarsi debolmente.
Qui|e|tis|mus m. *(-)* quietismo *m.* **Qui|e|tist** m. *(-en,-en)* quietista *m.* **qui|e|tis|tisch** agg. quietista, quietistico.
Qui|e|tiv n. *(-s,-e)* tranquillante *m.*, calmante *m.*
quiet|schen intr. (aus. *haben*) **1** stridere: ***die Bremsen ~*** i freni stridono **2** cigolare: ***die Tür, das Bett quietscht*** la porta, il letto cigola **3** COLLOQ. strillare: ***vor Vergnügen ~*** strillare di gioia. **Quiet|scher** m. *(-s,-)* **1** stridio *m.*, cigolio *m.* **2** *(Schrei)* strillo *m.* **quietsch|fi|del** agg. COLLOQ. di ottimo umore. **Quietsch|kas|ten** m. *(-s,-* e *-kästen)* SCHERZ. grammofono *m.*; *(Radio)* radio *f.* **quietsch|ver|gnügt** agg. COLLOQ. contento come una pasqua.
quill → **quellen.**
quin|ke|lie|ren intr. (aus. *haben*) trillare: ***die Lerche quinkeliert*** l'allodola trilla.
Quin|quen|ni|um n. *(-s, Quinquennien)* ANT. quinquennio *m.*
quin|qui|lie|ren → **quinkelieren.**
Quin|quil|li|on f. *(-,-en)* quinquilione *m.*
Quint f. *(-,-en)* → **Quinte.**
Quin|ta f. *(-, Quinten)* quinta *f.* (ANT. seconda classe del Gymnasium; AUSTR. quinta classe del Gymnasium).
Quin|tal [kɛ̃'tal, kin'tal] m. *(-s,-e)* quintale *m.*
Quin|ta|na f. *(-)* quintana *f.*
Quin|ta|ner m. *(-s,-)* alunno *m.* della quinta.
Quin|tan|fie|ber n. *(-s)* febbre *f.* quintana.
Quin|te f. *(-,-n)* MUS. **1** *(Ton)* dominante *f.* **2** *(Intervall)* quinta *f.* **Quin|ten|zir|kel** m. *(-s)* ciclo *m.* (*o* circolo *m.*) delle quinte.
Quin|ter|ne f. *(-,-n)* ANT. *(beim Lottospiel)* cinquina *f.*
Quint|es|senz f. *(-,-en)* quintessenza *f.*: ***die ~ eines Gedankengangs*** la quintessenza di un ragionamento.
Quin|tett n. *(-[e]s,-e)* MUS. quintetto *m.* **quin|tie|ren** tr. risolvere sulla quinta.
Quin|til|li|on f. *(-,-en)* quintilione *m.*
Quin|to|le f. *(-,-n)* MUS. quintina *f.*
Qui|pro|quo n. *(-s,-s)* scambio *m.* di persona.
Qui|ri|nal|pa|last m. *(-[e]s)* palazzo *m.* del Quirinale, quirinale *m.*
Qui|ri|te m. *(-n,-n)* STOR. quirite *m.* **qui|ri|tisch** agg. quirite.
Quirl m. *(-[e]s,-e)* **1** frullino *m.*: ***Eier und Zucker mit dem ~ verrühren*** sbattere uova e zucchero con il frullino **2** COLLOQ. *(lebhafte Person)* trottola *f.*, trottolino *m.* **3** BOT. verticillo *m.* **quir|len I** tr. frullare, sbattere col frullino **II** intr. (aus. *haben, sein*) **1** mulinare, vorticare **2** impers. ***es quirlt von Menschen*** c'è un brulicare di persone. **quir|lig** agg. **1** COLLOQ. *(sehr lebhaft)* ***ein -es Kind*** un trottolino **2** → **quirlständig.** **quirl|stän|dig** agg. verticillato.
Quis|qui|li|en pl. quisquilie *f.pl.*
quitt agg.inv. COLLOQ. pari: ***sich als ~ erachten*** considerarsi pari ◆ ***(mit jdm) ~ sein*** essere pari con qcn.; *(mit jdm nichts mehr zu tun haben)* non volerne più sapere di qcn.; ***mit jdm ~ werden*** accordarsi con qcn.; ANT. ***jds, einer Sache ~ sein, werden*** essersi sbarazzati, sbarazzarsi di qcn., di qcs.; *(verlieren)* aver perso, perdere qcn., qcs.
Quit|te f. *(-,-n)* **1** *(Quittenbaum)* cotogno *m.* **2** *(Quittenapfel)* cotogna *f.* **Quit|ten|ap|fel** m. *(-s,-äpfel)* mela *f.* cotogna. **Quit|ten|baum** m. *(-[e]s,-bäume)* melo *m.* cotogno. **Quit|ten|brot** n. *(-[e]s)* cotognata *f.* **quit|ten|gelb** agg. giallo cotogno. **Quit|ten|ge|lee** n. e m. *(-s,-s)* gelatina *f.* di cotogne. **Quit|ten|mar|me|la|de** f. *(-,-n)* marmellata *f.* di cotogne. **Quit|ten|vo|gel** m. *(-s,-vögel)* bombice *m.* della quercia.

quit|tie|ren I tr. **1** *(Zahlung bestätigen)* quietanzare, firmare per quietanza; *(Lieferung bestätigen)* accusare ricevuta di: ***den Empfang der Sendung ~*** accusare ricevuta di una spedizione **2** *(reagieren)* reagire a, ricambiare: ***eine Kritik mit einem Achselzucken ~*** fare spallucce per tutta risposta a una critica **3** ANT. deporre, abbandonare: ***seinen Dienst ~*** abbandonare il servizio **II** intr. (aus. *haben*) apporre una firma (per quietanza): ***auf der Rückseite der Rechnung ~*** apporre una firma sul retro di una fattura.

Quit|tung f. *(-,-en)* **1** ricevuta *f.*: ***etw. (nur) gegen ~ abgeben*** consegnare qcs. (solo) dietro ricevuta; ***jdm eine ~ für, über den eingezahlten Betrag ausstellen, geben*** rilasciare, dare a qcn. una ricevuta per (*o* sul) l'importo pagato **2** *(unangenehme Folgen)* risposta *f.*: ***nun hast du die ~ für deine Frechheit*** ecco la risposta, eccoti ripagato per la tua sfacciataggine. **Quit|tungs|block** m. *(-s,-blöcke* e *-s)* blocco *m.* delle ricevute. **Quit|tungs|buch** n. *(-[e]s,-bücher)* libro *m.* delle ricevute. **Quit|tungs|for|mu|lar** n. *(-s,-e)* modulo *m.* per ricevuta. **Quit|tungs|stem|pel** m. *(-s,-)* bollo *m.* per ricevuta.

Qui|vive [ki'vi:f], COLLOQ. ***auf dem ~ sein*** stare sul chi vive.

Quiz [kvɪs] n. *(-,-)* (gioco *m.* a) quiz *m.*: ***ein ~ machen, veranstalten, gewinnen*** fare, organizzare un quiz, vincere (a) un quiz. **Quiz|fra|ge** f. *(-,-n)* (domanda *f.*) quiz *m.* **Quiz|mas|ter** m. *(-s,-)* presentatore *m.* di quiz. **Quiz|sen|dung** f. *(-,-en)* quiz *m.* **quiz|zen** tr. **1** *(Quizfragen stellen)* porre quiz **2** *(in einem Quiz antworten)* rispondere a un quiz: ***drei Richtige ~*** dare tre risposte esatte (a un quiz).

Quod|li|bet n. *(-s,-s)* **1** MUS. quodlibet *m.* **2** INTRAD. (gioco a carte) **3** ANT. *(Durcheinander)* guazzabuglio *m.*

quoll → **quellen.**

Quo|rum n. *(-s)* quorum *m.*: ***das ~ erreichen*** raggiungere il quorum.

Quo|ta|ti|on f. *(-,-en)* ECON. quotazione *f.* **Quo|te** f. *(-,-n)* quota *f.*, percentuale *f.*: ***die ~ der Arbeitslosen beläuft sich auf 7 %, ist gestiegen, gesunken*** la percentuale dei disoccupati si aggira sul 7 %, è salita, scesa. **quo|ten|mä|ßig** avv. a, per quote. **Quo|ten|re|ge|lung** f. *(-)* = regolamentazione *f.* della percentuale di donne ammesse (a funzioni politiche e amministrative). **Quo|ti|ent** m. *(-en,-en)* MAT. quoziente *m.* **quo|tie|ren** tr. ECON. quotare. **Quo|tie|rung** f. *(-,-en)* ECON. il quotare, quotazione *f.* **quo|ti|sie|ren** tr. ECON. quotizzare. **Quo|ti|sie|rung** f. *(-,-en)* quotizzazione *f.*

R

r, R n. *(-,-)* r, R, erre *f.* e *m.*: ***ein großes R, ein kleines r*** una R maiuscola, una r minuscola.
r. ⇒ *rechts* a destra.
R. ⇒ *Regiment* reggimento (rgt.).
Ra|batt m. *(-[e]s,-e)* sconto *m.*; *(Ermäßigung)* riduzione *f.*: ***mit 5% ~*** con il 5% di sconto, con uno sconto del 5%; ***jdm ~ geben, gewähren*** fare, concedere (*o* praticare) uno sconto a qcn.; ***darauf habe ich 20% ~ bekommen, erhalten*** ho avuto (*o* mi hanno fatto) il 20% di sconto.
Ra|bat|te f. *(-,-n)* aiuola *f.*; *(Randbeet)* bordura *f.*
ra|bat|tie|ren tr. ***jdm etw. mit 10% ~*** praticare (*o* concedere, accordare) a qcn. uno sconto del 10% su qcs.: ***wir ~ Ihnen diese Bestellung mit 3%*** su quest'ordine Vi concediamo uno sconto del 3%. **Ra|bat|tie|rung** f. *(-,-en)* concessione *f.* di (uno) sconto. **Ra|batt|mar|ke** f. *(-,-n)* buono *m.* (di) sconto.
Ra|batz m. *(-es)* COLLOQ. **1** chiasso *m.*, baccano *m.*; *(Getümmel)* trambusto *m.* **2** *(Protest)* protesta *f.*
Ra|bau|ke m. *(-n,-n)* COLLOQ. **1** bullo *m.*, teppista *m.* **2** *(Rüpel)* zoticone *m.*
Rab|bi m. *(-[s],-nen)* rabbino *m.*, rabbi *m.* **Rab|bi|nat** n. *(-[e]s,-e)* dignità *f.* di rabbino. **Rab|bi|ner** m. *(-s,-)* rabbino *m.* **rab|bi|nisch** agg. rabbinico.
Ra|be m. *(-n,-n)* corvo *m.* ◆ ***schwarz wie ein ~, die -n*** nero come il carbone (*o* come la pece, come la notte); ***stehlen wie ein ~, die -n*** rubare a destra e manca, essere un ladrone incallito; ***ein weißer ~*** una mosca bianca. **Ra|ben|aas** n. *(-es,-äser)* SPREG. carogna *f.* **Ra|ben|bein** n. *(-[e]s,-e)* coracoide *m.* **Ra|ben|el|tern** pl. genitori *m.pl.* snaturati. **Ra|ben|krä|he** f. *(-,-n)* cornacchia *f.* **Ra|ben|mut|ter** f. *(-,-mütter)* madre *f.* snaturata. **Ra|ben|schlacht** f. *(-)* LETT. ***die ~*** la battaglia di Ravenna. **Ra|ben|schna|bel|bein** n. *(-[e]s,-e)*, **Ra|ben|schna|bel|fort|satz** m. *(-es,-fortsätze)* → **Rabenbein. ra|ben|schwarz** agg. **1a** nero come la pece (*o* come il carbone): ***eine -e Nacht*** una notte nera come la pece **b** *(von Augen, Haaren)* corvino **2** FIG. molto cupo, nerissimo: ***eine -e Zukunft*** un futuro nerissimo. **Ra|ben|va|ter** m. *(-s,-väter)* padre *m.* snaturato. **Ra|ben|vo|gel** m. *(-s,-vögel)* corvide *m.*
ra|bi|at agg. **1a** furioso, rabbioso: ***ein -er Kampf*** una lotta furiosa; ***jdn ~ machen*** rendere furioso qcn. **b** *(gewaltsam)* violento **2** *(roh)* brutale, violento: ***ein -er Kerl*** un tipo brutale **3** RAR. *(rigoros)* rigoroso, severo.
Ra|bi|es f. *(-)* MED. rabbia *f.*
Ra|bu|list m. *(-en,-en)* **1** leguleio *m.*, azzeccagarbugli *m.* **2** *(Haarspalter)* cavillatore *m.*, sofista *m.* **Ra|bu|lis|tik** f. *(-)* cavillosità *f.*, cavillo *m.* **ra|bu|lis|tisch** agg. cavilloso, sofistico.
Ra|che f. *(-)* **1** vendetta *f.*: ***etw. aus ~ tun*** fare qcs. per vendetta; ***an jdm ~ nehmen*** vendicarsi di (*o* su) qcn.; ***~ brüten, fordern, schwören, planen, üben*** covare, esigere, giurare, progettare, fare vendetta; ***auf ~ sinnen*** meditare vendetta; ***nach ~ verlangen, schreien, dürsten*** esigere, gridare vendetta, aver sete di vendetta; ***jdm mit (seiner) ~ drohen*** minacciare qcn. di vendetta **2** LETT. *(Rachsucht)* sete *f.* di vendetta: ***seine ~ stillen, kühlen*** placare la propria sete di vendetta ◆ ***die ~ des kleinen Mannes*** la vendetta del poveraccio. **Ra|che|akt** m. *(-[e]s,-e)* (atto *m.* di) vendetta *f.*
Ra|che|durst m. *(-[e]s)* LETT. sete *f.* di vendetta. **ra|che|dürs|tend, ra|che|durs|tig** agg. assetato di vendetta.
Ra|che|en|gel m. *(-s,-)* angelo *m.* vendicatore. **Ra|che|feld|zug** m. *(-s,-züge)* spedizione *f.*, azione *f.* punitiva. **Ra|che|ge|dan|ke** m. *(-ns,-n)* idea *f.* di vendetta. **Ra|che|ge|fühl** n. *(-[e]s,-e)* sentimento *m.* di vendetta. **Ra|che|göt|tin** f. *(-,-nen)* dea *f.* della vendetta.
Ra|chen m. *(-s,-)* **1** gola *f.*, ANAT. faringe *f.*: ***ein entzündeter, geröteter ~*** una gola infiammata, arrossata **2** *(von Raubtieren)* fauci *f.pl.*: ***den ~ aufreißen*** spalancare le fauci ◆ ***der ~ der Hölle*** l'abisso dell'inferno; ***den ~ nicht voll (genug) kriegen können*** non essere mai soddisfatto (*o* contento), essere incontentabile; ***jdm etw. aus dem ~ reißen*** strappare all'ultimo qcs. a qcn.; ***jdm den ~ stopfen*** contentare, soddisfare qcn.; *(jdn zum Schweigen bringen)* chiudere il becco a qcn.; SPREG. ***jdm viel Geld in den ~ werfen*** dare (*o* regalare) molto denaro a qcn., buttare via molto denaro per qcn.; COLLOQ. ***dafür habe ich ihm aber ganz schön was in den ~ werfen müssen!*** per questo gli ho dovuto sganciare un bel po' di soldi!
rä|chen I tr. vendicare: ***jds Tod, eine Beleidigung ~*** vendicare la morte di qcn., un'offesa **II** rifl. **sich ~ 1** vendicarsi: ***sich an jdm für etw. ~*** vendicarsi su qcn. per qcs. **2** FIG. *(unangenehme Folgen haben)* avere conseguenze negative, costare caro: ***deine Fehler werden sich ~!*** i tuoi errori ti costeranno cari! pagherai cari i tuoi errori! ***es wird sich ~, dass du nicht auf mich hören wolltest!*** ti costerà caro (*o* pagherai caro per) non avermi voluto dare ascolto! ***das wird sich an unseren Kindern ~*** i nostri figli ne porteranno (*o* ne pagheranno) le conseguenze.
Ra|chen|blüt|ler m. *(-s,-)* scrofulariacea *f.* **Ra|chen|bräu|ne** f. *(-)* difterite *f.*
rä|chend p.pres. agg. **1** → **rächen 2** vendicatore, LETT. vindice.
Ra|chen|ent|zün|dung f. *(-,-en)* → **Rachenkatarrh. Ra|chen|höh|le** f. *(-,-n)* cavità *f.* faringea, faringe *f.* **Ra|chen|ka|tarr(h)** m. *(-s)* faringite *f.* **Ra|chen|laut** m. *(-[e]s,-e)* suono *m.* faringale. **Ra|chen|man|del** f. *(-,-n)* tonsilla *f.* (faringea). **Ra|chen|man|del|ent|zün|dung** f. *(-,-en)* tonsillite *f.* **Ra|chen|put|zer** m. *(-s,-)* COLLOQ. torcibudella *m.* **Ra|chen|spie|gel** m. *(-s,-)* faringoscopio *m.*
Rä|cher m. *(-s,-)* vendicatore *m.*
Ra|che|schwur m. *(-[e]s,-schwüre)* giuramento *m.* di vendetta.
Rach|gier f. *(-)* brama *f.* di vendetta. **rach|gie|rig** agg. bramoso di vendetta.
Ra|chi|ti|ker m. *(-s,-)* rachitico *m.* **Ra|chi|tis** f. *(-, Rachitiden)* rachitismo *m.*, rachitide *f.* **ra|chi|tisch** agg. rachitico.
Rach|sucht f. *(-)* sete *f.* (*o* brama *f.*) di vendetta. **rach|süch|tig** agg. assetato (*o* bramoso) di vendetta.
Ra|cke f. *(-,-n)* coracide *m.*
Ra|cker m. *(-s,-)* COLLOQ. monello *m.*, birba *f.*
Ra|cke|rei f. *(-,-en)* COLLOQ. sfacchinata *f.*, faticaccia *f.* **ra|ckern** intr. (aus. *haben*) COLLOQ. sgobbare, sfacchinare; ***schwer ~*** lavorare sodo.
1.Ra|cket ['rɛkət] n. *(-s,-s)* SPORT racchetta *f.* (da tennis).
2.Ra|cket ['rɛkət] n. *(-s,-s)* racket *m.*
Rad n. *(-[e]s, Räder)* **1** ruota *f.*: ***ein ~ montieren, wechseln, austauschen*** montare, cambiare una ruota; ***unter die Räder eines Autos kommen*** finire sotto le ruote di un'auto; ***der Pfau schlägt ein ~*** il pavone fa la ruota; GINN. ***ein ~ ausführen, schlagen*** eseguire, fare una ruota; STOR. ***jdn aufs ~ binden*** legare qcn. alla ruota; MECC. ***gezahnte Räder*** ruote dentate **2** *(Fahrrad)* bici *f.*: ***(mit dem) ~ fahren*** andare in bici; ***das ~ schieben müssen*** dover spingere la bici; ***vom ~ steigen*** scendere dalla bici ◆ ***jd hat ein ~ ab*** → ***bei jdm ist ein ~ locker;*** COLLOQ. SPREG. ***~ fahren*** fare il leccapiedi; ***das fünfte ~ am Wagen sein*** essere l'ultima ruota del carro; *(nur geduldet sein)* essere d'incomodo, sentirsi di troppo; FIG. ***unter die Räder geraten, kommen*** finire male, rovinarsi; ***bei jdm ist ein ~ locker*** a qcn. manca una rotella.
Rad|ab|wei|ser m. *(-s,-)* paracarro *m.* **Rad|ach|se** f. *(-,-n)* assale *m.* **Rad|an|trieb** m. *(-[e]s,-e)* trasmissione *f.* a ruota.
Ra|dar, Ra|dar m. e n. *(-s,-e)* radar *m.*: ***etw. durch ~ (mittels ~) orten*** localizzare qcs. col radar; ***mit ~ ausgerüstet, ausgestattet sein*** essere dotato di radar. **Ra|dar|an|la|ge** f. *(-,-n)* impianto *m.* radar. **Ra|dar|an|ten|ne** f. *(-,-n)* antenna *f.* radar. **Ra|dar|ast|ro|no|mie** f. *(-)* radarastronomia *f.* **Ra|dar|auf|klä|rung** f. *(-,-en)* ricognizione *f.* a mezzo radar, esplorazione *f.* radar. **Ra|dar|be|obach|ter** m. *(-s,-)* radarista *m.* **Ra|dar|emp|fän|ger** m. *(-s,-)*

ricevitore *m.* radar. **Ra|dar|fal|le** f. *(-,-n)* COLLOQ. (controllo *m.*) radar *m.* **ra|dar|ge|lenkt** agg. radarcomandato. **Ra|dar|ge|rät** n. *(-[e]s,-e)* apparecchio *m.* radar, COLLOQ. Autovelox *m.* **Ra|dar|kon|trol|le** f. *(-,-n)* controllo *m.* radar. **Ra|dar|netz** n. *(-es,-e)* rete *f.* di stazioni radar. **Ra|dar|pa|ra|bol|spie|gel** m. *(-s,-)* specchio *m.* parabolico per (antenna) radar. **Ra|dar|pei|lung** f. *(-,-en)* rilevamento *m.* radar. **Ra|dar|schirm** m. *(-[e]s,-e)* schermo *m.* radar. **Ra|dar|sta|ti|on** f. *(-,-en)* stazione *f.* radar. **Ra|dar|tech|nik** f. *(-)* radartecnica *f.* **Ra|dar|turm** m. *(-[e]s,-türme)* torre *f.* radar. **Ra|dar|wa|gen** m. *(-s,-)* veicolo *m.* radar. **Ra|dar|warn|sys|tem** n. *(-s,-e)* sistema *m.* d'allarme radar. **Ra|dar|wel|le** f. *(-,-n)* onda *f.* radar.

Ra|dau m. *(-s)* COLLOQ. casino *m.*, chiasso *m.*: ***~ machen*** fare casino (*o* chiasso). **Ra|dau|bru|der** m. *(-s,-brüder)* → **Radaumacher.**

Rad|auf|hän|gung f. *(-,-en)* sospensione *f.*

Ra|dau|ma|cher m. *(-s,-)* COLLOQ. chiassone *m.*, casinista *m.*

Rad|aus|flug m. *(-[e]s,-ausflüge)* gita *f.* in bicicletta. **Rad|bahn** f. *(-,-en)* velodromo *m.* **Rad|ball** m. *(-[e]s,-bälle)* SPORT ciclopalla *f.* **Rad|bal|ler** m. *(-s,-)* giocatore *m.* di ciclopalla. **Rad|brem|se** f. *(-,-n)* freno *m.* sulla ruota (della bicicletta).

Räd|chen n. *(-s,-* e *Räderchen)* **1** ruotina *f.*, ruotino *m.*; *(von einem Mechanismus)* rotella *f.*, rotellina *f.* **2** *(Teigrädchen)* rotella *f.* per tagliare la pasta **3** SART. rotella *f.* ◆ FIG. ***nur ein ~ im Getriebe sein*** essere solo una rotella dell'ingranaggio; COLLOQ. FIG. ***bei ihm ist ein ~ locker, fehlt ein ~*** gli manca una rotella. **Rad|dampf|fer** m. *(-s,-)* piroscafo *m.* a ruote.

Ra|de f. *(-,-n)* BOT. gettaione *m.*, mazzettone *m.*

ra|de|bre|chen tr. *(radebrecht, radebrechte, geradebrecht)* storpiare, masticare male: ***Französisch ~*** storpiare il francese.

ra|deln intr. (aus. *sein*) COLLOQ. REGION. andare in bicicletta.

rä|deln tr. SART. segnare con la rotella.

Rä|dels|füh|rer m. *(-s,-)* SPREG. caporione *m.*

Rä|der|chen pl. → **Rädchen.**

Rä|der|ge|häu|se n. *(-s,-)* cassa *f.* (dell'orologio). **Rä|der|ge|trie|be** n. *(-s,-)* rotismo *m.* **Rä|der|kas|ten** m. *(-s,-)* scatola *f.* degli ingranaggi.

rä|dern tr. sottoporre al supplizio della ruota, ANT. arrotare.

Rä|der|tier n. *(-[e]s,-e)* ZOOL. rotifero *m.* **Rä|der|werk** n. *(-[e]s,-e)* ingranaggio *m.*

rad_fah|ren → **Rad.**

Rad|fah|rer m. *(-s,-)* **1** ciclista *m.* **2** COLLOQ. SPREG. leccapiedi *m.* **Rad|fah|re|rin** f. *(-,-nen)* ciclista *f.* **Rad|fahr|sport** m. *(-[e]s)* ciclismo *m.* **Rad|fahr|weg** m. *(-[e]s,-e)* pista *f.* ciclabile. **Rad|fel|ge** f. *(-,-n)* cerchione *m.* (della ruota). **Rad|fens|ter** n. *(-s,-)* rosa *f.*, rosone *m.* **rad|för|mig** agg. a forma di ruota, a ruota. **Rad|ga|bel** f. *(-,-n)* forcella *f.* **Rad|ge|stell** n. *(-[e]s,-e)* FERR. carrello *m.*

Ra|di m. *(-s,-)* REGION. COLLOQ. rafano *m.* ◆ COLLOQ. ***einen ~ kriegen*** prendersi un rimprovero, una sgridata.

ra|di|al I agg. radiale: ***-e Straßen*** strade radiali **II** avv. radialmente, a raggiera. **Ra|di|al|ge|schwin|dig|keit** f. *(-)* ASTR. velocità *f.* radiale. **Ra|di|al|rei|fen** m. *(-s,-)* pneumatico *m.* radiale. **Ra|di|al|schnitt** m. *(-[e]s,-e)* sezione *f.* radiale. **Ra|di|al|sym|met|rie** f. *(-)* simmetria *f.* radiata (*o* raggiata). **Ra|di|al|tur|bi|ne** f. *(-,-n)* turbina *f.* radiale.

ra|di|är agg. raggiato, radiato, radiale.

Ra|di|äs|the|sie f. *(-)* radi(o)estesia *f.*

Ra|di|a|ti|on f. *(-,-en)* radiazione *f.*

Ra|di|a|tor m. *(-s,-en)* radiatore *m.*

Ra|dic|chio [ra'dɪkio] m. *(-s)* radicchio *m.*

ra|die|ren tr. **1** cancellare (anche ASSOL.): ***an dieser Stelle ist radiert worden*** in questo punto c'è una cancellatura **2** ART. incidere (all'acquaforte) ◆ ***sich nicht ~ lassen*** essere indelebile. **Ra|die|rer** m. *(-s,-)* incisore *m.* (di acqueforti). **Ra|dier|gum|mi** m. *(-s,-s)* gomma *f.* per cancellare. **Ra|dier|kunst** f. *(-)* (arte *f.* dell') incisione all'acquaforte. **Ra|dier|mes|ser** n. *(-s,-)* raschietto *m.* **Ra|dier|na|del** f. *(-,-n)* puntasecca *f.* **Ra|dier|stel|le** f. *(-,-n)* raschiatura *f.*, cancellatura *f.* **Ra|die|rung** f. *(-,-en)* acquaforte *f.*

Ra|dies|chen n. *(-s,-)* rapanello *m.* ◆ COLLOQ. ***sich die ~ von unten ansehen, besehen, betrachten*** vedere l'erba dalla parte delle radici.

ra|di|kal I agg. **1** radicale: ***eine -e Umstellung*** un cambiamento radicale; ***-e Ansichten haben*** avere opinioni radicali; ***der -e Flügel der Partei*** l'ala radicale del partito **II** avv. radicalmente, in modo radicale: ***etw. ~ verneinen*** negare qcs. radicalmente; ***gegen jdn ~ vorgehen*** procedere contro qcn. in modo radicale ◆ ***~ denken*** avere idee radicali; ***~ gesinnt sein*** essere di idee radicali.

Ra|di|kal n. *(-s,-e)* MAT. CHIM. radicale *m.*

Ra|di|ka|le m. e f. *(-n,-n)* POL. radicale *m.* e *f.* **Ra|di|ka|len|er|lass** m. *(-es)* decreto *m.* sugli estremisti. **Ra|di|ka|lins|ki** m. *(-s,-s)* COLLOQ. estremista *m.* barricadiero. **ra|di|ka|li|sie|ren** tr. radicalizzare. **Ra|di|ka|lis|mus** m. *(-, Radikalismen)* radicalismo *m.* **Ra|di|ka|list** m. *(-en,-en)* POL. radicale *m.* **Ra|di|ka|li|tät** f. *(-)* radicalità *f.* **Ra|di|kal|kur** f. *(-,-en)* cura *f.* radicale. **Ra|di|kal|ope|ra|ti|on** f. *(-,-en)* CHIR. operazione *f.* radicale.

Ra|di|kand m. *(-en,-en)* radicando *m.*

Ra|dio n. *(-s,-s)* radio *f.*: ***das ~ einschalten (anmachen), ausschalten (ausmachen)*** accendere, spegnere la radio; ***das ~ läuft*** la radio è accesa; ***das ~ spielt, sendet, bringt eine Symphonie*** la radio trasmette una sinfonia (*o* alla radio danno una sinfonia); ***im ~ kommt ein interessantes Programm*** alla radio c'è un programma interessante; ***~ hören*** ascoltare la radio; ***eine Meldung über (o durch das) ~ verbreiten*** diffondere un comunicato attraverso la radio; ***das Konzert wird im, vom ~ übertragen*** il concerto viene trasmesso per radio (*o* radiotrasmesso); ***das ~ leiser stellen*** abbassare (il volume del)la radio.

ra|di|o|ak|tiv agg. radioattivo: ***-er Müll*** scorie radioattive. **Ra|di|o|ak|ti|vi|tät** f. *(-)* radioattività *f.*

Ra|di|o|ama|teur m. *(-[e]s,-e)* radioamatore *m.* **Ra|di|o|an|la|ge** f. *(-,-n)* impianto *m.* radio. **Ra|di|o|an|sa|ger** m. *(-s,-)* annunciatore *m.* radiofonico. **Ra|di|o|ap|pa|rat** m. *(-[e]s,-e)* apparecchio *m.* radio, radio *f.* **Ra|di|o|ast|ro|no|mie** f. *(-)* radioastronomia *f.* **Ra|di|o|be|richt|er|stat|ter** m. *(-s,-)* radiocronista *m.* **Ra|di|o|bi|o|lo|gie** f. *(-)* radiobiologia *f.* **Ra|di|o|che|mie** f. *(-)* radiochimica *f.* **Ra|di|o|durch|sa|ge** f. *(-,-n)* annuncio *m.* radiofonico. **Ra|di|o|ele|ment** n. *(-[e]s,-e)* radioelemento *m.* **Ra|di|o|emp|fang** m. *(-[e]s)* ricezione *f.* radio. **Ra|di|o|fach|mann** m. *(-[e]s,-männer* e *-leute)* radiotecnico *m.* **Ra|di|o|fre|quenz|strah|lung** f. *(-,-en)* radiazione *f.* a radiofrequenza. **Ra|di|o|ge|rät** n. *(-[e]s,-e)* → **Radioapparat. Ra|di|o|gramm** n. *(-s,-e)* radiogramma *m.* **Ra|di|o|gra|phie** f. *(-,-n)* radiografia *f.* **Ra|di|o|hö|rer** m. *(-s,-)* radioascoltatore *m.* **Ra|di|o|in|di|ka|tor** m. *(-[e]s,-en)* radioindicatore *m.*, tracciante *m.* radioattivo. **Ra|di|o|iso|top** n. *(-es,-e)* radioisotopo *m.*, isotopo *m.* radioattivo. **Ra|di|o|kar|bon|me|tho|de** f. *(-)* metodo *m.* del carbonio-14. **Ra|di|o|kom|pass** m. *(-es,-e)* radiobussola *f.* **Ra|di|o|la|rie** f. *(-,-n)* ZOOL. radiolario *m.* **Ra|di|o|la|ri|en|schlamm** m. *(-[e]s)* GEOL. melma *f.* a radiolari.

Ra|di|o|lo|ge m. *(-n,-n)* radiologo *m.* **Ra|di|o|lo|gie** f. *(-)* radiologia *f.* **ra|di|o|lo|gisch** agg. radiologico.

Ra|di|o|me|cha|ni|ker m. *(-s,-)* radiotecnico *m.* **Ra|di|o|me|te|o|ro|lo|gie** f. *(-)* radiometeorologia *f.* **Ra|di|o|me|ter** n. *(-s,-)* radiometro *m.* **Ra|di|o|nuk|lid** n. *(-es,-e)* radionuclide *m.* **Ra|di|o|pho|nie** f. *(-)* radiofonia *f.* **Ra|di|o|pro|gramm** n. *(-[e]s,-e)* programma *m.* radiofonico. **Ra|di|o|quel|le** f. *(-,-n)* ASTR. radiosorgente *f.* **Ra|di|o|re|cor|der** m. *(-s,-)* radioregistratore m. **Ra|di|o|röh|re** f. *(-,-n)* tubo *m.* elettronico, valvola *f.* (della) radio. **Ra|di|o|sen|der** m. *(-s,-)* stazione *f.* radio, emittente *f.* radiofonica. **Ra|di|o|sen|dung** f. *(-,-en)* trasmissione *f.* radiofonica. **Ra|di|o|son|de** f. *(-,-n)* radiosonda *f.* **Ra|di|o|sta|ti|on** f. *(-,-en)* radiostazione *f.*, stazione *f.* radio. **Ra|di|o|stern** m. *(-[e]s,-e)* radiostella *f.* **Ra|di|o|strah|lung** f. *(-,-en)* radiodiffusione *f.* **Ra|di|o|tech|nik** f. *(-)* radiotecnica *f.* **Ra|di|o|te|le|fo|nie** f. *(-)* radiotelefonia *f.* **Ra|di|o|te|le|gra|fie** f. *(-)* radiotelegrafia *f.* **Ra|di|o|te|le|gramm** n. *(-[e]s,-e)* radiotelegramma *m.* **Ra|di|o|te|le|skop** n. *(-s,-e)* radiotelescopio *m.* **Ra|di|o|the|ra|pie** f. *(-)* radioterapia *f.* **Ra|di|o|tho|ri|um** n. *(-s)* CHIM. radiotorio *m.* **Ra|di|o|we|cker** m. *(-s,-)* COLLOQ. radiosveglia *f.* **Ra|di|o|wel|le** f. *(-,-n)* onda *f.* radio, radioonda *f.*

Ra|di|um n. *(-s)* radio *m.* **Ra|di|um|be|hand|lung** f. *(-,-en)* → **Radiumtherapie. Ra|di|um|be|strah|lung** f. *(-,-en)* irradiazione *f.* di radio. **ra|di|um|hal|tig** agg. contenente, che contiene radio. **Ra|di|um|the|ra|pie** f. *(-)* radioterapia *f.*

Ra|di|us m. *(-, Radien)* **1** GEOM. raggio *m.* **2** *(Aktionsradius)* raggio *m.* (d'azione). **Ra|di|us|vek|tor** m. *(-s,-en)* raggio *m.* vettore.

ra|di|zie|ren tr. MAT. ***eine Zahl ~*** estrarre la radice di un numero.

Rad|kap|pe f. *(-,-n)* AUT. (coppa *f.*) coprimozzo *m.* **Rad|kas|ten** m. *(-s,-kästen)* passaruota *m.* **Rad|kranz** m. *(-es,-kränze)* corona *f.* della ruota. **Rad|kur|ve** f. *(-,-n)* MAT. cicloide *m.* **Rad|la|ger** n. *(-s,-)* cuscinetto *m.* ruota. **Rad|lei|er** f. *(-,-n)* ghironda *f.*

Rad|ler m. *(-s,-)* **1** ciclista *m.* **2** REGION. INTRAD. (bevanda a base di birra e gazzosa). **Rad|le|rin** f. *(-,-nen)* ciclista *f.*

Rad|ma|cher m. *(-s,-)* carraio *m.* **Rad|man|tel** m. *(-s,-mäntel)* **1** copertone *m.* **2** SART. mantella *f.*, mantello *m.* a ruota. **Rad|na|be** f. *(-,-n)* mozzo *m.* della ruota.

Ra|don, Ra|don n. *(-s)* radon *m.*

Rad|renn|bahn f. *(-,-en)* velodromo *m.* **Rad|ren|nen** n. *(-s,-)* cor-

sa *f.* (*o* gara *f.*) ciclistica. **Rad|renn|fah|rer** m. *(-s,-)* corridore *m.* ciclista.
Rad|scha m. *(-s,-s)* rajà *m.*
Rad|schla|gen n. *(-s,-)* SPORT ruota *f.* **Rad|schuh** m. *(-[e]s,-e)* ceppo *m.* del freno. **Rad|spei|che** f. *(-,-n)* raggio *m.* della ruota, razza *f.* **Rad|sport** m. *(-[e]s)* ciclismo *m.* **Rad|sport|ler** m. *(-s,-)* ciclista *m.* **Rad|spur** f. *(-,-en)* solco *m.* di ruota, rotaia *f.* **Rad|stand** m. *(-[e]s,-stände)* MECC. passo *m.* (delle ruote), distanza *f.* fra gli assi. **Rad|sturz** m. *(-es,-stürze)* MECC. inclinazione *f.* della ruota. **Rad|tour, Rad|wan|de|rung** f. *(-,-en)* gita *f.* in bicicletta, in bici. **Rad|wech|sel** m. *(-s,-)* sostituzione *f.* (*o* cambio *m.*) della ruota. **Rad|weg** m. *(-[e]s,-e)* pista *f.* ciclabile.
RAF ⇒ *Rote-Armee-Fraktion* (organizzazione terroristica tedesca).
Ra|fa|el n.pr.m. Raffaello *m.*, Raffaele *m.* **Raf|fa|el** n.pr.m. Raffaello *m.* **raf|fa|e|lisch** agg. raffaellesco.
Raf|fel f. *(-,-n)* **1** pettine *m.* (per raccogliere le bacche) **2** *(Raspel)* grattugia *f.* **3** COLLOQ. *(großer Mund)* forno *m.* **4** *(loses Mundwerk)* parlantina *f.* sciolta **5** *(keifende alte Frau)* megera *f.* **raf|feln** REGION. **I** intr. (aus. *haben*) **1** *(rasseln)* sferragliare **2** COLLOQ. SPREG. *(klatschen)* blaterare, chiacchierare **II** tr. *(reiben)* grattugiare: ***die Karotten ~*** grattugiare le carote.
raf|fen tr. **1a** *(gierig nehmen)* arraffare: ***die Juwelen an sich ~*** arraffare i gioielli **b** afferrare: ***die Kleider aus dem Schrank ~*** afferrare gli abiti dall'armadio; ***alles in den Koffer ~*** infilare, cacciare tutto nella valigia **c** FIG. COLLOQ. *(begreifen)* ***hast du's endlich gerafft?*** (l') hai afferrato finalmente? **2** *(gierig anhäufen)* accumulare: ***Geld, Reichtum*** accumulare soldi, ricchezza **3a** *(von Stoff, hochziehen)* tirare su: ***den Rock, die Gardinen ~*** tirare su la gonna, le tendine **b** SART. drappeggiare: ***ein Kleid ~*** drappeggiare un vestito **4** *(straffen)* stringare, rendere conciso.
Raff|gier f. *(-)* avidità *f.* di guadagno, di denaro. **raff|gie|rig,** REGION. **raf|fig** agg. avido di denaro.
Raf|fi|na|de f. *(-,-n)* zucchero *m.* raffinato, semolato.
Raf|fi|nat n. *(-[e]s,-e)* prodotto *m.* raffinato, sottoposto a raffinazione. **Raf|fi|na|ti|on** f. *(-,-en)* raffinazione *f.*, raffinamento *m.*; *(von Metallen)* affinazione *f.* **Raf|fi|ne|ment** [rafinə'mã:] n. *(-s,-s)* **1** finezza *f.*: ***artistisches ~*** finezza artistica **2** *(Schlauheit)* scaltrezza *f.*, astuzia *f.* **Raf|fi|ne|rie** f. *(-,-n)* raffineria *f.* **Raf|fi|nes|se** f. *(-,-n)* **1** *(Schlauheit)* astuzia *f.*, scaltrezza *f.*, furberia *f.* **2** *(Finesse)* accorgimento *m.*; optional *m.* ◆ ***technische ~*** perfezione tecnica; ***ein Zimmer mit allen -n*** una camera con tutti i comfort.
raf|fi|nie|ren tr. TECN. CHIM. raffinare; *(von Metallen)* affinare. **Raf|fi|nier|ofen** m. *(-s,-öfen)* forno *m.* d'affinazione. **Raf|fi|nier|stahl** m. *(-[e]s,-stähle)* acciaio *m.* di affinazione. **raf|fi|niert I** p.pass. agg. **1** → **raffinieren 2** *(fein)* raffinato: ***-e Manieren, Farben*** modi, colori raffinati **3** *(schlau)* astuto, scaltro **II** avv. **1** con raffinatezza **2** *(durchtrieben)* astutamente, con scaltrezza. **Raf|fi|niert|heit** f. *(-,-en)* **1** raffinatezza *f.* **2** RAR. *(raffiniertes Vorgehen)* astuzia *f.*, scaltrezza *f.*
Raff|ke m. *(-s,-s)* COLLOQ. SPREG. arraffatore *m.*, profittatore *m.* **Raff|sucht** f. *(-)* → **Raffgier. Raf|fung** f. *(-,-en)* SART. drappeggio *m.* **Raff|zahn** m. *(-[e]s,-zähne)* **1a** canino *m.* (di belve) **b** SCHERZ. dente *m.* da coniglio **2** *(Raffke)* arraffone *m.*, arraffatore *m.*
Raft n. *(-s,-s)* = isola *f.* di tronchi galleggianti. **Raf|ting** n. *(-s)* rafting *m.*
Ra|ge ['ra:ʒə] f. *(-)* COLLOQ. **1** rabbia *f.*, furore *m.* **2** *(Aufregung)* agitazione *f.*, fretta *f.* ◆ ***jdn in ~ bringen*** mandare in bestia qcn.; ***in der ~*** nella fretta; ***in ~ kommen, geraten*** andare in bestia.
ra|gen intr. (aus. *haben*) **1** ergersi, elevarsi, innalzarsi: ***der Turm ragt in den, zum Himmel*** la torre si erge verso il cielo **2** *(hervorkommen)* sporgere, spuntare: ***der Stein ragt aus dem Wasser*** la pietra sporge dall'acqua.
Rag|lan ['ragla:n, 'ræglən] m. *(-s,-s)* SART. raglan *m.* **Rag|lan|är|mel** m. *(-s,-)* manica *f.* (a) raglan. **Rag|lan|schnitt** m. *(-[e]s,-e)* taglio *m.* (a) raglan.
Rag|na|rök f. *(-)* MITOL. INTRAD. (fine del mondo).
Ra|gout [ra'gu:] n. *(-s,-s)* INTRAD. (spezzatino a base di carne o di pesce).
Rag|time ['rægtaım] m. *(-)* ragtime *m.*
Rag|wurz f. *(-,-en)* ofride *f.*
Rah, Ra|he f. *(-, Rahen)* MAR. pennone *m.*
Ra|hel n.pr.f. Rachele *f.*
Rahm m. *(-[e]s)* REGION. e AUSTR. SVIZZ. panna *f.* ◆ ***den ~ abschöpfen*** scremare il latte; FIG. prendersi il meglio, fare la parte del leone.
Rähm m. *(-[e]s,-e)* EDIL. trave *f.* orizzontale.
Rähm|chen n. *(-s,-)* telaietto *m.*; *(von Bildern)* cornicetta *f.*, cornicina *f.*
rah|men tr. incorniciare: ***ein Bild, ein Foto ~*** incorniciare un quadro, una fotografia. **Rah|men** m. *(-s,-)* **1a** cornice *f.*: ***ein Bild in einen ~ (ein)fassen, aus dem ~ nehmen*** incorniciare un quadro, togliere un quadro dalla cornice **b** FIG. cornice *f.*: ***ein Fest mit einem feierlichen ~*** una festa con una cornice di solennità; ***der ~ einer Erzählung*** la cornice di un racconto **2a** *(Gestell)* telaio *m.*; intelaiatura *f.*: ***der ~ der Tür, des Fahrrades*** il telaio della porta, della bicicletta **b** *(zum Weben, Sticken)* telaio *m.* **c** *(von Kraftfahrzeugen)* telaio *m.*, chassis *m.* **3** FIG. *(Bereich)* ambito *m.*, quadro *m.*: ***im ~ des Möglichen*** nell'ambito delle possibilità; ***im ~ der Veranstaltung*** nel quadro della manifestazione **4** FIG. *(Grenze)* limite *m.*: ***einen zeitlichen ~ setzen*** porre un limite di tempo ◆ ***den ~ für etw. abgeben*** fare da cornice a qcs.; ***in bescheidenem ~*** in piccolo; ***in engem ~*** in ambito ristretto; ***aus dem ~ fallen*** differire dalla media; ***in größerem ~*** in grande; FIG. ***nicht in den ~ passen*** non essere adatto, essere fuori posto; ***den ~ sprengen*** andare oltre, superare il limite.
Rah|men|ab|kom|men n. *(-s,-)* accordo *m.* quadro. **Rah|men|an|ten|ne** f. *(-,-n)* antenna *f.* a telaio. **Rah|men|be|din|gung** f. *(-,-en)* condizione *f.* di base, generale. **Rah|men|bruch** m. *(-[e]s,-brüche)* MECC. rottura *f.* del telaio. **Rah|men|er|zäh|lung** f. *(-,-en)* racconto *m.* (che fa da) cornice. **Rah|men|ge|setz** n. *(-es,-e)* legge *f.* quadro. **Rah|men|no|vel|le** f. *(-,-n)* racconto *m.* a cornice. **Rah|men|plan** m. *(-[e]s,-pläne)*, **Rah|men|pro|gramm** n. *(-s,-e)* programma *m.* quadro. **Rah|men|richt|li|nie** f. *(-,-n)* direttiva *f.* di massima, generale. **Rah|men|su|cher** m. *(-s,-)* FOT. mirino *m.* a visione diretta. **Rah|men|ta|rif** m. *(-[e]s,-e)* contratto *m.* normativo. **Rah|men|ver|ein|ba|rung** f. *(-,-en)* accordo *m.* quadro.
rah|mig agg. REGION. cremoso; *(aus Sahne)* di panna. **Rahm|kä|se** m. *(-s,-)* formaggio *m.* cremoso (a base di panna). **Rahm|so|ße** f. *(-,-n)* salsa *f.* a base di panna.
Rah|mung f. *(-,-en)* **1** cornice *f.* **2** *(Einrahmen)* l'incorniciare.
Rah|ne f. *(-,-n)* REGION. barbabietola *f.* (rossa).
Rah|se|gel n. *(-s,-)* vela *f.* quadra.
Raid [reɪd] m. *(-s,-s)* incursione *f.*, raid *m.*: ***einen ~ machen*** compiere un raid.
Raiff|ei|sen|bank f. *(-,-en)* banca *f.* di credito agrario, cassa *f.* rurale.
Rai|gras n. *(-ses)* loglio *m.*
Rai|mund n.pr.m. Raimondo *m.*
Rain m. *(-[e]s,-e)* **1a** ciglio *m.*, bordo *m.* **b** *(Grenze)* confine *m.* **2** REGION. e SVIZZ. *(Abhang)* china *f.*, pendio *m.* **rai|nen I** tr. ANT. ***ein Feld ~*** stabilire, determinare i confini di un campo **II** intr. (aus. *haben*) ***an jdn ~*** confinare con qcn. **Rain|farn** m. *(-[e]s,-e)* tanaceto *m.* **Rai|nung** f. *(-,-en)* ANT. determinazione *f.* dei confini di un campo. **Rain|wei|de** f. *(-,-n)* ligustro *m.*
Rai|son [rɛ'zõ:] f. *(-)* → **Räson.**
Ra|ke → **Racke.**
Ra|kel f. *(-,-n)* racla *f.*
rä|keln → **rekeln.**
Ra|ke|te f. *(-,-n)* **1** missile *m.*; *(Flugkörper)* razzo *m.*: ***eine ~ starten, zünden*** lanciare un missile, un razzo; ***ferngesteuerte ~*** missile teleguidato; ***mehrstufige ~*** missile pluristadio (*o* a più stadi) **2** *(Feuerwerkskörper)* razzo *m.*: ***eine ~ abbrennen, abschießen*** lanciare un razzo ◆ COLLOQ. ***wie eine ~ abzischen*** darsela a gambe, partire a razzo; COLLOQ. ***das Auto geht ab wie eine ~*** l'auto parte come un razzo; ***~ zur Hagelbekämpfung*** razzo antigrandine; ***eine ~ mit Mehrfachsprengkopf*** un missile a testata multipla; ***-n in den Weltraum schießen*** lanciare razzi (*o* missili) nello spazio.
Ra|ke|ten|ab|schuss|ba|sis f. *(-,-basen)* base *f.* missilistica (*o* di lancio per missili). **Ra|ke|ten|ab|schuss|ram|pe** f. *(-,-n)* rampa *f.* di lancio (per missili). **Ra|ke|ten|ab|wehr** f. *(-)* difesa *f.* antimissile. **Ra|ke|ten|an|griff** m. *(-[e]s,-e)* attacco *m.* missilistico. **Ra|ke|ten|an|trieb** m. *(-[e]s,-e)* propulsione *f.* a razzo. **Ra|ke|ten|ap|pa|rat** m. *(-[e]s,-e)* lanciasagole *m.* **Ra|ke|ten|ba|sis** f. *(-,-basen)* base *f.* missilistica. **ra|ke|ten|be|stückt** agg. armato con (*o* dotato di) missili. **Ra|ke|ten|flug|zeug** n. *(-[e]s,-e)* aviorazzo *m.* **Ra|ke|ten|ge|schoss,** AUSTR. **Ra|ke|ten|ge|schoß** n. *(-es,-e)* missile *m.*, razzo *m.* **ra|ke|ten|ge|trie|ben** agg. con propulsione a razzo. **Ra|ke|ten|start** m. *(-[e]s,-s)* lancio *m.* del, di un missile. **Ra|ke|ten|start|ram|pe** f. *(-,-n)* rampa *f.* di lancio. **Ra|ke|ten|stu|fe** f. *(-,-n)* stadio *m.* (di missile). **Ra|ke|ten|treib|stoff** m. *(-[e]s,-e)* propellente *m.* per missili. **Ra|ke|ten|trieb|werk** n. *(-[e]s,-e)* propulsore *m.* a razzo. **Ra|ke|ten|waf|fe** f. *(-,-n)* missile *m.* **Ra|ke|ten|wer|fer** m. *(-s,-)* lanciarazzi *m.* **Ra|ke|ten|zeit|al|ter** n. *(-s)* era *f.* dei missili.

Ra|kett n. *(-[e]s,-e* e *-s)* → **1.Racket.**
Ral|le f. *(-,-n)* rallo *m.*
Ral|lye ['rali, 'rɛli] f. *(-,-s)* SVIZZ. n. *(-s,-s)* rally *m.* **Ral|lye|fah|rer** m. *(-s,-)* rallista *m.*, pilota *m.* di rally.
Ra|ma|su|ri f. *(-)* AUSTR. COLLOQ. caos *m.*
Ram|bo m. *(-s,-s)* COLLOQ. rambo *m.*
Ra|mie f. *(-,-n)* ramiè *m.*, ramia *f.*
Ramm m. *(-[e]s,-e)* **1** ANT. *(Widder)* ariete *m.* **2** *(Rammsporn)* sperone *m.*, rostro *m.* **3** *(Rammbug)* prua *f.* speronata (*o* rostrata). **Ramm|bal|ken** m. *(-s,-)* MIL. ariete *m.* **Ramm|bär** m. *(-s,-en* e *-e)* EDIL. mazza *f.* **Ramm|bock** m. *(-[e]s,-böcke)* **1** *(Widder, Stier)* ariete *m.* **2** *(Rammbalken)* ariete *m.* **3** *(Rammklotz)* mazza *f.* **4** *(Ramme)* maglio *m.*, berta *f.* **Ramm|bug** m. *(-s,-e)* prua *f.* speronata (*o* rostrata). **ramm|dö|sig** agg. COLLOQ. stordito; REGION. *(dumm)* stupido. **Ram|me** f. *(-,-n)* battipalo *m.*, berta *f.*, maglio *m.*; *(Handramme)* mazzapicchio *m.*, mazzeranga *f.*
1.Ram|mel f. *(-,-n)* ANT. → **Ramme.**
2.Ram|mel m. *(-s,-)* REGION. SPREG. zoticone *m.*
Ram|me|lei f. *(-,-en)* **1** COLLOQ. pigia pigia *m.*, ressa *f.* **2** VENAT. *(von Hasen, Kaninchen)* accoppiamento *m.* **3** VOLG. *(Koitieren)* chiavata *f.* **ram|meln I** intr. (aus. *haben*) **1** COLLOQ. *(stoßend drängen)* pigiarsi, fare ressa **2** *(rütteln)* COLLOQ. ***an etw. (D) ~*** scuotere qcs. **3** VENAT. *(von Hasen und Kaninchen)* accoppiarsi **4** VOLG. *(koitieren)* chiavare **II** rifl. **sich ~ 1** *(sich balgen)* azzuffarsi, accapigliarsi **2** *(sich stoßen)* ***sich an etw. (D) ~*** urtare contro qcs.
ram|men I tr. **1** ***etw. in etw. (A) ~*** conficcare qcs. in qcs. **2** *(Fahrzeug)* tamponare **II** intr. (aus. *haben*) ***gegen, auf etw. (A) ~*** urtare contro qcs. **Ramm|ham|mer** m. *(-s,-hämmer)* EDIL. mazza *f.* **Ramm|klotz** m. *(-es,-klötze* e *-klötzer)* EDIL. maglio *m.*
Ramm|ler m. *(-s,-)* coniglio *m.* maschio; *(Hase)* lepre *f.* maschio.
Ramm|ma|schi|ne f. *(-,-n)* battipalo *m.* **Ramm|sporn** m. *(-s,-e)* MAR. sperone *m.*, rostro *m.* **Ramm|stoß** m. *(-es,-stöße)* speronata *f.*
Ram|pe f. *(-,-n)* **1a** rampa *f.* (di caricamento), piano *m.* caricatore **b** *(Auffahrt)* rampa *f.* (anche ALP.) **c** *(Startrampe)* rampa *f.* (di lancio) **2** TEATR. ribalta *f.*: ***die Schauspieler an die ~ rufen*** chiamare gli attori alla ribalta; ***vor die ~ treten*** presentarsi alla ribalta ◆ GERG. FIG. ***(nicht) über die ~ kommen, gehen*** (non) venire, salire alla ribalta. **Ram|pen|licht** n. *(-s,-er)* luce *f.* della ribalta ◆ FIG. ***im ~ (der Öffentlichkeit) stehen*** avere i riflettori puntati addosso; ***das ~ scheuen*** non amare le luci della ribalta.
ram|po|nie|ren tr. guastare, rovinare. **ram|po|niert** p.pass. agg. **1** → **ramponieren 2** guasto; FIG. corrotto.
Ramsch m. *(-[e]s,-e)* fondi *m.pl.* di bottega, roba *f.* di scarto, scarti *m.pl.*; *(Kram)* scarti *m.pl.*, robaccia *f.* ◆ ***im ~ kaufen, verkaufen*** comprare, vendere in blocco. **ram|schen** tr. COLLOQ. **1** *(billig kaufen)* comprare a prezzi stracciati **2** *(raffen)* arraffare. **Ram|scher** m. *(-s,-)* COLLOQ. **1** chi compra a prezzi stracciati **2** *(Raffke)* arraffatore *m.* **Ramsch|la|den** m. *(-s,-läden)* negozio *m.* di merce di scarto. **Ramsch|wa|re** f. *(-)* COLLOQ. merce *f.* di scarto.
ran COLLOQ. → **heran.**
Ranch [rɛntʃ, ra:ntʃ] f. *(-,-[e]s)* ranch *m.*
1.Rand m. *(-[e]s, Ränder)* **1a** orlo *m.*, bordo *m.*, margine *m.*: ***der ~ des Brunnens, des Tisches*** l'orlo del pozzo, il bordo del tavolo; ***am ~ des Waldes, eines Baches*** ai margini del bosco, sulla riva di un ruscello; ***ein Glas bis zum ~ füllen*** riempire un bicchiere fino all'orlo **b** FIG. ***jdn an den ~ des Abgrunds, des Grabes, der Verzweiflung bringen*** portare qcn. sull'orlo dell'abisso, della fossa, della disperazione **2** margine *m.*: ***die wichtigsten Stellen am ~ anstreichen*** evidenziare a, in margine i punti più importanti; ***einen 4 cm breiten ~ lassen*** lasciare un margine di 4 cm; ***etw. an den ~ schreiben, am ~ notieren, anmerken*** scrivere, annotare qcs. in margine **3** *(Schmutzrand)* alone *m.* ◆ ***am -e*** *(beiläufig)* marginalmente; ***etw. liegt am -e*** qcs. è marginale; ***das versteht sich am -e*** questo va da sé, è pacifico; ***rote, dunkle Ränder um die Augen haben*** avere gli occhi cerchiati, avere le occhiaie; COLLOQ. ***außer ~ und Band geraten, sein*** *(ausgelassen werden, sein)* lasciarsi andare, essere sfrenati; *(vor Freude, Wut)* andare, essere fuori di sé; COLLOQ. ***den, seinen ~ halten*** tenere il becco chiuso; ***am -e seiner Kraft*** allo stremo delle forze; ***ein Briefbogen mit schwarzem ~*** un biglietto listato a lutto; ***am -e der Stadt wohnen*** vivere in periferia; ***zu -e*** → **zurande.**
2.Rand [rænd] m. *(-s,-[s])* rand *m.*
Ran|dal m. *(-s,-e)* ANT. chiasso *m.*, schiamazzo *m.* **Ran|da|le** f., COLLOQ. ***~ machen*** far chiasso. **ran|da|lie|ren** intr. (aus. *haben*) **1** schiamazzare **2** *(zerstören)* compiere atti di vandalismo. **Ran|da|lie|rer** m. *(-s,-)* **1** chiassone *m.*, schiamazzatore *m.* **2** *(Zerstörer)* vandalo *m.*

Rand|aus|gleich m. *(-[e]s,-e)* EDIT. giustificazione *f.* **Rand|beet** n. *(-[e]s,-e)* bordura *f.* (di aiuola). **Rand|be|mer|kung** f. *(-,-en)* **1** *(beiläufige Bemerkung)* osservazione *f.* marginale; *(abfällige Bemerkung)* insinuazione *f.*, osservazione *f.* ironica **2** *(Notiz auf dem Rand)* nota *f.* (*o* appunto *m.*) in margine. **Rand|be|zirk** m. *(-[e]s,-e)* → **Randgebiet. Ränd|chen** n. *(-s,-)* **1** bordino *m.* **2** *(auf Papier)* piccolo margine *m.*
Rän|del n. *(-s,-)* **1** rotella *f.* per zigrinare **2** *(gerändelter Teil)* pezzo *m.* godronato, godronatura *f.* **Rän|del|ei|sen** n. *(-s,-)* arnese *m.* per godronare, utensile *m.* zigrinatore. **rän|deln** tr. godronare, zigrinare. **Rän|del|rad** n. *(-[e]s,-räder)* rotella *f.* per zigrinare. **Rän|del|schrau|be** f. *(-,-n)* vite *f.* a testa zigrinata. **Rän|de|lung** f. *(-,-en)* godronatura *f.*, zigrinatura *f.*
rän|dern tr. **1** *(ein Blatt Papier)* marginare **2** MECC. bordare ◆ ***seine Augen waren vom Weinen rot gerändert*** aveva gli occhi arrossati per il pianto. **Rand|er|schei|nung** f. *(-,-en)* fenomeno *m.* marginale. **Rand|fi|gur** f. *(-,-en)* figura *f.* marginale, di secondo piano. **Rand|ge|biet** n. *(-[e]s,-e)* **1** zona *f.* periferica; *(von Städten)* periferia *f.* **2** *(Gebiet von geringer Bedeutung)* settore *m.* marginale. **Rand|glos|se** f. *(-,-n)* glossa *f.* marginale: ***einen Text mit -n versehen*** glossare un testo. **Rand|grup|pe** f. *(-,-n)* SOCIOL. gruppo *m.* ai margini della società. **Rand|leis|te** f. *(-,-n)* **1** listello *m.* **2** *(einer Buchseite)* margine *m.* **rand|los** agg. non orlato, privo di bordo. **Rand|lö|ser** m. *(-s,-)* liberamargine *m.* **Rand|mo|rä|ne** f. *(-,-n)* morena *f.* laterale. **Rand|no|tiz** f. *(-,-en)* appunto *m.* in margine. **Rand|sied|lung** f. *(-,-en)* quartiere *m.* periferico. **Rand|staat** m. *(-[e]s,-en)* stato *m.* limitrofo. **Rand|stel|ler** m. *(-s,-)* marginatore *m.* **Rand|stein** m. *(-[e]s,-e)* cordone *m.* (del marciapiede). **Rand|strei|fen** m. *(-s,-)* striscia *f.* che delimita il bordo della carreggiata. **Rand|sys|tem** n. *(-s)* sistema *m.* limbico. **Rand|zeich|nung** f. *(-,-en)* disegno *m.* a margine. **Rand|zo|ne** f. *(-,-n)* zona *f.* periferica.
Ranft m. *(-[e]s, Ränfte)* REGION. **1** *(Brotkanten)* cantuccio *m.* (di pane) **2** *(Brotkruste)* crosta *f.* (di pane).
rang → **ringen.**
Rang m. *(-[e]s, Ränge)* **1** *(berufliche, gesellschaftliche Stellung)* rango *m.*, grado *m.*, posto *m.*: ***von hohem, geringem ~*** di alto, basso rango; ***den höchsten ~ einnehmen, bekleiden*** occupare, ricoprire il massimo grado; ***an ~ ebenbürtig sein*** essere di pari grado; ***seinen ~ behaupten, verlieren*** mantenere, perdere il posto; ***den ~ eines Generals haben, im ~ eines Generals sein, stehen*** avere il grado di generale **2** *(große Bedeutung)* rango *m.*, calibro *m.*, valore *m.*: ***ein Sänger von europäischem ~*** un cantante di rango europeo; ***ein Dichter vom ~ Hölderlins*** un poeta del calibro di Hölderlin **3** TEATR. galleria *f.*: ***erster, zweiter, dritter ~*** balconata, prima galleria, seconda galleria; ***einen Platz im, auf dem zweiten ~ nehmen*** prendere un posto in prima galleria **4** *(im Lotto, Toto)* fascia *f.* (vincente): ***auf die einzelnen Ränge entfallen folgende Gewinne*** le singole fasce vincono le seguenti somme **5** SPORT *(in einer Tabelle)* posto *m.*, posizione *f.*: ***den 3. ~ belegen*** conseguire il terzo posto ◆ ***jdm den ~ ablaufen*** battere, sorpassare qcn.; ***einen ~ bekleiden*** rivestire una posizione; ***ein Lokal dritten -es*** un locale di terz'ordine; ***ersten -es*** di prim'ordine; ***ein Mensch ohne ~ und Namen*** una persona insignificante, un nessuno; ***zur Eröffnung kam alles was ~ und Namen hatte*** all'inaugurazione vennero tutti i personaggi più importanti; ***jdm den ~ streitig machen*** entrare in competizione con qcn.
Rang|ab|zei|chen n. *(-s,-)* distintivo *m.* di grado. **Rang|äl|tes|te** m. e f. *(-n,-n)* il più anziano *m.* (la più anziana *f.*) di grado.
Ran|ge f. *(-n,-n)*, RAR. m. *(-n,-n)* REGION. monello *m.* (-a *f.*).
ran_ge|hen intr. *(ging, gegangen;* aus. *sein)* COLLOQ. → **herangehen.**
Ran|ge|lei f. *(-,-en)* COLLOQ. zuffa *f.*, baruffa *f.* **ran|geln** intr. (aus. *haben*) COLLOQ. azzuffarsi.
Rang|er|hö|hung f. *(-,-en)* promozione *f.* (a un grado superiore). **Rang|fol|ge** f. *(-,-n)* gerarchia *f.*, ordine *m.* gerarchico. **rang|gleich** agg. **1** di pari rango (*o* grado) **2** *(von gleicher Bedeutung)* ugualmente importante, dello stesso calibro **3** SPORT pari (merito). **rang|höchst...** agg. del rango (*o* grado) più elevato. **Rang|höchs|te** m. e f. *(-n,-n)* il più elevato *m.*, (la più elevata *f.*) in grado. **Rang|hö|he|re** m. e f. *(-n,-n)* superiore *m.* e *f.*
Ran|gier|bahn|hof m. *(-[e]s,-bahnhöfe)* stazione *f.* di smistamento. **ran|gie|ren** [raŋ'ʒi:rən, rã'ʒi:rən] **I** tr. **1** *(Eisenbahnwagen)* smistare, manovrare **2** REGION. *(ordnen)* mettere in ordine (*o* a posto) **II** intr. (aus. *haben*) occupare (un posto): ***an dritter Stelle, auf Platz 3 ~*** occupare il terzo posto, SPORT piazzarsi terzo; ***als erster ~*** piazzarsi primo; ***vor, hinter jdm ~*** precedere (*o* venire prima), seguire (*o* venire dopo) qcn. **Ran|gie|rer** m. *(-s,-)* FERR. manovra-

tore *m.* **Ran|gier|gleis** n. *(-es,-e)* binario *m.* di manovra. **Ran|gier|lok** f. *(-,-s)*, **Ran|gier|lo|ko|mo|ti|ve** f. *(-,-n)* locomotiva *f.* di manovra. **Ran|gier|ma|nö|ver** n. *(-s,-)* manovra *f.* di smistamento. **Ran|gier|meis|ter** m. *(-s,-)* manovratore *m.* capo, capo *m.* manovra. **Ran|gie|rung** f. *(-)* piazzamento *m.*

Rang|klas|se f. *(-,-n)* classe *f.*, categoria *f.* **Rang|lis|te** f. *(-,-n)* **1** graduatoria *f.* **2** SPORT classifica *f.* **Rang|lo|ge** f. *(-,-n)* palco *m.* di galleria. **rang|mä|ßig** agg. corrispondente (*o* pari) al grado, al rango. **Rang|ord|nung** f. *(-,-en)* gerarchia *f.*, ordine *m.* gerarchico ◆ ***der ~ nach*** in ordine di grado. **Rang|streit** m. *(-[e]s,-e)*, **Rang|strei|tig|keit** f. *(-,-en)* lotta *f.* per il predominio. **Rang|stu|fe** f. *(-,-n)* grado *m.* **Rang|un|ter|schied** m. *(-[e]s,-e)* differenza *f.* di grado.

ran‿hal|ten rifl. *(hält, hielt, gehalten)* **sich ~** COLLOQ. darsi da fare.

rank agg. slanciato, snello ◆ ***~ und schlank*** agile e snello.

Rank m. *(-[e]s, Ränke)* **1** pl. intrighi *m.pl.*, macchinazioni *f.pl.*, raggiri *m.pl.*: ***Ränke schmieden,*** RAR. ***spinnen*** ordire intrighi **2a** SVIZZ. *(Kurve)* curva *f.* **b** *(Trick)* trucco *m.*, scappatoia *f.*

Ran|ke f. *(-,-n)* viticcio *m.*, tralcio *m.* **ran|ken I** rifl. ***sich an etw. (D) ~*** avviticchiarsi, arrampicarsi intorno a qcs. **II** intr. **1** (aus. *sein*) avviticchiarsi, arrampicarsi **2** *(Ranken hervorbringen;* aus. *haben)* mettere i viticci.

Ran|ken m. *(-s,-)* REGION. tozzo *m.* di pane.

ran|ken|ar|tig agg. rampicante. **Ran|ken|fü|ßer** m. *(-s,-)* cirripede *m.* **Ran|ken|ge|wächs** n. *(-es,-e)* pianta *f.* rampicante. **Ran|ken|or|na|ment** n. *(-[e]s,-e)* ornamento *m.* a forma di viticcio. **Ran|ken|werk** n. *(-[e]s,-e)* ART. viticcio *m.*

Rän|ke|schmied m. *(-[e]s,-e)* intrigante *m.* **Rän|ke|spiel** n. *(-s,-e)* intrigo *m.*, raggiro *m.* **Rän|ke|sucht** f. *(-)* impulso *m.* all'intrigo. **rän|ke|süch|tig** agg. intrigante. **rän|ke|voll** agg. intrigante.

ran|kig agg. rampicante.

ran‿klot|zen intr. (aus. *haben*) COLLOQ. lavorare duramente, faticare. **ran‿kom|men** intr. *(kam, gekommen;* aus. *sein)* COLLOQ. **1** → **herankommen 2** → **drankommen. ran‿krie|gen** tr. COLLOQ. ***jdn ~*** indurre, costringere qcn. (a fare qcs. di spiacevole o di faticoso).

Ran|kü|ne f. *(-,-n)* rancore *m.*, astio *m.*

ran‿las|sen tr. *(lässt, ließ, gelassen)* COLLOQ. → **heranlassen. ran‿ma|chen** rifl. **sich ~** COLLOQ. → **heranmachen. ran‿müs|sen** intr. *(muss, musste, gemusst;* aus. *haben)* COLLOQ. → **heranmüssen.**

rann → **rinnen.**

ran‿schmei|ßen rifl. COLLOQ. ***sich an jdn ~*** appiccicarsi a qcn.

rann|te → **rennen.**

Ra|nun|kel f. *(-,-n)* ranuncolo *m.*

Rän|zel n. e REGION. m. *(-s,-)* zainetto *m.* ◆ COLLOQ. ***sein ~ schnüren*** fare fagotto. **Ran|zen** m. *(-s,-)* **1** *(Schulmappe)* cartella *f.* **2** RAR. *(Rucksack)* zaino *m.* **3** COLLOQ. *(Bauch)* pancia *f.*, trippa *f.* ◆ ***jdm den ~ voll hauen*** dare legnate a qcn.; ***den ~ voll kriegen*** prendersi un sacco di legnate; COLLOQ. ***sich den ~ voll schlagen*** rimpinzarsi.

ran|zig I agg. rancido **II** avv. ***~ schmecken*** sapere di rancido.

Ranz|zeit f. *(-)* VENAT. stagione *f.* della fregola.

Rap [ræp] m. *(-[s],-s)* rap *m.*

Ra|pha|el n.pr.m. Raffaele *m.*; *(Raffael)* Raffaello *m.*

Ra|phia f. *(-, Raphien)* rafia *f.*

ra|pid REGION., **ra|pi|de I** agg. rapido **II** avv. rapidamente.

Ra|pier n. *(-s,-e)* **1** spada *f.* **2** ANT. *(Florett)* fioretto *m.*

Rapp m. *(-s,-e)* raspo *m.*

1.Rap|pe f. *(-,-n)* REGION. **1** raspo *m.* **2** *(Raspel)* grattugia *f.*

2.Rap|pe m. *(-n,-n)* morello *m.*

Rap|pel m. *(-s,-)* COLLOQ. accesso *m.* d'ira, di rabbia: ***einen ~ kriegen, bekommen*** avere un accesso di rabbia.

rap|pel|dürr agg. REGION. ridotto a pelle e ossa, magro come un chiodo.

rap|pe|lig agg. REGION. COLLOQ. **1** toccato, bacato: ***ganz ~ im Kopf sein*** essere completamente bacato **2** *(klapprig)* malandato, sgangherato **3** *(unruhig)* nervoso, irrequieto ◆ ***dieses Kind macht einen ja ganz ~*** questo bambino fa diventare matti, fa ammattire.

Rap|pel|kopf m. *(-[e]s,-köpfe)* COLLOQ. **1** matto *m.*, pazzo *m.* **2** *(Jähzorniger)* collerico *m.*, iracondo *m.* **3** *(Starrkopf)* testardo *m.*, cocciuto *m.* **rap|pel|köp|fisch** agg. COLLOQ. **1** *(jähzornig)* collerico **2** *(starrköpfig)* testardo, cocciuto.

rap|peln I intr. (aus. *haben*) **1** COLLOQ. sbattere: ***der Rolladen rappelt*** la persiana sbatte **2** bussare, picchiare: ***es rappelt an der Tür*** bussano alla porta **3** AUSTR. *(spinnen)* dare di testa **II** rifl. **sich ~** REGION. COLLOQ. **1** *(sich bewegen)* muoversi **2** *(sich aufrichten)* alzarsi ◆ COLLOQ. ***bei ihm rappelt es*** ha il cervello bacato, gli ha dato di volta il cervello; ***sich in die Höhe ~*** risollevarsi; ***der Wecker rappelt*** la sveglia suona.

Rap|pen m. *(-s,-)* SVIZZ. centesimo *m.* (di franco). **Rap|pen|spal|ter** m. *(-s,-)* SVIZZ. SPREG. avaraccio *m.*, tirchione *m.*

Räpp|li n. *(-s,-)* SVIZZ. COLLOQ. → **Rappen.**

rapp|lig → **rappelig.**

Rap|port m. *(-s,-e)* **1** rapporto *m.*: ***jdm ~ erstatten*** fare rapporto a qcn.; ***sich zum ~ melden, zum ~ erscheinen*** presentarsi, comparire a rapporto **2** ANT. *(Beziehung)* rapporto *m.*, relazione *f.* **3a** ART. motivo *m.* (ornamentale) **b** TESS. rapporto *m.* d'intreccio. **rap|por|tie|ren I** tr. ***jdm etw. ~*** fare rapporto a qcn. su qcs. **II** intr. (aus. *haben*) ART. TESS. ripetersi.

Rapp|schim|mel m. *(-s,-)* cavallo *m.* pezzato.

Raps m. *(-es,-e)* BOT. **1** colza *f.* **2** *(Samenkörner)* seme *m.* di colza. **Raps|blü|te** f. *(-,-n)* fiore *f.* di colza. **Raps|feld** n. *(-[e]s,-er)* campo *m.* di colza. **Raps|ku|chen** m. *(-s,-)* AGR. ALLEV. panello *m.* di colza.

Rap|tus m. *(-,- e -se)* raptus *m.*

Ra|pünz|chen n. *(-s,-)* REGION. → **Rapunze. Ra|pun|ze, Ra|pun|zel** f. *(-,-n)* raperonzolo *m.*, raponzolo *m.*

Ra|pu|sche, Ra|pu|se, COLLOQ. REGION. ***in die ~ gehen, kommen*** andare perso; ***etw. in die ~ geben*** abbandonare, lasciare qcs.

rar I agg. raro: ***eine -e Briefmarke*** un francobollo raro **II** avv. raramente, di rado ◆ COLLOQ. ***sich ~ machen*** fare il prezioso, rendersi prezioso. **Ra|ri|tät** f. *(-,-en)* rarità *f.* **Ra|ri|tä|ten|ka|bi|nett** n. *(-[e]s,-e)*, **Ra|ri|tä|ten|kas|ten** m. *(-s,- e -kästen)*, **Ra|ri|tä|ten|samm|lung** f. *(-,-en)* collezione *f.* di oggetti (*o* pezzi) rari.

Ras m. *(-,-)* ras *m.*

ra|sant I agg. **1** *(sehr schnell)* velocissimo, rapidissimo **2** filante: ***ein -er Sportwagen*** una filante macchina sportiva; ***ein -es Styling*** una linea filante **3** *(attraktiv)* affascinante, mozzafiato **4** MIL. teso, radente: ***ein -er Schuss*** un tiro teso **II** avv. molto velocemente, a grande velocità: ***~ fahren*** guidare a grande velocità (*o* sportivamente) ◆ MIL. ***-e Flugbahn*** traiettoria radente.

Ra|sanz f. *(-)* **1a** COLLOQ. *(große Schnelligkeit)* velocità *f.* elevata **b** (grande) rapidità *f.*: ***die ~ einer Entwicklung*** la rapidità di uno sviluppo **2** *(Faszination)* fascino *m.* **3** MIL. radenza *f.*

rasch I agg. **1** rapido, veloce: ***mit -en Schritten*** a passi veloci; ***in -er Folge*** in rapida successione **2** *(flink)* svelto, lesto **3** pronto: ***ein -es Handeln*** un'azione pronta; ***eine -e Antwort*** una risposta pronta **II** avv. **1** rapidamente, velocemente, in fretta: ***~ gehen, laufen*** camminare in fretta; ***mach ~!*** fai in fretta! sbrigati! ***so ~ wie möglich*** il più rapidamente possibile **2** *(prompt)* in fretta.

ra|scheln intr. (aus. *haben*) **1** frusciare: ***die Schlange raschelt im Gras*** il serpente fa frusciare l'erba; ***mit Papier ~*** far frusciare la carta **2** impers. ***es raschelte*** ci fu, si sentì un fruscio. **Ra|scheln** n. *(-s)* fruscio *m.*

ra|sches|tens avv. assai (*o* molto) velocemente, il più in fretta possibile. **Rasch|heit** f. *(-)* rapidità *f.*, velocità *f.* **rasch|le|big** agg. dalla vita febbrile. **rasch|wüch|sig** agg. dalla crescita rapida.

ra|sen intr. **1a** COLLOQ. *(sich sehr schnell bewegen;* aus. *sein)* sfrecciare, andare a tutta velocità: ***auf der Autobahn ~*** sfrecciare sull'autostrada **b** FIG. correre, volare: ***von einer Verabredung zur anderen ~*** correre da un appuntamento all'altro; ***die Zeit rast*** il tempo vola **2a** *(toben;* aus. *haben)* essere fuori di sé, smaniare: ***vor Zorn ~*** essere fuori di sé dall'ira; ***im Fieber ~*** smaniare (*o* delirare) per la febbre **b** *(wüten)* infuriare: ***der Sturm raste*** infuriava la tempesta ◆ ***mit dem Auto gegen eine Mauer ~*** (andare a) schiantarsi con la macchina contro un muro; ***um die Ecke ~*** girare l'angolo a gran velocità.

Ra|sen m. *(-s,-)* prato *m.* (all'inglese), tappeto *m.* erboso. **Ra|sen|bank** f. *(-,-bänke)* ANT. sedile *m.* erboso. **ra|sen|be|deckt, ra|sen|be|wach|sen** agg. coperto di erba, erboso. **Ra|sen|blei|che** f. *(-,-n)* prato *m.* (dove si stendeva la biancheria per il candeggio).

ra|send I p.pres. agg. **1** → **rasen 2** furioso, rabbioso: ***jdn ~ machen*** fare ammattire, impazzire qcn. **3** *(sehr stark)* fortissimo: ***-e Schmerzen*** dolori fortissimi **II** avv. **1** furiosamente **2** rafforz. *(sehr)* molto, pazzamente: ***jdn ~ lieben*** essere pazzamente innamorato, essere innamoratissimo di qcn.; ***etw. ~ gern tun*** fare qcs. molto volentieri, volentierissimo. **Ra|sen|de** m. e f. *(-n,-n)* pazzo *m.* (-a *f.*) furioso (-a).

Ra|sen|de|cke f. *(-,-n)* tappeto *m.* (*o* manto *m.*) erboso. **Ra|sen|dün|ger** m. *(-s)* concime *m.* per tappeti erbosi. **Ra|sen|flä|che** f. *(-,-n)* superficie *f.* erbosa, spiazzo *m.* erboso. **Ra|sen|mä|her** m. *(-s,-)*, **Ra|sen|mäh|ma|schi|ne** f. *(-,-n)* tagliaerba *m.*, tosaerba *m.* e *f.* **Ra|sen|platz** m. *(-es,-plätze)* **1** superficie *f* erbosa **2** SPORT campo *m.* erboso. **Ra|sen|sche|re** f. *(-,-n)* forbici *f.pl.* tagliaerba, cesoie *f.pl.* **Ra|sen|sport** m. *(-s,-e)* sport *m.* su prato. **Ra|sen|spren|ger** m. *(-s,-)* irrigatore *m.* **Ra|sen|stück** n. *(-[e]s,-e)* praticello *m.* erboso. **Ra|sen|ten|nis** n. *(-)* tennis *m.* su erba. **Ra|sen|tep|pich** m. *(-s,-e)* tappeto *m.* erboso.

Ra|ser m. *(-s,-)* COLLOQ. SPREG. chi corre come un matto; *(mit einem Fahrzeug)* pirata *m.* della strada. **Ra|se|rei** f. *(-,-en)* **1** COLLOQ. corsa *f.* pazza, sfrenata **2** pazzia *f.* furiosa: ***ein Anfall von ~*** un accesso di pazzia furiosa ◆ ***jdn zur ~ bringen*** portare qcn. alla follia; ***in ~ geraten*** impazzire; ***jdn bis zur ~ lieben*** amare qcn. alla follia; ***jdn zur ~ treiben*** spingere qcn. alla follia.

Ra|sier|ap|pa|rat m. *(-[e]s,-e)* rasoio *m.* **Ra|sier|creme** f. *(-,-s)* crema *f.* da barba.

ra|sie|ren I tr. **1a** radere, rasare: ***jdn ~*** radere (*o* fare la barba a) qcn. **b** *(enthaaren)* depilare **2** COLLOQ. *(zertrümmern)* radere al suolo **II** rifl. **sich ~ 1** radersi, rasarsi, farsi la barba: ***sich am Hals ~*** radersi sul collo; ***sich elektrisch ~*** radersi con il rasoio elettrico **2** ***sich (D) die Beine ~*** depilarsi le gambe ◆ ***sich eine Glatze ~ lassen*** farsi rapare a zero. **Ra|sie|ren** n. *(-s)* rasatura *f.* **Ra|sie|rer** m. *(-s,-)* COLLOQ. rasoio *m.* elettrico.

Ra|sier|klin|ge f. *(-,-n)* lametta *f.* da barba. **Ra|sier|mes|ser** n. *(-s,-)* rasoio *m.* **Ra|sier|pin|sel** m. *(-s,-)* pennello *m.* da barba. **Ra|sier|schaum** m. *(-[e]s)* schiuma *f.* da barba. **Ra|sier|sei|fe** f. *(-,-n)* sapone *m.* da barba. **Ra|sier|stuhl** m. *(-[e]s,-stühle)* poltrona *f.* del, da barbiere. **Ra|sier|was|ser** n. *(-s,-* e *-wässer)* lozione *f.* da barba, dopobarba *m.*

ra|sig agg. coperto di erba, erboso.

Rä|son [rɛ'zɔ̃:], ***zur ~ kommen,*** ANT. ***~ annehmen*** mettere la testa a posto, mettere giudizio; ***jdn zur ~ bringen*** ridurre, ricondurre qcn. alla ragione. **Rä|so|neur** [rɛzo'nøːɐ] m. *(-s,-)* ANT. ragionatore *m.* **rä|so|nie|ren** intr. (aus. *haben*) **1** ragionare, argomentare **2** COLLOQ. *(nörgeln)* ***über etw. ~*** trovare da ridire su qcs., criticare qcs.

Ras|pa f. *(-,-s)* e COLLOQ. m. *(-s,-s)* raspa *f.*

1.Ras|pel f. *(-,-n)* **1** raspa *f.* **2** *(Küchengerät)* grattugia *f.*

2.Ras|pel m. *(-s,-)* scaglietta *f.* (grattugiata).

ras|peln tr. **1** raspare: ***Holz ~*** raspare (del) legno **2** GASTR. grattugiare.

rass, räss agg. REGION. **1** *(scharf gewürzt)* piccante **2** *(schneidend)* tagliente: ***ein -er Wind*** un vento tagliente **3** *(bissig)* che morde **4** *(von Pferden)* selvaggio **5** *(von Menschen)* brusco.

Ras|se f. *(-,-n)* **1** razza *f.*: ***die weiße, gelbe, menschliche ~*** la razza bianca, gialla, umana; ***ein Tier von edler ~*** un animale di razza; ***zwei -n miteinander kreuzen*** incrociare (fra loro) due razze **2** BIOL. *(Unterart)* sottospecie *f.* ◆ COLLOQ. ***~ haben, von ~ sein*** essere di razza; ***dieser Wein hat ~*** questo vino è di qualità, ha carattere. **Ras|se|frau** f. *(-,-en)* COLLOQ. → **Rasseweib. Ras|se|hund** m. *(-[e]s,-e)* cane *m.* di razza.

Ras|sel f. *(-,-n)* **1** raganella *f.* **2** *(Spielzeug für Babys)* sonaglio *m.* **Ras|sel|ban|de** f. *(-,-n)* SCHERZ. compagnia *f.* (*o* brigata *f.*) rumorosa di ragazzi. **Ras|se|lei** f. *(-)* strepito *m.*, fracasso *m.*

ras|seln intr. **1** (aus. *haben*) sferragliare **2** (aus. *sein*) muoversi, avanzare facendo un gran fracasso **3** COLLOQ. (aus. *sein*) essere bocciato: ***durch die Prüfung ~*** essere bocciato all'esame ◆ ***der Atem des Kranken rasselt*** il malato rantola; ***gegen einen Pfeiler ~*** (andare a) schiantarsi contro un pilastro; COLLOQ. ***mit dem Säbel ~*** minacciare guerra; ***der Wecker rasselt*** la sveglia suona (fragorosamente). **ras|selnd** p.pres. agg. **1** → **rasseln 2** rantolante ◆ ***der Atem des Kranken ging ~*** il respiro del malato era ridotto a un rantolo.

Ras|sen|dis|kri|mi|nie|rung f. *(-,-en)* discriminazione *f.* razziale. **Ras|sen|fa|na|ti|ker** m. *(-s,-)* razzista *m.* **Ras|sen|for|scher** m. *(-s,-)* studioso *m.* delle razze (umane). **Ras|sen|for|schung** f. *(-)* → **Rassenkunde. Ras|sen|fra|ge** f. *(-)* questione *f.* (*o* problema *m.*) razziale. **Ras|sen|ge|setz** n. *(-[e]s,-e)* legge *f.* razziale. **Ras|sen|hass** m. *(-es)* odio *m.* razziale. **Ras|sen|het|ze** f. *(-)* istigazione *f.* al razzismo. **Ras|sen|hy|gi|e|ne** f. *(-)* eugenetica *f.*, eugenica *f.* **Ras|sen|kampf** m. *(-[e]s,-kämpfe)* lotta *f.* razziale. **Ras|sen|kra|wall** m. *(-[e]s,-e)* scontro *m.*, tumulto *m.* razziale. **Ras|sen|kun|de** f. *(-)* studio *m.* delle razze (umane). **Ras|sen|in|teg|ra|ti|on** f. *(-)* integrazione *f.* razziale. **Ras|sen|leh|re** f. *(-)* → **Rassenkunde. Ras|sen|merk|mal** n. *(-[e]s,-e)* tratto *m.* (*o* caratteristica *f.*) razziale, della razza. **Ras|sen|mi|schung** f. *(-,-en)* mescolanza *f.* razziale, miscuglio *m.* di razze. **Ras|sen|po|li|tik** f. *(-)* politica *f.* razziale. **Ras|sen|prob|lem** n. *(-s,-e)* problema *m.* razziale. **Ras|sen|schan|de** f. *(-)* STOR. = unione *f.*, rapporto *m.* sessuale fra persone di razze diverse (durante il nazismo). **Ras|sen|tren|nung** f. *(-,-en)* segregazione *f.* razziale. **Ras|sen|un|ru|hen** pl. disordini *m.pl.* razziali. **Ras|sen|ver|fol|gung** f. *(-,-en)* persecuzione *f.* razziale.

Ras|se|pferd n. *(-[e]s,-e)* cavallo *m.* di razza, purosangue *m.* **ras|se|rein** agg. di razza pura; *(von Pferden)* purosangue. **Ras|se|weib** n. *(-[e]s,-er)* COLLOQ. donna *f.* molto calda.

ras|sig agg. **1** di razza **2** FIG. *(feurig)* focoso **3** FIG. grintoso: ***ein -es Auto*** una macchina grintosa **4** *(von Wein)* che ha carattere ◆ ***-e Gesichtszüge*** lineamenti marcati.

ras|sisch agg. razziale. **Ras|sis|mus** m. *(-)* razzismo *m.* **Ras|sist** m. *(-en,-en)* razzista *m.* **ras|sis|tisch** agg. razzista, razzistico.

Rast f. *(-,-en)* **1** sosta *f.*, fermata *f.*: ***~ machen*** fare una sosta (*o* una tappa), sostare **2** METALL. sacca *f.* **3** TECN. → **Raste** ◆ ***ohne ~ und Ruh*** senza un attimo di riposo, LETT. senza posa (*o* requie); ***weder ~ noch Ruh haben, finden*** non avere, trovare pace.

Ras|te f. *(-,-n)* **1** (dispositivo *m.* di) arresto *m.* **2** *(Lücke)* tacca *f.*, incavo *m.*

ras|ten intr. (aus. *haben*) **1a** fare una sosta (*o* una tappa), sostare, fermarsi: ***ein wenig ~*** fare una breve sosta (*o* tappa) **b** *(sich ausruhen)* riposarsi: ***nach der Arbeit ~*** riposarsi dopo il lavoro **2** RAR. (aus. *sein*) scattare (in posizione) ◆ ***wer rastet, der rostet*** chi non si esercita arrugginisce; ***weder ~ noch ruhen*** non concedersi un attimo di riposo.

1.Ras|ter m. *(-s,-)* **1** reticolo *m.* **2a** TIP. retino *m.* **b** *(Rasterung)* retinatura *f.* **3** *(Blende)* schermo *m.* grigliato.

2.Ras|ter n. *(-s,-)* **1** TELEV. barre *f.pl.* (di colore) **2** *(System)* griglia *f.*, schema *m.*: ***jdn, etw. in ein ~ einordnen*** inserire qcn., qcs. in una griglia.

Ras|ter|ät|zung f. *(-,-en)* autotipia *f.* **Ras|ter|bild** n. *(-[e]s,-er)* bande *f.pl.* (di colore). **Ras|ter|mik|ro|skop** n. *(-s,-e)* microscopio *m.* a scansione (elettronica).

ras|tern tr. retinare. **Ras|te|rung** f. *(-,-en)* retinatura *f.*

Rast|haus n. *(-es,-häuser)* posto *m.* di ristoro; *(Rasthof)* autogrill *m.* **Rast|hof** m. *(-[e]s,-höfe)* autogrill *m.*

rast|los I agg. **1a** senza sosta, ininterrotto: ***eine -e Fahrt*** un viaggio senza soste, diretto **b** *(unaufhörlich)* continuo, incessante, ininterrotto: ***nach -em Suchen*** dopo continue ricerche **2** *(unermüdlich)* che non si concede soste, instancabile, indefesso **3** *(unruhig)* irrequieto **II** avv. **1a** senza sosta, ininterrottamente **b** *(unaufhörlich)* continuamente, incessantemente **2** *(unermüdlich)* instancabilmente, indefessamente: ***~ tätig sein*** essere instancabilmente attivo **3** *(unruhig)* in modo irrequieto, da irrequieto. **Rast|lo|sig|keit** f. *(-)* **1** infaticabilità *f.* **2** *(Unruhigsein)* irrequietezza *f.*

Rast|platz m. *(-es,-plätze)* **1** luogo *m.* di sosta, tappa *f.* **2** *(an Autobahnen)* piazzola *f.* (*o* area *f.*) di sosta. **Rast|stät|te** f. *(-,-n)* autogrill *m.*

Ra|sur f. *(-,-en)* **1** rasatura *f.* **2** *(Radieren)* rasura *f.*

Rat I m. *(-[e]s)* consiglio *m.*: ***jdm einen ~ geben, erteilen*** dare un consiglio a qcn.; ***einen ~ befolgen, einem ~ folgen*** seguire un consiglio; ***auf jds ~ hören*** ascoltare il consiglio di qcn.; ***jdn um ~ bitten, fragen*** chiedere consiglio a qcn.; ***~ suchend*** che cerca consiglio **II** m. *(-[e]s, Räte)* **1** consiglio *m.*: ***im ~ der Gemeinde sitzen*** sedere al consiglio comunale; ***den ~ einberufen, versammeln, auflösen*** convocare, adunare, sciogliere il consiglio **2a** *(Mitglied eines Rates)* consigliere *m.*: ***zum ~ gewählt werden*** essere eletto consigliere **b** *(Titel)* ***Geheimer, Geistlicher ~*** consigliere segreto, ecclesiastico ◆ ***auf jds ~ hin*** su consiglio di qcn.; ***mit sich zu -e gehen, mit sich ~ halten*** riflettere a fondo; ***~ halten*** tenere consiglio, consultarsi; ***~ schaffen*** trovare rimedio; ***mit ~ und Tat*** con le parole e coi fatti; ***da ist guter ~ teuer!*** è proprio un bel pasticcio! ***sich (D) keinen (anderen) ~ wissen als...*** non vedere altra via d'uscita (*o* soluzione) che...; PROV. ***guter ~ kommt über Nacht*** la notte porta consiglio; ***kommt Zeit, kommt ~*** il tempo porta consiglio; ***zu -e*** → **zurate.**

Ra|te f. *(-,-n)* **1** rata *f.*: ***etw. auf -n kaufen*** comprare qcs. a rate; ***etw. in -n abzahlen, bezahlen*** pagare qcs. a rate (*o* ratealmente); ***morgen ist die letzte ~ fällig*** domani scade l'ultima rata **2** *(Verhältnis zwischen zwei Größen)* tasso *m.*: ***die ~ der Todesfälle durch Herzinfarkt*** il tasso di mortalità per infarto **3** COMM. rata *f.* di caricazione *o* di scarico.

Rä|te|de|mo|kra|tie f. *(-)* democrazia *f.* consiliare (*o* dei consigli).

ra|ten *(rät, riet, geraten)* **I** tr. **1** consigliare, suggerire: ***jdm etw. ~*** consigliare qcs. a qcn.: ***was hat er dir geraten zu tun?*** cosa ti ha consigliato di fare? **2** *(erraten)* indovinare: COLLOQ. ***das rätst du nie!*** non lo indovinerai mai! **II** intr. (aus. *haben*) **1a** ***jdm ~*** consigliare qcn.; ***lass dir ~!*** fatti consigliare! ascolta il mio consiglio! **b** ***(jdm) zu etw., jdm ~*** consigliare qcs., qcn. (a qcn): ***jdm zur Ruhe, Vorsicht ~*** consigliare la calma, la prudenza a qcn.; ***wozu rätst du mir?*** cosa mi consigli? ***der Arzt riet ihm, weniger zu rauchen*** il medico gli consigliò di fumare meno **2** *(die richtige Antwort finden)* indovinare: ***richtig, falsch ~*** indovinare, sbagliare (la risposta) **3** *(Kreuzworträtsel, Rätsel)* risolvere ◆ ***dreimal darfst du ~!*** hai tre risposte (a disposizione)! SCHERZ. prova un po' a indovinare (*o* a dire)! indovina un po'! ***hin** **und her** ~* indovinare alla cieca; COLLOQ. ***rat(e) mal, wen ich gesehen habe*** indovina un po' chi ho visto; ***das möchte ich dir geraten haben!*** ti avverto! ***sich (D) nicht zu ~ wissen*** non sapere cosa fare (*o* che pesci pigliare, dove sbattere la testa); PROV. ***wem nicht zu ~ ist, dem ist auch nicht zu helfen*** = chi non vuol essere consigliato, non può essere aiutato.

Ra|ten|be|trag m. *(-[e]s,-beträge)* importo *m.* della rata, rata *f.* **Ra|ten|ge|schäft** n. *(-[e]s,-e)* vendita *f.* rateale. **Ra|ten|kauf** m. *(-[e]s,-käufe)* acquisto *m.* rateale. **Ra|ten|kre|dit** m. *(-[e]s,-e)* finanziamento *m.* di acquisti rateali. **Ra|ten|wech|sel** m. *(-s,-)* cambiale *f.* di pagamento rateale. **ra|ten|wei|se** agg. a rate, BUROCR. ratealmente. **Ra|ten|zah|lung** f. *(-,-en)* pagamento *m.* a rate (*o* rateale): ***auf ~*** con, tramite pagamento a rate.

Rä|ter pl. STOR. reti *m.pl.*

Rä|te|re|pub|lik f. *(-)* STOR. repubblica *f.* dei consigli.

Ra|te|spiel n. *(-[e]s,-e)* quiz *m.* **Ra|te|team** n. *(-s,-s)* TELEV. squadra *f.* di concorrenti (in un quiz).

Rat|ge|ber m. *(-s,-)* **1a** consigliere *m.* **b** FIG. ***der Hass, der Neid ist ein schlechter ~*** l'odio è un cattivo consigliere, l'invidia è una cattiva consigliera **2** *(Büchlein)* guida *f.*, manuale *m.*

Rat|haus n. *(-es,-häuser)* **1** palazzo *m.* comunale, municipio *m.* **2** *(Stadtrat)* consiglio *m.* comunale: ***jdn ins ~ wählen*** eleggere qcn. consigliere comunale. **Rat|haus|saal** m. *(-[e]s,-säle)* sala *f.* del consiglio comunale.

Rä|ti|en n.pr.n. *(-s)* Rezia *f.*

Ra|ti|fi|ka|ti|on f. *(-,-en)* ratificazione *f.*, ratifica *f.* **Ra|ti|fi|ka|ti|ons|ur|kun|de** f. *(-,-n)* atto *m.* di ratifica. **ra|ti|fi|zie|ren** tr. ratificare. **Ra|ti|fi|zie|rung** f. *(-,-en)* ratifica *f.*

Rä|ti|kon m. *(-s)* e n. *(-[s])* Alpi *f.pl.* Retiche.

Rä|tin f. *(-,-nen)* consigliere *m.* (donna).

Ra|ti|né m. *(-s,-s)* ratina *f.*, ratiné *m.* **ra|ti|nie|ren** tr. TESS. ratinare, sottoporre a ratinatura.

Ra|tio f. *(-)* ragione *f.*

Ra|ti|on f. *(-,-en)* razione *f.*: ***die -en erhöhen, kürzen*** aumentare, ridurre le razioni ◆ ***eiserne ~*** razione (individuale) di riserva.

ra|ti|o|nal I agg. razionale **II** avv. razionalmente, in modo razionale. **ra|ti|o|na|li|sie|ren** tr. razionalizzare. **Ra|ti|o|na|li|sie|rung** f. *(-)* razionalizzazione *f.* **Ra|ti|o|na|lis|mus** m. *(-)* razionalismo *m.* **Ra|ti|o|na|list** m. *(-en,-en)* razionalista *m.* **ra|ti|o|na|lis|tisch** agg. razionalistico, razionalista. **Ra|ti|o|na|li|tät** f. *(-)* razionalità *f.* **ra|ti|o|nell I** agg. razionale **II** avv. razionalmente, in modo razionale.

ra|ti|o|nen|wei|se avv. a razioni. **ra|ti|o|nie|ren** tr. razionare. **Ra|ti|o|nie|rung** f. *(-,-en)* razionamento *m.*

rä|tisch agg. retico.

rat|los I agg. indeciso, irresoluto; *(hilflos)* perplesso: ***er war ~, was zu tun sei*** era indeciso sul da farsi, non sapeva che cosa si dovesse fare; ***ein -er Blick*** uno sguardo perplesso **II** avv. con indecisione, irresolutezza; *(hilflos)* con perplessità: ***er stand ~ da*** se ne stava là senza sapere che fare. **Rat|lo|sig|keit** f. *(-,-en)* indecisione *f.*, irresolutezza *f.*; *(Hilflosigkeit)* perplessità *f.*

rä|to|ro|ma|nisch agg. retoromanzo. **Rä|to|ro|ma|nisch** n. *(-[s])*, **Rä|to|ro|ma|ni|sche** n. *(-n)* retoromanzo *m.*

rat|sam agg. consigliabile, raccomandabile; *(angezeigt)* opportuno.

ratsch inter. zac, zaff.

Rat|sche, Rät|sche f. *(-,-n)* REGION. **1** raganella *f.* **2** COLLOQ. *(schwatzhafte Frau)* pettegola *f.* **3** TECN. arpionismo *m.* **rat|schen, rät|schen** intr. (aus. *haben*) **1** suonare la raganella **2** COLLOQ. *(schwatzen)* chiacchierare, cianciare.

Rat|schlag m. *(-[e]s,-schläge)* consiglio *m.*: ***jdm Ratschläge geben, erteilen*** dare consigli a qcn.; ***jds ~ folgen*** seguire il consiglio di qcn. **rat|schla|gen** intr. (aus. *haben*) ANT. consigliarsi, consultarsi: ***wir haben miteinander geratschlagt, wie wir ihm helfen könnten*** ci siamo consultati su come potremmo aiutarlo.

Rat|schluss m. *(-es,-schlüsse)* decreto *m.*, volontà *f.*: ***nach Gottes unerforschlichem ~*** per imperscrutabile decreto divino.

Rats|die|ner m. *(-s,-)* messo *m.* comunale.

Rät|sel n. *(-s,-)* **1** indovinello *m.*, enigma *m.*: ***jdm ein ~ aufgeben*** fare un indovinello a qcn.; ***ein ~ lösen, raten*** risolvere un indovinello; ***das ~ der Sphinx*** l'enigma della Sfinge **2** *(Unbegreifliches)* mistero *m.*, enigma *m.*: ***vor einem ~ stehen*** trovarsi di fronte a un mistero; ***es ist mir ein ~, wie das passieren konnte*** per me è un mistero come sia potuto succedere; ***das, die Frau ist, bleibt mir ein ~!*** questo, quella donna per me è, resta un mistero (*o* un enigma)! ◆ FIG. ***jdm ein ~, viele ~ aufgeben*** porre un problema, molti problemi a qcn.; ***das ist des -s Lösung!*** ecco la chiave del mistero (*o* dell'enigma)! ***in -n sprechen*** parlare per enigmi. **Rät|sel|ecke** f. *(-,-n)* angolo *m.* dell'enigmista, pagina *f.* enigmistica. **Rät|sel|fra|ge** f. *(-,-n)* indovinello *m.*, quiz *m.* **rät|sel|haft** agg. **1a** misterioso: ***unter -en Umständen*** in circostanze misteriose **b** *(enigmatisch)* enigmatico: ***ein -es Lächeln*** un sorriso enigmatico **2** *(unverständlich)* incomprensibile: ***das ist mir ~*** questo per me è incomprensibile, è un mistero; ***etw. bleibt ~*** qcs. rimane un mistero. **Rät|sel|haf|tig|keit** f. *(-,-en)* enigmaticità *f.*

rät|seln intr. (aus. *haben*) ***über etw. (A) ~*** cercare di capire (*o* di scoprire) qcs., fare congetture su qcs.; ***man rätselte, ob...*** si cerca di capire se... **Rät|sel|ra|ten** n. *(-s)* **1** enigmistica *f.* **2** *(Rätseln)* congetture *f.pl.*, supposizioni *f.pl.*: ***das ~ über den Verbleib der Millionen geht weiter*** si continuano a fare congetture su dove siano i milioni. **rät|sel|voll** agg. pieno di misteri, molto misterioso, avvolto dal mistero: ***ein -es Benehmen*** un comportamento molto misterioso. **Rät|sel|zeit|schrift, Rät|sel|zei|tung** f. *(-,-en)* rivista *f.* enigmistica.

Rats|herr m. *(-n,-en)* ANT. consigliere *m.* (comunale). **Rats|kel|ler** m. *(-s,-)* INTRAD. (ristorante nelle cantine del palazzo municipale). **Rats|kol|le|gi|um** n. *(-s,-kollegien)* collegio *m.* dei consiglieri. **Rats|schrei|ber** m. *(-s,-)* REGION. ANT. segretario *m.* comunale. **Rats|sit|zung** f. *(-,-en)* seduta *f.* del consiglio. **Rats|ver|samm|lung** f. *(-,-en)* riunione *f.* del consiglio. **Rats|vor|sit|zen|de** m. *(-n,-n)* presidente *m.* del consiglio. **Rats|wahl** f. *(-,-en)* elezione *f.* del consiglio.

Rat|te f. *(-,-n)* **1** ratto *m.* **2** SPREG. *(widerlicher Mensch)* topo *m.* di fogna ◆ ***die -n verlassen das sinkende Schiff*** i topi abbandonano la nave che affonda; ***wie eine ~ schlafen*** dormire come un ghiro.

Rat|ten|be|kämp|fung f. *(-,-en)* derattizzazione *f.* **Rat|ten|fal|le** f. *(-,-n)* trappola *f.* per ratti. **Rat|ten|fän|ger** m. *(-s,-)* FIG. SPREG. trascinatore *m.* di folle, demagogo *m.* ◆ ***der ~ von Hameln*** il pifferaio magico. **Rat|ten|gift** n. *(-[e]s,-e)* veleno *m.* per topi. **Rat|ten|kö|nig** m. *(-s,-e)* **1** nidiata *f.* di ratti (con le code intrecciate) **2** FIG. *(Verknüpfung)* groviglio *m.*, garbuglio *m.*: ***ein ~ von Problemen*** un groviglio di problemi. **Rat|ten|loch** n. *(-[e]s,-löcher)* topaia *f.* (anche FIG.). **Rat|ten|nest** n. *(-[e]s,-er)* nidiata *f.* di ratti. **Rat|ten|schwanz** m. *(-es,-schwänze)* **1a** coda *f.* di topo **b** SCHERZ. *(Haarzopf)* codino *m.* **2** *(endlose Folge)* sequela *f.* **Rat|ten|schwänz|chen** n. *(-s,-)* SCHERZ. codino *m.* **Rat|ten|ver|til|gung** f. *(-,-en)* derattizzazione *f.*

Rät|ter m. *(-s,-)* MIN. vaglio *m.* a scossa.

rat|tern intr. **1a** (aus. *haben*) strepitare, fare strepito (*o* fracasso) **b** *(vom Zug)* sferragliare **c** *(vom Gewehr)* crepitare **2** (aus. *sein*) passare con strepito, fracasso: ***die Karre ratterte über das Pflaster*** il carro passò con strepito sul selciato.

rät|tern tr. MIN. vagliare a scossa.

Ratt|ler m. *(-s,-)* cane *m.* da ratti.

Ratz m. *(-es,-e)* **1** REGION. *(Ratte)* ratto *m.* **2** *(Iltis)* puzzola *f.* **3** *(Siebenschläfer)* ghiro *m.*: FIG. ***schlafen wie ein ~*** dormire come un ghiro.

Rat|ze f. *(-,-n)* COLLOQ. ratto *m.*

rat|ze|kahl I agg. COLLOQ. **1** *(kahl)* pelato **2** *(ohne Vegetation)* brullo **II** avv. completamente, interamente, totalmente ◆ ***alles ~ aufessen*** vuotare il piatto, far piazza pulita.

rat|zen intr. (aus. *haben*) COLLOQ. dormire come un ghiro.

Rat|zer m. *(-s,-)* REGION. graffio *m.*

rau I agg. **1a** ruvido: ***-e Hände*** mani ruvide; ***-es Papier*** carta ruvida; ***ein -er Stoff*** una stoffa ruvida **b** *(nicht glatt)* scabroso, scabro **2a** *(vom Klima)* aspro, rigido **b** *(von einer Landschaft)* aspro **3** *(von Stimme, Hals)* rauco, roco **4** *(grob)* ruvido, rude: ***eine -e Art haben*** essere di modi rudi: ***das -e Leben*** la vita dura **II** avv. rudemente, duramente: ***~ spielen*** giocare rudemente ◆ ***ein -er Bart*** una barba ispida; ***die -e See*** il mare grosso.

Raub m. *(-[e]s,-e)* **1** rapina *f.*: ***einen ~ begehen, verüben*** compiere (*o* fare) una rapina **2** *(Entführung)* ratto *m.*, rapimento *m.* **3** *(Beute)* bottino *m.*, preda *f.*: ***den ~ untereinander teilen*** dividersi il bottino; ***auf ~ ausgehen*** andare in cerca di preda ◆ ***ein ~ der Flammen werden*** essere preda delle fiamme; MITOL. ***der ~ der Sabinerinnen*** il ratto delle Sabine; ***schwerer ~*** rapina aggravata.

Rau|bank f. *(-,-bänke)* grossa pialla *f.* **Rau|bauz** m. *(-es,-e)* → **Raubein. rau|bau|zig** agg. → **raubeinig.**

Raub|bau m. *(-[e]s)* sfruttamento *m.* selvaggio: ***am, mit dem Boden ~ treiben*** praticare uno sfruttamento selvaggio del terreno; ***mit seiner Gesundheit ~ treiben*** rovinarsi la salute. **Raub|druck** m. *(-[e]s,-e)* stampa *f.*, edizione *f.* pirata. **Raub|ehe** f. *(-,-n)* ratto *m.* a scopo di matrimonio.

Rau|bein n. *(-[e]s,-e)* **1** COLLOQ. burbero *m.* **2** GERG. SPORT chi gioca rudemente. **rau|bei|nig** agg. **1** COLLOQ. burbero **2** GERG. SPORT rude (nel gioco).

rau|ben tr. (aus. *haben*) **1a** rapinare: ***jdm etw. ~*** rapinare qcn. di qcs.; ***Geld, Schmuck ~*** rapinare soldi, gioielli **b** assol. compiere, commettere rapine **2** *(plündern)* (de)predare **3** *(entführen)* rapire **4** FIG. *(wegnehmen)* levare, togliere: ***die Sorgen ~ ihm den Schlaf*** le preoccupazioni gli tolgono il sonno; ***jdm die Hoffnung, die Freiheit ~*** togliere la speranza a qcn., privare qcn. della libertà; ***jdm die Ehre ~*** disonorare qcn. ◆ ***einen Kuss ~*** rubare un bacio.

Räu|ber m. *(-s,-)* **1** rapinatore *m.*, bandito *m.* **2a** *(Straßenräuber)* brigante *m.* **b** LETT. masnadiero *m.*, masnadiere *m.* **3** ZOOL. (animale *m.*) predatore *m.* ◆ ***unter die ~ fallen, geraten*** cadere nelle mani dei banditi; FIG. cadere nelle mani di sfruttatori; ***~ und Gendarm spielen*** giocare a guardie e ladri. **Räu|ber|ban|de** f. *(-,-n)* **1** banda *f.* di rapinatori **2** ANT. banda *f.* (*o* masnada *f.*) di briganti. **Räu|ber|braut** f. *(-,-bräute)* ANT. donna *f.* del brigante. **Räu|be|rei** f. *(-,-en)* rapina *f.*, furto *m.* **Räu|ber|ge|schich|te** f. *(-,-n)* **1** storia *f.* di briganti **2** COLLOQ. FIG. *(unglaubliche Geschichte)* storia *f.* inverosimile, incredibile. **Räu|ber|haupt|mann** m. *(-[e]s,-männer)* ANT. capobanda *m.* **Räu|ber|höh|le** f. *(-,-n)* covo *m.* di briganti ◆ COLLOQ. FIG. ***hier sieht es aus wie in einer ~!*** sembra una stalla! **Räu|be|rin** f. *(-,-nen)* rapinatrice *f.* **räu|be|risch** agg. **1** brigantesco **2** ZOOL. predatore, rapace: ***ein -er Vogel*** un uccello rapace ◆ ***-e Handlung, Tat, -er Überfall*** rapina. **räu|bern I** tr. derubare, rapinare **II** intr. (aus. *haben*) commettere un furto. **Räu|ber|pis|to|le** f. *(-,-n)* → **Räubergeschichte. Räu|ber|zi|vil** n. *(-s)* SCHERZ. abiti *m.pl.* trasandati, sciatti.

Rau|be|wurf m. *(-[e]s)* → **Rauputz.**

Raub|fisch m. *(-[e]s,-e)* pesce *m.* predatore. **Raub|flie|ge** f. *(-,-n)* ENTOM. assillo *m.* **Raub|gier** f. *(-)* rapacità *f.* (anche FIG.). **raub|gie|rig** agg. rapace (anche FIG.). **Raub|kä|fer** m. *(-s,-)* stafilino *m.* **Raub|kat|ze** f. *(-,-n)* felino *m.* **Raub|ko|pie** f. *(-,-n)* copia *f.* abusiva, pirata; *(von Kassetten)* cassetta *f.* pirata; *(von Schallplatten)* disco *m.* pirata. **Raub|krieg** m. *(-[e]s,-e)* ANT. guerra *f.* di rapina. **Raub|mord** m. *(-[e]s,-e)* omicidio *m.* a scopo di rapina. **Raub|mör|der** m. *(-s,-)* rapinatore *m.* omicida. **Raub|mö|we** f. *(-,-n)* ORNIT. stercorario *m.*

rau|bors|tig agg. → **raubeinig.**

Raub|pres|sung f. *(-,-en)* incisione *f.* pirata. **Raub|rit|ter** m. *(-s,-)* STOR. cavaliere *m.* predone. **Raub|rit|ter|tum** n. *(-s)* pratica *f.* del brigantaggio (da parte di cavalieri). **Raub|schiff** n. *(-[e]s,-e)* nave *f.* pirata. **Raub|tier** n. *(-[e]s,-e)* **1** animale *m.* rapace **2** *(wildes Tier)* animale *m.* feroce. **Raub|tier|bän|di|ger** m. *(-s,-)* domatore *m.* di animali feroci. **Raub|über|fall** m. *(-[e]s,-überfälle)* rapina *f.*: ***ein ~ auf einen Juwelier*** una rapina a un gioielliere; ***einen ~ machen, verüben*** fare, compiere una rapina; ***bewaffneter ~*** rapina a mano armata. **Raub|vo|gel** m. *(-s,-vögel)* uccello *m.* rapace. **Raub|wild** n. *(-[e]s)* cacciagione *f.* grossa. **Raub|zeug** n. *(-[e]s)* animali *m.pl.* predatori non cacciabili. **Raub|zug** m. *(-[e]s,-züge)* scorreria *f.*

rauch agg. folto.

Rauch m. *(-[e]s)* fumo *m.*: ***ein beißender, dicker ~*** un fumo pungente, denso; ***das Zimmer ist mit ~ erfüllt*** la stanza è piena di fumo; ***es riecht, schmeckt nach ~*** c'è odore, sa di fumo; ***der ~ der Zigarette, von Zigarren*** il fumo della sigaretta, dei sigari; ***den ~ einatmen, ausstoßen (ausblasen)*** aspirare, buttare fuori il fumo ◆ ***in ~ (und Flammen) aufgehen*** andare in fiamme; FIG. ***in ~ aufgehen*** andare in fumo; FIG. ***sich in ~ auflösen*** andare in fumo; ***der ~ beißt mir, mich in die Augen*** il fumo mi fa bruciare gli occhi; ***den ~ durch die Nase blasen*** espirare il fumo dal naso; ***der ~ steigt auf, in die Höhe*** il fumo sale; PROV. ***kein ~ ohne Flamme*** non c'è fumo senza arrosto. **Rauch|ab|zug** m. *(-[e]s,-abzüge)* canna *f.* fumaria. **Rauch|bom|be** f. *(-,-n)* bomba *f.* fumogena.

rau|chen I intr. (aus. *haben*) **1** fumare: ***der Kamin raucht*** il camino fuma **2** impers. esserci fumo: ***es raucht in der Küche*** c'è fumo in cucina; ***es raucht aus dem Ofen*** esce fumo dal forno **II** tr. **1** fumare: ***eine Zigarette, die Pfeife ~*** fumare una sigaretta, la pipa; assol. ***im Bett ~*** fumare a letto; ***sie raucht nicht (mehr)*** non fuma (più) **2** *(räuchern)* affumicare ◆ FIG. ***hier raucht es*** c'è aria di tempesta; ***mir raucht der Kopf*** mi fuma la testa; ***wie ein Schlot ~*** fumare come una ciminiera, come un turco; ***~ Sie?*** fuma? ***stark, viel ~*** fumare molto; ***wenig ~*** fumare poco. **Rau|chen** n. *(-s)* il fumare, fumo *m.*: ***~ verboten*** vietato fumare; ***das ~ schadet der Gesundheit*** il fumo (*o* fumare) nuoce alla salute; ***das ~ aufgeben*** smettere di fumare.

Rauch|ent|wick|lung f. *(-,-en)* formazione *f.* di fumo.

Rau|cher m. *(-s,-)* **1** fumatore *m.*: ***ein starker ~*** un forte, accanito fumatore **2** → **Raucherabteil.**

Räu|cher|aal m. *(-[e]s,-e)* anguilla *f.* affumicata.

Rau|cher|ab|teil m. *(-[e]s,-e)* scompartimento *m.* per fumatori.

Räu|che|rei f. *(-,-en)* RAR. affumicatoio *m.* **Räu|cher|fass** m. *(-es,-fässer)* turibolo *m.* **Räu|cher|fisch** m. *(-es,-e)* pesce *m.* affumicato. **Räu|cher|ge|fäß** n. *(-es,-e)* → **Räucherfass.**

Rau|cher|hus|ten m. *(-s)* tosse *f.* da fumatore.

räu|che|rig agg. annerito dal fumo.

Rau|che|rin f. *(-,-nen)* fumatrice *f.*

Räu|cher|kam|mer f. *(-,-n)* affumicatoio *m.* **Räu|cher|ker|ze** f. *(-,-n)*, **Räu|cher|kerz|chen** n. *(-s,-)* candela *f.* profumata. **Räu|cher|lachs** m. *(-es,-e)* salmone *m.* affumicato. **Räu|cher|mit|tel** n. *(-s,-)* sostanza *f.* profumata. **räu|chern I** tr. GASTR. affumicare: ***Fleisch ~*** affumicare la carne **II** intr. (aus. *haben*) ***mit Räucherstäbchen ~*** profumare con bastoncini d'incenso; LIT. *(mit Weihrauch)* incensare ◆ FIG. ***jdn ~*** incensare qcn. **Räu|cher|pfan|ne** f. *(-,-n)* braciere *m.* per incenso. **Räu|cher|schin|ken** m. *(-s,-)* prosciutto *m.* affumicato. **Räu|cher|speck** m. *(-[e]s,-e)* pancetta *f.* affumicata. **Räu|cher|stäb|chen** m. *(-s,-)* bastoncino *m.* d'incenso. **Räu|che|rung** f. *(-,-en)* **1** GASTR. affumicamento *m.*, affumicatura *f.* **2** *(Räuchermittel verbrennen)* il bruciare sostanze profumate **3** *(Weihrauch verbrennen)* incensamento *m.* **Räu|cher|wa|re** f. *(-,-n)* prodotto (alimentare) *m.* affumicato. **Räu|cher|werk** n. *(-[e]s)* → **Räuchermittel.**

Rauch|fah|ne f. *(-,-n)* pennacchio *m.* di fumo. **Rauch|fang** m. *(-[e]s,-fänge)* **1** cappa *f.* del camino **2** AUSTR. *(Schornstein)* camino *m.*, comignolo *m.* **Rauch|fang|keh|rer** m. *(-s,-)* AUSTR. spazzacamino m. **rauch|far|ben,** RAR. **rauch|far|big** agg. fumé, color fumo. **Rauch|fass** n. *(-es,-fässer)* turibolo *m.* **Rauch|fleisch** n. *(-[e]s)* carne *f.* affumicata. **rauch|frei** agg. senza fumo. **Rauch|gas** n. *(-es,-e)* gas *m.* di combustione, gas *m.* combusto. **Rauch|ge|ruch** m. *(-[e]s,-gerüche)* odore *m.* di fumo. **Rauch|ge|schmack** m. *(-[e]s,-geschmäcke)* gusto *m.* di fumo. **rauch|ge|schwän|gert** agg. impregnato di fumo. **rauch|ge|schwärzt** agg. annerito dal fumo. **Rauch|glas** n. *(-es)* vetro *m.* fumé, grigio fumo. **Rauch|glo|cke** f. *(-,-n)* cappa *f.* di smog. **rauch|grau** agg. grigio fumo. **rau|chig** agg. **1** fumoso, pieno di fumo **2** *(rauchfarben)* fumé, color fumo **3** *(mit Rauchgeschmack)* che sa (*o* ha sapore) di fumo ◆ ***-e Stimme*** voce roca (da fumatore). **Rauch|kalk** m. *(-[e]s,-e)* MIN. dolomite *f.* **Rauch|kap|pe** f. *(-,-n)* cappa *f.* di aspirazione. **Rauch|krin|gel** m. *(-s,-)* anello *m.* di fumo. **rauch|los** agg. infume, senza fumo. **Rauch|mas|ke** f. *(-,-n)* maschera *f.* (di protezione) contro il fumo. **Rauch|mel|der** m. *(-s,-)* rilevatore *m.* di fumo (nei sistemi antincendio). **Rauch|näch|te** → **Raunächte. Rauch|op|fer** n. *(-s,-)* REL. olocausto *m.* **Rauch|pilz** m. *(-es,-e)* fungo *m.* atomico. **Rauch|quarz** m. *(-es,-e)* quarzo *m.* affumicato. **Rauch|sa|lon** m. *(-s,-s)* fumoir *m.*, sala *f.* per fumatori. **Rauch|säu|le** f. *(-,-n)* colonna *f.* di fumo. **rauch|schwach** agg. che produce poco fumo. **Rauch|schwa|den** m. *(-s,-)* cortina *f.* di fumo. **Rauch|schwal|be** f. *(-,-n)* rondine *f.* **Rauch|sig|nal** n. *(-[e]s,-e)* segnale *m.* di fumo. **Rauch|speck** RAR. → **Räucherspeck. Rauch|ta|bak** m. *(-s,-e)* tabacco *m.* da fumo. **Rauch|to|pas** m. *(-es,-e)* → **Rauchquarz. Rauch|uten|si|li|en** pl. accessori *m.pl.* per fumare. **Rauch|ver|bot** n. *(-[e]s,-e)* divieto *m.* di fumare. **Rauch|ver|gif|tung** f. *(-,-en)* avvelenamento *m.* da fumo. **Rauch|ver|zeh|rer** m. *(-s,-)* bruciaprofumi *m.* **Rauch|wa|re** f. *(-,-n)* → **Rauware. Rauch|wa|ren** pl. tabacchi *m.pl.* **Rauch|wa|ren|han|del** m. *(-s,-)* commercio *m.* di tabacchi. **Rauch|werk** n. *(-[e]s)* pellicce *f.pl.* **Rauch|wol|ke** f. *(-,-n)* nube *f.* (*o* nuvola *f.*) di fumo. **Rauch|zei|chen** n. *(-s,-)* segnale *m.* di fumo. **Rauch|zeug** n. *(-[e]s,-e)* SVIZZ. → **Rauchwaren. Rauch|zim|mer** n. *(-s,-)* sala *f.* per fumatori. **Rauch|zug** m. *(-[e]s,-züge)* condotto *m.* per il fumo, canna *f.* fumaria.

Räu|de f. *(-,-n)* scabbia *f.*, rogna *f.*

räu|dig agg. scabbioso, rognoso.

rau|en tr. **1** *(Oberfläche)* rendere ruvido, arruvidire **2** *(Tuch)* accotonare.

rauf COLLOQ. → **herauf, hinauf.**

Rau|fa|ser|ta|pe|te f. *(-,-n)* carta *f.* da parati ruvida.

Rauf|bold m. *(-[e]s,-e)* SPREG. attaccabrighe *m.* **Rau|fe** f. *(-,-n)* rastrelliera *f.*, greppia *f.* **rau|fen I** tr. **1** *(abreißen)* strappare, sradicare **2** ***Flachs ~*** scapecchiare il lino **II** intr. (aus. *haben*) azzuffarsi, far baruffa **III** rifl. ***sich mit jdm ~*** azzuffarsi con qcn. ◆ *(vor Ärger)* ***sich (D) die Haare ~*** strapparsi i capelli. **Rau|fer** m. *(-s,-)* attaccabrighe *m.* **Rau|fe|rei** f. *(-,-en)*, **Rauf|han|del** m. *(-s,-händel)* zuffa *f.*, rissa *f.* **Rauf|lust** f. *(-)* litigiosità *f.*, rissosità *f.* **rauf|lus|tig** agg. litigioso, rissoso.

Rau|frost m. *(-[e]s,-fröste)* → **Raureif. Rau|fuß|huhn** n. *(-[e]s,-hühner)* tetraone *m.* **Rau|fut|ter** n. *(-s)* foraggio *m.* secco.

rauh usw. → **rau.**

Rau|haar|da|ckel m. *(-s,-)* bassotto *m.* dal pelo ispido. **rau|haa|rig** agg. *(von Tieren)* dal pelo ispido.

Rau|heit f. *(-,-en)* **1a** ruvidezza *f.* **b** *(Unebenheit)* scabrosità *f.* **2a** *(vom Klima)* asprezza *f.*, rigore *m.* **b** *(von einer Landschaft)* asprezza *f.* **3** *(von Stimme, Hals)* raucedine *f.* **4** *(Grobheit)* ruvidezza *f.*, rudezza *f.* **Rau|ig|keit** f. *(-,-en)* → **Rauheit.**

Rau|ke f. *(-,-n)* ruchetta *f.*, rucola *f.*

raum agg. MAR. **1** ***das -e Meer*** il mare aperto **2** ***-er Wind*** = vento che soffia di poppa.

Raum m. *(-[e]s, Räume)* **1a** *(Weltraum)* spazio *m.*: ***der kosmische, unermessliche ~*** lo spazio cosmico, incommensurabile; ***eine Rakete in den ~ schießen*** lanciare un missile nello spazio **b** *(Platz)* ***hier ist kein ~ mehr für die Bücher*** qui non c'è più spazio per i libri; ***viel, wenig ~ brauchen (benötigen), einnehmen (beanspruchen)*** avere bisogno di, occupare molto, poco spazio; ***~ sparend*** poco ingombrante, che fa risparmiare spazio; ***~ finden, schaffen*** trovare posto, fare spazio (*o* posto); FIG. ***zu wenig, keinen ~ für die Diskussion lassen*** lasciare troppo poco spazio, non lasciare spazio per la discussione; ***der Fantasie viel ~ lassen*** lasciare molto spazio alla fantasia **c** *(Gebiet, Bereich)* area *f.*, zona *f.*: ***der arabische ~*** l'area araba; ***im ~ Frankfurt*** nella zona di Francoforte; FIG. ***der politische ~*** la scena politica **2** *(Zimmer)* locale *m.*, ambiente *m.*, vano *m.*: ***einen ~ mieten, möblieren*** affittare, ammobiliare un locale; ***das Haus hat sechs Räume*** la casa ha sei vani **3** SPORT *(Spielfeld)* zona *f.*: ***freier ~*** zona libera; ***den ~ decken*** coprire la zona ◆ ***auf engem ~ leben*** vivere allo stretto; ***etw. (D) ~ geben*** dare spazio a qcs.; ***etw. auf kleinstem ~ unterbringen*** sistemare qcs. in uno spazio ristretto; ***im luftleeren ~ operieren*** agire a vuoto; ***im ~ stehen*** essere in sospeso; ***etw. im ~ stehen lassen*** lasciare qcs. in sospeso.

Raum|akus|tik f. *(-)* acustica *f.* architettonica. **Raum|an|ga|be** f. *(-,-n)* avverbio *m.* di luogo. **Raum|an|zug** m. *(-[e]s,-anzüge)* tuta *f.* spaziale. **Raum|aus|stat|ter** m. *(-s,-)* decoratore *m.* d'interni. **Raum|be|darf** m. *(-[e]s)* spazio *m.* occorrente, ingombro *m.* **Raum|be|stän|dig|keit** f. *(-)* EDIL. *(von Baustoffen)* stabilità *f.* di volume. **Raum|bild** n. *(-[e]s,-er)* immagine *f.* stereoscopica. **Raum|bild|ver|fah|ren** n. *(-s,-)* procedimento *m.* stereoscopico.

Räum|boot n. *(-[e]s,-e)* dragamine *m.*, spazzamine *m.*

Raum|de|ckung f. *(-,-en)* SPORT (difesa *f.*, marcatura *f.* a) zona *f.*: ***~ spielen*** giocare a zona. **Raum|ein|heit** f. *(-,-en)* unità *f.* di volume.

räu|men tr. **1a** fare sgomberare: ***die Polizei hat die Straße geräumt*** la polizia ha fatto sgomberare la strada **b** *(leer machen)* sgomberare: ***das Lager ~*** sgomberare il magazzino; ***die Straßen müssen vom Schnee geräumt werden*** le strade devono essere sgomberate dalla neve **2a** *(verlassen)* abbandonare, lasciare: ***sein Haus, seinen Platz ~*** abbandonare la propria casa, il proprio posto **b** ***die Stadt ~*** evacuare la città **3a** *(entfernen)* togliere, rimuovere: ***etw. vom Tisch ~*** togliere qcs. dal tavolo **b** *(hinschaffen)* mettere: ***etw. in den Schrank, wieder an seinen Platz ~*** mettere qcs. nell'armadio, rimettere qcs. al suo posto; ***etw. auf die Seite, beiseite ~*** mettere qcs. da parte; ***etw. in ein anderes Zimmer ~*** spostare qcs. in un'altra stanza **4** REGION. *(aufräumen)* ordinare, mettere in ordine ◆ ***bitte die Kreuzung ~*** liberare (*o* sgomberare) l'incrocio; ***Schwierigkeiten aus dem Weg ~*** appianare difficoltà; ***jdn, etw. aus dem Weg ~*** togliere di mezzo qcn., qcs., liquidare qcn., qcs. **Räu|men** n. *(-s)* → **Räumung.**

Räu|mer m. *(-s,-)* **1** sgomberatore *m.* **2** *(Schienenräumer)* cacciapietre *m.* **3** *(Schneeräumer)* spazzaneve *m.*

Raum|er|spar|nis f. *(-,-se)* risparmio *m.* di spazio.

Raum|fäh|re f. *(-,-n)* **1** navicella *f.* spaziale **2** *(Raumtransporter)* navetta *f.* spaziale. **Raum|fah|rer** m. *(-s,-)* astronauta *m.*; *(in der ehemaligen Sowjetunion)* cosmonauta *m.* **Raum|fahrt** f. *(-,-en)* **1** astronautica *f.* **2** RAR. *(Raumflug)* viaggio *m.* spaziale. **Raum|fahrt|be|hör|de** f. *(-,-n)* ente *m.* per la ricerca spaziale. **Raum|fahrt|me|di|zin** f. *(-)* medicina *f.* spaziale. **Raum|fahrt|pro|gramm** n. *(-s,-e)* programma *m.* spaziale. **Raum|fahr|zeug** n. *(-[e]s,-e)* veicolo *m.* spaziale.

Räum|fahr|zeug n. *(-[e]s,-e)* spazzaneve *m.*, sgombraneve *m.*

Raum|film m. *(-[e]s,-e)* film *m.* tridimensionale, stereoscopico.

Raum|flug m. *(-[e]s,-flüge)* volo *m.* spaziale. **Raum|flug|kör|per** m. *(-s,-)* veicolo *m.* spaziale. **Raum|flug|me|di|zin** f. *(-)* → **Raumfahrtmedizin.**

Raum|for|schung f. *(-,-en)* ricerca *f.* spaziale. **Raum|ge|fühl** n. *(-s)* senso *m.* (estetico) dello spazio. **Raum|ge|stal|ter** m. *(-s,-)* arredatore *m.* d'interni. **Raum|ge|stal|tung** f. *(-,-en)* arredamento *m.* d'interni. **Raum|git|ter** n. *(-s,-)* CHIM. reticolo *m.* spaziale. **raum|grei|fend** agg. ***mit -en Schritten*** a grandi passi. **Raum|in|halt** m. *(-[e]s,-e)* volume *m.*, capacità *f.* **Raum|kap|sel** f. *(-,-n)* sonda *f.* spaziale. **Raum|klang** m. *(-[e]s,-klänge)* suono *m.* stereofonico.

Räum|kom|man|do n. *(-s,-s)* squadra *f.* di sgombero.

Raum|kunst f. *(-)* arredamento *m.* d'interni. **Raum|krüm|mung** f. *(-)* FIS. curvatura *f.* dello spazio. **Raum|la|bor** n. *(-s,-s)* laboratorio *m.* spaziale. **Raum|la|dung** f. *(-,-en)* EL. carica *f.* spaziale. **Raum|leh|re** f. *(-)* geometria *f.*

räum|lich I agg. **1** spaziale, dello spazio **2** *(dreidimensional)* ***-es Sehen*** visione tridimensionale **3** *(stereophonisch)* stereofonico **II** avv. per quanto riguarda lo spazio ◆ ***~ beschränkt sein*** avere poco spazio a disposizione. **Räum|lich|keit** f. *(-,-en)* **1** spazialità *f.* **2** locali *m.pl.*: ***die -en einer Firma*** i locali di una ditta.

Raum|man|gel m. *(-s)* mancanza *f.* di spazio. **Raum|maß** n. *(-es,-e)* misura *f.* di capacità. **Raum|me|ter** m. e n. *(-s)* metro *m.* cubo; *(für Holz, Kohle)* stero *m.* **Raum|not** f. *(-)* → **Raummangel. Raum|ord|nung** f. *(-,-en)* BUROCR. ordinamento *m.* territoriale. **Raum|pfle|ge|rin** f. *(-,-nen)* donna *f.* delle pulizie. **Raum|pla|nung** f. *(-,-en)* pianificazione *f.* territoriale. **Raum|schiff** n. *(-[e]s,-e)* astronave *f.*, navicella *f.* spaziale. **Raum|schiff|fahrt** f. *(-)* → **Raumfahrt. Raum|sinn** m. *(-[e]s)* senso *m.* dello spazio. **Raum|son|de** f. *(-,-n)* sonda *f.* spaziale. **Raum|sta|ti|on** f. *(-,-en)* stazione *f.* spaziale. **Raum|tei|ler** m. *(-s,-)* elemento *m.* divisore, paravento *m.* **Raum|tem|pe|ra|tur** f. *(-,-en)* temperatura *f.* ambiente. **Raum|tie|fe** f. *(-)* profondità *f.* **Raum|ton** m. *(-s,-töne)* suono *m.* stereofonico. **Raum|trans|por|ter** m. *(-s,-)* navetta *f.* spaziale.

Räu|mung f. *(-,-en)* **1a** sgombero *m.*, sgombro *m.* **b** *(Evakuierung)* evacuazione *f.* **c** *(von Wohnungen)* ***zwangsweise ~*** sfratto *m.*; ***einen Mieter zur ~ zwingen*** sfrattare un inquilino **2** *(das Leeren)* svuotamento *m.*, vuotatura *f.* **Räu|mungs|ar|bei|ten** pl. lavori *m.pl.* di sgombero. **Räu|mungs|frist** f. *(-,-en)* termine *m.* di sfratto. **Räu|mungs|kla|ge** f. *(-,-n)* DIR. azione *f.* per sfratto. **Räu|mungs|ver|kauf** m. *(-[e]s,-verkäufe)* svendita *f.*, liquidazione *f.* totale.

Raum|wahr|neh|mung f. *(-)* percezione *f.* dello spazio. **Raum|win|kel** m. *(-s,-)* angolo *m.* solido. **Raum|wir|kung** f. *(-,-en)* **1** ARCH. effetto *m.* dei volumi **2** ACUST. *(vom Ton)* effetto *m.* stereofonico.

Raum|zeit|al|ter n. *(-s,-)* era *f.* spaziale. **raum|zeit|lich** agg. spaziotemporale, spazio-temporale. **Raum-Zeit-Kon|ti|nu|um** n. *(-s)* continuum *m.* spazio-temporale. **Raum-Zeit-Welt** f. *(-)* spazio-tempo *m.*

Rau|näch|te pl. INTRAD. (notti tra Natale e l'Epifania).

rau|nen I tr. mormorare, bisbigliare, sussurrare: ***jdm etw. ins Ohr ~*** mormorare qcs. a qcn. all'orecchio **II** intr. (aus. *haben*) mormorare: ***man raunte über ihn*** si mormorava su di lui. **Rau|nen** n. *(-s)* mormorio *m.*

raun|zen intr. (aus. *haben*) COLLOQ. **1** REGION. *(weinerlich klagen)* frignare, piagnucolare **2** *(ranzen)* sbraitare. **Raun|zer** m. *(-s,-)* REGION. brontolone *m.*, piagnucolone *m.* **Raun|ze|rei** f. *(-,-en)* REGION. lamentela *f.* (continua), brontolio *m.* **raun|zig** agg. REGION. piagnucoloso, brontolone.

Räup|chen n. *(-s,-)* bruchetto *m.* **Rau|pe** f. *(-,-n)* **1** bruco *m.* **2** *(Raupenkette)* cingolo *m.* **3** *(Achselstück an Uniformen)* controspallina *f.* ◆ COLLOQ. ***-n im Kopf haben*** avere grilli per la testa; ***jdm -n in den Kopf setzen*** mettere grilli in testa a qcn. **rau|pen|ähn|lich** agg. → **raupenartig. Rau|pen|an|trieb** m. *(-[e]s,-e)* trazione *f.* a cingoli. **rau|pen|ar|tig** agg. simile a un bruco. **Rau|pen|bag|ger** m. *(-s,-)* escavatore *m.* cingolato. **Rau|pen|fahr|zeug** n. *(-[e]s,-e)* cingolato *m.* **Rau|pen|fraß** m. *(-es,-e)* danno *m.* causato dai bruchi. **Rau|pen|glied** n. *(-[e]s,-er)* maglia *f.* di, del cingolo. **Rau|pen|ket|te** f. *(-,-n)* cingolo *m.* **Rau|pen|leim** m. *(-[e]s,-e)* vischio *m.* per i bruchi. **Rau|pen|schlep|per** m. *(-s,-)* trattore *m.* cingolato.

Rau|putz m. *(-es)* intonaco *m.* rustico. **Rau|reif** m. *(-[e]s)* brina *f.*

raus avv. COLLOQ. fuori ◆ ***~ mit der Sprache!*** su, parla!

Rausch m. *(-[e]s, Räusche)* **1** ubriacatura *f.*, COLLOQ. sbornia *f.* (*o* sbronza *f.*) **2** ESTENS. *(ekstatischer Zustand)* ebbrezza *f.*, esaltazione *f.*, rapimento *m.*: ***der ~ des Erfolgs*** l'ebbrezza del successo ◆ ***sich einen ~ antrinken*** ubriacarsi; ***seinen ~ ausschlafen*** smaltire la sbornia con una dormita; ***einen ~ haben*** essere ubriaco; COLLOQ. ***sich einen ~ holen, kaufen*** prendersi una sbronza; ***eine Tat im ~ begehen*** commettere un'azione in stato di ubriachezza. **rausch|arm** agg. TECN. senza fruscio: ***eine -e Aufnahme*** una registrazione nitida, senza fruscio. **Rausch|bee|re** f. *(-,-n)* mirtillo *m.* blu. **Rausch|brand** m. *(-[e]s)* carbonchio *m.* sintomatico.

Räusch|chen n. *(-s,-)* SCHERZ. leggera sbornia *f.*

Rausch|dämp|fung f. *(-,-en)* ACUST. riduzione *f.* del fruscio.

Rau|sche|bart m. *(-[e]s,-bärte)* ANT. SCHERZ. barbone *m.*

rau|schen intr. **1a** (aus. *haben*) rumoreggiare **b** *(brausen;* aus. *haben)* rumoreggiare, mugghiare: ***das Meer rauscht*** il mare mugghia **2** *(murmeln;* aus. *haben)* mormorare **3** (aus. *haben*) fischiare, sibilare: ***der Wind rauscht in den Bäumen*** il vento sibila fra gli alberi **4** (aus. *haben*) scrosciare: ***der Wasserfall, der Bach rauscht*** la cascata, il ruscello scroscia **5** *(rascheln;* aus. *haben)* frusciare: ***die Seide rauscht*** la seta fruscia **6** (aus. *haben*) stormire: ***die Blätter ~ im Wind*** le foglie stormiscono al vento **7** (aus. *sein*) ***ins, aus dem Zimmer ~*** entrare nella, uscire bruscamente dalla stanza ◆ impers. TECN. ***es rauscht in der Leitung*** c'è un disturbo sulla linea; impers. ***es rauscht mir im Ohr*** mi ronzano le orecchie, ho un ronzio nelle orecchie. **Rau|schen** n. *(-s)* **1a** rumore *m.* **b** *(Brausen)* fragore *m.*, mugghio *m.* **2** *(Murmeln)* mormorio *m.* **3** fischio *m.*, sibilo *m.*: ***das ~ des Windes*** il sibilo del vento **4** scroscio *m.*, lo scrosciare: ***das ~ des Regens*** lo scrosciare della pioggia **5** *(Rascheln)* fruscio *m.*, il frusciare **6** *(von Laub, Blättern)* lo stormire **7** RAD. TELEV. fruscio *m.* **rau|schend** p.pres. agg. **1** → **rauschen 2** ***ein -er Beifall*** un applauso scrosciante; ***ein -es Fest*** una festa sontuosa.

Rausch|fak|tor m. *(-[e]s,-en)* RAD. TELEV. fattore *m.* di rumore.

Rausch|fil|ter m. e n. *(-s,-)* RAD. TELEV. filtro *m.* di rumore.

Rausch|gelb n. *(-s)* orpimento *m.*

Rausch|gift n. *(-[e]s,-e)* droga *f.*, BUROCR. stupefacente *m.* **Rausch|gift|be|kämp|fung** f. *(-)* lotta *f.* contro la droga. **Rausch|gift|de|zer|nat** n. *(-s,-e)* sezione *f.* narcotici. **Rausch|gift|han|del** m. *(-s)* traffico *m.* di droga, di stupefacenti. **Rausch|gift|händ|ler** m. *(-s,-)* trafficante *m.* di droga, di stupefacenti. **Rausch|gift|schmugg|ler** m. *(-s,-)* trafficante *m.* di droga, di stupefacenti. **Rausch|gift|sucht** f. *(-)* tossicomania *f.* **rausch|gift|süch|tig** agg. tossicomane. **Rausch|gift|süch|ti|ge** m. e f. *(-n,-n)* drogato *m.*, (-a *f.*), tossicodipendente *m.* e *f.*

Rausch|gold n. *(-[e]s)* METALL. orpello *m.*

rausch|haft agg. inebriante.

Rausch|mit|tel n. *(-s,-)* (sostanza *f.*) stupefacente *m.* **Rausch|pe|gel** m. *(-s)* RAD. TELEV. livello *m.* del rumore. **Rausch|rot** n. *(-s)* realgar *m.* **Rausch|sil|ber** n. *(-s)* argentone *m.* (in lamine). **Rausch|tat** f. *(-,-en)* DIR. reato *m.* commesso in stato d'ebbrezza. **Rausch|un|ter|drü|ckung** f. *(-)* RAD. TELEV. eliminazione *f.* dei fattori di disturbo. **Rausch|zeit** f. *(-)* fregola *f.*, calore *m.* **Rausch|zu|stand** m. *(-[e]s,-zustände)* stato *m.* d'ebbrezza.

raus‿ekeln → **hinausekeln. raus‿feu|ern** tr. COLLOQ. buttare fuori, licenziare. **raus‿flie|gen** intr. *(flog, geflogen;* aus. *sein)* COLLOQ. **1** *(herausfliegen)* volare fuori **2** *(hinausgeworfen werden)* essere buttato fuori. **raus‿ge|hen** intr. *(ging, gegangen;* aus. *sein)* COLLOQ. **1a** *(hinausgehen)* andare fuori, uscire **b** ***das Fenster geht auf den Garten raus*** la finestra dà sul giardino **2** *(herausgehen)* venire fuori, uscire. **raus‿grau|len** → **hinausgraulen. raus‿hal|ten** tr. *(hält, hielt, gehalten)* COLLOQ. tenere fuori. **raus‿kom|men** intr. *(kam, gekommen;* aus. *sein)* COLLOQ. venire fuori. **raus‿krie|gen** COLLOQ. → **herauskriegen.**

Räus|pe|rer m. *(-s,-)* COLLOQ. raschio *m.*

räus|pern rifl. **sich ~ 1** schiarirsi la voce **2** COLLOQ. FIG. ***er wird sich schon ~*** si farà infine notare. **Räus|pern** n. *(-s)* lo schiarirsi la voce.

raus‿rü|cken COLLOQ. → **herausrücken.**

raus‿schmei|ßen tr. *(schmiss, geschmissen)* COLLOQ. → **rauswerfen. Raus|schmei|ßer** m. *(-s,-)* COLLOQ. **1** buttafuori *m.* **2** *(letzter Tanz)* ballo *m.* finale, ultimo ballo *m.* **Raus|schmiss** m. *(-es,-e)* cacciata *f.*, espulsione *f.*; *(Kündigung)* licenziamento *m.*

raus‿schmug|geln COLLOQ. → **herausschmuggeln. raus‿wer|fen** tr. *(wirft, warf, geworfen)* COLLOQ. buttare, gettare fuori.

Rau|te f. *(-,-n)* **1** BOT. ruta *f.* **2** GEOM. rombo *m.* **3** *(beim Kartenspiel)* quadri *m.pl.* **4** *(von Diamanten)* faccetta *f.*

rau|ten|blätt|rig agg. a foglie di ruta. **Rau|ten|bu|be** m. *(-n,-n)* fante *m.* di quadri. **Rau|ten|flä|che** f. *(-,-n)* TECN. faccetta *f.* **rau|ten|för|mig** agg. a forma di rombo. **Rau|ten|ge|wächs** n. *(-es,-e)* rutacea *f.* **Rau|ten|gru|be** f. *(-)* ANAT. fossa *f.* romboidea, seno *m.* romboide. **Rau|ten|mus|ter** n. *(-s,-)* disegno *m.* a rombi. **Rau|ten|öl** n. *(-[e]s)* olio *m.* di ruta. **Rau|ten|mus|kel** m. *(-s)* muscolo *m.* romboideo, romboide *m.* **Rau|ten|schild** m. *(-[e]s,-e)* ARALD. scudo *m.* losangato. **Rau|ten|stein** m. *(-[e]s,-e)* pietra *f.* (preziosa) sfaccettata.

rau|tiert agg. ***-es Papier*** carta per computisteria.

Rau|wa|re f. *(-,-n)* articolo *m.* di pellicceria; *(Rauchware)* pellami *m.pl.*

Ray|gras → **Raigras.**

1.Ra|yon [rɛ'jo: e AUSTR. ra'jon] m. *(-s,-s* e AUSTR. *-e)* **1** RAR. *(in einem Warenhaus)* reparto *m.* **2** ANT. o REGION. sezione *f.*, reparto *m.*

2.Ra|yon [rɛ'jo:] m. e n. *(-)* TESS. rayon *m.*, raion *m.*

ra|ze|misch agg. racemico. **ra|ze|mos, ra|ze|mös** agg. racemoso.

Raz|zia f. *(-, Razzien* e RAR. *-s)* **1** retata *f.*, *(militärisch)* rastrellamento *m.*: ***eine ~ machen, durchführen, veranstalten*** fare, eseguire, compiere una retata, un rastrellamento **2** *(Durchsuchung)* perquisizione *f.*: ***eine ~ unternehmen*** compiere una perquisizione.

Rbl ⇒ *Rubel* rublo.

rd. ⇒ *rund* circa (ca.).

Re|a|gens n. *(-, Reagenzien)*, **Re|a|genz** n. *(-es,-ien)* reagente *m.*, reattivo *m.* **Re|a|genz|glas** n. *(-es,-gläser)* provetta *f.* **Re|a|genz|lö|sung** f. *(-,-en)* soluzione *f.* reattiva. **Re|a|genz|pa|pier** n. *(-[e]s, -e)* carta *f.* reattiva.

re|a|gie|ren intr. (aus. *haben*) reagire: ***auf etw. (A) ~*** reagire a qcs. ◆ ***allergisch ~*** avere una reazione allergica; CHIM. ***basisch, sauer ~*** avere una reazione basica, acida; FIG. ***sauer (auf etw.) ~*** aversela a male (per qcs.).

Re|ak|tanz f. *(-,-en)* reattanza *f.* **Re|ak|ti|on** f. *(-,-en)* reazione *f.* (anche CHIM. POL.): ***eine ~ auslösen (bewirken, hervorrufen, provozieren), beobachten*** provocare, osservare una reazione; POL. ***die ~ bekämpfen*** combattere la reazione.

re|ak|ti|o|när agg. reazionario. **Re|ak|ti|o|när** m. *(-s,-e)* reazionario *m.*

re|ak|ti|ons|fä|hig agg. capace di reazione, di reagire; CHIM. reattivo. **Re|ak|ti|ons|fä|hig|keit** f. *(-)* capacità *f.* di reazione (*o* di reagire), capacità *f.* reattiva; CHIM. reattività *f.* **Re|ak|ti|ons|ge|schwin|dig|keit** f. *(-)* velocità *f.* di reazione. **Re|ak|ti|ons|ket|te** f. *(-,-n)* catena *f.* di reazioni. **re|ak|ti|ons|los** agg. senza reazione, senza reazioni. **Re|ak|ti|ons|mit|tel** n. *(-s,-)* reagente *m.* **Re|ak|ti|ons|mo|tor** m. *(-s,-en)* motore *m.* a reazione. **re|ak|ti|ons|schnell** agg. dai riflessi pronti. **Re|ak|ti|ons|schnel|lig|keit** f. *(-)* prontezza *f.* di riflessi. **re|ak|ti|ons|trä|ge** agg. CHIM. inerte, non reattivo. **Re|ak|ti|ons|wär|me** f. *(-)* CHIM. calore *m.* di reazione. **Re|ak|ti|ons|zeit** f. *(-,-en)* FISIOL. tempo *m.* di reazione.

re|ak|tiv agg. reattivo.

re|ak|ti|vie|ren tr. **1** riattivare **2** *(wieder anstellen)* riassumere. **Re|ak|ti|vie|rung** f. *(-,-en)* **1** riattivazione *f.* **2** *(Wiederanstellung)* riassunzione *f.*

Re|ak|ti|vi|tät f. *(-)* PSIC. NUCL. reattività *f.*

Re|ak|tor m. *(-s,-en)* CHIM. NUCL. reattore *m.* **Re|ak|tor|kern** m. *(-[e]s,-e)* nucleo *m.* del reattore.

re|al I agg. **1** reale, effettivo **2** *(gegenständlich)* concreto **II** avv. **1** realmente, effettivamente **2** concretamente: ***~ denken*** ragionare in modo concreto.

Re|al REGION. → **Regal.**

Re|al|akt m. *(-[e]s,-e)* DIR. atto *m.* reale. **Re|al|be|steu|e|rung** f. *(-)* ECON. imposizione *f.* reale. **Re|al|de|fi|ni|ti|on** f. *(-,-en)* FILOS. definizione *f.* della natura reale (di un ente). **Re|al|ein|kom|men** n. *(-s,-)* reddito *m.* reale. **Re|al|en|zyk|lo|pä|die** f. *(-,-n)* → **Reallexikon. Re|al|gym|na|si|um** n. *(-s,-gymnasien)* ANT. liceo *m.* scientifico. **Re|al|hy|po|thek** f. *(-,-en)* ipoteca *f.* reale.

Re|a|li|en pl. **1** cose *f.pl.* reali, concrete **2** *(Sachkenntnisse)* cognizioni *m.pl.* **3** ANT. *(Naturwissenschaften)* scienze *f.pl.* positive.

Re|a|lign|ment ['ri:ɐ'laɪnmənt] n. *(-s,-s)* ECON. riallineamento *m.*

Re|a|li|sa|ti|on f. *(-,-en)* realizzazione *f.* **Re|a|li|sa|tor** m. *(-s,-en)* realizzatore *m.*

re|a|li|sier|bar agg. realizzabile, attuabile. **Re|a|li|sier|bar|keit** f. *(-,-en)* realizzabilità *f.* **re|a|li|sie|ren** tr. **1** realizzare, attuare, mettere in pratica: ***Ideen, Projekte ~*** realizzare idee, progetti **2** COMM. realizzare: ***ein Kapital ~*** realizzare un capitale **3** *(begreifen)* comprendere, realizzare. **Re|a|li|sie|rung** f. *(-,-en)* realizzazione *f.*, attuazione *f.*, messa *f.* in pratica.

Re|a|lis|mus m. *(-)* **1** realismo *m.* **2** *(Wirklichkeit)* realtà *f.*: ***der ~ des Alltags*** la realtà della vita quotidiana. **Re|a|list** m. *(-en,-en)* realista *m.* **Re|a|lis|tik** f. *(-)* realismo *m.* **re|a|lis|tisch I** agg. realistico **II** avv. realisticamente, con realismo.

Re|a|li|tät f. *(-,-en)* **1a** realtà *f.* **b** *(Tatsache)* fatto *m.*: ***wirtschaftliche -en*** fatti economici **2** pl. AUSTR. *(Immobilien)* beni *m.pl.* immobili **3** *(Existenz)* esistenza *f.*, l'essere reale: ***die ~ etw. (G), von etw. beweisen, anzweifeln*** provare la, dubitare dell'esistenza di qcs. **Re|a|li|tä|ten|be|sit|zer** m. *(-s,-)* possidente *m.* di beni immobili. **Re|a|li|tä|ten|händ|ler** m. *(-s,-)* AUSTR. agente *m.* immobiliare.

re|a|li|täts|be|zo|gen agg. rapportato alla realtà, che tiene conto della realtà, realistico. **re|a|li|täts|fern** agg. lontano dalla realtà. **re|a|li|täts|nah** agg. vicino, aderente alla realtà. **Re|a|li|täts|prin|zip** n. *(-s)* PSIC. principio *m.* di realtà. **Re|a|li|täts|sinn** m. *(-[e]s)* senso *m.* della realtà.

Re|al|ka|pi|tal n. *(-s,-e* e *-ien)* ECON. capitale *m.* reale. **Re|al|ka|**

ta|log m. *(-[e]s,-e)* BIBLIOT. catalogo *m.* per soggetti (*o* argomenti). **Re|al|kauf|kraft** f. *(-)* potere *m.* d'acquisto reale. **Re|al|kon|kur|renz** f. *(-)* DIR. concorso *m.* di reati. **Re|al|kon|trakt** m. *(-[e]s,-e)* DIR. contratto *m.* reale. **Re|al|kre|dit** m. *(-[e]s,-e)* credito *m.* immobiliare. **Re|al|last** f. *(-,-en)* onere *m.* reale. **Re|al|le|xi|kon** n. *(-s,-lexika)* dizionario *m.* enciclopedico specialistico. **Re|al|lohn** m. *(-[e]s,-löhne)* salario *m.* reale. **Re|al|po|li|tik** f. *(-)* realpolitik *f.* **Re|al|po|li|ti|ker** m. *(-s,-)* seguace *m.* della realpolitik. **Re|al|prä|senz** f. *(-,-en)* TEOL. presenza *f.* reale. **Re|al|recht** n. *(-[e]s,-e)* DIR. diritto *m.* reale. **Re|al|schuld** f. *(-,-en)* debito *m.* reale.

Re|al|schu|le f. *(-,-n)* scuola *f.* media. **Re|al|schü|ler** m. *(-s,-)* alunno *m.* di, della scuola media. **Re|al|schul|leh|rer** m. *(-s,-)* professore *m.* di, della scuola media.

Re|al|so|zi|a|lis|mus m. *(-)* socialismo *m.* reale. **Re|al|steu|er** f. *(-,-n)* imposta *f.* reale. **Re|al|teil** m. *(-[e]s,-e)* MAT. parte *f.* reale (di un numero complesso). **Re|al|uni|on** f. *(-,-en)* POL. unione *f.* reale. **Re|al|wert** m. *(-[e]s,-e)* valore *m.* reale. **Re|al|wis|sen|schaf|ten** pl. scienze *f.pl.* positive. **Re|al|wör|ter|buch** n. *(-[e]s,-bücher)* → **Reallexikon.** **Re|al|zeit,** ***in ~*** in tempo reale.

Re|ani|ma|ti|on f. *(-,-en)* rianimazione *f.* **Re|ani|ma|ti|ons|zent|rum** n. *(-s,-zentren)* centro *m.* di rianimazione. **re|ani|mie|ren** tr. rianimare.

Re|as|se|ku|ranz f. *(-,-en)*, **Re|as|si|ku|ra|ti|on** f. *(-,-en)* riassicurazione *f.*

Reb|bach → **Reibach.**

Reb|bau m. *(-[e]s)* SVIZZ. viticoltura *f.*

Reb|berg m. *(-[e]s,-e)* vigna *f.*, vigneto *m.* **Reb|blatt** n. *(-[e]s,-blätter)* pampino *m.*, pampano *m.* **Re|be** f. *(-,-n)* BOT. vite *f.*

Re|bek|ka n.pr.f. Rebecca *f.*

Re|bell m. *(-en,-en)* ribelle *m.* (anche ESTENS.). **re|bel|lie|ren** intr. (aus. *haben*) ribellarsi: ***gegen jdn, etw. ~*** ribellarsi a qcn., a qcs. **Re|bel|li|on** f. *(-,-en)* ribellione *f.*, rivolta *f.*: ***eine ~ unterdrücken, niederschlagen*** reprimere, sedare, soffocare una ribellione. **re|bel|lisch** agg. ribelle (anche ESTENS.): ***-e Soldaten*** soldati ribelli; ***-e Jugend*** gioventù ribelle ◆ ***~ werden*** ribellarsi; ***jdn ~ machen*** fare ribellare qcn.

re|beln tr. REGION. e AUSTR. **1** *(zerreiben)* macinare, polverizzare **2** *(abbeeren)* diraspare.

Re|ben|au|ge n. *(-s,-n)* occhio *m.* della vite. **Re|ben|blü|te** f. *(-,-n)* fiore *m.* della vite. **Re|ben|holz** n. *(-es)* legno *m.* di vite. **Re|ben|hü|gel** m. *(-s,-)* **1** collina *f.* coltivata a vite **2** REGION. *(Weinberg)* vigneto *m.*, vigna *f.* **Re|ben|laub** n. *(-[e]s)* pampini *m.pl.* **Re|ben|ran|ke** f. *(-,-n)* tralcio *m.* di vite, sarmento *m.* **Re|ben|saft** m. *(-[e]s)* vino *m.*, succo *m.* d'uva. **Re|ben|zweig** m. *(-[e]s,-e)* tralcio *m.* (di vite).

Reb|hendl n. *(-s,-n)* AUSTR., **Reb|huhn** n. *(-[e]s,-hühner)* starna *f.*, pernice *f.* grigia. **Reb|land** n. *(-[e]s)* terreno *m.* viticolo; *(Gebiet)* regione *f.* viticola. **Reb|laus** f. *(-,-läuse)* fillossera *f.* **Reb|ling** m. *(-s,-e)* tralcio *m.*, sarmento *m.* **Reb|pfahl** m. *(-[e]s,-pfähle)* broncone *m.* **Reb|schnitt** m. *(-[e]s,-e)* potatura *f.* della vite. **Reb|schnur** AUSTR. → **Reepschnur.** **Reb|schu|le** f. *(-,-n)* coltivazione *f.* sperimentale (di vite). **Reb|sor|te** f. *(-,-n)* varietà *f.* di vite (*o* vitigno): ***verschiedene -n anbauen*** coltivare diverse varietà di vite. **Reb|stock** m. *(-[e]s,-stöcke)* vite *f.*, vitigno *m.*

Re|bus m. e n. *(-,-se)* rebus *m.*

Re|chaud [re'ʃo:] m. e n. *(-s,-s)* **1** scaldavivande *m.* **2** REGION. *(Gaskocher)* fornello *m.* a gas.

re|chen tr. REGION. rastrellare. **Re|chen** m. *(-s,-)* REGION. **1** rastrello *m.* **2** *(Kleiderhaken)* attaccapanni *m.* **3** *(Gitter)* griglia *f.*

Re|chen|an|la|ge f. *(-,-n)* calcolatore *m.* elettronico. **Re|chen|art** f. *(-,-en)* sistema *m.* di calcolo. **Re|chen|auf|ga|be** f. *(-,-n)* compito *m.* di aritmetica. **Re|chen|au|to|mat** m. *(-en,-en)* calcolatrice *f.* **Re|chen|brett** n. *(-[e]s,-er)* abaco *m.* **Re|chen|buch** n. *(-[e]s,-bücher)* libro *m.* d'aritmetica. **Re|chen|exem|pel** n. *(-s,-)* problema *m.* d'aritmetica. **Re|chen|feh|ler** m. *(-s,-)* errore *m.* di calcolo. **Re|chen|ge|rät** n. *(-[e]s,-e)* calcolatrice *f.* **Re|chen|ge|schwin|dig|keit** f. *(-,-en)* velocità *f.* di calcolo. **Re|chen|heft** n. *(-[e]s,-e)* quaderno *m.* d'aritmetica. **Re|chen|kniff** m. *(-[e]s,-e)* artificio *m.* di calcolo. **Re|chen|ma|schi|ne** f. *(-,-n)* **1** calcolatrice *f.*; *(elektronisch)* calcolatore *m.*, elaboratore *m.* **2** *(Rechenbrett)* pallottoliere *m.* **Re|chen|ope|ra|ti|on** f. *(-,-en)* **1** MAT. operazione *f.* **2** → **Rechenart.** **Re|chen|pro|gramm** n. *(-[e]s,-e)* programma *m.* di calcolo.

Re|chen|schaft f. *(-)* conto *m.*, ragione *f.*: ***jdm über etw. (A), von etw. ~ geben, ablegen*** rendere (*o* dar) conto di qcs. a qcn.; ***von jdm über etw. (A) ~ verlangen, fordern*** chiedere ragione (*o* conto) di qcs. a qcn.; ***jdm über etw. (A) ~ schulden, schuldig sein*** dover rendere conto di qcs. a qcn.; ***jdn für etw. zur ~ ziehen*** chiedere ragione (*o* conto) di qcs. a qcn. **Re|chen|schafts|be|richt** m. *(-[e]s,-e)* rendiconto *m.*, resoconto *m.* **Re|chen|schafts|le|gung** f. *(-,-en)* resa *f.* dei conti. **Re|chen|schafts|pflicht** f. *(-)* obbligo *m.*, dovere *m.* di render conto. **re|chen|schafts|pflich|tig** agg. obbligato a render conto.

Re|chen|schie|ber m. *(-s,-)*, **Re|chen|stab** m. *(-[e]s,-stäbe)* regolo *m.* calcolatore. **Re|chen|stun|de** f. *(-,-n)* ora *f.* (*o* lezione *f.*) di aritmetica. **Re|chen|ta|fel** f. *(-,-n)* **1** MAT. tavola *f.* **2** → **Rechenbrett.** **Re|chen|un|ter|richt** m. *(-[e]s)* insegnamento *m.* dell'aritmetica. **Re|chen|zei|chen** n. *(-s,-)* MAT. segno *m.* **Re|chen|zent|rum** n. *(-s,-zentren)* centro *m.* di calcolo.

Re|cher|che [re'ʃɛrʃə] f. *(-,-n)* ricerca *f.*, indagine *f.*: ***über etw. -n anstellen*** svolgere indagini su qcs., fare delle ricerche su qcs.; ***die -n einstellen, aufgeben*** porre fine alle, abbandonare le ricerche; ***die -n haben nichts ergeben*** le ricerche non hanno dato alcun risultato. **re|cher|chie|ren** **I** intr. (aus. *haben*) fare (delle) ricerche, indagini **II** tr. ***einen Fall ~*** indagare su un caso.

rech|nen **I** tr. **1a** *(berechnen)* calcolare: ***die Entfernung, die Zinsen, die Provision ~*** calcolare la distanza, gli interessi, la provvigione **b** assol. ***in DM, nach (in) Lichtjahren ~*** fare il calcolo in marchi, in anni luce; ***von Christi Geburt an ~*** calcolare dalla nascita di Cristo **c** *(rechnend schätzen)* ***eine Stunde für die Fahrt ~*** calcolare un'ora per il (*o* di) viaggio; ***10 DM pro Kopf ~*** calcolare 10 marchi a testa **2a** *(einbeziehen)* contare, annoverare: ***wir ~ ihn zu unseren besten Autoren*** lo annoveriamo tra i nostri migliori autori **b** *(berücksichtigen)* considerare, tener conto, prendere in considerazione: ***den Schwierigkeitsgrad ~*** tener conto del grado di difficoltà **II** intr. (aus. *haben*) **1** calcolare: ***im Kopf ~*** calcolare mentalmente, a mente **2** *(erwarten)* ***mit etw. ~*** aspettarsi, attendersi, mettere in conto qcs.; ***man muss damit ~, dass...*** c'è da aspettarsi che...; ***damit hatte ich nicht gerechnet*** non l'avevo previsto, non l'avevo messo in conto **3** FIG. *(sich verlassen)* contare: ***auf jds Hilfe ~*** contare sull'aiuto di qcn.; ***ein Mensch, auf den man ~ kann*** una persona su cui si può contare **4** *(haushalten)* risparmiare, fare economia: ***sie ~ sehr*** risparmiano molto; ***mit jedem Pfennig ~ müssen*** dover contare ogni centesimo che si spende **III** rifl. **sich ~** **1** convenire: ***dieses Geschäft rechnet sich nicht*** questo affare non conviene **2** ***sich (D) etw. zur Ehre ~*** considerare qcs. un onore ◆ ***eine Aufgabe ~*** risolvere un esercizio di matematica; ***falsch ~*** sbagliare il calcolo, sbagliarsi nel conto; ***gering gerechnet*** al minimo, almeno; ***grob gerechnet*** circa, grosso modo; ***gut gerechnet*** tutt'al più, al massimo; ***vom 10. Mai an gerechnet*** contando, a datare, a partire dal 10 maggio; ***~ lernen*** imparare a contare; ***richtig ~*** far bene il conto; ***rund gerechnet*** arrotondando; ***mit dem Schlimmsten ~*** aspettarsi, temere il peggio. **Rech|nen** n. *(-s)* **1** calcolo *m.*, conteggio *m.* **2** *(als Schulfach)* aritmetica *f.*

Rech|ner m. *(-s,-)* **1** *(Person)* calcolatore *m.*: ***ein nüchterner ~*** un freddo calcolatore **2a** *(Rechengerät)* calcolatrice *f.* **b** *(Rechenanlage)* calcolatore *m.* **Rech|ne|rei** f. *(-,-en)* COLLOQ. conteggio *m.* **rech|ner|ge|steu|ert** agg. guidato, gestito da un calcolatore. **rech|ne|risch** agg. **1** di calcolo; *(arithmetisch)* aritmetico **2** SPREG. calcolatore. **rech|ner|un|ter|stützt** agg. assistito dal calcolatore.

Rech|nung f. *(-,-en)* **1a** conto *m.*, calcolo *m.*: ***die ~ stimmt, geht auf*** il conto è giusto, torna **b** FIG. *(Annahme)* conto *m.*: ***seine ~ stimmt nicht, geht nicht auf*** i suoi conti non tornano; ***etw. außer ~ lassen*** non tenere conto di qcs. **2a** *(Kostenaufstellung)* conto *m.*: ***die ~ begleichen, bezahlen, vorlegen*** saldare, pagare, presentare il conto; ***jdn um die ~ bitten*** chiedere il conto a qcn.; ***die ~, bitte!*** per favore, il conto! ***die ~ für etw. bezahlen müssen*** dovere pagare il conto di qcs. **b** COMM. fattura *f.*: ***eine ~ ausstellen*** rilasciare una fattura; ***eine ~ kassieren*** incassare (il pagamento di) una fattura; ***eine ~ über gelieferte Ware*** una fattura per merci fornite; ***die ~ anfordern*** esigere la fattura; ***eine ~ begleichen*** saldare una fattura **3** *(Plan)* calcolo *m.*, calcoli *m.pl.*: ***seiner ~ nach*** secondo i suoi calcoli **4** SVIZZ. *(Rechenschaft)* ***über etw. ~ ablegen*** rendere conto di qcs. ◆ FIG. ***(mit jdm) eine alte ~ begleichen*** saldare un vecchio conto (con qcn.); ***auf seine ~ kommen*** trovare il proprio tornaconto; ***Waren für, auf ~ eines Dritten*** merci in conto (di) terzi; ***auf eigene ~*** per proprio conto; ***die ~ ist fällig*** la fattura è scaduta; ***über etw. ~ führen*** tenere i conti di qcs.; ***das geht auf meine ~*** questo va sul mio conto; ***auf jds ~ und Gefahr*** a rischio e pericolo di qcn.; COLLOQ. ***eine gesalzene ~*** un conto salato; ***eine hohe ~*** un conto caro; ***das kommt auf meine ~*** → ***das geht auf meine ~***; ***laufende ~*** conto corrente; COMM. ***laut ~*** secondo fattura; ***~ legen*** rendere conto; ***eine offene ~*** un conto aperto; COMM. ***eine offenstehende ~*** un conto non pagato, in sofferenza; ***jdm die ~ präsentie-***

ren presentare il conto a qcn. (anche FIG.); ***etw. auf jds ~ schreiben*** mettere qcs. sul conto di qcn.; ***in ~ senden*** mandare in conto; ***etw. auf jds ~ setzen*** → ***etw. auf jds ~ schreiben***; ***jdm etw. in ~ stellen*** addebitare qcs. a qcn.; ***jdm einen Strich durch die ~ machen*** mandare a monte i piani di qcn.; ***etw. (D) ~ tragen*** tener conto di qcs.; ***eine ~ über DM 1000*** un conto (*o* una fattura) di 1000 marchi; ***die ~ ohne den Wirt machen*** fare i conti senza l'oste; ***etw. in ~ ziehen*** mettere qcs. in conto qcs., tener conto di qcs.

Rech|nungs|ab|gren|zung f. *(-,-en)* determinazione *f.* dei ratei e dei risconti. **Rech|nungs|ab|la|ge** f. *(-,-n)* **1** archiviazione *f.* delle fatture (*o* dei conti) **2** *(Vorrichtung)* archivio *m.* delle fatture. **Rech|nungs|ab|schluss** m. *(-es,-abschlüsse)* chiusura *f.* dei conti. **Rech|nungs|amt** n. *(-[e]s,-ämter)* corte *f.* dei conti. **Rech|nungs|art** f. *(-,-en)* tipo *m.* di calcolo ◆ ***die vier -en*** le quattro operazioni. **Rech|nungs|auf|stel|lung** f. *(-,-en)* distinta *f.* dei conti. **Rech|nungs|aus|gleich** m. *(-s,-e)* saldo *m.* (di una fattura). **Rech|nungs|be|leg** m. *(-[e]s,-e)* (documento *m.*) giustificativo *m.*, pezza *f.* d'appoggio. **Rech|nungs|be|trag** m. *(-[e]s,-beträge)* importo *m.* della fattura. **Rech|nungs|block** m. *(-[e]s, -blöcke)* blocco *m.* delle fatture. **Rech|nungs|buch** n. *(-[e]s,-bücher)* **1** libro *m.* dei conti **2** SVIZZ. → **Rechenbuch**. **Rech|nungs|ein|heit** f. *(-,-en)* unità *f.* di conto. **Rech|nungs|feh|ler** m. *(-s,-)* errore *m.* di calcolo. **Rech|nungs|füh|rer** m. *(-s,-)* **1** *(Kassenwart)* tesoriere *m.* **2** *(Buchhalter)* contabile *m.*, ragioniere *m.* **Rech|nungs|füh|rung** f. *(-,-en)* gestione *f.* contabile, contabilità f. **Rech|nungs|hof** m. *(-[e]s,-höfe)* corte *f.* dei conti. **Rech|nungs|jahr** n. *(-[e]s,-e)* anno *m.* finanziario; esercizio *m.* finanziario. **Rech|nungs|le|gung** f. *(-,-en)* resoconto *m.* **Rech|nungs|num|mer** f. *(-,-n)* numero *m.* di, della fattura. **Rech|nungs|pos|ten** m. *(-s,-)* voce *f.* di un conto, di una fattura. **Rech|nungs|prü|fer** m. *(-s,-)* revisore *m.* dei conti. **Rech|nungs|prü|fung** f. *(-,-en)* revisione *f.* dei conti. **Rech|nungs|we|sen** n. *(-s)* contabilità *f.*

recht I agg. **1a** *(richtig)* giusto: ***am -en Ort*** al posto giusto **b** *(geeignet)* ***nicht in der -en Stimmung sein*** non essere dell'umore giusto; ***der -e Mann*** l'uomo giusto (*o* adatto) **c** *(gelegen)* ***zur -en Zeit, Stunde*** al momento giusto (*o* opportuno), all'ora giusta **2** *(echt)* vero, autentico: ***keine -e Freude zeigen*** non mostrare grande gioia; ***ich habe keinen -en Hunger*** non ho una vera (e propria) fame **3** destro: ***auf der -en Seite*** sul lato destro, sulla destra; ***die -e Hand*** la mano destra; FIG. il braccio destro **4a** SART. ABBIGL. diritto, dritto, esterno: ***die -e Seite eines Stoffes, einer Jacke*** il diritto di una stoffa, la parte esterna di una giacca **b** *(beim Stricken)* diritto: ***eine -e Masche*** una maglia diritta **5** POL. *(rechtsorientiert)* di, della destra: ***eine -e Zeitung*** un giornale di destra; ***der -e Flügel der Partei*** l'ala destra del partito **6** MAT. retto: ***-er Winkel*** angolo retto **II** avv. **1** *(richtig)* bene, giustamente: ***habe ich ~ gehört, verstanden?*** ho sentito, capito bene? ***wenn ich mich ~ entsinne...*** se ben ricordo... **2** a proposito: ***du kommst gerade ~*** capiti a proposito **3** *(ziemlich)* piuttosto, abbastanza: ***~ schön!*** abbastanza bello; ***~ in Sorgen um jdm sein*** essere piuttosto preoccupato per qcn.; ***~ gern!*** molto volentieri ◆ ***alles, was ~ ist, aber...*** va bene (*o* d'accordo), però...; ***gehe ich ~ in der Annahme...*** è giusta la mia supposizione...; ***es ist ~ und billig*** è più che giusto; ***erst ~*** a maggior ragione, tanto più; ***ganz ~!*** giusto! ***es wäre mir gerade ~, wenn...*** mi farebbe proprio comodo se...; ***das geschieht dir ~!*** ti sta bene! ***die -e Gesinnung haben*** lo spirito giusto; *(rechtsorientiert sein)* avere idee di destra; ***ist es dir ~?*** ti va? sei d'accordo? ***wenn es Ihnen ~ ist...*** se per Lei va bene..., se Lei è d'accordo...; ***ist schon ~!*** e va bene! ***das ist (nicht) ~ von dir*** (non) hai fatto bene; ***etw. ins -e Licht rücken*** mettere qcs. nella giusta luce; ***es jdm (nicht) ~ machen*** (non) riuscire ad accontentare qcn.; ***man kann ihr nichts ~ machen*** non le va bene niente; ***das -e Maß finden*** trovare la giusta misura; COLLOQ. ***nun erst ~*** ora più che mai; ***~ und schlecht*** alla (meno) peggio; ***so ist es ~! ~ so!*** così va bene! ***verstehe mich bitte ~*** non fraintendermi; ***der -e Weg*** la strada giusta; FIG. la retta via; PROV. ***was dem einen ~ ist, ist dem anderen billig*** = non si devono usare due pesi e due misure.

Recht n. *(-[e]s,-e)* **1** *(Gesamtheit der Gesetze)* diritto *m.*, legge *f.*: ***das ungeschriebene, natürliche, dingliche ~*** il diritto non scritto (*o* consuetudinario), naturale, reale; ***das bürgerliche, kanonische ~*** il diritto civile, canonico; ***das römische, deutsche ~*** il diritto romano, germanico; ***das verbriefte ~*** il diritto chirografario, incorporato; ***das ~ anwenden, brechen, verdrehen, verletzen*** applicare, infrangere, travisare, violare la legge **2** *(berechtigter Anspruch, Befugnis)* diritto *m.*: ***es ist sein (gutes) ~, das zu verlangen*** è suo diritto esigere questo; ***das ~ eines Volkes auf Selbstbestimmung*** il diritto di un popolo all'autodeterminazione; ***ein ~ geltend machen, aufstellen, ausüben*** far valere, accampare, esercitare un diritto; ***jdm ein ~ aberkennen*** non riconoscere più un diritto a qcn.; ***jdm ein ~ einräumen, verleihen, zusprechen, absprechen (verweigern)*** concedere, conferire, assegnare, negare (*o* rifiutare) un diritto a qcn.; ***ein ~ für sich in Anspruch nehmen*** rivendicare un diritto; ***sich (D) ein ~ anmaßen*** arrogarsi un diritto; ***sein ~ fordern, verlangen*** esigere il proprio diritto; ***seine -e verteidigen, wahren*** difendere, salvaguardare (*o* tutelare) i propri diritti; ***jds -e verletzen*** ledere (*o* conculcare) i diritti di qcn. **3** *(Gerechtigkeit)* giustizia *f.*: ***zu seinem ~ kommen, sein ~ finden*** ottenere giustizia **4** pl. ANT. *(Jura)* legge *f.*, giurisprudenza *f.*: ***Doktor der -e*** dottore in legge; ***~ (die -e) studieren*** studiare giurisprudenza **5** ragione *f.*: ***mit, zu ~*** con, a ragione; ***~ behalten, haben*** ottenere, avere ragione; ***wir haben ~ bekommen*** ci hanno dato ragione; ***jdm ~ geben*** dare ragione a qcn. ◆ ***zu ~ bestehen*** sussistere di diritto, avere forza di legge; ***nach ~ und Billigkeit*** in linea di equità; ***in jds -e eingreifen*** violare, usurpare il diritto di qcn.; ***etw. für ~ erkennen*** riconoscere giusto qcs.; ***das ~ mit Füßen treten*** calpestare il diritto con i piedi; ***von einem ~ Gebrauch machen*** esercitare un diritto; ***nach dem geltenden (o nach geltendem) ~*** secondo il diritto vigente (*o* le leggi vigenti); ***im ~ sein*** essere nel giusto; ***nach ~ und Gewissen handeln*** agire secondo giustizia e coscienza; ***auf sein ~ pochen*** insistere sul proprio diritto; ***er hat das ~ auf seiner Seite*** ha la legge dalla sua (parte); ***~ sprechen*** amministrare la giustizia; ***der Stärkere hat immer ~*** la ragione sta sempre dalla parte del più forte; ***das ~ des Stärkeren*** la ragione del più forte; ***jdm zu seinem ~ verhelfen*** aiutare qcn. a far valere i propri diritti; ***sich ~ verschaffen*** farsi giustizia; ***wider ~ und Gesetz, gegen das ~ verstoßen*** andare contro la legge; ***mit vollem ~*** a buon diritto; ***alle -e vorbehalten*** tutti i diritti riservati, proprietà letteraria; ***vorbehaltlich aller -e*** riservati (*o* con riserva di) tutti i diritti; ***von -s wegen*** di diritto; ***mit welchem ~ tut er das?*** con quale diritto fa questo? PROV. ***was ~ ist, muss ~ bleiben*** quel che è giusto è giusto; ***~ geht vor Gewalt*** il diritto vale più della forza; ***hier gilt gleiches ~ für alle*** qui la legge è uguale per tutti; ***gleiche -e, gleiche Pflichten*** stessi diritti, stessi doveri.

Rech|te I f. *(-n,-n)* **1** destra *f.* (anche POL.): ***etw. in der -n halten*** tenere qcs. nella (mano) destra; ***die radikale ~*** l'estrema destra; ***zu seiner -n sitzen*** sedere alla sua destra **2** *(beim Boxen)* destro *m.*: ***jdn mit einer -n treffen*** colpire qcn. con un destro **II** m. e f. *(-n,-n)* **1** POL. persona *f.* di, della destra: ***ein -r sein*** essere uno di destra **2** COLLOQ. *(Richtige)* persona *f.* giusta: ***er hat noch nicht die ~ gefunden*** non ha ancora trovato la persona giusta **III** n. *(-n)* cosa *f.* giusta, buona: ***etwas, nichts -s können, gelernt haben*** sapere, avere imparato qcs., non sapere, non avere imparato niente di utile; IRON. ***das ist ja was -s!*** bella consolazione! ◆ ***nach dem -n sehen*** guardare se tutto è a posto.

Recht|eck n. *(-s,-e)* rettangolo *m.* **recht|eckig** agg. rettangolare. **Rech|te|hand|re|gel** f. *(-)* FIS. regola *f.* delle tre dita.

rech|ten intr. (aus. *haben*) litigare, fare questioni: ***mit jdm über, um etw. ~*** litigare con qcn. per qcs. **rech|tens** avv. a, con ragione, di diritto: ***~ sein*** essere giusto.

rech|ter|seits avv. a, sulla destra: ***die Tür ~*** la porta a destra.

recht|fer|ti|gen I tr. giustificare: ***etw. (vor jdm) ~*** giustificare qcs. (davanti a qcn.); ***du brauchst dich nicht zu ~*** non hai bisogno di giustificarti; *(entschuldigen)* ***nichts rechtfertigt diese Tat*** nulla giustifica questo fatto; *(als begründet erweisen)* ***seine brillante Karriere rechtfertigt das in ihn gesetzte Vertrauen*** la sua brillante carriera giustifica la fiducia riposta in lui **II** rifl. ***sich ~*** giustificarsi: ***sich vor jdm wegen etw. ~ müssen*** doversi giustificare davanti a qcn. per qcs. **Recht|fer|ti|gung** f. *(-,-en)* giustificazione *f.*: ***die ~ eines Verhaltens*** la giustificazione di un comportamento; *(Verteidigung)* ***etw. zu seiner ~ vorbringen*** addurre qcs. a propria discolpa; *(Berechtigung)* ***der ~ entbehren*** mancare di giustificazione. **Recht|fer|ti|gungs|grund** m. *(-[e]s,-gründe)* ragione *f.* giustificativa, motivo *m.* a discolpa. **Recht|fer|ti|gungs|schrift** f. *(-,-en)* atto *m.* giustificatorio. **Recht|fer|ti|gungs|ver|such** m. *(-[e]s,-e)* tentativo *m.* di giustificazione.

recht|gläu|big agg. ortodosso. **Recht|gläu|big|keit** f. *(-)* ortodossia *f.*

Recht|ha|ber m. *(-s,-)* prepotente *m.* **Recht|ha|be|rei** f. *(-,-en)* prepotenza *f.* **recht|ha|be|risch I** agg. prepotente, autoritario: ***eine -e Art haben*** avere dei modi autoritari; ***ein -er Mensch*** una persona prepotente, che pretende di avere sempre ragione **II** avv. con prepotenza.

Recht|kant n. e m. *(-[e]s,-e)* parallelepipedo *m.* **recht|läu|fig** agg. ASTR. destrorso, che si muove in senso orario.

recht|lich I agg. **1** *(gesetzlich)* giuridico, legale: ***eine -e Grundlage***

für etw. schaffen creare una base giuridica per qcs.; *vom -en Standpunkt aus betrachten* dal punto di vista legale **2** *(rechtschaffen)* retto, giusto, probo **II** avv. **1** giuridicamente, legalmente **2** rettamente, giustamente ◆ *~ oder tatsächlich* di diritto o di fatto, de iure o de facto. **Recht|lich|keit** f. *(-)* **1** legalità *f.*, giuridicità *f.* **2** *(Redlichkeit)* rettitudine *f.*, probità *f.*: *ein Mann von großer ~* un uomo di grande rettitudine.

recht|los agg. privo di diritti. **Recht|lo|sig|keit** f. *(-)* privazione *f.* dei diritti. **recht|mä|ßig I** agg. legale, legittimo: *der -e Besitzer, Eigentümer* il legittimo proprietario **II** legalmente, di diritto: *~ zustehen* spettare di diritto. **Recht|mä|ßig|keit** f. *(-)* legalità *f.*, legittimità *f.*

rechts I avv. **1** a destra, sulla destra: *~ vom Fenster, von dir* a destra della finestra, alla tua destra; *die zweite Tür ~* la seconda porta a (*o* sulla) destra; *~ fahren, abbiegen* viaggiare, svoltare a destra; *von ~ kommen* venire da destra; *sich ~ halten* tenere la destra; *von ~ nach links* da destra a sinistra **2** POL. a, di destra: *~ stehen, eingestellt sein* essere di destra, avere idee di destra; *~ stehend* → **rechtsorientiert 3** ABBIGL. a diritto: *den Stoff (von) ~ bügeln* stirare la stoffa dal diritto; *etw. nach ~ drehen* girare qcs. al diritto; *zwei ~, zwei links stricken* lavorare due maglie a diritto due a rovescio **4a** SPORT *~ außen* sulla fascia destra: *~ außen durchbrechen* sfondare sulla fascia destra; *sich auf ~ außen durchspielen* superare la difesa sulla fascia destra **b** POL. di estrema destra: *~ außen stehen* essere di estrema destra **II** prep. + gen. a destra di: *~ des Neckars* a destra del Neckar ◆ MIL. *Augen ~!* destr riga! *weder ~ noch links schauen* andare dritto allo scopo; MIL. *~ um!* fianco destro-destr! COLLOQ. *nicht (mehr) wissen, was ~ und (was) links ist* non saper (più) qual è la destra e qual è la sinistra, non sapere (più) che pesci pigliare.

Rechts|ab|bie|ger m. *(-s,-)* chi svolta a destra. **Rechts|an|spruch** m. *(-[e]s,-ansprüche)* diritto *m.*: *jds Rechtsansprüche vertreten* rappresentare i diritti di qcn.

Rechts|an|walt m. *(-[e]s,-anwälte)* avvocato *m.*, legale *m.* **Rechts|an|wäl|tin** f. *(-,-nen)* avvocatessa *f.*, legale *f.* **Rechts|an|walt(s)|bü|ro** n. *(-s,-s)* studio *m.* legale. **Rechts|an|walt|schaft** f. *(-)* avvocatura *f.* **Rechts|an|walts|kam|mer** f. *(-,-n)* ordine *m.* degli avvocati. **Rechts|an|walts|kanz|lei** f. *(-,-en)* → **Rechtsanwaltsbüro.**

Rechts|an|wen|dung f. *(-,-en)* applicazione *f.* delle leggi vigenti. **Rechts|auf|fas|sung** f. *(-,-en)* interpretazione *f.* giuridica. **Rechts|aus|kunft** f. *(-,-auskünfte)* informazione *f.* giuridica.

Rechts|aus|la|ge f. *(-,-n)* SPORT *(beim Boxen)* guardia *f.* a destra. **Rechts|au|ßen** m. *(-,-)* SPORT ala *f.* destra, esterno *m.* destro: *~ spielen* giocare da, come ala destra.

Rechts|be|griff m. *(-[e]s,-e)* concetto *m.* giuridico. **Rechts|be|helf** m. *(-[e]s,-e)* espediente *m.* giuridico. **Rechts|bei|stand** m. *(-[e]s,-beistände)* assistenza *f.* legale. **Rechts|be|leh|rung** f. *(-,-en)* avvertimento *m.* sui diritti di parte. **Rechts|be|ra|ter** m. *(-s,-)* consulente *m.* legale. **Rechts|be|schwer|de** f. *(-,-n)* ricorso *m.* per motivi di diritto. **Rechts|beu|gung** f. *(-,-en)* = il piegare la legge agli interessi di una delle parti. **Rechts|be|wusst|sein** n. *(-s)* coscienza *f.* giuridica. **Rechts|bre|cher** m. *(-s,-)* delinquente *m.* **Rechts|bruch** m. *(-[e]s,-brüche)* violazione *f.* della legge: *einen ~ begehen* violare la legge.

rechts|bün|dig agg. TIP. allineato a destra.

recht|schaf|fen I agg. **1** *(redlich)* retto, probo **2** *(stark)* grande, forte: *einen -en Hunger haben* avere una gran fame **II** avv. **1** *(redlich)* rettamente, con probità **2** *(stark)* molto, fortemente: *~ müde sein* essere stanco morto. **Recht|schaf|fen|heit** f. *(-)* rettitudine *f.*, probità *f.*

Recht|schreib|buch, Recht|schrei|be|buch n. *(-[e]s,-bücher)* manuale *m.* di ortografia; *(Wörterbuch)* dizionario *m.* ortografico. **recht|schrei|ben** intr. (solo inf.) scrivere con corretta grafia. **Recht|schreib|feh|ler** m. *(-s,-)* errore *m.* di ortografia (*o* ortografico). **Recht|schreib|fra|ge** f. *(-,-n)* questione *f.* di ortografia (*o* ortografica). **recht|schreib|lich** agg. ortografico. **Recht|schreib|re|form** f. *(-,-en)* riforma *f.* ortografica. **Recht|schrei|bung** f. *(-,-en)* ortografia *f.*

Rechts|drall m. *(-s,-e)* **1a** MECC. METALL. torsione *f.* destra **b** *(von Waffen)* rigatura *f.* destrorsa **2a** COLLOQ. *(Tendenz zur Abweichung)* inclinazione *f.*, tendenza *f.* a destra **b** POL. tendenze *f.pl.* di destra. **rechts|dre|hend** agg. **1** TECN. destrorso **2** CHIM. FIS. destrogiro. **Rechts|dre|hung** f. *(-,-en)* MECC. rotazione *f.* oraria, destrorsa.

Rechts|emp|fin|den n. *(-s)* senso *m.* della, di giustizia.

recht|sei|tig → **rechtsseitig. Recht|ser** m. *(-s,-)* REGION. → **Rechtshänder.**

rechts|er|fah|ren agg. esperto in diritto.

rechts|ext|rem agg. → **rechtsextremistisch. Rechts|ext|re|mis|mus** m. *(-)* estremismo *m.* di destra. **Rechts|ext|re|mist** m. *(-en,-en)* estremista *m.* di destra. **rechts|ext|re|mis|tisch** agg. di estrema destra.

rechts|fä|hig agg. avente capacità giuridica: *-e Vereine* associazioni aventi capacità giuridica; *nicht -e Vereine* associazioni di fatto. **Rechts|fä|hig|keit** f. *(-)* capacità *f.* giuridica. **Rechts|fall** m. *(-[e]s,-fälle)* caso *m.* giuridico. **rechts|fäl|lig** agg. *~ werden* essere portato in tribunale. **Rechts|fin|dung** f. *(-)* accertamento *m.* del diritto. **Rechts|fol|ge** f. *(-,-n)* effetto *m.* giuridico, conseguenza *f.* legale. **Rechts|form** f. *(-)* forma *f.* giuridica, legale. **Rechts|for|mel** f. *(-,-n)* formula *f.* giuridica. **Rechts|fra|ge** f. *(-,-n)* questione *f.* giuridica. **rechts|frei** agg., *ein -er Raum* una lacuna del diritto.

1.Rechts|gang m. *(-[e]s)* procedura *f.*, procedimento *m.* giuridico.

2.Rechts|gang m. *(-[e]s,-gänge)* TECN. rotazione *f.* destrorsa. **rechts|gän|gig** agg. TECN. destrorso.

Rechts|ge|fühl n. *(-s)* senso *m.* della, di giustizia. **Rechts|ge|lehr|sam|keit** f. *(-)* ANT. giurisprudenza *f.* **Rechts|ge|lehr|te** m. e f. *(-n,-n)* giurista *m.* e *f.*, ANT. giureconsulto *m.*, giurisperito *m.* **Rechts|ge|mein|schaft** f. *(-,-en)* comunione *f.* di diritti.

rechts|ge|rich|tet agg. POL. di destra.

Rechts|ge|schäft n. *(-[e]s,-e)* negozio *m.* (*o* atto *m.*) giuridico. **rechts|ge|schäft|lich** agg. legale: *-e Bedingungen* condizioni legali. **Rechts|ge|schich|te** f. *(-)* storia *f.* del diritto. **rechts|ge|schicht|lich** agg. della, di storia del diritto.

Rechts|ge|win|de n. *(-s,-)* MECC. filettatura *f.* destra, destrorsa.

Rechts|grund m. *(-[e]s,-gründe)* motivo *m.* giuridico, legale. **Rechts|grund|la|ge** f. *(-,-n)* base *f.* legale, fondamento *m.* giuridico. **Rechts|grund|satz** m. *(-es,-sätze)* principio *m.* giuridico. **rechts|gül|tig** agg. legale, valido legalmente. **Rechts|gül|tig|keit** f. *(-)* valore *m.* giuridico, validità *f.* legale. **Rechts|gut** n. *(-[e]s,-güter)* bene *m.* (*o* interesse *m.*) protetto dalla legge. **Rechts|gut|ach|ten** n. *(-s,-)* parere *m.* legale. **Rechts|han|del** m. *(-s,-händel)* causa *f.*, processo *m.*

Rechts|hän|der m. *(-s,-)* destrimano *m.* **rechts|hän|dig I** agg. che usa di preferenza la mano destra, destrimano **II** avv. con la (mano) destra: *~ schreiben* scrivere con la destra. **Rechts|hän|dig|keit** f. *(-)* destrismo *m.*

Rechts|hand|lung f. *(-,-en)* atto *m.* giuridico. **rechts|hän|gig** agg. DIR. pendente.

rechts|her avv. ANT. da destra. **rechts|he|rum** avv. a destra, verso destra.

Rechts|hil|fe f. *(-)* assistenza *f.* giudiziaria (internazionale); *(Amtshilfe)* rogatoria *f.* **Rechts|hil|fe|er|su|chen** n. *(-s,-)* rogatoria *f.*

rechts|hin avv. ANT. a destra, verso destra.

Rechts|his|to|ri|ker m. *(-s,-)* studioso *m.* di storia del diritto.

Rechts|ko|a|li|ti|on f. *(-,-en)* coalizione *f.* di destra.

Rechts|kraft f. *(-)* forza *f.* legale (*o* di legge) ◆ *~ erlangen* passare in giudicato. **rechts|kräf|tig** agg. e avv. passato in giudicato: *~ werden* passare in giudicato. **rechts|kun|dig** agg. esperto di diritto (*o* di legge).

Rechts|kur|ve f. *(-,-n)* curva *f.* a destra; AER. virata *f.* a destra.

Rechts|la|ge f. *(-,-n)* posizione *f.* (*o* situazione *f.*) giuridica, stato *m.* giuridico.

rechts|las|tig agg. POL. GERG. destrorso, destroide. **rechts|läu|fig** agg. destrorso: *-e Schrift* scrittura destrorsa.

Rechts|leh|re f. *(-)* giurisprudenza *f.*

Rechts|len|ker m. *(-s,-)* autoveicolo *m.* con guida a destra. **Rechts|len|kung** f. *(-,-en)* guida *f.* a destra.

Rechts|mit|tel n. *(-s,-)* (mezzo *m.* di) impugnazione *f.*; *(Rekurs)* ricorso *m.* ◆ *(gegen etw.) ein ~ einlegen* impugnare, proporre un ricorso (contro qcs.). **Rechts|nach|fol|ge** f. *(-)* successione *f.* (nei rapporti giuridici). **Rechts|nach|fol|ger** m. *(-s,-)* successore *m.* **Rechts|norm** f. *(-,-en)* norma *f.* giuridica. **Rechts|ord|nung** f. *(-,-en)* ordinamento *m.* giuridico (*o* giudiziario).

rechts|ori|en|tiert agg. POL. di destra, destrorso. **Rechts|par|tei** f. *(-,-en)* partito *m.* di destra.

Rechts|per|son f. *(-,-en)* persona *f.* giuridica. **Rechts|pfle|ge** f. *(-)* amministrazione *f.* della giustizia: *die ~ ausüben* amministrare la giustizia. **Rechts|phi|lo|so|phie** f. *(-)* filosofia *f.* del diritto.

Recht|spre|chung f. *(-)* **1** (amministrazione *f.* della) giustizia *f.* **2** *(gerichtliche Entscheidung)* sentenza *f.*

rechts|ra|di|kal agg. di estrema destra. **Rechts|ra|di|ka|le** m. e f. *(-n,-n)* estremista *m.* e *f.* di destra. **Rechts|ra|di|ka|lis|mus** m. *(-)* estremismo *m.* di destra.

rechts|rhei|nisch I agg. della riva destra del Reno **II** avv. sulla riva destra del Reno. **Rechts|ruck** m. *(-[e]s)* POL. sterzata *f.* a destra. **rechts|rum** COLLOQ. → **rechtsherum.**

Rechts|sa|che f. *(-,-n)* causa *f.*: ***eine ~ erörtern, anhängig machen*** discutere, intentare una causa; *(Streitsache)* vertenza *f.*, lite *f.*: ***eine ~ beilegen*** comporre una lite. **Rechts|satz** m. *(-es,-sätze)* → **Rechtsnorm. Rechts|schutz** m. *(-es)* tutela *f.* (*o* protezione *f.*) giuridica.

rechts|sei|tig I agg. di destra, destro **II** avv. a, sulla destra, sul (*o* dal) lato destro: ***~ gelähmt sein*** avere il lato destro paralizzato.

Rechts|si|cher|heit f. *(-)* certezza *f.* del diritto. **Rechts|so|zi|o|lo|gie** f. *(-)* sociologia *f.* del diritto. **Rechts|spra|che** f. *(-)* linguaggio *m.* giuridico (*o* forense). **Rechts|spruch** m. *(-[e]s,-sprü-che)* sentenza *f.*; *(der Geschworenen)* verdetto *m.*

Rechts|staat m. *(-[e]s,-en)* stato *m.* di diritto. **rechts|staat|lich** agg. dello (*o* relativo allo) stato diritto. **Rechts|staat|lich|keit** f. *(-)* carattere *m.* di stato di diritto.

Rechts|stand|punkt m. *(-[e]s,-e)* punto *m.* di vista giuridico.

Rechts|stel|lung f. *(-,-en)* posizione *f.* (*o* condizione *f.*) giuridica. **Rechts|streit** m. *(-[e]s)*, **Rechts|strei|tig|keit** f. *(-,-en)* controversia *f.* (giuridica), lite *f.*, vertenza *f.* **Rechts|sub|jekt** n. *(-[e]s,-e)* soggetto *m.* di diritto. **Rechts|ti|tel** m. *(-s,-)* titolo *m.* (giuridico). **Rechts|trä|ger** m. *(-s,-)* → **Rechtssubjekt.**

rechts|uf|rig I agg. della (*o* situato sulla) riva destra **II** avv. sulla riva destra. **rechts|um** avv. a, verso destra ◆ MIL. ***~ kehrt!*** fianco destr!

rechts|un|gül|tig agg. privo di valore legale. **Rechts|un|si|cher|heit** f. *(-)* incertezza *f.* giuridica (*o* di diritto). **rechts|un|wirk|sam** agg. che non ha effetti legali, privo di efficacia giuridica. **Rechts|un|wirk|sam|keit** f. *(-)* inefficacia *f.* giuridica. **rechts|ver|bind|lich** agg. (giuridicamente) vincolante, obbligatorio (per legge). **Rechts|ver|bind|lich|keit** f. *(-)* vincolo *m.* giuridico, obbligazione *f.* per legge. **Rechts|ver|dre|her** m. *(-s,-)* **1** chi abusa della legge **2** SCHERZ. SPREG. *(Rechtsanwalt)* leguleio *m.*, azzeccagarbugli *m.* **Rechts|ver|fah|ren** n. *(-s,-)* procedimento *m.* giudiziario, azione *f.* giudiziaria (*o* legale): ***ein ~ anstrengen*** intentare un'azione giudiziaria. **Rechts|ver|hält|nis** n. *(-ses,-se)* rapporto *m.* giuridico.

Rechts|ver|kehr m. *(-s)* circolazione *f.* a destra.

Rechts|ver|let|zung f. *(-,-en)* violazione *f.* (*o* infrazione *f.*) della legge. **Rechts|ver|ord|nung** f. *(-,-en)* ordinanza *f.* (legislativa), decreto-legge *m.* **Rechts|ver|tre|ter** m. *(-s,-)* rappresentante *m.* legale. **Rechts|ver|wei|ge|rung** f. *(-,-en)* diniego *m.* di giustizia, denegata giustizia *f.* **Rechts|vor|gän|ger** m. *(-s,-)* predecessore *m.* legale, dante *m.* causa, autore *m.* **Rechts|vor|schrift** f. *(-,-en)* disposizione *f.* di legge, norma *f.* giuridica. **Rechts|weg** m. *(-[e]s)* via *f.* legale: ***den ~ beschreiten, einschlagen, gehen*** adire le vie legali ◆ ***auf dem ~*** per vie legali, in via giudiziale; ***unter Ausschluss des -s*** con esclusione delle vie legali ordinarie.

Rechts|wen|dung f. *(-,-en)* svolta *f.* a destra.

Rechts|we|sen n. *(-s)* diritto *m.* **rechts|wid|rig I** agg. contrario alla legge, illegale **II** avv. illegalmente. **Rechts|wid|rig|keit** f. *(-,-en)* illegalità *f.* **rechts|wirk|sam** agg. → **rechtsgültig. Rechts|wirk|sam|keit** f. *(-)* → **Rechtsgültigkeit. Rechts|wis|sen|schaft** f. *(-)* giurisprudenza *f.* **Rechts|zug** m. *(-[e]s,-züge)* grado *m.* (del giudizio), istanza *f.*: ***im ersten, zweiten ~*** in prima, seconda istanza, in primo, secondo grado.

recht|win|ke|lig, recht|wink|lig I agg. **1** che forma (*o* descrive) un angolo retto, ad angolo retto **2** GEOM. rettangolo: ***ein -es Dreieck*** un triangolo rettangolo **II** avv. ad angolo retto.

recht|zei|tig I agg. tempestivo: ***-e Hilfe*** aiuto tempestivo; *(pünktlich)* puntuale: ***um -es Erscheinen wird gebeten*** si prega di arrivare puntuali **II** avv. in tempo, tempestivamente: ***gerade noch ~ kommen*** arrivare appena in tempo. **Recht|zei|tig|keit** f. *(-)* tempestività *f.*; *(Pünktlichkeit)* puntualità *f.*

Re|ci|tal [rɪ'saɪtl] n. *(-s,-s)* recital *m.*

Reck n. *(-[e]s,-e)* GINN. sbarra *f.* (fissa): ***(am) ~ turnen*** fare esercizi alla sbarra.

Re|cke m. *(-n,-n)* guerriero *m.*, eroe *m.* (delle saghe).

re|cken I tr. **1** stirare, (di)stendere; *(den Hals)* allungare **2a** *(hinausrecken)* sporgere: ***den Kopf aus dem Fenster ~*** sporgere la testa dalla finestra **b** *(entgegenstrecken)* (pro)tendere: ***die Hand nach etw. ~*** protendere la mano verso qcs. **c** *(hinaufstrecken)* tendere, allungare (verso l'alto), alzare: ***den Arm in die Höhe ~*** alzare in alto il braccio **3** REGION. *(Wäschestücke)* stirare, distendere tirando **II** rifl. **sich ~ 1** stirarsi **2** FIG. *(emporragen)* stagliarsi, ergersi: ***die Felsen ~ sich in den Himmel*** le rocce si stagliano contro il cielo ◆ LETT. ***die Faust gegen jdn ~*** agitare il pugno contro qcn.; ***sich ~ und strecken*** stirarsi.

Reck|stan|ge f. *(-,-n)* GINN. sbarra *f.* (fissa). **Reck|tur|nen** n. *(-s)* ginnastica *f.* alla sbarra. **Reck|übung** f. *(-,-en)* esercizio *m.* alla sbarra.

re|cy|cel|bar agg. riciclabile. **re|cy|celn** [ri'saikln] tr. riciclare. **Re|cyc|ling** [ri'saiklɪŋ] n. *(-s)* riciclaggio *m.* **Re|cyc|ling|pa|pier** n. *(-s)* carta *f.* riciclata.

Re|dak|teur [-'tøːɐ] m. *(-s,-e)* redattore *m.*: ***~ bei, in einer Zeitung*** redattore di un giornale. **Re|dak|teu|rin** f. *(-,-nen)* redattrice *f.*

Re|dak|ti|on f. *(-,-en)* **1** redazione *f.* **2** *(Redigieren)* redazione *f.*, stesura *f.* **re|dak|ti|o|nell I** agg. redazionale, di (*o* della) redazione **II** avv. redazionalmente. **Re|dak|ti|ons|schluss** m. *(-es)* chiusura *f.* della redazione.

Re|dak|tor m. *(-s,-en)* **1** curatore *m.* **2** SVIZZ. → **Redakteur. Re|dakt|ri|ce** [-sə] f. *(-,-n)* AUSTR. → **Redakteurin.**

Re|de f. *(-,-n)* **1a** discorso *m.*; *(in gewandtem Stil)* orazione *f.*: ***eine ~ ablesen, halten, (an)hören*** leggere, tenere, ascoltare un discorso; ***jds ~ im Fernsehen, Rundfunk übertragen*** trasmettere il discorso di qcn. in televisione, alla radio **b** *(Reden)* discorso *m.*: ***auf jdn, etw. die ~ bringen*** portare il discorso su qcn., qcs.; ***die ~ kommt auf etw. (A)*** il discorso cade su qcs.; ***dumme -n führen*** fare discorsi cretini **c** GRAMM. ***direkte, indirekte ~*** discorso diretto, indiretto **2** pl. *(Worte)* parole *f.pl.*, discorsi *m.pl.*: ***nichts auf die -n der Leute geben*** non dar peso alle parole della gente ◆ ***jdm die ~ abschneiden*** interrompere (il discorso di) qcn.; ***bei seiner ~ bleiben*** restare della stessa idea; ***davon war gar nicht die ~!*** di questo non si è parlato proprio! ***jdm in die ~ fallen*** troncare la parola in bocca a qcn., interrompere qcn.; LETT. ***die Gabe der ~*** il dono dell'eloquio; ***in gebundener ~*** in versi; ***es geht die ~, dass...*** si dice (*o* corre voce) che...; ***davon kann gar keine ~ sein!*** non se ne parla nemmeno! non è assolutamente possibile! ***die Kunst der ~*** l'arte del dire, l'oratoria; ***langer, der langen ~ kurzer Sinn*** in poche parole, in breve; ***(das ist) meine ~!*** l'ho sempre detto! ***große -n schwingen*** spararle grosse; ***jdm ~ (und Antwort) stehen*** rendere conto a qcn.; ***das ist seine stehende ~!*** è un discorso che fa spesso! ***jdn zur ~ stellen*** costringere qcn. a dare spiegazioni, a giustificarsi; ***in ungebundener ~*** in prosa; ***etw. verschlägt jdm die ~*** qcs. lascia qcn. senza parole; ***von jdm, etw. ist die ~*** si parla di qcn., qcs.: ***das ist nicht der ~ wert!*** non vale la pena (*o* non merita) parlarne! ***nicht der ~ wert!*** non c'è di che! ***wovon ist die ~?*** di che si parla? di che si tratta?

Re|de|blu|me f. *(-,-n)* ANT. fiore *m.* retorico. **Re|de|du|ell** n. *(-s,-e)* duello *m.* oratorio. **Re|de|fi|gur** f. *(-,-en)* figura *f.* retorica. **Re|de|fluss** m. *(-es)* fiume *m.* di parole. **Re|de|frei|heit** f. *(-)* **1** libertà *f.* di parola **2** *(Recht zum Mitreden)* diritto *m.* di parola. **Re|de|ga|be** → **Rednergabe. re|de|ge|wandt** agg. eloquente. **Re|de|ge|wandt|heit** f. *(-)* eloquenza *f.* **Re|de|kunst** f. *(-)* (arte *f.*) oratoria *f.*; *(Beredsamkeit)* eloquenza *f.*

re|den I tr. dire: ***Unsinn, kein Wort ~*** dire delle sciocchezze, non dire una parola **II** intr. (aus. *haben*) **1a** parlare: ***laut, leise, stundenlang, ununterbrochen ~*** parlare forte, piano, per ore, ininterrottamente; ***mit dir rede ich nicht mehr!*** con te non (ci) parlo più! ***sie ~ nicht mehr miteinander*** non si parlano più **b** ***über jdn, etw., von jdm, etw. ~*** parlare di qcn., qcs.: ***(mit jdm) über Politik, das Wetter ~*** parlare di politica, del tempo (con qcn.); ***~ wir nicht mehr darüber!*** non ne parliamo più! non se ne parli più! **2** *(eine Rede halten)* tenere un discorso, parlare: ***im Parlament, im Fernsehen ~*** tenere un discorso al parlamento, in televisione; ***wer wird heute abend ~?*** chi terrà il discorso questa sera? **III** rifl. ***sich heiser, müde ~*** diventare rauco, stancarsi a forza di parlare; ***sich in Begeisterung, Wut ~*** entusiasmarsi, arrabbiarsi parlando ◆ ***jdn besoffen ~*** ubriacare qcn. di parole; ***Blech ~*** dire sciocchezze; ***wie ein Buch ~*** parlare come una macchinetta, in continuazione; ***zu Ende ~*** finire il discorso, finire di parlare; ***frei ~*** parlare liberamente; *(aus dem Stegreif reden)* parlare a braccio; ***jdm ins Gewissen ~*** fare la morale a qcn.; ***du hast gut ~...*** dici bene tu..., hai un bel parlare (tu)...; ***mit Händen und Füßen ~*** parlare a gesti; ***er hört sich gern ~*** gli piace ascoltarsi; ***so lasse ich nicht mit mir ~!*** non permetto che mi si parli così! ***er lässt mit sich nicht ~!*** non gli si può parlare! non intende ragione! ***über diesen Vorschlag lässt sich ~*** questa è una buona proposta; ***frisch, frei von der Leber ~*** parlare francamente (*o* a cuore aperto); ***lass doch die Leute ~!*** lascia pure che la gente parli! ***von sich ~ machen*** far parlare di sé; ***erst nachdenken, dann ~!*** si deve riflettere prima di parlare! ***~, wie einem der Schnabel gewachsen ist*** parlare con naturalezza, semplicità; ***keine Silbe, keinen Ton ~*** non proferir parola, non dir verbo, non fiatare; ***Böses, Gutes, Schlechtes von jdm, über jdn ~*** dire delle cattiverie di qcn., parlare (*o* dire) male, bene di qcn.; ***wenn die Wände ~ könnten!*** se i muri potessero parlare! ***wie ein Wasserfall ~*** riversare fiumi di parole; ***in den Wind ~*** parlare al vento; ***mit jdm ein Wort zu ~ haben*** avere da dire una parolina a qcn. **Re|den** n. *(-s)* il parlare: ***jdn zum ~ bringen*** far parlare qcn. ◆ ***das ~ fällt ihm schwer*** ha difficoltà nel parlare, non ha la parola facile; ***im ~ gewandt sein*** essere un buon oratore; ***von sich viel -s machen*** far parlare molto di sé; PROV. ***~ ist Silber, Schweigen ist Gold*** la parola è d'argento, il silenzio è d'oro.

Re|dens|art f. *(-,-en)* **1** modo *f.* di dire, LING. locuzione *f.* **2** *(Phrasen)* parola *f.* vuota, luogo *m.* comune: ***eine abgedroschene ~*** un luogo comune trito e ritrito.

Re|de|rei f. *(-,-en)* **1** ciance *f.pl.* chiacchiere *f.pl.* **2** *(Klatschgeschichte)* pettegolezzo *m.*

re|de|scheu agg. timido nel parlare, che ha paura di parlare. **Re|de|schlacht** f. *(-,-en)* → **Redestreit. Re|de|schwall** m. *(-s,-e)* fiume *m.* di parole. **Re|de|streit** m. *(-[e]s)* disputa *f.* verbale. **Re|de|sucht** f. *(-)* loquacità *f.* **Re|de|ver|bot** n. *(-[e]s,-e)* divieto *m.* di parlare, di parola. **Re|de|wei|se** f. *(-,-n)* modo *m.* di parlare. **Re|de|wen|dung** f. *(-,-en)* locuzione *f.* **Re|de|zeit** f. *(-,-en)* tempo *m.* (a disposizione) per parlare.

re|di|gie|ren tr. redigere.

Re|din|go|te [redɛ̃'gɔt] f. *(-,-n)* e m. *(-[s],-s)* redingote *f.*

Re|dis|kont m. *(-s,-e)* BANC. risconto *m.* **re|dis|kont|fä|hig** agg. BANC. riscontabile. **re|dis|kon|tie|ren** tr. BANC. riscontare. **Re|dis|kon|tie|rung** f. *(-,-en)* BANC. risconto *m.* **Re|dis|kon|to|ge|schäft** n. *(-[e]s,-e)* BANC. operazione *f.* di risconto.

Re|dis|tri|bu|ti|on f. *(-,-en)* ridistribuzione *f.*

red|lich I agg. **1** *(rechtschaffen)* giusto, retto; *(ehrlich)* onesto, probo **2** FIG. *(groß)* grande: ***eine -e Anstrengung*** un grande sforzo; ***sich -e Mühe geben*** darsi un gran daffare **II** avv. **1** con giustizia, rettamente; *(ehrlich)* onestamente **2** rafforz. *(sehr)* molto ◆ ***sich ~ um jdn bemühen*** occuparsi, darsi un gran daffare per qcn.; ***sich ~ anstrengen*** sforzarsi molto; ***~ erschöpft sein*** essere sfinito. **Red|lich|keit** f. *(-)* rettitudine *f.*, onestà *f.*

Red|ner m. *(-s,-)* oratore *m.* **Red|ner|büh|ne** f. *(-,-n)* palco *m.* degli, per gli oratori. **Red|ne|rin** f. *(-,-nen)* oratrice *f.* **red|ne|risch** agg. oratorio. **Red|ner|pult** n. *(-[e]s,-e)* pedana *f.*, podio *m.* dell'oratore. **Red|ner|tri|bü|ne** f. *(-,-n)* palco *m.* degli, per gli oratori.

Re|dou|te [re'du:tə] f. *(-,-n)* **1** ANT. MIL. ridotta *m.* **2** AUSTR. *(Maskenball)* ballo *m.* in maschera **3** ANT. *(Festsaal)* salone *m.* delle feste.

Re|dox|sys|tem n. *(-s)* sistema *f.* redox (*o* di ossiriduzione).

red|se|lig agg. SPREG. verboso; *(geschwätzig)* ciarliero. **Red|se|lig|keit** f. *(-,-en)* SPREG. verbosità *f.*; *(Geschwätzigkeit)* l'essere ciarliero *f.*

Re|du|it [re'dyi:] n. *(-s,-s)* **1** ANT. MIL. ridotta *f.* **2** *(Zufluchtsort)* rifugio *m.*

Re|duk|ti|on f. *(-,-en)* riduzione *f.* **re|duk|ti|o|nis|tisch** agg. semplificativo.

Re|duk|ti|ons|di|ät f. *(-,-en)* dieta *f.* dimagrante. **Re|duk|ti|ons|ge|trie|be** n. *(-s,-)* riduttore *m.* (di giri). **Re|duk|ti|ons|gut** n. *(-[e]s,-güter)* CHIM. prodotto *m.* di riduzione. **Re|duk|ti|ons|mit|tel** n. *(-s,-)* CHIM. riducente *m.*, agente *m.* riduttore. **Re|duk|ti|ons|ofen** m. *(-s,-öfen)* METALL. forno *m.* a riduzione. **Re|duk|ti|ons|stu|fe** f. *(-,-n)* LING. grado *m.* ridotto. **Re|duk|ti|ons|tei|lung** f. *(-,-en)* meiosi *f.* **Re|duk|ti|ons|zir|kel** m. *(-s,-)* compasso *m.* di riduzione.

re|dun|dant agg. ridondante. **Re|dun|danz** f. *(-,-en)* ridondanza *f.*

Re|dup|li|ka|ti|on f. *(-,-en)* LING. reduplicazione *f.*, raddoppiamento *m.* **re|dup|li|zie|ren** tr. LING. reduplicare, raddoppiare.

re|du|zi|bel, re|du|zier|bar agg. MAT. FILOS. riducibile. **Re|du|zier|bar|keit** f. *(-)* MAT. FILOS. riducibilità *f.*

re|du|zie|ren I tr. **1** ridurre (anche CHIM.): ***etw. auf seine Bestandteile, Komponenten ~*** ridurre qcs. alle sue componenti; ***etw. um ein Drittel ~*** ridurre qcs. di un terzo **2a** MAT. *(vereinfachen)* semplificare: ***eine Gleichung ~*** semplificare un'equazione **b** ridurre (ai minimi termini): ***einen Bruch ~*** ridurre una frazione ai minimi termini **3** LING. indebolire: ***einen Vokal ~*** indebolire una vocale **II** rifl. ***sich auf etw. ~*** ridursi a qcs.

Re|du|zier|stück n. *(-[e]s,-e)* TECN. riduzione *f.* **Re|du|zie|rung** f. *(-,-en)* **1** riduzione *f.* **2a** MAT. semplificazione *f.* **b** *(eines Bruches)* riduzione *f.* (ai minimi termini). **Re|du|zier|ven|til** n. *(-[e]s,-e)* riduttore *m.* di pressione. **Re|du|zier|walz|werk** n. *(-[e]s,-e)* laminatoio *m.* riduttore.

Ree|de f. *(-,-n)* rada *f.*: ***auf der ~ liegen*** essere ormeggiato nella rada, in rada. **Ree|der** m. *(-s,-)* armatore *m.* **Ree|de|rei** f. *(-,-en)* compagnia *f.* (o società *f.*) armatoriale (*o* armatrice, marittima).

re|ell I agg. **1** *(tatsächlich)* reale, effettivo, concreto: ***eine -e Möglichkeit*** una possibilità concreta **2a** *(zuverlässig)* fidato: ***ein -er Geschäftsmann, eine -e Firma*** un uomo d'affari, una ditta fidata **b** *(von Preisen)* onesto, equo **3** COLLOQ. *(gehörig)* bello, buono: ***eine -e Portion Gemüse*** una bella porzione di verdura **4** MAT. reale: ***-e Zahlen*** numeri reali **II** avv. **1** in realtà, di fatto, concretamente (*o* in concreto) **2** *(ehrlich)* onestamente ◆ ***in diesem Laden wird man ~ bedient*** in questo negozio servono bene.

Reep n. *(-[e]s,-e)* MAR. fune *f.*, gomena *f.* **Ree|per|bahn** f. *(-,-en)* REGION. ANT. corderia *f.* **Reep|schnur** f. *(-,-schnüre)* ALP. cordino *m.*

Re|ex|port m. *(-[e]s,-e)* riesportazione *f.*

REFA ⇒ *Reichsausschuss für Arbeitszeitermittlung* (comitato per l'analisi dei tempi di produzione).

Re|fak|tie f. *(-,-n)* abbuono *m.* sul prezzo, sconto *m.* **re|fak|tie|ren** intr. (aus. *haben*) concedere uno sconto.

Re|fek|to|ri|um n. *(-s, Refektorien)* refettorio *m.*

Re|fe|rat n. *(-[e]s,-e)* **1** *(Abhandlung, Bericht)* relazione *f.*: ***ein ~ halten*** fare una relazione **2** *(Abteilung)* sezione *f.*, reparto *m.* **Re|fe|rats|lei|ter** m. *(-s,-)* caposezione *m.*, caporeparto *m.*

Re|fe|ren|dar m. *(-s,-e)* BUROCR. referendario *m.*

Re|fe|ren|dum n. *(-s, Referenden* e *Referenda)* referendum *m.*

Re|fe|rent m. *(-en,-en)* **1** *(Vortragender)* relatore *m.* **2** *(Verantwortlicher)* addetto *m.*, responsabile *m.* **3** LING. referente *m.* **4** *(Gutachter)* perito *m.*

Re|fe|renz f. *(-,-en)* referenza *f.* (anche LING.). **re|fe|ren|zi|ell** agg. LING. referenziale.

re|fe|rie|ren I tr. riferire, relazionare **II** intr. (aus. *haben*) **1** ***über etw. ~*** fare, tenere una relazione su qcs. **2** LING. avere un referente, una referenza.

1.Reff n. *(-[e]s,-e)* **1** COLLOQ. SPREG. *(altes Weib)* vecchiaccia *f.*, vecchia zitella *f.* **2** *(Rückenkorb)* gerla *f.* ◆ COLLOQ. ***langes ~*** spilungone.

2.Reff n. *(-s,-s)* MAR. terzarolo *m.* **ref|fen** tr. MAR. terzarolare.

re|fi|nan|zie|ren I tr. rifinanziare **II** rifl. **sich ~** rifinanziarsi. **Re|fi|nan|zie|rung** f. *(-,-en)* rifinanziamento *m.*

Re|fla|ti|on f. *(-,-en)* reflazione *f.* **re|fla|ti|o|när** agg. reflazionistico.

re|flek|tie|ren I tr. **1** riflettere: ***das Wasser reflektiert die Sonnenstrahlen*** l'acqua riflette i raggi del sole **2** FIG. *(bedenken)* considerare: ***eine Lage ~*** considerare una situazione **II** intr. (aus. *haben*) **1** *(nachdenken)* ***über etw. ~*** riflettere, meditare su qcs., pensare a qcs. **2a** COLLOQ. *(streben)* ***auf etw. ~*** aspirare, mirare a qcs.: ***auf einen Posten im Ministerium ~*** aspirare a un posto al ministero **b** *(etw. kaufen wollen)* essere interessato a, all'acquisto di qcs.

Re|flek|tor m. *(-s,-en)* riflettore *m.* **re|flek|to|risch** agg. riflesso.

Re|flex m. *(-es,-e)* riflesso *m.* **Re|flex|be|we|gung** f. *(-,-en)* movimento *m.* riflesso. **Re|flex|hand|lung** f. *(-,-en)* reazione *f.* riflessa.

Re|fle|xi|on f. *(-,-en)* riflessione *f.* (anche FIG.): ***die ~ des Lichts an der Glasfassade*** la riflessione della luce su una vetrata; *(Überlegung)* ***-en über etw. anstellen*** fare delle riflessioni (*o* riflettere) su qcs. **Re|fle|xi|ons|fak|tor** m. *(-[e]s,-en)* fattore *m.* di riflessione. **Re|fle|xi|ons|ver|mö|gen** n. *(-s)* potere *m.* riflettente. **Re|fle|xi|ons|wel|le** f. *(-,-n)* onda *f.* riflessa. **Re|fle|xi|ons|win|kel** m. *(-s,-)* angolo *m.* di riflessione.

re|fle|xiv I agg. riflessivo **II** avv. **1** attraverso, con la riflessione **2** GRAMM. in, con funzione riflessiva. **Re|fle|xiv** n. *(-s,-e)* GRAMM. riflessivo *m.*

Re|fle|xi|vi|tät f. *(-,-en)* riflessività *f.*

Re|fle|xiv|pro|no|men n. *(-s,-* e *-pronomina)*, **Re|fle|xi|vum** n. *(-s, Reflexiva)* pronome *m.* riflessivo. **Re|flex|licht** n. *(-[e]s,-er)* luce *f.* riflessa. **Re|fle|xo|lo|gie** f. *(-)* riflessologia *f.* **Re|flex|schal|tung** f. *(-,-en)* circuito *m.* reflex. **Re|flex|zo|nen|the|ra|pie** f. *(-)* riflessoterapia *f.*

re|form. ⇒ *reformiert* riformato. **Re|form** f. *(-,-en)* riforma *f.*: ***-en vorschlagen, durchführen*** proporre, attuare riforme.

Re|for|ma|ti|on f. *(-,-en)* **1** RELIG. Riforma *f.* **2** *(Reform)* riforma *f.* **Re|for|ma|ti|ons|fest** n. *(-[e]s,-e)*, **Re|for|ma|ti|ons|tag** m. *(-[e]s,-e)* RELIG. festa *f.* della Riforma. **Re|for|ma|ti|ons|zeit** f. *(-)*, **Re|for|ma|ti|ons|zeit|al|ter** n. *(-s)* RELIG. epoca *f.* (*o* età *f.*) della Riforma.

Re|for|ma|tor m. *(-s,-en)* riformatore *m.* **re|for|ma|to|risch** agg. **1** RELIG. della Riforma **2** *(erneuernd)* riformativo.

Re|form|be|stre|bung f. *(-,-en)* sforzo *m.* riformatore, di riforma. **Re|form|be|we|gung** f. *(-,-en)* movimento *m.* riformatore.

Re|for|mer m. *(-s,-)* riformatore *m.* **re|for|me|risch** agg. riformatore.

re|form|feind|lich agg. ostile (*o* contrario) alle riforme, antiriformista, controriformista. **Re|form|flü|gel** m. *(-s,-)* POL. ala *f.* riformista. **re|form|freu|dig** agg. riformista. **Re|form|haus** n. *(-[e]s, -häuser)* = negozio *m.* di prodotti naturali.

re|for|mie|ren tr. riformare. **Re|for|mier|te** m. e f. *(-n,-n)* RELIG. riformato *m.* **Re|for|mie|rung** f. *(-,-en)* riforma *f.* **Re|for|mis|mus** m. *(-)* riformismo *m.* **Re|for|mist** m. *(-en,-en)* riformista *m.* **re|for|mis|tisch** agg. riformistico.

Re|form|ka|tho|li|zis|mus m. *(-)* cattolicesimo *m.* riformistico. **Re|form|kom|mu|nis|mus** m. *(-)* comunismo *m.* riformista, riformistico. **Re|form|kost** f. *(-)* alimentazione *f.* naturale. **Re|form|po|li|tik** f. *(-)* politica *f.* riformistica. **Re|form|wa|re** f. *(-,-n)* prodotto *m.* dietetico.

re|frak|tär agg. MED. refrattario.

Re|frak|ti|on f. *(-,-en)* rifrazione *f.* **Re|frak|ti|ons|mes|ser** m. *(-s,-)* → **Refraktometer.** **Re|frak|ti|ons|win|kel** m. *(-s,-)* angolo *m.* di rifrazione.

Re|frak|to|me|ter n. *(-s,-)* rifrattometro *m.* **Re|frak|tor** m. *(-s,-en)* telescopio *m.* a rifrazione, rifrattore *m.*

Ref|ri|ge|ra|ti|on f. *(-,-en)* refrigerazione *f.* **Ref|ri|ge|ra|tor** m. *(-s,-en)* refrigeratore *m.*

re|gal I agg. RAR. regale **II** avv. regalmente.

1.Re|gal n. *(-s,-e)* scaffale *m.*, scansia *f.*; *(für Bücher)* scaffale *m.*, libreria *f.*: ***Bücher auf das, ins ~ stellen, aus dem, vom ~ nehmen*** mettere dei libri sullo (*o* nello) scaffale, prendere dei libri dallo scaffale.

2.Re|gal n. *(-s,-e)* MUS. regale *m.*, rigabello *m.*

3.Re|gal n. *(-s,-ien)* STOR. regalia *f.*

Re|gal|brett n. *(-[e]s,-er)* ripiano *m.* di, dello scaffale. **Re|gal|wand** f. *(-,-wände)* parete *f.* scaffalata.

Re|gat|ta f. *(-, Regatten)* regata *f.* **Re|gat|ta|teil|neh|mer** m. *(-s,-)* regatante *m.*

Reg.-Bez. ⇒ *Regierungsbezirk* distretto governativo.

re|ge agg. **1** *(lebhaft)* vivo, vivace **2a** *(klug)* sveglio: ***ein -s Kind*** un bambino sveglio **b** *(von alten Leuten)* arzillo, vispo **3a** intenso: ***ein -r Verkehr, Briefwechsel*** un traffico intenso (*o* animato), un intenso (*o* fitto) scambio epistolare ◆ ***~ werden*** destarsi: ***noch geistig ~ sein*** essere ancora vivace intellettualmente.

Re|gel f. *(-,-n)* **1a** *(Norm)* regola *f.*: ***grammatische ~*** regola grammaticale; ***klösterliche ~*** regola monastica; ***eine ~ aufstellen, befolgen*** stabilire, seguire una regola; ***sich an eine ~ halten*** attenersi a una regola; ***die -n beachten, übertreten, verletzen*** osservare, trasgredire, violare le regole; ***gegen die -n verstoßen*** infrangere le, contravvenire alle regole **b** *(das Übliche)* regola *f.*, abitudine *f.*: ***das ist, bildet bei ihm die ~*** questa per lui è la regola; ***sich etwas zur ~ machen*** prendersi qcs. come regola (*o* abitudine) **2** *(Menstruation)* ciclo *m.*: ***die ~ haben, bekommen*** avere il ciclo ◆ ***keine ~ ohne Ausnahme*** ogni regola ha la sua eccezione; ***die goldene ~*** la regola d'oro; ***in der ~, in aller ~*** di regola, normalmente; ***nach allen -n der Kunst*** con tutte le regole, a regola d'arte; COLLOQ. *(gründlich)* ben bene.

Re|ge|la|ti|on f. *(-)* FIS. rigelo *m.*

re|gel|bar agg. regolabile. **Re|gel|bar|keit** f. *(-)* regolabilità *f.*

Re|gel|blu|tung f. *(-,-en)* mestruazione *f.*

Re|gel|buch n. *(-[e]s,-bücher)* prontuario *m.* **Re|gel|fall** m. *(-[e]s)* caso *m.* normale, che accade di regola ◆ ***im ~*** di solito, in genere. **Re|gel|kreis** m. *(-es,-e)* comando *m.* ad anello chiuso (*o* con retroazione).

re|gel|los I agg. **1** *(ungleichmäßig)* irregolare **2** sregolato, disordinato: ***ein -es Leben führen*** condurre una vita sregolata; ***in -er Flucht*** in fuga disordinata **II** avv. **1** irregolarmente **2** *(unordentlich)* sregolatamente, disordinatamente. **Re|gel|lo|sig|keit** f. *(-,-en)* **1** *(Ungleichmäßigkeit)* irregolarità *f.* **2** sregolatezza *f.*

re|gel|mä|ßig I agg. **1** regolare: ***-e Gesichtszüge*** tratti regolari del viso; ***-es Essen*** pasti regolari; ***der Puls ist ~*** il polso è regolare; ***-e Verben*** verbi regolari **2** *(geregelt)* regolato, ordinato **II** avv. **1** regolarmente: ***etw. ~ tun*** fare qcs. regolarmente; COLLOQ. ***~ zu spät kommen*** arrivare regolarmente troppo tardi **2** *(geordnet)* regolatamente. **Re|gel|mä|ßig|keit** f. *(-,-en)* regolarità *f.*

re|geln I tr. **1a** regolare, regolamentare: ***die Ampel regelt den Verkehr*** il semaforo regola il traffico; ***etw. durch Gesetze ~*** regolamentare qcs. attraverso delle leggi **b** *(regulieren)* ***die Temperatur ~*** regolare la temperatura **2** mettere in regola, sistemare: ***seine Geschäfte ~*** sistemare i propri affari; ***eine Frage, eine Angelegenheit ~*** sistemare una questione, una faccenda **II** rifl. **sich ~ 1** regolarsi **2** *(sich erledigen)* sistemarsi: ***die Sache hat sich von selbst geregelt*** la cosa si è sistemata da sé.

re|gel|recht I agg. **1** *(vorschriftsmäßig)* regolare: ***ein -es Verfahren*** una regolare procedura **2** COLLOQ. *(richtig)* vero e proprio, vero: ***eine -e Durchsuchung*** una vera e propria perquisizione; ***ein -er Zusammenbruch*** un vero crollo **II** avv. **1** regolarmente **2** COLLOQ. davvero: ***~ betrunken sein*** essere davvero ubriaco. **Re|gel|stu|di|en|zeit** f. *(-,-en)* UNIV. durata f. legale del corso di laurea. **Re|gel|tech|nik** f. *(-,-en)* tecnica *f.* di regolazione. **Re|gel|trans|for|ma|tor** m. *(-s,-en)* trasformatore *m.* variabile.

Re|ge|lung f. *(-,-en)* **1** regolazione *f.*, regolamentazione *f.*: ***die ~ des Urlaubs*** la regolamentazione delle vacanze **2** regolarizzazione *f.*, sistemazione *f.*: ***die ~ einer Angelegenheit*** la sistemazione di una faccenda; ***eine ~ treffen, finden*** trovare una sistemazione.

Re|gel|ver|stoß m. *(-es,-verstöße)* infrazione *f.*, contravvenzione *f.* alle regole. **Re|gel|vor|rich|tung** f. *(-,-en)* dispositivo *m.* regolatore. **Re|gel|werk** n. *(-[e]s,-e)* regolamento *m.* **re|gel|wid|rig I** agg. contrario alle regole **II** avv. contro le regole, contrariamente alle regole. **Re|gel|wid|rig|keit** f. *(-,-en)* l'essere contrario alle regole.

re|gen I tr. *(leicht bewegen)* muovere: ***er konnte kaum die Finger ~*** non poteva quasi muovere le dita **II** rifl. **sich ~ 1** muoversi: ***kein Blatt regte sich*** non si muoveva una foglia **2** FIG. *(wach werden)* ridestarsi, svegliarsi: ***endlich regte sich sein Gewissen*** finalmente la sua coscienza si ridestò ◆ ***die Hände ~*** affaccendarsi; ***viele Hände haben sich geregt*** molti si sono adoperati.

Re|gen m. *(-s)* pioggia *f.*: ***anhaltender, starker, strömender ~*** pioggia incessante, fitta, torrenziale; ***tropischer ~*** pioggia tropicale; ***der ~ fällt, hat aufgehört*** la pioggia cade (*o* scende), è cessata (*o* ha smesso); ***in den ~ kommen*** finire sotto la pioggia; ***~, der in Schnee übergeht*** pioggia che diventa neve; FIG. ***ein ~ von Blumen*** una pioggia di fiori ◆ ***feiner, leichter ~*** pioggia fine, pioggerellina; ***es sieht nach ~ aus*** sembra che voglia piovere; COLLOQ. ***jdn im ~ stehen lassen*** lasciare qcn. nei guai; ***saurer ~*** pioggia acida; COLLOQ. ***aus dem, vom ~ in die Traufe kommen*** cadere dalla padella nella brace; PROV. ***auf ~ folgt Sonnenschein*** dopo la pioggia viene il sereno.

Re|gen|an|la|ge f. *(-,-n)* impianto *m.* d'irrigazione a pioggia. **re|gen|arm** agg. poco piovoso, povero di piogge. **Re|gen|bö** f. *(-,-en)* folata *f.* di vento e pioggia.

Re|gen|bo|gen m. *(-s,-)* arcobaleno *m.*, iride *f.* **Re|gen|bo|gen|far|ben** pl. colori *m.pl.* dell'arcobaleno. **re|gen|bo|gen|far|ben, re|gen|bo|gen|far|big** agg. dei colori dell'arcobaleno (*o* dell'iride), iridato. **Re|gen|bo|gen|fo|rel|le** f. *(-,-n)* trota *f.* iridea. **Re|gen|bo|gen|haut** f. *(-,-häute)* ANAT. iride *f.* **Re|gen|bo|gen|haut|ent|zün|dung** f. *(-,-en)* MED. iridite *f.* **Re|gen|bo|gen|pres|se** f. *(-)* stampa *f.* rosa. **Re|gen|bo|gen|tri|kot** n. *(-s,-s)* SPORT maglia *f.* iridata.

Re|gen|dach n. *(-[e]s,-dächer)* pensilina *f.*, tettoia *f.* **re|gen|dicht** agg. impermeabile (alla pioggia).

Re|ge|ne|rat n. *(-[e]s,-e)* (prodotto *m.*) rigenerato *m.* **Re|ge|ne|ra|ti|on** f. *(-,-en)* rigenerazione *f.* (anche BIOL. TECN.). **re|ge|ne|ra|ti|ons|fä|hig** agg. rigenerabile. **Re|ge|ne|ra|ti|ons|fä|hig|keit** f. *(-)* capacità *f.* di rigenerazione, rigenerabilità *f.* **re|ge|ne|ra|tiv** agg. rigenerativo. **Re|ge|ne|ra|tor** m. *(-s,-en)* TECN. rigeneratore *m.* **re|ge|ne|rie|ren I** tr. rigenerare (anche BIOL. TECN.) **II** intr. (aus. *haben*) e rifl. **sich ~** rigenerarsi (anche BIOL. TECN.).

Re|gen|fall m. *(-[e]s,-fälle)* rovescio *m.* (di pioggia). **Re|gen|fass** n. *(-es,-fässer)* → **Regentonne.** **re|gen|frei** agg. privo di, senza pioggia. **re|gen|glatt** agg. scivoloso per la pioggia. **Re|gen|guss** m. *(-es,-güsse)* acquazzone *m.* **Re|gen|haut** f. *(-,-häute)* impermeabile *m.* **Re|gen|ja|cke** f. *(-,-n)* giacca *f.* impermeabile. **Re|gen|jahr** n. *(-[e]s,-e)* anno *m.* piovoso. **re|gen|los** agg. senza piogge. **Re|gen|ma|cher** m. *(-s,-)* pioggiatore *m.* **Re|gen|man|tel** m. *(-s,-mäntel)* impermeabile *m.* **Re|gen|men|ge** f. *(-)* quantità *f.* di pioggia (caduta), piovosità *f.* **Re|gen|mes|ser** m. *(-s,-)* pluviometro *m.* **Re|gen|mes|sung** f. *(-,-en)* pluviometria *f.* **Re|gen|mo|nat** m. *(-[e]s,-e)* **1** *(von der Regenzeit)* mese *m.* delle piogge **2** mese *m.* piovoso. **re|gen|nass** agg. bagnato di pioggia. **Re|gen|pfei|fer** m. *(-s,-)* ORNIT. piviere *m.* **re|gen|reich** agg. piovoso. **Re|gen|rin|ne** f. *(-,-n)* grondaia *f.* **Re|gen|rohr** n. *(-[e]s,-e)* tubo *m.* di, della grondaia.

Re|gens|burg n.pr.n. *(-s)* Ratisbona *f.* **Re|gens|bur|ger I** m. *(-s,-)* abitante *m.* di Ratisbona **II** agg.inv. di Ratisbona.

Re|gen|schau|er m. *(-s,-)* scroscio *m.* di pioggia, piovasco *m.* **Re|gen|schirm** m. *(-[e]s,-e)* ombrello *m.*: ***den ~ öffnen (aufspannen), zuklappen*** aprire, chiudere l'ombrello ◆ COLLOQ. ***gespannt sein wie ein ~*** = essere molto curioso.

Re|gent m. *(-en,-en)* **1** *(regierender Monarch)* regnante *m.* **2** *(Vertreter eines Monarchen)* reggente *m.*

Re|gen|tag m. *(-[e]s,-e)* giorno *m.* di pioggia, piovoso.

Re|gen|tin f. *(-,-nen)* **1** *(regierende Monarchin)* regnante *f.* **2** *(Vertreterin eines Monarchen)* reggente *f.*

Re|gen|trop|fen m. *(-s,-)* goccia *f.* di pioggia.

Re|gent|schaft f. *(-,-en)* **1** *(Königsherrschaft)* regno *m.* **2** reggenza *f.* **Re|gent|schafts|rat** m. *(-[e]s,-räte)* consiglio *m.* di reggenza. **Re|gen|wald** m. *(-[e]s,-wälder)* foresta *f.* tropicale. **Re|gen|was|ser** n. *(-s)* acqua *f.* piovana. **Re|gen|wet|ter** n. *(-s)* tempo *m.* piovoso, di pioggia ◆ COLLOQ. ***ein Gesicht machen wie drei (sieben) Tage ~*** avere un'aria rannuvolata, un viso rabbuiato. **Re|gen|wol|ke** f. *(-,-n)* nuvola *f.* che minaccia pioggia, minacciosa. **Re|gen|wurm** m. *(-[e]s,-würmer)* lombrico *m.* **Re|gen|zau|ber** m. *(-s)* magia *f.* della pioggia. **Re|gen|zeit** f. *(-)* stagione *f.* delle piogge.

Re|gest n. *(-[e]s,-en)* regesto *m.*

Re|gie [re'ʒiː] f. *(-)* **1** regia *f.* (anche FIG.): ***~ führen*** avere la regia, essere il regista (anche SPORT) **2** *(Verwaltung)* direzione *f.*, amministrazione *f.*: ***die Arbeiten werden in, unter städtischer ~ ausgeführt*** i lavori vengono eseguiti sotto la direzione del comune **3** AUSTR. monopolio *m.* statale ◆ COLLOQ. *(selbstständig)* ***in eigener ~*** in proprio; ***etw. in ~ geben*** dare in appalto qcs. **Re|gie|as|sis|tent** m. *(-en,-en)* assistente *m.* alla regia, aiuto *m.* regista. **Re|gie|as|sis|tenz** f. *(-)* assistenza *f.* alla regia. **Re|gie|be|trieb** m. *(-[e]s,-e)* azienda *f.* di stato. **Re|gie|feh|ler** m. *(-s,-)* errore *m.* organizzativo.

re|gie|ren I intr. (aus. *haben*) **1** governare: ***diktatorisch, gerecht, demokratisch ~*** governare con metodi dittatoriali, con giustizia, democraticamente **2** *(von Monarchen)* regnare (anche FIG.): ***über ein Land ~*** regnare su un paese; FIG. ***Frieden regiert in diesem Land*** in questo paese regna la pace **II** tr. **1** governare: ***ein Land, einen Staat ~*** governare un paese, uno stato; FIG. ***ein Haus ~*** governare una casa **2** ant. *(lenken)* governare, guidare: ***ein Fahrzeug, das Steuer nicht ~ können*** non riuscire a governare un veicolo, a mantenere il controllo sul volante **3** GRAMM. reggere: ***diese Präposition regiert den Dativ*** questa preposizione regge il dativo ◆ ***diese Maschine lässt sich leicht, schwer ~*** questa macchina è facile, difficile da governare. **re|gie|rend** p.pres. agg. **1** → **regieren** **2** ***ein -es Haus, Adelsgeschlecht*** una casa, una stirpe regnante. **Re|gie|ren|de** m. e f. *(-n,-n)* regnante *m.* e *f.*

Re|gie|rung f. *(-,-en)* **1** governo *m.*: ***unter, während seiner ~*** sotto, durante il suo governo; ***die ~ antreten (übernehmen), bilden (einsetzen), stürzen, umbilden*** assumere, formare, rovesciare, rimpastare il governo; ***zur ~ gelangen*** andare al governo **2** *(Regentschaft)* regno *m.*: ***die ~ niederlegen*** abdicare. **Re|gie|rungs|ab|kom|men** n. *(-s,-)* accordo *m.* intergovernativo. **re|gie|rungs|amt|lich** agg. ufficiale (del governo). **Re|gie|rungs|an|tritt** m. *(-[e]s)* assunzione *f.* del governo; *(von Königen)* ascesa *f.* (*o* salita *f.*) al trono. **Re|gie|rungs|aus|schuss** m. *(-es,-ausschüsse)* commissione *f.* governativa. **Re|gie|rungs|bank** f. *(-,-bänke)* banco *m.* del governo. **Re|gie|rungs|be|am|te** m. *(-n,-n)* funzionario *m.* governativo. **Re|gie|rungs|be|voll|mäch|tig|te** m. *(-n,-n)* ministro *m.* plenipotenziario. **Re|gie|rungs|be|zirk** m. *(-[e]s,-e)* distretto *m.* governativo. **Re|gie|rungs|bil|dung** f. *(-,-en)* formazione *f.* del governo. **Re|gie|rungs|bünd|nis** n. *(-ses,-se)* coalizione *f.* di governo. **Re|gie|rungs|chef** m. *(-s,-s)* capo *m.* di, del governo. **Re|gie|rungs|di|rek|tor** m. *(-s,-en)* INTRAD. (alto funzionario statale). **Re|gie|rungs|er|lass** m. *(-es,-e)* decreto *m.* governativo (*o* ministeriale). **re|gie|rungs|fä|hig** agg. in grado di governare. **re|gie|rungs|feind|lich** agg. antigovernativo, di opposizione. **Re|gie|rungs|form** f. *(-,-en)* forma *f.* di governo, regime *m.*

Re|gie|rungs|freund m. *(-[e]s,-e)* sostenitore *m.* del governo. **re|gie|rungs|freund|lich** agg. filogovernativo.

Re|gie|rungs|ge|bäu|de n. *(-s,-)* palazzo *m.* del governo. **Re|gie|rungs|geg|ner** m. *(-s,-)* oppositore *m.* del governo. **Re|gie|rungs|ko|a|li|ti|on** f. *(-,-en)* → **Regierungsbündnis.** **Re|gie|rungs|kom|mis|si|on** f. *(-,-en)* → **Regierungsausschuss.** **Re|gie|rungs|krei|se** pl. circoli *m.pl.* governativi. **Re|gie|rungs|kri|se** f. *(-,-n)* crisi *f.* di governo. **Re|gie|rungs|lo|sig|keit** f. *(-)* assenza *f.* di governo. **Re|gie|rungs|mehr|heit** f. *(-)* maggioranza *f.* di governo. **Re|gie|rungs|mit|glied** n. *(-[e]s,-er)* membro *m.* del governo. **re|gie|rungs|nah** agg. vicino al governo. **Re|gie|rungs|par|tei** f. *(-,-en)* partito *m.* di governo.

Re|gie|rungs|prä|si|dent m. *(-en,-en)* presidente *m.* di un distretto amministrativo. **Re|gie|rungs|prä|si|di|um** n. *(-s)* presidenza *f.* di un distretto amministrativo.

Re|gie|rungs|rat m. *(-[e]s,-räte)* **1** INTRAD. (alto funzionario statale) **2a** SVIZZ. governo m. cantonale **b** consigliere *m.* del governo del cantone. **Re|gie|rungs|rück|tritt** m. *(-[e]s,-e)* dimissioni *f.pl.* del governo.

Re|gie|rungs|sei|te, ***von ~*** da parte del governo. **re|gie|rungs|sei|tig** avv. da parte del governo.

Re|gie|rungs|sitz m. *(-es,-e)* sede *f.* del governo. **Re|gie|rungs|spre|cher** m. *(-s,-)* portavoce *m.* del governo. **Re|gie|rungs|sturz** m. *(-es,-stürze)* caduta *f.* del governo. **Re|gie|rungs|sys|tem** n. *(-s,-e)* sistema *m.* di governo. **re|gie|rungs|treu** agg. fedele al governo, lealista. **Re|gie|rungs|um|bil|dung** f. *(-,-en)* rimpasto *m.* (ministeriale). **Re|gie|rungs|ver|ord|nung** f. *(-,-en)* → **Regierungserlass.** **Re|gie|rungs|vor|la|ge** f. *(-,-n)* disegno *m.* di legge governativo. **Re|gie|rungs|wech|sel** m. *(-s,-)* cambiamento *m.* di governo. **Re|gie|rungs|zeit** f. *(-,-en)* **1** periodo *m.* di governo **2** *(von Königen)* (periodo *m.* di) regno *m.*

Re|gime [re'ʒiːm] n. *(-s,-* e *-s)* **1** regime *m.*: ***ein ~ stürzen*** rovesciare, abbattere un regime **2** FIG. *(Leitung)* direzione *f.*, comando *m.* **Re|gime|kri|ti|ker** m. *(-s,-)* oppositore *m.* del regime.

Re|gi|ment n. *(-[e]s,-e* e *-er)* **1a** (pl. *-e*) *(Herrschaft)* dominio *m.*, potere *m.*: ***das weltliche, das kirchliche ~*** potere temporale, spirituale **b** *(Führung)* comando *m.*, governo *m.* **2a** MIL. (pl. *-er*) reggimento *m.* **b** FIG. SCHERZ. *(große Menge)* esercito *m.*, sterminio *m.*: ***ein ~ von Touristen*** un esercito di turisti; ***ein ~ von Gläsern waschen*** lavare uno sterminio di bicchieri ◆ ***das ~ führen*** comandare; ***ein strenges, eisernes ~ führen*** comandare a bacchetta. **re|gi|men|ter|wei|se** avv. a reggimenti. **Re|gi|ments|arzt** m. *(-es,-ärzte)* medico *m.* del reggimento. **Re|gi|ments|ka|pel|le** f. *(-,-n)* banda *f.* del reggimento. **Re|gi|ments|kom|man|dant** m. *(-en,-en),* **Re|gi|ments|kom|man|deur** m. *(-s,-e)* comandante *m.* di reggimento. **Re|gi|ments|kom|man|do** n. *(-s,-s)* comando *m.* di, del reggimento. **Re|gi|ments|stab** m. *(-[e]s,-stäbe)* stato *m.* maggiore di reggimento.

Re|gi|ne n.pr.f. Regina *f.*

Re|gi|on f. *(-,-en)* **1a** regione *f.*, territorio *m.*: ***alpine, dünn besiedelte -en*** regioni alpine, scarsamente popolate **b** MED. regione *f.* **2** FIG. *(Bereich)* territorio *m.*, sfera *f.*, ambito *m.* ◆ ***in höheren -en schweben*** vivere nelle nuvole. **re|gi|o|nal I** agg. regionale **II** avv. regionalmente, a regioni ◆ ***~ begrenzt*** limitato (*o* circoscritto) alla regione; ***~ verschieden*** diverso da regione a regione. **Re|gi|o|nal|for|schung** f. *(-)* studio *m.* del territorio. **re|gi|o|na|li|sie|ren** tr. regionalizzare. **Re|gi|o|na|li|sie|rung** f. *(-,-en)* regionalizzazione *f.* **Re|gi|o|na|lis|mus** m. *(-, Regionalismen)* regionalismo *m.* **Re|gi|o|na|list** m. *(-en,-en)* regionalista *m.* **re|gi|o|na|lis|tisch** agg. regionalistico. **Re|gi|o|nal|li|ga** f. *(-,-ligen)* SPORT campionato *m.* regionale. **Re|gi|o|nal|pla|nung** f. *(-,-en)* pianificazione *f.* regionale. **Re|gi|o|nal|pro|gramm** n. *(-[e]s,-e)* RAD. TELEV. programma *m.* (a diffusione) regionale. **Re|gi|o|nal|wah|len** pl. elezioni *f.pl.* regionali. **re|gi|o|när** agg. MED. regionale.

Re|gis|seur [reʒɪ'søːɐ] m. *(-s,-e)* regista *m.* (anche FIG.). **Re|gis|seu|rin** f. *(-,-nen)* regista *f.*

Re|gis|ter n. *(-s,-)* **1** *(Index)* indice *m.* **2** *(Buch)* registro *m.*: ***etw. in ein ~ eintragen*** iscrivere qcs. in un registro, registrare qcs. **3** MUS. registro *m.*: ***die ~ einer Orgel*** i registri di un organo; ***hohes, tiefes ~*** registro alto, basso ◆ FIG. ***andere ~ ziehen*** cambiare registro; FIG. ***alle ~ ziehen*** = ricorrere a ogni mezzo.

Re|gis|ter|aus|zug m. *(-[e]s,-auszüge)* estratto *m.* di registro. **Re|gis|ter|ge|bühr** f. *(-,-en)* imposta *f.* di registro. **Re|gis|ter|ton|ne** f. *(-,-n)* MAR. tonnellata *f.* di stazza. **Re|gis|ter|zug** m. *(-[e]s,-züge)* MUS. manetta *f.* di registro, registro *m.*

Re|gist|ra|tor m. *(-s,-en)* ANT. **1** *(Beamter)* registratore *m.* **2** *(Ordner)* registratore *m.*, classificatore *m.* **Re|gist|ra|tur** f. *(-,-en)* **1** *(Registrieren)* registrazione **2** *(Raum, Amt)* ufficio *m.* di registrazione, registro *m.* **3** *(Regal)* archivio *m.* degli atti **4** MUS. *(bei Orgeln, Harmonien)* registri *m.pl.*

Re|gist|rier|ap|pa|rat m. *(-[e]s,-e)* → **Registriergerät.** **Re|gist|rier|bal|lon** m. *(-s,-s)* METEOR. pallone *m.* sonda. **re|gist|rie|ren** tr. **1a** *(eintragen)* registrare: ***Namen, Daten ~*** registrare nomi, dati; ***Geburten, Akten, Verträge ~*** registrare nascite, atti, contratti **b** *(automatisch aufzeichnen)* ***Temperaturänderungen ~*** registrare variazioni di temperatura **2a** *(wahrnehmen)* registrare, percepire: ***etw. nur oberflächlich ~*** registrare qcs. solo superficialmente; ***ein Geräusch ~*** percepire un rumore **b** *(sachlich feststellen)* ***eine Tatsache, ein Ereignis ~*** registrare (*o* prender nota di) un dato di fatto, un avvenimento **3** MUS. registrare ◆ ***Fahrzeuge ~*** immatricolare autoveicoli. **Re|gist|rier|kas|se** f. *(-,-n)* registratore *m.* di cassa. **Re|gist|rier|ther|mo|me|ter** n. *(-s,-)* termometro *m.* a registrazione automatica. **Re|gist|rie|rung** f. *(-,-en)* registrazione *f.* (anche MUS.).

Reg|le|ment [regle'mɑ̃ː, SVIZZ. regle'mɛnt] n. *(-s,-s* e SVIZZ. *-e)* regolamento *m.*, ordinamento *m.*: ***sich an das ~ halten*** attenersi al regolamento; ***gegen das ~ verstoßen*** infrangere il regolamento. **reg|le|men|ta|risch** agg. regolamentare. **reg|le|men|tie|ren** tr. regolamentare, ordinare (anche SPREG.). **Reg|le|men|tie|rung** f. *(-,-en)* regolamentazione *f.* **reg|le|ment|mä|ßig** agg. conforme al regolamento, regolamentare. **reg|le|ment|wid|rig** agg. contrario al regolamento.

Reg|ler m. *(-s,-)* TECN. regolatore *m.*: ***ein elektrischer, hydraulischer, mechanischer ~*** un regolatore elettrico, idraulico, meccanico.
reg|los agg. → **regungslos.**
Reg|lung → **Regelung.**
reg|nen I intr. impers. (aus. *haben*) piovere: ***es regnet stark, heftig, anhaltend, tagelang*** piove forte, a dirotto, incessantemente, da giorni; ***es hat die ganze Nacht geregnet*** è, ha piovuto tutta la notte; ***es fängt zu ~ an*** inizia a piovere; ***es hört auf zu ~*** smette di piovere **II** tr. impers. **1** piovere: ***es regnet große Tropfen*** piove a goccioloni **2** FIG. piovere, fioccare: ***es regnet Proteste, Beschwerden, Ohrfeigen*** piovono proteste, lamentele, ceffoni ◆ COLLOQ. ***es regnet Bindfäden*** piove a dirotto; ***es regnet wie aus Eimern*** piove a catinelle; ***es regnet in Strömen*** piove a torrenti. **Reg|ner** m. *(-s,-)* irrigatore *m.* a pioggia. **reg|ne|risch** agg. piovoso: ***-es Wetter*** tempo piovoso; ***-e Wochen*** settimane di pioggia.
Re|gress m. *(-es,-e)* **1a** DIR. regresso *m.*, rivalsa *f.*: ***an jdm ~ nehmen*** agire (*o* procedere) contro qcn. in via di regresso **b** *(Entschädigung)* risarcimento *m.* **2** FILOS. regressione *f.*, regresso *m.* **Re|gress|an|spruch** m. *(-[e]s,-ansprüche)* DIR. diritto *m.* di regresso (*o* di rivalsa). **Re|gres|sat** m. *(-en,-en)* obbligato *m.* di regresso.
Re|gres|si|on f. *(-,-en)* regressione *f.* **re|gres|siv** agg. regressivo (anche FILOS.).
Re|gress|kla|ge f. *(-,-n)* DIR. azione *f.* di regresso. **Re|gress|pflicht** f. *(-,-en)* DIR. obbligo *m.* di rivalsa. **re|gress|pflich|tig** agg. obbligato a rivalsa.
reg|sam agg. vivo, vivace; attivo: ***geistig ~ sein*** essere intellettualmente vivace, attivo. **Reg|sam|keit** f. *(-)* vivacità *f.*, prontezza *f.*
Re|gu|lar m. *(-s,-e)* ECCL. regolare *m.*
re|gu|lär I agg. **1** regolare, conforme alle regole **2** *(üblich)* normale, regolare, abituale: ***-er Tarif*** tariffa normale **3** COLLOQ. *(regelrecht)* vero e proprio, in piena regola: ***eine -e Schlägerei*** una vera e propria rissa **II** avv. regolarmente: ***das ist ~ erworben*** è regolarmente acquistato ◆ ***die -e Spielzeit*** tempo (di gioco) regolamentare.
Re|gu|la|re m. *(-n,-n)* → **Regular. Re|gu|lar|geist|li|che** m. *(-n,-n)* chierico *m.* regolare, regolare *m.*
Re|gu|la|ri|en pl. ordinaria amministrazione *f.* **Re|gu|la|ri|tät** f. *(-,-en)* regolarità *f.* **Re|gu|la|ti|on** f. *(-,-en)* regolazione *f.* **re|gu|la|tiv** agg. regolativo, normativo; MED. regolativo. **Re|gu|la|tiv** n. *(-s,-e)* **1** (elemento *m.*) regolatore *m.* **2** *(Direktiv)* direttiva *f.*, disposizione *f.* **Re|gu|la|tor** m. *(-s,-en)* **1** regolatore *m.* (anche TECN.) **2** ANT. *(Pendeluhr)* orologio *m.* a pendolo. **re|gu|la|to|risch** agg. regolatore: ***-e Maßnahmen*** provvedimenti regolatori.
re|gu|lier|bar agg. regolabile: ***-er Sitz*** sedile regolabile. **re|gu|lie|ren I** tr. regolare: ***die Lautstärke ~*** regolare il volume; ***einen Fluss ~*** regolare (il corso di) un fiume **b** *(regeln)* ***den Verkehr, die Produktion ~*** regolare il traffico, la produzione **II** rifl. **sich ~** regolarsi: ***das System reguliert sich selbst*** il sistema si regola da sé. **Re|gu|lie|rung** f. *(-,-en)* **1** regolazione *f.* **2** *(vom Fluss)* regolamento *m.*
Re|gung f. *(-,-en)* **1** moto *m.*, movimento *m.* **2** FIG. moto *m.*, impulso *m.*: ***eine ~ des Mitleids fühlen*** provare (*o* avere) un moto di compassione; ***eine ~ von Empörung*** un moto di sdegno ◆ ***menschliche ~*** sentimento umano. **re|gungs|los** agg. avv. immobile. **Re|gungs|lo|sig|keit** f. *(-)* immobilità *f.*
Reh n. *(-[e]s,-e)* capriolo *m.*
Re|ha|bi|li|tand m. *(-en,-en)* chi segue una terapia riabilitativa. **Re|ha|bi|li|ta|ti|on** f. *(-,-en)* riabilitazione *f.* (anche DIR.) ◆ ***~ des Herzinfarkts*** riabilitazione post-infarto. **re|ha|bi|li|ta|tiv** agg. riabilitativo. **re|ha|bi|li|tie|ren I** tr. riabilitare: ***Behinderte, Querschnittgelähmte ~*** riabilitare disabili, paraplegici **II** rifl. **sich ~** riabilitarsi. **Re|ha|bi|li|tier|te** m. e f. *(-n,-n)* riabilitato *m.* (-a *f.*). **Re|ha|bi|li|tie|rung** f. *(-,-en)* → **Rehabilitation.**
Re|haut [re'o:] m. *(-s,-s)* PITT. parte *f.* in risalto, lumeggiata.
Reh|bein n. *(-[e]s,-e)* VETER. soprosso *m.* **Reh|bock** m. *(-[e]s,-böcke)* capriolo *m.* maschio. **Reh|bra|ten** m. *(-s,-)* arrosto *m.* di capriolo. **reh|braun** agg. marrone rossiccio.
Re|he f. *(-)* VETER. = infiammazione *f.* dell'unghia del cavallo.
reh|far|ben, reh|far|big agg. → **rehbraun. Reh|geiß** f. *(-,-en)* ZOOL. capriola *f.* **Reh|jun|ge** n. *(-n)* AUSTR. → **Rehklein. Reh|kalb** n. *(-[e]s,-kälber)* → **Rehkitz. Reh|keu|le** f. *(-,-n)* coscia *f.* di capriolo. **Reh|kitz** n. *(-es,-e)* giovane capriolo *m.* **Reh|klein** n. *(-s)* frattaglie *f.pl.* di capriolo. **Reh|le|der** n. *(-s,-)* pelle *f.* di capriolo. **Reh|pfef|fer** m. *(-s)* GASTR. capriolo *m.* alla cacciatora.
Reh|ling m. *(-s,-)* BOT. gallinaccio *m.*
Reh|pos|ten m. *(-s)* VENAT. pallinacci *m.pl.* **Reh|rü|cken** m. *(-s,-)* GASTR. **1** lombata *f.* di capriolo. **2** INTRAD. (tipo di dolce coperto di cioccolato e nocciole). **Reh|wild** n. *(-[e]s)* VENAT. caprioli *m.pl.*
Rei|bach m. *(-s)* COLLOQ. malloppo *m.*: ***bei einem Geschäft einen kräftigen, schönen ~ machen*** ricavare un bel malloppo da un affare.
Reib|ah|le f. *(-,-n)* alesatore *m.*
Rei|be|brett n. *(-[e]s,-er)* EDIL. pialletto *m.* **Reib|ei|sen** n. *(-s,-)* **1** REGION. *(Raspel)* grattugia *f.* **2** *(zänkische Frau)* bisbetica *f.* **Rei|be|ku|chen** m. *(-s,-)* INTRAD. (frittella di patate grattugiate). **Rei|be|laut** m. *(-[e]s,-e)* fricativa *f.*
rei|ben I tr. *(rieb, gerieben)* **1** (s)fregare, strofinare: ***den Fußboden mit einer Bürste ~*** fregare il pavimento con una spazzola; ***die Wäsche beim Waschen ~*** strofinare la biancheria durante il lavaggio **2** eliminare strofinando, sfregando: ***einen Fleck aus dem Hemd ~*** eliminare una macchia dalla camicia sfregando **3a** grattugiare: ***Karotten, Käse ~*** grattugiare carote, formaggio **b** *(von Mandeln, Nüssen)* macinare, trit(ur)are **4** *(durch Reiben auftragen)* massaggiare, frizionare; spalmare: ***die Sonnencreme auf den Rücken ~*** spalmare la crema solare sulla schiena **5** TECN. *(mit der Reibahle glätten)* alesare **II** intr. (aus. *haben*) **1** ***an einem Fleck ~*** strofinare una macchia; ***mit einem Tuch über die Schuhe ~*** strofinare le scarpe con un panno; ***die Augen ~*** sfregarsi (*o* stropicciarsi) gli occhi **2** sfregare: ***der Kragen reibt am Hals*** il colletto sfrega contro il collo **III** rifl. **sich ~ 1** strofinarsi, sfregarsi: ***sich (D) die Hände, die Augen ~*** sfregarsi le mani, stropicciarsi gli occhi **2** FIG. urtarsi: ***sich an, mit den Nachbarn ~*** urtarsi con i vicini ◆ ***blank ~*** lucidare, lustrare; ***jdm etw. unter die Nase ~*** gettare qcs. in faccia a qcn., rinfacciare qcs. a qcn.; ***zu Pulver ~*** polverizzare; ***sauber ~*** pulire, ripulire; ***sich den Schlaf aus den Augen ~*** stropicciarsi gli occhi per svegliarsi; ***trocken ~*** strofinare (per asciugare); ***sich wund ~*** escoriarsi, sbucciarsi. **Rei|ben** n. *(-s)* sfregamento *m.*, strofinamento *m.*, strofinio *m.*
Rei|be|rei f. *(-,-en)* COLLOQ. attrito *m.*, contrasto *m.*
Reib|flä|che f. *(-,-n)* superficie *f.* di sfregamento (delle scatole di fiammiferi). **Reib|ge|trie|be** n. *(-s)* trasmissione *f.* ad attrito. **Reib|kä|se** m. *(-s)* **1** formaggio *m.* da grattugiare **2** *(geriebener Käse)* formaggio *m.* grattugiato. **Reib|rad** n. *(-[e]s,-räder)* ruota *f.* di frizione. **reib_schlei|fen** intr. (solo inf.) lappare. **Reib|stein** m. *(-[e]s,-e)* pietra *f.* abrasiva. **Reib|stoff** m. *(-[e]s,-e)* materiale *m.* d'attrito.
Rei|bung f. *(-,-en)* **1a** sfregamento *m.*, strofinamento *m.* **b** *(Scheuern)* sfregamento *m.* **2** FIG. *(Streit)* attrito *m.*, contrasto *m.* **3** MECC. alesatura *f.* **4** FIS. attrito *m.* **Rei|bungs|bahn** f. *(-,-en)* ferrovia *f.* ad aderenza. **Rei|bungs|elekt|ri|zi|tät** f. *(-)* elettricità *f.* di, per strofinio, triboelettricità *f.* **Rei|bungs|flä|che** f. *(-,-n)* **1** superficie *f.* d'attrito **2** FIG. possibilità *f.* di contrasto, motivo *m.* di attrito: ***jdm keine ~ bieten*** non dare a qcn. occasione di litigare. **Rei|bungs|ko|ef|fi|zi|ent** m. *(-en,-en)* FIS. coefficiente *m.* di attrito. **Rei|bungs|kon|takt** m. *(-[e]s,-e)* EL. contatto *m.* strisciante. **Rei|bungs|kraft** f. *(-)* forza *f.* di attrito. **rei|bungs|los I** agg. senza intoppi (*o* problemi), liscio **II** avv. senza intoppi (*o* problemi): ***alles verlief ~*** tutto scorreva senza intoppi. **Rei|bungs|lo|sig|keit** f. *(-)* mancanza *f.* di intoppi (*o* problemi). **Rei|bungs|punkt** m. *(-[e]s,-e)* FIS. punto *m.* di attrito (anche FIG.): ***die -e beseitigen*** eliminare i punti di attrito. **Rei|bungs|wär|me** f. *(-)* FIS. calore *m.* (sviluppato) da attrito. **Rei|bungs|wi|der|stand** m. *(-[e]s,-widerstände)* EL. resistenza *f.* d'attrito.
Reib|zun|ge f. *(-,-n)* ZOOL. radula *f.*
reich agg. **1** ricco: ***ein Sohn aus -em Haus*** il figlio di una ricca famiglia; ***~ werden*** diventare ricco, arricchirsi **2** *(kostbar)* ricco, prezioso: ***-e Ornamente*** ricchi ornamenti **3a** *(ergiebig)* ricco, abbondante: ***eine -e Ernte, Ausbeute, Ölquelle*** un raccolto abbondante, un ricco bottino, giacimento di petrolio; *(von Mahlzeiten)* lauto **b** *(viel)* molto: ***-e Möglichkeiten*** molte possibilità **4** FIG. *(groß, umfassend)* grande, ampio, vasto: ***eine -e Auswahl, Erfahrung*** un'ampia scelta, una vasta esperienza; ***ein -es Wissen*** un grande sapere **II** avv. **1a** riccamente: ***ein ~ illustriertes Buch*** un libro riccamente illustrato; ***~ bebildert*** riccamente illustrato; ***~ begütert*** molto ricco; ***~ besetzt*** riccamente ornato; ***~ geschmückt, verziert*** riccamente ornato, con ricchi ornamenti (*o* decorazioni) **b** *(kostbar)* ***~ geschmückt*** riccamente ornato **2** *(ergiebig)* riccamente, abbondantemente; ***jdn ~ belohnen*** ricompensare lautamente qcn. ◆ ***~ an etw. (D) sein*** essere ricco di qcs.: ***eine an Kunstwerken -e Epoche*** un'epoca ricca di opere d'arte; ***jdn ~ beschenken*** coprire di regali qcn.; ***ein -er Gewinn*** un grosso guadagno; ***-es Haar haben*** avere molti capelli (*o* una folta capigliatura); ***~ heiraten*** fare un ricco matrimonio; ***ein -es Leben*** una vita ricca, piena; ***die -en Leute*** i ricchi; ***in -em Maße*** in ampia (*o* larga) misura, abbondantemente.

Reich n. *(-[e]s,-e)* **1a** STOR. regno *m.*: ***das ~ der Franken*** il regno dei franchi **b** *(Imperium)* impero *m.*: ***das Deutsche ~*** l'impero germanico; ***das Heilige Römische ~*** il Sacro Romano Impero; ***das Britische ~*** l'impero britannico **c** *(während des Nazionalsozialismus)* Reich *m.*: ***das Dritte ~*** il Terzo Reich **2** FIG. regno *m.*: ***das ~ Gottes, der Finsternis, der Schatten, der Toten*** il regno di Dio, delle tenebre, delle ombre, dei morti; *(Welt)* mondo *m.*: ***das ~ der Träume*** il mondo dei sogni ◆ ***etw. gehört ins ~ der Fabel*** = qcs. è campato in aria, è pura fantasia, non è vero; ***das ~ der Mitte*** = la Cina.

Rei|che m. e f. *(-n,-n)* ricco *m.* (-a *f.*).

rei|chen I tr. **1a** passare: ***jdm das Salz ~*** passare il sale a qcn. **b** *(geben)* dare, porgere: ***jdm die Hand, die Wange ~*** dare la mano, porgere la guancia a qcn. **2a** LETT. *(anbieten)* offrire: ***jdm einen Imbiss ~*** offrire uno spuntino a qcn. **b** *(servieren)* servire: ***den Kaffee auf der Terrasse ~*** servire il caffè in terrazza **II** intr. (aus. *haben*) **1** bastare, essere sufficiente: ***das Geld reicht nicht bis zum Monatsende*** il denaro non basta fino alla fine del mese; ***danke, es reicht!*** basta, grazie! **2** *(auskommen)* farcela, (riuscire a) cavarsela: ***mit dem Öl ~ wir bis morgen*** l'olio ci basta fino a domani **3a** *(sich erstrecken)* arrivare, estendersi, giungere: ***das Feld reicht von hier bis zum Fluss*** il campo si estende di qui fino al fiume; ***das Mittelalter reicht bis ins 15. Jahrhundert*** il medioevo giunge fino al 15° secolo **b** arrivare: ***jdm bis an die Brust, zur Schulter ~*** arrivare al petto, alle spalle di qcn.; ***das Wasser reicht ihm bis an die Knie*** l'acqua gli arriva al ginocchio; *(etw. berühren)* ***mit dem Kopf bis zur Decke ~*** arrivare con la testa al soffitto, (arrivare a) toccare con la testa il soffitto ◆ ***sich (einander) die Hand ~*** darsi la mano; ***es reicht hinten und vorne nicht*** non basta assolutamente; ***mir reicht's!*** ne ho abbastanza! basta! ***solange der Vorrat reicht*** finché durano le provviste, fin quando ci sono provviste; ***so weit der Blick, das Auge, der Himmel reicht*** fin dove arriva lo sguardo.

reich|hal|tig agg. ricco; *(reichlich)* abbondante; *(vielfältig)* vario: ***ein -es Menü*** un menu ricco (*o* vario); ***eine -e Auswahl*** una ricca (*o* ampia) scelta. **Reich|hal|tig|keit** f. *(-)* ricchezza *f.*; *(Reichlichkeit)* abbondanza *f.*; *(Vielfältigkeit)* varietà *f.*

reich|lich I agg. **1** ricco, abbondante: ***-e Portionen*** porzioni abbondanti; *(von Mahlzeiten, Trinkgeldern)* lauto **2** *(groß)* (troppo) grande, abbondante: ***die Hosen sind ihm ~*** i pantaloni gli sono grandi, sono abbondanti **3** *(mehr als, gut)* abbondante, buono: ***ein -es Kilo*** un chilo abbondante, oltre un chilo; ***nach einer -en Stunde*** dopo un'ora buona **II** avv. **1** riccamente, abbondantemente: ***jdn ~ belohnen*** ricompensare qcn. lautamente **2** *(in großer Menge)* in abbondanza, molto: ***es ist noch ~ Platz, Zeit*** c'è ancora molto posto, molto tempo **3** *(mehr als)* oltre: ***~ die Hälfte*** oltre la metà, la metà abbondante; ***seit ~ einem Jahr*** da oltre un anno **4** COLLOQ. *(ganz)* piuttosto, alquanto; *(ziemlich)* abbastanza: ***~ langweilig sein*** essere alquanto noioso; ***es ist ~ früh*** è abbastanza presto ◆ ***sein -es Auskommen haben*** avere di che vivere agiatamente; ***jdn ~ beschenken*** fare molti regali a qcn., coprire qcn. di regali; ***~ gerechnet, braucht man eine Stunde zum Flughafen*** tenendosi larghi, per l'aeroporto ci vuole un'ora; ***das ist ~ gewogen!*** (le faccio) buon peso; ***ein Kleid für jdn ~ nehmen*** prendere un vestito abbondante per qcn.; ***etw. ist ~ vorhanden*** c'è abbondanza di qcs., qcs. abbonda. **Reich|lich|keit** f. *(-)* abbondanza *f.*

Reichs|acht f. *(-)* bando *m.* imperiale (*o* dell'impero). **Reichs|adel** m. *(-s)* nobiltà *f.* dell'impero. **Reichs|ad|ler** m. *(-s)* aquila *f.* imperiale. **Reichs|ap|fel** m. *(-s)* globo *m.* imperiale. **Reichs|ar|beits|dienst** m. *(-[e]s)* STOR. servizio *m.* del lavoro (organizzazione nazista). **Reichs|ar|mee** f. *(-,-n)* esercito *m.* imperiale. **Reichs|bahn** f. *(-)* STOR. ferrovie *f.pl.* tedesche. **Reichs|bank** f. *(-,-en)* **1** STOR. banca *f.* del Reich **2** *(Notenbank)* banca *f.* d'emissione. **Reichs|deut|sche** m. e f. *(-n,-n)* STOR. tedesco *m.* (-a *f.*) del Reich, cittadino *m.* (-a *f.*) del Reich. **Reichs|fah|ne** f. *(-,-n)* bandiera *f.* imperiale. **Reichs|far|ben** pl. colori *m.pl.* imperiali. **reichs|frei** agg. → **reichsunmittelbar. Reichs|frei|heit** f. *(-)* → **Rechtsunmittelbarkeit. Reichs|ge|biet** n. *(-[e]s)* territorio *m.* imperiale; *(im Nationalsozialismus)* territorio *m.* del Reich. **Reichs|ge|richt** n. *(-[e]s)* corte *f.* suprema dell'impero; *(im Nationalsozialismus)* corte *f.* suprema del Reich. **Reichs|graf** m. *(-en,-en)* conte *m.* dell'impero. **Reichs|gren|ze** f. *(-,-n)* confine *m.* dell'impero germanico; *(im Nationalsozialismus)* confine *m.* del Reich. **Reichs|in|sig|ni|en** pl. insegne *f.pl.* imperiali. **Reichs|kam|mer|ge|richt** n. *(-[e]s,-e)* STOR. suprema corte *f.* di giustizia dell'impero. **Reichs|kanz|lei** f. *(-,-en)* **1** cancelleria *f.* imperiale (*o* dell'impero) **2** *(im Nationalsozialismus)* cancelleria *f.* del Reich. **Reichs|kanz|ler** m. *(-s,-)* **1** cancelliere *m.* imperiale (*o* dell'impero) **2** *(im Nationalsozialismus)* cancelliere *m.* del Reich. **Reichs|klein|o|di|en** pl. → **Reichsinsignien. Reichs|kris|tall|nacht** f. *(-)* STOR. notte *f.* dei cristalli. **Reichs|mark** f. *(-,-)* STOR. marco *m.* tedesco (nel 1924-1948). **Reichs|mi|nis|ter** m. *(-s,-)* STOR. ministro *m.* del Reich. **reichs|mit|tel|bar** agg. = non sottoposto direttamente al potere dell'imperatore, RAR. mediato. **Reichs|post** f. *(-)* STOR. poste *f.pl.* tedesche. **Reichs|prä|si|dent** m. *(-en,-en)* STOR. presidente *m.* della repubblica tedesca (di Weimar). **Reichs|rat** m. *(-[e]s)* STOR. camera *f.* dei Länder. **Reichs|rit|ter** m. *(-s,-)* STOR. cavaliere *m.* dell'impero. **Reichs|stadt** f. *(-,-städte)* città *f.* imperiale. **Reichs|stän|de** pl. STOR. stati *m.pl.* generali dell'impero.

Reichs|tag m. *(-[e]s,-e)* **1** STOR. dieta *f.* (imperiale) **2** *(im 19. und 20. Jahrhundert)* Reichstag *m.* **3** *(Parlament)* parlamento *m.*: ***der dänische, holländische ~*** il parlamento danese, olandese. **Reichs|tags|ab|ge|ord|ne|te** m. e f. *(-n,-n)* deputato *m.* (-a *f.*) al Reichstag. **Reichs|tags|brand** m. *(-[e]s)* STOR. incendio *m.* del Reichstag. **Reichs|tags|ge|bäu|de** n. *(-s)* Reichstag *m.*

Reichs|ta|ler m. *(-s,-)* STOR. tallero *m.* imperiale. **reichs|un|mit|tel|bar** agg. STOR. = sottoposto al diretto potere dell'imperatore, RAR. immediato. **Reichs|ver|samm|lung** f. *(-,-en)* STOR. assemblea *f.* degli stati dell'impero. **Reichs|ver|we|ser** m. *(-s,-)* STOR. reggente *m.* dell'impero. **Reichs|vogt** m. *(-[e]s,-vögte)* balivo *m.* imperiale. **Reichs|wap|pen** n. *(-s,-)* stemma *m.* imperiale. **Reichs|wehr** f. *(-)* STOR. forze *f.pl.* armate tedesche, del Reich.

Reich|tum m. *(-s,-tümer)* **1a** ricchezza *f.*: ***~ erwerben, zu ~ kommen*** arricchirsi; ***Reichtümer anhäufen (sammeln), vergeuden*** accumulare, sperperare ricchezze **b** FIG. ***der innere ~ eines Menschen*** la ricchezza interiore di un uomo **2** *(Schatz)* ricchezza *f.*, risorsa *f.*; ***die Reichtümer eines Landes*** le ricchezze di un paese **3a** *(Fülle)* ricchezza *f.*, abbondanza *f.*, LETT. dovizia *f.*: ***der ~ an Einzelheiten, Worten*** la ricchezza di particolari, di parole; ***~ an Bodenschätzen*** ricchezza di risorse minerarie; ***der ~ seiner Kenntnisse*** la ricchezza del proprio sapere **b** *(Vielfältigkeit)* (grande) varietà *f.*: ***ein großer ~ an Schmetterlingsarten*** una grande varietà di farfalle ◆ ***mit dieser Arbeit kann man keine Reichtümer erwerben*** con questo lavoro non ci si può arricchire.

Reich|wei|te f. *(-,-n)* **1** portata *f.* (di mano): ***etw. in ~ haben*** avere qcs. a portata di mano; ***außer ~ sein*** essere fuori portata; ***sich (D) etw. in ~ legen, stellen*** mettersi qcs. vicino **2** *(von Geschützen)* portata *f.*, gittata *f.*: ***mit großer, mittlerer, geringer ~*** a lunga, media, breve gittata **3** *(Aktionsradius)* autonomia *f.* **4** RAD. portata *f.* **5** FIS. percorso *m.* ◆ ***das liegt innerhalb, außerhalb meiner ~*** riesco, non riesco a prenderlo (*o* ci arrivo, non ci arrivo); FIG. è alla mia portata, è fuori dalla mia portata.

reif agg. maturo: ***-e Früchte*** frutti maturi; ***ein -er Wein*** un vino maturo; ***ein -er Furunkel*** un foruncolo maturo; *(erfahren, erwachsen)* ***ein -er Mann*** un uomo maturo; *(ausgewogen, durchdacht)* ***ein -es Urteil*** un giudizio maturo ◆ ***im -en Alter*** in età matura, nella maturità; COLLOQ. ***~ für etw.*** maturo, pronto per qcs.: ***~ fürs Bett, fürs Irrenhaus sein*** essere pronto per il letto (per andare a dormire), maturo per il manicomio; COLLOQ. ***du bist bald ~ für eine Ohrfeige!*** fra un po' ti prendi uno schiaffo! IRON. ***eine -e Leistung*** un'ottima prestazione; ***~ werden*** maturare; ***die Zeit ist noch nicht ~*** i tempi non sono ancora maturi.

1.Reif m. *(-[e]s)* brina *f.*: ***es ist ~ gefallen*** è caduta la brina; ***die Wiesen sind mit ~ bedeckt (überzogen)*** i prati sono (ri)coperti di brina.

2.Reif m. *(-[e]s,-e)* LETT. cerchio *m.*; *(Ring)* anello *m.*: ***ein goldener ~*** un anello d'oro.

Rei|fe f. *(-)* **1** *(Reifen)* maturazione *f.*: ***zur ~ kommen*** giungere a maturazione, maturare; ***etw. zur ~ bringen*** lasciare maturare qcs. **2a** FIG. maturità *f.*: ***jds geistige, künstlerische ~*** la maturità spirituale, artistica di qcn.; ***die geschlechtliche ~*** la maturità sessuale **b** *(Ausgewogenheit)* ***die ~ seines Urteils, seiner Gedanken*** la maturità del suo giudizio, dei suoi pensieri ◆ ***die mittlere ~*** la licenza ginnasiale. **Rei|fe|grad** m. *(-[e]s)* grado *m.* di maturazione.

1.rei|fen I tr. fare maturare (anche FIG.): ***der Schmerz hat sie ~ lassen*** il dolore l'ha fatta maturare **II** intr. (aus. *sein*) **1** maturare (anche FIG.): ***die Erdbeeren ~ im Mai*** le fragole maturano a maggio; ***er ist früh gereift*** è maturato (*o* cresciuto) in fretta; ***die Dinge ~ lassen*** lasciar maturare le cose; ***in ihr reifte die Entscheidung wegzugehen*** maturò la decisione di andarsene **2** ***zu etw., jdm ~*** diventare qcs., qcn.: ***zur Frau, zum Manne ~*** diventare (*o* farsi) donna, uomo.

2.rei|fen intr. (aus. *haben*) impers. brinare: ***heute Nacht hat es gereift*** stanotte è brinato.

3.rei|fen tr. cerchiare (botti).

Rei|fen m. *(-s,-)* **1** TECN. GINN. cerchio *m.*: ***~ um das Fass legen, schlagen*** mettere cerchi alla botte; ***der Tiger sprang durch den ~***

la tigre saltò attraverso il cerchio **2** *(Luftreifen)* ruota *f.*, gomma *f.*: ***einen ~ aufpumpen, flicken, aufziehen, wechseln*** gonfiare, riparare, montare, cambiare una gomma; ***das Auto hat abgefahrene ~*** l'auto ha le ruote consumate; ***einen platten ~ haben*** avere la gomma bucata **3** *(Haarreif)* cerchio *m.*, cerchietto *m.*: ***einen ~ im Haar tragen*** portare il cerchietto. **Rei|fen|ab|rieb** m. *(-[e]s)* usura *f.* dei pneumatici. **Rei|fen|aus|wucht|ma|schi|ne** f. *(-,-n)* equilibratrice *f.* per pneumatici. **Rei|fen|brem|se** f. *(-,-n)* freno *m.* sul cerchione. **Rei|fen|de|cke** f. *(-,-n)* copertone *m.* **Rei|fen|dienst** m. *(-[e]s,-e)* officina *f.* del gommista. **Rei|fen|druck** m. *(-[e]s,-drücke)* pressione *m.* (del pneumatico). **Rei|fen|druck|prü|fer** m. *(-s,-)* manometro *m.* per pneumatici. **Rei|fen|händ|ler** m. *(-s,-)* gommista *m.* **Rei|fen|lauf|flä|che** f. *(-,-n)* battistrada *m.* **Rei|fen|man|tel** m. *(-s,-mäntel)* → **Reifendecke.** **Rei|fen|pan|ne** f. *(-,-n)* foratura *f.* (di una, della gomma): ***eine ~ haben*** avere una gomma a terra (*o* avere forato). **Rei|fen|pro|fil** n. *(-[e]s,-e)* profilo *m.* (*o* scolpitura *f.*) del pneumatico. **Rei|fen|satz** m. *(-[e]s,-sätze)* treno *m.* di gomme. **Rei|fen|scha|den** m. *(-s,-schäden)* guasto *m.* a una, alla gomma. **Rei|fen|spiel** n. *(-[e]s,-e)* gioco *m.* dei cerchietti. **Rei|fen|ver|schleiß** m. *(-es)* consumo *m.* dei pneumatici. **Rei|fen|wech|sel** m. *(-s,-)* cambio *m.* (*o* sostituzione *f.*) di una, della ruota. **Rei|fen|wulst** m. *(-es,-wülste)* tallone *m.* del pneumatico.

Rei|fe|prü|fung f. *(-,-en)* esame *f.* di maturità.

Rei|fe|rei f. *(-,-en)* impianto *m.* per la maturazione (artificiale).

Rei|fe|tei|lung f. *(-,-en)* meiosi *f.* **Rei|fe|zeit** f. *(-,-en)* **1** periodo *m.* di maturazione **2** *(Pubertät)* periodo *m.* (*o* età *f.*) dello sviluppo. **Rei|fe|zeug|nis** n. *(-ses,-se)* ANT. diploma *m.* di maturità.

Reif|glät|te f. *(-)* patina *f.* di brina.

Reif|heit f. *(-)* RAR. maturità *f.* **Reif|heits|grad** m. *(-[e]s,-e)* RAR. grado *m.* (*o* livello *m.*) di maturità.

reif|lich I agg. meticoloso, accurato: ***nach -er Überlegung*** dopo un'accurata riflessione **II** avv. meticolosamente, accuratamente, lungamente.

Reif|rock m. *(-[e]s,-röcke)* crinolina *f.* **Reif|spiel** → **Reifenspiel.**

Rei|fung f. *(-)* maturazione *f.* **Rei|fungs|pro|zess** m. *(-es,-e)* processo *m.* di maturazione. **Rei|fungs|tei|lung** f. *(-)* meiosi *f.*

Rei|gen m. *(-s,-)* ridda *f.* (anche FIG.) ◆ ***den ~ eröffnen*** dare inizio alle danze; FIG. ***den ~ der Redner eröffnen*** iniziare il giro dei relatori; ***den ~ beschließen*** chiudere le danze; FIG. essere l'ultimo.

Rei|he f. *(-,-n)* **1a** fila *f.*: ***eine lückenlose, fortlaufende ~ bilden*** formare una fila ininterrotta, continua; ***etw. in eine ~ stellen*** mettere qcs. in fila; ***sich in zwei -n aufstellen*** disporsi in, su due file; ***in -n zu dreien*** in fila per tre; ***in der ersten ~ sitzen*** sedere in prima fila **b** *(von Bäumen, Pflanzen)* fila *f.*, filare *m.*: ***eine ~ hoher Bäume, von hohen Bäumen*** un filare di alti alberi **c** MIL. fila *f.*, riga *f.*, rango *m.*: ***die -n schließen*** serrare le file; ***in -n marschieren*** marciare in riga **d** FIG. pl. *(Kreise)* file *f.pl.*, fila *f.pl.*: ***die Zustimmung kam sogar aus den -n der Gegner*** il consenso venne persino dalle file degli oppositori; ***die -n der Anwesenden lichteten sich*** le file dei presenti diradavano **2** MAT. serie *f.*, progressione *f.* **3a** *(Reihenfolge)* serie *f.*, sequela *f.*, sfilza *f.*: ***eine lange ~ von Unfällen*** una lunga serie di incidenti; ***eine ganze ~ von Kritiken*** un bella sfilza (*o* un gran numero) di critiche; ***nach einer ~ von Jahren*** dopo un buon numero di anni; ***eine ~ von Kupferstichen*** una serie di incisioni **b** *(Serie)* serie *f.*, collana *f.*: ***in welcher ~ erscheint der Roman?*** in quale collana esce il romanzo? **4** MUS. serie *f.* ◆ COLLOQ. ***die ~ ist an mir*** tocca a me, è il mio turno; COLLOQ. ***wer ist an der ~?*** a chi tocca? COLLOQ. ***aus der ~ sein, kommen*** essere, andare nel pallone, non capire più niente; ***außer der ~*** fuori turno, in via eccezionale; COLLOQ. FIG. ***jdn in die ~ bringen*** rimettere in quadro qcn.; COLLOQ. ***etw. in die ~ bringen*** sistemare, aggiustare qcs.; ***bunte ~ machen*** = sedersi alternando uomini e donne; ***aus der ~ fallen*** uscire dai ranghi, non seguire la corrente; ***in Reih und Glied*** (perfettamente) in fila, in riga; COLLOQ. ***wieder in die ~ kommen*** guarire; *(in Ordnung kommen)* sistemarsi, aggiustarsi; COLLOQ. ***an die ~ kommen*** essere il prossimo; ***jetzt kommt er an die ~*** adesso viene il suo turno, tocca a lui; ***der ~ nach*** (RAR. ***nach der ~***) uno dopo l'altro, a turno; *(ordnungsgemäß)* per (*o* in) ordine; COLLOQ. FIG. ***nicht in der ~ sein*** non essere in quadro; ***in einer ~ mit jdm stehen*** essere sullo stesso piano di qcn.; ***sich in eine ~ mit jdm stellen*** mettersi sullo stesso piano di qcn.; COLLOQ. FIG. ***aus der ~ tanzen*** → ***aus der ~ fallen.***

1.rei|hen I tr. **1** mettere in fila, allineare **2** *(aufreihen)* infilare: ***Perlen auf eine Schnur ~*** infilare delle perle **3a** *(einreihen)* inserire **b** *(zuordnen)* annoverare **II** rifl. **sich ~ 1** mettersi (*o* disporsi) in fila, allinearsi **2** ***sich an etw. (A) ~*** fare seguito a qcs., seguire qcs.: ***ein Fest reihte sich ans andere*** una festa seguiva l'altra, le feste si susseguivano una all'altra.

2.rei|hen tr. *(reihte/*RAR. *rieh, gereiht/geriehen)* SART. imbastire.

3.rei|hen intr. (aus. *haben*) VENAT. seguire.

Rei|hen|ab|wurf m. *(-[e]s,-abwürfe)* MIL. AER. lancio *m.* in serie. **Rei|hen|an|ord|nung** f. *(-,-en)* disposizione *f.* in file. **Rei|hen|auf|nah|me** f. *(-,-n)* sequenza *f.* di fotografie. **Rei|hen|bild** n. *(-[e]s,-er)* serie *f.*, sequenza *f.* di immagini, di fotografie. **Rei|hen|dorf** n. *(-[e]s,-dörfer)* paese *m.*, villaggio *m.* (lungo una strada, un fiume). **Rei|hen|durch|leuch|tung** f. *(-,-en)* esame *m.* schermografico (a gruppi di persone). **Rei|hen|ent|wick|lung** f. *(-,-en)* sviluppo *m.* in serie. **Rei|hen|fab|ri|ka|ti|on** f. *(-,-en)* fabbricazione *f.* di serie, produzione *f.* in serie. **Rei|hen|feu|er** n. *(-s,-)* MIL. fuoco *m.* di fila. **Rei|hen|fol|ge** f. *(-,-n)* successione *f.*, sequenza *f.*, ordine *f.*: ***in alphabetischer ~*** in ordine alfabetico. **Rei|hen|grab** n. *(-[e]s,-gräber)* fossa *f.* (di una fila). **Rei|hen|haus** n. *(-es,-häuser)* casa *f.* a schiera. **Rei|hen|mo|tor** m. *(-s,-en)* motore *m.* (a cilindri) in linea. **Rei|hen|schal|tung** f. *(-,-en)* EL. collegamento *m.* in serie. **Rei|hen|sied|lung** f. *(-,-en)* → **Reihendorf.** **Rei|hen|un|ter|su|chung** f. *(-,-en)* MED. screening *m.*, indagine *f.* di massa.

rei|hen|wei|se avv. **1** in file: ***~ abtreten*** uscire in fila **2** COLLOQ. *(in großen Mengen)* in gran numero.

Rei|her m. *(-s,-)* airone *m.* **Rei|her|bei|ze** f. *(-,-n)* caccia *f.* all'airone. **Rei|her|busch** m. *(-[e]s,-büsche)* pennacchio *m.* di penne d'airone. **Rei|her|en|te** f. *(-,-n)* ZOOL. moretta *f.* **Rei|her|fal|ke** m. *(-n,-n)* falcone *m.* addestrato per la caccia all'airone. **Rei|her|horst** m. *(-[e]s,-e)* nido *m.* d'airone.

rei|hern intr. (aus. *haben*) COLLOQ. vomitare, rigettare.

Rei|her|schna|bel m. *(-s,-schnäbel)* erodio *m.*, erba *f.* cicutaria.

Reih|garn n. *(-[e]s,-e)* filo *m.* per imbastire. **Reih|stich** m. *(-es,-e)* punto *m.* d'imbastitura.

reih|um avv. in cerchio ◆ ***etw. ~ gehen lassen*** far girare qcs.; ***mit dem Hut ~ gehen*** fare il giro con il cappello.

Rei|hung f. *(-,-en)* **1** allineamento *m.*, disposizione *f.* in fila **2** *(Aufreihung)* infilatura *f.*

Reih|zeit f. *(-,-en)* periodo *m.* degli amori (delle anatre).

Reim m. *(-[e]s,-e)* **1** rima *f.*: ***-e bilden, machen*** fare rime (*o* rimare, scrivere in rima); ***-e drechseln, schmieden*** tornire, forgiare versi; ***einen ~ auf etw. suchen*** cercare una rima per qcs. **2** ESTENS. *(kleines Gedicht)* rima *f.*, poesiola *f.* ◆ ***sich (D) einen ~ auf etw. machen (können)*** riuscire a capirci qcs., a vederci chiaro; ***keinen ~ darauf finden*** non riuscire a spiegarselo; ***gebundener, gekreuzter ~*** rima obbligata, incrociata; ***gepaarte -e*** rime accoppiate, baciate; ***gleitender ~*** rima sdrucciola; ***etw. in -e bringen*** mettere in rima qcs.; ***klingender ~*** rima piana; ***männlicher, stumpfer ~*** rima tronca; ***unreiner ~*** rima imperfetta, assonanza; ***verschlungene, wechselnde -e*** rime intrecciate, alternate; ***weiblicher ~*** rima femminile.

Reim|art f. *(-,-en)* genere *m.* di rima. **Reim|buch** n. *(-[e]s,-bücher)* rimario *m.* **Reim|chro|nik** f. *(-,-en)* LETT. cronaca *f.* rimata. **Reim|dich|tung** f. *(-,-en)* poesia *f.* in rime.

rei|men I intr. (aus. *haben*) *(Reime schreiben)* scrivere versi, poetare: ***gut, schlecht ~*** scrivere buoni, cattivi versi **II** tr. **1** rimare, far rimare: ***'fein' mit, auf 'klein' ~*** far rimare 'fein' con 'klein' **2** mettere in rima: ***einen Text ~*** mettere in rima un testo **III** rifl. **sich ~ 1** fare rima, rimare: ***'Gipfel' reimt sich auf, mit 'Wipfel'*** 'Gipfel' fa rima con 'Wipfel' **2** COLLOQ. FIG. *(zueinander passen)* ***das reimt sich nicht*** questo non va d'accordo, non funziona.

Rei|mer m. *(-s,-)* ANT. o SPREG. rimatore *m.* **Rei|me|rei** f. *(-,-en)* brutte rime *f.pl.*, poesiucola *f.* **Rei|mer|ling** m. *(-s,-e)* SPREG. poetucolo *m.* **Reim|fall** m. *(-[e]s,-fälle)* METR. cadenza *f.* **Reim|feh|ler** m. *(-s,-)* rima *f.* sbagliata. **reim|frei** agg. non rimato, sciolto: ***-e Verse*** versi sciolti. **Reim|le|xi|kon** n. *(-s,-lexika)* rimario *m.* **reim|los** → **reimfrei.** **Reim|paar** n. *(-s,-e)* distico *m.* rimato.

Re|im|plan|ta|ti|on f. *(-,-en)* MED. reimpianto *m.*

Re|im|port m. *(-[e]s,-e)* ECON. reimportazione *f.*

Reim|pro|sa f. *(-,-prosen)* prosa *f.* in versi, rimata.

Rei|mund n.pr.m. Raimondo *m.*

Reim|vers m. *(-es,-e)* verso *m.* rimato. **Reim|wort** n. *(-[e]s,-wörter)* parola *f.* che fa rima. **Reim|wör|ter|buch** n. *(-[e]s,-bücher)* rimario *m.*

1.rein avv. COLLOQ. **1** → **herein 2** → **hinein.**

2.rein I agg. **1a** puro: ***-er Alkohol*** alcol puro; ***-es Gold, Wasser*** oro puro, acqua pura; ***-e Seide*** seta pura; ***-e Farben, Töne*** suoni, colori puri **b** *(unschuldig)* ***eine -e Seele*** un'anima pura; *(unberührt)* ***-e Jungfrau*** vergine pura; RELIG. *(koscher)* ***-e Speisen*** cibi puri, mondi **c** *(fehlerfrei)* ***-es Deutsch sprechen*** parlare un tedesco puro (*o* perfetto, corretto) **d** FIG. *(abstrakt)* ***die -e Erkenntnis*** la conoscenza pura **2** *(sauber)* pulito: ***ein -es Hemd, Blatt Papier*** una camicia pulita, un foglio di carta pulito, bianco; ***ein -er Klang*** un suono pulito; ***etw. ~ halten*** tenere qcs. pulito; FIG. ***ein -es Gewissen haben*** avere la coscienza pulita **3** COLLOQ. rafforz. ***das ist ja -er Wahnsinn*** questa è pura follia (*o* è una follia bell'e buona); ***dein Zimmer ist der -ste Saustall*** la tua stanza è proprio una stalla; ***es ist eine -e Freude*** è una vera gioia, un vero piacere; *(nichts anderes als)* ***die -e Wahrheit*** la pura verità; ***das war -er Zufall, -es Glück*** è stato un puro caso, è stata pura fortuna **4** COMM. ***-er Gewinn*** guadagno netto **II** avv. **1** *(ausschließlich)* puramente: ***von ~ politischem Charakter*** di carattere puramente politico; ***~ leinen*** di puro lino; ***~ seiden*** di seta pura; ***~ silbern*** di argento puro; ***~ wollen*** di lana pura **2** COLLOQ. *(völlig)* assolutamente, completamente: ***~ unmöglich*** assolutamente impossibile; ***~ verrückt*** completamente pazzo **3** ***~ waschen*** scagionare; ***sich von einer Anschuldigung ~ waschen*** scagionarsi da un'accusa ◆ ***etw. ins Reine bringen*** mettere qcs. in chiaro; ***~ erfunden*** inventato di sana pianta; ***mit jdm, etw. im Reinen sein*** essere d'accordo con qcn., avere chiaro qcs.; ***mit jdm, etw., sich selbst ins Reine kommen*** venire in chiaro con qcn., con qcs., chiarirsi; ***etw. ~ machen*** pulire qcs.; ***~ gar nichts*** proprio niente; ***etw. ins Reine schreiben*** scrivere qcs. in bella (copia); COLLOQ. ***-en Tisch machen*** fare piazza pulita, fare ordine; ***-er Wein*** vino genuino; ***eine -e Weste haben*** avere la coscienza pulita.

Rei|nald n.pr.m. Rinaldo *m.*

Rein|an|ke → **Rheinanke.**

Rein|be|stand m. *(-[e]s)* = (parte di) bosco *m.* con un'unica specie di alberi. **Rein|be|trag** m. *(-[e]s,-beträge)* importo *m.* netto.

Rein|del, Reindl n. *(-s,-)* REGION. tegamino *m.*

Rei|ne f. *(-)* LETT. → **Reinheit.**

Rei|nec|lau|de [rɛ:nə'klo:də] → **Reneklode.**

Rein|ein|nah|me f. *(-,-n)* introito *m.* (*o* incasso *m.*) netto.

Rei|ne|ke Fuchs m. *(- -)* Comare Volpe *f.*

Rei|ne|ma|che|frau f. *(-,-en)* donna *f.* delle pulizie. **Rei|ne|ma|chen** n. *(-s)* **1** pulizia *f.*: ***großes ~*** grandi pulizie **2** FIG. *(Säuberung)* repulisti *m.*

Rein|ein|kom|men n. *(-s,-)* reddito *m.* netto. **Rein|ein|künf|te** pl. entrate *f.pl.* nette.

Rei|ner n.pr.m. Ranieri *m.*

Rein|er|lös m. *(-es,-e)* ricavo *m.* netto. **Rein|er|trag** m. *(-[e]s,-erträge)* rendita *f.* netta.

Rei|net|te [rɛ'nɛtə] f. *(-,-n)* REGION. → **Renette.**

rei|ne|weg avv. COLLOQ. **1** *(geradezu)* proprio, davvero **2** *(völlig)* completamente, assolutamente.

Rein|fall m. *(-[e]s,-fälle)* COLLOQ. fregatura *f.*, bidonata *f.*: ***einen ~ mit etw. erleben*** avere una fregatura con qcs.; ***ein glatter ~*** una vera fregatura. **rein‿fal|len** intr. (aus. *sein*) COLLOQ. → **hineinfallen, hereinfallen.**

Re|in|farkt m. *(-[e]s,-e)* infarto *m.* ripetuto.

rein|ge|schneit p.pass. **1** → **reinschneien 2** COLLOQ. ***~ kommen*** piombare, piovere (in casa).

Rein|ge|wicht n. *(-[e]s,-e)* peso *m.* netto. **Rein|ge|winn** m. *(-[e]s,-e)* guadagno *m.* netto. **Rein|hal|tung** f. *(-)* il tenere pulito.

rein‿hän|gen rifl. COLLOQ. ***sich in etw. (A) ~*** impegnarsi in qcs.

Rein|hard n.pr.m. Rainardo *m.*

Rein|heit f. *(-)* **1a** purezza *f.*, limpidezza *f.*: ***kristallene ~*** purezza cristallina; ***die ~ eines Tons, des Wassers*** la purezza di un suono, la limpidezza dell'acqua **b** FIG. ***die ~ des Herzens*** la purezza del cuore; ***die ~ der Absichten*** la purezza delle intenzioni; ***die ~ der Rasse*** la purezza della razza **2** genuinità *f.*: ***die ~ dieses Weins*** la genuinità di questo vino **3** *(Sauberkeit)* pulizia *f.* **Rein|heits|ge|bot** n. *(-[e]s)* legge *f.* sulla genuinità della birra. **Rein|heits|grad** m. *(-[e]s)* CHIM. grado *m.* di purezza.

Rein|hold n.pr.m. Rinaldo *m.*

rein‿hö|ren I intr. (aus. *haben*) ascoltare brevemente (per farsi un'idea): ***kurz in die Aufnahme ~*** ascoltare brevemente una registrazione **II** rifl. ***sich in etw. (A) ~*** ascoltare attentamente qcs. più volte, penetrare qcs. ascoltandola più volte.

rei|ni|gen I tr. **1** pulire: ***das Zimmer, die Schuhe gründlich ~*** pulire a fondo la stanza, le scarpe; ***eine Wunde ~*** pulire una ferita **2** depurare, purificare: ***das Blut ~*** depurare il sangue **3** FIG. *(verbessern)* migliorare: ***die Atmosphäre ~*** migliorare l'atmosfera **II** rifl. ***sich ~*** **1** pulirsi: ***sich von Kopf bis Fuß ~*** pulirsi da capo a piedi; ***sich (D) die Hände ~*** pulirsi le mani **2** FIG. ***sich von Schuld, von einem Verdacht ~*** scagionarsi da una colpa, da un sospetto **3** RELIG. purificarsi ◆ ***Kleidungsstücke chemisch ~ lassen*** far lavare (*o* pulire) a secco i vestiti; ***von Flecken ~*** smacchiare. **Rei|ni|gen** n. *(-s)* ***etw. zum ~ bringen, geben*** portare, dare qcs. a lavare. **rei|ni|gend** p.pres. agg. **1** → **reinigen 2** FIG. ***ein -es Gewitter*** un confronto chiarificatore. **Rei|ni|ger** m. *(-s,-)* **1** pulitore *m.* **2** *(Reinigungsmittel)* detersivo *m.*

Rei|ni|gung f. *(-,-en)* **1a** pulitura *f.*, ripulitura *f.*; *(von Kanälen)* spurgo *m.* **b** *(Waschen)* lavaggio *m.* **c** MED. TECN. depurazione *f.* **2** *(Reinigungsanstalt)* tintoria *f.*, lavasecco *m.*: ***einen Anzug in die ~ bringen, aus der ~ holen*** portare un abito in tintoria (*o* al lavasecco), ritirare un abito dalla tintoria. **Rei|ni|gungs|an|stalt** f. *(-,-en)* tintoria *f.*, lavasecco *m.* **Rei|ni|gungs|ap|pa|rat** n. *(-[e]s,-e)* depuratore *m.* **Rei|ni|gungs|creme** f. *(-,-s)* crema *f.* detergente. **Rei|ni|gungs|kas|set|te** f. *(-,-n)* cassetta *f.* puliscitestine. **Rei|ni|gungs|kos|ten** pl. spese *f.pl.* di pulitura, di lavaggio. **Rei|ni|gungs|kraft** f. *(-,-kräfte)* **1** potere *m.* detergente **2** *(Putzfrau)* donna *f.* delle pulizie. **Rei|ni|gungs|kur** f. *(-,-en)* cura *f.* depurativa. **Rei|ni|gungs|milch** f. *(-)* latte *m.* detergente. **Rei|ni|gungs|mit|tel** n. *(-s,-)* **1** detersivo *m.* **2** *(für Haut)* detergente *m.* **Rei|ni|gungs|op|fer** n. *(-s,-)* sacrificio *m.* rituale di purificazione.

Re|in|kar|na|ti|on f. *(-,-en)* reincarnazione *f.*

rein‿kom|men intr. (aus. *sein*) COLLOQ. **1** → **hineinkommen 2** → **hereinkommen. rein‿krie|gen** tr. COLLOQ. **1** → **hineinkriegen 2** → **hereinkriegen.**

Rein|kul|tur f. *(-,-en)* BIOL. coltura *f.* pura, monocoltura *f.* ◆ FIG. ***in ~*** autentico, genuino.

rein‿le|gen tr. COLLOQ. = far cadere in un tranello.

rein|lich I agg. **1a** pulito, amante della pulizia: ***ein -er Mensch*** una persona pulita **b** *(sehr sauber)* pulito, lindo **2** *(klar)* chiaro, netto: ***eine -e Trennung zweier Begriffe*** una netta differenziazione di due concetti **II** avv. **1** in modo pulito **2** *(sorgfältig)* attentamente, con cura. **Rein|lich|keit** f. *(-)* pulizia *f.* **rein|lich|keits|lie|bend** agg. amante della pulizia. **Rein|lich|keits|sinn** m. *(-[e]s)* senso *m.* della pulizia.

Rein|ma|che|frau → **Reinemachefrau. Rein|ma|chen** → **Reinemachen.**

rein|ras|sig agg. di razza pura, purosangue. **Rein|ras|sig|keit** f. *(-)* purezza *f.* della razza.

rein‿rei|ten intr. (aus. *sein, haben*) COLLOQ. → **hineinreiten. rein‿rie|chen** intr. (aus. *haben*) COLLOQ. → **hineinriechen.**

Rein|schiff n. *(-s)* **1** pulizia *f.* a fondo della nave **2** COLLOQ. ***~ machen*** *(aufräumen)* mettere in ordine.

Rein|schrift f. *(-,-en)* bella *f.* (copia *f.*). **Rein|schrift|heft** n. *(-[e]s,-e)* quaderno *m.* di bella. **rein|schrift|lich** agg. di, in bella (copia).

Rein|ver|dienst m. *(-[e]s,-e)* guadagno *m.* netto. **Rein|ver|lust** m. *(-[e]s,-e)* perdita *f.* netta.

re|in|ves|tie|ren tr. reinvestire. **Re|in|ves|tie|rung, Re|in|ves|ti|ti|on** f. *(-,-en)* reinvestimento *m.*

rein|weg avv. → **reineweg.**

rein‿wol|len intr. (aus. *haben*) COLLOQ. voler entrare.

rein‿zie|hen *(zog, gezogen)* COLLOQ. GERG. **I** intr. e tr. → **hineinziehen II** rifl. ***sich (D) etw. ~*** **1** *(Flasche)* scolarsi **2** *(Essen)* mangiarsi, trangugiarsi **3** *(Video, Film)* guardarsi.

Rein|zucht f. *(-)* **1** allevamento *m.* di purosangue **2** BIOL. *(Reinkultur)* coltura *f.* pura.

1.Reis m. *(-es,-e)* riso *m.*: ***geschliffener, polierter ~*** riso raffinato, brillato; ***~ schälen*** pilare il riso.

2.Reis n. *(-es,-er)* **1** *(kleiner Zweig)* ramoscello *m.*: ***ein Bündel -er*** un fascio di ramoscelli **2** *(junger Spross)* rampollo *m.*, pollone *m.* **3** *(Propfreis)* marza *f.* ◆ PROV. ***viele -er machen einen Besen*** l'unione fa la forza.

Reis|auf|lauf m. *(-[e]s,-aufläufe)* sformato *m.* di riso. **Reis|bau** m. *(-s)* coltivazione *f.* del riso, risicoltura *f.* **Reis|be|sen** → **Reisigbesen. Reis|brannt|wein** m. *(-[e]s,-e)* acquavite *f.* di riso. **Reis|brei** m. *(-s,-e)* riso *m.* al latte. **Reis|bün|del** n. *(-s,-)* fascina *f.* (di ramoscelli).

Rei|se f. *(-,-n)* **1** viaggio *m.*: ***eine ~ ans Meer, ins Ausland, nach Berlin, um die Welt, zu Freunden*** un viaggio al mare, all'estero, a Berlino, intorno al mondo, da amici; ***eine ~ im, mit dem Auto, mit der Bahn, zu Fuß, mit dem Rad, mit dem Schiff*** un viaggio in (*o* con la) auto, in treno, a piedi, in bici, in nave; ***eine ~ zur See*** un viaggio per mare; ***eine ~ antreten, buchen, planen, machen (unternehmen)*** iniziare, prenotare, programmare, fare un viaggio; ***sich auf die ~ begeben*** mettersi in viaggio **2** FIG. viaggio *m.*: ***eine ~ in die Vergangenheit*** un viaggio nel passato; GERG. ***eine ~ machen, sich (mit starken Drogen) auf die ~ schicken*** fare un viaggio, un trip (con droghe pesanti) ◆ ***auf -n gehen*** andare in viaggio; ***jdm eine glückliche, gute ~ wünschen*** augurare buon viaggio a qcn.; EUFEM. ***die letzte ~*** l'ultimo viaggio, il viaggio senza ritorno; ***sich auf die ~ machen*** mettersi in viaggio; SPORT ***jdn auf die ~ schicken*** *(einen Läufer, Fahrer)* far partire qcn., dare il via a qcn.; *(beim Fußball)* allungare la palla a un compagno; ***auf -n sein*** essere in viaggio;

eine ~ zum Vergnügen un viaggio di piacere; ***Vorbereitungen zur ~ treffen*** fare i preparativi per il viaggio; COLLOQ. ***wohin soll diesmal die ~ gehen?*** dove si va stavolta? ***nicht wissen, wohin die ~ geht*** non sapere dove si va a finire.

Rei|se|an|den|ken n. *(-s,-)* ricordo *m.*, souvenir *m.* di viaggio. **Rei|se|apo|the|ke** f. *(-,-n)* astuccio *m.* di pronto soccorso. **Rei|se|be|glei|ter** m. *(-s,-)* **1** compagno *m.* di viaggio **2** *(Betreuer)* accompagnatore *m.* (in un viaggio organizzato). **Rei|se|be|kannt|schaft** f. *(-,-en)* conoscenza *f.* fatta in viaggio. **Rei|se|be|richt** m. *(-[e]s,-e)* relazione *f.*, cronaca *f.* di un viaggio. **Rei|se|be|schrei|bung** f. *(-,-en)* descrizione *f.* di un viaggio. **Rei|se|be|steck** n. *(-s,-e)* posate *f.pl.* da viaggio. **Rei|se|buch** n. *(-[e]s,-bücher)* **1** libro *m.* di viaggi **2** *(Reiseführer)* guida *f.* turistica. **Rei|se|bü|ro** n. *(-s,-s)* agenzia *f.* di viaggi (*o* turistica). **Rei|se|bus** m. *(-ses,-se)* pullmann *m.* turistico. **Rei|se|de|cke** f. *(-,-n)* coperta *f.* da viaggio. **Rei|se|dip|lo|ma|tie** f. *(-)* diplomazia *f.* esercitata con frequenti viaggi. **Rei|se|er|leb|nis** n. *(-ses,-se)* esperienza *f.* di viaggio. **rei|se|fer|tig** agg. pronto per il viaggio, pronto a partire. **Rei|se|fie|ber** n. *(-s)* COLLOQ. febbre *f.* della partenza. **Rei|se|füh|rer** m. *(-s,-)* guida *f.* (turistica). **Rei|se|füh|re|rin** f. *(-,-nen)* guida *f.* turistica. **Rei|se|ge|fähr|te** m. *(-n,-n)* compagno *m.* di viaggio. **Rei|se|geld** n. *(-[e]s)* denaro *m.* per il viaggio. **Rei|se|ge|päck** n. *(-[e]s)* bagaglio *m.* per il viaggio. **Rei|se|ge|schwin|dig|keit** f. *(-)* velocità *f.* di crociera. **Rei|se|ge|sell|schaft** f. *(-,-en)* **1** comitiva *f.* **2** *(Zusammensein)* compagnia *f.* (in viaggio). **Rei|se|ge|wer|be** n. *(-s)* attività *f.* di (suonatori, venditori) ambulanti. **Rei|se|grup|pe** f. *(-,-n)* comitiva *f.*, gruppo *m.* vacanze. **Rei|se|kof|fer** m. *(-s,-)* valigia *f.* **Rei|se|kos|ten** pl. spese *f.pl.* di viaggio. **Rei|se|krank|heit** f. *(-,-en)* chinetosi *f.*, cinetosi *f.* **Rei|se|kre|dit|brief** m. *(-[e]s,-e)* lettera *f.* di credito (per viaggiatori). **Rei|se|land** n. *(-[e]s,-länder)* paese *m.* abitualmente meta di turismo. **Rei|se|lei|ter** m. *(-s,-)* capocomitiva *m.* **Rei|se|lei|te|rin** f. *(-,-nen)* capocomitiva *f.* **Rei|se|lek|tü|re** f. *(-,-n)* lettura *f.* per il viaggio. **Rei|se|lust** f. *(-)* piacere *m.* (*o* voglia *f.*) di viaggiare, passione *f.* per i, dei viaggi. **rei|se|lus|tig** agg. appassionato di viaggi. **Rei|se|mar|schall** m. *(-s,-marschälle)* SCHERZ. guida *f.*

rei|sen intr. (aus. *sein*) **1a** viaggiare: ***allein, in Gesellschaft, geschäftlich ~*** viaggiare da solo, in compagnia, per affari; ***mit dem Schlafwagen ~*** viaggiare in vagone letto; *(Reisen unternehmen)* ***gern, zum Vergnügen ~*** viaggiare volentieri, per piacere (a scopo turistico); ***immer (in der) 1. Klasse ~*** viaggiare sempre in prima classe **b** *(eine Reise machen)* fare un viaggio, andare: ***ins Gebirge, nach Spanien, zu einem Kongress ~*** fare un viaggio in montagna, in Spagna, andare a un congresso **2** *(abfahren)* partire: ***wann reist ihr?*** quando partite? ***in die Ferien, den Urlaub ~*** partire per le vacanze, andare in vacanza **3** *(als Handelsvertreter)* fare il commesso viaggiatore, essere viaggiatore: ***für die Firma Müller, in Textilwaren ~*** è viaggiatore per la, della ditta Müller, di articoli tessili ◆ ***viel und weit gereist sein*** avere viaggiato molto; SCHERZ. ***auf Schusters Rappen ~*** andare col caval di san Francesco. **Rei|sen|de** m. e f. *(-n,-n)* **1** viaggiatore *m.*, viaggiatrice *f.*; *(Fahrgast)* passeggero *m.* (-a *f.*): ***die -n werden gebeten, ihre Plätze einzunehmen*** i viaggiatori sono pregati di prendere posto **2** *(Handelsvertreter)* (commesso *m.*) viaggiatore *m.*

Rei|se|ne|ces|saire n. *(-s,-s)* nécessaire *m.* da viaggio. **Rei|se|om|ni|bus** → **Reisebus**. **Rei|se|on|kel** m. *(-s,-)* SCHERZ. chi viaggia molto; FIG. commesso *m.* viaggiatore. **Rei|se|pass** m. *(-es,-pässe)* passaporto *m.* di viaggio. **Rei|se|plan** m. *(-[e]s,-pläne)* progetto *m.* di viaggio, itinerario *m.* **Rei|se|pros|pekt** m. *(-[e]s,-e)* dépliant *m.* illustrativo di viaggi. **Rei|se|pro|vi|ant** m. *(-s)* provviste *f.pl.* per il viaggio.

Rei|ser|be|sen m. *(-s,-)* ramazza *f.*

Rei|se|rei f. *(-,-en)* COLLOQ. SPREG. il continuo viaggiare.

Rei|se|rou|te f. *(-,-n)* itinerario *m.* di viaggio. **Rei|se|ruf** m. *(-[e]s,-e)* comunicazione *f.* (radiofonica) per turisti in viaggio. **Rei|se|sack** m. *(-[e]s,-säcke)* sacca *f.* da viaggio. **Rei|se|scheck** m. *(-[e]s,-s)* traveller's cheque *m.* **Rei|se|schil|de|rung** f. *(-,-en)* descrizione *f.* di viaggio. **Rei|se|schreib|ma|schi|ne** f. *(-,-n)* macchina *f.* da scrivere portatile. **Rei|se|spe|sen** pl. diaria *f.*, indennità *f.* di trasferta. **Rei|se|sti|pen|di|um** n. *(-s,-stipendien)* sovvenzione *f.* per un viaggio studio. **Rei|se|tab|let|te** f. *(-,-n)* compressa *f.* contro il mal d'auto, di mare. **Rei|se|ta|sche** f. *(-,-n)* borsa *f.* da viaggio. **Rei|se|tip** m. *(-s,-s)* consiglio *m.*, suggerimento *m.* per un, il viaggio. **Rei|se|un|ter|neh|men** n. *(-s,-)* agenzia *f.* di viaggi, tour-operator *m.* **Rei|se|ver|an|stal|ter** m. *(-s,-)* operatore *m.* turistico. **Rei|se|ver|gü|tung** f. *(-,-en)* indennità *f.* di viaggio. **Rei|se|ver|kehr** m. *(-s)* traffico *m.* (in periodo di vacanze), movimento *m.* di turisti. **Rei|se|ver|si|che|rung** f. *(-,-en)* assicurazione *f.* viaggio. **Rei|se|vor|be|rei|tun|gen** pl. preparativi *m.pl.* per il viaggio: ***~ treffen*** fare i preparativi per il viaggio. **Rei|se|we|cker** m. *(-s,-)* sveglia *f.* da viaggio. **Rei|se|weg** m. *(-[e]s,-e)* itinerario *m.* (di viaggio). **Rei|se|wel|le** f. *(-,-n)* ondata *f.* di traffico (turistico). **Rei|se|wet|ter** n. *(-s)* **1** tempo *m.* adatto per viaggiare **2** *(Wetter während der Reise)* tempo *m.* durante il viaggio. **Rei|se|zeit** f. *(-,-en)* periodo *m.* (*o* epoca *f.*) dei viaggi. **Rei|se|ziel** n. *(-[e]s,-e)* **1** meta *f.* di, del viaggio: ***das ~ ist London*** la meta del viaggio è Londra **2** *(Ziel von Touristen)* meta *f.* turistica. **Rei|se|zug** m. *(-[e]s,-züge)* treno *m.* viaggiatori.

Reis|feld n. *(-[e]s,-er)* risaia *f.* **Reis|ge|richt** n. *(-[e]s,-e)* (piatto *m.* a base di) riso *m.*

Reis|holz n. *(-es)* ANT. → **Reisig.**

Rei|sig n. *(-s)* rami *m.pl.* secchi, sterpi *m.pl.* **Rei|sig|be|sen** m. *(-s,-)* ramazza *f.* **Rei|sig|bün|del** n. *(-s,-)* fascina *f.* di sterpi.

Rei|si|ge m. *(-n,-n)* STOR. = soldato *m.* di cavalleria (armato).

Rei|sig|holz n. *(-es)* → **Reisig.**

Reis|korn n. *(-[e]s,-körner)* chicco *m.* di riso.

Reis|lauf m. *(-[e]s)*, **Reis|lau|fen** n. *(-s)* **1** mercenarismo *m.* **2** *(Dienst)* servizio *m.* come mercenario. **Reis|läu|fer** m. *(-s,-)* (soldato *m.*) mercenario *m.*

Reis|mehl n. *(-s)* farina *f.* di riso. **Reis|pa|pier** n. *(-s,-e)* carta *f.* di riso.

Reiß|ah|le f. *(-,-n)* punteruolo *m.* **Reiß|aus,** COLLOQ. ***~ nehmen*** darsela a gambe, svignarsela. **Reiß|bahn** f. *(-,-en)* AER. tela *f.* (*o* pannello *m.*) da strappo. **Reiß|blei** n. *(-[e]s,-e)* grafite *f.* **Reiß|brett** n. *(-[e]s,-bretter)* tecnigrafo *m.* **Reiß|brett|stift** m. *(-[e]s,-e)* → **Reißzwecke.**

Reis|schleim m. *(-[e]s)* GASTR. mucillagine *f.* di riso. **Reis|schnaps** m. *(-es,-schnäpse)* acquavite *f.* di riso.

rei|ßen *(riss, gerissen)* **I** tr. **1a** strappare: ***etw. mittendurch ~*** strappare qcs. a metà **b** *(wegziehen)* ***ein Blatt aus einem Heft ~*** strappare un foglio da un quaderno; ***jdm etw. (A) aus der Hand, aus den Händen ~*** strappare qcs. di mano a qcn.; ***der Wind riss ihm den Schirm aus der Hand*** il vento gli strappò l'ombrello di mano; FIG. ***diese Worte rissen sie aus ihren Gedanken*** queste parole la strapparono dai suoi pensieri **c** *(zerreißen)* lacerare, stracciare: ***einen Stoff in Bahnen ~*** dividere in strisce una stoffa **2** *(aus dem Boden reißen)* sradicare **3** *(durch Reißen verursachen)* produrre, fare: ***ein Loch in die Jacke ~*** fare uno strappo nella giacca, strappare la giacca; ***die Bombe hat einen Trichter gerissen*** la bomba ha prodotto una voragine **4a** gettare, scaraventare: ***jdn, etw. zu Boden ~*** gettare a terra qcn., qcs. **b** *(zerren)* trascinare, travolgere: ***die Strömung reißt jdn, etw. mit sich*** la corrente trascina qcn., qcs. con sé, travolge qcn., qcs. **5** *(an einer Stelle ziehen)* tirare: ***jdn an der Jacke, an den Haaren ~*** tirare qcn. per la giacca, per i capelli **6** sbranare, dilaniare: ***der Wolf hat ein Reh gerissen*** il lupo ha sbranato un capriolo **7** SPORT abbattere, far cadere: ***eine Hürde, die Latte ~*** abbattere un ostacolo, l'asticella **8** SPORT *(beim Gewichtheben)* sollevare di strappo **9** ANT. *(zeichnen)* disegnare, tracciare; *(auf Metall)* incidere **II** intr. **1a** (aus. *sein*) strapparsi, lacerarsi, stracciarsi: ***dieser Stoff reißt leicht*** questa stoffa si strappa facilmente **b** *(von Seilen, Fäden)* rompersi, spezzarsi: ***das Seil reißt*** la corda si rompe **c** *(von Wänden)* creparsi **2** (aus. *sein; Risse bekommen)* screpolarsi: ***an dieser Stelle reißt die Haut*** la pelle si screpola in questo punto **3** (aus. *haben; mit Gewalt ziehen)* dare strappi: ***der Hund riss an der Kette*** il cane dava strappi alla catena **4** *(schnell fließen;* aus. *haben)* scorrere veloce **III** rifl. **sich ~ 1** *(sich ritzen)* graffiarsi, ferirsi: ***sich an einem Nagel ~*** ferirsi con un chiodo **2** *(sich befreien)* liberarsi: ***der Hund hat sich von der Kette gerissen*** il cane si è liberato dalla catena **3** ***sich um etw. ~*** far di tutto, farsi in quattro per qcs.; *(kämpfen, wetteifern)* contendersi, disputarsi qcs.; ***sich um die Eintrittskarten ~*** far di tutto per avere i biglietti; ***sich um die Arbeit ~*** farsi in quattro per il lavoro **4** impers. *(Schmerz empfinden)* sentire (*o* avere) dolori: ***es reißt mich in Armen und Beinen*** ho dolori alle braccia e alle gambe ◆ ***etw. an sich ~*** tirare qcs. a sé; FIG. impadronirsi di qcs.; ***die Macht an sich ~*** impadronirsi del potere; ***an die Brust ~*** stringere al petto; ***in Fetzen ~*** fare a brandelli; ***mir reißt die Geduld*** mi scappa la pazienza; ***das Gespräch an sich ~*** prendere la parola di prepotenza; ***das reißt ihn vom Hocker*** ciò lo entusiasma; ***sich die Kleider vom Leib ~*** strapparsi i vestiti di dosso; ***Possen ~*** fare il buffone, fare buffonate; ***jdn aus dem Schlaf, den Träumen ~*** svegliare bruscamente qcn.; LETT. strappare qcn. al sonno; ***wenn alle Stränge (Stricke) ~*** alla peggio, in caso estremo, nella peggiore delle ipotesi; ***in Stücke ~*** fare a pezzi (anche FIG.); ***ins Verderben ~*** trascinare nella rovina; ***Witze ~*** dire spiritosaggini, fare lo spiritoso; ***sich Wunden, eine Wunde ~*** ferirsi, prodursi una ferita; ***Zoten ~***

dire delle oscenità; ***aus dem Zusammenhang gerissen*** staccato dal contesto.

Rei|ßen n. *(-s)* **1** lo strappare **2** COLLOQ. reumatismi *m.pl.*, dolori *m.pl.* reumatici **3** SPORT strappo *m.* **rei|ßend** p.pres. agg. **1** → **reißen 2** *(von Gewässern)* impetuoso, irruente: ***ein -er Fluss*** un fiume impetuoso **3** *(wild)* feroce; rapace: ***ein -es Tier*** un animale feroce **4** *(von Schmerzen)* lancinante, acuto ◆ ***eine Ware geht ~ ab*** una merce va a ruba; ***-en Absatz finden*** andare a ruba. **Rei|ßer** m. *(-s,-)* SPREG. **1a** *(Erfolg)* successo *m.* (di cassetta): ***dieses Theaterstück ist ein ~*** questa pièce è un successo di cassetta **b** *(von Filmen)* film *m.* di cassetta **c** *(von Büchern)* best seller *m.* **2** *(erfolgreiche Ware)* merce *f.* di gran successo, che va a ruba. **rei|ße|risch** agg. SPREG. sensazionale, che fa sensazione.

Reiß|fe|der f. *(-,-n)* tiralinee *m.* **reiß|fest** agg. resistente (allo strappo). **Reiß|fes|tig|keit** f. *(-)* resistenza *f.* (allo strappo). **Reiß|ha|ken** m. *(-s,-)* roncola *f.* **Reiß|koh|le** f. *(-,-n)* carboncino *m.* da disegno. **Reiß|lei|ne** f. *(-,-n)* AER. fune *f.* di strappamento. **Reiß|li|nie** f. *(-,-n)* linea *f.* tratteggiata, perforata. **Reiß|na|del** f. *(-,-n)* punta *f.* per tracciare. **Reiß|na|gel** m. *(-,-nägel)* → **Reißzwecke.** **Reiß|schie|ne** f. *(-,-n)* riga *f.* a T. **Reiß|stift** m. *(-[e]s,-e)* → **Reißzwecke.**

Reis|stär|ke f. *(-)* amido *m.* di riso.

Reiß|teu|fel m. *(-s,-)* COLLOQ. = chi logora rapidamente abiti e scarpe.

Reis|stroh n. *(-s)* paglia *f.* di riso. **Reis|sup|pe** f. *(-,-n)* minestra *f.* di riso.

Reiß|ver|schluss m. *(-es,-verschlüsse)* cerniera *f.* (*o* chiusura *f.*) lampo, zip *f.*: ***einen ~ aufmachen, zumachen, hochziehen*** aprire, chiudere, tirare su la cerniera lampo. **Reiß|ver|schluss|sys|tem** n. *(-[e]s)* sistema *m.* a senso unico alternato. **Reiß|wolf** m. *(-[e]s,-wölfe)* **1** TESS. lupo *m.* apritore, apritoio *m.* **2** *(von Papier)* distruggi-documenti *m.* **Reiß|wol|le** f. *(-)* lana *f.* rigenerata. **Reiß|wun|de** f. *(-,-n)* MED. lacerazione *f.* **Reiß|zahn** m. *(-[e]s,-zähne)* zanna *f.* **Reiß|zeug** n. *(-[e]s,-e)* strumenti *m.pl.* da disegno. **Reiß|zir|kel** m. *(-s,-)* compasso *m.* a mutazioni. **Reiß|zwe|cke** f. *(-,-n)* puntina *f.* da disegno.

Reis|wein m. *(-[e]s,-e)* sakè *m.*

Reit|bahn f. *(-,-en)* maneggio *m.*, cavallerizza *f.* **Reit|dress** m. *(-* e *-es, -e)* tenuta *f.* da equitazione.

rei|ten I intr. *(ritt, geritten;* aus. *sein,* RAR. *haben)* **1a** andare a cavallo, cavalcare: ***auf einem Maultier ~*** cavalcare (*o* andare a cavallo di) un mulo; ***auf einem Pferd ~*** andare a cavallo, cavalcare un cavallo; ***durch einen Bach ~*** attraversare a cavallo un ruscello **2** stare a cavalcioni: ***das Kind reitet auf seinen Knien*** il bambino sta a cavalcioni sulle sue ginocchia **II** tr. **1** cavalcare: ***ein Kamel, ein Pferd ~*** cavalcare un cammello, un cavallo **2** percorrere a cavallo: ***eine lange Strecke ~*** percorrere un lungo tratto a cavallo **3** ZOOL. *(begatten)* montare **III** rifl. ***sich (D) eine Wunde ~*** provocarsi una ferita cavalcando; impers. ***es reitet sich schlecht bei Regen*** si cavalca male quando piove ◆ ***im Galopp ~*** cavalcare al galoppo, galoppare; ***jdn über den Haufen ~*** investire (*o* atterrare) qcn. col cavallo; *(Feinde)* sbaragliare; ***hohe Schule ~*** fare esercizi d'alta scuola; ***das Pferd lahm ~*** azzoppare il cavallo (cavalcando); ***~ lernen*** imparare a andare a cavallo; ***das Pferd müde ~*** sfiancare (*o* sfinire) il cavallo; ***jdn in die Patsche ~*** mettere qcn. nei guai; ***Prinzipien ~*** attaccarsi ai principi, insistere sui principi; ***ohne Sattel, sattellos ~*** cavalcare a bardosso, a bisdosso; ***im Schritt ~*** andare al passo; ***auf jds Schultern ~*** farsi portare a cavalluccio; ***ein Steckenpferd ~*** coltivare, avere un hobby; ***vom Teufel geritten sein*** essere uscito di senno; FIG. ***krumme Touren ~*** agire, procedere per vie traverse; ***im Trab ~*** trottare, cavalcare al trotto; ***ein Turnier ~*** partecipare a un concorso ippico; ***was reitet dich denn?*** che ti prende? ***das Pferd zuschanden ~*** → **das Pferd müde ~.**

Rei|ten n. *(-s)* il cavalcare, equitazione *f.* **rei|tend** avv. a cavallo.

1.Rei|ter m. *(-s,-)* **1a** cavaliere *m.* **b.** EQUIT. fantino *m.* **2** *(auf Karteikarten)* cavalierino *m.* **3a** *(Gestell)* cavalletto *m.* **b** AUSTR. *(Heureiter)* cavalletto *m.* da fieno **4.** TECN. *(bei Präzisionswaagen)* cavaliere *m.* ◆ ***die apokalyptischen ~*** i cavalieri dell'Apocalisse; ***spanischer ~*** cavallo di Frisia.

2.Rei|ter f. *(-,-n)* REGION. e AUSTR. crivello *m.*, vaglio *m.*

Rei|ter|an|griff m. *(-[e]s,-e)* attacco *m.* di cavalleria. **Rei|te|rei** f. *(-,-en)* **1** MIL. STOR. cavalleria *f.* **2** COLLOQ. *(das Reiten)* equitazione *f.* **Rei|te|rin** f. *(-,-nen)* amazzone *f.* **rei|ter|lich** agg. di, da cavaliere. **rei|ter|los** agg. senza cavaliere, fantino. **Rei|ter|re|gi|ment** n. *(-[e]s,-er)* reggimento *m.* di cavalleria. **Rei|ters|mann** m. *(-[e]s,-männer* e *-leute)* cavaliere *m.* **Rei|ter|stand|bild** n. *(-[e]s,-er),* **Rei|ter|sta|tue** f. *(-,-n)* statua *f.* equestre.

Reit|ger|te f. *(-,-n)* frustino *m.* **Reit|ho|se** f. *(-,-n)* calzoni *m.pl.* alla cavallerizza. **Reit|kleid** n. *(-[e]s,-er)* costume *m.* da amazzone. **Reit|knecht** m. *(-[e]s,-e)* staffiere *m.*, palafreniere *m.* **Reit|kunst** f. *(-)* equitazione *f.*, cavallerizza *f.* **Reit|leh|rer** m. *(-s,-)* maestro *m.* di equitazione. **Reit|peit|sche** f. *(-,-n)* frustino *m.* **Reit|pferd** n. *(-[e]s,-e)* cavallo *m.* da sella. **Reit|prü|fung** f. *(-,-en)* esame *m.* di equitazione. **Reit|sat|tel** m. *(-s,-sättel)* sella *f.* **Reit|schu|le** f. *(-,-n)* scuola *f.* di equitazione. **Reit|sitz** m. *(-es,-e)* posizione *f.* cavalcioni. **Reit|sport** m. *(-[e]s)* ippica *f.*, sport *m.* equestre. **Reit|stall** m. *(-[e]s,-ställe)* scuderia *f.* **Reit|stie|fel** m. *(-s,-)* stivale *m.* da cavallerizzo. **Reit|stock** m. *(-[e]s,-stöcke)* **1** → **Reitpeitsche 2** TECN. contropunta *f.* (e supporto). **Reit|stock|spit|ze** f. *(-,-n)* TECN. contropunta *f.* **Reit|stun|de** f. *(-,-n)* lezione *f.* di equitazione. **Reit|tier** n. *(-[e]s,-e)* cavalcatura *f.*, animale *m.* da sella. **Reit|tur|nier** n. *(-s,-e)* concorso *m.* ippico. **Reit|un|ter|richt** m. *(-[e]s)* lezioni *f.pl.* di equitazione. **Reit|weg** m. *(-[e]s,-e)* sentiero *m.* riservato ai cavalieri. **Reit|zeug** n. *(-[e]s)* occorrente *m.* per andare a cavallo.

Reiz m. *(-es,-e)* **1** stimolo *m.*: ***auf einen ~ reagieren, ansprechen*** reagire a uno stimolo **2a** *(Anziehungskraft)* fascino *m.*, attrattiva *f.*: ***der ~ des Verbotenen*** il fascino del proibito; ***von etw., jdm geht ein großer ~ aus*** qcs., qcn. emana un grande fascino; ***einen starken ~ auf jdn ausüben*** esercitare (*o* avere) un forte fascino su qcn.; ***einer Sache keinen ~ abgewinnen können*** non vedere nessun fascino (*o* non provare piacere) in una cosa, non essere attratto da una cosa **b** *(Zauber)* incanto *m.*, magia *f.* ◆ ***nicht mit seinen -en geizen*** → ***seine -e zeigen***; ***alle seine -e spielen lassen*** usare tutto il proprio fascino; ***die weiblichen -e*** il fascino femminile; ***seine -e zeigen*** mostrare le proprie grazie.

reiz|bar agg. **1** irritabile, irascibile; *(empfindlich)* suscettibile **2** BIOL. MED. irritabile. **Reiz|bar|keit** f. *(-)* **1** irritabilità *f.*, irascibilità *f.*; *(Empfindlichkeit)* suscettibilità *f.* **2** BIOL. MED. irritabilità *f.*

Reiz|be|hand|lung f. *(-,-en)* → **Reizkörpertherapie.** **Reiz|bla|se** f. *(-,-n)* vescica *f.* irritabile. **reiz|emp|fäng|lich** agg. → **reizbar.**

rei|zen tr. **1a** irritare, far arrabbiare: ***sein Benehmen hat mich schwer gereizt*** il suo comportamento mi ha irritato molto **b** *(provozieren)* stuzzicare, provocare: ***reize nicht den Hund!*** non stuzzicare il cane! **c** eccitare: ***das Rot reizt den Stier*** il rosso eccita il toro **2a** *(anreizen)* stimolare, spingere, incitare: ***jdn zum Bösen, zur Rebellion ~*** spingere qcn. al male, alla ribellione **b** assol. ***etw. reizt zum Erbrechen, Lachen, Niesen*** qcs. fa venir voglia di vomitare, fa ridere, starnutire **3** *(angreifen)* irritare: ***der Rauch reizt die Augen*** il fumo irrita gli occhi **4a** *(erregen)* stimolare, eccitare, essere stimolante (*o* eccitante): ***es reizt mich immer wieder, neue Länder zu sehen*** è sempre stimolante vedere nuovi paesi; ***die neue Arbeit reizt ihn*** trova stimolante il nuovo lavoro; ***die Gefahr, das Geheimnis reizt ihn*** il pericolo, il mistero lo eccita; ***es reizt mich, ihn zu necken*** provo gusto a stuzzicarlo **b** stuzzicare, stimolare: ***das reizt meinen Appetit, den Gaumen, die Fantasie*** questo stuzzica il mio appetito, il palato, stimola la fantasia **c** *(hervorrufen)* provocare, suscitare: ***jds Eifersucht, Zorn ~*** provocare la gelosia, la collera di qcn. **5** VENAT. allettare (con richiami) ◆ ***jdn aufs Äußerste ~*** esasperare qcn.; ***jdn bis aufs Blut ~*** far montare il sangue alla testa a qcn.; ***das reizt mich nicht*** non m'ispira; ***jdn bis zur Weißglut ~*** fare imbestialire qcn.

rei|zend I p.pres. agg. **1** → **reizen 2a** (molto) carino, bello: ***es war ~ von ihr, dass sie an uns dachte*** è stato molto carino da parte sua pensare a noi **b** *(entzückend)* incantevole, delizioso: ***eine -e Person*** una persona incantevole; ***ein -er Ausblick*** una vista incantevole **c** *(anziehend)* attraente **II** avv. in modo incantevole (*o* delizioso) ◆ ***das ist ja ~!*** questa è bella!

Reiz|gas n. *(-es,-e)* gas *m.* irritante. **Reiz|hus|ten** m. *(-s)* MED. tosse *f.* secca.

Reiz|ker m. *(-s,-)* BOT. lattario *m.*, lattaiolo *m.*

Reiz|kör|per|the|ra|pie f. *(-)* MED. stimoloterapia *f.* **reiz|los** agg. **1** insipido, scipito: ***-e Speisen*** piatti insipidi **2** *(keinen Reiz besitzend)* privo di attrattiva, insulso. **Reiz|lo|sig|keit** f. *(-)* mancanza *f.* di attrattiva, insulsaggine *f.* **Reiz|mit|tel** n. *(-s,-)* stimolante *m.* **Reiz|schwel|le** f. *(-)* FISIOL. PSIC. soglia *f.* dello stimolo. **Reiz|stoff** m. *(-[e]s,-e)* **1** sostanza *f.* irritante **2** *(Reizmittel)* (sostanza *f.*) stimolante *m.* **Reiz|the|ra|pie** f. *(-)* → **Reizkörpertherapie.** **Reiz|über|flu|tung** f. *(-)* PSIC. bombardamento *m.* di stimoli esterni. **Rei|zung** f. *(-,-en)* **1** stimolazione *f.* **2** *(Gereiztheit)* irritazione *f.* (anche MED.). **reiz|voll** agg. **1** delizioso, grazioso **2a** *(interessant)* ricco di attrattive **b** *(verlockend)* allettante **c** *(anziehend)* attraente. **Reiz|wä|sche** f. *(-)* biancheria *f.* (intima) sexi.

Re|ka|pi|tu|la|ti|on f. *(-,-en)* ricapitolazione *f.* **Re|ka|pi|tu|la|ti|ons|the|o|rie** f. *(-)* BIOL. teoria *f.* della ricapitolazione. **re|ka|pi|tu|lie|ren** tr. ricapitolare.

Re|kel m. *(-s,-)* REGION. SPREG. villano *m.*, zotico *m.*, cafone *m.* **Re|ke|lei** f. *(-,-en)* COLLOQ. il continuo stirarsi. **re|keln** rifl. **sich ~** stirarsi, stiracchiarsi.

Re|kla|mant m. *(-en,-en)* reclamante *m.* **Re|kla|ma|ti|on** f. *(-,-en)* reclamo *m.*: ***eine ~ erheben, vorbringen, zurückweisen*** fare, presentare, respingere un reclamo.

Re|kla|me f. *(-,-n)* pubblicità *f.*, réclame *f.* (anche FIG.): ***für jdn, etw. ~ machen*** fare pubblicità a qcn., qcs. ◆ ***mit etw. ~ machen*** vantarsi di qcs., ostentare qcs. **Re|kla|me|feld|zug** m. *(-[e]s,-züge)* campagna *f.* pubblicitaria. **Re|kla|me|film** m. *(-[e]s,-e)* film *m.* pubblicitario. **Re|kla|me|flä|che** f. *(-,-n)* spazio *m.* per affissi pubblicitari. **re|kla|me|haft** agg. reclamistico. **Re|kla|me|läu|fer** m. *(-s,-)* uomo *m.* sandwich. **Re|kla|me|ma|che|rei** f. *(-,-en)* COLLOQ. SPREG. pubblicità *f.* **Re|kla|me|pla|kat** n. *(-[e]s,-e)* manifesto *m.* (*o* affisso *m.*) pubblicitario. **Re|kla|me|rum|mel** m. *(-s)* COLLOQ. SPREG. pubblicità *f.* chiassosa, battage *m.* pubblicitario. **Re|kla|me|säu|le** f. *(-,-n)* colonna *f.* per gli avvisi pubblicitari. **Re|kla|me|schild** n. *(-[e]s,-er)* cartello *m.* pubblicitario. **Re|kla|me|schön|heit** f. *(-,-en)* bellezza *f.* da copertina. **Re|kla|me|text** m. *(-[e]s,-e)* messaggio *m.* pubblicitario. **Re|kla|me|trick** m. *(-s,-s)* trucco *m.* pubblicitario. **Re|kla|me|trom|mel, *die ~ rühren, schlagen*** battere la grancassa.

re|kla|mie|ren I tr. **1** ***etw.*** ~ reclamare (*o* fare reclamo) per qcs.: ***bei der Post eine beschädigte Sendung ~*** fare reclamo presso la posta per una spedizione danneggiata **2** *(fordern)* reclamare, (ri)-chiedere, rivendicare: ***mehr Demokratie ~*** chiedere più democrazia; SPORT ***einen Elfmeter ~*** reclamare un calcio di rigore **II** intr. (aus. *haben*) reclamare, fare reclamo: ***(bei jdm) gegen etw.*** ~ reclamare (presso qcn.) contro qcs.; *(protestieren)* protestare ◆ ***eine Idee für sich ~*** rivendicare un'idea.

re|kog|nos|zie|ren tr. **1** SVIZZ. MIL. ***ein Gebiet ~*** perlustrare una zona, fare una ricognizione in una zona **2** DIR. riconoscere. **Re|kog|nos|zie|rung** f. *(-,-en)* **1** SVIZZ. MIL. ricognizione *f.*, perlustrazione *f.* **2** DIR. riconoscimento *m.*

Re|kom|man|da|ti|on f. *(-,-en)* **1** AUSTR. raccomandata *f.* **2** LETT. *(Empfehlung)* raccomandazione *f.* **re|kom|man|die|ren** tr. ANT. raccomandare ◆ AUSTR. ***einen Brief ~*** fare una raccomandata.

Re|kom|pens f. *(-,-en)* risarcimento *m.*, RAR. ricompensazione *f.* **Re|kom|pen|sa|ti|on** f. *(-,-en)* **1** ECON. risarcimento *m.* **2** MED. ricompensazione *f.* **re|kom|pen|sie|ren** tr. **1** ricompensare, risarcire **2** MED. ricompensare.

Re|kom|po|si|ti|on f. *(-,-en)* LING. ricomposizione *f.*

re|kon|stru|ier|bar agg. ricostruibile. **re|kon|stru|ie|ren** tr. **1** ricostruire: ***etw. aufgrund von Bodenfunden ~*** ricostruire qcs. sulla scorta di ritrovamenti; ***einen Unfall, den Tathergang ~*** ricostruire un incidente, lo svolgimento dei fatti **2** EX-RDT ***Maschinen ~*** modernizzare macchine. **Re|kon|stru|ie|rung** f. *(-,-en)* **1** ricostruzione *f.* **2** EX-RDT *(Modernisierung)* modernizzazione *f.* **Re|kon|struk|ti|on** f. *(-,-en)* **1** ricostruzione *f.* **2** EX-RDT *(Modernisierung)* modernizzazione *f.* (di impianti industriali).

re|kon|va|les|zent agg. convalescente. **Re|kon|va|les|zent** m. *(-en,-en)* convalescente *m.* **Re|kon|va|les|zenz** f. *(-)* convalescenza *f.* **re|kon|va|les|zie|ren** intr. (aus. *haben*) essere in via di guarigione; *(genesen)* guarire, rimettersi.

Re|kon|zi|li|a|ti|on f. *(-,-en)* RELIG. riconciliazione *f.*

Re|kord m. *(-[e]s,-e)* record *m.*, primato *m.*: ***einen ~ aufstellen*** (*o* ***erringen, erzielen), brechen (schlagen), einstellen (egalisieren), halten (innehaben)*** stabilire, battere, uguagliare, detenere un record; ***einen ~ um 3 Sekunden verbessern*** migliorare un record di 3 secondi ◆ ***einen ~ fahren, laufen, schwimmen*** stabilire un record in una gara motoristica (*o* ciclistica), nella corsa, nel nuoto; ***etw., jd bricht, schlägt alle -e*** qcs., qcn. batte tutti i record. **Re|kord|be|such** m. *(-[e]s,-e)* frequenza *f.* (da) record. **Re|kord|er|geb|nis** n. *(-ses,-se)* risultato *m.* eccezionale. **Re|kord|ern|te** f. *(-,-n)* raccolto *m.* eccezionale. **Re|kord|flug** m. *(-[e]s,-flüge)* volo *m.* di primato. **Re|kord|hal|ter** m. *(-s,-)* detentore *m.* di un record, primatista *m.*, recordman *m.* **Re|kord|hal|te|rin** f. *(-,-nen)* detentrice *f.* di un record, primatista *f.* **Re|kord|hö|he** f. *(-)* altezza *f.* record. **Re|kord|in|ha|ber** m. *(-s,-)* → **Rekordhalter. Re|kord|in|ha|be|rin** f. *(-,-nen)* → **Rekordhalterin. Re|kord|in|ter|na|ti|o|na|le** m. *(-n,-n)* = atleta *m.* che ha disputato più gare internazionali. **Re|kord|leis|tung** f. *(-,-en)* prestazione *f.* eccezionale.

Re|kord|ler m. *(-s,-)* primatista *m.*, recordman *m.*

Re|kord|mar|ke f. *(-,-n)* record *m.*, primato *m.* **Re|kord|meis|ter** m. *(-s,-)* detentore *m.* di più titoli; *(Mannschaft)* squadra *f.* detentrice di più titoli. **Re|kord|ver|such** m. *(-[e]s,-e)* tentativo *m.* di record. **Re|kord|wei|te** f. *(-)* lunghezza *m.* record. **Re|kord| zahl** f. *(-,-en)* cifra *f.* record. **Re|kord|zeit** f. *(-,-en)* tempo *m.* record.

Rek|rut m. *(-en,-en)* recluta *f.*, coscritto *m.* **Rek|ru|ten|aus|bil|der** m. *(-s,-)* istruttore *m.* di reclute. **Rek|ru|ten|aus|bil|dung** f. *(-,-en)* istruzione *f.* delle reclute. **Rek|ru|ten|aus|he|bung** f. *(-,-en)* ANT. leva *f.*, chiamata *f.* alle armi dei coscritti. **Rek|ru|ten|zeit** f. *(-)* periodo *m.* d'istruzione delle reclute. **rek|ru|tie|ren I** tr. reclutare, arruolare (anche FIG.) **II** rifl. **sich ~** comporsi: ***das Forscherteam rekrutiert sich aus erstklassigen Wissenschaftlern*** l'équipe di ricerca si compone di scienziati di prim'ordine. **Rek|ru|tie|rung** f. *(-,-en)* reclutamento *m.*

rek|tal I agg. rettale **II** avv. per via rettale: ***die Temperatur ~ messen*** misurare la temperatura per via rettale. **Rek|tal|er|näh|rung** f. *(-)* alimentazione *f.* per via rettale. **Rek|tal|nar|ko|se** f. *(-,-n)* narcosi *f.* rettale. **Rek|tal|tem|pe|ra|tur** f. *(-,-en)* temperatura *f.* rettale.

rek|tan|gu|lär agg. rettangolare.

Rek|ta|pa|pier n. *(-s,-e)* BANC. titolo *m.* nominativo.

Rek|ti|fi|kat n. *(-[e]s,-e)* CHIM. rettificato *m.* **Rek|ti|fi|ka|ti|on** f. *(-,-en)* CHIM. MAT. rettificazione *f.* **Rek|ti|fi|zier|an|la|ge** f. *(-,-n)* impianto *m.* di rettificazione. **rek|ti|fi|zie|ren** tr. CHIM. MAT. rettificare. **Rek|ti|fi|zier|ko|lon|ne** f. *(-,-n)* colonna *f.* di rettificazione.

Rek|ti|on f. *(-,-en)* GRAMM. reggenza *f.*

Rek|to n. *(-s,-s)* BIBLIOT. recto *m.*, retto *m.*

Rek|tor m. *(-s,-en)* **1** *(Leiter einer Grundschule)* direttore *m.* **2** *(Leiter einer Haupt-, Realschule)* preside *m.* **3** UNIV. ECCL. rettore *m.* **Rek|to|rat** n. *(-[e]s,-e)* **1** *(in einer Grundschule)* direzione *f.* **2** *(in einer Haupt-, Realschule)* presidenza *f.* **3** UNIV. ECCL. rettorato *m.* **Rek|to|rats|re|de** f. *(-,-n)* discorso *m.* inaugurale, prolusione *f.* del rettore. **Rek|to|ren|kon|fe|renz** f. *(-,-en)* conferenza *f.* (*o* riunione) di rettori. **Rek|to|rin** f. *(-,-nen)* **1** *(Leiterin einer Grundschule)* direttrice *f.* (didattica) **2** *(Leiterin einer Haupt-, Realschule)* preside *f.* **3** UNIV. rettrice *f.*

Rek|to|skop n. *(-s,-e)* rettoscopio *m.* **Rek|to|sko|pie** f. *(-,-n)* rettoscopia *f.* **Rek|tum** n. *(-s, Rekta)* (intestino *m.*) retto *m.*

Re|kul|ti|vie|rung f. *(-,-en)* MIN. nuova coltivazione *f.*

Re|ku|pe|ra|tor m. *(-s,-en)* TECN. ricuperatore *m.*

Re|kur|renz f. *(-)* → **Rekursivität. re|kur|rie|ren** intr. (aus. *haben*) **1** ***auf etw. (A) ~*** fare riferimento a qcs. **2** AUSTR. o ANT. *(Berufung einlegen)* ricorrere, presentare ricorso. **Re|kurs** m. *(-es,-e)* **1** *(Bezug)* riferimento *m.*: ***auf etw. (A) ~ nehmen*** fare riferimento a qcs. **2** DIR. *(Beschwerde)* ricorso *m.*, reclamo *m.*: ***~ einlegen*** presentare ricorso. **Re|kur|si|on** f. *(-,-en)* MAT. ricorsività *f.* **re|kur|siv** agg. MAT. LING. ricorsivo. **Re|kur|si|vi|tät** f. *(-)* LING. ricorsività *f.*

Re|lais [rə'lɛ:] n. *(-,-)* **1** relais *m.*, relè *m.* **2a** ANT. *(Pferdewechsel)* cambio *m.* dei cavalli **b** *(Station zum Pferdewechsel)* posta *f.* **c** MIL. linea *f.* dei collegamenti. **Re|lais|sta|ti|on** f. *(-,-en)* **1** stazione *f.* ripetitrice **2** STOR. posta *f.* (per il cambio dei cavalli). **Re|lais|steu|e|rung** f. *(-,-en)* comando *m.* a relè. **Re|lais|stre|cke** f. *(-,-n)* RAD. TELEV. linea *f.* di ripetitori.

Re|la|ti|on f. *(-,-en)* **1** relazione *f.*, rapporto *m.*: ***zwei Größen zueinander in ~ setzen*** mettere in relazione tra loro due grandezze; ***etw. in die richtige ~ zu etw. bringen*** mettere qcs. nel giusto rapporto con qcs.; ***das Urteil steht in keiner ~ zur Schwere der Straftat*** la sentenza non ha nessun rapporto con la gravità del delitto; ANT. ***(gesellschafliche, geschäftliche Verbindung) mit jdm in ~ stehen*** essere in rapporto con qcn. **2** ANT. *(Bericht)* relazione *f.*, rapporto *m.*, resoconto *m.* **3** MAT. relazione *f.* **Re|la|ti|ons|be|griff** m. *(-[e]s,-e)* concetto *m.* di relazione.

re|la|tiv I agg. relativo: ***eine -e Besserung*** un miglioramento relativo; ***-e Begriffe*** concetti relativi **II** avv. *(verhältnismäßig)* relativamente; *(ziemlich)* ***~ kalt*** relativamente freddo; ***~ oft*** relativamente spesso ◆ MUS. ***-es Gehör*** orecchio relativo; MAT. ***-e Größen*** grandezze relative; POL. ***-e Mehrheit*** maggioranza relativa; MAT. ***-e Zahlen*** numeri relativi. **Re|la|tiv** n. *(-s,-e)* pronome *m.* relativo. **Re|la|tiv|ad|verb** n. *(-s,-ien)* avverbio *m.* relativo. **re|la|ti|vie|ren** tr. relativizzare. **Re|la|ti|vie|rung** f. *(-,-en)* relativizzazione *f.* **re|la|ti|visch** agg. GRAMM. relativo.

Re|la|ti|vis|mus m. *(-)* relativismo *m.* **Re|la|ti|vist** m. *(-en,-en)* relativista *m.* **re|la|ti|vis|tisch** agg. relativistico. **Re|la|ti|vi|tät** f. *(-,-en)* relatività *f.* **Re|la|ti|vi|täts|prin|zip** n. *(-s,-ien)* principio *m.* della relatività. **Re|la|ti|vi|täts|the|o|rie** f. *(-)* teoria *f.* della relatività.

Re|la|tiv|pro|no|men n. *(-s,-)* pronome *m.* relativo. **Re|la|tiv|satz** m. *(-es,-sätze)* proposizione *f.* relativa. **Re|la|ti|vum** n. *(-s, Relativa)* (pronome *m.*) relativo *m.*

re|laxed [ri'lɛkst] agg. rilassato. **re|la|xen** [ri'lɛksn] intr. (aus. *haben*) rilassarsi. **Re|la|xing** [ri'lɛksɪŋ] n. *(-s)* rilassamento *m.*

Re|le|ga|ti|on f. *(-,-en)* SCOL. UNIV. espulsione *f.* **re|le|gie|ren** tr.

SCOL. UNIV. espellere. **Re|le|gie|rung** f. *(-,-en)* SCOL. UNIV. espulsione *f.*
re|le|vant agg. rilevante. **Re|le|vanz** f. *(-)* rilevanza *f.*
Re|li|a|bi|li|tät f. *(-)* affidabilità *f.*, reliability *f.* (di test psicologico).
Re|li|ef n. *(-s,-s* e *-e)* ART. GEOGR. rilievo *m.* **re|li|ef|ar|tig** agg. a rilievo, come un rilievo. **Re|li|ef|druck** m. *(-s,-e)* stampa *f.* a rilievo. **Re|li|ef|kar|te** f. *(-,-n)* carta *f.* a rilievo, plastico *m.* **Re|li|ef|sti|cke|rei** f. *(-,-en)* ricamo *m.* in rilievo.
Re|li|gi|on f. *(-,-en)* **1** religione *f.*: ***die christliche, jüdische, mohammedanische ~*** la religione cristiana, ebraica, maomettana; ***~ unterrichten*** insegnare religione **2** FIG. religione *f.*, culto *m.*: ***Arbeit ist seine ~*** il lavoro è la sua religione; ***die ~ des Geldes*** il culto del denaro ◆ ***einer ~ angehören*** appartenere a una religione; ***eine ~ ausüben, begründen*** praticare, fondare una religione; ***sich zu einer ~ bekennen*** professare una religione. **Re|li|gi|ons|be|kennt|nis** n. *(-ses,-se)* professione *f.* di fede. **re|li|gi|ons|feind|lich** agg. ostile alla religione, antireligioso. **Re|li|gi|ons|frei|heit** f. *(-)* libertà *f.* di culto. **Re|li|gi|ons|ge|mein|schaft** f. *(-,-en)* comunità *f.* religiosa. **Re|li|gi|ons|ge|schich|te** f. *(-)* storia *f.* delle religioni. **Re|li|gi|ons|krieg** m. *(-[e]s,-e)* guerra *f.* di religione. **Re|li|gi|ons|leh|re** f. *(-,-n)* dottrina *f.* religiosa. **Re|li|gi|ons|leh|rer** m. *(-s,-)* insegnante *m.* di religione. **re|li|gi|ons|los** agg. areligioso, senza religione. **Re|li|gi|ons|lo|sig|keit** f. *(-)* areligiosità *f.* **Re|li|gi|ons|stif|ter** m. *(-s,-)* fondatore *m.* di una religione. **Re|li|gi|ons|streit** m. *(-[e]s)* controversia *f.* (*o* disputa *f.*) religiosa. **Re|li|gi|ons|un|ter|richt** m. *(-[e]s)* insegnamento *m.* di religione. **Re|li|gi|ons|wis|sen|schaft** f. *(-)* scienza *f.* delle religioni. **Re|li|gi|ons|zu|ge|hö|rig|keit** f. *(-)* appartenenza *f.* a una religione.
re|li|gi|ös I agg. religioso: ***-e Vorschriften*** precetti religiosi; ***-e Gesinnung*** sentimenti religiosi **II** avv. religiosamente, in modo religioso: ***~ erzogen werden*** venire educato in modo religioso. **Re|li|gi|o|se** m. e f. *(-n,-n)* religioso *m.* (-a *f.*). **Re|li|gi|o|si|tät** f. *(-)* religiosità *f.*
re|likt agg. BIOL. relitto. **Re|likt** n. *(-[e]s,-e)* **1** *(Überrest)* residuo *m.*, resto *m.* (anche FIG.) **2** BIOL. LING. relitto *m.*
Re|ling f. *(-s,-s* e *-e)* MAR. parapetto *m.*
Re|li|qui|ar n. *(-s,-e)* reliquiario *m.* **Re|li|quie** f. *(-,-n)* reliquia *f.*: ***-n verehren*** adorare reliquie; FIG. ***etw. wie eine ~ hüten*** conservare qcs. come una reliquia. **Re|li|qui|en|be|häl|ter** m. *(-s,-)* contenitore *m.* di reliquie, reliquiario *m.* **Re|li|qui|en|schrein** m. *(-[e]s,-e)* scrigno *m.* per reliquie.
Rem n. *(-s,-s)* FIS. rem *m.*
Re|make [ri:'meɪk] n. *(-s,-s)* remake *m.*
re|ma|nent agg. rimanente; FIS. residuo: ***-er Magnetismus*** magnetismo residuo. **Re|ma|nenz** f. *(-)* FIS. rimanenza *f.*
Rem|bours [rã'bu:ɐ] m. *(-,-)* COMM. rimborso *m.* di banca. **Rem|bours|ge|schäft** n. *(-[e]s,-e)* operazione *f.* di rimborso di banca. **rem|bour|sie|ren** tr. rimborsare (su una banca). **Rem|bours|kre|dit** m. *(-[e]s,-e)* credito *m.* di rimborso.
Re|mig|rant m. *(-en,-en)* emigrante *m.* che torna in patria.
re|mi|li|ta|ri|sie|ren tr. rimilitarizzare. **Re|mi|li|ta|ri|sie|rung** f. *(-)* rimilitarizzazione *f.*
Re|mi|nis|zenz f. *(-,-en)* reminiscenza *f.*: ***eine ~ an die Kindheit*** una reminiscenza dell'infanzia.
re|mis [rə'mi:] agg. pari, patta: ***~ enden*** finire pari. **Re|mis** n. *(-,-* e *-en)* parità *f.*, pareggio *m.* **Re|mi|se** f. *(-,-n)* rimessa *f.* **re|mi|sie|ren** intr. (aus. *haben*) pareggiare, fare patta.
Re|mis|si|on f. *(-,-en)* **1** EDIT. resa *f.* (degli invenduti) **2** MED. remissione *f.*; *(von Fieber)* remittenza *f.* **Re|mit|ten|de** f. *(-,-n)* EDIT. reso *m.* **Re|mit|tent** m. *(-en,-en)* beneficiario *m.* di cambiale. **re|mit|tie|ren I** tr. COMM. rimettere, rispedire, rinviare **II** intr. (aus. *haben*) MED. *(von Krankheitserscheinungen)* diminuire.
Rem|mi|dem|mi n. *(-s)* COLLOQ. baraonda *f.*, animazione *f.*
Re|mon|te f. *(-,-n)* MIL. **1** *(Remontierung)* rimonta *f.* **2** → **Remontepferd. Re|mon|te|pferd** n. *(-[e]s,-e)* cavallo *m.* di rimonta. **re|mon|tie|ren** intr. (aus. *haben*) **1** *(nochmals blühen)* rifiorire **2** MIL. rimontare. **Re|mon|tie|rung** f. *(-,-en)* MIL. rimonta *f.*
Re|mou|la|de [remu-] f. *(-,-n)*, **Re|mou|la|den|so|ße** f. *(-,-n)* salsa *f.* remoulade.
Rem|pe|lei f. *(-,-en)* COLLOQ. **1** spintone *m.* **2** SPORT carica *f.* **rem|peln** tr. COLLOQ. **1** spintonare **2** SPORT caricare.
REM-Pha|se f. *(-,-n)* fase *f.* (del sonno) rem.
Remp|ler m. *(-s,-)* COLLOQ. spintone *m.*
Rem(p)|ter m. *(-s,-)* refettorio *m.*
Ren n. *(-s,-s* e *-e)* renna *f.*
Re|nais|sance [rənɛ'sã:s] f. *(-,-n)* **1** rinascimento *m.* **2** *(Wiederaufkommen)* rinascita *f.* **Re|nais|sance|dich|ter** m. *(-s,-)* poeta *m.* rinascimentale. **Re|nais|sance|stil** m. *(-s)* stile *m.* Rinascimento. **Re|nais|sance|zeit** f. *(-)* periodo *m.* del rinascimento, epoca *f.* rinascimentale.
Re|na|te n.pr.f. Renata *f.*
Ren|dez|vous [rãdə'vu:], **Ren|dez|vous** ['rã:devu] n. *(-s,-s)* **1** *(Verabredung)* rendez-vous *m.*, appuntamento *m.*: ***ein ~ mit jdm haben*** avere un rendez-vous con qcn.; ***sich ein ~ geben, zu einem ~ verabreden*** darsi un appuntamento **2** ASTR. rendez-vous *m.*
Ren|di|te f. *(-,-n)* rendita *f.*
Re|ne|gat m. *(-en,-en)* rinnegato *m.* **Re|ne|ga|ten|tum** n. *(-s)* rinnegamento *m.*
Re|nek|lo|de f. *(-,-n)* reine-claude *f.*
Re|net|te f. *(-,-n)* (mela *f.*) renetta *f.*
Ren|for|cé [rãfɔr'se:] m. e n. *(-s,-s)* tessuto *m.* di cotone rinforzato.
re|ni|tent agg. renitente. **Re|ni|tenz** f. *(-)* renitenza *f.*
Ren|ke f. *(-,-n)*, **Ren|ken** m. *(-s,-)* coregone *m.*
Renk|ver|schluss m. *(-es,-verschlüsse)* attacco *m.* a baionetta.
Renn|au|to n. *(-s,-s)* auto *f.* da corsa. **Renn|bahn** f. *(-,-en)* **1** pista *f.* (da corsa) **2** *(für Pferde)* ippodromo *m.* **3** *(für Wagen, Motorräder)* autodromo *m.* **4** *(für Motorräder, Fahrräder)* motovelodromo *m.* **5** *(für Fahrräder)* velodromo *m.* **Renn|boot** n. *(-[e]s,-e)* imbarcazione *f.* da corsa.
ren|nen *(rannte, gerannt)* **I** intr. (aus. *sein*) **1** correre: ***er ist auf die Straße, zur Mutter gerannt*** è corso sulla strada, dalla madre; ***er ist die ganze Strecke gerannt*** ha corso per l'intero tratto; ***wie der Blitz ~*** correre come il fulmine; *(im Wettrennen)* ***für Deutschland ~*** correre per la Germania; COLLOQ. FIG. ***wegen jeder Kleinigkeit zum Arzt ~*** correre dal medico per la minima cosa **2** *(stoßen, prallen)* ***an, gegen etw. ~*** andare a sbattere contro qcs. **II** tr. **1** cacciare, ficcare: ***jdm ein Messer in die Brust ~*** conficcare un coltello nel petto a qcn. **2** COLLOQ. ***jdn über den Haufen ~*** urtare qcn. violentemente, stendere qcn. **III** rifl. **1** REGION. ***sich (D) ein Loch ins Knie ~*** procurarsi una ferita al ginocchio **2** conficcarsi, cacciarsi: ***sich (D) ein Messer zwischen die Rippen ~*** conficcarsi un coltello tra le costole ◆ ***jdm in die Arme ~*** finire addosso a qcn.; ***Hals über Kopf ~*** correre a rotta di collo, a scavezzacollo; ***mit dem Kopf gegen die Wand ~*** sbattere la testa contro il muro; ***einen neuen Rekord ~*** correre per un nuovo record; ***in den Tod ~*** schiantarsi (con un veicolo); ***in sein Unglück, ins Verderben ~*** andare in rovina; ***um die Wette ~*** fare a chi arriva primo; ***wie ein Wiesel ~*** correre come una lepre; COLLOQ. ***sich die Zunge aus dem Hals ~*** correre a perdifiato.
Ren|nen n. *(-s,-)* corsa *f.*: ***~ mit Hindernissen*** corsa a ostacoli; ***er ist ein großartiges ~ gelaufen, geritten, gefahren*** ha corso una grande gara, ha fatto una grande corsa; ***an einem ~ teilnehmen*** partecipare a una corsa; ***als Verlierer aus einem ~ hervorgehen*** uscire perdente da una corsa ◆ COLLOQ. *(die Sache ist erledigt)* ***das ~ ist gelaufen*** (la cosa) è andata; ***gut im ~ liegen*** avere buone probabilità di vittoria (anche FIG.); COLLOQ. FIG. ***das ~ machen*** andare per la maggiore; ***totes ~*** corsa non valida, senza un vincitore.
Ren|ner m. *(-s,-)* **1** corridore *m.*, buon cavallo *m.* da corsa **2a** GERG. COMM. *(Verkaufsschlager)* campione *m.* di vendita **b** CINEM. TEATR. campione *m.* d'incassi. **Ren|ne|rei** f. *(-,-en)* COLLOQ. il continuo correre, il fare le corse. **Renn|fah|rer** m. *(-s,-)* corridore *m.* **Renn|fie|ber** n. *(-s)* febbre *f.* della corsa. **Renn|jacht** f. *(-,-en)* panfilo *m.* da regata. **Renn|lei|tung** f. *(-,-en)* direzione *f.* di gara. **Renn|ma|schi|ne** f. *(-,-n)* motocicletta *f.* da corsa. **Renn|pferd** n. *(-[e]s,-e)* cavallo *m.* da corsa. **Renn|pis|te** f. *(-,-n)* pista *f.* (da corsa). **Renn|platz** m. *(-es,-plätze)* campo *m.* delle corse, ippodromo *m.* **Renn|rad** n. *(-[e]s,-räder)* bicicletta *f.* da corsa. **Renn|rei|fen** m. *(-s,-)* pneumatico *m.* da corsa. **Renn|rei|ter** m. *(-s,-)* fantino *m.* **Renn|ro|del** m. *(-s,-)*, **Renn|schlit|ten** m. *(-s,-)* slitta *f.* da corsa. **Renn|schuh** m. *(-[e]s,-e)* scarpetta *f.* chiodata, da corsa. **Renn|sport** m. *(-[e]s)* **1** corse *f.pl.* **2** EQUIT. ippica *f.* **3** AUT. automobilismo *m.* **4** *(von Motorrädern)* motociclismo *m.* **5** *(von Fahrrädern)* ciclismo *m.* **Renn|stall** m. *(-[e]s,-ställe)* EQUIT. AUT. scuderia *f.* **Renn|stre|cke** f. *(-,-n)* **1** percorso *m.* di gara **2** AUT. *(Rundstrecke)* circuito *m.* **Renn|ver|fah|ren** n. *(-s,-)* METALL. processo *m.* di affinazione a basso fuoco. **Renn|wa|gen** m. *(-s,-)* **1** macchina *f.* da corsa, vettura *f.* da competizione **2** STOR. cocchio *m.* da corsa. **Renn|wet|te** f. *(-,-n)* scommessa *f.* sulle corse.
Re|nom|mee n. *(-s,-s)* **1** reputazione *f.*: ***ein gutes, zweifelhaftes ~ haben*** avere una buona, dubbia reputazione; ***an ~ verlieren*** perdere la reputazione **2** *(guter Ruf)* buon nome *m.*, rinomanza *f.*: ***er hat, besitzt ~*** ha un buon nome; ***ein Hotel von gutem ~*** un albergo rinomato. **re|nom|mie|ren** intr. (aus. *haben*) ***mit etw. ~*** vantarsi, gloriarsi di qcs. **Re|nom|mier|stück** n. *(-[e]s,-e)* cosa *f.* rinomata, di spicco. **Re|nom|mier|sucht** f. *(-)* smania *f.* di vanteria.

re|nom|miert p.pass. agg. **1** → **renommieren 2** rinomato. **Re|nom|mist** m. *(-en,-en)* fanfarone *m.*, millantatore *m.*, smargiasso *m.* **Re|nom|mis|te|rei** f. *(-,-en)* vanteria *f.*, millanteria *f.*, fanfaronata *f.*

Re|non|ce [rə'nõ:s(ə), re-] f. *(-,-n)* GIOC. (carta *f.* di) scarto *m.*

Re|no|va|ti|on f. *(-,-en)* SVIZZ. O ANT. → **Renovierung. re|no|vie|ren** tr. **1** *(Gebäude)* restaurare **2** *(Innenausstattungen)* rinnovare. **Re|no|vie|rung** f. *(-,-en)* **1** *(von Gebäuden)* restauro *m.* **2** *(von Innenausstattungen)* rinnovo *m.*

ren|ta|bel I agg. redditizio, rimunerativo **II** avv. redditivamente. **Ren|ta|bi|li|tät** f. *(-)* redditività *f.*, rimuneratività *f.* **Ren|ta|bi|li|täts|rech|nung** f. *(-,-en)* calcolo *m.* della redditività.

Rent|amt n. *(-[e]s,-ämter)* **1** ente *m.* per l'amministrazione finanziaria locale **2** *(Finanzamt)* esattoria *f.* **3** UNIV. economato *m.* **Ren|te** f. *(-,-n)* **1** *(Alters-, Invalidenrente)* pensione *f.*: ***Anspruch auf eine ~ haben*** avere diritto a una pensione; ***jdm eine ~ aussetzen*** concedere una pensione a qcn. **2** rendita *f.*: ***von seiner ~ leben*** vivere di rendita; ***eine ~ beziehen, bekommen*** percepire una rendita ◆ COLLOQ. ***auf, in ~ gehen*** andare in pensione; COLLOQ. ***auf, in ~ sein*** essere in pensione; COLLOQ. ***jdn auf ~ setzen*** mettere qcn. in pensione. **Ren|tei** f. *(-,-en)* → **Rentamt. Ren|ten|al|ter** n. *(-s)* età *f.* pensionabile. **Ren|ten|an|lei|he** f. *(-,-n)* rendita *f.* **Ren|ten|an|pas|sung** f. *(-,-en)* adeguamento *m.* delle pensioni. **Ren|ten|an|spruch** m. *(-[e]s,-ansprüche)* diritto *m.* a una pensione. **Ren|ten|bank** f. *(-,-en)* banca *f.* di credito agricolo. **Ren|ten|ba|sis**, ***etw. auf ~ bezahlen, kaufen*** comprare qcs. dietro pagamento di una rendita. **Ren|ten|be|mes|sungs|grund|la|ge** f. *(-,-n)* base *f.* di calcolo della pensione. **Ren|ten|be|rech|tig|te** m. e f. *(-n,-n)* avente *m.* e *f.* diritto alla pensione. **Ren|ten|brief** m. *(-[e]s,-e)* titolo *m.* di rendita (fondiaria). **Ren|ten|emp|fän|ger** m. *(-s,-)* beneficiario *m.* (*o* titolare *m.*) di una pensione. **Ren|ten|er|hö|hung** f. *(-,-en)* aumento *m.* delle pensioni. **Ren|ten|in|ha|ber** m. *(-s,-)* detentore *m.* di un vitalizio. **Ren|ten|kür|zung** f. *(-,-en)* riduzione *f.* delle pensioni. **Ren|ten|mark** f. *(-)* INTRAD. (marco tedesco introdotto nel 1923). **Ren|ten|markt** m. *(-[e]s, -märkte)* mercato *m.* dei titoli a reddito fisso. **Ren|ten|pa|pier** n. *(-s,-e)* titolo *m.* (*o* cartella *f.*) di rendita. **ren|ten|pflich|tig** agg. tenuto al pagamento di una rendita. **Ren|ten|schuld** f. *(-,-en)* credito *m.* ipotecario. **Ren|ten|sys|tem** n. *(-s,-e)* sistema *m.* pensionistico. **Ren|ten|ver|si|che|rung** f. *(-,-en)* previdenza *f.* sociale. **Ren|ten|wert** m. *(-[e]s,-e)* → **Rentenpapier. Ren|ten|zah|lung** f. *(-,-en)* pagamento *m.* della pensione.

1.Ren|tier n. *(-[e]s,-e)* → **Ren.**

2.Ren|ti|er [rɛn'tie:] m. *(-s,-s)* **1** ANT. titolare *m.* di una rendita, chi vive di rendita **2** RAR. *(Rentner)* pensionato *m.*

ren|tie|ren rifl. **sich ~**, RAR. intr. (aus. *haben*) rendere, fruttare, essere redditizio.

Ren|tier|flech|te f. *(-,-n)* lichene *m.* delle renne.

ren|tier|lich agg. RAR. → **rentabel.**

Rent|ner m. *(-s,-)* pensionato *m.* **Rent|ne|rin** f. *(-,-nen)* pensionata *f.*

Re|nu|me|ra|ti|on f. *(-,-en)* rimborso *m.* **re|nu|me|rie|ren** tr. rimborsare.

Re|or|ga|ni|sa|ti|on f. *(-,-en)* riorganizzazione *f.* **Re|or|ga|ni|sa|tor** m. *(-s,-en)* riorganizzatore *m.* **re|or|ga|ni|sie|ren** tr. riorganizzare.

re|pa|ra|bel agg. riparabile.

Re|pa|ra|ti|o|nen pl. riparazioni *f.pl.* (di guerra). **Re|pa|ra|ti|ons|leis|tung** f. *(-,-en)* riparazioni *f.pl.* (di guerra). **Re|pa|ra|ti|ons|zah|lung** f. *(-,-en)* pagamento *m.* delle riparazioni (di guerra).

Re|pa|ra|tur f. *(-,-en)* riparazione *f.*: ***eine ~ ausführen, vornehmen*** eseguire una riparazione; ***etw. in, zur ~ geben*** dare qcs. in riparazione, a riparare; ***in ~ sein*** essere in riparazione. **re|pa|ra|tur|an|fäl|lig** agg. soggetto a riparazioni. **Re|pa|ra|tur|an|nah|me** f. *(-,-n)* (luogo *m.* dove si eseguono) riparazioni *f.pl.* **re|pa|ra|tur|be|dürf|tig** agg. che ha bisogno di riparazioni. **Re|pa|ra|tur|kos|ten** pl. spese *f.pl.* di riparazione. **Re|pa|ra|tur|werk|statt** f. *(-, -stätten)*, **Re|pa|ra|tur|werk|stät|te** f. *(-,-n)* officina *f.* di riparazioni.

re|pa|rie|ren tr. riparare, aggiustare.

re|par|tie|ren tr. *(Wertpapiere, Kostenanteile)* ripartire. **Re|par|ti|ti|on** f. *(-,-en)* ripartizione *f.*

re|pas|sie|ren tr. **1** *(Rechnungen)* rivedere **2** *(Laufmaschen aufnehmen)* riammagliare **3** METALL. rifilare. **Re|pas|sie|re|rin** f. *(-,-nen)* rammagliatrice *f.*

re|pat|ri|ie|ren tr. rimpatriare. **Re|pat|ri|ie|rung** f. *(-,-en)* rimpatrio *m.*

Re|pel|lent [ri'pɛlənt] n. *(-s,-s)* CHIM. repellente *m.*

Re|per|kus|si|on f. *(-,-en)* MUS. ripercussione *f.*

Re|per|toire [-'toa:ɐ] n. *(-s,-s)* TEATR. MUS. repertorio *m.*: ***ein ~ zusammenstellen*** mettere insieme un repertorio; ***etw. aus dem, vom ~ streichen, in das ~ aufnehmen*** togliere qcs. dal, mettere qcs. in repertorio. **Re|per|toire|stück** n. *(-[e]s,-e)* pezzo *m.* di repertorio. **Re|per|to|ri|um** n. *(-s, Repertorien)* repertorio *m.*, raccolta *f.*

Re|pe|tent m. *(-en,-en)* **1** ripetente *m.* **2** ANT. → **Repetitor. re|pe|tie|ren** tr. ripetere: ***eine Lektion ~*** ripetere una lezione; assol. *(Klasse)* ***der Schüler muss ~*** lo scolaro deve ripetere. **Re|pe|tier|ge|wehr** n. *(-s,-e)* fucile *m.* a ripetizione. **Re|pe|tier|uhr** f. *(-,-en)* orologio *m.* a ripetizione. **Re|pe|ti|ti|on** f. *(-,-en)* ripetizione *f.* **Re|pe|ti|tor** m. *(-s,-en)* **1** SCOL. ripetitore *m.* **2** MUS. *(Korrepetitor)* (maestro *m.*) concertatore *m.* **Re|pe|ti|to|ri|um** n. *(-s, Repetitorien)* compendio *m.*

Re|plan|ta|ti|on f. *(-,-en)* → **Reimplantation.**

Rep|lik f. *(-,-en)* **1** *(Erwiderung)* replica *f.* (anche DIR.) **2** ART. *(Nachbildung)* replica *f.*, copia *f.* **Rep|li|kat** n. *(-[e]s,-e)* ART. replica *f.*, copia *f.* **rep|li|zie|ren I** tr. *(erwidern)* replicare **II** intr. (aus. *haben*) **1** *(entgegnen)* ***auf etw. (A) ~*** replicare a qcs. **2** produrre una replica, una copia.

Re|port m. *(-[e]s,-e)* **1** *(Bericht)* rapporto *m.* **2** ECON. riporto *m.* **Re|por|ta|ge** [-'ta:ʒə] f. *(-,-n)* reportage *m.*: ***eine ~ über, von etw. machen*** fare un reportage su qcs. **Re|por|ter** m. *(-s,-)* reporter *m.* **Re|por|te|rin** f. *(-,-nen)* reporter *f.*

re|prä|sen|ta|bel agg. di bell'aspetto, di bella presenza.

Re|prä|sen|tant m. *(-en,-en)* rappresentante *m.*: ***-en wählen*** eleggere dei rappresentanti. **Re|prä|sen|tan|ten|haus** n. *(-[e]s,-häuser)* Camera *f.* dei deputati. **Re|prä|sen|tanz** f. *(-,-en)* rappresentanza *f.*: ***politisch keine ~ haben*** non essere rappresentato politicamente; *(Vertretung eines Unternehmens)* ***eine ~ in Spanien haben*** avere una rappresentanza in Spagna.

Re|prä|sen|ta|ti|on f. *(-,-en)* rappresentanza *f.*: ***die ~ der Arbeiter durch die Gewerkschaft*** la rappresentanza dei lavoratori attraverso il sindacato; ***der Palast dient nur der ~*** il palazzo serve soltanto a scopi di rappresentanza. **Re|prä|sen|ta|ti|ons|auf|wen|dung** f. *(-,-en)*, **Re|prä|sen|ta|ti|ons|gel|der** pl. spese *f.pl.* di rappresentanza. **Re|prä|sen|ta|ti|ons|pflicht** f. *(-,-en)* obbligo *m.* di rappresentanza.

re|prä|sen|ta|tiv agg. **1** rappresentativo: ***-e Demokratie*** sistema democratico rappresentativo; ***einer der -sten Dichter der deutschen Literatur*** uno dei poeti più rappresentativi della letteratura tedesca; ***ein -er Teil der Bevölkerung*** una parte rappresentativa della popolazione **2** di rappresentanza: ***ein -er Wagen*** una macchina di rappresentanza. **Re|prä|sen|ta|tiv|ge|walt** f. *(-)* potere *m.* rappresentativo. **Re|prä|sen|ta|tiv|sys|tem** n. *(-s,-e)* sistema *m.* rappresentativo.

re|prä|sen|tie|ren I tr. **1** *(vertreten)* rappresentare: ***eine Firma, das Volk ~*** rappresentare una ditta, il popolo **2** *(darstellen)* rappresentare, costituire: ***etw. symbolisch ~*** rappresentare qcs. simbolicamente; ***das Haus repräsentiert einen Wert von 100 000 DM*** la casa costituisce un valore di 100 000 marchi **II** intr. (aus. *haben*) comparire in pubblico, svolgere compiti di rappresentanza.

Re|pres|sa|lie f. *(-,-n)* rappresaglia *f.*: ***-n gegen jdn ergreifen*** compiere rappresaglie contro qcn.

Re|pres|si|on f. *(-,-en)* repressione *f.* **re|pres|si|ons|frei** agg. non repressivo: ***eine -e Erziehung*** un'educazione non repressiva. **re|pres|siv** agg. repressivo: ***-e Maßnahmen*** misure repressive. **Re|pres|siv|zoll** m. *(-[e]s,-zölle)* dazio *m.* di protezione.

Re|print [re'prɪnt, 'ri:prɪnt] m. *(-s,-s)* reprint *m.*

Re|pri|se f. *(-,-n)* **1** TEATR. MUS. ECON. TESS. ripresa *f.* **2** *(beim Fechten)* ripresa *f.* d'attacco.

re|pri|va|ti|sie|ren tr. snazionalizzare. **Re|pri|va|ti|sie|rung** f. *(-,-en)* snazionalizzazione *f.*

Re|pro f. *(-,-)* e n.*(-s,-s)* GERG. (accorc. *Reproduktion*) riproduzione *f.* fotografica.

Re|pro|ba|ti|on f. *(-,-en)* DIR. ANT. riprovazione *f.* **re|pro|bie|ren** tr. riprovare, disapprovare.

Re|pro|duk|ti|on f. *(-,-en)* riproduzione *f.* (anche BIOL.): ***die ~ eines Bildes*** la riproduzione di un quadro; ***eine farbige ~*** una riproduzione a colori. **Re|pro|duk|ti|ons|fak|tor** m. *(-s,-en)* FIS. fattore *m.* di riproduzione. **Re|pro|duk|ti|ons|ka|me|ra** f. *(-,-s)* TIP. macchina *f.* per riproduzioni. **Re|pro|duk|ti|ons|tech|nik** f. *(-,-en)* TIP. tecnica *f.* di riproduzione. **Re|pro|duk|ti|ons|ver|fah|ren** n. *(-s,-)* TIP. processo *m.* di riproduzione. **re|pro|duk|tiv** agg. riproduttivo, imitativo. **re|pro|du|zier|bar** agg. riproducibile. **re|pro|du|zie|ren I** tr. riprodurre: ***ein Bild, eine Atmosphäre ~*** riprodurre un quadro, un'atmosfera **II** rifl. **sich ~** riprodursi (anche biol.).

Re|pro|gra|phie f. *(-,-n)* riprografia *f.* **re|pro|gra|phisch** agg. riprografico.

Reps m. *(-es,-e)* REGION. colza *f.*

Rep|til n. *(-s,-ien* e RAR. *-e)* rettile *m.* **Rep|ti|li|en|fonds** m. *(-)* SPREG. fondi *m.pl.* segreti.

Re|pub|lik f. *(-,-en)* repubblica *f.*: ***parlamentarische ~*** repubblica parlamentare. **Re|pub|li|ka|ner** m. *(-s,-)* **1** repubblicano *m.* **2** INTRAD. (esponente dei Republikaner) **3** pl. *(deutsche Partei)* INTRAD. (partito tedesco di destra). **re|pub|li|ka|nisch** agg. repubblicano. **Re|pub|li|ka|nis|mus** m. *(-)* repubblicanesimo *m.*

Re|pub|lik|flucht f. *(-,-en)* EX-RDT fuga *f.* dalla RDT. **re|pub|lik|flüch|tig** agg. EX-RDT fuggiasco della RDT. **Re|pub|lik|flücht|ling** m. *(-s,-e)* EX-RDT rifugiato *m.* (*o* fuoruscito *m.*) della RDT.

Re|pu|di|a|ti|on f. *(-,-en)* **1a** ANT. ripudio *m.*, reiezione *f.* **b** *(Verweigerung)* rifiuto *m.* **2** *(Zurückweisung)* riprovazione *f.*

Re|puls m. *(-es,-e)* BUROCR. ANT. reiezione *f.*, ripulsa *f.* **Re|pul|si|on** f. *(-,-en)* TECN. repulsione *f.*, ripulsione *f.* **Re|pul|si|ons|mo|tor** m. *(-s,-en)* motore *m.* a repulsione. **re|pul|siv** agg. TECN. repulsivo, ripulsivo.

Re|pun|ze f. *(-,-n)* punzone *m.* **re|pun|zie|ren** tr. punzonare.

Re|pu|ta|ti|on f. *(-)* reputazione *f.*: ***seine ~ einbüßen*** perdere la propria reputazione. **re|pu|tier|lich** agg. stimabile; *(ordentlich)* perbene, ammodo.

Re|qui|em [ˈreːkviɛm] n. *(-s,-s* e AUSTR. *Requien)* LIT. MUS. requiem *m.*; *(Totenmesse)* messa *f.* di (*o* da) requiem.

re|qui|rie|ren tr. **1** *(beschlagnahmen)* requisire **2** DIR. ANT. *(ersuchen)* rogare.

Re|qui|sit n. *(-[e]s,-en)* **1** requisito *m.*; *(Zubehör)* accessorio *m.* **2** TEATR. materiale *m.* scenico, accessorio *m.* di scena. **Re|qui|si|te** f. *(-,-n)* TEATR. locale *m.* per gli accessori di scena. **Re|qui|si|teur** [-ˈtøːɐ] m. *(-s,-e)* TEATR. trovarobe *m.* **Re|qui|si|ti|on** f. *(-,-en)* requisizione *f.*

resch agg. REGION. AUSTR. **1** *(knusprig)* croccante **2** COLLOQ. *(lebhaft)* vivace, vispo.

Re|search [rɪˈsəːtʃ] n. *(-[s],-s)* **1** indagine *f.* di mercato **2** *(Meinungsforschung)* sondaggio *m.* d'opinione.

Re|se|da f. *(-, Reseden* e RAR. *-s)* reseda *f.* **Re|se|da|ge|wäch|se** pl. resedacee *f.pl.* **Re|se|de** f. *(-,-n)* RAR. → **Reseda.**

Re|sek|ti|on f. *(-,-en)* CHIR. resezione *f.*

Re|ser|va|ge [-ˈvaːʒə] f. *(-)* TESS. riserva *f.*

re|ser|vat agg. AUSTR. BUROCR. riservato. **Re|ser|vat** n. *(-[e]s,-e)* **1** riserva *f.* naturale **2** ETNOL. DIR. riserva *f.* **Re|ser|va|ti|on** f. *(-,-en)* ETNOL. DIR. riserva *f.* **Re|ser|vat|recht** n. *(-[e]s,-e)* diritto *m.* riservato, privilegio *m.*

Re|ser|ve f. *(-,-n)* **1a** *(Vorrat)* riserva *f.*, scorta *f.*: ***~ an Holz*** riserva di legname; ***die letzten -n verbrauchen*** consumare le ultime riserve; ***die -n angreifen, antasten*** intaccare le riserve **b** ESTENS. *(körperliche Kraft)* energia *f.* (fisica). **c** MIL. SPORT riserva *f.*: ***die ~ einberufen, einsetzen*** richiamare la riserva, impegnare le riserve; ***bei, in der ~ spielen*** giocare da (*o* come) riserva **2** *(Zurückhaltung)* riservatezza *f.*, riserbo *m.*: ***sich ~ auferlegen*** imporsi riserbo; ***jdn aus der ~ locken*** far uscire qcn. dal riserbo **3** *(kühles Verhalten)* riserva *f.*: ***auf ~ stoßen*** incontrare delle riserve ◆ ***auf ~ fahren*** essere, viaggiare in riserva; ***etw. in ~ haben, halten*** avere, tenere in serbo qcs.; ECON. ***stille -n*** riserve occulte.

Re|ser|ve|bank f. *(-,-bänke)* SPORT panchina *f.*: ***auf der ~ sitzen*** sedere (*o* stare) in panchina. **Re|ser|ve|be|stand** m. *(-[e]s,-bestände)* riserva *f.* **Re|ser|ve|fonds** m. *(-)* ECON. fondo *m.* di riserva. **Re|ser|ve|ka|pi|tal** m. *(-[e]s,-e* e *-ien)* capitale *m.* di riserva. **Re|ser|ve|la|za|rett** n. *(-[e]s,-e)* ospedale *m.* nelle retrovie. **Re|ser|ve|of|fi|zier** m. *(-[e]s,-e)* ufficiale *m.* della riserva. **Re|ser|ve|rad** n. *(-[e]s,-räder)* ruota *f.* di scorta. **Re|ser|ve|rei|fen** m. *(-s,-)* pneumatico *m.* di scorta. **Re|ser|ve|spei|cher** m. *(-s,-)* INFORM. memoria *f.* ausiliaria (*o* di riserva). **Re|ser|ve|spie|ler** m. *(-s,-)* (giocatore *m.* di) riserva *f.* **Re|ser|ve|tank** m. *(-s,-s)* serbatoio *m.* di riserva. **Re|ser|ve|teil** n. *(-[e]s,-e)* pezzo *m.* di riserva, di ricambio. **Re|ser|ve|trup|pe** f. *(-,-n)* truppa *f.* di riserva. **Re|ser|ve|übung** f. *(-,-en)* addestramento *m.* dei riservisti.

re|ser|vie|ren tr. **1** *(bestellen)* prenotare: ***einen Tisch, ein Hotelzimmer ~*** prenotare un tavolo, una camera di albergo **2** *(aufbewahren)* riservare, conservare, mettere in serbo. **re|ser|viert I** p.pass. agg. **1** → **reservieren 2** *(zurückhaltend)* riservato: ***jdm gegenüber ~ sein*** essere riservato con, verso qcn. **II** avv. in modo riservato, con riservatezza. **Re|ser|viert|heit** f. *(-)* riservatezza *f.* **Re|ser|vie|rung** f. *(-,-en)* prenotazione *f.*

Re|ser|vist m. *(-en,-en)* MIL. SPORT riservista *m.* **Re|ser|vis|ten|übung** f. *(-,-en)* MIL. corso *m.* di aggiornamento (per riservisti).

Re|ser|voir [-ˈvoaːɐ] n. *(-s,-e)* serbatoio *m.*

re|se|zie|ren tr. CHIR. resecare.

Re|si|dent m. *(-en,-en)* DIPL. ANT. **1** (ministro *m.*) residente *m.* **2** *(Statthalter einer Kolonie)* governatore *m.* **Re|si|dent|schaft** f. *(-,-en)* **1** carica *f.* di residente **2** *(von Statthaltern)* governatorato *m.*

Re|si|denz f. *(-,-en)* **1** *(Wohnsitz)* residenza *f.*: ***die ~ der königlichen Familie*** la residenza della famiglia reale **2** *(Residenzstadt eines Fürsten)* (città *f.* di) residenza *f.* **Re|si|denz|pflicht** f. *(-)* obbligo *m.* di residenza. **Re|si|denz|stadt** f. *(-,-städte)* (città *f.* di) residenza *f.* **re|si|die|ren** intr. (aus. *haben*) risiedere.

re|si|du|al agg. MED. residuo, residuale. **Re|si|du|al|ge|biet** n. *(-[e]s,-e)* → **Refugialgebiet. Re|si|du|al|harn** m. *(-[e]s)* urina *f.* residua.

Re|si|du|um n. *(-s, Residuen)* residuo *m.* (anche MED.).

Re|sig|na|ti|on f. *(-)* **1** rassegnazione *f.* **2** *(Amtsniederlegung)* BUROCR. ANT. dimissioni *f.pl.*: ***seine ~ anbieten*** rassegnare le proprie dimissioni. **re|sig|na|tiv** agg. di rassegnazione. **re|sig|nie|ren** intr. (aus. *haben*) rassegnarsi. **re|sig|niert** agg. rassegnato.

Re|si|nat n. *(-[e]s,-e)* resinato *m.* **Re|si|nit** n. *(-[e]s,-e)* resinite *f.*

re|sis|tent agg. BIOL. MED. resistente. **Re|sis|tenz** f. *(-,-en)* resistenza *f.* (anche *biol. med.*). **re|sis|tie|ren** intr. (aus. *haben*) MED. resistere. **Re|sis|ti|vi|tät** f. *(-)* MED. BIOL. resistenza *f.*

re|so|lut agg. risoluto: ***ein -er Mensch*** una persona risoluta; ***in -em Ton*** in tono risoluto. **Re|so|lut|heit** f. *(-)* risolutezza *f.* **Re|so|lu|ti|on** f. *(-,-en)* risoluzione *f.* (anche *med.*): ***eine ~ einbringen, annehmen, verabschieden, billigen*** presentare, accettare, proclamare, approvare una risoluzione.

Re|sol|ven|te f. *(-,-n)* MAT. risolvente *m.*

re|sol|vie|ren tr. ANT. decidere.

Re|so|nanz f. *(-,-en)* FIS. MUS. risonanza *f.* (anche FIG.): ***in ~ geraten*** entrare in risonanza; ***schwache, starke ~ haben, finden*** avere una leggera, forte risonanza; ***auf ~ stoßen*** suscitare risonanza. **Re|so|nanz|be|reich** m. *(-[e]s,-e)* gamma *f.* di risonanza. **Re|so|nanz|bo|den** m. *(-s,-böden)* tavola *f.* armonica. **Re|so|nanz|brei|te** f. *(-)* ampiezza *f.* di risonanza. **Re|so|nanz|fre|quenz** f. *(-,-en)* frequenza *f.* di risonanza. **Re|so|nanz|kas|ten** m. *(-s,-kästen)* cassa *f.* armonica (*o* di risonanza). **Re|so|nanz|kör|per** m. *(-s,-)* → **Resonanzboden. Re|so|nanz|kreis** m. *(-es,-e)* circuito *m.* risonante.

Re|so|na|tor m. *(-s,-en)* risonatore *m.*

Re|so|pal® n. *(-s)* INTRAD. (tipo di laminato plastico).

re|sor|bie|ren tr. MED. assorbire. **Re|sorp|ti|on** f. *(-,-en)* BIOL. MED. assorbimento *m.* **re|sorp|ti|ons|fäh|ig** agg. BIOL. MED. assorbente. **Re|sorp|ti|ons|fä|hig|keit** f. *(-)* BIOL. MED. capacità *f.* di assorbimento.

re|so|zi|a|li|sier|bar agg. reinseribile (nella società). **re|so|zi|a|li|sie|ren** tr. reinserire nella società, riabilitare. **Re|so|zi|a|li|sie|rung** f. *(-,-en)* reinserimento *m.* (nella società), riabililitazione *f.*

resp. ⇒ *respektive* in particolare (in partic.).

Res|pekt m. *(-[e]s)* **1** rispetto *m.*: ***vor jdm den ~ verlieren*** perdere il rispetto per qcn.; ***jdm ~ einflößen*** incutere rispetto a qcn.; ***~ einflößend*** che incute rispetto; ***jdm ~ erweisen, zollen, schulden*** portare, dovere rispetto a qcn. **2** *(Scheu)* timore *m.*, soggezione *f.* **3** TIP. *(freigelassener Rand)* margine *m.* ◆ ***bei allem ~ vor ihm*** con tutto il rispetto per lui; ***es jdm gegenüber an ~ fehlen lassen*** mancare di rispetto a qcn.; ***~ vor jdm, etw. haben*** avere rispetto per qcn., qcs.; ***~ für jdn, etw. hegen*** nutrire rispetto per qcn., qcs.; ***ein Mindestmaß an ~*** un minimo di rispetto; ***mit ~ zu sagen*** con rispetto parlando; ***sich ~ verschaffen*** farsi rispettare.

res|pek|ta|bel agg. rispettabile, degno di rispetto: ***eine respektable Person*** una persona rispettabile; ***eine respektable Entscheidung*** una decisione degna di rispetto, rispettabile; *(beachtlich)* ***ein respektables Vermögen*** un patrimonio rispettabile, ragguardevole; ***ein respektabler Cognac*** un cognac di tutto rispetto. **Res|pek|ta|bi|li|tät** f. *(-)* rispettabilità *f.* **Res|pekt|blatt** n. *(-[e]s,-blätter)* TIP. foglio *m.* di rispetto. **res|pek|tie|ren** tr. **1** rispettare: ***jdn, die Gesetze, jds Meinung ~*** rispettare qcn., le leggi, l'opinione di qcn. **2** COMM. onorare: ***einen Wechsel ~*** onorare una cambiale. **res|pek|tier|lich** agg. ANT. rispettabile.

res|pek|tiv agg. ANT. rispettivo, relativo. **res|pek|ti|ve** avv. in particolare.

res|pekt|los I agg. irrispettoso, irriverente **II** avv. irrispettosamente, senza rispetto: ***sich jdm gegenüber ~ verhalten*** comportarsi irrispettosamente verso (*o* nei confronti di) qcn. **Res|pekt|lo|sig|keit** f. *(-,-en)* mancanza *f.* di rispetto; irriverenza *f.* **Res|pekt|rand** m. *(-[e]s,-ränder)* TIP. margine *m.* **Res|pekts|per|son** f. *(-,-en)* persona *f.* di riguardo. **res|pekt|voll I** agg. pieno di rispetto, rispettoso: ***jdm gegenüber ~ sein*** essere rispettoso verso qcn. **II** avv. rispettosamente, con rispetto. **res|pekt|wid|rig I** agg.

mancante di rispetto, irrispettoso, irriverente **II** avv. irrispettosamente. **Res|pekt|wid|rig|keit** f. *(-,-en)* mancanza *f.* di rispetto, irriverenza *f.*

Re|spi|ra|ti|ons|ap|pa|rat m. *(-[e],-e)* apparato *m.* respiratorio. **Re|spi|ra|tor** m. *(-s,-en)* MED. respiratore *m.* **re|spi|ra|to|risch** agg. MED. respiratorio. **re|spi|rie|ren** intr. (aus. *haben*) MED. respirare.

Re|spi|ro m. *(-)* COMM. dilazione *f.*, respiro *m.*

Res|pons m. *(-es,-e)* risposta *f.*, reazione *f.*: ***ein positiver, negativer ~*** una reazione positiva, negativa. **Res|pon|so|ri|um** n. *(-s, Responsorien)* responsorio *m.*

Res|sen|ti|ment [resãti'mã:] n. *(-s,-s)* **1** risentimento *m.* **2** *(Groll)* rancore *m.*

Res|sort [rɛ'so:ɐ] n. *(-s,-s)* **1** *(Aufgaben-, Zuständigkeitsbereich)* competenza *f.*, ambito *m.* delle funzioni: ***das fällt nicht in mein ~*** questo non è di mia competenza **2** *(Abteilung)* sezione *f.*, divisione *f.*: ***ein ~ leiten*** essere il responsabile di, dirigere una divisione.

Res|sort|chef m. *(-s,-s)* → **Ressortleiter. res|sor|tie|ren** intr. (aus. *haben*) BUROCR. dipendere, competere. **Res|sort|lei|ter** m. *(-s,-)* caposezione *m.*, capodivisione *m.* **Res|sort|mi|nis|ter** m. *(-s,-)* ministro *m.* competente.

Res|sour|ce [rɛ'sʊrsə] f. *(-,-n)* **1** risorsa *f.*: ***natürliche -n*** risorse naturali **2** *(Bestand an Geldmitteln)* risorse *f.* finanziarie, mezzi *m.pl.* ◆ ***seine -n ausschöpfen, erschöpfen*** esaurire le proprie risorse; ***neue -n erschließen, nutzen*** sfruttare nuove risorse; ***unbegrenzte -n*** infinite risorse.

Rest m. *(-[e]s,-e* e *-er/-en)* **1a** (pl. *-e*) resto *m.*, rimanenza *f.*: ***der ~ der Reise, der Ware*** il resto del viaggio, la rimanenza della merce; ***den ~ des Geldes ausgeben*** spendere il resto dei soldi **b** rimanenza *f.*, saldo *m.*: ***der ~ einer Rechnung*** il saldo di una fattura **2a** (pl. *-e; Übriggebliebenes)* avanzo *m.*, rimasuglio *m.*, residuo *m.*: ***ein ~ Fleisch*** un rimasuglio di carne; ***-e Papier*** avanzi di carta **b** *(Essensreste)* ***ein ~ Käse*** un avanzo di formaggio; ***heute gibt es -e*** oggi si mangiano gli avanzi **3** (pl. *-e; Überrest)* resti *m.pl.*: ***-e von versunkenen Kulturen*** resti di civiltà scomparse; ***fossile -e*** resti fossili **4** *(von Meterware;* pl. *-e*, comm. *-er*, SVIZZ. *-en)* scampolo *m.*, ritaglio *m.* **5** MAT. (pl. *-e*) resto *m.* **6** CHIM. (pl. *-e*) residuo *m.* ◆ ***jdm, etw. den ~ geben*** dare a qcn., a qcs. il colpo di grazia; ***sich den ~ holen*** buscarsi (*o* prendersi) un malanno; REGION. ***mach doch mit dem Eis ~!*** dai, finisci tu il gelato! ***der letzte ~ vom Schützenfest*** i rimasugli, gli avanzi; EUFEM. ***die sterblichen -e*** i resti (*o* le spoglie) mortali.

Rest|al|ko|hol m. *(-s)* residuo *m.* di alcol.

Res|tant m. *(-en,-en)* **1** debitore *m.* insolvente, moroso **2** ECON. = titolo *m.* estratto non ritirato **2** *(Lagerrest)* rimanenza *f.*, fondo *m.* (*o* giacenza) di magazzino. **Res|tanz** f. *(-,-en)* SVIZZ. saldo *m.*, rimanenza *f.*

Rest|auf|la|ge f. *(-,-n)* resto *m.* della tiratura.

Res|tau|rant [rɛsto'rã:] n. *(-[e]s,-s)* ristorante *m.*

Res|tau|ra|ti|on f. *(-,-en)* **1** POL. STOR. restaurazione *f.* **2** restauro *m.*: ***die ~ eines Gebäudes*** il restauro di un edificio **3** AUSTR. *(Restaurant)* ristorante *m.* **Res|tau|ra|ti|ons|ar|beit** f. *(-,-en)* lavoro *m.* (*o* opera *f.*) di restauro. **Res|tau|ra|ti|ons|be|trieb** m. *(-[e]s,-e)* AUSTR. ristorante *m.* **Res|tau|ra|ti|ons|wa|gen** m. *(-s,-)* AUSTR. vagone *m.* ristorante. **Res|tau|ra|ti|ons|zeit** f. *(-)* STOR. periodo *m.* della restaurazione. **res|tau|ra|tiv** agg. restauratore. **Res|tau|ra|tor** m. *(-en,-en)* restauratore *m.*

res|tau|rier|bar agg. restaurabile. **res|tau|rie|ren I** tr. restaurare: ***ein Bild ~*** restaurare un quadro; ***alte Brauchtümer ~*** restaurare, ristabilire vecchie consuetudini **II** rifl. **sich ~** ANT. O SCHERZ. *(sich erholen)* ristorarsi, ristabilirsi. **Res|tau|rie|rung** f. *(-,-en)* **1** restaurazione *f.* **2** *(von Kunstwerken)* restauro *m.*

Rest|be|stand m. *(-[e]s,-bestände)* rimanenza *f.*, resto *m.* **Rest|be|trag** m. *(-[e]s,-beträge)* importo *m.* residuo, saldo *m.*, resto *m.* **Rest|buch|wert** m. *(-[e]s,-e)* valore *m.* (contabile) residuo.

Rest|chen n. *(-s,-)* rimasuglio *m.* (anche FIG.).

Res|ten, Res|ter pl. avanzo *m.*, scampolo *m.*

Res|te|ver|kauf m. *(-[e]s,-verkäufe)* svendita *f.*, saldi *m.pl.* **Res|te|ver|wer|tung** f. *(-)* utilizzo *m.* degli avanzi.

Rest|for|de|rung f. *(-,-en)* COMM. saldo *m.* **Rest|grup|pe** f. *(-,-n)* CHIM. residuo *m.* **Rest|gut|ha|ben** n. *(-s,-)* credito *m.* residuo. **Rest|harn** m. *(-[e]s)* MED. urina *f.* residua.

res|tie|ren ANT. **I** tr. dovere: ***jdm Geld ~*** dovere soldi a qcn. **II** intr. (aus. *haben*) **1** restare, avanzare **2** *(in Rückstand sein)* essere in arretrato.

re|sti|tu|ie|ren tr. DIR. **1** restituire **2** *(wiederherstellen)* ristabilire, ripristinare. **Re|sti|tu|ti|on** f. *(-,-en)* **1** restituzione *f.* **2** *(Wiederherstellung)* ristabilimento *m.*, ripristino *m.* **Re|sti|tu|ti|ons|edikt** n. *(-[e]s,-e)* STOR. editto *m.* di restituzione (*o* restitutorio).

Rest|la|dung f. *(-,-en)* EL. carica *f.* residua.

rest|lich agg. restante, rimanente, residuo: ***die -en Raten, Schulden*** le rate rimanenti, i debiti residui. **rest|los I** agg. completo, totale, intero **II** avv. **1** completamente, interamente, del tutto: ***~ zufrieden*** completamente felice; ***etw. ~ satt haben*** essere arcistufo di qcs. **2** *(vollkommen)* assolutamente, perfettamente: ***von etw. ~ überzeugt sein*** essere assolutamente convinti di qcs.

Rest|mag|ne|tis|mus m. *(-)* magnetismo *m.* residuo. **Rest|müll|ton|ne** f. *(-,-n)* bidone *m.* per rifiuti non riciclabili. **Rest|pos|ten** m. *(-s,-)* saldo *m.*, rimanenza *f.*

Rest|rik|ti|on f. *(-,-en)* **1** restrizione *f.*: ***jdm -en auferlegen*** imporre restrizioni a qcn. **2** LING. restrizione *f.* dell'uso. **Rest|rik|ti|ons|maß|nah|me** f. *(-,-n)* misura *f.* restrittiva.

rest|rik|tiv I agg. **1** restrittivo **2** LING. *(restringiert)* ristretto, limitato **II** avv. in modo restrittivo, restrittivamente.

rest|rin|giert agg. LING. ristretto, limitato.

Rest|schuld f. *(-,-en)* debito *m.* residuo, residuo *m.* di debito. **Rest|stra|fe** f. *(-,-n)* pena *f.* residua. **Rest|sum|me** f. *(-,-n)* somma *f.* rimanente (*o* residua), saldo *m.* **Rest|wa|re** f. *(-,-n)* (merce *f.* in) rimanenza *f.* **Rest|wär|me** f. *(-)* FIS. calore *m.* residuale. **Rest|zah|lung** f. *(-,-en)* (pagamento *m.* a) saldo *m.*

Re|sul|tan|te f. *(-,-n)* FIS. risultante *f.*

Re|sul|tat n. *(-[e]s,-e)* risultato *m.*: ***das ~ einer Multiplikation*** il risultato di una moltiplicazione; ***ein gutes ~ erreichen, erzielen*** ottenere un buon risultato; ***(keine) -e bringen*** (non) dare risultati. **re|sul|ta|tiv** agg. LING. risultativo. **re|sul|tat|los** agg. senza risultati; *(ergebnislos)* infruttuoso.

re|sul|tie|ren intr. (aus. *haben*) **1** risultare: ***daraus resultiert, dass...*** da ciò risulta che... **2** *(zur Folge haben)* ***etw. resultiert in etw. (D)*** qcs. viene fuori da qcs., si manifesta in qcs. **Re|sul|tie|ren|de** f. *(-,-n)* → **Resultante.**

Re|sü|mee n. *(-s,-s)* **1** riassunto *m.*: ***ein ~ von etw. geben*** fare un riassunto di qcs., riassumere qcs. **2** *(Kern)* sostanza *f.*, succo *m.*: ***das ~ der Rede*** il succo del discorso; ***das ~ ziehen*** trarre il succo, riassumere. **re|sü|mie|ren** tr. riassumere.

Res|zis|si|on f. *(-,-en)* DIR. ANT. rescissione *f.*

Re|ta|bel n. *(-s,-)* retablo *m.*

re|tab|lie|ren tr. ANT. ristabilire, ripristinare.

Re|tar|da|ti|on f. *(-,-en)* ritardo *m.* **re|tar|die|ren** tr. LETT. ritardare. **re|tar|diert** p.pass. agg. **1** → **retardieren 2** ANTROP. PSIC. ritardato.

Re|ten|ti|on f. *(-,-en)* ritenzione *f.*

re|ti|ku|lar, re|ti|ku|lär agg. reticolare. **re|ti|ku|liert** agg. reticolato. **Re|ti|ku|lum** n. *(-s, Retikula)* reticolo *m.*

Re|ti|na f. *(-, Retinae)* ANAT. retina *f.* **Re|ti|ni|tis** f. *(-, Retiniden)* retinite *f.*

Re|ti|ra|de f. *(-,-n)* ANT. ritirata *f.* **re|ti|rie|ren** intr. (aus. *sein*) **1** ritirarsi **2** SCHERZ. *(auf die Toilette gehen)* andare in quel posticino.

Re|tor|si|on f. *(-,-en)* DIR. ritorsione *f.*

Re|tor|te f. *(-,-n)* CHIM. storta *f.* ◆ COLLOQ. ***ein Kind aus der ~*** un figlio della provetta; ***Lebensmittel aus der ~*** cibi artificiali; ***eine Stadt aus der ~*** una città artificiale (*o* finta). **Re|tor|ten|ba|by** n. *(-s,-s)*, **Re|tor|ten|kind** n. *(-[e]s,-er)* COLLOQ. bambino *m.* (concepito) in provetta, figlio *m.* della provetta. **Re|tor|ten|koh|le** f. *(-)* carbone *m.* di storta. **Re|tor|ten|ofen** m. *(-s,-öfen)* forno *m.* a storta. **Re|tor|ten|stadt** f. *(-,-städte)* città *f.* artificiale (*o* finta).

re|tour [re'tu:ɐ] avv. **1** al ritorno: ***~ haben wir den Zug genommen*** al ritorno abbiamo preso il treno **2** *(als Rest)* indietro, come resto: ***2 Mark ~*** 2 marchi di resto.

Re|tou|re [re'tu:rə] f. *(-,-n)* **1** COMM. merce *f.* resa (*o* di ritorno) **2a** BANC. assegno *m.* ritornato (*o* respinto) **b** *(Wechsel)* cambiale *f.* ritornata (*o* di ritorno) **3** AUSTR. *(Rücksendung)* spedizione *f.* di ritorno.

Re|tour|fahr|kar|te, Re|tour|kar|te f. *(-,-n)* AUSTR. biglietto *m.* di ritorno. **Re|tour|kut|sche** f. *(-,-n)* COLLOQ. replica *f.*, risposta *f.* (a offese, rimproveri).

re|tour|nie|ren tr. **1** restituire, rendere **2** *(zurücksenden)* rimandare, mandare indietro, rispedire **3** *(beim Tennis)* rispondere.

Re|tour|rech|nung f. *(-,-en)* conto *m.* di ritorno (*o* di rivalsa). **Re|tour|sen|dung** f. *(-,-en)* AUSTR. spedizione *f.* (*o* merci *f.pl.*) di ritorno. **Re|tour|spiel** n. *(-[e]s,-e)* AUSTR. (partita *f.* di) ritorno *m.* **Re|tour|wa|re** f. *(-,-n)* merce *f.* resa (*o* di ritorno). **Re|tour|wech|sel** m. *(-s,-)* cambiale *f.* ritornata (*o* di ritorno).

Re|trai|te [rə'trɛ:tə] f. *(-,-n)* MIL. ANT. ritirata *f.*

Re|trak|ti|on f. *(-,-en)* MED. retrazione (*o* ritrazione) *f.*

ret|ro|flex agg. FON. retroflesso. **Ret|ro|flex** m. *(-es,-e)* FON. suono *m.* retroflesso. **Ret|ro|fle|xi|on** f. *(-,-en)* MED. retroflessione *f.*

ret|ro|grad agg. 1 retrogrado 2 FON. regressivo. **ret|ro|spek|tiv** agg. retrospettivo. **Ret|ro|spek|ti|ve** f. *(-,-n)* 1 sguardo *m.* retrospettivo (*o* a posteriori): ***in der ~*** guardando indietro (*o* a posteriori) 2 ART. CINEM. retrospettiva *f.* **Ret|ro|ver|si|on** f. *(-,-en)* MED. retroversione *f.* **ret|ro|ver|tie|ren** tr. 1 ritradurre (nella lingua originale) 2 *(zurückwenden)* ripiegare (*o* rivolgere) all'indietro. **Ret|ro|zes|si|on** f. *(-,-en)* retrocessione *f.*

ret|ten I tr. 1 salvare: ***jdn aus dem Feuer, aus einer Gefahr, vor dem Untergang ~*** salvare qcn. dalle fiamme, da un pericolo, dalla rovina; ***jdm das Leben ~*** salvare la vita a qcn. 2 *(bewahren)* preservare, salvare: ***den Baumbestand ~*** preservare il patrimonio boschivo **II** rifl. **sich ~ 1** salvarsi, mettersi in salvo: ***sich aus dem Fenster, ins Freie, ans Ufer ~*** salvarsi (uscendo) dalla finestra, (uscendo) all'aperto, mettersi in salvo a riva 2 *(flüchten)* rifugiarsi: ***sich ins Ausland ~*** rifugiarsi all'estero ◆ ***seine Haut ~*** salvare la pelle; ***rette sich, wer kann!*** si salvi chi può! ***seinen Kopf ~*** salvare la pelle; SPORT ***auf der Linie ~*** salvare sulla linea; SPORT ***mit einer Parade ~*** salvarsi (*o* salvare la porta) con una parata; ***sich vor jdm nicht mehr zu ~ wissen*** = non sapere come liberarsi di qcn.; ***sich vor Arbeit, Stress nicht mehr zu ~ wissen*** = essere sommerso dal lavoro, essere superstressato; ***nicht mehr zu ~ sein*** essere irrecuperabile, non essere a posto; ***bist du (denn) noch zu ~?*** ma sei matto? ma sei impazzito? **ret|tend** p.pres. agg. **1** → **retten 2** salvatore: ***der -e Engel*** l'angelo salvatore **3** *(eine Lösung bringend)* risolutore, risolutivo, decisivo: ***die -e Lösung*** la soluzione risolutoria. **Ret|ter** m. *(-s,-)* salvatore *m.* **Ret|te|rin** f. *(-,-nen)* salvatrice *f.*

Ret|tich m. *(-s,-e)* rafano *m.*

rett|los agg. MAR. che non si può salvare, irrecuperabile.

Ret|tung f. *(-,-en)* **1a** salvataggio *m.*, LETT. salvamento *m.* **b** *(Hilfe)* soccorso *m.*: ***jede ~ kam zu spät*** ogni soccorso giunse troppo tardi; ***jdm ~ bringen*** prestare soccorso a qcn. **2** *(Heil)* salvezza *f.*, scampo *m.*: ***hier ist keine ~ mehr möglich*** qui non c'è più possibilità di salvezza; ***es gibt keine ~!*** non c'è salvezza! non c'è (via di) scampo! **3** *(Bewahrung)* preservazione *f.*, conservazione *f.*, salvaguardia *f.*: ***eine Aktion zur ~ der vom Aussterben bedrohten Tiere*** una campagna per la conservazione degli animali in via di estinzione **4a** AUSTR. → **Rettungsdienst b** → **Rettungswagen** ◆ ***jds (letzte) ~ sein*** essere la (ultima) salvezza di qcn. **Ret|tungs|ak|ti|on** f. *(-,-en)* azione *f.* di salvataggio (*o* di soccorso). **Ret|tungs|an|ker** m. *(-s,-)* FIG. ancora *f.* di salvezza. **Ret|tungs|arzt** m. *(-es,-ärzte)* medico *m.* di, per il pronto intervento. **Ret|tungs|bo|je** f. *(-,-n)* boa *f.* di salvataggio. **Ret|tungs|boot** n. *(-[e]s,-e)* **1** imbarcazione *f.* di soccorso **2** *(auf Schiffen mitgeführtes Boot)* scialuppa *f.* di salvataggio; lancia *f.* di salvataggio; canotto *m.* di salvataggio **Ret|tungs|dienst** m. *(-[e]s,-e)* servizio *m.* di soccorso. **Ret|tungs|flug|zeug** n. *(-[e]s,-e)* aereo *m.* di soccorso. **Ret|tungs|gür|tel** m. *(-s,-)* cintura *f.* di salvataggio. **Ret|tungs|hub|schrau|ber** m. *(-s,-)* elicottero *m.* di soccorso. **Ret|tungs|in|sel** f. *(-,-n)* zattera *f.* (di salvataggio) autogonfiabile. **Ret|tungs|ko|lon|ne** f. *(-,-n)* squadra *f.* di soccorso. **Ret|tungs|kom|man|do** n. *(-s,-s)* squadra *f.* di soccorso. **ret|tungs|los** agg. irrimediabilmente, senza rimedio; *(ausweglos)* senza scampo. **Ret|tungs|mann|schaft** f. *(-,-en)* squadra *f.* di soccorso. **Ret|tungs|me|dail|le** f. *(-,-n)* medaglia *f.* al valor civile (per atti di salvataggio). **Ret|tungs|ring** m. *(-[e]s,-e)* **1** salvagente *m.* **2** COLLOQ. ciccia *f.* intorno alla vita. **Ret|tungs|schlauch** m. *(-[e]s,-schläuche)* telo *m.* a scivolo. **Ret|tungs|schlit|ten** m. *(-s,-)* toboga *m.* (di salvataggio). **Ret|tungs|schuss** m. *(-es,-schüsse)* INTRAD. (colpo fatale sparato dalla polizia per salvare vite umane). **Ret|tungs|schwim|men** n. *(-s)* nuoto *m.* di salvataggio. **Ret|tungs|sta|ti|on** f. *(-,-en)* stazione *f.* di soccorso. **Ret|tungs|ver|such** m. *(-[e]s,-e)* tentativo *m.* di salvataggio. **Ret|tungs|wa|gen** m. *(-s,-)* veicolo *m.* di soccorso; *(Ambulanz)* (auto)ambulanza *f.* **Ret|tungs|we|sen** n. *(-s)* soccorso *m.* **Ret|tungs|wes|te** f. *(-,-n)* giubbotto *m.* di salvataggio.

Re|turn [ri'tø:ɐn, ri'tœrn] m. *(-s,-s)* SPORT risposta *f.* (al servizio).

Re|tu|sche f. *(-,-n)* ritocco *m.*: ***an etw. (D) eine ~ vornehmen*** apportare un ritocco su qcs., ritoccare qcs. **Re|tu|scheur** [-'ʃø:ɐ] m. *(-s,-e)* ritoccatore *m.* **re|tu|schie|ren** tr. ritoccare. **Re|tu|schie|rung** f. *(-,-en)* ritoccatura *f.*, ritocco *m.*

Reue f. *(-)* pentimento *m.*; *(Gewissenbisse)* rimorso *m.*: ***bittere, tiefe ~*** amaro, profondo pentimento; ***über etw. keine ~ empfinden, fühlen*** non provare rimorso (*o* pentimento) per qcs.; ***keine Spur von ~ zeigen*** non mostrare segno di pentimento. **reu|en** tr. (aus. *haben*) ***etw. reut jdn*** qcn. si pente, si rincresce, si dispiace di qcs.; ***diese Ausgabe reut mich*** mi rincresce di questa spesa; impers. ***es reut mich*** mi dispiace, mi rincresce ◆ ***das wird dich ~!*** te ne pentirai! **reu|e|voll** agg. pentito, contrito. **Reu|geld** n. *(-[e]s)* **1** DIR. caparra *f.* penitenziale, penale *f.* **2** SPORT penale *f.* **reu|ig** agg. pentito, contrito. **reu|mü|tig I** agg. che esprime pentimento, contrito: ***eine -e Haltung*** un atteggiamento contrito **II** avv. con pentimento.

re|uni|e|ren I tr. riunire **II** rifl. **sich ~** riunirsi.

1.Re|uni|on f. *(-,-en)* riunione *f.* ◆ STOR. ***-en*** riunioni, riannessioni.

2.Re|uni|on [rey'niõ] f. *(-,-s)* ANT. riunione *f.*, intrattenimento *m.*

Re|uni|ons|kam|mern pl. STOR. camere *f.pl.* di riunione.

Reu|se f. *(-,-n)* nassa *f.*

Reu|ße m. *(-n,-n)* ANT. russo *m.*

re|üs|sie|ren intr. (aus. *haben*) riuscire, avere (*o* riscuotere) successo.

reu|ten REGION. → **roden.**

Rev. ⇒ *Reverend* reverendo.

Re|vak|zi|na|ti|on f. *(-,-en)* rivaccinazione *f.* **re|vak|zi|nie|ren** tr. rivaccinare.

Re|va|lie|rung f. *(-,-en)* copertura *f.*

Re|val|va|ti|on f. *(-,-en)* ECON. rivalutazione *f.* **re|val|vie|ren** tr. ECON. rivalutare.

Re|van|che [re'vã:ʃ(ə)] f. *(-,-n)* **1** rivincita *f.*: ***von jdm eine ~ verlangen, fordern*** chiedere la rivincita a qcn.; ***jdm ~ geben*** dare la rivincita a qcn. **2** *(Gegendienst)* contraccambio *m.*, ricambio *m.*: ***als ~ für ihre Hilfe...*** per ricambiare il suo aiuto... **Re|van|che|foul** n. *(-s,-s)* SPORT fallo *f.* restituito. **Re|van|che|krieg** m. *(-[e]s,-e)* guerra *f.* revanscistica. **Re|van|che|par|tie** f. *(-,-n)* (partita *f.* di) rivincita *f.* **Re|van|che|po|li|tik** f. *(-)* politica *f.* revanscistica. **Re|van|che|spiel** n. *(-[e]s,-e)* (partita *f.* di) rivincita *f.*

re|van|chie|ren rifl. **sich ~** COLLOQ. **1a** prendersi la rivincita; *(sich rächen)* vendicarsi: ***eines Tages wird er sich ~*** un giorno si prenderà la rivincita; ***für seine Bosheit werde ich mich ~*** gli farò pagare la sua cattiveria **b** SPORT ***sich für eine Niederlage mit einem 3:0 ~*** riscattare una sconfitta con un 3 a 0 **2** *(sich erkenntlich zeigen)* **sich bei jdm für etw. ~** sdebitarsi con qcn. per qcs., dare qcs. in contraccambio a qcn.; ***ich habe mich für ihre Einladung noch nicht revanchiert*** non ho ancora ricambiato il suo invito.

Re|van|chis|mus [revã'ʃɪsmʊs] m. *(-)* revanscismo *m.* **Re|van|chist** [revã'ʃɪst] m. *(-en,-en)* revanscista *m.* **re|van|chis|tisch** agg. revanscistico.

Re|veil|le [re'vɛ(:)jə, re'vɛljə] f. *(-,-n)* MIL. ANT. diana *f.*

Re|ve|la|ti|on f. *(-,-en)* LETT. rivelazione *f.*

Re|ve|nue [rəvə'ny:] f. *(-,-n)* reddito *m.*; *(Rente)* rendita *f.*

Re|ve|rend m. *(-s,-s)* reverendo *m.*

Re|ve|renz f. *(-,-en)* LETT. riverenza *f.*

1.Re|vers [re'vɛ:ɐ, re'veːɐ] m. e n. *(-,-)* revers *m.*, risvolto *m.*

2.Re|vers [re'vɛrs, rə'vɛ:ɐ] m. *(-es,-e)* rovescio *m.*

3.Re|vers m. *(-es,-e)* lettera *f.* di garanzia; *(Erklärung)* dichiarazione *f.*

Re|verse [rɪ'və:s] n. *(-)* autoreverse *m.*

re|ver|si|bel agg. reversibile: ***ein reversibler Prozess*** un processo reversibile. **Re|ver|si|bi|li|tät** f. *(-)* TECN. reversibilità *f.* **Re|ver|si|ble** [-bl] **I** m. *(-s,-s)* tessuto *m.* double-face **II** n. *(-s,-s)* (indumento *m.*) double-face *m.*

re|vi|die|ren tr. **1** rivedere (anche FIG.) **2** *(kontrollieren)* controllare: ***das Gepäck, die Kasse ~*** controllare il bagaglio, la cassa.

Re|vier n. *(-s,-e)* **1a** campo *m.*, settore *m.*, ambito *m.*, SCHERZ. territorio *m.*: ***sein ~ abgrenzen*** delimitare il proprio campo **b** *(Reich)* regno *m.*: ***sie betrachtet die Küche als ihr ~*** considera la cucina il suo regno **2a** *(Polizeirevier)* distretto *m.* (di polizia) **b** *(Forstrevier)* distretto *m.* forestale **c** *(Jagdrevier)* riserva *f.* di caccia **3a** MIN. distretto *m.* minerario **b** *(Kohlenrevier)* distretto *f.* carbonifero **4** ZOOL. territorio *m.*: ***das ~ markieren*** marcare il territorio **5** MIL. infermeria *f.*

Re|vier|förs|ter m. *(-s,-)* guardia *f.* forestale. **re|vier|krank** agg. ricoverato in infermeria. **Re|vier|kran|ke** m. *(-n,-n)* soldato *m.* ricoverato in infermeria. **Re|vier|stu|be** f. *(-,-n)* MIL. infermeria *f.*

Re|vi|re|ment [revirə'mã:] n. *(-s,-s)* **1** movimento *m.* di cariche **2** DIPL. movimento *m.* diplomatico.

Re|vi|si|on f. *(-,-en)* **1a** revisione *f.* **b** *(Kontrolle)* controllo *m.* **c** *(Änderung)* il rivedere, cambiamento *m.*, rettifica *f.*: ***zu einer ~ seiner Meinung gezwungen sein*** essere costretto a rivedere la propria opinione **2** DIR. ricorso *m.* in (*o* per) cassazione: ***gegen ein Urteil ~ einlegen*** fare ricorso in cassazione; ***in die ~ gehen*** andare in cassazione.

Re|vi|si|o|nis|mus [-v-] m. *(-)* revisionismo *m.* **Re|vi|si|o|nist** m. *(-en,-en)* revisionista *m.* **re|vi|si|o|nis|tisch** agg. revisionista, revisionistico.

Re|vi|si|ons|bo|gen m. *(-s,-)* bozza *f.* di stampa. **Re|vi|si|ons|frist** f. *(-,-en)* DIR. termine *m.* di ricorso per cassazione. **Re|vi|**

si|ons|ge|richt n. *(-[e]s,-e)* corte *f.* di cassazione. **Re|vi|si|ons|ver|fah|ren** n. *(-s,-)* procedimento *m.* di cassazione. **Re|vi|si|ons|ver|hand|lung** f. *(-,-en)* udienza *f.* di cassazione. **Re|vi|sor** m. *(-en,-en)* revisore *m.*

re|vi|ta|li|sie|ren [-v-] tr. MED. rivitalizzare. **Re|vi|ta|li|sie|rung** f. *(-,-en)* MED. rivitalizzazione *f.*

Re|vi|val [rɪ'vaɪvəl] n. *(-s,-s)* revival *m.*

Re|vo|ka|ti|on [-v-] f. *(-,-en)* revoca *f.*

Re|vol|te [-v-] f. *(-,-n)* rivolta *f.*: ***eine ~ bricht aus*** scoppia una rivolta; ***eine ~ machen, ersticken, niederschlagen*** fare, soffocare, reprimere una rivolta; ***eine ~ anzetteln*** istigare a una rivolta. **re|vol|tie|ren** intr. (aus. *haben*) rivoltarsi, ribellarsi: ***gegen jdn, etw. ~*** rivoltarsi contro qcn., qcs. **Re|vo|lu|ti|on** f. *(-,-en)* **1a** rivoluzione *f.*: ***eine ~ bricht aus*** scoppia una rivoluzione; ***eine ~ machen*** fare una rivoluzione; ***eine ~ von oben*** una rivoluzione dall'alto **b** *(Neuerung)* ***eine ~ in der Wissenschaft*** una rivoluzione nella scienza **2** ASTR. ANT. rivoluzione *f.* ◆ ***die Französische ~*** la Rivoluzione francese; ***die industrielle, technische ~*** la rivoluzione industriale, tecnologica. **re|vo|lu|ti|o|när** agg. rivoluzionario: ***eine -e Bewegung*** un movimento rivoluzionario; ***-e Lieder*** canti rivoluzionari; *(umwälzend)* ***eine -e Entdeckung, Idee*** una scoperta, un'idea rivoluzionaria. **Re|vo|lu|ti|o|när** m. *(-s,-e)* rivoluzionario *m.* (anche FIG.). **re|vo|lu|ti|o|nie|ren** tr. **1** rivoluzionare: ***eine Entdeckung, die die Wissenschaft revolutioniert*** una scoperta che rivoluziona la scienza **2** RAR. fare insorgere: ***das Volk ~*** fare insorgere il popolo. **Re|vo|lu|ti|o|nie|rung** f. *(-,-en)* rivoluzionamento *m.* **Re|vo|lu|ti|ons|füh|rer** m. *(-s,-)* capo *m.* rivoluzionario. **Re|vo|lu|ti|ons|par|tei** f. *(-,-en)* partito *m.* rivoluzionario. **Re|vo|lu|ti|ons|re|gie|rung** f. *(-,-en)* governo *m.* rivoluzionario. **Re|vo|lu|ti|ons|tri|bu|nal** n. *(-s,-e)* tribunale *m.* rivoluzionario. **Re|vo|luz|zer** m. *(-s,-)* SPREG. sovversivo *m.*

Re|vol|ver [re'vɔlvər] m. *(-s,-)* **1** revolver *m.*, rivoltella *f.*: ***den ~ laden, ziehen, abdrücken, entsichern*** caricare, estrarre, scaricare il revolver, togliere la sicura al revolver **2** *(Revolverkopf)* torretta *f.*, revolver *m.* **Re|vol|ver|at|ten|tat** n. *(-[e]s,-e)* attentato *m.* compiuto con un revolver. **Re|vol|ver|blatt** n. *(-[e]s,-blätter)* giornale *m.* scandalistico. **Re|vol|ver|bohr|ma|schi|ne** f. *(-,-n)* trapano *m.* a revolver. **Re|vol|ver|dreh|bank** f. *(-,-bänke)* tornio *m.* a revolver (*o* a torretta). **Re|vol|ver|held** m. *(-en,-en)* SPREG. **1** pistolero *m.* **2** *(großsprecherischer Raufbold)* smargiasso *m.*, spaccone *m.* **Re|vol|ver|kopf** m. *(-[e]s,-köpfe)* torretta *f.*, testa *f.* a revolver. **Re|vol|ver|pres|se** f. *(-)* stampa *f.* scandalistica. **Re|vol|ver|schal|tung** f. *(-,-en)* cambio *m.* a leva orizzontale. **Re|vol|ver|schnau|ze** f. *(-,-n)* COLLOQ. boccaccia *f.*, malalingua *f.* **Re|vol|ver|ta|sche** f. *(-,-n)* fondina *f.* del revolver.

Re|vol|ving|kre|dit [rɪ'vɔlvɪŋ-] m. *(-[e]s,-e)* credito *m.* rotativo.

re|vo|zie|ren [-v-] tr. revocare.

Re|vue [re'vy:, rə'vy:] f. *(-,-n)* TEATR. GIORN. MIL. rivista *f.* ◆ ***etw. ~ passieren lassen*** passare in rivista qcs. **Re|vue|film** m. *(-[e]s,-e)* film *m.* musicale. **Re|vue|girl** n. *(-s,-s)* ballerina *f.* di rivista. **Re|vue|mu|sik** f. *(-,-en)* musica *f.* di, da rivista. **Re|vue|the|a|ter** n. *(-s,-)* teatro *m.* di varietà.

Re|yon [rɛ'jõ:] m. e n. *(-)* raion *m.*

Re|zen|sent m. *(-en,-en)* recensore *m.* **re|zen|sie|ren** tr. recensire. **Re|zen|si|on** f. *(-,-en)* recensione *f.* **Re|zen|si|ons|exem|plar** n. *(-s,-e)*, **Re|zen|si|ons|stück** n. *(-[e]s,-e)* copia *f.* per recensione.

Re|zept n. *(-[e]s,-e)* ricetta *f.*: ***ein ~ (aus)schreiben, ausstellen*** fare, scrivere una ricetta; ***das Mittel gibt es nur auf ~*** il medicinale è disponibile soltanto dietro presentazione di ricetta medica; *(Kochrezept)* ***ein ~ ausprobieren*** provare una ricetta; FIG. ***dafür gibt es noch kein ~*** per questo non hanno ancora inventato una ricetta; ***ein ~ gegen Langeweile*** una ricetta contro la noia; ***nach bewährtem ~*** secondo una ricetta consolidata. **Re|zept|block** m. *(-[e]s,-blöcke* e *-s)* ricettario *m.*, blocchetto *m.* per ricette mediche. **Re|zept|buch** n. *(-[e]s,-bücher)* ricettario *m.*, libro *m.* di ricette. **Re|zep|te|samm|lung** f. *(-,-en)* ricettario *m.*, raccolta *f.* di ricette. **re|zept|frei** agg. da banco: ***-e Arzneimittel*** farmaci da banco. **Re|zept|ge|bühr** f. *(-,-en)* tassa *f.* sulla ricetta. **re|zep|tie|ren** tr. prescrivere (con ricetta medica).

Re|zep|ti|on f. *(-,-en)* **1** ricezione *f.*, fruizione *f.* **2** *(Empfangsbüro)* reception *f.*, réception *f.*: ***an der ~*** alla reception. **Re|zep|ti|ons|äs|the|tik** f. *(-)* estetica *f.* della ricezione (di un'opera, di un autore). **Re|zep|ti|ons|ge|schich|te** f. *(-)* storia *f.* della ricezione (di un'opera, di un autore).

re|zep|tiv agg. ricettivo. **Re|zep|ti|vi|tät** f. *(-)* ricettività *f.*

Re|zep|tor m. *(-s,-en)* FISIOL. recettore *m.* **Re|zept|pflicht** f. *(-)* obbligo *m.* di ricetta. **re|zept|pflich|tig** agg. da vendersi dietro presentazione di ricetta medica. **Re|zep|tur** f. *(-,-en)* **1** preparazione *f.* di una, secondo una ricetta **2** *(in einer Apotheke)* laboratorio *m.*

Re|zes|si|on f. *(-,-en)* ECON. recessione *f.* **Re|zes|si|ons|pha|se** f. *(-,-n)* fase *f.* recessiva, di recessione. **re|zes|siv** agg. BIOL. recessivo (RAR. ECON.). **Re|zes|si|vi|tät** f. *(-)* recessività *f.*

re|zi|div agg. MED. recidivo. **Re|zi|div** n. *(-s,-e)* recidiva *f.*, ricaduta *f.* **re|zi|di|vie|ren** intr. (aus. *haben*) recidivare.

re|zi|pie|ren tr. recepire, fruire.

re|zip|rok I agg. reciproco **II** avv. reciprocamente. **Re|zip|ro|zi|tät** f. *(-)* reciprocità *f.* **Re|zip|ro|zi|täts|ge|setz** n. *(-es)* FIS. principio *m.* di reciprocità. **Re|zip|ro|zi|täts|the|o|rem** n. *(-s)* MAT. teorema *m.* di reciprocità.

Re|zi|tal → **Recital**. **Re|zi|ta|ti|on** f. *(-,-en)* recitazione *f.* **Re|zi|ta|tiv** n. *(-s,-e)* MUS. recitativo *m.* **re|zi|ta|ti|visch** agg. MUS. (come un) recitativo. **Re|zi|ta|tor** m. *(-s,-en)* dicitore *m.*, RAR. recitatore *m.* **re|zi|ta|to|risch** agg. recitativo. **re|zi|tie|ren** tr. recitare: ***Gedichte ~*** recitare poesie.

re|zyk|lie|ren tr. riciclare. **Re|zyk|lie|rung** f. *(-)* riciclaggio *m.*

R-Ge|spräch n. *(-[e]s,-e)* chiamata *f.* a carico del destinatario.

Rgt. ⇒ *Regiment* reggimento (rgt., Rgt.).

RGW ⇒ *Rat für gegenseitige Wirtschaftshilfe* (COMECON).

Rha|bar|ber m. *(-s)* rabarbaro *m.* **Rha|bar|ber|kom|pott** n. *(-[e]s,-e)* composta *f.* di rabarbaro. **Rha|bar|ber|ku|chen** m. *(-s,-)* torta *f.* al rabarbaro.

Rha|chi|al|gie f. *(,-n)* rachialgia *f.* **Rha|chi|an|äs|the|sie** f. *(-,-n)* rachianestesia *f.*

Rhap|so|de m. *(-n,-n)* rapsodo *m.* **Rhap|so|die** f. *(-,-n)* rapsodia *f.* **rhap|so|disch** agg. rapsodico.

Rhein n.pr.m. *(-[e]s)* Reno *m.* **rhein|ab(|wärts)** avv. giù per il Reno. **Rhein|an|ke** f. *(-,-n)* coregone *m.* azzurro. **rhein|auf(|wärts)** avv. su per il Reno. **Rhein|bund** m. *(-[e]s)* STOR. Confederazione *f.* renana. **Rhein|fahrt** f. *(-,-en)* viaggio *m.* sul Reno. **Rhein|fall** m. *(-[e]s)* cascata *f.* del Reno. **rhein|frän|kisch** agg. franco-renano. **Rhein|gold** n. *(-[e]s)* oro *m.* del Reno. **Rhein|graf** m. *(-en,-en)* conte *m.* palatino del Reno. **Rhein|hes|sen** n.pr.n. *(-s)* Assia *f.* renana. **rhein|hes|sisch** agg. assiano-renano. **rhei|nisch** agg. renano. **Rhein|land** n.pr.n. *(-[e]s)* Renania *f.* **Rhein|län|der** m. *(-s,-)* renano *m.* **rhein|län|disch** agg. renano. **Rhein|land-Pfalz** n.pr.f. *(-)* Renania-Palatinato *f.* **rhein|land-pfäl|zisch** agg. della Renania-Palatinato. **Rhein|wein** m. *(-[e]s,-e)* vino *m.* del Reno.

Rhe|ma n. *(-s,-ta)* rema *m.*

Rhe|ni|um n. *(-s)* renio *m.*

Rhe|o|lo|gie f. *(-)* reologia *f.* **Rhe|os|tat** m. *(-[e]s* e *-en,-e[n])* reostato *m.* **Rhe|o|ta|xis** f. *(-,-taxen)* reotassi *f.*

Rhe|sus m. *(-,-)*, **Rhe|sus|af|fe** m. *(-n,-n)* reso *m.* **Rhe|sus|fak|tor** m. *(-s)* fattore *m.* Rhesus.

Rhe|tor m. *(-s,-en)* retore *m.* **Rhe|to|rik** f. *(-)* retorica *f.* **Rhe|to|ri|ker** m. *(-s,-)* retorico *m.* **rhe|to|risch** agg. retorico.

Rheu|ma n. *(-s)* COLLOQ. reumi *m.pl.*: ***~ haben*** avere i reumi. **Rheu|ma|ti|ker** m. *(-s,-)* reumatico *m.* **rheu|ma|tisch** agg. reumatico. **Rheu|ma|tis|mus** m. *(-, Rheumatismen)* reumatismo *m.* **Rheu|ma|to|lo|ge** m. *(-n,-n)* reumatologo *m.* **Rheu|ma|to|lo|gie** f. *(-)* reumatologia *f.*

Rh-Fak|tor m. *(-s)* fattore *m.* Rh.

Rhi|ni|tis f. *(-, Rhinitiden)* rinite *f.* **Rhi|no|lo|ge** m. *(-n,-n)* rinologo *m.* **Rhi|no|lo|gie** f. *(-)* rinologia *f.* **Rhi|no|plas|tik** f. *(-,-en)* rinoplastica *f.*

Rhi|no|ze|ros n. *(-[ses],-se)* rinoceronte *m.* (anche COLLOQ. FIG.).

Rhi|zom n. *(-s,-e)* rizoma *m.*

Rh-ne|ga|tiv agg. Rh (*o* RH) negativo.

Rho|de|si|en n.pr.n. *(-s)* Rhodesia *f.* **rho|de|sisch** agg. rhodesiano.

Rho|di|er m. *(-s,-)* rodiese *m.*, abitante *m.* di Rodi.

rho|di|nie|ren tr. ricoprire di rodio.

rho|disch agg. rodiese, di Rodi; *(in der Antike)* rodio.

Rho|di|um n. *(-s)* rodio *m.*

Rho|do|dend|ron m. e n. *(-s, Rhododendren)* rododendro *m.*

Rho|dos n.pr.n. *(-)* Rodi *f.*

rhom|bisch agg. rombico. **Rhom|bo|e|der** n. *(-s,-)* romboedro *m.* **rhom|bo|ed|risch** agg. romboedrico. **rhom|bo|id** agg. romboidale. **Rhom|bo|id** n. *(-[e]s,-e)* romboide *m.* **Rhom|bus** m. *(-, Rhomben)* rombo *m.*

Rho|ne n.pr.f. *(-)* Rodano *m.*

Rho|ta|zis|mus m. *(-, Rhotazismen)* rotacismo *m.*

Rh-po|si|tiv agg. Rh (*o* RH) positivo.

Rhus m. *(-)* sommacco *m.*

Rhyth|mik f. *(-)* **1** ritmica *f.* **2** *(rhythmische Art)* ritmicità *f.* **rhyth|**

misch **I** agg. ritmico **II** avv. ritmicamente. **rhyth|mi|sie|ren** tr. ritmare. **rhyth|mi|siert** p.pass. agg. **1** → **rhythmisieren** **2** ritmato.

Rhyth|mus m. *(-, Rhythmen)* ritmo *m.*: ***aus dem ~ kommen*** perdere il ritmo. **Rhyth|mus|gi|tar|re** f. *(-,-n)* chitarra *f.* ritmica.

Ria f. *(-,-s)* ria *f.*

Ri|al m. *(-[s],-s)* rial *m.*

RIAS ⇒ *Rundfunk im amerikanischen Sektor* radiodiffusione nel settore americano (di Berlino) ◆ ***~ Berlin*** = stazione radiofonica di Berlino (ovest).

Ria(s)|küs|te f. *(-,-n)* costa *f.* a rias.

Ri|bi|sel, Ri|bisl f. *(-,-n)* AUSTR. ribes *m.*

Ri|bo|nuk|le|in|säu|re f. *(-)* acido *m.* ribonucleico. **Ri|bo|se** f. *(-,-n)* ribosio *m.* **Ri|bo|se|nuk|le|in|säu|re** → **Ribonukleinsäure.** **Ri|bo|som** n. *(-s,-en)* ribosoma *m.*

Ri|bo|fla|vin n. *(-s)* riboflavina *f.*

Ri|chard n.pr.m. Riccardo *m.*

Ri|che|li|eu|sti|cke|rei ['rɪʃəliø-, rɪʃə'liø:-] f. *(-,-en)* punto *m.* Richelieu.

Richt|an|ten|ne f. *(-,-n)* antenna *f.* direzionale. **Richt|ba|ke** f. *(-,-n)* MAR. radiofaro *m.* diretto. **Richt|beil** n. *(-s,-e)* mannaia *f.* del boia. **Richt|blei** n. *(-[e]s,-e)* piombino *m.* **Richt|block** m. *(-[e]s,-blöcke)* ceppo *m.* del patibolo. **Richt|büh|ne** f. *(-,-n)* patibolo *m.* **Rich|te** f. *(-)* REGION. linea *f.* retta ◆ FIG. ***etw. in die ~ bringen*** raddrizzare qcs. **Richt|emp|fän|ger** m. *(-s,-)* ricevitore *m.* direzionale.

rich|ten tr. **1a** dirigere, volgere: ***den Blick auf jdn, etw., nach Norden, in die Ferne ~*** volgere lo sguardo verso qcn., qcs., verso nord, spingere lo sguardo lontano; ***ein Schiff ~*** dirigere, volgere una nave **b** puntare, rivolgere: ***eine Waffe gegen, auf jdn, etw. (A) ~*** puntare (*o* rivolgere) un arma contro qcn., qcs.; ***das Fernrohr auf etw. (A) ~*** puntare il cannocchiale verso qcs.; FIG. ***seine Aufmerksamkeit, Mühe auf etw. (A) ~*** rivolgere la propria attenzione, i propri sforzi a (*o* verso) qcs. **c** orientare: ***eine Antenne, die Segel nach dem Wind ~*** orientare un'antenna, le vele secondo il vento **2a** *(äußern)* rivolgere: ***eine Bitte, eine Aufforderung an jdn ~*** rivolgere una preghiera, una richiesta a qcn. **b** indirizzare: ***einen Brief an jdn ~*** indirizzare una lettera a qcn. **3a** *(gerade richten)* raddrizzare: ***eine Stange ~*** raddrizzare una barra **b** *(von Knochenbrüchen)* ridurre **4** REGION. *(vorbereiten)* sistemare, preparare: ***ein Bett für die Gäste ~*** preparare un letto per gli ospiti; ***die Zimmer, das Frühstück ~*** preparare le camere, la colazione **5** riparare, aggiustare: ***die Zähne ~*** aggiustare i denti; ***die Uhr ~ lassen*** far riparare l'orologio; ***jdm die Haare ~*** sistemare i capelli a qcn. **-6a** DIR. *(urteilen)* giudicare: ***jdn ~*** giudicare qcn. **b** ANT. *(hinrichten)* giustiziare **II** intr. (aus. *haben*) ***über jdn, etw. ~*** esprimere un giudizio su qcn., qcs.; ***nach dem Recht ~*** giudicare secondo la legge **III** rifl. **sich ~** **1** rivolgersi, dirigersi: ***die Augen aller richteten sich auf den Schauspieler*** gli occhi di tutti si rivolsero verso l'attore; ***diese Kritik richtet sich gegen die Regierung*** questa critica è rivolta contro il governo; ***der Aufruf richtet sich an alle*** l'appello è rivolto a tutti **2a** drizzarsi, rizzarsi: ***sich in die Höhe ~*** levarsi in alto **b** *(gerade richten)* raddrizzarsi **3a** ***sich nach etw. (D) ~*** orientarsi su qcs., regolarsi secondo qcs.; ***ich richte mich nach dir*** mi regolo su di te, su ciò che fai tu; ***sich nach den Sternen ~*** orientarsi con le stelle **b** *(folgen)* attenersi, conformarsi: ***sich nach den Weisungen ~*** attenersi alle istruzioni **4** *(abhängen)* dipendere: ***der Preis richtet sich nach der Menge*** il prezzo dipende dalla quantità **5** REGION. *(in ordentlichen Zustand bringen)* sistemarsi, riassettarsi: ***sich die Haare, das Kleid ~*** sistemarsi i capelli, il vestito **6** GRAMM. concordare: ***sich nach etw. ~*** concordare con qcs. **7** MIL. *(sich einreihen)* allinearsi **8** *(sich der Verurteilung durch Selbstmord entziehen)* togliersi la vita (per sottrarsi a sicura condanna) ◆ ***damit Sie sich danach ~ können*** per sua norma (*o* regola); ***~ Sie sich bitte danach!*** si regoli di conseguenza! ***ein Haus ~*** approntare la costruzione grezza di una casa; ***eine Klage gegen jdn ~*** muovere un'accusa a qcn.; ***den Kurs ~*** far rotta; ***die Sache lässt sich schon ~*** la faccenda si può sistemare; ***den Tisch ~*** apparecchiare la tavola; ***sein Tun auf etw. ~*** concentrare le proprie azioni su qcs.; ***die Uhr ~*** riparare, regolare l'orologio; ***die Uhr nach dem Rundfunk ~*** regolare l'orologio secondo il segnale orario (della radio); ***der Verdacht richtet sich auf, gegen jdn*** i sospetti cadono su qcn.; ***jdn, etw. zugrunde ~*** mandare in rovina qcn., qcs.

Rich|ten n. *(-s)* **1a** raddrizzamento *m.* **b** *(Einstellung)* regolazione *f.* **2** *(Reparatur)* riparazione *f.* **3** *(von Waffen)* puntamento *m.*

Rich|ter m. *(-s,-)* **1a** DIR. giudice *m.*, magistrato *m.*: ***ein gerechter ~*** un giudice equo; ***jdn zum ~ bestellen, ernennen*** nominare giudice qcn.; ***einen ~ als befangen ablehnen*** ricusare un giudice di parte **b** FIG. giudice *m.*, arbitro *m.*: ***der höchste ~*** il giudice supremo; ***sich zum ~ über jdn, etw. aufwerfen, machen*** ergersi a giudice di qcn., qcs. **2** pl. *(Buch des Alten Testaments)* Giudici *m.pl.* **3** MIL. puntatore *m.* ◆ ***~ erster Instanz*** giudice di primo grado; ***~ im Nebenamt*** giudice a latere; ***~ im Sühneverfahren*** giudice conciliatore; ***jdn vor den ~ laden, bringen, schleppen*** citare qcn. in giudizio; PROV. ***ein ~ soll zwei gleiche Ohren haben*** = un giudice deve essere imparziale; ***wo kein Kläger ist, ist auch kein ~*** nessun accusatore, nessun giudice. **Rich|ter|amt** n. *(-[e]s)* carica *f.* di giudice. **Rich|te|rin** f. *(-,-nen)* giudice *m.*, COLLOQ. giudice *f.* **Rich|ter|kol|le|gi|um** n. *(-s,-kollegien)* collegio *m.* dei giudici. **rich|ter|lich** agg. di, del giudice; giudiziario: ***die -e Entscheidung*** la sentenza del giudice; ***-e Gewalt*** potere giudiziario. **Rich|ter|schaft** f. *(-,-en)* magistratura *f.*

Rich|ter|ska|la f. *(-)* scala *f.* Richter.

Rich|ter|spruch m. *(-[e]s,-sprüche)* ANT. sentenza *f.* **Rich|ter|stand** m. *(-[e]s)* magistratura *f.* **Rich|ter|stuhl** m. *(-[e]s)* **1** seggio *m.* del giudice **2** ESTENS. *(Gericht)* tribunale *m.* ◆ ***auf dem ~ sitzen*** esercitare le funzioni di giudice; FIG. ***vor Gottes ~ treten*** comparire davanti al tribunale divino.

richt|fäh|ig agg., ***-e Antenne*** antenna direzionale. **Richt|fäh|ig|keit** f. *(-)* direzionalità *f.* **Richt|fest** n. *(-[e]s,-e)* festa *f.* per la copertura del tetto. **Richt|feu|er** n. *(-s,-)* MAR. luce *f.* di direzione, di allineamento. **Richt|funk** m. *(-s)* radiofaro *m.* **Richt|ge|rät** n. *(-[e]s,-e)* apparecchio *m.* di puntamento. **Richt|ge|schwin|dig|keit** f. *(-,-en)* velocità *f.* consigliata. **Richt|ham|mer** m. *(-s,-hämmer)* martello *m.* per spianare. **Richt|holz** n. *(-es,-hölzer)* → **Richtscheit.**

rich|tig **I** agg. **1a** giusto, esatto: ***wir sind am -en Platz*** siamo nel posto giusto; ***etw. für ~ halten*** ritenere qcs. giusto **b** *(fehlerlos)* ***die Rechnung, Lösung ist ~*** il conto è giusto, la soluzione è esatta **c** *(genau)* ***eine -e Auskunft*** un'informazione esatta; ***~! sehr ~!*** esatto! giustissimo! **2** *(geeignet)* giusto, opportuno, adatto: ***den -en Zeitpunkt verpassen, wählen*** lasciarsi sfuggire, scegliere il momento oppurtuno; ***der -e Mann am -en Platz, Posten*** l'uomo giusto al momento giusto; ***der -e Ort*** il luogo adatto **3a** *(wahr)* vero: ***ist das sein -er Name?*** è il suo vero nome? ***das sind nicht seine -en Eltern*** non sono i suoi veri genitori **b** *(echt)* vero e proprio: ***er ist noch ein -es Kind*** è ancora un vero e proprio bambino; ***das war kein -er Urlaub*** non è stata una vera e propria vacanza **4** *(wirklich)* autentico, vero: ***ein -er Wiener*** un viennese autentico **II** avv. **1a** giustamente, bene: ***~ urteilen, verstehen*** giudicare, capire bene; ***die Uhr geht ~*** l'orologio va bene; ***eine ~ gehende Uhr*** un orologio preciso **b** *(genau)* precisamente, con precisione, esattamente: ***etw. ~ messen*** misurare qcs. con precisione; ***etw. ~ können, wissen*** sapere, conoscere qcs. esattamente **2** *(fehlerfrei)* correttamente: ***ein Wort ~ aussprechen*** pronunciare correttamente una parola; ***sich ~ ausdrücken*** esprimersi con proprietà **3** *(tatsächlich)* in effetti, effettivamente: ***und ~, so geschah es auch*** e in effetti avvenne proprio questo **4a** rafforz. proprio, davvero, veramente: ***es war ~ heiß*** faceva veramente caldo; ***sie war ~ böse, froh*** era proprio arrabbiata, contenta **b** *(ordentlich)* come si deve: ***erst mal ~ essen, ausschlafen*** innanzi tutto un pasto, una dormita come si deve ◆ ***etw. am -en Ende anfassen*** prendere qcs. per il verso giusto; ***nicht ganz ~ (im Kopf) sein*** non avere tutte le rotelle a posto; ***ganz ~!*** giustissimo! benissimo! ***-er gesagt*** più propriamente detto; COLLOQ. ***er liegt ~*** è nel giusto; COLLOQ. ***eine Rechnung ~ machen*** pagare, saldare un conto; COLLOQ. ***sind wir hier ~ nach Berlin?*** va bene qui (*o* è questa la strada giusta) per Berlino? ***die Dinge beim -en Namen nennen*** chiamare le cose con il loro vero nome; ***etw. ~ sehen*** vederci chiaro in qcs.; ***eine Aussage, einen Irrtum ~ stellen*** rettificare una dichiarazione, correggere un errore; ***wenn ich ~ verstehe*** (o ***wenn ich ~ verstanden habe)...*** se ho ben capito...

Rich|ti|ge **I** m. e f. *(-n,-n)* persona *f.* giusta, uomo *m.* giusto: ***er hat noch nicht die ~ gefunden*** non ha ancora trovato la persona giusta **II** n. *(-n,-n)* cosa *f.* giusta: ***wer weiß, ob ich das ~ getan habe*** chissà se ho fatto la cosa giusta ◆ ***an den -n geraten, kommen*** capitare bene (anche IRON.); IRON. ***ihr seid mir gerade die -n!*** capitate proprio a proposito! ***das ist das ~ für mich*** è quello che ci vuole per me; ***er hat nichts -s gelernt*** non ha imparato nulla di utile; ***sechs ~ im Lotto haben*** avere sei numeri esatti al lotto; ***heute hab ich noch nichts -s gegessen*** oggi non ho ancora mangiato come si deve; ***das ~ treffen*** colpire, cogliere nel segno.

rich|ti|ger|wei|se avv. giustamente. **rich|tig|ge|hend** **I** agg. vero (e proprio), autentico: ***-es Pech*** una vera e propria sfortuna **II** avv. veramente, proprio: ***~ böse werden*** arrabbiarsi veramente.

Rich|tig|keit f. *(-)* **1** giustezza *f.*, esattezza *f.*: ***die ~ ihrer Entscheidung*** la giustezza della sua decisione; ***die ~ einer Rechnung*** l'esattezza di un calcolo; ***die ~ einer Übersetzung*** la fedeltà di una traduzione; ***die ~ eines Ausdruckes*** la precisione (*o* esattezza) di un'espressione **2a** *(Übereinstimmung, Autentizität)* conformità *f.*: ***die ~ einer Urkunde, Abschrift*** la conformità di un documento, di una copia; ***einen Antrag auf seine ~ prüfen*** verificare la conformità di una richiesta **b** *(von Aussage)* veridicità *f.* ◆ ***seine ~ haben*** essere giusto, in ordine; ***damit hat es seine ~*** è giusto così.

Rich|tig|stel|lung f. *(-,-en)* rettifica *f.*

Richt|ka|no|nier m. *(-[e]s,-e)* MIL. puntatore *m.* **Richt|kraft** f. *(-,-kräfte)* FIS. forza *f.* stabilizzatrice. **Richt|kreis** m. *(-es,-e)* goniometro *m.* **Richt|lat|te** f. *(-,-n)* → **Richtscheit.**

Richt|li|nie f. *(-,-n)* direttiva *f.*, norma *f.*; criterio *m.*: ***-n geben (ausgeben, erlassen), einhalten*** impartire, osservare direttive; ***sich (nicht) an die -n halten*** (non) attenersi alle direttive. **Richt|li|ni|en|kom|pe|tenz** f. *(-)* POL. potere *m.* di impartire le direttive.

Richt|mik|ro|phon n. *(-s,-e)* microfono *m.* direzionale. **Richt|meis|ter** m. *(-s,-)* → **Richtkanonier. Richt|plat|te** f. *(-,-n)* MECC. piano *m.* di riscontro. **Richt|platz** m. *(-es,-plätze)* luogo *m.* dell'esecuzione, del supplizio. **Richt|preis** m. *(-es,-e)* prezzo *m.* indicativo. **Richt|punkt** m. *(-[e]s,-e)* MIL. punto *m.* di mira. **Richt|satz** m. *(-es,-sätze)* aliquota *f.* base. **Richt|scheit** n. *(-[e]s,-e)* EDIL. regolo *m.* **Richt|schmaus** m. *(-es,-schmäuse)* festa *f.* della copertura del tetto (di una casa). **Richt|schnur** f. *(-,-en)* **1** EDIL. corda *f.* per tracciare **2** FIG. *(Grundsatz)* regola *f.*, norma *f.*, fondamento *m.*: ***als ~ dienen*** servire di norma; ***zur ~ nehmen, machen*** prendere a norma. **Richt|schüt|ze** m. *(-n,-n)* → **Richtkanonier. Richt|schwert** n. *(-es,-e)* spada *f.* del, da carnefice. **Richt|spruch** m. *(-[e]s,-sprüche)* ANT. sentenza *f.* **Richt|stät|te** f. *(-,-n)* luogo *m.* dell'esecuzione. **Richt|strah|ler** m. *(-s,-)* antenna *f.* direzionale.

Rich|tung f. *(-,-en)* **1a** direzione *f.*, senso *m.*: ***in umgekehrter, entgegengesetzter ~*** in senso contrario, in direzione opposta; ***Wind aus ~ Nord*** vento dal nord; ***die ~ einhalten (beibehalten), ändern (wechseln)*** mantenere, cambiare la direzione; ***jdm die ~ anzeigen, weisen*** indicare la direzione a qcn.; ***eine ~ einschlagen*** prendere una direzione **b** FIG. ***seine Gedanken gingen in eine bestimmte ~*** i suoi pensieri presero una direzione precisa; ***ein Versuch in dieser ~*** un tentativo in questo senso (*o* in questa direzione) **c** orientamento *m.*, taglio *m.*: ***einem Gespräch eine bestimmte ~ geben*** dare a un discorso un taglio preciso **2** FIG. corrente *f.*, tendenza *f.*, orientamento *m.*: ***eine politische ~ vertreten*** rappresentare una corrente politica; ***einer bestimmten ~ angehören*** appartenere ad una corrente precisa; ***eine neue ~ in der Kunst, Musik*** una nuova tendenza artistica, musicale; ***die herrschende ~*** la tendenza dominante **3** *(Zielen)* puntamento *m.* ◆ ***in alle -en*** in ogni direzione; ***aus allen -en*** da ogni direzione, da tutte le direzioni; ***aus ~ Osten, Süden*** da est, sud; ***in eine, die falsche ~ gehen*** andare in una, nella direzione sbagliata; ***in ~ (auf) Bonn*** in direzione di Bonn; ***in ~ Süden*** in direzione sud; ***in westliche ~ fahren*** andare verso (*o* in direzione) ovest; ***das ist nicht meine ~*** non è di mio gusto, non è nel mio stile; ***eine ~ nehmen, verfolgen*** prendere, seguire una direzione; ***die ~ verlieren*** perdere la direzione; ***jdm die ~ weisen, zeigen*** indicare la strada a qcn.

rich|tung|ge|bend agg. **1** direttivo, normativo **2** determinante, decisivo: ***ein -er Gedanke*** un pensiero determinante; ***~ für etw. sein*** essere decisivo per qcs.

Rich|tungs|än|de|rung f. *(-,-en)* cambiamento *m.* di direzione. **Rich|tungs|an|ga|be** f. *(-,-n)* complemento *m.* di moto. **Rich|tungs|an|zei|ger** m. *(-s,-)*, **Rich|tungs|blin|ker** m. *(-s,-)* indicatore *m.* di direzione. **Rich|tungs|fahr|bahn** f. *(-,-en)* corsia *f.* di canalizzazione. **rich|tungs|los** agg. disorientato (anche FIG.). **Rich|tungs|lo|sig|keit** f. *(-)* disorientamento *m.* (anche FIG.). **Rich|tungs|pfeil** m. *(-[e]s,-e)* freccia *f.* direzionale. **Rich|tungs|sta|bi|li|tät** f. *(-)* stabilità *f.* di rotta, stabilità *f.* direzionale. **Rich|tungs|ver|kehr** m. *(-s)* traffico *m.* a senso unico. **Rich|tungs|wech|sel** m. *(-s,-)* cambiamento *m.* di direzione. **Rich|tungs|wei|ser** m. *(-s,-)* segnale *m.* di direzione.

rich|tung|wei|send agg. **1** che indica la direzione **2** → **richtunggebend.**

Richt|waa|ge f. *(-,-n)* livella *f.* (a bolla d'aria), bilancia *f.* idrostatica. **Richt|wert** m. *(-[e]s,-e)* valore *m.* indicativo. **Richt|zahl** f. *(-,-en)* indice *m.*

Rick n. *(-[e]s,-e* e *-s)* REGION. pertica *f.*, stanga *f.*

Ri|cke f. *(-,-n)* VENAT. capriola *f.*, capriolo *m.* femmina.

rieb → **reiben.**

riech|bar agg. RAR. odorabile. **Riech|bol|zen** m. *(-s,-)* SCHERZ. naso *m.*

rie|chen *(roch, gerochen)* **I** tr. **1** odorare, annusare, sentire l'odore di: ***ein Parfüm ~*** sentire l'odore di un profumo **2** COLLOQ. FIG. *(merken, spüren)* fiutare, subodorare: ***~, dass etw. nicht stimmt*** fiutare che qcs. non va; ***er muss die Gefahr gerochen haben*** deve aver fiutato il pericolo **II** intr. (aus. *haben*) **1** odorare, avere (*o* mandare) odore: ***etw. riecht angebrannt, gut, unangenehm*** qcs. ha odore di bruciato, ha un buon odore, ha un odore sgradevole **2** impers. ***es riecht nach Fisch*** c'è odore di pesce **3** ***an etw. (D) ~*** annusare qcs. **4** *(duften)* profumare, avere profumo: ***diese Essenz riecht betörend*** questa essenza ha un profumo seducente **5a** *(stinken)* puzzare: ***sein Atem riecht übel*** ha l'alito pesante; ***er riecht aus dem Mund*** ha l'alito cattivo; ***die Milch riecht schon*** il latte ha già un cattivo odore **b** FIG. ***das riecht nach Betrug*** puzza di truffa ◆ COLLOQ. FIG. ***dran ~ dürfen*** poterne sentire soltanto l'odore; ***faul ~*** sapere di marcio; ***etw. nicht ~ können*** non poter sopportare l'odore di qcs.; COLLOQ. FIG. non poter subodorare qcs.; COLLOQ. ***jdn nicht ~ können*** non poter soffrire qcn.; COLLOQ. ***Lunte ~*** vedere la mala parata; ***übel ~*** avere un cattivo odore, puzzare. **Rie|cher** m. *(-s,-)* COLLOQ. **1** *(Nase)* naso *m.* **2** FIG. naso *m.*, fiuto *m.*: ***einen guten ~ haben*** avere un buon fiuto, avere buon naso.

Riech|fläsch|chen n. *(-s,-)* boccetta *f.* dei sali. **Riech|hirn** n. *(-[e]s)* rinencefalo *m.* **Riech|kol|ben** m. *(-s,-)* SCHERZ. *(große Nase)* peperone *m.*, proboscide *f.* **Riech|mit|tel** n. *(-s,-)* sali *m.pl.* **Riech|nerv** m. *(-s,-en)* nervo *m.* olfattorio. **Riech|or|gan** n. *(-[e]s,-e)* organo *m.* olfattivo. **Riech|salz** n. *(-es,-e)* sali *m.pl.* **Riech|stoff** m. *(-[e]s,-e)* sostanza *f.* aromatica, profumata. **Riech|was|ser** n. *(-s,-)* profumo *m.*, essenza *f.*

Ried n. *(-[e]s,-e)* **1** *(Schilf)* canna *f.* palustre, di palude **2** *(Röhricht)* canneto *m.* **3** *(Moor)* palude *f.* **Ried|bock** m. *(-[e]s,-böcke)* cervicapra *f.* **Ried|dach** n. *(-s,-dächer)* tetto *m.* ricoperto di canne palustri. **Ried|gras** n. *(-es,-gräser)* carice *f.*

Rie|fe f. *(-,-n)* REGION. scanalatura *f.*, solco *m.* **rie|feln** tr. scanalare, rigare. **Rie|fe|lung** f. *(-,-en)* scanalatura *f.*, rigatura *f.* **rie|fen** → **riefeln. rie|fig** agg. scanalato, rigato.

Rie|ge f. *(-,-n)* GINN. squadra *f.*

Rie|gel m. *(-s,-)* **1** catenaccio *m.*; *(aus Holz)* paletto *m.*: ***den ~ (an der Tür) vorlegen, vorschieben*** mettere il catenaccio (alla porta) **2** SPORT barriera *f.*: ***einen ~ (um den Strafraum) aufziehen*** fare barriera davanti all'area di rigore **3** MIL. sbarramento *m.*, barriera *f.* **4** EDIL. traversa *f.* **5** stecca *f.*: ***ein ~ Schokolade*** una stecca di cioccolata **6a** SART. *(Stoffstreifen auf Rückenteilen)* martingala *f.* **b** *(für Gürtel)* passante *m.* **7** *(Mensch)* COLLOQ. REGION. omone *m.*, armadio *m.* ◆ FIG. ***etw. (D) einen ~ vorlegen, vorschieben*** mettere un freno a qcs., arginare qcs. **rie|geln** tr. **1** ANT. o REGION. chiudere col catenaccio; *(absperren)* sbarrare **2** EQUIT. guidare con le briglie. **Rie|gel|stel|lung** f. *(-,-en)* posizione *f.* di sbarramento.

Rie|gen|füh|rer m. *(-s,-)* GINN. caposquadra *m.* **Rie|gen|tur|nen** n. *(-s)* esercizi *m.pl.* (ginnici) a squadre. **rie|gen|wei|se** avv. a squadre.

rieh → **2.reihen.**

Riem|chen n. *(-s,-)* **1** strisciolina *f.*, cinghietta *f.* **2** *(schmales Bauelement)* schienale *m.*, mezzo mattone *m.*

1.Rie|men m. *(-s,-)* **1** cinghia *f.*: ***einen ~ um etw. schnallen*** legare una cinghia attorno a qcs. **2** *(Treibriemen)* cinghia *f.* (di trasmissione) **3** *(lederner Schnürsenkel)* stringa *f.*, laccio *m.* di cuoio ◆ COLLOQ. ***den ~ enger schnallen*** tirare la cinghia; COLLOQ. ***sich am ~ reißen*** = fare uno sforzo.

2.Rie|men m. *(-s,-)* remo *m.* ◆ ***sich in die ~ legen*** fare forza sui remi; *(sich anstrengen)* arrabattarsi, mettercela tutta.

Rie|men|an|trieb m. *(-[e]s,-e)* trasmissione *f.* a cinghia. **Rie|men|fisch** m. *(-[e]s,-e)* re *m.* delle aringhe. **Rie|men|peit|sche** f. *(-,-n)* staffile *m.* a più corregge. **Rie|men|schei|be** f. *(-,-n)* puleggia *f.* **Rie|men|wurm** m. *(-[e]s,-würmer)* cestode *m.* **Rie|men|zun|ge** f. *(-,-n)* BOT. barbone *m.*

Ries n. *(-es,-e)* ANT. risma *f.*: ***acht ~ Papier*** otto risme di carta.

1.Rie|se m. *(-n,-n)* **1** gigante *m.* (anche FIG.): ***ein ~ an Geist*** un gigante dello spirito; ***ein ~ aus Beton und Glas*** un colosso di cemento e vetro **2** *(Riesenstern)* stella *f.* gigante **3** *(Riesenfelge)* gran volta *f.* alla sbarra.

2.Rie|se f. *(-,-n)* REGION. scivolo *m.* (per tronchi d'albero).

Rie|sel|feld n. *(-[e]s,-er)* marcita *f.* **rie|seln** intr. (aus. *haben, sein*) **1a** scorrere, fluire, sgorgare (lentamente): ***das Wasser der Quelle rieselt über den Felsen*** l'acqua della sorgente scorre sulla roccia; ***den Sand durch die Finger ~ lassen*** lasciar scorrere la sabbia tra le dita **b** FIG. ***ein Schauder rieselte ihm über den Rücken*** si sentì correre un brivido lungo la schiena **2** impers. ***es rieselt*** *(vom Regen)* pioviggina **3** *(vom Schnee)* nevischiare **4** colare, stillare: ***Blut rieselt aus der Wunde*** il sangue cola dalla ferita. **Rie|sel|re|gen** m. *(-s)* pioggia *f.* minuta. **Rie|sel|was|ser** n. *(-s,-wässer)* acqua *f.* di marcita.

Rie|sen|ar|beit f. *(-)* lavoro *m.* colossale. **Rie|sen|ba|by** n. *(-s,-s)* COLLOQ. bambinone *m.* **Rie|sen|bau** m. *(-[e]s,-ten)* costruzione *f.* gigantesca. **Rie|sen|blu|me** f. *(-,-n)* rafflesia *f.* **Rie|sen|da|me** f. *(-,-n)* donna *f.* cannone. **Rie|sen|dumm|heit** f. *(-,-en)* COLLOQ. castroneria *f.* **Rie|sen|er|folg** m. *(-[e]s,-e)* COLLOQ. successo *m.* colossale. **Rie|sen|faul|tier** n. *(-s,-e)* megaterio *m.* **Rie|sen|fel|ge** f. *(-,-n)* gran volta *f.* alla sbarra. **Rie|sen|ge|bir|ge** n.pr.n. *(-s)* monti *m.pl.* dei Giganti. **Rie|sen|ge|stalt** f. *(-,-en)* statura *f.* gigantesca. **rie|sen|groß** agg. COLLOQ. gigantesco, enorme, colossale. **rie|sen|haft** agg. possente, imponente, colossale. **Rie|sen|hun|ger** m. *(-s,-)* fame *f.* colossale. **Rie|sen|mu|schel** f. *(-,-n)* tridacna *f.* **Rie|sen|rad** n. *(-[e]s,-räder)* grande ruota *f.*, ruota *f.* panoramica. **Rie|sen|rind|vieh** n. *(-[e]s)* VOLG. gran fesso *m.* **Rie|sen|ross** n. *(-es,-rösser)* VOLG. gran pezzo *m.* di cretino. **Rie|sen|schild|krö|te** f. *(-,-n)* tartaruga *f.* gigante. **Rie|sen|schlan|ge** f. *(-,-n)* boide *m.* **Rie|sen|schol|le** f. *(-,-n)* ippoglosso *m.* **Rie|sen|schritt** m. *(-[e]s,-e)* COLLOQ. passo *m.* da gigante: ***mit -en*** a passi da gigante. **Rie|sen|sla|lom** m. *(-s)* slalom *m.* gigante. **Rie|sen|spaß** m. *(-es,-späße)* COLLOQ. divertimento *m.* colossale. **rie|sen|stark** agg. COLLOQ. fortissimo, dalla forza erculea. **Rie|sen|stern** m. *(-[e]s,-e)* stella *f.* gigante. **Rie|sen|wuchs** m. *(-es)* gigantismo *m.*

rie|sig I agg. **1** gigantesco, colossale, enorme: ***ein -er Saal*** una sala gigantesca, enorme; ***eine -e Freude*** una gioia enorme **2** COLLOQ. *(wunderbar)* grandioso, fantastico: ***eine -e Party*** una festa fantastica **II** avv. rafforz. COLLOQ. enormemente: ***sich ~ freuen*** rallegrarsi enormemente. **Rie|sin** f. *(-,-nen)* gigantessa *f.*

Ries|ling m. *(-s,-e)* riesling *m.*

ries|wei|se avv. a risme.

riet → **raten.**

Riet n. *(-[e]s,-e)*, **Riet|blatt** n. *(-[e]s,-blätter)* TESS. pettine *m.*

Rif|at|las n.pr.m. *(-)* Atlante *m.* del Rif.

Riff n. *(-[e]s,-e)* **1** scogliera *f.* **2** *(von Korallen)* banco *m.*

Rif|fel f. *(-,-n)* **1** scanalatura *f.*: ***die -n einer Säule*** le scanalature di una colonna **2** *(Riffelkamm)* pettine *m.* per il lino. **Rif|fel|bee|re** f. *(-,-n)* REGION. *(Heidel-, Preiselbeere)* mirtillo *m.* **Rif|fel|blech** n. *(-[e]s,-e)* lamiera *f.* striata. **Rif|fel|glas** n. *(-es)* vetro *m.* rigato. **Rif|fel|kamm** m. *(-[e]s,-kämme)* pettine *m.* per il lino, scapecchiatoio *m.* **rif|feln** tr. **1** scanalare, striare **2** TESS. pettinare, scapecchiare **3** REGION. *(Heidel-, Preiselbeeren)* raccogliere con il pettine. **Rif|fe|lung** f. *(-,-en)* **1** scanalatura *f.* **2.** TESS. pettinatura *f.*

Ri|ga|er I m. *(-s,-)* abitante *m.* di Riga **II** agg. di Riga. **ri|ga|isch** agg. di Riga.

Rigg n. *(-s,-s)*, **Rig|gung** f. *(-,-en)* MAR. attrezzatura *f.*

ri|gid, ri|gi|de agg. MED. PSIC. rigido. **Ri|gi|di|tät** f. *(-)* MED. PSIC. rigidità *f.*

Ri|go|le f. *(-,-n)* scolo *m.*, fossato *m.* (di scolo), canaletto *m.* **ri|go|len** tr. dissodare, arare in profondità. **Ri|gol|pflug** m. *(-[e]s,-pflüge)* aratro *m.* dissodatore.

Ri|go|ris|mus m. *(-)* rigorismo *m.* **Ri|go|rist** m. *(-en,-en)* rigorista *m.* **ri|go|ris|tisch** agg. rigorista.

ri|go|ros I agg. rigoroso; *(hart)* duro: ***eine -e Bestrafung verlangen*** chiedere una dura punizione **II** avv. **1** rigorosamente; *(hart)* duramente: ***etw. zu ~ beurteilen*** giudicare qcs. troppo rigorosamente **2** *(energisch)* energicamente: ***etw. ~ ablehnen*** rifiutare energicamente qcs. **Ri|go|ro|si|tät** f. *(-)* rigorosità *f.*; *(Härte)* durezza *f.* **Ri|go|ro|sum** n. *(-s, Rigorosa)* esame *m.* di laurea.

Ri|kam|bio m. *(-s, Rikambien)* cambiale *f.* di ritorno (*o* di rivalsa).

Rik|scha f. *(-,-s)* risciò *m.*

Ril|le f. *(-,-n)* **1** scanalatura *f.*; *(von Schallplatten)* solco *m.* **2a** MECC. solco *m.*, rigatura *f.* **b** pl. *(von Feilen)* righettatura *f.* **3** *(von Papier)* cordonatura *f.* **ril|len** tr. **1** scanalare **2** *(Papier)* cordonare. **Ril|len|pro|fil** n. *(-s,-e)* profilo *m.* scanalato. **Ril|len|schie|ne** f. *(-,-n)* rotaia *f.* a gola.

Ri|mes|se f. *(-,-n)* ECON. **1** rimessa *f.* **2** *(Wechsel)* tratta *f.*

Rind n. *(-[e]s,-er)* **1a** bovino *m.*: ***-er züchten*** allevare bovini; ***Fleisch vom ~*** carne bovina **b** *(junger Ochse)* manzo *m.* **2** COLLOQ. → **Rindfleisch.**

Rin|de f. *(-,-n)* **1a** corteccia *f.*: ***die ~ vom Stamm (ab)schälen*** togliere la corteccia a (*o* scortecciare) un tronco; ***seinen Namen in die ~ ritzen, schneiden*** incidere il proprio nome nella corteccia **b** ANAT. ***die ~ des Hirns, der Nieren*** la corteccia cerebrale, surrenale **2** *(von Brot, Käse)* crosta *f.* **Rin|den|hüt|te** f. *(-,-n)* capanna *f.* di corteccia. **rin|den|los** agg. **1** scortecciato **2** *(von Brot, Käse)* senza crosta.

Rin|der|band|wurm m. *(-[e]s,-würmer)* tenia *f.* saginata. **Rin|der|bra|ten** m. *(-s,-)* arrosto *m.* di carne bovina; *(von jungen Ochsen)* arrosto *m.* di manzo. **Rin|der|brem|se** f. *(-,-n)* tafano *m.* **Rin|der|fil|let** n. *(-s,-s)* filetto *m.* (di bovino); *(von jungen Ochsen)* filetto *m.* di manzo. **Rin|der|gu|lasch** n. e m. *(-[e]s,-e)* spezzatino *m.* di manzo. **Rin|der|her|de** f. *(-,-n)* mandria *f.* (*o* branco *m.*) di bovini. **Rin|der|hirt** m. *(-en,-en)* bovaro *m.*, vaccaro *m.*

rin|de|rig agg. in calore (di mucche).

Rin|der|le|ber f. *(-,-n)* fegato *m.* di bovino; *(von jungen Ochsen)* fegato *m.* di manzo. **Rin|der|len|de** f. *(-,-n)* lombata *f.* (di bovino); *(von jungen Ochsen)* lombata *f.* di manzo.

rin|dern intr. (aus. *haben*) essere in calore (di mucca).

Rin|der|pest f. *(-)* peste *f.* bovina. **Rin|der|ras|se** f. *(-,-n)* razza *f.* bovina. **Rin|der|talg** m. *(-[e]s)* sego *m.*, sevo *m.* (di bovino). **Rin|der|zucht** f. *(-)* allevamento *m.* di bovini. **Rin|der|zun|ge** f. *(-,-n)* lingua *f.* (di bovino); *(von jungen Ochsen)* lingua *f.* di manzo.

Rind|fleisch n. *(-[e]s)* carne *f.* bovina; *(von jungen Ochsen)* carne *f.* di manzo. **Rind|fleisch|brü|he** f. *(-,-n)* brodo *m.* di manzo.

rin|dig agg. RAR. **1** con la corteccia **2** *(von Brot, Käse)* con la crosta, crostoso.

Rind|le|der → **Rindsleder. Rinds|fil|let** REGION. → **Rinderfilet. Rinds|le|ber** REGION. → **Rinderleber. Rinds|le|der** n. *(-s)* pelle *f.* (bovina); *(zähes Leder)* cuoio *m.* (bovino); vacchetta *f.* **Rinds|len|de** REGION. → **Rinderlende. Rinds|talg** REGION. → **Rindertalg.**

Rind|stück n. *(-[e]s,-e)* bistecca *f.* **Rind|sup|pe** f. *(-,-n)* AUSTR. brodo *m.* di carne (bovina).

Rinds|zun|ge REGION. → **Rinderzunge.**

Rind|viech n. *(-[e]s,-er)* COLLOQ. SPREG. scemo *m.*, tonto *m.* **Rind|vieh** n. *(-[e]s)* **1** bovini *m.pl.*; bestiame *m.* (grosso): ***dreißig Stück ~*** trenta capi di bestiame (bovino) **2** COLLOQ. → **Rindviech.**

Rin|for|zan|do n. *(-s,-s* e *Rinforzandi)* MUS. rinforzando *m.*

Ring m. *(-[e]s,-e)* **1a** anello *m.*: ***einen ~ (am Finger) tragen*** portare, avere un anello (al dito); ***sich (D) den ~ anstecken, den ~ vom Finger ziehen, abstreifen*** mettersi, togliersi, sfilarsi l'anello **b** *(Jahresring)* anello *m.* (annuale) **c** pl. GINN. anelli *m.pl.*: ***an den -en turnen*** fare esercizi (*o* esercitarsi) agli anelli **2a** *(ringförmiges Ding, Gebilde)* anello *m.*, cerchio *m.*: ***ein metallener ~*** un anello (*o* cerchio) metallico; ***-e auf der Wasseroberfläche*** anelli sulla superficie dell'acqua; ***beim Rauchen -e blasen*** fare anelli di fumo (con la sigaretta) **b** cerchio *m.*: ***einen ~ bilden*** formare un cerchio **3** *(Ringstraße)* circonvallazione *f.*; *(in Wien)* Ring *m.* **4** pl. *(Augenringe)* occhiaie *f.pl.*: ***-e unter den Augen haben*** avere le occhiaie **5a** SPORT *(Boxring)* ring *m.*: ***in den ~ steigen, klettern*** salire sul ring **b** *(Kugelstoßring)* piattaforma *f.* (per il lancio del peso) **6a** *(Kreis, Vereinigung)* circolo *m.*, associazione *f.*: ***einen ~ gründen*** fondare un circolo **b** *(Kartell)* cartello *m.* **c** *(Bande)* banda *f.*: ***ein ~ von Rauschgifthändlern*** una banda di trafficanti di droga ◆ ***schwarze -e um die, unter den Augen haben*** avere gli occhi cerchiati (*o* le occhiaie); *(beim Boxen)* ***~ frei!*** fuori i secondi! ***der ~ des Nibelungen*** l'anello del Nibelungo; ***fünf, zehn ~ schießen*** fare cinque, dieci al tiro al bersaglio, colpire il quinto, decimo cerchio; ***einen ~ um jdn schließen*** fare cerchio intorno a qcn.; ***der ~ schließt sich*** il cerchio si chiude; ***die -e tauschen, wechseln*** scambiarsi gli anelli.

ring|ar|tig agg. a forma di anello (*o* cerchio), anulare. **Ring|bahn** f. *(-,-en)* ferrovia *f.* circolare urbana. **Ring|buch** n. *(-[e]s,-bücher)* quaderno *m.* ad anelli.

Rin|gel m. *(-s,-)* **1** anellino *m.*, cerchietto *m.* **2** *(vom Haar)* ricciolino *m.* **Rin|gel|blu|me** f. *(-,-n)* calendola *f.* **Rin|gel|chen** n. *(-s,-)* anellino *m.*, cerchietto *m.*

rin|ge|lig agg. attorcigliato, a spirali; a ricciolini.

Rin|gel|lo|cke f. *(-,-n)* ricciolo *m.*: ***-n haben*** avere i riccioli.

rin|geln I tr. **1** inanellare: ***das Haar ~*** inanellare la chioma **2** *(zu einer Spirale winden)* attorcigliare **II** rifl. **sich ~ 1** arricciarsi, attorcigliarsi: ***sich um etw. ~*** attorcigliarsi intorno a qcs. **2** *(vom Haar)* formare ricci.

Rin|gel|nat|ter f. *(-,-n)* biscia *f.* dal collare (*o* d'acqua), natrice *f.* **Rin|gel|rei|gen** m. *(-s,-)*, **Rin|gel|rei|hen** m. *(-s,-)* girotondo *m.*: ***~ spielen, tanzen*** fare il girotondo. **Rin|gel|schwanz** m. *(-es,-schwänze)* coda *f.* a ricciolo (del maiale). **Rin|gel|spiel** n. *(-[e]s,-e)* AUSTR. giostra *f.* **Rin|gel|spin|ner** m. *(-s,-)* bombice *m.* gallonato. **Rin|gel|ste|chen** n. *(-s,-)* giostra *f.* dell'anello. **Rin|gel|tanz** m. *(-es,-tänze)* girotondo *m.* **Rin|gel|tau|be** f. *(-,-n)* colombaccio *m.* **Rin|gel|wurm** m. *(-[e]s,-würmer)* anellide *m.*

1.rin|gen *(rang, gerungen)* **I** intr. (aus. *haben*) **1a** combattere, lottare (anche FIG.): ***erbittert mit jdm ~*** lottare accanitamente con qcn.; ***mit dem Tode, seinem Schicksal ~*** lottare con la morte, contro il proprio destino **b** ***um etw. ~*** lottare per (ottenere) qcs. **c** SPORT *(Ringer sein)* praticare la lotta, lottare: ***er ringt seit 1991*** pratica la lotta dal 1991 **2** *(sich innerlich auseinandersetzen)* essere combattuto (da), dibattersi: ***mit einem Entschluss ~*** essere combattuto nel prendere una decisione; ***lange mit sich ~, ob...*** essere a lungo combattuto se... **II** tr. **1** strappare: ***jdm etw. aus der Hand ~*** strappare qcs. di mano a qcn. **2** *(winden)* (con)torcere: ***die Hände ~*** contorcersi le mani **III** rifl. **sich ~** LETT. prorompere: ***sich aus jds Brust, von jds Lippen ~*** prorompere dal petto, dalle labbra di qcn. ◆ ***nach Atem ~*** respirare a fatica, ansare; ***nach, um Fassung ~*** = cercare di dominarsi; ***nach Luft ~*** → ***nach Atem ~***; ***mit den Tränen ~*** trattenere a stento le lacrime; ***nach Worten, um Worte ~*** cercare affannosamente le parole.

2.rin|gen tr. REGION. strizzare, torcere.

Rin|gen n. *(-s)* lotta *f.* **Rin|ger** m. *(-s,-)* lottatore *m.* **Rin|ger|griff** m. *(-[e]s,-e)* presa *f.* (di lotta). **rin|ge|risch I** agg. di lotta, da lottatore: ***große -e Qualitäten haben*** avere grandi doti da lottatore **II** avv. nella lotta, come lottatore.

Ring|fahn|dung f. *(-,-en)* ricerche *f.pl.* a tappeto. **Ring|fin|ger** m. *(-s,-)* (dito *m.*) anulare *m.* **Ring|form** f. *(-,-en)* **1** forma *f.* anulare **2** *(Kuchenform)* forma *f.* per ciambelle. **ring|för|mig** agg. anulare, a forma di anello. **Ring|gra|ben** m. *(-s,-gräben)* fossato *m.* (di castelli, città). **Ring|heft** n. *(-[e]s,-e)* quaderno *m.* ad anelli. **Ring|kampf** m. *(-[e]s,-kämpfe)* lotta *f.*: ***einen ~ austragen*** disputare una lotta. **Ring|kämp|fer** m. *(-s,-)* lottatore *m.*

Ring|lein n. *(-[e]s,-)* anellino *m.*, cerchietto *m.* **ring|lig** → **ringelig.**

Ring|lei|tung f. *(-,-en)* EL. linea *f.* in circuito chiuso ad anello. **Ring|mau|er** f. *(-,-n)* muro *m.* di cinta. **Ring|mus|kel** m. *(-s,-n)* sfintere *m.* **Ring|ofen** m. *(-s,-öfen)* forno *m.* ad anello. **Ring|rei|ten** n. *(-s,-)* giostra *f.* dell'anello. **Ring|rich|ter** m. *(-s,-)* SPORT arbitro *m.* (nella box).

rings avv. (tutto) intorno: ***das Dorf ist ~ von Bergen umgeben*** il villaggio è circondato da montagne; ***sich ~ im Kreis umsehen*** guardarsi (bene) intorno ◆ ***~ um*** (tutto) intorno a: ***der Zaun läuft ~ um den Garten*** il recinto corre (tutto) intorno al giardino; ***die Kinder standen ~ um den Lehrer*** i bambini circondavano il maestro.

Ring|schei|be f. *(-,-n)* bersaglio *m.* a cerchi (*o* ad anelli concentrici). **Ring|schlüs|sel** m. *(-s,-)* chiave *f.* ad anello. **rings|he|rum** avv. (tutto) intorno: ***~ lief eine hohe Hecke*** tutto intorno correva un'alta siepe. **Ring|ste|chen** n. *(-s,-)* giostra *f.* dell'anello. **Ring|stra|ße** f. *(-,-n)* circonvallazione *f.*, Ring *m.*: ***die Wiener ~*** il Ring di Vienna.

rings|um avv. → **ringsherum. rings|um|her** avv. (tutto) intorno, in giro: ***~ nichts sehen können*** non notare nulla intorno.

Ring|tausch m. *(-[e]s)* **1** scambio *m.* degli anelli **2** FIG. scambio *m.* di compagno (nel gioco). **Ring|wall** m. *(-[e]s,-wälle)* vallo *m.* di cinta.

Rin|ne f. *(-,-n)* **1a** canaletto *m.* **b** *(Abflussrinne)* canale *m.*, fosso *m.* di scolo **c** *(Rille)* scanalatura *f.*, solco *m.* **2** *(Fahrrinne)* canale *m.* **3** *(Dachrinne)* grondaia *f.* **4** VENAT. rete *f.* per rapaci.

rin|nen intr. *(rann, geronnen)* **1a** (aus. *sein*) scorrere: ***der Regen rinnt über die Scheiben*** la pioggia scorre sui vetri; ***Tränen rannen über ihre Wangen*** lacrime le scorrevano sulle guance; *(von Blut, Schweiß)* colare **b** FIG. ***die Zeit rinnt schnell*** il tempo scorre in fretta **2a** ESTENS. (aus. *sein*) scivolare, scorrere: ***den Sand durch die Finger ~ lassen*** far scivolare la sabbia fra le dita **b** FIG. ***das Geld rinnt ihm durch die Finger*** il denaro gli scivola tra le dita; ***ein Schauer rann ihm über den Rücken*** un brivido gli corse lungo la schiena **3** *(undicht sein;* aus. *haben)* perdere.

rin|nen|för|mig agg. a forma di canaletto (*o* di scanalatura).

Rinn|sal n. *(-[e]s,-e)* **1** rivoletto *m.*, rigagnolo *m.* **2** FIG. rivolo *m.*: ***ein ~ von Tränen*** un rivolo di lacrime. **Rinn|stein** m. *(-[e]s,-e)* **1a** cunetta *f.*, canale(tto) *m.* di scolo **b** FIG. fango *m.*: ***jdn aus dem ~ auflesen*** raccogliere qcn. dal fango; ***im ~ enden, landen*** finire nel fango **2** *(Bordstein)* cordone *m.*, ESTENS. marciapiede *m.* **3** RAR. *(Ausgussbecken)* acquaio *m.*, scolo *m.*

Ri|pos|te f. *(-,-n)* SPORT risposta *f.*

Ripp|chen n. *(-s,-)* costoletta *f.*

Rip|pe f. *(-,-n)* **1** costola *f.*, costa *f.*: ***sich (D) eine ~ brechen*** rompersi una costola; ***jdm ein Messer zwischen die -n stoßen*** piantare un coltello fra le costole a qcn. **2a** *(einer Rippe Ähnliches)* costa *f.*: ***Cord mit breiten -n*** velluto a coste larghe **b** *(von Schokolade)* stecca *f.* **c** *(von Heizkörpern)* elemento *m.*, aletta *f.* **3** ALP. BOT. costa *f.* **4** ARCH. costola *f.*, costolone *m.* **5** AER. centina *f.* (alare) **6** MECC. nervatura *f.* ◆ ***nichts auf den -n haben*** essere (tutto) pelle e ossa; ***ich kann mir das Geld (ja) nicht aus den -n schlagen, schneiden!*** non posso fabbricarli, i soldi! ***jdm in die -n stoßen*** dare una gomitata a qcn.; FIG. dare una scrollata a qcn., scrollare qcn.

1.rip|peln tr. REGION. → **riffeln.**

2.rip|peln rifl. **sich ~** REGION. **1** *(sich regen)* muoversi: ***sich nicht ~ und rühren*** non muoversi dal posto **2** *(sich beeilen)* sbrigarsi. **Rip|peln** pl. GEOL. crespe *f.pl.*, increspature *f.pl.*

rip|pen tr. scanalare. **Rip|pen|bo|gen** m. *(-s,-)* arco *m.* costale. **Rip|pen|bruch** m. *(-[e]s,-brüche)* frattura *f.* di una costola. **Rip|pen|fell** n. *(-[e]s,-e)* pleura *f.* **Rip|pen|fell|ent|zün|dung** f. *(-,-en)* pleurite *f.* **rip|pen|för|mig** agg. a forma di costola. **Rip|pen|heiz|kör|per** m. *(-s,-)* radiatore *m.* ad elementi. **Rip|pen|kno|chen** m. *(-s,-)* costa *f.*, costola *f.* **Rip|pen|qual|le** f. *(-,-n)* ctenoforo *m.* **Rip|pen|samt** m. *(-[e]s,-e)* velluto *m.* a coste. **Rip|pen|speer** m. e n. *(-[e]s)* costina *f.* (di maiale) in salamoia. **Rip|pen|stoß** m. *(-es,-stöße)* colpo *m.* alle costole, nel fianco. **Rip|pen|stück** n. *(-[e]s,-e)* costata *f.* **Rip|pen|werk** n. *(-[e]s,-e)* ARCH. costolatura *f.*

Rip|pe|speer → **Rippenspeer.**

Ripp|samt → **Rippensamt.**

rips inter. zac.

Rips m. *(-es,-e)* reps *m.*

Ri|sa|lit m. *(-s,-e)* ARCH. risalto *m.*

Ri|si|ko n. *(-s,-s* e *Risiken;* AUSTR. *Risken)* rischio *m.*: ***sich dem ~ aussetzen*** esporsi al rischio; ***ein ~ eingehen*** correre un rischio; ***ein ~ tragen, übernehmen, auf sich nehmen*** assumere, assumersi un rischio; ***versicherbares ~*** rischio assicurabile ◆ ***auf eigenes, dein eigenes ~*** a proprio, tuo rischio (e pericolo); ***ein ~ in Kauf nehmen*** mettere in conto un pericolo; ***das ~ laufen*** correre il rischio.

Ri|si|ko|ana|ly|se f. *(-,-n)* analisi *f.*, valutazione *f.* del rischio. **Ri|si|ko|be|reit|schaft** f. *(-)* l'essere pronto ad assumersi un rischio. **Ri|si|ko|fak|tor** m. *(-s,-en)* fattore *m.* (di) rischio. **ri|si|ko|frei** agg. senza rischi. **ri|si|ko|freu|dig** agg. amante del rischio. **Ri|si|ko|ge|burt** f. *(-,-en)* parto *m.* a rischio. **Ri|si|ko|grup|pe** f. *(-,-n)* gruppo *m.* a rischio. **ri|si|ko|los** agg. → **risikofrei. Ri|si|ko|mi|schung** f. *(-,-en)* ECON. ripartizione *f.* del rischio (su diverse attività). **Ri|si|ko|pa|ti|ent** m. *(-en,-en)* paziente *m.* a rischio. **Ri|si|ko|prä|mie** f. *(-,-n)* premio *m.* di rischio. **ri|si|ko|reich** agg. rischioso. **Ri|si|ko|span|ne** f. *(-,-n)* margine *f.* di rischio. **Ri|si|ko|streu|ung** f. *(-)* diversificazione *f.* del rischio. **Ri|si|ko|stu|die** f. *(-,-n)* valutazione *f.*, analisi *f.* dei rischi. **Ri|si|ko|zu|schlag** m. *(-[e]s,-zuschläge)* soprapremio *m.* di rischio.

ris|kant agg. rischioso; *(gewagt)* arrischiato, azzardato.

ris|kie|ren tr. **1** *(aufs Spiel setzen)* rischiare: ***viel, das Äußerste ~*** rischiare molto, il tutto per tutto; ***das Leben ~*** rischiare (*o* mettere a repentaglio) la vita **2** *(wagen)* arrischiare, azzardare, osare: ***ein Lächeln ~*** azzardare un sorriso ◆ FIG. ***ein Auge, einen Blick ~*** gettare un'occhiata di soppiatto; COLLOQ. ***einen ~*** bersi un goccetto, un bicchierino; ***den Kopf ~, Kopf und Kragen ~*** rischiare la pelle; ***eine Lippe ~*** arrischiare un'osservazione.

Ri|sot|to m. *(-[s],-s)* e n. *(-s,-[s])* risotto *m.*

Ris|pe f. *(-,-n)* pannocchia *f.* **ris|pen|för|mig** agg. a forma di pannocchia. **Ris|pen|gras** n. *(-es,-gräser)* poa *f.* **Ris|pen|hir|se** f. *(-)* BOT. miglio *m.* **ris|pig** agg. → **rispenförmig.**

riss → **reißen.**

Riss m. *(-es, -e)* **1** strappo *m.*: ***ein ~ im Futter*** uno strappo nella fodera **2a** *(von Felsen, Böden)* spaccatura *f.*, fenditura *f.*; fessura *f.* **b** crepa *f.*: ***ein ~ in der Wand, in der Decke*** una crepa nel muro, nel (*o* sul) soffitto **3** FIG. incrinatura *f.*, screzio *m.*: ***ihre Beziehung hat Risse bekommen*** il loro rapporto si è incrinato **4a** *(in der Haut)* screpolatura *f.* **b** MED. lacerazione *f.* **5** *(Zeichnung)* tracciato *m.*, schizzo *m.* **6** VENAT. preda *f.* **riss|fest** agg. resistente (allo strappo).

ris|sig agg. **1a** pieno di crepe: ***die Decke ist ~*** il soffitto è pieno di crepe **b** *(aufgesprungen)* screpolato: ***die Haut ist, wird ~*** la pelle è screpolata, si screpola **2** *(von Böden, Felsen)* pieno di spaccature, di fenditure. **Riss|wun|de** f. *(-,-n)* MED. lacerazione *f.*

Rist m. *(-es,-e)* **1** REGION. o SPORT *(Spann)* collo *m.* del piede **2** SPORT *(Handrücken)* dorso *m.* della mano **3** ZOOL. *(Widerrist)* garrese *m.*

Rist|griff m. *(-[e]s,-e)* GINN. impugnatura *f.* dorsale.

ri|stor|nie|ren tr. stornare. **Ri|stor|no** m. e n. *(-s,-s)* storno *m.*

Ri|tar|dan|do n. *(-s,-s e Ritardandi)* MUS. ritardando *m.*

Ri|ten|kon|gre|ga|ti|on f. *(-)* LIT. congregazione *f.* dei riti.

Ri|tor|nell n. *(-s,-e)* LETT. MUS. ritornello *m.*

Ri|trat|te f. *(-,-n)* cambiale *f.* di ritorno.

ritsch inter. zac, zaff. **ritsch, ratsch** inter. zic, zac.

ritt → **reiten. Ritt** m. *(-[e]s,-e)* cavalcata *f.*, passeggiata *f.* a cavallo ◆ COLLOQ. ***auf einen, in einem ~*** in un sol fiato; FIG. ***ein ~ über den Bodensee*** = un salto nel buio.

Rit|ter m. *(-s,-)* **1** cavaliere *m.*: ***jdn zum ~ schlagen (machen) ernennen*** fare (*o* creare), nominare qcn. cavaliere; ***~ des Hosenbandordens*** cavaliere dell'ordine della giarrettiera **2** ANT. *(Kavalier)* cavaliere *m.* ◆ ***armer ~*** INTRAD. (frittelle dolci a base di pane secco); ***ein ~ ohne Furcht und Tadel*** un cavaliere senza macchia e senza paura; SCHERZ. ***~ des Pedals*** ciclista.

Rit|ter|burg f. *(-,-en)* castello *m.* dei cavalieri. **Rit|ter|dich|tung** f. *(-)* poesia *f.* cavalleresca. **Rit|ter|dienst** m. *(-es,-e)* servizio *m.* cavalleresco. **Rit|ter|dra|ma** n. *(-s,-dramen)* dramma *m.* cavalleresco. **Rit|ter|gut** n. *(-[e]s,-güter)* feudo *m.* **Rit|ter|guts|be|sit|zer** m. *(-s,-)* feudatario *m.* **Rit|ter|kampf|spiel** n. *(-s,-e)* STOR. giostra *f.* **Rit|ter|kreuz** n. *(-es,-e)* croce *f.* di cavaliere. **rit|ter|lich I** agg. **1** di, da cavaliere, cavalleresco: ***-e Ideale*** ideali cavallereschi **2** ESTENS. *(edel, vornehm)* galante, nobile **II** avv. cavallerescamente (anche FIG.): ***~ kämpfen*** combattere in modo cavalleresco. **Rit|ter|lich|keit** f. *(-,-en)* cavalleria *f.*, modi *m.pl.* cavallereschi.

Rit|ter|ling m. *(-s,-e)* tricoloma *m.*

Rit|ter|or|den m. *(-s,-)* ordine *m.* cavalleresco: ***Deutscher ~*** Ordine teutonico, dei cavalieri teutonici. **Rit|ter|ro|man** m. *(-[e]s,-e)* romanzo *m.* cavalleresco. **Rit|ter|rüs|tung** f. *(-,-en)* armatura *f.* (da cavaliere). **Rit|ter|schaft** f. *(-)* **1** cavalleria *f.* **2** *(Ritterwürde)* cavalierato *m.* **Rit|ter|schlag** m. *(-[e]s,-schläge)* accollata *f.* **Rit|ter|spiel** n. *(-[e]s,-e)* → **Ritterkampfspiel. Rit|ter|sporn** m. *(-[e]s,-e)* delfinio *m.* **Rit|ter|stand** m. *(-[e]s)* ceto *m.* dei cavalieri, cavalleria *f.* **Rit|ter|stern** m. *(-[e]s,-e)* amarillide *f.* d'inverno. **Rit|ter|tum, Rit|ter|we|sen** n. *(-s)* cavalleria *f.* **Rit|ter|zeit** f. *(-)* epoca *f.* cavalleresca, della cavalleria.

rit|tig agg. domato, scozzonato: ***ein -es Pferd*** un cavallo domato. **rittlings** avv. a cavallo, a cavalcioni. **Ritt|meis|ter** m. *(-s,-)* capitano *m.* di cavalleria.

Ri|tu|al n. *(-s,-e* e *-ien)* rituale *m.* (anche LIT.): ***ein ~ vollziehen, einhalten*** osservare un rituale. **Ri|tu|al|buch** n. *(-[e]s)*, **Ri|tua|le** n. *(-)* LIT. rituale *m.* **Ri|tu|al|hand|lung** f. *(-,-en)* comportamento *m.* rituale. **ri|tu|a|li|sie|ren** tr. ritualizzare. **Ri|tu|a|li|sie|rung** f. *(-,-en)* ritualizzazione *f.* **Ri|tu|a|lis|mus** m. *(-)* RELIG. ritualismo *m.* **Ri|tu|a|list** m. *(-,-en)* RELIG. ritualista *m.* **Ri|tu|al|mord** m. *(-[e]s,-e)* omicidio *m.* rituale. **Ri|tu|al|ver|rich|tung** f. *(-,-en)* atto *m.* (*o* funzione *f.*) di culto, rituale *m.* **ri|tu|ell** agg. rituale. **Ri|tus** m. *(-, Riten)* rito *m.*

Ritz m. *(-es,-e)* **1** scalfittura *f.*, graffio *m.*, graffiatura *f.*: ***ein ~ im Lack*** una scalfittura nello smalto **2** *(Ritze)* fessura *f.* **Rit|ze** f. *(-,-n)* fessura *f.*, fenditura *f.*: ***der Wind pfeift durch die -n*** il vento fischia attraverso le fessure; ***eine ~ dichten*** chiudere una fessura.

Rit|zel n. *(-s,-)* MECC. pignone *m.*

rit|zen I tr. **1a** scalfire: ***Glas ~*** scalfire il vetro **b** *(Haut)* graffiare: ***der Nagel ritzte ihm die Haut*** il chiodo gli graffiò la pelle **2** incidere, intagliare: ***seinen Namen in die Rinde ~*** incidere il proprio nome nella corteccia **3** SVIZZ. trasgredire: ***ein Gesetz ~*** trasgredire una legge **II** rifl. **sich ~** scalfirsi, scorticarsi: ***sich an einem Dorn ~*** scalfirsi con una spina; ***sich (D) die Haut ~*** scalfirsi la pelle. **Rit|zer** m. *(-s,-)* COLLOQ. graffio *m.*, piccola scalfittura *f.* **Ritz|här|te** f. *(-,-n)* durezza *f.* sclerometrica. **Ritz|här|te|prü|fer** m. *(-s,-)* sclerometro *m.* **Rit|zung** f. *(-,-en)* lo scalfire, scalfittura *f.*

Ri|va|le m. *(-n,-n)* rivale *m.*: ***jds schärfster ~ sein*** essere l'acerrimo rivale di qcn.; ***einen -n ausstechen*** soppiantare un rivale. **Ri|va|lin** f. *(-,-nen)* rivale *f.* **ri|va|li|sie|ren** intr. (aus. *haben*) rivaleggiare, competere: ***mit jdm um etw. (A) ~*** competere con qcn. per qcs. **ri|va|li|sie|rend** p.pres. agg. **1** → **rivalisieren 2** in competizione, in rivalità. **Ri|va|li|tät** f. *(-,-en)* rivalità *f.*: ***seine -en austragen*** manifestare le (*o* dare sfogo alle) proprie rivalità; ***die ~ zwischen jdm*** la rivalità fra qcn.

Ri|vi|e|ra f. *(-, Rivieren)* riviera *f.* ◆ ***französische ~*** costa azzurra; ***italienische ~*** riviera ligure.

Ri|zi|nus m. *(-,-* e *-se)* ricino *m.* **Ri|zi|nus|öl** n. *(-[e]s)* olio *m.* di ricino.

r.-k. ⇒ *römisch-katholisch* romano-cattolico.

rm ⇒ *Raummeter* metro cubo (mc^3).

RM ⇒ STOR. *Reichsmark* marco tedesco.

RNS ⇒ *Ribonukleinsäure* acido ribonucleico (RNA).

Roads|ter ['roudstə] m. *(-s,-)* spider *f.*

Roast|beef ['ro:stbi:f] n. *(-s,-s)* roastbeef *m.*, rosbif *m.*

Rob|be f. *(-,-n)* foca *f.* **rob|ben** intr. (aus. *haben*) strisciare carponi, avanzare strisciando. **Rob|ben|fang** m. *(-[e]s)* caccia *f.* alla foca. **Rob|ben|fän|ger** m. *(-s,-)* cacciatore *m.* di foche. **Rob|ben|fell** n. *(-[e]s,-e)* pelle *f.* di foca. **Rob|ben|jagd** f. *(-,-en)* → **Robbenfang. Rob|ben|jä|ger** m. *(-s,-)* → **Robbenfänger. Rob|ben|schlag** m. *(-[e]s)* uccisione *f.* della foca (con un colpo in testa). **Rob|ben|tran** m. *(-[e]s)* olio *m.* di fegato di foca.

Rob|ber m. *(-s,-)* rubber *m.*

Ro|be f. *(-,-n)* **1a** *(festliches Kleid)* vestito *m.* della festa **b** SCHERZ. *(Kleid)* vestito *m.* **c** *(Abendkleid)* abito *m.* da sera **2a** *(Talar)* abito *m.* talare **b** *(von Richtern, Rechtsanwälten, Akademikern)* toga *f.* ◆ ***in großer ~ erscheinen*** presentarsi in abiti eleganti.

Ro|bert n.pr.m. Roberto *m.*

Ro|bi|nie f. *(-,-n)* robinia *f.*

Ro|bin|son m. *(-s,-e)* FIG. eremita *m.* **Ro|bin|so|na|de** f. *(-,-n)* **1** INTRAD. (romanzo d'avventure nello stile del Robinson Crusoe, diffuso in Germania nel '700) **2** SPORT parata *f.* in tuffo.

Ro|bot f. *(-,-en)* e m. *(-[e]s,-e)* STOR. corvé *f.* **ro|bo|ten** intr. (aus. *haben*) **1** COLLOQ. *(schwer arbeiten)* sfacchinare, sgobbare **2** STOR. *(Frondienst leisten)* servire, prestare servizio di corvé. **Ro|bo|ter** m. *(-s,-)* **1** robot *m.*, automa *m.* (anche FIG.) **2** STOR. *(Fronarbeiter)* servo *m.* della gleba. **ro|bo|ter|haft** agg. robotico, da robot. **Ro|bo|ter|tech|nik** f. *(-)* robotica *f.*

ro|bust agg. robusto (anche FIG.): ***ein -es Auto*** una macchina robusta; *(stabil)* ***eine -e Gesundheit*** una salute robusta; ***er hat eine -e Natur*** ha un fisico robusto. **Ro|bust|heit** f. *(-)* robustezza *f.* (anche FIG.): *(Unempfindlichkeit)* ***die ~ seiner Gesundheit*** la robustezza della sua salute.

roch → **riechen.**

Ro|cha|de [rɔ'xa:də, rɔ'ʃa:də] f. *(-,-n)* GIOC. *(Schach)* arrocco *m.*, arroccamento *m.*

rö|cheln intr. (aus. *haben*) rantolare. **Rö|cheln** n. *(-s)* rantolo *m.*: ***das ~ der Sterbenden*** il rantolo dei morenti. **rö|chelnd** p.pres. agg. **1** → **röcheln 2** rantolante.

Ro|chen m. *(-s,-)* ITTIOL. razza *f.*

ro|chie|ren [rɔ'xi:rən, rɔ'ʃi:rən] intr. (aus. *haben, sein*) GIOC. SPORT arroccarsi.

1.Rock m. *(-[e]s, Röcke)* **1** gonna *f.*, ANT. sottana *f.*: ***ein anliegender, plissierter ~*** una gonna attillata, plissettata; ***~ und Bluse tragen*** portare gonna e camicetta; ***einen ~ kürzer, länger machen*** accorciare, allungare una gonna; ***einen ~ schürzen*** tirare su la gonna; ***am ~ der Mutter hängen*** stare attaccato alla sottana della mamma; *(Unterteil eines Kleides)* ***ein Kleid mit engem ~*** un vestito con la gonna stretta **2** REGION. *(Jacke)* giacca *f.* **3** ANT. *(Uniform)* giubba *f.* ◆ COLLOQ. ***hinter jedem ~ her sein, herlaufen*** correre dietro alle gonnelle; ***der schwarze ~*** l'abito talare.

2.Rock m. *(-[s],-[s])* rock *m.*: ***~ spielen, tanzen*** suonare, ballare il rock.

Rock|auf|schlag m. *(-[e]s,-aufschläge)* REGION. bavero *m.* **Röck|chen** n. *(-s,-)* gonnellina *f.*

ro|cken intr. (aus. *haben*) fare del rock.

Ro|cken m. *(-s,-)* TESS. *(Spinnrocken)* rocca *f.*

Ro|cker m. *(-s,-)* rocker *m.* **Ro|cker|ban|de** f. *(-,-n)* banda *f.* di rocker.

Rock|fal|te f. *(-,-n)* piega *f.* della gonna.

Rock|fes|ti|val n. *(-s,-s)* festival *m.* rock. **Rock|grup|pe** f. *(-,-n)* gruppo *m.* rock. **ro|ckig** agg. GERG. (del) rock. **Rock|kon|zert** n. *(-[e]s,-e)* concerto *m.* rock.

Rock|kra|gen m. *(-s,-)* bavero *m.* della giacca.

Rock|mu|sik f. *(-)* musica *f.* rock. **Rock|mu|si|ker** m. *(-s,-)* musicista *m.* rock. **Rock|sän|ger** m. *(-s,-)* cantante *m.* rock.

Rock|saum m. *(-[e]s,-säume)* orlo *m.* della gonna. **Rock|schoß** m. *(-es,-schöße)* falda *f.* ◆ ***sich an jds Rockschöße hängen*** stare attaccato, attaccarsi alla sottana di qcn. **Rock|span|ner** m. *(-s,-)* tendigonna *m.*

Rock|star m. *(-s,-s)* rockstar *f.*, star *f.* del rock. **Rock|sze|ne** f. *(-)* mondo *m.* del rock.

Rock|ta|sche f. *(-,-n)* tasca *f.* della gonna. **Rock|zip|fel** m. *(-s,-)* lembo *m.* della gonna ◆ ***an jds ~ hängen*** stare attaccato alla sottana di qcn.; ***jdn (gerade noch) am, beim ~ halten, erwischen*** fermare, raggiungere qcn. per un pelo.

Ro|de|ha|cke f. *(-,-n)* zappa *f.*

Ro|del m. *(-s,-)* REGION. → **Rodelschlitten. Ro|del|bahn** f. *(-,-en)* pista *f.* per slittini. **ro|deln** intr. (aus. *haben, sein*) andare in slitta, sullo slittino. **Ro|del|schlit|ten** m. *(-s,-)* slitta *f.*, slittino *m.*

ro|den tr. **1** *(urbar machen)* dissodare, mettere a coltura, rendere coltivabile: ***einen Wald, Ödland ~*** rendere coltivabile una foresta (disboscando), dissodare un terreno incolto **2** *(Bäume, Gehölz)* sradicare, estirpare **3** REGION. *(Kartoffeln, Rüben)* raccogliere (cavando dalla terra).

Rod|ler m. *(-s,-)* chi va in slitta.

Ro|dung f. *(-,-en)* **1** dissodamento *m.* **2** *(von Bäumen)* sradicamento *m.* **3** *(von Kartoffeln)* raccolta *f.* **4** terra *f.* dissodata.

Ro|gen m. *(-s,-)* uovo *m.* di pesce. **Ro|ge|ner** m. *(-s,-)*, **Ro|gen|fisch** m. *(-es,-e)* pesce *m.* femmina con le uova.

Rog|gen m. *(-s,-)* segale *f.*, segala *f.* **Rog|gen|brot** n. *(-[e]s)* pane *m.* di segale. **Rog|gen|bröt|chen** n. *(-s,-)* panino *m.* di segale. **Rog|gen|ern|te** f. *(-,-n)* raccolta *f.* della segale. **Rog|gen|feld** n. *(-[e]s,-er)* campo *m.* di segale. **Rog|gen|mehl** n. *(-s)* farina *f.* di segale.

Rog|ner → **Rogener.**

roh I agg. **1** *(ungekocht)* crudo: ***ein -es Ei*** un uovo crudo; ***-er Schinken*** prosciutto crudo; ***-es Fleisch*** carne cruda; ***-es Gemüse essen*** mangiare verdura cruda **2** *(nicht verarbeitet)* grezzo, greggio: ***-es Eisen, Material*** ferro, materiale grezzo **3a** *(grob)* grossolano: ***nach -er Schätzung*** secondo una stima grossolana; ***ein -er Entwurf*** un progetto appena abbozzato **b** SPREG. rozzo, grossolano: ***-e Sitten, Umgangsformen, Worte*** costumi rozzi, maniere, parole grossolane; *(verletzend)* brutale: ***~ zu jdm sein*** essere brutale con qcn. **II** avv. grossolanamente, rozzamente; *(gefühllos)* brutalmente ◆ ***jdn wie ein -es Ei behandeln*** trattare qcn. con i guanti; ***mit -er Gewalt*** con forza bruta; ***-e Seide*** seta cruda; ***-er Zucker*** zucchero grezzo.

Roh|bau m. *(-[e]s,-ten)* costruzione *f.* grezza. **Roh|baum|wol|le** f. *(-)* cotone *m.* grezzo. **Roh|bi|lanz** f. *(-,-en)* bilancio *m.* provvisorio (*o* di verifica). **Roh|di|a|mant** m. *(-en,-en)* diamante *m.* grezzo. **Roh|ei|sen** n. *(-s)* ferro *m.* grezzo. **Ro|heit** → **Rohheit. Roh|ent|wurf** m. *(-[e]s,-entwürfe)* abbozzo *m.*, progetto *m.* appena abbozzato. **Roh|er|trag** m. *(-[e]s,-erträge)* ricavo *m.* lordo. **ro|her|wei|se** avv. brutalmente. **Roh|erz** n. *(-es,-e)* minerale *m.* grezzo. **Roh|er|zeug|nis** n. *(-ses,-se)* prodotto *m.* grezzo. **Roh|fa|ser** f. *(-,-n)* fibra *f.* grezza. **Roh|fas|sung** f. *(-,-en)* prima stesura *f.*: ***ein Roman in ~*** un romanzo in prima stesura. **Roh|ge|mü|se** n. *(-es)* verdura *f.* cruda. **Roh|ge|wicht** n. *(-[e]s,-e)* peso *m.* lordo. **Roh|glas** n. *(-es)* vetro *m.* grezzo. **Roh|gum|mi** n. e m. *(-s)* gomma *f.* grezza. **Roh|heit** f. *(-,-en)* **1** rozzezza *f.*, grossolanità *f.*: ***jdm -en sagen*** dire a qcn. delle grossolanità **2** *(Grausamkeit)* brutalità *f.*: ***-en begehen*** commettere una crudeltà. **Roh|kaf|fee** m. *(-s)* caffè *m.* verde (*o* non tostato).

Roh|kost f. *(-)* vegetali *m.pl.* crudi. **Roh|köst|ler** m. *(-s,-)* = chi mangia solo vegetali crudi. **Roh|kost|plat|te** f. *(-,-n)* piatto *m.* di vegetali crudi.

Roh|ling m. *(-s,-e)* **1** SPREG. *(roher Mensch)* bruto *m.* **2** TECN. pezzo *m.* grezzo.

Roh|ma|nu|skript n. *(-[e]s,-e)* manoscritto *m.* abbozzato. **Roh|ma|te|ri|al** n. *(-s,-ien)* materiale *m.* grezzo. **Roh|me|tall** n. *(-s,-e)* metallo *m.* grezzo. **Roh|öl** n. *(-s)* petrolio *m.* greggio. **Roh|pro|dukt** n. *(-[e]s,-e)* prodotto *m.* grezzo.

Rohr n. *(-[e]s,-e)* **1** canna *f.* **2** *(Röhricht)* canne *f.pl.*, canneto *m.* **3** *(Hohlkörper)* tubo *m.*; *(vom Ofen, Ausguss)* cannone *m.*: ***ein verstopftes ~*** un tubo intasato; ***das ~ des Ofens*** il tubo (*o* cannone) della stufa; ***die -e der Wasserleitung*** i tubi della conduttura dell'acqua (*o* le tubazioni, tubature dell'acqua); ***-e legen, verlegen*** installare tubi **4** *(Geschützrohr)* canna *f.* (del cannone) **5** *(Pfeifenrohr)* cannuccia *f.* **6** REGION. *(Backrohr)* forno *m.* ◆ FIG. ***ein schwankendes ~ im Wind sein (schwanken wie ein ~ im Wind)*** essere come una canna al vento; ***spanisches ~*** canna d'India; COLLOQ. ***volles ~*** a tutta birra. **Rohr|ab|schnei|der** m. *(-s,-)* tagliatubi *m.* **Rohr|ab|zwei|gung** f. *(-,-en)* raccordo *m.* a T. **Rohr|am|mer** f. *(-,-n)* zigolo *m.* di palude. **Rohr|an|schluss** m. *(-es,-anschlüsse)* raccordo *m.* (per tubi). **Rohr|blatt** n. *(-[e]s,-blätter)* MUS. ancia *f.* **Rohr|bruch** m. *(-s,-brüche)* rottura *f.* (*o* scoppio *m.*) di un tubo. **Röhr|chen** n. *(-s,-)* **1** tubetto *m.*: ***ein ~ Schlaftabletten*** un tubetto di sonniferi **2** cannello *m.*, cannella *f.* (anche TECN.) **3** MED. cannula *f.* **4** tubulo *m.* (anche ANAT. BOT.). **Rohr|dach** n. *(-[e]s,-dächer)* tetto *m.* di canne. **Rohr|dom|mel** f. *(-,-n)* tarabuso *m.* **Rohr|draht** m. *(-[e]s,-drähte)* **1** filo *m.* tubolare **2** EL. filo *m.* isolato con guaina metallica.

Röh|re f. *(-,-n)* **1** tubo *m.*: ***-n aus Stahl legen, montieren*** installare, montare tubi d'acciaio **2** *(kleineres röhrenförmiges Gefäß)* tubetto *m.* **3** *(Back-, Bratröhre)* forno *m.*: ***etw. in die ~ schieben*** infilare qcs. nel forno **4** COLLOQ. SPREG. *(Fernsehgerät)* tivù *f.*: ***in die ~ gucken, starren*** guardare la tivù, stare appiccicati alla tivù **5** *(Radio-, Fernsehröhre)* tubo *m.* elettronico, valvola *f.* elettronica, termoionica **6** *(Neonröhre)* tubo *m.* al neon **7** ANAT. tubo *m.*, canale *m.* **8** VENAT. *(unterirdischer Gang)* galleria *f.* (di una tana) ◆ ***braunsche ~*** tubo catodico (*o* a raggi catodici); FIS. ***kommunizierende -n*** vasi comunicanti; COLLOQ. ***in die ~ sehen, gucken*** restare con tanto di naso, a bocca asciutta.

röh|ren tr. **1** bramire **2** FIG. rombare: ***die Motorräder ~*** le motociclette rombano.

Röh|ren|an|la|ge f. *(-,-n)* (sistema *m.* di) tubazioni *f.pl.*, tubature *f.pl.* **röh|ren|ar|tig** agg. tubolare. **Röh|ren|blitz|ge|rät** n. *(-[e]s,-e)* flash *m.* (di lampada al magnesio). **Röh|ren|blü|te** f. *(-,-n)* corolla *f.* tubulosa. **Röh|ren|blüt|ler** m. *(-s,-)* tubiflorale *m.* **Röh|ren|brun|nen** m. *(-s,-)* pozzo *m.* artesiano. **röh|rend** p.pres. agg. **1** → **röhren 2** rombante. **Röh|ren|emp|fän|ger** m. *(-s,-)* ricevitore *m.* a valvole. **röh|ren|för|mig** agg. tubolare. **Röh|ren|gleich|rich|ter** m. *(-s,-)* RAD. raddrizzatore *m.* a valvole. **Röh|ren|ho|se** f. *(-,-n)* pantaloni *m.pl.* a tubo. **Röh|ren|kno|chen** m. *(-s,-)* osso *m.* tubolare. **Röh|ren|pilz** m. *(-es,-e)* → **Röhrling. Röh|ren|prüf|ge|rät** n. *(-[e]s,-e)* tester *m.* per tubi elettronici. **Röh|ren|qual|len** pl. sifonofori *m.pl.* **Röh|ren|ver|stär|ker** m. *(-s,-)* amplificatore *m.* a valvole.

Rohr|flech|ter m. *(-s,-)* chi intreccia canne. **Rohr|flö|te** f. *(-,-n)* flauto *m.* di Pan, fistula *f.*, siringa *f.* **Rohr|ge|flecht** n. *(-[e]s,-e)* graticcio *m.* di canne, canniccio *m.* **Rohr|ge|stell** n. *(-[e]s,-e)* armatura *f.* tubolare. **Röh|richt** n. *(-s,-e)* canneto *m.* **röh|rig** agg. tubolare. **Rohr|kol|ben** m. *(-s,-)* stiancia *f.* **Rohr|kre|pie|rer** m. *(-s,-)* proiettile *m.* esploso in canna. **Rohr|le|ger** m. *(-s,-)* (installatore *m.*) tubista *m.* **Rohr|lei|tung** f. *(-,-en)* tubatura *f.*, tubazione *f.*

Röhr|li n. *(-s,-[s])* polacchino *m.* (con tacco a spillo).

Röhr|ling m. *(-s,-e)* boleto *m.*

Rohr|mat|te f. *(-,-n)* zerbino *m.* di giunco. **Rohr|mö|bel** n. *(-s,-)* mobile *m.* di vimini. **Rohr|muf|fe** f. *(-,-n)* giunto *m.* a bicchiere. **Rohr|netz** n. *(-es,-e)* rete *f.* di tubi, sistema *m.* di tubature. **Rohr|post** f. *(-)* posta *f.* pneumatica. **Rohr|post|sen|dung** f. *(-,-en)* spedizione *f.* per posta pneumatica. **Rohr|rah|men** m. *(-s,-)* telaio *m.* tubolare. **Rohr|rück|lauf** m. *(-[e]s,-rückläufe)* ARM. rinculo *m.* **Rohr|sän|ger** m. *(-s,-)* usignolo *m.* di palude. **Rohr|schel|le** f. *(-,-n)* staffa *f.* per tubi. **Rohr|sche|re** f. *(-,-n)* cesoia *f.* tagliatubi. **Rohr|schlüs|sel** m. *(-s,-)* chiave *f.* a tubo. **Rohr|schnei|der** m. *(-s,-)* tagliatubi *m.* **Rohr|schraub|stock** m. *(-[e]s,-stöcke)* morsa *f.* per tubi. **Rohr|spatz** m. *(-en,-en)* → **Rohrammer** ◆ COLLOQ. ***schimpfen wie ein ~*** imprecare come un carrettiere. **Rohr|stock** m. *(-[e]s,-stöcke)* (bastone *m.* di) canna *f.* **Rohr|stuhl** m. *(-s,-stühle)* sedia *f.* di vimini. **Rohr|zu|cker** m. *(-s)* zucchero *m.* di canna.

Roh|schrift f. *(-,-en)* minuta *f.*, brutta *f.* copia. **Roh|sei|de** f. *(-)* seta *f.* cruda. **roh|sei|den** agg. di, in seta cruda. **Roh|stahl** m. *(-[e]s)* acciaio *m.* grezzo.

Roh|stoff m. *(-[e]s,-e)* materia *f.* prima. **roh|stoff|arm** agg. povero di materie prime. **Roh|stoff|in|dust|rie** f. *(-)* industria *f.* estrattiva (di materie prime). **Roh|stoff|la|ger** n. *(-s,-)* deposito *m.* di materie prime. **Roh|stoff|land** n. *(-[e]s,-länder)* paese *m.* produttore di materie prime. **Roh|stoff|man|gel** m. *(-s)* mancanza *f.* di materie prime. **Roh|stoff|quel|le** f. *(-,-n)* fonte *f.* di materie prime. **roh|stoff|reich** agg. ricco di materie prime. **Roh|stoff|re|ser|ve** f. *(-,-n)* riserva *f.* di materie prime. **Roh|stoff|ver|ar|bei|tung** f. *(-,-en)* trasformazione *f.* di materie prime.

Roh|ta|bak m. *(-s)* tabacco *m.* grezzo. **Roh|über|set|zung** f. *(-,-en)* prima stesura *f.* (*o* abbozzo *m.*) di una traduzione. **Roh|wol|le** f. *(-)* lana *f.* grezza. **Roh|zu|cker** m. *(-s)* zucchero *m.* grezzo. **Roh|zu|stand** m. *(-[e]s)* stato *m.* grezzo: ***Steine im ~*** pietre allo stato grezzo.

ro|jen intr. (aus. *haben, sein*) MAR. vogare, remare.

Ro|ko|ko, Ro|ko|ko n. *(-s)* rococò *m.* **Ro|ko|ko|stil** m. *(-[e]s)* stile *m.* rococò.

Ro|land I n.pr.m. Orlando *m.*, Rolando *m.* **II** m. *(-[e]s,-e)* → **Rolandssäule** ◆ ***der Rasende ~*** L'Orlando furioso. **Ro|lands|lied** n. *(-[e]s)* Canzone *f.* d'Orlando. **Ro|lands|säu|le** f. *(-,-n)* INTRAD. (statua di cavaliere simbolo di molte città tedesche).

Rolf n.pr.m. Rodolfo *m.*

Rolla|den → **Rollladen. Rolla|den|schrank** → **Rollladenschrank.**

Roll|bahn f. *(-,-en)* **1** AER. pista *f.* di rullaggio **2** *(Förderbahn)* linea *f.* (*o* trasportatore *m.*) a rulli. **Roll|bra|ten** m. *(-s,-)* rolata *f.*, rollè *m.* **Roll|brett** n. *(-[e]s,-er)* skate-board *m.*: ***~ fahren*** andare sullo skate-board.

Röll|chen n. *(-s,-)* **1** rotolino *m.* **2** *(von Nähseide)* rocchetto *m.*, spola *f.*

Rol|le f. *(-,-n)* **1a** rotolo *m.*: ***eine ~ Tapeten*** un rotolo di carta da parati **b** spola *f.*, rocchetto *m.*: ***eine ~ Garn*** una spola di filo **2a** *(Walze)* rullo *m.*, cilindro *m.* **b** *(unter Möbeln)* rotella *f.*, ruota *f.*: ***Tisch auf -n*** tavolo con le ruote (*o* rotelle) **c** REGION. *(Mangel)* mangano *m.* **3a** *(Laufrolle)* carrucola *f.*: ***das Seil läuft über die ~*** la fune scorre sulla carrucola **b** *(Riemenscheibe)* puleggia *f.* **4a** CINEM. TEATR. LETT. ruolo *m.*, parte *f.*: ***eine ~ spielen*** sostenere, fare una parte; ***eine ~ (mit jdm) besetzen*** assegnare un ruolo (a qcn.); ***in der ~ der Julia auftreten*** recitare nel ruolo di Giulietta; ***die ~ eines Polizisten spielen*** recitare la parte del poliziotto **b** FIG. ***die ~ der Frau*** il ruolo della donna; ***die -n (ver)tauschen*** scambiare i ruoli **c** *(Rollentext)* ***eine ~ auswendig lernen*** imparare una parte a memoria **5** SPORT capriola *f.*: ***eine ~ vorwärts, rückwärts machen, ausführen*** fare, compiere una capriola in avanti, all'indietro ◆ FIG. ***seine ~ ausgespielt haben*** aver terminato la propria parte, non contare più; ***eine schlecht besetzte ~*** un ruolo assegnato alla persona sbagliata; FIG. ***eine erbärmliche ~ spielen*** fare una figura pietosa; ***aus der ~ fallen*** sfigurare, non comportarsi bene; ***sich in seine ~ finden*** adattarsi al proprio ruolo; ***die führende ~*** il ruolo (di) guida; ***seine ~ gut spielen*** assolvere bene il proprio compito; ***die ~ ist ihr wie auf den Leib geschrieben*** la parte sembra fatta su misura per lei; ***das spielt keine, eine große ~*** non ha alcuna, ha una grande importanza; *(an einer Sache teilhaben)* ***dabei spiele ich keine ~*** in questo non ho alcuna parte; ***tragende ~*** ruolo di primo piano; CINEM. TEATR. parte principale.

rol|len I intr. **1a** (aus. *sein*) rotolare: ***der Ball, Würfel rollt*** la palla, il dado rotola; ***über den Hang, zu Tal ~*** rotolare lungo il pendio, a valle; FIG. ***einige Köpfe müssen ~*** alcune teste devono cadere **b** *(rinnen)* scorrere: ***die Tränen ~ über die Wangen*** le lacrime scorrono lungo le guance **2a** (aus. *sein*) girare: ***die Räder ~*** le ruote girano **b** girarsi: ***im Schlaf auf den Bauch, Rücken ~*** girarsi nel sonno sulla pancia, di schiena **3a** (aus. *sein*) muoversi: ***das Auto rollte den Abhang hinab*** l'auto scendeva a motore spento lungo la discesa **b** *(fortfahren)* passare: ***ein Panzer rollt durch die Straße*** un carro armato passa per la strada; ***der Zug rollt aus dem, in den Bahnhof*** il treno esce dalla, entra nella stazione **c** *(von Flugzeugen, Schiffen)* rollare **d** FIG. andare avanti, procedere: ***die Sache rollt*** la faccenda procede **4a** (aus. *haben*) rimbombare: ***der Donner, das Echo rollt*** il tuono, l'eco rimbomba **b** *(von Trommeln)* rullare **II** tr. **1** (far) rotolare: ***ein Fass, einen Felsblock ~*** (far) rotolare un barile, un masso **2** *(ein-, zusammenrollen)* arrotolare: ***ein Plakat, einen Teppich ~*** arrotolare un manifesto, un tappeto; ***eine Zigarette ~*** arrotolare (*o* fare) una sigaretta **3** ruotare, roteare: ***den Kopf ~*** ruotare la testa **4** *(ausrollen)* spianare: ***den Teig ~*** spianare l'impasto, la pasta **5** REGION. *(mangeln)* manganare **6** LING. arrotare: ***das R ~*** arrotare la erre **III** rifl. **sich ~ 1** rotolarsi: ***sich im Gras, am Boden ~*** rotolarsi nell'erba, sul pavimento **2** avvolgersi: ***sich in eine Decke ~*** avvolgersi in una coperta **3a** arrotolarsi: ***die Blätter des Buches ~ sich*** le pagine del libro si arrotolano **b** ***das Haar rollt sich zu Locken*** i capelli si arricciano ◆ ***die Augen, mit den Augen ~*** roteare, stralunare gli occhi; ***der Ball rollt ins Aus*** la palla rotola fuori dal campo; ***die See rollt*** il mare è agitato.

Rol|len n. *(-s)* **1** rotolamento *m.* **2** *(Dröhnen)* rimbombo *m.* **3** *(von Schiffen)* rollio *m.* **4** rullio *m.*: ***das ~ der Trommel*** il rullio del tamburo ◆ ***etw. ins ~ bringen*** far rotolare qcs.; FIG. dare l'avvio a qcs., avviare qcs.; ***ins ~ kommen*** iniziare a rotolare; FIG. prendere l'avvio, avviarsi.

Rol|len|be|set|zung f. *(-,-en)* TEATR. assegnazione *f.* delle parti. **Rol|len|bild** n. *(-[e]s,-er)* ruolo *m.* (tipico).

rol|lend p.pres. agg. **1** → **rollen 2** rotolante **3** *(von Trommeln)* rullante **4** *(fahrbar)* rotabile, mobile: ***-es Material*** materiale rotabile.

Rol|len|er|fül|lung f. *(-)* SOCIOL. grado *m.* di conformità. **Rol|len|er|war|tung** f. *(-,-en)* SOCIOL. aspettativa *f.* di ruolo. **Rol|len|fach** n. *(-[e]s,-fächer)* CINEM. TEATR. genere *m.*, specialità *f.* **rol|len|för|mig** agg. a forma di rotolo. **Rol|len|kon|flikt** m. *(-[e]s,-e)* SOCIOL. conflitto *m.* di ruolo. **Rol|len|la|ger** n. *(-s,-)* cuscinetto *m.* a rulli. **rol|len|spe|zi|fisch** agg. specifico di, del ruolo. **Rol|len|spiel** n. *(-[e]s,-e)* gioco *m.* delle parti. **Rol|len|stu|di|um** n. *(-s)* CINEM. TEATR. studio *m.* della parte. **Rol|len|ta|bak** m. *(-s)* tabacco *m.* in rotoli. **Rol|len|tausch** m. *(-[e]s)* scambio *m.* dei ruoli. **Rol|len|ver|hal|ten** n. *(-s)* SOCIOL. comportamento *m.* di ruolo. **Rol|len|ver|tei|lung** f. *(-,-en)* TEATR. CINEM. assegnazione *f.* (*o* distribuzione *f.*) delle parti.

Rol|ler m. *(-s,-)* **1** monopattino *m.* **2** *(Motorroller)* scooter *m.* **3** ORNIT. *(Harzer Roller)* canarino *m.* dello Harz **4** *(hohe Welle)* cavallone *m.* **Rol|ler|brett** → **Rollbrett. Rol|ler|fah|rer** m. *(-s,-)* scooterista *m.* **rol|lern** intr. (aus. *haben, sein*) andare in monopattino. **Rol|ler|skate** ['roʊləskeɪt] m. *(-s,-s)* pattino *m.* a rotelle.

Roll|fahr|stuhl m. *(-[e]s,-stühle)* sedia *f.* a rotelle. **Roll|feld** n. *(-[e]s,-er)* pista *f.* di rullaggio. **Roll|film** m. *(-[e]s,-e)* rullino *m.* (di pellicola). **Roll|geld** n. *(-[e]s)* spese *f.pl.* di trasporto. **Roll|gers|te** f. *(-)* orzo *m.* perlato. **Roll|gut** n. *(-[e]s,-güter)* merce *f.* da trasportare. **Roll|ho|ckey** n. *(-s)* hockey *m.* su pista (*o* a rotelle). **Roll|holz** n. *(-es,-hölzer)* matterello *m.*, mattarello *m.*

Rol|li m. *(-s,-s)* **1** COLLOQ. dolcevita *f.* **2** COLLOQ. → **Rollstuhlfahrer.**

rol|lie|ren I tr. **1** SART. orlare **2** TECN. rullare, brunire **II** intr. (aus. *haben*) cambiare a rotazione.

Roll|kom|man|do n. *(-s,-s)* commando *m.*, squadra *f.* d'assalto. **Roll|kra|gen** m. *(-s,-)* SART. collo *m.* alto, a dolcevita. **Roll|kra|gen|pul|lo|ver** m. *(-s,-)* maglione *m.* (a) dolcevita (*o* a collo alto). **Roll|kunst|lauf** m. *(-[e]s)* pattinaggio *m.* artistico a rotelle. **Roll|kur** f. *(-,-en)* terapia *f.* farmacologica con variazione del decubito. **Roll|kut|scher** m. *(-s,-)* carrettiere *m.* **Roll|la|den** m. *(-s,-läden* e RAR. *-)* avvolgibile *m.*, tapparella *f.*: ***die Rollläden herunterlassen, hinaufziehen*** tirare giù, su le tapparelle; *(von Läden)* serranda *f.*, saracinesca *f.* **Roll|la|den|schrank** m. *(-[e]s, -schränke)* armadio *m.* con serranda avvolgibile. **Roll|mops** m. *(-es,-möpse)* aringa *f.* arrotolata (marinata).

Rol|lo n. *(-s,-s)* tenda *f.* a rullo.

Roll|schicht f. *(-,-en)* EDIL. accoltellato *m.*, corso *m.* a coltello. **Roll|schie|ne** f. *(-,-n)* guida *f.* di scorrimento. **Roll|schin|ken** m. *(-s,-)* prosciutto *m.* arrotolato. **Roll|schrank** m. *(-[e]s,-schränke)* armadio *m.* a serranda.

Roll|schuh m. *(-[e]s,-e)* pattino *m.* a rotelle. **Roll|schuh|bahn** f. *(-,-en)* pista *f.* di pattinaggio a rotelle. **Roll|schuh|lau|fen** n. *(-s)* pattinaggio *m.* a rotelle. **Roll|schuh|läu|fer** m. *(-s,-)* pattinatore *m.* a rotelle. **Roll|schuh|sport** m. *(-s)* pattinaggio *m.* a rotelle.

Roll|schwanz|af|fe m. *(-n,-n)* cebo *m.* **Roll|sitz** m. *(-es,-e)* seggiolino *m.* (*o* sedile *m.*) scorrevole. **Roll|splitt** m. *(-[e]s,-e)* pietrisco *m.* **Roll|sport** → **Rollschuhsport. Roll|stuhl** m. *(-[e]s,-stühle)* sedia *f.* a rotelle: ***im ~ sitzen*** stare sulla sedia a rotelle; ***im ~ fahren*** muoversi in sedia a rotelle. **Roll|stuhl|fah|rer** m. *(-s,-)* persona *f.* che va in sedia a rotelle. **Roll|trep|pe** f. *(-,-n)* scala *f.* mobile. **Roll|vor|hang** m. *(-[e]s,-vorhänge)* tenda *f.* avvolgibile. **Roll|wa|gen** m. *(-s,-)* **1** ANT. barroccio *m.* **2** *(LKW ohne Seitenwände)* autocarro *m.* senza sponde. **Roll|wä|sche** f. *(-)* REGION. biancheria *f.* da manganare.

Rom n.pr.n. *(-s)* Roma *f.*: ***das alte ~*** l'antica Roma ◆ ***alle Wege führen nach ~*** tutte le strade portano a Roma; ***~ ist nicht an, in einem Tage erbaut worden*** Roma non fu fatta in un giorno.

Ro|man m. *(-s,-e)* romanzo *m.*: ***ein spannender ~*** un romanzo avvincente; ***historischer ~*** romanzo storico; ***einen, an einem ~ schreiben*** scrivere un romanzo; ***der ~ spielt in Spanien*** il romanzo è ambientato (*o* si svolge) in Spagna; ***der ~ handelt von...*** il romanzo racconta di...; *(literarische Gattung)* ***der ~ des 19. Jahrhunderts*** il romanzo dell'Ottocento ◆ ***erzähl keine -e!*** non raccontar fandonie! *(fasse dich kürzer)* taglia corto! stringi! SCHERZ. ***darüber hat er wieder einen ~ erzählt*** ne ha di nuovo fatto un romanzo; ***~ in Fortsetzungen*** romanzo a puntate.

ro|man|ar|tig agg. romanzesco, di romanzo. **Ro|man|au|tor** m. *(-s,-en)* autore *m.* di un romanzo, di romanzi. **Ro|man|ci|er** [romã'sie:] m. *(-s,-s)* romanziere *m.* **Ro|man|dich|tung** f. *(-)* → **Romanliteratur.**

Ro|ma|ne m. *(-n,-n)* individuo *m.* di lingua romanza.

Ro|man|fi|gur f. *(-,-en)* personaggio *m.* di, da romanzo. **ro|man|haft** agg. romanzesco. **Ro|man|held** m. *(-en,-en)* eroe *m.* di, da romanzo.

Ro|ma|nik f. *(-)* (stile *m.*) romanico *m.*

ro|ma|nisch agg. **1** LING. romanzo: ***eine -e Sprache*** una lingua romanza **2** latino: ***ein -es Land, Volk*** un paese, popolo latino **3** ART. romanico: ***die -e Baukunst*** l'architettura romanica. **ro|ma|ni|sie|ren** tr. **1** romanizzare **2** *(römisch machen)* latinizzare **3** LING. traslitterare in caratteri latini. **Ro|ma|ni|sie|rung** f. *(-)* **1** STOR. romanizzazione *f.* **2** *(Latinisierung)* latinizzazione *f.* **Ro|ma|nis|mus** m. *(-, Romanismen)* **1** LIG. forma *f.* (d'origine) romanza **2** ART. romanismo *m.* **Ro|ma|nist** m. *(-en,-en)* romanista *m.* **Ro|ma|nis|tik** f. *(-)* romanistica *f.* **ro|ma|nis|tisch** agg. romanistico, di romanistica.

Ro|man|li|te|ra|tur f. *(-)* (genere *m.* del) romanzo *m.*, romanzi *m.pl.*: ***die französische ~ des 19. Jahrhunderts*** il romanzo francese del 19º secolo. **Ro|man|schrei|ber** m. *(-s,-)* → **Romanautor. Ro|man|schrift|stel|ler** m. *(-s,-)* scrittore *m.* di romanzi, romanziere *m.*

Ro|man|tik f. *(-)* romanticismo *m.*: ***die deutsche, Heidelberger, Jenaer ~*** il romanticismo tedesco, di Heidelberg, di Jena; ***die Dichtung, Musik der ~*** la poesia, musica romantica; ***die ~ einer Landschaft*** il romanticismo di un paesaggio; ***keinen Sinn für ~ haben*** non essere (un) romantico. **Ro|man|ti|ker** m. *(-s,-)* romantico *m.* **ro|man|tisch I** agg. romantico: ***die -e Schule*** la scuola romantica; ***eine -e Gegend*** un paesaggio romantico **II** avv. ***~ veranlagt sein*** avere un'indole romantica; ***~ gelegen sein*** essere situato in una posizione romantica. **ro|man|ti|sie|ren** tr. romantizzare.

ro|mantsch agg. romancio; retoromano. **Ro|mantsch** n. *(-[s])* romancio *m.*; retoromanzo *m.*

Ro|man|ze f. *(-,-n)* **1** LETT. MUS. romanza *f.* **2** FIG. idillio *m.*: ***eine ~ mit jdm haben, erleben*** avere un idillio con qcn. **Ro|man|ze|ro** m. *(-s,-s)* romanz(i)ero *m.*

1.Rö|mer m. *(-s,-)* romano *m.*

2.Rö|mer m. *(-s,-)* INTRAD. (bicchiere da vino dalla particolare forma a calice).

Rö|mer|brief m. *(-[e]s,-e)* RELIG. lettera *f.* ai romani.

Rö|me|rin f. *(-,-nen)* romana *f.*
Rö|mer|reich n. *(-[e]s)* STOR. impero *m.* romano. **Rö|mer|stra|ße** f. *(-,-n)* strada *f.* (*o* via *f.*) romana. **Rö|mer|topf** m. *(-[e]s,-töpfe)* tegame *m.* (ovale) di terracotta. **Rö|mer|tum** n. *(-s)* romanità *f.*
Rom|fah|rer m. *(-s,-)* chi fa un viaggio a Roma; *(Pilger)* pellegrino *m.* che va a Roma. **Rom|fahrt** f. *(-,-en)* viaggio *m.* a Roma; *(Pilgerfahrt)* pellegrinaggio *m.* a Roma.
rö|misch agg. romano: ***das Römische Reich, -e Recht*** l'impero, il diritto romano; ***-e Ziffern*** numeri romani. **rö|misch-ka|tho|lisch** agg. cattolico-romano.
röm.-kath. ⇒ *römisch-katholisch* cattolico-romano.
Ro|mu|lus n.pr.m. Romolo *m.*
Ron|de ['rɔndə, 'rɔ̃:də] f. *(-,-n)* **1** MIL. ANT. ronda *f.* **2** METALL. sviluppo *m.* circolare.
Ron|deau [rõ'do:, rɔn'do:] n. *(-s,-s)* **1** rondò *m.* **2** AUSTR. → **Rondell.**
Ron|dell n. *(-s,-e)* **1** AUSTR. ai(u)ola *f.* circolare **2** *(runder Platz)* rondò *m.* **3** MIL. bastione *m.* circolare.
Ron|do n. *(-s,-s)* MUS. rondò *m.*
rönt|gen tr. ***jdn, etw.*** ~ fare una radiografia (*o* i raggi X, una lastra) a qcn., radiografare qcs.: ***der Arm muss geröntgt werden*** si deve fare una radiografia al braccio; ***sich die Lungen ~ lassen*** farsi fare una radiografia ai polmoni; FIG. ***die politische Lage ~*** radiografare la situazione politica. **Rönt|gen, *zum ~ gehen*** andare a fare una radiografia (*o* i raggi). **Rönt|gen|ap|pa|rat** m. *(-[e]s,-e)* apparecchio *m.* radiologico. **Rönt|gen|arzt** m. *(-es,-ärzte)* radiologo *m.* **Rönt|gen|auf|nah|me** f. *(-,-n)* radiografia *f.* **Rönt|gen|au|gen,** SCHERZ. ***jdn, etw. mit ~ betrachten*** FIG. fare una radiografia a qcn., radiografare qcs. **Rönt|gen|be|hand|lung** f. *(-,-en)* röntgenterapia *f.* **Rönt|gen|be|strah|lung** f. *(-,-en)* irradiazioni *f.pl.* con raggi X. **Rönt|gen|bild** n. *(-[e]s,-er)* radiografia *f.* **Rönt|gen|blick** m. *(-[e]s)* → **Röntgenaugen. Rönt|gen|di|ag|nos|tik** f. *(-)* röntgendiagnostica *f.* **Rönt|gen|durch|leuch|tung** f. *(-,-en)* radioscopia *f.* **Rönt|gen|ge|rät** n. *(-[e]s,-e)* apparecchio *m.* radiologico.
rönt|ge|ni|sie|ren AUSTR. → **röntgen. Rönt|gen|ki|ne|ma|to|gra|phie** f. *(-)* röntgencinematografia *f.*, radiocinematografia *f.*
Rönt|ge|no|gramm n. *(-s,-e)* RAR. röntenogramma *m.* **Rönt|ge|no|gra|phie** f. *(-,-n)* radiografia *f.*, esame *m.* radiografico, RAR. röntgenografia *f.* **rönt|ge|no|gra|phisch** agg. radiografico.
Rönt|ge|no|lo|ge m. *(-n,-n)* **1** studioso *m.* di röntgenologia **2** *(Facharzt)* radiologo *m.* **Rönt|ge|no|lo|gie** f. *(-)* radiologia *f.*, röntgenologia *f.* **rönt|ge|no|lo|gisch** agg. radiologico.
Rönt|ge|no|sko|pie f. *(-,-n)* röntenoscopia *f.*, radioscopia *f.*
Rönt|gen|rei|hen|un|ter|su|chung f. *(-,-en)* schermografia *f.* di massa. **Rönt|gen|röh|re** f. *(-,-n)* emittente *m.* raggi X, tubo *m.* per raggi Röntgen. **Rönt|gen|schirm** m. *(-[e]s,-e)* schermo *m.* fluorescente (per raggi X). **Rönt|gen|schwes|ter** f. *(-,-n)* infermiera *f.* di radiologia. **Rönt|gen|spekt|rum** n. *(-s,-spektren)* spettro *m.* di raggi X. **Rönt|gen|strah|len** pl. raggi *m.pl.* X, raggi *m.pl.* Röntgen. **Rönt|gen|strah|lung** f. *(-,-en)* raggi *m.pl.* Röntgen, raggi *m.pl.* X. **Rönt|gen|struk|tur|ana|ly|se** f. *(-,-n)* röntgenanalisi *f.*, analisi *f.* röntgenografica. **Rönt|gen|the|ra|pie** f. *(-,-n)* röntgenterapia *f.* **Rönt|gen|tie|fen|be|strah|lung** f. *(-,-en)* röntgenterapia *f.* profonda. **Rönt|gen|un|ter|su|chung** f. *(-,-en)* esame *m.* radiografico (*o* radioscopico).
ro|sa I agg.inv. rosa: ***eine ~ Bluse*** una camicetta rosa **II** avv. ***etw. ~ färben, anmalen*** colorare, dipingere qcs. di rosa ◆ FIG. ***alles durch die ~ Brille, in ~ Licht sehen*** vedere tutto rosa. **Ro|sa** n. *(-s,-* e COLLOQ. *-s)* rosa *m.* **ro|sa|far|ben, ro|sa|far|big** agg. (color) rosa.
Ro|sa|lie n.pr.f. Rosalia *f.*
Ro|sa|ri|um n. *(-s, Rosarien)* **1** ANT. rosario *m.* **2** *(Rosengarten)* roseto *m.*
ro|sa|rot agg. rosso chiara (tendente al rosa), rosa ◆ FIG. ***eine -e Zukunft*** un futuro roseo; FIG. ***alles durch die -e Brille, in -em Licht sehen*** vedere tutto rosa.
rösch agg. REGION. **1** → **resch 2** *(trocken)* secco. **Rö|sche** f. *(-,-n)* MIN. galleria *f.* (superficiale).
Rös|chen n. *(-s,-)* rosellina *f.*
Ro|se f. *(-,-n)* **1** rosa *f.*: ***langstielige -n*** rose dal, a gambo lungo; ***-n züchten*** coltivare rose; ***eine ~ brechen, schneiden*** cogliere, recidere una rosa; ***schön wie eine ~ sein*** essere bella come una rosa; *(Strauch)* ***eine kletternde, wilde ~*** una rosa rampicante, selvatica (*o* canina) **2** *(Windrose)* rosa *f.* dei venti **3** ARCH. rosone *m.* **4** MUS. rosetta *f.* **5** MED. erisipela *f.* ◆ ***(nicht) auf -n gebettet sein*** (non) stare su un letto di rose; PROV. ***keine ~ ohne Dornen*** non c'è rosa senza spine.
ro|sé agg. rosato.
Ro|sé m. *(-s,-s)* rosé *m.*: ***einen ~ trinken*** bere un rosé.
Ro|sen|beet n. *(-[e]s,-e)* ai(u)ola *f.* di rose. **Ro|sen|blatt** n. *(-[e]s,-blätter)* **1** petalo *m.* di rosa **2** *(Laubblatt)* foglia *f.* di rosa. **Ro|sen|blü|te** f. *(-,-n)* **1** fioritura *f.* delle rose **2** *(Blüte einer Rose)* (fiore *m.* di) rosa *f.* **Ro|sen|busch** m. *(-[e]s,-büsche)* cespuglio *m.* di rose, rosaio *m.* **Ro|sen|duft** m. *(-[e]s,-düfte)* profumo *m.* di rosa, delle rose. **ro|sen|far|ben, ro|sen|far|big** agg. LETT. roseo, rosato. **Ro|sen|gar|ten** m. *(-s,-gärten)* giardino *m.* di rose, roseto *m.* **Ro|sen|ge|wächs** n. *(-es,-e)* rosacea *f.* **Ro|sen|he|cke** f. *(-,-n)* siepe *f.* di rose. **Ro|sen|hoch|zeit** f. *(-,-en)* REGION. 10º anniversario *m.* (di matrimonio). **Ro|sen|holz** n. *(-es)* legno *m.* di rosa. **Ro|sen|kä|fer** m. *(-s,-)* cetonia *f.* **Ro|sen|ka|va|lier, *Der ~*** Il cavaliere della rosa. **Ro|sen|knos|pe** f. *(-,-n)* bocciolo *m.* di rosa. **Ro|sen|kohl** m. *(-[e]s)* cavolo *m.* di Bruxelles. **Ro|sen|kranz** m. *(-es,-kränze)* rosario *m.*: ***den ~ beten*** dire (*o* recitare) il rosario ◆ MED. ***rachitischer ~*** rosario rachitico. **Ro|sen|kreu|zer** m. *(-s,-)* STOR. rosacrociano *m.*, Rosacroce *m.* **Ro|sen|krieg** m. *(-[e]s)* STOR. guerra *f.* delle due rose. **Ro|sen|lor|beer** m. *(-[e]s,-en)* oleandro *m.* **Ro|sen|mon|tag** m. *(-[e]s,-e)* lunedì *m.* di grasso. **Ro|sen|mon|tags|zug** m. *(-[e]s,-züge)* sfilata *f.* del lunedì grasso. **Ro|sen|öl** n. *(-[e]s,-e)* essenza *f.* di rose. **Ro|sen|quarz** m. *(-es,-e)* quarzo *m.* rosa. **ro|sen|rot** agg. roseo, rosa. **Ro|sen|sche|re** f. *(-,-n)* forbici *f.pl.* per potare (le rose). **Ro|sen|stock** m. *(-[e]s,-stöcke)* rosaio *m.*, rosa *f.* **Ro|sen|strauch** m. *(-[e]s,-sträucher)* rosaio *m.*, rosa *f.* **Ro|sen|strauß** m. *(-es,-sträuße)* mazzo *m.* di rose. **Ro|sen|was|ser** n. *(-s)* acqua *f.* di rose. **Ro|sen|züch|ter** m. *(-s,-)* coltivatore *m.* di rose, rosicoltore *m.*
Ro|se|o|le f. *(-,-n)* roseola *f.*
Ro|set|te f. *(-,-n)* **1** rosetta *f.* **2a** ARCH. rosetta *f.* **b** *(Fensterrose)* rosone *m.*
Ro|sé|wein m. *(-[e]s,-e)* (vino *m.*) rosé *m.*
ro|sig I agg. roseo (anche FIG.): ***-e Wangen*** guance rosee; ***eine -e Zukunft*** un futuro roseo **II** avv. ***~ aussehen*** avere un aspetto roseo; COLLOQ. *(von der Zukunft)* essere roseo; ***jdm geht es nicht gerade ~*** le cose per qcn. non sono proprio rosee ◆ ***etw. in -en Farben schildern*** descrivere qcs. a tinte rosa.
Ro|si|nan|te f. *(-,-n)* ronzinante *m.*
Ro|si|ne f. *(-,-n)* chicco *m.* di uva passa: ***-n*** uva *f.* passa, uvetta *f.* ◆ ***sich (D) die (besten, dicksten, größten) -n aus dem Kuchen herauspicken*** prendersi il meglio (*o* la parte migliore); ***(große) -n im Kopf haben*** = avere grandi idee in testa, abbandonarsi a grandi progetti; *(träumen)* sognare, fantasticare. **Ro|si|nen|brot** n. *(-[e]s,-e)* pane *m.* all'uvetta. **Ro|si|nen|ku|chen** m. *(-s,-)* torta *f.* all'uvetta.
Rös|lein n. *(-[e]s,-)* rosellina *f.*
Ros|ma|rin m. *(-s)* rosmarino *m.* **Ros|ma|rin|öl** n. *(-[e]s)* olio *m.* essenziale di rosmarino.
1.Ross n. *(-es, -e* e *Rösser)* **1a** LETT. (pl. *Rosse*) destriero *m.* **b** REGION. *(Pferd;* pl. *Rösser)* cavallo *m.* **2** COLLOQ. *(Dummkopf;* pl. *Rösser)* babbeo *m.*, cretino *m.* ◆ ***sich aufs hohe ~ setzen*** montare in superbia; ***auf dem hohen ~ sitzen*** darsi importanza, darsi delle arie, peccare di presunzione; ***von seinem hohen ~ herunterkommen, -steigen*** venire giù, scendere dal piedistallo; ***~ und Reiter nennen*** fare nomi e cognomi; *(in Bezug auf Sachen)* chiamare le cose col loro nome.
2.Ross n. *(-es,-e)* REGION. favo *m.*
Ross|ap|fel m. *(-[e]s,-äpfel)* palla *f.* di sterco di cavallo; ***-äpfel*** sterco di cavallo. **Ross|arzt** m. *(-es,-ärzte)* MIL. veterinario *m.* **Ross|brei|ten** pl. GEOGR. zona *f.* delle calme tropicali.
Röss|chen n. *(-s,-)* cavallino *m.*
Rös|sel n. *(-s,-)* REGION. **1** cavallino *m.* **2** *(Springer des Schachspiels)* cavallo *m.*
Ros|se|len|ker m. *(-s,-)* LETT. ANT. o SCHERZ. auriga *m.*
Rös|sel|sprung m. *(-[e]s,-sprünge)* **1** *(beim Schachspiel)* mossa *f.* del cavallo **2** *(Rätsel)* salto *m.* del cavallo.
ros|sen intr. (aus. *haben*) essere in calore.
Ross|haar n. *(-[e]s)* crine *m.* di cavallo. **Ross|haar|mat|rat|ze** f. *(-,-n)* materasso *m.* di crine. **Ross|händ|ler** m. *(-s,-)* mercante *m.* di cavalli. **Ross|har|nisch** m. *(-s,-e)* barda *f.*
ros|sig agg. in calore.
Ross|kä|fer m. *(-s,-)* scarabeo *m.* stercorario. **Ross|kamm** m. *(-[e]s,-kämme)* **1** striglia *f.* **2** ANT. SPREG. *(Rosshändler)* mercante *m.* di cavalli. **Ross|kas|ta|nie** f. *(-,-n)* **1** ippocastano *m.*, castagno *m.* d'India **2** *(Frucht)* castagna *f.* **Ross|kur** f. *(-,-en)* COLLOQ. cura *f.* drastica, energica. **Ross|na|tur** f. *(-,-en)* FIG. fibra *f.* forte, robusta. **Ross|schlach|ter, Ross|schläch|ter** m. *(-s,-)* REGION. macellaio *m.* (di carne equina). **Ross|täu|scher** m. *(-s,-)* **1** ANT. mercante *m.* di cavalli **2** SPREG. imbroglione *m.* **Ross|täu|sche|rei** f. *(-,-en)* imbroglio *m.*, truffa *f.*

1.Rost m. *(-[e]s,-e)* **1** griglia *f.*, graticola *f.*: ***auf dem ~ braten*** cuocere (*o* fare) alla griglia **2** *(von Fenstern)* grata *f.* ◆ ***Fleisch vom ~*** carne alla griglia.

2.Rost m. *(-[e]s,-e)* ruggine *f.* (anche BOT.): ***vom ~ angefressen, zerfressen*** corroso dalla ruggine; ***der ~ zerfrisst das Eisen*** la ruggine corrode (*o* consuma) il ferro ◆ ***~ ansetzen*** arrugginire, arrugginirsi.

Rost|an|satz m. *(-es,-ansätze)* inizio *m.* di ruggine. **rost|be|stän|dig** agg. resistente alla ruggine. **Rost|bil|dung** f. *(-,-en)* formazione *f.* di ruggine. **Rost|bra|ten** m. *(-s,-)* carne *f.* alla griglia. **Rost|brat|wurst** f. *(-,-würste)* salsiccia *f.* alla griglia. **rost|braun** agg. ruggine, di color ruggine.

Röst|brot n. *(-[e]s)* pane *m.* abbrustolito.

Rös|te f. *(-,-n)* **1a** MIN. arrostimento *m.* **b** *(Röstofen)* forno *m.* di arrostimento **2a** TESS. macerazione *f.* **b** *(Grube zum Rösten)* maceratoio *m.*

ros|ten intr. (aus. *sein, haben*) arrugginire, arrugginirsi (anche FIG.). **ros|tend** p.pres. agg. → **rosten** ◆ ***nicht ~*** inossidabile.

rös|ten tr. **1a** arrostire: ***Fisch, Fleisch, Kastanien ~*** arrostire carne, pesce, castagne **b** tostare: ***das Brot, den Kaffee ~*** tostare (*o* abbrustolire) il pane, tostare il caffè **2** *(im Ofen braten)* cuocere al forno: ***Kartoffeln ~*** cuocere le patate al forno **3** MIN. arrostire **4** TESS. macerare ◆ FIG. ***(sich) in der Sonne ~*** arrostire, arrostirsi al sole. **Rös|te|rei** f. *(-,-en)* torrefazione *f.*

rost|far|ben, rost|far|big agg. ruggine, di color ruggine. **Rost|fleck** m. *(-[e]s,-e[n])* macchia *f.* di ruggine. **Rost|fraß** m. *(-es)* corrosione *f.* (provocata dalla ruggine). **rost|frei** agg. **1** inossidabile: ***-er Stahl*** acciaio inossidabile **2** *(ohne Rost)* privo di ruggine. **ros|tig** agg. **1** arrugginito, coperto di ruggine **2** RAR. *(rostfarben)* ruggine ◆ FIG. ***eine -e Stimme*** una voce roca; ***~ werden*** arrugginire.

Röst|kar|tof|feln pl. REGION. patate *f.pl.* arrosto.

Rost|krank|heit f. *(-)* BOT. ruggine *f.*

Rost|lau|be f. *(-,-n)* SCHERZ. catorcio *m.*

Röst|ofen m. *(-s,-öfen)* MIN. forno *m.* di arrostimento.

Rost|pilz m. *(-es,-e)* uredinale *f.*

rost|rot agg. ruggine, di color ruggine. **Rost|scha|den** m. *(-s,-schäden)* danno *m.* provocato dalla ruggine.

Röst|schnit|te f. *(-,-n)* fetta *f.* di pane tostato.

Rost|schutz m. *(-es,-e)* **1** protezione *f.* antiruggine **2** *(Rostschutzmittel)* antiruggine *m.* **Rost|schutz|far|be** f. *(-,-n)* vernice *f.* antiruggine. **Rost|schutz|mit|tel** n. *(-s,-)* antiruggine *m.* **Rost|stel|le** f. *(-,-n)* punto *m.* rugginoso.

Rös|tung f. *(-,-en)* **1** tostatura *f.* **2** MIN. arrostimento *m.* **3** TESS. macerazione *f.*

Ros|with, Ros|wi|tha n.pr.f. Rosvita *f.*

rot I agg. (compar. *röter* RAR. *-er*, superl. *rötest...* RAR. *-est...*) **1a** rosso: ***-er Wein*** vino rosso; ***-es Haar*** capelli rossi; ***-e Lippen, Backen*** labbra, guance rosse; ***die Ampel ist ~*** il semaforo è rosso **b** *(gerötet)* ***-e Augen haben*** avere gli occhi rossi, arrossati **2** *(politisch links)* rosso: ***eine -e Regierung*** un governo rosso; ***eine -e Stadt*** una città rossa **II** avv. **1** di rosso: ***etw. ~ anmalen*** dipingere qcs. di rosso **2** (in) rosso: ***der Kuli schreibt ~*** la biro scrive (in) rosso; ***einen Fehler ~ anstreichen*** segnare in rosso un errore; ***~ geweint*** arrossato per il pianto; ***~ glühend*** arroventato al calor rosso; ***~ unterlaufen*** ecchimotico, livido ◆ ***~ anlaufen*** diventare rosso, arrossire; ***die Rote Armee*** l'Armata Rossa; ***-es Ass*** asso di cuori; *(Karoas)* asso di quadri; ***Rote Bete*** barbabietola; FIG. ***-er Faden*** filo rosso, filo conduttore; ***~ gepunktet*** a pois rossi; ***keinen -en Heller mehr haben*** non aver più una lira; ***einen -en Kopf bekommen*** diventare rosso; ***~ wie ein Krebs*** rosso come un gambero; ***das Rote Kreuz*** la Croce Rossa; ***das Rote Meer*** il Mar Rosso; ***bis über die Ohren ~ werden*** arrossire fino alla radice dei capelli; ***die -e Rasse*** i pellirosse; ***Rote Rübe*** barbabietola; ***~ sein*** essere rosso; COLLOQ. ***lieber ~ als tot*** = meglio comunista che morto; ***jd, etw. wirkt auf jdn wie ein -es Tuch*** qcn., qcs. fa andare in bestia qcn.; ***~ werden*** diventare rosso, arrossire; *(reifen)* ***die Kirschen werden schon ~*** le ciliegie iniziano a maturare; ***~ vor Wut*** rosso di rabbia. **Rot** n. *(-s)* **1a** rosso *m.*, colore *m.* rosso: ***dunkles, tiefes ~*** rosso scuro; ***in ~ gekleidet*** vestito di rosso; ***sie trägt gerne ~*** veste volentieri di rosso **b** *(von Ampel)* ***die Ampel zeigt, steht auf ~*** il semaforo è rosso; ***bei ~*** con il rosso **2** *(im Kartenspiel)* cuori *m.pl.*: ***~ ablegen*** scartare cuori, una carta di cuori; ***~ ausspielen*** giocare cuori **3** → **Rouge** ◆ ***~ auflegen*** mettere il rossetto; ***ins -e gehen, spielen*** dare sul rosso, tendere al rosso.

Ro|ta f. *(-,-)* Sacra Rota *f.*

Rot|al|ge f. *(-,-n)* rodoficea *f.*

Ro|tan, Ro|tang m. *(-s,-e)*, **Ro|tang|pal|me** f. *(-,-n)* rotang *m.*

Ro|ta|ri|er m. *(-s,-)* rotariano *m.* **ro|ta|risch** agg. rotariano.

Rot|ar|mist m. *(-en,-en)* soldato *m.* dell'Armata Rossa.

Ro|ta|ti|on f. *(-,-en)* rotazione *f.* (anche AGR. SPORT). **Ro|ta|ti|ons|ach|se** f. *(-,-n)* asse *m.* di rotazione. **Ro|ta|ti|ons|be|we|gung** f. *(-,-en)* movimento *m.* rotatorio. **Ro|ta|ti|ons|druck** m. *(-[e]s,-e)* **1** stampa *f.* in rotocalco **2** *(Druckerzeugnis)* stampato *m.* in rotocalco. **Ro|ta|ti|ons|el|lip|so|id** n. *(-[e]s,-e)* ellissoide *m.* di rotazione. **Ro|ta|ti|ons|flä|che** f. *(-,-n)* superficie *f.* di rotazione. **Ro|ta|ti|ons|kol|ben|mo|tor** m. *(-s,-en)* motore *m.* a pistoni rotanti. **Ro|ta|ti|ons|kör|per** m. *(-s,-)* solido *m.* di rotazione. **Ro|ta|ti|ons|ma|schi|ne** f. *(-,-n)* rotativa *f.* **Ro|ta|ti|ons|pa|pier** n. *(-s,-e)* carta *f.* da rotativa. **Ro|ta|ti|ons|pres|se** f. *(-,-n)* → **Rotationsmaschine. Ro|ta|ti|ons|prin|zip** n. *(-s)* BUROCR. principio *m.* della rotazione (delle cariche). **Ro|ta|ti|ons|tief|druck** m. *(-[e]s,-e)* rotativa *f.* a rotocalco.

Rot|au|ge n. *(-s,-n)* leucisco *m.* rosso. **rot|äu|gig** agg. dagli occhi rossi. **rot|ba|ckig, rot|bä|ckig** agg. dalle guance rosse. **Rot|bart** m. *(-[e]s)* COLLOQ. uomo *m.* con la barba rossa ◆ ***Kaiser ~*** Federico Barbarossa, il Barbarossa. **rot|bär|tig** agg. con la barba rossa. **rot|blond** agg. (di colore) biondo rossiccio. **Rot|bras|se** f. *(-,-n)*, **Rot|bras|sen** m. *(-s,-)* fragolino *m.* **rot|braun** agg. marrone rossiccio. **Rot|bu|che** f. *(-,-n)* **1** faggio *m.* comune **2** *(Holz)* legno *m.* di faggio. **Rot|dorn** m. *(-[e]s,-e)* biancospino *m.* dai fiori rossi.

1.Ro|te m. e f. *(-n,-n)* POL. *(linksgerichtete Person)* rosso *m.* (-a *f.*).

2.Ro|te f. *(-,-n)* COLLOQ. *(Rothaarige)* rossa *f.*

Rö|te f. *(-,-n)* **1** rosso *m.*: ***die ~ des Abendhimmels*** il rosso della sera **2** *(Erröten)* rossore *m.*: ***die ~ steigt, schießt, schlägt ihr ins Gesicht*** il rossore le sale alle guance **3** BOT. robbia *f.*

Ro|te-Ar|mee-Frak|ti|on f. *(-)* INTRAD. (organizzazione terroristica tedesca).

Rö|te|ge|wächs n. *(-es,-e)* rubiacea *f.*

Rot|ei|sen|erz n. *(-es,-e)*, **Rot|ei|sen|stein** m. *(-[e]s,-e)* ematite *f.*

Ro|te-Kreuz-Schwes|ter → **Rotkreuzschwester.**

Rö|tel m. *(-s,-)* sanguigna *f.* **Rö|teln** pl. rosolia *f.* **Rö|tel|stift** m. *(-[e]s,-e)* sanguigna *f.* **Rö|tel|zeich|nung** f. *(-,-en)* sanguigna *f.*

rö|ten I tr. arrossare: ***die untergehende Sonne rötet den Himmel*** il sole al tramonto arrossa, tinge di rosso il cielo **II** rifl. **sich ~ 1** arrossarsi: ***die Augen haben sich gerötet*** gli occhi si sono arrossati; ***der Hals hat sich gerötet*** la gola si è arrossata **2** *(sich rötlich färben)* tingersi di rosso **3** *(erröten)* arrossire: ***sein Gesicht rötete sich vor Zorn*** il suo viso arrossì di rabbia.

Rot|er|de f. *(-,-n)* terra *f.* rossa.

rot|far|ben, rot|far|big agg. (di colore) rosso. **Rot|fär|bung** f. *(-,-en)* tintura *f.* rossa. **Rot|fe|der** f. *(-,-n)* scardola *f.* **Rot|fo|rel|le** f. *(-,-n)* trota *f.* salmonata. **Rot|fuchs** m. *(-es,-füchse)* **1** volpe *f.* rossa **2** sauro *m.* **3** COLLOQ. *(Rothaarige)* persona *f.* dai capelli rossi. **rot|gelb** agg. rosso arancio. **Rot|ger|ber** m. *(-s,-)* ANT. conciatore *m.*, conciapelli *m.* **rot|ge|sich|tig** agg. dal volto arrossato. **Rot|gim|pel** m. *(-s,-)* ciuffolotto *m.* **Rot|glut** f. *(-)* calor *m.* rosso. **Rot|gold** n. *(-[e]s)* oro *m.* rosso. **rot|grün|blind** agg. daltonico. **Rot|grün|blind|heit** f. *(-)* daltonismo *m.* **Rot|guss** m. *(-es)* tombacco *m.*, ottone *m.* rosso.

rot|haa|rig agg. dai capelli rossi. **Rot|haa|ri|ge** m. e f. *(-n,-n)* rosso *m.* (-a *f.*). **Rot|haa|rig|keit** f. *(-)* capelli *m.pl.* rossi.

Rot|haut f. *(-,-häute)* COLLOQ. pellerossa *m.* **Rot|hirsch** m. *(-[e]s,-e)* cervo *m.* nobile. **Rot|holz** n. *(-es)* verzino *m.*

ro|tie|ren intr. (aus. *haben*) **1** ruotare (anche SPORT) **2** COLLOQ. FIG. girare come una trottola. **ro|tie|rend** p.pres. agg. **1** → **rotieren 2** rotante: ***-e Messer*** lame rotanti.

Rot|ka|bis m. *(-)* SVIZZ. → **Rotkohl. Rot|käpp|chen** n.pr.n. *(-s)* Cappuccetto *m.* rosso. **Rot|kap|pe** f. *(-,-n)* porcino *m.* rossiccio. **Rot|kehl|chen** n. *(-s,-)* pettirosso *m.* **Rot|klee** m. *(-s)* trifoglio *m.* **Rot|kohl** m. *(-[e]s)* cavolo *m.* rosso. **Rot|kopf** m. *(-[e]s,-köpfe)* COLLOQ. **1** *(rothaariger Mensch)* rosso *m.*, rossa *f.* **2** *(rotes Haar)* capelli *m.pl.* rossi, testa *f.* rossa. **Rot|kraut** n. *(-[e]s)* REGION. → **Rotkohl. Rot|kreuz|schwes|ter** f. *(-,-n)* crocerossina *f.* **Rot|kup|fer** m. *(-s)* rame *m.* **Rot|kup|fer|erz** n. *(-es)* cuprite *f.* **Rot|lauf** m. *(-[e]s)* erisipela *f.*

röt|lich I agg. rossiccio: ***-e Haare*** capelli rossicci **II** avv. ***~ braun*** rossastro, rosso bruno.

Rot|licht n. *(-[e]s)* luce *f.* rossa ◆ ***bei ~ stehenbleiben*** attendere al rosso; ***bei ~ fahren*** passare col rosso. **Rot|licht|vier|tel** n. *(-s,-)* COLLOQ. quartiere *m.* a luci rosse. **rot|na|sig** agg. dal naso rosso.

Ro|tor m. *(-s,-en)* TECN. AER. RAD. rotore *m.*

rot|oran|ge agg. inv. rosso arancio.

Ro|tor|blatt n. *(-[e]s,-blätter)* pala *f.* di, del rotore.

Rot|rü|be f. *(-,-n)* REGION. barbabietola *f.* **Rot|rü|cken|wür|ger** m.

(-s,-) averla *f.* **Rot|schwanz** m. *(-es,-schwänze)*, **Rot|schwänz|chen** n. *(-s,-)* codirosso *m.* **rot_se|hen** intr. *(sah, gesehen;* aus. *haben)* COLLOQ. FIG. vedere rosso. **Rot|spon** m. *(-[e]s,-e)* REGION. → **Rotwein. Rot|stein** m. *(-[e]s)* → **Rötel. Rot|stift** m. *(-[e]s,-e)* matita *f.* rossa ◆ ***den ~ ansetzen*** fare economia; ***dem ~ zum Opfer fallen*** = venire cancellato (per fare economia). **Rot|sün|der** m. *(-s,-)* COLLOQ. *(Verkehr)* persona *f.* che ha bucato un semaforo; SPORT giocatore *m.* espulso (*o* squalificato). **Rot|tang** m. *(-[e]s,-e)* → **Rotalge. Rot|tan|ne** f. *(-,-n)* abete *m.* rosso.

Rot|te f. *(-,-n)* **1** SPREG. banda *f.*, masnada *f.*: ***eine lärmende ~ von Halbwüchsigen*** una chiassosa banda di adolescenti **2a** MIL. *(von Flugzeugen, Schiffen)* formazione *f.* a due **b** ANT. *(Abteilung)* reparto *m.*, squadra *f.* **3** *(von Tieren)* branco *m.*

1.rot|ten ANT. **I** tr. unire in una squadra, in un reparto **II** rifl. **sich ~** assembrarsi, unirsi in squadra.

2.rot|ten → **rötten.**

röt|ten REGION. **I** tr. TESS. macerare **II** intr. (aus. *sein, haben*) marcire.

Rot|ten|füh|rer m. *(-s,-)* **1** capobanda *m.* **2** ANT. FERR. caposquadra *m.* **rot|ten|wei|se** avv. **1** in gruppi **2** ANT. *(von Arbeitern)* in squadre.

Rot|ter|da|mer, Rot|ter|da|mer I m. *(-s,-)* abitante *m.* di Rotterdam. **II** agg. inv. di Rotterdam.

Rott|wei|ler m. *(-s,-)* rottweiler *m.*

Ro|tun|de f. *(-,-n)* **1** ARCH. rotonda *f.* **2** *(runder Saal)* sala *f.* rotonda.

Rö|tung f. *(-)* arrossamento *m.*: ***~ der Haut, der Mandeln*** arrossamento della pelle, delle tonsille.

Rot|ver|schie|bung f. *(-,-en)* FIS. spostamento *m.* verso il rosso. **rot|wan|gig** agg. dalle guance (*o* gote) rosse. **Rot|wein** m. *(-[e]s,-e)* (vino *m.*) rosso *m.* **rot|welsch** agg. gergale, del gergo dei vagabondi. **Rot|welsch** n. *(-[s])*, **Rot|wel|sche** n. *(-n)* gergo *m.* dei vagabondi.

Rotz m. *(-es,-e)* **1** VOLG. moccio *m.*, moccolo *m.* **2** VETER. morva *f.* ◆ ***frech wie (der) ~*** sfacciato da fare schifo; ***der ganze ~*** tutta quella robaccia; ***~ und Wasser heulen*** piangere a dirotto. **Rotz|ben|gel** m. *(-s,-)*, **Rotz|bu|be** m. *(-n,-n)* VOLG. → **Rotzjunge. Rot|ze** f. *(-)* REGION. moccio *m.*, moccolo *m.* **rot|zen** intr. (aus. *haben*) VOLG. **1** colare moccio, avere il moccio, moccicare **2** *(sich schneuzen)* soffiarsi il naso **3** *(spucken)* sputare. **Rot|zer** m. *(-s,-)* REGION. VOLG. → **Rotzjunge. Rotz|fah|ne** f. *(-,-n)* VOLG. = fazzoletto *m.* (da naso). **rotz|frech I** agg. sfacciato da fare schifo, molto sfacciato **II** avv. con sfacciataggine, in modo sfacciato: ***jdm ~ antworten*** rispondere a qcn. con sfacciataggine. **Rotz|gö|re** f. *(-,-n)* VOLG. mocciosa *f.* **rot|zig I** agg. **1** VOLG. moccioso, pieno (*o* sporco) di moccio **2** COLLOQ. FIG. *(frech)* sfrontato, sfacciato, insolente **3** *(rotzkrank)* con la morva, affetto da morva **II** avv. in modo insolente: ***sich ~ benehmen*** comportarsi in modo insolente. **Rotz|jun|ge** m. *(-n,-n)* VOLG. moccioso *m.* **Rotz|krank|heit** f. *(-)* morva *f.* **Rotz|löf|fel** m. *(-s,-)*, **Rotz|lüm|mel** m. *(-s,-)* VOLG. → **Rotzjunge. Rotz|na|se** f. *(-,-n)* VOLG. **1** naso *m.* pieno di moccio **2** *(Rotzbengel,-göre)* moccioso *m.* (-a *f.*) (anche FIG.). **rotz|nä|sig** agg. VOLG. **1** moccioso, pieno di moccio **2** FIG. *(frech)* sfrontato, sfacciato, insolente.

Rot|zink|erz n. *(-es)* zincite *f.*

Rouge [ru:ʒ] n. *(-s)* **1a** *(Lippenstift)* rossetto *m.* **b** *(Make-up)* fard *m.*: ***~ auflegen*** darsi il fard **2** *(beim Roulett)* rosso *m.*: ***auf ~ setzen*** puntare sul rosso.

Rou|la|de [ru-] f. *(-,-n)* GASTR. involtino *m.*, rolatina *f.*

Rou|leau [ru'lo:] n. *(-s,-s)* tenda *f.* a rullo: ***die -s hochziehen, hinunterlassen*** tirare su, giù le tende.

Rou|lett [ru'lɛt] n. *(-[e]s,-e)*, **Rou|lette** [ru'lɛt(ə)] n. *(-s,-s)* **1** roulette *f.*: ***~ spielen*** giocare alla roulette **2** *(drehbare Scheibe)* piatto *m.* (della roulette) ◆ ***russisches ~*** roulette russa. **Rou|lett|spiel** n. *(-[e]s)* (gioco *m.* della) roulette *f.* **Rou|lett|spie|ler** m. *(-s,-)* giocatore *m.* di roulette.

Round-Ta|ble-Kon|fe|renz [raund'teɪbl-] f. *(-,-en)* POL. tavola *f.* rotonda.

Rou|te ['rutə] f. *(-,-n)* **1** itinerario *m.*, percorso *m.*: ***die kürzeste ~ wählen, nehmen*** scegliere il percorso più breve **2** *(Schiffsweg, Flugweg)* rotta *f.*: ***die ~ festlegen*** stabilire la rotta; ***die ~ ändern*** cambiare rotta (anche FIG.).

Rou|ti|ne [ru'tinə] f. *(-)* **1** routine *f.*: ***zur ~ werden, in ~ erstarren*** diventare di routine **2** *(Erfahrung)* pratica *f.*: ***in etw. ~ haben*** avere pratica in qcs.; ***eine Arbeit mit ~ erledigen*** aver pratica nell'eseguire un lavoro **3** INFORM. routine *f.* **Rou|ti|ne|ar|beit** f. *(-,-en)* lavoro *m.* di routine. **rou|ti|ne|mä|ßig I** agg. di routine, abituale **II** avv. abitualmente. **Rou|ti|ne|un|ter|su|chung** f. *(-,-en)* MED. esame *m.* di routine. **Rou|ti|ni|er** [ruti'nie:] m. *(-s,-s)* esperto *m.* **rou|ti|niert I** agg. esperto, pratico: ***ein -er Politiker*** un politico esperto **II** avv. ***etw. ~ erledigen*** avere dimestichezza nel fare qcs.

Row|dy ['raudi] m. *(-s,-s)* teppista *m.* **row|dy|haft** agg. teppistico, da teppista. **Row|dy|tum** n. *(-s)* teppismo *m.*

Ro|ya|lis|mus [roaja-] m. *(-)* POL. realismo *m.* **Ro|ya|list** m. *(-en,-en)* POL. realista *m.* **ro|ya|lis|tisch** agg. POL. realista.

Rp. ⇒ *Rappen* centesimo (di franco svizzero).

RT ⇒ *Registertonne* tonnellata di stazza (TS).

rub|be|lig agg. REGION. **1** ruvido **2** FIG. *(polternd)* brontolone. **rub|beln** REGION. **I** tr. strofinare, sfregare: ***Wäsche ~*** strofinare i panni **II** rifl. ***sich (D) den Körper mit einem Handtuch ~*** strofinarsi il corpo con un asciugamano.

Rüb|chen n. *(-s,-)* piccola rapa *f.* ◆ COLLOQ. ***jdm ~ schaben*** fare cicca cicca a qcn.

Rü|be f. *(-,-n)* **1** rapa *f.*: ***-n pflanzen, ziehen*** piantare, coltivare rape **2** FIG. COLLOQ. testa *f.*, zucca *f.*: ***eins auf die ~ bekommen, kriegen*** ricevere, prendersi una botta in testa ◆ COLLOQ. ***eine freche ~*** un impertinente; REGION. ***Gelbe ~*** carota; ***Rote ~*** barbabietola.

Ru|bel m. *(-s,-)* rublo *m.* ◆ COLLOQ. ***bei ihm rollt der ~*** non gli mancano i quattrini.

Rü|ben|acker m. *(-s,-äcker)* → **Rübenfeld. rü|ben|ar|tig** agg. di rapa, simile a una rapa. **Rü|ben|bau** m. *(-[e]s)* coltivazione *f.* delle rape, delle bietole. **Rü|ben|ern|te** f. *(-,-n)* AGR. raccolta *f.* delle rape, delle bietole. **Rü|ben|feld** n. *([e]s-,-er)* campo *m.* di rape, di bietole. **Rü|ben|flie|ge** f. *(-,-n)* mosca *f.* delle bietole. **Rü|ben|kohl** m. *(-[e]s)* cavolo *m.* rapa. **Rü|ben|saat|weiß|ling** m. *(-s,-e)* cavolaia *f.* **Rü|ben|spross** m. *(-es,-e[n])* cima *f.* di rapa. **Rü|ben|zu|cker** m. *(-s)* zucchero *m.* di barbabietola.

rü|ber COLLOQ. → **herüber, hinüber. rü|ber_brin|gen** tr. *(brachte, gebracht)* **1** COLLOQ. → **herüberbringen 2** GERG. *(vermitteln)* trasmettere, far capire: ***eine politische Botschaft ~*** trasmettere un messaggio politico. **rü|ber_kom|men** intr. *(kam, gekommen;* aus. *sein)* COLLOQ. **1** → **herüberkommen 2** *(wirken)* ***da kommt nichts rüber*** non c'è comunicazione **3** *(herausrücken)* ***er kommt mit dem Geld nicht rüber*** non sgancia i soldi.

Ru|bi|di|um n. *(-s)* rubidio *m.*

Ru|bi|kon n.pr.m. *(-s)* Rubicone *m.*: ◆ ***den ~ überschreiten*** passare il Rubicone (anche FIG.).

Ru|bin m. *(-s,-e)* rubino *m.* **ru|bin|far|ben, ru|bin|far|big** agg. rosso rubino. **Ru|bin|glas** n. *(-es)* **1** vetro *m.* rubino **2** *(Gefäß)* bicchiere *m.* di vetro rubino. **ru|bin|rot** agg. → **rubinfarben.**

Rüb|kohl SVIZZ. → **Rübenkohl.**

Rub|rik f. *(-,-en)* **1** rubrica *f.* (anche LIT.): ***in eine ~ gehören*** rientrare in una rubrica; ***etw. unter einer bestimmten ~ verzeichnen*** registrare qcs. sotto una determinata rubrica; ***der Artikel fällt unter die ~ "Außenpolitik"*** l'articolo rientra nella rubrica "politica estera" **2** *(Spalte)* colonna *f.*: ***etw. in die erste ~ eintragen*** inserire qcs. nella prima colonna. **Rub|ri|ka|tor** m. *(-s,-en)* PALEOGR. rubricatore *m.* **rub|ri|zie|ren** tr. **1** ordinare in una rubrica **2** *(klassifizieren)* classificare **3** PALEOGR. rubricare.

Rüb|sa|men, Rüb|sen m. *(-s)* ravizzone *m.*, navone *m.*

Ruch m. *(-[e]s)* RAR. odore *m.* ◆ ***im ~ der Korruption stehen*** essere sospetto di corruzione. **ruch|bar** agg. notorio: ***~ werden*** diventare notorio, di dominio pubblico.

Ruch|gras n. *(-es,-gräser)* paleo *m.* odoroso.

ruch|los agg. ANT. scellerato: ***eine -e Tat*** un atto scellerato. **Ruch|lo|sig|keit** f. *(-,-en)* scelleratezza *f.*

ruck inter. ***hau ~!*** oh issa!

Ruck m. *(-[e]s,-e)* **1** scossa *f.*, scossone *m.*: ***ein heftiger, leichter ~*** una violenta, leggera scossa; ***ohne den geringsten ~ anfahren*** partire senza la minima scossa **2** *(Zug)* tirata *f.*: ***ein ~ am Zügel*** una tirata alle redini ◆ ***auf einen ~*** di colpo; ***jdm einen ~ geben*** dare uno scrollone a qcn., scuotere qcn. (anche FIG.); ***sich einen ~ geben*** darsi una mossa, scrollarsi; ***in einem ~*** in un sol colpo, tutto in un colpo; ***mit einem ~*** → ***auf einen ~;*** POL. ***ein ~ nach links, rechts*** uno spostamento a sinistra, a destra.

Rück m. *(-[e]s,-e)* → **Rick. Rück|an|sicht** f. *(-,-en)* veduta *f.* posteriore. **Rück|ant|wort** f. *(-,-en)* risposta *f.*; *(frankierte Antwortkarte)* ***~ bezahlt*** risposta pagata; ***ein Telegramm mit ~*** un telegramma con risposta pagata.

ruck|ar|tig I agg. brusco **II** avv. bruscamente: ***~ bremsen*** frenare bruscamente.

Rück|äu|ße|rung f. *(-,-en)* → **Rückantwort. Rück|be|för|de|rung** f. *(-,-en)* rispedizione *f.* **Rück|be|sin|nung** f. *(-)* il richiamarsi, ritorno *m.*: ***~ auf alte Werte*** ritorno ad antichi valori. **Rück|be|we|gung** f. *(-,-en)* movimento *m.* all'indietro. **rück|be|züg|lich** agg. GRAMM. riflessivo. **Rück|bil|dung** f. *(-,-en)* MED. BIOL. LING. regressione *f.* **Rück|bleib|sel** n. *(-s,-)* ANT. residuo *m.*

Rück|blen|de f. *(-,-n)* flashback *m.* **rück_blen|den** intr. (aus.

haben; solo inf. e p.pass.) fare un flashback.
Rück|blick m. *(-[e]s,-e)* FIG. sguardo *m.* retrospettivo ◆ ***im, in ~ auf...*** considerando a posteriori... **rück|bli|ckend I** agg. retrospettivo **II** avv. retrospettivamente, a posteriori.
rück‿bu|chen tr. BANC. COMM. stornare. **Rück|bu|chung** f. *(-,-en)* BANC. COMM. storno *m.* **Rück|bür|ge** m. *(-n,-n)* controgarante *m.* **Rück|bürg|schaft** f. *(-,-en)* controgaranzia *f.* **rück‿da|tie|ren** tr. retrodatare. **rück|dre|hend** agg. METEOR. di direzione antioraria.
ru|ckeln intr. (aus. *haben*) REGION. muoversi a piccoli scatti ◆ ***an der Tür ~*** aprire a fatica la porta.
ru|cken I tr. spostare, muovere di scatto **II** intr. (aus. *haben*) **1** spostarsi di scatto, muoversi con uno scatto, a scatti, fare uno scatto **2** REGION. *(gurren)* tubare.
rü|cken I tr. **1a** muovere, spostare: ***einen Schrank an die Wand ~*** spostare un armadio alla parete **b** *(beim Schachspiel)* ***die Dame drei Felder nach links ~*** muovere la regina di tre caselle a sinistra **2** *(schieben)* spingere: ***den Tisch an das Fenster ~*** spingere il tavolo verso la finestra; ***den Hut in die Stirn ~*** spinger(si) il cappello sulla fronte **3** FIG. mettere, porre, portare: ***etw. in den Vordergrund, ins rechte Licht ~*** mettere qcs. in primo piano, nella giusta luce **II** intr. **1** (aus. *sein*) muoversi, spostarsi: ***ein wenig nach vorn, zur Seite ~*** spostarsi un po' in avanti, di lato; ***kannst du ein Stück ~?*** puoi spostarti un po'? ***zur Seite ~*** spostarsi da parte **2** (aus. *sein*) spingersi: ***er rückte auf die rechte Seite der Bank*** si spinse sul lato destro del banco; ***jdm, etw. näher ~*** avvicinarsi a qcn., qcs. **3** (aus. *haben*) ***an etw. (D) ~*** muovere, spostare qcs.: ***sie rückte nervös an ihrem Halstuch*** si tormentava nervosamente il foulard ◆ ***dicht aneinander ~*** serrarsi gli uni agli altri, stringersi; ***jdn ins Blickfeld ~*** portare qcn. al centro dell'attenzione; MIL. ***ins Feld, an die Front ~*** andare in guerra, al fronte; ***höher ~*** avanzare (di grado); ***jdm, etw. zu Leibe ~*** affrontare qcn., qcs.; MIL. ***ins Manöver ~*** fare delle manovre; ***an jds Stelle ~*** prendere il posto di qcn., subentrare a qcn.; ***mit den Stühlen ~*** far rumore con le sedie; MIL. ***vorwärts ~*** avanzare.
Rü|cken m. *(-s,-)* **1** schiena *f.*, dorso *m.*: ***ein breiter, krummer ~*** una schiena larga, curva; ***die Hände auf dem ~ halten*** tenere le mani dietro la schiena **2** *(bei Tieren)* dorso *m.*, groppa *f.*: ***auf dem ~ eines Maultieres*** in groppa ad un mulo, a dorso di mulo **3a** ESTENS. dorso *m.*: ***der ~ der Hand, des Messers, eines Berges*** il dorso della mano, del coltello, di un monte **b** EDIT. ***Bücher mit ledernem ~*** libri con dorso di pelle **c** SPORT ***auf dem ~ schwimmen*** nuotare a dorso **4** SART. dietro *m.* **5** → **Rückenstück** ◆ ***~ an ~*** schiena contro schiena; ***im ~ angreifen*** attaccare alle spalle; ***etw. auf jds ~ austragen*** fare qcs. a spese di qcn.; FIG. ***den ~ vor jdm beugen*** piegarsi di fronte a qcn., sottomettersi a qcn.; FIG. ***einen breiten ~ haben*** avere le spalle larghe; FIG. ***jdm den ~ decken*** coprire le spalle a qcn.; COLLOQ. ***fast, beinahe auf den ~ fallen*** restare di stucco; ***jdm in den ~ fallen*** attaccare qcn. alle spalle; ***den ~ frei haben*** avere carta bianca; FIG. ***sich (D) den ~ freihalten*** coprirsi le spalle; ***jdm den ~ freihalten → jdm den ~ decken;*** COLLOQ. FIG. ***jdn, etw. im ~ haben*** avere qcn., qcs. alle (proprie) spalle; ***er hat's im ~*** ha mal di schiena; ***hinter jds ~*** alle spalle di qcn., a sua insaputa; ***40 Jahre auf dem ~ haben*** avere 40 anni sul groppone; FIG. ***jdm, etw. den ~ kehren*** voltare le spalle a qcn., qcs.; COLLOQ. FIG. ***einen krummen ~ machen*** piegarsi, sottomettersi; COLLOQ. ***mir läuft es (heiß und kalt) den ~ hinunter*** mi vengono i sudori freddi; ***jdn auf den ~ legen*** mettere a terra qcn.; ***auf dem ~ liegen*** stare supino; ***etw. auf den ~ nehmen*** mettersi qcs. sulle spalle; FIG. ***jdm den ~ stärken, steifen*** dare man forte a qcn.; ***etw. auf dem ~ tragen*** portare qcs. sulle spalle; SCHERZ. ***verlängerter ~*** deretano; FIG. ***mit dem ~ an der, zur Wand*** con le spalle al muro; ***jdm, etw. den ~ wenden, zudrehen → jdm, etw. den ~ kehren.***
Rü|cken|aus|schnitt m. *(-[e]s,-e)* scollatura *f.* sulla schiena. **Rü|cken|de|ckung** f. *(-)* FIG. copertura *f.* alle spalle: ***jdm ~ geben*** coprire le spalle a qcn. **Rü|cken|flos|se** f. *(-,-n)* pinna *f.* dorsale. **Rü|cken|fall|schirm** m. *(-[e]s,-e)* paracadute *m.* dorsale (*o* a spalla). **rü|cken|frei** agg. scollato, aperto sulla schiena. **Rü|cken|krau|len** n. *(-s)* SPORT *(beim Schwimmen)* dorso *m.* **Rü|cken|la|ge** f. *(-)* **1** posizione *f.* supina **2a** SPORT dorso *m.*: ***in der ~ schwimmen*** nuotare a dorso **b** *(beim Skisport)* posizione *f.* arretrata, all'indietro. **Rü|cken|leh|ne** f. *(-,-n)* schienale *m.*, spalliera *f.*
Rü|cken|mark n. *(-[e]s)* midollo *m.* spinale. **Rü|cken|mark|an|äs|the|sie** f. *(-)* rachianestesia *f.* **Rü|cken|mark|ent|zün|dung** f. *(-,-en)* mielite *f.* **Rü|cken|mark|er|wei|chung** f. *(-,-en)* mielomacia *f.* **Rü|cken|mark|haut** f. *(-)* meninge *f.* spinale. **Rü|cken|mark|punk|ti|on** f. *(-)* puntura *f.* lombare, rachicentesi *f.* **Rü|cken|mark|schwind|sucht** f. *(-)* tabe *f.* dorsale. **Rü|cken|marks|ent|zün|dung** → **Rückenmarkentzündung.** **Rü|cken|mark|ver|let|zung** f. *(-,-en)* lesione *f.* (del midollo) spinale.
Rü|cken|mus|kel m. *(-s,-n)* muscolo *m.* dorsale. **Rü|cken|mus|ku|la|tur** f. *(-)* muscolatura *f.* dorsale. **Rü|cken|pols|ter** n. *(-s,-)* schienale *m.*, spalliera *f.* **Rü|cken|run|dung** f. *(-)* cifosi *f.* **Rü|cken|sai|te** f. *(-,-n)* corda *f.* dorsale. **Rü|cken|schmerz** m. *(-es,-en)* mal *m.* di schiena. **Rü|cken|schutz** m. *(-[e]s)* protezione *f.* della schiena, del dorso.
rü|cken‿schwim|men intr. *(schwamm, geschwommen;* aus. *haben, sein)* nuotare a dorso. **Rü|cken|schwim|men** n. *(-s)* (stile *m.*) dorso *m.* **Rü|cken|schwim|mer** m. *(-s,-)* dorsista *m.*
Rü|cken|stär|kung f. *(-)* incoraggiamento *m.* **Rü|cken|stück** n. *(-[e]s,-e)* GASTR. *(von Schlachttieren)* schienale *m.* **Rü|cken|teil** n. *(-s,-e)* SART. dietro *m.* **Rü|cken|tra|ge** f. *(-,-n)*, **Rü|cken|trag|korb** m. *(-[e]s,-körbe)* gerla *f.*
Rück|ent|wick|lung f. *(-,-en)* involuzione *f.*, regresso *m.*
Rücken|wind m. *(-[e]s,-e)* vento *m.* alle spalle, da dietro; MAR. vento *m.* in poppa. **Rücken|wir|bel** m. *(-s,-)* vertebra *f.* dorsale.
Rück|er|bit|tung f. *(-)* BUROCR. ***unter ~*** con preghiera di restituzione. **Rück|er|in|ne|rung** f. *(-,-en)* ricordo *m.*, reminiscenza *f.* **Rück|er|o|be|rung** f. *(-,-en)* riconquista *f.*
rück|er|stat|ten tr. rimborsare, restituire: ***die Fahrtkosten ~*** rimborsare le spese di viaggio. **Rück|er|stat|tung** f. *(-,-en)* rimborso *m.*, restituzione *f.* **Rück|er|stat|tungs|an|trag** m. *(-[e]s,-anträge)* domanda *f.* di restituzione. **Rück|er|stat|tungs|recht** n. *(-[e]s)* diritto *m.* alla restituzione.
Rück|er|werb m. *(-[e]s)* riacquisto *m.*
Rück|fahr|kar|te f. *(-,-n)* biglietto *m.* di andata e ritorno. **Rück|fahr|licht** n. *(-[e]s,-er)* SVIZZ. → **Rückfahrscheinwerfer.** **Rück|fahr|schein** m. *(-s,-e)* → **Rückfahrkarte.** **Rück|fahr|schein|wer|fer** m. *(-s,-)* luce *f.* di retromarcia.
Rück|fahrt f. *(-)* viaggio *m.* di ritorno, ritorno *m.*
Rück|fall m. *(-[e]s,-fälle)* **1** MED. ricaduta *f.*, recidiva *f.*: ***einen ~ bekommen, erleiden*** avere, subire una ricaduta **2** *(Zurückfallen)* il ricadere: ***der ~ in die alten Gewohnheiten*** il ricadere nelle vecchie abitudini **3** DIR. recidiva *f.*: ***Diebstahl im ~*** furto recidivo; ***wiederholter ~*** recidiva reiterata **4** DIR. *(von Besitz)* reversibilità *f.* **Rück|fall|fie|ber** n. *(-s)* febbre *f.* ricorrente.
rück|fäl|lig agg. **1** MED. DIR. recidivo **2** DIR. *(von Besitz)* reversibile ◆ ***~ werden*** recidivare, essere recidivo. **Rück|fäl|lig|keit** f. *(-)* recidività *f.*
Rück|fall|kri|mi|na|li|tät f. *(-)* criminalità *f.* recidiva. **Rück|fall|quo|te** f. *(-,-n)* percentuale *f.* di recidivi. **Rück|fall|tä|ter** m. *(-s,-)* recidivo *m.*
Rück|fens|ter n. *(-s,-)* finestrino *m.* posteriore, lunotto *m.* **Rück|flug** m. *(-[e]s,-flüge)* volo *m.* di ritorno. **Rück|fluss** m. *(-es,-flüsse)* **1** riflusso *m.* (anche FIG.) **2** *(vom Verkehr)* flusso *m.* di ritorno, di rientro. **Rück|for|de|rung** f. *(-,-en)* pretesa *f.* di restituzione; DIR. ripetizione *f.* **Rück|fracht** f. *(-,-en)* carico *m.* di ritorno. **Rück|fra|ge** f. *(-,-n)* **1** ulteriore domanda *f.*: ***bei jdm ~ halten*** chiedere ulteriori informazioni a qcn. **2** *(Gegenfrage)* controdomanda *f.* **rück‿fra|gen** intr. (aus. *haben*) ***bei jdm ~*** fare ulteriori domande a qcn., chiedere ulteriori informazioni a qcn. **Rück|front** f. *(-,-en)* facciata *f.* posteriore, retro *m.* **Rück|fuh|re** f. *(-,-n)* carico *m.* di ritorno. **rück‿füh|ren** tr. ricondurre, riportare; *(repatrieren)* rimpatriare. **Rück|füh|rung** f. *(-,-en)* **1** il ricondurre, il riportare **2** MIL. ritiro *m.*: ***die ~ der Truppen*** il ritiro delle truppe; *(Repatriierung)* rimpatrio *m.*
Rück|ga|be f. *(-)* **1** restituzione *f.* **2** SPORT passaggio *m.* all'indietro. **Rück|ga|be|pflicht** f. *(-)* obbligo *m.* di restituzione. **Rück|ga|be|recht** n. *(-[e]s)* diritto *m.* di restituzione.
Rück|gang m. *(-[e]s)* **1** diminuzione *f.*, calo *m.*: ***ein ~ des Imports, der Geburten*** un calo delle importazioni, delle nascite **2a** ECON. recessione *f.*, flessione *f.* **b** *(von Wertpapieren)* deprezzamento *m.* **rück|gän|gig** agg. DIR. ***etw. ~ machen*** annullare qcs.; *(einen Vertrag)* rescindere. **Rück|gän|gig|ma|chung** f. *(-,-en)* DIR. annullamento *m.*; *(von Verträgen)* rescissione *f.*
rück|ge|bil|det agg. **1** MED. BIOL. atrofizzato **2** FON. *(retrograd)* regressivo. **Rück|ge|führ|te** m. e f. *(-n,-n)* rimpatriato *m.* (-a *f.*). **rück|ge|kop|pelt** agg. a reazione. **rück|ge|stellt** agg. restituito al mittente. **Rück|ge|win|nung** f. *(-,-en)* **1** ricupero *m.* **2** riconquista *f.*: ***die ~ der Freiheit*** la riconquista della libertà.
Rück|grat n. *(-[e]s,-e)* spina *f.* dorsale, colonna *f.* vertebrale ◆ FIG. ***jdm das ~ brechen*** tagliare le gambe a qcn.; FIG. ***kein ~ haben*** non avere spina dorsale; FIG. ***~ haben → ~ zeigen***; ***jdm das ~ stärken, steifen*** dare man forte a qcn.; FIG. ***~ zeigen*** mostrare, avere carattere, sapere il fatto proprio. **rück|grat|los** agg. SPREG. senza spina dorsale. **Rück|grat|ver|krüm|mung** f. *(-,-en)* deviazione *f.* della colonna vertebrale.

Rück|griff m. *(-[e]s,-e)* **1** ricorso *m.*: ***ein ~ auf Ideen der Romantik*** un ricorso a idee del romanticismo **2** DIR. *(Regress)* regresso *m.* **Rück|gut** n. *(-[e]s,-güter)* materiale *m.* di recupero.

Rück|halt m. *(-[e]s)* **1** appoggio *m.*, sostegno *m.*: ***einen festen ~ an jdm finden, haben*** trovare, avere un forte appoggio in qcn. **2** MIL. riserva *f.*, rincalzo *m.* ◆ ***Anerkennung ohne ~*** riconoscimento senza riserve. **rück|halt|los I** agg. aperto, franco, senza riserve: ***ein -es Vertrauen*** una fiducia senza riserve **II** avv. apertamente, francamente, senza riserve: ***jdm ~ vertrauen*** fidarsi ciecamente di qcn.; ***sich für jdn ~ einsetzen*** appoggiare apertamente qcn. **Rück|halt|lo|sig|keit** f. *(-)* franchezza *f.*

Rück|hand f. *(-)* **1** manrovescio *m.* **2** SPORT → **Rückhandschlag.** **Rück|hand|schlag** m. *(-[e]s,-schläge)*, **Rück|hand|wurf** m. *(-[e]s,-würfe)* SPORT rovescio *m.*

Rück|hol|fe|der f. *(-,-n)* molla *f.* di richiamo. **Rück|kampf** m. *(-[e]s,-kämpfe)* partita *f.* di ritorno.

Rück|kauf m. *(-[e]s,-käufe)* **1** riacquisto *m.* **2** DIR. riscatto *m.* **rück|kauf|bar** agg. **1** riacquistabile **2** DIR. riscattabile. **rück|kau|fen** tr. **1** riacquistare, ricomp(e)rare **2** DIR. riscattare. **Rück|kaufs|recht** n. *(-[e]s)* diritto *m.* di riacquisto, di riscatto.

Rück|kehr f. *(-)* ritorno *m.*, rientro *m.*: ***bei seiner ~*** al suo ritorno ◆ ***die ~ in die Heimat*** il rimpatrio, il rientro in patria. **Rück|keh|rer** m. *(-s,-)* rimpatriato *m.*

rück‿kop|peln tr. (solo inf. e p.pass.) RAD. accoppiare a reazione. **Rück|kop|pe|lung, Rück|kopp|lung** f. *(-,-en)* **1** feedback *m.* **2** RAD. accoppiamento *m.* controreazionato (*o* controreattivo).

Rück|kunft f. *(-)* → **Rückkehr.** **Rück|la|dung** f. *(-,-en)* carico *m.* di ritorno. **Rück|la|ge** f. *(-,-n)* **1** *(von Geld, Kapital)* riserva *f.*, fondo *m.* di riserva **2** *(Körperhaltung bei Skisport)* posizione *f.* arretrata, all'indietro. **Rück|la|ge|ka|pi|tal** n. *(-s,-)* capitale *m.* di riserva.

Rück|lauf m. *(-[e]s,-läufe)* **1** movimento *m.* di ritorno **2** *(von Gewässern)* riflusso *m.* **3** *(vom Geschützrohr)* rinculo *m.* **4** MECC. corsa *f.* di ritorno **5** *(von Kassettenrekordern)* riavvolgimento *m.* rapido. **Rück|läu|fer** m. *(-s,-)* spedizione *f.* postale di ritorno. **rück|läu|fig** agg. **1a** regressivo; retrogrado: ***ein -er Prozess, eine -e Entwicklung*** un processo regressivo, uno sviluppo regressivo; ***eine -e Bewegung*** un movimento retrogrado **b** ASTR. retrogrado **2** *(sinkend)* in regresso, in calo (o diminuzione): ***die Anzahl der Unfälle ist ~*** il numero degli incidenti è in calo ◆ ***sich ~ bewegen*** retrocedere. **Rück|läu|fig|keit** f. *(-)* regressione *f.* **Rück|lauf|tas|te** f. *(-,-n)* → **Rücktaste.**

Rück|leh|ne → **Rückenlehne.** **Rück|lei|tung** f. *(-,-en)* EL. linea *f.* di ritorno. **Rück|leuch|te** f. *(-,-n)*, **Rück|licht** n. *(-[e]s,-er)* **1** *(eines Wagens)* luce *f.* posteriore **2** *(eines Zuges)* fanalino *m.* di coda.

rück|lings avv. **1** con la schiena: ***~ an der Wand lehnen*** stare appoggiato alla parete con la schiena **2a** *(auf dem Rücken)* supino: ***~ liegen*** giacere supino **b** *(nach hinten)* all'indietro, di schiena: ***~ hinfallen*** cadere all'indietro **3** *(von hinten)* alle spalle, da dietro: ***~ überfallen*** assalire alle spalle **4** *(umgekehrt)* al contrario: ***auf dem Schlitten ~ sitzen*** stare seduto al contrario sulla slitta.

Rück|marsch m. *(-es,-märsche)* **1** marcia *f.* di ritorno **2** MIL. marcia *f.* di ripiegamento; *(Rückzug)* ritirata *f.*: ***auf dem ~ sein, sich auf dem ~ befinden*** essere in ritirata. **Rück|mel|dung** f. *(-,-en)* **1** *(Antwort)* risposta *f.*: ***die Umfrage brachte, ergab wenige -en*** durante il sondaggio sono pervenute poche risposte, in pochi hanno risposto al sondaggio **2** UNIV. rinnovo *m.* dell'iscrizione **3** TECN. feed-back *m.* **Rück|nah|me** f. *(-,-n)* ritiro *m.* (di proposta): ***~ des Antrags*** ritiro della domanda. **Rück|pass** m. *(-es,-pässe)* SPORT passaggio *m.* all'indietro. **Rück|por|to** n. *(-s,-s)* affrancatura *f.* per la risposta. **Rück|prall** m. *(-[e]s)* rimbalzo *m.* **Rück|rei|se** f. *(-,-n)* viaggio *m.* di ritorno: ***auf der ~*** durante il viaggio di ritorno; ***sich auf der ~ befinden*** essere sulla via del ritorno. **Rück|ruf** m. *(-[e]s,-e)* **1** richiamo *m.* **2** *(Telefongespräch)* chiamata *f.* (di risposta). **Rück|ruf|ak|ti|on** f. *(-,-en)* ritiro *m.* dal mercato. **Rück|run|de** f. *(-,-n)* SPORT girone *m.* di ritorno.

Ruck|sack m. *(-[e]s,-säcke)* zaino *m.*: ***den ~ packen*** preparare lo zaino; ***den ~ umhängen*** mettersi lo zaino sulle spalle. **Ruck|sack|tou|rist** m. *(-en,-en)*, **Ruck|sack|ur|lau|ber** m. *(-s,-)* saccopelista *m.*

Rück|schalt|tas|te f. *(-,-n)* → **Rücktaste.**

Rück|schau f. *(-,-en)* → **Rückblick.** **rück|schau|end** agg. e avv. → **rückblickend.**

Rück|schei|be f. *(-,-n)* lunotto *m.*, vetro *m.* posteriore. **Rück|schei|ben|hei|zung** f. *(-,-en)* lunotto *m.* termico. **Rück|schein** m. *(-[e]s,-e)* ricevuta *f.* di ritorno. **Rück|schlag** m. *(-[e]s,-schläge)* **1a** *(Rückstoß)* contraccolpo *m.*; ripercussione *f.* **b** *(vom Gewehr)* rinculo *m.* **2** FIG. *(ungünstige Wendung)* colpo *m.*, batosta *f.*, rovescio *m.*: ***einen geschäftlichen ~ erleben, überwinden, erleiden*** avere, superare, subire un dissesto finanziario; ***ein schwerer ~*** un brutto colpo **3** MED. ricaduta *f.* **4** SPORT rinvio *m.* **Rück|schlä|ger** m. *(-s,-)* **1** proiettile *m.* di rimbalzo **2** *(beim Tennis)* ribattitore *m.* **Rück|schluss** m. *(-es,-schlüsse)* deduzione *f.*, illazione *f.*: ***einen ~ aus etw. ziehen*** trarre una deduzione da qcs.; ***etw. lässt auf jdn, etw. -schlüsse zu*** qcs. dà adito a illazioni su qcn., qcs. **Rück|schrei|ben** n. *(-s,-)* lettera *f.* di risposta.

rück|schrei|tend agg. retrogrado, regressivo. **Rück|schritt** m. *(-[e]s,-e)* FIG. **1** regresso *m.*, passo *m.* indietro **2** POL. reazione *f.*: ***eine Politik des -s*** una politica reazionaria. **rück|schritt|lich** agg. **1** *(gegen den Fortschritt)* regressivo, retrogrado: ***-e Ideen*** idee retrograde **2** POL. *(reaktionär)* reazionario. **Rück|schritt|lich|keit** f. *(-)* atteggiamento *m.* retrogrado; POL. reazionarismo *m.*

Rück|sei|te f. *(-,-n)* **1** parte *f.* (*o* lato *m.*) posteriore, retro *m.*: ***die ~ eines Gebäudes*** il lato posteriore di un edificio **2a** rovescio *m.*: ***die ~ des Stoffes, der Medaille*** il rovescio della stoffa, della medaglia **b** retro *m.*, tergo *m.*: ***auf der ~ des Blattes*** sul retro del foglio; ***...folgt auf der ~*** segue a tergo; ***siehe ~*** vedi retro **c** *(von der Hand)* dorso *m.* **rück|sei|tig I** agg. posteriore, di dietro, a tergo **II** avv. posteriormente, di dietro, a tergo. **rück|seits** avv. posteriormente.

Rück|sen|dung f. *(-,-en)* spedizione *f.* di ritorno.

Rück|sicht f. *(-,-en)* **1** riguardo *m.*, attenzione *f.*, rispetto *m.*: ***mit ~ auf jdn, etw.*** con riguardo a qcn., qcs.; ***ohne ~ auf jdn*** senza riguardo per nessuno; ***aus ~ auf jdn, etw.*** per riguardo a qcn., qcs.; ***~ auf jdn, etw. nehmen*** avere riguardo per qcs., qcn.; ***~ verlangen*** esigere rispetto; ***es an ~ fehlen lassen*** mancare di rispetto **2** pl. *(Gründe, Überlegungen)* motivi *m.pl.*, considerazioni *f.pl.* **3** *(Sicht nach hinten)* visuale *f.* posteriore ◆ ***keinerlei ~ gegenüber jdm üben*** non usare alcun riguardo verso qcn.; ***mit ~ auf die Umstände*** tenuto (*o* tenendo) conto delle circostanze; COLLOQ. ***ohne ~ auf Verluste*** senza curarsi di eventuali perdite. **rück|sicht|lich** prep. + gen. BUROCR. con riguardo a. **Rück|sicht|nah|me** f. *(-)* riguardo *m.*, attenzione *f.*: ***mit ~ auf jdn, etw.*** con riguardo a qcn., qcs., in considerazione di qcn., qcs.; ***gegenseitige ~*** riguardo reciproco.

rück|sichts|los I agg. **1** senza riguardo, rispetto **2** *(schonungslos)* spietato, duro: ***eine -e Kritik*** una critica spietata **II** avv. **1** spietatamente: ***jdn ~ ausnutzen*** sfruttare qcn. spietatamente **2** spericolatamente: ***~ fahren*** guidare in modo spericolato. **Rück|sichts|lo|sig|keit** f. *(-,-en)* mancanza *f.* di riguardo (*o* rispetto). **rück|sichts|voll** agg. premuroso, pieno di riguardi, riguardoso: ***~ gegen jdn (jdm gegenüber) sein*** essere premuroso verso qcn.

rück‿sie|deln tr. (solo inf. e p.pass.) rimpatriare. **Rück|sied|ler** m. *(-s,-)* rimpatriato *m.* **Rück|sied|lung** f. *(-)* rimpatrio *m.*

Rück|sitz m. *(-es,-e)* sedile *m.* posteriore. **Rück|spie|gel** m. *(-s,-)* specchietto *m.* retrovisore. **Rück|spiel** n. *(-[e]s,-e)* SPORT partita *f.* di ritorno. **Rück|spra|che** f. *(-,-n)* colloquio *m.*, abboccamento *m.*: ***eine klärende ~*** un colloquio chiarificatore ◆ ***mit jdm ~ nehmen, halten*** conferire con qcn.; ***nach ~ mit jdm*** d'intesa con, dopo aver conferito con qcn.

Rück|stand m. *(-[e]s,-stände)* **1a** *(Rest)* resto *m.*, residuo *m.* **b** CHIM. residuo *m.* **2** *(Verzug)* ritardo *m.* (anche SPORT): ***den ~ in der Produktion aufholen, beheben*** ricuperare il ritardo di produzione; ***er liegt mit 30 Sekunden im ~*** è in ritardo di 30 secondi; ***einen ~ wettmachen*** annullare un ritardo **3** pl. *(ausstehende Geldsumme)* arretrati *m.pl.*: ***die Rückstände eintreiben*** riscuotere gli arretrati ◆ ***mit den Zahlungen, mit der Arbeit im ~ sein, in ~ geraten*** essere in ritardo con i pagamenti, con il lavoro. **rück|stand|frei** agg. senza residui. **rück|stän|dig** agg. **1** *(rückschrittlich)* arretrato, retrivo: ***-e Ideen*** idee arretrate **2** *(unterentwickelt)* arretrato: ***ein -es Gebiet*** una regione, area arretrata **3** *(ausstehend, unbeglichen)* arretrato: ***-e Rechnungen*** fatture arretrate. **Rück|stän|dig|keit** f. *(-)* arretratezza *f.* **rück|stands|frei** → **rückstandfrei.**

Rück|stau m. *(-[e]s,-s* e *-e)* **1** *(von Gewässer)* rigurgito *m.* **2** *(Verkehrsstau)* ingorgo *m.*

Rück|stell|fe|der f. *(-,-n)* molla *f.* di richiamo, antagonista. **Rück|stell|im|puls** m. *(-es,-e)* EL. impulso *m.* di ripristino. **Rück|stell|kraft** f. *(-,-kräfte)* FIS. forza *f.* antagonista. **Rück|stell|tas|te** → **Rücktaste.** **Rück|stel|lung** f. *(-,-en)* **1a** ECON. accantonamento *m.* **b** *(Bilanzposten)* fondo *m.* (di riserva) **2** *(Verschiebung)* rinvio *m.* **3a** TECN. ritorno *m.* **b** *(auf Null)* azzeramento *m.*

Rück|stoß m. *(-es)* **1** FIS. reazione *f.* **2** *(bei Schusswaffen)* rinculo *m.*, contraccolpo *m.* **Rück|stoß|an|trieb** m. *(-[e]s,-e)* propulsione *f.* a reazione. **rück|stoß|frei** agg. senza rinculo.

Rück|strah|ler m. *(-s,-)* catarifrangente *m.* **Rück|strah|lung** f. *(-,-en)* FIS. catarifrangenza *f.* **Rück|streu|ung** f. *(-,-en)* FIS. diffusione *f.* all'indietro. **Rück|strom** m. *(-[e]s,-ströme)* **1** *(von Gewäs-*

sern) riflusso *m.* **2** EL. corrente *f.* inversa **3** FIG. *(Rückkehr größerer Menschenmengen)* ritorno *m.* in massa. **Rück|stu|fung** f. *(-,-en)* retrocessione *f.* **Rück|tas|te** f. *(-,-n)* tasto *m.* di ritorno. **Rück|trans|port** m. *(-[e]s,-e)* trasporto *m.* di ritorno.

Rück|tritt m. *(-[e]s,-e)* **1a** ritiro *m.*, rinuncia *f.* **b** *(Abdankung)* dimissioni *f.pl.*: ***seinen ~ anbieten, erklären*** rassegnare le dimissioni **2** DIR. recesso *m.*: ***der ~ von einem Vertrag*** il recesso da un contratto **3** *(Rücktrittbremse)* contropedale *m.* **Rück|tritt|brem|se** f. *(-,-n)* freno *m.* (a) contropedale. **Rück|tritts|dro|hung** f. *(-,-en)* minaccia *f.* di dimissioni. **Rück|tritts|er|klä|rung** f. *(-,-en)* dimissioni *f.pl.* **Rück|tritts|frist** f. *(-,-en)* termine *m.* per il recesso (da un contratto). **Rück|tritts|ge|such** n. *(-[e]s,-e)* dimissioni *f.pl.* **Rück|tritts|klau|sel** f. *(-,-n)* clausola *f.* di recesso. **Rück|tritts|recht** n. *(-[e]s)* DIR. diritto *m.* di recesso.

rück|über|set|zen tr. ritradurre (nella lingua originale). **Rück|über|set|zung** f. *(-,-en)* retroversione *f.* **rück|über|tra|gen** tr. DIR. retrocedere. **Rück|über|tra|gung** f. *(-,-en)* retrocessione *f.* **rück|ver|gü|ten** tr. rimborsare. **Rück|ver|gü|tung** f. *(-,-en)* rimborso *m.* **Rück|ver|kauf** m. *(-[e]s,-verkäufe)* retrovendita *f.*

Rück|ver|si|che|rer m. *(-s,-)* riassicuratore *m.* **rück|ver|si|chern** **I** rifl. **sich ~ 1** assicurarsi, premunirsi, garantirsi **2** *(eine Rückversicherung abschließen)* riassicurarsi **II** tr. riassicurare. **Rück|ver|si|cher|te** m. *(-n,-n)* riassicurato *m.* **Rück|ver|si|che|rung** f. *(-,-en)* riassicurazione *f.* **Rück|ver|si|che|rungs|ge|sell|schaft** f. *(-,-en)* compagnia *f.* di riassicurazioni.

rück|ver|wei|sen tr. rimandare, rinviare: ***den Leser aufs Vorwort ~*** rinviare il lettore alla prefazione. **Rück|ver|wei|sung** f. *(-,-en)* rimando *m.*, rinvio *m.* **Rück|wand** f. *(-,-wände)* parete *f.* posteriore. **Rück|wan|de|rer** m. *(-s,-)* → **Rücksiedler. Rück|wan|de|rung** f. *(-,-en)* → **Rücksiedlung.**

rück|wär|tig agg. di dietro, posteriore. **rück|wärts** avv. **1** indietro, all'indietro, a ritroso: ***einen Schritt ~ machen*** fare un passo indietro; ***~ gehen*** camminare all'indietro, andare indietro, retrocedere; ***mit seinem Geschäft geht es ~*** i suoi affari peggiorano; ***~ gewandt*** rivolto all'indietro; *(auf Vergangenes gerichtet)* rivolto al passato **2** REGION. AUSTR. *(hinten)* dietro: ***von ~ kommen*** arrivare da dietro ◆ ***~ einparken*** parcheggiare in retromarcia; ***~ fahren*** fare marcia indietro, fare retro marcia; ***nach ~*** indietro.

Rück|wärts|be|we|gung f. *(-,-en)* **1** movimento *m.* all'indietro **2** MIL. ripiegamento *m.* **Rück|wärts|dre|hung** f. *(-,-en)* rotazione *f.* all'indietro. **Rück|wärts|gang** m. *(-[e]s)* retromarcia *f.*, marcia *f.* indietro: ***den ~ einlegen, einschalten*** innestare la retromarcia; ***im ~ fahren*** fare retromarcia.

Rück|wech|sel m. *(-s,-)* ECON. rivalsa *f.*

Rück|weg m. *(-[e]s,-e)* **1** via *f.* del ritorno **2** MIL. *(Rückzug)* ritirata *f.* ◆ ***den ~ abschneiden*** tagliare la via del ritorno; MIL. tagliare la ritirata; ***den ~ antreten*** mettersi sulla via del ritorno; ***auf dem ~*** sulla via del ritorno, (ri)tornando; ***den ~ versperren*** bloccare la via del ritorno; MIL. bloccare la ritirata.

ruck|wei|se avv. a scosse, a strappi, a strattoni ◆ COLLOQ. ***bei dir kommt es wohl ~?*** sei un po' tardo, duro di comprendonio?

Rück|wen|dung f. *(-,-en)* ritorno *m.*: ***die ~ zu einer konservativen Politik*** il ritorno a una politica conservatrice. **rück|wir|kend** agg. retroattivo: ***~ ab 1. April*** con validità retroattiva dal primo aprile. **Rück|wir|kung** f. *(-,-en)* **1** ripercussione *f.*, riflesso *m.*: ***~ auf etw. (A) haben*** avere ripercussione su qcs. **2** *(rückwirkende Gültigkeit)* retroattività *f.*, retroazione *f.*: ***mit ~*** con valore retroattivo. **rück|zahl|bar** agg. rimborsabile. **Rück|zah|lung** f. *(-,-en)* rimborso *m.*

Rück|zie|her m. *(-s,-)* **1** COLLOQ. FIG. marcia *f.* indietro: ***einen ~ machen*** fare marcia indietro **2** SPORT *(beim Fußball)* rovesciata *f.*

Rück|zoll m. *(-[e]s,-zölle)* ECON. drawback *m.*

ruck, zuck avv. COLLOQ. in un lampo, detto fatto: ***das geht ~*** detto fatto, si fa in un lampo.

Rück|zug m. *(-[e]s,-züge)* **1** ritirata *f.*, ripiegamento *m.*: ***den ~ der Truppen befehlen, decken, sichern*** ordinare, coprire, proteggere la ritirata delle truppe **2** FIG. ripiegamento *m.*: ***ein ~ in das Privatleben*** un ripiegamento nella vita privata ◆ ***jdm den ~ abschneiden*** tagliare la ritirata a qcn.; ***den ~ antreten*** battere in ritirata; ***auf dem ~ sein*** essere in ritirata; ***zum ~ blasen*** suonare la ritirata. **Rück|zugs|ge|biet** n. *(-[e]s,-e)* **1** ETNOL. zona *f.* di ritirata **2** BIOL. LING. area *f.* relitta. **Rück|zugs|ge|fecht** n. *(-[e]s,-e)* combattimento *m.* di ripiegamento.

rü|de agg. rude: ***ein -s Benehmen*** un comportamento rude; ***ein -r Kerl*** un tipo rude.

Rü|de m. *(-n,-n)* **1a** *(männlicher Hund)* cane *m.* **b** *(männlicher Wolf)* lupo *m.* **c** *(männlicher Fuchs)* volpe *f.* maschio **2** VENAT. *(Hetzhund)* bracco *m.*

Ru|del n. *(-s,-)* **1** branco *m.*: ***die Wölfe leben, jagen im ~*** i lupi vivono, cacciano in branco **2** COLLOQ. *(Menschengruppe)* gruppo *m.*, branco *m.* **ru|del|wei|se** avv. **1** a (*o* in) branchi **2** COLLOQ. *(scharenweise)* a frotte.

Ru|der n. *(-s,-)* **1** remo *m.*: ***die ~ auslegen, eintauchen, einziehen*** mettere i remi in acqua, tuffare, ritirare i remi **2** *(Steuerruder)* timone *m.*: ***das ~ führen, übernehmen*** reggere, prendere il timone; ***am ~ stehen, sitzen*** stare al timone ◆ COLLOQ. ***ans ~ gelangen, kommen*** salire al potere, assumere il governo; COLLOQ. ***am ~ bleiben, sein*** tenere le leve del comando; ***aus dem ~ laufen*** = sfuggire al controllo (anche FIG.); ***das ~ herumwerfen*** cambiare rotta (anche FIG.); ***sich in die ~ legen*** far forza sui remi; COLLOQ. FIG. darsi da fare.

Ru|der|bank f. *(-,-bänke)* banco *m.* dei vogatori. **Ru|der|blatt** n. *(-[e]s,-blätter)* **1** pala *f.* del remo **2** *(vom Steuerruder)* pala *f.* (*o* piano *m.*) del timone. **Ru|der|boot** n. *(-[e]s,-e)* barca *f.* a remi. **Ru|de|rer** m. *(-s,-)* rematore *m.*, vogatore *m.*

Ru|der|fü|ßer m. *(-s,-)* palmipede *m.*

Ru|der|ga|bel f. *(-,-n)* scalmo *m.* (a forcella). **Ru|der|gän|ger** m. *(-s,-)*, **Ru|der|gast** m. *(-es,-en)* timoniere *m.* **Ru|der|haus** n. *(-[e]s,-häuser)* timoniera *f.* **Ru|de|rin** f. *(-,-nen)* rematrice *f.*, vogatrice *f.* **Ru|der|klub** m. *(-s,-s)* circolo *m.* (di) canottieri.

ru|dern **I** intr. (aus. *haben, sein*) **1a** remare, vogare: ***gegen die Strömung ~*** remare contro corrente **b** SPORT fare canottaggio **2** attraversare (remando): ***über den See, Fluss ~*** attraversare il lago, il fiume in barca a remi **3** *(schlenkern)* agitare: ***hilflos mit den Armen ~*** agitare le braccia impotente **II** tr. **1** condurre, guidare (remando): ***ein Boot ~*** guidare una barca **2** *(rudernd bringen)* portare, trasportare (in barca a remi): ***jdn ans andere Ufer ~*** portare qcn. sull'altra riva **3** *(rudernd zurücklegen)* remare, percorrere (*o* coprire) in barca a remi: ***eine große Strecke, vier Meilen ~*** remare (per) un lungo tratto, (per) quattro miglia.

Ru|der|pin|ne f. *(-,-n)* barra *f.* del timone. **Ru|der|re|gat|ta** f. *(-,-regatten)* gara *f.* di canottaggio. **Ru|der|schaft** f. *(-,-en)* dritto *m.* (*o* asse *m.*) del timone. **Ru|der|schlag** m. *(-[e]s,-schläge)* colpo *m.* di remo, remata *f.* **Ru|der|skla|ve** m. *(-n,-n)* STOR. schiavo *m.* di galea, galeotto *m.* **Ru|der|sport** m. *(-[e]s)* canottaggio *m.* **Ru|der|stan|ge** f. *(-,-n)* → **Ruderpinne. Ru|der|ver|band** m. *(-[e]s,-verbände)*, **Ru|der|ver|ein** m. *(-[e]s,-e)* circolo *m.* canottieri.

Rüd|heit f. *(-,-en)* rudezza *f.*

Rü|di|ger n.pr.m. Ruggero *m.*

Ru|di|ment n. *(-[e]s,-e)* rudimento *m.* **ru|di|men|tär** agg. rudimentale.

Rud|rer → **Ruderer. Rud|re|rin** → **Ruderin.**

Ruf m. *(-[e]s,-e)* **1a** grido *m.*: ***ein ~ erschallt, ertönt*** risuona un grido; ***die -e wurden leiser, verhallten*** le grida si affievolirono; ***anfeuernde, gellende -e*** grida di incitamento, acute **b** *(Äußerung von Tieren)* ***der ~ des Kuckucks, Hirsches*** il verso del cuculo, il grido del cervo **c** *(Forderung, Verlangen)* ***ein ~ nach Freiheit*** un grido di libertà **2a** *(Aufruf)* chiamata *f.*: ***der ~ zu den Waffen*** la chiamata alle armi **b** FIG. voce *f.*, richiamo *m.*: ***dem ~ des Herzens, der Natur folgen, gehorchen*** seguire la voce del cuore, ubbidire al richiamo della natura **c** *(Aufforderung)* richiamo *m.*: ***der ~ der Glocke, des Jagdhorns*** il richiamo della campana, del corno da caccia **d** *(Berufung in ein hohes Amt)* invito *m.*, chiamata *f.*: ***einen ~ an die Universität Bonn bekommen, erhalten*** ricevere una chiamata all'università di Bonn; ***den ~ ablehnen, annehmen*** rifiutare, accettare l'invito (*o* l'incarico) **3** *(Leumund)* reputazione *f.*, fama *f.*: ***sein ~ als Künstler*** la sua fama di artista; ***einen guten, schlechten, zweifelhaften ~ genießen, haben*** godere di, avere una buona, cattiva, dubbia fama; ***jdm geht ein großer ~ voraus*** qcn. è preceduto da una grande fama; ***ihm geht der ~ voraus, sehr streng zu sein*** ha fama di essere molto severo; ***sich eines besonderen -s erfreuen*** godere di una reputazione particolare; ***das schadet seinem ~*** nuoce alla sua reputazione **4** *(Rufnummer)* numero *m.* (di telefono) ◆ ***jd, etw. ist besser als sein ~*** qcn. è migliore, qcs. è meglio di quel che si dice; ***jdn in schlechten ~ bringen*** mettere qcn. in cattiva luce; ***in einen üblen ~ kommen*** acquistare cattiva fama; ***(mit, durch etw.) seinen ~ aufs Spiel setzen, gefährden*** mettere in gioco la propria reputazione; ***in gutem, schlechtem ~ stehen*** avere una buona, cattiva reputazione; ***im ~ eines Genies stehen*** avere fama di (essere un) genio; ***ein Künstler von ~*** un artista di fama, di grido.

ru|fen *(rief, gerufen)* **I** intr. (aus. *haben*) **1a** chiamare; *(schreien)* gridare: ***laut ~*** chiamare forte **b** *(von Tieren)* ***der Kauz ruft*** la civetta grida **2** ***nach jdm*** (REGION. ***jdm***) ***~*** chiamare qcn.: ***das Kind ruft nach seiner Mutter*** il bambino chiama la sua mamma; ***ich habe lange nach dir gerufen*** ti ho chiamato a lungo **3** ***nach etw. (D) ~*** chiedere qcs.: ***der Gast rief nach einem Glas Wein*** l'ospite chiese un bicchiere di vino **II** tr. **1a** *(ausrufen)* chiamare, gridare: ***bravo!*** ***~*** gridare bravo! **b** impers. ***aus dem Zimmer rief es: "Herein!"*** dalla stanza si sentì gridare "Avanti!" **2a** chiamare: ***den Arzt, die Polizei ~*** chiamare il dottore, la polizia; FIG. ***Geschäfte ~ uns nach Frankfurt*** affari ci chiamano a Francoforte **b** *(telefonisch, über Funk)* ***jdn unter der Nummer 360 ~*** chiamare qcn. al 360; ***~ Sie die Nummer 372*** chiami il numero 372; ***N ruft S*** Nord chiama Sud **c** *(nennen)* ***sie ~ ihn Rudi*** lo chiamano Rudi **3** *(aufrufen, auffordern)* chiamare, invitare (anche FIG.): ***jdn zum Essen ~*** chiamare qcn. a pranzo; ***sie ruft die Gäste ins Wohnzimmer*** invita gli ospiti (ad accomodarsi) in salotto; ***die Glocke ruft zum Gebet*** la campana invita alla preghiera; ***das Volk zum Aufstand, zum Kampf ~*** invitare (*o* esortare) il popolo alla rivolta, alla lotta **4** SVIZZ. *(hervorrufen)* determinare, provocare ◆ ***jdm etw. in Erinnerung, ins Gedächnis ~*** ricordare qcs. a qcn.; ***jdn vor Gericht ~*** chiamare qcn. in giudizio; ***zu Gott ~*** implorare Dio; ***sich heiser ~*** gridare fino a diventare rauco; ***um, nach Hilfe ~*** gridare (*o* invocare) aiuto; ***jdn zu Hilfe ~*** chiamare qcn. in aiuto; ***etw. ins Leben ~*** dar vita a qcs., fondare (*o* far sorgere) qcs.; ANT. ***jdn bei, mit seinem Namen ~*** rivolgersi a qcn. chiamandolo per nome; ***jdn zur Ordnung ~*** richiamare qcn. all'ordine; ***die Pflicht ruft (mich)*** il dovere (mi) chiama; ***jdn zu den Waffen ~*** chiamare qcn. alle armi; ***jdn zu sich ~*** chiamare qcn. presso di sé, far venire qcn.; ***Gott hat ihn zu sich gerufen*** Dio lo ha chiamato a sé.

Ru|fer m. *(-s,-)* **1** chi chiama **2** *(Schreier)* chi grida ◆ ***wer war der ~?*** chi ha chiamato? FIG. ***ein ~ in der Wüste*** una voce che grida nel deserto.

Rüf|fel m. *(-s,-)* COLLOQ. lavata *f.* di capo, sgridata *f.*: ***jdm einen ~ erteilen*** dare una lavata di capo a qcn.; ***einen ~ bekommen, einstecken*** ricevere una sgridata. **rüf|feln** tr. ***jdn wegen, für etw. ~*** fare una lavata di capo a (*o* sgridare) qcn. per qcs.

Ruf|mord m. *(-[e]s,-e)* grave calunnia *f.* (diffamatoria); ***~ (an jdm) betreiben*** diffamare (qcn.) calunniando. **Ruf|mord|kam|pag|ne** f. *(-,-n)* campagna *f.* diffamatoria: ***eine ~ gegen jdn starten*** dare il via a una campagna diffamatoria contro qcn. **Ruf|nä|he** f. *(-)* → **Rufweite. Ruf|na|me** m. *(-ns,-n)* nome *m.*: ***er heißt Heinz Michael, sein ~ ist Michael*** si chiama Enzo Michele, (ma tutti) lo chiamano Michele. **Ruf|num|mer** f. *(-,-n)* numero *m.* di telefono. **Ruf|säu|le** f. *(-,-n)* colonnina *f.* di soccorso. **ruf|schä|di|gend** agg. diffamatorio. **Ruf|schä|di|gung** f. *(-,-en)* diffamazione *f.* **Ruf|wei|te** f. *(-)* portata *f.* di voce: ***in ~*** a portata di voce. **Ruf|zei|chen** n. *(-s,-)* **1** TEL. *(Freizeichen)* segnale *m.* di libero **2** AUSTR. o COLLOQ. *(Ausrufezeichen)* punto *m.* esclamativo.

Rug|by ['rʌgbɪ] n. *(-[s])* rugby *m.*

Rü|ge f. *(-,-n)* biasimo *m.*, rimprovero *m.*: ***eine scharfe ~*** un aspro biasimo; ***jdm für, wegen etw. eine ~ erteilen*** biasimare qcn. per qcs., a causa di qcs.; ***eine ~ bekommen, erhalten*** ricevere un rimprovero, essere biasimato. **rü|gen** tr. **1** biasimare, rimproverare: ***jdn für, wegen etw. ~*** biasimare qcn. per qcs., a causa di qcs.; ***jdn streng ~*** rimproverare duramente qcn. **2** *(beanstanden)* criticare: ***Mängel ~*** criticare i difetti. **rü|gend** p.pres. agg. → **rügen** ◆ ***in -em Ton*** in tono di biasimo.

Rü|ge|ner m. *(-s,-)* abitante *m.* (dell'isola) di Rügen. **rü|gensch** agg. (dell'isola) di Rügen.

rü|gens|wert agg. biasimevole. **Rü|ger** m. *(-s,-)* chi biasima, chi rimprovera.

Ru|gi|er m. *(-s,-)* STOR. Rugio *m.*

rü|gisch agg. (dell'isola) di Rügen.

Ru|he f. *(-)* **1** quiete *f.*: ***die nächtliche ~*** la quiete notturna; ***die ~ vor dem Sturm*** la quiete prima della tempesta (anche FIG.); ***in der Stadt herrschen ~ und Ordnung*** in città regnano quiete e ordine; ***die öffentliche ~ wiederherstellen*** ristabilire la quiete pubblica **2** *(Schweigen)* silenzio *m.*: ***im Zimmer herrscht völlige, absolute ~*** nella stanza regna un silenzio totale, assoluto; ***um ~ bitten*** chiedere di fare silenzio; ***~, bitte!*** silenzio, prego! **3a** *(Erholung, Entspannung)* riposo *m.*: ***~ brauchen*** aver bisogno di riposo; ***der ~ pflegen*** riposarsi; ***sich eine kurze, ein wenig ~ gönnen*** concedersi un po' di riposo, un breve riposo; ***der Arzt hat ihm ~ verordnet*** il dottore gli ha ordinato il riposo **b** *(Ruhestand)* riposo *m.*, pensione *f.*, quiescenza *f.*: ***sich zur ~ setzen*** mettersi a riposo, andare in pensione **4a** *(Gelassenheit, Ungestörtheit)* calma *f.*, tranquillità *f.*: ***die ~ des Meeres*** la calma del mare; ***eine unerschütterliche ~*** una calma imperturbabile; ***keine ~ haben, finden*** non avere, trovare la calma; ***seine ~ bewahren, verlieren*** mantenere, perdere la calma; ***~ ausstrahlen*** irradiare calma **b** *(Frieden)* pace *f.*: ***keine ~ geben*** non dare pace; ***er möchte nur ~ haben*** vuole solo stare in pace ◆ ***angenehme ~!*** buon riposo! ***sich nicht, durch nichts aus der ~ bringen lassen*** non perdere le staffe (di fronte a nulla); ***die ewige ~*** la pace eterna; ***in die ewige, zur ewigen ~ eingehen*** passare a miglior vita; ***in ~ und Frieden leben*** vivere in pace; COLLOQ. ***~ geben*** smetterla; *(still sein)* stare buono; ***~ halten*** fare silenzio; ***in (aller) ~*** in tutta calma, con comodo; *(ohne sich zu erregen)* con calma, tranquillamente; *(Ruhelage)* ***das Pendel befindet sich in ~*** il pendolo è in quiete; *(Ruhestand)* ***Professor in ~*** professore a riposo; COLLOQ. ***jdn in ~ lassen*** lasciare in pace qcn.; ***lass mir meine ~*** lasciami in pace; ***die Frage lässt ihm keine ~*** la questione non gli dà pace; ***jdn zur letzten ~ betten, bringen, tragen, geleiten*** accompagnare qcn. all'estrema dimora; COLLOQ. ***immer mit der ~!*** con calma! ***~ schaffen*** fare silenzio; ***die ~ selbst sein*** essere la calma in persona; ***sich ~ verschaffen*** far fare silenzio (*o* imporre il silenzio); COLLOQ. ***die ~ weghaben*** → ***die ~ selbst sein; zur ~ kommen*** calmarsi, trovare pace; ***sich zur ~ legen, begeben*** coricarsi, andare a riposare.

Ru|he|bank f. *(-,-bänke)* panchina *f.* **Ru|he|be|dürf|nis** n. *(-ses)* bisogno *m.* di riposo. **ru|he|be|dürf|tig** agg. bisognoso di riposo. **Ru|he|bett** n. *(-[e]s,-en)* divano *m.* **Ru|he|ge|halt** n. *(-[e]s,-gehälter)* pensione *f.*: ***ein ~ beziehen*** percepire una pensione. **ru|he|ge|halts|fä|hig** agg. pensionabile. **Ru|he|geld** n. *(-[e]s,-er)* pensione *f.* di vecchiaia. **Ru|he|geld|emp|fän|ger** m. *(-s,-)* pensionato *m.*, titolare *m.* di pensione. **Ru|he|ge|nuss** m. *(-es)* AUSTR. pensione *f.* **Ru|he|jahr** n. *(-[e]s,-e)* anno *m.* sabbatico. **Ru|he|kis|sen** n. *(-s,-)* guanciale *m.* **Ru|he|la|ge** f. *(-,-n)* **1** posizione *f.* di riposo **2** *(Stillstand)* stato *m.* di quiete: ***das Pendel ist in ~*** il pendolo è in (stato di) quiete. **ru|he|lie|bend** agg. **1** amante della quiete, della calma.

ru|he|los I agg. **1** inquieto **2** *(unruhig)* irrequieto, agitato: ***ein -er Geist*** uno spirito irrequieto **II** avv. nervosamente: ***seine Hände spielen ~ mit dem Bleistift*** le sue mani giocano nervosamente con la matita. **Ru|he|lo|sig|keit** f. *(-)* **1** inquietudine *f.* **2** *(Aufregung)* irrequietezza *f.*

ru|hen intr. (aus. *haben*) **1a** *(ausruhen)* riposare: ***auf dem Sofa, im Schatten ~*** riposare sul divano, all'ombra; FIG. EUFEM. ***in fremder Erde ~*** riposare in terra straniera; ***im Grabe ~*** riposare nella tomba; *(Grabinschrift)* ***hier ruht (in Gott)...*** qui giace (*o* riposa)... **b** *(schlafen)* riposare, dormire: ***ich wünsche Ihnen, wohl zu ~, wohl geruht zu haben*** le auguro buon riposo, spero che abbia dormito bene **2** *(stillstehen, nicht in Funktion sein)* essere sospeso, essere (momentaneamente) fermo: ***am Wochenende ruht die Produktion*** il fine settimana la produzione è sospesa; ***die Arbeit ruht wegen des Streiks*** il lavoro è fermo a causa dello sciopero; ***die Angelegenheit, das Verfahren ruht*** l'affare, il procedimento è sospeso **3a** *(sich stützen)* ***auf etw. (D) ~*** poggiare su qcs.: ***das Dach ruht auf Säulen*** il tetto poggia su colonne **b** essere appoggiato (*o* posato): ***sein Kopf ruhte an ihrer Schulter*** il suo capo era appoggiato sulla spalla di lei, teneva il capo appoggiato sulla sua spalla **c** FIG. *(lasten)* ***auf jdm ~*** gravare su qcn.: ***die Verantwortung, der Verdacht ruht auf jdm*** la responsabilità, il sospetto grava su qcn. **4** *(aufbewahrt sein)* essere riposto: ***das Geld ruht im Tresor*** il denaro è riposto nella cassaforte ◆ ***der Acker ruht*** il campo è a riposo; ***jds Blick ruht auf jdm, etw. ~*** lo sguardo di qcn. si posa su qcn., qcs. (*o* qcn. posa lo sguardo su qcn., qcs.); ***nicht eher ~ bis...*** non darsi pace finché...; EUFEM. ***sie ruht in Frieden*** riposa in pace; ***seine Hände ~ nie*** le sue mani non stanno mai ferme; ***in sich (selbst) ~*** essere equilibrato; ***den Geist ~ lassen*** (far) riposare lo spirito; FIG. ***die Toten ~ lassen*** lasciare in pace i morti; ***eine Arbeit ~ lassen*** sospendere un lavoro; ***lassen wir die Frage ~!*** (per il momento) lasciamo la questione in sospeso! ***nicht ~ und rasten (weder ~ noch rasten)*** = non concedersi un attimo di riposo; ***die Waffen ~*** le armi tacciono. **ru|hend** p.pres. agg. **1** → **ruhen 2** DIR. giacente: ***eine -e Erbschaft,*** un'eredità giacente ◆ ***-es Kapital*** capitale inattivo; ***ein in sich -er Mensch*** una persona equilibrata; ***sie ist der -e Pol der Familie*** è il punto fermo della famiglia; ***-er Verkehr*** automezzi in sosta. **Ru|he|pau|se** f. *(-,-n)* pausa *f.* (di riposo). **Ru|he|platz** m. *(-es,-plätze)* luogo *m.* per riposare, di riposo. **Ru|he|punkt** m. *(-[e]s,-e)* TECN. punto *m.* morto. **Ru|he|raum** m. *(-[e]s,-räume)* stanza *f.* per il riposo (in un'azienda, per motivi di salute). **Ru|he|sitz** m. *(-es,-e)* **1** posto *m.* (a sedere) regolabile **2** *(Alterssitz)* residenza *f.* di pensionato. **Ru|he|stand** m. *(-[e]s)* riposo *m.*, quiescenza *f.*; *(von Angestellten)* pensione *f.*: ***im ~*** a riposo; ***in den ~ gehen, treten*** andare in pensione; ***jdn in den ~ versetzen*** collocare qcn. a riposo, mandare qcn. in pensione. **Ru|he|ständ|ler** m. *(-s,-)* pensionato *m.* **Ru|he|statt** f. *(-,-stätten)*, **Ru|he|stät|te** f. *(-,-n)* luogo *m.* di riposo ◆ EUFEM. *(Grabstätte)* ***die letzte ~*** l'estrema dimora. **Ru|he|stel|lung** f. *(-,-en)* posizione *f.* di riposo **2** MIL. riposo *m.* **Ru|he|stif|ter** m. *(-s,-)* paciere *m.*

ru|he|stö|rend agg. che disturba la quiete. **Ru|he|stö|rer** m. *(-s,-)*

disturbatore *m.* **Ru|he|stö|rung** f. *(-,-en)* disturbo *m.* della quiete ◆ ***nächtliche ~*** schiamazzi notturni.

Ru|he|strom m. *(-[e]s,-ströme)* EL. corrente *f.* permanente, di riposo. **Ru|he|tag** m. *(-[e]s,-e)* giorno *m.* di riposo: ***mittwochs ~*** mercoledì riposo. **Ru|he|zeit** f. *(-,-en)* periodo *m.* di riposo. **Ru|he|zu|stand** m. *(-[e]s)* **1** stato *m.* di quiete **2** stato *m.* di riposo: ***im ~ schmerzt das Bein nicht*** a riposo la gamba non fa male.

ru|hig I agg. **1** calmo: ***die See ist ~*** il mare è calmo; ***ein -er Typ*** un tipo calmo **2a** tranquillo: ***eine -e Stadt*** una città tranquilla; ***ein -es Leben führen*** condurre una vita tranquilla; ***-e Tage verbringen*** trascorrere giorni tranquilli; *(gleichmäßig)* ***ein -er Schlaf*** un sonno tranquillo **b** *(leise)* ***-e Nachbarn*** vicini tranquilli (*o* silenziosi); ***unser Hotel hat -e Zimmer*** il nostro hotel ha camere tranquille **c** *(gedämpft)* ***-e Farben*** tonalità tranquille, colori tranquilli **3** *(sicher, fest)* fermo: ***eine -e Hand haben*** avere la mano ferma **II** avv. **1a** tranquillamente: ***die Demonstration verlief ~*** la dimostrazione si svolse tranquillamente **b** *(ohne sich zu erregen)* con calma, restando calmo **2** COLLOQ. anche, pure, tranquillamente: ***heute kann es ~ regnen*** oggi può anche piovere, che piova pure; *(unbesorgt)* ***sie kann ~ mitkommen*** può pure venire ◆ ***bleib doch ~!*** (ma) sta' calmo! ***bei ihnen geht es immer ~ zu*** da loro si sta sempre tranquilli; ***~ gelegen sein*** stare, essere in una posizione tranquilla; ***-es Gewissen*** coscienza tranquilla; ***etw. -en Gewissens (mit -em Gewissen) tun, sagen*** fare, dire qcs. senza patemi d'animo, tranquillamente; ***keine -e Minute haben*** non avere un attimo di tranquillità; ***nur ~ (Blut)!*** calma (e sangue freddo)! ***einen -en Posten haben*** avere un impiego di tutto riposo; ***nun sei doch mal ~!*** sta' zitto una buona volta! ***sei ganz ~*** sta' tranquillo, non preoccuparti; MED. ***einen gebrochenen Arm ~ stellen*** immobilizzare un braccio rotto; ***mit -er Stimme*** con voce calma (*o* pacata); ***bei -er Überlegung*** riflettendo con calma; FIG. ***um etw., jdn wird es ~*** su qcs., qcn. si fa silenzio; ***sich ~ verhalten*** mantenere la calma, mantenersi calmi; ***~ (-er) werden*** calmarsi, tranquillizzarsi; ***-es Wetter*** tempo sereno; ***in der Stadt ist es wieder ~*** nella città è tornata la calma; ***ein -es Wort miteinander sprechen*** scambiare due parole in tranquillità. **Ru|hig|stel|lung** f. *(-,-en)* immobilizzazione *f.*

Ruhm m. *(-[e]s)* **1** fama *f.*, celebrità *f.*: ***verdienten, zweifelhaften ~ erlangen, erwerben, ernten*** acquistarsi, procacciarsi, guadagnarsi meritata, dubbia fama; ***sein ~ hat ihn überlebt*** la sua fama è sopravvissuta a lui; ***zu ~ und Ehren gelangen, kommen*** raggiungere fama e onori; ***auf dem Gipfel seines -s*** all'apice della fama; ***sich im, in seinem -(e) sonnen*** godere della propria fama **2** gloria *f.*: ***sich mit ~ bedecken*** coprirsi di gloria; ***unsterblicher, unvergänglicher ~*** gloria immortale, imperitura ◆ ***das gereicht dir zum -e*** questo ti fa onore; ***er hat sich nicht gerade mit ~ bekleckert*** non è che sia proprio coperto di gloria.

Ruh|mas|se f. *(-)* massa *f.* di quiete, massa *f.* statica.

ruhm|be|deckt agg. coperto di gloria. **Ruhm|be|gier** f. *(-)*, **Ruhm|be|gier|de** f. *(-)* sete *f.* di gloria. **ruhm|be|gie|rig** agg. avido, assetato di gloria.

rüh|men I tr. celebrare, elogiare, decantare: ***jds Mut, Intelligenz*** celebrare il coraggio, l'intelligenza di qcn.; ***jdn wegen etw. ~*** elogiare qcn. per qcs.; ***etw. an jdm ~*** decantare qcs. a qcn. **II** rifl. **sich ~** gloriarsi, vantarsi: ***sich einer Tat ~*** vantarsi di un'azione; ***er rühmt sich selbst als großer Schauspieler*** si vanta di essere un grande attore; ***ohne mich ~ zu wollen*** non per vantarmi. **Rüh|men** n. *(-s)* il gloriarsi, il vantarsi. **rüh|mend** avv. con parole di elogio: ***etw. ~ hervorheben*** mettere in risalto qcs. con parole di elogio. **rüh|mens|wert** agg. lodevole.

Ruh|mes|blatt n. *(-[e]s)* pagina *f.* gloriosa ◆ COLLOQ. ***etw. ist kein, nicht gerade ein ~ für jdn*** qcn. non ha certamente di che vantarsi di qcs. **Ruh|mes|hal|le** f. *(-,-n)* pantheon *m.* **Ruh|mes|tag** m. *(-[e]s,-e)* giorno *m.* glorioso. **Ruh|mes|tat** f. *(-,-en)* azione *f.* gloriosa. **Ruh|mes|ti|tel** m. *(-s,-)* **1** grande merito *m.* **2** *(Beiname)* titolo *m.* (onorifico): ***jdm einen ~ beilegen*** conferire un titolo a qcn.

rühm|lich agg. **1** *(rühmenswert)* lodevole **2** glorioso: ***kein -es Ende nehmen*** non avere una fine gloriosa ◆ ***etw. zu einem -en Ende führen*** portare a termine qcs. in modo glorioso.

ruhm|los I agg. inglorioso **II** avv. in modo inglorioso. **Ruhm|lo|sig|keit** f. *(-)* FIG. IRON. scarsa gloria *f.*, pochezza *f.* **ruhm|re|dig** agg. vanaglorioso. **Ruhm|re|dig|keit** f. *(-)* vanagloria *f.* **ruhm|reich** agg. glorioso. **Ruhm|sucht** f. *(-)* → **Ruhmbegierde.** **ruhm|süch|tig** agg. → **ruhmbegierig.**

Rüh|mung f. *(-,-en)* celebrazione *f.*, elogio *m.*, decantazione *f.*

ruhm|voll agg. glorioso. **ruhm|wür|dig** agg. degno di lode, lodevole.

1.Ruhr f. *(-,-en)* dissenteria *f.*

2.Ruhr n.pr.f. *(-)* Ruhr *f.*

Rühr|ei n. *(-[e]s,-er)* uovo *m.* strapazzato.

rüh|ren I tr. **1** *(bewegen)* muovere: ***kein Glied ~ können*** non poter muovere un muscolo **2a** *(umrühren)* rimestare, mescolare: ***die Suppe mit einem Kochlöffel ~*** rimestare la minestra con un cucchiaio di legno **b** *(schlagen)* sbattere: ***die Eier ~*** sbattere le uova **c** *(rührend hinzufügen)* aggiungere mescolando: ***das Mehl in die Soße ~*** aggiungere la farina nella salsa mescolando **d** *(mischen)* ***Farben ~*** mescolare colori **3** *(innerlich berühren)* toccare, commuovere: ***seine Rede rührte die Herzen*** il suo discorso toccò i cuori; ***jdn zu Tränen ~*** commuovere qcn. fino alle lacrime; ***das rührt mich nicht*** non mi tocca **4** MIL. ***~ Sie! rührt euch!*** riposo! **5** ANT. toccare, suonare ***die Harfe ~*** suonare l'arpa **II** intr. **1** ***an etw. (A) ~*** toccare qcs. (anche FIG.): ***mit der Hand an die Decke ~*** toccare il soffitto con la mano; ***an eine heikle Frage ~*** toccare una questione spinosa; ***~ wir lieber nicht daran!*** è meglio non toccare questo tasto! **2** *(umrühren)* rimestare, mescolare: ***im Kaffee ~*** mescolare il caffè; ***so lange ~, bis...*** mescolare fino a... **3** avere origine, derivare, dipendere: ***von etw. (her) ~*** derivare da qcs.; ***die Schwierigkeit rührt daher, dass...*** la difficoltà dipende dal fatto che... **III** rifl. **sich ~ 1** *(sich bewegen)* muoversi **2** FIG. muoversi, darsi daffare ◆ FIG. ***es rührt sich kein Blatt*** non si muove una foglia; FIG. ***keinen Finger ~*** non muovere un dito; ***sich nicht vom Fleck ~*** non muovere un passo; LETT. ***sein Gewissen rührte sich*** la sua coscienza si ridestò; COLLOQ. FIG. ***sich nicht ~ können*** non potersi muovere, non avere mezzi; ***kein Lüftchen rührte sich*** non c'era un filo d'aria; COLLOQ. ***mein Magen begann sich zu ~*** il mio stomaco iniziava a brontolare; FIG. ***es rührt sich nichts*** non si muove niente; ***ihn hat der Schlag gerührt*** gli è preso un colpo; FIG. ***die Werbetrommel für jdn, etw. ~*** fare pubblicità a, per qcn., qcs. **Rüh|ren** n. *(-s)* MIL. (posizione *f.* di) riposo *m.* ◆ ***ein menschliches ~ verspüren*** dover soddisfare un bisogno impellente. **rüh|rend I** p.pres. agg. **1** → **rühren 2** toccante, commovente **II** avv. in modo commovente.

Ruhr|ge|biet n. *(-[e]s)* zona *f.* della Ruhr.

rüh|rig agg. **1** attivo, dinamico: ***eine -e Frau*** una donna attiva **2** *(emsig)* laborioso, operoso: ***-e Hände*** mani operose **3** *(flink)* agile, svelto. **Rüh|rig|keit** f. *(-)* **1** attività *f.*, dinamismo *m.* **2** *(Emsigkeit)* laboriosità *f.*, operosità *f.* **3** *(Flinkheit)* sveltezza *f.*

Ruhr|koh|le f. *(-)* carbone *f.* della Ruhr.

ruhr|krank agg. affetto da dissenteria, MED. dissenterico.

Rühr|löf|fel m. *(-s,-)* cucchiaio *m.* (di legno) per rimestare. **Rühr|ma|schi|ne** f. *(-,-n)* agitatore *m.* meccanico. **Rühr|mich|nicht|an** n. *(-,-)* BOT. impaziente *f.*, noli me tangere *f.*

Ruhr|pott m. *(-[e]s)* SCHERZ. → **Ruhrgebiet.**

rühr|se|lig I agg. **1** che si commuove facilmente, facile alle lacrime **2** *(übertrieben)* sentimentale **II** avv. in modo sentimentale. **Rühr|se|lig|keit** f. *(-,-en)* carattere *m.* sentimentale, sentimentalismo *m.*: ***die ~ eines Theaterstücks*** il sentimentalismo di un pezzo teatrale.

Rühr|stück n. *(-[e]s,-e)* dramma *m.* lacrimoso. **Rühr|teig** m. *(-[e]s,-e)* impasto *m.*

Rüh|rung f. *(-)* commozione *f.*: ***~ überwältigte, überkam, ergriff ihn*** lo prese la commozione (*o* fu preso dalla commozione); ***vor ~ weinen*** piangere dalla, per la commozione.

Rühr|werk n. *(-[e]s,-e)* sbattitore *m.*, agitatore *m.*

Ru|in m. *(-s)* rovina *f.*: ***das führt zu seinem ~*** ciò lo porta alla rovina; ***die Droge ist sein ~*** la droga è la sua rovina; ***finanzieller, geschäftlicher ~*** rovina finanziaria, negli affari (*o* tracollo finanziario, negli affari).

Ru|i|ne f. *(-,-n)* **1a** rovine *f.pl.*, ruderi *m.pl.*: ***die ~ einer alten Burg*** le rovine di una vecchia fortezza **b** pl. *(Trümmer)* macerie *f.pl.*: ***in -n liegen*** essere ridotto in macerie **2** FIG. *(körperlich verfallener Mensch)* rudere *m.* **Ru|i|nen|berg** m. *(-[e]s,-e)* montagna *f.*, cumulo *m.* di macerie. **Ru|i|nen|feld** n. *(-[e]s,-er)* distesa *f.* di macerie. **ru|i|nen|haft** agg. in rovina, decadente. **Ru|i|nen|stadt** f. *(-,-städte)* città *f.* ridotta a un cumulo di macerie.

ru|i|nie|ren I tr. **1** rovinare: ***jdn, etw. ~*** rovinare qcn., qcs.; ***seine Leber ~*** rovinarsi il fegato **2** *(zerstören)* distruggere (anche FIG.): ***ein Unternehmen ~*** rovinare un'impresa; ***eine Bluse durch Waschen ~*** rovinare una camicetta lavandola; ***dieser Lärm ruiniert meine Nerven*** questo chiasso distrugge i miei nervi **II sich ~** rovinarsi: ***sich finanziell, gesundheitlich ~*** rovinarsi finanziariamente, rovinarsi la salute.

ru|i|nös agg. **1** rovinoso **2** *(baufällig)* cadente, fatiscente.

Rülps m. *(-es,-e)* REGION. COLLOQ. **1** rutto *m.* **2** *(Flegel)* villano *m.* **rülp|sen** intr. (aus. *haben*) REGION. COLLOQ. ruttare. **Rülp|ser** m. *(-s,-)* COLLOQ. **1** rutto *m.* **2** *(jd, der rülpst)* chi rutta, RAR. ruttatore *m.*

rum → **herum.**

Rum m. (-s,-s) rum m.
rum_al|bern → herumalbern.
Ru|mä|ne m. (-n,-n) rumeno m. **Ru|mä|ni|en** n.pr.n. (-s) Romania f. **ru|mä|nisch** agg. rumeno. **Ru|mä|nisch** n. (-[s]), **Ru|mä|ni|sche** n. (-n) rumeno m., lingua f. rumena.
Rum|ba f. (-,-s) e m. (-s,-s) rumba f.
rum_brül|len → herumbrüllen.
rum_gam|meln intr. (aus. haben) COLLOQ. bighellonare, ciondolare. **rum_ha|ben** tr. COLLOQ. **1** jdn ~ avere fatto cambiare opinione a qcn. **2** (hinter sich gebracht haben) aver finito, aver terminato. **rum_hän|gen** intr. (hing, gehangen; aus. haben) COLLOQ. **1** (nicht zu tun wissen) stare con le mani in mano **2** ciondolare, starsene: immer im Wirtshaus ~ starsene sempre in osteria **3** essere appeso (in giro): sie lässt ihre Kleider immer ~ lascia sempre i suoi vestiti (appesi) in giro. **rum_krie|gen** tr. COLLOQ. **1** passare: die Zeit ~ passare il tempo **2** (überreden) convincere a cambiare opinione.
Rum|ku|gel f. (-,-n) INTRAD. (cioccolatino al rum).
rum_ma|chen COLLOQ. **I** tr. mettere intorno **II** intr. (aus. haben) **1** (herumbasteln) armeggiare, trafficare: an etw. (D) ~ trafficare intorno a qcs. **2** (verkehren) COLLOQ. mit jdm ~ girare con qcn. **3** (betasten) an jdm ~ palpeggiare qcn.
Rum|mel m. (-s) COLLOQ. **1** (Lärm, Geschrei) frastuono m., baccano m.: keinen ~ um seine Person wünschen non desiderare baccano (o clamore) intorno alla propria persona **2** (Treiben) viavai m. **3** (Theater) scena f., scenata f.: einen ~ veranstalten fare una scenata **4a** REGION. (Jahrmarkt) fiera f.: auf den ~ gehen andare alla fiera **b** (Vergnügungspark) parco m. dei divertimenti ◆ COLLOQ. den ~ kenne ich conosco la faccenda; der ganze ~ tutta la paccottiglia, tutto il ciarpame; den ganzen ~ kaufen comprare tutto in blocco.
rum|meln intr. (aus. haben) COLLOQ. REGION. rombare, tuonare.
Rum|mel|platz m. (-es,-plätze) COLLOQ. **1** piazza f. della fiera **2** (Vergnügungspark) parco m. dei divertimenti.
rumms inter. bu(u)m.
ru|mo|ren intr. (aus. haben) COLLOQ. **1** rumoreggiare; (im Magen) brontolare, gorgogliare **2** impers. unter den Studenten rumort es fra gli studenti c'è inquietudine ◆ etw. rumort in ihm, in seinem Kopf ~ qcs. gli agita la mente.
Rum|pel f. (-,-n) ANT. asse m. da bucato.
rum|pe|lig agg. REGION. accidentato, sconnesso.
Rum|pel|kam|mer f. (-,-n) COLLOQ. ripostiglio m.
1.rum|peln intr. COLLOQ. **1** (aus. haben) fare baccano, fracasso **2** (rumpelnd fahren; aus. sein) passare con fracasso.
2.rum|peln tr. ANT. (auf der Rumpel waschen) lavare con l'asse.
Rumpf m. (-[e]s, Rümpfe) **1a** busto m., tronco m.: den ~ drehen, beugen, strecken ruotare, flettere, stirare il busto **b** SCULT. torso m. **2** (von Schiffen) scafo m. **3** (von Flugzeugen) fusoliera f. ◆ den Kopf vom ~ (ab)trennen mozzare il capo. **Rumpf|beu|ge** f. (-,-n) flessione f. del busto.
rümp|fen tr. über etw., jdn die Nase ~ arricciare il naso per qcs., qcn.
Rumpf|flä|che f. (-,-n) GEOL. superficie f. di denudazione. **Rumpf|krei|sen** n. (-s) rotazione f. del busto. **Rumpf|par|la|ment** n. (-s) STOR. parlamento m. lungo.
rump|lig → rumpelig.
Rump|steak ['rumpste:k] n. (-s,-s) lombata f.
rums inter. bum
rum|sen intr. (aus. haben) REGION. **1** fare uno schianto **2** schiantarsi: gegen einen Baum ~ schiantarsi contro un albero **3** impers. an dieser Kreuzung rumst es dauernd a questo incrocio ci si schianta continuamente.
Rum|topf m. (-[e]s, töpfe) frutta f. sotto rum.
Run [ran] m. (-s,-s) corsa f., assalto m.: der ~ auf die Geschäfte l'assalto ai negozi.
rund I agg. **1** (kreisförmig, kugelförmig) rotondo, tondo: ein -er Tisch un tavolo rotondo; ein -es Gesicht haben avere un viso tondo; die Erde ist ~ la terra è rotonda; ein -er Saal una sala rotonda, circolare **2a** (dicklich) grassottello, rotondetto, pieno: -e Arme, Beine braccia, gambe rotondette **b** -e Bäckchen guancette paffute **3** COLLOQ. (ganz, voll) tondo: -e sechs Monate sei mesi tondi; eine -e Million un milione tondo; eine -e Zahl una cifra tonda **4** (vollkommen) pieno, rotondo: -er Geschmack gusto rotondo, pieno; ein -er Klang, Erfolg un suono, un successo pieno **II** avv. COLLOQ. **1** (ungefähr) circa, all'incirca: in ~ sechs Wochen fra circa sei settimane **2a** ~ um etw. intorno a qcs.: eine Reise ~ um die Welt un viaggio intorno al mondo **b** ~ um jdn, etw. riguardo a qcn., qcs. (o su qcn., qcs.): eine Sendung ~ um die Tierwelt una trasmissione sul mondo degli animali ◆ COLLOQ. -e Augen machen fare tanto d'occhi; ~ gerechnet all'incirca; ein ~ laufender Motor un motore che gira bene; COLLOQ. hier läuft alles ~ qui va tutto bene; -er Rücken schiena curva; COLLOQ. das ist eine -e Sache è una cosa giusta, non è male; Konferenz am -en Tisch tavola rotonda; ~ um die Uhr giorno e notte, ventiquattr'ore su ventiquattro; FIG. dick und ~ werden arrotondarsi.
Rund n. (-[e]s) **1** rotondità f.: das ~ der Erde, des Gesichts la rotondità della terra, del viso **2** (runde Fläche) area f. circostante, cerchio m.; im weiten ~ tutt'intorno. **Rund|bank** f. (-,-bänke) panchina f. circolare. **Rund|bau** m. (-[e]s,-ten) rotonda f. **Rund|bild** n. (-[e]s,-er) foto f. panoramica, panorama m. **Rund|blick** m. (-[e]s,-e) vista f., veduta f. circolare. **Rund|bo|gen** m. (-s,-) ARCH. arco m. a tutto sesto. **Rund|brief** m. (-[e]s,-e) (lettera f.) circolare f. **Rund|dorf** n. (-[e]s,-dörfer) villaggio m. rotondo.
Run|de f. (-,-n) **1** giro m., cerchia f., compagnia f.: eine fröhliche, heitere ~ un'allegra compagnia; jdn in seine ~ aufnehmen far entrare qcn. nella propria cerchia **2** (Rundgang) giro m.: eine ~ durch die Stadt un giro per la città; der Wächter macht, geht seine ~ la guardia fa (o compie) il suo giro; SPORT (Strecke) er ist die schnellste ~ gefahren ha fatto (o ha corso) il giro più veloce; eine ~ laufen fare un giro di pista **3** COLLOQ. (Lage) giro m. (da bere): eine ~ ausgeben (geben, spendieren, schmeißen) offrire (o pagare) da bere a tutti **4a** SPORT girone m.: die Mannschaft hat die dritte ~ erreicht la squadra ha raggiunto il terzo girone **b** (beim Boxen) round m., ripresa f. **5** MIL. ronda f.: die ~ machen fare la ronda **6** (Handarbeit) giro m. ◆ in die ~ blicken guardarsi intorno; COLLOQ. etw. über die -n bringen portare qcs. a (buon) termine, concludere qcs.; eine ~, seine -n drehen fare un giro; eine ~ auf dem Karussell fahren fare un giro sulla giostra; COLLOQ. jdm über die -n helfen aiutare qcn. a cavarsi fuori dagli impicci; COLLOQ. über die -n kommen farcela; die Nachricht macht die ~ la notizia fa il giro; das Glas die ~ machen lassen far girare il bicchiere; eine ~ Golf spielen giocare (o fare) una partita a golf; eine ~ tanzen fare un giro (di ballo); seine -n ziehen → seine -n drehen.
Run|dell → Rondell. **run|den I** tr. arrotondare: eine Zahl nach oben, unten ~ arrotondare una cifra per difetto, per eccesso; einen Vokal ~ arrotondare una vocale **II** rifl. sich ~ **1** arrotondarsi (anche FIG.): er hat sich gerundet è diventato rotondetto **2** (Gestalt annehmen) completarsi ◆ das Jahr rundet sich l'anno volge al termine; der Mond rundet sich è luna piena; die Nachricht rundet das Bild la notizia completa il quadro.
Run|den|re|kord m. (-[e]s,-e) SPORT record m. della pista. **Run|den|zeit** f. (-,-en) SPORT tempo m. record (di percorrenza di un giro di corsa), tempo m. più veloce.
Rund|er|lass m. (-es,-e) circolare f. **rund_er|neu|ern** tr. (von Reifen) rigenerare. **Rund|er|neu|e|rung** f. (-,-en) (von Reifen) rigenerazione f. **Rund|fahrt** f. (-,-en) giro m.: eine ~ durch Italien un giro per l'Italia. **Rund|fei|le** f. (-,-n) MECC. lima f. rotonda. **Rund|flug** m. (-[e]s,-flüge) giro m., volo m.: ein ~ über Frankfurt un giro su Francoforte. **Rund|fra|ge** f. (-,-n) inchiesta f., sondaggio m. **rund_fra|gen** intr. (aus. haben) fare un'inchiesta.
Rund|funk m. (-s) **1** radio f.: den ~ einschalten, ausschalten accendere, spegnere la radio; ~ hören ascoltare la radio; etw. im ~ hören ascoltare qcs. alla radio; über, durch den ~ verbreiten diffondere per radio; beim ~ arbeiten lavorare alla radio; der ~ überträgt ein Konzert la radio trasmette un concerto **2** (Funkhaus) studi m. pl. (radiofonici), sede f. (radiofonica). **Rund|funk|an|stalt** f. (-,-en) ente m. radiofonico. **Rund|funk|ap|pa|rat** m. (-[e]s,-e) apparecchio m. radio(fonico).
Rund|funk|emp|fang m. (-[e]s) ricezione f. radiofonica, radioricezione f. **Rund|funk|emp|fän|ger** m. (-s,-) radioricevitore m.
Rund|funk|ge|bühr f. (-,-en) abbonamento m. alla radio, canone m. radiofonico. **Rund|funk|ge|rät** n. (-[e]s,-e) apparecchio m. radiofonico. **Rund|funk|ge|sell|schaft** f. (-,-en) società f. radiofonica. **Rund|funk|hö|rer** m. (-s,-) radioascoltatore m. **Rund|funk|kom|men|ta|tor** m. (-s,-en) commentatore m. radiofonico. **Rund|funk|mel|dung** f. (-,-en) notizia f. radiofonica. **Rund|funk|or|ches|ter** n. (-s,-) orchestra f. della radio. **Rund|funk|pro|gramm** n. (-s,-e) programma m. radiofonico. **Rund|funk|re|por|ta|ge** [-ta:ʒə] f. (-,-n) reportage m. radiofonico.
Rund|funk|sen|der m. (-s,-) stazione f. radiofonica, emittente f. radiofonica. **Rund|funk|sen|dung** f. (-,-en) trasmissione f. radiofonica.
Rund|funk|spre|cher m. (-s,-) annunciatore m. della radio. **Rund|funk|spre|che|rin** (-,-nen) annunciatrice f. della radio.
Rund|funk|sta|ti|on f. (-,-en) stazione f. radiofonica. **Rund|funk|stu|dio** n. (-s,-s) studio m. radiofonico. **Rund|funk|tech|nik** f.

(-) radiotecnica *f.* **Rundfunkteilnehmer** m. *(-s,-)* radioutente *m.*, utente *m.* radiofonico. **Rundfunkübertragung** f. *(-,-en)* radiotrasmissione *f.* **Rundfunkwerbung** f. *(-,-en)* pubblicità *f.* radiofonica. **Rundfunkwesen** n. *(-s)* radiofonia *f.*

Rundgang m. *(-[e]s,-gänge)* **1** giro *m.*: ***einen ~ machen*** fare un giro **2** MIL. ronda *f.* **3** ARCH. deambulatorio *m.* **rund_gehen** intr. *(ging, gegangen;* aus. *sein)* **1** fare un giro **2** passare da uno all'altro (*o* di mano in mano), fare il giro: ***die Nachricht ging rund*** la notizia fece il giro ◆ COLLOQ. ***heute geht's bei uns ~*** oggi da noi c'è un gran da fare. **Rundgesang** m. *(-[e]s,-gesänge)* canto *m.* alterno. **Rundheit** f. *(-)* rotondità *f.* **rundheraus** avv. apertamente, chiaramente: ***etw. ~ zugeben*** ammettere qcs. apertamente. **rundherum** avv. **1** intorno, tutt'intorno: ***~ von einer Mauer umgeben*** circondato da un muro **2** *(völlig)* pienamente, completamente, del tutto. **Rundholz** n. *(-es,-hölzer)* **1** legno *m.* rotondo **2** MAR. alberatura *f.* di legno. **Rundhorizont** m. *(-[e]s,-e)* TEATR. fondale *m.* circolare. **Rundkurs** m. *(-es,-e)* SPORT giro *m.* (di pista). **Rundlauf** m. *(-[e]s,-läufe)* **1** corso *m.*: ***der ~ des Jahres*** il corso dell'anno **2** *(Turngerät)* passavolo *m.*

rundlich agg. **1** tondeggiante **2** *(dicklich)* rotondetto. **Rundlichkeit** f. *(-)* rotondità *f.*

Rundling m. *(-s,-e)* = villaggio *m.* a pianta circolare. **Rundmaul** n. *(-[e]s,-mäuler)* ciclostomo *m.* **Rundpfeiler** m. *(-s,-)* pilastro *m.* a sezione circolare. **Rundreise** f. *(-,-n)* giro *m.*: ***eine ~ durch Europa*** un giro attraverso l'Europa. **Rundrücken** m. *(-s,-)* schiena *f.* curva. **Rundruf** m. *(-[e]s,-e)* chiamata *f.* (a tutte le auto): ***ein ~ der Taxizentrale*** una chiamata della centrale a tutti i taxi. **Rundsäge** f. *(-,-n)* sega *f.* circolare. **Rundschädel** m. *(-s,-)* cranio *m.* tondeggiante. **Rundschau** f. *(-)* → **Rundblick. Rundschlag** m. *(-[e]s,-schläge)* SPORT sventola *f.* ◆ ***zu einem ~ gegen seine Feinde ausholen*** prepararsi all'attacco contro i nemici. **Rundschreiben** n. *(-s,-)* → **Rundbrief. Rundsicht** f. *(-)* → **Rundblick. Rundspruch** m. *(-[e]s)* SVIZZ. → **Rundfunk. Rundstab** m. *(-[e]s,-stäbe)* ARCH. tondino *m.* **Rundstrahler** m. *(-s,-)* RAD. antenna *f.* onnidirezionale. **Rundstrecke** f. *(-,-n)* SPORT circuito *m.* **rund_stricken** tr. (solo inf. e p.pass.) lavorare a maglia tubolare: ***ein rundgestricktes Kleid*** un vestito lavorato a maglia tubolare. **Rundstricknadel** f. *(-,-n)* ferro *m.* per maglia tubolare. **Rundtanz** m. *(-es,-tänze)* **1** danza *f.* (in cerchio).

rundum avv. **1** intorno **2** *(völlig)* completamente, del tutto: ***~ glücklich*** pienamente felice. **rundumher** avv. ANT. da ogni parte, tutt'intorno. **Rundumschlag** m. *(-[e]s,-schläge)* bordata *f.* **Rundumsicht** f. *(-)* visibilità *f.* a 360 gradi.

Rundung f. *(-,-en)* curvatura *f.*, forma *f.* arrotondata: COLLOQ. ***sie hat beachtliche -en*** ha le curve al punto giusto.

Rundverkehr m. *(-[e]s)* circolazione *f.* rotatoria. **Rundwanderweg** m. *(-es,-e)* sentiero *m.* (di forma circolare). **rundweg** avv. **1** recisamente, decisamente, del tutto: ***etw. ~ ablehnen*** rifiutare recisamente qcs. **Rundweg** → **Rundwanderweg.**

Rune f. *(-,-n)* runa *f.* **Runenalphabet** n. *(-[e]s)* alfabeto *m.* runico. **Runenforschung** f. *(-)* runologia *f.* **Runeninschrift** f. *(-,-en)* iscrizione *f.* runica. **Runenschrift** f. *(-)* scrittura *f.* runica. **Runenstein** m. *(-[e]s,-e)* pietra *f.* (con iscrizione) runica. **Runenzeichen** n. *(-s,-)* runa *f.*

Runge f. *(-,-n)* TECN. montante *m.* **Rungenwagen** m. *(-s,-)* FERR. carro *m.* con montanti laterali.

runisch agg. runico.

Runkel f. *(-,-n)* AUSTR. SVIZZ., **Runkelrübe** f. *(-,-n)* barbabietola *f.* (da foraggio).

Runks m. *(-es,-e)* REGION. cafone *m.* **runksen** intr. *(aus.* haben) REGION. **1** fare il cafone **2** *(beim Fußballspiel)* giocare sporco.

Runologe m. *(-n,-n)* runologo *m.* **Runologie** f. *(-)* runologia *f.*

runter COLLOQ. → **herunter, hinunter. runter_fallen** intr. *(fällt, fiel, gefallen;* aus. *sein)* COLLOQ. cadere (giù): ***er ist von der Leiter runtergefallen*** è caduto giù dalla scala. **runter_fliegen** intr. *(flog, geflogen;* aus. *sein)* COLLOQ. **1** volare giù **2** ***von der Schule ~*** essere cacciato da scuola. **runter_hauen** tr. *(haute/hieb, gehauen)* **1** COLLOQ. mollare: ***jdm eine, ein paar ~*** mollare, rifilare un ceffone, un paio di ceffoni a qcn. **2** COLLOQ. *(schnell schreiben)* buttar giù: ***einen Aufsatz ~*** buttar giù un tema. **runter_holen I** tr. andare a prendere, portare giù **II** rifl. VOLG. ***sich einen ~*** masturbarsi. **runter_knallen** tr. COLLOQ. appioppare: ***jdm eine ~*** appioppare un ceffone a qcn. **runter_kommen** intr. *(kam, gekommen;* aus. *sein)* COLLOQ. venir giù, scendere. **runter_langen** tr. **1** REGION. dare, porgere (verso il basso) **2** COLLOQ. allungare: ***jdm eine ~*** allungare un ceffone a qcn. **runter_lassen** tr. *(lässt, ließ, gelassen)* COLLOQ. calare (giù). **runter_putzen** tr. COLLOQ. stroncare. **runter_rutschen** intr. (aus. *sein)* COLLOQ. scivolare giù (*o* in basso) ◆ ***rutsch mir den Buckel runter!*** togliti dai piedi! **runter_schlucken** tr. COLLOQ. ingoiare, mandar giù.

Runzel f. *(-,-n)* ruga *f.*, grinza *f.*: ***eine Haut voller -n*** una pelle piena di rughe. **runzelig** agg. rugoso, grinzoso, raggrinzito. **runzeln I** tr. raggrinzire; *(Stirn)* corrugare; *(Brauen)* aggrottare: ***die Stirn über jdn, etw. ~*** corrugare la fronte (*o* accigliarsi) per qcn., qcs. **II** rifl. **sich ~** raggrinzirsi; *(von Stirn)* corrugarsi; *(von Brauen)* aggrottarsi. **runzlig** → **runzelig.**

Rüpel m. *(-s,-)* SPREG. villano *m.*, cafone *m.* **Rüpelei** f. *(-,-en)* SPREG. villania *f.*, cafonaggine *f.* **rüpelhaft** agg. villano, cafone. **Rüpelhaftigkeit** f. *(-,-en)* → **Rüpelei. rüpelig** agg. → **rüpelhaft.**

1.rupfen tr. **1** *(ausreißen)* strappare: ***Unkraut ~*** strappare le erbacce **2** *(ziehen)* tirare: ***jdn an den Haaren ~*** tirare qcn. per i capelli **3** *(wegziehen)* tirare via, staccare: ***eine Blüte vom Stiel ~*** staccare un fiore dallo stelo **4** *(Geflügel)* spennare, spiumare **5** FIG. *(viel Geld abnehmen)* spennare, pelare: ***jdn ~*** spennare qcn. ◆ ***die Kupplung rupft*** la frizione strappa.

2.rupfen agg. di iuta.

Rupfen m. *(-s,-)*, **Rupfenleinwand** f. *(-)* tela *f.* iuta. **Rupfensack** m. *(-[e]s,-säcke)* sacco *m.* di iuta.

Rupiah f. *(-,-)* rupia *f.* (indonesiana). **Rupie** f. *(-,-n)* rupia *f.*

ruppig I agg. **1a** *(unfreundlich)* scortese, sgarbato **b** *(ungeschliffen)* villano, zoticone **2a** *(ungepflegt)* cencioso **b** *(struppig)* irsuto, arruffato: ***ein -er Hund*** un cane con il pelo arruffato **3** *(grob)* pesante: ***ein -es Spiel*** un gioco pesante **II** avv. **1** sgarbatamente, in modo sgarbato: ***sich ~ benehmen*** comportarsi in modo sgarbato **2** ***~ spielen*** giocare pesante. **Ruppigkeit** f. *(-,-en)* sgarbatezza *f.*, sgarbataggine *f.*

Ruppsack m. *(-[e]s,-säcke)* COLLOQ. SPREG. villano *m.*, zotico *m.*

Ruprecht, *Knecht ~* INTRAD. (figura che accompagna Nikolaus per la distribuzione dei doni ai bambini).

Ruptur f. *(-,-en)* **1** MED. rottura *f.* **2** GEOL. frattura *f.*

Rüsche f. *(-,-n)* ruche *f.*, gala *f.*

Ruschel f. *(-,-n)* e m. *(-s,-)* REGION. **1** sciamannone *m.* **2** *(Pfuscher)* abborracciatore *m.* **ruschelig** agg. REGION. **1** sciamannato **2** *(von der Arbeit)* abborracciato. **ruscheln** REGION. **I** tr. abborracciare **II** intr. (aus. *haben*) essere sciamannato.

rüschen tr. ***etw. ~*** applicare una ruche, una gala a qcs. **Rüschenbluse** f. *(-,-n)* camicetta *f.* con ruche.

ruschlig → **ruschelig.**

Rushhour ['rʌʃauə] f. *(-,-s)* ora *f.* di punta.

Ruß m. *(-es,-e)* fuliggine *f.* **rußbeschmutzt** agg. sporco di fuliggine. **rußbraun** agg. color fumo.

1.Russe m. *(-n,-n)* russo *m.*

2.Russe m. *(-n,-n)* REGION. *(Schabe)* blatta *f.*, scarafaggio *m.*

Rüssel m. *(-s,-)* **1** *(von Elefanten, Insekten)* proboscide *f.* **2** *(von Schweinen)* grugno *m.* **3a** COLLOQ. FIG. *(Nase)* proboscide *f.* **b** *(Mund)* boccaccia *f.* **rüsselförmig** agg. a (forma di) proboscide. **rüsselig** agg. proboscidato, fornito di proboscide. **Rüsselkäfer** m. *(-s,-)* curculione *m.*, gorgoglione *m.* **Rüsseltier** n. *(-[e]s,-e)* proboscidato *m.*

rußen I tr. sporcare di fuliggine **II** intr. (aus. *haben*) produrre fuliggine.

Russenbluse f. *(-,-n)*, **Russenkittel** m. *(-s,-)* camicia *f.* alla russa. **Russenstiefel** m. *(-s,-)* stivale *m.* alla russa.

rußfarben, rußfarbig agg. color fumo. **Rußfilter** m. *(-s,-)* filtro *m.* antifuliggine. **rußgeschwärzt** agg. annerito dal fumo (*o* dalla fuliggine), fuligginoso.

russifizieren tr. russificare.

rußig agg. nero di fuliggine, fuligginoso.

Russin f. *(-,-nen)* russa *f.*

russisch agg. russo. **Russisch** n. *(-[s])* russo *m.*, lingua *f.* russa: ***fließend ~ sprechen*** parlare il russo correntemente; ***~ lernen*** imparare il russo, studiare (il) russo. **russisch-orthodox** agg. russo-ortodosso. **russischsprachig** agg. **1** di lingua russa: ***die -e Bevölkerung*** la popolazione di lingua russa **2** di (*o* in) russo: ***-er Unterricht*** lezione in russo, in lingua russa. **Russki** m. *(-[s],-[s])* ANT. SPREG. (soldato *m.*) russo *m.* **Russland** n.pr.n. *(-s)* Russia *f.*

rüsslig → **rüsselig.**

rußschwarz agg. nero di fuliggine, fuligginoso.

Rüstanker m. *(-s,-)* MAR. ancora *f.* di riserva (*o* di rispetto).

Rüste f. *(-,-n)* MAR. parasartie *m.*

rüsten I tr. **1** EDIL. ***etw. ~*** montare un ponteggio, un'impalcatura intorno a qcs. **2** MIL. armare: ***ein Schiff, ein Heer ~*** armare una nave, un esercito **3** ANT. preparare: ***die Tafel ~*** preparare la tavola **II** intr. (aus. *haben*) armarsi: ***zum, für den Krieg ~*** armarsi per la guerra; ***gegeneinander ~*** armarsi l'uno contro l'altro; ***zum Auf-***

bruch ~ armarsi (*o* prepararsi) per la partenza **III** rifl. **sich** ~ prepararsi: ***sich zur Abreise*** ~ prepararsi per la partenza ◆ ***um die Wette*** ~ partecipare alla corsa agli armamenti.

Rüs|ter f. *(-,-n)* olmo *m.* **Rüs|ter|fal|ter** m. *(-s,-)* vanessa *f.* policlora. **rüs|tern** agg. di (legno) d'olmo. **Rüs|ter(n)|holz** n. *(-[e]s, -hölzer)* legno *m.* di olmo.

rüs|tig I agg. robusto, vigoroso; *(von alten Leuten)* vitale, in gamba **II** avv. con forza, vigorosamente ◆ ~ ***ausschreiten*** camminare con passo deciso. **Rüs|tig|keit** f. *(-)* vigoria *f.*; *(von alten Leuten)* vitalità *f.*

Rus|ti|ka f. *(-)* bugnato *m.*

rus|ti|kal I agg. **1** *(von Einrichtungen)* rustico: ***eine -e Möbelgarnitur*** un arredamento rustico **2** *(ländlich)* campagnolo: ***ein -es Mahl*** un pasto alla campagnola **II** avv. ~ ***essen*** mangiare alla campagnola. **Rus|ti|ka|li|tät** f. *(-)* rusticità *f.*

Rüst|kam|mer f. *(-,-n)* armeria *f.* **Rüst|tag** m. *(-[e]s,-e)* RELIG. vigilia *f.*

Rüs|tung f. *(-,-en)* **1** MIL. armamento *m.*, armamenti *m.pl.*: ***konventionelle, nukleare*** ~ armamenti convenzionali, nucleari; ***die*** ~ ***beschränken*** limitare gli armamenti **2** *(Körperschutz)* armatura *f.*: ***die*** ~ ***anlegen, tragen*** mettere, portare l'armatura: ***in voller*** ~ con armatura completa.

Rüs|tungs|ab|bau m. *(-[e]s)* riduzione *f.* degli armamenti. **Rüs|tungs|be|gren|zung** f. *(-,-en)*, **Rüs|tungs|be|schrän|kung** f. *(-,-en)* limitazione *f.* degli armamenti. **Rüs|tungs|be|trieb** m. *(-[e]s,-e)*, **Rüs|tungs|fab|rik** f. *(-,-en)* fabbrica *f.* di armi. **Rüs|tungs|in|dust|rie** f. *(-,-n)* industria *f.* degli armamenti (*o* bellica). **Rüs|tungs|kon|trol|le** f. *(-,-n)* controllo *m.* degli, sugli armamenti. **Rüs|tungs|po|li|tik** f. *(-)* politica *f.* degli armamenti. **Rüs|tungs|wett|lauf** m. *(-[e]s)* corsa *f.* agli armamenti.

Rüst|zeit f. *(-,-en)* **1** RELIG. periodo *m.* di riflessione **2** TECN. tempo *m.* di preparazione. **Rüst|zeug** n. *(-[e]s)* **1** strumentazione *f.* **2** FIG. bagaglio *m.*, strumenti *m.pl.*: ***kulturelles*** ~ bagaglio culturale; ***das nötige*** ~ ***für diese Stelle besitzen*** possedere gli strumenti necessari per questo posto.

Ru|te f. *(-,-n)* **1** *(Zweig)* verga *f.*, bacchetta *f.*; *(dünner Stock)* bastoncino *m.* **2** *(Wünschelrute)* bacchetta *f.* rabdomantica **3** PESC. canna *f.* **4** VOLG. *(Penis)* uccello *m.* **5** *(Schwanz des Wildes)* coda *f.* ◆ ***die*** ~ ***bekommen*** prendere bastonate; FIG. ***sich unter jds*** ~ ***beugen*** piegarsi agli ordini di qcn.; FIG. ***mit eiserner*** ~ con il pugno di ferro; COLLOQ. ***jdm die*** ~ ***zu kosten geben*** fare assaggiare il bastone a qcn.; ***jdn mit der*** ~ ***schlagen*** colpire qcn. con il bastone; ***jdn mit der*** ~ ***züchtigen*** punire qcn. a bastonate.

Ru|ten|bün|del n. *(-s,-)* **1** fascio *m.* di verghe **2** STOR. *(Liktorenbündel)* fascio *m.* littorio. **Ru|ten|gän|ger** m. *(-s,-)* rabdomante *m.*

Ru|the|ne m. *(-n,-n)* ruteno *m.*

Ru|the|ni|um m. *(-s)* rutenio *m.*

Rüt|li|schwur m. *(-[e]s)* STOR. giuramento *m.* del Rütli.

rutsch inter. op là, oplà. **Rutsch** m. *(-[e]s,-e)* **1a** scivolata *f.* **b** smottamento *m.* **2** COLLOQ. *(kurze Fahrt)* puntata *f.*: ***auf einen*** ~ ***nach Graz fahren*** fare una puntata a Graz ◆ COLLOQ. ***guten*** ~***!*** buon viaggio! ***guten*** ~ ***ins neue Jahr!*** buon inizio (d'anno)! COLLOQ. ***in einem, auf einen*** ~ tutto di volata, tutto d'un fiato. **Rutsch|bahn** f. *(-,-en)* toboga *m.* **Rut|sche** f. *(-,-n)* **1** scivolo *m.* (anche TECN.) **2** REGION. *(Fußbank)* poggiapiedi *m.*

rut|schen intr. (aus. *sein*) **1** scivolare: ***über die Eisbahn*** ~ scivolare sulla pista di ghiaccio; ***die Brille rutscht von der Nase*** gli occhiali scivolano dal naso; *(ausrutschen)* scivolare, sdrucciolare: ***auf der nassen Straße mit dem Auto beim Bremsen*** ~ scivolare con la macchina frenando sulla strada bagnata **2** COLLOQ. *(zur Seite rücken)* spostarsi, scostarsi **3** COLLOQ. andare giù: ***die Tabletten*** ~ ***schlecht ohne Wasser*** le pastiglie vanno giù a fatica (*o* sono difficili da mandare giù) senz'acqua **4** *(von Preisen)* scendere, calare **5** COLLOQ. fare una puntata, una gita: ***mal eben nach Köln*** ~ fare una puntata a Colonia **6** AUT. *(von der Kupplung)* slittare ◆ ***auf dem Stuhl hin und her*** ~ non stare fermo sulla sedia. **Rut|schen** n. *(-s)* scivolamento *m.*, slittamento *f.* ◆ ***ins*** ~ ***kommen, geraten*** scivolare; FIG. peggiorare, andare male, andare in crisi.

Rut|scher m. *(-s,-)* COLLOQ. **1** scivolata *f.*; *(Ausrutschen)* scivolone *m.* **2** AUSTR. *(kurze Fahrt)* puntata *f.* **Rut|sche|rei** f. *(-,-en)* COLLOQ. scivolamento *m.*, slittamento *m.* **rutsch|fest** agg. antiscivolo, antisdrucciolevole. **Rutsch|ge|fahr** f. *(-)* strada *f.* sdrucciolevole. **rut|schig** agg. scivoloso, sdrucciolevole. **Rutsch|par|tie** f. *(-,-n)* COLLOQ. scivolata *f.*; *(Ausrutschen)* scivolone *m.* **rutsch|si|cher** agg. → **rutschfest.**

Rut|te f. *(-,-n)* bottatrice *f.*

Rüt|tel|be|ton m. *(-s)* calcestruzzo *m.* vibrato.

Rüt|te|lei f. *(-,-en)* sc(u)otimento *m.*

rüt|teln I tr. **1** scuotere, scrollare: ***einen Baum*** ~ scuotere un albero; ***jdn an den Schultern*** ~ scuotere (*o* scrollare) qcn. per le spalle **2** *(im Sieb schütteln)* vagliare: ***Getreide*** ~ vagliare il grano **3** EDIL. *(Beton)* vibrare **II** intr. **1** (aus. *haben*) ***an etw. (D)*** ~ scuotere qcs. (anche FIG.): ***an der Tür*** ~ scuotere la porta; ***an den Grundfesten des Staates*** ~ scuotere, scalzare le fondamenta dello Stato **2** (aus. *haben*) cambiare, mutare qcs.: ***an dieser Entscheidung ist nicht zu*** ~ questa decisione non si cambia **3** *(ruckartig fahren;* aus. *sein)* sobbalzare, procedere a sobbalzi **4** *(von Vögeln;* aus. *haben)* brillare ◆ ***daran ist nicht, gibt es nichts zu*** ~ non ci si può (più) fare nulla; ***jdn aus dem Schlaf*** ~ scuotere qcn. dal sonno; ***jdn*** ~ ***und schütteln*** scuotere qcn.

Rüt|tel|schwel|le f. *(-,-n)* dosso *m.* artificiale. **Rüt|tel|sieb** n. *(-[e]s,-e)* vibrovaglio *m.*, vaglio *m.* a scossa. **Rüt|tel|tisch** m. *(-es,-e)* MIN. tavola *f.* vibrante.

Rütt|ler m. *(-s,-)* EDIL. vibratore *m.*

S

s, S n. *(-,-)* s, S, esse *f.* e *m.*: ***ein großes S, ein kleines s*** una S maiuscola, una s minuscola; ***ein scharfes S*** una esse zeta.
s ⇒ *Sekunde* secondo (sec.).
s. ⇒ *siehe!* vedi (v.).
S ⇒ **1** *Schilling* scellino (austriaco) **2** *Süd(en)* sud (S).
S. ⇒ **1** *Seite* pagina (pag.,p.) **2** *Seine* Sua (S.).
SA f. *(-)* STOR. (⇒ *Sturmabteilung*) SA *f.pl.*
Sa. ⇒ *Samstag* sabato (sab.).
Saal m. *(-[e]s, Säle)* sala *f.* **Saal|bau** m. *(-[e]s,-ten)* ARCH. palazzo *m.* (con una grande sala). **Saal|chef** m. *(-s,-s)* direttore *m.* di sala. **Saal|kell|ner** m. *(-s,-)* SVIZZ. cameriere *m.* **Saal|kir|che** f. *(-,-n)* ARCH. chiesa *f.* a navata unica. **Saal|ord|ner** *(-s,-)* sorvegliante *m.* di sala, guardasala *m.* **Saal|schutz** m. *(-es)* servizio *m.* d'ordine (in una sala). **Saal|toch|ter** f. *(-,-töchter)* SVIZZ. cameriera *f.*
Saar|brü|cker I m. *(-s,-)* abitante *m.* di Saarbrücken **II** agg. di Saarbrücken. **Saar|ge|biet** n. *(-[e]s)* territorio *m.* della Saar. **Saar|land** n.pr.n. *(-[e]s)* Saar *f.* **Saar|län|der** m. *(-s,-)* abitante *m.* della Saar. **saar|län|disch** agg. della Saar.
Saat f. *(-,-en)* **1** semina *f.*, seminagione *f.*: ***die ~ bestellen, in die Erde bringen*** seminare **2** *(Saatgut, Samenkorn)* semente *f.*, seme *m.*: ***die ~ geht auf*** il seme germina, dà frutto (anche FIG.) ◆ ***die ~ des Hasses*** il seme (*o* il germe) dell'odio; PROV. ***wie die ~, so die Ernte*** si raccoglie ciò che si semina. **Saat|beet** n. *(-[e]s,-e)* aiuola *f.* seminata. **Saat|be|stel|lung** f. *(-,-en)* semina *f.* **Saat|bett** n. *(-[e]s,-en)* terreno *m.* da semina. **Saat|boh|ne** f. *(-,-n)* fagiolo *m.* da semina. **Saa|ten|pfle|ge** f. *(-)* cura *f.* delle sementi. **Saat|eu|le** f. *(-,-n)* nottua *f.* delle sementi. **Saat|feld** n. *(-[e]s,-er)* **1** *(für die Saat)* campo *m.* da semina **2** *(mit Saat)* (campo *m.*) seminato *m.* **Saat|fur|che** f. *(-,-n)* solco *m.* **Saat|gans** f. *(-,-gänse)* oca *f.* granaiola. **Saat|gers|te** f. *(-)* orzo *m.* (coltivato). **Saat|ge|trei|de** n. *(-s,-)* cereali *m.pl.*, granaglie *f.pl.* **Saat|gut** n. *(-[e]s)* semente *f.* **Saat|kar|tof|fel** f. *(-,-n)* patata *f.* da semina. **Saat|korn** n. *(-[e]s, -körner)* grano *m.* da semina, sementi *f.pl.* di grano. **Saat|krä|he** f. *(-,-n)* corvo *m.* comune. **Saat|land** n. *(-[e]s)* terreno *m.* seminativo, seminato *m.* **Saat|mi|schung** f. *(-,-en)* mescolanza *f.* di sementi. **Saat|schnell|kä|fer** m. *(-s,-)* elaterio *m.* dei cereali. **Saat|zeit** f. *(-,-en)* periodo *m.* della semina. **Saat|zucht** f. *(-)* selezione *f.* delle sementi.
Sa|bä|er m. *(-s,-)* sabeo *m.* **sa|bä|isch** agg. sabeo, di Saba.
Sab|bat m. *(-s,-e)* sabato *m.* (ebraico). **Sab|bat|jahr** n. *(-[e]s,-e)* anno *m.* sabbatico. **Sab|bat|ru|he** f. *(-)*, **Sab|bat|stil|le** f. *(-)* riposo *m.* del sabato (ebraico).
Sab|bel|latz REGION. → **Sabberlatz. Sab|bel|lätz|chen** REGION. → **Sabberlätzchen. sab|beln** intr. (aus. *haben*) REGION. COLLOQ. **1** SPREG. *(schwatzen)* cianciare, cicalare **2** *(sabbern)* sbavare. **Sab|ber** m. *(-s,-)* COLLOQ. bava *f.* **Sab|ber|latz** m. *(-es,-e* e *-lätze)* bavagliolo *m.* **Sab|ber|lätz|chen** n. *(-s,-)* bavaglino *m.* **sab|bern** intr. (aus. *haben*) COLLOQ. **1** sbavare **2** *(sabbeln, schwatzen)* cianciare, cicalare. **sab|bernd** p.pres. agg. **1** → **sabbern 2** bavoso: ***ein -er Alter*** un vecchio bavoso.
Sä|bel m. *(-s,-)* sciabola *f.*: ***mit blankem ~*** con la sciabola sguainata; ***den ~ (blank)ziehen, zücken*** sguainare la sciabola; SPORT ***mit dem ~ fechten*** tirare di sciabola ◆ ***jdn auf ~ fordern*** sfidare qcn. a duello (con la sciabola); FIG. COLLOQ. ***mit dem ~ rasseln*** = minacciare guerra. **Sä|bel|an|ti|lo|pe** f. *(-,-n)* antilope *f.* gazzella. **Sä|bel|bei|ne** pl. SCHERZ. gambe *f.pl.* a sciabola. **sä|bel|bei|nig** agg. con le gambe a sciabola. **Sä|bel|du|ell** n. *(-s,-e)* duello *m.* alla sciabola. **Sä|bel|fech|ten** n. *(-s)* SPORT sciabola *f.* **sä|bel|för|mig** agg. a (forma di) sciabola. **Sä|bel|ge|ras|sel** n. *(-s)* → **Säbelrasseln. Sä|bel|hieb** m. *(-[e]s,-e)* sciabolata *f.*, colpo *m.* di sciabola. **sä|beln** tr. COLLOQ. tagliare (malamente). **Sä|bel|ras|seln** n. *(-s)* bellicismo *m.* **sä|bel|ras|selnd** agg. bellicoso, guerrafondaio. **Sä|bel|rass|ler** m. *(-s,-)* guerrafondaio *m.* **Sä|bel|schei|de** f. *(-,-n)* fodero *m.* di sciabola. **Sä|bel|schnäb|ler** m. *(-s,-)* avocetta *f.*
Sa|bi|na, Sa|bi|ne n.pr.f. Sabina *f.*
Sa|bi|ner m. *(-s,-)* STOR. sabino *m.* **Sa|bi|ne|rin** f. *(-,-nen)* STOR. sabina *f.*: ***der Raub der -nen*** il ratto delle sabine. **sa|bi|nisch** agg. STOR. sabino.
Sa|bo|ta|ge [-'ta:ʒə] f. *(-)* sabotaggio *m.*: ***~ begehen, treiben, verüben, ausüben*** compiere sabotaggi. **Sa|bo|ta|ge|akt** m. *(-[e]s,-e)* atto *m.* di sabotaggio.
Sa|bo|teur [-'tø̞r] m. *(-s,-e)* sabotatore *m.* **sa|bo|tie|ren** tr. sabotare (anche FIG.): ***die Produktion ~*** sabotare la produzione; ***jds Pläne ~*** sabotare i progetti di qcn.
Sab|re m. *(-s,-s)* sabra *m.*
Sac|cha|ra|se f. *(-)* saccarasi *f.* **Sac|cha|rin** n. *(-s)* saccarina *f.* **Sac|cha|ro|se** f. *(-)* saccarosio *m.*
Sach|an|la|gen pl. ECON. immobilizzazioni *f.pl.* materiali. **Sach|an|la|ge|ver|mö|gen** n. *(-s,-)* ECON. capitale *m.* immobilizzato. **Sach|an|trag** m. *(-[e]s,-anträge)* proposta *f.* (di discussione, di dibattito).
Sa|cha|ra|se → **Saccharase. Sa|cha|rin** → **Saccharin. Sa|cha|ro|se** → **Saccharose.**
Sach|be|ar|bei|ter m. *(-s,-)* addetto *m.* **Sach|be|fug|nis** f. *(-,-se)* DIR. legittimazione *f.* all'azione. **Sach|be|griff** m. *(-[e]s,-e)* concetto *m.*, termine *m.* (specifico). **Sach|be|reich** m. *(-[e]s,-e)* → **Sachgebiet. Sach|be|schä|di|gung** f. *(-,-en)* DIR. danno *m.* materiale. **Sach|be|weis** m. *(-es,-e)* prova *f.* materiale. **sach|be|zo|gen I** agg. pertinente al fatto, alla questione: ***eine -e Frage*** una domanda pertinente alla questione **II** avv. in modo pertinente: ***~ argumentieren*** argomentare in modo pertinente. **Sach|be|zü|ge** pl. retribuzione *f.* in natura. **Sach|buch** n. *(-[e]s,-bücher)* saggio *m.* (divulgativo). **Sach|dar|stel|lung** f. *(-,-en)* esposizione *f.* dei fatti. **sach|dien|lich** agg. opportuno, adeguato (alla circostanza), utile: ***-e Hinweise*** indicazioni utili; ***ein -er Rat*** un consiglio adeguato alla circostanza. **Sach|dis|kus|si|on** f. *(-,-en)* discussione *f.* sui fatti.
Sa|che f. *(-,-n)* **1a** pl. *(Gegenstände)* cose *f.pl.*, roba *f.*: ***alte -n*** roba vecchia (*o* anticaglia); ***das Geschäft hat schöne -n*** questo negozio ha della bella roba; ***seine -n zusammensuchen*** raccogliere le proprie cose; *(Kleider)* ***die nassen -en ausziehen*** togliersi la roba bagnata **b** *(Speisen)* ***hier gibt es gute -n zu essen*** qui c'è della roba buona (*o* ci sono cose buone) da mangiare; COLLOQ. *(Alkoholika)* ***harte, scharfe -n*** roba forte **c** COLLOQ. *(Werke)* ***der Autor hat schöne -n geschrieben*** l'autore ha scritto delle belle cose **2** *(Angelegenheit)* faccenda *f.*, affare *m.*, storia *f.*, cosa *f.*: ***eine schlimme ~*** un brutto affare (*o* una brutta storia); ***eine faule, dunkle ~*** una sporca, un'oscura faccenda; ***eine wichtige, ernste ~*** una cosa importante, seria; ***eine ~ erledigen*** sbrigare una faccenda; ***das ist eine ganz andere ~*** è tutt'altra cosa (*o* tutta un'altra faccenda, un altro paio di maniche); ***die ~ ist die, dass...*** il fatto è che...; ***um die ~ kümmere ich mich nicht*** non mi occupo della faccenda **3** *(Frage)* questione *f.*: ***es ist eine ~ des Vertrauens, der Erziehung*** è questione di fiducia, di educazione **4** *(Aufgabe)* compito *m.*: ***das ist ~ der Eltern*** è compito dei genitori (*o* spetta ai genitori) **5a** *(Rechtssache)* causa *f.*: ***in eigener ~*** in causa propria; ***eine anhängige, schwebende ~*** una causa pendente, una pendenza; ***in -n Müller gegen Schulz*** nella causa Müller contro Schulz **b** *(Anspruch, Recht)* ***für eine rechte, verlorene ~ kämpfen*** lottare per una causa giusta, persa; ***die ~ der Freiheit, der Unterdrückten*** la causa della libertà, degli oppressi ◆ ***die ~ ist abgekartet*** l'affare è combinato; ***ich kenne ganz andere -n*** so ben altre cose; ***(nicht) bei der ~ sein*** (non) essere attento; COLLOQ. ***beschlafen wir die ~!*** dormiamoci sopra! ***das ist beschlossene ~*** questa è ormai cosa fatta; ***bewegliche -n*** beni mobili; ***bei der ~ bleiben*** restare in tema; ***für jds ~ eintreten*** abbracciare (*o* sposare) la causa di qcn.; COLLOQ. ***mit hundertfünfzig -n fahren*** andare ai centocinquanta; ***sich in fremde -n mischen*** impicciarsi in faccende altrui; ***eine ~ führen*** pero-

rare una causa; COLLOQ. *was sind das für -n?* che storia è questa? *das ist eine ~ für sich* (questa) è un'altra faccenda; *die ~ ist so gelaufen* la cosa è andata così; *(mit jdm) gemeinsame ~ machen* far causa comune (con qcn.); *in -n des Geschmacks* in fatto di gusto; *ich bin meiner ~ gewiss* sono certo, sicuro del fatto mio; *eine ~ hinschmeißen* lasciar perdere una cosa; *das ist nicht jedermanns ~* questo non è da tutti; *eine krumme ~* una faccenda poco pulita; *keine -n machen* non fare stupidaggini; *keine halben -n machen* non fare le cose a metà; *mach -n!* davvero!? ma sul serio!? *das ist (nicht) meine ~* (non) è affar mio; *eine runde ~* una bella cosa; COLLOQ. *die ~ schmeißen* sistemare la faccenda; *seine ~ gut machen* svolgere per bene il proprio compito; *jede ~ hat zwei Seiten* ogni cosa ha due facce; *ich bin meiner ~ sicher* → *ich bin meiner ~ gewiss;* REGION. *seine sieben -n (zusammen)packen* raccogliere le proprie quattro cose; *das ist so eine ~* = la questione è dubbia, è una faccenda complicata; *die ~ steht gut, schlecht* la cosa va bene, male; *streitige ~* controversia; *das tut nichts zur ~* non c'entra; *einer ~ überdrüssig werden* stufarsi di una faccenda (*o* di una storia); *um der ~ Willen* per la cosa in sé; *unbewegliche -n* beni immobili; *unverrichteter ~* = senza aver concluso nulla; *die ~ verhielt sich so* → *die ~ ist so gelaufen;* COLLOQ. *verlorene ~* causa persa (anche FIG.); *seine ~ verstehen* conoscere il proprio mestiere; *jds ~ vertreten* patrocinare la causa di qcn., difendere la causa di qcn. (anche FIG.); COLLOQ. *jdm sagen, was ~ ist* dirne quattro a qcn.; *zur ~!* (veniamo) al dunque! *zur ~ kommen* entrare in tema, venire al dunque; *nicht zur ~ gehören* non essere pertinente alla questione; *jdn zur ~ vernehmen* interrogare qcn. in merito.

Sach|ein|la|ge f. *(-,-n)* ECON. contributo *m.* in natura, corrispettivo *m.* in natura. **Sä|chel|chen** n. *(-s,-)* cosina *f.*, cosuccia *f.*, cosetta *f.* ◆ *das sind so ~!* sono cose così! (non si sa bene). **Sa|chen|recht** n. *(-[e]s)* DIR. diritto *m.* reale. **Sach|er|klä|rung** f. *(-,-en)* spiegazione *f.*

Sa|cher|tor|te f. *(-,-n)* torta *f.* sacher, sacher *f.*

Sach|fra|ge f. *(-,-n)* problema *m.* materiale. **sach|fremd** agg. inappropriato, inadeguato, non pertinente. **Sach|ge|biet** n. *(-[e]s,-e)* campo *m.*, ramo *m.*, ambito *m.* (specifico), materia *f.* (specifica). **Sach|ge|dächt|nis** n. *(-ses)* memoria *f.* per le cose. **sach|ge|mäß**, **sach|ge|recht** I agg. appropriato, adeguato II avv. appropriatamente, adeguatamente. **Sach|grün|dung** f. *(-,-en)* ECON. = fondazione *f.* (di una società) con l'apporto di beni materiali. **Sach|ka|pi|tal** n. *(-s,-e* e *-ien)* capitale *m.* reale. **Sach|ka|ta|log** m. *(-[e]s,-e)* catalogo *m.* per soggetti. **Sach|ken|ner** m. *(-s,-)* conoscitore *m.*, esperto *m.* **Sach|kennt|nis** f. *(-)* conoscenza *f.* specifica (di un settore), competenza *f.* **Sach|kon|to** n. *(-s, -konten/-s* e *-konti)* COMM. conto *m.* di valori reali. **Sach|kos|ten** pl. spese *f.pl.* materiali.

Sach|kun|de f. *(-)* 1 → **Sachkenntnis** 2 → **Sachkundeunterricht.** **Sach|kun|de|un|ter|richt** m. *(-[e]s)* INTRAD. (materia di scuola elementare: geografia, storia, educazione civica, scienze). **sach|kun|dig** agg. competente, esperto. **Sach|kun|di|ge** m. e f. *(-n,-n)* esperto *m.* (-a *f.*).

Sach|la|ge f. *(-)* stato *m.* delle cose: *bei der heutigen ~* allo stato attuale delle cose. **Sach|le|gi|ti|ma|ti|on** f. *(-)* → **Sachbefugnis.** **Sach|leis|tun|gen** pl. prestazioni *f.pl.* in natura. **Sach|le|xi|kon** n. *(-s,-lexika)* → **Sachwörterbuch.**

sach|lich I agg. 1 *(der Sache nach)* reale, materiale: *ein -er Unterschied* una differenza reale; *-e Gründe* motivi materiali 2a *(objektiv)* oggettivo, obiettivo: *ein -es Urteil* un giudizio oggettivo b *(kühl)* impersonale: *eine -e Atmosphäre* un'atmosfera impersonale, fredda; *etw. in -em Ton sagen* dire qcs. in tono impersonale 3 *(nüchtern, schmucklos)* sobrio: *ein -er Stil* uno stile sobrio II avv. 1 realmente, materialmente: *etw. ist ~ richtig, falsch* qcs. è materialmente giusto, falso 2 *(objektiv)* oggettivamente, obiettivamente: *etw. ~ bemerken* osservare qcs. in modo obiettivo; *~ bleiben* restare obiettivi; *eine Meinung ~ vorbringen* presentare un'opinione con obiettività 3 *(schmucklos)* sobriamente, semplicemente: *seine Wohnung ist allzu nüchtern und ~ eingerichtet* il suo appartamento è allestito in modo troppo sobrio e semplice.

säch|lich I agg. GRAMM. neutro: *-es Geschlecht* genere neutro II avv. al neutro.

Sach|lich|keit f. *(-)* oggettività *f.*, obiettività *f.* ◆ INTRAD. *Neue ~* (corrente pittorica e letteraria).

Sach|li|te|ra|tur f. *(-)* saggistica *f.* **Sach|man|gel** m. *(-s,-mängel)* DIR. vizio *m.* della cosa. **Sach|män|gel|haf|tung** f. *(-,-en)* garanzia *f.* per i vizi della cosa. **Sach|prä|mie** f. *(-,-n)* premio *m.* in natura. **Sach|recht** n. *(-[e]s)* DIR. diritto *m.* reale. **Sach|re|gis|ter** n. *(-s,-)* indice *m.* analitico (*o* per materie).

Sachs m. *(-es,-e)* STOR. spada *f.* (corta).

Sach|scha|den m. *(-s,-schäden)* danno *m.* alle cose, danno *m.* materiale.

Sach|se m. *(-n,-n)* sassone *m.* **säch|seln** intr. (aus. *haben*) = parlare con inflessione sassone. **Sach|sen** n.pr.n. *(-s)* Sassonia *f.* **Säch|sin** f. *(-,-nen)* sassone *f.* **Sach|sen|spie|gel** m. *(-s)* DIR. STOR. codice *m.* sassone. **säch|sisch** agg. sassone. **Säch|sisch** n. *(-[s])*, **Säch|si|sche** n. *(-n)* (dialetto *m.*) sassone *m.*

Sach|spen|de f. *(-,-n)* offerta *f.* in natura. **Sach|stand** m. *(-[e]s)* stato *m.* delle cose, situazione *f.*

sacht I agg. 1 leggero, delicato: *mit -en Schritten* con passi leggeri; *mit -er Hand* con mano delicata 2 *(langsam)* lento II avv. 1 leggermente, delicatamente: *etw. ~ berühren, loslassen* sfiorare qcs. leggermente, lasciare andare qcs. delicatamente; *(sanft) eine ~ ansteigende Straße* una strada leggermente in salita 2 *(unmerklich)* piano, lentamente: *~ den Kopf schütteln* scuotere piano il capo. **sach|te** I agg. e avv. → **sacht** II avv. COLLOQ. *(vorsichtig)* piano: *~, (~) junger Mann!* piano, (piano) ragazzo! *immer ~ voran!* avanti piano, con calma! *(allmählich)* piano, a poco a poco: *jdn ganz ~ aufwecken* svegliare qcn. piano piano ◆ PROV. *wer ~ fährt, kommt auch an* chi va piano va sano e va lontano.

Sach|ti|tel m. *(-s,-)* titolo *m.* (senza nome dell'autore). **Sach|ver|gü|tung** f. *(-,-en)* risarcimento *m.* in natura. **Sach|ver|halt** m. *(-[e]s,-e)* stato *m.* di cose, fatti *m.pl.*, circostanze *f.pl.* di fatto: *den wahren ~ kennen, durchschauen* conoscere i fatti; *jdm den ~ darlegen* presentare a qcn. come stanno le cose; *jdn über den wahren ~ aufklären* informare qcn. dei fatti. **Sach|ver|si|che|rung** f. *(-,-en)* assicurazione *f.* dei beni materiali.

Sach|ver|stand m. *(-[e]s)* competenza *f.* specifica: *etw. mit, ohne ~ tun* fare qcs. con, senza la competenza specifica. **sach|ver|stän|dig** I agg. competente, esperto II avv. in modo competente. **Sach|ver|stän|di|ge** m. e f. *(-n,-n)* perito *m.*, esperto *m.* (-a *f.*): *ein vereidigter -r* un perito giurato. **Sach|ver|stän|di|gen|gut|achten** n. *(-s,-)* perizia *f.*

Sach|ver|zeich|nis n. *(-ses,-se)* 1 indice *m.* analitico 2 *(von Waren, Gütern)* distinta *f.*, elenco *m.* **Sach|wal|ter** m. *(-s,-)* 1 *(Fürsprecher)* patrocinatore *m.*: *sich zum ~ einer Sache machen* farsi patrocinatore di una causa 2 *(Verwalter)* agente *m.*, amministratore *m.* 3 DIR. mandatario *m.* **Sach|wert** m. *(-[e]s,-e)* 1 valore *m.* reale 2 *(Wertobjekt)* oggetto *m.* di valore. **Sach|wis|sen** n. *(-s)* conoscenza *f.* dei fatti. **Sach|wör|ter|buch** n. *(-[e]s,-bücher)* dizionario *m.* (enciclopedico) specialistico. **Sach|zu|sam|men|hang** m. *(-[e]s,-zusammenhänge)* connessione *f.* tra le cose. **Sach|zwang** m. *(-[e]s,-zwänge)* obbligo *m.* (*o* costrizione *f.*) materiale, reale: *unter ~ stehen* essere materialmente obbligato.

Sack m. *(-[e]s, Säcke)* 1a sacco *m.*: *ein ~ Zement, Kartoffeln* un sacco di cemento, di patate; *zwei ~, Säcke Gerste* due sacchi d'orzo; *etw. in einen ~ stecken, füllen* mettere qcs. in un sacco, riempire un sacco di qcs.; FIG. *(Menge) ein ~ voll Lügen* un sacco di bugie; COLLOQ. *dein Kleid ist ein richtiger ~* il vestito ti sta come un sacco b *(Reisesack)* sacca *f.*: *den ~ zubinden* chiudere, legare la sacca; FIG. concludere un affare c REGION. *(Hosentasche)* saccoccia *f.* d REGION. *(Geldbeutel)* borsellino *m.* 2 ANAT. sacca *f.*, sacco *m.*; *(Tränensack)* borsa *f.*: *Säcke unter den Augen haben* avere le borse sotto gli occhi 3 VOLG. *(Mann) ein alter, blöder ~* un vecchio, uno stupido coglione ◆ *in ~ und Asche gehen* andar vestito di sacco; COLLOQ. *dunkel wie in einem ~* buio come la notte; VOLG. *jdm auf den ~ fallen* stare sulle palle a qcn.; *du fauler ~!* poltronaccio; *jdn, etw. im ~ haben* avere qcn., qcs. in pugno; COLLOQ. *eins auf den ~ kriegen (geprügelt werden)* prendere un sacco di bastonate; *(kritisiert werden)* prendersi una lavata di capo; *(verlieren)* prendersi una bella batosta; *mit ~ und Pack* (con) armi e bagagli; *wie ein ~ schlafen* dormire come un sasso; COLLOQ. FIG. *jdn in den ~ stecken* mettere qcn. nel sacco; COLLOQ. *du hast wohl zu Hause Säcke an den Türen!* a casa tua le hai le porte, vero? PROV. *den ~ schlägt man, den Esel meint man* battere il basto invece dell'asino.

sack|ar|tig agg. come un sacco, a sacco. **Sack|bahn|hof** m. *(-[e]s, -höfe)* stazione *f.* di testa. **Sack|band** n. *(-[e]s,-bänder)* cordino *m.* per sacchi. **Säck|chen** n. *(-s,-)* sacchetto *m.*, sacchettino *m.*

Sä|ckel m. *(-s,-)* REGION. 1 *(Hosentasche)* saccoccia *f.* 2 VOLG. coglione *m.* ◆ *in seinen eigenen ~ arbeiten* lavorare per le proprie tasche. **Sä|ckel|meis|ter** m. *(-s,-)* REGION. → **Säckelwart.** **sä|ckeln** tr. REGION. insaccare. **Sä|ckel|wart** m. *(-[e]s,-e)* REGION. cassiere *m.*, tesoriere *m.*

1.sa|cken tr. insaccare.

2.sa|cken intr. (aus. *sein*) affondare, sprofondare, sprofondarsi.

sä|cken tr. ANT. affogare in un sacco.
sa|cker|lot inter. ANT. perdiana, perdinci. **Sa|cker|lo|ter** m. *(-s,-)* diavolo *m.* d'un uomo. **sa|cker|ment** → **sackerlot. Sa|cker|men|ter** → **Sackerloter.**
sä|cke|wei|se avv. a sacchi. **sack|för|mig** agg. a forma di sacco; MED. sacciforme. **Sack|füll|ma|schi|ne** f. *(-,-n)* insaccatrice *f.* **Sack|gas|se** f. *(-,-n)* vicolo *m.* cieco (anche FIG.): ***in eine ~ geraten*** entrare (*o* finire) in un vicolo cieco. **Sack|gleis** n. *(-es,-e)* binario *m.* morto. **sack|grob** agg. COLLOQ. molto grossolano, molto rozzo.
sack|hüp|fen intr. (solo inf. e p.pres.) fare la corsa nei sacchi. **Sack|hüp|fen** n. *(-s)* corsa *f.* nei sacchi. **Sack|kleid** n. *(-[e]s,-er)* vestito *m.* a sacco. **Sack|lau|fen** n. *(-s)* → **Sackhüpfen. Sack|lei|nen** n. *(-s)*, **Sack|lein|wand** f. *(-)* tela *f.* da sacco.
Säck|ler m. *(-s,-)* REGION. valigiaio *m.*
Sack|na|del f. *(-,-n)* ago *m.* da sacco. **Sack|nie|re** f. *(-)* idronefrosi *f.* **Sack|pfei|fe** f. *(-,-n)* cornamusa *f.*, zampogna *f.* **Sack|pfei|fer** m. *(-s,-)* zampognaro *m.* **Sack|stra|ße** f. *(-,-n)* strada *f.* senza uscita: ***in eine ~ fahren*** andare in una strada senza uscita. **Sack|tuch** n. *(-[e]s,-tücher)* **1** → **Sackleinen 2** REGION. *(Taschentuch)* fazzoletto *m.* **Sack|uhr** f. *(-,-en)* REGION. orologio *m.* da tasca. **sack|wei|se** avv. *(in Säcken)* in sacchi; *(in großer Menge)* a sacchi.
Sad|du|zä|er m. *(-s,-)* sadduceo *m.*
Sa|de|baum m. *(-[e]s,-bäume)* BOT. sabina *f.*
Sa|dis|mus m. *(-, Sadismen)* sadismo *m.* **Sa|dist** m. *(-en,-en)* sadico *m.* **sa|dis|tisch I** agg. sadico **II** avv. sadicamente. **Sa|do|ma|so** m. *(-)* GERG. sadomaso *m.* **Sa|do|ma|so|chis|mus** m. *(-, Sadomasochismen)* sadomasochismo *m.* **Sa|do|ma|so|chist** m. *(-en,-en)* sadomasochista *m.* **sa|do|ma|so|chis|tisch** agg. sadomasochistico.
sä|en tr. seminare: ***Korn ~*** seminare il grano; FIG. ***Zwietracht ~*** seminare discordia. **Sä|er** m. *(-s,-)* RAR. → **Sämann.**
Sa|fa|ri f. *(-,-s)* safari *m.*: ***auf ~ gehen*** fare un safari. **Sa|fa|ri|park** m. *(-s,-s)* parco *m.* safari.
Safe [seɪf] m. e n. *(-s,-s)* cassetta *f.* di sicurezza: ***etw. in den ~ legen*** mettere qcs. nella cassetta di sicurezza; ***etw. aus dem ~ nehmen*** prendere qcs. dalla cassetta di sicurezza.
Sa|fer Sex ['seɪfə 'sɛks] m. *(-)* sesso *m.* sicuro.
Saf|fi|an m. *(-s)*, **Saf|fi|an|le|der** n. *(-s)* (cuoio *m.*) marocchino *m.*
Saf|lor m. *(-s,-e)* cartamo *m.*, zafferano *m.* falso.
Saf|ran m. *(-s,-e)* zafferano *m.* **saf|ran|gelb** agg. giallo zafferano.
Saft m. *(-[e]s, Säfte)* **1a** *(von Früchten)* succo *m.*: ***den ~ aus den Orangen auspressen*** spremere il succo dalle arance **b** *(Getränk)* ***ein Glas ~*** un bicchiere di succo (di frutta) **2** *(von Pflanzen)* linfa *f.* **3** *(Fleischsaft)* sugo *m.* **4** sciroppo *m.*: ***ein ~ gegen Husten*** uno sciroppo per la tosse **5** COLLOQ. *(Strom)* corrente *f.* **6** COLLOQ. *(Benzin)* benzina *f.* **7** pl. MED. ANT. umori *m.pl.* ◆ COLLOQ. ***die Batterie hat keinen ~ mehr*** la batteria è scarica; ***keinen ~ in den Knochen haben*** essere uno smidollato, non aver sangue nelle vene; FIG. ***ohne ~ und Kraft*** senza sugo; LETT. ***der ~ der Reben*** la bevanda di Bacco; ***jdn im eigenen ~ schmoren lassen*** lasciare cuocere qcn. nel suo brodo; ***~ ziehen*** essere succoso, dare succo.
Saft|bra|ten m. *(-s,-)* arrosto *m.* in umido, umido *m.* **Säft|chen** n. *(-s,-)* sughetto *m.* **saf|ten** intr. (aus. *haben*) **1** estrarre il succo **2** dare succo: ***Birnen ~ sehr*** le pere danno molto succo **3** FIG. *(groß reden)* dire paroloni. **Saft|fas|ten** n. *(-s)* = dieta *f.* dimagrante a base di liquidi. **saft|grün** agg. verde vivo, intenso.
saf|tig agg. **1** succoso, sugoso, succulento: ***ein -er Pfirsich*** una pesca succosa **2** FIG. *(von Farben)* vivo, intenso **3** *(derb)* grossolano, pesante: ***-e Witze*** barzellette pesanti ◆ ***eine -e Ohrfeige*** un sonoro, solenne ceffone; ***-e Preise*** prezzi salati. **Saf|tig|keit** f. *(-,-en)* **1** succosità *f.* **2** *(derbe Äußerung)* grossolanità *f.*
Saft|kur f. *(-,-en)* dieta *f.* a base di liquidi, dieta *f.* liquida. **Saft|la|den** m. *(-s,-läden)* SPREG. baracca *f.*: ***diese Firma ist ein richtiger ~*** questa ditta è una vera baracca. **saft|los** agg. **1** senza succo: ***-e Zitronen*** limoni senza succo **2** FIG. *(ohne Schwung)* senza sugo (*o* succo), senza nerbo, insipido, scipito: ***saft- und kraftlos*** senza succo e senza nerbo. **Saft|lo|sig|keit** f. *(-)* **1** mancanza *f.* di succo **2** FIG. mancanza *f.* di nerbo, di vigore. **Saft|pres|se** f. *(-,-n)* spremifrutta *m.* **Saft|sack** m. *(-s,-säcke)* VOLG. coglione *m.*, minchione *m.* **saft|voll** agg. **1** pieno di succo, succoso **2** *(kraftvoll)* vigoroso.
Sa|ga f. *(-,-s)* saga *f.* (nordica).
sag|bar agg. dicibile.
Sa|ge f. *(-,-n)* **1** saga *f.*, leggenda *f.* **2** FIG. *(Gerücht)* leggenda *f.*, voce *f.* ◆ ***es geht die ~, dass...*** corre voce che...; ***eine fromme ~*** una leggenda, diceria.
Sä|ge f. *(-,-n)* **1** sega *f.* **2** REGION. *(Sägewerk)* segheria *f.* **Sä|ge|band** n. *(-[e]s,-bänder)* lama *f.* di, della sega a nastro. **Sä|ge|blatt** n. *(-[e]s,-blätter)* lama *f.* di, della sega. **Sä|ge|bock** m. *(-[e]s,-böcke)* cavalletto m. (per segare). **Sä|ge|dach** n. *(-[e]s,-dächer)* tetto *m.* a shed, a risega. **Sä|ge|fisch** m. *(-es,-e)* pesce *m.* sega. **Sä|ge|ma|schi|ne** f. *(-,-n)* segatrice *f.*, sega *f.* (meccanica). **Sä|ge|mehl** n. *(-[e]s)* segatura *f.* **Sä|ge|mes|ser** n. *(-s,-)* coltello *m.* a sega. **Sä|ge|müh|le** f. *(-,-n)* segheria *f.* **Sä|ge|mül|ler** m. *(-s,-)* proprietario *m.* di (una) segheria.
sa|gen I tr. **1a** dire: ***jdm etw. ~*** dire qcs. a qcn.; ***zu etw. nichts zu ~ haben*** non avere niente da dire a proposito di (*o* in merito a) qcs.; ***etw. über jdn ~*** dire qcs. sul conto di qcn.; ***sag es mir, wenn...*** dimmelo se...; ***sag ihm, ihr bitte nichts*** non dirgli, dirle nulla, per favore; ***sag ihr, ihm bitte, dass...*** per favore dille, digli che...; ***Ja, Nein ~*** dire di sì, di no **b** *(aussprechen)* ***ohne ein Wort zu ~*** senza dire una parola; ***die Zauberformel ~*** dire la formula magica **c** *(ausdrücken, äußern)* ***wie sagt man auf Deutsch?*** come si dice in tedesco? ***seine Meinung, die Wahrheit ~*** dire la propria opinione, la verità; ***etw. auf Englisch ~*** dire qcs. in inglese **d** *(vermitteln)* ***der Film sagt mir nichts*** questo film non mi dice niente; ***ihr langer Blick sagte ihm alles*** il suo lungo sguardo gli diceva tutto; ***sein Name sagt mir nichts*** il suo nome non mi dice niente **e** *(behaupten)* ***an dieser Stelle sagt der Autor...*** in questo passo l'autore dice...; ***sie sagt, du bist verrückt*** dice che sei matto; ***du kannst ~, was du willst, aber...*** puoi dire ciò che vuoi, ma... **f** *(meinen)* ***was sagt er dazu?*** lui che ne dice? ***was sagst du (dazu)?*** che ne dici? **g** *(wünschen)* ***Gute Nacht ~*** dire (*o* dare la) buona notte **h** *(vorschreiben)* ***er hat dir nichts zu ~*** non ha da dirti niente **i** *(erwidern)* ***darauf wusste sie nichts mehr zu ~*** non ha più saputo che dire (*o* replicare) **l** *(beinhalten)* ***das Gesetz sagt, dass...*** la legge dice che...; ***die Formel sagt...*** la formula dice... **2a** *(anreden)* chiamare: ***du sollst zu ihm 'Herr Doktor' ~*** devi chiamarlo 'dottore'; ***man sagt, zu ihm Jim*** lo chiamano Jim **b** *(bezeichnen)* ***zu einem Gemälde kann man auch Bild ~*** un dipinto può anche essere chiamato quadro **3** *(heißen, bedeuten)* voler dire: ***das will nichts ~*** questo non vuol dire nulla; ***das sagt doch immerhin, dass...*** questo comunque vuol dire che... **II** rifl. **sich ~ 1** dirsi: ***ich habe mir gesagt: das ist die beste Lösung*** mi sono detta: questa è la soluzione migliore **2** *(der eine dem anderen)* dirsi: ***sie ~ sich (D) alles*** si dicono tutto; ***sich nichts mehr zu ~ haben*** non aver più niente da dirsi ◆ ***aufrichtig gesagt*** a dire il vero; ***beiläufig gesagt*** detto per inciso (*o* tra parentesi); ***sag bloß, du kommst nicht!*** non mi dire che non verrai! ***das brauchst du mir nicht zu ~!*** a chi lo dici! ***dagegen ist nichts zu ~*** su questo non c'è niente da dire; ***jdm Dank ~*** ringraziare qcn.; ***wenn man so ~ darf*** se così si può dire; ***darüber, dazu wäre viel zu ~*** se ne potrebbe discutere a lungo; ***davon hat sie nichts gesagt*** di questo non ha parlato; ***du sagst es!*** l'hai detto! esattamente! ***lass dir das ein für alle Mal gesagt sein!*** te lo dico una volta per tutte! ***etw. im Ernst ~*** dire qcs. sul serio; ***so etwas sagt man nicht*** queste cose non si dicono; ***jdm etw. ins Gesicht ~*** dire qcs. in faccia a qcn.; ***gesagt, getan*** detto, fatto; ***ich habe es dir ja gleich gesagt!*** te l'avevo detto io! ***von Glück ~ können*** potersi dire fortunato; ***es ist (noch lange) nicht gesagt, dass...*** non è (ancora) detto che...; ***ich will nichts gesagt haben*** come non detto; ***etw. zu ~ haben*** avere qcs. da dire; *(bedeuten)* significare qcs.; ***etw. vor sich hin ~*** dire qcs. tra sé e sé; ***zu allem Ja und Amen ~*** dire di sì a tutto; ***das kann ich dir ~*** te lo assicuro; ***da kann man wohl ~, dass...*** è proprio il caso di dire che...; ***um es klar zu ~*** per dirla chiaramente; ***ich habe mir ~ lassen, dass...*** mi hanno detto che...; ***sich (D) etw. nicht zweimal ~ lassen*** non farsi dire (*o* ripetere) due volte la stessa cosa; ***sich (D) nichts ~ lassen*** non intendere ragione; ***sich (D) etw. gesagt sein lassen*** tenere a mente qcs.; ***das kannst du laut ~*** puoi dirlo forte; ***jdm Lebewohl ~*** dire addio a qcn.; ***das ist leichter gesagt als getan*** è più facile a dirsi che a farsi; ***das sagt sich so leicht, einfach*** facile a dirsi; ***was man auch ~ mag*** checché se ne dica; ***sag mal, was ist das?*** di' un po', che cos'è questo? ***es kostet, ~ wir mal, DM 100*** costa, diciamo, 100 marchi; FIG. ***jdm seine Meinung ~*** dire qcn. il fatto suo; ***das möchte ich nicht ~*** non direi; ***das muss man schon ~*** bisogna ammeterlo; ***nebenbei gesagt*** → ***beiläufig gesagt; sag das nicht?*** davvero? ***es ist nicht zu ~!*** inaudito! ***sag nur!*** non mi dire! ***etw. offen ~*** dire qcs. apertamente; ***richtiger gesagt*** per meglio dire, o meglio; ***hier habe ich das Sagen*** qui decido (*o* comando) io; ***etw. im Scherz ~*** dire qcs. per scherzo; ***das will schon (et)was ~*** è già qualcosa; ***wie man so schön sagt*** come si suol dire; ***sage und schreibe*** nientemeno che; ***er hat das nur so gesagt*** diceva solo così (per dire); ***er ist, wie soll ich ~, ein schwieriger Mensch*** è, che dire (*o* come posso dire), una persona difficile; ***da soll mir noch einer ~*** e poi non mi si venga a dire; ***was soll ich dazu ~*** che dire? ***unschön, um nicht zu ~ scheußlich*** non bel-

lo, per non dire orrendo; ***unter** uns gesagt* detto tra noi; ***mit Verlaub** gesagt* con rispetto parlando; ***im Vertrauen** gesagt* detto in confidenza; ***viel** zu ~ haben* contare molto; aver voce in capitolo; ***damit ist viel gesagt*** è tutto dire; ***was** du nicht sagst!* ma non mi dire! ***was ich noch ~ wollte...*** a proposito..., volevo dire...; ***wem** sagst du das!* a chi lo dici! ***damit ist wenig gesagt*** non vuol dire gran che; COLLOQ. ***na, wer sagt's denn?*** beh, che t'avevo detto io? ***wie** gesagt* come si è detto; ***was willst** du damit ~?* che intendi dire? ***was würdest du ~, wenn...*** che ne diresti se...; ***zu** jdm du, Sie ~* dare del tu, del lei a qcn.; ***es ist nicht zu viel gesagt*** non è esagerato dire.

sä|gen I tr. segare: ***etw. in zwei Teile ~*** segare qcs. in due **II** intr. (aus. *haben*) SCHERZ. *(schnarchen)* ronfare.

Sa|gen|dich|tung f. *(-)* leggende *f.pl.* **Sa|gen|for|scher** m. *(-s,-)* studioso *m.* di leggende. **Sa|gen|for|schung** f. *(-)* studio *m.* delle leggende. **Sa|gen|ge|stalt** f. *(-,-en)* figura *f.* leggendaria. **sa|gen|haft I** agg. **1** leggendario: ***ein -er Held*** un eroe leggendario **2** COLLOQ. *(großartig)* fantastico, favoloso; straordinario: ***eine -e Begabung*** una dote straordinaria **II** avv. rafforz. favolosamente, in modo fantastico: ***sie kocht ~*** cucina in modo fantastico ◆ ***er gibt ~ an*** si dà un sacco di arie. **Sa|gen|kreis** m. *(-es,-e)* ciclo *m.* di leggende. **sa|gen|reich** agg. ricco di leggende. **Sa|gen|schatz** m. *(-es)* patrimonio *m.* di leggende. **sa|gen|um|wo|ben** agg. leggendario, avvolto dalla leggenda. **Sa|gen|welt** f. *(-,-en)* mondo *m.* leggendario.

Sä|ger m. *(-s,-)* **1** segatore *m.* **2** ORNIT. smergo *m.* **Sä|ge|rei** f. *(-,-en)* **1** segheria *f.* **2** COLLOQ. *(dauerndes Schnarchen)* ronfamento *m.* **Sä|ge|spä|ne** pl. segatura *f.* **Sä|ge|werk** n. *(-[e]s,-e)* segheria *f.* **Sä|ge|werk|ar|bei|ter** m. *(-s,-)*, **Sä|ge|wer|ker** m. *(-s,-)* segantino *m.* **Sä|ge|wes|pen** pl. tentredini *f.pl.* **Sä|ge|zahn** m. *(-[e]s,-zähne)* dente *m.* di sega.

sa|git|tal agg. sagittale. **Sa|git|tal|ebe|ne** f. *(-,-n)* piano sagittale.

Sa|go m., AUSTR. n. *(-s)* sagù *m.*, sago *m.* **Sa|go|mehl** n. *(-[e]s)* farina *f.* di sagù. **Sa|go|pal|me** f. *(-,-n)* palma *f.* del sagù.

sah → **sehen.**

Sa|ha|ra n.pr.f. *(-)* Sahara *m.*: ***in die ~ fahren*** andare nel Sahara.

Sah|ne f. *(-)* panna *f.*: ***saure, süße ~*** panna acida, dolce; ***die ~ schlagen*** montare la panna; ***Eis mit ~*** gelato con panna; ***die ~ abschöpfen*** scremare la panna, spannare. **Sah|ne|eis** n. *(-es)* gelato *m.* alla panna (*o* al fior di latte). **sah|ne|hal|tig** agg. contenente panna, cremoso. **Sah|ne|häub|chen** n. *(-s,-)* fiocco *m.* di panna. **Sah|ne|känn|chen** n. *(-s,-)* bricchetto *m.* della panna. **sah|nen** tr. **1** ANT. riempire di panna **2** *(absahnen)* scremare. **Sah|ne|so|ße** f. *(-,-n)* salsa *f.* alla panna. **Sah|ne|tor|te** f. *(-,-n)* torta *f.* alla panna. **sah|nig** agg. **1** alla panna **2** *(cremig)* cremoso: ***-er Joghurt*** jogurt cremoso ◆ ***etw. ~ schlagen*** montare, amalgamare qcs. fino a renderlo cremoso.

Saib|ling m. *(-s,-e)* REGION. salmerino *m.*

Saint-Si|mo|nis|mus [sẽsi-] m. *(-)* sansimonismo *m.* **Saint-Si|mo|nist** m. *(-en,-en)* sansimonista *m.* **saint-si|mo|nis|tisch** agg. sansimoniano.

Sai|son [zeˈzɔ̃:, zeˈzɔŋ] f. *(-,-s* e REGION. *-en)* **1** stagione *f.*: ***die ~ für Orangen*** la stagione delle arance; ***es ist keine ~ für Paprika(s)*** non è stagione per i peperoni; ***eine gute, schlechte ~*** una buona, cattiva stagione; ***die ~ beginnt, läuft aus*** la stagione inizia, finisce; *(vom Theater)* ***die ~ mit einem Konzert eröffnen*** aprire la stagione con un concerto **2** *(Hochsaison)* alta stagione *f.*: ***während der ~ sind die Hotels teurer*** nel periodo di alta stagione gli alberghi sono più cari ◆ ***außerhalb der ~*** fuori stagione; ***~ haben*** avere mercato; ***stille, tote ~*** stagione morta. **sai|son|ab|hän|gig** agg. che dipende dalla stagione. **sai|so|nal** agg. stagionale. **Sai|son|ar|beit** f. *(-,-en)* lavoro *m.* stagionale. **Sai|son|ar|bei|ter** m. *(-s,-)* (lavoratore *m.*) stagionale *m.* **Sai|son|ar|ti|kel** m. *(-s,-)* articolo *m.* di stagione. **Sai|son|auf|takt** m. *(-[e]s,-e)* → **Saisonbeginn. Sai|son|aus|ver|kauf** m. *(-[e]s,-verkäufe)* saldi *m.pl.* di fine stagione. **sai|son|be|dingt** agg. → **saisonal. Sai|son|be|ginn** m. *(-[e]s)* inizio *m.* di, della stagione. **sai|son|be|rei|nigt** agg. BUROCR. destagionalizzato. **Sai|son|be|schäf|ti|gung** f. *(-,-en)* occupazione *f.* stagionale. **Sai|son|be|trieb** m. *(-[e]s,-e)* **1** azienda *f.* con attività stagionale **2** *(Andrang)* afflusso *m.*, affluenza *f.* stagionale. **Sai|son|en|de** n. *(-s)* fine *f.* di, della stagione. **Sai|son|er|öff|nung** f. *(-,-en)* apertura *f.* della stagione. **Sai|son|ge|schäft** n. *(-[e]s,-e)* attività *f.* stagionale. **Sai|son|ge|wer|be** n. *(-s,-)* industria *f.* stagionale. **Sai|son|krank|heit** f. *(-,-en)* malattia *f.* di stagione. **sai|son|mä|ßig** agg. stagionale. **Sai|son|schluss** m. *(-es)* chiusura *f.* di, della stagione. **Sai|son|schluss|ver|kauf** m. *(-[e]s,-verkäufe)* → **Saisonausverkauf. sai|son|wei|se** avv. stagionalmente: ***jdn ~ einstellen*** assumere qcn. per la stagione.

Sai|te f. *(-,-n)* MUS. corda *f.*: ***die -n der Gitarre, der Geige*** le corde della chitarra, del violino; ***eine ~ aufziehen*** mettere una corda; ***die -n erklingen lassen*** far risuonare le corde; ***eine ~ ist gerissen, gesprungen*** una corda è rotta, è saltata; SPORT ***die -n eines Tennisschlägers*** le corde di una racchetta da tennis ◆ ***eine ~ anschlagen*** toccare una corda; FIG. toccare un tasto; FIG. ***andere -n aufziehen*** mutare registro, cambiare musica; FIG. ***mildere, strengere -n aufziehen*** venire a più miti consigli, ricorrere a misure più energiche; LETT. IRON. ***in die -n greifen*** incominciare a suonare; ***die -n (nach)stimmen*** accordare uno strumento.

Sai|ten|be|zug m. *(-[e]s,-bezüge)* incordatura *f.* **Sai|ten|brett** n. *(-[e]s,-er)* tastiera *f.* **Sai|ten|hal|ter** m. *(-s,-)* cordiera *f.* **Sai|ten|in|stru|ment** n. *(-[e]s,-e)* strumento *m.* a corda. **Sai|ten|klang** m. *(-[e]s,-klänge)* **1** suono *m.* delle corde **2** FIG. musica *f.* **Sai|ten|spiel** n. *(-[e]s)* il suonare uno strumento a corda.

Sait|ling m. *(-[e]s,-e)* minugia *f.*

Sa|ke m. *(-)* sakè *m.* (*o* sake *m.*).

Sak|ko m. e AUSTR. n. *(-s,-s)* giacca *f.* (di completo maschile).

sak|ra inter. REGION. maledizione, accidenti.

sak|ral agg. **1** sacrale, sacro: ***-e Feiern, Kunst*** feste sacre, arte sacra **2** ANAT. sacrale. **Sak|ral|bau** m. *(-[e]s,-ten)* edificio *m.* sacro, religioso. **Sak|ral|fleck** m. *(-[e]s)* MED. macchia *f.* sacrale (*o* mongolica).

Sak|ra|ment n. *(-[e]s,-e)* sacramento *m.*: ***ein ~ spenden, austeilen, empfangen*** amministrare, somministrare (*o* impartire), ricevere un sacramento. **sak|ra|men|tal** agg. sacramentale: ***-e Gnade*** grazia sacramentale. **Sak|ra|men|ta|li|en** pl. sacramentali *m.pl.* **Sak|ra|men|tar, Sak|ra|men|ta|ri|um** n. *(-s, Sakramentarien)* sacramentario *m.*

Sak|ra|men|ter m. *(-s,-)* COLLOQ. disgraziato *m.*

sak|ra|ment|lich agg. → **sakramental. Sak|ra|ment|häus|chen** n. *(-s,-)* tabernacolo *m.* **Sak|ra|ments|tag** m. *(-[e]s)* Corpus Domini *m.*

Sak|ri|leg n. *(-s,-e)* sacrilegio *m.* (anche FIG.): ***ein ~ begehen*** commettere un sacrilegio. **sak|ri|le|gisch** agg. sacrilego. **Sak|ri|le|gi|um** n. *(-s, Sakrilegien)* ANT. → **Sakrileg.**

sak|risch REGION. **I** agg. **1** *(verdammt)* dannato, maledetto **2** rafforz. *(sehr)* terribile, tremendo **II** avv. terribilmente, tremendamente: ***sich ~ weh tun*** farsi terribilmente male.

Sak|ris|tan m. *(-s,-e)* sagrestano *m.*, sacrestano *m.* **Sak|ris|tei** f. *(-,-en)* sagrestia *f.*, sacrestia *f.*

sak|ro|sankt agg. sacrosanto: ***ein -es Recht, Privileg*** un diritto, un privilegio sacrosanto.

sä|ku|lar agg. **1a** secolare: ***ein -er Baum, eine -e Überlieferung*** un albero, una tradizione secolare **b** *(weltlich)* ***die -e Macht*** il potere secolare **2** *(ein Jahrhundert betreffend)* del secolo **3** *(außergewöhnlich)* straordinario, eccezionale: ***ein -es Ereignis*** un evento straordinario. **Sä|ku|lar|fei|er** f. *(-,-n)* celebrazione *f.* secolare.

Sä|ku|la|ri|sa|ti|on f. *(-,-en)* secolarizzazione *f.* **sä|ku|la|ri|sie|ren** tr. secolarizzare. **Sä|ku|la|ri|sie|rung** f. *(-,-en)* secolarizzazione *f.*

Sä|ku|lar|kle|ri|ker m. *(-s,-)* chierico *m.* secolare, secolare *m.* **Sä|ku|lar|kle|rus** m. *(-)* clero *m.* secolare.

Sa|la|din n.pr.m. Saladino *m.*

Sa|la|man|der m. *(-s,-)* salamandra *f.* ◆ GERG. ***einen, den ~ reiben*** fare un brindisi, brindare.

Sa|la|mi f. *(-,-[s])* e SVIZZ. m. *(-s,-)* salame *m.*

Sa|la|mis n.pr.n. *(-)* Salamina *f.*

Sa|la|mi|tak|tik f. *(-)* COLLOQ. tattica *f.* dei piccoli passi. **Sa|la|mi|wurst** f. *(-,-würste)* salame *m.*

Sa|lär n. *(-s,-e)* ANT. o REGION. salario *m.*: ***ein gutes, schlechtes ~ bekommen*** ricevere un salario buono, basso. **sa|la|rie|ren** tr. SVIZZ. salariare.

Sa|lat m. *(-[e]s,-e)* insalata *f.* (anche FIG.): ***~ pflanzen, anbauen, ernten*** piantare, coltivare, raccogliere l'insalata; ***grüner, gemischter ~*** insalata verde, mista; ***den ~ anmachen*** condire l'insalata ◆ ***italienischer ~*** = insalata mista (con carne, salame, pomodori, cetrioli, mele); COLLOQ. ***der ganze ~*** tutto questo pasticcio; COLLOQ. ***da haben wir den ~!*** (guarda) che bel pasticcio! ***ein Kopf ~*** un cespo di insalata.

Sa|lat|beet n. *(-[e]s,-e)* ai(u)ola *f.* di insalata. **Sa|lat|be|steck** n. *(-[e]s,-e)* posate *f.pl.* da insalata. **Sa|lat|blatt** n. *(-[e]s,-blätter)* foglia *f.* di insalata. **Sa|lat|gur|ke** f. *(-,-n)* cetriolo *m.* da insalata. **Sa|lat|kar|tof|feln** pl. patate *f.pl.* da insalata. **Sa|lat|kopf** m. *(-[e]s,-köpfe)* cespo *m.* di insalata. **Sa|lat|öl** n. *(-[e]s,-e)* olio *m.* per (condire l')insalata. **Sa|lat|pflan|ze** f. *(-,-n)* pianta *f.* da insalata. **Sa|lat|plat|te** f. *(-,-n)* **1** piatto *m.* da insalata **2** *(Gericht)* piatto *m.* di insalata. **Sa|lat|schüs|sel** f. *(-,-n)* **1** insalatiera *f.* **Sa|lat|so|ße** f.

(-,-n) salsa *f.* per (condire l')insalata. **Sa|lat|tel|ler** m. *(-s,-)* piatto *m.* di insalata: ***einen ~ bestellen*** ordinare un piatto di insalata.
Sal|ba|der m. *(-s,-)* COLLOQ. SPREG. chiacchierone *m.*, ciarlone *m.* **Sal|ba|de|rei** f. *(-,-en)* COLLOQ. SPREG. chiacchiera *f.*, palantina *f.* **sal|ba|dern** intr. (aus. *haben*) COLLOQ. SPREG. chiacchierare, ciarlare.
Sal|be f. *(-,-n)* pomata *f.*, unguento *m.*: ***etw. mit einer ~ einreiben*** frizionare qcs. con una pomata; ***die ~ dünn auftragen*** stendere un sottile strato di pomata.
Sal|bei, Sal|bei m. *(-s)* e f. *(-)* salvia *f.* **Sal|bei|tee** m. *(-s)* infuso *m.* di salvia.
sal|ben I tr. **1** impomatare, spalmare di pomata **2** RELIG. STOR. ungere: ***jdn zum König ~*** ungere qcn. re **II** rifl. **sich ~** impomatarsi: ***sich (D) die Hände ~*** impomatarsi le mani, darsi la pomata sulle mani. **Sal|ben|do|se** f. *(-,-n)*, **Sal|ben|topf** m. *(-[e]s,-töpfe)* barattolo *m.* di pomata.
Salb|ling REGION. → **Saibling.**
Salb|öl n. *(-[e]s)* olio *m.* santo, crisma *m.*
Sal|bung f. *(-,-en)* unzione *f.* **sal|bungs|voll** SPREG. **I** agg. untuoso **II** avv. untuosamente.
Säl|chen n. *(-s,-)* saletta *f.*
Sal|den|bi|lanz f. *(-,-en)* COMM. bilancio *m.* a saldi. **sal|die|ren** tr. saldare. **Sal|die|rung** f. *(-,-en)* pagamento *m.* a saldo, liquidazione *f.*
Sal|do m. *(-s,-s* e *Salden/Saldi)* saldo *m.*: ***den ~ aufstellen, ziehen*** stabilire il saldo; ***einen ~ ausgleichen*** fare un saldo; ***zu unseren Gunsten, Lasten einen ~ aus-, aufweisen*** presentare un saldo a nostro favore, carico; ***den ~ auf neue Rechnung gutschreiben, vortragen*** riportare a nuovo il saldo ◆ ***im ~ bleiben*** restare debitore; ***per ~*** a saldo. **Sal|do|an|er|kennt|nis** n. *(-ses,-se)* approvazione *f.* del saldo. **Sal|do|be|trag** m. *(-[e]s,-beträge)* importo *m.*, ammontare *m.* del saldo. **Sal|do|gut|ha|ben** n. *(-s,-)* saldo *m.* all'attivo. **Sal|do|kon|to** n. *(-s,-s* e *-konti)* saldaconto *m.* (*o* saldaconti *m.*). **Sal|do|über|trag** m. *(-[e]s,-überträge)*, **Sal|do|vor|trag** m. *(-[e]s,-vorträge)* saldo *m.* a nuovo, saldo *m.* riportato. **Sal|do|wech|sel** m. *(-s,-)* effetto *m.* a saldo.
Sä|le pl. → **Saal.**
Sa|ler|ni|ta|ner m. *(-s,-)* salernitano *m.* **sa|ler|ni|ta|nisch** agg. salernitano.
Sa|le|si|a|ner m. *(-s,-)* salesiano *m.* **sa|le|si|a|nisch** agg. salesiano.
Sa|let|tel, Sa|lettl n. *(-s,-[n])* REGION. **1** *(Laube)* pergola *f.* **2** *(Pavillon)* padiglione *m.*
Sa|li|er m. *(-s,-)* STOR. salio *m.*
Sa|li|ne f. *(-,-n)* salina *f.* **Sa|li|nen|salz** n. *(-es)* sale *m.* di salina.
Sa|ling f. *(-,-e[n])* MAR. crocetta *f.*
sa|lisch agg. STOR. salico: ***das Salische Gesetz*** la legge salica.
Sa|li|zyl n. *(-s)* salicile *m.* **Sa|li|zyl|säu|re** f. *(-)* acido *m.* salicilico.
Salk|imp|fung ['zalk- e 'sɔlk-] f. *(-)* vaccinazione *f.* (di) Salk.
Sal|lust n.pr.m. Sallustio *m.*
1.Salm m. *(-[e]s,-e)* salmone *m.*
2.Salm m. *(-s,)* REGION. SPREG. sproloquio *m.*
Sal|mi|ak m. e n. *(-s)* sale *m.* ammoniaco, cloruro *m.* di ammonio. **Sal|mi|ak|geist** m. *(-[e]s)* ammoniaca *f.* (liquida), soluzione *f.* ammoniacale. **Sal|mi|ak|lö|sung** f. *(-)* soluzione *f.* ammoniacale.
Salm|ler m. *(-s,-)* caracinide *m.*
Sälm|ling REGION. → **Saibling.**
Sal|mo|nel|le f. *(-,-n)* salmonella *f.* **Sal|mo|nel|lo|se** f. *(-,-n)* salmonellosi *f.*
Sal|mo|ni|den pl. salmonidi *m.pl.*
Sa|lo|me n.pr.f. Salomè *f.*
Sa|lo|mo(n) n.pr.m. Salomone *m.* **Sa|lo|mon|in|seln** pl. isole *f.pl.* Salomone. **sa|lo|mo|nisch I** agg. salomonico: ***ein -es Urteil*** un giudizio salomonico **II** avv. salomonicamente. **Sa|lo|mon(s)|sie|gel** n. *(-s)* BOT. sigillo *m.* di Salomone.
Sa|lon m. *(-s,-s)* **1a** salotto *m.*: ***jdn im ~ empfangen*** ricevere qcn. in salotto **b** *(Zusammenkunft)* ***ein literarischer ~*** un salotto letterario **2** *(Ausstellungsraum)* salone *m.* **3** *(Kunstausstellung)* esposizione *f.* **sa|lon|fä|hig** agg. presentabile, decente.
Sa|lo|ni|ki n.pr.n. *(-s)* Salonicco *m.*
Sa|lon|kom|mu|nist m. *(-en,-en)* SPREG. comunista *m.* da salotto. **Sa|lon|lö|we** m. *(-n,-n)* SPREG. salottiero *m.* **Sa|lon|mu|sik** f. *(-)* musica *f.* da salotto. **Sa|lon|or|ches|ter** n. *(-s,-)* orchestrina *f.* **Sa|lon|wa|gen** m. *(-s,-)* FERR. carrozza *f.* salone.
sa|lopp I agg. **1** *(ungezwungen)* disinvolto, informale: ***ein -es Auftreten*** un comportamento informale; ***eine -e Ausdrucksweise*** un modo di esprimersi informale **2** *(von Kleidung)* casual, informale **II** avv. **1** disinvoltamente, con disinvoltura, in modo informale: ***sich ~ benehmen*** comportarsi con disinvoltura **2** *(von Kleidung)* in modo casual, in modo informale: ***sich ~ kleiden*** vestirsi in modo casual. **Sa|lopp|heit** f. *(-)* *(Ungezwungenheit)* disinvoltura *f.*, informalità *f.*
Sal|pe f. *(-,-n)* taliaceo *m.*
Sal|pe|ter m. *(-s)* salnitro *m.*, nitro *m.* **Sal|pe|ter|dün|ger** m. *(-s)* concime *m.* nitrico. **Sal|pe|ter|er|de** f. *(-)* terra *f.* nitrosa. **Sal|pe|ter|gru|be** f. *(-,-n)* nitriera *f.* **sal|pe|ter|hal|tig** agg. nitroso. **sal|pe|te|rig** → **salpetrig. sal|pe|ter|sau|er** agg. nitrico. **Sal|pe|ter|säu|re** f. *(-)* acido *m.* nitrico. **sal|pet|rig** agg. nitroso.
Sal|to m. *(-s,-s* e *Salti)* **1** GINN. salto *m.*: ***ein ~ vorwärts, rückwärts*** un salto avanti, indietro; ***einen doppelten ~ machen*** fare, eseguire un salto doppio; ***einen ~ springen*** fare un salto **2** AER. giro *m.* della morte.
sa|lü, sa|lü inter. SVIZZ. salve.
Sa|lut m. *(-[e]s,-e)* MIL. saluto *m.*; *(Salutschuss)* salva *f.* (di saluto) ◆ ***~ schießen*** salutare con una salva. **sa|lu|tie|ren** intr. (aus. *haben*) **1** fare il saluto militare: ***vor jdm ~*** fare il saluto militare a qcn. **2** RAR. *(Salut schießen)* sparare una salva. **Sa|lut|schuss** m. *(-es,-schüsse)* MIL. salva *f.* (di saluto).
Sal|va|do|ri|a|ner m. *(-s,-)* salvadoregno *m.* **sal|va|do|ri|a|nisch** agg. salvadoregno.
sal|va|to|risch agg. DIR. di riserva: ***-e Klausel*** clausola di riserva.
Sal|ve [-v-] f. *(-,-n)* salva *f.*: ***~ schießen, eine ~ abgeben, abfeuern*** sparare una salva; FIG. ***eine ~ von Beifall, von Gelächter*** una salva di applauso, di risate.
Sal|wei|de f. *(-,-n)* salice *m.* caprino.
Salz n. *(-es,-e)* sale *m.*: ***feines, grobes ~*** sale fino, grosso; ***eine Prise ~*** un pizzico di sale; ***~ in etw. (A) tun*** mettere il sale in qcs., salare qcs.; ***mit Pfeffer und ~ würzen*** condire con pepe e sale; ***~ gewinnen, abbauen*** estrarre il sale; ***~ bildend*** alogeno; CHIM. ***neutrales, basisches, saures ~*** sale neutro, basico, acido ◆ ***attisches ~*** sale attico; ***das ~ der Erde sein*** essere il sale della terra; ***Fleisch, Fisch in ~ legen*** mettere la carne, il pesce sotto sale; COLLOQ. ***nicht das ~ zum Brot, zur Suppe haben*** mancare del necessario; ***ohne ~*** insipido, scipito (anche FIG.); ***Stoff im Pfeffer-und-~-Muster*** stoffa pepe e sale (*o* sale e pepe); ***~ auf, in die Wunde streuen*** rigirare il coltello nella piaga; PROV. ***~ und Brot macht Wangen rot*** = il cibo semplice è il più genuino. **Salz|ader** f. *(-,-n)* vena *f.* salifera. **salz|arm** agg. povero di sale: ***-e Kost*** dieta povera di sale. **salz|ar|tig** agg. salino. **Salz|bad** n. *(-[e]s,-bäder)* bagno *m.* in acqua salsa. **Salz|berg|bau** m. *(-[e]s)* estrazione *f.* di salgemma. **Salz|berg|werk** n. *(-[e]s,-e)* miniera *f.* di salgemma. **Salz|bild|ner** m. *(-s,-)* alogeno *m.* **Salz|bil|dung** f. *(-,-en)* salificazione *f.* **Salz|bo|den** m. *(-s,-böden)* terreno *m.* salmastro. **Salz|brü|he** f. *(-,-n)* → **Salzlake. Salz|brun|nen** m. *(-s,-)* fonte *f.* di acqua salsa.
Salz|burg n.pr.n. *(-s)* Salisburgo *f.* **Salz|bur|ger I** m. *(-s,-)* salisburghese *m.* **II** agg. inv. salisburghese, di Salisburgo: ***~ Festspiele*** Festival di Salisburgo. **salz|bur|gisch** agg. salisburghese.
sal|zen tr. *(salzte, gesalzen/*RAR. *gesalzt)* salare: ***den Braten ~*** salare l'arrosto; ***das Gemüse ist stark, zu wenig, kaum gesalzen*** la verdura è molto, troppo poco salata, è quasi senza sale. **Sal|zen** n. *(-s)* salatura *f.* **Salz|fass** n. *(-es,-fässer)* → **Salznäpfchen. Salz|fleisch** n. *(-es)* carne *f.* salata. **salz|frei** agg. senza sale. **Salz|ge|bäck** n. *(-s)* salatini *m.pl.* **Salz|gar|ten** m. *(-s,-gärten)* salina *f.* **Salz|ge|halt** m. *(-[e]s)* salinità *f.* **Salz|ge|schmack** m. *(-[e]s)* gusto *m.* di sale, salato. **Salz|ge|win|nung** f. *(-,-en)* estrazione *f.* del sale. **Salz|gru|be** f. *(-,-n)* miniera *f.* di salgemma. **Salz|gur|ke** f. *(-,-n)* cetriolo *m.* in salamoia. **salz|hal|tig** agg. salino, salifero. **Salz|hal|tig|keit** f. *(-)* salinità *f.* **Salz|han|del** m. *(-s)* commercio *m.* del sale. **Salz|he|ring** m. *(-s,-e)* aringa *f.* sotto sale. **sal|zig** agg. salato: ***-es Wasser*** acqua salata; ***einen -en Geschmack haben*** avere un gusto salato. **Sal|zig|keit** f. *(-)* salato *m.* **Salz|kar|tof|feln** pl. patate *f.pl.* bollite, lesse. **Salz|korn** n. *(-[e]s,-körner)* granello *m.* di sale. **Salz|kraut** n. *(-[e]s,-kräuter)* salsola *f.*, riscolo *m.*, erba *f.* cali. **Salz|la|ger|stät|te** f. *(-,-n)* giacimento *m.* di salgemma. **Salz|la|ke** f. *(-,-n)* salamoia *f.* **salz|los** agg. senza sale. **Salz|lö|sung** f. *(-,-en)* soluzione *f.* salina. **Salz|let|te** f. *(-,-n)* bastoncino *m.* salato. **Salz|man|del** f. *(-,-n)* mandorla *f.* salata. **Salz|näpf|chen** n. *(-s,-)* saliera *f.* **Salz|pfan|ne** f. *(-,-n)* **1** GEOGR. *(Einsenkung mit Salzkrusten)* conca *f.* salata **2** ANT. *(bei der Salzgewinnung)* caldaia *f.* per il sale. **Salz|pflan|ze** f. *(-,-n)* alofita *f.* **Salz|quel|le** f. *(-,-n)* sorgente *f.* di acqua salsa. **Salz|säu|le** f. *(-,-n)* colonna *f.* di sale ◆ ***zur ~ erstarren*** rimanere (*o* restare) di sale. **Salz|säu|re** f. *(-)* acido *m.* cloridrico (*o* muriatico). **Salz|see** m. *(-s,-n)* lago *m.* salato. **Salz|sie|de|rei** f. *(-,-en)* ANT. → **Salzwerk. Salz|so|le** f. *(-,-n)* salamoia *f.* **Salz|stan|ge** f. *(-,-n)* bastoncino *m.* salato. **Salz|steu|er** f. *(-)* imposta *f.* sul sale. **Salz|stock** m. *(-s,-stöcke)* → **Salzlagerstätte. Salz|streu|er** m. *(-s,-)* saliera *f.*, spargisale *m.*

Salz|was|ser n. *(-s)* acqua *f.* salata. **Salz|werk** n. *(-[e]s,-e)* salina *f.* **Salz|wüs|te** f. *(-,-n)* deserto *m.* salato. **Salz|zoll** m. *(-[e]s, -zölle)* STOR. dazio *m.* sul sale.

SA-Mann m. *(-[e]s,-männer* e *-leute)* milite *m.* delle SA, SA *m.*

Sä|mann m. *(-[e]s,-männer)* LETT. seminato *m.*

Sa|ma|ri|ter m. *(-s,-)* (buon) samaritano *m.* **Sa|ma|ri|ter|dienst** m. *(-[e]s,-e)* opera *f.* caritatevole.

Sa|mar|kand m. *(-[s],-s)* samarcanda *m.*

Sä|ma|schi|ne f. *(-,-n)* seminatrice *f.*

Sam|ba f. *(-,-s)* e m. *(-s,-s)* samba *m.* e *f.*

Sam|bia n.pr.n. *(-s)* Zambia *m.*

Sam|bu|ca|li|kör m. *(-s)* sambuca *f.*

Sa|me m. *(-ns,-n)*, **Sa|men** m. *(-s,-)* seme *m.* (anche FIG. e LETT.): ***der ~ geht auf, treibt (keimt)*** il seme germina, germoglia; *(Saat)* ***~ aussäen, streuen*** seminare, spargere il seme (*o* la semente, la semenza); ***Samen abtötend*** spermicida; ***Samen tragend*** seminifero; FIG. ***der ~ des Hasses, der Zwietracht*** il seme dell'odio, della discordia ◆ ***den ~ für etw. legen*** porre le basi per qcs.; ***~ züchten*** selezionare sementi. **Sa|men|ab|gang** m. *(-[e]s)* → **Samenfluss. Sa|men|an|la|ge** f. *(-,-n)* BOT. ovulo *m.* **Sa|men|bank** f. *(-,-en)* banca *f.* del seme. **Sa|men|bau** m. *(-[e]s)* produzione *f.* di sementi. **Sa|men|be|häl|ter** m. *(-s,-)* pericarpo *m.* **Sa|men|bil|dung** f. *(-)* spermatogenesi *f.* **Sa|men|bla|se** f. *(-,-n)* vescicola *f.* seminale. **Sa|men|er|guss** m. *(-es,-ergüsse)* eiaculazione *f.* **Sa|men|fa|den** m. *(-s, -fäden)* → **Samenzelle. Sa|men|fluss** m. *(-es)* spermatorrea *f.* **Sa|men|flüs|sig|keit** f. *(-,-en)* liquido *m.* seminale. **Sa|men|gang** m. *(-[e]s,-gänge)* → **Samenleiter. Sa|men|hand|lung** f. *(-,-en)* negozio *m.* di semi (*o* di sementi). **Sa|men|hül|se** f. *(-,-n)* tegumento *m.* (del seme). **Sa|men|kap|sel** f. *(-,-n)* capsula *f.* seminale. **Sa|men|keim** m. *(-[e]s,-e)* embrione *m.* **Sa|men|kern** m. *(-[e]s,-e)* nocciolo *m.* **Sa|men|korn** n. *(-[e]s,-körner)* seme *m.*, chicco *m.* **Sa|men|lei|ter** m. *(-s,-)* condotto *m.* spermatico. **Sa|men|pflan|ze** f. *(-,-n)* spermatofita *f.*, fanerogama *f.* **Sa|men|strang** m. *(-[e]s,-stränge)* funicolo *m.* spermatico. **Sa|men|trä|ger** m. *(-s,-)* pianta *f.* seminifera. **Sa|men|über|tra|gung** f. *(-,-en)* inseminazione *f.* (*o* fecondazione *f.*) artificiale. **Sa|men|zap|fen** m. *(-s,-)* BOT. cono *m.* **Sa|men|zel|le** f. *(-,-n)* spermatozoo *m.* **Sa|men|zucht** f. *(-)* coltivazione *f.* per la selezione di sementi.

Sä|me|rei f. *(-,-en)* **1** *(Samenhandlung)* negozio *m.* di sementi **2** pl. *(Saatgut)* sementi *f.pl.*, semi *m.pl.*

sä|mig agg. denso: ***eine -e Suppe, Soße*** una minestra, una salsa densa. **Sä|mig|keit** f. *(-)* densità *f.*

sä|misch agg. scamosciato. **Sä|misch|ger|be|rei** f. *(-)* scamosciatura *f.* **Sä|misch|le|der** n. *(-s,-)* pelle *f.* scamosciata.

Säm|ling m. *(-s,-e)* plantula *f.*

Sam|mel|al|bum n. *(-s,-alben)* album *m.* (da raccolta). **Sam|mel|an|schluss** m. *(-es,-anschlüsse)* centralino *m.* (telefonico). **Sam|mel|band** m. *(-[e]s,-bände)* raccolta *f.* (in un volume). **Sam|mel|be|cken** n. *(-s,-)* **1** bacino *m.* di raccolta, serbatoio *m.* **2** FIG. crogiolo *m.*, ricettacolo *m.* **Sam|mel|be|griff** m. *(-[e]s,-e)* concetto *m.* generale (che racchiude più concetti particolari). **Sam|mel|be|stel|lung** f. *(-,-en)* COMM. ordinazione *f.* collettiva. **Sam|mel|be|zeich|nung** f. *(-,-en)* GRAMM. nome *m.* collettivo. **Sam|mel|büch|se** f. *(-,-n)* cassetta *f.* per le, delle elemosine. **Sam|mel|de|pot** n. *(-s,-s)* deposito *m.* (di effetti) in custodia collettiva. **Sam|mel|fahr|schein** m. *(-[e]s,-e)* **1** *(für mehrere Personen)* biglietto *m.* collettivo (*o* cumulativo) **2** *(für mehrere Einzelfahrten)* biglietto *m.* multiplo. **Sam|mel|frucht** f. *(-,-früchte)* frutto *m.* composto, sincarpio *m.* **Sam|mel|ge|biet** n. *(-[e]s,-e)* ambito *m.*, settore *m.* (di un collezionista). **Sam|mel|gleis** n. *(-es,-e)* binario *m.* collettore. **Sam|mel|grab** n. *(-[e]s,-gräber)* fossa *f.* comune. **Sam|mel|gut** n. *(-[e]s,-güter)* (merce *f.* a) collettame *m.* **Sam|mel|heft** n. *(-[e]s,-e)* raccolta *f.* (in un fascicolo). **Sam|mel|hei|zung** f. *(-,-en)* riscaldamento *m.* centrale. **Sam|mel|ka|nal** m. *(-s,-kanäle)* collettore *m.* **Sam|mel|kas|ten** m. *(-s,-kästen)* bacile *m.* **Sam|mel|kon|to** n. *(-s,-konten)* conto *m.* collettivo (*o* cumulativo). **Sam|mel|la|dung** f. *(-,-en)* spedizione *f.* di (merci a) collettame. **Sam|mel|la|ger** n. *(-s,-)* **1** *(Gefangenenlager)* campo *m.* di concentramento **2** campo *m.* di raccolta (per profughi). **Sam|mel|lei|den|schaft** f. *(-,-en)* passione *f.* per il collezionismo. **Sam|mel|lei|tung** f. *(-,-en)* conduttura *f.* collettrice. **Sam|mel|lin|se** f. *(-,-n)* lente *f.* convergente. **Sam|mel|map|pe** f. *(-,-n)* raccoglitore *m.*

sam|meln I tr. **1a** raccogliere: ***Pilze, Holz ~*** raccogliere funghi, legna; FIG. ***Material für eine Doktorarbeit ~*** raccogliere materiale per una tesi; ***Punkte ~*** raccogliere punti; *(von anderen erbitten)* ***Kleider, Spenden für die Armen ~*** raccogliere vestiti, fondi per i poveri; *(sich konzentrieren)* ***seine Gedanken ~*** raccogliere le idee **b** assol. ***für das Rote Kreuz ~*** raccogliere, fare una colletta per la Croce Rossa **2** *(versammeln)* riunire, (r)adunare, raccogliere: ***Truppen ~*** radunare le truppe; ***die Mehrheit um sich ~*** riunire la maggioranza attorno a sé **3** collezionare: ***Briefmarken, alte Bücher, Unterschriften ~*** collezionare francobolli, libri antichi, firme **4** *(anhäufen)* accumulare: ***Reichtümer, Erfahrungen ~*** accumulare ricchezze, esperienze **II** intr. (aus. *haben*) ***an etw. (D) ~*** fare la raccolta (*o* la collezione) di qcs. **III** rifl. ***sich ~*** **1** *(sich versammeln)* radunarsi, riunirsi, raccogliersi: ***die Demonstranten ~ sich auf dem Platz*** i dimostranti si radunano sulla piazza **2** *(von Wasser, Licht)* raccogliersi **3** *(sich konzentrieren)* concentrarsi, raccogliersi (in se stesso): ***bei dem Lärm fällt es ihm schwer, sich zu ~*** con il rumore gli è difficile concentrarsi; ***er war sehr gesammelt*** era molto concentrato, raccolto in se stesso. **Sam|meln** n. *(-s)* **1** raccolta *f.* **2** MIL. adunata *f.*: ***zum ~ blasen*** suonare l'adunata.

Sam|mel|na|me m. *(-ns,-n)* GRAMM. nome *m.* collettivo. **Sam|mel|num|mer** f. *(-,-n)* numero *m.* di, del centralino. **Sam|mel|pa|ckung** f. *(-,-en)* confezione *f.* multipla. **Sam|mel|platz** m. *(-es, -plätze)* luogo *m.* di raccolta; *(von Personen)* luogo *m.* di adunata, di convegno. **Sam|mel|rohr** n. *(-[e]s,-e)* tubo *m.* collettore. **Sam|mel|schie|ne** f. *(-,-n)* EL. (s)barra *f.* collettrice, sbarra *f.* omnibus. **Sam|mel|stel|le** f. *(-,-n)* → **Sammelplatz. Sam|mel|su|ri|um** n. *(-s,-surien)* guazzabuglio *m.* **Sam|mel|tä|tig|keit** f. *(-,-en)* attività *f.* di collezionista, collezione *f.* **Sam|mel|ta|xi** n. *(-s,-s)* taxi *m.* collettivo. **Sam|mel|trans|port** m. *(-[e]s,-e)* trasporto *m.* collettivo (di persone o di cose). **Sam|mel|trieb** m. *(-[e]s,-e)* mania *f.* collezionistica. **Sam|mel|über|wei|sung** f. *(-,-en)* vaglia *m.* cumulativo. **Sam|mel|vi|sum** n. *(-s,-visa* e *-visen)* visto *m.* collettivo. **Sam|mel|werk** n. *(-[e]s,-e)* miscellanea *f.*, raccolta *f.* antologica. **Sam|mel|wut** f. *(-)* → **Sammeltrieb.**

Sam|met m. *(-s,-)* ANT. → **Samt.**

Samm|ler m. *(-s,-)* **1a** chi raccoglie, raccoglitore *m.*: ***ein ~ von Pilzen*** un raccoglitore di funghi; ***~ von Altpapier, alten Sachen*** chi raccoglie carta straccia, roba vecchia; *(Spendensammler)* ***~ für das Rote Kreuz*** chi fa una colletta per la Croce Rossa **b** collezionista *m.*: ***ein ~ von Briefmarken*** un collezionista di francobolli **2** EL. *(Akkumulator)* accumulatore *m.* **Samm|ler|bat|te|rie** f. *(-,-n)* EL. batteria *f.* di accumulatore. **Samm|ler|fleiß** m. *(-es)* zelo *m.* da collezionista. **Samm|ler|plat|te** f. *(-,-n)* EL. piastra *f.* di accumulatore. **Samm|ler|wert** m. *(-[e]s,-e)* valore *m.* di mercato (di un oggetto da collezione).

Samm|lung f. *(-,-en)* **1** raccolta *f.*; *(von Spenden)* colletta *f.*: ***~ von Arbeitsmaterial, von Geld*** raccolta del materiale di lavoro, di denaro; ***eine ~ für das Rote Kreuz veranstalten, durchführen*** organizzare, fare una colletta per la Croce Rossa **2** *(gesammelte Gegenstände)* raccolta *f.*, collezione *f.*: ***eine ~ von Briefmarken, Münzen*** una collezione (*o* raccolta) di francobolli, di monete; ***eine reiche, wertvolle ~*** una collezione ricca, pregiata; ***eine ~ anlegen, zusammentragen, ergänzen*** realizzare, mettere insieme, completare una collezione; ***eine ~ versteigern*** mettere all'asta una collezione **3** *(Ort der Sammlung)* galleria *f.*: ***eine private ~ besuchen*** visitare una galleria privata; ***die ~ ist samstags geschlossen*** sabato la galleria è chiusa **4** *(Anthologie)* raccolta *f.*: ***eine ~ von Novellen*** una raccolta di novelle **5** *(Vereinigung von Menschen)* accol(i)ta *f.*, riunione *f.*, concentrazione *f.*: ***eine ~ revolutionärer Kräfte*** un'accolita di forze rivoluzionarie **6** *(Konzentration, Anspannung)* concentrazione *f.*

Sam|ni|te m. *(-n,-n)*, **Sam|ni|ter** m. *(-s,-)* STOR. sannita *m.* **sam|ni|tisch** agg. sannitico.

Sa|mo|a|in|seln pl. isole *f.pl.* Samoa: ***die ~*** le (isole) Samoa. **sa|mo|a|nisch** agg. samoano.

Sa|mos I n.pr.n. *(-)* Samo *f.* **II** m. *(-,-)* vino *m.* di Samo. **Sa|mo|thra|ke** n.pr.n. *(-s)* Samotracia *f.*

Sa|mo|war m. *(-s,-e)* samovar *m.*

Sam|ple ['sɑːmpl] n. *(-[s],-s)* **1a** STATIST. analisi *f.* campione **b** STATIST. *(von Menschen)* campione *m.* rappresentativo **2** ECON. *(Warenprobe)* campione *m.* **Samp|ler** ['sɑːmplə] m. *(-s,-)* raccolta *f.* di successi, compilation *f.*

Sam|son n.pr.m. Sansone *m.*

Sams|tag m. *(-[e]s,-e)* sabato *m.*: ***am ~ haben wir Gäste*** sabato avremo ospiti; *(samstags)* di sabato (*o* il sabato) abbiamo ospiti; ***eines -s*** un sabato; ***jeden ~*** ogni sabato ◆ ***langer, verkaufsoffener ~*** = sabato con apertura di negozi (tutto il giorno). **Sams|tag|abend** m. *(-s,-e)* sabato *m.* sera, sera *f.* di (*o* del) sabato. **sams|tags** avv. di (*o* il) sabato.

samt prep. + dat. (insieme) con: ***der Vater ~ seinen Söhnen*** il padre con i suoi figli; ***eine Pflanze ~ Wurzeln ausreißen*** strappare una pianta con le radici ◆ *~ und sonders* tutti quanti, tutti senza eccezione.

Samt m. *(-[e]s,-e)* velluto *m.*: ***Hosen aus ~*** pantaloni di velluto; ***etw. mit ~ ausschlagen*** foderare qcs. di velluto; ***ihre Haut ist weich wie ~*** la sua pelle è morbida come il velluto. **Samt|band** n. *(-[e]s,-bänder)* nastro *m.* di velluto; *(am Hals)* vellutino *m.* **Samt|blu|me** f. *(-,-n)* tagete *m.* **sam|ten** agg. **1** di velluto: ***ein -er Anzug*** un abito di velluto **2** *(samtig)* vellutato: ***-e Haut*** pelle vellutata. **Samt|en|te** f. *(-,-n)* ORNIT. orco *m.* marino. **Samt|hand|schuh** m. *(-[e]s,-e)* guanto *m.* di velluto ◆ FIG. ***jdn, etw. mit -en anfassen*** trattare qcn., qcs. coi guanti (di velluto). **Samt|haut** f. *(-)* pelle *f.* vellutata. **sam|tig** agg. vellutato: ***-e Blütenblätter*** petali vellutati; *(weich)* ***-e Haut*** pelle vellutata; *(dunkeltönend)* ***mit -er Stimme*** con voce vellutata; *(von Farben)* ***ein -es Grün*** un verde vellutato. **Samt|kleid** n. *(-[e]s,-er)* vestito *m.* di velluto.

sämt|lich pron. **I** *(attributiv)* **1** *(gesamt)* tutto: ***mit -em Gepäck*** con tutti i bagagli; ***-e vorhandene Energie*** tutta l'energia disponibile **2** pl. *(alle)* tutti: ***-e Anwesenden, Anwesende*** tutti i presenti; ***-e freien Plätze*** tutti i posti disponibili; ***die Bücher -er neuer, neuen Studenten*** i libri di tutti i nuovi studenti **II** pl. *(unflektiert)* tutti (quanti) *m.pl.*, tutte (quante) *f.pl.*: ***die Schüler waren ~ da*** gli allievi c'erano tutti ◆ ***F. Schillers -e Werke*** opere complete di F. Schiller.

Samt|pföt|chen n. *(-s,-)* **1** zampina *f.* vellutata **2** FAM. *(von Kindern)* manina *f.* vellutata. **Samt|rock** m. *(-[e]s,-röcke)* **1** REGION. giacca *f.* di velluto **2** gonna *f.* di velluto. **Samt|stoff** m. *(-[e]s,-e)* stoffa *f.* di velluto. **samt|weich** agg. vellutato, morbido come il velluto: ***-e Haut*** pelle vellutata.

Sa|mu|el n.pr.m. Samuele *m.*

Sa|na|to|ri|um n. *(-s, Sanatorien)* casa *f.* di cura (in stazioni climatiche); *(für Lungenkranke)* sanatorio *m.*

Sanc|tis|si|mum → **Sanktissimum.**

Sanc|tus n. *(-,-)* LIT. sanctus *m.*

Sand m. *(-[e]s,-e* e *Sände)* **1a** sabbia *f.*, LETT. rena *f.*: ***grober, feiner ~*** sabbia grossa, fine; ***der ~ der Wüste*** la sabbia del deserto; ***das Auto blieb im ~ stecken*** l'auto si è insabbiata; *(am Strand)* ***im ~ liegen*** stare steso sulla sabbia **b** *(Scheuersand)* ***etw. mit ~ putzen, reinigen*** pulire qcs. con la sabbia **c** GEOL. (pl. *-e*) ***alluviale -e*** sabbie alluvionali **2** *(Sandbank;* pl. *-e* e *Sände)* banco *m.* di sabbia, secca *f.*: ***auf ~ geraten*** incagliarsi in una secca ◆ ***etw. auf ~ gebaut haben*** aver costruito qcs. sulla sabbia; ***es ist ~ im Getriebe*** il meccanismo non gira bene, le cose non vanno bene; FIG. ***den Kopf in den ~ stecken*** mettere la testa nella sabbia; COLLOQ. ***wie ~ am Meer*** a bizzeffe, a iosa; COLLOQ. ***etw. in den ~ setzen*** gettare al vento qcs.; *(bei etw. versagen)* fallire, fare fiasco in qcs.; FIG. COLLOQ. ***jdm ~ in die Augen streuen*** gettare polvere negli occhi di qcn.; ***~ über etw. (A) streuen*** gettar sabbia su qcs.; ***im ~, im -e verlaufen*** perdersi nella sabbia; FIG. arenarsi, cessare.

Sand|aal m. *(-[e]s,-e)* ITTIOL. ammodite *f.*

San|da|le f. *(-,-n)* sandalo *m.* **San|da|let|te** f. *(-,-n)* sandalo *m.* (da donna).

sand|ar|tig agg. sabbioso, arenoso. **Sand|bad** n. *(-[e]s,-bäder)* bagno *m.* di sabbia, MED. sabbiatura *f.* **Sand|bag|ger** m. *(-s,-)* draga *f.* per sabbia. **Sand|bank** f. *(-,-bänke)* banco *m.* di sabbia, secca *f.*: ***auf eine ~ geraten, laufen*** incagliarsi (in una secca), arenarsi. **Sand|bie|ne** f. *(-,-n)* andrena *f.* **Sand|blatt** n. *(-[e]s,-blätter)* foglia *f.* di tabacco (da sigaro). **Sand|bo|den** m. *(-s,-böden)* terreno *m.*, suolo *m.* sabbioso. **Sand|büch|se** f. *(-,-n)* polverino *m.* **Sand|burg** f. *(-,-en)* castello *m.* di sabbia. **Sand|dorn** m. *(-[e]s,-e)* olivello *m.* spinoso. **Sand|dü|ne** f. *(-,-n)* duna *f.*

San|del|baum m. *(-[e]s,-bäume)* BOT. sandalo *m.* (bianco). **San|del|ge|wäch|se** pl. santalacee *f.pl.* **San|del|holz** n. *(-es)* (legno *m.* di) sandalo *m.* **San|del|holz|öl** n. *(-[e]s)* (olio *m.* di) sandalo *m.*

san|deln **I** tr. TECN. sabbiare: ***Holz ~*** sabbiare il legno **II** intr. (aus. *haben*) REGION. giocare nella sabbia (*o* con la sabbia).

Sand|fang m. *(-[e]s,-fänge)* IDR. dissabbiatore *m.* **sand|far|ben** agg. (color) sabbia. **Sand|floh** m. *(-[e]s,-flöhe)* pulce *f.* penetrante, sarcopsilla *f.* **Sand|förm|chen** n. *(-s,-)* formina *f.* **Sand|ge|blä|se** n. *(-s,-)* sabbiatrice *f.* **Sand|gru|be** f. *(-,-n)* cava *f.* di sabbia. **Sand|guss** m. *(-es)* METALL. colata *f.* in (forma di) sabbia. **Sand|ha|fer** m. *(-s,-)* BOT. ammofila *f.* arenaria. **Sand|hau|fen** m. *(-s,-)* mucchio *m.* di sabbia. **Sand|ho|se** f. *(-,-n)* turbine *m.* di sabbia. **Sand|hü|gel** m. *(-s,-)* collinetta *f.* di sabbia. **san|dig** agg. **1** sabbioso, arenoso: ***-er Boden*** terreno sabbioso **2** *(beschmutzt)* sporco, impolverato: ***mit -en Schuhen eintreten*** entrare con le scarpe impolverate. **San|dig|keit** f. *(-)* arenosità *f.*

San|di|nist m. *(-en,-en)* sandinista *m.*

Sand|kas|ten m. *(-s,-kästen)* **1** recinto *m.* con la sabbia; ***die Kinder spielten im ~*** i bambini giocavano nella (*o* con la) sabbia **2** MIL. plastico *m.* in sabbia. **Sand|kas|ten|spiel** n. *(-[e]s,-e)* MIL. esercitazione *f.* sul plastico in sabbia. **Sand|kis|te** f. *(-,-n)* recinto *m.* con la sabbia. **Sand|korn** n. *(-[e]s,-körner)* granello *m.* di sabbia. **Sand|kraut** n. *(-[e]s)* arenaria *f.* **Sand|ku|chen** m. *(-s,-)* INTRAD. (torta soffice e leggera). **Sand|lauf|kä|fer** m. *(-s,-)* cicindelide *m.* **Sand|mann** m. *(-es)*, **Sand|männ|chen** n. *(-s)* LETT. mago *m.* Sabbiolino. **Sand|pa|pier** n. *(-s)* carta *f.* vetrata, carta *f.* vetro. **Sand|pflan|ze** f. *(-,-n)* BOT. pianta *f.* arenicola. **sand|reich** agg. sabbioso, ricco di sabbia: ***-er Boden*** terreno sabbioso. **Sand|sack** m. *(-[e]s,-säcke)* **1** sacco *m.* di sabbia **2** *(beim Boxen)* sacco *m.*, punching-bag *m.*: ***am ~ trainieren*** allenarsi al sacco.

Sand|schak m. *(-s,-s)* STOR. sangiaccato *m.*

Sand|stein m. *(-[e]s,-e)* (pietra *f.*) arenaria *f.*: ***ein Gebäude, eine Skulptur aus ~*** un palazzo, una scultura in pietra arenaria. **Sand|stein|bruch** m. *(-[e]s,-brüche)* cava *f.* di arenaria.

sand‿strah|len tr. (solo inf. e p.pass. *gesandstrahlt* e TECN. *sandgestrahlt*) sabbiare: ***Metallflächen ~*** sabbiare superfici metalliche. **Sand|strah|len** n. *(-s)* TECN. sabbiatura *f.* **Sand|strahl|ge|blä|se** n. *(-s,-)* sabbiatrice *f.* **Sand|strahl|rei|ni|gung** f. *(-)* TECN. sabbiatura *f.* **Sand|strand** m. *(-[e]s,-strände)* spiaggia *f.* (sabbiosa), arenile *m.* **Sand|streu|er** m. *(-s,-)* TECN. sabbiera *f.* **Sand|streu|wa|gen** m. *(-s,-)* spandisabbia *m.* **Sand|sturm** m. *(-[e]s,-stürme)* tempesta *f.* di sabbia.

sand|te → **senden.**

Sand|tor|te f. *(-,-n)* → **Sandkuchen.** **Sand|uhr** f. *(-,-en)* clessidra *f.*: ***die ~ umdrehen*** girare la clessidra ◆ ***die ~ ist abgelaufen*** il tempo è scaduto. **Sand|wes|pe** f. *(-,-n)* vespa *f.* delle sabbie, ammofila *f.*

Sand|wich ['zɛntvɪtʃ] m. e n. *(-[e]s/-,-[e]s/-e)* sandwich *m.* **Sand|wich|bau|wei|se** f. *(-)* AER. struttura *f.* a sandwich. **Sand|wich|in|seln** pl. isole *f.pl.* Sandwich. **Sand|wich|mann** m. *(-es,-männer)* uomo-sandwich *m.*

Sand|wüs|te f. *(-,-n)* deserto *m.* di sabbia.

san|fo|ri|sie|ren tr. sanforizzare: ***Baumwollgewebe ~*** sanforizzare tessuti di cotone. **San|fo|ri|sie|rung** f. *(-,-en)* sanforizzazione *f.*

sanft **I** agg. **1a** lieve, leggero, delicato: ***ein -er Händedruck*** una leggera stretta di mano; ***etw. mit -er Hand berühren*** toccare lievemente qcs.; ***mit -er Gewalt*** con lieve costrizione **b** *(behutsam)* ***eine -e Bewegung, Berührung*** un leggero movimento, un tocco leggero; ***einen -en Druck ausüben*** esercitare una leggera pressione **c** *(schwach)* ***ein -er Regen, Wind*** una pioggia leggera, un vento leggero **2** *(Farben, Licht)* tenue: ***ein -es Rot*** un rosso tenue; ***ein -es Flämmchen*** una tenue fiammella; ***ein -es Licht*** una luce tenue **3a** *(freundlich)* dolce, soave: ***ein -es Mädchen*** una ragazza dolce; ***mit -er Stimme*** con voce soave; ***-er Blick, -e Augen*** sguardo dolce, occhi dolci **b** *(weich, mild)* ***ein -es Herz*** un cuore tenero; ***ein -er Charakter*** un carattere mite **4** *(nicht steil)* lieve, dolce: ***ein -er Anstieg*** una salita dolce **5** *(friedlich, ruhig)* tranquillo, dolce: ***ein -er Schlaf, Tod*** un sonno tranquillo, una morte dolce **II** avv. **1** dolcemente, soavemente: ***~ lächeln, reden*** sorridere, parlare dolcemente; ***jdn ~ streicheln*** accarezzare qcn. dolcemente; *(nicht steil)* ***eine ~ ansteigende Höhe*** un'altura che sale dolcemente **2** *(ruhig)* tranquillamente ◆ ***-e Energie*** energia dolce; FIG. *(sterben)* ***~ (im Herrn) entschlafen*** addormentarsi serenamente (nel Signore); ***-e Geburt*** parto dolce; ***~ wie ein Lamm*** docile come un agnello; *(als Grabinschrift)* ***ruhe ~*** riposa in pace; ***~ und selig schlafen*** dormire in pace.

Sänf|te f. *(-,-n)* portantina *f.* **Sänf|ten|trä|ger** m. *(-s,-)* portantino *m.*

Sanft|heit f. *(-)* **1** dolcezza *f.*, soavità *f.*: ***die ~ der Stimme*** la dolcezza della voce.

sänf|ti|gen **I** tr. attenuare, calmare: ***die Pein, jds Zorn ~*** attenuare la sofferenza, l'ira di qcn. **II** rifl. **sich ~** attenuarsi, calmarsi: ***der Wind hat sich gesänftigt*** il vento si è calmato. **sänf|tig|lich** agg. ANT. **1** soave, dolce **2** *(behutsam)* tenue.

Sanft|mut f. *(-)* dolcezza *f.*, mitezza *f.* **sanft|mü|tig** agg. dolce, mite: ***ein -er Charakter*** un carattere mite. **Sanft|mü|tig|keit** f. *(-)* dolcezza *f.*

sang → **singen.**

Sang m. *(-[e]s, Sänge)* ANT. canto *m.*: ***alte Sänge*** antichi canti ◆ ***mit ~ und Klang*** con canti e suoni; FIG. COLLOQ. clamorosamente; ***ohne ~ und Klang*** senza scalpore, senza dare nell'occhio. **sang|bar** agg. cantabile: ***eine -e Komposition*** un (brano) cantabile ◆ ***~ schreiben*** comporre (brani) cantabili. **Sang|bar|keit** f. *(-)* MUS. cantabilità *f.*

Sän|ger m. *(-s,-)* **1** cantante *m.* **2** ANT. *(Dichter)* cantore *m.* ◆ ***ein***

fahrender ~ un giullare. **Sän|ger|bund** m. *(-[e]s,-bünde)* società *f.* corale. **Sän|ger|chor** m. *(-[e]s,-chöre)* corale *f.*, coro *m.* **Sän|ger|fest** n. *(-[e]s,-e)* festa *f.* di un, del coro; *(von mehreren Chören)* manifestazione *f.* di cori. **Sän|ge|rin** f. *(-,-nen)* cantante *f.* **Sän|ger|knöt|chen** n. *(-s,-)* nodulo *m.* dei cantanti. **Sän|ger|krieg** m. *(-[e]s,-e)* LETT. gara *f.* di, dei cantori. **Sän|ger|schaft** f. *(-)* **1** coristi *m.pl.* **2** *(studentische Verbindung)* corale *f.* studentesca. **Sän|ger|wett|streit** m. *(-[e]s,-e)* **1** concorso *m.* per cori **2** *(für Sänger)* concorso *m.* canoro.

San|ges|bru|der m. *(-s,-brüder)* ANT. cantore *m.* **San|ges|freu|de** f. *(-)* gioia *f.* del canto. **san|ges|freu|dig, san|ges|froh** agg. che ama cantare, canterino. **san|ges|kun|dig** agg. che sa cantare bene, esperto nel canto. **San|ges|lust** f. *(-)* gusto *m.* per il canto. **san|ges|lus|tig** agg. che ama cantare.

sang|los agg. COLLOQ. ***sang- und klanglos*** senza dar nell'occhio, inosservato.

San|gu|i|ni|ker m. *(-s,-)* sanguigno *m.* **san|gu|i|nisch** agg. sanguigno.

San|hed|rin m. *(-s)* Sinedrio *m.*

Sa|ni m. *(-s,-s)* soldato *m.* della sanità.

sa|nie|ren I tr. **1** guarire, *(heilen)* curare: ***eine Wunde, einen Furunkel ~*** guarire una ferita, un foruncolo; ***jdn, einen Zahn ~*** curare qcn., un dente **2** MIL. *(desinfizieren)* disinfettare **3** EDIL. ECON. risanare: ***die Altbauwohnungen, ein Unternehmen ~*** risanare gli appartamenti di vecchi edifici, un'impresa **II** rifl. **sich ~** ECON. riprendersi, ristabilire le proprie finanze. **Sa|nie|rung** f. *(-,-en)* **1** guarigione *f.* **2** MIL. *(Desinfektion)* disinfezione *f.* **3** EDIL. ECON. risanamento *m.* **4** DIR. sanatoria *f.* **sa|nie|rungs|be|dürf|tig** agg. che necessita di un risanamento. **Sa|nie|rungs|bi|lanz** f. *(-,-en)* bilancio *m.* di risanamento. **Sa|nie|rungs|ge|biet** n. *(-[e]s,-e)* zona *f.* di risanamento. **Sa|nie|rungs|maß|nah|me** f. *(-,-n)* misura *f.* di risanamento. **Sa|nie|rungs|plan** m. *(-[e]s,-pläne)* piano *m.* di risanamento. **Sa|nie|rungs|pro|gramm** n. *(-[e]s,-e)* programma *m.* di risanamento.

Sa|ni|kel m. *(-s)* sanicola *f.*, erba *f.* fragolina.

sa|ni|tär agg. **1** sanitario: ***gute -e Verhältnisse*** buone condizioni sanitarie; ***-e Artikel*** articoli sanitari **2** ANT. *(gesundheitlich)* igienico: ***-e Maßnahmen*** misure igieniche. **Sa|ni|tär|an|la|gen, Sa|ni|tär|ein|rich|tun|gen** pl. impianti *m.pl.* sanitari, sanitari *m.pl.* **sa|ni|ta|risch** agg. sanitario. **Sa|ni|tät** f. *(-)* AUSTR. SVIZZ. **1** MIL. sanità *f.* **2** COLLOQ. → **Sanitätswagen. Sa|ni|tä|ter** m. *(-s,-)* **1** infermiere *m.* **2** MIL. soldato *m.* della sanità.

Sa|ni|täts|ar|ti|kel m. *(-s,-)* articolo *m.* sanitario. **Sa|ni|täts|au|to** n. *(-s,-s)* COLLOQ. → **Sanitätswagen. Sa|ni|täts|be|hör|de** f. *(-,-n)* autorità *f.* sanitaria. **Sa|ni|täts|dienst** m. *(-[e]s)* MIL. servizio *m.* sanitario, sanità *f.* ◆ ***~ haben*** prestare servizio nella sanità. **Sa|ni|täts|kom|pa|nie** f. *(-)* MIL. compagnia *f.* della sanità. **Sa|ni|täts|korps** n. *(-)* MIL. corpo *m.* sanitario, sanità *f.* **Sa|ni|täts|kraft|wa|gen** m. *(-s,-)* → **Sanitätswagen. Sa|ni|täts|per|so|nal** n. *(-s)* personale *m.* sanitario. **Sa|ni|täts|po|li|zei** f. *(-)* polizia *f.* sanitaria. **Sa|ni|täts|sol|dat** m. *(-en,-en)* soldato *m.* della sanità. **Sa|ni|täts|wa|che** f. *(-,-n)* posto *m.* di pronto soccorso. **Sa|ni|täts|wa|gen** m. *(-s,-)* autoambulanza *f.* **Sa|ni|täts|we|sen** n. *(-s)* AUSTR. MIL. sanità *f.*

sank → **sinken.**

San|ka, San|kra m. *(-s,-s)* MIL. GERG. → **Sanitätswagen.**

Sankt agg.inv. santo, san: ***~ Agnes, Johannes*** sant'Agnese, san Giovanni; ***der ~ Gotthard*** il San Gottardo. **Sankt-Elms-Feu|er** n. *(-s,-)* fuoco *m.* di sant'Elmo. **Sankt Gal|len** n.pr.n. *(-s)* San Gallo *m.* **sankt-gal|lisch** agg. sangallo. **Sankt He|le|na** n.pr.n. *(-s)* Sant'Elena *f.*

Sank|ti|on f. *(-,-en)* **1** DIR. *(Bestätigung)* sanzione *f.*, ratifica *f.* **2** pl. POL. SOCIOL. sanzioni *m.pl.*: ***militärische, wirtschaftliche -en*** sanzioni militari, economiche; ***-en über, gegen ein Land verhängen, beschließen, anwenden*** decretare, deliberare, applicare delle sanzioni contro un paese ◆ STOR. ***pragmatische ~*** prammatica sanzione. **sank|ti|o|nie|ren** tr. **1** DIR. sanzionare, ratificare **2** *(bestrafen)* colpire con sanzioni, penalizzare: ***einen Verstoß gegen die gesellschaftlichen Normen ~*** punire un'offesa alle norme sociali. **Sank|ti|o|nie|rung** f. *(-,-en)* sanzionamento *m.*

Sank|tis|si|mum n. *(-s)* Santissimo *m.*

Sankt-Nim|mer|leins-Tag, SCHERZ. ***am ~*** il giorno del mai, le calende greche; ***etw. auf den, bis zum ~ verschieben*** rimandare qcs. alle calende greche. **Sankt Pe|ters|burg** n.pr.n. *(-s)* San Pietroburgo *f.*

Sank|tu|ar n. *(-s,-e)*, **Sank|tu|a|ri|um** n. *(-s, Sanktuarien)* **1** santuario *m.* **2** *(Reliquienschrein)* reliquiario *m.*

Sans|cu|lot|te [sãsky'lɔt(ə)] m. *(-n,-n)* sanculotto *m.*

San|si|bar n.pr.n. *(-s)* Zanzibar *m.*

Sansk|rit n. *(-s)* sanscrito *m.* **Sansk|rit|for|scher** m. *(-s,-)* → **Sanskritist. sansk|ri|tisch** agg. sanscrito. **Sansk|ri|tist** m. *(-en,-en)* sanscritista *m.*

San|ti|klaus m. *(-,-e* e *-kläuse)* SVIZZ. Santa Claus *m.*

Sa|phir, Sa|phir m. *(-s,-e)* **1** zaffiro *m.* **2** → **Saphirnadel. sa|phi|ren** agg. zaffirino. **Sa|phir|glas** n. *(-es)* vetro *m.* zaffiro. **Sa|phir|na|del** f. *(-,-n)* TECN. puntina *f.* di zaffiro.

Sap|pe f. *(-,-n)* STOR. MIL. saliente *m.* di trincea.

sap|per|lot inter. ANT. perdiana, perdinci. **Sap|per|lo|ter, Sap|per|lö|ter** m. *(-s,-)* COLLOQ. diavolo *m.* d'un uomo. **sap|per|ment** → **sapperlot. Sap|per|men|ter** → **Sapperloter.**

Sap|peur [za'pøːɐ] m. *(-s,-e)* MIL. **1** zappatore *m.* **2** SVIZZ. *(Pionier)* guastatore *m.*

sap|phisch agg. saffico. **Sap|phis|mus** m. *(-)* saffismo *m.* **Sap|pho** n.pr.f. Saffo *f.*

sap|ris|ti inter. ANT. → **sapperlot.**

Sap|ro|phyt m. *(-en,-en)* saprofito *m.*, saprofita *m.*

Sa|ra|ban|de f. *(-,-n)* MUS. sarabanda *f.*

Sa|ra|gos|sa n.pr.n. *(-s)* Saragozza *f.*

Sa|ra|ze|ne m. *(-n,-n)* ANT. saraceno *m.* **sa|ra|ze|nisch** agg. saraceno.

Sar|de m. *(-n,-n)* sardo *m.*

Sar|del|le f. *(-,-n)* acciuga *f.*, alice *f.* **Sar|del|len|but|ter** f. *(-)* burro *m.* alle acciughe. **Sar|del|len|fi|let** n. *(-s,-s)* filetto *m.* di acciuga. **Sar|del|len|pas|te** f. *(-)* pasta *f.* d'acciughe. **Sar|del|len|so|ße** f. *(-,-n)* salsa *f.* d'acciughe, acciugata *f.*

Sar|din f. *(-,-nen)* sarda *f.*

Sar|di|ne f. *(-,-n)* sardina *f.* (anche FIG.): ***-n in Olivenöl*** sardine in olio di oliva; ***wie -n zusammengedrängt sein*** essere stretti come sardine. **Sar|di|nen|büch|se** f. *(-,-n)* scatola *f.* di sardine.

Sar|di|ni|en n.pr.n. *(-s)* Sardegna *f.* **Sar|di|ni|er** m. *(-s,-)* → **Sarde. sar|di|nisch, sar|disch** agg. sardo.

sar|do|nisch agg. sardonico: ***-es Lachen*** riso sardonico.

Sarg m. *(-[e]s, Särge)* bara *f.*, cassa *f.* (da morto); ***den Toten in den ~ legen*** mettere il morto nella bara; ***ein ~ aus Eiche*** una bara in quercia ◆ FIG. COLLOQ. ***du bist ein Nagel zu meinem ~*** sei la mia croce.

Sar|gas|so|meer n.pr.n. *(-[e]s)* Mar *m.* dei Sargassi.

Sarg|trä|ger m. *(-s,-)* necroforo *m.* **Sarg|tuch** n. *(-[e]s,-tücher)* drappo *m.* funebre.

Sar|kas|mus m. *(-, Sarkasmen)* sarcasmo *m.* ◆ ***jdm mit ~ begegnen*** essere sarcastico con qcn. **sar|kas|tisch I** agg. sarcastico **II** avv. sarcasticamente, con sarcasmo.

Sar|kom n. *(-s,-e)*, **Sar|ko|ma** n. *(-s,-ta)* sarcoma *m.* **sar|ko|ma|tös** agg. sarcomatoso. **Sar|ko|ma|to|se** f. *(-)* sarcomatosi *f.*

Sar|ko|phag m. *(-[e]s,-e)* sarcofago *m.*

Sar|se|nett m. *(-[e]s,-e)* TESS. cotone *m.* per fodere.

saß → **sitzen.**

Sass m. *(-en,-en)* **1** ANT. *(Grundbesitzer)* proprietario *m.* terriero **2** *(Ansässiger)* residente *m.* **3** *(Höriger)* servo *m.* della gleba.

Sas|saf|ras m. *(-,-)* sassofrasso *m.*, sassafrasso *m.*

Sa|tan I n.pr.m. *(-s)* Satana *m.*: ***das Reich des -s*** il regno di Satana **II** m. *(-s,-e)* COLLOQ. SPREG. demonio *m.*, satanasso *m.*: ***er ist ein ~*** è un demonio; ***vom ~ besessen sein*** essere indemoniato ◆ ***hol dich der ~*** che il diavolo ti porti. **Sa|ta|nas** m. *(-,-se)* Satana *m.* **sa|ta|nisch** agg. satanico. **Sa|ta|nis|mus** m. *(-)* satanismo *m.*

Sa|tans|af|fe m. *(-n,-n)* ZOOL. satanasso *m.* **Sa|tans|bra|ten** m. *(-s,-)*, **Sa|tans|kerl** m. *(-s,-e)* FIG. satanasso *m.*, demonio *m.* **Sa|tans|pilz** m. *(-[e]s,-e)* porcino *m.* malefico. **Sa|tans|weib** n. *(-[e]s,-er)* diavolessa *f.*

Sa|tel|lit m. *(-en,-en)* satellite *m.* (anche FIG.): ***die -en Jupiters*** i satelliti di Giove; ***einen künstlichen -en in Umlauf bringen*** mettere in orbita un satellite artificiale; ***Amerika und seine -en*** l'America e i suoi satelliti. **Sa|tel|li|ten|an|ten|ne** f. *(-,-n)* antenna *f.* satellitare. **Sa|tel|li|ten|bahn** f. *(-,-en)* orbita *f.* satellitare. **Sa|tel|li|ten|bild** n. *(-[e]s,-er)* → **Satellitenfoto. Sa|tel|li|ten|fern|se|hen** n. *(-s)* televisione *f.* via satellite. **Sa|tel|li|ten|flug|ha|fen** m. *(-s,-häfen)* aeroporto *m.* satellite. **Sa|tel|li|ten|fo|to** n. *(-s,-s)* foto *f.* dal satellite. **Sa|tel|li|ten|rech|ner** m. *(-s,-)* calcolatore *m.* ausiliario. **Sa|tel|li|ten|schüs|sel** f. *(-,-n)* antenna *f.* satellitare. **Sa|tel|li|ten|staat** m. *(-[e]s,-en)* stato *m.* satellite. **Sa|tel|li|ten|stadt** f. *(-,-städte)* città *f.* satellite. **Sa|tel|li|ten|sta|ti|on** f. *(-,-en)* stazione *f.* satellitare. **Sa|tel|li|ten|über|tra|gung** f. *(-,-en)* trasmissione *f.* via satellite.

Sa|ti|na|ge [zati'naːʒə] f. *(-,-n)* satinatura *f.* **Sa|ti|né|pa|pier** → **Satinpapier. Sa|tin|holz** n. *(-[e]s,-hölzer)* legno *m.* satinato. **sa|ti|nie|ren** tr. satinare. **Sa|ti|nier|ka|lan|der** m. *(-s,-)*, **Sa|ti|nier|**

ma|schi|ne f. *(-,-n)* CART. satinatrice *f.*, calandra *f.* **sa|ti|niert** agg. satinato. **Sa|tin|pa|pier** n. *(-[e]s,-e)* carta *f.* satinata.

Sa|ti|re f. *(-,-n)* satira *f.*: ***eine beißende ~*** una satira pungente; ***eine ~ auf jdn, etw.*** una satira contro qcn., qcs.; *(Werk)* satira *f.*, opera *f.* satirica. **Sa|ti|ren|dich|ter** m. *(-s,-)* poeta *m.* satirico. **Sa|ti|ren|schrei|ber** m. *(-s,-)* autore *m.* di satire. **Sa|ti|ri|ker** m. *(-s,-)* satirico *m.* **sa|ti|risch I** agg. **1** satirico: ***-e Verse*** versi satirici **2** *(spöttisch)* beffardo: ***eine -e Bemerkung*** un'osservazione beffarda **II** avv. **1** satiricamente **2** *(mit Spott)* in modo beffardo.

Sa|tis|fak|ti|on f. *(-)* ANT. soddisfazione *f.*: ***~ fordern, erhalten, geben*** chiedere, ottenere, dare soddisfazione. **sa|tis|fak|ti|ons|fä|hig** agg. ANT. in grado di dare soddisfazione.

Sat|rap m. *(-en,-en)* satrapo *m.* **Sat|ra|pen|wirt|schaft** f. *(-)* governo *m.* di satrapi. **Sat|ra|pie** f. *(-,-n)* satrapia *f.*

satt I agg. **1** sazio **2** FIG. stufo, stanco: ***etw., jdn ~ haben, sein*** essere stufo (*o* averne abbastanza) di qcs., qcn. **3** *(von Farben)* intenso, carico: ***ein -es Rot*** un rosso intenso **4** SVIZZ. *(eng anliegend)* stretto, teso **II** avv. a sazietà: ***sich an etw. (D) ~ hören, sehen*** ascoltare, guardare qcs. a sazietà; ***sich ~ essen*** mangiare a sazietà; ***Musik ~*** musica a sazietà ◆ ***etw. ~ bekommen*** → ***etw. ~ kriegen***; ***nicht ~ zu essen haben*** non avere di che saziarsi; ***-e Gewinne*** lauti guadagni; COLLOQ. ***jdn nicht ~ kriegen*** non riuscire a saziare qcn.; COLLOQ. ***etw. ~ kriegen*** averne fin sopra i capelli di qcs.; ***ein -es Lächeln*** un sorriso compiaciuto; ***~ machen*** saziare; ***eine -e Mehrheit*** una maggioranza piena; ***eine -e Million*** un milione tondo tondo; ***~ sein*** essere sazio; COLLOQ. *(betrunken sein)* essere ubriaco; ***~ werden*** saziarsi; ***nicht ~ werden, etw. zu tun, sehen, hören*** non stancarsi mai di fare, vedere, ascoltare qcs. **satt|blau** agg. blu intenso, cupo. **Satt|dampf** m. *(-[e]s)* vapore *m.* saturo.

Sat|te f. *(-,-n)* REGION. ciotola *f.* (per il latte).

Sat|tel m. *(-s, Sättel)* **1a** sella *f.*: ***mit, ohne ~ reiten*** cavalcare con, senza sella; ***einem Pferd den ~ auflegen (anschnallen), abnehmen (abschnallen)*** mettere (*o* affibbiare), togliere la sella a un cavallo **b** *(vom Fahrrad, Motorrad)* sella *f.*, sellino *m.*: ***den ~ höher stellen*** alzare la sella; ***auf dem ~ sitzen*** essere seduto sulla sella **2** *(Bergsattel)* sella *f.* **3** MUS. capotasto *m.* **4** SART. *(Passe)* sprone *m.* ◆ ***vom ~ fallen*** cadere di (*o* dalla) sella; ***in allen Sätteln gerecht sein*** = essere esperto in tutto; ***sich im ~ halten*** reggersi in sella; FIG. rimanere in sella; ***jdn in den ~ heben*** mettere in sella qcn.; FIG. collocare qcn. in una posizione di potere; ***sich in den ~ schwingen*** balzare in sella; ***stundenlang im ~ sitzen*** stare in sella per ore; ***fest im ~ sitzen*** essere a cavallo; ***jdn aus dem ~ werfen*** sbalzare di sella (*o* disarcionare) qcn.; FIG. sbalzare di sella (*o* soppiantare) qcn.

Sat|tel|dach n. *(-[e]s,-dächer)* tetto *m.* a capanna. **Sat|tel|de|cke** f. *(-,-n)* gualdrappa *f.* **sat|tel|fer|tig** agg. pronto per essere sellato. **sat|tel|fest** agg. fermo, saldo in sella: ***nicht ~ sein*** non reggersi in sella; FIG. *(bewandert)* ferrato, esperto, preparato: ***in etw. (D) ~ sein*** essere ferrato in qcs. **sat|tel|för|mig** agg. a forma di sella. **Sat|tel|gurt** m. *(-[e]s,-e)* sottopancia *m.* **Sat|tel|horn** n. *(-s,-hörner)* arcione *m.* **Sat|tel|kis|sen** n. *(-s,-)* cuscino *m.* da sella. **Sat|tel|knecht** m. *(-[e]s,-e)* staffiere *m.* **Sat|tel|knopf** m. *(-[e]s,-knöpfe)* pomo *m.* della sella. **sat|teln** tr. sellare. **Sat|tel|na|se** f. *(-,-n)* naso *m.* a sella. **Sat|tel|pferd** n. *(-[e]s,-e)* cavallo *m.* da sella. **Sat|tel|schlep|per** m. *(-s,-)* autoarticolato *m.* **Sat|tel|ta|sche** f. *(-,-n)* **1** bisaccia *f.* **2** *(vom Fahrrad)* borsa *f.* porta-attrezzi. **Sat|te|lung** f. *(-,-en)* sellatura *f.* **Sat|tel|wun|de** f. *(-,-n)* VETER. fiaccatura *f.* **Sat|tel|zeug** n. *(-[e]s)* finimenti *m.pl.*, bardatura *f.* **Sat|tel|zug** m. *(-[e]s,-züge)* autotreno *m.*

satt|grün agg. verde intenso, carico. **Satt|heit** f. *(-)* **1** sazietà *f.* **2** *(Selbstgefälligkeit)* autocompiacimento *m.* **3** *(von Farben)* intensità *f.*

sät|ti|gen I tr. **1a** saziare **b** FIG. soddisfare, appagare, saziare: ***jds Neugier, Wissensdrang ~*** soddisfare la curiosità di qcn., appagare la sete di sapere di qcn. **c** assol. ***Kartoffeln ~*** le patate saziano **2** CHIM. ECON. saturare: ***den Markt ~*** saturare il mercato **II** rifl. ***sich an, mit, von etw. ~*** saziarsi con, di qcs.

Sät|ti|gung f. *(-)* **1** il saziare **2** *(Sattheit)* sazietà *f.* **3** FIG. appagamento *m.* **4** CHIM. ECON. saturazione *f.* **Sät|ti|gungs|ge|fühl** n. *(-[e]s)* senso *m.* di sazietà. **Sät|ti|gungs|grad** m. *(-[e]s,-e)* ECON. grado *m.* di saturazione. **Sät|ti|gungs|punkt** m. *(-[e]s,-e)* CHIM. punto *m.* di saturazione. **Sät|ti|gungs|zu|stand** m. *(-[e]s,-zustände)* **1** stato *m.* di sazietà **2** CHIM. stato *m.* di saturazione.

Satt|ler m. *(-s,-)* sellaio *m.* **Satt|ler|ar|beit** f. *(-,-en)* lavoro *m.* di sellaio. **Satt|le|rei** f. *(-,-en)* **1** arte *f.* della selleria **2** *(Sattlerwerkstatt)* selleria *f.*, sellificio *m.* **Satt|ler|hand|werk** n. *(-[e]s)* mestiere *m.* di, del sellaio. **Satt|ler|la|den** m. *(-s,-läden)* bottega *f.* del sellaio, selleria *f.* **Satt|ler|meis|ter** m. *(-s,-)* sellaio *m.* **Satt|ler|wa|ren** pl. articoli *m.pl.* di selleria. **Satt|lung** → **Sattelung.**

satt|rot agg. rosso intenso, cupo. **satt|sam** avv. rafforz. fino alla saturazione, sufficientemente.

Sa|tu|ra|ti|on f. *(-)* CHIM. saturazione *f.* **sa|tu|rie|ren** tr. **1** soddisfare: ***die Gläubiger, seinen Bedarf ~*** soddisfare i creditori, il proprio bisogno **2** ANT. *(sättigen)* saturare. **sa|tu|riert** p.pass. agg. **1** → **saturieren 2a** soddisfatto, appagato **b** SPREG. pago, sazio, appagato **3** CHIM. ECON. saturo, saturato. **Sa|tu|riert|heit** f. *(-)*, **Sa|tu|rie|rung** f. *(-)* **1** saturazione *f.* **2** *(Befriedigung)* appagamento *m.*, soddisfazione *f.*

Sa|turn n.pr.m. *(-s)* MITOL. ASTR. Saturno *m.* **Sa|tur|na|li|en** pl. STOR. Saturnali *m.pl.* **sa|tur|nisch** agg. **1** MITOL. saturnio, saturnale **2** ASTR. saturniano. **Sa|tur|nis|mus** m. *(-, Saturnismen)* saturnismo *m.*

Sa|tyr m. *(-s* e *-n,-n)* satiro *m.* **sa|tyr|ar|tig** agg. satiresco. **Sa|tyr|dra|ma** n. *(-s,-dramen)* LETT. dramma *m.* satiresco. **sa|tyr|haft** → **satyrartig. Sa|tyr|spiel** n. *(-[e]s,-e)* → **Satyrdrama.**

Satz m. *(-es, Sätze)* **1** frase *f.*, GRAMM. proposizione *f.*: ***abhängiger, beigeordneter ~*** proposizione dipendente (*o* secondaria), coordinata; ***einen ~ bilden, zergliedern*** costruire, scomporre una frase; ***in abgehackten Sätzen sprechen*** parlare (*o* esprimersi) con frasi sconnesse **2a** FILOS. *(Behauptung, These)* tesi *f.*: ***ein anfechtbarer ~*** una tesi attaccabile; ***einen ~ begründen, widerlegen*** fondare, confutare una tesi **b** MAT. *(Lehrsatz)* teorema *m.*: ***der ~ des Pythagoras*** il teorema di Pitagora **3** TIP. composizione *f.*: ***in (den) ~ gehen, im ~ sein*** andare, essere in composizione; ***zweispaltiger ~*** composizione su due colonne **4a** MUS. *(Periode)* periodo *m.* **b** movimento *m.*, tempo *m.*: ***der erste ~ der 5. Sinfonie*** il primo movimento della quinta sinfonia **c** *(Komposition)* composizione *f.* **5** serie *f.*: ***ein ~ Briefmarken*** una serie di francobolli; *(von Geschirr, Besteck)* servizio *m.*; *(von Kochtöpfen)* batteria *f.*, set *m.*; *(von Reifen)* treno *m.* **6** VENAT. figliata *f.* **7** *(Datensatz)* serie *f.*, insieme *m.* di dati **8** *(Bodensatz)* fondo *m.*, deposito *m.* **9** SPORT set *m.*: ***in drei Sätzen gewinnen*** vincere in tre set **10** *(Sprung)* salto *m.*, balzo *m.*: ***einen ~ zur Seite tun, machen*** fare un balzo di lato **11** tariffa *f.*; *(Spesen-, Beitragssatz)* quota *f.*; *(von Zinsen)* tasso *m.*: ***zum ~ von 3 %*** al tasso del 3 %; ***fester ~*** tasso fisso; ***zulässiger ~*** tariffa consentita.

Satz|ad|jek|tiv n. *(-s,-e)* nome *m.* del predicato (in forma di aggettivo). **Satz|ad|verb** n. *(-s,-ien)* avverbio *m.* **Satz|ak|zent** m. *(-[e]s,-e)* accento *m.* sintattico. **Satz|ana|ly|se** f. *(-)* analisi *f.* logica. **Satz|an|wei|sung** f. *(-,-en)* TIP. indicazioni *f.pl.* (*o* istruzioni *f.pl.*) per la composizione. **Satz|aus|sa|ge** f. *(-,-n)* LING. predicato *m.* **Satz|ball** m. *(-[e]s,-bälle)* set-point *m.* **Satz|band** n. *(-[e]s,-bänder)* GRAMM. copula *f.* **Satz|bau** m. *(-[e]s)* struttura *f.* (*o* costruzione *f.*) della frase. **Satz|bau|plan** m. *(-[e]s,-pläne)* modello *m.* sintattico. **Satz|be|rech|nung** f. *(-,-en)* calcolo *m.* della composizione. **Satz|bild** n. *(-[e]s,-er)* TIP. veste *f.* tipografica. **Satz|bruch** m. *(-[e]s,-brüche)* anacoluto *m.*

Sätz|chen n. *(-s,-)* frasetta *f.*

Satz|er|gän|zung f. *(-,-en)* GRAMM. complemento *m.* **Satz|feh|ler** m. *(-s,-)* TIP. errore *m.* di composizione. **satz|fer|tig** agg. TIP. pronto per la composizione. **Satz|fet|zen** m. *(-s,-)* brandello *m.* (*o* frammento *m.*) di frase. **Satz|fü|gung** f. *(-,-en)* → **Satzbau. Satz|ge|fü|ge** n. *(-s,-)* GRAMM. periodo *m.* **Satz|ge|gen|stand** m. *(-[e]s, -gegenstände)* GRAMM. soggetto *m.* **Satz|glied** n. *(-[e],-er)* parte *f.* della proposizione. **Satz|kern** m. *(-[e]s,-e)* nucleo *m.* sintattico-semantico. **Satz|klam|mer** f. *(-,-n)* parentesi *f.* verbale. **Satz|kon|struk|ti|on** f. *(-,-en)* costruzione *f.* della frase. **Satz|leh|re** f. *(-)* **1** LING. sintassi *f.* **2** MUS. composizione *f.* **Satz|mehl** n. *(-[e]s)* fecola *f.* **Satz|me|lo|die** f. *(-,-n)* intonazione *f.* (*o* melodia *f.*) della frase. **Satz|mus|ter** n. *(-s,-)* → **Satzbauplan. Satz|rei|he** f. *(-,-n)* sequenza *f.* di coordinate. **Satz|spie|gel** m. *(-s,-)* TIP. luce *f.* di composizione. **Satz|tech|nik** f. *(-,-en)* TIP. tecnica *f.* di composizione. **Satz|teil** m. *(-[e]s,-e)* parte *f.* della proposizione.

Sat|zung f. *(-,-en)* statuto *m.*: ***die ~ einer Gesellschaft, eines Vereins*** lo statuto di una società, di un'associazione. **Sat|zungs|än|de|rung** f. *(-,-en)* modifica *f.* dello statuto (*o* statutaria). **sat|zungs|ge|mäß, sat|zungs|mä|ßig** agg. conforme allo statuto, statutario. **sat|zungs|wid|rig** agg. antistatutario.

Satz|ver|bin|dung f. *(-,-en)* periodo *m.* paratattico. **satz|wei|se** avv. frase per frase. **Satz|zei|chen** n. *(-s,-)* segno *m.* d'interpunzione, punteggiatura *f.* **Satz|zu|sam|men|hang** m. *(-[e]s,-zusammenhänge)* nesso *m.* all'interno di una frase.

Sau f. *(-, Säue* e *-en)* **1a** (pl. *Säue*) scrofa *f.*: ***die ~ ferkelt*** la scrofa figlia, partorisce **b** (pl. *-en; weibliches Wildschwein*) cinghiale *m.* femmina **2a** REGION. (pl. *Säue; Hausschwein*) maiale *m.*: ***die ~ grunzt*** il maiale grugnisce **b** FIG. (pl. *Säue; schmutziger Mensch*) porco *m.*, maiale *m.* **c** *(gemeiner Mensch)* porco *m.* ◆ VOLG. ***wie eine gesengte ~*** da cani; *(sehr schnell)* a gambe levate; ***keine ~***

neanche un cane; VOLG. ***jdn zur ~ machen*** fare un cazziatone a qcn.; COLLOQ. ***die ~ rauslassen*** fare casino; ***unter aller ~*** pessimo, da cani.

Sau|ar|beit f. *(-,-en)* lavoro *m.* da cani, lavoraccio *m.*

sau|ber I agg. **1a** pulito, LETT. netto: ***-e Wäsche, Hände*** biancheria pulita, mani pulite; ***das Zimmer ist sehr ~*** la stanza è molto pulita **b** *(nicht durch Umweltverschmutzung belastet)* ***-e Luft, -es Meer*** aria pulita, mare pulito **c** *(fehlerlos, gut)* ***eine -e Aussprache*** una pronuncia pulita; ***ein -er Klang*** un suono pulito (*o* puro) **d** *(von Tieren)* ***die Katze ist ~*** il gatto è pulito, non sporca (in casa) **2** *(anständig)* onesto, pulito, perbene: ***ein -es Geschäft*** un affare pulito; ***ein -es Mädchen*** una ragazza pulita (*o* perbene) **3** *(sorgfältig)* accurato, ben fatto: ***eine -e Arbeit*** un lavoro ben fatto; ***eine -e Handschrift*** una bella calligrafia **4a** COLLOQ. *(hübsch)* bello: ***ein -es Sümmchen*** una bella sommetta **b** IRON. ***ein -er Charakter!*** un bel caratterino! ***ein -es Früchtchen, dein Freund!*** un bel tipo (*o* tipino), il tuo amico! ***dein -er Bruder hat mir einen bösen Streich gespielt!*** il tuo caro fratellino mi ha giocato un brutto tiro! **5** REGION. *(schmuck)* grazioso, carino **II** avv. bene; *(sorgfältig)* con cura, accuratamente: ***sich ~ kleiden*** vestirsi bene, con cura; ***etw. ~ putzen, waschen*** pulire, lavare bene qcs.; ***~ machen*** pulire, fare le pulizie; ***~ halten*** ternere pulito, *(in Ordnung halten)* tenere in ordine; FIG. ***die Partei von Extremisten ~ halten*** tenere lontani gli estremisti dal partito ◆ ***bleib ~! halt dich ~!*** comportati bene! ***das Kind ist schon ~*** il bambino non se la fa più addosso; COLLOQ. ***die Sache ist nicht ganz ~!*** la faccenda è poco pulita! **Sau|ber|hal|tung** f. *(-)* (mantenimento *m.* della) pulizia *f.*: FIG. ***die ~ der Flüsse*** il mantenere puliti i fiumi. **Sau|ber|keit** f. *(-)* **1** pulizia *f.* **2** *(Sorgfältigkeit)* accuratezza *f.*, precisione *f.* **3** *(Anständigkeit)* onestà *f.*, correttezza *f.*, pulizia *f.* ◆ ***es blinkt, glänzt alles vor ~*** tutto risplende di pulito. **Sau|ber|keits|fim|mel** m. *(-s)* COLLOQ. pallino *m.* della pulizia.

säu|ber|lich I agg. accurato, preciso; *(gewissenhaft)* scrupoloso, meticoloso **II** avv. accuratamente, con cura (*o* precisione): ***etw. fein ~ verpacken*** imballare qcs. con molta cura; *(gewissenhaft)* scrupolosamente, meticolosamente. **Säu|ber|lich|keit** f. *(-)* accuratezza *f.*, precisione *f.*; *(Gewissenhaftigkeit)* scrupolosità *f.*, meticolosità *f.*

Sau|ber|mann m. *(-[e]s,-männer)* IRON. moralizzatore *m.*

säu|bern I tr. **1** pulire: ***den Boden, das Zimmer, eine Wunde ~*** pulire il pavimento, la stanza, una ferita **2a** *(von Unerwünschtem befreien)* ripulire: ***eine Pflanze von verdorrten Blättern ~*** ripulire una pianta dalle foglie secche **b** FIG. ***die Stadt von Verbrechern ~*** ripulire la città dai delinquenti; ***Bibliotheken von regimefeindlichen Publikationen ~*** ripulire le biblioteche dalle pubblicazioni contro il regime **c** POL. STOR. epurare: ***die Verwaltung von Extremisten ~*** epurare l'amministrazione dagli estremisti **II** intr. (aus. *haben*) FIG. fare pulizia **III** rifl. ***sich ~*** **1** (ri)pulirsi: ***sich vom Schmutz ~*** ripulirsi dallo sporco **2** ***sich (D) etw. ~*** pulirsi qcs.

Säu|be|rung f. *(-,-en)* **1** pulitura *f.*, pulizia *f.*: ***die ~ des Lokals*** la pulizia del locale **2a** *(Befreiung von Unerwünschtem)* ripulitura *f.* (anche FIG.) **b** POL. STOR. epurazione *f.* **Säu|be|rungs|ak|ti|on** f. *(-,-en)* POL. STOR. epurazione *f.*

sau|blöd, sau|blö|de agg. COLLOQ. → **saudumm. Sau|boh|ne** f. *(-,-n)* fava *f.*

Sau|ce → **Soße. Sau|ci|e|re** [zo'sjɛ:rə] f. *(-,-n)* salsiera *f.*

Sau|di m. *(-s,-s)*, **Sau|di-A|ra|ber** m. *(-s,-)* saudita *m.* **Sau|di-A|ra|bi|en** n.pr.n. *(-s)* Arabia *f.* Saudita. **sau|di-a|ra|bisch, sau|disch** agg. saudita, saudiano.

sau|dumm agg. COLLOQ. terribilmente stupido (*o* scemo), stupidissimo.

sau|en intr. (aus. *haben*) COLLOQ. **1a** dire porcherie (*o* sconcezze) **b** *(sich unanständig benehmen)* fare porcherie **2** *(etw. beschmutzen)* insudiciare, sporcare.

sau|er I agg. **1a** acido: ***Essig und Zitrone haben einen sauren Geschmack*** aceto e limone hanno un gusto acido **b** *(durch Gärung verdorben)* ***saure Milch, Sahne*** latte acido, panna acida **c** CHIM. *(Säure enthaltend)* ***saure Salze*** sali acidi; ***saurer Regen*** pioggia acida **2a** *(herb)* aspro, agro, acerbo: ***ein saurer Wein*** un vino aspro (*o* asprigno); ***saure Früchte*** frutti acerbi **b** *(vom Geruch)* acre **3a** GASTR. *(in Essig konserviert)* sottaceto: ***saure Gurken*** cetrioli sottaceto **b** *(in Zitronensaft eingelegt)* all'agro **4a** FIG. *(mühsam)* duro, faticoso **b** *(unangenehm)* spiacevole **5a** *(verärgert)* arrabbiato, irritato: ***auf jdn, über etw. (A) ~ sein*** essere arrabbiato con qcn., per qcs. **b** ***eine saure Miene*** un'espressione seccata (*o* stizzita); ***mit saurem Lächeln*** con un sorriso acido **6a** GERG. *(vom Motor)* scassato **b** *(erschöpft)* sfinito; *(vom Pferd)* sfiancato **II** avv. **1a** ***~ schmecken*** avere un sapore acido; *(herb schmecken)* avere un sapore aspro (*o* agro); ***~ werden*** inacidire **b** CHIM. ***~ reagieren*** avere reazione acida **2** ***etw. ~ kochen, einlegen*** cuocere qcs. con l'aceto (*o* all'agro), mettere qcs. sott'aceto; ***etw. ~ essen*** mangiare qcs. con l'aceto **3** *(mühsam)* duramente, faticosamente: ***~ verdientes Geld*** denaro guadagnato faticosamente **4** *(verärgert)* ***~ auf etw. (A) reagieren*** arrabbiarsi, prendersela per qcs. ◆ ***jdn ~ ankommen*** essere duro (*o* faticoso) per qcn., riuscire difficile a qcn.; ***in den sauren Apfel beißen*** ingoiare la pillola; ***mir ist etw. ~ aufgestoßen*** qcs. mi ha fatto venire l'acidità di stomaco; FIG. ***jdm ~ aufstoßen*** restare sullo stomaco; ***das ist ein saures Brot*** è un lavoro duro, faticoso; ***saure Drops*** caramelle (assortite) agli agrumi; ***jdm das Leben ~ machen*** rendere la vita dura (*o* difficile) a qcn.; ***gib ihm Saures!*** dagliene un fracco! ***es sich ~ werden lassen*** darsi molto da fare, mettercela tutta.

Sau|er|bra|ten m. *(-s,-)* INTRAD. (specie di brasato marinato nell'aceto). **Sau|er|brun|nen** m. *(-s,-)* **1** sorgente *f.* d'acqua (minerale) effervescente **2** *(Sauerwasser)* acqua *f.* (minerale) effervescente. **Sau|er|dorn** m. *(-[e]s,-e)* crespino *m.*

Saue|rei f. *(-,-en)* SPREG. **1** porcheria *f.* **2** *(Gemeinheit, Unanständigkeit)* porcata *f.*, maialata *f.*

Sau|er|gras n. *(-es,-gräser)* carice *f.* **Sau|er|kir|sche** f. *(-,-n)* **1** *(Baum)* visciolo *m.*, agriotto *m.* **2** *(Frucht)* visciola *f.*, agriotta *f.* **Sau|er|klee** m. *(-s)* trifoglio *m.* acetoso, acetosella *f.* **Sau|er|kohl** m. *(-s)* REGION. → **Sauerkraut. Sau|er|kraut** n. *(-[e]s)* crauti *m.pl.*

säu|er|lich I agg. **1a** acidulo **b** *(leicht herb)* asprigno, agretto **c** *(vom Geruch)* leggermente acre **2** FIG. *(missvergnügt)* indispettito, seccato **II** avv. **1** ***~ schmecken*** avere un sapore acidulo; *(herb schmecken)* avere un sapore (*o* essere) asprigno **2** FIG. ***~ lächeln*** sorridere a denti stretti.

Säu|er|ling m. *(-s,-e)* → **Sauerbrunnen.**

Sau|er|milch f. *(-)* latte *m.* acido.

säu|ern I tr. **1** *(Kohl)* far fermentare (con sale) **2a** *(mit Essig zubereiten)* condire con aceto **b** *(mit Zitronensaft zubereiten)* condire con limone **3** CHIM. acidificare, inacidire **II** intr. (aus. *haben, sein*) fermentare. **Säu|er|nis** f. *(-)* LETT. **1** sapore *m.* aspro (*o* agro) **2** *(Verärgerung)* rabbia *f.*, stizza *f.*

Sau|er|rahm m. *(-[e]s)* panna *f.* acida.

Sau|er|stoff m. *(-[e]s)* ossigeno *m.* **Sau|er|stoff|an|rei|che|rung** f. *(-,-en)* ossigenazione *f.* **Sau|er|stoff|ap|pa|rat** m. *(-[e]s,-e)* → **Sauerstoffgerät. sau|er|stoff|arm** agg. povero d'ossigeno, poco ossigenato. **Sau|er|stoff|ar|mut** f. *(-)* povertà *f.* (*o* carenza *f.*) d'ossigeno. **Sau|er|stoff|fla|sche** f. *(-,-n)* bombola *f.* d'ossigeno. **Sau|er|stoff|ge|blä|se** n. *(-s,-)* fiamma *f.* ossidrica, cannello *m.* ossidrico. **Sau|er|stoff|ge|rät** n. *(-[e]s,-e)* apparecchio *m.* dell'ossigeno, ossigenatore *m.*, respiratore *m.* a ossigeno. **sau|er|stoff|hal|tig** agg. contenente ossigeno, ossigenato. **Sau|er|stoff|man|gel** m. *(-s)* carenza *f.* (*o* mancanza *f.*) d'ossigeno. **Sau|er|stoff|mas|ke** f. *(-,-n)* maschera *f.* a ossigeno. **sau|er|stoff|reich** agg. ricco d'ossigeno, (molto) ossigenato. **Sau|er|stoff|säu|re** f. *(-)* ossiacido *m.* **Sau|er|stoff|tank** m. *(-s,-s)* serbatoio *m.* di ossigeno (*o* dell'ossigeno). **Sau|er|stoff|the|ra|pie** f. *(-,-n)* ossigenoterapia *f.* **Sau|er|stoff|ver|bin|dung** f. *(-,-en)* CHIM. ossido *m.* **Sau|er|stoff|zelt** n. *(-[e]s,-e)* tenda *f.* a ossigeno.

sau|er|süß I agg. agrodolce (anche FIG.) **II** avv. **1** all'agrodolce, in agrodolce **2** FIG. ***~ lächeln*** fare un sorriso agrodolce. **Sau|er|teig** m. *(-[e]s,-e)* lievito *m.* di pasta acida. **Sau|er|topf** m. *(-[e]s,-töpfe)* COLLOQ. musone *m.* **sau|er|töp|fisch** agg. COLLOQ. (che è) sempre di cattivo umore, musone.

Säu|e|rung f. *(-,-en)* **1** *(vom Kohl)* fermentazione *f.* **2** CHIM. acidificazione *f.*

Sau|er|was|ser n. *(-s,-wässer)* acqua *f.* (minerale) effervescente.

Sauf|abend m. *(-s,-e)* COLLOQ. serata *f.* di bevute. **Sauf|aus** m. *(-,-)*, **Sauf|bold** m. *(-[e]s,-e)* ubriacone *m.*, beone *m.* **Sauf|bru|der** m. *(-s,-brüder)* COLLOQ. SPREG. compagno *m.* di bevute.

sau|fen *(säuft, soff, gesoffen)* **I** tr. **1** *(von Tieren)* bere: ***das Pferd säuft (Wasser) aus dem Eimer*** il cavallo beve (acqua) dal secchio **2a** SPREG. *(von Menschen)* scolare, trincare: ***Unmengen von Kaffee ~*** scolarsi litri di caffè **b** *(unmäßig trinken)* trincare: ***er säuft Bier von morgens bis abends*** trinca birra dalla mattina alla sera **II** intr. (aus. *haben*) bere: ***wenn er säuft, wird er unerträglich*** quando beve diventa insopportabile **III** rifl. ***sich arm, dumm, krank ~*** finire in miseria per il vizio del bere, bere fino a rincretinirsi, ammalarsi a forza di bere; ***er wird sich zu Tode ~*** a forza di bere si ammazzerà ◆ ***sich das Saufen abgewöhnen*** perdere il vizio del bere; ***einen ~*** berne uno, farsi un bicchiere; ***etw. leer ~*** vuotare qcs. (bevendo); *(von Menschen)* scolare qcs.; ***wie ein Loch, eine Senke ~*** bere come una spugna; ***jdn unter den Tisch ~***

mandare qcn. sotto il tavolo, battere qcn. nel bere.
Säu|fer m. *(-s,-)* SPREG. ubriacone *m.* **Sau|fe|rei** f. *(-,-en)* VOLG. lo sbevazzare, sbevazzamenti *m.pl.* **Säu|fer|na|se** f. *(-,-n)* COLLOQ. naso *m.* da ubriacone. **Säu|fer|wahn(|sinn)** m. *(-[e]s)* delirium tremens *m.*
Sauf|ge|la|ge n. *(-s,-)* sbevazzata *f.*, sbevazzamento *m.* **Sauf|kum|pan** m. *(-s,-e)* compare *m.* di bevute. **Sauf|lied** n. *(-[e]s,-er)* canzone *f.* da osteria (*o* da ubriachi).
Sau|fraß m. *(-es,-e)* SPREG. porcheria *f.*
Sauf|tour f. *(-,-en)* giro *m.* delle osterie (*o* delle birrerie).
Saug|ader f. *(-,-n)* vaso *m.* linfatico.
Säug|am|me f. *(-,-n)* balia *f.*
Saug|bag|ger m. *(-s,-)* draga *f.* aspirante. **Saug|bi|op|sie** f. *(-,-n)* biopsia *f.* da aspirazione. **saug‿boh|nern** tr. ***den Fußboden, das Zimmer ~*** passare la lucidatrice sul pavimento, nella stanza.
sau|gen *(sog/saugte, gesogen/gesaugt)* **I** tr. **1a** succhiare, LETT. suggere: ***Blut aus einer Wunde ~*** succhiare sangue da una ferita; ***die Bienen ~ Nektar aus den Blumen*** le api succhiano nettare dai fiori **b** *(von Babys)* poppare, succhiare: ***Milch aus der Flasche ~*** poppare latte dal biberon **2a** *(aufsaugen)* assorbire: ***die Wurzeln ~ Feuchtigkeit aus dem Boden*** le radici assorbono umidità dal terreno **b** FIG. ***neue Kraft aus etw. ~*** trarre nuove forze da qcs. **3** MECC. aspirare **4** *(mit dem Staubsauger reinigen)* ***den Teppich, das Zimmer ~*** passare l'aspirapolvere sul tappeto, nella stanza **II** intr. (aus. *haben*) **1a *an etw. (D) ~*** succhiare qcs.: ***am Daumen ~*** succhiarsi il dito **b** *(von Babys)* succhiare latte, poppare **2 *an der Pfeife, an der Zigarre ~*** aspirare fumo dalla pipa, dal sigaro (*o* fumare la pipa, il sigaro) **III** rifl. ***sich (A) voll Tinte, Wasser ~*** assorbire l'inchiostro, l'acqua ◆ ***sich (D) etw. aus den Fingern ~*** inventarsi qcs. di sana pianta.
säu|gen tr. allattare.
Sau|ger m. *(-s,-)* **1a** succhiotto *m.*, succhietto *m.* **b** *(Gummiaufsatz der Saugflasche)* tettarella *f.* **2** *(Saugheber)* sifone *m.* **3** COLLOQ. *(Staubsauger)* aspirapolvere *m.*
Säu|ger m. *(-s,-)*, **Säu|ge|tier** n. *(-[e]s,-e)* mammifero *m.*
saug|fä|hig agg. assorbente. **Saug|fä|hig|keit** f. *(-)* potere *m.* assorbente. **Saug|fer|kel** n. *(-s,-)* maialino *m.* da latte. **Saug|fla|sche** f. *(-,-n)* biberon *m.*, ANT. poppatoio *m.* **Saug|glo|cke** f. *(-,-n)* MED. aspiratore *m.* pneumatico. **Saug|he|ber** m. *(-s,-)* sifone *m.* **Saug|hub** m. *(-[e]s,-hübe)* MECC. corsa *f.* di aspirazione. **Saug|kap|pe** f. *(-,-n)* cappa *f.* di aspirazione, aspirante *m.* **Saug|lei|tung** f. *(-,-en)* condotta *f.* (*o* tubo *m.*) di aspirazione.
Säug|ling m. *(-s,-e)* lattante *m.*, poppante *m.* **Säug|lings|al|ter** n. *(-s)* primissima infanzia *f.* **Säug|lings|aus|stat|tung** f. *(-,-en)* corredino *m.* per neonato. **Säug|lings|er|näh|rung** f. *(-)* alimentazione *f.* di lattanti. **Säug|lings|heim** n. *(-[e]s,-e)* orfanotrofio *m.* per neonati. **Säug|lings|krip|pe** f. *(-,-n)* asilo *m.* nido, nido *m.* (d'infanzia). **Säug|lings|nah|rung** f. *(-)* alimentazione *f.* del lattante. **Säug|lings|pfle|ge** f. *(-)* puericultura *f.* **Säug|lings|pfle|ge|rin** f. *(-,-nen)*, **Säug|lings|schwes|ter** f. *(-,-n)* puericultrice *f.* **Säug|lings|sterb|lich|keit** f. *(-)* mortalità *f.* neonatale. **Säug|lings|waa|ge** f. *(-,-n)* bilancia *f.* per neonati.
Sau|glück n. *(-s)* COLLOQ. fortuna *f.* sfacciata.
Saug|mal n. *(-[e]s,-e)* succhiotto *m.* **Saug|mas|sa|ge** [-sa:ʒə] f. *(-,-n)* massaggio *m.* con aspirazione. **Saug|napf** m. *(-[e]s,-näpfe)* ZOOL. ventosa *f.* **Saug|or|gan** n. *(-s,-e)* ZOOL. succhiatoio *m.* **Saug|pa|pier** n. *(-s)* carta *f.* assorbente. **Saug|pum|pe** f. *(-,-n)* pompa *f.* aspirante. **Saug|re|flex** m. *(-es,-e)* riflesso *m.* della suzione.
sau|grob agg. VOLG. molto sgarbato.
Saug|rohr n. *(-[e]s,-e)* pipetta *f.* **Saug|rüs|sel** m. *(-s,-)* ENTOM. proboscide *f.* **Saug|ven|til** n. *(-s,-e)* valvola *f.* aspirante. **Saug|wir|kung** f. *(-,-en)* azione *f.* aspirante. **Saug|wurm** m. *(-[e]s,-würmer)* trematoide *m.*
Sau|hatz f. *(-,-en)* caccia *f.* al cinghiale. **Sau|hau|fen** m. *(-s,-)* VOLG. branco *m.* di porci. **Sau|hirt** m. *(-en,-en)* guardiano *m.* di, dei porci. **Sau|hund** m. *(-[e]s,-e)* VOLG. cane *m.*, carogna *f.*
Sau|igel m. *(-s,-)* VOLG. maiale *m.* **Sau|ige|lei** f. *(-,-en)* VOLG. porcheria *f.* **sau|igeln** intr. (aus. *haben*) VOLG. dire porcherie, essere un maiale.
säu|isch I agg. VOLG. **1** sporco, sconcio: ***-e Witze*** barzellette sporche **2** *(besonders stark)* ***eine -e Kälte*** un freddo porco **II** avv. rafforz. *(sehr)* ***es tut ~ weh*** fa un male cane. **Sau|jagd** f. *(-,-en)* → **Sauhatz. sau|kalt** agg. VOLG. freddo da crepare. **Sau|käl|te** f. *(-)* VOLG. freddo *m.* becco. **Sau|kerl** m. *(-s,-e)* VOLG. porco *m.* **Sau|ko|ben** m. *(-s,-)* porcile *m.*
Säul|chen n. *(-s,-)* colonnina *f.* **Säu|le** f. *(-,-n)* **1** colonna *f.*: ***eine ~ aus Marmor*** una colonna di marmo; ***eine dorische, ionische, korinthische ~*** una colonna dorica, ionica, corinzia; *(Stützbalken, Pfosten)* colonna *f.*, pilastro *m.*: ***von -n getragen, gestützt werden*** essere sostenuto da colonne; ***auf -n ruhen*** appoggiarsi su colonne **2** *(Zapfsäule)* pompa *f.* (di benzina) ◆ ***die -n des Herkules*** le colonne d'Ercole; FIG. ***wie eine ~ dastehen*** rimanere di sale; ***zu den -n der Gesellschaft zählen*** essere un pilastro della società.
Sau|le|ben n. *(-s)* SPREG. vita *f.* da cani, vitaccia *f.*
Säu|len|ab|schluss m. *(-es,-abschlüsse)* capitello *m.* **säu|len|ar|tig** agg. → **säulenförmig. Säu|len|ba|si|li|ka** f. *(-,-basiliken)* basilica *f.* colonnata. **Säu|len|bau** m. *(-[e]s,-ten)* edificio *m.* colonnato. **säu|len|för|mig** agg. colonnare, a forma di colonna. **Säu|len|fuß** m. *(-es,-füße)* base *f.* della colonna. **Säu|len|gang** m. *(-[e]s,-gänge)* (portico *m.*) colonnato *m.* **Säu|len|hal|le** f. *(-,-n)* (porticato *m.*) colonnato *m.* **Säu|len|hals** m. *(-es,-hälse)* ARCH. collarino *m.* **Säu|len|hei|li|ge** m. *(-n,-n)* stilita *m.* **Säu|len|kak|tus** m. *(-,-kakteen)* BOT. cereo *m.* **Säu|len|ka|pi|tell** n. *(-s,-e)*, **Säu|len|knauf** m. *(-[e]s,-knäufe)* capitello *m.* (di una colonna). **Säu|len|ord|nung** f. *(-,-en)* ordine *m.*: ***dorische, ionische, korinthische ~*** ordine dorico, ionico, corinzio. **Säu|len|por|tal** n. *(-s,-e)* protiro *m.* **Säu|len|rei|he** f. *(-,-n)* colonnato *m.* **Säu|len|schaft** m. *(-[e]s,-schäfte)* fusto *m.*, tronco *m.*, piedritto *m.* (della colonna). **Säu|len|stein** m. *(-[e]s)* basalto *m.* **Säu|len|stuhl** m. *(-s,-stühle)* ARCH. plinto *m.* **Säu|len|tem|pel** m. *(-s,-)* tempio *m.* a colonne. **Säu|len|trom|mel** f. *(-,-n)* tamburo *m.* di una colonna. **Säu|len|waa|ge** f. *(-,-n)* bilancia *f.* a due piatti. **Säu|len|wei|te** f. *(-,-n)* intercolunnio *m.*
1.Saum m. *(-[e]s, Säume)* ANT. soma *f.*, salma *f.*
2.Saum m. *(-[e]s, Säume)* **1** orlo *m.*: ***den ~ heften, nähen, auftrennen*** imbastire, cucire, scucire l'orlo **2** *(Rand)* bordo *m.*, margine *m.*: ***am ~ der Wiese, des Waldes*** ai bordi del prato, ai margini del bosco.
sau|mä|ßig COLLOQ. **I** agg. **1** *(sehr groß, sehr viel)* enorme: ***ein -es Glück*** una fortuna sfacciata **2** *(miserabel)* pessimo: ***ein -es Wetter*** un tempo da cani **II** avv. **1** *(sehr viel)* ***es ist ~ kalt*** fa un freddo cane **2** *(miserabel)* malissimo, da cani: ***~ schlecht geschlafen haben*** aver dormito da cani.
Sau|mast f. *(-,-en)* mangime *m.* (da ingrasso) per maiali.
Säum|chen n. *(-s,-)* orlino *m.*, bordino *m.*, orletto *m.*
1.säu|men tr. ANT. caricare della soma, mettere la soma a, su.
2.säu|men tr. **1** orlare, bordare: ***eine Tischdecke ~*** mettere l'orlo a una tovaglia **2** FIG. fiancheggiare: ***Bäume ~ den Weg*** alberi fiancheggiano la strada.
3.säu|men intr. (aus. *haben*) indugiare, tardare; *(unentschlossen sein)* esitare. **Säu|men** n. *(-s)* indugio *m.*, esitazione *f.*: ***ohne ~*** senza indugio.
1.Säu|mer m. *(-s,-)* guida *f.* (nella macchina da cucire).
2.Säu|mer m. *(-s,-)* ANT. **1** *(Lasttier)* animale *m.* da soma **2** *(Saumtiertreiber)* addetto *m.* alle salmerie, salmerista *m.*
3.Säu|mer m. *(-s,-)* RAR. indugiatore *m.*
Saum|farn m. *(-[e]s,-e)* felce *f.* aquilina.
säu|mig agg. **1** *(verspätet)* ritardatario: ***bei der Zahlung ~ sein*** essere in ritardo con il pagamento **2** *(träge)* indolente, lento, tardo **3** DIR. contumace *m.* ◆ ***-er Schuldner*** debitore moroso. **Säu|mi|ge** m. *(-n,-n)* **1** ritardatario *m.* **2** *(träger Mensch)* indolente *m.* **Säu|mig|keit** f. *(-,-en)* **1** ritardo *m.*; *(von Schuldnern)* morosità *f.* **2** *(Trägheit)* indolenza *f.*, lentezza *f.*
Saum|naht f. *(-,-nähte)* orlatura *f.*, orlo *m.*
Säum|nis f. *(-,-se)* e n. *(-ses,-se)* **1** indugio *m.*: ***etw. ohne ~ erledigen*** sbrigare qcs. senza indugio **2** *(Verzögerung, Verspätung)* ritardo *m.* **3** DIR. *(Versäumnis)* contumacia *f.* **Säum|nis|zu|schlag** m. *(-[e]s,-zuschläge)* mora *f.*
Saum|pfad m. *(-[e]s,-e)* mulattiera *f.* **Saum|pferd** n. *(-[e]s,-e)* cavallo *m.* da soma.
saum|se|lig I agg. lento, tardo, indolente **II** avv. lentamente, indolentemente. **Saum|se|lig|keit** f. *(-)* lentezza *f.*, indolenza *f.*
Saum|tier n. *(-[e]s,-e)* bestia *f.* da soma.
Sau|na f. *(-,-s e Saunen)* sauna *f.*: ***in die ~ gehen*** andare a fare la sauna. **Sau|na|bad** n. *(-[e]s,-bäder)* sauna *f.*: ***ein ~ nehmen*** fare una sauna. **sau|nen, sau|nie|ren** intr. (aus. *haben*) fare la sauna.
Sau|rach m. *(-[e]s,-e)* → **Sauerdorn.**
Säu|re f. *(-,-n)* **1** acidità *f.*; *(vom Wein)* asprezza *f.*; *(von Obst)* acerbità *f.* **2** CHIM. acido *m.*: ***schwache, starke, ätzende ~*** acido debole, forte, corrosivo; ***~ bildend*** acidificante **3** *(Magensäure)* acidità *f.* (di stomaco). **säu|re|arm** agg. poco acido. **säu|re|be|stän|dig** agg. → **säurefest. Säu|re|be|stän|dig|keit** f. *(-)* resistenza *f.* agli acidi. **Säu|re|bil|dung** f. *(-)* acidificazione *f.* **säu|re|fest** agg. antiacido, resistente agli acidi. **säu|re|frei** agg. privo di acidi. **Säu|re|ge|halt** m. *(-[e]s,-e)* tasso *m.* (*o* grado *m.*) di acidità.
Sau|re-Gur|ken-Zeit f. *(-,-en)* COLLOQ. stagione *f.* morta.

säu|re|hal|tig agg. (contenente) acido. **Säu|re|he|ber** m. *(-s,-)* pipetta *f.* per acidi. **Säu|re|man|gel** m. *(-s)* mancanza *f.* di acidità, MED. ipoacidità *f.* **Säu|re|mes|ser** m. *(-s,-)* acidimetro *m.* **Säu|re|rest** m. *(-[e]s,-e)*, **Säu|re|rück|stand** m. *(-[e]s,-rückstände)* residuo *m.* acido. **Säu|re|über|schuss** m. *(-es,-überschüsse)* eccesso *m.* d'acido, MED. iperacidità *f.*

Saus, ***in ~ und Braus leben*** spassarsela, fare la bella vita.

Sau|se f. *(-,-n)* COLLOQ. **1** *(Fest mit großem Alkoholkonsum)* sbevazzata *f.* **2** *(Zechtour)* giro *m.* delle birrerie.

säu|seln I intr. (aus. *haben, sein*) stormire, mormorare, spirare: ***die Blätter, die Bäume ~ im Wind*** le foglie stormiscono, gli alberi mormorano al vento; ***der Wind säuselt in den Zweigen*** il vento spira (mormorando) tra i rami **II** tr. *(flüstern)* bisbigliare, sussurrare.

sau|sen intr. **1a** (aus. *haben*) sibilare: ***der Wind saust in den Bäumen*** il vento sibila tra gli alberi **b** (aus. *sein*) ***die Peitsche saust auf den Rücken der Pferde*** la frusta sibila sul dorso dei cavalli **2** (aus. *haben*) ronzare: ***das Blut saust ihm in den Ohren*** il sangue gli ronza nelle orecchie; impers. ***es saust ihm im Kopf, in den Ohren (ihm saust der Kopf, ihm ~ die Ohren)*** gli ronza la testa, gli fischiano le orecchie **3** (aus. *sein*) COLLOQ. *(sich schnell fortbewegen)* sfrecciare, volare: ***durch die Stadt, zum Bahnhof ~*** sfrecciare per la città, volare alla stazione **4** (aus. *sein*) COLLOQ. ***durch eine Prüfung ~*** essere bocciato a un esame ◆ VOLG. ***einen ~ lassen*** lasciar partire una scorreggia; COLLOQ. ***jdn, etw. ~ lassen*** lasciar perdere qcn., qcs. **Sau|sen** n. *(-s)* sibilo *m.*, ronzio *m.*

Sau|ser m. *(-s,-)* REGION. mosto *m.* in fermentazione.

Sau|se|schritt, COLLOQ. ***im ~*** a volo d'uccello. **Sau|se|wind** m. *(-[e]s)* **1** INFANT. *(starker Wind)* ventaccio *m.* **2** COLLOQ. FIG. *(sehr lebhafter Mensch)* trottola *f.*

Sau|stall m. *(-[e]s,-ställe)* porcile *m.* (anche FIG.).

sau|tie|ren [zo-] tr. saltare in padella.

Sau|trank m. *(-[e]s,-tränke)* **1** beveraggio *m.* per i maiali **2** FIG. brodaglia *f.* schifosa. **Sau|wet|ter** n. *(-s)* VOLG. tempo *m.* schifoso. **Sau|wirt|schaft** f. *(-)* VOLG. sfascio *m.*, malgoverno *m.* **sau|wohl** avv. COLLOQ. ***sich ~ fühlen*** stare benone. **Sau|wut** f. *(-)* VOLG. rabbia *f.* pazzesca.

Sa|van|ne f. *(-,-n)* savana *f.*

Sa|vo|yar|de m. *(-n,-n)* savoiardo *m.* **Sa|voy|en** n.pr.n. *(-s)* Savoia *f.* **Sa|voy|er I** m. *(-s,-)* savoiardo *m.*, abitante *m.* della Savoia **II** agg. inv. savoiardo, della Savoia. **sa|voy|isch** agg. savoiardo, della Savoia.

Sax → **Sachs.**

Sax|horn n. *(-[e]s,-hörner)* saxhorn *m.*, flicorno *m.*

Sa|xo|fon → **Saxophon. Sa|xo|fo|nist** → **Saxophonist. Sa|xo|phon** n. *(-s,-e)* sassofono *m.*, saxofono *m.* **Sa|xo|pho|nist** m. *(-en,-en)* sassofonista *m.*, saxofonista *m.*

Sä|zeit f. *(-,-en)* RAR. *(Saatzeit)* (tempo *m.* della) semina *f.*

SB ⇒ *Selbstbedienung* self-service.

S-Bahn f. *(-,-en)* INTRAD. (ferrovia metropolitana che serve grandi aree urbane e suburbane). **S-Bahn|hof** m. *(-[e]s,-höfe)* stazione *f.* della S-Bahn. **S-Bahn-Sta|ti|on** f. *(-,-en)* fermata *f.* della S-Bahn. **S-Bahn-Wa|gen** m. *(-s,-)* vettura *f.* della S-Bahn.

SBB ⇒ *Schweizerische Bundesbahnen* Ferrovie federali svizzere.

s. Br. ⇒ *südlicher Breite* latitudine sud.

scan|nen ['skɛnən] tr. passare allo scanner, scannerizzare. **Scan|ner** ['skɛnɐ] m. *(-s,-)* scanner *m.* **Scan|ning** ['skɛnɪŋ] n. *(-[s],-s)* scanning *m.*

Scene [si:n] f. *(-,-s)* ambiente *m.*, mondo *m.*: ***die ~ der Drogenabhängigen*** il mondo dei tossicodipendenti.

sch inter. **1** sciò, via **2** *(still)* st, sst.

Schab|bes m. *(-,-)* → **Sabbat.**

Scha|be f. *(-,-n)* **1a** blatta *f.*, scarafaggio *m.* **b** REGION. *(Motte)* tarma *f.* **2** → **Schabeisen.**

Scha|be|fleisch n. *(-[e]s)* carne *f.* tritata. **Schab|ei|sen** n. *(-s,-)* **1** → **Schabmesser 2** MECC. coltello *m.* sbarbatore. **Scha|be|mes|ser** → **Schabmesser. scha|ben I** tr. **1** raschiare (via): ***den Schmutz von, aus den Schuhen ~*** raschiare la sporcizia dalle scarpe **2** *(reiben)* grattugiare: ***Karotten ~*** grattugiare le carote **3** COLLOQ. *(rasieren)* radere **II** intr. (aus. *haben*) *(scheuern)* fregare: ***das Rad schabt am Kotflügel*** la ruota frega contro il parafango **III** rifl. ***sich das Kinn, den Bart ~*** radersi il mento, farsi la barba (*o* radersi). **Scha|ber** m. *(-s,-)* → **Schabmesser. Scha|be|rei** f. *(-,-en)* COLLOQ. **1** raschiatura *f.* **2** *(Gekratze)* grattatura *f.*

Scha|ber|nack m. *(-[e]s,-e)* burla *f.*, scherzo *m.*: ***mit jdm ~ treiben*** tirare scherzi a qcn.

schä|big I agg. **1** logoro, consunto: ***-e Kleidung*** vestiti logori **2** *(armselig)* misero: ***ein -es Haus*** una misera casa; ***eine -e Summe*** una misera somma **3a** *(verächtlich)* spregevole **b** *(kleinlich)* gretto, meschino **4** *(knauserig)* tirchio, spilorcio **II** avv. **1** miseramente: ***~ gekleidet sein*** essere vestito miseramente **2a** *(verächtlich)* spregevolmente **b** *(niederträchtig)* meschinamente: ***sich ~ benehmen*** comportarsi in modo meschino. **Schä|big|keit** f. *(-,-en)* **1** grettezza *f.*, meschinità *f.* **2** *(Knauserei)* tirchieria *f.*, spilorceria *f.*

Schab|kunst f. *(-)* mezzatinta *f.*

Schab|lo|ne f. *(-,-n)* **1a** modello *m.*: ***eine ~ verwenden*** utilizzare un modello **b** *(Zeichenschablone)* sagoma *f.*, mascherina *f.* **2** *(Klischee)* schema *m.*, cliché *m.*: ***in -n denken*** ragionare secondo schemi; ***nach ~ arbeiten*** lavorare secondo uno schema fisso; ***etw. in eine ~ zwingen*** costringere qcs. in uno schema; ***sich an die ~ halten*** attenersi agli schemi. **Schab|lo|nen|ar|beit** f. *(-,-en)* lavorazione *f.* a sagoma, riproduzione *f.* a sagoma. **Schab|lo|nen|druck** m. *(-[e]s,-e)* serigrafia *f.* **schab|lo|nen|haft, schab|lo|nen|mä|ßig** agg. conforme a un modello, a uno schema (fisso).

schab|lo|nie|ren, schab|lo|ni|sie|ren tr. **1** TECN. formare a sagoma **2** RAR. *(verallgemeinern)* generalizzare. **Schab|lo|ni|sie|rung** f. *(-,-en)* **1** TECN. formatura *f.* a sagoma **2** *(Verallgemeinerung)* generalizzazione *f.*

Schab|ma|nier f. *(-)* → **Schabkunst. Schab|mes|ser** n. *(-s,-)* **1** raschietto *m.*, raschiatoio *m.* **2** *(für Leder)* scarnatoio *m.*

Scha|bot|te f. *(-,-n)* basamento *m.*

Schab|ra|cke f. *(-,-n)* **1** gualdrappa *f.* **2** *(Schutzdecke für Sofas)* copridivano *m.*; *(für Sessel)* copripoltrona *m.* **3** *(Vorhangverkleidung)* mantovana *f.* **4a** COLLOQ. SPREG. *(altes Pferd)* rozza *f.* **b** *(alte Sache oder Frau)* vecchia ciabatta *f.* **Schab|ra|cken|hy|ä|ne** f. *(-,-n)* iena *f.* bruna. **Schab|ra|cken|ta|pir** m. *(-s,-e)* tapiro *m.* dalla gualdrappa.

Schab|sel n. *(-s,-)* raschiatura *f.* **Schab|werk|zeug** n. *(-[e]s,-e)* utensile *m.* (*o* arnese *m.*) per raschiare.

Schach n. *(-s,-s)* scacchi *m.pl.*: ***~ spielen*** giocare a(gli) scacchi; *(Bedrohung des Königs)* scacco *m.*: ***~ bieten*** dare scacco; ***der König steht, ist im ~*** il re è sotto scacco ◆ ***jdm ~ bieten*** dare scacco a qcn.; COLLOQ. ***jdn in ~ halten*** tenere qcn. in scacco; ***~ und matt!*** scacco matto! **Schach|auf|ga|be** f. *(-,-n)* → **Schachproblem. Schach|blu|me** → **Schachbrettblume.**

Schach|brett n. *(-[e]s,-er)* scacchiera *f.* **schach|brett|ar|tig** agg. a scacchiera. **Schach|brett|blu|me** f. *(-,-n)* fritillaria *f.* **Schach|brett|mus|ter** n. *(-s,-)* motivo *m.* a scacchiera.

Schach|ecke f. *(-,-n)* angolo *m.* degli scacchi.

Scha|chen m. *(-s,-)* **1** REGION. *(Waldstück)* bosco *m.* **2a** SVIZZ. *(Niederung)* bassopiano *m.* **b** *(Uferland)* zona *f.* costiera.

Scha|cher m. *(-s)* traffico *m.* (*o* commercio *m.*) illecito, mercimonio *m.* ◆ ***~ mit etw. treiben*** mercanteggiare su qcs.

Schä|cher m. *(-s,-)* BIBL. ladrone *m.* ◆ COLLOQ. ***armer ~*** povero diavolo.

Scha|che|rei f. *(-,-en)* COLLOQ. SPREG. mercanteggiamento *m.* **Scha|che|rer** m. *(-s,-)* SPREG. trafficone *m.* **scha|chern** intr. (aus. *haben*) SPREG. mercanteggiare: ***mit, um etw. ~*** mercanteggiare su qcs.

Schach|feld n. *(-[e]s,-er)* casella *f.* (della scacchiera), scacco *m.* **Schach|fi|gur** f. *(-,-en)* figura *f.* (del gioco) degli scacchi. **Schach|groß|meis|ter** m. *(-s,-)* gran maestro *m.* **schach|matt** agg. COLLOQ. sfinito, distrutto ◆ ***jdn ~ setzen*** dare scacco matto a qcn. (anche FIG.). **Schach|meis|ter** m. *(-s,-)* campione *m.* di scacchi. **Schach|meis|ter|schaft** f. *(-,-en)* campionato *m.* di scacchi. **Schach|par|tie** f. *(-,-n)* partita *f.* a scacchi. **Schach|prob|lem** n. *(-s,-e)* problema *m.* scacchistico, di scacchi. **Schach|spiel** n. *(-[e]s,-e)* **1** gioco *m.* degli scacchi **2** *(Partie)* partita *f.* a scacchi. **Schach|spie|ler** m. *(-s,-)* giocatore *m.* di scacchi.

Schacht m. *(-[e]s, Schächte)* **1** pozzo *m.*: ***einen ~ abteufen, ausheben*** scavare un pozzo **2** *(für Wasser)* pozzetto *m.* **3** *(eines Aufzuges)* vano *m.* **4** METALL. *(von Öfen)* tino *m.*

Schach|tel f. *(-,-n)* **1a** scatola *f.* **b** *(Paket)* pacchetto *m.*: ***eine ~ Zigaretten*** un pacchetto di sigarette **2** ECON. → **Schachtelbeteiligung** ◆ SPREG. ***alte ~*** vecchia ciabatta. **Schach|tel|be|tei|li|gung** f. *(-,-en)* ECON. = partecipazione *f.* di almeno il 25 % (al capitale di un'altra società); *(Beteiligungsanteil)* quota *f.* di partecipazione.

Schäch|tel|chen n. *(-s,-)* scatolina *f.*, scatoletta *f.*

Schach|tel|di|vi|den|de f. *(-,-n)* = dividendo *m.* distribuito da una società consociata. **Schach|tel|fab|rik** f. *(-,-en)* scatolificio *m.* **Schach|tel|ge|sell|schaft** f. *(-,-en)* consorzio *m.* di aziende associate. **Schach|tel|halm** m. *(-[e]s,-e)* BOT. equiseto *m.* **schach|teln** tr. **1** inscatolare **2** *(ineinander fügen)* inserire l'uno nell'altro. **Schach|tel|satz** m. *(-[e]s,-sätze)* GRAMM. periodo *m.* complesso (*o* SPREG. involuto). **Schach|te|lung** f. *(-,-en)* **1** inscatolamento *m.* **2** *(Ineinanderfügung)* inserimento *m.* di una cosa nell'altra. **schach|ten** tr. RAR. scavare.

schäch|ten tr. macellare (secondo le prescrizioni religiose ebraiche). **Schäch|ter** m. *(-s,-)* macellaio *m.* (che rispetta le prescrizioni religiose ebraiche).

Schach|tisch m. *(-[e]s,-e)* tavolino *m.* da, per scacchi.

Schacht|meis|ter m. *(-s,-)* MIN. caposquadra *m.* **Schacht|ofen** m. *(-s,-öfen)* forno *m.* a tino. **Schacht|soh|le** f. *(-,-n)*, **Schacht|sumpf** m. *(-[e]s,-sümpfe)* MIN. fondo *m.* del pozzo.

Schäch|tung f. *(-,-en)* macellazione *f.* (secondo le prescrizioni religiose ebraiche).

Schach|tur|nier n. *(-s,-e)* torneo *m.* di scacchi (*o* scacchistico).

Schacht|ver|klei|dung f. *(-,-en)* MIN. rivestimento *m.* del pozzo. **Schacht|zim|me|rung** f. *(-,-en)* armatura *f.* (in legno) del pozzo.

Schach|zug m. *(-[e]s,-züge)* mossa *f.* (a scacchi): ***einen lang bedachten ~ ausführen*** fare una mossa a lungo meditata; FIG. ***ein schlauer, gelungener ~*** una mossa astuta, indovinata.

Schad|bild n. *(-[e]s,-er)* rilevamento *m.* danni.

scha|de avv. peccato: ***(es ist) ~ um ihn*** è un peccato per lui; ***~ um den verlorenen Tag*** peccato per il giorno perso ◆ ***es, das ist ~, dass...*** è un peccato che...; ***es ist nicht (weiter) ~ darum*** non è una grande perdita; ***wie ~!*** che peccato! ***zu ~ für, zu etw., für jdn sein*** essere sprecato per qcs., qcn.; ***sich (D) für, zu etw., für jdn zu ~ sein*** non volersi abbassare a qcs., a qcn.

Schä|del m. *(-s,-)* **1a** cranio *m.*, scatola *f.* cranica **b** *(von Toten)* teschio *m.* **2a** *(Kopf)* testa *f.*: ***jdm den ~ einschlagen*** spaccare la testa a qcn. **b** FIG. *(Verstand)* ***einen dicken, harten ~ haben*** avere la testa dura ◆ ***mir brummt der ~*** sento un ronzio nella testa; ***sich an etw. (D) den ~ einrennen*** andare a sbattere la testa contro qcs.; FIG. uscire da qcs. con la testa rotta; COLLOQ. ***mir raucht der ~*** mi fuma il cervello; FIG. ***mit dem ~ durch die Wand wollen*** = volere l'impossibile; FIG. ***es will ihm nicht in den ~ (hinein), aus dem ~*** non vuole entrargli, non vuole toglierselo dalla testa.

Schä|del|ba|sis f. *(-,-basen)* base *f.* cranica. **Schä|del|ba|sis|bruch** m. *(-[e]s,-brüche)* frattura *f.* della base cranica. **Schä|del|boh|rung** f. *(-,-en)* trapanazione *f.* del cranio. **Schä|del|bruch** m. *(-[e]s,-brüche)* frattura *f.* cranica. **Schä|del|dach** n. *(-[e]s,-dächer)*, **Schä|del|de|cke** f. *(-,-n)* volta *f.* (*o* calotta *f.*) cranica. **Schä|del|form** f. *(-,-en)* forma *f.* del cranio. **Schä|del|frak|tur** f. *(-,-en)* MED. → **Schädelbruch. Schä|del|haut** f. *(-,-häute)* pericranio *m.* **Schä|del|höh|le** f. *(-,-n)* cavità *f.* cranica. **Schä|del|in|dex** m. *(-,-indizes)* indice *m.* cefalico. **Schä|del|kno|chen** m. *(-s,-)* osso *m.* del cranio, cranico. **Schä|del|leh|re** f. *(-)* craniologia *f.* **Schä|del|lo|se** pl. ZOOL. acefali *m.pl.* **Schä|del|naht** f. *(-,-nähte)* sutura *f.* cranica. **Schä|del|stät|te** f. *(-)* BIBL. Golgota *m.* **Schä|del|tier** n. *(-[e]s,-e)* ZOOL. ANT. vertebrato *m.*

scha|den I intr. (aus. *haben*) **1** ***jdm, etw. ~*** danneggiare qcn., qcs., fare male (*o* nuocere) a qcn., qcs.: ***Rauchen schadet der Gesundheit*** fumare fa male (*o* nuoce) alla salute; ***ein Glas Wein kann nicht ~*** un bicchiere di vino non può fare male **2** ***etw. (D) ~*** danneggiare, rovinare qcs.: ***der Hagel hat der Ernte geschadet*** la grandine ha danneggiato il raccolto; ***jds Interessen ~*** danneggiare (*o* pregiudicare) gli interessi di qcn. **II** rifl. ***sich (D) ~*** danneggiarsi, nuocere a se stesso ◆ ***es schadet mehr als es nützt*** è più il danno che il vantaggio; ***es hat dir nicht geschadet*** male non ti ha fatto; COLLOQ. ***das schadet ihm gar nichts*** ben gli sta; ***was schadet es (schon), wenn...*** che male c'è se...

Scha|den m. *(-s, Schäden)* **1a** danno *m.*: ***einen ~ verursachen (anrichten), ersetzen*** causare (*o* arrecare), risarcire un danno; ***jdm einen ~ zufügen*** causare un danno a qcn.; ***einen ~ melden*** dichiarare un danno; ***für einen ~ haften, aufkommen*** rispondere di un danno; ***den ~ erheben, abschätzen*** rilevare, stimare (*o* valutare) il danno; ***einen ~ verhüten, wieder gutmachen*** prevenire, rifondere un danno; ***der ~ beträgt, beläuft sich auf 1000 Mark*** il danno ammonta a 1000 marchi; ***einen ~ regulieren*** liquidare un danno; ***Schäden durch Unwetter*** danni provocati dalle intemperie; ***von etw. mehr ~ als Nutzen haben*** ricavare più danno che vantaggio da qcs. **b** BUROCR. *(bei Versicherung)* sinistro *m.*: ***im Falle eines -s*** in caso di sinistro **2** *(Nachteil)* discapito *m.*, svantaggio *m.*: ***es ist nicht zu seinem ~, es gereicht ihm nicht zum ~*** non va a suo discapito; ***es ist kein ~, so entschieden zu haben*** non è uno svantaggio aver deciso così **3** *(körperliche Beeinträchtigung)* danno *m.*, lesione *f.*: ***ein ~ an der Wirbelsäule*** una lesione alla colonna vertebrale; ***einen ~ davontragen, erleiden*** riportare, subire un danno; ***sich einen ~ zuziehen*** procurarsi una lesione **4a** guasto *m.*: ***einen ~ aufweisen*** avere un guasto; ***einen ~ ausbessern, reparieren*** riparare un guasto **b** MAR. avaria *f.* ◆ ***durch ~ klug werden*** imparare a proprie spese; ***durch ~ wird man klug*** sbagliando s'impara; ***(bei etw.) zu ~ kommen*** subire un danno, essere danneggiato (in qcs.); *(körperlich)* farsi del male; COLLOQ. ***ab, fort, weg mit ~!*** = adesso basta, a costo di rimetterci! ***an etw. (D) ~ nehmen*** essere danneggiato in qcs.; ***an seiner Gesundheit ~ nehmen*** rovinarsi la salute; ***es soll dein ~ nicht sein*** non te ne pentirai; ***mit ~ verkaufen*** vendere in perdita; DIR. ***zum ~ gereichen*** essere di pregiudizio, pregiudizievole; PROV. ***wer den ~ hat, braucht für den Spott nicht zu sorgen*** oltre al danno anche la beffa.

Scha|den|ab|wick|lung f. *(-,-en)* DIR. liquidazione *f.* di, del sinistro. **Scha|den|an|zei|ge** f. *(-,-n)* DIR. denuncia *f.*, avviso *m.* di, del sinistro. **Scha|den|be|rech|nung** f. *(-,-en)* DIR. accertamento *m.* di, del sinistro. **Scha|den|be|richt** → **Schadensbericht.**

Scha|den|er|satz m. *(-es)* DIR. risarcimento *m.* (di, dei) danni: ***~ verlangen*** chiedere i danni; ***~ leisten*** risarcire; ***er ist zum ~ verpflichtet*** è obbligato al risarcimento danni; ***Anspruch auf ~ haben, erheben*** avere, rivendicare il diritto al risarcimento dei danni. **Scha|den|er|satz|an|spruch** m. *(-[e]s,-ansprüche)* DIR. **1** diritto *m.* al risarcimento (dei) danni: ***einen ~ andienen*** far valere il diritto al risarcimento dei danni. **Scha|den|er|satz|leis|tung** f. *(-,-en)* DIR. → **Schadenersatz. Scha|den|er|satz|pflicht** f. *(-)* DIR. obbligo *m.* di risarcimento (dei) danni, di indennizzo.

Scha|den|fest|stel|lung f. *(-,-en)* DIR. accertamento *m.* del danno. **Scha|den|feu|er** n. *(-s,-)* incendio *m.* **Scha|den|frei|heits|ra|batt** m. *(-[e]s,-e)* DIR. bonus malus *m.*

Scha|den|freu|de f. *(-)* = gioia *f.* per il male altrui, gioia *f.* maligna ◆ PROV. ***~ ist die schönste Freude*** la gioia più bella è quella per il male altrui. **scha|den|froh I** agg. maligno, perfido: ***ein -es Gelächter, ein -er Ausdruck*** una risata, un'espressione maligna **II** avv. malignamente, con perfidia: ***er lacht ~*** ride malignamente.

Scha|den|nach|weis m. *(-es,-e)* DIR. prova *f.* del danno. **Scha|dens|be|rech|nung** → **Schadenberechnung. Scha|dens|be|richt** m. *(-[e]s,-e)* DIR. rapporto *m.* di, del sinistro. **Scha|dens|er|satz** → **Schadenersatz. Scha|dens|fall** m. *(-[e]s,-fälle)* DIR. (caso *m.* di) sinistro *m.*: ***im ~*** in caso di sinistro. **Scha|dens|fest|stel|lung** → **Schadenfeststellung. Scha|dens|nach|weis** → **Schadennachweis. Scha|dens|stif|ter** m. *(-s,-)* DIR. autore *m.* del danno. **Scha|den|ver|hü|tung** f. *(-,-en)* prevenzione *f.* di, dei sinistri. **Scha|den|ver|si|che|rung** f. *(-,-en)* assicurazione *f.* contro danni.

Schad|fraß m. *(-es)* infestamento *m.* di parassiti. **schad|haft** agg. **1** danneggiato: ***die -en Stellen ausbessern*** riparare i punti danneggiati **2** *(defekt)* difettoso. **Schad|haf|tig|keit** f. *(-)* condizione *f.*, stato *m.* di danneggiamento **2** qualità *f.* difettosa.

schä|di|gen tr. danneggiare: ***jds Ruf, Interessen ~*** danneggiare il buon nome, gli interessi di qcn.; ***jdn gesundheitlich ~*** procurare a qcn. danni alla salute. **schä|di|gend** p.pres. agg. **1** → **schädigen 2a** *(schädlich)* dannoso, nocivo: ***-e Insekten*** insetti nocivi **b** DIR. lesivo, pregiudizievole: ***eine -e Handlung*** un atto pregiudizievole. **Schä|di|ger** m. *(-s,-)* DIR. chi danneggia, danneggiatore *m.* **Schä|di|gung** f. *(-,-en)* **1** danneggiamento *m.*, danno *m.* **b** *(Schaden)* danno *m.*: ***materielle, gesundheitliche -en*** danni materiali, alla salute.

Schad|in|sekt n. *(-es,-en)* insetto *m.* parassita.

schäd|lich agg. dannoso, nocivo: ***für jdn, etw. ~ sein*** essere dannoso a qcn., qcs.; ***-e Gase*** gas nocivi; ***ein -es Klima*** un clima nocivo; ***-e Pflanzen, Tiere*** piante dannose, animali dannosi; FIG. ***-e Einflüsse*** cattivi influssi. **Schäd|lich|keit** f. *(-)* dannosità *f.*

Schäd|ling m. *(-s,-e)* parassita *m.* **Schäd|lings|be|fall** m. *(-[e]s)* infestazione *f.* (di parassiti).

Schäd|lings|be|kämp|fer m. *(-s,-)* disinfestatore *m.* **Schäd|lings|be|kämp|fung** f. *(-,-en)* disinfestazione *f.* **Schäd|lings|be|kämp|fungs|mit|tel** n. *(-s,-)* antiparassitario *m.*

schad|los agg. indenne: ***er ist bei dem Unfall ~ davongekommen*** è uscito indenne dall'incidente ◆ ***sich an jdm, etw. (für etw.) ~ halten*** rifarsi su qcn., qcs. (per qcs.). **Schad|los|bür|ge** m. *(-n,-n)* DIR. fideiussore *m.* **Schad|los|hal|tung** f. *(-)* rivalsa *f.*

Scha|dor m. *(-s,-s)* chador *m.*

Schad|stoff m. *(-[e]s,-e)* sostanza *f.* nociva, tossica. **schad|stoff|arm** agg. **1** poco nocivo, poco tossico **2** *(wenig umweltschädlich)* poco inquinante. **Schad|stoff|aus|stoß** m. *(-es)* produzione *f.* di sostanze tossiche. **Schad|stoff|be|las|tung** f. *(-,-en)* carico *m.* di sostanze tossiche. **Schad|stoff|emis|si|on** f. *(-,-en)* → **Schadstoffausstoß. schad|stoff|frei** agg. non tossico.

Schad|wir|kung f. *(-,-en)* effetto *m.* nocivo, tossico.

Schaf n. *(-[e]s,-e)* **1** pecora *f.*: ***die -e weiden, scheren*** pascolare, tosare le pecore; ***eine Herde -e, von -en*** un gregge di pecore **2** COLLOQ. *(einfältiger Mensch)* minchione *m.* ◆ ***die -e von den Böcken trennen, scheiden*** separare i buoni dai cattivi; ***ein räudiges***

~ steckt die ganze Herde an una pecora rognosa guasta un gregge; ***das schwarze ~ sein*** essere la pecora nera; ***ein verirrtes ~*** una pecorella smarrita. **Schaf|bock** m. *(-[e]s,-böcke)* montone *m.*

Schäf|chen n. *(-s,-)* **1** pecorella *f.* **2** FIG. *(von Kindern)* pulcino *m.* **3** → **Schäfchenwolke** ◆ COLLOQ. ***sein ~, seine ~ ins Trockene bringen*** mettersi al riparo, metter da parte un bel gruzzolo; FIG. ***~ zählen*** contare le pecore. **Schäf|chen|wol|ke** f. *(-,-n)* pecorella *f.*: ***-n am Himmel*** cielo a pecorelle.

Schä|fer m. *(-s,-)* pastore *m.*, pecoraio *m.* **Schä|fer|dich|tung** f. *(-)* poesia *f.* pastorale. **Schä|fe|rei** f. *(-,-en)* **1** pastorizia *f.* **2** *(Betrieb)* allevamento *m.* di pecore. **Schä|fer|ge|dicht** n. *(-[e]s,-e)* poesia *f.* pastorale. **Schä|fer|hund** m. *(-[e]s,-e)* **1** ZOOL. pastore *m.* tedesco **2** *(Hund eines Schäfers)* cane *m.* da pastore. **Schä|fe|rin** f. *(-,-nen)* pastora *f.*, pecoraia *f.* **Schä|fer|ro|man** m. *(-s,-e)* romanzo *m.* pastorale. **Schä|fer|spiel** n. *(-[e]s,-e)* commedia *f.* pastorale. **Schä|fer|stünd|chen** n. *(-s,-)*, **Schä|fer|stun|de** f. *(-,-n)* incontro *m.* amoroso.

Schaff n. *(-[e]s,-e)* REGION. **1** *(Bottich)* mastello *m.* **2** *(Schrank)* armadio *m.*

Schäff|chen n. *(-s,-)* **1** piccolo mastello *m.* **2** armadietto *m.*

Schaf|fel n. *(-s,-n)* AUSTR. piccolo mastello *m.*

Schaf|fell n. *(-[e]s,-e)* pelle *f.* di pecora.

schaf|fen *(schaffte/schuf, geschafft/geschaffen)* **I** tr. **1** *(schöpferisch hervorbringen*; pret. *schuf*, p.pass. *geschaffen)* creare: ***Gott schuf den Menschen*** Dio creò l'uomo; ***ein Werk, eine Dichtung ~*** creare un'opera, comporre una poesia **2a** *(bewirken;* pret. *schuf*/RAR. *schaffte*, p.pass. *geschaffen*/RAR. *geschafft)* ***die Voraussetzungen, die Bedingungen (für etw.) ~*** creare i presupposti, le condizioni (per qcs.); ***Arbeitsplätze ~*** creare posti di lavoro **b** *(herstellen)* fare, procurare: ***Platz für etw. ~*** far posto a qcs.; ***Ordnung, Klarheit ~*** fare ordine, far chiarezza; ***jdm Verdruss ~*** dare (*o* procurare) un dispiacere a qcn. **c** *(verursachen)* ***Unruhe ~*** creare scompiglio (*o* confusione) **3a** *(bewältigen*; pret. *schaffte*, p.pass. *geschafft)* portare a termine, fare, compiere: ***eine Arbeit alleine ~*** portare a termine un lavoro da solo; ***das hätten wir geschafft, das wäre geschafft*** noi avremmo finito, ecco fatto; COLLOQ. ***die Nachspeise nicht mehr ~*** non riuscire a mangiare anche il dolce **b** ***es ~*** farcela, cavarsela; ***~, etw. zu tun*** riuscire (*o* farcela) a fare qcs.; ***das schafft er nie!*** non ce la farà mai! ***wir haben es geschafft*** ce l'abbiamo fatta **4** COLLOQ. *(erschöpfen*; pret. *schaffte*, p.pass. *geschafft)* sfinire: ***die Hitze, die Anstrengung hat mich geschafft*** il caldo, la fatica mi ha sfinito **5** *(bringen*; pret. *schaffte*, p.pass. *geschafft)* portare: ***etw. in den Garten, aus dem Keller ~*** portare qcs. in giardino, dalla cantina; ***jdn ins Krankenhaus ~*** portare qcn. all'ospedale; ***die Kinder ins Bett ~*** mettere a letto i bambini **6** REGION. *(befehlen*; pret. *schaffte*, p.pass. *geschafft)* ordinare **II** intr. *(schaffte, geschafft*; aus. *haben)* REGION. lavorare: ***halbtags, fleißig ~*** lavorare mezza giornata, con assiduità; ***bei der Post, als Mechaniker ~*** lavorare alle poste, come meccanico **III** rifl. ***sich ~*** *(schaffte, geschafft)* **1a** crearsi, procurarsi, farsi: ***sich eine Stellung ~*** farsi una posizione; ***sich Freunde, Feinde ~*** farsi amici, nemici **b** ***sich Vorräte für den Winter ~*** procurarsi provviste per l'inverno **2** REGION. impers. ***mit dem Gerät schafft es sich leichter*** con questo apparecchio il lavoro è più leggero **3** GERG. *(sich erschöpfen, sich verausgaben)* sfinirsi, esaurirsi ◆ ***gegen etw. Abhilfe ~*** porre rimedio a (*o* trovare rimedio per) qcs.; ***Ersatz für jdn, etw. ~*** rimpiazzare qcn., qcs.; ***Freude ~*** procurare gioia; ***mit jdm, etw. nichts zu ~ haben*** non avere niente a che fare con qcn., qcs.; ***jdm Luft ~*** = aiutare qcn., facilitare le cose a qcn.; ***sich (A) (an etw. [D]) zu ~ machen*** impegnarsi (in qcs.), darsi da fare (per qcs.); *(eine Betätigung vortäuschen)* far finta di essere impegnato (in qcs.); ***jdm (viel) zu ~ machen*** dare (molto) da fare a qcn.; ***Misstrauen ~*** non dare fiducia; ***sich müde ~*** stancarsi per il troppo lavoro; ***die Prüfung nicht ~*** non passare l'esame, non farcela all'esame; ***Raum ~*** far posto; ***den Rekord ~*** riuscire a fare il record; ***Ruhe ~*** far silenzio; ***etw. zur Seite ~*** metter da parte qcs.; COLLOQ. ***etw. auf die Seite ~*** portar via (di nascosto) qcs.; ***jdn auf die Seite ~*** fare fuori, levare di mezzo qcn.; ***etw. zur Stelle ~*** (ap)portare qcs.; ***sich jdn, etw. vom Halse ~*** sbarazzarsi, liberarsi di qcn., qcs.; ***den Weg zu Fuß ~*** fare la strada a piedi; ***etw. aus der Welt ~*** = sistemare qcs.; *(beseitigen)* eliminare qcs., liberarsi di qcs.; REGION. ***sich (D) die Hände wund ~*** ammazzarsi di lavoro; ***den Zug ~*** riuscire a prendere il treno.

Schaf|fen n. *(-s)* **1** creazione *f.* opera *f.*: ***das ~ eines Dichters, eines Künstlers*** la creazione di un poeta, di un artista; ***aus dem ~ gerissen werden*** essere strappato dalla propria attività **2** *(Gesamtwerk)* produzione *f.*, opere *f.pl.* ◆ COLLOQ. ***frohes ~!*** buon lavoro!

schaf|fend p.pres. agg. **1** → **schaffen 2** *(schöpferisch)* creativo: ***-er Geist, Mensch*** spirito creativo, persona creativa. **Schaf|fens|drang** m. *(-[e]s)* spinta *f.*, impulso *m.* a produrre, a creare. **Schaf|fens|freu|de** f. *(-)* creatività *f.* **schaf|fens|freu|dig** agg. creativo. **Schaf|fens|kraft** f. *(-)* forza *f.* produttiva, potenza *f.* creatrice. **Schaf|fens|lust** f. *(-)* voglia *f.* di produrre, di creare. **schaf|fens|lus|tig** agg. che ha voglia nel produrre, nel creare. **Schaf|fens|pro|zess** m. *(-es,-e)* processo *m.* creativo.

Schaff|hau|sen n.pr.n. *(-s)* Sciaffusa *f.* **Schaff|hau|ser** **I** m. *(-s,-)* abitante *m.* di Sciaffusa **II** agg. inv. di Sciaffusa.

Schäff|ler m. *(-s,-)* REGION. bottaio *m.*

Schaff|ner m. *(-s,-)* **1** controllore *m.*, bigliettaio *m.*; FERR. conduttore *m.* **2** ANT. economo *m.* **schaff|ner|los** agg. senza controllore (*o* bigliettaio), senza conduttore: ***der Zug ist ~*** su questo treno non c'è conduttore.

Schaf|fung f. *(-,-en)* → **Schaffen.**

Schaf|gar|be f. *(-,-n)* millefoglio *m.*, BOT. achillea *f.* **Schaf|her|de** f. *(-,-n)* gregge *m.* di pecore. **Schaf|hirt** m. *(-en,-en)* guardiano *m.* di pecore, pecoraio *m.* **Schaf|käl|te** f. *(-)* = periodo *m.* freddo di, in giugno. **Schaf|ka|mel** n. *(-[e]s,-e)* lama *m.* **Schaf|kä|se** f. *(-)* pecorino *m.* **Schaf|kopf** m. *(-[e]s)* **1** INTRAD. (gioco di carte) **2** COLLOQ. FIG. minchione *m.*, bischero *m.* **Schaf|le|der** n. *(-s)* pelle *f.* di pecora. **Schäf|lein** n. *(-s,-)* **1** pecorella *f.* **2** FIG. agnellino *m.* **Schaf|milch** f. *(-)* latte *m.* di pecora.

Scha|fott n. *(-[e]s,-e)* patibolo *m.*: ***das ~ besteigen*** salire sul patibolo.

Schaf|pelz m. *(-es,-e)* pelle *f.* di pecora ◆ ***ein Wolf im ~ sein*** sembrare un agnellino. **Schaf|schur** f. *(-,-en)* tosatura *f.* della pecora. **Schafs|fell** → **Schaffell. Schafs|kä|se** → **Schafkäse. Schafs|kleid**, ***ein Wolf im ~ sein*** sembrare un agnellino. **Schafs|kopf** → **Schafkopf. Schafs|milch** → **Schafmilch. Schafs|na|se** f. *(-,-n)* FIG. COLLOQ. minchione *m.*, bischero *m.* **Schafs|pelz** → **Schafpelz. Schaf|stall** m. *(-[e]s,-ställe)* ovile *m.*

Schaft m. *(-[e]s, Schäfte)* **1** manico *m.*: ***der ~ eines Messers, Ruders*** il manico di un coltello, di un remo **2** asta *f.*, bastone *m.*: ***der ~ einer Fahne*** l'asta di una bandiera **3** *(von Bäumen, Säulen, Waffen)* fusto *m.* **4** *(von Blüten)* gambo *m.* **5a** *(Teil des Schuhs)* tomaia *f.* **b** *(von Stiefeln)* gambale *m.* **6** MECC. gambo *m.*, fusto *m.* **7** MAR. *(von Ankern)* fuso *m.*

schäf|ten tr. **1** munire di manico (*o* di asta) **2** *(Pflanze)* innestare **3** REGION. *(verprügeln)* bastonare.

Schaft|le|der n. *(-s)* cuoio *m.* per tomaie. **Schaft|stie|fel** m. *(-s,-)* stivalone *m.*

Schaf|wei|de f. *(-,-n)* pascolo *m.* per le pecore. **Schaf|wol|le** f. *(-)* lana *f.* di pecora. **Schaf|zucht** f. *(-)* allevamento *m.* di ovini.

Schah m. *(-s,-s)* scià *m.*

Scha|kal m. *(-s,-e)* sciacallo *m.*

Schä|ker m. *(-s,-)* COLLOQ. **1** *(Schalk)* burlone *m.* **2** *(Tändler)* cascamorto *m.* **schä|kern** intr. (aus. *haben*) COLLOQ. **1** *(necken)* scherzare **2** fare il galante, il cascamorto.

schal agg. **1** stantio, non fresco: ***-es Bier*** birra non fresca **2** FIG. *(abgeschmackt)* scipito, insipido; *(langweilig, leer)* insulso, vuoto: ***-e Witze*** battute insipide; ***das Leben erschien ihr ~*** la vita le appariva insulsa; ***ein -es Gefühl*** un sentimento vuoto.

Schal m. *(-s,-s* e *-e)* **1** scialle *m.*; *(Halstuch)* sciarpa *f.*; *(Kopftuch)* foulard *m.*: ***sich einen ~ um den Hals wickeln, umlegen*** avvolgersi una sciarpa attorno al collo **2** *(Übergardine)* tenda *f.*, tendina *f.*

Schal|brett n. *(-[e]s,-er)* EDIL. tavola *f.* d'armamento.

1.Schäl|chen n. *(-s,-)* **1** buccina *f.*, buccetta *f.* **2** guscetto *m.* **3** *(für Suppe)* scodellina *f.*; *(für Obst)* coppetta *f.*

2.Schäl|chen n. *(-s,-)* scialletto *m.*; *(Halstuch)* sciarpina *f.*, sciarpetta *f.*; fazzolettino *m.*

Scha|le f. *(-,-n)* **1a** buccia *f.*: ***die ~ abziehen, entfernen*** togliere, levare la buccia; ***Kartoffeln mit, in der ~ kochen*** cuocere le patate con la buccia; ***etw. mit der ~ essen, die ~ mitessen*** mangiare qcs. con la buccia **b** REGION. *(Rinde)* ***die ~ des Käses*** la buccia del formaggio **2a** guscio *m.*: ***die ~ der Mandeln, der Krebse*** il guscio delle mandorle, dei granchi; *(Eierschale)* ***Eier mit weißen -n*** uova con il guscio bianco; ***die ~ aufknacken, aufbrechen*** schiacciare, rompere un guscio **b** FIG. scorza *f.*: ***eine rauhe ~ haben*** avere una dura (*o* ruvida) scorza **3a** *(flaches, offenes Gefäß)* scodella *f.*, ciotola *f.* **b** *(für Obst, zu dekorativen Zwecken)* piatto *m.* **c** *(Waagschale)* piatto *m.* (della bilancia) **d** MED. bacinella *f.* **4** AUSTR. *(Tasse)* tazza *f.* **5** TECN. guscio *m.* **6** METALL. conchiglia *f.* **7** CHIM. capsula *f.* **8** NUCL. guscio *m.* (*o* anello *m.*) elettronico **9** *(beim Hirsch, Wildschwein)* zoccolo *m.* ◆ ***die ~ seines Spottes, Zorns über jdn, jdm ausgießen*** coprire qcn. di scherno, riversare su qcn. la propria ira; COLLOQ. ***sich in ~ werfen, schmeißen*** mettersi in ghingheri; ***in ~ sein*** essere in ghingheri; PROV. ***in einer rauhen ~ steckt oft ein guter, weicher Kern*** = sotto una ruvida scorza si nasconde spesso un cuor d'oro, un cuore tenero.

Schä|lei|sen n. *(-s,-)* roncola *f.*

scha|len tr. EDIL. armare.

schä|len I tr. **1a** sbucciare, pelare **b** *(Eier)* sgusciare **c** *(entrinden)* scortecciare: ***das Wild schält oft Bäume*** gli animali selvatici rosicchiano spesso la corteccia degli alberi **d** *(Getreide)* mondare **e** *(Reis)* pilare **2** *(herausschneiden)* togliere, tagliare via **II** rifl. **sich ~ 1** spellarsi, squamarsi: ***die Haut schält sich*** spellarsi; ***du schälst dich am Rücken*** ti spelli sulla schiena **2** FIG. ***sich aus den Kleidern ~*** sfilarsi i vestiti.

Scha|len|bau m. *(-[e]s,-ten)* struttura *f.* a guscio. **Scha|len|bau|wei|se** f. *(-,-n)* **1** *(Bauform der Karosserie)* struttura *f.* portante, monoscocca *f.* **2** AER. struttura *f.* monoguscio, a rivestimento resistente (*o* portante). **scha|len|för|mig** agg. a forma di scodella (*o* di coppa). **Scha|len|guss** m. *(-es,-güsse)* getto *m.* in conchiglia (*o* conchigliato). **Scha|len|kreuz** n. *(-es,-e)* mulinello *m.* a coppe (*o* a coppelle). **scha|len|los** agg. privo di, senza buccia. **Scha|len|obst** n. *(-[e]s)* frutta *f.* con guscio. **Scha|len|ses|sel** m. *(-s,-)* poltrona *f.* avvolgente. **Scha|len|sitz** m. *(-es,-e)* sedile *m.* avvolgente. **Scha|len|tier** n. *(-s,-e)* animale *m.* con guscio protettivo. **Scha|len|weich|tier** n. *(-s,-e)* conchifero *m.* **Scha|len|wild** n. *(-s)* selvaggina *f.* ungulata.

Schal|heit f. *(-)* insipidità *f.*

Schäl|hengst m. *(-[e]s,-e)* stallone *m.*

Schal|holz n. *(-es)* EDIL. legname *m.* per armature.

Schalk m. *(-[e]s,-e* e *Schälke)* ANT. burlone *m.*, mattacchione *m.* ◆ ***ihm schaut der ~ aus den Augen*** gli si legge la furbizia negli occhi; ***jdm sitzt der ~ (jd hat den ~) im Nacken*** essere un burlone.

Schäl|kar|tof|feln pl. REGION. patate *f.pl.* lessate con la buccia.

schalk|haft I agg. furbo, furbesco **II** avv. furbescamente: ***~ lächeln*** sorridere furbescamente. **Schalk|haf|tig|keit** f. *(-,-en)*, **Schalk|heit** f. *(-,-en)* furbizia *f.*

Schal|kra|gen m. *(-s,-)* collo *m.* sciallato. **Schal|kra|wat|te** f. *(-,-n)* ascot *m.*, cache-col *m.*

Schalks|narr m. *(-en,-en)* ANT. *(Hofnarr)* buffone *m.*

Schäl|kur f. *(-,-en)* cura *f.* desquamante.

Schall m. *(-[e]s,-e* e *Schälle)* suono *m.*: ***der ~ breitet sich aus, pflanzt sich fort*** il suono si diffonde, si propaga; ***den ~ dämpfen*** smorzare il suono ◆ FIG. ***leerer ~ sein*** essere vuoto, insignificante; ***die Lehre vom ~*** l'acustica; FIG. ***~ und Rauch sein*** essere fumo. **Schall|ab|sorp|ti|on** f. *(-)* assorbimento *m.* del suono. **Schall|ana|ly|se** f. *(-,-n)* analisi *f.* del suono. **Schall|ar|chiv** n. *(-s,-e)* fonoteca *f.* (linguistica). **Schall|auf|neh|mer** m. *(-s,-)* registratore *m.* di suono. **Schall|auf|zeich|nung** f. *(-,-en)* registrazione *f.* del suono. **Schall|be|cher** m. *(-s,-)* padiglione *m.* (di tromba). **Schall|bla|se** f. *(-,-n)* ZOOL. sacco *m.* vocale. **Schall|bo|den** m. *(-s,-böden)* cassa *f.* armonica (*o* di risonanza). **Schall|bre|chung** f. *(-,-en)* rifrazione *f.* del suono.

schall|däm|mend agg. insonorizzante. **Schall|dämm|stoff** m. *(-[e]s,-e)* materiale *m.* insonorizzante. **Schall|däm|mung** f. *(-,-en)* insonorizzazione *f.*

schall|dämp|fend agg. fonoassorbente, antiacustico. **Schall|dämp|fer** m. *(-s,-)* **1a** TECN. silenziatore *m.* **b** *(Auspufftopf)* marmitta *f.* **2** MUS. sordina *f.* **3** *(von Handfeuerwaffen)* silenziatore *m.* **Schall|dämpf|stoff** m. *(-[e]s,-e)* materiale *m.* antiacustico. **Schall|dämp|fung** f. *(-,-en)* smorzamento *m.* del suono.

Schall|de|ckel m. *(-s,-)* baldacchino *m.* del pulpito. **schall|dicht** agg. insonorizzato, isolato acusticamente, a isolamento acustico ◆ ***etw. ~ machen*** insonorizzare qcs. **Schall|do|se** f. *(-,-n)* testina *f.* **Schall|druck** m. *(-[e]s,-drücke)* pressione *f.* acustica. **Schall|emp|fän|ger** m. *(-s,-)* ricevitore *m.* acustico. **Schall|emp|fin|dung** f. *(-,-en)* percezione *f.* del suono.

schal|len intr. *(schallte/scholl, geschallt;* aus. *haben)* risuonare, echeggiare: ***Schritte ~*** risuonano passi; ***Rufe ~ über den Hof*** grida echeggiano (*o* risuonano) per il cortile; ***das Zimmer schallt von Gelächter*** la stanza echeggia di risate. **schal|lend I** p.pres. agg. **1** → **schallen 2** sonoro: ***eine -e Ohrfeige*** un sonoro ceffone; ***-es Gelächter*** sonore risate **3** *(Beifall)* scrosciante, fragoroso **II** avv. sonoramente: ***~ lachen*** ridere sonoramente.

schal|lern tr. COLLOQ. ***jdm eine ~*** mollare un ceffone secco a qcn. ◆ ***eine geschallert bekommen, kriegen*** prenderle secche.

Schall|fo|lie f. *(-,-n)* flexy *m.* **Schall|ge|ber** m. *(-s,-)* → **Schallquelle. schall|ge|dämpft** agg. con silenziatore. **Schall|ge|schwin|dig|keit** f. *(-)* velocità *f.* del suono. **Schall|gren|ze** f. *(-)* barriera *f.* del suono. **schall|iso|liert** agg. → **schalldicht. Schall|kas|ten** m. *(-s,-kästen)*, **Schall|kör|per** m. *(-s,-)* corpo *m.* di risonanza. **Schall|leh|re** f. *(-)* acustica *f.* **Schall|lei|ter** m. *(-s,-)* mezzo *m.* di propagazione del suono. **Schall|loch** n. *(-[e]s,-löcher)* → **Schallöffnung. Schall|mau|er** f. *(-)* muro *m.* del suono: ***die ~ durchbrechen*** rompere il muro del suono (anche FIG.). **Schall|mes|sung** f. *(-,-en)* fonometria *f.* **Schall|nach|ah|mung** f. *(-,-en)* onomatopea *f.* **Schall|öff|nung** f. *(-,-en)* **1** foro *m.* di risonanza, rosa *f.* **2** *(an einem Glockenturm)* finestra *f.* **Schall|or|tung** f. *(-,-en)* ecogoniometria *f.*

Schall|plat|te f. *(-,-n)* disco *m.*: ***eine ~ von Bach abspielen, auflegen*** suonare, mettere un disco di Bach; ***etw. auf ~ aufnehmen,*** incidere qcs. su disco; ***eine ~ einspielen, besingen*** incidere un disco, una canzone su disco; ***-n hören*** ascoltare dischi. **Schall|plat|ten|al|bum** n. *(-s,-alben* e *-s)* album *m.* per dischi, portadischi *m.* **Schall|plat|ten|auf|nah|me** f. *(-,-n)* incisione *f.* discografica, su disco. **Schall|plat|ten|ge|schäft** n. *(-[e]s,-e)* negozio *m.* di dischi. **Schall|plat|ten|hül|le** f. *(-,-n)* copertina *f.*, busta *f.* (di un disco). **Schall|plat|ten|in|dust|rie** f. *(-)* industria *f.* discografica. **Schall|plat|ten|pro|du|zent** m. *(-en,-en)* produttore *m.* discografico. **Schall|plat|ten|ver|trag** m. *(-[e]s,-verträge)* contratto *m.* discografico.

Schall|quel|le f. *(-,-n)* sorgente *f.* sonora. **Schall|rohr** n. *(-[e]s,-e)*, **Schall|röh|re** f. *(-,-n)* tubo *m.* (di strumenti a fiato). **Schall|ro|se** f. *(-,-n)* MUS. rosa *f.* **Schall|schat|ten** m. *(-s,-)* ombra *f.* acustica. **schall|schlu|ckend** agg. che assorbe i suoni, fonoassorbente. **Schall|schutz** m. *(-es)* isolamento *m.* acustico. **Schall|schwel|le** f. *(-)* soglia *f.* di udibilità. **schall|si|cher** agg. → **schalldicht. Schall|stück** n. *(-[e]s,-e)* → **Schallbecher. schall|tot** agg. anecoico: ***ein -er Raum*** una camera anecoica. **Schall|trich|ter** m. *(-s,-)* **1** *(Schallbecher)* padiglione *m.* **2** *(Megaphon)* megafono *m.* **Schall|ver|stär|ker** m. *(-s,-)* amplificatore *m.* del suono. **Schall|wand|ler** m. *(-s,-)* trasduttore *m.* elettroacustico. **Schall|wel|le** f. *(-,-n)* onda *f.* sonora. **Schall|wort** n. *(-[e]s,-wörter)* parola *f.* onomatopeica. **Schall|zei|chen** n. *(-s,-)* segnalazione *f.* acustica.

Schäl|ma|schi|ne f. *(-,-n)* macchina *f.* sgusciatrice.

Schal|mei f. *(-,-en)* **1** piffero *m.* **2** *(von Sackpfeifen, Orgeln)* fistola *f.*

Scha|lot|te f. *(-,-n)* scalogno *m.*

schalt → **schelten.**

Schalt|an|la|ge f. *(-,-n)* EL. impianto *m.* di distribuzione. **Schalt|bild** n. *(-[e]s,-er)* → **Schaltplan. Schalt|brett** n. *(-[e]s,-er)* pannello *m.* elettrico.

schal|ten I tr. **1** regolare: ***den Backofen auf 180 Grad ~*** regolare il forno su 180 gradi; ***die Heizung auf 'warm' ~*** regolare il riscaldamento sul 'caldo'; assol. ***du musst hier zweimal ~*** devi regolare, azionare questo due volte **2** assol. *(den Schalthebel betätigen)* cambiare (marcia) **3** inserire (anche EL.) **4** COLLOQ. *(begreifen)* capire, afferrare: ***langsam ~*** capire con difficoltà; ***sofort ~*** capire immediatamente **II** intr. (aus. *haben*) **1** innestare (*o* ingranare) la marcia: ***zuerst kuppeln, dann ~*** prima premere il pedale della frizione e poi innestare la marcia; ***vom vierten in den dritten Gang ~*** scalare dalla quarta alla terza; ***in, auf den fünften Gang ~*** ingranare la quinta **2** collegarsi: ***zum Bayrischen Rundfunk, nach Wien ~*** collegarsi con la radio bavarese, con Vienna **3** scattare: ***die Ampel schaltet gleich auf Grün*** (al semaforo) sta per scattare il verde **4** disporre: ***du kannst in meiner Wohnung ~ wie es dir beliebt*** puoi disporre della mia casa come desideri **III** rifl. **sich ~ 1** azionarsi: ***der Hebel schaltet sich leicht*** la leva si aziona facilmente **2** ingranarsi, innestarsi: ***der Wagen, das Getriebe schaltet sich schwer*** le marce si innestano con difficoltà ◆ ***~ und walten*** fare e disfare a proprio piacimento (qcs.).

Schal|ter m. *(-s,-)* **1** interruttore *m.*: ***am ~ drehen*** girare l'interruttore; ***den ~ betätigen*** azionare l'interruttore; ***den ~ an-, ausmachen*** accendere, spegnere l'interruttore **2** *(in Bahnhöfen, Banken)* sportello *m.*: ***am ~*** allo sportello; ***der ~ ist vorübergehend geschlossen*** lo sportello è momentaneamente chiuso. **Schal|ter|be|am|te** m. *(-n,-n)* impiegato *m.* allo sportello; BUROCR. sportellista *m.* **Schal|ter|dienst** m. *(-[e]s,-e)* servizio *m.* agli sportelli. **Schal|ter|öff|nung** f. *(-)* apertura *f.* degli sportelli. **Schal|ter|schluss** m. *(-es)* chiusura *f.* degli sportelli. **Schal|ter|stun|den** pl. orario *m.* (di apertura) degli sportelli.

Schalt|ge|trie|be n. *(-s,-)* cambio *m.* di velocità. **Schalt|he|bel** m. *(-s,-)* **1** leva *f.* dell'interruttore **2** *(einer Gangschaltung)* leva *f.* del cambio ◆ ***die ~ der Macht*** le leve del potere. **Schalt|jahr** n. *(-[e]s,-e)* anno *m.* bisestile ◆ ***alle -e (ein)mal*** ogni morte di papa. **Schalt|kas|ten** m. *(-s,-kästen)* cassetta *f.* degli interruttori. **Schalt|knüp|pel** m. *(-s,-)* MECC. cloche *f.* **Schalt|kreis** m. *(-[e]s,-e)* ELETTRON. circuito *m.* logico, di commutazione. **Schalt|plan** m. *(-[e]s,-pläne)* schema *m.* elettrico. **Schalt|pult** n. *(-[e]s,-e)* banco *m.* di comando. **Schalt|raum** m. *(-[e]s,-räume)* sala *f.* di distribuzione. **Schalt|satz** m. *(-es,-sätze)* GRAMM. inciso *m.* **Schalt|**

sche|ma n. *(-s,-schemen)* schema *m.* elettrico. **Schalt|schrank** m. *(-[e]s,-schränke)* → **Schaltkasten. Schalt|skiz|ze** f. *(-,-n)* → **Schaltplan. Schalt|stel|le** f. *(-,-n)* posizione *f.* di comando. **Schalt|ta|fel** f. *(-,-n)* quadro *m.* elettrico. **Schalt|tag** m. *(-[e]s,-e)* bisesto *m.*, giorno *m.* intercalare. **Schalt|tisch** m. *(-es,-e)* → **Schaltpult. Schalt|uhr** f. *(-,-en)* temporizzatore *m.*, timer *m.*

Schal|tung f. *(-,-en)* **1a** EL. collegamento *m.* **b** RAD. TELEV. ***eine ~ ins Stadion*** un collegamento con lo stadio **2a** *(Kreissystem)* circuito *m.* (elettrico): ***gedruckte ~*** circuito stampato **b** → **Schaltplan 3** *(Gangschaltung)* cambio *m.* di velocità. **Schalt|werk** n. *(-[e]s,-e)* EL. meccanismo *m.* di interruzione. **Schalt|zei|chen** n. *(-s,-)* EL. simbolo *m.* grafico (dello schema). **Schalt|zent|ra|le** f. *(-,-n)* **1** TECN. sala *f.* di distribuzione **2** FIG. stanza *f.* dei bottoni.

Scha|lung f. *(-,-en)* EDIL. **1** armatura *f.* **2** *(Holzverkleidung)* cassaforma *f.*

Schä|lung f. *(-)* RAR. sbucciatura *f.*, sbucciamento *m.*; *(von Eiern)* sgusciatura *f.*; *(von Reis)* mondatura *f.*

Scha|lup|pe f. *(-,-n)* scialuppa *f.*

Scham f. *(-)* **1** vergogna *f.*: ***aus, vor ~ erröten*** arrossire di (*o* per la) vergogna; ***~ empfinden*** provare vergogna, vergognarsi; ***aus ~ vergehen*** morire di (*o* dalla) vergogna; ***die ~ überwinden*** vincere la vergogna **2** *(Schamgefühl)* pudore *m.*: ***falsche ~*** falso pudore **3** EUFEM. *(Schamgegend)* pudende *f.pl.*, vergogne *f.pl.*: ***seine ~ bedecken, verhüllen*** coprirsi le vergogne **4** → **Schamröte ◆ *keine ~ (im Leibe) haben*** non aver alcun pudore, essere uno spudorato; ***vor ~ in die Erde versinken*** sprofondare dalla vergogna.

Scha|ma|ne m. *(-n,-n)* sciamano *m.* **Scha|ma|nis|mus** m. *(-)* sciamanismo *m.*, sciamanesimo *m.*

Scham|be|haa|rung f. *(-)* → **Schamhaar. Scham|bein** n. *(-[e]s,-e)* osso *m.* pubico, pube *m.* **Scham|bein|fu|ge** *f. (-,-n)* sinfisi *f.* pubica. **Scham|berg** m. *(-[e]s,-e)* → **Schamhügel. Scham|bo|gen** m. *(-s,-bögen)* arcata *f.* pubica.

schä|men rifl. **sich ~** vergognarsi, provare vergogna: ***sich für etw. ~*** vergognarsi di qcs.; ***er schämte sich seiner Feigheit*** si vergognò della sua vigliaccheria; ***sich vor jdm ~*** vergognarsi davanti a qcn. ◆ ***schäm dich!*** vergogna(ti)! ***sich in Grund und Boden ~*** sprofondare dalla vergogna; ***schämst du dich gar nicht?*** ma non ti vergogni? ***du solltest dich ~!*** dovresti vergognarti! ***sich zu Tode ~*** vergognarsi a morte.

Scham|fu|ge → **Schambeinfuge. Scham|ge|fühl** n. *(-[e]s)* (senso *m.* del) pudore *m.*: ***jds ~ verletzen*** offendere (*o* ledere) il (senso del) pudore di qcn.; ***kein ~ haben*** non avere (alcun) pudore. **Scham|ge|gend** f. *(-)* pube *m.* **Scham|glied** n. *(-[e]s,-er)* pene *m.* **Scham|gren|ze** *f. (-,-n)* limite *m.* del pudore. **Scham|haar** n. *(-[e]s,-e)* peli *m.pl.* del pube. **scham|haft I** agg. che si vergogna facilmente, vergognoso; *(verschämt)* pudico: ***ein -es Lächeln*** un sorriso pudico **II** avv. con vergogna; *(sittsam)* pudicamente: ***etw. ~ gestehen*** confessare qcs. con vergogna; ***~ den Blick senken*** abbassare pudicamente lo sguardo. **Scham|haf|tig|keit** f. *(-)* pudore *m.*, pudicizia *f.*; *(Scham)* vergogna *f.* **Scham|hü|gel** m. *(-s,-)* pube *m.*, monte *m.* di Venere. **Scham|lip|pen** pl. ANAT. labbra *f.pl.*: ***große, kleine ~*** grandi, piccole labbra. **scham|los I** agg. **1** *(im sexuellen Bereich)* impudico **2** *(unverschämt)* spudorato, vergognoso; svergognato: ***eine -e Lüge, Frechheit*** una spudorata bugia, una sfacciataggine; ***ein -er Betrug*** un imbroglio vergognoso; ***ein -er Mensch*** una persona svergognata, spudorata **II** avv. **1** impudicamente **2** spudoratamente, vergognosamente: ***~ lügen*** mentire spudoratamente; *(skrupellos)* ***jdn ~ ausnutzen*** sfruttare vergognosamente qcn. **Scham|lo|sig|keit** f. *(-,-en)* **1** impudicizia *f.* **2** *(Unverschämtheit)* spudoratezza *f.*, impudenza *f.*

1.Scha|mott m. *(-s)* COLLOQ. SPREG. ciarpame *m.*, robaccia *f.*

2.Scha|mott m. *(-s)*, AUSTR. COLLOQ. **Scha|mot|te** f. *(-)* argilla *f.* refrattaria. **Scha|mot|te|mör|tel** m. *(-s)* malta *f.* refrattaria. **Scha|mot|te|stein** m. *(-[e]s,-e)*, **Scha|mot|te|zie|gel** m. *(-s,-)* mattone *m.* refrattario. **scha|mot|tie|ren** tr. AUSTR. rivestire con, di mattoni refrattari.

Scham|pon → **Shampoo(n). scham|po|nie|ren** → **shampoonieren. Scham|pun** → **Shampoo(n). scham|pu|nie|ren** → **shampoonieren.**

Scham|pus m. *(-)* COLLOQ. champagne *m.*

scham|rot agg. rosso di vergogna: ***~ werden*** arrossire di vergogna. **Scham|rö|te** f. *(-)* rossore *m.* della vergogna: ***die ~ stieg ihr ins Gesicht*** arrossì (*o* avvampò) di vergogna; ***die Rüge trieb ihm die ~ ins Gesicht*** il rimprovero lo fece avvampare di vergogna. **Scham|tei|le** pl. RAR. vergogne *f.pl.* **scham|ver|let|zend** agg. che offende il pudore. **Scham|ver|let|zung** f. *(-,-en)* offesa *f.* al pudore.

schand|bar → **schändlich. Schand|blatt** n. *(-[e]s,-blätter)* giornalaccio *m.* **Schand|bu|be** m. *(-n,-n)* ANT. scellerato *m.*

Schan|de f. *(-)* **1a** vergogna *f.*, LETT. onta *f.*: ***es ist eine ~, dass...*** è una vergogna che...; ***es ist keine ~, wenn...*** non è mica una vergogna (*o* un dramma) se...; ***jdn vor ~ bewahren*** risparmiare a qcn. la vergogna **b** ***er ist die ~ der Schule*** è la vergogna della scuola; ***diese Situation ist eine ~*** questa situazione è una vergogna **2** *(Unehre, Schmach)* infamia *f.*, ignominia *f.*: ***mit ~ beladen sein*** essere coperto d'infamia; ***sich mit ~ bedecken*** coprirsi d'infamia; ***der ~ entrinnen*** sfuggire all'ignominia ◆ ***jdm ~ antun, bringen*** disonorare qcn., far disonore a qcn.; LETT. ***das gereicht ihm zur ~*** questo lo disonora, gli fa disonore; ***jdm ~ machen*** disonorare qcn., far disonore a qcn.; SCHERZ. ***mach mir keine ~!*** non farmi fare delle figuracce! ***ein Mädchen in ~ bringen*** disonorare una ragazza; ***pfui ~!*** vergogna! ***Schmach und ~ über dich!*** vergogna! ***zu meiner ~ muss ich gestehen, dass...*** mi vergogno a dirlo, ma devo ammettere che...; ***zu -n*** → **zuschanden.**

schän|den tr. **1a** disonorare: ***seinen Namen ~*** disonorare il proprio nome **b** assol. ***das schändet*** questo disonora, è un disonore **c** ANT. ***eine Frau ~*** disonorare una donna **2** *(entweihen)* profanare, violare: ***eine Kirche, ein Grab ~*** profanare una chiesa, una tomba **3** *(entstellen)* deturpare: ***diese Bauten ~ die Landschaft*** questi edifici deturpano il paesaggio; ***eine Narbe schändet sein Gesicht*** una cicatrice gli deturpa il viso. **Schän|der** m. *(-s,-)* **1** chi disonora **2** *(Entweiher)* profanatore *m.*, oltraggiatore *m.*

Schand|fleck m. *(-[e]s,-e)* FIG. macchia *f.*, vergogna *f.*, marchio *m.* d'infamia, onta *f.*: ***diese Note ist ein ~ auf seinem Zeugnis*** nella sua pagella questo voto è un'onta; ***der ~ der Familie sein*** essere la vergogna della famiglia. **Schand|geld** n. *(-[e]s)* **1** *(zu niedriger Preis)* prezzo *m.* irrisorio: ***etw. um ein ~ losschlagen*** svendere qcs. a un prezzo irrisorio **2** *(zu hoher Preis)* prezzo *m.* vergognoso, scandaloso **3** *(schmutziges Geld)* denaro *m.* sporco. **Schand|kerl** m. *(-s,-e)* infame *m.*, scellerato *m.*

schänd|lich I agg. **1** vergognoso; *(schmachvoll)* infame, ignobile, abietto: ***eine -e Tat*** un'azione abietta; ***ein -es Benehmen*** un comportamento ignobile **2** COLLOQ. *(äußerst schlecht)* infame, abominevole, vergognoso: ***ein -es Wetter*** un tempo infame; ***die Straße ist in einem -en Zustand*** la strada è in condizioni vergognose **II** avv. **1** vergognosamente, in modo infame: ***jdn ~ betrügen, behandeln*** ingannare, trattare qcn. in modo infame **2** rafforz. *(überaus)* estremamente, tremendamente: ***~ teuer*** estremamente caro; ***sich ~ ärgern*** arrabbiarsi terribilmente. **Schänd|lich|keit** f. *(-,-en)* infamia *f.*, scelleratezza *f.*, nefandezza *f.*

Schand|mal n. *(-[e]s,-e)* **1** STOR. FIG. marchio *m.* d'infamia **2** → **Schandfleck. Schand|maul** n. *(-[e]s,-mäuler)* COLLOQ. SPREG. linguaccia *f.*, malalingua *f.* **Schand|pfahl** m. *(-[e]s,-pfähle)* STOR. berlina *f.*, gogna *f.* **Schand|preis** m. *(-es,-e)* → **Schandgeld. Schand|tat** f. *(-,-en)* **1** scelleratezza *f.*, infamia *f.*: ***eine ~ begehen*** commettere una scelleratezza **2** SCHERZ. *(unbekümmerte Handlung)* pazzia *f.*, follia *f.*: ***zu jeder ~ bereit sein*** essere sempre pronto a far follie.

Schän|dung f. *(-,-en)* **1** il disonorare **2** *(Entweihung)* profanazione *f.* **3** *(Entstellung)* deturpazione *f.*, deturpamento *m.*

Schand|ur|teil n. *(-[e]s,-e)* verdetto *m.* scandaloso, infame.

Schang|hai, Schang|hai n.pr.n. *(-s)* Shanghai *f.*

Schank m. *(-[e]s)* ANT. **1** osteria *f.*, birreria *f.*, mescita *f.* **2** → **Schanktisch. Schank|be|trieb** m. *(-[e]s,-e)* → **Schankwirtschaft. Schank|bier** n. *(-[e]s,-e)* birra *f.* alla spina.

Schan|ker m. *(-s,-)* MED. ulcera *f.* venerea ◆ ***weicher, harter ~*** ulcera molle, dura.

Schank|er|laub|nis f. *(-,-se)* → **Schankkonzession. Schank|er|laub|nis|steu|er** f. *(-)* imposta *f.* per la vendita di alcolici. **Schank|ge|rech|tig|keit** f. *(-)* ANT. → **Schankkonzession. Schank|ge|wer|be** n. *(-s)* mescita *f.* **Schank|kon|zes|si|on** f. *(-,-en)* licenza *f.* per la vendita di alcolici. **Schank|stu|be** f. *(-,-n)* osteria *f.*, birreria *f.* **Schank|tisch** m. *(-[e]s,-e)* banco(ne) *m.* (della mescita). **Schank|wirt** m. *(-[e]s,-e)* oste *m.*, birraio *m.* **Schank|wirt|schaft** f. *(-,-en)* osteria *f.*, birreria *f.*, mescita *f.*

Schan|tung|sei|de f. *(-)* shantung *m.*

Schanz|ar|beit f. *(-,-en)* MIL. ANT. lavoro *m.* di trinceramento. **Schanz|deck** n. *(-[e]s,-e)* MAR. cassero *m.*

1.Schan|ze f. *(-,-n)* **1** MIL. ANT. ridotta *f.*, fortificazione *f.* campale **2** → **Schanzdeck 3** SPORT *(Sprungschanze)* trampolino *m.*

2.Schan|ze, *sein Leben (für jdn, etw.) in die ~ schlagen* mettere a repentaglio la propria vita (per qcn., qcs.).

schan|zen MIL. ANT. **I** intr. (aus. *haben*) costruire una ridotta, un trinceramento **II** tr. ***eine Stellung ~*** costruire una postazione. **Schan|zen|re|kord** m. *(-[e]s,-e)* record *m.* (di salto) dal trampolino. **Schan|zen|tisch** m. *(-[e]s,-e)* SPORT zona *f.* di partenza.

Schanz|kleid n. *(-[e]s,-er)* MAR. parapetto *m.* di murata. **Schanz|werk** n. *(-[e]s,-e)* MIL. ANT. trinceramento *m.*
Schap|pe f. *(-,-n)* MIN. trivella *f.*
1.Schar f. *(-,-en)* **1** schiera *f.*: ***eine ~ Gänse, Vögel*** una schiera di oche, una schiera (*o* uno stormo) di uccelli **2** *(von Menschen)* schiera *f.*, stuolo *m.*: ***die ~ seiner Bewunderer*** lo stuolo dei suoi ammiratori ◆ ***in (großen, hellen) -en*** a frotte.
2.Schar f. *(-,-en)* vomere *m.*
Scha|ra|de f. *(-,-n)* sciarada *f.*
Schar|be f. *(-,-n)* cormorano *m.*
Schä|re f. *(-,-n)* = bassa isola *f.* rocciosa.
scha|ren I tr. raccogliere, radunare: ***jdn um sich ~*** raccogliere qcn. intorno a sé **II** rifl. **sich ~** affollarsi, ammassarsi, radunarsi: ***sich um jdn, etw. ~*** affollarsi intorno a qcn., qcs.
Schä|ren|küs|te f. *(-,-n)* costa *f.* frangiata da isole rocciose.
scha|ren|wei|se avv. a schiere, a frotte.
scharf I agg. **1a** affilato, tagliente: ***ein -es Messer, eine -e Klinge*** un coltello affilato, una lama tagliente; ***-e Krallen, Kanten*** artigli affilati, spigoli taglienti (*o* vivi) **b** *(spitz)* aguzzo, acuminato: ***-e Zähne*** denti aguzzi **2a** *(durchdringend)* pungente, penetrante: ***ein -er Frost*** un gelo pungente; ***ein -er Geruch, Schmerz, Blick*** un odore pungente, un dolore penetrante (*o* acuto), uno sguardo penetrante; ***ein -er Pfiff*** un fischio penetrante; ***eine -e Stimme*** una voce penetrante; ***mit -em Ton*** con tono penetrante **b** *(von Wind)* tagliente **3a** *(stark gewürzt)* forte, piccante: ***eine -e Soße*** una salsa piccante; ***ein -er Geschmack*** un sapore piccante **b** COLLOQ. *(alkoholreich)* forte: ***-e Schnäpse*** grappe forti **4a** CHIM. *(ätzend)* corrosivo, caustico **b** FIG. caustico, mordace **5a** *(nicht verschwommen)* netto, nitido: ***-e Umrisse*** contorni nitidi **b** FOT. nitido: ***ein -es Foto*** una foto nitida **c** *(genau)* acuto: ***ein -er Denker*** un pensatore acuto **6** *(von Brillen, Linsen)* forte, potente: ***eine -e Brille*** degli occhiali forti; ***dieses Fernglas ist nicht ~ genug*** questo binocolo non è abbastanza potente **7** *(stark ausgeprägt)* marcato, pronunciato: ***-e Gesichtszüge*** lineamenti pronunciati **8a** *(hart, schonungslos)* aspro, duro: ***eine -e Kritik, Antwort*** un'aspra critica, una risposta dura **b** *(streng)* rigido, rigoroso, severo: ***mit -en Worten*** con parole severe; ***-e Strafen, Prüfungen*** punizioni severe, esami rigidi **9a** *(heftig)* duro, energico, violento: ***ein -er Protest*** una dura protesta **b** *(verbissen)* accanito: ***-e Kämpfe durchstehen*** sostenere accanite battaglie **10** *(bissig)* che morde: ***ein -er Hund*** un cane che morde **11** *(sehr schnell)* rapido, incalzante, serrato: ***ein -er Trab*** un trotto serrato **12** *(jäh)* brusco: ***eine -e Kurve*** una curva brusca **13a** *(stark wirkend)* potente: ***ein -es Gift*** un veleno potente **b** SPORT *(kraftvoll)* ***ein -er Schuss*** un tiro potente **14** *(stark akzentuiert)* marcato: ***eine -e Aussprache*** una pronuncia marcata **15** MIL. *(von Granaten, Bomben)* innescato **16** COLLOQ. *(großartig)* forte **17** COLLOQ. *(geil)* eccitato **II** avv. **1** acutamente, con acume: ***~ argumentieren*** argomentare con acume **2** *(durchdringend)* in modo penetrante **3** *(genau, aufmerksam)* attentamente: ***jdn ~ betrachten*** osservare attentamente qcn. **4** *(deutlich)* nettamente: ***sich vom Hintergrund ~ abheben*** staccarsi nettamente dallo sfondo **5** *(hart)* aspramente: ***jdn ~ kritisieren, tadeln*** criticare, rimproverare aspramente qcn. **6** *(stark ausgeprägt, akzentuiert)* marcatamente, in modo marcato: ***die Worte ~ artikulieren*** articolare le parole in modo marcato **7** *(heftig)* duramente, energicamente, violentemente: ***jdm ~ widersprechen*** contraddire duramente qcn. **8** *(streng)* rigidamente, rigorosamente, severamente: ***~ vorgehen*** procedere con rigidità **9** *(schroff)* bruscamente **10** *(pikant)* in modo piccante: ***~ würzen*** condire in modo piccante **11** *(stark)* ***das Fleisch ~ anbraten*** rosolare bene la carne ◆ COLLOQ. ***~ auf jdn, etw. sein*** desiderare ardentemente qcn., qcs.; COLLOQ. *(jdm übel wollen)* ***~ auf jdn sein*** essere pungente con qcn.; ***~ aufpassen*** far ben attenzione; ***ein -es Auge für etw. haben*** avere l'occhio fino per qcs.; ***-e Augen haben*** avere la vista acuta; ***etw. ~ ins Auge fassen*** guardare qcs. più da vicino; ***unter -er Bewachung*** sotto stretta sorveglianza; ***~ blickend*** acuto, perspicace; ***~ bremsen*** frenare bruscamente; ***~ einstellen*** regolare con precisione; FOT. mettere a fuoco; ***~ gebraten*** ben arrostito; ***ein -es Gedächtnis*** una memoria lucida, viva; ***ein -es Gehör haben*** avere l'udito fino; ***~ gewürzt*** piccante, forte; ***~ hinter etw. her sein*** smaniare per qcs.; MIL. ***~ machen*** togliere la sicura, attivare; MIL. ***-e Munition*** munizionamento da guerra; ***~ nachdenken*** pensare intensamente; ***~ riechen*** avere un odore penetrante; ***das -e S*** il segno ß; COLLOQ. ***das ist ein ganz Scharfer*** è uno molto severo, molto rigido; MIL. ***~ schießen*** sparare a pallottola (*o* a palla); ***~ schmecken*** avere un sapore piccante; ***~ schneiden*** tagliare bene; ***~ sehen*** avere la vista acuta; ***ein -er Unterschied*** una differenza netta; ***ein -er Verstand*** una mente acuta, penetrante, un ingegno sottile; FOT. ***~ zeichnend*** nitido; ***eine -e Zunge haben*** avere la lingua tagliente.
Scharf|ab|stim|mung f. *(-)* sintonia *f.* fine. **Scharf|blick** m. *(-[e]s)* acume *m.*, perspicacia *f.*
Schär|fe f. *(-,-n)* **1** filo *m.*, taglio *m.*: ***die ~ des Messers*** il filo del coltello **2** *(von Geschmack)* sapore *m.* piccante, piccante *m.* **3a** CHIM. *(Ätzkraft)* corrosività *f.*, causticità *f.* **b** FIG. *(Bissigkeit)* causticità *f.*, mordacità *f.* **4a** intensità *f.*: ***die ~ eines Geruchs, des Lichtes*** l'intensità di un odore, della luce **b** *(von Tönen)* acutezza *f.*, stridore *m.* **5a** *(schonungslose Härte)* asprezza *f.*, durezza *f.*: ***die ~ seiner Kritik, Worte*** l'asprezza della sua critica, la durezza delle sue parole; ***etw. ohne ~ feststellen*** constatare qcs. senza asprezza; ***die ~ seines Profils*** l'asprezza (*o* la durezza) del suo profilo **b** *(von Kälte)* rigidità *f.* **6** *(Strenge)* rigidità *f.*, severità *f.*, rigore *m.* **7** *(Nachdruck)* incisività *f.*: ***die ~ seines Stils, seiner Rede*** l'incisività del suo stile, del suo discorso **8** *(durchdringende Klarheit)* acutezza *f.*, acume *m.*, sottigliezza *f.*: ***die ~ seines Verstands*** l'acume del suo ingegno **9a** *(Deutlichkeit)* nitidezza *f.*, chiarezza *f.*: ***die ~ der Umrisse*** la chiarezza dei contorni **b** *(von Stimmen, Grellheit)* nitidezza *f.*, limpidezza *f.* **c** FOT. nitidezza *f.*, definizione *f.*, incisività *f.* ◆ ***die ~ der Augen*** l'acutezza della vista; ***die ~ des Gehörs*** la finezza dell'udito.
Scharf|ein|stel|lung f. *(-,-en)* FOT. messa *f.* a fuoco.
schär|fen I tr. **1** affilare: ***ein Messer ~*** affilare un coltello **2** *(verfeinern)* acuire, affinare: ***den Verstand ~*** acuire la mente; ***das Gehör, sein Gefühl für etw. ~*** affinare l'udito, la propria sensibilità per qcs. **3** MIL. innescare **II** rifl. **sich ~** affinarsi ◆ ***das Auge, den Blick ~*** aguzzare la vista.
Schär|fen|tie|fe f. *(-)* FOT. profondità *f.* di campo.
scharf|kan|tig agg. a, con spigoli vivi.
scharf‿ma|chen tr. COLLOQ. aizzare, sobillare; *(Tiere)* aizzare. **Scharf|ma|cher** m. *(-s,-)* COLLOQ. sobillatore *m.* **Scharf|ma|che|rei** f. *(-)* COLLOQ. sobillazione *f.*
Scharf|rich|ter m. *(-s,-)* carnefice *m.* **Scharf|schuss** m. *(-es,-schüsse)* SPORT cannonata *f.* **Scharf|schüt|ze** m. *(-n,-n)* **1** MIL. tiratore *m.* scelto **2** SPORT cannoniere *m.*
Scharf|sicht f. *(-)* **1** vista *f.* acuta **2** FIG. → **Scharfblick.** **scharf|sich|tig** agg. dalla vista acuta. **Scharf|sich|tig|keit** → **Scharfsicht.**
Scharf|sinn m. *(-[e]s)* acume *m.*, sagacia *f.*, perspicacia *f.* **scharf|sin|nig** agg. acuto, sagace, perspicace. **Scharf|sin|nig|keit** f. *(-)* → **Scharfsinn.**
Schär|fung f. *(-)* **1** affilatura *f.* **2** *(Verfeinerung)* affinamento *m.*
scharf|win|ke|lig agg. acutangolo. **scharf|za|ckig** agg. dalle punte aguzze. **scharf|zah|nig** agg. dai denti aguzzi. **Scharf|zeich|nung** f. *(-)* nitidezza *f.*, definizione *f.* **scharf|zün|gig** agg. dalla lingua tagliente; *(von Gerede)* velenoso. **Scharf|zün|gig|keit** f. *(-,-en)* velenosità *f.*
1.Schar|lach m. e AUSTR. n. *(-s)* scarlatto *m.*
2.Schar|lach m. *(-s)* MED. scarlattina *f.*
Schar|lach|aus|schlag m. *(-[e]s,-ausschläge)* esantema *m.* scarlattinoso. **Schar|lach|bee|re** f. *(-,-n)* fitolacca *f.*, uva *f.* turca. **Schar|lach|ei|che** f. *(-,-n)* quercia *f.* spinosa. **Schar|lach|far|be** f. *(-)* colore *m.* scarlatto. **schar|lach|far|ben, schar|lach|far|big** agg. scarlatto. **Schar|lach|fie|ber** n. *(-s)* COLLOQ. scarlattina *f.* **schar|lach|rot** agg. rosso scarlatto.
Schar|la|tan m. *(-s,-e)* ciarlatano *m.* **Schar|la|ta|ne|rie** f. *(-,-n)* ciarlataneria *f.*
Schar|müt|zel n. *(-s,-)* MIL. ANT. scaramuccia *f.* **schar|müt|zeln** intr. (aus. *haben*) MIL. ANT. scaramucciare.
schar|mut|zie|ren intr. (aus. *haben*) ANT. o REGION. flirtare.
Schar|nier n. *(-s,-e)* cerniera *f.* **schar|nie|ren** tr. incernierare. **Schar|nier|ge|lenk** n. *(-[e]s,-e)* ANAT. articolazione *f.* a cerniera (*o* a cardine).
Schär|pe f. *(-,-n)* sciarpa *f.* **Schär|pen|gür|tel** m. *(-s,-)* cintura *f.* a sciarpa, fusciacca *f.*
Schar|pflug m. *(-[e]s,-pflüge)* aratro *m.* a vomere.
Schar|pie f. *(-)* ANT. filaccia *f.*
Schar|re f. *(-,-n)* ANT., **Scharr|ei|sen** n. *(-s,-)* raschietto *m.*
schar|ren I intr. (aus. *haben*) **1a** raspare: ***an der Tür ~*** raspare alla porta **b** *(von Hühnern)* razzolare: ***die Henne scharrt in der Erde nach Würmern ~*** la gallina razzola nella terra in cerca di vermi **2** *(von Menschen)* scalpicciare: ***mit den Füßen ~*** scalpicciare (con i piedi) **II** tr. **1** raspare: ***den Boden, Sand ~*** raspare il terreno, la sabbia **2** *(scharrend herstellen)* scavare raspando: ***ein Loch ~*** scavare un buco (raspando) **3** *(scharrend bewegen)* ***das Laub auf einen Haufen ~*** rastrellare le foglie facendone un mucchio; ***etw. aus der Erde ~*** dissotterrare qcs. (raspando) **4** *(abkratzen)* raschiare (via).
Schar|te f. *(-,-n)* **1** tacca *f.*, intaccatura *f.*: ***eine Klinge voller -n*** una

lama piena di tacche **2** COLLOQ. *(Hautscharte)* screpolatura *f.* **3** *(Schießscharte)* feritoia *f.* **4** ALP. bocchetta *f.*, valico *m.* ◆ ***eine ~ auswetzen*** = rimediare a un errore.

Schar|te|ke f. *(-,-n)* **1** vecchio libraccio *m.* **2** *(unsympathische alte Frau)* vecchiaccia *f.*, vecchia strega *f.*

schar|tig agg. **1** pieno di tacche **2** *(von Gebirgen)* frastagliato.

Schar|wa|che f. *(-,-n)* ANT. ronda *f.*

Schar|wen|zel m. *(-s,-)* **1** ANT. SPREG. ruffiano *m.* **2** REGION. *(Bube)* fante *m.* **schar|wen|zeln** intr. (aus. *haben, sein*) ***um jdn, vor jdm ~*** cercare di accattivarsi (*o* arruffianarsi) qcn.

schas|sen tr. COLLOQ. cacciare (via): ***jdn von der Schule, aus dem Betrieb ~*** cacciare qcn. dalla scuola, dall'azienda.

schat|ten intr. (aus. *haben*) LETT. fare ombra.

Schat|ten m. *(-s,-)* **1a** ombra *f.*: ***~ geben, spenden*** fare ombra; ***~ spendend*** ombreggiante, ombrifero, ombroso; ***einen ~ auf etw. (A) werfen*** gettare (*o* proiettare) un'ombra su qcs.; ***abends werden die ~ länger*** alla sera le ombre si allungano; ***mach mir keinen ~!*** non farmi ombra! ***im ~, in den ~*** all'ombra: ***30 Grad im ~*** 30° all'ombra; ***im ~ sitzen, stehen*** sedere, stare all'ombra; ***in den ~ gehen*** andare all'ombra; ***etw. in den ~ stellen*** mettere qcs. all'ombra; FIG. ***im ~ leben*** vivere nell'ombra **b** *(Gestalt)* ***ein ~ schlich aus dem Haus*** un'ombra scivolò fuori dalla casa **c** *(dunkle Stelle)* ***ein verdächtiger ~ auf der Lunge*** un'ombra sospetta al polmone **d** FIG. ***~ liegen auf seiner Vergangenheit*** vi sono ombre nel suo passato; ***ein ~ flog, huschte über ihr Gesicht*** un'ombra passò sul suo viso, oscurò il suo viso **e** *(Spur)* ***auch nicht der ~ eines Verdachtes fiel auf ihn*** non lo sfiorò neanche l'ombra di un sospetto **2** *(Dunkelheit)* buio *m.*, oscurità *f.*: ***im ~ der Nacht*** nel buio della notte **3** *(ständiger Begleiter)* accompagnatore *m.*: *(Leibwächter)* guardia *f.* del corpo: ***ihr ~ wich nicht von ihrer Seite*** il suo accompagnatore (*o* la sua guardia del corpo) era la sua ombra ◆ ***~ unter den Augen haben*** avere le occhiaie; ***wie ein ~ aussehen*** sembrare un fantasma; ***jdm wie ein ~ folgen*** seguire qcn. come un'ombra, essere l'ombra di qcn.; ***sich vor seinem eigenen ~ fürchten*** avere paura della propria ombra; COLLOQ. ***einen ~ haben*** essere un po' tocco (*o* suonato); ***einem ~ nachjagen*** inseguire un sogno; ***das Reich der ~*** il regno delle ombre; ***(nur noch) der, ein ~ seiner selbst sein*** essere (ormai soltanto) l'ombra di se stesso; ***über seinen (eigenen) ~ springen*** = vincere se stessi (*o* la propria natura), liberarsi dei propri limiti; ***(lange Zeit) in jds ~ stehen*** rimanere (molto tempo) all'ombra di qcn.; FIG. ***jdn, etw. in den ~ stellen*** mettere in ombra, oscurare, eclissare qcn., qcs.; ***die ~ der Vergangenheit*** le ombre (*o* i fantasmi) del passato; ***seine ~ vorauswerfen*** = preannunciarsi, prospettarsi; FIG. ***einen ~ auf jdn werfen*** gettare un'ombra su qcn.; PROV. ***wo (viel) Licht ist, ist auch (viel) ~*** ogni medaglia ha il suo rovescio.

Schat|ten|be|reich m. *(-[e]s,-e)* zona *f.* d'ombra. **Schat|ten|bild** n. *(-[e]s,-er)* **1** ombra *f.* **2** → **Schattenriss. Schat|ten|blü|her** m. *(-s,-)* → **Schattenpflanze. Schat|ten|blu|me** f. *(-,-n)* maiantemo *m.* **Schat|ten|bo|xen** n. *(-s)* allenamento *m.* con l'ombra. **Schat|ten|da|sein** n. *(-s)* esistenza *f.* oscura ◆ ***ein ~ führen, fristen*** vivere nell'ombra, condurre un'esistenza oscura; ***aus dem (seinem) ~ heraustreten, hervortreten*** uscire dall'ombra, sfuggire a un'oscura esistenza. **Schat|ten|fisch** m. *(-[e]s,-e)* ombrina *f.* **schat|ten|haft** agg. confuso, vago, incerto. **Schat|ten|holz** n. *(-es,-hölzer)* albero *m.* sciafilo (*o* umbratico). **Schat|ten|ka|bi|nett** n. *(-s,-e)* governo *m.* ombra. **Schat|ten|kö|nig** m. *(-[e]s,-e)* re *m.* fantoccio. **schat|ten|los** agg. privo d'ombra, senza ombra. **Schat|ten|mo|rel|le** f. *(-,-n)* **1** *(Baum)* visciolo *m.*, agriotto *m.* **2** *(Frucht)* visciola *f.*, agriotta *f.* **Schat|ten|pflan|ze** f. *(-,-n)* pianta *f.* sciafila, sciafita *f.* **schat|ten|reich** agg. ricco d'ombra, ben ombreggiato. **Schat|ten|reich** n. *(-[e]s)* regno *m.* delle ombre. **Schat|ten|riss** m. *(-es,-e)* silhouette *f.*, siluetta *f.* **Schat|ten|sei|te** f. *(-,-n)* **1** parte *f.* (*o* lato *m.*) in ombra: ***das Zimmer liegt auf der ~ des Hauses*** la camera è sul lato in ombra della casa **2** *(negativer Aspekt)* lato *m.* cattivo (*o* negativo): ***Licht- und -n*** lati buoni e cattivi (*o* positivi e negativi) ◆ FIG. ***auf der ~ des Lebens stehen*** vivere nell'ombra, non essere toccati dalla fortuna. **Schat|ten|spiel** n. *(-[e]s,-e)* **1** → **Schattentheater 2** pl. ombre *f.pl.* cinesi: ***-e machen*** fare le ombre cinesi. **Schat|ten|the|a|ter** n. *(-s)* teatro *m.* delle ombre. **Schat|ten|wirt|schaft** f. *(-)* economia *f.* sommersa.

schat|tie|ren tr. ombreggiare, ombrare. **Schat|tie|rung** f. *(-,-en)* **1** ombreggiamento *m.*, ombreggiatura *f.* **2** *(Nuance)* sfumatura *f.*

schat|tig agg. **1** ombroso, ombreggiato, all'ombra: ***ein -er Ort*** un luogo ombroso; ***einen -en Platz suchen*** cercare un posto all'ombra; ***hier ist es ~*** qui c'è ombra **2** *(Schatten spendend)* ombroso.

Scha|tul|le f. *(-,-n)* **1** scrignetto *m.* **2** ANT. *(Privatkasse)* cassa *f.* privata (del principe).

Schatz m. *(-es, Schätze)* **1a** tesoro *m.* (anche FIG.): ***einen ~ vergraben, ausgraben (heben)*** seppellire, disseppellire un tesoro; ***Schätze erwerben, anhäufen*** impossessarsi di, accumulare tesori; FIG. ***ein Land voll verborgener Schätze*** una terra ricca di tesori nascosti **b** *(liebenswürdiger Mensch)* ***du bist wirklich ein ~!*** sei veramente un tesoro! **2** *(Fülle)* ricchezza *f.*, (vasto) bagaglio *m.*: ***einen reichen ~ an, von Wissen, Erfahrungen, Erinnerungen haben*** avere un vasto bagaglio culturale, di esperienze, avere moltissimi ricordi **3** ANT. *(Freund[in])* fidanzato *m.* (-a *f.*): ***er, sie hat einen ~*** ha una fidanzata, un fidanzato **4** → **Schatzanweisung** ◆ ***nicht für alle Schätze der Welt, der Erde*** nemmeno per tutto l'oro del mondo; ***mein ~!*** tesoro mio! COLLOQ. ***sei ein ~ und...*** fammi il piacere,... **Schatz|amt** n. *(-[e]s,-ämter)* tesoreria *f.* **Schatz|an|wei|sung** f. *(-,-en)* buono *m.* del tesoro.

schätz|bar agg. stimabile, valutabile.

Schatz|brief m. *(-[e]s,-e)* buono *m.* del tesoro.

Schätz|chen n. *(-s,-)* tesorino *m.*, tesoruccio *m.*

schat|zen tr. ANT. tassare.

schät|zen I tr. **1a** valutare: ***jds Alter, eine Entfernung, ein Gewicht ~*** valutare l'età di qcn., una distanza, un peso **b** *(den Wert von etw. bestimmen)* stimare, valutare: ***einen Schaden, ein Vermögen ~*** valutare un danno, un patrimonio; ***etw. nach seinem Wert ~*** valutare qcs. secondo il suo valore; ***das Grundstück wurde auf 8000 Mark geschätzt*** il terreno fu valutato 8000 marchi **2** COLLOQ. *(vermuten)* credere, pensare: ***ich schätze, sie kommt morgen (dass sie morgen kommt)*** penso che venga domani **3a** *(hoch einschätzen)* apprezzare: ***gutes Essen, Komplimente ~*** apprezzare la buona tavola, i complimenti; ***jds Herzensgüte, Ratschläge ~*** apprezzare la bontà d'animo, i consigli di qcn.; ***etw. zu ~ wissen*** saper apprezzare qcs.; ***etw. an jdm ~*** apprezzare qcs. in, di qcn.; ***jdn, etw. ~ lernen*** imparare ad apprezzare qcn., qcs. **b** *(Menschen)* stimare, apprezzare: ***jdn sehr, nicht besonders ~*** stimare molto qcn., non avere una particolare stima di qcn.; ***jdn wegen seiner Offenheit ~*** apprezzare qcn. per la sua sincerità **II** rifl. ***sich (einander) ~*** stimarsi: ***sie ~ sich sehr*** si stimano molto ◆ ***wie alt schätzt du mich?*** che età (*o* quanti anni) mi dai? ***jdn älter ~*** pensare che qcn. sia più vecchio, dare più anni a qcn.; ***sich glücklich ~*** ritenersi fortunato; ***etw. hoch ~*** valutare molto qcs.; ***jdn auf 40 Jahre ~*** pensare che qcn. abbia 40 anni, dare 40 anni a qcn.; ***jdn jünger ~*** pensare che qcn. sia più giovane, dare meno anni a qcn.; ***schätz mal!*** indovina! ***etw. niedrig ~*** valutare poco qcs.

schät|zens|wert agg. apprezzabile; *(von Menschen)* stimabile.

Schät|zer m. *(-s,-)* stimatore *m.*

Schatz|fund m. *(-[e]s,-e)* DIR. ritrovamento *m.* (*o* rinvenimento *m.*) di un tesoro. **Schatz|grä|ber** m. *(-s,-)* cercatore *m.* di tesori. **Schatz|haus** n. *(-es,-häuser)* ARCH. tesoro *m.* **Schatz|in|sel** f. *(-)* isola *f.* del tesoro. **Schatz|kam|mer** f. *(-,-n)* **1** tesoro m. **2** *(im Schloss)* camera *f.* del tesoro **3** STOR. *(Staatsschatz)* tesoro *m.* (pubblico); *(bei den Römern)* erario *m.* **Schatz|kanz|ler** m. *(-s,-)* cancelliere *m.* dello Scacchiere. **Schatz|meis|ter** m. *(-s,-)* tesoriere *m.* **Schatz|mi|nis|ter** m. *(-s,-)* ministro *m.* del Tesoro.

Schätz|preis m. *(-es,-e)* prezzo *m.* stimato, stima *f.*

Schatz|schein m. *(-[e]s,-e)* certificato *m.* del tesoro. **Schatz|su|cher** m. *(-s,-)* cercatore *m.* di tesori. **Schatz|tru|he** f. *(-,-n)* cassa *f.* del tesoro.

Schat|zung f. *(-,-en)* ANT. tassazione *f.*

Schät|zung f. *(-,-en)* **1a** valutazione *f.*, stima *f.*; *(von Immobilien)* estimo *m.* **b** *(ungefähre Berechnung)* calcolo *m.* (approssimativo): ***nach meiner ~...*** secondo il mio calcolo... **2** ANT. *(Wertschätzung)* apprezzamento *m.*, stima *f.* **schät|zungs|wei|se** avv. approssimativamente.

Schatz|wech|sel m. *(-s,-)* effetto *m.* del tesoro.

Schätz|wert m. *(-[e]s,-e)* valore *m.* stimato, stima *f.*

Schau f. *(-,-en)* **1** mostra *f.*, esposizione *f.* **2** *(Show)* spettacolo *m.*, show *m.* **3** *(Parade)* rivista *f.* **4** *(Vision)* visione *f.*: ***eine mystische ~*** una visione mistica **5** *(Blickwinkel)* punto *m.* di vista: ***aus historischer ~*** dal punto di vista storico **6** COLLOQ. *(großartige Sache, Person)* cannonata *f.*, sballo *m.*: ***das Rockkonzert war eine ~!*** il concerto rock è stato uno sballo! ◆ ***die (eine) große ~ abziehen, eine ~ machen*** mettersi in mostra; *(angeben)* darsi delle arie; ***auf ~ machen*** esibirsi, fare mostra di sé, dare spettacolo; ***zur ~ stehen*** essere in mostra; ***jdm die ~ stehlen*** rubare la scena a qcn.; ***etw. zur ~ stellen*** mettere in mostra, esporre qcs.; *(offen zeigen)* mostrare qcs.; ***seine Gefühle zur ~ tragen*** mostrare i propri sentimenti.

Schau|be|gier f. *(-)* curiosità *f.* **schau|be|gie|rig** agg. curioso.

Schau|bild n. *(-[e]s,-er)* **1** diagramma *m.*, grafico *m.* **2** *(maßstäb-*

liche Darstellung) disegno *m.* dimostrativo, immagine *f.* esemplificativa: ***das ~ eines Stadions*** il disegno dimostrativo di uno stadio. **Schau|bu|de** f. *(-,-n)* baraccone *m.* da fiera. **Schau|büh|ne** f. *(-,-n)* ANT. teatro *m.*

Schau|der m. *(-s,-)* brivido *m.*; *(des Entsetzens)* fremito *m.*: ***ein ~ überläuft, überfällt, befällt, ergreift jdn*** un brivido coglie qcn.; ***ein kalter ~, ein ~ der Angst lief ihr über den Rücken*** un brivido di freddo, di paura le corse lungo la schiena; ***~ erregen*** far venire i brividi, far rabbrividire; ***~ erregend*** orrendo, raccapricciante ◆ ***etw. mit frommem ~ betrachten*** guardare qcn. con sacro terrore **schau|der|bar** agg. COLLOQ. → **schauderhaft.** **Schau|der|ge|schich|te** f. *(-,-n)* romanzo *m.* del terrore; *(Erzählung)* racconto *m.* del terrore. **schau|der|haft** COLLOQ. **I** agg. tremendo, terribile; *(scheußlich)* orribile: ***eine -e Aussprache*** una pronuncia terribile; ***eine -e Hitze, Kälte*** un caldo, un freddo tremendo **II** avv. **1** tremendamente, terribilmente: ***es war ~ spät*** era tremendamente tardi; ***~ aussehen*** avere un aspetto tremendo; ***~ frieren*** avere tremendamente freddo **2** *(sehr)* molto: ***~ lange*** molto a lungo.

schau|dern intr. (aus. *haben*) e impers. ***es schaudert jdn, jdm*** **1** rabbrividire: ***ihm schauderte (es) beim Betreten des kalten Kellers*** rabbrividì entrando in cantina; ***vor Kälte, Angst ~*** rabbrividire di freddo, di paura **2** *(Abscheu, Entsetzen empfinden)* inorridire. **Schau|dern** n. *(-s)*, ***mit ~ an etw. denken*** rabbrividire all'idea di qcs., pensare con orrore a qcs.; ***etw. mit ~ betrachten*** guardare qcs. con orrore, con raccapriccio. **schau|dernd** p.pres. agg. **1** → **schaudern 2** *(mit Abscheu)* con orrore, inorridendo. **schau|de|rös** agg. COLLOQ. SCHERZ. → **schauderhaft.**

Schau|ef|fekt m. *(-[e]s,-e)* FIG. effetto *m.* (per chi guarda).

schau|en I intr. (aus. *haben*) REGION. **1a** guardare: ***auf die Uhr, aus dem Fenster, durch das Fernglas, um sich ~*** guardare l'ora (*o* l'orologio), guardare (fuori) dalla finestra, col binocolo, guardarsi attorno; ***jdm in die Augen, ins Herz ~*** guardare qcn. negli occhi, nel cuore (*o* nell'animo); ***traurig, vergnügt ~*** guardare tristemente, guardare divertito; ***vorwärts, rückwärts ~*** guardare avanti, indietro **b** *(gerichtet sein)* ***die Fenster ~ auf die, zur Straße*** le finestre guardano la (*o* danno sulla) strada **2** *(sich kümmern)* ***nach jdm ~*** guardare qcn., badare a qcn.; ***nach den Katzen, Blumen ~*** badare ai gatti, ai fiori **3** *(achten)* ***auf Ordnung, Sauberkeit ~*** guardare l'ordine, la pulizia, badare all'ordine, alla pulizia **4** COLLOQ. *(sich bemühen)* guardare, vedere: ***schau, dass du bald fertig wirst*** guarda di finire in fretta **5** *(nachschauen)* vedere: ***kannst du mal ~, ob...*** puoi vedere se... **II** tr. **1** *(intuitiv erfassen)* contemplare, vedere: ***Gott ~*** contemplare Dio **2** REGION. *(anschauen)* ***Fernsehen ~*** guardare la televisione ◆ ***der Neid schaut ihm aus den Augen*** si vede che è invidioso; ***sich die Augen aus dem Kopf ~*** avere gli occhi fuori dalle orbite; ***lass mal ~*** fa' vedere, vediamo un po'; ***nach dem Rechten ~*** andare a vedere se tutto è in ordine; *(Verwunderung)* ***schau, schau*** guarda, guarda; guarda un po', to' (*o* toh); *(Überzeugungsversuch)* ***schau (mal), es ist doch gar nicht so schlimm*** guarda, non è così brutto; ***die Sonne schaut durchs Fenster*** il sole occhieggia dalla finestra; ***in die Zukunft ~*** guardare al futuro.

1.Schau|er m. *(-s,-)* **1a** METEOR. rovescio *m.*: ***örtliche, gewittrige, vereinzelte ~*** locali rovesci, rovesci temporaleschi, isolati **b** *(Hagelschauer)* grandinata *f.* **2** → **Schauder.**

2.Schau|er m. *(-s,-)* → **Schauermann.**

3.Schau|er m. e n. *(-s,-)* REGION. capannone *m.*

schau|er|ar|tig agg. ***-e Regenfälle*** rovesci di pioggia.

Schau|er|bild n. *(-[e]s,-er)* immagine *f.* raccapricciante, che fa venire i brividi. **Schau|er|dra|ma** n. *(-s,-dramen)* dramma *m.* dell'orrore. **Schau|er|film** m. *(-[e]s,-e)* film *m.* dell'orrore. **Schau|er|ge|schich|te** f. *(-,-n)* **1** storia *f.* dell'orrore **2** FIG. storia *f.* incredibile, assurda.

schau|e|rig agg. → **schaurig.**

schau|er|lich I agg. orribile, orrendo, spaventoso: ***eine -e Tat*** un'azione orribile; COLLOQ. *(missfallend)* ***ein -es Kleid*** un vestito orrendo **II** avv. rafforz. orribilmente, spaventosamente: ***es ist ~ kalt*** fa spaventosamente freddo. **Schau|er|lich|keit** f. *(-,-en)* orrore *m.*

Schau|er|mann m. *(-[e]s, -leute)* portuale *m.*

Schau|er|mär|chen n. *(-s,-)* racconto *m.* dell'orrore.

schau|ern intr. (aus. *haben*) **1** impers. ***es schauert*** piove a dirotto, scroscia **2** rabbrividire: ***vor Kälte, Entsetzen ~*** rabbrividire per il freddo, per l'orrore; impers. ***es schauert ihn, ihm*** rabbrividisce.

Schau|er|ro|man m. *(-s,-e)* romanzo *m.* dell'orrore.

Schau|er|wet|ter n. *(-s)* tempo *m.* molto piovoso, con rovesci frequenti.

Schau|fel f. *(-,-n)* **1a** pala *f.*: ***die ~ in die Hand nehmen*** prendere la pala in mano **b** pala *f.*, palata *f.*: ***eine ~ Sand*** una pala di sabbia; ***zwei -n (voll) Erde*** due palate di terra **c** *(Kehrichtschaufel)* paletta *f.*: ***etw. mit ~ und Besen zusammenkehren*** raccogliere qcs. con la scopa e la paletta **2** *(von Rudern, Mühlrädern, Turbinen)* pala *f.* **3** VENAT. *(Geweihschaufel)* pala *f.* **Schau|fel|bag|ger** m. *(-s,-)* draga *f.* a cucchiai. **Schau|fel|blatt** n. *(-[e]s,-blätter)* pala *f.*, ferro *m.* della pala. **schau|fel|för|mig** agg. a forma di pala, a pala. **Schau|fel|ge|weih** n. *(-[e]s,-e)* corna *f.pl.* a pale.

schau|fe|lig agg. → **schaufelförmig.**

Schau|fel|la|der m. *(-s,-)* pala *f.* meccanica.

schau|feln I tr. **1a** spalare: ***Schnee ~*** spalare la neve **b** ***Kohlen aus dem, in den Waggon ~*** spalare carbone dal vagone, caricare carbone (con la pala) sul vagone **c** *(Loch, Grab)* scavare con la pala **2** assol. lavorare con la pala; *(von Kindern)* ***im Sand ~*** giocare con la paletta nella sabbia **II** rifl. ***sich (D) etw. ~*** scavarsi qcs.: ***sich einen Weg ~*** scavarsi un sentiero; FIG. ***sich sein eigenes Grab ~*** scavarsi la fossa **III** intr. *(vom Raddampfer;* aus. *sein)* navigare.

Schau|fel|pflug m. *(-[e]s,-pflüge)* aratro *m.* a vomere. **Schau|fel|pum|pe** f. *(-,-n)* pompa *f.* a pale.

Schau|fel|rad n. *(-[e]s,-räder)* ruota *f.* a pale. **Schau|fel|rad|bag|ger** m. *(-s,-)* escavatore *m.* con ruota di tazze. **Schau|fel|rad|damp|fer** m. *(-s,-)* piroscafo *m.* a ruote.

schau|fel|wei|se avv. a palate.

Schau|fens|ter n. *(-s,-)* vetrina *f.*: ***~ anschauen*** guardare le vetrine; ***etw. im ~ ausstellen*** esporre qcs. in vetrina; ***etw. liegt, steht im ~*** qcs. è, sta in vetrina; ***ein ~ einrichten*** allestire una vetrina; FIG. ***diese Messe ist ein ~ der italienischen Industrie*** questa fiera è una vetrina dell'industria italiana. **Schau|fens|ter|aus|la|ge** f. *(-,-n)* esposizione *f.* (di merce) in vetrina. **Schau|fens|ter|bum|mel** m. *(-s,-)* passeggiata *f.* per guardare le vetrine: ***einen ~ machen*** guardare le, dare un'occhiata alle vetrine. **Schau|fens|ter|de|ko|ra|teur** [-tøːɐ] m. *(-s,-e)* vetrinista *m.* **Schau|fens|ter|de|ko|ra|ti|on** f. *(-,-en)* allestimento *m.* (*o* decorazione *f.*) di una vetrina. **Schau|fens|ter|ein|bruch** m. *(-[e]s,-einbrüche)* sfondamento *m.* di una vetrina. **Schau|fens|ter|ge|stal|ter** m. *(-s-)* → **Schaufensterdekorateur.** **Schau|fens|ter|pup|pe** f. *(-,-n)* manichino *m.* **Schau|fens|ter|wett|be|werb** n. *(-[e]s,-e)* gara *f.* di vetrinisti.

schauf|lig agg. → **schaufelförmig.**

Schau|flug m. *(-[e]s,-flüge)* volo *m.* dimostrativo. **Schau|ge|rüst** n. *(-[e]s,-e)* RAR. tribuna *f.* **Schau|ge|schäft** n. *(-[e]s)* industria *f.* dello spettacolo, show business *m.*: ***im ~ arbeiten*** lavorare nello show business. **Schau|kampf** m. *(-[e]s,-kämpfe)* combattimento *m.* amichevole. **Schau|kas|ten** m. *(-s,-kästen)* vetrina *f.*: ***etw. im ~ aushängen, auslegen*** appendere, esporre qcs. in vetrina.

Schau|kel f. *(-,-n)* altalena *f.*: ***die ~ anstoßen*** spingere l'altalena. **Schau|kel|be|we|gung** f. *(-,-en)* dondolio *m.* **Schau|kel|brett** n. *(-[e]s,-er)* sedile *m.* dell'altalena, altalena *f.* **Schau|ke|lei** f. *(-,-en)* COLLOQ. SPREG. dondolio *m.*

schau|ke|lig agg. **1** *(wacklig)* traballante: ***ein -er Stuhl*** una sedia traballante **2** *(schaukelnd)* ***die Überfahrt war ~*** abbiamo ballato (*o* traballato) durante la traversata.

schau|keln I tr. **1** dondolare, cullare: ***ein Baby in der Wiege, auf den Knien ~*** cullare un bambino, dondolare un bambino sulle ginocchia; ***sich von den Wellen ~ lassen*** lasciarsi cullare dalle onde **2** SCHERZ. ***jdn nach Hause ~*** portare qcn. a casa (con un mezzo traballante) **II** intr. (aus. *haben, sein*) **1** andare in altalena **2** dondolare, dondolarsi: ***im, mit dem Schaukelstuhl ~*** dondolarsi sulla sedia a dondolo; ***nicht mit dem Stuhl ~!*** non dondolare sulla sedia! **3** ballare, oscillare: ***das Schiff schaukelt*** la nave balla; ***im Wind ~*** oscillare nel vento **4** COLLOQ. (aus. *sein*) barcollare, traballare: ***Betrunkene ~ durch die Straße*** ubriachi barcollano per la strada; ***Wagen ~ auf der holprigen Straße, über die holprige Straße*** le macchine traballano sulla strada accidentata **III** rifl. ***sich ~*** dondolarsi, cullarsi: ***sich in der Hängematte ~*** dondolarsi sull'amaca ◆ COLLOQ. ***wir werden die Sache schon ~*** sistemeremo la cosa.

Schau|kel|pferd n. *(-[e]s,-e)* cavallo *m.* a dondolo, cavallino *m.*: ***auf, mit dem ~ schaukeln*** andare sul cavallo a dondolo. **Schau|kel|po|li|tik** f. *(-)* politica *f.* da banderuola. **Schau|kel|reck** n. *(-[e]s,-e* e *-s)* trapezio *m.* **Schau|kel|rin|ge** pl. GINN. anelli *m.pl.* **Schau|kel|stuhl** m. *(-[e]s,-stühle)* (sedia *f.* a) dondolo *m.*

schauk|lig agg. → **schaukelig.**

Schau|lauf m. *(-[e]s,-läufe)*, **Schau|lau|fen** n. *(-s,-)* esibizione *f.* di pattinaggio artistico.

Schau|lust f. *(-)* SPREG. curiosità *f.*: ***seine ~ befriedigen*** appagare la propria curiosità. **schau|lus|tig** agg. SPREG. curioso. **Schau|lus|ti|ge** m. e f. *(-n,-n)* SPREG. curioso *m.* (-a *f.*).

Schaum m. *(-[e]s, Schäume)* **1** schiuma *f.*, spuma *f.*: ***den ~ abschöpfen*** levare la schiuma, schiumare; ***den ~ abtrinken (beim Bier)*** bere la schiuma (*o* spuma) della birra **2** *(Geifer)* schiuma *f.*, bava *f.*: ***ihm tritt der ~ vor den Mund*** gli viene la schiuma alla bocca **3** LETT. FIG. *(Unbeständiges)* fumo *m.*, bolla *f.* di sapone: ***zu ~ werden*** andare in fumo, finire in una bolla di sapone ◆ ***Eiweiß zu ~ schlagen*** montare a neve la chiara d'uovo; SPREG. ***~ schlagen*** montarsi, darsi delle arie; ***Träume sind Schäume*** i sogni sono bolle di sapone. **schaum|ar|tig** agg. schiumoso, spumoso. **Schaum|bad** n. *(-[e]s,-bäder)* **1** *(Badezusatz)* bagnoschiuma *m.* **2** *(Baden im Schaumbad)* bagno *m.* con la schiuma. **schaum|bar** agg. TECN. schiumoso. **schaum|be|deckt** agg. coperto di schiuma. **Schaum|be|ton** m. *(-s)* calcestruzzo *m.* poroso. **Schaum|bil|dung** f. *(-,-en)* formazione *f.* di schiuma. **Schaum|bläs|chen** n. *(-s,-)* bollicina *f.* di schiuma. **Schaum|bla|se** f. *(-,-n)* bolla *f.* di schiuma.

schäu|men intr. (aus. *haben*) **1a** fare schiuma: ***die Seife schäumt gut*** il sapone fa una bella schiuma **b** *(gären)* spumare, spumeggiare: ***der Champagner schäumt*** lo champagne spumeggia **c** FIG. schiumare: ***vor Wut, Zorn ~*** schiumare di rabbia **2** spumeggiare: ***die Wellen ~*** le onde spumeggiano; *(schäumend fließen)* ***der Bach schäumt über die Ufer*** il ruscello spumeggia sulla riva. **schäu|mend** p.pres. agg. **1** → **schäumen 2** schiumoso: ***eine stark -e Seife*** un sapone molto schiumoso **3** schiumante: ***~ vor Wut*** schiumante di rabbia **4** *(von Sekt, Wein)* spumante; *(von Bier)* spumeggiante **5** spumeggiante: ***-e Wellen*** onde spumeggianti.

Schaum|ge|bäck n. *(-[e]s)* meringa *f.* **schaum|ge|bremst** agg. ***ein -es Waschmittel*** un detersivo poco schiumoso, a schiuma frenata. **Schaum|glas** n. *(-es)* lana *f.* di vetro. **Schaum|gold** n. *(-[e]s)* similoro *m.* **Schaum|gum|mi** m. *(-s)* gommapiuma *f.*

schau|mig agg. schiumoso, spumoso ◆ ***Butter (mit Zucker) ~ rühren*** montare il burro (con lo zucchero). **Schau|mig|keit** f. *(-)* schiumosità *f.*

Schaum|kamm m. *(-[e]s,-kämme)* cresta *f.* (di onde) spumeggiante. **Schaum|kel|le** f. *(-,-n)* → **Schaumlöffel. Schaum|kraft** f. *(-)* schiumosità *f.* **Schaum|kraut** n. *(-[e]s,-kräuter)* cardamine *f.* **Schaum|kro|ne** f. *(-,-n)* **1** → **Schaumkamm 2** *(durch Eingießen)* schiuma *f.*: ***eine ~ auf dem Bierglas*** schiuma sul boccale di birra. **Schaum|löf|fel** m. *(-s,-)* schiumarola *f.* **Schaum|lö|scher** m. *(-s,-)*, **Schaum|lösch|ge|rät** n. *(-[e]s,-e)* estintore *m.* a schiuma. **Schaum|rei|ni|ger** m. *(-s,-)* detersivo *m.* molto schiumoso. **Schaum|rol|le** f. *(-,-n)* AUSTR. INTRAD. (rotolo di pasta sfoglia con panna). **Schaum|schlä|ger** m. *(-s,-)* **1** *(Schneebesen)* (sbattitore *m.* a) frusta *f.* **2** FIG. montato *m.*, pallone *m.* gonfiato. **Schaum|schlä|ge|rei** f. *(-,-en)* **1** *(Schaumschlagen)* vanteria *f.* **2** *(angeberische Äußerung)* montatura *f.*, esagerazione *f.* **Schaum|stoff** m. *(-[e]s,-e)* gommapiuma *f.*

Schau|mün|ze f. *(-,-n)* medaglia *f.* (commemorativa).

Schaum|wein m. *(-[e]s,-e)* vino *m.* spumante, spumante *m.* **Schaum|wein|fla|sche** f. *(-,-n)* bottiglia *f.* sciampagnotta. **Schaum|wein|steu|er** f. *(-)* tassa *f.* sui vini spumanti.

Schau|ob|jekt n. *(-s,-e)* oggetto *m.* in esposizione. **Schau|pa|ckung** f. *(-,-en)* confezione *f.* vuota (in esposizione). **Schau|platz** m. *(-es,-plätze)* scena *f.*, teatro *m.*: ***der ~ der Ereignisse*** il teatro degli avvenimenti; ***der ~ der Handlung (des Romans)*** il teatro dell'azione (del romanzo) ◆ ***vom ~ abtreten*** uscire di scena, ritirarsi dalla scena politica; *(sterben)* uscire di scena, morire. **Schau|pro|gramm** n. *(-s,-e)* → **Schaulaufen. Schau|pro|zess** m. *(-es,-e)* SPREG. processo *m.* sensazionale, dimostrativo (a scopo propagandistico).

schau|rig I agg. **1** *(unheimlich)* orribile, raccapricciante **2** *(sehr schlimm)* orrendo, orribile, terribile: ***ein -es Wetter*** un tempo orribile; ***eine -e Aufführung*** uno spettacolo orrendo **II** avv. rafforz. terribilmente. **Schau|rig|keit** f. *(-,-en)* orrore *m.*

Schau|sei|te f. *(-,-n)* lato *m.* migliore: ***die ~ einer Medaille*** il lato migliore della medaglia.

Schau|spiel n. *(-[e]s,-e)* **1** dramma *m.*, rappresentazione *f.* (*o* opera *f.*) teatrale: ***ein ~ aufführen, inszenieren*** rappresentare, mettere in scena un dramma; ***ein ~ in drei Akten*** un dramma in tre atti **2** FIG. *(Anblick)* spettacolo *m.*: ***ein trauriges, erhabenes ~*** uno spettacolo triste, sublime **3** *(Theater)* teatro *m.* (di prosa): ***am ~ arbeiten*** lavorare nel teatro; ***das ~ besuchen, in ein ~ gehen*** andare a teatro ◆ ***jdm kein ~ geben*** non dare spettacolo di fronte a qcn.; ***ein ~ für (die) Götter*** uno spettacolo magnifico, divino.

Schau|spie|ler m. *(-s,-)* attore *m.*: ***~ sein*** fare l'attore (*o* essere un attore); FIG. ***ein guter, schlechter ~*** un bravo, cattivo attore. **Schau|spie|le|rei** f. *(-)* COLLOQ. il fare l'attore, mestiere *m.* di attore ◆ ***die ~ an den Nagel hängen*** = lasciare il teatro; FIG. SPREG. ***das ist alles nur ~*** è tutta scena. **Schau|spie|le|rin** f. *(-,-nen)* attrice *f.* **schau|spie|le|risch I** agg. di attore: ***eine große -e Begabung*** un grande talento d'attore **II** avv. alla maniera di un attore, come un attore. **schau|spie|lern** intr. (aus. *haben*) COLLOQ. recitare (anche FIG.).

Schau|spiel|haus n. *(-es,-häuser)* teatro *m.* di prosa. **Schau|spiel|kunst** f. *(-)* arte *f.* drammatica. **Schau|spiel|mu|sik** f. *(-,-en)* musica *f.* di scena. **Schau|spiel|schu|le** f. *(-,-n)* scuola *f.* d'arte drammatica. **Schau|spiel|schü|ler** m. *(-s,-)* allievo *m.* d'arte drammatica. **Schau|spiel|un|ter|richt** m. *(-[e]s)* lezione *f.* di arte drammatica.

schau‿stel|len tr. (solo inf.) mettere in mostra, esporre. **Schau|stel|ler** m. *(-s,-)* chi espone attrazioni da baraccone. **Schau|stel|lung** f. *(-,-en)* RAR. **1** il mettere in mostra **2** *(Vorführung)* esposizione *f.*

Schau|stück n. *(-[e]s,-e)* **1** pezzo *m.* da collezione **2** RAR. dramma *m.* **Schau|ta|fel** f. *(-,-n)* bacheca *f.*, vetrinetta *f.* **Schau|tanz** m. *(-es,-tänze)* esibizione *f.* di danza. **Schau|tur|nen** n. *(-s)* saggio *m.* ginnico.

1.Scheck m. *(-s,-s)* assegno *m.*: ***einen ~ ausfüllen, ausschreiben*** riempire un assegno; ***einen ~ (auf jdn) ausstellen, sperren*** emettere (a qcn.), bloccare un assegno; ***einen ~ einlösen, einziehen*** incassare un assegno; ***unausgefüllter, (un)gedeckter ~*** assegno in bianco, (s)coperto; ***gekreuzter, offener ~*** assegno sbarrato, ordinario; COMM. ***durch, mit ~*** a mezzo assegno.

2.Scheck m. *(-en,-en)* pezzato *m.*

Scheck|be|trug m. *(-[e]s)* truffa *f.* con assegni scoperti. **Scheck|be|trü|ger** m. *(-s,-)* truffatore *m.* con assegni scoperti. **Scheck|buch** n. *(-[e]s,-bücher)* → **Scheckheft.**

1.Sche|cke m. *(-n,-n)* pezzato *m.*

2.Sche|cke f. *(-,-n)* pezzata *f.*

Scheck|fä|hig|keit f. *(-)* DIR. capacità *f.* di obbligarsi per assegno. **Scheck|fäl|schung** f. *(-,-en)* falsificazione *f.* di assegno. **Scheck|heft** n. *(-[e]s,-e)* libretto *m.* di, degli assegni.

sche|ckig agg. **1** pezzato: ***eine -e Kuh*** una vacca pezzata **2** *(voller Flecken)* chiazzato, coperto di macchie ◆ ***er ist bekannt wie ein -er Hund*** è straconosciuto; ***~ braun*** a chiazze scure; COLLOQ. ***sich ~ lachen*** ridere a crepapelle; COLLOQ. ***das Kleid ist zu ~*** questo vestito è troppo variopinto.

Scheck|in|ha|ber m. *(-s,-)* BANC. portatore *m.* di, dell'assegno. **Scheck|in|kas|so** n. *(-s,-s)* BANC. incasso *m.* di, dell'assegno. **Scheck|kar|te** f. *(-,-n)* BANC. carta *f.* assegni. **Scheck|neh|mer** m. *(-s,-)* BANC. beneficiario *m.* di, dell'assegno. **Scheck|recht** n. *(-[e]s)* legislazione *f.* in fatto di assegni. **Scheck|sum|me** f. *(-,-n)* BANC. importo *m.* nominale dell'assegno.

Sche|ckung f. *(-,-en)* **1** pezzatura *f.* **2** macchiettatura *f.*, chiazzatura *f.*

Scheck|ver|kehr m. *(-s)* BANC. pagamenti *m.pl.*, operazioni *f.pl.* mediante assegno. **Scheck|vieh** n. *(-[e]s)* bestiame *m.* pezzato.

scheel COLLOQ. **I** agg. bieco, torvo: ***jdn, etw. mit -em Blick, mit -en Augen ansehen, betrachten*** guardare qcn., qcs. con sguardo torvo, con occhi torvi **II** avv. biecamente, torvamente, di sbieco: ***jdn ~ ansehen*** guardare qcn. torvamente, di sbieco; ***~ blickend*** con sguardo bieco. **scheel|äu|gig** agg. con occhi biechi.

Schee|lit m. *(-s)* scheelite *f.*

Scheel|sucht f. *(-)* ANT. invidia *f.*, gelosia *f.* **scheel|süch|tig** agg. ANT. invidioso, geloso.

Schef|fel m. *(-s,-)* **1** STOR. staio *m.*: ***ein ~ Getreide*** uno staio di grano **2** REGION. *(Bottich)* mastello *m.* ◆ ***in -n*** a palate. **schef|feln** tr. COLLOQ. SPREG. guadagnare, procurarsi a palate: ***Geld, Medaillen ~*** far soldi a palate, fare incetta di medaglie. **schef|fel|wei|se** avv. COLLOQ. a palate: ***Geld ~ ausgeben*** spendere e spandere.

Scheib|chen n. *(-s,-)* **1** piccolo disco *m.*, dischetto *m.* **2** *(kleine Schnitte)* fettina *f.*: ***ein ~ Brot, Zitrone*** una fettina di pane, di limone **3** *(kleine Glasscheibe)* piccola lastra *f.*, piccolo vetro *m.* **scheib|chen|för|mig** agg. a forma di disco. **scheib|chen|wei|se** avv. a fettine: ***den Speck ~ essen*** mangiare lo speck a fettine ◆ COLLOQ. ***etw. ~ berichten*** raccontare qcs. poco per volta.

1.Schei|be f. *(-,-n)* **1a** disco *m.*: ***eine metallene ~*** un disco metallico; ***die ~ des Mondes*** il disco della luna **b** COLLOQ. *(Schallplatte)* ***eine ~ auflegen*** mettere un disco **2** *(Schnitte)* fetta *f.*: ***eine dünne, dicke ~*** una fetta sottile, spessa; ***eine ~ Brot, Schinken*** una fetta di pane, di prosciutto; ***in -n schneiden*** tagliare a fette **3a** *(Glas-, Fensterscheibe)* vetro *m.*: ***blanke, schmutzige -n*** vetri lucenti, sporchi; ***die ~ ist zerbrochen, beschlagen*** il vetro è rotto, appannato; ***eine ~ einschlagen, einwerfen*** rompere, fracassare un vetro; ***eine ~ (ins Fenster) einsetzen, einziehen, einkitten*** montare un vetro (sulla finestra) **b** *(im Auto)* finestrino *m.*: ***die vordere ~ herunterkurbeln*** abbassare il finestrino anteriore **4** SPORT MIL. *(Schieß-*

scheibe) bersaglio *m.*: ***auf die ~, nach der ~ schießen*** tirare al bersaglio; ***die ~ treffen, verfehlen*** colpire, mancare il bersaglio **5** MECC. *(Riemenscheibe)* puleggia *f.* **6** TECN. *(Dichtungsscheibe)* guarnizione *f.* ad anello **7** COLLOQ. EUFEM. *(Scheiße)* porcheria *f.*, cavolata *f.* ◆ COLLOQ. ***sich (D) von jdm, etw. eine ~ abschneiden*** prendere ad esempio qcn., qcs.

2.Schei|be f. *(-,-n)* SPORT boccia *f.* (per il gioco dei birilli).

schei|ben REGION. **I** tr. far rotolare **II** intr. (*kegeln*; aus. *haben*) giocare a birilli.

Schei|ben|blü|te f. *(-,-n)* sepalo *m.* **Schei|ben|brem|se** f. *(-,-n)* freno *m.* a disco. **Schei|ben|brot** n. *(-[e]s,-e)* pane *m.* a fette, affettato. **Schei|ben|eg|ge** f. *(-,-n)* erpice *m.* a dischi. **schei|ben|för|mig** agg. a forma di disco. **Schei|ben|gar|di|ne** f. *(-,-n)* tendina *f.* **Schei|ben|han|tel** f. *(-,-n)* SPORT bilanciere *m.* **Schei|ben|heiz|an|la|ge** f. *(-,-n)* impianto *m.* di riscaldamento (per parabrezza e lunotto). **Schei|ben|ho|nig** m. *(-s,-e)* **1** miele *m.* in favo **2** COLLOQ. EUFEM. *(Scheiße)* porca miseria *f.* **Schei|ben|kleis|ter** m. *(-s)* COLLOQ. EUFEM. porca miseria *f.* **Schei|ben|kupp|lung** f. *(-,-en)* AUT. frizione *f.* (a dischi). **Schei|ben|pilz** m. *(-es,-e)* discomicete *m.* **Schei|ben|qual|le** f. *(-,-n)* discomedusa *f.* **Schei|ben|rad** n. *(-[e]s,-räder)* ruota *f.* lenticolare. **Schei|ben|schie|ßen** n. *(-s)* tiro *m.* a segno. **Schei|ben|wasch|an|la|ge** f. *(-,-n)*, **Schei|ben|wa|scher** m. *(-s,-)* AUT. dispositivo *m.* lavavetro, lavavetro *m.* **schei|ben|wei|se** avv. a fette. **Schei|ben|wi|scher** m. *(-s,-)* tergicristallo *m.*: ***die ~ einschalten*** azionare i tergicristalli; ***einen Zettel unter den ~ klemmen*** infilare un biglietto nel tergicristallo.

schei|big agg. RAR. → **scheibenförmig.**

Scheich m. *(-[e]s,-e* e *-s)* **1** sceicco *m.* **2** SCHERZ. *(ständiger Freund einer Frau)* uomo *m.*: ***sie hat einen neuen ~*** ha un nuovo uomo. **Scheich|tum** n. *(-s,-tümer)* sceiccato *m.*

Schei|de f. *(-,-n)* **1** guaina *f.*, fodero *m.*: ***das Schwert aus der ~ ziehen, in die ~ stecken*** sguainare, rinfoderare la spada **2** *(weibliches Geschlechtsorgan)* vagina *f.* **3** ANT. *(Grenze)* confine *m.*, linea *f.* di demarcazione.

Schei|de|brief m. *(-[e]s,-e)* ANT. lettera *f.* d'addio. **Schei|de|gruß** m. *(-es,-grüße)* saluto *m.* d'addio. **Schei|de|kunst** f. *(-)* ANT. chimica *f.* **Schei|de|li|nie** f. *(-,-n)* linea *f.* di demarcazione. **Schei|de|mau|er** f. *(-,-n)* **1** muro *m.* divisorio **2** ANT. *(Brandmauer)* muro *m.* spartifuoco. **Schei|de|mün|ze** f. *(-,-n)* ANT. spicciolo *m.*

schei|den *(schied, geschieden)* **I** tr. **1** ***eine Ehe ~*** sciogliere un matrimonio; ***sich ~ lassen*** divorziare; ***ihre Ehe wurde geschieden*** hanno divorziato **2** *(voneinander trennen, einteilen)* dividere, separare: ***die gute Ware von der verdorbenen ~*** separare la merce buona da quella avariata; ***das Gebirge scheidet zwei Länder*** le montagne dividono due paesi; ***in Gruppen ~*** dividere in gruppi; ***eine unterschiedliche Lebensauffassung scheidet uns*** ci separa una diversa concezione della vita **3** CHIM. separare: ***eine Legierung ~*** separare una lega **II** intr. (aus. *sein*) **1** *(auseinandergehen)* separarsi: ***als Freunde, im Unfrieden ~*** separarsi da amici, in disaccordo **2** *(Abschied nehmen, sich trennen)* andarsene, accomiatarsi: ***von einem Ort ~*** andarsene da (*o* lasciare) un luogo; ***ungern ~*** andarsene malvolentieri **III** rifl. **sich ~** separarsi, dividersi: ***hier ~ sich unsere Wege*** qui le nostre strade si dividono; ***da ~ sich die Geister*** qui le opinioni divergono ◆ ***aus seinem Amt, Dienst ~*** lasciare la (propria) carica, il servizio; EUFEM. ***aus dem Leben ~*** lasciare la vita, morire; ***freiwillig aus dem Leben ~*** togliersi la vita, suicidarsi. **Schei|den,** PROV. ***~ bringt Leiden, tut weh*** partire è un po' morire. **schei|dend** p.pres. agg. **1** → **scheiden 2** *(zu Ende gehend)* che volge al termine, che declina: ***der -e Tag, das -e Jahr*** il giorno, l'anno che volge al termine; ***die -e Sonne*** il sole che declina.

Schei|den|ent|zün|dung f. *(-,-en)* vaginite *f.* **Schei|den|flo|ra** f. *(-)* flora *f.* batterica vaginale. **Schei|den|krampf** m. *(-[e]s,-krämpfe)* vaginismo *m.* **Schei|den|öff|nung** f. *(-,-en)* apertura *f.* vaginale. **Schei|den|spe|ku|lum** n. *(-s,-spekula)*, **Schei|den|spie|gel** m. *(-s,-)* specolo *m.* vaginale. **Schei|den|vor|fall** m. *(-[e]s,-vorfälle)* prolasso *m.* vaginale, colpoptosi *f.*

Schei|der m. *(-s,-)* TECN. separatore *m.* **Schei|de|wand** f. *(-,-wände)* parete *f.* divisoria, muro *m.* divisorio. **Schei|de|was|ser** n. *(-s,-wässer)* acido *m.* nitrico. **Schei|de|weg,** FIG. ***am ~ stehen*** trovarsi a un bivio.

Schei|ding m. *(-s,-e)* ANT. settembre *m.*

Schei|dung f. *(-,-en)* **1** *(Ehescheidung)* divorzio *m.*: ***auf ~ klagen*** chiedere il divorzio; ***die ~ beantragen, einreichen*** fare domanda di divorzio; ***die ~ aussprechen, auf ~ erkennen*** pronunciare il divorzio; ***einvernehmliche ~*** divorzio consensuale; ***in ~ leben, liegen*** essere in procinto di divorziare; ***in die ~ einwilligen*** (ac)consentire al divorzio **2** *(Trennung)* separazione *f.*, divisione *f.* **3** distinzione *f.*: ***eine saubere begriffliche ~*** una netta distinzione concettuale **4** CHIM. dissociazione *f.*, separazione *f.* **Schei|dungs|an|walt** m. *(-[e]s,-anwälte)* divorzista *m.* **Schei|dungs|ge|such** n. *(-[e]s,-e)* istanza *f.* di separazione di divorzio. **Schei|dungs|grund** m. *(-[e]s,-gründe)* motivo *m.* di divorzio. **Schei|dungs|kla|ge** f. *(-,-n)* azione *f.* (*o* causa *f.*) di divorzio: ***einer ~ stattgeben*** dar corso a una causa di divorzio. **Schei|dungs|pro|zess** m. *(-es,-e)* procedimento *m.* di divorzio. **Schei|dungs|rich|ter** m. *(-s,-)* giudice *m.* specializzato in cause di divorzio, divorzista *m.* **Schei|dungs|ur|kun|de** f. *(-,-n)* certificato *m.* di divorzio. **Schei|dungs|ur|teil** n. *(-[e]s,-e)* sentenza *f.* di divorzio. **Schei|dungs|wai|se** f. *(-,-n)* COLLOQ. = figlio *m.* di genitori divorziati.

Scheik m. *(-[e]s,-s* e *-e)* → **Scheich.**

Schein m. *(-[e]s,-e)* **1a** *(Lichtschein)* luce *f.*: ***der ~ der Sonne, einer Lampe, einer Kerze*** la luce del sole, di una lampada, di una candela; ***einen ~ werfen, verbreiten*** proiettare, diffondere una luce **b** *(Schimmer)* chiarore *m.*: ***beim ~ des Mondes*** al chiarore della (*o* al chiaro di) luna **2** *(Anschein)* aspetto *m.* esteriore, apparenza *f.*: ***das ist bloßer ~*** è solo apparenza; ***den ~ retten, wahren, aufrechterhalten*** salvare l'apparenza (*o* le apparenze); ***sich durch den ~ täuschen lassen*** lasciarsi ingannare dalle apparenze; ***nach dem ~ urteilen*** giudicare dalle apparenze; ***etw. nur zum ~ annehmen*** considerare qcs. solo apparenza **3a** *(Bescheinigung)* certificato *m.*, attestato *m.*: ***einen ~ ausfüllen*** compilare un certificato **b** *(Urkunde)* documento *m.*: ***der ~ ist verfallen*** il documento è scaduto **c** *(Quittung)* ricevuta *f.* **d** *(Zettel)* scontrino *m.* **e** UNIV. *(Seminarschein)* attestato *m.* di frequenza **4** *(Geldschein)* biglietto *m.*, banconota *f.*: ***große, kleine -e*** banconote di grosso, piccoli tagli; ***einen ~ wechseln lassen*** farsi cambiare una banconota **5** *(Führerschein)* patente *f.* ◆ ***den ~ erwecken, als ob...*** dare l'impressione di, che...; ***dem ~ nach*** a quanto sembra, all'apparenza, apparentemente; ***der ~ trügt*** l'apparenza inganna; ***zum ~*** per pura formalità, pro forma; ***etw. nur zum ~ tun*** fare qcs. solo per finta.

Schein|an|griff m. *(-[e]s,-e)* attacco *m.* simulato. **Schein|ar|chi|tek|tur** f. *(-)* trompe l'oeil *m.*; *(Quadraturmalerei)* quadraturismo *m.* **Schein|ar|gu|ment** n. *(-[e]s,-e)* argomento *m.* fittizio. **Schein|asy|lant** m. *(-en,-en)* = finto rifugiato *m.* politico.

schein|bar I agg. apparente: ***-e Widersprüche*** contraddizioni apparenti **II** avv. apparentemente: ***nur ~ zustimmen*** acconsentire solo apparentemente.

Schein|be|schäf|ti|gung f. *(-,-en)* attività *f.* fittizia. **Schein|be|weis** m. *(-[e]s,-e)* prova *f.* apparente. **Schein|bild** n. *(-[e]s,-er)* immagine *f.* illusoria; FIG. *(Trugbild)* simulacro *m.*, parvenza *f.* **Schein|blü|te** f. *(-,-n)* **1** BOT. infiorescenza *f.* **2** FIG. *(scheinbarer Wirschaftsaufschwung)* floridezza *f.* (*o* prosperità *f.*) apparente. **Schein|da|sein** n. *(-s)* **1** esistenza *f.* apparente, illusoria **2** *(sinnloses Leben)* parvenza *f.* di vita.

schei|nen intr. *(schien, geschienen;* aus. *haben)* **1a** splendere, risplendere: ***die Sonne scheint*** il sole splende; ***heute Nacht ~ die Sterne*** questa notte ci sono le stelle; ***auf dem Balkon scheint die Sonne heiß*** sul balcone c'è un sole caldo; ***die Lampe scheint mir direkt ins Gesicht*** la luce della lampada mi arriva direttamente in faccia **b** *(glänzen)* brillare: ***das Kupferdach scheint in der Sonne*** il tetto di rame brilla al sole **c** *(ein bestimmtes Licht aussenden)* ***warm, matt, trübe ~*** emanare (*o* mandare, fare) una luce calda, fioca, fosca **2a** *(den Anschein erwecken)* sembrare, parere: ***er scheint gesund, glücklich zu sein*** sembra sano, felice; ***er scheint sie zu kennen*** sembra che la conosca; ***das Problem scheint unlösbar*** il problema sembra irresolubile **b** impers. ***es scheint, dass..., es scheint, als ob...*** sembra (*o* pare) che...; ***es scheint nur so*** sembra solo ◆ ***durch die Ritzen ~*** passare, trapelare attraverso le fessure.

Schein|fir|ma f. *(-,-firmen)* ditta *f.* fittizia. **Schein|frie|de** m. *(-ns)* pace *f.* apparente. **Schein|frucht** f. *(-,-früchte)* pseudofrutto *m.*, falso frutto *m.* **Schein|füß|chen** n. *(-s,-)* pseudopodio *m.* **Schein|ge|fecht** n. *(-[e]s,-e)* scontro *m.* simulato. **Schein|ge|sell|schaft** f. *(-,-en)* società *f.* fittizia. **Schein|ge|winn** m. *(-[e]s,-e)* utile *m.* fittizio. **Schein|grund** m. *(-[e]s,-gründe)* motivo *m.* apparente, causa *f.* simulata. **Schein|grün|dung** f. *(-,-en)* ECON. fondazione *f.* fittizia.

schein|hei|lig agg. COLLOQ. falso, ipocrita: COLLOQ. ***tu nicht so ~!*** non essere così ipocrita. **Schein|hei|lig|keit** f. *(-)* falsità *f.*, ipocrisia *f.*

Schein|lö|sung f. *(-,-en)* soluzione *f.* fittizia. **Schein|ma|nö|ver** n. *(-s,-)* manovra *f.* simulata. **Schein|prob|lem** n. *(-s,-e)* problema *m.* apparente, falso problema *m.*

Schein|tod m. *(-[e]s)* morte *f.* apparente. **schein|tot** agg. apparentemente morto, morto in apparenza. **Schein|to|te** m. e f. *(-n,-n)* morto *m.* (-a *f.*) apparente.

Schein|ver|trag m. *(-[e]s,-verträge)* contratto *m.* fittizio, simulato. **Schein|welt** f. *(-,-en)* mondo *m.* immaginario.

Schein|wer|fer m. *(-s,-)* proiettore *m.*, riflettore *m.*; AUT. faro *m.*: ***von -n angestrahlt werden*** essere illuminato dai fari ◆ AUT. ***die ~ aufblenden, abblenden*** accendere gli abbaglianti, mettere gli anabbaglianti; AUT. ***die ~ einschalten, ausschalten*** accendere, spegnere i fari. **Schein|wer|fer|ke|gel** m. *(-s,-)* cono *m.* del riflettore. **Schein|wer|fer|licht** n. *(-[e]s,-er)* luce *f.* dei riflettori; *(eines Wagens)* luce *f.* dei fari: ***die Autos fuhren mit ~*** le auto viaggiavano alla luce dei fari ◆ FIG. ***im ~ (der Öffentlichkeit) stehen*** avere i riflettori puntati addosso.

Schein|wi|der|stand m. *(-[e]s,-widerstände)* **1** resistenza *f.* apparente **2** EL. impedenza *f.*

Scheiß m. *(-)* COLLOQ. cretinate *f.pl.*, fesserie *f.pl.*, VOLG. cazzate *f.pl.*: ***rede, mach keinen ~!*** non dire fesserie, non fare cretinate! **Scheiß|dreck** m. *(-[e]s)* VOLG. **1** → **Scheiße 2** *(lästige Angelegenheit)* casino *m.* **3** *(Kleinigkeit)* cazzata *f.* ◆ ***das geht mich einen ~ an*** non me ne frega un cazzo; ***sich um jeden ~ kümmern*** ficcare il naso in ogni fesseria, cazzata.

Schei|ße f. *(-)* VOLG. **1** *(Kot)* merda *f.*: ***in ~ treten*** pestare una merda **2** *(schlechte Sache)* cacata *f.*, REGION. cagata *f.*: ***das Buch ist große ~*** il libro è una gran cacata **3** *(in Flüchen)* ***~! so eine ~! verdammte, verfluchte ~*** merda! ◆ ***~ bauen*** fare (delle) cazzate; ***etw., jdn mit ~ bewerfen*** gettare merda su qcs., su (*o* addosso a) qcn.; ***jdm steht die ~ bis zum Hals*** è nella merda fino al collo; ***aus der (größten) ~ heraus sein*** essersi tirati fuori dalla merda; ***in der ~ sitzen, stecken*** essere nella merda; ***jdn aus der ~ ziehen*** tirare qcn. fuori dalla merda; ***jdn durch die ~ ziehen*** trascinare qcn. nella merda.

scheiß|egal agg. VOLG. ***das ist mir ~*** non me ne frega un cazzo.

schei|ßen intr. *(schiss, geschissen;* aus. *haben)* VOLG. **1a** cacare, REGION. cagare **b** *(furzen)* scoreggiare **2** ***auf etw., jdn ~*** fregarsene (*o* fottersene) di qcs., qcn.; ***scheiß drauf!*** fregatene! ◆ ***vor Angst in die Hosen ~*** cacarsi, REGION. cagarsi sotto dalla paura.

Schei|ßer m. *(-s,-)* VOLG. **1** *(als Schimpfwort)* stronzo *m.* **2** SPREG. *(Feigling)* cacasotto *m.*, REGION. cagasotto *m.* **Schei|ße|rei** f. *(-)* VOLG. **1** *(Darmentleerung)* cacata *f.*, REGION. cagata *f.* **2** *(Durchfall)* cacarella *f.*: ***die ~ haben*** avere la cacarella.

scheiß|freund|lich agg. VOLG. schifosamente gentile. **Scheiß|hau|fen** m. *(-s,-)* VOLG. mucchio *m.* di merda. **Scheiß|haus** n. *(-[e]s,-häuser)* VOLG. cesso *m.* **Scheiß|haus|pa|ro|le** f. *(-,-n)* VOLG. stronzata *f.* **Scheiß|kerl** m. *(-[e]s,-e)* VOLG. pezzo *m.* di merda; stronzo *m.* **scheiß|li|be|ral** agg. VOLG. sporco opportunista. **scheiß|vor|nehm** agg. VOLG. schifosamente distinto, perbene. **Scheiß|wet|ter** n. *(-s)* VOLG. tempo *m.* di merda.

Scheit n. *(-[e]s,-e* e *-er)* ciocco *m.*

Schei|tel m. *(-s,-)* **1** *(Haarscheitel)* scriminatura *f.*, riga *f.*: ***den ~ in der Mitte tragen*** avere la riga in mezzo; ***den ~ links ziehen*** fare la riga a sinistra **2a** *(oberste Stelle des Kopfes)* sommità *f.* del capo **b** *(höchster Punkt)* sommità *f.*, colmo *m.*, culmine *m.*: ***der ~ einer Kurve*** il culmine di una curva **3** ANT. *(Haupthaar)* chioma *f.* **4** ASTR. zenit *m.* **5** GEOM. vertice *m.* ◆ ***vom ~ bis zur Sohle*** dalla testa ai piedi; *(ganz und gar)* da cima a fondo.

Schei|tel|bein n. *(-[e]s,-e)* osso *m.* parietale. **Schei|tel|hö|he** f. *(-,-n)* sommità *f.*, punto *m.* culminante, vertice *m.* **Schei|tel|käpp|chen** n. *(-s,-)* calotta *f.*, papalina *f.*; *(Käppchen katholischer Geistlicher)* zucchetto *m.* **Schei|tel|kreis** m. *(-[e]s,-e)* ASTR. MAT. cerchio *m.* zenitale. **schei|tel|los** agg. senza scriminatura, senza riga.

schei|teln tr. ***das Haar (in der Mitte) ~*** fare la riga (in mezzo).

Schei|tel|punkt m. *(-[e]s,-e)* **1** sommità *f.*, culmine *m.*, punto *m.* culminante **2** GEOM. vertice *f.* **3** ASTR. zenit *m.* **Schei|tel|wert** m. *(-[e]s,-e)* **1** valore *m.* massimo, picco *m.* **2** FIS. ampiezza *f.* **Schei|tel|win|kel** m. *(-s,-)* angolo *m.* opposto al vertice.

schei|ten tr. SVIZZ. ***Holz ~*** spaccare la legna.

Schei|ter|hau|fen m. *(-s,-)* rogo *m.*, LETT. pira *f.*: ***einen ~ errichten*** erigere un rogo; ***jdn auf den ~ bringen*** mandare qcn. al, sul rogo; ***auf dem ~ sterben*** morire sul rogo.

schei|tern intr. (aus. *sein*) **1** *(misslingen)* fallire, andare a monte, naufragare: ***an etw. (D) ~*** fallire per (*o* a causa di) qcs.; ***mit etw. ~*** fallire in, con qcs.; ***im Beruf ~*** fallire nella professione; ***ihre Ehe ist gescheitert*** il suo matrimonio è naufragato; ***am Widerstand der Gegner ~*** fallire per la resistenza degli avversari **2** ANT. *(zerschellen)* naufragare: ***an den Felsen ~*** naufragare sugli scogli. **Schei|tern** n. *(-s)* **1** *(das Misslingen)* fallimento *m.*, naufragio *m.*: ***zum ~ verurteilt sein*** essere condannato al fallimento **2** ANT. naufragio *m.*

Scheit|holz n. *(-[e]s)* legna *f.* in ciocchi. **scheit|recht** agg. EDIL. orizzontale. **Scheit|stock** m. *(-[e]s,-stöcke)* SVIZZ. ceppo *m.*

Schel|de n.pr.f. *(-)* Schelda *f.*

Schelf m. e n. *(-s,-e)* zoccolo *m.* continentale.

Schel|lack m. *(-s,-e)* gommalacca *f.*, gomma lacca *f.*

1.Schel|le f. *(-,-n)* **1** *(von Rohren)* fascetta *f.* **2** pl. ANT. *(Handschellen)* manette *f.pl.*

2.Schel|le f. *(-,-n)* **1** *(Glöckchen)* campanella *f.*, campanellino *m.* **2** REGION. *(Türklingel)* campanello *m.* **3** pl. *(deutsche Spielkartenfarbe)* campanelli *m.pl.*

3.Schel|le f. *(-,-n)* REGION. schiaffo *m.*, ceffone *m.*

Schell|ei|sen n. *(-s,-)* fascetta *f.*

schel|len intr. (aus. *haben*) REGION. suonare; *(vom Telefon)* squillare, suonare: ***die Klingel schellt*** suona il campanello; ***an der Tür ~*** suonare alla porta; ***(nach) jdm ~*** suonare per chiamare qcn., chiamare qcn. suonando; impers. ***es hat geschellt*** hanno suonato.

Schel|len|baum m. *(-[e]s,-bäume)* MUS. mezzaluna *f.*, padiglione *m.* cinese. **Schel|len|ge|läut, Schel|len|ge|läu|te** n. *(-[e]s)* scampanellio *m.* **Schel|len|kap|pe, Schel|len|müt|ze** f. *(-,-n)* berretto *m.* a sonagli. **Schel|len|schlit|ten** m. *(-s,-)* slitta *f.* con sonagliere. **Schel|len|trom|mel** f. *(-,-n)* MUS. tamburello *m.*

Schell|fisch m. *(-[e]s,-e)* eglefino *m.* **Schell|ham|mer** m. *(-s,-hämmer)* MECC. martello *m.* per ribadire. **Schell|kraut** n. *(-[e]s)*, **Schell|wurz** f. *(-,-en)* celidonia *f.*, erba *f.* da porri.

Schelm m. *(-[e]s,-e)* **1** briccone *m.*, birba *f.*, birbante *m.*: ***dir sieht der ~ aus den Augen*** hai gli occhi birichini, ti si legge la furbizia negli occhi; ***ihm sitzt der ~ im Nacken, er hat den ~ im Nacken*** è un birbone **2** ANT. *(Gauner)* imbroglione *m.* **Schel|men|ro|man** m. *(-s,-e)* romanzo *m.* picaresco. **Schel|men|streich** m. *(-[e]s,-e)* **Schel|men|stück** n. *(-[e]s,-e)* **1** tiro *m.* birbone, birbonata *f.* **2** ANT. *(Gaunerei)* imbroglio *m.* **Schel|me|rei** f. *(-,-en)* **1** birbonata *f.*, birichinata *f.* **2** *(schelmisches Wesen)* birbanteria *f.* **3** ANT. *(Gaunerei)* imbroglio *m.* **Schel|min** f. *(-,-nen)* **1** briccona *f.*, birba *f.*, birbona *f.* **2** ANT. imbrogliona *f.* **schel|misch I** agg. **1** birbone, da birbante **2a** ANT. furbesco **b** *(betrügerisch)* di, da imbroglione **II** avv. furbescamente: ***~ lächeln*** sorridere furbescamente.

Schel|te f. *(-)* rimprovero *m.*: ***~ bekommen*** ricevere rimproveri.

schel|ten *(schilt, schalt, gescholten)* **I** intr. (aus. *haben*) **1** imprecare, inveire: ***auf jdn, über jdn, etw. ~*** imprecare contro qcn., qcs. **2** *(ausschimpfen)* ***mit jdm ~*** rimproverare, redarguire qcn. **II** tr. ***jdn dumm, einen Esel ~*** dare dello scemo, dell'asino a qcn.

Schelt|re|de f. *(-,-n)* invettiva *f.* **Schelt|wort** n. *(-[e]s,-e* e *-wörter)* ingiuria *f.*, insulto *m.*

Sche|ma n. *(-s,-s* e *-ta/Schemen)* schema *m.*: ***nach einem starren ~ vorgehen*** procedere secondo uno schema fisso; ***sich an ein ~ halten*** attenersi a uno schema; ***an kein ~ gebunden sein*** non essere vincolato ad alcuno schema; ***sich in ein festes ~ fügen*** inquadrarsi in uno schema; ***das passt in kein ~, lässt sich in kein ~ pressen*** ciò non rientra in nessuno schema, non si può costringere in nessuno schema; *(graphische Darstellung, Zeichnung)* ***das ~ einer elektrischen Anlage*** lo schema di un impianto elettrico ◆ COLLOQ. ***nach ~ F*** = secondo il solito; *(mechanisch)* meccanicamente. **Sche|ma|brief** m. *(-[e]s,-e)* lettera *f.* standard. **sche|ma|tisch I** agg. **1** schematico: ***eine -e Darstellung*** una raffigurazione schematica **2** SPREG. *(mechanisch)* meccanico: ***eine -e Tätigkeit*** un'attività meccanica **II** avv. **1** secondo uno schema, un modello **2** SPREG. *(mechanisch)* meccanicamente: ***eine Arbeit ~ erledigen*** svolgere un lavoro meccanicamente. **sche|ma|ti|sie|ren** tr. schematizzare. **Sche|ma|ti|sie|rung** f. *(-,-en)* schematizzazione *f.* **Sche|ma|tis|mus** m. *(-, Schematismen)* **1** schematismo *m.* (anche FILOS.) **2** RELIG. elenco *m.* di diocesi e ordini ecclesiastici.

Sche|mel m. *(-s,-)* **1** sgabello *m.* **2** REGION. *(Fußbank)* panchetto *m.*, poggiapiedi *m.*

1.Sche|men → **Schema.**

2.Sche|men m. e n. *(-s,-)* **1** sagoma *f.* (indistinta), ombra *f.*: ***nur als ~ zu erkennen sein*** essere visibile soltanto come sagoma **2** *(Gespenst, Spuk)* fantasma *m.* **sche|men|haft** agg. **1** simile a un'ombra, indistinto **2** *(gespenstisch)* spettrale: ***eine -e Erscheinung*** un'apparizione spettrale.

Schenk m. *(-en,-en)* **1** STOR. *(Mundschenk)* coppiere *m.* **2** ANT. *(Schankwirt)* oste *m.* **Schen|ke** f. *(-,-n)* mescita *f.*, osteria *f.*; *(Bierkneipe)* birreria *f.*

Schen|kel m. *(-s,-)* **1** coscia *f.* **2** *(von Winkeln)* lato *m.* **3a** *(von Geräten)* asta *f.*, branca *f.*: ***der ~ eines Zirkels*** l'asta di un compasso; ***die ~ der Schere*** le branche delle forbici **b** *(von Zangen)* braccio *m.* **4** MECC. *(von Schieblehren)* becco *m.* **5** GEOL. falda *f.*, fianco *m.* ◆ ***mit gespreizten -n*** a gambe divaricate; ***dem Pferd die ~ geben*** spronare il cavallo. **Schen|kel|beu|ge** f. *(-,-n)* piega *f.* inguinale.

Schen|kel|bruch m. *(-[e]s,-brüche)* **1** frattura *f.* del femore **2** *(Hernie)* ernia *f.* femorale. **Schen|kel|druck** m. *(-[e]s)* → **Schenkelhilfe. Schen|kel|hals** m. *(-es,-hälse)* collo *m.* del femore. **Schen|kel|hals|bruch** m. *(-[e]s,-brüche)*, **Schen|kel|hals|frak|tur** f. *(-,-en)* frattura *f.* del collo del femore. **Schen|kel|hil|fe** f. *(-)* EQUIT. pressione *f.* delle cosce. **Schen|kel|ka|nal** m. *(-s,-kanäle)* ANAT. canale *m.* inguinale. **Schen|kel|kno|chen** m. *(-s,-)* femore *m.* **Schen|kel|kopf** m. *(-[e]s,-köpfe)* testa *f.* del femore.

schen|ken I tr. **1a** regalare, donare: ***jdm etw. ~*** regalare qcs. a qcn.; ***Spielzeug zum Geburtstag ~*** regalare giocattoli per il compleanno; ***etw. zu Weihnachten geschenkt bekommen*** ricevere qcs. in regalo (*o* in dono) per Natale, ricevere qcs. come regalo di Natale; ***ich möchte nichts geschenkt haben*** non voglio nulla in regalo **b** assol. fare un regalo (*o* regali): ***er schenkt nicht gern*** non gli piace fare regali **2a** *(gewähren)* dare, offrire, concedere: ***jdm die Freiheit, seine Zeit ~*** concedere a qcn. la libertà, il proprio tempo **b** *(verleihen)* ***jdm Kraft ~*** dare forza a qcn. **3** *(erlassen, ersparen)* ***jdm etw. ~*** risparmiare, condonare qcs. a qcn.; ***ihm wurde (im Leben) nichts geschenkt*** non ha avuto nulla gratis; ***man hat ihr die Strafe geschenkt*** le è stata condonata la multa **4** ANT. versare (da bere), mescere: ***Wein in die Gläser ~*** versare vino nei bicchieri **II** rifl. ***sich (D) etw. ~*** risparmiarsi qcs., fare a meno di qcs.: ***du kannst dir die Mühe ~*** puoi risparmiarti la fatica; ***den Rest kannst du dir ~*** il resto te lo puoi risparmiare ◆ ***jdm, etw. Aufmerksamkeit, Beachtung ~*** prestare attenzione a qcn., qcs.; ***er hat mir keinen Blick geschenkt*** non mi ha concesso (*o* non mi ha degnato di) uno sguardo; ***jdm Freude ~*** dare gioia a qcn.; ***jdm, etw. Gehör ~*** dare ascolto (*o* retta) a qcn., qcs.; COLLOQ. FIG. ***das Kleid ist geschenkt*** questo vestito è regalato; ***ich will es nicht einmal geschenkt!*** non lo voglio neanche per regalo! ***es wäre mir geschenkt zu teuer, das möchte ich nicht geschenkt haben*** non lo vorrei neanche per regalo, se me lo regalassero; ***geschenkt ist geschenkt*** un regalo non si rende; ***geschenkt!*** scordatelo! è scontato; ***jdm, etw. Glauben ~*** dar credito (*o* credere) a qcn., qcs.; FIG. ***jdm sein Herz ~*** donare a qcn. il proprio cuore; FIG. ***sie schenkte ihm ein Kind*** gli diede un bambino; ***jdm ein Lächeln ~*** fare un sorriso (*o* sorridere) a qcn.; ***jdm das Leben ~*** risparmiare (*o* graziare) qcn.; *(gebären)* dare alla luce, mettere al mondo qcn.; ***jdm Vertrauen ~*** dare (*o* concedere) fiducia a qcn.; PROV. ***einem geschenkten Gaul sieht man nicht ins Maul*** a caval donato non si guarda in bocca.

Schen|ker m. *(-s,-)* **1** DIR. donante *m.* **2** ANT. → **Schankwirt. Schenk|stu|be** → **Schankstube. Schenk|tisch** → **Schanktisch.**

Schen|kung f. *(-,-en)* DIR. donazione *f.*: ***(an jdn) eine ~ machen, beurkunden*** fare, certificare una donazione (a qcn.). **Schen|kungs|steu|er** f. *(-,-n)* DIR. imposta *f.* sulla donazione. **Schen|kungs|ur|kun|de** f. *(-,-n)* DIR. atto *m.* di donazione. **Schen|kungs|ver|trag** m. *(-[e]s,-verträge)* DIR. contratto *m.* di donazione.

Schenk|wirt → **Schankwirt. Schenk|wirt|schaft** → **Schankwirtschaft.**

schepp agg. REGION. → **schief.**

schep|pern intr. (aus. *haben*) COLLOQ. tintinnare: ***die leeren Büchsen ~ im Kofferraum*** i barattoli vuoti tintinnano nel bagagliaio; impers. COLLOQ. ***auf der Kreuzung hat es gescheppert*** all'incrocio hanno bocciato.

Scher|be f. *(-,-n)* coccio *m.*, frantume *m.*: ***die -n des Tellers*** i cocci del piatto; ARCHEOL. ***die -n einer Ausgrabung ordnen*** ordinare i cocci di uno scavo; ***die -n der Fensterscheibe auflesen*** raccogliere i cocci del vetro ◆ COLLOQ. ***in -n gehen*** andare in frantumi, andare distrutto (anche FIG.); ***vor den -n seines Glückes stehen*** star di fronte ai cocci della propria sorte; ***in -n liegen*** essere in frantumi, FIG. a pezzi, distrutto; ***etw. in -n schlagen*** mandare in frantumi, fare a pezzi, distruggere qcs.; ***in tausend -n zerspringen*** rompersi (*o* ridursi) in mille pezzi; PROV. ***-n bringen Glück*** = i cocci portano fortuna. **Scher|bel** m. *(-s,-)* REGION. → **Scherbe. Scher|ben** m. *(-s,-)* **1** terracotta *f.* **2** REGION. → **Scherbe. 3** REGION. *(irdener Topf)* vaso *m.* di terracotta. **Scher|ben|ge|richt** n. *(-[e]s,-e)* ostracismo *m.*: FIG. ***ein ~ über jdn veranstalten*** fare ostracismo a qcn. **Scher|ben|hau|fen** m. *(-s,-)* mucchio *m.* di cocci (anche FIG.): ***den ~ wegräumen*** togliere i cocci. **Scher|ben|ko|balt** n. *(-s)* arsenico *m.* (presente in natura).

Scher|chen n. *(-s,-)* forbicine *f.pl.*

Sche|re f. *(-,-n)* **1** forbici *f.pl.*: ***eine scharfe, stumpfe ~*** (un paio di) forbici taglienti, senza filo; ***die ~ schleifen*** affilare le forbici; ***etw. mit der ~ (ab)schneiden*** tagliare qcs. con le forbici **2** *(von Krebsen, Spinnen)* forbice *f.*, chela *f.* **3a** GINN. sforbiciata *f.* **b** *(beim Ringen)* forbice *f.* **c** *(beim Basketball)* raddoppio *m.* **4** FIG. GERG. *(Diskrepanz)* forbice *f.*: ***die ~ zwischen Löhnen und Preisen*** la forbice fra salari e prezzi ◆ ***jdn in der ~ haben*** avere qcn. tra le grinfie; ***die ~ im Kopf*** l'autocensura; ***sein Artikel ist der ~ zum Opfer gefallen*** il suo saggio è stato tagliato.

1.sche|ren tr. *(schor/scherte, geschoren/geschert)* **1a** tosare: ***Schafe ~*** tosare le pecore **b** *(abschneiden)* tagliare: ***die Haare, den Bart ~*** tagliare i capelli, la barba **2a** *(kurz schneiden)* ***sich die Haare ~ lassen*** tagliarsi i capelli corti **b** rasare: ***jdm eine Glatze ~*** rasare la testa a qcn.; ***jdn kahl ~*** rasare a zero qcn.; *(zurechtschneiden)* ***die Hecke ~*** rasare la siepe **c** TESS. ***einen Teppich, Samt ~*** rasare un tappeto, velluto **3** *(entfleischen)* scarnare ◆ ***alles über einen Kamm ~*** far di tutta l'erba un fascio.

2.sche|ren COLLOQ. **I** tr. importare, interessare: ***es schert ihn wenig*** gliene importa poco; ***was schert euch das?*** che ve ne importa? **II** rifl. **sich ~** importare, interessare: ***er schert sich um nichts*** non gliene importa nulla ◆ ***sich den Henker, den Teufel um etw. ~, sich keinen Pfifferling um etw. ~*** fregarsene, infischiarsene altamente di qcs.

3.sche|ren tr. **1** GINN. fare una sforbiciata **2** *(beim Basketball)* raddoppiare **3** MAR. infilare.

4.sche|ren rifl. **sich ~** filare, andarsene: ***scher dich nach Hause!*** fila a casa! ***scher dich!*** sparisci! ◆ ***scher dich zum Henker, Kuckuck, Teufel!*** va' al diavolo!

Sche|ren|arm m. *(-[e]s,-e)* **1** branca *f.* (delle forbici) **2** TECN. braccio *m.* articolato. **Sche|ren|git|ter** n. *(-s,-)* serranda *f.* a griglia (orizzontale). **Sche|ren|griff** m. *(-[e]s,-e)* SPORT presa *f.* a forbice. **Sche|ren|schlei|fer** m. *(-s,-)* arrotino *m.* **Sche|ren|schnitt** m. *(-[e]s,-e)* figurina *f.* ritagliata (su carta). **Sche|ren|sprung** m. *(-[e]s,-sprünge)* sforbiciata *f.* **Sche|ren|trep|pe** f. *(-,-n)* scala *f.* retrattile. **Sche|ren|zaun** m. *(-[e]s,-zäune)* steccato *m.*, staccionata *f.*

Sche|rer m. *(-s,-)* **1a** chi tosa, tosatore *m.* **b** TESS. rasatore *m.* **2** *(in der Gerberei)* scarnatore *m.* **Sche|re|rei** f. *(-,-en)* COLLOQ. grana *f.*, noia *f.*: ***-en haben, kriegen*** avere, beccarsi delle noie; ***jdm -en machen*** procurare grane a qcn.

Scherf|lein n. *(-s)* obolo *m.*: ***ein ~ für die Armen*** un obolo per i poveri; ***sein ~ zu etw. geben, beitragen, beisteuern*** dare, offrire il proprio obolo per qcs.

Scher|ge m. *(-n,-n)* sgherro *m.* **Scher|gen|dienst** m. *(-[e]s,-e)* servizio *m.*, lavoro *m.* da sgherro.

Sche|rif m. *(-s* e *-en, -s* e *-e[n]) (moslemischer Titel)* sceriffo *m.*

Scher|kopf m. *(-[e]s,-köpfe)* testina *f.* (del rasoio elettrico). **Scher|kraft** f. *(-,-kräfte)* TECN. forza *f.* tagliante.

Scher|ling m. *(-s,-e)* pelle *f.* di pecora tosata.

Scher|ma|schi|ne f. *(-,-n)* orditoio *m.* meccanico. **Scher|maus** f. *(-,-mäuse)* **1** arvicola *f.* **2** REGION. *(Maulwurf)* talpa *f.* **Scher|mes|ser** n. *(-s,-)* rasoio *m.*

Scher|wen|zel → **Scharwenzel. scher|wen|zeln** → **scharwenzeln.**

Scher|wol|le → **Schurwolle.**

1.Scherz m. *(-es,-e)* REGION. tozzo *m.* (di pane).

2.Scherz m. *(-es,-e)* scherzo *m.*: ***einen ~ machen*** fare uno scherzo; ***ein derber, plumber, gelungener ~*** uno scherzo volgare, pesante, riuscito; ***etw. aus, im, zum ~ sagen*** dire qcs. per scherzo; ***das ist doch ein schlechter ~*** è proprio un brutto scherzo ◆ ***zu -en aufgelegt sein*** essere in vena di scherzi; ***~ beiseite*** a parte gli scherzi, scherzi a parte, bando agli scherzi; ***auf einen ~ eingehen*** stare a uno scherzo; ***sich einen ~ erlauben*** permettersi uno scherzo; ***ist das ~ oder Ernst?*** è uno scherzo o parli sul serio? ***mach keinen ~, keine -e!*** non fare scherzi! ***seine -e über jdn, etw. machen*** scherzare su qcn., qcs.; ***ohne ~*** senza scherzi, sul serio; COLLOQ. ***solche und ähnliche -e*** queste e altre cose del genere; ***seine -e mit jdm treiben*** fare degli scherzi a qcn., *(jdn verspotten)* prendere in giro qcn., farsi beffe di qcn.; ***keinen ~ verstehen*** non (saper) stare allo scherzo.

Scherz|ar|ti|kel m. *(-s,-)* scherzo *m.* di carnevale: ***Juckpulver ist ein ~*** la polverina pruriginosa è uno scherzo di carnevale. **Scherz|bold** m. *(-[e]s,-e)* COLLOQ. burlone *m.*, mattacchione *m.*

Scher|zel n. *(-s,-)* AUSTR. GASTR. INTRAD. (coda di manzo).

scher|zen intr. (aus. *haben*) scherzare: ***mit jdm ~*** scherzare con qcn.; ***über jdn, etw. ~*** scherzare su qcn., qcs.; ***damit ist nicht zu ~*** non c'è niente da scherzare; ***du scherzt wohl!*** scherzi! ◆ ***mit sich nicht ~ lassen*** non tollerare gli scherzi.

Scherz|fra|ge f. *(-,-n)* → **Scherzrätsel. Scherz|ge|dicht** n. *(-[e]s,-e)* poesia *f.* burlesca.

scherz|haft I agg. **1** scherzoso: ***in -em Ton*** in tono scherzoso **2** *(witzig)* spiritoso: ***eine -e Bemerkung, Frage*** una osservazione, domanda spiritosa **II** avv. scherzosamente, per scherzo: ***etw. ~ auf-***

fassen prendere qcs. scherzosamente. **Scherz|haf|tig|keit** f. *(-)* **1** carattere *m.* scherzoso **2** *(Witzigkeit)* spiritosaggine *f.*
Scherz|keks m. *(-es,-e)* COLLOQ. → **Scherzbold. Scherz|lied** n. *(-[e]s,-er)* canzone *f.* burlesca. **Scherz|ma|cher** m. *(-s,-)* burlone *m.* **Scherz|na|me** m. *(-ns,-n)* soprannome *m.* scherzoso, nomignolo *m.*
Scher|zo [sk-] n. *(-s,-s* e *Scherzi)* MUS. scherzo *m.*
Scherz|rät|sel n. *(-s,-)* indovinello *m.* scherzoso. **Scherz|re|de** f. *(-,-n)* **1** discorso *m.* burlesco **2** *(Neckerei)* punzecchiamento *m.*, stuzzicamento *m.* **scherz|wei|se** avv. per scherzo. **Scherz|wort** n. *(-[e]s,-e)* parola *f.*, espressione *f.* scherzosa.
scheu I agg. **1a** timido: ***ein -es Kind, Lächeln*** un bambino timido, un timido sorriso; ***eine -e Bewegung*** un gesto timido **b** *(ängstlich)* timoroso: ***ein -er Blick*** uno sguardo timoroso **2** *(von Tieren)* timoroso, pauroso; *(von Pferden)* ombroso **II** avv. timidamente; *(ängstlich)* timorosamente ◆ ***jdn ~ machen*** intimidire qcn., *(Pferde)* far adombrare; COLLOQ. ***die Pferde ~ machen*** = creare scompiglio; ***~ wie ein Reh*** pauroso come un coniglio; ***~ werden*** intimidirsi; *(von Pferden)* adombrarsi. **Scheu** f. *(-)* **1a** timidezza *f.*: ***seine ~ ablegen, überwinden*** mettere da parte, superare la propria timidezza **b** *(Ehrfurcht)* timore *m.*, soggezione *f.*: ***~ vor jdm empfinden, haben*** provare, avere soggezione di qcn.; ***jdm ~ einflößen*** mettere soggezione a qcn.; ***ohne ~*** senza timore **2** *(von Tieren)* timore *m.*, paura *f.*
Scheu|che f. *(-,-n)* spaventapasseri *m.*, spauracchio *m.*
scheu|chen tr. **1** cacciare via, scacciare: ***den Hund aus dem Zimmer ~*** scacciare il cane dalla stanza **2** *(antreiben)* spingere, spronare: ***jdn ins Bett ~*** spingere qcn. ad andare a letto; ***jdn an die Arbeit ~*** spingere qcn. a lavorare **3** ***sich ~ lassen*** farsi comandare.
scheu|en I tr. ***jdn, etw. ~*** **1a** avere timore di, temere qcn., qcs.: ***eine Auseinandersetzung ~*** temere una discussione **b** *(Befangenheit empfinden)* avere soggezione di qcn., qcs.: ***die Öffentlichkeit ~*** avere soggezione del pubblico **2** *(vermeiden)* evitare, scansare qcn., qcs.: ***keine Mühe ~*** non evitare (*o* non risparmiare) la fatica **II** intr. (aus. *haben*) *(von Pferden)* ***(vor etw.) ~*** adombrarsi (di fronte a qcs.) **III** rifl. ***sich vor jdm, etw. ~*** **1** aver paura di, temere qcn., qcs. **2** *(Befangenheit empfinden)* avere soggezione di qcn., qcs. **3** *(zurückschrecken)* tirarsi indietro di fronte a qcn., qcs.: ***sich vor nichts ~*** non tirarsi indietro di fronte a nulla ◆ ***keine Kosten, Mittel, Opfer ~*** non badare a spese, a mezzi, a sacrifici.
Scheu|er f. *(-,-n)* REGION. granaio *m.* **Scheu|er|be|sen** m. *(-s,-)* spazzolone *m.* **Scheu|er|bürs|te** f. *(-,-n)* bruschino *m.* **Scheu|er|ei|mer** m. *(-s,-)* secchio *m.* per le pulizie. **Scheu|er|lap|pen** m. *(-s,-)* strofinaccio *m.* **Scheu|er|leis|te** f. *(-,-n)* **1** *(Fußleiste)* battiscopa *m.* **2** MAR. parabordo *m.* **Scheu|er|mit|tel** n. *(-s,-)* abrasivo *m.*
scheu|ern I tr. **1** strofinare, sfregare, pulire strofinando: ***den Fußboden, die Pfannen ~*** strofinare il pavimento, le padelle **2** *(durch Scheuern entfernen)* togliere sfregando, strofinando: ***Leim von den Fingern ~*** togliere la colla dalle dita sfregando; ***Flecken von Fußboden ~*** sfregare macchie dal pavimento **3** *(reiben)* sfregare (anche assol.): ***die Stiefel ~ ihm die Füße*** gli stivali gli sfregano i piedi; ***der Kragen scheuert ihn am Hals*** il colletto gli sfrega il collo; ***die Haut wund ~*** sfregare la pelle fino a farla sanguinare **II** intr. (aus. *haben*) sfregare: ***die Kette scheuert an der Tür*** la catena sfrega contro la porta; ***der Rucksack scheuert an den Schultern*** lo zaino sfrega sulle spalle **III** rifl. **sich ~ 1** sfregarsi, strofinarsi: ***sich (D) die Knie wund ~*** sfregarsi le ginocchia; ***der Hund scheuert sich an der Wand*** il cane si strofina contro il muro **2** ***sich (D) den Rücken an der Stuhllehne ~*** sfregarsi la schiena contro la spalliera della sedia ◆ ***die Möbel, Fliesen blank ~*** tirare a lucido i mobili, le piastrelle; COLLOQ. ***jdm eine ~*** mollare (*o* appioppare) un ceffone a qcn.; COLLOQ. ***eine gescheuert kriegen, bekommen*** beccarsi un ceffone; REGION. ***~ gehen*** andare a fare le pulizie, fare la donna delle pulizie.
Scheu|er|pul|ver n. *(-s,-)* polvere *f.* abrasiva. **Scheu|er|sand** m. *(-[e]s)* sabbia *f.* (per pulire). **Scheu|er|tuch** n. *(-[e]s,-tücher)* strofinaccio *m.*
Scheu|klap|pe f. *(-,-n)* paraocchi *m.*: ***einem Pferd -n anlegen*** mettere i paraocchi a un cavallo; FIG. ***-n haben, tragen*** avere i paraocchi. **Scheu|le|der** n. *(-s,-)* → **Scheuklappe.**
Scheu|ne f. *(-,-n)* granaio *m.*; *(Heuschober)* fienile *m.*: ***die Ernte in die ~ einfahren*** riporre il raccolto nel fienile. **Scheu|nen|dre|scher,** COLLOQ. ***wie ein ~ essen, reinhauen*** essere un lavandino.
Scheu|sal n. *(-s,-* e COLLOQ. *-säler)* mostro *m.* (anche FIG.): ***du bist ein altes ~*** sei un mostro.
scheuß|lich I agg. **1a** *(hässlich)* orribile, orrendo, spaventoso: ***ein -es Gebäude, Kleid*** un edificio orrendo, un vestito orribile **b** *(entsetzlich)* atroce, orrendo: ***ein -es Verbrechen*** un crimine atroce **2** COLLOQ. *(unangenehm, schlecht)* terribile, tremendo, spaventoso: ***-e Schmerzen*** dolori tremendi **II** avv. **1** orribilmente, orrendamente, spaventosamente: ***sich ~ benehmen*** comportarsi orribilmente **2** ***~ schmecken, riechen*** avere un gusto, un odore tremendo **3** rafforz. terribilmente, tremendamente, spaventosamente: ***es war ~ heiß*** faceva tremendamente caldo; ***sich ~ langweilen*** annoiarsi terribilmente. **Scheuß|lich|keit** f. *(-,-en)* **1** *(Hässlichkeit)* orrore *m.* **2** *(scheußliche Tat)* mostruosità *f.*, atrocità *f.*
Schi → **Ski. Schi|an|zug** → **Skianzug. Schi|aus|rüs|tung** → **Skiausrüstung. Schi|bob** → **Skibob.**
Schicht f. *(-,-en)* **1** strato *m.*: ***geologische -en*** strati geologici; ***eine dünne ~ Eis*** un sottile strato di ghiaccio **2** GEOL. *(wasserführende Schicht)* falda *f.* **3** *(Gesellschaftsschicht)* ceto *m.*, strato *m.*: ***die führende ~*** il ceto (*o* la classe) dirigente **4** turno *m.*: ***in dieser Firma arbeitet man in drei -en*** in questa azienda si fanno tre turni (di lavoro); ***die zweite ~ dauert von 15 bis 22 Uhr*** il secondo turno va dalle 15 alle 22; ***die ~ wechseln*** cambiare turno ◆ ***~ arbeiten*** fare i turni; ***zwei -en fahren*** lavorare a due turni; MIN. ***eine ~ fahren*** essere di turno, avere una giornata di lavoro; *(von Anstrichfarben)* ***die Farbe in zwei -en auftragen*** dare due mani di colore; COLLOQ. ***~ machen*** staccare, smettere il lavoro. **Schicht|ab|lö|sung** f. *(-,-en)* cambio *m.* di turno. **Schicht|ar|beit** f. *(-,-en)* lavoro *m.* a turni. **Schicht|ar|bei|ter** m. *(-s,-)* turnista *m.* **Schicht|be|trieb** m. *(-[e]s,-e)* lavoro *m.* a turni: ***bei uns gibt es ~*** da noi si lavora a turni. **Schicht|dienst** m. *(-[e]s,-e)* servizio *m.* di turno.
Schich|te f. *(-,-n)* AUSTR. strato *m.*
schich|ten I tr. **1** disporre a strati, stratificare **2** *(anhäufen)* accatastare, ammucchiare: ***etw. zu einem Stapel ~*** accatastare qcs. in un mucchio **II** rifl. **sich ~** stratificarsi.
Schich|ten|bil|dung f. *(-,-en)* stratificazione *f.* **Schich|ten|fol|ge** f. *(-)* GEOL. successione *f.* degli strati. **Schich|ten|kopf** m. *(-[e]s,-köpfe)* GEOL. testata *f.* di, dello strato. **schich|ten|spe|zi|fisch** → **schichtspezifisch. schich|ten|wei|se** → **schichtweise.**
Schich|ter m. *(-s,-)* → **Schichtarbeiter.**
Schicht|ge|stein n. *(-[e]s,-e)* roccia *f.* stratificata.
Schicht|holz n. *(-[e]s)* **1** legna *f.* accatastata **2** *(Sperrholz)* compensato *m.* **schich|tig** agg. stratificato. **Schicht|li|nie** f. *(-,-n)* curva *f.* di livello. **Schicht|meis|ter** m. *(-s,-)* MIN. caposquadra *m.* **Schicht|press|stoff** m. *(-[e]s,-e)* laminato *m.* (plastico). **schicht|spe|zi|fisch** agg. specifico, proprio di un determinato strato sociale. **Schicht|stu|fe** f. *(-,-n)* GEOL. gradino *m.* di strato. **Schich|tung** f. *(-,-en)* stratificazione *f.* (anche SOCIOL.): ***die ~ der Gesellschaft*** la stratificazione della società. **Schicht|un|ter|richt** m. *(-[e]s)* SCOL. insegnamento *m.* a turni. **Schicht|wech|sel** m. *(-s,-)* cambio *m.* di turno. **schicht|wei|se** avv. a strati. **Schicht|wol|ke** f. *(-,-n)* (nuvola *f.* a) strato *m.*
schick I agg. chic, COLLOQ. sciccoso: ***ein -es Kleid, Mädchen, Auto*** un abito, una ragazza, un'auto chic **II** avv. in modo chic: ***~ aussehen*** avere un aspetto chic ◆ ***heute Abend gehen wir ~ aus*** questa sera andiamo in un posto chic.
1.Schick m. *(-[e]s)* eleganza *f.*, chic *m.*, COLLOQ. sciccheria *f.* ◆ ***~ haben*** essere chic; COLLOQ. REGION. ***seinen ~ nicht (ganz) haben*** non essere (del tutto) in quadro; REGION. ***gut im ~ sein*** stare bene.
2.Schick m. *(-s,-* e *-e)* SVIZZ. affare *m.*: ***ein guter ~*** un buon affare.
schi|cken I tr. mandare: ***jdm, an jdn etw. ~*** mandare qcs. a qcn.; ***einen Boten ~*** mandare un fattorino; ***jdn zum Arzt, ins (zu) Bett ~*** mandare qcn. dal medico, a letto; ***die Kinder einkaufen, schlafen ~*** mandare i bambini a fare la spesa, a dormire; ***seine Kinder aufs Gymnasium ~*** mandare i propri figli al liceo; ***jdn zur Kur, zur Erholung ~*** mandare qcn. a fare una cura, a riposarsi; *(senden)* ***einen Brief an die Freunde, an ihre Adresse, nach Spanien ~*** mandare una lettera agli amici, al loro indirizzo, in Spagna; ***Blumen, ein Telegramm ~*** mandare fiori, un telegramma **II** intr. (aus. *haben*) ***nach jdm ~*** mandare a chiamare qcn. **III** rifl. **sich ~ 1a** *(sich abfinden)* adattarsi: ***sich in die neue Situation ~*** adattarsi alla nuova situazione; ANT. ***sich zu ~ wissen*** sapersi adattare **b** ***sich in das Unvermeidliche ~*** rassegnarsi all'inevitabile **2a** *(gehören)* addirsi, confarsi: ***für sie schickt sich das nicht*** questo non le si addice **b** impers. convenirsi: ***so etwas zu sagen, schickt sich nicht*** non si conviene (*o* non sta bene) dire una cosa del genere **3** RAR. *(sich eignen)* ***sich für etw. ~*** essere adatto per qcs.: ***sich nicht für einen Beruf ~*** non essere adatto a, per una professione **4** impers. ANT. *(sich ergeben)* accadere, avvenire: ***das wird sich vielleicht noch ~*** forse accadrà **5** REGION. *(sich beeilen)* affrettarsi: ***schick dich!*** affrettati! ◆ ***jdn in den April ~*** fare un pesce d'aprile a qcn.; SPORT ***den Gegner zu Boden, auf die Bretter ~*** mettere a terra (*o* atterrare) l'avversario; ***jdn in den Krieg ~*** mandare in guerra qcn.;

SPORT GERG. ***einen Mitspieler ~*** lanciare un compagno; ***jdn in Pension ~*** mandare qcn. in pensione; ***es hat sich so geschickt*** così ha voluto il caso; ***jdn zum Teufel ~*** mandare qcn. al diavolo; ***jdn in den Tod ~*** mandare a morte qcn.; ***jdn in die Verbannung ~*** mandare qcn. in esilio; PROV. ***eines schickt sich nicht für alle*** = non tutti i piedi stanno bene in una scarpa.

schi|cker agg. COLLOQ. brillo.

Schi|cke|ria f. *(-)* COLLOQ. gente *f.* bene ◆ ***die Münchner ~*** la Monaco bene.

schi|ckern intr. (aus. *haben*) REGION. bere (alcolici).

Schi|cki|mi|cki m. *(-s,-s)* COLLOQ. sciccoso *m.*

schick|lich agg. **1** decente, decoroso **2** *(angemessen)* adeguato, conveniente, opportuno: ***ein -er Abstand*** una distanza adeguata; ***es ist nicht ~, so laut zu sprechen*** non sta bene parlare a voce così alta ◆ ***am -sten*** nel modo più opportuno. **schick|li|cher|wei|se** avv. convenientemente, decorosamente. **Schick|lich|keit** f. *(-)* convenienza *f.*, decoro *m.*

Schick|sal n. *(-s,-e)* destino *m.*, sorte *f.*: ***das blinde, traurige, schwere ~*** il destino cieco, la triste, dura sorte; ***sich in sein ~ ergeben, sich mit seinem ~ abfinden*** rassegnarsi al proprio destino; ***jdn ereilt sein ~*** a qcn. tocca la propria sorte; ***vom ~ geschlagen werden*** essere colpito dal destino; ***jdn seinem ~ überlassen*** abbandonare qcn. alla propria sorte; ***sein ~ meistern*** governare il proprio destino; ***das ~ herausfordern*** sfidare il destino (*o* la sorte); ***ein schweres ~ durchkämpfen*** lottare contro una dura sorte; ***mit dem ~ hadern*** compiangere la propria sorte; ***das ~ prüft jdn hart*** il destino mette a dura prova qcn.; ***jdm ist etw. vom ~ bestimmt*** qcs. è stabilito dal destino per qcn. ◆ ***Ironie des -s*** ironia della sorte; COLLOQ. ***~ spielen*** sostituirsi al destino; ***dem ~ aus dem Weg gehen*** fuggire il destino. **schick|sal|haft I** agg. fatale, fatidico **II** avv. fatalmente.

Schick|sals|dra|ma n. *(-s,-dramen)* → **Schicksalstragödie.** **schick|sals|er|ge|ben** agg. rassegnato al (proprio) destino. **Schick|sals|fra|ge** f. *(-,-n)* questione *f.* vitale, problema *m.* cruciale. **Schick|sals|fü|gung** f. *(-,-en)* disegno *m.* del destino. **Schick|sals|ge|fähr|te** m. *(-n,-n)* compagno *m.* di sventura. **Schick|sals|ge|mein|schaft** f. *(-,-en)* (insieme *m.* di) persone *f.pl.* accomunate dallo stesso destino. **Schick|sals|ge|nos|se** m. *(-n,-n)* → **Schicksalsgefährte.**

Schick|sals|glau|be m. *(-ns)* fatalismo *m.* **schick|sals|gläu|big** agg. fatalista.

Schick|sals|göt|tin f. *(-,-nen)* *(in der klassischen Mythologie)* Moira *f.* **2** *(in der nordischen Mythologie)* Norna *f.* **Schick|sals|schlag** m. *(-[e]s,-schläge)* sventura *f.*, disgrazia *f.* **schick|sals|schwer, schick|sals|träch|tig** agg. fatale, fatidico. **Schick|sals|tra|gö|die** f. *(-,-n)* tragedia *f.* del destino. **schick|sals|ver|bun|den** agg. legato dalla sorte. **schick|sals|voll** agg. gravido di sventure. **Schick|sals|wen|de** f. *(-,-n)* svolta *f.*, mutamento *m.* del destino.

Schick|schuld f. *(-)* debito *m.* portabile.

Schick|se f. *(-,-n)* COLLOQ. SPREG. sgualdrina *f.*

Schi|ckung f. *(-,-en)* **1** disegno *m.*, disposizione *f.*: ***eine ~ Gottes*** un disegno di Dio **2** *(Geschehen)* caso *m.*, combinazione *f.*: ***eine glückliche ~*** un caso fortunato.

Schie|be|büh|ne f. *(-,-n)* **1** piattaforma *f.* mobile (*o* scorrevole) **2** TEATR. scena *f.* scorrevole **3** FERR. carrello *m.* (*o* ponte *m.*) trasbordatore. **Schie|be|dach** n. *(-[e]s,-dächer)* AUT. tetto *m.* (*o* tettuccio *m.*) apribile. **Schie|be|de|ckel** m. *(-s,-)* coperchio *m.* scorrevole. **Schie|be|fens|ter** n. *(-s,-)* finestra *f.* scorrevole. **Schie|be|lei|ter** f. *(-s,-n)* scala *f.* aerea.

schie|ben *(schob, geschoben)* **I** tr. **1a** spingere: ***etw. nach rechts, vorn ~*** spingere qcs. a (*o* verso) destra, (in) avanti; ***das Regal an die Wand, über den Boden ~*** spingere lo scaffale contro il muro, sul pavimento; ***den Kinderwagen, das Fahrrad ~*** spingere la carrozzina, la bicicletta; ***den Riegel vor die Tür ~*** spingere, far scorrere il chiavistello sulla porta; SPORT ***den Ball ins Tor ~*** spingere la palla in rete; ***den Hut aus der Stirn ~*** spingere indietro il cappello dalla fronte **b** FIG. *(anspornen)* spingere, spronare: ***man muss ihn zu allem ~*** bisogna spronarlo per tutto **2** *(stecken)* mettere: ***die Hände in die Taschen ~*** mettere (*o* cacciarsi, ficcarsi) le mani in tasca; ***die Torte in den Ofen ~*** mettere la torta in forno **3** FIG. *(abwälzen)* attribuire, addossare: ***auf jdn die Verantwortung, die Schuld für etw. ~*** addossare a qcn. la responsabilità, la colpa di qcs.; ***den Verdacht auf jdn ~*** gettare il sospetto su qcn. **4** COLLOQ. *(verschieben)* rimandare: ***die Aussprache von einem Tag auf den anderen ~*** rimandare il chiarimento da un giorno all'altro **5** COLLOQ. *(betrügerisch mit etw. umgehen)* ***Devisen ~*** trafficare in divise **6** ***etw. von sich ~*** allontanare qcs. da sé; ***eine Pflicht, die Verantwortung von sich ~*** esimersi da un obbligo, respingere una responsabilità **7** GIOC. muovere, spostare: ***den Springer ~*** muovere il cavallo **II** intr. **1** COLLOQ. *(träge gehen;* aus. *sein)* trascinarsi **2** COLLOQ. *(gesetzwidrig handeln;* aus. *haben)* trafficare, fare traffici illeciti: ***mit Zigaretten ~*** trafficare in sigarette **III** rifl. **sich ~** spingersi: ***die Kaltfront schiebt sich nach Süden*** il fronte freddo si spinge verso sud ◆ MIL. ***Posten, Wache ~*** essere di sentinella, montare la guardia; COLLOQ. ***eine ruhige Kugel ~*** = prendersela comoda, battere la fiacca.

Schie|ber m. *(-s,-)* **1** chi spinge **2** *(Riegel)* chiavistello *m.*, paletto *m.*, catenaccio *m.*: ***den ~ öffnen*** aprire il chiavistello **3** *(Essgerät für Kinder)* paletta *f.* **4** *(Bettpfanne)* padella *f.* **5** *(jd, der dunkle Geschäfte macht)* maneggione *m.*, affarista *m.* **6** COLLOQ. *(Tanz)* one-step *m.* **7** → **Schieberventil 8** MECC. cassetto *m.* di distribuzione **9** EL. contatto *m.* scorrevole, cursore *m.*

Schie|be|re|gis|ter n. *(-s,-)* INFORM. registro *m.* di, a scorrimento. **Schie|be|reg|ler** m. *(-s,-)* TECN. cursore *m.*

Schie|be|rei f. *(-,-en)* **1** lo spingere, spingimento *m.* (anche FIG.) **2** *(illegales Geschäft)* traffici *m.pl.*, maneggi *m.pl.*

Schie|ber|ge|schäft n. *(-s,-e)* affare *m.* losco, traffico *m.* illecito. **Schie|ber|müt|ze** f. *(-,-n)* COLLOQ. berretto *m.* a visiera. **Schie|ber|ven|til** n. *(-[e]s,-e)* IDR. valvola *f.* a saracinesca.

Schie|be|tür f. *(-,-en)* porta *f.* scorrevole. **Schie|be|wand** f. *(-,-wände)* **1** parete *f.* scorrevole **2** *(von Güterwagen)* parete *f.* laterale scorrevole. **Schie|be|wi|der|stand** m. *(-[e]s,-widerstände)* **1** MECC. attrito *m.* radente **2** EL. reostato *m.* a corsoio.

Schieb|fach n. *(-[e]s,-fächer)* REGION. cassetto *m.* **Schieb|kar|re** f. *(-,-n)*, **Schieb|kar|ren** m. *(-s,-)* REGION. carriola *f.* **Schieb|kas|ten** m. *(-s,-* e *-kästen)*, **Schieb|la|de** f. *(-,-n)* REGION. cassetto *m.* **Schieb|leh|re** f. *(-,-n)* calibro *m.* a corsoio.

Schie|bung f. *(-,-en)* COLLOQ. **1a** manovra *f.*, macchinazione *f.* **b** *(Schiebergeschäft)* traffico *m.* illecito **2** *(ungerechtfertigte Bevorzugung)* favoritismo *m.*: ***das ist ~!*** questo è (un) favoritismo!

schied → **scheiden.**

Schieds|ab|kom|men n. *(-s,-)* trattato *m.* d'arbitrato, compromesso *m.*

Schieds|ge|richt n. *(-[e]s,-e)* **1** DIR. arbitrato *m.*, tribunale *m.* arbitrale **2** SPORT *(Kampfgericht)* giuria *f.* **schieds|ge|richt|lich** agg. di un tribunale arbitrale. **Schieds|ge|richts|hof** m. *(-[e]s,-höfe)* tribunale *m.* arbitrale, corte *f.* d'arbitrato.

Schieds|klau|sel f. *(-,-n)* clausola *f.* arbitrale, compromissoria. **Schieds|kom|mis|si|on** f. *(-,-en)* → **Schiedsgericht. Schieds|mann** m. *(-[e]s,-männer* e *-leute)* arbitro *m.*, conciliatore *m.*

Schieds|rich|ter m. *(-s,-)* **1** DIR. arbitro *m.*, giudice *m.* conciliatore **2a** SPORT arbitro *m.* **b** *(Kampfrichter)* giudice *m.* di gara. **Schieds|rich|ter|ball** m. *(-[e]s)* palla *f.* scodellata. **Schieds|rich|ter|ent|schei|dung** f. *(-,-en)* **1** DIR. decisione *f.* del giudice **2** SPORT decisione *f.* dell'arbitro. **schieds|rich|ter|lich I** agg. arbitrale, di un giudice arbitrale **II** avv. per arbitrato. **schieds|rich|tern** intr. (aus. *haben*) essere arbitro. **Schieds|rich|ter|stuhl** m. *(-[e]s,-stühle)* sedia *f.* dell'arbitro.

Schieds|spruch m. *(-[e]s,-sprüche)* giudizio *m.* arbitrale, arbitrato *m.* **Schieds|stel|le** f. *(-,-n)* DIR. collegio *m.*, ufficio *m.* arbitrale. **Schieds|ur|teil** n. *(-s,-e)* arbitrato *m.*, giudizio *m.* arbitrale. **Schieds|ver|fah|ren** n. *(-s,-)* procedimento *m.* arbitrale. **Schieds|ver|trag** m. *(-[e]s,-verträge)* patto *m.* arbitrale, compromesso *m.*

schief I agg. **1a** *(geneigt)* inclinato, pendente: ***eine -e Ebene*** un piano inclinato; **b** sghembo: ***eine -e Mauer*** un muro sghembo **c** *(schräg)* storto: ***das Gemälde, das Regal hängt, ist ~*** il quadro, il pensile è storto **d** *(krumm)* curvo: ***ein -er Rücken*** una schiena curva; ***-e Schultern*** spalle curve **2** GEOM. obliquo **3a** FIG. *(nicht ganz zutreffend)* distorto: ***ein -es Bild von etw. haben*** avere una visione distorta di qcs. **b** *(unausgeglichen)* unilaterale: ***ein -es Urteil*** un giudizio unilaterale **c** *(nicht treffend)* improprio, inesatto: ***ein -er Vergleich, Ausdruck*** un paragone improprio, un'espressione impropria **4** *(zweideutig)* ambiguo: ***jdn in eine -e Lage bringen*** mettere qcn. in un posizione ambigua **II** avv. **1a** sghembo, a sghimbescio: ***etw. ~ zeichnen, schneiden*** disegnare, tagliare qcs. a sghimbescio **b** storto: ***etw. geht ~*** qcs. va storto; ***das Bild hängt ~*** il quadro è appeso storto **c** *(krumm)* curvo: ***~ gehen*** camminare curvo **2a** FIG. in modo distorto: ***etw. ~ sehen*** vedere qcs. in modo distorto **b** *(nicht treffend)* impropriamente: ***sich ~ ausdrücken*** esprimersi impropriamente **c** *(unrichtig)* in modo errato, erroneamente: ***etw. ~ beurteilen*** giudicare qcs. in modo errato ◆ ***-e Absätze*** tacchi consumati; COLLOQ. ***jdn ~ ansehen*** guardare storto qcn.; ***etw. ~ auffassen*** intendere male qcs.; FIG. ***auf die -e Bahn geraten*** mettersi sulla cattiva strada; ***jdn einen -en Blick zuwerfen*** →

jdn ~ ansehen; COLLOQ. ~ ***gehen*** andare storto, non riuscire; ***keine Angst, es wird schon ~ gehen!*** coraggio, andrà tutto bene! ~ ***geladen haben*** essere sbronzo; ***ein -es Gesicht machen, ziehen*** fare la faccia corrucciata; ~ ***gewachsen*** sbilenco; ~ ***gewickelt sein*** sbagliarsi di grosso; ***eine -e Haltung haben*** stare storto; *(krumm)* curvo; ***den Hut ~ tragen*** portare il cappello sulle ventitré; ~ ***laufen*** → ~ ***gehen; die Absätze ~ laufen*** consumare i tacchi; FIG. ***in ein -es Licht geraten*** mettersi in cattiva luce; COLLOQ. ***da(mit) liegst du*** ~ in questo sbagli; ***den Mund ~ ziehen*** storcere il naso; ***der Schiefe Turm von Pisa*** la torre pendente di Pisa.

Schief|blatt n. *(-[e]s)* begonia *f.*

Schie|fe f. *(-)* pendenza *f.*, inclinazione *f.*

Schie|fer m. *(-s,-)* **1** scisto *m.*; *(Dachschiefer)* ardesia *f.* **2** REGION. *(Holzsplitter)* scheggia *f.* **schie|fer|ar|tig** agg. scistoso. **Schie|fer|bank** f. *(-,-bänke)* banco *m.* di ardesia. **Schie|fer|berg|bau** m. *(-[e]s)* estrazione *f.* di ardesia. **schie|fer|blau** agg. blu ardesia. **Schie|fer|bruch** m. *(-[e]s,-brüche)* cava *f.* di ardesia. **Schie|fer|dach** n. *(-[e]s,-dächer)* tetto *m.* di ardesia. **schie|fer|far|ben, schie|fer|far|big** agg. color ardesia. **Schie|fer|for|ma|ti|on** f. *(-,-en)* formazione *f.* scistosa. **Schie|fer|ge|stein** n. *(-[e]s,-e)* roccia *f.* scistosa. **schie|fer|grau** agg. (grigio) ardesia.

schie|fe|rig → **schiefrig.**

1.schie|fern rifl. **sich** ~ **1** sfaldarsi, sfogliarsi **2** REGION. infilarsi, piantarsi una scheggia.

2.schie|fern agg. **1** di ardesia **2** → **schieferfarben.**

Schie|fer|öl n. *(-[e]s)* olio *m.* di scisto. **Schie|fer|plat|te** f. *(-,-n)* lastra *f.* di ardesia. **Schie|fer|ta|fel** f. *(-,-n)* ANT. lavagnetta *f.* **Schie|fer|ton** m. *(-[e]s)* argilla *f.* scistosa. **Schie|fe|rung** f. *(-,-en)* **1** sfaldamento *m.* **2** MINER. scistosità *f.*, l'essere scistoso.

Schief|heit f. *(-,-en)* **1** → **Schiefe 2a** *(Ungenauigkeit)* improprietà *f.*, imprecisione *f.*: ***die ~ eines Ausdrucks*** l'improprietà di un'espressione **b** *(Unausgeglichenheit)* unilateralità *f.* **schief‿la|chen** rifl. **sich** ~ COLLOQ. ridere a crepapelle, sbellicarsi dalle risa. **schief|mäu|lig** agg. COLLOQ. **1** con la bocca storta **2** *(neidisch)* invidioso.

schief|rig agg. **1** MINER. scistoso **2** → **schieferfarben.**

schief|win|ke|lig, schief|wink|lig agg. con gli, ad angoli obliqui.

Schiel|au|ge n. *(-s,-n)* ***-n machen*** = guardare con desiderio. **schiel|äu|gig** agg. RAR. strabico. **schie|len** intr. (aus. *haben*) **1** essere strabico: ***leicht, stark auf (mit) einem Auge*** ~ essere, leggermente, molto strabico da un occhio **2** COLLOQ. *(spähen)* ***nach jdm, etw.*** ~ sbirciare (*o* guardare di sottecchi) qcn., qcs.; ***um die Ecke*** ~ sbirciare dietro l'angolo **3** *(haben wollen)* mirare: ***nach dem Ministersessel*** ~ mirare alla poltrona di ministro. **Schie|len** n. *(-s)* strabismo *m.* **schie|lend** p.pres. agg. **1** → **schielen 2** strabico.

schien → **scheinen.**

Schien|bein n. *(-[e]s,-e)* tibia *f.*, stinco *m.* **Schien|bein|bruch** m. *(-[e]s,-brüche)* frattura *f.* della tibia. **Schien|bein|mus|kel** m. *(-s,-n)* (muscolo *m.*) tibiale *m.* **Schien|bein|scho|ner, Schien|bein|schüt|zer** m. *(-s,-)* parastinchi *m.*

Schie|ne f. *(-,-n)* **1** rotaia *f.*: ***auf -n laufen*** viaggiare su rotaie; ***-n legen*** posare le rotaie **2** *(Laufschiene)* guida *f.*: ***der Vorhang läuft in einer*** ~ la tenda scorre su una guida **3** *(schmale Leiste)* listello *m.* **4** MED. stecca *f.*: ***einen Arm in der ~ tragen*** portare un braccio al collo **5** *(Reißschiene)* riga *f.* a T **6** EL. sbarra *f.* (collettrice) **7** *(Rüstungsteil)* STOR. schiniere *m.* ◆ ***aus den -n springen*** deragliare, uscire dai binari; ***auf der gleichen politischen ~ sein*** essere sulla stessa linea politica.

schie|nen tr. MED. steccare: ***ein Bein*** ~ steccare una gamba.

Schie|nen|brem|se f. *(-,-n)* freno *m.* sulla rotaia. **Schie|nen|bus** m. *(-ses,-se)* automotrice *f.* leggera. **Schie|nen|ech|se** f. *(-,-n)* teide *m.* **Schie|nen|fahr|zeug** n. *(-[e]s,-e)* veicolo *m.* su rotaie. **schie|nen|ge|bun|den** agg. su rotaie. **Schie|nen|kon|takt** m. *(-[e]s)* EL. contatto *m.* sulla rotaia. **Schie|nen|netz** n. *(-es,-e)* rete *f.* dei binari. **Schie|nen|om|ni|bus** → **Schienenbus. Schie|nen|räu|mer** m. *(-s,-)* cacciapietre *m.* **Schie|nen|strang** m. *(-es,-stränge)* rotaie *f.pl.*, binari *m.pl.* **Schie|nen|über|gang** m. *(-[e]s,-übergänge)* passaggio *m.* a livello. **Schie|nen|ver|kehr** m. *(-s)* traffico *m.* su rotaie. **Schie|nen|weg** m. *(-[e]s,-e)* strada *f.* ferrata.

1.schier avv. quasi, pressoché: ***es ist ~ unmöglich*** è pressoché impossibile.

2.schier agg. REGION. puro: ***-es Fett, Gold*** grasso, oro puro; FIG. ***aus -er Bosheit*** per pura (e semplice) cattiveria ◆ ***-es Fleisch*** polpa *f.*

Schier|ling m. *(-s,-e)* cicuta *f.* **Schier|lings|be|cher** m. *(-s,-)* coppa *f.* di cicuta ◆ ***den ~ leeren, trinken, nehmen*** bere la cicuta. **Schier|lings|tan|ne** f. *(-,-n)* tsuga *f.*

Schieß|aus|bil|dung f. *(-,-en)* addestramento *m.* al tiro. **Schieß|bahn** f. *(-,-en)* poligono *m.* (di tiro). **Schieß|baum|wol|le** f. *(-)* fulmicotone *m.* **Schieß|be|fehl** m. *(-[e]s,-e)* ordine *m.* di sparare, di far fuoco. **Schieß|bu|de** f. *(-,-n)* baraccone *m.* del tiro a segno. **Schieß|bu|den|fi|gur** f. *(-,-en)* **1** sagoma *f.* (del baraccone) di tiro a segno **2** FIG. fenomeno *m.* da baraccone. **Schieß|ei|sen** n. *(-s,-)* COLLOQ. arma *f.* da fuoco.

schie|ßen *(schoss, geschossen)* **I** intr. **1a** (aus. *haben*) sparare: ***nach etw.*** ~ sparare a, contro qcs.; ***auf jdn*** ~ sparare a (*o* far fuoco su) qcn.; ***jdm, jdn in den Fuß*** ~ sparare a un piede a qcn.; ***mit der Pistole*** ~ sparare con la pistola; ***in die Menschenmenge*** ~ sparare sulla folla; ***gut, schnell, ungenau*** ~ sparare bene, velocemente, in modo impreciso **b** (aus. *haben*) tirare: ***mit dem Bogen*** ~ tirare con l'arco; ***mit Pfeilen*** ~ tirare frecce **2a** *(plötzlich herauskommen;* aus. *sein)* prorompere **b** *(von Quellen)* scaturire (con impeto), sgorgare: ***aus der Felswand*** ~ scaturire dalla roccia; ***die Tränen schossen ihr aus den Augen*** le lacrime le sgorgarono dagli occhi **3** *(hochschnellen;* aus. *sein)* balzare, saltare: ***aus dem Bett*** ~ balzare dal letto **4** *(schnell fließen;* aus. *sein)* scorrere rapidamente **5** *(sich schnell bewegen;* aus. *sein)* sfrecciare, precipitarsi: ***um die Ecke*** ~ sfrecciare dietro l'angolo; ***aus dem Zimmer*** ~ precipitarsi fuori dalla stanza **6** *(schnell wachsen;* aus. *sein)* crescere rapidamente, venir su bene: ***das Unkraut schießt*** le erbacce crescono in fretta **7** GERG. *(fixen;* aus. *haben)* bucare, farsi **II** tr. **1** sparare: ***jdm eine Kugel in den Kopf*** ~ sparare un colpo in testa a qcn.; ***jdn zum Krüppel*** ~ storpiare qcn. sparandogli **2** *(töten)* uccidere (con arma da fuoco), ferire a morte: ***jdn tot*** ~ uccidere qcn. (sparando); ***einen Fuchs*** ~ uccidere una volpe (sparando) **3a** *(abfeuern)* lanciare: ***eine Rakete, eine Harpune*** ~ lanciare un razzo, un arpione; ***einen Satelliten auf die Umlaufbahn*** ~ lanciare in orbita un satellite; ***Steine mit der Schleuder*** ~ lanciare pietre con la fionda **b** FIG. ***drohende Blicke*** ~ lanciare (*o* gettare) occhiate minacciose **c** *(Fußball)* tirare: ***den Ball ins Tor*** ~ tirare il pallone in rete **4** FOT. scattare: ***ein Bild*** ~ scattare una fotografia **5** MIN. *(sprengen)* far saltare, esplodere **III** rifl. **sich** ~ **1** spararsi: ***sich in den Kopf*** ~ spararsi in testa **2** *(duellieren)* battersi in duello (con la pistola) ◆ ***jdm in die Beine*** ~ sparare alle gambe a qcn., gambizzare qcn.; ***das Blut schoss ihm in den Kopf*** il sangue gli salì alla testa; COLLOQ. ***einen Bock*** ~ prendere un granchio; ***aus dem Boden*** ~ spuntare (anche FIG.); ***das Brot in den Backofen*** ~ infornare il pane; COLLOQ. ***jdm eine*** ~ dare una sberla a qcn.; COLLOQ. ***jdn über den Haufen*** ~ atterrare qcn. con un colpo; ***in die Höhe*** ~ lanciare in aria; *(schnell wachsen)* crescere rapidamente; *(aufspringen)* saltare su, balzare su; FIG. ***durch den Kopf*** ~ passare per la testa; ***ins Kraut*** ~ crescere troppo, a dismisura; mettere troppe foglie; COLLOQ. ~ ***lassen*** lasciar perdere, lasciar stare; ***in die Luft*** ~ sparare in aria; ***einen Preis*** ~ vincere un premio nel tiro al bersaglio; ***einen Purzelbaum*** ~ fare una capriola; ***Röte schoss ihr ins Gesicht*** avvampò; ***mit Schrot*** ~ sparare a pallini; FIG. ***ins Schwarze*** ~ colpire nel segno; ***aufs Tor*** ~ tirare in porta; ***ein Tor*** ~ segnare (una rete); ***wild um sich*** ~ dimenarsi con forza; ***die Zügel ~ lassen*** allentare le briglie (a un cavallo).

Schie|ßen n. *(-s,-)* **1** spari *m.pl.* **2** *(sportliche Veranstaltung)* gara *f.* di tiro **3** *(Schießübung)* esercitazione *f.* di tiro ◆ ***es ist zum*** ~ c'è da morir dal ridere.

Schie|ßer m. *(-s,-)* GERG. tossico *m.* **Schie|ße|rei** f. *(-,-en)* **1** SPREG. (continui) spari *m.pl.* **2** *(Schusswechsel)* sparatoria *f.*: ***es kam zu einer*** ~ si giunse a una sparatoria. **Schieß|hund** m. *(-[e]s,-e)* ANT. cane *m.* da caccia ◆ COLLOQ. ***aufpassen wie ein*** ~ tenere gli occhi aperti, stare all'erta. **Schieß|leh|re** f. *(-)* balistica *f.* **Schieß|lu|ke** f. *(-,-n)* → **Schießscharte. Schieß|meis|ter** m. *(-s,-)* MIN. brillatore *m.* **Schieß|platz** m. *(-es,-plätze)* poligono *m.* di tiro. **Schieß|pul|ver** n. *(-s,-)* polvere *f.* da sparo ◆ ***das ~ (auch) nicht erfunden haben*** non essere esattamente un genio. **Schieß|schar|te** f. *(-,-n)* feritoia *f.* **Schieß|schei|be** f. *(-,-n)* bersaglio *m.* **Schieß|schu|le** f. *(-,-n)* scuola *f.* di tiro. **Schieß|sport** m. *(-s)* tiro *m.* (a segno *o* a volo). **Schieß|stand** m. *(-[e]s,-stände)*, **Schieß|stät|te** f. *(-,-n)* poligono *m.* di tiro. **Schieß|übung** f. *(-,-en)* esercitazione *f.* di tiro. **Schieß|waf|fe** f. *(-,-n)* SVIZZ. arma *f.* da fuoco.

Schiet m. *(-s)*, **Schie|te** f. *(-)* REGION. COLLOQ. → **Scheiße. Schiet|kram** m. *(-s)* REGION. COLLOQ. rottura *f.* (di scatole).

Schi|fah|ren n. *(-s)* → **Skilaufen. Schi|fah|rer** m. *(-s,-)* → **Skiläufer. Schi|fahrt** → **Skifahrt.**

Schiff n. *(-[e]s,-e)* **1** nave *f.*: ***mit dem ~ fahren*** andare in, con la nave; ***das ~ besteigen*** salire sulla nave; ***das ~ ist leck, läuft (auf ein Riff) auf, sinkt*** la nave fa acqua, si incaglia (su una scogliera), cala; ***das ~ schlingert, stampft, rollt*** la nave rolla, beccheggia, rulla; ***ein ~ auflegen, ausrüsten, befrachten*** impostare, armare, caricare una nave; ***ein ~ vom Stapel laufen lassen*** varare una nave; ***das ~***

läuft aus, legt an la nave salpa, approda **2** *(Kirchenschiff)* navata *f.* **3** TIP. vantaggio *m.* ◆ ***das ~ liegt (im Hafen) vor Anker*** la nave è ancorata (in, nel porto); ***auf dem ~*** sulla nave, a bordo; ***ein ~ docken*** mettere una nave in bacino; ***~ klar*** nave pronta (alla manovra); ***klar ~ machen*** pulire la nave; FIG. COLLOQ. *(eine Angelegenheit bereinigen)* sbrigare, sistemare una faccenda; ***per ~*** via mare; FIG. ***das ~ des Staates*** la nave dello stato; FIG. ***das ~ der Wüste*** la nave del deserto.

Schiffahrt → **Schifffahrt.**

schiff|bar agg. navigabile. **Schiff|bar|keit** f. *(-)* navigabilità *f.* **Schiff|bar|ma|chung** f. *(-)* il rendere navigabile.

Schiff|bau m. *(-[e]s)* costruzione *f.* navale. **Schiff|bau|er** m. *(-s,-)* costruttore *m.* navale. **Schiff|bau|in|ge|ni|eur** [-ınʒeˈniø:ɐ] m. *(-s,-e)* ingegnere *m.* navale.

Schiff|bein n. *(-[e]s,-e)* scafoide *m.*, osso *m.* navicolare.

Schiff|bruch m. *(-[e]s,-brüche)* ANT. naufragio *m.*: ***~ erleiden*** naufragare (anche FIG.). **schiff|brü|chig** agg. naufrago. **Schiff|brü|chi|ge** m. e f. *(-n,-n)* naufrago *m.* (-a *f.*).

Schiff|brü|cke f. *(-,-n)* ponte *m.* di barche.

Schiff|chen n. *(-s,-)* **1a** piccola nave *f.*, navicella *f.* **b** *(zum Spielen)* barchetta *f.* **2a** *(von Webstühlen und Nähmaschinen)* navetta *f.* **b** *(für Okkispitze)* navetta *f.* del chiacchierino **3** MIL. bustina *f.* **4** BOT. carena *f.* **5** *(Weihrauchgefäß)* navicella *f.* **Schiff|chen|ar|beit** f. *(-,-en)* chiacchierino *m.* **schiff|chen|för|mig** agg. navicolare. **Schiff|chen|spit|ze** f. *(-,-n)* → **Schiffchenarbeit.**

Schif|fe f. *(-)* VOLG. piscia *f.* **schif|feln** intr. (aus. *sein*) REGION. andare in barca. **schif|fen** intr. **1** ANT. (aus. *sein*) navigare **2** VOLG. (aus. *haben*) pisciare **3** VOLG. impers. *(heftig regnen*; aus. *haben)* = piovere forte. **Schif|fer** m. *(-s,-)* **1** marinaio *m.* **2** *(Schiffsführer)* capitano *m.* (di una nave). **Schif|fer|kla|vier** n. *(-s,-e)* fisarmonica *f.* **Schif|fer|kno|ten** m. *(-s,-)* nodo *m.* alla marinara. **Schif|fer|lied** n. *(-[e]s,-er)* canto *m.* marinaresco. **Schif|fer|müt|ze** f. *(-,-n)* berretto *m.* da marinaio.

Schiff|fahrt f. *(-)* navigazione *f.* **Schiff|fahrts|ab|kom|men** n. *(-s,-)* trattato *m.* di navigazione. **Schiff|fahrts|ge|sell|schaft** f. *(-,-en)* società *f.* di navigazione, compagnia *f.* marittima. **Schiff|fahrts|ka|nal** m. *(-s,-kanäle)* canale *m.* navigabile. **Schiff|fahrts|kun|de** f. *(-)* nautica *f.* **Schiff|fahrts|li|nie** f. *(-,-n)* linea *f.* marittima (*o* di navigazione). **Schiff|fahrts|po|li|zei** f. *(-)* polizia *f.* marittima. **Schiff|fahrts|recht** n. *(-[e]s)* diritto *m.* del mare. **Schiff|fahrts|stra|ße** f. *(-,-n)* **1** via *f.* d'acqua **2** *(Route)* rotta *f.*, via *f.* di navigazione. **Schiff|fahrts|weg** m. *(-[e]s,-e)* → **Schifffahrtsstraße. Schiff|fahrts|zei|chen** n. *(-s,-)* segnale *m.* di via navigabile.

Schiff|lein n. *(-s,-)* piccola nave *f.*, navicella *f.*

Schiffs|agen|tur f. *(-,-en)* agenzia *f.* marittima. **Schiffs|ar|til|le|rie** [-artiləri:] f. *(-)* artiglieria *f.* navale. **Schiffs|arzt** m. *(-es,-ärzte)* medico *m.* di bordo. **Schiffs|aus|rüs|ter** m. *(-s,-)* **1** imprenditore *m.* (di nave) **2** *(Reeder)* armatore *m.* **Schiffs|bau** → **Schiffbau. Schiffs|bauch** m. *(-[e]s)* COLLOQ. pancia *f.* della nave. **Schiffs|bau|er** → **Schiffbauer. Schiffs|be|frach|ter** m. *(-s,-)* MAR. caricatore *m.* **Schiffs|be|sat|zung** f. *(-,-en)* equipaggio *m.* di, della nave. **Schiffs|bohr|wurm** m. *(-[e]s,-würmer)* teredine *f.* **Schiffs|boot** n. *(-[e]s,-e)* ITTIOL. nautilo *m.*

Schiffs|brief m. *(-[e]s,-e)* → **Schiffszertifikat. Schiffs|brü|cke** → **Schiffbrücke. Schiffs|ei|gen|tü|mer, Schiffs|eig|ner** m. *(-s,-)* proprietario *m.* di nave. **Schiffs|fahrt** f. *(-,-en)* viaggio *m.* in nave. **Schiffs|fracht** f. *(-,-en)* carico *m.* di, della nave. **Schiffs|fracht|brief** m. *(-[e]s,-e)* polizza *f.* di carico. **Schiffs|füh|rer** m. *(-s,-)* capitano *m.* di, della nave. **Schiffs|füh|rung** f. *(-)* comando *m.* di una, della nave. **Schiffs|ge|rip|pe** n. *(-[e]s,-)* scheletro *m.* della nave. **Schiffs|hal|ter** m. *(-s,-)* ITTIOL. remora *f.* **Schiffs|haut** f. *(-)* fasciame *m.* **Schiffs|herr** m. *(-n,-en)* → **Schiffseigentümer. Schiffs|jour|nal** [-ʒurnal] n. *(-s,-e)* giornale *m.* (*o* diario *m.*) di bordo. **Schiffs|jun|ge** m. *(-n,-n)* mozzo *m.* **Schiffs|ka|pi|tän** m. *(-s,-e)* capitano *m.* di, della nave. **Schiffs|koch** m. *(-[e]s,-köche)* cuoco *m.* di bordo. **Schiffs|kof|fer** m. *(-s,-)* baule *m.* da marina. **Schiffs|kol|li|si|on** f. *(-,-en)* collisione *f.* fra navi. **Schiffs|kör|per** m. *(-s,-)* → **Schiffsrumpf. Schiffs|krei|sel** m. *(-s,-)* girostabilizzatore *m.* **Schiffs|la|dung** f. *(-,-en)* carico *m.* di una (*o* della) nave. **Schiffs|last** f. *(-,-en)* stiva *f.* (di nave). **Schiffs|la|ter|ne** f. *(-,-n)* MAR. fanale *m.* di posizione (*o* di navigazione). **Schiffs|lis|te** f. *(-,-n)* orario *m.* marittimo. **Schiffs|lu|ke** f. *(-,-n)* boccaporto *m.* **Schiffs|mak|ler** m. *(-s,-)* sensale *m.* marittimo. **Schiffs|ma|ni|fest** n. *(-es,-e)* MAR. inventario *m.* del carico della nave. **Schiffs|mann|schaft** f. *(-,-en)* → **Schiffsbesatzung. Schiffs|ma|schi|ne** f. *(-,-n)* motore *m.* di, della nave. **Schiffs|ma|schi|nist** m. *(-en,-en)* MAR. macchinista *m.* **Schiffs|mat|ri|kel** f. *(-,-n)* → **Schiffsregister. Schiffs|mo|dell** n. *(-s,-e)* modello *m.* di, della nave. **Schiffs|na|me** m. *(-ns,-n)* nome *m.* di, della nave. **Schiffs|pa|pie|re** pl. documenti *m.pl.* di bordo. **Schiffs|pas|sa|ge** [-pasa:ʒə] f. *(-,-n)* traversata *f.* **Schiffs|raum** m. *(-[e]s)*, **Schiffs|raum|ge|halt** m. *(-[e]s)* MAR. stazza *f.* **Schiffs|re|gis|ter** n. *(-s,-)* registro *m.* navale. **Schiffs|rei|se** f. *(-,-n)* viaggio *m.* in nave (*o* per mare). **Schiffs|rip|pe** f. *(-,-n)* costa *f.* di, della nave. **Schiffs|rumpf** m. *(-[e]s,-rümpfe)* scafo *m.* di, della nave. **Schiffs|schna|bel** m. *(-s,-schnäbel)* STOR. rostro *m.* di, della nave. **Schiffs|ta|ge|buch** n. *(-[e]s,-bücher)* → **Schiffsjournal. Schiffs|tau** n. *(-[e]s,-e)* gomena *f.* **Schiffs|un|glück** n. *(-[e]s,-e)* incidente *m.* navale. **Schiffs|ver|kehr** m. *(-s)* navigazione *f.* **Schiffs|wan|ten** pl. sartie *f.pl.* **Schiffs|werft** f. *(-,-en)* cantiere *m.* navale. **Schiffs|zer|ti|fi|kat** n. *(-[e]s,-e)* (certificato *m.* di) licenza *f.* di navigazione. **Schiffs|zim|mer|mann** m. *(-[e]s,-leute)* carpentiere *m.* navale. **Schiffs|zwie|back** m. *(-[e]s,-e/-zwiebäcke)* galletta *f.*

Schi|flie|gen → **Skifliegen.**

1.schif|ten tr. EDIL. **1** *(Balken)* tagliare in diagonale **2** *(durch Nageln verbinden)* inchiodare.

2.schif|ten intr. (aus. *haben*) **1** MAR. strambare **2** *(rutschen)* scivolare.

Schif|ter m. *(-s,-)* EDIL. falso puntone *m.* **Schif|tung** f. *(-,-en)* EDIL. taglio *m.* di sbieco.

Schi|ha|serl → **Skihaserl.**

Schi|is|mus m. *(-)* sciismo *m.* **Schi|it** m. *(-en,-en)* sciita *m.* **schi|i|tisch** agg. sciita.

Schi|ka|ne f. *(-,-n)* **1** angheria *f.*, vessazione *f.*: ***diese Vorschrift ist reine ~*** questa disposizione è una vera e propria angheria **2** SPORT chicane *f.* ◆ COLLOQ. ***mit allen -n*** con tutti i comfort. **schi|ka|nie|ren** tr. vessare, angariare. **schi|ka|nös** agg. vessatorio: ***eine -e Vorschrift*** un provvedimento vessatorio.

Schi|ko|ree → **Chicorée.**

Schi|kurs → **Skikurs. Schi|lauf** → **Skilauf. Schi|lau|fen** → **Skilaufen. Schi|läu|fer** → **Skiläufer. Schi|läu|fe|rin** → **Skiläuferin.**

1.Schild m. *(-[e]s,-e)* **1** scudo *m.*: ***sich mit dem ~ decken*** ripararsi con lo scudo **2** *(Wappenschild)* scudo *m.* araldico **3** *(Mützenschirm)* visiera *f.* ◆ FIG. ***jdn auf den ~ (er)heben*** = proclamare qcn. capo; ***einen Adler im -e führen*** avere un'aquila sullo stemma; FIG. ***etw. (gegen jdm, etw.) im -e führen*** tramare qcs. (ai danni di qcn., qcs.).

2.Schild n. *(-[e]s,-er)* **1a** insegna *f.*: ***ein ~ aushängen, aufstellen*** appendere, mettere un'insegna **b** cartello *m.*: ***ein ~ am Straßenrand*** un cartello al lato della strada **2a** targhetta *f.*: ***ein ~ an der Tür anbringen*** attaccare una targhetta alla porta **b** etichetta *f.*: ***ein ~ auf die Flasche kleben*** incollare un'etichetta sulla bottiglia.

Schild|blu|me f. *(-,-n)* aspidistra *f.* **Schild|bo|gen** m. *(-s,-)* ARCH. arco *m.* perimetrale. **Schild|bür|ger** m. *(-s,-)* SPREG. filisteo *m.* **Schild|chen** n. *(-s,-)* **1** targhetta *f.* **2** *(kleines Etikett)* piccola etichetta *f.*

Schild|drü|se f. *(-,-n)* (ghiandola *f.*) tiroide *f.* **Schild|drü|sen|hor|mon** n. *(-s,-e)* ormone *m.* della tiroide. **Schild|drü|sen|über|funk|ti|on** f. *(-)* ipertiroidismo *m.* **Schild|drü|sen|un|ter|funk|ti|on** f. *(-)* ipotiroidismo *m.*

Schil|de|rer m. *(-s,-)* descrittore *m.* **Schil|der|haus** n. *(-es,-häuser)*, **Schil|der|häus|chen** n. *(-s,-)* ANT. MIL. garitta *f.* **Schil|der|ma|ler** m. *(-s,-)* pittore *m.* di insegne. **schil|dern** tr. raffigurare, rappresentare; *(beschreiben)* descrivere: ***eine Landschaft ~*** raffigurare un paesaggio; ***seine Eindrücke ~*** descrivere le proprie impressioni; ***etw. in allen Einzelheiten ~*** descrivere qcs. nei minimi particolari; ***sie schilderte ihn als kleinlich*** lo descrisse come un uomo meschino. **Schil|de|rung** f. *(-,-en)* descrizione *f.* **Schil|der|wald** m. *(-s,-wälder)* COLLOQ. selva *f.* di cartelli (stradali).

Schild|farn m. *(-[e]s,-e)* felce *f.* maschio. **schild|för|mig** agg. a forma di scudo. **Schild|hal|ter** m. *(-s,-)* ARALD. tenente *m.*

Schild|knap|pe m. *(-n,-n)* STOR. scudiero *m.* **Schild|knor|pel** m. *(-s,-)* cartilagine *f.* della laringe. **Schild|krot** n. *(-[e]s)* REGION. → **Schildpatt. Schild|krö|te** f. *(-,-n)* ZOOL. tartaruga *f.* **Schild|krö|ten|sup|pe** f. *(-,-n)* brodo *m.* di tartaruga. **Schild|laus** f. *(-,-läuse)* coccide *m.*, cocciniglia *f.* **Schild|mau|er** f. *(-,-n)* ARCH. muro *m.* di testa, muro *m.* trasversale di concatenamento. **Schild|müt|ze** f. *(-,-n)* berretto *m.* con visiera. **Schild|patt** n. *(-[e]s)* tartaruga *f.*: ***ein Kamm aus ~*** un pettine di tartaruga. **Schild|trä|ger** m. *(-s,-)* → **Schildknappe. Schild|wa|che** f. *(-,-n)* ANT. sentinella *f.*, guardia *f.*: ***~ stehen*** stare di guardia.

Schi|leh|rer → **Skilehrer.**

Schilf n. *(-[e]s,-e)* **1** → **Schilfrohr 2** *(Röhricht)* canne *f.pl.*, canneto *m.* **Schilf|dach** n. *(-[e]s,-dächer)* tetto *m.* di canne.

schil|fen agg. di canne. **schil|fe|rig** agg. REGION. squamoso. **schil|**

fern intr. (aus. *haben*) e rifl. **sich ~** REGION. squamarsi: ***die Haut schilfert (sich)*** la pelle si squama. **Schilf|gras** n. *(-es,-gräser)* → **Schilfrohr. schil|fig** agg. coperto di canne. **Schilf|li|lie** f. *(-,-n)* iris *f.* **Schilf|mat|te** f. *(-,-n)* stuoia *f.* di canne. **schilf|rig** → **schilferig. Schilf|rohr** n. *(-[e]s,-e)* stiancia *f.* **Schilf|rohr|sän|ger** m. *(-s,-)* usignolo *m.* di palude.

Schi|lift → **Skilift.**

Schill m. *(-[e]s,-e)* AUSTR. lucioperca *f.* e *m.*

Schil|ler m. *(-s,-)* **1** colore *m.* cangiante: ***ein rötlicher ~*** un rosso cangiante **2** REGION. → **Schillerwein. Schil|ler|fal|ter** m. *(-s,-)* apatura *f.* **schil|le|risch** agg. schilleriano ◆ ***schillerische Balladen*** ballate di Schiller. **Schil|ler|kra|gen** m. *(-s,-)* colletto *m.* alla Robespierre. **Schil|ler|lo|cke** f. *(-,-n)* GASTR. **1** INTRAD. (cannolo ripieno di panna o crema) **2** INTRAD. (involtino di spinarolo affumicato). **schil|lern** intr. (aus. *haben*) avere riflessi cangianti: ***ins Grün ~*** avere riflessi tendenti (*o* che tendono) al verde; ***in allen Farben ~*** avere riflessi variopinti. **schil|lernd** p.pres. agg. **1** → **schillern 2** FIG. sfuggente: ***ein -er Charakter*** un carattere sfuggente. **schil|lersch** → **schillerisch. Schil|ler|wein** m. *(-[e]s)* INTRAD. (tipo di vino di uve bianche e nere).

Schil|ling m. *(-s,-e)* scellino *m.*

schil|pen intr. (aus. *haben*) garrire.

Schi|mä|re f. *(-,-n)* AUSTR. chimera *f.*: ***einer ~ nachjagen*** inseguire una chimera. **schi|mä|risch** agg. chimerico.

1.Schim|mel m. *(-s)* muffa *f.*: ***der Käse ist mit ~ überzogen, von ~ bedeckt*** il formaggio è ammuffito, è coperto di muffa; ***auf dem Brot hat sich ~ gebildet*** sul pane si è formata la muffa.

2.Schim|mel m. *(-s,-)* **1** cavallo *m.* bianco **2** COLLOQ. *(Schablone)* schema *m.*, modello *m.*

Schim|mel|be|lag m. *(-[e]s,-beläge)* strato *m.* di muffa. **Schim|mel|bil|dung** f. *(-,-en)* formazione *f.* di muffa.

Schim|mel|hengst m. *(-es,-e)* stallone *m.* bianco.

schim|me|lig I agg.: ***-es Brot*** pane ammuffito; ***-er Geruch*** odore di muffa **II** avv. ***das riecht ~*** sa di muffa. **Schim|mel|kraut** n. *(-[e]s)* filaggine *f.* **schim|meln** intr. (aus. *haben, sein*) ammuffire: ***das Obst hat, ist geschimmelt*** la frutta è ammuffita; ***lass dein Manuskript nicht in der Schublade ~*** non lasciare ammuffire il tuo manoscritto nel cassetto. **Schim|mel|pilz** m. *(-es,-e)* muffa *f.*

Schim|mer m. *(-s)* **1** *(Schein)* chiarore *m.*: ***ein rötlicher ~*** un chiarore rossastro; ***beim ~ einer Kerze*** al chiarore di una candela **2** *(Glanz)* splendore *m.*, brillio *m.*, luccichio *m.*: ***der ~ der Sterne, ihrer Perlen*** il brillio delle stelle, lo splendore delle sue perle **3** lucentezza *f.*: ***der ~ der Seide, der Perlen*** la lucentezza della seta, delle perle **4** FIG. *(Anflug, Spur)* barlume *m.*, ombra *f.*: ***ein ~ von Hoffnung*** un barlume di speranza; ***der ~ eines Lächelns*** l'ombra di un sorriso; ***ein ~ von Traurigkeit*** un'ombra di tristezza ◆ ***nicht den ~ von einer Ahnung haben*** non averne la ben che minima idea; ***keinen blassen, nicht den geringsten (leisesten) ~ von etw. haben*** non avere la più pallida, la minima idea di qcs.

schim|mern intr. (aus. *haben*) **1** rilucere, risplendere: ***ihre Wangen ~ rosig*** le sue guance hanno un colorito rosa **2** *(glänzen)* brillare, luccicare: ***die Sterne, Perlen ~*** le stelle, le perle brillano **3 *durch etw. ~*** trapelare, passare attraverso qcs.: ***die Sonne schimmert durch die Gardinen*** il sole trapela attraverso le tendine; FIG. ***die Wahrheit schimmerte durch seine wirre, unzusammenhängende Erzählung*** dal suo racconto confuso e incoerente trapelò la verità. **schim|mernd** agg. **1** lucente, splendente **2** *(glänzend)* brillante, luccicante.

schimm|lig → **schimmelig.**

Schim|pan|se m. *(-n,-n)* scimpanzé *m.*

Schimpf m. *(-[e]s)* **1** oltraggio *m.*, affronto *m.*: ***jdm einen ~ antun, zufügen*** fare un affronto a qcn.; ***einen ~ erleiden*** subire un affronto; *(Beleidigung)* offesa *f.* ◆ ***sich mit ~ und Schande bedecken*** coprirsi d'infamia; ***jdn mit ~ und Schande fortjagen*** cacciare qcn. come un cane. **Schimp|fe** f. *(-)* COLLOQ. sgridata *f.*

schimp|fen I intr. (aus. *haben*) **1** inveire, imprecare: ***auf, über jdn ~*** inveire contro qcn.; ***gegen die Regierung ~*** inveire contro il governo; ***heftig, laut, ständig ~*** imprecare violentemente, a gran voce, continuamente **2** *(ausschimpfen)* ***mit jdm ~*** sgridare, redarguire, rimproverare qcn. **II** tr. **1** REGION. *(ausschimpfen)* sgridare, redarguire, rimproverare: ***jdn wegen etw. ~*** sgridare qcn. per qcs. **2** *(beschimpfen als)* ***jdn einen Dieb, Faulpelz ~*** dare del ladro, del fannullone a qcn. **III** rifl. **sich ~** COLLOQ. **1** IRON. *(sich bezeichnen)* dirsi: ***und diese Partei schimpft sich christlich!*** e questo partito si dice cristiano! **2** *(sich beschimpfen als)* ***sich einen Narren ~*** darsi dello stupido. **Schimp|fen** n. *(-s)*, **Schimp|fe|rei** f. *(-,-en)* **1** l'inveire **2** *(Schelten)* sgridate *f.pl.*, rimproveri *m.pl.*

schimp|fie|ren tr. ANT. **1** disonorare **2** *(verunglimpfen)* denigrare, diffamare, screditare.

Schimpf|ka|no|na|de f. *(-,-n)* COLLOQ. raffica *f.* di insulti.

schimpf|lich agg. **1** *(schändlich)* vergognoso, infame: ***eine -e Behandlung*** un trattamento infame **2** *(entehrend)* disonorante, infamante: ***ein -er Frieden*** una pace disonorante. **Schimpf|lich|keit** f. *(-,-en)* oltraggio *m.*, ingiuria *f.*; *(Ehrlosigkeit)* disonore *m.*, infamia *f.*

Schimpf|lied n. *(-[e]s,-er)* canzone *f.* ingiuriosa. **Schimpf|na|me** m. *(-ns,-n)* epiteto *m.*, nomignolo *m.* ingiurioso: ***jdm einen -n geben*** dare un nomignolo a qcn.; ***jdn mit -n belegen*** coprire qcn. di epiteti ingiuriosi. **Schimpf|spiel** n. *(-[e]s,-e)* TEATR. farsa *f.* **Schimpf|wort** n. *(-[e]s,-wörter* e *-e)* insulto *m.*, ingiuria *f.*

Schi|müt|ze → **Skimütze.**

Schind|aas n. *(-es)* carogna *f.* **Schind|acker** m. *(-s,-)*, **Schind|an|ger** m. *(-s,-)* ANT. scorticatoio *m.*

Schin|del f. *(-,-n)* scandola *f.* **Schin|del|dach** n. *(-[e]s,-dächer)* tetto *m.* (rivestito) di scandole. **schin|deln** tr. coprire, rivestire con scandole.

schin|den *(schindete/*RAR. *schund, geschunden)* **I** tr. **1** *(peinigen)* tormentare, martoriare **2** *(misshandeln)* maltrattare, strapazzare; ***ein Pferd ~*** maltrattare un cavallo; ***den Motor ~*** strapazzare il motore; ***seine Arbeiter ~*** sfruttare i propri operai **3a** COLLOQ. *(nicht bezahlen)* non pagare: ***das Fahrgeld, die Zeche ~*** non pagare il prezzo della corsa, il conto **b** *(schnorren)* scroccare: ***bei jdm Zigaretten ~*** scroccare sigarette a qcn. **4** COLLOQ. *(herausschlagen)* ***Applaus ~*** strappare un applauso **5** ANT. *(abhäuten)* sc(u)oiare, scorticare **II** rifl. **sich ~ 1a** COLLOQ. *(sich abplagen)* tribolare **b** *(sich abmühen)* arrabattarsi, affaticarsi ◆ ***bei jdm Eindruck ~*** cercare di fare impressione (*o* colpo) su qcn.; ***bei jdm Mitleid ~*** strappare la compassione di qcn.; ***ein Tier zu Tode ~*** torturare a morte un animale; ***Zeilen ~*** stiracchiare un testo; ***Zeit ~*** guadagnare tempo.

Schin|der m. *(-s,-)* **1** aguzzino *m.*, angariatore *m.* **2** ANT. *(Abdecker)* sc(u)oiatore *m.*, scorticatore *m.* **Schin|de|rei** f. *(-,-en)* **1** *(Abdeckerei)* scorticatorio *m.* **2** *(dauerndes Schinden)* maltrattamento *m.*, sfruttamento *m.* (continuo) **3** *(große Mühe)* tribolazione *f.*, faticaccia *f.*: ***der Umzug war eine arge ~*** il trasloco fu una grande faticaccia.

Schind|lu|der, ***mit jdm, etw. ~ treiben*** maltrattare (*o* bistrattare) qcn., maltrattare qcs. **Schind|mäh|re** f. *(-,-n)* SPREG. ronzino *m.*

Schin|ken m. *(-s,-)* **1** prosciutto *m.*: ***gekochter, roher, geräucherter ~*** prosciutto cotto, crudo, affumicato; ***eine Scheibe ~*** una fetta di prosciutto **2a** COLLOQ. *(Oberschenkel)* prosciuttone *m.*: ***dicke ~ haben*** avere dei prosciuttoni **b** *(Gesäß)* didietro *m.*: ***jdn auf den ~ hauen*** sculacciare qcn. **3** SCHERZ. SPREG. *(dickes Buch)* librone *m.* **4** COLLOQ. *(großes Gemälde ohne künstlerischen Wert)* crosta *f.* **5** COLLOQ. *(von schlechten Theaterstücken, Filmen)* polpettone *m.* ◆ ***mit dem ~ nach der Wurst werfen*** = arrischiare molto per guadagnare poco. **Schin|ken|är|mel** m. *(-s,-)* manica *f.* a sbuffo. **Schin|ken|brot** n. *(-[e]s,-e)* pane *m.* e prosciutto. **Schin|ken|bröt|chen** n. *(-s,-)* panino *m.* al prosciutto. **Schin|ken|klop|fen** n. *(-)* GIOC. schiaffo *m.* **Schin|ken|kno|chen** m. *(-s,-)* osso *m.* di prosciutto. **Schin|ken|röll|chen** n. *(-s,-)* involtino *m.* di prosciutto. **Schin|ken|schwar|te** f. *(-,-n)* cotenna *f.*, cotica *f.* del prosciutto. **Schin|ken|speck** m. *(-[e]s)* pancetta f. affumicata magra. **Schin|ken|wurst** f. *(-,-würste)* salsiccia *f.* di prosciutto.

Schin|to|is|mus m. *(-)* scintoismo *m.* **Schin|to|ist** m. *(-en,-en)* scintoista *m.* **schin|to|is|tisch** agg. scintoista.

Schi|pis|te → **Skipiste.**

Schipp|chen n. *(-s,-)* paletta *f.* ◆ SCHERZ. ***ein ~ machen, ziehen*** fare, mettere il muso. **Schip|pe** f. *(-,-n)* **1** *(Schaufel)* pala *f.*; *(kleine Schaufel)* paletta *f.*: ***mit ~ und Eimer spielen*** giocare con paletta e secchiello **2** COLLOQ. SPREG. *(Fingernagel)* unghiaccia *f.* **3** pl. *(Pik)* picche *f.pl.* ◆ COLLOQ. ***jdn auf die ~ nehmen, laden*** sfottere qcn.; SCHERZ. ***eine ~ machen, ziehen*** fare, mettere il muso. **schip|pen** tr. spalare: ***Kohlen, Schnee ~*** spalare carbone, neve. **Schip|pen|ass, Schip|pen|ass** n. *(-es,-e)* asso *m.* di picche.

1.Schip|per m. *(-s,-)* REGION. spalatore *m.*

2.Schip|per m. *(-s,-)* REGION. *(Schiffer)* marinaio *m.* **schip|pern I** tr. trasportare per nave **II** intr. (aus. *sein*) veleggiare.

Schirm m. *(-[e]s,-e)* **1a** ombrello *m.*: ***den ~ aufspannen (aufmachen, öffnen), schließen (zumachen, zuklappen)*** aprire, chiudere l'ombrello **b** *(Sonnenschirm am Strand)* ombrellone *m.*: ***den ganzen Tag unter dem ~ sitzen*** sedere tutto il giorno sotto l'ombrellone; *(kleinerer Sonnenschirm)* ombrellino *m.*, parasole *m.* **2** *(Lampenschirm)* paralume *m.* **3a** *(Schutzschild)* schermo *m.*: ***ein ~ für die Augen*** uno schermo per gli occhi **b** *(Mützenschirm)* visiera *f.*: ***den ~ in die Stirn ziehen*** calare la visiera sulla fronte **4** *(Bildschirm)* teleschermo *m.*: ***über den ~ gehen*** essere trasmesso (alla televisione), andare in onda **5** *(Fallschirm)* paracadute *m.* **6** *(von Schirmlingen)* cappello *m.* ◆ MIL.: ***atomarer ~*** ombrello atomico; ***jdm ~ und Schutz gewähren*** dare protezione a qcn.

Schirm|bild n. *(-[e]s,-er)*, **Schirm|bild|auf|nah|me** f. *(-,-n)*, **Schirm|bild|fo|to|gra|fie** f. *(-,-n)* schermografia *f.* **Schirm|bild|ge|rät** n. *(-[e]s,-e)* apparecchio *m.* radiologico. **Schirm|bild|rei|hen|un|ter|su|chung** f. *(-,-en)* schermografia *f.* di massa. **Schirm|bild|stel|le** f. *(-,-n)* centro *m.* di radiologia.

Schirm|dach n. *(-[e]s,-dächer)* tettoia *f.*

schir|men tr. ANT. **1** proteggere, difendere: ***jdn vor Gefahren ~*** proteggere qcn. dai pericoli **2** TECN. schermare. **schir|mend** agg. TECN. protettivo.

Schir|mer m. *(-s,-)* protettore *m.*, difensore *m.*

Schirm|fab|rik f. *(-,-en)* fabbrica *f.* di ombrelli, ombrellificio *m.* **schirm|för|mig** agg. a forma di ombrello, ombrelliforme. **Schirm|fut|te|ral** n. *(-[e]s,-e)* → **Schirmhülle. Schirm|ge|stell** n. *(-[e],-e)* armatura *f.* (*o* scheletro *m.*) di, dell'ombrello. **Schirm|git|ter** n. *(-s,-)* EL. griglia *f.* schermo. **Schirm|herr** m. *(-n,-en)* patrono *m.*, protettore *m.*: ***~ einer Veranstaltung sein*** essere patrono di una manifestazione. **Schirm|herr|schaft** f. *(-)* egida *f.*, patrocinio *m.*, (alto) patronato *m.*: ***unter der ~ des Bürgermeisters*** sotto l'egida del sindaco. **Schirm|hül|le** f. *(-,-n)* fodero *m.* dell'ombrello.

Schirm|ling m. *(-s,-e)* BOT. mazza *f.* da tamburo.

Schirm|ma|cher m. *(-s,-)* ombrellaio *m.* **Schirm|müt|ze** f. *(-,-n)* berretto *m.* con visiera. **Schirm|pal|me** f. *(-,-n)* palma *f.* di san Domingo. **Schirm|pilz** m. *(-es,-e)* → **Schirmling. Schirm|pi|nie** f. *(-,-n)* pino *m.* a ombrello. **Schirm|qual|le** f. *(-,-n)* medusa *f.* a ombrello. **Schirm|stän|der** m. *(-s,-)* portaombrelli *m.*

Schir|mung f. *(-,-en)* **1** TECN. schermatura *f.* **2** *(Schutz)* protezione *f.*

Schi|rok|ko m. *(-s,-s)* scirocco *m.*

Schirr|an|ti|lo|pe f. *(-,-n)* tragelafo *m.* striato.

schir|ren tr. attaccare: ***das Pferd an, vor den Wagen ~*** attaccare il cavallo al carro.

Schirr|meis|ter m. *(-s,-)* **1** addetto *m.* ai finimenti **2** *(Wagenführer)* carrettiere *m.* **3** ANT. MIL. sottufficiale *m.* addetto ai veicoli

Schi|schuh → **Skischuh.**

Schis|ma n. *(-s, Schismen* e RAR. *-ta)* scisma *m.* **Schis|ma|ti|ker** m. *(-s,-)* scismatico *m.* **schis|ma|tisch** agg. scismatico.

Schi|sport → **Skisport. Schi|sprin|ger** → **Skispringer. Schi|sprung|schan|ze** → **Skisprungschanze.**

schiss → **scheißen. Schiss** m. *(-es)* **1** VOLG. *(Scheiße)* merda *f.* **2** COLLOQ. *(Angst)* strizza *f.*, cacarella *f.*: ***~ kriegen*** avere la cacarella; COLLOQ. ***~ vor jdm, etw. haben*** avere strizza di qcn., qcs. **Schis|ser** m. *(-s,-)* COLLOQ. cacasotto *m.*

Schi|stie|fel → **Skistiefel.**

Schi|wa n.pr.m. Shiva *m.*

Schi|wachs → **Skiwachs.**

Schi|zo|go|nie f. *(-)* schizogonia *f.*, schizogenesi *f.* **Schi|zo|i|de** m. e f. *(-n,-n)* schizoide *m.* e *f.* **Schi|zo|pha|sie** f. *(-)* schizofasia *f.*, schizolalia *f.*

schi|zo|phren agg. schizofrenico (anche ESTENS.): ***eine -e Politik, ein -es Verhalten*** una politica schizofrenica, un comportamento schizofrenico. **Schi|zo|phre|ne** m. e f. *(-,-n)* schizofrenico *m.* (-a *f.*). **Schi|zo|phre|nie** f. *(-)* schizofrenia *f.*

Schi|zo|phyt f. *(-,-en)* schizofita *f.* **Schi|zo|ty|mie** f. *(-)* schizotimia *f.*

Schlab|ber f. *(-,-n)* REGION. SPREG. becco *m.*: ***ihre ~ steht nicht still*** non chiude mai il becco (*o* mena la lingua in continuazione). **Schlab|be|rei** f. *(-,-en)* SPREG. **1** COLLOQ. lo sbrodolarsi **2** REGION. *(Schwatzen)* cianciata *f.*, ciarlata *f.* **schlab|be|rig** agg. COLLOQ. **1a** molliccio **b** *(gallertartig)* gelatinoso **2** *(wässrig)* acquoso **3** *(von Stoffen)* morbido, vaporoso. **Schlab|ber|latz** m. *(-[e]s,-lätze)*, **Schlab|ber|lätz|chen** n. *(-s,-)* COLLOQ. bavaglino *m.* **Schlab|ber|maul** n. *(-[e]s,-mäuler)* COLLOQ. chiacchierone *m.* **schlab|bern** COLLOQ. **I** tr. bere aspirando, sorbire; *(von Tieren)* lappare: ***Milch, Wasser ~*** lappare latte, acqua **II** intr. (aus. *haben*) **1** sbrodolarsi **2** REGION. *(schwatzen)* ciarlare, cianciare **3** *(schlottern)* ballare: ***ihm ~ die Hosen*** gli ballano i pantaloni. **Schlab|ber|was|ser** n. COLLOQ. ***~ getrunken haben*** cianciare in continuazione, come una macchinetta. **schlabb|rig** → **schlabberig.**

Schlacht f. *(-,-en)* battaglia *f.* (anche FIG.): ***eine ~ schlagen, gewinnen, verlieren,*** combattere vincere, perdere, una battaglia; ***in die ~ ziehen, gehen*** andare in battaglia; ***die ~ bei Marathon, um Verdun*** la battaglia di Maratona, di Verdun; ***jdm eine ~ liefern*** dar battaglia a qcn.; ***eine verlorene ~*** una battaglia persa ◆ ***in der ~ fallen*** cadere in battaglia; ***im Getümmel, Gewühl der ~*** nel pieno, nel vivo della battaglia; ***die ~ tobt heftig, wütet*** la battaglia infuria; FIG. ***hier sieht es wie nach einer ~ aus*** sembra un campo di battaglia.

Schlacht|bank f. *(-,-bänke)* banco *m.* del macellaio ◆ ***sich wie ein Lamm zur ~ führen lassen*** andare come una pecora al macello. **schlacht|bar** agg. macellabile. **Schlacht|beil** n. *(-[e]s,-e)* mannaia *f.* **schlach|ten** tr. **1** macellare: ***ein Schwein ~*** macellare un maiale **2** FIG. trucidare, massacrare **3** SCHERZ. *(verzehren)* far fuori: ***die Vorräte ~*** far fuori le (*o* dar fondo alle) provviste.

Schlach|ten|bumm|ler m. *(-s,-)* SPORT GERG. = tifoso *m.* che segue la propria squadra nelle trasferte.

Schlach|ter, Schläch|ter m. *(-s,-)* **1** REGION. *(Fleischer)* macellaio *m.* **2** *(im Schlachthof)* macellatore *m.* **3** *(Massenmörder)* massacratore *m.*, macellaio *m.* **Schlach|te|rei, Schläch|te|rei** f. *(-,-en)* **1** REGION. macelleria *f.* **2** SPREG. *(massenweises Töten)* macello *m.*, carneficina *f.*, strage *f.*

Schlacht|feld n. *(-[e]s,-er)* campo *m.* di battaglia: ANT. ***auf dem ~ bleiben*** morire sul campo; FIG. ***dein Zimmer ist ein richtiges ~*** la tua stanza è un vero campo di battaglia. **Schlacht|fest** n. *(-[e]s,-e)* = giorno *m.* in cui si macella il maiale. **Schlacht|fleisch** n. *(-es)* carne *f.* macellata. **Schlacht|flot|te** f. *(-,-n)* flotta *f.* da combattimento. **Schlacht|ge|brüll** n. *(-[e]s)* grido *m.* di battaglia. **Schlacht|ge|mäl|de** n. *(-s,-)* dipinto *m.* raffigurante una battaglia, quadro *m.* di battaglia. **Schlacht|ge|sang** m. *(-[e]s,-gesänge)* **1** canto *m.* di battaglia **2** → **Schlachtgebrüll. Schlacht|ge|schrei** m. *(-[e]s)* → **Schlachtgebrüll. Schlacht|ge|tüm|mel** n. *(-s)* tumulto *m.* della battaglia, mischia *f.* **Schlacht|ge|wicht** n. *(-[e]s)* peso *m.* morto. **Schlacht|haus** n. *(-es,-häuser)*, **Schlacht|hof** m. *(-[e]s,-höfe)* macello *m.*, mattatoio *m.* **Schlacht|kreu|zer** m. *(-s,-)* incrociatore *m.* da battaglia. **Schlacht|li|nie** f. *(-,-n)* linea *f.* di combattimento, fronte *m.* **Schlacht|mes|ser** n. *(-s,-)* squartatoio *m.* **Schlacht|op|fer** n. *(-s,-)* sacrificio *m.* cruento. **Schlacht|ord|nung** f. *(-,-en)* (spiegamento *m.* in) ordine *m.* di battaglia. **Schlacht|plan** m. *(-[e]s,-pläne)* piano *m.* di battaglia (anche FIG.): ***einen ~ aushecken*** escogitare un piano di battaglia. **Schlacht|plat|te** f. *(-,-n)* INTRAD. (piatto misto di carni e insaccati). **schlacht|reif** agg. pronto per essere macellato. **Schlacht|ross** n. *(-es,-e)* **1** ANT. destriero *m.* **2** FIG. COLLOQ. *(erfahrener Mensch)* ***ein altes ~*** un volpone, una vecchia volpe **Schlacht|ruf** m. *(-[e]s,-e)* → **Schlachtgebrüll. Schlacht|schiff** n. *(-[e]s,-e)* nave *f.* da guerra. **Schlacht|tier** n. *(-[e]s,-e)* animale *m.* da macello.

Schlach|tung f. *(-,-en)* macellazione *f.*: ***aus frischer ~*** di fresca macellazione.

Schlacht|vieh n. *(-[e]s)* bestiame *m.* (*o* animali *m.pl.*) da macello. **Schlacht|vieh|be|schau** f. *(-,-en)* ispezione *f.* della carne macellata. **Schlacht|vieh|hof** m. *([e]s,-höfe)* → **Schlachthaus.**

schlack agg. REGION. floscio, moscio. **Schlack** m. *(-[e]s)* REGION. **1** poltiglia *f.* **2a** *(Schneeregen)* neve *f.* bagnata **b** *(Schneematsch)* neve *f.* marcia, fradicia.

Schla|cke f. *(-,-n)* **1a** METALL. scoria *f.*; loppa *f.*: ***-n bilden*** produrre scorie **b** GEOL. scoria *f.* vulcanica **2** MED. scorie *f.pl.*

1.schla|cken intr. (aus. *haben*) produrre scorie.

2.schla|cken intr. (aus. *haben*) impers. REGION. ***es schlackt*** cade pioggia mista a neve.

Schla|cken|ab|stich m. *(-[e]s,-e)* METALL. foro *m.* di spurgo delle scorie. **schla|cken|frei** agg. **1** senza (*o* privo di) scorie **2** *(keine Schlacken zurücklassen)* ***~ verbrennen*** bruciare senza lasciare scorie. **Schla|cken|gru|be** f. *(-,-n)* fossa *f.* per le scorie. **Schla|cken|kost** f. *(-)* alimento *m.* ricco di scorie. **schla|cken|los** agg. **1** → **schlackenfrei 2** FIG. *(makellos)* perfetto, ineccepibile. **schla|cken|reich** agg. ricco di scorie. **Schla|cken|wol|le** f. *(-)* lana *f.* di scoria (*o* minerale).

schla|cke|rig agg. COLLOQ. penzolante, pendente.

schla|ckern intr. (aus. *haben*) REGION. **1a** *(schlenkern)* penzolare, ciondolare **b** ***mit den Armen ~*** far ciondolare le braccia, stare con le braccia penzoloni **2** *(wackeln)* ondeggiare, traballare, vacillare: ***das Rad schlackert*** la ruota traballa ◆ COLLOQ. ***mit den Ohren ~*** rimanere a bocca aperta.

Schla|cker|wet|ter n. *(-s)* REGION. pioggia *f.* mista a neve.

schla|ckig agg. pieno di scorie.

schlack|rig → **schlackerig.**

Schlack|wurst f. *(-,-würste)* cervellata *f.*

1.Schlaf m. *(-[e]s)* sonno *m.*: ***ein leichter (leiser), fester (bleierner) ~*** un sonno leggero, pesante; ***keinen ~ finden können*** non riuscire a prender sonno; ***in tiefem ~ liegen*** essere immerso in un sonno profondo; ***im ~ sprechen*** parlare nel sonno ◆ ***sich den ~ aus den Augen reiben*** stropicciarsi gli occhi per svegliarsi; ***aus***

dem, vom ~ erwachen svegliarsi; EUFEM. ***der ewige ~*** il sonno eterno; ***aus tiefstem ~ fahren*** svegliarsi di soprassalto; ***den ~ der Gerechten schlafen*** dormire il sonno del giusto; ***etw. im ~ können*** sapere (fare) qcs. ad occhi chiusi; COLLOQ. ***nicht im ~*** neanche per sogno; ***das fällt mir nicht im ~ ein*** non me lo sogno nemmeno; ***jdn aus dem ~ reißen, rütteln*** strappare qcn. al sonno, svegliare bruscamente qcn.; ***ein Kind in den ~ singen*** ninnare un bambino; ***in den ~ sinken*** addormentarsi; ***vom ~ übermannt, überfallen, überwältigt werden*** essere vinto dal sonno; ***das bringt mich um meinen ~*** non mi fa dormire.

2.Schlaf m. *(-[e]s, Schläfe)* ANT. → **Schläfe.**

Schlaf|an|zug m. *(-[e]s,-züge)* pigiama *m.* **Schlaf|an|zug|ho|se** f. *(-,-n)* pantaloni *m.pl.* del pigiama. **Schlaf|be|dürf|nis** n. *(-ses)* bisogno *f.* di sonno. **schlaf|be|dürf|tig** agg. bisognoso di sonno. **schlaf|brin|gend** agg. soporifero, che concilia il sonno. **Schläf|chen** n. *(-s,-)* sonnellino *m.*, pisolino *m.*, dormitina *f.*: ***ein ~ halten, machen*** schiacciare un pisolino, fare una dormitina. **Schlaf|couch** f. *(-,-es)* divano *m.* letto. **Schlaf|deich** m. *(-[e]s,-e)* TECN. argine *m.* abbandonato (*o* dormiente).

Schlä|fe f. *(-,-n)* tempia *f.* ◆ ***graue -n haben*** avere le tempie grigie.

schla|fen *(schläft, schlief, geschlafen)* **I** intr. (aus. *haben*) **1a** dormire: ***tief, fest ~*** dormire profondamente, della grossa; ***~ gehen*** andare a dormire; ***bis spät in den Tag hinein ~*** dormire fino a tardi; ***den ganzen Tag ~*** dormire tutto il giorno; ***auf der Erde ~*** dormire per terra; ***schlaf gut, wohl (schön)!*** dormi bene! buon riposo! FIG. ***die Natur, die Stadt schläft*** la natura, la città dorme **b** *(übernachten)* ***du kannst bei uns ~*** puoi dormire (*o* pernottare) da noi; ***im Hotel, im Freien ~*** dormire in albergo, all'aperto **c** *(unaufmerksam sein)* ***in der Lateinstunde schläft die Klasse*** durante la lezione di latino la classe dorme; ***die Konkurrenz schläft sicher nicht*** sicuramente la concorrenza non dorme; EUFEM. *(koitieren)* ***mit jdm ~*** dormire (*o* andare a letto) con qcn. **II** rifl. **sich ~** impers. ***bei diesem Lärm, auf diesem Bett schläft es sich schlecht*** con questo rumore, su questo letto si dorme male ◆ ***mit offenen Augen ~*** dormire ad occhi aperti; ***die Kinder ~ bringen*** mettere a letto (*o* a dormire) i bambini; ***schlaf noch einmal darüber!*** dormici sopra! la notte porta consiglio! ***sich gesund ~*** guarire con una bella dormita; ***noch halb ~*** essere ancora mezzo addormentato; COLLOQ. ***mit den Hühnern ~ gehen*** andare a letto con le galline; ***sich ~ legen*** coricarsi; ***im Sitzen ~*** dormire seduto; ***im Stehen ~*** dormire in piedi; ***wer schläft, sündigt nicht*** chi dorme non pecca; ***unruhig ~*** avere il sonno agitato; ***wie ein Murmeltier, Dachs ~*** dormire come un ghiro; ***wie ein Stein, Sack ~*** dormire come un sasso. **Schla|fen** n. *(-s)* (il) dormire.

Schlä|fen|ar|te|rie f. *(-,-n)* arteria *f.* temporale. **Schlä|fen|bein** n. *(-[e]s,-e)* osso *m.* temporale.

schla|fend p.pres. agg. **1** → **schlafen 2** dormiente ◆ ***sich ~ stellen*** fingere di dormire. **Schla|fen|de** m. e f. *(-n,-n)* dormiente *m.* e *f.*

Schlä|fen|ge|gend f. *(-)* regione *f.* temporale.

Schla|fen|ge|hen n. *(-s)* l'andare a dormire: ***vor dem ~ eine Tasse Kamillentee trinken*** bere una tazza di camomilla prima di andare a dormire. **Schla|fens|zeit** f. *(-)* ora *f.* di andare a dormire. **Schlä|fer** m. *(-s,-)* **1** dormiente *m.* **2** *(Bilch)* ghiro *m.* **schlä|fern** intr. (aus. *haben*) RAR. impers. ***mich schläfert es*** ho sonno.

schlaff I agg. **1** non teso, lento, allentato: ***ein -es Seil*** una fune lenta, allentata **2a** *(kraftlos)* debole, fiacco, privo di energia: ***ein -er Händedruck*** una debole stretta di mano; SPREG. ***ein -er Typ*** un rammollito; ***eine -e Disziplin*** una disciplina rilassata **b** COLLOQ. *(ohne Schwung)* ***ein -es Fest*** una festa fiacca **3** *(welk)* floscio, flaccido, cascante: ***-e Haut, Brüste, Muskeln*** pelle flaccida, seni cascanti, muscoli flosci (*o* flaccidi); ***-er Salat*** insalata avvizzita **II** avv. in modo fiacco, senza energia ◆ ***~ herabhängen, herunterhängen*** penzolare, ciondolare; ***~ machen*** allentare; *(kraftlos machen)* spossare; ***~ werden*** allentarsi; *(schlapp werden)* stancarsi, spossarsi. **Schlaff|heit** f. *(-)* **1** l'essere allentato, non teso **2** *(Kraftlosigkeit)* spossatezza *f.*, fiacchezza *f.*

Schlaf|for|schung f. *(-)* ipnologia *f.* **Schlaf|gän|ger** m. *(-s,-)* ANT. chi affitta un posto per dormire, un posto letto. **Schlaf|gast** m. *(-[e]s,-gäste)* ospite *m.* per la notte. **Schlaf|ge|le|gen|heit** f. *(-,-en)* possibilità *f.* di pernottamento, posto *m.* per dormire. **Schlaf|ge|mach** n. *(-[e]s,-gemächer)* LETT. → **Schlafzimmer. Schlaf|ge|nos|se** m. *(-n,-n)* compagno *m.* di camera. **Schlaf|ge|wohn|heit** f. *(-,-en)* abitudine *f.* nel modo di dormire.

Schla|fitt|chen, COLLOQ. ***jdn am, beim ~ kriegen, packen, fassen*** prendere, afferrare qcn. per la collottola (per dargli una strigliata).

Schlaf|krank|heit f. *(-)* malattia *f.* del sonno. **Schlaf|kur** f. *(-,-en)* cura *f.* del sonno. **Schlaf|lern|me|tho|de** f. *(-,-n)* ipnopedia *f.* **Schlaf|lied** n. *(-[e]s,-er)* ninnananna *f.*, ninna nanna *f.* **schlaf|los I** agg. insonne: ***jdm eine -e Nacht bereiten*** far passare una notte insonne (*o* in bianco) a qcn. **II** senza (riuscire a) dormire: ***sich ~ im Bett wälzen*** rigirarsi nel letto senza riuscire a dormire. **Schlaf|lo|sig|keit** f. *(-)* insonnia *f.*: ***an ~ leiden*** soffrire d'insonnia. **Schlaf|maus** f. *(-,-mäuse)* ghiro *m.*

Schlaf|mit|tel n. *(-s,-)* sonnifero *m.*: ***ein ~ (ein)nehmen*** prendere un sonnifero. **Schlaf|mit|tel|sucht** f. *(-)* dipendenza *f.* da sonniferi. **Schlaf|mit|tel|ver|gif|tung** f. *(-,-en)* avvelenamento *m.* (*o* intossicazione *f.*) da sonniferi.

Schlaf|mohn m. *(-[e]s)* papavero *m.* da oppio. **Schlaf|müt|ze** f. *(-,-n)* **1** berretto *m.* da notte **2a** COLLOQ. *(Langschläfer)* dormiglione *m.* **b** *(träger Mensch)* addormentato *m.*, poltrone *m.* **schlaf|müt|zig** agg. COLLOQ. SPREG. addormentato, tardo. **Schlaf|platz** m. *(-es,-plätze)* → **Schlafstelle. Schlaf|pup|pe** f. *(-,-n)* bambola *f.* con palpebre mobili. **Schlaf|rat|te** f. *(-,-n)* COLLOQ. dormiglione *m.* **Schlaf|raum** m. *(-[e]s,-räume)* dormitorio *m.*

schläf|rig I agg. **1** assonnato, insonnolito: ***-e Augen*** occhi assonnati **2** FIG. *(träge)* sonnolento **II** avv. **1** assonnatamente, sonnacchiosamente **2** FIG. *(träge)* con indolenza, svogliatamente ◆ ***das macht ihn ~*** gli fa venire, gli mette sonno; ***er wird nach dem Mittagessen ~*** gli viene sonno dopo pranzo. **Schläf|rig|keit** f. *(-)* **1** sonnolenza *f.* **2** FIG. *(Trägheit)* indolenza *f.*, torpore *m.*

Schlaf|rock m. *(-[e]s,-röcke)* vestaglia *f.* ◆ GASTR. ***Äpfel im ~*** fagottini di mele. **Schlaf|saal** m. *(-[e]s,-säle)* camerata *f.*, dormitorio *m.* **Schlaf|sack** m. *(-[e]s,-säcke)* sacco *m.* a pelo. **Schlaf|stadt** f. *(-,-städte)* città *f.* dormitorio. **Schlaf|stät|te** f. *(-,-n)*, **Schlaf|stel|le** f. *(-,-n)* posto *m.* per dormire. **Schlaf|stel|lung** f. *(-,-en)* posizione *f.* (del corpo) durante il sonno. **Schlaf|stö|rung** f. *(-,-en)* disturbo *m.* del sonno. **Schlaf|sucht** f. *(-)* MED. letargia *f.* **schlaf|süch|tig** agg. MED. letargico. **Schlaf|tab|let|te** f. *(-,-n)* pastiglia *f.* di sonnifero, sonnifero *m.* **Schlaf|the|ra|pie** f. *(-)* MED. cura *f.* del sonno, narcoterapia *f.* **Schlaf|tier** n. *(-[e]s,-e)* animaletto *m.*; peluche *m.* (con cui dormono i bambini).

Schlaf|trunk m. *(-[e]s)* bevanda *f.* (calda) che concilia il sonno. **schlaf|trun|ken** agg. insonnolito, mezzo addormentato. **Schlaf|trun|ken|heit** f. *(-)* sonnolenza *f.*, sopore *m.*

Schlaf-wach-Rhyth|mus m. *(-)* ciclo *m.* sonno-veglia. **Schlaf|wa|gen** m. *(-s,-)* vagone *m.* letto. **Schlaf|wa|gen|ab|teil** n. *(-[e]s,-e)* scompartimento *m.* letti.

schlaf|wan|deln intr. (aus. *haben, sein*) essere, fare il sonnambulo. **Schlaf|wan|deln** n. *(-s)* sonnambulismo *m.* **Schlaf|wand|ler** m. *(-s,-)* sonnambulo *m.* **schlaf|wand|le|risch** agg. da sonnambulo, sonnambolico ◆ ***mit -er Sicherheit*** con sicurezza assoluta.

Schlaf|zent|rum n. *(-s)* FISIOL. centro *m.* del sonno. **Schlaf|zim|mer** n. *(-s,-)* camera *f.* da letto. **Schlaf|zim|mer|blick** m. *(-[e]s)* COLLOQ. = sguardo *m.* sensuale.

Schlag m. *(-[e]s, Schläge)* **1a** colpo *m.*, botta *f.*: ***ein leichter, starker, harter, tödlicher, schmerzender ~*** un colpo leggero, forte, duro, mortale, una botta dolorosa; ***ein ~ auf den Kopf*** un colpo in testa; ***einen ~ abwehren, parieren*** parare un colpo; ***einem ~ ausweichen*** schivare un colpo; ***jdm einen ~ versetzen*** assestare un colpo a qcn. **b** *(Geräusch)* ***plötzlich tat es im Hof einen ~*** improvvisamente si udì un colpo (*o* boato) nel cortile **c** FIG. *(Unglück)* ***das war ein harter ~ für sie*** è stato un duro colpo per lei **d** COLLOQ. *(Schlaganfall)* ***er hat einen ~ bekommen*** gli è preso un colpo; ***jd ist vom ~ getroffen worden*** a qcn. è venuto un colpo **e** SPORT ***ein ~ ins Aus*** un colpo fuori **2** pl. *(Prügel)* botte *f.pl.*, legnate *f.pl.*: ***jdm ein paar Schläge versetzen*** assestare un paio di legnate a qcn.; ***Schläge austeilen*** somministrare botte; ***Schläge bekommen, kriegen*** prenderle, buscarle **3a** *(sich wiederholendes Geräusch)* battito *m.*: ***der ~ des Herzens*** il battito del cuore **b** *(von Glocken, Uhren)* tocco *m.*, rintocco *m.* **4** *(Vogelgesang)* canto *m.*: ***der ~ der Lerchen*** il canto delle allodole **5a** *(Blitzschlag)* fulmine *f.* **b** *(Stromstoß)* scossa *f.*: ***beim Reparieren der Lampe hat er einen starken ~ bekommen*** riparando la lampada ha preso una forte scossa **6a** *(Wesensart)* risma *f.*, stampo *m.*: ***sie sind beide vom gleichen ~*** sono dello stesso stampo (*o* fatti della stessa pasta); ***ein Lehrer vom alten ~ (alten -s)*** un insegnante di vecchio stampo; ***Männer seines -s*** uomini del suo stampo **b** *(Art, Weise)* modo *m.*, maniera *f.*: ***das ist ein Haus alten -s (vom alten ~)*** è una casa ancora alla vecchia maniera **7** ZOOL. varietà *f.* **8a** MAR. bordo *m.*, bordata *f.* **b** *(von Seilen)* avvolgimento *m.* **9** ABBIGL. zampa *f.* di elefante: ***Hosen mit ~*** pantaloni a zampa di elefante **10** *(Taubenschlag)* piccionaia *f.*, colombaia *f.* **11a** ANT. *(von Kutschen)* sportello *m.* **b** *(von Autos)* portiera *f.*: ***den ~ öffnen, schließen*** aprire, chiudere la portiera **12a** COLLOQ. *(Portion)* porzione *f.*: ***ein ~ Kuchen*** una porzione di dolce b *(Kelle)* mestolo *m.*: ein ~ Suppe un mestolo (*o* scodella) di minestra 13 AUSTR. *(Schlagsahne)* panna *f.* (montata): Kaffee mit ~ caffè con panna; zweimal ~ due porzioni di panna 14a AGR. *(Ackerland)* coltivazione *f.*: ein ~ Kartoffeln una piantagione di patate b *(Einschlag)* taglio *m.*, disboscamento *m.*: einen ~ wieder aufforsten rimboschire una zona disboscata (*o* radura) 15 TESS. colpo *m.*, battuta *f.* (d'inserimento) ◆ ~ auf ~ colpo su colpo; etw. auf einen ~ tun fare qcs. in un colpo; auf den ersten, zweiten ~ al primo, secondo colpo; es ging ~ auf ~ facevano a botta e risposta; es kam ~ auf ~ si arrivò uno dopo l'altro; zum entscheidenden ~ ausholen prepararsi per il colpo decisivo; nach allen Seiten Schläge austeilen menar colpi, botte a destra e a manca; (einen) ~ bei jdm haben avere la simpatia di qcn.; zwei Fliegen auf einen ~ due piccioni con una fava; wie vom ~ gerührt, getroffen sein essere come folgorato; ein ~ ins Gesicht uno schiaffo; ein ~ unter die Gürtellinie un colpo basso; einen ~ haben essere bacato, tocco; ein ~ aus heiterem Himmel un fulmine a ciel sereno; das war ein ~ ins Kontor è stato davvero un colpo; mit einem ~ d'un colpo, d'un tratto; ein ~ mit dem Stock un colpo di bastone, una bastonata; dich soll der ~ treffen! ti venga un colpo! COLLOQ. FIG. ihn rührt, trifft der ~ gli prende un colpo; COLLOQ. FIG. keinen ~ tun non muovere un dito; ~ 7 Uhr alle sette in punto; ein ~ ins Wasser sein essere un buco nell'acqua; der ~ der Wellen il frangersi delle onde.

Schlag|ab|tausch m. *(-[e]s)* 1 SPORT uno-due *m.* 2 FIG. battibecco *m.*: ein ~ zwischen Regierung und Opposition un battibecco tra governo e opposizione; ein offener ~ un acceso dibattito. **Schlag|ader** f. *(-,-n)* arteria *f.* **Schlag|an|fall** m. *(-[e],-anfälle)* colpo *m.* apoplettico: einen ~ haben, überstehen avere, superare un colpo apoplett. **Schlag|arm** m. *(-[e]s,-e)* mano *f.* della racchetta. **schlag|ar|tig** I agg. fulmineo, repentino II avv. fulmineamente, repentinamente; *(plötzlich)* improvvisamente, all'improvviso, d'un tratto: ~ hörte der Lärm auf improvvisamente cessò il rumore. **Schlag|ball** m. *(-[e]s)*, **Schlag|ball|spiel** n. *(-[e]s,-e)* INTRAD. (gioco simile al baseball). **schlag|bar** agg. 1 battibile: ein -er Gegner un avversario battibile 2 → **schlagreif**. **Schlag|bass** m. *(-es,-bässe)* basso *m.* **Schlag|baum** m. *(-[e]s,-bäume)* barriera *f.*, sbarra *f.*: den ~ öffnen aprire la barriera; den ~ herunterlassen abbassare la sbarra. **Schlag|be|sen** m. *(-s,-)* MUS. spazzola *f.* **Schlag|boh|rer** m. *(-s,-)*, **Schlag|bohr|ma|schi|ne** f. *(-,-n)* trapano *m.* a percussione. **Schlag|bol|zen** m. *(-s,-)* percussore *m.* (di arma da fuoco).

Schlä|gel m. *(-s,-)* 1a martello *m.* (di legno) b *(Klöppel)* mazza *f.* c MIN. mazzuolo *m.* 2 *(Trommelschlägel)* bacchetta *f.* **schlä|geln** intr. *(aus. haben)* battere col martello; *(stampfen)* pestare col martello.

schla|gen *(schlägt, schlug, geschlagen)* I tr. 1a colpire: jdn heftig mit einem Stock, mit der Faust ~ colpire violentemente qcn. con un bastone, con il pugno b jdm die Tasche auf den Kopf ~ colpire in testa qcn. con la borsa, dare la borsa sulla testa di qcn. c FIG. das Schicksal hat ihn hart geschlagen il destino lo ha colpito duramente 2 *(prügeln)* picchiare: ein Kind ~ picchiare un bambino; jdn blutig ~ picchiare a sangue qcn. 3 *(durch Schlagen bewirken)* fare (battendo): Löcher ins Eis ~ fare dei buchi nel ghiaccio 4 *(hineintreiben)* piantare, conficcare: einen Nagel in die Mauer ~ piantare un chiodo nel muro; einen Pfahl in den Boden ~ piantare un palo nel terreno; der Löwe schlägt die Zähne in sein Opfer il leone conficca i denti nella sua vittima 5 *(schlagend entfernen)* strappare, togliere: jdm etw. aus der Hand ~ strappare qcs. dalla mano di qcn. 6 *(befestigen)* attaccare, fissare: ein Schild, Plakat an die Wand ~ attaccare un cartello, affiggere un manifesto al muro 7 *(fällen)* tagliare: Holz, Bäume ~ tagliare la legna, tagliare (*o* abbattere) degli alberi 8 montare: die Sahne, Eiweiß (zu Schaum) ~ montare la panna, montare (a neve) gli albumi 9 *(passieren)* passare: Kartoffeln durch ein Sieb ~ passare le patate al setaccio 10 ANT. *(prägen)* battere, coniare: Münzen ~ battere moneta 11 *(beschreiben)* tracciare, descrivere: einen Kreis ~ tracciare un cerchio 12 *(legen)* mettere: eine Decke über etw. ~ mettere una coperta su qcs.; ein Tuch um die Schultern ~ mettere (*o* gettarsi) un foulard sulle spalle; zwei Eier in die Pfanne ~ mettere due uova in padella 13 *(einwickeln)* avvolgere, avviluppare: etw. in Zeitungspapier ~ avvolgere qcs. in carta di giornale 14 *(bilden)* fare: die Bluse schlägt am Rücken Falten la camicetta fa delle pieghe sulla schiena 15a *(Schlaginstrumente)* suonare: ANT. die Gitarre ~ suonare la chitarra b den Takt ~ battere il tempo 16 *(akustisch anzeigen)* suonare, battere: die Uhr schlägt Mitternacht l'orologio suona la mezzanotte 17 *(besiegen)* battere: den Feind, die gegnerische Mannschaft 2:0 ~ battere il nemico, la squadra avversaria per 2 a 0; die Konkurrenz mit niedrigeren Preisen ~ battere la concorrenza con i prezzi più bassi 18a SPORT *(treten)* tirare: den Ball ins Tor ~ tirare, mandare la palla in porta b einen Freistoß ~ battere un calcio di punizione 19 GIOC. mangiare: den Springer mit der Dame ~ mangiare il cavallo con la regina; assol. die Bauern ziehen gerade und ~ schräg i pedoni procedono diritto e mangiano in diagonale 20 *(hinzufügen)* annettere: das Gebiet wurde zu Bayern geschlagen il territorio fu annesso alla Baviera 21 COMM. *(dazurechnen)* caricare: die Unkosten auf die Ware ~ caricare la merce delle spese 22 *(Jagen von Tieren)* abbattere: die Beute ~ abbattere la preda II intr. 1 (aus. *haben*) battere, picchiare: gegen die Tür ~ battere contro la porta; mit der Faust auf den Tisch ~ battere il pugno sul tavolo; jdm aufs Gesäß, auf die Finger ~ picchiare qcn. sul sedere, sulle dita 2a *(auftreffen;* aus. *haben, sein)* battere: der Regen schlug gegen die Scheibe la pioggia batteva contro i vetri; die Wellen ~ ans Ufer le onde battono sulla riva; mit dem Kopf gegen die Wand ~ battere la testa contro il muro b (aus. *haben)* sbattere: der Fensterladen schlägt im Wind l'imposta sbatte al vento c *(von Fahnen)* sventolare 3 FIG. (aus. *sein*) colpire: diese Nachricht ist mir aufs Gemüt geschlagen questa notizia mi ha colpito intimamente 4 (aus. *haben, sein*) cadere, piombare, abbattersi: eine Bombe schlug in das Gebäude una bomba si è abbattuta sull'edificio; ein Blitz schlug in den Baum un fulmine si abbattè sull'albero 5 *(hervordringen;* aus. *haben, sein)* uscire, alzarsi, levarsi: Qualm schlug aus dem Fenster del fumo usciva dalla finestra; Flammen schlugen gegen den Himmel le fiamme si levavano verso il cielo 6 *(vom Herzen, Puls;* aus. *haben)* battere: der Puls schlägt unregelmäßig il polso ha un battito irregolare 7 *(tönen;* aus. *haben)* suonare: die Glocke schlägt in der Ferne la campana suona in lontananza 8 *(von Vögeln;* aus. *haben)* cantare 9 FIG. *(fallen;* aus. *haben, sein)* cadere, rientrare: diese Frage schlägt nicht in meinen Bereich questo problema non rientra nel mio settore 10 *(ähneln;* aus. *sein)* nach jdm ~ assomigliare a qcn.; er schlägt mehr nach seinem Onkel assomiglia di più a suo zio 11 *(von Pferden, Eseln...)* scalciare, tirare calci III rifl. sich ~ 1 picchiarsi, fare a botte: ihr sollt euch nicht ~! non dovete picchiarvi! er hat sich mit einem Mitschüler geschlagen ha fatto a botte con un compagno 2 *(sich einsetzen)* imporsi: sich in einer Diskussion ~ imporsi in una discussione 3a battersi: die Mannschaft hat sich gut geschlagen la squadra si è battuta bene; sich um etw. ~ battersi per qcs. b *(sich duellieren)* battersi 4 *(sich in eine bestimmte Richtung wenden)* voltarsi, girarsi, andare: sich nach rechts ~ girarsi a sinistra 5 *(sich auswirken)* ripercuotersi, avere ripercussioni: die Erkältung hat sich ihm auf die Bronchien geschlagen il raffreddore ha avuto ripercussioni sui bronchi ◆ aus der Art ~ degenerare; ein Bein über das andere, die Beine übereinander ~ accavallare le gambe; jdn bewusstlos ~ far perdere i sensi a qcn. a forza di botte; jdn zu Boden ~ atterrare qcn.; auf den Boden ~ stramazzare a terra; einen Bogen um etw., jdn ~ girare al largo da qcs., qcn.; eine Brücke über den Fluss ~ gettare un ponte sul fiume; FIG. eine Brücke zu jdm ~ gettare un ponte a, verso qcn.; sich an die Brust ~ battersi il petto; sich in die Büsche ~ battersela, svignarsela; jetzt schlägt's dreizehn! adesso basta! Eierschnee ~ montare a neve gli albumi; jdn aus dem Felde ~ soppiantare qcn.; jdn in die Flucht ~ mettere in fuga qcn.; mit den Flügeln ~ battere le ali; Funken ~ mandare, sprizzare scintille; ein Geruch schlägt mir in die Nase sento un odore; jdn ins Gesicht ~ dare uno schiaffo, un ceffone a qcn.; das Gewissen schlägt ihm gli rimorde la coscienza; wissen, was die Glocke geschlagen hat sapere a che punto è la faccenda; jdn grün und blau ~ fare qcn. nero di botte, caricare di botte qcn.; Haken ~ fare uno scarto improvviso; die Hände vors Gesicht ~ portarsi le mani al viso, coprirsi il viso con le mani; das Herz schlägt ihm bis zum Hals ha il cuore in gola; aus etw. Kapital ~ trarre vantaggio da qcs.; k.o. ~ mettere k.o.; FIG. sich etw. aus dem Kopf ~ levarsi qcs., dalla testa; Krach ~ fare una scenata; jdn ans Kreuz ~ crocifiggere qcn.; das Kreuz ~ fare (*o* farsi) il segno della croce; jdn krumm und lahm ~ rompere le ossa a qcn.; etw. kurz und klein ~ fare a pezzi qcs.; bevor ich mich ~ lasse! se proprio insisti; sich durchs Leben ~ tirare avanti, campare; mit der Peitsche ~ frustare; jdn nach Punkten ~ battere ai punti qcn.; einen Purzelbaum ~ fare una capriola; GINN. ein Rad ~ fare una ruota; jdn zum Ritter ~ armare qcn. cavaliere; die Röte schlägt ihm ins Gesicht gli si arrossa il viso, arrossisce; etw. in Scherben, Stücke ~ mandare in frantumi, in pezzi qcs.; eine Schlacht ~ venire a battaglia, combattere una battaglia; sich auf jds Seite ~ schierarsi dalla parte di qcn.; sich an die Stirn ~ battersi la fronte; über die Stränge ~ fare delle scappatelle; an die Tür ~ bussare alla porta; die Uhr schlägt richtig, falsch l'orologio è giusto (*o* va bene), sbagliato (*o* va male); ***jdn mit seinen eigenen Waffen ~*** battere qcn. con le sue stesse armi; ***wild um sich ~*** menare botte da orbi; ***die Warnungen in den Wind ~*** non tener conto, non curarsi degli avvertimenti; ***jdm wohlwollend auf die Schulter ~*** dare una pacca sulle spalle a qcn.; ***jdm eine Wunde ~*** fare, produrre una ferita a qcn.; ***Wurzeln ~*** mettere radici (anche FIG.); COMM. ***die Zinsen zum Kapital ~*** capitalizzare gli interessi; PROV. ***Pack schlägt sich, Pack verträgt sich*** cane non mangia cane.

schla|gend I p.pres. agg. **1** → **schlagen 2** persuasivo, convincente: ***ein -er Beweis*** una prova convincente **II** avv. in modo convincente ◆ ***-e Verbindung*** = associazione studentesca in cui si pratica il duello.

Schla|ger m. *(-s,-)* **1** canzone *f.*, canzonetta *f.* **2a** *(Verkaufserfolg)* successo *m.*: ***Surfbretter sind der ~ der letzten Sommer*** le tavole da surf sono il successo delle ultime estati **b** *(Erfolgsstück)* successo *m.* **c** *(von Büchern)* best seller *m.*

Schlä|ger m. *(-s,-)* **1** SPORT battitore *m.* **2a** *(Hockeystock)* bastone *m.* **b** *(beim Golf, Baseball)* mazza *f.* **c** *(beim Tennis)* racchetta *f.* **3** *(Hiebwaffe)* spada *f.* (usata nella Mensur) **4** *(Raufbold)* attaccabrighe *m.* **5** REGION. GASTR. frusta *f.* **Schlä|ger|ban|de** f. *(-,-n)* banda *f.* di attaccabrighe. **Schlä|ge|rei** f. *(-,-en)* rissa *f.*: ***eine ~ anfangen ~*** cominciare una rissa; ***es kam zu einer wilden ~*** ci fu una rissa selvaggia.

Schla|ger|fes|ti|val n. *(-s,-s)* festival *m.* della canzone. **Schla|ger|kom|po|nist** m. *(-en,-en)* autore *m.* di canzoni. **Schla|ger|mu|sik** f. *(-)* canzoni *f.pl.*, canzonette *f.pl.*

Schlä|ger|müt|ze f. *(-,-n)* COLLOQ. berretto *m.* con visiera.

schlä|gern tr. AUSTR. ***(Bäume) ~*** abbattere alberi.

Schla|ger|sän|ger m. *(-s,-)* cantante *m.* di musica leggera. **Schla|ger|spiel** n. *(-[e]s,-e)* incontro *m.*, partita *f.* di cartello. **Schla|ger|star** m. *(-s,-s)* star *f.* della canzone. **Schla|ger|text** m. *(-[e]s,-e)* testo *m.*, parole *f.pl.* (di una canzone). **Schla|ger|tex|ter** m. *(-s,-)* paroliere *m.*

Schlä|ger|trupp m. *(-s,-s)*, **Schlä|ger|trup|pe** f. *(-,-n)* banda *f.* di attaccabrighe. **Schlä|ger|typ** m. *(-s,-en)* attaccabrighe *m.* **Schlä|ge|rung** f. *(-,-en)* AUSTR. abbattimento *m.* di, degli alberi.

Schla|ger|wett|be|werb m. *(-s,-e)* → **Schlagerfestival.**

Schlag|fe|der f. *(-,-n)* molla *f.* del percussore. **schlag|fer|tig I** agg. pronto: ***eine -e Antwort*** una risposta pronta; *(von Menschen)* pronto di parola, dalla risposta pronta **II** avv. prontamente, con prontezza: ***jdm ~ erwidern*** replicare prontamente a qcn. **Schlag|fer|tig|keit** f. *(-)* prontezza *f.* (di parola). **schlag|fest** agg. resistente agli urti. **Schlag|flü|gel** m. *(-s,-)* AER. ala *f.* battente. **Schlag|fluss** m. *(-es,-flüsse)* ANT. → **Schlaganfall. Schlag|gold** n. *(-[e]s)* oro *m.* in fogli. **Schlag|holz** n. *(-es,-hölzer)* SPORT mazza *f.* **Schlag|in|stru|ment** n. *(-[e]s,-e)* MUS. strumento *m.* a percussione.

Schlag|kraft f. *(-)* **1** forza *f.*, potenza *f.*: ***die ~ eines Boxers*** la potenza di un pugile **2** *(Kampfstärke)* forza *f.* d'urto, efficienza *f.* bellica: ***die ~ der Armee*** l'efficienza bellica dell'esercito **3** FIG. *(Wirkungskraft)* forza *f.* persuasiva, efficacia *f.*: ***die ~ seiner Argumente*** l'efficacia della sua argomentazione; ***an ~ einbüßen*** perdere efficacia. **schlag|kräf|tig I** agg. **1** forte, potente: ***ein -es Heer*** un potente esercito **2** FIG. *(überzeugend)* persuasivo, convincente: ***-e Argumente, Beweise*** esempi, prove convincenti **II** avv. in modo persuasivo, convincente.

Schlag|licht n. *(-[e]s,-er)* (fascio *m.* di) luce *f.*: FIG. ***ein ~ auf etw. (A) werfen*** metter in luce qcs.; ***diese Äußerung wirft ein ~ auf seine Denkweise*** quest'asserzione svela la sua mentalità. **schlag|licht|ar|tig I** agg. breve e conciso, illuminante **II** avv. in modo conciso e illuminante. **Schlag|loch** n. *(-[e]s,-löcher)* buca *f.* (nel manto stradale). **Schlag|mann** m. *(-es,-männer)* timoniere *m.* **Schlag|müh|le** f. *(-,-n)* MECC. mulino *m.* a urto. **Schlag|obers** n. *(-)* AUSTR. → **Schlagsahne. Schlag|pres|se** f. *(-,-n)* pressa *f.* a percussione. **Schlag|rahm** m. *(-[e]s)* REGION. → **Schlagsahne. Schlag|ring** m. *(-[e]s,-e)* **1** pugno *m.* di ferro **2** MUS. plettro *m.* **Schlag|sah|ne** f. *(-)* panna *f.* montata: ***Erdbeeren mit ~*** fragole con panna. **Schlag|schat|ten** m. *(-s,-)* PITT. FOT. ombra *f.* di riporto. **Schlag|sei|te** f. *(-)* MAR. sbandamento *m.*; SCHERZ. ***~ haben*** barcollare, vacillare (per l'ubriachezza). **schlag|si|cher** agg. sicuro nel colpire (la palla). **schlag|stark** agg. forte, efficace. **Schlag|stock** m. *(-[e]s,-stöcke)* **1** randello *m.*, manganello *m.* **2** RAR. *(Trommelstock)* bacchetta *f.* **Schlag|wel|le** f. *(-,-n)* maroso *m.*

Schlag|wet|ter pl. MIN. grisù (*o* grisou) *m.* **Schlag|wet|ter|an|zei|ger** m. *(-s,-)* grisumetro *m.* **Schlag|wet|ter|ex|plo|si|on** f. *(-,-en)* scoppio *m.* di grisù.

Schlag|wort n. *(-[e]s,-e* e *-wörter)* **1a** (pl. *-e* e RAR. *-wörter*) parola *f.* d'ordine, slogan *m.*: ***die -e der Aufklärung*** le parole d'ordine dell'illuminismo **b** *(Gemeinplatz)* frase *f.* fatta, luogo *m.* comune: ***mit -en um sich werfen*** = usare spesso frasi fatte **2** (pl. *-wörter*) BIBLIOT. voce *f.* **Schlag|wort|ka|ta|log** m. *(-[e]s,-e)* BIBLIOT. catalogo *m.* per soggetti.

Schlag|wun|de f. *(-,-n)* contusione *f.* **Schlag|zahl** f. *(-,-en)* *(beim Rudern, Kanusport)* cadenza *f.* **Schlag|zei|le** f. *(-,-n)* GIORN. titolo *m.* a caratteri cubitali, titolone *m.* ◆ ***-n liefern, für -n sorgen*** finire sui giornali; FIG. ***-n machen*** finire in prima pagina. **Schlag|zer|reiß|pro|be** f. *(-,-n)* prova *f.* di trazione a urto. **Schlag|zeug** n. *(-[e]s)* MUS. batteria *f.* **Schlag|zeu|ger** m. *(-s,-)* batterista *m.*: ***in einer Band als ~ spielen*** fare il batterista in un gruppo. **Schlag|zün|der** m. *(-s,-)* ARM. spoletta *f.* a percussione.

Schlaks m. *(-es,-e)* COLLOQ. spilungone *m.* (goffo). **schlak|sig** agg. COLLOQ. ***ein -er Bursche*** un goffo spilungone. **Schlak|sig|keit** f. *(-)* goffaggine *f.* (di uno spilungone).

Schla|mas|sel m. e AUSTR. n. *(-s)* COLLOQ. guaio *m.*, pasticcio *m.*: ***(mitten) im dicksten ~ stecken, sitzen*** trovarsi in grossi pasticci ◆ ***so ein ~!*** che pasticcio!

Schlamm m. *(-[e]s,-e* e *Schlämme)* fango *m.*, fanghiglia *f.*, melma *f.*: ***die Stiefel vom ~ reinigen*** togliere il fango dagli stivali; ***im ~ steckenbleiben*** impantanarsi. **Schlamm|bad** n. *(-[e]s,-bäder)* fanghi *m.pl.*, fangatura *f.* **Schlamm|bei|ßer** m. *(-s,-)* cobite *m.* di stagno. **Schlamm|bo|den** m. *(-s,-böden)* terreno *m.* fangoso, melmoso. **schlam|men** intr. (aus. *haben*) depositare fango.

schläm|men tr. **1** *(entschlammen)* ripulire dal fango **2** TECN. decantare **3** *(beim Einpflanzen)* innaffiare abbondantemente, adacquare. **Schläm|men** n. *(-s)* **1** ripulitura *f.* dal fango **2** TECN. decantazione *f.*

Schlamm|er|de f. *(-)* terra *f.* per fangature. **schlam|mig** agg. fangoso, melmoso: ***-es Wasser, -er Boden*** acqua fangosa, terreno fangoso; *(mit Schlamm beschmutzt)* ***-e Schuhe haben*** avere le scarpe piene di fango.

Schlämm|krei|de f. *(-)* creta *f.* purgata.

Schlamm|mas|se f. *(-,-n)* massa *f.* di fango. **Schlamm|pa|ckung** f. *(-,-en)* MED. fangatura *f.*

Schlämm|putz m. *(-es)* EDIL. imbiancatura *f.* a calce.

Schlamm|re|gen m. *(-s,-)* pioggia *f.* fangosa. **Schlamm|schne|cke** f. *(-,-n)* limnea *f.* **Schlamm|spru|del** m. *(-s,-)* GEOL. salsa *f.* **Schlamm|teu|fel** m. *(-s,-)* salamandra *f.* americana.

Schlamp m. *(-[e]s,-e)* REGION. SPREG. → **Schlamper.**

schlam|pam|pen intr. (aus. *haben*) REGION. gozzovigliare.

Schlam|pe f. *(-,-n)* COLLOQ. SPREG. **1** sciattona *f.* **2** *(liederliche Frau)* donnaccia *f.* **schlam|pen** intr. (aus. *haben*) COLLOQ. **1a** essere sciatto, disordinato: ***mit etw. ~*** essere disordinato in qcs., tenere qcs. in modo sciatto **b** ***bei einer Arbeit ~*** abborracciare un lavoro **2** REGION. *(lose am Körper herabhängen)* ciondolare. **Schlam|per** m. *(-s,-)* REGION. SPREG. sciattone *m.* **Schlam|pe|rei** f. *(-,-en)* **1** abborracciatura *f.* **2** *(große Nachlässigkeit)* sciatteria *f.* **3** *(Durcheinander)* disordine *m.*, caos *m.* **schlam|pert** agg. AUSTR. SPREG. → **schlampig. schlam|pig I** agg. **1** sciatto, trasandato: ***ein -er Mann*** un uomo sciatto, uno sciattone **2** *(schluderig)* abborracciato, tirato via: ***eine -e Reparatur*** una riparazione abborracciata **II** avv. **1** in modo sciatto, trasandato: ***~ herumlaufen*** andare in giro in modo trasandato **2** ***~ arbeiten*** lavorare abborracciando, abborracciare un lavoro. **Schlam|pig|keit** f. *(-,-en)* **1** sciatteria *f.* **2** *(schlampige Arbeit)* abborracciatura *f.*

schlang → **schlingen.**

Schlan|ge f. *(-,-n)* **1a** serpente *m.*, serpe *f.*: ***die ~ schlängelt sich, zischt*** il serpente striscia, sibila; ***-n beschwören*** incantare serpenti **b** FIG. SPREG. ***sie ist eine richtige ~*** è una vera serpe **2** *(lange Reihe von Menschen, Autos)* coda *f.*, fila *f.*: ***(vor der Kasse) ~ stehen*** stare in coda, fare la coda (al botteghino); ***auf der Autobahn hat sich eine lange ~ gebildet*** sull'autostrada si è formata una lunga coda; ***sich in die ~ einreihen*** mettersi in coda, in fila **3** TECN. serpentina *f.* ◆ ***falsch, listig wie eine ~*** falso, infido come un serpente; ***sich krümmen wie eine ~*** → ***sich winden wie eine ~***; ***eine ~ am Busen nähren*** allevare una serpe in seno; ***da beißt sich die ~ in den Schwanz*** è un gatto che si morde la coda; ***sich winden wie eine ~*** = cercare di svincolarsi (da una situazione difficile).

schlän|geln rifl. **sich ~ 1a** strisciare: ***ein Wurm schlängelt sich durchs Gras*** un verme striscia nell'erba **b** FIG. serpeggiare, procedere tortuosamente: ***der Weg schlängelt sich bergauf*** la strada serpeggia su per il monte **2a** *(sich hindurchbewegen)* intrufolarsi: ***sich durch die Menge (nach vorn) ~*** intrufolarsi tra la folla **b** FIG. *(sich herausziehen)* sgusciare via, svincolarsi: ***sich aus einer schwierigen Situation ~*** svincolarsi da una situazione difficile.

Schlan|gen|ad|ler m. *(-s,-)* ZOOL. biancone *m.* **Schlan|gen|an|be|ter** m. *(-s,-)* adoratore *m.* di serpente. **schlan|gen|ar|tig** agg.

serpentino, simile a serpente. **Schlan|gen|be|schwö|rer** m. *(-s,-)* incantatore *m.* di serpenti. **Schlan|gen|biss** m. *(es,-e)* morso *m.* di, del serpente. **Schlan|gen|boh|rer** m. *(-s,-)* trivella *f.* a tortiglione, a elica. **Schlan|gen|brut** f. *(-)* SPREG. covo *m.* di vipere. **Schlan|gen|ei** n. *(-[e]s,-er)* **1** uovo *m.* di serpente **2** FIG. fonte *f.* di disgrazia. **Schlan|gen|fän|ger** m. *(-s,-)* cacciatore *m.* di serpenti. **Schlan|gen|farm** f. *(-,-en)* allevamento *m.* di serpenti (velenosi). **Schlan|gen|fisch** m. *(-es,-e)* ofidio *m.* **schlan|gen|för|mig** agg. serpentiforme. **Schlan|gen|fraß** m. *(-es)* COLLOQ. schifezza *f.*, porcheria *f.* **Schlan|gen|gift** n. *(-[e]s,-e)* veleno *m.* di serpente. **schlan|gen|glatt** agg. viscido come un serpente. **schlan|gen|gleich I** agg. simile a (un) serpente **II** avv. come un serpente. **Schlan|gen|gru|be** f. *(-,-n)* fossa *f.* dei serpenti. **schlan|gen|haft** agg. → **schlangengleich. Schlan|gen|haut** f. *(-,-häute)* pelle *f.* di serpente. **Schlan|gen|kopf** m. *(-[e]s,-köpfe)* ofiocefalo *m.* **Schlan|gen|kun|de** f. *(-)* ofiologia *f.* **Schlan|gen|le|der** n. *(-s,-)* (pelle *m.* di) serpente *m.*: ***eine Tasche aus ~*** una borsa di serpente. **Schlan|gen|li|nie** f. *(-,-n)* serpentina *f.*, linea *f.* serpeggiante ◆ ***in ~ fahren, verlaufen*** procedere a zig zag. **Schlan|gen|mensch** m. *(-en,-en)* contorsionista *m.* e *f.* **Schlan|gen|moos** n. *(-es,-e)* licopodio *m.* **Schlan|gen|nest** n. *(-[e]s,-er)* nido *m.*, covo *m.* di serpenti (anche FIG.). **Schlan|gen|rohr** n. *(-[e]s,-e)* TECN. serpentina *f.* **Schlan|gen|se|rum** n. *(-s,-seren* e *-sera)* siero *m.* antivipera. **Schlan|gen|stern** m. *(-s,-e)* ofiuroide *m.* **Schlan|gen|storch** m. *(-[e]s,-störche)* cariamide *m.* **Schlan|gen|tanz** m. *(-es,-tänze)* danza *f.* del serpente. **Schlan|gen|wurz** f. *(-,-en)*, **Schlan|gen|wur|zel** f. *(-,-n)* bistorta *f.*

schlank agg. **1** slanciato, snello: ***eine -e Gestalt*** una figura slanciata; ***-e Beine, Hände*** gambe, mani snelle; ***-e Taille*** vita snella; ***von -em Wuchs*** di corporatura snella; ***ein -er Stamm*** un fusto slanciato; ***-e Säulen*** colonne slanciate **2** REGION. sciolto, snello, veloce: ***-en Schrittes*** dal passo sciolto ◆ ***dieses Kleid macht dich ~*** il vestito ti slancia, ti snellisce; ***sich ~ machen*** stringersi, occupare poco spazio; FIG. svignarsela, sparire (inosservato); ***rank und ~*** agile e snello; ***~ werden*** diventare snelli, dimagrire.

schlan|ker|hand avv. ANT. d'un tratto, senza pensare.

Schlank|heit f. *(-)* snellezza *f.* **Schlank|heits|kur** f. *(-,-en)* cura *f.* dimagrante: ***eine ~ machen*** fare un cura dimagrante. **Schlank|heits|pro|dukt** n. *(-[e]s,-e)*, COLLOQ. **Schlank|ma|cher** m. *(-s,-)* prodotto *m.* dimagrante. **schlank|weg** avv. COLLOQ. **1** in modo spiccio, con disinvoltura: ***etw. ~ behaupten*** affermare qcs. in modo spiccio **2** *(einfach)* proprio: ***ich war ~ zu müde*** ero proprio troppo stanco. **schlank|wüch|sig** agg. di corporatura snella.

Schlap|fen m. *(-s,-)* REGION. COLLOQ. → **Schlappen.**

schlapp agg. **1a** *(ohne Energie)* fiacco: ***sich ~ fühlen*** sentirsi fiacco **b** COLLOQ. *(ohne inneren Antrieb)* ***ein -er Kerl*** un rammollito **2** flaccido, floscio: ***-e Muskeln*** muscoli flaccidi. **Schläpp|chen** n. *(-s,-)* pantofolina *f.* **Schlap|pe** f. *(-,-n)* scacco *m.*, batosta *f.*: ***eine ~ erleiden, einstecken müssen*** dover subire uno scacco; ***jdm eine ~ beibringen*** infliggere una batosta a qcn. **schlap|pen** COLLOQ. **I** tr. lappare: ***Wasser, Milch ~*** lappare un po' d'acqua, del latte **II** intr. **1** (aus. *haben*) penzolare, afflosciarsi: ***die Pflanzen ~ in der Hitze*** le piante si afflosciano al caldo **2** (aus. *sein*) andare ciabattando, ciabattare. **Schlap|pen** m. *(-s,-)* pantofola *f.*, babbuccia *f.*

schlap|pern REGION. → **schlabbern.**

Schlapp|heit f. *(-)* fiacchezza *f.* **Schlapp|hut** m. *(-[e]s,-hüte)* cappello *m.* floscio (*o* a cencio). **schlap|pig** agg. REGION. sciatto. **schlapp_ma|chen** intr. (aus. *haben*) COLLOQ. crollare, non farcela più: ***vor Hitze, Anstrengung ~*** non farcela più per il caldo, per lo stress. **Schlapp|ohr** n. *(-[e]s,-en)* COLLOQ. **1** orecchio *m.* penzoloni **2** SPREG. → **Schlappschwanz. Schlapp|sack** m. *(-[e]s,-säcke)* SPREG. → **Schlappschwanz. Schlapp|schuh** m. *(-es,-e)* REGION. **1** *(Hausschuh)* pantofola *f.*, babbuccia *f.*, ciabatta *f.* **2** *(zu weiter Schuh)* ciabatta *f.* **Schlapp|schwanz** m. *(-es,-schwänze)* COLLOQ. smidollato *m.*, pappamolle *m.* e *f.*

Schla|raf|fen|land n. *(-[e]s)* paese *m.* di cuccagna. **Schla|raf|fen|le|ben** n. *(-s)* vita *f.* da michelaccio.

schlau I agg. furbo, scaltro **II** avv. con scaltrezza; furbescamente, con furbizia: ***~ lächeln*** sorridere furbescamente; ***sich ~ anstellen*** fare il furbo ◆ FIG. ***ein -er Fuchs, Hund*** un volpone; COLLOQ. ***aus jdm, etw. nicht ~ werden*** non riuscire a capire nulla di qcn., qcs.

Schlau|ber|ger m. *(-s,-)* SCHERZ. furbacchione *m.*

Schlauch m. *(-[e]s, Schläuche)* **1** tubo *m.* (flessibile) **2** *(von Auto-, Fahrradreifen)* camera *f.* d'aria: ***einen ~ aufpumpen*** gonfiare una camera d'aria **3** ANT. *(Schlauchsack)* otre *m.* **4** COLLOQ. *(langer, schmaler Raum)* budello *m.* ◆ COLLOQ. ***saufen wie ein ~*** bere come una spugna; ***ein ~ sein*** essere una faticaccia (per qcn.); ***auf dem ~ stehen*** non arrivare a capire subito, non arrivarci. **schlauch|ar|tig** agg. tubolare, a forma di tubo. **Schlauch|boot** n. *(-[e]s,-e)* canotto *m.* pneumatico (*o* gonfiabile). **schlau|chen** tr. **1** *(Flüssigkeiten)* TECN. travasare **2** COLLOQ. *(sehr anstrengen)* fare sfacchinare ◆ ***einen ~*** alzare il gomito. **schlauch|för|mig** agg. tubolare, a forma di tubo. **schlauch|los** agg. senza camera d'aria, tubeless. **Schlauch|pilz** m. *(-es,-e)* ascomiceto *m.* **Schlauch|rei|fen** m. *(-s,-)* gomma *f.* con camera d'aria. **Schlauch|rol|le** f. *(-,-n)* avvolgitubo *m.* **Schlauch|sack** m. *(-s,-säcke)* otre *m.* **Schlauch|ven|til** n. *(-s,-e)* valvola *f.* della camera d'aria. **Schlauch|wa|gen** m. *(-s,-)* carrello *m.* avvolgitubi. **Schlauch|wurm** m. *(-[e]s, -würmer)* nematode *m.*

Schläue f. *(-)* furbizia *f.*, scaltrezza *f.* **schlau|er|wei|se** avv. con furbizia, astutamente.

Schlau|fe f. *(-,-n)* **1** *(Schlinge)* cappio *m.* **2** *(Schleife)* fiocco *m.* **3** *(Gürtelschlaufe)* passante *m.* **4** *(Knopfverschluss)* occhiello *m.* **5** *(von Stiefeln)* tirante *m.*

Schlau|fuchs m. *(-es,-füchse)* COLLOQ. volpone *m.* **Schlau|heit** f. *(-)* → **Schläue. Schlau|kopf** m. *(-[e]s,-köpfe)*, **Schlau|mei|er** m. *(-s,-)* COLLOQ. furbacchione *m.*

Schla|wi|ner m. *(-s,-)* COLLOQ. SPREG. furbacchione *m.*

schlecht I agg. **1a** *(minderwertig, unzureichend)* cattivo: ***-e Ware*** cattiva merce; ***ein -er Schüler*** un cattivo scolaro; ***-es Deutsch sprechen*** parlare un cattivo tedesco; ***ein -es Geschäft machen*** fare un cattivo affare; ***in -em Zustand*** in cattivo stato **b** *(unangenehm)* ***eine -e Angewohnheit*** una cattiva abitudine; ***ein -er Geruch*** un cattivo odore **2a** *(schlimm)* cattivo, brutto: ***eine -e Nachricht*** una brutta (*o* cattiva) notizia; ***ein -es Zeichen*** un cattivo (*o* brutto) segno; ***einen -en Eindruck machen*** fare una cattiva impressione; ***eine -e Note bekommen*** prendere un brutto voto; ***ein -er Scherz*** un brutto scherzo **b** *(böse)* ***ein -er Mensch, Kerl*** una persona cattiva, un cattivo soggetto; ***einen -en Ruf, Charakter haben*** avere una cattiva (*o* brutta) fama, un cattivo (*o* brutto) carattere **II** avv. **1a** *(mangelhaft)* male: ***~ vorbereitet sein*** essere mal preparato; ***~ bezahlt*** pagato male, mal retribuito; ***~ sehen*** vedere male **b** *(schlimm)* ***jdn, etw. ~ behandeln*** trattare male qcn., qcs.; ***über jdn ~ reden*** parlare male di qcn.; ***~ beraten*** consigliare male, consigliato male; ***es sieht ~ für ihn aus*** si mette male per lui **c** *(böse)* ***~ an jdm handeln*** agire male, in modo cattivo nei confronti di qcn.; ***~ denkend*** malpensante **d** *(übel)* ***mir ist ~*** sto male; ***ihm wurde nach dem Essen ~*** ha iniziato a sentirsi male dopo mangiato **e** *(ungünstig)* ***heute passt es mir ~*** oggi va male, non va **2** *(schwerlich, kaum)* difficilmente: ***etw. ~ ablehnen können*** poter rifiutare difficilmente qcs., non riuscire quasi a rifiutare qcs. ◆ ***etw. bekommt jdm ~*** qcs. fa male a qcn.; FIG. qcs. fa stare male qcn.; ***es geht ihm ~*** sta male; *(er hat finanzielle Schwierigkeiten)* le cose non gli vanno bene, vanno male finanziariamente; ***~ gelaunt*** di cattivo umore, di malumore; ***ein -es Gewissen haben*** avere la coscienza sporca; ***es ~ bei jdm haben*** essere trattato male da qcn.; ***in -e Hände geraten*** finire in cattive mani; ***keine -e Idee!*** un'idea niente male! non è una cattiva idea! ***in etw. ~ sein*** non essere bravo in qcs.; ***-e Laune*** cattivo umore, malumore; ***-e Luft*** aria viziata; ***jdn beim Chef ~ machen*** denigrare qcn., sparlare di qcn. con il capo; ***nicht ~*** non male, non poco: ***nicht ~ staunen*** meravigliarsi non poco; ***das ist nicht ~*** *(es ist gut)* non è male, va bene; ***~ und recht*** alla meno peggio; ***etw. mehr ~ als recht machen*** fare qcs. più male che bene, non troppo bene; ***das Essen schmeckt ~*** il cibo è cattivo; ***auf jdn ~ zu sprechen sein*** essere arrabbiato con qcn.; ***ein -er Trost*** una magra consolazione; ***es steht ~ um ihn*** (gli) va male; ***-er Umgang*** cattive compagnie; ***~ werden*** *(sich verschlechtern)* peggiorare; *(verderben)* andare a male, guastarsi; ***-es Wetter*** cattivo tempo (*o* maltempo); ***-e Zeiten*** tempi duri, difficili.

Schlech|te n. *(-n)* male *m.*: ***nichts -s im Sinn haben*** non avere in mente niente di male. **schlech|ter** (compar. di *schlecht*) **I** agg. **1** → **schlecht 2** peggiore **II** avv. peggio: ***es geht ihm ~*** sta peggio, è peggiorato. **schlech|ter|dings** avv. ANT. in ogni modo, assolutamente: ***es ist ~ unmöglich*** è assolutamente impossibile. **Schlech|tes|te** n. *(-n)* peggio *m.*

Schlecht|heit f. *(-,-en)* ANT. → **Schlechtigkeit. schlecht|hin** avv. **1** *(an sich)* per eccellenza, per antonomasia: ***der Utopist ~ sein*** essere un utopista per eccellenza **2** *(absolut)* assolutamente: ***das ist ~ nicht machbar*** è assolutamente impossibile farlo **3** *(einfach)* semplicemente, davvero, proprio: ***ich habe ~ keine Zeit*** non ho proprio tempo. **schlecht|hin|nig** agg. BUROCR. assoluto, completo: ***eine -e Unmöglichkeit*** un'assoluta impossibilità. **Schlech|tig|keit** f. *(-,-en)* cattiveria *f.*: ***etw. aus purer ~ tun*** fare qcs. per pura cattiveria (*o* malvagità); *(böse Tat)* ***an jdm -en begehen*** fare delle cattiverie a qcn. **schlecht|weg** avv. semplicemente, assolutamente, senz'altro.

Schlecht|wet|ter n. *(-s)* maltempo *m.* **Schlecht|wet|ter|front** f. *(-,-en)* fronte *m.* di maltempo. **Schlecht|wet|ter|ge|biet** n. *(-[e]s,-e)* zona *f.* di maltempo.
Schleck m. *(-s,-e)* REGION. → **Schleckerei. schle|cken** REGION. **I** tr. *(lecken)* leccare **II** intr. (aus. *haben*) **1** leccare: ***am Eis ~*** leccare il gelato **2** *(naschen)* piluccare, mangiucchiare: ***vom Kuchen ~*** piluccare dal dolce. **Schle|cker** m. *(-s,-)* COLLOQ. → **Schleckermaul. Schle|cke|rei** f. *(-,-en)* REGION. ghiottoneria *f.* **schle|cker|haft** agg. REGION. ghiotto, appetitoso. **Schle|cker|maul** n. *(-s,-mäuler)* SCHERZ. ghiottone *m.*, golosone *m.* **schle|ckern** intr. **1** → **schlecken 2** impers. *(auf etw. Appetit haben)* ***mich schleckert nach etw.*** ho una gran voglia di qcs. **Schleck|maul** REGION. → **Schleckermaul. Schleck|werk** n. *(-[e]s)* REGION. leccornie *f.pl.*
Schle|gel m. *(-s,-)* REGION. *(Keule)* cosciotto *m.*
Schleh|busch m. *(-[e]s,-büsche)*, **Schleh|dorn** m. *(-[e]s,-e)* susino *m.* di macchia, prugnolo *m.* **Schle|he** f. *(-,-n)* **1** susina *f.* selvatica, prugnola *f.* **2** → **Schlehbusch. Schle|hen|li|kör** n. *(-s)* liquore *m.* di prugnole. **Schle|hen|schnaps** m. *(-es)* grappa *f.* di prugnole.
Schlei m. *(-[e]s,-e)* → **Schleie.**
Schlei|che f. *(-,-n)* anguide *m.* **schlei|chen** *(schlich, geschlichen)* **I** intr. (aus. *sein*) **1** strisciare, andare piano piano; *(vorsichtig, unbemerkt)* andare quatto quatto: ***aus dem, ins Haus ~*** strisciare fuori di, in casa **2** *(sich mühsam schleppen)* trascinarsi: ***müde nach Hause ~*** trascinarsi stanco a casa **II** rifl. **1** ***sich in etw. (A), aus etw. (D) ~*** entrare in qcs., uscire da qcs. furtivamente **2** FIG. insinuarsi: ***Misstrauen schlich sich in ihr Herz*** la sfiducia si insinuò nel suo cuore ◆ REGION. ***schleich dich!*** sparisci! ***auf leisen Sohlen ~*** camminare di soppiatto; FIG. ***sich in jds Vertrauen ~*** conquistare a poco a poco la fiducia di qcn.; ***auf Zehenspitzen ins Zimmer ~*** entrare nella stanza in punta di piedi; ***die Zeit schleicht*** il tempo passa lentamente. **schlei|chend I** p.pres. agg. **1** → **schleichen 2** lento: ***eine -e Krankheit*** una lenta malattia **3** ***-e Schritte*** passi furtivi ◆ ***eine -e Inflation*** un'inflazione strisciante. **Schlei|cher** m. *(-s,-)* SPREG. serpente *m.*, ipocrita *m.*, finto umile *m.* **Schlei|che|rei** f. *(-,-en)* SPREG. ipocrisia *f.*, finta umiltà *f.* **Schleich|han|del** m. *(-s)* traffico *m.* illegale, clandestino, contrabbando *m.* **Schleich|händ|ler** m. *(-s,-)* contrabbandiere *m.* **Schleich|kat|ze** f. *(-,-n)* viverride *m.* **Schleich|pfad, Schleich|weg** m. *(-[e]s,-e)* **1** via *f.* nascosta, segreta **2** FIG. via *f.* traversa: ***auf -en*** per vie traverse. **Schleich|wer|bung** f. *(-)* pubblicità *f.* indiretta.
Schleie f. *(-,-n)* tinca *f.*
Schlei|er m. *(-s,-)* **1** velo *m.*: ***den ~ tragen, zurückschlagen*** portare, alzare il velo; *(auf dem Hut, vor dem Gesicht)* veletta *f.* **2a** *(von Dunst, Nebel)* cortina *f.* **b** *(dünne Schicht)* velo *m.*: ***ein ~ von Staub*** un velo di polvere **3** *(bei Pilzen)* anello *m.* **4** FOT. velo *m.* ◆ ***einen ~ vor den Augen haben*** avere la vista appannata, annebbiata; FIG. non vederci chiaro; ***den ~ des Geheimnisses lüften*** sollevare il velo (*o* la cortina) di mistero; ***den ~ vors Gesicht schlagen*** mettere il velo sul viso, velarsi; ***den ~ nehmen*** prendere il velo; ***den ~ des Vergessens, der Vergessenheit über etw. breiten*** stendere su qcs. il velo dell'oblio. **Schlei|er|eu|le** f. *(-,-n)* barbagianni *m.* **schlei|er|haft** agg. velato; *(unbegreiflich)* incomprensibile, enigmatico ◆ ***das bleibt, ist mir ~*** mi è incomprensibile, oscuro. **Schlei|er|schwanz** m. *(-es,-schwänze)* pesce *m.* dorato. **Schlei|er|tanz** m. *(-es,-tänze)* danza *f.* dei veli. **Schlei|er|zwang** m. *(-es)* obbligo *m.* di portare il velo.
Schleif|ap|pa|rat m. *(-[e]s,-e)* rettificatrice *f.* **Schleif|au|to|mat** m. *(-en,-en)* rettificatrice *f.* automatica. **Schleif|band** n. *(-[e]s,-bänder)* nastro *m.* abrasivo. **Schleif|bank** f. *(-,-bänke)* tornio *m.* con mola.
1.Schlei|fe f. *(-,-n)* **1a** fiocco *m.*: ***eine ~ binden, aufziehen (lösen)*** fare, disfare un fiocco; ***eine ~ im Haar tragen*** portare un fiocco nei capelli **b** *(am Schuh)* nodo *m.* **2a** *(starke Biegung)* svolta *f.*, curva *f.* **b** *(im Flusslauf)* ansa *f.*: ***der Fluss bildet eine ~*** il fiume forma un'ansa **c** *(mit dem Flugzeug)* virata *f.*: ***eine ~ fliegen*** fare una virata, virare.
2.Schlei|fe f. *(-,-n)* **1** REGION. *(Schlitterbahn)* sdrucciolo *m.* **2** ANT. *(Transportgerät)* treggia *f.*
1.schlei|fen tr. *(schliff, geschliffen)* **1a** affilare: ***eine Schere ~*** affilare un paio di forbici **b** *(glätten)* levigare **2** *(Glas, Edelsteine)* molare **3** MIL. *(drillen)* = addestrare duramente **4** MECC. rettificare **5** REGION. *(schlittern)* sdrucciolare.
2.schlei|fen I tr. **1** trascinare: ***eine Kiste (über den Boden) ~*** trascinare una cassa (sul pavimento); ***jdn am Haar (an, bei den Haaren) ~*** trascinare qcn. per i capelli; FIG. ***jdn ins Kino ~*** trascinare qcn. al cinema **2** MIL. *(abreißen)* radere al suolo, abbattere; *(abbauen)* smantellare **II** intr. **1** (aus. *haben, sein*) strascicare: ***der Mantel schleift am, über den Boden*** il mantello strascica per terra **2** *(schlurfen;* aus. *sein)* ciabattare, strascicare le scarpe ◆ ***alles ~ lassen*** lasciar andare, trascurare tutto; ***die Kupplung ~ lassen*** far pattinare la frizione; ***jdn vor den Richter ~*** trascinare qcn. in tribunale; ***die Zügel ~ lassen*** lasciare la briglia sciolta.
1.Schlei|fen n. *(-s)* **1** l'affilare **2a** *(Glättung)* levigatura *f.* **b** *(von Glas)* molatura *f.* **3** MECC. rettifica *f.*
2.Schlei|fen n. *(-s)* **1** trascinamento *m.*, il trascinare **2a** *(Abreißen)* abbattimento *m.* **b** *(Abbau)* smantellamento *m.* **3** REGION. *(Schlittern)* lo scivolare, scivolata *f.*
Schlei|fen|flug m. *(-[e]s,-flüge)* AER. virata *f.*
Schlei|fer m. *(-s,-)* **1** *(von Messern, Scheren)* arrotino *m.* **2** MECC. rettificatore *m.* **3** MIL. GERG. *(strenger Ausbilder)* aguzzino *m.* **4** MUS. gruppetto *m.* **5** ANT. *(Bauerntanz)* valzer *m.* strisciato. **Schlei|fe|rei** f. *(-,-en)* **1** *(von Klingen)* affilatura *f.* **2** *(von Glas, Kristall)* molatura *f.* **3a** *(Glätten)* levigatura *f.* **b** MECC. rettifica *f.* **4** *(Schleifwerkstatt)* (reparto *m.*) rettifica *f.* **5** MIL. GERG. *(Drillen)* = duro addestramento *m.*
Schleif|koh|le f. *(-,-n)* carbone *m.* di contatto. **Schleif|kon|takt** m. *(-[e]s,-e)* EL. contatto *m.* strisciante. **Schleif|kno|ten** m. *(-s,-)* nodo *m.* scorsoio. **Schleif|lack** m. *(-[e]s)* vernice *f.* carteggiabile. **Schleif|lei|nen** n. *(-s)* tela *f.* smeriglio. **Schleif|ma|schi|ne** f. *(-,-n)* **1** *(für Metall)* rettificatrice *f.* **2** *(für Holz)* carteggiatrice *f.*, levigatrice *f.* **Schleif|mit|tel** n. *(-s,-)* abrasivo *m.* **Schleif|öl** n. *(-s,-e)* olio *m.* da rettifica. **Schleif|pa|pier** n. *(-s)* carta *f.* vetrata. **Schleif|pas|te** f. *(-)* pasta *f.* abrasiva. **Schleif|pul|ver** n. *(-s)* polvere *f.* abrasiva. **Schleif|rad** n. *(-[e]s,-räder)* → **Schleifscheibe. Schleif|rie|men** m. *(-s,-)* coramella *m.* **Schleif|ring** m. *(-[e]s,-e)* EL. anello *m.* collettore. **Schleif|sand** m. *(-[e]s)* smeriglio *m.* **Schleif|schei|be** f. *(-,-n)* mola *f.* **Schleif|stein** m. *(-[e]s,-e)* **1** cote *f.* **2** *(Schleifscheibe)* mola *f.*
Schlei|fung f. *(-,-en)* abbattimento *m.*
Schleim m. *(-[e]s,-e)* **1a** muco *m.*: ***~ absondern*** secernere muco; ***~ absondernd*** che secerne muco **b** *(Katarrh)* catarro *m.* **2** ZOOL. bava *f.* **3** *(breiartige Speise)* pappa *f.*, crema *f.* **4** BOT. latice *m.* ◆ ***~ abhusten*** espettorare. **Schleim|ab|son|de|rung** f. *(-,-en)* secrezione *f.* di muco. **schleim|ar|tig** agg. simile al muco, mucoso. **Schleim|aus|wurf** m. *(-[e]s)* espettorazione *f.* **Schleim|beu|tel** m. *(-s,-)* borsa *f.* sinoviale. **Schleim|beu|tel|ent|zün|dung** f. *(-,-en)* borsite *f.* **Schleim|drü|se** f. *(-,-n)* ghiandola *f.* pituitaria.
schlei|men intr. (aus. *haben*) **1** secernere muco **2** COLLOQ. *(schmeichelnd sprechen, schreiben)* adulare untuosamente. **Schlei|mer** m. *(-s,-)* adulatore *m.* **Schleim|fisch** m. *(-es,-e)* bavosa *f.* **Schleim|fluss** m. *(-es)* secrezione *f.* di muco. **Schleim|haut** f. *(-,-häute)* mucosa *f.* **Schleim|hus|ten** m. *(-s)* tosse *f.* catarrosa.
schlei|mig agg. **1** *(aus Schleim)* di muco, mucoso **2a** *(glitschig)* viscido, vischioso **b** FIG. viscido, untuoso: ***ein -er Typ*** un tipo viscido; ***ein -es Lächeln*** un sorriso untuoso.
Schleim|kopf m. *(-[e]s,-köpfe)* bericiforme *m.*
schleim|lö|send agg. espettorante. **Schleim|pilz** m. *(-es,-e)* missomiceto *m.* **Schleim|schei|ßer** m. *(-s,-)* VOLG. leccaculo *m.* **Schleim|sup|pe** f. *(-,-n)* passato *m.*, crema *f.*
Schlei|ße f. *(-,-n)* **1** scheggia *f.* **2** ZOOL. *(von Federn)* rachide *m.* **schlei|ßen** *(schliss/schleißte, geschlissen/geschleißt)* **I** tr. **1a** *(Holz)* scortecciare **b** REGION. *(spalten)* spaccare **2** *(Federn)* sbarbare **II** intr. (aus. *haben*) ANT. logorarsi, consumarsi. **schlei|ßig** agg. REGION. logoro, consunto.
Schlei|te f. *(-,-n)* bastone *m.* di sostegno (della pianta)
Schle|mihl m. *(-s,-e)* **1** sfortunato *m.*, scalognato *m.* **2** REGION. COLLOQ. *(Schlitzohr)* furbacchione *m.*
schlemm, GIOC. ***~ machen*** fare slam. **Schlemm** m. *(-s,-e)* GIOC. slam *m.*
schlem|men I intr. (aus. *haben*) mangiare bene (e molto) **II** tr. ***etw. ~*** farsi una mangiata (*o* scorpacciata) di qcs. **Schlem|mer** m. *(-s,-)* ghiottone *m.* **Schlem|me|rei** f. *(-,-en)* scorpacciata *f.*, mangiata *f.* **schlem|mer|haft, schlem|me|risch** agg. godereccio, da gaudente. **Schlem|mer|mahl** n. *(-[e]s)*, **Schlem|mer|mahl|zeit** f. *(-,-en)* pranzo *m.* lucculliano. **Schlem|mer|tum** n. *(-s)* vita *f.* godereccia.
Schlem|pe f. *(-,-n)* burlanda *f.*
Schlen|de|rer m. *(-s,-)* bighellone *m.* **Schlen|der|gang** m. *(-[e]s)* andatura *f.* da passeggio. **schlen|dern** intr. (aus. *sein*) **1** andare adagio, lentamente **2** *(bummeln)* bighellonare, gironzolare, andare a spasso (*o* in giro): ***auf und ab ~*** bighellonare su e giù; ***durch die Stadt ~*** gironzolare per la città. **Schlen|der|schritt** m. *(-[e]s,-e)* passo *m.* lento ◆ ***im ~*** a passo di lumaca.
Schlend|ri|an m. *(-[e]s)* COLLOQ. tran tran *m.*: ***im gewohnten ~ leben*** vivere nel solito tran tran; ***Schluss mit diesem ~*** basta con questo andazzo.

Schlen|ker m. *(-s,-)* COLLOQ. **1** *(ausweichende Bewegung)* scarto *m.* **2** *(kleiner Umweg)* (piccola) deviazione *f.*: ***auf dem Weg nach Berlin haben wir noch einen kleinen ~ nach Weimar gemacht*** andando a Berlino abbiamo fatto una piccola deviazione verso Weimar. **schlen|ke|rig** agg. **1** *(herabhängend)* penzolante, cascante **2** *(von Bewegungen)* dinoccolato. **schlen|kern I** tr. far ciondolare, dondolare: ***die Arme, die Tasche ~*** far ciondolare le braccia, dondolare la borsetta **II** intr. **1** (aus. *haben*) ***mit den Beinen ~*** dondolare le gambe **2** ondeggiare: ***der Vorhang schlenkert*** il sipario ondeggia **3** REGION. → **schlendern. schlen|kernd** p.pres. agg. **1** → **schlenkern 2** dondolante; *(herabhängend)* ciondolante, ciondoloni. **schlenk|rig** → **schlenkerig.**

Schlepp, ***ein Fahrzeug in ~ nehmen*** prendere a rimorchio un veicolo, rimorchiare un veicolo; ***im ~ (eines Traktors)*** a rimorchio (di un trattore); ***jdn, etw. im ~ haben*** trainare qcn., qcs.; *(von jdm begleitet, verfolgt werden)* avere qcn. alle costole. **Schlepp|an|gel** f. *(-,-n)* traina *f.* **Schlepp|an|ker** m. *(-s,-)* ancora *f.* galleggiante. **Schlepp|bü|gel** m. *(-s,-)* ancora *f.* (dello skilift). **Schlepp|damp|fer** m. *(-s,-)* rimorchiatore *m.*

Schlep|pe f. *(-,-n)* **1** strascico *m.*: ***die ~ tragen*** reggere lo strascico **2** VENAT. *(Fährte)* traccia *f.* **3** AGR. livellatore *m.* snodato a strascico.

schlep|pen I tr. **1a** trascinare: ***eine schwere Kiste ~*** trascinare una cassa pesante **b** COLLOQ. *(mit Gewalt mitnehmen)* ***jdn ins Theater ~*** trascinare qcn. a teatro; ***jdn vors Gericht ~*** trascinare qcn. in tribunale **2a** *(mit Mühe tragen)* portare (con fatica): ***die Pakete zur Post ~*** portare i pacchetti alla posta **b** COLLOQ. *(herumtragen)* portarsi dietro (*o* in giro): ***einen Brief schon drei Tage lang mit sich ~*** portarsi dietro una lettera già da tre giorni **3** *(von Autos, Schiffen)* rimorchiare **4** GERG. *(Fluchthilfe leisten)* aiutare a fuggire (dietro compenso) **II** intr. (aus. *haben*) strascicare: ***der Mantel schleppt auf dem Boden*** il cappotto strascica per terra **III** rifl. **sich ~ 1a** trascinarsi (a stento): ***sich zum Sofa, bis zum nächsten Haus ~*** trascinarsi fino al divano, fino alla casa più vicina **b** *(sich hinziehen)* trascinarsi: ***der Prozess schleppt sich schon seit Jahren*** il processo si trascina ormai da anni **2** ***sich an etw. (D) müde ~*** sfinirsi portando, trascinando qcs.; REGION. ***sich mit etw. ~ müssen*** doversi tirare dietro qcs. ◆ ***die Worte ~*** strascicare le parole. **schlep|pend** p.pres. **I** agg. **1** → **schleppen 2a** strascicato: ***einen -en Gang haben*** avere un passo strascicato; *(langsam)* ***ein -er Gesang*** un canto lento, strascicato; ***mit -en Schritten*** a passi lenti **b** *(von Gesprächen)* stentato, che si trascina **3** *(hinziehend)* stentato, difficile **II** avv. **1** in modo strascicato: ***~ gehen*** camminare in modo strascicato; ***zu ~ spielen*** suonare troppo lentamente **2** *(mit Schwierigkeiten)* a stento: ***~ sprechen, vorankommen*** parlare in modo stentato, procedere a stento. **Schlep|pen|kleid** n. *(-[e]s,-er)* vestito *m.* con lo strascico. **Schlep|pen|trä|ger** m. *(-s,-)* chi regge lo strascico.

Schlep|per m. *(-s,-)* **1** *(Schiff)* rimorchiatore *m.* **2** *(Traktor)* trattore *m.*, trattrice *f.* **3** COLLOQ. SPREG. *(Kundenfänger)* procacciatore *m.* di clienti **4** *(Fluchthelfer)* passatore *m.*, complice *m.* (che aiuta a passare la frontiera). **Schlep|pe|rei** f. *(-,-en)* COLLOQ. **1a** (continuo) trascinamento *m.* **b** *(Mühe)* sfacchinata *f.*, faticata *f.* **2** *(von Fluchthelfern)* complicità *f.* (di chi aiuta a passare la frontiera).

Schlepp|fi|sche|rei f. *(-)* pesca *f.* a traina. **Schlepp|flug** m. *(-[e]s, -flüge)* volo *m.* rimorchiato. **Schlepp|flug|zeug** n. *(-[e]s,-e)* aereo *m.* rimorchiato. **Schlepp|ka|bel** n. *(-s,-)* → **Schleppseil. Schlepp|kahn** m. *(-[e]s,-kähne)* barcone *m.*, chiatta *f.* **Schlepp|kleid** → **Schleppenkleid. Schlepp|lift** m. *(-[e]s,-e)* sciovia *f.*, skilift *m.* **Schlepp|netz** n. *(-es,-e)* rete *f.* a strascico. **Schlepp|netz|fi|sche|rei** f. *(-)* pesca *f.* a traina. **Schlepp|seil** n. *(-[e],-e)* cavo *m.* di traino. **Schlepp|tau** n. *(-[e]s,-e)* cavo *m.* di traino: ***im ~*** a rimorchio; ***ein Auto ins ~ nehmen*** prendere a rimorchio (*o* rimorchiare) un'auto ◆ COLLOQ. ***jdn, etw. im ~ haben*** avere qcn., qcs. al traino; ***jdn, etw. ins ~ nehmen*** trascinare qcn., qcs.; ***in jds ~, im ~ einer Sache sein*** essere al traino di qcn., qcs. **Schlepp|zug** m. *(-[e]s,-züge)* convoglio *m.* di chiatte (a rimorchio).

Schle|si|en n.pr.n. *(-s)* Slesia *f.* **Schle|si|er** m. *(-s,-)* slesiano *m.* **schle|sisch** agg. slesiano.

Schles|wi|ger m. *(-s,-)* abitante *m.* di Schleswig. **Schles|wig-Hol|stei|ner** m. *(-s,-)* abitante *m.* dello Schleswig-Holstein. **schles|wig-hol|stei|nisch** agg. dello (*o* relativo allo) Schleswig-Holstein. **schles|wi|gisch, schles|wigsch** agg. di Schleswig.

Schleu|der f. *(-,-n)* **1** fionda *f.* **2a** *(Zentrifuge, Wäscheschleuder)* centrifuga *f.* **b** *(Honigschleuder)* smielatore *m.* **3** AER. catapulta *f.* **4** COLLOQ. *(schnelles Auto, Motorrad)* bolide *m.* **Schleu|der|ball** m. *(-[e]s,-bälle)* SPORT palla *f.* vibrata. **Schleu|der|be|ton** m. *(-s)* calcestruzzo *m.* centrifugato.

Schleu|de|rer m. *(-s,-)* **1** chi scaglia (*o* scaraventa, lancia) **2** COMM. GERG. = chi vende a prezzi stracciati.

Schleu|der|gang m. *(-[e]s,-gänge)* centrifuga *f.* **Schleu|der|ge|fahr** f. *(-)* pericolo *m.* di strada sdrucciolevole: ***Vorsicht ~!*** strada sdrucciolevole! **Schleu|der|guss** m. *(-es,-güsse)* colata *f.* (*o* fusione *f.*) centrifuga. **Schleu|der|ho|nig** m. *(-[e]s)* miele *m.* centrifugato. **Schleu|der|ma|schi|ne** f. *(-,-n)* centrifuga *f.*

schleu|dern I tr. **1** scagliare, scaraventare: ***etw. in die Ecke, auf den (o zu) Boden, an die Wand ~*** scaraventare qcs. in un angolo, a terra, contro la parete **2** SPORT lanciare: ***den Diskus 50 m weit ~*** lanciare il disco a 50 m **3** sbalzare: ***vom Motorrad, aus dem Wagen geschleudert werden*** essere sbalzato dalla moto, fuori dall'auto **4** FIG. scagliare, lanciare: ***einen Bannfluch ~*** scagliare un anatema; ***jdm Schimpfwörter ins Gesicht ~*** coprire qcn. d'insulti **5** AER. catapultare **6** *(in einer Schleuder bearbeiten)* centrifugare: ***Milch, Wäsche ~*** centrifugare latte, biancheria **II** intr. (aus. sein) **1** sbandare: ***in der Kurve, nach links, rechts ~*** sbandare in curva, a sinistra, a destra **2** *(schleudernd irgendwohin geraten)* andare a finire (*o* a sbattere) sbandando: ***das Auto schleuderte gegen einen Baum, in einen Graben ~*** l'auto sbandando andò a sbattere contro un albero, andò a finire in un fosso ◆ ***die Schuhe von seinen Füßen ~*** lanciare le scarpe in aria (togliendosele). **Schleu|dern** n. *(-s)* **1** lo scagliare, lo scaraventare, lancio *m.* **2** *(von Autos)* sbandamento *m.*, sbandata *f.* **3** *(Zentrifugieren)* centrifugazione *f.* ◆ COLLOQ. ***jdn ins ~ bringen*** mandare qcn. nel pallone (*o* in confusione); ***ins ~ geraten, kommen*** sbandare; FIG. COLLOQ. andare nel pallone (*o* in confusione).

Schleu|der|preis m. *(-es,-e)* COLLOQ. prezzo *m.* stracciato: ***die Ware zu -en verkaufen*** vendere la merce a prezzi stracciati. **Schleu|der|pum|pe** f. *(-,-n)* pompa *f.* centrifuga. **Schleu|der|sitz** m. *(-es,-e)* sedile *m.* (*o* seggiolino *m.*) eiettabile. **Schleu|der|spur** f. *(-,-en)* traccia *f.* dello sbandamento. **Schleu|der|stan|ge** f. *(-,-n)* bacchetta *f.* della tendina. **Schleu|der|start** m. *(-[e]s,-s)* decollo *m.* catapultato. **Schleu|der|tech|nik** f. *(-,-en)* tecnica *f.* della sbandata. **Schleu|der|trom|mel** f. *(-,-n)* paniere *m.* di centrifuga. **Schleu|der|wa|re** f. *(-)* COLLOQ. merce *f.* a prezzi stracciati (*o* in svendita).

Schleud|rer → **Schleuderer.**

schleu|nig I agg. sollecito, pronto; *(schnell)* rapido **II** avv. in fretta, urgentemente, subito. **schleu|nigst...** avv. (superl. di *schleunig*) **1** subito, immediatamente **2** *(eilends)* in fretta, rapidamente, al più presto.

Schleu|se f. *(-,-n)* **1a** chiusa *f.*, conca *f.* (di navigazione): ***eine ~ öffnen*** aprire una chiusa; ***in eine ~ einfahren*** entrare in una chiusa; ***aus einer ~ ausfahren*** uscire da una chiusa **b** *(Schleusentor)* cateratta *f.*, paratoia *f.*: ***die -n öffnen, schließen*** aprire, chiudere le cateratte; FIG. ***die -n des Himmels öffneten sich*** si aprirono le cateratte del cielo **2** *(Luftschleuse)* camera *f.* di decompressione ◆ FIG. ***die -n seiner Beredsamkeit öffnen*** = dare libero corso alla propria eloquenza; ***es regnet wie aus -n*** piove a catinelle.

schleu|sen tr. **1** far passare per la chiusa **2** *(bringen)* portare, far passare; *(geleiten)* guidare: ***jdn über die Grenze, durch eine Kontrolle, durch den Verkehr ~*** far passare qcn. oltre confine, attraverso un controllo, guidare qcn. attraverso il traffico **3** *(einschleusen)* introdurre, far entrare o uscire (segretamente): ***einen Spion ins Ministerium ~*** introdurre una spia al ministero.

Schleu|sen|geld n. *(-[e]s)* diritto *m.* di chiusa. **Schleu|sen|kam|mer** f. *(-,-n)* conca *f.* (di navigazione). **Schleu|sen|ka|nal** m. *(-s, -kanäle)* canale *m.* a chiuse. **Schleu|sen|meis|ter** m. *(-s,-)* → **Schleusenwärter. Schleu|sen|tor** n. *(-[e]s,-e)* porta *f.* della chiusa, cateratta *f.* **Schleu|sen|wär|ter** m. *(-s,-)* guardiano *m.* della chiusa.

Schleu|ser m. *(-s,-)* **1** rimorchiatore *m.* **2** GERG. *(Fluchthelfer)* complice *m.* in un'evasione.

schlich → **schleichen.**

Schlich m. *(-[e]s,-e)* **1** astuzia *f.*; *(Trick)* trucco *m.*: ***alle -e kennen*** conoscere tutte le astuzie (*o* tutti i trucchi) **2** *(Erz)* minerale *m.* minuto ◆ ***jdm auf die -e (hinter jds -e) kommen*** scoprire i trucchi di qcn.

schlicht I agg. **1** semplice, sobrio: ***ein -es Kleid, Fest*** un abito, una festa semplice; ***ein -es Mahl*** un pasto semplice (*o* frugale); ***-e Eleganz*** eleganza sobria; ***mit -en Worten*** con parole semplici **2** *(bescheiden)* semplice, schietto: ***-e Leute*** gente semplice **3** *(einfältig)* semplice, puro: ***ein -es Gemüt*** un animo semplice **II** avv. **1** semplicemente: ***sich ~ ausdrücken, kleiden*** esprimersi, vestirsi semplicemente **2** *(bescheiden)* semplicemente, schiettamente **III** part. semplicemente, proprio: ***das ist ~ gelogen!*** è una bugia bella e

buona! ◆ COLLOQ. ~ ***und einfach, ~ und ergreifend*** semplicemente; ~ ***um*** ~ in modo diretto, direttamente.
Schlicht|ar|beit f. *(-)* finitura *f.* **Schlicht|dreh|bank** f. *(-,-bänke)* tornio *m.* finitore.
schlich|ten tr. **1** appianare, comporre, conciliare: ***einen Streit*** ~ appianare una lite **2** TECN. lisciare, levigare, spianare **3** TESS. imbozzimare **4** MECC. finire. **Schlich|ter** m. *(-s,-)* conciliatore *m.*, paciere *m.*; *(Schiedsrichter)* arbitro *m.*
Schlicht|fei|le f. *(-,-n)* lima *f.* dolce. **Schlicht|ham|mer** m. *(-s,-hämmer)* martello *m.* per spianare.
Schlicht|heit f. *(-)* semplicità *f.*, sobrietà *f.*
Schlicht|ho|bel m. *(-s,-)* pialletto *m.* per lisciare.
Schlich|tung f. *(-)* **1** appianamento *m.*, conciliazione *f.* **2** TECN. levigatura *f.*, spianamento *m.* **3** TESS. imbozzimatura *f.* **Schlich|tungs|aus|schuss** m. *(-es,-ausschüsse)*, **Schlich|tungs|kom|mis|si|on** f. *(-,-en)* commissione *f.* di conciliazione. **Schlich|tungs|stel|le** f. *(-,-n)* ufficio *m.* arbitrale (*o* d'arbitrato), ufficio *m.* di conciliazione.
schlicht|weg avv. semplicemente, assolutamente, senz'altro.
Schlick m. *(-[e]s,-e)* limo *m.*; *(Schlamm)* fango *m.* **Schlick|ab|la|ge|rung** f. *(-,-en)* deposito *m.* di limo. **schli|cken** intr. (aus. *haben*) depositare limo. **schli|cke|rig** agg. fangoso, melmoso.
schli|ckern intr. REGION. **1** (aus. *haben*) inacidire; cagliare **2a** *(rutschen*; aus. *haben)* scivolare: ***auf dem Eis*** ~ scivolare sul ghiaccio **b** (aus. *sein*) ***in den Graben*** ~ scivolare nel fosso.
Schlick|fall m. *(-[e]s)* → **Schlickablagerung.** **Schlick|grund** m. *(-[e]s)* fondo *m.* limoso (*o* melmoso). **schli|ckig** agg. REGION. fangoso: ***-e Schuhe, Wege*** scarpe fangose, sentieri fangosi. **schlick|rig** → **schlickerig.**
schlief → **schlafen.**
schlie|fen intr. *(schloff, geschloffen*; aus. *sein)* REGION. → **schlüpfen.**
Schlie|fer m. *(-s,-)* REGION. **1** scheggia *f.* (sotto la pelle) **2** ZOOL. iracoideo *m.*
schlie|fe|rig, **schlief|rig** agg. REGION. scivoloso, sdrucciolevole; *(glatt)* liscio.
Schlier m. *(-s)* **1** REGION. marna *f.* **2** GEOL. schlier *m.*
Schlie|re f. *(-,-n)* **1** REGION. massa *f.* fangosa **2** TECN. stria *f.* **3** OTT. banda *f.* eterorifrangente (*o* a rifrazione variabile).
schlie|ren intr. (aus. *sein*) MAR. scivolare. **schlie|rig** agg. REGION. fangoso; *(schlüpfrig)* scivoloso, sdrucciolevole.
schließ|bar agg. che si può chiudere: ***die Tür ist schwer ~, nicht ~*** la porta è difficile da chiudere, non si può chiudere la porta.
Schlie|ße f. *(-,-n)* chiusura *f.*
schlie|ßen *(schloss, geschlossen)* **I** tr. **1a** chiudere: ***ein Fenster, einen Koffer*** ~ chiudere una finestra, una valigia; ***den Mund, die Augen*** ~ chiudere la bocca, gli occhi; ***einen Hahn*** ~ chiudere un rubinetto; ***das Geschäft, den Schalter*** ~ chiudere il negozio, lo sportello; ***wann werden die Läden geschlossen?*** a che ora chiudono i negozi? **b** *(unpassierbar machen)* ***die Grenzen*** ~ chiudere i confini **c** *(einschließen)* ***etw. in den Panzerschrank*** ~ chiudere qcs. in cassaforte; ***jdn in eine Zelle*** ~ chiudere qcn. in una cella **d** EL. ***einen Kontakt*** ~ chiudere un contatto **e** FOT. ***die Blende*** ~ chiudere il diaframma **2** *(festmachen)* legare, attaccare: ***das Fahrrad an einen Pfahl*** ~ legare la bicicletta a un palo; ***den Hund an die Kette*** ~ legare il cane alla catena **3** *(umfassen, festhalten)* stringere, serrare: ***etw. in seine Hand*** ~ stringere qcs. nella mano; ***jdn in die Arme, an seine Brust*** ~ stringere qcn. fra le braccia, al petto **4a** *(ausfüllen)* chiudere, tappare: ***eine Lücke*** ~ tappare un buco **b** FIG. colmare: ECON. ***ein Loch im Haushalt*** ~ colmare un buco in bilancio **5** *(beenden)* chiudere, concludere, terminare: ***eine Debatte, Versammlung*** ~ chiudere un dibattito, una riunione; ***den Brief mit einer Grußformel*** ~ chiudere la lettera con una formula di saluto; assol. ***er schloss mit einem Zitat*** concluse con una citazione **6a** *(abschließen)* concludere, stipulare: ***ein Abkommen, einen Vertrag*** ~ concludere un accordo, stipulare un contratto **b** stringere, fare: ***mit jdm ein Bündnis, einen Kompromiss*** ~ stringere un patto, fare un compromesso con qcn.; FIG. ***mit jdm Brüderschaft, Freundschaft, Frieden, Bekanntschaft*** ~ fraternizzare, stringere amicizia, fare la pace, far conoscenza con qcn. **7** *(herleiten)* dedurre, concludere: ***daraus schließt man, dass...*** da ciò si conclude che... **8** *(hinzufügen)* aggiungere: ***noch einige Bemerkungen an etw. (A)*** ~ aggiungere ancora qualche osservazione a qcs. **9** EL. collegare, allacciare: ***etw. an die Batterie, an den Stromkreis*** ~ collegare qcs. alla batteria, al circuito elettrico **II** intr. (aus. *haben*) **1a** chiudere: ***das Schloss schließt schlecht*** la serratura chiude male; ***einmal, zweimal*** ~ chiudere con un giro, due giri di chiave (*o* chiudere a una, a doppia mandata); REGION. ***der Schlüssel schließt zu beiden Türen*** la chiave chiude entrambe le porte **b** *(geschlossen werden)* ***die Post schließt um 17.30*** la posta chiude alle 17.30; ***das Büro, die Schule schließt für vier Wochen*** l'ufficio, la scuola chiude per quattro settimane; ***die Fabrik musste wegen finanzieller Schwierigkeiten*** ~ la fabbrica dovette chiudere per difficoltà finanziarie **c** *(Letzter sein)* ***eine Liste, einen Umzug*** ~ chiudere una lista, un corteo **d** ECON. ***aktiv, passiv*** ~ chiudere in attivo, in passivo; ***die Börse schließt à la hausse, à la baisse, freundlich*** la borsa chiude in rialzo, in ribasso, con delle quotazioni favorevoli **2** *(enden)* concludersi, chiudersi, terminare: ***der Prozess schloss mit einer Verurteilung*** il processo si concluse con una condanna **3** *(herleiten)* ***auf etw. (A)*** ~ risalire a qcs., capire qcs.: ***von jds Handlungsweise auf seinen Charakter*** ~ capire il carattere di qcn. dal modo di comportarsi **4** *(grenzen)* confinare, essere adiacente: ***an den Gutshof schließt ein großer Park*** un grande parco è adiacente al podere **III** rifl. **sich** ~ **1a** chiudersi: ***die Tür schließt sich von selbst*** la porta si chiude da sola; ***die Blüten ~ sich abends*** i fiori si chiudono la sera **b** *(von Wunden)* chiudersi, rimarginarsi **2** *(sich anschließen)* far seguito, seguire: ***an das Programm schloss sich eine Debatte*** al programma seguì un dibattito ◆ ***vom Allgemeinen auf das Besondere*** ~ desumere il particolare dal generale; ***du schließt von dir auf andere*** = tu pensi che ciò che vale per te valga anche per gli altri; ***seine Augen (für immer)*** ~ chiudere gli occhi per sempre; ***die Beine*** ~ unire le gambe; ***eine Ehe*** ~ contrarre un matrimonio; ***jdn in sein Gebet*** ~ ricordare qcn. nelle proprie preghiere; ***etw. halb*** ~ socchiudere qcs.; ***die Hand zur Faust*** ~ stringere la mano a pugno; ***jdn ins, in sein Herz*** ~ affezionarsi a qcn.; ***etw. in sich*** ~ contenere, racchiudere qcs. (in sé); ***ein Geheimnis, Widersprüche in sich*** ~ custodire un segreto, avere (in sé) delle contraddizioni; ***einen Kreis um jdn*** ~ stringersi in cerchio, formare un cerchio intorno a qcn.; ***das lässt auf einen Irrtum, ein Versehen*** ~ questo fa pensare a un errore, a una svista; ***die Reihen*** ~ stringere (*o* serrare) le file; ***(Achtung,) Türen ~ sich selbsttätig*** attenzione, le porte si chiudono automaticamente.
Schlie|ßer m. *(-s,-)* **1** *(Pförtner)* portinaio *m.*, custode *m.* **2** *(Logenschließer)* maschera *f.* **3** *(im Gefängnis)* carceriere *m.*, secondino *m.* **4** *(Schließvorrichtung)* chiusura *f.*
Schließ|fach n. *(-[e]s,-fächer)* **1** cassetta *f.* di sicurezza **2** *(zur Gepäckaufbewahrung)* armadietto *m.* (del deposito bagagli) **3** *(Postfach)* casella *f.* postale. **Schließ|frucht** f. *(-,-früchte)* frutto *m.* indeiscente.
schließ|lich avv. **1** alla fine, infine: ~ ***waren alle Gäste gegangen*** alla fine tutti gli ospiti se n'erano andati; ~ ***willigte er ein*** alla fine acconsentì; ***er aß die Suppe, das Fleisch, das Gemüse und ~ den Kuchen*** mangiò la minestra, la carne, la verdura e infine il dolce **2** *(immerhin)* in fondo, dopotutto, pur sempre: ***sie ist ~ meine Frau*** è pur sempre mia moglie ◆ COLLOQ. ~ ***und endlich*** in fin dei conti.
Schließ|mus|kel m. *(-s,-n)* sfintere *m.* **Schließ|rah|men** m. *(-s,-)* TIP. telaio *m.* di stampa.
Schlie|ßung f. *(-,-en)* **1** chiusura *f.*: ***die ~ eines Ladens, der Grenze*** la chiusura di un negozio, dei confini **2** *(Beendigung)* chiusura *f.*, conclusione *f.*, fine *f.*: ***die ~ einer Versammlung*** la fine di una riunione **3** *(Abschluss)* conclusione *f.*: ***die ~ einer Ehe, eines Vertrags*** il contrarre matrimonio, la stipulazione di un contratto. **Schlie|ßungs|zeit** f. *(-,-en)* (orario *m.* di) chiusura *f.*
schliff → **schleifen.**
Schliff m. *(-[e]s,-e)* **1a** affilatura *f.*: **b** *(Schärfe)* filo *m.*: ***der glatte, wellige ~ einer Klinge*** il filo liscio, dentellato (*o* seghettato) di una lama **2** *(von Gläsern)* molatura *f.* **3** *(von Edelsteinen)* sfaccettatura *f.* **4** *(Dünnschliff)* sezione *f.* sottilissima **5** *(feine Umgangsformen)* buone maniere *f.pl.*, garbo *m.*: ***keinen ~ haben*** non avere garbo; ***jdm ~ beibringen*** insegnare le buone maniere a qcn. ◆ ***etw. (D) den letzten ~ geben*** dare l'ultimo tocco a qcs. **Schliff|flä|che** f. *(-,-n)* **1** superficie *f.* levigata **2** TECN. superficie *f.* rettificata.
schlimm I agg. **1** *(übel)* brutto: ***eine -e Erfahrung, Nachricht*** una brutta esperienza, notizia; ***-e Zeiten*** brutti tempi; ***ein -es Ende nehmen*** fare una brutta fine, finire male; ***die Sache war sehr*** ~ la faccenda era molto brutta **2** *(böse)* cattivo, malvagio: ***ein -er Geselle*** un cattivo compagno; ***-e Gedanken*** cattivi pensieri **3** *(schwer wiegend)* grave: ***ein -er Fehler*** un grave errore; ***er ist nicht so ~, wie du sagst*** non è poi così grave come dici; **4** COLLOQ. *(unangenehm)* spiacevole **5** *(schmerzend)* dolorante, che fa male: ***ein -er Finger, Hals*** un dito, una gola dolorante **II** avv. **1** male: ~ ***ausgehen*** finire male; ***es steht sehr ~ um sie*** se la passa molto male **2** rafforz. terribilmente, tremendamente: ***heute ist es ~ heiß*** oggi fa tremendamente caldo ◆ ~ ***dran sein*** trovarsi a mal partito; ***es ist halb so*** ~ non è poi una tragedia; ***ist es ~, wenn ich nicht komme?*** è grave se non vengo? ***ist nicht ~!*** non importa! non fa niente! ***ich***

finde daran, dabei nichts Schlimmes non ci trovo niente di male; ***sich zum Schlimmen wenden*** volgersi al peggio. **Schlim|me** m. e f. *(-n,-n)* cattivo *m.* (-a *f.*) ◆ COLLOQ. ***er ist ganz ein -r*** è proprio un donnaiolo.

schlim|mer (compar. di *schlimm*) **I** agg. peggiore: ***unter -en Umständen*** in circostanze peggiori **II** avv. peggio: ***es wird immer ~*** va sempre peggio; ***desto ~, um so ~*** tanto peggio ◆ ***~ denn je*** peggio che mai; ***es hätte ~ kommen können*** sarebbe potuta andare peggio; ***~ machen*** peggiorare; ***es gibt Schlimmeres*** c'è di peggio; ***immer ~ werden*** andare di male in peggio.

schlimmst... agg. (superl. di *schlimm*) (il) peggiore: ***im -en Fall*** nel caso peggiore. **Schlimms|te I** m. e f. *(-n,-n)* il peggiore, la peggiore **II** n. *(-n)* il peggio *m.*: ***das ~ (be)fürchten*** temere il peggio; ***auf das ~ gefasst sein*** essere preparato al peggio; ***das war das ~, was geschehen konnte*** era il peggio che potesse accadere. **schlimms|ten|falls** avv. nel peggiore dei casi, nella peggiore delle ipotesi, alla peggio.

Schling|be|schwer|den pl. difficoltà *f.pl.* di deglutizione.

Schlin|ge f. *(-,-n)* **1** laccio *m.*, cappio *m.*: ***eine ~ machen (knüpfen), zuziehen*** fare, stringere un cappio; ***jdm die ~ um den Hals legen*** mettere il cappio al collo a qcn. (anche FIG.) **2a** *(Fanggerät)* calappio *m.*, laccio *m.*: ***etw. in der ~ fangen*** prendere al laccio qcs. **b** FIG. trappola *f.*: ***jdm eine ~ legen*** tendere una trappola a qcn.; ***in die ~ gehen, fallen*** cadere in trappola **3** SPORT *(im Eis- und Rollkunstlauf)* (figura *f.* a) cerchio *m.* **4** *(bei Textilien)* ricciolo *m.*, anello *m.* ◆ ***sich in der eigenen ~ fangen*** darsi la zappa sui piedi; ***den Arm in der ~ tragen*** portare il braccio al collo; ***den Hals, den Kopf aus der ~ ziehen*** cavarsi d'impiccio.

Schlin|gel m. *(-s,-)* SCHERZ. birbone *m.*

1.schlin|gen *(schlang, geschlungen)* **I** tr. **1** avvolgere: ***einen Schal um die Schultern ~*** avvolgere uno scialle intorno alle spalle **2** *(Arme, Hände)* stringere: ***die Arme um jds Hals ~*** stringere le braccia al collo di qcn. **3** *(flechten)* intrecciare: ***Bänder ins Haar ~*** intrecciare nastri nei capelli **4** *(verknüpfen)* legare, annodare: ***ein Seil ~*** annodare una corda; ***einen Knoten ~*** fare un nodo; **II** rifl. **sich ~ 1** stringersi, avvolgersi: ***die Schlange schlingt sich um ihre Beute*** il serpente si avvolge alla preda **2** *(von Kletterpflanzen)* avviticchiarsi ◆ ***das Haar zu einem Knoten ~*** legare i capelli in una crocchia.

2.schlin|gen *(schlang, geschlungen)* **I** tr. **1** ingoiare, trangugiare: ***die Beute ~*** ingoiare la preda; ***das Essen ~*** trangugiare il cibo **2** MED. deglutire **II** intr. (aus. *haben*) ingozzarsi: ***du sollst nicht so ~*** non devi ingozzarti così.

Schlin|gen|flor m. *(-s,-e)* pelo *m.* ricciuto: ***ein Teppich aus ~*** un tappeto a, con pelo ricciuto. **Schlin|gen|ge|we|be** n. *(-s)* tessuto *m.* con ricci e anelli.

Schlin|ger m. *(-s,-)* = animale *m.* che ingoia la preda intera. **Schlin|ger|be|we|gung** f. *(-,-en)* rollio *m.*, rullio *m.* **Schlin|ger|kiel** m. *(-s,-e)* chiglia *f.* di rollio, chiglia *f.* antirollio (*o* antirollante).

schlin|gern intr. **1** *(von Schiffen;* aus. *haben)* rollare, rullare **2** *(sich schlingernd fortbewegen;* aus. *sein)* avanzare, procedere rollando; COLLOQ. FIG. *(wegen Trunkenheit)* ***nach Hause ~*** andare a casa barcollando ◆ ***ins Schlingern geraten, kommen*** sbandare.

Schlin|ger|tank m. *(-[e]s,-s)* cassa *f.* antirollio (*o* antirollante).

Schling|pflan|ze f. *(-,-n)* pianta *f.* rampicante. **Schling|schwanz** m. *(-es,-schwänze)* coda *f.* prensile.

Schlip|pe f. *(-,-n)* REGION. **1** *(Rockzipfel)* lembo *f.* della gonna **2** *(enger Durchgang)* strettoia *f.* **3** *(Gässchen)* vicoletto *m.*

Schlips m. *(-es,-e)* COLLOQ. cravatta *f.*: ***einen ~ tragen, binden, umbinden, abbinden*** portare, annodarsi, mettersi, togliersi una cravatta; ***jdn am ~ fassen, beim ~ nehmen (erwischen)*** afferrare, prendere qcn. per la cravatta ◆ ***sich auf den ~ getreten fühlen*** sentirsi offeso; FIG. ***jdm auf den ~ treten*** = offendere qcn. **Schlips|hal|ter** m. *(-s,-)* fermacravatta *m.* **Schlips|na|del** f. *(-,-n)* spilla *f.* da cravatta.

schliss → **schleißen.**

schlit|teln intr. (aus. *sein*) AUSTR. SVIZZ., **schlit|ten** intr. (aus. *sein*) SVIZZ. andare in slitta. **Schlit|ten** m. *(-s,-)* **1** slitta *f.* **2** COLLOQ. *(Fahrzeug)* mezzo *m.*, macchina *f.*: ***einen tollen ~ fahren*** guidare una macchina fantastica **3a** TECN. slitta *f.* **b** *(an der Schreibmaschine)* carrello *m.* ◆ ***~ fahren*** andare in, sulla slitta; COLLOQ. FIG. ***mit jdm ~ fahren*** strapazzare qcn.; COLLOQ. ***unter den ~ kommen*** cadere in basso. **Schlit|ten|bahn** f. *(-,-en)* pista *f.* per le slitte. **Schlit|ten|fahrt** f. *(-,-en)* corsa *f.*, giro *m.* in slitta. **Schlit|ten|hund** m. *(-[e]s,-e)* cane *m.* da slitta. **Schlit|ten|ku|fe** f. *(-,-n)* pattino *m.* da, della slitta. **Schlit|ten|par|tie** f. *(-,-n)* gita *f.* in slitta.

schlit|tern intr. **1a** *(rutschen;* aus. *haben)* scivolare, sdrucciolare: ***auf dem gefrorenen Teich ~*** scivolare sullo stagno ghiacciato **b** *(sich über etw. hinbewegen;* aus. *sein)* muoversi (*o* procedere) scivolando: ***über die vereiste Straße ~*** camminare (scivolando) sulla strada ghiacciata **2** *(ausgleiten;* aus. *sein)* slittare: ***das Auto schlittert auf der nassen Straße*** l'auto slitta sulla strada bagnata ◆ FIG. ***in eine unangenehme Situation ~*** finire in una brutta situazione. **Schlit|tern** n. *(-s)* lo scivolare; ***ins ~ kommen*** scivolare.

Schlitt|schuh m. *(-[e]s,-e)* pattino *m.*: ***~ laufen, fahren*** correre, andare sui pattini. **Schlitt|schuh|lauf** m. *(-[e]s)*, **Schlitt|schuh|lau|fen** n. *(-s)* pattinaggio *m.* (sul ghiaccio). **Schlitt|schuh|läu|fer** m. *(-s,-)* pattinatore *m.* (sul ghiaccio). **Schlitt|schuh|stie|fel** m. *(-s,-)* pattino *m.* da ghiaccio.

Schlitz m. *(-es,-e)* **1a** fessura *f.*, feritoia *f.*: ***ein ~ in der Wand*** una fessura nella parete; ***eine Münze in den ~ stecken*** inserire una moneta nella fessura; ***der Wind pfeift durch die -e*** il vento passa attraverso le fessure **b** *(vom Briefkasten)* buca *f.* **2** ABBIGL. spacco *m.*: ***ein Rock mit ~*** una gonna con lo spacco **3** COLLOQ. *(Hosenschlitz)* bottega *f.*: ***sein ~ ist auf, steht offen*** ha la bottega aperta, la bottega sta aperta **4** *(Vagina)* VOLG. figa *f.* **Schlitz|au|gen** pl. occhi *m.pl.* a mandorla. **schlitz|äu|gig** agg. dagli occhi a mandorla. **Schlitz|blen|de** f. *(-,-n)* → **Schlitzverschluss. schlit|zen** tr. ANT. **1** aprire, tagliare nel senso della lunghezza **2** *(mit Schlitzen versehen)* ***einen Rock ~*** fare degli spacchi a una gonna. **schlitz|för|mig** agg. a fessura.

Schlitz|ohr n. *(-[e]s,-en)* **1** ANAT. padiglione *m.* fesso **2a** COLLOQ. *(schlauer Kerl)* furbastro *m.* **b** *(Betrüger)* imbroglione *m.*, furfante *m.* **schlitz|oh|rig** agg. COLLOQ. furbo, scaltro. **Schlitz|oh|rig|keit** f. *(-)* furbizia *f.*, scaltrezza *f.*

Schlitz|rüss|ler m. *(-s,-)* solenodonte *m.* **Schlitz|schrau|be** f. *(-,-n)* vite *f.* con testa a intaglio. **Schlitz|ver|schluss** m. *(-es,-verschlüsse)* FOT. otturatore *m.* a tendina.

schloh|weiß agg. bianco candido, bianchissimo: ***-es Haar haben*** avere capelli bianchissimi.

schloss → **schließen.**

Schloss n. *(-es, Schlösser)* **1a** serratura *f.*: ***ein ~ öffnen (aufschließen), aufbrechen, zuschließen*** aprire, forzare, chiudere una serratura **b** *(Schlüsselloch)* toppa *f.*: ***der Schlüssel steckt im ~*** la chiave è nella toppa **2** *(Vorhängeschloss)* lucchetto *m.*: ***ein ~ vor die Tür hängen*** mettere un lucchetto alla porta **3a** *(Schnappverschluss)* chiusura *f.*: ***das ~ an der Handtasche*** la chiusura della borsetta **b** *(an Schmuckstücken)* chiusura *f.*, fermaglio *m.* **4** *(an Feuerwaffen)* otturatore *m.* **5a** *(Wohngebäude des Adels)* castello *m.*: ***die Schlösser der Loire*** i castelli della Loira **b** *(unbefestigtes Schloss)* palazzo *m.*: ***~ Nymphenburg*** il palazzo di Nymphenburg ◆ ***die Tür fiel ins ~*** la porta si chiuse da sé; FIG. ***ein ~ auf dem, im Mond*** un castello in aria; ***ein ~ vor dem Mund haben*** avere la bocca cucita; ***jdm ein ~ vor den Mund legen, hängen*** cucire la bocca a qcn.; COLLOQ. ***hinter ~ und Riegel*** in gattabuia, in galera; ***jdn hinter ~ und Riegel bringen (setzen), halten*** mettere, tenere sotto chiave. **Schloss|an|la|ge** f. *(-,-n)* **1** complesso *m.* (*o* insieme *m.*) del castello **2** *(Parkanlage des Schlosses)* parco *m.* del castello. **Schloss|berg** m. *(-[e]s,-e)* monte *m.* coronato da un, dal castello.

Schlöss|chen n. *(-s,-)* **1** piccola *f.* serratura **2** *(kleines Vorhängeschloss)* lucchettino *m.* **3** *(an Schmuckstücken)* fermaglietto *m.* **4** *(kleine Burg)* piccolo castello *m.*, castelletto *m.*

Schlo|ße f. *(-,-n)* REGION. chicco *m.* di grandine.

Schlos|ser m. *(-s,-)* fabbro *m.* **Schlos|se|rei** f. *(-,-en)* **1** bottega *f.* di, del fabbro **2** *(Schlossern)* (il) fare lavori da fabbro **3** → **Schlosserhandwerk. Schlos|ser|hand|werk** n. *(-[e]s)* mestiere *m.* di, del fabbro. **schlos|sern** intr. (aus. *haben*) fare lavori da fabbro. **Schlos|ser|werk|statt** f. *(-,-stätten)* → **Schlosserei. Schlos|ser|werk|zeug** n. *(-[e]s)* arnese *m.* da fabbro.

Schloss|fe|der f. *(-,-n)* molla *f.* (*o* scatto *m.*) della serratura. **Schloss|flü|gel** m. *(-s,-)* ala *f.* del castello. **Schloss|frau** f. *(-,-en)* castellana *f.* **Schloss|fräu|lein** n. *(-s,-)* giovane castellana *f.* **Schloss|frei|heit** f. *(-,-en)* **1** spazio *m.* (libero) intorno al, a un castello **2** STOR. *(Rechtsgebiet)* giurisdizione *f.* di un castello. **Schloss|gar|ten** m. *(-s,-gärten)* giardino *m.* del castello. **Schloss|herr** m. *(-n,-en)* signore *m.* del castello, castellano *m.* **Schloss|hof** m. *(-[e]s,-höfe)* cortile *m.* di castello. **Schloss|hund,** COLLOQ. ***heulen wie ein ~*** piangere come un cane alla catena. **Schloss|ka|pel|le** f. *(-,-n)* cappella *f.* del castello. **Schloss|kir|che** f. *(-,-n)* chiesa *f.* del castello. **Schloss|park** m. *(-[e]s,-s)* parco *m.* del castello. **Schloss|ru|i|ne** f. *(-,-n)* rovine *f.pl.* del castello. **Schloss|ver|wal|ter** m. *(-s,-)* amministratore *m.* del castello; STOR. castaldo *m.* **Schloss|vogt** m. *(-s,-vögte)* STOR. castaldo *m.* **Schloss|vog|tei** f. *(-,-en)* STOR. castalderia *f.*, castellania *f.*

Schlot m. *(-[e]s,-e* e RAR. *Schlöte)* **1** REGION. *(Fabrikschornstein)*

ciminiera *f.*; FIG. COLLOQ. ***er raucht wie ein ~*** fuma come una ciminiera **2a** GEOL. *(in Vulkanen)* camino *m.* **b** *(Doline)* dolina *f.* **3a** COLLOQ. SPREG. *(Nichtsnutz)* buono *m.* a nulla **b** *(unangenehmer Kerl)* zoticone *m.* **Schlot|fe|ger** m. *(-s,-)* REGION. spazzacamino *m.*
Schlot|te f. *(-,-n)* **1** REGION. *(Schalotte)* scalogno *m.* **2** *(Zwiebelblatt)* foglia *f.* tubolare (di cipolla). **Schlot|ten|zwie|bel** f. *(-,-n)* scalogno *m.*
Schlot|ter|ge|lenk n. *(-[e]s,-e)* articolazione *f.* (troppo) mobile. **schlot|te|rig** → **schlottrig. schlot|tern** intr. (aus. *haben*) **1** *(heftig zittern)* tremare: ***am ganzen Leib (vor Kälte, Angst) ~*** tremare in tutto il corpo (di freddo, di paura); ***die Knie ~ ihm*** gli tremano le ginocchia **2** *(schlaff herabhängen)* ballare: ***die Kleider ~ ihr um den Körper*** i vestiti le ballano addosso; ***die Hosen ~ ihm um die Beine*** i pantaloni gli ballano. **schlot|ternd, schlott|rig** agg. **1** tremante: ***mit -en Knien*** con le ginocchia tremanti **2** *(von Kleidungsstücken)* largo, che balla (addosso).
Schlucht f. *(-,-en)* **1** gola *f.*, forra *f.* **2** FIG. ***die düsteren -en der Altstadt*** gli oscuri meandri del centro storico.
schluch|zen intr. (aus. *haben*) singhiozzare. **Schluch|zen** n. *(-s)* singhiozzi *m.pl.*: ***in ~ ausbrechen*** scoppiare in singhiozzi. **schluch|zend** p.pres. agg. **1** → **schluchzen 2** FIG. *(von Musik, Geigen)* lamentoso, sospiroso. **Schluch|zer** m. *(-s,-)* singhiozzo *m.*, singulto *m.*
schluck inter. gulp. **Schluck** m. *(-[e]s,-e* RAR. *Schlücke)* **1** sorso *m.*: ***ein großer, tüchtiger ~ aus der Flasche*** un gran sorso, una sorsata dalla bottiglia; ***einen ~ Wasser nehmen, trinken*** bere un sorso d'acqua; ***in, mit kleinen -en trinken*** bere a piccoli sorsi, sorseggiare; ***auf einen, mit einem ~*** in un sorso, tutto d'un fiato; ***etw. ~ für ~ (~ um ~), bis auf den letzten ~ austrinken*** bere qcs. a sorsi, fino all'ultimo sorso **2** COLLOQ. *(alkoholisches Getränk)* bicchiere *m.*: ***ein guter ~*** un buon bicchiere. **Schluck|auf** m. *(-s)* singhiozzo *m.*: ***einen ~ haben*** avere il singhiozzo; ***ich habe einen ~ bekommen*** mi è venuto il singhiozzo. **Schluck|be|schwer|den** pl. difficoltà *f.pl.* di deglutizione. **Schlück|chen** n. *(-s,-)* sorsetto *m.*
schlu|cken I tr. **1a** inghiottire, ingoiare, MED. deglutire: ***einen Bissen, eine Tablette ~*** inghiottire un boccone, una pastiglia **b** COLLOQ. FIG. *(verbrauchen)* ***viel Geld ~*** inghiottire, mangiarsi un patrimonio **2** COLLOQ. FIG. *(hinnehmen)* ingoiare, mandare giù: ***einen Vorwurf ~*** mandar giù un rimprovero; ***einiges ~ müssen*** dover ingoiare qcs.; ***da musste ich erst einmal ~*** ho dovuto mandar giù **3a** COLLOQ. *(Alkohol trinken)* bere: ***er hat ordentlich geschluckt*** ha bevuto abbastanza; ***einen ~*** concedersi un bicchiere **b** FIG. *(verbrauchen)* ***der Motor schluckt viel Benzin*** il motore beve molta benzina **c** FIG. *(glauben)* ***er scheint die Geschichte geschluckt zu haben*** sembra che abbia bevuto la storia **4** COLLOQ. *(einatmen)* mangiare: ***Staub ~*** mangiar polvere **5a** COLLOQ. *(in seinen Besitz bringen)* assorbire: ***einen kleineren Betrieb ~*** assorbire un'impresa minore **b** ***das Licht, den Schall ~*** assorbire la luce, il suono **II** intr. (aus. *haben*) COLLOQ. FIG. ***an etw. ~*** far fatica a digerire qcs. ◆ ***Mühe beim Schlucken haben*** fare fatica a deglutire; ***Wasser ~*** bere (nuotando).
1.Schlu|cken n. *(-s)* ingestione *f.*, deglutizione *f.*
2.Schlu|cken m. *(-s)* → **Schluckauf.**
Schlu|cker m. *(-s,-)* COLLOQ. beone *m.* ◆ ***armer ~*** poveraccio.
Schluck|imp|fung f. *(-,-en)* vaccinazione *f.* per via orale. **schluck|sen** intr. (aus. *haben*) COLLOQ. avere il singhiozzo. **Schluck|specht** m. *(-[e]s,-e)* → **Schlucker. schluck|wei|se** avv. a sorsi, sorso a sorso.
Schlu|der|ar|beit f. *(-,-en)* COLLOQ. lavoro *m.* buttato giù, fatto alla carlona, pasticcio *m.* **Schlu|de|rei** f. *(-,-en)* COLLOQ. pasticcio *m.* **Schlu|de|rer** m. *(-s,-)* COLLOQ. pasticcione *m.* **schlu|de|rig** COLLOQ. **I** agg. **1** *(flüchtig)* buttato giù, tirato via **2** *(von Kleidung, Menschen)* sciatto, trasandato **II** avv. sciattamente, alla carlona. **Schlu|der|jan** m. *(-s,-e)* COLLOQ. → **Schluderer. schlu|dern** intr. (aus. *haben*) COLLOQ. fare (dei) pasticci. **Schlud|ri|an** m. *(-s,-e)* COLLOQ. **1** → **Schluderjan 2** → **Schluderei. schlud|rig** → **schluderig. Schlud|rig|keit** f. *(-,-en)* COLLOQ. sciatteria *f.*
Schluff m. *(-[e]s,-e* e *Schlüffe)* **1** sabbia *f.* (finissima) **2** REGION. *(enger Durchgang)* strettoia *f.*
schlug → **schlagen.**
Schlum|mer m. *(-s)* sopore *m.*: ***im ~ liegen*** essere assopito; ***in ~ sinken*** assopirsi. **Schlum|mer|lied** n. *(-[e]s,-er)* ninna nanna *f.* **schlum|mern** intr. (aus. *haben*) **1** *(im Schlummer liegen)* essere assopito, sonnecchiare **2a** *(verborgen liegen)* giacere nascosto **b** essere sopito, sonnecchiare: ***in ihm ~ ungeahnte Kräfte*** in lui sono sopite energie insospettate. **schlum|mernd** p.pres. agg. **1** → **schlummern 2** *(latent)* latente, nascosto: ***eine -e Krankheit*** una malattia allo stato latente; ***ein -es Talent*** un talento nascosto. **Schlum|mer|rol|le** f. *(-,-n)* poggiacapo *m.* (cilindrico). **Schlum|mer|stun|de** f. *(-,-n)* ora *f.* del riposino.
Schlum|pe f. *(-,-n)* REGION. → **Schlampe. schlum|pen** intr. REGION. → **schlampen. schlum|pe|rig** agg. → **schlampig.**
Schlumpf m. *(-[e]s, Schlümpfe)* *(Comicfigur)* puffo *m.*
Schlund m. *(-[e]s, Schlünde)* **1a** gola *f.*; MED. faringe *f.*: ***mir brennt der ~*** la gola mi brucia; ***im ~ stecken bleiben*** rimanere in gola **b** *(Rachen)* fauci *f.pl.*: ***der Wolf riss den ~ auf*** il lupo spalancò le fauci **2** *(Öffnung)* bocca *f.*: ***der ~ einer Kanone, eines Kraters*** la bocca di un cannone, di un cratere **3** *(Abgrund)* abisso *m.* ◆ ***den ~ nicht voll genug kriegen*** = non essere mai sazio. **Schlund|höh|le** f. *(-,-en)* cavità *f.* faringea.
Schlun|ze f. *(-,-n)* **1** REGION. SPREG. → **Schlampe 2** REGION. *(dünne Suppe, dünner Kaffee)* brodaglia *f.* **schlun|zen** intr. REGION. SPREG. **1** (aus. *haben*) lavorare senza cura **2** (aus. *sein*) camminare dinoccolato. **schlun|zig** agg. REGION. → **schlampig.**
Schlupf m. *(-[e]s, Schlüpfe* e *-e)* **1** MECC. scorrimento *m.*; *(von Kupplungen)* slittamento *m.* **2** ZOOL. *(Ausschlüpfen)* lo sgusciare (fuori) **3** ANT. *(Unterschlupf)* nascondiglio *m.* **4** ANT. *(Durchschlupf)* stretto passaggio *m.*, uscita *f.*
schlup|fen REGION., **schlüp|fen** intr. (aus. *sein*) **1a** sgattaiolare, scivolare, sgusciare: ***durch die Tür, aus einem Loch ~*** sgattaiolare per la porta, sgusciare da un buco; ***unter die Decke ~*** scivolare sotto le coperte **b** *(von glitschigen Gegenständen)* ***aus der Hand, durch die Finger ~*** scivolare di mano, sgusciare tra le dita **c** FIG. ***über die, von den Lippen ~*** scappare di bocca **2** *(schnell ausziehen)* ***aus etw. ~*** sfilarsi qcs.; *(schnell anziehen)* ***in etw. ~*** infilarsi qcs. **3a** *(ausschlüpfen)* sgusciare (fuori) **b** *(von Insekten)* uscire dal bozzolo ◆ ***in die Rolle eines anderen ~*** assumere la parte di un altro; ***durch die Maschen des Gesetzes ~*** sgusciare tra le maglie della legge. **Schlüp|fer** m. *(-s,-)* ANT. **1** *(Unterhose)* culottes *f.pl.*; *(für Kinder)* mutandine *f.pl.* **2** *(weiter Herrenmantel)* tabarro *m.* **Schlupf|loch** n. *(-[e]s,-löcher)* **1** nascondiglio *m.* **2** *(Durchschlupf)* stretto passaggio *m.*
schlüpf|rig agg. **1** *(von Böden, Straßen)* sdrucciolevole, scivoloso, viscido **2** *(von Fischen, Schlangen)* viscido **3** FIG. *(anstößig)* scurrile, LETT. lubrico. **Schlüpf|rig|keit** f. *(-,-en)* **1** sdrucciolevolezza *f.*, scivolosità *f.* **2** FIG. scurrilità *f.*, LETT. lubricità *f.*
Schlupf|stie|fel pl. stivali *m.pl.* senza cerniera. **Schlupf|wes|pe** f. *(-,-n)* icneumonide *m.* **Schlupf|win|kel** m. *(-s,-)* nascondiglio *m.*, rifugio *m.*
schlur|fen I intr. (aus. *sein*) camminare strascicando i piedi, strascicare i piedi **II** tr. REGION. *(schlürfen)* sorbire. **schlür|fen I** tr. **1** sorbire: ***den Kaffee, ein Glas Likör ~*** sorbire il caffè, un bicchiere di liquore **2** FIG. ***die Bergluft ~*** assaporare l'aria di montagna **II** intr. (aus. *haben*) **1** *(geräuschvoll trinken)* bere risucchiando, col risucchio; *(geräuschvoll essen)* mangiare rumorosamente **2** REGION. *(schlurfen)* camminare strascicando i piedi. **Schlurf|schritt** m. *(-[e]s,-e)* passo *m.* strascicato. **Schlur|ren** m. *(-s,-)* REGION. pantofola *f.*, ciabatta *f.*
Schluss m. *(-es, Schlüsse)* **1a** *(Ende)* chiusura *f.*, termine *m.*, conclusione *f.*, fine *f.*: ***der ~ einer Veranstaltung, Sitzung*** la chiusura di una manifestazione, la conclusione di una riunione; ***vor, nach ~ der Vorstellung*** prima, dopo la fine dello spettacolo; ***am ~ einer Rede angelangt sein*** essere arrivato alla fine di un discorso; ***bis zum ~ bleiben*** rimanere fino alla fine; ***zum ~ kommen*** giungere al termine **b** *(Dienst-, Geschäfts-, Ladenschluss)* chiusura *f.*: ***kurz vor ~*** poco prima della chiusura **c** *(letzter Teil)* conclusione *f.*, finale *m.*: ***am ~ eines Romans angelangt sein*** essere arrivato al finale di un romanzo **d** *(letzter Teil einer Reihe, Folge)* fine *f.*, fondo *m.*: ***am ~ einer Reihe*** alla fine (*o* al fondo) di una fila; ***am ~ des Zuges*** in coda al treno **2a** *(Folgerung)* conclusione *f.*: ***aus etw. einen voreiligen ~ ziehen, ableiten*** trarre una conclusione affrettata da qcs.; ***zu dem ~ kommen, dass...*** arrivare alla conclusione che... **b** *(logische Ableitung)* deduzione *f.*: ***der ~ vom Allgemeinen auf das Besondere*** la deduzione dal generale al particolare **3** ECON. *(Mindestbetrag)* quantitativo *m.* minimo negoziabile **4** MUS. accordo *m.* finale; *(Kadenz)* cadenza *f.* **5** *(Reitsport)* pressione *f.* delle cosce (sul cavallo) **6** EL. GERG. *(Kurzschluss)* corto circuito *m.* **7** ANT. *(dichtes Schließen)* chiusura *f.*: ***die Tür hat einen schlechten ~*** la porta chiude male ◆ ***~!*** basta! ***am ~ → zum ~; am ~ des Jahres*** alla fine dell'anno; ***~ damit!*** (con questo) basta! finiscila! ***einen ~ finden*** trovare un termine; ***~ folgt (im nächsten Heft)*** continua (*o* l'ultima puntata) nel prossimo numero; ***~ für heute!*** per oggi basta! ***~ jetzt!*** adesso basta! ***mit etw. ~ machen*** mettere fine a qcs., smettere qcs.; ***mit jdm, etw. ~ machen*** farla finita (*o* finirla) con qcn., qcs.; ***(mit dem Leben, mit sich) ~ machen*** farla finita (con la

vita); ***mit dem Rauchen ist ~*** basta con il fumo; ***nun ist aber ~!*** → ***~ jetzt!*** COLLOQ. ***am ~ sein*** essere alla fine (stare per morire); IRON. ***der Weisheit letzter ~*** l'ultima risorsa; ***zum ~ sagte er folgende Worte*** alla fine (*o* da ultimo, concludendo) disse le seguenti parole.
Schluss|ab|stim|mung f. *(-,-en)* POL. votazione *f.* finale. **Schluss|ak|kord** m. *(-[e]s,-e)* accordo *m.* finale. **Schluss|akt** m. *(-[e]s,-e)* ultimo atto *m.* (anche FIG.). **Schluss|ak|te** f. *(-,-n)* POL. atto *m.* finale: ***die ~ von Helsinki*** l'atto finale di Helsinki. **Schluss|ball** m. *(-[e]s,-bälle)* ballo *m.* finale. **Schluss|be|mer|kung** f. *(-,-en)* osservazione *f.* finale, considerazione *f.* conclusiva. **Schluss|be|richt** m. *(-[e]s,-e)* rapporto *m.* finale, relazione *f.* consuntiva (*o* finale). **Schluss|be|spre|chung** f. *(-,-en)* riunione *f.* finale. **Schluss|bi|lanz** f. *(-,-en)* bilancio *m.* di chiusura. **Schluss|brief** m. *(-[e]s,-e)* COMM. stabilito *m.*, fissato bollato *m.*
Schlüs|sel m. *(-s,-)* **1a** chiave *f.* (anche MUS.): ***der ~ zur Wohnung, für den Koffer*** la chiave dell'appartamento, della valigia; ***den ~ ins Schloss (ein)stecken, im Schloss, im Loch stecken lassen*** infilare la chiave, lasciare la chiave infilata nella serratura (*o* nella toppa); ***den ~ umdrehen, abziehen*** girare la chiave nella toppa, togliere la chiave dalla toppa; ***jdm die ~ der Stadt übergeben*** consegnare a qcn. le chiavi della città **b** FIG. ***der ~ zum Erfolg, zu einem Geheimnis*** la chiave del successo, di un mistero; ***hierin liegt der ~ zur Lösung des Problems*** qui c'è la chiave per risolvere il problema; ***etw. mit, nach einem ~ entziffern*** decifrare qcs. con, seguendo una chiave; ***der ~ zu einem Übungsbuch*** la chiave di un libro di esercizi **2** *(Schraubenschlüssel)* chiave *f.* (per dadi) **3** *(Verteilerschlüssel)* criterio *m.* (di distribuzione), piano *m.* di ripartizione.
Schlüs|sel|bein n. *(-[e]s,-e)* clavicola *f.* **Schlüs|sel|bein|bruch** m. *(-[e]s,-brüche)* frattura *f.* della clavicola. **Schlüs|sel|blu|me** f. *(-,-n)* primula *f.* **Schlüs|sel|brett** n. *(-[e]s,-er)* pannello *m.* per le chiavi. **Schlüs|sel|bund** m. e n. *(-[e]s,-e)* mazzo *m.* di chiavi. **Schlüs|sel|chen** n. *(-s,-)* chiavetta *f.*, chiavina *f.* **Schlüs|sel|dienst** m. *(-[e]s,-e)* servizio *m.* duplicazioni chiavi. **Schlüs|sel|er|leb|nis** n. *(-ses,-se)* PSIC. esperienza *f.* chiave. **Schlüs|sel|er|zäh|lung** f. *(-,-en)* racconto *m.* a chiave. **Schlüs|sel|etui** n. *(-s,-s)* portachiavi *m.* **schlüs|sel|fer|tig** agg. pronto per la consegna, chiavi in mano. **Schlüs|sel|fi|gur** f. *(-,-en)* figura *f.*, personaggio *m.* chiave. **Schlüs|sel|fra|ge** f. *(-,-n)* domanda *f.* chiave. **Schlüs|sel|ge|walt** f. *(-)* **1** RELIG. potere *m.* delle sacre chiavi **2** DIR. ANT. potere *m.* domestico (della moglie). **Schlüs|sel|in|dust|rie** f. *(-,-n)* industria *f.* chiave. **Schlüs|sel|kind** n. *(-[e]s,-er)* INTRAD. (bambino i cui genitori lavorano tutto il giorno e che perciò porta la chiave di casa appesa al collo). **Schlüs|sel|loch** n. *(-[e]s,-löcher)* buco *m.* della serratura, toppa *f.*: ***durchs ~ sehen, gucken*** vedere dal, guardare dal buco della serratura. **schlüs|seln** tr. ECON. ripartire secondo un coefficiente. **Schlüs|sel|po|si|ti|on** f. *(-,-en)* → **Schlüsselstellung. Schlüs|sel|ring** m. *(-[e]s,-e)* **1** anello *m.* della chiave **2** *(Schlüsseletui)* (anello *m.*) portachiavi *m.* **Schlüs|sel|ro|man** m. *(-s,-e)* romanzo *m.* a chiave. **Schüs|sel|schild** n. *(-[e]s,-er)* portachiavi *m.* con etichetta. **Schlüs|sel|stel|lung** f. *(-,-en)* posizione *f.* chiave: ***eine ~ einnehmen*** assumere una posizione chiave. **Schlüs|sel|text** m. *(-[e]s,-e)* testo *m.* chiave. **Schlüs|sel|über|ga|be** f. *(-,-n)* consegna *f.* delle chiavi. **Schlüs|sel|wort** n. *(-[e]s,-wörter* e *-worte)* **1** (pl. *-wörter*) parola *f.* chiave **2** (pl. *-wörter* e *-worte*) parola *f.* in cifra. **Schlüs|sel|zahl** f. *(-,-en)* **1** cifra *f.* di una combinazione **2** ECON. (numero *m.* di) coefficiente *m.* di ripartizione.
schluss|end|lich avv. SVIZZ. alla fine, infine. **Schluss|er|geb|nis** n. *(-ses,-se)* risultato *m.* finale. **Schluss|fei|er** f. *(-,-n)* festa *f.* di chiusura.
Schluss|fol|ge f. *(-,-n)* conclusione *f.* **schluss|fol|gern** tr. concludere, dedurre: ***etw. aus etw. ~*** dedurre qcs. da qcs. **Schluss|fol|ge|rung** f. *(-,-en)* conclusione *f.*, deduzione *f.*: ***eine logische, zwingende ~*** una conclusione logica, stringente; ***aus etw. eine ~ ziehen*** trarre una conclusione da qcs.
Schluss|for|mel f. *(-,-n)* chiusa *f.* (di una lettera).
schlüs|sig I agg. convincente, concludente: ***eine -e Erklärung*** una convincente spiegazione **II** avv. in modo convincente: ***etw. ~ beweisen*** provare qcs. in modo convincente ◆ ***sich (D) über etw. ~ sein*** essere deciso riguardo a (*o* su) qcs.; ***sich (D) über etw. ~ werden*** decidersi riguardo a qcs. **Schlüs|sig|keit** f. *(-,-en)* concludenza *f.*: ***die ~ einer Argumentation*** la concludenza di un'argomentazione.
Schluss|ka|pi|tel n. *(-s,-)* capitolo *m.* conclusivo. **Schluss|ket|te** f. *(-,-n)* sorite *m.*, polisillogismo *m.* **Schluss|kurs** m. *(-es,-e)* ECON. corso *m.* di chiusura. **Schluss|la|ter|ne** f. *(-,-n)* → **Schlusslicht. Schluss|läu|fer** m. *(-s,-)* SPORT ultimo frazionista *m.*
Schluss|leuch|te f. *(-,-n)*, **Schluss|licht** n. *(-[e]s,-er)* fanalino *m.* di coda (anche FIG.). **Schluss|mann** m. *(-[e]s,-männer)* **1** → **Schlussläufer 2** GERG. *(Torwart)* estremo difensore *m.* **3** *(beim Rugby)* estremo *m.* (di difesa). **Schluss|no|te** f. *(-,-n)* DIR. fissato bollato *m.* **Schluss|no|tie|rung** f. *(-,-en)* ECON. quotazione *f.* di chiusura. **Schluss|pfiff** m. *(-[e]s,-e)* SPORT fischio *m.* finale (*o* di chiusura). **Schluss|pha|se** f. *(-,-n)* fase *f.* conclusiva, finale. **Schluss|punkt** m. *(-[e]s,-e)* **1** punto *m.* (fermo) **2** *(Abschluss)* punto *m.* finale, conclusione *f.*: ***der ~ einer Entwicklung*** il punto finale di uno sviluppo ◆ ***einen ~ unter, hinter etw. (A) setzen*** considerare chiusa (*o* conclusa) qcs. **Schluss|rech|nung** f. *(-,-en)* DIR. ECON. conto *m.*, conteggio *m.* finale. **Schluss|re|dak|ti|on** f. *(-)* GIORN. EDIT. redazione *f.* finale, conclusiva. **Schluss|re|de** f. *(-,-n)* discorso *m.* di chiusura, conclusivo. **Schluss|run|de** f. *(-,-n)* ultimo giro *m.*: ***in die ~ gehen*** entrare nell'ultimo giro. **Schluss-s** n. *(-,-)* *(im Frakturdruck)* esse *f.* comune (*o* rotonda).
Schluss|satz m. *(-es,-sätze)* **1** frase *f.* finale (*o* conclusiva) **2** *(in der Logik)* conclusione *f.* **3** MUS. finale *m.* **Schluss|sig|nal** n. *(-s,-e)* segnale (acustico) *m.* di chiusura. **Schluss|spurt** m. *(-[e]s,-s)* sprint *m.* (finale), scatto *m.* finale. **Schluss|stein** m. *(-[e]s.-e)* ARCH. chiave *f.* di volta (anche FIG.). **Schluss|strich** m. *(-[e]s,-e)* riga *f.*: ***einen ~ unter etw. (A) ziehen*** tirare una riga in fondo a qcs.; FIG. porre fine a qcs., considerare chiuso (*o* concluso) qcs. **Schluss|sze|ne** f. *(-,-n)* scena *f.* finale, conclusiva. **Schluss|teil** m. *(-[e]s,-e)* parte *f.* finale, conclusiva: ***der ~ einer Arbeit*** la parte conclusiva di un lavoro. **Schluss|ver|kauf** m. *(-[e]s,-verkäufe)* svendita *f.* (*o* saldi *m.pl.*) di fine stagione. **Schluss|ver|tei|lung** f. *(-,-en)* DIR. ripartizione *f.* finale (dell'attivo). **Schluss|wei|se** f. *(-, n)* *(in der Logik)* conclusione *f.* **Schluss|wort** n. *(-[e]s,-e)* osservazione *f.* conclusiva, ultima parola *f.* **Schluss|zei|chen** n. *(-s,-)* → **Schlusssignal.**
Schmach f. *(-)* offesa *f.* infamante, umiliazione *f.*; *(Schande)* onta *f.*, vergogna *f.*: ***die ~ der Kapitulation*** l'umiliazione della resa; ***(eine) ~ erleiden, erdulden*** subire un'offesa infamante; ***jdm eine ~ antun, zufügen*** infliggere un'umiliazione a qcn. ◆ ***er wurde mit ~ und Schande entlassen*** fu licenziato con infamia; SCHERZ. ***~ und Schande über dich!*** = vergognati! **schmach|be|deckt, schmach|be|la|den** agg. coperto d'infamia.
Schmacht|blick m. *(-[e]s,-e)* sguardo *m.* languido, struggente.
schmach|ten intr. (aus. *haben*) **1** languire: ***im Kerker, im tiefsten Elend, vor Hunger ~*** languire in carcere, nella miseria più nera, per la fame **2a** *(sich sehnen)* ***nach jdm ~*** struggersi per qcn.: ***nach der Geliebten ~*** struggersi per l'amata **b** ***nach etw. (D) ~*** agognare qcs., anelare (a) qcs.: ***nach einem Trostwort ~*** agognare una parola di conforto. **schmach|tend I** p.pres. agg. **1** → **schmachten 2** *(sehnsüchtig)* languido, struggente: ***ein -er Blick*** uno sguardo languido; ***eine -e Melodie*** una struggente melodia **II** avv. languidamente: ***jdm ~ nachsehen*** gettare uno sguardo languido a qcn. **Schmacht|fet|zen** m. *(-s,-)* COLLOQ. **1** sdolcinatura *f.* **2** *(Schmachtlappen)* (amante *m.*) sentimentale *m.* **3** *(Schwächling)* smidollato *m.*
schmäch|tig agg. esile, gracile: ***von -er Gestalt sein*** avere una corporatura esile. **Schmäch|tig|keit** f. *(-)* esilità *f.*, gracilità *f.*
Schmacht|lap|pen m. *(-,-)* COLLOQ. SPREG. **1** (amante *m.*) sentimentale *m.* **2** *(Schwächling)* rammollito *m.*, smidollato *m.* **3** *(Schmachtfetzen)* canzone *f.* sentimentale. **Schmacht|lo|cke** f. *(-,-n)* SCHERZ. tirabaci *m.* **Schmacht|rie|men** m. *(-s,-)* REGION. cintura *f.*, cinturone *m.*
schmach|voll I agg. ignominioso, disonorevole: ***eine -e Niederlage*** una sconfitta disonorevole **II** avv. in modo ignobile, umiliante: ***~ verlieren*** perdere in modo umiliante.
schmack|haft I agg. saporito, gustoso: ***-e Speisen*** piatti saporiti **II** avv. ***jdm etw. ~ machen*** rendere allettante, gradevole qcs. a qcn.; ***das Abendessen ~ zubereiten*** preparare una cena appetitosa. **Schmack|haf|tig|keit** f. *(-)* gustosità *f.*
Schmäh m. *(-s,-[s])* AUSTR. COLLOQ. **1** *(Trick)* trucco *m.*, raggiro *m.* **2** *(Scherze)* scherzi *m.pl.*, battute f.pl.: ***(einen) ~ führen*** fare dello spirito, raccontare barzellette ◆ ***jdn am ~ halten*** prendersi gioco di (*o* raggirare) qcn. **schmä|hen** tr. insultare, oltraggiare (denigrando): ***seinen Feind ~*** insultare il proprio nemico; ***jdn als Lügner ~*** oltraggiare qcn. dandogli del bugiardo, dare a qcn. del bugiardo. **Schmä|her** m. *(-s,-)* denigratore *m.*
schmäh|lich I agg. vergognoso, ignobile, infame: ***ein -er Misserfolg*** un vergognoso insuccesso; ***sein Ende war ~*** la sua fine fu ignobile **II** avv. **1** vergognosamente, in modo vergognoso: ***jdn ~ im Stich lassen*** lasciare qcn. vergognosamente **2** *(sehr)* terribilmente: ***sich in jdm ~ täuschen*** ingannarsi terribilmente sul conto di qcn. **Schmäh|lich|keit** f. *(-)* infamia *f.*, vergogna *f.*
Schmäh|re|de f. *(-,-n)* **1** invettiva *f.*: ***eine ~ gegen jdn halten*** scag-

liare un'invettiva contro qcn. **2** *(Schmähung)* insulto *m.*, ingiuria *f.*: ***-n führen*** oltraggiare, insultare. **Schmäh|schrift** f. *(-,-en)* pamphlet *m.*, libello *m.* **Schmäh|sucht** f. *(-)* maldicenza *f.* **schmäh|süch|tig** agg. maldicente. **Schmä|hung** f. *(-,-en)* **1** oltraggio *m.* **2** → **Schmährede. Schmäh|wort** n. *(-[e]s,-e)* ingiuria *f.*, insulto *m.*

schmal agg. (compar. *-er/schmäler*; superl. *-st.../*RAR. *schmälst...)* **1** stretto: ***ein -er Weg, Durchgang*** una strada stretta, uno stretto passaggio; ***-e Hüften, Schultern*** fianchi stretti, spalle strette **2** *(fein)* sottile: ***-e Lippen, Hände*** labbra, mani sottili; ***eine -e Nase*** un naso sottile; ***ein -es Büchlein*** un sottile libriccino **3** *(mager)* magro, smunto: ***er ist recht ~ geworden*** è dimagrito; ***er sieht ~ aus*** ha un aspetto smunto **4a** *(knapp, karg)* esiguo, scarso: ***ein -es Einkommen*** un'entrata esigua **b** limitato, ristretto: ***eine -e Auswahl*** una scelta limitata ◆ ***etw. ~ bemessen*** lesinare qcs.; ***ein ~ geschnittener Rock*** una gonna stretta; ***die Lippen ~ machen*** premere le labbra. **schmal|blätt|rig** agg. dalle foglie sottili. **schmal|brüs|tig** agg. **1** stretto di torace **2** *(eng)* stretto: ***ein -er Schrank*** un armadio stretto **3** FIG. *(engstirnig)* ***-e Ansichten*** vedute limitate.

schmä|len tr. **1** rimproverare, biasimare **2** *(herabsetzen)* screditare: ***jds Arbeit ~*** screditare il lavoro di qcn. **schmä|ler** → **schmal.**

schmä|lern tr. **1** diminuire, limitare: ***jds Einkünfte ~*** diminuire i redditi di qcn.; ***jds Rechte ~*** limitare i diritti di qcn. **2** *(herabwürdigen)* sminuire: ***jds Verdienste ~, jdn in seinen Verdiensten ~*** sminuire i meriti di qcn., sminuire qcn. nei propri meriti ◆ ***jds Vergnügen ~*** rovinare il divertimento a qcn. **Schmä|le|rung** f. *(-,-en)* **1** diminuzione *f.*, riduzione *f.* **2** *(Herabwürdigung)* lo sminuire, sminuimento *m.*

Schmal|film m. *(-[e]s,-e)* pellicola *f.* a passo ridotto. **Schmal|film|ka|me|ra** f. *(-,-s)* cinepresa *f.* a passo ridotto. **Schmal|hans,** COLLOQ. ***bei jdm ist ~ Küchenmeister*** qcn. sta a stecchetto, fa la fame. **Schmal|heit** f. *(-)* **1** strettezza *f.* **2** *(Feinheit)* sottigliezza *f.* **3** *(Magerkeit)* magrezza *f.* **schmal|hüf|tig** agg. dai fianchi stretti, stretto di fianchi.

Schmal|kal|den n.pr.n. Smalcalda *f.* **schmal|kal|disch** STOR. ***Schmalkaldischer Bund*** lega *f.* di Smalcalda.

schmal|lip|pig agg. dalle labbra sottili. **Schmal|na|se** f. *(-,-n)* catarrina *f.* **schmal|ran|dig** agg. dal bordo sottile (*o* stretto), dal contorno sottile. **schmal|schul|te|rig, schmal|schult|rig** agg. dalle spalle strette, stretto di spalle. **Schmal|sei|te** f. *(-,-n)* parte *f.* stretta, lato *m.* stretto.

Schmal|spur f. *(-)* scartamento *m.* ridotto. **Schmal|spur|bahn** f. *(-,-en)* ferrovia *f.* a scartamento ridotto. **schmal|spu|rig** agg. **1** *(Bahn)* a scartamento ridotto **2** FIG. *(begrenzt)* limitato. **Schmal|spur|stre|cke** f. *(-,-n)* linea *f.* a scartamento ridotto.

schmälst... → **schmal.**

schmal|wüch|sig agg. di corporatura sottile.

1.Schmalz n. *(-es,-e)* strutto *m.*: ***~ auslassen*** fare sciogliere lo strutto; ***etw. in ~ braten*** cucinare qcs. con lo strutto ◆ COLLOQ. ***kein ~ in den Knochen haben*** = non avere forza.

2.Schmalz m. *(-es)* COLLOQ. **1** sdolcinatezza *f.*, sentimentalismo *m.* **2** *(Lied)* canzone *f.* sdolcinata.

Schmalz|bir|ne f. *(-,-n)* pera *f.* burrona. **Schmalz|blu|me** f. *(-,-n)* ranuncolo *m.* **Schmalz|brot** n. *(-[e]s,-e)* (fetta f. di) pane *m.* con strutto. **schmal|zen** tr. (p.pass. *geschmalzt* e *geschmalzen*) condire con strutto. **Schmalz|fleisch** n. *(-[e]s)* GASTR. carne *f.* cotta nello strutto. **Schmalz|ge|ba|cke|ne** n. *(-n)* biscotti *m.pl.* allo strutto.

schmal|zig I agg. sdolcinato: ***mit -er Stimme*** con voce sdolcinata **II** avv. in modo sdolcinato.

Schman|kerl n. *(-s,-n)* REGION. **1** INTRAD. (biscotto di pasta sottile) **2** *(Leckerbissen)* ghiottoneria *f.* **3** FIG. chicca *f.*

schma|rot|zen intr. (aus. *haben*) **1** vivere da (*o* fare il) parassita **2** BIOL. ***auf, in jdm ~*** essere parassita di qcn. **schma|rot|zend** p.pres. agg. **1** → **schmarotzen 2** parassita.

Schma|rot|zer m. *(-s,-)* parassita *m.* **schma|rot|zer|haft, schma|rot|ze|risch I** agg. di, da parassita **II** avv. ***~ leben*** vivere da parassita, fare il parassita. **Schma|rot|zer|le|ben** n. *(-s)* vita *f.* da parassita. **schma|rot|zern** → **schmarotzen. Schma|rot|zer|pflan|ze** f. *(-,-n)* pianta *f.* parassita. **Schma|rot|zer|tier** n. *(-[e]s,-e)* (animale *m.*) parassita *m.* **Schma|rot|zer|tum** n. *(-s)* parassitismo *m.* **Schma|rot|zer|wes|pe** f. *(-,-n)* icneumonide *m.*

Schmar|re f. *(-,-n)* COLLOQ. sfregio *m.*

Schmar|ren m. *(-s,-)* **1** REGION. INTRAD. (tipo di frittata dolce) **2** COLLOQ. boiata *f.*: ***dieser ~ interessiert mich nicht*** questa boiata non mi interessa; ***red keinen solchen ~!*** non dire boiate simili! ◆ COLLOQ. ***das geht dich einen ~ an*** non t'importa un fico secco; ***er versteht einen ~ davon*** non ne capisce un cavolo.

schmatz inter. smack. **Schmatz** m. *(-es,-e* e *Schmätze)* COLLOQ. bacio *m.* con lo schiocco, bacione *m.* **schmat|zen I** intr. (aus. *haben*) **1** schioccare le labbra **2** *(laut essen)* mangiare rumorosamente, fare rumori con la bocca mangiando: ***schmatz nicht so!*** non fare quei rumori (mentre mangi)! **II** tr. COLLOQ. ***jdm einen Kuss (auf den Mund) ~*** schioccare un bacio (sulla bocca) a qcn. ◆ ***jdn küssen, dass es schmatzt*** baciare qcn. con lo schiocco. **Schmat|zer** m. *(-s,-)* COLLOQ. → **Schmatz.**

Schmät|zer m. *(-s,-)* ORNIT. monachella *f.*

Schmauch m. *(-[e]s)* REGION. fumo *m.* denso. **schmau|chen** tr. fumare (tranquillamente, con gusto): ***seine Pfeife ~*** fumare la pipa.

Schmaus m. *(-es, Schmäuse)* ANT. o SCHERZ. lauto pranzo *m.*, banchetto *m.*: ***einen großen ~ halten*** fare un lauto banchetto. **schmau|sen** ANT. o SCHERZ. **I** tr. banchettare con, abbuffarsi di **II** intr. (aus. *haben*) banchettare. **Schmau|se|rei** f. *(-,-en)* ANT. banchetto *m.*

schme|cken I tr. **1a** *(kosten)* assaggiare (anche assol.) **b** sentire il gusto (*o* il sapore) di: ***ich schmecke nichts, ich habe Schnupfen*** non sento niente, ho il raffreddore; ***den Zimt im Kuchen ~*** sentire il gusto di cannella nella torta **2** FIG. COLLOQ. assaggiare: ***jdm den Stock zu ~ geben*** far assaggiare il bastone a qcn. **II** intr. (aus. *haben*) **1a** *(einen guten Geschmack haben)* piacere: ***wie schmeckt dir die Torte?*** ti piace la torta? ***sie schmeckt mir (ausgezeichnet)*** mi piace (moltissimo); ***das schmeckt schlecht*** è cattivo; impers. ***schmeckt es?*** ti, vi piace? è buono? *(im Restaurant)* va bene? **b** FIG. ***die Arbeit schmeckt ihm nicht*** il lavoro non gli piace **2** sapere di, avere sapore (*o* gusto) di: ***angebrannt, nach Butter, nach nichts ~*** saper di bruciato, di burro, non sapere di niente; ***nach Korken ~*** sapere di tappo; ***das Fleisch schmeckt salzig, scharf, würzig*** la carne è salata, piccante, speziata ◆ REGION. FIG. *(riechen)* ***jdn nicht ~ können*** non poter digerire qcn.; ***sich (D) etw. ~ lassen*** mangiare qcs. proprio di gusto; ***lasst es euch ~!*** buon appetito! COLLOQ. ***das schmeckt nach mehr*** (è così buono che) ce ne vorrebbe un altro po'; COLLOQ. ***das schmeckt rauf wie runter*** è una vera schifezza.

Schmei|che|lei f. *(-,-en)* adulazione *f.*, lusinga *f.*, complimento *m.*: ***jdm -en sagen*** fare complimenti a qcn. **schmei|chel|haft I** agg. lusinghiero: ***-e Worte*** parole lusinghiere **II** avv. in modo lusinghiero: ***es klingt ~*** suona lusinghiero ◆ ***das ist eine -e Fotografie von ihm*** è più bello nella fotografia che dal vero. **Schmei|chel|kätz|chen** n. *(-s,-)*, **Schmei|chel|kat|ze** f. *(-,-n)* FAM. = ragazzo *m.* (-a *f.*) pieno (-a) di moine. **schmei|cheln I** intr. (aus. *haben*) **1** ***jdm ~*** lusingare, adulare qcn.; ***es schmeichelt ihm, dass...*** lo lusinga il fatto che...; ***jds Eitelkeit ~*** stuzzicare la vanità di qcn. **2** *(zur Geltung bringen)* donare: ***diese Farbe, dieser Hut schmeichelt ihr*** questo colore, questo cappello le dona **3** *(liebkosen)* ***(mit jdm) ~*** accarezzarsi, coccolarsi (con qcn.) **II** rifl. ***sich ~*** **1** lusingarsi, osare credere: ***ich schmeichle mir, stets meine Pflicht getan zu haben*** oso credere di aver sempre fatto il mio dovere **2** *(von Klängen, Musik)* ***sich ins Ohr ~*** accarezzare l'orecchio ◆ ***sich geschmeichelt fühlen*** sentirsi lusingato; ***sich in jds Herz, Gunst ~*** conquistare il cuore, il favore di qcn. con le lusinghe. **schmei|chelnd I** p.pres. agg. **1** → **schmeicheln 2** adulatore, di adulazione: ***-e Worte*** parole adulatrici **3** ***-e Musik*** musica carezzevole **II** avv. in modo lusinghiero, adulatore. **Schmei|chel|wort** n. *(-[e]s,-e)* parola *f.* di adulazione, (parola *f.* di) lusinga *f.* **Schmeich|ler** m. *(-s,-)* adulatore *m.* **Schmeich|le|rin** f. *(-,-nen)* adulatrice *f.* **schmeich|le|risch I** agg. adulatorio: ***in -em Ton*** in tono adulatorio **II** avv. con lusinghe.

schmei|ßen *(schmiss, geschmissen)* COLLOQ. **I** tr. **1a** scaraventare, scagliare: ***etw. auf den Boden, aus dem Fenster ~*** scaraventare qcs. a terra, dalla finestra; ***jdn, etw. ins Wasser ~*** scaraventare qcs., qcn. in acqua; ***etw. an die Wand, nach jdm ~*** scagliare qcs. contro il muro, contro qcn. **b** FIG. ***jdn aus dem Zimmer, aus der Schule ~*** cacciare, buttare fuori qcn. dalla stanza, dalla scuola **2** *(aufgeben)* smettere: ***das Studium, den Job ~*** smettere gli studi, il lavoro **3** *(bezahlen)* offrire, pagare: ***eine Runde ~*** pagare un giro (di bevute), offrire da bere a tutti **4** *(bewältigen)* sistemare, accomodare: ***wir werden die Sache, den Laden schon ~*** sistemeremo la faccenda **5** TEATR. TELEV. *(misslingen lassen)* rovinare: ***eine Vorstellung ~*** rovinare, mandare a rotoli lo spettacolo **II** intr. (aus. *haben*) ***mit etw. nach jdm ~*** tirare dietro qcs. a qcn.; ***mit faulen Eiern ~*** tirare uova marce **III** rifl. ***sich ~*** **1** buttarsi: ***sich aufs Sofa ~*** buttarsi sul divano **2** COLLOQ. *(sich festlich kleiden)* ***sich in elegante Kleider ~*** mettersi elegante ◆ ***das Geld aus dem Fenster ~*** buttare i soldi dalla finestra; ***jdm etw. vor die Füße ~*** piantare baracca e burattini; ***sich jdm an den Hals ~*** gettarsi tra le braccia di qcn.; ***jdm einen Beleidigung an den Kopf ~*** buttare un'offesa in faccia a qcn., offendere qcn. violentemente; **jdm Geld in den Rachen ~** buttare via molto denaro per qcn.; **die Tür ins Schloss ~** sbattere la porta; **(mit Geld, Geschenken) um sich ~** buttarsi via, (spendendo molto, facendo molti regali), spendere e spandere.

Schmeiß|flie|ge f. *(-,-n)* moscone *m.*

Schmelz m. *(-es,-e)* **1** smalto *m.*: **etw. mit ~ überziehen** ricoprire qcs. di smalto, smaltare qcs.; *(Zahnschmelz)* smalto *m.* **2a** FIG. splendore *m.*, lucentezza *f.*: **der ~ ihrer Stimme, Haut** lo splendore della sua voce, della sua pelle **b** *(von Klängen)* soavità *f.* ◆ **der ~ der Jugend** lo splendore della giovinezza. **Schmelz|bad** n. *(-[e]s,-bäder)* METALL. bagno *m.* fuso. **schmelz|bar** agg. fondibile, fusibile. **Schmelz|bar|keit** f. *(-)* fusibilità *f.* **Schmelz|but|ter** f. *(-)* burro *m.* fuso. **Schmel|ze** f. *(-,-n)* **1** *(Flüssigwerden)* scioglimento *m.*, fusione *f.*: **die ~ setzt ein** inizia lo scioglimento delle nevi **2** *(geschmolzenes Material)* massa *f.* fusa, materiale *m.* fuso; *(flüssiges Metall)* metallo *m.* fuso **3** GEOL. roccia *f.* eruttiva (*o* vulcanica).

schmel|zen *(schmilzt, schmolz, geschmolzen)* **I** tr. fondere, sciogliere: **Eisen, Wachs ~** fondere l'acciaio, la cera; **die Sonne schmilzt den Schnee** il sole fonde (*o* scioglie) la neve; **Butter, Eis ~** sciogliere il burro, il ghiaccio **II** intr. (aus. *sein*) **1** fondersi, sciogliersi: **dieses Metall schmilzt bei ca. 300°** questo metallo fonde a circa 300°; **der Schnee schmilzt in, an der Sonne** la neve si scioglie al sole **2a** FIG. *(von Gefühlen)* sciogliersi **b** *(von Zweifeln)* dissiparsi **c** *(verschwinden)* svanire. **schmel|zend** p.pres. agg. **1** → **schmelzen 2** FIG. languido, struggente: **-e Blicke** sguardi languidi; **eine -e Stimme** una voce struggente. **Schmel|zer** m. *(-s,-)* operaio *m.* di fonderia, fonditore *m.* **Schmel|ze|rei** f. *(-,-en)* **1** → **Schmelzhütte 2** → **Schmelzung.**

Schmelz|far|be f. *(-,-n)* PITT. colore *m.* di smalto. **Schmelz|fluss** m. *(-es, -flüsse)* **1** massa *f.* fusa **2** GEOL. magma *m.* **Schmelz|glas** n. *(-es)* smalto *m.* **Schmelz|hüt|te** f. *(-,-n)* fonderia *f.* **Schmelz|kä|se** m. *(-s,-)* formaggino *m.* **Schmelz|laut** m. *(-[e]s,-e)* (consonante *f.*) liquida *f.* **Schmelz|ma|le|rei** f. *(-,-en)* pittura *f.* a smalto. **Schmelz|punkt** m. *(-[e]s,-e)* punto *m.* di fusione: **einen hohen, tiefen ~ haben** avere un punto di fusione alto, basso. **Schmelz|schnitt** m. *(-[e]s,-e)* MED. elettrocoagulazione *f.*, diatermocoagulazione *f.* **Schmelz|schwei|ßung** f. *(-,-en)* saldatura *f.* per fusione. **Schmelz|si|che|rung** f. *(-,-en)* fusibile *m.* **Schmelz|tie|gel** m. *(-s,-)* crogiolo *m.* (per la fusione). **Schmel|zung** f. *(-,-en)* scioglimento *m.*, fusione *f.* **Schmelz|wär|me** f. *(-)* calore *m.* di fusione. **Schmelz|was|ser** n. *(-s,-)* GEOL. acqua *f.* di fusione.

Schmer m. e n. *(-s)* REGION. grasso *m.*; *(vom Schwein)* sugna *f.* **Schmer|bauch** m. *(-[e]s,-bäuche)* COLLOQ. SPREG. o SCHERZ. **1** *(dicker Bauch)* trippa *f.*, panciona *f.* **2** *(dicker Mensch)* trippone *m.*, pancione *m.* **schmer|bäu|chig** agg. COLLOQ. panciuto.

Schmerl m. *(-s,-e)* REGION. ORNIT. smeriglio *m.*, smerlo *m.*

Schmer|le f. *(-,-n)* ITTIOL. cobite *m.*

Schmer|ling m. *(-s,-)* boleto *m.* granulato.

Schmerz m. *(-es,-en)* dolore *m.*: **ein rasender, dumpfer, bohrender, schneidender, stechender ~** un dolore fortissimo, sordo, penetrante, tagliente, pungente (*o* una fitta); **-en auf, in der Brust haben** avere dolori al (*o* di) petto; **-en erdulden, ertragen, aushalten** sopportare il dolore; **wo haben Sie -en?** dove ha male? **-en lindern, stillen** alleviare, calmare il dolore; **vor -en stöhnen** gemere dal dolore; *(Kummer, Leid)* **~ um jdn, über etw. haben** provare dolore, essere addolorato per qcn., qcs.; **jdm -en bereiten** procurare dolore a, addolorare qcn.; **von ~ erfüllt sein** essere pieno di dolore; **der ~ lässt nach, klingt ab** il dolore diminuisce; **sich den ~ verbeißen** reprimere il dolore ◆ **sich nur unter -en auf den Beinen halten** reggersi in piedi soltanto a fatica; COLLOQ. **jdn mit -en erwarten** aspettare qcn. stando in pena; BIBL. **du sollst mit -en gebären** partorirai con (*o* nel) dolore; COLLOQ. **~ lass nach!** basta (con questo dolore, con questa sofferenza)! **hast du sonst noch -en?** che vuoi ancora? PROV. **geteilter ~ ist halber ~** mal comune mezzo gaudio.

schmerz|arm agg. con pochi dolori. **schmerz|be|täu|bend** agg. analgesico.

schmerz|emp|find|lich agg. sensibile al dolore. **Schmerz|emp|find|lich|keit** f. *(-)* sensibilità *f.* al dolore. **Schmerz|emp|fin|dung** f. *(-,-en)* sensazione *f.* di dolore.

schmer|zen I intr. (aus. *haben*) dolere, COLLOQ. fare male: **der Kopf schmerzt mir, mich sehr** la testa mi fa molto male; **mir, mich schmerzt der Rücken** mi duole (COLLOQ. mi fa male) la schiena **II** tr. addolorare, rattristare: **seine Handlungsweise schmerzt mich** il suo modo di agire mi addolora, mi rattrista; **es schmerzt mich, dass...** mi rincresce che... **schmer|zend** p.pres. agg. **1** → **schmerzen 2** doloroso: **eine stark -e Verletzung** una ferita molto dolorosa ◆ **nicht ~** indolore.

schmer|zen|reich → **schmerzensreich.**

Schmer|zens|geld n. *(-[e]s,-er)* DIR. risarcimento *m.* per danni morali. **Schmer|zens|kind** n. *(-[e]s,-er)* ANT. = figlio *m.* che dà molti pensieri. **Schmer|zens|laut** m. *(-[e]s,-e)* grido *m.* di dolore. **Schmer|zens|mann** m. *(-[e]s)* ART. Ecce homo *m.* **Schmer|zens|mut|ter** f. *(-)* RELIG. **die ~** la Madonna Addolorata, l'Addolorata. **schmer|zens|reich** agg. addolorato, afflitto. **Schmer|zens|schrei** m. *(-s,-e)* grido *m.* di dolore.

schmerz|er|füllt agg. → **schmerzensreich. Schmerz|for|scher** m. *(-s,-)* algologo *m.* **Schmerz|for|schung** f. *(-)* algologia *f.* **schmerz|frei** agg. privo di dolore, che non soffre. **Schmerz|ge|fühl** n. *(-s)* → **Schmerzempfindung. Schmerz|gren|ze** f. *(-)* soglia *f.* del dolore.

schmerz|haft I agg. doloroso: **eine -e Wunde, Trennung** una ferita, separazione dolorosa **II** avv. dolorosamente. **Schmerz|haf|tig|keit** f. *(-)* dolorosità *f.*

Schmerz|kli|nik f. *(-,-en)* centro *m.* di terapia del dolore.

schmerz|lich I agg. doloroso, penoso: **ein -er Verlust** una dolorosa perdita; **eine -e Wahrheit** una verità penosa **II** avv. rafforz. dolorosamente, terribilmente, vivamente: **jdn ~ vermissen** sentire terribilmente la mancanza di qcn.; **von etw. ~ berührt sein** essere dolorosamente toccato da qcs. ◆ **ein -es Verlangen** un desiderio ardente. **Schmerz|lich|keit** f. *(-)* dolorosità *f.* **schmerz|lin|dernd I** agg. analgesico, sedativo, calmante **II** avv. **~ wirken** avere un effetto sedativo. **schmerz|los** agg. indolore: **eine -e Therapie** una terapia indolore. **Schmerz|lo|sig|keit** f. *(-)* assenza *f.* di dolore. **Schmerz|mit|tel** n. *(-s,-)* analgesico *m.*, sedativo *m.*, calmante *m.* **Schmerz|schwel|le** f. *(-)* → **Schmerzgrenze. schmerz|stil|lend** agg. → **schmerzlindernd. Schmerz|tab|let|te** f. *(-,-n)* compressa *f.* di analgesico. **Schmerz|the|ra|peut** m. *(-en,-en)* algologo *m.* **schmerz|un|emp|find|lich** agg. insensibile al dolore. **schmerz|ver|zerrt** agg. stravolto (*o* sfigurato) dal dolore. **schmerz|voll** agg. addolorato, afflitto.

Schmet|ter|ball m. *(-[e]s,-bälle)* SPORT schiacciata *f.*

Schmet|ter|ling m. *(-s,-e)* **1a** farfalla *f.*: **-e fangen, sammeln** acchiappare, collezionare farfalle **b** *(Insektenordnung)* **-e** lepidotteri *m.pl.* **2** → **Schmetterlingsschwimmen** ◆ **aus einer Raupe zum ~ werden** di bruco diventar farfalla (anche FIG.). **Schmet|ter|lings|blü|te** f. *(-,-n)* corolla *f.* papilionacea. **Schmet|ter|lings|blüt|ler** m. *(-s,-)* papilionacea *f.* **Schmet|ter|lings|fi|sche** pl. pantodontidi *m.pl.* **Schmet|ter|lings|ke|scher** m. *(-s,-)* retino *m.* acchiappafarfalle. **Schmet|ter|lings|kun|de** f. *(-)* studio *f.* dei lepidotteri. **Schmet|ter|lings|lar|ve** f. *(-,-n)* larva *f.* di farfalla. **Schmet|ter|lings|mü|cken** pl. psicodidi *m.pl.* **Schmet|ter|lings|netz** n. *(-[e]s,-e)* → **Schmetterlingskescher. Schmet|ter|lings|samm|lung** f. *(-,-en)* collezione *f.* di farfalle. **Schmet|ter|lings|schwim|men** n. *(-s)* nuoto *m.* a farfalla. **Schmet|ter|lings|stil** m. *(-[e]s)* SPORT stile *m.* a farfalla.

schmet|tern I tr. **1** scagliare, scaraventare: **eine Tasse an die Wand ~** scagliare una tazza contro il muro **2** SPORT schiacciare (anche assol.): **einen Ball (übers Netz) ~** schiacciare una palla (a rete) **3** *(laut singen)* cantare ad alta voce: **eine Melodie ~** cantare una melodia ad alta voce **II** intr. (aus. *sein*) **1** *(aufprallen)* andare a sbattere, schiantarsi, sbattere: **(mit dem Kopf) gegen die Tür ~** sbattere (con la testa) contro la porta **2** *(laut schallen)* risuonare: **die Trompeten ~** risuonano le trombe ◆ **den Gegner zu Boden ~** atterrare l'avversario; **die Tür ins Schloss ~** sbattere la porta. **schmet|ternd** p.pres. agg. **1** → **schmettern 2** squillante; *(von Sängern)* dalla voce tonante: **mit -er Stimme** con voce tonante.

Schmet|ter|schlag m. *(-[e]s,-schläge)* SPORT schiacciata *f.*

Schmied m. *(-[e]s,-e)* fabbro *m.* **schmied|bar** agg. forgiabile. **Schmied|bar|keit** f. *(-)* forgiabilità *f.*

Schmie|de f. *(-,-n)* **1** bottega *f.* del fabbro **2** *(in Betrieben)* fucina *f.* ◆ **vor die rechte ~ gehen, kommen** = rivolgersi alla persona giusta. **Schmie|de|ei|sen** n. *(-s)* ferro *m.* forgiabile; *(geschmiedetes Eisen)* ferro *m.* battuto. **schmie|de|ei|sern** agg. di ferro battuto. **Schmie|de|ham|mer** m. *(-s,-hämmer)* martello *m.* da fabbro. **Schmie|de|hand|werk** n. *(-[e]s)* mestiere *m.* del fabbro. **Schmie|de|kunst** f. *(-)* arte *f.* del fabbro.

schmie|den tr. **1** battere, forgiare: **mit der Hand ~** forgiare a mano; **Eisen ~** battere il ferro **2a** FIG. *(ersinnen)* ideare, escogitare: **Pläne ~** ideare progetti **b** *(anzetteln)* ordire, architettare, macchinare: **Intrigen, Ränke ~** ordire intrighi, macchinazioni ◆ **jdn an die Kette, in Ketten ~** mettere qcn. alla catena, in catene; **Verse ~** comporre versi; **Waffen ~** fabbricare armi; PROV. **man muss das Eisen ~, solange es heiß ist** bisogna battere il ferro finché è caldo. **Schmie|de|ofen** m. *(-s,-öfen)* forno *m.* della fucina. **Schmie|de|pres|se** f. *(-,-n)* pressa *f.* per forgiare. **Schmie|de|stück** n. *(-[e]s,-e)* pezzo *m.* battuto (*o* fucinato). **Schmie|de|wa|ren** pl. ferro *m.* battuto. **Schmie|de|werk|statt** f. *(-,-stätten)* officina *f.* del fabbro. **Schmie|de|werk|zeug** n. *(-[e]s)* arnese *m.* da fabbro. **Schmie|de|zan|ge** f. *(-,-n)* tenaglia *f.* da fabbro.

Schmie|dung f. *(-,-en)* forgiatura *f.*, fucinatura *f.*

Schmie|ge f. *(-,-n)* **1** TECN. calandrino *m.*, quartabuono *m.* **2** *(zusammenklappbarer Zollstock)* metro *m.* pieghevole. **schmie|gen** rifl. **sich ~ 1** essere adatto, adattarsi: ***das Kleid schmiegt sich gut an ihren Körper*** il vestito si adatta bene al suo corpo **2** *(sich drücken)* stringersi: ***sich an jdn ~*** stringersi a qcn.; ***sich in jds Arme, an jds Brust ~*** stringersi fra le braccia di qcn., al petto di qcn. ◆ ***sich in eine Ecke ~*** ranicchiarsi in un angolo; ***die Wange in die Hand ~*** appoggiare la guancia sulla mano. **schmieg|sam** agg. **1** *(geschmeidig)* flessibile, elastico, pieghevole: ***ein -es Material*** un materiale elastico **2** FIG. *(anpassungsfähig)* flessibile, elastico. **Schmieg|sam|keit** f. *(-)* flessibilità *f.*, elasticità *f.* (anche FIG.).

Schmie|ra|ge [ʃmiˈra:ʒə] f. *(-,-n)* SCHERZ. → **Schmiererei.** **Schmier|ap|pa|rat** m. *(-[e]s,-e)* oliatore *m.*, ingrassatore *m.* **Schmier|block** m. *(-[e]s,-s* e *-blöcke)* COLLOQ. blocco *m.* per appunti. **Schmier|brand** m. *(-[e]s)* carie *f.* (*o* golpe *f.*) del frumento. **Schmier|dienst** m. *(-[e]s,-e)* (servizio *m.*) ingrassaggio *m.*

1.Schmie|re f. *(-,-n)* **1** grasso *m.*, lubrificante *m.* **2** COLLOQ. *(Salbe)* unguento *m.* **3** *(klebriger Schmutz)* sudiciume *m.*, untume *m.*, grasso *m.*: ***~ am Kleid haben*** avere del grasso sul vestito **4** REGION. *(Prügel)* botte *f.pl.* **5a** COLLOQ. SPREG. *(niveauloses Theater)* teatrino *m.* di provincia: ***an einer ~ spielen*** recitare in un teatrino di provincia **b** ANT. *(Wanderbühne)* compagnia *f.* di guitti **6** SCOL. GERG. *(Pons)* traduttore *m.* ◆ COLLOQ. ***in der ~ sitzen*** essere in un brutto guaio, essere nei pasticci.

2.Schmie|re f. *(-)* GERG. polizia *f.* GERG. madama *f.*: ***die ~ rufen*** chiamare la polizia ◆ COLLOQ. ***~ stehen*** fare il palo.

schmie|ren I tr. **1** lubrificare (anche assol.); *(ölen)* oliare; *(einfetten)* ingrassare: ***das Öl schmiert gut, schlecht*** l'olio lubrifica bene, male; ***die Schuhe gut ~*** ingrassare bene le scarpe **2a** *(streichen)* spalmare: ***Butter aufs Brot ~*** spalmare il burro sul pane; ***Salbe ins Gesicht ~*** spalmare la pomata sul viso **b** *(bestreichen)* ***eine Scheibe Brot ~*** spalmare una fetta di pane **3** *(nachlässig schreiben, verunzieren)* scarabocchiare (anche assol.): ***etw. ins Heft, an die Wand ~*** scarabocchiare qcs. sul quaderno, sulla parete **4** COLLOQ. *(bestechen)* ungere, corrompere **II** intr. (aus. *haben*) **1** *(Kleckse machen)* macchiare: ***der Füller schmiert*** la penna macchia **2** MUS. GERG. strimpellare ◆ COLLOQ. ***jdm eine ~*** dare un ceffone a qcn.; ***das geht, läuft wie geschmiert*** fila liscio come l'olio.

Schmie|ren|ko|mö|di|ant m. *(-en,-en)* SPREG. **1** ANT. guitto *m.*, teatrante *m.* **2** FIG. teatrante *m.* **Schmie|ren|the|a|ter** n. *(-s,-)* teatro *m.* di infimo ordine.

Schmie|rer m. *(-s,-)* SPREG. **1a** scarabocchiatore *m.*, scarabocchione *m.* **b** *(schlechter Maler)* imbrattatele *m.* **2** AUSTR. *(Pons)* traduttore *m.* **Schmie|re|rei** f. *(-,-en)* COLLOQ. SPREG. **1** scarabocchiatura *f.* **2** *(Geschmiertes)* scarabocchio *m.*, sgorbio *m.* **3** *(schlechtes Gemälde)* crosta *f.*

schmier|fä|hig agg. lubrificante, ingrassante. **Schmier|fä|hig|keit** f. *(-)* potere *m.* lubrificante, ingrassante. **Schmier|fett** n. *(-es,-e)* grasso *m.* lubrificante. **Schmier|film** m. *(-[e]s,-e)* pellicola *f.* lubrificante. **Schmier|fink** m. *(-en* e *-s,-en)* COLLOQ. SPREG. **1** scarabocchione *m.*, pasticcione *m.* **2** *(jd, der sich beschmutzt)* sporcaccione *m.*, sudicione *m.* **3** SPREG. *(Graffitimaler)* imbrattamuri *m.* **Schmier|geld** n. *(-[e]s,-er)* bustarella *f.* **Schmier|heft** n. *(-[e]s,-e)* COLLOQ. quaderno *m.* di brutta.

schmie|rig I agg. **1** sudicio: ***-e Kleider, Hände*** vestiti, mani sudicie **2** *(fettig, unappetitlich)* untuoso, attaccaticcio **3** SPREG. viscido, untuoso: ***ein -er Kerl*** un tipo untuoso **4** *(unanständig)* sporco, sconcio: ***-e Geschäfte machen*** fare affari sporchi; ***-e Witze*** storielle sporche **II** avv. sordidamente, in modo sporco: ***~ grinsen*** sogghignare sordidamente. **Schmie|rig|keit** f. *(-)* **1** sporcizia *f.*, sudiciume *m.*; *(Fettigkeit)* untuosità *f.* **2** *(Unanständigkeit)* sconcezza *f.* **3** COLLOQ. *(Servilität)* servilismo *m.*

Schmier|kä|se m. *(-s,-)* REGION. formaggio *m.* da spalmare. **Schmier|kur** f. *(-,-en)* MED. cura *f.* di frizioni con unguenti. **Schmier|mit|tel** n. *(-s,-)* lubrificante *m.*, grasso *m.* **Schmier|nip|pel** m. *(-s,-)* vite *f.* di lubrificazione, nipplo *m.* **Schmier|öl** n. *(-[e]s,-e)* (olio *m.*) lubrificante *m.* **Schmier|pa|pier** n. *(-[e]s,-e)* carta *f.* per appunti, per la brutta. **Schmier|pres|se** f. *(-,-n)* ingrassatore *m.* a siringa. **Schmier|pum|pe** f. *(-,-n)* pompa *f.* dell'olio. **Schmier|sei|fe** f. *(-,-n)* sapone *m.* in pasta. **Schmier|stoff** m. *(-[e]s,-e)* sostanza *f.* lubrificante.

Schmie|rung f. *(-,-en)* lubrificazione *f.*, ingrassaggio *m.*: ***selbsttätige ~*** autolubrificazione. **Schmier|zet|tel** m. *(-s,-)* foglio *m.*, foglietto *m.* per (gli) appunti.

Schmin|ke f. *(-,-n)* trucco *m.*, belletto *m.*: ***~ auflegen (auftragen), entfernen, abwaschen*** truccare, struccare, togliere il trucco con acqua. **schmin|ken I** tr. **1** truccare, imbellettare **2** FIG. *(beschönigen)* abbellire **II** rifl. ***sich (D) das Gesicht, die Augen ~*** truccarsi il viso, gli occhi; ***sich (A) leicht, stark ~*** truccarsi leggermente, pesantemente.

Schmink|pflas|ter n. *(-s,-)* neo *m.* posticcio. **Schmink|stift** m. *(-[e]s,-e)* stick *m.* per il trucco. **Schmink|tisch** m. *(-[e]s,-e)* toeletta *f.*, tavolo *m.* da trucco. **Schmink|topf** m. *(-[e]s,-töpfe)* vasetto *m.* del trucco. **Schmink|weiß** n. *(-[es])* belletto *m.* bianco, bianchetto *m.*

Schmir|gel m. *(-s)* **1** TECN. smeriglio *m.*: ***mit ~ polieren*** smerigliare **2** BOT. calta *f.* palustre. **Schmir|gel|lein|wand** f. *(-)* tela *f.* smerigliata. **schmir|geln** tr. **1** smerigliare **2** *(durch Schmirgeln entfernen)* togliere con lo smeriglio (*o* smerigliando). **Schmir|geln** n. *(-s)* smerigliatura *f.* **Schmir|gel|pa|pier** n. *(-[e]s,-e)* carta *f.* smerigliata, carta *f.* smeriglio. **Schmir|gel|schei|be** f. *(-,-n)* mola *f.* di, a smeriglio.

schmiss → **schmeißen.**

Schmiss m. *(-es,-e)* **1** COLLOQ. slancio *m.*: ***dieser Tanz hat ~*** questa danza ha slancio; ***jdm fehlt der richtige ~*** a qcn. manca il giusto slancio **2** GERG. UNIV. *(Narbe)* Mensur *f.*

schmis|sig COLLOQ. **I** agg. pieno di slancio: ***-e Musik*** musica piena di slancio **II** avv. con slancio, con foga: ***~ spielen*** suonare con slancio.

Schmit|ze f. *(-,-n)* REGION. **1** *(Peitsche)* frusta *f.* **2** *(Peitschenschlag)* frustata *f.* **schmit|zen** tr. REGION. picchiare; *(mit der Peitsche)* frustare.

Schmock m. *(-[e]s, Schmöcke* e *-e/-s)* SPREG. imbrattacarte *m.*

Schmok m. *(-s)* REGION. fumo *m.* **schmö|ken** tr. REGION. fumare. **Schmö|ker** m. *(-s,-)* COLLOQ. **1** *(dickes Buch)* = librone *m.* avvincente **2** REGION. *(Raucher)* fumatore *m.* **schmö|kern** COLLOQ. tr. e intr. (aus. *haben*) = sprofondarsi nella lettura (di libri di consumo): ***Abenteuerromane ~*** sprofondarsi nella lettura di romanzi d'avventure.

Schmoll|ecke, *sich in die ~ zurückziehen* mettere il broncio, fare il muso; ***in der ~ sitzen*** tenere il broncio (*o* il muso), essere imbronciato. **schmol|len** intr. (aus. *haben*) tenere il broncio (*o* il muso): ***mit jdm ~*** tenere il broncio a qcn., essere imbronciato con qcn. **Schmoll|mund** m. *(-[e]s,-münder)* muso *m.* lungo, broncio *m.*: ***einen ~ machen, ziehen*** fare il muso lungo, mettere il broncio. **Schmoll|win|kel, *sich in den ~ zurückziehen*** mettere il broncio, fare il muso; ***im ~ sitzen*** tenere il broncio (*o* il muso), essere imbronciato.

schmolz → **schmelzen.**

Schmon|zes m. *(-)* COLLOQ. SPREG. ciance *f.pl.*, chiacchere *f.pl.*

Schmor|bra|ten m. *(-s,-)* stufato *m.* **schmo|ren** GASTR. **I** tr. stufare **II** intr. (aus. *haben*) cuocere a fuoco lento ◆ ***jdn ~ lassen*** lasciar cuocere qcn. nel suo brodo; ***etw. ~ lassen*** lasciare qcs. da parte (*o* in disparte, in sospeso); ***in, unter der Sonne ~*** rosolarsi (*o* arrostirsi) al sole. **Schmor|fleisch** n. *(-[e]s)* **1** carne *m.* da stufato **2** → **Schmorbraten.** **Schmor|pfan|ne** f. *(-,-n)* tegame *m.* (da stufato). **Schmor|topf** m. *(-[e]s,-töpfe)* pentola *f.* da stufato.

Schmu m. *(-s)* COLLOQ. **1** storie *f.pl.*: ***erzähl keinen ~!*** non raccontare storie! **2** *(leichter Betrug)* scorrettezza *f.* ◆ ***~ machen*** imbrogliare, barare.

schmuck ANT. **I** agg. bello: ***ein -es Dorf, Paar*** un bel paese, una bella coppia **II** avv. ***~ aussehen*** avere un bell'aspetto; ***sich ~ machen*** farsi bella.

Schmuck m. *(-[e]s)* **1** ornamento *m.*; *(Verschönerung)* abbellimento *m.*: ***zum ~ dienen*** servire da ornamento **2** *(schmückende Verzierung)* decorazione *f.* (-i *f.pl.*), addobbo *m.* (-i *m.pl.*): ***ornamentaler ~*** decorazioni ornamentali **3** *(schmückende Gegenstände am Körper)* gioielli *m.pl.*: ***echter, falscher ~*** gioielli veri, falsi; ***~ anlegen, tragen, ablegen*** mettere, portare, togliere gioielli; ***eine mit ~ behängte Frau*** una donna coperta di gioielli.

schmü|cken I tr. **1** (ad)ornare: ***das Haar mit Bändern ~*** ornare i capelli con nastri; ***Bilder, Blumenvasen ~ die Wohnung*** quadri, vasi di fiori ornano l'appartamento; FIG. ***eine Rede mit Bildern ~*** ornare un discorso con, di metafore **2** *(dekorieren)* decorare, addobbare: ***den Christbaum ~*** addobbare l'albero di Natale **II** rifl. **sich ~** (ad)ornarsi. **schmü|ckend** p.pres. agg. **1** → **schmücken 2** ornamentale; *(dekorativ)* decorativo ◆ ***-es Beiwort*** epiteto esornativo.

Schmuck|käst|chen n. *(-s,-)* **1** → **Schmuckkasten 2** FIG. gioielillo *m.* **Schmuck|kas|ten** m. *(-s,-kästen)* portagioie *m.*, cofanetto *m.* per le gioie. **Schmuck|li|lie** f. *(-,-n)* agapanto *m.* **schmuck|los** agg. disadorno, spoglio (anche FIG.): ***-e Wände, Zimmer, Gräber*** pareti, stanze, tombe spoglie; ***eine -e Rede*** un discorso disadorno. **Schmuck|lo|sig|keit** f. *(-)* mancanza *f.* di ornamenti (*o* di abbellimenti); *(Einfachheit)* semplicità *f.* **Schmuck|na|del** f. *(-,-n)* spilla *f.* **Schmuck|ring** m. *(-[e]s,-e)* anello *m.* **Schmuck|sa|chen** pl. → **Schmuckwaren. Schmuck|stein** m. *(-[e]s,-e)* pietra *f.* per gioielli. **Schmuck|stück** n. *(-[e]s,-e)* **1** gioiello *m.* **2** FIG. pezzo *m.* raro, gioiello *m.*: ***das ~ der Ausstellung*** il pezzo raro della mostra.

Schmü|ckung f. *(-)* (ad)ornamento *m.*; *(Dekorieren)* decorazione *f.*, addobbo *m.*; *(Verschönern)* abbellimento *m.*

schmuck|voll agg. ricco di ornamenti, adorno.

Schmuck|wa|ren pl. **1** (articoli *m.pl.* di) bigiotteria *f.* **2** *(Juwelen)* (articoli *m.pl.* di) gioielleria *f.*, gioielli *m.pl.* **Schmuck|wa|ren|han|del** m. *(-s)* **1** commercio *m.* di bigiotteria **2** *(von Juwelen)* commercio *m.* di gioielli. **Schmuck|wa|ren|händ|ler** m. *(-s,-)* **1** chi vende bigiotteria **2** *(Juwelier)* gioielliere *m.*

Schmud|del m. *(-s)* COLLOQ. SPREG. **1** sudiciume *m.*, luridume *m.* **2** *(schmutzige Person)* sudicione *m.* **Schmud|de|lei** f. *(-,-en)* COLLOQ. **1** *(schlampige Arbeit)* lavoro *m.* pasticciato, pasticcio *m.* **2a** *(Schlampigkeit)* sciatteria *f.* **b** *(Unachtsamkeit)* negligenza *f.* **3** *(Unsauberkeit)* sporcizia *f.*, sudiciume *m.* **schmud|de|lig** COLLOQ. **I** agg. sudicio, lurido **II** avv. ***~ aussehen*** avere un aspetto sudicio, essere sudicio. **schmud|deln** intr. (aus. *haben*) **1** fare pasticci, abborracciare **2** *(sudeln)* sporcare (tutto, dappertutto) **3** *(schmuddelig werden)* insudiciarsi, sporcarsi. **Schmud|del|wet|ter** n. *(-s)* COLLOQ. = tempo *m.* freddo e umido. **schmudd|lig** → **schmuddelig.**

Schmug|gel m. *(-s)* contrabbando *m.*: ***~ treiben*** esercitare (*o* praticare) il contrabbando. **Schmug|ge|lei** f. *(-,-en)* contrabbando *m.* (continuo). **schmug|geln I** tr. **1** contrabbandare: ***Waffen, Zigaretten ~*** contrabbandare armi, sigarette **2a** *(heimlich hineinschaffen)* introdurre (*o* infilare) di nascosto: ***etw. in jds Tasche ~*** infilare qcs. di nascosto nella borsa di qcn. **b** *(heimlich herausschaffen)* far uscire di nascosto: ***einen Brief aus der Zelle ~*** far uscire di nascosto una lettera dalla cella **II** intr. (aus. *haben*) praticare il contrabbando: ***hier ~ alle*** qui tutti praticano il contrabbando. **Schmug|gel|wa|re** f. *(-,-n)* merce *f.* di contrabbando.

Schmugg|ler m. *(-s,-)* contrabbandiere *m.* **Schmugg|ler|ban|de** f. *(-,-n)* banda *f.* di contrabbandieri. **Schmugg|ler|pfad** m. *(-[e]s,-e)* sentiero *m.* da, dei contrabbandieri. **Schmugg|ler|ring** m. *(-[e]s,-e)* → **Schmugglerbande. Schmugg|ler|schiff** n. *(-[e]s,-e)* nave *f.* contrabbandiera.

schmun|zeln intr. (aus. *haben*) ridere sotto i baffi; *(lächeln)* sorridere: ***befriedigt, zufrieden ~*** sorridere soddisfatto, compiaciuto; ***über etw. ~*** sorridere di qcs. **Schmun|zeln** n. *(-s)* sorriso *m.* compiaciuto (*o* soddisfatto).

schmur|geln REGION. **I** tr. soffriggere (a fuoco lento) **II** intr. (aus. *haben*) soffriggere.

Schmus m. *(-es)* **1** chiacchiere *f.pl.*, parole *f.pl.*: ***das ist doch alles ~!*** sono tutte chiacchiere! ***du redest nur ~!*** parli solo a vanvera! **2** *(Schmeicheleien)* moine *f.pl.*, vezzi *m.pl.*

Schmu|se|kat|ze f. *(-,-n)* coccolone *m.* (-a *f.*).

schmu|sen intr. (aus. *haben*) COLLOQ. **1** scambiar(si) tenerezze (*o* effusioni), COLLOQ. pomiciare **2** SPREG. *(jdm schmeicheln)* ***(mit) jdm ~*** arruffianarsi con, lisciare qcn. **Schmu|ser** m. *(-s,-)* COLLOQ. **1** coccolone *m.*, tenerone *m. (verificare il registro)* **2** SPREG. *(Schmeichler)* ruffiano *m.* **Schmu|se|rei** f. *(-,-en)* COLLOQ. **1** lo scambiarsi effusioni, COLLOQ. pomiciata *f.* **2** SPREG. *(Schmeichlerei)* arruffianamento *m.*, lisciata *f.*

Schmutz m. *(-es)* sporco *m.*, sporcizia *f.*: ***den ~ zusammenkehren, abwaschen, abwischen, abkratzen*** raccogliere con la scopa, lavare via, strofinare via, grattare via lo sporco; ***mit ~ bedeckt sein*** essere coperto di sporcizia; ***~ an den Schuhen haben*** avere le scarpe sporche; ***diese Arbeit macht keinen, viel ~*** a fare questo lavoro non ci si sporca, ci si sporca molto ◆ ***~ abweisend*** che respinge lo sporco, che non attira lo sporco; ***jdn, etw. mit ~ bewerfen*** gettare fango su (*o* infangare) qcn., qcs.; ***das geht dich einen feuchten ~ an!*** non te ne frega niente! non ti riguarda affatto! FIG. ***Kübel von ~ über jdm ausgießen*** infangare qcn.; ***~ und Schund*** robaccia, spazzatura; ***vor ~ starren*** essere tutto sporco, essere pieno di sporcizia; ***jdn, etw. in den ~ treten, durch, in den ~ ziehen*** trascinare qcn., qcs. nel fango, infangare qcn., qcs. **schmutz|ab|wei|send** agg. che respinge lo sporco, che non attira lo sporco. **Schmutz|blatt** n. *(-[e]s,-blätter)* → **Schmutztitel. Schmutz|bürs|te** f. *(-,-n)* spazzola *f.* da scarpe.

schmut|zen intr. (aus. *haben*) sporcarsi, prendere lo sporco.

Schmut|ze|rei f. *(-,-en)* SPREG. porcheria *f.*

Schmutz|fän|ger m. *(-s,-)* **1** oggetto *m.* che s'impolvera facilmente: ***dieses Plüschtier ist ein richtiger ~*** questo peluche s'impolvera facilmente **2** *(bei Fahrrädern, Kraftfahrzeugen)* paraspruzzi *m.* **3** *(in Rohrleitungen)* filtro *m.* **Schmutz|fink** m. *(-en,-en)* COLLOQ. sporcaccione *m.*, sudicione *m.* **Schmutz|fleck** m. *(-[e]s,-e)* macchia *f.* di sporco.

schmut|zig agg. **1a** sporco: ***-e Hände, Teller*** mani sporche, piatti sporchi; ***etw. in die -e, zu der -en Wäsche geben*** mettere qcs. nella biancheria sporca; **b** *(nicht rein)* ***-e Farben*** colori sporchi **c** *(unreinlich, ungepflegt)* ***ein -es Kind*** un bambino sporco; ***ein -es Lokal*** un locale sporco **d** *(unverschämt)* ***-e Unterstellungen*** sporche insinuazioni **e** *(unlauter)* ***-e Geschäfte*** affari sporchi (*o* loschi) **2** *(unanständig)* sporco, sconcio: ***-e Witze, Worte*** barzellette sporche, parole sconce (*o* parolacce); *(obszön)* osceno, volgare: ***ein -es Lachen*** una risata volgare ◆ ***eine -e Arbeit*** un lavoro in cui ci si sporca; ***~ blau*** (di colore) blu sporco; ***~ grau*** (di colore) grigio sporco; ***etw., sich (A) ~ machen*** sporcare qcs., sporcarsi; ***er macht sich nicht gern ~*** non gli piace sporcarsi le mani; ***eine -e Fantasie*** una fantasia malata; ***~ werden*** sporcarsi. **Schmut|zig|keit** f. *(-,-en)* **1** sporcizia *f.* **2** *(Unanständigkeit)* sporcizia *f.*, sconcezza *f.*; *(Obszönität)* oscenità *f.*, volgarità *f.*

Schmutz|kon|kur|renz f. *(-)* concorrenza *f.* sleale. **Schmutz|krus|te** f. *(-,-n)* incrostazione *f.* di sporco. **Schmutz|lap|pen** m. *(-s,-)* strofinaccio *m.*, straccio *m.* **Schmutz|li|te|ra|tur** f. *(-)* SPREG. letteratura *f.* oscena (*o* sconcia), robaccia *f.*, spazzatura *f.* **Schmutz|schicht** f. *(-,-en)* strato *m.* di sporco. **Schmutz|ti|tel** m. *(-s,-)* TIP. occhiello *m.*, mezzotitolo *m.* **Schmutz|ven|til** n. *(-s,-e)* valvola *f.* di spurgo. **Schmutz|wä|sche** f. *(-)* biancheria *f.* sporca. **Schmutz|was|ser** n. *(-s,-wässer)* acqua *f.* sporca; *(Abwasser)* acqua *f.* di scarico (*o* di fogna).

Schna|bel m. *(-s, Schnäbel)* **1** becco *m.*; *(von Raubvögeln)* rostro *m.*: ***ein breiter, kurzer, langer, krummer, spitzer ~*** un becco largo, corto, lungo, adunco, a punta; ***den ~ aufsperren (aufreißen), wetzen*** spalancare, affilare il becco **2** *(schnabelartiger Vorsprung)* beccuccio *m.*: ***der ~ der Teekanne, des Kruges*** il beccuccio della teiera, della brocca **3** MUS. becco *m.*, bocchino *m.* **4** STOR. *(an Schiffen)* rostro *m.* **5** COLLOQ. *(Mund)* becco *m.*, bocca *f.*: ***halt den ~!*** tieni chiuso il becco! ***den ~ (nicht) aufmachen, auftun*** (non) aprire bocca, (non) parlare; ◆ ***sprechen, wie einem der ~ gewachsen ist*** parlare liberamente (*o* con naturalezza, senza remore); ***jdm (mit etw.) den ~ stopfen*** tappare la bocca a qcn. (con qcs.); ***sich (D) mit etw. den ~ verbrennen*** lasciarsi scappare (di bocca) qcs.; ***seinen ~ an anderen Leuten wetzen*** = parlare male degli altri.

Schnä|bel|chen n. *(-s,-)* beccuccio *m.* **Schnä|be|lei** f. *(-,-en)* **1** RAR. lo strofinare il becco **2** *(Küssen)* sbaciucchiamento *m.*

Schna|bel|flö|te f. *(-,-n)* flauto *m.* a becco. **schna|bel|för|mig** agg. a forma di becco. **Schna|bel|hieb** m. *(-[e]s,-e)* colpo *m.* di becco, beccata *f.* **Schna|bel|igel** m. *(-s,-)* tachiglosside *m.* **Schna|bel|ker|fe** pl. rincoti *m.pl.*, emitteri *m.pl.*

schnä|beln intr. (aus. *haben*) e rifl. **sich ~ 1** strofinarsi con il becco **2** SCHERZ. *(sich küssen)* sbaciucchiarsi.

Schna|bel|schiff n. *(-[e]s,-e)* nave *f.* rostrata. **Schna|bel|schuh** m. *(-[e]s,-e)* calzare *m.* a punta. **Schna|bel|tas|se** f. *(-,-n)* tazza *f.* con beccuccio. **Schna|bel|tier** n. *(-[e]s,-e)* ornitorinco *m.* **Schna|bel|wa|le** pl. zifioidi *m.pl.*

Schnäb|lein n. *(-s,-)* beccuccio *m.* **Schnäb|ler** m. *(-s,-)* COLLOQ. tenerone *m.*, coccolone *m.*

schna|bu|lie|ren tr. FAM. pappare.

Schnack m. *(-[e]s,-s e Schnäcke)* REGION. **1** *(Schwatz)* chiacchierata *f.*: ***einen ~ machen, halten*** fare una chiacchierata **2** SPREG. *(Geschwätz)* chiacchiere *f.pl.*, ciance *f.pl.* **3** *(witziger Ausspruch)* battuta *f.*, storiella *f.*

schna|ckeln intr. (aus. *haben*) REGION. COLLOQ. **1** ***mit den Fingern, mit der Zunge ~*** far schioccare le dita, la lingua **2a** impers. *(knallen)* ***es schnackelt*** tuona **b** ***hier schnackelt es oft*** qui ci sono spesso degli incidenti **c** ***bei uns schnackelt es wieder*** c'è di nuovo baruffa da noi ◆ ***es hat geschnackelt*** è andata bene! è filato liscio! ***bei ihr hat es geschnackelt!*** finalmente s'è accesa la lampadina! *(sich plötzlich verlieben)* ha avuto un colpo di fulmine; *(schwanger werden)* è rimasta incinta.

schna|cken intr. (aus. *haben*) REGION. **1** parlare **2** *(plaudern)* chiacchierare, ciarlare, cianciare.

Schna|ckerl n. e m. *(-s)* AUSTR. singhiozzo *m.*

1.Schna|ke f. *(-,-n)* **1** tipula *f.* **2** REGION. *(Stechmücke)* zanzara *f.*

2.Schna|ke f. *(-,-n)* REGION. ANT. burla *f.*, lazzo *m.*

Schna|ken|stich m. *(-[e]s,-e)* REGION. puntura *f.* di zanzara.

Schnal|le f. *(-,-n)* **1** fibbia *f.*: ***die ~ am Schuh, des Gürtels öffnen,***

schließen aprire, chiudere la fibbia della scarpa, della cintura **2** AUSTR. *(Türklinke)* maniglia *f.* **3** VOLG. *(Nutte)* puttana *f.* **4** COLLOQ. *(Schimpfwort)* oca *f.* **schnal|len I** tr. **1** *(befestigen)* fissare, legare, allacciare: ***den Rucksack auf den Rücken ~*** legare lo zaino sulle spalle **2** *(losmachen)* slacciare, slegare: ***den Koffer vom Gepäckträger ~*** slegare la valigia dal portabagagli **3** COLLOQ. *(kapieren)* afferrare, capire: ***er schnallt's nicht!*** non (lo) capisce! **4** COLLOQ. REGION. *(irreführen)* beffare, truffare **II** intr. (aus. *haben*) REGION. → **schnalzen** ◆ ***den Gürtel weiter ~*** allentare la cinghia; ***den Gürtel enger ~*** stringere la cinghia; FIG. tirare la cinghia. **Schnal|len|dorn** m. *(-[e]s,-e)* ardiglione *m.* della fibbia. **Schnal|len|rie|men** m. *(-s,-)* cinghia *f.* con fibbia. **Schnal|len|schuh** m. *(-[e]s,-e)* scarpa *f.* con fibbia.

schnal|zen intr. (aus. *haben*) ***mit den Fingern, mit der Peitsche ~*** (far) schioccare le dita, la frusta. **Schnal|zen** n. *(-s)* lo schioccare. **Schnal|zer** m. *(-s,-)* schiocco *m.* **Schnalz|laut** m. *(-[e]s,-e)* fonema *m.* avulsivo.

schnapp inter. clac, clic. **Schnapp** m. *(-[e]s,-e)* scatto *m.*

Schnäpp|chen n. *(-s,-)* COLLOQ. REGION. occasione *f.*, affare *m.*

Schnapp|de|ckel m. *(-s,-)* coperchio *m.* a scatto.

schnap|pen I tr. **1** addentare, azzannare **2a** COLLOQ. *(schnell ergreifen)* afferrare, agguantare: ***sie schnappte die Tasche und ging*** afferrò la borsa e se ne andò **b** *(festnehmen)* acciuffare, acchiappare **c** *(verstehen)* afferrare, capire **II** intr. **1a** (aus. *haben*) ***nach etw. ~*** cercare di acchiappare, afferrare **b** ***die Katze schnappt nach dem Braten*** il gatto cerca di addentare l'arrosto **2** (aus. *sein*) scattare: ***ins Schloss ~*** chiudersi di scatto **III** rifl. ***sich (D) jdn, etw. ~*** agguantarsi qcn., qcs. ◆ ***es hat bei jdm geschnappt*** qcn. si è scocciato; *(sich verlieben)* qcn. ha avuto un colpo di fulmine; *(schwanger werden)* ***es hat bei ihr geschnappt*** ci è rimasta; ***es hat ihn geschnappt*** si è ferito; ***frische Luft ~*** prendere una boccata d'aria; ***nach Luft ~*** boccheggiare. **Schnap|per** m. *(-s,-)* **1** COLLOQ. *(Hundebiss)* morso *m.* **2** *(heftiges Atemholen)* boccata *f.* d'aria **3** *(Zuschnappen)* scatto *m.* **4** *(Riegel)* chiavistello *m.*

Schnäp|per m. *(-s,-)* **1** muscicapa *f.*, pigliamosche *m.* **2** MED. lancetta *f.* **3** *(Armbrust)* balestra *f.* **4** REGION. → **Schnappschloss.**

Schnapp|fe|der f. *(-,-n)* molla *f.* a scatto. **Schnapp|hahn** m. *(-[e]s,-hähne)* STOR. brigante *m.*, bandito *m.* **Schnapp|mes|ser** n. *(-s,-)* coltello *f.* a serramanico. **Schnapp|schloss** n. *(-es,-schlösser)* serratura *f.* a scatto. **Schnapp|schuss** m. *(-es, schüsse)* (fotografia *f.*) istantanea *f.*: ***einen ~ machen*** fare un'istantanea.

Schnaps m. *(-es, Schnäpse)* acquavite *f.*; *(Glas Schnaps)* ***einen ~ trinken*** bere un'acquavite. **Schnaps|bren|ner** m. *(-s,-)* distillatore *m.* (di acquavite). **Schnaps|bren|ne|rei, Schnaps|bren|ne|rei** f. *(-,-en)* distilleria *f.* **Schnaps|bru|der** m. *(-s,-brüder)* COLLOQ. SPREG. = ubriacone *m.*, beone *m.* **Schnaps|bu|de** f. *(-,-n)* COLLOQ. SPREG. bettola *f.* **Schnäps|chen** n. *(-s,-)* COLLOQ. grappino *m.*, bicchierino *m.* **schnäp|seln, schnap|sen** intr. (aus. *haben*) **1** SCHERZ. bere (*o* farsi) grappini: ***er schnäpselt zuviel*** beve troppi grappini **2** REGION. AUSTR. giocare a carte. **Schnaps|fla|sche** f. *(-,-n)* bottiglia *f.* di acquavite. **Schnaps|glas** n. *(-es,-gläser)* bicchierino *m.* da acquavite. **Schnaps|idee** f. *(-,-n)* idea *f.* balzana. **Schnaps|lei|che** f. *(-,-n)* SCHERZ. = ubriaco *m.* di grappa. **Schnaps|na|se** f. *(-,-n)* COLLOQ. naso *m.* da ubriacone.

schnar|chen intr. (aus. *haben*) russare, COLLOQ. ronfare. **Schnar|cher** m. *(-s,-)* COLLOQ. **1** chi russa **2** *(Geräusch)* il russare.

Schnar|re f. *(-,-n)* raganella *f.* **schnar|ren** intr. (aus. *haben*) gracchiare, stridere. **schnar|rend** p.pres. agg. **1** → **schnarren 2** gracchiante, stridente, ronzante. **Schnarr|werk** n. *(-[e]s,-e)* bordone *m.* (dell'organo).

Schnat|te|rei f. *(-,-en)* **1** schiamazzo *m.*, gracidio *m.* **2** *(Geschwätz)* cicaleccio *m.* **Schnat|ter|en|te** f. *(-,-n)* anatra *f.* starnazzante. **Schnat|te|rer** m. *(-s,-)* chiacchierone *m.* **Schnat|ter|gans** f. *(-,-gänse)* **1** oca *f.* starnazzante **2** COLLOQ. SPREG. *(Schwätzerin)* chiacchierona *f.* **schnat|te|rig** agg. gracchiante. **Schnat|te|rin** f. *(-,-nen)*, **Schnat|ter|lie|se** f. *(-,-n)* COLLOQ. SPREG. chiacchierona *f.* **schnat|tern** intr. (aus. *haben*) **1** starnazzare, schiamazzare: ***die Gänse ~*** le oche starnazzano **2** *(schwatzen)* blaterare, ciarlare **3** REGION. *(zittern)* tremare: ***vor Kälte ~*** battere i denti per il freddo.

schnau|ben I intr. *(schnaubte/*ANT. *schnob, geschnaubt/*ANT. *geschnoben;* aus. *haben)* **1a** sbuffare, soffiare: ***das Pferd, die Lokomotive schnaubt*** il cavallo, la locomotiva sbuffa **b** FIG. fremere, sbuffare: ***vor Wut ~*** fremere di rabbia **2** REGION. *(sich schneuzen)* soffiarsi il naso **II** tr. ***jdm die Nase ~*** soffiare il naso a qcn. **III** rifl. ***sich ~*** soffiarsi il naso.

Schnauf m. *(-[e]s,-e)* sospiro *m.* **schnau|fen** intr. (aus. *haben*) **1** ansimare, ansare, respirare affannosamente **2** REGION. *(atmen)* respirare ◆ ***nicht mehr ~ können*** essere senza fiato. **Schnau|fer** m. *(-s,-)* **1** sospiro *m.*, soffio *m.* rumoroso **2** SVIZZ. *(unreifer Junge)* ragazzino *m.* imberbe ◆ ***einen ~ lang*** per un attimo; EUFEM. ***den letzten ~ tun*** esalare l'ultimo respiro; ***bis zum letzten ~*** fino all'ultimo respiro. **Schnau|ferl** m. *(-s,-)* AUSTR. GERG. macinino *m.* **Schnauf|pau|se** f. *(-,-n)* AUSTR. pausa *f.* (per riprendere fiato).

Schnauz m. *(-es, Schnäuze)* SVIZZ. baffi *m.pl.* **Schnauz|bart** m. *(-[e]s,-bärte)* **1** baffi *m.pl.*, mustacchi *m.pl.* **2** COLLOQ. baffone *m.*, uomo *m.* baffuto. **schnauz|bär|tig** agg. baffuto. **Schnäuz|chen** n. *(-s,-)* **1** baffetti *m.pl.* **2** *(kleine Schnauze)* musetto *m.* **3** *(vom Schnabel)* beccuccio *m.*

Schnau|ze f. *(-,-n)* **1a** muso *m.*; *(vom Schwein)* grugno *m.* **b** VOLG. SPREG. grugno *m.*, muso *m.*, becco *m.*: ***halt die ~*** chiudi il becco! ***jdm die ~ polieren*** spaccare il muso a qcn. **2a** COLLOQ. *(Schnabel)* becco *m.* **b** *(Ausguss an Gefäßen)* beccuccio *m.* **3** *(Nase des Flugzeugs)* muso *m.* ◆ ***die ~ (nicht) aufbringen*** (non) aprire il becco; ***die ~ weit aufreißen*** sballarle grosse; ***die ~ (nicht) auftun*** → ***die ~ (nicht) aufbringen***; ***auf die ~ fallen*** rompersi le corna; ***eine freche ~ haben*** essere sfacciato; ***jdm eins vor, auf die ~ geben*** dare un pugno sul muso a qcn.; ***eine große ~ haben*** fare lo spaccone; ***die ~ halten*** tenere il becco chiuso; FIG. ***auf der ~ liegen*** essere col culo per terra; ***eine lose ~ haben*** avere la lingua affilata, tagliente; COLLOQ. ***(frei) nach ~*** a naso, a caso; *(improvisierend)* a braccio; ***jdm die ~ stopfen*** tappare il becco a qcn.; ***sich die ~ verbrennen*** = tradirsi parlando troppo; VOLG. ***von etw. die ~ voll haben*** averne le palle piene; ***immer mit der ~ voran, vorneweg sein*** mettere sempre becco. **schnau|zen** intr. (aus. *haben*) COLLOQ. sbraitare, inveire.

schnäu|zen I tr. **1** ANT. smoccolare **2** ***die Nase ~*** soffiare il naso **II** rifl. ***sich ~*** soffiarsi il naso: ***sich in ein Taschentuch ~*** soffiarsi il naso in, con un fazzoletto.

Schnau|zer m. *(-s,-)* **1** schnauzer *m.* **2** COLLOQ. *(Schnauzbart)* baffoni *m.pl.* **schnau|zig I** agg. burbero, sgarbato **II** avv. burberamente, sgarbatamente. **Schnäuz|lein** n. *(-s,-)* musetto *m.*

Schneck m. *(-s,-en)* REGION. o AUSTR. **1a** chiocciola *f.* **b** *(ohne Schneckenhaus)* lumaca *f.* **2** *(Kosewort für Kinder)* passerotto *m.*

Schne|cke f. *(-,-n)* **1a** chiocciola *f.* **b** *(ohne Schneckenhaus)* lumaca *f.*; FIG. ***du bist langsam wie eine ~!*** sei lento come una lumaca! **2** GASTR. dolce *m.* a spirale, a chiocciola **3** *(Zopf)* treccia *f.* a chiocciola **4** ANAT. coclea *f.*, chiocciola *f.* **5** *(von Musikinstrumenten)* chiocciola *f.* **6a** ARCH. *(Volute)* voluta *f.* **b** *(Wendeltreppe)* scala *f.* a chiocciola **7** TECN. chiocciola *f.*, madrevite *f.* **8** *(Förderschnecke)* coclea *f.*, vite *f.* di Archimede **9** COLLOQ. SPREG. *(Vulva)* passera *f.* ◆ ***jdn zur ~ machen*** = rimproverare duramente qcn. **schne|cken|ar|tig** agg. → **schneckenförmig. Schne|cken|boh|rer** m. *(-s,-)* trapano *m.* a punta elicoidale. **Schne|cken|fe|der** f. *(-,-n)* molla *f.* a spirale. **Schne|cken|för|de|rer** m. *(-s,-)* coclea *f.* **schne|cken|för|mig** agg. a (forma di) chiocciola. **Schne|cken|fri|sur** f. *(-,-en)* crocchia *f.* **Schne|cken|gang** m. *(-[e]s,-gänge)* **1** passo *m.* di lumaca **2** ANAT. canale *m.* della coclea. **Schne|cken|ge|häu|se** n. *(-es,-)* guscio *m.* di chiocciola. **Schne|cken|ge|trie|be** n. *(-s,-)* ingranaggio *m.* a vite. **Schne|cken|ge|win|de** f. *(-s,-)* filettatura *f.* a passo elicoidale. **Schne|cken|haus** n. *(-es,-häuser)* → **Schneckengehäuse** ◆ ***sich in sein ~ zurückziehen*** nascondersi nel proprio guscio. **Schne|cken|horn** n. *(-[e]s,-hörner)* corno *m.* di chiocciola. **Schne|cken|klee** m. *(-s)* erba *f.* medica. **Schne|cken|len|kung** f. *(-,-en)* sterzo *m.* a vite senza fine. **Schne|cken|li|nie** f. *(-,-n)* spirale *f.* **Schne|cken|post**, ***auf, mit der ~*** a passo di lumaca. **Schne|cken|rad** n. *(-[e]s,-räder)* ruota *f.* elicoidale (*o* a vite). **Schne|cken|schrau|be** f. *(-,-n)* vite *f.* senza fine. **Schne|cken|tem|po** n. *(-s)* passo *m.* di lumaca. **Schne|cken|trep|pe** f. *(-,-n)* scala *f.* a chiocciola. **Schne|cken|win|dung** f. *(-,-en)* (giro *m.* di) spirale *f.*

Schne|ckerl n. *(-s,-[n])* AUSTR. ricciolo *m.*

schned|de|reng|teng, schned|de|reng|teng|teng inter. papparappappà, peppereppepè.

Schnee m. *(-s)* **1** neve *f.*: ***~ fällt, es fällt ~*** cade la neve, sta nevicando; ***pappiger, lockerer, nasser ~*** neve pesante, soffice bagnata (*o* fradicia); ***frisch gefallener, tiefer, verharschter ~*** neve fresca, profonda, crostosa; ***~ schippen, schaufeln*** spalare la neve; ***~ räumen, fegen, kehren*** spazzare la neve; ***durch den ~ stapfen*** camminare faticosamente nella neve; ***das Dorf liegt in tiefem ~*** il paese è sepolto nella neve **2** GERG. *(Kokain)* neve *f.* ◆ ***Eiweiß zu ~ schlagen*** montare a neve le chiare d'uovo; ***der ewige ~*** le nevi perenni; ***es wird ~ geben*** nevicherà; COLLOQ. ***das ist ~ von gestern*** sono cose passate; SPORT ***schneller, stumpfer ~*** neve veloce, lenta; ***und wenn der ganze ~ verbrennt*** anche se crollasse il mondo. **Schnee|al|ge** f. *(-,-n)* clamidomonade *f.* **Schnee|bahn** f. *(-,-en)* pista *f.* (sulla, nella neve).

Schnee|ball m. *(-[e]s,-bälle)* palla *f.* di neve (anche BOT.): ***mit -bäl-***

len werfen lanciare, tirare palle di neve. **schnee|bal|len** intr. (aus. *haben*) tirare palle di neve. **Schnee|ball|schlacht** f. *(-,-en)* battaglia *f.* a palle di neve. **Schnee|ball|sys|tem** n. *(-s,-e)* ECON. sistema *m.* di vendita a procacciamento.

schnee|be|deckt agg. coperto di neve, innevato. **Schnee|bee|re** f. *(-,-n)* caprifoglio *m.* bianco. **Schnee|be|richt** m. *(-[e]s,-e)* bollettino *m.* della neve. **Schnee|be|sen** m. *(-s,-)* frusta *f.* **schnee|blind** agg. affetto da oftalmia da neve. **Schnee|blind|heit** f. *(-)* oftalmia *f.* da neve. **Schnee|brett** n. *(-[e]s,-er)* banco *m.* di neve. **Schnee|bril|le** f. *(-,-n)* occhiali *m.pl.* per la (*o* da) neve. **Schnee|bruch** m. *(-[e]s,-brüche)* crollo *m.* (di alberi, tronchi) per la neve. **Schnee|brü|cke** f. *(-,-n)* ponte *m.* di neve. **Schnee|de|cke** f. *(-,-n)* manto *m.*, coltre *f.* di neve. **Schnee|eu|le** f. *(-,-n)* civetta *f.* delle nevi. **Schnee|fah|ne** f. *(-,-n)* turbine *m.* di neve. **Schnee|fall** m. *(-[e]s,-fälle)* nevicata *f.* **Schnee|fang** m. *(-[e]s,-fänge)* griglia *f.* paraneve. **Schnee|feld** n. *(-[e]s,-er)* campo *m.* di neve. **Schnee|fink** m. *(-en,-en)* fringuello *m.* alpino. **Schnee|flä|che** f. *(-,-n)* superficie *f.* innevata, distesa *f.* di neve. **Schnee|flo|cke** f. *(-,-n)* fiocco *m.*, falda *f.* di neve. **Schnee|floh** m. *(-[e]s,-flöhe)* pulce *f.* della neve. **Schnee|frä|se** f. *(-,-n)* sgombraneve *m.* (a turbina).

schnee|frei agg. sgombro da, dalla neve. **Schnee|gäm|se** f. *(-,-n)* → **Schneeziege.** **Schnee|gans** f. *(-,-gänse)* oca *f.* artica. **Schnee|ge|stö|ber** n. *(-s,-)* tormenta *f.*, bufera *f.* di neve. **Schnee|ge|bir|ge** n. *(-s,-)* montagne *f.pl.* innevate. **schnee|glatt** agg. scivoloso per la neve. **Schnee|glät|te** f. *(-)* neve *f.* battuta. **Schnee|glöck|chen** n. *(-s,-)* bucaneve *m.* **Schnee|gren|ze** f. *(-,-n)* limite *m.* della neve. **Schnee|gru|be** f. *(-,-n)* neviera *f.* **Schnee|ha|se** m. *(-n,-n)* lepre *f.* alpina. **Schnee|hau|fen** m. *(-s,-)* mucchio *m.* di neve. **Schnee|hemd** n. *(-[e]s,-en)* MIL. tenuta *f.* da neve. **Schnee|huhn** n. *(-[e]s,-hühner)* pernice *f.* bianca.

schnee|ig agg. **1** coperto di neve, innevato **2** *(an Schnee erinnernd)* niveo. **Schnee|ka|no|ne** f. *(-,-n)* cannone *m.* da neve (*o* sparaneve). **Schnee|kat|ze** f. *(-,-n)* gatto *m.* delle nevi. **Schnee|ket|te** f. *(-,-n)* catena *f.* (da neve); ***(die) -n aufziehen, abnehmen*** mettere (*o* montare), togliere le catene. **Schnee|kö|nig** m. *(-s,-e)* REGION. scricciolo *m.* ◆ ***sich wie ein ~ freuen*** essere contento come una Pasqua. **Schnee|kris|tall** n. *(-s,-e)* cristallo *m.* di neve. **Schnee|krus|te** f. *(-,-n)* crosta *f.* ghiacciata. **Schnee|ku|fe** f. *(-,-n)* AER. pattino *m.* **Schnee|last** f. *(-,-en)* peso *m.* della neve. **Schnee|la|wi|ne** f. *(-,-n)* valanga *f.* **Schnee|le|o|pard** m. *(-en,-en)* leopardo *m.* della nevi, lonza *f.* **Schnee|luft** f. *(-)* aria *f.* di neve. **Schnee|mann** m. *(-[e]s,-männer)* pupazzo *m.* di neve: ***einen ~ bauen*** fare un pupazzo di neve. **Schnee|mas|se** f. *(-,-n)* massa *f.* di neve (*o* nevosa). **Schnee|matsch** m. *(-[e]s)* poltiglia *f.* di neve. **Schnee|mensch** m. *(-en,-en)* uomo *m.* delle nevi. **Schnee|mo|bil** n. *(-[e]s,-e)* veicolo *m.* da neve. **Schnee|pflug** m. *(-[e]s,-pflüge)* **1** spartineve *m.* **2** *(beim Ski)* spazzaneve *m.*: ***(im) ~ fahren*** andare a spazzaneve. **Schnee|pflug|bo|gen** m. *(-s,-)* curva *f.* a spazzaneve. **Schnee|räu|mer** m. *(-s,-)*, **Schnee|räum|ge|rät** n. *(-[e]s,-e)* spazzaneve *m.*, spartineve *m.* **Schnee|räu|mung** f. *(-)* sgombero *m.* neve.

Schnee|rau|pe f. *(-,-n)* gatto *m.* delle nevi. **Schnee|re|gen** m. *(-s)* pioggia *f.* mista a neve. **Schnee|rei|fen** m. *(-s,-)* **1** racchetta *f.* da neve **2** RAR. *(Winterreifen)* pneumatico *m.* da neve. **Schnee|ro|se** f. *(-,-n)* rosa *f.* delle Alpi. **Schnee|ru|te** f. *(-,-n)* AUSTR. → **Schneebesen.** **Schnee|schau|er** m. *(-s,-)* breve e intensa nevicata *f.* **Schnee|schau|fel** f. *(-,-n)* pala *f.* da neve. **Schnee|schie|ber** m. *(-s,-)* sgombraneve *m.* **Schnee|schip|pe** f. *(-,-n)* REGION. → **Schneeschaufel.** **Schnee|schip|per** m. *(-s,-)* spalatore *m.* **Schnee|schlä|ger** m. *(-s,-)* RAR. → **Schneebesen.** **Schnee|schleu|der** f. *(-,-n)*, **Schnee|schleu|der|ma|schi|ne** f. *(-,-n)* sgombraneve *m.* **Schnee|schmel|ze** f. *(-)* disgelo *m.* **Schnee|schuh** m. *(-[e]s,-e)* racchetta *m.* (da neve).

schnee|si|cher agg. dall'innevamento assicurato. **Schnee|stern** m. *(-[e]s,-e)* cristallo *m.* di neve. **Schnee|sturm** m. *(-[e]s,-stürme)* bufera *f.* di neve, tormenta *f.* **Schnee|trei|ben** n. *(-s,-)* nevischio *m.* **Schnee|ver|hält|nis|se** pl. condizioni *m.pl.* della neve. **Schnee|ver|we|hung** f. *(-,-en)* → **Schneewehe.** **Schnee|wäch|te** → **Schneewechte.** **Schnee|was|ser** n. *(-s)* neve *f.* sciolta. **Schnee|wech|te** f. *(-,-n)* cornicione *m.* innevato. **Schnee|we|he** f. *(-,-n)* duna *f.* di neve. **schnee|weiß** agg. di neve, bianco come la neve. **Schnee|wet|ter** n. *(-s)* tempo *m.* da neve. **Schnee|wir|bel** m. *(-s,-)* turbine *m.* di neve. **Schnee|witt|chen** n. *(-s)* Biancaneve *f.* **Schnee|wol|ke** f. *(-,-n)* nuvola *f.* di neve. **Schnee|zaun** m. *(-[e]s,-zäune)* barriera *f.* antineve. **Schnee|zie|ge** f. *(-,-n)* capra *f.* delle nevi.

Schneid m. *(-[e]s)*, REGION. f. *(-)* COLLOQ. fegato *m.*, coraggio *m.*: ***ihm fehlt der ~*** gli manca il coraggio: ***keinen ~ haben, etw. zu tun*** non avere il fegato di fare qcs. ◆ ***jdm den, die ~ abkaufen*** intimorire qcn.

Schneid|boh|rer m. *(-s,-)* MECC. maschio *m.* per filettare. **Schneid|bren|ner** m. *(-s,-)* TECN. cannello *m.* ossidrico.

Schnei|de f. *(-,-n)* **1** filo *m.* (di una lama): ***die ~ des Messers*** il filo del coltello; ***eine scharfe, stumpfe ~*** un filo aguzzo, smussato; ***die ~ schleifen, schärfen*** affilare la lama **2** *(Klinge)* lama *f.* **3** GEOGR. cresta *f.* ◆ ***auf des Messers ~ stehen*** essere sul filo del rasoio. **Schnei|de|di|a|mant** m. *(-en,-en)* diamante *m.* **Schnei|de|flä|che** f. *(-,-n)* superficie *f.* di taglio. **Schnei|de|ge|rät** n. *(-[e]s,-e)* arnese *m.*, strumento *m.* da taglio. **Schneid|ei|sen** n. *(-s,-)* MECC. filiera *f.* **Schnei|de|kan|te** f. *(-,-n)* taglio *m.* **Schnei|de|ma|schi|ne** f. *(-,-n)* tagliatrice *f.*, taglierina *f.* **Schnei|de|müh|le** f. *(-,-n)* segheria *f.*

schnei|den *(schnitt, geschnitten)* **I** tr. **1a** tagliare: ***Brot, Käse ~*** tagliare del pane, del formaggio; ***Korn ~*** tagliare il grano; ***Papier, Holz, Blumen, Sträucher ~*** tagliare carta, legna, fiori, cespugli; ***Gras, den Rasen ~*** tagliare l'erba, falciare il prato; ***die Hecke ~*** potare la siepe; ***die Fingernägel, das Haar, den Schnurrbart ~*** tagliare le unghie, i capelli, i baffi; ***etw. in Scheiben ~*** tagliare a fette, affettare qcs.; ***etw. in kleine Stücke, in Würfel ~*** tagliare qcs. a (*o* in) piccoli pezzi, a dadini; ***etw. mit dem Messer, mit der Schere ~*** tagliare qcs. con il coltello, con le forbici; ***einen Stamm zu Brettern ~*** tagliare un tronco per farne assi; *(zuschneiden)* ***eine Bluse ~*** tagliare una camicetta; *(aufschneiden, operieren)* ***ein Geschwür ~*** tagliare un ascesso; FIG. *(kreuzen)* ***der Weg schneidet die Bahnlinie*** la strada taglia la linea ferroviaria; SPORT ***den Ball ~*** tagliare la palla **b** ASSOL. ***der Friseur, das Messer schneidet gut*** il parrucchiere, il coltello taglia bene **2** *(einschneiden, schnitzen)* intagliare, incidere: ***etw. ins Holz ~*** intagliare qcs. nel legno; ***seinen Namen in den Stamm ~*** incidere il proprio nome sul tronco **3** *(herausarbeiten)* scolpire: ***Figuren aus Holz ~*** scolpire figurine su legno **4a** *(herausschneiden)* ritagliare: ***einen Artikel aus einer Zeitschrift ~*** ritagliare un articolo da una rivista; ***Blumen aus Papier ~*** ritagliare fiori di carta **b** *(wegschneiden)* tagliare via, togliere (tagliando): ***die faulen Stellen aus den Äpfeln ~*** togliere dalle mele le parti marce **5** CINEM. RAD. TELEV. *(cutten)* montare: ***einen Film, eine Sendung ~*** montare un film, una trasmissione **6** *(mitschneiden)* registrare: ***ein Konzert auf Tonband ~*** registrare un concerto su nastro **7** *(beim Überholen, Einordnen)* ***jdn, etw. ~*** tagliare la strada a qcn., qcs.; ***du hast mich, den Lastwagen geschnitten*** mi hai tagliato la strada, hai tagliato la strada a quel camion **8** *(ignorieren)* ***jdn ~*** ignorare, snobbare qcn. **9** *(kastrieren)* castrare **II** intr. (aus. *haben*) **1** tagliare: ***mit der Schere in den Stoff ~*** tagliare la stoffa con le forbici; FIG. ***die Kälte schneidet mir ins Gesicht*** il freddo mi taglia il viso; ***die Fessel schneidet ihm in den Arm*** la manetta gli taglia il braccio; *(beim Kartenspiel)* ***mit der Zehn ~*** tagliare con il dieci **2** SPORT tagliare la palla, tirare colpi tagliati **III** rifl. **sich ~ 1** tagliarsi: ***sich an, mit etw. ~*** tagliarsi con qcs.; ***sich beim Rasieren ~*** tagliarsi radendosi; ***ich schnitt mir, mich in den Finger*** mi sono tagliato il dito **2** ***sich (D) das Haar ~*** tagliarsi i capelli **3** *(sich kreuzen)* incrociarsi: ***hier ~ sich (D) die zwei Wege*** qui i due sentieri s'incrociano **4** REGION. *(sich irren)* sbagliarsi ◆ ***eine Fratze, ein Gesicht ~*** fare una smorfia; ***Gewinde ~*** filettare; FIG. ***jdm ins Herz ~*** colpire al cuore (*o* nel profondo) qcn.; ***Gemüse in die Suppe ~*** aggiungere nella minestra le verdure a pezzetti; ***etw. klein ~*** tagliuzzare; ***eine Kurve ~*** tagliare una curva; ***ein Loch ins Tischtuch ~*** fare un buco nella tovaglia; ***Tabak ~*** trinciare il tabacco; ***Wein ~*** tagliare il vino.

Schnei|den, ***hier ist eine Luft zum ~*** qui c'è aria molto viziata (*o* pesante). **schnei|dend** p.pres. **I** agg. **1** → **schneiden 2** *(scharf)* penetrante, pungente, tagliente: ***eine -e Kälte, ein -er Wind*** un freddo, un vento tagliente; FIG. ***ein -er Spott*** uno scherno pungente; ***mit -em Ton*** con tono pungente **3** *(von Schmerzen)* lancinante **II** avv. ***hier ist es ~ kalt*** qui il freddo è pungente. **Schnei|der** m. *(-s,-)* **1** sarto *m.*: ***etw. beim, vom ~ arbeiten, machen lassen*** far fare qcs. dal sarto **2** COLLOQ. → **Schneidegerät 3** *(beim Tischtennis)* undici punti *m.pl.* **4** *(beim Skatspiel)* trenta punti *m.pl.* **5** ITTIOL. carpa *f.* ◆ ***frieren wie ein ~*** avere un freddo cane; COLLOQ. ***aus dem ~ sein*** esser fuori dalle difficoltà; *(beim Skatspiel)* aver raggiunto trenta punti.

Schnei|der|ar|beit f. *(-,-en)* lavoro *m.* di sartoria. **Schnei|der|ate|li|er** [-atəlie:] n. *(-s,-s)* sartoria *f.*

Schnei|de|raum m. *(-[e]s,-räume)* CINEM. sala *f.* di montaggio.

Schnei|der|büs|te f. *(-,-n)* manichino *m.* **Schnei|de|rei** f. *(-,-en)* **1** sartoria *f.*, mestiere *m.* di sarto: ***er hat die ~ gelernt*** ha appreso il mestiere di sarto **2** → **Schneideratelier.** **Schnei|de|rin** f. *(-,-nen)* sarta *f.* **schnei|de|risch I** agg. di, della sartoria **II** avv. ***sich ~***

betätigen fare lavori di sartoria. **Schnei|der|karp|fen** m. *(-s,-)* ITTIOL. rodeo *m.* amaro. **Schnei|der|krei|de** f. *(-,-n)* SART. gessetto *m.* da sarto. **Schnei|der|lei|nen** n. *(-s)* SART. tela *f.* di rinforzo. **Schnei|der|meis|ter** m. *(-s,-)* sarto *m.* **Schnei|der|mus|kel** m. *(-s,-n)* ANAT. sartorio *m.* **schnei|dern** tr. **1** cucire, confezionare: ***Kleider ~*** confezionare abiti; ***sie schneidert ihre Blusen selbst*** si cuce da sola le camicette **2** GERG. assol. progettare una carrozzeria. **Schnei|der|pup|pe** f. *(-,-n)* manichino *m.* **Schnei|der|sitz** m. *(-es)* posizione *f.* seduta a gambe incrociate: ***im ~ sitzen*** sedere a gambe incrociate. **Schnei|der|werk|statt** f. *(-,-stätten)*, **Schnei|der|werk|stät|te** f. *(-,-n)* sartoria *f.*

Schnei|de|tisch m. *(-[e]s,-e)* CINEM. TELEV. tavolo *m.* di montaggio. **Schnei|de|werk|zeug** n. *(-[e]s,-e)* strumento *m.* da taglio. **Schnei|de|zahn** m. *(-[e]s,-zähne)* (dente *m.*) incisivo *m.*

schnei|dig I agg. **1** baldanzoso, deciso: ***ein -er Typ*** un tipo baldanzoso **2** *(mit einer Schneide versehen)* tagliente **II** avv. con baldanza, baldanzosamente. **Schnei|dig|keit** f. *(-)* baldanza *f.*

schnei|en intr. **1** impers. (aus. *haben*) nevicare: ***es schneit*** nevica; ***es hat in dicken Flocken geschneit*** è nevicato a grossi fiocchi **2** *(in großer Menge herabfallen;* aus. *sein)* piovere: ***Konfetti schneiten vom Himmel*** piovevano coriandoli dal cielo **3** *(auf dem Fernsehschirm)* sfarfallare ◆ ***jdm ins Haus ~*** piombare in casa di qcn.

Schnei|se f. *(-,-n)* **1** sentiero *m.* (nel bosco): ***eine ~ schlagen*** tracciare una pista **2** *(Einflugschneise)* sentiero *m.* di discesa.

schnei|teln tr. sfrondare: ***Bäume ~*** sfrondare degli alberi.

schnell I agg. **1a** veloce, rapido: ***eine -e Bewegung*** un movimento rapido; COLLOQ. ***ein -es Rezept*** una ricetta veloce **b** *(rasch gehend, fahrend)* veloce: ***ein -er Läufer, ein -es Auto*** un corridore, un'auto veloce; *(von Schritten)* spedito **2** *(sofortig)* rapido, pronto: ***eine -e Entscheidung, Antwort*** una rapida decisione, una risposta pronta; ***-e Bedienung*** servizio rapido **3** *(flink)* veloce, svelto: ***~ bei der Arbeit sein*** essere svelto nel lavoro **4** *(kurz)* rapido, veloce: ***ein -er Blick*** una rapida occhiata **5** *(plötzlich)* improvviso, repentino **II** avv. **1** *(rasch)* veloce, velocemente: ***~ fahren ist verboten*** è vietato andare veloce; ***~ sprechen*** parlare velocemente; ***er läuft, so ~ er kann*** corre più veloce che può **2a** rapidamente, in fretta: ***sich ~ einleben*** ambientarsi in fretta; ***die Zeit vergeht ~*** il tempo passa in fretta; ***nicht so ~!*** non così in fretta! ***die Nachricht verbreitete sich ~*** la notizia si diffuse rapidamente **b** *(sofort)* prontamente, immediatamente: ***~ kommen, antworten*** arrivare, rispondere prontamente ◆ ***allmählich -er werden*** aumentare il ritmo; ***auf die Schnelle*** alla svelta; ***~ wie der Blitz*** veloce come il lampo; ***-er gehen*** allungare il passo; ***mach ~!*** sbrigati, spicciati! ***~ machen*** fare presto, sbrigarsi; ***wie heißt er noch ~?*** com'è già che si chiama? ***ein -er Puls*** un polso accelerato; ***so ~ wie*** (RAR. ***als) möglich*** il più in fretta, il più presto possibile; ***eine ~ Straße*** una strada (a traffico) veloce; ***auf dem -sten Weg*** il più presto possibile; ***~ wirken*** avere un effetto rapido.

Schnell|bahn f. *(-,-en)* → **S-Bahn. Schnell|bau|wei|se** f. *(-)* costruzione *f.* a elementi prefabbricati. **Schnell|bin|der** m. *(-s,-)* cemento *m.* a presa rapida. **Schnell|boot** n. *(-[e]s,-e)* motovedetta *f.* **Schnell|damp|fer** m. *(-s,-)* ANT. transatlantico *m.* **Schnell|dienst** m. *(-[e]s)* servizio *m.* rapido.

Schnel|le f. *(-,-n)* **1** RAR. *(Schnelligkeit)* velocità *f.*, rapidità *f.* **2** *(Stromschnelle)* rapida *f.* **3** ART. boccale *m.*

schnel|len I tr. lanciare, scagliare; *(Pfeile)* scoccare **II** intr. (aus. *sein*) **1** balzare, scattare: ***in die Höhe ~*** balzare in alto; ***vom Stuhl ~*** balzare dalla sedia; ***die Fische ~ aus dem Wasser*** i pesci balzano (*o* saltano) dall'acqua; *(von Federn)* scattare **2** REGION. *(schnippen)* ***mit den Fingern ~*** schioccare le dita **III** rifl. ***sich ~*** lanciarsi: ***sich mit dem (o vom) Sprungbrett ~*** lanciarsi col (*o* dal) trampolino ◆ ***die Preise ~ in die Höhe, nach oben*** i prezzi vanno alle stelle; ***durch die Luft ~*** tagliare l'aria.

Schnel|ler m. *(-s,-)* **1** REGION. schiocco *m.* **2** REGION. *(Murmel)* biglia *f.* **3** MUS. mordente *m.* superiore.

Schnell|feu|er n. *(-s)* tiro *m.* rapido. **Schnell|feu|er|ge|wehr** n. *(-[e]s,-e)* fucile *m.* a tiro rapido. **Schnell|feu|er|pis|to|le** f. *(-,-n)* pistola *f.* a tiro rapido.

schnell|fü|ßig I agg. veloce; LETT. pié veloce **II** avv. velocemente, rapidamente. **Schnell|gang** m. *(-[e]s,-gänge)* **1** andatura *f.* veloce **2** AUT. marcia *f.* sovramoltiplicata. **Schnell|gast|stät|te** f. *(-,-n)* tavola *f.* calda. **Schnell|ge|richt** n. *(-[e]s,-e)* **1** DIR. tribunale *m.* convocato per direttissima **2** GASTR. piatto *m.* rapido. **Schnell|ge|schütz** n. *(-es,-e)* pezzo *m.* a tiro rapido. **Schnell|hef|ter** m. *(-s,-)* raccoglitore *m.*

Schnell|heit f. *(-)* RAR., **Schnel|lig|keit** f. *(-,-en)* **1** *(Geschwindigkeit)* velocità *f.*: ***mit großer ~*** a gran velocità **2** *(Flinksein)* sveltezza *f.*, rapidità *f.*: ***die ~ seiner Bewegungen*** la rapidità dei suoi movimenti.

Schnell|im|biss m. *(-es,-e)* **1** tavola *f.* calda **2** RAR. *(Schnellgericht)* piatto *m.* rapido. **Schnell|kä|fer** m. *(-s,-)* elateride *m.* **Schnell|ko|cher** m. *(-s,-)* COLLOQ. → **Schnellkochtopf. Schnell|koch|plat|te** f. *(-,-n)* piastra *f.* a riscaldamento rapido. **Schnell|koch|topf** m. *(-[e]s,-töpfe)* pentola *f.* a pressione.

Schnell|kraft f. *(-)* elasticità *f.* **Schnell|kurs** m. *(-[e]s,-e)*, **Schnell|kur|sus** m. *(-,-kurse)* corso *m.* rapido.

Schnell|las|ter m. *(-s,-)*, **Schnell|last|wa|gen** m. *(-s,-)* autocarro *m.* veloce.

Schnell|läu|fer m. *(-s,-)* **1** SPORT ANT. velocista *m.* **2** TECN. motore *m.* veloce. **schnell|läu|fig** agg. veloce.

schnell|le|big agg. **1** effimero **2** *(hektisch)* frenetico. **Schnell|le|big|keit** f. *(-)* **1** l'essere effimero **2** *(Hektik)* frenesia *f.*

Schnell|pa|ket n. *(-[e]s,-e)* pacco *m.* espresso. **Schnell|pres|se** f. *(-,-n)* rotativa *f.* a forte tiratura. **Schnell|rei|ni|gung** f. *(-,-en)* lavaggio *m.* rapido. **Schnell|rich|ter** m. *(-s,-)* giudice *m.* (nel giudizio) per direttissima. **Schnell|schrift** f. *(-)* stenografia *f.*

schnells|tens avv. al più presto, quanto prima.

schnellst|mög|lich I agg. più veloce, più rapido possibile **II** avv. il (*o* al) più presto possibile ◆ ***wir bitten um -e Erledigung*** Vi preghiamo di procedere con la massima sollecitudine.

Schnell|stra|ße f. *(-,-n)* superstrada *f.* **Schnell|trieb|wa|gen** m. *(-s,-)* automotrice *f.* rapida. **Schnell|ver|band** m. *(-[e]s,-verbände)* bendaggio *m.* **Schnell|ver|fah|ren** n. *(-s,-)* **1** procedimento *m.* rapido **2** DIR. procedura *f.* d'urgenza ◆ DIR. ***im ~*** per direttissima. **Schnell|ver|kehr** m. *(-s)* traffico *m.* veloce. **Schnell|waa|ge** f. *(-,-n)* bilancia *f.* automatica. **Schnell|wä|sche|rei** f. *(-,-en)* lavaggio *m.* rapido. **schnell|wüch|sig** agg. a crescita rapida. **Schnell|zug** m. *(-[e]s,-züge)* (treno *m.*) rapido *m.* **Schnell|zug|zu|schlag** m. *(-[e]s,-zuschläge)* supplemento *m.* rapido.

Schnep|fe f. *(-,-n)* **1** beccaccia *f.* **2** SPREG. *(Prostituierte)* sgualdrina *f.*

Schnep|fen|fisch m. *(-[e]s,-e)* pesce *m.* trombetta. **Schnep|fen|flie|gen** pl. leptidi *m.pl.*, ragionidi *m.pl.* **Schnep|fen|jagd** f. *(-)* caccia *f.* alla beccaccia. **Schnep|fen|strauß** m. *(-es,-e)* ORNIT. kiwi *m.* **Schnep|fen|vo|gel** m. *(-s,-vögel)* caradrio *m.*

Schnep|pe f. *(-,-n)* **1** REGION. becco *m.* **2** SPREG. *(Prostituierte)* sgualdrina *f.*

Schnep|per → **Schnäpper.**

schnet|zeln tr. tagliare a striscioline, tagliuzzare.

schneu|zen → **schnäuzen.**

schni|cken REGION. **I** tr. scrollare **II** intr. (aus. *haben*) schioccare le dita.

Schnick|schnack m. *(-[e]s)* COLLOQ. **1** cianfrusaglie *f.pl.* **2** *(Geschwätz)* ciance *f.pl.*, chiacchiere *f.pl.*

schnie|ben intr. (aus. *haben*) REGION. sbuffare.

schnie|fen intr. (aus. *haben*) tirare su col naso.

schnie|geln COLLOQ. **I** agghindare **II** rifl. ***sich ~*** agghindarsi, farsi bello.

schnie|ke agg. REGION. **1** *(schick)* elegante, chic **2** *(großartig)* forte, grandioso.

Schnie|pel m. *(-s,-)* **1** REGION. COLLOQ. *(Frack)* frac *m.* **2** INFANT. *(Penis)* pisello *m.* **3** ANT. *(Stutzer)* bellimbusto *m.*

Schnip|fel m. *(-s,-)* REGION. → **Schnipsel. schnip|feln** tr. REGION. sminuzzare.

schnipp inter. zac.

Schnipp|chen, COLLOQ. ***jdm ein ~ schlagen*** giocare un tiro a qcn.

Schnip|pel COLLOQ. → **Schnipsel. Schnip|pe|lei** → **Schnipselei.**

schnip|peln COLLOQ. **I** tr. tagliuzzare: ***Papier ~*** tagliuzzare della carta **II** intr. (aus. *haben*) ***an etw. (D) ~*** tagliuzzare qcs.

schnip|pen I tr. **1** fare saltare via (col dito, con un colpetto del dito): ***Krümel von der Tischdecke ~*** far saltar via le briciole dalla tovaglia **2** *(herausschleudern)* far uscire (con colpetti del dito): ***eine Zigarette aus der Schachtel ~*** far uscire una sigaretta dalla scatola con colpetti del dito **II** intr. (aus. *haben*) COLLOQ. ***mit den Fingern ~*** schioccare le dita.

schnip|pisch I agg. impertinente **II** avv. in modo impertinente.

schnipp, schnapp inter. zic zac.

schnips inter. zic.

Schnip|sel m. e n. *(-s,-)* ritaglio *m.*, pezzetto *m.* **Schnip|se|lei** f. *(-,-en)* COLLOQ. tagliuzzamento *m.*

schnip|seln → **schnippeln.**

schnip|sen → **schnippen.**

schnitt → **schneiden.**

Schnitt m. *(-[e]s,-e)* **1a** taglio *m.*: ***sich einen ~ in einen Finger machen*** farsi un taglio in un dito **b** *(Beschneiden)* ***der ~ der Obstbäume*** il taglio degli alberi da frutta **c** *(von Kleidung, Haar)* ***ein modischer ~*** un taglio alla moda **2** MED. CHIR. taglio *m.*, incisione *f.* **3** *(Mähen)* mietitura *f.*; *(von Gras)* taglio *f.*, falciatura *f.* **4** *(von Ge-*

sichtspartien) taglio *m.*, linea *f.*: ***der ~ der Augen, des Gesichtes*** il taglio degli occhi, la linea del viso **5** *(Schliff)* sfaccettatura *f.*: ***der ~ eines Edelsteins*** la sfaccettatura di una pietra preziosa **6** BIOL. *(dünnes Plättchen)* sezione *f.* **7** CINEM. TELEV. stacco *m.*; *(Montage)* montaggio *m.*, mixing *m.*: ***(den) ~ (besorgte) A. K.*** montaggio (a cura di) A. K. **8** FIG. *(Streichung)* taglio *m.*: ***die -e der Zensur*** i tagli della censura **9** EDIT. taglio *m.*: ***ein Buch mit goldenem ~*** un libro con taglio dorato **10** *(Raumaufteilung)* suddivisione *f.* interna **11** *(Schnittebene eines Körpers)* sezione *f.*, spaccato *f.*: ***ein waagrechter ~ durch das Gebäude*** una sezione orizzontale dell'edificio; ***etw. im ~ darstellen*** rappresentare qcs. in sezione **12** *(Schnittmuster)* cartamodello *m.* **13** GEOM. intersezione *f.* **14** COLLOQ. *(Durchschnitt)* media *f.*: ***im ~*** in media; ***einen ~ von 60 Stundenkilometern halten, fahren*** tenere, andare a una media di 60 chilometri all'ora **15** ART. RAR. *(Gravüre)* incisione *f.* ◆ REGION. ***ein ~ Bier*** un taglio di birra, una birra piccola; MAT. ***der goldene ~*** la sezione aurea; CINEM. ***ein harter ~*** un montaggio a stacco; ***der erste, zweite ~ des Heus*** la prima, la seconda fienagione; COLLOQ. ***(s)einen ~ (bei etw.) machen*** trarre un utile (da qcs.); CINEM. ***ein weicher ~*** un montaggio a dissolvenza.

Schnitt|blu|me f. *(-,-n)* **1** *(zum Abschneiden geeignet)* fiore *m.* da taglio **2** *(geschnitten)* fiore *m.* reciso. **Schnitt|boh|ne** f. *(-,-n)* fagiolino *m.* **Schnitt|brot** n. *(-[e]s)* pane *m.* a fette (*o* in cassetta). **Schnitt|chen** n. *(-s,-)* **1** taglietto *m.* **2** *(kleine belegte Brotscheibe)* tartina *f.* **Schnit|te** f. *(-,-n)* REGION. fetta *f.*: ***eine ~ Brot, Käse*** una fetta di pane, di formaggio. **Schnitt|ebe|ne** f. *(-,-n)* piano *m.* d'intersezione. **Schnit|ter** m. *(-s,-)* ANT. falciatore *m.*; *(von Getreide)* mietitore *m.* **Schnit|te|rin** f. *(-,-nen)* ANT. falciatrice *f.*; *(von Getreide)* mietitrice *f.* **schnitt|fest** agg. sodo, al taglio, che si taglia bene. **Schnitt|flä|che** f. *(-,-n)* **1** superficie *f.* di taglio **2** MAT. sezione *f.* **Schnitt|ge|schwin|dig|keit** f. *(-)* velocità *f.* di taglio. **Schnitt|grün** n. *(-[e]s)* verde *m.* (per mazzi di fiori). **Schnitt|holz** n. *(-es)* legname *m.* da taglio. **schnit|tig** agg. **1** *(von eleganter, sportlicher Form)* aerodinamico, dalla linea slanciata **2** *(erntereif)* pronto (*o* maturo) per la mietitura. **Schnitt|kä|se** m. *(-s,-)* formaggio *m.* a pasta dura. **Schnitt|lauch** m. *(-[e]s)* erba *f.* cipollina. **Schnitt|li|nie** f. *(-,-n)* linea *f.* d'intersezione. **Schnitt|meis|ter** m. *(-s,-)* CINEM. RAD. TELEV. montatore *m.* **Schnitt|men|ge** f. *(-,-n)* MAT. insieme *m.* d'intersezione. **Schnitt|mus|ter** n. *(-s,-)* modello *m.*, cartamodello *m.* **Schnitt|mus|ter|bo|gen** m. *(-s,-)* cartamodello *m.* **Schnitt|punkt** m. *(-[e]s,-e)* **1a** *(von Straßen)* incrocio *m.*, punto *m.* d'incrocio **b** FERR. nodo *m.* **2** GEOM. punto *m.* d'intersezione. **schnitt|reif** agg. maturo, pronto per la mietitura. **Schnitt|stel|le** f. *(-,-n)* **1** *(Nahtstelle)* punto *m.* di sutura **2** INFORM. interfaccia *f.* **Schnitt|wa|re** f. *(-)* **1** tessuto *m.* a metraggio **2** → **Schnittholz. Schnitt|wun|de** f. *(-,-n)* ferita *f.* da taglio.

Schnitz|al|tar m. *(-[e]s,-altäre)* polittico *m.* (con lavori d'intaglio). **Schnitz|ar|beit** f. *(-,-en)* lavoro *m.* d'intaglio, intaglio *m.* **Schnitz|bank** f. *(-,-bänke)* banco *m.* per i lavori d'intaglio. **Schnitz|bild** n. *(-[e]s,-er)* figura *f.* intagliata, intaglio *m.*

Schnit|zel n. *(-s,-)* **1** fettina *f.*, scaloppina *f.*; *(paniert)* cotoletta *f.* **2** n. e m. *(-s,-)* ritaglio *m.*, pezzetto *m.* ◆ ***Wiener ~*** INTRAD. (vivanda affine alla cotoletta alla milanese). **Schnit|ze|lei** f. *(-,-en)* REGION. → **Schnitzerei. Schnit|zel|jagd** f. *(-,-en)* **1** EQUIT. caccia *f.* alla carta, paper hunt *m.* **2** GIOC. caccia *f.* al tesoro. **schnit|zeln** tr. tagliuzzare.

schnit|zen I tr. **1** scolpire: ***eine Figur aus Holz ~*** scolpire una figura nel legno **2** intagliare: ***Ornamente in eine Tür ~*** intagliare ornamenti in, su una porta **II** intr. (aus. *haben*) lavorare d'intaglio, intagliare. **Schnit|zer** m. *(-s,-)* **1** intagliatore *m.* **2** COLLOQ. *(Fehler)* svarione *m.*, granchio *m.*: ***einen ~ machen*** fare uno svarione; ***sich (D) einen groben ~ leisten*** prendere un grosso granchio. **Schnit|ze|rei** f. *(-,-en)* intaglio *m.* **Schnitz|ler** m. *(-s,-)* SVIZZ. → **Schnitzer. Schnitz|kunst** f. *(-)* arte *f.* dell'intaglio. **Schnitz|mes|ser** m. *(-s,-)* coltello *m.* da intaglio. **Schnitz|werk** n. *(-[e]s,-e)* opera *f.* d'intaglio.

schnob 1 → **schnauben 2** → **schnieben.**

schno|bern REGION. → **schnuppern.**

schnöd agg. REGION. → **schnöde.**

Schnod|der m. *(-s)* COLLOQ. moccio *m.* **schnod|de|rig** agg. COLLOQ. insolente, sfacciato: ***eine -e Art haben*** avere modi sfacciati ◆ ***ein -er Bursche*** un moccioso. **Schnod|de|rig|keit** f. *(-,-en)* COLLOQ. insolenza *f.*, sfacciataggine *f.* **schnodd|rig** → **schnodderig. Schnodd|rig|keit** → **Schnodderigkeit.**

schnö|de I agg. **1** *(verachtenswert)* vile, basso: ***um des -n Geldes, Mammons willen*** per il vile denaro; ***aus -r Berechnung*** per basso calcolo **2** *(beleidigend)* ignobile, spregevole: ***-r Undank*** ingratitudine ignobile **II** avv. **1** *(nichtswürdig)* vilmente, bassamente **2** ignobilmente, in modo spregevole: ***jdn, etw. ~ ausnutzen*** sfruttare qcn., qcs. ignobilmente. **Schnöd|heit, Schnö|dig|keit** f. *(-,-en)* viltà *f.*, bassezza *f.*

Schnor|chel m. *(-s,-)* **1** MAR. schnorchel *m.* **2** SPORT respiratore *m.* di superficie. **schnor|cheln** intr. (aus. *haben*) immergersi con un respiratore.

Schnör|kel m. *(-s,-)* **1** *(von einer Handschrift)* svolazzo *m.*, ghirigoro *m.* **2** *(an Möbeln)* motivo *m.* ornamentale, fregio *m.* **3** *(Redeverzierung)* svolazzo *m.*, fronzolo *m.*: ***ohne ~*** senza fronzoli. **Schnör|ke|lei** f. *(-,-en)* COLLOQ. svolazzi *m.pl.*, ghirigori *m.pl.* **schnör|kel|haft** RAR., **schnör|ke|lig** agg. **1** con svolazzi, con ghirigori: ***eine -e Schrift*** una scrittura tutta svolazzi **2** *(Möbel)* con fregi, con motivi ornamentali **3** *(Rede)* fronzuto, fiorito. **Schnör|kel|kram** m. *(-[e]s)* SPREG. → **Schnörkelei. schnör|keln I** intr. (aus. *haben*) fare ghirigori, svolazzi **II** tr. COLLOQ. **1** riempire di ghirigori, di svolazzi **2** *(Möbel, Vasen)* ornare di fregi, di motivi ornamentali **3** *(Reden)* infiorare, fiorettare. **Schnör|kel|schrift** f. *(-,-en)* calligrafia *f.* a svolazzi. **schnörk|lig** → **schnörkelig.**

schnor|ren tr. COLLOQ. scroccare, battere: ***bei, von Freunden Zigaretten ~*** scroccare sigarette agli, dagli amici. **Schnor|rer** m. *(-s,-)* COLLOQ. scroccone *m.* **Schnor|re|rei** f. *(-,-en)* COLLOQ. lo scroccare.

Schnö|sel m. *(-s,-)* COLLOQ. villano *m.*, presuntuoso *m.* **schnö|se|lig** agg. COLLOQ. villano, presuntuoso. **Schnö|se|lig|keit** f. *(-)* COLLOQ. villania *f.*, presunzione *f.*

Schnu|cke f. *(-,-n)* REGION. pecora *f.* di landa. **Schnu|ckel|chen** n. *(-s,-)* **1** pecorella *f.* **2** VEZZ. piccina *f.*, tesoruccio *m.* **schnu|cke|lig** agg. COLLOQ. **1** *(von jungen Mädchen)* graziosa, vezzosa **2** *(nett)* carino: ***eine -e kleine Wohnung*** un appartamentino carino. **Schnu|cki|putz** m. *(-es,-e)* COLLOQ. → **Schnuckelchen. schnuck|lig** → **schnuckelig.**

schnüff inter. sniff. **Schnüf|fe|lei** f. *(-,-en)* **1** COLLOQ. SPREG. *(spionieren)* curiosità *f.*, il curiosare **2** *(von Lacken, Klebstoffen)* lo sniffare. **schnuf|feln** intr. (aus. *haben*) REGION. fiutare, annusare. **schnüf|feln I** intr. (aus. *haben*) **1** fiutare, annusare: ***der Hund schnüffelt an etw. ~*** il cane annusa qcs. **2** COLLOQ. *(die Nase hochziehen)* tirare su col naso **3a** FIG. curiosare, ficcare il naso: ***in fremden Angelegenheiten ~*** ficcare il naso negli affari altrui **b** *(heimlich suchen)* curiosare, spiare: ***in einer Wohnung ~*** curiosare in un appartamento **II** tr. **1** fiutare, annusare **2** GERG. *(Lacke, Klebstoffe)* sniffare (anche assol.): ***Alleskleber ~*** sniffare l'attaccatutto. **Schnüf|fel|na|se** f. *(-,-n)* COLLOQ. SPREG. ficcanaso *m.*, spia *f.* **Schnüff|ler** m. *(-s,-)* COLLOQ. SPREG. **1** → **Schnüffelnase 2** GERG. sniffatore *m.*

schnul|len intr. (aus. *haben*) REGION. succhiare: ***am Daumen ~*** succhiare il pollice. **Schnul|ler** m. *(-s,-)* REGION. succhietto *m.*, FAM. ciuccio *m.*

Schnul|ze f. *(-,-n)* COLLOQ. *(rührseliger Schlager)* canzonetta *f.* sdolcinata; *(Film, Theaterstück)* polpettone *m.* sentimentale, drammone *m.* zuccheroso. **schnul|zen** intr. (aus. *haben*) COLLOQ. cantare canzoni sdolcinate; *(schnulzige Musik spielen)* suonare musichette sdolcinate. **Schnul|zen|sän|ger** m. *(-s,-)* COLLOQ. cantante *m.* sentimentale, sdolcinato. **schnul|zig** COLLOQ. **I** agg. sentimentale, patetico, sdolcinato **II** avv. in modo patetico, sentimentale, in modo sdolcinato.

schnup|fen I intr. (aus. *haben*) **1** fiutare tabacco **2** *(Drogen nehmen)* sniffare **3** *(die Nase hochziehen)* tirare su col naso **II** tr. sniffare: ***Kokain ~*** sniffare cocaina. **Schnup|fen** m. *(-s,-)* raffreddore *m.*: ***den, einen ~ haben*** avere il, un raffreddore (*o* essere raffreddato); ***einen ~ bekommen, sich (D) einen ~ holen*** prendersi un raffreddore, raffreddarsi. **Schnup|fen|mit|tel** n. *(-s,-)* rimedio *m.* contro il raffreddore. **Schnup|fen|spray** n. e m. *(-s,-s)* spray *m.* nasale. **Schnup|fer** m. *(-s,-)* fiutatore *m.* di tabacco. **Schnupf|ta|bak** m. *(-s)* tabacco *m.* da fiuto (*o* da naso). **Schnupf|ta|bak(s)|do|se** f. *(-,-n)* tabacchiera *f.* **Schnupf|tuch** n. *(-[e]s,-tücher)* ANT. fazzoletto *m.* da naso.

schnup|pe, COLLOQ. ***das ist mir (völlig) ~*** me ne frego (altamente); ***er ist mir ~*** me ne infischio di lui.

Schnup|per|kurs m. *(-es,-e)* corsa *f.* di prova. **schnup|pern I** intr. (aus. *haben*) annusare: ***an einem Parfum ~*** annusare un profumo **II** tr. sentire l'odore, fiutare: ***Rauch ~*** sentire odore di fumo.

1.Schnur f. *(-, Schnüre* e *-en)* **1** corda *f.*: ***eine ~ binden, lösen, spannen*** legare, slegare, tirare una corda **2a** cordino *m.*, spago *m.*: ***eine ~ um etw. binden*** legare qcs. con un cordino **b** *(Kordel)* cordoncino *m.* **3** filo *m.*: ***Perlen auf eine ~ ziehen*** infilare delle perle su un filo **4** COLLOQ. *(elektrisches Kabel)* filo *m.*: ***die ~ der Lampe*** il filo della lampada ◆ COLLOQ. ***über die ~ hauen*** passare la misura, esagerare; ***die Schnüre des Zeltes*** i tiranti della tenda.

2.Schnur f. *(-,-en)* ANT. o REGION. nuora *f.*

Schnur|as|sel f. *(-,-n)* millepiedi *m.*

Schnür|band n. *(-[e]s,-bänder)* laccio *m.*, stringa *f.* **Schnür|baum** m. *(-[e]s,-bäume)* AGR. cordone *m.* **Schnür|bo|den** m. *(-s, -böden)* graticcia *f.*, soffitta *f.* **Schnür|chen** n. *(-s,-)* cordoncino *m.*, cordicella *f.* ◆ COLLOQ. ***wie am ~*** liscio come l'olio; ***alles läuft, klappt wie am ~*** tutto va liscio come l'olio, funziona benissimo; ***etw. wie am ~ hersagen*** saper dire qcs. a menadito, senza intoppi.

schnü|ren I tr. **1** allacciare: ***(jdm, sich) die Schuhe ~*** allacciare le scarpe (a qcn.), allacciarsi le scarpe **2** *(zusammenbinden)* legare (insieme), fare un fagotto: ***etw. zu Bündeln ~*** fare un fagotto di qcs. **3a** legare (con uno spago, un cordino): ***ein Paket ~*** legare un pacchetto; ***etw. auf den Gepäckträger ~*** legare qcs. sul portabagagli **b** ***einen Riemen um den Koffer ~*** legare la valigia con una cinghia **4** FIG. ***Angst schnürte ihm die Kehle, den Atem*** la paura gli attanagliava la gola, gli toglieva il respiro **II** rifl. ***sich ~*** **1** stringersi, serrarsi: ***die Riemen ~ sich in das Fleisch*** le cinghie si stringono segnando la pelle **2a** *(ein Mieder tragen)* serrarsi, stringersi nel busto **b** ***sich (D) die Taille ~*** stringersi la vita (con un busto) **III** intr. *(aus. sein; von Tieren)* trottare ◆ ***Perlen ~*** infilare perle; FIG. ***sein Bündel ~*** fare fagotto.

schnur|ge|ra|de, COLLOQ. **schnur|gra|de I** agg. rettilineo, diritto: ***eine -e Straße*** una strada rettilinea **II** avv. diritto ◆ ***auf ein Ziel ~ zusteuern*** dirigersi difilato verso una meta. **Schnur|ke|ra|mik** f. *(-,-en)* ceramica *f.* a cordicella. **Schnür|leib** m. *(-[e]s,-er)*, **Schnür|leib|chen** n. *(-s,-)* ANT. → **Schnürmieder.**

schnur|los agg. senza filo: ***-es Telefon*** telefono *m.* senza filo, cordless *m.*

Schnürl|re|gen m. *(-s)* AUSTR. pioggia *f.* continua, battente. **Schnürl|samt** m. *(-[e]s,-e)* AUSTR. velluto *m.* a coste.

Schnür|mie|der n. *(-s,-)* busto *m.*, corsetto *m.*

Schnurr|bart m. *(-[e]s,-bärte)* baffi *m.pl.*: ***(einen) ~ tragen*** avere i baffi. **schnurr|bär|tig** agg. baffuto, con i baffi.

Schnur|re f. *(-,-n)* ANT. raccontino *m.* scherzoso, facezia *f.*

schnur|ren intr. (aus. *haben, sein*) **1** *(von Kreiseln, Spinnrädern)* ronzare **2** *(von Katzen)* fare le fusa **3a** COLLOQ. (aus. *sein*) andare **b** COLLOQ. FIG. andare, filare: ***das schnurrt heute nur so!*** oggi fila alla perfezione!

Schnurr|haa|re pl. ZOOL. baffi *m.pl.*

Schnür|rie|men m. *(-s,-)* laccio *m.*, stringa *f.*

schnur|rig agg. *(drollig, sonderbar)* buffo, comico, faceto. **Schnur|rig|keit** f. *(-)* carattere *m.* buffo, comicità *f.* **Schnurr|pfei|fe|rei** f. *(-,-en)* ANT. idea balzana *f.*, ghiribizzo *m.*

Schnür|schuh m. *(-[e]s,-e)* scarpa *f.* col laccio (*o* con la stringa): ***-e tragen*** portare scarpe coi lacci. **Schnür|sen|kel** m. *(-s,-)* REGION. laccio *m.* (*o* stringa *f.*) da scarpe, della scarpa. **Schnür|stie|fel** m. *(-s,-)* stivale *m.* con laccio.

schnur|stracks avv. COLLOQ. dritto, difilato.

Schnü|rung f. *(-,-en)* allacciatura *f.*, legatura *f.*

Schnur|wurm n. *(-[e]s,-würmer)* nemertino *m.*

schnurz agg. COLLOQ. ***das ist mir ~*** me ne infischio, me ne frego. **schnurz|pie|pe, schnurz|piep|egal** agg. COLLOQ. ***das ist mir ~*** me ne strafrego.

Schnüt|chen n. *(-s,-)* boccuccia *f.* **Schnu|te** f. *(-,-n)* **1** bocca *f.* **2** COLLOQ. *(Schmollmund)* muso *m.* lungo, broncio *m.*: ***eine ~ ziehen, machen*** fare il muso lungo, mettere il broncio.

schob → **schieben.**

Scho|ber m. *(-s,-)* REGION. **1a** *(Schutzdach für Stroh)* pagliaio *m.* **b** *(für Heu)* fienile *m.* **c** *(für Getreide)* granaio *m.* **2a** *(Getreidehaufen)* bica *f.* **b** *(Heuhaufen)* mucchio *m.* di fieno. **scho|bern, schö|bern** tr. REGION. ammucchiare.

1.Schock n. *(-[e]s,-e)* **1** ANT. cinque dozzine *f.pl.* **2** COLLOQ. *(Haufen)* mucchio *m.*, sacco *m.*

2.Schock m. *(-[e]s,-s* e RAR. *-e)* shock *m.*, choc *m.*: ***einen (leichten, schweren) ~ bekommen, erleiden*** ricevere, subire un (leggero, forte) choc; ***jdm einen ~ geben, versetzen*** dare, procurare (*o* causare) uno choc a qcn.; ***sich von einem ~ erholen*** riprendersi da uno choc; ***unter ~ handeln, stehen*** agire, essere sotto choc.

scho|ckant agg. ANT. che fa indignare, scandaloso, sconveniente: ***eine -e Frage*** una domanda sconveniente. **Schock|be|hand|lung** f. *(-,-en)* **1** cura *f.* di uno choc **2** *(Schocktherapie)* shockterapia *f.*, terapia *f.* shockizzante. **scho|cken** tr. **1** shoccare **2** *(einer Schockbehandlung unterziehen)* sottoporre a shockterapia. **Scho|cker** m. *(-s,-)* COLLOQ. film *m.* choc; *(Buch)* libro *m.* choc; *(Nachricht)* notizia *f.* choc. **Schock|far|be** f. *(-,-n)* colore *m.* shocking. **schock|far|ben** agg. (color) shocking. **schock|ge|fro|ren, schock|ge|fros|tet** agg. congelato rapidamente. **scho|ckie|ren** tr. scandalizzare. **scho|ckiert** p.pass. agg. **1** → **schockieren** **2** ***über etw. ~ sein*** essere scandalizzato da, per qcs. **scho|cking** → **shocking.**

Schock|schwe|re|not inter. ANT. ***~!*** accipicchia! **Schock|the|ra|pie** f. *(-,-n)* shockterapia *f.*, terapia *f.* shockizzante.

schock|wei|se avv. **1** a cinque dozzine **2** COLLOQ. *(in großer Anzahl)* a mucchi, in quantità.

Schock|wir|kung f. *(-)* (effetto *m.* dello) choc *m.*: ***unter ~ stehen*** essere sotto (l'effetto dello) choc.

scho|fel COLLOQ. SPREG. **I** agg. (compar. *schofler*, superl. *schofelst...*) meschino: ***eine schofle Haltung, Person*** un atteggiamento meschino, una persona meschina; ***das war ~ von dir*** è stato meschino da parte tua **II** avv. in modo meschino: ***sich ~ verhalten*** comportarsi in modo meschino. **Scho|fel** m. *(-s,-)* COLLOQ. SPREG. **1** robaccia *f.* **2** *(schofle Person)* persona *f.* meschina. **scho|fe|lig** agg. e avv. → **schofel.**

Schöf|fe m. *(-n,-n)* **1** STOR. scabino *m.* **2** *(heute)* giudice *m.* popolare, giurato *m.* **Schöf|fen|bank** f. *(-,-bänke)* banco *m.* dei giurati. **Schöf|fen|ge|richt** n. *(-[e]s,-e)*, **Schöf|fen|stuhl** m. *(-[e]s,-stühle)* DIR. corte *f.*

Schof|för → **Chauffeur.**

schof|lig → **schofel.**

Scho|ko f. *(-,-s)* COLLOQ., **Scho|ko|la|de** f. *(-,-n)* **1** cioccolato *m.*, cioccolata *f.*: ***bittere, weiße ~*** cioccolato amaro (*o* fondente), bianco; ***eine Tafel ~*** una tavoletta di cioccolato (*o* di cioccolata) **2** *(Getränk)* cioccolata *f.*: ***eine Tasse ~*** una tazza di cioccolata; ***eine heiße ~ machen, trinken*** fare, bere una cioccolata calda. **scho|ko|la|den** agg. di, al cioccolato. **scho|ko|la|de(n)|braun** agg. color cioccolato. **Scho|ko|la|de(n)|eis** n. *(-es)* gelato *m.* al cioccolato. **scho|ko|la|de(n)|far|ben, scho|ko|la|de(n)|far|big** agg. color cioccolato. **Scho|ko|la|de(n)|gla|sur** f. *(-,-en)*, **Scho|ko|la|de(n)|guss** m. *(-es,-güsse)* glassa *f.* di cioccolato. **Scho|ko|la|de(n)|pud|ding** m. *(-s,-e* e *-s)* budino *m.* al (*o* di) cioccolato. **Scho|ko|la|de(n)|sei|te** f. *(-)* COLLOQ. lato *m.* piacevole, bello *m.*; *(bessere Seite)* lato *m.* migliore: ***die ~ des Lebens*** i lati piacevoli (*o* il bello) della vita; ***sich von seiner ~ zeigen*** mostrare il proprio lato migliore. **Scho|ko|la|de(n)|so|ße** f. *(-,-n)* cioccolato *m.* (fuso). **Scho|ko|la|de(n)|ta|fel** f. *(-,-n)* tavoletta *f.* di cioccolato (*o* di cioccolata). **Scho|ko|la|de(n)|tor|te** f. *(-,-n)* torta *f.* di (*o* al) cioccolato.

Scho|ko|rie|gel m. *(-s,-)* stecca *f.* di cioccolato (*o* di cioccolata).

Scho|lar m. *(-en,-en)* ANT. scolaro *m.*

Scho|las|tik f. *(-)* FILOS. scolastica *f.* **Scho|las|ti|ker** m. *(-s,-)* FILOS. scolastico *m.* **scho|las|tisch** agg. FILOS. scolastico. **Scho|las|ti|zis|mus** m. *(-)* **1** FILOS. scolasticismo *m.* **2** SPREG. *(Spitzfindigkeit)* scolasticume *m.*

Scho|li|ast m. *(-en,-en)* scoliaste *m.* **Scho|lie** f. *(-,-n)*, **Scho|li|on** n. *(-s, Scholien)* scolio *m.*

scholl → **schallen.**

Schol|le f. *(-,-n)* **1** zolla *f.* (anche GEOL.) **2** *(Ackerland)* campo *m.* **3** *(Heimat)* patria *f.*, terra *f.* **4** *(Eisscholle)* lastrone *m.* (*o* lastra *f.*) di ghiaccio **5** ITTIOL. platessa *f.*, passera *f.* (di mare). **Schol|len|bre|cher** m. *(-s,-)* frangizolle *m.* **Schol|len|ge|bir|ge** n. *(-s,-)* montagna *f.* a zolle.

schol|lern intr. (aus. *haben*) fare un rumore sordo.

schol|lig agg. **1** zolloso, coperto di zolle **2** *(einer Erdscholle ähnlich)* simile a una zolla.

Schöll|kraut n. *(-[e]s)* celidonia *f.*

schon I avv. **1** già; *(emphatisch)* ormai: ***er ist ~ da*** è già qui; ***es ist ~ 10 Uhr*** sono già le 10; ***er ist ~ ein Mann*** è già un uomo, ormai è un uomo; ***den Film habe ich ~ gesehen*** questo film l'ho già visto; ***ich habe es ~ vergessen*** l'ho già dimenticato; ***das Theater ist ~ voll besetzt*** il teatro è già tutto esaurito; ***ich war ~ im Begriff wegzugehen*** stavo già per uscire, stavo già uscendo; ***sie fehlt ~ eine Woche*** manca già (*o* ormai) da una settimana; ***wir waren kaum im Zug, ~ fuhr er ab*** eravamo appena saliti sul treno, che già partiva; ***~ Büchner behandelte dieses Thema*** già Büchner trattò questo tema; ***~ bei Aristoteles...*** già in Aristotele... **2** *(allein, bloß)* solo, già: ***der Name sagt ~ alles*** già il nome dice tutto; ***das muss ich (allein) ~ aus Rücksicht auf ihn tun*** devo farlo se non altro per riguardo a lui; ***~ bei dem Gedanken, dass...*** già solo al pensiero che... **II** part.at. *(oft unübersetzt)* **1** *(als Bekräftigung)* pure, proprio: ***das Leben ist ~ schwer!*** la vita è proprio dura! ***das kannst du ~ glauben*** puoi (pure) crederci; ***das ist ~ möglich, wahr*** è possibilissimo, è verissimo; ***Sie werden ~ noch von mir hören!*** sentirà ancora parlare di me! ***ich komme ja ~!*** sto arrivando! arrivo! ***er ist ~ unerträglich, aber erst seine Frau*** lui è già insopportabile, ma sua moglie ancor di più **2** *(als Ausdruck der Ungeduld)* ***mach ~!*** dai, sbrigati! ***hör ~ auf!*** smettila una buona volta! ***was machst du denn da ~ wieder?*** e adesso cosa stai di nuovo combinando? **3** *(die Bedingung bekräftigend)* proprio: ***wenn ich ~ arbeiten***

muss, (dann) arbeite ich lieber jetzt se proprio devo lavorare, preferisco lavorare ora; ***wenn wir das ~ machen, dann aber ordentlich*** giacché (*o* visto che) lo facciamo, facciamolo bene; ***wenn du ~ einkaufen gehst, kannst du gleich auch auf die Post gehen*** visto che vai a fare la spesa, passa anche in posta **4a** *(als Einschränkung einer Aussage, Antwort)* ***ich glaube ~, dass du Recht hast, aber...*** credo che tu abbia ragione, ma...; ***zahlen wird er ~, aber...*** quanto a pagare pagherà, ma...; ***hast du Spaß gehabt? das ~, aber...*** ti sei divertito? – certo, ma..., non dico di no, ma... **b** ***sie ist nicht davon überzeugt, ich ~*** lei non ne è convinta, io sì **5** *(einschränkend, abwertend)* ***was ist ~ Geld?*** cos'è in fondo il denaro? ***was kann der ~ wollen?*** cosa potrà volere quello? ***was hätte ich ~ tun können?*** ma cosa avrei mai potuto fare? ***was weißt du ~ davon?*** che ne sai tu? ◆ ***allein ~*** già solo; ***~ als Kind, Schüler (als Kind, Schüler ~)*** già (*o* fin) da bambino, fin dalla scuola; ***da, weil wir ~ dabei sind...*** già che ci siamo...; ***~ damals*** già allora, fin d'allora; ***das ist doch ~ etwas!*** è già qualcosa! ***~ für 500 DM kann man...*** già con (*o* con soli) 500 marchi si può...; ***es wird ~ (gut) gehen*** (vedrai che) andrà bene; ***wie ~ gesagt*** come (si è) già detto; ***~ gut!*** va bene, va bene! ***wenn ich das ~ höre...*** solo a sentirlo...; ***~ jetzt*** già ora, fin da ora; ***ich komme ~!*** sto arrivando! ***~ lange, ~ längst*** già da molto tempo; ***wie ~ so oft*** come già altre volte; ***der Name sagt ~ was*** il nome è tutto un programma (*o* la dice già lunga); ***na, und wenn ~!*** che fa! e allora! ***~ wieder*** di nuovo; ***~ zurück?*** già di ritorno? già qui?

schön I agg. **1a** bello: ***ein -es Mädchen, Kätzchen*** una bella ragazza, un bel gattino: ***-e Augen*** begli occhi; ***~ von Gestalt sein*** avere una bella figura; ***-e Kleider*** bei vestiti; ***eine -e Erinnerung*** un bel ricordo; ***das ist nicht ~ von dir!*** non è bello da parte tua! **b** *(beträchtlich)* ***ein -es Alter, Sümmchen*** una bella età, una bella sommetta **c** *(ironisch)* ***du bist mir ja ein -er Freund, Kerl!*** sei proprio un bell'amico, un bel tipo! ***das ist (ja) eine -e Geschichte, Bescherung!*** bell'affare! ma che bella sorpresa! **2** *(in Höflichkeitsformeln)* buono, bello: ***-en Sonntag!*** buona domenica! ***-es Wochenende!*** buon fine settimana! **3** REGION. *(gut)* buono: ***ein -er Wein*** un buon vino **II** avv. **1** ***ein ~ geschnittenes Gesicht*** un viso dai bei lineamenti; ***ein ~ gebauter Körper*** un corpo ben fatto, un bel corpo **2a** bene: ***ein ~ eingerichtetes Haus*** una casa bene arredata; ***~ schreiben, singen*** scrivere, cantare bene **b** *(gegenüber Kindern)* ***das hast du aber ~ gemacht!*** come l'hai fatto bene! **3a** COLLOQ. *(tüchtig)* per bene, proprio: ***jdn (ganz) ~ betrügen*** imbrogliare qcn. per bene; ***sie ist ganz ~ mollig*** è bella grassottella; ***er sitzt ganz ~ drin!*** ci è dentro fino al collo! ***du bist ~ dumm, wenn du ihm glaubst!*** sei proprio stupido se gli credi! **b** *(sehr)* molto, un bel po': ***sich ~ anstrengen, ärgern*** faticare un bel po', arrabbiarsi molto; ***wir waren ganz ~ überrascht*** fummo molto sorpresi **c** *(bei Aufforderungen)* ***pass ~ auf!*** fai bene attenzione! ***~ der Reihe nach!*** avanti, in fila! ***sei ~ artig und komm her!*** su, da bravo, vieni qua! **4** REGION. ***~ riechen, schmecken*** avere un buon odore, un buon sapore ◆ ***aufs Schönste*** nel modo migliore; ***jdm -e Augen machen*** fare gli occhi dolci a qcn.; ***bitte ~*** per favore, per cortesia; *(als Antwort)* prego; ***-en, -sten Dank!*** molte grazie! grazie mille! ***danke ~*** molte grazie, grazie tante; ***da hast du (ja) etwas Schönes angerichtet!*** l'hai fatta proprio bella! ***da werden wir etwas Schönes erleben!*** ne vedremo delle belle! ***das -e Geschlecht*** il gentil sesso; ***-e Grüße*** cari (*o* tanti) saluti; ***ich lasse ~ grüßen*** tante belle cose da parte mia; ***das ist ja alles ~ und gut, aber...*** va tutto bene, ma...; ***wie es so ~ heißt*** → ***wie man so ~ sagt***; ***die -en Künste*** le belle arti; ***die -e Literatur*** le belle lettere; ***von dir hört man -e Sachen!*** se ne sentono delle belle sul tuo conto! ***wie man so ~ sagt*** come si suol dire; LETT. ***eine -e Seele*** un'anima bella; ***ein -es Stück Geld, Weg*** un bel po' di soldi, un bel pezzo di strada; ***eines -en Tages*** un bel giorno; ***das ist zu ~, um wahr zu sein*** è troppo bello per essere vero; ***das wäre ja noch -er!*** ci mancherebbe! sarebbe il colmo! COLLOQ. ***~ ist was anders*** è tutt'altro che bello, non si può dire che sia bello; ***die -e Welt*** il bel mondo; *(vom Wetter)* ***-er werden*** mettersi al bello, migliorare; ***das wird ja immer -er!*** di bene in meglio! (anche IRON.); ***das sind nichts als -e Worte*** non sono altro che belle parole; ***das ist ein -er Zug an, von ihm*** questo è un suo pregio.

Schon|be|zug m. *(-[e]s,-bezüge)* fodera *f.*; *(für Autos)* coprisedile *m.*; *(für Sofas)* copridivano *m.*

1.Schö|ne I f. *(-n,-n)* **1** bella *f.*: ***eine unbekannte ~*** una bella sconosciuta **2** COLLOQ. SCHERZ. bellezza *f.*: ***na, ihr beiden -n!*** ehi, bellezze! **II** n. *(-n)* bello *m.*: ***Sinn für das ~ haben*** avere il senso del bello; ***das ~ dabei ist, dass...*** il bello è che...

2.Schö|ne f. *(-n)* LETT. beltà *f.*

scho|nen I tr. **1** risparmiare: ***einen Feind, jds Leben ~*** risparmiare un nemico, la vita di qcn. **2** *(rücksichtsvoll behandeln)* ***etw. ~*** aver cura (*o* riguardo) di qcs., risparmiare qcs.: ***seine Gesundheit, seine Bücher ~*** aver cura della propria salute, dei propri libri; ***seine Kräfte, Augen ~*** risparmiare le proprie forze, non affaticare gli occhi; ***er hat seinen Wagen nicht geschont*** non ha risparmiato la sua auto; ***dieses Waschmittel schont die Wäsche*** questo detersivo è delicato **II** rifl. **sich ~ 1** riguardarsi: ***du solltest dich mehr ~!*** dovresti riguardarti di più! **2** *(seine Kräfte schonen)* risparmiarsi.

schö|nen tr. **1** TESS. sottoporre ad avvivaggio **2** ENOL. chiarificare **3a** ANT. *(verschönern)* abbellire, ornare **b** FIG. abbellire.

scho|nend I p.pres. agg. **1** → **schonen 2** delicato, riguardoso **3** *(behutsam)* cauto, prudente **4** *(von Waschmitteln)* delicato **II** avv. **1** delicatamente, con tatto, con riguardo **2** *(behutsam)* cautamente, prudentemente **3** *(in Bezug auf Waschmittel)* delicatamente.

1.Scho|ner m. *(-s,-)* ANT. protezione *f.*

2.Scho|ner m. *(-s,-)* MAR. schooner *m.* **Scho|ner|brigg** f. *(-,-s)* brigantino *m.*

schön|fär|ben tr. abbellire. **Schön|fär|ber** m. *(-s,-)* chi abbellisce. **Schön|fär|be|rei** f. *(-,-en)* descrizione *f.* colorita, abbellimento *m.*: ***~ treiben*** fare (degli) abbellimenti.

Schon|frist f. *(-,-en)* tregua *f.*: ***jdm eine ~ gewähren*** concedere una tregua a qcn. **Schon|gang** m. *(-[e]s,-gänge)* **1** *(Schnellgang)* marcia *f.* sovramoltiplicata **2** → **Schonwaschgang. Schon|ge|biet** n. *(-[e]s,-e)* area *f.* protetta. **Schon|ge|he|ge** n. *(-s,-)* riserva *f.*

Schön|geist m. *(-[e]s,-er)* amante *m.* delle belle lettere, bellospirito *m.* **Schön|geis|te|rei** f. *(-,-en)* affettazione *f.* letteraria, culturale. **schön|geis|tig** agg. di bell'ingegno, amante delle belle lettere; SPREG. affettato ◆ ***-e Literatur*** belle lettere.

Schön|heit f. *(-,-en)* bellezza *f.*: ***eine klassische, makellose, strahlende, überwältigende ~*** una bellezza classica, perfetta, radiosa, sconvolgente; ***ein Kunstwerk von großer ~*** un'opera d'arte di grande bellezza; ***die -en der Natur, der Landschaft genießen*** godere delle bellezze della natura, del paesaggio; ***jdn durch seine ~ bezaubern*** incantare qcn. con la propria bellezza; ***die -en des Ortes kennen lernen*** conoscere le bellezze del luogo; IRON. ***er ist nicht gerade eine ~*** non è quel che si dice una bellezza. **Schön|heits|be|griff** m. *(-[e]s,-e)* concetto *m.* di bellezza. **Schön|heits|chi|rur|gie** f. *(-)* chirurgia *f.* estetica. **Schön|heits|emp|fin|den** n. *(-s)* senso *m.* del bello: ***kein ~ haben*** non avere senso del bello. **Schön|heits|farm** f. *(-,-en)* istituto *m.* (*o* centro *m.*) di bellezza, beauty farm *f.* **Schön|heits|feh|ler** m. *(-s,-)* imperfezione *f.*, piccolo difetto *m.* (anche FIG.). **Schön|heits|fleck** m. *(-[e]s,-e)* neo *m.* **Schön|heits|ide|al** n. *(-[e]s,-e)* ideale *f.* di bellezza. **Schön|heits|kö|ni|gin** f. *(-,-nen)* reginetta *f.* di bellezza, miss *f.* **Schön|heits|kur** f. *(-,-en)* cura *f.* di bellezza. **Schön|heits|mit|tel** n. *(-s,-)* cosmetico *m.*, prodotto *m.* di bellezza. **Schön|heits|ope|ra|ti|on** f. *(-,-en)* operazione *f.* di chirurgia estetica. **Schön|heits|pflas|ter** n. *(-s,-)*, **Schön|heits|pfläs|ter|chen** n. *(-s,-)* neo *m.* finto, posticcio. **Schön|heits|pfle|ge** f. *(-)* cura *f.* della bellezza, cosmesi *f.* **Schön|heits|re|pa|ra|tur** f. *(-,-en)* riparazione *f.* di piccola manutenzione, ritocco *m.* **Schön|heits|sa|lon** m. *(-s,-s)* salone *m.* (*o* istituto *m.*) di bellezza. **Schön|heits|sinn** m. *(-[e]s)* senso *m.* estetico. **Schön|heits|wett|be|werb** m. *(-[e]s,-e)* concorso *m.* di bellezza.

Schon|kli|ma n. *(-s,-s* e *-te)* clima *m.* riposante. **Schon|kost** f. *(-)* alimentazione *f.* leggera, vitto *m.* leggero.

Schön|ling m. *(-s,-e)* SPREG. damerino *m.*

schön‿ma|chen COLLOQ. **I** tr. abbellire **II** intr. (aus. *haben; von Hunden*) rizzarsi sulle zampe posteriori **III** rifl. **sich ~ 1** farsi bello: ***sich für jdn, für das Fest ~*** farsi bello per qcn., per la festa **2** *(von Hunden)* rizzarsi sulle zampe posteriori.

Schon|platz m. *(-[e]s,-plätze)* EX-RDT = lavoro *m.* poco, meno faticoso.

Schon|pro|gramm n. *(-[e]s,-e)* programma *m.* per capi delicati.

schön‿re|den intr. (aus. *haben*) COLLOQ. ***jdm ~*** adulare, lisciare qcn. **Schön|re|de|rei** f. *(-)* adulazione *f.*, lisciatura *f.* **Schön|red|ner** m. *(-s,-)* adulatore *m.* **Schön|red|ne|rei** → **Schönrederei.**

schön‿schrei|ben intr. *(schrieb, geschrieben;* aus. *haben)* scrivere con, in bella calligrafia. **Schön|schrei|ben** n. *(-s)* calligrafia *f.* **Schön|schreib|heft** n. *(-[e]s,-e)* quaderno *m.* di calligrafia, di bella scrittura. **Schön|schreib|übung** f. *(-,-en)* esercizio *m.* di calligrafia.

Schön|schrift f. *(-)* **1** bella scrittura *f.*: ***etw. in ~ schreiben*** scrivere qcs. in bella scrittura **2** COLLOQ. *(Reinschrift)* bella copia *f.*

schöns|tens avv. COLLOQ., ***danke ~*** grazie infinite; ***sie lässt ~ grüßen*** manda i suoi migliori saluti.

Schön|tu|er m. *(-s,-)* COLLOQ. adulatore *m.* **Schön|tu|e|rei** f. *(-)* COLLOQ. adulazione *f.* **schön|tu|e|risch** agg. COLLOQ. da adulatore:

-es Benehmen comportamento da adulatore.
schön_tun intr. *(tat, getan;* aus. *haben)* ***jdm ~*** adulare qcn.
Scho|nung f. *(-,-en)* **1a** riguardo *m.*, delicatezza *f.*: ***jdn, etw. mit ~ behandeln*** trattare qcn., qcs. con riguardo **b** *(Pflege)* cura *f.*: ***~ der Gesundheit*** cura della salute; ***~ brauchen, benötigen*** avere bisogno, necessitare di cure **2** *(Nachsicht)* clemenza *f.*, indulgenza *f.*: ***um ~ bitten, flehen*** chiedere, implorare clemenza; ***das Gesetz kennt keine ~*** la legge non conosce clemenza **3** *(geschützter Forstbestand)* vivaio *m.* forestale. **scho|nungs|be|dürf|tig** agg. che deve riguardarsi, bisognoso di cure. **scho|nungs|los I** agg. **1a** indelicato, privo di attenzioni **b** *(ohne Rücksicht)* irriguardoso, privo di riguardi: ***mit -er Offenheit*** con una franchezza priva di riguardi **2** *(ohne Nachsicht)* inclemente, spietato **II** avv. **1** senza delicatezza, senza riguardi **2** *(ohne Nachsicht)* spietatamente, brutalmente: ***jdm ~ die Wahrheit sagen*** dire brutalmente la verità; ***~ durchgreifen*** intervenire brutalmente. **Scho|nungs|lo|sig|keit** f. *(-)* **1** mancanza *f.* di riguardo *m.*, indelicatezza *f.* **2** *(Gnadenlosigkeit)* spietatezza *f.*, brutalità *f.* **scho|nungs|voll I** agg. **1** pieno di riguardi, di attenzioni **2** *(nachsichtig)* clemente, indulgente **II** avv. **1** con riguardo, delicatamente **2** *(nachsichtig)* con clemenza.
Schon|wasch|gang m. *(-[e]s,-gänge)* programma *m.* (*o* ciclo *m.*) delicato (*o* per capi delicati).
Schön|wet|ter|de|mo|kra|tie f. *(-,-n)* democrazia *f.* all'acqua di rose. **Schön|wet|ter|la|ge** f. *(-)* condizioni *f.pl.* di bel tempo.
Schon|zeit f. *(-,-en)* periodo *m.* di divieto di caccia.
Schopf m. *(-[e]s, Schöpfe)* **1a** *(Haarschopf)* ciuffo *m.* **b** RAR. *(Haarbüschel)* ciocca *f.* **2** ZOOL. ciuffo *m.* **3** *(Blätterbüschel)* cespo *m.*, cesto *m.* ◆ ***die Gelegenheit beim -(e) packen, fassen*** cogliere la palla al balzo.
Schöpf|brun|nen m. *(-s,-)* pozzo *m.* **Schöpf|ei|mer** m. *(-s,-)* secchio *m.*
1.schöp|fen I tr. **1** attingere: ***Wasser aus dem Fluss ~*** attingere acqua al fiume **2** *(herausnehmen)* togliere (con un recipiente): ***das Wasser aus dem Boot ~*** togliere l'acqua dalla barca con un recipiente **3** FIG. *(entnehmen)* attingere, trarre: ***aus langer Erfahrung ~*** attingere da una lunga esperienza; ***neue Hoffnung, Kraft ~*** trarre nuovo coraggio, nuova forza; ***Sicherheit aus dem, seinem Glauben ~*** trarre sicurezza dalla (propria) fede **II** intr. (aus. *haben*) abbeverarsi ◆ ***Atem ~*** tirare il fiato; ***Wasser mit der hohlen Hand ~*** prendere l'acqua nel (*o* col) cavo della mano; ***Luft ~*** prendere una boccata d'aria; ***Mut ~*** farsi, prendere coraggio; FIG. ***Wasser in ein Sieb ~*** vuotare il mare con un ditale; ***die Suppe in den Teller ~*** scodellare la minestra; ***Verdacht ~*** insospettirsi; ***aus dem Vollen ~*** attingere a piene mani; FIG. avere un ingegno fecondo.
2.schöp|fen tr. ANT. *(erschaffen)* creare.
1.Schöp|fer m. *(-s,-)* creatore *m.*; *(Gott)* ***der ~*** il Creatore.
2.Schöp|fer m. *(-s,-)* **1** attingitoio *m.* **2** → **Schöpfkelle.**
Schöp|fer|geist m. *(-[e]s)* spirito *m.* creativo, genio *m.* creatore. **Schöp|fer|hand** f. *(-)* mano *f.* creatrice (*o* del creatore). **schöp|fe|risch I** agg. creativo, creatore: ***eine -e Pause machen, einlegen*** fare una pausa creativa; ***-e Arbeit leisten*** fare un lavoro creativo **II** avv. creativamente, dal punto di vista creativo ◆ ***~ tätig sein*** essere un creativo; ***~ veranlagt sein*** avere doti creative. **Schöp|fer|kraft** f. *(-,-kräfte)* forza *f.* creativa, creatrice.
Schöpf|ge|fäß n. *(-es,-e)* attingitoio *m.*; *(Schöpfeimer)* secchio *m.* **Schöpf|kel|le** f. *(-,-n)*, **Schöpf|löf|fel** m. *(-s,-)* mestolo *m.* **Schöpf|rad** n. *(-[e]s,-räder)* noria *f.*
Schöp|fung f. *(-,-en)* **1a** creazione *f.*: ***das ist seine ~*** questa è una sua creazione; ***-en der Mode*** creazioni di moda **b** *(Erschaffung)* ***die ~ der Welt*** la creazione del mondo **2** *(Kunstwerk)* opera *f.*, creazione *f.* **3** *(von Gott erschaffene Welt)* creazione *f.*, creato *m.*: ***die Wunder der ~*** le meraviglie del creato. **Schöp|fungs|akt** m. *(-[e]s)* atto *m.* creativo. **Schöp|fungs|be|richt** m. *(-[e]s,-e)*, **Schöp|fungs|ge|schich|te** f. *(-)* BIBL. = (la) Genesi.
Schöpf|werk n. *(-[e]s,-e)* impianto *m.* idrovoro, centrale *f.* idrovora.
schöp|peln I tr. SVIZZ. ***das Kind ~*** dare il biberon al bambino **II** intr. (aus. *haben*) COLLOQ. REGION. farsi un quartino.
schop|pen tr. REGION. rimpinzare; *(nudeln)* ingrassare, mettere all'ingrasso.
Schop|pen m. *(-s,-)* **1a** *(von Wein, Bier)* quartino *m.* **b** ANT. mezzetta *f.* **Schop|pen|wein** m. *(-[e]s,-e)* vino *m.* sfuso, in bicchiere. **schop|pen|wei|se** avv. a quartini; *(in Gläsern)* a bicchieri.
Schöps m. *(-es,-e)* AUSTR. montone *m.* castrato. **Schöp|sen|fleisch** n. *(-es)* AUSTR. carne *f.* di montone castrato.
schor → **scheren.**
Schorf m. *(-[e]s,-e)* crosta *f.*: ***~ hat sich gebildet*** si è formata la crosta; ***den ~ abkratzen*** grattare la crosta. **schor|fig** agg. crostoso.
Schörl m. *(-[e]s,-e)* tormalina *f.* nera.
Schor|le, Schor|le|mor|le f. *(-,-n)* e RAR. n. *(-s,-s)* INTRAD. (vino bianco o succo di mela allungato con acqua minerale).
Schorn|stein m. *(-s,-e)* **1** comignolo *m.* **2** EDIL. *(Kamin)* camino *m.*: ***den ~ reinigen, fegen*** pulire, spazzare il camino **3** IND. MAR. FERR. ciminiera *f.*, fumaiolo *m.* ◆ FIG. ***sein Geld, Vermögen zum ~ hinausjagen*** buttare al vento i propri soldi, il proprio patrimonio; COLLOQ. FIG. ***wie ein ~ rauchen*** fumare come una ciminiera; COLLOQ. FIG. ***der ~ raucht (wieder)*** gli affari vanno (di nuovo) bene; COLLOQ. FIG. ***der ~ muss ja von etw. rauchen*** bisogna pur tirare avanti con qcs.; COLLOQ. FIG. ***etw. in den ~ schreiben*** fare una croce sopra a qcs. **Schorn|stein|fe|ger** m. *(-s,-)* spazzacamino *m.*
Scho|se → **Chose.**
schoss → **schießen.**
1.Schoß m. *(-s, Schöße)* **1** grembo *m.*: ***sich auf jds ~, sich jdm auf den ~ setzen*** sedersi in grembo, in braccio a qcn.; ***ein Kind auf den ~ nehmen*** prendere in braccio un bambino **2a** *(Mutterleib)* grembo *m.*, LETT. seno *m.*: ***ein Kind im ~ tragen*** portare un bimbo in grembo **b** FIG. grembo *m.*: ***der fruchtbare ~ der Erde*** il grembo fecondo della terra **3** FIG. *(Geborgenheit)* seno *m.*: ***im ~ der Familie, der Kirche*** in seno alla famiglia, alla Chiesa **4** *(Rockschoß)* falda *f.* ◆ FIG. ***sicher wie in Abrahams ~ sitzen*** essere in una botte di ferro; FIG. ***in den ~ fallen*** piovere dal cielo; ***das Glück ist ihm in den ~ gefallen*** la fortuna gli è piovuta dal cielo; ***mit fliegenden Schößen*** di corsa; ***die Hände in den ~ legen*** stare con le mani in mano; ***im ~ der Vergangenheit, Vergessenheit ruhen*** giacere nel dimenticatoio.
2.Schoß f. *(-,-en* e *Schöße)* AUSTR. gonna *f.*
3.Schoss m. *(-es,-e)* → **Schössling. schos|sen** intr. (aus. *haben*) TECN. germogliare.
Schoß|hund m. *(-[e]s,-e)*, **Schoß|hünd|chen** n. *(-s,-)* cagnolino *m.* da salotto. **Schoß|kind** n. *(-[e]s,-er)* bambino *m.* viziato, cocco *m.* di mamma ◆ ***ein ~ des Glücks*** un beniamino della fortuna.
Schöss|ling m. *(-s,-e)* germoglio *m.*, rampollo *m.*: ***-e setzen, treiben, ziehen*** mettere germogli, germogliare.
Schot f. *(-,-en)* MAR. scotta *f.*
1.Scho|te f. *(-,-n)* **1** baccello *m.*: ***-n aufbrechen*** aprire i baccelli **2** REGION. *(Erbsen)* pisello *m.*
2.Scho|te f. *(-,-n)* → **Schot.**
scho|ten|för|mig agg. a forma di baccello, siliquiforme. **Scho|ten|frucht** f. *(-,-früchte)* siliqua *f.* **Scho|ten|ge|wäch|se** pl. leguminose *f.pl.*
1.Schott m. *(-s,-s)* palude *f.* salata.
2.Schott n. *(-[e]s,-en* RAR. *-e)* MAR. paratia *f.*: ***die -en öffnen, schließen*** aprire, chiudere le paratie; ***wasserdichte -en*** paratie stagne; *(Kommando)* ***-en dicht!*** chiudere le paratie! ◆ ***die -en dicht machen*** chiudere porte e finestre.
1.Schot|te m. *(-n,-n)* scozzese *m.*
2.Schot|te m. *(-n,-n)* aringa *f.* giovane.
Schot|ten m. *(-s,-)* tessuto *m.* scozzese. **Schot|ten|rock** m. *(-[e]s,-röcke)* gonna *f.* scozzese, kilt *m.* **Schot|ten|witz** m. *(-es,-e)* barzelletta *f.* sugli scozzesi.
Schot|ter m. *(-s,-)* ghiaia *f.* **Schot|ter|de|cke** f. *(-,-n)* strato *m.* di ghiaia, massicciata *f.*, ballast *m.* **schot|tern** tr. inghiaiare. **Schot|ter|stra|ße** f. *(-,-n)* strada *f.* ricoperta di ghiaia. **Schot|te|rung** f. *(-,-en)* **1** inghiaiatura *f.* **2** → **Schotterdecke.**
Schot|tin f. *(-,-nen)* scozzese *f.* **schot|tisch** agg. scozzese. **Schot|tisch** m. *(-en,-en)*, **Schot|ti|sche** m. *(-n,-n)* (danza *f.*) scozzese *f.* **Schott|land** n.pr.n. *(-s)* Scozia *f.* **Schott|län|der** m. *(-s,-)* → **1.Schotte. schott|län|disch** agg. → **schottisch.**
Schraf|fe f. *(-,-n)* **1** trattino *m.* **2** TIP. grazia *f.*, terminazione *f.* **schraf|fen, schraf|fie|ren** tr. tratteggiare. **Schraf|fie|rung, Schraf|fung** f. *(-,-en)* tratteggiatura *f.*, tratteggio *m.* **Schraf|fur** f. *(-,-en)* tratteggio *m.*
schräg I agg. **1** inclinato, piegato: ***etw. liegt, steht ~*** qcs. è, sta inclinato; ***eine -e Wand, Fläche*** un muro sghembo, una superficie inclinata **2** obliquo, trasversale, diagonale: ***eine -e Linie*** una linea obliqua; ***in -er Richtung verlaufen*** procedere in direzione diagonale **3** COLLOQ. *(von der Norm abweichend)* strambo, bislacco: ***-e Vorstellungen*** idee strane; ***-e Musik*** musica strana (moderna); COLLOQ. ***ein -er Vogel*** un tipo bislacco; ***ein -er Bursche*** un tipo poco affidabile **II** avv. **1** di sbieco: ***den Tisch ~ stellen*** mettere il tavolo di sbieco; ***etw. ~ schneiden*** tagliare qcs. di sbieco **2** in obliquo, obliquamente, in diagonale, diagonalmente: ***~ über die Straße gehen*** attraversare la strada in diagonale; ***~ gegenüber*** di fronte in diagonale; ***~ laufend*** obliquo, diagonale **3** COLLOQ. in modo strano, in modo bislacco ◆ FIG. ***jdn ~ ansehen*** guardare (di) storto qcn.; ***~ stehende Augen*** occhi storti. **Schräg|bal|ken** m. *(-s,-)* ARALD.

sbarra *f.* **Schrä|ge** f. *(-,-n)* **1** *(schräge Beschaffenheit)* obliquità *f.*, inclinazione *f.* **2** *(schräge Fläche)* piano *m.* inclinato.
Schra|gen m. *(-s,-)* REGION. o ANT. **1** cavalletto *m.* **2** *(Sarg)* bara *f.*
schrä|gen tr. **1** inclinare, piegare di lato **2a** *(abschrägen)* MECC. tagliare obliquamente **b** EDIL. rendere obliquo. **Schräg|heit** f. *(-,-en)* obliquità *f.* **schräg|hin** avv. obliquamente, di sbieco, di traverso. **Schräg|kan|te** f. *(-,-n)* angolo *m.* smussato. **Schräg|la|ge** f. *(-,-n)* posizione *f.* inclinata. **Schräg|li|nie** f. *(-,-n)* diagonale *f.* **Schräg|schnitt** m. *(-[e]s,-e)* taglio *m.* obliquo. **Schräg|schrift** f. *(-)* corsivo *m.* **Schräg|strich** m. *(-[e]s,-e)* barra *f.* (trasversale). **schräg|über** avv. RAR. di fronte in diagonale. **Schrä|gung** f. *(-,-en)* RAR. → **Schräge.**
schrak → **schrecken.**
Schram m. *(-[e]s, Schräme)* MIN. intaglio *m.*, sottoescavazione *f.* **schrä|men** tr. intagliare. **Schräm|ma|schi|ne** f. *(-,-n)* intagliatrice *f.*, sottoescavatrice *f.*
Schram|me f. *(-,-n)* graffio *m.*, scalfittura *f.*: ***-n im Gesicht, im Lack*** graffi sul viso, nella vernice; ***ein paar -n abbekommen*** riportare alcuni graffi.
Schram|mel|mu|sik f. *(-)* INTRAD. (musica popolare viennese). **Schram|meln** pl., **Schram|mel|quar|tett** n. *(-[e]s,-e)* INTRAD. (quartetto di musica popolare viennese).
schram|men I tr. graffiare, scalfire **II** rifl. ***sich (D) etw. ~*** graffiarsi qcs.: ***sich die Knie blutig ~*** graffiarsi le ginocchia a sangue. **schram|mig** agg. RAR. graffiato.
Schrank m. *(-[e]s, Schränke)* armadio *m.*: ***einen ~ öffnen, (ab)schließen*** aprire, chiudere (a chiave) un armadio; ***einen ~ ausräumen, einräumen*** svuotare, riempire un armadio; ***etw. aus dem ~ nehmen*** prendere qcs. dall'armadio; ***etw. in den ~ hängen*** appendere qcs. nell'armadio ◆ ***ein ~ (von einem Mann) sein*** essere un armadio; ***nicht alle Tassen im ~ haben*** non avere tutte le rotelle a posto. **Schrank|bett** n. *(-[e]s,-en)* mobile-letto *m.*, letto *m.* ribaltabile. **Schränk|chen** n. *(-s,-)* armadietto *m.*
Schran|ke f. *(-,-n)* **1** *(Absperrung)* sbarra *f.*, barra *f.*, barriera *f.*: ***die -n des Bahnübergangs herunterlassen, schließen, hochziehen*** abbassare, chiudere, sollevare le (s)barre del passaggio a livello; ***die ~ übersteigen, niederreißen*** oltrepassare, abbattere la barriera **2** *(Grenze)* barriera *f.*, limite *m.*: ***-n zwischen sich und den anderen errichten*** erigere barriere tra sé e gli altri; ***sich -n auferlegen*** imporsi dei limiti; ***jdm, etw. -n ziehen, setzen*** porre dei limiti a, ostacolare qcn., qcs. ◆ ***die -n des <u>Alters</u>*** i limiti d'età; ***jdn in die -n <u>fordern</u>*** = sfidare qcn.; ***vor den -n des <u>Gerichts</u> stehen*** stare (*o* andare) alla barra, comparire in tribunale; ***sich innerhalb der <u>gesetzlichen</u> -n bewegen*** agire entro i limiti della legge; ***sich in ~ <u>halten</u>*** mantenersi nei limiti; ***etw. in -n halten*** tenere qcs. nei giusti limiti; ***keine -n mehr <u>kennen</u>*** non avere più limiti; ***für jdn in die -n <u>treten</u>*** scendere in campo (*o* in lizza) per qcn.; ***die -n <u>überschreiten</u>, <u>übertreten</u>, <u>überwinden</u>*** passare i limiti; ***etw. <u>übersteigt</u> alle -n*** qcs. passa ogni limite, supera ogni misura; ***jdn in die, in seine -n <u>(ver)weisen</u>*** richiamare qcn. all'ordine.
Schränk|ei|sen n. *(-s,-)* licciaiola *f.* **schrän|ken** tr. **1** ANT. incrociare: ***die Arme ~*** incrociare le braccia **2** MECC. allicciare. **Schrän|ken** n. *(-s)* allicciatura *f.*
schran|ken|los I agg. illimitato, sconfinato, smisurato: ***-e Freiheit*** libertà illimitata; ***-es Vertrauen*** fiducia illimitata **II** avv. illimitatamente, smisuratamente ◆ ***ein -er Bahnübergang*** un passaggio a livello senza sbarre. **Schran|ken|lo|sig|keit** f. *(-)* illimitatezza *f.*, smisuratezza *f.*
Schran|ken|wär|ter m. *(-s,-)* casellante *m.*
Schrank|fach n. *(-[e]s,-fächer)* scomparto *m.* **schrank|fer|tig** agg. stirato e piegato, pronto per essere riposto. **Schrank|kof|fer** m. *(-s,-)* baule *m.* armadio. **Schrank|schlüs|sel** m. *(-s,-)* chiave *f.* dell'armadio. **Schrank|spie|gel** m. *(-s,-)* specchio *m.* dell'armadio. **Schrank|tür** f. *(-,-en)* porta *f.* dell'armadio. **Schrank|wand** f. *(-[e]s,-wände)* parete *f.* di mobili componibili.
Schran|ze f. *(-,-n)*, RAR. m. *(-n,-n)* SPREG. cortigiano *m.* **schran|zen|haft** agg. **1** cortigianesco **2** *(kriecherisch)* servile.
Schrap|nell n. *(-s,-e* e *-s)* MIL. shrapnel *m.*
Schrapp|ei|sen n. *(-s,-)* raschietto *m.* **schrap|pen** tr. REGION. **1** raschiare, grattare: ***Gemüse ~*** raschiare la verdura; ***den Schmutz von etw. ~*** raschiare (via) lo sporco da qcs. **2** SPREG. *(zusammenraffen)* arraffare ◆ SCHERZ. ***sich den Bart ~*** raschiarsi la barba; ***auf der Geige ~*** grattare il violino. **Schrap|per** m. *(-s,-)* **1** escavatore *m.* a benna trascinata **2** REGION. → **Schrappeisen 3** REGION. SPREG. *(Geizhals)* arraffatore *m.* **Schrap|sel** n. *(-s,-)* REGION. raschiatura *f.*
Schrat(t) m. *(-[e]s,-e)*, REGION. **Schrä|tel** m. *(-s,-)* INTRAD. (coboldo, spirito dei boschi).
Schrat|te f. *(-,-n)* calanco *m.*
Schräub|chen n. *(-s,-)* vitina *f.*, viterella *f.* **Schraub|de|ckel** m. *(-s,-)* coperchio *m.* a vite. **Schrau|be** f. *(-,-n)* **1** vite *f.*; *(Mutterschraube)* bullone *m.*: ***eine ~ hineindrehen, anziehen*** avvitare, stringere una vite; ***eine ~ lockern, lösen (herausdrehen)*** allentare, svitare una vite; ***etw. mit -n befestigen*** fissare qcs. con viti; ***-n schneiden*** filettare viti **2** *(Schiffs-, Luftschraube)* elica *f.* **3** SPORT vite *f.*, avvitamento *m.* ◆ ***<u>eingängige</u> ~*** vite a un filetto; ***~ ohne <u>Ende</u>*** vite senza fine; FIG. cosa di cui non si vede la fine; FIG. ***die -n <u>fester</u> anziehen*** dare un giro di vite; ***bei ihm ist eine ~ <u>locker, los(e)</u>*** gli manca una rotella, ha una rotella fuori posto; ***<u>rechtsgängige</u> ~*** vite destrorsa; COLLOQ. FIG. ***die ~ <u>überdrehen</u>*** forzare la mano, tirare troppo la corda; COLLOQ. ***eine alte, <u>verdrehte</u> ~*** una vecchia bislacca, svitata.
Schrau|bel f. *(-,-n)* BOT. cima *f.* elicoidale.
schrau|ben I tr. avvitare: ***etw. auf ein, von einem Gerät ~*** avvitare qcs. su, svitare qcs. da un apparecchio; ***Haken in die Wand ~*** fissare ganci al muro; ***eine Glühbirne in die Fassung ~*** avvitare una lampadina nel portalampade **II** rifl. **sich ~** muoversi a spirale ◆ ***in die Höhe ~*** far salire, alzare qcs.; FIG. ***die Erwartungen, Ansprüche höher, niedriger ~*** aumentare, ridurre le aspettative, le esigenze.
Schrau|ben|al|ge f. *(-,-n)* spirogira *f.* **Schrau|ben|bak|te|ri|um** n. *(-s,-bakterien)* spirillo *m.* **Schrau|ben|be|we|gung** f. *(-,-en)* movimento *m.* a spirale. **Schrau|ben|damp|fer** m. *(-s,-)* piroscafo *m.* a elica. **Schrau|ben|dre|her** m. *(-s,-)* → **Schraubenzieher. Schrau|ben|fe|der** f. *(-,-n)* molla *f.* a spirale. **Schrau|ben|flü|gel** m. *(-s,-)* pala *f.* dell'elica. **schrau|ben|för|mig** agg. elicoidale, a spirale. **Schrau|ben|gang** m. *(-[e]s,-gänge)* passo *m.* della vite. **Schrau|ben|ge|win|de** n. *(-s,-)* filetto *m.* della vite, filettatura *f.* **Schrau|ben|kopf** m. *(-[e]s,-köpfe)* testa *f.* della vite. **Schrau|ben|li|nie** f. *(-,-n)* linea *f.* spirale. **Schrau|ben|loch** n. *(-es,-löcher)* foro *m.* per la vite. **Schrau|ben|mut|ter** f. *(-,-n)* dado *m.* **Schrau|ben|pres|se** f. *(-,-n)* torchio *m.* a vite. **Schrau|ben|pro|pel|ler** m. *(-s,-)* MAR. elica *f.* **Schrau|ben|pum|pe** f. *(-,-n)* **1** pompa *f.* semiassiale **2** *(Spindelpumpe)* pompa *f.* a viti. **Schrau|ben|rad** n. *(-[e]s,-räder)* ruota *f.* ipoidale. **Schrau|ben|sal|to** m. *(-s,-s* e *salti)* salto *m.* con avvitamento. **Schrau|ben|schlüs|sel** m. *(-s,-)* chiave *f.* (per dadi). **Schrau|ben|wel|le** f. *(-,-n)* albero *m.* dell'elica (*o* portaelica). **Schrau|ben|win|de** f. *(-,-n)* martinetto *m.* a vite. **Schrau|ben|win|dung** f. *(-,-en)* filetto *m.*, spira *f.* della vite. **Schrau|ben|zie|her** m. *(-s,-)* cacciavite *m.*
Schraub|fas|sung f. *(-,-en)* portalampade *m.* a ghiera filettata.
schrau|big I agg. a vite **II** avv. a vite, come una vite. **Schraub|stock** m. *(-[e]s,-stöcke)* MECC. morsa *f.*: ***etw. in den ~ (ein)spannen*** fissare qcs. nella morsa. **Schraub|stock|ba|cke** f. *(-,-n)* MECC. ganascia *f.* della morsa. **Schraub|ver|schluss** m. *(-es,-verschlüsse)* tappo *m.* a vite. **Schraub|zwin|ge** f. *(-,-n)* TECN. morsetto *m.* da falegname, sergente *m.*
Schre|ber|gar|ten m. *(-s,-gärten)* orto *m.* di Schreber. **Schre|ber|gärt|ner** m. *(-s,-)* proprietario *m.* di un orto.
Schreck m. *(-[e]s,-e)* spavento *m.*: ***ein ungeheurer, freudiger ~*** un enorme spavento, una lieta trepidazione; ***panischer ~*** panico; ***einen ~ bekommen, kriegen*** spaventarsi, prendersi uno spavento; ***ein ~ befällt, ergreift jdn*** uno spavento coglie, afferra qcn.; ***der ~ saß ihm in den Gliedern, Knochen*** lo spavento lo paralizzò; ***starr, bleich vor ~ sein*** rimanere paralizzato, essere pallido per spavento; ***vor ~ zittern*** tremare per lo spavento ◆ ***<u>auf</u> den ~ muss ich einen trinken*** per riavermi (*o* riprendermi) dallo spavento devo bere un bicchierino; ***ach <u>du</u> (mein) ~!*** Dio mio! ***jdm einen ~ <u>einjagen</u>*** incutere spavento a qcn.; ***sich von einem ~ <u>erholen</u>*** riaversi (*o* riprendersi) da uno spavento; ***~ <u>lass</u> nach!*** ma dài! **Schreck|bild** n. *(-[e]s,-er)* immagine *f.* spaventosa, spettacolo *m.* spaventoso. **Schre|cke** f. *(-,-n)* cavalletta *f.*, locusta *f.*
1.schre|cken I tr. **1** spaventare, atterrire: ***sich durch nichts ~ lassen*** non farsi spaventare da nulla; ***jdn mit etw. ~*** spaventare qcn. con qcs. **2** *(aufschrecken)* far sobbalzare, far sussultare dallo spavento: ***jdn aus dem Schlaf, aus seinen Träumen ~*** distogliere bruscamente qcn. dal sonno, dai propri sogni **3** GASTR. *(abschrecken)* ***die gekochten Eier ~*** raffreddare le uova sode **II** intr. (aus. *haben*) **1** LETT. *(zurückschrecken)* arretrare per lo spavento: ***vor etw. ~*** arretrare per lo spavento di fronte a qcs. **2** VENAT. lanciare, emettere un grido **III** rifl. **sich ~** spaventarsi.
2.schre|cken intr. *(schreckt/*ANT. *schrickt, schreckte/*ANT. *schrak, geschreckt*; aus. *sein)* sobbalzare di spavento: ***aus dem Schlaf ~*** svegliarsi di soprassalto.
Schre|cken m. *(-s,-)* **1** spavento *m.*, paura *f.*: ***eisiger ~*** terrore agghiacciante; ***~ einjagen, verbreiten*** incutere, diffondere la paura **2** pl. *(Greuel)* orrori *m.pl.*: ***die ~ des Krieges*** gli orrori della guerra **3** FIG. terrore *m.*, spauracchio *m.*: ***der Lehrer ist der ~ der***

Schüler quell'insegnante è il terrore degli scolari ◆ *mit dem ~ davonkommen* cavarsela con uno spavento; *ein Ende mit ~* una fine terribile; *~ erregend* spaventoso, terribile, che incute spavento; *~ erregend aussehen* avere un aspetto spaventoso; *~ erregend schreien* urlare in modo terribile; *jdn in ~ versetzen* far prendere uno spavento a qcn., spaventare qcn.

Schre|ckens|bi|lanz f. *(-,-en)* bilancio *m.* terribile: *die ~ des Erdbebens* il terribile bilancio del terremoto. **Schre|ckens|bild** → **Schreckbild. schre|ckens|blass, schre|ckens|bleich** agg. pallido per lo spavento: *~ werden* impallidire per lo spavento. **Schre|ckens|herr|schaft** f. *(-)* (regime *m.* del) terrore *m.* **Schre|ckens|mel|dung, Schre|ckens|nach|richt** f. *(-,-en)* notizia *f.* terribile. **Schre|ckens|re|gi|ment** n. *(-[e]s,-e)* (regime *m.* del) terrore *m.* **schre|ckens|starr** agg. irrigidito, paralizzato dallo spavento. **Schre|ckens|tat** f. *(-,-en)* atto *m.* terribile, spaventoso. **schre|ckens|voll** agg. **1** terribile, spaventoso **2** → **schreckerfüllt. Schre|ckens|zeit** f. *(-,-en)* periodo *m.* di terrore.

schreck|er|füllt agg. terrorizzato, atterrito. **Schreck|ge|spenst** n. *(-[e]s,-er)* terrore *m.*, spauracchio *m.*: *das ~ des Krieges, des Weltuntergangs* il terrore della guerra, della fine del mondo. **schreck|haft** agg. pauroso: *ein -er Mensch* una persona paurosa.

schreck|lich I agg. terribile, tremendo, spaventoso (anche FIG.): *eine -e Nachricht, Krankheit* una notizia, una malattia terribile; *ein -er Anblick, -es Ende* uno spettacolo, una fine terribile; *(sehr groß, furchtbar) eine -e Kälte* un freddo terribile; *-en Durst haben* avere una sete tremenda; *ein -er Lärm* un rumore terribile; COLLOQ. *(unerträglich) ein -er Mann* un uomo terribile; *es ist mir ~, dass...* per me è terribile (*o* tremendo)... **II** avv. **1** terribilmente, spaventosamente, tremendamente **2** FIG. *(sehr viel)* terribilmente, estremamente: *er ist ~ nett, allein* è terribilmente gentile, solo; *sich ~ auf etw. freuen* rallegrarsi moltissimo di qcs.; *~ lange dauern* durare tantissimo; *ich tue es ~ gern* lo faccio estremamente volentieri; *er ist ~ eitel* è terribilmente vanitoso; *sie hat sich ~ gelangweilt* si è terribilmente annoiata ◆ *Iwan der Schreckliche* Ivan il Terribile; *das ist ja ~!* è davvero terribile! *wie ~!* terribile! **Schreck|li|che** n. *(-n)* cosa *f.*, fatto *m.* terribile: *-s erleben* affrontare esperienze terribili. **Schreck|lich|keit** f. *(-,-en)* aspetto *m.* terribile, spaventoso. **Schreck|nis** n. *(-ses,-se)* spavento *m.*, terrore *m.* **Schreck|schrau|be** f. *(-,-n)* COLLOQ. SPREG. strega *f.*, megera *f.* **Schreck|schuss** m. *(-es,-schüsse)* **1** colpo *m.* in aria (*o* intimidatorio): *einen ~ abfeuern* sparare un colpo in aria **2** FIG. falso allarme *m.* **Schreck|schuss|pis|to|le** f. *(-,-n)* (pistola *f.*) scacciacani *m.* e *f.* **Schreck|se|kun|de** f. *(-,-n)* attimo *m.* di spavento, di terrore.

Schrei m. *(-[e]s,-e)* grido *m.*, urlo *m.*: *ein gellender ~* un urlo; *ein schriller, durchdringender ~* un grido acuto, uno strillo; *die -e der Kinder* le urla dei bambini; *einen ~ ausstoßen, unterdrücken* lanciare, reprimere un grido; *ein ~ zerriss die Stille* un urlo ruppe il silenzio; *der ~ nach Rache* il grido di vendetta ◆ *der letzte ~* l'ultimo grido. **Schrei|ad|ler** m. *(-s,-)* (aquila *f.*) anatraia *f.*

Schreib|ar|beit f. *(-,-en)* lavoro *m.* di scrittura. **Schreib|be|darf** m. *(-[e]s)* occorrente *m.* per scrivere. **Schreib|block** m. *(-[e]s,-blöcke* e *-s)* blocco *m.* per appunti, block-notes *m.*

Schrei|be f. *(-)* **1** COLLOQ. modo *m.* di scrivere: *eine schlechte ~ haben* avere un brutto modo di scrivere **2** *(geschriebener Text)* scritto *m.*

schrei|ben *(schrieb, geschrieben)* **I** tr. **1a** scrivere: *etw. deutlich, (un)leserlich, unbeholfen, orthographisch richtig ~* scrivere qcs. in modo chiaro, (il)leggibile, in malo modo, con corretta ortografia; *etw. mit der Hand, auf, mit der Maschine ~* scrivere qcs. a mano, a macchina; *nach Diktat, in Druckschrift ~* scrivere sotto dettatura, in stampatello; *in, mit kleinen, großen Buchstaben ~* scrivere in lettere minuscole, maiuscole; *seinen Namen ~* scrivere il proprio nome; *dieses Wort muss man mit zwei „m" ~* questa parola va scritta con la doppia „m"; *einen Aufsatz in gutem Englisch ~* scrivere un tema in buon inglese; *gutes Deutsch, einen guten Stil ~* scrivere in buon tedesco, avere un bello stilo **b** *(niederschreiben, abfassen) Gedichte, Erzählungen, Artikel (für eine Zeitschrift) ~* scrivere poesie, racconti, articoli (per una rivista); *Adressen ~* scrivere indirizzi; *jdm, an jdn einen Brief ~* scrivere a qcn. una lettera; *er hat uns lange nicht mehr geschrieben* non ci ha più scritto da lungo tempo **c** *(komponieren) die Musik zu einem Film ~* scrivere la musica per un film **2a** assol. *er kann weder lesen noch ~* non sa né leggere né scrivere; *der Kugelschreiber, der Schriftsteller schreibt gut* questa penna, questo scrittore scrive bene; *französisch ~ können* sapere scrivere in francese **b** *(schriftstellerisch tätig sein) mein Vater schreibt für eine Zeitung* mio padre scrive per un giornale; *er schreibt oft gegen den Rassismus* scrive spesso contro il razzismo; *sie hat über die deutsche Romantik geschrieben* ha scritto (*o* ha pubblicato scritti) sul romanticismo tedesco; *sie schreibt spannend, flüssig* ha una scrittura avvincente, scorrevole **3** *(verbuchen)* scrivere, addebitare: *einen Betrag auf ein Konto ~* mettere su un conto un importo **4** ANT. *(als Datum haben) man schrieb das Jahr 1789, den 1. Mai* correva l'anno 1789, era il primo maggio; *den Wievielten ~ wir heute?* quanti ne abbiamo oggi? **II** intr. (aus. *haben*) **1** *an etw. (D) ~* lavorare a qcs.: *er schreibt an einem neuen Roman* lavora a (*o* sta scrivendo) un nuovo romanzo **2** *(berichten) von jdm, etw., über jdn, etw. ~* scrivere di (*o* su) qcn., qcs.: *auch die Zeitungen ~ oft darüber* anche i giornali ne scrivono (*o* ne parlano) spesso **3** *jdm um etw. ~* scrivere a qcn. chiedendo qcs.: *seinen Eltern um Geld ~* scrivere ai propri genitori chiedendo denaro **III** rifl. *sich ~* **1** impers. *auf diesem Papier, mit diesem Bleistift schreibt es sich gut* su questa carta, con questa matita si scrive bene **2** *(korrespondieren)* scriversi, corrispondere: *wir ~ uns seit langem* ci scriviamo da lungo tempo; COLLOQ. *ich schreibe mich mit meiner Freundin* io e la mia amica ci scriviamo **3** COLLOQ. *sein Vorname schreibt sich mit „h"* il suo nome si scrive con „h" **4** ANT. O REGION. *(heißen)* chiamarsi: *ich schreibe mich Schulz* mi chiamo Schulz ◆ *anonym ~* inviare uno scritto anonimo; *eine gewandte Feder ~* avere uno stile scorrevole; *postlagernd ~* scrivere fermo posta; *etw. ins Reine ~* scrivere in bella, mettere in bella copia; *sage und schreibe* nientemeno che; *etw. ins Unreine ~* scrivere qcs. in brutta (copia).

Schrei|ben n. *(-s,-)* **1** lo scrivere, scrittura *f.*: *sie hat Talent zum ~, Begabung fürs ~* ha talento nello scrivere; *niemand hat mir das ~ beigebracht* nessuno mi ha insegnato a scrivere **2** *(schriftlicher Text)* scritto *m.* **3** COMM. lettera *f.*: *ein dienstliches ~ abfassen* redigere una lettera ufficiale; *bezüglich Ihres -s..., mit Bezug auf Ihr ~...* in riferimento alla vostra lettera...; *aus Ihrem, durch Ihr ~ vom 27. 4. erfahren wir, dass...* dalla vostra lettera del 27/4 apprendiamo che...; *in Erwiderung Ihres -s...* in riscontro alla vostra lettera... **Schrei|ber** m. *(-s,-)* **1** scrivente *m.*, autore *m.*: *der ~ dieses Briefes, eines Artikels* l'autore di questa lettera, di un articolo **2** ANT. scrivano *m.* **3** ELETTRON. plotter *m.* **Schrei|be|rei** f. *(-,-en)* *viele -en haben* aver da scrivere molte scartoffie. **Schrei|ber|ling** m. *(-s,-e)* SPREG. imbrattacarte *m.*, scribacchino *m.* **Schrei|ber|see|le** f. *(-,-n)* SPREG. pedante *m.*

schreib|faul agg. svogliato nello scrivere. **Schreib|faul|heit** f. *(-)* svogliatezza *f.* nello scrivere. **Schreib|fe|der** f. *(-,-n)* pennino *m.* **Schreib|feh|ler** m. *(-s,-)* errore *m.* di scrittura. **Schreib|ge|bühr** f. *(-,-en)* diritti *m.pl.* di segreteria. **Schreib|ge|rät** n. *(-[e]s,-e)* strumento *m.* per scrivere, di scrittura. **schreib|ge|wandt** agg. **1** veloce nello scrivere **2** *(sich in gutem Stil ausdrückend)* abile nello scrivere. **Schreib|heft** n. *(-[e]s,-e)* quaderno *m.* (a righe). **Schreib|kopf** m. *(-[e]s,-köpfe)* testina *f.* rotante. **Schreib|kraft** f. *(-,-kräfte)* dattilografo *m.* **Schreib|krampf** m. *(-[e]s,-krämpfe)* crampo *m.* degli scrivani. **Schreib|map|pe** f. *(-,-n)* **1** sottomano *m.* **2** cartella *f.* per carta da lettere.

Schreib|ma|schi|ne f. *(-,-n)* macchina *f.* da (*o* per) scrivere: *~ schreiben, tippen* scrivere, battere a macchina; *auf der ~* a macchina; *sich an die ~ setzen* mettersi alla macchina da scrivere. **Schreib|ma|schi|nen|schrift** f. *(-,-en)* caratteri *m.pl.* di, da macchina da scrivere.

Schreib|ma|te|ri|al n. *(-s,-materialien)* materiale *m.*, occorrente *m.* per scrivere. **Schreib|pa|pier** n. *(-s)* carta *f.* per scrivere. **Schreib|pult** n. *(-[e]s,-e)* scrivania *f.*, scrittoio *m.* (col piano inclinato). **Schreib|scha|le** f. *(-,-n)* vaschetta *f.* portamatite. **Schreib|schrank** m. *(-[e]s,-schränke)* secretaire *m.* **Schreib|schrift** f. *(-,-en)* **1** grafia *f.* **2** TIP. corsivo *m.* **Schreib|stift** m. *(-[e]s,-e)* matita *f.*, lapis *m.* **Schreib|stu|be** f. *(-,-n)* **1** MIL. fureria *f.* **2** ANT. *(Büro)* ufficio *m.* **Schreib|ta|fel** f. *(-,-n)* **1** lavagna *f.* **2** *(in der Antike)* tavoletta *f.*: *~ aus Wachs* tavoletta di cera.

Schreib|tisch m. *(-[e]s,-e)* scrivania *f.*: *am, hinterm ~ sitzen* sedere alla, dietro la scrivania. **Schreib|tisch|lam|pe** f. *(-,-n)* lampada *f.* da tavolo. **Schreib|tisch|ses|sel** m. *(-s,-)* poltrona *f.*, poltroncina *f.* (da scrivania). **Schreib|tisch|tä|ter** m. *(-s,-)* FIG. cervello *m.*, mente *f.* (di un crimine).

Schreib|übung f. *(-,-en)* esercizio *m.* di scrittura. **Schrei|bung** f. *(-,-en)* grafia *f.* **schreib|un|kun|dig** agg. che non sa scrivere. **Schreib|un|ter|la|ge** f. *(-,-n)* sottomano *m.* **Schreib|un|ter|richt** m. *(-)* insegnamento *m.* della scrittura. **Schreib|wa|ren** pl. (articoli *m.pl.* di) cancelleria *f.* **Schreib|wa|ren|ge|schäft** n. *(-[e]s,-e)* cartoleria *f.* **Schreib|wei|se** f. *(-,-n)* **1** grafia *f.*: *die ~ eines Wortes* la grafia di una parola **2** *(Schreibstil)* stile *f.*: *seine ~ verbessern* migliorare il proprio stile. **Schreib|zeug** n. *(-[e]s,-e)* strumento *m.* per scrivere (*o* di scrittura).

schrei|en *(schrie, geschrien)* **I** tr. gridare, urlare: ***jdm etw. ins Gesicht ~*** gridare qcs. in faccia a qcn. **II** intr. (aus. *haben*) **1a** gridare, urlare: ***laut, wütend ~*** gridare forte, furiosamente; ***aus Leibeskräften, aus vollem Halse (aus voller Kehle) ~*** urlare a più non posso, gridare a squarciagola; ***vor Schmerz, Freude ~*** gridare di dolore, di gioia **b** *(laut sprechen)* ***schrei nicht so, ich verstehe dich gut*** non gridare così, ti sento bene **c** *(laut weinen)* strillare: ***das Kind schreit den ganzen Tag*** il bambino strilla tutto il giorno **2** *(brüllen, schimpfen)* urlare, sbraitare: ***er schreit schon seit einer Stunde (mit ihr)*** sbraita ormai da un'ora (con lei) **3** ***nach etw. (D) ~*** reclamare qcs. (con grida, gridando); ***das Kind schreit nach der Mutter*** il bambino strilla chiamando la mamma **4** *(von Tieren)* gridare: ***die Möwen ~*** i gabbiani gridano; *(muhen)* ***die Kuh schreit*** la mucca muggisce; *(von Eseln)* ragliare; *(von Elefanten)* barrire **5** *(von Werkzeugen)* stridere: ***die Kreissäge schreit*** la sega circolare stride **III** rifl. ***sich heiser, müde ~*** diventare rauco, stancarsi a forza di gridare ◆ ***nach, um Hilfe ~*** gridare (*o* chiamare) aiuto; ***das schreit zum Himmel*** questo grida vendetta; ***Hurra ~*** gridare hurrà; ***um Rache ~*** chiedere vendetta; ***wie eine gestochene Sau ~*** gridare come un animale scannato; ***wie am Spieß ~*** gridare come un ossesso; COLLOQ. ***Zeter und Mord(io) ~*** gridare forte aiuto.

Schrei|en n. *(-s)* grida *f.pl.*; strilli *m.pl.*; *(von Tieren)* urli *m.pl.* ◆ COLLOQ. ***es ist zum ~*** c'è da morir dal ridere. **schrei|end** p.pres. agg. **1** → **schreien 2** *(grell)* stridente: ***-e Farben*** colori stridenti **3** *(krass)* inaudito, scandaloso, che grida vendetta: ***eine -e Ungerechtigkeit*** un'ingiustizia che grida vendetta. **Schrei|er** m. *(-s,-)* **1** chi urla, urlone *m.*, strillone *m.* **2** *(lautstarker Unruhestifter)* sbraitone *m.*, chiassone *m.* **Schrei|e|rei** f. *(-,-en)* urlio *m.*, il continuo gridare, strillare. **Schrei|hals** m. *(-es,-hälse)* COLLOQ. strillone *m.*, urlone *m.* **Schrei|krampf** m. *(-[e]s,-krämpfe)* accesso *m.* di strilli: ***einen ~ bekommen*** avere un accesso di strilli.

Schrein m. *(-[e]s,-e)* **1a** scrigno *m.* **b** LETT. FIG. ***im ~ seines Herzens, seiner Seele*** nell'intimo del proprio cuore, della propria anima **2** *(Reliquienschrein)* reliquiario *m.*

Schrei|ner m. *(-s,-)* REGION. falegname *m.* **Schrei|ne|rei** f. *(-,-en)* REGION. falegnameria *f.*, bottega *f.* di falegname. **schrei|nern** intr. (aus. *haben*) REGION. fare il falegname, lavorare da falegname. **Schrei|ner|werk|statt, Schrei|ner|werk|stät|te** f. *(-,-stätten)* → **Schreinerei.**

schrei|ten intr. *(schritt, geschritten;* aus. *sein)* **1** incedere; procedere, avanzare: ***feierlich ~*** incedere festosamente; ***aufrecht ~*** procedere diritto; ***durch den Saal ~*** avanzare attraverso la sala; FIG. ***von Entdeckung zu Entdeckung ~*** procedere di scoperta in scoperta **2** *(übergehen)* procedere, passare: ***zur Abstimmung ~*** passare, procedere alla votazione; ***zur Tat ~*** passare all'azione ◆ ***auf und ab ~*** camminare su e giù; ***zum Äußersten ~*** ricorrere a mezzi estremi; LETT. IRON. ***von dannen ~*** = andarsene. **Schreit|tanz** m. *(-es,-tänze)* solenne danza *f.* di corte. **Schreit|vö|gel** pl. uccelli *m.pl.* schiamazzatori.

schrie → **schreien.**

schrieb → **schreiben.**

Schrieb m. *(-s,-e)* COLLOQ. scritto *m.*; SPREG. scartoffia *f.*

Schrift f. *(-,-en)* **1** scrittura *f.*, caratteri *m.*: ***die gotische, kyrillische ~*** la scrittura gotica, cirillica **2** scritta *f.*: ***die ~ auf dem Schild, an der Tafel*** la scritta sull'insegna, sulla lavagna; ***eine ~ entziffern*** decifrare una scritta **3** *(Handschrift)* scrittura *f.*, grafia *f.*, calligrafia *f.*: ***eine kleine, schräge, gut leserliche ~*** una grafia minuta, obliqua, leggibile **4** *(Druckschrift)* carattere *m.* (di stampa) **5a** *(schriftliche Abhandlung)* scritto *m.*: ***-en zur Kunst Italiens herausgeben*** pubblicare scritti sull'arte italiana **b** *(Werk)* opera *f.*: ***Heines gesammelte -en*** l'opera completa di Heine; ***ausgewählte -en*** opere scelte **6** *(Eingabe)* scritto *m.*: ***eine ~ weiterleiten*** inoltrare uno scritto ◆ ***die ~ auslegen*** interpretare le Scritture; ***die Heilige ~*** la Sacra Scrittura; ***~ oder Kopf?*** testa o croce? ***nach der ~ sprechen*** parlare come un libro stampato. **Schrift|art** f. *(-,-en)* tipo *m.* di carattere (di stampa). **Schrift|aus|le|gung** f. *(-,-en)* esegesi *f.* biblica. **Schrift|bild** n. *(-[e]s,-er)* **1** TIP. rilievo *m.* **2** scrittura *f.*: ***ein harmonisches ~*** una scrittura armoniosa. **schrift|deutsch** agg. del, in tedesco scritto, letterario. **Schrift|deutsch** n. *(-[s]),* **Schrift|deut|sche** n. *(-n)* tedesco *m.* scritto (*o* letterario). **Schrift|deu|tung** f. *(-,-en)* interpretazione *f.* della scrittura.

Schrif|ten pl. SVIZZ. *(Ausweispapiere)* documenti *m.pl.* **Schrif|ten|nach|weis** m. *(-es,-e)* → **Schriftenverzeichnis. Schrif|ten|rei|he** f. *(-,-n)* serie *f.* di pubblicazioni. **Schrif|ten|ver|zeich|nis** n. *(-ses,-se)* bibliografia *f.*

Schrift|fäl|scher m. *(-s,-)* falsificatore *m.* di firme, di (calli)grafia. **Schrift|form** f. *(-)* DIR. forma *f.* scritta ◆ ***in ~*** firmato. **Schrift|füh|rer** m. *(-s,-)* segretario *m.* **Schrift|ge|lehr|te** m. *(-n,-n)* STOR. scriba *m.* **schrift|ge|mäß** agg. conforme alla lingua scritta. **Schrift|gie|ßer** m. *(-s,-)* TIP. fonditore *m.* di caratteri. **Schrift|gie|ße|rei** f. *(-,-en)* TIP. fonderia *f.* di caratteri. **schrift|gläu|big** agg. RELIG. scritturale. **Schrift|grad** m. *(-[e]s,-e)* corpo *m.* tipografico, forza *f.* di corpo. **Schrift|hö|he** f. *(-,-n)* TIP. altezza *f.* del carattere. **Schrift|ke|gel** m. *(-s,-)* corpo *m.* tipografico. **Schrift|kun|di|ge** m. e f. *(-n,-n)* paleografo *m.* (-a *f.*). **Schrift|lei|ter** m. *(-s,-)* ANT. redattore *m.* **Schrift|lei|tung** f. *(-,-en)* ANT. redazione *f.*

schrift|lich I agg. scritto: ***eine -e Prüfung*** un esame scritto; COLLOQ. uno scritto; ***eine -e Mitteilung*** una comunicazione scritta **II** avv. per iscritto; *(brieflich)* per lettera: ***etw. ~ niederlegen, festhalten*** mettere qcs. per iscritto; ***sich an jdn ~ wenden*** rivolgersi a qcn. per iscritto; ***etw. ~ beantworten*** rispondere (a una domanda) per iscritto ◆ COLLOQ. ***die -en Arbeiten machen*** sbrigare la corrispondenza; COLLOQ. ***das kann ich dir ~ geben*** te lo posso mettere per iscritto (*o* nero su bianco); COLLOQ. ***du musst die Sache ~ machen*** devi mettere la cosa (*o* faccenda) nero su bianco; ***etwas, nichts Schriftliches haben*** avere qualcosa, nulla di scritto. **Schrift|lich|keit** f. *(-)* RAR. il fissare, lo stabilire per iscritto.

Schrift|pro|be f. *(-,-n)* **1** TIP. prova *f.* di stampa **2** *(Handschriftenprobe)* prova *f.* di scrittura grafologica. **Schrift|rol|le** f. *(-,-n)* rotolo *m.* (di scrittura). **Schrift|sach|ver|stän|di|ge** m. *(-n,-n)* DIR. perito *m.* calligrafo. **Schrift|satz** m. *(-es,-sätze)* **1** TIP. composizione *f.* **2** DIR. comparsa *f.* scritta, atto *m.*, memoria *f.* **Schrift|set|zer** m. *(-s,-)* TIP. compositore *m.* **Schrift|schnei|der** m. *(-s,-)* TIP. fonditore *m.* **Schrift|spra|che** f. *(-,-n)* lingua *f.* scritta (*o* letteraria). **schrift|sprach|lich I** agg. della lingua scritta, letteraria **II** avv. nella lingua scritta, letteraria.

Schrift|stel|ler m. *(-s,-)* scrittore *m.* **Schrift|stel|le|rei** f. *(-)* attività *f.*, professione *f.* di scrittore. **Schrift|stel|le|rin** f. *(-,-nen)* scrittrice *f.* **schrift|stel|le|risch I** agg. di, da scrittore, letterario: ***-es Talent haben*** avere talento letterario **II** avv. come scrittore: ***sich ~ betätigen*** avere un'attività letteraria. **schrift|stel|lern** intr. (aus. *haben*) fare lo scrittore, scrivere.

Schrift|stück n. *(-[e]s,-e)* BUROCR. atto *m.*, documento *m.*, scritto *m.*: ***ein ~ aufsetzen, einreichen, verlesen*** redigere, inoltrare, leggere un atto. **Schrift|tum** n. *(-s)* letteratura *f.*: ***das ~ zu diesem Thema ist reichhaltig*** la letteratura su questo argomento è vasta. **Schrift|ty|pe** f. *(-,-n)* TIP. tipo *m.* **Schrift|ver|kehr** m. *(-s)* corrispondenza *f.*, carteggio *m.*: ***mit jdm in ~ treten*** iniziare una corrispondenza con qcn.: ***mit jdm in ~ stehen*** essere in corrispondenza (*o* avere un carteggio) con qcn. **schrift|ver|stän|dig** agg. **1** esperto di grafologia **2** RAR. *(bibelfest)* esperto della Bibbia. **Schrift|wech|sel** m. *(-s,-)* → **Schriftverkehr. Schrift|werk** n. *(-[e]s,-e)* opera *f.* (letteraria), scritti *m.pl.* **Schrift|zei|chen** n. *(-s,-)* carattere *m.*, segno *m.* grafico, lettera *f.*: ***japanische ~*** caratteri giapponesi. **Schrift|zug** m. *(-[e]s,-züge)* **1** tratto *m.*, carattere *m.* (della scrittura) **2** *(Schreibart)* mano *f.*: ***mit kräftigem ~ unterzeichnen*** firmare con mano decisa ◆ ***ein verschnörkelter ~*** ghirigori, svolazzi.

schrill I agg. stridulo, stridente: ***-e Töne ausstoßen*** emettere (*o* mandare) suoni striduli; ***eine -e Stimme*** una voce stridula **II** avv. in modo stridulo: ***~ lachen*** ridere in modo stridulo. **schril|len** intr. (aus. *haben*) mandare suoni striduli ◆ ***das Telefon, die Klingel schrillt*** il telefono, il campanello squilla.

Schrimp → **Shrimp.**

schritt → **schreiten.**

Schritt m. *(-[e]s,-e)* **1a** passo *m.*: ***mit jedem ~*** a ogni passo; ***feste, schwere, unsichere, zögernde -e*** passi veloci, pesanti, insicuri, titubanti; ***einen ~ zurücktreten*** fare un passo indietro, indietreggiare di un passo; ***die ersten -e tun*** fare i primi passi **b** *(Gang)* ***mit schnellen -en*** a passo svelto; ***wankenden, langsamen -es*** con passo vacillante, a passo lento; ***seinen ~ beschleunigen, verlangsamen*** affrettare, rallentare il passo; ***sein ~ stockte*** si fermò **c** *(Gleichschritt)* ***aus dem ~ kommen*** perdere il passo; ***im ~ bleiben*** mantenere il passo; ***im ~!*** al passo! ***~ halten*** tenere il passo **d** *(Entfernungsmaß)* ***sechs ~ lang*** lungo sei passi; ***bis auf 50 ~ Entfernung*** fino a cinquanta passi di distanza; ***ein paar -e von hier wohnen*** abitare a due passi da qui **2** FIG. *(Maßnahme)* passo *m.*, mossa *f.*: ***einen entscheidenden, gewagten (unüberlegten) ~ tun*** fare un passo decisivo, azzardato; ***die nötigen -e (zu etw.) veranlassen, einleiten, unternehmen*** intraprendere, fare i passi necessari (verso qcs.); ***einleitende -e*** misure preliminari **3** SART. cavallo *m.*: ***der ~ ist zu kurz*** il cavallo è troppo stretto ◆ ***jds -e beflügeln*** mettere le ali a qcn.; ***diplomatische -e einleiten*** avviare le trattative diplomatiche; ***jdn am ~ erkennen*** riconoscere qcn. dall'andatura; ***den ersten ~ tun*** fare il primo passo; ***~ für ~*** passo a passo; ***mit jdm, etw. ~ halten*** andare al passo (*o* di pari passo) con qcn., qcs. (anche FIG.); *mit der Zeit ~ halten* stare al passo con i tempi; *keinen ~ tun* non muovere (*o* fare) un passo; *im ~ fahren* andare, guidare a passo d'uomo; *jdm drei -e vom Leibe bleiben* tenersi a distanza, alla larga da qcn.; *die nötigen -e tun* fare i passi necessari; *ein paar -e gehen* ~ fare quattro (*o* due) passi; *ein paar -e entfernt* a due passi; *im ~ reiten* andare al passo; *einen ~ zur Seite machen, tun* fare un passo di lato, lateralmente; *einen ~ näher treten* avvicinarsi di un passo; *jdm auf ~ und Tritt folgen* seguire qcn. passo passo; *~ um ~* passo per passo; *-e gegen jdn unternehmen* prendere provvedimenti contro qcn.; *jdm um einige -e voraus sein* precedere qcn. di alcuni passi; *einen ~ zu weit gehen* fare un passo di troppo; FIG. *den zweiten ~ vor dem ersten tun* mettere il carro davanti ai buoi; PROV. *~ vor ~ kommt auch ans Ziel* chi comincia e non s'arresta va lontano e arriva presto.

Schritt|fol|ge f. *(-,-n)* sequenza *f.*, successione *f.* di passi. **Schritt|ge|schwin|dig|keit** f. *(-)* → **Schritttempo. Schritt|kom|bi|na|ti|on** f. *(-,-en)* combinazione *f.*, sequenza *f.* di passi. **Schritt|län|ge** f. *(-,-n)* **1** lunghezza *f.* del passo **2** SART. cavallo *f.* **Schritt|ma|cher** m. *(-s,-)* **1** MED. EQUIT. pacemaker *m.* **2** SPORT battistrada *m.* **3** *(fortschrittlicher Mensch)* precursore *m.*, antesignano *m.* **Schritt|mes|ser** m. *(-s,-)* contapassi *m.* **Schritt|tem|po** n. *(-s)*, *(im) ~ fahren, im ~ vorwärts kommen* viaggiare, procedere a passo d'uomo. **schritt|wei|se I** agg. gradualmente **II** avv. passo (a) passo, passo dopo passo: *~ vorwärts kommen* avanzare passo passo; *(allmählich)* gradualmente, per gradi. **Schritt|wei|te** f. *(-,-n)* lunghezza *f.* del passo. **Schritt|zäh|ler** m. *(-s,-)* → **Schrittmesser.**

schroff I agg. **1** *(steil)* ripido, scosceso, erto: *eine -e Klippe* una parete scoscesa **2** FIG. *(barsch)* scostante, brusco, secco: *eine -e Weigerung* un secco rifiuto **3** *(unvermittelt)* repentino, brusco: *ein -er Übergang* un passaggio brusco **II** avv. **1** bruscamente, seccamente: *jdn ~ abweisen* respingere qcn. bruscamente **2** repentinamente, bruscamente: *sich ~ abwenden* voltarsi bruscamente ◆ *ein -er Gegensatz, Widerspruch* un contrasto, una contraddizione stridente. **Schroff** m. *(-[e]s* e *-en,-en)*, REGION. **Schrof|fen** m. *(-s,-)* rupe *f.* scoscesa. **Schroff|heit** f. *(-,-en)* **1** ripidezza *f.* **2a** *(Grobheit)* rudezza *f.*, asprezza *f.* **b** *(schroffe Äußerung)* risposta *f.* secca, dura.

schroh agg. REGION. brutto.

schröp|fen tr. **1** MED. salassare; *(durch feine Schnitte)* scarificare **2** FIG. COLLOQ. *(ausbeuten)* salassare, dissanguare **3** AGR. scarificare, incidere. **Schröp|fer** m. *(-s,-)*, **Schröpf|kopf** m. *(-[e]s,-köpfe)* MED. coppetta *f.* **Schröp|fung** f. *(-,-en)* **1** MED. salasso *m.*; *(durch feine Schnitte)* scarificazione *f.* **2** AGR. scarificazione *f.*

Schrot m. e n. *(-[e]s,-e)* **1** *(grob gemahlenes Getreide)* = granaglie *f.pl.* macinate grosse **2** pallini *m.pl.*: *mit ~ schießen* sparare a pallini; *eine Ladung ~ abbekommen* ricevere una scarica di pallini **3** NUMISM. ANT. peso *m.* lordo ◆ FIG. *von altem, echtem ~ und Korn* di vecchio stampo; *von gutem, bestem ~ und Korn* di buona lega, FIG. di buona pasta. **Schrot|baum** m. *(-[e]s,-bäume)* → **Schrotleiter. Schrot|brot** n. *(-[e]s,-e)* pane *m.* integrale. **Schrot|büch|se** f. *(-,-n)* fucile *m.* a pallini. **Schrot|ef|fekt** m. *(-[e]s)* ELETTRON. effetto *m.* granulare.

schro|ten tr. **1** *(Getreide)* macinare grossolanamente **2** ANT. *(fortbewegen)* trascinare; *(rollen)* rotolare.

Schrö|ter m. *(-s,-)* RAR. → **Schrotkäfer.**

Schrot|fei|le → **Schruppfeile. Schrot|flin|te** f. *(-,-n)* → **Schrotbüchse.**

Schroth|kur f. *(-,-en)* trattamento *m.* di Schroth.

Schrot|ho|bel m. *(-s,-)* piallone *m.* **Schrot|kä|fer** m. *(-s,-)* cervo *m.* volante. **Schrot|korn** n. *(-[e]s,-körner)* chicco *m.* di grano macinato grosso. **Schrot|ku|gel** f. *(-,-n)* pallino *m.* **Schrot|la|dung** f. *(-,-en)* carica *f.* a pallini. **Schrot|lei|ter** f. *(-,-n)* (coppia *f.* di) travi *m.pl.* inclinate (per scaricare).

Schröt|ling m. *(-s,-e)* piastrina *f.* di metallo da conio.

Schrot|mehl n. *(-[e]s)* farina *f.* macinata grossa. **Schrot|mei|ßel** m. *(-s,-)* TECN. tagliolo *m.* **Schrot|müh|le** f. *(-,-n)* mulino *m.* per granaglie. **Schrot|pat|ro|ne** f. *(-,-n)* cartuccia *f.* a pallini. **Schrot|schuss** m. *(-es,-schüsse)* tiro *m.* a pallini.

Schrott m. *(-[e]s,-e)* **1** rottami *m.pl.* (metallici), ferri *m.pl.* vecchi: *~ sammeln* raccogliere ferri vecchi **2** COLLOQ. *(Zeug)* cianfrusaglia *f.*, carabattola *f.*: *das ist alles ~* sono tutte carabattole ◆ *(ein Fahrzeug) zu ~ fahren* ridurre (un veicolo) a un rottame; *~ reden* dire sciocchezze. **Schrott|han|del** m. *(-s)* commercio *m.* dei rottami metallici. **Schrott|händ|ler** m. *(-s,-)* **1** ferrovecchio *m.*, commerciante *m.* di ferri vecchi **2** *(von Schrottautos)* sfasciacarrozze *m.* **Schrott|hau|fen** m. *(-s,-)* **1** mucchio *m.* di rottami **2** SCHERZ. *(altes Auto)* rottame *m.* **Schrott|platz** m. *(-es,-plätze)* parco *m.* rottami. **Schrott|pres|se** f. *(-,-n)* pressa *f.* per rottami (di metallo). **schrott|reif** agg. buono come rottame, da rottamare ◆ *(ein Fahrzeug) ~ fahren* ridurre (un veicolo) a un rottame. **Schrott|trans|port** m. *(-[e]s,-e)* trasporto *m.* di rottami. **Schrott|ver|wer|tung** f. *(-,-en)* riutilizzo *m.* dei rottami (di metallo), dei ferri vecchi. **Schrott|wert** m. *(-[e]s)* *(nur noch) ~ haben* avere (solo) il valore di rottame, valere (solo) come rottame.

Schrot|waa|ge f. *(-,-n)* ANT. TECN. livella *f.*

Schrubb|be|sen m. *(-s,-)* REGION. spazzolone *m.* **schrub|ben** COLLOQ. **I** tr. **1** sfregare, strofinare (anche assol.): *den Boden ~* strofinare il pavimento; *jdm den Rücken ~* strofinare la schiena a qcn.; *den ganzen Tag ~ und wischen* sfregare e lustrare tutto il giorno **2** *(schrubbend entfernen)* togliere sfregando, strofinando: *die Flecken vom Boden ~* togliere le macchie dal pavimento strofinando **II** intr. (aus. *haben*) sfregare: *die Tür schrubbt über den Fußboden* la porta sfrega sul pavimento. **Schrub|ber** m. *(-s,-)* COLLOQ. → **Schrubbbesen.**

Schrul|le f. *(-,-n)* **1** capriccio *m.*, grillo *m.*, ghiribizzo *m.*: *den Kopf voller -n haben* avere un sacco di grilli per la testa **2** COLLOQ. *(ältere schrullige Frau)* vecchia *f.* stravagante. **schrul|len|haft, schrul|lig** agg. COLLOQ. **1** *(wunderlich)* strambo, stravagante, bizzarro: *ein -er Alter* un vecchio strambo **2** *(absonderlich)* strampalato, bizzarro: *eine -e Idee* un'idea strampalata. **Schrul|lig|keit** f. *(-,-en)* stramberia *f.*, stravaganza *f.*

Schrum|pel f. *(-,-n)* REGION. **1** *(Runzel)* ruga *f.*, grinza *f.* **2** *(alte Frau)* vecchia *f.* grinzosa. **schrum|pe|lig** agg. → **schrumplig. schrum|peln** REGION. → **schrumpfen.**

schrumpf|be|stän|dig agg. che non si restringe (*o* ritira). **schrump|fen** intr. (aus. *sein*) **1** raggrinzirsi: *das Obst schrumpft* la frutta raggrinzisce **2** *(abnehmen)* diminuire, ridursi: *die Vorräte ~* le provviste diminuiscono **3** *(eingehen)* restringersi, ritirarsi: *der Pullover ist (beim Waschen) geschrumpft* il pullover si è ristretto (lavandolo). **schrump|fig** agg. → **schrumplig. Schrumpf|kopf** m. *(-[e]s,-köpfe)* tsantsa *f.* **Schrumpf|le|ber** f. *(-,-n)* fegato *m.* atrofico. **Schrumpf|nie|re** f. *(-,-n)* rene *m.* atrofico. **Schrump|fung** f. *(-,-en)* **1** il raggrinzirsi **2** *(Abnahme)* diminuzione *f.*, riduzione *f.* **3** *(Verkleinerung)* restringimento *m.*

schrump|lig agg. **1** *(runzlig)* rugoso, grinzoso: *eine -e Hand* una mano rugosa **2** *(knittrig)* spiegazzato: *ein -es Hemd* una camicia spiegazzata.

Schrund m. *(-[e]s, Schründe)* AUSTR. SVIZZ. **1a** *(Gletscherspalte)* crepaccio *m.* **b** *(Felsspalte)* fenditura *f.*, spaccatura *f.* **2** RAR. *(Schrunde)* screpolatura *f.* **Schrun|de** f. *(-,-n)* **1** *(Hautriss)* screpolatura *f.* **2** *(Schrund)* crepaccio *m.* **schrun|dig** agg. REGION. spaccato; *(von der Haut)* screpolato.

schrup|pen tr. TECN. sgrossare, digrossare. **Schrupp|fei|le** f. *(-,-n)* lima *f.* bastarda. **Schrupp|ho|bel** m. *(-s,-)* piallone *m.*

Schub m. *(-[e]s, Schübe)* **1** spinta *f.* (anche FIS.): *der ~ einer Rakete* la spinta di un missile; *jdm einen ~ geben* dare una spinta a qcn.; *einen ~ kriegen* ricevere una spinta **2** MECC. *(Scherung)* scorrimento *m.* elastico **3a** *(Personengruppe)* ondata *f.*, infornata *f.*: *die Touristen kamen in Schüben* i turisti arrivavano a ondate; *beim ersten ~ sein* essere nel primo gruppo **b** *(von Waren)* arrivo *m.* **c** *(von Brot)* infornata *f.* **4** *(Anfall)* attacco *m.*: *ein depressiver ~* un attacco depressivo **5** REGION. *(Schubfach)* cassetto *m.* ◆ *auf einen ~* in un colpo solo; *ein ~ Kegel* un fascio di birilli; GERG. *per ~ an die Grenze gebracht werden* = venire rimpatriato con traduzione coatta. **Schub|ab|schal|tung** f. *(-)* cut-off *m.*

Schub|be|jack m. *(-s,-s)* REGION. → **Schubiack.**

schub|ben, schub|bern rifl. **sich ~** REGION. grattarsi: *der Hund schubbert sich an einem Baum* il cane si gratta contro un albero.

Schu|ber m. *(-s,-)* **1** custodia *f.*, cofanetto *m.* **2** AUSTR. *(Riegel)* chiavistello *m.*

Schub|fach n. *(-[e]s,-fächer)* → **Schublade.**

Schu|bi|ack m. *(-s,-s* e *-e)* COLLOQ. farabutto *m.*

Schub|kar|re f. *(-,-n)*, **Schub|kar|ren** m. *(-s,-)* carriola *f.* (anche GINN.): *~ machen, fahren* fare la carriola. **Schub|kas|ten** m. *(-s,-kästen)* → **Schublade. Schub|kraft** f. *(-,-kräfte)* **1** *(Schub)* spinta *f.* **2** *(Scherkraft)* forza *f.* tagliante. **Schub|la|de** f. *(-,-n)* cassetto *m.*: *eine ~ herausziehen, hineinschieben* aprire, chiudere un cassetto. *etw. in die ~ legen* mettere qcs. nel cassetto; *etw. aus der ~ nehmen, holen* prendere qcs. dal, nel cassetto ◆ FIG. *etw. in der ~ haben* avere qcs. nel cassetto; FIG. *in -n denken* ragionare a scompartimenti stagni. **schub|la|di|sie|ren** tr. SVIZZ. mettere nel cassetto. **Schub|leh|re** f. *(-,-n)* calibro *m.* a corsoio. **Schub|leich|ter** m. *(-s,-)* alleggio *m.*, maona *f.* **Schub|leis|tung** f. *(-)* potenza *f.* di spinta.

Schubs m. *(-es,-e)* COLLOQ. spinta *f.*: *jdm einen leichten, kräftigen ~ geben* dare una spinta leggera, forte a qcn.

Schub|schiff n. *(-es,-e)* rimorchiatore *m.* a spinta, spintore *m.*

schub|sen I tr. COLLOQ. spingere: ***jdn ins Wasser, zur Seite, vom Stuhl ~*** spingere qcn. in acqua, da parte, spingere qcn. giù dalla sedia **II** rifl. **sich ~** spingersi, spintonarsi. **Schub|se|rei** f. *(-,-en)* COLLOQ. lo spingere: ***hör auf mit der ~!*** smettila di spingere!

schub|wei|se avv. **1** a ondate, a infornate **2** *(anfallsweise)* con attacchi, sotto forma di attacchi. **Schub|wir|kung** f. *(-,-en)* (effetto *m.*) spinta *f.*

schüch|tern I agg. timido: ***ein -es Kind*** un bambino timido; ***ein -er Versuch*** un timido tentativo; ***ein -er Applaus*** un timido applauso **II** avv. timidamente: ***~ lächeln*** sorridere timidamente. **Schüch|tern|heit** f. *(-)* timidezza *f.*

schuf → **schaffen.**

Schuft m. *(-[e]s,-e)* farabutto *m.*, canaglia *f.*: ***du elender ~!*** tu, misero farabutto!

schuf|ten COLLOQ. **I** intr. (aus. *haben*) sfacchinare, sgobbare: ***das ganze Leben lang ~*** sgobbare per tutta la vita; ***von früh bis spät ~*** sgobbare dalla mattina alla sera **II** rifl. ***sich müde, krank, zu Tode ~*** sgobbare fino alla morte, fino a morirne. **Schuf|te|rei** f. *(-,-en)* COLLOQ. **1** sfacchinata *f.*: ***so eine ~!*** che sfacchinata! **2** → **Schuftigkeit.**

schuf|tig agg. infame. **Schuf|tig|keit** f. *(-,-en)* COLLOQ. bassezza *f.*, infamia *f.*

Schuh m. *(-[e]s,-e* e *-)* **1** scarpa *f.*: ***ein Paar -e*** un paio di scarpe; ***hohe, flache, leichte, feste -e*** scarpe alte, basse, leggere, pesanti; ***-e mit hohen Absätzen*** scarpe col tacco alto (*o* coi tacchi alti); ***-e aus Leder*** scarpe di cuoio; ***bequeme, enge -e*** scarpe comode, strette; ***schmale, breite, spitze -e*** scarpe affusolate (*o* a pianta stretta), a pianta larga, a punta; ***ausgetretene -e*** scarpe consumate; ***-e zum Binden, Schnüren*** scarpe coi lacci; ***sich die -e anziehen, ausziehen, schnüren*** mettersi, togliersi, allacciarsi le scarpe; ***-e anprobieren, tragen, putzen, ablaufen, besohlen*** provare, portare, pulire, consumare, risuolare delle scarpe; ***die -e passen, sitzen*** le scarpe vanno (*o* calzano) bene; ***die -e drücken*** le scarpe stringono **2** EDIL. puntazza *f.* **3** MECC. *(Bremsschuh)* pattino *m.* **4** EL. *(Kabelschuh)* capocorda *m.*, terminale *m.* **5** *(pl. -)* METROL. ANT. piede *m.* ◆ COLLOQ. FIG. ***sich (D) die -e nach etw. ablaufen, abgelaufen haben*** darsi, essersi dato un gran daffare per qcs.; COLLOQ. ***wissen, wo jdn der ~ drückt*** sapere quali sono i problemi, i guai di qcn.; COLLOQ. ***wo drückt dich der ~?*** cosa c'è che non va? qual è il problema? FIG. ***das sind zwei Paar -e*** questo è un altro paio di maniche; ***jdm etw. in die -e schieben*** scaricare su qcn. la colpa di qcs.

Schuh|ab|strei|cher m. *(-s,-)* pulisciscarpe *m.*, nettapiedi *m.* **Schuh|an|zie|her** m. *(-s,-)* calzascarpe *m.*, calzante *m.* **Schuh|band** n. *(-[e]s,-bänder)* REGION. laccio *m.* (*o* stringa *f.*) della scarpa, da scarpe. **Schuh|bürs|te** f. *(-,-n)* spazzola *f.* da (*o* per le) scarpe.

Schuh|chen, Schüh|chen n. *(-s,-)* scarpina *f.*, scarpetta *f.*

Schuh|creme f. *(-,-s)* crema *f.* per calzature; COLLOQ. lucido *m.* da scarpe: ***blaue, farblose ~*** lucido da scarpe blu, neutro. **Schuh|fab|rik** f. *(-,-en)* calzaturificio *m.* **Schuh|ge|schäft** n. *(-[e]s,-e)* negozio *m.* di scarpe (*o* calzature). **Schuh|grö|ße** f. *(-,-n)* numero *m.* (di scarpe): ***welche ~ haben Sie?*** che numero porta? ***~ 38 haben*** portare il 38 di scarpe ◆ COLLOQ. ***das ist nicht seine ~*** non è di suo gusto. **Schuh|kar|ton** m. *(-s,-s* e *-e)* → **Schuhschachtel. Schuh|la|den** m. *(-s,-läden)* → **Schuhgeschäft. Schuh|lap|pen** m. *(-s,-)* panno *m.* per (pulire) le scarpe. **Schuh|leis|ten** m. *(-s,-)* forma *f.* per scarpe. **Schuh|löf|fel** m. *(-s,-)* → **Schuhanzieher. Schuh|ma|cher** m. *(-s,-)* calzolaio *m.* **Schuh|ma|che|rei** f. *(-,-en)* **1** mestiere *m.* del, di calzolaio **2** *(Werkstatt)* bottega *f.* del, di calzolaio.

Schuh|num|mer f. *(-,-n)* numero *m.* di scarpe. **Schuh|platt|ler** m. *(-s,-)* INTRAD. (danza popolare bavarese). **Schuh|put|zer** m. *(-s,-)* **1** lustrascarpe *m.* **2** *(Maschine)* macchina *f.* lustrascarpe ◆ COLLOQ. FIG. ***ich bin doch nicht dein ~!*** non sono mica il tuo servo! COLLOQ. FIG. ***jdn wie einen ~ behandeln*** trattare qcn. come una pezza da piedi. **Schuh|rie|men** m. *(-s,-)* REGION. → **Schuhband. Schuh|schach|tel** f. *(-,-n)* scatola *f.* da, per scarpe. **Schuh|schna|bel** m. *(-s,-)* ORNIT. becco *m.* a scarpa. **Schuh|schrank** m. *(-[e]s,-schränke)* scarpiera *f.* **Schuh|soh|le** f. *(-,-n)* suola *f.* di, della scarpa. ◆ COLLOQ. FIG. ***sich (D) die -n nach etw. ablaufen*** darsi un gran daffare per qcs. **Schuh|span|ner** m. *(-s,-)* tendiscarpe *m.* **Schuh|werk** n. *(-[e]s)* calzature *f.pl.*: ***festes ~*** calzature solide. **Schuh|wich|se** f. *(-,-n)* COLLOQ. → **Schuhcreme. Schuh|zeug** m. *(-[e]s)* → **Schuhwerk.**

Schu|ko|ste|cker m. *(-s,-)* spina *f.* con messa a terra.

Schul|ab|gän|ger m. *(-s,-)* diplomato *m.* **Schul|ab|schluss** m. *(-es,-abschlüsse)* titolo *m.* di studio. **Schul|al|ter** n. *(-s)* età *f.* scolare: ***er kommt bald ins ~*** presto avrà l'età per andare a scuola. **Schul|amt** n. *(-[e]s,-ämter)* = provveditorato *m.* agli studi. **Schul|an|fän|ger** m. *(-s,-)* alunno *m.* che comincia la scuola. **Schul|ar|beit** f. *(-,-en)* **1a** compito *m.*: ***-en machen*** fare i compiti **b** AUSTR. *(Klassenarbeit)* compito *m.* in classe **2** *(in der Schule zu leistende Arbeit)* lavoro *m.* svolto (*o* da svolgere) in classe. **Schul|arzt** m. *(-es,-ärzte)* medico *m.* scolastico. **schul|ärzt|lich** agg. del (*o* rilasciato dal) medico scolastico. **Schul|auf|bau** m. *(-[e]s)* struttura *f.* scolastica. **Schul|auf|ga|be** f. *(-,-n)* **1** compito *m.* **2** REGION. *(Klassenarbeit)* compito *m.* in classe. **Schul|auf|satz** m. *(-es,-aufsätze)* tema *m.*, componimento *m.* **Schul|aus|flug** m. *(-[e]s,-ausflüge)* gita *f.* scolastica. **Schul|bank** f. *(-,-bänke)* banco *m.* (di scuola) ◆ ***die ~ drücken*** = andare a scuola, essere studente; ***miteinander die (gleiche) ~ gedrückt haben, auf einer ~ gesessen haben*** essere stati compagni di scuola. **Schul|be|ginn** m. *(-[e]s)* inizio *m.* dell'anno scolastico, apertura *f.* delle scuole. **Schul|be|hör|de** f. *(-,-n)* autorità *f.* scolastica; *(Schulamt)* provveditorato *m.* agli studi. **Schul|bei|spiel** n. *(-[e]s,-e)* esempio *m.* classico (*o* tipico). **Schul|be|such** m. *(-[e]s,-e)* frequenza *f.* scolastica. **Schul|bib|li|o|thek** f. *(-,-en)* biblioteca *f.* scolastica (*o* della scuola). **Schul|bil|dung** f. *(-)* formazione *f.* (*o* istruzione *f.*) scolastica. **Schul|brot** n. *(-[e]s,-e)* merenda *f.* **Schul|buch** n. *(-[e]s,-bücher)* libro *m.* di scuola, BUROCR. libro *m.* di testo. **Schul|bü|che|rei** f. *(-,-en)* → **Schulbibliothek. Schul|bus** m. *(-ses,-se)* pulmino *m.* della scuola, scuolabus *m.* **Schul|chor** m. *(-[e]s,-chöre)* coro *m.* della scuola.

schuld, ***an etw. (D) ~ sein*** essere colpevole di qcs., avere la colpa di qcs.

Schuld f. *(-,-en)* **1a** colpa *f.*: ***seine ~ bekennen (zugeben), (ein)gestehen, leugnen (abstreiten), sühnen (büßen)*** riconoscere (*o* ammettere), confessare, negare, scontare la propria colpa; ***die ~ an etw. (D) haben, tragen*** avere la colpa di qcs.; ***jdm die ~ für etw. geben, die ~ an etw. (D) zuschreiben*** dare, attribuire a qcn. la colpa di qcs.; ***die ~ liegt bei jdm (trifft jdn), fällt auf jdn*** la colpa è di qcn., ricade su qcn.; ***sich von einer ~ rein waschen*** scagionarsi da una colpa; ***wessen ~ ist es?*** di chi è la colpa? ***das ist meine ~*** è colpa mia; ***die ~ auf sich (A) nehmen, laden*** prendersi (*o* assumersi), addossarsi la colpa; ***die ~ auf jdn abwälzen, schieben*** scaricare la colpa su qcn., addossare la colpa a qcn.; ***sich keiner ~ bewusst sein*** non sentirsi in colpa, non ritenersi responsabile **b** DIR. colpevolezza *f.*: ***jds ~ beweisen*** provare la colpevolezza di qcn.; ***von jeder ~ freigesprochen werden*** essere prosciolto da ogni accusa, essere riconosciuto innocente **2a** *(Zahlungsverpflichtung)* debito *m.*: ***-en haben, machen*** avere, fare debiti; ***sich in -en stürzen*** indebitarsi; ***eine ~ begleichen, bezahlen (abzahlen), löschen (tilgen, abtragen)*** saldare, pagare, estinguere un debito; ***jdm eine ~ erlassen*** annullare (*o* cancellare, stralciare) il debito di qcn.; ***in -en geraten*** avere dei debiti; ***er hat (bei der Bank, bei jdm) 10 000 Mark -en*** ha (con la banca, con qcn.) debiti per 10 000 marchi (*o* un debito di 10 000 marchi) **b** ***-en einfordern (einklagen), einziehen (eintreiben)*** esigere, riscuotere crediti **c** *(Hypothek)* ipoteca *f.*: ***das Haus ist frei von -en*** la casa è libera da ipoteche ◆ ***durch meine, deine ~*** per colpa mia, tua; ***mehr -n als Haare auf dem Kopf haben*** avere un sacco di debiti, essere nei debiti fino ai capelli; ***ohne meine ~*** senza colpa da parte mia; ***bis über die Ohren in -en stecken*** essere indebitato fino al collo; FIG. ***tief in jds ~ sein, stehen*** essere in debito con qcn., essere debitore di qcn.; RELIG. ***vergib uns unsere ~...*** rimetti a noi i nostri debiti...; ***zu -en*** → **zuschulden.**

Schuld|an|er|kennt|nis n. *(-ses,-se)* DIR. riconoscimento *m.* di debito. **Schuld|bei|tritt** m. *(-[e]s,-e)* accollo *m.* cumulativo. **Schuld|be|kennt|nis** n. *(-ses,-se)* ammissione *f.* di, della colpa. **schuld|be|la|den** agg. oppresso dalla colpa. **Schuld|be|weis** m. *(-es,-e)* prova *f.* della colpa, DIR. prova *f.* di, della colpevolezza. **schuld|be|wusst I** agg. consapevole della propria colpa **II** avv. ***~ schweigen*** tacere sapendo di essere in colpa. **Schuld|be|wusst|sein** n. *(-s)* consapevolezza *f.* della propria colpa. **Schuld|buch|for|de|rung** f. *(-,-en)* cartella *f.* del debito pubblico, credito *m.* iscritto nel libro del debito pubblico.

schul|den tr. dovere, essere debitore di (anche FIG.): ***jdm eine große Summe ~*** dovere una grossa somma a qcn.; ***wieviel, was schulde ich Ihnen?*** quanto le devo? ***jdm Dankbarkeit, Respekt, eine Erklärung, das Leben ~*** dovere riconoscenza, rispetto, una spiegazione, la vita a qcn.

Schul|den|berg m. *(-[e]s,-e)* COLLOQ. montagna *f.* di debiti. **Schul|den|er|lass** m. *(-es,-e)* cancellazione *f.* (*o* stralcio *m.*) di un debito. **schul|den|frei** agg. **1** senza debiti: ***sich ~ machen*** liberarsi dai debiti, pagare i debiti **2** *(frei von Hypotheken)* libero da ipoteche, non ipotecato. **Schul|den|haf|tung** f. *(-)* responsabilità *f.* per i debiti dell'azienda; *(für eine Person)* il garantire per i debiti (di una persona). **schul|den|hal|ber** avv. per debiti. **Schul|den|last** f. *(-)* carico *m.* (*o* onere *m.*) dei debiti, indebitamento *m.*: ***eine***

schwere ~ tragen essere gravato da molti debiti. **Schul|den|ma|cher** m. *(-s,-)* chi fa debiti. **Schul|den|mas|se** f. *(-)* massa *f.* passiva (*o* dei debiti). **Schul|den|til|gung** f. *(-,-en)* estinzione *f.* del, di un debito. **Schul|den|über|nah|me** → **Schuldübernahme.**
schuld|fä|hig agg. imputabile. **Schuld|fä|hig|keit** f. *(-)* imputabilità *f.* **Schuld|fra|ge** f. *(-)* questione *f.* della responsabilità (*o* della colpevolezza). **schuld|frei** agg. privo di colpe, innocente. **Schuld|ge|fühl** n. *(-[e]s,-e)* senso *m.* di colpa: *bei jdm -e erwecken* far venire sensi di colpa a qcn.; *von -en geplagt, verfolgt werden* essere tormentato dai sensi di colpa. **Schuld|ge|ständ|nis** n. *(-ses,-se)* ammissione *f.* di, della colpa: *ein ~ machen, ablegen* ammettere, confessare la propria colpa. **schuld|haft I** agg. colpevole **II** avv. *einen Unfall ~ verursachen* essere responsabile di un incidente ◆ DIR. *-e Unterlassung* omissione colposa.
Schul|dienst m. *(-[e]s)* insegnamento *m.*, scuola *f.*: *im ~ tätig sein* lavorare nella scuola.
schul|dig I agg. **1** colpevole: *~ des Diebstahls, Totschlags* colpevole di furto, omicidio; *sich eines Vergehens ~ machen* rendersi colpevole di un reato; *jdn für ~ erkennen* dichiarare, riconoscere qcn. colpevole; *an jdm ~ werden* rendersi colpevole (*o* commettere una colpa) nei confronti di qcn. **2** *(zu geben verpflichtet) jdm etw. ~ sein* essere debitore di qcs. a qcn., dovere (dare) qcs. a qcn.: *was bin ich (dir) ~?* quanto (ti) devo? *er ist ihr das Geld ~ geblieben* le deve ancora (dare) il denaro; FIG. *jdm Dank, Respekt, eine Erklärung ~ sein* dovere dei ringraziamenti, rispetto, una spiegazione a qcn.; *das ist er seiner Stellung, seinem Ruf, sich selbst ~* la sua posizione, il suo nome lo richiede, lo deve a se stesso **3** *(notwendig)* dovuto: *der -e Respekt* il rispetto dovuto **II** avv. *sich etw. (G) ~ fühlen* sentirsi colpevole di (*o* in colpa per) qcs.; *sich ~ bekennen* dichiararsi colpevole; DIR. *jdn einer Tat ~ sprechen* riconoscere qcn. colpevole di un reato ◆ *den Beweis für etw. ~ sein* dovere ancora provare qcs.; *jdm nichts ~ bleiben* rispondere a tono a qcn., ribattere colpo su colpo; *die Antwort nicht (keine Antwort) ~ bleiben* rispondere per le rime, avere la risposta pronta; *~ geschieden* divorziato per propria colpa.
Schul|di|ge m. e f. *(-n,-n)* colpevole *m.* e *f.*, reo *m.* (-a *f.*).
Schul|di|ger m. *(-s,-)* BIBL. debitore *m.*: *...wie auch wir vergeben unsern -n;* ...come noi li rimettiamo ai nostri debitori. **schul|di|ger|ma|ßen** avv. meritatamente.
Schul|dig|keit f. *(-,-en)* **1** ANT. debito *m.* **2** *(Pflicht)* dovere *m.*: *seine ~ tun* fare il proprio dovere ◆ *das ist deine (verdammte, verfluchte) Pflicht und ~!* questo è tuo sacrosanto dovere! **Schul|dig|spre|chung** f. *(-,-en)* DIR. verdetto *m.* di colpevolezza.
Schul|di|rek|tor m. *(-s,-en)* → **Schulleiter.**
Schuld|knecht|schaft f. *(-)* STOR. servitù *f.* per debiti. **Schuld|kom|plex** m. *(-es,-e)* complesso *m.* di colpa. **schuld|los I** agg. senza colpa, innocente **II** avv. senza colpa, innocentemente ◆ *~ geschieden* divorziato senza colpa. **Schuld|lo|sig|keit** f. *(-)* innocenza *f.* **schuld|mil|dernd** agg. attenuante. **Schuld|nach|weis** m. *(-es,-e)* dimostrazione *f.* (*o* prova *f.*) della colpevolezza.
Schuld|ner m. *(-s,-)* debitore *m.* **Schuld|ne|rin** f. *(-,-nen)* debitrice *f.* **Schuld|ner|ver|zeich|nis** n. *(-ses,-se)* elenco *m.*, registro *m.* dei debitori. **Schuld|ner|ver|zug** m. *(-[e]s)* mora *f.* (del debitore).
Schul|dra|ma n. *(-s,-dramen)* LETT. dramma *m.* scolastico.
Schuld|recht n. *(-[e]s)* diritto *m.* delle obbligazioni. **Schuld|schein** m. *(-[e]s,-e)* documento *m.* probatorio del debito; titolo *m.* di credito. **Schuld|spruch** m. *(-[e]s,-sprüche)* verdetto *m.* di colpevolezza. **Schuld|ti|tel** m. *(-s,-)* titolo *m.* di debito. **Schuld|turm** m. *(-[e]s,-türme)* STOR. torre *f.* dei debitori, prigione *f.* per debitori. **Schuld|über|nah|me** f. *(-,-n)* assunzione *f.* di (un) debito, DIR. accollo *m.* di debito. **Schuld|um|wand|lung** f. *(-,-en)* conversione *f.* di, del debito. **schuld|un|fä|hig** agg. non imputabile. **Schuld|un|fä|hig|keit** f. *(-)* non imputabilità *f.* **Schuld|ver|hält|nis** n. *(-ses,-se)* rapporto *m.* di debito; DIR. rapporto *m.* obbligatorio. **Schuld|ver|mu|tung** f. *(-,-en)* presunzione *f.* di colpa. **Schuld|ver|schrei|bung** f. *(-,-en)* obbligazione *f.*: *-en ausgeben* emettere obbligazioni. **schuld|voll** agg. colpevole. **Schuld|wech|sel** m. *(-s,-)* cambiale *f.* passiva, effetto *m.* passivo. **Schuld|zins** m. *(-es,-en)* interesse *m.* debitorio (*o* a debito). **Schuld|zu|wei|sung** f. *(-,-en)* attribuzione *f.* di colpa.
Schu|le f. *(-,-n)* **1a** scuola *f.*: *eine öffentliche, private, staatliche, staatlich anerkannte ~* una scuola pubblica, privata, statale, parificata; *berufsbildende, allgemein bildende ~* scuola professionale, di formazione generale; *die ~ besuchen, verlassen, wechseln* frequentare, lasciare la, cambiare scuola; *in die, zur ~ gehen* andare a scuola; *an, in einer ~ unterrichten* insegnare in una scuola; *aus der ~ kommen* uscire da scuola, venire da scuola; *an die, zur ~ gehen* andare a insegnare, diventare insegnante; *in die, zur ~ kommen* iniziare la scuola; *von der ~ abgehen* ritirarsi da scuola; *(die Schule beendet haben)* avere finito la scuola; COLLOQ. *von der ~ fliegen* essere espulso (da scuola); *jdn in die ~ aufnehmen* ammettere qcn. a scuola; *jdn in die ~ schicken* mandare qcn. a scuola; *jdn aus der ~ (heraus)nehmen, von der ~ nehmen* togliere qcn. da scuola; *jdn zur ~ fahren* portare qcn. a scuola; *in diesem Moment ist sie in der ~* in questo momento è a scuola; *die ~ betreten* entrare a, nella scuola **b** *(Unterricht) die ~ schwänzen, versäumen* tagliare da scuola, perdere scuola; *die ~ beginnt um 8 Uhr, ist um 13 Uhr aus* la scuola comincia alle 8, termina alle 13; *heute ist, haben wir keine ~* oggi non c'è, non abbiamo scuola; *morgen fällt die ~ aus* domani si salta la scuola; *bei jdm in die ~ gehen* andare a scuola da qcn. **c** *(künstlerische, wissenschaftliche Richtung) ein Gemälde aus der ~ Tizians* un dipinto della scuola di Tiziano **d** *(Gesamtheit der Schüler und Lehrer) die ganze ~ nahm an der Versammlung teil* tutta la scuola partecipò alla riunione **2** *(Lehr- und Übungsbuch)* corso *m.*: *die ~ des Klavierspiels* il corso di pianoforte ◆ *ein Dichter, Maler der alten ~* un poeta, pittore della vecchia scuola; FIG. *ein Kavalier der alten ~* un cavaliere di vecchio stampo (*o* d'altri tempi); *in eine harte ~ gehen, eine harte ~ durchmachen* crescere a una dura scuola; EQUIT. *die hohe ~* l'Alta Scuola; *die höhere ~* la scuola secondaria; *~ machen* fare scuola (anche FIG.); *aus der ~ plaudern, schwatzen* spiattellare (*o* spifferare) tutto.
schul|ei|gen agg. della scuola, scolastico.
schu|len I tr. **1** formare, addestrare: *jdn politisch ~* dare una formazione politica a (*o* formare politicamente) qcn. **2** *(üben)* esercitare: *das Gedächtnis ~* esercitare la memoria **3** *(dressieren)* addestrare, ammaestrare: *einen Wachhund ~* addestrare un cane da guardia **II** rifl. *sich an jdm ~* formarsi alla scuola di qcn.
Schul|eng|lisch n. *(-[s])* inglese *m.* scolastico.
schul|ent|las|sen agg. che ha finito la scuola, licenziato. **Schul|ent|las|se|ne** m. e f. *(-n,-n)* chi ha finito la scuola, licenziato *m.* (a *f.*). **Schul|ent|las|sung** f. *(-,-en)* licenza *f.* scolastica.
schul|ent|wach|sen agg. che ha superato l'età scolare.
Schü|ler m. *(-s,-)* scolaro *m.*, allievo *m.*, alunno *m.*; *(nach der Grundschule)* studente *m.*: *ein strebsamer, gelehriger ~* uno scolaro diligente, che apprende facilmente; *ein ehemaliger ~ des Instituts* un vecchio allievo dell'istituto; *ein ~ Giottos* un allievo di Giotto ◆ ANT. STOR. *fahrender ~* chierico vagante. **Schü|ler|ar|beit** f. *(-,-en)* opera *f.*, lavoro *m.* di allievi. **Schü|ler|aus|tausch** m. *(-[e]s)* scambio *m.* (internazionale di studenti). **Schü|ler|aus|weis** m. *(-es,-e)* tessera *f.* di studente. **Schü|ler|fahrt** f. *(-,-en)* gita *f.* scolastica. **schü|ler|haft** agg. **1** di (*o* da) scolaro **2** SPREG. scolastico: *eine -e Arbeit* un lavoro scolastico. **Schü|ler|heim** n. *(-[e]s,-e)* casa *f.* dello studente. **Schü|le|rin** f. *(-,-nen)* scolara *f.*, allieva *f.*, alunna *f.*; *(nach der Grundschule)* studentessa *f.* **Schü|ler|kar|te** f. *(-,-n)* biglietto *m.* per studenti. **Schü|ler|lot|se** m. *(-n,-n)* = scolaro *m.* che aiuta i compagni ad attraversare la strada. **Schü|ler|mit|ver|ant|wor|tung** f. *(-)* cogestione *f.* studentesca. **Schü|ler|mit|ver|wal|tung** f. *(-,-en)* **1** cogestione *f.* studentesca **2** *(Schülervertretung)* rappresentanza *f.* studentesca. **Schü|ler|müt|ze** f. *(-,-n)* ANT. berretto *m.* da scolaro, da studente. **Schü|ler|par|la|ment** n. *(-[e]s,-e)* rappresentanza *f.* studentesca. **Schü|ler|schaft** f. *(-,-en)* scolaresca *f.* **Schü|ler|spra|che** f. *(-)* gergo *m.* studentesco. **Schü|ler|spre|cher** m. *(-s,-)* rappresentante *m.* degli studenti. **Schü|ler|zei|tung** f. *(-,-en)* giornalino *m.* della scuola.
Schul|er|zie|hung f. *(-)* educazione *f.* scolastica. **Schul|fach** n. *(-[e]s,-fächer)* materia *f.* d'insegnamento (scolastico). **Schul|fei|er** f. *(-,-n)* festa *f.* della scuola. **Schul|fe|ri|en** pl. vacanze *f.pl.* scolastiche. **Schul|fern|se|hen** n. *(-s)* programmi *m.pl.* (televisivi) per le scuole. **Schul|fran|zö|sisch** n. *(-[s])* francese *m.* scolastico. **schul|frei** agg. di vacanza, libero (dalle lezioni): *ein -er Tag* un giorno di vacanza; *heute ist, haben wir ~* oggi è, facciamo vacanza, non c'è scuola. **Schul|freund** m. *(-[e]s,-e)* amico *m.* di scuola. **Schul|freun|din** f. *(-,-nen)* amica *f.* di scuola. **Schul|funk** m. *(-[e]s)* programmi *m.pl.* (radiofonici) per le scuole. **Schul|gang** m. *(-[e]s,-gänge)* **1** corridoio *m.* della scuola **2** *(Schulweg)* l'andare a scuola: *der erste ~* il primo giorno di scuola. **Schul|gar|ten** m. *(-s,-gärten)* giardino *m.* della scuola. **Schul|ge|bäu|de** n. *(-s,-)* scuola *f.*
Schul|ge|brauch, *für den ~* ad uso della scuola. **Schul|ge|gen|stand** m. *(-[e]s,-gegenstände)* AUSTR. → **Schulfach. Schul|geld** n. *(-[e]s)* tasse *f.pl.* scolastiche ◆ *lass dir dein ~ zurückgeben* non hai proprio imparato niente. **Schul|geld|frei|heit** f. *(-)* esonero *m.* dalle tasse scolastiche. **Schul|ge|lehr|sam|keit** f. *(-)* SPREG. erudizione *f.* (scolastica). **Schul|ge|mein|de** f. *(-,-n)* scuola *f.*

schul|ge|recht agg. → **schulmäßig. Schul|ge|setz** n. *(-es)* legislazione *f.* scolastica. **Schul|ge|sund|heits|pfle|ge** f. *(-)* assistenza *f.* sanitaria scolastica. **Schul|got|tes|dienst** m. *(-[e]s,-e)* messa *f.*, funzione *f.* religiosa a scuola. **Schul|gram|ma|tik** f. *(-,-en)* grammatica *f.* (per le scuole). **Schul|haus** n. *(-es,-häuser)* scuola *f.* **Schul|heft** n. *(-[e]s,-e)* quaderno *m.* di scuola. **Schul|hof** m. *(-[e]s,-höfe)* cortile *m.* della scuola. **Schul|hy|gi|e|ne** f. *(-)* → **Schulgesundheitspflege.**

schu|lisch agg. scolastico, di scuola: ***-e Leistung*** rendimento scolastico. **Schul|jahr** n. *(-[e]s,-e)* anno *m.* (scolastico): ***das ~ beginnt am 1. September*** l'anno scolastico inizia il primo settembre; ***im 6. ~ sein*** essere al sesto anno. **Schul|ju|gend** f. *(-)* scolari *m.pl.*, scolaresca *f.* **Schul|jun|ge** m. *(-n,-n)* scolaro *m.*, scolaretto *m.*: FIG. ***erröten wie ein ~*** arrossire come uno scolaretto. **Schul|ka|me|rad** m. *(-en,-en)* compagno *m.* di scuola. **Schul|kennt|nis|se** pl. conoscenze *f.pl.*, nozioni *f.pl.* scolastiche. **Schul|kind** n. *(-[e]s,-er)* scolaretto *m.* (-a *f.*). **Schul|klas|se** f. *(-,-n)* classe *f.* **Schul|kol|le|ge** m. *(-n,-n)* REGION. → **Schulkamerad. Schul|land|heim** n. *(-[e]s,-e)* colonia *f.* (scolastica). **Schul|leh|rer** m. *(-s,-)* COLLOQ. maestro *m.* (di scuola).

Schul|lei|ter m. *(-s,-)* **1** direttore *m.* della scuola **2** *(Direktor)* preside *m.* **Schul|lei|te|rin** f. *(-,-nen)* **1** direttrice *f.* della scuola **2** *(Direktorin)* preside *f.* **Schul|lei|tung** f. *(-,-en)* direzione *f.*

Schul|mäd|chen n. *(-s,-)* scolara *f.*, scolaretta *f.* **Schul|mann** m. *(-[e]s,-männer)* pedagogo *m.* **Schul|map|pe** f. *(-,-n)* cartella *f.* **schul|mä|ßig** agg. di scuola, scolastico. **Schul|me|di|zin** f. *(-)* medicina *f.* tradizionale.

Schul|meis|ter m. *(-s,-)* **1** ANT. o SCHERZ. → **Schullehrer 2** SPREG. *(Pedant)* pedante *m.* **Schul|meis|te|rei** f. *(-,-en)* **1** ANT. o SCHERZ. *(Lehrberuf)* professione *m.* di insegnante **2** SPREG. pedanteria *f.* **schul|meis|ter|lich** agg. SPREG. pedantesco. **schul|meis|tern** SPREG. **I** tr. criticare da pedante **II** intr. (aus. *haben*) fare il pedante, pedanteggiare.

Schul|mu|sik f. *(-)* educazione *f.* musicale (nella scuola). **Schul|ord|nung** f. *(-,-en)* ordinamento *m.* (*o* regolamento *m.*) scolastico.

Schulp m. *(-[e]s,-e)* osso *m.* di seppia.

Schul|pä|da|go|gik f. *(-)* pedagogia *f.* **Schul|pfleg|schaft** f. *(-,-en)* = comitato *m.* scolastico (con rappresentanti dei genitori, degli insegnanti, dell'ente finanziatore). **Schul|pflicht** f. *(-)* obbligo *m.* scolastico: ***der ~ nachkommen*** adempiere l'obbligo scolastico. **schul|pflich|tig** agg. **1** soggetto all'obbligo scolastico **2** *(vom Alter)* scolare. **Schul|po|li|tik** f. *(-)* politica *f.* scolastica. **Schul|prak|ti|kum** n. *(-s,-praktika)* tirocinio *m.* (d'insegnamento) nelle scuole. **Schul|ran|zen** m. *(-s,-)* cartella *f.* (portata a zaino). **Schul|rat** m. *(-[e]s,-räte)* ispettore *m.* (scolastico). **Schul|raum** m. *(-[e]s,-räume)* locale *m.* (della scuola). **Schul|recht** n. *(-[e]s)* legislazione *f.* scolastica. **Schul|re|form** f. *(-,-en)* riforma *f.* della scuola.

schul|reif agg. maturo per la scuola. **Schul|rei|fe|test** m. *(-[e]s,-s* e *-e)* test *m* di ammissione (a scuola). **Schul|schiff** n. *(-[e]s,-e)* nave scuola *f.* **Schul|schluss** m. *(-es)* **1** fine *f.* delle lezioni **2** *(Schuljahrsende)* fine *f.* dell'anno scolastico **3** REGION. *(Ende der Schulzeit)* fine *f.* della scuola. **Schul|schwän|zer** m. *(-s,-)* COLLOQ. chi marina la scuola. **Schul|schwes|ter** f. *(-,-n)* suora *f.* insegnante. **Schul|spei|sung** f. *(-)* refezione *f.* (scolastica). **Schul|spre|cher** m. *(-s,-)* rappresentante *m.* degli studenti. **Schul|stra|fe** f. *(-,-n)* punizione *f.* inflitta a scuola. **Schul|stu|fe** f. *(-,-n)* grado *m.*, livello *m.* scolastico. **Schul|stun|de** f. *(-,-n)* (ora *f.* di) lezione *f.* **Schul|sys|tem** n. *(-s,-e)* sistema *m.* scolastico. **Schul|ta|fel** f. *(-,-n)* lavagna *f.* **Schul|tag** m. *(-[e]s,-e)* giorno *m.* di scuola. **Schul|ta|sche** f. *(-,-n)* cartella *f.*

Schul|ter f. *(-,-n)* spalla *f.*: ***schmale, breite -n haben*** avere spalle strette, larghe (o essere stretto, largo di spalle); ***den Kopf an jds ~ legen*** appoggiare la testa sulla spalla di qcn.; ***jdn an den -n packen, rütteln*** afferrare, scuotere le spalle di qcn.; ***jdm auf die ~ klopfen*** battere sulla spalla di qcn.; ***jdm die Hand auf die ~ legen*** mettere la mano sulla spalla di qcn.; ***den Arm um jds -n legen*** mettere un braccio intorno alle spalle di qcn.; FIG. ***die Verantwortung liegt, lastet, ruht auf seinen -n*** la responsabilità poggia, pesa, grava sulle sue spalle; SART. ***die Jacke ist in den -n zu weit*** la giacca è larga di spalle; SPORT ***jdn auf die ~ legen*** mettere qcn. con le spalle a terra (*o*. al tappeto); GASTR. ***ein Stück von der ~*** un pezzo della spalla ◆ ***~ an ~*** spalla a spalla (anche FIG.); ***jdn über die ~ ansehen*** guardare qcn. dall'alto in basso; ***auf beiden -n (Wasser) tragen*** tenere il piede in due staffe; ***die -n hängen lassen*** stare con le spalle abbassate; FIG. essere abbattuto; ***jdm die kalte ~ zeigen*** trattare qcn. con indifferenza; ***etw. auf die leichte ~ nehmen*** prender qcs. alla leggera (*o* sottogamba); ***jdn auf die -n nehmen*** prendere qcn. sulle spalle; ***etw. auf seine (eigenen) -n nehmen*** prendere qcs. sulle proprie spalle; ***auf jds -n stehen*** appoggiarsi a qcn.; ***mit den -n zucken*** fare spallucce.

Schul|ter|blatt n. *(-[e]s,-blätter)* scapola *f.* **schul|ter|frei** agg. scollato. **Schul|ter|ge|lenk** n. *(-[e]s,-e)* articolazione *f.* della spalla. **Schul|ter|gür|tel** m. *(-s,-)* cintura *f.* scapolare. **schul|ter|hoch** agg. **1** (che arriva) all'altezza delle spalle: ***der Schrank ist ~*** l'armadio arriva all'altezza delle spalle **2** ZOOL. (alto) al garrese. **Schul|ter|hö|he** f. *(-)* **1** altezza *f.* delle spalle: ***in ~*** all'altezza delle spalle **2** ZOOL. altezza *f.* al garrese. **Schul|ter|klap|pe** f. *(-,-n)* MIL. controspallina *f.*, spallina *f.* **Schul|ter|kno|chen** m. *(-s,-)* omero *m.* **schul|ter|lang** agg. lungo fino alle spalle: ***-es Haar*** capelli (lunghi fino) alle spalle. **schul|tern** tr. **1** mettere in spalla (*o* sulle spalle): ***den Rucksack, das Gewehr ~*** mettere lo zaino, il fucile in spalla **2** SPORT mettere al tappeto. **Schul|ter|pols|ter** n. *(-s,-)* SART. spallina *f.* **Schul|ter|rie|men** m. *(-s,-)* spallaccio *m.* **Schul|ter|schluss** m. *(-es)* spalleggiamento *m.*, lo spalleggiarsi. **Schul|ter|sieg** m. *(-[e]s,-e)* vittoria *f.* al tappeto. **Schul|ter|stück** n. *(-[e]s,-e)* **1** → **Schulterklappe 2** GASTR. pezzo *m.* della spalla. **Schul|ter|ta|sche** f. *(-,-n)* tracolla *f.* **Schul|ter|tuch** n. *(-[e]s,-tücher)* scialle *m.*

Schult|heiß m. *(-en,-en)* ANT. sindaco *m.*

Schul|trä|ger m. *(-s,-)* (ente *m.*) finanziatore *m.* di una scuola. **Schul|tü|te** f. *(-,-n)* INTRAD. (contenitore a forma di cono pieno di dolci, dono del primo giorno di scuola). **Schul|typ** m. *(-s,-en)* tipo *m.* di scuola.

Schu|lung m. *(-,-en)* **1a** formazione *f.*, istruzione *f.*, addestramento *m.* **b** *(Vervollkommnung)* ***durch ständige ~ der Stimme*** con il continuo addestramento della voce **2** *(Lehrgang)* corso *m.* di formazione: ***an einer ~ teilnehmen*** prender parte a un corso di formazione. **Schu|lungs|kurs** m. *(-es,-e)* corso *m.* di formazione.

Schul|uni|form f. *(-,-en)* uniforme *f.* scolastica. **Schul|un|ter|richt** m. *(-[e]s)* insegnamento *m.* scolastico. **Schul|ver|sa|gen** n. *(-s)* fallimento *m.* scolastico. **Schul|ver|such** m. *(-[e]s,-e)* sperimentazione *f.* (scolastica). **Schul|ver|wal|tung** f. *(-,-en)* amministrazione *f.* scolastica. **Schul|vor|ste|her** m. *(-s,-)* ANT. → **Schulleiter. Schul|wech|sel** m. *(-s,-)* cambio *m.* di scuola. **Schul|weg** m. *(-[e]s,-e)* tragitto *m.* per andare a scuola, via *f.* verso la scuola: ***auf dem ~*** andando a scuola, sulla strada verso la scuola; ***einen kurzen ~ haben*** avere un breve tratto da percorrere (per andare a scuola). **Schul|weis|heit** f. *(-)* → **Schulgelehrsamkeit. Schul|we|sen** n. *(-s)* scuola *f.* **Schul|wett|be|werb** m. *(-s,-e)* torneo *m.* scolastico. **Schul|wis|sen** n. *(-s)* → **Schulkenntnisse. Schul|zeit** f. *(-)* periodo *m.* scolastico. **Schul|zent|rum** n. *(-s,-zentren)* complesso *m.* scolastico. **Schul|zeug|nis** n. *(-ses,-se)* pagella *f.* scolastica. **Schul|zim|mer** n. *(-s,-)* aula *f.*, classe *f.*

Schum|mel m. *(-s)*, **Schum|me|lei** f. *(-,-en)* COLLOQ. imbroglio *m.* **schum|meln I** intr. (aus. *haben*) COLLOQ. imbrogliare; *(beim Kartenspiel)* barare **II** tr. *(schmuggeln)* infilare di nascosto: ***in, unter etw. ~*** infilare di nascosto in, sotto qcs. **III** rifl. ***sich ~*** intrufolarsi: ***sich auf einen Logenplatz ~*** intrufolarsi in un palco.

Schum|mer m. *(-s,-)* REGION. crepuscolo *m.* **schum|me|rig** agg. COLLOQ. **1** *(dämmerig)* crepuscolare **2** *(halbdunkel)* con luci basse: ***ein -es Lokal*** un locale con luci basse **3** *(von Licht)* debole, fioco ◆ ***mir ist, wird ~*** sto male, mi sento male. **Schum|mer|licht** n. *(-[e]s)* COLLOQ. luce *f.* del crepuscolo (*o* crepuscolare). **schum|mern I** intr. (aus. *haben*) COLLOQ. **1** impers. REGION. ***es schummert*** imbrunisce, si fa sera **II** tr. TECN. *(schattieren)* ombreggiare: ***die Berge auf der Landkarte ~*** ombreggiare le montagne sulla carta geografica. **Schum|me|rung** f. *(-,-en)* **1** REGION. *(Dämmerung)* crepuscolo *m.* **2** TECN. *(Schattierung)* ombreggiatura *f.*

Schumm|ler m. *(-s,-)* COLLOQ. chi imbroglia.

schumm|rig → **schummerig.**

schund → **schinden.**

Schund m. *(-[e]s)* **1** robaccia *f.*, porcheria *f.*: ***dieses Buch ist der reinste ~*** questo libro è un vera porcheria; ***~ produzieren*** produrre robaccia **2** *(wertloses Zeug)* spazzatura *f.*, scarti *m.pl.* ◆ ***~ und Schmutz*** = robaccia, spazzatura. **Schund|heft** n. *(-[e]s,-e)* giornalaccio *m.* **schun|dig** agg. COLLOQ. SPREG. scadente, dozzinale. **Schund|li|te|ra|tur** f. *(-)* letteratura *f.* scadente, dozzinale. **Schund|ro|man** m. *(-[e]s,-e)* romanzo *m.* dozzinale. **Schund|wa|re** f. *(-)* merce *f.* di scarto, robaccia *f.*

Schun|kel|lied n. *(-[e]s,-er)* canto *m.* ritmato. **schun|keln** intr. **1** (aus. *haben*) tenersi sottobraccio ondeggiando (ritmicamente) **2** (aus. *sein*) ciondolare (tenendosi sottobraccio): ***von Bar zu Bar ~*** ciondolare da un night all'altro **3a** REGION. *(schaukeln;* aus. *haben)* oscillare: ***das Schiff schunkelte*** la nave oscillava **b** (aus. *sein*) traballare, sobbalzare: ***das Auto schunkelte über die holprige Straße*** l'auto sobbalzava sulla strada sconnessa.

Schupf m. *(-[e]s,-e)* REGION. e SVIZZ. spinta *f.* **schup|fen** tr. REGION. e AUSTR. SVIZZ. **1** *(stoßen)* spingere **2** *(werfen)* lanciare: ***schupf mir den Ball ~ her*** lanciami la palla.
Schup|fen m. *(-s,-)* REGION. e AUSTR. → **Schuppen.**
Schup|fer m. *(-s,-)* REGION. e AUSTR. → **Schupf.**
1.Schu|po f. *(-,-s)* COLLOQ. (accorc. *Schutzpolizei*) polizia *f.*
2.Schu|po m. *(-s,-s)* COLLOQ. (accorc. *Schutzpolizist*) poliziotto *m.*
Schup|pe f. *(-,-n)* **1** squama *f.*, scaglia *f.* **2** *(Kopfschuppe)* forfora *f.*: ***-n haben*** avere la forfora; ***ein Shampoo gegen -n*** uno shampoo contro la forfora (*o* antiforfora) ◆ ***es fällt jdm wie -n von den Augen*** a qcn. cade la benda dagli occhi.
Schüp|pel m. *(-s,-)* REGION. e AUSTR. ciuffo *m.*: ***ein ~ Gras*** un ciuffo d'erba.
schup|pen I tr. squamare, RAR. scagliare: ***einen Fisch ~*** squamare un pesce **II** intr. (aus. *haben*) e rifl. **sich ~** squamarsi, sfaldarsi.
Schup|pen m. *(-s,-)* **1** capanno *m.*, rimessa *f.* **2** COLLOQ. *(Diskothek)* disco *f.* **3** COLLOQ. *(hässliches Gebäude)* topaia *f.*
schup|pen|ar|tig agg. squamato, squamoso, a scaglie. **Schup|pen|baum** m. *(-[e]s,-bäume)* lepidodendro *m.* **Schup|pen|bil|dung** f. *(-,-en)* formazione *f.* di squame. **Schup|pen|flech|te** f. *(-)* psoriasi *f.* **Schup|pen|flüg|ler** m. *(-s,-)* lepidottero *m.* **Schup|pen|krank|heit** f. *(-)* → **Schuppenflechte. Schup|pen|kriech|tie|re** pl. squamati *m.pl.* **Schup|pen|molch** m. *(-[e]s,-e)* lepidosirena *f.* **Schup|pen|pan|zer** m. *(-s,-)* corazza *f.* (*o* armatura *f.*) a scaglie. **Schup|pen|pilz** m. *(-es,-e)* agarico *m.* cangiante. **Schup|pen|tier** n. *(-s,-e)* manide *m.*, pangolino *m.* **Schup|pen|wurz** f. *(-,-en)* latrea *f.*, fuoco *m.* dei boschi. **schup|pig** agg. **1** squamato, squamoso **2** *(vom Haar)* forforoso, pieno di forfora.
Schups REGION. → **Schubs. schup|sen** REGION. → **schubsen.**
Schur f. *(-,-en)* **1** tosatura *f.* **2** *(Mähen)* taglio *m.*, falciatura *f.*
Schür|ei|sen m. *(-s,-)* attizzatoio *m.* **schü|ren** tr. **1** attizzare: ***das Feuer ~*** attizzare il fuoco **2** FIG. attizzare, fomentare: ***jds Hass, Neid, Leidenschaften ~*** attizzare l'odio, l'invidia, le passioni di qcn. **Schü|rer** m. *(-s,-)* REGION. → **Schürhaken.**
Schurf m. *(-[e]s, Schürfe)* MIN. assaggio *m.* **schür|fen I** tr. **1** estrarre: ***Kohle ~*** estrarre il carbone **2a** *(abgraben)* scavare **b** FIG. ***das ist unklar geblieben, da muss ich noch tiefer ~*** la cosa non è chiara, devo scavare più a fondo **II** intr. (aus. *haben*) **1** esplorare il sottosuolo, saggiare il terreno (alla ricerca di), cercare (scavando): ***nach Mineralien, Gold ~*** cercare minerali, cercare l'oro **2** *(sich schabend bewegen)* ***über den Boden ~*** passare raschiando sul suolo **III** rifl. **sich ~** escoriarsi, scalfirsi: ***sich (A) am Knie, sich (D) die Knie blutig, wund ~*** escoriarsi al, il ginocchio, alle, le ginocchia (a sangue). **Schür|fer** m. *(-s,-)* MIN. scavatore *m.* **Schürf|recht** n. *(-[e]s,-e)* diritto *m.* di ricerche minerarie. **Schür|fung** f. *(-,-en)* **1** → **Schürfwunde 2** MIN. esplorazione *f.*, prospezione *f.* **Schürf|wun|de** f. *(-,-n)* escoriazione *f.*, scalfittura *f.*
Schür|ha|ken m. *(-s,-)* attizzatoio *m.*
Schu|ri|ge|lei f. *(-,-en)* COLLOQ. maltrattamento *m.* **schu|ri|geln** tr. COLLOQ. maltrattare.
Schur|ke m. *(-n,-n)* farabutto *m.*, canaglia *f.*, mascalzone *m.*, furfante *m.* **Schur|ken|streich** m. *(-[e]s,-e)*, **Schur|ken|tat** f. *(-,-en)* tiro *m.* birbone. **Schur|ke|rei** f. *(-,-en)* mascalzonata *f.*, furfanteria *f.* **schur|kisch I** agg. canagliesco, furfantesco **II** avv. da farabutto, da canaglia, in modo canagliesco.
Schur|wol|le f. *(-)* lana *f.* tosata (*o* di tosa). **schur|wol|len** agg. di lana tosata.
Schurz m. *(-es,-e)* **1** *(Arbeitsschürze)* grembiule *m.* **2** *(Lendenschurz)* perizoma *m.* **3** REGION. → **Schürze. Schür|ze** f. *(-,-n)* grembiule *m.*: ***eine ~ tragen, anziehen*** portare, indossare un grembiule; ***sich eine ~ umbinden, vorbinden*** legarsi un grembiule intorno alla vita, mettersi un grembiule davanti; ***eine ~ voll Äpfel*** un grembiule pieno di mele (*o* una grembiulata di mele) ◆ COLLOQ. ***jdm an der ~ hängen*** essere attaccato alla gonnella di qcn.; ***hinter jeder ~ herlaufen, her sein*** correre dietro a tutte le gonnelle (*o* sottane); ***sich an Mutters ~ klammern*** attaccarsi alle gonne della mamma; ANT. ***jeder ~ nachlaufen*** → ***hinter jeder ~ herlaufen.***
schür|zen I tr. **1** *(Kleid, Rock)* alzare, tirare su **2a** *(binden)* ***einen Knoten ~*** fare un nodo **b** ***etw. zum Knoten ~*** annodare qcs. **II** rifl. **1** ***sich (D) den Rock ~*** alzarsi, tirarsi su la gonna **2** *(zum Knoten werden)* ***sich zum Knoten ~*** annodarsi ◆ ***die Lippen ~*** arricciare le labbra. **Schür|zen|band** n. *(-[e]s,-bänder)* nastro *m.* del grembiule ◆ ***jdm am ~ hängen*** essere attaccato alla gonnella di qcn. **Schür|zen|jä|ger** m. *(-s,-)* COLLOQ. donnaiolo *m.* **Schür|zen|kleid** n. *(-[e]s,-er)* grembiule *m.*, camice *m.* **Schür|zen|ta|sche** f. *(-,-n)* tasca *f.* del grembiule. **Schür|zen|zip|fel** m. *(-s,-)* cocca *f.* del grembiule ◆ ***jdm am ~ hängen*** essere attaccato alla gonnella di qcn.

Schuss m. *(-es, Schüsse)* **1** colpo *m.*, sparo *m.*: ***ein gut gezielter ~*** un colpo ben assestato; ***ein ~ mitten ins Herz, in die Schulter*** un colpo in mezzo al cuore, alla spalla; ***ein ~ mit, aus der Pistole*** un colpo di pistola; ***ein ~ fällt, geht los, löst sich*** parte un colpo; ***zwei ~ (o Schüsse) auf jdn abfeuern, abgeben*** sparare, tirare due colpi (a qcn.); ***der ~ ging daneben*** il colpo mancò il bersaglio **2a** tiro *m.*: ***ein ~ mit dem Bogen*** un tiro con l'arco; ***jeder hat zwei Schüsse*** ognuno ha due tiri a disposizione **b** *(bei Ballspielen)* ***ein ~ aufs Tor*** un tiro in porta **3a** *(kleine Flüssigkeitsmenge)* goccio *m.*, schizzo *m.*, spruzzo *m.*: ***einen ~ Sahne in die Soße tun*** mettere un goccio di panna nella salsa; ***Kaffee mit ~*** caffè corretto **b** FIG. punta *f.*, pizzico *m.*: ***ein ~ Ironie*** un tocco d'ironia **4** MIN. detonazione *f.*, scoppio *m.* **5** TESS. trama *f.* **6** SPORT schuss *m.*: ***~ fahren*** fare uno schuss **7** GERG. *(Injektion einer Droge)* buco *m.*: ***sich, jdm einen ~ setzen, drücken, machen*** bucarsi, fare un buco a qcn. ◆ ***auf den ersten ~ treffen*** andare a segno al primo colpo; SPORT GERG. ***einen guten ~ im linken, rechten Bein haben*** avere un buon sinistro, destro; ***ein ~ ins Blaue*** un colpo (*o* un tiro) in aria; ***einen ~ haben*** essere matto, impazzito; FIG. ***der ~ ging nach hinten los*** (la cosa) ha avuto un effetto boomerang; ***etw. in ~ bringen, halten*** mettere, tenere qcs. in ordine; ***in ~ kommen*** lanciarsi, partire in quarta; ***wieder in ~ kommen*** ristabilirsi, rimettersi in forma; *(wieder in Ordnung kommen)* essere rimesso in ordine; ***ein ~ in den Ofen*** un colpo a vuoto; ***keinen ~ Pulver wert sein*** non valere un fico secco; FIG. ***ein ~ ins Schwarze*** un colpo andato a segno; ***in, im ~ sein*** *(in Ordnung sein)* funzionare, essere a posto; *(gesund sein)* essere in forma; ***jdm einen ~ vor den Bug setzen*** mettere l'alt a qcn.; ***einen ~ machen, tun: der Junge hat einen kräftigen ~ getan*** il ragazzo è cresciuto molto in fretta; ***weit, weitab vom ~*** fuori tiro; *(abseits)* in disparte, lontano; ***nicht zum ~ kommen*** non riuscire a, non poter sparare; FIG. *(nicht sprechen können)* non riuscire a, non poter parlare.
Schuss|ab|ga|be f. *(-)* BUROCR. sparo *m.* **Schuss|bein** n. *(-[e]s,-e)* SPORT GERG. ***das rechte, linke Bein ist sein ~*** tira prevalentemente di destro, di sinistro. **Schuss|be|reich** m. *(-[e]s,-e)* zona *f.* di tiro. **schuss|be|reit** agg. **1** pronto per il tiro **2a** COLLOQ. *(von Fotografen)* pronto a scattare, allo scatto **b** *(von Kameras)* carico, caricato.
Schus|sel m. *(-s,-)* COLLOQ. persona *f.* sbadata, sbadato *m.*
Schüs|sel f. *(-,-n)* **1a** scodella *f.*, ciotola *f.*: ***eine ~ Reis*** una ciotola di riso **b** *(für Suppe)* zuppiera *f.*; *(für Salat)* insalatiera *f.*: ***eine dampfende ~ auftragen*** portare in tavola una zuppiera fumante **c** *(für Wäsche)* bacinella *f.*, catino *m.* **2** ANT. *(Gericht)* pietanza *f.*, vivanda *f.* **3** COLLOQ. SPREG. *(Auto)* carriola *f.*, trabiccolo *m.* **4** COLLOQ. *(Parabolantenne)* parabolica *f.*, COLLOQ. parabola *f.* ◆ FIG. ***aus einer ~ essen*** mangiare dallo stesso piatto; ***vor leeren -n sitzen*** = non avere da mangiare.
schus|se|lig agg. COLLOQ. sbadato. **Schus|se|lig|keit** f. *(-,-en)* COLLOQ. sbadataggine *f.*: ***etw. in seiner ~ vergessen*** dimenticare qcs. nella propria sbadataggine. **schus|seln** intr. COLLOQ. **1** (aus. *haben*) essere sbadato, lavorare distrattamente **2** (aus. *sein*) girare a vuoto.
Schus|ser m. *(-s,-)* REGION. bilia *f.*, biglia *f.* **schus|sern** intr. (aus. *haben*) REGION. giocare a bilie.
Schuss|fa|den m. *(-s,- e -fäden)* filo *m.* di trama. **Schuss|fahrt** f. *(-,-en)* Schuss *m.* **Schuss|feld** n. *(-[e]s,-er)* campo *m.* di tiro (anche FIG.) ◆ ***freies ~ haben*** avere il campo di tiro libero; ***ins ~ (der Öffentlichkeit) geraten*** finire sotto tiro. **schuss|fer|tig** agg. → **schussbereit. schuss|fest** agg. **1** *(kugelsicher)* antiproiettile, a prova di proiettile **2** VENAT. *(an Schüsse gewohnt)* abituato agli spari. **schuss|ge|recht** agg. VENAT. **1** *(von Jägern)* che tira bene **2** *(vom Wild)* a tiro. **schuss|ge|wal|tig** agg. SPORT dotato di, dal tiro potente.
schus|sig agg. REGION. frettoloso.
Schuss|ka|nal m. *(-s,-kanäle)* foro *m.* prodotto dal proiettile. **Schuss|kraft** f. *(-)* SPORT potenza *f.* di tiro.
Schuss|ler m. *(-s,-)* COLLOQ. → **Schussel. schuss|lig** agg. → **schusselig. Schuss|lig|keit** → **Schusseligkeit.**
Schuss|li|nie f. *(-,-n)* linea *f.* di tiro, traiettoria *f.* ◆ ***in jds ~ geraten, sich in jds ~ begeben*** finire sotto il tiro di qcn.; ***in der ~ stehen*** essere sotto tiro. **schuss|si|cher** agg. antiproiettile. **schuss|stark** → **schussgewaltig. Schuss|ver|let|zung** f. *(-,-en)* ferita *f.* da arma da fuoco. **Schuss|waf|fe** f. *(-,-n)* arma *f.* da fuoco. **Schuss|waf|fen|ge|brauch** m. *(-[e]s)* uso *m.* di armi da fuoco. **Schuss|wech|sel** m. *(-s,-)* conflitto *m.* a fuoco: ***bei einem ~ mit der Polizei erschossen werden*** essere ucciso in un conflitto a fuoco con la polizia. **schuss|weis** avv. AUSTR. COLLOQ. a valanghe. **Schuss|wei|te** f. *(-,-n)* portata *f.* (di artiglierie), gittata *f.* ◆ ***in, außer ~ sein*** essere a tiro, fuori tiro. **Schuss|win|kel** m. *(-s,-)*

SPORT angolo *m.* di tiro, angolazione *f.* **Schuss|wun|de** f. *(-,-n)* → **Schussverletzung. Schuss|zahl** f. *(-)* numero *m.* di tiri. **Schuss|zeit** f. *(-,-en)* VENAT. periodo *m.* di caccia.

Schus|ter m. *(-s,-)* **1** calzolaio *m.*, ciabattino *m.* **2** COLLOQ. *(Pfuscher)* (ac)ciabattone *m.*, arruffone *m.* ◆ ***auf -s Rappen kommen*** venire col caval di S. Francesco; PROV. ***~ bleib bei deinem Leisten*** a ciascuno il suo mestiere. **Schus|ter|ah|le** f. *(-,-n)* lesina *f.* (da calzolaio). **Schus|ter|blu|me** f. *(-,-n)* pulsatilla *f.* **Schus|ter|draht** m. *(-[e]s)* spago *m.* impeciato. **Schus|te|rei** f. *(-,-en)* **1** ANT. → **Schusterhandwerk 2** ANT. → **Schusterwerkstatt 3** COLLOQ. SPREG. *(Pfuscherei)* lavoro *m.* raffazzonato, acciabattato. **Schus|ter|hand|werk** n. *(-[e]s)* mestiere *m.* di calzolaio. **Schus|ter|lehr|ling** m. *(-[e]s,-e)* apprendista *m.* calzolaio. **schus|tern** intr. (aus. *haben*) **1** ANT. o COLLOQ. fare il calzolaio **2** COLLOQ. *(pfuschen)* acciabattare. **Schus|ter|pech** n. *(-s)* pece *f.* da calzolaio. **Schus|ter|pfriem** m. *(-[e]s,-e)* lesina *f.* da calzolaio. **Schus|ter|pilz** m. *(-es,-e)* porcino *m.* malefico. **Schus|ter|sche|mel** m. *(-s,-)* sgabello *m.* (*o* panchetto *m.*) del calzolaio. **Schus|ter|werk|statt** f. *(-,-stätten)*, **Schus|ter|werk|stät|te** f. *(-,-n)* calzoleria *f.*

Schu|te f. *(-,-n)* **1** chiatta *f.* **2** *(Frauenhut)* cappello *m.* a sporta.

Schutt m. *(-[e]s)* **1** macerie *f.pl.*: ***~ wegräumen*** rimuovere macerie; ***~ abladen verboten*** divieto di scarico **2** REGION. *(Schuttabladeplatz)* scarico *m.* dei rifiuti ◆ ***etw. in ~ und Asche legen*** ridurre qcs. a un cumulo di macerie (*o* in cenere); ***in ~ und Asche liegen, sinken*** essere un cumulo di macerie (*o* essere ridotto in cenere). **Schutt|ab|la|de|platz** m. *(-es,-plätze)* discarica *f.*

Schütt|be|ton m. *(-s)* calcestruzzo *m.* gettato (*o* colato). **Schütt|bo|den** m. *(-s,-böden)* REGION. granaio *m.*

Schüt|te f. *(-,-n)* **1a** *(Schublade)* cassettino *m.* **b** *(für Kohle, Kartoffeln)* contenitore *m.* **2** *(Rutsche zum Verladen)* scivolo *m.*, piano *m.* inclinato **3** REGION. lettiera *f.* **4** REGION. *(Bündel)* fascio *m.* (di paglia) **5** SVIZZ. → **Schüttboden.**

Schüt|tel|frost m. *(-[e]s)* brividi *m.pl.* di febbre, tremito *m.* convulso. **Schüt|tel|läh|mung** f. *(-)* morbo *m.* di Parkinson.

schüt|teln I tr. **1a** scuotere, scrollare: ***den Kopf ~*** scuotere il capo; ***jdn ~*** scuotere qcn.; ***einen Baum heftig ~*** scrollare un albero; ***eine Decke, den Staub von der Matte ~*** scuotere una coperta, la polvere dallo zerbino; ***ein Hustenanfall schüttelte sie*** fu scossa da un accesso di tosse **b** *(von Flaschen)* agitare: ***vor Gebrauch ~*** agitare prima dell'uso **2** impers. rabbrividire, essere scosso da brividi: ***es schüttelte mich vor Angst*** fui scosso da brividi (*o* tremiti) di paura **II** intr. (aus. *haben*) dare scossoni, scuotere **III** rifl. **sich ~ 1** scuotersi: ***der Hund schüttelt sich*** il cane si scuote **2** essere scosso, tremare: ***sich im Fieber ~*** essere scosso da brividi di febbre; ***sich vor etw. ~*** sentire disgusto per qcs. ◆ ***jdn aus dem Anzug ~*** prendere qcn. per la collottola; ***etw. aus dem Ärmel, dem Handgelenk ~*** improvvisare qcs., fare qcs. in quattro e quattr'otto; ***die Faust, die Fäuste (gegen jdn) ~*** mostrare i pugni (a qcn.); ***das Grauen schüttelte ihn*** il terrore lo fece trasalire; ***jdm die Hand ~*** stringere la mano a qcn.; ***den Kopf ~*** scuotere il capo; ***sich vor Lachen ~*** scoppiare dalle risate; ***jdn aus dem Schlaf ~*** svegliare qcn. dal sonno.

Schüt|tel|reim m. *(-[e]s)* INTRAD. (rima scherzosa con scambio di consonanti iniziali). **Schüt|tel|rost** m. *(-[e]s,-e)* griglia *f.* a scossa. **Schüt|tel|rut|sche** f. *(-,-n)* MIN. convogliatore *m.* a scossa.

schüt|ten I tr. **1** versare: ***Wasser ins Becken ~*** versare acqua nel lavandino; ***Zucker in eine Dose ~*** versare lo zucchero in un barattolo **2** *(ausschütten)* spargere, spandere, versare: ***Wein über das Hemd ~*** versare il vino sulla camicia **II** intr. (aus. *haben*) impers. COLLOQ. ***es schüttet*** piove a dirotto ◆ COLLOQ. ***sich voll Bier ~*** riempirsi di birra; ***jdm, sich etw. ins Glas ~*** versare da bere a qcn., versarsi qcs. da bere; ***auf einen Haufen ~*** ammucchiare, ammassare.

schüt|ter agg. **1** rado: ***-es Haar*** capelli radi **2** *(kümmerlich)* scarso; *(von Stimmen)* flebile.

schüt|tern intr. (aus. *haben*) **1** tremare (forte): ***das Haus schüttert*** la casa trema **2** *(von Fahrzeugen)* traballare.

Schütt|gut n. *(-[e]s)* materiale *f.* sfuso, sciolto; *(als Ware)* merce *f.* sfusa.

Schutt|hal|de f. *(-,-n)* cumulo *m.* di detriti; GEOL. falda *f.* detritica. **Schutt|hau|fen** m. *(-s,-)* mucchio *m.* di macerie: ***etw. in einen ~ verwandeln*** ridurre qcs. (a) un cumulo di macerie. **Schutt|ke|gel** m. *(-s,-)* cono *m.* di deiezione. **Schutt|la|dung** f. *(-,-en)* carico *m.* di macerie, detriti.

Schütt|ofen m. *(-s,-öfen)* MIN. forno *m.* a carica dall'alto.

Schutt|platz m. *(-es,-plätze)* → **Schuttabladeplatz.**

Schütt|stein m. *(-[e]s,-e)* SVIZZ. lavandino *m.*, acquaio *m.*; *(Abfluss)* scarico *m.* **Schütt|stroh** n. *(-[e]s)* paglia *m.* da lettiera. **Schüt|tung** f. *(-,-en)* **1a** riporto *m.* (di materiale); *(von Erde)* riporto *m.* di terra, terra *f.* riportata (*o* di riporto); *(von Beton)* gettata *f.* **b** *(geschüttetes Material)* materiale *m.* di riporto, riportato **2** *(Ofenfüllung)* carica *f.* **3** *(Ergiebigkeit einer Quelle)* portata *f.* (d'acqua).

Schutz m. *(-es)* **1a** protezione *f.*: ***~ gegen, vor etw.*** protezione da qcs.; ***jdm ~ bieten, gewähren*** offrire, accordare protezione a qcn.; ***unter jds ~ stehen*** essere sotto la protezione di qcn.; ***jds ~ genießen*** godere della protezione di qcn.; ***jdn in seinen ~ nehmen*** prendere qcn. sotto la propria protezione, prendere le difese di qcn.; ***bei jdm ~ suchen*** rifugiarsi presso qcn.; ***sich unter den ~ der Polizei stellen*** porsi sotto la protezione della polizia; ***jdm seinen ~ angedeihen lassen*** concedere protezione a qcn. **b** *(Obhut)* tutela *f.*; sorveglianza *f.*: ***der ~ der Rechte*** la tutela dei diritti; ***die Kinder jds ~ anvertrauen*** affidare i bambini (alle cure) di qcn. **2** riparo *m.*, rifugio *m.*, ricovero *m.*: ***~ vor Regen suchen, finden*** cercare, trovare un riparo dalla pioggia; ***~ suchend*** che cerca protezione; cercando protezione ◆ ***~ vor, gegen Ansteckung*** prevenzione dal contagio; ***sich in jds ~ begeben*** rifugiarsi presso qcn.; ***unter dem, im ~ der Dunkelheit*** con il favore delle tenebre; ***jdm ~ gewähren*** accordare protezione a qcn.; *(Obdach)* offrire riparo a qcn.; ***in Gottes ~ stehen*** essere sotto la protezione divina; ***unter polizeilichem ~*** sotto scorta della, di polizia; ***~ und Schild, Schirm*** protezione; ***zu ~ und Trutz*** in difesa e offesa, per difesa e (*o* per) offesa; ***zum ~ der Augen (gegen das Licht)*** per proteggere gli occhi (dalla luce).

1.Schütz m. *(-en,-en)* ANT. tiratore *m.*

2.Schütz n. *(-es,-e)* **1** IDR. paratia *f.*, saracinesca *f.* **2** EL. relais *m.*, relè *m.*

Schutz|an|strich m. *(-[e]s,-e)* vernice *f.* protettiva. **Schutz|an|zug** m. *(-[e]s,-anzüge)* tuta *f.* protettiva, di protezione. **Schutz|be|dürf|nis** n. *(-ses)* bisogno *m.* di protezione. **schutz|be|dürf|tig** agg. bisognoso di protezione. **Schutz|be|foh|le|ne** m. e f. *(-n,-n)* ANT. o DIR. protetto *m.*, pupillo *m.* **Schutz|be|häl|ter** m. *(-s,-)* contenitore *m.* di sicurezza. **Schutz|be|haup|tung** f. *(-,-en)* DIR. mendacio *m.* per autodifesa. **Schutz|be|reich** m. *(-[e]s,-e)* MIL. zona *f.* protetta. **Schutz|be|stand** m. *(-[e]s,-bestände)* → **Schutzholz. Schutz|be|stim|mung** f. *(-,-en)* norma *f.* protettiva, di tutela. **Schutz|blech** n. *(-[e]s,-e)* **1** *(an Zweirädern)* parafango *m.* **2** *(Blechverkleidung)* lamiera *f.* di protezione. **Schutz|brief** m. *(-[e]s,-e)* **1** salvacondotto *m.* **2** AUT. documento *m.* di assicurazione. **Schutz|bril|le** f. *(-,-n)* occhiali *m.pl.* di protezione. **Schutz|bünd|nis** n. *(-ses,-se)* alleanza *f.* difensiva. **Schutz|bür|ger** m. *(-s,-)* STOR. = residente *m.* senza diritto di cittadinanza. **Schutz|dach** n. *(-[e]s,-dächer)* tettoia *f.*, pensilina *f.* **Schutz|damm** m. *(-[e]s,-dämme)* diga *f.* di protezione.

1.Schüt|ze m. *(-n,-n)* **1a** tiratore *m.* **b** *(beim Fußball)* ***ein guter ~*** un buon tiratore; ***der ~ des zweiten Tors*** l'autore del secondo gol **2a** *(Schützenvereinsmitglied)* membro *m.* di una società di tiro a segno **b** pl. *(in Tirol)* Schützen *m.pl.* **3a** MIL. *(Gewehrschütze)* fuciliere *m.* **b** *(Soldat des untersten Dienstgrades)* soldato *m.* semplice **c** ANT. *(Infanterist)* fante *m.* **4** ASTR. ASTROL. sagittario *m.*

2.Schüt|ze f. *(-,-n)* paratia *f.*, saracinesca *f.*

schüt|zen I tr. **1a** proteggere: ***jdn vor etw., gegen jdn, etw. ~*** proteggere qcn. da qcn., qcs. **b** proteggere, riparare: ***die Bäume ~ das Haus vor Wind*** gli alberi riparano la casa dal vento; ***etw. vor dem Licht, der Sonne ~*** proteggere qcs. dal sole, dalla luce **c** assol. ***Wolle schützt vor Kälte*** la lana protegge dal freddo **2** tutelare, salvaguardare: ***das Eigentum, die Kulturgüter ~*** tutelare la proprietà, salvaguardare il patrimonio artistico; ***die Umwelt ~*** proteggere l'ambiente; ***jds Rechte ~*** tutelare i diritti di qcn.; ***eine Erfindung durch ein Patent ~*** proteggere un'invenzione con un brevetto **II** rifl. **sich ~ 1** proteggersi: ***sich vor, gegen Kälte ~*** proteggersi dal, contro il freddo; ***sich vor dem Wind, Regen ~*** ripararsi dal vento, dalla pioggia **2** tutelarsi: ***sich vor Diebstahl ~*** tutelarsi contro i furti ◆ ***Gott schütze dich!*** Dio ti protegga! ***Unkenntnis schützt nicht vor Strafe*** la legge non ammette ignoranza.

schüt|zend p.pres. agg. **1** → **schützen 2** protettivo, protettore. **Schüt|zen|fest** n. *(-[e]s,-e)* **1** festa *f.* del tiro a segno **2** *(in Tirol)* festa *f.* degli Schützen.

Schutz|en|gel m. *(-s,-)* angelo *m.* custode (anche FIG.).

Schüt|zen|ge|sell|schaft f. *(-,-en)*, **Schüt|zen|gil|de** f. *(-,-n)* → **Schützenverein. Schüt|zen|gra|ben** m. *(-s,-gräben)* trincea *f.*: ***einen ~ ausheben, ziehen*** scavare una trincea; ***im ~ liegen*** stare in trincea. **Schüt|zen|gra|ben|krieg** m. *(-[e]s,-e)* guerra *f.* di trincea. **Schüt|zen|haus** n. *(-es,-häuser)* **1** sede *f.* di una società di tiro a segno **2** *(in Tirol)* sede *f.* degli Schützen. **Schüt|zen|hil|fe** f. *(-)* COLLOQ. aiuto *m.*, appoggio *m.*, sostegno *m.*: ***jdm ~ geben, leisten*** dare, prestare aiuto a qcn. **Schüt|zen|kö|nig** m. *(-[e]s,-e)* campione *m.* di tiro a segno. **Schüt|zen|loch** n. *(-[e]s,-löcher)* trincea *f.* (*o* postazione *f.*) individuale. **Schüt|zen|pan|zer** m. *(-s,-)* carro *m.* armato da tiro. **Schüt|zen|schnur** f. *(-,-schnüre)* decorazione *f.* dei fucilieri. **Schüt|zen|stand** m. *(-[e]s,-stände)* MIL. postazione *f.* di fucilieri. **Schüt|zen|steu|e|rung** f. *(-,-en)* EL. azionamento *m.* mediante relais. **Schüt|zen|ver|ein** m. *(-[e]s,-e),* SVIZZ. **Schüt|zen|zunft** f. *(-,-zünfte)* **1** società *f.* di tiro a segno **2** *(in Tirol)* associazione *f.* di Schützen.

Schüt|zer m. *(-s,-)* **1** protezione *f.* **2** ANT. *(Beschützer)* protettore *m.* **Schutz|far|be** f. *(-,-n)* **1** *(Tarnfarbe)* colore *m.* mimetico **2** → **Schutzanstrich. Schutz|fär|bung** f. *(-,-en)* ZOOL. colore *m.* mimetico, che si mimetizza. **Schutz|film** m. *(-[e]s,-e)* pellicola *f.* protettiva. **Schutz|ge|biet** n. *(-[e]s,-e)* **1** area *f.* protetta **2** STOR. protettorato *m.* **Schutz|ge|bühr** f. *(-,-en)* **1** contributo *m.* (di partecipazione alle spese) **2** COLLOQ. EUFEM. tangente *f.*, protezione *f.* **Schutz|geist** m. *(-[e]s,-er)* spirito *m.* protettore; LETT. nume *m.* tutelare. **Schutz|ge|län|der** n. *(-s,-)* parapetto *m.*; balaustra *f.* **Schutz|geld** n. *(-[e]s,-er)* protezione *f.* **Schutz|ge|wahr|sam** m. *(-s)* scorta *f.*, protezione *f.* (di polizia a persona minacciata): ***jdn in ~ nehmen*** mettere qcn. sotto scorta. **Schutz|git|ter** n. *(-s,-)* griglia *f.* di protezione. **Schutz|glas** n. *(-es)* vetro *m.* di protezione. **Schutz|glo|cke** f. *(-,-n)* campana *f.* (protettiva, di protezione). **Schutz|gott** m. *(-es,-götter)* nume *m.*, divinità *f.* tutelare. **Schutz|ha|fen** m. *(-s,-häfen)* porto *m.* di rifugio. **Schutz|haft** f. *(-)* DIR. **1** custodia *f.* cautelare **2** ANT. → **Schutzgewahrsam. Schutz|hau|be** f. *(-,-n)* **1** *(Helm)* casco *m.*, elmetto *m.* **2** *(Motorhaube)* cofano *m.* **Schutz|hei|li|ge** m. e f. *(-n,-n)* santo *m.* (-a *f.*) patrono (-a *f.*), patrono *m.* (-a *f.*).

Schutz|helm m. *(-[e]s,-e)* elmetto *m.* **Schutz|herr** m. *(-n,-en)* **1** protettore *m.* **2** → ANT. **Schirmherr. Schutz|herr|schaft** f. *(-,-en)* **1** POL. protettorato *m.* **2** → ANT. **Schirmherrschaft. Schutz|holz** n. *(-es)* barriera *f.* boschiva (di protezione). **Schutz|hül|le** f. *(-,-n)* involucro *m.* protettivo; *(von Waffen)* fodero *m.*; *(von Büchern)* fodera *f.*, foderina *f.*; *(von Instrumenten)* custodia *f.* **Schutz|hund** m. *(-[e]s,-e)* cane *m.* da guardia. **Schutz|hüt|te** f. *(-,-n)* rifugio *m.*

schutz|imp|fen tr. (solo inf. e p.pass.) vaccinare. **Schutz|imp|fung** f. *(-,-en)* vaccinazione *f.*: ***eine ~ (gegen Grippe) durchführen, erhalten*** fare una vaccinazione (antiinfluenzale), venire vaccinati (contro l'influenza). **Schutz|kap|pe** f. *(-,-n)* **1** cappuccio *m.* (di protezione); calotta *f.* di protezione **2** *(von Zähnen)* capsula *f.* provvisoria. **Schutz|klau|sel** f. *(-,-n)* clausola *f.* di salvaguardia. **Schutz|klei|dung** f. *(-,-en)* indumenti *m.pl.* protettivi; *(Arbeitskleidung)* tuta *f.* da lavoro.

Schutz|kon|takt m. *(-[e]s,-e)* EL. (contatto *m.* di) terra *f.* **Schutz|kon|takt|steck|do|se** f. *(-,-n)* presa *f.* con messa a terra. **Schutz|kon|takt|ste|cker** m. *(-s,-)* spina *f.* con messa a terra.

Schutz|leu|te → **Schutzmann.**

Schütz|ling m. *(-s,-e)* protetto *m.*, pupillo *m.*

schutz|los agg. privo di difesa, di protezione, indifeso. **Schutz|lo|sig|keit** f. *(-)* mancanza *f.* di protezione, di difesa. **Schutz|macht** f. *(-,-mächte)* potenza *f.* protettrice. **Schutz|mann** m. *(-es,-leute)* COLLOQ. poliziotto *m.*, guardia *f.* **Schutz|man|tel** m. *(-s,-mäntel)* **1** ART. manto *m.* **2** TECN. rivestimento *m.*, guaina *f.* protettiva. **Schutz|man|tel|ma|don|na** f. *(-,-madonnen)* Madonna *f.* dal mantello. **Schutz|mar|ke** f. *(-,-n)* marchio *m.* **Schutz|mas|ke** f. *(-,-n)* maschera *f.* protettiva. **Schutz|maß|nah|me** f. *(-,-n)* misura *f.* di protezione, precauzionale. **Schutz|pan|zer** m. *(-s,-)* corazza *f.* **Schutz|pat|ron** m. *(-s,-e)* → **Schutzheilige. Schutz|po|li|zei** f. *(-,-en)* pubblica sicurezza *f.* **Schutz|po|li|zist** m. *(-en,-en)* agente *m.* di pubblica sicurezza. **Schutz|raum** m. *(-[e]s,-räume)* rifugio *m.* **Schutz|schei|be** f. *(-,-n)* vetro *m.* di protezione. **Schutz|schicht** f. *(-,-en)* strato *m.* protettivo. **Schutz|schild** m. *(-[e]s,-e)* scudo *m.* di protezione. **Schutz|schirm** m. *(-[e]s,-e)* schermo *m.* di protezione. **Schutz|staat** m. *(-[e]s,-en)* protettorato *m.* **Schutz|staf|fel** f. *(-)* STOR. SS *f.pl.*

Schütz|steu|e|rung → **Schützensteuerung.**

Schutz|trup|pe f. *(-,-n)* STOR. = truppe coloniali *f.pl.* (dei protettorati tedeschi). **Schutz|um|schlag** m. *(-[e]s,-umschläge)* sopraccoperta *f.*, sovraccoperta *f.* **Schutz-und-Trutz-Bünd|nis** n. *(-ses,-se)* alleanza *f.* difensiva. **Schutz|ver|band** m. *(-[e]s,-verbände)* **1** associazione *f.* protezionistica: ***der ~ für Handel und Gewerbe*** l'associazione per il commercio e l'industria **2** MED. fasciatura *f.* protettiva. **Schutz|ver|ei|ni|gung** f. *(-,-en)* associazione *f.* protettrice. **Schutz|ver|trag** m. *(-[e]s,-verträge)* trattato *m.* di protettorato. **Schutz|vor|keh|rung** f. *(-,-en)* disposizione *f.* di difesa (*o* difensiva). **Schutz|vor|rich|tung** f. *(-,-en)* dispositivo *m.*, struttura *f.* di protezione. **Schutz|waf|fe** f. *(-,-n)* **1** *(Teil der Kampfausrüstung)* arma *f.* di difesa **2** *(beim Fechten)* protezione *f.* **Schutz|wall** m. *(-[e]s,-wälle)* vallo *m.* di difesa, baluardo *m.* **Schutz|wehr** f. *(-,-en)* ANT. opera *f.* difensiva.

Schutz|zoll m. *(-[e]s,-zölle)* dazio *m.* protettivo. **Schutz|zoll|po|li|tik** f. *(-)* politica *f.* protezionistica.

Schw. ⇒ *Schwester* sorella.

Schwa n. *(-[s],-[s])* schwa *m.*

Schwab|be|lei f. *(-,-en)* **1** COLLOQ. tremolio *m.* **2** REGION. *(Geschwätz)* chiacchierio *m.*, cicaleccio *m.* **schwab|be|lig** agg. COLLOQ. **1** *(wackelnd)* tremolante **2** *(schlaff)* floscio, flaccido: ***ein -er Bauch*** una pancia flaccida. **schwab|beln** intr. (aus. *haben*) **1** COLLOQ. *(wackeln)* tremolare **2** REGION. *(schwätzen)* cianciare **3** TECN. *(polieren)* lucidare. **schwabb|lig** → **schwabbelig.**

1.Schwa|be m. *(-n,-n)* svevo *m.*

2.Schwa|be f. *(-,-n)* scarafaggio *m.*, blatta *f.*

schwä|beln intr. (aus. *haben*) parlare con accento svevo.

Schwa|ben n.pr.n. *(-s)* Svevia *f.* **Schwa|ben|spie|gel** m. *(-s)* STOR. codice *m.* svevo. **Schwa|ben|streich** m. *(-[e]s,-e)* scempiaggine *f.*

Schwä|bin f. *(-,-nen)* sveva *f.* **schwä|bisch** agg. svevo.

schwach (compar. *schwächer*, superl. *schwächst...*) **I** agg. **1a** debole: ***sich ~ fühlen*** sentirsi debole; ***ein -er Wind*** un debole vento; ***ein -es Licht*** una luce debole (*o* fioca); ***der Puls ist ~*** il polso è debole; ***-e Versuche machen*** fare dei deboli (*o* timidi) tentativi; ***eine -e Hoffnung*** una debole (*o* lieve) speranza **b** *(nicht leistungsstark)* ***ein -er Gegner*** un avversario debole; ***-en Widerstand leisten*** opporre una debole resistenza; ***eine -e Brille*** occhiali deboli; ***die Börse ist ~*** la borsa è debole **c** *(nachgiebig)* ***sie ist zu ~, um sich gegen ihren Mann durchzusetzen*** è troppo debole per imporsi sul marito **d** *(machtlos)* ***eine -e Regierung*** un governo debole **e** *(labil)* ***ein -er Charakter*** un carattere debole **f** *(unbefriedigend)* ***ein -es Argument*** un argomentazione debole (*o* fiacca); ***~ in Physik sein*** essere debole in fisica **g** GRAMM. ***-e Verben, Substantive*** verbi, sostantivi deboli **2** *(anfällig)* debole, delicato: ***eine -e Gesundheit, Konstitution haben*** avere una salute debole, una costituzione debole (*o* gracile); ***-e Nerven haben*** essere debole di nervi; ***~ auf der Lunge sein*** essere delicato di polmoni, avere una debolezza polmonare **3** *(ungenau)* vago: ***eine -e Erinnerung*** un vago ricordo; ***ein -es Bild von der Wirklichkeit geben*** dare un vaga raffigurazione della realtà **4** *(leise)* debole, fioco: ***eine -e Stimme*** una voce fioca; ***ein -er Ton*** un debole suono **5** *(dünn)* sottile: ***-e Wände*** pareti sottili; ***eine -e Eisdecke*** un sottile strato di ghiaccio **6** *(gering, mäßig)* scarso: ***ein -er Erfolg*** uno scarso successo; ***eine -e Leistung*** una prestazione scarsa; ***eine -e Beteiligung*** una scarsa partecipazione; ***die Nachfrage ist ~*** la domanda è scarsa **7a** *(leicht)* leggero: ***einen -en Druck ausüben*** esercitare una leggera pressione **b** *(wenig gehaltvoll)* ***ein -er Tee, Kaffee*** un caffè, un tè leggero; ***eine -e Suppe*** una minestra leggera **8** *(nicht gewichtig)* poco significativo, di scarso valore: ***ein -es Werk, Buch*** un'opera poco significativa, un libro di scarso valore **II** avv. **1** debolmente **2** *(gering, mäßig)* scarsamente, poco: ***~ bevölkert, entwickelt*** poco popolato, sviluppato; ***der Saal war ~ besetzt*** la sala era poco affollata; ***~ begabt*** poco (*o* scarsamente) dotato; ***~ bewegt*** poco (*o* leggermente) mosso **3** GRAMM. ***~ konjugierte Verben*** verbi che hanno (*o* seguono) una coniugazione debole ◆ ***-e Augen haben*** essere debole di vista; ***in einem -en Augenblick*** in un momento di debolezza; COLLOQ. ***~ von Begriff sein*** essere duro di comprendonio; COLLOQ. FIG. ***er ist noch ~ auf den Beinen*** non si è ancora rimesso del tutto; METR. ***~ betont sein*** avere un accento debole; ***~ auf der Brust sein*** essere debole di petto; FARM. ***eine -e Dosis*** un basso dosaggio; ***~ duften*** avere un profumo leggero; ***-e Farben*** colori tenui, delicati; ***ein -es Fest*** una festa fiacca; FIG. *(von Behauptungen)* ***auf -en Füßen stehen*** non stare in piedi; ***das -e Geschlecht*** il sesso debole; CHIM. ***eine -e Lösung*** una soluzione a bassa concentrazione; ***~ machen*** indebolire, infiacchire; COLLOQ. ***mach mich nicht ~!*** non mi dire! ***eine -e Mehrheit*** una stretta maggioranza; ***keinen -en (blassen) Schimmer von etw. haben*** non avere la minima (*o* la più pallida) idea di qcs.; ***~ schmecken*** avere poco gusto; ***er ist ein -er Schüler, Student*** non è un bravo alunno, studente; COLLOQ. ***die Grammatik ist seine -e Seite*** la grammatica è il suo punto debole; *(er hat eine Vorliebe dafür)* ha un debole per la grammatica; ***in einer -en Stunde*** → ***in einem -en Augenblick***; COLLOQ. ***ein -er Trost*** una magra consolazione; ***~ werden*** indebolirsi; FIG. *(nachgeben)* cedere; COLLOQ. ***mir wird ganz ~*** mi viene male, mi sento mancare.

schwach|at|mig agg. che respira debolmente, dal respiro debole.

schwach|brüs|tig agg. debole di petto.

Schwä|che f. *(-,-n)* **1** debolezza *f.*: ***körperliche, allgemeine ~*** debolezza fisica, generale; ***die ~ des Feindes, des Gegners aus-***

nutzen sfruttare la debolezza del nemico, dell'avversario; ***vor ~ umfallen*** cadere a terra per la debolezza; ***jeder hat seine -n*** ciascuno ha le proprie debolezze; ***einer ~ nachgeben*** cedere a una debolezza; ***jds -n kennen*** conoscere le debolezze di qcn.; ***seine -n überspielen*** mascherare le proprie debolezze; ***die ~ seines Charakters*** la debolezza del suo carattere; ***nur keine ~ zeigen*** non mostrare neanche una debolezza **2** *(Vorliebe)* debole *m.*: ***eine ~ für jdn, etw. haben*** avere un debole per qcn., qcs.; ***Schokolade ist meine ~*** il cioccolato è il mio debole **3** *(Mangel)* carenza, difetto: ***die ~ dieser Methode besteht darin, dass...*** il difetto di questo metodo sta nel fatto che...; ***die Arbeit hat einige -n*** il lavoro ha qualche carenza ◆ ***männliche ~*** impotenza (sessuale). **Schwä|che|an|fall** m. *(-[e]s,-anfälle)* mancamento *m.* **Schwä|che|ge|fühl** n. *(-[e]s)* senso *m.* (*o* sensazione *f.*) di debolezza.

schwä|chen tr. **1** indebolire, infiacchire: ***jds Widerstand ~*** indebolire la resistenza di qcn.; ***das Fieber hat ihn geschwächt*** la febbre lo ha indebolito, debilitato; ***sein Körper ist von Krankheit geschwächt*** il suo corpo è indebolito dalla malattia **2** *(mindern)* ridurre, fare calare: ***das hat sein Ansehen, Prestige geschwächt*** questo ha fatto calare la sua considerazione, il suo prestigio.

schwä|chend p.pres. agg. **1** → **schwächen 2** debilitante.

Schwä|che|punkt m. *(-[e]s,-e)* → **Schwachpunkt. Schwä|che|zu|stand** m. *(-[e]s,-zustände)* stato *m.* di debolezza.

Schwach|heit f. *(-,-en)* debolezza *f.* ◆ COLLOQ. ***sich (keine) -en einbilden*** (non) farsi delle illusioni. **schwach|her|zig** agg. dal carattere debole; *(feige)* pusillanime. **Schwach|her|zig|keit** f. *(-)* debolezza *f.* di carattere; *(Feigheit)* pusillanimità *f.* **Schwach|kopf** m. *(-[e]s,-köpfe)* imbecille *f.*, cretino *m.* **schwach|köp|fig** agg. imbecille, cretino.

schwäch|lich agg. deboluccio, gracilino. **Schwäch|lich|keit** f. *(-)* gracilità *f.*

Schwäch|ling m. *(-s,-e)* **1** debole *m.*: ***der neue Minister ist ein ~*** il nuovo ministro è un debole **2** SPREG. rammollito: ***du ~!*** rammollito!

Schwach|punkt m. *(-[e]s,-e)* punto *m.* debole. **schwach|sich|tig** agg. debole di vista. **Schwach|sich|tig|keit** f. *(-)* debolezza *f.* di vista (*o* visiva).

Schwach|sinn m. *(-[e]s)* **1** demenza *f.*, deficienza *f.* mentale **2** COLLOQ. *(Blödsinn)* deficienza *f.* **schwach|sin|nig** agg. **1** demente, ritardato mentale **2** COLLOQ. *(blödsinnig)* deficiente. **Schwach|sin|nig|keit** f. *(-)* → **Schwachsinn.**

Schwach|stel|le f. *(-,-n)* punto *m.* debole.

Schwach|strom m. *(-[e]s,-ströme)* EL. corrente *f.* a bassa tensione. **Schwach|strom|lei|tung** f. *(-,-en)* EL. linea *f.* a bassa tensione. **Schwach|strom|tech|nik** f. *(-)* tecnica *f.* della corrente a bassa tensione.

Schwä|chung f. *(-,-en)* indebolimento *m.*

Schwa|de f. *(-,-n)* → **1.Schwaden.**

1.Schwa|den m. *(-s,-)* **1** BOT. gliceria *f.* **2** *(abgemähtes Gras)* andana *f.*

2.Schwa|den m. *(-s,-)* **1** nuvola *f.* (di fumo) **2** MIN. *(Gasausströmung)* esalazione *f.* **schwa|den|wei|se** avv. **1** AGR. ad andane **2** a nuvole.

schwa|dern intr. (aus. *haben*) **1** cianciare **2** *(plätschern)* scrosciare, gorgogliare.

Schwad|ron f. *(-,-en)* squadrone *m.* **schwad|ro|nen|wei|se** avv. a squadroni.

Schwad|ro|neur [-'nøːɐ] m. *(-s,-e)* spaccone *m.*, fanfarone *m.* **schwad|ro|nie|ren** intr. (aus. *haben*) fare lo spaccone, il fanfarone.

Schwad|rons|chef m. *(-s,-s)* comandante *m.* di, dello squadrone. **schwad|rons|wei|se** → **schwadronenweise.**

Schwa|fe|lei f. *(-,-en)* COLLOQ. il parlare a vanvera; *(unsinniges Gerede)* ciancia *f.*, chiacchiera *f.* senza capo né coda. **Schwa|fe|ler** m. *(-s,-)* COLLOQ. chi parla a vanvera, ciancione *m.* **schwa|feln** intr. (aus. *haben*) parlare a vanvera. **Schwaf|ler** → **Schwafeler.**

Schwa|ger m. *(-s, Schwäger)* **1** cognato *m.* **2** ANT. *(als Anrede)* compare *m.* **Schwä|ge|rin** f. *(-,-nen)* cognata *f.* **schwä|ger|lich** agg. di, del cognato; di, della cognata. **Schwä|ger|schaft** f. *(-)* parentela *f.* (fra cognati).

Schwai|ge f. *(-,-n)* REGION. e AUSTR. malga *f.*

Schwälb|chen n. *(-s,-)* rondinella *f.*

Schwal|be f. *(-,-n)* **1** rondine *f.* **2** SPORT fallo *m.* simulato (in area di rigore) ◆ PROV. ***eine ~ macht noch keinen Sommer*** una rondine non fa primavera. **Schwal|ben|fisch** m. *(-[e]s,-e)* ITTIOL. rondinella *f.* di mare. **Schwal|ben|nest** n. *(-[e]s,-er)* **1** nido *m.* di rondine **2** MAR. MIL. piattaforma *f.* di armamento **3** MIL. *(auf Uniformen)* distintivo *m.* dei suonatori. **Schwal|ben|schwanz** m. *(-es,-schwänze)* **1** coda *f.* di rondine **2** SCHERZ. *(Frack)* frac *m.* **3** ENTOM. macaone *m.* **Schwal|ben|schwanz|ver|bin|dung** f. *(-,-en)* incastro *m.* a coda di rondine.

Schwall m. *(-[e]s,-e)* **1** getto *m.*: ***ein ~ Wasser*** un getto d'acqua; *(von Blut)* fiotto *m.* **2** *(Welle)* maroso *m.*, cavallone *m.* **3** *(Menge von Leuten)* fiumana *f.* **4a** *(Redefluss)* profluvio *m.*, profusione *f.* **b** FIG. fiume *m.*, torrente *m.*: ***ein ~ von Worten*** un fiume di parole.

schwamm → **schwimmen.**

Schwamm m. *(-[e]s, Schwämme)* **1** spugna *f.*: ***den ~ ausdrücken*** strizzare la spugna; ***etw. mit dem feuchten ~ abwischen*** passare la spugna bagnata su qcs., lavare qcs. con la spugna **2** REGION. *(Pilz)* fungo *m.*: ***Schwämme sammeln*** raccogliere funghi **3** *(Pilzbefall)* muffa *f.* ◆ ***~ drüber!*** mettiamoci una pietra sopra! COLLOQ. ***wie ein ~ saufen*** bere come una spugna. **schwamm|ar|tig** agg. spugnoso.

Schwämm|chen n. *(-s,-)* **1** spugnetta *f.* **2** REGION. *(kleiner Pilz)* funghetto *m.* **3** *(Mundkrankheit)* mughetto *m.*

Schwam|merl n. *(-s.-[n])* REGION. fungo *m.*

schwam|mig agg. **1** spugnoso **2** *(aufgedunsen)* gonfio **3** *(verschwommen)* vago, confuso, nebuloso: ***eine -e Definition*** una definizione vaga **4** *(vom Schwamm befallen)* ricoperto (*o* pieno) di muffa. **Schwam|mig|keit** f. *(-)* **1** spugnosità *f.* **2** *(Aufgedunsenheit)* gonfiore *m.* **3** *(Verschwommenheit)* vaghezza *f.*, nebulosità *f.*

Schwamm|ko|ral|le f. *(-,-n)* alcionario *m.* **Schwamm|kür|bis** m. *(-ses,-se)* luffa *f.* **Schwamm|spin|ner** m. *(-s,-)* limantria *f.*, bombice *m.* dispari. **Schwamm|tuch** n. *(-[e]s,-tücher)* spugna *f.*

Schwan m. *(-[e]s, Schwäne)* cigno *m.* ◆ ***mein lieber ~!*** santo cielo!

schwand → **schwinden.**

schwa|nen intr. (aus. *haben*) COLLOQ. ***jdm schwant etw.*** qcn. ha il presentimento di, sente, si aspetta qcs.: ***das hat mir schon lange geschwant*** me lo sentivo già da molto tempo; ***es schwant mir nichts Gutes*** non mi aspetto niente di buono.

Schwa|nen|ge|sang m. *(-[e]s)* FIG. canto *m.* del cigno. **Schwa|nen|hals** m. *(-es,-hälse)* **1** collo *m.* del cigno **2** *(langer Hals)* collo *m.* da cigno **3** TECN. collo *m.* di cigno; *(Rohr)* tubo *m.* a collo di cigno. **Schwa|nen|jung|frau** f. *(-,-en)* MITOL. vergine *f.* cigno. **Schwa|nen|see** m. *(-s)* MUS. lago *m.* dei cigni.

schwang → **schwingen.**

Schwang, ***in ~ kommen*** venire di moda, prendere piede; ***im ~ sein*** essere in voga (*o* di moda).

schwan|ger agg. incinta, gravida: ***eine -e Frau*** una donna incinta; ***~ werden*** rimanere incinta; ***im dritten Monat ~ sein*** essere incinta di tre mesi, essere al terzo mese (di gravidanza); ***von jdm ~ sein*** essere incinta di qcn. ◆ COLLOQ. ***mit etw. ~ gehen*** = avere qcs. in animo, progettare, coltivare qcs. **Schwan|ge|re** f. *(-n,-n)* donna *f.* incinta, gestante *f.* **Schwan|ge|ren|be|ra|tung** f. *(-)* consulenza *f.* alle gestanti. **Schwan|ge|ren|für|sor|ge** f. *(-)* assistenza *f.* alle gestanti. **Schwan|ge|ren|geld** n. *(-[e]s)* indennità *f.* di gravidanza.

schwän|gern tr. **1** mettere incinta, ingravidare: ***ein Mädchen ~*** mettere incinta una ragazza **2** FIG. impregnare.

Schwan|ger|schaft f. *(-,-en)* gravidanza *f.*: ***eine ~ feststellen, unterbrechen*** accertare, interrompere una gravidanza; *(bezüglich der Dauer)* gestazione *f.* **Schwan|ger|schafts|ab|bruch** m. *(-[e]s, -abbrüche)* interruzione *f.* di, della gravidanza, aborto *m.*: ***einen ~ an jdm vornehmen*** fare interrompere la gravidanza a qcn., praticare l'aborto su, a qcn. **Schwan|ger|schafts|be|schwer|den** pl. disturbi *m.pl.* della gravidanza (*o* gravidici). **Schwan|ger|schafts|er|bre|chen** n. *(-s)* vomito *m.* gravidico. **Schwan|ger|schafts|gym|nas|tik** f. *(-)* ginnastica *f.* preparto. **Schwan|ger|schafts|nar|ben** pl., **Schwan|ger|schafts|strei|fen** pl. smagliature *f.pl.* conseguenti alla gravidanza. **Schwan|ger|schafts|test** m. *(-[e]s,-s)* test *m.* di gravidanza. **Schwan|ger|schafts|un|ter|bre|chung** f. *(-,-en)* → **Schwangerschaftsabbruch. Schwan|ger|schafts|ver|hü|tung** f. *(-,-en)* contraccezione *f.*

Schwän|ge|rung f. *(-,-en)* **1** ingravidamento *m.* **2** FIG. *(Erfüllen)* l'impregnare, saturazione *f.*

Schwan|jung|frau → **Schwanenjungfrau.**

schwank agg. **1** flessibile **2** *(nicht stabil)* cedevole, instabile **3** *(unstet)* indeciso, esitante: ***ein -er Mensch*** un indeciso ◆ ***wie ein -es Rohr im Wind sein*** essere come una canna al vento.

Schwank m. *(-[e]s, Schwänke)* **1a** LETT. facezia *f.* **b** *(Bühnenstück)* farsa *f.* **2** *(lustige Begebenheit)* storiella *f.* (divertente).

schwan|ken intr. **1a** (aus. *haben*) ondeggiare, muoversi, oscillare: ***im Winde ~*** ondeggiare al vento **b** tremare: ***der Erdboden schwankte unter unseren Füßen*** la terra tremò sotto i nostri piedi **2a** *(taumeln*; aus. *haben)* vacillare, barcollare, non reggersi in piedi: ***vor Trunkenheit, Müdigkeit ~*** barcollare per l'ubriachezza, non reggersi in piedi dalla stanchezza **b** *(sich schwankend fortbewegen*; aus. *sein)* procedere vacillando, andare barcollando **3a** *(nicht stabil sein*; aus. *haben)* oscillare, variare: ***die Temperatur schwankt zwischen 16 und 24 Grad*** la temperatura oscilla fra i

16 e i 24 gradi **b** ECON. fluttuare, oscillare: ***die Kurse ~ heftig*** le quotazioni sono molto oscillanti **4a** *(unschlüssig sein*; aus. *haben)* oscillare, essere indeciso; *(zögern)* esitare: ***zwischen zwei Möglichkeiten ~*** oscillare fra due possibilità; ***er schwankte, ob er mit uns kommen sollte oder nicht*** era indeciso se venire con noi oppure no; ***die Meinungen über sie ~*** le opinioni su di lei variano (*o* sono oscillanti) **b** *(von Stimmen)* tremare, vacillare ◆ ***wie ein Rohr im Wind ~*** essere come una canna al vento.

Schwan|ken n. *(-s)* **1** ondeggiamento *m.*: ***das ~ der Zweige, des Korns*** l'ondeggiamento dei rami, del grano **2** vacillamento *m.*, barcollamento *m.* (anche FIG.): ***sein Vertrauen in diese Maßnahmen kommt, gerät ins ~*** la sua fiducia in questi provvedimenti vacilla **3** *(Unschlüssigkeit)* indecisione *f.*, esitazione *f.*, titubanza *f.* **4** → **Schwankung. schwan|kend** p.pres. agg. **1** → **schwanken** **2** ondeggiante **3** *(taumelnd)* vacillante, barcollante: ***ein -er Gang*** un'andatura barcollante **4** *(nicht stabil)* oscillante, ECON. fluttuante **5** *(unschlüssig)* indeciso, esitante, titubante: ***~ in seinen Entschlüssen sein*** essere indeciso nelle proprie risoluzioni ◆ ***-e Gesundheit*** salute precaria.

Schwan|kung f. *(-,-en)* oscillazione *f.*, ECON. fluttuazione *f.*: ***-en unterworfen sein, unterliegen*** essere soggetto a (*o* subire) oscillazioni.

Schwanz m. *(-es, Schwänze)* **1a** coda *f.*: ***mit dem ~ wedeln*** agitare (*o* dimenare) la coda, scodinzolare; ***der Katze auf den ~ treten, die Katze am, beim ~ ziehen*** pestare, tirare la coda al gatto **b** *(Pferdeschwanz)* ***sich (D) einen ~ machen*** farsi la coda **c** FIG. ***der ~ eines Flugzeugs, Kometen*** la coda di un aereo, di una cometa **2** *(Ende)* coda *f.*, fine *f.*: ***der ~ eines Festzuges*** la coda di un corteo; ***den ~ einer Reihe bilden*** essere ultimi in una fila (*o* in fondo a una fila) **3** FIG. *(Reihe)* serie *f.*, coda *f.*: ***das zog einen ~ weiterer Prozesse nach sich*** ciò portò a una serie di ulteriori processi; ***ein ~ von Verehrern*** un codazzo di ammiratori **4** VOLG. *(Penis)* uccello *m.*, cazzo *m.* ◆ ***einen ~ bauen*** → ***einen ~ machen***; ***mit eingezogenem ~*** con la coda fra le gambe (anche FIG.); ***den ~ einklemmen, einziehen*** mettersi la coda fra le gambe; FIG. abbassare le orecchie, chinare la testa; ***sich auf den ~ getreten fühlen*** sentirsi offeso; ***den ~ hängen lassen*** tenere la coda bassa; FIG. starsene mogio mogio; ***da beißt sich die Katze in den ~*** è un gatto che si morde la coda; COLLOQ. VOLG. ***kein ~*** nemmeno un cane, nessuno; ***danach fragt kein ~*** non frega niente a nessuno; ***einen ~ machen*** = fallire una parte di esame, ripetere una parte di esame; ***jdm auf den ~ treten*** offendere qcn.; PROV. ***das Pferd am ~ aufzäumen*** mettere il carro davanti ai buoi. **Schwanz|bein** n. *(-[e]s,-e)* ANAT. coccige *m.* **Schwanz|bors|ten** pl. ENTOM. cerci *m.pl.*

Schwänz|chen n. *(-s,-)* codina *f.*

Schwän|ze|lei f. *(-,-en)* arruffianamento *m.*

schwän|zeln intr. **1a** (aus. *haben*) scodinzolare: ***der Hund schwänzelt vor Freude*** il cane scodinzola dalla gioia **b** *(schwanzwedelnd laufen*; aus. *sein)* correre (*o* andare) scodinzolando **2** COLLOQ. FIG. *(herumscharwenzeln*; aus. *haben, sein)* ***um jdn, vor jdm ~*** scodinzolare intorno a qcn. **3** COLLOQ. *(geziert gehen*; aus. *haben)* dimenarsi, sculettare.

schwän|zen COLLOQ. **I** tr. marinare, disertare: ***die Schule, den Unterricht, den Dienst ~*** marinare la scuola, la lezione, non andare al lavoro **II** intr. (aus. *haben*) marinare la scuola (*o* una lezione).

Schwanz|en|de n. *(-s,-n)* **1** punta *f.* della coda, ZOOL. estremità *f.* caudale **2** AER. (estremità *f.* della) coda *f.*

Schwän|zer m. *(-s,-)* COLLOQ. chi marina la scuola.

Schwanz|fe|der f. *(-,-n)* penna *f.* della coda (*o* caudale). **Schwanz|flos|se** f. *(-,-n)* **1** pinna *f.* caudale **2** MAR. pinna *f.* di deriva, chiglia *f.* a pinna (*o* di deriva) **3** AER. pinna *f.*, (piano *m.*) stabilizzatore *m.* **schwanz|las|tig** agg. AER. MAR. appoppato. **schwanz|los** agg. senza coda, privo di coda, ZOOL. anuro. **Schwanz|lurch** m. *(-[e]s,-e)* tritone *m.*; *(Familie)* ***-e*** caudati, urodeli. **Schwanz|mei|se** f. *(-,-n)* codibugnolo *m.* **Schwanz|sä|ge** f. *(-,-n)* sega *f.* a volgere, voltino *m.*; saracco *m.*, gattuccio *m.* **Schwanz|stück** n. *(-[e]s,-e)* GASTR. coda *f.*; *(vom Ochsen)* culaccio *m.* **schwanz|we|delnd** agg. scodinzolante. **Schwanz|wir|bel** m. *(-s,-)* vertebra *f.* caudale.

schwapp inter. ciac, ciacchete. **Schwapp** m. *(-[e]s,-e)* **1** ciac *m.* **2** *(Überschwappen)* il traboccare, traboccamento *m.* **schwap|pen** **I** tr. versare, rovesciare: ***Suppe auf das Tischtuch ~*** rovesciare minestra sulla tovaglia **II** intr. **1** (aus. *haben*) diguazzare, sciaguattare, sguazzare; *(von Wellen)* sciabordare **2** *(überfließen*; aus. *sein)* (fuori)uscire, versarsi, rovesciarsi (fuori): ***aus der Tasse, über den Rand, auf den Tisch ~*** uscire dalla tazza, traboccare, rovesciarsi sul tavolo. **schwaps** → **schwapp. Schwaps** *m. (-es,-e)* → **Schwapp. schwap|sen** → **schwappen.**

Schwä|re f. *(-,-n)* ulcera *f.* purulenta. **schwä|ren** intr. (aus. *haben*) suppurare, fare pus. **schwä|rend** p.pres. agg. **1** → **schwären** **2** purulento. **schwä|rig** agg. **1** coperto, pieno di ulcere **2** *(schwärend)* purulento.

Schwarm m. *(-[e]s, Schwärme)* **1** sciame *m.*: ***ein ~ Bienen, Heuschrecken*** uno sciame di api, di cavallette; *(von Fliegen, Mücken)* nugolo *m.* **2** *(von Vögeln)* stormo *m.*: ***ein ~ junge(r) Enten*** uno stormo di giovani anatre **3** *(von Fischen)* branco *m.*: ***in Schwärmen leben*** vivere a (*o* in) branchi; *(in großer Anzahl)* banco *m.* **4** FIG. *(Schar)* sciame *m.*, frotta *f.*, schiera *f.* **5** *(jemand, der verehrt wird)* idolo *m.*, passione *f.*: ***dieser Sänger ist der ~ vieler Mädchen*** questo cantante è l'idolo di molte ragazze.

schwär|men intr. (aus. *haben*) **1** sciamare; *(von Fliegen, Mücken)* svolazzare **2** *(von Vögeln)* volare in stormo: ***nach Süden ~*** volare in stormo, migrare verso sud **3** *(von Fischen)* nuotare in branco **4** MIL. procedere in ordine sparso **5** FIG. *(von Menschen)* sciamare: ***die Menge schwärmte aus dem Stadion*** la folla sciamò fuori dallo stadio **6a** ***für jdn, etw. ~*** avere una passione per, adorare qcn., qcs., essere entusiasta di qcn., qcs. COLLOQ. andare matto per qcn., qcs.: ***er schwärmt für Blondinen, Italien*** ha una passione per le bionde, adora l'Italia **b** *(verliebt sein)* ***für ein Mädchen ~*** avere una cotta per una ragazza **7a** *(begeistert reden)* parlare con entusiasmo (*o* con passione), infervorarsi a parlare: ***von seinen Reisen ~*** parlare con entusiasmo dei propri viaggi **b** *(ins Träumen kommen)* fantasticare. **Schwär|men,** ***ins ~ geraten, kommen*** andare in estasi, esaltarsi. **Schwär|mer** m. *(-s,-)* **1a** *(Begeisterter)* entusiasta *m.* **b** *(Fantast, Träumer)* sognatore *m.*, esaltato *m.* **2** *(Fanatiker)* fanatico *m.*, esaltato *m.*: ***religiöser ~*** fanatico religioso **3** *(Feuerwerk)* serpentello *m.* **4** ENTOM. sfingide *m.* **Schwär|me|rei** f. *(-,-en)* **1** passione *f.*: ***eine jugendliche ~*** una passione giovanile **2a** *(Begeisterung)* entusiasmo *m.* **b** *(Verzücktheit)* esaltazione *f.*, estasi *f.* **3** *(Träumerei)* fantasticheria *f.*: ***sich in -(en) verlieren*** perdersi in fantasticherie. **Schwär|me|rin** f. *(-,-nen)* **1** entusiasta *f.* **2** *(Träumerin)* sognatrice *f.* **schwär|me|risch** **I** agg. **1** appassionato: ***ein -er Liebhaber*** un amante appassionato **2a** *(begeistert)* entusiasta **b** *(verzückt)* esaltato **c** *(träumerisch)* sognatore **II** avv. **1** appassionatamente **2** *(begeistert)* con entusiasmo.

Schwarm|geist m. *(-[e]s,-er)* **1** RELIG. STOR. INTRAD. (appartenente a una corrente non conformista dei riformati) **2** *(Fantast)* sognatore *m.*

Schwärm|spo|re f. *(-,-n)* zoospora *f.* **Schwärm|zeit** f. *(-)* epoca *f.* della sciamatura.

Schwar|te f. *(-,-n)* **1** cotenna *f.* **2** COLLOQ. *(dickes Buch)* malloppo *m.*, malloppone *m.* **3** MED. cotenna *f.* (pleurica) **4** TECN. sciavero *m.* ◆ COLLOQ. FIG. ***jdm die ~ gerben*** conciare qcn. per le feste; ***er arbeitet, dass die ~ kracht*** lavora come un forsennato. **schwar|ten** **I** tr. **1** scuoiare **2** COLLOQ. *(verprügeln)* bastonare **II** intr. COLLOQ. (aus. *haben*) divorare libri. **Schwar|ten|ma|gen** m. *(-s,-mägen)* GASTR. soppressata *f.* **schwar|tig** agg. cotennoso.

schwarz **I** agg. (compar. *schwärzer*; superl. *schwärzest...*) **1a** nero: ***-es Haar, -e Augen*** capelli neri, occhi neri; ***-e Wolken*** nuvole nere; *(schmutzig)* ***-e Hände, Fingernägel*** mani, unghie nere; ***-e Manschetten*** polsini neri **b** *(dunkel)* scuro: ***einen -en Anzug tragen*** indossare un abito scuro **2** *(boshaft)* malvagio: ***-e Absichten*** intenzioni malvagie **3** GERG. POL. conservatore cattolico **II** avv. di, in nero: ***etw. ~ färben*** tingere qcs. di nero; ***sich ~ kleiden*** vestirsi di nero; ***~ gerändert, umrändert*** listato di nero, con bordo nero: ***~ umränderte Augen*** occhi cerchiati; ***~ geräuchert*** affumicato; ***~ gestreift*** a strisce nere; ***~ umflort*** abbrunato, listato a lutto; ***~ umrandet*** orlato di nero, con orlo nero ◆ ***sich ~ ärgern*** essere nero di rabbia; ***mir wird ~ vor (den) Augen*** mi sento svenire; ***das -e Brett*** la bacheca; ***-es Brot*** pane nero; ***der Schwarze Erdteil*** il continente nero; ***in den schwärzesten Farben*** a tinte fosche; ***-e Geschäfte*** affari in nero; ***eine ~ und weiß gestreifte Bluse*** una camicetta a righe bianche e nere; ***-es Gold*** = carbone; ***~ über die Grenze gehen*** passare clandestinamente il confine; ***-er Humor*** humor nero; ***den Kaffee ~ trinken*** bere caffè nero; ***~ kaufen, verkaufen*** comprare, vendere in nero; ***die -e Kunst*** la stampa; *(die Magie)* la magia nera; COLLOQ. ***~ von Leuten*** pieno zeppo di gente; ***die -e Liste*** la lista nera; ***jdn, etw. auf die -e Liste setzen*** mettere qcn., qcs. sul libro nero; ***das -e Loch*** il buco nero; ***sich ~ machen*** sporcarsi; ***-e Magie*** magia nera; ***~ malen*** dipingere qcs. a tinte fosche (anche FIG.); ***der -e Mann*** l'uomo nero; ***der -e Markt*** il mercato nero; ***das Schwarze Meer*** il mar Nero; ***-e Messe*** messa nera; ***eine -e Nacht*** una notte nera; *(Kartenspiel)* ***Schwarzer Peter*** l'uomo nero; FIG. ***jdm den -en Peter zuschieben, zuspielen*** passare la patata bollente a qcn.; ***-er Pfeffer*** pepe nero; ***die -e Rasse*** la razza nera; ***-e Ringe um die, unter den Augen haben*** avere gli occhi cerchiati (*o* le occhiaie); ***das -e Schaf*** la pecora nera; ***eine -e Seele*** un'anima nera; ***alles ~, durch die -e Brille sehen*** vedere tutto nero;

für unsere Reise nach Rom sehe ich ~ il nostro viaggio a Roma lo vedo molto male; ***ein -er Tag*** una giornata nera; ***der -e Tod*** la morte nera; ***~ auf weiß*** nero su bianco; ***~ auf weiß haben*** avere qcs. per iscritto, nero su bianco; ***das kann ich dir ~ auf weiß geben*** te lo posso mettere nero su bianco; ***aus Schwarz Weiß machen*** far vedere il nero per il bianco; ***~ werden*** annerire; ***der Kuchen ist ~ geworden*** la torta è bruciata; FIG. ***da kannst du warten, bis du ~ wirst*** aspetta e spera! *(beim Skat)* ***~ werden*** non prendere nessun punto; ZOOL. ***Schwarze Witwe*** vedova nera.

Schwarz n. *(-[e]s,-)* (colore *m.*) nero *m.*: ***das ~ ihrer Augen*** il nero dei suoi occhi; ***sie trägt gern ~*** veste volentieri di nero ◆ ***in ~*** di nero: ***in ~ gehen*** vestire il lutto; *(beim Roulett)* ***auf ~ setzen*** puntare sul nero.

Schwarz|af|ri|ka n.pr.n *(-s)* Africa *f.* nera. **Schwarz|af|ri|ka|ner** m. *(-s,-)* abitante *m.* dell'Africa nera.

Schwarz|ar|beit f. *(-,-en)* lavoro *m.* nero. **schwarz|ar|bei|ten** intr. (aus. *haben*) lavorare in nero. **Schwarz|ar|bei|ter** m. *(-s,-)* lavoratore *m.* in nero.

schwarz|äu|gig agg. dagli occhi neri. **Schwarz|bär** m. *(-en,-en)* orso *m.* nero. **Schwarz|bee|re** f. *(-,-n)* REGION. mirtillo *m.* **Schwarz|blat|tern** pl. vaiolo *m.* **schwarz|blau** agg. blu scuro. **Schwarz|blech** n. *(-[e]s,-e)* lamiera *f.* nera. **schwarz|braun** agg. marrone scuro. **Schwarz|bren|ner** m. *(-s,-)* distillatore *m.* clandestino. **Schwarz|bren|ne|rei** f. *(-,-en)* distilleria *f.* clandestina. **Schwarz|brot** n. *(-[e]s,-e)* pane *m.* nero. **Schwarz|bu|che** f. *(-,-n)* faggio *m.* nero. **schwarz|bunt** agg. pezzato nero. **Schwarz|dorn** m. *(-[e]s,-e)* susino *m.* di macchia. **Schwarz|dros|sel** f. *(-,-n)* merlo *m.*

1.Schwar|ze I m. e f. *(-n,-n)* **1** nero *m.* (-a *f.*), negro *m.* (-a *f.*) **2** *(schwarzhaarige Person)* bruno *m.* (-a *f.*) **3** POL. conservatore *m.* cattolico (conservatrice *f.* cattolica) **II** m. *(-n,-n)* **1** ANT. ***der ~*** il diavolo **2** AUSTR. *(schwarzer Kaffee)* caffè *m.* nero **III** n. *(-n)* nero *m.*: ***das ~ unter den Nägeln*** il nero delle unghie ◆ FIG. COLLOQ. ***jdm nicht das ~ unter dem Nagel, Fingernagel gönnen*** invidiare a qcn. l'aria che respira; ***kleines -s*** abito da sera nero e corto.

2.Schwar|ze n. *(-n)* centro *m.* (di un bersaglio): ***ins ~ treffen*** far centro, colpire nel segno (anche FIG.).

Schwär|ze f. *(-,-n)* **1** nero *m.*, nerezza *f.* **2** *(Dunkelheit)* oscurità *f.*: ***die ~ der Nacht*** l'oscurità della notte **3** TECN. nerofumo *m.* **schwär|zen** tr. **1** *(schwarz färben)* tingere di nero **2** *(schwarz machen)* annerire **3** REGION. e AUSTR. COLLOQ. *(schmuggeln)* contrabbandare. **Schwär|zer** m. *(-s,-)* REGION. e AUSTR. COLLOQ. contrabbandiere *m.*

Schwarz|er|de f. *(-)* GEOL. terra *f.* nera. **Schwarz|erz** n. *(-es)* minerale *m.* di rame grigio, tetraedrite *f.*

schwarz‿fah|ren intr. *(fährt, fuhr, gefahren;* aus. *sein)* **1** viaggiare senza biglietto **2** *(ohne Führerschein fahren)* guidare senza patente. **Schwarz|fah|rer** m. *(-s,-)* **1** chi viaggia senza biglietto **2** *(Fahrer ohne Führerschein)* chi guida senza patente. **Schwarz|fahrt** f. *(-,-en)* **1** viaggio *m.*, corsa *f.* senza biglietto **2** *(Fahrt ohne Führerschein)* guida *f.* senza patente.

schwarz|far|ben, schwarz|far|big agg. (di colore) nero. **Schwarz|fär|bung** f. *(-)* colore *m.* nero, colorazione *f.* nera. **Schwarz|fäu|le** f. *(-)* BOT. nero *m.*, fumaggine *f.* **Schwarz|fil|ter** m. e n. *(-s,-)* filtro *m.* nero. **Schwarz|fleisch** n. *(-[e]s)* REGION. pancetta *f.* affumicata. **Schwarz|fuß|in|di|a|ner** m. *(-s,-)* indiano *m.* (della tribù dei) piedi neri.

schwarz‿ge|hen *(ging, gegangen;* aus. *sein)* COLLOQ. **1** cacciare di frodo **2** *(schwarz über die Grenze gehen)* passare clandestinamente il confine. **schwarz|gal|lig** agg. malinconico. **schwarz|grau** agg. grigio scuro. **schwarz|grün** agg. verde scuro. **schwarz|haa|rig** agg. dai capelli neri.

Schwarz|han|del m. *(-s)* borsa *f.* nera (*o* borsanera *f.*), mercato *m.* nero: ***etw. im ~ kaufen, eintauschen*** comprare, scambiare qcs. alla borsa nera. **Schwarz|händ|ler** m. *(-s,-)* borsanerista *m.* **Schwarz|hemd** n. *(-[e]s,-en)* STOR. camicia *f.* nera. **Schwarz|holz** n. *(-es)* ebano *m.*

schwarz‿hö|ren intr. (aus. *haben*) **1** = ascoltare la radio senza pagare il canone **2** *(Vorlesungen hören)* = assistere abusivamente alle lezioni. **Schwarz|hö|rer** m. *(-s,-)* **1** = radioascoltatore *m.* che non paga il canone **2** *(an der Universität)* = uditore *m.* abusivo. **Schwarz|kä|fer** m. *(-s,-)* tenebrionide *m.* **Schwarz|kehl|chen** n. *(-s,-)* saltimpalo *m.* **Schwarz|kie|fer** f. *(-,-n)* pino *m.* nero. **Schwarz|kit|tel** m. *(-s,-)* **1** *(Wildschwein)* cinghiale *m.* **2** SPORT GERG. *(Schiedsrichter)* giacchetta *f.* nera **3** SPREG. → **Schwarzrock. Schwarz|küm|mel** m. *(-s,-)* nigella *f.* **Schwarz|kunst** f. *(-)* → **Schabkunst. Schwarz|künst|ler** m. *(-s,-)* **1** tipografo *m.* **2** *(Zauberkünstler)* = chi pratica la magia nera, negromante *m.*

schwärz|lich agg. nericcio.

Schwarz|ma|ler m. *(-s,-)* pessimista *m.* **Schwarz|ma|le|rei** f. *(-)* pessimismo *m.*

Schwarz|markt m. *(-[e]s,-märkte)* mercato *m.* nero: ***etw. auf dem ~ verkaufen*** vendere qcs. al mercato nero. **Schwarz|markt|preis** m. *(-es,-e)* prezzo *m.* del mercato nero.

Schwarz|ot|ter f. *(-,-n)* pseudechide *m.* **Schwarz|pap|pel** f. *(-,-n)* pioppo *m.* nero. **Schwarz|plätt|chen** n. *(-s,-)* capinera *f.* **Schwarz|pul|ver** n. *(-s)* polvere *f.* nera. **Schwarz|rock** m. *(-[e]s,-röcke)* SPREG. pretaccio *m.* (cattolico). **Schwarz|rot|gold** n. *(-[e]s)* ***das ~*** il nero-rosso-oro (della bandiera tedesca). **schwarz|rot|gol|den** agg. nero-rosso-oro. **Schwarz|schim|mel** m. *(-s,-)* cavallo *m.* grigio con pezzatura nera.

schwarz‿se|hen *(sieht, sah, gesehen)* intr. *(fernsehen;* aus. *haben)* = guardare la televisione senza pagare il canone. **Schwarz|se|her** m. *(-s,-)* **1** pessimista *m.* **2** *(Fernsehzuschauer)* = telespettatore *m.* che non paga il canone. **Schwarz|se|he|rei** f. *(-)* COLLOQ. pessimismo *m.* **schwarz|se|he|risch** agg. pessimistico.

Schwarz|sei|te f. *(-)* REGION. → **Schwarzfleisch. Schwarz|sen|der** m. *(-s,-)* emittente *f.* clandestina. **Schwarz|specht** m. *(-[e]s,-e)* picchio *m.* nero. **Schwarz|storch** m. *(-[e]s,-störche)* cicogna *f.* nera.

Schwär|zung f. *(-,-en)* annerimento *f.* (anche FOT.).

Schwarz|wald m. *(-[e]s)* Foresta *f.* (*o* Selva *f.*) Nera. **Schwarz|wäl|der I** m. *(-s,-)* abitante *m.* della Foresta Nera **II** agg. della Foresta Nera. **Schwarz|was|ser|fie|ber** n. *(-s)* emoglobinuria *f.* malarica.

schwarz|weiß I agg. **1** bianco e nero **2** FOT. in bianco e nero **II** avv. FOT. in bianco e nero; ***~ malen*** dipingere in bianco e nero; FIG. ***etw. ~ malen*** descrivere qcs. senza usare i mezzi toni. **Schwarz|weiß|auf|nah|me** f. *(-,-n)* fotografia *f.* in bianco e nero. **Schwarz|weiß|fern|se|her** m. *(-s,-)*, **Schwarz|weiß|fern|seh|ge|rät** n. *(-[e]s,-e)* televisore *m.* in bianco e nero. **Schwarz|weiß|film** m. *(-[e]s,-e)* film *m.* in bianco e nero. **Schwarz|weiß|fo|to|gra|fie** f. *(-,-n)* **1** fotografia *f.* in bianco e nero. **Schwarz|weiß|ma|le|rei** f. *(-)* raffigurazione *f.* in bianco e nero. **schwarz|weiß|rot** agg. nero-bianco-rosso. **Schwarz|weiß|rot** n. *(-[e]s)* ***das ~*** il nero-bianco-rosso (della bandiera del Reich tedesco). **Schwarz|weiß|zeich|nung** f. *(-,-en)* disegno *m.* in bianco e nero.

Schwarz|wild n. *(-[e]s)* VENAT. cinghiali *m.pl.* **Schwarz|wurz** f. *(-,-en)* BOT. consolida *f.* maggiore. **Schwarz|wur|zel** f. *(-,-n)* scorzonera *f.*

Schwatz m. *(-es,-e)* chiacchiere *f.pl.*, chiacchierata *f.*: ***einen kleinen ~ mit jdm halten*** fare quattro chiacchiere con qcn. **Schwatz|ba|se** f. *(-,-n)* COLLOQ. chiacchierona *f.*, pettegola *f.* **Schwätz|chen** n. *(-s,-)* chiacchieratina *f.* **schwat|zen,** REGION. **schwät|zen I** intr. (aus. *haben*) **1** chiacchierare, cianciare: ***mit jdm ~*** chiacchierare con qcn.; ***über, von etw. ~*** chiacchierare su, di qcs. **2** *(ausplaudern)* andare a ridire, spettegolare **3** GERG. cantare **II** tr. dire, raccontare: ***Unsinn ~*** dire sciocchezze ◆ ***ins Blaue ~*** cianciare a vanvera. **Schwat|zen, Schwät|zen** n. *(-s)* chiacchierata *f.* **Schwät|zer** m. *(-s,-)* **1** chiacchierone *m.* **2** *(Plaudertasche)* pettegolo *m.* **Schwät|ze|rei** f. *(-,-en)* chiacchiera *f.* **schwät|ze|risch** agg. ciarliero. **schwatz|haft** agg. ciarliero, loquace, logorroico. **Schwatz|haf|tig|keit** f. *(-)* loquacità *f.*, logorrea *f.* **Schwatz|maul** n. *(-[e]s,-mäuler)* COLLOQ. SPREG. linguaccia *f.*

Schwe|be f., ***in der ~,*** AUSTR. ***in ~*** (in) sospeso; ***in der ~ bleiben*** rimanere sospeso; *(noch offen bleiben)* rimanere in sospeso; ***eine Frage in der ~ lassen*** lasciare una questione in sospeso; ***sich in der ~ halten*** tenersi in equilibrio. **Schwe|be|bahn** f. *(-,-en)* funicolare *f.*; *(für Materialien)* teleferica *f.* **Schwe|be|bal|ken** m. *(-s,-)*, **Schwe|be|baum** m. *(-[e]s,-bäume)* asse *m.* di equilibrio. **Schwe|be|hang** m. *(-[e]s,-hänge)* posizione *f.* a squadra (agli anelli o alla sbarra).

schwe|ben intr. **1a** (aus. *haben*) librarsi, fluttuare: ***ein Habicht schwebt hoch in der Luft*** un astore si libra alto nell'aria; ***eine Wolke schwebt am Himmel*** una nuvola fluttua nel cielo **b** essere sospeso: ***über dem Abgrund ~*** essere sospeso sull'abisso; FIG. ***zwischen Furcht und Hoffnung, zwischen Leben und Tod ~*** essere sospeso tra il timore e la speranza, tra la vita e la morte **2** (aus. *sein*) scivolare: ***ein Blatt schwebt zu Boden*** una foglia scivola a terra; ***der Ballon schwebt zum Meer, über das Land*** il pallone scivola verso il mare, sorvola il paese **3** (aus. *haben*) pendere: ***sein Prozess schwebt noch*** la sua causa è ancora pendente ◆ ***etw. schwebt jdm vor Augen*** qcn. ha l'immagine di qcs. davanti agli occhi; ***im siebenten Himmel ~*** essere al settimo cielo, toccare il cielo con un dito; ***in Lebensgefahr ~*** versare in pericolo di vita; ***ein Lächeln schwebt ihr auf den Lippen*** un sorriso le sfiora le labbra;

in höheren Regionen ~ vivere fra le nuvole.

Schwe|be|reck n. *(-[e]s,-e* e *-s)* GINN. trapezio *m.* **Schwe|be|stoff** → **Schwebstoff. Schwe|be|teil|chen** n. *(-s,-)* CHIM. particella *f.* in sospensione. **Schwe|be|zu|stand** m. *(-[e]s)* condizione *f.* di incertezza ◆ ***im ~ bleiben*** rimanere in sospeso. **Schweb|stoff** m. *(-[e]s,-e)* CHIM. sostanza *f.* in sospensione. **Schwe|bung** f. *(-,-en)* FIS. battimento *m.*

Schwe|de m. *(-n,-n)* svedese *m.* ◆ *(als Anrede)* ***alter ~!*** vecchio mio! **Schwe|den** n.pr.n. *(-s)* Svezia *f.* **Schwe|den|kü|che** f. *(-,-n)* cucina *f.* componibile. **Schwe|den|plat|te** f. *(-,-n)* INTRAD. (antipasto misto di frutti di mare). **Schwe|den|punsch** m. *(-[e]s)* INTRAD. (ponce con arak, vino e spezie). **Schwe|din** f. *(-,-nen)* svedese *f.* **schwe|disch** agg. svedese ◆ COLLOQ. ***hinter -e Gardinen kommen*** finire al fresco; ***-e Gymnastik*** ginnastica svedese. **Schwe|disch** n. *(-[s])*, **Schwe|di|sche** n. *(-n)* svedese *m.*, lingua *f.* svedese.

Schwe|fel m. *(-s)* zolfo *m.* **schwe|fel|ar|tig** agg. sulfureo. **Schwe|fel|bad** n. *(-[e]s,-bäder)* **1** bagno *m.* sulfureo **2** *(Kurort)* bagni *m.pl.* sulfurei. **Schwe|fel|bak|te|ri|um** n. *(-s,-bakterien)* solfobatterio *m.* **Schwe|fel|ban|de** f. *(-,-n)* COLLOQ. SPREG. o SCHERZ. banda *f.*, ghenga *f.* **Schwe|fel|blu|me, Schwe|fel|blü|te** f. *(-,-n)* fiore *m.* di zolfo, zolfo *m.* sublimato. **Schwe|fel|dampf** m. *(-[e]s,-dämpfe)* vapori *m.pl.* sulfurei. **Schwe|fel|di|oxid, Schwe|fel|di|oxyd** n. *(-[e]s)* biossido *m.* di zolfo. **Schwe|fel|ei|sen** n. *(-s)* solfuro *m.* di ferro. **Schwe|fel|far|be** f. *(-)* color *m.* zolfo. **schwe|fel|far|ben, schwe|fel|far|big** agg. → **schwefelgelb. Schwe|fel|farb|stoff** m. *(-[e]s)* colorante *m.* allo zolfo. **schwe|fel|gelb** agg. giallo zolfo. **schwe|fel|hal|tig** agg. sulfureo, contenente zolfo. **Schwe|fel|holz** n. *(-es,-hölzer)*, **Schwe|fel|hölz|chen** n. *(-s,-)* ANT. zolfanello *m.* **schwe|fe|lig** → **schweflig. Schwe|fel|kies** m. *(-es)* solfuro *m.* di ferro, pirite *f.* **Schwe|fel|koh|len|stoff** m. *(-[e]s)* solfuro *m.* di carbonio. **Schwe|fel|kopf** m. *(-[e]s,-köpfe)* BOT. famigliola *f.* cattiva. **Schwe|fel|kur** f. *(-,-en)* cura *f.* di bagni sulfurei.

schwe|feln tr. **1** solforare: ***Reben ~*** solforare le (*o* dare lo zolfo alle) viti **2** *(Most, Zucker)* solfitare.

Schwe|fel|pu|der m. *(-s)* FARM. polvere *f.* allo zolfo. **Schwe|fel|quel|le** f. *(-,-n)* sorgente *f.* sulfurea. **Schwe|fel|sal|be** f. *(-)* pomata *f.* allo zolfo. **schwe|fel|sau|er** agg. ***schwefelsaures Salz*** solfato; ***schwefelsaures Kalium*** solfato di potassio. **Schwe|fel|säu|re** f. *(-)* acido *m.* solforico. **Schwe|fe|lung** f. *(-,-en)* solforatura *f.*, solforazione *f.* **Schwe|fel|was|ser|stoff** m. *(-[e]s)* acido *m.* solfidrico. **schwef|lig** agg. solforoso, sulfureo: ***-e Dämpfe*** vapori sulfurei; ***-e Säure*** acidi solforosi; ***es riecht ~*** c'è odore di zolfo.

Schweif m. *(-[e]s,-e)* coda *f.*: ***der ~ eines Pferdes, Kometen*** la coda di un cavallo, di una cometa; ***mit dem ~ wedeln*** muovere la coda.

schwei|fen I tr. *(Brett)* centinare; *(Blech)* ripiegare **II** intr. (aus. *sein*) vagare; FIG. ***den Blick über das Tal ~ lassen*** lasciar vagare lo sguardo sulla valle; ***die Gedanken in die Vergangenheit ~ lassen*** lasciar vagare i pensieri nel passato; ***in die Ferne ~*** divagare. **Schweif|sä|ge** f. *(-,-n)* sega *f.* da traforo. **Schweif|stern** m. *(-[e]s,-e)* ANT. cometa *f.*

schweif|we|deln intr. (aus. *haben*) **1** *(von Hunden)* scodinzolare **2** ANT. FIG. ***bei jdm ~*** scodinzolare intorno a qcn., lisciare qcn. **schweif|we|delnd** p.pres. agg. **1** → **schweifwedeln 2** scodinzolante. **Schweif|wed|ler** m. *(-s,-)* ANT. leccapiedi *m.*

Schwei|ge|geld n. *(-[e]s,-er)* prezzo *m.* del silenzio. **Schwei|ge|marsch** m. *(-[e]s,-märsche)* marcia *f.* silenziosa. **Schwei|ge|mi|nu|te** f. *(-,-n)* minuto *m.* di silenzio: ***eine ~ einlegen*** far osservare un minuto di silenzio.

schwei|gen intr. *(schwieg, geschwiegen;* aus. *haben)* **1** tacere: ***beharrlich ~*** tacere ostinatamente; ***über, von etw. ~*** tacere su, di qcs.; ***zu jds Vorwürfen ~*** tacere (davanti) ai rimproveri di qcn.; ***schweig!*** taci! (sta') zitto! COLLOQ. ***sie schwiegen vor sich hin*** se ne stavano lì in silenzio **2** *(zur Ruhe kommen)* tacere, cessare: ***das Radio schweigt*** la radio tace; ***die Waffen ~*** tacciono le armi ◆ ***auf alle Fragen ~*** non rispondere a nessuna domanda; ***~ wie ein Grab*** essere muto come una tomba; ***~ können*** saper tacere; ***zu allem ~*** *(nichts dagegen sagen)* non dire niente; ***ganz zu ~ von*** per non parlare di; PROV. ***wer schweigt, stimmt zu*** chi tace acconsente. **Schwei|gen** n. *(-s)* silenzio *m.*: ***eisiges, tiefes, betretenes ~*** silenzio glaciale, profondo, imbarazzato; ***das ~ bewahren, halten*** serbare, mantenere il silenzio; ***das ~ brechen*** rompere il silenzio; ***jdn, etw. zum ~ bringen*** ridurre qcn., qcs. al silenzio, far tacere qcn., qcs.; ***sich in ~ hüllen*** avvolgersi nel silenzio; ***zum ~ verurteilt sein*** essere condannato al silenzio ◆ ***~ ist Gold*** il silenzio è d'oro; ***es herrscht ~ im Lande*** tutti tacciono, nessuno osa parlare; COLLOQ. ***dann war ~ im Walde*** c'era un silenzio imbarazzato.

schwei|gend I p.pres. agg. **1** → **schweigen 2** silenzioso, muto: ***die -e Mehrheit*** la maggioranza silenziosa; ***in -er Erwartung*** in muta attesa **II** avv. in silenzio.

Schwei|ge|pflicht f. *(-)* (obbligo *m.* del) segreto *m.* professionale: ***ärztliche ~*** segreto professionale medico. **Schwei|ger** m. *(-s,-)* persona *f.* taciturna. **schweig|sam** agg. taciturno, silenzioso, muto. **Schweig|sam|keit** f. *(-)* mutismo *m.*

Schwein n. *(-[e]s,-e)* **1a** maiale *m.*, porco *m.* (anche VOLG. FIG.): ***das ~ grunzt*** il maiale grugnisce; ***-e mästen, züchten*** ingrassare, allevare maiali; ***ein ~ schlachten*** uccidere un maiale; VOLG. FIG. ***was für ein ~!*** che maiale! ***sich wie -e benehmen*** comportarsi come porci; ***wie -e fressen, saufen*** mangiare, bere come maiali **b** *(Schweinefleisch)* (carne *f.* di) maiale *m.*, carne *f.* suina **2** pl. *(mehrere Arten von Schweinen)* suini *m.pl.* ◆ COLLOQ. ***armes ~*** povero diavolo; VOLG. ***wie ein ~ bluten*** sanguinare come un porco scannato; ***fett wie ein ~*** grasso come un maiale; COLLOQ. ***~ haben*** avere (una botta di) fortuna; COLLOQ. ***kein ~*** nemmeno un cane; ***voll wie ein ~*** pieno come un otre.

Schwein|chen n. *(-s,-)* maialino *m.*, porcellino *m.* **Schwei|ne|bauch** m. *(-[e]s)* pancetta *f.* (di maiale). **Schwei|ne|bra|ten** m. *(-s,-)* arrosto *m.* di maiale. **Schwei|ne|fett** n. *(-[e]s)* strutto *m.* **Schwei|ne|fi|let** n. *(-s,-s)* filetto *m.* di maiale. **Schwei|ne|fleisch** n. *(-es)* carne *f.* di maiale, carne *f.* suina. **Schwei|ne|fraß** m. *(-es)* schifezza *f.* **Schwei|ne|fut|ter** n. *(-s)* mangime *m.* per maiali. **Schwei|ne|geld** n. *(-[e]s)* VOLG. casino *m.* di soldi. **Schwei|ne|hirt** m. *(-en,-en)* guardiano *m.* di porci, porcaro *m.* (*o* porcaio *m.*). **Schwei|ne|hund** m. *(-[e]s,-e)* COLLOQ. canaglia *f.*, porco *m.* ◆ ***seinen inneren ~ überwinden*** superare la propria debolezza, vigliaccheria. **Schwei|ne|kerl** m. *(-s,-e)* COLLOQ. sporcaccione *m.* **Schwei|ne|ko|ben, Schwei|ne|ko|fen** m. *(-s,-)* porcile *m.* **Schwei|ne|ko|te|lett** n. *(-s,-s)* cotoletta *f.* di maiale. **Schwei|ne|len|de** f. *(-,-n)* lombata *f.* di maiale. **Schwei|ne|mas|ke** f. *(-,-n)* testina *f.* di maiale. **Schwei|ne|mast** f. *(-)* ingrasso *m.* (dei maiali). **Schwei|ne|mäs|te|rei** f. *(-,-en)* allevamento *m.* di maiali. **Schwei|ne|pest** f. *(-)* peste *f.* suina. **Schwei|ne|pries|ter** m. *(-s,-)* SPREG. o SCHERZ. porco *m.*

Schwei|ne|rei f. *(-,-en)* porcata *f.*, porcheria *f.*: ***-en erzählen*** dire porcherie; ***eine ~ anrichten*** fare una porcata. **Schwei|ne|ripp|chen** n. *(-s,-)* costoletta *f.* di maiale.

schwei|nern agg. suino, di maiale: ***-es Fleisch*** carne di maiale. **Schwei|ner|ne** n. *(-s)* REGION. e AUSTR. carne *f.* di maiale (*o* suina).

Schwei|ne|schmalz n. *(-es)* strutto *m.* **Schwei|ne|schnit|zel** n. *(-s,-)* cotoletta *f.* di maiale. **Schwei|ne|stall** m. *(-[e]s,-ställe)* porcile *m.* **Schwei|ne|zucht** f. *(-)* allevamento *m.* di maiali, di suini.

Schwein|igel m. *(-s,-)* COLLOQ. **1** sporcaccione *m.* **2** *(unanständiger Mensch)* porco *m.*, maiale *m.* **Schwein|ige|lei** f. *(-,-en)* COLLOQ. porcheria *f.*, sconcezza *f.* **schwein|igeln** intr. (aus. *haben*) COLLOQ. **1** sporcare **2** *(Zoten reißen)* dire porcherie.

schwei|nisch COLLOQ. **I** agg. **1** *(schmutzig)* sporco, sudicio **2** *(unanständig)* sporco, sconcio **II** avv. in modo sconcio.

Schwein|kram m. *(-[e]s)* REGION. COLLOQ. → **Schweinerei.**

Schweins|af|fe m. *(-n,-n)* scimmia *f.* dalla coda di porco. **Schweins|äug|lein** n. *(-s,-)* occhio *m.* porcino. **Schweins|bors|te** f. *(-,-n)* setola *f.* di maiale. **Schweins|bra|ten** m. *(-s,-)* REGION. arrosto *m.* di maiale. **Schweins|fuß** m. *(-es,-füße)* zampetto *m.* (di maiale). **Schweins|ga|lopp,** SCHERZ. ***im ~*** in fretta e furia. **Schweins|hach|se** f. *(-,-n)*, REGION. **Schweins|ha|xe** f. *(-,-n)* stinco *m.* di maiale. **Schweins|keu|le** f. *(-,-n)* coscia *f.* di, del maiale. **Schweins|kno|chen** m. *(-s,-)* → **Schweinsfuß. Schweins|kopf** m. *(-[e]s,-köpfe)* testa *f.*, testina *f.* di, del maiale.

Schweins|le|der n. *(-s)* pelle *f.* di maiale. **schweins|le|dern** agg. di pelle, di cuoio di maiale.

Schweins|ohr n. *(-[e]s,-en)* **1** orecchio *m.* di, del maiale **2** BOT. *(Kalla)* calla *f.* **3** GASTR. INTRAD. (pasticcino *m.* di pasta sfoglia). **Schweins|ripp|chen** → **Schweinerippchen. Schweins|schnit|zel** AUSTR. → **Schweineschnitzel. Schweins|stel|ze** f. *(-,-n)* AUSTR. stinco *m.* di maiale. **Schweins|sül|ze** f. *(-,-n)* gelatina *f.* di maiale. **Schweins|wal** m. *(-[e]s,-e)* focena *f.*, marsuino *m.* **Schweins|wurst** f. *(-,-würste)* salsiccia *f.* di maiale.

Schweiß m. *(-es,-e)* **1** sudore *m.*: ***der ~ läuft ihm übers Gesicht, rinnt ihm von der Stirn*** il sudore gli corre sul viso, gli cola dalla fronte; ***~ trat auf seine Stirn, stand ihm auf der Stirn*** il sudore comparve sulla sua (*o* gli comparve sulla) fronte; ***von, vor ~ triefen*** grondare di sudore; ***nass vor ~ sein*** essere madido di sudore; ***sich den ~ trocknen, von der Stirn wischen*** asciugarsi il sudore dalla fronte **2** *(Blut verwundeten Wilds)* sangue *m.* ◆ BIBL. ***im -e seines Angesichts*** col sudore della fronte; ***der ~ brach ihm aus*** si mise improvvisamente a sudare; ***(wie) in ~ gebadet sein*** essere in un bagno di sudore; ***in ~ geraten*** sudare; ***daran hängt viel ~*** questo costa molta fatica; ***kalter ~*** sudore freddo; ***in ~ kommen*** sudare; ***das kostet ihn viel ~*** gli costa molta fatica. **Schweiß|ab|son|de|rung** f. *(-,-en)* sudorazione *f.* **Schweiß|ap|pa|rat** m. *(-[e]s,-e)* → **Schweißbrenner. Schweiß|aus|bruch** m. *(-[e]s,-ausbrüche)* accesso *m.* di sudore. **Schweiß|bad** n. *(-[e]s,-bäder)* MED. bagno *m.* di sudore. **Schweiß|band** n. *(-[e]s,-bänder)* **1** *(in Hüten)* orlo *m.* **2** SPORT fascetta *f.* per i polsi. **schweiß|be|deckt** agg. coperto di sudore, (tutto) sudato. **Schweiß|bil|dung** f. *(-)* formazione *f.* del sudore. **Schweiß|bläs|chen** n. *(-s,-)* MED. sudamina *f.* **Schweiß|blatt** n. *(-[e]s,-blätter)* sottoascella *f.* **Schweiß|bren|ner** m. *(-s,-)* cannello *m.* per saldare. **Schweiß|draht** m. *(-[e]s,-drähte)* filo *m.* di apporto (per saldature). **Schweiß|drü|se** f. *(-,-n)* ghiandola *f.* sudoripara.

schwei|ßen **I** tr. saldare **II** intr. (aus. *haben*) REGION. *(schwitzen)* sudare. **Schwei|ßer** m. *(-s,-)* saldatore *m.*

Schweiß|fähr|te f. *(-,-n)* traccia *m.* di sangue. **schweiß|feucht** agg. umido, inumidito di sudore. **Schweiß| fleck** m. *(-[e]s,-e)* macchia *f.*, chiazza *f.* di sudore. **Schweiß| fuß** m. *(-es,-füße)* piede *m.* sudato. **schweiß|ge|ba|det** **I** agg. madido, marcio di sudore **II** avv. in un bagno di sudore. **Schweiß| ge|rät** n. *(-[e]s,-e)* saldatore *m.*, saldatoio *m.* **Schweiß|ge| ruch** m. *(-[e]s)* puzzo *m.* di sudore. **schweiß|hem|mend** agg. antisudorifero.

schwei|ßig agg. sudato.

Schweiß|le|der n. *(-s)* SART. *(in Hüten)* (striscia *f.* di) marocchino *m.* **Schweiß|ma|schi|ne** f. *(-,-n)* saldatrice *f.* **Schweiß|naht** f. *(-,-nähte)* (linea *f.* di, della) saldatura *f.* **schweiß|nass** agg. madido di sudore, sudato. **Schweiß|per|le** f. *(-,-n)* goccia *f.* di sudore. **Schweiß|po|re** f. *(-,-n)* poro *m.* sudoriparo. **Schweiß|rand** m. *(-[e]s,-ränder)* alone *m.* di sudore. **Schweiß|sek|re|ti|on** f. *(-,-en)* secrezione *f.* di sudore, sudorazione *f.* **Schweiß|spur** f. *(-,-en)* → **Schweißfährte. schweiß|trei|bend** agg. **1** che fa sudare: ***eine -e Arbeit*** un lavoro che fa sudare **2** MED. sudorifero; *(diaphoretisch)* diaforetico: ***ein -er Tee*** un tè sudorifero. **schweiß|trie|fend** agg. grondante di sudore. **Schweiß|trop|fen** m. *(-s,-)* goccia *f.* di sudore. **Schweiß|tuch** n. *(-[e]s,-tücher)* **1** fazzoletto *m.* per detergere il sudore **2** *(von Christus)* sudario *m.*, veronica *f.* **schweiß|über|strömt** agg. inondato di sudore.

Schwei|ßung f. *(-,-en)* saldatura *f.*

Schweiß|ver|fah|ren n. *(-s,-)* processo *m.* di saldatura. **schweiß|ver|klebt** agg. appiccicaticcio di sudore. **Schweiß|wol|le** f. *(-)* TESS. lana *f.* sucida.

Schweiz n.pr.f. *(-)* Svizzera *f.*: ***in der ~ wohnen*** abitare in Svizzera; ***in die ~ fahren*** andare in Svizzera.

1.Schwei|zer m. *(-s,-)* **1** svizzero *m.* **2** *(Melker)* cascinaio *m.* **3** *(Angehöriger der päpstlichen Garde)* svizzero *m.*, guardia *f.* svizzera **4** *(Käse)* formaggio *m.* svizzero.

2.Schwei|zer agg.inv. svizzero: ***die ~ Alpen*** le Alpi svizzere. **Schwei|zer|de|gen** m. *(-s,-)* TIP. compositore-stampatore *m.*

schwei|zer|deutsch **I** agg. svizzero tedesco, della Svizzera tedesca: ***die -en Mundarten*** i dialetti della Svizzera tedesca **II** avv. svizzero tedesco: ***~ sprechen*** parlare tedesco svizzero. **Schwei|zer|deutsch** n. *(-[s])* tedesco *m.* svizzero (*o* parlato in Svizzera). **Schwei|zer|deut|sche** m. *(-n,-n)* svizzero *m.* tedesco.

Schwei|ze|rei f. *(-,-en)* cascina *f.* (dove si producono latte e derivati). **Schwei|zer|gar|de** f. *(-)* Guardia *f.* svizzera. **Schwei|zer|haus** n. *(-es,-häuser)* chalet *m.* **Schwei|ze|rin** f. *(-,-nen)* svizzera *f.* **schwei|ze|risch** agg. svizzero. **Schwei|ze|ri|sche** n. *(-n)* parlata *f.* svizzera.

Schwei|zer Kä|se m. *(-s,-)* formaggio *m.* svizzero. **Schwei|zer|land** n.pr.n. *(-[e]s)* RAR. Svizzera *f.*

Schwel|brand m. *(-[e]s,-brände)* combustione *f.* senza fiamma.

schwe|len **I** intr. (aus. *haben*) **1** bruciare senza fiamma: ***das Holz schwelt*** la legna brucia senza fiamma **2** FIG. covare (sotto la cenere): ***Hass schwelte in ihm*** l'odio covava in lui; ***der Konflikt schwelte schon länger*** il conflitto era latente da parecchio tempo **II** tr. **1** TECN. bruciare senza fiamma **2** CHIM. distillare a bassa temperatura. **schwe|lend** p.pres. agg. **1** → **schwelen** **2** FIG. segreto, latente: ***eine -e Leidenschaft*** una passione segreta; ***ein -er Konflikt*** un conflitto latente.

Schwe|le|rei f. *(-,-en)* impianto *m.* di distillazione a bassa temperatura.

Schwel|gas n. *(-es,-e)* gas *m.* distillato a bassa temperatura.

schwel|gen intr. (aus. *haben*) **1** *(üppig essen und trinken)* gozzovigliare **2** ***in etw. (D) ~*** bearsi di qcs., deliziarsi per, con qcs.: ***in schönen Erinnerungen ~*** bearsi di bei ricordi **3** *(im Übermaß verwenden)* ***in grellen Farben ~*** usare in abbondanza colori squillanti ◆ ***~ und prassen*** darsi a vizi e stravizi; ***im Überfluss ~*** nuotare nell'abbondanza.

Schwel|ger m. *(-s,-)* RAR. gozzovigliatore *m.*, crapulone *m.* **Schwel|ge|rei** f. *(-,-en)* gozzoviglia *f.*, crapula *f.*, stravizio *m.* **schwel|ge|risch** agg. da gozzovigliatore, da crapulone: ***ein -es Leben*** una vita di gozzoviglie.

Schwel|koh|le f. *(-)* carbone *m.* per distillazione, lignite *f.* **Schwel|koks** m. *(-)* semicoke *m.*

Schwel|le f. *(-,-n)* **1a** soglia *f.*: ***über die ~ treten*** varcare la soglia **b** FIG. *(Beginn)* ***an der ~ des neuen Jahrhunderts stehen*** essere alla soglia (*o* alle soglie) del nuovo secolo **c** FISIOL. PSIC. *(Reizschwelle)* ***unter der ~ des Bewusstseins bleiben*** restare al di sotto della soglia della coscienza **2** *(Bahnschwelle)* traversina *f.* **3** *(Bodenerhebung)* rilievo *m.* **4** GEOGR. GEOL. soglia *f.* ◆ ***er setzt seinen Fuß nicht mehr über meine ~*** non mette più piede in casa mia; ***an der ~ des Todes stehen*** essere in punto di morte; ***jdn von seiner ~ weisen*** vietare l'ingresso a qcn.

1.schwel|len tr. **1** gonfiare: ***der Wind schwellt die Segel*** il vento gonfia le vele; ***Stolz schwellte seine Brust*** il petto gli si gonfiò di orgoglio **2** REGION. *(quellen lassen)* mettere a mollo, ammollare.

2.schwel|len intr. *(schwillt, schwoll, geschwollen;* aus. *sein)* **1** gonfiare, gonfiarsi: ***die Beine ~ ihr leicht*** le si gonfiano facilmente le gambe; FIG. ***ihm schwillt das Herz vor Freude*** gli si gonfia il cuore di gioia **2** *(größer werden)* crescere, ingrossarsi: ***die Mandeln sind geschwollen*** le tonsille si sono ingrossate ◆ COLLOQ. ***ihm schwillt der Kamm*** alza la cresta; *(er gerät in Zorn)* si infuria, monta in collera.

Schwel|len|angst f. *(-)* PSIC. paura *f.* di varcare la soglia.

schwel|lend p.pres. agg. **1** → **schwellen** **2** crescente, in aumento **3** gonfio, turgido: ***-e Lippen*** labbra turgide.

Schwel|len|land n. *(-[e]s,-länder)* paese *m.* emergente.

Schwel|ler m. *(-s,-)* MUS. *(beim Harmonium)* ginocchiera *f.*; *(bei der Orgel)* staffa *f.* (*o* pedale *m.*) di espressione.

Schwell|kopf m. *(-[e]s,-köpfe)* mascherone *m.* **Schwell|kör|per** m. *(-s,-)* ANAT. corpo *m.* cavernoso.

Schwel|lung f. *(-,-en)* **1a** *(geschwollene Stelle)* gonfiore *m.*, tumefazione *f.*: ***die ~ eines Insektenstichs*** il gonfiore di una puntura d'insetto **b** ingrossamento *m.*: ***die ~ der Mandeln*** l'ingrossamento delle tonsille **2** GEOGR. GEOL. aumento *m.* di volume; *(von Flüssen)* l'ingrossarsi **3** ARCH. entasi *f.*

Schwell|werk n. *(-[e]s,-e)* → **Schweller.**

Schwel|teer m. *(-s)* catrame *m.* primario. **Schwe|lung** f. *(-,-en)* CHIM. distillazione *f.* a bassa temperatura.

Schwemm|bo|den m. *(-s,-böden)* → **Schwemmland. Schwem|me** f. *(-,-n)* **1** guazzatoio *m.* **2** ECON. *(Überangebot)* invasione *f.*, inondazione *f.* del mercato: ***eine ~ von Erdbeeren*** un'invasione di fragole **3** REGION. *(Kneipe)* osteria *f.*, taverna *f.* ◆ ***jdn in die ~ reiten*** far bere qcn.; *(in eine schwierige Lage bringen)* mettere qcn. nei guai; REGION. ***in die ~ gehen*** fare un bagno. **schwem|men** tr. **1** *(schwimmen lassen)* trasportare: ***jdn, etw. ans Land ~*** trasportare qcn., qcs. a terra; *(Holz)* far fluitare **2** *(Pferde)* guazzare **3** AUSTR. *(spülen)* sciacquare **4** CONC. *(Felle)* lavare, ammorbidire lavando. **Schwemm|ke|gel** m. *(-s,-)* deposito *m.* fluviale (nel punto d'incontro tra due affluenti). **Schwemm|land** n. *(-[e]s)* terreno *m.* alluvionale. **Schwemm|sand** m. *(-[e]s)* sabbia *f.* alluvionale. **Schwemm|stein** m. *(-[e]s,-e)* mattone *m.* di pietra pomice.

Schwen|de f. *(-,-n)* terreno *m.* debbiato. **schwen|den** tr. debbiare.

Schwen|gel m. *(-s,-)* **1** *(Klöppel)* batacchio *m.*, battaglio *m.* **2** *(Pumpenschwengel)* asta *f.* della pompa **3** COLLOQ. *(Junge)* ragazzo *m.*, giovanotto *m.* **4** COLLOQ. *(Penis)* uccello *m.*

Schwenk m. *(-[e]s,-s* e RAR. *-e)* **1** *(Drehung)* svolta *f.*: ***einen ~ nach links machen*** fare una svolta a sinistra **2** CINEM. TELEV. carrellata *f.*, panoramica *f.*: ***ein ~ auf jdn, etw.*** una carrellata su qcn., qcs. **Schwenk|arm** m. *(-[e]s,-e)* braccio *m.* orientabile. **schwenk|bar** agg. girevole; *(richtbar)* orientabile. **Schwenk|be|reich** m. *(-[e]s,-e)* area *f.* di rotazione. **Schwenk|büh|ne** f. *(-,-n)* piattaforma *f.* orientabile, girevole.

schwen|ken **I** tr. **1a** *(Fahne, Taschentuch)* sventolare **b** *(Hut)* agitare; ***die Arme ~*** agitare, dimenare le braccia **c** *(Schwert)* brandire **2** *(drehen)* orientare, girare: ***die Antenne nach Süden ~*** orientare l'antenna verso sud **3** *(spülen)* sciacquare, risciacquare: ***die Gläser im Wasser ~*** passare i bicchieri sotto l'acqua **4** ***etw. in Butter ~*** far saltare qcs. nel burro **II** intr. (aus. *sein*) **1a** *(einbiegen)* svoltare: ***nach links, um die Ecke ~*** svoltare a sinistra, l'angolo **b** *(von Kränen)* girare, ruotare **c** FIG. ***ins andere Lager ~*** cambiare opinione **2** RAR. ***mit etw. ~*** sventolare, agitare qcs. ◆ ***mit dem Hintern ~*** ancheggiare; MIL. ***rechts, links schwenkt – marsch!*** conversione destr', sinistr' – marsc'!

Schwen|ker m. *(-s,-)* **1** *(Kognakschwenker)* bicchiere *m.* da cognac, napoleone *m.* **2** *(Kameraassistent)* carrellista *m.* **Schwenk|glas** n. *(-es,-gläser)* bicchiere *m.* da cognac. **Schwenk|kar|tof|feln** pl. patate *f.pl.* saltate nel burro. **Schwenk|kran** m. *(-[e]s, -kräne)* gru *f.* girevole. **Schwen|kung** f. *(-,-en)* **1** svolta *f.* **2** MIL. conversione *f.*: ***eine ~ nach rechts*** una conversione a destra **3** FIG. *(von Meinungen)* cambiamento *m.*: ***eine ~ machen, vollziehen*** cambiare posizione.

schwer I agg. **1a** pesante: ***-es Gepäck*** bagaglio pesante; ***der Mehlsack ist 80 Kilo ~*** il sacco di farina pesa 80 chili; ***ein 2 Kilo -es Paket*** un pacchetto di 2 chili, pesante 2 chili; ***wie ~ ist das?*** quanto pesa? ***wie ~ bist du?*** quanto pesi? **b** *(dick, warm)* ***ein -er Stoff, Samt*** una stoffa, un velluto pesante **c** *(groß, mit starkem Motor)* ***ein -er Wagen*** un automezzo pesante **d** *(schwer verdaulich)* ***-es Essen*** cibo pesante **e** FIG. ***-e Lektüre*** lettura pesante **f** MIL. ***-e Artillerie, Reiterei*** artiglieria, cavalleria pesante **2a** *(schlimm)* grave: ***eine -e Krankheit*** una grave malattia; ***ein -er Verdacht, Verlust, Unfall*** un grave sospetto, una grave perdita, un incidente grave; ***ein -es Unrecht*** una grave ingiustizia **b** gravoso: ***eine -e Aufgabe, Pflicht*** un compito, un dovere gravoso **3** *(schwierig)* difficile, duro: ***eine -e Frage, Prüfung*** una domanda difficile, un esame difficile (*o* duro); ***-e Zeiten*** tempi difficili (*o* duri); ***ein -es Leben, Schicksal*** una vita dura (*o* difficile), un duro destino; ***ein -er Kampf*** una dura lotta; ***eine -e Strafe*** una dura pena; ***das war ein -er Schlag für uns*** fu un duro colpo per noi; ***es ist ~ zu sagen, ob...*** è difficile dire, se...; ***~ zu behandeln, befriedigen sein*** essere difficile da trattare, da accontentare; ***das ist ~ zu glauben*** è difficile a credersi; *(ernste)* ***-e Musik*** musica difficile **4** massiccio: *(dick)* ***ein -er Mann*** un uomo massiccio; *(massiv)* ***aus -em Gold*** in oro massiccio **5** forte: ***ein -es Parfüm*** un profumo forte; ***ein -es Gewitter*** un forte temporale; ***-e Weine, Zigarren*** vini, sigari forti **II** avv. **1a** pesantemente: ***er fiel ~ zu Boden*** cadde pesantemente a terra **b** ***~ beladen (belastet) sein*** essere molto carico, sovraccarico, stracario **2a** gravemente: ***~ krank, verletzt sein*** essere gravemente malato, ferito; ***~ behindert*** invalido grave; ***~ beschädigt*** gravemente danneggiato; ***~ kriegsbeschädigt*** grande mutilato di guerra; ***~ verletzt, verwundet*** gravemente ferito, ferito in modo grave; ***~ beleidigt sein*** essere gravemente offeso **b** COLLOQ. *(sehr, viel)* ***~ aufpassen*** stare molto attento; ***~ heben, tragen*** sollevare, portare grandi pesi; ***~ in Form sein*** essere in gran forma **3** difficilmente, con difficoltà, a fatica: ***etw. öffnet sich ~*** qcs. si apre a fatica; ***sich ~ von etw. trennen können*** potersi separare solo difficilmente da qcs.; ***etw. ~ begreifen, verstehen*** afferrare, capire qcs. con difficoltà; ***es wird ~ halten, den Auftrag zu erfüllen*** sarà difficile evadere l'ordinazione; ***~ löslich*** difficilmente solubile; ***es fällt mir ~, ihn im Stich zu lassen*** mi riesce difficile (*o* mi pesa) abbandonarlo al sou destino; ***sich (D), jdm etw. ~ machen*** rendersi qcs. difficile, rendere difficile qcs. a qcn.; ***er tut sich (A, D) mit etw. ~*** gli riesce difficile qcs., ha dei problemi di qcs.; ***~ verkäuflich*** difficile da vendere, di difficile smercio; ***~ verständlich*** difficile (da capire), incomprensibile; ***~ atmen*** respirare a fatica **4** *(angestrengt)* duramente: ***~ arbeiten*** lavorare duramente ◆ ***~ an etw. tragen*** soffrire molto per qcs.; ***~ von Begriff sein*** essere duro di comprendonio; ***-e Beine haben*** sentirsi le gambe pesanti, di piombo; ***~ betrunken*** ubriaco fradicio; ***~ bewaffnet*** ben armato, armato fino ai denti; ***-er Boden*** terreno pesante; ***etw. ~ büßen müssen*** dover pagar caro qcs.; ***jdm eine -e Enttäuschung bereiten*** dare una grande delusione a qcn.; ***~ erziehbar*** disadattato, ribelle; ***~ von Früchten sein*** essere carico di frutti; ***einen -en Gang haben*** avere il passo pesante; COLLOQ. ***~ geladen haben*** essere pieno come un otre; COLLOQ. ***-es Geld kosten, verdienen*** costare, guadagnare un sacco di soldi; ***um -es Geld*** a peso d'oro; ***meine Glieder sind ~ wie Blei*** sento una gran pesantezza nelle membra; ***mit -er Hand schreiben*** scrivere a fatica; ***das Herz ist ihm ~*** il cuore gli si gonfia di tristezza; ***-en Herzens*** a malincuore; ***das will ich ~ hoffen*** lo spero ardentemente; ***~ hören*** essere duro d'orecchi; ***~ im Irrtum sein*** sbagliarsi di grosso; COLLOQ. ***ein -er Junge*** un delinquente; ***einen -en Kopf haben*** avere la testa pesante; ***-e Luft*** aria pesante; ***etw. liegt mir ~ im Magen*** ho un peso sullo stomaco (anche FIG.); COLLOQ. ***in -en Mengen*** in gran quantità; COLLOQ. ***es ~ mit jdm haben*** avere delle difficoltà con qcn.; COLLOQ. ***~ zu nehmen sein*** essere difficile da prendere; ***etw. ~ nehmen*** prendersela per qcs., prendere qcs. troppo sul serio, dare troppo peso a qcs.; ***~ reich*** ricco sfondato; ***etw. macht mir ~ zu schaffen*** qcs. mi pesa molto; ***in einen -en Schlaf sinken*** cadere in un sonno profondo; ***etw. Schweres essen, durchmachen*** mangiare qcs. di pesante, superare qcs. di difficile; ***-e See*** mare grosso; ***~ verdaulich, verträglich*** pesante, indigesto (anche FIG.); ***~ wiegen*** pesare molto; ***sein Wort, Urteil wiegt ~*** la sua parola, il suo giudizio ha molto peso; ***~ wiegende Gründe*** motivi gravi; ***ein ~ wiegender Entschluss*** una decisione di grande peso; ***mit (vom Alkohol) -er Zunge sprechen*** parlare con la lingua impastata; PROV. ***das ist leicht gesagt, doch ~ getan*** facile a dirsi, difficile a farsi.

Schwer|ar|beit f. *(-,-en)* lavoro *m.* pesante, di fatica. **Schwer|ar|bei|ter** m. *(-s,-)* manovale *m.* **Schwer|ath|let** m. *(-en,-en)* atleta *m.* (nell'atletica pesante). **Schwer|ath|le|tik** f. *(-)* atletica *f.* pesante. **schwer|at|mig** agg. che respira a fatica. **Schwer|be|hin|der|te** m. e f. *(-n,-n)* invalido *m.* (-a *f.*) grave, handicappato *m.* (-a *f.*) grave. **schwer|blü|tig** agg. **1** lento, tardo **2** *(ernst)* serio **3** *(melancholisch)* malinconico. **Schwer|blü|tig|keit** f. *(-)* **1** lentezza *f.* **2** *(Ernstheit)* serietà *f.* **3** *(Melancholie)* malinconia *f.*

Schwe|re f. *(-)* **1a** peso *m.*: ***unter der ~ einer Last zu Boden stürzen*** cadere a terra sotto il peso di un carico **b** pesantezza *f.*, senso *m.* di peso: ***eine bleierne ~ in den Gliedern fühlen*** sentire una pesantezza opprimente nelle membra **c** FIS. *(Schwerkraft)* gravità *f.*: ***das Gesetz der ~*** la legge di gravità **2a** FIG. *(Ausmaß)* peso *m.*: ***die ~ der Verantwortung, der Schuld, der Anklage*** il peso della responsabilità, della colpa, dell'accusa **b** *(Strenge)* durezza *f.*, rigore *m.*, severità *f.*: ***die ganze ~ des Gesetzes zu spüren bekommen*** dover sentire la durezza della legge **c** *(Stärke)* gravità *f.*: ***die ~ des Unwetters unterschätzen*** sottovalutare la gravità del maltempo; ***keine Vorstellung von der ~ eines Problems haben*** non avere idea della gravità di un problema **3** *(Schwierigkeitsgrad)* difficoltà *f.* **4** *(von Düften)* intensità *f.* **5** *(von Wein)* corpo *m.* ◆ ***die ~ der Luft macht mich schwindlig*** l'aria pesante mi fa venire il capogiro.

Schwe|re|feld n. *(-[e]s,-er)* campo *m.* gravitazionale. **schwe|re|los** agg. **1** privo di peso; FIS. privo di gravità **2** FIG. *(unbeschwert)* leggero. **Schwe|re|lo|sig|keit** f. *(-)* **1** mancanza *f.* (*o* assenza *f.*) di peso; FIS. assenza *f.* di gravità **2** FIG. *(Leichtigkeit)* leggerezza *f.* **Schwe|re|mes|sung** f. *(-)* gravimetria *f.* **Schwe|re|not, Schwe|re|not,** ANT. ***~ (noch mal)!*** accidenti! ***dass dich die ~!*** che ti venga un accidente! **Schwe|re|nö|ter** m. *(-s,-)* COLLOQ. cascamorto *m.*, dongiovanni *m.* **Schwer|er|zieh|ba|re** m. e f. *(-n,-n)* disadattato *m.* (-a *f.*).

schwer|fäl|lig I agg. **1** pesante, goffo: ***dick und ~ sein*** essere grasso e pesante; ***ein -er Gang, Stil*** un passo, uno stile pesante **2** *(vom Geist, von Menschen)* lento, pigro, tardo **II** avv. **1** pesantemente, goffamente **2** *(langsam)* lentamente, con lentezza. **Schwer|fäl|lig|keit** f. *(-)* **1** pesantezza *f.* **2** *(Langsamkeit)* lentezza *f.*

schwer|flüs|sig agg. denso, viscoso. **schwer|gän|gig** agg. ***eine -e Schaltung*** un cambio duro.

Schwer|ge|wicht n. *(-[e]s)* **1a** SPORT pesi *m.pl.* massimi **b** *(Schwergewichtler)* peso *m.* massimo (anche FIG.) **2** *(Hauptgewicht)* maggiore peso *m.*, importanza *f.*: ***das ~ auf etw. legen*** dare importanza a qcs. **schwer|ge|wich|tig** agg. molto pesante. **Schwer|ge|wicht|ler** m. *(-s,-)* peso *m.* massimo. **Schwer|ge|wichts|meis|ter** m. *(-s,-)* campione *m.* dei pesi massimi. **Schwer|ge|wichts|meis|ter|schaft** f. *(-,-en)* campionato *m.* dei pesi massimi.

Schwer|gut n. *(-[e]s)* MAR. carico *m.* pesante. **schwer|hö|rig** agg. duro d'orecchio, debole d'udito, sordo ◆ COLLOQ. FIG. ***(auf einem Ohr) ~ sein*** essere sordo (da un orecchio); ***sich ~ stellen*** non voler sentire. **Schwer|hö|rig|keit** f. *(-)* debolezza *f.* d'udito, MED. ipoacusia *f.* **Schwer|in|dust|rie** f. *(-)* industria *f.* pesante. **Schwer|kraft** f. *(-)* forza *f.* di gravità. **Schwer|kran|ke** m. e f. *(-n,-n)* malato *m.* (-a *f.*) grave. **Schwer|kriegs|be|schä|dig|te** m. *(-n,-n)* grande mutilato *m.* di guerra. **Schwer|last|ver|kehr** m. *(-s)* traffico *m.* di automezzi pesanti. **Schwer|last|wa|gen** m. *(-s,-)* automezzo *m.* pesante.

schwer|lich avv. difficilmente: ***er wird es ~ tun*** difficilmente lo farà; ***sich ~ zu etw. entschließen*** decidersi difficilmente a qcs.

Schwer|me|tall n. *(-[e]s,-e)* metallo *m.* pesante.

Schwer|mut f. *(-)* malinconia *f.*, abbattimento *m.*, tristezza *f.* opprimente: ***in ~ verfallen, versinken*** cadere in uno stato di abbattimento. **schwer|mü|tig** agg. malinconico, gravemente abbattuto. **Schwer|mü|tig|keit** f. *(-)* ANT. → **Schwermut.**

Schwer|öl n. *(-s,-e)* olio *m.* (combustibile) pesante. **Schwer|öl|mo|tor** m. *(-s,-en)* motore *m.* a olio pesante.

Schwer|punkt m. *(-[e]s,-e)* **1** centro *m.* di gravità, baricentro *m.*: ***den ~ berechnen, verlagern*** calcolare, spostare il baricentro **2** FIG. centro *m.*, fulcro *m.*, punto *m.* fondamentale: ***der ~ seines Interesses liegt auf der preußischen Geschichte*** la storia prussiana è al centro dei suoi interessi; ***den ~ auf etw. legen*** dare la massima importanza a qcs. **3** MIL. punto *m.* chiave. **schwer|punkt|mä|ßig** agg. concentrato in punti chiave. **Schwer|punkt|pro|gramm** n. *(-[e]s,-e)* programma *m.* basato sui punti fondamentali. **Schwer|punkt|streik** m. *(-s,-s)* sciopero *m.* mirato.

schwer|reich agg. COLLOQ. straricco, ricco sfondato. **Schwer|spat** m. *(-[e]s,-e* e *-späte)* barite *f.* **Schwerst|ar|bei|ter** m. *(-s,-)* → **Schwerarbeiter. Schwerst|be|hin|der|te** m. e f. *(-n,-n)* → **Schwerbehinderte.**

Schwert n. *(-[e]s,-er)* **1** spada *f.*: ***ein ~ tragen*** portare una spada; ***das ~ ergreifen, zum ~ greifen*** mettere mano alla spada; ***das ~ ziehen, zücken*** sguainare la spada; ***das ~ in die Scheide stecken*** rinfoderare la spada; FIG. comporre una lite; ***mit dem ~ auf jdn eindringen*** scagliarsi contro qcn. con la spada; ***ein ~ schwingen*** brandire una spada **2** MAR. deriva *f.* mobile ◆ ***das ~ des Damokles hängt, schwebt über jdm*** la spada di Damocle pende sul capo di qcn.; ***etw. mit Feuer und ~ ausrotten*** mettere qcs. a ferro e fuoco; ***mit jdm die -er kreuzen*** incrociare la spada con qcn.; ***sein ~ in die Waagschale werfen*** gettare la spada (di Brenno) sul piatto della bilancia; ***ein zweischneidiges ~*** un'arma a doppio taglio (anche FIG.); PROV. ***denn wer das ~ nimmt, soll durch das ~ umkommen*** chi di spada ferisce di spada perisce.

Schwert|adel m. *(-s)* STOR. nobiltà *f.* di spada. **Schwert|boot** n. *(-[e]s,-e)* MAR. deriva *f.* **Schwer|ter|ge|klirr** n. *(-[e]s)* fragore *m.* di spade. **Schwert|fe|ger** m. *(-s,-)* HIST. spadaio *m.* **Schwert|fisch** m. *(-es,-e)* pesce *m.* spada. **schwert|för|mig** agg. a forma di spada. **Schwert|fort|satz** m. *(-es,-fortsätze)* ANAT. xifoide *m.* e *f.*, appendice *f.* xifoide. **Schwert|ge|klirr** → **Schwertergeklirr. Schwert|hieb** m. *(-[e]s,-e)* colpo *m.* di spada, fendente *m.* **Schwert|klin|ge** f. *(-,-n)* lama *f.* della spada. **Schwert|knauf** m. *(-[e]s,-knäufe)* pomo *m.* della spada. **Schwert|lei|te** f. *(-,-n)* STOR. accollata *f.* **Schwert|li|lie** f. *(-,-n)* giaggiolo *m.*, iris *m.* **Schwert|li|li|en|ge|wächs** n. *(-es,-e)* iridacea *f.*

Schwer|trans|port m. *(-[e]s,-e)* trasporto *m.* eccezionale.

Schwert|schlu|cker m. *(-s,-)* mangiatore *m.* di spade. **Schwert|stich** m. *(-es,-e)* stoccata *f.* **Schwert|streich** m. *(-es,-e)* → **Schwerthieb. Schwert|tanz** m. *(-es,-tänze)* danza *f.* delle spade. **Schwert|trä|ger** m. *(-s,-)* ITTIOL. portaspada *m.* del Messico. **Schwert|wal** m. *(-[e]s,-e)* ZOOL. orca *f.*

Schwer|ver|bre|cher m. *(-s,-)* grande criminale *m.* **Schwer|ver|letz|te** m. e f. *(-n,-n)* ferito *m.* (-a *f.*) grave. **Schwer|ver|wun|de|te** m. e f. *(-n,-n)* ferito *m.* (-a *f.*) grave.

Schwes|ter f. *(-,-n)* **1a** sorella *f.*: ***meine ältere (große), jüngere (kleine) ~*** la mia sorella maggiore, minore; ***leibliche ~*** sorella carnale (*o* LETT. germana) **b** *(Mitmensch)* ***liebe Brüder und -n!*** cari fratelli e sorelle! **2** *(Ordensschwester)* suora *f.*, sorella *f.*: ***die Barmherzigen -n*** le suore di carità; ***~ Maria*** suor Maria; ***guten Tag, ~*** buongiorno, sorella **3** *(Krankenschwester)* infermiera *f.* **4** GERG. *(Homosexueller)* checca *f.* **Schwes|ter|an|stalt** f. *(-,-en)* → **Schwesterfirma. Schwes|ter|chen** n. *(-s,-)* sorellina *f.* **Schwes|ter|fir|ma** f. *(-,-firmen)* consorella *f.*, ditta *f.* affiliata. **Schwes|ter|herz** n. *(-ens)* SCHERZ. cara sorellina *f.*; *(Freundin)* amica *f.* del cuore. **Schwes|ter|kind** n. *(-[e]s,-er)* ANT. nipote *m.* e *f.* **schwes|ter|lich I** agg. di (*o* da) sorelle, LETT. sororale: ***-e Liebe, Zuneigung*** amore, affetto di sorella (*o* fraterno) **II** avv. da (*o* come) una sorella: ***jdn ~ lieben*** amare qcn. come una sorella; ***~ verbunden sein*** essere come sorelle, essere legate da amore fraterno. **Schwes|ter|lie|be** f. *(-)* amore *m.* di, da sorella, amore *m.* sororale.

Schwes|tern|hau|be f. *(-,-n)* cuffia *f.* da infermiera. **Schwes|tern|hel|fe|rin** f. *(-,-nen)* infermiera *f.* ausiliaria. **Schwes|tern|lie|be** f. *(-)* amore *m.* tra sorelle, amore *m.* sororale. **Schwes|tern|or|den** m. *(-s,-)* ordine *m.* di suore. **Schwes|tern|paar** n. *(-[e]s,-e)* LETT. due sorelle *f.pl.* **Schwes|tern|schaft** f. *(-)* **1** sorellanza *f.* **2** *(im Krankenhaus)* personale *m.* infermieristico (femminile), infermiere *f.pl.* **Schwes|tern|schu|le** f. *(-,-n)* scuola *f.* per infermiere. **Schwes|tern|schü|le|rin** f. *(-,-nen)* allieva *f.* infermiera. **Schwes|tern|tracht** f. *(-,-en)* **1** divisa *f.* da, di infermiera **2** *(von Ordensschwestern)* abito *m.* da suora.

Schwes|ter|par|tei f. *(-,-en)* partito *m.* omologo; *(bei kommunistischen Parteien)* partito *m.* fratello. **Schwes|ter|schiff** n. *(-[e]s,-e)* nave *f.* gemella.

Schwib|bo|gen m. *(-s,-)* ARCH. arco *m.* rampante.

schwieg → **schweigen.**

Schwie|ger|el|tern pl. suoceri *m.pl.* **Schwie|ger|mut|ter** f. *(-,-mütter)* suocera *f.* **Schwie|ger|sohn** m. *(-[e]s,-söhne)* genero *m.* **Schwie|ger|toch|ter** f. *(-,-töchter)* nuora *f.* **Schwie|ger|va|ter** m. *(-s,-väter)* suocero *m.*

Schwie|le f. *(-,-n)* callo *m.*, callosità *f.*, durone *m.*: ***-n an den Händen haben*** avere calli alle mani. **schwie|lig** agg. calloso.

schwie|me|lig agg. REGION. → **schwindlig.**

schwie|rig I agg. difficile: ***eine -e Arbeit, Frage, Prüfung*** un lavoro, una domanda, un esame difficile; ***-e Fälle, Lagen, Probleme*** casi, situazioni, problemi difficili; ***es war ~, sie zu überzeugen*** fu difficile convincerla; *(schwer zu verstehen)* ***ein -er Autor, Film*** un autore, un film difficile; *(schwer zu behandeln)* ***ein -er Charakter, Junge*** un carattere, un ragazzo difficile; ***sie ist sehr ~, wird immer -er*** è molto difficile trattare con lei, è sempre più difficile da trattare **II** avv. con difficoltà, difficilmente ◆ ***ein -es Gelände*** un terreno accidentato.

Schwie|rig|keit f. *(-,-en)* difficoltà *f.*; *(Problem)* problema *m.*: ***persönliche, finanzielle -en haben*** avere problemi personali, difficoltà finanziarie; ***(keine) ~ bieten, bereiten*** (non) presentare difficoltà (*o* problemi); ***-en angehen, überwinden*** affrontare, superare difficoltà; ***in -en kommen, geraten*** trovarsi in difficoltà; ***jdn in -en bringen*** mettere qcn. in difficoltà; ***jdm -en machen*** fare difficoltà a qcn.; ***auf -en stoßen*** scontrarsi con delle difficoltà; ***jdm aus seinen -en heraushelfen*** togliere qcn. dai guai; ***hierin liegt die ~*** qui sta la difficoltà. **Schwie|rig|keits|grad** m. *(-[e]s,-e)* **1** (grado *m.* di) difficoltà *f.*: ***höchster ~*** della massima difficoltà **2** ALP. scala *f.* delle difficoltà.

Schwimm|an|zug m. *(-[e]s,-anzüge)* **1** costume *m.* olimpionico **2** RAR. *(Badeanzug)* costume *m.* da bagno. **Schwimm|art** f. *(-,-en)* stile *m.* (di nuoto). **Schwimm|bad** n. *(-[e]s,-bäder)* piscina *f.*: ***ins ~ gehen*** andare in piscina. **Schwimm|bag|ger** m. *(-s,-)* draga *f.* **Schwimm|bas|sin** n. *(-s,-s)*, **Schwimm|be|cken** n. *(-s,-)* piscina *f.* **Schwimm|beut|ler** m. *(-s,-)* opossum *m.* acquatico, sariga *f.* d'acqua. **Schwimm|be|we|gun|gen** pl. movimenti *m.pl.* nel nuoto. **Schwimm|bla|se** f. *(-,-n)* vescica *f.* natatoria. **Schwimm|blatt** n. *(-[e]s,-blätter)* foglia *f.* acquatica. **Schwimm|bo|je** f. *(-,-n)* boa *f.* galleggiante. **Schwimm|dock** n. *(-s,-s)* bacino *m.* galleggiante.

schwim|men intr. *(schwamm, geschwommen)* **1a** (aus. *haben*, *sein*) nuotare: ***~ lernen, können*** imparare a, saper nuotare; ***gut, schlecht, wie ein Fisch ~*** nuotare bene, male, come un pesce; ***im Fluss, Meer, Schwimmbecken ~*** nuotare nel fiume, nel mare, in piscina; ***durch, über den Fluss, den Kanal, den See ~*** attraversare a nuoto il fiume, il canale, il lago; ***die Schwäne ~ auf dem Teich*** i cigni nuotano nel laghetto; COLLOQ. ***heute sind wir ~ gewesen*** oggi siamo andati a nuotare **b** *(schwimmend gelangen*; aus. *sein)* ***ans Ufer, zur Boje ~*** nuotare verso riva, verso la boa; ***wir sind zur Insel geschwommen*** abbiamo raggiunto l'isola a nuoto **c** SPORT (aus. *sein*) ***100 Meter Brust, Kraul ~*** nuotare i 100 metri rana, i 100 metri stile libero **2a** *(auf, in einer Flüssigkeit treiben*; aus. *haben*, *sein)* galleggiare: ***Öl, Kork schwimmt (auf Wasser)*** l'olio, il sughero galleggia (nell'acqua); FIG. ***der Schweinebraten schwamm im Fett*** l'arrosto di maiale galleggia nel grasso; ***in, auf der Suppe schwimmt eine Fliege*** nella minestra c'è una mosca **b** *(fahren*; aus. *sein)* ***das Schiff schwimmt wieder*** la nave è di nuovo in grado di navigare **3a** COLLOQ. *(überschwemmt sein*; aus. *haben)* essere allagato: ***das Bad, der Fußboden schwimmt*** il bagno, il pavimento è allagato **b** FIG. ***ihre Augen ~*** i suoi occhi sono pieni di lacrime **4** *(etw. im Überfluss genießen*; aus. *sein)* ***in etw. (D) ~*** essere pieno di qcs.: ***in Freude, Glück ~*** essere pieno di gioia, di felicità; ***im Geld ~*** nuotare nell'oro **5** COLLOQ. *(unsicher werden, etw. nicht beherrschen*; aus. *haben)* remare: ***schon bei der ersten Frage begann er zu ~*** già alla prima domanda cominciò a remare **6** COLLOQ. *(verschwimmen*; aus. *sein)* ballare (davanti agli occhi): ***mir schwimmt alles vor den Augen*** mi balla tutto davanti agli occhi ◆ ***in seinem, im Blute ~*** essere in un lago di sangue; ***Brust ~*** nuotare a rana; ***weit draußen ~*** nuotare al largo; ***weit nach draußen ~*** nuotare verso il largo; ***wie eine bleierne Ente ~*** nuotare come un gatto di piombo; ***ganz in jds Kielwasser ~*** essere nella (*o* sulla) scia di qcn., andare a rimorchio di qcn., seguire qcn. in tutto; ***mir schwimmt der Kopf*** ho la testa confusa; ***obenauf ~*** = avere fortuna; SPORT ***einen Rekord ~*** stabilire un record (di nuoto); ***auf dem Rücken ~*** nuotare a dorso; ***im Schmetterlingsstil ~*** nuotare a farfalla; ***eine Strecke ~*** fare un tratto a nuoto; ***mit dem Strom (stromabwärts), gegen den Strom ~*** nuotare con la corrente, contro corrente; ***in Tränen ~*** essere in un mare di lacrime; ***unter Wasser ~*** nuotare sott'acqua; SPORT ***eine gute Zeit ~*** fare, stabilire un buon tempo (nuotando).

Schwim|men n. *(-s)* nuoto *m.* ◆ COLLOQ. ***ins ~ kommen, geraten*** andare in confusione, remare. **schwim|mend** p.pres. agg. **1** → **schwimmen 2** galleggiante: ***eine -e Brücke*** un ponte galleggiante **3** MAR. ***-e Ware*** merce viaggiante (per mare), flottante **4** *(ohne feste Umrisse)* confuso, vago: ***-e Konturen*** contorni vaghi, indistinti ◆ GASTR. ***etw. in -em Fett, in Fett ~ backen*** friggere qcs.

Schwim|mer m. *(-s,-)* **1** nuotatore *m.* **2** TECN. galleggiante *m.* **Schwim|mer|be|cken** n. *(-s,-)* piscina *f.* per nuotatori. **Schwim|me|rin** f. *(-,-nen)* nuotatrice *f.* **Schwim|mer|ven|til** n. *(-s,-e)* valvola *f.* a galleggiante.

schwịmm|fä|hig agg. atto a galleggiare, in grado di stare a galla, galleggiabile. **Schwịmm|flos|se** f. *(-,-n)* pinna *f.* natatoria. **Schwịmm|fuß** m. *(-es,-füße)* ORNIT. piede *m.* palmato. **Schwịmm|gür|tel** m. *(-s,-)* **1** cintura *f.* di salvataggio, salvagente *m.* **2** COLLOQ. FIG. ciccia *f.* intorno alla vita. **Schwịmm|hal|le** f. *(-,-n)* piscina *f.* coperta. **Schwịmm|haut** f. *(-,-häute)* ORNIT. membrana *f.* interdigitale. **Schwịmm|häut|ler** pl. anseriformi *m.pl.* **Schwịmm|kä|fer** m. *(-s,-)* ditiscidi *m.pl.* **Schwịmm|krab|be** f. *(-,-n)* granchio *m.* d'arena. **Schwịmm|kran** m. *(-[e]s,-kräne)* gru *f.* galleggiante. **Schwịmm|leh|rer** m. *(-s,-)* istruttore *m.* di nuoto. **Schwịmm|meis|ter** m. *(-s,-)* bagnino *m.* **Schwịmm|pan|zer** m. *(-s,-)* carro *m.* anfibio. **Schwịmm|sport** m. *(-[e]s)* nuoto *m.* **Schwịmm|sta|di|on** n. *(-s,-stadien)* piscina *f.* olimpionica (con tribune). **Schwịmm|stil** m. *(-[e]s,-e)* stile *m.* (di nuoto, natatorio). **Schwịmm|vo|gel** m. *(-s,-vögel)* palmipede *m.* **Schwịmm|wan|ze** f. *(-,-n)* naucoride *m.* **Schwịmm|wes|te** f. *(-,-n)* giubbotto *m.* salvagente (*o* di salvataggio): ***die ~ anlegen*** mettere (*o* indossare) il salvagente.

Schwịn|del m. *(-s)* **1** capogiro *m.*, giramento *m.* di testa, vertigini *f.pl.*: ***an, unter ~ leiden*** soffrire di capogiri (*o* di vertigini): ***ein ~ erfasst, packt, überkommt jdn, jd wird von ~ befallen*** qcn. è colto da un capogiro; ***~ erregend*** vertiginoso (anche FIG.): ***in ~ erregender Höhe*** ad altezza vertiginosa; ***~ erregende Preise*** prezzi vertiginosi (*o* da capogiro) **2a** COLLOQ. *(Betrug)* imbroglio *m.*, bidonata *f.*, inghippo *m.*, trucco *m.*: ***ein ausgemachter ~*** una vera, bella bidonata; ***das ist alles ~!*** è tutto un imbroglio! ***den ~ aufdecken*** scoprire l'imbroglio (*o* l'inghippo); ***der ~ kam heraus, flog auf*** l'imbroglio fu scoperto, non riuscì; ***den ~ kenne ich!*** conosco il trucco! ***auf jeden ~ reinfallen*** farsi sempre fregare, cascarci sempre **b** *(Unwahrheit)* storie *f.pl.*, balle *f.pl.*: ***erzähl nicht solchen ~!*** non raccontar storie! **3** *(Kram)* roba *f.* ◆ ***was kostet der ganze ~?*** quanto costa tutto insieme? **Schwịn|del|an|fall** m. *(-[e]s,-anfälle)* capogiro *m.*, giramento *m.* di testa, (attacco *m.* di) vertigini *f.pl.* **Schwin|de|lei** f. *(-,-en)* COLLOQ. **1** piccolo imbroglio *m.*, trucchetto *m.* **2** *(Lügen)* storie *f.pl.*, balle *f.pl.*: ***an jds -en nicht glauben*** non credere alle storie di qcn. **schwịn|del|frei** agg. che non soffre di vertigini: ***~ sein*** non soffrire di vertigini. **Schwịn|del|ge|fühl** n. *(-[e]s,-e)* senso *m.* di vertigine, giramento *m.* di testa. **schwịn|del|haft** agg. falso, menzognero, truffaldino. **schwịn|de|lig** → **schwindlig.**

schwịn|deln **I** intr. (aus. *haben*) **1a** impers. ***es schwindelt jdm*** a qcn. gira la testa, vengono le vertigini: ***bei dem Blick ins Leere schwindelte (es) ihm*** a guardare nel vuoto gli vennero le vertigini; FIG. ***bei der Vorstellung schwindelt mir*** a pensarci mi gira la testa, il pensiero mi dà le vertigini **b** ***es schwindelt mir vor den Augen*** mi gira tutto davanti agli occhi **2** COLLOQ. *(lügen)* raccontare storie (*o* balle): ***er schwindelt oft*** racconta spesso delle balle **II** tr. **1** RAR. impers. ***es schwindelt jdn*** a qcn. gira la testa, vengono le vertigini **2a** COLLOQ. inventare (di sana pianta): ***das hast du doch geschwindelt!*** questo te lo sei inventato! **b** ***„ich weiß es nicht", schwindelte er*** „non lo so" disse, mentendo **3a** *(durch Täuschung irgendwohin bringen)* far passare con l'inganno: ***etw. durch den Zoll ~*** far passare qcs. alla dogana con l'inganno **b** introdurre (*o* far entrare) con l'inganno: ***etw. in die Zelle ~*** introdurre qcs. nella cella con l'inganno **III** rifl. COLLOQ. ***sich durch eine Kontrolle, ein Examen ~*** passare con l'imbroglio un controllo, un esame; ***sich in den Saal ~*** introdursi nella sala con l'inganno ◆ ***mein Kopf schwindelt, der Kopf schwindelt mir*** mi gira la testa; ***~ lassen*** far venire (*o* dare) le vertigini; ***~ machen*** fare girare la testa, far venire (*o* dare) le vertigini (anche FIG.). **schwịn|delnd** p.pres. agg. **1** → **schwindeln** **2** vertiginoso.

schwịn|den intr. *(schwand, geschwunden;* aus. *sein)* **1** diminuire, calare: ***die Vorräte, Kräfte ~*** le provviste, le forze diminuiscono; ***sein Vermögen schwindet*** il suo capitale diminuisce **2a** *(schwächer werden)* attenuarsi, affievolirsi, spegnersi: ***der Schmerz, der Ton schwindet*** il dolore si attenua, il suono si affievolisce **b** *(von Farben)* sbiadire **3** FIG. svanire, scemare: ***seine Hoffnung, sein Vertrauen, sein Mut schwindet*** la sua speranza, la sua fiducia, il suo coraggio svanisce; ***das Interesse schwindet*** l'interesse scema, cala **4** TECN. ritirarsi, contrarsi: ***Holz schwindet beim Trocknen*** il legno si contrae (seccandosi) **5** *(vergehen)* passare: ***die Jahre ~*** gli anni passano ◆ ***aus dem Gedächtnis, aus der Erinnerung ~*** uscire di mente; ***ihm schwanden die Sinne*** perse i sensi. **Schwịn|den** n. *(-s)* **1a** diminuzione *f.*, calo *m.* **b** TECN. ritiro *m.* **2a** attenuazione *f.*, lo svanire: ***das ~ aller Hoffnung*** lo svanire di tutte le speranze **b** *(von Tönen)* affievolimento *m.*, l'affievolirsi ◆ ***im ~ begriffen sein*** andar svanendo.

Schwịnd|ler m. *(-s,-)* mentitore *m.*, bluffatore *m.*; *(Betrüger)* imbroglione *m.*: ***einem ~ zum Opfer fallen*** cadere vittima di un imbroglione. **schwịnd|le|risch** agg. SPREG. menzognero; *(betrügerisch)* truffaldino.

schwịnd|lig agg. **1** che ha le vertigini, il capogiro: ***einen -en Kopf haben, ~ sein*** avere il capogiro, le vertigini; ***jdm ist vor Hunger ganz ~*** qcn. ha le vertigini, a qcn. gira la testa per la fame; ***mir wird ~*** mi vengono le vertigini, mi sento girare la testa; ***das macht mich ~*** mi fa venire le vertigini, mi dà il capogiro **2** *(Schwindel erregend)* vertiginoso: ***-e Höhen*** altezze vertiginose.

Schwịnd|maß n. *(-es,-e)* EDIL. ritiro *m.* misura *f.* del ritiro; *(für Beton)* coefficiente *m.* di contrazione. **Schwịnd|span|nung** f. *(-,-en)* EDIL. contrazione *f.* **Schwịnd|sucht** f. *(-)* ANT. tisi *f.*

Schwịn|dung f. *(-,-en)* **1** diminuzione *f.*, calo *m.* **2** TECN. ritiro *m.*, contrazione *f.*

Schwịng|ach|se f. *(-,-n)* assale *m.* oscillante (*o* pendolare).

Schwịn|ge f. *(-,-n)* **1a** ala *f.*: ***seine -n ausbreiten*** spiegare le ali **b** FIG. ***die -n der Fantasie, des Geistes*** le ali della fantasia, dello spirito **2** MECC. braccio *m.* oscillante **3** REGION. *(ovaler Korb)* zana *f.*

Schwịn|gel m. *(-s,-)*, **Schwịn|gel|gras** n. *(-es,-gräser)* festuca *f.*

schwịn|gen *(schwang, geschwungen)* **I** intr. **1a** (aus. *haben, sein*) oscillare: ***das Pendel, die Schaukel schwingt*** il pendolo, l'altalena oscilla **b** GINN. SPORT oscillare; volteggiare: ***an den Ringen ~*** compiere un volteggio agli anelli **2a** FIS. *(von Schallwellen;* aus. *haben)* propagarsi **b** *(von Klängen;* aus. *haben, sein)* risuonare: ***die Stimme des Redners schwang durch den Saal*** la voce dell'oratore risuonò per la sala **3a** *(vibrieren;* aus. *haben)* vibrare: ***die Brücke, Membran schwingt*** il ponte, la membrana vibra; ***ein letzter Ton schwang in der Luft*** un'ultima nota vibrò nell'aria **b** FIG. ***Erregung, Ungeduld, Ironie, Vorwurf schwang in seiner Stimme*** la sua voce vibrava di agitazione, d'impazienza, esprimeva ironia, rimprovero **4** *(beim Schifahren;* aus. *sein)* scendere a serpentine **5** SVIZZ. *(ringen;* aus. *haben)* lottare **II** tr. **1a** sventolare, agitare: ***die Fahne ~*** sventolare la bandiera; ***den Hut ~*** agitare il cappello **b** far oscillare: ***die Beine ~*** far oscillare le gambe **2** brandire: ***einen Hammer, ein Schwert ~*** brandire un martello, una spada **3** TESS. gramolare, maciullare **III** rifl. **sich ~** lanciarsi, balzare, saltare: ***sich aufs Fahrrad ~*** saltare in (*o* sulla) bici; ***sich in den Sattel ~*** balzare in sella; ***sich von Ast zu Ast ~*** balzare di ramo in ramo; ***sich über etw. (A) ~*** superare qcs. con un balzo, saltare oltre qcs. ◆ SCHERZ. ***den Besen ~*** spazzare; ***die Brücke schwingt sich über den Fluss*** il ponte si inarca sul fiume; ***die große Klappe ~*** sballarle grosse; ***ein Kind durch die Luft ~*** far volare un bambino in alto; ***sich in die Luft, Lüfte ~*** alzarsi in volo; ***eine Rede ~*** tenere un discorso; ***große Reden ~*** → ***die große Klappe ~***; ***die Sense ~*** mietere; ***das Tanzbein ~*** fare quattro salti. **Schwịn|gen** n. *(-s)* l'oscillare, oscillazione *f.* ◆ ***etw. zum ~ bringen*** far vibrare qcs. **Schwịn|ger** m. *(-s,-)* SPORT sventola *f.*, swing *m.*

Schwịng|flü|gel m. *(-s,-)* battente *m.* (di finestra) a bilico. **Schwịng|kölb|chen** n. *(-s,-)* ENTOM. bilanciere *m.* **Schwịng|kreis** m. *(-es,-e)* circuito *m.* oscillante. **Schwịng|laut** m. *(-[e]s,-e)* liquida *f.* **Schwịng|quarz** m. *(-es)* quarzo *m.* oscillatore. **Schwịng|tor** n. *(-[e]s,-e)* serranda *f.* basculante. **Schwịng|tür** f. *(-,-en)* porta *f.* a vento.

Schwịn|gung f. *(-,-en)* **1** oscillazione *f.* (anche FIS.): ***in ~ kommen*** entrare in oscillazione; ***etw. in ~ bringen, versetzen*** far entrare qcs. in oscillazione **2** *(Vibration)* vibrazione *f.* (anche FIG.): ***die -en der Seele*** le vibrazioni (*o* i moti) dell'anima. **Schwịn|gungs|be|we|gung** f. *(-,-en)* moto *m.* oscillatorio. **Schwịn|gungs|bo|gen** m. *(-s,-)* ampiezza *f.* di oscillazione. **Schwịn|gungs|dämp|fer** m. *(-s,-)* TECN. smorzatore *m.* di oscillazioni; *(von Drehungen)* smorzatore *m.* torsionale. **Schwịn|gungs|dau|er** f. *(-)* FIS. periodo *m.* **Schwịn|gungs|kreis** → **Schwingkreis.** **Schwịn|gungs|wei|te** f. *(-,-n)* ampiezza *f.* dell'oscillazione. **Schwịn|gungs|zahl** f. *(-,-en)* FIS. frequenza *f.* (di oscillazioni).

schwipp → **schwapp.**

Schwịpp|schwa|ger m. *(-,-schwäger)* COLLOQ. marito *m.* della cognata. **Schwịpp|schwä|ge|rin** f. *(-,-nen)* COLLOQ. moglie *f.* del cognato.

Schwips m. *(-es,-e)* COLLOQ. leggera sbornia *f.*

schwịr|ren intr. **1** *(ein leises, zitterndes Geräusch hervorbringen;* aus. *haben)* ronzare: ***die Mücken ~*** le zanzare ronzano **2a** (aus. *haben*) sibilare, fischiare: ***die Sehne des Bogens schwirrte*** la corda dell'arco sibilò **b** *(mit schwirrendem Geräusch fliegen;* aus. *sein)* ***Kugeln, Pfeile ~ durch die Luft*** le pallottole, le frecce sibilano attraverso l'aria **3a** *(flattern;* aus. *sein)* svolazzare, frullare: ***Lerchen ~ in der Höhe*** allodole frullano in cielo **b** FIG. frullare, turbinare: ***viele Gedanken ~ mir durch den Kopf*** molti pensieri mi frullano per il capo **4** (aus. *haben*) pullulare, abbondare: ***die Stadt schwirrt***

von Gerüchten in città abbondano le voci **5** *(flitzen;* aus. *sein)* COLLOQ. sfrecciare, filare, volare ◆ ***durch die Gegend ~*** essere in giro, a zonzo; ***mir schwirrt der Kopf*** mi gira la testa. **Schwirr|vo|gel** m. *(-s,-vögel)* ANT. colibrì *m.*

Schwitz|bad n. *(-[e]s,-bäder)* bagno *m.* di vapore. **Schwitz|bläs|chen** n. *(-s,-)* sudamina *f.* **Schwit|ze** f. *(-,-n)* soffritto *m.* con farina.

schwit|zen I intr. (aus. *haben*) **1a** sudare: ***leicht, stark ~*** sudare poco, molto; ***vor Angst, Hitze ~*** sudare per la paura, per il (gran) caldo; ***unter den Armen ~*** sudare sotto le ascelle; ***er schwitzt an den Händen, die Hände ~ ihm*** gli sudano le mani **b** FIG. *(mühsam arbeiten)* ***über den Büchern ~*** sudare sui libri **2a** trasudare: ***die Wände ~*** i muri trasudano; ***die Bäume ~*** gli alberi stillano resina **b** *(beschlagen)* appannarsi **3** soffriggere: ***eine Zwiebel (in Butter) ~*** soffriggere una cipolla (nel burro) **II** rifl. **sich ~** sudare: ***sich nass ~*** fare una gran sudata; ***sich zu Tode ~*** morire dal caldo ◆ ***ordentlich, tüchtig ~*** fare una gran sudata; ***Blut und Wasser ~*** sudare freddo.

Schwit|zen n. *(-s)* **1** il sudare: ***zum ~ neigen*** avere la tendenza a sudare **2** *(von Feuchtigkeit)* trasudamento *m.* ◆ ***ins ~ kommen, geraten*** cominciare a sudare. **schwit|zend** p.pres. agg., **schwit|zig** agg. sudato, che suda: ***-e Hände*** mani sudate. **Schwitz|kas|ten** m. *(-s,-kästen)* cassone *m.* per bagni di vapore. **Schwitz|kur** f. *(-,-en)* cura *f.* di essudazione.

Schwof m. *(-[e]s,-e)* COLLOQ. ballo *m.* ◆ ***zum, auf den ~ gehen*** andare a ballare. **schwo|fen** intr. (aus. *haben*) COLLOQ. ballare.

schwoll → **2.schwellen.**

schwor → **schwören.**

schwö|ren I intr. *(schwor/schwur, geschworen;* aus. *haben)* giurare: ***auf die Verfassung, Bibel ~*** giurare sulla costituzione, sulla Bibbia; ***feierlich, hoch und heilig ~*** giurare solennemente; ***ich könnte darauf ~, dass...*** giurerei che..., potrei giurare che...; *(versprechen)* ***er hat geschworen, es nie wieder zu tun*** ha giurato di non farlo mai più; *(fest an die Wirkung glauben)* ***meine Oma schwört auf dieses Mittel*** mia nonna giura sulla validità di questo rimedio **II** tr. giurare: ***ich schwöre es*** lo giuro; ***jdm ewige Treue, Rache ~*** giurare a qcn. eterna fedeltà, vendetta **III** rifl. **sich ~** ripromettersi, giurare: ***er hat sich geschworen, nie wieder zu rauchen*** ha giurato di non fumare mai più ◆ ***auf jdn ~*** mettere la mano sul fuoco per qcn.; ***bei seiner Ehre, auf Ehre und Gewissen ~*** giurare sul proprio onore; ***einen Eid ~*** prestare, fare un giuramento; ***den Fahneneid ~*** prestare giuramento sulla bandiera; ***falsch ~*** giurare il falso; ***bei Gott ~*** giurare davanti a Dio; ***einen Meineid ~*** giurare il falso, spergiurare.

Schwuch|tel f. *(-,-n)* checca *f.*, frocio *m.*

schwul agg. COLLOQ. gay: ***ein -es Lokal*** un locale gay.

schwül agg. **1a** *(vom Wetter)* afoso, soffocante, pesante **b** FIG. *(bedrückend)* ***eine -e Stimmung*** un'atmosfera soffocante, pesante, opprimente **2** *(betörend)* conturbante: ***ein -er Duft*** un profumo conturbante; ***-e Vorstellungen*** fantasie conturbanti, che suscitano turbamento ◆ ***es ist ~*** c'è afa; ***mir wird ~ zumute*** mi sento (*o* mi pare di) soffocare.

Schwu|le m. e RAR. f. *(-n,-n)* COLLOQ. gay *m.* e *f.*

Schwü|le f. *(-)* **1** afa *f.*: ***eine drückende ~ liegt, lastet über der Ebene*** un'afa opprimente grava sulla pianura **2** *(von Düften)* intensità *f.* **3** FIG. *(schwüle Atmosphäre)* atmosfera *f.* soffocante, pesante.

Schwu|len|be|we|gung f. *(-,-en)* movimento *m.* omosessuale.

Schwu|li|bus, ***in ~*** → **Schwulität. Schwu|li|tät** f. *(-,-en)*, COLLOQ. ***in -en sein, kommen*** essere, finire nei pasticci, nei guai; ***jdn in -en bringen*** mettere qcn. nei guai, nei pasticci.

Schwulst m. *(-[e]s)* ridondanza *f.*, ampollosità *f.*: ***der ~ des barocken Stils*** la ridondanza dello stile barocco. **schwuls|tig** agg. **1** *(geschwollen)* tumefatto, gonfio: ***-e Lippen*** labbra tumefatte **2** AUSTR. SPREG. → **schwülstig. schwüls|tig I** agg. ridondante, ampolloso: ***-e Ausdrücke*** espressioni ridondanti **II** in modo ridondante, ampolloso: ***~ reden, schreiben*** parlare, scrivere in modo ampolloso. **Schwüls|tig|keit** f. *(-)* ampollosità *f.*, ridondanza *f.*

schwum|me|rig, schwumm|rig agg. COLLOQ. che ha il capogiro, le vertigini: ***ein -es Gefühl*** un senso di vertigine ◆ ***mir ist ~ geworden*** mi girava la testa; *(unbehaglich, bang sein)* mi sono sentito a disagio, ho avuto paura.

Schwund m. *(-[e]s,-e)* **1a** calo *m.*, diminuzione *f.* (anche COMM.) **b** *(von Gewicht)* calo *m.* di peso **2** *(Verlust)* perdita *f.* (anche COMM.) **3** MED. atrofia *f.* **4** RAD. fading *m.*, evanescenza *f.* **Schwund|aus|gleich** m. *(-[e]s,-e)* dispositivo *m.* antievanescenza (*o* antifading). **Schwund|maß** → **Schwindmaß. Schwund|stu|fe** f. *(-)* LING. grado *m.* zero.

Schwung m. *(-[e]s, Schwünge)* **1a** slancio *m.*: ***mit ~ über den Zaun springen*** superare la staccionata con uno slancio **b** FIG. *(Elan, Begeisterung)* ***etw. mit ~ machen*** fare qcs. con slancio **2a** *(an Schaukeln)* spinta *f.* **b** *(Schwingung)* oscillazione *f.* **3** *(innere mitreißende Kraft)* brio *m.*, foga *f.*: ***dichterischer, rednerischer ~*** foga poetica, oratoria; ***seine Musik hat keinen ~*** la sua musica non ha alcun brio **4** arcata *f.*: ***der ~ der Brauen*** l'arcata delle sopracciglia **5** SPORT *(beim Skilaufen)* svolta *f.*, virata *f.* **6** COLLOQ. *(große Menge, Haufen)* sacco *m.*, mucchio *m.*: ***ein ~ Bücher*** un mucchio di libri ◆ ***etw. in ~ bringen*** avviare, mettere in moto qcs., dare slancio a qcs.; *(von Waren)* lanciare qcs.; ***etw. (D) ~ geben*** mettere in moto qcs., avviare qcs.; *(vom Rad)* far girare qcs.; FIG. dar brio a, vivacizzare qcs.; COLLOQ. ***etw. in ~ haben, halten*** far funzionare (bene) qcs.; ***~ holen*** darsi lo slancio a qcs.; ***in ~ kommen*** avviarsi, prendere l'avvio; mettersi in moto; ***etw. kommt in ~*** qcs. prende l'avvio, si mette in moto; FIG. diventare allegro; ***~ nehmen*** prendere lo slancio; ***in ~ sein*** essere avviato, lanciato; *(fit sein)* essere in forma; *(in Stimmung sein)* essere in vena; ***etw. wieder in ~ bringen*** rimettere in voga, rilanciare qcs.

Schwung|bein n. *(-[e]s)* SPORT gamba *f.* dominante. **Schwung|be|we|gung** f. *(-,-en)* oscillazione *f.*, moto *m.* oscillatorio. **Schwung|brett** n. *(-[e]s,-er)* **1** SPORT pedana *f.* **2** FIG. trampolino *m.* (di lancio). **Schwung|fe|der** f. *(-,-n)* ORNIT. penna *f.* maestra. **schwung|haft** agg. pieno di slancio; *(von Geschäften)* vivace, fiorente: ***-en Handel mit etw. treiben*** esercitare un commercio fiorente in, di qcs. **Schwung|kraft** f. *(-)* forza *f.* centrifuga. **Schwung|kraft|an|las|ser** m. *(-s,-)* avviatore *m.* a inerzia. **schwung|los** agg. senza slancio, fiacco. **Schwung|rad** n. *(-[e]s, -räder)* **1** volano *m.* **2** *(von Uhren)* bilanciere *m.* **Schwung|rie|men** m. *(-s,-)* cinghia *f.* del volano. **Schwung|schei|be** f. *(-,-n)* volano *m.* a disco. **schwung|voll I** agg. **1a** pieno di slancio: ***-e Worte*** parole piene di slancio; ***eine -e Rede, Bewegung*** un discorso, un movimento pieno di slancio **b** *(lebendig)* pieno di brio, vivace: ***-e Musik*** musica piena di brio; ***eine -e Aufführung*** una rappresentazione vivace **2** *(von Linien)* slanciato **II** avv. **1** con molto slancio **2** *(lebhaft)* vivacemente: ***~ argumentieren*** argomentare vivacemente ◆ ***eine -e Handschrift*** una scrittura ampia e circolare.

schwupp inter. oplà. **Schwupp** m. *(-[e]s,-e)* COLLOQ. **1** *(ruckartige Bewegung)* balzo *m.* **2** *(Stoß)* spinta *f.* **3** *(Spritzer)* spruzzo *m.* ◆ ***in einem, auf einen ~*** d'un tratto. **schwupp|di|wupp, schwups** inter. → **schwupp. Schwups** m. *(-[e]s, Schwüpse)* → **Schwupp.**

schwur → **schwören. Schwur** m. *(-[e]s, Schwüre)* giuramento *m.*: ***ein heiliger, feierlicher ~*** un giuramento sacro, solenne; ***einen ~ ablegen, leisten, tun*** prestare, fare giuramento, giurare; ***einen ~ halten, verletzen (brechen)*** tener fede a, infrangere un giuramento ◆ ***einen ~ auf die Fahne, Verfassung leisten,*** giurare sulla bandiera, sulla costituzione. **schwur|brü|chig** agg. spergiuro. **Schwur|fin|ger** m. *(-s,-)* dito *m.* della mano destra (per il segno di giuramento).

Schwur|ge|richt n. *(-[e]s,-e)*, **Schwur|ge|richts|hof** m. *(-[e]s, -höfe)* corte *f.* d'assise. **Schwur|ge|richts|ver|hand|lung** f. *(-,en)* udienza *f.* della corte d'assise.

Schwur|hand f. *(-)* mano *f.* destra (per il segno di giuramento).

Schwy|zer [ʃvi:-] m. *(-s,-)* abitante *m.* di Schwyz.

Schwy|zer|dütsch, Schwy|zer|tütsch n. *(-s)* SVIZZ. → **Schweizerdeutsch.**

Sci|ence|fic|tion ['saɪəns'fɪkʃən] f. *(-)* fantascienza *f.* **Sci|ence|fic|tion|li|te|ra|tur** f. *(-)* letteratura *f.* fantascientifica. **Sci|ence|fic|tion|ro|man** m. *(-s,-e)* romanzo *m.* di fantascienza.

Sci|pio ['stsi:-] n.pr.m. Scipione *m.*

Scoop [sku:p] m. *(-s,-s)* GIORN. scoop *m.*: COLLOQ. ***einen ~ landen*** fare uno scoop.

Score [skɔ:] m. *(-s,-s)* **1** SPORT punteggio *m.* **2** PSIC. *(Zahlenwert)* risultato *m.* (di un test).

sco|ren tr. SPORT segnare (un goal, un punto).

Scotch [skɔtʃ] m. *(-s,-s)* **1** *(schottischer Whisky)* scotch *m.* **2** → **Scotchterrier. Scotch|ter|ri|er** m. *(-s,-)* scotch terrier *m.*, terrier *m.* scozzese.

Sco|tis|mus m. *(-)* scotismo *m.* **Sco|tist** m. *(-en,-en)* scotista *m.*

Scout [skaʊt] m. *(-s,-s)* scout *m.*, boy-scout *m.*

Scrab|ble® [skræbl] n. *(-s,-s)* GIOC. scarabeo *m.*

Scrip m. *(-s,-s)* ECON. **1** buono *m.* frazionario **2** *(Interimsschein)* certificato *m.* (azionario) provvisorio.

Script|girl ['skriptgə:l] n. *(-s,-s)* CINEM. segretaria *f.* di edizione.

Scud|ra|ke|te f. *(-,-n)* MIL. (missile *m.*) scud *m.*

Scyl|la → **Szylla.**

s. d. ⇒ *siehe dies, siehe dort* vedi, si veda (v., vd.).

Se. ⇒ *Seine* Suo, Sua (S.).

Seal [zi:l, si:l] m. e n. *(-s,-s)* pelliccia *f.* di foca, foca *f.* **Seal|man|**

tel m. *(-s, -mäntel)* pelliccia *f.* di foca. **Seal|skin** [-skɪn] m. e n. *(-s,-s)* pelle *f.* di foca, sealskin *m.*

Sé|an|ce [zeˈã:s(ə)] f. *(-,-n)* **1** seduta *f.* spiritica **2** ANT. *(Sitzung)* seduta *f.*

Se|bas|ti|an n.pr.m. Sebastiano *m.*

Se|bor|rhö(e) f. *(-,-[e]n)* MED. seborrea *f.* **se|bor|rho|isch** agg. seborroico, seborreico.

sec. ⇒ **1** *Sekans* secante (⇒ *sec.*) **2** *Sekunde* secondo (sec.).

Sec|co|re|zi|ta|tiv n. *(-s,-e)* recitativo *m.* secco.

Se|cen|tis|mus [setʃ-] m. *(-)* secentismo *m.* **Se|cen|tist** m. *(-en, -en)* secentista *m.*

Sech n. *(-[e]s,-e)* AGR. coltro *m.*

sechs agg.inv. **1** sei: ***es sind gerade ~ Jahre*** sono appena sei anni; ***es waren ihrer ~,*** COLLOQ. ***sie waren zu -en*** erano in sei; ***in ~ Tagen*** fra sei giorni; ***mit der Linie ~ fahren*** prendere il sei (linea del tram o del bus) **2** *(sechs Uhr)* le sei: ***gegen ~ Uhr*** verso le sei; ***um ~ Uhr*** alle sei; ***es war, schlug halb ~*** erano, battevano le cinque e mezza; ***ein Viertel vor*** (RAR. ***auf), nach ~*** un quarto alle sei, le sei e un quarto. **Sechs** f. *(-,-en)* **1a** sei *m.* **b** COLLOQ. *(Straßenbahn, Bus)* ***die ~*** il sei; ***hier hält nur die ~*** qui ferma solo il sei **2** SCOL. *(ungenügend)* quattro *m.*, gravemente insufficiente *m.*: ***eine ~ in Chemie bekommen*** prendere un quattro in chimica **3a** *(Spielkarte)* sei *m.*: ***die ~ ablegen*** scartare il sei **b** *(Würfel)* ***eine ~ würfeln*** fare sei con i dadi.

Sechs|ach|ser m. *(-s,-)* COLLOQ. autocarro *m.* a sei assi. **sechs|ach|sig** agg. a sei assi. **Sechs|ach|tel|takt** m. *(-[e]s,-e)* MUS. tempo *m.* in sei ottavi. **Sechs|eck** n. *(-[e]s,-e)* esagono *m.* **sechs|eckig** agg. esagonale. **sechs|ein|halb** agg.inv. sei e mezzo.

Sech|ser m. *(-s,-)* COLLOQ. **1** REGION. *(Münze)* moneta *f.*, pezzo *m.* da sei pfennig **2** *(im Spiel)* sestina *f.* **3** REGION. → **Sechs.** ◆ ***nicht für einen ~ Humor, Verstand haben*** non avere un briciolo di humor, di giudizio. **sech|ser|lei I** agg.inv. sei... (diversi): ***in ~ Farben*** in sei colori (diversi) **II** PRON. sei cose *f.pl.* (diverse): ***~ zu tun haben*** avere sei cose da fare. **Sech|ser|pack** m. *(-s,-e),* **Sech|ser|pa|ckung** f. *(-,-en)* confezione *f.* da sei (pezzi). **Sech|ser|rei|he** f. *(-,-n)* fila *f.* per sei: ***in -n aufstellen*** disporre in fila per sei.

sechs|fach I agg. sestuplo, di sei volte **II** avv. sei volte: ***etw. ~ vergrößern*** ingrandire qcs. sei volte, sestuplicare qcs. **Sechs|fa|che** n. *(-n)* sestuplo *m.*, sei volte *f.pl.*: ***etw. um das ~ erhöhen, vermindern*** aumentare, diminuire qcs. sei volte (tanto). **Sechs|flach** n. *(-[e]s,-e),* **Sechs|fläch|ner** m. *(-s,-)* esaedro *m.* **Sechs|fü|ßer** m. *(-s,-)* **1** METR. senario *m.* **2** pl. ENTOM. esapodi *m.pl.* **sechs|fü|ßig** agg. METR. di sei piedi. **sechs|ge|schos|sig** agg. di sei piani: ***ein -es Gebäude*** un edificio di sei piani. **sechs|hun|dert** agg.inv. seicento. **sechs|jäh|rig** agg. di sei anni: ***ein -es Mädchen*** una bambina di sei anni. **sechs|jähr|lich I** agg. che avviene (*o* ricorre) ogni sei anni: ***in -en Abständen*** a intervalli di sei anni **II** avv. ogni sei anni.

Sechs|kant m. e n. *(-[e]s,-e)* esagono *m.* **Sechs|kant|ei|sen** n. *(-s,-)* barra *f.* di ferro (a sezione) esagonale. **sechs|kan|tig** agg. esagonale. **Sechs|kant|schlüs|sel** m. *(-s,-)* chiave *f.* esagonale. **Sechs|kant|schrau|be** f. *(-,-n)* vite *f.* a testa esagonale.

Sechs|ling m. *(-s,-e)* gemello *m.* (di sei): ***-e bekommen*** avere sei gemelli. **sechs|mal** avv. sei volte. **sechs|ma|lig** agg. di sei volte. **sechs|mo|na|tig** agg. **1** di sei mesi: ***ein -es Kind*** un bambino di sei mesi **2** *(sechs Monate dauernd)* semestrale, di sei mesi: ***ein -er Aufenthalt, Vertrag*** un soggiorno di sei mesi, un contratto semestrale. **sechs|mo|nat|lich I** agg. che avviene (*o* ricorre) ogni sei mesi, semestrale: ***-e Raten*** rate semestrali **II** avv. semestralmente, ogni sei mesi. **sechs|sai|tig** agg. a sei corde. **sechs|sei|tig** agg. **1** con, di sei lati, esagonale: ***ein -es Vieleck*** un poligono con sei lati **2** di sei pagine: ***ein -er Prospekt*** un prospetto di sei pagine. **sechs|sil|big** agg. di sei sillabe. **Sechs|spän|ner** m. *(-s,-)* tiro *m.* a sei, carrozza *f.* a sei cavalli. **sechs|spän|nig** agg. a sei cavalli. **sechs|spu|rig** agg. a sei corsie: ***eine -e Autobahn*** un'autostrada a sei corsie. **sechs|stel|lig** agg. a, di sei cifre. **Sechs|stern** m. *(-[e]s,-e)* esagramma *m.* **sechs|stö|ckig** agg. → **sechsgeschossig.** **sechs|stün|dig** agg. di sei ore. **sechs|stünd|lich I** agg. che avviene ogni sei ore: ***in -en Abständen*** a intervalli di sei ore **II** avv. ogni sei ore.

sechst, *zu ~* in sei.

Sechs|ta|ge|ren|nen n. *(-s,-)* SPORT seigiorni *f.* **sechs|tä|gig** agg. di sei giorni. **sechs|täg|lich I** agg. che avviene (o si ripete) ogni sei giorni **II** avv. ogni sei giorni. **sechs|tau|send** agg.inv. seimila.

sechs|te agg. **1** sesto: ***das ~ Schuljahr*** il sesto anno di scuola **2** *(im Datum)* sei: ***Leipzig, den -n Oktober*** Lipsia, sei ottobre; ***am -n Oktober*** il sei ottobre ◆ ***den -n Sinn für etw. haben*** avere il sesto senso per qcs. **Sechs|te** m. e f. *(-n,-n)* **1** sesto *m.* (-a *f.*): ***Leo der ~*** Leone Sesto; ***Beethovens ~*** la Sesta di Beethoven; ***jeder ~*** uno su sei, uno ogni sei **2** *(als Monatstag)* sei *m.*: ***heute ist der ~*** oggi è il sei.

sechs|tel agg.inv. sesto: ***ein ~ Liter*** un sesto di litro. **Sechs|tel** n. e SVIZZ. m. *(-s,-)* sesto *m.*: MAT. ***zwei, drei ~*** due, tre sesti.

sechs|tens avv. in sesto luogo.

sechs|und|ein|halb agg.inv. rafforz. → **sechseinhalb. sechs|und|sech|zig** agg.inv. sessantasei. **Sechs|und|sech|zig** n. *(-)* INTRAD. (gioco di carte).

Sechs|vier|tel|takt m. *(-[e]s,-e)* tempo *m.* in sei quarti.

sechs|wer|tig agg. CHIM. esavalente.

sechs|wö|chent|lich I agg. che avviene ogni sei settimane **II** avv. ogni sei settimane. **sechs|wö|chig** agg. di sei settimane. **sechs|za|ckig** agg. a sei punte.

Sechs|zy|lin|der m. *(-s,-)* COLLOQ. **1** sei cilindri *f.* **2** *(Sechszylindermotor)* sei cilindri *m.* **Sechs|zy|lin|der|mo|tor** m. *(-s,-en)* motore *m.* a sei cilindri. **sechs|zy|lind|rig** agg. a sei cilindri.

sech|zehn agg.inv. sedici. **sech|zehn|hun|dert** agg.inv. milleseicento. **sech|zehn|jäh|rig** agg. sedicenne, di sedici anni. **Sech|zehn|me|ter|raum** m. *(-[e]s,-räume)* SPORT area *f.* di rigore. **Sech|zehn|mil|li|me|ter|film** m. *(-[e]s,-e)* pellicola *f.* da sedici millimetri.

sech|zehn|te agg. **1** sedicesimo: ***das ~ Jahrhundert*** il sedicesimo secolo **2** *(im Datum)* sedici: ***München, den -n Mai*** Monaco, sedici maggio. **Sech|zehn|te** m. e f. *(-n,-n)* **1** sedicesimo *m.* (-a f.) **2** *(im Datum)* sedici *m.*: ***heute ist der ~*** oggi è il sedici.

sech|zehn|tel agg.inv. sedicesimo, sedicesima parte (di). **Sech|zehn|tel** n. e SVIZZ. m. *(-s,-)* **1** sedicesimo *m.*: MAT. ***zwei, drei ~*** due, tre sedicesimi. **2** → **Sechzehntelnote. Sech|zehn|tel|no|te** f. *(-,-n)* MUS. semicroma *f.*

sech|zig agg.inv. **1** *(Zahl)* sessanta **2** *(Alter)* sessanta *m.pl.*, sessantina *f.*: ***in die ~ kommen*** arrivare ai sessanta; ***Ende (der) ~*** alla fine dei sessanta; ***Mitte (der) ~*** a metà dei sessanta. **Sech|zig** f. *(-,-en)* sessanta *m.* **sech|zi|ger** agg.inv. sessanta: ***die ~ Jahre*** gli anni sessanta; ***nahe den ~ Jahren sein*** essere vicino ai sessanta. **Sech|zi|ger** m. *(-s,-)* **1** sessantenne *m.* **2** pl. *(Sechzigerjahre)* sessanta *m.pl.* **3** *(Wein)* vino *m.* del sessanta. **Sech|zi|ge|rin** f. *(-,-nen)* sessantenne *f.* **Sech|zi|ger|jah|re** → **sechziger. sech|zig|jäh|rig** agg. di sessant'anni; *(von Menschen)* sessantenne. **sech|zigs|te** agg. sessantesimo. **sech|zigs|tel** agg.inv. sessantesimo, sessantesima parte (di). **Sech|zigs|tel** n. e SVIZZ. m. *(-s,-)* sessantesimo *m.*, sessantesima parte *f.*

Se|cond|hand|klei|dung [ˈsɛkəndˈhænd-] f. *(-)* vestiti *m.pl.* usati, di seconda mano. **Se|cond|hand|la|den** m. *(-s,-läden),* **Se|cond|hand|shop** [-ʃɔp] m. *(-s,-s)* negozio *m.* di vestiti usati.

SED ⇒ EX-RDT *Sozialistische Einheitspartei Deutschlands* Partito socialista unitario tedesco.

se|da|tiv I agg. MED. sedativo **II** avv. con, a effetto sedativo: ***~ wirken*** avere un effetto sedativo. **Se|da|tiv** n. *(-s,-e)* MED. sedativo *m.*

se|den|tär 1 ANT. sedentario, stanziale **2** *(ansässig)* residente.

Se|der m. *(-s, Sedarim)* RELIG. seder *m.*

Se|dez n. *(-es),* **Se|dez|for|mat** n. *(-[e]s)* TIP. (formato *m.* in) sedicesimo *m.*

se|die|ren tr. MED. sedare.

Se|di|ment n. *(-[e]s,-e)* sedimento *m.* **se|di|men|tär** agg. GEOL. sedimentario. **Se|di|men|tär|ge|stein, Se|di|ment|ge|stein** n. *(-[e]s)* roccia *f.* sedimentaria. **se|di|men|tie|ren** tr. sedimentare.

Se|dis|va|kanz f. *(-,-en)* ECCL. sede *f.* vacante.

1.See m. *(-s,-n)* lago *m.*: ***ein künstlicher ~*** un lago artificiale; ***ein Café am ~*** un caffè sul lago; ***im ~ baden*** fare un bagno nel lago; ***durch den ~ schwimmen*** attraversare il lago a nuoto; ***über den ~ schwimmen, rudern*** attraversare il lago a nuoto, in barca a remi.

2.See f. *(-)* **1** mare *m.*: ***offene ~*** mare aperto; ***ruhige ~*** mare calmo; ***schwere, stürmische ~*** mare grosso, tempestoso; ***eine Stadt an der ~*** una città sul mare; ***an die ~ fahren*** andare al mare; ***dieser Wind kommt von ~*** questo vento arriva dal mare; *(Wellengang)* ***kurze, lange ~*** mare corto, lungo **2** MAR. (pl. *-n; Sturzwelle)* maroso *m.*, cavallone *m.*: ***die -n gingen über Bord*** i marosi superavano le murate ◆ ***auf ~*** in mare; ***auf ~ bleiben*** morire in mare; ***die ~ geht hoch*** il mare è molto mosso; ***auf hoher ~*** in alto mare; ***in ~ gehen, stechen*** mettersi in mare, salpare; ***das Schiff geht, sticht in ~*** la nave salpa; ***zur ~ fahren*** viaggiare per mare; *(bei der Marine sein)* essere in marina; COLLOQ. ***zur ~ gehen, fahren*** andare per mare; ***Offizier zur ~*** ufficiale di marina; ***der Handel zur ~*** il commercio marittimo.

See|aal m. *(-[e]s,-e)* anguilla *f.* marinata. **See|ad|ler** m. *(-s,-)* aquila *f.* di mare. **See|al|pen** pl. Alpi *f.pl.* marittime. **See|ane|mo|ne** f. *(-,-n)* anemone *m.* di mare, attinia *f.* **see|ar|tig** agg. simile a un lago. **See|bad** n. *(-[e]s,-bäder)* **1** bagno *m.* di mare **2** → **See-**

badeort. Seelbaldelort m. *(-[e]s,-e)* località *f.* balneare. **Seel bär** m. *(-en,-en)* **1** ZOOL. otaria *f.* orsina **2** FIG. *(erfahrener Seemann)* lupo *m.* di mare **3** MAR. *(sehr hohe Welle)* colpo *m.* di mare. **Seelbarlbe** f. *(-,-n)* triglia *f.* **Seelbarsch** m. *(-es,-e)* spigola *f.* **Seelbelben** n. *(-s,-)* maremoto *m.* **seelbelschäldigt** agg. avariato. **Seelbelstatltung** f. *(-,-en)* sepoltura *f.* in mare. **Seel blick** m. *(-[e]s)* vista *f.* (sul) mare, lago: ***ein Hotel mit ~*** un hotel con vista mare, lago. **Seelblolckalde** f. *(-,-n)* blocco *m.* marittimo. **Seelbraslse** f. *(-,-n)* ITTIOL. occhiata *f.* **Seelbühlne** f. *(-,-n)* teatro *m.* all'aperto (su un lago). **Seeldralche** m. *(-n,-n)* olocefalo *m.* **See-Elelfant** m. *(-en,-en)* elefante *m.* marino. **See-erlfahlren** agg. esperto di mare. **See-Erlfahlrung** f. *(-,-en)* esperienza *f.* di mare. **seelfälhig** agg. → **seetüchtig.**

seelfahlrend agg. marinaro: ***ein -es Volk*** un popolo marinaro. **Seelfahlrer** m. *(-s,-)* ANT. navigatore *m.*, navigante *m.* ◆ ***Heinrich der ~*** Enrico il Navigatore; ***Sindbad der ~*** Sindbad il marinaio. **Seelfahrt** f. *(-,-en)* **1** *(Schifffahrt)* navigazione *f.* (in mare) **2** *(Fahrt übers Meer)* viaggio *m.* per mare: ***eine ~ machen*** fare un viaggio per mare. **Seelfahrt(s)lbuch** n. *(-[e]s,-bücher)* libretto *m.* di navigazione. **Seelfahrt(s)lschulle** f. *(-,-n)* istituto *m.* nautico.

Seelfelder f. *(-,-n)* pennatula *f.* **seelferltig** agg. → **seeklar. seel fest** agg. **1** *(seetüchtig)* atto a tenere il mare, atto alla navigazione **2** *(von Menschen)* = che non soffre il mal di mare. **Seelfisch** m. *(-[e]s,-e)* pesce *m.* di mare. **Seelfilschelrei** f. *(-)* pesca *f.* marittima. **Seelflotlte** f. *(-,-n)* flotta *f.* navale. **Seelfolrellle** f. *(-,-n)* trota *f.* di lago.

Seelfracht f. *(-,-en)* **1a** *(Ladung)* carico *m.* marittimo **b** *(Transport)* trasporto *m.* via mare **2** *(Frachtkosten)* nolo *m.* marittimo. **Seelfrachtlbrief** m. *(-[e]s,-e)* polizza *f.* di carico (marittimo).

Seelfunk m. *(-s)* collegamento *m.* radio (via mare). **Seelgang** m. *(-[e]s)* moto *m.* ondoso ◆ ***hohen, starken, schweren ~ haben*** avere mare grosso. **Seelgelfecht** n. *(-[e]s,-e)* battaglia *f.* navale. **Seelgelltung** f. *(-)* predominio *m.* sui mari. **seelgelstützt** agg. MIL. dislocato (*o* con base) su navi da guerra. **Seelgras** n. *(-es, -gräser)* **1** zostera *f.*, fieno *m.* marino **2** *(Polsterung)* crine *m.* vegetale. **Seelgurlke** f. *(-,-n)* oloturia *f.*, cetriolo *m.* di mare. **Seelhal fen** m. *(-s,-häfen)* porto *m.* marittimo. **Seelhanldel** m. *(-s)* commercio *m.* marittimo. **Seelhalse** m. *(-n,-n)* ciclottero *m.* **Seel hecht** m. *(-[e]s,-e)* nasello *m.* **Seelheillbad** n. *(-[e]s,-bäder)* bagno *m.* talassoterapico. **Seelherrlschaft** f. *(-)* dominio *m.* sui mari. **Seelhund** m. *(-[e]s,-e)* focide *m.*: ***gemeiner ~*** foca comune (*o* vitello marino). **Seelhundslfänlger** m. *(-s,-)* cacciatore *m.* di foche. **Seeligel** m. *(-s,-)* riccio *m.* di mare. **Seeligellkakltus** m. *(-,-kakteen)* echinocactus *m.* **Seeljunglfer** f. *(-,-n)* calotterige *f.* **Seeljunglfrau** f. *(-,-en)* **1** *(in der klassischen Mythologie)* sirena *f.* **2** *(in der nordischen Mythologie)* ondina *f.* **Seelkalbel** n. *(-s,-)* cavo *m.* sottomarino. **Seelkaldett** m. *(-en,-en)* MAR. cadetto *m.*, allievo *m.* ufficiale (dell'accademia navale). **Seelkaldetlten schullle** f. *(-,-n)* accademia *f.* navale. **Seelkanlne** f. *(-,-n)* ninfoide *f.* **Seelkarlte** f. *(-,-n)* carta *f.* nautica. **Seelkaslse** f. *(-,-n)* cassa *f.* malattia per marittimi. **Seelkatlze** f. *(-,-n)* ITTIOL. chimera *f.* **seelklar** agg. pronto a, per salpare. **Seelklilma** n. *(-s)* clima *m.* di mare. **seelkrank** agg. che soffre il mal di mare. **Seelkranklheit** f. *(-)* mal *m.* di mare, MED. naupatia *f.* **Seelkrieg** m. *(-[e]s,-e)* guerra *f.* sul mare. **Seelkuh** f. *(-,-kühe)* ZOOL. sirena *f.* **Seelküslte** f. *(-,-n)* costa *f.*, litorale *m.* **Seellachs** m. *(-es,-e)* gado *m.* carbonario.

Seelland n.pr.n. *(-[e]s)* Zelanda *f.* **seellänldisch** agg. zelandese.

Seellchen n. *(-s,-)* **1** anima *f.* candida **2** MUS. *(Stimmstock)* anima *f.*

Seelle f. *(-,-n)* **1** anima *f.*: ***eine unruhige, empfindsame, kindliche ~*** un'anima irrequieta, sensibile, da bambino; ***die -n der Verstorbenen*** le anime dei morti; ***die Unsterblichkeit der ~*** l'immortalità dell'anima; ***für die (armen) -n im Fegefeuer beten*** pregare per le anime del Purgatorio; ***jds ~ läutern, retten*** purificare, salvare l'anima di qcn.; *(Einwohner)* ***das Dorf zählt, hat fünfhundert -n*** questo paese conta cinquecento anime; FIG. *(Antrieb, Pol)* ***die ~ des Unternehmens sein*** essere l'anima dell'impresa **2** TECN. *(Innenteil)* ***die ~ eines Kabels*** l'anima di un cavo **3** MUS. ***die ~ einer Geige*** l'anima di un violino ◆ ***die ~ aushauchen*** esalare l'anima; ***jdm etw. auf die ~ binden*** chiedere con insistenza qcs. a qcn.; ***etw. brennt mir auf der ~*** qcs. mi angustia; SCHERZ. ***zwei -n wohnen in meiner Brust*** in me convivono due anime; COLLOQ. ***eine durstige ~*** un ubriacone, una spugna; ***jdm die ~ aus dem Leib fragen*** dannare l'anima a qcn. a forza di chiedere; ***aus ganzer ~*** con tutta l'anima; ***zwei -n und ein Gedanke*** due corpi e un'anima sola; ***gleich gestimmte -n*** anime gemelle; ***eine gute ~ haben, sein*** avere buon cuore; ***keine ~ haben*** essere senz'anima; ***ein Herz und eine ~ sein*** essere due cuori e una sola anima; ***in tiefster, in der ~*** profondamente, nel profondo del cuore; ***keine ~ war zu sehen*** non si vedeva anima viva (*o* un'anima); ***jdm auf der ~ knien*** supplicare qcn.; ***etw. mit Leib und ~ tun*** fare qcs. anima e corpo; ***sich (D) die ~ aus dem Leib schreien*** gridare a squarciagola; ***auf jds ~ lasten, liegen, jdm auf der ~ lasten, liegen*** angustiare qcn.; ***eine ~ von Mensch, von einem Menschen*** una persona di buon cuore (*o* una pasta d'uomo); ***mit ganzer ~ hassen, lieben*** odiare, amare con tutta l'anima; ***jdm seine ganze ~ offenbaren*** aprire a qcn. il proprio cuore; ***sich die ~ aus dem Leib rennen*** correre a perdifiato; ***an seiner ~ Schaden nehmen*** essere corrotto nell'anima; ***jdm in die ~ schneiden*** ferire profondamente qcn.; ***eine schöne ~*** un'anima bella; ***eine schwarze ~*** un'anima nera; ***tief in jds ~ sehen*** vedere nel profondo dell'anima (*o* del cuore) di qcn.; ***jdm aus der ~ sprechen*** leggere nell'anima (*o* nel cuore) di qcn.; ***hinter etw. her sein wie der Teufel hinter der armen ~*** = andare pazzo per qcs.; ***aus tiefster ~*** con tutta l'anima, profondamente; ***eine treue ~ sein*** essere una persona fidata; ***sich etw. von der ~ reden, schreiben*** sfogarsi parlando, scrivendo qcs.; ***seine ~ dem Bösen, dem Teufel verschreiben*** vendere l'anima al diavolo; ***verwandte -n*** caratteri affini; ***viel ~ haben*** essere capace di sentimenti forti; ***von ganzer ~*** con tutta l'anima.

Seellenlachlse f. *(-,-n)* *(von Waffen)* asse *m.* dell'anima. **Seellenl adel** m. *(-s)* nobiltà *f.* d'animo. **Seellenlamt** n. *(-[e]s,-ämter)* rito *m.* (*o* messa *f.*) di suffragio: ***ein ~ abhalten*** celebrare una messa di suffragio. **Seellenlarzt** m. *(-es,-ärzte)* COLLOQ. strizzacervelli *m.* **Seellenlbräultilgam** m. *(-s)* sposo *m.* mistico. **Seellenl forlscher** m. *(-s,-)* psicologo *m.* **Seellenlfreund** m. *(-[e]s,-e)* amico *m.* del cuore. **Seellenlfrielde** m. *(-ns)*, **Seellenlfriel den** m. *(-s)* pace *f.* dell'anima, interiore: ***seinen ~ finden, verlieren*** trovare, perdere la pace interiore. **Seellenlgelmeinlschaft** f. *(-,-en)* comunità *f.* spirituale. **Seellenlgrölße** f. *(-)* grandezza *f.* d'animo, magnanimità *f.* **seellenlgut** → **seelensgut. Seellenlgül te** f. *(-)* bontà *f.* d'animo. **Seellenlheil** n. *(-[e]s)* salvezza *f.* dell'anima. **Seellenlheillkunlde** f. *(-)* psichiatria *f.* **Seellenlhirt** m. *(-en,-en)*, **Seellenlhirlte** m. *(-n,-n)* RELIG. ANT. O SCHERZ. pastore *m.* di anime. **Seellenlkraft** f. *(-,-kräfte)* forza *f.* d'animo, interiore.

Seellenlkunlde f. *(-)* psicologia *f.* **seellenlkunldig** agg. che conosce l'animo umano, psicologo. **seellenlkundllich** agg. di, della psicologia, psicologico.

Seellenllelben n. *(-s)* stato *m.* psichico, psiche *f.* **seellenllos I** agg. **1** senz'anima, privo di anima **2** FIG. *(gefühllos)* freddo, arido: ***ein -er Vortrag*** una fredda esecuzione **II** avv. freddamente. **Seellenl maslsalge** [-ma'sa:ʒə] f. *(-)* SCHERZ. iniezione *f.* di fiducia. **Seel lenlmeslse** f. *(-,-n)* messa *f.* di suffragio. **Seellenlqual** f. *(-,-en)* tormento *m.* dell'anima, interiore. **Seellenlrelgung** f. *(-)* moto *m.* dell'anima.

Seellenlrulhe f. *(-)* tranquillità *f.*: ***in, mit aller ~*** in tutta tranquillità. **seellenlrulhig I** agg. impassibile, imperturbabile **II** avv. in modo imperturbabile.

seellenslgut agg. buono d'animo. **seellenlstark** agg. interiormente forte. **Seellenlstärlke** f. *(-)* forza *f.* d'animo, interiore. **seellenlverlgnügt** agg. felice e contento. **Seellenlverlkäul fer** m. *(-s,-)* SPREG. **1** *(unsicheres Schiff)* carretta *f.* **2** COLLOQ. FIG. giuda *m.* **seellenlverlwandt** agg. (interiormente) affine. **Seel lenlverlwandtlschaft** f. *(-,-en)* affinità *f.* (spirituale). **seellenl voll** agg. pieno di sentimento. **Seellenlwanldelrung** f. *(-)* trasmigrazione *f.* delle anime. **Seellenlzulstand** m. *(-[e]-zustände)* stato *m.* (*o* disposizione) *f.* d'animo.

Seellelolpard m. *(-en,-en)* foca *f.* leopardo.

seellisch I agg. **1** psichico, psicologico: ***-e Störungen*** disturbi psichici; ***aus dem -en Gleichgewicht geraten*** perdere l'equilibrio psichico; **2** *(geistig)* dell'anima, interiore: ***-e Kämpfe*** conflitti interiori **II** avv. **1** psicologicamente: ***~ zusammenbrechen*** crollare psicologicamente **2** interiormente, spiritualmente: ***~ verwandt sein*** essere spiritualmente affini ◆ ***~ bedingt*** psicogeno; ***-e Grausamkeit*** crudeltà mentale.

Seellölwe m. *(-n,-n)* leone *m.* marino.

Seellsorlge f. *(-)* assistenza *f.* spirituale, ANT. cura *f.* d'anime. **Seell sorlger** m. *(-s,-)* padre *m.* (*o* guida *f.*) spirituale. **seellsorlgel risch** agg. pastorale: ***-er Dienst*** servizio pastorale. **seellsorlgerl lich, seellsorglich** agg. → **seelsorgerisch.**

Seelluft f. *(-)* aria *f.* di mare. **Seelmacht** f. *(-,-mächte)* potenza *f.* marittima.

Seelmann m. *(-[e]s,-leute)* marinaio *m.* **seelmänlnisch I** agg. di (*o* da) marinaio **II** avv. ***~ erfahren*** esperto di mare. **Seelmannsl ausldruck** m. *(-[e]s,-ausdrücke)* espressione *f.* marinaresca. **Seel mannslbrauch** m. *(-[e]s,-bräuche)* uso *m.*, usanza *f.* marinaresca, dei marinai. **Seelmannslgarn** n. *(-s)* storie *f.pl.* da, di marinai: ***~ spinnen*** raccontare storie di marinai. **Seelmannslgrab, *ein ~***

finden trovare la morte in mare. **See|manns|lied** n. *(-[e]s,-er)* canto *m.* marinaresco. **See|manns|spra|che** f. *(-)* linguaggio *m.* marinaresco. **See|manns|tod** m. *(-[e]s)* morte *f.* da, del marinaio.
See|mei|le f. *(-,-n)* miglio *m.* marino. **See|mi|ne** f. *(-,-n)* mina *f.* subacquea. **See|mö|we** f. *(-,-n)* gabbiano *m.* di mare. **See|na|del** f. *(-,-n)* pesce *m.* ago.
seen|ar|tig → **seeartig.**
See|nel|ke f. *(-,-n)* garofano *m.* di mare, metridio *m.*
Seen|kun|de f. *(-)* limnologia *f.*
See|not f. *(-)* pericolo *m.* di naufragio: ***jdn aus ~ retten*** salvare qcn. dal pericolo di naufragio; ***in ~ geraten*** rischiare il naufragio (*o* di naufragare). **See|not|flug|zeug** n. *(-[e]s,-e)* aereo *m.* per salvataggi in mare. **See|not|ret|tungs|dienst** m. *(-[e]s,-e)* servizio *m.* (di) salvataggio marittimo. **See|not|ret|tungs|kreu|zer** m. *(-s,-)* imbarcazione *f.* per salvataggi in mare. **See|not|ruf** m. *(-[e]s,-e)* S.O.S. *m.* **See|not|zei|chen** n. *(-s,-)* segnale *m.* di S.O.S.
See|nym|phe f. *(-,-n)* MITOL. ninfa *f.* di lago. **See|of|fi|zier** m. *(-s,-e)* ufficiale *m.* di marina. **See|ord|nung** f. *(-)* → **Seestraßenordnung.** **See|ot|ter** f. *(-,-n)* lontra *f.* marina. **See|pass** m. *(-es,-pässe)* → **Seefahrtbuch.** **See|pferd** m. *(-[e]s,-e),* **See|pferd|chen** n. *(-s,-)* cavalluccio *m.* marino. **See|po|cke** f. *(-,-n)* balano *m.* **See|pro|test** m. *(-[e]s,-e)* DIR. protesto *m.* di avaria. **See|ra|be** m. *(-n,-n)* cormorano *m.*
See|raub m. *(-[e]s)* pirateria *f.* **See|räu|ber** m. *(-s,-)* pirata *m.* **See|räu|be|rei** f. *(-)* pirateria *f.* **see|räu|be|risch I** agg. piratesco, di pirateria **II** avv. da pirata. **See|räu|ber|schiff** n. *(-[e]s,-e)* nave *f.* pirata.
See|recht n. *(-[e]s)* diritto *m.* del mare. **See|rei|se** f. *(-,-n)* viaggio *m.* per mare. **See|ro|se** f. *(-,-n)* **1** BOT. ninfea *f.*, giglio *m.* d'acqua: ***weiße ~*** ninfea bianca **2** ZOOL. attinia *f.*, rosa *f.* di mare. **See|rou|te** [-ru:tə] f. *(-,-n)* rotta *f.* (marittima). **See|sack** m. *(-[e]s, -säcke)* sacca *f.* da marinaio. **See|scha|den** m. *(-s,-schäden)* avaria *f.* **See|schei|de** f. *(-,-n)* ascidiaceo *m.*
See|schiff m. *(-[e]s,-e)* nave *f.* **See|schiff|fahrt** f. *(-)* navigazione *f.* marittima. **See|schiff|fahrts|ge|sell|schaft** f. *(-,-en)* compagnia *f.* di navigazione (marittima).
See|schlacht f. *(-,-en)* battaglia *f.* navale. **See|schlan|ge** f. *(-,-n)* **1** ZOOL. idrofide *m.* **2** MITOL. serpente *m.* di mare. **See|schmet|ter|ling** m. *(-s,-e)* bavosa *f.* occhiata. **See|schu|le** f. *(-,-n)* **1** scuola *f.* nautica **2** LETT. laghisti *m.pl.* **See|schwal|be** f. *(-,-n)* rondine *f.* di mare. **See|sei|de** f. *(-,-n)* bisso *m.*, seta *f.* marina. **See|sei|te** f. *(-)* lato *m.* (volto al) mare. **See|sieg** m. *(-[e]s,-e)* vittoria *f.* sul mare (*o* navale). **See|skor|pi|on** m. *(-s,-e)* scorpione *m.* di mare. **See|sper|re** f. *(-,-n)* blocco *m.* marittimo. **See|spin|ne** f. *(-,-n)* pantopode *m.* **See|staat** m. *(-[e]s,-en)* STOR. repubblica *f.* marinara. **See|stern** m. *(-[e]s,-e)* stella *f.* marina. **See|strand** m. *(-[e]s, -strände)* spiaggia *f.* (di mare), ANT. lido *m.*
See|stra|ße f. *(-,-n)* rotta *f.* (marittima). **See|stra|ßen|ord|nung** f. *(-)* regolamento *m.* del traffico marittimo.
See|streit|kräf|te pl. forze *f.pl.* navali. **See|stück** n. *(-[e]s,-e)* PITT. marina *f.* **See|stütz|punkt** m. *(-[e]s,-e)* base *f.* navale. **See|tang** m. *(-[e]s,-e)* zostera *f.*, fieno *m.* marino. **See|tau|cher** m. *(-s,-)* gavia *f.* **See|teu|fel** m. *(-s,-)* rana *f.* pescatrice, lofio *m.* **See|ton|ne** f. *(-,-n)* boa *f.* galleggiante. **See|trans|port** m. *(-[e]s,-e)* trasporto *m.* via mare.
see|tüch|tig agg. atto a tenere il mare, atto alla navigazione. **See|tüch|tig|keit** f. *(-)* navigabilità *f.*
See|ufer n. *(-s,-)* sponda *f.* di, del lago. **See|um|schlag|platz** m. *(-es,-plätze)* piazza *f.* di trasbordo marittima. **See|un|fall** m. *(-[e]s,-unfälle)* sinistro *m.* marittimo. **See|un|ge|heu|er** n. *(-s,-)* mostro *m.* marino. **See|ver|kehr** m. *(-s)* traffico *m.* marittimo. **See|ver|si|che|rung** f. *(-,-en)* assicurazione *f.* marittima. **See|volk** n. *(-[e]s,-völker)* **1** popolo *m.* marittimo **2** *(Seeleute)* gente *f.* di mare, marinai *m.pl.* **See|wal|ze** f. *(-,-n)* → **Seegurke.**
see|wär|tig agg. **1** verso il mare: ***ein -er Wind*** un vento che spira verso il mare **2** *(auf dem Seeweg)* per (via di) mare, marittimo: ***-er Außenhandel*** commercio marittimo con l'estero. **see|wärts** avv. verso il mare.
See|was|ser n. *(-s)* acqua *f.* di mare. **See|was|ser|aqua|ri|um** n. *(-s,-aquarien)* acquario *m.* con acqua di mare.
See|weg m. *(-[e]s,-e)* **1** ***etw. auf dem ~ befördern*** trasportare qcs. via mare; ***auf dem ~ reisen*** viaggiare per mare **2** *(Seeroute)* rotta *f.*: ***der ~ nach Indien*** la rotta delle Indie. **See|we|sen** n. *(-s)* marineria *f.*
See|wet|ter|be|richt m. *(-[e]s,-e)* bollettino *m.* del mare. **See|wet|ter|dienst** m. *(-[e]s)* servizio *m.* meteorologico marittimo.
See|wind m. *(-[e]s,-e)* vento *m.* di mare. **See|wolf** m. *(-[e]s,-wölfe)* pesce *m.* lupo. **See|zei|chen** n. *(-s,-)* segnale *m.* marittimo: ***schwimmende ~*** segnali galleggianti. **See|zoll|gren|ze** f. *(-,-n)* confine *m.* doganale marittimo. **See|zun|ge** f. *(-,-n)* sogliola *f.*
Se|gel n. *(-s,-)* vela *f.*: ***die ~ einziehen, einholen,*** MAR. ***bergen, streichen*** ammainare le vele; ***die ~ aufziehen, hissen*** issare le vele; ***~ setzen*** spiegare le vele (al vento); ***unter ~ gehen*** fare vela ◆ COLLOQ. FIG. ***mit vollen -n*** con ogni mezzo; FIG. ***(vor jdm, etw.) die ~ streichen*** ammainare le vele (di fronte a qcn., qcs.).
Se|gel|an|wei|sung f. *(-,-en)* istruzioni *m.pl.* per la navigazione (in barca a vela). **se|gel|ar|tig** agg. a vela. **Se|gel|boot** n. *(-[e]s,-e)* imbarcazione *f.* a vela, barca *f.* a vela. **Se|gel|fahrt** f. *(-,-en)* navigazione *m.* in barca a vela. **Se|gel|fal|ter** m. *(-s,-)* podalirio *m.* **se|gel|fer|tig** agg. pronto a salpare.
se|gel‿flie|gen intr. (solo inf.) praticare il volo a vela. **Se|gel|flie|ger** m. *(-s,-)* volovelista *m.* **Se|gel|flug** m. *(-[e]s,-flüge)* volo *m.* a vela. **Se|gel|flug|mo|dell** n. *(-[e]s,-e)* modello *m.* di aliante. **Se|gel|flug|schu|le** f. *(-,-n)* scuola *f.* di volo a vela. **Se|gel|flug|sport** m. *(-[e]s)* volovelismo *m.* **Se|gel|flug|zeug** n. *(-[e]s,-e)* aliante *m.*
Se|gel|jacht f. *(-,-en)* yacht *m.* a vela. **Se|gel|klas|se** f. *(-,-n)* classe *f.* (delle barche a vela). **Se|gel|kurs** m. *(-es,-e)* corso *m.* di vela. **se|gel|los** agg. senza vela, senza vele. **Se|gel|ma|cher** m. *(-s,-)* velaio *m.*
se|geln I intr. **1a** (aus. *sein*) MAR. navigare (a vela), veleggiare: ***gegen den, mit dem Wind ~*** navigare contro vento, in favore di vento; ***zur Insel, nach Dänemark, in die Karibik ~*** veleggiare verso l'isola, verso la Danimarca, per i Caraibi **b** *(von Segelflugzeugen)* veleggiare **2** *(absegeln)* salpare, far vela: ***wann segelt das Schiff?*** quando salpa la nave? **3** *(mit einem Segelboot fahren*; aus. *haben, sein)* andare in barca a vela, SPORT fare vela: ***~ lernen*** imparare ad andare in barca a vela **4a** *(segelnd zurücklegen*; aus. *sein,* RAR. *haben)* ***10 Knoten, eine Route, eine Strecke ~*** fare 10 nodi, seguire una rotta, percorrere un tratto (di mare) **b** FIG. ***einen neuen Kurs ~*** seguire un nuovo corso, cambiare direzione **5a** *(gleiten*; aus. *sein)* scivolare: ***über das Eis ~*** scivolare sul ghiaccio **b** *(schwebend fliegen)* volteggiare, volare, LETT. veleggiare: ***hoch in der Luft ~*** volare alto in cielo **c** *(von Wolken)* ***am Himmel ~*** correre nel cielo **6a** COLLOQ. *(fallen*; aus. *sein)* cadere, volare: ***auf den Boden, in eine Pfütze ~*** volare per terra, cadere dentro a una pozzanghera **b** ***das Auto segelte aus der Kurve*** l'auto finì fuori dalla curva **7** COLLOQ. *(daherrauschen)* correre, precipitarsi: ***um die Ecke, ins Zimmer ~*** svoltare in fretta l'angolo, precipitarsi nella stanza **II** tr. ***eine Jacht ~*** portare, governare uno yacht **III** rifl. impers. ***es segelt sich gut, schlecht*** si veleggia (*o* naviga) bene, male; ***ein Boot segelt sich gut*** una barca (a vela) si manovra bene, è facile da manovrare ◆ ***durchs Examen, durch die Prüfung ~*** essere stangato all'esame; ***auf Erfolgskurs ~*** essere sull'onda del successo; ***unter englischer, holländischer Flagge ~*** battere bandiera inglese, olandese; FIG. ***unter falscher Flagge ~*** vivere sotto falso nome; ***eine Regatta ~*** partecipare a, fare una regata; ***einen Rekord ~*** stabilire un record di vela; ***von der Schule ~*** essere cacciato dalla scuola; ***am Wind ~*** navigare di bolina; ***vor dem Wind ~*** navigare in fil di ruota. **Se|geln** n. *(-s)* **1** AER. navigazione *f.* a vela *f.* **2** AER. volo *m.* a vela. **3** *(von Vögeln)* veleggio *m.* **Se|gel|re|gat|ta** f. *(-,-regatten)* regata *f.* velica. **Se|gel|schiff** n. *(-[e]s,-e)* nave *f.* a vela, veliero *m.* **Se|gel|schiff|fahrt** f. *(-)* navigazione *f.* a vela. **Se|gel|schlit|ten** m. *(-s,-)* slitta *f.* a vela. **Se|gel|sport** m. *(-[e]s)* (sport *m.* della) vela *f.*, velismo *m.* **Se|gel|sur|fen** n. *(-s)* windsurfing *m.* **Se|gel|tuch** n. *(-[e]s, -e)* tela *f.* da vele; TESS. olona *f.* **Se|gel|yacht** → **Segeljacht.**
Se|gen m. *(-s,-)* **1a** benedizione *f.*: ***der göttliche, väterliche ~*** la benedizione paterna, di Dio; ***jdm den ~ geben, erteilen (spenden)*** dare, impartire la benedizione a qcn.; ***~ spendend*** benefico; ***über jdn, etw. den ~ sprechen*** benedire qcn., qcs.; ***den ~ erhalten, bekommen*** ricevere la benedizione **b** COLLOQ. *(Einwilligung)* ***seinen ~ zu etw. geben*** dare la propria benedizione a qcs.; ***meinen ~ hast du!*** hai la mia benedizione! **2** *(Glück)* benedizione *f.*, fortuna *f.*, manna *f.* (dal cielo): ***das ist ein wahrer, reiner ~!*** è una vera benedizione! ***es ist ein ~, dass es endlich regnet*** è una (vera) fortuna che finalmente piova: ***auf seiner Arbeit liegt kein ~*** non ha fortuna nel suo lavoro **3** LETT. *(reicher Ertrag)* abbondanza *f.*, abbondante messe *f.*: ***die Felder trugen reichen ~*** i campi diedero una ricca messe ◆ ***~ bringen*** portare fortuna; COLLOQ. IRON. ***das ist der ganze ~?*** tutto qui? questo sarebbe tutto? ***jdm Glück und ~ wünschen*** augurare ogni bene a qcn. **Se|gens|for|mel** f. *(-,-n)* formula *f.* della benedizione.
Se|gen|spen|dung f. *(-,-en)* (l'impartire la) benedizione *f.*
se|gens|reich agg. **1** benefico **2** *(glücksbringend)* che porta fortuna, fortunato. **Se|gens|spruch** m. *(-[e]s,-sprüche)* benedizione *f.* **se|gens|voll** → **segensreich.** **Se|gens|wunsch** m. *(-[e]s,*

-wünsche) augurio *m.* di (buona) fortuna.

Seg|ge f. *(-,-n)* carice *f.*, falasco *m.*

Seg|ler m. *(-s,-)* **1a** MAR. veliero *m.* **b** *(Segelboot)* barca *f.* a vela **2** *(Segelflugzeug)* aliante *m.* **3** *(Mensch)* velista *f.* **4** ORNIT. rondone *m.*

Seg|ment n. *(-[e]s,-e)* segmento *m.* **seg|men|tal** agg. segmentale. **seg|men|tär** agg. segmentario. **Seg|men|ta|ti|on** f. *(-,-en)* LING. segmentazione *f.* **seg|men|tie|ren** tr. segmentare. **Seg|men|tie|rung** f. *(-,-en)* segmentazione *f.*

seg|nen tr. benedire: ***Gott segne dich!*** Dio ti benedica! ***ich segne den Tag, an dem wir uns kennenlernten*** benedico il giorno che ci siamo conosciuti ◆ ***jdn für etw. ~*** essere grato a qcn. per qcs.; ***das Zeitliche ~*** passare ad altra vita. **seg|nend** p.pres. agg. **1** → **segnen** **2** benedicente ◆ ***~ die Hände heben*** levare le mani benedicendo. **Seg|nung** f. *(-,-en)* **1** benedizione *f.* **2** COLLOQ. *(segensreiche Wirkung)* beneficio *m.*: ***die -en der Technik*** i benefici della tecnica.

1.Seg|re|ga|ti|on f. *(-,-en)* BIOL. segregazione *f.*

2.Seg|re|ga|ti|on [sɛgrɪ'geɪʃən] f. *(-,-s)* SOCIOL. segregazione *f.* **Seg|re|ga|ti|ons|po|li|tik** f. *(-)* segregazionismo *m.*

Seh|ach|se f. *(-,-n)* MED. asse *m.* ottico. **seh|be|hin|dert** agg. con difetti (*o* disturbi) della vista. **Seh|be|hin|de|rung** f. *(-,-en)* difetto *m.* della vista (*o* visivo).

se|hen *(sieht, sah, gesehen;* ma: *hat jdn kommen sehen)* **I** tr. **1a** vedere: ***jdn, etw. vom weitem, vom Fenster aus ~*** vedere qcn., qcs. da lontano, dalla finestra; ***ich freue mich, Sie zu ~*** sono lieto di vederla; ***lass mich ~, was du da hast!*** fammi vedere cos'hai lì; *(mit Infinitiv)* ***jdn tanzen, spielen ~*** vedere ballare, giocare qcn.; ***ich habe ihn davonlaufen ~*** l'ho visto scappare **b** *(sich etw. ansehen)* ***einen Film, eine Komödie ~*** vedere un film, una commedia **c** *(treffen)* ***ich sehe ihn um 9 (Uhr)*** lo vedo alle 9 **d** *(merken)* ***nur die Fehler der anderen ~*** vedere solo gli errori degli altri; ***darin sehe ich nichts Besonderes, Böses*** non ci vedo niente di particolare, di male **e** *(finden)* ***seine Wünsche erfüllt, seine Erwartungen enttäuscht ~*** vedere esauditi i propri desideri, deluse le proprie aspettative; ***ich habe sie selten so fröhlich, so niedergeschlagen gesehen*** raramente l'ho vista così felice, così abbattuta **f** *(beurteilen)* ***die Dinge falsch ~*** vedere le cose in modo sbagliato; ***wie ~ Sie die politische Lage?*** come vede la situazione politica? **g** *(deutlich vorstellen können)* ***er sieht seinen Sohn schon als Schuldirektor*** vede suo figlio già preside della scuola **h** *(erkennen)* ***in jdm einen Freund, Gegner ~*** vedere in qcn. un amico, un avversario; ***den Kern, das Wesen einer Sache ~*** vedere il nocciolo, la sostanza di una cosa **i** *(überlegen, prüfen)* ***~, ob es einen Ausweg gibt*** vedere se c'è una via d'uscita; ***ich will ~, was sich machen lässt*** vedrò che si può fare **2** *(beobachten)* guardare: ***etw. durch eine Lupe ~*** guardare qcs. attraverso una lente; ***es genügt, ihn zu ~, um sein Leiden zu verstehen*** basta guardarlo per comprendere il suo dolore **3** *(deutlich in Erinnerung haben)* avere davanti agli occhi, avere presente (il ricordo), vedere: ***ich sehe sie noch deutlich vor mir*** la vedo ancora qui davanti a me, l'ho ancora davanti agli occhi; ***ich sehe noch jetzt, wie er sich verabschiedete*** ho ancora ben presente il momento in cui si congedò **4** *(feststellen)* constatare, vedere: ***ich sehe, du hast dich nicht verändert*** vedo che non sei cambiato; ***er musste mit Bestürzung ~, dass...*** con sgomento dovette constatare che... **5** *(versuchen, sich bemühen)* cercare, vedere: ***ich will ~, nicht zu spät zu kommen*** vedrò di non tornare troppo tardi; ***sieh, dass du...*** vedi di... **6** *(gestalten)* raffigurare, rappresentare: ***er hat in seinem Roman einige Figuren sehr gut gesehen*** nel suo romanzo ha rappresentato molto bene alcuni personaggi **II** intr. (aus. *haben*) **1** vedere: ***gut, schlecht, verschwommen ~*** vedere bene, male, sfocato **2a** guardare: ***aus dem Fenster, durchs Schlüsselloch ~*** guardare dalla finestra, dal buco della serratura; ***zu Boden, zum Himmel, in die Sonne ~*** guardare a terra, (verso) il cielo, (verso) il sole; ***nach oben, unten ~*** guardare in alto, in basso; ***sieh(e) da oben, da unten!*** guarda lassù, laggiù! ***auf die Uhr ~*** guardare l'ora; COLLOQ. ***nach Mädchen ~*** guardare le ragazze **b** ***jdm in die Augen, ins Gesicht ~*** guardare qcn. negli occhi, in viso **c** *(gerichtet sein)* ***das Fenster sieht nach Süden, auf den, nach dem Hof*** la finestra guarda a (*o* verso) sud, sul cortile **d** *(an jdn Erwartungen stellen)* ***alle ~ auf den neuen Präsidenten*** tutti guardano con speranza (*o* con fiducia) al nuovo presidente **3** *(hervorragen)* ergersi, emergere, spuntare: ***das gesunkene Boot sieht nur mit dem Bug aus dem Wasser*** la barca affondata emerge (*o* spunta) dall'acqua solo con la prua **4** *(sich kümmern)* ***nach jdm, etw. ~*** guardare qcn., qcs., badare a qcn., qcs.: ***nach den Kindern, dem Haus ~*** guardare i bambini, badare alla casa; ***während deiner Reise werde ich nach den Blumen ~*** durante il tuo viaggio baderò (io) ai fiori **5a** *(achten)* ***auf jdn, etw. ~*** badare a qcn., qcs., tenere a qcn., qcs.: ***auf Ordnung, Pünktlichkeit ~*** tenere all'ordine, alla puntualità; ***nicht auf den Preis ~*** non badare al prezzo; ***auf Qualität ~*** badare (*o* tenere) alla qualità; ***auf seinen Vorteil ~*** badare al proprio tornaconto **b** REGION. *(im Auge behalten)* ***auf jdn, etw. ~*** tenere d'occhio qcn., qcs. **6** *(etw. folgern)* ***an etw. (D) sieht man, dass...*** da qcs. si vede che...; ***daran lässt sich ~, dass...*** da ciò si può vedere (*o* capire) che... **III** rifl. **sich ~ 1a** vedersi: ***wir ~ uns morgen*** ci vediamo domani **b** *(sich vorstellen)* ***er sah sich schon als Sieger*** si vedeva già vincitore **c** *(sich treffen)* ***wann ~ wir uns?*** quando ci vediamo? **2a** *(sein)* essere, vedersi: ***sich gezwungen, genötigt, veranlasst ~*** vedersi costretto; ***sich in der Lage ~*** essere in grado **b** ***sich betrogen, verraten ~*** accorgersi di essere stato imbrogliato, vedersi tradito **3** ***sich müde an etw. (D) ~*** stancarsi a (forza di) guardare qcs. ◆ ***jdm ähnlich ~*** (as)somigliare a qcn.; ***das sieht dir ähnlich!*** questa è una delle tue! ***auf, mit einem Auge ~*** veder(ci) da un occhio; ***kaum aus den Augen ~ können*** riuscire a malapena a tenere gli occhi aperti; ***der Schalk sieht ihm aus den Augen*** gli si legge la furbizia negli occhi; ***wir ~ ihn häufig, selten bei uns*** viene a trovarci spesso, raramente; ***Gäste bei sich ~*** avere, ricevere ospiti; ***jdn, etw. (nicht) zu ~ bekommen*** non riuscire a vedere, non vedere qcn., qcs.; COLLOQ. ***~, wo man bleibt*** = sfruttare tutti i possibili vantaggi, tirare l'acqua al proprio mulino; FIG. ***etw. durch seine eigene Brille ~*** vedere qcs. con pregiudizio; ***wen sieht man da!*** guarda chi c'è! toh, chi si vede! ***daraus ~ Sie, dass...*** da ciò potete vedere (*o* constatare) che...; ***alles doppelt ~*** vedere tutto doppio; ***siehst du (wohl)!*** visto? ***einander ~*** vedersi; ***etw. eng ~*** prendere le cose alla lettera; ***sich am Fenster ~ lassen*** mostrarsi (*o* venire) alla finestra; ***etw. ist nur für Geld zu ~*** si può visitare qcs. solo a pagamento; ***aufs Geld ~*** badare al soldo; ***etw. (nicht) gern ~*** (non) vedere di buon occhio qcs., (non) avere piacere di qcs.; ***das muss man gesehen haben*** questo è da vedere, va visto; ***die Hand nicht vor den Augen ~ können*** non riuscire a vedere a un palmo dal naso; ***in jds Herz ~*** leggere nel cuore di qcn.; *(beim Kartenspiel)* ***jdm in die Karten ~*** guardare le carte a qcn.; ***klar ~*** vedere chiaramente, avere una buona visibilità; ***etw. kommen ~*** aspettarsi qcs.; ***sich ~ lassen können*** presentarsi bene, essere degno di nota; ***sich mit jdm, etw. ~ lassen können*** potere essere fiero di qcn., qcs.; ***in dem Kleid kannst du dich ~ lassen*** con questo vestito fai un figurone; ***sich irgendwo, bei jdm nicht mehr ~ lassen*** non farsi più vedere in qualche posto, da qcn.; ***sich bei jdm ~ lassen*** farsi vedere da qcn., andare a trovare qcn.; ***sich kurz ~ lassen*** fare una breve apparizione; *(einen kurzen Besuch machen)* fare una breve visita; ***sieh mal!*** guarda! ***lass mal ~!*** fa vedere! ***darf ich mal ~?*** posso vedere? ***den möchte ich ~, der das kann!*** vorrei (proprio) vedere chi ci riesce! sfido chiunque a riuscirci! ***ich möchte doch (einmal) ~, ob er es wagt*** vorrei proprio vedere se ne ha il coraggio; ***alles negativ ~*** vedere tutto nero, vedere sempre il lato negativo delle cose; ***jdn, etw. nicht (mehr) ~ können*** non potere (più) vedere qcn., non poterne (più) di qcs.; ***ich kann (es) nicht ~, wenn...*** non mi piace che...; ***von jdm, etw. ist nichts (mehr) zu ~*** non si vede (più) qcn., qcs.; ***von der einstigen Pracht war nichts mehr zu ~*** del fasto di un tempo non vi era più traccia; ***niemand ist zu ~*** non si vede nessuno; ***jdn in Not ~*** vedere qcn. in difficoltà; *(in Texten)* ***siehe oben*** vedi sopra; ***wenn ich recht sehe...*** se la vista non m'inganna; ***sehe ich recht?*** ci vedo bene? sogno o son desto? ***nach dem Rechten ~*** guardare se tutto è a posto, in ordine; ***alles durch eine rosarote Brille, im rosaroten Licht ~*** vedere tutto rosa; ***(nach) rückwärts ~*** guardare indietro; ***sich an etw. (D) nicht satt ~ können*** non stancarsi di vedere (*o* guardare) qcs.; ***scharf ~*** avere la vista acuta; ***keine drei Schritt weit ~ können*** non riuscire a vedere a un palmo di naso; ***siehe Seite 8*** vedi pagina 8; COLLOQ. ***auf sich selbst ~*** curarsi molto, essere molto curato; ***hat man so etwas schon gesehen!*** ma guarda che roba! ***den Tod vor Augen ~*** vedere la morte in faccia; ***etw. ungern ~*** non vedere di buon occhio qcs.; *(in Texten)* ***siehe unten*** vedi sotto; ***nach neuen Wegen ~*** cercare nuove strade; ***so weit man ~ kann*** fin dove arriva lo sguardo; ***die Welt ~*** vedere (*o* girare) il mondo; ***etw. von der Welt ~ wollen*** voler vedere un po' il mondo; ***wir werden (ja, schon) ~!*** staremo a vedere! ***ihr werdet schon ~!*** vedrete! ***wie ich sehe*** a quanto vedo; ***wieder ~ können*** vederci di nuovo, riacquistare la vista; ***da sieht man's wieder!*** ecco, c'era da aspettarselo! ***bessere Zeiten gesehen haben*** aver visto (*o* conosciuto) tempi migliori; ***etw. ist gut, schlecht, kaum zu ~*** qcs. si vede bene, male, appena; ***beruhigt, hoffnungsvoll in die Zukunft ~*** guardare con tranquillità, speranza al futuro; ***in die Zukunft ~*** prevedere il futuro; PROV. ***wer nicht ~ will, dem hilft keine Brille*** non c'è peggior sordo di chi non vuol sentire.

Se|hen, ***jdn vom ~ kennen*** conoscere qcn. di vista. **se|hend** p.pres. agg. **1** → **sehen** **2** vedente ◆ ***jdn ~ machen*** ridare la vista a qcn.;

FIG. aprire gli occhi a qcn.; ***mit -en Augen*** a occhi aperti.

se|hens|wert, se|hens|wür|dig agg. da vedere. **Se|hens|wür|dig|keit** f. *(-,-en)* cosa *f.* da vedere (*o* interessante, notevole): ***die -en einer Stadt*** le attrazioni di una città.

Se|her m. *(-s,-)* **1** veggente *m.* **2** VENAT. *(Auge)* occhio *m.* (di lepre e simili). **Se|her|blick** m. *(-[e]s)* sguardo *m.* (*o* occhio *m.*) profetico. **Se|her|ga|be** f. *(-)* dono *m.* della veggenza. **Se|he|rin** f. *(-,-nen)* veggente *f.* **se|he|risch** agg. profetico.

Seh|feh|ler m. *(-s,-)* difetto *m.* della vista (*o* visivo). **Seh|feld** n. *(-[e]s,-er)* campo *m.* visivo. **seh|ge|schä|digt** agg. leso negli occhi, MED. videoleso *m.* **Seh|hü|gel** m. *(-s,-)* ANAT. talamo *m.* (ottico). **Seh|kraft** f. *(-)* capacità *f.* visiva, vista *f.*: ***jds ~ lässt nach, nimmt ab*** la vista di qcn. si abbassa. **Seh|kreis** m. *(-es,-e)* vista *f.* **Seh|leis|tung** f. *(-)* capacità *f.* visiva, vista *f.* **Seh|loch** n. *(-[e]s,-löcher)* pupilla *f.*

Seh|ne f. *(-,-n)* **1** tendine *m.*: ***sich (D) eine ~ zerren*** strapparsi un tendine **2** *(Bogensehne)* corda *f.* (dell'arco): ***die ~ spannen, straffen*** tendere la corda dell'arco, tendere l'arco **3** GEOM. corda *f.*: ***eine ~ zeichnen*** tracciare una corda.

seh|nen rifl. **1** ***sich nach jdm, etw. ~*** avere nostalgia di qcn., qcs.; ***sich nach Hause, nach der Familie ~*** avere nostalgia di casa, della famiglia **2** *(verlangen)* ***sich nach etw., jdm ~*** avere una gran voglia di, desiderare (*o* volere) ardentemente qcs., desiderare qcn.: ***sich nach einem Bier, nach einer warmen Dusche ~*** avere una gran voglia di una birra, di (fare) una doccia calda. **Seh|nen** n. *(-s)* **1** il desiderare, l'avere nostalgia **2** → **Sehnsucht.**

Seh|nen|ent|zün|dung → **Sehnenscheidenentzündung. Seh|nen|re|flex** m. *(-es,-e)* riflesso *m.* tendineo. **Seh|nen|riss** m. *(-es,-e)* rottura *f.* del tendine. **Seh|nen|schei|de** f. *(-,-n)* guaina *f.* tendinea (*o* del tendine). **Seh|nen|schei|den|ent|zün|dung** f. *(-,-en)* tendinite *f.*; *(Tendovaginitis)* tendovaginite *f.* **Seh|nen|zer|rung** f. *(-,-en)* stiramento *m.* (*o* strappo *m.*, MED. distrazione *f.*) del tendine.

Seh|nerv m. *(-s,-en)* nervo *m.* ottico.

seh|nig agg. **1a** tendinoso **b** *(von Fleisch)* tiglioso, fibroso **2** *(kräftig)* nerboruto.

sehn|lich I agg. ardente: ***ein -er Wunsch*** un ardente desiderio; *(vom Warten)* trepidante **II** avv. ardentemente: ***etw. ~ verlangen*** desiderare ardentemente qcs.; ***jdn -st erwarten*** aspettare qcn. con trepidazione.

Sehn|sucht f. *(-,-süchte)* **1** desiderio *m.* (struggente), brama *f.*, LETT. anelito *m.*: ***~ nach Liebe, Erfolg*** desiderio d'amore, brama di successo; ***sich vor ~ verzehren*** struggersi dal desiderio **2** *(in Bezug auf etwas Fernes oder Vergangenes)* nostalgia *f.*: ***~ nach der Heimat, der Kindheit*** nostalgia della patria, dell'infanzia; ***mit ~ erfüllen*** riempire di nostalgia ◆ ***du wirst schon mit ~ erwartet!*** sei tanto desiderato! **sehn|süch|tig,** LETT. **sehn|suchts|voll I** agg. **1a** pieno di desiderio, LETT. bramoso: ***-e Blicke*** sguardi pieni di desiderio **b** *(schmerzlich verlangend)* struggente **c** *(brennend)* ardente, smanioso, trepidante: ***-es Warten*** smaniosa attesa **2** *(in Bezug auf etwas Fernes oder Vergangenes)* nostalgico: ***-e Erinnerungen*** ricordi nostalgici **II** avv. **1a** con (struggente) desiderio **b** *(brennend)* ardentemente, con trepidazione: ***jdn ~ erwarten*** aspettare qcn. con trepidazione **2** con nostalgia: ***~ an die Vergangenheit denken*** pensare con nostalgia al passato.

Seh|öff|nung f. *(-,-en)* pupilla *f.* **Seh|or|gan** n. *(-s,-e)* organo *m.* della vista. **Seh|pro|be** f. *(-,-n)* prova *f.* della vista. **Seh|prü|fung** f. *(-,-en)* esame *m.* della vista.

sehr avv. molto, tanto, assai: ***~ reich, schön*** molto ricco (*o* ricchissimo), molto bello (*o* bellissimo); ***~ bald, oft*** molto presto (*o* prestissimo), molto spesso (*o* spessissimo); ***~ feines Gold*** oro finissimo; ***~ beschäftigt sein*** essere molto occupato; ***sich ~ freuen*** rallegrarsi molto; ***~ wohl wissen*** sapere molto bene; ***~ im Rückstand sein*** essere molto in arretrato; ***er liebt die Blumen ~*** ama molto i fiori; ***es ist nicht ~ lange her*** non è molto tempo ◆ ***bitte ~*** prego; ***danke ~*** molte grazie; ***~ gut*** molto buono (*o* buonissimo, ottimo); *(adverbial)* molto bene (*o* benissimo, ottimamente); ***so ~*** tanto, molto: ***ich wünsche es mir so ~*** me lo auguro tanto, di cuore; ***so ~ du auch suchst*** per quanto tu cerchi; ***er hat so ~ darauf bestanden, dass...*** ha insistito così tanto che...; ***~ viel*** moltissimo; ***~ vieles gefällt mir nicht*** non mi piace moltissimo (*o* granché); ***wie ~*** quanto; ***wie ~ auch...*** per quanto...; ***zu ~*** troppo: ***sie ist zu ~ verärgert, um mit dir zu sprechen*** è troppo arrabbiata per parlare con te.

Seh|rohr n. *(-[e]s,-e)* periscopio *m.* **Seh|schär|fe** f. *(-)* acutezza *f.* (*o* acuità *f.*) visiva. **Seh|schlitz** m. *(-es,-e)* spiraglio *m.* **seh|schwach** agg. dalla vista debole, debole di vista. **Seh|schwä|che** f. *(-)* debolezza *f.* della vista. **Seh|stäb|chen** n. *(-s,-)* ANAT. bastoncello *m.* **Seh|stö|rung** f. *(-,-en)* disturbo *m.* della vista. **Seh|test** m. *(-[e]s,-s e -e)* esame *m.* della vista. **Seh|ver|mö|gen** n. *(-s)* facoltà *f.* visiva, vista *f.*: ***sein ~ verlieren*** perdere la vista. **Seh|wei|se** f. *(-,-n)* modo *m.* di vedere. **Seh|wei|te** f. *(-,-n)* distanza *f.* visiva. **Seh|werk|zeug** n. *(-[e]s,-e)* → **Sehorgan. Seh|win|kel** m. *(-s,-)* angolo *m.* visuale (*o* visivo). **Seh|zent|rum** n. *(-s)* centro *m.* visivo.

seicht agg. **1** basso, poco profondo **2** SPREG. *(oberflächlich)* superficiale; *(flach)* piatto, scialbo: ***ein -er Film*** un film scialbo, superficiale. **Seicht|heit,** RAR. **Seich|tig|keit** f. *(-,-en)* **1** scarsa profondità *f.* **2** SPREG. *(Oberflächlichkeit)* superficialità *f.*; *(Flachheit)* piattezza *f.*, LETT. scialbore *m.*

Sei|de f. *(-,-n)* **1** seta *f.*: ***eine Bluse aus reiner ~*** una camicetta di seta pura; ***rohe ~*** seta grezza; FIG. ***Haar, Haut wie ~*** capelli, pelle di seta **2** *(Seidenfaden)* filo *m.* di seta: ***mit ~ nähen*** cucire con il filo di seta ◆ FIG. ***keine gute ~ miteinander spinnen*** = non andare d'accordo.

Sei|del n. *(-s,-)* bicchiere *m.* (da, di birra), boccale *m.*: ***ein ~ Bier*** un bicchiere di chiara.

Sei|del|bast m. *(-[e]s,-e)* mezereo *m.*

sei|den I agg. **1** di seta, TECN. serico: ***eine -e Krawatte*** una cravatta di seta **2** → **seidig II** avv. come la seta: ***~ glänzen*** splendere, rilucere come la seta ◆ FIG. COLLOQ. ***an einem -en Faden hängen*** essere appeso a un filo. **Sei|den|äff|chen** n. *(-s,-)* callitrice *f.*, apale *f.* **Sei|den|at|las** m. *(-ses,-se)* TESS. raso *m.* di seta. **Sei|den|bau** m. *(-[e]s)* sericoltura *f.* **Sei|den|blu|se** f. *(-,-n)* camicia *f.* (*o* camicetta *f.*) di seta. **Sei|den|fa|den** m. *(-s,-)* filo *m.* di seta. **Sei|den|garn** n. *(-[e]s,-e)* filato *m.* di seta. **Sei|den|ge|we|be** n. *(-s,-)* tessuto *m.* di seta. **Sei|den|ge|win|nung** f. *(-)* produzione *f.* di, della seta. **Sei|den|glanz** m. *(-es)* lucentezza *f.* della seta. **Sei|den|gras** n. *(-es,-gräser)* erianto *m.* **Sei|den|hemd** n. *(-[e]s,-en)* camicia *f.* di seta. **Sei|den|ma|le|rei** f. *(-,-en)* pittura *f.* su seta. **sei|den|matt** agg. opaco: ***ein -er Lack*** una vernice opaca. **Sei|den|pa|pier** n. *(-s,-e)* carta *f.* a lucido, carta *f.* seta. **Sei|den|rau|pe** f. *(-,-n)* baco *m.* da seta, ENTOM. bombice *m.* **Sei|den|rau|pen|zucht** f. *(-)* allevamento *m.* dei bachi da seta, bachicoltura *f.* **Sei|den|schal** m. *(-s,-s e -e)* scialle *m.* di seta. **Sei|den|schwanz** m. *(-es,-schwänze)* beccofrusone *m.*, galletto *m.* di bosco. **Sei|den|spin|ne|rei** f. *(-,-en)* **1** filatura *f.* della seta **2** *(Betrieb)* filanda *f.* (della seta); *(größere Anlage)* seteria *f.*, setificio *m.* **Sei|den|stoff** m. *(-[e]s,-e)* tessuto *m.* di seta, seta *f.* **Sei|den|stra|ße** f. *(-)* STOR. via *f.* della seta. **Sei|den|strumpf** m. *(-[e]s,-strümpfe)* calza *f.* di seta. **Sei|den|tuch** n. *(-[e]s,-tücher)* **1** foulard *m.* di seta **2** *(Taschentuch)* fazzoletto *m.* di seta. **Sei|den|we|ber** m. *(-s,-)* setaiolo *m.* **Sei|den|we|be|rei** f. *(-,-en)* **1** tessitura *f.* della seta **2** *(Betrieb)* seteria *f.*, setificio *m.* **sei|den|weich** agg. morbido come la seta. **Sei|den|zucht** f. *(-)* sericoltura *f.*, bachicoltura *f.* **Sei|den|züch|ter** m. *(-s,-)* sericoltore *m.*, bachicoltore *m.*

sei|dig agg. setoso, di seta, serico: ***-e Haare*** capelli di seta.

Sei|en|de n. *(-n)* FILOS. ente *m.*

Sei|fe f. *(-,-n)* **1a** sapone *m.*: ***die ~ schäumt*** il sapone fa schiuma; ***etw., sich mit ~ waschen*** lavare qcs., lavarsi con il sapone; ***flüssige ~*** sapone liquido; ***grüne ~*** sapone in pasta **b** *(ein Stück Seife)* (pezzo *m.* di) sapone *m.*; *(zur Körperpflege)* saponetta *f.*: ***die ~ duftet*** la saponetta profuma, è profumata **2** GEOL. giacimento *m.* alluvionale ◆ ***etw. mit ~ einreiben*** insaponare qcs.; COLLOQ. ***wie auf ~ gehen*** = camminare stancamente, come un automa; ***~ kochen, sieden*** fare il sapone. **sei|fen** tr. REGION. **1** *(abseifen)* insaponare, pulire (*o* lavare) con sapone **2** GEOL. *(Minerale)* lavare. **Sei|fen|ar|ti|kel** f. *(-,-n)* saponi *m.pl.*; *(Waschmittel)* detersivo *m.* **Sei|fen|bad** n. *(-es,-bäder)* bagno *m.* di sapone. **Sei|fen|bla|se** f. *(-,-n)* bolla *f.* di sapone (anche FIG.). **Sei|fen|er|de** f. *(-,-n)* giacimento *m.* alluvionale. **Sei|fen|flo|cken** pl. sapone *m.* in scaglie. **Sei|fen|hal|ter** m. *(-s,-)* portasapone *m.*, portasaponette *m.* **Sei|fen|kis|te** f. *(-,-n)* INTRAD. (automobilina di legno a quattro ruote senza motore costruita in casa). **Sei|fen|kraut** n. *(-[e]s)* saponaria *f.* **Sei|fen|lau|ge** f. *(-,-n)* saponata *f.*, lisciva *f.* di sapone. **Sei|fen|napf** m. *(-[e]s,-näpfe)* → **Seifenschale. Sei|fen|oper** f. *(-,-n)* soap-opera *f.* **Sei|fen|pul|ver** n. *(-s,-)* detersivo *m.* (in polvere). **Sei|fen|scha|le** f. *(-,-n)* portasapone *m.* **Sei|fen|sie|der** m. *(-s,-)* saponiere *m.* ◆ COLLOQ. ***ihm geht ein ~ auf*** = finalmente ha capito, ora ha afferrato. **Sei|fen|spen|der** m. *(-s,-)* dosatore *m.*, erogatore *m.* (di sapone). **Sei|fen|was|ser** n. *(-s)* (acqua *f.*) saponata *f.* **Sei|fen|wurz** f. *(-,-en)* saponaria *f.*

sei|fig agg. **1** *(voller Seife)* insaponato: ***das -e Gesicht abspülen*** sciacquare il viso insaponato **2** *(wie Seife)* saponoso: ***einen -en Geschmack haben*** avere gusto (*o* sapere) di sapone.

Sei|ge f. *(-,-n)* MIN. galleria *f.* di scolo. **sei|ger** agg. MIN. verticale, perpendicolare. **sei|gern I** intr. (aus. *haben*) **1** *(sickern)* filtrare

2 MIN. dissociarsi, disgregarsi **II** tr. MIN. dissociare; affinare. **Sei|ger|riss** m. *(-es,-e)* MIN. sezione *f.* verticale (di una miniera). **Sei|ger|schacht** m. *(-[e]s,-schächte)* pozzo *m.* verticale.

Sei|he f. *(-,-n)* REGION. **1** filtro *m.*; *(für Tee)* colino *m.* **2** *(Sieb)* setaccio *m.* **3** *(das Geseihte)* filtrato *m.* **sei|hen** tr. REGION. filtrare. **Sei|her** m. *(-s,-)* REGION. **1** filtro *m.* **2** *(Sieb)* setaccio *m.* **Seih|pa|pier** n. *(-s,-e)* region. carta *f.* da filtro. **Seih|tuch** n. *(-[e]s,-tücher)* REGION. stamigna *f.*, tessuto *m.* per filtri.

Seil n. *(-[e]s,-e)* corda *f.* (anche ALP.); fune *f.*: **ein ~ knoten, spannen** annodare, tendere una corda; **ein ~ festziehen, festzurren** fissare, assicurare una corda; **jdn, etw. am ~ hochziehen** tirare su qcn., qcs. con una corda; GIOC. **über das ~ hüpfen, springen** saltare la corda ◆ **am ~ gehen** andare in cordata; **den Gegner in die -e drängen** stringere l'avversario alle corde; **in den -en hängen** essere messo alle corde; FIG. *(kaputt sein)* essere esausto; **auf dem ~ tanzen** ballare sulla corda; FIG. **am gleichen ~ ziehen** mirare allo stesso scopo. **Seil|ak|ro|bat** m. *(-en,-en)* funambolo *m.* **Seil|bahn** f. *(-,-en)* funivia *f.*; *(auf Schienen laufend)* funicolare *f.*; *(für Materialien)* teleferica *f.*: **mit der ~ fahren** andare con la, in funivia.

Sei|ler m. *(-s,-)* cordaio *m.*, funaio *m.* ◆ FIG. IRON. **des -s Tochter heiraten** = essere impiccato. **Sei|ler|bahn** f. *(-,-en)* corderia *f.* **Sei|le|rei** f. *(-,-en)* **1** fabbricazione *f.* di cordami **2** *(Seilerbetrieb)* corderia *f.*, fabbrica *f.* di cordami. **Sei|ler|wa|ren** pl. cordami *m.pl.*

Seil|fäh|re f. *(-,-n)* traghetto *m.* a fune. **Seil|för|de|rung** f. *(-)* MIN. estrazione *f.* a fune. **seil‿hüp|fen** intr. (solo inf.) → **seilspringen. Seil|hüp|fen** n. *(-s)* → **Seilspringen. Seil|li|nie** f. *(-,-n)* catenaria *f.* **Seil|schaft** f. *(-,-en)* **1** ALP. cordata f. **2** POL. *(Gruppe von Mitarbeitern)* équipe *f.*, staff *m.* **Seil|schwe|be|bahn** f. *(-,-en)* funivia *f.* **seil‿sprin|gen** intr. (solo inf.) saltare la corda. **Seil|sprin|gen** n. *(-s)* salto *m.* della corda. **Seil|steu|e|rung** f. *(-)* comando *m.* a fune.

Seil|tanz m. *(-es,-tänze)* **1** ballo *m.* sulla corda **2** pl. FIG. acrobazie *f.pl.*, salti *m.pl.* mortali: **Seiltänze vollführen** fare i salti mortali. **seil‿tan|zen** intr. (solo inf.) ballare sulla corda. **Seil|tän|zer** m. *(-s,-)* funambolo *m.*

Seil|trom|mel m. *(-s,-n)* rullo *m.*, tamburo *m.* avvolgitore. **Seil|win|de** f. *(-,-n)* argano *m.*, verricello *m.* **Seil|zie|hen** n. *(-s)* tiro *m.* alla fune. **Seil|zug** m. *(-[e]s,-züge)* comando *m.* a cavo flessibile.

Seim m. *(-[e]s,-e)* ANT. sostanza *f.* viscosa, gelatina *f.* **sei|mig** agg. ANT. viscoso, gelatinoso.

1.sein intr. (ich *bin*, du *bist*, er *ist*, wir *sind*, ihr *seid*, sie *sind*; *war*, *gewesen*; aus. *sein*) **1a** essere: **das Bild ist schön** il quadro è bello; **traurig, schlechter Laune ~** essere triste, di cattivo umore; **geschieden ~** essere divorziato; **er ist der Schuldirektor** è il direttore della scuola; **noch ein Baby ~** essere ancora un bambino; **der Wal ist ein Säugetier** la balena è un mammifero; **Berliner ~** essere berlinese **b** *(sich befinden)* **zu Hause ~** essere a casa; **er war ein Jahr in Bonn** è stato un anno a Bonn; **bei jdm zu Gast ~** essere ospite di qcn. **c** *(stattfinden)* **die Aufführung ist nächste Woche** la rappresentazione è la prossima settimana; **die Konferenz ist im Raum nebenan** la conferenza è nella sala (qui) accanto **d** *(gehören)* **das Heft ist mein** il quaderno è mio **2** *(existieren)* esistere, esserci: **alles, was ist** tutto ciò che esiste; **hier sind viele Bäume** qui ci sono molti alberi; **wenn wir nicht mehr sind...** quando non saremo più...; **wenn du nicht gewesen wärst, hätten wir uns verlaufen** se non ci fossi stato tu ci saremmo persi **3a** impers. **es ist nicht, wie du glaubst** non è come credi (tu); **es ist besser so** è meglio così; **es ist schön, (schönes Wetter)** fa bello, è bel tempo; **es ist kalt, warm** fa (*o* è) freddo, caldo **b** *(Zeitangabe)* **es ist 8 Uhr** sono le otto; **es ist Nacht, Winter** è notte, è inverno; **es sind zwei Monate, dass...** sono due mesi che...; **es war im Winter letzten Jahres** è stato nell'inverno dell'anno scorso **4** impers. *(sich fühlen)* **es ist ihr nicht gut** non sta bene; **mir ist schlecht** mi sento male; **mir ist kalt** ho freddo **5** *(als Bezeichnung der Tätigkeit)* fare, essere: **was bist du?** che cosa fai? **ich bin Student, Angestellter** sono studente, sono (*o* faccio l') impiegato; **Lehrer, Dozent für Geschichte ~** fare l'insegnante di storia, essere docente di storia **6** MAT. *(ergeben)* fare: **drei und vier ist, sind sieben** tre più quattro fa, fanno sette; **drei mal drei ist, sind neun** tre per tre fa nove **7** *(mit Infinitiv + zu)* **das ist noch zu tun** è ancora da farsi, lo si deve ancora fare; **das ist nicht mit Geld zu bezahlen** non è cosa che si possa pagare; **das ist zu wünschen** è auspicabile, sperabile; **er ist zu bedauern** è da compiangere **8** *(als Hilfsverb)* essere, avere: **er ist abgefahren** è partito; **ich bin den ganzen Tag gerannt** ho corso tutto il giorno; **wir sind gelaufen** siamo andati a piedi ◆ COLLOQ. **es ist mir (mir ist), als (ob)...** ho l'impressione di, che...; **wie alt bist du? – ich bin dreißig** quanti anni hai? – ho trent'anni; **es ist an dir, etw. zu tun** sta (*o* spetta) a te fare qcs.; **aus Köln, England ~** essere di Colonia, venire dall'Inghilterra (*o* essere inglese); **aus gutem Haus ~** essere di buona famiglia; **außer Atem ~** essere senza fiato; **außer sich ~** essere fuori di sé; COLLOQ. **bei der Gemeinde ~** lavorare al comune; **was ist er von Beruf?** che lavoro fa? **jdm böse ~** essere arrabbiato con qcn.; **da bin ich** eccomi; **dafür ~** essere favorevole; **dagegen ~** essere contrario; **das darf nicht ~!** ciò è inammissibile, non deve esistere! **es sei denn, dass...** a meno che...; **sei's drum** non importa, non fa niente; **es war einmal** c'era una volta; **ich bin es** sono io; **für jdn ~** essere dalla parte di qcn., parteggiare per qcn.; **in Gefahr ~** essere in pericolo; **jdm gut ~** voler bene a qcn.; **hier ist gut ~** qui si sta bene; **hier bin ich** eccomi (qua); **hinter jdm her ~** star dietro a qcn.; **das kann ~** può essere, sarà; **das kann nicht ~!** non può essere! non è possibile! **es könnte (sehr wohl) ~** potrebbe darsi (benissimo); **es ist lange her** è da un pezzo; **lass es ~!** lascia perdere! **lass es gut ~!** non prendertela! **lass mich ~!** lasciami stare, lasciami in pace! **was ist los?** che succede, che c'è? **das mag ~** può darsi, sarà; **der Meinung ~, dass...** essere dell'opinione che...; **was ist mit dir?** cosa ti succede? **was ist mit ihm?** cosa facciamo con lui? **aus der Mode ~** essere fuori moda; **muss das ~?** è (proprio) necessario? **was ~ muss, muss ~** se deve essere sia; COLLOQ. **mir ist heute nicht nach Tanzen** oggi non ho voglia di ballare; **das ist mir neu** questo mi giunge nuovo; **nicht mehr ~** non esser(ci) più (essere morto); **nichts ~** non essere nessuno; **das ist nichts für mich, Sie** non fa per me, per Lei; COLLOQ. **mit dem Urlaub ist nichts** della vacanza non se ne parla; **das wird niemals ~** non succederà mai; **in Not ~** essere in difficoltà; **etw. ist jdm recht** qcs. sta bene a qcn.; **ohne Schuld ~** non avere colpa; **sei es... sei es** sia..., sia...; **jedes Versehen, sei es auch noch so gering** ogni svista per quanto piccola; **es sei!** e sia! **komm, sei nicht so** dai, non fare così; **so ist es** è così; **er ist so** è (fatto) così; **da dies so ist...** quand'è così...; **es hat ~ sollen** doveva succedere; **was soll das ~?** che significa ciò? **wie spät ist es? – es ist 5 Uhr** che ora è? (*o* che ore sono?) – sono le cinque; **jdm ist es um etw. zu tun** a qcn. importa qcs.; **du warst es!** sei stato tu! **das wär's** è tutto; **wie wäre es, wenn...** che ne diresti (*o* direbbe) se...; **als ob, wenn nichts geschehen wäre** come se niente fosse (accaduto); **beinahe wäre sie...** mancò poco che...; **was ist?** che c'è? **was ist das?** che cos'è (questo)? **was ist (mit) dir?** che hai, che cosa c'è? **wenn etwas ist, gib mir Bescheid** se c'è (*o* succede) qualcosa avvertimi; **wer ist das?** chi è? COLLOQ. **wer ~** essere qualcuno; **wie war's?** come è andata? **wie könnte es auch anders ~?** come potrebbe essere altrimenti? c'era da aspettarsi altro? **woher bist du?** di dove sei, da dove vieni? **nicht wissen, woran man ist** non sapere che pesci pigliare.

2.sein pron.poss. **I** *(attributiv)* (il) suo: **der Mantel von Ingo, ~ Mantel** il cappotto di Ingo, il suo cappotto; **~ Vater** suo padre; **-e Mutter** sua madre; **-e Brüder, Töchter** i suoi fratelli, le sue figlie; **einer -er Söhne** uno dei suoi figli; **~ Zug kommt gleich** il suo treno arriva subito; COLLOQ. **der Sack ist -e 80 kg schwer** il sacco pesa i suoi 80 kg; **das dauert -e Zeit** ci vuole un po' di tempo **II** *(absolut)* (m. **seiner**, f. **seine**, n. **sein[e]s**) il suo: **wessen Buch? -(e)s, das -e** quale libro? il suo; **ist das dein Hut? Nein, -er** è il tuo cappello? No, il suo; **das ist nicht deine Meinung, sondern (die) -e** questa non è la tua opinione, ma la sua **III** pron.pers. gen. (nom. **er, es**) ANT. O LETT. di lui.

1.Sein n. *(-s)* essere *m.* (anche FILOS.): **~ oder Nichtsein** essere o non essere; **~ und Schein** l'essere e l'apparire.

2.Sein pron.poss. **1** *(attributiv)* (il) Suo: **Seine Heiligkeit** Sua Santità **2** *(absolut)* il Suo ◆ **die Seinen** i suoi (familiari); **er hat das Seine getan** ha fatto la sua parte, il suo dovere; SCHERZ. **den Seinen gibt's der Herr im Schlaf(e)** = avere una fortuna sfacciata; **jedem das Seine** a ciascuno il suo; **die Seine werden** diventare sua moglie.

Sei|ne ['zɛ:n(ə), sɛn] n.pr.f. *(-)* Senna *f.*

1.sei|ner → **2.sein.**

2.sei|ner → **er, es.**

sei|ner|seits avv. da parte sua: **eine Gefälligkeit ~** un piacere da parte sua; **~ hatte er nichts einzuwenden** da parte sua non aveva niente da obiettare. **sei|ner|zeit** avv. allora: **~ war alles viel netter** allora tutto era molto più simpatico. **sei|ner|zei|tig** agg. di allora: **der -e Direktor** il direttore di allora.

sei|nes|glei|chen pron.inv. **1** (un) suo pari, (un) par suo; *(in Bezug auf Personen)* (i) suoi pari: **er verkehrt nur mit ~** frequenta soltanti i suoi pari; SPREG. **er und ~** lui e i suoi pari **2** uguale, uguali: **dieses Bauwerk hat nicht, sucht ~** questo edificio non ha l'uguale (*o* uguali).

sei|net|hal|ben ANT., **sei|net|we|gen** avv. **1** per lui: **sie hat nur ~ abgesagt** ha rifiutato solo per lui **2** *(wegen ihm)* a causa sua, per

colpa sua: ***~ habe ich mich verspätet*** sono in ritardo per colpa sua.
sei|net|wil|len avv., ***um ~*** per lui, per amor suo.
sei|ni|ge pron.poss. *(-n,-n)* ANT. ***der, die, das ~*** il suo.
Seis|mik f. *(-)* sismologia *f.* **seis|misch** agg. **1** sismico: ***-e Wellen, Erschütterungen*** onde, scosse sismiche **2** → **seismologisch. Seis|mo|gramm** n. *(-s,-e)* sismogramma *m.* **Seis|mo|graph** m. *(-en,-en)* **1** sismografo *m.* **2** FIG. indicatore *m.*, termometro *m.* **seis|mo|gra|phisch I** agg. sismografico **II** avv. ***ein Erdbeben ~ aufzeichnen*** registrare un terremoto con il sismografo.
Seis|mo|lo|ge m. *(-n,-n)* sismologo *m.* **Seis|mo|lo|gie** f. *(-)* → **Seismik. seis|mo|lo|gisch** agg. sismologico: ***-e Instrumente*** strumenti sismologici.
Seis|mo|me|ter n. *(-s,-)* sismometro *m.* **Seis|mo|met|rie** f. *(-)* sismometria *f.* **seis|mo|met|risch** agg. sismometrico.
seit I prep. + dat. da, a partire da: ***~ vielen Jahren*** da molti anni; ***~ seinem 10. Lebensjahr*** dall'età di, da quando ha (*o* aveva) dieci anni, a partire dal suo decimo anno di età; ***~ einer Woche ist er umgezogen*** si è trasferito da una settimana (*o* una settimana fa); ***er arbeitet ~ dem 1. Oktober bei uns*** lavora da noi dal primo ottobre; ***~ wann bist du hier?*** da quanto tempo sei qui? **II** cong. da quando, dacché: ***~ ich Arbeit habe, bin ich zufrieden*** da quando ho lavoro sono contento ◆ ***~ eh und je*** da una vita, da sempre; ***~ Jahr und Tag*** da anni e anni, da molto tempo; ***~ jeher*** da sempre; ***~ kurzem*** da poco; ***~ langem*** da molto; ***~ neuem*** di recente; ***~ über zwei Jahren*** da più di due anni.
seit|ab avv. lontano: ***~ vom Wege*** lontano dalla strada.
seit|dem I avv. da allora: ***ich habe ~ nichts mehr von ihm gehört*** da allora non ho più sentito parlare di lui; ***alles hat sich ~ verändert*** da allora tutto è cambiato **II** cong. da quando, dacché: ***~ ich hier lebe, habe ich viele Freunde*** da quando vivo qui ho molti amici.
Sei|te f. *(-,-n)* **1** lato *m.*: ***die -n eines Dreiecks, eines Würfels*** i lati di un triangolo, di un cubo; ***die erste, zweite (vordere, hintere) ~ einer Kassette, einer Schallplatte*** il lato A, il lato B di una cassetta, di un disco; ***auf der linken, rechten ~*** sul lato sinistro, destro; ***auf, zu beiden -n der Straße*** su entrambi i lati della strada; *(Teil)* ***die linke ~ des Gebäudes ist zerstört*** il lato sinistro dell'edificio è distrutto; ***die französische ~ der Alpen*** il lato francese delle Alpi; ***auf einer ~ gelähmt sein*** essere paralizzato da un lato; *(Aspekt)* ***die technische ~ des Problems*** il lato tecnico del problema; ***die komische ~ der Situation*** il lato comico della situazione; FIG. *(Eigenschaft)* ***alle -n von jds Charakter kennen*** conoscere tutti i lati del carattere di qcn.; ***neue -n an jdm entdecken*** scoprire lati nuovi in qcn.; ***sich von der besten ~ zeigen*** mostrare il proprio lato migliore **2** *(Richtung)* parte *f.*, direzione *f.*: ***nach allen -n schauen*** guardare in tutte le direzioni; ***von allen -n zusammenlaufen*** affluire da ogni parte; ***das Auto bog nach der falschen ~ ab*** l'auto svoltò in direzione sbagliata **3a** *(Flanke)* fianco *m.*, lato *m.*: ***die ~ eines Bergs*** il fianco di un monte; ***an jds ~*** a fianco di qcn., di fianco a qcn.; ***an deiner ~*** al tuo fianco; ***eine Waffe an der ~ tragen*** portare un'arma al fianco; ***auf der linken ~ schlafen*** dormire sul fianco sinistro; ***die Hände in die -n stemmen*** mettersi le mani sui fianchi; ***Stiche in der ~ spüren*** sentire (delle) fitte al fianco **b** *(von Fahrzeugen)* fiancata *f.* **4** *(Blatt)* pagina *f.*: ***das Buch hat 120 -n, ist 120 -n stark*** il libro ha 120 pagine; ***siehe ~...*** vedi pagina...; ***auf ~ 5*** a pagina 5; ***auf der ersten ~*** in prima pagina; ***~ 22 aufschlagen*** aprire a pagina 22 **5** *(Vorder-, Rückseite)* facciata *f.* **6** *(Gruppe, Partei)* parte *f.*: ***auf welcher ~ stehst, bist du?*** da che parte stai? ***auf die ~ des Feindes überlaufen*** passare dalla parte del nemico; ***das Recht ist auf seiner ~*** la ragione è dalla sua (parte) **7** MAT. membro *m.* (di un'equazione) ◆ ***~ an ~*** fianco a fianco; ***sich nicht gern an jds ~ zeigen*** non mostrarsi volentieri con qcn.; ***etw. von anderer ~ erfahren*** → ***etw. von dritter ~ erfahren***; ***jdn von der ~ ansehen*** guardare di traverso qcn.; ***auf der einen ~... auf der anderen ~*** da un lato... dall'altro (*o* da una parte... dall'altra); ***jdn auf seine ~ bringen*** trarre qcn. dalla propria parte; COLLOQ. ***jdn auf die ~ bringen*** → ***jdn auf die ~ schaffen; jdn zur ~ drängen*** farsi largo mettendo da parte qcn.; ***etw. von dritter ~ erfahren*** venire a conoscenza di qcs. da terzi (*o* da altri); ***da hast du eine empfindliche ~ bei ihm berührt*** hai toccato una sua corda sensibile; ***sich auf die faule ~ legen*** impigrirsi; ***auf die, zur ~ gehen*** mettersi da parte; ***geh auf die ~!*** togliti di mezzo! ***die gelben -n*** le pagine gialle; ***komm an meine grüne ~*** vieni alla mia destra, vicino a me; ***die gute ~*** il lato buono; ***etw. von der guten ~ ansehen*** vedere il lato buono di qcs.; ***etw. auf der ~ haben*** avere qcs. da parte; ***alles von der heiteren ~ nehmen*** → ***alles von der leichten ~ nehmen***; ***sich (D) vor Lachen die -n halten*** tenersi la pancia dal ridere; ***leere -n*** pagine bianche; ***etw. auf die ~ legen*** mettere da parte, accantonare qcs.; ***alles von der leichten ~ nehmen*** non dare troppo peso a qcs., non prendersela troppo per qcs.; TESS. ***linke ~*** rovescio; ***die andere ~ der Medaille*** il rovescio della medaglia; ***jdn zur ~ nehmen*** mettere da parte qcn.; TESS. ***rechte ~*** dritto; ***etw. auf die ~ schaffen*** mettere da parte, accantonare qcs.; COLLOQ. ***jdn auf die ~ schaffen*** togliere di mezzo qcn.; ***jdn zur ~ schieben*** spingere qcn. da una parte; FIG. mettere da parte qcn.; ***sich auf jds ~ schlagen*** mettersi dalla parte di qcn.; ***das ist meine schwache, starke ~*** è il mio punto debole, è il mio forte; ***Frauen sind seine schwache ~*** ha un debole per le donne; ***jdm (mit Rat und Tat) zur ~ stehen*** assistere, aiutare qcn.; ***du stellst mich ihm an die ~*** mi paragoni a lui; ***auf jds ~ treten*** prendere le parti di qcn.; ***von der ~*** di lato; ***von dieser ~*** da questo lato; ***von allen -n*** da ogni parte; FIG. sotto tutti gli aspetti, da tutti i punti di vista; ***von offizieller, unterrichteter ~*** da fonti ufficiali, accreditate; ***von meiner ~*** per (*o* da) parte mia; ***von väterlicher, von der väterlichen ~*** da parte di padre; ***jdm nicht von der ~ gehen (weichen)*** = seguire qcn. come un'ombra; SPORT ***die -n wechseln*** cambiare campo; FIG. ***die -n wechseln*** passare alla parte avversa; ***jdn auf seine ~ ziehen*** → ***jdn auf seine ~ bringen;*** PROV. ***alles, jedes Ding hat (seine) zwei -n*** ogni cosa ha due facce (*o* il suo rovescio); ***auf -n*** → **aufseiten;** ***von -n*** → **vonseiten.**
Sei|ten|ab|stand m. *(-[e]s,-abstände)* distanza *f.* laterale. **Sei|ten|ab|wei|chung** f. *(-,-en)* deviazione *f.* verso un lato. **Sei|ten|al|tar** m. *(-[e]s,-altäre)* altare *m.* laterale. **Sei|ten|an|sicht** f. *(-,-en)* vista *f.*, veduta *f.* laterale. **Sei|ten|arm** m. *(-[e]s,-e)* braccio *m.* laterale: ***der ~ eines Flusses*** il braccio laterale di un fiume. **Sei|ten|aus** n. *(-)* → **Seitenauslinie. Sei|ten|aus|gang** m. *(-[e]s,-ausgänge)* uscita *f.* laterale. **Sei|ten|aus|li|nie** f. *(-,-n)* SPORT linea *f.* laterale (del campo da gioco). **Sei|ten|bau** m. *(-[e]s,-ten)* edificio *m.* laterale. **Sei|ten|blick** m. *(-[e]s,-e)* occhiata *f.*: ***etw. durch einen, mit einem ~ zu verstehen geben, wahrnehmen*** fare intendere qcs. con un'occhiata; ***jdm einen ~ zuwerfen*** lanciare un'occhiata a qcn. **Sei|ten|bord|mo|tor** m. *(-s,-en)* MAR. motore *m.* laterale. **Sei|ten|büh|ne** f. *(-,-n)* TEATR. palcoscenico *m.* di servizio. **Sei|ten|de|ckung** f. *(-,-en)* MIL. fiancheggiamento *m.* **Sei|ten|druck** m. *(-[e]s,-drücke)* TECN. pressione *f.*, spinta *f.* laterale. **Sei|ten|ein|gang** m. *(-[e]s,-eingänge)* entrata *f.* laterale.
Sei|ten|fach n. *(-[e]s,-fächer)* scomparto *m.* laterale. **Sei|ten|flä|che** f. *(-,-n)* superficie *f.* laterale, lato *m.* **Sei|ten|flos|se** f. *(-,-n)* AER. stabilizzatore *m.* verticale. **Sei|ten|flü|gel** m. *(-s,-)* **1** ala *f.* di un polittico **2** ARCH. *(Flügel)* ala *m.* **Sei|ten|front** f. *(-,-en)* facciata *f.* laterale. **Sei|ten|füh|rung** f. *(-)* tenuta *f.* di strada in curva. **Sei|ten|gang** m. *(-[e]s,-gänge)* **1** passaggio *m.* laterale **2** FERR. corridoio *m.* laterale **3** EQUIT. cessione *f.* alla gamba. **Sei|ten|gas|se** f. *(-,-n)* via *f.*, vicolo *m.* laterale. **Sei|ten|ge|bäu|de** n. *(-s,-)* edificio *m.* annesso. **Sei|ten|ge|wehr** n. *(-s,-e)* MIL. baionetta *f.* **Sei|ten|hal|bie|ren|de** f. *(-n,-n)* GEOM. mediana *f.* **Sei|ten|hieb** m. *(-[e]s,-e)* **1** *(beim Fechten)* fianconata *f.* **2** FIG. frecciata *f.*, stoccata *f.*: ***jdm einen ~ versetzen*** mandare una frecciata a qcn. **Sei|ten|hö|he** f. *(-,-n)* altezza *f.* laterale. **Sei|ten|ka|nal** m. *(-s,-kanäle)* canale *m.* secondario. **Sei|ten|la|ge** f. *(-)* posizione *f.* laterale, sul fianco: ***sich in ~ befinden*** stare sul fianco. **sei|ten|lang** agg. di pagine e pagine, di molte pagine. **Sei|ten|leh|ne** f. *(-,-n)* bracciolo *m.* **Sei|ten|leit|werk** n. *(-[e]s,-e)* AER. impennaggio *m.* verticale. **Sei|ten|li|nie** f. *(-,-n)* **1** SPORT → **Seitenauslinie 2** FERR. linea *f.* secondaria **3** *(genealogisch)* linea *f.* collaterale. **Sei|ten|li|ni|en|or|gan** → **Seitenorgan. Sei|ten|mo|rä|ne** f. *(-,-n)* morena *f.* laterale. **Sei|ten|naht** f. *(-,-nähte)* cucitura *f.* laterale. **Sei|ten|or|gan** n. *(-s,-e)* ZOOL. organo *m.* laterale. **Sei|ten|por|tal** n. *(-s,-e)* portale *m.* laterale. **Sei|ten|ram|pe** f. *(-,-n)* rampa *f.* laterale. **sei|ten|rich|tig** agg. e avv. dalla parte giusta, nel verso giusto. **Sei|ten|riss** m. *(-es,-e)* profilo *m.* laterale. **Sei|ten|ru|der** n. *(-s,-)* AER. timone *m.* di direzione.
sei|tens prep. + gen. da parte di.
Sei|ten|schei|tel m. *(-s,-)* scriminatura *f.*, riga *f.* da una parte. **Sei|ten|schiff** n. *(-[e]s,-e)* navata *f.* laterale. **Sei|ten|schnei|der** m. *(-s,-)* tronchese *m.* a taglio laterale. **Sei|ten|sprung** m. *(-[e]s,-sprünge)* **1** ANT. salto *m.* laterale **2** FIG. *(Ehebruch)* scappatella *f.* **sei|ten|stän|dig** agg. BOT. eccentrico. **Sei|ten|ste|chen** n. *(-s)* fitta *f.* alla milza: ***vom Laufen ~ bekommen, haben*** avere fitte alla milza per la corsa. **Sei|ten|steu|er** n. *(-s,-)* → **Seitenruder. Sei|ten|stra|ße** f. *(-,-n)* **1** strada *f.* laterale, traversa *f.* **2** *(Nebenstraße)* strada *f.* secondaria. **Sei|ten|strei|fen** m. *(-s,-)* corsia *f.* di emergenza. **Sei|ten|stück** n. *(-[e]s,-e)* RAR. **1** pezzo *m.*, parte *f.* laterale **2** *(Gegenstück)* (oggetto *m.* di) riscontro *m.*, pendant *m.* **Sei|ten|tal** n. *(-[e]s,-täler)* valle *f.* laterale. **Sei|ten|ta|sche** f. *(-,-n)* tasca *f.* laterale. **Sei|ten|teil** n. e m. *(-[e]s,-e)* parte *f.* laterale. **Sei|ten|trakt** m. *(-[e]s,-e)* tratto *m.*, parte *f.* laterale. **Sei|ten|trieb** m.

(-[e]s,-e) pollone *m.* eccentrico. **Sei|ten|tür** m. *(-,-en)* porta *f.* laterale. **sei|ten|ver|kehrt** agg. e avv. al contrario, nel verso contrario. **Sei|ten|wa|gen** m. *(-s,-)* SVIZZ. sidecar *m.* **Sei|ten|wahl** f. *(-,-en)* SPORT scelta *f.* del campo. **Sei|ten|wand** f. *(-,-wände)* fiancata *f.*, fianco *m.* **Sei|ten|wech|sel** m. *(-s,-)* SPORT cambio *m.* di campo. **Sei|ten|weg** m. *(-[e]s,-e)* **1** via *f.* secondaria **2** FIG. via *f.* traversa: ***-e gehen*** prendere vie traverse. **sei|ten|wei|se** avv. per pagine. **Sei|ten|wind** m. *(-[e]s,-e)* vento *m.* trasversale. **Sei|ten|zahl** f. *(-,-en)* **1** numero *m.* di pagine **2** *(Zahl auf einer Seite)* numero *m.* della, di pagina: ***mit -en versehen*** numerare le pagine.

seit|her avv. da allora. **seit|he|rig** agg. che dura da allora.

seit|lich I agg. laterale **II** avv. lateralmente, di fianco: ***er stand ~ von mir*** stava di fianco a me **III** prep. + gen. accanto a, a fianco di. **Seit|ling** m. *(-s,-e)* pleuroto *m.* **Seit|pferd** n. *(-[e]s)* GINN. cavallo *m.* con le maniglie. **seit|wärts I** avv. **1** da una parte, da un lato **2** *(zur Seite)* di lato **II** prep. + gen. a fianco di, a lato di: ***~ des Lagerhauses*** a fianco del deposito.

sek, Sek. ⇒ *Sekunde* secondo (s., sec.).

Se|kans m. *(-, Sekanten)* MAT. secante *f.* **Se|kan|te** f. *(-,-n)* GEOM. (retta *f.*) secante *f.*

Se|kel m. *(-s,-)* STOR. siclo *m.*

1.Sek|ret n. *(-[s],-e)* MED. BIOL. secreto *m.*

2.Sek|ret f. *(-)* LIT. secreta *f.*

Sek|re|tär m. *(-s,-)* **1** segretario *m.*: ***der ~ des Ministers, einer Partei*** il segretario del ministro, di un partito **2** *(Möbelstück)* secrétaire *m.* **3** ZOOL. serpentario *m.* **Sek|re|ta|ri|at** n. *(-[e]s,-e)* segretariato *m.* **Sek|re|tä|rin** f. *(-,-nen)* segretaria *f.* **sek|re|tie|ren** tr. MED. BIOL. secernere. **Sek|re|ti|on** f. *(-,-en)* MED. BIOL. GEOL. secrezione *f.*: ***Drüsen mit äußerer, innerer ~*** ghiandole a secrezione esterna, interna. **sek|re|to|risch** agg. MED. BIOL. secretorio.

Sekt m. *(-[e]s,-)* spumante *m.*: ***süßer, trockener ~*** spumante dolce, secco.

Sek|te f. *(-,-n)* setta *f.* **Sek|ten|we|sen** n. *(-s)* sette *f.pl.*

Sekt|fla|sche f. *(-,-n)* bottiglia *f.* di, dello spumante. **Sekt|flö|te** f. *(-,-n)* flûte *m.* **Sekt|glas** n. *(-es,-gläser)* bicchiere *m.* da spumante.

Sek|tie|rer m. *(-s,-)* **1** settario *m.* **2** EX-RDT *(Linksabweichler)* deviazionista *m.* di sinistra. **Sek|tie|re|rei** f. *(-)* settarismo *m.* **sek|tie|re|risch** agg. **1** settario **2** EX-RDT *(linksabweichlerisch)* deviazionista di sinistra. **Sek|tie|rer|tum** n. *(-s)* settarismo *m.*

Sek|ti|on f. *(-,-en)* **1** *(Abteilung)* sezione *f.* **2** MED. autopsia *f.*: ***eine ~ durchführen*** eseguire un'autopsia **3** TECN. elemento *m.* prefabbricato. **Sek|ti|ons|be|fund** m. *(-s,-e)* referto *m.* autoptico. **sek|ti|ons|wei|se** avv. a sezioni.

Sekt|kelch m. *(-[e]s,-e)* calice *m.* da spumante. **Sekt|kor|ken** m. *(-s,-)* tappo *m.* da spumante. **Sekt|kü|bel, Sekt|küh|ler** m. *(-s,-)* secchiello *m.* da, dello spumante.

Sek|tor m. *(-s,-en)* settore *m.*: ***Fachmann auf einem bestimmten ~ sein*** essere esperto in un dato settore; ***die Kreisfläche in zwei -en zerlegen*** dividere la superficie del cerchio in due settori; ***Berlin wurde in vier -en geteilt*** Berlino fu divisa in quattro settori.

Sekt|scha|le f. *(-,-n)* coppa *f.* da spumante.

Se|kun|da f. *(-, Sekunden)* seconda *f.* (ANT. sesta e settima classe del Gymnasium; AUSTR. seconda classe del Gymnasium). **Se|kund|ak|kord** m. *(-[e]s,-e)* MUS. accordo *m.* di seconda. **Se|kun|dant** m. *(-en, -en)* **1** *(bei einem Duell)* secondo *m.*, padrino *m.* **2** SPORT *(beim Boxen)* secondo *m.*, assistente *m.*

se|kun|där I agg. secondario (anche CHIM. EL.): ***von -er Bedeutung*** di secondaria importanza; ***eine -e Rolle spielen*** avere un ruolo secondario; ***ein -es Problem*** un problema secondario **II** avv. secondariamente.

Se|kun|dar|arzt m. *(-[e]s,-ärzte)* AUSTR. *(Assistenzarzt)* assistente *m.* **Se|kun|där|elek|tro|nen** pl. elettroni *m.pl.* secondari. **Se|kun|där|emis|si|on** f. *(-,-en)* FIS. emissione *f.* secondaria. **Se|kun|där|ener|gie** f. *(-)* TECN. energia *f.* secondaria. **Se|kun|där|er|schei|nung** f. *(-,-en)* fenomeno *m.* secondario. **Se|kun|där|in|fek|ti|on** f. *(-,-en)* infezione *f.* secondaria. **Se|kun|där|li|te|ra|tur** f. *(-)* letteratura *f.* secondaria (*o* critica). **Se|kun|dar|schu|le** f. *(-,-n)* SVIZZ. scuola *f.* secondaria, media. **Se|kun|där|strom** m. *(-[e]s)* EL. corrente *f.* secondaria (*o* indotta). **Se|kun|där|wick|lung** f. *(-,-en)* EL. avvolgimento *m.* secondario.

Se|kun|da|wech|sel m. *(-s,-)* BANC. seconda *f.* di cambio.

Se|künd|chen n. *(-s,-)* momentino *m.*, attimino *m.* **Se|kun|de** f. *(-,-n)* **1a** secondo *m.*: ***es ist 11 Uhr, 20 Minuten und 12 ~*** sono le ore 11, 20 minuti e 12 secondi; ***ein Winkel von 45 Grad, 15 Minuten, 9 ~*** un angolo di 45 gradi, 15 primi, 9 secondi **b** COLLOQ. *(Augenblick)* secondo *m.*, attimo *m.*, momento *m.*: ***keine ~ zu verlieren haben*** non avere un secondo da perdere; ***in der nächsten ~*** un attimo dopo **2** MUS. seconda *f.* ◆ ***auf die ~ (genau)*** (giusto) al secondo. **Se|kun|den|bruch|teil** m. *(-s,-e)* frazione *f.* di secondo. **Se|kun|den|ge|schwin|dig|keit** f. *(-)* velocità *f.* al secondo. **se|kun|den|lang I** agg. di alcuni secondi, che dura qualche secondo **II** avv. per (qualche) secondo. **se|kun|den|schnell I** agg. di pochi secondi, velocissimo **II** avv. in pochi secondi, in un attimo. **Se|kun|den|schnel|le** f. *(-)*, ***in ~*** in pochi secondi, fulmineamente. **Se|kun|den|zei|ger** m. *(-s,-)* lancetta *f.* dei secondi. **se|kun|die|ren** intr. (aus. *haben*) **1** *(unterstützen)* ***jdm, jdn (bei etw.) ~*** assecondare, assistere, sostenere qcn. (in qcs.) **2** *(beim Duell, Wettkampf)* fare da secondo **3** MUS. fare il secondo, la seconda voce. **se|kund|lich** RAR., **se|künd|lich** avv. ogni secondo. **Se|kun|do|ge|ni|tur** f. *(-,-en)* STOR. DIR. secondogenitura *f.*

Se|ku|rit® n. *(-s)* vetro *m.* di sicurezza.

Se|ku|ri|tät f. *(-,-en)* LETT. sicurezza *f.*

sel. ⇒ *selig* beato (b.).

selb|an|der avv. ANT. in due. **selb|dritt** avv. ANT. in tre.

sel|be pron.dimostr. *(derselbe)* stesso, medesimo: ***im -n Haus*** nella stessa casa. **sel|ber** pron.dimostr.inv. COLLOQ. → **selbst. Sel|ber|ma|chen** n. *(-s)* COLLOQ. ***zum ~*** da fare, da montare da soli. **sel|big** pron.dimostr. questo stesso: ***am -en, an -em Tag*** in questo stesso giorno.

selbst I pron.dimostr.inv. **1** stesso: ***Andreas ~ hat es gesagt, Andreas hat es ~ gesagt*** Andrea stesso lo ha detto, l'ha detto lui stesso; ***jdn sich ~ überlassen*** abbandonare qcn. a se stesso; *(persönlich)* ***er wollte ~ kommen*** voleva venire lui stesso, di persona; *(verändert)* ***du bist nicht mehr du ~*** non sei più lo stesso **2** da solo, da sé: ***alles ~ machen*** fare tutto da sé; ***sich ~ anziehen können*** sapersi vestire da solo; ***~ ernannt*** sedicente; ***~ gebacken*** cotto (*o* fatto) in casa; ***~ gebastelt*** fatto da solo, da sé, con le proprie mani; ***~ gebaut*** costruito da solo, da sé; ***~ gemacht*** fatto in casa, con le proprie mani; ***~ geschneidert*** fatto da sé, con le proprie mani; ***~ geschrieben*** autografo, scritto di propria mano, di proprio pugno; ***~ gezogen*** coltivato in proprio; ***~ gestrickt*** fatto da sé, con le proprie mani (ai ferri); ***~ verdient*** guadagnato da sé, personalmente **3** in sé: ***das Zimmer ~ ist schön, aber die Möbel sind unmöglich*** la camera in sé è bella, ma i mobili sono impossibili **4** COLLOQ. ***er ist die Freigebigkeit ~*** è la generosità in persona, personificata **II** part. perfino, persino: ***~ sein Vater sagt das*** lo dice perfino suo padre ◆ ***erkenne dich ~*** conosci te stesso; ***nicht mehr Herr seiner ~ sein*** non essere più padrone di se stesso; ***um deiner ~ willen*** nel tuo stesso interesse; COLLOQ. ***mir geht's gut; und ~?*** – io sto bene! E tu? ***etw. versteht sich von ~*** qcs. si capisce da sé; ***das kommt ganz von ~*** viene da sé; ***die Tür schließt sich von ~*** la porta si chiude da sé; ***das geht ja wie von ~*** va da sé; ***das weiß ich ~*** lo so da me; ***das musst du ~ wissen*** questo lo devi sapere tu, se non lo sai tu; ***~ wenn*** anche se, quand'anche; PROV. ***~ ist der Mann*** chi fa da sé fa per tre; ***jeder ist sich ~ der Nächste*** la prima carità comincia da se stessi. **Selbst** n. *(-)* io *m.*, FILOS. PSIC. sé *m.*, Sé *m.*: ***sein besseres, zweites ~*** il suo io migliore, il suo secondo io; ***sein wahres ~ finden*** trovare il proprio vero Sé. **Selbst|ach|tung** f. *(-)* autostima *f.* **Selbst|ana|ly|se** f. *(-,-n)* autoanalisi *f.*

selb|stän|dig → **selbstständig. Selb|stän|di|ge** → **Selbstständige. Selb|stän|dig|keit** → **Selbstständigkeit.**

Selbst|an|kla|ge f. *(-,-n)* autoaccusa *f.* **Selbst|an|zei|ge** f. *(-,-n)* autodenuncia *f.* **Selbst|auf|lö|sung** f. *(-)* dissoluzione *f.* dell'io. **Selbst|auf|op|fe|rung** f. *(-,-en)* sacrificio *m.* di sé, abnegazione *f.* **Selbst|auf|zug** m. *(-[e]s,-aufzüge)* OROL. carica *f.* automatica. **Selbst|aus|lö|ser** m. *(-s,-)* FOT. autoscatto *m.*: ***Fotos mit ~ machen*** fare foto con l'autoscatto.

Selbst|be|die|nung f. *(-)* self-service *m.*: ***hier ist ~*** qui c'è self-service. **Selbst|be|die|nungs|la|den** m. *(-s,-läden)* (negozio *m.*) self-service *m.* **Selbst|be|die|nungs|res|tau|rant** n. *(-s,-s)* ristorante *m.* (con) self-service. **Selbst|be|die|nungs|tank|stel|le** f. *(-,-n)* stazione *f.* di servizio self-service.

Selbst|be|fle|ckung f. *(-)* masturbazione *f.* **Selbst|be|frei|ung** f. *(-)* **1** evasione *f.* **2** PSIC. liberazione *f.* dell'io. **Selbst|be|frie|di|gung** f. *(-)* masturbazione *f.*, autoerotismo *m.* **Selbst|be|fruch|tung** f. *(-)* autofecondazione *f.* **Selbst|be|halt** m. *(-[e]s,-e)* → **Selbstbeteiligung. Selbst|be|haup|tung** f. *(-)* autoaffermazione *f.* **Selbst|be|herr|schung** f. *(-)* autocontrollo *m.*: ***(keine) ~ haben*** (non) avere autocontrollo; ***die ~ verlieren, bewahren*** perdere, mantenere il controllo di sé. **Selbst|be|kennt|nis** n. *(-ses,-se)* confessione *f.* spontanea, volontaria. **Selbst|be|kös|ti|gung** f. *(-,-en)* vitto *m.* a proprie spese. **Selbst|be|mit|lei|dung** f. *(-)* autocommiserazione *f.* **Selbst|be|obach|tung** f. *(-)* autoosservazione *f.* **Selbst|be|schrän|kung** f. *(-,-en)* autolimitazione *f.* **Selbst|be|schul|di|gung** f. *(-,-en)* autoaccusa *f.* **Selbst|be|sin|nung** f. *(-)* riflessione *f.* su di sé. **Selbst|be|spie|ge|lung** f. *(-)* narci-

sismo *m.* **Selbst|be|stä|ti|gung** f. *(-)* autoaffermazione *f.* **Selbst|be|stäu|bung** f. *(-)* impollinazione *f.* naturale.
Selbst|be|stim|mung f. *(-)* autodeterminazione *f.* **Selbst|be|stim|mungs|recht** n. *(-[e]s)* diritto *m.* all'autodeterminazione.
Selbst|be|tei|li|gung f. *(-,-en)* franchigia *f.* **Selbst|be|trug** m. *(-[e]s)* autoinganno *m.*, illusione *f.*
selbst|be|wusst I agg. **1** autocosciente, cosciente (*o* consapevole) di sé **2** *(selbstsicher)* cosciente di sé, sicuro di sé **II** avv. in modo consapevole. **Selbst|be|wusst|sein** n. *(-s)* **1** autocoscienza *f.*, coscienza *f.* di sé: ***etw. stärkt jds ~*** qcs. rafforza l'orgoglio di qcn. **2** *(Stolz)* fierezza *f.*, orgoglio *m.*: ***ein übersteigertes ~*** un orgoglio eccessivo; ***etw. kratzt an jds ~*** qcs. danneggia l'orgoglio di qcn.
Selbst|be|zeich|nung f. *(-,-en)* definizione *f.* di sé.
selbst|be|zo|gen agg. egocentrico. **Selbst|be|zo|gen|heit** f. *(-)* egocentrismo *m.*
Selbst|bild|nis n. *(-ses,-se)* autoritratto *m.* **Selbst|bi|o|gra|phie** f. *(-,-n)* ANT. autobiografia *f.* **Selbst|bräu|ner** m. *(-s,-)* autoabbronzante *m.* **Selbst|dar|stel|lung** f. *(-,-en)* **1** il mettersi in mostra **2** → **Selbstbildnis. Selbst|dis|zip|lin** f. *(-)* autodisciplina *f.* **Selbst|ein|kehr** f. *(-)* raccoglimento *m.* interiore. **Selbst|ein|schät|zung** f. *(-)* autostima *f.*, valutazione *f.* di sé. **Selbst|ein|tritt** m. *(-[e]s,-e)* ECON. DIR. intervento *m.* in proprio, entrata *f.* del commissionario nel contratto. **Selbst|ent|äu|ße|rung** f. *(-)* rinuncia *f.* a se stesso. **Selbst|ent|fal|tung** f. *(-,-en)* proprio sviluppo *m.* **Selbst|ent|frem|dung** f. *(-)* autoalienazione *f.* **Selbst|ent|la|der** m. *(-s,-)* **1** *(LKW)* autocarro *m.* con cassone ribaltabile **2** FERR. carro *m.* a scarico automatico. **Selbst|ent|zün|dung** f. *(-,-en)* autocombustione *f.*
Selbst|er|fah|rung f. *(-)* PSIC. autocoscienza *f.* **Selbst|er|fah|rungs|grup|pe** f. *(-,-n)* gruppo *m.* di autocoscienza.
Selbst|er|hal|tung f. *(-)* autoconservazione *f.* **Selbst|er|hal|tungs|trieb** n. *(-[e]s)* istinto *m.* di autoconservazione.
Selbst|er|kennt|nis f. *(-)* conoscenza *f.* di sé. **Selbst|er|nie|dri|gung** f. *(-)* auto-mortificazione *f.* di sé. **Selbst|er|re|gung** f. *(-)* EL. autoeccitazione *f.* **Selbst|er|zeu|ger** m. *(-s,-)* chi vive di ciò che produce. **Selbst|er|zie|hung** f. *(-)* autoeducazione *f.*
Selbst|fah|rer m. *(-s,-)* **1** *(von Mietwagen, Dienstwagen)* guidatore *m.* **2** *(Krankenfahrstuhl)* sedia *f.* a rotelle (manovrabile dall'infermo). **Selbst|fahr|ge|schütz** n. *(-es,-e)* cannone *m.* semovente. **Selbst|fahr|la|fet|te** f. *(-,-n)* affusto *m.* semovente.
Selbst|fi|nan|zie|rung f. *(-)* autofinanziamento *m.* **Selbst|fin|dung** f. *(-)* ritrovamento *m.* di sé, il ritrovare se stesso.
selbst|ge|fäl|lig I agg. soddisfatto di sé, pieno di sé, compiaciuto: ***eine -e Miene haben, aufsetzen*** avere, fare un'espressione compiaciuta **II** avv. in modo pieno di sé, con compiacimento. **Selbst|ge|fäl|lig|keit** f. *(-)* compiacimento *m.* di sé, autocompiacimento *m.*
Selbst|ge|fühl n. *(-[e]s)* percezione *f.* del proprio valore; *(Selbstbewusstsein)* coscienza *f.* (*o* consapevolezza *f.*) di sé; *(Selbsteinschätzung)* autostima *f.*: ***übertriebenes ~ besitzen*** possedere un'autostima esagerata.
selbst|ge|nüg|sam agg. bastante (*o* che basta) a se stesso, autosufficiente. **Selbst|ge|nüg|sam|keit** f. *(-)* autosufficienza *f.*
selbst|ge|recht I agg. presuntuoso, pieno di sé **II** avv. presuntuosamente. **Selbst|ge|rech|tig|keit** f. *(-)* presunzione *f.*, pienezza *f.* di sé.
Selbst|ge|spräch n. *(-[e]s,-e)* soliloquio *m.* **selbst|haf|tend** agg. autoadesivo.
selbst|herr|lich I agg. autocratico **II** avv. autocraticamente. **Selbst|herr|lich|keit** f. *(-)* autocrazia *f.* **Selbst|herr|scher** m. *(-s,-)* autocrate *m.*
Selbst|hil|fe f. *(-)* **1** iniziativa *f.* personale: ***etw. in ~ machen*** fare qcs. da sé **2** DIR. autodifesa *f.*, esercizio *m.* delle proprie ragioni: ***zur ~ greifen, schreiten*** farsi giustizia da sé, farsi le proprie ragioni. **Selbst|hil|fe|grup|pe** f. *(-,-n)* gruppo *m.* di auto-aiuto.
Selbst|hyp|no|se f. *(-)* autoipnosi *f.* **Selbst|in|duk|ti|on** f. *(-)* autoinduzione *f.* **Selbst|iro|nie** f. *(-)* autoironia *f.*
selbs|tisch I agg. egoistico **II** avv. egoisticamente.
Selbst|jus|tiz f. *(-)* il farsi giustizia da sé: ***~ üben*** farsi giustizia da sé.
Selbst|kle|be|band n. *(-[e]s,-bänder)* nastro *m.* autoadesivo. **Selbst|kle|be|fo|lie** f. *(-,-n)* foglio *m.* autoadesivo. **selbst|kle|bend** agg. autoadesivo.
Selbst|kon|trol|le f. *(-)* autocontrollo *m.*
Selbst|kos|ten pl. costi *m.pl.* di produzione. **Selbst|kos|ten|er|mitt|lung** → **Selbstkostenrechnung. Selbst|kos|ten|preis** m. *(-es,-e)* prezzo *m.* di costo: ***etw. zum ~ abgeben*** vendere qcs. a prezzo di costo. **Selbst|kos|ten|rech|nung** f. *(-,-en)* calcolo *m.* dei costi di produzione.
Selbst|kri|tik f. *(-)* autocritica *f.* **selbst|kri|tisch** agg. autocritico.
Selbst|la|de|ge|wehr n. *(-s,-e)* fucile *m.* automatico. **Selbst|la|de|pis|to|le** f. *(-,-n)* pistola *f.* automatica. **Selbst|la|der** m. *(-s,-)* (arma *f.*) automatica *f.*
Selbst|laut m. *(-[e]s,-e)* vocale *f.* **selbst|lau|tend** agg. vocalico. **Selbst|lie|be** f. *(-)* amor *m.* proprio. **Selbst|lob** n. *(-[e]s,-e)* autoincensamento *m.*; *(Selbstgefälligkeit)* autocompiacimento *m.* **selbst|los** agg. disinteressato, altruista, dimentico di sé. **Selbst|lo|sig|keit** f. *(-)* disinteresse *m.*, altruismo *m.* **Selbst|me|di|ka|ti|on** f. *(-,-en)* automedicazione *f.* **Selbst|mit|leid** n. *(-[e]s)* autocommiserazione *f.*
Selbst|mord m. *(-[e]s,-e)* suicidio *m.*: ***~ durch Erhängen*** suicidio per impiccagione; ***sein Leben durch ~ beenden*** porre termine alla propria vita con il suicidio; ***jdn in den, zum ~ treiben*** spingere qcn. al suicidio; ***~ begehen, verüben*** commettere suicidio, suicidarsi; ***mit ~ drohen*** minacciare il suicidio; FIG. ***das ist reiner, glatter ~*** è un puro, vero suicidio; COLLOQ. ***ein ~ auf Raten*** un lento suicidio. **Selbst|mord|dro|hung** f. *(-,-en)* minaccia *f.* di suicidio. **Selbst|mör|der** m. *(-s,-)* suicida *m.* **selbst|mör|de|risch** agg. suicida: ***in -er Absicht*** con intento suicida; *(sehr gefährlich)* ***ein -es Unternehmen*** un'impresa suicida. **selbst|mord|ge|fähr|det** agg. con tendenze suicide. **Selbst|mord|kom|man|do** n. *(-s,-s)* commando *m.* suicida. **Selbst|mord|ra|te** f. *(-,-n)* percentuale *f.* di suicidi. **Selbst|mord|ver|such** m. *(-[e]s,-e)* tentativo *m.* di suicidio.
Selbst|port|rät n. *(-s,-s)* → **Selbstbildnis. selbst|quä|le|risch I** agg. che si tormenta **II** avv. con tormento. **selbst|re|dend** avv. naturalmente, ovviamente. **Selbst|re|fle|xi|on** f. *(-,-en)* riflessione *f.* su di sé. **selbst|re|gelnd** agg. autoregolatore, autoregolante. **Selbst|reg|ler** m. *(-s,-)* regolatore *m.* automatico.
selbst|rei|ni|gend agg. autopulente. **Selbst|rei|ni|gung** f. *(-)* autodepurazione *f.*
selbst|schlie|ßend agg. a chiusura automatica. **Selbst|schluss|ven|til** n. *(-s,-e)* ventola *f.* a chiusura automatica. **selbst|schmie|rend** agg. autolubrificante. **selbst|schnei|dend,** ***-e Schraube*** vite autofilettante. **Selbst|schuss|an|la|ge** f. *(-,-n)* impianto *m.* di sparo automatico. **Selbst|schutz** m. *(-es)* autodifesa *f.*
selbst|si|cher agg. sicuro di sé. **Selbst|si|cher|heit** f. *(-)* sicurezza *f.* di sé.
selbst|sper|rend agg. autobloccante, a bloccaggio automatico.
selbst|stän|dig I agg. autonomo, indipendente **II** avv. autonomamente, in modo autonomo (*o* indipendente) ◆ ***-er Beruf*** lavoro autonomo, da libero professionista; ***das Land ist ~ geworden*** il paese ha raggiunto l'autonomia; ***sich ~ machen*** rendersi indipendente; ***~ tätig sein*** svolgere un lavoro autonomo. **Selbst|stän|di|ge** m. e f. *(-n,-n)* lavoratore *m.* autonomo, lavoratrice *f.* autonoma, libero *m.* (-a *f.*) professionista. **Selbst|stän|dig|keit** f. *(-,-en)* autonomia *f.*, indipendenza *f.*
Selbst|stu|di|um n. *(-s)* studio *m.* autodidattico ◆ ***sich Kenntnisse im, durch ~ aneignen*** acquisire conoscenze (studiando) da autodidatta.
Selbst|sucht f. *(-)* egoismo *m.* **selbst|süch|tig I** agg. egoista: ***ein -es Kind, Verhalten*** un bambino egoista, un comportamento egoista (*o* egoistico) **II** avv. egoisticamente, da egoista.
selbst|tä|tig I agg. **1** *(automatisch)* automatico **2** spontaneo **II** avv. **1** automaticamente **2** spontaneamente, di propria iniziativa: ***~ mitarbeiten*** collaborare spontaneamente.
Selbst|täu|schung f. *(-,-en)* → **Selbstbetrug. Selbst|tor** n. *(-[e]s,-e)* autorete *f.*, autogoal *m.* **Selbst|tö|tung** f. *(-,-en)* BUROCR. suicidio *m.* **Selbst|über|he|bung** f. *(-)* presunzione *f.* **Selbst|über|schät|zung** f. *(-)* sopravvalutazione *f.* di sé. **Selbst|über|win|dung** f. *(-)* sforzo *m.* per dominarsi. **Selbst|un|ter|richt** m. *(-[e]s)* studio *m.* autodidattico. **Selbst|ver|ach|tung** f. *(-)* disprezzo *m.* di sé.
selbst|ver|ant|wort|lich I agg. di propria responsabilità **II** avv. sotto la propria responsabilità. **Selbst|ver|ant|wor|tung** f. *(-)* responsabilità *f.* propria.
Selbst|ver|brauch m. *(-[e]s)* consumo *m.* interno, autoconsumo *m.* **Selbst|ver|bren|nung** f. *(-,-en)* suicidio *m.* col fuoco. **selbst|ver|ges|sen** agg. svagato, assente. **Selbst|ver|lag** m. *(-[e]s)* ***im ~*** a spese dell'autore. **Selbst|ver|leug|nung** f. *(-)* abnegazione *f.*, sacrificio *m.* personale.
selbst|ver|liebt agg. narcisista. **Selbst|ver|liebt|heit** f. *(-)* narcisismo *m.*
Selbst|ver|nich|tung f. *(-)* autoannientamento *m.* **Selbst|ver|pfle|gung** f. *(-)* → **Selbstbeköstigung.**
Selbst|ver|schul|den n. *(-s)* colpa *f.* propria. **selbst|ver|schul|det** agg. per colpa propria.
Selbst|ver|sor|ger m. *(-s,-)* autosufficiente *m.*
selbst|ver|ständ|lich I agg. ovvio, naturale: ***eine -e Sache, Folge***

una cosa, conseguenza ovvia; ***das ist doch ~*** ma è naturale; ***etw. für ~ halten, etw. als ~ betrachten*** ritenere qcs. naturale; ***für mich ist es ~, das zu tun*** per me è ovvio farlo **II** avv. ovviamente, naturalmente: ***ich tue das ~ gern*** lo faccio volentieri, si capisce; ***~!*** naturalmente, si capisce, certo; ***~ nicht!*** ovviamente no! **Selbst|ver|ständ|lich|keit** f. *(-,-en)* **1** cosa *f.* ovvia: ***es ist eine ~, dass ich dir aushelfe*** è una cosa ovvia (*o* è ovvio) che ti aiuti; ***der elektrische Strom ist heute eine ~*** oggi l'energia elettrica è una cosa ovvia **2** *(Natürlichkeit)* naturalezza *f.*: ***etw. mit der größten ~ tun*** fare qcs. con la massima naturalezza.

Selbst|ver|ständ|nis n. *(-ses)* coscienza *f.* di sé. **Selbst|ver|stüm|me|lung** f. *(-,-en)* autolesione *f.*, automutilazione *f.* **Selbst|ver|such** m. *(-[e]s,-e)* esperimento *m.* su se stessi. **Selbst|ver|tei|di|gung** f. *(-,-en)* autodifesa *f.* **Selbst|ver|trau|en** n. *(-s)* fiducia *f.* in se stessi. **Selbst|ver|wal|tung** f. *(-,-en)* amministrazione *f.* autonoma, autonomia *f.* amministrativa. **Selbst|ver|wirk|li|chung** f. *(-,-en)* FILOS. PSIC. autorealizzazione *f.* **Selbst|vor|wurf** m. *(-[e]s, -vorwürfe)* rimprovero *m.* a se stessi. **Selbst|wähl|fern|dienst** m. *(-[e]s,-e)* teleselezione *f.* **Selbst|wert|ge|fühl** n. *(-[e]s)* autostima *f.* **Selbst|zen|sur** f. *(-)* autocensura *f.* **Selbst|zer|flei|schung** f. *(-)* il dilaniarsi.

selbst|zer|stö|re|risch I agg. autodistruttivo **II** avv. in modo autodistruttivo. **Selbst|zer|stö|rung** f. *(-)* autodistruzione *f.*

Selbst|zucht f. *(-)* autodisciplina *f.* **selbst|zu|frie|den** agg. contento di sé. **Selbst|zün|dung** f. *(-,-en)* autoaccensione *f.*

sel|chen tr. REGION. o AUSTR. affumicare. **Sel|che|rei** f. *(-,-en)* REGION. o AUSTR. salumeria *f.* **Selch|fleisch** n. *(-es)* REGION. o AUSTR. carne *f.* affumicata. **Selch|kam|mer** f. *(-,-n)* REGION. o AUSTR. affumicatoio *m.*

Seld|schu|ke m. *(-n,-n)* selgiuchide *m.*

se|lek|tie|ren tr. selezionare. **se|lek|tie|rend** p.pres. agg. **1** → **selektieren 2** selettivo, di selezione: ***-e Methoden*** metodi selettivi. **Se|lek|ti|on** f. *(-,-en)* selezione *f.* **se|lek|ti|o|nie|ren** tr. → **selektieren. Se|lek|ti|ons|leh|re, Se|lek|ti|ons|the|o|rie** f. *(-,-n)* teoria *f.* della selezione naturale. **se|lek|tiv I** agg. selettivo **II** avv. selettivamente. **Se|lek|ti|vi|tät** f. *(-)* selettività *f.*

Se|len n. *(-s)* selenio *m.* **Se|len|zel|le** f. *(-,-n)* cellula *f.* fotoelettrica al selenio.

Self|made|man ['sɛlfmeɪd'mæn] m. *(-s,-men)* self-made man *m.*

se|lig I agg. **1a** RELIG. beato: BIBL. ***~ sind, die da geistlich arm sind; denn ihrer ist das Himmelreich*** beati i poveri di spirito, perché di essi è il Regno dei cieli **b** *(glückselig)* beato, felice: ***ein -es Lächeln*** un sorriso beato; ***~ über etw. sein*** essere felice per qcs.; ***in -en Schlaf sinken*** sprofondare in un sonno beato **2** *(gestorben)* povero: ***mein -er Onkel*** il mio povero zio, la buonanima di mio zio **3** COLLOQ. *(leicht betrunken)* brillo: ***~ sein*** essere in gloria **II** avv. beatamente, felicemente: ***~ preisen*** chiamare beato; ***sich ~ preisen*** chiamarsi beato; ***~ sprechen*** beatificare; ◆ ***-en Angedenkens*** di felice (*o* beata) memoria; ***bis ans -e Ende*** fino alla morte; ***~ im Herrn entschlafen*** rendere l'anima a Dio; ***jdn nach seiner Fasson ~ werden lassen*** lasciare che ognuno viva a modo suo; ***Gott hab ihn ~*** Dio l'abbia in gloria; ***~ werden*** andare in paradiso; ***wer's glaubt wird ~*** ma chi ci crede! PROV. BIBL. ***Geben ist -er als Nehmen*** è meglio dare che prendere. **Se|li|ge** m. e f. *(-n,-n)* **1** RELIG. beato *m.* (-a *f.*) **2** caro estinto *m.* (-a *f.*) ◆ ***ihr -r*** la buonanima di suo marito; ***seine ~*** la buonanima di sua moglie. **Se|lig|keit** f. *(-)* **1** beatitudine *f.*: ***die ewige ~ erlangen, gewinnen*** raggiungere l'eterna beatitudine **2** *(Freude)* gioia *f.*; *(Glück)* felicità *f.*: ***alle -en der Liebe auskosten*** provare tutte le gioie dell'amore ◆ ***in ~ schwimmen*** nuotare in un mare di beatitudine. **Se|lig|prei|sung** f. *(-,-en)* beatitudine *f.* **Se|lig|spre|chung** f. *(-,-en)* beatificazione *f.*

Sel|le|rie ['zɛləri, AUSTR. -'ri:] m. *(-s,-[s])*, AUSTR. f. *(-,- e -n)* sedano *m.*

sel|ten I agg. **1** raro: ***-e Tiere, Pflanzen*** animali rari, piante rare; ***ein ganz -er Fall*** un caso molto raro **2** *(außergewöhnlich)* raro, straordinario: ***ein Mensch von, mit -en Gaben, von -em Geist*** un uomo dalle doti rare, di raro ingegno; ***ein Mädchen von -er Schönheit*** una ragazza di rara bellezza **II** avv. **1** raramente, di rado: ***nur ~ spielen*** giocare solo raramente; ***nicht ~*** non di rado; ***Ski fahren können wie ~ einer*** saper sciare come pochi altri **2** rafforz. *(besonders)* ***~ schön*** di rara bellezza ◆ ***ein -er Gast*** un ospite che viene di rado; IRON. ***~ so gelacht!*** (e) sai che ridere! COLLOQ. ***sich ~ machen*** non farsi vedere; FIG. ***ein -er Vogel*** una bestia rara. **Sel|ten|heit** f. *(-,-en)* **1** rarità *f.*: ***etw. wegen seiner ~ schützen*** tutelare qcs. a causa della sua rarità **2** *(selten vorkommend)* rarità *f.*, caso *m.* raro: ***es ist eine ~, dass...*** è un caso raro che... **Sel|ten|heits|wert** m. *(-[e]s)* rarità *f.*

Sel|ters f. e n. *(-,-)*, **Sel|ters|was|ser** n. *(-s)* sel(t)z *m.*, acqua *f.* di sel(t)z.

selt|sam I agg. strano, bizzarro, singolare: ***eine -e Geschichte*** una strana storia, una storia bizzarra; ***ein -er Mensch*** una persona strana; ***im Alter ~ werden*** diventare bizzarro con l'età; *(ungut)* ***ein -es Gefühl*** una sensazione strana; ***das kommt mir ~ vor*** mi sembra strano **II** avv. stranamente, in modo strano: ***sich ~ benehmen*** comportarsi in modo strano. **selt|sa|mer|wei|se** avv. stranamente: ***~ hat er mich nicht informiert*** è strano, ma non mi ha informato. **Selt|sam|keit** f. *(-)* stranezza *f.*

Sem n. *(-s,-e)* sema *m.* **Se|man|tem** n. *(-s,-e)* semantema *m.* **Se|man|tik** f. *(-)* semantica *f.* **Se|man|ti|ker** m. *(-s,-)* semantista *m.* **se|man|tisch I** agg. semantico **II** avv. semanticamente.

Se|ma|phor n. e m. *(-s,-e)* MAR. FERR. semaforo *m.*

Se|ma|si|o|lo|gie f. *(-)* semasiologia *f.* **se|ma|si|o|lo|gisch** agg. semasiologico.

Se|mem n. *(-s,-)* semema *m.*

Se|mes|ter n. *(-s,-)* UNIV. **1** *(Studienhalbjahr)* semestre *m.*: ***er ist, steht im vierten ~*** è al quarto semestre **2** GERG. = studente *m.*: ***ein achtes ~*** uno studente dell'ottavo semestre; ***ein erstes ~*** una matricola ◆ SCHERZ. ***ein älteres, höheres ~*** un nonno. **Se|mes|ter|an|fang** m. *(-[e]s)*, **Se|mes|ter|be|ginn** m. *(-[e]s)* inizio *m.* del semestre. **Se|mes|ter|en|de** n. *(-s)* fine *f.*, termine *m.* del, di un semestre. **Se|mes|ter|fe|ri|en** pl. UNIV. vacanze *f.pl.* tra due semestri. **se|mest|ral** agg. ANT. semestrale.

Se|mi|fi|na|le n. *(-s,- e -s)* SPORT semifinale *f.* **Se|mi|ko|lon** n. *(-s,- e -kola)* punto *m.* e virgola.

Se|mi|nar n. *(-s,-e)* **1a** UNIV. seminario *m.*: ***ein ~ (über etw.) abhalten, leiten, durchführen*** tenere un seminario (su qcs.) **b** *(Priesterseminar)* ***ins ~ eintreten*** entrare in seminario **2** *(Institut an der Hochschule)* istituto *m.* **Se|mi|nar|ar|beit** f. *(-,-en)* UNIV. relazione *f.* di seminario, COLLOQ. tesina *f.* (di seminario). **Se|mi|na|rist** m. *(-en,-en)* RELIG. seminarista *m.* **se|mi|na|ris|tisch** agg. seminaristico. **Se|mi|nar|schein** m. *(-[e]s,-e)* UNIV. attestato *m.* di frequenza di un seminario: ***wie viele -e machst du dieses Jahr?*** quanti seminari fai quest'anno? **Se|mi|nar|übung** f. *(-,-en)* UNIV. esercitazione *f.*

Se|mi|o|lo|gie f. *(-)* semiologia *f.* **se|mi|o|lo|gisch** agg. semiologico. **Se|mi|o|tik** f. *(-)* **1** LING. FILOS. semiotica *f.* **2** MED. semeiotica *f.* **se|mi|o|tisch** agg. semiotico.

se|misch agg. semico.

Se|mit m. *(-en,-en)* semita *m.* **se|mi|tisch** agg. semitico. **Se|mi|tist** m. *(-en,-en)* semitista *m.*

Se|mi|vo|kal m. *(-s,-e)* semivocale *f.*

Sem|mel f. *(-,-n)* REGION. pagnottina *f.*, panino *m.* ◆ ***die Ware geht weg wie warme -n*** la merce va a ruba. **sem|mel|blond** agg. biondo chiaro. **Sem|mel|brö|sel** m. REGION. n. *(-s,-)* pangrattato *m.* **Sem|mel|kloß** m. *(-es,-klöße)*, **Sem|mel|knö|del** m. *(-s,-)* REGION. gnocco *m.* di pane. **Sem|mel|mehl** n. *(-[e]s)* pangrattato *m.*

sen. ⇒ *senior* senior.

Se|nar m. *(-s,-e)* senario *m.*

Se|nat m. *(-[e]s,-e)* **1a** senato *m.* (anche STOR.) **b** *(Magistrat)* consiglio *m.* comunale **2** UNIV. senato *m.* accademico **3** DIR. sezione *f.* (del tribunale). **Se|na|tor** m. *(-s,-en)* senatore *m.* **se|na|to|risch** agg. senatoriale; STOR. senatorio. **Se|nats|be|schluss** m. *(-es,-beschlüsse)* decisione *f.*, deliberazione *f.* del senato. **Se|nats|prä|si|dent** m. *(-en,-en)* presidente *m.* del senato. **Se|nats|spre|cher** m. *(-s,-)* portavoce *m.* del senato. **Se|nats|vor|la|ge** f. *(-,-n)* progetto *m.*, proposta *f.* del senato.

Send|bo|te m. *(-n,-n)* messaggero *m.*, messo *m.*

Sen|de|an|la|ge f. *(-,-n)* impianto *m.* trasmittente, emittente *f.* **Sen|de|be|reich** m. *(-[e]s,-e)* area *f.* di diffusione. **Sen|de|ein|rich|tung** f. *(-,-en)* impianto *m.* trasmittente. **Sen|de|fol|ge** f. *(-,-n)* **1** programma *m.* delle trasmissioni **2** *(Fortsetzung)* puntata *f.* **Sen|de|fre|quenz** f. *(-,-en)* frequenza *f.* di trasmissione. **Sen|de|ge|biet** n. *(-[e]s,-e)* → **Sendebereich. Sen|de|ge|rät** n. *(-[e]s,-e)* apparecchio *m.* trasmittente. **Sen|de|haus** n. *(-es,-häuser)* **1** stazione *f.* radiotrasmittente **2** *(Gebäude)* studi *m.pl.* della radio, radiofonici. **Sen|de|lei|ter** m. *(-s,-)* direttore *m.* di trasmissione.

sen|den tr. *(sandte/sendete, gesandt/gesendet)* **1** *(absenden)* inviare, spedire: ***jdm, an jdn einen Brief ~*** inviare una lettera a qcn.; ***ein Paket mit der Post ~*** spedire un pacco per posta **2** mandare, inviare: ***jdm Blumen, Grüße ~*** mandare fiori, i saluti a qcn.; ***Truppen, Hilfsmittel ~*** inviare truppe, aiuti; ***Morsezeichen ~*** inviare segnali morse; ***von Gott gesandt*** inviato da Dio **3** *(per Funk;* pret. *sendete,* p.pass. *gesendet)* trasmettere: ***einen Dokumentarfilm ~*** trasmettere un documentario; ***in Farbe ~*** trasmettere a colori. **Sen|de|pau|se** f. *(-,-n)* RAD. TELEV. intervallo *m.* ◆ COLLOQ. FIG. ***~ haben*** staccare la spina. **Sen|de|pro|gramm** n. *(-[e]s,-e)* RAD. TELEV. palinsesto *m.*

Sen|der m. *(-s,-)* **1** trasmittente *f.*, trasmettitore *m.* **2** emittente *f.*,

(Fernsehsender) stazione *f.* (televisiva), canale *m.* (televisivo); *(Rundfunksender)* stazione *f.* (radiofonica): ***einen ~ schlecht empfangen, hereinbekommen*** ricevere male un canale, una stazione; ***einen ~ einstellen*** sintonizzarsi con un'emittente; ***auf einen anderen ~ umschalten*** cambiare canale; ***privater ~*** emittente privata. **Sen|der|an|la|ge** → **Sendeanlage.**

Sen|de|raum m. *(-[e]s,-räume)* studio *m.* (radiofonico o televisivo).

Sen|der|such|lauf m. *(-[e]s)* RAD. TELEV. ricerca *f.*, selezione *f.* automatica.

Sen|de|schluss m. *(-es)* fine *f.* delle trasmissioni. **Sen|de|sta|ti|on** f. *(-,-en)* stazione *f.* trasmittente. **Sen|de|ter|min** m. *(-[e]s,-e)* orario *m.* di una, della trasmissione. **Sen|de|zei|chen** n. *(-s,-)* segnale *m.* di trasmissione. **Sen|de|zeit** f. *(-,-en)* **1** tempo *m.* a disposizione per una, per la trasmissione **2** *(Zeitspanne für Sendungen)* orario *f.* di trasmissione.

Send|schrei|ben n. *(-s,-)* scritto *m.*, lettera *f.*

Sen|dung f. *(-,-en)* **1** spedizione *f.*, invio *m.*: ***die ~ erfolgt nächste Woche*** la spedizione sarà effettuata la prossima settimana; ***eine ~ vornehmen, bestätigen, erhalten*** effettuare, confermare, ricevere una spedizione; ***eine ~ von Ersatzteilen*** una spedizione di pezzi di ricambio **2** *(Rundfunk-, Fernsehsendung)* trasmissione *f.*: ***eine ~ in Farbe, in Stereo*** una trasmissione a colori, in stereofonia; ***eine ~ machen, ankündigen, ausstrahlen*** fare, annunciare, mandare in onda una trasmissione **3** *(Mission, Auftrag)* missione *f.* ◆ GERG. ***auf ~ sein*** essere in onda. **Sen|dungs|be|wusst|sein** n. *(-s)* consapevolezza *f.* della propria missione.

Se|ne|gal n.pr.m. *(-s)* Senegal *m.* **Se|ne|ga|ler** m. *(-s,-)*, **Se|ne|ga|le|se** m. *(-n,-n)* senegalese *m.* **se|ne|ga|le|sisch, se|ne|ga|lisch** agg. senegalese.

Se|nes|blät|ter → **Sennesblätter.**

Se|ne|schall m. *(-s,-e)* siniscalco *m.*

Se|nes|zenz f. *(-)* senescenza *f.*

Senf m. *(-[e]s,-e)* senape *f.*: ***scharfer, süßer ~*** senape piccante, dolce ◆ ***immer, überall seinen ~ dazugeben*** mettere il becco in ogni cosa. **Senf|bad** n. *(-[e],-bäder)* bagno *m.* senapato. **senf|far|ben, senf|far|big** agg. senape, (di) color senape. **Senf|gas** n. *(-es)* gas *m.* mostarda. **Senf|gur|ke** f. *(-,-n)* cetriolo *m.* ai semi di senape. **Senf|korn** n. *(-[e]s,-körner)* seme *m.* di senape. **Senf|mehl** n. *(-[e]s)* farina *f.* di senape. **Senf|pflas|ter** n. *(-s,-)* senapismo *m.*, cataplasma *m.* senapato. **Senf|so|ße** f. *(-,-n)* salsa *f.* alla senape.

Sen|ge pl. REGION. botte *f.pl.*, legnate *f.pl.*: ***es setzt ~*** sono botte da orbi. **sen|gen I** tr. **1** (s)bruciacchiare: ***mit dem Bügeleisen den Rock ~*** bruciacchiare la gonna con il ferro da stiro **2** GASTR. *(abbrennen)* strinare, fiammeggiare: ***ein Huhn ~*** strinare un pollo **II** intr. (aus. *haben*) **1** bruciacchiarsi, bruciare: ***die Holzwand fing an zu ~*** la parete di legno iniziò a bruciare **2** *(heiß scheinen)* bruciare, scottare: ***die Sonne, das Feuer sengt*** il sole, il fuoco brucia. **sen|gend** p.pres. agg. **1** → **sengen 2** *(heiß)* cocente, ardente: ***unter -er Sonne*** sotto il sole cocente ◆ ***~ und brennend durch das Land ziehen*** mettere a ferro e a fuoco un paese. **sen|ge|rig, seng|rig** agg. REGION. bruciacchiato, bruciato, bruciaticcio: ***es riecht ~*** c'è puzza di bruciato.

se|nil agg. senile: ***-e Demenz*** demenza senile. **Se|ni|li|tät** f. *(-)* senilità *f.*

se|ni|or agg. senior: ***Franz Meier ~*** Franz Meier senior. **Se|ni|or** m. *(-s,-en)* **1a** SCHERZ. *(Vater)* vecchio *m.* **b** COMM. *(älterer Geschäftspartner)* socio *m.* più anziano **2** SPORT senior *m.* **3** pl. *(ältere Menschen)* anziani *m.pl.* **4** *(Ältester)* veterano *m.* **Se|ni|or|chef** m. *(-s,-s)* COMM. direttore *m.* (più anziano).

Se|ni|o|ren|heim n. *(-[e]s,-e)* casa *f.* di riposo. **Se|ni|o|ren|klas|se** f. *(-,-n)* SPORT categoria *f.* seniores. **Se|ni|o|ren|pass** m. *(-es,-pässe)* FERR. = carta *f.* d'argento. **Se|ni|o|ren|sport** m. *(-s)* sport *m.* per anziani. **Se|ni|o|ren|treff** m. *(-s,-s)* incontro *m.* tra, di anziani. **Se|ni|o|ren|wohn|heim** n. *(-[e]s,-e)* → **Seniorenheim.** **Se|ni|o|rin** f. *(-,-nen)* **1** *(ältere Geschäftspartnerin)* socia *f.* più anziana **2** SPORT senior *f.*

Senk|blei n. *(-[e]s,-e)* piombino *m.*, filo *m.* a piombo.

Sen|ke f. *(-,-n)* avvallamento *m.*, depressione *f.* **Sen|kel** m. *(-s,-)* laccio *m.*, stringa *f.* ◆ ***jdn in den ~ stellen*** dare una strigliata a qcn.

sen|ken tr. **1a** abbassare: ***den Kopf ~*** abbassare il capo **b** FIG. ***die Stimme ~*** abbassare la voce; ***den Blick, die Augen ~*** abbassare lo sguardo, gli occhi **c** *(herabsetzen)* ***die Preise ~*** abbassare (*o* ridurre) i prezzi; ***den Blutdruck ~*** ridurre la pressione sanguigna **2** *(hinabgleiten lassen)* calare: ***etw. ins Wasser ~*** calare qcs. in acqua **3a** affondare: ***diese Pflanze senkt die Wurzeln tief in den Boden*** questa pianta affonda le radici profondamente nel terreno **b** FIG. insinuare: ***den Keim des Zweifels in jds Herz ~*** insinuare il tarlo del dubbio nel cuore di qcn. **4** MECC. allargare, accecare **II** rifl. **sich ~** **1** abbassarsi: ***der Boden, der Wasserspiegel hat sich gesenkt*** il terreno, lo specchio d'acqua si è abbassato **2** *(abfallen)* digradare: ***der Abhang senkt sich nach Westen*** il pendio digrada verso ovest **3a** calare: ***der Vorhang senkt sich*** cala il sipario **b** FIG. ***die Nacht senkte sich auf die Stadt*** la notte calava sulla città ◆ ***den Anker ~*** gettare l'ancora. **Sen|ker** m. *(-s,-)* **1** BOT. propaggine *f.* margotta *f.* **2** MECC. accecatoio *m.*

Senk|fuß m. *(-es,-füße)* piede *m.* piatto. **Senk|gru|be** f. *(-,-n)* fossa *f.* biologica, pozzo *m.* nero. **Senk|kas|ten** m. *(-s,-kästen)* IDR. cassone *m.* **Senk|lot** n. *(-[e]s,-e)* piombino *m.*, filo *m.* a piombo. **Senk|netz** n. *(-es,-e)* MAR. bilancia *f.*

senk|recht I agg. **1** perpendicolare (anche GEOM.): ***eine zum Fluss -e Straße*** una strada perpendicolare al fiume **2** *(vertikal)* verticale **3** SVIZZ. o COLLOQ. *(aufrecht)* retto, onesto **II** avv. **1** perpendicolarmente **2** verticalmente: ***der Rauch steigt ~ auf*** il fumo sale verticalmente ◆ ***~ aufeinander stehen*** essere perpendicolari; ***das einzig Senkrechte*** l'unica cosa giusta; COLLOQ. ***halt dich ~!*** tieni duro! coraggio! **Senk|rech|te** f. *(-,-n)* MAT. perpendicolare *f.* **Senk|recht|start** m. *(-[e]s,-e)* decollo *m.* verticale. **Senk|recht|star|ter** m. *(-s,-)* **1** aereo *m.* a decollo verticale **2a** FIG. *(Aufsteiger)* = persona *f.* di successo travolgente **b** ***dieses Produkt ist ein ~*** questo prodotto è decollato subito (ha molto successo).

Senk|reis n. *(-es,-e)* margotta *f.*, propaggine *f.*

Sen|kung f. *(-,-en)* **1a** abbassamento *m.* **b** *(im Boden)* avvallamento *m.*; GEOL. depressione *f.* **2a** *(Hinuntersinken)* sprofondamento *m.* **b** cedimento *m.*: ***eine ~ des Bodens*** un cedimento del terreno **3** *(Herabsetzung)* riduzione *f.*, ribasso *m.*: ***~ der Kosten, Löhne*** la riduzione dei costi, dei salari **4** METR. tesi *f.* **5** MED. *(Blutsenkung)* sedimentazione *f.*, eritrosedimentazione *f.* **Sen|kungs|ab|szess** m. *(-es,-e)* MED. ascesso *m.* ipostatico. **Sen|kungs|ge|schwin|dig|keit** f. *(-)* velocità *f.* di sedimentazione.

Senk|waa|ge f. *(-,-n)* aerometro *m.*

Senn m. *(-[e]s,-e)* malgaro *m.*

1.Sen|ne m. *(-n,-n)* REGION. e AUSTR. malgaro *m.*

2.Sen|ne f. *(-n,-n)* REGION. e AUSTR. malga *f.* **sen|nen** intr. (aus. *haben*) REGION. e AUSTR. fare il malgaro. **Sen|ner** m. *(-s,-)* → **Senne.** **Sen|ne|rei** f. *(-,-en)* REGION. e AUSTR. malga *f.*

Sen|nes|blät|ter pl. foglie *f.pl.* di sena. **Sen|nes|pflan|ze** f. *(-,-n)* sena *f.* **Sen|nes|scho|te** f. *(-,-n)* frutto *m.* della sena.

Senn|hüt|te f. *(-,-n)* REGION. AUSTR. malga *f.* **Senn|wirt|schaft** f. *(-,-en)* REGION. AUSTR. → **Sennerei.**

Sen|sa|ti|on f. *(-,-en)* **1a** *(Aufsehen)* sensazione *f.*: ***~ erregen, machen*** destare, fare sensazione **b** *(sensationelles Ereignis)* fatto *m.* sensazionale, evento *m.*: ***der Roman ist eine literarische ~*** il romanzo è un sensazionale fenomeno letterario; ***die ~ des Tages*** l'evento del giorno **2** *(Hauptattraktion)* attrazione *f.* ◆ ***etw. zur ~ aufbauschen*** gonfiare qcs. **sen|sa|ti|o|nell I** agg. sensazionale: ***eine -e Entdeckung*** una scoperta sensazionale **II** avv. in modo sensazionale. **Sen|sa|ti|ons|be|dürf|nis** n. *(-ses)* → **Sensationslust.** **Sen|sa|ti|ons|gier** f. *(-)*, **Sen|sa|ti|ons|lust** f. *(-)* sensazionalismo *m.* **sen|sa|ti|ons|lüs|tern** agg. sensazionalistico. **Sen|sa|ti|ons|ma|che** f. *(-)* COLLOQ. SPREG. il fare sensazione. **Sen|sa|ti|ons|mel|dung** f. *(-,-en)* annuncio *m.* sensazionale. **Sen|sa|ti|ons|nach|richt** f. *(-,-en)* notizia *f.* sensazionale. **Sen|sa|ti|ons|pres|se** f. *(-)* stampa *f.* scandalistica, sensazionalistica. **Sen|sa|ti|ons|sucht** f. *(-)* → **Sensationsgier.** **sen|sa|ti|ons|süch|tig** agg. → **sensationslüstern.**

Sen|se f. *(-,-n)* falce *f.* (fienaia): ***die ~ dengeln*** affilare la falce; ***mit der ~ mähen*** falciare ◆ ***(jetzt ist) ~!*** basta! **Sen|sen|blatt** n. *(-[e]s,-blätter)* lama *f.* della falce (fienaia). **Sen|sen|mann** m. *(-[e]s,-männer)* **1** ANT. mietitore *m.*, falciatore *m.* **2** *(Tod)* morte *f.* **Sen|sen|schmied** m. *(-[e]s,-e)* fabbro *m.* **Sen|sen|stein** m. *(-[e]s,-e)* cote *f.* **Sen|sen|wurf** m. *(-[e]s,-würfe)* manico *m.* di, della falce (fienaia).

sen|si|bel agg. (compar. *sensibler*; superl. *sensibelst...*) sensibile: ***ein sensibler Mensch ~*** una persona sensibile; *(feinfühlig)* ***sensible Haut*** pelle sensibile; MED. ***sensible Nerven*** nervi sensibili; FIG. ***die Instrumente reagieren ~*** gli strumenti sono sensibili. **Sen|si|bi|li|sa|tor** m. *(-s,-en)* FOT. sensibilizzatore *m.* **sen|si|bi|li|sie|ren I** tr. sensibilizzare (anche FOT. MED.) **II** rifl. **sich ~** MED. sensibilizzarsi. **Sen|si|bi|li|sie|rung** f. *(-,-en)* sensibilizzazione *f.* **Sen|si|bi|li|tät** f. *(-)* sensibilità *f.* **sen|si|tiv** agg. ipersensibile. **Sen|si|ti|vi|tät** f. *(-)* ipersensibilità *f.* **Sen|si|to|me|ter** n. *(-s,-)* sensitometro *m.* **Sen|si|to|met|rie** f. *(-)* sensitometria *f.*

Sen|so|mo|to|rik, Sen|so|mo|to|rik f. *(-)* psicomotricità *f.*

Sen|sor m. *(-s,-en)* sensore *m.* **sen|so|risch** agg. sensoriale. **Sen|so|ri|um** n. *(-s, Sensorien)* **1** sensibilità *f.*: ***ein ~ für etw. entwickeln*** sviluppare una sensibilità per qcs. **2** ANT. *(Bewusstsein)* sensorio *m.*, coscienza *f.* **Sen|sor|ta|ste** f. *(-,-n)* sensore *m.*

Sen|su|a|lis|mus m. *(-)* FILOS. sensismo *m.* **Sen|su|a|list** m. *(-en, -en)* sensista *m.* **sen|su|a|lis|tisch** agg. **1** FILOS. sensistico **2** ANT. *(sinnlich)* sensuale. **Sen|su|a|li|tät** f. *(-)* MED. sensibilità *f.* **sen|su|ell** agg. **1** di, dei sensi **2** ANT. *(sinnlich)* sensuale.

Sen|tenz f. *(-,-en)* **1** sentenza *f.* **2** ANT. DIR. *(Urteilsspruch)* sentenza *f.* **sen|tenz|ar|tig, sen|tenz|haft, sen|ten|zi|ös I** agg. sentenzioso **II** avv. in modo sentenzioso.

Sen|ti|ment [sãti'mã:] n. *(-s,-s)* sentimento *m.* **sen|ti|men|tal** agg. sentimentale. **sen|ti|men|ta|lisch** agg. ANT. → **sentimental. Sen|ti|men|ta|li|tät** f. *(-,-en)* sentimentalismo *m.*, sentimentalità *f.*: ***bloße -en*** sciocchi sentimentalismi; ***nur keine -en!*** per favore, niente sentimentalismi! ***von ~ triefen*** sguazzare nel sentimentalismo.

se|pa|rat I agg. separato, a parte **II** avv. **1** *(gesondert)* separatamente, a parte **2** *(für sich)* per conto proprio. **Se|pa|rat|druck** m. *(-[e]s,-e)* estratto *m.* **Se|pa|rat|ein|gang** m. *(-[e]s,-eingänge)* ingresso *m.* separato, a sé. **Se|pa|rat|frie|de(n)** m. *(-[n]s)* pace *f.* separata. **Se|pa|ra|ti|on** f. *(-,-en)* **1** POL. separazione *f.*, secessione *f.* **2** ANT. separazione *f.* **Se|pa|ra|tis|mus** m. *(-)* separatismo *m.* **Se|pa|ra|tist** m. *(-en,-en)* separatista *m.* **se|pa|ra|tis|tisch** agg. separatistico. **Se|pa|ra|tor** m. *(-s,-en)* TECN. separatore *m.* **se|pa|rie|ren I** tr. separare **II** rifl. **sich ~** tenersi lontano.

Se|phar|dim pl. sefarditi *m.pl.* **se|phar|disch** agg. sefardita.

se|pia agg. inv. (color) seppia. **Se|pia** f. *(-, Sepien)* **1** seppia *f.* **2** *(Farbstoff)* nero *m.* di seppia, seppia *m.* **se|pia|braun** agg. → **sepia. Se|pia|kno|chen** m. *(-s,-)*, **Se|pia|scha|le** f. *(-,-n)*, **Se|pia|scho|te** f. *(-,-n)* osso *m.* di seppia. **Se|pia|zeich|nung** f. *(-,-en)* disegno *m.* a inchiostro di china. **Se|pie** f. *(-,-n)* → **Sepia.**

Sepp n.pr.m. Beppe *m.*, Pino *m.* **Sep|pel|hut, Seppl|hut** m. *(-[e]s, -hüte)* = cappello *m.* di feltro (del costume bavarese).

Sep|sis f. *(-, Sepsen)* sepsi *f.*

Sept. ⇒ *September* settembre (sett.).

Sept|ak|kord → **Septimenakkord.**

Sep|tem|ber m. *(-[s],-)* settembre *m.*: ***Anfang, Ende ~*** all'inizio, alla fine di settembre; ***Mitte ~*** a metà settembre; ***im ~*** a (*o* in) settembre; ***am ersten, zweiten ~*** il primo, il due settembre.

Sep|te|nar m. *(-s,-)* settenario *m.* **Sep|tett** n. *(-[e]s,-e)* MUS. settimino *m.* **Sep|tim** f. *(-,-en)* → **Septime. Sep|ti|ma** f. *(-, Septimen)* AUSTR. settima *f.* (classe del Gymnasium). **Sep|ti|me** f. *(-,-n)* MUS. **1** (intervallo *m.* di) settima *f.* **2** *(siebenter Ton)* sensibile *f.* **Sep|ti|men|ak|kord** m. *(-[e]s,-e)* MUS. accordo *m.* di settima.

sep|tisch agg. settico, setticemico.

Sep|tu|a|gin|ta f. *(-)* BIBL. (versione *f.* dei) Settanta *m.pl.*

seq. ⇒ *sequens* seguente (seg.). **seqq.** ⇒ *sequentes* seguenti (segg.). **Se|quenz** f. *(-,-en)* **1** TECN. sequenza *f.* (anche CINEM. MUS. INFORM.) **2** *(beim Kartenspiel)* sequenza *f.*, scala *f.* **se|quen|zi|ell** agg. INFORM. sequenziale.

Se|ques|ter m. *(-s,-)* **1** DIR. amministratore *m.* giudiziario **2** (m. e n.) DIR. sequestro *m.* (anche MED.): ***etw. unter ~ stellen*** mettere qcs. sotto sequestro. **Se|quest|ra|ti|on** f. *(-,-en)* DIR. sequestro *m.* **se|quest|rie|ren** tr. DIR. mettere (*o* porre) sotto sequestro.

Se|quo|ia, Se|quo|ie f. *(-,-n)* sequoia *f.*

Se|ra|fim pl. → **Seraph.**

Se|rail [se'raj, ze'ra:j] n. *(-s,-s)* serraglio *m.* ◆ ***die Entführung aus dem ~*** il ratto dal serraglio.

Se|raph m. *(-s,-e* e *-im)* serafino *m.* **se|ra|phisch** agg. serafico.

Ser|be m. *(-n,-n)* serbo *m.*

Ser|bi|en n.pr.n. *(-s)* Serbia *f.* **ser|bisch** agg. serbo. **Ser|bisch** n. *(-[s])* serbo *m.*, lingua *f.* serba. **ser|bo|kro|a|tisch** agg. serbocroato. **Ser|bo|kro|a|tisch** n. *(-[s])* serbocroato *m.*

Se|re|na|de f. *(-,-n)* serenata *f.*

Ser|geant [zer'ʒant] m. *(-en,-en/-s,-s)* sergente *m.*

Se|ri|al ['sɪərɪəl] n. *(-s,-s)* serial *m.*

Se|rie f. *(-,-n)* serie *f.*: ***Autos, Briefmarken aus der gleichen ~*** auto, francobolli della stessa serie; *(Folge von Sendungen)* ***eine ~ über die Tierwelt*** una serie sul mondo degli animali; ***eine sechsteilige ~*** una serie in sei puntate; COLLOQ. ***eine ~ von Rückschlägen, Erfolgen*** una serie di rovesci, di successi; ***eine ~ von grausamen Morden*** una serie di efferati omicidi ◆ ***in ~*** in serie; ***in ~ bauen, herstellen, fertigen*** costruire, produrre in serie; ***in ~ gehen*** essere prodotto in serie, entrare nella produzione in serie; ***als ~ erscheinen*** andare in onda a puntate. **se|ri|ell I** agg. MUS. INFORM. seriale **II** avv. in serie. **Se|ri|en|an|fer|ti|gung** → **Serienfertigung. Se|ri|en|bau** m. *(-[e]s,-ten)* costruzione *f.* in serie. **Se|ri|en|fab|ri|ka|ti|on, Se|ri|en|fer|ti|gung** f. *(-)* produzione *f.* in serie. **Se|ri|en|held** m. *(-en,-en)* eroe *m.* della, di una serie. **Se|ri|en|her|stel|lung** f. *(-,-en)* → **Serienanfertigung. se|ri|en|mä|ßig I** agg. **1** in serie **2** *(immer eingebaut)* di serie **II** avv. in serie: ***~ herstellen*** produrre in serie. **Se|ri|en|pro|duk|ti|on** f. *(-,-en)* produzione *f.* in serie. **se|ri|en|reif** agg. pronto per la produzione in serie.

Se|ri|en|schal|tung f. *(-,-en)* EL. collegamento *m.* in serie.

Se|ri|en|tä|ter m. *(-s,-)* serial killer *m.* **Se|ri|en|wa|gen** m. *(-s,-)* vettura *f.* di serie. **se|ri|en|wei|se** avv. in serie.

Se|ri|fe f. *(-,-n)* TIP. grazia *f.* **se|ri|fen|los** agg. TIP. senza grazie.

Se|ri|gra|phie f. *(-,-n)* serigrafia *f.*

se|ri|ös I agg. **1** *(ernsthaft)* serio: ***ein -er Mensch*** una persona seria; ***-e Angebote*** offerte serie; ***als ~ gelten*** essere considerato (*o* passare per) una persona seria; *(feierlich)* ***ein -er Anzug*** un abito serio; *(vertrauenswürdig)* ***eine -e Firma*** una ditta seria **2** RAR. *(solide)* solido **II** avv. in modo serio ◆ ***einen -en Eindruck machen*** dare l'impressione di serietà. **Se|ri|o|si|tät** f. *(-)* serietà *f.*

Ser|mon m. *(-s,-e)* **1** ANT. sermone *m.* **2** SCHERZ. predica *f.*

Se|ro|di|ag|nos|tik f. *(-)* sierodiagnosi *f.* **Se|ro|lo|ge** m. *(-n,-n)* sierologo *m.* **Se|ro|lo|gie** f. *(-)* sierologia *f.* **se|ro|lo|gisch** agg. sierologico. **se|rös** agg. sieroso.

Se|ro|sa f. *(-)* ANAT. sierosa *f.*

Ser|pent m. *(-[e]s,-e)* MUS. serpentone *m.* **Ser|pen|tin** m. *(-s,-e)* MINER. serpentino *m.* **Ser|pen|ti|ne** f. *(-,-n)* **1** *(Windung)* serpentina *f.* **2** *(Weg)* strada *f.* a serpentina. **Ser|pen|ti|nen|stra|ße** f. *(-,-n)* strada *f.* a serpentina. **Ser|pen|tin|ge|stein** n. *(-[e]s,-e)* roccia *f.* di serpentino.

Se|rum n. *(-, Seren* e *Sera)* ANAT. BIOL. siero *m.* **Se|rum|be|hand|lung** f. *(-,-en)* sieroterapia *f.* **Se|rum|kon|ser|ve** f. *(-,-n)* plasma *m.* conservato. **Se|rum|krank|heit** f. *(-,-en)* anafilassi *f.* **Se|rum|pro|phy|la|xe** f. *(-,-n)* sieroprofilassi *f.* **Se|rum|the|ra|pie** f. *(-,-n)* sieroterapia *f.*

Ser|val m. *(-s,-e* e *-s)* servalo *m.*

1.Ser|vice [zɛr'vi:s] n. *(-,-)* servizio *m.*: ***ein ~ für zwölf Personen*** un servizio per (*o* da) dodici.

2.Ser|vice ['sə:vɪs] m. e n. *(-,-s)* **1** *(Bedienung)* servizio *m.* **2** *(Kundendienst)* servizio *m.* (di assistenza ai) clienti **3a** *(beim Tennis)* servizio *m.* **b** *(Aufschlagball)* palla *f.* di servizio. **Ser|vice|netz** n. *(-es,-e)* rete *f.* di assistenza (tecnica). **ser|vie|ren I** tr. **1a** servire: ***die Vorspeisen ~*** servire gli antipasti; *(beim Fußball)* ***jdm einen Ball ~*** servire una palla a qcn. **b** assol. *(beim Tennis)* ***dieser Tennisspieler serviert sehr hart*** questo tennista serve molto forte **2** COLLOQ. scodellare: ***jdm eine Menge Lügen ~*** scodellare a qcn. un mucchio di bugie **II** intr. (aus. *haben*) servire a tavola ◆ ***es ist serviert!*** il pranzo è servito! **Ser|vie|re|rin** f. *(-,-nen)* cameriera *f.* **Ser|vier|fräu|lein** n. *(-s,-)*, **Ser|vier|mäd|chen** n. *(-s,-)* ANT. → **Serviererin. Ser|vier|tisch** m. *(-[e]s,-e)* tavolino *m.* di servizio. **Ser|vier|toch|ter** f. *(-,-töchter)* SVIZZ. → **Serviererin. Ser|vier|wa|gen** m. *(-s,-)* carrello *m.* di servizio.

Ser|vi|et|te f. *(-,-n)* tovagliolo *m.*: ***sich (D) den Mund mit einer ~ abwischen*** pulirsi la bocca con un tovagliolo. **Ser|vi|et|ten|kloß** m. *(-es,-klöße)* INTRAD. (gnocco di pane bollito in un tovagliolo). **Ser|vi|et|ten|ring** m. *(-[e]s,-e)* anello *m.* del tovagliolo, portatovagliolo *m.* **Ser|vi|et|ten|ta|sche** f. *(-,-n)* portatovagliolo *m.*

ser|vil I agg. servile: ***ein -es Verhalten*** un comportamento servile; ***eine -e Gesinnung*** un animo servile **II** avv. in modo servile, servilmente. **Ser|vi|lis|mus** m. *(-, Servilismen)* servilismo *m.* **Ser|vi|li|tät** f. *(-,-en)* servilità *f.* **Ser|vi|tut** n. *(-[e]s,-e)* DIR. servitù *f.*

Ser|vo|brem|se f. *(-,-n)* servofreno *m.* **Ser|vo|len|kung** f. *(-,-en)* servosterzo *m.* **Ser|vo|mo|tor** m. *(-s,-en)* servomotore *m.* **Ser|vo|sys|tem** n. *(-s,-e)* servosistema *m.*

Ser|vus inter. REGION. AUSTR. ciao.

Se|sam m. *(-s,-s)* **1** sesamo *m.* **2** *(Samen des Sesams)* semi *m.pl.* di sesamo ◆ ***~ öffne dich!*** apriti, sesamo! **Se|sam|öl** n. *(-[e]s)* olio *m.* (di semi) di sesamo.

Se|schel|len → **Seychellen.**

Ses|sel m. *(-s,-)* **1** poltrona *f.*: ***ein hoher, tiefer, bequemer, drehbarer ~*** una poltrona alta, profonda, comoda, girevole; ***ein ~ ohne Armlehnen*** una poltrona senza braccioli; ***sich aus, von dem ~ erheben*** alzarsi dalla poltrona; ***sich in den ~ sinken, fallen lassen*** sprofondare, lasciarsi cadere nella poltrona **2** AUSTR. sedia *f.* **Ses|sel|bahn** f. *(-,-en)* → **Sessellift. Ses|sel|leh|ne** f. *(-,-n)* bracciolo *m.* (della poltrona). **Ses|sel|lift** m. *(-[e]s,-e* e *-s)* seggiovia *f.*

sess|haft agg. stanziale, stabile: ***ein -es Volk*** un popolo stanziale; ***~ werden*** diventare stanziale ◆ ***ein -es Leben*** una vita senza spostamenti; ***sich irgendwo ~ machen*** stabilirsi da qualche parte; ***in einer Stadt ~ sein*** abitare stabilmente (*o* essersi stabilito in una città). **Sess|haf|tig|keit** f. *(-)* stabilità *f.* di dimora.

Ses|si|on f. *(-,-en)* sessione *f.*

Ses|terz m. *(-es,-e)* sesterzio *m.*

Ses|ti|ne f. *(-,-n)* METR. sestina *f.*

Set [sɛt] n. e m. *(-[e]s,-s)* **1** *(Satz)* set *m.* **2** *(Platzdeckchen)* tovaglietta *f.* (all'americana) **3** PSIC. propensione *f.*, tendenza *f.* **4** *(beim Film)* set *m.*

Set|ter ['sɛtə] m. *(-s,-)* setter *m.*

Setz|ei n. *(-[e]s,-er)* REGION. uovo *m.* al tegamino.

set|zen I tr. **1a** mettere: ***einen Topf aufs Feuer ~*** mettere una pentola sul fuoco; ***den Hut auf den Kopf ~*** mettere (*o* mettersi) il cappello in testa; ***etw. auf die Rechnung ~*** mettere qcs. in conto; ***etw. in Anführungszeichen ~*** mettere qcs. tra virgolette; ***Satzzeichen, Zeichen ~*** mettere la punteggiatura; ***Anzeigen in die Zeitung ~*** mettere annunci sul giornale **b** *(führen)* ***das Glas an den Mund ~*** portare il bicchiere alla bocca **c** FIG. riporre: ***die Hoffnung, sein Vertrauen auf jdn, etw. ~*** riporre la speranza, la propria fiducia in qcn., qcs. **2** mettere (*o* porre) a sedere: ***ein Kind auf den Stuhl ~*** mettere a sedere (*o* far sedere) un bambino sulla sedia; ***man hat sie neben mich gesetzt*** è stata fatta sedere accanto a me **3** *(Grenze, Frist, Termin)* fissare, stabilire **4a** *(aufstellen)* installare, montare: ***einen Ofen ~*** montare un forno **b** *(errichten)* erigere: ***ein Denkmal ~*** erigere un monumento **5** *(pflanzen)* piantare: ***Kartoffeln ~*** piantare patate **6** TIP. comporre **7** *(aufziehen)* issare: ***die Segel ~*** issare le vele **8a** *(wetten)* puntare: ***Geld auf ein Pferd ~*** puntare denaro su un cavallo **b** assol. ***hoch ~*** puntare forte; ***im Toto ~*** giocare al totocalcio **II** rifl. ***sich ~*** **1a** sedersi, mettersi a sedere: ***er hat sich neben mich gesetzt*** si è seduto accanto a me; ***sich in die Sonne, in einen Sessel ~*** sedersi al sole, su una poltrona; ***bitte ~ Sie sich*** si sieda prego; ***setz dich!*** siediti! **b** posarsi: ***die Vögel ~ sich auf die Zweige*** gli uccelli si posano sui rami **2** *(aufsetzen)* mettersi, porsi: ***sich den Hut auf den Kopf ~*** mettersi il cappello in testa **3** *(sich niederschlagen)* depositarsi: ***die Lösung setzt sich*** la soluzione si deposita **4** *(eindringen)* penetrare: ***der Geruch setzt sich in die Kleider*** l'odore penetra nei vestiti; ***der Staub setzt sich in die Fugen*** la polvere s'infila nelle fessure **5** *(sich senken)* assestarsi: ***das Erdreich setzt sich*** il terreno si sta assestando **III** intr. **1** *(wetten;* aus. *haben)* ***auf jdn, etw. ~*** puntare su qcn., qcs. **2** (aus. *haben, sein)* ***über etw. ~*** oltrepassare qcs.: ***über den Fluss ~*** oltrepassare il fiume **3** (aus. *haben, sein)* ***über etw. ~*** saltare al di là di qcs. ◆ ***sich in den Besitz von etw. ~*** appropriarsi di qcs.; ***etw. in, außer Betrieb ~*** mettere qcs. in funzione, fuori esercizio; ***etw. in Bewegung ~*** mettere in movimento (*o* in moto) qcs.; ***etw. zu jdm, etw. in Beziehung ~*** mettere qcn., qcs. in relazione a (*o* con) qcn., qcs.; ***jdn auf Diät ~*** mettere qcn. a dieta; ***sich mit jdm ins Einvernehmen ~*** mettersi d'accordo, accordarsi con qcn.; ***etw. (D) ein Ende ~*** porre fine a qcs.; ***jdn in Erstaunen ~*** (fare) stupire qcn.; ***es setzt Schläge, Prügel*** volano botte; ***jdn in Freiheit ~*** mettere in libertà qcn.; ***keinen Fuß vor die Tür ~*** non mettere il naso fuori (di casa); ***etw. in Gang ~*** mettere in moto, avviare qcs.; ***ein Schiff auf Grund ~*** far incagliare una nave; ***sich bei jdm in Gunst ~*** entrare nelle grazie di qcn.; ***Holz ~*** accatastare legna; ***ein Buch auf den Index ~*** mettere un libro all'indice; ***jdn von etw. in Kenntnis ~*** mettere qcn. a conoscenza di qcs.; ***etw. in Klammern ~*** mettere qcs. tra parentesi; ***etw. außer Kraft ~*** abrogare qcs.; ***jdn in die Lage ~, etw. zu tun*** mettere qcn. in condizione di fare qcs.; ***die Passagiere an Land ~*** fare sbarcare a terra i passeggeri; ***in Musik ~*** mettere in musica, musicare; ***seinen Namen unter etw. ~*** firmare qcs.; ***etw. als, zum Pfand ~*** impegnare qcs.; ***sich zur Ruhe ~*** mettersi a riposo, andare in pensione; ***jdn in Schrecken ~*** spaventare qcn.; ***ein Signal für etw. ~*** dare il segnale di qcs.; ***etw. an die Stelle von etw. ~*** mettere qcs. al posto di qcs.; ***sich an jds Stelle ~*** mettersi al posto di qcn.; ***in Szene ~*** mettere in scena; ***sich in Szene ~*** mettersi in mostra; ***etw. auf die Tagesordnung ~*** mettere qcs. all'ordine del giorno; ***sich zu Tisch ~*** mettersi a tavola; ***in Umlauf ~*** mettere in circolazione, in giro; ***sich ins Unrecht ~*** mettersi dalla parte del torto; ***sich mit jdm in Verbindung ~*** mettersi in contatto con qcn.; ***etw. unter Wasser ~*** inondare qcs.; ***sich zur Wehr ~*** opporre resistenza; ***jdn in die Welt ~*** mettere al mondo qcn.; ***etw. ins Werk ~*** porre (*o* mettere) in opera qcs.; ***sich ein Ziel, sich etw. zum Ziel ~*** porsi un obiettivo, porsi qcs. come obiettivo; COLLOQ. ***sich in den Zug ~*** prendere il treno; ***etw. in Zweifel ~*** mettere in dubbio (*o* dubitare di) qcs.

Set|zer m. *(-s,-)* TIP. compositore *m.* **Set|ze|rei** f. *(-,-en)* composizione *f.* **Setz|feh|ler** m. *(-s,-)* errore *m.* di composizione. **Setz|gut** n. *(-[e]s)* seme *m.*, semente *f.* **Setz|holz** n. *(-es,-hölzer)* piantatoio *m.*, cavicchio *m.*, foraterra *m.* **Setz|kas|ten** m. *(-s,-kästen)* **1** *(für Pflanzen)* semenzaio *m.* **2** TIP. cassetta *f.* dei caratteri. **Setz|lat|te** f. *(-,-n)* EDIL. regolo *m.* **Setz|ling** m. *(-s,-e)* **1** AGR. piantone *m.* **2** ITTIOL. avannotto *m.* **Setz|li|nie** f. *(-,-n)* TIP. interlinea *f.* **Setz|ma|schi|ne** f. *(-,-n)* compositrice *f.* **Setz|reis** n. *(-es,-er)* → **Setzling. Setz|schiff** n. *(-[e]s,-e)* TIP. balestra *f.* **Setz|teich** m. *(-[e]s,-e)* peschiera *f.*, vivaio *m.* di pesci.

Set|zung f. *(-,-en)* **1** il porre, il fissare: ***die ~ einer Frist*** il fissare un termine **2** *(Senkung)* assestamento *m.*

Setz|waa|ge f. *(-,-n)* livella *f.*

Seu|che f. *(-,-n)* **1** epidemia *f.*: ***eine ~ bricht aus, breitet sich aus*** un'epidemia scoppia, si diffonde; ***eine ~ bekämpfen, eindämmen*** combattere, arginare un'epidemia; ***die ~ ist erloschen*** l'epidemia si è estinta **2** FIG. flagello *m.* **Seu|chen|be|kämp|fung** f. *(-)* lotta *f.* contro l'epidemia (*o* un'epidemia). **Seu|chen|ge|biet** n. *(-[e]s,-e)* zona *f.* contaminata. **Seu|chen|ge|fahr** f. *(-)* pericolo *m.* di epidemia. **Seu|chen|herd** m. *(-[e]s,-e)* focolaio *m.* di, dell'epidemia.

seufz inter. sob, sigh. **seuf|zen I** intr. (aus. *haben*) sospirare: ***tief ~*** sospirare profondamente; ***erleichtert ~*** tirare un sospiro di sollievo **II** tr. sospirare, dire sospirando. **Seuf|zer** m. *(-s,-)* sospiro *m.*: ***einen tiefen ~ ausstoßen*** emettere un profondo sospiro; ***einen ~ unterdrücken*** reprimere un sospiro; ***einen ~ der Erleichterung tun*** tirare un sospiro di sollievo; ***seinen letzten ~ tun*** rendere (*o* esalare) l'ultimo sospiro.

Se|vil|la [se'vilja] n.pr.n. *(-s)* Siviglia *f.*

Sèvres|por|zel|lan ['sɛ:vr-] n. *(-s)* porcellana *f.* di Sèvres.

Sex m. *(-es)* **1** sesso *m.*: ***~ machen*** fare (del) sesso **2** → **Sexappeal.**

Se|xa|ge|si|ma f. *(-, Sexagesimä)* sessagesima *f.* **se|xa|ge|si|mal** agg. sessagesimale: ***-es Zahlensystem*** sistema numerico sessagesimale. **Se|xa|ge|si|mal|sys|tem** n. *(-s)* sistema *m.* sessagesimale.

Se|xa|gon n. *(-s,-e)* esagono *m.*

Sex|ap|peal ['sɛksə'pi:l] m. *(-s)* sex appeal *m.* **Sex|bom|be** f. *(-,-n)* sex-symbol *m.* **Sex|film** m. *(-s,-e)* film *m.* erotico.

Se|xis|mus m. *(-)* sessismo *m.* **Se|xist** m. *(-en,-en)* sessista *m.* **se|xis|tisch** agg. sessista.

Sex|ma|ga|zin n. *(-s,-e)* rivista *f.* pornografica.

Se|xo|lo|ge m. *(-n,-n)* sessuologo *m.* **Se|xo|lo|gie** f. *(-)* sessuologia *f.* **se|xo|lo|gisch** agg. sessuologico.

Sex|shop [-ʃɔp] m. *(-s,-s)* sex-shop *m.*

Sext f. *(-,-en)* LIT. MUS. sesta *f.* **Sex|ta** f. *(-, Sexten)* sesta *f.* (ANT. prima classe del Gymnasium; AUSTR. sesta classe del Gymnasium). **Sext|ak|kord** m. *(-[e]s,-e)* accordo *m.* di sesta. **Sex|ta|ner** m. *(-s,-)* alunno *m.* di sesta. **Sex|tant** m. *(-en,-en)* sestante *m.* **Sex|te** f. *(-,-n)* MUS. **1** sesta nota *f.* **2** *(Intervall)* (intervallo *m.* di) sesta *f.* **Sex|tett** n. *(-[e]s,-e)* MUS. sestetto *m.* **Sex|til|li|on** f. *(-,-en)* un milione *m.* di quintilioni. **Sex|to|le** f. *(-,-n)* MUS. sestina *f.*

Sex|tou|ris|mus m. *(-)* COLLOQ. turismo *m.* del sesso.

se|xu|al agg. RAR. → **sexuell. Se|xu|al|auf|klä|rung** f. *(-)* educazione *f.* sessuale. **Se|xu|al|de|likt** n. *(-[e]s,-e)* delitto *m.* (a sfondo) sessuale. **Se|xu|al|emp|fin|den** n. *(-s)* istinto *m.* sessuale. **Se|xu|al|er|zie|hung** f. *(-)* educazione *f.* sessuale. **Se|xu|al|ethik** f. *(-)* morale *f.* sessuale. **Se|xu|al|for|scher** m. *(-s,-)* → **Sexologe. Se|xu|al|for|schung** f. *(-)* → **Sexologie. Se|xu|al|hor|mon** n. *(-s,-e)* ormone *m.* sessuale. **Se|xu|al|hy|gi|e|ne** f. *(-)* igiene *f.* sessuale.

se|xu|a|li|sie|ren tr. = caricare di implicazioni sessuali. **Se|xu|a|li|tät** f. *(-)* sessualità *f.*

Se|xu|al|kun|de f. *(-)* educazione *f.* sessuale. **Se|xu|al|le|ben** n. *(-s)* vita *f.* sessuale. **Se|xu|al|mo|ral** f. *(-)* → **Sexualethik. Se|xu|al|mord** m. *(-[e]s,-e)* omicidio *m.* (a sfondo) sessuale. **Se|xu|al|or|gan** n. *(-s,-e)* organo *m.* sessuale. **Se|xu|al|part|ner** m. *(-s,-)* partner *m.* **Se|xu|al|psy|cho|lo|gie** f. *(-)* psicologia *f.* della sessualità. **Se|xu|al|straf|tat** f. *(-,-en)* crimine *m.* (a sfondo) sessuale. **Se|xu|al|tä|ter** m. *(-s,-)* → **Sexualverbrecher. Se|xu|al|trieb** m. *(-[e]s)* pulsione *f.* sessuale. **Se|xu|al|ver|bre|chen** n. *(-s,-)* → **Sexualstraftat. Se|xu|al|ver|bre|cher** m. *(-s,-)* stupratore *m.* **Se|xu|al|ver|kehr** m. *(-s)* rapporto *m.* sessuale. **Se|xu|al|wis|sen|schaft** f. *(-)* → **Sexologie. Se|xu|al|wis|sen|schaft|ler** m. *(-s,-)* → **Sexologe. Se|xu|al|zyk|lus** m. *(-,-zyklen)* ciclo *m.* sessuale.

se|xu|ell I agg. sessuale: ***eine -e Beziehung*** un rapporto sessuale; ***-e Tabus*** tabù sessuali; ***-er Missbrauch von Kindern*** abuso sessuale di minori **II** avv. sessualmente: ***jdn ~ befriedigen*** soddisfare sessualmente qcn.; ***ein Mädchen ~ missbrauchen*** abusare sessualmente di una ragazza. **Se|xu|el|le** n. *(-s)* sfera *f.* sessuale, del sesso.

Se|xu|o|lo|ge → **Sexologe. Se|xu|o|lo|gie** → **Sexologie. se|xu|o|lo|gisch** → **sexologisch.**

Se|xus m. *(-,-)* **1** sesso *m.* **2** GRAMM. *(Genus)* genere *m.* **se|xy** COLLOQ. **I** agg. sexy **II** avv. in modo sexy.

Sey|chel|len n.pr.pl. seicelle *f. pl.* **Sey|chel|len|nuss** f. *(-,-nüsse)* noce *f.* delle Maldive.

se|zer|nie|ren tr. MED. BIOL. secernere.

Se|zes|si|on f. *(-,-en)* **1** secessione *f.* **2** ART. Secessione *f.* **Se|zes|sio|nist** m. *(-en,-en)* POL. ART. secessionista *m.* **se|zes|sio|nis|tisch** agg. secessionistico. **Se|zes|si|ons|krieg** m. *(-[e]s,-e)* guerra *f.* di secessione.

se|zie|ren tr. MED. sezionare, dissezionare; FIG. ***ein Gedicht ~*** dissezionare una poesia. **Se|zier|mes|ser** n. *(-s,-)* coltello *m.* anatomico.

Se|zier|saal m. *(-[e]s,-säle)* sala *f.* anatomica.
s-för|mig agg. a forma di S.
Sfor|zan|do n. *(-s,-s* e *Sforzandi)*, **Sfor|za|to** n. *(-s,-s* e *Sforzati)* MUS. sforzando *m.*
sfr, SVIZZ. **sFr.** ⇒ *Franken* franco svizzero (CHF).
Shake ['ʃeɪk] m. *(-s,-s)* **1** *(Mixgetränk)* cocktail *m.* **2** *(Tanz)* shake *m.* **Sha|ker** ['ʃeɪkə] m. *(-s,-)* shaker *m.*
shakes|pea|risch agg. shakespeariano, scespiriano.
Sham|poo(n) [ʃɛm'pu:, ʃam'po:n] n. *(-s,-s)* shampoo *m.* **sham|poo|nie|ren** tr. ***das Haar ~*** fare lo shampoo (ai capelli), lavare i capelli (con lo shampoo).
Shan|tung ['ʃantʊn] m. *(-,-s)* shantung *m.*, sciantung *m.*
She|riff ['ʃɛrɪf] m. *(-s,-s)* sceriffo *m.* **She|riff|stern** m. *(-[e]s,-e)* stella *f.* da, di sceriffo.
Sher|pa ['ʃɛrpa] m. *(-s,-s)* sherpa *m.*
Sher|ry ['ʃɛrɪ] m. *(-s,-s)* sherry *m.*
Shet|land ['ʃɛtlənd] m. *(-[s],-s)* (lana *f.*) shetland *m.* **Shet|land|in|seln** pl. isole *f.pl.* Shetland. **Shet|land|wol|le** f. *(-)* lana *f.* shetland.
Shil|ling ['ʃɪlɪŋ] m. *(-s,-s)* scellino *m.* (inglese).
Shirt [ʃə:t] n. *(-s,-s)* T-shirt *f.*, maglietta *f.*
Shop|ping ['ʃɔpɪŋ] n. *(-s,-s)* shopping *m.* **Shop|ping|cen|ter** [-sɛntɐ] n. *(-s,-)* shopping center *m.*, centro *m.* commerciale.
Shorts [ʃɔrts, ʃɔ:ts] pl. shorts *m.pl.*, pantaloncini *m.pl.* corti.
Show [ʃoʊ] f. *(-,-s)* show *m.* ◆ ***eine ~ abziehen, machen*** mettersi in mostra; ***jdm die ~ stehlen*** rubare la scena a qcn. **Show|busi|ness** [-biznis] n. *(-)* show business *m.* **Show|ge|schäft** n. *(-[e]s)* show business *m.* **Show|girl** [-gø:ɐl] n. *(-s,-s)* showgirl *f.* **Show|man** [-mən] m. *(-s,-men)* showman *m.*
Shred|der ['ʃrɛdɐ] m. *(-s,-)* trituratore *m.* (di auto).
Shrimp m. *(-s,-s)* gamberetto *m.*
Shunt [ʃant] m. *(-s,-s)* shunt *m.*
Shut|tle [ʃʌtl] m. *(-s,-s)* shuttle *m.*
Si|am n.pr.n. *(-s)* Siam *m.* **Si|a|me|se** m. *(-n,-n)* siamese *m.* **Si|a|me|sin** f. *(-,-nen)* siamese *f.* **si|a|me|sisch** agg. siamese. **Si|am|kat|ze** f. *(-,-n)* gatto *m.* siamese.
Si|bi|lant m. *(-en,-en)* LING. sibilante *f.*
Si|bi|rer m. *(-s,-)* siberiano *m.* **Si|bi|ri|en** n.pr.n. *(-s)* Siberia *f.* **Si|bi|ri|er** m. *(-s,-)* → **Sibirer. si|bi|risch** agg. siberiano ◆ ***-e Kälte*** freddo polare.
Si|byl|la n.pr.f. Sibilla *f.* **Si|byl|le** f. *(-,-n)* sibilla *f.* **si|byl|len|haft, si|byl|li|nisch** agg. sibillino.
sich I pron.rifl. dat. e acc. (nom. **er, sie, es, Sie**) **1** si, sé, a sé: ***er versteckte ~ (nicht)*** (non) si nascose; ***er schadet ~ selbst*** nuoce a se stesso; ***~ etw. kaufen*** comprarsi qcs. **2** *(in Verbindung mit einer Präposition)* sé: ***außer ~ sein*** essere fuori di sé; ***die Schuld auf ~ nehmen*** prendere la colpa su di sé; ***Geld bei ~ haben*** avere del denaro con sé; ***von ~ reden machen*** far parlare di sé **3** *(unpersönlich gebraucht)* si: ***es läuft ~ gut mit diesen Schuhen*** si cammina bene con queste scarpe **II** pl. *(einander)* si: ***sie begegnen ~ oft*** si incontrano spesso; ***sie teilen den Gewinn unter ~*** spartiscono il guadagno tra di loro; ***sie trösteten ~ gegenseitig*** si consolarono a vicenda (*o* l'un l'altro) ◆ ***das Ding an ~*** la cosa in sé; ***an (und für) ~*** in sé (e per sé), di per sé; ***etw. an ~ haben*** avere un particolare modo di fare; ***an ~ halten*** trattenersi a fatica; ***nichts auf ~ haben*** non avere importanza, non significare niente; ***aus ~ herausgehen*** aprirsi; ***nicht (ganz) bei ~ sein*** non essere del tutto in sé; ***für ~*** da solo, per conto proprio; ***das hat etw. für ~*** sembra convincente; ***etw. hinter ~ bringen*** terminare qcs.; ***dieses Stickmuster hat es in ~*** questo disegno di maglia è piuttosto complicato; ***diese Soße hat es in ~*** questa salsa è molto piccante; ***von ~ aus*** da solo, di propria volontà; ***etw. vor ~ haben*** avere qcs. da fare; ***wieder zu ~ kommen*** tornare in sé, rinvenire.
Si|chel f. *(-,-n)* falce *f.*: ***Gras mit der ~ schneiden*** tagliare l'erba con la falce; FIG. ***die ~ des Mondes*** la falce della luna. **si|chel|för|mig** agg. a forma di falce, falcato, falciforme. **Si|chel|hieb** m. *(-[e]s,-e)* falciata *f.* **si|cheln** tr. falciare. **Si|chel|wa|gen** m. *(-s,-)* STOR. carro *m.* falcato.
si|cher I agg. sicuro: ***eine -e Stelle*** un posto sicuro; *(zuverlässig)* ***etw. aus -er Quelle wissen*** sapere qcs. da fonte sicura; ***ein -er Beweis*** una prova sicura, certa; *(keinen Fehler machend)* ***ein -es Urteil*** un giudizio sicuro; ***eine -e Hand*** una mano sicura; *(gewiss)* ***einer Sache ~ sein*** essere sicuro di una cosa; ***des Erfolges ~*** sicuro del successo; ***seiner selbst sehr ~ sein*** essere molto sicuro di sé; ***nicht ganz ~ sein, dass...*** non essere del tutto sicuro che...; ***es ist ~, dass er kommt*** è certo che verrà **II** avv. **1** sicuramente: ***da lässt sich ~ etw. machen*** si può sicuramente fare qcs.; ***das ist ~ falsch*** è sicuramente sbagliato **2** in modo sicuro, con sicurezza: ***~ Auto fahren*** guidare l'auto in modo sicuro; ***sehr ~ spielen*** suonare in modo molto sicuro; ***~ wirkend*** di sicuro effetto, a effetto sicuro **3** al sicuro: ***das Geld ~ aufbewahren*** tenere i soldi al sicuro; ***dort fühlte er sich ~*** là si sentiva al sicuro ◆ ***am -sten*** (o ***das Sicherste) wäre es, wenn du...*** sarebbe più sicuro, se tu...; ***~ auftreten*** essere disinvolto; ***ein -es Auftreten*** disinvoltura; ***nicht mehr auf -en Beinen stehen*** non essere più sicuro sulle gambe; ***einen -en Geschmack haben*** avere buon gusto; ***sich in -em Abstand halten*** tenersi a distanza di sicurezza; ***seiner Sache ~ sein*** essere sicuro del fatto suo; ***so viel ist ~, dass*** fatto sta che; ***vor Dieben, Feinden ~ sein*** essere al sicuro dai ladri, dai nemici; ***~ vor Regen*** riparato dalla pioggia; PROV. ***~ ist ~*** la prudenza non è mai troppa.
si|cher‿ge|hen intr. *(ging, gegangen;* aus. *sein)* andare sul sicuro: ***~ wollen und nichts dem Zufall überlassen*** voler andare sul sicuro e non lasciare niente al caso.
Si|cher|heit f. *(-,-en)* **1** sicurezza *f.*: ***die öffentliche, soziale, internationale, innere ~*** la sicurezza pubblica, sociale, internazionale, interna; ***das bietet keine ~*** questo non offre alcuna sicurezza; *(Gewissheit)* ***ich kann es nicht mit ~ sagen*** non posso dirlo con sicurezza; *(Selbstbewusstsein)* ***~ im Benehmen*** sicurezza nel comportamento **2** ECON. garanzia *f.*, cauzione *f.*: ***-en geben, leisten*** dare, fornire garanzie; ***-en fordern, verlangen*** chiedere, esigere garanzie; ***zur Leistung einer ~ verpflichtet sein*** essere tenuto a dare una garanzia ◆ ***jdn in ~ bringen, setzen*** mettere qcn. al sicuro; ***in ~ sein*** essere al sicuro; ***sich in ~ wähnen*** credersi al sicuro; ***mit an ~ grenzender Wahrscheinlichkeit*** con ogni probabilità; ***sich in ~ wiegen*** dormire fra due guanciali.
Si|cher|heits|ab|stand m. *(-[e]s,-abstände)* distanza *f.* di sicurezza: ***den ~ einhalten*** mantenere la distanza di sicurezza. **Si|cher|heits|be|auf|trag|te** m. e f. *(-n,-n)* addetto *m.* (-a *f.*) alla sicurezza (in un'azienda). **Si|cher|heits|be|hör|de** f. *(-,-n)* autorità *f.pl.* di polizia. **Si|cher|heits|be|stim|mung** f. *(-,-en)* disposizione *f.* di sicurezza. **Si|cher|heits|bin|dung** f. *(-,-en)* attacco *m.* di sicurezza (degli sci). **Si|cher|heits|dienst** m. *(-[e]s)* servizio *m.* di sicurezza. **Si|cher|heits|fach** n. *(-[e]s,-fächer)* scomparto *m.* segreto. **Si|cher|heits|fak|tor** m. *(-s,-en)* grado *m.* (*o* coefficiente *m.*) di sicurezza. **Si|cher|heits|far|be** f. *(-)* colore *m.* chiaramente visibile (per motivi di sicurezza). **Si|cher|heits|film** m. *(-[e]s,-e)* pellicola *f.* di sicurezza. **Si|cher|heits|glas** n. *(-es)* vetro *m.* di sicurezza. **Si|cher|heits|grün|de** pl. motivi *m.pl.* di sicurezza: ***aus -n*** per motivi di sicurezza. **Si|cher|heits|gurt** m. *(-[e]s,-e)* cintura *f.* di sicurezza: ***den ~ anlegen, abnehmen, lösen*** mettere (*o* allacciare), togliere, sganciare la cintura di sicurezza. **si|cher|heits|hal|ber** avv. per sicurezza, per precauzione, a ogni buon conto. **Si|cher|heits|kett|chen** n. *(-s,-)* catenella *f.* di sicurezza (di gioielli). **Si|cher|heits|ket|te** f. *(-,-n)* catena *f.*: ***die ~ vor die Tür legen*** mettere la catena alla porta. **Si|cher|heits|kräf|te** pl. forze *f.pl.* dell'ordine. **Si|cher|heits|lam|pe** f. *(-,-n)* lampada *f.* di sicurezza, da minatore. **Si|cher|heits|leis|tung** f. *(-)* prestazione *f.* di garanzia. **Si|cher|heits|maß|nah|me, Si|cher|heits|maß|re|gel** f. *(-,-n)* misura *f.* di sicurezza. **Si|cher|heits|na|del** f. *(-,-n)* spilla *f.* di sicurezza (*o* da balia). **Si|cher|heits|norm** f. *(-,-en)* norma *f.* di sicurezza. **Si|cher|heits|po|li|zei** f. *(-)* **1** polizia *f.* **2** STOR. Gestapo *f.* **Si|cher|heits|rat** m. *(-[e]s)* consiglio *m.* di sicurezza. **Si|cher|heits|ri|si|ko** n. *(-s,-risiken)* COLLOQ. pericolo *m.* pubblico. **Si|cher|heits|schloss** n. *(-es,-schlösser)* serratura *f.* di sicurezza. **Si|cher|heits|schwel|le** f. *(-,-n)* soglia *f.* di sicurezza. **Si|cher|heits|ven|til** n. *(-s,-e)* valvola *f.* di sicurezza. **Si|cher|heits|ver|schluss** m. *(-es,-verschlüsse)* chiusura *f.* di sicurezza, sicura *f.*: ***der ~ einer Brosche*** la sicura di una spilla. **Si|cher|heits|ver|wah|rung** f. *(-,-en)* → **Sicherungsverwahrung. Si|cher|heits|vor|keh|rung** f. *(-,-en)* provvedimento *m.* (*o* disposizione *f.*) di sicurezza. **Si|cher|heits|vor|schrift** f. *(-,-en)* norma *f.* di sicurezza.
si|cher|lich avv. sicuramente, di sicuro.
si|chern I tr. **1** assicurare, fissare, fermare: ***die Fensterläden ~*** assicurare le persiane **2** rendere sicuro: ***die Grenzen ~*** rendere sicuri i confini **3** *(verschaffen)* assicurare, garantire: ***dem Sohn die Nachfolge ~*** assicurare la successione al figlio; ***den Kindern finanziell die Zukunft ~*** assicurare finanziariamente il futuro ai propri figli; ***die neue Bestzeit wird ihm den Sieg ~*** il nuovo miglior tempo gli assicurerà la vittoria **4** *(festigen)* consolidare: ***seine Position ~*** consolidare la propria posizione **5** *(Schusswaffen)* mettere la sicura **6** mettere al sicuro: ***am Tatort Spuren ~*** mettere al sicuro le prove raccolte sul luogo del delitto **7** MIL. coprire, proteggere: ***den Rückzug ~*** coprire la ritirata **II** intr. *(wittern;* aus. *haben)* fiutare il vento **III** rifl. **1** ***sich (D) etw. ~*** assicurarsi qcs.; ***sich einen guten Platz, ein Recht ~*** assicurarsi un buon posto, un diritto **2** ***sich (A) gegen, vor etw. ~*** assicurarsi, cautelarsi contro qcs. **3** ALP. assicurarsi.
si|cher‿stel|len tr. **1** *(in Sicherheit bringen)* mettere al sicuro

2 *(behördlich beschlagnahmen)* sequestrare: ***Diebesgut ~*** sequestrare la refurtiva 3 *(gewährleisten)* assicurare, garantire: ***die Versorgung mit Rohstoffen ~*** garantire la distribuzione di materie prime 4 *(beweisen)* provare, dimostrare: ***durch eine Analyse etw. ~*** dimostrare qcs. attraverso un'analisi. **Si|cher|stel|lung** f. *(-,-en)* 1 *(Beschlagnahmung)* sequestro *m.* 2 *(Gewährleistung)* assicurazione *f.*, garanzia *f.*

Si|che|rung f. *(-,-en)* 1 *(Schutz)* assicurazione *f.*, tutela *f.*, salvaguardia *f.*: ***die ~ der Arbeitsplätze, des Friedens*** la tutela dei posti di lavoro, la salvaguardia della pace 2 MIL. *(Deckung)* copertura *f.*, protezione *f.* 3 ECON. *(Sicherheit)* garanzia *f.*, cauzione *f.* 4 fusibile *m.*: ***die ~ ist durchgebrannt*** il fusibile è bruciato 5 *(von Schusswaffen)* sicura *f.* 6 interruttore *m.* di sicurezza, salvavita *m.*: ***die ~ ist herausgesprungen*** è saltato il salvavita ◆ COLLOQ. ***ihm ist die, eine ~ durchgebrannt*** gli ha dato di volta il cervello. **Si|che|rungs|ab|tre|tung** f. *(-,-en)* cessione *f.* a titolo di garanzia. **Si|che|rungs|ge|ber** m. *(-s,-)* cedente *m.* (di cosa) a titolo di garanzia. **Si|che|rungs|hy|po|thek** f. *(-,-en)* ipoteca *f.* di garanzia (*o* cauzionale). **Si|che|rungs|kas|ten** m. *(-,-kästen)* quadro *m.* dei fusibili, valvoliera *f.* **Si|che|rungs|neh|mer** m. *(-s,-)* cessionario *m.* di cosa data in garanzia. **Si|che|rungs|über|eig|nung** f. *(-,-en)* cessione *f.* (*o* trasferimento *m.*) a titolo di garanzia. **Si|che|rungs|ver|wah|rung** f. *(-,-en)* carcerazione *f.* preventiva.

Sich|ler m. *(-s,-)* mignattaio *m.*, REGION. falcinello *m.*, gallina *f.* giudea.

Sicht f. *(-)* 1a *(Sichtweite)* vista *f.*: ***Land in ~!*** terra in vista; ***außer ~*** uscito dalla vista, fuori vista **b** COLLOQ. FIG. ***etw. ist in ~*** c'è qcs. in vista; ***da ist nichts in ~*** non c'è niente in vista 2 visibilità *f.*, visuale *f.*: ***gute, freie ~ haben*** avere una buona visibilità; ***eine ~ von 200 Metern*** una visibilità di 200 metri; ***die ~ beträgt 50 Meter*** la visibilità è di 50 metri; ***die ~ bessert, verschlechtert sich*** la visibilità migliora, peggiora; ***jdm die ~ verstellen, versperren, nehmen*** impedire, togliere la visuale a qcn. 3 *(Betrachtungsweise)* punto *m.* di vista, modo *m.* di vedere: ***aus, in meiner ~*** dal mio punto di vista, a mio modo di vedere 4 COMM. vista *f.*: ***ein Wechsel auf ~*** una cambiale pagabile a vista; ***Fälligkeit bei ~*** scadenza a vista; ***zwei Monate nach ~ zahlbar*** pagabile a due mesi vista ◆ ***auf lange, weite, kurze ~*** a lunga, breve scadenza.

sicht|bar I agg. 1 visibile: ***die -e Welt*** il mondo visibile 2 *(deutlich)* evidente: ***-e Fortschritte*** progressi evidenti II avv. visibilmente: ***sich ~ bessern*** migliorare visibilmente ◆ ***etw. ~ machen*** chiarire, visualizzare qcs.; ***~ werden*** manifestarsi, palesarsi. **Sicht|bar|keit** f. *(-)* 1 visibilità *f.* 2 *(Deutlichkeit)* evidenza *f.*

Sicht|be|reich m. *(-[e]s,-e)* campo *m.* visivo. **Sicht|be|ton** m. *(-s)* calcestruzzo *m.* a vista. **Sicht|blen|de** f. *(-,-n)* paravento *m.* **Sicht|ein|la|ge** f. *(-,-n)* BANC. deposito *m.* a vista.

sich|ten tr. 1 avvistare, scorgere: ***am Horizont etw. ~*** avvistare qcs. all'orizzonte 2a *(durchsehen)* esaminare, vagliare: ***die Unterlagen ~*** esaminare la documentazione **b** *(ordnen)* ordinare, classificare: ***das Material für seine Arbeit ~*** classificare il materiale per il proprio lavoro. **Sich|ten** n. *(-s)* → **Sichtung.**

Sicht|flug m. *(-[e]s,-flüge)* volo *m.* a vista. **Sicht|ge|schäft** n. *(-[e]s,-e)* COMM. affare *m.* a vista. **Sicht|gren|ze** f. *(-,-n)* limite *m.* di visibilità. **Sicht|gut|ha|ben** n. *(-s,-)* deposito *m.* a vista.

sich|tig agg. limpido, chiaro: ***bei -em Wetter*** con il sereno. **Sich|tig|keit** f. *(-)* MAR. visibilità *f.*

Sicht|kar|te f. *(-,-n)* tessera *f.*, abbonamento *m.* (per mezzi pubblici).

sicht|lich I agg. visibile, evidente: ***mit -er Freude*** con gioia evidente II avv. visibilmente, evidentemente: ***er war ~ erstaunt*** era visibilmente sorpreso.

Sicht|nä|he f. *(-)* visibilità *f.* a occhio nudo ◆ ***in ~ rücken*** diventare visibile a occhio nudo. **Sicht|tag** m. *(-[e]s,-e)* COMM. giorno *m.* di presentazione (di una cambiale).

Sich|tung f. *(-,-en)* 1 avvistamento *m.* 2a *(Sortierung)* esame *m.*, cernita *f.* **b** *(Ordnen)* classificazione *f.*

Sicht|ver|hält|nis|se pl. condizioni *f.pl.* di visibilità. **Sicht|ver|merk** m. *(-[e]s,-e)* visto *m.*: ***mit ~ versehen*** apporre il visto, vidimare. **Sicht|wech|sel** m. *(-s,-)* cambiale *f.* a vista. **Sicht|wei|se** f. *(-,-n)* modo *m.* di vedere, di giudicare. **Sicht|wei|te** f. *(-,-n)* vista *f.*, portata *f.* (dell'occhio): ***in, außer ~*** a, fuori vista, portata d'occhio. **Sicht|wer|bung** f. *(-)* pubblicità *f.* visiva. **Sicht|win|kel** m. *(-s,-)* angolo *m.* di visibilità.

Si|cke f. *(-,-n)* 1 nervatura *f.*, rilievo *m.* 2 *(Kehlung)* scanalatura *f.* **si|cken** tr. eseguire una nervatura, un rilievo.

Si|cker|an|la|ge f. *(-,-n)* impianto *m.* di scarico, di drenaggio. **Si|cker|gru|be** f. *(-,-n)* pozzo *m.* nero. **si|ckern** intr. (aus. *sein*) filtrare, trapelare (anche FIG.): ***das Regenwasser sickert in den sandigen Boden*** l'acqua piovana filtra nel terreno sabbioso; FIG. ***die bevorstehende Verhaftung des Ministers war in die Presse gesickert*** l'arresto imminente del ministro era trapelato alla stampa. **Si|cker|schacht** m. *(-[e]s,-schächte)* pozzo *m.* filtrante, di drenaggio. **Si|cker|was|ser** n. *(-s)* acqua *f.* filtrante, d'infiltrazione.

si|de|risch agg. siderale, sidereo: ***der -e Tag*** il giorno siderale; ***die -e Umlaufzeit*** la rivoluzione siderale.

sie pron.pers. I f. (gen. **ihrer**, dat. **ihr**, acc. **sie**) 1 *(oft ausgelassen)* ella, essa, lei: ***geht ~ heute zur Schule?*** va a scuola oggi? ***wer erinnert sich noch ihrer?*** chi si ricorda ancora di lei? ***~ selbst*** ella (*o* lei) stessa; ***da ist ~ ja!*** eccola! 2 *(von Sachen und Tieren; meist ausgelassen)* essa, esso: ***steht die Mauer noch? Nein, ~ wurde abgerissen*** c'è ancora il muro? No, è stato demolito 3 ANT. *(Anrede an eine Untergebene)* tu: ***hat Sie Ihre Arbeit erledigt?*** hai svolto il tuo lavoro? II pl. (gen. **ihrer**, dat. **ihnen**, acc. **sie**) 1 *(oft ausgelassen)* essi *m.pl.*, esse *f.pl.*, loro *m.pl.* e *f.pl.*: ***~ sind gerade angekommen*** sono appena arrivati; ***~ sind es, die an mich herangetreten sind*** sono loro che mi hanno avvicinato; ***die Verantwortung tragen ~*** la responsabilità è loro; ***da sind ~ ja!*** eccoli! 2 COLLOQ. *(bei unpersönlichen Ausdrücken, unübersetzt)*: ***~ haben mir meine Uhr gestohlen*** mi hanno rubato l'orologio.

1.Sie pron.pers.pl. (gen. **Ihrer**, dat. **Ihnen**, acc. **Sie**) *(oft ausgelassen und in Briefen groß geschrieben)* 1 lei, BUROCR. Ella: ***~ sind wirklich nett, Herr Schultz*** lei è molto gentile, signor Schultz; ***aber, ich bitte ~!*** ma la prego! 2 *(in Bezug auf mehrere Leute)* voi, BUROCR. Loro: ***hätten ~ gern eine Tasse Kaffee?*** desiderate una tazza di caffè? COMM. ***wir danken Ihnen im Voraus*** Vi ringraziamo anticipatamente ◆ ***das förmliche ~*** il lei formale; ***zu jdm ~ sagen*** dare del lei a qcn.; SCHERZ. ***zu dem Kuchen, Fleiß muss man ~ sagen!*** questo è un signor dolce, questo sì che è zelo!

2.Sie f. *(-,-s)* COLLOQ. lei *f.*: ***ein Er und eine ~*** un lui e una lei; *(Tier)* femmina *f.*: ***der Kanarienvogel ist eine ~*** questo canarino è (una) femmina.

Sieb n. *(-[e]s,-e)* 1 setaccio *m.*, ANT. crivello *m.* vaglio *m.* 2 *(für Flüssigkeiten)* colino *m.*: ***etw. durch ein ~ gießen*** colare qcs. 3 TIP. tela *f.* 4 TECN. *(für Flüssigkeiten)* filtro *m.* ◆ ***jdn wie ein ~ durchlöchern*** ridurre qcn. un colabrodo; COLLOQ. ***ein Gedächtnis wie ein ~ haben*** avere la memoria che fa acqua; ***etw. durch ein ~ rühren*** → ***etw. durch ein ~ streichen; Wasser in ein, mit einem ~ schöpfen*** vuotare il mare con un ditale; ***etw. durch ein ~ streichen*** passare al setaccio qcs. **sieb|ähn|lich, sieb|ar|tig** agg. (forato o bucherellato) come un setaccio, cribroso.

Sieb|bein n. *(-[e]s,-e)* ANAT. etmoide *m.*

Sieb|druck m. *(-[e]s,-e)* serigrafia *f.* **Sieb|druck|ver|fah|ren** n. *(-s)* procedimento *m.* serigrafico.

1.sie|ben tr. 1 setacciare 2 *(Flüssigkeiten)* colare, filtrare 3 FIG. passare al setaccio, selezionare.

2.sie|ben agg.inv. sette: ***es sind gerade ~ Jahre*** sono appena sette anni; ***es waren ihrer ~*** erano in sette; ***in ~ Tagen*** fra sette giorni; ***mit der Linie ~ fahren*** prendere il sette (linea del tram o del bus) 2 *(sieben Uhr)* le sette, le ore sette: ***gegen ~ Uhr*** verso le sette; ***um ~ Uhr*** alle sette; ***es war, schlug halb ~*** erano, battevano le sei e mezza; ***ein Viertel vor (o*** RAR. ***auf), nach ~*** le sette meno un quarto (*o* un quarto alle sette), le sette e un quarto ◆ COLLOQ. REGION. ***seine ~ Sachen packen*** raccogliere i propri quattro stracci; ***jdm, für jdn ein Buch mit ~ Siegeln sein*** essere un mistero per qualcuno; ***die ~ Todsünden*** i sette peccati (*o* vizi) capitali; ***die ~ Zwerge*** i sette nani.

Sie|ben f. *(-,-)* 1a sette *m.*: ***die ~ ist eine heilige Zahl*** il sette è un numero sacro **b** COLLOQ. *(Straßenbahn, Bus)* ***die ~*** il sette: ***wo hält die ~?*** dove ferma il sette? 2 *(Spielkarte)* sette *m.*: ***die ~ ablegen*** scartare il sette ◆ COLLOQ. ANT. ***die böse ~*** = strega *f.*

sie|ben|ar|mig agg. a sette braccia.

Sie|ben|bür|gen n.pr.n. *(-s)* Transilvania *f.* **Sie|ben|bür|ger** m. *(-s,-)* transilvano *m.* **sie|ben|bür|gisch** agg. transilvano.

Sie|ben|eck n. *(-[e]s,-e)* ettagono *m.* **sie|ben|eckig** agg. ettagonale. **sie|ben|ein|halb** agg.inv. sette e mezzo. **sie|be|ner|lei** I agg.inv. sette... (diversi) II pron. sette cose *f.pl.* (diverse).

sie|ben|fach I agg. settuplo, di sette volte II avv. sette volte: ***etw. ~ vergrößern*** ingrandire qcs. sette volte. **Sie|ben|fa|che** n. *(-n)* settuplo *m.*, sette volte *f.pl.*: ***etw. um das ~ erhöhen*** aumentare qcs. sette volte tanto (*o* sette volte). **sie|ben|ge|scheit** agg. SCHERZ. sapientone. **Sie|ben|ge|stirn** n. *(-s)* ASTR. Pleiadi *f.pl.* **sie|ben|hun|dert** agg.inv. settecento. **sie|ben|jäh|rig** agg. di sette anni, settennale; ***der Siebenjährige Krieg*** la guerra dei sette anni. **sie|ben|köp|fig** agg. 1 di sette persone 2 a sette teste: ***ein -es Ungeheuer*** un mostro a, dalle sette teste. **Sie|ben|ling** m. *(-s,-e)* gemello *m.* (di sette).

sie|ben|mal avv. sette volte. **sie|ben|ma|lig** agg. che avviene sette volte.

Sie|ben|mei|len|schritt m. *(-[e]s,-e)* passo *m.* da gigante: ***-e machen*** fare passi da gigante; FIG. ***die Inflation schreitet mit -en fort*** l'inflazione avanza a passi da gigante. **Sie|ben|mei|len|stie|fel** pl. stivali *m.pl.* delle sette leghe.
Sie|ben|me|ter m. *(-s,-)* SPORT punizione *f.*, tiro *m.* dai sette metri.
sie|ben|mo|na|tig agg. di sette mesi. **sie|ben|mo|nat|lich I** agg. che avviene (*o* ricorre) ogni sette mesi **II** avv. ogni sette mesi. **Sie|ben|mo|nats|kind** n. *(-[e]s,-er)* bambino *m.* nato di sette mesi, settimino *m.*
sie|ben|pfün|dig agg. tre chili e mezzo; *(in Großbritannien)* sette libbre. **sie|ben|pro|zen|tig** agg. al, del sette per cento. **Sie|ben|punkt** m. *(-[e]s,-e)* coccinella *f.* **Sie|ben|sa|chen** pl. quattro cose *f.pl.*, quattro stracci *m.pl.*: ***seine ~ packen, zusammensuchen*** raccogliere i propri quattro stracci. **Sie|ben|schlä|fer** m. *(-s,-)* **1** ghiro *m.* **2** *(in der Volkstradition)* giorno *m.* dei sette dormienti (27 giugno). **Sie|ben|stern** m. *(-[e]s,-e)* BOT. trientale *f.* **sie|ben|stünd|lich I** agg. che avviene ogni sette ore; ***in -en Abständen*** a intervalli di sette ore **II** avv. ogni sette ore.
sie|bent ANT. → **siebt.**
Sie|ben|ta|ge|fie|ber n. *(-s)* febbre *f.* rompiossa, MED. dengue *f.* **sie|ben|tä|gig** agg. di sette giorni. **sie|ben|täg|lich I** agg. che avviene (*o* si ripete) ogni sette giorni **II** avv. ogni sette giorni.
sie|ben|tau|send agg.inv. settemila.
sie|ben|te → **siebte.**
sie|ben|tei|lig agg. (diviso) in sette parti.
sie|ben|tel → **siebtel. Sie|ben|tel** → **Siebtel.**
sie|ben|tens → **siebtens.**
sie|ben|und|ein|halb agg.inv. rafforz. → **siebeneinhalb. sie|ben|wö|chig** agg. di sette settimane. **Sie|ben|zahl** f. *(-)* numero *m.* sette.
Sieb|ket|te f. *(-,-n)* filtro *m.* a catena. **Sieb|ma|cher** m. *(-[e]s,-)* stacciaio *m.*, vagliaio *m.* **Sieb|ma|schi|ne** f. *(-,-n)* vaglio *m.* meccanico. **Sieb|plat|te** f. *(-,-n)* ANAT. lamina *f.* cribrosa. **Sieb|röh|re** f. *(-,-n)* BOT. tubo *m.*, vaso *m.* cribroso.
siebt, ***zu ~*** in sette.
sieb|te agg. **1** settimo: ***der ~ Tag*** il settimo giorno **2** *(im Datum)* sette: ***Dresden, den -n Juni*** Dresda, sette giugno; ***am -n Juni*** il sette giugno ◆ ***im -n Himmel sein, sich im -n Himmel fühlen*** essere, sentirsi al settimo cielo. **Sieb|te** m. e f. *(-n,-n)* **1** settimo *m.* (-a *f.*): ***Klemens der ~*** Clemente VII; ***die ~*** la Settima (sinfonia) **2** *(als Monatstag)* sette *m.*: ***heute ist der ~*** oggi è il sette.
sieb|tel agg.inv. settimo. **Sieb|tel** n. e SVIZZ. m. *(-s,-)* settimo *m.*: ***zwei, drei ~*** due, tre settimi. **sieb|tens** avv. in settimo luogo.
sieb|zehn agg.inv. diciassette. **sieb|zehn|hun|dert** agg.inv. millesettecento. **Sieb|zehn|und|vier** n. *(-)* GIOC. ventuno *m.*
sieb|zig agg.inv. **1** *(Zahl)* settanta. **2** *(Alter)* settanta *m.pl.*, settantina *f.*: ***in die ~ kommen*** arrivare ai settanta; ***Ende (der) ~*** alla fine dei settanta; ***er ist an die ~*** è sulla settantina. **Sieb|zig** f. *(-,-en)* settanta *m.* **sieb|zi|ger** agg.inv. settanta: ***in den ~ Jahren*** negli anni settanta; ***nahe den ~ Jahren sein*** esse vicino ai settanta ◆ ***ein ~ Jahrgang*** un vino del settanta. **Sieb|zi|ger** m. *(-s,-)* **1** settantenne *m.* **2** pl. *(Siebzigerjahre)* settanta *m.pl.* **3** *(Wein)* vino *m.* del settanta. **Sieb|zi|ge|rin** f. *(-,-nen)* settantenne *f.* **Sieb|zi|ger|jah|re** → **siebziger. sieb|zig|jäh|rig** agg. di settant'anni; *(von Menschen)* settantenne.
sieb|zigs|te agg. settantesimo. **sieb|zigs|tel** agg.inv. settantesimo, settantesima parte (di). **Sieb|zigs|tel** n. e SVIZZ. m. *(-s,-)* settantesimo *m.*, settantesima parte *f.*
siech agg. infermo, malato (cronico). **Siech|bett** n. *(-[e]s,-en)* ANT. capezzale *m.* **sie|chen** intr. (aus. *haben*) ANT. essere (*o* giacere) infermo. **Sie|chen|haus** n. *(-es,-häuser)* ANT. cronicario *m.* **Siech|tum** n. *(-s)* malattia *f.* cronica.
Sie|de|druck m. *(-[e]s,-drücke)* pressione *f.* di ebollizione. **Sie|de|grad** m. *(-[e]s,-e)* RAR. → **Siedepunkt.**
sie|deln intr. (aus. *haben*) stabilirsi (come colono), insediarsi.
sie|den *(sott/siedete, gesotten/gesiedet)* **I** intr. (aus. *haben*) bollire: ***Wasser siedet bei 100° C*** l'acqua bolle a 100° C; REGION. ***der Reis muss noch ein paar Minuten ~*** il riso deve ancora bollire (*o* cuocere) un paio di minuti **II** tr. **1** REGION. *(zum Kochen bringen)* bollire, far bollire: ***die Milch ~*** far bollire il latte **2** *(im Wasser kochen)* lessare, bollire: ***das Fleisch ~*** lessare la carne; ***Eier ~*** fare le uova sode **3** ANT. *(durch Erhitzen herstellen)* ***Seife, Leim ~*** fare il sapone, la colla ◆ ***vor Wut ~*** ribollire di rabbia. **Sie|den** n. *(-s)* **1** bollitura *f.*: ***das ~ dauert 10 Minuten*** la bollitura dura 10 minuti **2** ebollizione *f.*: ***eine Flüssigkeit zum ~ bringen*** portare un liquido ad ebollizione.
sie|dend p. pres. agg. → **sieden** ◆ ***~ heiß*** bollente, scottante; ***mir fiel ~ heiß ein, es überfiel mich ~ heiß, dass...*** rabbrividii al pensiero di...; ***-e Hitze*** caldo torrido.
Sie|de|punkt m. *(-[e]s)* punto *m.* di ebollizione ◆ FIG. ***auf den ~ steigen*** giungere all'esasperazione. **Sie|der** m. *(-s,-)* **1** *(Tauchsieder)* scaldaacqua *m.* a immersione **2** TECN. *(Kessel)* bollitore *m.* **3** ANT. *(Salzsieder)* salinaio *m.* **4** *(Seifensieder)* saponaio *m.* **Sie|de|tem|pe|ra|tur** f. *(-,-en)* temperatura *f.* di ebollizione. **Sie|de|was|ser|re|ak|tor** m. *(-s,-en)* reattore *m.* a ebollizione.
Sied|ler m. *(-s,-)* **1a** colono *m.* **b** *(Gründer einer Siedlung)* colonizzatore *m.* **2** *(Kleingärtner)* proprietario *m.* di un orticello.
Sied|lung f. *(-,-en)* **1** *(Wohnhäusergruppe)* complesso *m.* residenziale **2** *(menschliche Niederlassung)* insediamento *m.*; *(Kolonie)* colonia *f.* **3** ZOOL. colonia *f.* **Sied|lungs|dich|te** f. *(-)* densità *f.* di popolazione. **Sied|lungs|ge|biet** n. *(-[e]s,-e)* zona *f.* d'insediamento; area *f.* di colonizzazione. **Sied|lungs|haus** n. *(-es,-häuser)* casa *f.* di un complesso residenziale.
Sieg m. *(-[e]s,-e)* vittoria *f.*: ***ein glänzender, leichter, knapper ~*** una vittoria strepitosa, facile, di stretta misura; ***einen ~ über jdn erringen, davontragen*** ottenere, riportare una vittoria su qcn. ◆ ***den ~ auskosten*** assaporare la vittoria; ***ein teuer erkaufter ~*** una vittoria a caro prezzo; ***ein ~ nach Punkten*** una vittoria ai punti; ***auf ~ spielen*** giocare per vincere; ***den ~ schon in der Tasche haben*** avere la vittoria in pugno; ***der Wahrheit zum ~ verhelfen*** far trionfare la verità; ***ein ~ im Wahlkampf*** una vittoria elettorale; ***ein 2-zu-0-~*** una vittoria per due a zero.
Sie|gel n. *(-s,-)* sigillo *m.*: ***ein ~ an etw. (D) anbringen, von etw. entfernen*** apporre un sigillo a qcs., rimuovere un sigillo da qcs.; ***ein ~ aufbrechen, öffnen*** rompere, aprire un sigillo; ***das ~ des Präsidenten*** il sigillo presidenziale, del presidente; ***etw. mit einem ~ verschließen, versehen*** chiudere qcs. con un sigillo, sigillare qcs. ◆ ***ein Buch mit sieben -n*** un arcano, un mistero impenetrabile; ***unter dem ~ der Verschwiegenheit*** in gran segreto. **Sie|gel|baum** m. *(-[e]s,-bäume)* sigillaria *f.* **Sie|gel|be|wah|rer** m. *(-s,-)* STOR. guardasigilli *m.* **Sie|gel|bild** n. *(-[e]s,-er)* (impronta *f.* del) sigillo *m.* **Sie|gel|bruch** m. *(-[e]s,-brüche)* DIR. violazione *f.* dei sigilli. **Sie|gel|kun|de** f. *(-)* sfragistica *f.* **Sie|gel|lack** m. *(-s)* ceralacca *f.* **sie|geln** tr. sigillare: ***eine Urkunde, einen Brief ~*** sigillare un documento, una lettera. **Sie|gel|ring** m. *(-[e]s,-e)* anello *m.* (con) sigillo. **Sie|ge|lung** f. *(-,-en)* sigillatura *f.* **Sie|gel|wachs** n. *(-es)* ceralacca *f.*
sie|gen intr. (aus. *haben*) vincere, riportare la vittoria, sconfiggere: ***über jdn ~*** vincere qcn., riportare una vittoria su qcn.; ***der Titelverteidiger hat über den Herausforderer gesiegt*** il detentore del titolo ha sconfitto lo sfidante; ***im Kampf ~*** vincere in battaglia; ***1 zu 0 ~*** vincere uno a zero; ***nach Punkten ~*** vincere ai punti; ***hoch, knapp ~*** vincere ampiamente, di stretta misura. **sie|gend** p.pres. agg. **1** → **siegen 2** vincitore, vittorioso.
Sie|ger m. *(-s,-)* vincitore *m.*: ***jdn zum ~ erklären*** proclamare qcn. vincitore; ***als ~ aus etw. hervorgehen*** risultare vincitore di qcs. ◆ ***~ werden*** vincere; COLLOQ. ***zweiter ~ sein, werden*** essere secondo. **Sie|ger|eh|rung** f. *(-,-en)* (cerimonia *f.* della) premiazione *f.* **Sie|ge|rin** f. *(-,-nen)* vincitrice *f.* **Sie|ger|kranz** m. *(-es,-kränze)* corona *f.* d'alloro, della vittoria. **Sie|ger|lor|beer** m. *(-s,-en)* alloro *m.* della vittoria. **Sie|ger|macht** f. *(-,-mächte)* potenza *f.* vincitrice. **Sie|ger|mann|schaft** f. *(-,-en)* squadra *f.* vincitrice. **Sie|ger|mie|ne** f. *(-,-n)* espressione *f.* di trionfo. **Sie|ger|po|dest** n. *(-[e]s,-e)* podio *m.* (dei vincitori).
sie|ges|be|wusst agg. trionfante. **Sie|ges|bot|schaft** f. *(-,-en)* annuncio *m.* della vittoria. **Sie|ges|fei|er** f. *(-,-n)* celebrazione *f.* della vittoria. **sie|ges|froh** agg. esultante per la vittoria. **Sie|ges|ge|schrei** n. *(-s)* grida *f.pl.* di vittoria. **sie|ges|ge|wiss** agg. → **siegessicher. Sie|ges|lauf** m. *(-[e]s)* marcia *f.* trionfale. **Sie|ges|lor|beer** m. *(-s,-en)* alloro *m.* della vittoria. **Sie|ges|pal|me** f. *(-,-n)* palma *f.* della vittoria. **Sie|ges|preis** m. *(-es,-e)* trofeo *m.* **Sie|ges|rausch** m. *(-es)* ebbrezza *f.* della vittoria. **Sie|ges|säu|le** f. *(-,-n)* colonna *f.* trionfale, della vittoria. **sie|ges|si|cher** agg. sicuro di vincere, certo della vittoria. **Sie|ges|tau|mel** m. *(-s)* → **Siegesrausch. Sie|ges|tor** n. *(-[e]s,-e)* **1** SPORT gol *m.* della vittoria **2** *(Triumphbogen)* arco *m.* di trionfo. **Sie|ges|tref|fer** m. *(-s,-)* colpo *m.* vincente; *(Siegestor)* gol *m.* della vittoria. **sie|ges|trun|ken** agg. ebbro per la vittoria. **Sie|ges|wil|le** m. *(-ns)* volontà *f.* di vincere. **Sie|ges|zug** m. *(-es,-züge)* marcia *f.* trionfale: ***ein unaufhaltsamer ~*** una marcia trionfale inarrestabile; ***den ~ antreten*** iniziare la marcia trionfale.
Sieg|fried n.pr.m. Sigfrido *m.*
sieg|haft agg. **1** ANT. vincitore: ***-e Truppen*** le truppe vincitrici **2** *(siegesbewusst)* trionfante: ***ein -es Lächeln*** un sorriso trionfante. **sieg|los** agg. perdente.
Sieg|lung → **Siegelung.**

Sieg|prä|mie f. *(-,-n)* SPORT premio *m.* partita. **sieg|reich** agg. **1** vittorioso, vincitore **2** *(reich an Siegen)* pieno, ricco di successi. **Sieg|wet|te** f. *(-,-n)* EQUIT. scommessa *f.* **Sieg|wurz** f. *(-,-en)* gladiolo *m.*

sie|ken → **sicken.**

Siel m. e n. *(-[e]s,-e)* **1** scarico *m.* di svaso **2** *(Abwasserkanal)* canale *m.* di scolo.

Sie|le f. *(-,-n)* pettorale *m.* (dei finimenti): FIG. ***in den -n sterben*** morire sulla breccia. **sie|len** REGION. **I** tr. passare al setaccio, setacciare **II** rifl. ***sich in etw. (D) ~*** rigirarsi, rotolarsi in qcs. **Sie|len|ge|schirr** n. *(-[e]s,-e)*, **Sie|len|zeug, Siel|zeug** n. *(-[e]s)* finimenti *m.pl.*

Sie|mens n. *(-)* siemens *m.* **Sie|mens-Mar|tin-O|fen** m. *(-s, -Öfen)* forno *m.* Martin-Siemens. **Sie|mens-Mar|tin-Ver|fah|ren** n. *(-s)* procedimento *m.* Martin-Siemens.

si|e|na agg. inv. color terra di Siena. **Si|e|na** n. *(-s,-)* (color *m.*) terra *f.* di Siena. **Si|e|na|er|de** f. *(-)* terra *f.* di Siena. **si|e|na|far|ben, si|e|na|far|big** agg. color terra di Siena. **Si|e|ne|se** m. *(-n,-n)*, **Si|e|ne|ser** *(-s,-)* senese *m.*

Si|es|ta f. *(-, Siesten)* siesta *f.*: ***eine ~ halten*** fare la siesta.

sie|zen tr. ***jdn ~*** dare del Lei a qcn.

Si|gel n. *(-s,-)* **1** simbolo *m.*, segno *m.* **2** *(Abkürzungszeichen)* abbreviazione *f.*

Sight|see|ing|tour ['saɪtsiːɪŋtuːɐ] f. *(-,-en)* giro *m.* turistico.

Sig|ma|tis|mus m. *(-)* sigmacismo *m.*, sigmatismo *m.*

Sig|nal n. *(-s,-e)* segnale *m.* (anche FERR.): ***ein ~ blasen, funken, geben*** suonare, trasmettere, dare un segnale; ***das ~ steht auf Halt*** il segnale indica l'alt; MIL. ***das ~ zum Rückzug*** il segnale della ritirata; FIG. ***hoffnungsvolle -e*** segnali di speranza ◆ ***-e setzen*** dare l'avvio. **Sig|nal|an|la|ge** f. *(-,-n)* impianto *m.* di segnalazione. **Sig|nal|ball** m. *(-[e]s,-bälle)* MAR. boa *f.* **Sig|nal|buch** n. *([e]-,-bücher)* MAR. codice *m.* dei segnali. **Sig|nal|feu|er** n. *(-s,-)* fuoco *m.* di segnalazione. **Sig|nal|flag|ge** f. *(-,-n)* MAR. bandiera *f.* di segnalazione. **Sig|nal|gast** m. *(-[e]s,-gäste)* MAR. segnalatore *m.* **Sig|nal|ge|bung** f. *(-,-en)* segnalazione *f.* **Sig|nal|glo|cke** f. *(-,-n)* campana *f.* d'allarme.

sig|na|li|sie|ren **I** tr. **1a** segnalare, comunicare mediante segnali: ***einen Notruf ~*** segnalare una chiamata d'aiuto **b** *(deutlich machen)* ***das Ergebnis signalisiert eine tief greifende Änderung*** il risultato segnala (*o* indica) un profondo cambiamento **2** SVIZZ. *(ausschildern)* munire di segnaletica **3** ANT. ***jdn ~*** dare i dati segnaletici di qcn. **II** rifl. **sich ~** ANT. farsi notare.

Sig|nal|lam|pe f. *(-,-n)* lampada *f.* di segnalazione. **Sig|nal|licht** n. *(-[e]s,-er)* **1** luce *f.* di segnalazione **2** SVIZZ. *(Ampel)* semaforo *m.* **Sig|nal|mast** m. *(-[e]s,-e[n])* FERR. (albero *m.* del) semaforo *m.* **Sig|nal|mu|ni|ti|on** f. *(-,-en)*, **Sig|nal|pat|ro|ne** f. *(-,-n)* (cartuccia *f.* per) razzo *m.* di segnalazione. **Sig|nal|pfei|fe** f. *(-,-n)* fischietto *m.* di allarme. **Sig|nal|pfiff** m. *(-[e]s,-e)* fischio *m.* d'allarme. **Sig|nal|stab** *m.* *(-[e]s,-stäbe)* paletta *f.* (del capostazione). **Sig|nal|vor|rich|tung** f. *(-,-en)* dispositivo *m.* di segnalazione. **Sig|nal|wir|kung** f. *(-,-en)* effetto *m.* di richiamo.

Sig|na|tar m. *(-s,-e)* **1** RAR. → **Signatarmacht** **2** ANT. *(Unterzeichner)* firmatario *m.*, segnatario *m.* **Sig|na|tar|macht** f. *(-,-mächte)* potenza *f.* firmataria. **Sig|na|tur** f. *(-,-en)* **1a** *(Namenszeichen)* sigla *f.* **b** *(Unterschrift)* firma *f.* **2** *(in Bibliotheken)* segnatura *f.* **3** *(von Arzneien)* segnatura *f.* **4** *(Erklärung zum Inhalt)* indicazioni *f.pl.* del contenuto **5** TIP. segnatura *f.* **6** *(Kartenzeichen)* simbolo *m.* (cartografico), segno *m.* convenzionale ◆ ***Apostolische ~*** Segnatura Apostolica.

Sig|net [zɪn'jeː, zɪ'gnɛt] n. *(-s* e *-e)* **1** sigla *f.* dell'editore **2** *(Markenzeichen)* marchio *m.* di fabbrica.

sig|nie|ren tr. **1** firmare, siglare: ***sein Werk, eine Kopie ~*** siglare il proprio lavoro, firmare una copia; BUROCR. ***internationale Verträge ~*** siglare contratti internazionali **2** *(mit einer Signatur versehen)* munire di segnatura. **Sig|nie|rung** f. *(-,-en)* firma *f.*

sig|ni|fi|kant agg. significativo. **Sig|ni|fi|kant** m. *(-en,-en)* significante *m.* **Sig|ni|fi|kanz** f. *(-)* significatività *f.* **Sig|ni|fi|kat** n. *(-s,-e)* LING. significato *m.* **sig|ni|fi|zie|ren** tr. indicare; definire.

Sig|no|rie f. *(-,-n)* STOR. signoria *f.*

Sig|num n. *(-s, Signa)* **1** *(Namenszeichen)* sigla *f.* **2** *(Zeichen, Symbol)* segno *m.* **3** MED. segno *m.*, sintomo *m.*

Si|la|ge [zi'laːʒə] f. *(-)* silaggio *m.*

Sil|be f. *(-,-n)* sillaba *f.*: ***eine betonte, unbetonte ~*** una sillaba accentata (*o* tonica), atona; ***eine offene, geschlossene ~*** una sillaba aperta, chiusa; ***das Wort wird auf der vorletzten ~ betont*** la parola è accentata sulla penultima sillaba; ***in -n teilen*** dividere in sillabe ◆ ***etw. mit keiner ~ erwähnen*** non fare il minimo accenno a qcs.; ***ich glaube ihm keine ~*** non credo a una parola (di ciò che dice); ***keine ~ (davon) sagen, verstehen*** non dire, capire una sola parola (di questo). **Sil|ben|län|ge** f. *(-,-n)* lunghezza *f.* della sillaba. **Sil|ben|rät|sel** n. *(-s,-)* cruciverba *m.* sillabico. **Sil|ben|schrift** f. *(-,-en)* scrittura *f.* sillabica. **Sil|ben|tren|nung** f. *(-)* (sud)divisione *f.* in sillabe, sillabazione *f.*

Sil|ber n. *(-s)* **1** argento *m.*: ***etw. mit ~ überziehen*** rivestire qcs. di (*o* con) argento; ***~ führend*** argentifero **2** *(Silbergeschirr)* argenteria *f.*, argento *m.*: ***das ~ putzen*** lucidare l'argenteria; ***von ~ speisen, essen*** = mangiare con posate d'argento **3** SPORT *(Silbermedaille)* argento *m.* **4** ANT. *(Silbermünze)* moneta *f.* d'argento **5a** *(Silberfarbe)* (colore *m.*) argento *m.* **b** *(Silberglanz)* lucentezza *f.* argentea ◆ LETT. ***das ~ des Mondlichtes, seines Haares*** l'argento (della luce) della luna, dei suoi capelli. **Sil|ber|ader** f. *(-,-n)* MIN. filone *m.* argentifero. **Sil|ber|ar|beit** f. *(-,-en)* lavoro *m.* in argento. **Sil|ber|auf|la|ge** f. *(-,-n)* placcatura *f.* in argento. **Sil|ber|bar|ren** m. *(-s,-)* verga *f.*, lingotto *m.* d'argento. **Sil|ber|berg|werk** n. *(-[e]s,-e)* miniera *f.* d'argento. **Sil|ber|be|steck** n. *(-[e]s)* posate *f.pl.* d'argento. **sil|ber|be|stickt** agg. ricamato con fili d'argento. **Sil|ber|bi|sam** m. *(-s)* rat musqué *m.* argentato. **Sil|ber|blech** n. *(-[e]s,-e)* foglia *f.* d'argento. **Sil|ber|blick** m. *(-[e]s)* SCHERZ. strabismo *m.* di Venere. **Sil|ber|bor|te** f. *(-,-n)* TESS. passamano *m.* d'argento. **Sil|ber|bro|kat** m. *(-[e]s,-e)* broccato *m.* argentato. **Sil|ber|bro|mid** n. *(-[e]s)* bromuro *m.* d'argento. **Sil|ber|bron|ze** [-'brɔ̃ːsə] f. *(-)* **1** *(Kupferlegierung)* bronzo *m.* d'argento **2** *(Farbe)* color *m.* bronzo argenteo. **Sil|ber|chlo|rid** n. *(-[e]s)* cloruro *m.* d'argento. **Sil|ber|dis|tel** f. *(-,-n)* BOT. carlina *f.* **Sil|ber|erz** n. *(-es)* minerale *m.* argentifero. **Sil|ber|fa|den** m. *(-s,-* e *-fäden)* filo *m.* d'argento: ***mit -fäden bestickt*** ricamato con fili d'argento; ***sein Haar hat einige -fäden*** ha qualche filo d'argento tra i capelli. **Sil|ber|far|be** f. *(-)* color *m.* argento. **sil|ber|far|ben, sil|ber|far|big** agg. (color) argento, d'argento, argenteo. **Sil|ber|fa|san** m. *(-[e]s,-e[n])* fagiano *m.* argentato. **Sil|ber|fisch|chen** n. *(-s,-)* pesciolino *m.* d'argento, lepisma *f.* **Sil|ber|fuchs** m. *(-es,-füchse)* volpe *f.* argentata. **Sil|ber|ge|halt** m. *(-[e]s,-e)* contenuto *m.* d'argento. **Sil|ber|geld** n. *(-[e]s)* monete *f.pl.* d'argento. **Sil|ber|ge|schirr** n. *(-[e]s)* argenteria *f.*

Sil|ber|glanz m. *(-es)* **1** lucentezza *f.* argentea **2** MIN. argentite *f.* **sil|ber|glän|zend** agg. dalla lucentezza argentea.

sil|ber|grau agg. grigio-argento, argentato. **Sil|ber|gul|den** m. *(-s,-)* fiorino *m.* d'argento. **Sil|ber|haar** n. *(-[e]s)* capelli *m.pl.* argentei (*o* d'argento). **sil|ber|haa|rig** agg. dai capelli argentei. **sil|ber|hal|tig** agg. argentifero. **sil|ber|hell** **I** agg. **1** argentino: ***eine -e Stimme*** una voce argentina **2** LETT. rilucente, lucente come l'argento **II** avv. con suono argentino. **Sil|ber|hoch|zeit** f. *(-,-en)* nozze *f.pl.* d'argento. **sil|be|rig** → **silbrig. Sil|ber|jo|did** n. *(-[e]s)* ioduro *m.* di argento. **Sil|ber|ket|te** f. *(-,-n)* collana *f.* d'argento. **Sil|ber|klang** m. *(-[e]s,-klänge)* suono *m.* argentino. **Sil|ber|le|gie|rung** f. *(-,-en)* lega *f.* d'argento. **Sil|ber|ling** m. *(-s,-e)* STOR. denaro *m.* (d'argento) ◆ ***jdn für dreißig -e verraten*** tradire qcn. per trenta denari. **Sil|ber|lö|we** m. *(-n,-n)* puma *m.* **Sil|ber|me|dail|le** f. *(-,-n)* SPORT medaglia *f.* d'argento. **Sil|ber|mi|ne** f. *(-,-n)* → **Silberbergwerk. Sil|ber|mö|we** f. *(-,-n)* gabbiano *m.* reale. **Sil|ber|mün|ze** f. *(-,-n)* moneta *f.* d'argento.

sil|bern **I** agg. **1a** d'argento: ***-es Besteck*** posate d'argento **b** argenteo, argentato: ***das -e Licht des Mondes*** l'argentea luce della luna **2** *(silberhell)* argentino: ***-es Lachen*** risata argentina **II** avv. ***der Sternenhimmel glänzt ~*** il cielo stellato risplende di luce argentea ◆ ***-e Hochzeit*** nozze d'argento.

Sil|ber|nit|rat n. *(-s)* nitrato *m.* d'argento. **Sil|ber|pa|pier** n. *(-s,-e)* foglio *m.* di alluminio. **Sil|ber|pap|pel** f. *(-,-n)* gattice *m.*, pioppo *m.* bianco. **Sil|ber|plat|te** f. *(-,-n)* vassoio *m.* d'argento. **Sil|ber|rei|her** m. *(-s,-)* airone *m.* bianco. **Sil|ber|salz** n. *(-es)* CHIM. sale *m.* d'argento. **Sil|ber|schmied** m. *(-[e]s,-e)* argentiere *m.* **Sil|ber|stahl** m. *(-[e]s)* acciaio *m.* argento. **Sil|ber|streif**, ***~ am Horizont*** all'orizzonte (c'è) una schiarita. **Sil|ber|strich** m. *(-[e]s,-e)* argynnide *f.* **Sil|ber|stück** n. *(-[e]s,-e)* moneta *f.* d'argento. **Sil|ber|tab|lett** n. *(-[e]s,-s* e *-e)* vassoio *m.* d'argento. **Sil|ber|tan|ne** f. *(-,-n)* abete *m.* bianco. **sil|ber|ver|gol|det** agg. d'argento placcato oro. **Sil|ber|wäh|rung** f. *(-,-en)* valuta *f.* argentea. **Sil|ber|wei|de** f. *(-,-n)* salice *m.* bianco. **sil|ber|weiß** **I** agg. bianco-argenteo, argentato: ***-es Haar*** capelli bianco-argentei **II** avv. ***etw. glänzt ~*** qcs. brilla di luce bianco-argentea. **Sil|ber|wurz** f. *(-,-en)* driade *f.*, camedrio *m.* alpino. **Sil|ber|zeug** n. *(-[e]s)* COLLOQ. argenteria *f.*, argenti *m.pl.* **Sil|ber|zwie|bel** f. *(-,-n)* cipollina *f.*

sil|bisch agg. sillabico.

silb|rig agg. **1** argenteo, argentato: ***ein -er Schimmer*** un bagliore argenteo **2** *(silberhell)* argentino: ***mit -er Stimme*** con voce argentina.

Si|len m. *(-s,-e)* MITOL. sileno *m.*
Sil|hou|et|te [zi'luɛtə] f. *(-,-n)* **1** contorno *m.*, profilo *m.*: ***die ~ der Berge*** il profilo dei monti **2** *(Schattenriss)* silhouette *f.*: ***eine ~ schneiden*** ritagliare una silhouette **3** SART. *(Form)* taglio *m.*: ***ein Kleid mit modischer ~*** un abito di taglio moderno.
Si|li|cat → **Silikat. Si|li|ci|um** n. *(-s)* silicio *m.* **Si|li|con** → **Silikon.**
si|lie|ren tr. insilare.
Si|li|fi|ka|ti|on f. *(-,-en)* silicizzazione *f.* **si|li|fi|zie|ren** tr. silicizzare. **Si|li|kat** n. *(-[e]s,-e)* CHIM. silicato *m.* **Si|li|kon** n. *(-s,-e)* silicone *m.* **Si|li|ko|se** f. *(-,-n)* silicosi *f.* **Si|li|zi|um** → **Silicium.**
Si|lo m. e n. *(-[s],-s)* → **Siloturm. Si|lo|fut|ter** n. *(-s)* foraggio *m.* insilato. **Si|lo|turm** m. *(-[e]s,-türme)* silo *m.*, silos *m.*
Si|lur n. *(-s)* siluriano *m.*, silurico *m.* **si|lu|risch** agg. siluriano, silurico.
Sil|va|ner [-v-] m. *(-s,-)* Silvaner *m.*, Sylvaner *m.*
Sil|ves|ter [-v-] m. e n. *(-s,-)*, **Sil|ves|ter|abend** m. *(-s,-e)* Capodanno *m.*, san Silvestro *m.* **Sil|ves|ter|ball** m. *(-[e]s,-bälle)* ballo *m.* di Capodanno (*o* di san Silvestro). **Sil|ves|ter|fei|er** f. *(-,-n)* festa *f.* di Capodanno (*o* di san Silvestro). **Sil|ves|ter|nacht** f. *(-,-nächte)* notte *f.* di Capodanno (*o* di san Silvestro). **Sil|ves|ter|scherz** m. *(-es,-e)* scherzo *m.* di Capodanno (*o* di san Silvestro).
Sim|bab|we n.pr.n. *(-s)* Zimbabwe *m.* **sim|bab|wisch** agg. dello Zimbabwe.
Si|mi|li m. e n. *(-s,-s)*, **Si|mi|li|stein** m. *(-[e]s,-e)* imitazione *f.* (di pietra preziosa).
Si|mon, Si|mo|ne n.pr.m. Simone *m.*
Si|mo|nie *(-,-n)* simonia *f.* **si|mo|nisch, si|mo|nis|tisch** agg. simoniaco.
sim|pel I agg. *(unkompliziert)* semplice: ***ein simples Beispiel*** un esempio semplice; *(schlicht)* ***ein simples Kleid*** un abito semplice; *(selbstverständlich)* ***das ist eine Sache des simplen Anstands*** è una questione di semplice educazione; SPREG. *(einfältig)* ***ein simples Gemüt haben*** avere un'anima semplice **II** avv. semplicemente: ***etw. ~ ausdrücken*** esprimere qcs. in termini semplici; ***so ~ geht es nun auch nicht*** non è così semplice. **Sim|pel** m. *(-s,-)* REGION. COLLOQ. sempliciotto *m.*
Sim|plex n. *(-,-e* e *Simplizia)* GRAMM. parola *f.* semplice, non composta. **Simp|li|fi|ka|ti|on** f. *(-,-en)* → **Simplifizierung. simp|li|fi|zie|ren** tr. semplificare. **Simp|li|fi|zie|rung** f. *(-,-en)* semplificazione *f.* **Simp|li|zi|tät** f. *(-,-en)* semplicità *f.*
Sim|plon n.pr.m. *(-[s])* Sempione *m.* **Sim|plon|pass** m. *(-es)* passo *m.* del Sempione, Sempione *m.* **Sim|plon|tun|nel** m. *(-s)* galleria *f.* (*o* tunnel *m.*) del Sempione.
Sims m. e n. *(-es,-e)* **1** cornicione *m.* **2** *(Fenstersims)* davanzale *m.*
Sim|se f. *(-,-n)* giunco *m.*
Sims|ho|bel m. *(-s,-)* FAL. sponderuola *f.*
Si|mu|lant m. *(-en,-en)* simulatore *m.* **Si|mu|la|ti|on** f. *(-,-en)* simulazione *f.* **Si|mu|la|tor** m. *(-s,-en)* TECN. simulatore *m.* **si|mu|lie|ren** tr. simulare (anche assol.): ***eine Krankheit ~*** simulare una malattia; ***einen Raumflug, eine Landung ~*** simulare un volo spaziale, un atterraggio. **si|mu|liert** p.pass. agg. → **simulieren** ◆ ***-er Flug*** volo simulato.
si|mul|tan I agg. simultaneo: ***-es Dolmetschen*** traduzione simultanea **II** avv. simultaneamente. **Si|mul|tan|büh|ne** f. *(-,-n)* TEATR. **1** scena *f.* multipla **2** *(im Mittelalter)* luoghi *m.pl.* deputati. **Si|mul|tan|dol|met|schen** n. *(-s)* traduzione *f.* simultanea. **Si|mul|tan|dol|met|scher** m. *(-s,-)* traduttore *m.* simultaneo. **Si|mul|ta|n(e)|i|tät** f. *(-,-en)* **1** simultaneità *f.* **2** azione *f.* simultanea, intervento *m.* simultaneo. **Si|mul|tan|kir|che** f. *(-,-n)* chiesa *f.* interconfessionale. **Si|mul|tan|schach** n. *(-s,-s)* → **Simultanspiel. Si|mul|tan|schu|le** f. *(-,-n)* scuola *f.* interconfessionale. **Si|mul|tan|spiel** n. *(-[e]s,-e)* partita *f.* simultanea a scacchi.
Si|na|i|ge|bir|ge n.pr.n. *(-s)* monte *m.* Sinai. **Si|na|i|halb|in|sel** f. *(-)* penisola *f.* del Sinai.
Si|ne|ku|re f. *(-,-n)* sinecura *f.*
Sin|fo|nie f. *(-,-n)* sinfonia *f.*: ***eine ~ spielen, dirigieren*** eseguire (*o* suonare), dirigere una sinfonia; FIG. ***eine ~ von Farben*** una sinfonia di colori. **Sin|fo|nie|kon|zert** n. *(-[e]s,-e)* concerto *m.* sinfonico. **Sin|fo|nie|or|ches|ter** n. *(-s,-)* orchestra *f.* sinfonica. **Sin|fo|nik** f. *(-)* sinfonismo *m.* **Sin|fo|ni|ker** m. *(-s,-)* **1** *(Komponist)* sinfonista *m.* **2** *(Orchester)* ***die Wiener ~*** l'orchestra sinfonica di Vienna. **sin|fo|nisch** agg. sinfonico.
Sing|aka|de|mie f. *(-,-n)* accademia *f.* corale.
Sin|ga|pur n.pr.n. *(-s)* Singapore *f.* **Sin|ga|pu|rer** m. *(-s,-)* singaporiano *m.* **sin|ga|pu|risch** agg. singaporiano.
sing|bar agg. da cantare. **Sing|buch** n. *(-[e]s,-bücher)* libro *m.* di canti. **Sing|dros|sel** f. *(-,-n)* tordo *m.* comune.
sin|gen *(sang, gesungen)* **I** intr. (aus. *haben*) cantare: ***richtig ~*** essere intonato; ***falsch ~*** stonare; ***mehrstimmig, solo ~*** cantare a più voci, da solista; ***Sopran, Alt ~*** cantare da soprano, da contralto; ***die Vögel ~ im Wald*** gli uccelli cantano nel bosco; LETT. *(in Versen erzählen)* ***von unsterblichen Helden ~*** cantare eroi immortali; COLLOQ. FIG. *(verpfeifen)* ***im Verhör hat er gesungen*** durante l'interrogatorio ha cantato **II** tr. cantare: ***ein Lied ~*** cantare una canzone **III** rifl. **sich ~ 1** ***sich heiser, müde ~*** diventare rauco a forza di cantare **2** impers. ***mit trockener Kehle singt es sich schlecht*** con la gola secca si canta male ◆ ***vom Blatt ~*** cantare a prima vista; ***nach dem Gehör ~*** cantare a orecchio; ***ein Kind in den Schlaf ~*** cantare la ninnananna a un bambino; ***nach Noten ~*** cantare seguendo lo spartito; ***jds Ruhm ~*** cantare le lodi di qcn.; ***vor sich hin ~*** canterellare tra sè e sè; ***zur Gitarre ~*** cantare con l'accompagnamento della chitarra. **Sin|gen** n. *(-s)* il cantare, canto *m.* ◆ COLLOQ. FIG. ***jdn zum ~ bringen*** far cantare qcn. **Sin|ge|rei** f. *(-)* **1** canto *m.* continuo e noioso **2** *(Singen)* canto *m.* **sin|gend** p.pres. agg. **1** → **singen 2** *(melodisch)* canoro; ***ein -er Tonfall*** una cantilena.
Sin|gha|le|se m. *(-n,-n)* singalese *m.* **sin|gha|le|sisch** agg. singalese.
Sing|kreis m. *(-es,-e)* coretto *m.*
1.Sin|gle [sɪŋl] n. *(-[s],-[s])* SPORT singolare *m.*, singolo *m.*
2.Sin|gle m. *(-[s],-s)* single *m.* e *f.*: ***er, sie ist ein ~*** è un, una single.
3.Sin|gle f. *(-,-[s])* 45 giri *m.*
Sin|grün n. *(-s,-[e])* pervinca *f.*
Sing|sang m. *(-[e]s)* cantilena *f.*; *(einfache Melodie)* canzoncina *f.* **Sing|schwan** m. *(-[e]s,-schwäne)* cigno *m.* canoro (*o* musico). **Sing|spiel** n. *(-[e]s,-e)* singspiel *m.* **Sing|stim|me** f. *(-,-n)* MUS. voce *f.*
Sin|gu|lar m. *(-s,-e)* singolare *m.*: ***das Wort ist, steht im ~*** la parola è al singolare.
sin|gu|lär agg. **1** raro: ***ein -es Phänomen*** un fenomeno raro **2** *(einzigartig)* singolare, unico: ***von -er Schönheit*** di singolare bellezza.
sin|gu|la|risch agg. GRAMM. singolare. **Sin|gu|la|ri|tät** f. *(-,-en)* **1** rarità *f.* **2** *(Einzigartigkeit)* singolarità *f.*, unicità *f.* **3** MAT. singolarità *f.*
Sing|vo|gel m. *(-s,-vögel)* uccello *m.* canoro. **Sing|wei|se** f. *(-,-n)* modo *m.* di cantare, stile *m.* (di canto).
sin|ken intr. *(sank, gesunken*; aus. *sein)* **1** calare, scendere: ***der Nebel, der Vorhang sinkt*** scende la nebbia, cala il sipario; ***die Sonne sinkt um 18 Uhr*** il sole cala (*o* tramonta) alle 18; *(niedriger werden)* ***die Temperatur ist (um 5 Grad) gesunken*** la temperatura è scesa (di 5 gradi); ***das Fieber sinkt langsam*** la febbre si sta abbassando (*o* cala) lentamente; ***auf, unter Null ~*** scendere a zero, sotto zero; ***der Wasserstand ist gesunken*** il livello dell'acqua è sceso (*o* si è abbassato); *(an Wert verlieren)* ***die Preise ~*** i prezzi scendono **2** *(untergehen)* affondare, inabissarsi, colare a picco: ***auf den Grund des Meeres ~*** affondare, andare a fondo (in mare) **3a** *(einsinken)* sprofondar(si), affondare: ***in den Schnee ~*** sprofondare nella neve **b** FIG. sprofondarsi, lasciarsi cadere: ***in den Sessel ~*** sprofondarsi nella poltrona; ***todmüde sank er ins Bett*** stanco morto si lasciò cadere sul letto **4** *(niedersinken)* cadere (lentamente): ***auf den, zu Boden (zur Erde), auf, in die Knie ~*** cadere a terra, mettersi in ginocchio (*o* inginocchiarsi); ***nach vorn ~*** cadere in avanti; ***jdm zu Füßen ~*** cadere ai piedi di qcn. **5** *(sich fallen lassen)* lasciarsi cadere: ***vor Müdigkeit auf einen Stuhl ~*** lasciarsi cadere su una sedia dalla stanchezza **6** *(schwinden)* diminuire, calare, venire meno: ***seine Hoffnung sank*** la sua speranza venne meno; ***den Mut, die Hoffnung ~ lassen*** perdersi d'animo, perdere la speranza; ***er ist in meiner Achtung, in meinem Ansehen gesunken*** la mia stima nei suoi confronti è diminuita ◆ ***einander, sich in die Arme ~*** abbracciarsi; ***in Elend ~*** cadere (*o* ridursi) in miseria: ***den Kopf auf die Brust, die Hände in den Schoß ~ lassen*** chinare il capo sul petto, posare (*o* mettersi) le mani in grembo; ***in Ohnmacht ~*** perdere i sensi, LETT. cadere in deliquio; ***in Schlaf ~*** sprofondare nel sonno; ***der Tag sank*** calò la sera; ***tief ~*** cadere in basso. **Sin|ken** n. *(-s)* **1** il calare, lo scendere: ***beim ~ der Sonne*** al calare del sole **2a** *(Abnehmen)* calo *m.*, abbassamento *m.*: ***das ~ des Fiebers, des Wasserspiegels*** il calo della febbre, l'abbassamento del livello dell'acqua **b** *(an Wert)* calo *m.*, diminuzione *f.* (del valore): ***das ~ der Kurse*** il calo nei cambi **3** *(Untergang)* affondamento *m.* **4** *(Senkung)* abbassamento *m.*: ***das ~ des Bodens*** l'abbassamento del terreno **5** *(Einsinken)* lo sprofondar(si), sprofondamento *m.* **6** *(Niedersinken)* caduta *f.* (lenta): ***das ~ der Schneeflocken*** la caduta dei fiocchi di neve **7** *(Schwinden)* diminuzione *f.*, il venire meno: ***das ~ der Hoffnung*** il venire meno della speranza ◆ ***jds Stern ist im, am ~*** la stella di qcn. sta tramontando. **sin|kend** p.pres. agg. **1** → **sinken 2** che cala, che scende; ***die -e Sonne*** il sole che tramonta; ***bei -er Nacht*** al calar della notte **3** ***das -e Schiff verlassen*** abbandonare la nave che affonda **4** *(niedriger werdend)* in calo, in diminuzione: ***-e Temperaturen*** temperature in diminuzione.

Sinn m. *(-[e]s,-e)* **1a** senso *m.*: ***die fünf -e*** i cinque sensi; ***etw. mit den -en wahrnehmen*** percepire qcs. attraverso i sensi **b** pl. *(sexuelles Verlangen)* ***jds -e erwecken, erregen*** risvegliare, eccitare i sensi di qcn. **c** *(Bewusstsein)* ***jdm schwinden, vergehen die -e*** qcn. perde i sensi; ***etw. umnebelt jds -e*** qcs. annebbia i sensi a qcn. **d** *(Gefühl)* ***ästhetischer ~*** senso estetico **e** ***~ für Humor, Rhythmus, Ordnung*** senso dell'humour, del ritmo, dell'ordine **2** *(Vorliebe)* ***sie hat (keinen) ~ für Blumen, Partys*** (non) le piacciono i fiori, le feste **3** *(Verständnis)* comprensione *f.*: ***keinen ~ für die Jugend haben*** non capire i giovani **4** *(Bedeutung)* senso *m.*, significato *m.*: ***der ~ eines Satzes, einer Geste*** il senso di una parola, il significato di un gesto; ***im eigentlichen, konkreten, übertragenen ~*** in senso proprio, concreto, figurato; ***der ~ des Lebens*** il senso della vita; ***seinen ~ verlieren*** perdere il proprio significato; ***den ~ einer Sache erahnen*** intuire il senso di una cosa; ***es hat keinen ~*** non ha (nessun) senso **5** *(Denkart)* modo *m.* di pensare, mentalità *f.*; *(Meinung)* opinione *f.*, parere *m.*: ***seinen ~ ändern*** cambiare la propria opinione; ***anderen -es sein, werden*** essere d'altro parere, cambiare parere **6** *(Wesensart)* indole *f.*: ***einen stolzen ~ haben*** avere un'indole orgogliosa ◆ ***nicht mehr ganz bei -en sein*** non essere più in sé, essere impazzito; *(außer sich sein)* essere fuori di sé; COLLOQ. ***seine fünf -e nicht beisammenhaben*** perdere la testa, essere fuori di sé; ***in dem ~, dass...*** nel senso che...; ***im engeren ~*** in senso più stretto; ***jdm durch den ~ gehen*** venire in mente a qcn.; ***das will mir nicht aus dem ~ gehen*** non riesco a togliermelo dalla mente (*o* a dimenticarlo); DIR. ***im -e des Gesetzes*** ai sensi di legge; ***in gewissem ~*** in un certo senso; ***er hat ganz in meinem ~ gehandelt, gesprochen*** sono perfettamente d'accordo con quello che ha fatto, che ha detto; ***etw. im ~ haben*** avere in mente qcs.; ***jdn im ~ behalten, haben*** ricordare qcn., pensare a qcn.; ***jdm in den ~ kommen*** venire in mente a qcn.; ***etw. kommt jdm aus dem ~*** qcs. viene dimenticato da qcn., esce di mente a qcn.; ***leichten -es*** con animo leggero; COLLOQ. ***das macht keinen ~*** questo non ha senso; ***etw. ist (nicht) nach meinem ~*** qcs. (non) mi piace, (non) mi va a genio; ***mit jdm, etw. nichts im ~ haben*** non (volere) avere nulla a che fare con qcn., qcs.; ***ohne ~ sein*** non avere senso, essere assurdo; ***der langen Rede kurzer ~*** il nocciolo della questione; ***sich (D) etw. aus dem ~ schlagen*** togliersi (*o* levarsi) qcs. dalla testa; ***einen sechsten ~ für etw. haben*** avere un sesto senso per qcs.; ***jdm steht der ~ nach etw.*** qcn. ha voglia di (fare) qcs.; ***ohne ~ und Verstand*** senza alcun senso; ***im weiteren ~*** in senso più ampio, in senso lato; ***das will mir nicht in den ~ (hinein)*** non vuole entrarmi in testa; ***im wahren, besten ~ (-e) des Wortes*** nel vero senso della parola; COLLOQ. ***seine fünf -e zusammenhalten, zusammennehmen*** = concentrarsi al massimo.

Sinn|be|reich m. *(-[e]s,-e)* → **Sinnbezirk**. **sinn|be|täu|bend, sinn|be|tö|rend** agg. affascinante, ammaliante; *(berauschend)* inebriante. **Sinn|be|zirk** m. *(-[e]s,-e)* campo *m.* semantico.

Sinn|bild n. *(-[e]s,-er)* simbolo *m.* **sinn|bild|haft** agg. simbolico. **sinn|bild|lich I** agg. simbolico **II** avv. simbolicamente.

sin|nen *(sann, gesonnen)* LETT. **I** tr. ***etw. ~*** pensare a qcs., meditare su qcs.: ***was sinnst du?*** a cosa stai pensando? ***~, wie jdm zu helfen sei*** pensare a come aiutare qcn. **II** intr. (aus. *haben*) ***auf etw. (A) ~*** meditare qcs.; *(planen)* progettare qcs.: ***auf Rache, Flucht ~*** meditare vendetta, progettare una fuga ◆ ***auf Mittel und Wege ~*** cercare la strada per fare qcs., la soluzione a qcs. **Sin|nen, *all mein ~ und Trachten*** ogni mio pensiero. **sin|nend** p.pres. agg. **1** → **sinnen 2** pensoso. **Sin|nen|freu|de** f. *(-,-n)* **1** sensualità *f.* **2** *(leibliche Genüsse)* piacere *m.* dei sensi. **Sin|nen|lust** f. *(-)* desiderio *m.* sensuale; *(Sinnenfreude)* sensualità *f.* **Sin|nen|rausch** m. *(-[e]s)* ebbrezza *f.* sensuale (*o* dei sensi). **Sin|nen|reiz** m. *(-es,-e)* eccitamento *m.* dei sensi; *(Anziehung)* attrazione *f.* dei sensi.

sinn|ent|leert agg. privo di senso, senza senso.

Sin|nen|welt f. *(-)* mondo *m.* sensibile.

Sin|nes|än|de|rung f. *(-,-en)* → **Sinneswandel. Sin|nes|art** f. *(-,-en)* modo *m.* di pensare, mentalità *f.*; *(Wesensart)* indole *f.*, natura *f.* **Sin|nes|ein|druck** m. *(-[e]s,-eindrücke)* impressione *f.* (sensoriale). **Sin|nes|or|gan** n. *(-s,-e)* organo *m.* di senso (*o* sensoriale). **Sin|nes|reiz** m. *(-es,-e)* stimolo *m.* sensoriale. **Sin|nes|stö|rung** f. *(-,-en)* disturbo *m.* della sensibilità. **Sin|nes|wahr|neh|mung** f. *(-,-en)* percezione *f.* sensoriale. **Sin|nes|wan|del** m. *(-s,-)* cambiamento *m.* (di opinione, di idee); ***einen ~ vollziehen*** cambiare idea.

sinn|fäl|lig agg. **1** evidente, chiaro; *(leicht verständlich)* facilmente comprensibile: ***eine -e Erklärung*** una spiegazione chiara **2** *(deutlich wahrnehmbar)* percettibile. **Sinn|fäl|lig|keit** f. *(-)* evidenza *f.*, chiarezza *f.* **Sinn|fra|ge** f. *(-,-n)* interrogativo *m.* esistenziale. **Sinn|ge|bung** f. *(-,-en)* spiegazione *f.*, interpretazione *f.* **Sinn|ge|dicht** n. *(-[e]s,-e)* epigramma *m.* **Sinn|ge|halt** m. *(-[e]s)* senso *m.*, significato *m.* **sinn|ge|mäß I** agg. (fatto) a senso: ***eine -e Übersetzung*** una traduzione a senso; ***die -e Wiederholung eines Gesprächs*** la ripetizione del senso di un dialogo **II** avv. secondo il senso, a senso: ***etw. ~ wiedergeben*** riprodurre il senso di qcs. **sinn|ge|treu I** agg. fedele (al senso) **II** avv. fedelmente (al senso). **sinn|gleich** agg. → **sinnverwandt.**

sin|nie|ren intr. (aus. *haben*) meditare, riflettere; *(grübeln)* rimuginare, almanaccare: ***über etw. (A) ~*** riflettere, rimuginare su qcs. **Sin|nie|rer** m. *(-s,-)* almanaccone *m.*

sin|nig agg. **1a** sensato (anche IRON.): ***ein -er Vorschlag*** una proposta sensata **b** *(sinnreich)* intelligente, ingegnoso; ***eine -e Vorrichtung*** un dispositivo ingegnoso; ***ein -es Geschenk*** un regalo intelligente **c** *(zweckmäßig)* opportuno, adatto **d** *(geistreich)* spiritoso, arguto: ***eine -e Äußerung*** un'osservazione spiritosa **2** ANT. *(nachdenklich)* pensoso, pensieroso ◆ IRON. ***sehr ~!*** molto intelligente! **sin|ni|ger|wei|se** avv. in modo sensato, sensatamente. **Sin|nig|keit** f. *(-)* **1** sensatezza *f.* **2** *(sinnreiche Beschaffenheit)* ingegnosità *f.*

sinn|lich I agg. **1a** sensorio, sensoriale: ***-e Wahrnehmungen, Reize*** percezioni, stimoli sensoriali **b** *(körperlich)* fisico: ***eine -e Empfindung*** una sensazione fisica **c** *(unmittelbar)* diretto, immediato: ***eine -e Anschauung von etw. gewinnen*** farsi un'idea immediata di qcs. **2** *(wahrnehmbar)* sensibile: ***die -e Welt*** il mondo sensibile **3** *(erotisch)* sensuale, dei sensi: ***-e Freuden, Genüsse*** piaceri sensuali; ***-e Bewegungen, Lippen*** movimenti, labbra sensuali; ***eine -e Stimme*** una voce sensuale **II** avv. **1** con i sensi, attraverso i sensi: ***etw. ~ wahrnehmen*** percepire qcs. attraverso i sensi **2** *(leiblich, geschlechtlich)* sensualmente: ***jdn ~ erregen*** eccitare i sensi di qcn.; ***jdn nur ~ lieben*** amare qcn. solo fisicamente. **Sinn|lich|keit** f. *(-)* sensualità *f.*

sinn|los I agg. **1a** senza senso, insensato: ***-e Gesten, Reden*** gesti, discorsi insensati **b** *(unvernünftig)* ***es ist ~, noch auf sie zu warten*** non ha senso aspettarla ancora; ***das ist doch ~!*** questo è assurdo! non ha senso! **2** *(zwecklos)* inutile, vano: ***ein -es Opfer*** un sacrificio inutile **3** SPREG. *(übermäßig)* smisurato, tremendo; ***einen -en Zorn haben*** avere una rabbia tremenda, cieca **II** avv. **1** in modo insensato, assurdo **2** SPREG. *(übermäßig)* smisuratamente, smodatamente, eccessivamente ◆ ***~ betrunken sein*** essere ubriaco fradicio. **Sinn|lo|sig|keit** f. *(-,-en)* **1** insensatezza *f.*, assurdità *f.*: ***die ~ einer Sache*** l'assurdità di una cosa; ***-en begehen*** commettere assurdità **2** *(Zwecklosigkeit)* inutilità *f.*, vanità *f.*

Sinn|pflan|ze f. *(-,-n)* BOT. sensitiva *f.* **sinn|reich** agg. **1** pensato, intelligente; *(findig)* ingegnoso: ***eine -e Erfindung, Vorrichtung*** un'invenzione intelligente, un congegno ingegnoso **2** RAR. *(tiefsinnig)* ricco di significato, profondo. **Sinn|spruch** m. *(-[e]s,-sprüche)* sentenza *f.*, motto *m.*; *(Aphorismus)* aforisma *m.* **Sinn|stif|tung** f. *(-,-en)* → **Sinngebung. sinn|ver|wandt** agg. di uguale significato, LING. sinonimico: ***-e Wörter*** sinonimi. **sinn|ver|wir|rend** agg. → **sinnbetäubend. sinn|voll** agg. **1a** sensato: ***-e Bemerkungen*** osservazioni sensate; ***es ist wenig ~, weiter zu leugnen*** è poco sensato (*o* non ha molto senso) continuare a negare; ***etw. für (nicht) ~ halten*** ritenere qcs. (in)sensato **b** *(sinnreich)* ben pensato, intelligente; *(findig)* ingegnoso **2** *(befriedigend)* pieno di soddisfazioni (*o* di significato): ***ein -es Leben*** una vita piena di soddisfazioni. **sinn|wid|rig** agg. contrario al buon senso, insensato. **Sinn|wid|rig|keit** f. *(-,-en)* insensatezza *f.*, assurdità *f.* **Sinn|zu|sam|men|hang** m. *(-[e]s,-zusammenhänge)* contesto *m.* (da cui si deduce il significato).

Si|no|lo|ge m. *(-n,-n)* sinologo *m.* **Si|no|lo|gie** f. *(-)* sinologia *f.*

Sin|ter m. *(-s,-)* **1** sedimento *m.* (geologico) **2** METALL. scoria *f.* **Sin|ter|glas** n. *(-es)* vetro *m.* sinterizzato. **Sin|ter|me|tall** n. *(-s,-e)* metallo *m.* sinterizzato (*o* sinterato). **sin|tern I** tr. sinterizzare **II** intr. (aus. *haben*) formare concrezioni. **Sin|te|rung** f. *(-)* **1** sinterizzazione *f.*, sinterazione *f.* **2** GEOL. sedimentazione *f.* geologica.

Sint|flut f. *(-,-en)* BIBL. diluvio *m.* universale ◆ FIG. ***eine ~ von etw.*** una marea di qcs.; PROV. ***nach mir die ~*** dopo di me il diluvio. **sint|flut|ar|tig** agg. ***-e Regenfälle*** piogge torrenziali.

Si|nus m. *(-,-)* ANAT. MAT. seno *m.* **Si|nus|kur|ve** f. *(-,-n)* MAT. sinusoide *f.*, curva *f.* sinusoidale. **Si|nus|satz** m. *(-es)* MAT. teorema *m.* del seno. **Si|nus|schwin|gung** f. *(-,-en)* FIS. oscillazione *f.* sinusoidale.

Si|pho m. *(-s,-nen)* ZOOL. sifone *m.* **Si|phon** m. *(-s,-s)* **1** sifone *m.* **2** AUSTR. *(Sodawasser)* (acqua *f.* di) soda *f.* **3** → **Siphonverschluss. Si|phon|ver|schluss** m. *(-es,-verschlüsse)* sifone *m.* (intercettatore), pozzetto *m.* intercettatore, chiusura *f.* idraulica.

Sip|pe f. *(-,-n)* **1** ETNOL. clan *m.* **2** FIG. SCHERZ. *(Verwandte)* tribù *f.* **Sip|pen|for|schung** f. *(-)* → **Sippenkunde. Sip|pen|haf|tung** f. *(-)* STOR. = responsabilità *f.* penale estesa alla famiglia (sotto il regime nazista). **Sip|pen|kun|de** f. *(-)* genealogia *f.* **Sip|pen|ver|**

band m. *(-[e]s,-verbände)* clan *m.* **Sipp|schaft** f. *(-,-en)* SPREG. **1** tribù *f.* **2** *(Gesindel)* gentaglia *f.*

Si|re|ne f. *(-,-n)* MITOL. TECN. ZOOL. sirena *f.*: ***der Gesang der -n*** il canto delle sirene; ***die ~ einer Fabrik, eines Schiffes*** la sirena di una fabbrica, di una nave. **Si|re|nen|ge|heul** n. *(-[e]s)* urlo *m.* di, della sirena (*o* di, delle sirene). **Si|re|nen|ge|sang** m. *(-[e]s,-gesänge)* canto *m.* di, della sirena (*o* di, delle sirene). **si|re|nen|haft** agg. da sirena, ammaliatore: ***-e Blicke, Worte*** sguardi ammaliatori, parole ammaliatrici.

sir|ren intr. **1** (aus. *haben*) ronzare: ***Fliegen, Mücken ~*** le mosche, le zanzare ronzano **2a** *(sich sirrend bewegen*; aus. *sein)* ronzare, volare (ronzando) **b** *(von Pfeilen)* sibilare: ***ein Pfeil sirrt durch die Luft*** una freccia taglia l'aria sibilando. **sir|rend** p.pres. agg. **1** → **sirren 2** ronzante; ***ein -es Geräusch*** un ronzio.

Si|rup m. *(-s,-e)* **1** sciroppo *m.* **2** *(Zuckerrübensaft)* melassa *f.*

Si|sal|aga|ve f. *(-,-n)* BOT. sisal *f.* **Si|sal|hanf** m. *(-[e]s)* TESS. sisal *f.*

sis|tie|ren tr. **1** sospendere **2** DIR. fermare, arrestare. **Sis|tie|rung** f. *(-,-en)* **1** sospensione *f.* **2** DIR. fermo *m.*, arresto *m.*

Si|sy|phus|ar|beit f. *(-,-en)* fatica *f.* di Sisifo.

Sit-in [sɪt'ɪn] n. *(-s,-s)* sit-in *m.*: ***ein ~ veranstalten, inszenieren*** organizzare, fare un sit-in.

Sit|te f. *(-,-n)* **1** costume *m.*, uso *m.*, usanza *f.*, tradizione *f.*: ***-n und Gebräuche*** usi e costumi; ***mit einer ~ brechen*** rompere con una tradizione **2** *(sittliches Verhalten)* decoro *m.*, buon costume *m.*: ***Anstand und ~ beachten, bewahren*** rispettare il decoro e il buon costume; ***gegen alle guten -n verstoßen*** andare contro ogni regola del decoro (*o* di buona creanza), offendere il decoro **3** pl. *(Manieren)* costumi *m.pl.*, maniere *f.pl.*: ***gute, feine, rohe -n*** buone maniere, maniere fini, rozze; ***ein Mensch von, mit guten, schlechten -n*** un uomo di buoni, cattivi costumi **4** COLLOQ. *(Sittendezernat)* buon-costume *f.*, buon costume *f.* ◆ ***der Verfall der -n*** il decadimento dei costumi; ***es ist bei uns (so) ~*** da noi si usa così. **Sit|ten|apos|tel** m. *(-s,-)* IRON. moralista *m.* **Sit|ten|bild** n. *(-[e]s,-er)* **1** quadro *m.* dei costumi: ***dieser Roman ist ein ~ der Romantik*** questo romanzo è un quadro dei costumi dell'epoca romantica **2** *(Genrebild)* quadro *m.* di genere. **Sit|ten|de|zer|nat** n. *(-[e]s,-e)* squadra *f.* della buoncostume. **Sit|ten|ge|mäl|de** n. *(-s,-)* → **Sittenbild. Sit|ten|ge|schich|te** f. *(-)* storia *f.* dei costumi. **Sit|ten|ge|setz** n. *(-es,-e)* legge *f.* morale. **Sit|ten|ko|dex** m. *(-es* e *-,-e* e *-kodizes)* codice *m.* morale. **Sit|ten|leh|re** f. *(-)* filosofia *f.* morale, etica *f.* **Sit|ten|leh|rer** m. *(-s,-)* filosofo *m.* morale. **sit|ten|los** **I** agg. scostumato, dissoluto, immorale: ***ein -er Mensch*** un uomo scostumato; ***eine -e Gesellschaft*** una società dissoluta **II** avv. scostumatamente, in modo dissoluto. **Sit|ten|lo|sig|keit** f. *(-)* scostumatezza *f.*, dissolutezza *f.*, immoralità *f.* **Sit|ten|po|li|zei** f. *(-)* squadra *f.* della buoncostume, COLLOQ. buoncostume *f.* **Sit|ten|pre|di|ger** m. *(-s,-)* moralista *m.* **sit|ten|rein** agg. puro, onesto. **Sit|ten|rich|ter** m. *(-s,-)* censore *m.*, moralista *m.* **Sit|ten|ro|man** m. *(-s,-e)* romanzo *m.* di costume. **sit|ten|streng** agg. austero, puritano. **Sit|ten|stren|ge** f. *(-)* austerità *f.* **Sit|ten|strolch** m. *(-[e]s,-e)* COLLOQ. depravato *m.* **Sit|ten|stück** n. *(-[e]s,-e)* dramma *m.* di costume, sociale. **Sit|ten|ver|derb|nis** f. *(-)* corruzione *f.* morale. **Sit|ten|ver|fall** m. *(-[e]s)* decadenza *f.* morale, decadimento *m.* dei costumi. **sit|ten|wid|rig** **I** agg. immorale **II** avv. immoralmente, in modo immorale. **Sit|ten|wid|rig|keit** f. *(-)* immoralità *f.*

Sit|tich m. *(-s,-e)* pappagallino *m.*

sitt|lich **I** agg. morale, etico: ***-e Entrüstung, Forderungen*** sdegno morale, esigenze morali; ***-er Ernst, Zerfall*** serietà, decadimento morale; ***ein -es Handeln*** un agire etico **II** avv. moralmente: ***~ gefestigt sein*** essere forti moralmente, avere una morale consolidata; ***jdm ~ überlegen sein*** essere superiori a qcn. moralmente. **Sitt|lich|keit** f. *(-)* moralità *f.*, morale *f.*: ***die öffentliche ~*** la morale comune; ***das geht gegen ihre ~*** va contro la sua moralità. **Sitt|lich|keits|de|likt** n. *(-[e]s,-e)*, **Sitt|lich|keits|ver|bre|chen** n. *(-s,-)* delitto *m.* contro la pubblica morale. **Sitt|lich|keits|ver|bre|cher** m. *(-s,-)* autore *m.* di delitti contro la pubblica morale.

sitt|sam **I** agg. **1** *(wohlerzogen, bescheiden)* beneducato; ANT. costumato, modesto: ***ein -es Leben*** una vita costumata **2** *(züchtig)* pudico: ***ein -es Mädchen*** una ragazza pudica **II** avv. pudicamente: ***~ erröten*** arrossire pudicamente; ***~ die Augen niederschlagen*** abbassare gli occhi pudicamente. **Sitt|sam|keit** f. *(-)* **1** costumatezza *f.*; *(Bescheidenheit)* modestia *f.* **2** pudicizia *f.*

Si|tu|a|ti|on f. *(-,-en)* situazione *f.*: ***eine heikle, brenzlige ~*** una situazione delicata, critica; ***die politische, wirtschaftliche ~ hat sich verändert*** la situazione politica, economica è cambiata; ***jdn in eine peinliche ~ bringen*** mettere qcn. in una situazione imbarazzante; ***einen Ausweg aus einer kritischen ~ suchen, finden*** cercare, trovare una via d'uscita da una situazione critica; ***Herr der ~ bleiben*** rimanere padrone della situazione; ***einer ~ (durchaus) gewachsen sein*** essere all'altezza di una situazione; ***über der ~ stehen*** essere al di sopra di una situazione. **si|tu|a|tio|nell** agg. LING. situazionale.

si|tu|a|ti|ons|be|dingt agg. dipendente dalla situazione, dettato dalle circostanze. **Si|tu|a|ti|ons|ko|mik** f. *(-)* comicità *f.* di una, della situazione.

si|tu|a|tiv agg. situazionale ◆ ***ein ~ bedingtes Verhalten*** un comportamento dettato dalle circostanze.

si|tu|iert agg. ***gut, schlecht ~ sein*** avere una buona, cattiva situazione finanziaria.

Sitz m. *(-es,-e)* **1** *(Sitzfläche)* sedile *m.*: ***~ und Lehne eines Sessels*** sedile e braccioli di una poltrona; ***etw. dient jdm als ~*** qcn. si serve di qcs. come sedile; ***etw. auf den ~ im Auto legen*** mettere qcs. sul sedile dell'auto **2** *(Sitzplatz)* posto *m.* (a sedere): ***ein ~ ist noch frei*** c'è ancora un posto libero; ***das ist kein guter ~*** questo non è un buon posto; ***-e belegen, freihalten*** occupare, tenere liberi dei posti; ***seinen ~ einnehmen*** prendere posto **3** *(Platz mit Stimmberechtigung)* seggio *m.*: ***30 -e im Parlament erhalten, haben*** ottenere, avere 30 seggi in parlamento **4** *(Ort)* sede *f.*: ***~ der Regierung, der Firma*** sede del governo, della ditta **5** *(sitzende Haltung)* posizione *f.* seduta: ***ein aufrechter, steifer ~*** una posizione seduta con la schiena dritta, un modo di sedere rigido **6** portamento *m.* (nella posizione seduta): ***der Reiter hat einen guten ~*** il cavaliere ha un buon portamento **7** *(Hosenboden)* sedere *m.* (dei pantaloni) ◆ ***ein Anzug von tadellosem ~*** un abito che va a pennello; COLLOQ. ***auf einen ~*** uno dietro l'altro: ***auf einen ~ zwei Glas Bier trinken*** bere due bicchieri di birra uno dietro l'altro; ***den ~ der Brille korrigieren*** aggiustare gli occhiali sul naso; *(anpassen)* correggere (*o* aggiustare) la montatura degli occhiali; *(von Kleidungsstücken)* ***einen guten, schlechten ~ haben*** stare (*o* cadere) bene, male; ***~ und Stimme im Rat haben*** far parte del consiglio con diritto di voto; COLLOQ. FIG. ***etw. reißt, haut jdn vom ~*** qcs. strappa qcn. dalla sedia.

Sitz|bad n. *(-[e]s,-bäder)* semicupio *m.* **Sitz|ba|de|wan|ne** f. *(-,-n)* vasca *f.* a sedile, semicupio *m.* **Sitz|bank** f. *(-,-bänke)* panca *f.*, panchina *f.* **Sitz|bein** n. *(-[e]s,-e)* ischio *m.*, osso *m.* ischiatico. **Sitz|blo|cka|de** f. *(-,-n)* sit-in *m.* **Sitz|brett** n. *(-[e]s,-er)* sedile *m.* (di una panchina). **Sitz|ecke** f. *(-,-n)* panca *f.* d'angolo.

sit|zen intr. *(saß, gesessen;* aus. *haben,* REGION. *sein)* **1** sedere, stare (*o* essere) seduto: ***im Sessel, auf dem Stuhl, am Schreibtisch, um den Tisch herum, zu jds Füßen, in der Sonne ~*** sedere in poltrona, sulla sedia, alla scrivania, intorno al tavolo, ai piedi di qcn., al sole; ***am Kamin, vor dem Fernsehapparat ~*** stare seduto presso il camino, davanti alla televisione; ***auf seinem Platz ~ bleiben*** rimanere seduto al proprio posto; ***jdn ~ lassen*** far sedere, fare accomodare qcn.; ***zu viel ~*** stare troppo seduto, non fare moto; ***am Steuer, im Sattel ~*** sedere (*o* stare) al volante, in sella; ***im Wirtshaus ~*** starsene all'osteria; ***immer zu Hause ~*** starsene sempre in casa **2a** *(sich befinden)* stare, essere, esserci: ***ein Vogel sitzt auf dem Fensterbrett*** sul davanzale sta, c'è un uccello; ***auf diesem Zweig ~ viele Blüten*** su questo ramo ci sono molti fiori **b** *(befestigt sein)* stare (fermo), essere fisso, non muoversi: ***der Druckknopf sitzt an der falschen Stelle*** l'automatico è messo male **3** COLLOQ. *(sich in Haft befinden)* stare (*o* essere) al fresco: ***er hat sechs Monate gesessen*** è stato per sei mesi al fresco **4** risiedere, avere (la propria) sede: ***er sitzt zur Zeit in Brasilien*** al momento risiede in Brasile; ***die Firma sitzt in Köln*** la ditta ha (la propria) sede a Colonia **5** *(Mitglied sein)* ***im Parlament, in einem Ausschuss ~*** sedere in parlamento, essere membro di una commissione **6a** *(passen)* stare, andare (bene): ***der Anzug sitzt gut, tadellos*** l'abito sta bene, sta a pennello **b** *(in der richtigen Lage sein)* stare, essere a posto: ***mein Haar sitzt noch nicht*** i miei capelli non stanno, non sono ancora a posto **7** *(mit etw. beschäftigt sein)* ***sie saßen beim Kaffee*** stavano prendendo il caffè; ***wir haben bis in die späte Nacht bei Tisch gesessen*** siamo stati (*o* rimasti) a tavola fino a tarda notte **8** ***voll von etw. ~*** essere pieno di qcs.: ***der Saal sitzt voller Leute, voll von Leuten*** la sala è piena di gente (seduta); ***der Zweig saß voll von gelben Blüten, voller gelber Blüten*** il ramo era pieno di fiori gialli **9** SCOL. *(besuchen)* ***in der dritten, vierten Klasse ~*** fare la terza, quarta (classe) **10** *(brüten)* ***auf den Eiern ~*** covare le uova **11** COLLOQ. *(richtig treffen)* andare a segno: ***der Schuss, die Anspielung hat gesessen*** il colpo è andato, l'allusione è andata a segno **12a** COLLOQ. ***~ bleiben*** SCOL. essere bocciato **b** *(als Frau unverheiratet bleiben)* restare zitella **c** ***auf etw. (A) ~ bleiben*** non riuscire a vendere qcs. **d** REGION. *(beim Backen nicht aufgehen)* sedersi **13a** COLLOQ. ***~ lassen*** piantare: ***ein Mädchen, einen Freund, Frau und Kinder ~ las-***

sen piantare una ragazza, un ragazzo, moglie e figli **b** *(eine Verabredung nicht einhalten)* ***jdn ~ lassen*** dare (*o* tirare) un bidone a qcn. **c** SCOL. bocciare ◆ ***auf seinem Geld ~*** essere attaccato ai (propri) soldi; COLLOQ. ***etw. nicht auf sich ~ lassen*** non passar sopra a qcs., non lasciar correre qcs.; ***im Dreck ~*** essere nei guai, nei pasticci; ***über jdn zu Gericht ~*** giudicare qcn.; COLLOQ. ***einen ~ haben*** essere sbronzo, essersi preso una sbornia; ***jeder Handgriff muss ~*** non bisogna sbagliare una mossa; ***zu ~ kommen*** trovarsi seduto: ***ich kam neben ihn zu ~*** mi trovai seduto accanto a lui; ***einem Maler ~*** posare per un pittore; ***wie auf Nadeln ~*** essere, stare sulle spine; COLLOQ. ***auf den Ohren ~*** = fare orecchie da mercante; ***der Hut sitzt ihm schief auf dem Kopf*** porta il cappello sulle ventitré; ***der Schreck saß ihr in den Gliedern*** = un senso di spavento si era impossessato di lei; ***das Übel sitzt tief*** il male ha radici profonde; ***in der Tinte ~*** essere nei guai; ***über einer Arbeit ~*** essere preso da un lavoro; ***über den Büchern ~*** stare curvo sui libri.

Sit|zen n. *(-s)* l'essere (*o* lo stare) seduto: ***durch das viele ~*** a forza di stare seduto. **Sit|zen|blei|ber** m. *(-s,-)* COLLOQ. bocciato *m.* **sit|zend** p.pres. agg. **1** → **sitzen 2** seduto: ***in -er Stellung*** in posizione seduta, da seduto **3** sedentario: ***eine -e Tätigkeit*** un'attività sedentaria.

Sitz|fal|te f. *(-,-n)* grinza *f.*, spiegazzatura *f.* **Sitz|flä|che** f. *(-,-n)* **1** sedile *m.* **2** SCHERZ. *(Gesäß)* didietro *m.*, deretano *m.* **Sitz|fleisch** n., COLLOQ. ***kein ~ haben*** non riuscire a star fermo (= non avere la costanza necessaria); ***~ haben*** aver messo radici, non voler più andarsene. **Sitz|ge|le|gen|heit** f. *(-,-en)* posto *m.* a sedere. **Sitz|grup|pe** f. *(-,-n)* salottino *m.* (poltrona, divano, sedie). **Sitz|hal|tung** f. *(-,-en)* posizione *f.* seduta. **Sitz|kno|chen** m. *(-s,-)* → **Sitzbein. Sitz|ord|nung** f. *(-,-en)* disposizione *f.* dei posti (a sedere). **Sitz|platz** m. *(-es,-plätze)* posto *m.* (a sedere). **Sitz|pols|ter** n. *(-s,-)* sedile *m.* imbottito. **Sitz|rei|he** f. *(-,-n)* fila *f.* di posti (a sedere). **Sitz|stan|ge** f. *(-,-n)* ballatoio *m.* (per voliere). **Sitz|streik** m. *(-[e]s,-s)* sit-in *m.*

Sit|zung f. *(-,-en)* **1** seduta *f.*, adunanza *f.*, riunione *f.*: ***eine öffentliche, geheime ~*** una seduta pubblica, adunanza segreta; ***heute ist eine ~, findet eine ~ statt*** oggi c'è, ha luogo una riunione; ***eine ~ abhalten, einberufen*** tenere, convocare una riunione; ***die ~ eröffnen, aufheben, schließen*** aprire, sospendere, chiudere la seduta; ***eine ~ auf fünf Uhr anberaumen*** indire una riunione per le cinque; ***bei, auf, in einer ~ sein*** essere a una riunione **2** PITT. seduta *f.*, posa *f.* **3** *(zahnärztliche, psychotherapeutische Behandlung)* seduta *f.*

Sit|zungs|be|richt m. *(-[e]s,-e)* verbale *m.* di una, della seduta. **Sit|zungs|geld** n. *(-[e]s,-er)* gettone *m.* di presenza. **Sit|zungs|pro|to|koll** m. *(-s,-e)* → **Sitzungsbericht. Sit|zungs|saal** m. *(-[e]s,-säle)* sala *f.* (*o* aula *f.*) delle adunanze, sala *f.* (delle) conferenze. **Sit|zungs|zim|mer** n. *(-s,-)* saletta *f.* per (le) riunioni.

Sitz|ver|tei|lung f. *(-,-en)* **1** assegnazione *f.* dei posti **2** *(im Parlament)* assegnazione *f.* dei seggi.

Six|ti|na f. *(-)* (cappella *f.*) Sistina *f.* **six|ti|nisch** agg. sistino ◆ ***die Sixtinische Kapelle*** la cappella Sistina.

Si|zi|li|a|ner m. *(-s,-)* siciliano *m.* **si|zi|li|a|nisch** agg. siciliano. **Si|zi|li|en** n.pr.n. *(-s)* Sicilia *f.* **Si|zi|li|er** m. *(-s,-)* → **Sizilianer. si|zi|lisch** → **sizilianisch.**

Ska|bi|es f. *(-)* scabbia *f.* **ska|bi|ös** agg. scabbioso.

Ska|la f. *(-, Skalen* e *-s)* **1** scala *f.* (graduata): ***einen Messwert von, auf einer ~ ablesen*** leggere un valore da, su una scala **2** *(Stufenleiter)* scala *f.* **3** *(Tonleiter)* scala *f.* (musicale) **4** TIP. scala *f.* di colori.

ska|lar agg. MAT. FIS. scalare.

Ska|lar m. *(-s,-e)* scalare *m.*, grandezza *f.* scalare.

Skal|de m. *(-n,-n)* scaldo *m.* **Skal|den|dich|tung** f. *(-)* poesia *f.* scaldica. **skal|disch** agg. scaldico.

Ska|len|zei|ger m. *(-s,-)* indice *m.* (della scala graduata).

Skalp m. *(-[e]s,-e)* scalpo *m.*

Skal|pell n. *(-s,-e)* bisturi *m.*

skal|pie|ren tr. scalpare.

Skan|dal m. *(-s,-e)* **1** scandalo *m.*: ***einen ~ machen, verursachen (heraufbeschwören)*** fare, provocare uno scandalo; ***in einen ~ verwickelt sein*** essere coinvolto in uno scandalo; ***es ist ein ~, dass...*** è uno scandalo (*o* è scandaloso) che... **2** REGION. *(Radau)* chiasso *m.*, baccano *m.* **Skan|dal|ge|schich|te** f. *(-,-n)* vicenda *f.* scandalosa, scandalo *m.* **skan|da|li|sie|ren** ANT. **I** tr. **1** scandalizzare: ***das Publikum ~*** scandalizzare il pubblico **2** *(zum Skandal machen)* rendere scandaloso **II** rifl. ***sich über etw. ~*** scandalizzarsi per qcs. **Skan|dal|nu|del** f. *(-,-n)* COLLOQ. = donna *f.* che suscita scandalo. **skan|da|lös I** agg. scandaloso **II** avv. in modo scandaloso, scandalosamente. **Skan|dal|pres|se** f. *(-)* stampa *f.* scandalistica. **skan|dal|süch|tig** agg. scandalistico. **skan|dal|um|wit|tert** agg. al centro di scandali.

skan|die|ren I tr. scandire **II** intr. (aus. *haben*) fare la scansione.

Skan|di|na|vi|en n.pr.n. *(-s)* Scandinavia *f.* **Skan|di|na|vi|er** m. *(-s,-)* scandinavo *m.* **skan|di|na|visch** agg. scandinavo.

Ska|pu|lier n. *(-s,-e)* scapolare *m.*

Ska|ra|bä|en|gem|me f. *(-,-n)* scarabeo *m.* **Ska|ra|bä|us** m. *(-, Skarabäen)* scarabeo *m.*

Skat m. *(-[e]s,-e* e *-s)* INTRAD. (gioco di carte). **Skat|bru|der** m. *(-s, -brüder)* COLLOQ. appassionato *m.* di skat; *(Mitspieler)* compagno *m.* a skat.

Skate|board ['skeɪtbɔ:d] n. *(-s,-s)* skate-board *m.*

ska|ten intr. (aus. *haben*) COLLOQ. giocare a skat. **Ska|ter** m. *(-s,-)* COLLOQ. → **Skatspieler.**

Ska|to|lo|gie f. *(-)* **1** MED. coprologia *f.* **2** PSIC. coprolalia *f.* **ska|to|lo|gisch** agg. **1** MED. coprologico **2** PSIC. coprolalico. **Ska|to|pha|ge** m. *(-n,-n)* coprofago *m.*

Skat|par|tie f. *(-,-n)* partita *f.* a, di skat. **Skat|spiel** n. *(-[e]s,-e)* **1** → **Skat 2** → **Skatpartie. Skat|spie|ler** m. *(-s,-)* giocatore *m.* di skat. **Skat|tur|nier** n. *(-s,-e)* torneo *m.* di skat.

Ske|let(t) n. *(-[e]s,-e)* scheletro *m.*: ***zum ~ abmagern*** ridursi a (*o* diventare) uno scheletro; FIG. ***das ~ eines Gebäudes*** lo scheletro di un edificio. **Ske|lett|bo|den** m. *(-s,-böden)* GEOL. scheletro *m.* **Ske|lett|mus|kel** m. *(-s,-n)* muscolo *m.* scheletrico.

Skep|sis f. *(-)* **1** scetticismo *m.*: ***voller ~ etw. (D) gegenüber sein*** essere molto scettico nei confronti di qcs. **2** FILOS. scepsi *f.* **Skep|ti|ker** m. *(-s,-)* scettico *m.* **skep|tisch I** agg. scettico: ***eine -e Einstellung*** un atteggiamento scettico; ***sein Blick war ~*** il suo sguardo era scettico; ***~ jdm, etw. gegenüber sein*** essere scettico nei confronti di (*o* riguardo a) qcn., qcs. **II** avv. scetticamente, con scetticismo: ***etw. ~ betrachten*** considerare qcs. scetticamente. **Skep|ti|zis|mus** m. *(-)* scetticismo *m.*

Sketch [sketʃ] m. *(-[es],-e[s]* e *-s)* sketch *m.*

Ski [ʃi:] m. *(-s,-er* e *-)* sci *m.*: ***die -er anschnallen, abschnallen, wachsen*** mettere, togliere, sciolinare gli sci; ***~ fahren, laufen*** sciare. **Ski|akro|ba|tik** f. *(-)* sci *m.* acrobatico. **Ski|an|zug** m. *(-[e]s,-anzüge)* tuta *f.* da sci. **Ski|aus|rüs|tung** f. *(-,-en)* equipaggiamento *m.* da sci. **Ski|bin|dung** f. *(-,-en)* attacco *m.* (dello sci). **Ski|bob** m. *(-s,-s)* monopattino *m.* da neve. **Ski|bril|le** f. *(-,-n)* occhiali *m.pl.* da sci. **Ski|fah|rer** m. *(-s,-)* → **Skiläufer. Ski|flie|gen** n. *(-s)* salto *m.* dal trampolino (con gli sci). **Ski|ge|biet** n. *(-[e]s,-e)* zona *f.* sciistica. **Ski|gym|nas|tik** f. *(-)* presciistica *f.* **Ski|ha|serl** n. *(-s,-[n])* REGION. SCHERZ. = sciatrice *f.* carina. **Ski|kurs** m. *(-es,-e)* corso *m.* di sci. **Ski|lang|lauf** m. *(-[e]s,-läufe)* sci *m.* di, da fondo.

Ski|lauf m. *(-[e]s)* sci *m.*: ***alpiner, nordischer ~*** sci alpino, nordico. **Ski|lau|fen** n. *(-s)* → **Skilauf. Ski|läu|fer** m. *(-s,-)* sciatore *m.* **Ski|läu|fe|rin** f. *(-,-nen)* sciatrice *f.*

Ski|leh|rer m. *(-s,-)* maestro *m.* di sci. **Ski|lift** m. *(-[e]s,-e* e *-s)* skilift *m.* **Ski|müt|ze** f. *(-,-n)* berretto *m.* da sci.

Skin, Skin|head [-hɛd] m. *(-s,-s)* skinhead *m.*

Skink m. *(-[e]s,-e)* scinco *m.*

Ski|pass m. *(-es,-pässe)* ski-pass *m.* **Ski|pis|te** f. *(-,-n)* pista *f.* (da, di sci).

Skip|per m. *(-s,-)* skipper *m.*

Ski|sport m. *(-[e]s)* sci *m.* **Ski|sprin|gen** n. *(-s)* salto *m.* con gli sci. **Ski|sprin|ger** m. *(-s,-)* saltatore *m.* con gli sci. **Ski|stie|fel** m. *(-s,-)* scarpone *m.* (da sci). **Ski|stock** m. *(-[e]s,-stöcke)* bastoncino *m.* (da sci). **Ski|wachs** n. *(-es,-e)* sciolina *f.* **Ski|wan|dern** n. *(-s)* sci *m.* alpinismo. **Ski|was|ser** n. *(-s)* INTRAD. (bibita ghiacciata allo sciroppo). **Ski|zir|kus** m. *(-,-se)* GERG. **1** gran bailamme *m.* dello sci **2** *(System von Skiliften)* comprensorio *m.* sciistico.

Skiz|ze f. *(-,-n)* **1** schizzo *m.*, abbozzo *m.*: ***eine ~ anfertigen*** fare uno schizzo **2** *(Konzept)* abbozzo *m.*: ***die ~ einer Rede*** l'abbozzo di un discorso **3** *(Aufzeichnung)* annotazione *f.*, appunto *m.* **Skiz|zen|block** m. *(-[e]s,-blöcke* e *-s)* blocco *m.* da disegno. **skiz|zen|haft I** agg. abbozzato **II** avv. in abbozzo.

skiz|zie|ren tr. **1** schizzare: ***eine Landschaft ~*** schizzare un paesaggio **2** *(entwerfen)* abbozzare: ***den Schluss des Romans ~*** abbozzare il finale del romanzo. **Skiz|zie|rung** f. *(-,-en)* lo schizzare, l'abbozzare.

Skla|ve m. *(-n,-n)* schiavo *m.*: ***-n halten, kaufen, freilassen*** avere, comprare, liberare schiavi; ***jdm wie einen -n behandeln*** trattare qcn. come uno schiavo; FIG. ***~ seiner Leidenschaften sein*** essere schiavo delle proprie passioni. **Skla|ven|ar|beit** f. *(-,-en)* **1** lavoro *m.* degli schiavi **2** *(anstrengende Arbeit)* lavoro *m.* da schiavi. **Skla|ven|hal|ter** m. *(-s,-)* padrone *m.* di schiavi. **Skla|ven|hal|ter|ge|sell|schaft** f. *(-)* società *f.* schiavista. **Skla|ven|han|del** m. *(-s)* commercio *m.* di, degli schiavi. **Skla|ven|händ|ler** m. *(-s,-)* mercante *m.* di schiavi. **Skla|ven|markt** m. *(-[e]s,-märkte)* mercato *m.* degli schiavi. **Skla|ven|tum** n. *(-s)* schiavitù *f.*

Skla|ve|rei f. *(-)* schiavitù *f.* (anche FIG.): ***jdn in die ~ verkaufen, aus***

der ~ befreien ridurre qcn. in schiavitù, liberare qcn. dalla schiavitù; ***in ~ geraten*** cadere in schiavitù; ***die ~ abschaffen*** abolire la schiavitù.

Skla|vin f. *(-,-nen)* schiava *f.* **skla|visch I** agg. **1** servile **2** *(unselbstständig)* pedissequo: ***ein -er Nachahmer*** un imitatore pedissequo **II** avv. servilmente, in modo servile.

Skle|ro|se f. *(-,-n)* sclerosi *f.*: ***multiple ~*** sclerosi multipla; ***~ der Leber*** cirrosi epatica. **skle|ro|tisch** agg. sclerotico.

Sko|li|o|se f. *(-,-n)* scoliosi *f.*

skon|tie|ren tr. scontare. **Skon|to** m. e n. *(-s,-s* e RAR. *Skonti)* sconto *m.*: ***2 % ~ auf den Betrag gewähren*** accordare uno sconto del 2 % sull'importo.

skont|rie|ren intr. (aus. *haben*) riscontrare. **Skont|ro** n. *(-s,-s)*, **Skont|ro|buch** n. *(-[e]s,-bücher)* libro *m.* di riscontro.

Skor|but m. *(-[e]s)* scorbuto *m.* **skor|bu|tisch** agg. **1** di, dello scorbuto **2** *(an Skorbut erkrankt)* scorbutico.

Skor|da|tur f. *(-,-en)* scordatura *f.*

Skor|pi|on m. *(-s,-e)* ZOOL. ASTROL. scorpione *m.*: ***im Zeichen ~ sein*** essere del segno dello scorpione; ***er ist (ein) ~*** è uno scorpione (*o* è dello scorpione). **Skor|pi|ons|flie|ge** f. *(-,-n)* panorpa *f.*

skr ⇒ *Schwedische Krone* corona svedese (SEK).

Skri|bent m. *(-en,-en)* scribacchino *m.*, imbrattacarte *m.*

Skript n. *(-[e]s,-en* e *-s)* **1** manoscritto *m.*, testo *m.* **2** *(Drehbuch)* copione *m.*, script *m.* **3** UNIV. dispensa *f.* **Skript|girl** n. *(-s,-s)* CINEM. segretaria *f.* di edizione, script girl *f.*

Skro|fel f. *(-,-n)* **1** scrofola *f.* **2** pl. → **Skrofulose. skro|fu|lös** agg. scrofoloso. **Skro|fu|lo|se** f. *(-,-n)* scrofolosi *f.*

skro|tal agg. scrotale. **Skro|tal|bruch** m. *(-[e]s,-brüche)*, **Skro|tal|her|nie** f. *(-,-n)* ernia *f.* scrotale. **Skro|tum** n. *(-s, Skrota)* scroto *m.*

Skru|pel m. *(-s,-)* **1** scrupolo *m.*: ***moralische ~*** scrupoli morali; ***ohne jeden, ohne den geringsten ~*** senza nessuno, senza il minimo scrupolo; ***keine ~ haben, kennen*** non avere scrupoli; ***ihn quälten ~*** era tormentato dagli scrupoli. **skru|pel|los I** agg. senza scrupoli: ***ein -er Betrüger*** un impostore senza scrupoli **II** avv. ***jdn ~ betrügen*** non farsi scrupoli a ingannare qcn.; ***~ handeln*** agire senza scrupoli. **Skru|pel|lo|sig|keit** f. *(-,-en)* mancanza *f.* di scrupoli. **skru|pu|lös** agg. ANT. scrupoloso.

Skull n. *(-s,-s)* pagaia *f.* **skul|len** intr. (aus. *haben, sein*) pagaiare. **Skul|ler** m. *(-s,-)* canoista *m.*

Skulp|teur [-'tøːɐ] m. *(-s,-e)* scultore *m.* **skulp|tie|ren** tr. scolpire. **Skulp|tur** f. *(-,-en)* scultura *f.* **skulp|tu|ral** agg. scultoreo. **skulp|tu|rie|ren** → **skulptieren.**

skur|ril I agg. strano, fuori del comune, strambo: ***ein -er Mensch*** un tipo strambo; ***ein -es Verhalten*** un comportamento strambo; ***eine -e Idee*** un'idea strana, curiosa **II** avv. in modo strano, strambo. **Skur|ri|li|tät** f. *(-,-en)* stranezza *f.*, stravaganza *f.*

S-Kur|ve f. *(-,-n)* curva *f.* a S.

Sky|the m. *(-n,-n)* Scita *m.* **sky|thisch** agg. scitico. **Sky|thisch** n. *(-[s])*, **Sky|thi|sche** n. *(-n)* lingua *f.* degli Sciti.

Sla|lom m. *(-s,-s)* slalom *m.*: ***einen ~ fahren, gewinnen*** correre, vincere uno slalom; ***~ fahren*** fare lo slalom. **Sla|lom|lauf** m. *(-[e]s,-läufe)* → **Slalom. Sla|lom|läu|fer** m. *(-s,-)* slalomista *m.*

Slang [slæŋ] m. *(-s)* **1** slang *m.* **2** gergo *m.*: ***der psychologische ~*** il gergo degli psicologi.

Sla|ve, Sla|we m. *(-n,-n)* slavo *m.* **Sla|wen|tum** n. *(-s)* cultura *f.* slava. **sla|wisch** agg. slavo. **sla|wi|sie|ren** tr. slavizzare. **Sla|wi|sie|rung** f. *(-)* slavizzazione *f.* **Sla|wis|mus** m. *(-, Slawismen)* slavismo *m.* **Sla|wist** m. *(-en,-en)* slavista *m.* **Sla|wis|tik** f. *(-)* slavistica *f.* **Sla|wo|ni|en** n.pr.n. *(-s)* Slavonia *f.* **Sla|wo|ni|er** m. *(-s,-)* schiavone *m.* **sla|wo|nisch** agg. schiavone. **sla|wo|phil** agg. slavofilo. **Sla|wo|phi|le** m. e f. *(-n,-n)* slavofilo *m.* (-a *f.*).

Sli|bo|witz m. *(-[es],-e)* slivoviz *m.*

Slice [slais] m. *(-,-s)* SPORT slice *m.* **sli|cen** ['slaisn] intr. (aus. *haben*) giocare (*o* tirare) uno slice.

Slip m. *(-s,-s)* **1** *(Unterhose)* slip *m.* **2** MAR. scalo *m.* di alaggio **3** AER. scivolata *f.* d'ala.

slip|pen intr. (aus. *haben*) **1** effettuare l'alaggio **2** MAR. fare scivolare l'ancora **3** AER. scivolare d'ala.

Slip|per m. *(-s,-[s])* mocassino *m.*

Sli|wo|witz → **Slibowitz.**

Slo|gan ['slougən, 'sloːgən] m. *(-s,-s)* slogan *m.*

Slo|wa|ke m. *(-n,-n)* slovacco *m.* **Slo|wa|kei** n.pr.f. *(-)* Slovacchia *f.* **slo|wa|kisch** agg. slovacco. **Slo|wa|kisch** n. *(-[s])*, **Slo|wa|ki|sche** n. *(-n)* slovacco *m.* **Slo|we|ne** m. *(-n,-n)* sloveno *m.* **Slo|we|ni|en** n.pr.n. *(-s)* Slovenia *f.* **Slo|we|ni|er** m. *(-s,-)* → **Slowene. slo|we|nisch** agg. sloveno. **Slo|we|nisch** n. *(-[s])*, **Slo|we|ni|sche** n. *(-n)* sloveno *m.*

Slum [slam] m. *(-s,-s)* slum *m.*

sm ⇒ *Seemeile* miglio marino (M).

S. M. ⇒ *Seine Majestät* Sua Maestà (SM).

Sma|ragd m. *(-[e]s,-e)* smeraldo *m.* **Sma|ragd|ei|dech|se** f. *(-,-n)* ramarro *m.* **sma|rag|den** agg. **1** di smeraldo **2** → **smaragdgrün. sma|ragd|grün** agg. verde smeraldo.

smart I agg. **1** abile, scaltro, furbo: ***ein -er Verkäufer*** uno scaltro venditore **2** elegante, alla moda: ***ein -es Kleid*** un vestito alla moda **II** avv. alla moda.

SM-Ofen m. *(-s,-Öfen)* forno *m.* Martin-Siemens.

Smog [smɔk, smɔg] m. *(-[s],-s)* smog *m.*

Smo|king m. *(-s,-s)* smoking *m.*

Smut|je m. *(-s,-s)* cuoco *m.* (di bordo).

SMV ⇒ *Schülermitverwaltung* cogestione studentesca.

SM-Ver|fah|ren n. *(-s)* procedimento *m.* Martin-Siemens.

Smyr|na I n.pr.n. *(-s)* Smirne *f.* **II** m. *(-s)* → **Smyrnateppich. Smyr|n|a|er** m. *(-s,-)* smirneo *m.* **smyr|n|a|isch** agg. smirneo, di Smirne. **Smyr|na|tep|pich** m. *(-[e]s,-e)* tappeto *m.* di Smirne.

Sniff m. *(-s,-s)* sniffata *f.* **snif|fen** tr. sniffare.

Snob [snɔp, snɔb] m. *(-s,-s)* snob *m.* **Sno|bis|mus** m. *(-, Snobismen)* snobismo *m.* **sno|bis|tisch** agg. snobistico.

so I avv. **1a** *(auf diese Weise)* così: ***~ geht es nicht*** così non va; ***das müssen Sie ~ machen*** deve fare così; ***~ kannst du nicht bleiben*** non puoi rimanere così, devi cambiare; ***~ kann man sie nicht liegen lassen*** non la si può lasciare in questo stato; ***die Sache verhält sich ~*** le cose stanno così, la situazione è questa **b** *(in solchem Maße)* ***~ einfach ist es nicht*** non è (proprio) così semplice; ***sie ist ~ groß*** è alta così; ***es ist nicht ~ schlimm*** non è così grave **c** COLLOQ. *(solch)* ***~ ein Auto hätte ich auch gern*** un'auto così piacerebbe anche a me; ***~ ein schöner Film!*** che bel film! ***~ ein guter Mensch!*** una persona così buona! **d** *(deshalb)* ***das Wetter war schön, ~ bin ich abgefahren*** il tempo era bello, (e) così sono partito **e** *(ohne das Übliche)* ***ich bin ~ hereingekommen*** sono entrato così (senza pagare, senza fare vedere la mia tessera); ***das kann ich auch ~*** lo so fare anche così (senza istruzioni, senza aiuto) **2** *(beim Vergleich)* così, tanto: ***~... wie...*** così... come...; ***er ist ~ groß, alt wie du*** è alto come (*o* quanto) te, ha la tua (stessa) età; ***~ hart wie Stein*** duro come la pietra; ***alles ~ lassen, wie es ist*** lasciare tutto così com'è; ***er ist ~ dumm wie faul*** è tanto stupido quanto pigro; ***doppelt ~ viel arbeiten wie sie*** lavorare il doppio di lei; ***~ viel (wie) du willst*** (tanto) quanto vuoi; ***das ist ~ viel wie...*** questo è lo stesso che..., equivale a...; ***~ weit wie, als möglich*** per quanto possibile; ***~ wenig*** altrettanto, tanto poco; ***ich habe ~ wenig Geld wie du*** ho poco denaro come te; ***~ wenig wie, als möglich*** il meno possibile **3** *(überaus)* così, molto: ***sie ist (ja) ~ glücklich!*** è così felice! ***das tut mir (ja) ~ leid*** mi spiace (davvero) molto **4** *(etwa)* circa, pressappoco: ***es mögen ~ an die, um die tausend sein*** saranno circa un migliaio; ***er hat es ~ ziemlich verstanden*** pressappoco l'ha capito; ***es war 8 Uhr oder ~*** erano circa le otto **5** *(also)* bene, dunque: ***~, das ist erledigt*** bene, questo è terminato; ***~, und nun?*** bene (*o* beh), e adesso? ***~, nun ist's genug!*** bene, ora basta! ***~ können wir gehen*** dunque possiamo andare; ***~ ist es wahr, dass...*** dunque è vero che...; ***~, er kommt also nicht mit?*** davvero, non viene con noi? **6** che: ***es dauerte nicht lange, ~ kam er selbst*** non passò molto che arrivò lui in persona **7** *(in diesem Fall, dann)* ebbene, allora: ***wenn Sie können, ~ kommen Sie*** se può allora venga; ***Sie wünschen es, ~ werde ich es tun*** dal momento che lo desidera (allora) lo farò **8** ***~?*** davvero? **II** cong. **1** *(konsekutiv)* ***~ dass; ~..., dass...*** cosicché, così (che), in modo che: ***es regnete ~ stark, dass ich in wenigen Minuten ganz nass wurde*** pioveva così forte che mi bagnai tutto in pochi minuti **2** *(konzessiv)* per quanto, sebbene: ***~ sehr er sich auch bemüht, er wird nichts ausrichten*** per quanto si affatichi non verrà a capo di nulla **3** ANT. *(falls)* qualora, se, nel caso in cui: ***wir fahren morgen, ~ Gott will*** se Dio vuole, domani partiamo **III** part.at. **1** proprio, affatto: ***das ist mir ~ egal*** mi è proprio indifferente **2** *(oft unübersetzt)* ***was die Leute ~ reden*** quel che dice la gente; ***..., ~ meine Mutter, ..., ~ der Duden*** dice mia madre, dice, afferma (sostiene) il Duden **3** *(in Aufforderungssätzen)* dai, insomma, suvvia: ***~ hört doch auf!*** dai, smettetela! **IV** pron.rel. ANT. che ◆ ***ach ~!*** ah, già! ah, ecco! ***auch ~*** anche così, anche in questo modo; COLLOQ. ***~ siehst du aus!*** non ti credo! ***bald ~, bald ~*** ora in un modo ora nell'altro; ***~ bald wie möglich*** → ***~ früh wie möglich***; ***wenn dem ~ ist*** se le cose stanno così; ***~ (et)was*** una cosa simile; ***~ etwas Schönes*** una cosa tanto, così bella; ***~ etwas von Arroganz...*** un'arroganza simile...; ***~ etwas wie eine Tasche*** qualcosa come (*o* che assomiglia a) una borsa; ***und ~ fort*** e così via; ***~ früh wie möglich*** non appena possibile, quanto prima; ***~ ganz*** del tutto, completamente; ***die ~ genannte Wahrheit*** la cosiddetta verità; ***genau ~*** proprio così, esattamente; ***gut ~*** bene così; ~ gut wie quasi, praticamente; seien Sie bitte ~ nett und... sia gentile...; dem ist nicht ~! non è così! ~ bin ich nun einmal io son fatto così; ich sage nur ~ dico per dire; ~ oder ~ in ogni caso, comunque, ad ogni modo; es waren Papiere oder ~ erano documenti o qualcosa del genere; ~ ein Pech! che sfortuna! recht ~ proprio così; das ist ~ eine Sache è un bel problema; wenn ich ~ sagen darf se così si può dire; ~ sehr così tanto, molto; wie geht's? – so so come va? – così così; ~ und ~ → ~ oder ~; er versteht nicht ~ viel davon non ne capisce un granché; na ~ was! davvero! COLLOQ. ~ was nennt sich Professor! quello sì che è un professore! ~ weit a questo punto; alles läuft ~ weit gut procede tutto abbastanza bene; ich bin ~ weit sono pronto (*o* ci sono); es ist ~ weit ci siamo; und ~ weiter e così via; ~ ein Zufall! che combinazione! PROV. hilf dir selbst, ~ hilft dir Gott aiutati che il ciel t'aiuta; ~ dass → sodass.

SO ⇒ *Südost(en)* sudest (SE).

So. ⇒ *Sonntag* domenica (dom., DO, D).

s. o. ⇒ *siehe oben* vedi sopra (v.s.).

so|bald cong. (non) appena: ruf an, ~ du angekommen bist telefona appena sei arrivato.

Söck|chen n. *(-s,-)* calzetta *f.*, calzettino *m.* **So|cke** f. *(-,-n)* calzino *f.*: ein Paar -n un paio di calzini; -n stopfen rammendare i calzini ◆ sich auf die -n machen levare le tende; jdm auf den -n sein stare alle calcagna di qcn.; mir qualmen die -n = ho fatto in fretta e furia, ho corso; von den -n sein restare di stucco.

So|ckel m. *(-s,-)* **1** *(an Mauern, Wänden, Möbeln)* zoccolo *m.* **2** *(von Statuen)* piedistallo *m.* **3** *(Fuß von Säulen)* base *f.*, basamento *m.* **4** EL. zoccolo *m.* **So|ckel|ge|schoss,** AUSTR. **So|ckel|ge|schoß** n. *(-es,-e)* seminterrato *m.*

So|cken|hal|ter m. *(-s,-)* giarrettiera *f.* (da uomo).

So|da f. *(-)* n. *(-s)* soda *f.* (anche CHIM.).

So|da|le m. *(-n,-n)* membro *m.* di una congregazione, di una confraternita (cattolica). **So|da|li|tät** f. *(-,-en)* congregazione *f.* (cattolica); *(Bruderschaft)* confraternita *f.*

so|dann avv. **1** dopo, poi **2** *(außerdem)* inoltre, indi.

so|dass cong. cosicché, così (che), in modo che: sprich lauter, ~ ich dich höre parla più forte in modo che ti possa sentire.

So|da|was|ser n. *(-s,-wässer)* soda *f.*

Sod|bren|nen n. *(-s)* bruciore *m.* di stomaco.

So|dom n.pr.n. *(-s)* **1** Sodoma *f.* ~ und Gomorrha Sodoma e Gomorra **2** FIG. = luogo *m.* di perdizione .

So|do|mie f. *(-)* zooerastia *f.*; *(Analverkehr)* sodomia *f.* **so|do|mi|sie|ren** intr. (aus. *haben*) sodomizzare. **So|do|mit** m. *(-en,-en)* sodomita *m.* **so|do|mi|tisch** agg. sodomitico.

So|doms|ap|fel m. *(-s,-äpfel)* galla *f.*

so|eben avv. **1** appena, or ora: die Post ist ~ angekommen la posta è appena arrivata **2** *(in diesem Moment)* in quest'istante, proprio ora: ich backe ~ einen Kuchen (proprio ora) sto facendo una torta.

So|fa n. *(-s,-s)* divano *m.*, sofà *m.* **So|fa|ecke** f. *(-,-n)* angolo *m.* del divano. **So|fa|kis|sen** n. *(-s,-)* cuscino *m.* del divano.

so|fern cong. se, purché, a condizione che: wir fahren heute, ~ es dir passt partiamo oggi se sei d'accordo.

soff → saufen.

Sof|fit|te f. *(-,-n)* **1** celetto *m.* **2** → Soffittenlampe. **Sof|fit|ten|lam|pe** f. *(-,-n)* lampada *f.* tubolare.

So|fia n.pr.n. *(-s)* Sofia *f.* **So|fi|a|er I** m. *(-s,-)* abitante *m.* di Sofia **II** agg.inv. di Sofia.

So|fie n.pr.f. → Sophie.

So|fi|o|ter m. *(-s,-)* → Sofiaer.

so|fort avv. subito: sie hat es ~ verstanden l'ha capito subito; *(unverzüglich)* er muss ~ benachrichtigt werden deve essere subito informato; *(in wenigen Minuten)* ich komme ~ vengo subito; ich bin ~ fertig avrò finito fra un istante; *(als Antwort)* komm bitte her! Sofort! vieni qui per favore! subito! ◆ COMM. ~ lieferbar consegna immediata, pronta; ab ~ gültig con decorrenza immediata, con entrata in vigore immediata. **so|for|tig** agg. immediato: mit -er Wirkung con effetto immediato; COMM. wir bedanken uns für Ihre -e Lieferung Vi siamo grati per la Vostra sollecita fornitura.

So|fort|maß|nah|me f. *(-,-n)* provvedimento *m.* immediato. **So|fort|pro|gramm** n. *(-[e]s,-e)* programma *m.* di emergenza. **So|fort|ver|brauch** m. *(-s)* consumo *m.* immediato.

soft agg. **1** MUS. soft **2** GERG. *(sanft)* dolce, tenero: ein -er Typ un tipo tenero.

Soft|eis n. *(-es,-e)* gelato *m.* cremoso.

Sof|tie m. *(-s,-s)* GERG. tipo *m.* tenero.

Soft|ware ['sɔftwɛə] f. *(-)* software *m.*

sog → saugen.

Sog m. *(-[e]s,-e)* **1** *(von Luft, Wasser)* risucchio *m.* **2** *(Einflussbereich)* vortice *m.*, potere *m.* d'attrazione: in jds ~ geraten cadere in potere di qcn., finire sotto l'influsso di qcn.

sog. ⇒ *so genannt* cosiddetto.

so|gar avv. perfino, persino, anche, addirittura: alle wussten es, ~ er tutti lo sapevano, perfino lui; sie ist schön, ~ sehr schön è bella, addirittura molto bella; *(unerwartet)* ~ der Autor war dabei addirittura l'autore era presente.

so|ge|nannt → so.

so|gleich avv. → sofort.

so|hin avv. AUSTR. o RAR. perciò.

Sohl|bank f. *(-,-bänke)* EDIL. davanzale *m.*

Soh|le f. *(-,-n)* **1a** suola *f.*: -n aus Gummi, Leder suole di gomma, di cuoio; durchgelaufene -n suole consumate **b** *(Einlegesohle)* sottopiede *m.*, soletta *f.* **2** *(Fußsohle)* pianta *f.* (del piede) **3a** *(Boden eines Flusses)* fondo *m.* **b** *(eines Tals)* fondovalle *m.* **4** MIN. livello *m.*, letto *m.*, suola *m.*, piede *m.*: die ~ des Stollens la suola della galleria **5** *(Lüge)* bugia *f.*, frottola *f.* ◆ sich die -n nach etw. ablaufen consumarsi i piedi (*o* le suole) a furia di correre dietro a qcs.; *(sich vergeblich bemühen)* = pestare l'acqua nel mortaio; die Sache brennt ihm unter den -n la faccenda gli preme molto; sich an jds -n, sich jdm an die -n hängen, heften stare alle calcagna di qcn.; FIG. auf leisen -n in punta di piedi; eine kesse ~ aufs Parkett legen ballare con leggerezza.

soh|len I tr. *(besohlen)* ris(u)olare **II** intr. REGION. *(lügen)* mentire.

Soh|len|gän|ger m. *(-s,-)* plantigrado *m.* **Soh|len|le|der, Sohl|le|der** n. *(-s)* cuoio *m.* per suole.

Sohn m. *(-[e]s, Söhne)* **1a** figlio *m.*: einen ~ bekommen avere un figlio; ein legitimer, unehelicher ~ un figlio legittimo, illegittimo; der älteste, einzige ~ il figlio maggiore, l'unico figlio; der erstgeborene ~ il figlio primogenito; jdn wie seinen eigenen ~ lieben amare qcn. come un figlio; er ist ganz der ~ seines Vaters è il ritratto di suo padre **b** FIG. er ist ein ~ des Volkes è un figlio del popolo; ~ des Hauses = figlio grande **2** *(als Anrede)* figliolo *m.*: nun, mein ~ dunque, figliolo ◆ Gottes ~ il figlio di Dio; die großen Söhne Italiens i grandi italiani; der verlorene ~ il figliol prodigo.

Söhn|chen n. *(-s,-)* figlioletto *m.* **Soh|ne|mann** m. *(-[e]s),* **Soh|ne|matz** m. *(-es)* FAM. figliolo *m.*

Soh|nes|lie|be *f. (-)* amore *m.* filiale. **Soh|nes|pflicht** f. *(-,-en)* dovere *m.* di figlio.

Soi|ree [soa're:] f. *(-,-n)* soirée *f.*: eine literarische ~ una soirée letteraria.

So|ja f. *(-, Sojen)* soia *f.* **So|ja|boh|ne** f. *(-,-n)* **1** soia *f.* **2** *(Same)* seme *m.* di soia. **So|ja|mehl** n. *(-s)* farina *f.* di soia. **So|ja|öl** n. *(-s)* olio *m.* di soia. **So|ja|so|ße** f. *(-)* salsa *f.* di soia. **So|ja|spross** m. *(-es,-en)* germoglio *m.* di soia.

Sok|ra|tes n.pr.m. Socrate *m.* **Sok|ra|ti|ker** m. *(-s,-)* socratico *m.* **sok|ra|tisch** agg. socratico.

Sol n. *(-s,-e)* CHIM. sol *m.*

so|lang, so|lan|ge cong. **1** finché, fintantoché: ~ du krank bist, musst du zu Hause bleiben finchè sei ammalato, devi restare a casa **2** *(während)* quando, mentre: ~ du da bist, fühle ich mich sicher quando ci sei mi sento al sicuro.

so|lar agg. solare. **So|lar|bat|te|rie** → Sonnenbatterie. **So|lar|ener|gie** → Sonnenenergie. **So|lar|hei|zung** → Sonnenheizung. **So|la|ri|um** n. *(-s, Solarien)* solarium *m.* **So|lar|jahr** → Sonnenjahr. **So|lar|kol|lek|tor** → Sonnenkollektor. **So|lar|kon|stan|te** f. *(-)* costante *f.* (di radiazione) solare. **So|lar|kraft|werk** → Sonnenwärmekraftwerk. **So|lar|ple|xus** m. *(-)* plesso *m.* solare. **so|lar|ther|misch** agg. eliotermico. **So|lar|zel|le** → Sonnenzelle.

So|la|wech|sel m. *(-s,-)* ECON. sola *f.* di cambio.

Sol|bad n. *(-[e]s,-bäder)* **1** bagno *m.* d'acqua salina **2** *(Badeort)* (stabilimento *m.* di) bagni *m.pl.* salini, (stazione *f.* di) fonti *f.pl.* saline.

solch, sol|che → solcher.

sol|cher pron.dimostr. m. (f. **solche**, n. **solches**; anche inv. **solch**) **1a** *(attributiv)* tale, simile, così, del genere, ANT. siffatto: ein solches Zimmer kostet sicher viel una stanza simile costa sicuramente molto; Anklagen ~ Art tali accuse, accuse siffatte (*o* del genere); mit solchen Leuten con gente simile; einen solch teuren Mantel würde ich nicht kaufen un cappotto così caro non lo comprerei; bei solch herrlichem Wetter, bei einem solch herrlichen Wetter, bei solch einem herrlichen Wetter con un tempo simile, così bello **b** *(so stark)* tale: ich habe solche Kopfschmerzen! ho un tal mal di testa! **2a** *(absolut)* solche haben wir schon gesehen ne abbiamo già visti di simili; eine Strafe für solche, die immer zu spät kommen una punizione per quelli che arrivano sempre troppo tardi **b** die Sache als solche la cosa come tale, in sé **3** *(in Ausrufesätzen)* solch eine Frechheit! che sfacciataggine! ◆ es gibt immer solche

und solche ci son sempre gli uni e gli altri (non sono tutti uguali); COLLOQ. sie ist keine solche! non è una di quelle!
sol|cher|art I pron.dimostr. inv. simile, di tal specie: mit ~ Leuten con gente simile II avv. in tale modo, in tale maniera, così. **sol|cher|ge|stalt** avv. ANT. in tal modo, così. **sol|cher|lei** pron.dimostr. inv. 1 (attributiv) tale, di tal specie: ~ Ideen tali idee, idee simili 2 (absolut) cose f.pl. simili (o del genere): ich habe ~ nie gehört non ho mai sentito cose simili. **sol|cher|ma|ßen, sol|cher|wei|se** avv. in tale modo, in tale maniera, così. **sol|ches** → solcher.
Sold m. (-[e]s) soldo m., paga f. (militare) ◆ im ~ Ihrer Majestät al servizio di Sua Maestà; jdn in ~ nehmen assoldare qcn.; in jds ~ stehen essere al soldo di qcn.
Sol|dat m. (-en,-en) 1 soldato m.: ein einfacher ~ un soldato semplice; ~ werden partire, andare soldato; COLLOQ. bei den -en sein fare il soldato; -en einberufen (einziehen), ausbilden arruolare, addestrare soldati 2 ENTOM. soldato m. 3 (Schachfigur; Bauer) pedone m. ◆ ausgedienter ~ veterano; als ~ dienen prestare servizio militare; die gefallenen -en i caduti; der Unbekannte ~ il milite ignoto. **Sol|da|ten|fried|hof** m. (-[e]s,-höfe) cimitero m. di guerra. **Sol|da|ten|le|ben** n. (-s) vita f. militare. **Sol|da|ten|rock** m. (-[e]s, -röcke) RAR. divisa f., uniforme f. **Sol|da|ten|spra|che** f. (-) gergo m. militare. **Sol|da|ten|stand** m. (-[e]s) ceto m. militare. **Sol|da|ten|tum** n. (-s) condizione f. militare. **Sol|da|ten|zeit** f. (-) servizio m. militare. **Sol|da|tes|ka** f. (-, Soldatesken) soldatesca f., soldataglia f. **Sol|da|tin** f. (-,-nen) soldatessa f. **sol|da|tisch** agg. soldatesco, militaresco.
Sold|buch n. (-[e]s,-bücher) tesserino m. dei militari.
Söld|ling m. (-s,-e) SPREG. mercenario m. **Söld|ner** m. (-s,-) mercenario m., ANT. soldato m. di ventura. **Söld|ner|füh|rer** m. (-s,-) capo m. dei mercenari. **Söld|ner|heer** n. (-[e]s,-e) esercito m. mercenario.
So|le f. (-,-n) acqua f. salata. **So|le|bad** → Solbad. **Sol|ei** n. (-s,-er) INTRAD. (uovo sodo in acqua salata).
so|lenn agg. ANT. solenne. **So|len|ni|tät** f. (-,-en) ANT. solennità f.
So|le|quel|le → Solquelle. **So|le|salz** → Solsalz. **So|le|was|ser** → Solwasser.
sol|feg|gie|ren [-fɛ'dʒi:rən] tr. solfeggiare. **Sol|feg|gio** [-'fɛdʒo] n. (-s, Solfeggien) solfeggio m.
so|lid → solide.
So|li|dar|bei|trag m. (-[e]s,-beiträge) contributo m. solidale, di solidarietà. **So|li|dar|haf|tung** f. (-) DIR. responsabilità f. in solido.
so|li|da|risch I agg. 1 solidale: eine -e Haltung un atteggiamento solidale; sich mit jdm ~ erklären dichiararsi solidale con qcn. 2 DIR. solidale, solidario II avv. 1 solidalmente, solidariamente, in modo solidale 2 DIR. in solido, solidalmente: für etw. ~ haften garantire qcs. in solido.
so|li|da|ri|sie|ren I tr. solidarizzare II rifl. sich ~ solidarizzarsi. **So|li|da|ri|sie|rung** f. (-,-en) solidarizzazione f. **So|li|da|ris|mus** m. (-) solidarismo m.
So|li|da|ri|tät f. (-) solidarietà f. **So|li|da|ri|täts|ge|fühl** n. (-s) sentimento m. di solidarietà. **So|li|da|ri|täts|streik** m. (-[e]s,-s) sciopero m. di solidarietà. **So|li|da|ri|täts|zu|schlag** m. (-[e]s) addizionale f. di solidarietà.
So|li|dar|schuld|ner m. (-s,-) DIR. SVIZZ. debitore m. solidale.
so|li|de I agg. 1a solido: ~ Mauern muri solidi; (haltbar, fest) ein -s Gerät un apparecchio solido; ein -s Paar Schuhe un paio di scarpe solide b FIG. (gut fundiert) ein -s Wissen una solida cultura; eine ~ Firma una ditta solida; einen -n Eindruck machen fare una buona impressione 2 (ohne Extravaganzen) sobrio, austero 3 (anständig) serio, posato: eine ~ Lebensweise haben condurre una vita posata II avv. 1 solidamente: ein ~ gebautes Haus una casa costruita solidamente 2 sobriamente: ein ~ eingerichtetes Zimmer una stanza arredata sobriamente 3 (anständig) ~ leben condurre un'esistenza posata; ~ werden diventare una persona posata ◆ eine ~ Arbeit leisten eseguire un lavoro accurato. **So|li|di|tät** f. (-) 1 solidità f. 2 (Anständigkeit) serietà f.: die ~ einer Firma, einer Person la serietà di una ditta, di una persona.
So|li|lo|qui|um n. (-s, Soliloquien) soliloquio m.
So|ling f. (-,-s e -e) imbarcazione f. a chiglia (per tre persone).
Sol|ip|sis|mus m. (-) solipsismo m. **Sol|ip|sist** m. (-en,-en) solipsista m. **sol|ip|sis|tisch** agg. solipsistico.
So|list m. (-en,-en) solista m. (anche SPORT). **So|lis|ten|kon|zert** n. (-[e]s,-e) concerto m. solistico. **So|lis|tin** f. (-,-nen) solista f. **so|lis|tisch** I agg. solistico II avv. da solista, come solista: ~ auftreten, singen esibirsi, cantare da solista.
so|li|tär agg. ZOOL. solitario. **So|li|tär** m. (-s,-e) 1 OREF. solitario m. 2 INTRAD. (tipo di gioco da scacchiera).
Soll n. (-[s],-[s]) 1 COMM. dare m.: ~ und Haben dare e avere; (Sollseite) einen Betrag im ~ verbuchen registrare un importo nel dare 2a (geforderte Arbeitsleistung) (prestazione f. di) lavoro m. dovuto: sein ~ erfüllen compiere il proprio lavoro b (Produktionsleistung) standard m. di produzione, norma f. di produzione: ein tägliches ~ von 1000 Stück uno standard di produzione giornaliero di 1000 pezzi; das ~ hoch ansetzen fissare una norma di produzione alta. **Soll|be|stand** m. (-[e]s,-bestände) ECON. effettivo m. teorico. **Soll|bruch|stel|le** f. (-,-n) predetermined breaking-point m.
sol|len mod. (ich soll, du sollst, er soll, wir sollen, ihr sollt, sie sollen; sollte; gesollt/hat...sollen; aus. haben) I mit Infinitiv (p.pass. hat ...sollen) 1a (Auftrag) dovere: ich soll Ihnen Grüße von Frau Meier ausrichten devo portarle i saluti dalla signora Meier; solltest du nicht bei ihm anrufen? non dovevi telefonargli? das hätte er nicht sagen ~ non avrebbe dovuto dirlo b (Aufforderung, Verpflichtung) ihr sollt nicht soviel fernsehen non dovete guardare tanto la televisione; (mit Imperativ übersetzt) du sollst nicht stehlen non rubare! c (Absicht, Plan) morgen soll die Ausstellung eröffnet werden domani devono aprire la mostra; hier soll die neue Schule gebaut werden qui deve sorgere la nuova scuola d (Konditionalsatz) sollte ich morgen nicht kommen, rufe ich dich an se non dovessi venire (o caso mai non venissi) domani, ti telefono e (zur Weitergabe einer unverbürgten Information) in Norwegen soll es im Winter sehr kalt sein in Norvegia deve fare molto freddo d'inverno; er soll ein großes Vermögen geerbt haben deve avere (o dicono che abbia) ereditato un grosso patrimonio f (Vorwegnahme von Zukünftigem) er hatte sich sehr schlecht verhalten, was er später noch bereuen sollte si era comportato molto male, cosa che in seguito doveva rimpiangere (o avrebbe rimpianto) 2a (mit Konjunktiv; Empfehlung) dovere: du solltest (einmal) zum Arzt gehen dovresti andare dal medico b (Voraussetzung) eine Sekretärin sollte gut tippen können una segretaria dovrebbe saper battere bene a macchina 3a (mit Konditional übersetzt) dovere: das Bild soll meine Schwester darstellen il quadro dovrebbe rappresentare mia sorella; du solltest dich schämen dovresti vergognarti b (abschließende Feststellung) das sollte jetzt reichen questo dovrebbe bastare c (Zweifel) sollte das wirklich stimmen? e dovrebbe essere giusto? das soll ich sein? e questo dovrei essere io (o sarei io)? 4 (als Ausdruck von Höflichkeit) potere: soll ich Ihnen helfen? posso aiutarLa 5 (Wunsch, Versprechen) ihr sollt euch bei uns wohlfühlen ci auguriamo che vi troverete bene da noi; du sollst alles haben, was du brauchst avrai tutto ciò di cui hai bisogno; wie soll das enden? come andrà a finire? II als Vollverb (p.pass. gesollt) 1 (tun sollen) dover fare: gerade das hätte er nicht gesollt questo poi non avrebbe dovuto farlo; was soll ich hier? che sto a fare qui? was soll ich damit? che me ne faccio? 2 (gehen sollen) dover andare: ich hätte heute in die Schule gesollt sarei dovuto andare a scuola oggi; jetzt soll ich weg ora devo andarmene; er soll sofort zurück deve ritornare subito 3 (bedeuten) was soll denn das? che vuol dire? (nützen) a che serve? ◆ COLLOQ. jetzt ist er wütend – soll er doch! adesso è furibondo – non m'importa! sollte das sein Ernst sein? lo pensava sul serio? (Ärger) das soll er erst mal versuchen! che ci provi! es soll geschehen sarà fatto; er soll leben! viva! daran, an mir soll es nicht liegen non dipende (non deve dipendere) da questo, da me; soll dich der Teufel holen che il diavolo ti porti; was soll (mir) das? was soll's? a che pro? (ironisch oder verärgert) was soll denn das heißen? che significa? cosa vuoi dire? (Ratlosigkeit) was soll ich nur machen? ma che devo fare?
Söl|ler m. (-s,-) 1 (Altan) altana f. 2 REGION. (Dachboden) solaio m.
Soll-Ist-Ver|gleich m. (-[e]s,-e) comparazione f. dei costi, confronto m. tra costi standard e costi effettivi. **Soll|kos|ten** pl. costi m.pl. standard. **Soll|sei|te** f. (-,-n) COMM. pagina f. del dare. **Soll|stär|ke** f. (-,-n) MIL. effettivi m.pl. **Soll|wert** m. (-[e]s,-e) FIS. valore m. nominale. **Soll|zahl** f. (-,-en) numero m. nominale. **Soll|zeit** f. (-,-en) tempo m. nominale. **Soll|zin|sen** pl. BANC. interessi m.pl. debitori.
Sol|mi|sa|ti|on f. (-) solmisazione f., solmizzazione f. **sol|mi|sie|ren** intr. (aus. haben) solfeggiare.
so|lo agg.inv. e avv. 1 (als Solist) come (o da) solista: ~ spielen suonare come solista 2 COLLOQ. (allein) (da) solo: sie kommt immer ~ viene sempre (da) sola. **So|lo** n. (-s,-s e Soli) 1a solo m., assolo m.: ein ~ singen, spielen cantare, suonare un assolo b (Solist) solo m., solista m. 2 SPORT (Alleingang) assolo m. **So|lo|ge|sang** m. (-[e]s, -gesänge) canto m. (da, del) solista. **So|lo|in|stru|ment** n. (-[e]s,-e) strumento m. solista. **So|lo|ma|schi|ne** f. (-,-n) motocicletta f. monoposto.
So|lon n.pr.m. Solone m. **so|lo|nisch** agg. solonico.
So|lo|part m. (-s,-s e -e[n]) parte f. (da, del) solista. **So|lo|sän|ger** m. (-s,-) (cantante m.) solista m. **So|lo|spiel** n. (-s) assolo m.

So|lo|stim|me f. *(-,-n)* voce *f.* solista. **So|lo|tanz** m. *(-es,-tänze)* assolo *m.* di danza, danza *f.* (da) solista. **So|lo|tän|zer** m. *(-s,-)* ballerino *m.* solista, primo ballerino *m.*

Sol|quel|le f. *(-,-n)* fonte *f.* d'acqua (*o* sorgente *f.*) salina. **Sol|salz** n. *(-es)* sale *m.* di sorgente salina.

Sols|ti|ti|um n. *(-s, Solstitien)* solstizio *m.*

so|lu|bel agg. CHIM. solubile. **Sol|vens** [-v-] n. *(-, Solvenzien* e *Solventia)* MED. solvente *m.* **sol|vent** agg. ECON. solvibile. **Sol|venz** f. *(-,-en)* ECON. solvibilità *f.*, solvenza *f.* **sol|vie|ren** tr. **1** CHIM. *(lösen)* sciogliere **2** ECON. *(abzahlen)* liquidare, regolare.

Sol|was|ser n. *(-s,-wässer)* **1** *(Wasser einer Solquelle)* acqua *f.* di sorgente salina **2** acqua *f.* salata.

So|ma|li|er m. *(-s,-)* somalo *m.* **so|ma|lisch** agg. somalo.

so|ma|tisch agg. somatico. **so|ma|to|gen** agg. somatogeno, somatogenico. **So|ma|to|lo|gie** f. *(-)* somatologia *f.*

so|mit, so|mit avv. per cui, quindi, dunque.

Som|mer m. *(-s,-)* estate *f.* (anche FIG.): ***der ~ kommt, es wird ~*** arriva l'estate; ***der ~ neigt sich seinem Ende zu, geht zu Ende*** l'estate volge al termine; ***(mitten) im ~*** in (piena) estate; ***über den ~, den ~ über*** durante l'estate; FIG. ***der ~ des Lebens*** l'estate della vita.

Som|mer|abend m. *(-s,-e)* sera *f.*, serata *f.* estiva, d'estate. **Som|mer|an|zug** m. *(-[e]s,-anzüge)* abito *m.* estivo. **Som|mer|fahr|plan** m. *(-[e]s,-pläne)* orario *m.* estivo. **Som|mer|fell** n. *(-[e]s,-e)* ZOOL. mantello *m.* estivo. **Som|mer|fe|ri|en** pl. ferie *f.pl.*, vacanze *f.pl.* estive. **Som|mer|fie|ber** n. *(-s)* → **Sommergrippe. Som|mer|fri|sche** f. *(-)* **1** ANT. villeggiatura *f.*: ***in die ~ fahren*** andare in villeggiatura **2** *(Ort)* luogo *m.* di villeggiatura. **Som|mer|frucht** f. *(-)*, **Som|mer|ge|trei|de** n. *(-s,-)* grano *m.* marzolino. **Som|mer|grip|pe** f. *(-,-n)* influenza *f.* estiva. **Som|mer|haar** n. *(-[e]s,-e)* ZOOL. pelo *m.* estivo, pelliccia *f.* estiva. **Som|mer|halb|jahr** n. *(-[e]s,-e)* semestre *m.* estivo. **Som|mer|haus** n. *(-[e]s, -häuser)* villetta *f.* (*o* casetta *f.*) per l'estate. **Som|mer|hit|ze** f. *(-)* calura *f.* estiva. **Som|mer|kleid** n. *(-[e]s,-er)* **1** abito *m.* estivo **2a** ZOOL. *(Fell)* pelo *m.* estivo **b** *(Gefieder)* piumaggio *m.* estivo. **Som|mer|kol|lek|ti|on** f. *(-,-en)* collezione *f.* d'estate (*o* estiva). **Som|mer|kurs** m. *(-es,-e)* corso *m.* estivo.

som|mer|lich I agg. estivo, d'estate: ***-e Temperaturen*** temperature estive **II** avv. in modo estivo, da estate: ***sich ~ kleiden*** vestirsi in modo estivo.

Som|mer|loch n. *(-s)* stagione *f.* morta. **Som|mer|man|tel** m. *(-s, -mäntel)* soprabito *m.* estivo. **Som|mer|mo|de** f. *(-,-n)* moda *f.* estiva. **Som|mer|mond** m. *(-[e]s,-e)* ANT. LETT. giugno.

som|mern I intr. (aus. *haben*) impers. ANT. ***es sommert*** si fa estate, arriva l'estate **II** tr. estivare. **söm|mern** tr. REGION. **1** mettere al sole **2** estivare, mandare al pascolo.

Som|mer|nacht f. *(-,-nächte)* notte *f.* estiva, d'estate. **Som|mer|nachts|traum** m. *(-[e]s,-träume)* ***ein ~*** sogno *m.* di una notte di mezza estate. **Som|mer|olym|pi|a|de** f. *(-,-n)* olimpiade *f.* estiva. **Som|mer|pau|se** f. *(-,-n)* pausa *f.* estiva. **Som|mer|quar|tier** n. *(-s,-e)* ricovero *m.* estivo. **Som|mer|re|gen** m. *(-s)* pioggia *f.* estiva, d'estate. **Som|mer|rei|fen** m. *(-s,-)* pneumatico *m.* estivo. **Som|mer|re|si|denz** f. *(-,-en)* residenza *f.* estiva.

som|mers avv. d'estate.

Som|mer|saat f. *(-,-en)* semina *f.* primaverile. **Som|mer|sa|chen** pl. *(Kleidung)* roba *f.* estiva. **Som|mer|sai|son** f. *(-,-s* e REGION. *-en)* stagione *f.* estiva. **Som|mer|schlaf** m. *(-[e]s)* letargo *m.* (estivo), estivazione *f.* **Som|mer|schluss|ver|kauf** m. *(-[e]s,-verkäufe)* saldi *m.pl.* estivi. **Som|mer|schuh** m. *(-[e]s,-e)* scarpa *f.* estiva. **Som|mer|se|mes|ter** n. *(-s,-)* semestre *m.* estivo. **Som|mer|sitz** m. *(-es,-e)* sede *f.* (o residenza *f.*) estiva. **Som|mer|son|nen|wen|de** f. *(-,-n)* solstizio *m.* d'estate. **Som|mer|spie|le** pl. **1** spettacoli *m.pl.* estivi **2** SPORT giochi *m.pl.* olimpici estivi. **Som|mer|spros|se** f. *(-,-n)* lentiggine *f.*, efelide *f.* **som|mer|spros|sig** agg. lentigginoso. **som|mers|über** avv. d'estate, in estate, durante l'estate. **Som|mer|tag** m. *(-[e]s,-e)* giorno *m.* estivo, giornata *f.* estiva (d'estate). **som|mer|tags** avv. (in) un giorno d'estate. **Som|mer|the|a|ter** n. *(-[e]s)* spettacoli *m.pl.* estivi. **Som|mer|ur|laub** m. *(-[e]s,-e)* vacanze *f.pl.* (ferie *f.pl.*) estive. **Som|mer|vo|gel** m. *(-s,-vögel)* REGION. farfalla. **Som|mer|wei|de** f. *(-,-n)* pascolo *m.* estivo. **Som|mer|wei|zen** m. *(-s)* frumento *m.* marzolino. **Som|mer|wet|ter** n. *(-s)* tempo *m.* estivo. **Som|mer|wind** m. *(-[e]s,-e)* vento *m.*, venticello *m.* estivo. **Som|mer|woh|nung** f. *(-,-en)* abitazione *f.* per l'estate. **Som|mer|wurz** f. *(-,-en)* orobanche *f.*, succiamele *m.* **Som|mer|zeit** f. *(-,-en)* **1** periodo *m.* estivo, estate *f.*: ***zur ~*** d'estate **2** *(zur Zeitmessung)* ora *f.* legale, ora *f.* estiva: ***die Uhren auf ~ umstellen*** spostare gli orologi sull'ora legale.

som|nam|bul agg. sonnambulo. **Som|nam|bu|le** m. e f. *(-n,-n)* sonnambulo *m.* (-a *f.*). **som|nam|bu|lie|ren** intr. (aus. *haben, sein*) fare il sonnambulo. **Som|nam|bu|lis|mus** m. *(-)* sonnambulismo *m.* **som|no|lent** agg. MED. sonnolento.

son pron.dimost. COLLOQ. → **solcher.**

so|nach avv. RAR. quindi, dunque.

So|nant m. *(-en,-en)* LING. sonante *f.* **so|nan|tisch** agg. LING. sonante. **So|nar** n. *(-s,-e)*, **So|nar|ge|rät** n. *(-[e]s,-e)* sonar *m.*

So|na|te f. *(-,-n)* sonata *f.* **So|na|ten|form** f. *(-)*, **So|na|ten|satz** m. *(-es,-sätze)* forma *f.* sonata. **So|na|ti|ne** f. *(-,-n)* sonatina *f.*

Son|de f. *(-,-n)* **1** sonda *f.*: ***jdn mit einer ~ ernähren*** alimentare qcn. con una sonda **2** *(Raumsonde)* sonda *f.* spaziale.

son|der prep. + acc. ANT. senza: ***~ allen Zweifel*** senza alcun dubbio.

Son|der|ab|druck → **Sonderdruck. Son|der|ab|schrei|bung** f. *(-,-en)* ECON. deduzione *f.*, detrazione *f.* (fiscale) straordinaria. **Son|der|ab|zug** m. *(-[e]s,-abzüge)* → **Sonderdruck. Son|der|an|fer|ti|gung** f. *(-,-en)* produzione *f.* straordinaria. **Son|der|an|ge|bot** n. *(-[e]s,-e)* offerta *f.* speciale. **Son|der|auf|trag** m. *(-[e]s, -aufträge)* incarico *m.* speciale. **Son|der|aus|füh|rung** f. *(-,-en)* versione *f.* speciale. **Son|der|aus|ga|be** f. *(-,-n)* **1** *(von Zeitungen)* edizione *f.* straordinaria; *(von Büchern)* edizione *f.* speciale **2** ECON. uscita *f.*, spesa *f.* straordinaria. **Son|der|aus|stat|tung** f. *(-,-en)* attrezzatura *f.*, dotazione *f.* speciale.

son|der|bar I agg. strano, insolito; *(eigenartig)* particolare; *(seltsam)* stravagante, bizzarro: ***ein -es Verhalten*** un atteggiamento strano; ***ein -es Erlebnis, Ereignis*** un'esperienza insolita, un fatto strano **II** avv. stranamente, in modo strano; *(eigenartig)* in modo singolare; *(seltsam)* in modo bizzarro: ***sich ~ benehmen*** comportarsi in modo strano; ***~ aussehen*** avere un aspetto strano, sembrare strano; ***~ anmuten*** dare una strana impressione ◆ COLLOQ. ***ein -er Heiliger*** un tipo strano, bizzarro. **son|der|ba|rer|wei|se** avv. stranamente. **Son|der|bar|keit** f. *(-,-en)* stranezza *f.*; *(Eigenartigkeit)* singolarità *f.*; *(Seltsamkeit)* stravaganza *f.*

Son|der|be|auf|trag|te m. e f. *(-n,-n)* incaricato *m.* (-a *f.*) speciale. **Son|der|be|deu|tung** f. *(-,-en)* significato *m.* speciale (*o* particolare). **Son|der|be|hand|lung** f. *(-,-en)* trattamento *m.* speciale. **Son|der|be|richt|er|stat|ter** m. *(-s,-)* inviato *m.* speciale. **Son|der|be|stim|mung** f. *(-,-en)* disposizione *f.* speciale. **Son|der|be|wa|cher** m. *(-s,-)* SPORT marcatore *m.* **Son|der|bot|schaf|ter** m. *(-s,-)* ambasciatore *m.* straordinario. **Son|der|brief|mar|ke** f. *(-,-n)* emissione *f.* speciale. **Son|der|druck** m. *(-[e]s,-e)* **1** estratto *m.* **2** RAR. edizione *f.* straordinaria. **Son|der|ein|künf|te** pl. entrate *f.pl.* straordinarie. **Son|der|er|laub|nis** f. *(-,-se)* permesso *m.* speciale. **Son|der|fahrt** f. *(-,-en)* corsa *f.* straordinaria. **Son|der|fall** m. *(-[e]s,-fälle)* caso *m.* particolare (*o* eccezionale). **Son|der|frie|de(n)** m. *(-s,-)* pace *f.* separata. **Son|der|ge|neh|mi|gung** f. *(-,-en)* autorizzazione *f.* speciale. **Son|der|ge|richt** n. *(-[e]s,-e)* tribunale *m.* speciale (*o* straordinario). **son|der|glei|chen** avv. unico, senza pari: ***eine Unverschämtheit ~*** una sfacciataggine senza pari. **Son|der|heft** n. *(-[e]s,-e)* numero *m.* speciale. **Son|der|heit** f. *(-,-en)* RAR. peculiarità. **Son|der|in|te|res|sen** pl. interessi *m.pl.* particolari. **Son|der|kin|der|gar|ten** m. *(-s,-gärten)* asilo *m.* (*o* scuola *f.* materna) speciale (per bambini con difficoltà di apprendimento). **Son|der|klas|se** f. *(-,-n)* COLLOQ. qualità *f.* straordinaria: ***dieser Wein ist ~*** questo vino è speciale. **Son|der|kom|man|do** n. *(-s,-s)* commando *m.* speciale. **Son|der|kom|mis|si|on** f. *(-,-en)* commissione *f.* speciale (*o* straordinaria). **Son|der|kon|to** n. *(-s,-konten* e *-s)* conto *m.* speciale. **Son|der|kor|res|pon|dent** m. *(-en,-en)* inviato *m.* speciale.

son|der|lich I agg. **1** *(nur in verneinten Sätzen)* particolare, eccessivo: ***etw. ohne -e Mühe schaffen*** fare qcs. senza particolare fatica; ***kein -es Vertrauen zu jdm haben*** non avere particolare fiducia nei confronti di qcn. **2** → **sonderbar. II** avv. **1** particolarmente: ***ein nicht ~ schönes Bild*** un quadro non particolarmente bello; ***es geht ihm nicht ~ gut*** non sta particolarmente bene; ***nicht ~ erfahren sein*** non essere particolarmente esperto **2** AUSTR. SVIZZ. *(vor allem)* ***~ im Sommer*** specialmente in estate. **Son|der|lich|keit** → **Sonderbarkeit.**

Son|der|ling m. *(-s,-e)* originale *m.* e *f.*, persona *f.* stravagante.

Son|der|mar|ke f. *(-,-n)* emissione *f.* speciale. **Son|der|ma|schi|ne** f. *(-,-n)* aereo *m.* straordinario. **Son|der|mel|dung** f. *(-,-en)* comunicato *m.* straordinario. **Son|der|mis|si|on** f. *(-,-en)* missione *f.* speciale. **Son|der|müll** m. *(-s)* rifiuti *m.pl.* tossici.

1.son|dern tr. separare, dividere: ***die faulen Früchte von den guten ~*** separare i frutti guasti da quelli buoni; FIG. ***die Spreu vom Weizen ~*** separare il grano dalla pula.

2.son|dern cong. ma, bensì, invece: ***nicht er hat es getan, ~ sie*** non l'ha fatto lui, ma lei; ***das ist nicht schwarz, ~ blau*** non è nero, bensì

blu; ◆ ***nicht (nur)..., ~ (auch)...*** non solo..., ma anche...
Son|der|num|mer f. *(-,-n)* numero *m.* speciale. **Son|der|pä|da|go|ge** m. *(-n,-n)* educatore *m.* (per handicappati e minori a rischio). **Son|der|preis** m. *(-es,-e)* prezzo *m.* speciale. **Son|der|prü|fung** f. *(-,-en)* esame *m.* (*o* controllo *m.*) speciale. **Son|der|ra|ti|on** f. *(-,-en)* razione *f.* extra. **Son|der|recht** n. *(-[e]s,-e)* privilegio *m.*, prerogativa *f.* **Son|der|re|ge|lung, Son|der|reg|lung** f. *(-,-en)* regolamentazione *f.* speciale.
son|ders, *samt und ~* tutti quanti, tutti senza eccezione.
Son|der|schicht f. *(-,-en)* turno *m.* straordinario. **Son|der|schu|le** f. *(-,-n)* scuola *f.* speciale (per bambini handicappati o con difficoltà di apprendimento). **Son|der|sen|dung** f. *(-,-en)* trasmissione *f.* straordinaria. **Son|der|sit|zung** f. *(-,-en)* seduta *f.* straordinaria. **Son|der|spra|che** f. *(-,-n)* lingua *f.* speciale (*o* particolare). **Son|der|sta|tus** m. *(-,-)* status *m.* speciale. **Son|der|stel|lung** f. *(-,-en)* posizione *f.* particolare (*o* speciale). **Son|der|stem|pel** m. *(-s,-)* timbro *m.* speciale (*o* commemorativo). **Son|der|steu|er** f. *(-,-n)* imposta *f.* straordinaria. **Son|der|ta|rif** m. *(-s,-e)* tariffa *f.* speciale.
Son|de|rung f. *(-,-en)* separazione *f.*, divisione *f.*
Son|der|ur|laub m. *(-[e]s,-e)* licenza *f.* speciale (*o* straordinaria). **Son|der|ver|kauf** m. *(-[e]s,-verkäufe)* svendita *f.*, vendita *f.* straordinaria. **Son|der|ver|mö|gen** n. *(-s,-)* patrimonio *m.* separato (*o* speciale). **Son|der|zie|hungs|recht** n. *(-[e]s,-e)* diritto *m.* speciale di prelievo. **Son|der|zug** m. *(-[e]s,-züge)* treno *m.* straordinario. **Son|der|zu|la|ge** f. *(-,-n)* indennità *f.* speciale.
son|die|ren tr. **1** sondare (anche FIG.): ***ein Gelände ~*** sondare un territorio; ***die öffentliche Meinung, die Lage, das Terrain ~*** sondare l'opinione pubblica, la situazione, il terreno; MED. ***den Magen ~*** sondare lo (*o* mettere una sonda nello) stomaco **2** MAR. scandagliare: ***den Seegrund ~*** scandagliare il fondo marino. **Son|die|rung** f. *(-,-en)* **1** sondaggio *m.* (anche FIG.) **2** MAR. scandaglio.
so|ne pron.dimostr. COLLOQ. → **solche.**
So|nett n. *(-[e]s,-e)* sonetto *m.*
Song [sɔŋ] m. *(-s,-s)* COLLOQ. canzone *f.*; *(sozialkritisches Lied)* canzone *f.* di protesta.
Son|ja n.pr.f. Sonia *f.*
Sonn|abend m. *(-s,-e)* REGION. sabato *m.*: ***am ~ bleibe ich zu Hause*** sabato resterò a casa; *(sonnabends)* di sabato (*o* il sabato) resto a casa; ***eines -s*** un sabato; ***jeden ~*** ogni sabato. **sonn|abend|lich** agg. di (*o* del) sabato. **sonn|abends** avv. di (*o* il) sabato.
sonn|durch|flu|tet agg. AUSTR. SVIZZ. → **sonnendurchflutet.**
Son|ne f. *(-,-n)* sole *m.*: ***die ~ geht auf, geht unter (sinkt), steht hoch*** il sole si leva (*o* sorge), tramonta (*o* cala), è alto; ***die ~ steht am Himmel, im Osten*** il sole splende in cielo, è a est (*o* a oriente); ***die ~ scheint (strahlt), sticht, glüht*** il sole (ri)splende, picchia (*o* batte), è rovente; ***die ~ blendet (mich)*** il sole (mi) abbaglia; ***die ~ blickt, bricht durch die Wolken*** il sole fa capolino fra le nuvole, erompe attraverso le nuvole; ***die ~ im Gesicht haben*** avere il sole in faccia; ***in die ~ blicken*** guardare verso il sole; ***in der ~ liegen*** stare al sole, prendere il sole; COLLOQ. ***sich von der ~ braten lassen*** arrostirsi al sole; ***an der ~ schmelzen*** sciogliersi al sole; ***in der ~ bleichen, trocknen*** scolorirsi (*o* schiarirsi), seccarsi al sole ◆ ***bei aufgehender, sinkender (untergehender) ~*** al levar, al calar del sole; ***Frau ~*** il Sole; ***gegen die ~ photographieren, spielen*** fotografare in controluce, giocare con il sole contro; ***geh mir aus der ~!*** togliti, mi fai ombra! FIG. levati dai piedi! sparisci! ***der glücklichste Mensch unter der ~ sein*** essere l'uomo più felice della terra; ***das Zimmer hat keine, viel ~*** la stanza non è per niente, è molto soleggiata; ***~ im Herzen haben*** = essere un tipo allegro; ***wenig an die ~ kommen*** = starsene sempre chiuso in casa, uscire poco; ***die ~ lacht*** il sole splende; ***ans Licht der ~ kommen*** venire alla luce del sole; ***nichts Neues unter der ~*** niente di nuovo sotto il sole; ***sich die ~ auf den Pelz brennen lassen*** starsene al sole, crogiolarsi al sole; ***mit der ~ im Rücken*** con il sole alle spalle; PROV. ***die ~ bringt es an den Tag*** = il tempo scopre ogni cosa.
son|nen I rifl. **sich ~ 1** prendere il sole: ***sich am Strand ~*** prendere il sole sulla spiaggia **2** FIG. ***sich in etw. (D) ~*** crogiolarsi in qcs., deliziarsi (*o* godere) di qcs.: ***sich in jds Gunst ~*** godere del favore di qcn. **II** tr. REGION. mettere al sole.
Son|nen|an|be|ter m. *(-s,-)* **1** RELIG. adoratore *m.* del sole **2** SCHERZ. = maniaco *m.* dell'abbronzatura. **Son|nen|auf|gang** m. *(-[e]s, -aufgänge)* il sorgere (*o* il levare) del sole, alba *f.*: ***vor, nach, bei ~*** prima del, dopo il, al sorgere del sole. **Son|nen|bad** n. *(-[e]s, -bäder)* bagno *m.* di sole: ***ein ~ nehmen*** fare un bagno di sole. **son|nen_ba|den** intr. (aus. *haben*) fare un bagno di sole. **Son|nen|bahn** f. *(-)* orbita *f.* solare. **Son|nen|ball** m. *(-[e]s)* sfera *f.* solare (*o* del sole). **Son|nen|bank** f. *(-,-bänke)* lettino *m.* abbronzante (*o* solare). **Son|nen|bat|te|rie** f. *(-,-n)* batteria *f.* solare. **son|nen|be|heizt** agg. riscaldato a energia solare. **Son|nen|blen|de** f. *(-,-n)* **1** paraluce *m.* **2** AUT. aletta *f.* parasole.
Son|nen|blu|me f. *(-,-n)* girasole *m.* **Son|nen|blu|men|kern** m. *(-[e]s,-e)* seme *m.* di girasole. **Son|nen|blu|men|öl** n. *(-[e]s)* olio *m.* di (semi di) girasole.
Son|nen|brand m. *(-[e]s,-brände)* **1** scottatura *f.* (solare): ***einen ~ haben*** essere scottato; ***einen ~ bekommen, sich (D) einen ~ holen*** scottarsi **2** *(von Pflanzen)* inaridimento *m.* **Son|nen|bräu|ne** f. *(-)* abbronzatura *f.*, COLLOQ. tintarella *f.* **Son|nen|bril|le** f. *(-,-n)* occhiali *m.pl.* da sole. **Son|nen|cre|me** f. *(-,-s)* crema *f.* solare. **Son|nen|dach** n. *(-[e]s,-dächer)* **1** tenda *f.* da sole **2** *(Markise)* marquise *f.* **Son|nen|deck** n. *(-[e]s,-s)* ponte *m.* passeggiata. **son|nen|durch|flu|tet** agg. inondato dal, di sole. **Son|nen|ein|strah|lung** f. *(-,-en)* METEOR. irradiamento *m.* solare; *(Insolation)* insolazione *f.* **Son|nen|ener|gie** f. *(-)* energia *f.* solare. **Son|nen|farm** f. *(-,-en)* centrale *f.* solare (*o* a energia solare). **Son|nen|fer|ne** f. *(-)* afelio *m.* **Son|nen|fins|ter|nis** f. *(-,-se)* eclissi *f.* solare (*o* di sole). **Son|nen|fleck** m. *(-[e]s,-e[n])* macchia *f.* solare. **son|nen|ge|bräunt** agg. abbronzato. **Son|nen|ge|flecht** n. *(-[e]s,-e)* plesso *m.* solare. **son|nen|ge|reift** agg. maturato al sole. **Son|nen|glanz** m. *(-es)*, **Son|nen|glast** m. *(-[e]s)* LETT. splendore *m.* del sole. **Son|nen|glut** f. *(-)* calura *f.*
Son|nen|gott m. *(-[e]s)* MITOL. dio *m.* (del) Sole. **Son|nen|hei|zung** f. *(-,-en)* riscaldamento *m.* a energia solare. **son|nen|hell** agg. luminoso, chiaro: ***ein -er Himmel, Sommertag*** un cielo luminoso, una luminosa giornata d'estate. **Son|nen|hit|ze** f. *(-)* calura *f.* **Son|nen|hut** m. *(-[e]s,-hüte)* cappello *m.* da sole. **Son|nen|jahr** n. *(-[e]s,-e)* anno *m.* solare. **son|nen|klar** agg. **1** → **sonnenhell 2** COLLOQ. FIG. chiarissimo, evidentissimo, lampante: ***eine -e Tatsache*** un fatto evidentissimo; ***das ist doch ~!*** ma è chiaro come il sole! **Son|nen|kol|lek|tor** m. *(-s,-en)* collettore *m.* solare. **Son|nen|kö|nig** m. *(-[e]s)* STOR. re *m.* Sole. **Son|nen|kraft|an|la|ge** f. *(-,-n)* impianto *m.* a energia solare. **Son|nen|kraft|werk** → **Sonnenwärmekraftwerk.** **Son|nen|kult** m. *(-[e]s)* culto *m.* del sole, elioteismo *m.* **Son|nen|licht** n. *(-[e]s)* luce *f.* solare (*o* del sole). **Son|nen|nä|he** f. *(-)* perielio *m.* **Son|nen|ofen** m. *(-s,-öfen)* forno *m.* (*o* fornace *f.*) solare. **Son|nen|öl** n. *(-[e]s,-e)* olio *m.* solare. **Son|nen|pflan|ze** f. *(-,-n)* pianta *f.* eliofila. **Son|nen|pro|tu|be|ran|zen** pl. protuberanze *f.pl.* solari. **Son|nen|rad** n. *(-[e]s)*, **Son|nen|schei|be** f. *(-)* disco *m.* solare. **Son|nen|schein** m. *(-[e]s)* **1** (lo splendere del) sole *m.*; *(Sonnenlicht)* luce *f.* del sole: ***heute herrscht wunderbarer ~*** oggi c'è un sole magnifico; ***im ~ sitzen*** sedere al sole **2** FAM. *(geliebtes Kind)* bimbo *m.* (adorato), piccolo *m.*, tesoro *m.*: ***mein kleiner ~!*** il mio piccolo tesoro! ◆ FIG. ***es herrschte eitler ~*** = tutti erano di buon umore. **Son|nen|schirm** m. *(-[e]s,-e)* **1** parasole *m.*, ombrellino *m.* **2** *(im Garten, am Strand)* ombrellone *m.*
Son|nen|schutz m. *(-[e]s)* protezione *f.* contro il sole; *(von Sonnenschutzmitteln)* protezione *f.* solare. **Son|nen|schutz|mit|tel** n. *(-s,-)* prodotto *m.* solare protettivo.
Son|nen|se|gel n. *(-s,-)* tenda *f.* (da sole). **Son|nen|sei|te** f. *(-,-n)* **1** parte *f.* (esposta) al sole, lato *m.* al sole **2** FIG. *(positiver Aspekt)* lato *m.* buono (*o* positivo): ***die ~ des Lebens*** il lato positivo della vita. **son|nen|si|cher** agg. dove splende sempre il sole. **Son|nen|stand** m. *(-[e]s,-stände)* posizione *f.* (*o* altezza *f.*) del sole. **Son|nen|stäub|chen** n. *(-s,-)* pulviscolo *m.* **Son|nen|stich** m. *(-[e]s,-e)* insolazione *f.*, COLLOQ. colpo *m.* di sole: ***einen ~ bekommen, sich (D) einen ~ holen*** prendersi un'insolazione ◆ ***einen ~ haben*** aver preso un colpo di sole (anche FIG.). **Son|nen|strahl** m. *(-[e]s,-en)* raggio *m.* di sole (*o* solare). **Son|nen|sys|tem** n. *(-s,-e)* sistema *m.* solare. **Son|nen|tag** m. *(-[e]s,-e)* **1** giornata *f.* di sole **2** ASTR. giorno *m.* solare. **Son|nen|tau** m. *(-[e]s)* rosolida *f.*, drosera *f.* **Son|nen|ter|ras|se** f. *(-,-n)* solarium *m.* **Son|nen|uhr** f. *(-,-en)* orologio *m.* solare, meridiana *f.* **Son|nen|un|ter|gang** m. *(-[e]s,-untergänge)* il calar del sole, tramonto *m.*: ***vor, nach, bei ~*** prima del, dopo il, al tramonto. **son|nen|ver|brannt** agg. bruciato (*o* arso) dal sole.
Son|nen|wär|me f. *(-)* calore *m.* solare (*o* del sole). **Son|nen|wär|me|kraft|werk** n. *(-[e]s,-e)* centrale *f.* elioelettrica.
Son|nen|war|te f. *(-,-n)* osservatorio *m.* solare.
Son|nen|wen|de f. *(-,-n)* **1** solstizio *m.* **2** BOT. eliotropio *m.* **Son|nen|wend|fei|er** → **Sonnwendfeier.** **Son|nen|wend|feu|er** → **Sonnwendfeuer.**
Son|nen|zeit f. *(-)* ora *f.* solare. **Son|nen|zel|le** f. *(-,-n)* FIS. cella *f.* (*o* cellula *f.*) solare.
son|nig agg. **1** soleggiato, assolato, LETT. solatio: ***ein -er Ort, Tag*** un luogo soleggiato, una giornata assolata **2** FIG. *(heiter)* allegro, sola-

re: ***ein -es Kind, Wesen*** un bambino allegro, un temperamento solare ◆ IRON. ***ein -es Gemüt haben*** essere un'anima candida.
Sonn|tag m. *(-[e]s,-e)* domenica *f.*: ***am ~ gehe ich in die Messe*** domenica andrò a messa; *(sonntags)* di domenica (*o* la domenica) vado a messa; ***eines -s*** una domenica; ***jeden ~*** ogni domenica ◆ ***Weißer ~*** domenica in albis. **Sonn|tag|abend** m. *(-[e]s,-e)* domenica *f.* sera, sera *f.* di (*o* della) domenica.
sonn|tä|gig agg. domenicale, di (*o* della) domenica: ***die -en Fernsehsendungen*** i programmi (televisivi) domenicali. **sonn|täg|lich I** agg. domenicale, di (*o* della) domenica: ***die -e Messe*** la messa domenicale **II** avv. **1** di (*o* la) domenica, ogni domenica **2** *(dem Sonntag entsprechend)* da domenica, a festa: ***~ gekleidet sein*** essere vestito a festa.
sonn|tags agg. domenica, di domenica, ogni domenica: ***sonn- und feiertags*** la domenica e i giorni festivi. **Sonn|tags|aus|ga|be** f. *(-,-n)* edizione *f.* domenicale (*o* della domenica). **Sonn|tags|bei|la|ge** f. *(-,-n)* inserto *m.* domenicale. **Sonn|tags|bra|ten** m. *(-s,-)* arrosto *m.* domenicale. **Sonn|tags|dienst** m. *(-[e]s,-e)* **1** turno *m.* (*o* servizio *m.*) domenicale **2** *(Person)* chi è di turno la domenica. **Sonn|tags|fah|rer** m. *(-s,-)* SPREG. automobilista *m.* della domenica. **Sonn|tags|ge|sicht** n. *(-[e]s,-e)* viso *m.* (*o* espressione *f.*) cordiale: ***sein ~ aufsetzen*** fare un viso cordiale. **Sonn|tags|got|tes|dienst** m. *(-[e]s,-e)* RELIG. funzione *f.* (*o* messa *f.*) domenicale. **Sonn|tags|kind** n. *(-[e]s,-er)* = nato *m.* (-a *f.*) con la camicia. **Sonn|tags|kleid** n. *(-[e]s,-er)* vestito *m.* della domenica (*o* della festa). **Sonn|tags|ma|ler** m. *(-s,-)* pittore *m.* della domenica. **Sonn|tags|pre|digt** f. *(-,-en)* predica *f.* (*o* sermone *m.*) domenicale. **Sonn|tags|rück|fahr|kar|te** f. *(-,-n)* biglietto *m.* di andata e ritorno festivo (a tariffa ridotta). **Sonn|tags|ru|he** f. *(-)* **1** riposo *m.* domenicale **2** *(Stille auf der Straße)* quiete *f.* (*o* calma *f.*) domenicale. **Sonn|tags|schu|le** f. *(-)* **1** ANT. messa *f.* per bambini **2** *(religiöse Unterweisung)* catechismo *m.* domenicale. **Sonn|tags|spa|zier|gang** m. *(-[e]s,-gänge)* passeggiata *f.* domenicale. **Sonn|tags|staat** m. *(-[e]s)* SCHERZ. vestito *m.* della domenica. **Sonn|tags|ver|gnü|gen** n. *(-s,-)* divertimento *m.* domenicale; *(Kurzweil)* passatempo *m.* domenicale.
Sonn|wen|de → **Sonnenwende. Sonn|wend|fei|er** f. *(-,-n)* festa *f.* del solstizio d'estate. **Sonn|wend|feu|er** n. *(-s,-)* fuochi *m.pl.* del solstizio d'estate.
so|nor agg. sonoro (anche LING.).
sonst avv. **1** altrimenti, se no: ***mach schnell, ~ verpasst du den Zug!*** fai in fretta, altrimenti perdi il treno! ***geh endlich, ~ werfe ich dich hinaus!*** vattene, se no ti caccio fuori! **2** *(für gewöhnlich)* generalmente, solitamente, di (*o* al) solito: ***der ~ so stille Knabe*** il ragazzo solitamente così tranquillo; ***es ist ~ viel kälter hier*** di solito qui fa più freddo; ***sie ist, wie auch ~, klüger als du gewesen*** come al solito è stata più furba di te **3** *(darüber hinaus)* oltre a questo, a parte questo: ***~ bin ich einverstanden*** a parte questo sono d'accordo; ***~ ist hier alles wie immer*** a parte questo qui tutto è come sempre; ***wenn es ~ nichts ist*** se non c'è (niente) altro; ***er und ~ keiner*** lui e nessun altro; ***er kann ~ nirgendwo sein als dort*** non può essere in nessun altro luogo, se non lì; ***(wünschen Sie) ~ noch etwas?*** desidera altro? ***will ~ noch jemand kommen?*** vuole venire qualcun altro? **4** *(früher)* un tempo, una volta: ***~ war es nicht so*** un tempo non era così **5** *(anders)* altro; *(in Bezug auf Menschen)* altri: ***was will er ~ machen?*** che altro vuol fare? ***was gibt es ~ noch Neues?*** che altro c'è di nuovo? ***wer ~ hätte es tun können?*** chi altri avrebbe potuto farlo(, se non lui)? **6a** *(mit Pronomen)* COLLOQ. ***~ jemand, ~ einer, ~ wer*** qualcun altro: ***du oder ~ jemand*** tu o qualcun altro; ***das kannst du ~ jemandem weismachen!*** raccontala a un altro! *(jemand Besonderer)* chissà chi: ***man könnte denken, sie ist ~ jemand (~ wer)*** si potrebbe pensare che sia chissà chi; *(jemand Schlimmer)* ***da hätte ja ~ jemand ins Haus kommen können*** allora sarebbe potuto entrare in casa chissà chi (*o* chiunque) **b** COLLOQ. ***~ was*** qualcos'altro, altro: ***nimm die Zange oder ~ was!*** prendi le pinze o qualcos'altro! (*o* qualcosa del genere); *(etwas Besonderes)* chissà (che) cosa: ***die denkt wohl, sie ist ~ was!*** quella pensa di essere chissà che cosa! *(etwas Schlimmes)* qualcosa di brutto, qualunque cosa: ***damals hätte ich ihm ~ was gesagt*** allora gli avrei detto qualunque cosa **7** COLLOQ. ***~ wie*** chissà come; *(anderswie)* in qualche altro modo **8** COLLOQ. ***~ wo*** chissà dove: ***er glaubt, er ist ~ wo!*** crede di essere chissà dove! ***wären wir früher abgefahren, könnten wir jetzt schon in Linz oder ~ wo sein!*** se fossimo partiti prima ora potremmo essere già a Linz o chissà dove! *(irgendwo anders)* in qualche altro posto, altrove ◆ ***anders als ~*** diverso dal solito; ***nichts, niemand ~*** nient'altro, nessun altro; COLLOQ. ***~ noch was!*** ci mancava proprio questa! ***wann, wie, wo (denn) ~?*** e quando, come, dove allora?
sons|tig agg. **1** solito, usuale: ***sein -es Verhalten war gut*** il suo comportamento solito era buono, solitamente si comportava bene **2** *(weiter)* ulteriore, altro: ***-e Unterlagen*** ulteriori documenti. **Sons|ti|ge** n. *(-n)* **1** varie *f.pl.* (ed eventuali *f.pl.*): GIORN. ***unter der Rubrik „-s"*** nella rubrica „varie" **2** *(Andere)* altro *m.*
so|oft cong. ogni volta che, tutte le volte che, ogniqualvolta: ***~ er mir begegnet, grüßt er mich*** tutte le volte che m'incontra mi saluta; ***ich helfe dir, ~ du willst*** ti aiuterò ogni volta che vorrai.
So|phia, So|phie n.pr.f. Sofia *f.*
So|phis|mus m. *(-, Sophismen)* sofisma *m.* **So|phist** m. *(-en,-en)* sofista *m.* (anche ESTENS.). **So|phis|te|rei** f. *(-,-en)* sofisticheria *f.* **So|phis|tik** f. *(-)* **1** sofistica *f.* **2** *(Haarspalterei)* sofisticheria *f.*, sofisticaggine *f.* **so|phis|tisch I** agg. sofistico (anche ESTENS.) **II** avv. in modo sofistico, cavilloso.
Sop|ran m. *(-s,-e)* soprano *m.*: ***~ singen*** cantare da soprano; *(Sängerin)* ***ein dramatischer, lyrischer ~*** un soprano drammatico, lirico. **Sop|ran|flö|te** f. *(-,-n)* flauto *m.* soprano. **Sop|ra|nist** m. *(-en,-en)* sopranista *m.* **Sop|ra|nis|tin** f. *(-,-nen)* soprano *m.* e *f.* **Sop|ran|schlüs|sel** m. *(-s)* chiave *f.* di soprano.
So|pra|por|te f. *(-,-n)* sopraporta *f.*, sovrapporta *f.*
Sor|be m. *(-n,-n)* sorabo *m.*, sorbo *m.*
Sor|bet ['zɔrbɛt, zɔr'be:] m. e n. *(-s,-s)*, **Sor|bett** m. e n. *(-[e]s,-e)* sorbetto *m.*
Sor|bin|säu|re f. *(-)* acido *m.* sorbico.
sor|bisch agg. sorabo. **Sor|bisch** n. *(-[s])*, **Sor|bi|sche** n. *(-n)* sorabo *m.*
Sor|di|ne f. *(-,-n)*, **Sor|di|no** m. *(-s,-s)* sordina *f.*
Sor|ge f. *(-,-n)* **1** preoccupazione *f.*: ***schwere berufliche, finanzielle -n haben*** avere gravi preoccupazioni professionali, finanziarie; ***große -n lasten auf ihm*** il peso delle preoccupazioni lo opprime; ***jdm -n bereiten*** suscitare preoccupazioni; ***jds -n teilen, vertreiben*** condividere, scacciare le preoccupazioni di qcn. **2** *(Unruhe)* pensiero *m.*, apprensione *f.*, ansia *f.*: ***in ~ um jdn sein*** essere in pensiero per qcn.; ***sich um jdn, etw. -n machen*** darsi pensiero per qcn., qcs.; ***ohne, voller ~ in die Zukunft blicken*** guardare al futuro senza pensieri, con apprensione **3** *(Fürsorge)* cure *f.pl.*, premure *f.pl.*: ***mütterliche ~*** cure materne ◆ IRON. ***das sind -n!*** che preoccupazioni! COLLOQ. ***seine -n im Alkohol ertränken*** annegare i dispiaceri nell'alcol; ***ich habe keine ~, dass er Erfolg hat*** non ho dubbi che abbia successo; ***dein Aussehen macht mir -n*** il tuo aspetto mi preoccupa (*o* m'impensierisce); ***mach dir (darum, darüber, deshalb) keine -n*** non ti preoccupare (per questo); ***sich unnötige -n machen*** preoccuparsi inutilmente; ***lass das nur meine ~ sein!*** lascia fare a me! ci penso io! ***für etw. ~ tragen*** prendersi cura di qcs., pensare a qcs.; PROV. ***kleine Kinder kleine -n, große Kinder große -n*** = figli piccoli, pensieri piccoli, figli grandi, pensieri grandi.
sor|gen I intr. (aus. *haben*) **1a** ***für jdn, etw. ~*** pensare, provvedere a qcn., qcs.; ***für die Familie, für die Zukunft ~*** provvedere (*o* pensare) alla famiglia, al futuro; ***er sorgt nur für sich*** pensa solo a se stesso; ***dafür lassen wir ihn ~*** lasciamo che ci pensi lui **b** impers. ***es ist dafür gesorgt, dass...*** si è provveduto a...; *(göttliches Gesetz)* è stabilito che, la provvidenza vuole che... **2** procurare: ***~ Sie für einen Arzt*** procuri un medico; ***für unangenehme Überraschungen ~*** procurare spiacevoli sorprese **II** rifl. ***sich um jdn, etw. ~*** essere in pensiero (*o* essere preoccupato) per qcn., qcs.; ***du brauchst dich deswegen nicht zu ~*** non devi preoccuparti per (*o* di) questo ◆ ***dafür ~, dass...*** far sì che...
Sor|gen|bre|cher m. *(-s,-)* COLLOQ. *(Alkohol)* scacciapensieri *m.* **Sor|gen|fal|te** f. *(-,-n)* ruga *f.* sulla fronte. **sor|gen|frei I** agg. spensierato **II** avv. senza preoccupazioni, spensieratamente, senza pensieri: ***~ leben*** vivere spensieratamente. **Sor|gen|kind** n. *(-[e]s,-er)* bambino *m.* difficile, che dà molti pensieri. **Sor|gen|last** f. *(-)* peso *m.* delle preoccupazioni. **sor|gen|los** agg. → **sorgenfrei. sor|gen|schwer, sor|gen|voll** agg. pieno di preoccupazioni, di crucci, corrucciato: ***mit -er Stirn*** con la fronte corrucciata.
Sor|ge|pflicht f. *(-)* dovere *m.* di tutela (dei minori). **Sor|ge|recht** n. *(-[e]s)* = diritto *m.* di provvedere all'educazione dei figli.
Sorg|falt f. *(-)* cura *f.*, accuratezza *f.*; *(Genauigkeit)* precisione *f.*: ***~ auf etw. verwenden*** essere accurato in qcs.; ***mit größter ~ vorgehen*** procedere con la massima cura. **sorg|fäl|tig I** agg. accurato, scrupoloso; *(genau)* preciso: ***eine -e Arbeit*** un lavoro accurato; ***ein -er Mensch*** una persona scrupolosa **II** avv. con cura, accuratamente: ***mit etw. ~ umgehen*** trattare qcs. con cura. **Sorg|fäl|tig|keit** f. *(-)* accuratezza *f.*, scrupolosità *f.*
Sor|gho m. *(-s,-s)*, **Sor|ghum** n. *(-s,-s)* sorgo *m.*
sorg|lich agg. ANT. → **sorgfältig, sorgsam.**
sorg|los I agg. **1** *(unachtsam)* noncurante, leggero **2** *(sorgenfrei)*

spensierato: ***ein -es Leben*** una vita spensierata **II** avv. **1** *(unachtsam)* con noncuranza (*o* con leggerezza), senza attenzione: ***~ mit seinem Vermögen, Geld umgehen*** trattare con noncuranza il patrimonio, il denaro **2** *(unbekümmert)* spensieratamente. **Sorg|lo|sig|keit** f. *(-)* **1** *(Unachtsamkeit)* noncuranza *f.*, leggerezza *f.* **2** *(Unbekümmertheit)* spensieratezza *f.* **sorg|sam I** agg. premuroso: ***die -e Pflege der Wunde*** la cura premurosa della ferita **II** avv. con cura, accuratamente, scrupolosamente: ***etw. ~ aufbewahren*** custodire scrupolosamente qcs. **Sorg|sam|keit** f. *(-)* premura *f.*, attenzione *f.*, cura *f.*

Sor|rent n.pr.n. Sorrento *m.* **Sor|ren|ti|ner** m. *(-s,-)* sorrentino *m.* **sor|ren|ti|nisch** agg. sorrentino.

Sor|te f. *(-,-n)* **1a** qualità *f.*, specie *f.*: ***eine gute, billige ~*** una buona qualità, una qualità economica; ***zwischen verschiedenen -n von etw. wählen*** scegliere tra diverse qualità (*o* specie) di qcs.; ***in allen -n und Preislagen*** di tutte le qualità e di tutti i prezzi **b** *(von Pflanzen, Blumen)* varietà *f.*, genere *m.* **2** FIG. SPREG. *(von Menschen)* specie *f.*, razza *f.*, RAR. sorta *f.*: ***eine seltsame ~ von Mensch*** una strana razza (d'uomo); ***diese ~ von Leuten gefällt mir nicht*** questa sorta di persone non mi piace; ***ein Betrüger übelster ~*** un imbroglione della peggior specie **3** pl. *(Devisen)* valute *f.pl.* **Sor|ten|ge|schäft** n. *(-[e]s,-e)*, **Sor|ten|han|del** m. *(-s,-)* operazione *f.* in valuta. **Sor|ten|kurs** m. *(-es,-e)* corso *m.* dei cambi. **Sor|ten|markt** m. *(-[e]s)* mercato *m.* dei cambi. **Sor|ten|ver|zeich|nis** n. *(-ses,-se)*, **Sor|ten|zet|tel** m. *(-s,-)* listino *m.* prezzi.

sor|tie|ren tr. **1** assortire, classificare, ordinare: ***Kleider nach ihrer Größe ~*** assortire gli abiti secondo la misura; ***Briefmarken ~*** classificare francobolli; ***die Wäsche in den Schrank ~*** ordinare la biancheria nell'armadio **2** INFORM. ordinare ◆ ***die Briefe ~*** smistare le lettere; SCHERZ. ***seine Gedanken ~*** riordinare le proprie idee. **Sor|tie|rer** m. *(-s,-)* assortitore *m.* **Sor|tier|ma|schi|ne** f. *(-,-n)* selezionatrice *f.* **sor|tiert** p.pass. agg. **1** → **sortieren 2** assortito: ***in etw. (D) reich ~ sein*** avere un ricco (*o* vasto) assortimento di qcs. **3** *(erlesen)* scelto, selezionato: ***-e Weine*** vini selezionati. **Sor|tie|rung** f. *(-,-en)* **1** *(Sortieren)* classificazione *f.*, ordinamento *m.* **2** → **Sortiment.**

Sor|ti|ment n. *(-[e]s,-e)* **1** assortimento *m.*: ***unser ~ an Möbeln*** il nostro assortimento di mobili **2** → **Sortimentsbuchhandel 3** → **Sortimentsbuchhandlung. Sor|ti|men|ter** m. *(-s,-)* GERG. → **Sortimentsbuchhändler. Sor|ti|ments|buch|han|del** m. *(-s)* commercio *m.* librario. **Sor|ti|ments|buch|händ|ler** m. *(-s,-)* libraio *m.* **Sor|ti|ments|buch|hand|lung** f. *(-,-en)* libreria *f.* (commissionaria).

SOS [eso:'ɛs] n. *(-)* S.O.S. *m.*: ***~ funken*** lanciare un S.O.S. via radio.

so|sehr cong. per quanto: ***~ sie ihn auch hasst, sie kann ihn nicht vergessen*** per quanto lo odi, non può dimenticarlo.

so|so I inter. **1** *(Ironie, Zweifel)* e così, dunque: ***~, du hast mich nicht gesehen?*** e così non mi hai visto? **2** *(Gleichgültigkeit)* beh, insomma: ***~, du hast es dir anders überlegt?*** beh, ci hai ripensato? **II** avv. COLLOQ. così così: ***wie geht's dir? – ~*** come stai? – Così così.

SOS-Ruf m. *(-[e]s,-e)* chiamata *f.* di S.O.S., S.O.S. *m.*

So|ße f. *(-,-n)* **1** salsa *f.* **2** *(für Tabak)* concia *f.* **3** COLLOQ. *(Brühe)* brodaglia *f.* **So|ßen|löf|fel** m. *(-s,-)* cucchiaio *m.* per la salsa, della salsiera. **So|ßen|schüs|sel** f. *(-,-n)* salsiera *f.*

so|te|ri|o|lo|gisch agg. soteriologico. **So|te|ri|o|lo|gie** f. *(-)* soteriologia *f.*

sott → **sieden.**

Souff|lé [zu'fle:, su'fle:] n. *(-s,-s)* soufflé *m.*

Souff|leur [zu'flø:ɐ, su'flø:ɐ] m. *(-s,-e)* TEATR. suggeritore *m.* **Souff|leur|kas|ten** m. *(-s,-kästen)* buca *f.* del suggeritore. **souff|lie|ren I** tr. suggerire **II** intr. (aus. *haben*) fare il suggeritore.

Soul [soʊl] m. *(-s)* soul *m.* **Soul|mu|sik** f. *(-)* musica *f.* soul.

Sound [saʊnd] m. *(-s,-s)* sound *m.* **Sound|kar|te** f. *(-,-n)* scheda *f.* audio.

so|und|so COLLOQ. **I** avv. **1** tanto: ***~ lang, breit*** lungo tanto, largo tanto **2** tanto, tot: ***mit dem Betrag von ~ viel DM*** con l'importo di tot marchi **II** agg. *(nachgestellt)* tal dei tali: ***Artikel ~*** articolo tal dei tali ◆ ***~ oft*** tante e tante volte; ***ein Herr Soundso*** un tale. **so|und|so|viel|te** agg. COLLOQ. **1** tal e tal: ***am -n Juni*** il tal e tal giorno di giugno **2** ennesimo: ***zum -n Mal*** per l'ennesima volta.

Sou|per [zu'pe:, su:'pe:] n. *(-s,-s)* cena *f.* (elegante): ***ein ~ geben*** dare una cena (elegante). **sou|pie|ren** intr. (aus. *haben*) cenare.

Sou|ta|ne f. *(-,-n)* ECCL. ANT. sottana *f.*, veste *f.*

Sou|ter|rain, Sou|ter|rain ['zu:tɛrɛ̃, 'su-] n. e REGION. m. *(-s,-s)* seminterrato *m.* **Sou|ter|rain|woh|nung** f. *(-,-en)* alloggio *m.* nel seminterrato, seminterrato *m.*

Sou|ve|nir [zuvə-, su-] n. *(-s,-s)* souvenir *m.*: ***ein ~ aus München mitbringen*** portare un souvenir da Monaco. **Sou|ve|nir|la|den** m. *(-s,-läden)* negozio *m.* di souvenir.

sou|ve|rän [zuvə-, suvə-] **I** agg. **1** sovrano: ***ein -er Staat*** uno stato sovrano **2** *(überlegen)* superiore: ***ein -er Spieler*** un giocatore superiore **II** avv. in modo superiore. **Sou|ve|rän** m. *(-s,-e)* **1** ANT. *(Monarch)* sovrano *m.* **2** SVIZZ. cittadini *m.pl.* **Sou|ve|rä|ni|tät** f. *(-)* **1** sovranità *f.*: ***die ~ eines Landes*** la sovranità di uno stato; ***die ~ über ein Gebiet*** la sovranità su un territorio; ***die ~ verletzen*** violare la sovranità **2** *(Überlegenheit)* superiorità *f.*: ***sein Fach mit ~ beherrschen*** dominare la materia con superiorità. **Sou|ve|rä|ni|täts|an|spruch** m. *(-[e]s,-ansprüche)* rivendicazione *f.* di sovranità. **Sou|ve|rä|ni|täts|recht** n. *(-[e]s,-e)* diritto *m.* di sovranità.

so|viel I cong. per quanto: ***~ ich weiß, kommen alle*** per quanto ne so (*o* che io sappia, per quello che ne so), vengono tutti; ***~ er sich auch abmüht, er wird doch nicht fertig*** per quanto si sforzi, non riuscirà; ***so viel*** → **so (I,2). so|viel|mal** cong. per quanto: ***~ er es auch versuchte*** per quanto tentasse e ritentasse.

Sow|chos m. e n. *(-,-e)*, **Sow|cho|se** f. *(-,-n)* sovchoz *m.*

so|weit I cong. per quanto, nella misura in cui: ***~ ich es überblicken kann*** per quanto posso vedere; ***~ ich weiß...,*** per quanto ne so...; ***~ ich sehe...*** a quanto vedo (*o* pare)... **II** avv. abbastanza: ***alles läuft ~ gut*** procede tutto abbastanza bene ◆ ***~ das Auge reicht*** fin dove giunge lo sguardo; ***so weit*** → **so (I,2).**

so|we|nig I cong. per poco che, per quel poco che: ***~ ich auch davon weiß*** per quel poco che ne so...; ***~ Geld er auch hat, er kauft immer das Teuerste*** per quanto abbia poco denaro, compra sempre le cose più care; ***so wenig*** → **so (I,2).**

so|wie cong. **1** come pure, nonché, e anche: ***ich lese Abenteuer- ~ Kriminalromane*** leggo romanzi di avventura nonché gialli **2** *(sobald)* non appena (che): ***~ ich fertig bin, komme ich*** non appena sarò pronto, verrò.

so|wie|so avv. comunque, in ogni caso: ***ich muss ~ in die Stadt fahren*** devo comunque andare in città; ***er wird ~ nicht zustimmen*** in ogni caso non darà il suo consenso ◆ ***das ~!*** s'intende! ***Herr Sowieso*** il signor Tal dei Tali.

Sow|jet, Sow|jet m. *(-s,-s)* **1** soviet *m.*: ***der Oberste ~*** il Soviet supremo **2** → **Sowjetbürger. Sow|jet|bür|ger** m. *(-s,-)* sovietico *m.* **sow|je|tisch** agg. sovietico. **Sow|jet|rus|se** m. *(-n,-n)* russo *m.* sovietico. **sow|jet|rus|sisch** agg. russo sovietico. **Sow|jet|russ|land** n. *(-[e]s)* Russia *f.* sovietica. **Sow|jet|stern** m. *(-[e]s)* stella *f.* rossa. **Sow|jet|uni|on** f. *(-)* Unione *f.* Sovietica. **Sow|jet|zo|ne** f. *(-)* zona *f.* sovietica.

so|wohl cong., ***~ ... als (auch)*** tanto ... quanto (*o* come): ***sie spricht ~ Englisch als (auch) Deutsch*** parla tanto inglese quanto tedesco; ***ich war ~ in Bonn als auch in Berlin*** sono stato tanto a Bonn quanto a Berlino; ***~ er wie sie*** tanto lui quanto lei.

So|zi m. *(-s,-s)* COLLOQ. accorc. → **Sozialdemokrat.**

So|zia f. *(-,-s)* SCHERZ. = passeggera *f.* (su una moto).

so|zi|a|bel agg. SOCIOL. sociabile, socievole. **So|zi|a|bi|li|tät** f. *(-)* sociabilità *f.*

so|zi|al I agg. sociale: ***-e Ordnung, Gerechtigkeit*** ordinamento, giustizia sociale; ***-e Konflikte, Probleme, Unterschiede*** conflitti, problemi, differenze sociali; ***-e Integration*** integrazione sociale; ***-e Stellung*** posizione sociale; ***-e Lasten*** oneri sociali; *(gemeinnützig)* ***ein -es Verhalten*** un comportamento sociale; ***-e Einrichtungen*** istituti (*o* enti) sociali **II** avv. socialmente ◆ ***~ aufsteigen*** salire nella scala sociale; ***~ denken, handeln*** agire in modo socialmente responsabile (*o* tenendo conto del sociale); ***das -e Jahr*** l'anno sociale; ***-er Wohnungsbau*** edilizia popolare. **So|zi|al|ab|bau** m. *(-[e]s)* riduzione *f.* delle prestazioni sociali. **So|zi|al|ab|ga|ben** pl. contributi *m.pl.* previdenziali. **So|zi|al|amt** n. *(-[e]s,-ämter)* ente *m.* sociale.

So|zi|al|ar|beit f. *(-)* assistenza *f.* sociale. **So|zi|al|ar|bei|ter** m. *(-s,-)* assistente *m.* sociale. **So|zi|al|ar|bei|te|rin** f. *(-,-nen)* assistente *f.* sociale.

So|zi|al|aus|ga|ben pl. spese *f.pl.* previdenziali. **So|zi|al|bei|trä|ge** pl. → **Sozialabgaben. So|zi|al|bin|dung** f. *(-)*, ***die ~ des Eigentums*** il vincolo sociale della proprietà.

So|zi|al|de|mo|krat m. *(-en,-en)* socialdemocratico *m.* **So|zi|al|de|mo|kra|tie** f. *(-)* socialdemocrazia *f.* **so|zi|al|de|mo|kra|tisch** agg. socialdemocratico.

So|zi|al|ein|kom|men n. *(-s,-)* sussidio *m.* sociale. **So|zi|al|ethik** f. *(-)* etica *f.* sociale. **So|zi|al|fall** m. *(-[e]s,-fälle)*, ***ein ~ sein*** aver bisogno di assistenza sociale. **So|zi|al|für|sor|ge** f. *(-)* assistenza *f.* sociale. **So|zi|al|ge|o|gra|phie** f. *(-)* geografia *f.* sociale. **So|zi|al|ge|schich|te** f. *(-)* storia *f.* sociale. **So|zi|al|ge|setz|ge|bung** f. *(-)* legislazione *f.* sociale. **So|zi|al|hil|fe** f. *(-)* pubblica assistenza *f.*: ***von ~ leben*** vivere della pubblica assistenza. **So|zi|al|hy|gi|e|ne** f. *(-)* igiene *f.* pubblica (*o* ambientale).

So|zi|a|li|sa|ti|on f. *(-)* SOCIOL. PSIC. socializzazione *f.* **so|zi|a|li|sie|ren** tr. statalizzare: ***ein Unternehmen ~*** statalizzare un'impresa. **So|zi|a|li|sie|rung** f. *(-)* statalizzazione *f.*

So|zi|a|lis|mus m. *(-, Sozialismen)* socialismo *m.*: ***unter dem, im ~ leben*** vivere sotto il socialismo, in un regime socialista. **So|zi|a|list** m. *(-en,-en)* socialista *m.* **so|zi|a|lis|tisch I** agg. **1** *(marxistisch)* socialista, comunista **2** AUSTR. socialdemocratico **II** avv. ***~ regierte Staaten*** stati a regime socialista (*o* comunista).

So|zi|a|li|tät f. *(-)* società *f.*

So|zi|al|kri|tik f. *(-)* critica *f.* sociale. **so|zi|al|kri|tisch** agg. di, della critica sociale. **So|zi|al|kun|de** f. *(-)* educazione *f.* civica. **So|zi|al|las|ten** pl. oneri *m.pl.* sociali. **So|zi|al|leh|re** f. *(-)* dottrina *f.* sociale. **So|zi|al|leis|tun|gen** pl. prestazioni *m.pl.* sociali. **so|zi|al|li|be|ral** agg. liberalsocialista. **So|zi|al|lohn** m. *(-[e]s,-löhne)* paga *f.* sociale. **So|zi|al|me|di|zin** f. *(-)* medicina *f.* sociale. **So|zi|al|öko|lo|gie** f. *(-)* ecologia *f.* umana. **So|zi|al|öko|no|mie** f. *(-)* economia *f.* sociale. **So|zi|al|ord|nung** f. *(-)* ordinamento *m.* sociale. **So|zi|al|pä|da|go|gik** f. *(-)* pedagogia *f.* sociale. **So|zi|al|part|ner** m. *(-s,-)* parte *f.* sociale. **So|zi|al|plan** m. *(-[e]s,-pläne)* piano *m.* sociale.

So|zi|al|po|li|tik f. *(-)* politica *f.* sociale. **so|zi|al|po|li|tisch** agg. di, della politica sociale.

So|zi|al|pres|ti|ge [-presti:ʒə] n. *(-s)* prestigio *m.* sociale. **So|zi|al|pro|dukt** n. *(-[e]s,-e)* prodotto *m.* nazionale. **So|zi|al|pro|gramm** n. *(-s,-e)* programma *m.* sociale. **So|zi|al|psy|cho|lo|gie** f. *(-)* psicologia *f.* sociale, psicosociologia *f.* **So|zi|al|recht** n. *(-[e]s)* diritto *m.* sociale. **So|zi|al|re|form** f. *(-,-en)* riforma *f.* sociale. **So|zi|al|ren|te** f. *(-,-n)* pensione *f.* (di previdenza) sociale. **So|zi|al|rent|ner** m. *(-s,-)* pensionato *m.* (che percepisce la pensione sociale). **So|zi|al|re|vo|lu|ti|o|när** m. *(-s,-e)* rivoluzionario *m.* **So|zi|al|staat** m. *(-[e]s,-en)* stato *m.* sociale. **So|zi|al|sta|tis|tik** f. *(-,-en)* statistica *f.* sociale. **So|zi|al|struk|tur** f. *(-,-en)* struttura *f.* sociale. **So|zi|al|ta|rif** m. *(-s,-e)* quota *f.* sociale. **So|zi|al|the|ra|pie** f. *(-,-n)* socioterapia *f.* **So|zi|al|tou|ris|mus** m. *(-)*, **So|zi|al|tou|ris|tik** [-tu-] f. *(-)* turismo *m.* sociale. **So|zi|al|ver|mö|gen** n. *(-s)* beni *m.pl.* pubblici.

So|zi|al|ver|si|che|rung f. *(-)* previdenza *f.* sociale. **so|zi|al|ver|träg|lich** agg. che tiene conto del sociale. **So|zi|al|we|sen** n. *(-s)* sociale *m.*: ***sich dem ~ widmen, sich im ~ engagieren*** impegnarsi nel sociale. **So|zi|al|wis|sen|schaf|ten** pl. scienze *f.pl* sociali. **So|zi|al|woh|nung** f. *(-,-en)* casa *f.* popolare. **So|zi|al|zu|la|ge** f. *(-,-n)* indennità *f.*

So|zi|e|tät f. *(-,-en)* associazione *f.* (anche ZOOL.). **so|zi|ie|ren**, rifl. **sich ~** associarsi.

So|zi|o|gra|phie f. *(-)* sociografia *f.* **so|zi|o|kul|tu|rell** agg. socioculturale. **So|zi|o|lekt** m. *(-[e]s,-e)* socioletto *m.* **So|zi|o|lin|gu|is|tik** f. *(-)* sociolinguistica *f.* **so|zi|o|lin|gu|is|tisch** agg. sociolinguistico.

So|zi|o|lo|ge m. *(-n,-n)* sociologo *m.* **So|zi|o|lo|gie** f. *(-)* sociologia *f.* **so|zi|o|lo|gisch** agg. sociologico.

So|zi|o|met|rie f. *(-)* sociometria *f.* **so|zi|o|met|risch** agg. sociometrico. **so|zi|o|öko|no|misch** agg. socioeconomico.

So|zi|us m. *(-,-se* e *Sozii)* **1** ECON. socio *m.* (anche SCHERZ.) **2a** (pl. *-se*) → **Soziussitz b** → **Soziusfahrer. So|zi|us|fah|rer** m. *(-s,-)* passeggero *m.* (su una moto). **So|zi|us|sitz** m. *(-[e]s,-e)* sellino *m.* posteriore (di una moto).

so|zu|sa|gen avv. per così dire.

Sp. ⇒ *Spalte* colonna (col.).

Spach|tel m. *(-s,-)* e f. *(-,-n)* **1** spatola *f.* (RAR. anche MED.) **2** → **Spachtelkitt. Spach|tel|kitt** m. *(-[e]s)* mastice *m.* **Spach|tel|ma|le|rei** f. *(-)* pittura *f.* a spatola. **Spach|tel|mas|se** f. *(-,-n)* mastice *m.* **spach|teln I** tr. **1** spalmare con la spatola: ***die Farben auf die Wand ~*** spalmare i colori sulla parete (con la spatola) **2** stuccare: ***eine Mauer ~*** stuccare un muro **II** intr. (aus. *haben*) **1** PITT. dipingere a spatola **2** FAM. *(mit Appetit essen)* mangiare di gusto.

1.Spa|gat m. e n. *(-[e]s,-e)* GINN. spaccata *f.*: ***(einen) ~ machen*** fare una spaccata; ***in den ~ gehen*** andare in spaccata.

2.Spa|gat m. *(-[e]s,-e)* REGION. spago *m.*

Spa|get|ti → **Spaghetti. Spa|get|ti|fres|ser** → **Spaghettifresser. Spa|get|ti|trä|ger** → **Spaghettiträger.**

Spa|ghet|ti m. *(-[s],-s)*, **Spa|ghet|ti|fres|ser** m. *(-s,-)* SPREG. mangiaspaghetti *m.* (= italiano). **Spa|ghet|ti|trä|ger** m. *(-s,-)* SART. spallina *f.*, bretellina *f.*

spä|hen intr. (aus. *haben*) osservare, scrutare; spiare: ***in die Ferne ~*** scrutare in lontananza; ***aus dem Fenster ~*** spiare dalla finestra; ***um die Ecke ~*** guardare dietro l'angolo; ***nach jdm, etw. ~*** cercare con gli occhi qcn., qcs., osservare se viene qcn., qcs. **Spä|her** m. *(-s,-)* esploratore *m.*: ***~ aussenden*** inviare esploratori. **Spä|her|blick** m. *(-[e]s,-e)* sguardo *m.* indagatore. **Spä|he|rei** f. *(-,-en)* lo spiare; esplorazione *f.*

Späh|pat|rouil|le [-pa'truljə] f. *(-,-n)*, pattuglia *f.* di ricognizione (*o* di esploratori). **Späh|sa|tel|lit** m. *(-en,-en)* satellite *m.* spia. **Späh|trupp** m. *(-s,-s)* → **Spähpatrouille.**

Spa|lier n. *(-s,-e)* **1** AGR. spalliera *f.*: ***der Wein rankt am ~*** la vite si avviticchia alla spalliera **2** *(Menschenreihe)* ala *f.*: ***ein ~ bilden, ~ stehen*** fare ala; ***durch ein ~ (von Leuten) gehen*** passare tra due ali (di folla). **Spa|lier|baum** m. *(-[e]s,-bäume)* albero *m.* a spalliera. **Spa|lier|obst** n. *(-[e]s)* **1** frutto *m.* di albero a spalliera **2** *(Spalierbäume)* alberi *m.pl.* da frutta a spalliera.

Spalt m. *(-[e]s,-e)* **1a** *(in einer Mauer)* crepa *f.* **b** *(im Fels)* fenditura *f.* **2** *(von Türen, Fenstern)* spiraglio *m.*, fessura *f.* ◆ ***die Tür einen ~ öffnen, offen lassen*** aprire appena la porta, lasciare la porta appena aperta. **spalt|bar** agg. FIS. fissile: ***-es Material*** materiale fissile. **Spalt|bar|keit** f. *(-)* fissilità *f.* **spalt|breit** agg., ***eine -e Öffnung*** un'apertura minima. **Spalt|breit** m. *(-)*, ***etw. einen ~ offenlassen*** lasciare qcs. appena aperto. **Spält|chen** n. *(-s,-)* **1a** *(kleiner Spalt)* piccola fessura *f.* **b** piccola crepa *f.* **2** *(kleine Spalte)* piccola colonna *f.*

Spal|te f. *(-,-n)* **1a** *(Spalt)* crepa *f.* **b** fenditura *f.* **2** TIP. colonna *f.*: ***der Artikel ist eine ~ lang*** l'articolo è lungo una colonna **3** AUSTR. *(Fruchtscheibe)* fetta *f.* **4** VOLG. *(Vulva)* fica *f.* ◆ ***alle -n füllen*** essere su tutti i giornali. **spal|ten I** tr. (p.pass. *gespalten/gespaltet)* **1** fendere: ***den Fels ~*** fendere la roccia **2a** spaccare: ***mit einer Axt Holz ~*** spaccare legna con un'ascia; ***jdm den Schädel ~*** spaccare la testa a qcn. **b** FIG. ***eine Partei in zwei Lager, Flügel ~*** spaccare un partito in due schieramenti **3** FIS. fissionare **4** CHIM. scomporre **II sich ~ 1** fendersi, spaccarsi **2** *(sich teilen)* dividersi, scindersi.

Spal|ten|brei|te f. *(-,-n)* TIP. giustezza *f.* **spal|ten|lang** agg. TIP. lungo (*o* di) una colonna. **spal|ten|wei|se** avv. TIP. a, in colonne.

spal|te|risch agg. disgregante, disgregatore.

Spalt|flü|gel m. *(-s,-)* AER. ala *f.* a fessura. **Spalt|fuß** m. *(-es,-füße)* **1** ZOOL. piede *m.* fesso **2** MED. piede *m.* bifido. **Spalt|fü|ßer** m. *(-s,-)* schizopode *m.* **Spalt|hand** f. *(-,-hände)* MED. mano *f.* bifida. **Spalt|lam|pe** f. *(-,-n)* OTT. lampada *f.* a fessura. **Spalt|le|der** n. *(-s)* cuoio *m.* in crosta. **Spalt|ma|te|ri|al** n. *(-s,-ien)* FIS. materiale *m.* fissile. **Spalt|pilz** m. *(-es,-e)* schizomiceti *m.pl.* **Spalt|pro|dukt** n. *(-[e]s,-e)* CHIM. FIS. prodotto *m.* di fissione.

Spal|tung f. *(-,-en)* **1** spaccatura *f.*, scissione *f.*: ***eine ~ der Partei*** una scissione del partito **2** BIOL. scissione *f.*: ***Fortpflanzung durch ~*** riproduzione per scissione **3** FIS. fissione *f.*, scissione *f.* **4** PSIC. MED. dissociazione *f.*, scissione *f.*: ***~ des Bewusstseins*** scissione della coscienza **5** CHIM. dissociazione *f.* **spal|tungs|ir|re** agg. PSIC. MED. dissociato. **Spal|tungs|ir|re|sein** n. *(-s)* PSIC. MED. dissociazione *f.* psichica. **Spal|tungs|pro|dukt** → **Spaltprodukt.**

Span m. *(-[e]s, Späne)* **1** truciolo *m.* **2** *(Splitter)* scheggia *f.* ◆ SVIZZ. ***einen ~ ausgraben*** cercare grane; ***arbeiten, dass die Späne fliegen*** lavorare di gran lena; ***mach keine Späne!*** non far tante storie! poche storie! PROV. ***wo gehobelt wird, da fallen Späne*** = non si fanno frittate senza romper le uova. **span|ab|he|bend** agg. con asportazione dei trucioli. **Spän|chen** n. *(-s,-)* trucioletto *m.* **spa|nen** intr. (aus. *haben*) asportare i trucioli. **spä|nen** tr. raschiare (con trucioli di metallo).

Span|fer|kel n. *(-s,-)* porcellino *m.* da latte.

Span|ge f. *(-,-n)* **1** fermaglio *m.* **2** *(Fibel)* fibbia *f.* **3** *(Schuhriemen)* cinturino *m.* **4** *(Armspange)* braccialetto *m.*, bracciale *m.* **5** *(Ordensspange)* nastrino *m.* **6** EUFEM. *(Handschelle)* manetta *f.* **7** *(Zahnspange)* apparecchio *m.* **Span|gen|grün** → **Spangrün. Span|gen|schuh** m. *(-[e]s,-e)* scarpa *m.* con cinturino; *(mit Fibel)* scarpa *f.* con la fibbia.

Spa|ni|el m. *(-s,-s)* spaniel *m.*

Spa|ni|en n.pr.n. *(-s)* Spagna *f.* **Spa|ni|er** m. *(-s,-)* spagnolo *m.* **spa|nisch I** agg. spagnolo: ***die -e Kultur*** la cultura spagnola **II** avv. (in) spagnolo: ***auf ~*** in spagnolo; ***~ schreiben*** scrivere in spagnolo; ***~ sprechen*** parlare spagnolo ◆ ***das sind für mich -e Dörfer*** questo per me è arabo; ***das kommt mir ~ vor*** mi pare strano; ***-e Krankheit*** febbre spagnola; ***-er Reiter*** cavallo di Frisia; ***-e Wand*** paravento. **Spa|nisch** n. *(-[s])* spagnolo *m.*, lingua *f.* spagnola: ***akzentfrei, fließend ~ sprechen*** parlare (lo) spagnolo senza accento, correntemente; ***~ lehren, lernen*** insegnare, imparare lo spagnolo; ***ein Lehrstuhl für ~*** una cattedra di spagnolo; ***heute muss ich noch Mathematik und ~ lernen*** oggi devo ancora studiare matematica e spagnolo. **Spa|ni|sche** n. *(-n)* spagnolo *m.*: ***etw. aus dem -n ins Italienische übersetzen*** tradurre qcs. dallo spagnolo in italiano.

Span|korb m. *(-[e]s,-körbe)* cesto *m.* intrecciato.

spann → **spinnen.**

Spann m. *(-[e]s,-e)* collo *m.* del piede. **Spann|be|ton** m. *(-s)* (calcestruzzo *m.*) precompresso *m.* **Spann|bett|tuch** n. *(-[e]s,-tücher)* → **Spannlaken. Spann|dienst** m. *(-[e]s,-e)* STOR. corvée *f.* (nella quale si mettevano a disposizione del signore gli animali da tiro).

Span|ne f. *(-,-n)* **1** lasso *m.* di tempo, periodo *m.*: ***eine kurze ~ Zeit*** un breve lasso di tempo **2** STOR. *(Längenmaß)* spanna *f.*: ***eine ~ lang, breit*** lungo, largo una spanna **3** COMM. *(Handelsspanne)* margine *m.* (di guadagno, di utile) **4** *(Preisunterschied)* differenza *f.* (*o* scarto *m.*) di prezzo.

span|nen I tr. **1** tendere: ***ein Seil, die Saiten der Gitarre ~*** tendere una fune, le corde della chitarra; ***den Bogen ~*** tendere l'arco; ***die Muskeln ~*** tendere i muscoli **2** tirare: ***die Gardinen ~*** tirare le tende **3** *(festklemmen)* stringere, serrare: ***etw. in den Schraubstock ~*** serrare qcs. nella morsa **4** armare, caricare: ***ein Gewehr, eine Waffe ~*** armare un fucile, caricare un'arma **5** attaccare: ***das Pferd vor den Pflug, an (vor) den Wagen ~*** attaccare il cavallo all'aratro, alla carrozza **6** REGION. *(merken)* notare **II** intr. (aus. *haben*) **1** tirare, stringere: ***der Rock spannt*** la gonna stringe; FIG. ***die Haut spannt*** la pelle tira **2** COLLOQ. ***auf etw. ~*** essere attento, prestare attenzione a qcs. **3** COLLOQ. *(ungeduldig warten)* attendere con impazienza **III** rifl. **sich ~ 1** tendersi: ***die Muskeln ~ sich*** i muscoli si tendono **2** *(sich wölben)* inarcarsi, stendersi: ***die Brücke spannt sich über den Kanal*** il ponte si inarca sul canale ◆ ***einen Bogen in die Schreibmaschine ~*** mettere un foglio nella macchina da scrivere; ***jdn auf die Folter ~*** torturare qcn.; FIG. tenere sulla corda qcn.; ***die Forderungen zu hoch ~*** avere pretese eccessive; ***seine Hoffnungen hoch ~*** mirare in alto; ***die Ochsen ins Joch ~*** mettere i buoi al giogo.

span|nend I p.pres. agg. **1** → **spannen 2** avvincente, appassionante: ***ein -er Krimi*** un giallo avvincente **3** emozionante: ***ein -er Augenblick*** un momento emozionante **II** avv. in modo avvincente, appassionante: ***die Geschichte ist ~ erzählt*** la storia è raccontata in modo avvincente ◆ ***mach es nicht so ~!*** non farla tanto lunga!

span|nen|lang agg. ANT. lungo una spanna. **Span|ner** m. *(-s,-)* **1** tenditore *m.*, tenditoio *m.* **2** bloccaggio *m.* **3** *(für Hosen)* gruccia *f.* per pantaloni **4** *(Schuhspanner)* tendiscarpe *m.* **5** ENTOM. geometride *m.* **6** COLLOQ. *(Voyeur)* voyeur *m.* **7** COLLOQ. *(Schmieresteher)* palo *m.* **Spann|kraft** f. *(-)* **1** (forza *f.* di) tensione *f.* **2** *(von Spannvorrichtungen)* forza *f.* di serraggio **3** FIG. *(Energie)* energia *f.*: ***ohne, voller ~ sein*** essere privo, pieno di energia. **spann|kräf|tig** agg. FIG. RAR. energico. **Spann|la|ken** n. *(-s,-)* lenzuolo *m.* con gli angoli. **Spann|rah|men** m. *(-s,-)* **1** telaio *m.* **2** TIP. strettoio *m.* **Spann|sä|ge** f. *(-,-n)* sega *f.* a telaio. **Spann|schrau|be** f. *(-,-n)* vite *f.* di bloccaggio.

Span|nung f. *(-,-en)* **1a** tensione *f.*: ***die ~ des Seils, der Saiten*** la tensione del cavo, delle corde **b** FIG. *(gespannte Neugier, Erwartung)* ***die ~ wächst, steigt, lässt nach*** la tensione cresce, aumenta, cala; ***etw. mit ~ erwarten*** attendere qcs. con impazienza **c** *(Feindseligkeit)* ***politische, soziale -en*** tensioni politiche, sociali; ***zwischen ihnen herrscht ~*** tra loro c'è tensione **d** *(nervöse Anspannung)* ***seine ~ löste sich langsam*** la sua tensione si sciolse lentamente **2** *(von Filmen, Romanen)* suspense *f.*, tensione *f.* **3** EL. tensione *f.*, voltaggio *m.*: ***die ~ beträgt 220 Volt*** la tensione è di 220 volt; ***die Leitung steht unter ~*** la corrente è sotto tensione; ***~ führend*** sotto tensione **4** FIS. tensione *f.* interna **5** EDIL. sollecitazione *f.* ◆ ***jdn in ~ halten*** tenere in sospeso qcn.; ***hohe ~*** alta tensione; ***in ~ sein*** essere teso (*o* in tensione); ***mit jdm in ~ leben*** essere in rapporti tesi con qcn.; ***niedrige ~*** bassa tensione; ***etw. mit ~ verfolgen*** seguire qcs. con eccitazione; ***jdn in ~ versetzen*** rendere impaziente qcn., sollecitare la curiosità di qcn.

Span|nungs|ab|fall m. *(-[e]s,-abfälle)* caduta *f.* di tensione. **Span|nungs|feld** n. *(-[e]s,-er)* FIG. ambito *m.* conflittuale, campo *m.* minato. **span|nungs|füh|rend** agg. sotto tensione. **Span|nungs|ge|biet** n. *(-[e]s,-e)* POL. area *f.* (*o* zona *f.*) di tensioni. **Span|nungs|ge|fäl|le** n. *(-s,-)* → **Spannungsabfall. span|nungs|ge|la|den** agg. FIG. teso, carico di tensione: ***eine -e Stimmung*** un'atmosfera tesa. **Span|nungs|herd** m. *(-[e]s,-e)* focolaio *m.* di tensioni. **Span|nungs|ir|re|sein** n. *(-s)* catatonia *f.* **Span|nungs|ko|ef|fi|zi|ent** m. *(-en,-en)* coefficiente *m.* di tensione. **span|nungs|los** agg. senza tensioni, privo di tensioni. **Span|nungs|mes|ser, Span|nungs|prü|fer** m. *(-s,-)* EL. tester *m.*; voltmetro *m.* **Span|nungs|reg|ler** m. *(-s,-)* regolatore *m.* di tensione. **span|nungs|reich** agg. molto avvincente: ***ein -er Roman*** un romanzo molto avvincente. **Span|nungs|ver|lust** m. *(-[e]s,-e)* caduta *f.* di tensione. **Span|nungs|zu|stand** m. *(-es,-zustände)* situazione *f.* di tensione, tensione *f.*

Spann|vor|rich|tung f. *(-,-en)* tenditore *m.* **Spann|wei|te** f. *(-,-n)* **1** *(von Flügeln)* apertura *f.* alare (anche AER.) **2** FIG. apertura *f.* (mentale) **3** EDIL. luce *f.*, campata *f.*

Span|plat|te f. *(-,-n)* pannello *m.* di truciolato.

Spant n. e TECN. m. *(-[e]s,-en)* MAR. AER. ordinata *f.*

Spar|be|trag m. *(-[e]s,-beträge)* somma *f.* risparmiata. **Spar|bren|ner** m. *(-s,-)* bruciatore *m.* a basso consumo. **Spar|buch** n. *(-[e]s,-bücher)* libretto *m.* di risparmio: ***ein ~ anlegen*** aprire un libretto di risparmio. **Spar|buch|ein|la|ge** f. *(-,-n)* → **Spareinlage. Spar|büch|se** f. *(-,-n)* salvadanaio *m.* **Spar|ein|la|ge** f. *(-,-n)* deposito *m.* a risparmio.

spa|ren I tr. **1** risparmiare: ***Geld, Zeit, Energie ~*** risparmiare denaro, tempo, energia **2** assol. ***auf, für etw., für jdn ~*** risparmiare per qcs., per qcn.; ***nicht ~ können*** non saper risparmiare **II** intr. (aus. *haben*) **1** risparmiare, economizzare, fare economie: ***am Essen ~*** risparmiare nel mangiare; ***mit Heizmaterial ~*** risparmiare sul riscaldamento; ***mit jedem Pfennig ~*** risparmiare ogni centesimo **2** *(geizen)* lesinare, essere avaro: ***er spart nicht mit Anerkennung*** non lesina lodi, non è avaro di lodi **III** rifl. **sich ~ 1** risparmiare, mettera da parte (per sé) **2a** risparmiarsi: ***sich die Mühe, viel Ärger ~*** risparmiarsi la fatica, molte seccature **b** *(unterlassen)* ***diese Bemerkung hättest du dir ~ können*** avresti potuto risparmiarti questa osservazione ◆ PROV. ***spare in der Zeit, dann hast du in der Not*** = conservati un pan per la vecchiezza. **Spa|rer** m. *(-s,-)* **1** risparmiatore *m.*: ***die kleinen ~*** i piccoli risparmiatori **2** TECN. economizzatore *m.*

Spar|flam|me f. *(-)* **1** *(nella stufa)* fiamma *f.* bassa **2** *(in cucina)* fuoco *m.* lento: ***auf ~ kochen*** cucinare a fuoco lento ◆ COLLOQ. FIG. ***auf ~ arbeiten, leben*** risparmiarsi nel lavoro, vivere tirando la cinghia. **Spar|för|de|rung** f. *(-,-en)* ECON. incentivazione *f.* del risparmio.

Spar|gel m. *(-s,-)* e SVIZZ. f. *(-,-n)* asparago *m.*: ***ein Bund, eine Stange ~*** un mazzo di asparagi, un asparago; ***~ stechen*** raccogliere asparagi. **Spar|gel|beet** n. *(-[e]s,-e)* asparageto *m.*, asparagiaia *f.* **Spar|gel|boh|ne** f. *(-,-n)* fagiolo *m.* asparagio. **Spar|gel|ge|mü|se** f. *(-)* GASTR. asparagi *m.pl.* con salsa. **Spar|gel|grün** n. *(-[e]s)* verde *m.* (*o* parte *f.* verde) dell'asparago, degli asparagi. **Spar|gel|kohl** m. *(-[e]s)* broccoli *m.pl.* **Spar|gel|spit|ze** f. *(-,-n)* punta *f.* di asparago. **Spar|gel|sup|pe** f. *(-,-n)* crema *f.* di asparagi.

Spar|gro|schen n. *(-s,-)* COLLOQ. gruzzolo *m.* (messo da parte). **Spar|gut|ha|ben** n. *(-s,-)* deposito *m.* a risparmio.

Spar|kas|se f. *(-,-n)* cassa *f.* di risparmio. **Spar|kas|sen|buch** n. *(-[e]s,-bücher)* libretto *m.* di risparmio. **Spar|konto** n. *(-s,-s* e *-konten/-konti)* conto *m.* di risparmio.

spär|lich I agg. **1** scarso, magro, misero: ***eine -e Ausbeute, ein -er Ertrag, ein -es Gehalt*** un magro bottino, raccolto, stipendio; ***-e Kost*** alimentazione scarsa; ***-e Rationen*** razioni misere **2** *(kümmerlich)* rado, scarso: ***-e Vegetation*** vegetazione rada; ***einen -en Haarwuchs haben*** avere pochi capelli **II** avv. **1** scarsamente, poco: ***~ beleuchtet, bekleidet*** scarsamente illuminato, poco vestito; ***der Kurs wurde ~ besucht*** il corso fu frequentato da pochi; ***~ besiedelt sein*** essere scarsamente popolato **2** *(ärmlich)* miseramente, poveramente: ***~ leben*** vivere miseramente **3** *(vereinzelt)* in modo rado: ***das Gras wächst ~*** l'erba cresce rada ◆ ***~ gesät sein*** essere scarso. **Spär|lich|keit** f. *(-)* scarsezza *f.*, miseria *f.*, povertà *f.*; *(vom Haar)* radezza *f.*

Spar|maß|nah|me f. *(-,-n)* misura *f.* restrittiva (*o* d'economia). **Spar|pfen|nig** m. *(-s,-e)* → **Spargroschen. Spar|po|li|tik** f. *(-)* politica *f.* del risparmio. **Spar|prä|mie** f. *(-,-n)* premio *m.* al risparmio. **Spar|pro|gramm** n. *(-s,-e)* **1** programma *m.* di risparmio **2** *(bei Haushaltsgeräten)* programma *m.* economico. **Spar|quo|te** f. *(-,-n)* aliquota *f.* di risparmio.

spar|ren intr. (aus. *haben*) = boxare per allenamento.

Spar|ren m. *(-s,-)* **1** falso puntone *m.* **2** COLLOQ. *(Spleen)* stravaganza *f.*, stramberia *f.*; *(Tic)* mania *f.* ◆ ***einen ~ haben*** essere un po' tocco.

spar|sam I agg. **1** economo, parsimonioso: ***eine -e Hausfrau*** una casalinga parsimoniosa **2** *(wirtschaftlich)* che fa economizzare, economico (nell'uso): ***das Elektrogerät, Waschmittel ist ~ (im Verbrauch)*** l'elettrodomestico è economico, il detersivo fa economizzare; ***ein -er Motor*** un motore parsimonioso **3** *(spärlich)* scarso **4** *(nüchtern)* essenziale, sobrio: ***eine -e Linienführung, Ausdrucksweise*** un tratteggio, un modo di esprimersi essenziale **II** avv. **1** con parsimonia, parsimoniosamente: ***~ leben, wirtschaften*** vivere, governare la casa con parsimonia **2** *(wirtschaftlich)* in modo economico **3a** *(spärlich)* scarsamente, poco **b** *(nüchtern)* in modo essenziale, sobriamente ◆ ***-(en) Gebrauch von etw. machen*** fare poco uso di qcs.; ***mit etw. ~ sein, umgehen*** fare economie su qcs., risparmiare (su) qcs.; FIG. ***mit Worten, Lob ~ sein*** essere parco di parole, di lodi. **Spar|sam|keit** f. *(-)* **1** parsimonia *f.* **2** *(Nüchternheit)* essenzialità *f.*, sobrietà *f.*

Spar|schwein n. *(-[e]s,-e)* salvadanaio *m.*: ***sein ~ schlachten*** rompere il salvadanaio. **Spar|strumpf** m. *(-[e]s, -strümpfe)* = calza *f.* dei, per i risparmi ◆ ***etw. in den ~ tun*** risparmiare.

Spar|ta|kist m. *(-en,-en)* spartachista *m.* **Spar|ta|kus** n.pr.m. Spartaco *m.* **Spar|ta|kus|bund** m. *(-[e]s)* STOR. lega *f.* (di) Spartaco (*o* spartachista).

Spar|ta|ner m. *(-s,-)* spartano *m.* **spar|ta|nisch I** agg. spartano: ***eine -e Erziehung*** un'educazione spartana **II** avv. spartanemente, in modo spartano: ***~ leben*** vivere in modo spartano.

Spar|te f. *(-,-n)* **1** settore *m.*, ramo *m.* **2** SPORT specialità *f.* **3** GIORN. pagine *f.pl.*: ***die ~ Wirtschaft*** le pagine di economia.

Spart|gras n. *(-es,-gräser)* sparto *m.*

Spar|ti|at m. *(-en,-en)* spartiata *m.*, spartiate *m.*

spar|tie|ren tr. MUS. mettere in partitura, spartire.

Spar|ver|trag m. *(-[e]s,-verträge)* contratto *m.* di risparmio. **Spar|zins** m. *(-es,-en)* interesse *m.* sui libretti di risparmio.

spas|misch, spas|mo|disch agg. MED. spasmodico. **Spas|mo|ly|ti|kum** n. *(-s, Spasmolytika)* spasmolitico *m.* **spas|mo|ly|tisch** agg. spasmolitico.

Spaß m. *(-es, Späße)* **1** scherzo *m.*, burla *f.*, LETT. celia *f.*: ***ein derber, dummer, gelungener, schlechter ~*** uno scherzo pesante, stupido, riuscito, brutto; ***mit jdm seinen ~ treiben*** fare uno scherzo a qcn.; ***etw. aus, im, zum ~ sagen, tun*** dire, fare qcs. per scherzo; ***da hört der ~ auf!*** ora lo scherzo è finito! basta con gli scherzi! **2** *(Vergnügen)* divertimento *m.*, spasso *m.*: ***etw. macht (jdm) großen, keinen ~*** qcs. fa divertire (*o* diverte) molto (qcn.), non è divertente per qcn. (*o* non diverte qcn.); ***seinen ~ an jdm, etw. haben*** divertirsi con qcn., a (fare) qcs.; ***~ an etw. finden*** trovare divertente qcs.; ***jdm den ~ verderben*** rovinare il divertimento a qcn.; ***mir ist der ~ vergangen!*** non mi diverto più! non ho più voglia! ◆ ***zu Späßen (nicht) aufgelegt sein*** (non) essere in vena di scherzi; ***sich (D) einen ~ aus etw. machen*** divertirsi, provare gusto a (fare) qcs.; ***~ beiseite!*** scherzi a parte! bando agli scherzi! ***da hört (bei mir) der ~ auf!*** questo è troppo! ora basta! SCHERZ. ***was kostet der ~?*** quanto costa (il) tutto? ***lass ihm doch den ~!*** lascia che si diverta! ***mach keinen ~!*** non scherzare! ***du machst mir ~!*** sei proprio un bel tipo! ***er hat doch nur ~ gemacht!*** voleva solo scherzare! ***~ muss sein!*** si deve anche scherzare! non si può essere sempre seri! ***ohne ~!*** niente scherzi! ***ein teurer ~*** un lusso, una cosa costosa, un hobby costoso; ***seinen ~ mit jdm treiben*** prendersi gioco di qcn.; ***(keinen) ~ verstehen*** non saper stare allo scherzo; ***in etw. keinen ~ verstehen*** non ammettere scherzi in qcs., non tollerare che si scherzi su qcs.; ***viel ~!*** buon divertimento! ***ich sag das doch nicht zum ~!*** non sto mica scherzando! dico sul serio! ***der ~ geht zu weit!*** lo scherzo sta durando troppo! stai esagerando!

Späß|chen n. *(-s,-)* scherzetto *m.*

spa|ßen intr. (aus. *haben*) **1** scherzare: ***mit jdm, etw., über etw. ~*** scherzare con qcn., qcs., su qcs.; ***Sie ~ wohl!*** vorrà scherzare! vuole scherzare, vero? **2** *(Spaß haben)* divertirsi ◆ ***mit etw. ist nicht zu ~*** con qcs. non c'è da scherzare (*o* non si scherza); ***er lässt nicht mit sich ~*** con lui non si scherza (*o* c'è poco da scherzare).

spa|ßes|hal|ber avv. COLLOQ. per scherzo; *(zum Vergnügen)* per divertimento.

spaß|haft agg. scherzoso; *(Heiterkeit erregend)* divertente: ***etw. ~ finden*** trovare qcs. divertente. **spa|ßig I** agg. scherzoso; *(zum Lachen reizend)* spassoso, divertente: ***ein -er Bursche*** un tipo scherzoso; ***ein -es Erlebnis*** un'esperienza divertente **II** avv. ***etw. ~ erzählen*** raccontare qcs. in tono scherzoso. **Spaß|ma|cher** m. *(-s,-)* **1** tipo *m.* divertente (*o* spassoso), burlone *m.*, buffone *m.* **2** *(im Zirkus)* clown *m.*, pagliaccio *m.* **Spaß|ver|der|ber** m. *(-s,-)* guastafeste *m.* **Spaß|vo|gel** m. *(-s,-vögel)* COLLOQ. mattacchione *m.*, buontempone *m.*

Spas|ti|ker m. *(-s,-)* spastico *m.* (anche SPREG.). **spas|tisch** agg. spastico (anche SPREG.).

Spat m. *(-[e]s,-e* e *Späte)* MIN. spato *m.*

spät I agg. **1a** tardo, inoltrato, avanzato: ***am -en Morgen, Nachmittag*** in tarda mattinata, nel tardo pomeriggio; ***zu -er Stunde*** a ora tarda, tardi; ***bis in die -e Nacht, in den -en Herbst*** fino a tarda notte (*o* a notte inoltrata), fino ad autunno inoltrato **b** tardo: ***im -en Barock*** nel tardo barocco; ***ein -es Werk von Goethe, ein Werk des -en Goethe*** un'opera tarda di Goethe; **2a** *(verspätet)* tardivo: ***ein -er Frühling*** una primavera tardiva **b** *(spät reifend)* ***-e Früchte*** frutti tardivi (*o* serotini) **c** FIG. ***-e Liebe, Reue*** amore tardivo, pentimento tardivo **II** avv. **1** tardi: ***~ am Abend, abends*** la sera tardi, a tarda sera; ***dieses Jahr liegt Ostern ~*** quest'anno pasqua è tardi; ***bis ~ in den Winter*** fino a inverno inoltrato **2** *(verspätet)* tardivamente, tardi: ***~ gereiftes Obst*** frutta maturata tardivamente ◆ ***wir sind ~ dran*** arriviamo tardi, è tardi per noi; ***von früh bis ~*** dalla mattina alla sera; ***~ im Jahr*** alla (*o* verso la) fine dell'anno; ***es ist schon ~ am Tage*** è già tardi; ***wie ~ ist es? wie ~ haben wir?*** che ora è? che ore sono? ***es wird ~*** si fa tardi; ***zu ~ kommen*** arrivare troppo tardi; *(Verspätung haben)* arrivare in ritardo; ***eine Station zu ~ aussteigen*** scendere (per sbaglio) alla stazione successiva; PROV. ***besser ~ als nie*** meglio tardi che mai.

spät|abends avv. la sera tardi, a tarda sera.

Spät|auf|ste|her m. *(-s,-)* chi si alza tardi, dormiglione *m.* **Spät|ba|rock** m. e n. *(-s)* tardo barocco *m.*

Spat|ei|sen|stein m. *(-s)* ANT. ferro *m.* spatico, siderite *f.*

Spa|tel m. *(-s,-)* e f. *(-,-)* spatola *f.*

Spa|ten m. *(-s,-)* vanga *f.* **Spa|ten|blatt** n. *(-[e]s,-blätter)* lama *f.* della vanga. **Spa|ten|stich** m. *(-[e]s,-e)* colpo *m.* di vanga, vangata *f.*

Spät|ent|wick|ler m. *(-s,-)* bambino *m.*, ragazzo *m.* (-a *f.*) tardivo (*o* a sviluppo ritardato).

spä|ter (compar. di *spät*) **I** agg. **1** successivo, posteriore, più tardo: ***in -en Jahren, Zeiten*** negli anni successivi, in epoca più tarda; ***die -en Generationen*** le generazioni successive **2** *(zukünftig)* futuro, successivo: ***in Köln lernte sie ihren -en Mann kennen*** a Colonia conobbe il suo futuro marito **II** avv. **1** più tardi: ***er kam ~ als sonst*** arrivò più tardi del solito; ***zwei Monate ~*** due mesi più tardi (*o* dopo) **2** *(zukünftig)* in futuro, in seguito, più avanti: ***~ wird er anders darüber denken!*** in futuro la penserà diversamente! ***er soll ~ die Firma übernehmen*** più avanti dovrà rilevare la ditta ◆ ***bis ~!*** a più tardi! ***an ~ denken*** pensare al futuro (*o* al dopo); ***früher oder ~*** prima o poi; ***jdn auf ~ vertrösten*** = far sperare qcn. nel futuro; ***ein -er Zeitpunkt wäre mir lieber*** per me sarebbe meglio più tardi; PROV. ***je ~ der Abend, desto schöner die Gäste*** = tardi, ma non meno benvenuti. **spä|ter|hin** avv. più tardi, in seguito.

spä|tes|tens avv. al più tardi: ***das Referat muss (bis) ~ (am) Montag fertig sein*** la relazione deve essere pronta al più tardi (per) lunedì.

Spät|fol|ge f. *(-,-n)* conseguenza *f.* tarda (*o* ritardata). **Spät|frucht** f. *(-,-früchte)* frutto *m.* tardivo (*o* serotino). **Spät|ge|bä|ren|de** f. *(-n,-n)* = donna *f.* che ha il primo parto tardi, MED. primipara *f.* attempata. **Spät|ge|burt** f. *(-,-en)* parto *m.* tardivo (*o* serotino). **Spät|go|tik** f. *(-)* tardo gotico *m.* **Spät|heim|keh|rer** m. *(-s,-)* prigioniero *m.* di guerra (liberato parecchio tempo dopo la fine delle ostilità). **Spät|herbst** m. *(-[e]s)* tardo autunno *m.*, fine *f.* dell'autunno.

spa|ti|ie|ren, spa|ti|o|nie|ren tr. TIP. spaziare, spazieggiare.

Spät|la|tein n. *(-s)* tardo latino *m.* **spät|la|tei|nisch** agg. tardolatino.

Spät|le|se f. *(-,-n)* **1** vendemmia *f.* tardiva, ultima vendemmia *f.* **2** ENOL. INTRAD. (vino pregiato prodotto da uve vendemmiate tardivamente). **Spät|ling** m. *(-s,-e)* **1** = figlio *m.* nato molto tempo dopo i fratelli **2** → **Spätfrucht. Spät|mit|tel|al|ter** n. *(-s)* tardo medioevo *m.* **Spät|nach|mit|tag** m. *(-[e]s,-e)* tardo pomeriggio *m.* **spät|nach|mit|tags** avv. il (*o* di) tardo pomeriggio. **Spät|nach|rich|ten** pl. ultimo notiziario *m.*, notiziario *m.* della notte. **spät|nachts** avv. a tarda notte, a notte fonda. **Spät|obst** n. *(-[e]s)* frutta *f.* tardiva (*o* serotina). **Spät|pha|se** f. *(-,-n)* fase *f.* tarda. **Spät|pro|gramm** n. *(-s,-e)* programma *m.* della tarda serata. **Spät|rei|fe** f. *(-)* maturazione *f.* tardiva. **Spät|re|nais|sance** f. *(-)* tardo rinascimento *m.* **Spät|ro|man|tik** f. *(-)* tardo romanticismo *m.* **Spät|schicht** f. *(-,-en)* **1** secondo turno *m.* **2** *(Arbeiter)* operaio *m.* del secondo turno. **Spät|som|mer** m. *(-s)* tarda estate *f.*, fine *f.* dell'estate. **Spät|stil** m. *(-[e]s)* stile *m.* tardo: ***der ~ Beethovens*** lo stile del tardo Beethoven. **Spät|vor|stel|lung** f. *(-,-en)* spettacolo *m.* notturno, della notte. **Spät|werk** n. *(-[e]s,-e)* opera *f.* tarda. **Spät|win|ter** m. *(-s)* tardo inverno *m.*, fine *f.* dell'inverno. **Spät|wir|kung** f. *(-,-en)* effetto *m.* tardivo.

Spatz m. *(-en* e *-es, -en)* **1** passero *m.* **2** *(schmächtiges Kind)* scricciolo *m.* **3** *(als Koseform)* passerotto *m.* ◆ ***wie ein ~ essen*** mangiare come un uccellino; ***das pfeifen die -en von den, allen Dächern*** = lo sanno anche i polli, è un segreto di Pulcinella; PROV. ***besser ein ~ in der Hand als eine Taube auf dem Dach*** meglio un uovo oggi che una gallina domani.

Spätz|chen n. *(-s,-)* passerotto *m.*

Spät|zeit f. *(-)* epoca *f.* tarda, periodo *m.* tardo.

Spat|zen|(ge|)hirn n. *(-[e]s,-e)* COLLOQ. cervello *m.* di gallina. **Spat|zen|schreck** m. *(-s,-e)* AUSTR. spaventapasseri *m.*

Spätz|le, SVIZZ. **Spätz|li** pl. INTRAD. (tipo di pasta).

Spät|zün|der m. *(-s,-)* **1** spoletta *f.* ad azione ritardata **2a** SCHERZ. *(begriffsstutziger Mensch)* testone *m.* **b** → **Spätentwickler. Spät|zün|dung** f. *(-)* **1** MOT. accensione *f.* ritardata **2** COLLOQ. *(Begriffsstutzigkeit)* = lentezza *f.* di comprendonio.

spa|zie|ren intr. (aus. *sein*) passeggiare, andare a passeggio (*o* a spasso): ***im Wald, durch die Straßen ~*** passeggiare nel bosco, per le strade; ***~ fahren*** fare una passeggiata (con un veicolo); fare una passeggiata (con un veicolo); ***jdn ~ fahren*** scarrozzare qcn.; ***~ führen*** portare a spasso, a fare una passeggiata; ***~ gehen*** andare a passeggio (*o* a spasso) ◆ ***auf und ab ~*** andare avanti e indietro (*o* su e giù).

Spa|zier|fahrt f. *(-,-en)* gita *f.*, giro *m.*: ***eine ~ machen*** fare un giro (con la, in macchina). **Spa|zier|gang** m. *(-[e]s,-gänge)* passeggiata *f.*, camminata *f.*: ***einen langen ~ machen*** fare una lunga passeggiata; ***jdn auf einem ~ begleiten*** accompagnare qcn. a fare una passeggiata. **Spa|zier|gän|ger** m. *(-s,-)* passeggiatore *m.*, chi va a passeggio. **Spa|zier|ritt** m. *(-[e]s,-e)* passeggiata *f.* a cavallo, cavalcata *f.* **Spa|zier|stock** m. *(-[e]s,-stöcke)* bastone *m.* da passeggio. **Spa|zier|weg** m. *(-[e]s,-e)* passeggiata *f.*

SPD ⇒ *Sozialdemokratische Partei Deutschlands* Partito socialdemocratico tedesco.

Specht m. *(-[e]s,-e)* picchio *m.* **Specht|mei|se** f. *(-,-n)* picchio *m.* muratore.

Spe|cial ['speʃl] n. *(-s,-s)* special *m.*

Speck m. *(-[e]s,-e)* **1** lardo *m.*: ***gepökelter, geräucherter ~*** lardo salato, affumicato **2** SCHERZ. lardo *m.*, trippa *f.*, grasso *m.*: ***~ um die Hüften haben*** avere un po' di trippa sui fianchi; ***~ ansetzen*** mettere su pancia; ***keinen ~ auf den Rippen haben*** non avere un filo di grasso ◆ COLLOQ. ***ran an den ~!*** sotto, al lavoro! ***~ auslassen*** soffriggere la pancetta; ***voller Dreck und ~ sein*** essere lurido; ***durchwachsener ~*** pancetta; ***Eier mit ~*** uova al bacon; COLLOQ. ***den ~ riechen*** fiutare qcs., avere sentore di qcs.; ***wie die Made im ~ sitzen*** nuotare nel lardo, nell'abbondanza; ***mit ~ spicken*** lardellare; PROV. ***mit ~ fängt man Mäuse*** si pigliano più mosche in una goccia di miele che in un barile di aceto. **Speck|bauch** m. *(-[e]s,-bäuche)* COLLOQ. palla *f.* di lardo, pancione *m.*, trippone *m.* **speck|bäu|chig** agg. COLLOQ. pancione, trippone. **spe|ckig** agg. **1** *(schmutzig)* unto e bisunto **2** COLLOQ. *(dick)* lardoso, grasso: ***-e Backen*** guance grasse **3** REGION. *(klebrig-teigig)* gommoso. **Speck|kä|fer** m. *(-s,-)* dermeste *m.* **Speck|knö|del** m. *(-s,-)* gnocco *m.* (di pane) al lardo. **Speck|na|cken** m. *(-s,-)* COLLOQ. collo *m.* taurino. **speck|na|ckig** agg. COLLOQ. con il collo taurino. **Speck|schwar|te** f. *(-,-n)* cotica *f.* **Speck|sei|te** f. *(-,-n)* pezzo *m.* di lardo (salato o affumicato), REGION. lardone *m.* **Speck|so|ße** f. *(-,-n)* sugo *m.* con pancetta. **Speck|stein** m. *(-[e]s,-e)* steatite *f.*

spe|die|ren tr. **1** spedire: ***etw. mit dem Lastwagen ~*** spedire qcs. con il camion **2** FIG. *(hinauswerfen)* spedire, cacciare via, buttare fuori. **Spe|di|teur** [-'tøːɐ] m. *(-s,-e* e SVIZZ. *-en)* spedizioniere *m.* **Spe|di|ti|on** f. *(-,-en)* **1** spedizione *f.*: ***die ~ der Ware übernehmen*** incaricarsi della spedizione della merce **2** *(Transportunternehmen)* impresa *f.* di spedizioni, corriere *m.* **3** *(Speditionsabteilung)* spedizione *f.*, (reparto *m.*) spedizioni *f.pl.* **Spe|di|ti|ons|ab|tei|lung** f. *(-,-en)* reparto *m.* spedizioni. **Spe|di|ti|ons|bü|ro** n. *(-s,-s)* ufficio *m.* spedizioni. **Spe|di|ti|ons|fir|ma** f. *(-,-firmen)* impresa *f.* di spedizioni. **Spe|di|ti|ons|gut** n. *(-[e]s,-güter)* merce *f.* spedita. **Spe|di|ti|ons|kauf|mann** m. *(-[e]s,-kaufleute)* spedizioniere *m.* **Spe|di|ti|ons|kos|ten** pl. spese *f.pl.* di spedizione.

Speed|way|ren|nen ['spiːdweɪ-] n. *(-s,-)* speedway *m.*

Speer m. *(-[e]s,-e)* giavellotto *m.* (anche SPORT); *(Lanze)* lancia *f.* **Speer|schaft** m. *(-[e]s,-schäfte)* asta *f.* del giavellotto. **Speer|spit|ze** f. *(-,-n)* punta *f.* del giavellotto.

Speer|wer|fen n. *(-s)* SPORT lancio *m.* del giavellotto. **Speer|wer|fer** m. *(-s,-)* lanciatore *m.* di giavellotto, giavellottista *m.* **Speer|wurf** m. *(-[e]s,-würfe)* lancio *m.* del giavellotto.

Spei|che f. *(-,-n)* **1** raggio *m.* **2** ANAT. radio *m.* ◆ ***dem Schicksal in die -n greifen, fallen*** = cercare di cambiare il destino.

Spei|chel m. *(-s)* saliva *f.*: ***~ absondern*** secernere saliva. **Spei|chel|drü|se** f. *(-,-n)* ghiandola *f.* salivale. **Spei|chel|fluss** m. *(-es)* salivazione *f.* eccessiva.

Spei|chel|le|cker m. *(-s,-)* leccapiedi *m.*, leccone *m.* **Spei|chel|le|cke|rei** f. *(-,-en)* SPREG. leccata *f.* **spei|chel|le|cke|risch** agg. di, da leccapiedi.

spei|cheln intr. (aus. *haben*) salivare, secernere saliva.

Spei|cher m. *(-s,-)* **1** deposito *m.*, magazzino *m.*; *(für Getreide)* granaio *m.* **2** REGION. *(Dachboden)* sottotetto *m.*, solaio *m.* **3** INFORM. memoria *f.*: ***Daten in den ~ eingeben*** inserire dei dati in memoria **4** → **Speicherbecken** **5** EL. *(Akkumulator)* accumulatore *m.* **spei|cher|bar** agg. **1** immagazzinabile **2** INFORM. memorizzabile. **Spei|cher|be|cken** n. *(-s,-)* bacino *m.* di raccolta. **Spei|cher|bild** n. *(-[e]s,-er)* ologramma *m.* **Spei|cher|ka|pa|zi|tät** f. *(-)* **1** capacità *f.* di un magazzino **2** INFORM. memoria *f.* **Spei|cher|kraft|werk** n. *(-[e]s,-e)* centrale *f.* idroelettrica di punta.

spei|chern tr. **1a** immagazzinare, accumulare: ***Lebensmittel, Trinkwasser ~*** immagazzinare provviste, acqua potabile; ***Wärme, elektrische Energie ~*** immagazzinare calore, accumulare energia elettrica **b** FIG. ***Kenntnisse ~*** immagazzinare conoscenze; ***Hass in sich ~*** accumulare odio dentro di sé **2** ELETTRON. INFORM. memorizzare. **Spei|che|rung** f. *(-,-en)* **1** immagazzinamento *m.* **2** ELETTRON. INFORM. memorizzazione *f.* **Spei|cher|werk** n. *(-[e]s,-e)* INFORM. memoria *f.* **Spei|cher|zel|le** f. *(-,-n)* INFORM. cella *f.* di memoria.

spei|en *(spie, gespien)* **I** intr. (aus. *haben*) **1** sputare: ***auf den Boden, jdm ins Gesicht ~*** sputare per terra, in faccia a qcn. **2** *(sich übergeben)* vomitare **II** tr. **1** sputare: ***Blut ~*** sputare sangue **2** FIG. sputare, vomitare: ***Feuer, Lava ~*** vomitare fuoco, lava; ***Gift und Galle ~*** sputare veleno. **Spei|er** m. *(-s,-)* doccione *m.*

Spei|er|ling → **Spierling.**

Spei|gat(t) n. *(-[e]s,-en* e *-s)* MAR. ombrinale *m.*

Speik m. *(-[e]s,-e)* **1** *(Baldrian)* valeriana *f.* **2** *(Lavendel)* lavanda *f.*

Spei|nuss f. *(-,-nüsse)* noce *f.* vomica.

Spei|schlan|ge f. *(-,-n)* cobra *m.* sputatore (*o* collonero).

Spei|se f. *(-,-n)* **1** *(Gericht)* cibo *m.*, vivanda *f.*, piatto *m.*: ***-n und Getränke*** cibi e bevande; ***kalte, warme -n*** piatti freddi, caldi; ***die -n zubereiten, auftragen (anrichten)*** preparare i cibi, portare (*o* mettere) i piatti in tavola **2** *(Nahrung)* alimento *m.*, nutrimento *m.*: ***zur ~ dienen*** servire da alimento; ***geistige ~*** alimento spirituale **3** *(Glockenspeise)* lega *f.* ◆ ***-n einnehmen, zu sich nehmen*** cibarsi; ***(mit) Speis und Trank*** (con) cibi e bevande. **Spei|se|brei** m. *(-[e]s,-e)* FISIOL. chimo *m.* **Spei|se|eis** n. *(-es)* gelato *m.* **Spei|se|fett** n. *(-[e]s,-e)* grasso *m.* alimentare. **Spei|se|fisch** m. *(-[e]s,-e)* pesce *m.* commestibile. **Spei|se|haus** n. *(-es,-häuser)* trattoria *f.* **Spei|se|kam|mer** f. *(-,-n)* dispensa *f.* **Spei|se|kar|te** f. *(-,-n)* lista *f.*, menù *m.* ◆ ***nach der ~ essen*** mangiare alla carta. **Spei|se|lei|tung** f. *(-,-en)* TECN. linea *f.* d'alimentazione. **Spei|se|lo|kal** n. *(-[e]s,-e)* ristorante *m.*

spei|sen **I** intr. (aus. *haben*) mangiare **II** tr. **1** mangiare **2** nutrire, dare da mangiare a: ***die Hungrigen ~*** dar da mangiare agli affamati **3** *(versorgen)* alimentare: ***eine Anlage mit, aus Strom ~*** alimentare un impianto con la corrente ◆ ***zu Mittag, zu Abend ~*** pranzare, cenare; ***ich wünsche wohl zu ~!*** buon appetito!

Spei|sen|auf|zug m. *(-[e]s,-aufzüge)* montavivande *m.* **Spei|sen|fol|ge** f. *(-,-n)* lista *f.* (delle vivande), menù *m.* **Spei|sen|kar|te** → **Speisekarte.**

Spei|se|öl n. *(-s,-e)* olio *m.* commestibile. **Spei|se|op|fer** n. *(-s,-)* RELIG. oblazione *f.* **Spei|se|pilz** m. *(-es,-e)* fungo *m.* commestibile, mangereccio. **Spei|se|plan** m. *(-[e]s,-pläne)* lista *f.* (delle vivande), menù *m.* **Spei|se|rest** m. *(-[e]s,-e)* avanzi *m.pl.* **Spei|se|röh|re** f. *(-,-n)* esofago *m.* **Spei|se|saal** m. *(-[e]s,-säle)* **1** sala *f.* da pranzo **2** *(in Internaten, Klöstern)* refettorio *m.* **Spei|se|saft** m. *(-[e]s,-säfte)* FISIOL. chilo *m.* **Spei|se|salz** n. *(-es)* sale *m.* da cucina. **Spei|se|schrank** m. *(-[e]s,-schränke)* dispensa *f.* **Spei|se|täub|ling** m. *(-[e]s,-e)* BOT. colombina *f.* (*o* rossola *f.*) commestibile. **Spei|se|wa|gen** m. *(-s,-)* vagone *m.* ristorante. **Spei|se|was|ser** n. *(-s,-wässer)* acqua *f.* di alimentazione (di caldaie). **Spei|se|wür|ze** f. *(-,-n)* condimento *m.* (di estratto di carne e spezie). **Spei|se|zet|tel** m. *(-s,-)* lista *f.*, menù *m.* **Spei|se|zim|mer** n. *(-s,-)* stanza *f.* da pranzo.

Spei|sung f. *(-,-en)* alimentazione *f.* (anche TECN.).

Spei|täub|ling m. *(-s,-e)*, **Spei|teu|fel** m. *(-s,-)* BOT. colombina *f.* (*o* rossola *f.*) non commestibile. **spei|übel** agg. ***mir ist ~*** mi viene da vomitare.

1.Spek|ta|kel m. *(-s,-)* **1** COLLOQ. *(großer Lärm)* baccano *m.*, chiasso *m.* **2** *(laute Auseinandersetzung)* scenata *f.*

2.Spek|ta|kel n. *(-s,-)* ANT. *(Theaterstück)* spettacolo *m.*; FIG. ***ein beeindruckendes ~*** uno spettacolo impressionante. **spek|ta|ku|lär** agg. spettacolare, spettacoloso. **Spek|ta|ku|lum** n. *(-s, Spektakula)* SCHERZ. spettacolo *m.*

spekt|ral agg. FIS. spettrale. **Spekt|ral|ana|ly|se** f. *(-,-n)* FIS. CHIM. analisi *f.* spettrale. **Spekt|ral|ap|pa|rat** n. *(-[e]s,-e)* apparecchio *m.* per analisi spettrali. **Spekt|ral|far|ben** pl. colori *m.pl.* dello spettro. **Spekt|ral|klas|se** f. *(-,-n)* ASTR. classe *f.* spettrale.

Spekt|ro|graph m. *(-en,-en)* spettrografo *m.* **spekt|ro|gra|phisch** agg. spettrografico. **Spekt|ro|me|ter** n. *(-s,-)* spettrometro *m.*

Spekt|ro|skop n. *(-s,-e)* spettroscopio *m.* **Spekt|ro|sko|pie** f. *(-)* spettroscopia *f.* **spekt|ro|sko|pisch** agg. spettroscopico.

Spek|trum n. *(-s, Spektren* e *Spektra)* FIS. spettro *m.* (anche FIG.): ***das breite ~ der moderne Musik*** l'ampio spettro della musica moderna.

Spe|ku|lant m. *(-en,-en)* speculatore *m.* **Spe|ku|la|ti|on** f. *(-,-en)* **1a** speculazione *f.*: ***philosophische -en*** speculazioni filosofiche

b ECON. ***-en an der Börse*** speculazioni in borsa; ***gewagte -en*** speculazioni azzardate **2** *(Annahme)* speculazione *f.*, congettura *f.*: ***-en über etw. anstellen*** fare congetture su qcs.; ***unhaltbare -en*** pure congetture; ***sich in -en verlieren*** perdersi in congetture. **Spe|ku|la|ti|ons|ge|schäft** n. *(-[e]s,-e)* speculazione *f.* **Spe|ku|la|ti|ons|ge|winn** m. *(-[e]s,-e)* profitto *m.*, guadagno *m.* (ricavato) da speculazione. **Spe|ku|la|ti|ons|kauf** m. *(-[e]s,-käufe)* acquisto *m.* a scopo speculativo. **Spe|ku|la|ti|ons|ob|jekt** n. *(-[e]s,-e)* oggetto *m.* di, della speculazione. **Spe|ku|la|ti|ons|steu|er** f. *(-,-n)* tassa *f.* su guadagno (ricavato) da speculazione.

spe|ku|la|tiv agg. speculativo: ***-e Pläne*** progetti speculativi; ***-es Denken*** pensiero speculativo ◆ ***-e Bemerkungen*** congetture.

spe|ku|lie|ren intr. (aus. *haben*) **1** ECON. speculare: ***an der Börse, mit Grundstücken ~*** speculare in borsa, sui terreni; ***auf Hausse, auf Baisse ~*** speculare al rialzo, al ribasso **2** COLLOQ. *(mit etw. rechnen)* ***auf, mit etw. ~*** contare su qcs.: ***mit der Erbschaft eines Onkels ~*** contare sull'eredità di uno zio **3** COLLOQ. *(grübeln)* ***über etw. ~*** elucubrare intorno (*o* su) qcs.

Spe|ku|lum n. *(-s, Spekula)* specolo *m.*, speculum *m.*

Spe|lä|o|lo|ge m. *(-n,-n)* speleologo *m.* **Spe|lä|o|lo|gie** f. *(-)* speleologia *f.* **spe|lä|o|lo|gisch** agg. speleologico.

Spelt m. *(-[e]s,-e)* spelta *f.*

Spe|lun|ke f. *(-,-n)* **1** *(heruntergekommenes Lokal)* bettola *f.* **2** *(schmutzige Unterkunft)* spelonca *f.*, tugurio *m.*, topaia *f.*

Spelz m. *(-es,-e)* → **Spelt.**

Spel|ze f. *(-,-n)* gluma *f.*: ***die Getreidekörner von der ~ befreien*** togliere la gluma dai chicchi. **spel|zig** agg. glumaceo.

spen|da|bel agg. generoso.

Spen|de f. *(-,-n)* **1** offerta *f.*: ***-n sammeln, geben*** raccogliere, fare offerte; ***-n an Geld, an Lebensmitteln*** offerte in denaro, di viveri; ***um eine ~ bitten*** chiedere un'offerta **2** DIR. *(Schenkung)* donazione *f.*

spen|den I tr. **1** offrire, donare, dare in dono: ***eine große Geldsumme ~*** offrire (*o* donare) una grossa somma in denaro **2** RELIG. *(austeilen)* impartire: ***die Sakramente ~*** impartire i sacramenti **II** intr. (aus. *haben*) ***(für etw.) ~*** fare un'offerta (per qcs.); ***großzügig ~*** fare un'offerta generosa ◆ ***jdm Anerkennung ~*** concedere un riconoscimento a qcn.; ***jdm Beifall ~*** dare l'approvazione a qcn., applaudire a qcn.; ***Blut ~*** donare sangue; ***Schatten ~*** fare ombra; ***jdm Trost ~*** recare conforto a qcn.; ***Wärme ~*** dare calore.

Spen|den|ak|ti|on f. *(-,-en)* sottoscrizione *f.* **Spen|den|geld** n. *(-[e]s,-er)* ricavato *m.* delle offerte. **Spen|den|kon|to** n. *(-s,-konten)* conto *m.* corrente di solidarietà.

Spen|der m. *(-s,-)* **1** chi fa un'offerta **2** *(Blutspender)* donatore *m.* **3** *(Spendegerät)* distributore *m.*, dispenser *m.*: ***Rasierklingen im ~*** dispenser di lamette da barba ◆ SCHERZ. ***wer war der (edle) ~?*** chi devo (*o* si deve) ringraziare? **Spen|der|herz** n. *(-ens,-en)* cuore *m.* di un donatore di organi. **Spen|de|rin** f. *(-,-nen)* donatrice *f.* **Spen|der|nie|re** f. *(-,-n)* rene *m.* di un donatore (di organi).

spen|die|ren tr. COLLOQ. offrire, pagare: ***jdm ein Bier ~*** offrire una birra a qcn. **spen|dier|freu|dig** agg. che offre volentieri. **Spen|dier|ho|sen,** ***die ~ anhaben, anziehen*** fare il generoso. **Spen|dier|lau|ne,** ***in ~ sein*** essere in vena di generosità.

Speng|ler m. *(-s,-)* REGION. lattoniere *m.*

Spen|zer m. *(-s,-)* **1** spencer *m.* **2** *(für Damen)* corta sottoveste *f.*

Sper|ber m. *(-s,-)* sparviero *m.*

Spe|renz|chen, Spe|ren|zi|en pl. storie *f.pl.*: ***~ machen*** fare storie.

Sper|ling m. *(-s,-e)* passero *m.* ◆ PROV. ***besser ein ~ in der Hand als eine Taube auf dem Dach*** meglio un uovo oggi che una gallina domani. **Sper|lings|kauz** m. *(-es,-käuze)* civetta *f.* nana. **Sper|lings|vö|gel** pl. passeracei *m.pl.*

Sper|ma n. *(-s, Spermen* e *-ta)* sperma *m.* **Sper|ma|to|ge|ne|se** f. *(-)* spermatogenesi *f.* **Sper|ma|to|zo|on** n. *(-s, Spermatozoen)* spermatozoo *m.* **Sper|ma|zet** n. *(-[e]s)*, **Sper|ma|ze|ti** n. *(-s)* spermaceti *m.* **Sper|mi|um** n. *(-s, Spermien)* spermio *m.* **Sper|mi|zid** n. *(-[e]s,-e)* spermicida *m.*

sperr|an|gel|weit avv. spalancato; ***etw. ~ öffnen*** spalancare qcs. **Sperr|bal|ken** m. *(-s,-)* → **Sperrbaum. Sperr|bal|lon** m. *(-s,-s)* MIL. pallone *m.* (aerostatico) di sbarramento. **Sperr|bat|te|rie** f. *(-,-n)* MIL. batteria *f.* di sbarramento (ai porti). **Sperr|baum** m. *(-[e]s,-bäume)* barriera *f.*, sbarra *f.* **Sperr|be|trag** m. *(-[e]s,-beträge)* ECON. importo *m.* vincolato. **Sperr|be|zirk** m. *(-[e]s,-e)* zona *f.* vietata. **Sperr|druck** m. *(-[e]s)* TIP. stampa *f.* spazieggiata.

Sper|re f. *(-,-n)* **1** sbarramento *m.*, barriera *f.*: ***-n errichten, bauen, wegräumen*** erigere, costruire, rimuovere sbarramenti; ***durch die ~ gehen*** oltrepassare lo sbarramento **2** *(Einfuhr-, Ausfuhrverbot)* blocco *m.*: ***über die Einfuhr, Ausfuhr von etw. eine ~ verhängen, aufheben*** imporre, togliere il blocco all'importazione, all'esportazione di qcs. **3** TECN. blocco *m.*, arresto *m.* **4** SPORT squalifica *f.*: ***einen Spieler mit einer ~ von einem Jahr belegen*** infliggere a un giocatore un anno di squalifica ◆ COLLOQ. ***eine ~ haben*** avere un blocco (psicologico).

sper|ren I tr. **1a** bloccare: ***eine Straße, einen Pass ~*** bloccare una strada, un passo; ***ein schwerer Unfall sperrt die Autobahn*** un grave incidente blocca l'autostrada; ***ein Konto, eine Kreditkarte ~*** bloccare un conto, una carta di credito **b** *(verbieten)* ***die Einfuhr, den Handel ~*** bloccare l'importazione, il commercio **2a** TECN. *(unterbinden)* tagliare, chiudere: ***das Gas, Licht ~*** tagliare il gas, la luce **b** *(Telefon)* staccare **3** SPORT squalificare **4** *(einsperren)* (rin)chiudere: ***ein Tier in den Stall, Kinder ins Zimmer ~*** chiudere un animale nella stalla, i bambini nella stanza **5** TIP. spazieggiare, spaziare **6** AUSTR. e REGION. chiudere: ***die Kasse, das Geschäft ~*** chiudere la cassa, il negozio; assol. ***der Schlüssel sperrt nicht*** la chiave non chiude **II** intr. (aus. *haben*) REGION. bloccarsi: ***die Tür sperrt*** la porta si blocca **III** rifl. **sich ~** opporsi: ***sich gegen einen Vorschlag ~*** opporsi a una proposta.

Sperr|fe|der f. *(-,-n)* molla *f.* di arresto. **Sperr|feu|er** n. *(-s,-)* fuoco *m.* di sbarramento (*o* di arresto). **Sperr|frist** f. *(-,-en)* DIR. periodo *m.* di sospensione. **Sperr|ge|biet** n. *(-[e]s,-e)* → **Sperrbezirk. Sperr|gür|tel** m. *(-s,-)* cordone *m.* di sbarramento. **Sperr|gut** n. *(-[e]s,-güter)* merce *f.* ingombrante. **Sperr|gut|ha|ben** n. *(-s,-)* BANC. deposito *m.* (bancario) vincolato. **Sperr|holz** n. *(-es)* (legno *m.*) compensato *m.* **Sperr|holz|plat|te** f. *(-,-n)* foglio *m.* di compensato.

sper|rig agg. ingombrante.

Sperr|jahr n. *(-[e]s,-e)* DIR. (periodo *m.* di) sospensione *f.* di un anno. **Sperr|klin|ke** f. *(-,-n)* nottolino *m.* (di arresto), arpione *m.* **Sperr|kon|to** n. *(-s,-konten* e *-s/-konti)* BANC. conto *m.* vincolato. **Sperr|müll** m. *(-[e]s)* rifiuti *m.pl.* ingombranti: ***auf den ~ kommen*** finire tra i rifiuti ingombranti. **Sperr|rie|gel** m. *(-s,-)* catenaccio *m.* **Sperr|sitz** m. *(-es,-e)* posto *m.* distinto. **Sperr|stun|de** f. *(-,-n)* ora *f.* di chiusura (dei locali pubblici).

Sper|rung f. *(-,-en)* **1** sbarramento *m.* **2** blocco *m.*: ***die ~ eines Schecks, der Einfuhr*** il blocco di un assegno, delle importazioni **3** TIP. spazieggiatura *f.* **4** SPORT squalifica *f.* **5** REGION. *(eines Betriebs)* chiusura *f.*

Sperr|ver|merk m. *(-[e]s,-e)* nota *f.* limitativa. **Sperr|vor|rich|tung** f. *(-,-en)* arpionismo *m.* **sperr|weit** agg. COLLOQ. → **sperrangelweit. Sperr|werk** n. *(-[e]s,-e)* IDR. opera *f.* di sbarramento, sbarramento *m.* (idrico). **Sperr|zoll** m. *(-[e]s,-zölle)* dazio *m.* proibitivo. **Sperr|zo|ne** f. *(-,-n)* → **Sperrbezirk.**

Spe|sen pl. costi *m.pl.*, spese *f.pl.*: ***hohe, geringe ~*** alti, bassi costi; ***~ haben, machen*** avere, fare (delle) spese; ***die ~ übernehmen*** assumersi (*o* accollarsi) le spese; ***abzüglich der ~*** al netto delle spese; ***~ einschließlich*** spese comprese ◆ COLLOQ. ***außer ~ nichts gewesen*** è più la spesa che l'impresa. **spe|sen|frei** agg. franco (di) spese. **Spe|sen|rech|nung** f. *(-,-en)* nota *f.* spese.

Spey|er n.pr.n. Spira *f.* **Spey(e)|rer I** m. *(-s,-)* abitante *m.* di Spira **II** agg.inv. di Spira. **spey(e)|risch** agg. di Spira.

Spe|ze|rei f. *(-,-en)* ANT. **1** spezieria *f.* **2** pl. AUSTR. *(Delikatessen)* specialità *f.pl.* (gastronomiche), leccornie *f.pl.*

1.Spe|zi m. *(-s,-[s])* REGION. COLLOQ. = amico *m.* del cuore.

2.Spe|zi n. *(-s,-[s])* COLLOQ. INTRAD. (bibita dissetante a base di limonata e coca-cola).

spe|zi|al agg. ANT. → **speziell. Spe|zi|al|arzt** m. *(-es,-ärzte)* (medico *m.*) specialista *m.* **Spe|zi|al|aus|bil|dung** f. *(-,-en)* specializzazione *f.* **Spe|zi|al|aus|druck** m. *(-[e]s,-ausdrücke)* termine *m.* specialistico. **Spe|zi|al|aus|füh|rung** f. *(-,-en)* versione *f.* speciale. **Spe|zi|al|fach** n. *(-[e]s,-fächer)* specialità *f.* **Spe|zi|al|ge|biet** n. *(-[e]s,-e)* specialità *f.*, campo *m.* specialistico. **Spe|zi|al|ge|schäft** n. *(-[e]s,-e)* negozio *m.* specializzato.

spe|zi|a|li|sie|ren rifl. **sich ~** specializzarsi: ***sich auf etw. (A) ~*** specializzarsi in qcs. **spe|zi|a|li|siert** p.pass. agg. **1** → **spezialisieren** **2** specializzato: ***auf etw. (A) ~*** specializzato in qcs. **Spe|zi|a|li|sie|rung** f. *(-,-en)* specializzazione *f.*

Spe|zi|a|list m. *(-en,-en)* **1** specialista *m.*: ***ein ~ in etw. (D), für etw.*** uno specialista in qcs. **2** → **Spezialarzt. Spe|zi|a|lis|ten|tum** n. *(-s)* l'essere specializzato, specializzazione *f.*

Spe|zi|a|li|tät f. *(-,-en)* specialità *f.*: ***die ~ des Hauses*** la specialità della casa.

Spe|zi|al|sla|lom m. *(-s,-s)* slalom *m.* speciale. **Spe|zi|al|voll|macht** f. *(-,-en)* DIR. procura *f.* speciale.

spe|zi|ell I agg. **1** particolare: ***-e Interessen, Bedürfnisse*** interessi, esigenze particolari **2** specifico: ***ein -er Bereich, Fall*** un ambito, un caso specifico **II** avv. particolarmente, in particolare: ***du ~ (~ du)*** tu in particolare ◆ IRON. ***ein (ganz) -er Freund*** un amico intimo, speciale; ***auf dein -es Wohl! auf dein Spezielles! aufs Spezielle!*** alla (tua) salute!

Spe|zi|es f. *(-,-)* specie *f.*, tipo *m.*: ***eine besondere ~*** una specie particolare. **Spe|zi|es|kauf** m. *(-[e]s,-käufe)* DIR. acquisto *m.* di cosa specifica. **Spe|zi|es|schuld** f. *(-,-en)* DIR. obbligazione *f.* specifica. **Spe|zi|es|ta|ler** m. *(-s,-)* STOR. tallero *m.* (in moneta).

Spe|zi|fik f. *(-)* specifico *m.* **Spe|zi|fi|ka|ti|on** f. *(-,-en)* **1** lo specificare **2** *(spezifiziertes Verzeichnis)* specifica *f.* **Spe|zi|fi|ka|ti|ons|kauf** m. *(-[e]s,-käufe)* compravendita *f.* su specificazione. **Spe|zi|fi|kum** n. *(-s, Spezifika)* **1** specificità *f.* **2** *(Heilmittel)* (rimedio *m.*) specifico *m.* **spe|zi|fisch I** agg. specifico: ***-e Eigenheit*** caratteristica specifica, specificità; FIS. ***das -e Gewicht*** il peso specifico; ***die -e Wärme*** il calore specifico **II** avv. tipicamente: ***~ deutsch*** tipicamente tedesco. **Spe|zi|fi|zi|tät** f. *(-,-en)* specificità *f.* **spe|zi|fi|zie|ren** tr. specificare. **Spe|zi|fi|zie|rung** f. *(-,-en)* specificazione *f.*

Sphä|re f. *(-,-n)* **1** *(Bereich)* sfera *f.*: ***die private, politische ~*** la sfera privata, politica; ***aus seiner ~ heraustreten*** uscire dalla propria sfera **2** *(Himmelsgewölbe)* sfera *f.* celeste ◆ ***in höheren -n schweben*** essere nelle alte sfere. **Sphä|ren|ge|sang** m. *(-[e]s,-gesänge)* canto *m.* celestiale. **Sphä|ren|har|mo|nie, Sphä|ren|mu|sik** f. *(-)* armonia *f.* delle sfere. **sphä|risch** agg. **1** della sfera celeste **2** MAT. sferico: ***-e Trigonometrie*** trigonometria sferica. **Sphä|ro|id** n. *(-[e]s,-e)* **1** sferoide *m.* **2** ellissoide *f.* di rotazione. **sphä|ro|i|disch** agg. sferoidale.

Sphink|ter m. *(-s,-e)* sfintere *m.*

Sphinx I f. *(-)* Sfinge *f.*: ***das Rätsel der ~*** l'enigma della Sfinge **II** f. *(-,-e)* FIG. sfinge *f.*: ***eine ~ sein*** essere una sfinge; ***wie eine ~ lächeln*** avere un sorriso enigmatico **III** m. *(-,-e* e *Sphingen)* ARCHEOL. sfinge *f.*: ***der ~ von Gise*** la sfinge di Ghiza.

Sphyg|mo|ma|no|me|ter n. *(-s)* MED. sfigmomanometro *m.*

Spick|aal m. *(-[e]s,-e)* REGION. anguilla *f.* affumicata. **Spick|brust** f. *(-,-brüste)* REGION. petto *m.* d'oca affumicato.

spi|cken I tr. **1a** GASTR. *(mit etw. versehen)* lardellare: ***einen Braten ~*** lardellare un arrosto **b** COLLOQ. FIG. infarcire: ***etw. mit Fehlern, Zitaten ~*** infarcire qcs. di errori, di citazioni **2** COLLOQ. *(bestechen)* ungere: ***einen Politiker ~*** ungere un politico **II** intr. (aus. *haben*) REGION. copiare, scopiazzare: ***bei, von seinem Nachbarn ~*** copiare dal proprio vicino. **Spi|cken** n. *(-s)* **1** GASTR. lardellatura *f.* **2** *(Bestechen)* COLLOQ. = corruzione *f.* **3** *(Abschreiberei)* REGION. SCOL. copiatura *f.*, scopiazzatura *f.*: ***jdn beim ~ erwischen*** beccare qcn. a copiare.

Spick|gans f. *(-,-gänse)* → **Spickbrust. Spick|na|del** f. *(-,-n)* ago *m.* per lardellare. **Spick|zet|tel** m. *(-s,-)* bigliettino *m.*

spie → **speien.**

Spie|gel m. *(-s,-)* **1a** specchio *m.*: ***ein blinder (beschlagener), fleckiger, geschliffener*** uno specchio appannato, macchiato, molato; ***in den ~ schauen*** guardare nello specchio; ***sein Bild im ~ sehen*** vedere la propria immagine nello specchio; ***sich im ~ betrachten*** guardarsi nello specchio; ***immer vorm ~ stehen*** stare sempre davanti allo specchio; ***den ~ befragen*** interrogare lo specchio; ***der ~ lügt nicht*** lo specchio non mente **b** FIG. ***dieses Werk hält seiner Zeit einen ~ vor*** quest'opera fa vedere al suo tempo la sua vera immagine **2a** *(Wasserspiegel)* superficie *f.* **b** *(Wasserstand)* livello *m.* **3** MAR. specchio *m.* di poppa **4** ZOOL. *(von Vögeln)* specchio *m.* (d'ala) **5** *(schematische Darstellung)* specchietto *m.*, specchio *m.* **6** MED. speculum *m.* **7** MED. *(Gehalt)* tasso *m.*, livello *m.* **8** SART. risvolto *m.* **9** MIL. mostrina *f.* **10** ARCH. schifo *m.* **11** TIP. luce *f.* (di composizione) **12** *(von Zielscheiben)* centro *m.* ◆ ***im ~ der öffentlichen Meinung*** agli occhi della pubblica opinione; ***etw. nicht hinter den ~ stecken*** = non nascondere qcs.; ***sich (D) etw. hinter den ~ stecken können*** = dover tenere a mente qcs.; PROV. ***die Augen sind der ~ der Seele*** gli occhi sono lo specchio dell'anima.

Spie|gel|bild n. *(-[e]s,-er)* **1** immagine *f.* riflessa (*o* speculare) **2** FIG. specchio *m.*, riflesso *m.* **spie|gel|bild|lich I** agg. riflesso, speculare **II** avv. specularmente. **spie|gel|blank I** agg. lucido (come uno specchio) **II** avv. a specchio: ***etw. ~ putzen, polieren*** pulire, lucidare qcs. a specchio. **Spie|gel|ei** n. *(-[e]s,-er)* **1** uovo *m.* al tegamino **2** COLLOQ. FIG. *(Medaille)* patacca *f.* **Spie|gel|fech|ter** m. *(-s,-)* SPREG. simulatore *m.*, commediante *m.* **Spie|gel|fech|te|rei** f. *(-,-en)* SPREG. finzione *f.*, commedia *f.* ◆ ***das ist alles ~*** sono tutte fanfaronate. **Spie|gel|fern|rohr** n. *(-[e]s,-e)* telescopio *m.* riflettore (*o* catottrico). **Spie|gel|flä|che** f. *(-,-n)* superficie *f.* a specchio (*o* speculare). **Spie|gel|ge|wöl|be** n. *(-s,-)* ARCH. volta *f.* a schifo. **Spie|gel|glas** n. *(-es)* vetro *m.* per specchi. **spie|gel|glatt** agg. liscio come uno specchio.

spie|ge|lig agg. ANT. a specchio, speculare.

Spie|gel|karp|fen m. *(-s,-)* carpa *f.* a specchi.

spie|geln I tr. **1** rispecchiare, riflettere (anche FIG.): ***die Fensterscheibe spiegelt sein Gesicht*** il vetro riflette il suo volto; ***diese Bemerkung spiegelt seine Einstellung*** quest'osservazione riflette la sua opinione **2** MED. osservare (*o* esaminare) con lo specolo **II** rifl. **sich ~** rispecchiarsi, riflettersi (anche FIG.): ***der Mond spiegelt sich in der Pfütze*** la luna si specchia nella pozzanghera; ***in seinen Worten spiegelt sich eine tiefe Enttäuschung*** nelle sue parole si riflette una profonda delusione **III** intr. (aus. *haben*) risplendere, brillare: ***im Licht, vor Sauberkeit ~*** risplendere alla luce, brillare per la pulizia.

Spie|gel|re|flex|ka|me|ra f. *(-,-s)* macchina *f.* fotografica reflex. **Spie|gel|saal** m. *(-[e]s,-säle)* sala *f.* degli specchi. **Spie|gel|schrank** m. *(-[e]s,-schränke)* armadio *m.* a specchi. **Spie|gel|schrift** f. *(-,-en)* scrittura *f.* a specchio. **Spie|gel|te|le|skop** n. *(-s,-e)* telescopio *m.* riflettore (*o* catottrico). **Spie|gel|tisch** m. *(-[e]s,-e)* specchiera *f.*

Spie|ge|lung f. *(-,-en)* **1** riflesso *m.* **2** → **Spiegelbild 3** MED. esame *m.* con lo specolo.

spie|gel|ver|kehrt agg. e avv. al contrario.

Spieg|lein n. *(-s,-)* specchietto *m.* ◆ ***~, ~ an der Wand, wer ist die Schönste im ganzen Land?*** specchio, specchio delle mie brame, chi è la più bella del reame?

Spiel n. *(-[e]s,-e)* **1a** gioco *m.*: ***ein lehrreiches, unterhaltendes ~*** un gioco istruttivo, divertente; ***ein ~ machen*** fare un gioco; ***an einem ~ teilnehmen*** partecipare a un gioco; ***ein gewagtes ~*** un gioco azzardato; ***ein faires, hartes ~*** un gioco leale, duro; ***in das ~ vertieft sein*** essere immerso nel gioco **b** *(Glückspiel)* ***sein Geld beim, im ~ verlieren*** perdere il proprio denaro al gioco; ***dem ~ verfallen, ergeben sein*** avere il vizio (*o* la passione) del gioco **c** *(Spielweise)* ***jdm sein ~ aufzwingen*** imporre il proprio gioco a qcn. **d** *(Bewegung)* ***das ~ der Wellen, Lichter, Muskeln*** il gioco delle onde, delle luci, dei muscoli; FIG. ***das freie ~ der Kräfte*** il libero gioco delle forze **2** partita *f.* (anche FIG.): ***ein ~ austragen, gewinnen, verlieren*** disputare, vincere, perdere una partita; ***ein offenes, abgekartetes ~*** una partita aperta, truccata; ***das ~ steht unentschieden*** la partita è pari; ***das ~ endete zwei zu null*** la partita è terminata due a zero; ***das ~ anpfeifen, abpfeifen*** fischiare l'inizio, la fine della partita (*o* del gioco) **3a** TEATR. interpretazione *f.*, recitazione *f.* **b** MUS. interpretazione *f.*, esecuzione *f.*: ***das brillante ~ des Geigers*** la brillante esecuzione del violinista **4a** TEATR. *(Bühnenstück)* opera *f.* (*o* rappresentazione *f.*) teatrale: ***die geistlichen -e des Mittelalters*** le sacre rappresentazioni del Medioevo **b** MUS. *(Musikstück)* brano *m.* (*o* pezzo *m.*) musicale **5a** *(Satz)* serie *f.*: ***ein ~ Stricknadeln, Saiten*** una serie di ferri da calza, di corde **b** *(von Karten)* mazzo *m.* **6** TECN. gioco *m.*: ***die Lenkung hat zu viel ~*** lo sterzo ha troppo gioco **7** SVIZZ. banda *f.* musicale (militare) **8** VENAT. *(von Fasanen, Auerhähnen)* coda *f.* ◆ FIG. ***das ~ aufgeben*** dare partita vinta; ***das ~ ist aus*** la partita è chiusa; ***das ~ bestimmen*** → ***das ~ diktieren***; ***aus dem ~ bleiben*** rimanere fuori (dal gioco), non essere coinvolto; ***jdn, etw. ins ~ bringen*** mettere in gioco qcn., qcs.; ***das ~ diktieren*** dettare le regole del gioco; ***mit jdm ein doppeltes ~ treiben*** fare il doppio gioco con qcn.; ***jds ~ durchschauen*** scoprire il gioco di qcn.; ***ein falsches ~ mit jdm treiben*** condurre un gioco sporco con qcn.; ***die Finger, Hände im ~ haben*** avere le mani in pasta; ***bei jdm gewonnenes ~ haben*** avere partita vinta con qcn.; LETT. ***~ im ~*** teatro nel teatro; ***wie im ~*** come per gioco; ***(mit) im ~ sein*** essere in gioco; ***ins ~ kommen*** entrare in gioco (*o* in ballo); ***das königliche ~*** il gioco degli scacchi; ***jdn, etw. aus dem ~ lassen*** lasciare fuori, non coinvolgere qcn., qcs.; ***mit jdm, etw. leichtes ~ haben*** avere gioco facile con qcn., qcs.; ***gute Miene zum bösen ~ machen*** fare buon viso a cattivo gioco; ***das ~ machen*** = vincere; ***ein ~ mit offenen Karten*** un gioco a carte scoperte; ***die Olympischen -e*** i giochi olimpici; ***etw., alles aufs ~ setzen*** mettere in gioco qcs., tutto; ***auf dem ~ stehen*** essere in gioco (*o* essere, rimanere in ballo); ***das ~ zu weit treiben*** andare oltre; ***sein ~ mit jdm treiben*** prendersi gioco di qcn.; ***ein ~ mit verdeckten Karten*** → ***ein ~ mit offenen Karten***; FIG. ***das ~ verderben*** guastare la festa; ***das ~ verloren geben*** darsi per vinto, dare partita vinta; PROV. ***Pech im ~, Glück in der Liebe*** sfortunato al gioco, fortunato in amore.

Spiel|ab|bruch m. *(-[e]s,-abbrüche)* SPORT interruzione *f.* di, del gioco. **Spiel|al|ter** n. *(-[s])* età *f.* dei giochi. **Spiel|an|teil** m. *(-[e]s,-e)* SPORT possesso *m.* di, della palla. **Spiel|art** f. *(-,-en)* **1** modo *m.* di giocare **2** TEATR. (tipo *m.* di) interpretazione *f.*, (tipo *m.* di) recitazione *f.* **3** MUS. (tipo *m.* di) interpretazione *f.*, esecuzione *f.* **Spiel|au|to|mat** m. *(-en,-en)* slot-machine *f.* **Spiel|ball** m. *(-[e]s,-bälle)* **1** palla *f.* **2** *(beim Tennis)* match-ball *m.* **3a** *(machtloser Mensch)* burattino *m.*, marionetta *f.*: ***ein ~ in jds Händen sein*** essere un burattino nelle mani di qcn. **b** ***ein ~ der Wellen sein*** essere in balia delle onde. **Spiel|bank** f. *(-,-en)* → **Spielkasino. spiel|bar** agg. ***kaum* ~** molto difficile da interpretare (*o* MUS. da suonare). **Spiel|be|ginn** m. *(-[e]s)* inizio *m.* del gioco. **Spiel|bein** n. *(-[e]s,-e)* **1** SPORT gamba *f.* libera **2** ART. gamba *f.* flessa. **Spiel|be|obach|ter** m. *(-s,-)* osservatore *m.* ufficiale; *(inoffiziell)* spia *f.* **Spiel|brett** n. *(-[e]s,-er)* **1a** tavoliere *m.* **b** *(Schach-, Damebrett)* schacchiera *f.* **2** *(beim Basketball)* specchio *m.* **Spiel|do|se** f. *(-,-n)* carillon *m.*

spie|len I tr. **1** giocare (a): ***Karten, Fußball, Blindekuh ~*** giocare a carte, a calcio, a mosca cieca; ***Schach, Skat ~*** giocare a scacchi, a skat; ***Lotto, Roulette ~*** giocare al lotto, alla roulette; ***eine Partie ~*** giocare una partita; ***eine Farbe ~*** giocare un seme **2** suonare: ***Klavier, Geige ~*** suonare il piano, il violino; ***etw. auf der Gitarre ~*** suonare qcs. alla chitarra; ***Chopin, Jazz, ein Klavierstück ~*** suonare Chopin, del jazz, un pezzo per pianoforte **3a** TEATR. recitare, interpretare: ***die Hauptrolle ~*** interpretare il ruolo principale **b** *(aufführen)* eseguire, dare: ***was wird heute (im Theater) gespielt?*** che cosa c'è (*o* danno) oggi (a teatro)? **4** *(vorgeben)* atteggiarsi a, giocare a, fingersi: ***den großen Herrn ~*** atteggiarsi a (*o* fare il) gran signore; ***den Unschuldigen ~*** fingersi ingenuo, fare l'ingenuo **5** *(zuspielen)* passare: ***eine Information in die Presse ~*** passare un'informazione alla stampa **II** intr. (aus. *haben*) **1a** giocare: ***die Kinder ~ miteinander*** i bambini giocano tra loro (*o* assieme); ***mit Puppen, im Sand ~*** giocare con le bambole, con la sabbia; ***~ gehen*** andare a giocare **b** SPORT ***gegen jdn ~*** giocare contro qcn.; ***als Stürmer, halbrechts ~*** giocare come attaccante, da mezz'ala destra **c** *(von Glücksspielen)* ***hoch, um Geld ~*** giocare forte, a soldi **d** FIG. ***der Wind spielt in den Zweigen*** il vento gioca con i rami; ***mit jds Gefühlen ~*** giocare con i sentimenti di qcn. **2** *(herumspielen)* giocare, giocherellare: ***mit der Kette, den Füßen ~*** giocare con la catenina, con i piedi **3** suonare: ***auswendig, vom Blatt, nach Noten ~*** suonare a memoria, a prima vista, con lo spartito; ***vierhändig ~*** suonare a quattro mani; ***das Radio spielt den ganzen Tag*** la radio suona tutto il giorno **4** *(stattfinden)* svolgersi, essere ambientato: ***der Roman spielt in der Antike*** il romanzo è ambientato nel mondo antico **5** *(glitzern)* ***in allen Farben ~*** brillare di colori cangianti; *(übergehen)* ***ins Rötliche ~*** dare sul rossiccio **III** rifl. **sich ~ 1** giocarsi: ***sich um sein Vermögen ~*** giocarsi il proprio patrimonio **2** REGION. AUST. *(sich spielerisch beschäftigen)* dilettarsi: ***sich mit etw. ~*** dilettarsi di qcs. **3** impers. ***auf dem nassen Boden spielt es sich schlecht*** sul terreno bagnato si gioca male ◆ ***seine Beziehungen ~ lassen*** sfruttare le proprie conoscenze; ***falsch ~*** fare una stecca; FIG. ***mit dem Feuer ~*** giocare col fuoco; ***mit dem Gedanken ~*** accarezzare l'idea; ***jdm etw. in die Hände ~*** passare qcs. di nascosto a qcn.; ***mit gezinkten Karten ~*** fare un gioco sporco; ***mit offenen Karten ~*** giocare a carte scoperte; FIG. ***Komödie ~*** fare la commedia; ***ein Lächeln spielte um ihre Lippen*** sulle sue labbra affiorò un sorriso; FIG. ***mit seinem Leben ~*** giocare con la propria vita; IRON. ***wie das Leben so spielt*** come sono i casi della vita; AUSTR. ***sich mit etw. ~*** fare qcs. per gioco; ***sich müde ~*** giocare fino a non poterne più; COLLOQ. ***die Muskeln ~ lassen*** mostrare i muscoli; FIG. ***eine Rolle ~*** avere importanza, essere importante; ***eine Schallplatte ~*** mettere un disco; ***Schicksal ~*** sostituirsi al destino; ***ein Spiel ~*** fare un gioco; ***jdm einen Streich ~*** giocare un tiro a qcn.; ***Theater ~*** fare la commedia; ***unentschieden ~*** terminare in parità (una partita); ***sich in den Vordergrund ~*** distinguersi, mettersi in luce; ***jdn an die Wand ~*** mettere in ombra qcn.; FIG. ***was wird hier gespielt?*** che succede? ***sich an die Weltspitze ~*** giocare per conquistare il primato; ***mit Worten ~*** giocare con le parole; SPORT ***auf Zeit ~*** fare melina.

spie|lend I p.pres. → **spielen II** avv. come (*o* quasi) per gioco: ***etw. ~ bewältigen, schaffen*** risolvere, fare qcs. quasi per gioco.

Spiel|en|de n. *(-s,-n)* fine *f.* della partita (*o* del gioco).

Spie|ler m. *(-s,-)* giocatore *m.*: ***ein guter, fairer, schlechter ~*** un giocatore bravo, corretto, cattivo ◆ ***falscher ~*** baro; ***zum ~ werden*** diventare un giocatore accanito.

Spie|le|rei f. *(-,-en)* **1a** gioco *m.*, scherzo *m.*: ***aus ~*** per gioco **b** *(leichte Aufgabe)* scherzo *m.*, gioco *m.* (da ragazzi), bazzecola *f.*: ***diese Arbeit ist eine reine ~*** questo lavoro è proprio un gioco da ragazzi **2** *(unnütze Kleinigkeiten)* cose *f.pl.* superflue, sciocchezze *f.pl.*: ***das sind alles nur -en!*** tutte queste sono solo schiocchezze!

spie|le|risch I agg. **1** giocoso, scherzoso, ludico: ***-e Aktivitäten*** attività ludiche **2a** *(sorglos)* leggero **b** *(mühelos)* facile **3** SPORT di gioco: ***die -e Anlage war defensiv*** il piano di gioco era difensivo **II** avv. **1** in modo giocoso **2a** con leggerezza: ***~ leben*** vivere con leggerezza **b** *(mühelos)* come (*o* quasi) per gioco: ***etw. fast ~ tun*** fare qcs. quasi per gioco **3** SPORT nel gioco, per il gioco: ***~ hervorragen*** eccellere nel gioco.

spiel|fä|hig agg. SPORT in grado di giocare. **Spiel|feld** n. *(-[e]s,-er)* campo *m.* di gioco. **Spiel|feld|hälf|te** f. *(-,-n)* SPORT metà *f.* campo. **Spiel|fi|gur** f. *(-,-en)* pezzo *m.* (del, di un gioco). **Spiel|film** m. *(-[e]s,-e)* lungometraggio *m.* **Spiel|flä|che** f. *(-,-n)* → **Spielfeld. Spiel|fol|ge** f. *(-,-n)* programma *m.* **spiel|frei** agg. SPORT TEATR. (di) riposo: ***-er Tag*** giorno di riposo; ***heute ist ~*** oggi è riposo. **Spiel|freu|de** f. *(-)* **1** voglia *f.* di giocare: ***die ~ der Mannschaft loben*** lodare la voglia di giocare della squadra **2** MUS. TEATR. coinvolgimento *m.*, passione *f.*: ***etw. ohne ~ vortragen*** eseguire qcs. senza passione. **spiel|freu|dig** agg. **1** che gioca volentieri: ***ein -es Kind*** un bambino che gioca molto volentieri **2** *(von Menschen)* appassionato, pieno di passione. **Spiel|füh|rer** m. *(-s,-)* capitano *m.* della, di una squadra. **Spiel|ge|fähr|te** m. *(-n,-n)* compagno *m.* di giochi. **Spiel|geld** n. *(-[e]s,-er)* gettoni *m.pl.*, fiches *f.pl.* **Spiel|ge|winn** m. *(-[e]s,-e)* vincita *f.* al gioco. **Spiel|hälf|te** f. *(-,-n)* SPORT **1** tempo *m.*: ***die zweite ~*** il secondo tempo (*o* la ripresa) **2** → **Spielfeldhälfte. Spiel|hal|le** f. *(-,-n)* sala *f.* (da) giochi. **Spiel|höl|le** f. *(-,-n)* SPREG. = bisca *f.*

Spie|li|o|thek f. *(-,-en)* **1** ludoteca *f.* **2** → **Spielhalle.**

Spiel|ka|me|rad m. *(-en,-en)* compagno *m.* di giochi. **Spiel|kar|te** f. *(-,-n)* carta *f.* da gioco. **Spiel|ka|si|no** n. *(-s,-s)* casa *f.* da gioco, casinò *m.* **Spiel|klas|se** f. *(-,-n)* SPORT categoria *f.* **Spiel|kon|zept** n. *(-[e]s,-e)* schema *m.* di gioco. **Spiel|kreis** m. *(-es,-e)* **1** gruppo *m.* (musicale) **2** *(Theatergruppe)* filodrammatica *f.* **Spiel|lei|den|schaft** f. *(-)* passione *f.* del gioco. **Spiel|lei|ter** m. *(-s,-)* **1** TELEV. conduttore *m.* (di un gioco a quiz) **2** *(Regisseur)* regista *m.* **3** SPORT arbitro *m.* **Spiel|leu|te** pl. → **Spielmann. Spiel|ma|cher** m. *(-s,-)* uomo *m.* partita.

Spiel|mann m. *(-[e]s,-leute)* **1** bandista *m.*, suonatore *m.* di banda **2** STOR. giullare *m.* **Spiel|manns|dich|tung** f. *(-)* poesia *f.* giullaresca. **Spiel|manns|zug** m. *(-[e]s,-züge)* **1** MUS. banda *f.* (musicale) **2** MIL. banda *f.* militare, fanfara *f.*

Spiel|mar|ke f. *(-,-n)* GIOC. fiche *f.*, gettone *m.* **Spiel|me|cha|nik** f. *(-,-en)* MUS. trasmissione *f.* (in un organo). **Spiel|mi|nu|te** f. *(-,-n)* minuto *m.* di gioco: ***ein Tor in der 10. ~ schießen*** segnare al 10° minuto. **Spiel|oper** f. *(-,-n)* INTRAD. (opera comica tedesca dell'800 composta di parti recitate e cantate).

Spie|lo|thek → **Spieliothek.**

Spiel|plan m. *(-[e]s,-pläne)* **1** TEATR. cartellone *m.*, programma *m.*: ***etw. in den ~ aufnehmen, auf den ~ setzen, vom ~ absetzen*** mettere qcs. in cartellone, togliere qcs. dal cartellone **2** SPORT cartellone *m.* **Spiel|platz** m. *(-es,-plätze)* parco *m.* (*o* campo *m.*) giochi, giardinetti *pl.* **Spiel|rat|te** f. *(-,-n)* SCHERZ. = bambino *m.* che gioca con passione. **Spiel|raum** m. *(-[e]s)* **1** spazio *m.* (anche FIG.): ***mehr ~ brauchen*** aver bisogno di più spazio; ***jdm mehr ~ lassen, gewähren*** lasciare, concedere più spazio a qcn. **2** margine *m.*: ***ein paar Tage ~*** un margine di un paio di giorni **3** TECN. gioco *m.* **Spiel|re|gel** f. *(-,-n)* regola *f.* del gioco (anche FIG.): ***die -n einhalten, beachten*** rispettare, osservare le regole del gioco; ***gegen die -n verstoßen*** andare contro le regole del gioco. **Spiel|run|de** f. *(-,-n)* partita *f.* **Spiel|saal** m. *(-[e]s,-säle)* sala *f.* da gioco. **Spiel|sa|chen** pl. giocattoli *m.pl.* **Spiel|schuld** f. *(-,-en)* debito *m.* di gioco. **Spiel|stand** m. *(-[e]s)* situazione *f.* (di gioco). **spiel|stark** agg. SPORT forte. **Spiel|stär|ke** f. *(-)* SPORT forza *f.* **Spiel|stein** m. *(-[e]s,-e)* GIOC. pedina *f.* **Spiel|stun|de** f. *(-,-n)* ora *f.* di ricreazione. **Spiel|tag** m. *(-[e]s,-e)* SPORT giorno *m.* della partita. **Spiel|teu|fel** m. *(-s)* demone *m.* del gioco: ***vom ~ besessen sein*** essere posseduto dal demone del gioco. **Spiel|the|ra|pie** f. *(-)* ludoterapia *f.* **Spiel|tisch** m. *(-[e]s,-e)* **1** tavolo *m.* da gioco **2** *(Teil der Orgel)* console *f.* **Spiel|trieb** m. *(-[e]s)* impulso *m.* al gioco, desiderio *m.* di giocare: ***seinem ~ folgen*** seguire il proprio desiderio di giocare. **Spiel|uhr** f. *(-,-en)* carillon *m.* **Spiel|ver|bot** n. *(-[e]s)* SPORT squalifica *f.*: ***zwei Tage ~ bekommen, verhängen*** ricevere, infliggere due giornate di squalifica. **Spiel|ver|der|ber** m. *(-s,-)* guastafeste *m.*: ***sei kein ~!*** non fare il guastafeste! **Spiel|ver|ei|ni|gung** f. *(-,-en)* → **Sportverein.**

Spiel|wa|ren pl. giocattoli *m.pl.* **Spiel|wa|ren|ge|schäft** n. *(-[e]s,-e)* negozio *m.* di giocattoli. **Spiel|wa|ren|händ|ler** m. *(-s,-)* venditore *m.* di giocattoli.

Spiel|wei|se f. *(-,-n)* tecnica *f.* di gioco, modo *m.* di giocare. **Spiel|werk** n. *(-[e]s,-e)* suoneria *f.* **Spiel|wie|se** f. *(-,-n)* prato *m.* per giocare. **Spiel|zeit** f. *(-,-en)* **1** TEATR. stagione *f.* **2** CINEM. (tempo *m.* di) programmazione *f.* **3** SPORT tempo *m.* di gioco.

Spiel|zeug n. *(-[e]s,-e)* giocattolo *m.*; *(Gesamtheit der Spielsachen)* giocattoli *m.pl.* **Spiel|zeug|ei|sen|bahn** f. *(-,-en)* trenino *m.* **Spiel|zeug|pis|to|le** f. *(-,-n)* pistola *f.* giocattolo.

Spiel|zim|mer n. *(-s,-)* stanza *f.* dei giochi. **Spiel|zug** m. *(-[e]s,-züge)* GIOC. SPORT mossa *f.*

Spier|ling m. *(-s,-e)* sorbo *m.*
Spier|strauch m. *(-[e]s,-sträucher)* spirea *f.*
Spieß m. *(-es,-e)* **1a** lancia *f.* **b** *(Wurfspieß)* giavellotto *m.* **2** spiedo *m.*: ***den ~ drehen*** girare lo spiedo; ***vom ~*** allo spiedo; ***am ~ gebratenes Fleisch*** carne (arrostita) allo spiedo **3** *(Kompaniefeldwebel)* maresciallo *m.* ◆ ***brüllen, schreien wie am ~*** strillare come un ossesso; FIG. ***den ~ umdrehen, umkehren*** ritorcere le accuse, passare al contrattacco.
Spieß|bür|ger m. *(-s,-)* borghesuccio *m.*, filisteo *m.* **spieß|bür|ger|lich** agg. avv. da borghesuccio, da filisteo. **Spieß|bür|ger|lich|keit** f. *(-)* filisteismo *m.* **Spieß|bür|ger|tum** n. *(-s)* **1** modi *m.pl.* (*o* vita *f.*) da borghesuccio, da filisteo **2** *(Spießbürger)* borghesucci *m.pl.*
Spieß|chen n. *(-s,-)* spiedino *m.*
spie|ßen I tr. **1** infilzare: ***etw. auf die Gabel ~*** infilzare qcs. con la forchetta **2** appuntare: ***etw. auf eine Stecknadel ~*** appuntare qcs. con uno spillo **3** conficcare, piantare: ***etw. in den Boden ~*** conficcare qcs. nel terreno **II** rifl. **sich ~** REGION. ANT. incepparsi (anche FIG.).
Spie|ßer m. *(-s,-)* borghesuccio *m.* **spie|ßer|haft, spie|ße|risch** agg. da borghesuccio. **Spie|ßer|mo|ral** f. *(-)* morale *f.* da borghesuccio, dei borghesucci. **Spie|ßer|tum** n. *(-s)* COLLOQ. → **Spießbürgertum.**
Spieß|ge|sel|le m. *(-n,-n)* **1** *(Helfershelfer)* complice *m.*, compare *m.* **2** SCHERZ. *(Kumpan)* compagno *m.*, compare *m.*
spie|ßig agg. COLLOQ. → **spießbürgerlich. Spie|ßig|keit** f. *(-)* COLLOQ. → **Spießbürgerlichkeit.**
Spieß|ru|te, *-n laufen* essere messo alla gogna.
Spike [ʃpaik, spaik] m. *(-s,-s)* **1** chiodo *m.* **2** pl. SPORT scarpette *f.pl.* chiodate **3** pl. → **Spike(s)reifen. Spike(s)|rei|fen** m. *(-s,-)* pneumatico *m.* chiodato, gomma *f.* chiodata.
Spill n. *(-[e]s,-e* e *-s)* MAR. verricello *m.*
spil|le|rig, spill|rig agg. REGION. magro, sottile.
Spin [spɪn] m. *(-s,-s)* **1** FIS. spin *m.* **2** SPORT *(Effet)* effetto *m.*
spi|nal agg. spinale. **Spi|nal|an|äs|the|sie** f. *(-,-n)* rachianestesia *f.* **Spi|nal|läh|mung** f. *(-)*, **Spi|nal|pa|ra|ly|se** f. *(-)* paralisi *f.* spinale. **Spi|nal|punk|ti|on** f. *(-,-en)* puntura *f.* lombare, rachicentesi *f.*
Spi|nat *m. (-[e]s,-e)* BOT. spinacio *m.*; *(Gemüse)* spinaci *m.pl.*: ***~ pflücken*** raccogliere spinaci. **Spi|nat|wach|tel** f. *(-,-n)* COLLOQ. SPREG. megera *f.*, arpia *f.*
Spind m. e n. *(-[e]s,-e)* armadietto *m.*, stipetto *m.*
Spin|del f. *(-,-n)* **1** fuso *m.* **2** MECC. mandrino *m.* **3** *(von Wendeltreppen)* colonna *f.* centrale **4** *(Senkwaage)* areometro *m.* **Spin|del|baum** m. *(-[e]s,-bäume)* evonimo *m.* **spin|del|dürr** agg. magro come un chiodo. **spin|del|för|mig** agg. a forma di fuso, fusiforme. **Spin|del|pres|se** f. *(-,-n)* pressa *f.* a vite. **Spin|del|trep|pe** f. *(-,-n)* scala *f.* a chiocciola.
Spi|nell m. *(-s,-e)* MIN. spinello *m.*
Spi|nett n. *(-[e]s,-e)* MUS. spinetta *f.*
Spin|na|ker [ˈʃpɪnakɐ] m. *(-s,-)* MAR. spinnaker *m.*: ***den ~ aufhissen*** issare lo spinnaker.
Spinn|an|gel f. *(-,-n)* amo *m.* con la mosca. **Spinn|drü|se** f. *(-,-n)* seritterio *m.*, ghiandola *f.* sericigea. **Spinn|dü|se** f. *(-,-n)* TESS. filiera *f.*
Spin|ne f. *(-,-n)* **1** ragno *m.*: ***die ~ spinnt, webt ihr Netz*** il ragno tesse la sua tela **2** FIG. *(hässliche Frau)* arpia *f.* ◆ ***pfui ~!*** che schifo! PROV. ***~ am Morgen bringt Kummer und Sorgen*** = vedere un ragno al mattino porta sfortuna. **Spin|ne|feind, *(mit jdm) ~ sein*** essere come cane e gatto, essere nemici giurati.
spin|nen *(spann, gesponnen)* **I** tr. **1a** filare: ***Wolle, Garn ~*** filare la lana, il filo **b** assol. ***maschinell ~*** filare a macchina **2a** tessere: ***die Spinne spinnt ihr Netz*** il ragno tesse la sua tela **b** FIG. tessere, tramare, ordire: ***ein Netz von Lügen ~*** tessere una rete di menzogne **II** intr. (aus. *haben*) **1** tessere: ***die Spinne spinnt an ihrem Netz*** il ragno tesse la sua tela **2** COLLOQ. dare i numeri, essere suonato **3** REGION. *(schnurren)* fare le fusa ◆ ***ein Garn, Seemannsgarn ~*** raccontare fanfaronate; ***(k)einen guten Faden mit jdm ~*** (non) filare d'amore e d'accordo con qcn.
Spin|nen|af|fe m. *(-n,-n)* brachitele *f.* **Spin|nen|as|sel** f. *(-,-n)* scutigera *f.* **Spin|nen|ge|we|be** n. *(-)* RAR., **Spin|nen|netz** n. *(-es,-e)* ragnatela *f.*, tela *f.* di ragno. **Spin|nen|tier** n. *(-[e]s,-e)* aracnide *m.*
Spin|ner m. *(-s,-)* **1** filatore *m.* **2** COLLOQ. *(Verrückter)* svitato *m.* **3** *(beim Angeln)* mosca *f.* **Spin|ne|rei** f. *(-,-en)* **1** filatura *f.*; *(Betrieb)* ***in einer ~ arbeiten*** lavorare in una filanda (*o* filatura) **2** *(Verrücktheit)* idea *f.* balzana, bislacca. **Spin|ne|rin** f. *(-,-nen)* **1** filatrice *f.* **2** *(Verrückte)* svitata *f.* **Spin|ner|lied** n. *(-[e]s,-er)* canto *m.* dei filatori. **spin|nert** agg. REGION. *(leicht verrückt)* suonato, tocco.
Spinn|fa|ser f. *(-,-n)* fibra *f.* tessile. **Spinn|ma|schi|ne** f. *(-,-n)* filatoio *m.* **Spinn|rad** n. *(-[e]s,-räder)* ruota *f.* dell'arcolaio. **Spinn|ro|cken** m. *(-s,-)* TESS. rocca *f.* **Spinn|we|be** f. *(-,-n)* ragnatela *f.*
spi|no|za|isch agg. [ʃp-, sp-] spinoziano. **Spi|no|zis|mus** m. *(-)* spinozismo *m.*
spin|ti|sie|ren intr. (aus. *haben*) almanaccare: ***über etw. ~*** elucubrare qcs. **Spin|ti|sie|rer** m. *(-s,-)* almanaccatore *m.*, almanaccone *m.* **Spin|ti|sie|re|rei** f. *(-,-en)* elucubrazione *f.*
Spi|on m. *(-s,-e)* **1a** *(Geheimagent)* spia *f.*: ***als ~ für jdn tätig sein*** essere una spia (*o* fare la spia) per qcn.; ***einen ~ einschleusen, entlarven (enttarnen)*** infiltrare, smascherare una spia **b** *(Spitzel)* spia *f.*, spione *m.* **2** *(Guckloch)* spioncino *f.*: ***durch den ~ sehen, blicken*** guardare attraverso lo spioncino.
Spi|o|na|ge [-ˈnaːʒə] f. *(-)* spionaggio *m.*: ***unter dem Verdacht der ~ stehen*** essere sospettato di spionaggio; ***~ treiben*** praticare lo spionaggio. **Spi|o|na|ge|ab|wehr** f. *(-)* controspionaggio *m.* **Spi|o|na|ge|af|fä|re** f. *(-,-n)* caso *m.* di spionaggio. **Spi|o|na|ge|ap|pa|rat** m. *(-[e]s,-e)* apparato *m.* spionistico. **Spi|o|na|ge|fall** m. *(-[e]s,-fälle)* caso *m.* di spionaggio. **Spi|o|na|ge|film** m. *(-[e]s,-e)* film *m.* di spionaggio. **Spi|o|na|ge|netz** n. *(-es,-e)* rete *f.* spionistica. **Spi|o|na|ge|ring** m. *(-[e]s,-e)* rete *f.* di agenti segreti.
spi|o|nie|ren intr. (aus. *haben*) **1** *(Spionage treiben)* fare dello spionaggio **2** mettere il naso: ***in allen Schubladen ~*** mettere il naso in tutti i cassetti. **Spi|o|nie|re|rei** f. *(-,-en)* **1** lo spiare **2** *(Fall von Spioniererei)* spiata *f.* **Spi|o|nin** f. *(-,-nen)* spia *f.*
Spi|ral|boh|rer m. *(-s,-)* punta *f.* elicoidale. **Spi|ra|le** f. *(-,-n)* **1a** spirale *f.* (anche GEOM.): ***eine ~ beschreiben*** descrivere una spirale **b** *(spiralförmiger Gegenstand)* ***eine ~ aus Metall*** una spirale di metallo **c** FIG. ***die ~ der Aufrüstung*** la spirale (*o* il vortice) del riarmo **2** *(Spiralwindung)* spira *f.* **3** *(Intrauterinpessar)* spirale *f.*: ***sich (D) eine ~ einsetzen lassen*** farsi mettere la spirale.
Spi|ral|fe|der f. *(-,-n)* molla *f.* a spirale. **spi|ral|för|mig, spi|ra|lig** agg. a forma di spirale, a spirale. **Spi|ral|li|nie** f. *(-,-n)* (linea *f.* a) spirale *f.* **Spi|ral|ne|bel** m. *(-s,-)* nebulosa *f.* a spirale. **Spi|ral|win|dung** f. *(-,-en)* spira *f.*
Spi|rans f. *(-, Spiranten)*, **Spi|rant** m. *(-en,-en)* (consonante *f.*) spirante *f.*
Spi|ri|tis|mus [ʃp-, sp-] m. *(-)* spiritismo *m.* **Spi|ri|tist** m. *(-en,-en)* spiritista *m.* **spi|ri|tis|tisch** agg. spiritico, spiritistico: ***eine -e Sitzung*** una seduta spiritica.
spi|ri|tu|al agg. RAR. → **spirituell.**
1.Spi|ri|tu|al m. *(-s* e *-en,-en)* guida *f.* spirituale, padre *m.* (*o* direttore *m.*) spirituale.
2.Spi|ri|tu|al [ˈspɪrɪtjʊəl] n. e m. *(-s,-s)* spiritual *m.*
Spi|ri|tu|a|li|en pl. prerogative *f.pl.* spirituali. **spi|ri|tu|a|li|sie|ren** tr. spiritualizzare. **Spi|ri|tu|a|lis|mus** m. *(-)* spiritualismo *m.* **Spi|ri|tu|a|list** m. *(-en,-en)* spiritualista *m.* **spi|ri|tu|a|lis|tisch** agg. spiritualistico. **spi|ri|tu|ell I** agg. spirituale **II** avv. spiritualmente.
Spi|ri|tu|o|sen pl. alcolici *m.pl.*
Spi|ri|tus m. *(-,-se)* alcol *m.*, spirito *m.*: ***Obst in ~ legen*** mettere la frutta sotto spirito. **Spi|ri|tus|ko|cher** m. *(-s,-)* fornello *m.* a spirito. **Spi|ri|tus|lack** m. *(-[e]s,-e)* vernice *f.* all'alcol. **Spi|ri|tus|lam|pe** f. *(-,-n)* lampada *f.* a spirito.
Spi|tal n. *(-s, Spitäler)* **1** REGION. *(Krankenhaus)* ospedale *m.* **2** ANT. *(Altersheim, Armenhaus)* ospizio *m.* **Spi|tals|arzt** m. *(-[e]s,-ärzte)* AUSTR. medico *m.* ospedaliero. **Spi|tals|kos|ten** pl. AUSTR. spese *f.pl.* ospedaliere. **Spit|tel** n. *(-s,-)* SVIZZ. → **Spital.**
spitz agg. **1** appuntito, aguzzo: ***ein -er Bleistift*** una matita appuntita; ***eine -e Klinge*** una lama aguzza; ***-e Schuhe*** scarpe a punta; ***etw. ~ machen*** fare la punta a qcs.; ***~ zulaufen*** finire a punta **2a** acuto: ***ein -er Winkel*** un angolo acuto **b** *(kurz, hoch)* ***ein -er Schrei*** un grido acuto **3a** *(stichelnd)* pungente, sarcastico, caustico: ***-e Bemerkungen*** osservazioni pungenti **b** ***eine -e Zunge*** una lingua tagliente **4** COLLOQ. *(mager im Gesicht)* affilato: ***~ aussehen*** avere un viso affilato ◆ COLLOQ. ***auf etw. ~ sein*** aver voglia di qcs.; ***etw. mit -en Fingern anfassen, angreifen*** prendere qcs. con la punta delle dita.
Spitz m. *(-es,-e)* **1** (cane *m.*) volpino *m.* **2** REGION. *(leichter Rausch)* leggera sbornia *f.* **3** SVIZZ. → **Spitze** ◆ ***~ auf Knopf stehen*** essere sul filo del rasoio; ***du, mein lieber ~!*** santo cielo, santo Dio! **Spitz|ahorn** m. *(-s,-e)* acero *m.* riccio, REGION. platanaria *f.* **Spitz|bart** m. *(-[e]s,-bärte)* pizzo *m.*, pizzetto *m.* **spitz|bär|tig** agg. con il (*o* dal) pizzetto. **Spitz|bauch** m. *(-es,-bäuche)* pancia *f.* prominente. **spitz_be|kom|men** tr. *(bekam, bekommen)* COLLOQ. riuscire a capire, afferrare.
Spitz|bo|gen m. *(-s,-* e REGION. *-bögen)* arco *m.* a sesto acuto, arco *m.* ogivale: ***gedrückter, gleichseitiger, steiler ~*** arco acuto compresso, equilatero, a lancetta. **Spitz|bo|gen|fens|ter** n. *(-s,-)* finestra *f.* ogivale. **spitz|bo|gig** agg. a sesto acuto, ogivale.
Spitz|bu|be m. *(-n,-n)* **1** *(Gauner)* furfante *m.*, mascalzone *m.* **2** FAM. *(Frechdachs)* birichino *m.*, birbante *m.* **Spitz|bu|ben|**

streich m. *(-[e]s,-e)*, **Spitz|bü|be|rei** f. *(-,-en)* **1** *(Gaunerei)* furfanteria *f.*, mascalzonata *f.* **2** birichinata *f.* **spitz|bü|bisch** agg. da birichino, da birbante.
Spitz|chen n. *(-s,-)* puntina *f.* **Spitz|dach** n. *(-[e]s,-dächer)* tetto *m.* a punta.
spit|ze agg.inv. COLLOQ. fantastico, super.
Spit|ze f. *(-,-n)* **1a** punta *f.*: ***die ~ eines Bleistifts, des Glockenturmes*** la punta di una matita, del campanile; ***die -n der Finger*** la punta delle dita; ***die -n an den Schuhen erneuern lassen*** far riparare la punta delle scarpe; ***die ~ der Zigarre abschneiden*** tagliare la punta del sigaro **b** SPORT *(Stürmer)* ***~ spielen*** giocare come punta; ***die Mannschaft spielt mit zwei -n*** la squadra gioca con due punte **2a** vertice *m.*: ***die ~ eines Dreiecks*** il vertice di un triangolo **b** *(erste Stelle)* testa *f.*, vertice *m.*: ***die ~ des Zuges*** la testa del treno; ***an der ~ der Tabelle stehen, liegen*** essere in testa alla (*o* al vertice della) classifica; ***sich an die ~ setzen*** passare in testa; ***die ~ halten*** rimanere in testa **c** *(Spitzengruppe)* vertice *m.*: ***die ~ der Partei, eines Konzerns*** il vertice del partito, di un gruppo industriale **3** pl. *(führende Persönlichkeiten)* massime personalità *f.pl.*, personalità *f.pl.* di punta **4** pizzo *m.*, merletto *m.*: ***gehäkelte, geklöppelte -n*** pizzi all'uncinetto, merletti a tombolo; ***Brüsseler -n*** pizzi di Bruxelles (*o* di Fiandra); ***mit -n besetzt*** ornato di pizzi **5** *(boshafte Bemerkung)* frecciata *f.*: ***eine ~ gegen jdn*** una frecciata contro qcn. **6a** COLLOQ. *(Höchstmaß)* punta *f.* massima, massimo *m.*; *(vom Verkauf)* punte *f.pl.* massime **b** *(Höchstgeschwindigkeit)* velocità *f.* massima: ***die ~ dieses Wagens liegt bei 180 km/h*** la velocità massima di questa macchina è di 180 km/h; ***dieses Auto fährt, schafft 200 km/h ~*** quest'auto fa i 200 km/h **c** *(höchste Qualität)* massimo *m.*: ***das ist absolute, einsame ~!*** è davvero il massimo! ◆ ***etw. (D) die ~ abbrechen*** spuntare qcs.; FIG. smussare qcs.; ***jdm, etw. die ~ bieten*** tener testa a qcn., qcs.; ***die ~ des Eisbergs*** la punta dell'iceberg; ***auf ~ und Knopf stehen*** essere sul filo del rasoio; ***etw. auf die ~ treiben*** spingere qcs. all'estremo; ***jdm die ~ zurückgeben*** liquidare qcn. seccamente, rispondere seccamente a qcn.
Spit|zel m. *(-s,-)* spia *f.*, informatore *m.*: ***als ~ für die Polizei arbeiten*** lavorare come informatore della polizia.
spit|zeln intr. (aus. *haben*) **1** fare la spia **2** SPORT ***er spitzelt den Ball ins Tor*** appoggia la palla in rete.
spit|zen I tr. **1** *(spitz machen)* appuntire: ***den Bleistift ~*** fare la punta alla matita **2** drizzare, tendere: ***die Ohren ~*** drizzare le orecchie, tendere l'orecchio **II** intr. (aus. *haben*) **1** REGION. *(lugen)* occhieggiare, sbirciare: ***um die Ecke ~*** occhieggiare da dietro l'angolo **2** *(sich etw. erwarten, erhoffen)* sospirare: ***auf eine Einladung ~*** sospirare un invito **III** rifl. ***sich auf etw. ~*** attendere qcs. con impazienza ◆ ***die Lippen, den Mund ~*** protendere le labbra, fare boccuccia.
Spit|zen|be|satz m. *(-es,-besätze)* guarnizione *f.* di merletti. **Spit|zen|blu|se** f. *(-,-n)* camicetta *f.* di pizzo. **Spit|zen|er|zeug|nis** n. *(-ses,-se)* prodotto *m.* di punta. **Spit|zen|fah|rer** m. *(-s,-)* corridore *m.* di gran classe. **Spit|zen|film** m. *(-[e]s,-e)* grande film *m.* **Spit|zen|funk|ti|o|när** m. *(-s,-e)* funzionario *m.* al vertice. **Spit|zen|ge|schwin|dig|keit** f. *(-,-en)* velocità *f.* massima. **Spit|zen|grup|pe** f. *(-,-n)* gruppo *m.* di testa. **Spit|zen|kan|di|dat** m. *(-en,-en)* POL. capolista *m.* **Spit|zen|klas|se** f. *(-,-n)* **1** vertici *m.pl.*: ***zur ~ gehören*** appartenere ai vertici **2** *(höchste Qualität)* qualità *f.* superiore, primissima qualità *f.* **Spit|zen|klöp|pe|lei** f. *(-,-en)* lavoro *m.* di pizzo al tombolo. **Spit|zen|klöpp|le|rin** f. *(-,-nen)* merlettaia *f.* **Spit|zen|kön|ner** m. *(-s,-)* campione *m.*, fuoriclasse *m.* **Spit|zen|kra|gen** m. *(-s,-)* colletto *m.* di pizzo. **Spit|zen|last** f. *(-,-en)* EL. carico *m.* massimo. **Spit|zen|leis|tung** f. *(-,-en)* rendimento *m.* massimo; *(Rekord)* primato *m.*, record *m.* **Spit|zen|mann|schaft** f. *(-,-en)* squadrone *m.* **Spit|zen|po|li|ti|ker** m. *(-s,-)* politico *m.* al vertice. **Spit|zen|po|si|ti|on** f. *(-,-en)* posizione *f.* al vertice, di primo piano. **Spit|zen|qua|li|tät** f. *(-,-en)* primissima qualità *f.* **Spit|zen|rei|ter** m. *(-s,-)* = chi è in testa (a una classifica), leader *m.* **Spit|zen|spiel** n. *(-s,-e)* partita *f.* straordinaria, tra fuoriclasse. **Spit|zen|sport|ler** m. *(-s,-)* campione *m.* **Spit|zen|steu|er|satz** m. *(-es,-sätze)* aliquota *f.* d'imposta più alta. **Spit|zen|tanz** m. *(-es,-tänze)* ballo *m.* sulle punte. **Spit|zen|tech|no|lo|gie** f. *(-)* tecnologia *f.* avanzata, di punta. **Spit|zen|wert** m. *(-[e]s,-e)* valore *m.* massimo. **Spit|zen|zeit** f. *(-,-en)* **1** *(Zeit der Höchstbelastung)* ora *f.* di punta **2** SPORT tempo *m.* record.
Spit|zer m. *(-s,-)* COLLOQ. *(Bleistiftspitzer)* temperino *m.*
spitz|fin|dig I agg. cavilloso, sofistico **II** avv. cavillosamente. **Spitz|fin|dig|keit** f. *(-,-en)* cavillosità *f.*
Spitz|fuß m. *(-es,-füße)* piede *m.* equino. **Spitz|gie|bel** m. *(-s,-)* ARCH. timpano *m.* (*o* frontone *m.*) a punta; cuspide *f.* **Spitz|ha|cke**, **Spitz|haue** f. *(-,-n)* piccone *m.*
spit|zig agg. ANT. **1** appuntito, a punta **2** *(abgezehrt)* affilato: ***~ im Gesicht sein*** avere un viso affilato **3** *(stichelnd)* mordace, caustico. **Spit|zig|keit** f. *(-)* ANT. mordacità *f.*
Spitz|keh|re f. *(-,-n)* curva *f.* a U. **Spitz|kelch** m. *(-[e]s,-e)* calice *m.* stretto. **Spitz|klet|te** f. *(-,-n)* lappola *f.* **Spitz|kopf** m. *(-[e]s,-köpfe)* acrocefalia *f.*, turricefalia *f.* **spitz|köp|fig** agg. acrocefalo. **spitz_krie|gen** → **spitzbekommen.** **Spitz|maus** f. *(-,-mäuse)* **1** topo-ragno *m.* **2** COLLOQ. *(Person mit magerem Gesicht)* topolino *m.* **Spitz|na|me** m. *(-ns,-n)* soprannome *m.*, nomignolo *m.* **spitz|na|sig** agg. col naso a punta, dal naso affilato, appuntito. **Spitz|po|cken** pl. varicella *f.* **Spitz|we|ge|rich** m. *(-s,-e)* piantaggine *f.* **spitz|win|ke|lig, spitz|wink|lig** agg. acutangolo, ad angolo acuto. **spitz|zün|gig** agg. dalla lingua tagliente.
Spleen [ʃpli:n] m. *(-s,-e* e *-s)* idea *f.* balzana, ghiribizzo *m.* **splee|nig** agg. balzano, bizzarro, strambo. **Splee|nig|keit** f. *(-,-en)* bizzarria *f.*, stramberia *f.*
Spleiß m. *(-es,-e)*, **Splei|ße** f. *(-,-n)* **1** MAR. impiombatura *f.* **2** REGION. → **Splitter.** **splei|ßen** tr. *(spliss, gesplissen)* MAR. impiombare.
splen|did [ʃp-, sp-] agg. **1** ANT. *(freigebig, prächtig)* splendido **2** TIP. spaziato ◆ ***~ setzen*** spaziare, spazieggiare.
Spließ m. *(-es,-e)* scandola *f.* **Spließ|dach** n. *(-[e]s,-dächer)* tetto *m.* di scandole.
Splint m. *(-[e]s,-e)* **1** cop(p)iglia *f.* **2** *(Splintholz)* alburno *m.* **Splint|holz** n. *(-es)* legno *m.* di alburno.
spliss → **spleißen.**
Spliss m. *(-es,-e)* → **Spleiß.**
Split n.pr.n. Spalato *f.*
Splitt m. *(-[e]s,-e)* pietrisco *m.*, brecciolino *m.*
split|ten tr. **1** ECON. frazionare: ***Aktien ~*** frazionare azioni **2** *(Wahlstimmen)* ripartire.
Split|ter m. *(-s,-)* scheggia *f.*, scaglia *f.*, frammento *m.*: ***sich (D) einen ~ einziehen*** conficcarsi una scheggia; ***in viele kleine ~ zerbrechen, zerspringen*** rompersi in tante piccole schegge. **Split|ter|bom|be** f. *(-,-n)* bomba *f.* dirompente. **Split|ter|bruch** m. *(-[e]s,-brüche)* frattura *f.* comminuta, comminuzione *f.* **split|ter|fa|ser|nackt** agg. COLLOQ. → **splitternackt.** **split|ter|frei** agg. che non si scheggia, antischegge ◆ ***-e Scheiben*** vetri stratificati (*o* laminati). **Split|ter|grup|pe** f. *(-,-n)* POL. gruppuscolo *m.*, frangia *f.*
split|te|rig agg. **1** che si scheggia facilmente, scheggiabile **2** *(voller Splitter)* pieno di schegge.
split|tern intr. (aus. *haben, sein*) scheggiarsi, frantumarsi.
split|ter|nackt agg. COLLOQ. nudo come un verme. **Split|ter|par|tei** f. *(-,-en)* partito *m.* separatista. **split|ter|si|cher** agg. antischegge. **Split|ter|wir|kung** f. *(-,-en)* effetto *m.* dirompente (di bombe, granate).
Split|ting ['ʃp-, 'sp-] n. *(-s,-s)* **1** ripartizione *f.* del reddito **2** ECON. *(Teilung einer Aktie)* frazionamento *m.* azionario **3** POL. ripartizione dei voti (tra il candidato di un partito e un partito diverso da quello del candidato scelto). **splitt|rig** → **splitterig.**
Splü|gen n.pr.m. *(-s)* Spluga *m.*
SPÖ ⇒ *Sozialistische Partei Österreichs* partito socialista austriaco.
Spoi|ler m. *(-s,-)* spoiler *m.*, alettone *m.*
Spo|li|en pl. **1** STOR. spoglie *f.pl.* **2** ECCL. spoglio *m.* **3** ARCH. materiale *m.* di spoglio.
spon|de|isch agg. spondaico. **Spon|de|us** m. *(-, Spondeen)* spondeo *m.*
Spon|dyl|arth|ri|tis f. *(-)* spondilite *f.* **Spon|dy|lo|se** f. *(-,-n)* spondilosi *f.*
spon|sern tr. sponsorizzare. **Spon|sor** m. *(-s,-en* e *-s)* sponsor *m.* **Spon|so|ring** n. *(-s)*, **Spon|sor|schaft** f. *(-,-en)* sponsorizzazione *f.*
spon|tan I agg. spontaneo: ***eine -e Reaktion*** una reazione spontanea; ***ein -er Streik*** uno sciopero spontaneo; *(von selbst)* ***eine -e Entwicklung*** uno sviluppo spontaneo **II** avv. spontaneamente, in modo spontaneo: ***~ zustimmen*** approvare spontaneamente; ***sich ~ entwickeln*** svilupparsi spontaneamente. **Spon|ta|ne|i|tät** f. *(-)* **1** spontaneità *f.* **2** *(spontane Handlung)* gesto *m.*, comportamento *m.* spontaneo. **Spon|tan|hei|lung** f. *(-,-en)* guarigione *f.* spontanea.
Spon|ti m. *(-s,-s)* GERG. POL. spontaneista *m.*
Spo|ra|den pl. Sporadi *f.pl.*
spo|ra|disch I agg. sporadico **II** avv. sporadicamente.
Spo|re f. *(-,-n)* spora *f.*; ***-n bildend*** sporogeno; ***-n tragend*** sporifero.
Spo|ren pl. **1** → **Spore** **2** → **Sporn.**
Spo|ren|be|häl|ter m. *(-s,-)* sporangio *m.*
spo|ren|klir|rend agg. che sbatte gli speroni.
Spo|ren|frucht f. *(-,-früchte)* sporocarpio *m.* **Spo|ren|pflan|ze** f. *(-,-n)* → **Sporophyt.** **Spo|ren|tier|chen** n. *(-s,-)* → **Sporozoon.**

Spör|gel m. *(-s,-)* spergola *f.*, renaiola *f.*
Sporn m. *(-[e]s, Sporen/-e)* **1** (pl. *Sporen/-e*) sperone *m.* (anche ZOOL. BOT. MED. MAR.): ***Sporen tragen*** portare (*o* indossare) gli speroni; ***die Sporen anschnallen*** mettersi gli speroni; ***dem Pferd die Sporen geben*** dar di sprone al cavallo, spronare il cavallo **2** (pl. *-e*) GEOGR. contrafforte *m.*, sperone *m.* di roccia **3** (pl. *-e*) AER. pattino *m.* di coda ◆ ***sich (D) die (ersten) Sporen verdienen*** guadagnarsi i galloni. **Sporn|räd|chen** n. *(-s,-)* rotella *f.* di, dello sperone. **sporn|streichs** avv. a spron battuto.
Spo|ro|phyt m. *(-en,-en)* sporofito *m.* **Spo|ro|zo|on** n. *(-s,-zoen)* sporozoo *m.*
Sport m. *(-[e]s,-e)* **1** sport *m.*: ***~ treiben*** praticare (*o* fare) sport; ***Langlauf ist ein mühsamer ~*** il fondo è uno sport faticoso **2** *(Liebhaberei)* hobby *m.*: ***als, zum ~*** per hobby ◆ ***etw. aus ~ betreiben*** fare qcs. per sport; COLLOQ. ***machst du dir einen ~ daraus, mich zu ärgern?*** ti diverti a farmi arrabbiare? **Sport|ab|zei|chen** n. *(-s,-)* distintivo *m.* sportivo. **Sport|an|geln** n. *(-)* pesca *f.* sportiva. **Sport|ang|ler** m. *(-s,-)* pescatore *m.* sportivo. **Sport|an|la|ge** f. *(-,-n)* impianto *m.* sportivo. **Sport|an|zug** m. *(-[e]s,-anzüge)* **1** abito *m.* sportivo **2** *(Turnanzug)* tuta *f.* da ginnastica. **Sport|art** f. *(-,-en)* tipo *m.* di sport. **Sport|ar|ti|kel** m. *(-s,-)* articolo *m.* sportivo. **Sport|arzt** m. *(-es,-ärzte)* medico *m.* sportivo. **sport|be|geis|tert** agg. appassionato di sport. **Sport|bei|la|ge** f. *(-,-n)* supplemento *m.* sportivo. **Sport|be|richt|er|stat|ter** m. *(-s,-)* cronista *m.* sportivo. **Sport|be|richt|er|stat|tung** f. *(-)* cronaca *f.* sportiva. **Sport|cou|pé** [-kupe:] n. *(-s,-s)* coupé *m.* **Sport|dis|zip|lin** f. *(-,-en)* disciplina *f.* sportiva. **Sport|dress** m. *(-es,-e)* tenuta *f.* sportiva.
Spor|tel f. *(-,-n)* STOR. sportula *f.*
spor|teln intr. (aus. *haben*) COLLOQ. fare un po' di sport.
Sport|er|eig|nis n. *(-ses,-se)* avvenimento *m.* sportivo. **Sport|fech|ten** n. *(-s)* (sport *m.* della) scherma *f.* **Sport|fi|schen** n. *(-s)* pesca *f.* sportiva. **Sport|flug|zeug** n. *(-[e]s,-e)* aereo *m.* da turismo. **Sport|freund** m. *(-[e]s,-e)* appassionato *m.* di sport, sportivo *m.* **Sport|geist** m. *(-[e]s)* spirito *m.* sportivo. **Sport|ge|rät** n. *(-[e]s,-e)* attrezzo *m.* sportivo. **Sport|ge|richt** n. *(-[e]s,-e)* tribunale *m.* sportivo. **Sport|ge|schäft** n. *(-[e]s,-e)* negozio *m.* di articoli sportivi. **Sport|grö|ße** f. *(-,-n)* COLLOQ. campione *m.*; *(von Frauen)* campionessa *f.* **Sport|hal|le** f. *(-,-n)* palazzetto *m.* dello sport. **Sport|hemd** n. *(-[e]s,-en)* **1** maglia *f.* (della società) **2** *(Freizeithemd)* camicia *f.* sportiva. **Sport|herz** n. *(-ens,-en)* cuore *m.* da sportivo. **Sport|hoch|schu|le** f. *(-,-n)* = istituto *m.* superiore di educazione fisica. **Sport|ho|se** f. *(-,-n)* **1** pantaloncini *m.pl.*, calzoncini *m.pl.* (sportivi) **2** *(Freizeithose)* pantaloni *m.pl.* sportivi.
spor|tiv agg. sportivo.
Sport|jour|na|list m. *(-en,-en)* giornalista *m.* sportivo. **Sport|klei|dung** f. *(-)* abbigliamento *m.* sportivo. **Sport|klub** m. *(-s,-s)* club *m.* sportivo. **Sport|leh|rer** m. *(-s,-)* **1** istruttore *m.* sportivo **2** SCOL. insegnante *m.* di educazione fisica **3** *(Coach)* allenatore *m.*
Sport|ler m. *(-s,-)* sportivo *m.* **Sport|ler|herz** → **Sportherz.**
sport|lich I agg. sportivo: ***-e Leistungen, Wettkämpfe*** prestazioni, gare sportive; *(vom Sport geprägt)* ***ein -er Typ*** un tipo sportivo; ***eine -e Figur*** un fisico sportivo; *(fair)* ***-es Verhalten*** comportamento sportivo; *(einfach, flott)* ***ein -er Schnitt*** un taglio sportivo; ***-e Kleidung*** abbigliamento sportivo **II** avv. **1** in campo sportivo: ***sich ~ betätigen*** impegnarsi nello sport **2** in modo sportivo, sportivamente: ***sich ~ benehmen*** comportarsi sportivamente; ***sich ~ kleiden*** vestire in modo sportivo ◆ ***~ fahren*** avere una guida sportiva. **Sport|lich|keit** f. *(-)* sportività *f.*
Sport|ma|schi|ne f. *(-,-n)* → **Sportflugzeug. sport|mä|ßig** → **sportsmäßig. Sport|me|di|zin** f. *(-)* medicina *f.* dello sport (*o* sportiva). **Sport|mel|dung** f. *(-,-en)* notizia *f.* sportiva. **Sport|müt|ze** f. *(-,-n)* berretto *m.* sportivo. **Sport|nach|rich|ten** pl. notizie *f.pl.* sportive, notiziario *m.* sportivo. **Sport|platz** m. *(-es, -plätze)* campo *m.* sportivo: ***auf den ~ gehen*** andare al campo sportivo. **Sport|re|por|ta|ge** [-ta:ʒə] f. *(-,-n)* cronaca *f.* sportiva. **Sport|re|por|ter** m. *(-s,-s)* cronista *m.* sportivo. **Sport|scha|den** m. *(-s,-schäden)* lesione *f.* (subita praticando uno sport). **Sport|schuh** m. *(-[e]s,-e)* **1** scarpa *f.* sportiva **2** *(Turnschuh)* scarpa *f.* da ginnastica. **Sport|sei|te** f. *(-,-n)* pagina *f.* dello sport (*o* sportiva). **Sport|sen|dung** f. *(-,-en)* trasmissione *f.* sportiva.
Sports|freund → **Sportfreund. Sports|geist** → **Sportgeist. Sports|mann** m. *(-[e]s,-leute* e RAR. *-männer)* sportivo *m.* **sports|mä|ßig** agg. sportivo: ***ein -es Verhalten*** comportamento sportivo.
Sport|sta|di|on n. *(-s, Stadien)* stadio *m.* **Sport|stät|te** f. *(-,-n)* → **Sportanlage. Sport|strumpf** m. *(-[e]s,-strümpfe)* calzettone *m.* **Sport|tau|chen** n. *(-s)* nuoto *m.* subacqueo. **Sport|tau|cher** m. *(-s,-)* subacqueo *m.*, sub *m.* **Sport|teil** m. *(-[e]s,-e)* pagine *f.pl.* sportive. **Sport|trei|ben|de** m. e f. *(-n,-n)* sportivo *m.* (-a *f.*). **Sport|un|fall** m. *(-[e]s,-unfälle)* infortunio *m.* (subito praticando uno sport). **Sport|un|ter|richt** m. *(-[e]s)* lezione *f.* di educazione fisica. **Sport|ver|an|stal|tung** m. *(-,-en)* manifestazione *f.* sportiva. **Sport|ver|band** m. *(-[e]s,-verbände)* federazione *f.* sportiva. **Sport|ver|ein** m. *(-[e]s,-e)* circolo *m.* sportivo, società *f.* sportiva. **Sport|wa|gen** m. *(-s,-)* **1** auto *f.* (*o* macchina *f.*) sportiva **2** *(Kinderwagen)* passeggino *m.* **Sport|wart** f. *(-[e]s,-e)* = responsabile *m.* di un impianto sportivo. **Sport|wett|kampf** m. *(-[e]s, -kämpfe)* gara *f.* sportiva. **Sport|zei|tung** f. *(-,-en)* giornale *m.* sportivo.
Spot [spɔt, ʃpɔt] m. *(-s,-s)* **1** *(Werbefilm)* spot *m.* **2** → **Spotlight. Spot|ge|schäft** n. *(-[e]s,-e)* ECON. operazione *f.* a pronti. **Spot|light** [-lait] n. *(-s,-s)* **1** FOT. spot *m.* **2** ARRED. faretto *m.* **Spot|markt** m. *(-[e]s)* ECON. mercato *m.* a pronti.
Spott m. *(-[e]s)* **1** beffa *f.*, derisione *f.*: ***Gegenstand des -es sein*** essere oggetto di derisione **2** zimbello *m.*: ***zum ~ aller, der Leute werden*** diventare lo zimbello di tutti, della gente ◆ ***beißender ~*** sarcasmo; ***jdn mit ~ und Hohn überschütten*** coprire di ridicolo qcn.; ***~ und Hohn ernten*** essere deriso; ***jdn dem ~ preisgeben*** esporre qcn. al ridicolo; ***zum Schaden auch noch den ~ haben*** (subire) oltre al danno anche la beffa; ***seinen ~ mit jdm treiben*** farsi beffe di qcn., deridere qcn.; ***jdm zum ~*** a dispetto di qcn. **Spott|bild** n. *(-[e]s,-er)* FIG. caricatura *f.* **spott|bil|lig** agg. e avv. COLLOQ. a (un) prezzo irrisorio. **Spott|dros|sel** f. *(-,-n)* **1** ORNIT. mimo *m.* poliglotta **2** *(Spötter)* schernitore *m.*
Spöt|te|lei f. *(-,-en)* canzonatura *f.*, (bonaria) presa *f.* in giro.
spöt|teln intr. (aus. *haben*) ***über jdn, etw. ~*** prendere in giro (*o* canzonare) qcn., qcs. **spöt|telnd** p.pres. agg. **1** → **spötteln 2** canzonatorio, ironico.
spot|ten intr. (aus. *haben*) ***über jdn, etw. ~*** deridere, prendere in giro qcn., qcs., COLLOQ. sfottere qcn., qcs.; assol. ***er spottet gerne*** gli piace prendere in giro (le persone) ◆ ***das spottet jeder Beschreibung*** è superiore a ogni descrizione. **Spöt|ter** m. *(-s,-)* (s)beffeggiatore *m.*, schernitore *m.*, COLLOQ. sfottitore *m.* **Spöt|te|rei** f. *(-,-en)* (s)beffeggiamento *m.*, derisione *f.*, COLLOQ. sfottitura *f.*
Spott|ge|burt f. *(-,-en)* SPREG. scherzo *m.* di natura. **Spott|ge|dicht** n. *(-[e]s,-e)* satira *f.* **Spott|geld** n. *(-[e]s)* COLLOQ. → **Spottpreis.**
spöt|tisch I agg. beffardo, derisorio, canzonatorio, COLLOQ. sfottente: ***ein -er Mensch, Blick*** una persona beffarda, uno sguardo derisorio **II** avv. beffardamente, in modo canzonatorio, COLLOQ. in modo sfottente; *(von Sprechweisen)* in tono beffardo, canzonatorio; *(ironisch)* ironicamente; ***~ lächeln*** sorridere beffardamente.
Spott|lied n. *(-[e]s,-er)* canzone *f.* satirica. **Spott|na|me** m. *(-ns,-n)* nomignolo *m.* **Spott|preis** m. *(-es,-e)* COLLOQ. prezzo *m.* irrisorio: ***etw. zu einem ~ kaufen*** comprare qcs. a un prezzo irrisorio (*o* per quattro soldi). **Spott|vo|gel** m. *(-s,-vögel)* **1** → **Spötter 2** ORNIT. = uccello *m.* che imita i suoni.
sprach → **sprechen.**
Sprach|at|las m. *(-* e *-ses, -atlanten* e *-se)* atlante *m.* linguistico. **Sprach|bar|ri|e|re** f. *(-,-n)* barriera *f.* linguistica. **sprach|be|gabt** agg. portato per le lingue, che ha predisposizione per le lingue. **Sprach|be|ga|bung** f. *(-,-en)* predisposizione *f.* per le lingue, linguistica. **Sprach|be|herr|schung** f. *(-)* padronanza *f.* della lingua. **sprach|be|hin|dert** agg. → **sprachgestört. Sprach|be|nut|zer** m. *(-s,-)* parlante *m.* **Sprach|di|dak|tik** f. *(-)* glottodidattica *f.*
Spra|che f. *(-,-n)* **1** lingua *f.*: ***die deutsche, italienische ~*** la lingua tedesca, italiana; ***alte, klassische, neuere, lebende, tote, verwandte -n*** lingue antiche, classiche, moderne, vive, morte, affini; ***germanische, romanische, slawische -n*** lingue germaniche, romanze, slave; ***die geschriebene, gesprochene ~*** la lingua scritta, parlata; ***eine leichte, schwere (schwierige) ~*** una lingua facile, difficile; ***eine fremde ~ lernen, sprechen, verstehen, beherrschen, verlernen*** imparare (*o* studiare), parlare, capire, padroneggiare, disimparare una lingua straniera; ***einer ~ mächtig sein*** padroneggiare una lingua; ***etw. aus einer ~ in eine andere übersetzen*** tradurre qcs. da una lingua a un'altra **2** *(Verständigungsmittel)* linguaggio *m.*: ***die menschliche ~, die ~ der Tiere*** il linguaggio umano, degli animali; ***die ~ der Taubstummen*** il linguaggio dei sordomuti; FIG. ***die ~ des Körpers, der Musik*** il linguaggio del corpo, della musica **3a** *(Ausdrucks-, Redeweise)* lingua *f.*, linguaggio *m.*: ***eine gehobene, gekünstelte, gewählte ~*** un linguaggio colto, affettato, ricercato **b** *(Stil)* ***die ~ eines Autors, der Märchen*** il linguaggio di un autore, delle fiabe **c** *(Fachsprache)* ***die philosophische, wissenschaftliche ~*** il linguaggio filosofico, scientifico **4** *(Sprechfähigkeit)* (uso *m.* della) parola *f.*: ***durch einen Unfall, vor Schrecken***

die ~ verlieren perdere l'uso della parola per un incidente, per uno spavento; ***die ~ wiederfinden*** riacquistare l'uso della parola **5** *(Aussprache)* parlata *f.*, accento *m.*: ***jdn an seiner ~ erkennen*** capire la provenienza di qcn. dalla parlata; ***ihrer ~ nach ist sie aus Bayern*** dalla parlata si direbbe che è bavarese **6** *(Stimme)* voce *f.*: ***seine ~ klingt rau*** la sua voce ha un suono aspro ◆ ***etw. redet (spricht) eine andere ~*** qcs. dice il contrario; ***die ~ auf etw. (A) bringen*** portare il discorso su, mettersi a parlare di qcs.; ***eine deutliche ~ mit jdm reden, sprechen*** parlare chiaro con qcn.; ***etw. spricht eine deutliche ~*** qcs. parla da sé; ***die gleiche ~ reden, sprechen*** parlare la stessa lingua; COLLOQ. ***(he)raus mit der ~!*** avanti, parla! COLLOQ. ***mit der ~ (he)rausrücken, herauswollen*** spiegarsi, parlare, dire di cosa si tratta: ***wenn du nicht mit der ~ rausrückst, kann ich dir nicht helfen*** se non mi dici di cosa si tratta non posso aiutarti; ***die ~ kommt auf jdn*** il discorso cade su qcn.; ***ein Meister der ~ sein*** essere un maestro della lingua; ***jdm raubt es die ~*** qcn. rimane senza parole; ***eine unmissverständliche ~ mit jdm reden, sprechen*** parlare chiaro con qcn.; COLLOQ. ***hast du die ~ verloren?*** hai perso la lingua? ***jdm verschlägt es die ~, jdm bleibt die ~ weg*** qcn. rimane senza parole; ***etw. zur ~ bringen*** (mettersi a) parlare di, trattare qcs.; ***etw. kommt zur ~*** si parla di qcs., qcs. viene trattato.

Sprach|ebe|ne f. *(-,-n)* → **Sprachniveau. Sprach|emp|fin|den** n. *(-s)* → **Sprachgefühl.**

Spra|chen|fra|ge f. *(-)* questione *f.* linguistica (*o* della lingua), problema *m.* linguistico. **Spra|chen|schu|le** f. *(-,-n)* scuola *f.* di lingue. **Spra|chen|stu|di|um** n. *(-s,-studien)* studio *m.* di, delle lingue.

Sprach|ent|wick|lung f. *(-,-en)* **1** evoluzione *f.* del linguaggio **2** → **Sprachlenkung. Sprach|er|werb** m. *(-[e]s)* acquisizione *f.* della lingua. **Sprach|er|zie|hung** f. *(-)* educazione *f.* linguistica. **Sprach|fa|mi|lie** f. *(-,-n)* LING. famiglia *f.* **Sprach|feh|ler** m. *(-s,-)* difetto *m.* del parlare. **sprach|fer|tig** agg. RAR. → **sprachgewandt. Sprach|for|scher** m. *(-s,-)* linguista *m.* **Sprach|for|schung** f. *(-)* linguistica *f.* **Sprach|füh|rer** m. *(-s,-)* manuale *m.* di conversazione. **Sprach|ge|biet** n. *(-[e]s,-e)* → **Sprachraum. Sprach|ge|brauch** m. *(-[e]s)* uso *m.* linguistico. **Sprach|ge|fühl** n. *(-[e]s)* sensibilità *f.* linguistica. **Sprach|ge|mein|schaft** f. *(-,-en)* comunità *f.* linguistica. **Sprach|ge|nie** [-ʒe-] n. *(-s,-s)* genio *m.* per le lingue. **Sprach|ge|o|gra|phie** f. *(-)* geografia *f.* linguistica, geolinguistica *f.*

Sprach|ge|schich|te f. *(-)* storia *f.* della lingua. **sprach|ge|schicht|lich** agg. di (*o* relativo alla) storia della lingua.

Sprach|ge|sell|schaft f. *(-,-en)* accademia *f.* (*o* società *f.*) linguistica. **Sprach|ge|setz** n. *(-es,-e)* legge *f.* linguistica. **sprach|ge|stört** agg. affetto da disturbi del linguaggio. **Sprach|ge|walt** f. *(-)* padronanza *f.* assoluta della lingua. **sprach|ge|wal|tig** agg. che ha padronanza assoluta della lingua.

sprach|ge|wandt agg. eloquente. **Sprach|ge|wandt|heit** f. *(-)* eloquenza *f.*

Sprach|gren|ze f. *(-,-n)* confine *m.* linguistico. **Sprach|gut** n. *(-[e]s)* patrimonio *m.* linguistico. **Sprach|hand|lung** f. *(-,-en)* atto *m.* linguistico. **Sprach|heil|kun|de** f. *(-)* logopedia *f.* **Sprach|in|sel** f. *(-,-n)* isola *f.* linguistica. **Sprach|kennt|nis|se** pl. conoscenza *f.* della, di una lingua (straniera): ***gute, schlechte ~ haben*** avere una buona, scarsa conoscenza della lingua; ***seine ~ erweitern*** ampliare la propria conoscenza della lingua. **Sprach|kom|pe|tenz** f. *(-)* competenza *f.* linguistica. **Sprach|kri|tik** f. *(-)* critica *f.* linguistica. **sprach|kun|dig** agg. che conosce bene le lingue. **Sprach|kunst** f. *(-,-künste)* eloquenza *f.*, oratoria *f.* **Sprach|kurs** m. *(-es,-e)*, **Sprach|kur|sus** m. *(-,-kurse)* corso *m.* di lingua. **Sprach|la|bor** n. *(-s,-s* e *-e)* laboratorio *m.* linguistico.

Sprach|leh|re f. *(-)* grammatica *f.* **Sprach|leh|rer** m. *(-s,-)* insegnante *m.* di lingua straniera. **Sprach|lehr|for|schung** f. *(-)* glottodidattica *f.*

Sprach|len|kung f. *(-)* **1** normalizzazione *f.* linguistica **2** manipolazione *f.* linguistica.

sprach|lich I agg. linguistico **II** avv. linguisticamente, dal punto di vista linguistico.

sprach|los I agg. **1** muto, senza parole: ***(vor Schrecken, Verwunderung) ~ bleiben, sein*** restare senza parole (dallo spavento, dallo stupore) **2** LETT. *(ohne Worte)* tacito: ***ein -es Einverständnis*** una tacita intesa **II** avv. senza parlare, senza parole: ***sich ~ ansehen*** guardarsi senza parlare. **Sprach|lo|sig|keit** f. *(-,-en)* **1** l'essere senza parole, mancanza *f.* di parole **2** *(Verblüffung)* stupore *m.*, sbalordimento *m.* **3** MED. alalia *f.*, afonia *f.*

Sprach|ni|veau [-nivo:] n. *(-s,-s)* livello *m.* (*o* registro *m.*) linguistico. **Sprach|norm** f. *(-,-en)* norma *f.* linguistica. **Sprach|öko|no|mie** f. *(-)* LING. economia *f.* **Sprach|pfle|ge** f. *(-)* tutela *f.* della lingua. **Sprach|phi|lo|so|phie** f. *(-)* filosofia *f.* del linguaggio. **Sprach|psy|cho|lo|gie** f. *(-)* psicolinguistica *f.* **Sprach|raum** m. *(-[e]s,-räume)* area *f.* linguistica. **Sprach|re|gel** f. *(-,-n)* regola *f.* grammaticale. **Sprach|re|ge|lung** f. *(-,-en)* convenzione *f.* linguistica. **Sprach|rein|heit** f. *(-)* purezza *f.* di una, della lingua. **Sprach|rei|ni|gung** f. *(-)* purismo *m.* **Sprach|rei|se** f. *(-,-n)* vacanza-studio *f.* **sprach|rich|tig** agg. linguisticamente corretto. **Sprach|rich|tig|keit** f. *(-)* correttezza *f.* linguistica. **Sprach|rohr** n. *(-[e]s,-e)* **1** megafono *m.* **2** FIG. *(Mensch)* portavoce *m.* e *f.*: ***jds ~ sein, werden*** essere, diventare il portavoce di qcn.; ***sich zum ~ etw. (G), von etw. machen*** farsi portavoce di qcs. **Sprach|schatz** m. *(-es)* lessico *m.*, vocabolario *m.* **Sprach|schnit|zer** m. *(-s,-)* COLLOQ. svarione *m.* **Sprach|schöp|fer** m. *(-s,-)* onomaturgo *m.* **Sprach|schran|ke** f. *(-,-n)* barriera *f.* linguistica. **Sprach|sinn** m. *(-[e]s)* → **Sprachgefühl. Sprach|so|zi|o|lo|gie** f. *(-)* sociolinguistica *f.* **Sprach|spie|le|rei** f. *(-,-en)* gioco *m.* di parole. **Sprach|stö|rung** f. *(-,-en)* disturbo *m.* del linguaggio. **Sprach|stu|di|um** → **Sprachenstudium. Sprach|sys|tem** n. *(-s,-e)* sistema *m.* linguistico. **sprach|üb|lich** agg. usuale, corrente. **Sprach|übung** f. *(-,-en)* esercizio *m.* di lingua (straniera). **Sprach|un|ter|richt** m. *(-[e]s)* lezione *f.* (*o* lezioni *f.pl.*) di lingua (straniera): ***~ geben, nehmen*** dare, prendere lezioni di lingua. **Sprach|ver|ein** m. *(-[e]s,-e)* → **Sprachgesellschaft. Sprach|ver|stoß** m. *(-es,-verstöße)* errore *m.* di lingua. **Sprach|ver|wir|rung** f. *(-)* confusione *f.* linguistica. **sprach|wid|rig** agg. (linguisticamente) scorretto, sbagliato, sgrammaticato.

Sprach|wis|sen|schaft f. *(-)* linguistica *f.*: ***vergleichende ~*** linguistica comparata. **Sprach|wis|sen|schaft|ler** m. *(-s,-)* linguista *m.* **sprach|wis|sen|schaft|lich** agg. linguistico.

Sprach|zent|rum n. *(-s)* centro *m.* della parola.

sprang → **springen.**

Spray [ʃpre:, spre:, spreɪ] m. e n. *(-s,-s)* spray *m.*: ***etw. mit einem ~ besprühen*** spruzzare qcs. con uno spray; ***ein ~ gegen Schnupfen, Körpergeruch*** uno spray nasale (per il raffreddore), un deodorante spray; ***ein ~ gegen Insekten, Mücken*** un insetticida spray, uno spray anti-zanzare. **Spray|do|se** f. *(-,-n)* bombola *f.* spray; *(kleinere)* bomboletta *f.* spray. **spray|en I** tr. spruzzare di spray, sprayare **II** intr. (aus. *haben*) spruzzare lo spray.

Sprech|akt m. *(-[e]s,-e)* atto *m.* linguistico. **Sprech|an|la|ge** f. *(-,-n)* citofono *m.* **Sprech|bla|se** f. *(-,-n)* fumetto *m.* **Sprech|büh|ne** f. *(-,-n)* teatro *m.* di prosa. **Sprech|chor** m. *(-[e]s,-chöre)* coro *m.* (anche TEATR.): ***im ~ rufen*** gridare in coro; ***einen ~ bilden*** formare un coro.

spre|chen *(spricht, sprach, gesprochen)* **I** tr. **1a** parlare: ***eine Sprache fließend, akzentfrei ~*** parlare una lingua correntemente, senza accento; ***ein gutes Deutsch ~*** parlare un buon tedesco; ***Dialekt, Mundart ~*** parlare (in) dialetto **b** ***jdn (geschäftlich, privat) ~*** parlare a, con qcn. (d'affari, in privato); ***wann kann ich Sie ~?*** quando Le posso parlare? **2a** *(sagen)* dire: ***die Wahrheit, kein Wort ~*** dire la verità, non dire una parola; ***Gutes, Schlechtes von jdm ~*** dire bene, male di qcn.; ***„geh weg!", sprach sie*** „vattene!" disse **b** *(aufsagen)* ***ein Gedicht ~*** dire (*o* recitare) una poesia; ***ein Gebet ~*** dire (*o* recitare) una preghiera **II** intr. (aus. *haben*) **1a** parlare: ***leise, laut ~*** parlare piano (*o* sottovoce), forte (*o* ad alta voce); ***durch die Nase, mit fremdem Akzent ~*** parlare col naso, con accento straniero; ***~ lernen*** imparare a parlare; ***jdn ~ lehren*** insegnare a parlare a qcn.; ***(auf) Französisch ~*** parlare (in) francese; ***(hier wird) Englisch gesprochen*** (qui) si parla inglese; ***vor Freude nicht ~ können*** non riuscire a parlare dalla gioia; ***ins Mikrophon, am Telefon ~*** parlare al microfono, al telefono **b** *(eine Rede halten)* ***im Rundfunk, auf einem Kongress ~*** parlare alla radio, a un congresso; ***vor einer großen Zuhörerschaft, zu den Studenten ~*** parlare di fronte a un grosso auditorio, parlare agli studenti; ***frei ~*** parlare a braccio, improvvisare **c** *(von etw. erzählen)* ***jdm von etw. ~*** parlare a qcn. di qcs.; ***davon habe ich dir noch nicht gesprochen*** non te ne ho ancora parlato **d** *(urteilen, sich äußern)* ***gut, schlecht über jdn/etw., von jdm/etw. ~*** parlare (*o* dire) bene, male di qcn., qcs. **2** *(ein Gespräch führen, sich unterhalten)* parlare, discorrere: ***mit jdm über jdn/etw., von jdm/etw. ~*** parlare con qcn. di qcn., qcs.; ***sie sprachen lange miteinander (darüber)*** (ne) parlarono a lungo **3** *(Urteil sprechen)* pronunciare la sentenza: ***das Gericht hat gesprochen*** il tribunale ha pronunciato la sentenza **4a** LETT. *(sich melden)* farsi sentire, parlare: ***sein Gewissen begann zu ~*** la sua coscienza cominciò a farsi sentire: ***sein Herz ~ lassen*** lasciar parlare il proprio cuore **b** ***aus ihren Augen, Worten sprach Hass*** nei suoi occhi, nelle sue parole si leggeva l'odio; ***aus ihm, aus seiner Miene spricht die Verzweiflung*** gli si legge in faccia la disperazione; ***der Neid sprach aus ihm*** era l'invidia a farlo parlare così, nelle sue parole si leggeva l'invidia ◆ ***in Andeutungen ~*** parlare per allusioni; ***auf jdn, etw. schlecht, nicht gut zu ~ sein*** non vedere qcn. di buon occhio, non poter vedere qcn.; ***alles spricht dafür, dass...*** tutto fa pensare che...; ***von diesem und jenem ~*** parlare del più e del meno; ***aus Erfahrung ~*** parlare per esperienza; ***für jdn, für einen Vorschlag ~*** esprimersi (*o* parlare) in favore di qcn., a favore di una proposta; *(in jds Sinn)* ***ich hoffe für euch alle zu ~*** spero di parlare a nome di tutti; *(von etw. zeugen)* ***das spricht für seine Großmut, seine Unschuld*** questo testimonia la sua generosità, è una prova della sua innocenza; COLLOQ. ***wie gedruckt ~*** parlare come un libro stampato; ***gegen jdn, etw. ~*** parlare a sfavore di qcn., qcs., esprimersi contro qcn., qcs.; FIG. ***die Beweise ~ gegen ihn*** le prove sono contro di lui; ***sehr gewählt ~*** avere un linguaggio scelto; ***er lässt nicht mit sich ~*** con lui non si può parlare, non intende ragione; ***die Nachrichten ~*** leggere le notizie; ***in Rätseln ~*** parlare per enigmi; ***Recht ~*** amministrare la giustizia; ***im Schlaf ~*** parlare nel sonno; ***~, wie einem der Schnabel gewachsen ist*** = parlare senza remore, con spontaneità; ***jdn schuldig ~*** giudicare qcn. colpevole; DIR. riconoscere qcn. colpevole; ***den Segen ~*** dare (*o* impartire) la benedizione; ***das spricht für sich (selbst) ~*** questo parla da sé; ***mit sich selbst ~*** parlare fra sé e sé, da solo; ***aus dem Stegreif ~*** parlare liberamente (*o* a braccio), improvvisare un discorso; ***etw. auf Tonband ~*** registrare qcs. su nastro; ***wir ~ uns noch!*** ne riparleremo! non finisce qui! ***ein Urteil ~*** dare un giudizio; DIR. pronunciare una sentenza; ***in den Wind ~*** parlare al vento; ***kein Wort Deutsch ~*** non sapere una parola di tedesco; ***ich bin für niemanden zu ~!*** non ci sono per nessuno! ***ist Herr Schmidt zu ~?*** posso parlare col signor Schmidt? **Spre|chen** n. *(-s)* il parlare: ***das ~ fällt ihm schwer*** gli riesce difficile parlare; ***jdn das ~ lehren*** insegnare a parlare a qcn.; ***jdn zum ~ bringen*** far parlare qcn. **spre|chend** p.pres. agg. **1** → **sprechen** **2** parlante: ***ein -er Papagei*** un pappagallo parlante **3** *(ausdrucksvoll)* espressivo, eloquente: ***ein -es Mienenspiel*** una mimica (della faccia) espressiva **4** *(überzeugend)* eloquente, convincente: ***ein -er Beweis für jds Schuld*** una prova eloquente (*o* lampante) della colpa di qcn. ◆ ***jdm ~ ähnlich sein*** essere il ritratto di qcn.

Spre|cher m. *(-s,-)* **1** portavoce *m.*: ***der ~ der Regierung*** il portavoce del governo; ***sich zum ~ einer Gruppe machen*** farsi portavoce di un gruppo **2** *(Redner)* oratore *m.* **3** RAD. TELEV. speaker *m.*; *(Ansager)* annunciatore *m.* **4** TEATR. narratore *m.* **5** LING. parlante *m.*

Sprech|er|laub|nis f. *(-,-se)* permesso *m.* di visita (in carcere). **Sprech|er|zie|hung** f. *(-)* (insegnamento *m.* di) dizione *f.* **sprech|faul** agg. **1** poco loquace, di poche parole **2** *(von Kindern)* pigro nel parlare. **Sprech|feh|ler** m. *(-s,-)* errore *m.* di pronuncia. **Sprech|funk** m. *(-[e]s)* radiotelefonia *f.* **Sprech|funk|ge|rät** n. *(-[e]s,-e)* walkie-talkie *m.*, ricetrasmettitore *m.* **Sprech|ge|bühr** f. *(-,-en)* tariffa *f.* telefonica. **Sprech|ge|sang** m. *(-[e]s,-gesänge)* MUS. recitativo *m.* **Sprech|kun|de** f. *(-)* **1** scienza *f.* della dizione e della retorica **2** *(Buch)* manuale *m.* di dizione e retorica. **Sprech|kunst** f. *(-)* arte *f.* del parlare. **Sprech|mu|schel** f. *(-,-n)* microfono *m.* (del telefono). **Sprech|pau|se** f. *(-,-n)* pausa *f.* **Sprech|pup|pe** f. *(-,-n)* bambola *f.* parlante. **Sprech|rol|le** f. *(-,-n)* parte *f.* recitata. **Sprech|stö|rung** f. *(-,-en)* parafasia *f.*

Sprech|stun|de f. *(-,-n)* **1** orario *m.* di ricevimento: ***wann hat dein Lehrer ~?*** quando riceve il tuo professore? **2** *(von Ärzten)* orario *m.* di visita, (orario *m.* di) ambulatorio *m.*: ***der Arzt hat, hält ~ täglich von 9–11*** il medico riceve ogni giorno dalle 9 alle 11; *(zum Arzt gehen)* ***in die ~ gehen*** andare in ambulatorio, dal dottore. **Sprech|stun|den|hil|fe** f. *(-,-n)* ANT. assistente *f.* di studio medico.

Sprech|tag m. *(-[e]s,-e)* giorno *m.* di ricevimento; *(von hohen Funktionären)* giorno *m.* di udienza. **Sprech|tech|nik** f. *(-,-en)* tecnica *f.* di dizione. **Sprech|the|a|ter** n. *(-s,-)* teatro *m.* di prosa. **Sprech|übung** f. *(-,-en)* esercizio *m.* di dizione. **Sprech|un|ter|richt** m. *(-[e]s)* lezione *f.* di dizione, insegnamento *m.* di dizione. **Sprech|ver|bot** n. *(-[e]s,-e)* divieto *m.* di parlare (*o* di parola). **Sprech|wei|se** f. *(-,-n)* modo *m.* di parlare, parlata *f.* **Sprech|werk|zeu|ge** pl. organi *m.pl.* fonatori. **Sprech|zeit** f. *(-,-en)* **1** tempo *m.* (a disposizione) per parlare **2** *(von Telefongesprächen)* durata *f.* di, della conversazione. **Sprech|zel|le** f. *(-,-n)* cabina *f.* telefonica. **Sprech|zim|mer** n. *(-s,-)* **1** studio *m.* (per ricevere) **2** *(im Gefängnis)* parlatorio *m.*

Spree n.pr.f. *(-)* Sprea *f.*

spreiz|bei|nig agg. e avv. a gambe divaricate. **Spreiz|dü|bel** m. *(-s,-)* tassello *m.* a espansione.

Sprei|ze f. *(-,-n)* **1** EDIL. puntello *m.*, sostegno *m.*, traversa *f.* **2** GINN. gambe *f.pl.* divaricate, divaricamento *m.* delle gambe.

sprei|zen **I** tr. **1** *(auseinander strecken)* aprire, allargare: ***die Arme ~*** allargare le braccia **2** *(Beine)* divaricare **3** *(Flügel)* spiegare **II** rifl. **sich ~** **1** *(sich sträuben, zieren)* fare complimenti, fare il prezioso **2** *(sich aufblähen)* pavoneggiarsi, vantarsi.

Spreiz|fuß m. *(-es,-füße)* piede *m.* piatto-valgo. **Spreiz|ho|se** f. *(-,-n)* divaricatore *m.* **Spreiz|sprung** m. *(-[e]s,-sprünge)* salto *m.* a gambe divaricate. **Sprei|zung** f. *(-,-en)* allargamento *m.*; *(Ausbreitung)* stendimento *m.* **Spreiz|win|del** f. *(-,-n)* → **Spreizhose.**

Spreng|bom|be f. *(-,-n)* bomba *f.* dirompente.

Spren|gel m. *(-s,-)* **1** *(Pfarrei)* parrocchia *f.* **2** *(Diözäse)* diocesi *f.*

spren|gen **I** tr. **1** *(zum Bersten bringen)* far saltare, far scoppiare: ***etw. in die Luft ~*** far saltare qcs. in aria **2** *(aufbrechen)* forzare: ***die Tür, das Schloss ~*** forzare la porta, la serratura **3** *(zertrümmern)* spaccare, rompere: ***das Eis hat das Glas gesprengt*** il ghiaccio ha spaccato il bicchiere; ***die Fesseln ~*** spezzare le catene **4** *(mit Gewalt auflösen)* sciogliere (con la forza), disperdere: ***einen Demonstrationszug ~*** disperdere un corteo di dimostranti **5a** *(besprühen)* spruzzare: ***Wasser auf etw. (A) ~*** spruzzare acqua su qcs. **b** *(anfeuchten)* ***die Wäsche ~*** inumidire la biancheria **6** *(besprengen)* annaffiare, innaffiare: ***den Rasen mit dem Schlauch ~*** annaffiare il prato con la pompa **II** intr. (aus. *sein*) andare al galoppo, galoppare: ***der Reiter sprengte ins Dorf*** il cavaliere entrò nel villaggio al galoppo ◆ ***den Rahmen ~*** esulare dal tema; FIG. ***die Spielbank ~*** far saltare il banco.

Spren|ger m. *(-s,-)* irrigatore *m.*

Spreng|kam|mer f. *(-,-n)* camera *f.* di scoppio, fornello *m.* (della mina). **Spreng|kap|sel** f. *(-,-n)* capsula *f.* detonante. **Spreng|kopf** m. *(-[e]s,-köpfe)* testata *f.* **Spreng|kör|per** m. *(-s,-)* ordigno *m.* (esplosivo). **Spreng|kraft** f. *(-)* forza *f.* esplosiva. **Spreng|la|dung** f. *(-,-en)* carica *f.* esplosiva. **Spreng|laut** m. *(-[e]s,-e)* esplosiva *f.* **Spreng|mit|tel** n. *(-s,-)* esplosivo *m.* **Spreng|punkt** m. *(-[e]s,-e)* punto *m.* dell'esplosione. **Spreng|satz** m. *(-es,-sätze)* carica *f.* esplosiva.

Spreng|stoff m. *(-[e]s,-e)* esplosivo *m.* ◆ FIG. ***diese Enthüllung enthält ~*** questa rivelazione è una bomba. **Spreng|stoff|an|schlag** m. *(-[e]s,-anschläge)*, **Spreng|stoff|at|ten|tat** n. *(-[e]s,-e)* attentato *m.* dinamitardo. **Spreng|stoff|pa|ket** n. *(-[e]s,-e)* pacco *m.* (contenente) esplosivo.

Spreng|trupp m. *(-s,-s)* squadra *f.* di artificieri.

Spren|gung f. *(-,-en)* **1** il far saltare (in aria); distruzione *f.* (con esplosivi) **2** *(Aufbrechen)* forzatura *f.* **3** *(Zertrümmern)* lo spezzare, rottura *f.* **4** *(Gießen)* annaffiamento *m.*, irrigazione *f.*; *(Anfeuchten)* spruzzatura *f.*, l'inumidire **5** *(Auflösung)* dispersione *f.*, scioglimento *m.*

Spreng|wa|gen m. *(-s,-)* innaffiatrice *f.* stradale. **Spreng|we|del** m. *(-s,-)* aspersorio *m.*

Spren|kel m. *(-s,-)* **1** (piccola) macchia *f.* **2** *(kleiner Punkt)* puntolino *m.*, puntino *m.* **spren|ke|lig** agg. macchiato, macchiettato; *(getüpfelt)* picchiettato. **spren|keln** tr. **1** chiazzare, macchiettare **2** *(tüpfeln)* punteggiare, picchiettare. **sprenk|lig** → **sprenkelig.**

Spreu f. *(-)* pula *f.*, loppa *f.* lolla *f.*: ***die ~ vom Weizen sondern, trennen*** separare, sceverare il grano dalla pula ◆ FIG. ***zur ~ gehören*** = far parte della massa, essere uno qualsiasi.

Sprich|wort n. *(-[e]s,-wörter)* proverbio *m.* ◆ ***zum ~ werden*** diventare proverbiale, passare in proverbio. **sprich|wört|lich** agg. proverbiale: ***eine -e Wendung*** un uso proverbiale; *(allgemein bekannt)* ***seine Geduld ist ~*** la sua pazienza è proverbiale.

Sprieß m. *(-es,-e)* puntello *m.*, sostegno *m.*, traversa *f.*

1.sprie|ßen tr. puntellare.

2.sprie|ßen intr. *(spross, gesprossen;* aus. *sein)* germogliare, spuntare: ***die Blumen ~ aus der Erde*** i fiori spuntano dal terreno.

Sprieß|holz n. *(-es,-hölzer)* puntello *m.*

Spring f. *(-,-e)* MAR. cima *f.*, fune *f.*, ormeggio *m.*

Spring|bock m. *(-[e]s,-böcke)* antilope *f.* saltante. **Spring|brun|nen** m. *(-s,-)* fontana *f.* a zampillo, a getto.

sprin|gen intr. *(sprang, gesprungen)* **1a** (aus. *sein*) saltare: ***mit Anlauf, aus dem Stand ~*** saltare con la rincorsa, da fermo; *(vom Ball)* rimbalzare **b** SPORT (aus. *haben, sein*) ***ist, hat er schon gesprungen?*** ha già saltato? ***er ist, hat 2,10 Meter gesprungen*** ha saltato 2 metri e 10 **2** (aus. *sein*) ***über etw. (A) ~*** saltare qcs.: ***über den Zaun ~*** saltare la staccionata; ***über den Graben ~*** saltare il fosso **3a** *(sich springend bewegen;* aus. *sein)* saltare, balzare: ***auf den fahrenden Zug ~*** saltare sul treno in corsa; ***aufs Pferd ~*** saltare a cavallo; ***die Katze springt auf den Sessel, vom Tisch*** il gatto balza sulla poltrona, salta giù dal tavolo; ***aus dem Bett ~*** saltar giù (*o* balzare) dal letto **b** FIG. ***von einem Argument zum anderen ~*** saltare da un argomento all'altro **4** (aus. *sein*) gettarsi, buttarsi, saltare: ***ins Wasser, ins Leere ~*** buttarsi (*o* gettarsi) in acqua, gettarsi nel vuoto **5a** (aus. *sein*) scattare: ***die Ampel springt auf Rot*** (al semaforo) scatta il rosso **b** FIG. ***wenn er befiehlt, ~ alle*** quando lui ordina tutti scattano **6** *(springend hervortreten;* aus. *sein)* sgorgare, zampillare: ***das Wasser springt aus dem Felsen*** l'acqua sgorga dalla roccia **7a** *(abreißen;* aus. *sein)* staccarsi, saltare via: ***ein Knopf ist vom Mantel gesprungen*** si è staccato un bottone dal cappotto **b** *(zerspringen;* aus. *sein)* spezzarsi, spaccarsi: ***die Tasse ist gesprungen*** la tazza si è spaccata; ***eine Saite ist gesprungen*** i è spezzata una corda **8** *(von Knospen;* aus. *sein)* aprirsi, sbocciare **9** *(von der Haut;* aus. *sein)* screpolarsi **10** SVIZZ. O REGION. *(eilen;* aus. *sein)* sbrigarsi, correre **11** REGION. *(rasch hingehen;* aus. *sein)* ***zur Post, zum Metzger ~*** fare un salto alla posta, dal macellaio **12** *(als Springer arbeiten)* fare il jolly ◆ FIG. ***in die Augen ~*** saltare all'occhio; ***auf die Beine, Füße ~*** balzare in piedi; ***jdm an die Kehle ~*** saltare alla gola a qcn.; COLLOQ. ***etw. ~ lassen*** offrire qcs.; ***einen neuen Rekord ~*** stabilire un nuovo record (nel salto); ***in Scherben ~*** andare in frantumi, in pezzi; ***mit dem Seil ~*** saltare la corda.

Sprin|gen n. *(-s,-)* **1** il saltare, salto *m.* **2** *(Fallschirmspringen)* paracadutismo *m.* **3** EQUIT. salto *m.* a ostacoli **4** *(Skispringen)* salto *m.* dal trampolino (con gli sci). **sprin|gend** p.pres. agg. **1** → **springen** **2** saltante, saltellante, che salta ◆ ***der -e Punkt*** il punto saliente.

Sprin|ger m. *(-s,-)* **1** SPORT ZOOL. saltatore *m.* **2** *(Schachfigur)* cavallo *m.* **3** *(Angestellter)* jolly *m.* **4** *(männliches Zuchttier)* riproduttore *m.*, copritore *m.* ◆ COLLOQ. ***junger ~*** sbarbatello.

Spring|fe|der f. *(-,-n)* MECC. molla *f.* **Spring|flut** f. *(-,-en)* marea *f.* sizigiale, sizigia *f.* **Spring|frucht** f. *(-,-früchte)* frutto *m.* deiscente. **Spring|ins|feld** m. *(-[e]s)* SCHERZ. sventato *m.*, testa *f.* vuota. **Spring|kraut** n. *(-[e]s)* BOT. impaziente *f.* **spring|le|ben|dig** agg. vivacissimo, vispissimo. **Spring|maus** f. *(-,-mäuse)* dipo *m.*, iaculide *m.* **Spring|mes|ser** n. *(-s,-)* coltello *m.* a serramanico. **Spring|pferd** n. *(-[e]s,-e)* EQUIT. saltatore *m.* **Spring|quell** m. *(-[e]s,-e)* **1** *(Geysir)* geyser *m.* **2** LETT. → **Springbrunnen. Spring|rei|ten** n. *(-s)* EQUIT. salto *m.* a ostacoli. **Spring|rol|lo, Spring|rou|leau** [-ru'lo:] n. *(-s,-s)* tenda *f.* a rullo. **Spring|seil** → **Sprungseil. Spring|wurz** f. *(-,-en)*, **Spring|wur|zel** f. *(-,-n)* radice *f.* di mandragora.

Sprink|ler m. *(-s,-)* irrigatore *m.* a pioggia, sprinkler m..

Sprint m. *(-s,-s)* **1** SPORT scatto *m.*, sprint *m.*: ***einen ~ einlegen*** fare uno sprint; ***zum ~ ansetzen*** scattare per lo sprint **2** *(Kurzstreckenlauf)* corsa *f.* di velocità. **sprin|ten I** intr. (aus. *haben, sein*) **1** fare uno sprint, sprintare: ***auf den letzten 100 m ~*** fare uno sprint negli ultimi cento metri **2** COLLOQ. *(schnell irgendwohin laufen)* fare una corsa, un salto; ***über die Straße ~*** attraversare la strada di corsa **II** tr. percorrere velocemente. **Sprin|ter** m. *(-s,-)* sprinter *m.*, velocista *m.*, scattista *m.*

Sprit m. *(-[e]s,-e)* **1** COLLOQ. benzina *f.* **2** COLLOQ. *(Schnaps)* goccetto *m.* **3** TECN. alcol *m.* etilico.

Spritz|ap|pa|rat m. *(-[e]s,-e)* **1** spruzzatore *m.* **2** PITT. aerografo *m.* **Spritz|ar|beit** f. *(-,-en)* **1** verniciatura *f.* a spruzzo **2** PITT. opera *f.* all'aerografo. **Spritz|be|ton** m. *(-s)* calcestruzzo *m.* a proiezione. **Spritz|beu|tel** m. *(-s,-)* GASTR. siringa *f.* per decorazioni. **Spritz|bild** n. *(-[e]s,-er)* quadro *m.* all'aerografo. **Spritz|dü|se** f. *(-,-n)* ugello *m.*

Sprit|ze f. *(-,-n)* **1** spruzzatore *m.* **2a** *(Injektionsspritze)* siringa *f.*: ***eine ~ fertig machen, aufziehen*** preparare, riempire una siringa **b** *(Injektion)* iniezione *f.*, COLLOQ. puntura *f.*: ***jdm eine ~ geben, verabreichen*** fare un'iniezione a qcn.; ***eine ~ bekommen*** farsi fare un'iniezione **3** *(Feuerspritze)* pompa *f.* antincendio **4** COLLOQ. *(Finanzspritze)* iniezione *f.* di capitali **5** COLLOQ. *(Feuerwaffe)* arma *f.* (da fuoco) ◆ GERG. ***an der ~ hängen*** essere un tossico.

sprit|zen I tr. **1** spruzzare: ***Wasser auf den Boden, jdm ins Gesicht ~*** spruzzare acqua sul pavimento, in faccia a qcn. **2** *(sprengen)* innaffiare, annaffiare, bagnare: ***den Garten ~*** annaffiare il giardino **3** verniciare (a spruzzo): ***ein Auto ~*** verniciare un auto **4** *(verdünnen)* allungare, diluire **5a** *(injizieren)* iniettare: ***jdm etw. (in die Vene, unter die Haut) ~*** iniettare qcs. a qcn. (in vena, sottopelle) **b** COLLOQ. fare un'iniezione a: ***der Arzt hat ihn gespritzt*** il medico gli ha fatto un'iniezione **6** AGR. *(besprühen)* irrorare, trattare: ***Obstbäume mit Chemikalien ~*** trattare gli alberi da frutta con prodotti chimici **II** intr. **1a** (aus. *haben*) schizzare, sprizzare, spruzzare: ***das Öl hat gespritzt*** l'olio è schizzato **b** (aus. *sein*) ***das Wasser spritzt aus dem Loch im Schlauch*** l'acqua schizza (*o* esce) dal buco nel tubo **2** COLLOQ. (aus. *haben*) impers. ***es spritzt*** pioviggina **3** COLLOQ. *(schnell hinlaufen;* aus. *sein)* schizzare, precipitarsi, correre: ***sie ist sofort nach Hause gespritzt*** è schizzata subito a casa **4a** *(injizieren;* aus. *haben)* fare (le) iniezioni, un'iniezione **b** GERG. *(sich Rauschgift injizieren)* bucarsi, farsi un buco **5** VOLG. *(ejakulieren;* aus. *haben)* venire **III** rifl. **sich ~** farsi un'iniezione.

Sprit|zen n. *(-s)* lo spruzzare, spruzzatura *f.*; *(mit Lack)* verniciatura *f.* a spruzzo.

Sprit|zer m. *(-s,-)* **1a** spruzzo *m.*: ***ein paar ~ Wasser*** un paio di spruzzi d'acqua **b** *(Fleck)* ***einige ~ auf dem Kleid haben*** avere degli spruzzi sul vestito **2** *(Schuss)* spruzzata *f.*, spruzzatina *f.*: ***ein Martini mit einem ~ Gin*** un martini con una spruzzata di gin **3** COLLOQ. *(Fixer)* tossico *m.* ◆ ***ein junger ~*** uno sbarbatello.

Spritz|fla|sche f. *(-,-n)* **1** spruzzatore *m.* **2** CHIM. spruzzetta *f.* **Spritz|ge|bäck** n. *(-[e]s)* INTRAD. (biscottini cui viene data forma facendo uscire la pasta da una tasca). **Spritz|guss** m. *(-es)* pressofusione *f.*

sprit|zig agg. **1a** frizzante: ***ein -er Wein*** un vino frizzante **b** FIG. ***eine -e Komödie*** un commedia frizzante (*o* effervescente, briosa) **2** *(schnell)* brioso: ***ein -er Motor*** un motore brioso. **3** *(wendig, agil)* scattante. **Sprit|zig|keit** f. *(-)* **1** l'essere frizzante **2** FIG. brio *m.*, briosità *f.*

Spritz|ku|chen m. *(-s,-)* INTRAD. (specie di krapfen). **Spritz|lack** m. *(-[e]s,-e)* vernice *f.* a spruzzo. **Spritz|la|ckie|rung** f. *(-,-en)* verniciatura *f.* a spruzzo. **Spritz|ma|le|rei** f. *(-,-en)* pittura *f.* all'aerografo. **Spritz|pis|to|le** f. *(-,-n)* pistola *f.* a spruzzo; PITT. aerografo *m.* **Spritz|tour** [-tu:ɐ] f. *(-,-en)* gitarella *f.*

spröd RAR. → **spröde.**

sprö|de agg. **1** *(brüchig)* fragile: ***-s Material*** materiale fragile; ***-s Haar*** capelli fragili, secchi **2** *(rau)* ruvido, secco: ***~ Haut*** pelle ruvida **3** *(von Stimme)* roco, rauco **4** *(schwer zu gestalten)* ostico: ***ein -s Thema*** un tema ostico **5** *(abweisend)* scostante, ritroso: ***ein -r Charakter*** un carattere scontroso; ***jdm gegenüber ~ sein*** essere scostante verso qcn. ◆ ***eine ~ Schönheit*** una bellezza fredda; ***sich ~ zeigen*** mostrarsi ritroso. **Sprö|de** ANT., **Spröd|heit, Sprö|dig|keit** f. *(-)* **1** *(Brüchigkeit)* fragilità *f.* **2** *(Rauheit)* ruvidità *f.* **3** *(Verschlossenheit)* ritrosia *f.*

spross → **2.sprießen.**

Spross m. *(-es,-e[n])* **1** BOT. germoglio *m.* **2** FIG. *(Nachkomme*; pl. *Sprosse)* rampollo *m.*

Spros|se f. *(-,-n)* **1** piolo *m.* **2** EDIL. traversa *f.* ◆ ***die höchste ~*** il piolo più alto; FIG. il massimo livello, il vertice.

spros|sen intr. (aus. *sein*) germogliare, spuntare.

Spros|sen|kohl m. *(-[e]s)* AUSTR. cavolo *m.* di Bruxelles. **Spros|sen|lei|ter** f. *(-,-n)* **1** scala *f.* **2** *(Turngerät)* spalliera *f.* **Spros|sen|wand** f. *(-,-wände)* GINN. quadro *m.* svedese.

Spros|ser m. *(-s,-)* usignolo *m.* maggiore.

Spröss|ling m. *(-s,-e)* SCHERZ. rampollo *m.*

Spross|pil|ze pl. saccaromiceti *m.pl.*

Sprot|te f. *(-,-n)* spratto *m.*

Spruch m. *(-[e]s, Sprüche)* **1a** detto *m.*, sentenza *f.* **b** LETT. *(kurzes Lehrgedicht)* sentenza *f.* gnomica (in versi) **2** DIR. *(Urteilsspruch)* sentenza *f.*, verdetto *m.* **3** *(Zauberspruch)* formula *f.* magica **4** *(Orakelspruch)* responso *m.*, oracolo *m.* ◆ BIBL. ***das Buch der Sprüche, die Sprüche Salomos*** il Libro dei Proverbi; COLLOQ. ***Sprüche machen, klopfen*** dire paroloni; ***mit weisen Sprüchen um sich werfen*** sputare sentenze. **Spruch|band** n. *(-[e]s,-bänder)* **1** *(Stoff-, Papierband mit Inschrift)* striscione *m.* **2** ART. cartiglio *m.* **Spruch|dich|ter** m. *(-s,-)* poeta *m.* gnomico. **Spruch|dich|tung** f. *(-)* poesia *f.* (*o* lirica *f.*) gnomica.

Sprü|che|klop|fer m. *(-s,-)* COLLOQ. parolaio *m.* **Sprü|che|klop|fe|rei** f. *(-,-en)* paroloni *m.pl.*

spruch|haft agg. gnomico. **Spruch|kam|mer** f. *(-,-n)* STOR. = tribunale *m.* di denazificazione. **Sprüch|lein** n. *(-s,-)* breve motto *m.* (*o* sentenza *f.*). **Spruch|pra|xis** f. *(-)* giurisprudenza *f.* **spruch|reif** agg. maturo (per la sentenza, per una decisione).

Spru|del m. *(-s,-)* **1** zampillo *m.* **2** *(Mineral-, Sodawasser)* acqua *f.* (minerale) gassata (*o* frizzante).

spru|deln I intr. **1a** (aus. *sein*) zampillare: ***aus der Felswand, der Flasche ~*** zampillare dalla roccia, dalla bottiglia **b** FIG. *(von Worten)* zampillare, sgorgare **2a** (aus. *haben*) bollire: ***das (kochende) Wasser sprudelt im Topf*** l'acqua bolle nella pentola **b** fare le bollicine: ***der Sekt sprudelt*** lo spumante fa le bollicine **3** FIG. *(überschäumen*; aus. *haben)* spumeggiare, traboccare **II** tr. AUSTR. *(quirlen)* frullare. **spru|delnd** p.pres. agg. **1** → **sprudeln** **2** *(von Getränk)* frizzante **3** FIG. brioso, spumeggiante. **Spru|del|quel|le** f. *(-,-n)* sorgente *f.* d'acqua minerale. **Spru|del|stein** m. *(-[e]s,-e)* aragonite *f.* **Spru|del|was|ser** n. *(-s,-wässer)* acqua *f.* minerale frizzante.

sprü|hen I tr. **1** spruzzare: ***Lack ins Haar ~*** spruzzare lacca nei capelli **2a** sprizzare: ***Funken ~*** sprizzare scintille **b** FIG. ***ihre Augen ~ Blitze*** i suoi occhi sprizzano scintille; ***seinen Geist ~ lassen*** far brillare il proprio spirito **II** intr. **1** (aus. *sein*) sprizzare, schizzare **2** impers. (aus. *haben*) ***es sprüht nur*** pioviggina soltanto **3** (aus. *haben*) sfavillare, brillare (anche FIG.): ***der Brillant sprüht*** il brillante sfavilla; ***von Ideen, vor Geist ~*** brillare per le proprie idee, per intelligenza; ***seine Augen ~ vor Begeisterung*** i suoi occhi sfavillano di entusiasmo. **sprü|hend** p.pres. agg. 1 → **sprühen** 2 brillante, brioso: ***-er Laune sein*** essere di umore brillante; ***ein -es Temperament*** un temperamento brioso; ***ein -er Geist*** uno spirito brillante.

Sprüh|ge|rät n. *(-[e]s,-e)* spruzzatore *m.*, nebulizzatore *m.*

Sprung m. *(-[e]s, Sprünge)* **1a** salto *m.*: ***einen hohen, kurzen, weiten, mächtigen ~ machen*** fare un salto alto, corto, lungo, un gran salto; ***einen ~ zur Seite tun*** fare un salto di lato; ***ein ~ vom 5-Meter-Turm*** un salto dal trampolino di 5 metri; ***ein ~ aus dem Stand, mit Anlauf*** un salto da fermo, con la rincorsa; ***ein ~ aus dem Fenster, über den Graben, in die Leere*** un salto dalla finestra, oltre il fossato, nel vuoto; FIG. ***ein qualitativer ~*** un salto di qualità; *(beim Vorlesen)* ***einen ~ machen*** saltare qcs. (leggendo) **b** *(Gedankensprung)* salto *m.* concettuale **2a** *(kleine Entfernung)* due passi *m.pl.*: ***bis zum Bahnhof ist es nur ein ~*** fino alla stazione sono soltanto due passi; FIG. passo *m.*: ***einen großen ~ nach vorn machen*** fare un grande passo avanti **3a** *(Riss)* crepa *f.* **b** *(von Tassen, Gläsern)* incrinatura *f.*, sbrecciatura *f.* **4** *(Bespringen bei manchen Haustieren)* monta *f.* **5** *(Rudel)* branco *m.*: ***ein ~ Rehe*** un branco di caprioli **6** *(Hinterbein des Hasen)* zampa *f.* posteriore ◆ ***zum ~ ansetzen*** prendere lo slancio; COLLOQ. ***immer auf dem ~ sein*** essere sempre di corsa; ***auf dem ~ stehen, sein, etw. zu tun*** essere sul punto di fare qcs.; ***sich auf die Sprünge machen*** volatilizzarsi, scappare via; ***jdm auf die Sprünge helfen*** venire in aiuto a qcn.; ***jdm auf die Sprünge kommen*** scoprire gli altarini di qcn.; ***auf einen ~ bei jdm vorbeikommen*** fare un salto (*o* una capatina) da qcn.; ***einen ~ bekommen*** incrinarsi; ***in großen Sprüngen*** a grandi balzi; COLLOQ. ***keine großen Sprünge machen können*** non potersi permettere grandi cose; ***etw. im ~ schnappen*** prendere qcs. al volo; COLLOQ. FIG. ***ein ~ ins kalte Wasser, ins Dunkle, ins Ungewisse*** un salto nel buio, nel vuoto; ***die Natur macht keinen ~, keine Sprünge*** la natura non fa salti; COLLOQ. FIG. ***einen ~ in der Schüssel haben*** avere qualche rotella fuori posto; ***den ~ wagen*** saltare il fosso.

Sprung|bal|ken m. *(-s,-)* pedana *f.* (per il salto in lungo o triplo). **Sprung|be|cken** n. *(-s,-)* piscina *f.* per i tuffi. **Sprung|bein** n. *(-s,-e)* ANAT. astragalo *m.* **sprung|be|reit** agg. **1** pronto per il salto, per saltare **2a** FIG. pronto ad agire **b** *(ausgehfertig)* pronto per uscire **c** *(reisefertig)* pronto per partire. **Sprung|brett** n. *(-[e]s, -er)* **1** GINN. pedana *f.* (per il salto) **2** *(am Sprungbecken)* trampolino *m.* **3** FIG. trampolino *m.* (di lancio): ***etw. als ~ für die Karriere benutzen*** usare qcs. come trampolino di lancio per la carriera. **Sprung|de|ckel** m. *(-s,-)* coperchio *m.* a scatto (di un orologio da tasca). **Sprung|fe|der** f. *(-,-n)* molla *f.* (a spirale). **Sprung|fe|der|mat|rat|ze** f. *(-,-n)* materasso *m.* a molle. **Sprung|ge|lenk** n. *(-[e]s,-e)* **1** ANAT. articolazione *f.* tibio-tarsale **2** ZOOL. garretto *m.* **Sprung|gru|be** f. *(-,-n)* buca *f.* (nel salto), fossa *f.* di caduta.

sprung|haft I agg. **1a** discontinuo: ***eine -e Arbeitsweise*** un modo di lavorare discontinuo **b** *(nicht folgerichtig)* ***-es Denken*** pensiero sconnesso, illogico **c** *(von Menschen)* incostante **2** improvviso, repentino: ***-e Veränderungen*** cambiamenti improvvisi **II** avv. **1** *(unregelmäßig)* in modo discontinuo **2** *(abrupt)* improvvisamente, repentinamente. **Sprung|haf|tig|keit** f. *(-)* discontinuità *f.*

Sprung|hö|he f. *(-,-n)* **1** altezza *f.* del, di un salto **2** GEOL. livello *m.* di faglia. **Sprung|hü|gel** m. *(-s,-)* sacco *m.*, materasso *m.* (su cui si atterra nel salto con l'asta). **Sprung|kas|ten** m. *(-s,-kästen)* GINN. plinto *m.* **Sprung|kraft** f. *(-)* slancio *m.* per saltare. **Sprung|lat|te** f. *(-,-n)* asticella *f.* (del salto in alto). **Sprung|lauf** m. *(-[e]s,-läufe)* salto *m.* (con gli sci). **Sprung|pferd** n. *(-[e]s,-e)* GINN. cavallo *m.* **Sprung|schan|ze** f. *(-,-n)* trampolino *m.* (per il salto con gli sci). **Sprung|seil** n. *(-[e]s,-e)* corda *f.* per saltare. **Sprung|stab** m. *(-[e]s,-stäbe)* asta *f.* (per il salto). **Sprung|tuch** n. *(-[e]s,-tücher)* telone *m.* di salvataggio. **Sprung|turm** m. *(-[e]s,-türme)* trampolino *m.* **Sprung|wei|te** f. *(-,-n)* lunghezza *f.* del, di un salto. **Sprung|wurf** m. *(-[e]s,-würfe)* SPORT tiro *m.* in sospensione.

Spu|cke f. *(-)* COLLOQ. sputo *m.* ◆ ***jdm bleibt die ~ weg*** qcn. resta di stucco. **spu|cken I** tr. sputare: ***Blut ~*** sputare sangue; FIG. ***der Vulkan spuckt glühende Asche*** il vulcano sputa cenere incandescente **II** intr. (aus. *haben*) **1a** sputare: ***jdm ins Gesicht ~*** sputare in faccia a qcn.; COLLOQ. *(zurückweisen)* ***auf jds Geld ~*** sputare sui soldi di qcn. **b** FIG. tossire: ***der Motor spuckt*** il motore tossisce **2** COLLOQ. REGION. *(erbrechen)* vomitare ◆ ***in die Hände ~*** sputarsi nelle mani; FIG. rimboccarsi le maniche; ***jdm in die Suppe ~*** rompere le uova nel paniere a qcn.; ***große Töne ~*** fare il gradasso.

Spuck|napf m. *(-[e]s,-näpfe)* sputacchiera *f.*

Spuk m. *(-[e]s,-e)* **1** *(Geistererscheinung)* apparizione *f.* (di fantasmi) **2** *(schreckliches Geschehen)* incubo *m.* **spu|ken** intr. (aus. *haben, sein*) **1a** *(von Gespenstern)* apparire **b** ESTENS. ***die Kriegsereignisse ~ den Leuten noch in den Köpfen*** la gente rivive ancora gli eventi bellici come un incubo **2** impers. (aus. *haben*) ***hier soll es früher gespukt haben*** qui una volta devono esserci state delle apparizioni. **Spu|ke|rei** f. *(-,-en)* apparizione *f.* di fantasmi. **Spuk|ge|schich|te** f. *(-,-n)* storia *f.* di fantasmi; storia *f.* terrificante. **Spuk|ge|stalt** f. *(-,-en)* figura *f.* spettrale. **spuk|haft** agg. spettrale. **Spuk|schloss** m. *(-es,-schlösser)* castello *m.* dei fantasmi.

Spül|au|to|mat m. *(-en,-en)* → **Spülmaschine**. **Spül|be|cken** n. *(-s,-)* **1** *(Becken in der Spüle)* lavello *m.* **2** *(in Zahnarztpraxen)* sputacchiera *f.*

Spu|le f. *(-,-n)* **1** SART. rocchetto *m.*, spoletta *f.*; TESS. bobina *f.*, spola *f.*: ***Garn auf eine ~ wickeln*** avvolgere filo su un rocchetto; TESS. incannare **2** EL. CINEM. bobina *f.* **3** *(von Vogelfedern)* calamo *m.*

Spü|le f. *(-,-n)* lavandino *m.*, acquaio *m.*

spu|len tr. **1** *(Garn, Film)* avvolgere **2** TESS. incannare. **Spu|len** n. *(-s)* TESS. incannatura *f.*

spü|len I tr. **1** lavare: ***das Geschirr ~*** lavare i piatti **2** *(nach dem Waschen)* sciacquare, risciacquare: ***das Haar ~*** sciacquare i capelli; ***die Seifenlauge aus der Wäsche ~*** risciacquare il bucato **3** *(mitreißen)* trascinare: ***jdn, etw. ins Meer ~*** trascinare qcn., qcs. in mare; ***jdn, etw. ans Ufer ~*** gettare qcn., qcs. sulla riva **II** intr. **1** (aus. *haben; in Toiletten*) tirare l'acqua, lo sciacquone **2** (aus. *sein; sich ergießen*) sciabordare, (in)frangersi, RAR. sciacquare **3** (aus. *sein; geschwemmt werden*) essere trascinato: ***ans Ufer ~*** essere trascinato sulla riva **III** rifl. ***sich (D) etw. ~*** sciacquarsi qcs.: ***sich den Mund ~*** sciacquarsi la bocca. **Spü|len** n. *(-s)* il lavare (i piatti): ***jdm beim ~ helfen*** aiutare qcn. a lavare i piatti.

Spu|len|garn n. *(-[e]s,-e)* filato *m.* in bobine. **Spu|len|ton|band|ge|rät** n. *(-[e]s,-e)* registratore *m.* a bobine. **Spu|ler** m. *(-s,-)* **1** incannatrice *f.*, incannatoio *m.* **2** *(Arbeiter)* incannatore *m.*

Spü|ler m. *(-s,-)* **1** lavapiatti *m.*, sguattero *m.* **2** COLLOQ. *(am Wasserklosett)* sciacquone *m.*

Spu|le|rin f. *(-,-nen)* incannatrice *f.*

Spü|le|rin f. *(-,-nen)* lavapiatti *f.*, sguattera *f.* **Spül|gang** m. *(-[e]s, -gänge)* risciacquo *m.* (nella lavatrice e nella lavastoviglie). **Spül|kas|ten** m. *(-s,-kästen)* cassetta *f.* di cacciata, sciacquone *m.* **Spül|lap|pen** m. *(-s,-)* straccio *m.* per (lavare) i piatti. **Spül|ma|schi|ne** f. *(-,-n)* lavastoviglie *f.* **Spül|mit|tel** n. *(-s,-)* detersivo *m.* (per piatti). **Spül|stein** m. *(-[e]s,-e)* acquaio *m.* **Spü|lung** f. *(-,-en)* **1** *(am Wasserklosett)* sciacquone *m.*: ***die ~ betätigen*** azionare lo sciacquone **2** MED. irrigazione *f.* **3** TECN. lavaggio *m.* **Spül|was|ser** n. *(-s,-wässer)* **1** sciacquatura *f.* (*o* risciacquatura *f.*) di piatti **2** TECN. acqua *f.* di lavaggio.

Spul|wurm m. *(-[e]s,-würmer)* ascaride *m.*; FAM. pl. vermi *m.pl.*

Spund m. *(-[e]s, Spünde* e *-e)* **1** *(am Fass)* zaffo *m.*, tappo *m.* **2** FAL. *(Feder)* linguetta *f.* **3** COLLOQ. *(unerfahrener Junge)* sbarbatello *m.* **Spund|boh|le** f. *(-,-n)* palancola *f.* **spün|den** tr. **1** perlinare **2** *(mit Nut und Feder verbinden)* commettere a maschio e femmina ◆ ***eine gespundete Verschalung*** un perlinato. **Spund|loch** n. *(-[e]s,-löcher)* spina *f.* (di botte). **Spun|dung** f. *(-,-en)* **1** perlinatura *f.* **2** commettitura *f.* a maschio e femmina. **Spund|ver|schluss** m. *(-es,-verschlüsse)* zaffo *m.*, tappo *m.*, cocchiume *m.* **Spund|wand** f. *(-,-wände)* palancolata *f.* **Spund|zap|fen** m. *(-s,-)* → **Spundverschluss.**

Spur f. *(-,-en)* **1a** traccia *f.*, impronta *f.*; *(Fußspur)* orma *f.*: ***eine tiefe, deutliche, frische ~*** un'impronta profonda, chiara, fresca; ***-en im Sand, im Schnee*** impronte sulla sabbia, sulla neve; ***einer ~ folgen, nachgehen*** seguire una traccia; ***eine ~ wittern*** fiutare un'orma; ***die -en verwischen, sichern*** cancellare, rilevare le impronte; ***die -en führen in den Wald*** le tracce conducono nel bosco; ***von dem Mörder fehlt jede ~*** non c'è traccia dell'assassino; ***keine -en hinterlassen*** non lasciare alcuna traccia (*o* impronta) **b** *(Überrest)* segno *m.*, traccia *f.*: ***die -en des Krieges,*** i segni della guerra; ***-en einer alten Kultur*** tracce di un'antica cultura; ***die -en des Alters, der Müdigkeit tragen, zeigen*** portare, mostrare i segni della vecchiaia, della fatica **2a** *(kleine Menge)* pizzico *m.*: ***eine ~ Salz*** un pizzico di sale **b** traccia *f.*: ***es fanden sich -en von Gift, eines Giftes*** si trovavano tracce di veleno **3** *(Fahrbahn)* corsia *f.*: ***in, auf der linken ~ fahren*** viaggiare sulla corsia di sinistra; ***die ~ wechseln*** cambiare corsia **4** *(Loipe)* tracciato *m.* (di una pista da fondo), pista *f.* **5** TECN. INFORM. traccia *f.*, pista *f.*: ***die magnetische ~*** la pista magnetica **6a** AUT. FERR. → **Spurweite b** TECN. AUT. convergenza *f.*: ***die ~ einstellen*** mettere a punto la convergenza ◆ ***jdm, etw. auf der ~ bleiben*** → ***jdm, etw. auf der ~ sein; jdn auf die (richtige) ~ bringen*** portare qcn. sulla strada (giusta), indirizzare qcn.; ***jds ~ folgen*** seguire le orme di qcn. (anche FIG.); ***eine heiße ~*** una pista importante; ***jdm auf die ~ helfen*** condurre qcn. sulla pista giusta; ***keine ~*** neanche l'ombra; ***jdm, etw. auf die ~ kommen*** venire sulle tracce di qcn., di qcs.; ***nicht die ~*** → ***keine ~***; ***jdm, etw. auf der***

~ ***sein*** essere sulle tracce di qcn., qcs.; ***auf der richtigen, falschen ~ sein*** essere sulla strada giusta, sbagliata; ***in jds -en treten*** → ***auf jds -en wandeln***; ***die -en verlieren*** perdere le tracce; ***keine ~ von Talent haben*** non avere nessun talento; ***auf jds -en wandeln*** seguire le orme di qcn.

spür|bar I agg. **1a** percettibile, avvertibile: ***ein -er Unterschied*** una differenza percettibile; ***das Erdbeben war deutlich ~*** il terremoto è stato avvertito chiaramente **b** *(merklich)* sensibile: ***eine -e Abkühlung, Verschlechterung*** un sensibile abbassamento (di temperatura), peggioramento **2** *(sichtlich)* visibile: ***seine Verärgerung war ~*** la sua stizza era visibile **II** avv. **1a** in modo percepibile (*o* percettibile) **b** *(beträchtlich)* sensibilmente: ***es ist ~ wärmer geworden*** è sensibilmente più caldo **2** visibilmente: ***~ erleichtert sein*** essere visibilmente sollevato.

Spur|brei|te f. *(-,-n)* → **Spurweite. spu|ren** intr. (aus. *haben*) **1** *(Loipen, Wege)* tracciare: ***eine gespurte Loipe*** una pista tracciata **2** *(Ski fahren)* sciare (fuori pista) **3** COLLOQ. rigare dritto.

spü|ren I tr. **1a** sentire, avvertire: ***jds Hand auf der Schulter ~*** sentire la mano di qcn. sulla spalla; ***sie ~ seine Missbilligung*** avvertono la sua disapprovazione; ***er spürte Hass in sich aufsteigen*** sentì l'odio nascere dentro di sé **b** avere, sentire: ***Kälte, Wärme ~*** sentire freddo, caldo; ***Hunger ~*** avere fame; ***einen scharfen Schmerz ~*** sentire un dolore acuto; ***Erleichterung ~*** provare sollievo; ***ich spüre keine Lust mitzukommen*** non ho nessuna voglia di venire **2** VENAT. ***ein Tier ~*** seguire le tracce (di un animale) **II** intr. (aus. *haben*) VENAT. ***nach Wild ~*** seguire le tracce della selvaggina, andare in cerca di selvaggina ◆ ***den Alkohol ~*** risentire dell'alcool; ***etw. zu ~ bekommen*** dover sentire qcs.; ***jdn etw. ~ lassen*** far capire (*o* avvertire) qcs. a qcn.; ***etw. am eigenen Leibe ~*** provare qcs. sulla propria pelle; ***seinen Magen ~*** sentire un dolore allo stomaco.

Spu|ren|ele|ment n. *(-[e]s,-e)* microelemento *m.* **Spu|ren|si|che|rung** f. *(-,-en)* **1** rilevamento *m.* delle impronte **2** *(Polizeiabteilung)* (polizia *f.*) scientifica *f.* **Spu|ren|stoff** m. *(-[e]s,-e)* → **Spurenelement.**

Spür|hund m. *(-[e]s,-e)* cane *m.* da seguito ◆ ***eine Nase wie ein ~ haben*** avere un fiuto finissimo.

Spur|kranz m. *(-es,-kränze)* FERR. bordino *m.* **spur|los** avv. senza lasciare traccia.

Spür|na|se f. **1.** *(-,-n)* naso *m.*, fiuto *m.*: ***eine gute ~ (für etw.) haben*** avere buon fiuto (per qcs.). **2.** *(Mensch)* chi ha buon fiuto.

spur|si|cher agg. = che ha buona tenuta di strada.

Spür|sinn m. *(-[e]s)* fiuto *m.* (anche FIG.).

Spur|stan|ge f. *(-,-n)* AUT. barra *f.* di accoppiamento.

Spurt m. *(-[e]s,-s)* **1** scatto *m.* (finale), sprint *m.*; *(beim Radrennen)* volata *f.*: ***einen ~ einlegen*** fare uno sprint; ***zum ~ ansetzen*** accingersi a (fare) uno scatto; ***im ~ gewinnen*** vincere in volata; *(Spurtvermögen)* ***einen guten ~ haben*** avere un buono sprint **2** COLLOQ. corsa *f.* **spur|ten** intr. **1** (aus. *sein, haben*) scattare, sprintare **2** (aus. *sein*) fare una corsa veloce. **spurt|schnell** agg. **1** veloce nello sprint, dallo scatto veloce **2** veloce, sprint: ***ein -es Auto*** un'auto veloce. **Spurt|sieg** m. *(-[e]s,-e)* vittoria *f.* allo sprint; *(beim Radrennen)* vittoria *f.* in volata.

Spur|wech|sel m. *(-s,-)* cambio *m.* di corsia. **Spur|wei|te** f. *(-,-n)* **1** AUT. interasse *m.* **2** FERR. scartamento *m.*

S-Rohr n. *(-[e]s,-e)* tubo *m.* a S.

ß n. *(-,-)* esse zeta *f.*

SS f. *(-)* STOR. (⇒ *Schutzstaffel*) SS *f.pl.*

SS-Mann m. *(-[e]s,-männer* e *-leute)* STOR. SS *f.*

SSR ⇒ *Sozialistische Sowjetrepublik* Repubblica socialista sovietica (RSS).

1.st inter. st, sss.

2.st ⇒ *Stunde* ora (h.).

St. ⇒ **1** *Sankt* santo (S., s.) **2** *Stunde* ora (h.) **3** *Stück* pezzo (pz.).

Staat m. *(-[e]s,-en)* **1** stato *m.*: ***souveräner, totalitärer ~*** stato sovrano, totalitario; ***einen neuen ~ gründen, anerkennen*** fondare, riconoscere uno stato; ***beim ~ arbeiten, angestellt sein*** lavorare nello stato, essere impiegato statale; ***im Interesse des -es*** nell'interesse dello stato; ***ein ~ im ~*** uno stato nello stato; ZOOL. ***-en bildend*** che vive in società **2** *(von Tieren)* società *f.* **3** COLLOQ. *(festliche Kleidung)* abito *m.* di gala: ***sich in ~ werfen*** mettersi in abito di gala (*o* in gala) ◆ ***(viel) ~ machen*** fare (grande) sfoggio; ***(mit etw., jdm) ~ machen*** fare colpo (con qcs., qcn.); ***in vollem ~*** in pompa magna; ***(nur) zum ~*** (solo) per sfoggio.

Staa|ten|bund m. *(-[e]s,-bünde)* confederazione *f.* di stati. **Staa|ten|bünd|nis** n. *(-ses,-se)* federazione *f.* di stati. **Staa|ten|ge|mein|schaft** f. *(-)* EX-RDT comunità *f.* di stati. **staa|ten|los** agg. apolide. **Staa|ten|lo|se** m. e f. *(-n,-n)* apolide *m.* e *f.*

staat|lich I agg. **1** statale, di (*o* dello) stato: ***der Betrieb ist ~*** quest'azienda è statale **2** *(zum Staat gehörend)* dello stato: ***-e Interessen*** interessi dello stato **II** avv. **1** ***etw. ~ subventionieren*** sovvenzionare qcs. con fondi statali **2** ***~ anerkannt, geprüft*** riconosciuto, controllato dallo stato. **staat|li|cher|seits** avv. da parte dello stato.

Staats|af|fä|re, ***eine ~ aus etw. machen*** fare di qcs. un affare di stato. **Staats|akt** m. *(-[e]s,-e)* **1** cerimonia *f.* pubblica. **Staats|ak|ti|on** f. *(-,-en)* atto *m.*, provvedimento *m.* statale ◆ ***eine ~ aus etw. machen*** fare di qcs. un affare di stato. **Staats|amt** n. *(-[e]s, -ämter)* carica *f.* pubblica. **Staats|an|ge|hö|ri|ge** m. e f. *(-n,-n)* cittadino *m.* (-a *f.*): ***deutscher -r sein*** essere cittadino tedesco, avere la cittadinanza tedesca. **Staats|an|ge|hö|rig|keit** f. *(-,-en)* cittadinanza *f.*, nazionalità *f.*: ***die französische ~ annehmen, verleihen*** assumere, conferire la cittadinanza francese. **Staats|an|ge|stell|te** m. e f. *(-n,-n)* impiegato *m.* (-a *f.*) statale, statale *m.* e *f.* **Staats|an|walt** m. *(-[e]s,-anwälte)* procuratore *m.*, pubblico ministero *m.* **Staats|an|walt|schaft** f. *(-,-en)* (ufficio *m.* di) pubblico ministero *m.* **Staats|ar|chiv** n. *(-s,-e)* archivio *m.* di stato, statale. **Staats|auf|sicht** f. *(-)* sorveglianza *f.*, controllo *m.* statale. **Staats|aus|ga|be** f. *(-,-n)* spesa *f.* pubblica.

Staats|bank f. *(-,-en)* banca *f.* di stato. **Staats|ban|kett** n. *(-[e]s,-e)* pranzo *m.* ufficiale. **Staats|be|am|te** m. *(-n,-n)* funzionario *m.* statale. **Staats|be|gräb|nis** n. *(-ses,-se)* funerali *m.pl.* di stato. **Staats|be|such** m. *(-[e]s,-e)* visita *f.* di stato. **Staats|be|trieb** m. *(-[e]s,-e)* azienda *f.* (*o* impresa *f.*) di stato, statale. **Staats|bib|li|o|thek** f. *(-,-en)* biblioteca *f.* statale.

Staats|bür|ger m. *(-s,-)* cittadino *m.* (di uno, dello stato): ***~ in Uniform*** cittadini in uniforme. **Staats|bür|ger|kun|de** f. *(-)* educazione *f.* civica. **staats|bür|ger|lich** agg. civico, di, del cittadino. **Staats|bür|ger|pflicht** f. *(-,-en)* dovere *m.* del, di cittadino, dovere *m.* civico. **Staats|bür|ger|recht** n. *(-[e]s,-e)* diritto *m.* del, di cittadino; pl. diritti *m.pl.* civili. **Staats|bür|ger|schaft** f. *(-)* cittadinanza *f.*

Staats|chef [-ʃɛf] m. *(-s,-s)* capo *m.* di, dello stato. **Staats|die|ner** m. *(-s,-)* statale *m.* **Staats|dienst** m. *(-[e]s)* impiego *m.* statale: ***im ~ sein*** essere un impiegato statale. **staats|ei|gen** agg. statale, di proprietà dello stato. **Staats|ei|gen|tum** n. *(-s)* proprietà *f.* dello stato. **Staats|ein|nah|me** f. *(-,-n)* entrata *f.* pubblica, dello stato. **Staats|exa|men** n. *(-s,-)* → **Staatsprüfung. Staats|fei|er|tag** m. *(-[e]s,-e)* festa *f.* nazionale. **Staats|feind** m. *(-[e]s, -e)* nemico *m.* dello stato, pubblico. **Staats|fi|nan|zen** pl. finanze *f.pl.* dello stato. **Staats|flag|ge** f. *(-,-n)* bandiera *f.* nazionale. **Staats|form** f. *(-,-en)* ordinamento *m.* di, dello stato ◆ ***eine demokratische ~*** un ordinamento democratico. **Staats|füh|rung** f. *(-,-en)* **1** guida *f.* di, dello stato **2** *(Regierung)* governo *m.* (di uno stato). **Staats|ge|biet** n. *(-[e]s,-e)* territorio *m.* dello stato, nazionale. **staats|ge|fähr|dend** agg. pericoloso per la sicurezza dello stato.

Staats|ge|fäng|nis n. *(-ses,-se)* prigione *f.* di stato. **Staats|ge|fan|ge|ne** m. e f. *(-n,-n)* prigioniero *m.* (-a *f.*) politico (-a).

Staats|ge|heim|nis n. *(-ses,-se)* segreto *m.* di stato (anche FIG.). **Staats|gel|der** pl. denaro *m.* pubblico. **Staats|ge|richts|hof** m. *(-[e]s,-höfe)* corte *m.* costituzionale (di alcuni Länder). **Staats|ge|schäft** n. *(-[e]s,-e)* affare *m.* di stato. **Staats|ge|walt** f. *(-,-en)* **1** potere *m.*, autorità *f.* dello stato **2** *(Polizei)* forza *f.* pubblica ◆ ***gesetzgebende, vollziehende, richterliche ~*** potere legislativo, esecutivo, giudiziario. **Staats|gren|ze** f. *(-,-n)* confine *m.* di, dello stato. **Staats|grün|dung** f. *(-,-en)* fondazione *f.*, costituzione *f.* di uno, dello stato. **Staats|gut** n. *(-[e]s,-güter)* bene *m.* dello stato, demaniale. **Staats|haus|halt** m. *(-[e]s,-e)* bilancio *m.* di uno, dello stato, pubblico. **Staats|ho|heit** f. *(-)* sovranità *f.* dello stato. **Staats|kanz|lei** f. *(-,-en)* cancelleria *f.* di stato; CH cancelleria *f.* della Confederazione. **Staats|ka|pi|ta|lis|mus** m. *(-)* capitalismo *m.* di stato. **Staats|ka|ros|se** f. *(-,-n)* auto *f.* blu, autoblù *f.* **Staats|kas|se** f. *(-,-n)* casse *f.pl.* dello stato. **Staats|kir|che** f. *(-,-n)* chiesa *f.* nazionale, di stato. **Staats|kir|chen|tum** n. *(-s)* STOR. cesaropapismo *m.* **Staats|kos|ten,** ***auf ~*** a spese dello stato. **Staats|kunst** f. *(-)* arte *f.* di governo. **Staats|leh|re** f. *(-)* → **Staatswissenschaft. Staats|li|ga** f. *(-,-ligen)* AUSTR. SPORT serie *f.* A. **Staats|lot|te|rie** f. *(-,-n)* lotteria *f.* nazionale. **Staats|macht** f. *(-)* potere *m.* dello stato, statale.

Staats|mann m. *(-es,-männer)* uomo *m.* di stato, statista *m.* **staats|män|nisch** agg. e avv. da uomo di stato, da statista.

Staats|mi|nis|ter m. *(-s,-)* **1** ministro *m.* **2** *(ohne Ressort)* ministro *m.* senza portafoglio. **Staats|mi|nis|te|ri|um** n. *(-s,-ministerien)* ministero *m.*

Staats|mo|no|pol n. *(-s,-e)* monopolio *m.* di stato. **Staats|not|stand** m. *(-[e]s,-notstände)* stato *m.* di emergenza nazionale.

Staats|ober|haupt n. *(-[e]s,-häupter)* capo *m.* di, dello stato. **Staats|oper** f. *(-,-n)* opera *f.* di stato. **Staats|ord|nung** f. *(-,-en)* ordinamento *m.* statale. **Staats|pa|pie|re** pl. titoli *m.pl.* di stato. **Staats|par|tei** f. *(-,-en)* partito *m.* unico. **Staats|phi|lo|so|phie** f. *(-)* filosofia *f.* politica. **Staats|po|li|tik** f. *(-)* politica *f.* nazionale, di uno, dello stato. **Staats|po|li|zei** f. *(-)* polizia *f.* politica. **Staats|prä|si|dent** m. *(-en,-en)* capo *m.* di, dello stato. **Staats|prü|fung** f. *(-,-en)* esame *m.* di stato. **Staats|qual|le** f. *(-,-n)* sifonoforo *m.* **Staats|rä|son** f. *(-)* ragion *f.* di stato. **Staats|rat** m. *(-[e]s,-räte)* **1** EX-RDT consiglio *m.* dei ministri; CH consiglio *m.* di stato (= governo) **2** *(Ratsmitglied)* consigliere *m.* di stato. **Staats|rats|vor|sit|zen|de** m. e f. *(-n,-n)* presidente *m.* del consiglio dei ministri.

Staats|recht n. *(-[e]s)* diritto *m.* pubblico. **Staats|recht|ler** m. *(-s,-)* esperto *m.* di diritto pubblico. **staats|recht|lich** agg. di diritto pubblico.

Staats|re|li|gi|on f. *(-,-en)* religione *f.* di stato. **Staats|ro|man** m. *(-s,-e)* romanzo *m.* politico. **Staats|sä|ckel** n. *(-s,-)* SCHERZ. → **Staatskasse. Staats|schatz** m. *(-es,-schätze)* tesoro *m.* dello stato, pubblico. **Staats|schiff** n. *(-[e]s,-e)* nave *f.* dello stato. **Staats|schuld** f. *(-,-en)* debito *m.* pubblico. **Staats|schutz** m. *(-es)* tutela *f.* dello stato. **Staats|schutz|de|likt** n. *(-[e]s,-e)* delitto *m.* contro la sicurezza dello stato, contro lo stato. **Staats|sek|re|tär** m. *(-s,-e)* **1** sottosegretario *m.* di stato **2** RFT segretario *m.* federale. **Staats|sek|re|ta|ri|at** n. *(-[e]s)* ECCL. segreteria *f.* di stato. **Staats|si|cher|heits|dienst** m. *(-[e]s)* EX-RDT servizio *m.* di sicurezza nazionale (= polizia politica segreta). **Staats|so|zi|a|lis|mus** m. *(-)* socialismo *m.* di stato. **Staats|stra|ße** f. *(-,-n)* strada *f.* statale. **Staats|streich** m. *(-[e]s,-e)* colpo *m.* di stato: ***einen ~ durchführen*** compiere (*o* attuare) un colpo di stato. **Staats|the|a|ter** n. *(-s,-)* teatro *m.* nazionale.

staats|tra|gend agg. di stato. **Staats|trau|er** f. *(-)* lutto *m.* nazionale. **Staats|un|ter|neh|men** n. *(-s,-)* impresa *f.* statale, pubblica. **Staats|ver|bre|chen** n. *(-s,-)* delitto *m.*, crimine *m.* di stato. **Staats|ver|dros|sen|heit** f. *(-)* rifiuto *m.* dello stato. **Staats|ver|fas|sung** f. *(-,-en)* costituzione *f.* **Staats|ver|leum|dung** f. *(-)* vilipendio *m.* alla nazione. **Staats|ver|mö|gen** n. *(-s,-)* patrimonio *m.* statale, pubblico. **Staats|ver|rat** m. *(-[e]s)* alto tradimento *m.* **Staats|ver|rä|ter** m. *(-s,-)* colpevole *m.* di alto tradimento. **Staats|ver|schul|dung** f. *(-,-en)* indebitamento *m.* dello stato. **Staats|ver|trag** m. *(-[e]s,-verträge)* **1** patto *m.* sociale **2** POL. trattato *m.* internazionale. **Staats|ver|wal|tung** f. *(-,-en)* amministrazione *f.* dello stato. **Staats|volk** n. *(-[e]s,-völker)* popolazione *f.* di uno, dello stato. **Staats|we|sen** n. *(-s,-)* comunità *f.* statale, stato *m.* **Staats|wirt|schaft** f. *(-)* finanza *f.* pubblica. **Staats|wis|sen|schaft** f. *(-,-en)* scienza *f.* politica.

Stab m. *(-[e]s, Stäbe)* **1a** asta *f.*, bacchetta *f.* **b** *(des Regenschirms)* stecca *f.* **c** *(des Käfigs, Gitters)* sbarra *f.* **d** *(Taktstock)* bacchetta *f.* **2** *(Stock)* bastone *m.*, verga *f.* **3a** SPORT asta *f.* **b** *(Staffelstab)* testimone *m.* **4** METALL. barra *f.* **5** MIL. stato *m.* maggiore, comando *m.* **6** *(Gruppe von Mitarbeitern)* staff *m.*, team *m.* ◆ ***den ~ über jdn, etw. brechen*** = condannare qcn., qcs.; MUS. ***den ~ führen*** dirigere l'orchestra. **Stab|an|ten|ne** f. *(-,-n)* antenna *f.* ad asta.

Stäb|chen n. *(-s,-)* **1a** astina *f.* **b** *(Stöckchen)* bastoncino *m.* **2** pl. *(zum Essen)* bacchette *f.pl.* **3** *(beim Häkeln)* maglia *f.* alta: ***ein halbes, doppeltes ~*** una maglia bassa, altissima **4** ANAT. bastoncello *m.*

Stab|ei|sen n. *(-s)* ferro *m.* in barre. **Stab|füh|rung** f. *(-)* MUS. direzione *f.* (dell'orchestra, di un'orchestra).

Stab|hoch|sprin|gen n. *(-s)* salto *m.* con l'asta. **Stab|hoch|sprin|ger** m. *(-s,-)* saltatore *m.* con l'asta, astista *m.* **Stab|hoch|sprung** m. *(-[e]s,-sprünge)* salto *m.* con l'asta.

sta|bil I agg. **1** stabile, solido, saldo: ***eine -e Leiter, Couch*** una scala stabile, un divano solido **2** *(kräftig)* robusto, resistente: ***eine -e Konstitution*** una costituzione robusta **3** FIG. stabile: ***-e Preise*** prezzi stabili; ***-es Gleichgewicht*** equilibrio stabile; ***-e Regierung, Währung*** governo, moneta stabile; METEOR. ***-es Wetter*** tempo stabile; FIS. ***ein -es Atom*** un atomo stabile **II** avv. in modo stabile (*o* solido), stabilmente: ***ein ~ gebautes Gebäude*** un edificio stabile, solido.

Sta|bi|li|sa|tor m. *(-s,-en)* **1** TECN. stabilizzatore *m.* **2** CHIM. stabilizzatore *m.*, stabilizzante *m.*

sta|bi|li|sie|ren I tr. **1** stabilizzare, rendere stabile: ***ein baufälliges Gebäude ~*** rendere stabile un edificio pericolante **2** *(widerstandsfähig machen)* rinvigorire: ***die Behandlung hat seine Gesundheit stabilisiert*** la cura lo ha rimesso in salute **II** rifl. **sich ~ 1** stabilizzarsi **2** *(widerstandsfähig werden)* rinvigorirsi, irrobustirsi ◆ AER. ***das Flugzeug ~*** raddrizzare l'aereo. **Sta|bi|li|sie|rung** f. *(-,-en)* **1** stabilizzazione *f.*: ***die ~ der Märkte*** la stabilizzazione, il consolidamento dei mercati **2** rinvigorimento *m.*, irrobustimento *m.* **Sta|bi|li|sie|rungs|flä|che** f. *(-,-n)* AER. (piano *m.*) stabilizzatore *m.* **Sta|bi|li|sie|rungs|flos|se** f. *(-,-n)* **1** AER. MAR. pinna *f.* stabilizzatrice, stabilizzatore *m.* **2** *(von Autos, Raketen)* aletta *f.* stabilizzatrice.

Sta|bi|li|tät f. *(-)* **1** stabilità *f.* **2** *(Widerstandsfähigkeit)* robustezza *f.*

Stab|lam|pe f. *(-,-n)* torcia *f.* elettrica. **Stab|reim** m. *(-[e]s,-e)* METR. allitterazione *f.*

Stabs|arzt m. *(-es,-ärzte)* capitano *m.* medico. **Stabs|feld|we|bel** m. *(-s,-)* maresciallo *m.* maggiore.

stab|sich|tig agg. astigmatico. **Stab|sich|tig|keit** f. *(-)* astigmatismo *m.*

Stabs|of|fi|zier m. *(-s,-e)* ufficiale *m.* di stato maggiore ◆ ***Schulden haben wie ein ~*** essere indebitato fino al collo.

Stab|ta|schen|lam|pe → **Stablampe. Stab|wech|sel** m. *(-s,-)* SPORT cambio *m.* di, del testimone.

stach → **stechen.**

Sta|chel m. *(-s,-n)* **1** spina *f.*, BOT. aculeo *m.*: ***die -n eines Kaktus*** le spine di un cactus; ***sich an einem ~ verletzen*** ferirsi con una spina; ***sich (D) einen ~ in den Fuß einziehen*** piantarsi una spina nel piede **2a** ZOOL. aculeo *m.*: ***die -n des Igels*** gli aculei del riccio **b** *(von Bienen, Wespen)* pungiglione *m.* **3** *(spitzes Metallstück)* spuntone *m.*, borchia *f.* (appuntita) **4a** *(Qual)* tormento *m.*, assillo *m.*: ***der ~ des Zweifels, des erlittenen Unrechts*** il tormento del dubbio, l'assillo del torto subito **b** *(Anreiz)* pungolo *m.*: ***der ~ des Ehrgeizes*** il pungolo dell'ambizione ◆ ***ein ~ im Fleische*** una spina nel fianco; ***wider, gegen den ~ löcken*** ribellarsi al giogo; *(sich widersetzen)* recalcitrare sotto il giogo, opporre resistenza; ***etw. (D) den ~ nehmen*** = smorzare l'effetto di qcs., privare qcs. del suo mordente. **Sta|chel|bee|re** f. *(-,-n)* uva *f.* spina. **Sta|chel|beer|strauch** m. *(-[e]s,-sträucher)* uva *f.* spina. **Sta|chel|draht** m. *(-[e]s,-drähte)* filo *m.* spinato ◆ ***hinter ~ sitzen*** = essere rinchiuso in un campo di concentramento (*o* di prigionia). **Sta|chel|draht|ver|hau** m. *(-[e]s,-e)* reticolato *m.* di filo spinato. **Sta|chel|flos|ser** pl. acantotterigi *m.pl.* **Sta|chel|hals|band** n. *(-[e]s,-bänder)* collare *m.* munito di, con aculei. **Sta|chel|häu|ter** pl. echinodermi *m.pl.*, echinodermati *m.pl.*

sta|che|lig agg. **1** spinoso, irto di spine, con le spine: ***ein -er Zweig*** un ramo spinoso **2a** *(von Tieren)* irto di aculei **b** *(mit einem Stachel versehen)* aculeato **3** *(kratzend)* ruvido, pungente: ***ein -er Bart, Stoff*** una barba pungente, una stoffa ruvida **4** FIG. *(spitz)* pungente, sarcastico: ***-e Bemerkungen*** osservazioni pungenti.

sta|chel|los agg. privo di spine, di aculei, di pungiglione.

sta|cheln tr. pungolare, spronare: ***jdn zu etw. ~*** spronare qcn. a fare qcs.

sta|chel|sa|mig agg. ***-e Pflanzen*** echinospermi. **Sta|chel|schwein** n. *(-[e]s,-e)* porcospino *m.*, istrice *m.* **Sta|chel|stock** m. *(-[e]s,-stöcke)* pungolo *m.*

stach|lig → **stachelig.**

Sta|del m. *(-s,- e* AUSTR. *-n/*SVIZZ. *Städel)* fienile *m.*

Sta|di|on n. *(-s, Stadien)* stadio *m.*: ***ins ~ gehen*** andare allo stadio.

Sta|di|um n. *(-s, Stadien)* stadio *m.*: ***das fortgeschrittene ~ einer Krankheit*** lo stadio avanzato di una malattia.

Stadt f. *(-, Städte)* **1a** città *f.*: ***die ~ Paris*** la città di Parigi; ***eine ~ besichtigen, besuchen*** fare il giro di, visitare una città; ***in der, außerhalb der ~ leben*** vivere in città, fuori città; ***im Zentrum, am Rande einer ~ wohnen*** abitare nel centro, alla periferia di una città: ***zum Einkaufen in die ~ gehen*** andare a far spese in città; ***in eine andere ~ ziehen*** trasferirsi in un'altra città; ***die Leute aus der ~*** la gente di città, i cittadini **b** *(Einwohner der Stadt)* ***die ganze ~ spricht davon*** tutta la città ne parla **2** COLLOQ. *(Stadtverwaltung)* comune *m.*: ***bei der ~ angestellt sein*** essere impiegato in comune ◆ ***die Ewige ~*** la città eterna; ***die Goldene ~*** la città d'oro (= Praga); ***die Heilige ~*** la città santa; ***in ~ und Land*** in tutto il paese.

Stadt|ar|chiv n. *(-s,-e)* archivio *m.* comunale. **stadt|aus|wärts** avv. in uscita dalla città; *(in Richtung des Stadtrands)* verso la periferia. **Stadt|au|to|bahn** f. *(-,-en)* tangenziale *f.* **Stadt|bahn** f. *(-,-en)* INTRAD. (ferrovia metropolitana per il servizio di grandi aree urbane e suburbane). **Stadt|bau|amt** n. *(-[e]s,-ämter)* ufficio *m.* tecnico del comune. **stadt|be|kannt** agg. noto a tutta la città: ***das ist doch ~!*** lo sa tutta la città! **Stadt|be|völ|ke|rung** f. *(-,-en)* cittadinanza *f.*, popolazione *f.* urbana. **Stadt|be|woh|ner** m. *(-s,-)* abitante *m.* della città, cittadino *m.* **Stadt|be|zirk** m. *(-[e]s,-e)* quartiere *m.*, BUROCR. circoscrizione *f.* (comunale). **Stadt|bib|li|o|thek** f. *(-,-en)* biblioteca *f.* comunale (*o* civica). **Stadt|bild** n. *(-[e]s,-er)* volto m. (*o* immagine *f.*) della città. **Stadt|bü|che|rei** f. *(-,-en)* biblioteca *f.* civica (di zona). **Stadt|bum|mel** m. *(-s,-)* COLLOQ. giro *m.* in città.

Städt|chen n. *(-s,-)* cittadina *f.*
Stadt|chro|nik f. *(-,-en)* cronaca *f.* cittadina. **Stadt|di|rek|tor** m. *(-s,-en)* segretario *m.* municipale.
Städ|te|bau m. *(-[e]s)* urbanistica *f.* **städ|te|bau|lich** agg. urbanistico. **Städ|te|bund** m. *(-[e]s,-bünde)* STOR. lega *f.* (di città).
stadt|ein|wärts avv. verso il centro della città.
Städ|te|part|ner|schaft f. *(-,-en)* gemellaggio *m.*
Städ|ter m. *(-s,-)* cittadino *m.*
Stadt|fahrt f. *(-,-en)* visita *f.* (*o* giro *m.*) della città. **Stadt|flucht** f. *(-)* esodo *m.* dalle città. **Stadt|füh|rer** m. *(-s,-)* guida *f.* della città. **Stadt|gas** n. *(-es)* gas *m.* di città. **Stadt|ge|biet** n. *(-[e]s,-e)* area *f.* cittadina, territorio *m.* comunale. **Stadt|ge|mein|de** f. *(-,-n)* comune *m.* **Stadt|ge|spräch** n. *(-[e]s,-e)* **1** telefonata *f.* (*o* conversazione *f.*) urbana **2** FIG. oggetto *m.* dei discorsi (in città): ***seit gestern ist der Vorfall ~*** da ieri questo fatto è sulla bocca di tutti. **Stadt|gra|ben** m. *(-s,-gräben)* fossato *m.* attorno alla città. **Stadt|gue|ril|la** [-gerılja] f. *(-)* guerriglia *f.* urbana. **Stadt|haus** n. *(-es,-häuser)* **1** municipio *m.* **2** *(Haus in einer Stadt)* casa *f.* di città. **Stadt|in|di|a|ner** m. *(-s,-)* GERG. indiano *m.* metropolitano. **Stadt|in|ne|re** n. *(-n)* centro *m.* cittadino (*o* della città).
städ|tisch I agg. **1** cittadino, urbano, della città: ***der -e Verkehr*** il traffico cittadino; ***-e Müllabfuhr*** rimozione dei rifiuti urbani; *(kommunale Anstalt)* nettezza urbana; ***die -en Behörden*** le autorità cittadine **2** *(kommunal)* comunale, civico, municipale: ***die -e Bibliothek*** la biblioteca comunale (*o* civica) **II** avv. come un, da cittadino: ***~ gekleidet sein*** essere vestito da cittadino ◆ ***~ verwaltet*** amministrato dal comune.
Stadt|käm|me|rei f. *(-,-en)* tesoreria *f.* comunale. **Stadt|käm|me|rer** m. *(-s,-)* tesoriere *m.* comunale. **Stadt|kas|se** f. *(-,-n)* cassa *f.* comunale. **Stadt|kern** m. *(-[e]s,-e)* centro *m.* (*o* cuore *m.*) della città. **Stadt|kind** n. *(-[e]s,-er)* **1** bambino *m.* di città **2** → **Stadtmensch. Stadt|kreis** m. *(-es,-e)* distretto *m.* cittadino, circondario *m.* urbano. **stadt|kun|dig** agg. pratico della città. **Stadt|le|ben** n. *(-s)* vita *f.* cittadina (*o* di, in città). **Stadt|mau|er** f. *(-,-n)* mura *f.pl.* della città. **Stadt|mensch** m. *(-en,-en)* uomo *m.* (*o* donna *f.*) di città, cittadino *m.* (-a *f.*). **Stadt|mit|te** f. *(-)* → **Stadtzentrum. Stadt|mu|si|kant** m. *(-en,-en)* → **Stadtpfeifer. Stadt|park** m. *(-s,-s)* parco *m.* comunale (*o* cittadino). **Stadt|par|la|ment** n. *(-[e]s,-e)* consiglio *m.* comunale (*o* municipale). **Stadt|pfei|fer** m. *(-s,-)* STOR. = musico al servizio della municipalità.
Stadt|plan m. *(-[e]s,-pläne)* pianta *f.* (*o* cartina *f.*) della città. **Stadt|pla|ner** m. *(-s,-)* urbanista *m.* **Stadt|pla|nung** f. *(-)* pianificazione *f.* urbanistica.
Stadt|rand m. *(-[e]s)* periferia *f.*
Stadt|rat m. *(-[e]s,-räte)* **1** consiglio *m.* comunale (*o* municipale); *(als Exekutivorgan)* giunta *f.* comunale **2** *(Mitglied eines Stadtrates)* consigliere *m.* comunale; *(Mitglied des Exekutivorgans)* assessore *m.* (comunale). **Stadt|rä|tin** f. *(-,-nen)* consigliere *m.* comunale; *(Mitglied des Exekutivorgans)* assessore *m.* (comunale).
Stadt|recht n. *(-[e]s)* diritto *m.* civico. **Stadt|rei|ni|gung** f. *(-)* nettezza *f.* urbana. **Stadt|rund|fahrt** f. *(-,-en)* giro *m.* (turistico) della città. **Stadt|sa|nie|rung** f. *(-)* risanamento *m.* (edilizio) urbano. **Stadt|schrei|ber** m. *(-s,-)* STOR. segretario *m.* comunale. **Stadt|staat** m. *(-[e]s,-en)* città-stato *f.* **Stadt|strei|cher** m. *(-s,-)* vagabondo *m.*, barbone *m.* **Stadt|teil** m. *(-[e]s,-e)* parte *f.* (*o* zona *f.*) della città; *(Stadtviertel)* quartiere *m.* **Stadt|the|a|ter** n. *(-s,-)* teatro *m.* comunale. **Stadt|tor** n. *(-[e]s,-e)* porta *f.* della città. **Stadt|vä|ter** pl. SCHERZ. = consiglieri *m.pl.* comunali. **Stadt|ver|kehr** m. *(-s)* traffico *m.* urbano (*o* cittadino). **Stadt|ver|ord|ne|te** m. *(-n,-n)* consigliere *m.* comunale; *(Mitglied des Exekutivorgans)* assessore *m.* **Stadt|ver|wal|tung** f. *(-,-en)* amministrazione *f.* comunale. **Stadt|vier|tel** n. *(-s,-)* quartiere *m.*, rione *m.* **Stadt|wald** m. *(-[e]s,-wälder)* bosco *m.* comunale. **Stadt|wap|pen** n. *(-s,-)* stemma *m.* della città. **Stadt|woh|nung** f. *(-,-en)* appartamento *m.* di, in città. **Stadt|zent|rum** n. *(-s,-zentren)* centro *m.* della città.
Sta|fet|te f. *(-,-n)* staffetta *f.* (anche SPORT). **Sta|fet|ten|lauf** m. *(-[e]s,-läufe)* ANT. → **Staffellauf.**
Staf|fa|ge [-'fa:ʒə] f. *(-,-n)* **1** ornamenti *m.pl.*; *(Beiwerk)* accessori *m.pl.* **2** ART. figure *f.pl.* accessorie (*o* di contorno).
Staf|fel f. *(-,-n)* **1a** SPORT staffetta *f.* **b** *(Team)* squadra *f.*: ***die ~ der Boxer*** la squadra dei pugili **2a** *(von Flugzeugen)* squadriglia *f.* **b** *(von Schiffen)* squadra *f.* **3** REGION. *(Absatz)* gradino *m.*, scalino *m.* **Staf|fel|an|lei|he** f. *(-,-n)* ECON. prestito *m.* a interesse scalare. **Staf|fel|be|steu|e|rung** f. *(-)* imposizione *f.* (*o* tassazione *f.*) progressiva.
Staf|fe|lei f. *(-,-en)* cavalletto *m.*
Staf|fel|holz n. *(-es,-hölzer)* → **Staffelstab. Staf|fel|lauf** m. *(-[e]s,-läufe)* (corsa *f.* a) staffetta *f.* **Staf|fel|läu|fer** m. *(-s,-)* staffettista *m.*
staf|feln I tr. **1** ***etw. zu Pyramiden, pyramidenartig ~*** formare una piramide di qcs. **2a** *(abstufen)* graduare, differenziare: ***die Löhne ~*** differenziare i salari **b** *(staffelweise aufstellen)* scaglionare **II** rifl. **sich ~** differenziarsi, essere graduato.
Staf|fel|rech|nung f. *(-,-en)* conto *m.* scalare. **Staf|fel|stab** m. *(-[e]s,-stäbe)* SPORT testimone *m.* **Staf|fel|ta|rif** m. *(-s,-e)* tariffa *f.* differenziale (*o* differenziata).
Staf|fe|lung f. *(-,-en)* **1** differenziazione *f.*; *(Gliederung)* graduazione *f.* **2** *(Aufstellung in Staffeln)* scaglionamento *m.*
staf|fel|wei|se avv. a scaglioni, a fasce. **Staf|fel|wett|be|werb** m. *(-s,-e)* (gara *f.* di) staffetta *f.*
staf|fie|ren tr. **1** AUSTR. ornare, decorare, addobbare **2** SART. cucire (sopra).
Staff|lung → **Staffelung.**
Stag n. *(-[e]s,-e[n])* MAR. strallo *m.*, straglio *m.*
Stag|fla|ti|on f. *(-,-en)* stagflazione *f.*
Stag|na|ti|on f. *(-,-en)* stagnazione *f.* (spec. ECON.). **stag|nie|ren** intr. (aus. *haben*) ristagnare.
stahl → **stehlen.**
Stahl m. *(-[e]s, Stähle* e rar.*-e)* **1** acciaio *m.*: ***hart wie ~*** duro come (l') acciaio; ***Nerven aus ~*** nervi d'acciaio **2** LETT. ferro *m.*, acciaio *m.*; ***~ verarbeitend*** siderurgico. **Stahl|ar|bei|ter** m. *(-s,-)* operaio *m.* siderurgico. **Stahl|band** n. *(-[e]s,-bänder)* nastro *m.* d'acciaio. **Stahl|bau** m. *(-[e]s,-ten)* **1** carpenteria *f.* in acciaio **2** *(Bauwerk)* costruzione *f.* in acciaio. **Stahl|be|ton** m. *(-s)* EDIL. cemento *m.* armato. **stahl|blau** agg. azzurro acciaio. **Stahl|bril|le** f. *(-,-n)* occhiali *m.pl.* (con montatura) in metallo. **Stahl|draht** m. *(-[e]s,-drähte)* filo *m.* di acciaio.
stäh|le → **stehlen.**
stäh|len tr. temprare (anche FIG.). **Stäh|len** n. *(-s)* acciaiatura *f.*
stäh|lern agg. **1** di acciaio (anche FIG.) **2** *(stark, fest)* ferreo: ***ein -er Wille*** una volontà ferrea.
Stahl|fe|der f. *(-,-n)* **1** *(Schreibfeder)* pennino *m.* d'acciaio **2** TECN. molla *f.* d'acciaio. **stahl|grau** agg. grigio acciaio. **stahl|hart** agg. duro (*o* saldo) come l'acciaio. **Stahl|helm** m. *(-[e]s,-e)* elmetto *m.* **Stahl|hüt|te** f. *(-,-n)* acciaieria *f.* **Stahl|in|dust|rie** f. *(-)* industria *f.* dell'acciaio, siderurgica. **Stahl|kam|mer** f. *(-,-n)* camera *f.* blindata. **Stahl|ko|cher** m. *(-s,-)* GERG. → **Stahlarbeiter. Stahl|man|tel** m. *(-s,-mäntel)* rivestimento *m.* in, d'acciaio. **Stahl|plat|te** f. *(-,-n)* piastra *f.* d'acciaio. **Stahl|rohr** n. *(-[e]s,-e)* tubo *m.* d'acciaio. **Stahl|ross** n. *(-es,-e)* SCHERZ. = bicicletta *f.* **Stahl|sai|te** f. *(-,-n)* corda *f.* d'acciaio. **Stahl|schrank** m. *(-[e]s,-schränke)* armadio *m.* blindato. **Stahl|seil** n. *(-[e]s,-e)* fune *f.* d'acciaio. **Stahl|ske|lett** n. *(-[e]s,-e)* EDIL. scheletro *m.* in acciaio. **Stahl|ste|cher** m. *(-s,-)* ART. incisore *m.* (su lastra d'acciaio). **Stahl|stich** m. *(-[e]s,-e)* siderografia *f.* **Stahl|trä|ger** m. *(-s,-)* trave *f.* d'acciaio, longherina *f.* **Stahl|tros|se** f. *(-,-n)* cavo *m.* d'acciaio. **Stahl|wa|ren** pl. materiali *m.pl.* in acciaio. **Stahl|werk** n. *(-[e]s,-e)* acciaieria *f.* **Stahl|wer|ker** m. *(-s,-)* → **Stahlarbeiter. Stahl|wol|le** f. *(-)* lana *f.* d'acciaio.
stak → **stecken.**
Sta|ke f. *(-,-n)*, **Sta|ken** m. *(-s,-)* pertica *f.* **sta|ken I** tr. **1** *(Boot)* spingere (facendo forza) con una pertica **2** REGION. *(Heugarbe)* infilzare con un forcone **II** intr. (aus. *sein*) **1** spostarsi con la pertica **2** RAR. → **staksen.**
Sta|ket n. *(-[e]s,-e)* REGION. steccato *m.*, staccionata *f.* **Sta|ke|ten|zaun** m. *(-[e]s,-zäune)* REGION. staccionata *f.*
Stak|ka|to n. *(-s,-s* e *Stakkati)* staccato *m.*
stak|sen intr. (aus. *sein*) COLLOQ. camminare con gambe rigide. **stak|sig** agg. COLLOQ. ***mit -en Schritten*** con passi malsicuri.
Sta|lag|mit m. *(-s* e *-en,-e[n])* stalagmite *f.* **sta|lag|mi|tisch** agg. stalagmitico. **Sta|lak|tit** m. *(-s* e *-en,-e[n])* stalattite *f.* **Sta|lak|ti|ten|ge|wöl|be** n. *(-s,-)* ARCH. volta *f.* a stalattiti. **sta|lak|ti|tisch** agg. stalattitico.
Sta|lin|grad n.pr.n. *(-s)* Stalingrado *f.*
Sta|li|nis|mus m. *(-)* stalinismo *m.* **Sta|li|nist** m. *(-en,-en)* stalinista *m.* **sta|li|nis|tisch** agg. stalinista.
Stall m. *(-[e]s, Ställe)* **1** stalla *f.* (anche FIG.): ***dein Zimmer sieht aus wie ein ~*** la tua camera sembra una stalla **2** *(Schweinestall)* porcile *m.* **3** *(Schafstall)* ovile *m.* **4** *(Hühnerstall)* pollaio *m.* **5** *(Kaninchenstall)* conigliera *f.* **6** GERG. *(Rennstall)* scuderia *f.* ◆ COLLOQ. ***ein ganzer ~ voll Mädchen*** un mucchio di ragazze; SCHERZ. ***aus einem guten ~ kommen*** essere di buona famiglia; ***aus demselben ~ kommen*** provenire dallo stesso ambiente. **Stall|bur|sche** m. *(-n,-n)* garzone *m.* di stalla, stalliere *m.* **Ställ|chen** n. *(-s,-)* **1** piccola stalla *f.* **2** *(Laufgitter)* box *m.* **Stall|dung** m. *(-[e]s)* letame *m.* di

stalla. **Stall|dün|ger** m. *(-s,-)* concime *m.* di stalla. **Stall|flie|ge** f. *(-,-n)* mosca *f.* delle stalle. **Stall|füt|te|rung** f. *(-,-en)* foraggiamento *m.* di bestiame. **Stall|ge|fähr|te** m. *(-n,-n)* SPORT compagno *m.* di scuderia. **Stall|ha|se** m. *(-n,-n)* coniglio *m.* **Stall|la|ter|ne** f. *(-,-n)* laterna *f.* da stalla. **Stall|meis|ter** m. *(-s,-)* istruttore *m.* (in una scuderia). **Stall|mist** m. *(-[e]s)* stallatico *m.* **Stal|lung** f. *(-,-en)* stalla *f.*

Stamm m. *(-[e]s, Stämme)* **1a** stirpe *f.*, ceppo *m.*: ***der ~ Davids*** la stirpe di Davide **b** *(bei primitiven und alten Völkern)* tribù *m.*: ***die germanischen Stämme*** le tribù germaniche; ***der ~ der Siouxindianer*** la tribù degli indiani Sioux **c** *(Geschlecht)* stirpe *f.*, famiglia *f.*: ***er ist, kommt aus adeligem ~*** viene da una famiglia nobile; ***der letzte seines -es*** l'ultimo della famiglia **2** *(Baumstamm)* tronco *m.* **3** BIOL. tipo *m.*, philum *m.* **4** ALLEV. varietà *f.* **5** LING. tema *m.* (di una parola), radice *f.* **6** MIL. quadri *m.pl.* ◆ ***ein fester ~ von Gästen*** ospiti fissi; ***ein fester ~ von Kunden*** clienti fissi; SCHERZ. ***vom -e Nimm sein*** = essere molto avido.

Stamm|ak|tie f. *(-,-n)* azione *f.* ordinaria. **Stamm|baum** m. *(-[e]s, -bäume)* **1a** albero *m.* genealogico (anche BIOL.): ***einen ~ aufstellen*** fare un albero genealogico **b** pedigree *m.*: ***ein Hund mit ~*** un cane con pedigree **2** LING. → **Stemma.** **Stamm|be|leg|schaft** f. *(-,-en)* maestranze *f.pl.* fisse, dipendenti *m.pl.* fissi. **Stamm|be|set|zung** f. *(-,-en)* compagnia *f.* stabile. **Stamm|buch** n. *(-[e]s, -bücher)* **1** *(Familienbuch)* libro *m.* di famiglia **2** *(Herdbuch)* registro *m.* genealogico (per animali purosangue). **Stamm|burg** f. *(-,-en)* castello *m.* di famiglia. **Stamm|ein|la|ge** f. *(-,-n)* quota *f.* iniziale.

stam|meln intr. e tr. (aus. *haben*) balbettare (anche MED.): ***eine Entschuldigung ~*** balbettare una scusa. **stam|melnd I** p.pres. agg. **1** → **stammeln 2** balbuziente **II** avv. ***~ sprechen*** parlare balbettando.

Stamm|el|tern pl. progenitori *m.pl.* **stam|men** intr. (aus. *haben*) **1** discendere: ***aus einer berühmten Familie ~*** discendere da una famiglia illustre **2a** provenire, derivare: ***aus Bonn ~*** provenire da Bonn (*o* essere di Bonn); ***das Wort stammt aus dem Griechischen*** questo termine deriva dal greco; ***aus zuverlässiger Quelle ~*** provenire da una fonte affidabile **b** *(herkommen, herrühren)* essere: ***der Ausspruch stammt von...*** questo detto è di...; ***der Fleck stammt von Öl*** (questa) è una macchia d'olio; ***das Kind stammt nicht von ihm*** (questo) non è suo figlio.

Stam|mes|ent|wick|lung f. *(-)* filogenia *f.* **Stam|mes|füh|rer** m. *(-s,-)* → **Stammeshäuptling.** **Stam|mes|ge|schich|te** f. *(-)* filogenesi *f.* **stam|mes|ge|schicht|lich** agg. filogenetico. **Stam|mes|häupt|ling** m. *(-s,-e)* capotribù *m.* **Stam|mes|ver|band** m. *(-[e]s,-verbände)* unione *f.* tribale, tribù *f.* **Stam|mes|zu|ge|hö|rig|keit** f. *(-)* appartenenza *f.* alla tribù (*o* alla stirpe).

Stamm|form f. *(-,-en)* **1** *(Lebewesen)* progenitore *m.* **2** LING. (forma *f.* del) paradigma *m.* **Stamm|gast** m. *(-[e]s,-gäste)* cliente *m.* fisso, abituale. **Stamm|hal|ter** m. *(-s,-)* primogenito *m.* (maschio). **Stamm|haus** n. *(-es,-häuser)* **1** casa *f.* di famiglia, padronale **2** *(einer Firma)* casa *f.* madre. **Stamm|hirn** n. *(-[e]s,-e)* tronco *m.* encefalico. **Stamm|holz** n. *(-es)* legno *m.* del tronco.

stäm|mig agg. **1** *(untersetzt)* tarchiato **2** *(von Beinen)* forte, robusto. **Stäm|mig|keit** f. *(-)* **1** costituzione *f.* tarchiata **2** robustezza *f.*

Stämm|lein n. *(-s,-)* tronchetto *m.*

Stamm|ka|pi|tal n. *(-s,-e)* capitale *m.* sociale. **Stamm|knei|pe** f. *(-,-n)* COLLOQ. osteria *f.* abituale. **Stamm|kun|de** m. *(-n,-n)* cliente *m.* abituale (*o* fisso), habitué *m.*

Stamm|land n. *(-[e]s,-länder)* paese *m.*, regione *f.* di origine.

Stamm|ler m. *(-s,-)* balbuziente *m.*

Stamm|lo|kal n. *(-[e]s,-e)* locale *m.* abituale. **Stamm|mut|ter** f. *(-)* progenitrice *f.* **Stamm|per|so|nal** n. *(-s)* personale *m.* fisso, stabile. **Stamm|platz** m. *(-es,-plätze)* posto *m.* fisso. **Stamm|re|gis|ter** n. *(-s,-)* **1** *(vom Scheckbuch)* madre *f.* **2** MIL. → **Stammrolle.** **Stamm|rol|le** f. *(-,-n)* MIL. matricola *f.* **Stamm|schloss** n. *(-es, -schlösser)* → **Stammburg.** **Stamm|sil|be** f. *(-,-n)* sillaba *f.* radicale. **Stamm|sitz** m. *(-es,-e)* **1** → **Stammplatz 2** *(einer Firma)* casa *f.* madre. **Stamm|spie|ler** m. *(-s,-)* SPORT titolare *m.* **Stamm|ta|fel** f. *(-,-n)* albero *m.* genealogico.

Stamm|tisch m. *(-[e]s,-e)* **1** = tavolo *m.* fisso riservato ai clienti abituali **2** *(Kreis von Stammgästen)* = gruppo *m.* dei clienti abituali **3** *(Treffen am Stammtisch)* = serata *f.*, riunione *f.* dei clienti abituali: ***freitags ist ~*** il venerdì c'è la riunione al tavolo (dei clienti fissi). **Stamm|tisch|po|li|tik** f. *(-)* politica *f.* da caffè.

Stamm|va|ter m. *(-s)* progenitore *m.*

stamm|ver|wandt agg. **1** della stessa tribù **2** LING. di etimo uguale. **Stamm|ver|wandt|schaft** f. *(-)* **1** appartenenza *f.* alla stessa tribù **2** LING. appartenenza *f.* allo stesso etimo.

Stamm|wort n. *(-[e]s,-wörter)* etimo *m.*

Stampf|be|ton m. *(-s)* calcestruzzo *m.* compresso. **Stamp|fe** f. *(-,-n)* mazzeranga *f.*, battipalo *m.*

stamp|fen I tr. **1a** calcare, calpestare: ***die Erde mit den Füßen ~*** calcare il terreno con i piedi **b** battere: ***mit dem Fuß den Rhythmus ~*** battere il ritmo con il piede **c** *(stampfend befreien)* togliere sbattendo, scuotere via: ***den Schnee von den Schuhen ~*** scuotere via la neve dalle scarpe **2** *(Erde)* comprimere, costipare **3** *(zerstampfen)* schiacciare **4** *(hineinstoßen)* conficcare: ***Pfähle in den Boden ~*** conficcare pali nel terreno **II** intr. **1a** (aus. *haben*) battere, pestare: ***mit dem Fuß auf den Boden ~*** battere il piede sul pavimento **b** *(von Pferden)* scalpicciare **2** *(stampfend gehen;* aus. *sein)* camminare, procedere a passi pesanti: ***durch das Zimmer ~*** camminare nella camera a passi pesanti **3** *(von großen Maschinen;* aus. *haben)* lavorare ritmicamente (producendo un rumore ripetuto) **4** MAR. (aus. *haben*) beccheggiare **III** rifl. ***sich (D) etw. von etw. ~*** togliersi qcs. da qcs.: ***sich den Lehm von den Schuhen ~*** togliersi il fango dalle scarpe (sbattendole) ◆ ***etw. aus dem Boden, aus der Erde ~*** far nascere (*o* far venir fuori) qcs. dal nulla. **Stamp|fen** n. *(-s)* **1** calpestio *m.*, scalpiccio *m.*: ***das ~ der Pferde über das Feld*** il calpestio dei cavalli sul terreno **2** *(von großen Maschinen)* ritmo *m.* ripetuto: ***das ~ der Presse*** il ritmo ripetuto della pressa. **Stamp|fer** m. *(-s,-)* **1** schiacciapatate *m.* **2** → **Stampfe 3** RAR. *(Stößel)* pestello *m.* **Stampf|kar|tof|feln** pl. puré *m.*, purea *f.* di patate.

Stam|pig|lie [-'piljə, -'pi:liə] f. *(-,-n)* AUSTR. timbro *m.*

stand → **stehen.**

Stand m. *(-[e]s, Stände)* **1** posizione *f.* (eretta): ***einen festen, unsicheren ~ haben*** essere in posizione stabile, in equilibrio instabile; SPORT ***sicher in den ~ kommen*** terminare con sicurezza in posizione eretta **2** → **Standplatz 3** posizione *f.*: ***der ~ der Gestirne*** la posizione degli astri **4a** *(Beschaffenheit)* stato *m.*, condizione *f.*: ***in gutem -e, gut im ~ sein*** essere in buono stato; ***der ~ der Dinge*** lo stato delle cose **b** situazione *f.*: ***der ~ der Kasse*** la situazione di cassa **5** *(Höhe)* livello *m.*: ***der ~ des Wassers*** il livello dell'acqua; ***den höchsten ~ erreichen*** raggiungere il livello più alto **6a** *(Verkaufsstand)* banco *m.*, bancarella *f.*: ***ein ~ mit Gemüse*** un banco di verdura **b** *(Messestand)* stand *m.* **7** *(Schicht)* classe *f.*, ceto *m.*: ***die unteren, privilegierten Stände*** le classi inferiori, privilegiate **8** *(Familienstand)* stato *m.* civile **9** *(Berufsstand)* categoria *f.* (professionale) **10** *(Schießstand)* poligono *m.* (di tiro) **11** *(Führerstand)* cabina *f.* di guida **12** *(im Stall)* box *m.* **13** *(Blütenstand)* infiorescenza *f.* ◆ ***aus dem ~ (heraus)*** sul momento, su due piedi, senza essersi preparato; ***aus dem ~ werfen, springen*** lanciare, saltare da fermo; ***das Spiel wurde beim ~ von 2:0 abgebrochen*** la partita fu interrotta sul (risultato di) 2 a 0; STOR. ***der dritte ~*** il Terzo Stato; ***in den (heiligen) ~ der Ehe treten*** contrarre il (sacro) vincolo del matrimonio; ***der geistliche ~*** il sacerdozio; ***einen guten ~ bei jdm haben*** essere benvoluto da qcn.; ***unter seinem ~ heiraten*** sposarsi con qcn. di condizione inferiore; ***den Motor im ~ laufen lassen*** far girare il motore in folle; ***beim jetzigen ~*** allo stato attuale; ***keinen leichten ~ haben*** → ***einen schweren ~ haben***; ***ein Mann von ~*** un uomo di alto rango; ***etw. auf den neuesten ~ bringen*** aggiornare qcs.; ***bei jdm einen schlechten ~ haben*** non andare a genio a qcn.; ***bei jdm, gegen jdn einen schweren ~ haben*** non aver vita facile con qcn.; ***jdn in den ~ setzen, etw. zu tun*** mettere qcn. in condizione di fare qcs.; ***aus dem ~ spielen*** giocare senza dinamismo; ***außer -e*** → **außerstande**; ***im -e*** → **imstande**; ***in ~*** → **instand**; ***zu -e*** → **zustande**.

Stan|dard ['ʃt-, 'st-] m. *(-s,-s)* **1** *(Maßstab)* standard *m.*, modello *m.*, tipo *m.* **2** *(Qualitätsniveau)* standard *m.*, norma *f.*: ***ein hoher technischer ~*** un elevato standard tecnico; ***zum ~ gehören*** essere la norma **3** TECN. *(Norm)* standard *m.*, misura *f.* campione **4** *(Feingehalt von Münzen)* titolo *m.* **Stan|dard|ab|wei|chung** f. *(-,-en)* STATIST. deviazione *f.* standard. **Stan|dard|aus|rüs|tung** f. *(-,-en)* attrezzatura *f.* standard. **Stan|dard|brief** m. *(-[e]s,-e)* lettera *f.* con formato standard. **Stan|dard|form** f. *(-,-en)* formato *m.* standard.

Stan|dar|di|sa|ti|on f. *(-,-en)* standardizzazione *f.* **stan|dar|di|sie|ren** tr. standardizzare. **Stan|dar|di|sie|rung** f. *(-,-en)* standardizzazione *f.*

Stan|dard|mo|dell n. *(-s,-e)* modello *m.* standard. **Stan|dard|preis** m. *(-es,-e)* prezzo *m.* standard. **Stan|dard|spra|che** f. *(-,-n)* lingua *f.* standard. **Stan|dard|werk** n. *(-[e]s,-e)* opera *f.* fondamentale, classico *m.* **Stan|dard|zeit** f. *(-)* ora *f.* ufficiale.

Stan|dar|te f. *(-,-n)* **1** *(kleine Fahne)* stendardo *m.* **2** STOR. squadra *f.* (di SA o di SS).

Stand|bein n. *(-[e]s,-e)* **1** gamba *f.* d'appoggio **2** FIG. *(Säule)* pilastro *m.* ◆ ***ein zweites ~*** una seconda possibilità. **Stand|bild** n. *(-[e]s,-er)* **1** *(Statue)* statua *f.* **2** *(Standfoto)* foto *f.* di scena.

Ständ|chen n. *(-s,-)* **1** *(auf dem Markt)* bancarella *f.*; *(in einer Aus-*

stellung) piccolo stand *m.* **2** *(Musik)* serenata *f.*: ***jdm ein ~ bringen*** fare una serenata a qcn.
Stän|de|ord|nung f. *(-)* ordinamento *m.* corporativo.
Stan|der m. *(-s,-)* guidone *m.*, bandierina *f.*
Stän|der m. *(-s,-)* **1a** sostegno *m.*, supporto *m.* **b** *(Kleiderständer)* attaccapanni *m.* **c** *(Schirmständer)* portaombrelli *m.* **d** *(Notenständer)* leggio *m.* **e** *(Fahrradständer)* rastrelliera *f.* (per biciclette) **f** *(Blumenständer)* portafiori *m.*, giardiniera *f.* **2** *(Pfosten)* pilastro *m.*, colonna *f.* **3** *(Stator)* statore *m.* **4** COLLOQ. *(erigierter Penis)* ***einen ~ haben*** avercelo dritto.
Stan|des|amt n. *(-[e]s,-ämter)* ufficio *m.* di stato civile, ufficio *m.* anagrafico, anagrafe *f.* **stan|des|amt|lich** agg. dell'ufficio di stato civile, dell'anagrafe ◆ ***~ getraut werden*** sposarsi civilmente; ***-e Trauung*** matrimonio civile. **Stan|des|be|am|te** m. *(-n,-n)* impiegato *m.* dell'anagrafe. **stan|des|be|wusst** agg. conscio del proprio rango. **Stan|des|dün|kel** m. *(-s)* orgoglio *m.* di casta. **stan|des|ge|mäß I** agg. adeguato (*o* conforme) al proprio rango, alla propria posizione sociale **II** avv. secondo il proprio rango, la propria posizione sociale. **Stan|des|ge|nos|se** m. *(-n,-n)* persona *f.* di pari grado, pari *m.* **stan|des|mä|ßig** agg. → **standesgemäß. Stan|des|or|ga|ni|sa|ti|on** f. *(-,-en)* organizzazione *f.* (*o* ordine *m.*) professionale. **Stan|des|per|son** f. *(-,-en)* ANT. persona *f.* di alto rango, nobile *m.* **Stan|des|pflicht** f. *(-,-en)* **1** *(Berufspflicht)* dovere *m.* professionale **2** dovere *m.* legato alla posizione sociale, al rango. **Stan|des|pri|vi|leg** n. *(-s,-ien)* privilegio *m.* di classe. **Stan|des|re|gis|ter** n. *(-s,-)* registro *m.* anagrafico. **Stan|des|schran|ke** f. *(-,-n)* divario *m.* tra ceti. **Stan|des|spra|che** f. *(-,-n)* linguaggio *m.* professionale.
Stän|de|staat m. *(-[e]s,-en)* stato *m.* corporativo.
Stan|des|un|ter|schied m. *(-[e]s,-e)* differenza *f.* di ceto. **Stan|des|ver|tre|tung** f. *(-,-en)* rappresentanza *f.* di categoria.
Stän|de|ver|samm|lung f. *(-,-en)* STOR. dieta *f.* regionale.
stand|fä|hig agg. capace (*o* in grado) di reggersi in piedi. **stand|fest** agg. **1** stabile: ***eine -e Leiter*** una scala stabile **2** *(standhaft)* fermo, saldo **3** TECN. *(standhaltend)* resistente ◆ ***er ist nicht mehr ganz ~*** non riesce più a reggersi in piedi. **Stand|fes|tig|keit** f. *(-)* **1** stabilità *f.* **2** *(standhaftes Wesen)* fermezza *f.*, costanza *f.* **3** TECN. *(von Materialien)* resistenza *f.* **Stand|flä|che** f. *(-,-n)* superficie *f.* d'appoggio. **Stand|fo|to** n. *(-s,-s)* foto *f.* di scena. **Stand|gas** n. *(-es)* MOT. minimo *m.* **Stand|geld** n. *(-[e]s,-er)* plateatico *m.*
Stand|ge|richt n. *(-[e]s,-e)* corte *f.* marziale.
stand|haft I agg. fermo, saldo; *(unerschütterlich)* incrollabile, irremovibile; *(beharrlich)* costante, perseverante: ***~ bleiben*** rimanere fermo **II** avv. **1** fermamente, con fermezza: ***sich ~ wehren*** difendersi fermamente; ***~ bleiben*** resistere alle tentazioni **2** *(beharrlich)* costantemente, con costanza, con perseveranza. **Stand|haf|tig|keit** f. *(-)* **1** fermezza *f.*, saldezza *f.*: ***~ im Unglück zeigen*** dimostrare fermezza nella sventura **2** *(Unerschütterlichkeit)* irremovibilità *f.* **3** *(Beharrlichkeit)* costanza *f.*, perseveranza *f.*
stand_hal|ten intr. *(hält, hielt, gehalten;* aus. *haben)* resistere, reggere (anche FIG.): ***einem Angriff ~*** resistere a un attacco; ***einem Blick ~*** reggere (*o* sostenere) uno sguardo; ***einer Kritik ~*** tenere testa a una critica.
stän|dig I agg. **1** *(fest)* stabile, fisso, permanente: ***-er Wohnsitz, Aufenthalt*** residenza, dimora stabile; ***-er Gast*** ospite fisso; ***-er Ausschuss*** commissione permanente **2** *(ununterbrochen)* ininterrotto: ***-e Anwesenheit*** presenza ininterrotta **3** *(dauernd)* continuo, incessante: ***-e Klagen, Vorwürfe*** lamenti, rimproveri continui **II** avv. continuamente: ***jdn ~ tadeln*** rimproverare continuamente qcn.
stän|disch agg. corporativo.
Stand|lei|tung f. *(-,-en)* linea *f.* punto a punto, linea *f.* fissa. **Stand|leuch|te** f. *(-,-n)*, **Stand|licht** n. *(-[e]s,-er)* luce *f.* di posizione. **Stand|mie|te** f. *(-,-n)* → **Standgeld.**
Stand|ort m. *(-[e]s,-e)* **1a** posto *m.*, posizione *f.*, ubicazione *f.*: **b** FIG. posizione *f.*: ***sein politischer ~*** la sua posizione politica **2** MIL. *(Garnison)* guarnigione *f.*, presidio *m.* **Stand|ort|be|stim|mung** f. *(-,-en)* posizione *f.*: ***eine klare ~ vornehmen*** definire in modo chiaro la propria posizione. **Stand|ort|ka|ta|log** m. *(-[e]s,-e)* BIBLIOT. catalogo *m.* topografico.
Stand|pau|ke f. *(-,-n)* COLLOQ. cazziatone *m.*: ***jdm eine ~ halten*** fare un cazziatone a qcn. **Stand|platz** m. *(-es,-plätze)* stazione *f.*, posteggio *m.*: ***der ~ der Taxis*** il posteggio dei taxi.
Stand|punkt m. *(-[e]s,-e)* **1** punto *m.* di osservazione **2** *(Ansicht)* punto *m.* di vista, opinione *f.*, parere *m.*: ***von seinem ~ aus*** dal suo punto di vista; ***ein überholter ~*** un'opinione superata; ***sich auf den ~ stellen, auf dem ~ stehen, dass...*** essere dell'opinione che...; ***den eigenen ~ vertreten*** esprimere il proprio parere; ***jds ~ teilen*** condividere il punto di vista di qcn. ◆ ***jdm seinen ~ klarmachen*** chiarire a qcn. il proprio punto di vista.
Stand|quar|tier n. *(-s,-e)* **1** base *f.* **2** MIL. *(Garnison)* guarnigione *f.*, presidio *m.*; ***~ in Berlin haben*** essere di stanza a Berlino. **Stand|recht** n. *(-[e]s)* legge *f.* marziale. **stand|recht|lich I** agg. marziale: ***-es Gericht*** corte marziale; ***-e Hinrichtungen*** esecuzioni marziali **II** avv. secondo la (*o* in base alla) legge marziale: ***jdn ~ erschießen*** fucilare qcn. in base alla legge marziale. **Stand|seil|bahn** f. *(-,-en)* funicolare *f.* **stand|si|cher** agg. stabile, sicuro. **Stand|si|cher|heit** f. *(-)* stabilità *f.*, sicurezza *f.* **Stand|spur** f. *(-,-en)* corsia *f.* d'emergenza. **Stand|uhr** f. *(-,-en)* orologio *m.* a pendolo, pendola *f.* **Stand|ver|mö|gen** n. *(-s)* fermezza *f.*, incrollabilità *f.* **Stand|vo|gel** m. *(-s,-vögel)* uccello *m.* stanziale. **Stand|waa|ge** f. *(-,-n)* GINN. contraffondo *m.* teso. **Stand|wild** n. *(-[e]s)* selvaggina *f.* stanziale.
Stan|ge f. *(-,-n)* **1a** *(Holzstange)* stanga *f.*, palo *m.*, bastone *m.*; *(lange Holzstange)* pertica *f.*: ***die Fahne an der ~ befestigen*** fissare la bandiera al pennone; ***mit einer langen ~ rudern*** remare con una lunga pertica **b** *(Metallstange)* sbarra *f.*, barra *f.*, spranga *f.* **c** *(für Fahnen, Gardinen)* asta *f.* **d** *(Bohnenstange)* palo *m.*, bastone *m.* (di sostegno), AGR. tutore *m.* **e** *(Hühnerstange)* posatoio *m.* **2a** *(in Form einer Stange)* bastoncino *m.*: ***eine ~ Siegellack, Zimt*** un bastoncino di ceralacca, di cannella **b** ***eine ~ Zigaretten*** una stecca di sigarette **c** *(Stangenbrot)* ***eine ~ Brot*** un filone di pane, un bastone **3** *(von bestimmten Gemüsen)* gambo *m.*: ***eine ~ Sellerie, Porree*** un (gambo di) sedano, porro **4a** GINN. sbarra *f.*: ***die vorgeschriebenen Übungen an der ~ machen*** fare gli esercizi prescritti alla sbarra **b** *(Kletterstange)* pertica *f.*: ***auf die ~ klettern*** salire sulla pertica **5** *(Gebissstange)* morso *m.* **6** *(Geweihstange)* fusto *m.* (di corna) ◆ COLLOQ. ***eine ~ angeben*** fare lo smargiasso; ***bei der ~ bleiben*** tenere duro, non mollare; ***eine (schöne) ~ Geld*** un sacco di soldi; ***jdm die ~ halten*** dare man forte a qcn.; ***jdn bei der ~ halten*** convincere qcn. a non mollare; FIG. COLLOQ. ***er, sie ist eine lange ~*** è uno stangone (*o* spilungone), una stangona (*o* spilungona); ***ein Anzug von der ~*** un abito confezionato, pronto.
Stän|gel m. *(-s,-)* gambo *m.*, stelo *m.* ◆ ***vom ~ fallen*** cadere giù; FIG. restare di stucco. **Stän|gel|chen** n. *(-s,-)* piccolo stelo *m.* **stän|gel|los** agg. acaule.
Stan|gen|boh|rer m. *(-s,-)* trivella *f.* **Stan|gen|brot** n. *(-[e]s,-e)* filone *m.* di pane. **Stan|gen|pferd** n. *(-[e]s,-e)* bilancino *m.*, trapelo *m.* **Stan|gen|spar|gel** m. *(-s,-)* asparago *m.* intero.
stank → **stinken.**
Stank m. *(-[e]s)* **1** COLLOQ. *(Zank)* bisticcio *m.*, lite *f.*: ***~ machen*** bisticciare **2** RAR. *(Gestank)* puzza *f.* **Stän|ker** m. *(-s,-)* → **Stänkerer. Stän|ke|rei** f. *(-,-en)* COLLOQ. il piantare grane, il fare il guastafeste. **Stän|ke|rer** m. *(-s,-)* COLLOQ. piantagrane *m.*, guastafeste *m.* **stän|kern** intr. (aus. *haben*) COLLOQ. piantare grane, seminare zizzania.
Stan|ni|ol n. *(-s,-e)* stagnola *f.* **Stan|ni|ol|pa|pier** n. *(-s,-e)* carta *f.* stagnola.
1.Stan|ze f. *(-,-n)* METR. stanza *f.*
2.Stan|ze f. *(-,-n)* **1** *(für Blechbearbeitung)* stampo *m.* **2** *(für Pappe)* fustellatrice *f.* **3** *(Lochstanze)* punzonatrice *f.* **4** *(Prägestempel)* punzone *m.* (per coniare). **stan|zen** tr. **1** *(Blech)* lavorare a stampo **2** *(Blech schneiden)* tranciare **3** *(Pappe)* fustellare **4** *(prägen)* punzonare. **Stan|zen** n. *(-s)* **1** *(von Blech)* lavorazione *f.* a stampo **2** *(Schneiden)* tranciatura *f.* **3** *(von Pappe)* fustellatura *f.* **Stan|zer** m. *(-s,-)* **1** tranciatore *m.* **2** punzonatore *m.* **Stanz|form** f. *(-,-en)* fustella *f.* **Stanz|ma|schi|ne** f. *(-,-n)* **1** *(für Blechbearbeitung)* stampo *m.* **2** *(für Pappe)* fustellatrice *f.*
Sta|pel m. *(-s,-)* **1** catasta *f.*, mucchio *m.* (accatastato), pila *f.*: ***ein ~ Holz, Wäsche, Bücher*** una catasta di legno, un mucchio di biancheria accatastata, una pila di libri **2** → **Stapelplatz 3** MAR. scalo *m.* di costruzione **4** TESS. *(Länge der Faser)* lunghezza *f.* delle fibre ◆ ***ein Schiff auf ~ legen*** impostare una nave; ***ein Schiff vom ~ lassen*** varare una nave; FIG. IRON. ***eine Rede vom ~ lassen*** lanciarsi in un discorso; ***vom ~ laufen*** essere varato. **Sta|pel|lauf** m. *(-[e]s,-läufe)* MAR. varo *m.* **sta|peln I** tr. accatastare, ammucchiare, impilare **II** rifl. **sich ~** accatastarsi, ammucchiarsi, impilarsi. **Sta|pel|platz** m. *(-es,-plätze)* deposito *m.*, magazzino *m.* **Sta|pe|lung** f. *(-)* **1** accatastamento *m.*, ammucchiamento *m.* **2** *(Lagerung)* immagazzinamento *m.* **Sta|pel|wa|re** f. *(-,-n)* **1** merce *f.* accatastabile **2** TESS. *(nicht der Mode unterworfene Kleidung)* merce *f.* in stock. **sta|pel|wei|se** avv. a cataste, a mucchi.
Stap|fe f. *(-,-n)*, **Stap|fen** m. *(-s,-)* orma *f.* **stap|fen** intr. (aus. *sein*) camminare faticosamente, affondando: ***durch den Schnee ~*** camminare faticosamente, affondare nella neve.
Sta|phy|lo|kok|kus m. *(-,-kokken)* stafilococco *m.*
1.Star m. *(-[e]s,-e* e SVIZZ. *-en)* ORNIT. storno *m.*

2.Star m. *(-[e]s)* cateratta *f.*: ***jdm am ~ operieren*** operare qcn. di cateratta; ***grauer ~*** cateratta; ***grüner ~*** glaucoma *m.*; ***schwarzer ~*** amaurosi *f.* ◆ COLLOQ. FIG. ***jdm den ~ stechen*** aprire gli occhi a qcn.

3.Star [st-, ʃt-] m. *(-s,-s)* star *f.*

Star|al|lü|ren pl. atteggiamenti *m.pl.* da star, divistici. **Star|an|walt** m. *(-[e]s,-anwälte)* avvocato *m.* di grido, principe *m.* del foro. **Star|auf|ge|bot** n. *(-[e]s,-e)* stuolo *m.* di divi. **Star|be|set|zung** f. *(-,-en)* cast *m.* di divi.

starb → **sterben.**

star|blind agg. cieco in seguito a cateratta.

stark (compar. *stärker*, superl. *stärkst...*) **I** agg. **1a** *(kräftig)* forte: ***-e Hände, Arme*** mani, braccia forti; ***eine -e Stimme*** una voce forte; ***ein -er Mann*** un uomo forte **b** FIG. ***einen -en Willen haben*** avere una forte volontà **c** *(mächtig)* ***ein -er Staat*** uno stato forte; ***eine -e Partei*** un partito forte **d** *(zahlreich)* ***ein -es Aufgebot von Polizeikräften*** un forte spiegamento di polizia; *(eine bestimmte Anzahl aufweisend)* ***eine hundert Mann -e Abteilung*** un reparto forte di cento uomini **e** *(tüchtig)* ***~ in Latein sein*** essere forte (*o* ferrato) in latino; ***ein -er Spieler*** un giocatore forte (*o* bravo) **f** *(beträchtlich)* ***ein -er Trinker, Raucher*** un forte bevitore, fumatore **g** *(intensiv)* ***-e Schmerzen*** forti dolori; FIG. ***-e Farben*** tinte forti **h** *(gehaltreich, gehaltvoll)* ***ein -er Kaffee, Tee*** un caffè, un tè forte; ***-e Zigarren*** sigari forti; *(penetrant)* ***ein -es Parfüm*** un profumo forte **2** *(belastbar)* saldo: ***-e Nerven*** nervi saldi **3a** *(robust)* grosso, robusto: ***ein -er Ast*** un grosso ramo **b** *(beleibt)* robusto: ***eine -e Dame*** una signora robusta **4** *(extrem)* forte, intenso: ***eine -e Hitze*** un caldo intenso; ***ein -er Schneefall*** una forte (*o* abbondante) nevicata; ***ein -er Verkehr*** un traffico intenso **5a** *(dick)* spesso: ***eine 30 cm -e Wand*** una parete spessa 30 cm; ***ein 500 Seiten -es Buch*** un libro spesso 500 pagine **b** ***eine -e Brille tragen*** portare occhiali spessi **6** *(leistungsfähig)* potente: ***ein -er Motor*** un motore potente **7** *(gut)* grande, buono: ***eine -e Leistung bieten*** offrire una grande prestazione **8** COLLOQ. *(toll)* forte, fantastico: ***dein Freund ist echt ~*** quel tuo amico è veramente forte! **9** GRAMM. forte: ***ein -es Substantiv, Verb*** un sostantivo, un verbo forte; ***eine -e Beugung*** una flessione forte **10** RAR. *(gut)* ***zwei -e Stunden*** due ore buone **II** avv. **1** molto: ***ein ~ wirkendes Mittel*** un rimedio molto efficace; ***~ beschäftigt sein*** essere molto occupato **2** *(viel)* forte, molto: ***~ regnen*** piovere forte; ***~ essen, trinken*** mangiare, bere molto (*o* forte); ***~ behaart*** molto peloso; ***eine ~ behaarte Brust*** un petto villoso; ***~ bevölkert*** molto (*o* densamente) popolato **3** COLLOQ. *(toll)* forte, in modo fantastico, pazzesco: ***jdn, etw. ~ finden*** trovare forte qcn., qcs.; ***~ singen*** cantare in modo fantastico **4a** COLLOQ. *(bald)* quasi: ***es geht ~ auf Mittag*** è quasi mezzogiorno **b** COLLOQ. *(gut)* ***er ist ~ in den Siebzigern*** ha settant'anni buoni (*o* suonati) ◆ ***~ wie ein Bär*** forte come un toro; ***~ besucht*** molto frequentato; ***einen -en Eindruck hinterlassen*** fare una profonda impressione; ***das -e Geschlecht*** il sesso forte; ***groß und ~ werden*** diventare grande e grosso; ***mit -er Hand*** con mano ferma; GRAMM. ***ein Verb ~ konjugieren*** seguire per un verbo la coniugazione forte; ***sich für jdn, für etw. ~ machen*** impegnarsi per qcs., per qcn.; ***den -en Mann spielen*** fare il duro; ***das ist seine -e Seite*** questo è il suo forte; ***das Recht des Stärkeren*** la legge del più forte; ***das ist ein -es Stück!*** è inaudito! ***das ist -er Tobak, Tabak!*** questa è grossa! ***jdm zu ~ sein*** essere troppo forte per qcn.

Stark|bier n. *(-[e]s,-e)* birra *f.* forte.

Stär|ke f. *(-,-n)* **1a** *(körperliche Kraft)* forza *f.*: ***die ~ seiner Muskeln erproben*** mettere a prova la forza dei suoi muscoli **b** *(Macht)* ***die militärische ~*** la forza militare; ***eine Position der ~ vertreten*** assumere una posizione di forza **2** *(Leistungsfähigkeit)* potenza *f.*: ***die ~ des Motors*** la potenza del motore **3** *(Intensität)* intensità *f.*: ***die ~ des Lichtes, des Verkehrs, der Kälte*** l'intensità della luce del traffico, del freddo **4** *(Tüchtigkeit)* forza *f.*, capacità *f.*, bravura *f.*: ***in etw. seine ~ zeigen*** mostrare la propria capacità (*o* forza) in qcs.; ***seine ~ liegt in etw. (D)*** il suo forte è qcs.; ***Mathematik ist seine ~*** la matematica è il suo forte **5a** *(Dicke)* spessore *m.*: ***Bretter von verschiedener ~*** assi di diverso spessore **b** *(Durchmesser)* diametro *m.* **6** *(Leistungskraft)* gradazione *f.*: ***eine Brille mittlerer ~*** occhiali di gradazione media **7** *(Anzahl)* forza *f.*, effettivi *m.pl.*: ***die ~ einer Armee*** la forza di un esercito **8** CHIM. titolo *m.* **9** *(organischer Stoff)* amido *m.*

Stär|ke|kleis|ter m. *(-s)* colla *f.* d'amido. **Stär|ke|mehl** n. *(-[e]s)* fecola *f.*

stär|ken I tr. **1a** rinforzare, irrobustire: ***Turnen stärkt den Körper*** la ginnastica irrobustisce il corpo **b** *(festigen)* rinvigorire, fortificare (anche FIG.): ***Schlaf stärkt den Körper*** il sonno rinvigorisce il corpo **c** FIG. *(bekräftigen)* rafforzare: ***der Erfolg stärkte sein Selbstvertrauen*** il successo rafforzava la sua autostima; ***jds Position, Prestige ~*** rafforzare la posizione, il prestigio di qcn. **2** *(erquicken)* ristorare, rifocillare **3** *(steifen)* inamidare: ***Kragen und Manschetten ~*** inamidare colletti e polsini **II** rifl. **sich ~ 1** rinforzarsi, irrobustirsi (anche FIG.) **2** *(sich erquicken)* ristorarsi, rifocillarsi: ***sich durch einen, mit einem Imbiss ~*** ristorarsi con uno spuntino. **stär|kend** p.pres. agg. **1** → **stärken 2** ***-es Mittel*** corroborante, tonico.

Stär|ke|zu|cker m. *(-s)* glucosio *m.*

stark|kno|chig agg. forte di ossatura. **stark|lei|big** agg. molto corpulento, molto robusto. **Stark|lei|big|keit** f. *(-)* corpulenza *f.*

Stark|strom m. *(-[e]s,-ströme)* corrente *f.* di, ad alta tensione. **Stark|strom|lei|tung** f. *(-,-en)* linea *f.* di alta tensione.

Stär|kung f. *(-,-en)* **1** irrobustimento *m.*, rinvigorimento *m.* **2** *(Bekräftigung)* rafforzamento *m.*, consolidamento *m.*: ***die ~ seiner Position*** il rafforzamento della sua posizione **3** *(Erfrischung)* ristoro *m.*, rifocillamento *m.*: ***eine kleine ~ zu sich nehmen*** concedersi un piccolo ristoro. **Stär|kungs|mit|tel** n. *(-s,-)* ricostituente *m.*

Star|man|ne|quin n. e RAR. m. *(-s,-s)* top model *f.*

Star|ope|ra|ti|on f. *(-,-en)* MED. operazione *f.* della, di cateratta.

Sta|rost m. *(-en,-en)* starosta *m.*

Star|pa|ra|de f. *(-,-n)* parata *f.* di star (*o* stelle).

starr I agg. **1** rigido: ***ein -er Körper*** un corpo rigido; ***~ vor Kälte sein*** essere rigido (*o* intirizzito) per il freddo **2** *(reglos)* fisso, immobile: ***mit -em Blick*** con sguardo fisso **3** *(nicht flexibel)* fisso, rigido: ***-e Regeln, Strukturen*** regole, strutture fisse (*o* rigide); ***ein -es Prinzip*** un principio rigido **II** avv. **1** rigidamente, in modo rigido: ***die Teile sind ~ verbunden*** i pezzi sono collegati in modo rigido; ***an etw. (D) ~ festhalten*** attenersi rigidamente a qcs. **2** fisso, in modo fisso, immobile: ***~ vor sich hinblicken*** guardare fisso davanti a sé ◆ ***vor Staunen ~ sein*** essere sbalordito; ***vor Schrecken, Entsetzen ~ sein*** essere impietrito dallo spavento, dal raccapriccio; ***~ und steif*** tutto rigido.

Starr|ach|se f. *(-,-n)* MECC. assale *m.* rigido. **Star|re** f. *(-)* **1** rigidità *f.* (anche MED.) **2** *(Reglosigkeit)* fissità *f.*, immobilità *f.* staticità *f.*

star|ren intr. (aus. *haben*) **1** fissare, guardare fisso: ***auf jdn ~*** fissare qcn.; ***jdm ins Gesicht ~*** fissare qcn. in faccia; ***ins Leere, vor sich hin ~*** avere lo sguardo fisso nel vuoto, davanti a sé **2** *(herausragen)* innalzarsi, ergersi **3** *(bedeckt sein)* essere coperto (*o* pieno): ***das Zimmer starrt vor, von Schmutz*** la stanza è lurida ◆ ***ein Loch, Löcher in die Luft ~*** avere lo sguardo perso nel vuoto; ***von Waffen ~*** essere armato fino ai denti. **Starr|heit** f. *(-)* → **Starre. Starr|kopf** m. *(-[e]s,-köpfe)* testone *m.*, testardo *m.* **starr|köp|fig** agg. testardo, cocciuto, ostinato. **Starr|krampf** m. *(-[e]s,-krämpfe)* tetano *m.* **Starr|sinn** m. *(-[e]s)* testardaggine *f.*, cocciutaggine *f.* **starr|sin|nig** → **starrköpfig.**

Start m. *(-[e]s,-s* e RAR. *-e)* **1** SPORT partenza *f.*, via *m.*: ***einen guten ~ haben*** avere una buona partenza; ***den ~ freigeben*** dare il via; ***fliegender ~*** partenza lanciata; ***stehender ~*** partenza da fermo; *(Startlinie)* ***an den ~ gehen*** andare alla (linea di) partenza; ***am ~ sein*** essere al via (*o* sulla linea di partenza) **2a** *(Abflug)* decollo *m.*: ***eine Maschine zum ~ freigeben*** autorizzare un aereo al decollo **b** AERO lancio *m.*: ***der ~ der Rakete ist missglückt*** il lancio del missile è fallito **3a** *(Anfangszeit)* avvio *m.*, avviamento: ***der ~ der neuen Zeitung*** l'avvio del nuovo giornale **b** *(von Fahrzeugen)* avviamento *m.* **Start|bahn** f. *(-,-en)* pista *f.* di decollo. **Start|be|rech|ti|gung** f. *(-,-en)* autorizzazione *f.* al decollo. **start|be|reit** agg. **1** pronto a partire **2** AER. pronto per il, al decollo. **Start|block** m. *(-[e]s,-blöcke)* SPORT blocco *m.* di partenza.

star|ten I tr. **1** dare il via a, far iniziare: ***ein Pferderennen ~*** dare il via a una corsa di cavalli **2a** *(abfliegen lassen)* far decollare: ***ein Flugzeug ~*** far decollare un aeroplano **b** AER. lanciare: ***einen Satelliten, eine Rakete ~*** lanciare un satellite, un missile **3** AUT. *(anlassen)* avviare, far partire: ***den Motor ~*** avviare il motore **4** *(beginnen)* avviare, intraprendere: ***eine große Aktion ~*** avviare una grossa iniziativa; COLLOQ. ***eine Rede ~*** avviare un discorso; ***eine neue Karriere ~*** intraprendere una nuova carriera **II** intr. (aus. *sein*) **1a** SPORT partire **b** *(an einem Wettkampf teilnehmen)* gareggiare **2** *(abreisen)* partire: ***zu einer Expedition ~*** partire per una spedizione **3** *(abfliegen)* decollare: ***das Flugzeug startet um zehn Uhr*** l'aereo decolla alle dieci **4** *(anlaufen)* avviarsi, mettersi in moto.

Star|ter m. *(-s,-)* **1a** SPORT starter *m.* **b** *(Teilnehmer)* partecipante *m.* **2** AUT. starter *m.*

Start|er|laub|nis f. *(-,-se)* AER. autorizzazione *f.* al decollo. **Start|flag|ge** f. *(-,-n)* bandiera *f.* di partenza. **Start|geld** n. *(-[e]s,-er)* **1** quota *f.* di iscrizione **2** *(Gage)* premio *m.* di ingaggio. **Start|hil|fe** f. *(-,-n)* **1** *(Unterstützung)* aiuto *m.* economico (per l'avvio di un'attività) **2** AUT. ***jdm ~ geben*** = aiutare qcn. ad avviare l'auto (collegando la batteria scarica a quella carica di un'altra auto) **3** *(Anlasser)* starter *m.*

Start|ka|pi|tal n. *(-s,-e* e *-ien)* capitale *m.* iniziale. **Start|kom|man|do** n. *(-s,-s)* ordine *m.* di partenza. **Start|läu|fer** m. *(-s,-)* SPORT primo frazionista *m.* **Start|li|nie** f. *(-,-n)* linea *f.* di partenza. **Start|loch** n. *(-[e]s,-löcher)* SPORT buchetta *f.* di partenza. **Start|ma|schi|ne** f. *(-,-n)* SPORT blocco *m.* di partenza. **Start|num|mer** f. *(-,-n)* pettorale *m.* **Start|pis|to|le** f. *(-,-n)* pistola *f.* dello starter. **Start|platz** m. *(-es,-plätze)* linea *f.* di partenza. **Start|ram|pe** f. *(-,-n)* rampa *f.* di lancio. **Start|schuss** m. *(-es,-schüsse)* sparo *m.*, segnale *m.* di partenza: FIG. ***den ~ zu etw. geben*** dare il via a qcs. **Start|sig|nal** n. *(-[e]s,-e)* segnale *m.* di partenza. **Start-und-Lan|de-Bahn** f. *(-,-en)* pista *f.* di decollo e atterraggio. **Start-und-Ziel-Ge|ra|de** f. *(-n,-n)* dirittura *f.* di partenza e arrivo. **Start|zei|chen** n. *(-s,-)* segnale *m.* di partenza. **Start-Ziel-Sieg** m. *(-[e]s,-e)* = vittoria *f.* con vantaggio sin dalla partenza.

Sta|se ['ʃt- e 'st-] f. *(-,-n)* MED. stasi *f.*; *(Stauung)* ristagno *m.*

1.Sta|si f. *(-)* e RAR. m. *(-[s])* EX-RDT COLLOQ. (accorc. *Staatssicherheit*) Stasi *f.*

2.Sta|si m. *(-s,-s)* EX-RDT COLLOQ. agente *m.* della Stasi.

State|ment ['steɪtmənt] n. *(-s,-s)* **1** dichiarazione *f.*: ***ein ~ abgeben*** rilasciare una dichiarazione **2** INFORM. *(Befehl)* comando *m.*

sta|tie|ren intr. (aus. *haben*) TEATR. fare la comparsa.

Sta|tik f. *(-)* statica *f.*: ***die ~ eines Gebäudes berechnen*** calcolare la statica di un edificio.

Sta|ti|on f. *(-,-en)* **1a** stazione *f.*: ***der Zug hält nicht auf, an jeder ~*** il treno non ferma in ogni stazione; ***an einer ~ einsteigen, aussteigen*** salire, scendere a una stazione **b** TECN. ***eine meteorologische ~*** una stazione meteorologica; *(Sender)* ***eine ~ gut, schlecht empfangen*** ricevere bene, male una stazione **c** RELIG. ***die -en des Kreuzwegs*** le stazioni della via crucis **2** *(Haltestelle)* fermata *f.*: ***noch zwei -en zu fahren haben*** dover fare ancora due fermate **3** *(Aufenthalt)* tappa *f.*, sosta *f.*: ***die -en seiner Reise sind Rom, Florenz und Venedig*** le tappe del suo viaggio sono Roma, Firenze e Venezia; ***~ machen*** fare tappa (*o* sosta) **4** *(Krankenhausabteilung)* reparto *m.*: ***die chirurgische ~*** il reparto di chirurgia; ***der Arzt ist auf ~*** il medico è in reparto; ***jdn auf die ~ bringen*** portare qcn. in reparto.

sta|ti|o|när agg. **1** stazionario, fisso, immobile **2** *(beständig)* immutabile, costante **3** MED. *(nicht ambulant)* ospedaliero, in ospedale: ***-e Behandlung*** trattamento ospedaliero.

sta|ti|o|nie|ren tr. **1** destinare, assegnare; *(von Waffen)* dislocare **2** ANT. *(hinstellen)* collocare, disporre. **sta|ti|o|niert** p.pass. agg. **1** → **stationieren 2** MIL. di stanza: ***die in Europa -en amerikanischen Truppen*** le truppe americane di stanza in Europa; *(von Waffen)* dislocato: ***in Großbritannien -e Bombenflugzeuge*** bombardieri dislocati in Gran Bretagna. **Sta|ti|o|nie|rung** f. *(-,-en)* destinazione *f.*, dislocamento *m.*

Sta|ti|ons|arzt m. *(-es,-ärzte)* medico *m.* di reparto. **Sta|ti|ons|hil|fe** f. *(-,-n)* MED. ausiliario *m.* **Sta|ti|ons|pfle|ger** m. *(-s,-)* infermiere *m.* di reparto. **Sta|ti|ons|schwes|ter** f. *(-,-n)* infermiera *f.* caposala, caposala *f.* **Sta|ti|ons|vor|ste|her** m. *(-s,-)* capostazione *m.*

sta|tisch I agg. statico (anche FIG.): ***die -en Gesetze*** le leggi della statica **II** avv. staticamente; ◆ EL. ***~ aufgeladen*** con carica elettrostatica; ***das -e Organ*** l'organo dell'equilibrio; ***der -e Sinn*** il senso dell'equilibrio.

Sta|tist m. *(-en,-en)* TEATR. CINEM. comparsa *f.* (anche FIG.).

Sta|tis|tik f. *(-,-en)* statistica *f.*: ***~ studieren*** studiare statistica; *(Untersuchung)* ***eine ~ über etw. erstellen*** fare una statistica su qcs. **Sta|tis|ti|ker** m. *(-s,-)* statistico *m.* **sta|tis|tisch I** agg. statistico **II** avv. statisticamente.

Sta|tiv [ʃt-] n. *(-s,-e)* cavalletto *m.*, stativo *m.*

1.statt I cong. invece, anziché: ***~ böse zu sein, lachte er*** anziché essere arrabbiato rideva; ***~ zu lernen, geht er ins Kino*** invece di studiare va al cinema; ANT. ***~ dass er schlief, arbeitete er*** anziché dormire lavorò; ***der Brief ist an mich gekommen ~ an dich*** la lettera è arrivata a me anziché (*o* invece che) a te **II** prep.+ gen. invece di, al posto di: ***sie hat ~ meines Bruders angerufen*** ha telefonato lei invece di mio fratello; *(in besonderen Fällen mit Dat.)* ***~ Worten wollen sie Taten sehen*** vogliono fatti, non parole ◆ ***~ meiner*** al posto mio.

2.statt, *an Eides ~* con valore di giuramento; ***jdn an Kindes ~ annehmen*** adottare qcn.

statt|des|sen avv. invece (di ciò): ***alle dachten, er sei in Bonn, ~ war er zu Hause*** tutti pensavano che fosse a Bonn, invece era a casa.

Stät|te f. *(-,-n)* luogo *m.*: ***eine historische ~*** un luogo storico; ***die heiligen -n*** i luoghi santi.

statt_fin|den intr. *(fand, gefunden;* aus. *haben)* aver(e) luogo.

statt_ge|ben intr. *(gibt, gab, gegeben;* aus. *haben)* BUROCR. ***etw. (D) ~*** accogliere, prendere in considerazione qcs.; ***einer Bitte ~*** accogliere una preghiera; ***einem Gesuch ~*** dar corso a un'istanza.

statt_ha|ben intr. *(hatte, gehabt;* aus. *haben)* → **stattfinden.**

statt|haft agg. ammesso, permesso: ***Rauchen ist hier nicht ~*** non è permesso fumare qui; *(zulässig)* lecito, ammissibile: ***die Klage ist nicht ~*** la querela non è ammissibile. **Statt|haf|tig|keit** f. *(-)* ammissibilità *f.*

Statt|hal|ter m. *(-s,-)* governatore *m.* **Statt|hal|te|rei** f. *(-,-en)* governatorato *m.*

statt|lich agg. **1** prestante, di bella presenza **2a** *(bemerkenswert)* considerevole, notevole: ***ein -er Betrag*** un importo considerevole **b** *(von Gebäuden)* imponente ◆ ***eine -e Familie*** una famiglia numerosa. **Statt|lich|keit** f. *(-)* aspetto *m.* imponente; *(gutes Aussehen)* prestanza *f.*, bella *f.* presenza.

sta|tu|a|risch agg. statuario. **Sta|tue** [ʃt-, st-] f. *(-,-n)* statua *f.* **sta|tu|en|haft** agg. statuario, da statua. **Sta|tu|et|te** f. *(-,-n)* statuetta *f.* **sta|tu|ie|ren** tr. statuire.

Sta|tur [ʃt-, st-] f. *(-,-en)* figura *f.*; *(Körperbau)* costituzione *f.*: ***von kräftiger, zierlicher ~ sein*** essere di costituzione robusta, minuta; *(Größe)* statura *f.*: ***eine mittlere ~ haben*** essere di media statura.

Sta|tus [ʃt-, st-] m. *(-,-)* **1a** stato *f.*, condizione *f.* **b** *(Stand)* status *m.*: ***der gesellschaftliche ~*** lo status sociale **2** DIR. status *m.* (giuridico) **3** MED. *(Zustand)* condizioni *f.pl.* stato *m.* **Sta|tus|sym|bol** n. *(-s,-e)* status *m.* symbol.

Sta|tut n. *(-[e]s,-en)* statuto *m.*: ***-en aufstellen, ausarbeiten*** promulgare, elaborare statuti; ***gegen ein ~ verstoßen*** andare contro uno statuto. **sta|tu|ta|risch** [ʃt-, st-] agg. statutario. **sta|tu|ten|ge|mäß** agg. conforme allo statuto.

Stau m. *(-[e]s,-s* e *-e)* **1** ristagno *m.*, rigurgito *m.* **2** *(von Verkehr)* ingorgo *m.*: ***im ~ stehen*** essere bloccati in un ingorgo (*o* nel traffico); ***in einen ~ geraten*** trovarsi in un ingorgo; ***ein ~ hat sich gebildet*** si è formato un ingorgo; ***2 km ~*** 2 km di coda. **Stau|an|la|ge** f. *(-,-n)* → **Stauwerk.**

Staub m. *(-[e]s,-e* e *Stäube)* polvere *f.*: ***~ lag überall*** c'era polvere ovunque; ***~ von etw. wischen*** spolverare qcs.; ***~ abweisend*** che non attira la polvere ◆ ***~ aufwirbeln*** sollevare, alzare polvere; FIG. sollevare un gran polverone, far scalpore (*o* un gran chiasso); ***vor jdm im ~ kriechen*** strisciare davanti a qcn., baciare la polvere davanti a qcn.; ***sich aus dem ~ machen*** svignarsela, tagliare la corda; ***radioaktiver ~*** pulviscolo radioattivo; ***den ~ (eines Ortes, einer Stadt) von den Füßen schütteln*** partire, andarsene (da un luogo, da una città); EUFEM. *(sterben)* ***wieder zu ~ werden*** ritornare polvere; ***sich vor jdm in den ~ werfen*** baciare la polvere dove qualcuno cammina; ***in ~ zerfallen*** andare, ridursi in polvere; ***jdn, etw. in den ~ ziehen, zerren*** trascinare nel fango qcn., qcs.

staub|be|deckt agg. coperto di polvere, polveroso. **Staub|be|sen** m. *(-s,-)* piumino *m.* **Staub|beu|tel** m. *(-s,-)* antera *f.* **Staub|blatt** n. *(-[e]s,-blätter)* stame *m.* **Stäub|chen** n. *(-s,-)* granello *m.* di polvere.

Stau|be|cken m. *(-s,-)* bacino *m.* artificiale.

stau|ben I intr. (aus. *haben*) **1** essere polveroso: ***die Straße staubt*** la strada è polverosa **2** impers. *(Staub aufwirbeln)* ***beim Aufräumen staubt es*** riordinando si solleva polvere **II** tr. REGION. spolverare: ***den Teig mit Mehl ~*** spolverare l'impasto con la farina.

stäu|ben I tr. **1** spolverare **2** polverizzare; *(Flüssigkeit)* nebulizzare **II** intr. (aus. *haben*) polverizzarsi.

Staub|fa|den m. *(-s,-fäden)* BOT. filamento *m.* **Staub|fän|ger** m. *(-s,-)* nido *m.* di polvere. **Staub|fil|ter** m. *(-s,-)* filtro *m.* per la polvere. **staub|frei** agg. senza polvere. **staub|ge|bo|ren** agg. BIBL. nato dalla polvere, mortale. **Staub|ge|fäß** n. *(-es,-e)* stame *m.*

stau|big agg. polveroso; impolverato, pieno di polvere ◆ ***es ist hier sehr ~*** qui c'è molta polvere.

Staub|kamm m. *(-es,-kämme)* pettine *m.* fitto. **Staub|korn** m. *(-[e]s,-körner)* granello *m.* di polvere. **Staub|lap|pen** m. *(-s,-)* → **Staubtuch. Staub|la|wi|ne** f. *(-,-n)* valanga *f.* di neve polverosa. **Staub|lun|ge** f. *(-,-n)* pneumoconiosi *f.* **Staub|man|tel** m. *(-s,-mäntel)* SART. spolverino *m.* **Staub|pin|sel** m. *(-s,-)* → **Staubbesen. staub_sau|gen** intr. (aus. *haben*) passare l'aspirapolvere. **Staub|sau|ger** m. *(-,-)* aspirapolvere *m.* **Staub|schicht** f. *(-,-en)* strato *m.* di polvere. **staub|tro|cken** secco, asciutto. **Staub|tuch** n. *(-[e]s,-tücher)* straccio *m.* della polvere. **Staub|we|del** m. *(-s,-)* → **Staubbesen. Staub|wol|ke** f. *(-,-n)* nuvola *f.* (*o* nube *f.*) di polvere. **Staub|zu|cker** m. *(-s)* zucchero *m.* a velo.

stau|chen tr. **1a** battere **b** MECC. ribadire **2** *(zusammendrücken)* comprimere **3** RAR. *(verstauchen)* storcere, distorcere ◆ COLLOQ. ***jdn ~*** dare una strigliata (*o* una lavata di capo) a qcn. **Stau|chung** f. *(-,-en)* **1** compressione *f.* **2** MECC. ribaditura *f.*

Stau|damm m. *(-[e]s,-dämme)* diga *f.* di sbarramento.

Stau|de f. *(-,-n)* **1** pianta *f.* perenne **2** REGION. *(Strauch)* arbusto *m.*,

frutice *m.* 3 REGION. *(Kopf)* cespo *m.*: ***eine ~ Salat*** un cespo d'insalata. **stau|den|ar|tig** agg. cespuglioso. **Stau|den|ge|wächs** n. *(-es,-e)* pianta *f.* perenne. **stau|dig** agg. cespuglioso.
stau|en I tr. 1 arrestare, bloccare, fermare: ***den Bach ~*** bloccare il corso del ruscello; ***das Blut durch Abbinden ~*** arrestare (*o* fermare) il sangue (legando) 2 MAR. *(verladen)* stivare **II** rifl. **sich ~ 1** ristagnare, raccogliersi: ***hier staut sich das Wasser*** qui l'acqua ristagna 2 ammassarsi, ammucchiarsi, stiparsi: ***die Touristen ~ sich vor dem Eingang*** i turisti si ammassano davanti all'ingresso 3 *(vom Verkehr)* ristagnare, ingorgarsi. **Stau|er** m. *(-s,-)* stivatore *m.*
Stau|fe m. *(-n,-n)*, **Stau|fer** m. *(-s,-)* STOR. Hohenstaufen *m.*
Stau|mau|er f. *(-,-n)* diga *f.* di sbarramento.
stau|nen intr. (aus. *haben*) stupirsi, meravigliarsi: ***über jdn, etw. ~*** meravigliarsi di qcn., qcs.; ***ich staune, dass du schon hier bist*** mi stupisco (*o* mi sorprende) che tu sia già qui; COLLOQ. ***nicht schlecht ~*** meravigliarsi, stupirsi mica male. **Stau|nen** n. *(-s)* stupore *m.*, meraviglia *f.*: ***nicht aus dem ~ herauskommen*** non riaversi (*o* rimettersi) dallo stupore; ***jdn in ~ (ver)setzen*** meravigliare, stupire qcn.; ***~ erregend*** sorprendente, stupefacente. **stau|nend I** p.pres. agg. 1 → **staunen** 2 stupito, meravigliato **II** avv. con stupore, meraviglia; in modo stupito, meravigliato. **stau|nens|wert** agg. stupefacente, strabiliante.
1.Stau|pe f. *(-,-n)* cimurro *m.*
2.Stau|pe f. *(-,-n)* STOR. 1 verga *f.*, bacchetta *f.* 2 *(öffentliches Auspeitschen)* fustigazione *f.* (pubblica). **stäu|pen** tr. STOR. fustigare pubblicamente.
Stau|raum m. *(-[e]s,-räume)* stiva *f.* **Stau|see** m. *(-s,-n)* lago *m.* artificiale, bacino *m.* idrico. **Stau|stu|fe** f. *(-,-n)* impianto *m.* di sbarramento. **Stau|ung** f. *(-,-en)* 1 arresto *m.*, blocco *m.* **2a** ristagno *m.*; MED. stasi *f.* **b** *(von Verkehr)* ingorgo *m.* 3 MAR. stivaggio *m.* **Stau|war|nung** f. *(-,-en)* avviso *m.* di coda. **Stau|was|ser** n. *(-s,-)* acqua *f.* di ritenuta. **Stau|wehr** n. *(-[e]s,-en)* IDR. sbarramento *m.* **Stau|werk** n. *(-[e]s,-e)* IDR. opera *f.* di sbarramento, sbarramento *m.* (idrico).
Std. ⇒ *Stunde* ora (h).
Steak [ste:k, RAR. ʃt-] n. *(-s,-s)* bistecca *f.*
Ste|a|rin [ʃt-, st-] n. *(-s,-e)* stearina *f.* **Ste|a|rin|ker|ze** f. *(-,-en)* candela *f.* stearica. **Ste|a|rin|säu|re** f. *(-)* acido *m.* stearico.
Stech|ap|fel m. *(-s,-äpfel)* stramonio *m.*
ste|chen *(sticht, stach, gestochen)* **I** tr. 1 pungere: ***jdn mit einer Nadel ~*** pungere qcn. con uno spillo; ***die Biene hat ihn in die Backe gestochen*** l'ape l'ha punto sulla guancia 2 *(mit Speeren fischen)* pescare con la fiocina 3 *(schlachten)* scannare 4 scavare: ***den Torf ~*** scavare la torba 5 *(Gemüse)* raccogliere, tagliare 6 *(gravieren)* incidere: ***etw. in Kupfer ~*** incidere qcs. su rame 7 *(beim Kartenspiel)* prendere, ammazzare 8 GERG. *(tätowieren)* tatuare 9 FIG. rodere: ***die Neugier stach ihn*** la curiosità lo rodeva **II** intr. (aus. *haben*) 1 pungere: ***die Dornen, die Wespen ~*** le spine, le vespe pungono 2 *(in etw. hineinstechen)* ***mit einer Nadel in den Stoff ~*** infilare l'ago nella stoffa; ***jdm, jdn mit einem Dolch in die Brust ~*** conficcare un pugnale nel petto a qcn.; ***nach jdm ~*** cercare di pungere qcn.; *(mit einem Messer)* cercare di accoltellare qcn. 3 impers. *(Schmerzen haben)* provare, avere delle fitte: ***es sticht mich in der Seite*** ho delle fitte a un fianco 4 *(im Boden schnüffeln, graben)* frugare con il muso; *(von Schweinen)* grufolare 5 SPORT fare (*o* disputare) lo spareggio 6 *(die Stechuhr betätigen)* timbrare il cartellino 7 tendere, dare: ***die Farbe des Anzugs sticht ins Graue*** il colore dell'abito tende al (*o* dà sul) grigio **III** rifl. **sich ~** pungersi: ***sich an etw. (D) ~*** pungersi con qcs.; ***sich in den Finger ~*** pungersi un dito ◆ FIG. ***in die Augen ~*** saltare agli occhi; ***ein Loch in etw. (A) ~*** forare qcs.; ***in See ~*** prendere il largo; ***die Sonne sticht*** il sole picchia.
Ste|chen n. *(-s)* 1 puntura *f.* 2 *(Schmerzen)* fitta *f.*, puntura *f.* 3 SPORT spareggio *f.*: ***ins ~ kommen*** arrivare allo spareggio 4 *(Gravur)* incisione *f.*
ste|chend p.pres. agg. 1 → **stechen** **2a** FIG. pungente, penetrante: ***ein -er Geruch*** un odore pungente; ***ein -er Blick*** uno sguardo penetrante **b** *(von Schmerzen)* acuto, lancinante.
Ste|cher m. *(-s,-)* incisore *m.*
Stech|flie|ge f. *(-,-n)* mosca *f.* delle stalle. **Stech|fra|ge** f. *(-,-n)* domanda *f.* di spareggio. **Stech|he|ber** m. *(-s,-)* ENOL. pipetta *f.* **Stech|kar|te** f. *(-,-n)* cartellino *m.* orario (*o* di presenza). **Stech|mü|cke** f. *(-,-n)* zanzara *f.* **Stech|pad|del** n. *(-s,-)* pagaia *f.* **Stech|pal|me** f. *(-,-n)* agrifoglio *m.* **Stech|rüs|sel** m. *(-s,-)* ENTOM. proboscide *f.* **Stech|schritt** m. *(-[e]s,-e)* passo *m.* di parata. **Stech|uhr** f. *(-,-en)* orologio *m.* timbratore. **Stech|zir|kel** m. *(-s,-)* balaustrino *m.* a punte fisse.
Steck|brief m. *(-[e]s,-e)* scheda *f.* segnaletica. **steck|brief|lich** avv. ***jdn ~ suchen*** ricercare qcn. diffondendone la scheda segnaletica. **Steck|do|se** f. *(-,-n)* EL. presa *f.* (di corrente).
ste|cken (pret. *steckte*/LETT. *stak*) **I** tr. (pret. *steckte*) **1a** infilare, mettere (in, dentro): ***den Schlüssel ins Schloss ~*** infilare la chiave nella serratura; ***das Hemd in die Hose ~*** infilare la camicia nei pantaloni; ***die Hände in die Taschen ~*** mettersi le mani in tasca; ***jdn in eine Zwangsjacke ~*** mettere la camicia di forza a qcn. **b** *(aufstecken)* ***jdm einen Ring an den Finger ~*** infilare un anello al dito di qcn. 2 *(feststecken)* piantare, (con)ficcare: ***einen Stock in die Erde ~*** piantare un bastone nel terreno 3 *(anstecken)* appuntare, mettere: ***eine Brosche an die Jacke ~*** mettere una spilla sulla giacca; ***etw. mit Nadeln ~*** appuntare qcs. con spilli 4 *(hineintun)* mettere: COLLOQ. ***jdn ins Gefängnis ~*** mettere qcn. in galera; ***das Kind ins Bett ~*** mettere a letto il bambino 5 *(investieren)* investire, impiegare: ***seine Kräfte in etw. (A) ~*** impiegare le proprie forze in qcs. 6 COLLOQ. *(heimlich mitteilen)* ***jdm etw. ~*** spifferare qcs. a qcn. 7 REGION. *(in die Erde geben)* piantare: ***Kartoffeln ~*** piantare patate 8 ***~ lassen*** lasciare (infilato): ***den Schlüssel (im Schloss), den Stecker (in der Steckdose) ~ lassen*** lasciare la ciave nella toppa, la spina nella presa; ***lass (dein Geld) nur ~!*** lascia stare! facio io! **II** intr. (aus. *haben*; pret. *steckte*/LETT. *stak*) 1 essere (infilato): ***der Schlüssel steckt (in der Tür, im Schloss)*** la chiave è (infilata) nella porta, nella toppa; ***eine Karte steckt im Briefkasten*** c'è una cartolina nella cassetta delle lettere 2 *(festsitzen)* essere piantato (*o* conficcato); ***der Nagel steckt fest im Holz*** il chiodo è ben piantato nel legno; ***die Kugel steckt in der Lunge*** la pallottola è conficcata nel polmone; ***das Auto steckt im Schlamm*** l'auto è bloccata nel fango, impantanata 3 *(angesteckt sein)* essere appuntato (*o* infilato): ***die Nadel steckt im Nadelkissen*** l'ago è infilato nel puntaspilli **4a** COLLOQ. *(sich befinden)* trovarsi, essere (anche FIG.): ***in Schwierigkeiten, in den Anfängen ~*** essere in difficoltà, agli inizi; ***bis zum Hals in Schulden ~*** essere indebitato fino al collo **b** *(sein)* essere, esserci: ***wo steckt das Buch?*** dov'è il libro? ***in dem Text ~ viele Ungenauigkeiten*** nel testo ci sono molte imprecisioni; ***in jdm steckt etwas (Diabolisches, Geniales)*** in qcn. c'è qcs. (di diabolico, di geniale) **c** essere, cacciarsi: ***wo steckt sie bloß?*** dov'è? dove si è cacciata? ***wo hast du denn gesteckt?*** dove sei stato? dove ti sei cacciato? 5 *(sich verstecken)* nascondersi: ***hinter ihrer übertriebenen Freundlichkeit steckt eine böse Absicht*** dietro la sua gentilezza esagerata si nasconde qualche cattiva intenzione **6a** ***~ bleiben*** rimanere bloccato: ***im Verkehr ~ bleiben*** rimanere bloccato (*o* imbottigliato) nel traffico; ***im Schnee, im Schlamm ~ bleiben*** rimanere bloccato nella neve, impantanarsi; ***im Sand ~ bleiben*** rimanere bloccato nella sabbia; *(von Schiffen)* arenarsi **b** *(verbleiben)* restare (bloccato, piantato, conficcato), fermarsi: ***ein Bissen, eine Gräte bleibt jdm im Hals ~*** un boccone si ferma in gola a qcn., una spina resta piantata in gola a qcn.; ***die Kugel ist ~ geblieben*** la pallottola non è uscita **c** *(ins Stocken geraten)* arenarsi, incagliarsi: ***die Verhandlungen bleiben schon wieder ~*** le trattative si arenano di nuovo **d** COLLOQ. impappinarsi, fermarsi: ***beim Aufsagen des Gedichts ~ bleiben*** impappinarsi recitando la poesia **III** rifl. (pret. *steckte*) 1 ***sich (D) etw. ~*** infilarsi (*o* mettersi) qcs.; ***sich (D) eine Blume ins Haar ~*** mettersi un fiore fra i capelli 2 *(aufstecken)* ***sich (D) das Haar zu einem Knoten ~*** raccogliersi i capelli in uno chignon; ***sich (D) die Haare ~*** puntarsi i capelli ◆ ***tief, mitten in der Arbeit ~*** essere immersi nel lavoro, avere molto lavoro; ***etw. in Brand ~*** appiccare il fuoco a, incendiare qcs.; ***etw. in den Briefkasten ~*** imbucare qcs.; ***da steckt er!*** eccolo! l'ho trovato! ***dahinter steckt etwas!*** c'è sotto qualcosa! COLLOQ. ***es jdm ~*** dirne quattro a qcn.; ***eine Grippe in sich ~ fühlen*** sentirsi addosso (*o* covare) l'influenza; ***das Bajonett aufs Gewehr ~*** inastare la baionetta; ***die Hände immer in den Taschen ~ haben*** avere sempre le mani infilate in tasca; ***nicht in jds Haut ~ wollen*** non voler essere nei panni di qcn.; ***hinter etw. ~*** essere (*o* stare) dietro a qcs.; ***sich hinter jdn ~*** = servirsi di qcn.; ***der Schreck steckt mir noch in allen Gliedern*** sono ancora tutto spaventato; ***etw. steckt voller Fehler*** qcs. è pieno di errori; ***jd steckt voller Witz, Bosheit*** qcn. è molto spiritoso, è pieno di cattiveria; ***das Schwert wieder in die Scheide ~*** rinfoderare la spada; ***sich (D) ein Ziel ~*** prefiggersi un obiettivo.
Ste|cken m. *(-s,-)* REGION. bastone *m.* **Ste|cken|pferd** n. *(-[e]s,-e)* 1 cavalluccio *m.* di legno 2 *(Liebhaberei)* hobby *m.* ◆ FIG. SCHERZ. ***sein ~ reiten*** coltivare il proprio hobby.
Ste|cker m. *(-s,-)* EL. 1 spina *f.*: ***den ~ hineinstecken, herausziehen*** mettere (*o* infilare, inserire), togliere (*o* staccare) la spina 2 *(einer Zündkerze)* cappuccio *m.*
Steck|kis|sen n. *(-s,-)* ANT. porte-enfant *m.* **Steck|kon|takt** m. *(-[e]s,-e)* spina *f.*

Steck|ling m. *(-s,-e)* talea *f.*
Steck|mu|schel f. *(-,-n)* ZOOL. pinna *f.*
Steck|na|del f. *(-,-n)* spillo *m.* ◆ **eine ~ im Heuhaufen suchen** cercare un ago in un pagliaio; **jdn, etw. suchen wie eine ~** cercare qcs. col lanternino. **Steck|na|del|kis|sen** n. *(-s,-)* (cuscinetto *m.*) portaspilli *m.*, puntaspilli *m.* **Steck|na|del|kopf** m. *(-[e]s,-köpfe)* capocchia *f.* di, dello spillo. **steck|na|del|kopf|groß** agg. grosso come una capocchia di spillo.
Steck|reis n. *(-es,-er)* → **Steckling. Steck|schach** n. *(-s,-s)* scacchi *m.pl.* da viaggio (con pezzi che s'infilano nelle caselle). **Steck|schlüs|sel** m. *(-s,-)* chiave *f.* a tubo. **Steck|schuss** m. *(-es, -schüsse)* MED. = ferita *f.* senza foro d'uscita (*o* con ritenzione del proiettile).
Ste|fan n.pr.m. Stefano *m.* **Ste|fa|nie** n.pr.f. Stefania *f.*
Steg m. *(-[e]s,-e)* **1** ponticello *m.*, ponte *m.* (pedonale), passerella *f.*: **über den Bach führt ein ~** il ruscello è attraversato da un ponticello **2** *(Landungssteg)* pontile *m.*: **das Boot liegt am ~** la barca è ormeggiata al pontile **3** *(an Streichinstrumenten, Brillen)* ponticello *m.* **4** *(an Steghosen)* staffa *f.* (dei pantaloni) **5** *(an Stühlen, Tischen)* traversa *f.* **6** TECN. *(von Schienen)* anima *f.* **7a** TIP. marginatura *f.* **b** *(Unterlegeschiene für Druckplatten)* tacco *m.* ◆ **hier gibt es weder Weg noch ~** qui non c'è un sentiero, una strada. **Steg|reif, aus dem ~** improvvisando: **aus dem ~ dichten, reden** improvvisare versi, un discorso; **aus dem ~ entscheiden** decidere sui due piedi; TEATR. **aus dem ~ spielen** recitare a soggetto (*o* a braccio). **Steg|reif|ko|mö|die** f. *(-,-n)* commedia *f.* a soggetto. **Steg|reif|re|de** f. *(-,-n)* discorso *m.* estemporaneo (*o* improvvisato). **Steg|reif|spiel** n. *(-[e]s,-e)* → **Stegreifkomödie.**
Steh|auf|männ|chen n. *(-s,-)* **1** misirizzi *m.* **2** FIG. = chi si riprende in fretta, chi cade sempre in piedi. **Steh|aus|schank** m. *(-[e]s, -ausschänke)* mescita *f.* al banco. **Steh|bier|hal|le** f. *(-,-n)* = birreria *f.* in cui si beve in piedi. **Steh|bünd|chen** n. *(-s,-)* colletto *m.* alla coreana. **Steh|emp|fang** m. *(-[e]s,-empfänge)* ricevimento *m.* (*o* cena *f.*) in piedi.
ste|hen *(stand, gestanden)* **I** intr. (aus. *haben*, REGION. *sein*) **1a** stare (in piedi): **gerade, krumm ~** stare diritto (*o* diritto), curvo; **auf den Fußspitzen ~** stare in punta di piedi; **es gab keinen Sitzplatz: wir mussten ~** non c'erano posti a sedere: dovemmo stare in piedi; **jdn ~ lassen** far stare in piedi qcn.; **nach dem Brand standen nur noch die Mauern** dopo l'incendio rimanevano in piedi solo i muri; SCHERZ. **die Hose steht vor Schmutz** i pantaloni sono così sporchi che stanno in piedi da soli **b** reggersi in piedi (*o* sulle gambe): **das Kind kann schon ~** il bambino si regge già sulle gambe; **ich kann kaum noch (auf den Beinen) ~** riesco appena a reggermi in piedi **2** *(sich befinden, sein)* stare, essere, trovarsi: **am Fenster ~** stare alla finestra; **das Glas, der Teller steht auf dem Tisch** il bicchiere, il piatto è sul tavolo; **das Buch steht im Regal** il libro è sullo scaffale; **das Auto steht auf der Straße** l'auto è in strada; **das Denkmal steht vor dem Rathaus** il monumento si trova di fronte al municipio; **die Sonne steht hoch (am Himmel)** il sole è alto (in cielo); **im Renten-, Schulalter ~** essere in età pensionabile, scolare; **vor einer Entscheidung ~** trovarsi di fronte a una decisione; **Schweiß stand ihm auf der Stirn** il sudore gli copriva la fronte, aveva la fronte bagnata di sudore **3** esserci: **was steht auf dem Programm?** cosa c'è in programma? **es steht im Wörterbuch, in der Zeitung** c'è sul dizionario, sul giornale; **auf seinen Kopf steht eine Belohnung** sulla sua testa c'è una taglia; **das Haus steht noch** la casa c'è ancora; **was steht in seinem Brief?** che dice nella sua lettera? **auf dieses Verbrechen steht Gefängnis** per questo reato c'è (*o* è previsto) il carcere; **Verzweiflung stand in seinem Gesicht** sul suo viso c'era disperazione, si leggeva la disperazione **4** *(vorhanden sein)* essere, trovarsi: **der Artikel steht auf der dritten Seite** l'articolo è in terza pagina **5a** *(eine bestimmte Stellung haben)* essere: **die DM stand bei 1050 Lire** il marco era sulle (*o* era quotato) 1050 lire; **wie ~ die AEG-Aktien?** a quanto sono le azioni AEG? SPORT **der Weltrekord im Hochsprung steht auf 2,47 m** il record mondiale di salto in alto è di 2,47 m; **die Mannschaft steht jetzt auf dem dritten Platz** la squadra è (*o* si trova) ora al terzo posto **b** collocarsi: **wo ~ Sie politisch?** dove si colloca politicamente? che orientamento politico ha? **c** SPORT *(einen bestimmten Spielstand angeben)* **zu Beginn der zweiten Halbzeit stand es 2:0** all'inizio del secondo tempo il risultato era di 2 a 0 **6a** GRAMM. essere: **das Verb steht im Konjunktiv** il verbo è al congiuntivo **b** **mit „für" steht der Akkusativ** con "für" ci vuole l'accusativo, "für" regge l'accusativo **7** *(etw. anzeigen)* essere su, segnare: **das Thermometer steht auf 20°** il termometro è sui (*o* segna) 20°; **das Barometer steht auf Regen** il barometro segna pioggia; **die Ampel steht auf Grün, Rot** il semaforo è verde, rosso **8** *(zu jdm passen)* stare: **der Hut steht dir (gut), schlecht** il cappello ti sta bene, male **9** *(stillstehen)* essere fermo: **die Uhr, der Verkehr steht** l'orologio, il traffico è fermo **10** *(einstehen)* **für etw. ~** garantire (per) qcs.; **dieses Produkt steht für Qualität** questo prodotto garantisce la qualità **11** COLLOQ. *(gehen)* andare: **wie steht's (mit deiner Arbeit, Gesundheit)?** come va (il tuo lavoro, la salute)? **12** COLLOQ. *(fertig, abgeschlossen sein)* essere pronto: **die Rede muss bis morgen ~** il discorso deve essere pronto per domani **13** COLLOQ. *(eine Vorliebe für jdn, etw. haben)* **jd steht auf jdn, etw.** qcn. ha un debole per qcn., qcs., a qcn. piace qcn., qcs. **14** *(in festen Verbindungen)* essere, stare: **in voller Blüte ~** essere in piena fioritura; **außer Zweifel ~** essere fuori dubbio; **unter Druck, in jds Macht ~** essere sotto pressione, in potere di qcn.; **mit jdm in Briefwechsel, Verbindung ~** avere uno scambio epistolare, essere in relazione con qcn.; **unter Druck, zur Verfügung ~** essere sotto pressione, a disposizione; **in, in dem Verdacht ~** essere sospettato **15a ~ bleiben** fermarsi (anche FIG.): **vor einem Schaufenster ~ bleiben** fermarsi davanti a una vetrina; **meine Uhr ist ~ geblieben** il mio orologio si è fermato; **die Zeit schien ~ zu bleiben** il tempo sembrò fermarsi **b** *(unterbrechen)* rimanere: **wo waren wir ~ geblieben?** dove eravamo rimasti? **c** *(vergessen, stehen gelassen werden)* rimanere, essere lasciato: **hier ist ein Fahrrad ~ geblieben** qui è rimasta una bicicletta **d** *(so belassen werden, wie es war)* rimanere: **der Schrank soll ~ bleiben** l'armadio deve rimanere qui, lì dov'è **e** *(der Zerstörung entgehen)* restare in piedi: **bei dem Luftangriff blieb kein Haus ~** durante l'attacco aereo non restò in piedi neanche una casa **f** *(unkorrigiert bleiben)* FIG. **diese Behauptung kann so nicht ~ bleiben** questa affermazione non è accettabile in questa forma **g** *(zurückbleiben)* **in der Entwicklung ~ bleiben** rimanere indietro nella crescita **II** tr. **1** SPORT **den Sprung (nicht) ~ können** (non) riuscire a portare a termine il salto (dal trampolino); **der Skispringer stand (einen Sprung von) 96 Meter(n)** il saltatore saltò (*o* fece un salto di) 96 metri **2a ~ lassen** lasciare (stare): **die Gläser auf dem Tisch ~ lassen** lasciare i bicchieri sul tavolo; **etw. an der Tafel ~ lassen** lasciare qcs. scritto alla lavagna; **jdn an der Tür ~ lassen** lasciare qcn. sulla porta **b** *(vergessen)* lasciare, dimenticare: **seinen Schirm (zu Hause) ~ lassen** dimenticare l'ombrello (a casa) **c** *(unkorrigiert lassen)* lasciare: **du kannst den Text nicht so ~ lassen** non puoi lasciare il testo così **d** *(nicht anrühren)* non toccare, lasciare: **sie hat den Nachtisch ~ lassen** non ha toccato il dolce **e** *(nicht mehr beachten)* lasciare, piantare, mollare: **er hat mich ganz plötzlich ~ lassen** mi ha mollato lì **f** *(nicht rasieren)* COLLOQ. **sich (D) einen Bart ~ lassen** farsi crescere la barba **g alles ~ und liegen lassen** lasciar perdere, mollare tutto **III** rifl. COLLOQ. **sich gut ~** stare bene (finanziariamente) ◆ **mit dieser Ansicht stehe ich nicht allein** non sono il solo a pensarla così; **es steht (ganz) bei dir, ob...** sta (solo) a te decidere se...; **die Entscheidung darüber steht bei Ihnen** la decisione a questo proposito spetta a Lei; **es steht mir bis hier, bis zum Hals** ne ho fin qui, fin sopra i capelli; **~ bleiben** rimanere (*o* restare) in piedi; VOLG. **er hat einen ~** gli si è rizzato; **es steht zu erwarten, fürchten, hoffen, dass...** c'è da aspettarsi, da temere, da sperare che...; **etw. steht und fällt mit...** qcs. dipende da...; FIG. **auf der falschen Seite ~** stare dalla parte sbagliata; **hier steht geschrieben, dass...** qui c'è scritto che...; **etw. ~ haben** avere, tenere qcs.: **sein Geld bei der Bank ~ haben** tenere il proprio denaro in banca; **am Herd ~** stare (*o* essere) ai fornelli; **hinter jdm, etw. ~** sostenere, appoggiare qcn., qcs.; **tun, was in seiner Kraft steht** fare ciò che è in proprio potere; **(sich) gut, schlecht mit jdm ~** trovarsi bene, male con qcn.; **jdm Modell ~** posare per qcn., fare da modello a qcn.; **offen ~** essere, stare aperto; **in keinem guten Ruf ~** non godere di buona fama; TIP. *(bei der Fahnenkorrektur)* **steht!** vive! **das wird dir teuer zu ~ kommen!** la pagherai cara! **über jdm, etw. ~** essere superiore a qcn., qcs.; *(jds Vorgesetzter sein)* essere il, un superiore di qcn.; **es steht schlecht um jdn** qcn. si trova in cattive acque; **Wache ~** essere di guardia; **so wahr ich hier stehe** com'è vero che sono qui; **unter Wasser ~** essere allagato; **der Wind steht günstig** il vento è favorevole; **zu jdm ~** stare dalla parte di (*o* con) qcn.; **zu seinem Versprechen, Wort ~** mantenere la promessa, la propria parola; **wie stehst du zu ihm, zu dieser Sache?** che cosa ne pensi di lui, di questa faccenda?
Ste|hen n. *(-s)* lo stare in piedi: **das lange ~ fällt mir schwer** (lo) stare in piedi a lungo mi stanca ◆ **etw. zum ~ bringen** (far) arrestare, fermare qcs. (anche FIG.); **im ~** in piedi; **zum ~ kommen** arrestarsi, fermarsi (anche FIG.).
ste|hend I p.pres. agg. **1** → **stehen 2** *(nicht sitzend)* (che sta) in piedi: **der neben ihm -e Mann** l'uomo (in piedi) vicino a lui **3** *(nicht fahrend)* fermo, in sosta: **die auf dem Parkplatz, vor dem**

Haus -en Autos le auto in sosta nel parcheggio, (posteggiate) davanti alla casa **4** *(von Gewässern)* fermo, stagnante **5a** *(ständig)* permanente, stabile, fisso: ***-es Heer*** esercito permanente (*o* stanziale) **b** ECON. ***-es Kapital*** capitale fisso **6** ***eine -e Redensart, ein -er Ausdruck*** una frase fatta, un'espressione comune **II** avv. in piedi: ***lange ~ warten*** aspettare a lungo in piedi ◆ ***-en Fußes*** su due piedi.

Ste|her m. *(-s,-)* **1** SPORT mezzofondista *m.* (dietro motori), stayer *m.* **2** EQUIT. stayer *m.*

Steh|gei|ger m. *(-s,-)* violinista *m.* da caffè. **Steh|im|biss** m. *(-es,-e)* tavola *f.* calda al banco. **Steh|kra|gen** m. *(-s,-)* **1** colletto *m.* alla coreana **2** ANT. *(steifer Kragen)* colletto *m.* rigido. **Steh|lam|pe** f. *(-,-n)* lampada *f.* a stelo. **Steh|lei|ter** f. *(-,-n)* scala *f.* doppia (*o* a libretto).

steh|len *(stiehlt, stahl, gestohlen)* **I** tr. rubare: ***jdm etw. ~*** rubare qcs. a qcn.; FIG. ***jdm die Zeit, den Schlaf ~*** rubare (*o* sottrarre) tempo, il sonno a qcn. **II** rifl. **sich ~** sgattaiolare: ***sich ins, aus dem Zimmer ~*** entrare furtivamente (*o* sgattaiolare) in camera, uscire furtivamente (*o* sgattaiolare) dalla camera ◆ ***dem lieben Gott die Zeit ~*** stare con le mani in mano; ***woher nehmen und nicht ~!*** e dove vado a prenderlo! BIBL. ***du sollst nicht ~*** non rubare. **Steh|ler** m. *(-s,-)* ladro *m.* **Stehl|trieb** m. *(-[e]s)* cleptomania *f.*

Steh|platz m. *(-es,-plätze)* posto *m.* in piedi; *(im Theater)* ingresso *m.* **Steh|pult** n. *(-[e]s,-e)* scriviritto *m.*, scrivimpiedi *m.* **Steh|satz** m. *(-es)* TIP. composizione *f.* da riutilizzare. **Steh|tisch** m. *(-es,-e)* tavolino *m.* alto (da bar). **Steh|ver|mö|gen** n. *(-s)* (capacità *f.* di) resistenza *f.*

Stei|e|rin f. *(-,-nen)* stiriana *f.* **Stei|er|mark** f. *(-)* Stiria *f.* **Stei|er|mär|ker I** m. *(-s,-)* stiriano *m.* **II** agg. inv. stiriano. **stei|er|mär|kisch** agg. stiriano.

steif I agg. **1a** rigido: ***ein -er Kragen*** un colletto rigido; ***-e Pappe,*** cartoncino rigido; *(unelastisch)* ***ein -er Gang*** un'andatura rigida; *(unbeweglich)* ***ein -es Gelenk*** un'articolazione rigida **b** FIG. *(ungewandt)* ***ein -er Mensch*** una persona rigida, inflessibile **2a** *(starr)* irrigidito **b** *(vor Kälte)* intirizzito, irrigidito **3a** *(förmlich)* freddo, formale: ***ein -er Empfang*** un'accoglienza fredda **b** *(gezwungen)* compassato, sostenuto: ***ein -es Benehmen*** un comportamento compassato; *(von Gesprächen)* stentato **4** *(dick)* denso: ***ein -er Pudding*** un budino denso **5a** MAR. *(stark)* forte: ***ein -er Wind*** un vento forte **b** COLLOQ. ***ein -er Punsch*** un ponce forte **6** COLLOQ. *(erigiert)* duro **II** avv. **1** rigidamente **2** *(abweisend)* freddamente, formalmente ◆ ***etw. ~ und fest behaupten*** sostenere qcs. con fermezza; ***~ und fest glauben*** credere fermamente; ***~ gefroren sein*** essere intirizzito dal freddo; ***ich habe einen -en Hals bekommen*** mi è venuto il torcicollo; ***ein -es Mobiliar*** un arredamento austero; ***den Nacken ~ halten*** non piegarsi, non cedere; ***die Ohren ~ halten*** non perdersi d'animo, di coraggio; ***das Eiweiß ~ schlagen*** montare a neve ben ferma le chiare d'uovo; ***eine -e See*** un mare mosso; ***~ werden*** irrigidirsi.

Stei|fe f. *(-,-n)* **1** rigidità *f.*, rigidezza *f.* **2** EDIL. *(schräge Stütze)* puntello *m.* **stei|fen** tr. **1** *(anspannen)* irrigidire **2** REGION. *(stärken)* inamidare **3** EDIL. *(absteifen)* puntellare: ***eine Wand ~*** puntellare un muro. **Steif|heit, Stei|fig|keit** f. *(-)* **1** rigidità *f.* **2a** FIG. *(Ungewandtheit)* rigidezza *f.*, inflessibilità *f.* **b** *(Kälte)* freddezza *f.* **c** *(Förmlichkeit)* formalismo *m.* **3** *(Dicke)* densità *f.* **Stei|fung** f. *(-)* **1** irrigidimento *m.* **2** EDIL. puntellatura *f.* **3** *(von Wäsche)* inamidatura *f.*

Steig|bü|gel m. *(-s,-)* EQUIT. ANAT. staffa *f.* ◆ FIG. ***jdm den ~ halten*** dare una spinta a qcn. **Steig|ei|sen** n. *(-s,-)* **1** gradino *m.* di ferro **2** ALP. rampone *m.*

stei|gen intr. *(stieg, gestiegen;* aus. *sein)* **1a** salire: ***auf einen Berg, auf die Leiter ~*** salire su una montagna, sulla scala; ***aufs Fahrrad ~*** salire in, sulla bicicletta; ***durchs Fenster ~*** salire passando per la finestra; *(einsteigen)* ***ins Auto, in den Zug ~*** salire (*o* montare) in auto, sul treno **b** FIG. ***die Röte steigt ins Gesicht*** il rossore sale al viso **2** *(emporsteigen)* alzarsi, salire; innalzarsi: ***die Rakete steigt*** il missile sale nel cielo; ***in die Höhe ~*** salire in alto, innalzarsi; ***der Nebel steigt*** la nebbia si alza **3** ***über etw. (A) ~*** scavalcare qcs.: ***über die Mauer, den Zaun ~*** scavalcare il muro, la recinzione **4a** *(höher werden)* salire, aumentare: ***die Preise ~*** i prezzi salgono, aumentano; ***das Fieber steigt*** la febbre sale; ***die Flut steigt*** la marea sale (*o* si alza) **b** *(zunehmen)* ***im Preis, im Wert ~*** aumentare di prezzo, di valore; ***die Ansprüche ~*** le esigenze aumentano; ***die Spannung steigt*** la tensione sale **5a** *(herunter-, hinuntersteigen)* scendere: ***in den Keller ~*** scendere in cantina; ***von der Leiter ~*** scendere dalla scala; ***ins, zu Tal ~*** scendere a valle; ***aus dem Fenster ~*** scendere (*o* uscire) passando dalla finestra **b** *(aus-, absteigen)* ***aus dem Auto, dem Bett ~*** scendere dall'auto, dal letto; ***an Land ~*** scendere a terra **6** *(vom Pferd)* smontare **7** COLLOQ. *(stattfinden)* svolgersi, essere: ***das Fest wird am Sonntag ~*** la festa sarà domenica **8** COLLOQ. *(gehen)* andare: ***ins Bad, Bett ~*** andare in bagno, a letto ◆ ***der Weg steigt bergan*** il sentiero sale (*o* procede in salita); COLLOQ. ***auf die Bremse ~*** schiacciare il (pedale del) freno; COLLOQ. ***in die Kleider ~*** infilarsi i vestiti; ***zu Kopf ~*** dare alla testa; ***im Rang ~*** salire di grado. **stei|gend** p.pres. agg. **1** → **steigen 2** in aumento, crescente.

Stei|ger m. *(-s,-)* **1** passerella *f.* **2** MIN. ingegnere *m.* (*o* tecnico *m.*) minerario sorvegliante in miniera.

stei|gern I tr. **1** aumentare, accrescere, incrementare: ***die Geschwindigkeit ~*** aumentare la velocità; ***die Produktion, die Verkäufe um 40 Prozent ~*** aumentare la produzione, le vendite del 40 %; ***den Wert von etw. ~*** accrescere il valore di qcs.; ***die Preise ~*** aumentare i prezzi **2** GRAMM. ***ein Adjektiv ~*** formare i gradi di comparazione di un aggettivo **II** intr. (aus. *haben*) fare un'offerta all'asta **III** rifl. **sich ~** crescere, aumentare: ***die Angst, Wut steigert sich*** la paura, la rabbia aumenta; ***der Schmerz steigerte sich ins Unerträgliche*** il dolore crebbe fino a diventare insopportabile.

Stei|ge|rung f. *(-,-en)* **1** aumento *m.* **2** *(Förderung)* incremento *m.* **3** GRAMM. comparazione *f.* **stei|ge|rungs|fä|hig** agg. **1** incrementabile **2** GRAMM. che può avere, formare il comparativo. **Stei|ge|rungs|form** f. *(-,-en)* forma *f.* di, del comparativo. **Stei|ge|rungs|ra|te** f. *(-,-n)* tasso *m.* di crescita. **Stei|ge|rungs|stu|fe** f. *(-,-n)* GRAMM. grado *m.* di comparazione.

Steig|fell n. *(-[e]s,-e)* pelle *f.* di foca. **Steig|flug** m. *(-[e]s,-flüge)* salita *f.* **Steig|hö|he** f. *(-,-n)* AER. tangenza *f.* **Steig|leis|tung** f. *(-,-en)* → **Steigfähigkeit. Steig|lei|tung** f. *(-,-en)* conduttura *f.* verticale. **Steig|rie|men** m. *(-s,-)* staffile *m.* **Steig|rohr** n. *(-[e]s,-e)* *(Wasser, Gas)* colonna *f.* montante; EL. linea *f.* montante.

Stei|gung f. *(-,-en)* **1** pendenza *f.*: ***eine starke, sanfte ~*** una forte, lieve pendenza; ***eine ~ um 10 Prozent*** una pendenza del 10 per cento; *(Höhenunterschied)* dislivello *m.* **2** *(Anstieg)* salita *f.* **3** MECC. passo *m.* **Stei|gungs|win|kel** m. *(-s,-)* angolo *m.* d'inclinazione.

Steig|wachs n. *(-es,-e)* sciolina *f.* di tenuta.

steil I agg. **1a** ripido; erto: ***ein -er Anstieg*** una salita ripida **b** *(von Abhängen)* scosceso: ***eine -e Felswand*** una parete (rocciosa) scoscesa **2** *(senkrecht)* verticale **3** COLLOQ. *(großartig)* grandioso, forte: ***ein -es Ding*** una cosa grandiosa **II** avv. ripidamente: ***die Straße führt ~ abwärts*** la strada scende ripidamente ◆ ***eine -e Karriere*** una carriera molto rapida; SPORT ***-er Pass*** passaggio in avanti (*o* in verticale); ***eine -er Zahn*** una ragazza appariscente, un pezzo di ragazza.

Steil|ab|fall m. *(-[e]s,-abfälle)* pendio *m.* ripido, scosceso. **Steil|feu|er** n. *(-s)* MIL. tiro *m.* curvo. **Steil|hang** m. *(-[e]s,-hänge)* pendio *m.* ripido, scosceso. **Steil|heit** f. *(-)* ripidezza *f.* **Steil|kur|ve** f. *(-,-n)* curva *f.* parabolica. **Steil|küs|te** f. *(-,-n)* costa *f.* a picco (*o* scoscesa). **Steil|pass** m. *(-es,-pässe)* SPORT passaggio *m.* in profondità. **Steil|ufer** n. *(-s,-)* sponda *f.* ripida (*o* scoscesa). **Steil|vor|la|ge** f. *(-,-n)* → **Steilpass. Steil|wand** f. *(-,-wände)* ALP. parete *f.* (rocciosa) scoscesa, ripida. **Steil|wand|zelt** n. *(-es,-e)* tenda *f.* a casetta.

Stein m. *(-[e]s,-e)* **1** pietra *f.*, sasso *m.*; ciottolo *m.*: ***einen ~ nach jdm werfen*** lanciare una pietra contro qcn.; ***jdn mit -en bewerfen*** lanciare sassi contro qcn.; ***einen ~ im Schuh haben*** avere un sassolino nella scarpa **2a** *(Gestein)* pietra *f.*: ***eine Säule aus ~*** una colonna di pietra; ***etw. in ~ meißeln, hauen*** scolpire qcs. nella pietra; ***hart wie ~*** duro come la pietra **b** *(Baustein)* pietra *f.* (da costruzione): ***-e brechen, klopfen*** spaccare pietre; ***roher, behauener ~*** pietra grezza, lavorata **c** *(Edelstein)* ***ein echter, künstlicher, geschnittener ~*** una pietra (preziosa) vera, sintetica, una gemma **3** *(Grabstein)* lapide *f.* pietra *f.* tombale **4** *(Spielstein)* pedina *f.*: ***einen ~ ziehen*** muovere una pedina; ***jdm einen ~ nehmen*** mangiare una pedina a qcn. **5** *(Obstkern)* nocciolo *m.* **6** MED. *(Konkrement)* calcolo *m.* ◆ ***der ~ des Anstoßes*** la pietra dello scandalo; ***es friert ~ und Bein*** fa un freddo cane; COLLOQ. ***~ und Bein schwören*** giurare e spergiurare; ***bei jdm einen ~ im Brett haben*** essere nelle grazie di qcn. ***jdm -e geben statt Brot*** = trattare qcn. con indifferenza invece di aiutarlo; ***weinen, dass es einen ~ erbarmen, erweichen könnte*** far commuovere (*o* piangere) i sassi; ***den ersten ~ auf jdn werfen*** scagliare la prima pietra contro qcn.; ***ein Herz aus ~ haben*** avere un cuore di pietra; ***ihm fällt ein ~ vom Herzen*** s'è levato un peso dal cuore; ***dir fällt kein ~ aus der Krone*** = non ti sciupi, non ti sprechi davvero; ***man könnte ebenso gut -en predigen*** è come parlare al muro; FIG. ***den ~ ins Rollen bringen*** mettere in moto (*o* avviare) il meccanismo; ***eine Uhr mit 12 -en*** un orologio con 12 rubini; ***jdm -e in den Weg legen*** mettere i bastoni fra le ruote a qcn.; ***jdm die -e aus dem Weg räumen*** spianare la via a qcn.; ***der ~ der Weisen*** la pietra filosofale; ***zu ~ werden*** impietrire, restare di sasso.

Stein|acker m. *(-s,-äcker)* campo *m.* pieno di sassi. **Stein|ad|ler** m. *(-s,-)* aquila *f.* reale. **stein|alt** agg. vecchio come Matusalemme. **Stein|axt** f. *(-,-äxte)* ascia *f.* di pietra. **Stein|bank** f. *(-,-bänke)* panca *f.*, sedile *m.* di pietra. **Stein|bau** m. *(-[e]s,-ten)* costruzione *f.* di pietra. **Stein|bei|ßer** m. *(-s,-)* cobite *m.* **Stein|block** m. *(-[e]s, -blöcke)* blocco *m.* di pietra, masso *m.* **Stein|bock** m. *(-[e]s, -böcke)* **1** stambecco *m.* **2** ASTROL. capricorno *m.* **Stein|bo|den** m. *(-s,-böden)* **1** terreno *m.* pietroso (*o* sassoso) **2** → **Steinfußboden.**

Stein|brech m. *(-[e]s,-e)* sassifraga *f.* **Stein|bre|cher** m. *(-s,-)* **1** frantoio *m.* per pietre **2** *(Arbeiter)* spaccapietre *m.*, tagliapietre *m.* **Stein|brech|ge|wäch|se** pl. sassifragacee *f.pl.*

Stein|bro|cken m. *(-s,-)* frammento *m.* di pietra. **Stein|bruch** m. *(-[e]s,-brüche)* cava *f.* di pietra.

Stein|butt m. *(-[e]s,-e)* ITTIOL. rombo *m.* **Stein|damm** m. *(-[e]s, -dämme)* argine *m.* di pietra. **Stein|druck** m. *(-[e]s,-e)* litografia *f.* **Stein|ei|che** f. *(-,-n)* leccio *m.* **Stein|ei|chen|wald** m. *(-[e]s, -wälder)* lecceto *m.*

stei|nen tr. ANT. recintare.

stei|nern agg. **1** di pietra: FIG. ***ein -es Herz*** un cuore di pietra **2** *(erstarrt)* impietrito ◆ ***-e Ruhe*** calma olimpica.

Stein|er|wei|chen, ***zum ~*** da spezzare il cuore. **Stein|fall** m. *(-[e]s, -fälle)* caduta *f.* massi. **Stein|flie|se** f. *(-,-n)* mattonella *f.* di pietra. **Stein|frucht** f. *(-,-früchte)* frutto *m.* col nocciolo. **Stein|fuß|bo|den** m. *(-s,-böden)* pavimento *m.* di pietra. **Stein|gar|ten** m. *(-s, -gärten)* giardino *m.* roccioso. **Stein|grab** → **Steinkistengrab.** **stein|grau** agg. grigio (come la) pietra. **Stein|gut** m. *(-[e]s,-e)* terraglia *f.* **Stein|ha|gel** m. *(-s)* sassaiola *f.* **stein|hart** agg. duro come la pietra. **Stein|hau|er** m. *(-s,-)* ANT. **1** → **Steinbrecher 2** → **Steinmetz.** **Stein|hau|er|lun|ge** f. *(-,-n)* silicosi *f.* **Stein|hau|fen** m. *(-s,-)* mucchio *m.* di pietre. **Stein|haus** n. *(-es,-häuser)* casa *f.* di pietra. **Stein|holz** n. *(-es)* xiolite *f.*

stei|nig agg. **1** pietroso, sassoso **2** FIG. *(mühevoll)* pieno di ostacoli. **stei|ni|gen** tr. lapidare. **Stei|ni|gung** f. *(-,-en)* lapidazione *f.*

Stein|kauz m. *(-es,-käuze)* civetta *f.* **Stein|kis|ten|grab** m. *(-[e]s, -gräber)* tomba *f.* megalitica. **Stein|klee** m. *(-s)* meliloto *m.*

Stein|koh|le f. *(-,-n)* carbon *m.* fossile. **Stein|koh|len|berg|werk** n. *(-[e]s,-e)* miniera *f.* di carbon fossile. **Stein|koh|len|för|de|rung** f. *(-)* estrazione *f.* di carbon fossile. **Stein|koh|len|la|ger** m. *(-s,-)* giacimento *m.* di carbon fossile. **Stein|koh|len|teer** m. *(-[e]s)* asfalto *m.* di carbone. **Stein|koh|len|ze|che** f. *(-,-n)* miniera *f.* di carbone. **Stein|koh|len|zeit** f. *(-)* GEOL. (periodo *m.*) carbonifero *m.*

Stein|ko|ral|le f. *(-,-n)* madrepora *f.* **Stein|krank|heit** f. *(-)* calcolosi *f.*, litiasi *f.* **Stein|krebs** m. *(-es,-e)* gambero *m.* di fiume, ZOOL. astaco *m.* **Stein|la|wi|ne** f. *(-,-n)* frana *f.* **Stein|lei|den** n. *(-s)* → **Steinkrankheit.** **Stein|mar|der** m. *(-s,-)* faina *f.* **Stein|mei|ßel** m. *(-s,-)* scalpello *m.* per pietra. **Stein|metz** m. *(-en,-en)* scalpellino *m.* **Stein|nel|ke** f. *(-,-n)* garofano *m.* selvatico. **Stein|obst** n. *(-[e]s)* frutta *f.* drupacea (*o* con nocciolo), drupe *f.pl.* **Stein|pilz** m. *(-es,-e)* fungo *m.* porcino. **Stein|plat|te** f. *(-,-n)* lastra *f.* di pietra. **stein|reich** agg. COLLOQ. *(sehr reich)* ricco sfondato. **Stein|salz** n. *(-es)* salgemma *m.* **Stein|sarg** m. *(-[e]s,-särge)* sarcofago *m.* (di pietra). **Stein|schlag** m. *(-[e]s,-schläge)* **1** caduta *f.* massi **2** *(Schotter)* pietrisco *m.* **Stein|schlag|ge|fahr** f. *(-)* pericolo *m.* di caduta massi. **Stein|schleu|der** f. *(-,-n)* fionda *f.* **Stein|schmät|zer** m. *(-s,-)* ORNIT. culbianco *m.*

Stein|schnei|de|kunst f. *(-)* glittica *f.* **Stein|schnei|der** m. *(-s,-)* glittico *m.*

Stein|set|zer m. *(-s,-)* selciatore *m.*, lastricatore *m.* **Stein|wäl|zer** m. *(-s,-)* ORNIT. voltapietre *m.* **Stein|werk** n. *(-[e]s,-e)* cava *f.* di pietra. **Stein|wurf** m. *(-[e]s,-würfe)* sassata *f.* ◆ ***(nur) einen ~ weit (entfernt)*** a un tiro di schioppo. **Stein|wüs|te** f. *(-,-n)* deserto *m.* roccioso.

Stein|zeich|ner m. *(-s,-)* litografo *m.* **Stein|zeich|nung** f. *(-,-en)* litografia *f.*

Stein|zeit f. *(-)* età *f.* della pietra. **stein|zeit|lich** agg. dell'età della pietra (anche FIG.). **Stein|zeit|mensch** m. *(-en,-en)* uomo *m.* dell'età della pietra.

Stein|zeug n. *(-[e]s)* grès *m.*

Stei|rer m. *(-s,-)* stiriano *m.* **stei|risch** agg. stiriano.

Steiß m. *(-es,-e)* **1** *(Steißbein)* coccige *m.* **2** *(Gesäß)* sedere *m.* **3** *(Schwanz beim Federwild)* codrione *m.* **Steiß|bein** n. *(-s,-e)* coccige *m.* **Steiß|fü|ßer** pl. podicipedidi *m.pl.* **Steiß|ge|burt** f. *(-,-en)* parto *m.* podalico. **Steiß|huhn** n. *(-[e]s,-hühner)* tinamo *m.* **Steiß|la|ge** f. *(-,-n)* presentazione *f.* podalica.

Stek [ste:k, ʃte:k] m. *(-s,-s)* MAR. nodo *m.*

Ste|le ['st-, 'ʃt-] f. *(-,-n)* stele *f.*

Stel|la|ge [-'la:ʒə] f. *(-,-n)* **1** *(Gestell)* scaffale *m.*, scansia *f.*; *(Unterbau)* supporto *m.*, sostegno *m.* **2** ECON. → **Stellagegeschäft. Stel|la|ge|ge|schäft** n. *(-[e]s,-e)* ECON. stellage *m.*, stellaggio *m.*

stel|lar agg. stellare.

Stell|dich|ein n. *(-[s],-[s])* ANT. appuntamento *m.*, rendez-vous *m.*: ***mit jdm ein ~ haben*** avere un appuntamento con qcn.; ***sich ein ~ geben*** darsi (un) appuntamento.

Stel|le f. *(-,-n)* **1a** posto *m.*, luogo *m.* (anche FIG.): ***an passender, unpassender ~*** al posto giusto, sbagliato; ***etw. wieder an seine ~ stellen*** rimettere qcs. al suo posto; ***sich an der vereinbarten ~ treffen*** incontrarsi nel luogo convenuto; ***auf der gleichen ~ stehenbleiben*** rimanere nello stesso posto **b** *(Punkt, Bereich)* punto *m.*, zona *f.*, parte *f.*: ***eine entzündete ~ auf der Haut*** un punto della pelle infiammato; FIG. ***seine empfindliche, schwache, verwundbare ~*** il suo punto debole **c** *(Textstelle)* punto *m.*, passo *m.*: ***die wichtigste ~ des Briefes*** il punto più importante della lettera; ***auf eine andere ~ verweisen*** rimandare a un altro punto **2** *(Platz in einer Reihenfolge)* posto *m.*, posizione *f.*: ***an oberster, vorderster, führender ~ stehen*** essere al primo posto; ***an achter ~ liegen*** essere all'ottavo posto **3** *(Arbeitsstelle)* posto *m.*: ***eine freie, offene ~*** un posto vacante, libero; ***eine ~ als Nachtwächter*** un posto di (*o* come) guardiano notturno; ***eine ~ annehmen, besetzen, bekommen*** accettare, occupare, ottenere un posto; ***eine ~ antreten*** iniziare un lavoro; ***eine ~ ausschreiben*** offrire un posto con un annuncio; ***sich um eine ~ bewerben*** concorrere per un posto **4** *(Amt, Dienststelle)* ufficio *m.*: ***sich an die zuständige ~ wenden*** rivolgersi all'ufficio competente **5** MAT. *(Platz einer Zahl)* cifra *f.*: ***eine Zahl mit drei -n*** un numero a (*o* con) tre cifre ◆ ***an erster ~*** in primo luogo, innanzitutto; ***an deiner ~*** al posto tuo; ***an jds ~*** al posto di qcn.; ***an jds ~ treten*** subentrare a qcn.; ***an ~ von*** invece di, in luogo di; ***auf der ~*** all'istante; COLLOQ. ***auf der ~ treten*** segnare il passo, non progredire; ***nicht von der ~ kommen*** non andare avanti; ***zur ~ sein*** essere sul posto; MIL. ***sich zur ~ melden*** presentarsi sul posto.

stel|len I tr. **1a** mettere, porre, collocare: ***eine Lampe, eine Flasche auf den Tisch ~*** mettere una lampada, una bottiglia sul tavolo; ***Blumen in eine Vase ~*** mettere dei fiori in un vaso; ***den Wagen in die Garage ~*** mettere la macchina in garage; ***den Schrank, die Leiter an die Wand ~*** accostare l'armadio, appoggiare la scala alla parete; *(aufrecht hinstellen)* mettere in piedi: ***ein Kind wieder auf die Füße ~*** rimettere un bambino in piedi; ***den Schüler zur Strafe in die Ecke ~*** mettere lo scolaro nell'angolo per punizione; ***etw. kalt, warm ~*** mettere qcs. al (*o* in) fresco, mettere qcs. in caldo **b** FIG. ***eine Frage in den Mittelpunkt der Diskussion ~*** mettere una questione al centro della discussione; ***jdn vor ein Problem ~*** mettere qcn. di fronte a un problema **2** produrre, designare: ***einen Vertreter ~*** designare un rappresentante **3** *(bereitstellen)* fornire: ***den Wein für eine Party ~*** fornire il vino per una festa **4** *(erstellen)* formulare, redigere, fare: ***eine Prognose ~*** formulare una prognosi **5a** *(einstellen)* mettere, regolare: ***wir müssen den Wecker auf 6 Uhr ~*** dobbiamo mettere la sveglia alle sei; ***die Heizung höher, niedriger ~*** alzare, abbassare il riscaldamento; ***das Radio lauter, leiser ~*** alzare, abbassare (il volume del)la radio **b** *(richten)* mettere a posto, regolare: ***die Uhr ~*** mettere a posto l'orologio **6** *(fangen)* prendere, catturare: ***einen Dieb, Hasen ~*** prendere un ladro, una lepre **7** *(aufstellen)* drizzare, rizzare: ***der Hund stellt die Ohren*** il cane drizza le orecchie **8** *(gestalten)* ***eine Szene ~*** disporre gli attori in scena **9** SPORT alzare: ***jdm den Ball stellen*** alzare la palla a qcn.; ***den Ball gut ~*** alzare bene, fare una bella alzata **II** rifl. **sich ~ 1a** mettersi: ***sich ans Fenster, neben jdn, in die Reihe ~*** mettersi alla finestra, vicino a qcn., in fila; ***sich auf die Zehenspitzen ~*** mettersi sulla punta dei piedi (*o* alzarsi in punta di piedi) **b** FIG. ***sich gegen jdn, etw. ~*** mettersi contro qcn., qcs.; ***sich auf jds Seite ~*** mettersi dalla parte di qcn. **2a** *(sich melden)* presentarsi: ***sich zur Musterung ~*** presentarsi alla visita di leva; ***sich (der Polizei) ~*** costituirsi **b** *(nicht ausweichen)* affrontare: ***sich einem Konkurrenten ~*** affrontare un concorrente **3** fingersi: ***sich krank, blind, taub ~*** fingersi (*o* darsi) malato, fingersi cieco, sordo **4** *(einstellen)* porsi, avere un'opinione: ***sich positiv, negativ zu etw. ~*** porsi positivamente, negativamente nei confronti di qcs. (*o* avere un'opinione positiva, negativa di qcs.); ***wie ~ Sie sich zu dieser Forderung?*** che (ne) pensa di questa richiesta? ◆ ***etw. in Abrede ~*** negare qcs.; ***jdn unter Anklage ~*** mettere qcn. sotto accusa; ***einen Antrag ~*** avanzare una richiesta; ***jdm eine Aufgabe ~*** assegnare un compito a qcn.; ***jdm etw. in Aussicht ~*** fare sperare qcs. a qcn.; ***Bedingungen ~*** porre diverse condizioni; ***etw. unter Beweis ~*** provare, dimostrare qcs.; ***einen Bürgen ~*** prestare una garanzia; ***eine Diagnose ~*** fare una diagnosi; ***etw. zur Diskussion ~*** mettere qcs. in discussione; COLLOQ. ***sich dumm ~*** fare il finto tonto; ***Fallen ~***

mettere delle trappole; FIG. ***jdm eine Falle ~*** tendere una trappola a qcn.; ***den Feind ~*** affrontare il nemico; ***eine Forderung ~*** → ***einen Antrag ~***; ***etw. in Frage, außer Frage ~*** mettere qcs. in discussione, fuori discussione; ***eine Frage ~*** porre (*o* formulare) una domanda; ***es stellt sich die Frage*** ci si domanda; ***jdn vor Gericht ~*** deferire qcn. al tribunale; ***sich gut mit jdm ~*** essere in buoni rapporti con qcn.; ***sich hinter jdn, etw. ~*** appoggiare qcn., qcs.; ***jdm ein Horoskop ~*** fare un oroscopo a qcn.; ***etw. auf den Kopf ~*** mettere a soqquadro qcs.; ***jdn auf die Probe ~*** mettere qcn. alla prova; ***etw. in Rechnung ~*** mettere in conto qcs.; ***jdm einen Helfer zur Seite ~*** mettere un aiutante accanto a qcn.; ***etw. unter Strafe ~*** prevedere una pena per qcs.; ***jdn über einen anderen, eine Sache über eine andere ~*** preferire qcn. a un altro, una cosa a un'altra; ***jdm ein Ultimatum ~*** dare un ultimatum a qcn.; ***jdm etw. zur Verfügung ~*** mettere qcs. a disposizione di qcn.; ***sich schützend vor jdn ~*** coprire, proteggere qcn.; ***sich jdm in den Weg ~*** sbarrare la strada a qcn.; ***die Weichen ~*** manovrare gli scambi; FIG. ***die Weichen für etw. ~*** preparare il terreno a, per qcs.; ***Zeugen ~*** produrre testimoni.

Stel|len|an|ge|bot n. *(-[e]s,-e)* offerta *f.* d'impiego. **Stel|len|an|zei|ge** f. *(-,-n)* inserzione *f.* di lavoro. **Stel|len|be|set|zung** f. *(-,-en)* occupazione *f.* di un posto. **Stel|len|ge|such** n. *(-es,-e)* domanda *f.* d'impiego. **stel|len|los** agg. disoccupato, privo d'impiego. **Stel|len|markt** m. *(-[e]s)* mercato *m.* del lavoro. **Stel|len|nach|weis** m. *(-es,-e)* → **Stellenvermittlung. Stel|len|plan** m. *(-[e]s,-pläne)* organigramma *m.* **Stel|len|ver|mitt|lung** f. *(-,-en)* (ufficio *m.* di) collocamento *m.* **stel|len|wei|se** avv. **1** in qualche posto, qua e là **2** *(teilweise)* parzialmente **3** *(manchmal)* talvolta.

Stel|len|wert m. *(-[e]s,-e)* **1** MAT. valore *m.* posizionale **2** FIG. *(Bedeutung)* importanza *f.*: ***einen hohen ~ haben*** avere una grande importanza.

Stel|ler m. *(-s,-)* SPORT alzatore *m.*

Stell|flä|che f. *(-,-n)* superficie *f.* d'appoggio. **Stell|he|bel** m. *(-s,-)* leva *f.* di regolazione, di manovra, di comando. **Stell|ma|cher** m. *(-s,-)* REGION. carrozzaio *m.*, carradore *m.*, carraio *m.* **Stell|netz** n. *(-es,-e)* tramaglio *m.* **Stell|platz** m. *(-es,-plätze)* posto *m.* auto. **Stell|rad** n. *(-[e]s,-räder)* rotella *f.* di regolazione. **Stell|schrau|be** f. *(-,-n)* vite *f.* di regolazione (*o* di registro).

Stel|lung f. *(-,-en)* **1** *(Körperhaltung)* posizione *f.*: ***in gebückter, kniender, sitzender ~*** in posizione incurvata, in ginocchio, in posizione seduta; ***eine ~ einnehmen*** assumere una posizione; ***neue -en ausprobieren*** provare nuove posizioni **2a** *(Position)* posizione *f.*, collocazione *f.*, disposizione *f.*: ***die ~ der Planeten, eines Wortes*** la posizione dei pianeti, di una parola **b** MIL. posizione *f.*, postazione *f.*: ***die feindlichen -en*** le postazioni nemiche; ***eine ~ beziehen, halten, stürmen*** occupare, mantenere, attaccare una posizione **c** *(Rang)* posizione *f.*: ***seine ~ in der Gesellschaft*** la sua posizione nella società **3** *(Posten)* posto *m.*, impiego *m.*, carica *f.*: ***eine leitende, einflussreiche ~ bekleiden, innehaben*** rivestire una carica, occupare un posto dirigenziale, influente **4** *(Einstellung)* posizione *f.*, atteggiamento *m.*: ***eine kritische ~ jdm gegenüber, zu etw. haben*** avere un atteggiamento critico nei confronti di qcn., di qcs. ◆ ***~ beziehen*** prendere posizione, assumere una posizione; MIL. ***in ~ gehen*** appostarsi; ANT. ***bei jdm in ~ sein*** essere a servizio presso qcn.; ***~ zu etw. nehmen*** prendere posizione riguardo a qcs.; ***für, gegen jdn, etw. ~ nehmen*** prendere posizione per, contro qcn., qcs.

Stel|lung|nah|me f. *(-,-n)* (presa *f.* di) posizione *f.*: ***eine ~ zu einem Problem abgeben*** formulare una presa di posizione su un problema; ***jdn um seine ~ bitten*** pregare qcn. di far sapere la sua posizione in merito.

Stel|lungs|feh|ler m. *(-s,-)* SPORT errore *m.* di posizione. **Stel|lungs|krieg** m. *(-[e]s,-e)* guerra *f.* di posizione. **stel|lungs|los** agg. disoccupato, privo d'impiego. **Stel|lungs|lo|se** m. e f. *(-n,-n)* disoccupato *m.* (-a *f.*).

Stel|lungs|spiel n. *(-s)* SPORT ***ein gutes ~ haben*** piazzarsi bene. **Stel|lung(s)|su|che** n. *(-s)* ricerca *f.* di occupazione. **stel|lung|su|chend** agg. in cerca di occupazione. **Stel|lung|su|chen|de** m. e f. *(-n,-n)* persona *f.* in cerca di occupazione.

Stel|lungs|wech|sel m. *(-s,-)* **1** cambiamento *m.* di posizione **2** *(von Posten, Ämtern)* cambiamento *m.* di posto, cambio *m.* di occupazione.

stell|ver|tre|tend I agg. supplente, facente funzione, sostituto, vice: ***der -e Minister*** il viceministro **II** avv. ***etw. ~ für jdn tun*** fare qcs. a nome (*o* in rappresentanza) di qcn. **Stell|ver|tre|ter** m. *(-s,-)* **1** sostituto *m.*, rappresentante *m.*, facente funzione *m.* **2** ECCL. *(Vikar)* vicario *m.* **Stell|ver|tre|tung** f. *(-,-en)* supplenza *f.*, rappresentanza *f.*, sostituzione *f.*

Stell|wand f. *(-,-wände)* tramezzo *m.* (mobile). **Stell|werk** n. *(-[e]s,-e)* FERR. cabina *f.* di blocco, cabina *f.* (*o* posto *m.*) di manovra.

Stelz|bein n. *(-[e]s,-e)* → **Stelzfuß. stelz|bei|nig** agg. → **stelzfüßig.**

Stel|ze f. *(-,-n)* **1** trampolo *m.* (anche FIG. SCHERZ.): ***(auf) -n gehen, laufen*** camminare sui trampoli **2** ORNIT. cutrettola *f.* **3** *(Holzbein)* gamba *f.* di legno **4** REGION. AUSTR. zampetto *m.* ◆ ***wie auf -n gehen*** camminare in modo rigido; FIG. camminare in modo affettato.

stel|zen intr. (aus. *sein*) **1** camminare sui trampoli **2** *(steif gehen)* camminare in modo rigido.

Stelz|fuß m. *(-es,-füße)* gamba *f.* di legno (anche FIG. COLLOQ.). **stelz|fü|ßig I** agg. **1** con una gamba di legno **2** FIG. a passi rigidi: ***ein -er Gang*** un'andatura a passi rigidi **II** avv. **1** a passi rigidi **2** *(gestelzt)* in modo affettato (*o* artificioso). **Stelz|vo|gel** m. *(-s,-vögel)* trampoliere *m.* **Stelz|wur|zel** f. *(-,-n)* radice *f.* avventizia (*o* aerea).

Stem|ma [ʃt-, st-] n. *(-s, Stemmata)* **1** FILOL. stemma *m.*, albero *m.* **2** LING. albero *m.*

Stemm|bo|gen m. *(-s,-)* stemm cristiania *m.*

Stem|me f. *(-,-n)* GINN. appoggio *m.* sulle mani (in sospensione).

Stemm|ei|sen n. *(-s,-)* scalpello *m.* (da legno).

stem|men I tr. **1** appoggiare (con forza), puntare: ***die Fäuste in die Hüften ~*** puntare i pugni sui fianchi **2** *(heben)* sollevare: ***Gewichte ~*** sollevare pesi **3** *(hervorbringen)* realizzare con lo scalpello **4** COLLOQ. ***ein Bier, einen ~*** mandar giù una birra, mandarne giù un bicchiere **5** COLLOQ. *(stehlen)* portare via, rubare **II** intr. (aus. *haben; beim Skifahren*) puntare **III** rifl. **sich ~ 1** fare forza, spingere: ***sich gegen etw. ~*** spingere contro qcs.; ***sich mit dem Rücken gegen die Tür ~*** fare forza con la schiena contro la porta; ***die Hände in die Hüften ~*** puntare le mani sui fianchi **2** *(widersetzen)* opporsi (con forza, energicamente): ***sich gegen etw. ~*** opporsi energicamente a qcs. ◆ ***sich in die Höhe ~*** sollevarsi a fatica.

Stemm|mei|ßel m. *(-s,-)* → **Stemmeisen.**

Stem|pel m. *(-s,-)* **1** timbro *m.*: ***einen ~ anfertigen, schneiden lassen*** fare un timbro; ***den ~ auf etw. (A) drücken*** mettere il timbro su qcs.; ***den Brief mit einem ~ versehen*** apporre un timbro sulla lettera; ***der Umschlag trägt den ~ vom 10. März*** la busta reca il timbro del 10 marzo **2a** TECN. *(Punze)* punzone *m.* **b** *(auf Edelmetall)* marchio *m.* **3** EDIL. puntello *m.* (di legno) **4** BOT. pistillo *m.* ◆ ***etw. (D) seinen, den ~ aufdrücken*** dare la propria impronta a qcs., imprimere il proprio marchio in (*o* su) qcs.; COLLOQ. ***~ haben*** avere le gambe grosse; ***den ~ von jdm, etw. tragen*** portare i segni (*o* il marchio) di qcs. **Stem|pel|far|be** f. *(-,-n)* inchiostro *m.* per timbri. **Stem|pel|hal|ter** m. *(-s,-)* portatimbri *m.* **Stem|pel|kis|sen** n. *(-s,-)* tampone *m.* (per timbri). **Stem|pel|mar|ke** f. *(-,-n)* marca *f.* da bollo. **Stem|pel|ma|schi|ne** f. *(-,-n)* **1** timbratrice *f.* (per francobolli).

stem|peln I tr. **1a** timbrare, bollare: ***Akten ~*** timbrare documenti **b** *(entwerten)* annullare, convalidare: ***Marken ~*** annullare marche **2** stampigliare: ***die Anschrift auf den Umschlag ~*** stampigliare l'indirizzo sulla busta **3** *(Gold-, Silbermetall)* punzonare **4** FIG. bollare: ***jdn zum Dieb, Lügner, Verräter ~*** bollare qcn. come ladro, mentitore, traditore ◆ COLLOQ. ***~ gehen*** = percepire il sussidio di disoccupazione.

stem|pel|pflich|tig agg. AUSTR. soggetto a tassa. **Stem|pel|schnei|der** m. *(-s,-)* incisore *m.* (di punzoni). **Stem|pel|stän|der** m. *(-s,-)* portatimbri *m.* **Stem|pel|uhr** f. *(-,-en)* orologio *m.* timbratore.

Sten|gel → **Stängel. Sten|gel|chen** → **Stängelchen. sten|gel|los** → **stängellos.**

Ste|no I f. *(-)* COLLOQ. (accorc. *Stenographie*) steno *f.*: ***~ schreiben*** stenografare **II** n. *(-s,-s)* stenogramma *m.* **Ste|no|blei|stift** m. *(-[e]s,-e)* → **Stenostift. Ste|no|block** → **Stenogrammblock. Ste|no|gramm** n. *(-s,-e)* stenogramma *m.* **Ste|no|gramm|block** m. *(-[e]s,-blöcke* e *-s)* blocco *m.* da stenografia.

Ste|no|graph m. *(-en,-en)* stenografo *m.* **Ste|no|gra|phie** f. *(-)* stenografia *f.* **ste|no|gra|phie|ren** tr. stenografare. **ste|no|gra|phisch** agg. stenografico: ***-e Zeichen*** segni stenografici; ***-e Aufzeichnungen*** annotazioni stenografiche.

Ste|no|kon|to|ris|tin f. *(-,-nen)* stenodattilografa *f.*

Ste|no|se f. *(-,-n)* stenosi *f.*

Ste|no|stift m. *(-[e]s,-e)* matita *f.* per stenografia.

ste|no|ty|pie|ren tr. = stenografare e trasferire su macchina per scrivere.

Sten|tor|stim|me [ʃt-, st-] f. *(-)* voce *f.* stentorea.

Stenz m. *(-es,-e)* COLLOQ. bellimbusto *m.*

Step → **Stepp.**

Ste|phan n.pr.m. Stefano *m.* **Ste|pha|nie** n.pr.f. Stefania *f.* **Ste|**

pha|ni|tag, Ste|phans|tag m. *(-[e]s)* (giorno *m.* di) santo Stefano *m.*
Stepp [ʃtɛp, st-] m. *(-s,-s)* **1** tip tap *m.* **2** SPORT step *m.*
Stepp|de|cke f. *(-,-n)* trapunta *f.*
Step|pe f. *(-,-n)* steppa *f.*
1.step|pen tr. SART. impuntire, trapuntare: ***einen Saum ~*** trapuntare un orlo.
2.step|pen ['ʃt-, 'st-] intr. *(aus. haben)* ballare il tip tap.
Step|pen|fuchs m. *(-es,-füchse)* volpe *f.* della steppa (*o* asiatica).
Step|pen|wolf m. *(-[e]s,-wölfe)* lupo *m.* della steppa.
Step|pe|rei f. *(-,-en)* impuntura *f.*, trapunto *m.*
Stepp|ma|schi|ne f. *(-,-n)* trapuntatrice *f.* **Stepp|naht** f. *(-,-nähte)* impuntura *f.* **Stepp|stich** m. *(-es,-e)* (punto *m.* di una) impuntura *f.*
Step(p)|tanz m. *(-es,-tänze)* → **Stepp. Step(p)|tän|zer** m. *(-s,-)* ballerino *m.* di tip tap.
Ster|be|ab|lass m. *(-es,-ablässe)* RELIG. assoluzione *f.* in articulo mortis. **Ster|be|amt** n. *(-[e]s,-ämter)* messa *f.* funebre. **Ster|be|bett** n. *(-[e]s,-en)* letto *m.* di morte, capezzale *m.* ◆ ***auf dem ~ liegen*** essere in punto di morte. **Ster|be|buch** n. *(-[e]s,-bücher)* registro *m.* dei decessi. **Ster|be|da|tum** n. *(-s,-daten)* data *f.* della morte, del decesso. **Ster|be|fall** m. *(-[e]s,-fälle)* (caso *m.* di) morte *f.*: ***im ~*** in caso di morte. **Ster|be|ge|läut** n. *(-[e]s)*, **Ster|be|ge|läu|te** n. *(-s)* rintocchi *m.pl.* delle campane a morto. **Ster|be|geld** n. *(-[e]s,-er)* indennità *f.* in caso di morte (*o* per spese funerarie). **Ster|be|glo|cke** f. *(-,-n)* campana *f.* a morto. **Ster|be|hil|fe** f. *(-,-n)* **1** eutanasia *f.* **2** → **Sterbegeld. Ster|be|jahr** n. *(-[e]s,-e)* anno *m.* di, della morte. **Ster|be|la|ger** n. *(-s,-)* → **Sterbebett.**
ster|ben intr. *(stirbt; starb, gestorben; aus. sein)* morire: ***eines natürlichen, gewaltsamen Todes ~*** morire di morte naturale, di morte violenta; ***als Christ ~*** morire cristianamente; ***eines schönen, sanften Todes ~*** avere una bella morte, una morte dolce; ***an Krebs, an Altersschwäche, Hunger ~*** morire di cancro, di vecchiaia, di fame; ***als Held, jung, hochbetagt ~*** morire da eroe, giovane, vecchissimo; ***durch jds Hand, durch einen Unfall, an den Folgen eines Unfalls ~*** morire per mano di qcn., in un incidente, in seguito a un incidente; ***für eine Idee, sein Vaterland, für die Freiheit ~*** morire per un'idea, per la patria, per la libertà; ***für jdn ~*** morire per qcn.; FIG. ***vor Hunger, Angst, Neugierde, Langeweile ~*** morire di fame, di paura, di curiosità, di noia ◆ ***daran, davon stirbt man nicht gleich*** di questo (certo) non si muore; ***~ wie die Fliegen*** morire come le mosche; ***den Heldentod ~*** fare una morte da eroe; ***nicht leben und nicht ~ können*** stare molto male; *(todkrank sein)* essere fra la vita e la morte; *(Märchenschlussformel)* ***und wenn sie nicht gestorben sind, dann leben sie noch heute*** = e vissero felici e contenti. **Ster|ben** n. *(-s)* il morire, morte *f.*: ***im ~ liegen*** essere in punto di morte ◆ ***zum Leben zu wenig und zum ~ zu viel*** troppo poco per vivere e troppo per morire; ***zum ~ traurig*** triste da morire.
Ster|ben|de m. e f. *(-n,-n)* morente *m.* e *f.*, moribondo *m.* (-a *f.*).
Ster|bens|angst f. *(-)* paura *f.* da morire. **ster|bens|elend I** agg. che sta terribilmente male **II** avv. terribilmente male. **ster|bens|krank I** agg. malato gravissimo, in fin di vita **II** avv. → **sterbenselend. ster|bens|lang|wei|lig** agg. terribilmente noioso, noioso da morire. **ster|bens|matt** agg. estremamente spossato. **Ster|bens|see|le, *keine ~, nicht eine ~*** assolutamente nessuno. **Ster|bens|wort, Ster|bens|wört|chen, *kein ~, nicht ein ~*** nemmeno una parola.
Ster|be|ort m. *(-[e]s,-e)* luogo *m.* della morte. **Ster|be|sak|ra|men|te** pl. RELIG. estremi conforti *m.pl.* (della fede). **Ster|be|stun|de** f. *(-,-n)* ora *f.* della morte, del decesso. **Ster|be|tag** m. *(-[e]s,-e)* giorno *m.* della morte, del decesso. **Ster|be|ur|kun|de** f. *(-,-n)* certificato *m.* di morte.
sterb|lich agg. mortale: ***jds -e Überreste*** i resti (*o* le spoglie) mortali di qcn. ◆ ***~ verliebt*** innamoratissimo, innamorato cotto. **Sterb|li|che** m. e f. *(-n,-n)* mortale *m.* e *f.* ◆ ***ein gewöhnlicher -r*** un comune mortale. **Sterb|lich|keit** f. *(-)* mortalità *f.* **Sterb|lich|keits|ra|te** f. *(-,-n)*, **Sterb|lich|keits|zif|fer** f. *(-,-n)* (tasso *m.* di) mortalità *f.*
ste|reo agg. **1** stereo **2** GERG. bisex. **Ste|reo** n. *(-s,-s)* **1** stereofonia *f.*: ***etw. in ~ empfangen, aufnehmen, senden*** registrare, ricevere, trasmettere qcs. in stereofonia **2** → **Stereotypieplatte. Ste|re|o|an|la|ge** f. *(-,-n)* impianto *m.* stereofonico, impianto *m.* stereo. **Ste|re|o|bild** n. *(-[e]s,-er)* immagine *f.* stereoscopica. **Ste|re|o|box** f. *(-,-en)* cassa *f.* acustica. **Ste|re|o|che|mie** f. *(-)* stereochimica *f.* **Ste|re|o|emp|fang** m. *(-[e]s)* ricezione *f.* stereofonica, in stereofonia. **Ste|re|o|fo|to|gra|fie** f. *(-,-n)* **1** stereofotografia *f.* **2** *(Raumbild)* fotografia *f.* stereoscopica. **Ste|re|o|ka|me|ra** f. *(-,-s)* macchina *f.* (fotografica) stereoscopica.
Ste|re|o|met|rie f. *(-)* stereometria *f.* **ste|re|o|met|risch** agg. stereometrico.
ste|re|o|phon I agg. stereofonico **II** avv. in stereofonia. **Ste|re|o|pho|nie** f. *(-)* stereofonia *f.* **ste|re|o|pho|nisch** agg. → **stereophon.**
Ste|re|o|pho|to|gramm|met|rie f. *(-)* stereofotogrammetria *f.* **Ste|re|o|plat|te** f. *(-,-n)* disco *m.* stereo. **Ste|re|o|sen|dung** f. *(-,-en)* trasmissione *f.* in stereofonia. **Ste|re|o|skop** n. *(-s,-e)* stereoscopio *m.* **Ste|re|o|sko|pie** f. *(-)* stereoscopia *f.* **ste|re|o|sko|pisch** agg. stereoscopico. **Ste|re|o|turm** m. *(-[e]s,-türme)* rack *m.*
ste|re|o|typ I agg. **1** stereotipato: ***eine -e Redensart, ein -es Lächeln*** un modo di parlare, un sorriso stereotipato **2** TIP. stereotipo **II** avv. per stereotipi, secondo (degli) stereotipi. **Ste|re|o|typ** n. *(-s,-e)* stereotipo *m.* **Ste|re|o|typ|druck** m. *(-[e]s,-e)* stampa *f.* stereotipica. **Ste|re|o|ty|pie** f. *(-,-n)* stereotipia *f.* **Ste|re|o|ty|pie|plat|te** f. *(-,-n)* lastra *f.* stereotipa, stereotipia *f.*
ste|ril agg. **1** *(keimfrei; unfruchtbar)* sterile: ***etw. ~ machen*** sterilizzare qcs. **2** FIG. *(nüchtern wirkend)* asettico: ***ein -es Wohnzimmer*** un soggiorno asettico. **Ste|ri|li|sa|ti|on** f. *(-,-en)* sterilizzazione *f.* **Ste|ri|li|sa|tor** m. *(-s,-en)*, **Ste|ri|li|sier|ap|pa|rat** m. *(-[e]s,-e)* sterilizzatore *m.* **ste|ri|li|sie|ren** tr. sterilizzare. **Ste|ri|li|sie|rung** f. *(-,-en)* → **Sterilisation. Ste|ri|li|tät** f. *(-)* sterilità *f.*
Ste|rin [ʃt-,st-] n. *(-s,-e)* sterina *f.*, sterolo *m.*
Ster|ling ['stəːlɪŋ] m. *(-s,-e)* sterlina *f.*: ***2 Pfund ~*** due (lire) sterline.
1.Stern m. *(-[e]s,-e)* **1a** stella *f.*: ***die -e blinken, flimmern, funkeln, strahlen, stehen am Himmel*** le stelle brillano, scintillano, sfavillano, splendono, sono nel cielo; ***ein ~ erster, zweiter Größe*** una stella di prima, di seconda grandezza **b** *(Figur)* ***ein fünfzackiger ~*** una stella a cinque punte **c** ASTROL. ***die -e stehen (un)günstig*** le stelle sono (s)favorevoli; ***die -e deuten, befragen*** consultare, interrogare le stelle; ***unter einem guten, glücklichen, unter keinem günstigen ~ geboren sein, stehen*** essere nato, essere sotto una buona stella, sotto una cattiva stella **d** FIG. ***sein guter ~*** la sua buona stella; ***sein ~ geht auf, ist im Sinken (verlischt)*** la sua stella sta nascendo, sta tramontando **e** *(Qualitätszeichen)* ***ein Hotel mit drei -en*** un hotel a tre stelle **2** *(Rangabzeichen)* stelletta *f.*; *(Orden)* stella *f.* (onorifica) **3** *(Kennzeichen in Texten)* asterisco *m.* **4** *(Kosewort)* tesoro *m.* ◆ ***ein mit -en besäter Himmel*** un cielo stellato; LETT. ***unter fremden -en*** sotto un cielo straniero; ***nach den -en greifen*** chiedere (*o* volere) la luna; ***die -e vom Himmel holen wollen*** volere la luna; ***in den -en lesen*** leggere negli astri; ***-e sehen*** vedere le stelle; ***in den -en (geschrieben) stehen*** essere scritto nelle stelle.
2.Stern m. *(-s,-e)* MAR. poppa *f.*
Stern|bild n. *(-[e]s,-er)* costellazione *f.* **Stern|blu|me** f. *(-,-n)* BOT. astro *m.*, aster *m.* **Stern|chen** n. *(-s,-)* stellina *f.* **Stern|deu|ter** m. *(-s,-)* astrologo *m.* **Stern|deu|te|rei** f. *(-,-en)* COLLOQ. SPREG., **Stern|deu|tung** f. *(-)* astrologia *f.* **Ster|nen|ban|ner** n. *(-s,-)* ***das ~*** la bandiera a stelle e strisce. **ster|nen|hell** → **sternhell. Ster|nen|him|mel** → **Sternhimmel. ster|nen|klar** → **sternklar. Ster|nen|licht** n. *(-[e]s)* luce *f.* delle stelle. **ster|nen|los** → **sternlos. Ster|nen|schein** m. *(-[e]s)* LETT. chiarore *m.* delle stelle. **ster|nen|wärts** avv. verso le stelle. **Ster|nen|zelt** f. *(-)* LETT. volta *f.* stellata, firmamento *m.* **stern|för|mig** agg. a forma di stella, a stella. **Stern|for|scher** m. *(-s,-)* astronomo *m.* **Stern|ge|wöl|be** n. *(-s,-)* ARCH. volta *f.* a stella (*o* stellata). **Stern|glo|bus** m. *(- e -ses, -globen e -se)* planetario *m.* **Stern|gu|cker** m. *(-s,-)* COLLOQ. = astronomo *m.* **stern|ha|gel|blau, stern|ha|gel|voll** agg. COLLOQ. ubriaco fradicio. **Stern|hau|fen** m. *(-s,-)* ammasso *m.* stellare. **stern|hell** agg. rischiarato dalle stelle, stellato: ***eine -e Nacht*** una notte stellata. **Stern|him|mel** m. *(-s,-)* cielo *m.* stellato, firmamento *m.* **Stern|jahr** n. *(-[e]s,-e)* anno *m.* siderale. **Stern|kar|te** f. *(-,-n)* carta *f.* del cielo. **stern|klar** agg. rischiarato dalle stelle. **Stern|kraut** n. *(-[e]s)* stellaria *f.* **Stern|kun|de** f. *(-)* astronomia *f.* **Stern|kun|di|ge** m. *(-n,-n)* astronomo *m.* **stern|los** agg. senza stelle: ***eine -e Nacht*** una notte senza stelle. **Stern|mie|re** f. *(-,-n)* → **Sternkraut. Stern|mo|tor** m. *(-s,-en)* motore *m.* a stella. **Stern|ort** m. *(-[e]s,-örter)* punto *m.* astronomico. **Stern|schnup|pe** f. *(-,-n)* stella *f.* cadente (*o* filante).
Stern|sin|gen n. *(-s)* INTRAD. (usanza secondo la quale gruppi di bambini vanno casa per casa nel periodo dell'Epifania cantando e raccogliendo offerte e doni).
Stern|stun|de f. *(-,-n)* momento *m.* magico, grande momento *m.*: ***eine ~ der, für die Wissenschaft*** un grande momento per la scienza. **Stern|sys|tem** n. *(-s,-e)* sistema *m.* galattico. **Stern|ta|fel** f. *(-,-n)* → **Sternkarte. Stern|tag** m. *(-[e]s,-e)* giorno *m.* siderale. **Stern|war|te** f. *(-,-n)* osservatorio *m.* (astronomico). **Stern|wol|ke** f.

(-,-n) nebulosa *f.* stellare. **Stern|zei|chen** n. *(-s,-)* segno *m.* zodiacale. **Stern|zeit** f. *(-,-en)* ora *f.* siderale (*o* siderea).

Ste|ro|i|de pl. steroide *m.* **Ste|ro|id|hor|mon** n. *(-s,-e)* ormone *m.* steroideo.

1.Sterz m. *(-es,-e)* **1** *(Schwanz)* coda *f.*; *(Bürzel)* codione *m.*, codrione *m.* **2** *(Pflugsterz)* stegola *f.*

2.Sterz m. *(-es,-e)* REGION. INTRAD. (specie di focaccia a base di farina di mais).

stet agg. ANT. → **stetig** ◆ ***in -em Gedenken*** a perenne memoria; ***in -em Wandel sein*** essere in continuo cambiamento. **Ste|te, Stet|heit** f. *(-)* → **Stetigkeit.**

Ste|tho|skop [ʃt-, st-] n. *(-s,-e)* stetoscopio *m.*

ste|tig I agg. *(beständig)* costante; *(andauernd)* continuo; *(kontinuierlich)* continuativo: ***ein -er Wind*** un vento costante; ***eine -e Entwicklung*** un'evoluzione costante **II** avv. costantemente, continuamente: ***etw. nimmt ~ zu, ab*** qcs. aumenta, diminuisce costantemente ◆ MAT. ***eine -e Funktion*** una funzione continua. **Ste|tig|keit** f. *(-)* costanza *f.*, continuità *f.*

stets avv. **1** *(jederzeit)* sempre, in ogni momento: ***~ willkommen sein*** essere sempre il benvenuto **2** *(jedesmal)* sempre, ogni volta: ***~ pünktlich kommen*** arrivare sempre puntuale ◆ *(Briefschluss)* ***~ der Ihre, die Ihre*** sempre Vostro, sempre Vostra; ***~ zu Ihren Diensten*** sempre al Vostro servizio.

1.Steu|er n. *(-s,-)* **1** *(vom Auto)* volante *m.*: ***am, hinter dem ~ sitzen*** essere al volante, alla guida; ***jdn ans ~ lassen*** lasciare qcn. al volante; ***das ~ übernehmen*** prendere il volante (*o* la guida); ***das ~ herumreißen, herumwerfen*** sterzare bruscamente, dare una brusca sterzata **2** *(von Schiffen)* timone *m.*: ***das ~ halten*** tenere, reggere il timone; ***am ~ stehen*** stare al timone ◆ ***das ~ fest in der Hand haben*** avere in pugno la situazione.

2.Steu|er f. *(-,-n)* **1** tassa *f.*, imposta *f.*: ***direkte, indirekte, städtische ~*** imposta diretta, indiretta, tassa comunale; ***etw. von der ~ absetzen*** detrarre (*o* dedurre) qcs. dalle tasse; ***jdn von der ~ befreien*** esentare qcn. dalle tasse; ***etw. mit einer ~ belegen*** gravare di tasse qcs. (*o* assoggettare qcs. a tassazione); ***-n (be)zahlen (abführen), erheben (eintreiben)*** pagare, riscuotere le tasse; ***die -n erhöhen, senken*** aumentare, ridurre le tasse; ***-n hinterziehen*** evadere le tasse (*o* il fisco); ***der ~ unterliegen*** essere soggetto a imposta **2** COLLOQ. *(Steuerbehörde)* fisco *m.*

Steu|er|ab|zug m. *(-[e]s,-abzüge)* ritenuta *f.* fiscale. **Steu|er|auf|kom|men** n. *(-s)* gettito *m.* fiscale. **Steu|er|auf|sicht** f. *(-,-en)* controllo *m.* fiscale. **Steu|er|aus|gleich** m. *(-[e]s)* perequazione *f.* fiscale; conguaglio *m.* fiscale. **Steu|er|aus|schuss** m. *(-es, -ausschüsse)* commissione *f.* tributaria.

1.steu|er|bar agg. manovrabile, governabile.

2.steu|er|bar agg. imponibile: ***-es Einkommen*** reddito imponibile.

Steu|er|ban|de|ro|le f. *(-,-n)* marca *f.* da bollo a fascetta. **Steu|er|be|fehl** m. *(-[e]s,-e)* INFORM. comando *m.* **Steu|er|be|frei|ung** f. *(-,-en)* esenzione *f.* fiscale, immunità *f.* tributaria. **steu|er|be|güns|tigt** agg. che gode di agevolazioni fiscali. **Steu|er|be|hör|de** f. *(-,-n)* autorità *f.* fiscale, fisco *m.* **Steu|er|be|las|tung** f. *(-,-en)* onere *m.* fiscale. **Steu|er|be|mes|sungs|grund|la|ge** f. *(-,-n)* base *f.* imponibile. **Steu|er|be|ra|ter** m. *(-s,-)* consulente *m.* fiscale, fiscalista *m.* **Steu|er|be|scheid** m. *(-[e]s,-e)* cartella *f.* delle imposte (*o* delle tasse). **Steu|er|be|trag** m. *(-[e]s,-beträge)* l'ammontare dell'imposta, importo *m.* dell'imposta. **Steu|er|be|trug** m. *(-[e]s)* frode *f.* fiscale.

Steu|er|bord n. e REGION. m. *(-[e]s)* dritta *f.*: ***nach ~ gehen*** andare a dritta. **steu|er|bord(s)** avv. a dritta.

Steu|er|druck m. *(-[e]s)* pressione *f.* fiscale. **Steu|er|ein|nah|me** f. *(-,-n)* esazione *f.* fiscale, esazione *f.* delle imposte (*o* delle tasse). **Steu|er|ein|neh|mer** m. *(-s,-)* esattore *m.* delle imposte. **Steu|er|ein|zug** m. *(-[e]s,-einzüge)* riscossione *f.* delle imposte.

Steu|er|er|klä|rung f. *(-,-en)* dichiarazione *f.* dei redditi: ***die ~ machen, abgeben, einreichen*** fare, presentare la dichiarazione dei redditi. **Steu|er|er|lass** m. *(-es,-e)* condono *m.* fiscale. **Steu|er|er|leich|te|rung** f. *(-,-en)* agevolazione *f.* fiscale. **Steu|er|er|mä|ßi|gung** f. *(-,-en)* riduzione *f.* d'imposta. **Steu|er|er|mitt|lungs|ver|fah|ren** n. *(-s,-)* accertamento *m.* fiscale. **Steu|er|er|stat|tung** f. *(-,-en)* rimborso *m.* (fiscale).

Steu|er|fahn|der m. *(-s,-)* ispettore *m.* tributario. **Steu|er|fahn|dung** f. *(-,-en)* inchiesta *f.* tributaria. **Steu|er|flucht** f. *(-)* **1** fuga *f.* di capitali all'estero **2** *(Verlegen des Unternehmenssitzes)* esterovestizione *f.* **Steu|er|for|de|rung** f. *(-,-en)* credito *m.* d'imposta. **Steu|er|for|mu|lar** n. *(-s,-e)* modulo *m.* per la dichiarazione dei redditi.

steu|er|frei agg. esentasse, esente da imposte (*o* da tasse). **Steu|er|frei|be|trag** m. *(-[e]s,-beträge)* quota *f.* esente da tassa, franchigia *f.* **Steu|er|frei|heit** f. *(-)* esenzione *f.* fiscale.

Steu|er|ge|setz n. *(-es,-e)* legge *f.* tributaria. **Steu|er|ge|setz|ge|bung** f. *(-)* legislazione *f.* fiscale.

Steu|er|grup|pe f. *(-,-n)* categoria *f.* (dei redditi). **Steu|er|hin|ter|zie|hung** f. *(-,-en)* evasione *f.* fiscale. **Steu|er|klas|se** f. *(-,-n)* scaglione *m.* (fiscale).

Steu|er|knüp|pel m. *(-s,-)* cloche *f.*: ***den ~ nach hinten ziehen, nach vorn drücken*** tirare, spingere la cloche; ***am ~ sitzen*** essere ai comandi. **Steu|er|last** f. *(-,-en)* onere *m.* fiscale: ***gerechte Verteilung der ~*** perequazione fiscale. **Steu|er|leh|re** f. *(-)* teoria *f.* fiscale. **steu|er|lich I** agg. fiscale, tributario: ***-e Vergünstigungen*** agevolazioni fiscali **II** avv. in materia fiscale. **steu|er|los I** agg. **1** privo di timoniere **2** *(ohne Chauffeur)* privo di guidatore **II** avv. senza timone, senza guida (anche FIG.). **Steu|er|mann** m. *(-[e]s, -leute* e RAR. *-männer)* **1** timoniere *m.*, pilota *m.* **2** TECN. addetto *m.* al quadro comandi (*o* alla consolle). **Steu|er|mar|ke** f. *(-,-n)* **1** marca *f.* da bollo **2** *(für Hunde)* medaglietta *f.* **Steu|er|mo|ral** f. *(-)* atteggiamento *m.* (del cittadino) nei confronti del fisco.

steu|ern I tr. **1a** *(Auto)* guidare; *(Schiff)* governare; *(Flugzeug, Sportwagen)* pilotare: ***ein Boot sicher in den Hafen ~*** guidare una barca al sicuro nel porto **b** assol. guidare: ***wer hat gesteuert?*** chi ha guidato? **c** FIG. ***ein Gespräch ~*** guidare (*o* condurre) una conversazione **2** ***einen Kurs ~*** seguire una rotta (anche FIG.) **3** *(regulieren)* regolare, controllare: ***die Geschwindigkeit eines Fließbands ~*** regolare la velocità di una catena di montaggio; ***einen Produktionsprozess ~*** controllare un processo di produzione; ***Hormone ~ die Tätigkeit der Drüsen*** gli ormoni regolano l'attività delle ghiandole **II** intr. **1a** (aus. *sein*) dirigersi, puntare, fare rotta: ***zu einer Insel, nach Norden ~*** dirigersi (*o* puntare) verso, fare rotta su un'isola, verso nord; FIG. ***wohin steuert unsere Politik?*** dove va la nostra politica? **b** COLLOQ. *(sich zielstrebig bewegen)* puntare, tendere: ***nach vorn ~*** puntare avanti **2** *(entgegenwirken;* aus. *haben)* ***etw. (D) ~*** ovviare, porre rimedio a qcs. ◆ ***einen Zickzackkurs ~*** = oscillare nelle proprie decisioni.

Steu|er|pa|ra|dies n. *(-es,-e)* paradiso *m.* fiscale.

Steu|er|pflicht f. *(-,-en)* obbligo *m.* di pagare le tasse. **steu|er|pflich|tig** agg. **1** che ha l'obbligo di pagare le imposte **2** soggetto a imposta, imponibile: ***-es Einkommen*** reddito imponibile. **Steu|er|pflich|ti|ge** m. e f. *(-n,-n)* contribuente *m.* e *f.*

Steu|er|po|li|tik f. *(-)* politica *f.* tributaria. **Steu|er|pro|gramm** n. *(-s,-e)* INFORM. programma *m.* gestionale. **Steu|er|pro|gres|si|on** f. *(-,-en)* progressione *f.* (*o* progressività *f.*) dell'imposta. **Steu|er|prü|fer** m. *(-s,-)* ispettore *m.* delle imposte. **Steu|er|prü|fung** f. *(-,-en)* controllo *m.* fiscale.

Steu|er|pult n. *(-[e]s,-e)* banco *m.* di comando, quadro *m.* comandi, consolle *f.* **Steu|er|rad** n. *(-[e]s,-räder)* **1** *(vom Auto)* volante *m.* **2** *(von Schiffen)* ruota *f.* del timone.

Steu|er|recht n. *(-[e]s)* diritto *m.* tributario. **steu|er|recht|lich I** agg. di, del diritto tributario **II** avv. secondo, per quanto riguarda il diritto tributario.

Steu|er|re|form f. *(-,-en)* riforma *f.* tributaria. **Steu|er|rück|er|stat|tung** f. *(-,-en)* rimborso *m.* d'imposta. **Steu|er|rück|stän|de** pl. arretrati *m.pl.* d'imposta. **Steu|er|ru|der** n. *(-s,-)* timone *m.* **Steu|er|sa|che** f. *(-,-n)* materia *f.* tributaria. **Steu|er|satz** m. *(-es, -sätze)* aliquota *f.* d'imposta. **Steu|er|säu|le** f. *(-,-n)* piantone *m.* (dello sterzo). **Steu|er|schrau|be**, ***die ~ anziehen, an der ~ drehen*** aumentare la pressione fiscale. **Steu|er|sen|kung** f. *(-,-en)* sgravio *m.* fiscale. **Steu|er|sub|jekt** n. *(-[e]s,-e)* soggetto *m.* fiscale. **Steu|er|sys|tem** n. *(-s,-e)* **1** sistema *m.* fiscale (*o* tributario, impositivo) **2** TECN. *(Steuerung)* impianto *m.* di controllo. **Steu|er|ta|rif** m. *(-s,-e)* aliquota *f.* d'imposta. **Steu|er|tas|te** f. *(-,-n)* INFORM. tasto *m.* di controllo.

Steu|e|rung f. *(-,-en)* **1a** guida *f.*, comando *m.*, controllo: ***die ~ übernehmen*** assumere il comando; ***die ~ der Gefühlsäußerungen*** il controllo delle manifestazioni emotive **b** *(von Schiffen)* governo *m.* **c** *(von Flugzeugen)* pilotaggio *m.* **2** TECN. *(Steuern)* regolazione *f.*, controllo *m.*: ***die ~ einer elektrischen Anlage*** la regolazione di un impianto elettrico **3** TECN. *(Steuergerät)* controllore *m.*

Steu|er|ven|til n. *(-s,-e)* TECN. valvola *f.* di comando. **Steu|er|ver|an|la|gung** f. *(-,-en)* determinazione *f.* dell'imponibile. **Steu|er|ver|ge|hen** n. *(-s,-)* infrazione *f.* fiscale (*o* tributaria). **Steu|er|ver|güns|ti|gung** f. *(-,-en)* agevolazione *f.* fiscale. **Steu|er|ver|gü|tung** f. *(-,-en)* rimborso *m.* fiscale. **Steu|er|vo|raus|zah|lung** f. *(-,-en)* anticipo *m.* di imposta, BUROCR. ritenuta *f.* d'acconto. **Steu|er|wel|le** f. *(-,-n)* TECN. albero *m.* a camme. **Steu|er|werk** n. *(-[e]s,-e)* stazione *f.* (*o* unità *f.*) di controllo. **Steu|er|we|sen** n. *(-s)* sistema *m.* fiscale (*o* tributario) **Steu|er|zah|ler** m. *(-s,-)* contribuente *m.* **Steu|er|zet|tel** m. *(-s,-)* COLLOQ. cartella *f.* delle imposte. **Steu|er|zu|schlag** m. *(-[e]s,-zuschläge)* soprattassa *f.*

Ste|ven [-v-] m. *(-s,-)* MAR. **1** *(am Bug)* dritto *m.* (di prora) **2** *(am Heck)* dritto *m.* (di poppa).

Ste|ward ['stju:ɐt] m. *(-s,-s)* steward *m.* **Ste|war|dess** ['stju:ɐdɛs] f. *(-,-en)* hostess *f.*

StGB ⇒ *Strafgesetzbuch* codice penale (C.P.).

sti|bit|zen tr. COLLOQ. sgraffignare, grattare.

Stich m. *(-[e]s,-e)* **1** puntura *f.*: ***der ~ einer Biene, einer Nadel*** la puntura di un'ape, di un ago **2** *(mit Messern)* coltellata *f.*, pugnalata *f.*: ***ein tiefer, tödlicher ~*** una pugnalata profonda, mortale; *(mit einem Schwert)* stoccata *f.*: ***jdm einen ~ versetzen, beibringen*** inferire una pugnalata a qcn. **3** *(Verletzung)* ferita *f.* da taglio **4** *(beim Nähen)* punto *m.*: ***mit großen -en nähen*** cucire a grossi punti **5** *(beim Kartenspiel)* punto *m.*: ***einen ~ machen*** fare un punto **6** *(stechender Schmerz)* fitta *f.*: ***-e im Magen haben, verspüren*** avere, sentire delle fitte allo stomaco; FIG. ***die Kälte seines Blicks gab mir einen ~*** la freddezza del suo sguardo mi procurò una fitta **7** *(Kupfer-, Stahlstich)* incisione *f.* **8** *(von Wein)* spunto *m.*, punta *f.*: ***der Wein hat einen leichten ~*** il vino ha un lieve spunto; *(von Speisen)* ***die Milch hat einen ~*** il latte ha una punta di acido (*o* un sapore acido) ◆ ***einen ~ ins Blaue haben*** dare sul blu; COLLOQ. *(nicht recht bei Verstand)* ***einen ~ haben*** essere picchiato in testa; ***~ halten*** reggere, resistere: ***die Beweise halten ~*** le prove reggono; ***jdm einen ~ ins Herz geben*** dare una stretta al cuore a qcn.; ***jdn im ~ lassen*** piantare in asso qcn.; *(verlassen)* piantare, lasciare qcn.: ***sein Gedächtnis ließ ihn im ~*** la memoria lo tradiva.

Stich|bahn f. *(-,-en)* asse *m.* ferroviario di penetrazione urbana. **Stich|bal|ken** m. *(-s,-)* ARCH. trave *f.* semincastrata (*o* a un incastro). **Stich|bo|gen** m. *(-s,-)* ARCH. arco *m.* ribassato. **Stich|boh|rer** m. *(-s,-)* lesina *f.*

Sti|chel m. *(-s,-)* bulino *m.*

Sti|che|lei f. *(-,-en)* COLLOQ. **1a** (continue) punzecchiature *f.pl.* **b** *(böshafte Bemerkung)* punzecchiatura *f.*, frecciata *f.* **2** *(beim Nähen)* il (continuo) cucire, agucchiare.

Sti|chel|haar n. *(-[e]s,-e)* pelo *m.* ispido.

sti|cheln intr. (aus. *haben*) **1** ***gegen jdn ~*** punzecchiare qcn. **2a** *(nähen)* cucire **b** → **sticken.**

Stich|ent|scheid m. *(-[e]s,-e)* ballottaggio *m.* **stich|fest**, ***hieb- und ~*** a prova di bomba. **Stich|flam|me** f. *(-,-n)* fiammata *f.* **Stich|fra|ge** f. *(-,-n)* domanda *f.* di spareggio. **Stich|gra|ben** m. *(-s,-gräben)* MIL. saliente *m.* di trincea. **stich|hal|tig I** agg. convincente, valido, plausibile: ***ein -er Beweis*** una prova convincente **II** AVV. in modo convincente, valido, plausibile: ***etw. ~ begründen*** motivare qcs. in modo convincente. **Stich|hal|tig|keit** f. *(-,-en)* validità *f.*, plausibilità *f.* **Stich|jahr** n. *(-[e]s,-e)* BUROCR. anno *m.* stabilito, termine *m.* **Stich|kampf** m. *(-[e]s,-kämpfe)* spareggio *m.* **Stich|ka|nal** m. *(-s,-kanäle)* IDR. canale *m.* derivato. **Stich|kap|pe** f. *(-,-n)* ARCH. lunetta *f.*

Stich|ler m. *(-s,-)* chi punzecchia.

Stich|ling m. *(-s,-e)* spinarello *m.*

Stich|loch n. *(-[e]s,-löcher)* METALL. foro *m.* di colata (*o* spillatura).

Stich|pro|be f. *(-,-n)* controllo *m.* (qualità) a campione: ***eine ~ machen, vornehmen*** fare, eseguire un controllo (di qualità) a campione. **stich|pro|ben|wei|se** avv. a campione, per campioni.

Stich|punkt m. *(-[e]s,-e)* punto *m.* (essenziale). **Stich|stra|ße** f. *(-,-n)* vicolo *m.* cieco. **Stich|tag** m. *(-[e]s,-e)* BUROCR. giorno *m.* (*o* termine *m.*) di riferimento. **Stich|ver|let|zung** f. *(-,-en)* ferita *f.* da punta. **Stich|waf|fe** f. *(-,-n)* arma *f.* da punta. **Stich|wahl** f. *(-,-en)* ballottaggio *m.*

Stich|wort n. *(-[e]s,-e* e *-wörter)* **1** *(pl. -wörter)* lemma *m.*, voce *f.*: ***ein ~ suchen, nachschlagen*** cercare una voce **2** *(pl. -e)* TEATR. ***jdm das ~ geben*** dare (*o* porgere) la battuta a qcn. **3** FIG. spunto *m.* avvio *m.*, via *f.*: ***das war das ~ zum Aufbruch*** fu lo spunto per la partenza **4** *(Notiz;* pl. *-e)* appunto *m.*: ***-e notieren*** annotare appunti; ***sich (D) für einen Vortrag -e machen*** prendere appunti per una conferenza; ***etw. in -en aufzeichnen, festhalten, wiedergeben*** annotare, fissare, riferire qcs. per sommi capi. **stich|wort|ar|tig** agg. **1** per punti essenziali **2** *(von Wortregistern)* a (*o* in) lemmi, a voci. **Stich|wort|re|gis|ter** n. *(-s,-)*, **Stich|wort|ver|zeich|nis** n. *(-ses,-se)* indice *m.* analitico.

Stich|wun|de f. *(-,-n)* ferita *f.* da punta.

Stick|ar|beit f. *(-,-en)* (lavoro *m.* di) ricamo *m.*

sti|cken tr. ricamare: ***auf etw. (A) ~*** ricamare su qcs.

Sti|cker [st-] m. *(-s,-)* autoadesivo *m.*

Sti|cke|rei f. *(-,-en)* **1** il (continuo) ricamare **2** → **Stickarbeit. Sti|cke|rin** f. *(-,-nen)* ricamatrice *f.* **Stick|garn** n. *(-[e]s,-e)* filo *m.* da ricamo. **Stick|gas** n. *(-es,-e)* ANT. azoto. **sti|ckig** soffocante: ***-e Luft*** aria soffocante; ***ein -es Zimmer*** una stanza soffocante. **Stick|luft** f. *(-)* aria *f.* soffocante. **Stick|mus|ter** n. *(-s,-)* modello *m.* per ricamo. **Stick|na|del** f. *(-,-n)* ago *m.* da ricamo. **Stick|oxid, Stick|oxyd** n. *(-[e]s,-e)* ossido *m.* d'azoto. **Stick|rah|men** m. *(-s,-)* telaio *m.* da ricamo.

Stick|stoff m. *(-es)* azoto *m.* **stick|stoff|frei** agg. privo di azoto. **stick|stoff|hal|tig** agg. azotato. **Stick|stoff|ver|bin|dung** f. *(-,-en)* composto *m.* azotato.

stie|ben intr. *(stob/stiebte, gestoben/gestiebt)* **1** (aus. *sein, haben*) sprizzare, schizzare: ***es ~ Funken*** sprizzano scintille; ***nach allen Seiten ~*** schizzare da tutte le parti **2** *(davonlaufen;* aus. *sein)* correre, fuggire: ***irgendwohin ~*** fuggire da qualche parte; *(von Vögeln)* volare via, fuori.

Stief|bru|der m. *(-s,-brüder)* fratellastro *m.*

Stie|fel m. *(-s,-)* stivale *m.*: ***ein Paar ~*** un paio di stivali; ***die ~ anziehen*** calzare gli stivali; *(Bierglas)* stivale *m.* (da birra) ◆ ***jdm die ~ ausziehen*** far perdere le staffe a qcn.; ***sich (D) einen ~ einbilden*** credersi chissà chi; FIG. ***jdn aus den -n hauen*** lasciare qcn. senza fiato; ***jdm die ~ lecken*** leccare i piedi a qcn.; ***einen guten, tüchtigen ~ vertragen können*** reggere bene l'alcool; COLLOQ. ***seinen, im alten ~ weitermachen*** fare sempre le solite cose; COLLOQ. ***einen ~ zusammenreden, zusammenspielen*** dire un sacco di sciocchezze, giocare da cane; ***das sind zwei Paar ~, das sind zweierlei ~*** questo è un altro paio di maniche.

Stie|fel|an|zie|her m. *(-s,-)* calzatoio *m.* (per stivali). **Stie|fe|let|te** f. *(-,-n)* stivaletto *m.* **Stie|fel|knecht** m. *(-[e]s,-e)* cavastivali *m.* **Stie|fel|le|cker** m. *(-s,-)* leccapiedi *m.* **stie|feln** intr. COLLOQ. camminare a gran passi. **Stie|fel|schaft** f. *(-,-schäfte)* gambale *m.* dello stivale. **Stie|fel|spit|ze** f. *(-,-n)* punta *f.* dello stivale.

Stief|el|tern pl. patrigno *m.* e matrigna *f.*

Stief|ge|schwis|ter pl. fratellastri *m.pl.* (*o* sorellastre *f.pl.*) **Stief|kind** n. *(-[e]s,-er)* **1** figliastro *m.* **2** FIG. cenerentola *f.*: ***das, ein ~ etw. (G) sein*** essere la cenerentola di qcs. **Stief|mut|ter** f. *(-,-mütter)* matrigna *f.* **Stief|müt|ter|chen** n. *(-s,-)* viola *f.* del pensiero. **stief|müt|ter|lich I** agg. da matrigna **II** avv. da matrigna: ***jdn ~ behandeln*** trattare qcn. da matrigna.

Stief|schwes|ter f. *(-,-n)* sorellastra *f.* **Stief|sohn** m. *(-[e]s,-söhne)* figliastro *m.* **Stief|toch|ter** f. *(-,-töchter)* figliastra *f.* **Stief|va|ter** m. *(-s,-väter)* patrigno *m.*

stieg → **steigen.**

Stie|ge f. *(-,-n)* **1** (ripida) scaletta *f.* di legno; REGION. *(Treppe)* scala *f.* **2** *(Lattenkiste)* gabbia *f.*

Stie|gen|ge|län|der n. *(-s,-)* REGION. ringhiera *f.* (della, di una scala). **Stie|gen|haus** n. *(-es,-häuser)* tromba *f.* delle scale.

Stieg|litz m. *(-es,-e)* cardellino *m.*

Stiel m. *(-[e]s,-e)* **1** manico *m.* **2** *(von einem Eis)* bastoncino *m.*: ***Eis am ~*** gelato da passeggio **3** *(von Gläsern)* gambo *m.* **4a** *(Stängel)* gambo *m.*, stelo *m.* **b** *(Fruchtstängel)* picciolo *m.*, peduncolo *m.*

Stiel|au|ge n. *(-s,-n)* ZOOL. occhio *m.* peduncolato ◆ COLLOQ. ***-n machen (bekommen, kriegen)*** sgranare gli occhi, fare tanto d'occhi. **Stiel|be|sen** m. *(-s,-)* scopa *f.* a manico lungo. **Stiel|bürs|te** f. *(-,-n)* spazzola *f.* (col manico). **Stiel|glas** n. *(-es,-gläser)* calice *m.* **Stiel|kamm** m. *(-[e]s,-kämme)* pettine *m.* col manico. **stiel|los** agg. **1** senza manico **2** BOT. senza picciolo, sessile. **Stiel|stich** m. *(-[e]s,-e)* punto *m.* erba.

stier agg. e avv. **1** fisso: ***mit -em Blick*** con sguardo fisso **2** REGION. *(ohne Geld)* ***~ sein*** essere al verde.

Stier m. *(-[e]s,-e)* toro *m.*; ASTROL. Toro *m.*: ***(ein) ~ sein*** essere un Toro, del (segno del) Toro ◆ FIG. ***den ~ bei den Hörnern fassen, packen*** prendere il toro per le corna.

1.stie|ren intr. (aus. *haben*) essere in calore.

2.stie|ren intr. (aus. *haben*) guardare fisso, fissare: ***auf jdn, etw. ~*** fissare qcn., qcs.; ***vor sich hin, ins Leere ~*** fissare il vuoto.

stie|rig agg. in calore (rif. a mucche).

Stier|kalb n. *(-[e]s,-kälber)* torello *m.*

Stier|kampf m. *(-[e]s,-kämpfe)* corrida *f.*, RAR. tauromachia *f.* **Stier|kämp|fer** m. *(-s,-)* torero *m.*

Stier|na|cken m. *(-s,-)* collo *m.* taurino. **stier|na|ckig** agg. dal collo taurino.

stieß → **stoßen.**

1.Stift m. *(-[e]s,-e)* **1a** perno *m.*, spina *f.* **b** TECN. spina *f.*, spinotto *m.* **2** *(Bleistift)* matita *f.* **3** INFORM. penna *f.* **4a** COLLOQ. *(Lehrling)* ragazzo *m.* **b** *(kleiner Junge)* ragazzino *m.*

2.Stift n. *(-[e]s,-e* e RAR. *-er)* **1** fondazione *f.*, istituto *m.* **2** *(kirchliche Institution)* opera *f.* pia **3** AUSTR. *(Kloster)* abbazia *f.* **4** ANT. *(Privatschule)* educandato *m.* **5** ANT. *(Altersheim)* ospizio *m.*

stif|ten tr. **1a** istituire: ***einen Literaturpreis ~*** istituire un premio letterario **b** *(gründen)* fondare: ***ein Kloster, ein Forschungszentrum ~*** fondare un convento, un centro di ricerca **2** *(spenden)* donare, offrire 3 *(bewirken)* destare, provocare: ***Frieden*** ~ mettere pace; ***Unruhe, Verwirrung*** ~ destare inquietudine, confusione ◆ ***eine Ehe*** ~ combinare un matrimonio; COLLOQ. ~ ***gehen*** svignarsela, squagliarsela; COLLOQ. ***eine Runde*** ~ offrire un giro (*o* da bere).

Stif|ter m. *(-s,-)* **1a** istitutore *m.* **b** *(Gründer)* fondatore *m.* **2** *(Spender)* donatore *m.* **Stif|ter|fi|gur** f. *(-,-en)* statua *f.* del fondatore.

Stifts|da|me f. *(-,-n)* canonichessa *f.* **Stifts|fräu|lein** n. *(-s,-)* **1** → **Stiftsdame** **2** *(Zögling)* educanda *f.* **Stifts|herr** m. *(-n,-en)* canonico *m.* **Stifts|ka|pi|tel** n. *(-s,-)* capitolo *m.* della (*o* di una) collegiata. **Stifts|kir|che** f. *(-,-n)* chiesa *f.* collegiata, collegiata *f.* **Stifts|schu|le** f. *(-,-n)* scuola *f.* collegiata.

Stif|tung f. *(-,-en)* **1** donazione *f.* **2** *(Institution)* fondazione *f.*, istituzione *f.*: ***eine öffentliche, kirchliche*** ~ una fondazione pubblica, ecclesiastica; ***eine ~ errichten*** istituire una fondazione ◆ ~ ***des öffentlichen, bürgerlichen Rechts*** fondazione di diritto pubblico, privato; ***fromme, wohltätige*** ~ opera pia. **Stif|tungs|brief** m. *(-[e]s,-e)* → **Stiftungsurkunde.** **Stif|tungs|sat|zung** f. *(-,-en)* statuto *m.* della fondazione. **Stif|tungs|ur|kun|de** f. *(-,-n)* atto *m.* di donazione.

Stift|zahn m. *(-[e]s,-zähne)* MED. dente *m.* a perno.

Stig|ma [ʃt-, st-] n. *(-s, Stigmen* e *-ta)* **1** marchio *m.*: ***mit dem ~ des Verräters behaftet sein*** essere bollato di tradimento **2** pl. RELIG. stigmate *f.pl.*, stimmate *f.pl.* **3** BOT. ZOOL. MED. stigma *m.* **4** BIOL. *(Augenfleck)* macchia *f.* oculare.

stig|ma|ti|sie|ren tr. FIG. marchiare, bollare, stigmatizzare. **Stig|ma|ti|sier|te** m. e f. *(-n,-n)* RELIG. stigmatizzato *m.* (-a *f.*).

Stil [ʃti:l, sti:l] m. *(-[e]s,-e)* stile *m.*: ***in einem knappen, lebendigen ~ schreiben*** scrivere in uno stile conciso, vivace; ***das ist nicht sein*** ~ non è nel suo stile; *(in der Kunst)* ***der gotische, klassische*** ~ lo stile gotico, classico; ***einen neuen ~ entwickeln*** sviluppare un nuovo stile; *(Technik einer Sportart)* ***die -e des Schwimmens*** gli stili del nuoto; ***seinen ~ verbessern*** migliorare il proprio stile ◆ ***im großen ~, großen -s*** in grande stile; ~ ***haben*** avere stile, classe; ***(und) in dem ~ geht es weiter*** (e) avanti su questo tono. **Stil|art** f. *(-,-en)* stile *m.*, modo *m.* **stil|bil|dend** agg. che forma lo stile: ~ ***wirken*** creare uno stile. **Stil|blü|te** f. *(-,-n)* IRON. perla *f.* **Stil|bruch** m. *(-[e]s,-brüche)* discontinuità *f.* di stile. **Stil|ebe|ne** f. *(-,-n)* livello *m.*, piano *m.* stilistico. **Stil|ele|ment** n. *(-[e]s,-e)* elemento *m.* stilistico. **Stil|emp|fin|den** n. *(-s)* senso *m.* dello stile.

Sti|lett n. *(-s,-e)* stiletto *m.* ◆ ***mit dem ~ verwunden, erstechen*** stilettare. **Sti|lett|stich** m. *(-[e]s,-e)* stilettata *f.*

Stil|feh|ler m. *(-s,-)* errore *m.* stilistico, di stile. **Stil|fi|gur** f. *(-,-en)* figura *f.* retorica. **Stil|ge|fühl** n. *(-s)* → **Stilempfinden.** **stil|ge|recht** agg. di (*o* in) stile.

sti|li|sie|ren [ʃt-, st-] tr. stilizzare. **Sti|li|sie|rung** f. *(-,-en)* stilizzazione *f.*

Sti|list m. *(-en,-en)* stilista *m.* **Sti|lis|tik** f. *(-,-en)* stilistica *f.* **sti|lis|tisch I** agg. stilistico **II** avv. stilisticamente.

Stil|kun|de f. *(-)* → **Stilistik.** **stil|kund|lich** agg. di, della stilistica. **Stil|künst|ler** m. *(-s,-)* maestro *m.* di stile.

still I agg. **1a** silenzioso, tranquillo: ***du bist heute so ~!*** oggi sei così silenzioso! ***es war plötzlich*** ~ si fece improvvisamente silenzio; ***im Zimmer wurde es*** ~ nella stanza si fece silenzio; *(leise)* ***-e Nachbarn*** vicini silenziosi **b** *(ruhig)* ***ein -es Kind*** un bambino tranquillo; ***in einer -en Gegend wohnen*** abitare in una zona tranquilla; ***ein -es Tal*** una valle silenziosa; *(ohne Hektik)* ***in einer -en Stunde*** in un momento di tranquillità; ***ein -es Leben führen*** condurre una vita tranquilla **2** *(heimlich)* segreto, nascosto, inconfessato: ***die -e Hoffnung haben, dass...*** nutrire la segreta speranza che...; ***ein -er Wunsch*** un desiderio nascosto; ***seine -e Freude an etw. haben*** avere una segreta soddisfazione in qcs.; ***eine -e Liebe*** un amore segreto (*o* non confessato) **3** *(wortlos)* muto: ***ein -er Vorwurf*** un muto rimprovero; ***-es Einvernehmen*** tacito accordo **4** *(reglos)* fermo, calmo: ***die Luft ist*** ~ l'aria è calma **II** avv. **1** in silenzio: ***etw. ~ dulden*** sopportare qcs. in silenzio; ~ ***vor sich hin weinen*** piangere in silenzio; ~ ***beten*** pregare in silenzio; ~ ***in der Ecke sitzen*** sedere in silenzio, starsene seduto tranquillo in un angolo **2** a rilento: ***mit dem Verkauf geht es*** ~ le vendite vanno a rilento **3** *(heimlich)* segretamente, in segreto **4** ~ ***bleiben,*** ~ ***halten,*** ~ ***stehen*** star fermo, non muoversi ◆ ~***!*** silenzio! zitti! ***im -en Gedenken*** nel mesto ricordo; ~ ***und heimlich*** clandestinamente; ***im Stillen*** in segreto, di nascosto; ~ ***und leise*** zitto zitto, di nascosto; ***eine -e Messe*** una messa senza musica; EUFEM. ***ein -es Örtchen*** quel posticino; ***der Stille Ozean*** l'Oceano Pacifico; ***sei ~!*** silenzio! (sta') zitto! ***-er Teilhaber*** socio occulto; ***in -er Trauer*** con profondo dolore; ***um ihn ist es ~ geworden*** di lui non si parla più, su di lui è calato il silenzio; ***sich ~ verhalten*** restare tranquilli; ***-es Wasser*** acqua (minerale) naturale; PROV. ***-e Wasser sind tief*** l'acqua cheta rovina i ponti.

still‿blei|ben intr. *(blieb, geblieben;* aus. *sein)* → **stillhalten.**

stil|le REGION. → **still.** **Stil|le** f. *(-)* **1** silenzio *m.*: ***die ~ der Nacht*** il silenzio della notte; ***es herrschte*** ~ regnava il silenzio; ***eine peinliche*** ~ un silenzio imbarazzante **2** *(Ruhe)* calma *f.* quiete *f.*, tranquillità *f.* ◆ ***die ~ vor dem Sturm*** la quiete prima della tempesta; ***in aller*** ~ in perfetto silenzio; *(heimlich)* segretamente, di nascosto; *(von Beerdigungen)* in forma privata.

Stil|le|ben → **Stillleben.**

Stil|leh|re f. *(-)* → **Stilistik.**

stil|len tr. **1** allattare: ***einen Säugling*** ~ allattare un neonato; assol. ***zur Zeit stillt sie*** in questo periodo allatta **2a** *(befriedigen)* placare, calmare: ***den Hunger, Durst*** ~ placare la fame, la sete; ***die Neugierde*** ~ soddisfare la curiosità **b** *(lindern)* ***den Schmerz, den Husten*** ~ calmare il dolore, la tosse **3** *(stoppen)* fermare, arrestare: ***das Blut mit Watte*** ~ fermare il sangue con il cotone.

still|ge|stan|den p.pass. agg. **1** → **stillstehen** **2** MIL. *(als Kommando)* ~! attenti!

Still|hal|te|ab|kom|men n. *(-s,-)* ECON. accordo *m.* di moratoria, di proroga. **still‿hal|ten** intr. *(hält, hielt, gehalten;* aus. *haben)* non reagire. **Still|le|ben** n. *(-s)* natura *f.* morta. **still‿le|gen** tr. chiudere: ***der Inhaber legte die Fabrik still*** il proprietario chiuse la fabbrica. **Still|le|gung** f. *(-,-en)* chiusura *f.*: ***die ~ einer Firma*** la chiusura di una ditta. **still‿lie|gen** intr. *(lag, gelegen;* aus. *haben)* essere inattivo, fuori servizio.

stil|los agg. senza stile, privo di stile. **Stil|lo|sig|keit** f. *(-,-en)* mancanza *f.* di stile.

still‿schwei|gen intr. *(schwieg, geschwiegen;* aus. *haben)* tacere, restare in silenzio. **Still|schwei|gen** n. *(-s)* **1** silenzio *m.*: ***sich in ~ hüllen*** chiudersi nel silenzio; *(Diskretion)* ***über etw. ~ bewahren*** mantenere il silenzio su qcs.; ***jdm strengstes ~ auferlegen*** imporre a qcn. il silenzio (*o* il più stretto riserbo); ***über etw. mit ~ hinwegsehen*** passare qcs. sotto silenzio **2** *(Schweigen)* mutismo *m.* **still|schwei|gend I** p.pres. agg. **1** → **stillschweigen** **2** tacito: ***eine -e Übereinkunft*** un tacito accordo; ***eine -e Voraussetzung*** una premessa sottintesa **II** avv. in silenzio, senza parlare: ***etw. ~ übergehen*** passare qcs. sotto silenzio.

Still|stand m. *(-[e]s)* **1** fermata *f.*, arresto *m.*: ***den Motor, eine Entwicklung zum ~ bringen*** arrestare (*o* fermare) il motore, uno sviluppo; ***zum ~ kommen*** arrestarsi, fermarsi **2** stasi *f.*, ristagno *m.*: ***ein ~ in den Geschäften*** un momento di stasi negli affari **3** *(Unterbrechung)* sospensione *f.*, sosta *f.*: ***ein ~ in den Verhandlungen*** una sospensione delle trattative **4** MIL. tregua *f.* **still‿ste|hen** intr. *(stand, gestanden;* aus. *haben)* **1** essere fermo: ***der Verkehr steht still*** il traffico è bloccato, fermo; *(außer Betrieb sein)* ***die Maschine, der Betrieb steht still*** la macchina, l'azienda è ferma **2** *(anhalten)* arrestarsi, fermarsi: ***die Zeit scheint stillzustehen*** il tempo sembra essersi fermato **3** MIL. essere sull'attenti ◆ ***da steht einem der Verstand still*** qui non ci si capisce nulla.

Stil|lung f. *(-)* il calmare, il lenire.

still|ver|gnügt agg. intimamente soddisfatto (*o* contento). **Still|zeit** f. *(-,-en)* ora *f.* (*o* momento *m.*) della poppata.

Stil|mö|bel n. *(-s,-)* mobile *m.* in stile. **Stil|no|te** f. *(-,-n)* SPORT voto *m.* sullo stile. **Stil|rich|tung** f. *(-,-en)* tendenza *f.* stilistica. **Stil|übung** f. *(-,-en)* esercizio *m.* di stile. **Stil|un|ter|su|chung** f. *(-,-en)* analisi *f.* stilistica. **stil|voll I** agg. di buon gusto **II** avv. con buon gusto, con stile. **stil|wid|rig** agg. **1** in contrasto con lo stile **2** *(geschmacklos)* senza, privo di gusto (*o* stile). **Stil|wör|ter|buch** n. *(-[e]s,-bücher)* dizionario *m.* stilistico.

Stimm|ab|ga|be f. *(-,-n)* votazione *f.*: ***briefliche*** ~ votazione per corrispondenza.

Stimm|auf|wand m. *(-)*, ***mit großem*** ~ a voce spiegata. **Stimm|band** n. *(-[e]s,-bänder)* corda *f.* vocale. **Stimm|band|ent|zün|dung** f. *(-,-en)* cordite *f.*

stimm|bar agg. accordabile.

stimm|be|rech|tigt agg. avente (*o* che ha) diritto di, al voto. **Stimm|be|rech|tig|te** f. e m. *(-n,-n)* avente *m.* e *f.* diritto di, al voto. **Stimm|be|rech|ti|gung** f. *(-)* diritto *m.* di, al voto.

Stimm|be|zirk m. *(-[e]s,-e)* circoscrizione *f.* elettorale. **Stimm|bil|dung** f. *(-)* **1** fonazione *f.* **2** *(Stimmerziehung)* educazione *f.* della voce. **Stimm|bruch** m. *(-[e]s)* muta *f.* (della voce): ***im ~ sein*** stare mutando, cambiando la voce.

Stimm|bür|ger m. *(-s,-)* SVIZZ. cittadino *m.* avente diritto di, al voto.

Stimm|chen n. *(-s,-)* vocina *f.*, vocetta *f.*, vocino *m.*

1.Stim|me f. *(-,-n)* **1a** voce *f.*: ***eine laute, volle, hohe, tiefe*** ~ una voce forte, piena, acuta, grave; ***mit belegter (heiserer) bebender, fester, deutlicher*** ~ con voce roca, tremante, ferma, chiara; ***mit halber, lauter*** ~ a mezza voce, a gran voce; ***ohne*** ~ senza voce; ***die ~ heben (erheben), senken*** alzare, abbassare la voce; ***die ~ ausbil-***

den, verlieren educare, perdere la voce; ***seine ~ verstellen*** contraffare la voce; ***jds ~ nachahmen, nachmachen*** imitare, rifare la voce di qcn.; ***jdn an der ~ erkennen*** riconoscere qcn. dalla voce; ***eine schöne ~ haben*** avere una bella voce; ***der Sopran hat keine ~*** il soprano non ha voce **b** MUS. ***die -n einer Fuge*** le voci di una fuga; ***ein Chor für vier -n*** un coro a quattro voci; ***die zweite ~ singen*** fare la seconda voce **c** FIG. *(Meinung)* ***-n des Protests erheben sich überall*** voci di protesta si alzano ovunque; ***seine ~ gilt viel, wiegt schwer*** la sua voce conta molto, ha un peso notevole; ***die ~ des Volkes*** la voce del popolo **2** FIG. voce *f.*, richiamo *m.*: ***die ~ des Herzens, des Gewissens*** la voce del cuore, della coscienza; ***die ~ des Blutes, der Natur*** il richiamo del sangue, della natura; ***eine innere ~ hat ihn gewarnt*** una voce interiore (*o* dentro di lui) l'ha messo in guardia **3a** *(von Tieren)* voce *f.*, verso *m.* **b** *(von Vögeln)* canto *m.*, verso *m.* **4** *(Gesangspartie)* parte *f.*: ***die ~ des Tenors singen*** cantare la parte del tenore **5** → **Stimmstock 6** MUS. *(Register)* registro *m.* ◆ ***-n hören*** sentire le voci; FIG. ***in etw. (D) keine ~ haben*** non avere voce in capitolo in qcs.; ***jdm seine ~ leihen*** parlare a nome di qcn.; ***jdm versagt vor Schmerz, Freude die ~*** qcn. ammutolisce per il dolore, la gioia.

2.Stim|me f. *(-,-n)* voto *m.*: ***abgegebene, gültige, ungültige ~*** voto espresso, valido, nullo; ***-n gewinnen, verlieren*** guadagnare, perdere voti; ***jdm seine ~ geben*** dare il proprio voto a qcn.; ***seine ~ abgeben*** esprimere, dare il voto; ***die meisten -n erhalten, auf sich vereinigen*** ottenere la maggioranza dei voti; ***die Mehrheit der abgegebenen -n entfällt auf X*** la maggioranza dei voti espressi va a X; ***viele -n sammeln*** raccogliere molti voti; ***die -n auszählen*** fare lo spoglio dei voti (*o* delle schede); ***sich der ~ enthalten*** astenersi dal voto.

1.stim|men intr. (aus. *haben*) **1** essere esatto, giusto: ***deine Vermutung stimmt*** la tua supposizione è esatta; ***die Rechnung stimmt nicht*** il conto non è esatto, non torna **2** *(wahr sein)* essere vero: ***das kann doch nicht ~!*** non può essere vero! ***stimmt es, dass...*** è vero che...; ***diese Nachricht stimmt*** questa notizia è esatta (*o* vera) **3** *(in Ordnung sein)* andare (bene), essere in ordine (*o* a posto), funzionare: ***mit meinem Bein stimmt etwas nicht*** ho qualcosa che non va alla gamba; ***bei diesem Wagen stimmt alles!*** quest'auto è perfetta ◆ ***~!*** giusto! ***bei ihm stimmt etwas nicht*** non è tanto a posto; ***da stimmt etwas nicht*** (qui) c'è qualcosa che non va; *(etw. ist nicht richtig)* qcs. non quadra; *(etw. ist nicht in Ordnung)* qcs. non va bene; ***dazu bin ich nicht gestimmt*** non mi sento; ***der Preis muss ~*** il prezzo deve essere adeguato.

2.stim|men I tr. **1** accordare: ***die Gitarre ~*** accordare la chitarra; assol. ***das Orchester stimmt*** l'orchestra accorda gli strumenti **2** *(jdn in eine Stimmung versetzen)* rendere; predisporre: ***jdn nachdenklich, traurig, heiter ~*** rendere qcn. pensieroso, triste, allegro; ***jdn gut, schlecht ~*** mettere qcn. di buon umore, di cattivo umore; ***jdn froh ~*** rallegrare qcn. **II** intr. (aus. *haben*) **1** intonarsi: ***die Krawatte stimmt in der Farbe nicht zum Anzug*** la cravatta non si intona al vestito **2** accordarsi: ***die Beschreibung des Täters stimmt genau auf den Festgenommenen*** la descrizione del colpevole si accorda perfettamente all'imputato.

3.stim|men intr. (aus. *haben*) votare: ***für, gegen jdn, etw. ~*** votare per, contro qcn., qcs.; ***mit Ja, Nein ~*** votare sì, no.

Stim|men n. *(-s)* accordatura *f.*

Stimm|ab|ga|be f. *(-,-n)* votazione *f.*

Stim|men|an|teil m. *(-[e]s,-e)* parte *f.* di, dei voti. **Stim|men|aus|zäh|lung** f. *(-,-en)* spoglio *m.* dei voti (*o* delle schede). **Stim|men|ge|winn** m. *(-[e]s,-e)* aumento *m.* dei, di voti. **Stim|men|ge|wirr** n. *(-[e]s)* brusio *m.* di voci, vocìo *m.* **Stim|men|gleich|heit** f. *(-)* parità *f.* di voti. **Stim|men|kauf** m. *(-[e]s)* mercato *m.* di voti. **Stim|men|mehr|heit** f. *(-)* maggioranza *f.* di voti.

Stimm|ent|hal|tung f. *(-,-en)* astensione *f.* dal voto.

Stim|mer m. *(-s,-)* accordatore *m.*

stimm|fäh|ig agg. → **stimmberechtigt.**

Stimm|ga|bel f. *(-,-n)* diapason *m.* **Stimm|ge|bung** f. *(-)* emissione *f.* di, della voce. **stimm|ge|wal|tig** agg. dalla voce potente. **stimm|haft** agg. LING. sonoro. **Stimm|haf|tig|keit** f. *(-)* LING. sonorità *f.*

stim|mig agg. in armonia, armonioso: ***ein -es System*** un sistema armonioso.

Stimm|la|ge f. *(-,-n)* registro *m.* (vocale), estensione *f.* della voce; *(von Musikinstrumenten)* registro *m.* **stimm|lich I** agg. della voce **II** avv. vocalmente, dal punto di vista vocale. **stimm|los** agg. sordo (anche LING.). **Stimm|mit|tel** n. *(-s,-)* mezzo *m.* vocale. **Stimm|or|gan** n. *(-s,-e)* organo *m.* fonatorio. **Stimm|recht** n. *(-[e]s)* diritto *m.* di voto. **Stimm|rit|ze** f. *(-,-n)* glottide *f.* **Stimm|rit|zen|laut** m. *(-[e]s,-e)* suono *m.* glottale (*o* glottidale). **Stimm|stock** m. *(-[e]s,-stöcke)* MUS. **1** *(eines Streichinstruments)* anima *f.* **2** *(beim Klavier)* telaio *m.* **Stimm|ton** m. *(-[e]s)* MUS. la *m.* diapason. **Stimm|um|fang** m. *(-[e]s)* estensione *f.* vocale.

Stim|mung f. *(-,-en)* **1a** stato *m.* d'animo; *(Laune)* umore *m.*: ***in fröhlicher, schlechter, gedrückter, gehobener ~ sein*** essere di buon umore, di cattivo umore, depresso, in forma; ***seine (schlechte) ~ an jdm auslassen*** sfogare su qualcuno il proprio (cattivo) umore; ***nicht in der rechten ~ sein*** non essere dell'umore giusto; ***die ~ ist umgeschlagen*** l'umore è mutato; ***der Schauspieler brachte die Zuschauer in ~*** l'attore riuscì a coinvolgere gli spettatori; ***jdn in gute, schlechte ~ versetzen*** mettere qcn. di buon umore, di malumore **b** pl. cambiamenti *m.pl.* (*o* sbalzi *m.pl.*) d'umore: ***-en unterworfen sein*** essere soggetto a cambiamenti d'umore **2** *(Atmosphäre, Gefühl)* atmosfera *f.*: ***es herrscht eine heitere, ausgelassene ~*** c'è (*o* regna) un'atmosfera allegra, rilassata; ***eine feindselige ~*** un'atmosfera ostile; ***die ~ heben, verderben*** rallegrare, rovinare l'atmosfera **3** *(Wirkung)* suggestione *f.*: ***die ~ einer nebligen Landschaft*** la suggestione di un paesaggio nebbioso; ***das Bild strahlt ~ aus*** il quadro emana un effetto suggestivo **4** *(Meinung)* opinione *f.* (pubblica): ***die ~ ist gegen, für jdn*** l'opinione pubblica è contro, favorevole a qcn. **5** MUS. accordatura *f.*: ***die ~ auf Kammerton bringen*** eseguire l'accordatura sul la normale; ***eine unsaubere ~*** un'accordatura non precisa ◆ ***in ~ sein*** essere di buon umore; ***in der ~ sein, etw. zu tun*** essere in vena di fare qcs.; ***~ machen*** creare atmosfera; ***für, gegen jdn, etw. ~ machen*** fare propaganda a favore di, contro qcn., qcs.

Stim|mungs|ba|ro|me|ter, COLLOQ. ***das ~ steht auf Null*** l'atmosfera è glaciale. **Stim|mungs|bild** n. *(-[e]s,-er)* immagine *f.* suggestiva. **Stim|mungs|ka|no|ne** f. *(-,-n)* COLLOQ. compagnone *m.*, allegrone *m.* **Stim|mungs|mensch** m. *(-en,-en)* persona *f.* umorale. **Stim|mungs|mu|sik** f. *(-)* musichetta *f.* allegra. **Stim|mungs|um|schwung** m. *(-[e]s,-umschwünge)* **1** cambiamento *m.* d'umore: ***einen ~ auslösen*** provocare un cambiamento di umore **2** cambiamento *m.* di opinione. **stim|mungs|voll I** agg. pieno di suggestione, suggestivo **II** avv. suggestivamente.

Stimm|vieh n. *(-[e]s)* SPREG. gregge *m.*, massa *f.* dei votanti. **Stimm|wech|sel** m. *(-s,-)* → **Stimmbruch. Stimm|zet|tel** m. *(-s,-)* scheda *f.* (elettorale): ***leerer ~*** scheda bianca.

Sti|mu|lans [ʃt- e st-] n. *(-, Stimulanzien* e *Stimulantia)* MED. stimolante *m.* (anche FIG.). **Sti|mu|la|ti|on** f. *(-,-en)* stimolazione *f.*

sti|mu|lie|ren tr. stimolare: ***jdn zu etw. ~*** stimolare qcn. a qcs. **sti|mu|lie|rend** p.pres. agg. **1** → **stimulieren 2** stimolante: ***die -e Wirkung von Kaffee*** l'effetto stimolante del caffè. **Sti|mu|lie|rung** f. *(-,-en)* → **Stimulation.**

stink|be|sof|fen agg. ubriaco fradicio. **Stink|bom|be** f. *(-,-n)* fiala *f.* (*o* fialetta *f.*) puzzolente. **Stin|ke|fin|ger** m. *(-s,-)* ditaccio *m.*

stin|ken intr. *(stank, gestunken;* aus. *haben)* **1a** puzzare: ***nach etw. ~*** puzzare di qcs.; ***~ wie ein Ziegenbock*** puzzare come un caprone; FIG. ***nach Verrat ~*** puzzare di tradimento **b** impers. ***es stinkt nach Tabak*** c'è puzzo di tabacco **2a** COLLOQ. ***etw. stinkt mir*** qcs. mi rompe **b** impers. ***mir stinkt's*** ne ho le scatole piene ◆ ***vor Faulheit ~*** essere un pigracio, essere pigro da fare schifo; ***nach Geld ~*** essere pieno di soldi; ***das stinkt zum Himmel*** è uno scandalo! ***die Sache stinkt*** la cosa puzza; ***an dieser Sache stinkt etwas*** qui c'è qualcosa che puzza ◆ PROV. ***Eigenlob stinkt*** chi si loda s'imbroda. **stin|kend** p.pres. agg. **1** → **stinken 2** *(stinkig)* puzzolente, maleodorante: ***-e Abgase*** gas maleodoranti ◆ ***er ist ~ faul, reich*** è pigro, ricco da fare schifo. **Stin|ker** m. *(-s,-)* puzzone *m.* ◆ ***ein spießiger ~*** uno schifoso piccolo borghese.

stink|faul agg. pigro da fare schifo. **stink|fein** agg. strafico. **Stink|fuß** m. *(-es,-füße)* piedaccio *m.* **stin|kig** agg. **1** puzzolente **2** *(widerwärtig)* schifoso. **Stink|kä|se** m. *(-s,-)* formaggio *m.* puzzolente. **stink|lang|wei|lig** agg. noioso da morire. **Stink|lau|ne** f. *(-)* umore *m.* schifoso, pessimo umore *m.* **Stink|mar|der** m. *(-s,-)* VENAT. puzzola *f.* **Stink|mor|chel** f. *(-,-n)* satirione *m.* **stink|nor|mal** agg. schifosamente, disgustosamente normale. **stink|reich** agg. ricco da fare schifo. **stink|sau|er** agg. COLLOQ. incavolato nero, incazzato. **Stink|stie|fel** m. *(-s,-)* SPREG. puzzone *m.* **Stink|tier** n. *(-[e]s,-e)* **1** moffetta *f.* **2** FIG. SPREG. bestia *f.* schifosa. **stink|vor|nehm** agg. → **stinkfein. Stink|wan|ze** f. *(-,-n)* cimice *f.* verde. **Stink|wut** f. *(-)* COLLOQ. incazzatura *f.*: ***eine ~ auf jdn haben*** essere incazzato con qcn. **stink|wü|tend** agg. COLLOQ. incavolato nero, incazzato.

Stint m. *(-[e]s,-e)* sperlano *m.*

Sti|pen|di|at m. *(-en,-en)* borsista *m.* **Sti|pen|di|en|ver|ga|be** f. *(-,-n)* assegnazione *f.* di borsa di studio. **Sti|pen|di|um** n. *(-s, Stipendien)* borsa *f.* di studio: ***jdm ein ~ geben, gewähren*** dare, assegnare una borsa di studio a qcn.

Stipp|be|such m. *(-[e]s,-e)* REGION. → **Stippvisite.**

Stip|pe f. *(-,-n)* REGION. **1a** INTRAD. (tipo di salsa densa) **b** *(Tunke)* intingolo *m.* **2** *(Pustel)* pustola *f.* **3** *(Kleinigkeit)* piccolezza *f.* **stip|pen** REGION. **I** tr. **1** inzuppare: ***Brot in die Milch ~*** inzuppare (una fetta di) pane nel latte **2** *(herausholen)* pulire: ***die Soße mit Brot aus dem Teller ~*** pulire il piatto con il pane **3** *(tippen)* toccare leggermente, dare un colpetto: ***jdn an die Schulter ~*** dare un colpetto sulle spalle a qcn. **4** *(wegrücken)* spostare con un leggero colpo **II** intr. (aus. *haben*) **1** ***mit dem Keks in den Tee ~*** inzuppare il biscotto nel tè **2** *(leicht stoßen)* ***nach jdm, etw. ~*** dare un colpetto a qcn., qcs.

Stipp|vi|si|te f. *(-,-n)* visitina *f.*, salto *m.*

Sti|pu|la|ti|on [ʃt- e st-] f. *(-,-en)* stipulazione *f.* **sti|pu|lie|ren** tr. stipulare. **Sti|pu|lie|rung** f. *(-,-en)* stipulazione *f.*

Stirn f. *(-,-en)* fronte *f.* (anche GEOL.): ***eine hohe, niedrige, fliehende ~*** una fronte alta, bassa, sfuggente; ***die ~ runzeln, in Falten ziehen (legen)*** corrugare la fronte; ***sich (D) die ~ trocknen, wischen*** asciugarsi la fronte; ***die ~ verfinstert, umwölkt sich*** la fronte si rabbuia; ***Schweißtropfen treten jdm auf die ~*** qcn. ha la fronte imperlata di sudore; ***sich das Haar aus der ~ streichen*** togliersi i capelli dalla fronte; ***sich den Schweiß von der ~ wischen*** tergere la fronte dal sudore; ***einen Schlag vor die ~ bekommen*** prendersi una botta in fronte ◆ ***ich lese es ihm an der ~ ab*** glielo leggo in faccia (*o* in fronte); ***sich (D) an die ~ fassen*** mettersi le mani nei capelli; ***jdm, etw. die ~ bieten*** tenere testa (*o* far fronte) a qcn., qcs.; ***mit eiserner ~*** in modo imperturbabile; *(unverschämt)* in modo sfrontato, sfrontatamente; ***das steht ihm an, auf der ~ geschrieben*** ce l'ha scritto in fronte; ***die ~ haben, etw. zu tun*** avere la faccia di fare qcs.; ***über jdn, etw. die ~ runzeln*** disapprovare qcn., qcs.

Stirn|band n. *(-[e]s,-bänder)* fascia *f.* (per capelli). **Stirn|bein** n. *(-[e]s,-e)* osso *m.* frontale. **Stir|ne** f. *(-,-n)* ANT. → **Stirn. Stirn|glat|ze** f. *(-,-n)* fronte *f.* calva. **Stirn|haar** n. *(-[e]s,-e)* capelli *m.pl.* sulla fronte.

Stirn|höh|le f. *(-,-n)* seno *m.* (paranasale) frontale. **Stirn|höh|len|ent|zün|dung** f. *(-,-en)* sinusite *f.* **Stirn|höh|len|ka|tarr(h)** m. *(-s,-e)* sinusite *f.* catarrale. **Stirn|höh|len|ver|ei|te|rung** f. *(-,-en)* sinusite *f.* purulenta.

Stirn|joch n. *(-[e]s,-e)* giogo *m.* frontale. **Stirn|lo|cke** f. *(-,-n)* ricciolo *m.* sulla fronte. **Stirn|reif** m. *(-[e]s,-e)* frontale *m.* (per capelli). **Stirn|rie|men** m. *(-s,-)* frontale *m.* (per cavalli). **Stirn|run|zeln** n. *(-s)*, ***~ hervorrufen*** far aggrottare la fronte. **stirn|run|zelnd** avv. aggrottando la fronte. **Stirn|sei|te** f. *(-,-n)* lato *m.* frontale, fronte *f.*: ***die ~ eines Gebäudes*** la fronte di un edificio. **Stirn|wand** f. *(-,-wände)* parete *f.* frontale. **Stirn|wun|de** f. *(-,-n)* ferita *f.* alla fronte. **Stirn|zie|gel** m. *(-s,-)* ARCH. antefissa *f.*

stob → **stieben.**

Stö|be|rei f. *(-,-en)* il frugare prolungato. **Stö|ber|hund** m. *(-[e]s,-e)* cane *m.* da leva.

stö|bern **I** intr. (aus. *haben*) **1** COLLOQ. frugare, rovistare: ***in einer Schublade ~*** rovistare in un cassetto; ***nach etw. ~*** frugare cercando (*o* alla ricerca di) qcs. **2a** REGION. turbinare **b** impers. *(schneien)* nevicare **c** *(vom Wind;* aus. *sein)* soffiare turbinando **3** REGION. *(sauber machen)* fare le pulizie **II** tr. REGION. pulire (a fondo): ***sein Zimmer ~*** pulire a fondo la propria camera.

sto|chas|tisch agg. stocastico: ***-er Vorgang*** processo stocastico.

Sto|cher m. *(-s,-)* bastoncino *m.*, stecchino *m.* **sto|chern** intr. (aus. *haben*) stuzzicare, smuovere (toccando leggermente): ***in den Zähnen ~*** stuzzicarsi i denti; ***in der Glut, im Feuer ~*** smuovere la brace, attizzare il fuoco; ***im Essen ~*** spiluccare nel piatto.

Stö|chi|o|met|rie f. *(-)* stechiometria *f.*

1.Stock m. *(-[e]s, Stöcke)* **1** bastone *m.* (anche SPORT): ***ein dünner, knotiger ~*** un bastone sottile, nodoso; ***steif wie ein ~*** rigido come un bastone **2** *(Takt-, Zeigestock)* bacchetta *f.* **3a** *(Baumstumpf)* ceppo *m.*: ***Stöcke roden*** dissodare ceppi **b** *(Holzklotz)* ciocco *m.*, ceppo *m.* **c** STOR. *(für Gefangene)* ceppi *m.pl.*: ***im ~ sitzen*** essere (messo) ai ceppi; ***jdn in den ~ legen*** mettere qcn. ai ceppi **4** *(Skistock)* bastoncino *m.* **5** *(Bienenstock)* arnia *f.* **6** *(Tierstock)* colonia *f.* **7** REGION. AUSTR. *(Opferstock)* ceppo *m.*, cassetta *f.* delle elemosine **8** REGION. *(Gebirgsmassiv)* massiccio *m.* montuoso ◆ ***am ~ gehen*** camminare con il (*o* appoggiandosi sul, al) bastone; FIG. non reggersi in piedi; *(kein Geld haben)* essere povero in canna, non avere il becco di un quattrino; ***den ~ zu spüren bekommen*** assaggiare il bastone; *(als Erziehungsmittel)* ***den ~ gebrauchen*** usare il bastone; ***über ~ und Stein*** a rompicollo; ***einen ~ verschluckt haben*** avere ingoiato un manico di scopa.

2.Stock m. *(-[e]s,-)* piano *m.*: ***im sechsten ~ wohnen*** abitare al sesto piano; ***einen ~ tiefer, höher wohnen*** abitare un piano sotto, sopra; ***einen ~ höher, in den dritten ~ hinaufgehen*** salire un piano sopra, al terzo piano; ***das Gebäude hat zehn ~, ist zehn ~ hoch*** l'edificio ha dieci piani, è alto dieci piani; ***einen ~ aufsetzen*** aggiungere un piano.

3.Stock m. *(-s,-s)* **1** stock *m.* **2** *(Grundkapital)* capitale *m.* azionario.

stock|be|sof|fen, stock|be|trun|ken agg. COLLOQ. ubriaco fradicio. **Stock|bett** n. *(-[e]s,-en)* letto *m.* a castello. **stock|blind** agg. COLLOQ. cieco come una talpa.

Stöck|chen n. *(-s,-)* bastoncino *m.*

Stock|de|gen m. *(-s,-)* stocco *m.* **stock|dumm** agg. COLLOQ. idiota. **stock|dun|kel, stock|dus|ter** agg. buio pesto.

Stö|ckel m. *(-s,-)*, **Stö|ckel|ab|satz** m. *(-es,-absätze)* tacco *m.* a spillo. **stö|ckeln** intr. (aus. *sein*) COLLOQ. camminare su tacchi a spillo. **Stö|ckel|schuh** m. *(-[e]s,-e)* scarpa *f.* con tacco a spillo.

sto|cken intr. (aus. *haben*) **1a** *(aussetzen)* fermarsi, arrestarsi: ***der Atem, das Herz stockte ihm*** il respiro, il cuore gli si è fermato **b** interrompersi: ***beim Lesen, im Sprechen, mitten im Satz ~*** interrompersi mentre si legge, si parla, nel mezzo di una frase **2a** *(stagnieren)* ristagnare: ***die Stahlindustrie, der Handel stockt*** l'industria dell'acciaio, il commercio ristagna; ***die Verhandlungen ~*** le trattative sono ferme (*o* ristagnano); ***der Verkehr stockt*** il traffico è bloccato **b** *(von Gesprächen)* languire **3** REGION. (aus. *haben, sein*) diventare acido, inacidire: ***die Milch stockt*** il latte inacidisce **4** *(schimmeln)* ammuffire, coprirsi di muffa. **Sto|cken** n. *(-s)*, ***ins ~ geraten*** arrestarsi, fermarsi; ristagnare. **sto|ckend** **I** p.pres. agg. **1** → **stocken 2** ***mit -er Stimme*** con voce rotta **3** *(zögernd)* esitante **II** avv. ***~ sprechen*** parlare con voce rotta.

Stock|en|te f. *(-,-n)* germano *m.* reale. **Stock|fäu|le** f. *(-)* mal *m.* del rotondo. **stock|fins|ter** agg. COLLOQ. → **stockdunkel. Stock|fisch** m. *(-es,-e)* **1** stoccafisso *m.* **2** FIG. COLLOQ. baccalà *m.* **Stock|fleck** m. *(-[e]s,-e)* macchia *f.* di muffa. **stock|hei|ser** agg. COLLOQ. roco.

Stock|holm, Stock|holm n.pr.n. *(-s)* Stoccolma *f.* **Stock|hol|mer** **I** m. *(-s,-)* abitante *m.* di Stoccolma **II** agg.inv. di Stoccolma.

sto|ckig **I** agg. **1** che puzza di muffa **2** → **stockfleckig** **II** avv. ***~ riechen*** puzzare di muffa.

Stock|punkt m. *(-[e]s,-e)* CHIM. punto *m.* di solidificazione.

Stock|ro|se f. *(-,-n)* malva *f.*; *(Eibisch)* altea *f.* **stock|sau|er** agg. COLLOQ. incavolato nero, VOLG. incazzato. **Stock|schlag** m. *(-[e]s,-schläge)* bastonata *f.*: ***Stockschläge geben, bekommen*** dare, ricevere delle bastonate. **Stock|schnup|fen** m. *(-s,-)* raffreddore *m.* cronico. **Stock|schwamm** m. *(-[e]s,-schwämme)*, **Stock|schwämm|chen** n. *(-s,-)* BOT. famigliola *f.* piccola (*o* gialla). **stock|steif** COLLOQ. **I** agg. **1** rigido: ***ein -er Gang*** un'andatura rigida **2** *(von Menschen)* rigido come un palo: ***ein -er Typ sein*** starsene rigido come un palo **II** avv. ***~ dasitzen*** sedere tutto impettito. **stock|taub** agg. COLLOQ. sordo come una campana.

Sto|ckung f. *(-,-en)* **1a** arresto *m.* **b** *(Unterbrechung)* interruzione *f.* **c** *(des Verkehrs)* ingorgo *m.* **2** *(von Blut)* ristagno *m.*, MED. stasi *f.* **3a** *(Stagnieren)* ristagno *m.* **b** *(von Gesprächen)* il languire **4** REGION. *(Gerinnung)* coagulazione *f.*

Stock|werk n. *(-[e]s,-e)* piano *m.*: ***in welchem ~ wohnst du?*** a che piano abiti? ***der Fahrstuhl hält im dritten ~*** l'ascensore (si) ferma al terzo piano. **Stock|werk|bett** → **Stockbett. Stock|zahn** m. *(-[e]s,-zähne)* REGION. molare *m.*

Stoff m. *(-[e]s,-e)* **1** stoffa *f.*, tessuto *m.*: ***~ von guter, schlechter Qualität*** stoffa di buona, cattiva qualità; ***einfarbiger, gemusterter ~*** stoffa a tinta unita, fantasia; ***ein feiner, grober, knitterfreier ~*** un tessuto fine, grezzo, ingualcibile; ***ein ~ aus Seide, Wolle*** una stoffa di seta, di lana **2a** *(Materie)* materia *f.*: ***organischer, unorganischer ~*** materia organica, inorganica **b** *(Material)* materiale *m.*: ***ein nichtleitender, radioaktiver ~*** un materiale coibente, radioattivo **c** *(Substanz)* sostanza *f.*: ***in Wasser auflösbarer ~*** sostanza solubile in acqua **3** FILOS. materia *f.* **4a** FIG. *(Material)* materiale *m.*, materia *f.*: ***~ für ein Buch sammeln*** raccogliere materiale per un libro **b** *(Thema)* tema *m.*, argomento *m.*: ***einen ~ bearbeiten*** (ri)elaborare un tema; SCOL. ***einen neuen ~ durchnehmen*** trattare un nuovo argomento; ***~ für, zu etw. liefern*** offrire lo spunto per qcs. **c** CINEM. soggetto *m.*: ***einen ~ verfilmen*** trasporre cinematograficamente un soggetto **5** ***jdm ~ zum Lachen, Nachdenken, zur Unterhaltung geben (bieten)*** dare motivo di riso, spunto di meditazione, fornire argomento di conversazione a qcn. **6** GERG. *(Rauschgift)* roba *f.*: ***sich ~ besorgen*** procurarsi la roba ◆ FIG. ***aus einem anderen, aus dem gleichen ~ sein*** essere (fatto) di un'altra pasta, della stessa pasta.

Stoff|bahn f. *(-,-en)* pezza *f.* di stoffa. **Stoff|bal|len** m. *(-s,-)* balla *f.* di stoffa.

Stof|fel m. *(-s,-)* FIG. orso *m.* **stof|fe|lig** agg. scontroso, scorbutico.

Stoff|far|be f. *(-,-n)* colore *m.* per stoffe. **Stoff|fet|zen** m. *(-s,-)* pezzetto *m.* (*o* brandello *m.*) di stoffa.

stoff|lich agg. **1** di, della stoffa, di, del tessuto **2a** *(die Materie betreffend)* di, della materia, materiale **b** *(das Material betreffend)* di, del materiale **c** *(die Substanz betreffend)* di, della sostanza **3** *(inhaltlich)* del contenuto, contenutistico, tematico. **Stoff|lich|keit** f. *(-)* materialità *f.*

stoff|lig → **stoffelig.**

Stoff|mus|ter n. *(-s,-)* motivo *m.* (*o* disegno *m.*) di una stoffa. **Stoff|pup|pe** f. *(-,-n)* bambola *f.* di pezza (*o* di stoffa). **Stoff|rest** m. *(-[e]s,-e)* avanzo *m.* (*o* ritaglio *m.*) di stoffa, scampolo *m.* **Stoff|ser|vi|et|te** f. *(-,-n)* tovagliolo *m.* di stoffa. **Stoff|tier** n. *(-[e]s,-e)* animale *m.* di pezza.

Stoff|wech|sel m. *(-s)* metabolismo *m.* **Stoff|wech|sel|krank|heit** f. *(-,-en)* malattia *f.* del ricambio. **Stoff|wech|sel|pro|dukt** n. *(-[e]s,-e)* metabolita *m.*, metabolito *m.*

stöh|nen intr. (aus. *haben*) **1** gemere: ***vor Schmerz ~*** gemere dal dolore **2** *(klagen)* ***über jdn, etw. ~*** lamentarsi di qcn., per qcs. ◆ ***unter der großen Hitze ~*** boccheggiare per il gran caldo.

Sto|i|ker m. *(-s,-)* stoico *m.* (anche FIG.). **sto|isch** agg. stoico (anche FIG.). **Sto|i|zis|mus** m. *(-)* stoicismo *m.* (anche FIG.).

Sto|la ['ʃt- e 'st-] f. *(-, Stolen)* ABBIGL. RELIG. stola *f.*

Stol|le f. *(-,-n)* INTRAD. (tradizionale dolce natalizio).

Stol|len m. *(-s,-)* **1** → **Stolle 2a** *(unterirdischer Gang)* cunicolo *m.* **b** MINER. galleria *f.* **3a** *(an Sportschuhen)* tacchetto *m.* **b** *(an Hufeisen)* rampone *m.* **4** LETT. INTRAD. (strofa del Meistergesang). **Stol|len|gang** m. *(-[e]s,-gänge)* cunicolo *m.*

stol|pern intr. (aus. *sein*) **1** inciampare, incespicare: ***über den Teppich ~*** inciampare nel tappeto; ***über seine eigenen Füße ~*** incespicare, inciampare da solo **2** *(sich stolpernd fortbewegen)* ***durch die Dunkelheit ~*** andare incespicando al buio **3a** FIG. *(zu Fall kommen)* incappare, cadere: ***über eine Affäre ~*** cadere in seguito a uno scandalo; ***über unvorhergesehene Schwierigkeiten ~*** incappare in difficoltà impreviste **b** ***über jdn ~*** cadere a causa di qcn. **4** *(nicht verstehen)* bloccarsi: ***über einen Fachausdruck ~*** bloccarsi su un termine specialistico **5** COLLOQ. *(jdm unvermutet begegnen)* ***über jdn ~*** imbattersi in qcn.

Stol|per|stein m. *(-[e]s,-e)* pietra *f.* d'inciampo.

stolz I agg. **1a** orgoglioso, fiero: ***~ auf jdn, etw. sein*** essere orgoglioso (*o* fiero) di qcn., qcs.; ***er ist ~ darauf*** ne va orgoglioso (*o* fiero); ***jdn ~ machen*** rendere orgoglioso (*o* fiero) qcn., inorgoglire qcn.; ***~ werden*** inorgoglirsi **b** *(hochmütig)* orgoglioso, superbo: ***sie war zu ~, um sich zu entschuldigen*** era troppo orgogliosa per scusarsi **2** *(imposant)* superbo: ***eine -e Burg*** un castello superbo **3** COLLOQ. *(erheblich)* grosso, bello: ***das kostet die -e Summe von 100 000 Mark*** questo costa la bellezza di 100 000 marchi **II** avv. **1** orgogliosamente **2** *(hochmütig)* con superbia ◆ ***~ wie ein Pfau*** superbo come un pavone.

Stolz m. *(-es)* **1** orgoglio *m.*: ***väterlicher ~*** orgoglio paterno (*o* di padre); ***seinen ~ in jdn, etw. setzen*** riporre il proprio orgoglio in qcn., qcs.; ***etw. erfüllt jdn mit ~*** qcs. riempie qcn. di orgoglio; ***voller ~ (für jdn, etw.) sein*** essere pieno di orgoglio (per qcn., qcs.); ***jds ~ verletzen*** ferire l'orgoglio di qcn.; ***jdn in seinem ~ verletzen*** ferire qcn. nel proprio orgoglio; ***aus (falschem) ~*** per (falso) orgoglio; ***auch ich habe meinen ~!*** anch'io ho il mio orgoglio! **2** *(Gegenstand des Stolzes)* orgoglio *m.*, vanto *m.*: ***seine Kinder sind sein größter ~*** i suoi figli sono il suo maggior vanto; ***er ist der ganze ~ seiner Familie*** è il grande orgoglio della sua famiglia ◆ ***seinen (ganzen) ~ an etw. (A) setzen*** mettercela tutta, impegnarsi al massimo per qcs.; PROV. ***Dummheit und ~ wachsen auf einem Holz*** la superbia è figlia dell'ignoranza. **stolz|ge|schwellt** agg. ***mit -er Brust*** col petto gonfio d'orgoglio.

stol|zie|ren intr. (aus. *sein*) andare (*o* camminare) tutto impettito, tronfio.

Sto|ma|to|lo|ge m. *(-n,-n)* stomatologo *m.* **Sto|ma|to|lo|gie** f. *(-)* stomatologia *f.* **sto|ma|to|lo|gisch** agg. stomatologico.

stop → **stopp. Stop** → **Stopp.**

Stopf|buch|se, Stopf|büch|se f. *(-,-n)* premistoppa *m.* **Stopf|ei** n. *(-[e]s,-er)* uovo *m.* da rammendo.

stop|fen I tr. **1** rammendare: ***Löcher in den Socken ~*** rammendare calze **2** *(ohne Sorgfalt hineinstecken)* ficcare, cacciare: ***alles in den Koffer ~*** ficcare tutto in valigia **3a** *(füllen)* riempire: ***eine Matratze mit Wolle ~*** riempire (*o* imbottire) un materasso di lana **b** ***die Pfeife ~*** caricare la pipa **4** *(zustopfen)* tappare: ***ein Loch ~*** tappare un buco (anche FIG.); FIG. ***jdm den Mund ~*** tappare la bocca a qcn. **5a** COLLOQ. *(mästen)* ingrassare **b** *(Menschen)* rimpinzare, sfamare: ***vier hungrige Mäuler zu ~ haben*** avere quattro bocche da sfamare **II** intr. (aus. *haben*) **1** COLLOQ. *(sättigen)* riempire: ***Kartoffeln ~*** le patate riempiono **2** *(die Verdauung hemmen)* costipare **3** FAM. *(viel essen)* rimpinzarsi: ***er hat ganz schön gestopft*** si è rimpinzato per bene **III** rifl. **sich ~ 1** ***sich (D) die Taschen voll Nüsse ~*** riempirsi le tasche di noci **2** ***sich (D) etw. in den Mund ~*** mettersi qcs. in bocca. **stop|fend** p.pres. agg. **1** → **stopfen 2** FARM. costipante, astringente (intestinale).

Stopf|garn n. *(-[e]s,-e)* filo *m.* da rammendo. **Stopf|na|del** f. *(-,-n)* ago *m.* da rammendo. **Stopf|pilz** m. *(-es,-e)* fungo *m.* da rammendo.

stopp inter. COLLOQ. ***~!*** alt! ferma! **Stopp** m. *(-s,-s)* **1** fermata *f.*, sosta *f.*: ***der ~ an der Box*** la sosta ai box; ***einen kurzen ~ einlegen*** fare una breve sosta **2** *(Unterbrechung)* stop *m.*, alt *m.*

Stopp|ball m. *(-[e]s,-bälle)* SPORT (palla *f.*) smorzata *f.*

Stop|pel|acker m. *(-s,-äcker)* → **Stoppelfeld. Stop|pel|bart** m. *(-[e]s,-bärte)* COLLOQ. barba *f.* ispida (*o* irsuta). **stop|pel|bär|tig** agg. **1** ispido: ***ein -es Kinn*** un mento ispido **2** *(vom Mann)* dalla barba irsuta (*o* ispida). **Stop|pel|feld** n. *(-[e]s,-er)* campo *m.* di stoppie. **Stop|pel|haar** n. *(-[e]s)* capelli *m.pl.* a spazzola. **stop|pel|haa|rig** agg. dai capelli cortissimi, con i capelli a spazzola.

stop|pe|lig agg. ispido, irsuto.

Stop|pel|zie|her m. *(-s,-)* AUSTR. cavatappi *m.*

stop|pen I tr. **1a** fermare, arrestare: ***einen Wagen, Zug ~*** fermare una macchina, un treno **b** *(abstellen)* ***eine Maschine ~*** fermare una macchina **2a** FIG. *(blockieren)* fermare, bloccare, interrompere: ***die Produktion, die Zahlungen ~*** fermare la produzione, interrompere i pagamenti; ***der Verkehr wurde durch den Unfall gestoppt*** il traffico fu bloccato dall'incidente **b** ECON. ***die Preise ~*** bloccare i prezzi **3a** SPORT arrestare, stoppare: ***den Ball mit dem Fuß ~*** stoppare la palla di piede **b** ***den Gegner ~*** fermare l'avversario **4** *(mit der Stoppuhr messen)* cronometrare: ***die Zeit ~*** cronometrare il tempo **II** intr. (aus. *haben*) fermarsi, arrestarsi, bloccarsi ◆ COLLOQ. ***stopp mal!*** ferma un momento! **Stop|per** m. *(-s,-)* **1** *(Fußball)* stopper *m.* **2** *(Türe)* fermaporta *m.*

Stopp|licht n. *(-[e]s,-er)* luce *f.* d'arresto, stop *m.*

stopp|lig → **stoppelig.**

Stopp|schild n. *(-[e]s,-er)* (cartello *m.* dello) stop *m.* **Stopp|sig|nal** n. *(-s,-e)* (segnale *m.* di) stop *m.* **Stopp|stra|ße** f. *(-,-n)* strada *f.* con segnale di stop. **Stopp|uhr** f. *(-,-en)* cronometro *m.*

Stöp|sel m. *(-s,-)* **1** tappo *m.*: ***den ~ aus der Badewanne ziehen*** togliere il tappo dalla vasca da bagno; FIG. ***er ist wirklich ein ~*** è proprio un tappo **2** EL. banana *f.* **stöp|seln** tr. **1** ***etw. ~*** mettere il tappo a, tappare qcs. **2** *(hineinstecken)* mettere: ***den Stecker in die Dose ~*** mettere la spina nella presa.

Stör m. *(-[e]s,-e)* storione *m.*

Stör|ak|ti|on f. *(-,-en)* azione *f.* di disturbo. **stör|an|fäl|lig** agg. **1** MECC. sensibile ai guasti **2** EL. sensibile ai disturbi. **Stör|an|fäl|lig|keit** f. *(-)* **1** MECC. sensibilità *f.* ai guasti **2** EL. sensibilità *f.* ai disturbi, incidenza *f.* di disturbo.

Storch m. *(-[e]s, Störche)* cicogna *f.*: FIG. ***bei ihnen war der ~*** da loro è arrivata la cicogna ◆ ***der ~ hat sie ins Bein gebissen*** = aspetta la cicogna; ***da brat mir einer einen ~!*** accidenti! SCHERZ. ***wie ein ~ im Salat gehen*** camminare come sui trampoli. **Storch|bei|ne** pl. SCHERZ. trampoli *m.pl.*

Stör|chin f. *(-,-nen)* cicogna *f.* femmina.

Storch|nest n. *(-[e]s,-er)* nido *m.* di cicogna. **Storch|schna|bel** m. *(-s,-schnäbel)* **1** becco *m.* della cicogna **2** *(Zeichenmaschine)* pantografo *m.*

1.Store [ʃtoːɐ, stoːɐ] m. *(-s,-s)* tenda *f.*

2.Store [stoːɐ] m. *(-s,-s)* MAR. stiva *f.*

stö|ren I tr. **1a** disturbare: ***jdn bei, in etw. (D) ~*** disturbare qcn. in (*o* durante) qcs.; ***jdn bei der Arbeit, beim Lesen ~*** disturbare qcn. mentre lavora, legge; ***bitte nicht ~!*** si prega di non disturbare! ***entschuldigen Sie bitte, wenn, dass ich störe!*** scusi (*o* scusate) il disturbo! ***lassen Sie sich nicht ~!*** non si disturbi! non s'incomodi! **b** *(unterbrechen)* ***den Unterricht, eine Rede ~*** disturbare la lezione, un discorso **c** *(aus der Ruhe reißen)* disturbare, turbare: ***jds Ruhe, Schlaf ~*** disturbare il riposo, il sonno di qcn. **d** RAD. TELEV. disturbare: ***den Empfang, die Leitung ~*** disturbare la ricezione, la linea **2** *(belästigen, missfallen)* dare fastidio a, disturbare: ***es stört mich nicht, wenn du rauchst*** non mi disturba (*o* non mi dà fastidio) se fumi; ***hör auf mit diesem Lärm, das stört mich!*** smettila con questo rumore, mi dà fastidio! ***kräftige Farben ~ mich*** mi danno fastidio (*o* mi disturbano) i colori forti **3** *(beeinträchtigen)* disturbare, turbare: ***die öffentliche Ordnung, den Frieden ~*** turbare l'ordine pubblico, la pace; ***das soll uns nicht ~!*** questo non ci deve preoccupare! **II** intr. (aus. *haben*) disturbare, essere di disturbo; *(unterbrechen)* interrompere: ***darf ich einen Augenblick ~?*** posso interrompere un attimo? **III** rifl. ***sich an jdm, etw. ~*** COLLOQ. essere infastiditi da qcn., qcs., provare fastidio alla vista di qcn., per qcs. **stö|rend** p.pres. agg. **1** → **stören 2** fastidioso: ***ein -er Lärm*** un rumore fastidioso **3** *(ungelegen)* importuno: ***eine -e Frage*** una domanda importuna.

Stö|ren|fried m. *(-[e]s,-e)*, **Stö|rer** m. *(-s,-)* disturbatore *m.*, perturbatore *m.*

Stör|fak|tor m. *(-s,-en)* fattore *m.* di disturbo. **Stör|fall** m. *(-[e]s, -fälle)* incidente *m.* **Stör|feu|er** n. *(-s)* MIL. fuoco *m.* di disturbo. **stör|frei** agg. → **störungsfrei. Stör|ge|räusch** n. *(-[e]s,-e)* TELEV. RAD. disturbo *m.* **Stör|ma|nö|ver** n. *(-s,-)* manovra *f.* di disturbo.

stor|nie|ren [ʃt-, st-] tr. stornare: ***eine Gutschrift ~*** stornare un accredito; *(annullieren)* ***eine Bestellung, einen Vertrag, eine Reise ~*** stornare un ordine, rescindere un contratto, annullare un viaggio. **Stor|nie|rung** f. *(-,-en)* BANC. storno *m.*; *(Annullierung)* storno *m.*, annullamento *m.* **Stor|no** m. e n. *(-s, Storni)*, **Stor|no|bu|chung** f. *(-,-en)* BANC. storno *m.*

stör|rig, stör|risch I agg. caparbio, testardo: ***~ wie ein Esel*** caparbio come un mulo **II** avv. caparbiamente, testardamente. **Stör|risch|keit** f. *(-)* caparbietà *f.*, testardaggine *f.*

Stör|schutz m. *(-es)* RAD. protezione *f.* antiradiodisturbi, antidisturbi. **stör|si|cher** agg. antiinterferenze, antidisturbi. **Stör|stel|le** f. *(-,-n)* CHIM. impurità *f.*

Stö|rung f. *(-,-en)* **1a** disturbo *m.*: ***entschuldigen Sie die ~!*** scusi il disturbo! **b** ***gesundheitliche, nervöse -en*** disturbi (di salute), disturbi nervosi; ***seelische -en*** disturbi mentali (*o* turbe psichiche) **c** RAD. ***atmosphärische ~*** disturbo atmosferico **2** disturbo *m.*, turbamento *m.*: ***die ~ der Ruhe*** il turbamento della quiete; ***~ der Nachtruhe*** schiamazzi notturni **3** intoppo *m.*: ***ohne ~ verlaufen*** procedere senza intoppi **4** ***technische -en*** inconvenienti tecnici; ***eine ~ beheben*** rimediare a un inconveniente **5** METEOR. perturbazione *f.*

Stö|rungs|feu|er → **Störfeuer. stö|rungs|frei I** agg. privo di inconvenienti **II** avv. senza inconvenienti: ***~ funktionieren*** funzionare senza intoppi. **Stö|rungs|front** f. *(-,-en)* METEOR. fronte *m.* di una perturbazione. **Stö|rungs|stel|le** f. *(-,-n)* TEL. segnalazione *f.* guasti.

Sto|ry ['stɔːrɪ] f. *(-,-s)* **1** *(Inhalt eines Films, Romans)* storia *f.* **2a** COLLOQ. *(außergewöhnliche Begebenheit)* storia *f.* **b** *(Report)* reportage *m.*

Stoß m. *(-es, Stöße)* **1a** *(Aufprall)* colpo *m.*: ***jdm einen ~ in den Rücken geben, versetzen*** dare un colpo a qcn. nella schiena **b** *(Zusammenprall, Angriff)* urto *m.* **2** *(Schlag, Stich mit einer Waffe)* colpo *m.*, tiro *m.*; *(beim Fechtsport)* stoccata *f.*: ***einen ~ parieren, abwehren, auffangen*** parare un colpo **3** *(Kugelstoß)* lancio *m.*, tiro *m.* **4** MUS. squillo *m.* **5** *(Erdstoß)* scossa *f.* **6** *(Stapel)* pila *f.*, catasta *f.*: ***ein ~ Bücher, Teller, Brennholz*** una pila di libri, di piatti, una catasta di legna **7** TECN. *(Verbindungsstelle)* giunto *m.*, giunzione *f.* **8** MED. *(hohe Dosis)* dose *f.* d'urto **9** EL. colpo *m.*, punta *f.* **10** → **Stoßborte** ◆ ***auf ~ fechten*** tirare di punta; ***sich einen ~ geben*** darsi una mossa; ***ein paar Stöße schwimmen*** nuotare un paio di bracciate.

Stoß|band n. *(-[e]s,-bänder)*, **Stoß|bor|te** f. *(-,-n)* SART. battitacco *m.* **Stöß|chen** n. *(-s,-)* **1** colpetto *m.* **2** *(kleiner Stapel)* piccola pila *f.*, piccola catasta *f.* **Stoß|dämp|fer** m. *(-s,-)* ammortizzatore *m.* **Stoß|de|gen** m. *(-s,-)* stocco *m.*

Stö|ßel m. *(-s,-)* **1** pestello *m.* **2** *(Ventilstößel)* punteria *f.* **3** *(einer Presse)* slittone *m.*, mazza *f.*, spintore *m.*

sto|ßen *(stößt, stieß, gestoßen)* **I** tr. **1** colpire: ***jdn mit einem Stock ~*** colpire qcn. con un bastone; ***jdn in den Bauch, in die Seite ~*** colpire qcn. al ventre, al fianco **2a** *(von sich stoßen)* buttare, gettare (con una spinta): ***jdn ins Wasser, von der Leiter ~*** buttare qcn. in acqua, giù dalla scala **b** FIG. *(verstoßen)* ***jdn aus der Gesellschaft ~*** espellere qcn. dalla società **3** lanciare, tirare: ***die Kugel 10 Meter weit ~*** tirare la palla a 10 metri **4** *(stechen)* piantare, conficcare: ***jdm ein Messer in die Rippen ~*** piantare un coltello nelle costole a qcn.; ***etw. in die Erde ~*** piantare qcs. nel terreno **5** *(zerkleinern)* pestare: ***Pfeffer ~*** pestare il pepe **6** COLLOQ. *(zu verstehen geben)* ficcare in testa **II** intr. **1a** (aus. *sein*) urtare, cozzare: ***an eine Vase, gegen eine Kante, Mauer ~*** urtare un vaso, contro uno spigolo, cozzare contro un muro **b** *(von Tieren;* aus. *haben)* cozzare: ***mit den Hörnern nach jdm ~*** cozzare contro qcn., dare cornate a qcn. **2a** *(unvermutet antreffen;* aus. *sein)* ***auf jdn, etw. ~*** imbattersi in qcn., qcs. **b** incontrare, raggiungere: ***die Straße stößt auf den Marktplatz*** la strada sbocca nella piazza del mercato **3** *(sich vereinigen;* aus. *sein)* ***zu jdm, etw. ~*** raggiungere qcn., qcs., riunirsi con qcn., qcs. **4** *(grenzen;* aus. *haben)* ***an etw. ~*** confinare con qcs.; ***sein Grundstück stößt an das meine*** il suo terreno è attiguo al mio **5** *(rütteln;* aus. *haben)* sobbalzare: ***der Wagen stößt auf der löchrigen Straße*** la macchina sobbalza sul brutto fondo stradale **6** VENAT. *(stürzen;* aus. *sein)* ***auf eine Beute ~*** lanciarsi, piombare sulla preda **III** rifl. **sich ~ 1a** *(anstoßen)* urtare: ***sich an der Tischkante ~*** urtare contro lo spigolo del tavolo **b** ***sich (D) etw. ~*** urtare con qcs.: ***sich den Ellenbogen an der Tür ~*** urtare la porta con il gomito, dare una gomitata nella porta **2** *(an etw. Anstoß nehmen)* ***sich an etw. (D) ~*** essere urtato da qcs. ◆ ***auf Ablehnung ~*** incontrare un rifiuto; ***jdn auf etw. ~*** mettere qcs. sotto il naso a qcn.; ***sich eine Beule ~*** farsi un bernoccolo; ***mit jdm in dasselbe Horn ~*** = essere pienamente d'accordo con qcn.; ***in die Trompete ~*** dar fiato alle trombe; ***auf Widerstand ~*** incontrare resistenza; ***der Wind stößt*** il vento soffia a raffiche. **sto|ßend** p.pres. agg. → **stoßen** ◆ ***mit -em Atem*** con respiro affannoso.

Stö|ßer m. *(-s,-)* **1** *(Sperber)* sparviero *m.* **2** *(Stößel)* pestello *m.*

Sto|ße|rei f. *(-,-en)* colpi *m.pl.* (*o* urti) continui. **Stoß|fe|der** f. *(-,-n)* penna *f.* della coda.

stoß|fest agg. resistente agli urti, antiurto. **Stoß|fes|tig|keit** f. *(-)* resistenza *f.* agli urti.

Stoß|fu|ge f. *(-,-n)* giuntura *f.*, commettitura *f.* **Stoß|ge|bet** n. *(-[e]s, -e)* giaculatoria *f.*: ***ein ~ zum Himmel senden, schicken*** levare giaculatorie al cielo. **stoß|ge|si|chert** agg. → **stoßfest.**

Stoß|kraft f. *(-)* **1** forza *f.* d'urto **2** FIG. forza *f.* (*o* potere *m.*) dirompente: ***die ~ einer Idee*** la forza dirompente di un'idea. **stoß|kräf|tig** agg. che ha forza dirompente.

Stoß|rich|tung f. *(-,-en)* MIL. direttrice *f.* d'attacco. **Stoß|seuf|zer** m. *(-s,-)* gran sospiro *m.*, sospirone *m.*: ***einen ~ von sich geben*** mandare un gran sospiro. **stoß|si|cher** agg. → **stoßfest. Stoß|stan|ge** f. *(-,-n)* paraurti *m.* **Stoß|the|ra|pie** f. *(-,-n)* terapia *f.* d'urto. **Stoß|trupp** m. *(-s,-s)* reparto *m.* d'assalto. **Stoß|trupp|un|ter|neh|men** n. *(-s,-)* azione *f.* di un reparto d'assalto. **Stoß|ver|kehr** m. *(-s)* traffico *m.* delle, nelle ore di punta. **Stoß|waf|fe** f. *(-,-n)* arma *f.* da punta. **stoß|wei|se** avv. **1** a scatti, a singhiozzo, a intermittenza: ***~ sprechen*** parlare a scatti **2** *(in Stapeln)* a pile, a (*o* in) cataste. **Stoß|wel|le** f. *(-,-n)* onda *f.* d'urto. **Stoß|zahn** m. *(-[e],-zähne)* zanna *f.* **Stoß|zeit** f. *(-,-en)* ora *f.* di punta.

Stot|te|rei f. *(-,-en)* balbettio *m.* **Stot|te|rer** m. *(-s,-)* balbuziente *m.* **stot|te|rig** agg. balbuziente, balbettante. **Stot|te|rin** f. *(-,-nen)* balbuziente *f.* **stot|tern I** intr. (aus. *haben*) **1** balbettare: ***vor Aufregung ~*** balbettare per l'emozione **2** *(von Motoren)* scoppiettare **II** tr. ***eine Entschuldigung ~*** balbettare una scusa. **Stot|tern** n. *(-s)* balbettamento *m.*, balbuzie *f.* ◆ COLLOQ. ***auf ~*** a rate.

StPO ⇒ *Strafprozessordnung* codice di procedura penale (c.p.p., C.P.P.).

Str. ⇒ *Straße* via (v.).

stracks avv. **1** *(geradewegs)* dritto dritto, direttamente **2** *(sofort)* difilato, subito.

Stra|di|va|ri|gei|ge f. *(-,-n)* stradivari *m.*

Straf|ab|tei|lung f. *(-,-en)* MIL. compagnia *f.* di disciplina. **Straf|ak|ti|on** f. *(-,-en)* azione *f.* punitiva. **Straf|an|dro|hung** f. *(-,-en)* comminatoria *f.*, comminazione *f.* di una pena. **Straf|an|stalt** f. *(-,-en)* istituto *m.* di pena, penitenziario *m.* **Straf|an|trag** m. *(-[e]s, -anträge)* querela *f.*: ***~ gegen jdn stellen*** sporgere querela contro qcn.; ***einen ~ zurücknehmen, zurückziehen*** ritirare una querela. **Straf|an|zei|ge** f. *(-,-n)* denuncia *f.*: ***~ gegen jdn erstatten*** sporgere denuncia contro qcn. **Straf|auf|he|bung** f. *(-,-en)* annullamento *m.* della pena. **Straf|auf|he|bungs|grund** m. *(-[e]s,-gründe)* causa *f.* estintiva della pena. **Straf|auf|schub** m. *(-[e]s,-aufschübe)* sospensione *f.* della pena. **Straf|aus|set|zung** f. *(-,-en)*, **Straf|aus|stand** m. *(-[e]s)* sospensione *f.* della pena. **Straf|bank** f. *(-,-bänke)* SPORT panchina *f.* (come penalità, nell'hockey ecc.). **straf|bar** agg. **1** punibile, condannabile **2** DIR. passibile di pena, imputabile ◆ ***-e Handlung, Tat*** reato; ***sich ~ machen*** incorrere in un reato. **Straf|bar|keit** f. *(-)* **1** punibilità *f.* **2** DIR. imputabilità *f.* **Straf|be|fehl** m. *(-s,-e)* ordinanza *f.* penale. **Straf|be|fug|nis** f. *(-,-se)* potere *m.* repressivo. **Straf|be|scheid** m. *(-[e]s,-e)* ANT. → **Strafverfügung. straf|be|wehrt** agg. → **strafbar.**

Stra|fe f. *(-,-n)* **1a** punizione *f.*, castigo *m.*, DIR. pena *f.*: ***eine exemplarische, unverdiente ~*** una punizione esemplare, immeritata; ***eine harte, milde ~*** una punizione severa, lieve; ***körperliche ~*** punizione corporale; ***bei ~ von*** sotto pena di; ***jdm eine ~ androhen, auferlegen, verschärfen*** minacciare, infliggere, inasprire una punizione a qcn.; ***jdm eine ~ erlassen, nachsehen, aufschieben, aussetzen*** condonare, sospendere una pena a qcn.; ***über jdn eine ~ verhängen*** infliggere una pena a qcn.; ***etw. steht unter ~*** qcs. è passibile di pena; ***etw. unter ~ stellen*** prevedere una pena per qcs.; ***eine ~ vollstrecken*** eseguire una pena; ***zur ~*** per punizione **b** *(Freiheitsstrafe)* pena *f.*: ***eine ~ verbüßen, absitzen*** scontare una pena (in carcere); ***eine ~ antreten*** cominciare a scontare una pena **c** RELIG. ***die ewige ~*** la pena eterna **d** FIG. ***das ist ja eine ~ Gottes!*** è un castigo di Dio (*o* divino)! ***die gerechte ~ für deine Gutmütigkeit*** la giusta punizione per il tuo buon cuore **2** *(Geldbuße)* ammenda *f.*, multa *f.*, contravvenzione *f.*: ***eine ~ zahlen*** pagare una multa; ***zu schnelles Fahren kostet ~*** per l'eccesso di velocità è prevista un'ammenda.

Straf|ecke f. *(-,-n)* SPORT angolo *m.*

stra|fen tr. **1** punire: ***jdn für etw. ~*** punire qcn. per qcs.; ***jdn hart, schwer ~*** punire duramente qcn.; ***körperlich ~*** infliggere una pena corporale; ***mit Verachtung ~*** punire con disprezzo **2** *(züchtigen)* castigare **3** SPORT penalizzare ◆ ***jd ist mit jdm, etw. gestraft*** qcn., qcs. è una croce per qcn.; ***Gott strafe mich, wenn...*** Dio mi punisca se...; ANT. ***jdn an Leib und Leben ~*** punire qcn. con la morte; ***jdn Lügen ~*** smentire, sbugiardare qcn.; ***mit Worten ~*** redarguire, rimproverare. **stra|fend** p.pres. agg. **1** → **strafen 2** punitivo, che punisce ◆ ***-e Blicke, Worte*** sguardi, parole di rimprovero.

Straf|ent|las|se|ne m. e f. *(-n,-n)* ex-carcerato *m* (-a *f.*). **Straf|er|lass** m. *(-es,-e)* condono *f.* della pena. **straf|er|schwe|rend** agg. DIR. aggravante: ***-er Umstand*** circostanza aggravante. **straf|exer|zie|ren** intr. (aus. *haben*) esercitare punizioni. **Straf|ex|pe|di|ti|on** f. *(-,-en)* spedizione *f.* punitiva.

straff I agg. **1** (ben) teso, tirato: ***ein -es Seil, Gummiband*** una corda tesa, un elastico teso **2** *(fest)* sodo: ***eine -e Brust*** un seno sodo; ***eine -e Haut*** una pelle tesa **3** *(eng)* stretto, teso: ***ein -er Badeanzug*** un costume da bagno stretto **4a** FIG. *(streng)* rigido, severo: ***-e Disziplin*** rigida disciplina **b** *(energisch)* energico: ***-e Haltung*** atteggiamento energico; *(von der Körperhaltung)* portamento eretto **II** avv. **1** forte, fortemente: ***die Zügel ~ anziehen*** tirare forte le briglie; ***eine Schraube ~ anziehen*** stringere bene una vite **2** rigidamente, severamente: ***alles ist ~ geregelt*** tutto è regolato in modo rigido; ***jdn ~ anfassen*** trattare qcn. severamente ◆ ***zu ~ gespannt*** troppo teso; ***zu ~ sitzen*** essere troppo stretto; ***ein -er Stil*** uno stile conciso; ***~ ziehen*** tendere.

Straf|fall m. *(-[e]s,-fälle)* caso *m.* penale. **straf|fäl|lig** agg. passibile di pena, punibile. **Straf|fäl|lig|keit** f. *(-)* punibilità *f.*

straf|fen I tr. **1** tendere: ***ein Seil, die Gesichtshaut ~*** tendere una fune, la pelle del viso **2** *(zusammenfassen)* rendere stringato, conciso, condensare: ***einen Text ~*** rendere stringato un testo **3** *(rationalisieren)* rendere funzionale, razionalizzare: ***eine Organisation ~*** razionalizzare un'organizzazione **II** rifl. **sich ~** tendersi: ***seine Haltung straffte sich*** la sua postura si irrigidì; FIG. il suo atteggiamento si fece teso. **Straff|heit** f. *(-)* **1** tensione *f.* **2** *(Festigkeit)* sodezza *f.*, turgore *m.* **3** FIG. *(Strenge)* rigidità *f.*, severità *f.*

straf|frei I agg. impunito: ***~ ausgehen, davonkommen*** rimanere, uscirne impunito **II** avv. impunemente. **Straf|frei|heit** f. *(-)* impunità *f.* **Straf|ge|fan|ge|ne** m. e f. *(-n,-n)* detenuto *m.* (-a *f.*), carcerato *m.* (-a *f.*). **Straf|ge|richt** n. *(-[e]s,-e)* **1** tribunale *m.* penale **2** *(Bestrafung)* castigo *m.*, punizione *f.*: ***ein ~ über jdn abhalten*** infliggere una punizione a qcn.; ***ein ~ bricht über jdn herein*** un castigo ricade su qcn. **Straf|ge|richts|bar|keit** f. *(-)* giurisdizione *f.* penale.

Straf|ge|setz n. *(-es,-e)* legge *f.* penale. **Straf|ge|setz|buch** n. *(-[e]s,-bücher)* codice *m.* penale. **Straf|ge|setz|ge|bung** f. *(-)* legislazione *f.* penale.

Straf|ge|walt f. *(-)* autorità *f.* di punire; potere *m.* punitivo. **Straf|jus|tiz** f. *(-)* giustizia *f.* penale. **Straf|kam|mer** f. *(-,-n)* sezione *f.* penale (del tribunale). **Straf|ko|lo|nie** f. *(-,-n)* colonia *f.* penale. **Straf|kom|pa|nie** f. *(-,-n)* compagnia *f.* di disciplina.

sträf|lich I agg. imperdonabile: ***ein -er Leichtsinn*** un'imperdonabile leggerezza **II** avv. in modo imperdonabile: ***jdn, etw. ~ vernachlässigen*** trascurare imperdonabilmente qcn., qcs. **Sträf|ling** m. *(-s,-e)* SPREG. carcerato *m.*, galeotto *m.* ◆ ***wie ein ~ schuften*** sgobbare come un forzato. **Sträf|lings|an|zug** m. *(-[e]s,-anzüge)*, **Sträf|lings|klei|dung** f. (-) divisa *f.* da carcerato.

straf|los agg. → **straffrei. Straf|lo|sig|keit** f. *(-)* → **Straffreiheit. Straf|man|dat** n. *(-[e]s,-e)* **1** contravvenzione *f.*, multa *f.*: ***ein ~ für falsches Parken bekommen*** ricevere una contravvenzione per sosta vietata **2** → **Strafverfügung. Straf|maß** m. *(-es,-e)* misura *f.* della pena. **Straf|maß|nah|me** f. *(-,-n)* sanzione *f.*, provvedimento *m.* punitivo: ***-n ergreifen*** applicare sanzioni; ***wirtschaftliche -n*** sanzioni economiche. **straf|mil|dernd** agg. DIR. attenuante: ***-e Umstände*** circostanze attenuanti. **Straf|mil|de|rung** f. *(-,-en)* attenuazione *f.* della pena. **straf|mün|dig** agg. DIR. in età imputabile. **Straf|mün|dig|keit** f. *(-)* DIR. età *f.* imputabile. **Straf|nach|lass** m. *(-es,-e)* riduzione *f.* della pena. **Straf|por|to** n. *(-s,-s* e *-porti)* soprattassa *f.* (postale). **Straf|pre|digt** f. *(-,-en)* ramanzina *f.*: ***jdm eine ~ halten*** fare una ramanzina a qcn. **Straf|pro|zess** m. *(-es,-e)* processo *m.* penale. **Straf|pro|zess|ord|nung** f. *(-,-en)* procedura *f.* penale. **Straf|punkt** m. *(-[e]s,-e)* SPORT penalità *f.*, punto *m.* di penalizzazione. **Straf|rah|men** m. *(-s)* pena *f.* edittale. **Straf|raum** m. *(-[e]s,-räume)* SPORT area *f.* di rigore.

Straf|recht n. *(-[e]s)* diritto *m.* penale. **Straf|recht|ler** m. *(-s,-)* penalista *m.* **straf|recht|lich I** agg. (di diritto) penale: ***-e Verfolgung, Klage*** procedimento, azione penale **II** avv. penalmente: ***~ verfolgbar*** perseguibile penalmente; ***jdn ~ verfolgen*** perseguire penalmente qcn. ◆ ***sich ~ verantwortlich machen*** incorrere in responsabilità penali.

Straf|re|de f. *(-,-n)* → **Strafpredigt. Straf|re|gis|ter** n. *(-s,-)* casellario *m.* penale (*o* giudiziale). **Straf|rich|ter** m. *(-s,-)* giudice *m.* penale. **Straf|sa|che** f. *(-,-n)* causa *f.* penale. **Straf|se|nat** m. *(-[e]s,-e)* sezione *f.* penale. **Straf|stoß** m. *(-es,-stöße)* (calcio *m.* di) rigore *m.*: ***einen ~ verhängen (pfeifen), zusprechen*** fischiare, assegnare un calcio di punizione.

Straf|tat f. *(-,-en)* reato *m.*, delitto *m.*: ***eine ~ gegen die Person, gegen das Vermögen begehen*** commettere un reato contro la persona, contro la proprietà. **Straf|tat|be|stand** m. *(-[e]s,-bestände)* fattispecie *f.* legale del reato, figura *f.* legale del reato. **Straf|tä|ter** m. *(-s,-)* delinquente *m.*, DIR. reo *m.*

Straf|til|gung f. *(-,-en)* cancellazione *f.* della pena. **Straf|um|wand|lung** f. *(-,-en)* commutazione *f.* della pena. **Straf|ver|bü|ßung** f. *(-)* espiazione *f.* della condanna, della pena. **Straf|ver|fah|ren** n. *(-s,-)* procedimento *m.* (*o* procedura) penale: ***~ gegen Abwesende*** procedura in contumacia; ***ein ~ gegen jdn einleiten*** istituire un procedimento penale contro qcn. **Straf|ver|fol|gung** f. *(-,-en)* azione *f.* penale. **Straf|ver|fü|gung** f. *(-,-en)* decreto *m.* di condanna, ordinanza *f.* penale. **straf|ver|schär|fend** agg. aggravante: ***-e Umstände*** (circostanze) aggravanti. **Straf|ver|schär|fung** f. *(-,-en)* aggravamento *m.* della pena.

straf|ver|set|zen tr. (solo inf. e p.pass.) trasferire per motivi disciplinari. **Straf|ver|set|zung** f. *(-,-en)* trasferimento *m.* per motivi disciplinari. **Straf|voll|stre|ckung** f. *(-,-en)*, **Straf|voll|zug** m. *(-[e]s)* esecuzione *f.* della pena ◆ ***offener ~*** regime di semilibertà; ***bedingter ~*** condizionale. **Straf|voll|zugs|an|stalt** f. *(-,-en)* istituto *m.* di pena. **straf|wei|se** avv. per motivi disciplinari. **straf|wür|dig** agg. punibile, meritevole di pena. **Straf|zeit** f. *(-,-en)* **1** espulsione *f.* a tempo **2a** EQUIT. penalità *f.* (sul tempo) **b** *(Eishockey)* penalità. **Straf|zet|tel** m. *(-s,-)* COLLOQ. multa *f.*

Stra|gu|la® ['ʃt-, 'st-] n. *(-s)* linoleum *m.*

Strahl m. *(-[e]s,-en)* **1a** raggio *m.*: ***kosmische, infrarote, ultraviolette -en*** raggi cosmici, infrarossi, ultravioletti; ***die -en des Mondes*** i raggi della luna; ***ein einfallender ~*** un raggio incidente; ***ein ~ fällt durch die Bäume, durch das Schlüsselloch*** un raggio filtra fra gli alberi, attraverso il buco della serratura; ***ein ~ fällt auf etw. (A)*** un raggio (di luce) cade su qcs.; ***-en aussenden (abgeben), abschirmen*** emettere, trattenere raggi **b** pl. *(Strahlung)* radiazioni *f.pl.*: ***radioaktive -en*** radiazioni radioattive **c** FIG. ***ein ~ der Hoffnung*** un raggio di speranza; ***ein ~ der Freude*** un barlume di gioia **2** *(von Flüssigkeiten)* getto *m.*, zampillo *m.*: ***ein dünner, kräftiger ~ Wasser*** un getto d'acqua debole, potente **3** LETT. *(Blitz)* folgore *f.*; strale *m.* **4** MAT. semiretta *f.*

Strahl|an|trieb m. *(-[e]s,-e)* propulsione *f.* a reazione.

Strah|le|mann m. *(-[e]s,-männer)* COLLOQ. SCHERZ. = persona *f.* sempre allegra e ottimista.

strah|len I intr. (aus. *haben*) **1** (ri)splendere; *(glänzen)* brillare; LETT. raggiare: ***die Sonne strahlt am Himmel*** il sole splende nel cielo; ***der Diamant strahlte*** il diamante brillava **2** *(Strahlen aussenden)* emanare raggi, radiazioni: ***radioaktive Stoffe ~*** i materiali radioattivi emanano radiazioni **3** FIG. *(glücklich aussehen)* essere raggiante, illuminarsi: ***vor Freude ~*** essere raggiante di gioia; ***über das ganze Gesicht, über beide Backen, von einem Ohr zum anderen ~*** illuminarsi in volto **II** tr. irradiare, emanare: ***Wärme ~*** irradiare calore; FIG. ***Ruhe, Glück ~*** emanare pace (*o* tranquillità), essere raggiante di felicità.

Strah|len|be|hand|lung f. *(-,-en)* radioterapia *f.* **Strah|len|be|las|tung** f. *(-,-en)* esposizione *f.* alle radiazioni. **Strah|len|bi|o|lo|gie** f. *(-)* radiobiologia *f.* **Strah|len|bün|del, Strah|len|bü|schel** n. *(-s,-)* **1** fascio *m.* di raggi (luminosi) **2** MAT. fascio *m.* di rette. **Strah|len|che|mie** f. *(-)* chimica *f.* delle radiazioni.

strah|lend I p.pres. agg. **1** → **strahlen 2a** splendente **b** *(sehr schön)* splendido, radioso: ***-es Wetter*** tempo splendido; ***eine -e Schönheit*** una bellezza radiosa; ***ein -er Tag*** una giornata radiosa **3** *(freudig aussehend)* raggiante, esultante **II** avv. ***jdn ~ ansehen*** guardare qcn. con occhi raggianti.

Strah|len|do|sis f. *(-,-dosen)* dose *f.* di radiazioni. **strah|len|för|mig** agg. disposto a raggiera, raggiato. **Strah|len|krank|heit** f. *(-,-en)* malattia *f.* da radiazioni. **Strah|len|kun|de** f. *(-)* radiologia *f.* **Strah|len|pilz** m. *(-es,-e)* actinomicete *m.* **Strah|len|quel|le** f. *(-,-n)* sorgente *f.* di radiazioni. **Strah|len|scha|den** m. *(-s,-schäden)*, **Strah|len|schä|di|gung** f. *(-,-en)* **1** FIS. danno *m.* da radiazioni **2** MED. lesione *f.* da radiazioni. **Strah|len|schutz** m. *(-es)* protezione *f.* contro le radiazioni. **strah|len|si|cher** agg. a prova di radiazioni. **Strah|len|the|ra|peut** m. *(-en,-en)* radioterapista *m.* **Strah|len|the|ra|pie** f. *(-)* radioterapia *f.* **Strah|len|tier|chen** n. *(-s,-)* radiolario *m.* **strah|len|ver|seucht** agg. contaminato da radiazioni.

Strah|ler m. *(-s,-)* **1** FIS. radiatore *m.* **2** *(Infrarotstrahler)* apparecchiatura *f.* a raggi infrarossi **3** *(Heizstrahler)* radiatore *m.*

Strahl|flug|zeug n. *(-[e]s,-e)* aereo *m.* a reazione, aviogetto *m.* **strah|lig** agg. a raggiera. **Strahl|kraft** f. *(-)* FIG. influsso *m.*, influenza *f.* **Strahl|pum|pe** f. *(-,-n)* pompa *f.* a getto. **Strahl|rohr** n. *(-[e]s,-e)* lancia *f.* (di un tubo di gomma). **Strahl|trieb|werk** n. *(-[e]s,-e)* motore *m.* a getto, reattore *m.* **Strahl|tur|bi|ne** f. *(-,-n)* turbogetto *m.*, turboreattore *m.*

Strah|lung f. *(-,-en)* **1** FIS. irradiazione *f.*, irraggiamento *m.* **2** radiazione *f.*: ***radioaktive -en*** radiazioni radioattive. **Strah|lungs|ener|gie** f. *(-)* FIS. energia *f.* raggiante. **Strah|lungs|gür|tel** m. *(-s)* fascia *f.* di radiazioni. **Strah|lungs|hei|zung** f. *(-,-en)* riscaldamento *m.* a pannelli radianti. **strah|lungs|si|cher** agg. a prova di radiazioni, antiradiazioni. **Strah|lungs|tem|pe|ra|tur** f. *(-,-en)* temperatura *f.* radiante. **Strah|lungs|wär|me** f. *(-)* calore *m.* radiante.

Sträh|ne f. *(-,-n)* **1** *(Haare)* ciocca *f.*: ***graue -n haben*** avere delle ciocche di capelli grigi; ***jdm fällt eine ~ in die Stirn*** una ciocca (di capelli) cade sulla fronte a qcn. **2** serie *f.*, sequenza *f.*; *(Phase)* momento *m.*, periodo *m.*: ***eine gute, glückliche ~ haben*** avere (*o* attraversare) un momento buono, un periodo felice **3** *(Knäuel, Strang)* matassa *f.* **sträh|nig** agg. **1** a ciocche **2** *(von Garn)* in matasse.

Stra|min m. *(-s,-e)* TESS. canovaccio *m.* **Stra|min|de|cke** f. *(-,-n)* tovaglia *f.* ricamata (su canovaccio).

stramm I agg. **1** teso, tirato **2** *(kräftig)* vigoroso, forte, robusto: ***-e Waden*** polpacci robusti **3a** *(energisch)* risoluto, energico: ***-e Haltung*** atteggiamento risoluto **b** *(streng)* rigoroso, rigido: ***eine -e Disziplin*** una disciplina rigorosa **4** COLLOQ. *(unbeirrt)* intransigente: ***ein -er Katholik, Marxist*** un cattolico, un marxista intransigente **II** avv. **1** in modo energico: ***~ marschieren*** camminare con passo energico, trottare **2** ***~ arbeiten*** lavorare sodo ◆ ***die Hosen sitzen zu ~*** i pantaloni sono troppo attillati; ***~ ziehen*** stringere, tirare.

Stramm|heit f. *(-)* **1** il tenere teso, tirato **2** vigore *m.*, energia *f.* **3** *(Entschiedenheit)* risolutezza *f.* **4** *(Strenge)* rigore *m.* **stramm_ste|hen** intr. *(stand, gestanden;* aus. *haben)* stare sull'attenti (anche FIG.).

Stram|pel|an|zug m. *(-[e]s,-anzüge)* tutina *f.* (per bambini). **Stram|pel|hös|chen** n. *(-s,-)*, **Stram|pel|ho|se** f. *(-,-n)* pagliaccetto *m.* (per bambini). **stram|peln** intr. **1** (aus. *haben*) sgambettare **2** COLLOQ. (aus. *sein*) ***jeden Tag 10 km ~*** fare 10 km al giorno in bicicletta **3** COLLOQ. FIG. (aus. *haben*) darsi da fare. **Stram|pel|sack** m. *(-[e]s,-säcke)* pagliaccetto *m.* (per bambini). **Stramp|ler** m. *(-s,-)* **1** → **Strampelanzug 2** → **Strampelhose.**

Strand m. *(-[e]s, Strände)* spiaggia *f.*: ***ein breiter, steiniger, sandiger ~*** una spiaggia ampia, sassosa, sabbiosa; ***an den, zum ~ gehen*** andare in (*o* alla) spiaggia; ***am ~ liegen*** stare steso (*o* sdraiato) sulla, in spiaggia; *(von Booten)* essere in secco sulla spiaggia; ***auf (den) ~ laufen, geraten*** arenarsi sulla spiaggia ◆ MAR. ***ein Schiff auf (den) ~ setzen*** tirare in secco una nave. **Strand|an|zug** m. *(-[e]s,-anzüge)* abito *m.* da spiaggia. **Strand|bad** n. *(-[e]s,-bäder)* stabilimento *m.* balneare. **Strand|bin|se** f. *(-,-n)* giunco *m.* marittimo. **Strand|burg** f. *(-,-en)* castello *m.* di sabbia. **Strand|ca|fé** n. *(-s,-s)* bar *m.* della spiaggia.

stran|den intr. (aus. *sein*) **1** restare in secco, arenarsi **2** FIG. *(scheitern)* fallire: ***mit, in etw. ~*** fallire in qcs. **3** *(landen)* ***schließlich ist er in Amerika gestrandet*** è andato a finire in America.

Strand|floh m. *(-[e]s,-flöhe)* pulce *f.* di mare. **Strand|gers|te** f. *(-)* orzo *m.* selvatico. **Strand|gut** n. *(-[e]s)* relitti *m.pl.* (gettati dal mare sulla spiaggia). **Strand|ha|fer** m. *(-s)* ammofila *f.*, sparto *m.* pungente. **Strand|hau|bit|ze**, ***blau, voll wie eine ~ sein*** essere ubriaco fradicio. **Strand|ho|tel** n. *(-s,-s)* albergo *m.* (*o* hotel *m.*) sul mare. **Strand|kie|fer** f. *(-,-n)* pino *m.* marittimo. **Strand|korb** m. *(-[e]s,-körbe)* poltrona *f.* da spiaggia (di vimini). **Strand|krab|be** f. *(-,-n)* granchio *m.* ripario. **Strand|läu|fer** m. *(-s,-)* gambecchio *m.* **Strand|le|ben** n. *(-s)* vita *f.* di spiaggia (*o* di mare). **Strand|li|nie** f. *(-,-n)* linea *f.* di costa. **Strand|nel|ke** f. *(-,-n)* limonio *m.* **Strand|pro|me|na|de** f. *(-,-n)* lungomare *m.* **Strand|schne|cke** f. *(-,-n)* ZOOL. littorina *f.* **Strand|tuch** n. *(-[e]s,-tücher)* telo *m.* (da) mare.

Stran|dung f. *(-,-en)* arenamento *m.*

Strang m. *(-[e]s, Stränge)* **1** corda *f.*, fune *f.* **2** *(Teil des Zuggeschirrs)* tirella *f.* **3** *(Docke)* matassa *f.*: ***ein ~ Garn*** una matassa di filo **4** ANAT. fascio *m.*: ***ein ~ Nerven*** un fascio di nervi **5** TECN. tratto *m.*: ***ein ~ der Wasserleitung*** un tratto della conduttura dell'acqua; ***ein ~ der U-Bahn*** un tratto di metropolitana **6** trama *f.*: ***der ~ einer Handlung*** la trama di un'azione ◆ ***über die Stränge hauen*** fare delle scappatelle; ***wenn alle Stränge reißen*** nella peggiore delle ipotesi, alla peggio, in caso estremo; ***über die Stränge schlagen*** → ***über die Stränge hauen; toter ~*** binario morto; ***an einem, am gleichen, an demselben ~ ziehen*** = mirare al medesimo scopo; ***jdn zum Tode durch den ~ verurteilen*** condannare qcn. al capestro.

Strang|pres|sen n. *(-s)* TECN. estrusione *f.*

Stran|gu|la|ti|on f. *(-,-en)* strangolamento *m.* (anche MED.). **stran|gu|lie|ren** tr. strangolare. **Stran|gu|lie|rung** f. *(-,-en)* → **Strangulation.**

Strang|u|rie [ʃt-, st-] f. *(-,-n)* stranguria *f.*

Stra|pa|ze f. *(-,-n)* fatica *f.*, strapazzo *m.*: ***etw. ist eine große ~*** qcs. è una grande fatica (*o* è uno strapazzo); ***-n aushalten, durchmachen, überstehen*** sostenere, affrontare, superare fatiche; ***sich von den -n erholen*** rimettersi dalla fatica; ***es ist eine ~...*** è una fatica...; ***mit -n verbunden sein*** costare fatica. **stra|pa|zier|bar** agg. resistente: ***-e Kleidung*** vestiti resistenti. **Stra|pa|zier|bar|keit** f. *(-)* robustezza *f.* **stra|pa|zie|ren I** tr. **1** strapazzare, maltrattare: ***ein Kleid, die Möbel ~*** strapazzare un vestito, maltrattare i mobili **2** *(anstrengen)* strapazzare, affaticare: ***die Wanderung hat uns strapaziert*** la camminata ci ha affaticato **3** FIG. logorare: ***jds Nerven ~*** logorare i nervi di qcn. **4** *(beanspruchen)* sciupare, rovinare: ***der kalte Wind strapaziert die Haut*** il vento freddo sciupa la pelle **II** rifl. **sich ~** strapazzarsi, affaticarsi. **stra|pa|zier|fä|hig** agg. resistente (al logorio), robusto: ***ein -er Stoff*** una stoffa resistente. **Stra|pa|zier|fä|hig|keit** f. *(-)* robustezza *f.* **Stra|pa|zier|ho|se** f. *(-,-n)* pantaloni *m.pl.* da fatica, da strapazzo. **Stra|pa|zier|schuh** m. *(-[e]s,-e)* scarpa *f.* da strapazzo. **stra|pa|ziert** p.pass. agg. **1** → **strapazieren 2** ***-e Wörter, Wendungen*** parole, locuzioni trite (e ritrite) **3** ***-e Haare*** capelli fragili, trattati. **stra|pa|zi|ös** agg. che strapazza, faticoso.

Straps [ʃt-, st-] m. *(- e -es,-e)* **1** giarrettiera *f.* **2** *(Strumpfhaltergürtel)* reggicalze *m.*

Strass m. *(-es,-e)* strass *m.*

straß|ab avv. → **straßauf. straß|auf**, ***~ und straßab (~, straßab)*** su e giù per le strade.

Straß|burg n.pr.n. *(-s)* Strasburgo *f.* **Straß|bur|ger I** m. *(-s,-)* abitante *m.* di Strasburgo, strasburghese *m.* **II** agg.inv. strasburgese, di Strasburgo. **straß|bur|gisch** agg. strasburghese, di Strasburgo.

Sträß|chen n. *(-s,-)* stradina *f.*, stradetta *f.*; *(in Städten)* viuzza *f.*

Stra|ße f. *(-,-n)* **1** strada *f.*; *(in Städten)* via *f.*: ***eine enge (schmale), breite, kurvenreiche ~*** una strada stretta, ampia, tortuosa; ***die ~ führt nach Bonn, zur Schule*** questa strada porta (*o* va *o* conduce) a Bonn, a scuola; ***eine ~ überqueren, sperren*** attraversare, sbarrare una strada; ***in eine ~ einbiegen*** imboccare una strada; ***die ~ von Koblenz nach Köln*** la strada da Coblenza e Colonia; ***die ~ ist frei, menschenleer, belebt, verstopft*** la strada è libera, deserta, animata, intasata; ***das Zimmer geht auf die, zur ~*** la camera dà sulla strada; ***in einer ~ wohnen*** abitare in una via; ***durch die -n schlendern*** gironzolare per le strade; ***auf der ~ spielen*** giocare in, per strada; ***bei Rot über die ~ gehen*** attraversare col rosso; ***~ und Hausnummer*** via e numero (civico); ***an einer ~ liegen*** trovarsi (*o* essere situato) su, lungo una strada; FIG. ***auf der ~ des Erfolgs*** sulla via del successo **2** *(Meerenge)* stretto *m.*: ***die ~ von Messina*** lo stretto di Messina ◆ ***auf der ~*** in (*o* per) strada; ***auf offener ~*** in mezzo alla strada; ***auf der ~ liegen, sitzen stehen*** essere in mezzo alla strada; ***jdn auf die ~ setzen, werfen*** mettere qcn. alla porta; *(entlassen)* mettere (*o* lasciare) qcn. in mezzo alla strada; ***Geld auf die ~ werfen*** buttare i soldi dalla finestra; ***jdn von der ~ auflesen*** raccogliere qcn. dalla strada; ***auf die ~ gehen*** scendere in piazza; *(Straßendirne werden)* battere il marciapiede; ***jdn von der ~ holen*** togliere qcn. dalla strada; ***ein Junge von der ~*** un ragazzo di strada; ***ein Mädchen von der ~*** una donna di strada; ***der Mann von der ~*** l'uomo della strada; ***jdn auf die ~ schicken*** mandare qcn. sul marciapiede; ***Verkauf über die ~*** servizio a domicilio; ***von der ~ weg genommen, engagiert werden*** essere preso dalla strada.

Stra|ßen|an|zug m. *(-[e]s,-anzüge)* abito *m.* di tutti i giorni.

Stra|ßen|ar|bei|ten pl. lavori *m.pl.* stradali. **Stra|ßen|ar|bei|ter** m. *(-s,-)* stradino *m.*

Stra|ßen|bahn f. *(-,-en)* tram *m.*: ***die ~ nehmen*** prendere il tram; ***mit der ~ fahren*** andare in, col tram. **Stra|ßen|bahn|li|nie** f. *(-,-n)* linea *f.* del tram. **Stra|ßen|bah|ner** m. *(-s,-)* COLLOQ. tranviere *m.* **Stra|ßen|bahn|fah|rer** m. *(-s,-)* **1** *(Führer)* tranviere *m.* **2** chi viaggia in tram, chi prende il tram. **Stra|ßen|bahn|hal|te|stel|le** f. *(-,-n)* fermata *f.* del tram. **Stra|ßen|bahn|schaff|ner** m. *(-s,-)*

bigliettaio *m.* (sul tram). **Stra|ßen|bahn|wa|gen** m. *(-s,-)* vettura *f.* tranviaria.

Stra|ßen|ban|kett n. *(-[e]s,-e)* banchina *f.* (stradale). **Stra|ßen|bau** m. *(-[e]s)* costruzione *f.* di, delle strade: ***beim, im ~ arbeiten*** lavorare alle costruzioni stradali. **Stra|ßen|be|kannt|schaft** f. *(-,-en)* persona *f.* conosciuta per strada. **Stra|ßen|be|lag** m. *(-[e]s, -beläge)* manto *m.* stradale. **Stra|ßen|be|leuch|tung** f. *(-)* illuminazione *f.* stradale. **Stra|ßen|be|nut|zungs|ge|bühr** f. *(-,-en)* → **Straßenzoll. Stra|ßen|bö|schung** f. *(-,-en)* scarpata *f.* della strada. **Stra|ßen|ca|fé** n. *(-s,-s)* caffé *m.* (*o* bar *m.*) con dehors. **Stra|ßen|damm** m. *(-[e]s,-dämme)* carreggiata *f.* **Stra|ßen|de|cke** f. *(-,-n)* manto *m.* stradale. **Stra|ßen|de|monst|ra|ti|on** f. *(-,-en)* dimostrazione *f.* (*o* manifestazione *f.*) di piazza. **Stra|ßen|dorf** n. *(-[e]s,-dörfer)* paese *m.*, villaggio *m.* (che si sviluppa lungo una strada). **Stra|ßen|ecke** f. *(-,-n)* angolo *m.* di una, della strada. **Stra|ßen|fah|rer** m. *(-s,-)* SPORT corridore *m.* su strada, stradista *m.* **Stra|ßen|fe|ger** m. *(-s,-)* **1** REGION. spazzino *m.*, netturbino *m.* **2** COLLOQ. = trasmissione *f.* (televisiva) che spopola. **Stra|ßen|fest** n. *(-[e]s,-e)* festa *f.* (all'aperto) del quartiere. **Stra|ßen|füh|rung** f. *(-,-en)* tracciato *m.* di una, della strada. **Stra|ßen|ga|be|lung** f. *(-,-en)* bivio *m.* **Stra|ßen|glät|te** f. *(-)* fondo *m.* scivoloso ◆ ***Achtung, ~!*** attenzione, strada sdrucciolevole. **Stra|ßen|gra|ben** m. *(-s,-gräben)* fosso *m.* (a lato della strada): ***im ~ landen*** finire in un fosso. **Stra|ßen|haf|tung** f. *(-)* AUT. aderenza *f.*: ***die ~ der Reifen*** l'aderenza delle ruote.

Stra|ßen|han|del m. *(-s)* commercio *m.* ambulante. **Stra|ßen|händ|ler** m. *(-s,-)* (venditore *m.*) ambulante *m.*

Stra|ßen|jun|ge m. *(-n,-n)* ragazzo *m.* di strada. **Stra|ßen|kampf** m. *(-[e]s,-kämpfe)* scontro *m.* di piazza. **Stra|ßen|kar|te** f. *(-,-n)* carta *f.* stradale. **Stra|ßen|keh|rer** m. *(-s,-)* REGION. → **Straßenfeger. Stra|ßen|kind** n. *(-[e]s,-er)* bambino *m.* di strada, monello *m.* **Stra|ßen|kö|ter** m. *(-s,-)* SPREG. cagnaccio *m.* randagio. **Stra|ßen|kreu|zer** m. *(-s,-)* COLLOQ. macchinone *m.* **Stra|ßen|kreu|zung** f. *(-,-en)* incrocio *m.* **Stra|ßen|la|ge** f. *(-)* tenuta *f.* di strada: ***eine gute ~ bei Nässe haben*** avere una buona tenuta (di strada) sul bagnato. **Stra|ßen|lärm** m. *(-s)* rumore *m.* della strada. **Stra|ßen|la|ter|ne** f. *(-,-n)* lampione *m.* **Stra|ßen|mäd|chen** n. *(-s,-)* donna *f.* di strada. **Stra|ßen|mu|si|kant** m. *(-en, -en)* suonatore *m.* girovago. **Stra|ßen|netz** n. *(-es,-e)* rete *f.* stradale. **Stra|ßen|pflas|ter** n. *(-s,-)* selciato *m.* **Stra|ßen|rand** m. *(-[e]s,-ränder)* margine *m.*, ciglio *m.* della strada.

Stra|ßen|raub m. *(-[e]s)* brigantaggio *m.* **Stra|ßen|räu|ber** m. *(-s,-)* brigante *m.*, grassatore *m.*

Stra|ßen|rei|ni|gung f. *(-,-en)* **1** pulizia *f.* delle strade **2** *(Dienststelle)* nettezza *f.* urbana. **Stra|ßen|ren|nen** n. *(-s,-)* corsa *f.* su strada. **Stra|ßen|rol|ler** m. *(-s,-)* *(Tieflader für Eisenbahnwaggons)* coccodrillo *m.* **Stra|ßen|samm|lung** f. *(-,-en)* raccolta *f.*, colletta *f.* in strada. **Stra|ßen|sän|ger** m. *(-s,-)* cantante *m.* girovago. **Stra|ßen|schild** n. *(-[e]s,-er)* targa *f.* stradale. **Stra|ßen|schlacht** f. *(-,-en)* scontri *m.pl.* di piazza. **Stra|ßen|schuh** m. *(-[e]s,-e)* scarpa *f.* di tutti i giorni. **Stra|ßen|sei|te** f. *(-,-n)* **1** lato *m.* di una, della strada **2** *(von Gebäuden)* lato *m.* della (*o* che dà sulla) strada: ***das Büro liegt auf der ~*** l'ufficio dà sulla strada. **Stra|ßen|sig|nal** n. *(-s,-e)* SVIZZ. segnale *m.* stradale. **Stra|ßen|sper|re** f. *(-,-n)* barricata *f.*: ***eine ~ errichten*** erigere una barricata. **Stra|ßen|the|a|ter** n. *(-s,-)* teatro *m.* di strada. **Stra|ßen|trans|port** m. *(-[e]s,-e)* trasporto *m.* stradale (*o* su strada). **Stra|ßen|tun|nel** m. *(-s,-)* tunnel *m.* (*o* traforo *m.*) stradale. **Stra|ßen|über|füh|rung** f. *(-,-en)* cavalcavia *m.* **Stra|ßen|über|gang** m. *(-[e]s,-übergänge)* cavalcavia *m.* (*o* sovrappasso *m.*) pedonale. **Stra|ßen|un|ter|füh|rung** f. *(-,-en)* sottopassaggio *m.*, sottopasso *m.* **Stra|ßen|ver|bin|dung** f. *(-,-en)* comunicazione *f.* (*o* collegamento *m.*) su strada. **Stra|ßen|ver|kauf** m. *(-[e]s,-verkäufe)* **1** servizio *m.* a domicilio **2** → **Straßenhandel.**

Stra|ßen|ver|kehr m. *(-s)* traffico *m.* (*o* circolazione *f.*) stradale. **Stra|ßen|ver|kehrs|ord|nung** f. *(-,-en)* regolamento *m.* stradale, codice *m.* stradale (*o* della strada). **Stra|ßen|ver|kehrs-Zu|las|sungs-Ord|nung** f. *(-)* norme *f.pl.* riguardanti l'ammissione alla circolazione dei veicoli.

Stra|ßen|ver|zeich|nis n. *(-ses,-se)* stradario *m.* **Stra|ßen|wacht** f. *(-)* soccorso *m.* stradale. **Stra|ßen|wal|ze** f. *(-,-n)* compressore *m.* stradale. **Stra|ßen|zoll** m. *(-[e]s,-zölle)* pedaggio *m.* **Stra|ßen|zu|stand** m. *(-[e]s)* condizione *f.* delle strade, viabilità *f.* **Stra|ßen|zu|stands|be|richt** m. *(-[e]s,-e)* bollettino *m.* delle strade.

Stra|ße-Schie|ne-Ver|kehr m. *(-s)* trasporti *m.pl.* multimodali (*o* intermodali).

Stra|te|ge m. *(-n,-n)* stratega *m.* **Stra|te|gie** f. *(-,-n)* strategia *f.*: ***eine ~ ausarbeiten, anwenden*** adottare una strategia; ***sich auf eine ~ festlegen*** attenersi a una strategia. **stra|te|gisch I** agg. strategico **II** avv. strategicamente.

Stra|ti|fi|ka|ti|on f. *(-,-en)* AGR. GEOL. stratificazione *f.* **Stra|ti|gra|phie** f. *(-)* ARCHEOL. MED. stratigrafia *f.*

Stra|to|sphä|re f. *(-)* METEOR. stratosfera *f.* **stra|to|sphä|risch** agg. METEOR. stratosferico. **Stra|tus** m. *(-, Strati)*, **Stra|tus|wol|ke** f. *(-,-n)* METEOR. strato *m.*

sträu|ben I tr. (d)rizzare, arruffare: ***das Fell, Gefieder ~*** arruffare il pelo, drizzare le penne **II** rifl. **sich ~ 1a** (d)rizzare, arruffarsi **b** ***jdm ~ sich die Haare vor Angst*** a qcn. si rizzano i capelli (in testa) dalla paura **2** FIG. *(sich widersetzen)* ***sich gegen etw. ~*** opporsi, fare resistenza a qcs.; ***sich ~, einen Befehl auszuführen*** rifiutarsi di eseguire un ordine; ***sich mit Händen und Füßen ~*** opporsi con tutte le proprie forze ◆ FIG. ***die Feder sträubt sich, so etwas zu schreiben*** = mi rifiuto di scrivere cose simili. **Sträu|ben** n. *(-s)* **1** il (d)rizzare, arruffamento *m.* **2a** FIG. resistenza *f.*, opposizione *f.*: ***da hilft kein ~*** non serve resistere, opporsi **b** *(Weigerung)* rifiuto *m.*

Strauch m. *(-[e]s, Sträucher)* arbusto *m.*, BOT. frutice *m.*; *(Busch)* cespuglio *m.* **strauch|ar|tig** agg. arbustivo, arbustaceo.

strau|cheln intr. (aus. *sein*) **1** incespicare, inciampare: ***über einen Stein ~*** inciampare in un sasso **2a** FIG. *(scheitern)* mettere un piede in fallo, fallire **b** *(auf die schiefe Bahn geraten)* mettersi sulla cattiva strada, traviarsi.

strau|chig agg. **1** arbustaceo, arbustivo, cespuglioso: ***eine -e Pflanze*** una pianta arbustiva **2** *(mit Sträuchern bestanden)* ricoperto (*o* costituito) da arbusti.

Strauch|werk n. *(-[e]s)* cespugli *m.pl.*, arbusti *m.pl.*

1.Strauß m. *(-es, Sträuße)* mazzo *m.* (di fiori): ***ein ~ rote(r) Rosen*** un mazzo di rose rosse.

2.Strauß m. *(-es,-e)* ORNIT. struzzo *m.*

3.Strauß m. *(-es, Sträuße)* ANT. **1** *(Kampf)* certame *m.*, cimento *m.* **2** *(Auseinandersetzung)* diverbio *f.*: ***mit jdm einen ~ ausfechten, austragen*** avere un diverbio con qcn.

Sträuß|chen n. *(-s,-)* mazzolino *m.*

Strau|ßen|ei n. *(-[e]s,-er)* uovo *m.* di struzzo. **Strau|ßen|fe|der** f. *(-,-n)* piuma *f.* di struzzo.

Streb m. *(-[e]s,-e)* MIN. fronte *f.* di avanzamento.

Stre|be f. *(-,-n)* **1** puntello *m.*, sostegno *m.* (diagonale) **2** EDIL. saetta *f.*, saettone *m.*, puntone *m.* (diagonale). **Stre|be|bo|gen** m. *(-s-)* ARCH. arco *m.* rampante.

stre|ben intr. **1a** (aus. *sein*) andare (deciso, dritto), dirigersi (verso): ***nach Hause, zum Ausgang ~*** andare dritto a casa, dirigersi verso l'uscita **b** LETT. ***der Fluss strebt zum Meer*** il fiume si dirige verso il mare **2** *(trachten;* aus. *haben)* ***nach etw. ~*** tendere verso qcs., aspirare a qcs., ambire (a) qcs.: ***nach einem Amt, Ziel ~*** aspirare a una carica, tendere verso una meta; ***nach Ruhm, Geld, Erfolg, Macht ~*** ambire alla gloria, al denaro, aspirare al successo, al potere; ***in die Höhe, zum Himmel ~*** tendere verso l'alto (*o* innalzarsi), levarsi al cielo. **Stre|ben** n. *(-s)* **1** aspirazione *f.*; *(Begehren)* desiderio *m.*; *(Suche)* ricerca *f.*: ***das ~ nach Reichtum*** l'aspirazione alla ricchezza **2** *(Bemühen)* sforzo *m.*: ***sein ganzes ~ auf etw. (A) richten*** volgere tutti i propri sforzi a (*o* verso) qcs.

Stre|be|pfei|ler m. *(-s,-)* ARCH. contrafforte *m.*, sperone *m.*

Stre|ber m. *(-s,-)* SPREG. **1** ambizioso *m.*, arrivista *m.* **2** *(in der Schule)* secchione *m.*, sgobbone *m.* **Stre|be|rei** f. *(-,-en)* SPREG. ambizione *f.* (sfrenata), arrivismo *m.* **stre|ber|haft, stre|be|risch** agg. molto ambizioso, da arrivista. **Stre|ber|tum** n. *(-s)* ambizione *f.* sfrenata, arrivismo *m.*

Stre|be|werk n. *(-[e]s,-e)* ARCH. contrafforti *m.pl.*

streb|sam agg. zelante, solerte; *(in der Schule)* diligente, volenteroso. **Streb|sam|keit** f. *(-)* zelo *m.*, solerzia *f.*; *(in der Schule)* diligenza *f.*

Stre|bun|gen pl. aspirazioni *f.pl.*, ambizioni *f.pl.*

streck|bar agg. **1** estensibile, allungabile **2** *(von Metallen)* malleabile. **Streck|bett** n. *(-[e]s,-en)* MED. letto *m.* ortopedico.

Stre|cke f. *(-,-n)* **1a** tragitto *m.*, percorso *m.*: ***eine große ~ fahren, gehen*** fare un lungo percorso, percorrere un lungo tragitto; ***die ~ einer Eisenbahn-, Straßenbahnlinie*** il percorso di una linea ferroviaria, tranviaria **b** SPORT percorso *m.*, tracciato *m.*: ***die ~ eines Radrennens, einer Abfahrt*** il percorso di una gara ciclistica, il tracciato di una discesa; ***auf die ~ gehen*** iniziare la corsa, partire; ***die Läufer sind noch auf der ~*** i corridori sono ancora lungo il tracciato **c** *(Weg)* strada *f.*, tragitto *m.*: ***die ~ bis zur Stadt ist ziemlich kurz*** il tragitto per arrivare in città è piuttosto breve **2a** *(Wegstück)* tratto *m.*, COLLOQ. pezzo *m.* (di strada); ***jdn eine ~ (Weges) begleiten*** accompagnare qualcuno per un tratto di strada; ***es ist eine beträchtliche ~ bis dorthin*** c'è un bel pezzo (di strada) fino a là **b** *(Abschnitt)* tratto *m.*, linea *f.*: ***die ~ Hamburg-Hannover*** il tratto

Amburgo-Hannover; FERR. **auf der ~ arbeiten** lavorare sulla linea **c** *(Gleisabschnitt)* tronco *m.* ferroviario, tratto *m.* **3** *(Entfernung)* distanza *f.*: SPORT **er läuft nur die kurzen -n** corre solo le brevi distanze **4** *(Route)* rotta *f.*: **eine bestimmte ~ fliegen** seguire una certa rotta (in volo) **5** GEOM. segmento *m.* **6** MIN. galleria *f.* laterale **7** VENAT. *(Beute)* preda *f.* ◆ FIG. **auf der ~ bleiben** perdersi per strada, arenarsi, fallire; **jdn, ein Tier zur ~ bringen** prendere, catturare qcn., un animale; *(töten)* uccidere qcn., un animale; FERR. **auf freier, offener ~ halten** fermarsi fuori dalla stazione; **über weite -n (des Landes)** in ampie zone (della regione); FIG. **der Roman ist über weite, einige -n langweilig** il romanzo per ampi tratti, a tratti è noioso.

stre|cken I tr. **1a** (di)stendere, allungare, tendere: **die Arme ~** stendere le braccia **b** *(ausstrecken)* stirare: **sie gähnte und streckte die Arme** sbadigliò e stirò le braccia **2a** *(recken)* allungare: **die Beine unter den Tisch ~** stendere le gambe sotto il tavolo; **den Hals ~, um besser zu sehen** allungare il collo per vedere meglio **b** *(nach außen, vorn)* sporgere: **den Kopf aus dem Fenster ~** sporgere la testa dalla finestra **3a** GASTR. allungare: **etw. mit Wasser ~** allungare qcs. con l'acqua **b** *(Rauschgift)* tagliare: **Heroin mit Strychnin ~** tagliare l'eroina con la stricnina **4** *(breiter, weiter machen)* allargare: **die Schuhe ~** allargare le scarpe **5** *(schlanker und größer erscheinen lassen)* slanciare: **gestreifte Kleider ~ sie, ihre Figur** i vestiti a righe la slanciano, slanciano la sua figura **6** MED. mettere in trazione **II** rifl. **sich ~ 1** (di)stendersi: **sich aufs Sofa, ins Gras, unter die Decke ~** stendersi sul divano, sull'erba, sotto la coperta **2a** allungarsi: SPORT **der Torwart streckte sich, um den Schuss zu parieren** il portiere si allungò per parare il tiro **b** REGION. *(wachsen)* allungarsi **3** FAM. *(länger sein als erwartet)* **der Weg streckt sich** la strada è più lunga del previsto, non si arriva mai ◆ **jdn zu Boden ~** stendere, atterrare qcn.; COLLOQ. **den Finger ~** alzare la mano; **die Beine von sich ~** distendere le gambe; **alle viere von sich ~** = sdraiarsi esausto; FIG. COLLOQ. *(sterben)* tirare le cuoia, morire; **die Waffen ~** consegnare le armi; FIG. arrendersi, lasciare.

Stre|cken|ab|schnitt m. *(-[e]s,-e)* tratto *m.* (del percorso), tappa *f.* **Stre|cken|ar|bei|ter** m. *(-s,-)* = operaio *m.* addetto alla manutenzione di una linea. **Stre|cken|be|ge|hung** f. *(-,-en)* ispezione *f.* dei binari. **Stre|cken|block** m. *(-[e]s,-s)* FERR. blocco *m.* **Stre|cken|füh|rung** f. *(-,-en)* tracciato *m.* (del percorso). **Stre|cken|netz** n. *(-es,-e)* rete *f.* stradale; *(in Bezug auf Straßenbahnen, Busse)* rete *f.* dei trasporti; FERR. rete *f.* ferroviaria. **Stre|cken|pos|ten** m. *(-s,-)* SPORT adetto *m.* al posto di ristoro. **Stre|cken|re|kord** m. *(-[e]s,-e)* primato *m.* della pista (*o* del circuito). **Stre|cken|wär|ter** m. *(-s,-)* guardalinee *m.* **stre|cken|wei|se** avv. a tratti, qua e là.

Stre|cker m. *(-s,-)* ANAT. (muscolo *m.*) estensore *m.*

Streck|gren|ze f. *(-,-n)* limite *m.* di stiramento. **Streck|mus|kel** m. *(-s,-n)* muscolo *m.* estensore. **Streck|pha|se** f. *(-,-n)* MED. fase *f.* di maggiore crescita.

Stre|ckung f. *(-,-en)* **1** il distendere, lo stendere, allungamento *m.*; *(Ausstrecken)* stiramento *m.* **2** MED. → **Streckphase.**

Streck|ver|band m. *(-[e]s,-verbände)* MED. apparecchio *m.* a trazione.

Street|wor|ker ['stri:twɔ:kə] m. *(-s,-)* educatore *m.* (*o* operatore *m.*) di strada.

Streich m. *(-[e]s,-e)* **1** colpo *m.*: **jdm einen (tödlichen) ~ versetzen** assestare un colpo (mortale) a qcn. **2a** *(Scherz, Spaß)* tiro *m.*, scherzo *m.*: **jdm einen schlimmen ~ spielen** giocare un brutto tiro a qcn., fare un brutto scherzo a qcn.; **dumme, lustige, kindische ~ machen, verüben, vollführen, aushecken** fare scherzi stupidi, divertenti, infantili; **zu -en aufgelegt sein** essere in vena di scherzi; FIG. **mein Gedächtnis hat mir einen ~ gespielt** la mia memoria mi ha giocato un brutto scherzo **b** *(von Kindern)* marachella *f.*, birbonata *f.* ◆ **auf einen ~** d'un colpo, in un colpo (solo).

Streich|bürs|te f. *(-,-n)* pennello *m.* da imbianchino, pennellessa *f.*

Strei|chel|ein|heit f. *(-,-en)* SCHERZ. razione *f.* di carezze (*o* di coccole): **sich (D) seine -en holen** = farsi coccolare.

strei|cheln I tr. (ac)carezzare: **jdm die Hand ~** accarezzare la mano a qcn. **II** intr. (aus. *haben*) **jdm übers Haar ~** accarezzare i capelli a qcn., accarezzare qcn. sui capelli.

Strei|che|ma|cher m. *(-s,-)* burlone *m.*

strei|chen *(strich, gestrichen)* **I** tr. **1** spalmare: **(sich [D]) Butter aufs Brot, ein Brötchen mit Marmelade ~** spalmare burro sul pane, spalmare un panino di marmellata **2** *(anstreichen)* pitturare, verniciare: **die Wände ~** pitturare le pareti; **etw. rot, weiß ~** dipingere di rosso, imbiancare qcs. **3** *(streichend bewegen)* levare, togliere, spingere via (con la mano): **die Krümel von der Tischdecke ~** levare le briciole dalla tovaglia; **die Haare aus der Stirn ~** levare i capelli dalla fronte **4** *(drücken)* premere: **Kitt in die Fugen ~** premere il mastice nelle giunture **5** *(passieren)* passare: **etw. durch ein Sieb ~** passare qcs. al setaccio **6a** *(ausstreichen)* cancellare, cassare; *(von einer Liste)* depennare: **einen Absatz im Text ~** cancellare un passo del testo; **Nichtzutreffendes bitte ~!** cancellare ciò che non interessa! **b** *(annullieren)* annullare, cancellare: **einen Auftrag, eine Schuld ~** annullare un ordine, cancellare un debito; **die Sozialhilfe ~** sospendere l'assistenza sociale **c** FIG. **etw. aus seinem Gedächtnis ~** cancellare qcs. dalla memoria **7** COLLOQ. *(fallenlassen)* dire addio a, lasciar perdere: **deine Pläne, deine Reise kannst du ~!** puoi dire addio ai tuoi progetti, al tuo viaggio! **8** ANT. *(Streichinstrumente)* suonare **9** ANT. *(einziehen)* ammainare: **die Flagge ~** ammainare la bandiera **II** intr. **1** (aus. *haben*) **über etw. (A) ~** passare la mano su, (ac)carezzare qcs.: **jdm über den Kopf, durchs Haar ~** carezzare la testa, passare la mano fra i capelli a qcn.; FIG. **der Wind strich ihr übers Gesicht** il vento le carezzava il viso **2a** *(umherstreifen;* aus. *sein)* girare, aggirarsi: **durch den Wald, ums Haus ~** girare per il bosco, aggirarsi intorno alla casa **b die Katze streicht um die Beine** il gatto si struscia contro le gambe **c** *(von Vögeln)* volare, svolazzare **d** *(von Luft, Wind)* soffiare, spirare: **frische Luft strich über den See** sul lago spira aria fresca **3** GEOGR. (solo pres.) correre, estendersi: **die Alpen ~ von Westen nach Osten** le Alpi corrono da ovest verso est **III** rifl. **1 sich über den Bart, sich (D) den Bart ~** carezzarsi (*o* lisciarsi) la barba **2 sich (D) die Haare, den Schweiß aus der Stirn ~** levarsi (*o* scostarsi) i capelli dalla fronte, asciugarsi il sudore della fronte ◆ MAR. **die Ruder ~** = sciare.

Strei|chen n. *(-s)* **1** *(Bestreichen)* lo spalmare **2** *(Anstreichen)* il pitturare, verniciatura *f.* **3a** *(Ausstreichen)* cancellazione *f.*; *(von einer Liste)* depennamento *m.* **b** *(Annullieren)* annullamento *m.*, cancellazione *f.* **4** MAR. *(Einziehen)* l'ammainare. **Strei|cher** m. *(-s,-)* suonatore *m.* di strumento ad arco, arco *m.*

streich|fä|hig agg. spalmabile: **ein -er Käse** un formaggio spalmabile. **Streich|fä|hig|keit** f. *(-)* spalmabilità *f.* **streich|fer|tig** agg. pronto per l'uso: **-e Farben** colori pronti per l'uso. **Streich|garn** n. *(-[e]s,-e)* **1** filo *m.* di lana cardato **2** *(Gewebe)* filato *m.* di lana cardato, cardato *m.* **Streich|holz** n. *(-es,-hölzer)* fiammifero *m.* **Streich|holz|schach|tel** f. *(-,-n)* scatola *f.* di fiammiferi. **Streich|in|stru|ment** n. *(-[e]s,-e)* strumento *m.* ad arco. **Streich|käse** m. *(-s,-)* formaggio *m.* da spalmare. **Streich|mu|sik** f. *(-)* musica *f.* per archi. **Streich|or|ches|ter** n. *(-s,-)* orchestra *f.* d'archi. **Streich|quar|tett** n. *(-[e]s,-e)* quartetto *m.* d'archi; *(Musikstück)* quartetto *m.* per archi. **Streich|quin|tett** n. *(-[e]s,-e)* quintetto *m.* d'archi; *(Musikstück)* quintetto *m.* per archi. **Streich|rie|men** m. *(-s,-)* coramella *f.*

Strei|chung f. *(-,-en)* **1** cancellatura *f.*, depennamento *m.* **2** *(Kürzung)* riduzione *f.* **3** *(Abschaffung)* cancellazione *f.*, annullamento m.: **-en (in einem Text) vornehmen** apportare cancellazioni in un testo; **die ~ eines Auftrags** l'annullamento di un ordine.

Streich|wurst f. *(-,-würste)* salume *m.* da spalmare.

Streif m. *(-[e]s,-e)* → **Streifen.**

Streif|band n. *(-[e]s,-bänder)* fascia *f.*, fascetta *f.* **Streif|band|zei|tung** f. *(-,-en)* sottofascia *m.*

Streif|chen n. *(-s,-)* striscetta *f.*

Strei|fe f. *(-,-n)* **1** pattuglia *f.* **2** *(Erkundung)* perlustrazione *f.*, ricognizione *f.*: **auf ~ sein, gehen** essere, andare in perlustrazione.

strei|fen I tr. **1a** sfiorare, toccare (leggermente): **jdn an der Schulter ~** toccare la spalla a qcn.; **ein parkendes Auto mit dem Fahrrad ~** sfiorare un'auto in sosta con la bicicletta **b** FIG. **etw. mit einem Blick ~** sfiorare qcs. con lo sguardo **c** *(flüchtig sehen)* **eine Stadt auf einer Reise nur ~** toccare appena una città durante un viaggio **d** *(kurz erwähnen)* sfiorare, accennare a: **eine Frage, ein Thema ~** accennare a una questione, sfiorare un argomento **2a** *(abstreifen)* sfilare, togliere: **den Ring vom Finger ~** sfilare l'anello dal dito; **die Handschuhe von der Hand ~** sfilare, togliere i guanti **b** *(anziehen)* infilare: **den Ring auf, über den Finger ~** infilare l'anello al dito; **das Hemd über den Kopf ~** infilare la camicia (dalla testa) **II** rifl. **sich ~ 1** sfilarsi, togliersi: **sich die Schuhe von den Füßen ~** sfilarsi le scarpe dai piedi **2** *(anziehen)* infilarsi, mettersi **III** intr. (aus. *sein*) **1** vagare, girare, girovagare: **durch das Land ~** vagare per la campagna **2** *(grenzen)* sfiorare, rasentare: **etw. streift ans Lächerliche, Tragische** qcs. rasenta (*o* confina con) il ridicolo, il tragico.

Strei|fen m. *(-s,-)* **1a** striscia *f.*, linea *f.*, riga *f.*: **ein heller ~ am Horizont** una linea chiara all'orizzonte; **den weißen ~ (auf der Fahrbahn) überfahren** superare la linea (*o* striscia) bianca della corsia; **ein Hemd mit blauen ~** una camicia a righe azzurre **b** *(langes, schmales Stück)* striscia *f.*: **ein ~ Stoff, Papier, Land** una striscia di

stoffa, di carta, di terra **c** strisciolina *f.*: ***Speck in ~ schneiden*** tagliare il lardo in striscioline **2** COLLOQ. pellicola *f.*, film *m.* ◆ COLLOQ. ***sich für jdn in ~ schneiden lassen*** farsi in quattro per qcn.
Strei|fen|be|am|te m. *(-n,-n)* poliziotto *m.* (*o* agente *m.*) di pattuglia. **Strei|fen|dienst** m. *(-[e]s,-e)* servizio *m.* di pattuglia: ***~ haben*** essere di pattuglia. **strei|fen|för|mig** agg. a righe, a strisce. **Strei|fen|füh|rer** m. *(-s,-)* capopattuglia *m.* **Strei|fen|gang** m. *(-[e]s,-gänge)* giro *m.* di perlustrazione (*o* ricognizione). **Strei|fen|mus|ter** n. *(-s,-)* motivo *m.* (*o* disegno *m.*) a righe. **Strei|fen|wa|gen** m. *(-s,-)* auto(radio) *f.* della polizia. **strei|fen|wei|se** avv. a strisce, a righe. **Strei|fe|rei** f. *(-,-en)* il vagare, il girovagare. **strei|fig** agg. striato, a strisce, rigato, a righe. **Streif|licht** n. *(-[e]s, -er)* **1** striscia *f.* (*o* lama) di luce **2** FIG. ***ein ~ auf etw. (A) werfen*** mettere in chiaro qcs. **Streif|schuss** m. *(-es,-schüsse)* **1** colpo *m.* di striscio **2** *(Verletzung)* ferita *f.* di striscio. **Streif|zug** m. *(-[e]s, -züge)* **1** escursione *f.*, giro *m.*; MIL. giro *m.* di pattugliamento **2** FIG. scorribanda *f.*, excursus *m.*: ***ein literarischer ~*** una scorribanda letteraria; ***ein historischer ~*** un excursus storico.
Streik m. *(-[e]s,-s* e RAR. *-e)* sciopero *m.*: ***ein spontaner, wilder, ~*** uno sciopero spontaneo, selvaggio; ***einen ~ ausrufen, abbrechen, niederschlagen*** proclamare, interrompere, reprimere uno sciopero; ***ein ~ bricht aus*** scoppia uno sciopero; ***das Recht auf ~*** il diritto di sciopero; ***sich einem ~ anschließen*** aderire a uno sciopero; ***in (den) ~ treten*** entrare in sciopero; ***im ~ stehen*** essere in sciopero; ***zu einem ~ aufrufen*** incitare allo sciopero. **Streik|auf|ruf** m. *(-[e]s,-e)* incitamento *m.* allo sciopero.
Streik|bre|cher m. *(-s,-)* non scioperante *m.*, SPREG. crumiro *m.* **Streik|bruch** m. *(-[e]s,-brüche)* crumiraggio *m.* **streik|brü|chig** agg. SPREG. di, da crumiro.
strei|ken intr. (aus. *haben*) **1a** scioperare, fare sciopero: ***für, gegen etw. ~*** scioperare per, contro qcs. **b** FIG. rifiutarsi di lavorare: ***mein Gedächtnis, Magen streikt*** la mia memoria, il mio stomaco si rifiuta di lavorare **2** COLLOQ. *(versagen)* non volerne più sapere di funzionare: ***der Computer streikte*** il computer non voleva più saperne di funzionare. **Strei|ken|de** m. e f. *(-n,-n)* scioperante *m.* e *f.* **Streik|fonds** m. *(-,-)* → **Streikkasse. Streik|front** f. *(-,-en)* fronte *m.* dello sciopero. **Streik|kas|se** f. *(-,-n)* cassa *f.* di sussistenza per gli scioperanti. **Streik|ko|mi|tee** n. *(-s,-s)* comitato *m.* di sciopero. **Streik|pos|ten** m. *(-s,-)* picchetto *m.* **Streik|recht** n. *(-[e]s)* diritto *m.* di sciopero. **Streik|ver|bot** n. *(-[e]s)* divieto *m.* di sciopero. **Streik|wel|le** f. *(-,-n)* ondata *f.* di scioperi.
Streit m. *(-[e]s,-e)* **1** lite *f.*, litigio *m.*: ***ein heftiger, erbitterter, blutiger, unversöhnlicher ~ entbrannte zwischen ihnen*** una lite violenta, aspra, sanguinosa, insanabile si accese (*o* scoppiò) tra di loro; ***ein ~ entsteht, bricht aus*** una lite nasce, scoppia; ***einen ~ entfachen, schlichten, beilegen, begraben*** scatenare, appianare, ricomporre, dimenticare una lite; ***sich in einen ~ einmischen*** immischiarsi in una lite; ***sich aus einem ~ heraushalten*** tenersi fuori da una lite; ***~ anfangen*** attaccar lite (*o* briga); ***in ~ geraten*** mettersi a litigare; ***mit jdm ~ bekommen, kriegen*** litigare con qcn.; ***um etw. ~ haben*** litigare per qcs. **2** *(Wortgefecht)* disputa *f.*, controversia *f.*: ***ein ~ unter Wissenschaftlern*** una disputa tra scienziati **3** *(Konflikt)* contrasto *m.*, conflitto *m.*: ***ein ~ der Meinungen*** un contrasto di opinioni; ***ein ~ um Kompetenzen*** un conflitto di competenze; ***im ~ liegen*** essere in conflitto; ***einen ~ austragen*** risolvere un contrasto, un conflitto **4** ANT. *(Kampf)* battaglia *f.* ◆ ***ein ~ um des Kaisers Bart*** una questione di lana caprina; ***einen ~ vom Zaun brechen*** provocare una lite. **Streit|axt** f. *(-,-äxte)* ascia *f.* di guerra (anche FIG.): ***die ~ begraben*** seppellire l'ascia di guerra. **streit|bar** agg. bellicoso, combattivo: ***ein -er Charakter*** un carattere bellicoso **Streit|bar|keit** f. *(-,-en)* bellicosità *f.*, combattività *f.*
strei|ten *(stritt, gestritten)* **I** intr. (aus. *haben*) **1a** litigare, COLLOQ. bisticciare: ***mit jdm (um etw.) ~*** litigare con qcn. (per qcs.) **b** *(streitig machen)* ***um das Erbe ~*** litigare per (*o* contendersi) l'eredità **2** *(sich auseinander setzen)* ***über etw. (A) ~*** discutere, dibattere qcs.: ***über philosophische Fragen ~*** dibattere questioni filosofiche; ***darüber lässt sich ~*** su questo ci sarebbe da discutere **3** *(kämpfen)* lottare: ***für, gegen etw. (A) ~*** lottare per, contro qcs. **II** rifl. **sich ~ 1** litigare: ***sich mit jdm wegen jeder Kleinigkeit, um nichts und wieder nichts ~*** litigare con qcn. per ogni sciocchezza, per un nonnulla; ***streitet ihr euch schon wieder?*** litigate di nuovo? **2** *(sich auseinander setzen)* discutere, dibattere ◆ PROV. ***über Geschmack lässt sich nicht ~*** de gustibus non est disputandum; ***wenn zwei sich ~, freut sich der Dritte*** tra due litiganti il terzo gode. **strei|tend** p.pres. agg. **1** → **streiten 2** DIR. contendente: ***die -en Parteien in einem Prozess*** le parti contendenti in un processo.
Strei|ter m. *(-s,-)* combattente *m.*: ***ein ~ für, gegen etw. (A)*** un combattente per, contro qcs. **Strei|te|rei** f. *(-,-en)* continui litigi *m.pl.*, litigate *f.pl.* continue.
Streit|fall m. *(-[e]s,-fälle)* (caso *m.* di) controversia *f.*, conflitto *m.*: ***einen ~ lösen*** risolvere una controversia; ***im ~*** in caso di conflitto. **Streit|fra|ge** f. *(-,-n)* questione *f.* controversa. **Streit|ge|dicht** n. *(-[e]s,-e)* contrasto *m.*, altercazione *f.* **Streit|ge|gen|stand** m. *(-[e]s,-gegenstände)* **1** DIR. oggetto *m.* del contendere **2** *(einer Auseinandersetzung)* oggetto *m.* di controversia (*o* di contesa). **Streit|ge|mein|schaft** f. *(-,-en)* litisconsorzio *m.* **Streit|ge|nos|se** m. *(-n,-n)* litisconsorte *m.* **Streit|ge|spräch** n. *(-[e]s,-e)* disputa *f.*, discussione *f.*, controversia *f.* **Streit|hahn** m. *(-[e]s,-hähne)* COLLOQ., **Streit|ham|mel** m. *(-s,-)* COLLOQ., **Streit|han|sel, Streit|hansl** m. *(-s,-[n])* REGION. COLLOQ. attaccabrighe *m.*
strei|tig agg. **1** *(umstritten)* controverso, dibattuto, discusso: ***ein -er Punkt*** un punto controverso **2** DIR. contenzioso: ***eine -e Angelegenheit*** un affare contenzioso ◆ ***jdm etw. ~ machen*** contendere qcs. a qcn.; DIR. ***ein -es Urteil*** una sentenza dibattimentale. **Strei|tig|keit** f. *(-,-en)* **1** violenta discussione *f.*, diverbio *m.*, litigio *m.* **2** *(dauerndes Streiten)* controversia *f.*, conflitto *m.* ◆ ***es kam zu -en*** si venne a parole.
Streit|kräf|te pl. forze *f.pl.* armate. **Streit|lust** f. *(-)* litigiosità *f.* **streit|lus|tig** agg. litigioso, rissoso. **Streit|macht** f. *(-)* ANT. forze *f.pl.* militari. **Streit|ob|jekt** n. *(-s,-e)* → **Streitgegenstand. Streit|punkt** m. *(-[e]s,-e)* punto *m.* controverso. **Streit|sa|che** f. *(-,-n)* **1** questione *f.* controversa **2** DIR. controversia *f.* (giuridica), vertenza *f.* **Streit|schrift** f. *(-,-en)* scritto *m.* polemico. **Streit|sucht** f. *(-)* indole *f.* litigiosa. **streit|süch|tig** agg. di indole litigiosa, litigioso. **Streit|ver|kün|dung** f. *(-,-en)* chiamata *f.* di parte (*o* in causa). **Streit|wa|gen** m. *(-s,-)* carro *m.* da guerra. **Streit|wert** m. *(-[e]s,-e)* DIR. valore *m.* in causa.
streng I agg. **1a** severo: ***ein -er Lehrer*** un insegnante severo; ***ein -es Urteil*** un giudizio severo; ***mit -em Blick*** con sguardo severo; ***~ mit, zu jdm, gegen jdn, sich selbst sein*** essere severo con, verso qcn., nei confronti di qcn., di se stesso **b** *(ohne Anmut)* ***ein -er Stil*** uno stile severo; ***eine -e Schönheit*** una bellezza severa; ***-e Sitten*** costumi severi **2a** *(rigoros)* rigoroso: ***eine -e Diät*** una dieta rigorosa; ***-es Stillschweigen bewahren*** mantenere un rigoroso (*o* stretto) silenzio **b** *(strikt)* stretto: ***im -en Sinne*** in senso stretto **3** *(genau)* preciso: ***-e Weisungen erteilen*** impartire precise istruzioni **4** *(strenggläubig)* osservante: ***ein -er Moslem*** un musulmano osservante **5** *(rau)* rigido: ***ein -er Winter*** un inverno rigido **6** *(herb)* acre, aspro: ***ein -er Geruch*** un odore acre **7** REGION. *(anstrengend)* duro, faticoso: ***eine -e Arbeit, Woche*** un lavoro, una settimana impegnativa **II** avv. **1** severamente: ***jdn ~ erziehen*** educare severamente qcn.; ***das ist ~ verboten*** questo è severamente vietato; ***ein ~ geschnittenes Kleid*** un abito dal taglio severo **2** *(rigoros)* rigorosamente: ***sich ~ an etw. (A) halten*** attenersi rigorosamente a qcs. **3** *(genau)* scrupolosamente, attentamente: ***etw. ~ befolgen*** seguire scrupolosamente qcs. ◆ ***~ genommen*** a stretto rigore, in realtà; ***~ im Geschmack sein*** avere un sapore acre (*o* aspro); ***ein -es Regiment führen*** comandare a bacchetta; ***~ vertraulich*** strettamente confidenziale; ***einen -en Zug um den Mund haben*** essere teso in volto.
Stren|ge f. *(-)* **1** severità *f.*: ***die eiserne, unerbittliche ~ einer Strafe*** la ferrea, impietosa severità di una punizione; ***mit ~ herrschen*** comandare con severità **2a** *(Striktheit)* rigore *m.*: ***Vorschriften von äußerster ~*** disposizioni di estremo rigore; ***äußerste ~ walten lassen*** esercitare il massimo rigore **b** *(Straffheit)* ***die ~ einer Form, Methode*** il rigore di una forma, di un metodo; ***die ~ der Beweisführung*** il rigore dell'argomentazione **c** *(Rauheit)* ***die ~ des Winters*** il rigore dell'inverno **3a** *(Herbheit)* asprezza *f.*: ***die ~ eines Geschmacks*** l'asprezza di un sapore **b** *(fehlende Lieblichkeit)* asprezza *f.*, durezza *f.*: ***die ~ ihres Profils, Mundes*** l'asprezza del suo profilo, la durezza della sua bocca.
streng|gläu|big agg. osservante, ortodosso. **Streng|gläu|big|keit** f. *(-)* osservanza *f.*, ortodossia *f.*
strengst... agg. (superl. di *streng*) massimo: ***-e Diskretion bewahren*** osservare la massima discrezione; ***die -e Pünktlichkeit fordern*** richiedere la massima puntualità ◆ ***aufs Strengste*** col massimo rigore; ***im -en Winter*** nel massimo rigore dell'inverno. **strengs|tens** avv. severamente, rigorosamente: ***sich ~ an etw. (A) halten*** attenersi rigorosamente a qcs.
Strep|to|kok|kus [ʃt-, st-] m. *(-, Streptokokken)* streptococco *m.* **Strep|to|my|cin, Strep|to|my|zin** n. *(-s)* streptomicina *f.*
Stress [ʃt-, st-] m. *(-es)* stress *m.*: ***im ~ sein, stehen*** essere stressati; ***unter ~ stehen*** essere sotto stress. **stres|sen** tr. stressare. **stres|sig** agg. COLLOQ. stressante.
Stretch [strɛtʃ] m. *(-[e]s,-es)*, **Stretch|ge|we|be** n. *(-s,-)* (tessuto *m.*) stretch *m.* **Stret|ching** ['strɛtʃiŋ] n. *(-s)* stretching *m.*

Streu f. *(-)* **1** strame *m.*, lettiera *f.* **2** *(notdürftige Schlafstätte)* paglia *f.*: ***auf ~ schlafen*** dormire sulla paglia. **Streu|blu|men** pl., **Streu|blu|men|mus|ter** n. *(-s,-)* disegno *m.* a fiorellini. **Streu|büch|se, Streu|do|se** f. *(-,-n)* **1** *(für Salz)* spargisale *m.* **2** *(für Pfeffer)* spargipepe *m.* **3** *(für Zucker)* spargizucchero *m.*

streu|en I tr. **1a** spargere, cospargere: ***Dünger auf das Beet ~*** cospargere concime sull'aiuola (*o* l'aiuola di concime); ***Zucker auf den Kuchen ~*** cospargere il dolce di zucchero **b** assol. ***die Bewohner sind verpflichtet zu ~*** gli abitanti devono cospargere la strada di sabbia o di sale (contro il gelo) **2** *(verstreuen)* sparpagliare, disseminare **3** COLLOQ. *(verbreiten)* diffondere: ***Gerüchte unter die Leute ~*** diffondere voci tra la gente **II** intr. (aus. *haben*) **1** perdere: ***Vorsicht, die Dose streut*** attenzione, il barattolo perde **2** *(von Schießwaffen)* essere impreciso nel tiro **3** *(von Strahlen)* disperdersi **4** MED. diffondersi ◆ ***sich (D) Asche aufs Haupt ~*** cospargersi il capo di cenere; ***jdm Sand in die Augen ~*** gettare fumo negli occhi a qcn. **Streu|er** m. *(-s,-)* → **Streubüchse.**

Streu|fahr|zeug n. *(-[e]s,-e)* → **Streuwagen. Streu|feu|er** n. *(-s)* MIL. fuoco *m.* sparso (*o* a dispersione). **Streu|frucht** f. *(-,-früchte)* frutto *m.* deiscente (*o* dirompente). **Streu|gut** n. *(-[e]s)* sabbia *f.* (*o* sale *m.*) da spargere su strade (contro il gelo).

streu|nen intr. (aus. *haben*, RAR. *sein)* vagabondare, bighellonare. **streu|nend** p.pass. agg. **1** → **streunen 2** vagabondo **3** *(von Tieren)* randagio: ***-e Katzen, Hunde*** gatti, cani randagi. **Streu|ner** m. *(-s,-)* vagabondo *m.*; *(von Tieren)* randagio *m.*

Streu|pflicht f. *(-)* obbligo *m.* di spargere sabbia (su strade e marciapiedi in caso di ghiaccio). **Streu|salz** n. *(-es)* sale *m.* (antigelo). **Streu|sand** m. *(-[e]s)* sabbia *f.* (antigelo).

Streu|sel m. e n. *(-s,-)* granello *m.* (di burro, zucchero e farina). **Streu|sel|ku|chen** m. *(-s,-)* dolce *m.* cosparso di granelli.

Streu|ung f. *(-,-en)* **1** spargimento *m.* **2** *(Verbreitung)* diffusione *f.* **3** *(von Strahlen)* dispersione *f.* **4** *(von Waffen)* imprecisione *f.* di tiro **5** STATIST. dispersione *f.* **Streu|ungs|maß** n. *(-es,-e)* indice *m.* (*o* fattore *m.*) di dispersione.

Streu|wa|gen m. *(-s,-)* spandisale *m.* e *f.* **Streu|zu|cker** m. *(-s)* zucchero *m.* in polvere.

strich → **streichen.**

Strich m. *(-[e]s,-e)* **1a** tratto *m.*: ***etw. in wenigen schnellen -en zeichnen*** schizzare qcs. con pochi tratti veloci; *(Handhabung des Zeichenstiftes, Pinsels)* ***einen feinen, eleganten ~ haben*** avere un tratto fine, elegante; FIG. ***etw. mit groben, knappen -en umreißen*** delineare qcs. con pochi tratti **b** RAR. *(Gegend)* ***ein ~ fruchtbaren Landes*** un tratto di terreno fertile **2a** riga *f.*, linea *f.*: ***einen ~ mit dem Lineal ziehen*** tirare una linea con la riga; ***die -e auf einer Skala*** le righe di una scala graduata **b** *(Bindestrich)* trattino *m.*, linea *f.*, lineetta *f.* **c** *(Kürzung in einem Text)* cancellatura *f.* **3** *(vom Haar)* senso *m.*, verso *m.*: ***das Fell mit dem, gegen den ~ bürsten*** spazzolare il pelo nel senso (*o* secondo il verso) giusto, spazzolare contropelo **4** MUS. *(Bogenführung)* tocco *m.*, arcata *f.*: ***einen weichen ~ haben*** avere un'arcata morbida **5** COLLOQ. *(Straßenprostitution)* (prostituzione *f.* da) marciapiede *m.*: ***auf den ~ gehen*** battere il marciapiede; ***jdn auf den ~ schicken*** mandare qcn. a battere il marciapiede ◆ ***jdm einen ~ durch die Rechnung machen*** mandare all'aria i piani di qcn.; ***jdm gegen, wider den ~ gehen*** non andare a genio a qcn.; ***nach ~ und Faden*** per bene, per benino; COLLOQ. ***nur noch ein ~ (in der Landschaft) sein*** essere magro come un chiodo; ***keinen ~ tun*** non fare un tubo; ***einen (dicken) ~ unter etw. machen, ziehen*** tirare una (bella) riga sopra qcs., farla finita con qcs.; ***unter dem ~*** tutto sommato; ***unter dem ~ sein*** essere di scarso livello.

Strich|ät|zung f. *(-,-en)* incisione *f.* a tratto. **Strich|bie|ne** f. *(-,-n)* COLLOQ. lucciola *f.* **Strich|code** → **Strichkode. Strich|ein|tei|lung** f. *(-,-en)* scala *f.* graduata.

Stri|chel|chen n. *(-s,-)* trattino *m.*, lineetta *f.*

stri|cheln tr. tratteggiare: ***eine Linie, Fläche ~*** tratteggiare una linea, una superficie.

Stri|cher m. *(-s,-)*, **Strich|jun|ge** m. *(-n,-n)* COLLOQ. marchetta *f.*

Strich|kode [-ko:t] m. *(-s,-s)* codice *m.* a barre. **Strich|lein** n. *(-s,-)* → **Strichelchen. Strich|mäd|chen** n. *(-s,-)* COLLOQ. battona *f.* **Strich|punkt** m. *(-[e]s,-e)* punto *m.* e virgola. **Strich|re|gen** m. *(-s,-)* METEOR. pioggia *f.* locale. **Strich|vo|gel** m. *(-s,-vögel)* uccello *m.* di passo. **strich|wei|se** avv. METEOR. a tratti, localmente. **Strich|zeich|nung** f. *(-,-en)* disegno *m.* tratteggiato, al tratto.

Strick m. *(-[e]s,-e)* **1** corda *f.*; *(längerer)* fune *f.*: ***ein ~ hält, reißt*** una corda regge (*o* tiene), si spezza; ***einen ~ um etw. binden, schnüren*** legare una corda attorno a qcs.; ***mit einem ~ an etw. (A) gebunden sein*** essere legato a qcs. con una corda **2** SCHERZ. *(Schlingel)* briccone *m.* ◆ ***jdm aus etw. einen ~ drehen*** = servirsi di qcs. per rovinare qcn.; FIG. ***zum ~ greifen, einen ~ nehmen*** = impiccarsi; ***wenn alle -e reißen*** nel peggiore dei casi; ***an einem, am gleichen, an demselben ~ ziehen*** = perseguire lo stesso scopo.

Strick|ap|pa|rat m. *(-[e]s,-e)* → **Strickmaschine. Strick|ar|beit** f. *(-,-en)* lavoro *m.* a maglia. **Strick|beu|tel** m. *(-s,-)* borsa *f.* da lavoro (a maglia). **Strick|bünd|chen** n. *(-s,-)* **1** colletto *m.* di maglia **2** *(am Ärmel)* polsino *m.* di maglia.

stri|cken I tr. fare a maglia: ***einen Pullover ~*** fare a maglia un pullover **II** intr. (aus. *haben*) lavorare (a maglia): ***zwei rechts, zwei links ~*** lavorare due maglie diritte, due maglie (a) rovescio. **Stri|cker** m. *(-s,-)* maglierista *m.* **Stri|cke|rei** f. *(-,-en)* **1** lavoro *m.* a maglia, maglieria *f.* **2** *(Betrieb)* maglificio *m.* **Stri|cke|rin** f. *(-,-nen)* maglierista *f.*

Strick|ja|cke f. *(-,-n)* golfino *m.*, golf *m.* **Strick|lei|ter** f. *(-,-n)* scala *f.* di corda. **Strick|ma|schi|ne** f. *(-,-n)* macchina *f.* per maglieria. **Strick|mus|ter** n. *(-s,-)* (carta)modello *m.* per lavori a maglia ◆ ***nach demselben, dem gleichen ~*** allo stesso modo. **Strick|na|del** f. *(-,-n)* ferro *m.* (da calza). **Strick|wa|ren** pl. articoli *m.pl.* di maglia, maglieria *f.* **Strick|zeug** n. *(-[e]s,-e)* **1** ferri *m.pl.* (da calza) **2** *(Handarbeit)* lavoro *m.* a maglia.

Strie|gel m. *(-s,-)* **1** striglia *f.*: ***das Pferd mit dem ~ bearbeiten, putzen*** dare una strigliata al cavallo **2** ARCHEOL. strigile *m.* **strie|geln** tr. **1** strigliare **2** COLLOQ. FIG. strigliare, strapazzare ◆ ***sich (D) die Haare ~*** pettinarsi i capelli.

Strie|me f. *(-,-n)* RAR. → **Striemen. Strie|men** m. *(-s,-)* stria *f.*, segno *m.* (di un colpo, di una frusta). **strie|mig** agg. striato, segnato.

strikt [ʃt-, st-] **I** agg. stretto, rigoroso: ***-er Gehorsam*** stretta obbedienza; ***-e Einhaltung der Regeln*** stretta osservanza delle regole **II** avv. rigorosamente, tassativamente; *(genau)* esattamente ◆ ***ein -er Befehl*** un ordine tassativo; ***das -e Gegenteil*** l'esatto contrario. **strik|te** avv. tassativamente: ***etw. ~ verbieten*** proibire qcs. tassativamente.

Strik|tur f. *(-,-en)* MED. stenosi *f.*

strin|gent [ʃt-, st-] agg. stringente, rigoroso: ***eine -e Beweisführung*** un'argomentazione dalla logica stringente. **Strin|genz** f. *(-)* rigore *m.* logico.

Strip|pe f. *(-,-n)* COLLOQ. **1a** *(Schnur)* spago *m.*, corda *f.* **b** *(von Schuhen)* legaccio *m.* **2** *(Telefonleitung)* telefono *m.*: ***an der ~ sein, hängen*** essere, stare attaccato al telefono; ***sich an die ~ hängen*** attaccarsi al telefono; ***jdn an der ~ haben*** avere qcn. all'altro capo del filo.

strip|pen intr. (aus. *haben*) fare lo strip-tease, fare lo spogliarello. **Strip|per** m. *(-s,-)* spogliarellista *m.* **Strip|pe|rin** f. *(-,-nen)* spogliarellista *f.* **Strip|tease** ['ʃtrɪpti:s, 'strɪpti:s] m. e n. *(-)* strip-tease *m.*, spogliarello *m.*: ***einen ~ machen, hinlegen, tanzen*** fare uno spogliarello. **Strip|tease|lo|kal** n. *(-[e]s,-e)* locale *m.* di strip-tease. **Strip|tease|tän|ze|rin** f. *(-,-nen)* spogliarellista *f.* **Strip|tease|vor|füh|rung** f. *(-,-en)* spettacolo *m.* di strip-tease, di spogliarello.

stritt → **streiten.**

Stritt m. *(-[e]s)* REGION. → **Streit.**

strit|tig agg. controverso: ***eine -e Frage*** una questione controversa.

Striz|zi m. *(-s,-s)* REGION. **1** *(Zuhälter)* ruffiano *m.* **2** *(Strolch)* mascalzone *m.*

Stro|bo|skop n. *(-s,-e)* stroboscopio *m.* **stro|bo|sko|pisch** agg. stroboscopico.

Stroh n. *(-[e]s)* paglia *f.*: ***ein Ballen ~*** una balla di paglia; ***etw. mit ~ stopfen*** impagliare qcs.; ***wie ~ brennen*** bruciare come la paglia ◆ COLLOQ. ***leeres ~ dreschen*** parlare a vanvera; COLLOQ. ***~ im Kopf haben*** avere la testa piena di segatura; ***wie ~ schmecken*** avere un gusto stopposo; PROV. ***viel ~ – wenig Korn*** tanto fumo e poco arrosto. **Stroh|bal|len** m. *(-s,-)* balla *f.* di paglia. **Stroh|bin|der** m. *(-s,-)* legatrice *f.* per paglia. **stroh|blond** agg. biondo paglierino. **Stroh|blu|me** f. *(-,-n)* elicriso *m.* **Stroh|bund** n. *(-[e]s,-e)* fascio *m.* di paglia. **Stroh|dach** n. *(-[e]s,-dächer)* tetto *m.* di paglia. **stroh|far|ben, stroh|far|big** agg. color paglia, paglierino. **Stroh|fa|ser** f. *(-,-n)* fibra *f.* di paglia. **Stroh|feu|er** n. *(-s)* fuoco *m.* di paglia (anche FIG.). **Stroh|fut|ter** n. *(-s)* paglia *f.* (come foraggio). **Stroh|ge|flecht** n. *(-[e]s,-e)* paglia *f.* intrecciata. **stroh|gelb** agg. → **strohfarben. Stroh|halm** m. *(-[e]s,-e)* **1** filo *m.* (*o* fuscello *m.*) di paglia, pagliuzza *f.* **2** *(Trinkhalm)* cannuccia *f.* ◆ ***nach dem rettenden ~ greifen*** attaccarsi all'ultimo filo di speranza; ***sich (wie ein Ertrinkender) an einen ~ klammern*** aggrapparsi a un fuscello; ***etw. wie einen ~ knicken*** piegare qcs. come un fuscello; ***über einen ~ stolpern*** fallire per un pelo. **Stroh|hut** m. *(-[e]s,-hüte)* cappello *m.* di paglia. **Stroh|hüt|te** f. *(-,-n)* capanna *f.* di paglia.

stro|hig agg. stopposo: ***-e Haare*** capelli stopposi ◆ ***~ schmecken*** avere un gusto stopposo.

Stroh|kopf m. *(-[e]s,-köpfe)* COLLOQ. testa *f.* di legno (*o* di rapa). **Stroh|la|ger** n. *(-s,-)* pagliericcio *m.* **Stroh|mann** m. *(-[e]s,-männer)* **1** spaventapasseri *m.* **2** FIG. uomo *m.* di paglia, prestanome *m.* **Stroh|mat|te** f. *(-,-n)* stuoia *f.* di paglia. **Stroh|pres|se** f. *(-,-n)* pressapaglia *m.*, pressa *f.* per paglia. **Stroh|pup|pe** f. *(-,-n)* spaventapasseri *m.* **Stroh|sack** m. *(-[e]s,-säcke)* pagliericcio *m.* ◆ ***ach, du (heiliger) ~!*** oh, (santa) madonna! **Stroh|schüt|te** f. *(-,-n)* lettiera *f.* di paglia. **Stroh|stuhl** m. *(-[e]s,-stühle)* sedia *f.* impagliata. **stroh|tro|cken** agg. secco come paglia, secchissimo. **Stroh|wisch** m. *(-[e]s,-e)* scopino *m.* **Stroh|wit|we** f. *(-,-n)* SCHERZ. vedova *f.* bianca.

Strolch m. *(-[e]s,-e)* **1** SPREG. malfattore *m.*, mascalzone *m.* **2** SCHERZ. *(wilder Junge)* briccone *m.*, birbante *m.* **strol|chen** intr. (aus. *sein*) bighellonare, gironzolare.

Strom m. *(-[e]s, Ströme)* **1a** (grande) fiume *m.*: ***ein schiffbarer ~*** un fiume navigabile; ***der ~ tritt über die Ufer*** il fiume straripa **b** FIG. ***ein ~ von Blut, Tränen, Worten*** un fiume di sangue, di lacrime, di parole **c** fiumana *f.*: ***ein ~ von Menschen*** una fiumana di gente **d** FIG. il fluire, flusso *m.*: ***der ~ der Zeit, der Ereignisse*** il fluire del tempo, il flusso degli avvenimenti **2** *(Strömung)* corrente *f.*: ***der ~ trieb ihn vom Ufer ab*** la corrente lo spinse lontano dalla riva **3** EL. corrente *f.* (elettrica), TECN. energia *f.* elettrica: ***den ~ ausschalten (abschalten), einschalten*** staccare, attaccare la corrente; ***~ führend*** sotto tensione; ***jdm den ~ sperren*** tagliare la corrente a qcn.; ***viel ~ verbrauchen*** consumare molta corrente; ***Wasserkraft in ~ verwandeln*** convertire l'energia di caduta dell'acqua in energia elettrica ◆ ***mit ~ heizen*** avere il riscaldamento elettrico; FIG. ***in Strömen fließen*** scorrere a fiumi; ***es regnet in Strömen*** piove a catinelle; ***mit dem ~ schwimmen*** nuotare seguendo la corrente; FIG. seguire la corrente; ***gegen, wider den ~ schwimmen*** nuotare contro corrente; FIG. andare contro corrente; EL. ***unter ~ stehen*** essere sotto tensione.

strom|ab avv. giù per il fiume, con la corrente, verso valle. **Strom|ab|neh|mer** m. *(-s,-)* **1** → **Stromverbraucher 2** EL. trolley *m.*; *(Pantograph)* pantografo *m.* **strom|ab|wärts** avv. → **stromab. strom|an, strom|auf, strom|auf|wärts** avv. risalendo il fiume, contro la corrente, verso monte. **Strom|aus|fall** m. *(-[e]s,-ausfälle)* mancanza *f.* di corrente. **Strom|bett** n. *(-[e]s,-en)* letto *m.* del fiume.

strö|men intr. (aus. *sein*) **1a** scorrere, fluire: ***der Fluss strömt durch die Ebene*** il fiume scorre attraverso la pianura; ***Blut strömt durch die Adern*** il sangue scorre nelle vene; ***Wasser strömt in die Wanne*** l'acqua scorre nella vasca **b** ***aus etw. ~*** sgorgare da qcs.: ***Blut strömt aus der Wunde*** il sangue sgorga dalla ferita; ***Tränen ~ aus ihren Augen*** dai suoi occhi sgorgano lacrime **2a** *(hinausfließen)* (fuori)uscire: ***Gas strömt aus der Leitung*** il gas fuoriesce dalla conduttura **b** *(von Menschen)* defluire, uscire: ***die Menge strömt aus dem Stadion*** la folla defluisce dallo stadio **3** *(sich in Massen bewegen)* affluire: ***die Demonstranten ~ auf den Platz*** i dimostranti affluiscono nella piazza ◆ ***über die Ufer ~*** straripare. **strö|mend** p.pres. agg. **1** → **strömen 2** torrenziale: ***bei -em Regen*** con, sotto una pioggia torrenziale.

Strom|ent|nah|me f. *(-)* consumo *m.* di corrente.

Stro|mer m. *(-s,-)* COLLOQ. SPREG. vagabondo *m.* **stro|mern** intr. **1** (aus. *sein*) vagabondare, girovagare **2** *(sich herumtreiben; aus. haben)* bighellonare, andare a zonzo.

Strom|er|zeu|ger m. *(-s,-)* generatore *m.* di corrente. **Strom|er|zeu|gung** f. *(-)* produzione *f.* di corrente (*o* energia) elettrica. **Strom|ka|bel** n. *(-s,-)* cavo *m.* elettrico. **Strom|kreis** m. *(-es,-e)* circuito *m.* elettrico. **Strom|lei|tung** f. *(-,-en)* conduttura *f.* elettrica. **Strom|li|nie** f. *(-,-n)* **1** FIS. linea *f.* di flusso **2** *(von Autos)* linea *f.* aerodinamica. **Strom|li|ni|en|form** f. *(-,-en)* forma *f.* aerodinamica. **strom|li|ni|en|för|mig** agg. aerodinamico.

Strom|mes|ser m. *(-s,-)* amperometro *m.* **Strom|netz** n. *(-es)* rete *f.* elettrica. **Strom|preis** m. *(-es,-e)* costo *m.* dell'energia elettrica. **Strom|quel|le** f. *(-,-n)* fonte *f.* di energia elettrica. **Strom|rech|nung** f. *(-,-en)* bolletta *f.* della luce. **Strom|rich|ter** m. *(-s,-)* convertitore *m.* di corrente. **Strom|schie|ne** f. *(-,-n)* **1** rotaia *f.* alimentatrice **2** *(Sammelschiene)* sbarra *f.* collettrice. **Strom|schlag** m. *(-[e]s,-schläge)* scossa *f.* **Strom|schnel|le** f. *(-,-n)* rapida *f.*, cateratta *f.* **Strom|sper|re** f. *(-,-n)* interruzione *f.* di corrente. **Strom|stär|ke** f. *(-,-n)* amperaggio *m.* **Strom|stoß** m. *(-e,-stöße)* impulso *m.* di corrente.

Strö|mung f. *(-,-en)* corrente *f.* (anche FIG.): ***die -en der Luft, des Meeres*** le correnti d'aria, del mare; ***die ~ hat das Boot abgetrieben*** la corrente ha trascinato via la barca; ***reißende ~*** corrente impetuosa; ***gegen die ~*** contro corrente; ***literarische, religiöse ~*** corrente letteraria, religiosa. **strö|mungs|güns|tig** agg. aerodinamico. **Strö|mungs|leh|re** f. *(-)* aerodinamica *f.*

Strom|un|ter|bre|cher m. *(-s,-)* interruttore *m.* **Strom|ver|brauch** m. *(-[e]s)* consumo *m.* di energia elettrica (*o* di corrente). **Strom|ver|brau|cher** m. *(-s,-)* utente *m.* (di energia elettrica). **Strom|ver|sor|gung** f. *(-)* fornitura *f.* (*o* erogazione *f.*) di energia elettrica. **Strom|zäh|ler** m. *(-s,-)* contatore *m.* elettrico.

Stron|ti|um [ʃt-, st-] n. *(-s)* stronzio *m.*

Stro|phe f. *(-,-n)* strofa *f.* **Stro|phen|bau** m. *(-[e]s)* struttura *f.* strofica. **Stro|phen|form** f. *(-,-en)* **1** *(Strophenbau)* struttura *f.* strofica **2** *(strophische Form)* forma *f.* strofica. **Stro|phen|ge|dicht** n. *(-[e]s,-e)* poesia *f.* strofica. **Stro|phen|lied** n. *(-[e]s,-er)* canto *m.* strofico. **stro|phisch** agg. strofico.

strot|zen intr. (aus. *haben*) essere pieno, colmo: ***von, vor Fehlern ~*** essere pieno d'errori ◆ ***von, vor Gesundheit ~*** scoppiare di salute; ***von, vor Schmutz ~*** avere addosso due dita di sporco. **strot|zend** p.pres. agg. **1** → **strotzen 2** turgido, gonfio: ***ein -es Euter*** una mammella turgida.

strub|be|lig agg. arruffato, scarmigliato; *(vom Fell)* ispido, irto. **Strub|bel|kopf** m. *(-[e]s,-köpfe)* COLLOQ. **1** persona *f.* scarmigliata, spettinata **2** *(Haare)* capelli *m.pl.* arruffati. **strubb|lig** → **strubbelig.**

Stru|del m. *(-s,-)* **1** vortice *m.*, gorgo *m.*: ***von einem ~ erfasst, ergriffen werden*** essere risucchiato da un vortice; FIG. ***in den ~ der Ereignisse hineingerissen werden*** essere travolto dal vortice degli eventi **2** GASTR. strudel *m.* **stru|deln** intr. **1** (aus. *haben*) formare vortici **2** (aus. *sein*) girare vorticosamente, frullare.

Struk|tur [ʃt-, st-] f. *(-,-en)* struttura *f.*: ***die ~ einer Zelle, eines Atoms, einer Sprache*** la struttura di una cellula, di un atomo, di una lingua; ***die politische, wirtschaftliche ~ eines Landes*** la struttura politica, economica di un paese; ***etw. in seiner ~ verändern*** modificare la struttura di qcs.

struk|tu|ral agg. strutturale. **Struk|tu|ra|lis|mus** m. *(-)* strutturalismo *m.* **Struk|tu|ra|list** m. *(-en,-en)* strutturalista *m.*

Struk|tur|ana|ly|se f. *(-,-n)* analisi *f.* strutturale. **struk|tur|be|stim|mend** agg. che influisce sulla struttura. **struk|tu|rell** agg. strutturale: ***eine -e Veränderung*** una modifica strutturale; ***-e Grammatik*** grammatica strutturale. **Struk|tur|for|mel** f. *(-,-n)* CHIM. formula *f.* di struttura.

struk|tu|rie|ren tr. strutturare. **Struk|tu|rie|rung** f. *(-)* strutturazione *f.*

Struk|tur|kri|se f. *(-,-n)* crisi *f.* strutturale. **struk|tur|los** agg. privo di struttura. **Struk|tur|po|li|tik** f. *(-)* politica *f.* strutturale. **Struk|tur|re|form** f. *(-,-en)* riforma *f.* strutturale.

Strumpf m. *(-[e]s, Strümpfe)* **1a** calza *f.*; *(Socke)* calzino *m.*: ***seidene, blickdichte Strümpfe*** calze setificate, coprenti; ***Strümpfe mit Naht*** calze con la cucitura; ***Strümpfe stopfen*** rammendare le calze; ***die Strümpfe anziehen, ausziehen*** mettere (*o* infilare), togliere (*o* sfilare) le calze; ***ein Loch, eine Laufmasche im ~ haben*** avere un buco, una smagliatura nella calza **2** *(Glühstrumpf)* reticella *f.* ◆ ***auf Strümpfen*** = scalzo, senza scarpe; ***sich auf die Strümpfe machen*** = darsela a gambe; FIG. ***Geld im ~ haben*** = avere i soldi sotto il materasso. **Strumpf|band** n. *(-[e]s,-bänder)* giarrettiera *f.* **Strumpf|fab|rik** f. *(-,-en)* calzificio *m.* **Strumpf|hal|ter** m. *(-s,-)* giarrettiera *f.* **Strumpf|hal|ter|gür|tel** m. *(-s,-)* reggicalze *m.* **Strumpf|ho|se** f. *(-,-n)* **1** collant *m.* **2** *(aus Wolle, Baumwolle)* calzamaglia *f.* **Strumpf|mas|ke** f. *(-,-n)* calza *f.*: ***die Bankräuber trugen -n*** i rapinatori avevano il viso coperto da una calza; ***sich eine ~ über den Kopf ziehen*** mettersi una calza sulla testa. **Strumpf|wa|ren** pl. calze *f.pl.* **Strumpf|wir|ke|rei** f. *(-,-en)* calzificio *m.*

Strunk m. *(-[e]s, Strünke)* **1** torsolo *m.* **2** *(von Bäumen)* ceppo *m.*

strun|zen intr. (aus. *haben*) REGION. vantarsi, darsi delle arie.

strup|pig agg. **1** ispido, irsuto; ***ein -es Fell, -er Bart*** un pelo irsuto, una barba ispida **2** *(von Haaren)* scarmigliato, arruffato. **Strup|pig|keit** f. *(-)* ispidezza *f.*

struw|we|lig REGION. → **strubbelig. Struw|wel|kopf** REGION. → **Strubbelkopf. Struw|wel|pe|ter I** n.pr.m. *(-s)* Pierino Porcospino *m.* **II** m. *(-s)* bambino *m.* scarruffato.

Strych|nin [ʃt-, st-] n. *(-s)* stricnina *f.*

Stu|art|kra|gen ['stjʊət-, 'ʃtuart-] m. *(-s,-)* colletto *m.* alla Maria Stuarda.

Stüb|chen n. *(-s,-)* stanzina *f.*, stanzetta *f.*

Stu|be f. *(-,-n)* **1** REGION. O ANT. stanza *f.* (di soggiorno) **2** *(Gemeinschaftsraum)* camerata *f.* ◆ ***die gute ~*** il salotto buono; ***immer in der ~ hocken*** starsene rintanato in casa; SCHERZ. ***rein in die gute ~!*** avanti! accomodatevi! **Stu|ben|ar|rest** m. *(-[e]s,-e)* MIL. COLLOQ. consegna *f.*: ***~ haben*** essere consegnato. **Stu|ben|dienst** m. *(-[e]s,-e)* pulizia *f.* (della camerata): ***wer hat ~?*** chi è di pulizia alla camerata? **Stu|ben|ge|lehr|te** m. *(-n,-n)* COLLOQ. SPREG. topo *m.* di biblioteca. **Stu|ben|ho|cker** m. *(-s,-)* COLLOQ. SPREG. pantofo-

laio *m.* **Stu|ben|ka|me|rad** m. *(-en,-en)* compagno *m.* di camerata. **Stu|ben|luft** f. *(-)* aria *f.* viziata (di una stanza). **Stu|ben|mäd|chen** n. *(-s,-)* ANT. cameriera *f.* **stu|ben|rein** agg. pulito: ***ein -es Haustier*** un animale domestico pulito; FIG. ***ein -er Witz*** una barzelletta pulita. **Stu|ben|wa|gen** m. *(-s,-)* culla *f.*
Stü|ber m. *(-s,-)* RAR. buffetto *m.* sul naso.
Stubs|na|se → **Stupsnase.**
Stuck m. *(-[e]s)* stucco *m.*
Stück n. *(-[e]s,-e)* **1a** pezzo *m.*: ***ein ~ Papier, Fleisch*** un pezzo di carta, di carne; ***ein ~ altes Brot, alten Brotes*** un pezzo di pane vecchio; ***ein ~ Land*** un pezzo di terra; ***etw. in -e schneiden*** tagliare a (*o* in) pezzi; ***in -e schlagen , hauen, (zer)brechen*** fare a pezzi; ***in -e gehen, springen*** andare in pezzi; ***in vielen, allen -en*** in tanti pezzi **b** *(von Torten, Kuchen)* fetta *f.*, pezzo *m.*: ***zwei ~ Kuchen, Torte*** due fette di dolce, di torta **2** *(Menge einer Sache)* pezzo *m.*: ***das sind sehr seltene -e*** sono pezzi molto rari; ***zwei Mark das ~*** due marchi al pezzo; ***eine Arbeit nach ~ bezahlen*** pagare un lavoro al pezzo; COLLOQ. ***die Rosen kosten eine Mark das ~*** le rose costano un marco l'una; RAR. ***fünf ~ von den Äpfeln*** 5 mele **3** *(von Vieh, Kleidung)* capo *m.*: ***10 ~ Vieh*** dieci capi di bestiame; ***drei ~ Ochsen*** tre buoi **4** *(Zuckerstück)* zolletta *f.* **5** *(Gepäckstück)* collo *m.* **6** *(von einer Straße)* tratto *m.*, pezzo *m.*: ***jdn ein ~ (Weges) begleiten*** accompagnare qcn. per un tratto; ***ein ~ spazierengehen, mit dem Auto fahren*** fare un pezzo a piedi, in macchina **7a** *(Theaterstück)* lavoro *m.*, dramma *m.*: ***ein ~ inszenieren, aufführen*** mettere in scena, rappresentare un dramma **b** *(Musikstück)* pezzo *m.*, brano *m.*: ***ein ~ spielen, schreiben, üben*** suonare, scrivere, provare un pezzo; ***ein ~ absetzen*** togliere un pezzo dal programma **8** SPREG. *(Mensch)* individuo *m.*, essere *m.*, tipo *m.*: ***sie ist ein dummes, faules, freches ~*** è una stupida, una pigra, una sfacciata; ***ein gemeines ~*** un essere abietto ◆ FIG. ***sich von jdm, etw. ein ~ abschneiden*** prendere ad esempio (*o* a modello) qcn, qcs.; ***mit jdm in allen -en einig sein*** essere d'accordo con qcn. in tutto e per tutto; ***Käse, Schinken am ~*** formaggio, prosciutto in un pezzo intero, non affettato; ***aus einem ~*** tutto d'un pezzo; ***unser bestes ~*** il nostro migliore amico; ***ein ~ Butter*** un pezzo di burro; COLLOQ. *(abgepackt)* un pane di burro (da g 250); COLLOQ. ***ein kleines ~ Butter*** un pane di burro da g 125; ***aus freien -en*** volontariamente, di propria iniziativa; ***~ für ~*** pezzo per pezzo; ***ein schönes, hübsches ~ Geld*** una bella somma (*o* sommetta); ***große -e auf jdn halten*** avere molta stima (*o* un'alta opinione) di qcn.; ***er bildet sich große -e auf sein Werk ein*** crede che il suo lavoro sia chissà che; ***ein hartes ~ Arbeit*** un sacco di lavoro; ***im ~*** → ***am ~***; ***in einem ~*** ininterrottamente; FIG. ***in -e sein, liegen*** essere a pezzi; ***ein kleines ~*** un pezzetto; ***sich für jdn in -e reißen lassen*** farsi in quattro per qualcuno; ***wir sind mit der Arbeit ein schönes ~ vorangekommen*** abbiamo fatto un bel po' di lavoro; ***das ist aber ein starkes ~!*** questo è davvero troppo! ***sich ein tolles ~ leisten*** farla grossa; ***in (tausend) -e zerbrechen*** andare in mille pezzi.
Stuck|ar|beit f. *(-,-en)* lavoro *m.* di stucco, stuccatura *f.*
Stück|ar|beit f. *(-)* **1** lavoro *m.* a cottimo **2** COLLOQ. *(Flickwerk)* lavoro *m.* tirato via. **Stück|ar|bei|ter** m. *(-s,-)* cottimista *m.*
Stu|cka|teur [-'tøːɐ] m. *(-s,-e)* stuccatore *m.* **Stu|cka|tur** f. *(-,-en)* stuccatura *f.*
Stück|chen n. *(-s,-)* pezzetto *m.*, pezzettino *m.*
Stuck|de|cke f. *(-,-n)* soffitto *m.* a stucchi.
stü|ckeln tr. rappezzare. **Stü|cke|lung** f. *(-,-en)* **1** rappezzatura *f.* **2** BANC. taglio *m.* **stü|cken** tr. → **stückeln.**
Stü|cker COLLOQ. ***~ zwanzig*** circa venti pezzi, una ventina di pezzi.
stu|cke|rig agg. REGION. accidentato, sconnesso. **stu|ckern** intr. REGION. **1** (aus. *haben*) sobbalzare **2** (aus. *sein*) procedere sobbalzando (*o* a sobbalzi).
Stü|cke|schrei|ber m. *(-s,-)* autore *m.* di pezzi teatrali.
Stück|gut n. *(-[e]s)* collettame *m.*
stu|ckie|ren tr. stuccare, decorare con stucchi.
stü|ckig agg. in pezzi, in blocchi. **Stück|kauf** m. *(-[e]s)* acquisto *m.* di un pezzo singolo. **Stück|koh|le** f. *(-,-n)* carbone *m.* di grossa pezzatura (*o* in pezzi grossi). **Stück|kos|ten** pl. ECON. costo *m.* unitario. **Stück|lis|te** f. *(-,-n)* elenco *m.* dei pezzi. **Stück|lohn** m. *(-[e]s,-löhne)* cottimo *m.*
Stück|lung → **Stückelung.**
Stuck|mar|mor m. *(-s)* finto marmo *m.*
Stück|preis m. *(-es,-e)* prezzo *m.* unitario. **Stück|wa|re** f. *(-,-n)* merce *f.* venduta al pezzo. **stück|wei|se** agg. in pezzi singoli. **Stück|werk** n. *(-[e]s)* lavoro *m.* imperfetto, non terminato; ***~ sein, bleiben*** essere, restare incompiuto. **Stück|zahl** f. *(-,-en)* numero *m.* (*o* quantità *f.*) di, dei pezzi. **Stück|zin|sen** pl. ratei *m.pl.* sui titoli.
Stu|dent m. *(-en,-en)* UNIV. studente *m.*: ***~ der Philologie, an der Musikhochschule, im vierten Semester*** studente in (*o* di) filologia, di conservatorio, al quarto semestre **2** AUSTR. e ANT. *(Schüler)* studente *m.* (di scuola media). **Stu|den|ten|aus|weis** m. *(-es,-e)* tessera *f.* di studente. **Stu|den|ten|be|we|gung** f. *(-,-en)* movimento *m.* studentesco. **Stu|den|ten|bu|de** f. *(-,-n)* COLLOQ. camera *f.* di, da studente. **Stu|den|ten|fut|ter** n. *(-s)* = frutta *f.* secca. **Stu|den|ten|ge|mein|de** f. *(-,-n)* comunità *f.* (religiosa) di studenti. **Stu|den|ten|heim** n. *(-[e]s,-e)* casa *f.* dello studente. **Stu|den|ten|knei|pe** f. *(-,-n)* birreria *f.* frequentata da studenti. **Stu|den|ten|lied** n. *(-[e]s,-er)* canzone *f.* goliardica. **Stu|den|ten|müt|ze** f. *(-,-n)* berretto *m.* goliardico. **Stu|den|ten|par|la|ment** n. *(-[e]s,-e)* rappresentanza *f.* studentesca. **Stu|den|ten|re|vol|te** f. *(-,-n)* rivolta *f.* studentesca. **Stu|den|ten|schaft** f. *(-,-en)* studenti *m.pl.* **Stu|den|ten|spra|che** f. *(-,-n)* linguaggio *m.* (*o* gergo *m.*) studentesco, goliardico. **Stu|den|ten|ver|bin|dung** f. *(-,-en)* associazione *f.* studentesca. **Stu|den|ten|werk** n. *(-[e]s,-e)* opera *f.* universitaria. **Stu|den|ten|wohn|heim** → **Studentenheim.**
Stu|den|tin f. *(-,-nen)* studentessa *f.* (universitaria).
stu|den|tisch agg. studentesco.
Stu|die f. *(-,-n)* **1** *(Entwurf)* studio *m.*: ***eine ~ anfertigen*** realizzare uno studio **2** *(Untersuchung)* studio *m.*, saggio *m.*: ***eine philosophische ~*** un saggio filosofico, di filosofia.
Stu|di|en|ab|bre|cher m. *(-s,-)* chi abbandona gli studi. **Stu|di|en|as|ses|sor** m. *(-s,-en)* insegnante *m.* di scuola superiore (in preruolo). **Stu|di|en|auf|ent|halt** m. *(-[e]s,-e)* soggiorno *m.* di studio. **Stu|di|en|be|ra|tung** f. *(-,-en)* consulenza *f.* per l'orientamento agli studi. **Stu|di|en|be|wer|ber** m. *(-s,-)* aspirante *m.* a un posto da studente all'università. **Stu|di|en|brief** m. *(-[e]s,-e)* materiale *m.* didattico (inviato nei corsi per corrispondenza). **Stu|di|en|buch** n. *(-[e]s,-bücher)* libretto *m.* universitario. **Stu|di|en|di|rek|tor** m. *(-s,-en)* preside *m.* (di liceo). **Stu|di|en|fach** n. *(-[e]s,-fächer)* materia *f.* di studio. **Stu|di|en|freund** m. *(-[e]s,-e)* compagno *m.* di studi (all'università). **Stu|di|en|gang** m. *(-[e]s,-gänge)* corso *m.* di studi. **Stu|di|en|ge|bühr** f. *(-,-en)* tassa *f.* d'iscrizione. **stu|di|en|hal|ber** avv. a scopo di studio. **Stu|di|en|jahr** n. *(-[e]s,-e)* anno *m.* accademico. **Stu|di|en|kol|leg** n. *(-s,-s e -ien)* corso *m.* propedeutico. **Stu|di|en|kol|le|ge** m. *(-n,-n)* compagno *m.* di università. **Stu|di|en|platz** m. *(-es,-plätze)* posto *m.* da studente all'università. **Stu|di|en|rat** m. *(-[e]s,-räte)* insegnante *m.* (di ruolo) di scuola superiore. **Stu|di|en|re|fe|ren|dar** m. *(-s,-e)* insegnante *m.* di scuola superiore (in preruolo). **Stu|di|en|rei|se** f. *(-,-n)* viaggio *m.* di studio. **Stu|di|en|rich|tung** f. *(-,-en)* indirizzo *m.* (universitario). **Stu|di|en|se|mi|nar** n. *(-s,-e)* UNIV. seminario *m.* **Stu|di|en|zeit** f. *(-,-en)* periodo *m.* degli studi (universitari). **Stu|di|en|zweck** m. *(-[e]s,-e)* scopo *m.* (*o* motivo *m.*) di studio: ***zu -en nach Frankreich fahren*** andare in Francia per (motivi di) studio.
stu|die|ren I intr. (aus. *haben*) **1** studiare (all'università o in un istituto superiore): ***an der Universität, an der technischen Hochschule ~*** studiare all'università, al politecnico; ***mit einem Stipendium ~*** studiare con una borsa di studio; ***in Bonn ~*** studiare (*o* fare l'università) a Bonn; ***jdn ~ lassen*** fare studiare (*o* mandare all'università) qcn.; ***sie hat acht Semester studiert*** ha studiato per otto semestri; ***er studiert im zehnten Semester*** è al decimo semestre (*o* al quarto anno), frequenta il decimo semestre **2** AUSTR. e ANT. studiare (in una scuola media) **II** tr. studiare: ***Philosophie, Gesang ~*** studiare filosofia, canto; FIG. ***jds Charakter, ein Problem ~*** studiare il carattere di qcn., un problema; *(einüben)* ***die Rolle ~*** studiare la parte; *(durchlesen)* ***die Speisekarte ~*** studiare (*o* esaminare) il menù ◆ PROV. ***Probieren geht über Studieren*** val più la pratica che la grammatica.
Stu|die|ren|de m. e f. *(-n,-n)* studente *m.* (-tessa *f.*).
Stu|dier|stu|be f. *(-,-n)* ANT. → **Studierzimmer.**
stu|diert p.pass. agg. **1** → **studieren 2** COLLOQ. che ha studiato; *(gebildet)* colto. **Stu|dier|te** m. e f. *(-n,-n)* COLLOQ. persona *f.* che ha studiato.
Stu|dier|zim|mer n. *(-s,-)* studio *m.*
Stu|di|ker m. *(-s,-)* SCHERZ. studente *m.*
Stu|dio n. *(-s,-s)* **1** *(Atelier; Fernseh-, Filmstudio)* studio *m.* **2** *(Kino)* cinema *m.* d'essai **3** *(Einzimmerwohnung)* monolocale *m.* **Stu|di|o|büh|ne** f. *(-,-n)* teatro *m.* d'avanguardia. **Stu|di|o|film** m. *(-[e]s,-e)* cinema *m.* d'essai. **Stu|di|o|gast** m. *(-[e]s,-gäste)* ospite *m.* in studio.
Stu|di|um n. *(-s, Studien)* **1** studio *m.*: ***das ~ der Philosophie*** lo studio della filosofia; ***das ~ einer Rolle*** lo studio di una parte **2** *(akademische Ausbildung)* (corso *m.* di) studi *m.pl.*: ***das ~ aufnehmen, abschließen, abbrechen*** intraprendere, concludere, interrompere

gli studi; ***ein theologisches ~*** un corso di studi in teologia; ***ich bin noch im ~*** sto ancora studiando; ***sein ~ beenden*** terminare gli studi (*o* l'università); ***Zulassung zum ~*** ammissione alla facoltà; ***das ~ dauert zehn Semester*** il corso di studi dura cinque anni **3** *(Durchlesen)* esame *m.*, lettura *f.* attenta: ***beim ~ der Akten*** all'esame degli atti.

Stu|fe f. *(-,-n)* **1a** gradino *m.*, scalino *m.*: ***die -n einer Treppe, eines Altars*** i gradini di una scala, di un altare; ***die -n hinuntersteigen*** scendere i gradini, le scale; ***zwei -n auf einmal nehmen*** fare i gradini due alla volta **b** ALP. gradino *m.*: ***-n ins Eis schlagen, hauen*** tagliare gradini (*o* gradinare) nel ghiaccio **2** FIG. *(Niveau)* grado *m.*, stadio *m.*, livello *m.*: ***die -n der Entwicklung*** gli stadi dello sviluppo; ***die höchste ~ der Laufbahn*** il gradino più alto della carriera; ***auf einer hohen, niedrigen ~ stehen*** essere a un alto, basso livello; ***eine ~ erreichen*** raggiungere un livello **3a** MUS. grado *m.* **b** *(Steigerungsstufe)* grado *m.* (di comparazione) **4** *(einer Rakete)* stadio *m.*: ***die zweite ~ zünden*** accendere il secondo stadio **5** *(Vegetationsstufe)* livello *m.* di vegetazione **6** SART. basta *f.* **7** GEOGR. terrazza *f.*, gradone *m.* **8** GEOL. sottoperiodo *m.* ◆ ***die -n zum Erfolg erklimmen*** ascendere la scala del successo; ***auf einer, auf der gleichen ~ stehen*** essere sullo stesso piano (*o* allo stesso livello); ***jdn, etw. auf eine, auf die gleiche ~ stellen*** mettere (*o* porre) qcn., qcs. sullo stesso piano; ***sich mit jdm auf eine, auf die gleiche ~ stellen*** mettersi sullo stesso piano di qcn.; ***in -n verlaufen*** procedere per gradi; ***von ~ zu ~*** un gradino dopo l'altro.

stu|fen tr. **1** terrazzare **2** *(abstufen)* graduare, differenziare: ***etw. nach Merkmalen ~*** differenziare qcs. secondo le caratteristiche.

stu|fen|ar|tig agg. e avv. a gradini. **Stu|fen|bar|ren** m. *(-s,-)* parallele *f.pl.* asimmetriche. **Stu|fen|dach** n. *(-[e]s,-dächer)* tetto *m.* a gradini. **Stu|fen|fol|ge** f. *(-,-n)* **1** scala *f.* gerarchica **2** *(einer Entwicklung)* gradualità *f.*, processo *m.* graduale. **stu|fen|för|mig** agg. e avv. a gradini. **Stu|fen|gang** m. *(-[e]s,-gänge)* gradinata *f.*, scalinata *f.* **Stu|fen|heck** n. *(-[e]s,-e* e *-s)* AUT. coda *f.* a sbalzo. **Stu|fen|lei|ter** f. *(-,-n)* scala *f.*: ***die ~ der Gesellschaft*** la scala sociale. **stu|fen|los** agg. TECN. continuo: ***-es Getriebe*** variatore continuo. **Stu|fen|py|ra|mi|de** f. *(-,-n)* piramide *f.* a gradini. **Stu|fen|ra|ke|te** f. *(-,-n)* missile *m.* pluristadio. **Stu|fen|schal|ter** m. *(-s,-)* interruttore *m.* multiplo. **stu|fen|wei|se** avv. gradualmente, in modo graduale, per gradi: ***etw. ~ lernen*** imparare qcs. (procedendo) per gradi; *(mit Verbalsubstantiven)* ***-r Abbau*** smantellamento graduale.

stu|fig agg. **1** GEOGR. terrazzato **2** scalato: ***ein -er Haarschnitt*** un taglio scalato ◆ ***das Haar ~ schneiden*** scalare i capelli, fare un taglio scalato. **Stu|fung** f. *(-,-en)* **1** suddivisione *f.* in gradini **2** GEOGR. disposizione *f.* a terrazze **3** *(Staffelung)* graduazione *f.*

Stuhl m. *(-[e]s, Stühle)* **1** sedia *f.*, seggiola *f.*: ***sich auf einen ~ setzen*** sedersi, mettersi a sedere su una sedia; ***auf einem ~ sitzen*** sedere, stare seduto su una sedia; ***vom ~ aufstehen, sich vom ~ erheben*** alzarsi dalla sedia; ***jdm einen ~ anbieten*** far accomodare qcn. su una sedia **2a** MED. *(Stuhlentleerung)* evacuazione *f.* **b** *(Kot)* feci *f.pl.* ◆ ***der Apostolische ~*** la sede apostolica; ***der bischöfliche ~*** la cattedra vescovile; ***elektrischer ~*** sedia elettrica; ***fast vom ~ fallen*** = restare sbalordito, di stucco; ***jdn vom ~ hauen*** → ***jdn vom ~ reißen***; ***der Heilige ~*** la Santa Sede; FIG. ANT. ***jdn über den ~ legen*** darle di santa ragione a qcn.; ***der Päpstliche ~*** la sedia papale, la Santa Sede; ***der ~ Petri*** la cattedra di san Pietro; ***jdn vom ~ reißen*** = entusiasmare qcn.; COLLOQ. ***an jds ~ sägen*** = cercare di scalzare qcn. dal proprio posto; ***jdm den ~ vor die Tür setzen*** mettere alla porta qcn.; FIG. COLLOQ. ***jds ~ wackelt*** la poltrona di qcn. vacilla, qcn. rischia di perdere la poltrona; ***zwischen zwei Stühlen sitzen*** non sapere che pesci pigliare.

Stuhl|bein n. *(-[e]s,-e)* gamba *f.* di (una), della sedia.

Stühl|chen n. *(-s,-)* piccola sedia *f.*, seggiolina *f.*

Stuhl|drang m. *(-[e]s)* stimolo *m.* all'evacuazione. **Stuhl|ent|lee|rung** f. *(-)* evacuazione *f.* **Stuhl|gang** m. *(-[e]s)* **1** → **Stuhlentleerung** **2** *(Kot)* feci *f.pl.* ◆ ***~ haben*** andare di corpo. **Stuhl|ge|richt** n. *(-[e]s)* STOR. tribunale *m.* della feme. **Stuhl|leh|ne** f. *(-,-n)* schienale *m.* di (una), della sedia **2** RAR. bracciolo *m.* di (una), della sedia. **Stuhl|pro|be** f. *(-,-n)* campione *m.* di, delle feci. **Stuhl|schieds|rich|ter** m. *(-s,-)* *(Tennis)* giudice *m.* di sedia. **Stuhl|un|ter|su|chung** f. *(-,-en)* esame *m.* delle feci. **Stuhl|ver|hal|tung** f. *(-,-en)* coprostasi *f.* **Stuhl|ver|stop|fung** f. *(-,-en)* stitichezza *f.*

Stu|ka m. *(-s,-s)* stuka *m.*

Stuk|ka|teur → **Stuckateur. Stuk|ka|tur** → **Stuckatur.**

Stul|le f. *(-,-n)* REGION. fetta *f.* di pane (spalmata).

Stulp|är|mel → **Stulpenärmel.**

Stul|pe f. *(-,-n)* risvolto *m.*

stül|pen tr. **1** mettere (sopra): ***die Haube über die Schreibmaschine ~*** mettere la fodera alla macchina da scrivere; ***(sich [D]) den Hut, die Mütze auf den Kopf ~*** metter(si) in testa il cappello, il berretto **2a** *(von innen nach außen kehren)* rivoltare, rovesciare; ***den Kragen nach oben ~*** alzare il bavero **b** ***die Lippen nach vorn ~*** protendere le labbra, fare boccuccia **3** *(durch Umdrehen an eine Stelle bringen)* rovesciare: ***alles aus der Tasche auf den Tisch ~*** rovesciare sul tavolo tutto ciò che si ha in tasca.

Stul|pen|är|mel m. *(-s,-)* manica *f.* con risvolto. **Stul|pen|hand|schuh** m. *(-[e]s,-e)* guanto *m.* con risvolto. **Stul|pen|stie|fel** m. *(-s,-)* stivale *m.* a risvolto, alla scudiera.

Stülp|na|se f. *(-,-n)* naso *m.* all'insù.

stumm I agg. **1a** muto: ***von Geburt an ~ sein*** essere muto dalla nascita; ***~ wie ein Fisch, wie ein Grab*** muto come un pesce, come una tomba **b** LING. ***ein -er Laut*** un suono muto **2a** *(schweigsam)* silenzioso, muto: ***eine -e Person*** una persona silenziosa; ***warum bist du so ~?*** perché sei così silenzioso? **b** FIG. *(wortlos)* ***ein -er Protest, Schmerz*** una protesta silenziosa, un dolore muto; ***eine -e Szene*** una scena muta **II** avv. in silenzio: ***~ dabeistehen*** starsene in silenzio; ***alle blieben ~*** tutti rimasero in silenzio ◆ ***jdn ~ machen*** (fare) ammutolire qcn.; COLLOQ. *(töten)* far fuori, eliminare qcn.; *(von Zeitungen)* ***-er Verkäufer*** distributore automatico di giornali; ***vor Schreck, Freude ~ sein*** essere ammutolito dallo spavento, dalla gioia; ***~ werden*** diventare muto; *(schweigsam werden)* ammutolire. **Stum|me** m. e f. *(-n,-n)* muto *m.* (-a *f.*).

Stum|mel m. *(-s,-)* **1** mozzicone *m.*: ***der ~ eines Bleistifts, einer Zigarre*** il mozzicone di una matita, di un sigaro **2** → **Stummelschwanz** **3** MED. moncone *m.*, moncherino *m.* **Stum|mel|pfei|fe** f. *(-,-n)* pipetta *f.* **Stum|mel|schwanz** m. *(-es,-schwänze)* coda *f.* mozza.

Stumm|film m. *(-[e]s,-e)* film *m.* muto. **Stumm|heit** f. *(-)* **1** mutismo *m.* **2** *(Schweigsamkeit)* silenziosità *f.*, mutismo *m.*

Stum|pen m. *(-s,-)* **1** ceppo *m.* **2** *(Zigarre)* mezzo sigaro *m.*

Stüm|per m. *(-s,-)* SPREG. incapace *m.*, buono *m.* a nulla. **Stüm|pe|rei** f. *(-,-en)* SPREG. **1** incapacità *f.* **2** *(stümperhafte Arbeit)* lavoro *m.* da incapaci (*o* fatto coi piedi), pasticcio *m.* **stüm|per|haft I** agg. da incapace, malfatto, fatto coi piedi: ***eine -e Arbeit*** un lavoro malfatto (*o* fatto coi piedi) **II** avv. ***etw. ~ ausführen*** fare qcs. malamente; ***~ arbeiten*** lavorare male, pasticciare. **stüm|pern** intr. (aus. *haben*) lavorare male (*o* coi piedi), pasticciare.

stumpf agg. **1a** non affilato, senza filo: ***ein -es Schwert, Messer, Rasiermesser*** una spada non affilata, un coltello che non taglia, un rasoio senza filo; ***eine -e Klinge, Schere*** una lama senza filo, forbici che non tagliano **b** *(nicht spitz)* spuntato, non aguzzo: ***der Bleistift ist ~ geworden*** la matita si è spuntata **c** *(abgestumpft)* smussato **2a** GEOM. tronco: ***ein -er Kegel*** un cono tronco (*o* un tronco di cono) **b** ***ein -er Winkel*** un angolo ottuso **3** *(glanzlos)* opaco: ***-es Gewebe, Haar*** tessuto opaco, capelli opachi **4a** *(teilnahmslos)* indifferente, apatico: ***ein -er Mensch*** un uomo apatico **b** *(empfindungslos)* insensibile: ***durch das Leiden ist er ~ geworden*** la sofferenza lo ha reso insensibile **c** ***ein -er Blick*** uno sguardo spento (*o* vuoto) **d** ***-e Sinne*** sensi ottusi ◆ ***eine -e Nase*** naso schiacciato, camuso; ***~ machen*** smussare; *(die Spitze abbrechen)* spuntare; FIG. rendere insensibile, indifferente.

Stumpf m. *(-[e]s, Stümpfe)* **1** troncone *m.* **2** *(Kerzenstumpf)* moccolo *m.* **3** *(Baumstumpf)* ceppo *m.* **4** *(Arm-, Beinstumpf)* moncone *m.* ◆ ***mit ~ und Stiel*** radicalmente, completamente.

Stumpf|heit f. *(-)* **1** mancanza *f.* di filo **2** *(von spitzen Gegenständen)* mancanza *f.* di punta **3** *(Glanzlosigkeit)* opacità *f.* **4a** *(Teilnahmslosigkeit)* indifferenza *f.*, apatia *f.* **b** *(Empfindungslosigkeit)* insensibilità *f.*

Stumpf|na|se f. *(-,-n)* REGION. naso *m.* schiacciato, camuso.

Stumpf|sinn m. *(-[e]s)* **1** indifferenza *f.*, apatia *f.*; *(Empfindungslosigkeit)* insensibilità *f.*; *(Dumpfheit)* ottusità *f.* **2** *(Langweiligkeit)* noia *f.* **3** RAR. *(Unsinn)* stupidaggini *f.pl.*, assurdità *f.pl.* **stumpf|sin|nig** agg. **1** indifferente, apatico; *(empfindungslos)* insensibile; *(dumpf)* ottuso **2** *(langweilig)* noioso. **Stumpf|sin|nig|keit** f. *(-)* → **Stumpfsinn.**

stumpf|win|ke|lig, stumpf|wink|lig agg. GEOM. ottusangolo.

Stünd|chen n. *(-s,-)* oretta *f.*: ***auf, für ein ~*** per un'oretta.

Stun|de f. *(-,-n)* **1a** ora *f.*: ***in einer ~, in zwei -n*** fra un'ora, fra due ore; ***eine knappe, volle (*o* ganze), geschlagene ~*** un'ora scarsa, intera, esatta (*o* di orologio); ***eine halbe ~, eineinhalb -n (anderthalb -n)*** una mezz'ora, un'ora e mezza; ***eine ~ später*** un'ora dopo; ***eine ~ zu spät kommen*** arrivare un'ora in ritardo; ***eine ~ entfernt liegen*** essere a un'ora di strada; ***zu Fuß sind es zwei -n*** a piedi ci vogliono due ore; ***der Elektriker nimmt fünfzig Mark (für) die ~ (in der ~, pro ~)*** l'elettricista prende cinquanta marchi l'ora; ***das Auto fährt 180 km in der ~*** l'auto fa 180 km all'ora (*o* va ai 180 all'ora); ***-n und -n vor dem Fernseher verbringen*** passare ore e ore davanti alla televisione **b** SCOL. ***in der zweiten ~ haben wir Chemie*** alla seconda ora abbiamo chimica **2** *(Nachhilfestunde)* ripetizione *f.*, lezione *f.* (privata): ***-n in Deutsch erteilen (geben), nehmen*** dare ripetizioni, prendere lezioni di tedesco **3** *(Augenblick)* ora *f.*, momento *m.*: ***die schönsten -n meines Lebens*** le ore più belle della mia vita; ***eine historische ~*** un momento storico; ***in der ~ der Gefahr*** nell'ora del pericolo; ***die richtige ~ abwarten*** attendere il momento giusto; ***in einer schwachen, stillen ~*** in un momento di debolezza, di calma; ***er hatte heute seine große ~*** oggi è stato il suo grande momento; ***endlich ist meine ~ gekommen!*** è arrivato finalmente il mio momento! ◆ ***im Abstand von drei -n*** a intervalli di tre ore, ogni tre ore; ***bis zur ~, bis zu dieser ~*** fino ad ora; ***ein Mann der ersten ~*** uno della prima ora; ***er gehörte zu den Politikern der ersten ~*** fu uno dei politici della ricostruzione; ***wissen, was die ~ geschlagen hat*** = intuire quanto sta per accadere, capire la situazione; ***die Gunst der ~ nutzen*** sfruttare il momento favorevole; ***alle halbe ~*** ogni mezz'ora; ***seine letzte ~ ist gekommen, hat geschlagen!*** è giunta (*o* è suonata) la sua ora! ***die ~ Null*** l'ora zero; ***zu später ~*** a ora tarda; ***~ um ~ verging, verstrich*** passarono ore e ore; ***von ~ zu ~*** di ora in ora; ***von Stund an*** da quel momento in poi; ***zu vorgerückter ~*** a ora tarda; ***die ~ der Wahrheit*** l'ora della verità; ***die ~ X*** l'ora X; ***zu jeder ~*** a ogni ora, a tutte le ore; ***in zwölfter ~*** all'ultima ora, all'ultimo momento.

stun|den tr. prorogare, differire, dilazionare: ***eine Zahlung, eine Rate ~*** differire un pagamento, il pagamento di una rata.

Stun|den|buch n. *(-[e]s,-bücher)* RELIG. libro *m.* delle ore. **Stun|den|de|pu|tat** n. *(-[e]s,-e)* SCOL. monte *m.* ore (settimanale). **Stun|den|durch|schnitt** m. *(-[e]s)* media *f.* oraria. **Stun|den|ge|bet** n. *(-[e]s,-e)* RELIG. ora *f.* canonica. **Stun|den|ge|schwin|dig|keit** f. *(-)* velocità *f.* oraria. **Stun|den|glas** n. *(-es,-gläser)* ANT. clessidra *f.* **Stun|den|ho|no|rar** n. *(-s,-e)* compenso *m.* orario (*o* all'ora). **Stun|den|ho|tel** n. *(-s,-s)* albergo *m.* a ore. **Stun|den|ki|lo|me|ter** pl. chilometri *m.pl.* orari (*o* all'ora). **stun|den|lang** **I** agg. che dura ore, di (varie) ore **II** avv. per (delle) ore, (per) ore e ore. **Stun|den|lohn** m. *(-[e]s,-löhne)* paga *f.* (*o* retribuzione *f.*) oraria. **Stun|den|plan** m. *(-[e]s,-pläne)* orario *m.* **Stun|den|schlag** m. *(-[e]s,-schläge)* rintocco *m.*, tocco *m.* ◆ FIG. ***mit dem ~ 6*** alle 6 precise (*o* in punto). **stun|den|wei|se** avv. **1** a ore: ***~ arbeiten*** lavorare a ore **2a** *(einige Stunden)* qualche ora: ***er darf schon ~ aufstehen*** può già alzarsi qualche ora **b** *(ab und zu eine Stunde)* (per) un'oretta. **stun|den|weit** **I** agg. **1** di (varie) ore **2** *(eine Wegstunde weit)* di un'ora **II** avv. per ore. **Stun|den|zei|ger** m. *(-s,-)* lancetta *f.* delle ore.

Stünd|lein n. *(-s,-)* oretta *f.* ◆ ***sein letztes ~ ist gekommen, hat geschlagen*** è venuta la sua ora, è suonata la sua ultima ora.

stünd|lich **I** agg. che avviene (*o* si ripete) ogni ora, orario: ***-e Nachrichten*** notiziari trasmessi ogni ora **II** avv. **1** ogni ora: ***der Rundfunk bringt ~ Nachrichten*** la radio trasmette notizie ogni ora; ***~ einen Löffel voll*** un cucchiaio ogni ora; ***nach Mailand fährt ~ ein Zug*** c'è un treno per Milano ogni ora **2a** *(jeden Augenblick)* in ogni momento (*o* istante): ***er kann ~ ankommen*** può arrivare in ogni momento; ***etw. kann ~ geschehen*** qcs. può succedere ogni momento **b** *(ständig)* in ogni istante, ogni momento: ***seine Laune wechselt ~*** il suo umore cambia ogni momento **3** *(von Stunde zu Stunde)* di ora in ora.

Stun|dung f. *(-,-en)* proroga *f.* (del pagamento), dilazione *f.*: ***um ~ bitten*** chiedere una proroga.

Stunk m. *(-s)* COLLOQ. lite *f.*, litigio *m.*: ***mit jdm ~ anfangen, haben*** attaccar lite (*o* briga) con qcn., avere una lite con qcn. ◆ ***mach keinen ~!*** non piantare grane!

Stunt [stʌnt] m. *(-s,-s)* numero *m.* acrobatico: ***einen ~ ausführen, vollführen*** eseguire un numero acrobatico. **Stunt|man** ['stʌntmən] m. *(-s, Stuntmen)* cascatore *m.*, stuntman *m.*

stu|pid, RAR. **stu|pi|de** agg. **1** stupido, ottuso **2** *(langweilig)* noioso, monotono: ***ein -es Leben*** una vita noiosa. **Stu|pi|di|tät** f. *(-,-en)* **1** stupidità *f.*, ottusità *f.* **2** *(Langeweile)* monotonia *f.*, noiosità *f.*

Stups m. *(-es,-e)* COLLOQ. spinta *f.* **stup|sen** tr. COLLOQ. spingere. **Stup|ser** m. *(-s,-)* COLLOQ. spinta *f.*

Stups|na|se f. *(-,-n)* naso *m.* all'insù.

stur **I** agg. **1** caparbio, testardo, cocciuto **2** ottuso: ***ein -er Beamter*** un impiegato ottuso **II** avv. caparbiamente, testardamente: ***~ auf etw. bestehen*** insistere caparbiamente su qcs. ◆ ***ein -er Bock*** un testone; ***~ wie ein Panzer*** testardo (*o* cocciuto) come un mulo; ***auf ~ schalten, sich ~ stellen*** = non sentir ragione. **Stur|heit** f. *(-)* caparbietà *f.*, testardaggine *f.*, cocciutaggine *f.*

Sturm m. *(-[e]s, Stürme)* **1a** tempesta *f.*; *(im Gebirge)* bufera *f.*; *(im Meer)* burrasca *f.*: ***der ~ bricht los (kommt auf), tobt (wütet), legt sich (flaut ab)*** la tempesta si scatena, infuria, si placa; ***der ~ entwurzelt Bäume*** la tempesta sradica gli alberi; ***das Barometer steht auf ~*** il barometro segna burrasca (*o* tempesta) **b** FIG. tempesta *f.*, uragano *m.*: ***ein ~ der Leidenschaft, des Protests, des Beifalls*** una tempesta di passioni, un uragano di proteste, uno scroscio di applausi **2a** *(Angriff)* attacco *m.*, assalto *m.*: ***der ~ auf die Festung*** l'attacco alla fortezza; ***etw. im ~ nehmen, erobern*** prendere d'assalto qcs. (anche FIG.); ***Befehl zum ~*** ordine di attaccare **b** carica *f.*: ***zum ~ blasen*** suonare la carica **3** SPORT attacco *m.*: ***einen starken ~ haben*** avere un forte attacco; ***im ~ spielen*** giocare in attacco **4** AUSTR. *(Most in Gärung)* mosto *m.* ◆ ***~ klingeln, läuten*** = suonare forte (*o* energicamente); ***gegen jdn, etw. ~ laufen*** = protestare energicamente contro qcn., qcs., osteggiare qcn., qcs.; ***ein ~ im Wasserglas*** una tempesta in un bicchier d'acqua. **Sturm|ab|tei|lung** f. *(-)* STOR. SA *f.pl.* **Sturm|an|griff** m. *(-[e]s,-e)* attacco *m.*, assalto *m.* **Sturm|ar|til|le|rie** f. *(-,-n)* artiglieria *f.* d'assalto. **Sturm|ball** m. *(-[e]s,-bälle)* MAR. segnale *m.* di tempesta. **Sturm|band** n. *(-[e]s,-bänder)* sottogola *m.* e *f.* **Sturm|bann** m. *(-[e]s,-e)* STOR. intrad. (reparto delle SS). **sturm|be|reit** agg. pronto all'attacco. **Sturm|bö** f. *(-,-en)* violenta raffica *f.* (di vento). **Sturm|bock** m. *(-[e]s,-böcke)* MIL. ariete *m.* **Sturm|boot** n. *(-[e]s,-e)* MIL. barchino *m.*, battello *m.* d'assalto.

stür|men **I** tr. assaltare, attaccare: ***eine Stellung ~*** assaltare (*o* dare l'assalto a) una postazione; FIG. *(zu etw. drängen)* ***Geschäfte ~*** prendere d'assalto i negozi **II** intr. **1** impers. (aus. *haben*) ***es stürmt*** infuria la tempesta (*o* la bufera), c'è burrasca **2** (aus. *sein*) infuriare, imperversare: ***der Wind stürmt über das Land*** il vento infuria sulla campagna **3** (aus. *sein*) precipitarsi, scaraventarsi: ***ins, aus dem Zimmer ~*** entrare come una furia nella, uscire a precipizio dalla camera **4a** SPORT *(als Stürmer spielen;* aus. *haben)* giocare in attacco **b** *(offensiv spielen)* attaccare, giocare in attacco. **stür|mend** p.pres. agg. **1** → **stürmen** **2** burrascoso, tempestoso, impetuoso, violento: ***-e Leidenschaften*** passioni violente **3** MIL. ***-e Einheiten*** unità d'assalto, squadre assaltatori.

Stür|mer m. *(-s,-)* **1** SPORT attaccante *m.* **2** INTRAD. (specie di berretto goliardico) **3** ANT. *(Draufgänger)* testa *f.* calda, persona *f.* irruente **4** *(gärender Most)* mosto *m.* in fermentazione. **Stür|me|rei** f. *(-,-en)* attacco *m.*, assalto *m.* ripetuto. **sturm|er|probt** agg. avvezzo alla lotta. **Stür|mer|rei|he** f. *(-,-n)* fila *f.* degli attaccanti, attacco *m.* **Sturm|flut** f. *(-,-en)* mareggiata *f.* **sturm|frei** agg., SCHERZ. ***eine -e Bude haben*** avere campo libero. **sturm|ge|peitscht** agg. sferzato dalla tempesta. **Sturm|glo|cke** f. *(-,-n)* campana *f.* a stormo (come segnale di pericolo). **Sturm|hau|be** f. *(-,-n)* MIL. ANT. celata *f.* **Sturm|hut** m. *(-[e]s,-hüte)* aconito *m.*

stür|misch **I** agg. **1a** burrascoso, tempestoso: ***-e See*** mare burrascoso (*o* in burrasca) **b** FIG. ***eine -e Debatte*** un dibattito burrascoso **2** FIG. *(turbulent)* turbolento: ***-e Tage*** giorni turbolenti **3** *(leidenschaftlich)* impetuoso: ***ein -er Liebhaber*** un amante impetuoso **4a** *(vehement)* veemente: ***ein -er Protest*** una protesta veemente **b** ***-er Beifall*** un applauso fragoroso **II** avv. **1** impetuosamente; *(vehement)* con veemenza **2** *(rasant)* molto velocemente ◆ ***nicht so ~!*** calma! ***-es Wetter*** tempesta, burrasca.

Sturm|la|ter|ne f. *(-,-n)* lanterna *f.* a vento. **Sturm|lauf** m. *(-[e]s,-läufe)* **1** *(Ansturm)* assalto *m.*, carica *f.* **2** *(rascher Lauf)* corsa *f.* a precipizio: ***im ~*** correndo a precipizio, come furie. **Sturm|läu|ten** n. *(-s)* rintocchi *m.pl.* delle, di campane a stormo. **Sturm|lei|ter** f. *(-,-n)* **1** MIL. ANT. scala *f.* d'assalto **2** MAR. *(Jakobsleiter)* biscaglina *f.* **Sturm|mö|we** f. *(-,-n)* gavina *f.* **Sturm|nacht** f. *(-,-nächte)* notte *f.* di tempesta, burrascosa. **Sturm|pan|zer** m. *(-s,-)* carro *m.* (armato) d'assalto. **sturm|reif** agg. pronto per essere preso d'assalto ◆ ***etw. ~ schießen*** abbattere le difese di qcs. per l'assalto finale. **Sturm|rei|he** f. *(-,-n)* SPORT linea *f.* d'attacco, attaccanti *m.pl.*, attacco *m.* **Sturm|rie|men** m. *(-s,-)* sottogola *m.* e *f.*, soggolo *m.* **Sturm|schritt, *im ~*** a passo di carica. **sturm|schwach** SPORT **I** agg. debole in attacco **II** avv. ***~ spielen*** giocare debolmente in attacco. **Sturm|se|gel** n. *(-s,-)* vela *f.* di cappa. **Sturm|sig|nal** n. *(-s,-e)* segnale *m.* (*o* segnalazione *f.*) di tempesta. **Sturm|spit|ze** f. *(-,-n)* SPORT punta *f.* avanzata. **Sturm|tief** n. *(-s,-s)* zona *f.* di bassa pressione con forti venti. **Sturm|trupp** m. *(-s,-s)*, **Sturm|trup|pe** f. *(-,-n)* reparto *m.* d'assalto.

Sturm und Drang m. *(-[e]s* e *-)* Sturm und Drang *m.*

Sturm|war|nung f. *(-,-en)* avviso *m.* di tempesta. **Sturm|wind** m. *(-[e]s,-e)* tempesta *f.*

Sturz m. *(-es, Stürze* e *-e)* **1a** caduta *f.*: ***ein ~ vom Pferd*** una caduta da cavallo; ***ein ~ mit dem Fahrrad, auf dem Eis*** una caduta con la bicicletta, sul ghiaccio; FIG. ***zum ~ eines Ministers, eines Regimes führen*** portare alla caduta di un ministro, di un regime **b** *(plötzliches Absinken)* abbassamento *m.* improvviso: ***ein ~ der Temperatur*** un forte abbassamento della temperatura **2** *(von Preisen)* crollo *m.*, tracollo *m.* **3** AUT. *(Achssturz)* inclinazione *f.* delle ruote **4** EDIL. architrave *m.* **5** REGION. *(Glasglocke)* campana *f.* di vetro ◆ ***einen ~ abfangen*** fermare una caduta; COLLOQ. ***einen ~ bauen, drehen*** cadere.

Sturz|bach m. *(-[e]s,-bäche)* **1** torrente *m.* **2** FIG. *(große Menge)* fiume *m.*, mare *m.*, marea *f.*: ***ein ~ von Worten, Fragen*** un fiume di parole, un mare di domande ◆ ***in Sturzbächen regnen*** diluviare.

sturz|be|sof|fen, sturz|be|trun|ken COLLOQ. agg. ubriaco fradicio. **Sturz|bett** n. *(-[e]s,-en)* bacino *m.* di smorzamento. **Sturz|bom|ber** m. *(-s,-)* bombardiere *m.* in picchiata.

stür|zen I tr. **1a** *(hinunterstürzen)* buttare, gettare (giù): ***jdn von einer Brücke, in die Tiefe ~*** buttare qcn. giù da un ponte, nell'abisso **b** FIG. *(aus einem Amt entfernen)* fare cadere, rovesciare: ***einen Minister, eine Regierung ~*** far cadere un ministro, un governo **2a** *(umkippen)* rovesciare, capovolgere **b** *(aus einer Form herauslösen)* ***den Pudding ~*** rovesciare il budino **II** intr. (aus. *sein*) **1a** precipitare: ***aus dem Fenster, vom Dach ~*** precipitare dalla finestra, dal tetto **b** *(mit Wucht hinfallen)* cadere: ***beim Rollschuhlaufen ~*** cadere pattinando **c** *(von Temperaturen, Preisen)* crollare, precipitare **2** precipitarsi: ***aus dem Zimmer, an die Tür ~*** precipitarsi fuori dalla stanza, alla porta **3a** *(vom Wasser)* piombare giù **b** *(steil abfallen)* scendere a precipizio (*o* a piombo): ***die Felsen ~ ins Meer*** la scogliera scende a precipizio sul mare **c** ***Tränen ~ ihr aus den Augen*** le lacrime sgorgano dai suoi occhi **III** rifl. **sich ~ 1a** gettarsi, buttarsi, precipitarsi: ***sich auf jdn, etw. ~*** buttarsi su qcn., qcs.; ***sich ins Wasser, vor einen fahrenden Zug ~*** buttarsi in acqua, sotto un treno in corsa **b** FIG. ***sich auf das Essen, auf die Zeitung ~*** buttarsi sul cibo, precipitarsi sul giornale; ***sich in die Arbeit, ins Nachtleben ~*** buttarsi (*o* tuffarsi) nel lavoro, nella vita notturna **2** ***sich in die Arme ~*** gettarsi l'uno tra le braccia dell'altro ◆ ***jdm zu Füßen ~*** gettarsi ai piedi di qcn.; ANT. ***die Kasse ~*** fare la verifica di cassa; *(auf Transportkisten)* ***bitte nicht ~!*** non capovolgere! ***sich in Schulden ~*** indebitarsi; ***sich in den Tod ~*** uccidersi gettandosi nel vuoto; ***sich in Unkosten ~*** darsi a spese pazze; ***jdn, sich ins Verderben ~*** rovinare qcn., rovinarsi.

Sturz|flug m. *(-[e]s,-flüge)* picchiata *f.*: ***zum ~ ansetzen*** gettarsi in picchiata; ***im ~*** in picchiata. **Sturz|flut** f. *(-,-en)* **1** *(herabstürzende Wassermassen)* cascata *f.*: ***eine ~ ergießt sich ins Tal*** una cascata piomba nella valle **2** FIG. cascata *f.*, profluvio *m.*: ***eine ~ von Flüchen*** un profluvio di imprecazioni. **Sturz|ge|burt** f. *(-,-en)* parto *m.* precipitoso. **Sturz|gut** n. *(-[e]s,-güter)* merce *f.* (caricata) alla rinfusa. **Sturz|helm** m. *(-[e]s,-e)* casco *m.*: ***den ~ aufsetzen, absetzen (abnehmen)*** mettere, togliere il casco. **Sturz|kampf|flug|zeug** n. *(-[e]s,-e)* aereo *m.* da bombardamento in picchiata, stuka *m.* **Sturz|re|gen** m. *(-s,-)* acquazzone *m.*, rovescio *m.* **Sturz|see, Sturz|wel|le** f. *(-,-n)* cavallone *m.*

Stuss m. *(-es)* COLLOQ. sciocchezze *f.pl.*, scemenze *f.pl.*: ***~ reden*** dire sciocchezze.

Stu|te f. *(-,-n)* **1** cavalla *f.*, giumenta *f.* **2** *(weiblicher Esel)* asina *f.*

Stu|ten m. *(-s,-)* REGION. pane *m.* all'uvetta.

Stu|ten|foh|len, Stut|foh|len n. *(-s,-)* puledra *f.*

Stutt|gart n.pr.n. *(-s)* Stoccarda *f.* **Stutt|gar|ter I** agg.inv. di Stoccarda **II** m. *(-s,-)* abitante *m.* di Stoccarda.

Stütz m. *(-es,-e)* GINN. appoggio *m.*

Stütz|bal|ken m. *(-s,-)* EDIL. puntone *m.* **Stüt|ze** f. *(-,-n)* **1** appoggio *m.*, sostegno *m.* (anche FIG.): ***jdm, etw. als ~ dienen*** servire da appoggio a qcn., qcs.; ***für jdn eine ~ sein*** essere un appoggio per qcn.; ***eine ~ an jdm haben*** avere un appoggio in qcn. **2** EDIL. puntello *m.*; *(Pfosten)* montante *m.*; *(Säule)* pilastro *m.*, colonna *f.* **3** *(bei Gärtnereien)* tutore *m.* **4** COLLOQ. *(Arbeitslosengeld)* sussidio *m.* **5** ANT. *(Haushaltshilfe)* domestica *f.* ◆ ***er ist die ~ meines Alters*** è il bastone della mia vecchiaia; ***die -n der Gesellschaft*** le colonne della società.

1.stut|zen intr. (aus. *haben*) **1** rimanere interdetto, fermarsi stupito **2** *(innehalten)* esitare, fermarsi (per riflettere) **3** *(von Wild)* fermarsi di botto **4** REGION. *(scheuen)* adombrarsi.

2.stut|zen tr. **1a** *(beschneiden)* tagliare **b** *(von Pflanzen)* cimare, svettare **2** *(kupieren)* mozzare: ***die Ohren, den Schwanz des Hundes ~*** mozzare le orecchie, la coda del cane **3** *(von Kopf-, Barthaar)* accorciare, spuntare.

Stut|zen m. *(-s,-)* **1** fucile *m.* a canna corta **2** *(Wadenstrumpf)* calzettone *m.* **3** *(kurzes Rohrstück)* manicotto *m.* **4** *(Schraubzwinge)* morsetto *m.* da falegname, sergente *m.*

stüt|zen I tr. **1a** sorreggere, sostenere: ***ein einsturzgefährdetes Haus ~*** sorreggere una casa pericolante; ***einen Verletzten ~*** sorreggere un ferito; ***den Kopf in die Hände ~*** sorreggere il capo con le mani **b** FIG. sostenere, appoggiare: ***ein Regime ~*** appoggiare un regime **2** ECON. sostenere: ***eine Währung ~*** sostenere una moneta **II** rifl. **sich ~ 1** appoggiarsi, poggiarsi: ***sich auf einen Stock ~*** appoggiarsi a un bastone; ***sich auf die Ellenbogen ~*** poggiarsi sui gomiti **2** FIG. *(zur Grundlage haben)* poggiarsi, basarsi, fondarsi: ***sich auf Indizien, auf Fakten, auf seine Erfahrung ~*** poggiarsi su indizi, basarsi su fatti, sulla propria esperienza.

Stut|zer m. *(-s,-)* **1** giaccone *m.* a doppiopetto **2** *(Geck)* damerino *m.* **3** SVIZZ. fucile *m.* a canna corta. **stut|zer|haft** agg. e avv. da damerino.

Stutz|flü|gel m. *(-s,-)* pianoforte *m.* a mezza coda.

Stütz|ge|we|be n. *(-s,-)* ANAT. tessuto *m.* di sostegno.

stut|zig agg., ***~ werden*** essere sorpreso, interdetto; ***jdn ~ machen*** sorprendere qcn.

Stutz|kä|fer m. *(-s,-)* isteride *m.*

Stütz|keh|re f. *(-,-n)* GINN. volteggio *m.* con appoggio. **Stütz|kor|sett** n. *(-s,-s)* busto *m.* ortopedico. **Stütz|kurs** m. *(-es,-e)* SCOL. corso *m.* di sostegno. **Stütz|mau|er** f. *(-,-n)* muro *m.* di sostegno (*o* di rinforzo). **Stütz|pfei|ler** m. *(-s,-)* pilastro *m.* di sostegno. **Stütz|punkt** m. *(-[e]s,-e)* **1** punto *m.* d'appoggio, appoggio *m.* **2** *(Basis)* base *f.*: ***militärische -e*** basi militari. **Stütz|rad** n. *(-[e]s,-räder)* rotella *f.* **Stütz|strumpf** m. *(-[e]s,-strümpfe)* calza *f.* elastica, (*o* contenitiva, riposante).

Stutz|uhr f. *(-,-en)* orologio *m.* (a pendolo) da tavolo.

Stüt|zung f. *(-,-en)* **1** appoggio *m.*, sostegno *m.* (anche FIG.) **2** *(Strebung)* puntellatura *f.* **Stüt|zungs|kauf** m. *(-[e]s,-käufe)* ECON. acquisto *m.* (*o* intervento *m.*, operazione *f.*) di sostegno.

Stütz|ver|band m. *(-[e]s,-verbände)* fasciatura *f.* elastica.

StVO ⇒ *Straßenverkehrsordnung* Codice della strada (C.d.S.).

sty|len ['stailn] tr. GERG. disegnare, creare. **Sty|ling** ['stailɪŋ] n. *(-s,-s)* design *m.* **Sty|list** m. *(-en,-en)* designer *m.*

Sty|ro|por® n. *(-s)* polistirolo *m.*

Styx n.pr.m. *(-)* Stige *m.*

SU ⇒ *Sowjetunion* Unione Sovietica (URSS).

s. u. ⇒ *siehe unten* vedi sotto (v. sotto).

Su|a|da f. *(-, Suaden)* AUSTR., **Su|a|de** f. *(-,-n)* SPREG. profluvio *m.* di parole.

sub|al|pin, RAR. **sub|al|pi|nisch** agg. GEOGR. subalpino.

sub|al|tern agg. **1** subalterno, subordinato **2** SPREG. *(geistig unterlegen)* inferiore **3** SPREG. *(unterwürfig)* sottomesso, servile. **Sub|al|ter|ne** m. e f. *(-n,-n)* subalterno *m.* (-a *f.*).

sub|ant|ark|tisch agg. subantartico. **sub|ark|tisch** agg. subartico.

sub|ato|mar agg. subatomico., subnucleare.

Sub|do|mi|nant|ak|kord m. *(-[e]s,-e)* accordo *m.* di sottodominante. **Sub|do|mi|nan|te** f. *(-,-n)* sottodominante *f.*

Sub|jekt n. *(-[e]s,-e)* **1** GRAMM. FILOS. MUS. soggetto *m.*: ***das ~ steht im Nominativ*** il soggetto è al nominativo **2** SPREG. *(Person)* individuo *m.*, soggetto *m.*: ***verdächtige -e*** individui sospetti; ***ein übles ~*** cattivo soggetto; ***ein verkommenes ~*** un individuo depravato. **sub|jek|tiv I** agg. soggettivo **II** avv. soggettivamente. **sub|jek|ti|vie|ren** tr. soggettivare. **Sub|jek|ti|vis|mus** m. *(-, Subjektivismen)* soggettivismo *m.* **sub|jek|ti|vis|tisch** agg. soggettivistico. **Sub|jek|ti|vi|tät** f. *(-)* soggettività *f.* **Sub|jekt|satz** m. *(-es,-sätze)* proposizione *f.* soggettiva. **Sub|jekt|steu|er** f. *(-,-n)* imposta *f.* soggettiva.

Sub|kon|ti|nent m. *(-[e]s,-e)* subcontinente *m.*

Sub|kul|tur f. *(-,-en)* subcultura *f.*, sottocultura *f.* **sub|kul|tu|rell** agg. sottoculturale.

sub|ku|tan agg. sottocutaneo: ***eine -e Injektion*** un'iniezione sottocutanea.

sub|lim agg. **1** sublime **2** *(subtil)* sottile: ***ein -er Unterschied*** una sottile differenza; ***eine -e Ironie*** una sottile ironia. **Sub|li|mat** n. *(-[e]s,-e)* CHIM. sublimato *m.* **Sub|li|ma|ti|on** f. *(-,-en)* CHIM. PSIC. sublimazione *f.* **sub|li|mie|ren I** tr. sublimare (anche PSIC. CHIM.) **II** intr. (aus. *sein*) CHIM. sublimare **III** rifl. **sich ~** sublimarsi. **Sub|li|mie|rung** f. *(-,-en)* → **Sublimation. sub|li|mi|nal** agg. subliminale. **Sub|li|mi|tät** f. *(-)* sublimità *f.*

sub|ma|rin agg. BIOL. sottomarino.

Sub|mis|si|on f. *(-,-en)* **1a** gara *f.* d'appalto **b** *(Vergabe eines öffentlichen Auftrags)* concessione *f.* d'appalto **2** ANT. *(Untertänigkeit, Unterwerfung)* sottomissione *f.* **Sub|mis|si|ons|weg** m. *(-[e]s,),* ***auf dem, im ~*** mediante asta pubblica, mediante gara d'appalto. **Sub|mit|tent** m. *(-en,-en)* concorrente *m.* (*o* partecipante *m.*) a una gara d'appalto. **sub|mit|tie|ren** intr. (aus. *haben*) partecipare a una gara d'appalto.

Sub|or|di|na|ti|on f. *(-,-en)* subordinazione *f.* (anche GRAMM.). **sub|or|di|na|tiv** agg. GRAMM. subordinativo. **sub|or|di|nie|ren** tr. subordinare (anche GRAMM.).

sub|po|lar agg. subpolare.

sub|si|di|är agg. sussidiario. **Sub|si|di|um** n. *(-s, Subsidien)* ANT. sussidio *m.*

Sub|sis|tenz f. *(-)* sussistenza *f.* (anche FILOS.). **Sub|sis|tenz|wirt|schaft** f. *(-)* economia *f.* di sussistenza. **sub|sis|tie|ren** intr. (aus. *haben*) **1** FILOS. sussistere **2** ANT. trarre sussistenza.

Sub|skri|bent m. *(-en,-en)* sottoscrittore *m.* **sub|skri|bie|ren** tr. e intr. (aus. *haben*) sottoscrivere; *(buchen)* prenotare. **Sub|skrip|ti|on** f. *(-,-en)* sottoscrizione *f.* (anche EDIT.).

sub|so|nisch agg. subsonico.

Sub|spe|zi|es f. *(-,-)* BOT. ZOOL. sottospecie *f.*

Sub|stan|tiv, Sub|stan|tiv n. *(-s,-e)* sostantivo *m.* **sub|stan|ti|vie|ren** tr. sostantivare. **Sub|stan|ti|vie|rung** f. *(-,-en)* sostantivazione *f.* **sub|stan|ti|visch, sub|stan|ti|visch** agg. sostantivale.

Sub|stanz f. *(-,-en)* **1** sostanza *f.*: ***eine feste, flüssige, gasförmige ~*** una sostanza solida, liquida, gassosa; ***chemische -en*** sostanze chimiche; *(Wesentliche)* ***es fehlt an ~*** manca la sostanza **2** *(Vermögen)* sostanze *f.pl.*: ***von der ~ leben, zehren*** vivere delle proprie sostanze ◆ COLLOQ. ***etw. geht jdm an die ~*** qcs. stronca (*o* fiacca) qcn.

sub|stan|zi|al agg. sostanziale. **Sub|stan|zi|a|li|tät** f. *(-)* sostanzialità *f.* **sub|stan|zi|ell** agg. **1** sostanziale: ***ein -er Unterschied*** una differenza sostanziale **2** *(stofflich)* di, della sostanza, di, del materiale **3** *(beträchtlich)* sostanzioso: ***ein -er Gewinn*** un guadagno sostanzioso **4** ANT. *(nahrhaft)* sostanzioso.

sub|stanz|los agg. privo di sostanza. **Sub|stanz|ver|lust** m. *(-es,-e)* **1** perdita *f.* di sostanza **2** *(von Vermögen)* perdita *f.* delle (proprie) sostanze, del patrimonio.

Sub|sti|tu|ent m. *(-en,-en)* CHIM. sostituente *m.* **sub|sti|tu|ier|bar** agg. sostituibile. **sub|sti|tu|ie|ren** tr. sostituire. **Sub|sti|tu|ie|rung** f. *(-,-en)* sostituzione *f.* **Sub|sti|tut** m. *(-en,-en)* sostituto *m.* **Sub|sti|tu|ti|on** f. *(-,-en)* sostituzione *f.*

Sub|strat n. *(-[e]s,-e)* sostrato *m.*, substrato *m.* (anche BIOL. LING.). **Sub|strat|lö|sung** f. *(-,-en)* brodo *m.* di coltura. **Sub|strat|spra|che** f. *(-,-n)* substrato *m.* linguistico.

sub|su|mie|ren tr. sussumere.

Sub|sys|tem n. *(-s,-e)* sottosistema *m.*

sub|til agg. **1** sottile: ***-e Anspielungen*** allusioni sottili; ***eine -e Unterscheidung*** una sottile distinzione **2** *(fein)* raffinato, fine: ***-e Methoden*** metodi raffinati. **Sub|ti|li|tät** f. *(-,-en)* sottigliezza *f.*

Sub|tra|hend m. *(-en,-en)* sottraendo *m.* **sub|tra|hie|ren** tr. MAT. sottrarre: ***5 von 8 ~*** sottrarre 5 da 8. **Sub|trak|ti|on** f. *(-,-en)* MAT. sottrazione *f.*

Sub|tro|pen n.pr.pl. regioni *f.pl.* subtropicali. **sub|tro|pisch, sub|tro|pisch** agg. subtropicale.

Sub|un|ter|neh|mer m. *(-s,-)* subappaltatore *m.*

Sub|ven|ti|on f. *(-,-en)* sovvenzione *f.* **sub|ven|ti|o|nie|ren** tr. sovvenzionare. **Sub|ven|ti|ons|ab|bau** m. *(-[e]s)* riduzione *f.* delle sovvenzioni.

Sub|ver|si|on f. *(-,-en)* sovversione *f.* **sub|ver|siv** agg. sovversivo: ***-e Ideen, Elemente*** idee sovversive, elementi sovversivi.

Such|ak|ti|on f. *(-,-en)* operazione *f.* di ricerca, ricerche *f.pl.*: ***eine ~ starten, durchführen*** iniziare, compiere (*o* eseguire) ricerche. **Such|an|zei|ge** f. *(-,-n)* **1** avviso *m.* di ricerca **2** *(Inserat)* inserzione *f.* (sul giornale). **Such|boh|rung** f. *(-,-en)* sondaggio *m.* esplorativo. **Such|dienst** m. *(-es,-e)* servizio *m.* di ricerca.

Su|che f. *(-,-n)* ricerca *f.*: ***eine ~ abbrechen, aufgeben*** interrompere, abbandonare la ricerca (*o* le ricerche); ***auf der ~ (nach etw.) sein*** essere alla ricerca (*o* in cerca) di qcs.; ***auf die ~ (nach etw.) gehen*** andare in cerca (di qcs.); ***die ~ bleibt ohne Erfolg*** le ricerche non hanno esito ◆ ***sich auf die ~ nach etw. machen, begeben*** mettersi alla ricerca di qcs.

su|chen I tr. **1a** cercare: ***jdn, etw. fieberhaft, vergeblich ~*** cercare febbrilmente, inutilmente qcs., qcn.; ***Pilze ~*** cercare funghi; ***jdn polizeilich ~ lassen*** far cercare, rintracciare qcn. dalla polizia; FIG. ***einen Ausweg ~*** cercare una via d'uscita **b** assol. ***lange, stundenlang ~*** cercare a lungo, per ore **c** *(zu erwerben suchen)* ***eine Stelle, ein Zimmer ~*** cercare un impiego, una camera; ***Trost, Schutz ~*** cercare consolazione, protezione; ***seinen Vorteil ~*** cercare il proprio vantaggio; ***den Grund für etw. ~*** cercare la ragione di qcs.; ***Freunde, jds Freundschaft ~*** cercare amici, l'amicizia di qcn.; ***was hast du hier, bei mir zu ~?*** che vuoi (*o* cerchi) qui? che vuoi da me? **2** *(versuchen)* cercare, tentare: ***sich zu entschuldigen ~*** cercare di scusarsi; ***jdm zu helfen ~*** cercare di aiutare qcn.; ***suche, ihm aus dem Wege zu gehen*** cerca di evitarlo **II** intr. (aus. *haben*) ***nach jdm, etw. ~*** cercare qcn., qcs., essere alla ricerca di qcn., qcs.; ***nach einem Fehler, nach Worten ~*** cercare un errore, le parole ◆ ***Anschluss ~*** cercare di farsi degli amici; ***eine Frau ~*** cercar moglie; ***die beiden haben sich gesucht und gefunden*** sono fatti l'uno per l'altra; ***ein Gespräch ~*** cercare il dialogo; ***Wohnung gesucht*** cercasi appartamento; ***für sofort gesucht*** cercasi per assunzione immediata; ***sein Glück in der Fremde ~*** cercar fortuna lontano; ***sein Heil in der Flucht ~*** cercare scampo nella fuga; ***hier habt ihr nichts zu ~*** non siete i benvenuti qui; ***bei jdm Rat ~*** chiedere consiglio a qcn.; ***seinesgleichen ~*** essere senza pari, non aver paragone; ***etw. wie eine Stecknadel ~*** cercare qcs. per mare e per terra; COLLOQ. ***Streit ~*** cercare grane; ***den Tod ~*** cercare la morte; ***Vergessen ~ (im Alkohol)*** cercare di dimenticare (con l'alcol); ***das Weite ~*** prendere il largo, svignarsela; PROV. ***wer sucht, der findet*** chi cerca trova; ***etw. wie eine Nadel im Heuhaufen ~*** cercare qcs. come un ago in un pagliaio.

Su|cher m. *(-s,-)* **1** cercatore *m.* **2** FOT. mirino *m.* **3** MED. sonda *f.* **Su|che|rei** f. *(-)* continue ricerche *f.pl.* **Su|cher|ka|me|ra** f. *(-,-s)* macchina *f.* fotografica con mirino.

Such|hund m. *(-[e]s,-e)* cane *m.* da cerca. **Such|lauf** m. *(-[e]s)* RAD. TELEV. ricerca *f.* automatica. **Such|lis|te** f. *(-,-n)* elenco *m.* dei dispersi. **Such|mel|dung** f. *(-,-en)* (avviso *m.* di) ricerca *f.* di persone smarrite. **Such|schein|wer|fer** m. *(-s,-)* riflettore *m.*, faro *m.* (orientabile).

Sucht f. *(-, Süchte* e *-en)* **1** *(Abhängigkeit)* dipendenza *f.*, vizio *m.*: ***die ~ nach Rauschgift*** la dipendenza dalla droga; ***die ~ nach Nikotin*** il vizio del fumo; ***an einer ~ leiden*** essere dipendente da qcs.; ***jdn von einer ~ befreien, heilen*** guarire, liberare qcn. da una dipendenza; ***von einer ~ loskommen*** uscire da un vizio; ***die ~ zu spielen*** il vizio del gioco **2a** *(Begehren)* brama *f.*, avidità *f.*: ***die ~ nach Geld, Anerkennung*** l'avidità di denaro, la brama di riconoscimento **b** *(Manie)* mania *f.*, vizio *m.*: ***die ~, alles herabzusetzen*** la mania di sminuire tutto. **Sucht|ge|fahr** f. *(-,-en)* pericolo *m.* di assuefazione.

süch|tig agg. **1a** dedito, dipendente: ***nach Alkohol ~*** dedito all'alcol, dipendente dall'alcol **b** *(rauschgiftsüchtig)* tossicodipendente, tossicomane **2** *(begierig)* avido: ***~ nach Süßigkeiten*** avido di dolci; ***nach Erfolg, Vergnügen ~*** avido di successo, di divertimento. **Süch|ti|ge** m. e f. *(-n,-n)* **1** *(Rauschgiftsüchtige)* tossicodipendente *m.* e *f.* **2** *(Alkoholsüchtige)* alcolista *m.* e *f.*, etilista *m.* e *f.*, alcolizzato *m.* (-a *f.*) **3** *(Tablettensüchtige)* farmacodipendente *m.* e *f.* **Süch|tig|keit** f. *(-)* **1** assuefazione *f.*, dipendenza *f.*; dedizione *f.* **2** *(Rauschgiftsüchtigkeit)* tossicomania *f.*, tossicodipendenza *f.*

sucht|krank agg. **1** *(von Rauschgift)* tossicodipendente **2** *(von Alkohol)* dedito all'alcol, alcolizzato **3** *(von Tabletten)* farmacodipendente. **Sucht|kran|ke** m. e f. *(-n,-n)* → **Süchtige. Sucht|mit|tel** n. *(-s,-)* sostanza *f.* che dà assuefazione.

Such|trupp m. *(-s,-s)* pattuglia *f.*, squadra *f.* di ricerca.

Sud m. *(-[e]s,-e)* **1a** *(von gebratenen Speisen)* sugo *m.* **b** *(von gekochten Speisen)* brodo *m.* **2** *(Abkochung)* decotto *m.*

Süd m. *(-[e]s)* **1** sud *m.*, meridione *m.*: ***aus, von ~ kommende Winde*** i venti che provengono da(l) sud; ***der Wind dreht nach ~*** il vento volge a sud **2** MAR. e LETT. *(Südwind;* pl. *-e)* vento *m.* del sud ◆ ***München ~*** Monaco sud; ***Ausgang ~*** uscita sud.

Süd|af|ri|ka n.pr.n. *(-s)* **1** Sudafrica *m.* **2** *(südlicher Teil Afrikas)* Africa *f.* del sud. **Süd|af|ri|ka|ner** m. *(-s,-)* sudafricano *m.* **süd|af|ri|ka|nisch** agg. sudafricano.

Süd|ame|ri|ka n.pr.n. *(-s)* Sudamerica *m.*, America del sud. **Süd|ame|ri|ka|ner** m. *(-s,-)* sudamericano *m.* **süd|ame|ri|ka|nisch** agg. sudamericano, del Sudamerica.

Su|dan n.pr.m. *(-s)* Sudan *m.* **Su|da|ner** m. *(-s,-)*, **Su|da|ne|se** m. *(-n,-n)* sudanese *m.* **Su|da|ne|sin** f. *(-,-nen)* sudanese *f.* **su|da|ne|sisch, su|da|nisch** agg. sudanese.

Süd|asi|en n.pr.n. *(-s)* Asia *f.* meridionale (*o* del sud). **süd|asi|a|tisch** agg. dell'Asia meridionale.

süd|deutsch agg. della Gemania meridionale (*o* del sud). **Süd|deut|sche** m. e f. *(-n,-n)* tedesco *m.* (-a *f.*) del sud. **Süd|deutsch|land** n.pr.n. *(-s)* Germania *f.* meridionale (*o* del sud).

Su|de|lei f. *(-,-en)* COLLOQ. **1** lo sporcare **2** *(Schlamperei)* lavoro *m.* pasticciato, fatto coi piedi. **Su|de|ler** → **Sudler. su|de|lig** → **sudlig. su|deln** intr. (aus. *haben*) COLLOQ. SPREG. **1** sporcare **2** *(schmieren)* scarabocchiare **3** *(pfuschen)* fare un lavoro male, coi piedi.

Sü|den m. *(-s)* sud *m.*, meridione *m.*: ***im ~ von Berlin*** a sud di Berlino; ***von ~ kommen*** venire dal sud; ***die Fenster liegen, blicken nach ~*** le finestre danno, guardano a sud ◆ ***eine Reise in den ~*** un viaggio al sud (*o* nei paesi del sud); ***das Kreuz des -s*** la Croce del sud.

Su|de|ten pl. (monti) Sudeti *m.pl.* **su|de|ten|deutsch** agg. tedesco dei Sudeti. **Su|de|ten|deut|sche** m. e f. *(-n,-n)* tedesco *m.* (-a *f.*) dei Sudeti. **Su|de|ten|land** n. *(-[e]s)* Sudeti *m.pl.* **su|de|tisch** agg. dei Sudeti.

Süd|eu|ro|pa n.pr.n. *(-s)* Europa *f.* meridionale (*o* del sud). **süd|eu|ro|pä|isch** agg. dell'Europa meridionale (*o* del sud). **Süd|fens|ter** n. *(-s,-)* finestra *f.* (rivolta) a sud. **Süd|flan|ke** f. *(-,-n)* lato *m.* (*o* fianco *m.*) sud. **Süd|frank|reich** n.pr.n. *(-[e]s)* Francia *f.* meridionale (*o* del sud). **Süd|frucht** f. *(-,-früchte)* frutto *m.* del meridione; frutto *m.* esotico. **Süd|hang** m. *(-[e]s,-hänge)* versante *m.* sud (*o* meridionale).

Sud|haus n. *(-es,-häuser)* locale *m.* di cottura (in una fabbrica di birra).

Süd|ita|li|en n.pr.n. *(-s)* Italia *f.* meridionale (*o* del sud). **Süd|ita|li|e|ner** m. *(-s,-)* italiano *m.* del sud, meridionale *m.*

Süd|ko|rea n.pr.n. *(-s)* Corea *f.* del sud. **Süd|ko|re|a|ner** m. *(-s,-)* sudcoreano *m.* **süd|ko|re|a|nisch** agg. sudcoreano, della Corea del sud.

Süd|küs|te f. *(-,-n)* costa *f.* meridionale. **Süd|län|der** m. *(-s,-)* meridionale *m.* **süd|län|disch** agg. meridionale, del sud.

Sud|ler m. *(-s,-)* COLLOQ. SPREG. pasticcione *m.*

süd|lich I agg. **1a** del sud, meridionale: ***-e Winde, Länder*** venti, regioni del sud; FIG. ***-es Temperament*** temperamento meridionale **b** GEOGR. ***die -e Halbkugel*** l'emisfero australe **2** ***40 Grad -er Breite*** 40 gradi latitudine sud; ***in -e Richtung*** in direzione sud; ***aus -er Richtung*** da sud **II** avv. a sud: ***~ von Rom*** a sud di Roma **III** prep. + gen. a sud: ***~ der Elbe*** a sud dell'Elba. **Süd|licht** n. *(-[e]s,-er)* aurora *f.* australe.

sud|lig COLLOQ. SPREG. **I** agg. fatto malamente, pasticciato **II** avv. ***~ schreiben*** scrivere malamente, facendo scarabocchi.

Süd|ost m. *(-[e]s)* **1** sudest *m.* **2** MAR. *(Wind;* pl. *-e)* (vento *m.* di) sudest *m.* **Süd|os|ten** m. *(-s)* sudest *m.*: ***aus, nach ~*** da, verso sudest. **süd|öst|lich I** agg. di, del sudest, sudorientale **II** avv. ***~ von*** a sudest di **III** prep. + gen. a sudest. **Süd|ost|wind** m. *(-[e]s,-e)* vento *m.* di sudest.

Süd|pol m. *(-[e]s)* **1** polo *m.* Sud **2** *(eines Magneten)* polo *m.* sud (*o* negativo). **Süd|po|lar|ge|biet** n. *(-[e]s)* regione *f.* antartica. **Süd|po|lar|meer** n. *(-[e]s)* Oceano *m.* antartico. **Süd|pol|ex|pe|di|ti|on** f. *(-,-en)* spedizione *f.* al polo Sud.

Süd|see f. *(-)* mari *m.pl.* del sud. **Süd|sei|te** f. *(-,-n)* lato *m.* sud (*o* meridionale). **süd|sei|tig** agg. sul lato sud. **Süd|staat|ler** m. *(-s,-)* sudista *m.* **süd|staat|lich** agg. sudista.

Süd|süd|ost m. *(-[e]s)* **1** sud-sudest *m.* **2** MAR. *(Wind;* pl. *-e)* vento *m.* di sud-sudest. **Süd|süd|os|ten** m. *(-s)* sud-sudest *m.* **Süd|süd|west** m. *(-[e]s)* **1** sud-sudovest *m.* **2** MAR. *(Wind;* pl. *-e)* vento *m.* di sud-sudovest. **Süd|süd|wes|ten** m. *(-s)* sud-sudovest *m.*

Süd|ti|rol n.pr.n. *(-s)* Sudtirolo *m.*, Alto Adige *m.* **Süd|ti|ro|ler** m. *(-s,-)* sudtirolese *m.*, altoatesino *m.* **süd|ti|ro|lisch** agg. sudtirolese, altoatesino.

Süd|wand f. *(-,-wände)* parete *f.* sud. **süd|wärts** avv. a sud.

Süd|west m. *(-[e]s)* **1** sudovest *m.* **2** MAR. *(Wind;* pl. *-e)* vento *m.* di sudovest. **Süd|wes|ten** m. *(-s)* sudovest *m.* **Süd|wes|ter** m. *(-s,-)* MAR. sudovest *m.* **süd|west|lich I** agg. di, del sudovest, sudoccidentale **II** avv. ***~ von*** a sudovest di **III** prep. + gen. a sudovest di. **Süd|west|wind** m. *(-[e]s,-e)* vento *m.* di sudovest. **Süd|wind** m. *(-[e]s,-e)* vento *m.* da sud.

Su|es|ka|nal m. *(-s)* canale *m.* di Suez.

Su|e|ve → **Swebe.**

Su|ez|ka|nal → **Sueskanal.**

Suff m. *(-[e]s)* COLLOQ. **1** il bere: ***sich dem ~ ergeben*** darsi al bere; ***dem ~ verfallen*** dedito al bere **2** *(Betrunkenheit)* ubriachezza *f.*

Süf|fel m. *(-s,-)* REGION. beone *m.*, ubriacone *m.* **süf|feln** tr. e intr. (aus. *haben*) COLLOQ. bere di gusto. **süf|fig** agg. COLLOQ. che si beve bene, che si fa bere.

süf|fi|sant I agg. di sufficienza: ***mit -er Miene*** con aria di sufficienza **II** avv. con (aria di) sufficienza. **Süf|fi|sanz** f. *(-)* sufficienza *f.*

Suf|fix n. *(-es,-e)* suffisso *m.*

suf|fi|zi|ent agg. sufficiente. **Suf|fi|zi|enz** f. *(-)* sufficienza *f.*

Süff|ler m. *(-s,-)* REGION. → **Süffel.**

Suff|ra|gan m. *(-s,-e)* vescovo *m.* suffraganeo.

Suff|ra|get|te f. *(-,-n)* suffragetta *f.*

sug|ge|rie|ren tr. **1** indurre a pensare, insinuare: ***jdm eine Idee ~*** insinuare un'idea a qcn. **2** far nascere l'idea di, suggerire: ***etw. soll Modernität ~*** qcs. deve suggerire l'idea di modernità.

sug|ges|ti|bel agg. (compar. *suggestibler;* superl. *suggestibelst...*) suggestionabile. **Sug|ges|ti|bi|li|tät** f. *(-)* suggestionabilità *f.*

Sug|ges|ti|on f. *(-,-en)* suggestione *f.*: ***einer ~ erliegen*** cedere a una suggestione; ***durch, auf dem Wege der ~*** con (la) suggestione; ***jdn durch ~ (zu etw.) veranlassen*** indurre qcn. (a qcs.) con suggestione, suggestionare qcn.; ***die starke ~ eines Fotos, Films*** la forte suggestione di una foto, di un film.

sug|ges|tiv I agg. **1** suggestionante, di suggestione: ***-e Macht*** potere di suggestione **2a** *(stark beeinflussend)* suggestivo: ***ein -er Blick*** uno sguardo suggestivo **b** DIR. ***-e Frage*** domanda suggestiva **II** avv. **1** ***~ wirken*** avere un effetto suggestivo **2** DIR. suggestivamente.

Sug|ges|tiv|fra|ge f. *(-,-n)* DIR. domanda *f.* suggestiva.

Suh|le f. *(-,-n)* pantano *m.* **suh|len** rifl. ***sich (im Schlamm) ~*** rotolarsi (nella melma).

sühn|bar agg. espiabile. **Süh|ne** f. *(-)* **1** espiazione *f.*: ***für etw. ~ leisten*** espiare qcs.; ***von jdm ~ verlangen, erhalten*** esigere, ricevere da qcn. l'espiazione **2** *(Buße)* penitenza *f.*: ***jdm eine ~ auferlegen*** imporre una penitenza a qcn. **süh|nen** tr. espiare: ***etw., für etw. mit dem Leben, mit dem Tode ~*** espiare qcs. con la vita, con la morte. **Süh|ne|op|fer** → **Sühnopfer. Süh|ne|rich|ter** m. *(-s,-)* giudice *m.* conciliatore. **Süh|ne|ter|min** m. *(-s,-e)* udienza *f.* di conciliazione. **Süh|ne|ver|fah|ren** n. *(-s,-)* procedura *f.* di conciliazione. **Sühn|op|fer** n. *(-s,-)* sacrificio *m.* espiatorio. **Süh|nung** f. *(-)* espiazione *f.*

Sui|te [svi:t(ə) e sui:tə] f. *(-,-n)* **1** suite *f.*: ***eine ~ mieten*** affittare una suite **2** MUS. suite *f.*

Su|i|zid m. e n. *(-[e]s,-e)* suicidio *m.*: ***~ machen, begehen*** suicidarsi. **su|i|zi|dal** agg. **1** con tendenze suicide **2** di suicidio: ***-e Todesfälle*** casi di suicidio. **Su|i|zi|dant, Su|i|zi|dent** m. *(-en,-en)* suicida *m.* **su|i|zid|ge|fähr|det** agg. con tendenze suicide.

Su|jet [zy'ʒe:] n. *(-s,-s)* soggetto *m.*: ***ein ~ gestalten*** realizzare un soggetto; ***ein ~ aus dem Bereich der Mythologie*** un soggetto tratto dalla mitologia.

Suk|ku|bus m. *(-, Sukkuben)* succubo *m.*

Suk|zes|si|on f. *(-,-en)* successione *f.* ◆ ***apostolische ~*** successione apostolica. **Suk|zes|si|ons|krieg** m. *(-[e]s,-e)* guerra *f.* di successione. **suk|zes|siv** agg. graduale. **suk|zes|si|ve** avv. gradualmente.

Sul|fat n. *(-[e]s,-e)* solfato *m.* **Sul|fid** n. *(-[e]s,-e)* solfuro *m.* **sul|fi|disch** agg. solforico. **Sul|fit** n. *(-s,-e)* solfito *m.*

Sul|fo|na|mid n. *(-[e]s,-e)* sulfamidico *m.* **Sul|fur** n. *(-s)* zolfo *m.*

Sul|tan m. *(-s,-e)* sultano *m.* **Sul|ta|nat** n. *(-[e]s,-e)* sultanato *m.* **Sul|ta|nin** f. *(-,-nen)* sultana *f.*

Sul|ta|ni|ne f. *(-,-n)* (uva *f.*) sultanina *f.*

Sül|ze f. *(-,-n)* **1** aspic *m.* **2** *(Gallert)* gelatina *f.* **sul|zen** tr. → **sülzen (1,2). sül|zen** tr. **1** ***Fleisch, Fisch ~*** preparare un aspic di carne, di pesce **2** ***~ lassen*** mettere in gelatina **3** COLLOQ. *(quatschen)* chiacchierare, cianciare. **sul|zig** agg. **1** gelatinoso **2** *(von Schnee)* fradicio. **Sülz|kopf** m. *(-[e]s,-köpfe)*, **Sülz|kopp** m. *(-s,-köppe)* COLLOQ. chiacchierone *m.* **Sulz|schnee** m. *(-s)* neve *f.* fradicia. **Sülz|wurst** f. *(-,-würste)* salame *m.* di aspic.

Su|me|rer m. *(-s,-)* sumero *m.* **su|me|risch** agg. sumerico. **Su|me|risch** n. *(-[s])*, **Su|me|ri|sche** n. *(-n)* sumero *m.*, sumerico *m.*

summ inter. zzz.

Sum|mand m. *(-en,-en)* addendo *m.*

sum|ma|risch I agg. sommario: ***ein -er Überblick*** un panorama sommario **II** avv. sommariamente, in modo sommario. **Sum|ma|ti|on** f. *(-,-en)* sommatoria *f.*

Sümm|chen n. *(-s,-)* COLLOQ. sommetta *f.*: ***ein hübsches, erkleckliches ~*** una bella sommetta.

Sum|me f. *(-,-n)* somma *f.*: ***die ~ von 4 und 5 ist, beträgt 9*** la somma di 4 + 5 dà 9; ***die ~ errechnen*** calcolare la somma; ***das ergibt eine ~ von 20*** la somma dà 20; *(Geldbetrag)* ***eine beträchtliche, erhebliche, hübsche ~*** una somma considerevole, notevole, una bella somma; ***eine ~ bereitstellen, aufwenden (ausgeben)*** stanziare, spendere una somma; ***die volle ~ bar bezahlen*** pagare l'intera somma in contanti ◆ ***eine runde ~*** una somma a cifre tonde; FIG. ***die ~ (von etw.) ziehen*** tirare le somme (di qcs.).

sum|men I intr. **1** (aus. *haben; von Insekten, Stromleitungen*) ronzare **2a** (aus. *haben*) produrre (*o* avere) un ronzio **b** impers. ***es summt im Apparat*** c'è un ronzio nell'apparecchio; ***es summt mir in den Ohren*** mi ronzano le orecchie **3** (aus. *sein*) volare ronzando **II** tr. canticchiare a bocca chiusa (anche assol.): ***vor sich hin ~*** canticchiare fra sé e sé.

Sum|men|bi|lanz f. *(-,-en)* bilancio *m.* dei conti. **Sum|men|for|mel** f. *(-,-n)* CHIM. formula *f.* bruta. **Sum|men|ver|si|che|rung** f. *(-,-en)* assicurazione *f.* di somma fissa.

Sum|mer m. *(-s,-)* cicalino *m.*

sum|mie|ren I tr. **1** sommare **2** FIG. ***etw. ~*** tirare le somme di qcs. **II** rifl. **sich ~** ammontare: ***die Kosten ~ sich auf, zu 20 000 DM*** le spese ammontano a 20 000 marchi. **Sum|mie|rung** f. *(-,-en)* somma *f.*, addizione *f.*

Summ|ton m. *(-[e]s,-töne)* suono *m.* ronzante.

Sumpf m. *(-[e]s, Sümpfe)* palude *f.*, acquitrino *m.*: ***einen ~ entwässern, trockenlegen, austrocknen*** prosciugare una palude; ***im ~ des Lasters versinken*** sprofondare nella palude del vizio. **Sumpf|bi|ber** m. *(-s,-)* nutria *f.* **Sumpf|blü|te** f. *(-,-n)* COLLOQ. FIG. frutto *m.* del degrado (morale). **Sumpf|bo|den** m. *(-s,-böden)* terreno *m.* paludoso (*o* acquitrinoso). **Sumpf|dot|ter|blu|me** f. *(-,-n)* calta *f.* palustre, farfarugine *f.*

sump|fen intr. (aus. *haben*) COLLOQ. fare bagordi (*o* bisboccia).
sümp|fen tr. MIN. prosciugare, drenare.
Sumpf|erz n. *(-es)* limonite *f.* **Sumpf|fie|ber** n. *(-s,-)* malaria *f.* **Sumpf|gas** n. *(-es,-e)* gas *m.* delle paludi. **Sumpf|ge|biet** n. *(-[e]s,-e)* area *f.* paludosa. **Sumpf|ge|gend** f. *(-,-en)* zona *f.* paludosa. **Sumpf|horn|klee** m. *(-s)* ginestrina *f.* palustre.
sump|fig agg. paludoso, acquitrinoso.
Sumpf|land n. *(-[e]s)* terreno *m.* paludoso. **Sumpf|ohr|eu|le** f. *(-,-n)* gufo *m.* di palude. **Sumpf|ot|ter** m. *(-s,-)* visone *m.* **Sumpf|pflan|ze** f. *(-,-n)* pianta *f.* di palude. **Sumpf|schnep|fe** f. *(-,-n)* beccaccino *m.*
Sums m. *(-es)* COLLOQ. storie *f.pl.*, chiacchiere *f.pl.* inutili: ***viel ~ um etw. machen*** fare tante storie per qcs.
Sund m. *(-[e]s,-e)* stretto *m.* (di mare).
Sun|da|in|seln, *die ~* le isole della Sonda. **Sun|da|see** n.pr.f. *(-)* Mar *m.* della Sonda.
Sün|de f. *(-,-n)* **1** peccato *m.*: ***eine lässliche, schwere ~ begehen*** commettere un peccato veniale, grave; ***seine -n beichten (bekennen), bereuen*** confessare i, pentirsi dei propri peccati; ***für seine -n büßen*** far penitenza per i propri peccati; ***in ~ geraten*** cadere in peccato; ***jdm seine -n vergeben*** rimettere i peccati a qcn. **2** *(Verfehlung)* colpa *f.*: ***die -n der Gesundheitspolitik*** le colpe della politica sanitaria **3** FIG. *(Dummheit)* peccato *m.* (mortale), delitto *m.*: ***es wäre eine (wahre) ~, wenn wir nicht hingingen*** sarebbe un (vero) delitto (*o* un peccato mortale) non andarci; ***es ist doch keine ~*** non è mica un delitto ◆ ***die -n des Fleisches*** i peccati della carne; ***die -n wider den Geist*** i peccati contro lo spirito; ***hässlich wie die ~*** brutto come il peccato; ***es ist eine ~ und Schande*** è una vergogna, è vergognoso, è scandaloso; ***eine ~ wert sein*** essere una vera tentazione, essere molto allettante; ***etw. wie die ~ fliehen, meiden*** fuggire, evitare qcs. come la peste.
Sün|den|ba|bel n. *(-s)* luogo *m.* di perdizione. **Sün|den|be|kennt|nis** n. *(-ses,-se)* confessione *f.* (dei peccati). **Sün|den|bock** m. *(-[e]s,-böcke)* capro *m.* espiatorio: ***einen ~ suchen, finden*** cercare, trovare un capro espiatorio; ***den ~ spielen*** fare da capro espiatorio; ***jdn zum ~ machen*** fare di qcn. il capro espiatorio. **Sün|den|er|lass** m. *(-es,-e)* → **Sündenvergebung. Sün|den|fall** m. *(-[e]s)* **1** peccato *m.* originale **2** FIG. *(Vergehen)* colpa *f.* **Sün|den|geld** n. *(-[e]s)* COLLOQ. sacco *m.* di soldi ◆ ***ein ~ kosten*** costare un occhio della testa. **Sün|den|lohn** m. *(-[e]s)* **1** pena *f.* (*o* castigo *m.*) per i peccati **2** *(Geld)* = denaro *m.* guadagnato disonestamente. **sün|den|los** agg. → **sündlos. Sün|den|lo|sig|keit** → **Sündlosigkeit. Sün|den|pfuhl** m. *(-[e]s,-e)* sentina *f.* di vizi. **Sün|den|re|gis|ter** n. *(-s,-)* SCHERZ. elenco *m.* dei peccati. **Sün|den|ver|ge|bung** f. *(-)* remissione *f.* dei peccati.
Sün|der m. *(-s,-)* peccatore *m.*: ***ein reuiger, verstockter ~*** un peccatore pentito, incallito ◆ SCHERZ. ***alter ~*** vecchia canaglia; ***wie ein ertappter ~ dastehen*** starsene lì come un allocco. **Sün|de|rin** f. *(-,-nen)* peccatrice *f.*
Sünd|flut → **Sintflut.**
sünd|haft I agg. **1** peccaminoso: ***-e Gedanken*** pensieri peccaminosi **2** COLLOQ. *(überaus hoch)* scandaloso: ***ein -er Preis*** un prezzo scandaloso **II** avv. **1** peccaminosamente **2** COLLOQ. terribilmente: ***~ teuer, faul*** terribilmente caro, pigro. **Sünd|haf|tig|keit** f. *(-)* peccaminosità *f.*
sün|dig agg. peccaminoso. **sün|di|gen** intr. (aus. *haben*) **1** peccare: ***in Gedanken, mit Worten, mit Taten ~*** peccare in pensieri, in parole, in atti; ***gegen Gottes Gebote ~*** peccare contro le leggi di Dio **2** *(verfehlen)* commettere gravi errori, gravi colpe ◆ SCHERZ. ***wir haben heute gesündigt*** abbiamo ecceduto.
sünd|los agg. senza peccato, puro, incontaminato. **Sünd|lo|sig|keit** f. *(-)* purezza *f.*
sünd|teu|er agg. AUSTR. COLLOQ. caro come il fuoco.
Sun|nit m. *(-en,-en)* sunnita *m.* **sun|ni|tisch** agg. sunnita.
su|per I agg.inv. fantastico: ***der Film ist einfach ~*** il film è semplicemente fantastico **II** avv. in modo fantastico.
1.Su|per m. *(-s,-)* → **Superhet.**
2.Su|per n. *(-s)* (benzina *f.*) super *f.*: ***~ tanken*** fare il rifornimento di super.
Su|per|ben|zin n. *(-s)* benzina *f.* super. **Su|per|cup** m. *(-s,-s)* SPORT supercoppa *f.* **Su|per|ding** n. *(-[e]s,-er)* cosa *f.* colossale. **su|per|fein** agg. COLLOQ. sopraffino, extrafino.
Su|per|fe|ta|ti|on f. *(-)* BIOL. superfetazione *f.*
Su|per|in|fek|ti|on f. *(-,-en)* superinfezione *f.*
Su|per|in|ten|dent m. *(-en,-en)* RELIG. soprintendente *m.* **Su|per|in|ten|den|tur** f. *(-,-en)* RELIG. soprintendenza *f.*
Su|pe|ri|or m. *(-s,-en)* RELIG. padre *m.* superiore, priore *m.* **Su|pe|ri|o|rin** f. *(-,-nen)* RELIG. madre *f.* superiora, superiora *f.*
Su|per|kar|go m. *(-s,-s)* COMM. MAR. AER. trasportatore *m.*
su|per|klug agg. IRON. ***ein -er Mensch*** un intelligentone.
Su|per|la|tiv m. *(-s,-e)* superlativo *m.* ◆ ***von jdm, etw. in -en sprechen*** parlare di qcn., qcs. per iperboli. **su|per|la|ti|visch I** agg. superlativo (anche GRAMM.) **II** avv. superlativamente.
su|per|leicht agg. ultraleggero. **Su|per|macht** f. *(-,-mächte)* superpotenza *f.* **Su|per|mann** m. *(-[e]s,-männer)* COLLOQ. **1** superman *m.* **2** *(besonders männlich)* macho *m.* **Su|per|markt** m. *(-[e]s,-märkte)* supermarket *m.*, supermercato *m.* **su|per|mo|dern** agg. supermoderno, ultramoderno. **Su|per|no|va** f. *(-,-novä)* supernova *f.* **Su|per|nym** n. *(-s,-e)* iperonimo *m.*
Su|per|phos|phat n. *(-[e]s)* perfosfato *m.*
Su|per|preis m. *(-es,-e)* prezzo *m.* incredibile, favoloso. **Su|per|rie|sen|sla|lom** m. *(-s,-s)* supergigante *m.* **su|per|schlau** agg. IRON., ***ein -er Mensch*** un furbone. **su|per|schnell** agg. COLLOQ. superveloce. **su|per|so|nisch** agg. supersonico. **Su|per|star** m. *(-s,-s)* superstar *f.*
Su|pi|num n. *(-s, Supina)* GRAMM. supino *m.*
Süpp|chen n. *(-s,-)* minestrina *f.* ◆ COLLOQ. ***sein ~ am Feuer anderer kochen*** = levare le castagne dal fuoco con la zampa del gatto; ***sein eigenes ~ kochen*** = guardare dritto davanti al proprio naso.
Sup|pe f. *(-,-n)* **1** minestra *f.*: ***eine dicke, dünne, fade ~*** una minestra densa, lunga, insipida; ***die ~ kochen, würzen (abschmecken), löffeln*** cuocere, condire, mangiare la minestra; ***ein Teller ~*** un piatto di minestra **2** FIG. *(starker Nebel)* nebbione *m.*, nebbia *f.* fitta **3** FIG. *(Schweiß)* sudore *m.* ◆ ***die ~ auslöffeln*** pagare il fio (per il male fatto); ***jdm, sich (D) eine schöne ~ einbrocken*** cacciare qcn., cacciarsi in un bel pasticcio; ***~ mit Einlage*** minestrina in brodo; ***das macht die ~ auch nicht fett*** = questo non migliora la situazione; ***immer ein Haar in der ~ finden*** cercare sempre il pelo nell'uovo; ***jdm in die ~ spucken, jdm die ~ versalzen*** rompere le uova nel paniere a qcn.
Sup|pen|ein|la|ge f. *(-,-n)* pastina *f.* da brodo. **Sup|pen|fleisch** m. *(-[e]s)* carne *f.* da brodo. **Sup|pen|grün** n. *(-s)* erbe *f.pl.* aromatiche per minestra. **Sup|pen|huhn** n. *(-[e]s,-hühner)* pollo *m.* da lessare. **Sup|pen|kas|per** m. *(-s,-)* FAM. = bambino *m.* che non vuole mangiare la minestra. **Sup|pen|kel|le** f. *(-,-n)* mestolo *m.* **Sup|pen|kno|chen** m. *(-s,-)* osso *m.* per il brodo. **Sup|pen|löf|fel** m. *(-s,-)* cucchiaio *m.* da minestra. **Sup|pen|nu|del** f. *(-,-n)* pastina *f.* da brodo. **Sup|pen|schüs|sel** f. *(-,-n)* zuppiera *f.* **Sup|pen|tas|se** f. *(-,-n)* tazza *f.* da brodo. **Sup|pen|tel|ler** m. *(-s,-)* piatto *m.* fondo. **Sup|pen|ter|ri|ne** f. *(-,-n)* → **Suppenschüssel. Sup|pen|wür|fel** m. *(-s,-)* dado *m.* per brodo. **sup|pig** agg. liquido.
Sup|ple|ment n. *(-[e]s,-e)* **1a** *(Beiheft)* supplemento *m.* **b** *(Supplementband)* appendice *f.* **2** *(Supplementwinkel)* supplementare *m.* **sup|ple|men|tär** agg. supplementare. **Sup|ple|ment|band** m. *(-[e]s,-bände)* appendice *f.* **Sup|ple|ment|win|kel** m. *(-s,-)* angolo *m.* supplementare.
sup|po|nie|ren tr. presupporre, supporre.
Sup|port m. *(-[e]s,-e)* TECN. supporto *m.*
Sup|ra|lei|ter m. *(-s,-)* superconduttore *m.*
sup|ra|na|tu|ral agg. soprannaturale. **Sup|ra|na|tu|ra|lis|mus** m. *(-)* soprannaturalismo *m.*
Sup|re|mat m. e n. *(-[e]s,-e)*, **Sup|re|ma|tie** f. *(-,-n)* supremazia *f.*
Su|re f. *(-,-n)* sura *f.*
Surf|brett ['sə:f-] n. *(-[e]s,-er)* **1** tavola *f.* per il, da surf **2** *(beim Windsurfing)* tavola *f.* per il, da windsurf. **sur|fen** ['sə:fn] intr. **1a** *(Surfing betreiben*; aus. *haben)* fare surf **b** *(Windsurfing betreiben*; aus. *haben)* fare windsurf **c** (aus. *sein*) andare in surf: ***über den See ~*** attraversare il lago in surf **2** INFORM. navigare: ***in Datennetzen, durch Datennetze surfen*** navigare su, in reti telematiche. **Sur|fer** ['sə:fɐ] m. *(-s,-)* **1** surfista *m.* **2** *(Windsurfer)* windsurfista *m.* **Sur|fing** ['sə:fɪŋ] n. *(-s)* **1** surf *m.*, surfing *m.* **2** *(Windsurfing)* windsurf *m.*
sur|re|al agg. surreale. **Sur|re|a|lis|mus** m. *(-)* surrealismo *m.* **Sur|re|a|list** m. *(-en,-en)* surrealista *m.* **sur|re|a|lis|tisch** agg. surrealistico, surrealista.
sur|ren intr. (aus. *haben*) ronzare: ***eine Biene, der Ventilator surrt*** un'ape, il ventilatore ronza. **Sur|ren** n. *(-s)* ronzio *m.*
Sur|ro|gat n. *(-[e]s,-e)* surrogato *m.* (anche FIG.): ***ein ~ für etw. sein*** essere un surrogato di qcs. **Sur|ro|ga|ti|on** f. *(-)* DIR. surroga *f.*, surrogazione *f.*
Su|san|ne n.pr.f. Susanna *f.* **Su|se, Su|si** n.pr.f. Susy *f.*, Susi *f.*
Su|si|ne f. *(-,-n)* susina *f.*
sus|pekt agg. sospetto: ***er ist mir ~*** è una persona sospetta; ***sein Benehmen kommt mir ~ vor*** il suo comportamento mi sembra sospetto.
sus|pen|die|ren tr. **1** sospendere: ***jdn vom Dienst ~*** sospendere qcn. dal servizio; ***die diplomatischen Beziehungen zu einem Land ~***

sospendere le relazioni diplomatiche con un paese **2** esentare, esonerare: ***jdn vom Schulsport ~*** esentare qcn. dalla ginnastica. **Sus|pen|die|rung** f. *(-,-en)* **1** sospensione *f.* **2** *(Befreiung von einer Pflicht)* esenzione *f.*, esonero *m.* **Sus|pen|si|on** f. *(-,-en)* sospensione *f.* (anche CHIM.). **sus|pen|siv** agg. sospensivo. **Sus|pen|so|ri|um** n. *(-s, Suspensorien)* MED. SPORT sospensorio *m.*

süß I agg. dolce: ***-er Tee*** tè dolce; ***-er Wein*** vino dolce; ***ein -er Duft*** un profumo dolce; *(lieblich)* ***eine -e Stimme, Musik*** una voce dolce, una musica dolce; *(entzückend)* ***ein -es Gesicht, Kind*** un viso, un bambino dolce; *(zu freundlich)* ***ein -es Lächeln*** un dolce sorriso **II** avv. dolcemente: ***~ schmecken, duften*** avere un sapore dolce, un dolce profumo; ***~ reden*** parlare dolcemente ◆ ***-es Nichtstun*** dolce far niente; ***-e Sachen*** dolci *m.pl.*; ***meine Süße, mein Süßer*** dolcezza (mia); ***gern Süßes essen*** mangiare volentieri i dolci; ***träum ~!*** sogni d'oro! **Sü|ße** f. *(-)* dolcezza *f.*; *(Lieblichkeit)* ***die ~ ihrer Stimme*** la dolcezza della sua voce. **sü|ßen** tr. addolcire, dolcificare: ***mit Zucker ~*** dolcificare con zucchero (*o* zuccherare).

Süß|holz n. *(-es)* liquirizia *f.* ◆ ***~ raspeln*** lisciare. **Süß|holz|rasp|ler** m. *(-s,-)* cascamorto *m.* **Sü|ßig|keit** f. *(-,-en)* **1** dolcezza *f.* **2** pl. *(kleine süße Sachen)* dolciumi *m.pl.* **Süß|kar|tof|fel** f. *(-,-n)* patata *f.* dolce.

süß|lich agg. **1** dolciastro: ***ein -er Geschmack, Geruch*** un gusto, un odore dolciastro **2** *(zu gefühlvoll)* sdolcinato, mieloso, zuccheroso: ***ein -es Gedicht*** una poesia sdolcinata; ***dieser Dichter ist mir zu ~*** questo poeta è troppo lezioso **3** *(geheuchelt freundlich)* mellifluo: ***ein -es Lächeln*** un sorriso mellifluo. **Süß|lich|keit** f. *(-,-en)* **1a** *(süßlicher Geschmack)* sapore *m.* dolciastro **b** *(süßlicher Geruch)* odore *m.* dolciastro **2** sdolcinatezza *f.*, sdolcinatura *f.* **Süß|rahm** m. *(-[e]s)* panna *f.* dolce. **süß|sau|er I** agg. **1** agrodolce: ***eine süßsaure Soße*** una salsa agrodolce **2** FIG. agrodolce, dolceamaro: ***in süßsaurem Ton antworten*** rispondere in tono agrodolce **II** avv. in modo agrodolce, dolceamaro. **Süß|spei|se** f. *(-,-n)* dolce *m.* **Süß|stoff** m. *(-[e]s,-e)* dolcificante *m.* **Süß|wa|ren** pl. prodotti *m.pl.* dolciari, dolciumi *m.pl.*

Süß|was|ser n. *(-s,-)* acqua *f.* dolce. **Süß|was|ser|fisch** m. *(-es,-e)* pesce *m.* d'acqua dolce.

Süß|wein m. *(-[e]s,-e)* vino *m.* dolce.

Su|tur f. *(-,en)* ANAT. CHIR. sutura *f.*

SV ⇒ *Sportverein* associazione sportiva (A.S.).

SVP ⇒ **1** *Schweizerische Volkspartei* Partito Popolare Svizzero **2** *Südtiroler Volkspartei.*

SW ⇒ *Südwest(en)* sudovest (SO).

Swas|ti|ka f. *(-, Swastiken)* e m. *(-[s],-s)* ETNOL. svastica *f.*

Sweat|shirt ['swɛtʃəːt] n. *(-s,-s)* felpa *f.*

Swim|ming|pool ['swɪmɪŋpuːl] m. *(-s,-s)* piscina *f.*

1.Swing m. *(-[s],-s)* MUS. swing *m.*

2.Swing m. *(-[s])* ECON. margine *m.* di fluttuazione.

Switch|ge|schäft ['swɪtʃ-] n. *(-[e]s,-e)* operazione *f.* triangolare (*o* multilaterale) sui cambi.

Sy|ba|rit m. *(-en,-en)* sibarita *m.* (anche FIG.).

Sy|ko|mo|re f. *(-,-n)* sicomoro *m.*

syl|la|bisch agg. sillabico (anche MUS.).

Syl|lo|gis|mus m. *(-, Syllogismen)* sillogismo *m.* **Syl|lo|gis|tik** f. *(-)* sillogistica *f.* **syl|lo|gis|tisch** agg. sillogistico.

1.Syl|phe m. *(-n,-n)* silfo *m.*

2.Syl|phe f. *(-,-n)* FIG. silfide *f.*

Syl|phi|de f. *(-,-n)* silfide *f.* (anche FIG.).

Syl|ves|ter → **Silvester.**

Sym|bi|ont m. *(-en,-en)* simbionte *m.* **Sym|bi|o|se** f. *(-,-n)* simbiosi *f.*: ***in ~ leben*** vivere in simbiosi. **sym|bi|o|tisch** agg. simbiotico.

Sym|bol n. *(-s,-e)* simbolo *m.*: ***das Kreuz als ~ des Christentums*** la croce come simbolo del cristianesimo; ***ein chemisches, mathematisches ~*** un simbolo chimico, matematico. **Sym|bol|cha|rak|ter** m. *(-s)* carattere *m.* (*o* significato *m.*) simbolico: ***~ bekommen*** assumere un carattere simbolico. **Sym|bol|fi|gur** f. *(-,-en)* figura *f.* simbolica, simbolo *m.* **sym|bol|haft** agg. simbolico. **Sym|bo|lik** f. *(-)* **1** valore *m.* simbolico, simbolicità *f.*: ***die ~ einer Handlung*** il valore simbolico di un'azione **2** *(Verwendung von Symbolen)* simbolismo *m.*, simbologia *f.*: ***die religiöse ~*** il simbolismo religioso **3** *(Wissenschaft)* simbolica *f.* **sym|bo|lisch I** agg. simbolico: ***eine -e Geste*** un gesto simbolico; ***ein -er Wert*** un valore simbolico **II** avv. simbolicamente.

sym|bo|li|sie|ren tr. simboleggiare. **Sym|bo|li|sie|rung** f. *(-,-en)* il simboleggiare, simbolizzazione *f.*

Sym|bo|lis|mus m. *(-)* simbolismo *m.* **Sym|bo|list** m. *(-en,-en)* simbolista *m.* **sym|bo|lis|tisch** agg. simbolista.

Sym|bol|kraft f. *(-)* valore *m.* simbolico. **Sym|bol|kun|de** f. *(-)* iconologia *f.* **Sym|bol|spra|che** f. *(-,-n)* INFORM. linguaggio *m.* simbolico. **sym|bol|träch|tig** agg. carico di valore simbolico.

Sym|met|rie f. *(-,-n)* simmetria *f.* **Sym|met|rie|ach|se** f. *(-,-n)* asse *m.* di simmetria. **Sym|met|rie|ebe|ne** f. *(-,-n)* piano *m.* di simmetria. **sym|met|risch I** agg. simmetrico (anche FIG.) **II** avv. simmetricamente.

Sym|pa|thie f. *(-,-n)* simpatia *f.*: ***(viel, wenig) ~ für jdn haben, empfinden (fühlen)*** avere, provare (molta, poca) simpatia per qcn.; ***jds ~ erwerben, erwidern*** accattivarsi, ricambiare la simpatia di qcn.; ***jdm seine ~ bekunden*** dimostrare (*o* manifestare) a qcn. la propria simpatia; *(Zustimmung)* ***sein Vorschlag hat meine (volle) ~*** la sua proposta incontra la mia simpatia; ***sich (D) alle -n bei jdm verscherzen*** giocarsi la simpatia di qcn. **Sym|pa|thie|be|kun|dung** f. *(-,-en)* dimostrazione *f.* (*o* manifestazione *f.*) di simpatia. **Sym|pa|thie|kund|ge|bung** f. *(-,-en)* manifestazione *f.* (*o* dimostrazione *f.*) di solidarietà. **Sym|pa|thie|trä|ger** m. *(-s,-)* tipo *m.* simpatico, simpaticone *m.*

Sym|pa|thi|kus m. *(-)* ANAT. simpatico *m.*

Sym|pa|thi|sant m. *(-en,-en)* simpatizzante *m.*

sym|pa|thisch agg. simpatico (anche FISIOL.): ***ein -es Gesicht, Mädchen*** un volto simpatico, una ragazza simpatica; ***sie ist mir (nicht) ~*** (non) mi è simpatica ◆ ***die Sache ist mir nicht ~*** la faccenda non mi piace. **sym|pa|thi|sie|ren** intr. (aus. *haben*) simpatizzare: ***mit jdm, etw. ~*** simpatizzare per qcn., qcs.

Sym|pho|nie → **Sinfonie.**

Sym|po|si|on, Sym|po|si|um n. *(-s, Symposien)* simposio *m.*

Symp|tom n. *(-s,-e)* sintomo *m.* (anche FIG.): ***bestimmte -e aufweisen, zeigen*** presentare determinati sintomi. **Symp|to|ma|tik** f. *(-)* sintomatologia *f.* **symp|to|ma|tisch** agg. sintomatico (anche FIG.). **Symp|to|ma|to|lo|gie** f. *(-)* MED. semeiotica *f.* **Symp|to|men|kom|plex** m. *(-es,-e)* sintomatologia *f.*

Sy|na|go|ge f. *(-,-n)* sinagoga *f.*

Sy|nap|se f. *(-,-n)* sinapsi *f.*

Syn|äs|the|sie f. *(-,-n)* sinestesia *f.*

syn|chron agg. sincrono. **Syn|chron|ge|trie|be** n. *(-s,-)* cambio *m.* sincronizzato. **Syn|chro|nie** f. *(-)* LING. sincronia *f.* **syn|chro|nisch** agg. LING. sincronico.

Syn|chro|ni|sa|ti|on f. *(-,-en)* → **Synchronisierung. syn|chro|ni|sie|ren** tr. **1** TECN. sincronizzare **2** CINEM. doppiare: ***einen Film ~*** doppiare un film. **Syn|chro|ni|sie|rung** f. *(-,-en)* **1** sincronizzazione *f.* **2** CINEM. doppiaggio *m.*

Syn|chro|nis|mus m. *(-s, Synchronismen)* sincronismo *m.*, sincronia *f.* **syn|chro|nis|tisch** agg. sincronistico.

Syn|chron|mo|tor m. *(-s,-en)* motore *m.* sincrono. **Syn|chron|spre|cher** m. *(-s,-)* CINEM. doppiatore *m.*

Syn|chrot|ron n. *(-s,-e* e *-s)* sincrotrone *m.*

Syn|di|kat n. *(-[e]s,-e)* **1** ECON. cartello *m.* **2** *(Racket)* racket *m.* **Syn|di|kus** m. *(-,-se* e *Syndizi)* ECON. DIR. sindaco *m.*

Syn|drom n. *(-s,-e)* sindrome *f.*

Sy|ned|ri|um n. *(-s, Synedrien)* sinedrio *m.* (degli ebrei).

Sy|nek|do|che f. *(-,-n)* sineddoche *f.*

sy|ner|ge|tisch agg. sinergico. **Sy|ner|gie** f. *(-,-n)* sinergia *f.* **Sy|ner|gis|mus** m. *(-)* sinergismo *m.*

1.Syn|ko|pe f. *(-,-n)* MUS. sincope *f.*

2.Syn|ko|pe f. *(-,-n)* LING. MED. sincope *f.*

syn|ko|pie|ren tr. LING. MUS. sincopare.

Syn|kre|tis|mus m. *(-)* sincretismo *m.*

sy|no|dal agg. sinodale. **Sy|no|dal|ver|samm|lung** f. *(-,-en)*, **Sy|no|de** f. *(-,-n)* sinodo *m.* **sy|no|disch** agg. sinodico.

sy|no|nym I agg. sinonimico **II** avv. come sinonimo. **Sy|no|nym** n. *(-s,-e* e *Synonyma)* sinonimo *m.* **Sy|no|ny|mie** f. *(-)* sinonimia *f.* **Sy|no|nym|wör|ter|buch** n. *(-[e]s,-bücher)* dizionario *m.* dei sinonimi.

Sy|nop|se, Sy|nop|sis f. *(-, Synopsen)* sinossi *f.* **sy|nop|tisch** agg. sinottico.

Syn|tag|ma n. *(-s, Syntagmen)* sintagma *m.* **syn|tag|ma|tisch** agg. sintagmatico.

syn|tak|tisch agg. sintattico. **Syn|tax** f. *(-,-en)* sintassi *f.*

Syn|the|se f. *(-,-n)* FILOS. CHIM. sintesi *f.* **Syn|the|se|fa|ser** f. *(-,-n)* fibra *f.* sintetica.

Syn|the|si|zer ['zyntəsaizɐ] m. *(-s,-)* sintetizzatore *m.*

Syn|the|tics pl. **1** fibre *f.pl.* sintetiche **2** *(Textilien)* tessuti *m.pl.* sintetici. **Syn|the|tik** n. *(-s)* **1** fibra *f.* sintetica **2** *(Gewebe)* tessuto *m.* sintetico. **syn|the|tisch I** agg. **1** sintetico: ***ein -es Urteil*** un giudizio sintetico **2** *(künstlich)* artefatto, non genuino: ***ein -er Geschmack*** un sapore artefatto, non genuino **II** avv. **1** sinteticamente, per sintesi; ***~ hergestellte Fasern*** fibre sintetiche **2** *(künstlich)* ***~ schmecken*** avere un sapore artefatto, non genuino. **syn|the|ti|sie|ren** tr. CHIM. sintetizzare.

Sy|phi|lis f. *(-)* sifilide *f.* **sy|phi|lis|krank** agg. sifilitico. **Sy|phi|li|ti|ker** m. *(-s,-)* sifilitico *m.* **sy|phi|li|tisch** agg. sifilitico.
Sy|ra|kus n.pr.n. *(-)* Siracusa *f.* **Sy|ra|ku|ser** m. *(-s,-)* siracusano *m.* **sy|ra|ku|sisch** agg. siracusano.
Sy|rer m. *(-s,-)* siriano *m.* **Sy|ri|en** n.pr.n. *(-s)* Siria *f.* **Sy|ri|er** → **Syrer.**
Sy|rin|ge f. *(-,-n)* BOT. siringa *f.*, lilla *m.* **Sy|rinx** f. *(-, Syringen)* **1** MUS. siringa *f.* **2** ORNIT. siringe *f.*
sy|risch agg. siriano.
Sys|tem n. *(-s,-e)* **1** sistema *m.*: ***das hegelsche ~*** il sistema hegeliano; *(Gesellschaftsstruktur, Staatsform)* ***ein demokratisches, marxistisches, totalitäres ~*** un sistema democratico, marxista, totalitario; ***das ~ bekämpfen*** combattere il sistema; *(Ordnung)* ***sprachliche -e*** sistemi linguistici; ***ein ~ von Symbolen*** un sistema di simboli; *(Bauart)* ***eine nach einem neuen ~ gebaute Maschine*** una macchina costruita secondo un nuovo sistema; ***ein ~ von Dämmen und Kanälen*** un sistema di dighe e canali **2** *(Methode)* sistema *m.*, metodo *m.*: ***nach (einem) ~ vorgehen*** procedere secondo un sistema; ***hinter etw. steckt ~*** = qcs. ha metodo ◆ ***~ in etw. bringen*** sistematizzare qcs. **Sys|tem|ana|ly|se** f. *(-)* **1** analisi *f.* sistemica **2** INFORM. analisi *f.* dei sistemi. **Sys|tem|ana|ly|ti|ker** m. *(-s,-)* INFORM. sistemista *m.*
Sys|te|ma|tik f. *(-)* sistematica *f.* **Sys|te|ma|ti|ker** m. *(-s,-)* sistematico *m.* **sys|te|ma|tisch** **I** agg. sistematico: ***eine -e Ordnung, Klassifizierung*** un ordine sistematico, una classificazione sistematica **II** avv. sistematicamente, in modo sistematico: ***etw. ~ ordnen, betreiben*** ordinare, fare qcs. sistematicamente. **sys|te|ma|ti|sie|ren** tr. sistematizzare; *(gliedern)* articolare. **Sys|te|ma|ti|sie|rung** f. *(-,-en)* sistematizzazione *f.*; *(Gliedern)* articolazione *f.*
Sys|tem|bau|wei|se f. *(-)* prefabbricazione *f.* **sys|tem|ei|gen** agg. proprio di un, del sistema. **sys|tem|feind|lich** agg. contrario al sistema. **sys|tem|fremd** agg. estraneo (*o* esterno) al sistema. **sys|tem|im|ma|nent** agg. → **systemeigen. sys|tem|kon|form** agg. conforme al, a un sistema.
Sys|tem|kri|tik f. *(-,-en)* critica *m.* del sistema: ***~ betreiben*** fare una critica del sistema, criticare il sistema. **Sys|tem|kri|ti|ker** m. *(-s,-)* critico *m.* del sistema.
Sys|tem|leh|re f. *(-)* BIOL. ANT. sistematica *f.* **sys|tem|los** agg. asistematico. **Sys|tem|lo|sig|keit** f. *(-,-en)* asistematicità *f.* **Sys|tem|the|o|rie** f. *(-,-n)* teoria *f.* dei sistemi. **Sys|tem|zwang** m. *(-[e]s, -zwänge)* costrizioni *f.pl.* del sistema: ***einem ~ ausgesetzt sein*** subire le costrizioni del sistema.
Sys|to|le f. *(-,-n)* sistole *f.* **sys|to|lisch** agg. sistolico.
s. Z. ⇒ *seinerzeit* allora.
Sze|nar n. *(-s,-e)* → **Szenarium. Sze|na|rio** n. *(-s,-s)* **1** → **Szenarium 2** scenario *m.*: ***das ~ eines Atomkrieges entwerfen*** ipotizzare lo scenario di una guerra atomica. **Sze|na|ri|um** n. *(-s, Szenarien)* CINEM. TEATR. scenario *m.* (anche FIG.).
Sze|ne f. *(-,-n)* **1a** scena *f.* (anche FIG.): ***zweiter Akt, erste ~*** atto secondo, scena prima; ***die ~ spielt, ist am Bahnhof*** la scena si svolge alla stazione; ***eine ~ proben, drehen, wiederholen*** provare, girare, ripetere una scena; ***in ~ gehen, die ~ betreten*** andare in scena, entrare in scena **b** *(Vorgang)* ***bei einer peinlichen ~ dabei sein*** assistere a una scena penosa **2a** *(Bereich)* scena *f.*: ***die Berliner, literarische, politische ~*** la scena berlinese, letteraria, politica **b** *(Scene)* ambiente *m.*, mondo *m.*: ***sich in der ~ gut auskennen*** conoscere bene l'ambiente; ***in der ~ bekannt sein*** essere noto nell'ambiente **3** *(Krach)* scenata *f.*: ***jdm eine ~ machen*** fare una scenata a qcn. ◆ ***die ~ beherrschen*** dominare la scena (anche FIG.); ***auf offener ~*** a scena aperta; ***ein Spiel in ~ setzen*** mettere in scena una commedia; FIG. ***jdn, etw. in ~ setzen*** dare rilievo a qcn., qcs.; ***sich in ~ setzen*** mettersi in mostra; SPORT ***ein Spiel mit vielen torreifen -n*** una partita con molte azioni da gol.
Sze|nen|ap|plaus m. *(-es,-e)*, **Sze|nen|bei|fall** m. *(-[e]s)* applauso *m.* a scena aperta. **Sze|nen|fol|ge** f. *(-,-n)* CINEM. sequenza *f.* **Sze|nen|wech|sel** m. *(-s,-)* TEATR. cambio *m.* di scena.
Sze|ne|rie f. *(-,-n)* scenario *m.* (anche FIG.). **sze|nisch** **I** agg. scenico **II** avv. scenicamente. **Sze|no|graph** m. *(-en,-en)* scenografo *m.*
Szi|en|ti|fis|mus, Szi|en|tis|mus m. *(-)* scientismo *m.* **Szi|en|tist** m. *(-en,-en)* scientista *m.*
Szyl|la n.pr.f. Scilla *f.* ◆ ***zwischen ~ und Charybdis*** fra Scilla e Cariddi.

T

t, T n. *(-,-)* t, T, ti *f.* e *m.*: ***ein großes T, ein kleines t*** una T maiuscola, una t minuscola.

Ta|bak, AUSTR. **Ta|bak** m. *(-s,-e)* tabacco *m.*: ***~ anbauen, pflanzen*** coltivare, piantare (il) tabacco; ***den ~ beizen*** conciare il tabacco; *(fertiges Produkt)* ***ein milder (leichter), starker ~*** un tabacco leggero, forte; ***~ kauen, schnupfen*** masticare, fiutare tabacco. **Ta|bak|bau** m. *(-[e]s)* coltivazione *f.* del tabacco. **Ta|bak|blatt** n. *(-[e]s, -blätter)* foglia *f.* di tabacco. **Ta|bak|fab|rik** f. *(-,-en)* manifattura *f.* di tabacco. **Ta|bak|la|den** m. *(-s,-läden)* tabaccheria *f.* **Ta|bak|mo|no|pol** n. *(-[e]s,-e)* monopolio *f.* dei tabacchi. **Ta|bak|pflan|ze** f. *(-,-n)* (pianta *f.* del) tabacco *m.* **Ta|bak|pflan|zung** f. *(-,-en)* piantagione *f.* di tabacco. **Ta|bak|rau|cher** m. *(-s,-)* fumatore *m.* (di tabacco).

Ta|baks|beu|tel m. *(-s,-)* borsa *f.* di, del tabacco. **Ta|baks|do|se** f. *(-,-n)* tabacchiera *f.* **Ta|baks|pfei|fe** f. *(-,-n)* pipa *f.*

Ta|bak|steu|er f. *(-,-n)* imposta *f.* sul tabacco. **Ta|bak|strauch** m. *(-[e]s,-sträucher)* pianta *f.* di tabacco. **Ta|bak|tra|fik** f. *(-,-en)* AUSTR. tabaccheria *f.* **Ta|bak|ver|ar|bei|tung** f. *(-,-en)* manifattura *f.* (*o* lavorazione *f.*) del tabacco. **Ta|bak|wa|ren** pl. tabacchi *m.pl.* **Ta|bak|wa|ren|ge|schäft** n. *(-[e]s,-e)* tabaccheria *f.*, tabacchi *m.pl.*

Ta|ba|ti|e|re f. *(-,-n)* **1** tabacchiera *f.* **2** *(Zigarettenetui)* portasigarette *m.*

ta|bel|la|risch agg. in forma di tabella, a tabella; tabellare. **ta|bel|la|ri|sie|ren** tr. rappresentare (*o* ordinare) in tabelle. **Ta|bel|la|ri|sie|rung** f. *(-,-en)* rappresentazione *f.* in tabelle.

Ta|bel|le f. *(-,-n)* **1** tabella *f.*, prospetto *m.*: ***eine ~ anfertigen, aufstellen*** preparare, fare una tabella **2** SPORT *(Rangfolge)* classifica *f.*: ***an der Spitze der ~ stehen*** essere in testa, in vetta alla classifica. **Ta|bel|len|en|de** n. *(-s)* fondo *m.* della classifica: ***am ~ stehen*** essere in fondo alla classifica. **Ta|bel|len|ers|te** m. *(-n,-n)* primo *m.* in classifica. **Ta|bel|len|form** f. *(-,-en)* forma *f.* di tabella. **ta|bel|len|för|mig** agg. a forma di tabella. **Ta|bel|len|füh|rer** m. *(-s,-)* SPORT capolista *f.*, capofila *f.* **Ta|bel|len|füh|rung** f. *(-)* guida *f.* della classifica. **Ta|bel|len|letz|te** m. *(-n,-n)* ultimo *m.* in classifica. **Ta|bel|len|platz** m. *(-es,-plätze)* SPORT posto *m.* in classifica. **Ta|bel|len|spit|ze** f. *(-,-n)* SPORT vetta *f.* della classifica. **Ta|bel|len|stand** m. *(-[e]s,-stände)* situazione *f.* della classifica.

ta|bel|lie|ren tr. tabulare.

Ta|ber|na|kel n. e m. *(-s,-)* tabernacolo *m.* (anche ARCH.).

Tab|lett n. *(-[e]s,-s* e *-e)* vassoio *m.* ◆ FIG. ***jdm etw. auf einem silbernen ~ servieren, anbieten*** servire, offrire qcs. a qcn. sul, su un piatto d'argento; COLLOQ. ***das kommt nicht aufs ~*** = non se ne parla, nemmeno per idea.

Tab|let|te f. *(-,-n)* MED. pillola *f.*, compressa *f.*: ***eine ~ einnehmen, schlucken*** prendere, ingoiare una pillola. **Tab|let|ten|röhr|chen** n. *(-s,-)* tubetto *m.* di compresse. **Tab|let|ten|sucht** f. *(-)* assuefazione *f.* alle pillole.

ta|bu agg.inv. tabù: ***die Sache ist ~*** la questione è tabù. **Ta|bu** n. *(-s, -s)* tabù *m.*: ***ein ~ brechen, verletzen*** infrangere, violare un tabù; ***gegen ein ~ verstoßen*** incorrere in un tabù. **ta|bu|ie|ren, ta|bu|i|sie|ren** tr. tabuizzare. **Ta|bu|i|sie|rung** f. *(-,-en)* trasformazione *f.* in tabù.

ta|bu|la ra|sa, *mit etw. ~ machen* fare tabula rasa di qcs.

Ta|bu|la|tor m. *(-s,-en)* tabulatore *m.* **Ta|bu|la|tur** f. *(-,-en)* intavolatura *f.*

Ta|bu|schwel|le f. *(-,-n)* soglia *f.* di un, del tabù: ***die ~ überschreiten*** superare la soglia del tabù. **Ta|bu|the|ma** n. *(-s,-themen)* tema *m.* tabù. **Ta|bu|wort** n. *(-[e]s,-wörter)* parola *f.* tabù.

Ta|che|les COLLOQ. ***~ reden*** = parlare senza mezzi termini.

Ta|cho m. *(-s,-s)* → **Tachometer. Ta|cho|graph** m. *(-en,-en)* tachigrafo *m.*

Ta|cho|me|ter m. e n. *(-s,-)* **1** tachimetro *m.* **2** *(Drehzahlmesser)* contagiri *m.* **Ta|cho|me|ter|na|del** f. *(-,-n)* lancetta *f.* del tachimetro. **Ta|cho|me|ter|stand** m. *(-[e]s)* indicazione *f.* del tachimetro.

Tach|tel f. *(-,-n)* ceffone *m.*

Ta|chy|graph m. *(-en,-en)* tachigrafo *m.* **Ta|chy|gra|phie** f. *(-)* tachigrafia *f.* **Ta|chy|kar|die** f. *(-,-n)* tachicardia *f.* **Ta|chy|me|ter** n. *(-s,-)* tacheometro *m.* **Ta|chy|met|rie** f. *(-)* tacheometria *f.*

Ta|ci|tus n.pr.m. Tacito *m.*

Ta|cker m. *(-s,-)* (pistola *f.*) sparachiodi *f.* **ta|ckern** tr. imbastire; attacare con punti lunghi.

Ta|del m. *(s,-)* **1a** biasimo *m.*, critica *f.*: ***ein scharfer ~*** un'aspra critica **b** *(Verweis)* rimprovero *m.*: ***einen ~ bekommen, aussprechen, verdienen*** ricevere, pronunciare, meritare un rimprovero; ***jdm einen ~ erteilen*** rivolgere un rimprovero a qcn.; ***ihn trifft kein ~*** non merita alcun rimprovero, non lo si può rimproverare **2** *(Makel)* macchia *f.*: ***ohne ~*** senza macchia, irreprensibile ◆ LETT. ***ein Ritter ohne Furcht und ~*** un cavaliere senza macchia e senza paura. **Ta|de|lei** f. *(-,-en)* continui rimproveri *m.pl.* **ta|del|frei** agg. irreprensibile, senza macchia: ***-es Benehmen*** comportamento irreprensibile. **ta|del|haft** agg. ANT. → **tadelnswert. ta|del|los I** agg. irreprensibile, ineccepibile; impeccabile: ***ein -es Benehmen*** un comportamento ineccepibile; ***ein noch -es Kleid*** un abito ancora impeccabile **II** in modo irreprensibile, ineccepibile ◆ COLLOQ. ***~!*** ottimo! ***die Jacke sitzt ~*** la giacca ti sta a pennello.

ta|deln tr. **1** biasimare, rimprovare, criticare: ***jdn für sein, wegen seines Benehmens ~*** biasimare qcn. per il suo comportamento; ***an allem (etw.) zu ~ finden*** trovare (qcs.) da ridire su tutto **2** *(Missfallen äußern)* rimproverare, sgridare: ***streng ~*** rimproverare severamente, duramente. **ta|delnd** p.pres. agg. **1** → **tadeln 2** di biasimo, di rimprovero: ***-e Worte*** parole di biasimo; ***eine -e Bemerkung*** un'osservazione di rimprovero. **ta|delns|wert, ta|delns|wür|dig** agg. rimprovevole, biasimevole; criticabile.

Ta|dels|an|trag m. *(-[e]s,-anträge)* mozione *f.* di biasimo. **ta|del|süch|tig** agg. criticone. **Tad|ler** m. *(-s,-)* biasimatore *m.*

Tad|schi|ke m. *(-n,-n)* tagiko *m.* **tad|schi|kisch** agg. tagiko. **Tad|schi|kis|tan** n.pr.n. *(-s)* Tagikistan *m.*

Taf. ⇒ *Tafel* tavola (tav.).

Ta|fel f. *(-,-n)* **1a** tavola *f.*: ***hölzerne ~*** tavola di legno **b** *(aus Stein, Marmor)* lastra *f.* **c** *(aus Metall)* piastra *f.* **2** *(aus Schokolade)* tavoletta *f.* **3** *(in der Schule)* lavagna *f.*: ***etw. an die ~ schreiben*** scrivere qcs. alla lavagna: ***die ~ abwischen, löschen*** cancellare la lavagna **4** *(Tabelle)* tabella *f.*, tavola *f.*; ***die ~ der Logarithmen*** le tavole logaritmiche **5** PITT. tavola *f.* **6a** *(gedeckter Tisch)* tavola *f.*, ANT. LETT. mensa *f.*: ***die festlich gedeckte ~*** la mensa riccamente imbandita; ***an jds ~ speisen*** pranzare alla mensa di qcn.; ***die ~ decken, abräumen*** apparecchiare, sparecchiare la tavola; ***zur ~ bitten*** invitare ad accomodarsi (a tavola); ***sich an die ~ setzen*** sedersi a tavola; ***sich von der ~ erheben*** alzarsi da tavola; ***die ~ aufheben*** levare le mense **b** *(erlesenes Essen)* ***die feine ~*** la buona tavola **c** *(Mahlzeit)* pasto *m.*, pranzo *m.*: ***während der ~*** durante il pasto; ***große ~*** gran pranzo, banchetto **7** *(Tafelrunde)* tavolata *f.* **8** *(Schalttafel)* quadro *m.* (elettrico) **9** SVIZZ. *(Verkehrsschild)* cartello *m.* stradale.

ta|fel|ar|tig agg. a (forma di) tavola. **Ta|fel|auf|satz** m. *(-es,-aufsätze)* trionfo *m.*, alzata *f.* **Ta|fel|berg** m. *(-[e]s,-e)* GEOL. monte *m.* a tavola. **Ta|fel|be|steck** n. *(-[e]s)* servizio *m.* di posate. **Ta|fel|bild** n. *(-[e]s,-er)* PITT. tavola *f.*

Tä|fel|chen n. *(-s,-)* tavoletta *f.*

ta|fel|fer|tig agg. pronto (per essere servito): ***-e Gerichte*** cibi pronti. **ta|fel|för|mig** agg. a forma di tavola, di piastra. **Ta|fel|freu|den** pl. piaceri *m.pl.* della tavola. **Ta|fel|ge|bir|ge** n. *(-s,-)* GEOL. montagna *f.* a tavola. **Ta|fel|ge|schirr** n. *(-[e]s,-e)* servizio *m.* da tavola. **Ta|fel|glas** n. *(-es,-gläser)* vetro *m.* in lastre. **Ta|fel|land** n. *(-[e]s,-länder)* GEOL. tavoliere *m.*, tavolato *m.* **Ta|fel|leim** m. *(-[e]s)* colla *f.* forte. **Ta|fel|ma|le|rei** f. *(-)* pittura *f.* su tavola. **Ta|fel|mu|sik** f. *(-)* musica *f.* conviviale.

ta|feln intr. (aus. *haben*) banchettare.

tä|feln tr. (aus. *haben*) tavolare, rivestire di tavole.

Ta|fel|öl n. *(-s)* olio *m.* da tavola.

Ta|fel|run|de f. *(-,-n)* tavolata *f.* ◆ ***die ~ des Königs Artus*** la tavola rotonda (di Re Artù). **Ta|fel|sche|re** f. *(-,-n)* taglierina *f.*, cesoia *f.* (a ghigliottina). **Ta|fel|schwamm** m. *(-[e]s,-schwämme)* cancellino *m.* (per pulire la lavagna). **Ta|fel|ser|vice** [-servi:s] n. *(-)* → **Tafelgeschirr. Ta|fel|sil|ber** n. *(-s)* posate *f.pl.* d'argento. **Ta|fel|spitz** m. *(-es)* AUSTR. INTRAD. (specie di bollito). **Ta|fel|tuch** n. *(-[e]s, -tücher)* tovaglia *f.*

Tä|fe|lung f. *(-,-en)* rivestimento *m.* di tavole, tavolato *m.*

Ta|fel|waa|ge f. *(-,-n)* **1** bilancia *f.* a piatti **2** *(mit einer Platte)* bascula *f.* **Ta|fel|wa|gen** m. *(-s,-)* carro *m.* piatto. **Ta|fel|was|ser** n. *(-s, -wässer)* acqua *f.* da tavola. **Ta|fel|wein** m. *(-[e]s,-e)* vino *m.* da tavola. **Ta|fel|werk** n. *(-[e]s,-e)* **1** *(Täfelung)* rivestimento *m.* di, con tavole **2** *(Buch)* volume *m.* ricco di tavole.

taff agg. COLLOQ. tosto.

Täf|lung → **Täfelung.**

Taft m. *(-[e]s,-e)* taffetà *m.* **taf|ten** agg. di taffettà. **Taft|kleid** n. *(-[e]s, -er)* vestito *m.* di taffettà.

Tag m. *(-[e]s,-e)* **1a** giorno *m.*; *(der ganze Tag)* giornata *f.*: ***ein sonniger, nebliger ~*** una giornata di sole, nebbiosa; ***der längste, kürzeste ~ des Jahres*** il giorno più lungo, corto dell'anno; ***die sieben -e der Woche*** i sette giorni della settimana; ***die -e werden kürzer, nehmen ab*** le giornate si accorciano; ***der ~ bricht an*** spunta il giorno; ***es wird ~, es ist noch ~*** si fa, è ancora giorno; ***der ~ graut*** albeggia; ***der ~ neigt sich, geht zu Ende*** il giorno volge alla fine; FIG. ***heute ist mein (großer) ~*** oggi è la mia (grande) giornata; ***~ der offenen Tür*** giornata *f.* delle porte aperte **b** LETT. dì *m.* **2** *(Ehrentag)* festa *f.*: ***der ~ der deutschen Einheit*** la festa dell'unità tedesca ◆ ***es ist noch nicht aller -e Abend*** chi vivrà vedrà; ***alle zwei -e*** ogni due giorni; ***ein ~ wie alle -e*** un giorno come (tutti) gli altri; ***wie in alten -en*** come ai vecchi tempi; ***auf meine alten -e*** alla mia (veneranda) età; ***am -e*** di giorno; ***zweimal am ~*** due volte al giorno; ***am ~ seiner, nach, vor seiner Ankunft*** il giorno del, dopo il, prima del suo arrivo; ***auf den ~*** nel (*o* il) giorno preciso, puntualmente; ***bei -(e)*** alla luce del giorno, di giorno; ***seine -e beschließen*** finire i propri giorni; ***es kommen auch wieder bessere -e*** verranno giorni (*o* tempi) migliori; ***bis in den ~ hinein*** fino a giorno inoltrato; ***etw. an den ~ bringen*** portare qcs. alla luce; ***am ~ darauf*** il giorno dopo; ***des -(e)s*** di giorno; ***dieser -e*** in questi giorni; ***eines (schönen) -(e)s*** un (bel) giorno; COLLOQ. ***ewig und drei -e warten*** aspettare una vita; ***ferne -e*** giorni (*o* tempi) lontani; ***am folgenden ~*** il giorno seguente; ***ein freier ~*** una giornata libera; ***früh am -(e)*** di buon mattino, presto; ***~ für ~*** giorno per giorno; ***den ganzen ~*** (per) tutto il giorno, l'intera giornata; ***jds -e, die -e von etw. sind gezählt*** qcn., qcs. ha i giorni contati; ***guten ~!*** COLLOQ. ***~!*** buongiorno! (*o* RAR. o SCHERZ. buondì!) COLLOQ. giorno! ***(zu) jdm guten ~ sagen, jdm guten ~ wünschen*** dare, augurare a qcn. il buongiorno; ***(bei) jdm guten ~ sagen*** andare a dare il buongiorno a qcn.; ***einen guten ~ haben*** essere in giornata, ben disposto; ***in guten und bösen -en*** nella buona e nella cattiva sorte; COLLOQ. ***sie hat ihre -e*** ha il ciclo; ***es ist heller ~*** è giorno fatto; ***am helllichten ~*** in pieno giorno; ***der ~ des Herrn*** il giorno del Signore; ***heute in, vor acht -en*** di qui a otto giorni, otto giorni a oggi; ***heute über zehn -e*** fra dieci giorni; ***bis zum, bis auf den heutigen -e*** fino a oggi; ***in zehn -en*** fra dieci giorni; ***seit Jahr und ~*** da molti anni, da molto tempo; ***etw. auf Jahr und ~ wissen*** conoscere qcs. nei dettagli; ***jeden ~*** ogni giorno, giornalmente; ***an jenem ~*** quel giorno; ***der Jüngste ~*** il giorno del Giudizio; ***an den ~ kommen*** risultare chiaro; FIG. ***die kritischen -e*** le proprie cose, le mestruazioni; ***viel reden, wenn der ~ lang ist*** raccontarne tante; ***in den ~ hinein leben*** vivere alla giornata; ***etw. an den ~ legen*** = manifestare qcs.; ***den lieben langen ~*** tutto il santo giorno; ***die Nacht zum -e machen*** fare della notte (il) giorno; ***sich einen guten ~ machen*** darsi buon tempo; ***morgen ist auch (noch) ein ~*** domani è un altro giorno; ***in den nächsten -en*** nei prossimi giorni; ***~ und Nacht*** giorno e notte; ***es ist ein Unterschied wie ~ und Nacht*** è diverso come il giorno dalla notte; ***einmal pro ~*** una volta al giorno; ***einen schlechten ~ haben*** non essere in giornata; ***ein schwarzer ~*** una giornata nera, una giornataccia; ***spät am -(e)*** a giorno inoltrato; ***jdm den ~ stehlen*** rubare il tempo a qcn.; ***den ~ totschlagen*** ammazzare il tempo; ***den ~ über*** durante il giorno; MIN. ***über -(e)*** a giorno, a cielo aperto; ***bis in unsere -e*** fino ai giorni nostri; ***unter -s*** durante il giorno; MIN. ***unter -(e)*** sottoterra; ***von ~ zu ~*** di giorno in giorno; ***von einem ~ auf den anderen*** da un giorno all'altro; ***vor ~*** prima di giorno; ***vor zwei -en*** due giorni fa; ***am ~ vorher*** il giorno prima; ***der ~ X*** il giorno X; PROV. ***die Sonne bringt es an den ~*** il tempo scopre ogni cosa; ***alle -e ist kein Sonntag*** non tutti i giorni è domenica; ***man soll den ~ nicht vor dem Abend loben*** non dir quattro se non l'hai nel sacco; ***zu -e*** → **zutage.**

tag|ak|tiv agg. ZOOL. diurno. **tag|aus** avv., ***~, tagein*** tutti i giorni, ogni giorno. **Tag|bau** REGION. → **Tagebau. Tag|dienst** m. *(-[e]s,-e)* servizio *m.* diurno.

Ta|ge|bau m. *(-[e]s,-e)* MIN. coltivazione *f.* a giorno. **Ta|ge|blatt** n. *(-[e]s,-blätter)* ANT. giornale *m.*, quotidiano *m.*

Ta|ge|buch n. *(-[e]s,-bücher)* **1** diario *m.*: ***ein ~ führen*** tenere un diario **2** COMM. (libro *m.*) giornale *m.* **Ta|ge|buch|auf|zeich|nung** f. *(-,-en)* annotazione *f.* sul diario. **Ta|ge|buch|num|mer** f. *(-,-n)* numero *m.* dell'operazione (registrata sul giornale).

Ta|ge|dieb m. *(-[e]s,-e)* fannullone *m.*, perdigiorno *m.* **Ta|ge|geld** n. *(-[e]s,-er)* **1** diaria *f.* **2** pl. *(Diäten)* indennità *f.* di rappresentanza **3** *(bei Krankenhausaufenthalten)* rimborso *m.* spese ospedaliere.

tag|ein avv. → **tagaus.**

ta|ge|lang avv. per giorni e giorni, per parecchi giorni. **Ta|ge|lied** n. *(-[e]s,-er)* LETT. alba *f.*

Ta|ge|lohn m. *(-[e]s,-löhne)* paga *f.* giornaliera ◆ ***im ~ arbeiten*** lavorare a giornata. **Ta|ge|löh|ner** m. *(-s,-)* bracciante *m.*, giornaliero *m.* **ta|ge|löh|nern** intr. (aus. *haben*) lavorare a giornata.

Ta|ge|marsch → **Tagesmarsch.**

ta|gen intr. (aus. *haben*) **1a** essere (*o* riunirsi) in seduta: ***der Rat tagt*** il consiglio è (riunito) in seduta **b** COLLOQ. FIG. ***wir tagten bis in die späte Nacht*** siamo rimasti insieme fino a notte fonda **2** impers. *(dämmern)* ***es tagt*** albeggia.

Ta|ge|rei|se f. *(-,-n)* giornata *f.* (di viaggio): ***das Dorf liegt zwei -n entfernt*** il villaggio si trova a due giornate di distanza.

Ta|ges|ab|lauf m. *(-[e]s,-abläufe)* corso *m.* della giornata. **Ta|ges|an|bruch** m. *(-[e]s)* lo spuntar del giorno: ***bei ~*** sul far del giorno, allo spuntar del giorno. **Ta|ges|ar|beit** f. *(-,-en)* **1** lavoro *m.* di un giorno **2** *(tägliche Arbeit)* lavoro *m.* giornaliero. **Ta|ges|be|darf** m. *(-[e]s)* fabbisogno *m.* giornaliero. **Ta|ges|be|fehl** m. *(-[e]s, -e)* MIL. ordine *m.* di servizio. **Ta|ges|creme** f. *(-,-s)* crema *f.* da giorno. **Ta|ges|de|cke** f. *(-,-n)* copriletto *m.* **Ta|ges|dienst** → **Tagdienst. Ta|ges|ein|nah|me** f. *(-,-n)* incasso *m.* giornaliero. **Ta|ges|ein|tei|lung** f. *(-,-en)* pianificazione *f.* della giornata. **Ta|ges|er|eig|nis** n. *(-ses,-se)* avvenimento *m.* (*o* evento *m.*) del giorno. **Ta|ges|fahrt** f. *(-,-en)* gita *f.* di un giorno. **Ta|ges|form** f. *(-)* SPORT forma *f.* del momento. **Ta|ges|ge|sche|hen** n. *(-s,-)* avvenimento *m.* del giorno. **Ta|ges|ge|spräch** n. *(-[e]s,-e)* argomento *m.* (di conversazione) del giorno: ***das ~ sein*** essere l'argomento del giorno. **Ta|ges|hälf|te** f. *(-,-n)* metà *f.* della giornata. **Ta|ges|heim** n. *(-[e]s,-e)* asilo *m.* **Ta|ges|hel|le** f. *(-)* luce *f.* del giorno: ***bei ~*** con la luce del giorno. **Ta|ges|kar|te** f. *(-,-n)* **1** *(Speisekarte)* menù *m.* del giorno **2** *(Fahr-, Eintrittskarte)* biglietto *m.* giornaliero. **Ta|ges|kas|se** f. *(-,-n)* **1** biglietteria *f.*, cassa *f.* **2** *(Tageseinnahme)* incasso *m.* della giornata. **Ta|ges|kli|nik** f. *(-,-en)* day hospital *m.* **Ta|ges|kurs** m. *(-es,-e)* ECON. quotazione *f.* del giorno (*o* giornaliera). **Ta|ges|leis|tung** f. *(-,-en)* rendimento *m.* giornaliero.

Ta|ges|licht n. *(-[e]s)* luce *f.* del giorno: ***bei ~*** di giorno, con la luce del giorno ◆ ***etw. ans ~ bringen, holen*** rendere noto, svelare qcs.; ***ans ~ kommen*** venire alla luce; ***das ~ scheuen*** fuggire la luce del giorno; ***etw. ans ~ zerren, ziehen*** → ***etw. ans ~ bringen.*** **Ta|ges|licht|pro|jek|tor** m. *(-s,-en)* proiettore *m.* per lucidi, lavagna *f.* luminosa.

Ta|ges|marsch m. *(-[e]s,-märsche)* **1** marcia *f.* di un giorno **2** *(Strecke)* giornata *f.* di marcia. **Ta|ges|mie|te** f. *(-,-n)* affitto *m.* giornaliero. **Ta|ges|mit|tel** n. *(-s,-)* media *f.* giornaliera: ***die Temperatur ist im ~ 10 Grad*** la media giornaliera della temperatura è di 10 gradi. **Ta|ges|mut|ter** f. *(-,-mütter)* = mamma *f.* che durante il giorno guarda altri bambini (dietro compenso).

Ta|ges|ord|nung f. *(-,-en)* ordine *m.* del giorno: ***etw. auf die ~ setzen*** mettere qcs. all'ordine del giorno; ***von der ~ absetzen*** togliere qcs. dall'ordine del giorno; ***zur ~ übergehen*** passare all'ordine del giorno, FIG. = tornare alla solita vita; FIG. ***an der ~ sein*** essere all'ordine del giorno.

Ta|ges|po|li|tik f. *(-)* questioni *f.pl.* politiche di ogni giorno. **Ta|ges|preis** m. *(-es,-e)* prezzo *m.* giornaliero (di mercato). **Ta|ges|pres|se** f. *(-)* quotidiani *m.pl.* **Ta|ges|ra|ti|on** f. *(-,-en)* razione *f.* giornaliera. **Ta|ges|raum** m. *(-[e]s,-räume)* sala *f.* di soggiorno. **Ta|ges|rück|fahr|kar|te** f. *(-,-n)* biglietto *m.* giornaliero di andata e ritorno. **Ta|ges|satz** m. *(-es,-sätze)* **1** DIR. tasso *m.* giornaliero **2** *(tägliche feste Kosten)* tariffa *f.* giornaliera. **Ta|ges|schau** f. *(-,-en)* telegiornale *m.* **Ta|ges|schu|le** f. *(-,-n)* scuola *f.* a tempo pieno. **Ta|ges|stät|te** f. *(-,-n)* → **Tagesheim. Ta|ges|stun|de** f. *(-,-n)* ora *f.* (del giorno): ***zu jeder ~*** a qualsiasi ora. **Ta|ges|sup|pe** f. *(-,-n)* minestra *f.* del giorno. **Ta|ges|tem|pe|ra|tur** f. *(-,-en)* METEOR.

temperatura *f.* diurna. **Ta|ges|tour** f. *(-,-en)* gita *f.* (*o* giro *m.*) di un giorno. **Ta|ges|um|satz** m. *(-es,-umsätze)* giro *m.* d'affari giornaliero. **Ta|ges|ver|brauch** m. *(-[e]s)* consumo *m.* giornaliero. **Ta|ges|zeit** f. *(-,-en)* momento *m.* (della giornata) ◆ ***zu jeder ~, Tages- und Nachtzeit*** giorno e notte. **Ta|ges|zei|tung** f. *(-,-en)* quotidiano *m.*

ta|ge|wei|se avv. a giorni. **Ta|ge|werk** n. *(-[e]s,-e)* **1** lavoro *m.* (*o* compito *m.*) quotidiano: ***seinem ~ nachgehen*** dedicarsi al proprio lavoro quotidiano **2** *(Arbeit eines Tages)* lavoro *m.* di un giorno **3** STOR. *(Feldmaß)* giornata *f.*

Tag|fal|ter m. *(-s,-)* farfalla *f.* diurna. **Tag|geld** REGION. → **Tagegeld. tag|hell I** agg. chiaro **II** avv. ***~ erleuchten*** illuminare a giorno ◆ ***es war schon ~*** era già giorno fatto (*o* pieno giorno).

täg|lich I agg. giornaliero, quotidiano **II** avv. **1** quotidianamente, giornalmente, ogni giorno **2** *(am Tag)* al giorno; *(im ärztlichen Rezept)* al dì: ***einmal ~*** una volta al giorno (*o* al dì).

Tag|lohn REGION. → **Tagelohn. Tag|pfau|en|au|ge** n. *(-s,-n)* ZOOL. occhio *m.* di pavone, pavone *m.* di giorno. **Tag|por|ti|er** [-pɔr'ti̯e:] m. *(-s,-s* e AUSTR. *-e)* portiere *m.* di giorno.

tags avv. di giorno, durante il giorno ◆ ***~ zuvor, davor*** il giorno prima (*o* precedente); ***~ darauf*** il giorno dopo (*o* seguente).

Tag|schicht f. *(-,-en)* turno *m.* di giorno.

tags|über avv. di giorno, durante il giorno.

tag|täg|lich avv. ogni giorno, sempre. **Tag|traum** m. *(-[e]s,-träume)* sogno *m.* a occhi aperti. **Tag|träu|mer** m. *(-s,-)* chi sogna a occhi aperti. **Tag|und|nacht|glei|che** f. *(-,-n)* equino-zio *m.*

Ta|gung f. *(-,-en)* convegno *m.*; *(Kongress)* congresso *m.*: ***eine ~ über ein, zu einem Thema veranstalten*** organizzare un convegno su un tema; ***auf einer ~ sprechen*** parlare a un convegno. **Ta|gungs|ort** m. *(-[e]s,-e)* luogo *m.* del convegno, del congresso. **Ta|gungs|teil|neh|mer** m. *(-s,-)* convegnista *m.*; *(Kongressteilnehmer)* congressista *m.*

Tag|wache f. *(-,-n)* AUSTR. SVIZZ. MIL. sveglia *f.* **tag|wei|se** REGION. → **tageweise. Tag|werk** → **Tagewerk.**

Tai|fun m. *(-s,-e)* tifone *m.*

Tail|le ['taljə] f. *(-,-n)* **1** vita *f.*: ***schlanke ~*** vita sottile; ***auf ~*** alla vita; ***auf ~ sitzen, gearbeitet sein*** essere sagomato in vita; ***die Bluse ist in der ~ zu weit*** la camicetta è troppo larga in vita; ***jdn um die ~ fassen*** afferrare qcn. per la vita **2** MUS. taille *f.* **Tail|len|hö|he** f. *(-,-n)* altezza *f.* della vita. **tail|len|kurz** agg. (corto) in vita. **Tail|len|wei|te** f. *(-,-n)* (circonferenza *f.*) vita *f.*

Tail|leur [ta'jø:ɐ] m. *(-s,-s)* tailleur *m.* **tail|lie|ren** tr. SART. sciancrare.

Take [te:k] m. e n. *(-s,-s)* **1** CINEM. TELEV. inquadratura *f.* **2** GERG. *(von Haschisch)* tiro *m.*

Ta|ke|la|ge [-la:ʒə] f. *(-,-n)* MAR. attrezzatura *f.* **ta|keln** tr. MAR. attrezzare. **Ta|ke|lung** f. *(-,-en)*, **Ta|kel|werk** n. *(-[e]s)* → **Takelage.**

Takt m. *(-[e]s,-e)* **1** MUS. tempo *m.*, ritmo *m.*: ***den ~ angeben, mit dem Fuß schlagen*** dare il tempo, battere il tempo con il piede; ***im ~ bleiben, den ~ halten*** andare a tempo, tenere il tempo; ***aus dem ~ kommen*** andare fuori tempo **b** *(von Bewegungsphasen)* ***im ~ marschieren*** marciare a tempo; ***beim Rudern im ~ bleiben*** tenere il ritmo remando **2** MUS. battuta *f.*: ***ein paar -e singen, spielen*** cantare, suonare un paio di battute **3** METR. misura *f.*, tempo *m.* **4a** TECN. *(Arbeitsvorgang)* ciclo *m.* **b** *(Stufe des Arbeitsspiels)* fase *f.*, tempo *m.* **5** *(Feingefühl)* tatto *m.*: ***er hat keinen ~, ihm fehlt es an ~*** non ha tatto; ***etw. mit großem ~ behandeln*** trattare qcs. con grande tatto; ***den ~ verletzen*** mancare di tatto ◆ FIG. ***den ~ angeben*** comandare, dirigere; ***jdn aus dem ~ bringen*** far perdere il tempo a qcn.; FIG. confondere qcn.; ***nach dem ~*** a tempo; COLLOQ. ***mit jdm ein paar -e reden*** dire due paroline a qcn. **Takt|art** f. *(-,-en)* misura *f.* (musicale), tempo *m.* **Takt|feh|ler** m. *(-s,-)* mancanza *f.* di tatto. **Takt|fer|ti|gung** f. *(-,-en)* lavorazione *f.* a cadenza. **takt|fest I** agg. **1** che va a tempo **2** *(sicher)* sicuro: ***nicht ganz ~ sein*** non essere proprio sicuro **II** avv. a tempo: ***~ singen*** cantare a tempo; ***~ marschieren*** marciare a tempo (*o* ritmicamente). **Takt|ge|fühl** n. *(-[e]s)* tatto *m.*, delicatezza *f.*

1.tak|tie|ren intr. (aus. *haben*) battere (*o* segnare) il tempo.

2.tak|tie|ren intr. (aus. *haben*) avere tattica: ***klug ~*** avere una tattica intelligente.

Tak|tik f. *(-,-en)* tattica *f.*: ***eine bestimmte ~ verfolgen, nach einer bestimmten ~ vorgehen*** seguire una certa tattica. **Tak|ti|ker** m. *(-s,-)* tattico *m.*

tak|til agg. tattile.

tak|tisch I agg. tattico: ***ein -er Fehler*** un errore tattico (*o* di tattica); ***-e Waffen*** armi tattiche **II** avv. tatticamente, con tattica.

takt|los I agg. privo di tatto **II** avv. senza tatto. **Takt|lo|sig|keit** f. *(-,-en)* **1** mancanza *f.* di tatto **2** *(Indiskretion)* indiscrezione *f.* **Takt|maß** n. *(-es,-e)* MUS. misura *f.* **takt|mä|ßig I** agg. ritmico, cadenzato **II** avv. a tempo, ritmicamente. **Takt|mes|ser** m. *(-s,-)* metronomo *m.* **Takt|stock** m. *(-[e]s,-stöcke)* bacchetta *f.* (del direttore d'orchestra). **Takt|stra|ße** f. *(-,-n)* linea *f.* di lavorazione a cadenza. **Takt|strich** m. *(-[e]s,-e)* MUS. barra *f.*, stanghetta *f.*: ***doppelter ~*** doppia barra. **Takt|teil** m. *(-[e]s,-e)* tempo *m.*: ***der schwere, leichte ~*** il tempo forte (*o* in battere), debole (*o* in levare). **Takt|ver|fah|ren** n. *(-s,-)* procedimento *m.* a cadenza. **takt|voll I** agg. pieno di tatto **II** avv. con (molto) tatto. **Takt|wech|sel** m. *(-s,-)* MUS. cambio *m.* di tempo, variazione *f.* ritmica. **Takt|zeit** f. *(-)* tempo ciclo *m.*

Tal n. *(-[e]s, Täler* e LETT. *-e)* **1** valle *f.*, vallata *f.*: ***das ~ erweitert, öffnet, verengt sich*** la valle si allarga, si apre, si restringe; ***das Vieh ins, zu ~ treiben*** portare a valle il bestiame **2** FIG. *(schlechte Konjunktur)* depressione *f.* ◆ ***über Berg und ~*** per monti e per valli; *(flussabwärts)* ***zu ~ fahren*** andare a valle. **tal|ab|wärts** avv. (giù) a valle.

Ta|lar m. *(-s,-e)* **1** abito *m.* talare, veste *f.* talare **2** *(Amtstracht)* toga *f.*

tal|auf, tal|auf|wärts avv. a monte. **tal|aus** avv. uscendo dalla valle. **Tal|be|woh|ner** m. *(-s,-)* valligiano *m.* **Tal|bo|den** m. *(-s,-böden)* fondovalle *m.* **Tal|brü|cke** f. *(-,-n)* viadotto *m.* **Täl|chen** n. *(-s,-)* valletta *f.* **tal|ein** avv. nella valle. **Tal|en|ge** f. *(-,-n)* chiusa *f.*, gola *f.*

Ta|lent n. *(-[e]s,-e)* talento *m.* (anche NUMISM.): ***ein vielversprechendes ~*** un talento molto promettente; ***~ für etw. haben*** avere talento per qcs.; ***~ in der, zur Mathematik*** talento nella, per la matematica; ***ein Maler von ~*** un pittore di talento; ***junge -e suchen*** cercare giovani talenti. **ta|len|tiert** agg. di talento, dotato. **Ta|len|tiert|heit** f. *(-)* talento *m.*, l'essere dotato. **ta|lent|los I** agg. privo di talento **II** avv. senza talento. **Ta|lent|lo|sig|keit** f. *(-)* mancanza *f.* di talento, l'essere privo di talento. **Ta|lent|schmie|de** f. *(-,-n)* GERG. SPORT vivaio *m.* **Ta|lent|su|che** f. *(-)* ricerca *f.* di talenti. **ta|lent|voll** agg. pieno di, ricco di talento.

Ta|ler m. *(-s,-)* tallero *m.* **Ta|ler|stück** n. *(-[e]s,-e)* moneta *f.* da un tallero.

Tal|fahrt f. *(-,-en)* **1** discesa *f.* a valle **2** *(Schifffahrt)* navigazione *f.* secondo corrente **3** FIG. *(Verfall)* caduta *f.*: ***die ~ der Lira*** la caduta della lira.

Talg m. *(-[e]s,-e)* sego *m.* **talg|ar|tig** agg. segoso. **Talg|drü|se** f. *(-,-n)* ghiandola *f.* sebacea. **tal|gig** agg. **1** di sego **2** *(wie Talg)* segoso. **Talg|licht** n. *(-[e]s,-er)* candela *f.* di sego.

Ta|lis|man m. *(-s,-e)* talismano *m.*

1.Talk m. *(-[e]s)* talco *m.*

2.Talk [tɔ:k] m. *(-s,-s)* GERG. conversazione *f.*, chiacchierata *f.* **Talk|mas|ter** m. *(-s,-)* conduttore *m.* di talk show.

Talk|pu|der m. *(-s)* borotalco *m.*, talco *m.* (in polvere). **Talk|schie|fer** m. *(-s,-)* talcoscisto *m.*

Talk|show ['tɔ:kʃo:] f. *(-,-s)* talk show *m.*

Talk|stein m. *(-[e]s)* talco *m.* **Tal|kum, Tal|kum|pu|der** n. *(-s)* → **Talkpuder.**

Tal|mi n. *(-s)* **1** similoro *m.* **2** FIG. paccottiglia *f.* **Tal|mi|gold** n. *(-[e]s)* similoro *m.* **tal|min** agg. falso.

Tal|mud m. *(-[e]s,-e)* talmud *m.* **tal|mu|disch** agg. talmudico. **Tal|mu|dis|mus** m. *(-)* talmudica *f.* **Tal|mu|dist** m. *(-en,-en)* talmudista *m.* **tal|mu|dis|tisch** agg. talmudistico.

Ta|lon [ta'lɔ̃:] m. *(-s,-s)* **1** tagliando *m.*, cedola *f.* **2** *(Kartenrest)* tallone *m.* **3** *(Kartenstock)* monte *m.* **4** MUS. *(Frosch)* tallone *m.*

Tal|schaft f. *(-,-en)* AUSTR. SVIZZ. valligiani *m.pl.* **Tal|sei|te** f. *(-)* lato *m.* (*o* parte *f.*) a valle: ***zur ~ hin*** dalla parte a valle. **tal|sei|tig** agg. a lato della valle. **Tal|soh|le** f. *(-,-n)* **1** *(Talboden)* fondovalle *m.* **2** FIG. *(Tiefstand)* fondo *m.*: ***in einer ~ sein*** aver raggiunto il fondo. **Tal|sper|re** f. *(-,-n)* diga *f.* di sbarramento. **Tal|sta|ti|on** f. *(-,-en)* stazione *f.* a valle. **tal|wärts** avv. a valle.

Ta|ma|rin|de f. *(-,-n)* tamarindo *m.*

Ta|ma|ris|ke f. *(-,-n)* tamerice *f.*

Tam|bour, Tam|bour ['tambu:ɐ, tam'bu:ɐ] m. *(-s,-e* e *-en)* **1** ANT. *(Trommler)* tamburino *m.* **2** ARCH. tamburo *m.* **Tam|bour|ma|jor** m. *(-s,-e)* MIL. tamburo *m.* maggiore.

Tam|bur m. *(-s,-e)* tamburello *m.* da ricamo. **tam|bu|rie|ren** tr. lavorare (all'uncinetto) col tamburello. **Tam|bu|rin, Tam|bu|rin** n. *(-s,-e)* **1** MUS. GINN. tamburello *m.* **2** tamburello *m.* (da ricamo).

Ta|mil n. *(-[s])* tamil *m.* **Ta|mi|le** m. *(-n,-n)* tamil *m.* **ta|mi|lisch** agg. tamil, tamilico.

Tam|pon [anche tam'po:n, tã:'pɔ̃] m. *(-s,-s)* MED. tampone *m.* **Tam|po|na|de** f. *(-,-n)* MED. tamponamento *m.* **Tam|po|na|ge** [-'na:ʒə] f. *(-,-n)* TECN. tamponamento *m.* **tam|po|nie|ren** tr. MED. tamponare: ***eine Wunde ~*** tamponare una ferita.

Tam|tam, Tam|tam n. *(-s,-s)* **1** tam-tam *m.* **2** COLLOQ. *(laute Betriebsamkeit)* cancan *m.*: ***großes ~ um etw. machen, veranstalten*** fare un gran cancan per qcs.

Tand m. *(-[e]s)* ANT. cianfrusaglie *f.pl.*, paccottiglia *f.* **Tän|de|lei** f.

(-,-en) 1 trastullo *m.*, gingillamento *m.* 2 ANT. *(Liebelei)* amoreggiamento *m.* **Tän|de|ler** → **Tändler**. **Tan|del|markt** AUSTR., **Tän|del|markt** m. *(-[e]s,-märkte)* REGION. mercato *m.* delle pulci.
tän|deln intr. (aus. *haben*) 1 trastullarsi, gingillarsi 2 ANT. *(flirten)* amoreggiare.
Tan|dem n. *(-s,-s)* tandem *m.* (anche FIG.): ***auf, mit dem ~ fahren*** andare in tandem. **Tan|dem|ach|se** f. *(-,-n)* assale *m.* in tandem.
Tänd|ler m. *(-s,-)* REGION. COLLOQ. *(Altwarenhändler)* rigattiere *m.*
Tänd|ler m. *(-s,-)* 1 ANT. *(wer flirtet)* cascamorto *m.* 2 REGION. rigattiere *m.*
Tang m. *(-[e]s,-e)* BOT. fuco *m.*
Tan|ga m. *(-s,-s)* tanga *m.*
Tan|gens m. *(-,-)* MAT. tangente *f.* **Tan|gen|te** f. *(-,-n)* 1 tangente *f.*, retta *f.* tangente 2 *(Autostraße)* tangenziale *f.* **tan|gen|ti|al** agg. MAT. tangenziale. **Tan|gen|ti|al|ebe|ne** f. *(-,-n)* piano *m.* tangenziale.
tan|gie|ren tr. 1 LETT. tangere, toccare: ***diese Problem tangiert mich nicht*** questo problema non mi tange; ***von den Kürzungen nicht tangiert werden*** non essere toccato dai tagli alle spese 2 MAT. ***etw.*** ~ essere tangente a qcs.
Tan|go m. *(-s,-s)* tango *m.*
Tank m. *(-s,-s* e RAR. *-e)* 1 serbatoio *m.*, cisterna *f.*: ***den ~ füllen*** riempire il serbatoio 2 ANT. *(Panzer)* tank *m.* **tan|ken I** tr. 1 fare rifornimento di: ***Benzin ~*** fare rifornimento di benzina, COLLOQ. fare benzina 2 *(auftanken)* rifornire di combustibile: ***den Wagen ~*** rifornire la macchina di combustibile **II** intr. (aus. *haben*) 1 fare benzina 2 FIG. COLLOQ. *(Alkohol trinken)* fare il pieno ◆ FIG. COLLOQ. ***neue Kräfte, Mut ~*** fare il pieno di energia, farsi coraggio. **Tan|ker** m. *(-s,-)* nave *f.* cisterna; *(für Erdöl)* petroliera *f.* **Tank|de|ckel** m. *(-s,-)* → **Tankverschluss**. **Tank|fahr|zeug** n. *(-[e]s,-e)* autocisterna *f.* **Tank|fül|lung** f. *(-,-en)* contenuto *m.* di un serbatoio. **Tank|in|halt** m. *(-[e]s,-e)* 1 *(Rauminhalt)* capacità *f.* del serbatoio 2 → **Tankfüllung**. **Tank|la|ger** n. *(-s,-)* stazione *f.* di rifornimento di carburante. **Tank|klap|pe** f. *(-,-n)* sportellino *m.* (del tappo del serbatoio). **Tank|säu|le** f. *(-,-n)* pompa *f.*, distributore *m.* di benzina. **Tank|schiff** n. *(-[e]s,-e)* → **Tanker**. **Tank|stel|le** f. *(-,-n)* distributore *m.* di benzina, stazione *f.* di rifornimento. **Tank|uhr** f. *(-,-en)* indicatore *m.* (del livello) della benzina. **Tank|ver|schluss** m. *(-es,-verschlüsse)* tappo *m.* del serbatoio. **Tank|wa|gen** m. *(-s,-)* → **Tankfahrzeug**. **Tank|wart** m. *(-[e]s,-e)* benzinaio *m.*
Tann m. *(-[e]s,-e)* LETT. abetaia *f.* **Tänn|chen** n. *(-s,-)* giovane abete *m.* **Tan|ne** f. *(-,-n)* 1 abete *m.* 2 COLLOQ. → **Tannenbaum** ◆ ***schlank wie eine ~*** sottile come un giunco. **tan|nen** agg. di (legno di) abete. **Tan|nen|baum** m. *(-[e]s,-bäume)* 1 *(Tanne)* abete *m.* 2 *(Weihnachtsbaum)* albero *m.* di Natale: ***den ~ schmücken*** adornare l'albero di Natale. **Tan|nen|harz** n. *(-e)* resina *f.* d'abete. **Tan|nen|holz** n. *(-es)* legno *m.* di abete. **Tan|nen|mei|se** f. *(-,-n)* cincia *f.* **Tan|nen|na|del** f. *(-,-n)* ago *m.* d'abete. **Tan|nen|wald** m. *(-[e]s,-wälder)* abetaia *f.*; *(aus Tannen, Fichten)* bosco *m.* di conifere. **Tan|nen|zap|fen** m. *(-s,-)* cono *m.* d'abete. **Tan|nen|zweig** m. *(-[e]s,-e)* ramo *m.* d'abete; *(Fichtenzweig)* ramo *m.* di pino.
tan|nie|ren tr. conciare al tannino. **Tan|nin** n. *(-s,-e)* tannino *m.* **Tan|nin|bei|ze** f. *(-,-n)* concia *f.* al tannino.
Tänn|ling m. *(-s,-e)* → **Tännchen**. **Tann|zap|fen** → **Tannenzapfen**.
Tan|sa|nia n.pr.n. *(-s)* Tanzania *f.* **Tan|sa|ni|er** m. *(-s,-)* tanzaniano *m.* **tan|sa|nisch** agg. tanzaniano.
Tan|tal n. *(-s)* tantalio *m.*
Tan|ta|lus|qua|len pl. supplizio *m.* di Tantalo.
Tant|chen n. *(-s,-)* zietta *f.* **Tan|te** f. *(-,-n)* 1a zia *f.*: ***meine ~ mütterlicherseits, väterlicherseits*** la mia zia materna, paterna **b** COLLOQ. *(weibliche Bekannte eines Kindes)* zia *f.* 2 COLLOQ. *(Frau)* tizia *f.*: ***was will die (alte) ~?*** che vuole quella tizia? ◆ EUFEM. *(Toilette)* ***bei ~ Meier*** quel posto, posticino. **Tan|te-Em|ma-La|den** m. *(-s,-Läden)* = negozietto *m.* sotto casa.
tan|ten|haft agg. SPREG. (esageratamente) premuroso.
Tant|ra n. *(-[s])* tantra *m.* **tant|risch** agg. tantrico. **Tant|ris|mus** m. *(-)* tantrismo *m.*
Tanz m. *(-es, Tänze)* 1 ballo *m.*, danza *f.*: ***jdn zum ~ auffordern, bitten*** invitare qcn. a ballare; ***keinen ~ auslassen*** non perdere neanche un ballo 2 *(Musikstück)* danza *f.* : ***Brahmsens ungarische Tänze*** le danze ungheresi di Brahms 3 *(Veranstaltung)* ballo *m.*: ***zum ~ gehen*** andare al ballo 4 COLLOQ. *(heftige Diskussion)* scenata *f.*, scena *f.*: ***einen ~ aufführen, machen*** fare una scenata ◆ ***den ~ anführen*** guidare il ballo; ***den ~ eröffnen*** aprire le danze; ***ein ~ auf dem Vulkan*** = stare seduto su un vulcano.
Tanz|abend m. *(-[e]s,-e)* serata *f.* danzante. **Tanz|bar** f. *(-,-s)* locale *m.* da ballo. **Tanz|bär** m. *(-en,-en)* orso *m.* ballerino. **Tanz|bein**, SCHERZ. ***das ~ schwingen*** fare quattro salti. **Tanz|bo|den** m. *(-s,-böden)* pista *f.* da ballo; *(Tanzlokal)* locale *m.* da ballo ◆ ***auf den ~ gehen*** andare a ballare. **Tanz|ca|fé** n. *(-s,-s)* caffè *m.* danzante.
Tänz|chen n. *(-s,-)* 1 breve danza *f.*, breve ballo *m.* 2 *(Diskussion)* scena *f.*, scenata *f.*
Tanz|die|le f. *(-,-n)* locale *m.* da ballo.
tän|zeln intr. 1 (aus. *haben*) ballonzolare, saltellare 2 *(sich tänzelnd fortbewegen;* aus. *sein)* muoversi ballonzolando, saltellando, abbozzare passi di danza.
tan|zen I intr. 1a (aus. *haben*) ballare, danzare: ***~ gehen*** andare a ballare; ***mit jdm ~*** ballare con qcn.; ***nicht ~ können*** non saper ballare; ***sich müde ~*** stancarsi ballando (*o* a forza di ballare) **b** FIG. ***mir tanzt alles vor den Augen*** mi balla tutto davanti agli occhi; ***das Boot tanzt auf den Wellen*** la barca balla sulle onde 2 *(von Insekten;* aus. *haben)* volteggiare 3 *(sich tanzend bewegen;* aus. *sein)* danzare, volteggiare: ***vor Freude durch das Zimmer ~*** volteggiare per la stanza dalla gioia **II** tr. ballare, danzare: ***einen Tango ~*** ballare un tango ◆ ***auf dem Seil ~*** ballare sulla corda; ***aus der Reihe ~*** = uscire dai ranghi. **Tän|zer** m. *(-s,-)* ballerino *m.*; danzatore *m.* **Tan|ze|rei** f. *(-,-en)* 1 COLLOQ. *(Tanzfest)* ballo *m.*, festa *f.* danzante 2 SPREG. il (continuo) ballare. **tän|ze|risch** agg. di, della danza; ballettistico.
Tanz|fest n. *(-[e]s,-e)* festa *f.* da ballo, festa *f.* danzante. **Tanz|flä|che** f. *(-,-n)* pista *f.* (da ballo). **Tanz|flie|ge** f. *(-,-n)* empidide *m.* **Tanz|girl** n. *(-s,-s)* ballerina *f.*, danzatrice *f.* **Tanz|ka|pel|le** f. *(-,-n)* orchestra *f.* da ballo. **Tanz|kar|te** f. *(-,-n)* carnet *m.* di ballo. **Tanz|kunst** f. *(-)* 1 *(Kunstgattung)* danza *f.*, balletto *m.* 2 *(tänzerisches Können)* doti *f.pl.* (*o* capacità *f.pl.*) di ballerino. **Tanz|kurs** m. *(-es,-e)*, **Tanz|kur|sus** m. *(-,-e)* corso *m.* di danza. **Tanz|leh|rer** m. *(-s,-)* maestro *m.* di ballo. **Tanz|lied** n. *(-[e]s,-er)* ballabile *m.* **Tanz|lo|kal** n. *(-[e]s,-e)* locale *m.* da ballo, dancing *m.* **Tanz|lust** f. *(-)* passione *f.* per il, del ballo. **Tanz|meis|ter** m. *(-s,-)* ANT. maestro *m.* di danza. **Tanz|mu|sik** f. *(-)* musica *f.* da ballo. **Tanz|or|ches|ter** n. *(-s,-)* orchestra *f.* da ballo. **Tanz|part|ner** m. *(-s,-)* 1 *(einer Frau)* cavaliere *m.* 2 *(eines Mannes)* dama *f.* **Tanz|plat|te** f. *(-,-n)* disco *m.* ballabile. **Tanz|platz** m. *(-es,-plätze)* ballo *m.* all'aperto. **Tanz|saal** m. *(-[e]s,-säle)* sala *f.* da ballo. **Tanz|schritt** m. *(-[e]s,-e)* passo *m.* di danza. **Tanz|schuh** m. *(-[e]s,-e)* 1 scarpa *f.* da ballo 2 *(für Ballett)* scarpetta *f.* da ballo. **Tanz|schu|le** f. *(-,-n)* scuola *f.* di ballo. **Tanz|stun|de** f. *(-,-n)* lezione *f.* di ballo: ***-n nehmen*** prendere lezioni di ballo; ***in die, zur ~ gehen*** andare a lezione di ballo. **Tanz|tee** m. *(-s,-s)* tè *m.* danzante. **Tanz|tur|nier** n. *(-s,-e)* concorso *m.* (*o* gara *f.*) di ballo. **Tanz|un|ter|richt** m. *(-[e]s,-e)* 1 *(Unterrichtskurs)* lezioni *f.pl.* di ballo 2 *(Tanzstunde)* lezione *f.* di ballo. **Tanz|ver|gnü|gen** n. *(-s,-)* festa *f.* da ballo, ballo *m.* **Tanz|wei|se** f. *(-,-n)* → **Tanzlied**.
Ta|o|is|mus m. *(-)* taoismo *m.* **Ta|o|ist** m. *(-en,-en)* taoista *m.* **ta|o|is|tisch** agg. taoistico.
Ta|per|greis m. *(-es,-e)* SPREG. vecchio *m.* decrepito.
Ta|pet, FIG. ***eine Frage aufs ~ bringen*** mettere sul tavolo (*o* intavolare) una questione.
Ta|pe|te f. *(-,-n)* tappezzeria *f.*, carta *f.* da parati: ***abwaschbare ~*** tappezzeria lavabile ◆ COLLOQ. FIG. ***die -n wechseln*** cambiare aria; *(umziehen)* traslocare. **Ta|pe|ten|bahn** f. *(-,-en)* striscia *f.* di carta da parati. **Ta|pe|ten|kleis|ter** m. *(-s,-)*, **Ta|pe|ten|leim** m. *(-[e]s,-e)* colla *f.* da tappezziere. **Ta|pe|ten|mus|ter** n. *(-s,-)* disegno *m.* della tappezzeria. **Ta|pe|ten|rol|le** f. *(-,-n)* rotolo *m.* di tappezzeria. **Ta|pe|ten|tür** f. *(-,-en)* porta *f.* nascosta dalla tappezzeria. **Ta|pe|ten|wech|sel** m. *(-s,-)* COLLOQ. FIG. cambiamento *m.* d'aria: ***er braucht einen ~*** ha bisogno di cambiare aria.
Ta|pe|zier m. *(-s,-e)* REGION. → **Tapezierer**. **Ta|pe|zier|ar|beit** f. *(-,-en)* lavoro *m.* del tappezziere. **ta|pe|zie|ren** tr. 1a tappezzare: ***den Flur ~*** tappezzare l'ingresso **b** FIG. *(bedecken)* ***eine Wand mit Fotos ~*** tappezzare di foto una parete 2 AUSTR. *(mit Stoff beziehen)* rivestire: ***ein Sofa ~*** rivestire un divano. **Ta|pe|zie|rer** m. *(-s,-)* tappezziere *m.* **Ta|pe|zier|na|gel** m. *(-,-nägel)* chiodo *m.* da tappezziere. **Ta|pe|zier|tisch** m. *(-es,-e)* tavolo *m.* da tappezziere.
tap|fer I agg. 1 valoroso: ***-e Soldaten*** soldati valorosi 2 *(mutig)* coraggioso **II** avv. 1 valorosamente 2 *(mutig)* coraggiosamente 3 COLLOQ. ANT. *(sehr)* molto: ***~ essen*** mangiare molto. **Tap|fer|keit** f. *(-)* 1 valore *m.*, coraggio *m.* 2 *(Kardinaltugend)* fortezza *f.* **Tap|fer|keits|me|dail|le** f. *(-,-n)* medaglia *f.* al valore.
Ta|pi|o|ka f. *(-)* tapioca *f.*
Ta|pir, AUSTR. **Ta|pir** m. *(-s,-e)* tapiro *m.*
Ta|pis|se|rie f. *(-,-n)* 1 ricamo *m.* a punto croce 2 *(Wandteppich)* arazzo *m.* 3 produzione *f.* di arazzi.
tap|pen intr. 1 (aus. *sein*) brancolare, camminare (*o* andare) tastoni 2 (aus. *haben, sein*) produrre un rumore sordo, risuonare (sordo): ***die Schritte tappten auf dem Fußboden*** i passi risuonarono (sordi) sul pavimento 3 FIG. *(geraten;* aus. *sein)* finire, cascare: ***in eine Falle ~***

cascare in una trappola **4** ANT. *(tasten;* aus. *haben)* ***nach etw. ~*** cercare tastoni qcs. **tap|pend** p.pres. agg. **1** → **tappen 2** *(tastend)* a tastoni, tentoni. **tap|pig** REGION., **täp|pisch** agg. goffo, maldestro.

Taps m. *(-es,-e)* **1** COLLOQ. SPREG. buono *m.* a niente: ***du ~!*** razza di buono a niente! **2** REGION. *(Tapp)* colpetto *m.* **tap|sen** intr. **1** (aus. *sein*) brancolare, camminare tastoni **2** *(von Schritten;* aus. *haben, sein)* produrre un rumore sordo. **tap|sig** agg. goffo.

Ta|ra f. *(-, Taren)* tara *f.*

Ta|ran|tel f. *(-,-n)* tarantola *f.*: ***wie von der, einer ~ gestochen, gebissen*** come morso dalla tarantola.

Ta|ran|tel|la f. *(-,-s* e *Tarantellen)* tarantella *f.*

Ta|rent n.pr.n. *(-s)* Taranto *f.* **Ta|ren|ter, Ta|ren|ti|ner** m. *(-s,-)* tarantino *m.* **ta|ren|ti|nisch** agg. tarantino, di Taranto.

ta|rie|ren tr. **1** *(das Reingewicht bestimmen)* tarare (anche FIS.) **2** ***eine Ware ~*** determinare la tara di una merce.

Ta|rif m. *(-s,-e)* **1** tariffa *f.*: ***nach ~*** secondo la tariffa; ***fester ~*** tariffa fissa; ***halber, voller ~*** mezza tariffa, tariffa intera: ***einen ~ aufstellen*** fissare una tariffa **2** *(Lohnvertrag)* tariffa *f.* contrattuale: ***neue -e aushandeln*** concordare nuove tariffe contrattuali. **Ta|rif|au|to|no|mie** f. *(-)* autonomia *f.* tariffaria. **Ta|rif|er|hö|hung** f. *(-,-en)* aumento *m.* tariffario, delle tariffe. **Ta|rif|er|mä|ßi|gung** f. *(-,-en)* riduzione *f.* tariffaria, delle tariffe. **Ta|rif|grup|pe** f. *(-,-n)* categoria *f.* salariale.

ta|ri|fie|ren tr. ***etw. ~*** fissare la tariffa di qcs. **Ta|ri|fie|rung** f. *(-,-en)* tariffazione *f.*

ta|ri|fisch agg. RAR. → **tariflich. Ta|rif|kom|mi|si|on** f. *(-,-en)* commissione *f.* tariffaria. **ta|rif|lich** agg. tariffario, tariffale: ***ein -er Lohn*** un salario contrattuale. **Ta|rif|lohn** m. *(-[e]s,-löhne)* salario *m.* contrattuale. **ta|rif|los** agg. senza tariffa contrattuale. **ta|rif|mä|ßig** avv. conformemente alle tariffe. **Ta|rif|par|tei** f. *(-,-en)* parte *f.* di un accordo tariffario. **Ta|rif|part|ner** m. *(-s,-)* firmatario *m.* di un accordo tariffario. **Ta|rif|po|li|tik** f. *(-)* politica *f.* salariale. **Ta|rif|run|de** f. *(-,-n)* = trattative *f.pl.* annuali per il rinnovo del contratto. **Ta|rif|satz** m. *(-es,-sätze)* tariffa *f.* **Ta|rif|ver|hand|lung** f. *(-,-en)* trattativa *f.* contrattuale: ***-en aufnehmen*** avviare trattative contrattuali; ***die -en abbrechen*** interrompere le trattative contrattuali. **Ta|rif|ver|trag** m. *(-[e]s,-verträge)* contratto *m.* collettivo (di lavoro). **ta|rif|ver|trag|lich** agg. di, del contratto collettivo di lavoro.

Tarn|an|strich m. *(-[e]s,-e)* MIL. verniciatura *f.* mimetica. **Tarn|an|zug** m. *(-es,-anzüge)* tuta *f.* mimetica. **tar|nen I** tr. **1** MIL. mimetizzare **2** FIG. mascherare: ***seine Angst mit Agressivität ~*** mascherare la propria paura con l'aggressività **II** rifl. **sich ~** camuffarsi. **Tarn|far|be** f. *(-,-n)* colore *m.* mimetico. **Tarn|fär|bung** f. *(-,-en)* ZOOL. colore *m.* mimetico, che si mimetizza. **Tarn|kap|pe** f. *(-,-n)* cappa *f.* magica (che rende invisibili). **Tarn|na|me** m. *(-ns,-n)* nome *m.* in codice, di battaglia. **Tarn|netz** n. *(-es,-e)* MIL. rete *f.* mimetica. **Tarn|or|ga|ni|sa|ti|on** f. *(-,-en)* organizzazione *f.* di copertura. **Tar|nung** f. *(-,-en)* mimetizzazione *f.* (anche MIL.); camuffamento *m.*

Ta|rock n. e m. *(-s,-s)* tarocco *m.* **ta|ro|cken, ta|ro|ckie|ren** intr. (aus. *haben*) giocare ai tarocchi. **Ta|rock|spiel** n. *(-[e]s)* gioco *m.* dei tarocchi. **Ta|rot** n. e m. *(-s,-s)* tarocco *m.*

Tar|tan|bahn f. *(-,-en)* pista *f.* in tartan.

tar|ta|re|isch agg. del Tartaro, LETT. tartareo. **Tar|ta|ros** m. *(-)* LETT. MITOL. Tartaro *m.*

1.Tar|ta|rus m. *(-)* → **Tartaros.**

2.Tar|ta|rus m. *(-)* CHIM. tartaro *m.*

Tar|vis n.pr.n. *(-)* Tarvisio *m.*

Täsch|chen n. *(-s,-)* **1** taschina *f.*, taschino *m.* **2** *(Tragetasche)* borsetta *f.*

Ta|sche f. *(-,-n)* **1a** *(von Kleidungsstücken)* tasca *f.*: ***etw. aus der ~ ziehen*** tirare fuori qcs. dalla tasca; ***die Hand in die ~ stecken*** mettere la mano in tasca; ***die Hände aus den -n nehmen*** togliere le mani dalle tasche; ***eine aufgesetzte, eingesetzte ~*** una tasca esterna, interna **b** *(Behältnis)* ***der Rucksack hat vorne eine große ~*** lo zaino ha una grande tasca davanti **2** *(Westentasche)* taschino *m.* **3a** borsa *f.*: ***eine ~ zum Umhängen*** una borsa a tracolla; ***die ~ tragen, füllen*** portare, riempire la borsa **b** borsa *f.*, borsata *f.*: ***eine ~ Äpfel*** una borsata di mele **c** *(Damentasche)* borsetta *f.*, borsa *f.* **d** *(Geldtasche)* borsellino *m.* **4** *(Schultasche, Aktentasche)* cartella *f.* **5** GASTR. tasca *f.* **6** ANAT. borsa *f.* ◆ ***in die eigene ~ arbeiten*** cercare il proprio tornaconto, tirare l'acqua al proprio mulino; ***etw. aus eigener, der eigenen ~ bezahlen*** pagare qcs. di tasca propria; ***fass mal einem nackten Mann in die ~*** prova a rubare a un povero; ***sich die eigenen -n füllen*** riempirsi le tasche; ***das Geld wandert, fließt in seine -n*** i soldi finiscono nelle sue tasche; ***für etw. tief in die ~ greifen müssen*** sborsare parecchio denaro; ***jdn in der ~ haben*** avere in pugno qcn.; FIG. ***etw. (schon) in der ~ haben*** avere (già) in tasca qcs.; ***das letzte Hemd hat keine -n*** l'ultimo vestito ce lo fanno senza tasche; ***etw. wie seine eigene ~ kennen*** conoscere qcs. come le proprie tasche; ***jdm die -n leeren*** (s)vuotare le tasche a qcn.; ***jdm auf der ~ liegen*** vivere a spese di qcn.; ***sich selbst in die ~ lügen*** illudersi di qcs.; FIG. ***etw. in die eigene ~ stecken*** intascarsi qcs.; ***jdn in die ~ stecken*** mettere nel sacco qcn., mangiarsi qcn. in un boccone; ***in die eigene ~ wirtschaften*** → ***in die eigene ~ arbeiten***; ***jdm etw. aus der ~ ziehen*** far sborsare qcs. a qcn.

Tä|schel|kraut n. *(-[e]s)* BOT. nummularia *f.*

Ta|schen|aus|ga|be f. *(-,-n)* edizione *f.* tascabile. **Ta|schen|buch** n. *(-[e]s,-bücher)* **1** (libro *m.*) tascabile *m.*; ***als ~ erscheinen*** essere pubblicato in edizione tascabile **2** *(Notizbuch)* taccuino *m.*, libriccino *m.*

Ta|schen|dieb m. *(-[e]s,-e)* borsaiolo *m.*, borseggiatore *m.* **Ta|schen|dieb|stahl** m. *(-[e]s,-diebstähle)* borseggio *m.*

Ta|schen|fla|sche f. *(-,-n)* fiaschetta *f.* **Ta|schen|for|mat** n. *(-[e]s,-e)* formato *m.* tascabile. **Ta|schen|geld** n. *(-[e]s)* denaro *m.* per le piccole spese; *(für Kinder)* paghetta *f.*, mancetta *f.* **Ta|schen|ka|len|der** m. *(-s,-)* **1** calendarietto *m.* **2** *(Notizbuch)* agenda *f.*; *(in kleinem Format)* agendina *f.* **Ta|schen|kamm** m. *(-[e]s,-kämme)* pettinino *m.* **Ta|schen|klap|pe** f. *(-,-n)* **1** → **Taschenpatte 2** ANAT. valvola *f.* semilunare. **Ta|schen|lam|pe** f. *(-,-n)* pila *f.* tascabile; *(Stablampe)* torcia *f.* elettrica. **Ta|schen|mes|ser** n. *(-s,-)* temperino *m.*, coltellino *m.* a serramanico. **Ta|schen|pat|te** f. *(-,-n)* patta *f.* (della tasca). **Ta|schen|rech|ner** m. *(-s,-)* calcolatrice *f.* tascabile. **Ta|schen|schirm** m. *(-[e]s,-e)* ombrello *m.* pieghevole (*o* da borsa). **Ta|schen|spie|gel** m. *(-s,-)* specchietto *m.*

Ta|schen|spie|ler m. *(-s,-)* prestigiatore *m.*, prestidigitatore *m.* **Ta|schen|spie|le|rei** f. *(-,-en)* → **Taschenspielerkunststück. Ta|schen|spie|ler|kunst** f. *(-)* prestidigitazione *f.* **Ta|schen|spie|ler|kunst|stück** n. *(-[e]s,-e)* gioco *m.* di prestigio.

Ta|schen|tuch n. *(-[e]s,-tücher)* fazzoletto *m.* **Ta|schen|uhr** f. *(-,-en)* orologio *m.* da tasca (*o* da taschino). **Ta|schen|wör|ter|buch** n. *(-[e]s,-bücher)* dizionario *m.* tascabile.

Ta|scherl n. *(-s,-n)* AUSTR. INTRAD. (fagottino di pasta ripieno di marmellata).

Tas|ma|ni|en n.pr.n. *(-s)* Tasmania *f.* **Tas|ma|ni|er** m. *(-s,-)* tasmaniano *m.* **tas|ma|nisch** agg. tasmaniano.

Täss|chen n. *(-s,-)* tazzina *f.*

Tas|se f. *(-,-n)* tazza *f.*: ***eine ~ guten Kaffee trinken*** bere una tazza di buon caffè; ***Tee in die -n gießen*** versare il tè nelle tazze; ***jdm eine ~ Kaffee anbieten*** offrire a qcn. una tazza di caffè ◆ COLLOQ. FIG. ***(also dann) hoch die -n!*** su, brindiamo! ***jdn hat nicht alle -n im Schrank, Spind*** a qcn. manca qualche rotella (*o* venerdì), qcn. ha qualche rotella fuori posto; ***eine trübe ~*** = una lagna. **tas|sen|fer|tig** agg. istantaneo, pronto in un attimo.

Tas|ta|tur f. *(-,-en)* tastiera *f.*

tast|bar agg. che si può sentire al tatto.

Tas|te f. *(-,-n)* tasto *m.*: ***die -n des Pianos, der Schreibmaschine anschlagen*** battere i tasti del piano, della macchina da scrivere; ***die -n des Taschenrechners, des Telefons drücken*** premere i tasti della calcolatrice, del telefono ◆ ***mächtig in die -n greifen*** suonare con trasporto (*o* con foga).

Tast|emp|fin|dung f. *(-)* sensazione *f.* al tatto, MED. percezione *f.* tattile.

tas|ten I tr. **1** palpare, tastare: ***die Schwellung ~*** palpare il gonfiore **2** *(tastend wahrnehmen)* sentire al tatto: ***man kann die Knoten ~*** si possono sentire al tatto i noduli **II** intr. (aus. *haben*) **1a** andare (*o* procedere) a tastoni (*o* a tentoni): ***im Dunkeln ~*** andare a tentoni (*o* brancolare) al buio **b** FIG. tastare (*o* sondare) il terreno: ***vorsichtig ~, ob...*** tastare con prudenza il terreno per scoprire se... **2** ***nach etw. ~*** tastare per cercare qcs., cercare tastoni qcs. **III** rifl. **sich ~** andare (*o* camminare, procedere) a tastoni (*o* a tentoni): ***sich durch das Zimmer, zur Tür ~*** attraversare la stanza a tentoni, muoversi a tentoni verso la porta ◆ ***mit den Fingern über jds Gesicht ~*** esplorare (*o* toccare) il viso di qcn. con le dita; ***einen Funkspruch ~*** trasmettere un messaggio telegrafico; ***der Blinde tastet mit dem Stock*** il cieco tasta il terreno col bastone.

tas|tend I p.pres. agg. **1** → **tasten 2** ***-e Fragen*** domande per tastare il terreno; ***ein -er Versuch*** un tentativo di sondare il terreno **II** avv. a tastoni, a tentoni.

Tas|ten|druck m. *(-[e]s)* pressione *f.* (di un tasto): ***auf ~*** premendo un tasto. **Tas|ten|fern|spre|cher** m. *(-s,-)* → **Tastentelefon. Tas|ten|in|stru|ment** n. *(-[e]s,-e)* MUS. (strumento *m.* a) tastiera *f.* **Tas|ten|satz** m. *(-es,-sätze)* TECN. tastiera *f.*, pulsantiera *f.* **Tas|ten|scho|ner** m. *(-s,-)* copritastiera *m.* **Tas|ten|te|le|fon** n. *(-s,-e)* telefono *m.* a tastiera.

Tas|ter m. *(-s,-)* **1** TECN. tastatore *m.* **2a** TIP. tastiera *f.* **b** *(der den Tas-*

ter bedient) tastierista *m.* **3** *(Drucktaste)* tasto *m.* **4** → **Tastzirkel** **5** ZOOL. tentacolo *m.*, antenna *f.*
Tast|or|gan n. *(-s,-e)* organo *m.* del tatto. **Tast|sinn** m. *(-[e]s)* (senso *m.* del) tatto *m.* **Tast|zir|kel** m. *(-s,-)* compasso *m.* di spessore (*o* a punte).
tat → **tun.**
Tat f. *(-,-en)* **1** *(Handeln)* azione *f.*: ***zur ~ schreiten*** passare all'azione **2a** azione *f.*, atto *m.*, gesto *m.*: ***eine edle, mutige ~ vollbringen, eine böse, verbrecherische ~ begehen*** compiere un'azione nobile, coraggiosa, cattiva, delittuosa; ***eine ~ der Verzweiflung*** un gesto di disperazione; ***die ~ eines Wahnsinnigen*** il gesto di un folle **b** opera *f.*: ***eine barmherzige ~*** un'opera caritatevole **c** impresa *f.*: ***eine epische, geschichtliche ~*** un'impresa epica, storica **3** *(Straftat)* delitto *m.*, reato *m.*: ***eine ~ gestehen*** confessare un delitto ◆ ***die gute Absicht für die ~ nehmen*** dare atto della buona intenzione; ***etw. durch -en beweisen*** provare qcs. con i fatti; ***jdn auf frischer ~ ertappen*** cogliere qcn. sul fatto (*o* in flagrante); DIR. ***Ergreifung, Festnahme auf frischer ~*** arresto in flagranza; ***in der ~*** in effetti, di fatto; ***ein Mann der ~ sein*** essere un uomo d'azione; ***mit Rat und ~*** con le parole e coi fatti; ***etw. in die ~ umsetzen*** mettere in atto qcs.; ***mit Wort und ~*** → ***mit Rat und ~***; PROV. ***wie die ~, so der Lohn*** chi la fa l'aspetti.
1.Ta|tar m. *(-en,-en)* ta(r)taro *m.*
2.Ta|tar n. *(-[s])* GASTR. → **Tatarbeefsteak.**
Ta|tar|beef|steak [-bi:fste:k] n. *(-s)* bistecca *f.* alla tartara. **Ta|ta|ren|so|ße** f. *(-)* salsa *f.* tartara. **ta|ta|risch** agg. ta(r)taro.
Tat|be|richt m. *(-[e]s,-e)* **1** esposizione *f.* dei fatti **2a** *(schriftlich)* rapporto *m.*, resoconto *m.* (sull'accaduto) **b** GIORN. servizio *m.* (sul fatto). **Tat|be|stand** m. *(-[e]s,-bestände)* **1** circostanze *f.pl.* di fatto, stato *m.* di cose, fatti *m.pl.*: ***an diesem ~ ist nichts zu ändern*** non si può cambiare questo stato di cose; ***den ~ feststellen, vertuschen*** constatare, tenere nascosti i fatti **2** DIR. stato *m.* di fatto, fatto *m.*, fattispecie *f.*: ***den ~ aufnehmen*** stabilire le circostanze di fatto ◆ ***jdn mangels strafbaren -s freisprechen*** prosciogliere qcn. perché il fatto non costituisce reato. **Tat|be|stands|auf|nah|me** f. *(-,-n)* raccolta *f.* degli elementi di fatto; *(Protokoll)* verbale *m.* di accertamento, sopralluogo *m.* **Tat|be|tei|li|gung** f. *(-,-en)* DIR. concorso *m.* di reato. **Tat|ein|heit** f. *(-)* DIR. concorso *m.* formale (*o* ideale) di reati; unità *f.* di reati ◆ ***in ~ mit...*** in coincidenza con...
Ta|ten|drang m. *(-[e]s)* voglia *f.* di fare. **Ta|ten|durst** m. *(-[e]s)* LETT. impulso *m.* ad agire. **ta|ten|durs|tig** agg. avv. LETT. → **tatfroh.**
ta|ten|froh I agg. che ha voglia di fare (*o* di agire) **II** avv. con voglia di fare (*o* di agire). **ta|ten|los** avv. senza far niente, senza agire, senza intervenire. **Ta|ten|lo|sig|keit** f. *(-)* inerzia *f.*; *(Untätigkeit)* inattività *f.* **Ta|ten|lust** f. *(-)* voglia *f.* di fare, di agire. **ta|ten|lus|tig** agg. avv. → **tatenfroh.**
Tä|ter m. *(-s,-)* autore *m.* (del reato, del delitto), colpevole *m.*: ***mutmaßlicher ~*** autore presunto. **Tä|ter|be|schrei|bung** f. *(-,-en)* descrizione *f.* dell'autore del delitto, del ricercato. **Tä|te|rin** f. *(-,-nen)* autrice *f.* (del reato, del delitto), colpevole *f.* **Tä|ter|kreis** m. *(-es,-e)* cerchia *f.* dei sospetti. **Tä|ter|schaft** f. *(-,-en)* **1** responsabilità *f.* (in un delitto, reato), colpevolezza *f.*: ***der Verdacht der ~ fällt auf jdn*** qcn. è sospettato di essere il colpevole **2** *(Gesamtheit der Täter)* autori *m.pl.* (del delitto, del reato), colpevoli *m.pl.*
Tat|form f. *(-,-en)* GRAMM. forma *f.* attiva. **Tat|ge|sche|hen** n. *(-s)*, **Tat|her|gang** m. *(-[e]s)* svolgimento *m.* dei fatti, accaduto *m.*
tä|tig agg. **1** attivo: ***ein -er Mensch, ein -es Leben*** una persona, una vita attiva; ***in der Politik ~ sein*** essere attivo in politica **2** *(wirksam)* attivo, concreto, fattivo: ***-e Anteilnahme, Mitarbeit, Hilfe*** partecipazione, collaborazione attiva, aiuto concreto ◆ ***als Journalist, Maler ~ sein*** essere (un) giornalista, (un) pittore; ***in einer Fabrik, für eine Firma, bei der Gemeinde ~ sein*** lavorare in una fabbrica, per una ditta, presso il comune; ***ein -er Vulkan*** un vulcano attivo, in attività; ***~ werden*** intervenire. **tä|ti|gen** tr. **1** eseguire, effettuare, fare: ***Einkäufe, Investitionen ~*** fare acquisti, investimenti **2** *(abschließen)* concludere: ***Abschlüsse, Geschäfte ~*** concludere accordi, affari.
Tä|tig|keit f. *(-,-en)* **1a** attività *f.*: ***jd, etw. ist in voller ~*** qcn., qcs. è in piena attività ***einer ~ nachgehen*** dedicarsi a (*o* occuparsi di) un'attività **b** FIG. ***der Vulkan ist in ~ getreten*** il vulcano è entrato in attività; ***das Herz hat seine ~ eingestellt*** il cuore ha cessato di battere **2a** *(Arbeit)* lavoro *m.*, occupazione *f.*: ***sich eine neue ~ suchen*** cercare un nuovo lavoro; ***nach fünfjähriger ~ als Sekretärin*** dopo cinque anni di lavoro da segretaria **b** attività *f.*: ***eine berufliche, beratende ~ aufnehmen, ausüben, aufgeben*** intraprendere, svolgere, abbandonare un'attività professionale, di consulenza **3** *(Aufgabe)* compito *m.*: ***das gehört zu den -en einer Mutter*** questo fa parte dei compiti di una madre ◆ TECN. ***in, außer ~ sein*** essere in, fuori servizio; TECN. ***in ~ setzen, treten*** mettere, entrare in funzione (*o* in servizio). **Tä|tig|keits|be|richt** m. *(-[e]s,-e)* resoconto *m.* (*o* rendiconto *m.*) dell'attività svolta; COMM. relazione *f.* di gestione. **Tä|tig|keits|drang** → **Tatendrang. Tä|tig|keits|feld** n. *(-[e]s,-er)* campo *m.* d'attività. **Tä|tig|keits|wort** n. *(-[e]s, -wörter)* GRAMM. verbo *m.*
Tat|kraft f. *(-)* energia *f.*, dinamismo *m.*: ***eine Frau von großer ~*** una donna molto energica, dinamica; ***~ entfalten, beweisen*** (di)mostrare energia. **tat|kräf|tig** agg. energico, dinamico; *(wirksam)* fattivo, efficace.
tät|lich I agg. violento: ***~ werden*** passare a vie di fatto; ***-en Widerstand leisten*** fare violenta opposizione **II** avv. violentemente. **Tät|lich|keit** f. *(-,-en)* (atto *m.* di) violenza *f.* ◆ ***es kam zu -en*** si arrivò alle mani.
Tat|mensch m. *(-en,-en)* uomo *m.* d'azione. **Tat|ort** m. *(-[e]s,-e)* luogo *m.* del delitto (*o* del reato).
tä|to|wie|ren tr. tatuare: ***jdn am Arm, auf der Brust ~*** tatuare qcn. sul braccio, sul petto. **Tä|to|wie|rung** f. *(-,-en)* tatuaggio *m.*
Tat|sa|che f. *(-,-n)* **1** fatto *m.*, realtà *f.*: ***eine unleugbare, unbestreitbare ~*** un fatto innegabile, indiscutibile; ***den -n nicht entsprechen*** non (cor)rispondere ai fatti (*o* a verità); ***die -n berichten, verdrehen, verfälschen*** riferire, travisare, falsare i fatti; ***die -n verdrängen*** rimuovere la realtà; ***die -n sprechen dagegen*** i fatti dicono il contrario; ***es ist (eine) ~, dass ...*** fatto sta che..., sta di fatto che... **2** *(als Ausruf)* ***~!*** davvero! proprio così! ◆ ***angesichts der ~, dass*** dato che; ***den -n ins Auge sehen*** guardare in faccia la realtà; ***die nackten -n*** i fatti nudi e crudi, la pura verità; SCHERZ. = le nudità; ***vollendete -n schaffen*** mettere tutti di fronte al fatto compiuto; ***vor vollendeten -n stehen*** trovarsi di fronte al fatto compiuto; ***jdn vor die vollendete ~, vor vollendete -n stellen*** mettere qcn. di fronte al fatto compiuto; ***zur ~ werden*** diventare realtà. **Tat|sa|chen|be|richt** m. *(-[e]s,-e)* **1** esposizione *f.* dei fatti **2** *(schriftlich)* rapporto *m.*, resoconto *m.* (dei fatti). **Tat|sa|chen|ma|te|ri|al** n. *(-s)* materiale *m.* documentario. **Tat|sa|chen|ro|man** m. *(-s,-e)* romanzo *m.* basato su fatti reali.
tat|säch|lich I agg. reale, vero, effettivo: ***der -e Grund, die -e Ursache*** il motivo reale, la vera causa **II** avv. **1** realmente, effettivamente **2** *(in Wirklichkeit)* in realtà: ***er sagte mir so, aber ~ log er*** mi disse così, ma in realtà mentiva **3** *(verstärkend)* veramente, davvero: ***er ist ~ ein großer Schriftsteller*** è veramente un grande scrittore; ***ist das ~ wahr?*** è proprio vero? ***~?*** davvero?
tät|scheln tr. ***jdn ~*** dare (*o* fare) dei buffetti a qcn., carezzare qcn.; ***jdm die Schulter, die Wangen ~*** dare dei colpetti sulla spalla di qcn., fare dei buffetti sulle guance a qcn.
tat|schen intr. (aus. *haben*) COLLOQ. ***auf etw. (A) ~*** palpare, toccare, brancicare qcs.; ***jdm auf den Hintern ~*** palpare il sedere a qcn.
Tat|ter|greis m. *(-es,-e)* COLLOQ. vecchietto *m.* (tremolante). **Tat|te|rich** m. *(-s)* COLLOQ. tremito *m.*, tremolio *m.* (senile). **tat|te|rig** agg. COLLOQ. tremante, tremolante. **tat|tern** intr. (aus. *haben*) COLLOQ. tremolare. **tatt|rig** → **tatterig.**
Tat|um|stän|de pl. DIR. circostanze *f.pl.* di fatto.
ta|tü|ta|ta inter. = suono di sirena.
Tat|ver|dacht m. *(-[e]s)* sospetto *m.*: ***unter dringendem ~ stehen*** essere fortemente sospettato (*o* indiziato). **tat|ver|däch|tig** agg. sospettato (di aver commesso il fatto), indiziato. **Tat|waf|fe** f. *(-,-n)* arma *f.* del reato.
Tat|ze f. *(-,-n)* zampa *f.*
Tat|zeit f. *(-)* ora *f.* del delitto. **Tat|zeu|ge** m. *(-n,-n)* testimone *m.* del reato (*o* del delitto).
1.Tau m. *(-[e]s)* rugiada *f.*: ***es ist ~ gefallen*** si è formata la rugiada.
2.Tau n. *(-[e]s,-e)* **1** fune *f.*: GINN. ***am ~ klettern*** arrampicarsi sulla fune **2** MAR. gomena *f.*: ***ein ~ auswerfen*** gettare una gomena.
taub agg. **1a** sordo: ***~ auf einem Ohr sein*** essere sordo da un orecchio; COLLOQ. ***bist du denn ~?*** ma sei sordo? **b** FIG. ***~ für, gegen Bitten, Ratschläge sein*** essere sordo alle preghiere, non ascoltare i consigli **2** *(ohne Empfindung)* insensibile, addormentato: ***vor Kälte sind mir die Füsse ~ geworden*** non sento più i piedi dal freddo; ***ein -es Gefühl in den Beinen haben*** non sentire più le gambe, avere le gambe addormentate **3** *(leer)* vuoto: ***eine -e Nuss*** una noce vuota **4** *(unbefruchtet)* non fecondato, sterile: ***-es Gestein*** roccia sterile ◆ ***jdn ~ machen*** rendere sordo, assordare qcn.; ***auf diesem Ohr ist er ~*** da questo orecchio non ci sente (anche FIG.); ***-en Ohren predigen*** parlare ai sordi, predicare nel deserto; ***sich ~ stellen*** fare il sordo, fare finta di non sentire.
taub|blind agg. sordocieco. **Taub|blin|de** m. e f. *(-n,-n)* sordocieco *m.* (-a *f.*).
Täub|chen n. *(-s,-)* piccioncino *m.* (anche VEZZ.). **Tau|be** f. *(-,-n)* **1** colombo *m.*, piccione *m.*: ***die -n girren, gurren, rucken*** i colombi

tubano **2** POL. colomba *f.*: ***die Falken und die -n einer Partei*** i falchi e le colombe di un partito ◆ PROV. ***besser einen Spatz in der Hand als eine ~ auf dem Dach*** meglio un uovo oggi che una gallina domani; ***warten, dass einem die gebratenen -n ins Maul fliegen*** aspettare che piova la manna dal cielo. **tau|ben|blau** agg. → **taubengrau. tau|ben|ei|groß** agg. grande come un uovo di colombo.

tau|be|netzt agg. rorido di rugiada.

tau|ben|grau agg. grigio-azzurro. **Tau|ben|haus** n. *(-es,-häuser),* **Tau|ben|ko|bel** m. *(-s,-)* → **Taubenschlag. Tau|ben|post** f. *(-)* = posta *f.* tramite piccioni viaggiatori. **Tau|ben|schie|ßen** n. *(-s)* tiro *m.* al piccione. **Tau|ben|schlag** m. *(-[e]s,-schläge)* piccionaia *f.* ◆ ***hier geht es zu wie in einem ~*** qui è un porto di mare. **Tau|ben|züch|ter** m. *(-s,-)* allevatore *m.* di colombi (*o* piccioni *m.*). **Tau|ber, Täu|ber** m. *(-s,-),* **Tau|be|rich, Täu|be|rich** m. *(-s,-e)* colombo *m.* (*o* piccione *m.*) maschio.

Taub|heit f. *(-)* sordità *f.*

Täu|bin f. *(-,-nen)* colomba *f.*

Taub|nes|sel f. *(-,-n)* ortica *f.* morta.

taub|stumm agg. sordomuto. **Taub|stum|me** m. e f. *(-n,-n)* sordomuto *m.* (-a *f.*). **Taub|stum|men|spra|che** f. *(-,-n)* linguaggio *m.* dei sordomuti. **Taub|stumm|heit** f. *(-,-en)* sordomutismo *m.*

Tauch|boot n. *(-[e]s,-e)* sommergibile *m.*

tau|chen I tr. **1** immergere: ***etw. ins, unter Wasser ~*** immergere qcs. in, sott'acqua **2a** *(eintauchen)* intingere: ***den Federhalter ins Tintenfass ~*** intingere la penna nel calamaio **b** inzuppare: ***ein Gebäck in den Kaffee ~*** inzuppare una pasta nel caffè **3** FIG. inondare: ***der Berg war in gleißendes Licht getaucht*** il monte era inondato da una luce abbagliante **II** intr. **1a** (aus. *haben, sein*) immergersi: ***20 Meter (tief) ~*** immergersi per 20 metri (di profondità); ***nach Perlen ~*** immergersi (*o* tuffarsi) in cerca di perle **b** (aus. *sein*) FIG. ***ins Dunkel ~*** sprofondare nell'oscurità **c** (aus. *haben, sein*) SPORT fare immersioni subacquee **2a** *(auftauchen*; aus. *sein)* emergere, affiorare (anche FIG.): ***aus dem Wasser, an die Oberfläche ~*** emergere dall'acqua, in superficie **b** FIG. ***eine Insel tauchte aus dem Meer*** un'isola affiorò dal mare. **Tau|chen** n. *(-s)* **1** immersione *f.* **2** SPORT immersione *f.* subacquea: ***das ~ betreiben*** fare immersioni. **Tauch|en|te** f. *(-,-n)* smergo *m.* **Tau|cher** m. *(-s,-)* **1** sub *m.*, subacqueo *m.*, sommozzatore *m.* **2** ORNIT. tuffetto *m.* **Tau|cher|an|zug** m. *(-[e]s,-anzüge)* scafandro *m.* **Tau|cher|aus|rüs|tung** f. *(-,-en)* attrezzatura *f.* da sub. **Tau|cher|bril|le** f. *(-,-n)* occhiali *m.pl.* da sub. **Tau|cher|glo|cke** f. *(-,-n)* campana *f.* d'immersione. **Tau|cher|helm** m. *(-[e]s,-e)* elmo *m.* dello scafandro. **Tau|cher|ku|gel** → **Tauchkugel. Tau|cher|mas|ke** f. *(-,-n)* maschera *f.* subacquea. **tauch|fä|hig** agg. **1** MAR. sommergibile **2** ORNIT. tuffatore. **Tauch|fahrt** f. *(-,-en)* navigazione *f.* in immersione. **Tauch|ge|rät** n. *(-[e]s,-e)* attrezzatura *f.* da immersione. **tauch|klar** agg. MAR. pronto per l'immersione. **Tauch|ku|gel** f. *(-,-n)* batisfera *f.* **Tauch|kurs** m. *(-es,-e)* corso *m.* di immersione. **Tauch|ma|nö|ver** n. *(-s,-)* manovra *f.* in immersione. **Tauch|pan|zer** m. *(-s,-)* scafandro *m.* **Tauch|sie|der** m. *(-s,-)* bollitore *m.* (a immersione). **Tauch|sport** m. *(-[e]s)* nuoto *m.* subacqueo. **Tauch|sta|ti|on,** ***auf ~ gehen*** rintanarsi. **Tauch|tank** m. *(-s,-s)* serbatoio *m.* di zavorra (d'acqua). **Tauch|tie|fe** f. *(-,-n)* profondità *f.* di immersione.

tau|en I tr. sgelare, sciogliere **II** intr. **1a** impers. (aus. *haben*) sgelare: ***es taut*** sgela **b** *(herabfließen)* sgocciolare: ***es taut von den Dächern*** sgocciola dai tetti **c** RAR. *(sich als Tau niederschlagen)* ***es taut*** si forma la rugiada **2** (aus. *sein*) *(von Schnee, Eis)* sciogliersi, sgelarsi: ***das Eis ist getaut*** il ghiaccio si è sciolto.

Tau|en|de n. *(-s,-n)* capo *m.* di, della gomena.

Tau|ern n.pr.pl. monti *m.pl.* Tauri.

Tauf|be|cken n. *(-s,-)* → **Taufstein. Tauf|brun|nen** m. *(-s,-)* ANT. battezzatoio *m.* **Tauf|buch** n. *(-[e]s,-bücher)* → **Taufregister. Tau|fe** f. *(-,-n)* battesimo *m.*: ***das Sakrament der ~*** il sacramento del battesimo; ***die ~ empfangen*** ricevere il battesimo; ***die ~ spenden, an jdm die ~ vollziehen*** amministrare il battesimo a qcn. ◆ ***jdn über die ~ halten*** tenere a battesimo qcn.; COLLOQ. ***etw., jdn aus der ~ heben*** tenere a battesimo qcn., qcs. **tau|fen** tr. battezzare: ***ein Baby auf den Namen Julius ~*** battezzare un bimbo con il nome di Giulio; ***nach seinem Großvater getauft werden*** essere battezzato con il nome del nonno; ***sich katholisch ~ lassen*** farsi battezzare cattolico; FIG. ***seine Katze, ein Boot auf den Namen Rudy ~*** battezzare Rudy il proprio gatto, una barca; SCHERZ. *(panschen)* ***der Wirt hat den Wein getauft*** l'oste ha battezzato il vino.

Täu|fer m. *(-s,-)* **1** battezzante *m.* **2** *(Wiedertäufer)* battista ◆ ***Johannes der ~*** Giovanni Battista.

tau|feucht agg. umido di rugiada.

Tauf|for|mel f. *(-,-n)* formula *f.* del battesimo. **Tauf|ge|lüb|de** n. *(-s,-)* voto *m.* del battesimo. **Tauf|ka|pel|le** f. *(-,-n)* cappella *f.* battesimale. **Tauf|kir|che** f. *(-,-n)* battistero *m.* **Tauf|kleid** n. *(-[e]s,-er)* vestito *m.* del battesimo.

Tau|flie|ge f. *(-,-n)* drosofila *f.*

Täuf|ling m. *(-s,-e)* battezzando *m.* **Tauf|mat|ri|kel** f. *(-,-n)* AUSTR. → **Taufregister. Tauf|na|me** m. *(-ns,-n)* nome *m.* di battesimo. **Tauf|pa|te** m. *(-n,-n)* padrino *m.* (di battesimo). **Tauf|pa|tin** f. *(-,-nen)* madrina *f.* (di battesimo). **Tauf|re|gis|ter** n. *(-s,-)* registro *m.* dei battezzati.

tau|frisch agg. **1** *(taufeucht)* fresco di rugiada: ***-es Gras*** erba fresca di rugiada **2** *(von Blumen, Gemüse)* freschissimo **3** *(sehr fit)* FIG. fresco come una rosa: ***sich ~ fühlen*** sentirsi fresco come una rosa.

Tauf|schal|le f. *(-,-n)* → **Taufstein. Tauf|schein** m. *(-[e]s,-e)* certificato *m.* di battesimo. **Tauf|stein** m. *(-[e]s,-e)* fonte *m.* battesimale.

tau|gen intr. (aus. *haben*) **1** essere adatto: ***zu etw. (D), für etw. taugen*** essere adatto a (*o* per) qcs.; ***nicht zum Richter ~*** non essere adatto a fare il giudice **2** *(brauchbar sein)* servire: ***das taugt zu nichts*** questo non serve a nulla **3** *(wert sein)* valere: ***der Roman taugt wenig*** il romanzo vale poco; ***in der Schule nichts ~*** non valere niente a scuola. **Tau|ge|nichts** m. *(-[es],-e)* ANT. perdigiorno *m.*, fannullone *m.*, buono *m.* a nulla. **taug|lich** agg. **1** adatto, idoneo: ***zu etw. (D), für etw. ~ sein*** essere adatto a qcs. **2** *(wehrdiensttauglich)* abile, idoneo. **Taug|lich|keit** f. *(-,-en)* **1** attitudine *f.*, idoneità *f.* **2** *(zum Wehrdienst)* idoneità *f.*

tau|ig agg. rorido di rugiada, rugiadoso.

Tau|klet|tern n. *(-s)* salita *f.* alla fune.

Tau|mel m. *(-s)* **1** vertigine *f.*, capogiro *m.*: ***ein leichter ~ befiel, überkam ihn*** lo colse una leggera vertigine; ***von einem ~ erfasst werden*** essere colto da un capogiro **2** *(Rausch)* vortice *m.*: ***ein ~ der Begeisterung*** un vortice di entusiasmo ◆ ***in einen ~ der Freude, des Glücks geraten*** essere folle (*o* ebbro) di gioia, di felicità. **tau|me|lig** agg. **1** ***jdm ist ~*** qcn. ha le vertigini, a qcn. gira la testa **2** *(benommen)* ebbro: ***ihm wurde ~ vor Glück, vor Freude*** era folle (*o* ebbro) di felicità, di gioia **3** *(schwankend)* barcollante, vacillante. **Tau|mel|lolch** m. *(-[e]s,-e)* BOT. loglio *m.* cattivo.

tau|meln intr. **1** (aus. *sein, haben*) barcollare, non reggersi in piedi: ***vor Schwäche, vor Hunger ~*** barcollare, non reggersi in piedi per la debolezza, per la fame **2** (aus. *sein*) *(sich taumelnd bewegen)* traballare, procedere barcollando: ***gegen die Mauer ~*** procedere barcollando verso il muro; ***der Schmetterling taumelt von Blume zu Blume*** la farfalla procede di fiore in fiore.

taum|lig → **taumelig.**

tau|nass agg. umido di rugiada.

Tau|per|le f. *(-,-n)* goccia *f.* di rugiada.

Tau|ris n.pr.n. *(-)* Tauride *f.*

Tau|rus n.pr.m. *(-)* Tauro *m.*

Tausch m. *(-[e]s,-e)* **1** cambio *m.*, scambio *m.*: ***einen vorteilhaften, schlechten ~ machen*** fare un cambio (*o* uno scambio) vantaggioso, cattivo; ***zum ~ anbieten*** offrire in cambio; ***etw. in ~ geben, nehmen*** dare, prendere qcs. in cambio; ***etw. im ~ für, gegen etw. anderes erhalten*** ricevere qcs. in cambio di qcs. altro **2** *(Umtausch)* permuta *f.* **3** *(Tauschhandel)* baratto *m.*, scambio *m.*

tau|schen tr. **1a** cambiare: ***Kleider, Platz ~*** cambiare vestiti, posto; ***seine Arbeit gegen eine interessantere ~*** cambiare il proprio lavoro per uno più interessante **b** *(austauschen)* scambiare, scambiarsi: ***Münzen, Briefmarken ~*** scambiare monete, francobolli; ***Küsse, Zärtlichkeiten ~*** scambiarsi baci, tenerezze; FIG. ***mit jdm einen Blick ~*** scambiare uno sguardo con qcn.; ***sie tauschten einen Händedruck*** si scambiarono una stretta di mano **c** *(miteinander wechseln)* scambiarsi, fare (il) cambio: ***sie tauschten mit den Plätzen*** si scambiarono i posti; ***wollen wir ~?*** vogliamo fare cambio? **2** *(ersetzen)* ***mit jdm ~*** cambiare il turno con qcn.; ***die Kellnerin hat mit ihrer Kollegin getauscht*** la cameriera ha cambiato il turno con la sua collega ◆ ***ich möchte mit niemandem ~*** non farei il cambio con nessuno.

täu|schen I tr. **1a** ingannare: ***jdn mit einer Behauptung, durch sein Verhalten ~*** ingannare qcn. con un'affermazione, il proprio atteggiamento **b** *(eine falsche Vorstellung vermitteln)* ***das Neonlicht, der erste Eindruck täuscht*** la luce al neon, la prima impressione inganna; ***meine Ahnung hat mich nicht getäuscht*** il mio presentimento non mi ha ingannato (*o* tradito); ***sich in seinen Erwartungen getäuscht sehen*** vedere tradite le proprie aspettative **2** *(betrügen)* imbrogliare: ***der Vertreter wollte den Kunden ~*** il rappresentante voleva imbrogliare il cliente **II** rifl. **sich ~** sbagliarsi; ***sich in jdm ~*** sbagliarsi su qcn. (*o* sul conto di qcn.) ◆ ***wenn meine Augen mich nicht ~*** se la vista non mi inganna; ***wenn mich mein Gedächtnis nicht täuscht*** se la memoria non mi inganna; ***wenn mich nicht alles täuscht*** se non sbaglio, se non erro. **täu|**

schend I p.pres. agg. **1** → **täuschen 2** tale da ingannare: ***eine -e Ähnlichkeit*** una soprendente somiglianza **II** avv. ***~ ähnlich*** del tutto somigliante. **Täu|scher** m. *(-s,-)* impostore *m.* **Täu|sche|rei** f. *(-,-en)* COLLOQ. inganni *m.pl.* (continui); COLLOQ. fregature *f.pl.* (continue).

Tausch|ge|schäft n. *(-[e]s,-e)*, **Tausch|han|del** m. *(-s)* scambio *m.*, baratto *m.*

Tau|schier|ar|beit f. *(-,-en)* damaschinatura *f.*, ageminatura *f.* **tau|schie|ren** tr. damaschinare, ageminare. **Tau|schie|rung** → **Tauschierarbeit.**

Tausch|ob|jekt n. *(-s,-e)* oggetto *m.* di scambio.

Täu|schung f. *(-,-en)* inganno *m.*: ***auf eine ~ hereinfallen*** cadere in (un) inganno; ***einer ~ erliegen, unterliegen*** cedere a un inganno; ***einer ~ zum Opfer fallen*** cadere vittima di un inganno; ***eine ~ aufdecken*** scoprire (*o* smascherare) un inganno ◆ ***sich keiner ~ hingeben*** non farsi illusioni; ***optische ~*** illusione ottica. **Täu|schungs|ma|nö|ver** n. *(-s,-)* manovra *f.* diversiva.

Tausch|ver|fah|ren n. *(-s,-)* procedura *f.* di scambio. **Tausch|ver|trag** m. *(-[e]s,-verträge)* contratto *m.* di permuta. **Tausch|weg,** ***auf dem, im ~*** in cambio. **tausch|wei|se** avv. in cambio. **Tausch|wert** m. *(-[e]s,-e)* valore *m.* di scambio. **Tausch|wirt|schaft** f. *(-,-en)* economia *f.* di scambio.

tau|send agg. inv. mille: ***~ Teilnehmer*** mille partecipanti; COLLOQ. *(sehr viele)* ***~ Sachen zu tun haben*** aver mille cose da fare ◆ ***an die, etwa ~ Menschen*** circa mille, un migliaio; ***~ Dank*** mille grazie (*o* grazie mille); ***einige ~ Kinder*** alcune migliaia di bambini; ***~ Grüße*** salutoni; ***einer unter ~*** uno su mille; ***~ zu, gegen eins wetten*** scommettere mille a uno. **Tau|send I** n. *(-s,-e* e *-)* migliaio *m.*: ***-e (o tausende) von Menschen, Mark*** migliaia di persone, di marchi; ***einige ~ (-e) (o tausend[e])*** alcune migliaia; ***zu -en (o tausenden)*** a migliaia; ***in die -e (o tausende) gehen*** ammontare a qualche migliaio, essere nell'ordine delle migliaia **II** f. *(-,-en)* (il numero) mille *m.* ◆ ***das erste ~ der Auflage*** le prime mille copie; ***ein halbes ~*** mezzo migliaio; ***drei vom ~*** tre per mille.

tau|send|ein agg., **tau|send|eins** agg. inv. milleuno. **Tau|sen|der** m. *(-s,-)* **1** COLLOQ. *(Tausendmarkschein)* pezzo *m.* da mille marchi **2** MAT. migliaio *m.* **tau|sen|der|lei I** agg. inv. mille: ***auf ~ Weise*** in mille modi **II** pron.indef. migliaia di cose. **Tau|sen|der|stel|le** f. *(-,-n)* MAT. posizione *f.* delle migliaia. **tau|send|fach I** agg. (di) mille volte tanto **II** avv. mille volte tanto: ***~ vergrößern*** rendere mille volte più grande. **Tau|send|fa|che** n. *(-n)* quantità *f.* mille volte maggiore. **tau|send|fäl|tig** agg. ANT. → **tausendfach.** **Tau|send|fuß** m. *(-es,-e)* ANT., **Tau|send|fü|ßer, Tau|send|füß|ler** m. *(-s,-)* millepiedi *m.* **Tau|send|gul|den|kraut** n. *(-[e]s,-kräuter)* centaurea *f.*, biondella *f.*, COLLOQ. cacciafebbre *f.* **Tau|send|jahr|fei|er** f. *(-,-n)* (celebrazione *f.* per il) millenario *m.* **tau|send|jäh|rig** agg. millenario: ***eine -e Kultur*** una cultura millenaria. **Tau|send|künst|ler** m. *(-s,-)* SCHERZ. *(vielseitiger Mensch)* = chi sa fare mille cose. **tau|send|mal** avv. mille volte. **tau|send|ma|lig I** agg. millesimo, di mille volte **II** avv. mille volte. **Tau|send|mark|schein** m. *(-[e]s,-e)* banconota *f.* da mille marchi. **Tau|send|sa(s)|sa** m. *(-s,-[s])* COLLOQ. = tipo *m.* in gamba. **Tau|send|schön** n. *(-s,-e)*, **Tau|send|schön|chen** n. *(-s,-)* margheritina *f.* **tau|send|sei|tig** agg. di mille pagine. **tau|sends|te** agg. millesimo. **Tau|sends|te** m. e f. *(-n,-n)* millesimo *m.* (-a *f.*) ◆ ***vom Hundertsten ins ~ kommen*** saltare di palo in frasca. **tau|sends|tel** agg. inv. millesimo. **Tau|sends|tel** n. e REGION. m. *(-s,-)* millesimo *m.*, millesima parte *f.* **Tau|sends|tel|se|kun|de** f. *(-,-n)* millesimo *m.* di secondo. **tau|send|stim|mig** agg. a mille voci. **tau|send|und|ein** → **tausendeins.**

Tau|to|lo|gie f. *(-,-n)* tautologia *f.* **tau|to|lo|gisch** agg. tautologico.

Tau|trop|fen m. *(-s,-)* goccia *f.* di rugiada. **Tau|was|ser** n. *(-s,-)* rugiada *f.*

Tau|werk n. *(-s)* MAR. **1** cordame *m.* **2** *(Gut)* manovre *f.pl.*: ***stehendes, laufendes ~*** manovre dormienti, correnti.

Tau|wet|ter n. *(-s)* disgelo *m.* (anche FIG.POL.).

Tau|zie|hen n. *(-s)* **1** tiro *m.* alla fune: ***ein Wettkampf im ~*** una gara di tiro alla fune **2** FIG. tira e molla *m.*

Ta|ver|ne f. *(-,-n)* taverna *f.*

Ta|xa|me|ter n. e m. *(-s,-)* **1** tassametro *m.* **2** ANT. → **Taxi.**

Tax|amt n. *(-[e]s,-ämter)* ufficio *m.* (di) controllo dei prezzi. **Ta|xa|ti|on** f. *(-,-en)* ECON. stima *f.*, valutazione *f.* **Ta|xa|tor** m. *(-s,-en)* ECON. stimatore *m.* **Ta|xe** f. *(-,-en)* **1** stima *f.*, valutazione *f.* **2** *(Gebühr)* tassa *f.* **3** → **Taxi.**

tax|frei agg. esentasse. **Tax|ge|bühr** f. *(-,-en)* tassa *f.*

Ta|xi n. e SVIZZ. m. *(-s,-s)* taxi *m.*, tassì *m.*: ***ein ~ rufen (bestellen), nehmen*** chiamare, prendere un taxi; ***~ fahren*** andare in taxi; *(Taxifahrer sein)* fare il tassista. **Ta|xi|chauf|feur** m. *(-s,-e)* → **Taxifahrer.**

ta|xier|bar agg. stimabile, valutabile. **ta|xie|ren** tr. **1** stimare, valutare (anche ECON.): ***den Wert von etw., ein Gemälde, einen Schmuck ~*** stimare il valore di qcs., una pittura, un gioiello; ***auf tausend Mark ~*** stimare mille marchi; ***zu hoch, niedrig ~*** sovrastimare, sottostimare; ***etw. (recht, falsch) ~*** valutare qcs. (in modo giusto, sbagliato); COLLOQ. ***er taxierte sie auf 30*** stimò che avesse (circa) trent'anni **2** COLLOQ. FIG. *(prüfend betrachten)* squadrare ◆ ***einen taxierenden Blick auf jdn werfen*** guardare qcn. squadrandolo. **Ta|xie|rung** f. *(-,-en)* stima *f.*, valutazione *f.*

Ta|xi|fah|rer m. *(-s,-)* tassista *m.*, taxista *m.* **Ta|xi|fahrt** f. *(-,-en)* corsa *f.* (in taxi). **Ta|xi|stand** m. *(-[e]s,-stände)* posteggio *m.* di taxi. **Tax|ler** m. *(-s,-)* → **Taxifahrer.**

Ta|xo|no|mie f. *(-)* tassonomia *f.* **ta|xo|no|misch** agg. tassonomico.

Tax|preis m. *(-es,-e)* prezzo *m.* di stima (*o* stimato).

Ta|xus m. *(-,-)* BOT. tasso *m.*

Tax|wert m. *(-[e]s,-e)* valore *m.* di stima, stimato.

Tay|lo|ris|mus [telo-] m. *(-)*, **Tay|lor|sys|tem** n. *(-s)* taylorismo *m.*

Tb, Tbc, Tbk f. *(-)* tbc *f.* **Tb(c)-krank** agg. tubercolotico, tubercoloso. **Tb(c)-Kran|ke** m. e f. *(-n,-n)* tubercolotico *m.* (-a *f.*), tubercoloso *m.* (-a *f.*).

Teak [ti:k] n. *(-s)* tek *m.* **Teak|baum** m. *(-[e]s,-bäume)* (albero *m.* di) tek *m.* **Teak|holz** n. *(-es)* (legno *m.* di) tek *m.*

Team [ti:m] n. *(-s,-s)* team *m.*, équipe *f.*, squadra *f.* **Team|chef** m. *(-s,-s)* GERG. SPORT mister *m.* **Team|ar|beit** f. *(-,-en)* lavoro *m.* di équipe. **Team|geist** m. *(-[e]s)* spirito *m.* di squadra.

Tech|ni|co|lor® n. *(-s)* technicolor *m.*

tech|ni|fi|zie|ren tr. tecnificare.

Tech|nik f. *(-,-en)* **1a** tecnica *f.*: ***die moderne ~*** la tecnica moderna; ***ein Wunder der ~*** una meraviglia della tecnica; ***auf dem neuesten Stand der ~*** all'avanguardia della tecnica **b** *(Methode)* ***eine bestimmte ~ erlernen, beherrschen*** imparare, possedere una determinata tecnica; ***die ~ eines Pianisten*** la tecnica di un pianista; ***sich neuer -en bedienen*** servirsi di nuove tecniche; ***mit einer ~ vertraut sein*** avere dimestichezza con una tecnica **2** *(technische Ausrüstung)* tecnologie *f.pl.*: ***eine Firma mit modernster ~*** una ditta con le tecnologie più moderne **3** *(Stab von Technikern)* staff *m.* tecnico **4** AUSTR. politecnico *m.* ◆ TECN. ***der Stand der ~*** lo stato dell'arte.

Tech|ni|ker m. *(-s,-)* tecnico *m.* **Tech|ni|ke|rin** f. *(-,-nen)* tecnico *m.* (donna), tecnica *f.*

Tech|ni|kum n. *(-s, Technika* e *Techniken)* istituto *m.* tecnico. **tech|nisch I** agg. tecnico: ***ein -er Beruf*** una professione tecnica; ***eine -e Neuerung*** un'innovazione tecnica; ***-e Probleme*** problemi tecnici; ***aus -en Gründen*** per motivi tecnici **II** avv. tecnicamente ◆ ***-e Hochschulen*** facoltà tecnico-scientifiche. **tech|ni|sie|ren** tr. tecnicizzare. **Tech|ni|sie|rung** f. *(-,-en)* tecnicizzazione *f.* **Tech|ni|zis|mus** m. *(-, Technizismen)* tecnicismo *m.* (anche LING.).

Tech|no|krat m. *(-en,-en)* tecnocrate *m.* **Tech|no|kra|tie** f. *(-,-n)* tecnocrazia *f.* **tech|no|kra|tisch** agg. tecnocratico.

Tech|no|lo|ge m. *(-n,-n)* tecnologo *m.* **Tech|no|lo|gie** f. *(-,-n)* tecnologia *f.* **Tech|no|lo|gie|park** m. *(-s,-s)* parco *m.* tecnologico. **Tech|no|lo|gie|trans|fer** m. *(-s,-s)* trasferimento *m.* di tecnologie. **tech|no|lo|gisch** agg. tecnologico.

Tech|no|struk|tur f. *(-,-en)* tecnostruttura *f.*

Tech|tel|mech|tel n. *(-s,-)* flirt *m.*: ***ein ~ mit jdm haben*** avere un flirt con qcn.

Ted|dy m. *(-s,-s)*, **Ted|dy|bär** m. *(-en,-en)* orsacchiotto *m.*, orsetto *m.* **Ted|dy|fut|ter** n. *(-s,-)* fodera *f.* imbottita. **Ted|dy|man|tel** m. *(-s,-mäntel)* cappotto *m.* imbottito.

Te|de|um n. *(-s,-s)* Te Deum *m.*

Tee m. *(-s,-s)* **1** tè *m.*: *(Teestrauch)* ***~ anbauen*** piantare (il) tè; *(Teeblätter)* ***grüner ~*** tè verde; *(Getränk)* ***ein starker, schwacher (dünner) ~*** un tè forte, leggero; ***~ aufbrühen, kochen*** fare il tè; ***einen ~ machen*** fare un tè; ***~ mit Zitrone*** tè al limone; ***eine Tasse ~*** una tazza di tè; ***~ trinken*** bere, prendere il tè; ***der ~ zieht*** il tè è in infusione; *(Mahlzeit)* ***jdn zum ~ einladen, bitten*** invitare qcn. a un tè **2** *(aus Früchten, Blüten)* tisana *f.* ◆ ***abwarten und ~ trinken*** = calma e sangue freddo!

Tee|beu|tel m. *(-s,-)* bustina *f.* (*o* filtro *m.*) di tè. **Tee|blatt** n. *(-[e]s,-blätter)* foglia *f.* di tè. **Tee|brett** n. *(-[e]s,-er)* vassoio *m.* da tè. **Tee-Ei** n. *(-[e]s,-er)* uovo *m.* da tè. **Tee-Ern|te** f. *(-,-n)* **1** raccolto *m.* di tè **2** *(das Ernten)* raccolta *f.* del tè. **Tee|ge|bäck** n. *(-[e]s,-e)* biscotti *m.pl.* da tè. **Tee|hau|be** f. *(-,-n)* copriteiera *m.* **Tee|haus** n. *(-es,-häuser)* sala *f.* da tè. **Tee|kan|ne** f. *(-,-n)* teiera *f.* **Tee|kes|sel** m. *(-s,-)* bollitore *m.* **Tee|licht** n. *(-[e]s,-er* e *-e)* stoppino *m.* per il tè. **Tee|löf|fel** m. *(-s,-)* cucchiaino *m.* da tè. **Tee|müt|ze** f. *(-,-n)* copriteiera *m.*

Teen [ti:n] m. *(-s,-s)*, **Tee|na|ger** ['ti:neɪdʒə] m. *(-s,-)* teen-ager *m.*

Tee|nie, Tee|ny ['ti:ni] m. *(-s,-s)* COLLOQ. teen-ager *m.*

Teer m. *(-[e]s,-e)* catrame *m.*: ***etw. mit ~ bestreichen*** (in)catramare qcs. **Teer|dach** n. *(-[e]s,-dächer)* copertura *f.* con cartone catramato. **Teer|dach|pap|pe** f. *(-,-n)* cartone *m.* catramato (per coperture). **Teer|de|cke** f. *(-,-n)* manto *m.* (stradale) asfaltato. **tee|ren** tr. (in)catramare; *(beim Straßenbau)* asfaltare ◆ *(als Strafe)* ***jdn ~ und federn*** impeciare qcn. **Teer|far|be** f. *(-,-n)* colore *m.* al catrame. **Teer|farb|stoff** m. *(-[e]s,-e)* (sostanza *f.*) colorante *m.* al catrame. **Teer|fass** n. *(-es,-fässer)* fusto *m.* di catrame. **teer|hal|tig** agg. catramoso. **tee|rig** agg. **1** *(teerhaltig)* catramoso **2** *(mit Teer bedeckt)* (in)catramato.

Tee|ro|se f. *(-,-n)* rosa *f.* tea.

Teer|pap|pe f. *(-,-n)* cartone *m.* catramato. **Teer|schwe|le|rei** f. *(-)* distillazione *f.* del catrame. **Teer|sei|fe** f. *(-,-n)* sapone *m.* al catrame. **Teer|stra|ße** f. *(-,-n)* strada *f.* asfaltata. **Tee|rung** f. *(-,-en)* catramatura *f.*

Tee|ser|vice [-zɛrvi:s] n. *(- e -s,-)* servizio *m.* da tè. **Tee|sieb** n. *(-[e]s,-e)* colino *m.* (per il tè). **Tee|strauch** m. *(-[e]s,-sträucher)* pianta *f.* del tè. **Tee|stu|be** f. *(-,-n)* sala *f.* da tè. **Tee|tas|se** f. *(-,-n)* tazza *f.* da tè. **Tee|tisch** m. *(-[e]s,-e)* tavolino *m.* da tè. **Tee|wa|gen** m. *(-s,-)* carrello *m.* (di servizio). **Tee|wär|mer** m. *(-s,-)* → **Teehaube. Tee|was|ser** n. *(-[e]s)* acqua *f.* per il tè: ***~ aufsetzen*** mettere sul fuoco (*o* COLLOQ. mettere) l'acqua per il tè; ***das ~ kocht\t*** l'acqua (per il tè) bolle. **Tee|wurst** f. *(-,-würste)* INTRAD. (tipo di salsiccia affumicata).

tef|lon|be|schich|tet agg. rivestito di teflon, teflonato. **Tef|lon|pfan|ne** f. *(-,-n)* padella *f.* (con rivestimento) antiaderente.

Te|gel m. *(-s)* argilla *f.* calcarea.

Teich m. *(-[e]s,-e)* **1** stagno *m.*: ***einen ~ mit Fischen besetzen*** popolare uno stagno di pesci **2** *(kleiner See)* laghetto *m.* ◆ SCHERZ. ***über den großen ~ fahren*** attraversare l'oceano (Atlantico), andare in America. **Teich|huhn** n. *(-[e]s,-hühner)* gallinella *f.* d'acqua. **Teich|läu|fer** m. *(-s,-)* idrometra *f.* **Teich|molch** m. *(-[e]s,-e)* salamandra *f.* acquaiola. **Teich|rohr** n. *(-[e]s)* canna *f.* palustre. **Teich|ro|se** f. *(-,-n)* ninfea *f.* gialla. **Teich|schilf** n. *(-[e]s)* canneto *m.* palustre. **Teich|wirt|schaft** f. *(-)* piscicoltura *f.* in stagni.

Teig m. *(-[e]s,-e)* pasta *f.*: ***den ~ kneten, gehen lassen, ausrollen*** lavorare, far lievitare, stendere la pasta. **tei|gig** agg. **1** pastoso **2** *(nicht ganz ausgebacken)* poco cotto. **Teig|mas|se** f. *(-,-n)* massa *f.* pastosa, impasto *m.* **Teig|räd|chen** n. *(-s,-)* rotella *f.* tagliapasta. **Teig|rol|le** f. *(-,-n)* **1** rotolo *m.* di pasta **2** *(Nudelholz)* mattarello *m.*, matterello *m.* **Teig|rol|ler** m. *(-s,-)* mattarello *m.*, matterello *m.* **Teig|rühr|ma|schi|ne** f. *(-,-n)* impastatrice *f.* **Teig|wa|re** f. *(-,-n)* pasta *f.* alimentare.

Teil I m. *(-[e]s,-e)* **1a** parte *f.*: ***die Abhandlung besteht aus drei -en, zerfällt in drei -e*** il trattato consiste di, si divide in tre parti; ***der Cocktail besteht aus zwei -en Gin und einem ~ Saft*** il cocktail consiste in due parti di gin e una di succo di frutta; ***der dritte ~ von 27 ist 9*** la terza parte di 27 è 9 **b** *(von Personen)* ***wir sind alle ~ einer großen Familie*** siamo tutti parte di una grande famiglia **2** DIR. *(Partei)* parte *f.*: ***beide -e hören*** ascoltare entrambe le parti **II** m. e n. *(-[e]s,-e)* parte *f.*, quota *f.*: ***jdm sein(en) ~ geben*** dare a qcn. la sua parte, ciò che gli spetta; ***sein(en) ~ zu etw. tun*** fare la propria parte per qcs. **III** n. *(-[e]s,-e)* pezzo *m.*, parte *f.*: ***die -e eines Geräts*** i pezzi di un apparecchio; ***ein defektes ~ ersetzen*** sostituire un pezzo difettoso; ***eine Maschine in ihre -e zerlegen*** scomporre una macchina nelle sue parti ◆ ***sein(en) ~ zu etw. beisteuern, beitragen*** dare, fornire il proprio contributo per qcs.; ***der beklagte ~*** il convenuto; ***er hat sein(en) ~ bekommen*** ha avuto il fatto suo; ***das bessere ~ erwählt, gewählt haben*** avere scelto la parte migliore; ***sich (D) sein(en) ~ denken*** fare le proprie riflessioni (ma non esprimerle); ***ich für mein(en) ~*** per (*o* da) parte mia, per conto mio; ***jdm sein(en) ~ geben*** dire a qcn. ciò che si merita, dire a qcn. il fatto suo; ***es gehört ein gut ~ Geduld dazu*** ci vuole una buona dose di pazienza; ***zu gleichen -en*** in parti uguali; ***zum größten ~*** per la maggior parte; ***der klagende ~*** l'attore, la parte attrice; ***der leidende ~*** la parte lesa; ***der monierende ~*** la parte contestante; ***der (nicht) säumige ~*** la parte (in)adempiente; ***streitende -e*** parti in litigio; ***sein(en) ~ zu tragen haben*** dover portare la propria croce; ***sein(en) ~ zu etw. tun*** fare la propria parte in qcs.; ***vertragschließender ~*** parte contraente; ***er hat sein(en) ~ weg*** → ***er hat sein(en) ~ bekommen***; ***zum ~*** *(teilweise)* in parte, parzialmente; ***zum..., zum...*** *(teils)* in parte..., in parte... (COLLOQ. un po'..., un po'...).

Teil|ab|schnitt m. *(-[e]s,-e)* **1** parte *f.*, sezione *f.* **2** *(von Straßen)* troncone *m.* **Teil|an|sicht** f. *(-,-en)* visione *f.* parziale. **Teil|aspekt** m. *(-[e]s,-e)* aspetto *m.* parziale.

teil|bar agg. divisibile: ***eine durch drei -e Zahl*** un numero divisibile per tre. **Teil|bar|keit** f. *(-)* divisibilità *f.*

Teil|be|trag m. *(-[e]s,-beträge)* importo *m.* parziale.

Teil|chen n. *(-s,-)* particella *f.* (anche FIS.). **Teil|chen|be|schleu|ni|ger** m. *(-s,-)* acceleratore *m.* di particelle. **Teil|chen|strah|lung** f. *(-,-en)* radiazione *f.* di particelle.

tei|len I tr. **1a** *(trennen)* dividere: ***etw. in drei Teile, Stücke ~*** dividere qcs. in tre parti, pezzi; ***ein Vorhang teilt das Zimmer*** una tenda divide la stanza **b** MAT. ***12 durch 3 ~*** dividere 12 per 3 **c** *(gemeinsam haben)* ***etw. mit jdm ~*** dividere qcs. con qcn. **d** assol. ***er will mit niemandem ~*** non vuole dividere con nessuno **2** *(aufteilen)* dividere, spartire: ***die Beute ~*** spartire il bottino; ***etw. unter uns, untereinander ~*** spartire qcs. tra noi; ***etw. brüderlich ~*** dividere qcs. fraternamente **3** condividere: ***Freude und Leid ~*** condividere gioie e dolori; ***eine Ansicht nicht ~ können*** non poter condividere un'opinione **II** rifl. **sich ~ 1a** dividersi: ***der Weg teilt sich*** il sentiero si divide; ***sich in zwei Mannschaften ~*** dividersi in due squadre **b** FIG. divergere: ***hier ~ sich unsere Ansichten*** qui le nostre opinioni divergono **2a** dividersi, spartirsi: ***sich (D) die Pralinen (mit jdm) ~*** dividersi i cioccolatini (con qcn.) **b** *(gemeinsam nutzen, tragen)* ***sich mit jdm (in) die Arbeit ~*** spartirsi il lavoro con qcn.; ***sich die Kosten ~*** dividersi le spese ◆ MAT. ***sich durch... ~ lassen*** essere divisibile per...

Tei|ler m. *(-s,-)* MAT. divisore *m.*: ***der größte, der kleinste gemeinsame ~*** il massimo, il minimo comun(e) divisore.

Teil|er|folg m. *(-[e]s,-e)* successo *m.* parziale. **tei|ler|fremd** agg. MAT. ***-e Zahlen*** numeri primi. **Teil|fins|ter|nis** f. *(-,-se)* eclissi *f.* parziale. **Teil|ge|biet** n. *(-[e]s,-e)* campo *m.* (*o* settore *m.*) specifico.

Teil|ha|be f. *(-,-n)* partecipazione *f.*: ***~ an etw. (D)*** partecipazione a qcs. **teil_ha|ben** intr. *(hat, hatte, gehabt;* aus. *haben)* ***an etw. (D) ~*** partecipare, avere parte a qcs. **Teil|ha|ber** m. *(-s,-)* ECON. cointeressato *m.*, socio *m.* ◆ ***stiller ~*** socio occulto. **Teil|ha|ber|schaft** f. *(-)* (com)partecipazione *f.*, cointeressenza *f.*

teil|haft RAR., **teil|haf|tig** agg., ***etw. (G) ~ werden, sein*** diventare, essere partecipe di qcs., partecipare a qcs. **Teil|in|va|li|di|tät** f. *(-)* invalidità *f.* parziale.

Teil|kas|ko|ver|si|che|rung f. *(-,-en)* pacchetto *m.* assicurativo RC auto. **Teil|lö|sung** f. *(-,-en)* soluzione *f.* parziale. **Teil|men|ge** f. *(-,-n)* sottoinsieme *m.* **teil|möb|liert** agg. parzialmente immobiliato.

Teil|nah|me f. *(-,-n)* **1a** partecipazione *f.*: ***die ~ an einem Kurs*** la partecipazione a un corso; ***seine ~ absagen, zusagen*** disdire, promettere la propria partecipazione **b** DIR. compartecipazione *f.* **2** *(Interesse)* interesse *m.*, interessamento *m.*: ***~ an etw. zeigen*** mostrare interesse per qcs.; ***ohne besondere ~ zuhören*** ascoltare senza particolare interesse **3a** *(Mitgefühl)* simpatia *f.*: ***~ erwecken*** suscitare simpatia **b** *(Beileid)* partecipazione *f.* (al dolore) ◆ ***ich möchte Ihnen meine aufrichtige, herzliche ~ aussprechen*** Le porgo le mie più sentite condoglianze. **Teil|nah|me|be|din|gung** f. *(-,-en)* condizione *f.* per la partecipazione. **teil|nah|me|be|rech|tigt** agg. autorizzato a partecipare.

teil|nahms|los I agg. indifferente, apatico **II** avv. in modo indifferente, con indifferenza. **Teil|nahms|lo|sig|keit** f. *(-)* indifferenza *f.*, apatia *f.* **teil|nahms|voll I** agg. compartecipe, interessato **II** avv. con molta partecipazione, con molto interesse.

teil_neh|men intr. *(nimmt, nahm, genommen;* aus. *haben)* partecipare, prendere parte: ***an einem Wettkampf ~*** partecipare a una gara; *(beiwohnen)* ***am Gottesdienst ~*** partecipare alla messa; *(besuchen)* ***an einem Seminar ~*** partecipare a un seminario; *(mitfühlen)* ***an jds Schmerz ~*** partecipare al dolore di qcn. **teil|neh|mend I** p.pres. agg. **1** → **teilnehmen 2** *(mitfühlend)* partecipe: ***an etw. (D) ~*** partecipe di qcs. **II** avv. *(mitfühlend)* con interesse; *(freundlich)* con simpatia.

Teil|neh|mer m. *(-s,-)* **1a** partecipante *m.*: ***die ~ an der Veranstaltung*** i partecipanti alla manifestazione **b** *(an einem Wettbewerb)* partecipante *m.*, concorrente *m.* **2** TEL. *(Fernsprechteilnehmer)* utente *m.*, abbonato *m.* **Teil|neh|mer|feld** n. *(-[e]s)* SPORT partecipanti *m.pl.* (a una gara). **Teil|neh|mer|kreis** m. *(-es)* insieme *m.* dei partecipanti. **Teil|neh|mer|lis|te** f. *(-,-n)* lista *f.* (*o* elenco *m.*) dei partecipanti. **Teil|neh|mer|zahl** f. *(-,-en)* numero *m.* dei partecipanti.

Teil|pro|the|se f. *(-,-n)* protesi *f.* (dentale) parziale.

teils avv. in parte: ***~..., ~...*** in parte..., in parte...; COLLOQ. un po'..., un po'...; ***~ heiter, ~ wolkig*** in parte sereno, in parte nuvoloso; COLLOQ. ***wie geht es dir? – ~, ~*** come va? così così.

Teil|schuld|ver|schrei|bung f. *(-,-en)* ECON. obbligazione *f.* parziale. **Teil|stre|cke** f. *(-,-n)* tratto *m.* (di un percorso). **Teil|strich** m. *(-[e]s,-e)* lineetta *f.* di graduazione. **Teil|stück** n. *(-[e]s,-e)* parte *f.*, pezzo *m.*

Tei|lung f. *(-,-en)* **1** *(Trennung)* divisione *f.*, separazione *f.* **2** *(Aufteilung)* divisione *f.*, ripartizione *f.*, spartizione *f.*: ***~ in... und...*** divisione tra... e... **3** *(von Personen, Gruppen)* frazionamento *m.* **4** DIR. divisione *f.*: ***gerichtliche, gütliche ~*** divisione giudiziale, amichevole. **Tei|lungs|ar|ti|kel** m. *(-s,-)* articolo *m.* partitivo. **Tei|lungs|kla|ge** f. *(-,-n)* DIR. causa *f.* di divisione. **Tei|lungs|mas|se** f. *(-,-n)* DIR. massa *f.* attiva (di fallimento). **Tei|lungs|strich** m. *(-[e]s,-e)* lineetta *f.* di divisione. **Tei|lungs|ver|trag** m. *(-[e]s,-verträge)* **1** *(Trennung)* accordo *m.* di divisione **2** *(Aufteilung)* contratto *m.* di spartizione. **Tei|lungs|zei|chen** n. *(-s,-)* segno *m.* di divisione.

teil|wei|se I agg. parziale: ***ein -r Erfolg*** un successo parziale **II** avv. parzialmente, in parte: ***~ zerstört*** parzialmente distrutto. **Teil|wert** m. *(-[e]s,-e)* valore *m.* parziale. **Teil|zah|lung** f. *(-,-en)* pagamento *m.* a rate (*o* rateale): ***etw. auf ~ kaufen*** comprare qcs. a rate; ***eine ~ leisten*** pagare a rate.

Teil|zeit|ar|beit f. *(-,-en)* → **Teilzeitbeschäftigung. Teil|zeit|be|schäf|tig|te** m. e f. *(-n,-n)* lavoratore *m.* (-trice *f.*) a tempo parziale, COLLOQ. part time *m.* e *f.* **Teil|zeit|be|schäf|ti|gung** f. *(-,-en)* lavoro *m.* a tempo parziale, COLLOQ. (lavoro *m.*) part time *m.* **Teil|zeit|schu|le** f. *(-,-n)* scuola *f.* a tempo parziale.

Te|in n. *(-s)* teina *f.*

Teint [tɛ̃:] m. *(-s,-s)* colorito *m.* (del viso), carnagione *f.*

T-Ei|sen n. *(-s,-)* ferro *m.* a T.

Tek|to|nik f. *(-)* **1** tettonica *f.* **2** *(innerer Aufbau einer Dichtung)* struttura *f.* (interna) **3** ARCH. *(Harmonie von Bauelementen)* funzionalità *f.* strutturale. **tek|to|nisch** agg. tettonico.

Te|le|ar|beit f. *(-,-en)* telelavoro *m.*

Te|le|fax n. *(-,-[e])* fax *m.*, telefax *m.* **te|le|fa|xen** tr. inviare per fax. **Te|le|fax|num|mer** f. *(-,-n)* numero *m.* di fax.

Te|le|fon, Te|le|fon n. *(-s,-e)* telefono *m.*: ***das ~ läutet, klingelt*** il telefono suona, squilla; ***jdn ans ~ rufen*** chiamare qcn. al telefono; ***ans ~ gehen*** andare al telefono; ***am ~ gewünscht werden*** essere desiderato al telefono; ***sich (D) ein ~ legen lassen*** farsi mettere il telefono; COLLOQ. *(telefonieren)* ***sich ans ~ hängen*** attaccarsi al telefono; ***jds ~ abhören*** mettere sotto controllo il telefono di qcn.; ***ein öffentliches ~*** un telefono pubblico. **Te|le|fon|an|ruf** m. *(-[e]s,-e)* chiamata *f.* telefonica. **Te|le|fon|an|schluss** m. *(-es,-anschlüsse)* **1** allacciamento *m.* del telefono **2** *(Verbindung)* collegamento *m.* telefonico. **Te|le|fon|ap|pa|rat** m. *(-[e]s,-e)* apparecchio *m.* telefonico. **Te|le|fo|nat** n. *(-[e]s,-e)* telefonata *f.*: ***ein ~ mit jdm führen*** avere una telefonata con qcn. **Te|le|fon|buch** n. *(-[e]s,-bücher)* elenco *m.* telefonico, del telefono, guida *f.* del telefono. **Te|le|fon|dienst** m. *(-[e]s)* servizio *m.* telefonico. **Te|le|fon|ge|bühr** f. *(-,-en)* tariffa *f.* telefonica. **Te|le|fon|ge|spräch** n. *(-[e]s,-e)* conversazione *f.* telefonica, telefonata *f.* **Te|le|fon|häus|chen** n. *(-s,-)* → **Telefonzelle. Te|le|fon|hö|rer** m. *(-s,-)* ricevitore *m.*

Te|le|fo|nie f. *(-)* telefonia *f.* **te|le|fo|nie|ren** intr. (aus. *haben*) telefonare: ***nach Deutschland ~*** telefonare in Germania; ***mit jdm ~*** telefonare a qcn.; ***nach einem Taxi ~*** telefonare per un taxi, chiamare un taxi per telefono. **te|le|fo|nisch I** agg. telefonico **II** avv. telefonicamente, al (*o* per) telefono: ***mit jdm ~ sprechen*** parlare con qcn. al telefono: ***jdm etw. ~ mitteilen*** comunicare qcs. a qcn. per telefono. **Te|le|fo|nist** m. *(-en,-en)* telefonista *m.*, centralinista *m.* **Te|le|fo|nis|tin** f. *(-,-nen)* telefonista *f.*, centralinista *f.*

Te|le|fon|ka|bel n. *(-s,-)* cavo *m.* telefonico. **Te|le|fon|kar|te** f. *(-,-n)* carta *f.* (*o* scheda *f.*) telefonica. **Te|le|fon|lei|tung** f. *(-,-en)* linea *f.* telefonica. **Te|le|fon|netz** n. *(-es,-e)* rete *f.* telefonica. **Te|le|fon|num|mer** f. *(-,-n)* numero *m.* di, del telefono (*o* telefonico). **Te|le|fon|rech|nung** f. *(-,-en)* bolletta *f.* del telefono. **Te|le|fon|schnur** f. *(-,-schnüre)* filo *m.* del telefono. **Te|le|fon|seel|sor|ge** f. *(-)* telefono *m.* amico. **Te|le|fon|sex** m. *(-[es])* **1** telefono *m.* erotico **2** sesso *m.* al telefono. **Te|le|fon|ter|ror** m. *(-s)* molestie *f.pl.* telefoniche. **Te|le|fon|ver|bin|dung** f. *(-,-en)* linea *f.* telefonica. **Te|le|fon|ver|mitt|lung** f. *(-,-en)* centralino *m.* telefonico. **Te|le|fon|ver|zeich|nis** n. *(-ses,-se)* → **Telefonbuch. Te|le|fon|zel|le** f. *(-,-n)* cabina *f.* (telefonica): ***von einer ~ aus anrufen*** chiamare da una cabina. **Te|le|fon|zent|ra|le** f. *(-,-n)* centrale *f.* telefonica (*o* dei telefoni).

Te|le|fo|to n. *(-s,-s)*, **Te|le|fo|to|gra|fie** f. *(-,-n)* telefotografia *f.*

te|le|gen agg. telegenico.

Te|le|graf m. *(-en,-en)* telegrafo *m.* **Te|le|gra|fen|agen|tur** f. *(-,-en)* agenzia *f.* telegrafica. **Te|le|gra|fen|amt** n. *(-[e]s,-ämter)* ufficio *m.* telegrafico, telegrafo *m.* **Te|le|gra|fen|ap|pa|rat** m. *(-[e]s,-e)* apparecchio *m.* telegrafico. **Te|le|gra|fen|be|am|te** m. *(-n,-n)* impiegato *m.* del telegrafo. **Te|le|gra|fen|bü|ro** n. *(-s,-s)* → **Telegrafenamt. Te|le|gra|fen|dienst** m. *(-es,-e)* servizio *m.* telegrafico. **Te|le|gra|fen|lei|tung** f. *(-,-en)* linea *f.* telegrafica. **Te|le|gra|fen|mast** m. *(-[e]s,-en* e *-e)* palo *m.* del telegrafo. **Te|le|gra|fen|netz** n. *(-es,-e)* rete *f.* telegrafica. **Te|le|gra|fen|stan|ge** f. *(-,-n)* → **Telegrafenmast. Te|le|gra|fie** f. *(-)* telegrafia *f.* **te|le|gra|fie|ren** intr. (aus. *haben*) telegrafare. **te|le|gra|fisch I** agg. telegrafico **II** avv. telegraficamente, per (*o* via) telegrafo: ***etw. ~ übermitteln, mitteilen*** trasmettere, comunicare qcs. telegraficamente. **Te|le|gra|fist** m. *(-en,-en)* telegrafista *m.* **Te|le|gra|fis|tin** f. *(-,-nen)* telegrafista *f.*

Te|le|gramm n. *(-s,-e)* telegramma *m.*: ***dringendes ~*** telegramma urgente; ***ein ~ aufgeben, schicken*** fare (*o* spedire), mandare un telegramma; ***ein ~ diktieren*** dettare un telegramma; ***ein ~ telefonisch durchgeben*** trasmettere un telegramma per telefono. **Te|le|gramm|bo|te** m. *(-n,-n)* fattorino *m.* (che recapita telegrammi). **Te|le|gramm|for|mu|lar** n. *(-s,-e)* modulo *m.* per telegramma. **Te|le|gramm|stil** m. *(-s)* stile *m.* telegrafico: ***im ~ schreiben*** scrivere in stile telegrafico.

Te|le|ka|me|ra f. *(-,-s)* macchina *f.* (fotografica) con teleobiettivo.

Te|le|ki|ne|se f. *(-)* telecinesi *f.* **te|le|ki|ne|tisch** agg. telecinetico.

Te|le|kol|leg n. *(-s,-s* e *-ien)* TELEV. corso *m.* scolastico (televisivo).

Te|le|kom|mu|ni|ka|ti|on f. *(-)* telecomunicazione *f.*

Te|le|ko|pie|rer m. *(-s,-)*, **Te|le|ko|pier|ge|rät** n. *(-[e]s,-e)* telecopiatrice *f.*, telecopier *m.*

Te|le|kos|mos m. *(-)* ciberspazio *m.*, cyberspazio *m.*

Te|le|mach n.pr.m. Telemaco *m.*

Te|le|me|ter n. *(-s,-)* telemetro *m.* **Te|le|met|rie** f. *(-)* telemetria *f.* **te|le|met|risch** agg. telemetrico.

Te|le|ob|jek|tiv n. *(-s,-e)* teleobiettivo *m.*

Te|le|o|lo|gie f. *(-)* teleologia *f.* **te|le|o|lo|gisch** agg. teleologico.

Te|le|os|ti|er pl. teleostei *m.pl.*

Te|le|pa|thie f. *(-)* telepatia *f.* **te|le|pa|thisch** agg. telepatico.

Te|le|pho|to|gra|phie → **Telefotografie.**

Te|le|pro|ces|sing [-'prəʊsesɪŋ] n. *(-s)* teleprocessing *m.*, teleelaborazione *f.*

Te|le|skop n. *(-s,-e)* telescopio *m.*: ***das ~ auf den Mars richten*** puntare il telescopio su Marte. **Te|le|skop|an|ten|ne** f. *(-,-n)* antenna *f.* telescopica. **Te|le|skop|au|ge** n. *(-s,-n)* occhio *m.* telescopico. **te|le|sko|pisch** agg. telescopico. **Te|le|skop|stoß|dämp|fer** m. *(-s,-)* ammortizzatore *m.* telescopico.

Te|le|spiel n. *(-[e]s,-e)* videogioco *m.* **Te|le|spot** m. *(-s,-s)* spot *m.* televisivo. **Te|le|test** m. *(-[e]s,-s* e *e)* TELEV. = sondaggio *m.* sull'indice di gradimento. **Te|le|text** m. *(-es)* teletext *m.*

Te|lex n. *(-,-[e])* telex *m.* **te|le|xen** tr. trasmettere per telex.

Tel|ler m. *(-s,-)* **1** piatto *m.*; ***flacher, tiefer ~*** piatto piano, fondo; ***einen ~ Reis, Suppe essen*** mangiare un piatto di riso, di minestra; ***die ~ spülen*** lavare i piatti; ***sich (D) etw. auf den ~ tun*** mettersi qcs. nel piatto; ***seinen ~ voll laden, leer essen*** riempirsi, ripulire il piatto **2** *(vom Skistock)* racchetta *f.* ◆ ***kleiner ~*** piattino.

Tel|ler|dre|her m. *(-s,-)* giocoliere *m.* (con i piatti). **Tel|ler|ei|sen** n. *(-s,-)* tagliola *f.* **tel|ler|fer|tig** agg. pronto (da mettere in tavola). **Tel|ler|fleisch** n. *(-[e]s)* AUSTR. INTRAD. (lesso servito nel brodo). **Tel|ler|ge|richt** n. *(-[e]s,-e)* piatto *m.* **Tel|ler|kap|pe** f. *(-,-n)* berretto *m.* da marinaio. **Tel|ler|mi|ne** f. *(-,-n)* mina *f.* piatta. **Tel|ler|müt|ze** f. *(-,-n)* → **Tellerkappe. Tel|ler|rand** m. *(-[e]s,-ränder)* bordo *m.* del piatto ◆ ***nicht über den ~ hinaussehen*** non guardare al di là del proprio orticello. **Tel|ler|wä|scher** m. *(-s,-)* lavapiatti *m.*

Tell|mu|schel f. *(-,-n)* tellina *f.*

Tel|lur n. *(-s)* tellurio *m.* **tel|lu|risch** agg. tellurico.

Te|lo|pha|se f. *(-,-n)* telofase *f.*

Tem|pel m. *(-s,-)* **1** tempio *m.*: ***griechische, buddhistische ~*** templi greci, buddisti; FIG. ***ein ~ der Kultur*** un tempio della cultura **2** *(Pavillon)* padiglione *m.*, chiosco *m.* ◆ ***jdn zum ~ hinausjagen, hinauswerfen*** mettere qcn. alla porta, buttare fuori qcn. **Tem|pel|herr** m. *(-n,-en)* templare *m.* **Tem|pel|or|den** m. *(-s)* ordine *m.* templare (*o* dei templari). **Tem|pel|pros|ti|tu|ti|on** f. *(-)* prostituzione *f.* sacra. **Tem|pel|raub** m. *(-[e]s,-e)* furto *m.* sacrilego. **Tem|pel|räu|ber** m. *(-s,-)* saccheggiatore *m.* (di un tempio). **Tem|pel|rit|ter** m. *(-s,-)* cavaliere *m.* templare. **Tem|pel|schän|dung** f. *(-,-en)* profanazione *f.* (di un tempio).

Tem|pe|ra f. *(-,-s)* tempera *f.* **Tem|pe|ra|far|be** f. *(-,-n)* (colore *m.* a) tempera *f.* **Tem|pe|ra|ma|le|rei** f. *(-)* pittura *f.* a tempera.

Tem|pe|ra|ment n. *(-[e]s,-e)* temperamento *m.*: ***ein feuriges, ruhiges ~*** un temperamento focoso, tranquillo; *(lebhafte Wesensart)* ***(kein) ~ haben*** (non) avere temperamento ◆ ***das ~ geht mit jdm durch*** qcn. perde le staffe.

tem|pe|ra|ment|los agg. privo di (*o* senza) temperamento. **Tem|pe|ra|ment|lo|sig|keit** f. *(-)* mancanza *f.* di temperamento.

Tem|pe|ra|ment|sa|che → **Temperamentssache. Tem|pe|ra|ments|aus|bruch** m. *(-[e]s,-ausbrüche)* scatto *m.* di nervi. **Tem|pe|ra|ments|sa|che** f. *(-)*, ***das ist ~*** è (una) questione di temperamento. **tem|pe|ra|ment|voll** agg. (pieno) di temperamento, con molto temperamento.

Tem|pe|ra|tur f. *(-,-en)* **1** temperatura *f.*: ***die ~ messen*** misurare la temperatura; ***die ~ fällt (sinkt) auf, unter Null*** la temperatura scende a, sotto lo zero; ***die ~ steigt bis zu 40° im Schatten*** la temperatura sale fino a 40° all'ombra; ***die ~ beträgt 25°*** la temperatura è di 25°; ***bei tiefer, hoher ~*** a bassa, alta temperatura; ***absolute ~*** temperatura assoluta **2** MED. temperatura *f.*, febbre *f.*: ***erhöhte ~*** febbre leggera; ***~ haben*** avere un po' di febbre **3** MUS. temperamento *m.* **Tem|pe|ra|tur|an|stieg** m. *(-[e]s)* aumento *m.* di, della temperatura. **Tem|pe|ra|tur|aus|gleich** m. *(-[e]s,-e)* compensazione *f.* termica. **Tem|pe|ra|tur|er|hö|hung** f. *(-,-en)* aumento *m.* di, della temperatura. **Tem|pe|ra|tur|ko|ef|fi|zi|ent** m. *(-en,-en)* coefficiente *m.* termico. **Tem|pe|ra|tur|kur|ve** f. *(-,-n)* curva *f.* termica; MED. curva *f.* della temperatura. **Tem|pe|ra|tur|mit|tel** n. *(-s,-)* media *f.* delle temperature. **Tem|pe|ra|tur|reg|ler** m. *(-s,-)* termoregolatore *m.*; *(Thermostat)* termostato *m.* **Tem|pe|ra|tur|rück|gang** m. *(-[e]s)* diminuzione *f.* (*o* calo *m.*) di, della temperatura. **Tem|pe|ra|tur|schrei|ber** m. *(-s,-)* termografo *m.* **Tem|pe|ra|tur|schwan|kung** f. *(-,-en)* variazione *f.* (*o* oscillazione *f.*) della temperatura. **Tem|pe|ra|tur|ska|la** f. *(-,-skalen)* scala *f.* termica, termometrica. **Tem|pe|ra|tur|sturz** m. *(-es,-stürze)* abbassamento *m.* improvviso di, della temperatura. **Tem|pe|ra|tur|un|ter|schied** m. *(-[e]s,-e)* differenza *f.* di temperatura. **Tem|pe|ra|tur|wech|sel** m. *(-s,-)* variazione *f.* (*o* cambiamento *m.*) di, della temperatura.

Tem|pe|renz f. *(-)* moderazione *f.* (sobrietà *f.*) nel bere. **Tem|pe|renz|ge|sell|schaft** f. *(-,-en)* → **Temperenzverein. Tem|pe|renz|ver|ein** m. *(-[e]s,-e)* = associazione *f.* contro l'alcolismo.

Tem|per|guss m. *(-es,-güsse)* ghisa *f.* malleabile.

tem|pe|rie|ren tr. **1** temperare (anche MUS.): ***seinen Zorn ~*** temperare (*o* moderare) la propria ira **2** ***das Badewasser ~*** regolare la temperatura dell'acqua del bagno.

Temp|ler m. *(-s,-)* templare *m.* **Temp|ler|or|den** m. *(-s)* ordine *m.* dei templari.

Tem|po n. *(-s,-s* e *Tempi)* **1a** (pl. *-s*) velocità *f.*: ***mit hohem, niedrigem ~ fahren*** viaggiare (*o* andare) ad alta, a bassa velocità; ***in rasendem ~*** a folle velocità; ***~!*** muoversi! più in fretta! **b** *(Rhythmus)* ritmo *m.*: ***das ~ steigern (erhöhen), vermindern*** aumentare, ridurre (*o* rallentare) il ritmo; ***ein zügiges ~*** un ritmo spedito **2** MUS. (pl. *Tempi*) tempo *m.*: ***aus dem ~ fallen*** andare fuori tempo ◆ ***das ~ angeben*** fare l'andatura; COLLOQ. ***ein irres ~ draufhaben*** andare a velocità pazzesca; ***aufs ~ drücken*** aumentare la velocità, accelerare; ***(ein scharfes) ~ vorlegen*** essere lanciati.

Tem|po|be|gren|zung f. *(-,-en)*, **Tem|po|li|mit** n. *(-s,-s* e *-e)* limite *m.* di velocità.

tem|po|ral agg. temporale (anche GRAMM.). **Tem|po|ral|ad|verb** n. *(-s,-ien)* avverbio *m.* di tempo. **Tem|po|ral|be|stim|mung** f. *(-,-en)* complemento *m.* di tempo. **Tem|po|ral|satz** m. *(-es,-sätze)* proposizione *f.* temporale.

tem|po|rär agg. temporaneo, momentaneo; *(vorübergehend)* transitorio. **tem|po|rell** agg. ANT. **1** temporaneo, transitorio **2** *(weltlich)* temporale.

Tem|po|sün|der m. *(-s,-)* = chi non rispetta i limiti di velocità.

Tem|po|ta|schen|tuch n. *(-[e]s,-tücher)* COLLOQ. kleenex *m.*

Tem|pus n. *(-, Tempora)* GRAMM. tempo *m.*: ***zusammengesetztes ~*** tempo composto.

Ten|denz f. *(-,-en)* tendenza *f.*: ***eine ~ zeichnet sich ab*** si delinea una tendenza; ***die Kosten haben eine steigende ~*** i costi hanno tendenza (*o* tendono) ad aumentare; ***die ~ der Börse ist fallend, steigend*** la tendenza della borsa è al ribasso, al rialzo; *(Strömung)* ***eine neue literarische ~*** una nuova tendenza letteraria; *(Neigung)* ***die ~, alles negativ zu sehen*** la tendenza a vedere tutto negativamente; ***es herrscht die ~, zu...*** c'è la tendenza a...

ten|den|zi|ell I agg. tendenziale **II** avv. tendenzialmente. **ten|den|zi|ös I** agg. tendenzioso: ***-e Nachrichten*** notizie tendenziose **II** avv. in modo (*o* con intento) tendenzioso, tendenziosamente. **Ten|denz|li|te|ra|tur** f. *(-)* letteratura *f.* di tendenza. **Ten|denz|stück** n. *(-[e]s,-e)* dramma *m.* a tesi. **Ten|denz|wen|de** f. *(-,-n)* inversione *f.* di tendenza.

ten|die|ren intr. (aus. *haben*) **1** tendere: ***die Partei tendiert nach rechts, links*** il partito tende a destra, a sinistra; ***dazu ~, etw. zu tun*** tendere a fare qcs. **2** ECON. tendere a un (determinato) corso: ***die Aktien ~ uneinheitlich*** le azioni tendono a un corso diseguale.

Te|ne|rif|fa n.pr.n. *(-s)* Tenerife *f.*

Tenn n. *(-s,-e)* SVIZZ., **Ten|ne** f. *(-,-n)* aia *f.*

Ten|nis n. *(-)* tennis *m.*: ***~ spielen*** giocare a tennis. **Ten|nis|arm** m. *(-[e]s,-e)* → **Tennisellbogen. Ten|nis|ball** m. *(-[e]s,-bälle)* palla *f.* (*o* pallina *f.*) da tennis. **Ten|nis|dress** m. *(-es,-e)* tenuta *f.* da tennis. **Ten|nis|ell|bo|gen, Ten|nis|el|len|bo|gen** m. *(-s)* gomito *m.* del tennista. **Ten|nis|klub** m. *(-s,-s)* circolo *m.* di, del tennis, tennis club *m.* **Ten|nis|match** [-mɛtʃ] n. *(-[e]s,-s)* incontro *m.* di tennis: ***ein ~ austragen*** disputare un incontro di tennis. **Ten|nis|platz** m. *(-es,-plätze)* **1** *(Spielfeld)* campo *m.* da tennis **2** *(Anlage)* impianto *m.* tennistico. **Ten|nis|schlä|ger** m. *(-s,-)* racchetta *f.* da tennis. **Ten|nis|schuh** m. *(-[e]s,-e)* scarpa *f.* da tennis.

Ten|nis|spiel n. *(-[e]s,-e)* **1** (gioco *m.* del) tennis *m.* **2** *(Tennismatch)* incontro *m.* (*o* partita *f.*) di tennis. **Ten|nis|spie|len** n. *(-s)* gioco *m.* del tennis, il giocare a tennis. **Ten|nis|spie|ler** m. *(-s,-)* giocatore *m.* di tennis, tennista *m.* **Ten|nis|spie|le|rin** f. *(-,-nen)* giocatrice *f.* di tennis, tennista *f.*

Ten|nis|tur|nier n. *(-s,-e)* torneo *m.* di tennis.

1.Te|nor m. *(-s, Tenöre* e *-e)* MUS. **1** tenore *m.*: ***~ singen*** cantare da tenore; ***lyrischer ~*** tenore lirico **2** *(Tenorpartie)* parte *f.* del tenore: ***den ~ singen*** cantare la parte da tenore.

2.Te|nor m. *(-s)* **1** *(Sinn, Inhalt)* tenore *m.*: ***der ~ einer Rede*** il tenore di un discorso **2** DIR. dispositivo *m.*: ***der ~ des Urteils*** il dispositivo della sentenza **3** MUS. tenor(e) *m.*

te|no|ral agg. tenorile, di (*o* da) tenore. **Te|nor|buf|fo** m. *(-s,-s* e *-buffi)* tenore *m.* buffo. **Te|nor|horn** n. *(-[e]s,-hörner)* corno *m.* tenore. **Te|no|rist** m. *(-en,-en)* tenore *m.* **Te|nor|la|ge** f. *(-,-n)* registro *m.* tenorile. **Te|nor|par|tie** f. *(-,-n)* parte *f.* del tenore.

Ten|sid n. *(-[e]s,-e)* tensioattivo *m.*

Ten|ta|kel m. e n. *(-s,-)* ZOOL. BOT. tentacolo *m.*: ***die ~ ausstrecken*** allungare i tentacoli.

Te|nu|is f. *(-, Tenues)* LING. (consonante *f.*) tenue *f.*

Tepp REGION. → **Depp. tep|pert** AUSTR. → **deppert.**

Tep|pich m. *(-s,-e)* **1** tappeto *m.*: ***-e weben, knüpfen*** tessere, annodare tappeti; ***die -e klopfen, saugen*** battere i tappeti, passare l'aspirapolvere sui tappeti; ***einen Saal mit -en auslegen*** disporre tappeti in un salone; FIG. ***ein ~ aus Moos*** un tappeto di muschio **2** REGION. *(Wolldecke)* coperta *f.* ◆ ***auf dem ~ bleiben*** restare coi piedi per terra; ***fliegender ~*** tappeto volante; ***etw. unter den ~ kehren*** = non dare a vedere qcs.; ***für jdn den roten ~ ausrollen*** stendere il tappeto rosso a qcn. **Tep|pich|bo|den** m. *(-s,-böden)* moquette *f.*: ***einen ~ verlegen*** mettere una, la moquette; ***ein Zimmer mit ~ auslegen*** moquettare una stanza. **Tep|pich|händ|ler** m. *(-s,-)* mercante *m.* di tappeti. **Tep|pich|keh|rer** m. *(-s,-)* battitappeto *m.* **Tep|pich|kehr|ma|schi|ne** f. *(-,-n)* battitappeto *m.* elettrico. **Tep|pich|klop|fer** m. *(-s,-)* battipanni *m.* **Tep|pich|wir|ker** m. *(-s,-)* tessitore *m.* di tappeti.

te|ra|to|gen agg. teratogeno. **Te|ra|to|lo|gie** f. *(-)* teratologia *f.*

Term m. *(-s,-e)* MAT. termine *m.*

Ter|min m. *(-s,-e)* **1** termine *m.*, data *f.* (prefissata); *(Frist)* scadenza *f.*: ***einen ~ festsetzen, vereinbaren, bestimmen*** fissare (*o* stabilire) un termine; ***auf einen späteren ~ verschieben, verlegen*** rimandare, spostare a una data successiva; ***der letzte, äußerste ~ für die Zahlung*** il termine ultimo per il pagamento; ***einen ~ einhalten*** rispettare una scadenza **2** *(festgesetzte Verabredung)* appuntamento *m.*: ***ein wichtiger ~*** un appuntamento importante; ***einen ~ beim Arzt, mit jdm haben*** avere (fissato) un appuntamento dal medico, con qcn.; ***einen ~ geben, bekommen, absagen*** dare, prendere, disdire un appuntamento; COLLOQ. ***einen ~ platzen lassen*** far saltare un appuntamento **3** DIR. *(Verhandlung)* udienza *f.*: ***einen ~ um 9 Uhr haben*** avere un'udienza alle nove; ***einen ~ anberaumen, aufheben, vertagen*** fissare, annullare, aggiornare un'udienza ◆ ***einen ~ frei haben*** avere un posto libero (per un appuntamento); ***zu ~ stehen*** scadere.

ter|mi|nal agg. terminale.

Ter|mi|nal ['tøːɐminəl] **I** m. e n. *(-s,-s)* terminal *m.* **II** n. *(-s,-s)* INFORM. terminale *m.*

Ter|min|bör|se f. *(-,-n)* mercato *m.* a termine. **Ter|min|druck** m. *(-[e]s)* pressione *f.* del termine, della scadenza. **Ter|min|ein|la|ge** f. *(-,-n)* deposito *m.* a termine. **ter|min|ge|bun|den** agg. a termine, a tempo determinato: ***eine -e Arbeit*** un lavoro a tempo determinato. **ter|min|ge|mäß, ter|min|ge|recht** agg. e avv. nei (*o* entro i) termini (prefissati), nel termine convenuto. **Ter|min|ge|schäft** n. *(-[e]s,-e)* ECON. contrattazione *f.* a termine.

ter|mi|nie|ren tr. **1** *(befristen)* ***etw. ~*** fissare, stabilire un termine per qcs. **2** *(festsetzen)* ***etw. ~*** fissare, stabilire (la data di) qcs.

Ter|min|ka|len|der m. *(-s,-)* agenda *f.*: ***etw. im ~ notieren, eintragen*** annotare, segnare qcs. sull'agenda. **Ter|min|kurs** m. *(-es,-e)* ECON. corso *m.* a termine. **ter|min|lich I** agg. ***-e Schwierigkeiten*** difficoltà a mantenere un appuntamento, rispettare una scadenza **II** avv. ***~ festgelegt*** stabilito, fissato. **Ter|min|markt** m. *(-[e]s,-märkte)* mercato *m.* a termine.

Ter|mi|no|lo|gie f. *(-,-n)* terminologia *f.* **ter|mi|no|lo|gisch** agg. terminologico.

Ter|min|plan m. *(-[e]s,-pläne)* calendario *m.*, tabella *f.* di marcia.

Ter|mi|nus m. *(-, Termini)* termine *m.* tecnico (*o* specialistico). **Ter|min|ver|kauf** m. *(-[e]s,-verkäufe)* vendita *f.* a termine. **Ter|min|ver|län|ge|rung** f. *(-,-en)* proroga *f.* del termine.

Ter|mi|te f. *(-,-n)* termite *f.* **Ter|mi|ten|hü|gel** m. *(-s,-)* termitaio *m.*

ter|när agg. CHIM. ternario. **Ter|ne** f. *(-,-n)* terno *m.*

Ter|pen|tin n. e AUSTR. m. *(-s,-e)* **1** trementina *f.* **2** → **Terpentinöl.** **Ter|pen|tin|öl** n. *(-[e]s)* olio *m.* di trementina.

Ter|rain [tɛ'rɛ̃:] n. *(-s,-s)* terreno *m.*: ***das ~ erkunden*** esplorare il terreno; *(Baugelände)* ***ein ~ kaufen*** acquistare un terreno; FIG. ***das ~ sondieren, vorbereiten*** sondare, preparare il terreno; FIG. ***sich auf, in unsicherem ~ bewegen*** muoversi su un terreno incerto.

Ter|ra|kot|ta f. *(-, Terrakotten)*, **Ter|ra|kot|te** f. *(-,-n)* terracotta *f.*

Ter|ra|ri|um n. *(-s, Terrarien)* terrario *m.*

Ter|ras|se f. *(-,-n)* **1** EDIL. GEOL. terrazza *f.*, terrazzo *m.* **2** *(eines Cafés)* dehors *m.* **ter|ras|sen|ar|tig I** agg. a terrazze, terrazzato **II** avv. a terrazze. **Ter|ras|sen|bau|wei|se** f. *(-)* EDIL. costruzione *f.* a terrazzi. **ter|ras|sen|för|mig** agg. a terrazze, terrazzato. **Ter|ras|sen|gar|ten** m. *(-s,-gärten)* giardino *m.* terrazzato. **Ter|ras|sen|haus** n. *(-es,-häuser)* casa *f.* a terrazzi.

ter|ras|sie|ren tr. terrazzare. **Ter|ras|sie|rung** f. *(-,-en)* terrazzamento *m.*

Ter|razzo|fuß|bo|den m. *(-s,-böden)* terrazzo *m.*, pavimento *m.* alla veneziana.

ter|rest|risch agg. GEOL. BIOL. terrestre.

Ter|ri|er m. *(-s,-)* terrier *m.*

Ter|ri|ne f. *(-,-n)* terrina *f.*

ter|ri|to|ri|al agg. territoriale. **Ter|ri|to|ri|al|ge|walt** f. *(-)* sovranità *f.* territoriale. **Ter|ri|to|ri|al|ge|wäs|ser** pl. acque *f.pl.* territoriali. **Ter|ri|to|ri|al|heer** n. *(-[e]s,-e)* milizia *f.* territoriale. **Ter|ri|to|ri|al|ho|heit** f. *(-)* → **Territorialgewalt.**

Ter|ri|to|ri|a|li|tät f. *(-)* territorialità *f.* **Ter|ri|to|ri|a|li|täts|prin|zip** n. *(-s)* princ ipio *m.* di terri torialità.

Ter|ri|to|ri|al|staat m. *(-[e]s,-en)* stato *m.* territoriale. **Ter|ri|to|ri|al|ver|tei|di|gung** f. *(-)* difesa *f.* territoriale.

Ter|ri|to|ri|um n. *(-s, Territorien)* territorio *m.*: ***sich auf fremdem ~ befinden*** trovarsi in territorio straniero.

Ter|ror m. *(-s)* **1** (regime *m.* di) terrore *m.*: ***hier herrscht ~*** qui regna il terrore (*o* un regime di terrore); ***~ ausüben*** ricorrere al terrore, esercitare il terrore **2** *(große Angst)* terrore *m.*, panico *m.*, paura *f.*: ***~ verbreiten*** diffondere il terrore ◆ COLLOQ. ***bei uns herrscht, ist immer ~*** da noi si litiga sempre; COLLOQ. ***(wegen etw.) ~ machen*** farla grossa (per qcs.). **Ter|ror|akt** m. *(-[e]s,-e)* atto *m.* terroristico. **Ter|ror|an|schlag** m. *(-[e]s,-anschläge)* attentato *m.* terroristico. **Ter|ror|herr|schaft** f. *(-,-en)* regime *m.* di terrore, terroristico.

ter|ro|ri|sie|ren tr. terrorizzare. **Ter|ro|ri|sie|rung** f. *(-,-en)* il terrorizzare.

Ter|ro|ris|mus m. *(-)* terrorismo *m.* **Ter|ro|rist** m. *(-en,-en)* terrorista *m.*: ***rechter ~*** terrorista di destra. **Ter|ro|ris|ten|grup|pe** f. *(-,-n)* gruppo *m.* terroristico. **Ter|ro|ris|tin** f. *(-,-nen)* terrorista *f.* **ter|ro|ris|tisch** agg. terroristico: ***-e Gruppen*** gruppi terroristici.

Ter|ror|kom|man|do n. *(-s,-s)* commando *m.* terroristico. **Ter|ror|or|ga|ni|sa|ti|on** f. *(-,-en)* organizzazione *f.* terroristica. **Ter|ror|wel|le** f. *(-,-n)* ondata *f.* di terrorismo.

Ter|tia f. SCOL. *(-, Tertien)* **1** terza *f.* (ANT. quarta e quinta classe del Gymnasium; AUSTR. terza classe del Gymnasium) **2** TIP. corpo *m.* 16.

Ter|ti|a|na f. *(-, Tertianen)*, **Ter|ti|a|na|fie|ber** n. *(-s)* (febbre *f.*) terzana *f.*

Ter|ti|a|ner m. *(-s,-)* alunno *m.* di terza.

ter|ti|är agg. **1** terzo **2** GEOL. CHIM. terziario. **Ter|ti|är** n. *(-s)* GEOL. era *f.* terziaria, terziario *m.*

Ter|ti|a|ri|er m. *(-s,-)* ECCL. terziario *m.* **Ter|ti|a|ri|er|or|den** m. *(-s)* terz'ordine *m.*, ordine *m.* dei terziari.

Terz f. *(-,-en)* MUS. LIT. SPORT terza *f.*

Ter|ze|rol n. *(-s,-e)* ARM. terzetta *f.*

Ter|zett n. *(-[e]s,-e)* **1** terzetto *m.* (anche MUS.): ***(im) ~ singen*** cantare a terzetti; FIG. ***ein lustiges ~*** un allegro terzetto **2** METR. terzina *f.*, terzetto *m.*

Ter|zi|ar m. *(-s,-en)* → **Tertiarier.**

Ter|zi|ne f. *(-,-n)* METR. terzina *f.*

Tes|sin n.pr.n *(-s)* Canton *m.* Ticino, Ticino *m.* **Tes|si|ner I** m. *(-s,-)* ticinese *m.* **II** agg.inv. ticinese. **tes|si|nisch** agg. ticinese, del Ticino.

Test m. *(-[e]s,-s e -e)* test *m.*: ***klinische, psychologische -s*** test clinici, psicologici; ***einen ~ ausarbeiten (erarbeiten), schreiben, bestehen*** elaborare, scrivere, superare un test; ***sich, jdn einem ~ unterziehen*** sottoporsi, sottoporre qcn. a un test; ***der ~ hat ergeben, dass...*** il test ha dimostrato (*o* dal test è risultato) che...

Tes|ta|ment n. *(-[e]s,-e)* testamento *m.*: ***sein ~ machen*** fare testamento; ***das ~ anfechten, eröffnen, widerrufen*** impugnare, aprire, revocare il testamento; FIG. ***das politische ~*** il testamento politico ◆ ***Altes, Neues ~*** Antico, Nuovo Testamento. **tes|ta|men|ta|risch I** agg. testamentario: ***-e Erbfolge*** successione testamentaria **II** avv. per testamento: ***~ verfügen*** disporre per testamento; ***~ eingesetzter Erbe*** erede testamentario. **Tes|ta|ments|er|öff|nung** f. *(-,-en)* apertura *f.* del testamento. **Tes|ta|ments|voll|stre|cker** m. *(-s,-)* esecutore *m.* testamentario.

Tes|tat n. *(-[e]s,-e)* attestato *m.*

Tes|ta|tor m. *(-s,-en)* testatore *m.*

Test|bild n. *(-[e]s,-er)* monoscopio *m.*

tes|ten tr. sottoporre a (un) test; *(Apparat, Maschine)* testare. **Tes|ter** m. *(-s,-)* esaminatore *m.*

Test|fah|rer m. *(-s,-)* (pilota *m.*) collaudatore *m.* **Test|flug** m. *(-[e]s, -flüge)* volo *m.* di collaudo. **Test|fra|ge** f. *(-,-n)* domanda *f.* di un, del test.

tes|tie|ren I tr. **1a** attestare **b** UNIV. ***eine Vorlesung (im Studienbuch) ~*** dare la firma di frequenza per un corso (sul libretto) **2** *(durch Testament verfügen)* lasciare per testamento **II** intr. (aus. *haben*) fare testamento, DIR. testare. **Tes|tie|rer** m. *(-s,-)* **1** UNIV. chi dà la firma di frequenza **2** DIR. testatore *m.* **tes|tier|fä|hig** agg. DIR. capace di testare.

Tes|tos|te|ron n. *(-s)* testosterone *m.*

Test|pi|lot m. *(-en,-en)* AER. (pilota *m.*) collaudatore *m.* **Test|rei|he, Test|se|rie** f. *(-,-n)* serie *f.* di test. **Test|spiel** n. *(-[e]s,-e)* SPORT partita *f.* sperimentale (*o* di prova). **Test|stre|cke** f. *(-,-n)* pista *f.* di collaudo.

Tes|tung f. *(-,-en)* esame *m.*, prova *f.* **Test|ver|fah|ren** n. *(-s,-)* metodo *m.* del test.

te|ta|nisch agg. tetanico. **Te|ta|nus** m. *(-)* tetano *m.* **Te|ta|nus|schutz|imp|fung** f. *(-,-en)* (vaccinazione *f.*) antitetanica *f.* **Te|ta|nus|se|rum** n. *(-s)* vaccino *m.* (*o* siero *m.*) antitetanico.

Te|thys f. *(-)*, **Te|thys|meer** n. *(-[e]s)* GEOL. Tetide *f.*

Tet|ra|chord m. e n. *(-[e]s,-e)* tetracordo *m.* **Tet|ra|e|der** n. *(-s,-)* tetraedro *m.* **Tet|ra|gon** n. *(-s,-e)* GEOM. tetragono *m.* **tet|ra|go|nal** agg. tetragonale. **Tet|ra|lo|gie** f. *(-,-n)* tetralogia *f.* **Tet|ra|me|ter** m. *(-s,-)* tetrametro *m.* **Tet|ra|pack** m. *(-s,-s)* tetrapack *m.* **Tet|ra|po|die** f. *(-)* tetrapodia *f.*

Tet|rarch m. *(-en,-en)* tetrarca *m.* **Tet|rar|chie** f. *(-,-n)* tetrarchia *f.*

teu|er (compar. *teurer*, superl. *teuerst...*) **I** agg. **1** costoso, caro: ***teure Autos, Kleider, Waren*** auto costose, vestiti costosi, merci care; ***teure Mieten*** affitti cari; ***ein teurer Spaß*** un divertimento costoso; ***ein teures Geschäft, Lokal*** un negozio, un locale caro **2** *(lieb)* caro, diletto: ***eine teure Erinnerung, Freundin*** un caro ricordo, una cara amica **II** avv. a caro prezzo, caro: ***etw. viel zu ~ kaufen*** pagare qcs. troppo caro; ***etw. ~ bezahlen*** pagare caro qcs. (anche FIG.); ***ein ~ erkaufter Sieg*** una vittoria ottenuta a caro prezzo ◆ ***teures Geld kosten*** costare caro; ***sein Leben so ~ wie möglich verkaufen*** vendere cara la pelle; ***jdm lieb und ~ sein*** essere carissimo a qcn.; ***etw. teurer machen*** rincarare qcs.; COLLOQ. ***ein teures Pflaster*** = una città cara; ***hier ist guter Rat ~*** è proprio un bel pasticcio; ***das soll dir, dich ~ zu stehen kommen*** questa ti costerà cara, la pagherai cara; ***teurer werden*** aumentare, rincarare; ***wie ~ ist das?*** quanto costa (questo)? **Teu|e|rung** f. *(-,-en)* rincaro *m.* **Teu|e|rungs|wel|le** f. *(-,-n)* ondata *f.* di aumenti (dei prezzi). **Teu|e|rungs|zu|la|ge** f. *(-,-n)*, **Teu|e|rungs|zu|schlag** m. *(-[e]s,-zuschläge)* indennità *f.* di carovita.

Teu|fel m. *(-s,-)* **1a** diavolo *m.*: ***vom ~ besessen sein*** essere posseduto dal diavolo; ***seine Seele dem ~ verschreiben*** vendere l'anima al diavolo **b** FIG. *(von Menschen)* diavolo *m.*, demonio *m.*: COLLOQ. ***ein ~ von einem Mädchen*** un diavolo di ragazza **2** *(Dämon)* demone *m.*: ***der ~ der Eifersucht, des Neides*** il demone della gelosia, dell'invidia ◆ ***ein armer ~*** un povero diavolo; ***~ auch!*** diavolo! accidenti! ***den ~ austreiben*** esorcizzare il maligno; ***den ~ mit, durch Beelzebub austreiben*** = combattere un male con un altro peggiore; ***bist du des -s?*** che diavolo ti prende? sei impazzito? ***ein dummer ~*** uno scemo, uno stupido; ***ich frage den ~ danach*** non me importa un accidenti; ***in dich ist wohl der ~ gefahren!*** devi essere impazzito! che diavolo ti è preso? ***vom ~ geritten sein*** essere uscito di senno; ***dabei hat der ~ die, seine Hand im Spiel*** il diavolo ci ha messo lo zampino (*o* la coda); ***hol mich der ~, wenn...*** che Dio mi fulmini se...; ***hol dich der ~!*** che il diavolo ti porti! va' al diavolo! ***hol's der ~!*** accidenti! diavolo! ***jdn zum ~ jagen*** mandare al diavolo, cacciare via qcn.; ***kein ~*** nessuno, nemmeno un cane; ***auf ~ komm raus*** a più non posso; ***in -s Küche kommen, geraten*** mettersi nei pasticci (*o* nei guai); ***den ~ im Leib haben*** avere il diavolo in corpo; ***der ~ ist los*** si è scatenato l'inferno (*o* un pandemonio); ***ein ~ in Menschengestalt sein*** essere il diavolo in persona, un demonio; ***in drei -s Namen*** accidenti, diavolo: ***wer in drei -s Na-***

men hat das getan? chi diavolo ha fatto questo? **dann kauf dir in drei -s Namen das Auto!** comprati pure quella stramaledetta macchina! **~ noch (ein)mal!** accidenti! accidentaccio! **dem ~ ein Ohr abschwätzen** = avere una gran parlantina; **pfui ~!** che schifo! **jdn reitet der ~** qcn. dev'essere impazzito; **sich (A) den ~ um etw. scheren** farsi un baffo di qcs.; **scher dich zum ~!** va' al diavolo! sparisci! **jdn zum ~ schicken** mandare al diavolo qcn.; **auf etw. (A) erpicht sein wie der ~ auf die arme Seele (hinter etw. her sein wie der ~ hinter der Seele)** = essere molto attaccato a qcs.; **Tod und ~** dannazione! **über Tod und ~ reden** parlare di questo e di quello; **weder Tod noch ~ (sich nicht vor Tod und ~) fürchten** non avere paura di nulla; **den ~ werde ich tun!** non ci penso nemmeno! COLLOQ. col cavolo che lo faccio! **den ~ an die Wand malen** fasciarsi la testa prima di averla rotta; *(von möglichem Unheil sprechen)* fare il menagramo; **jdn, etw. fürchten (scheuen) wie der ~ das Weihwasser** temere qcn., qcs. come il diavolo l'acqua santa; **weiß der ~!** lo sa (solo) Iddio! **ich weiß den ~ davon!** non ne so un accidenti! **wie der ~** come un dannato (*o* un forsennato); **jdn zum ~ wünschen** mandare al diavolo qcn.; **es müsste mit dem ~ zugehen, wenn es nicht klappen sollte** dovrebbe andare bene, se il diavolo non ci mette la coda; **zum ~!** al diavolo! **zum ~ gehen** andare al diavolo; *(entzwei-, verlorengehen)* andare a farsi benedire; **zum ~ sein** essere andato (a farsi benedire): **die Vase ist zum ~** il vaso è andato (*o* è partito); PROV. **wenn man vom ~ spricht, kommt er (auch schon)** si parla del diavolo e spuntano le corna; **der ~ scheißt immer auf den großen Haufen** piove sempre sul bagnato; **in der Not frisst der ~ Fliegen** in tempo di carestia pan raffermo.

Teu|fe|lei f. *(-,-en)* malvagità *f.*, crudeltà *f.* (disumana). **Teu|fe|lin** f. *(-,-nen)* **1** diavolessa *f.* **2** COLLOQ. *(boshaftes Weib)* strega *f.*

Teu|fels|aus|trei|bung f. *(-,-en)* esorcismo *m.* **Teu|fels|bra|ten** m. *(-s,-)* COLLOQ. demonio *m.*, satanasso *m.* **Teu|fels|brut** f. *(-)* genia *f.* infernale, razza *f.* maledetta. **Teu|fels|ei** n. *(-[e]s,-er)* BOT. uovo *m.* di strega. **Teu|fels|kerl** m. *(-s,-e)* diavolo *m.* d'uomo. **Teu|fels|kral|le** f. *(-,-n)* erba *f.* strega. **Teu|fels|kreis** m. *(-es)* circolo *m.* vizioso: **den ~ durchbrechen** spezzare il circolo vizioso. **Teu|fels|kunst** f. *(-)* magia *f.* nera. **Teu|fels|mes|se** f. *(-,-n)* messa *f.* nera. **Teu|fels|weib** n. *(-[e]s,-er)* COLLOQ. → **Teufelin. Teu|fels|werk** n. *(-[e]s,-e)* opera *f.* del diavolo (*o* diabolica). **Teu|fels|zeug** n. *(-[e]s)* COLLOQ. FIG. bomba *f.*: **dieser Schnaps ist ein ~!** questa grappa è una bomba!

teu|fen tr. MIN. scavare.

teuf|lisch I agg. **1** diabolico, satanico: **ein -es Lachen** una risata diabolica **2** COLLOQ. *(mächtig)* infernale, tremendo: **eine -e Hitze, Kälte** un caldo infernale, un freddo tremendo; **eine -e Ähnlichkeit** una somiglianza tremenda **II** avv. **1** in modo diabolico **2** rafforz. COLLOQ. tremendamente, terribilmente: **es ist ~ heiß, kalt** fa un caldo infernale, fa un freddo tremendo ◆ **~ aufpassen** fare estrema attenzione; **-en Spaß machen** far divertire da matti.

Teu|to|ne m. *(-n,-n)* **1** STOR. teutone *m.* **2** SPREG. o SCHERZ. teutonico *m.* **teu|to|nisch** agg. SPREG. o SCHERZ. teutonico.

Te|xa|ner m. *(-s,-)* texano *m.* **te|xa|nisch** agg. texano.

1.Text m. *(-[e]s,-e)* **1** testo *m.*: **ein juristischer, literarischer ~** un testo giuridico, letterario; **einen ~ redigieren (abfassen), korrigieren, ändern** redigere, correggere, modificare un testo; **einen ~ überfliegen** dare una scorsa a un testo; **einen ~ erklären, kommentieren, übersetzen** spiegare, commentare, tradurre un testo; **die -e zu seinen Liedern schreiben** scrivere i testi (*o* le parole) delle proprie canzoni; **das steht im ~** questo è nel testo; **der ~ lautet folgendermaßen:...** il testo suona come segue, così:... **2** *(Unterschrift)* didascalia *f.*: **die -e zu den Abbildungen schreiben** scrivere le didascalie delle illustrazioni **3** *(Operntext)* libretto *m.* **4** *(Bibelstelle)* brano *m.* (della Bibbia): **ein ~ aus dem Alten Testament** un brano dell'Antico Testamento ◆ **jdn aus dem ~ bringen** far perdere il filo a qcn.; **aus dem ~ kommen** perdere il filo; **jdm den ~ lesen** fare la predica a qcn.; COLLOQ. **weiter im ~!** avanti!

2.Text f. *(-)* TIP. corpo *m.* 20.

Text|ab|bil|dung f. *(-,-en)* illustrazione *f.* nel, del testo. **Text|ab|druck** m. *(-[e]s,-e)* stampa *f.* (*o* pubblicazione *f.*) di un, del testo. **Text|ana|ly|se** f. *(-,-n)* analisi *f.* testuale (*o* del testo). **Text|auf|ga|be** f. *(-,-n)* MAT. problema *m.* **Text|buch** n. *(-[e]s,-bücher)* libretto *m.* (d'opera). **Text|dich|ter** m. *(-s,-)* paroliere *m.*; *(von Textbüchern)* librettista *m.*

tex|ten intr. (aus. *haben*) **1** ideare testi (pubblicitari) **2** MUS. scrivere testi (per canzoni). **Tex|ter** m. *(-s,-)* **1** copywriter *m.* **2** *(von Liedern)* paroliere *m.*

Text|fas|sung f. *(-,-en)* redazione *f.* (*o* stesura *f.*) di un, del testo. **text|ge|mäß** agg. conforme al testo, testuale. **Text|ge|stal|tung** f. *(-,-en)* → **Textfassung.**

tex|til agg. tessile. **Tex|til** n. *(-s)* → **Textilien. Tex|til|ar|bei|ter** m. *(-s,-)* operaio *m.* (*o* lavoratore *m.*) tessile, tessile *m.* **Tex|til|be|trieb** m. *(-[e]s,-e)* impresa *f.* tessile. **Tex|til|fab|rik** f. *(-,-en)* fabbrica *f.* tessile. **tex|til|frei** agg. SCHERZ. **-er Strand** spiaggia nudista. **Tex|til|ge|wer|be** n. *(-s)* industria *f.* tessile.

Tex|ti|li|en pl. prodotti *m.pl.* tessili, tessili *m.pl.*

Tex|til|in|dust|rie f. *(-)* industria *f.* tessile. **Tex|til|ma|schi|ne** f. *(-,-n)* macchina *f.* tessile. **tex|til|ver|ar|bei|tend** agg. (della lavorazione) tessile. **Tex|til|wa|ren** pl. prodotti *m.pl.* tessili.

Text|kri|tik f. *(-)* critica *f.* testuale (*o* del testo). **text|kri|tisch** agg. di, della critica testuale.

text|lich agg. del testo, testuale.

Text|lin|gu|is|tik f. *(-)* linguistica *f.* testuale. **Text|sor|te** f. *(-,-n)* tipo *m.* di testo. **Text|stel|le** f. *(-,-n)* punto *m.* (*o* passo *m.*) di un, del testo. **Text|teil** m. *(-[e]s,-e)* testo *m.* (vero e proprio).

Tex|tur f. *(-,-en)* **1** struttura *f.*, ANT. testura *f.* **2** TESS. tessuto *m.*

Text|ver|ar|bei|tung f. *(-)* elaborazione *f.* di testi. **Text|wort** n. *(-[e]s,-e)* passo *m.* (della Bibbia).

Te|zett, etw. bis zum, ins ~ kennen conoscere qcs. a menadito.

T-för|mig agg. a (forma di) T.

TH ⇒ *technische Hochschule* politecnico.

Thai|land n.pr.n. *(-s)* Tailandia *f.* **Thai|län|der** m. *(-s,-)* tailandese *m.* **thai|län|disch** agg. tailandese.

Tha|las|so|the|ra|pie f. *(-,-n)* talassoterapia *f.*

Tha|lia n.pr.f. Talia *f.*

Thal|li|um n. *(-s)* tallio *m.*

Thau|ma|turg m. *(-en,-en)* taumaturgo *m.*

The|a|ter n. *(-s,-)* **1a** teatro *m.*: **ins ~ gehen** andare a teatro; **ein Abonnement im ~ haben** avere un abbonamento a teatro; **jdn ins ~ einladen** invitare qcn. a teatro **b** *(Gesamtheit der Plätze im Zuschauerraum)* **das ~ ist ausverkauft** il teatro è esaurito **c** *(Theaterpublikum)* **das ganze ~ klatschte** tutto il teatro applaudì **2** *(Theatervorstellung)* spettacolo *m.*, teatro *m.*: **morgen ist kein ~** domani non ci sono spettacoli; **das ~ beginnt um 9 Uhr** lo spettacolo comincia alle 9 **3a** COLLOQ. *(unechtes Tun)* scena *f.*, commedia *f.*: **jdm ~ vormachen** fare scena, fare la commedia con qcn.; **das ist doch alles nur ~!** è (solo) tutta scena! **b** *(Unruhe, Verwirrung)* trambusto *m.*, scompiglio *m.*, COLLOQ. casino *m.* ◆ **am, beim ~ sein** fare teatro; **lass das ~!** basta con le scene! **(ein) ~ um, wegen etw. machen** fare una scenata (*o* COLLOQ. casino) per qcs.; **~ spielen** fare scena; **zum ~ gehen wollen** voler diventare attore (*o* attrice).

The|a|ter|abon|ne|ment [-mã:] n. *(-s,-s)* abbonamento *m.* a teatro (*o* teatrale). **The|a|ter|auf|füh|rung** f. *(-,-en)* rappresentazione *f.* (*o* spettacolo *m.*) teatrale. **The|a|ter|bau** m. *(-[e]s,-ten)* teatro *m.* **The|a|ter|be|su|cher** m. *(-s,-)* frequentatore *m.* di teatri; *(Zuschauer)* spettatore *m.* **The|a|ter|de|ko|ra|ti|on** f. *(-,-en)* allestimento *m.* (*o* apparato *m.*) scenico. **The|a|ter|dich|ter** m. *(-s,-)* drammaturgo *m.* **The|a|ter|don|ner** m. *(-s)* IRON. commedia *f.*: **das war alles nur ~!** era tutta una commedia! **The|a|ter|fe|ri|en** pl. periodo *m.* di chiusura (del teatro). **The|a|ter|ge|schich|te** f. *(-)* storia *f.* del teatro. **The|a|ter|glas** n. *(-es,-gläser)* binocolo *m.* da teatro. **The|a|ter|kar|te** f. *(-,-n)* biglietto *m.* del teatro. **The|a|ter|kas|se** f. *(-,-n)* biglietteria *f.*, botteghino *m.* **The|a|ter|kri|tik** f. *(-,-en)* critica *f.* teatrale. **The|a|ter|kri|ti|ker** m. *(-s,-)* critico *m.* teatrale. **The|a|ter|ma|cher** m. *(-s,-)* → **Theaterregisseur. The|a|ter|mann** m. *(-[e]s,-leute)* uomo *m.* di teatro. **The|a|ter|re|gis|seur** [-reʒɪsø:ɐ] m. *(-s,-e)* regista *m.* teatrale. **The|a|ter|spiel|plan** m. *(-[e]s,-pläne)* cartellone *m.* **The|a|ter|stück** n. *(-[e]s,-e)* lavoro *m.* teatrale. **The|a|ter|vor|stel|lung** f. *(-,-en)* rappresentazione *f.* (*o* spettacolo *m.*) teatrale. **The|a|ter|zet|tel** m. *(-s,-)* programma *m.* (di sala).

The|a|ti|ner m. *(-s,-)* teatino *m.*

The|at|ra|lik f. *(-)* teatralità *f.* **the|at|ra|lisch I** agg. teatrale: **eine -e Haltung** un atteggiamento teatrale, melodrammatico **II** avv. teatralmente, in modo teatrale.

The|ba|is n.pr.n. *(-)* Tebaide *f.* **The|ba|ner** m. *(-s,-)* tebano *m.* **the|ba|nisch** agg. tebano. **The|ben** n.pr.n. *(-s)* Tebe *f.*

The|in n. *(-s)* teina *f.*

The|is|mus m. *(-)* teismo *m.* **The|ist** m. *(-en,-en)* teista *m.* **the|is|tisch** agg. teistico.

The|ke f. *(-,-n)* banco *m.*, bancone *m.*: **etw. an der ~ trinken** bere qcs. al banco.

The|ma n. *(-s, Themen)* **1** *(Gegenstand)* argomento *m.*, tema *m.*, soggetto *m.*: **ein aktuelles, brisantes, unerschöpfliches ~** un argomento (*o* un tema) attuale, scottante, inesauribile; **ein ~ behandeln, abhandeln** trattare un argomento, un tema; **ein ~ berühren, anschneiden** toccare un argomento; **ein ~ anpacken, angehen** affrontare un argomento; **ein ~ fallen lassen** lasciar cadere un argomento; ***das ~ wechseln*** cambiare argomento; ***zu einem neuen ~ übergehen*** passare a un nuovo argomento; ***das ~ einer Vorlesung*** il tema di una lezione; ***vom ~ abkommen*** andare fuori tema **2** *(Motiv)* tema *m.*: ***das ~ der Schuld im Sturm und Drang*** il tema della colpa nello Sturm und Drang **3** MUS. tema *m.*: ***~ mit Variationen*** tema con variazioni ◆ ***das ist für uns kein ~*** questo non ci riguarda.

The|ma|tik f. *(-,-en)* tematica *f.* **the|ma|tisch** agg. tematico (anche LING.): ***nach -en Punkten ordnen*** classificare secondo punti tematici.

The|ma|vo|kal m. *(-s,-e)* vocale *f.* tematica.

The|men|be|reich m. *(-[e]s,-e)* ambito *m.* tematico, tematica *f.* **The|men|ka|ta|log** m. *(-[e]s,-e)* catalogo *m.* tematico (*o* per soggetti). **The|men|kreis** m. *(-es,-e)* tematica *f.* **The|men|stel|lung** f. *(-,-en)* presentazione *f.* del tema, dell'argomento.

The|mis n.pr.f. Temi *f.*, Temide *f.*

Them|se n.pr.f. *(-)* Tamigi *m.*

Theo n.pr.m. Teo *m.*

The|o|de|rich n.pr.m. Teodorico *m.*

The|o|di|zee f. *(-,-n)* teodicea *f.*

The|o|do|lit m. *(-[e]s,-e)* teodolite *m.*

The|o|dor n.pr.m. Teodoro *m.*

The|o|go|nie f. *(-,-n)* teogonia *f.* **The|o|kra|tie** f. *(-,-n)* teocrazia *f.* **the|o|kra|tisch** agg. teocratico.

The|o|lo|ge m. *(-n,-n)* teologo *m.* **The|o|lo|gie** f. *(-,-n)* teologia *f.* **the|o|lo|gisch I** agg. teologico **II** avv. teologicamente. **the|o|lo|gi|sie|ren** intr. (aus. *haben*) teologizzare.

The|o|pha|nie f. *(-,-n)* teofania *f.*

The|or|be f. *(-,-n)* tiorba *f.*

The|o|rem n. *(-s,-e)* teorema *m.*

The|o|re|ti|ker m. *(-s,-)* teorico *m.* (anche SPREG.), teoreta *m.* **the|o|re|tisch** agg. **1** teorico: ***-e Physik*** fisica teorica; ***-e Fälle*** casi teorici **2** FILOS. teoretico: ***-e Philosophie*** filosofia teoretica. **the|o|re|ti|sie|ren** intr. (aus. *haben*) teorizzare.

The|o|rie f. *(-,-n)* teoria *f.*: ***eine richtige, falsche, unbeweisbare, bloße (reine) ~*** una teoria corretta, falsa, indimostrabile, pura; ***eine ~ aufstellen, beweisen, vertreten, verwerfen*** enunciare, dimostrare, sostenere, respingere una teoria; MUS. ***am Konservatorium ~ lehren*** insegnare teoria al conservatorio ◆ ***graue ~ sein*** essere mera teoria. **The|o|ri|en|streit** m. *(-[e]s,-e)* disputa *f.* teorica.

The|o|soph m. *(-en,-en)* teosofo *m.* **The|o|so|phie** f. *(-,-n)* teosofia *f.* **the|o|so|phisch** agg. teosofico.

the|o|zent|risch agg. teocentrico.

The|ra|peut m. *(-en,-en)* terapeuta *m.* **The|ra|peu|tik** f. *(-)* (tecnica *f.*) terapeutica *f.* **The|ra|peu|ti|kum** n. *(-s, Therapeutika)* rimedio *m.* terapeutico. **the|ra|peu|tisch I** agg. terapeutico **II** avv. in modo terapeutico, a scopo terapeutico: ***~ angewandte Pflanzenextrakte*** estratti di erbe utilizzati a scopo terapeutico.

The|ra|pie f. *(-,-n)* terapia *f.*: ***eine erfolgreiche, gezielte ~*** una terapia efficace, mirata; ***eine ~ anwenden, absetzen*** applicare, sospendere una terapia. **the|ra|pie|ren** tr. sottoporre a terapia.

The|re|se, The|re|sia n.pr.f. Teresa *f.*

ther|mal agg. **1** termico **2** *(von warmer Quelle)* termale. **Ther|mal|bad** n. *(-[e]s,-bäder)* **1** bagno *m.* termale **2** *(Kurort)* terme *f.pl.* **Ther|mal|quel|le** f. *(-,-n)* sorgente *f.* termale. **Ther|mal|salz** n. *(-es,-e)* sale *m.* (di una sorgente) termale.

Ther|me f. *(-,-n)* terme *f.pl.*

Ther|mik f. *(-)* corrente *f.* ascensionale (di aria) calda. **ther|misch I** agg. termico: ***-e Energie*** energia termica **II** avv. termicamente.

Ther|mo|che|mie f. *(-)* termochimica *f.* **ther|mo|che|misch** agg. termochimico. **Ther|mo|dy|na|mik** f. *(-)* termodinamica *f.* **ther|mo|dy|na|misch** agg. termodinamico. **ther|mo|elekt|risch** agg. termoelettrico. **Ther|mo|elekt|ri|zi|tät** f. *(-)* termoelettricità *f.* **Ther|mo|ele|ment** n. *(-[e]s,-e)* termocoppia *f.*, coppia *f.* termo-elettrica. **Ther|mo|graph** m. *(-en,-en)* termografo *m.* **Ther|mo|gra|phie** f. *(-)* termografia *f.* **Ther|mo|me|ter** n. e AUSTR. SVIZZ. m. *(-s,-)* termometro *m.*: ***das ~ zeigt 4 Grad unter Null*** il termometro indica 4 gradi sotto zero; ***das ~ ist auf 15 Grad gestiegen, gefallen*** il termometro è salito, sceso a 15 gradi. **Ther|mo|met|rie** f. *(-)* termometria *f.* **ther|mo|nuk|le|ar** agg. termonucleare. **Ther|mo|phor** m. *(-s,-e)* termoforo *m.* **Ther|mo|plast** m. *(-[e]s,-e)* materiale *m.* termoplastico. **ther|mo|plas|tisch** agg. termoplastico.

Ther|mo|py|len n.pr.pl. Termopili *f.pl.*: ***bei den ~*** alle Termopili.

Ther|mos|tat m. *(-[e]s* e *-en,-e[n])* termostato *m.*

the|sau|rie|ren tr. tesaurizzare. **The|sau|rie|rung** f. *(-,-en)* tesaurizzazione *f.*

The|se f. *(-,-n)* tesi *f.* (anche FILOS.): ***eine kühne ~*** una tesi audace; ***eine ~ aufstellen, verfechten, verwerfen, widerlegen*** avanzare, controbattere, respingere (*o* rigettare), confutare una tesi. **the|sen|haft** agg. e avv. a tesi, in forma di tesi.

The|sis f. *(-, Thesen)* METR. MUS. tesi *f.*

Thes|pis|kar|ren m. *(-s,-)* SCHERZ. carro *m.* di Tespi.

Thes|sa|li|en n.pr.n. *(-s)* Tessaglia *f.* **Thes|sa|li|er** m. *(-s,-)* tessalo *m.* **thes|sa|lisch** agg. tessalo, tessalico.

Thes|sa|lo|ni|ki n.pr.n. *(-s)* Salonicco *m.*, STOR. Tessalonica *f.* **thes|sa|lo|nisch** agg. tessalonicese.

The|ta n. *(-[s],-s)* t(h)eta *f.* e *m.*

Thing n. *(-[e]s,-e)* STOR. INTRAD. (assemblea degli antichi popoli germanici).

Tho|mas n.pr.m. Tommaso *m.* ◆ ***ein ungläubiger ~ sein*** essere come san Tommaso.

Tho|mas|bir|ne f. *(-,-n)* convertitore *m.* Thomas. **Tho|mas|stahl** m. *(-[e]s)* acciaio *m.* Thomas. **Tho|mas|ver|fah|ren** n. *(-s)* processo *m.* Thomas.

Tho|mis|mus m. *(-)* tomismo *m.* **Tho|mist** m. *(-en,-en)* tomista *m.* **tho|mis|tisch** agg. tomistico.

Tho|ra f. *(-)* torà *f.*, torah *f.*

Tho|rax m. *(-[es],-e)* torace *m.*

Tho|ri|um n. *(-s)* torio *m.*

Thra|ker m. *(-s,-)* trace *m.*, tracio *m.* **Thra|ki|en** n.pr.n. *(-s)* Tracia *f.* **thra|kisch** agg. trace, tracio.

Thra|zi|er → **Thraker. Thra|zi|en** → **Thrakien.**

Thril|ler ['θrɪlə] m. *(-s,-)* thriller *m.*

Throm|bo|phle|bi|tis f. *(-,-phlebitiden)* tromboflebite *f.* **Throm|bo|se** f. *(-,-n)* trombosi *f.* **throm|bo|tisch** agg. trombotico. **Throm|bo|zyt** m. *(-en,-en)* trombocita *m.*, trombocito *m.* **Throm|bus** m. *(-, Thromben)* trombo *m.*

Thron m. *(-[e]s,-e)* trono *m.*: ***den ~ besteigen*** salire al trono; ***jdm auf den ~ folgen*** succedere a qcn. sul trono; ***jdn, etw. auf den ~ heben*** elevare qcn., qcs. al trono; ***jdn vom ~ stoßen*** deporre qcn. dal trono; rovesciare qcn.; ***auf den ~ verzichten*** rinunciare, abdicare al trono; ***sein ~ wackelt*** il suo trono vacilla ◆ SCHERZ. ***auf dem ~ sitzen*** essere in seduta (*o* sul water). **Thron|an|wär|ter** m. *(-s,-)* aspirante *m.* al trono. **Thron|be|stei|gung** f. *(-,-en)* ascesa *f.* al trono.

thro|nen intr. (aus. *haben*) troneggiare (anche FIG.).

Thron|er|be m. *(-n,-n)* erede *m.* al trono. **Thron|er|he|bung** f. *(-,-en)* innalzamento *m.* al trono. **Thron|fol|ge** f. *(-)* successione *f.* al trono; ***die ~ antreten*** salire al trono (come successore). **Thron|fol|ger** m. *(-s,-)* successore *m.* al trono. **Thron|him|mel** m. *(-s,-)* baldacchino *m.* del trono. **Thron|prä|ten|dent** m. *(-en,-en)* pretendente *m.* al trono. **Thron|räu|ber** m. *(-s,-)* usurpatore *m.* del trono. **Thron|re|de** f. *(-,-n)* discorso *m.* della corona. **Thron|saal** m. *(-[e]s,-säle)* sala *f.* del trono.

Thun|fisch m. *(-[e]s,-e)* tonno *m.*

Thur|gau n.pr.m. *(-s)* Turgovia *f.* **Thur|gau|er I** m. *(-s,-)* abitante *m.* della Turgovia **II** agg.inv. di, della Turgovia. **thur|gau|isch** agg. di, della Turgovia.

Thü|rin|gen n.pr.n. *(-s)* Turingia *f.* **Thü|rin|ger I** m. *(-s,-)* abitante *m.* della Turingia, turingio *m.* **II** agg.inv. turingio, della Turingia. **thü|rin|gisch** agg. turingio, di (*o* della) Turingia.

THW ⇒ *Technisches Hilfswerk* (organizzazione per la protezione civile).

Thy|mi|an m. *(-s,-e)* BOT. timo *m.*

Thy|mus m. *(-, Thymi),* **Thy|mus|drü|se** f. *(-,-n)* ANAT. timo *m.*

Thy|re|o|idis|mus m. *(-, Thyreoidismen)* tiroidismo *m.*

Thy|ris|tor m. *(-s,-en)* tiristore *m.*

Thyr|sos m. *(-s, Thyrsoi),* **Thyr|sus** m. *(-, Thyrsi)* tirso *m.*

Ti|a|ra, Ti|a|re f. *(-, Tiaren)* tiara *f.*

Ti|ber n.pr.m. *(-s)* Tevere *m.*

Ti|bet I n.pr.n. *(-s)* Tibet *m.* **II** m. *(-s,-e)* TESS. tibet *m.* **Ti|be|ta|ner** m. *(-s,-)* tibetano *m.* **ti|be|ta|nisch** agg. tibetano. **Ti|be|ter** → **Tibetaner. ti|be|tisch** → **tibetanisch.**

Tic m. *(-s,-s)* MED. tic *m.*

Tick m. *(-[e]s,-s)* **1** MED. tic *m.* **2** COLLOQ. FIG. *(Schrulle, Manie)* pallino *m.*: ***Autos sind ein ~ von ihm*** ha il pallino delle auto ◆ COLLOQ. FIG. ***einen ~ besser sein als...*** essere un pelo (*o* un briciolo) meglio di...

ti|cken intr. (aus. *haben*) **1** ticchettare, fare tic tac: ***die Uhr tickt*** l'orologio fa tic tac **2** picchiettare: ***mit dem Bleistift auf dem Tisch ~*** picchiettare con la matita sul tavolo ◆ ***bei jdm tickt es wohl nicht ganz richtig*** qcn. ha qualche rotella fuori posto.

Ti|cket n. *(-s,-s)* biglietto *m.*

tick|tack inter. tic tac. **Tick|tack** f. *(-,-s)* INFANT. *(Uhr)* tic tac *m.*

Ti|de f. *(-,-n)* REGION. **1** alta marea *f.* **2** pl. *(Gezeiten)* maree *f.pl.* **Ti|de|ha|fen** m. *(-s,-häfen)* porto *m.* a marea. **Ti|de(n)|hub** m. *(-[e]s,-hübe)* ampiezza *f.* della marea.

tief I agg. **1a** profondo: ***ein -er Brunnen, Abgrund*** un pozzo, un abisso profondo; ***-es Meer*** mare profondo; ***eine sechs Meter -e Grube***

una fossa profonda sei metri; FIG. ***eine -e Verbeugung machen*** fare un profondo inchino **b** *(nach hinten reichend)* ***der Schrank ist 40 cm ~*** l'armadio è profondo 40 cm, misura 40 cm in profondità; ***eine -e Bühne*** un palcoscenico profondo **c** *(weit ins Innere reichend)* ***eine -e Wunde*** una ferita profonda; ***ein -er Seufzer*** un profondo sospiro; ***im -en Walde*** nel profondo della foresta; ***im -en Afrika*** nel cuore dell'Africa **d** *(gründlich)* ***ein -er Denker*** un pensatore profondo; ***in diesen Worten steckt ein -er Sinn*** in queste parole c'è un profondo significato nascosto **e** *(intensiv)* ***-er Schmerz, Schlaf*** profondo dolore, sonno profondo; ***eine -e Freude, ein -er Glaube*** una profonda gioia, una fede profonda **2a** *(niedrig)* basso: ***-e Wolken*** nuvole basse; ***-e Temperaturen*** basse temperature; ***~ am Horizont*** basso all'orizzonte **b** *(dunkel klingend)* ***ein -er Ton*** un suono basso **3** *(nicht flach)* fondo: ***ein -er Teller*** un piatto fondo **4** *(zeitlich)* pieno, inoltrato: ***im -en Winter*** in pieno inverno, in inverno inoltrato **5** *(von Farben)* scuro, carico, intenso: ***-es Rot*** rosso carico **II** avv. **1a** profondamente, in profondità: ***~ bohren, graben*** perforare, scavare in profondità; ***~ gehend, greifend*** che va in profondità, profondo, approfondito; ***~ liegend*** profondo; *(niedrig)* basso; ***~ liegende Augen*** occhi infossati; ***~ stehend*** profondo; *(niedrig)* basso, inferiore **b** ***~ ein-, ausatmen*** inspirare, espirare profondamente; ***sich ~ bücken*** inchinarsi profondamente; ***jdm ~ in die Augen schauen*** guardare qcn. profondamente negli occhi; ***~ schürfend*** profondo, approfondito: ***eine ~ schürfende Untersuchung*** una ricerca approfondita **c** *(gründlich)* ***~ empfinden, nachdenken*** sentire, riflettere profondamente; ***~ empfunden, gefühlt*** profondamente sentito **d** *(sehr)* ***jdn ~ beleidigen*** offendere qcn. profondamente; ***von etw. ~ beeindruckt sein*** essere profondamente impressionato da qcs.; ***~ betrübt*** profondamente afflitto; ***~ bewegt*** profondamente agitato, eccitato; ***~ erschüttert*** profondamente scosso, sconvolto; ***~ verschneit*** coperto di neve **2** *(niedrig)* basso, in basso: ***~ fliegen*** volare basso; ***sie wohnen einen Stock -er*** vivono al piano di sotto **3** *(vorgerückt)* ***bis ~ in den Sommer hinein*** fino a estate inoltrata ◆ ***jd bedauert etw. aufs Tiefste*** a qcn. rincresce profondamente qcs.; ***das Kleid ist ~ ausgeschnitten*** l'abito ha una profonda scollatura; ***-e Blicke in etw. tun*** guardare qcs. a fondo; ***das lässt ~ blicken*** è davvero rivelatore; ***~ blickend*** perspicace; ***~ in den Schnee, in den Sand einsinken*** sprofondare nella neve, nella sabbia; ***etw. geht bei jdm nicht ~*** qcs. non tocca qcn. in profondità, qcn. non è profondamente toccato da qcs.; FIG. ***~ gefallen, gesunken sein*** essere caduto in basso; ***aus -em Herzen*** dal profondo del cuore; ***in -ster Nacht*** in piena notte, a notte fonda; ***~ pflügen*** dissodare; ***-er Schnee*** neve alta; ***~ in Schulden stecken*** essere indebitato fino al collo; ***-er singen, spielen*** abbassare il tono; ***~ unten*** giù giù, molto in basso; ***im -sten Vertrauen*** in tutta confidenza; ***-es Wasser*** acqua alta; ***wie ~ ist es?*** quanto è profondo?

Tief n. *(-s,-s)* → **1.Tiefdruck. Tief|aus|läu|fer** m. *(-s,-)* propaggine *f.* di una (zona di) bassa pressione. **Tief|bau** m. *(-[e]s,-ten* e *-e)* costruzioni *f.pl.* sotto il livello del suolo. **tief|blau** agg. blu intenso. **tief‿boh|ren** intr. (aus. *haben*) trivellare in profondità. **Tief|boh|rung** f. *(-,-en)* trivellazione *f.* in profondità. **Tief|bun|ker** m. *(-s,-)* bunker *m.* sotterraneo. **Tief|de|cker** m. *(-s,-)* monoplano *m.* ad ala bassa.

1.Tief|druck m. *(-[e]s)* METEOR. bassa pressione *f.*, depressione *f.*

2.Tief|druck m. *(-[e]s,-e)* TIP. calcografia *f.*

Tief|druck|ge|biet n. *(-[e]s,-e)* zona *f.* di bassa pressione.

Tie|fe f. *(-,-n)* **1a** profondità *f.*: ***der Brunnen hat eine ~ von zwölf Metern*** il pozzo ha una profondità di dodici metri **b** *(Ausdehnung nach hinten, innen)* ***die ~ des Schrankes, der Wunde*** la profondità dell'armadio, della ferita; ***in der ~ des Waldes, der Erde*** nel profondo del bosco, nelle profondità della terra; FIG. ***die verborgenen -n der menschlichen Seele*** le profondità nascoste dell'animo umano; ***die ~ seiner Stimme*** la profondità della sua voce **c** *(Tiefgründigkeit)* ***die ~ seiner Gedanken*** la profondità dei suoi pensieri **d** *(von Gefühlen)* ***die ~ der Liebe, der Trauer*** la profondità dell'amore, del dolore **2** fondo *m.*: ***aus der ~ des Meeres*** dal fondo del mare **3** *(vom Klang)* basso *m.* **4** *(von Farben)* intensità *f.* ◆ ***in die ~ blicken*** guardare giù, in basso; FIG. ***in die ~ gehen*** andare in profondità; ***mit, ohne Höhen und -n*** con, senza alti e bassi; FIG. ***in die ~ stürzen*** cadere in basso.

Tief|ebe|ne f. *(-,-n)* bassopiano *m.*

Tie|fen|be|strah|lung f. *(-,-en)* radioterapia *f.* penetrante. **Tie|fen|ge|stein** n. *(-[e]s,-e)* roccia *f.* intrusiva (*o* plutonica). **Tie|fen|li|nie** f. *(-,-n)* (linea *f.*) isobata *f.* **Tie|fen|lot** n. *(-[e]s,-e)* scandaglio *m.* **Tie|fen|mes|sung** f. *(-,-en)* misura *f.* della profondità. **Tie|fen|psy|cho|lo|gie** f. *(-)* psicologia *f.* del profondo. **Tie|fen|rausch** m. *(-[e]s)* ebbrezza *f.* da profondità. **Tie|fen|ru|der** n. *(-s,-)* timone *m.* di profondità.

tie|fen|scharf agg. con profondità di campo. **Tie|fen|schär|fe** f. *(-)* profondità *f.* di campo.

Tie|fen|struk|tur f. *(-,-en)* LING. struttura *f.* profonda. **Tie|fen|wir|kung** f. *(-,-en)* **1** effetto *m.* in profondità **2** *(eines Bildes)* profondità *f.*, effetto *m.* di profondità.

tief|ernst agg. profondamente serio. **Tief|flie|ger** m. *(-s,-)* aereo *m.* (che vola) a bassa quota. **Tief|flug** m. *(-[e]s,-flüge)* volo *m.* a bassa quota; ***in den ~ gehen*** volare a bassa quota. **Tief|gang** m. *(-[e]s)* immersione *f.*, pescaggio *m.* **Tief|ga|ra|ge** f. *(-,-n)* garage *m.* sotterraneo.

tief‿ge|frie|ren tr. *(gefror, gefroren)* surgelare: ***Fleisch, Gemüse ~*** surgelare carne, verdura. **tief|ge|fro|ren** p.pass. agg. **1** → **tiefgefrieren 2** surgelato: ***-es Gemüse*** verdura surgelata. **Tief|ge|fro|re|ne** n. *(-n)* surgelato *m.*

tief|ge|fros|tet agg. surgelato. **tief|ge|kühlt** p.pass. agg. **1** → **tiefkühlen 2** surgelato: ***ein -es Gericht*** una pietanza surgelata. **tief|grün|dig** agg. penetrante, profondo: ***-e Betrachtung, Analyse*** osservazione, analisi penetrante.

tief‿küh|len tr. surgelare. **Tief|kühl|fach** n. *(-[e]s,-fächer)* scomparto *m.* dei surgelati. **Tief|kühl|ket|te** f. *(-,-en)* catena *f.* del freddo. **Tief|kühl|kost** f. *(-)* (cibi *m.pl.*) surgelati *m.pl.* **Tief|kühl|schrank** m. *(-[e]s,-schränke)*, **Tief|kühl|tru|he** f. *(-,-n)* congelatore *m.*, freezer *m.*

Tief|la|der m. *(-s,-)*, **Tief|la|de|wa|gen** m. *(-s,-)* FERR. carro *m.* a pianale ribassato. **Tief|land** n. *(-[e]s,-länder* e *-e)* bassopiano *m.* **Tief|punkt** m. *(-[e]s,-e)* punto *m.* più basso, livello *m.* minimo ◆ ***einen seelischen ~ haben*** essere molto abbattuto. **Tief|schlaf** m. *(-[e]s)* sonno *m.* profondo. **Tief|schlag** m. *(-[e]s,-schläge)* SPORT *(beim Boxen)* colpo *m.* basso (anche FIG.). **tief|schwarz** agg. nero come il carbone.

Tief|see f. *(-)* profondità *f.pl.* marine. **Tief|see|fau|na** f. *(-)* fauna *f.* abissale. **Tief|see|for|schung** f. *(-)* esplorazione *f.* delle profondità marine. **Tief|see|gra|ben** m. *(-s,-gräben)* fossa *f.* oceanica. **Tief|see|tau|cher** m. *(-s,-)* sommozzatore *m.*

Tief|sinn m. *(-[e]s)* **1** significato *m.* profondo, recondito **2** *(grüblerisches Nachdenken)* pensosità *f.*, l'essere meditabondo; *(Schwermütigkeit)* malinconia *f.*: ***in ~ verfallen*** sprofondare nella malinconia. **tief|sin|nig** agg. **1** pensoso, meditabondo **2** ANT. *(schwermütig)* malinconico. **Tief|sin|nig|keit** f. *(-)* **1** pensosità *f.* **2** ANT. *(Schwermütigkeit)* malinconia *f.*

Tief|stand m. *(-[e]s)* **1** livello *m.* basso, minimo **2** ECON. depressione *f.* **Tief|sta|pe|lei** f. *(-,-en)* lo sminuire. **tief‿sta|peln** intr. (aus. *haben*) SCHERZ. sminuirsi. **Tief|start** m. *(-s,-s)* SPORT partenza *f.* dai blocchi. **Tiefst|preis** m. *(-es,-e)* prezzo *m.* più basso, minimo. **Tief|strah|ler** m. *(-s,-)* proiettore *m.* **Tief|ton** m. *(-[e]s,-töne)* suono *m.* basso, basso *m.* **tief|trau|rig** agg. profondamente triste.

Tie|gel m. *(-s,-)* **1** tegame *m.* **2** METALL. CHIM. crogiolo *m.* **Tie|gel|druck|pres|se** f. *(-,-n)* platina *f.* (tipografica).

Tier n. *(-[e]s,-e)* **1a** animale *m.*: ***ein männliches, weibliches, reinrassiges ~*** un animale maschio (*o* un maschio), un animale femmina (*o* una femmina), un animale di razza pura; ***wildes ~*** animale feroce; ***-e halten, füttern, dressieren, züchten*** tenere degli animali, dare da mangiare agli animali, ammaestrare, allevare gli animali; ***-e in freier Wildbahn*** animali allo stato libero **b** *(Stück Vieh)* bestia *f.*; pl. bestie *f.pl.*, bestiame *m.* **2** FIG. *(brutaler Mensch)* animale *m.*, bestia *f.*; *(Triebhaftigkeit)* ***das ~ im Menschen*** la bestia umana ◆ ***ein großes, hohes ~*** un pezzo grosso; ***sich wie ein ~ benehmen*** comportarsi come una bestia.

Tier|ana|to|mie f. *(-)* anatomia *f.* animale. **Tier|art** f. *(-,-en)* specie *f.* animale. **Tier|arzt** m. *(-es,-ärzte)* veterinario *m.* **tier|ärzt|lich** **I** agg. veterinario **II** avv. da veterinario. **Tier|bän|di|ger** m. *(-s,-)* domatore *m.* **Tier|buch** n. *(-[e]s,-bücher)* **1** libro *m.* di animali **2** *(mittelalterlicher Traktat)* bestiario *m.* **Tier|chen** n. *(-s,-)* animaletto *m.*, bestiolina *f.* ◆ ***jedem ~ sein Pläsierchen*** ognuno ha i suoi gusti. **Tier|ex|pe|ri|ment** n. *(-[e]s,-e)* → **Tierversuch. Tier|fa|bel** f. *(-,-n)* favola *f.* (di animali). **Tier|freund** m. *(-[e]s,-e)* amante *m.* (*o* amico *m.*) degli animali, zoofilo *m.* **Tier|gar|ten** m. *(-s,-gärten)* giardino *m.* zoologico, zoo *m.* **Tier|ge|o|gra|phie** f. *(-)* zoogeografia *f.* **Tier|ge|schich|te** f. *(-,-n)* storia *f.* di animali. **Tier|ge|stalt** f. *(-,-en)* forma *f.* di animale ◆ ***eine Gottheit in ~*** una divinità zoomorfa. **Tier|hal|ter** m. *(-s,-)* proprietario *m.* di un animale, di animali. **Tier|händ|ler** m. *(-s,-)* venditore *m.* di animali. **Tier|hand|lung** f. *(-,-en)* negozio *m.* di animali. **Tier|heil|kun|de** f. *(-)* → **Tiermedizin. Tier|heim** n. *(-[e]s,-e)* ricovero *m.* per animali.

tie|risch **I** agg. **1** animale, di animali: ***-es Verhalten*** comportamento animale; ***-e Organismen*** organismi animali **2** SPREG. animalesco, bestiale, brutale: ***-e Gewalt*** violenza brutale **3** GERG. bestiale **II** avv. **1** *(roh)* brutalmente **2** *(sehr viel)* bestialmente, come bestie (*o* come animali): **~ *arbeiten müssen*** dover lavorare come bestie ◆ GERG. **~ *gut*** bestiale.

Tier|kampf m. *(-[e]s,-kämpfe)* combattimento *m.* di, tra animali. **Tier|kind** n. *(-[e]s,-er)* piccolo *m.* (di animale), cucciolo *m.* **Tier|kli|nik** f. *(-,-en)* clinica *f.* veterinaria.

Tier|kreis m. *(-es)* zodiaco *m.* **Tier|kreis|stern|bild** n. *(-[e]s,-er)* figura *f.* zodiacale. **Tier|kreis|zei|chen** n. *(-s,-)* segno *m.* zodiacale.

Tier|kult m. *(-[e]s,-e)* zoolatria *f.*, culto *m.* degli animali. **Tier|kun|de** f. *(-)* zoologia *f.* **Tier|laut** m. *(-[e]s,-e)* verso *m.* di animale. **tier|lich** agg. animale.

tier|lieb agg. amante degli animali. **Tier|lie|be** f. *(-)* amore *m.* per gli animali, zoofilia *f.* **tier|lie|bend** agg. → **tierlieb.**

Tier|me|di|zin f. *(-)* (medicina *f.*) veterinaria *f.* **Tier|op|fer** n. *(-s,-)* sacrificio *m.* di una vittima animale. **Tier|park** m. *(-s,-s)* giardino *m.* zoologico, zoo *m.* **Tier|pfle|ger** m. *(-s,-)* allevatore *m.* (di animali). **Tier|quä|le|rei** f. *(-,-en)* maltrattamento *m.* degli animali. **Tier|reich** n. *(-[e]s)* regno *m.* animale. **Tier|schau** f. *(-,-en)* **1** mostra *f.* di animali; *(von Zuchtvieh)* mostra *f.* zootecnica **2** *(beim Zirkus)* serraglio *m.*

Tier|schutz m. *(-es)* protezione *f.* degli animali. **Tier|schutz|ge|biet** n. *(-[e]s,-e)* riserva *f.* (di animali). **Tier|schutz|ver|ein** m. *(-[e]s,-e)* società *f.* protettrice degli animali, (società *f.* per la) protezione *f.* animali.

Tier|ver|such m. *(-[e]s,-e)* esperimento *m.* con, su animali. **Tier|ver|suchs|an|stalt** f. *(-,-en)* istituto *m.* di vivisezione. **Tier|ver|suchs|geg|ner** m. *(-s,-)* animalista *m.* e *f.* **Tier|welt** f. *(-)* fauna *f.* **Tier|zucht** f. *(-)* allevamento *m.* **Tier|züch|ter** m. *(-s,-)* allevatore *m.*

Ti|ger m. *(-s,-)* tigre *f.* ◆ ***gestreift wie ein ~*** tigrato. **Ti|ger|au|ge** n. *(-s,-n)* occhio *m.* di tigre. **Ti|ger|fell** n. *(-[e]s,-e)* pelle *f.* di tigre. **Ti|ger|hai** m. *(-[e]s,-e)* squalo *m.* tigre. **Ti|ge|rin** f. *(-,-nen)* tigre *f.* femmina. **ti|ger|haft I** agg. di, da tigre, tigresco **II** avv. come una tigre. **Ti|ger|jun|ge** n. *(-n,-n)* tigrotto *m.* **Ti|ger|kat|ze** f. *(-,-n)* gatto *m.* tigrato.

ti|gern I tr. screziare **II** intr. (aus. *sein*) COLLOQ. aggirarsi.

Tig|ris n.pr.m. *(-)* Tigri *m.*

Til|de f. *(-,-n)* tilde *m.* e *f.*

tilg|bar agg. **1** cancellabile **2a** COMM. *(von Schulden)* estinguibile **b** *(amortisierbar)* ammortizzabile. **til|gen** tr. **1** cancellare: ***einen Fehler, eine Strafe ~*** cancellare un errore, una condanna; FIG. ***jdn, etw. aus dem Gedächtnis ~*** cancellare qcn., qcs. dalla memoria **2a** COMM. estinguere: ***eine Schuld ~*** estinguere un debito **b** *(amortisieren)* ammortizzare, ammortare: ***ein Darlehen, die Kosten ~*** ammortizzare un prestito, i costi.

Til|gung f. *(-,-en)* **1** cancellazione *f.* **2** COMM. *(Auslöschung)* estinzione *f.*, ammortamento *f.*, ammortizzazione *f.* **Til|gungs|an|lei|he** f. *(-,-n)* prestito *m.* ammortizzabile. **Til|gungs|plan** m. *(-[e]s,-pläne)* piano *m.* di ammortamento. **Til|gungs|ra|te** f. *(-,-n)* rata *f.* di ammortamento. **Til|gungs|satz** m. *(-es,-sätze)* quota *f.* di ammortamento.

Timb|re ['tɛ̃:brə, 'tɛ̃:bɐ] n. *(-s,-s)* timbro *m.* (anche MUS.).

ti|men ['taimən] tr. **1** cronometrare **2** *(koordinieren)* programmare, coordinare. **Ti|ming** ['taimɪŋ] n. *(-s,-s)* tempismo *m.*; sincronismo *m.*

Ti|mo|kra|tie f. *(-,-n)* timocrazia *f.* **ti|mo|kra|tisch** agg. timocratico.

Tin|gel|tan|gel, Tin|gel|tan|gel n. e m. *(-s,-)* SPREG. **1** musichetta *f.* (da strapazzo) **2** *(Tanzlokal)* locale *m.* (da ballo), localino *m.* **3** *(Unterhaltung)* varietà *m.* (di bassa lega).

Tink|tur f. *(-,-en)* tintura *f.*

Tin|nef m. *(-s)* COLLOQ. SPREG. **1** ciarpame *m.*, cianfrusaglie *f.pl.* **2** *(Unsinn)* scemenza *f.*, sciocchezza *f.*: ***red keinen ~!*** non dire scemenze!

Tin|te f. *(-,-n)* **1** inchiostro *m.* **2** *(Farbe)* tinta *f.*, colore *m.* ◆ ***klar wie dicke ~ sein*** essere chiaro come il sole; ***in die ~ geraten*** mettersi (*o* finire) nei guai, nei pasticci; ***in der ~ sitzen*** essere nei pasticci, in un bel guaio; ***sympathetische ~*** inchiostro simpatico; FIG. ***über etw. viel ~ verschwenden, verspritzen*** versare fiumi d'inchiostro su qcs.

tin|ten|blau agg. blu scuro. **Tin|ten|fass** n. *(-es, fässer)* calamaio *m.* **Tin|ten|fisch** m. *(-[e]s,-e)* seppia *f.* **Tin|ten|fleck** m. *(-[e]s,-e)* macchia *f.* d'inchiostro. **Tin|ten|gum|mi** m. *(-s,-[s])* gomma *f.* da inchiostro. **Tin|ten|kil|ler** m. *(-s,-)* → **Tintenlöscher. Tin|ten|klecks** m. *(-es,-e)* macchia *f.* d'inchiostro. **Tin|ten|kleck|ser** m. *(-s,-)* COLLOQ. SPREG. imbrattacarte *m.*, scribacchino *m.* **Tin|ten|ku|li** m. *(-s,-s)* roller *m.* **Tin|ten|lö|scher** m. *(-s,-)* **1** cancellino *m.* **2** *(Löschwiege)* tampone *m.* **Tin|ten|stift** m. *(-[e]s,-e)* matita *f.* copiativa. **Tin|ten|strahl|dru|cker** m. *(-s,-)* stampante *f.* a getto d'inchiostro.

tin|tig agg. **1** macchiato d'inchiostro **2** *(tintenähnlich)* simile all'inchiostro.

Tip → **Tipp.**

Tipp m. *(-s,-s)* **1a** *(Rat)* consiglio *m.*, suggerimento *m.*: ***jdm einen ~ geben*** dare un consiglio a qcn.; ***gib mir mal einen ~, wie...*** dammi un po' un consiglio su come... **b** *(in Wettbüros)* soffiata *f.* **c** pronostico *m.*: ***mein ~ für den Ausgang der Wahl*** il mio pronostico sul risultato delle elezioni **2** *(Wink)* cenno *m.* **3** COLLOQ. *(Tippschein)* schedina *f.*: ***den ~ abgeben*** giocare la schedina.

Tip|pel|bru|der m. *(-s,-brüder)* vagabondo *m.* **Tip|pe|lei** f. *(-)* SPREG. camminata *f.* **tip|peln** intr. (aus. *sein*) COLLOQ. **1** andare a piedi, camminare **2** → **trippeln.**

1.tip|pen I intr. (aus. *haben*) **1a *an etw. (A), auf etw. (A) ~*** toccare leggermente qcs.; ***kurz auf die Bremse ~*** toccare leggermente il freno; ***jdm, jdn auf die Schulter ~*** toccare (leggermente) la spalla a qcn. **b** FIG. ***an ein Thema ~*** toccare (*o* sfiorare) un argomento **c *an die Scheibe ~*** bussare ai vetri **2** scrivere (*o* battere) a macchina: ***schnell ~*** battere a macchina velocemente **II** tr. scrivere (*o* battere) a macchina: ***einen Brief ~*** scrivere a macchina una lettera ◆ COLLOQ. ***daran ist nicht zu ~*** questo è fuori di dubbio; ***sich an die Stirn ~*** toccarsi la fronte (con un dito).

2.tip|pen intr. (aus. *haben*) **1** fare un pronostico: ***richtig, falsch ~*** azzeccare, sbagliare un pronostico **2** *(wetten)* scommettere: ***auf jdn, etw. ~*** scommettere su qcs., qcn.; *(im Toto, Lotto)* ***jede Woche ~*** scommettere ogni settimana. **Tip|per** m. *(-s,-)* giocatore *m.*, scommettitore *m.*

Tipp|feh|ler m. *(-s,-)* errore *m.* di battitura. **Tipp|fräu|lein** n. *(-s,-* e *-s)* COLLOQ. dattilografa *f.*

Tipp|ge|mein|schaft f. *(-,-en)* = gruppo *m.* di persone che giocano al lotto o al totocalcio in società. **Tipp|schein** m. *(-[e]s,-e)* schedina *f.*

Tipp|se f. *(-,-n)* SPREG. dattilografa *f.*

tipp tapp inter. tip tip.

tipp|topp COLLOQ. **I** agg. *(tadellos)* perfetto **II** avv. perfettamente, in modo perfetto: ***~ gekleidet sein*** essere vestito in modo perfetto; ***~ in Ordnung sein*** essere perfettamente a posto.

Tipp|zet|tel m. *(-s,-)* → **Tippschein.**

Ti|ra|de f. *(-,-n)* **1** tirata *f.*, profluvio *m.* di parole **2** MUS. tirata *f.*

ti|ri|li inter. cip cip. **Ti|ri|li** n. *(-s)* cinguettio *m.*, cip cip *m.* **ti|ri|lie|ren** intr. (aus. *haben*) cinguettare, fare cip cip.

Ti|rol n.pr.n. *(-s)* Tirolo *m.* **Ti|ro|ler I** m. *(-s,-)* tirolese *m.* **II** agg.inv. tirolese, del Tirolo. **ti|ro|le|risch** agg. AUSTR., **ti|ro|lisch** agg. tirolese.

Tisch m. *(-[e]s,-e)* **1** *(Arbeitstisch)* tavolo *m.*: ***sich an den ~ setzen*** sedersi al tavolo; ***am ~ sitzen*** sedere (*o* essere seduto) al tavolo; ***um einen ~ sitzen*** sedere intorno a un tavolo **2a** *(Esstisch)* tavola *f.*, tavolo *m.*: ***den ~ decken, abdecken (abräumen)*** apparecchiare, sparecchiare la tavola; ***einen ~ reservieren*** riservare (*o* prenotare) un tavolo; ***das Essen auf den ~ bringen*** portare il cibo in tavola; ***das Essen steht auf dem ~*** il pranzo è in tavola **b** *(Mahlzeit)* ***bei ~*** a tavola; ***bei ~ sitzen, sein*** sedere, essere a tavola; ***sich zu ~ setzen*** sedersi a tavola; ***vom ~ aufstehen*** alzarsi da tavola; ***zu ~ gehen*** andare a tavola; ***jdn zu ~ bitten*** invitare qcn. ad accomodarsi a tavola; ***zu ~!*** a tavola! **3** *(Tischrunde)* tavolata *f.* ◆ ***getrennt von ~ und Bett*** separato di toro e mensa; ***jdn an einen ~ bringen*** portare qcn. al tavolo delle trattative; FIG. ***etw. auf den ~ bringen*** mettere qcs. sul piatto; ***etw. unter den ~ fallen lassen*** far passare qcs. sotto silenzio; ***grüner ~*** tavolo delle riunioni; *(Spieltisch)* tavolo verde; ***etw. vom grünen ~ aus, am grünen ~ entscheiden*** decidere qcs. a tavolino; RELIG. ***der ~ des Herrn*** la mensa del Signore (*o* eucaristica); ***vom ~ müssen*** dover essere risolto; ***nach ~*** dopo mangiato; ***etw. vom ~ räumen*** liquidare qcs.; ***mit etw. reinen ~ machen*** fare piazza pulita di qcs.; *(etw. klarstellen)* mettere in chiaro qcs.; ***am runden ~*** collegialmente; FIG. ***sich mit jdm an einen ~ setzen*** discutere, trattare con qcn.; ***jdn unter den ~ trinken*** battere qcn. nel bere; ***vor ~*** prima di mangiare; ***etw. vom ~ wischen*** sbarazzarsi di qcs.

Tisch|bein n. *(-[e]s,-e)* gamba *f.* del tavolo. **Tisch|da|me** f. *(-,-n)* vicina *f.* di tavola. **Tisch|de|cke** f. *(-,-n)* tovaglia *f.*: ***die ~ auflegen*** mettere la tovaglia.

ti|schen intr. (aus. *haben*) SVIZZ. apparecchiare la tavola.

tisch|fer|tig agg. pronto (per essere servito): ***-es Gericht*** piatto pronto. **Tisch|feu|er|zeug** n. *(-[e]s,-e)* accendino *m.* da tavolo. **Tisch|fuß|ball|spiel** n. *(-[e]s,-e)* calcetto *m.* **Tisch|gast** m. *(-[e]s,-gäste)* commensale *m.*, convitato *m.* **Tisch|ge|bet** n. *(-[e]s,-e)* preghiera *f.* prima del pasto. **Tisch|ge|sell|schaft** f. *(-,-en)* tavolata *f.* **Tisch|herr** m. *(-n,-en)* vicino *m.* di tavola. **Tisch|kan|te** f. *(-,-n)* angolo *m.* del tavolo. **Tisch|kar|te** f. *(-,-n)* segnaposto *m.* **Tisch|klam|mer** f. *(-,-n)* molletta *f.* (per fermare la tovaglia). **Tisch|lam|pe** f. *(-,-n)* lampada *f.* da tavolo.

Tisch|lein|deck|dich n. *(-)* manna *f.* (dal cielo).

Tisch|ler m. *(-s,-)* falegname *m.* **Tisch|ler|ar|beit** f. *(-,-en)* lavoro *m.* da falegname, di falegnameria. **Tisch|le|rei** f. *(-,-en)* **1** fa-

legnameria *f.* **2** *(Tischlerarbeit)* lavoro *m.* di falegnameria. **tisch|lern I** intr. (aus. *haben*) fare lavori di falegnameria **II** tr. costruire (col legno). **Tisch|ler|werk|statt** f. *(-,-stätten)* falegnameria *f.*, bottega *f.* di falegname.
Tisch|ma|nie|ren pl. buone maniere *f.pl.* a tavola, galateo *m.* a tavola. **Tisch|nach|bar** m. *(-n,-n)* vicino *m.* di tavola. **Tisch|ord|nung** f. *(-,-en)* disposizione *f.* dei posti (a tavola). **Tisch|plat|te** f. *(-,-n)* piano *m.* del tavolo, della tavola. **Tisch|re|de** f. *(-,-n)* discorso *m.* conviviale. **Tisch|run|de** f. *(-,-n)* tavolata *f.*
Tisch|ten|nis n. *(-)* tennis *m.* (da) tavolo, ping-pong *m.* **Tisch|ten|nis|ball** m. *(-[e]s,-bälle)* pallina *f.* da ping-pong. **Tisch|ten|nis|plat|te** f. *(-,-n)* tavolo *m.* da ping-pong. **Tisch|ten|nis|schlä|ger** m. *(-s,-)* racchetta *f.* da ping-pong. **Tisch|ten|nis|spiel** n. *(-[e]s,-e)* (gioco *m.* del) ping-pong *m.*
Tisch|tuch n. *(-[e]s,-tücher)* tovaglia *f.*: ***das ~ auflegen*** mettere le tovaglia. **Tisch|tuch|klam|mer** f. *(-,-n)* → **Tischklammer. Tisch|wä|sche** f. *(-)* biancheria *f.* da tavola. **Tisch|wein** m. *(-[e]s,-e)* vino *m.* da tavola, da pasto. **Tisch|zeit** f. *(-,-en)* ora *f.* di pranzo ◆ ***eine Stunde ~ haben*** avere un'ora per il pranzo.
1.Ti|tan n. *(-s)* titanio *m.*
2.Ti|tan I n.pr.m. *(-en,-en)* MITOL. Titano *m.* **II** m. *(-en,-en)* titano *m.*, colosso *m.*
Ti|ta|ne → **2.Titan. ti|ta|nen|haft** agg. titanico.
Ti|tan|erz n. *(-es)* minerale *m.* di titanio.
ti|ta|nisch agg. titanico (anche FIG.).
Ti|tel m. *(-s,-)* **1a** titolo *m.*: ***der ~ eines Professors*** il titolo di professore; ***akademischer ~*** titolo accademico; ***einen ~ führen, erwerben*** avere, acquisire un titolo; ***jdm einen ~ verleihen, aberkennen*** conferire, togliere un titolo a qcn.; SPORT ***~ eines Weltmeisters*** titolo di campione del mondo; ***einen ~ haben, halten, verlieren, verteidigen*** avere, detenere, perdere, difendere un titolo; ***um den ~ kämpfen*** lottare per il titolo **b** *(Überschrift)* ***der ~ eines Buches*** il titolo di un libro; ***einen ~ haben, tragen*** avere, recare un titolo **2a** ECON. voce *f.*: ***ein ~ des Etats*** una voce del bilancio (dello Stato) **b** DIR. titolo *m.*: ***vollstreckbarer ~*** titolo esecutivo.
Ti|tel|an|wär|ter m. *(-s,-)*, **Ti|tel|as|pi|rant** m. *(-en,-en)* aspirante *m.* a un titolo. **Ti|tel|auf|la|ge, Ti|tel|aus|ga|be** f. *(-,-n)* ristampa *f.* (con nuovo titolo). **Ti|tel|bild** n. *(-[e]s,-er)* **1** frontespizio *m.* **2** *(Abbildung)* foto *f.* di copertina. **Ti|tel|blatt** n. *(-[e]s,-blätter)* frontespizio *m.* **Ti|tel|bo|gen** m. *(-s,-)* foglio *m.* di stampa (con il titolo).
Ti|te|lei f. *(-,-en)* pagine *f.pl.* iniziali (di un libro).
Ti|tel|ge|stalt f. *(-,-en)* personaggio *m.* principale (che dà il titolo a un'opera). **Ti|tel|ge|winn** m. *(-[e]s,-e)* conquista *f.* del titolo. **Ti|tel|held** m. *(-en,-en)* eroe *m.* principale (che dà il titolo a un'opera). **Ti|tel|in|ha|ber** m. *(-s,-)* detentore *m.* del titolo, campione *m.* in carica. **Ti|tel|kampf** m. *(-[e]s,-kämpfe)* lotta *f.* per il titolo. **Ti|tel|kir|che** f. *(-,-n)* chiesa *f.* titolare. **Ti|tel|kup|fer** n. *(-s,-)* incisione *f.* sul frontespizio. **ti|tel|los** agg. senza titolo.
Ti|tel|par|tie f. *(-,-n)* parte *f.* principale (del personaggio che dà il titolo a un'opera lirica). **Ti|tel|rol|le** f. *(-,-n)* CINEM. TELEV. ruolo *m.* principale (del personaggio che dà il titolo). **Ti|tel|schrift** f. *(-,-en)* EDIT. carattere *m.* dei, per titoli. **Ti|tel|schutz** m. *(-es)* DIR. tutela *f.* del titolo. **Ti|tel|sei|te** f. *(-,-n)* **1** *(einer Zeitung)* prima pagina *f.* **2** *(Titelblatt)* frontespizio *m.* **Ti|tel|trä|ger** m. *(-s,-)* titolare *m.* **Ti|tel|ver|tei|di|ger** m. *(-s,-)* difensore *m.* del titolo.
Ti|ter m. *(-s,-)* CHIM. TESS. titolo *m.* **Tit|ra|ti|on** f. *(-,-en)* CHIM. TESS. titolazione *f.* **tit|rie|ren** tr. CHIM. TESS. titolare.
Tit|te f. *(-,-n)* VOLG. tetta *f.*
Ti|tu|lar m. *(-s,-e)* titolare *m.* **Ti|tu|lar|bi|schof** m. *(-s,-bischöfe)* vescovo *m.* titolare.
Ti|tu|la|tur f. *(-,-en)* **1** intitolazione *f.* **2** *(Ehrenbezeichnung)* titoli *m.pl.* **ti|tu|lie|ren** tr. **1a** ANT. ***jdn (mit) Doktor, Professor ~*** chiamare qcn. (con il titolo di) dottore, professore **b** ***jdn (mit, als) Dieb ~*** dare a qcn. del ladro **2** RAR. *(betiteln)* ***etw. ~*** (in)titolare qcs., dare un titolo a qcs.
Ti|zi|an n.pr.m. Tiziano. **ti|zi|an** agg.inv., **ti|zi|an|rot** agg. rosso tiziano.
tja inter. beh.
Tjost f. *(-,-en)* e m. *(-[e]s,-e)* STOR. giostra *f.* **tjos|tie|ren** intr. (aus. *haben*) giostrare.
Toast [to:st] m. *(-[e]s,-e* e *-s)* **1a** pane *m.* tostato: ***Rührei auf ~*** uovo strapazzato su pane tostato **b** *(geröstete Scheibe)* fetta *f.* di pane tostato, fetta *f.* tostata **c** *(Toastbrot)* pane *m.* da toast **2** *(Trinkspruch)* brindisi *m.*: ***einen ~ auf jdn, etw. ausbringen*** fare un brindisi a qcn., qcs. **Toast|brot** n. *(-[e]s,-e)* **1** pane *m.* da toast **2** *(geröstete Scheibe)* pane *m.* tostato. **toas|ten I** tr. tostare **II** intr. (aus. *haben*) ***(auf jdn, etw.) ~*** fare un brindisi (a qcn., qcs.). **Toas|ter** m. *(-s,-)* tostapane *m.*
To|bak, ***das ist starker ~!*** questa è grossa! ***anno ~*** al tempo che Berta filava.
to|ben intr. **1a** *(rasen;* aus. *haben)* infuriarsi, essere fuori di sé: ***wie ein Wilder ~*** infuriarsi come un pazzo; ***vor Zorn ~*** essere fuori di sé dall'ira **b** *(vor Begeisterung)* essere fuori di sé: ***die Zuschauer tobten*** gli spettatori erano fuori di sé **2a** *(herumtollen;* aus. *haben)* fare chiasso e confusione, scatenarsi: ***die Kinder haben im Garten getobt*** i bambini si sono scatenati in giardino **b** (aus. *sein*) scatenarsi (correndo *o* scorrazzando): ***über den Rasen ~*** scatenarsi correndo sul prato **3** *(von Schlachten, Stürmen;* aus. *sein)* infuriare: ***das Unwetter tobte über die Stadt*** la bufera infuriava sulla città.
to|bend p.pres. agg. **1** → **toben 2** *(wild)* furioso, impetuoso: ***ein -er Sturm*** una furiosa tempesta **3** *(frenetisch)* fragoroso: ***ein -er Beifall*** un fragoroso applauso. **To|be|rei** f. *(-,-en)* **1** (continue) sfuriate *f.pl.* **2** l'infuriarsi.
To|bi|as n.pr.m. Tobia *m.*
Tob|lach n.pr.n. *(-s)* Dobbiaco *m.*
To|bog|gan m. *(-s,-s)* toboga *m.*
Tob|sucht f. *(-)* furia *f.*, furore *m.* **tob|süch|tig** agg. furioso, forsennato. **Tob|suchts|an|fall** m. *(-[e]s,-anfälle)* accesso *m.* di furore, di furia.
Toc|ca|ta → **Tokkata.**
Toch|ter f. *(-, Töchter)* **1a** figlia *f.*: ***einzige ~*** figlia unica; ***die kleine, jüngste, älteste ~*** la figlia piccola, minore, maggiore **b** *(als Anrede)* figlia *f.*, figliola *f.*: ***nun, meine ~?*** dunque, figliola? **2** GERG. → **Tochtergesellschaft** ◆ ***eine ~ bekommen*** aspettare una figlia (*o* una bambina); ***sie ist ganz die ~ ihres Vaters*** è il ritratto di suo padre.
Töch|ter|chen n. *(-s,-)* figlioletta *f.*
Toch|ter|fir|ma f. *(-,-firmen)* (ditta *f.*) affiliata *f.*, consociata *f.* **Toch|ter|ge|schwulst** f. *(-,-geschwülste)* metastasi *f.* **Toch|ter|ge|sell|schaft** f. *(-,-en)* (società *f.*) affiliata *f.*, consociata *f.*
töch|ter|lich agg. **1** di, della figlia **2** ***-e Liebe*** amore filiale.
Toch|ter|kir|che f. *(-,-n)* chiesa *f.* filiale. **Toch|ter|spra|che** f. *(-,-n)* lingua *f.* derivata. **Toch|ter|zel|le** f. *(-,-n)* cellula *f.* figlia.
Tod m. *(-[e]s,-e)* morte *f.*: ***ein natürlicher, gewaltsamer, früher (frühzeitiger) ~*** una morte naturale, violenta, prematura; ***ein qualvoller, sanfter ~*** una morte atroce, dolce; *(als Personifizierung)* ***der ~*** la Morte; ***der ~ ist plötzlich eingetreten*** la morte è sopraggiunta all'improvviso; ***den ~ erleiden, finden*** morire, trovare la morte; ***dem ~ entfliehen, entkommen*** scampare alla morte; ***jdn vom -(e) erretten*** salvare qcn. dalla morte; ***etw. mit dem ~ büßen, bezahlen*** scontare, pagare qcs. con la morte; ***jdn zum -e verurteilen*** condannare a morte qcn.; ***mit dem -(e) ringen*** lottare con la morte; ***einen schönen ~ haben*** avere una bella morte; ***das wird sein ~ sein*** sarà la sua morte; ***jdn in den ~ treiben*** spingere qcn. alla morte; ***dem ~ trotzen*** sfidare la morte ◆ ***~ durch Altersschwäche*** morte di vecchiaia; ***auf den ~ verwunden*** ferire a morte; ***jdn, etw. auf, für den ~ nicht ausstehen (leiden) können*** non poter assolutamente soffrire qcn., qcs.; ***mit jdm auf den ~ böse sein*** avercela a morte con qcn.; ***bis zum, in den ~*** fino alla morte; ***bleich wie der ~*** pallido come un morto (*o* un cadavere); LETT. ***jd ist des -es*** per qcn. è finita, qcn. è perduto (*o* condannato); ***zu -e erschrocken*** spaventato a morte; ***in den ~ gehen*** andare a (*o* alla) morte, a morire; ***dem ~ ins Gesicht gesehen haben*** aver visto la morte in faccia; ***jd ist dem -e geweiht*** → ***jd ist des -es***; ***sich den ~ holen*** prendersi un (grave) malanno; ***zu -e kommen*** venire a morte; ***es geht um ~ oder Leben*** è una questione di vita o di morte; ***zwischen Leben und ~ schweben*** essere tra la vita e la morte; ***er sieht aus wie der leibhaftige ~*** sembra la morte in persona; ***ein Mann des -es sein*** essere un uomo morto; *(bald sterben müssen)* essere condannato (a morire); ***dem -e nahe sein*** essere vicino alla morte, in punto di morte; ***der nasse ~*** la morte per annegamento; ***~ auf dem Schafott*** morte sul patibolo; ***der schwarze ~*** la morte nera; ***~ durch den Strang*** morte per impiccagione; ***tausend -e sterben*** = avere una paura da morire; ***weder ~ noch Teufel fürchten*** = non avere paura di nulla; ***~ und Teufel!*** dannazione! ***dem ~ verfallen sein*** essere votato alla morte; ***der weiße ~*** la morte bianca; ***jdm den ~ (an den Hals) wünschen*** augurare la morte a qcn.; FIG. ***zu -e*** da morire, moltissimo: ***sich zu -e schämen*** vergognarsi da morire; ***zu -e betrübt*** profondamente rattristato; ***sich zu -e arbeiten*** ammazzarsi di lavoro; PROV. ***umsonst ist nur der ~ (und der kostet das Leben)*** nessuno fa niente per niente.
tod|bang agg. spaventato a morte. **tod|blass, tod|bleich** agg. → **totenblaß. tod|brin|gend** agg. mortale, letale. **tod|elend** avv. male da morire, malissimo: ***er fühlt sich ~*** si sente male da morire. **tod|ernst** agg. serissimo.
To|des|ah|nung f. *(-,-en)* presentimento *m.* (*o* presagio *m.*) di morte. **To|des|angst** f. *(-,-ängste)* **1** paura *f.* della morte, di morire **2** *(sehr große Angst)* paura *f.* da morire, paura *f.* tremenda. **To|des|an|**

zei|ge f. *(-,-n)* **1** annuncio *m.* di, della morte **2** *(in der Zeitung)* necrologio *m.* **To|des|be|reit|schaft** f. *(-)* l'essere pronto a morire. **To|des|er|klä|rung** f. *(-,-en)* dichiarazione *f.* di morte presunta. **To|des|fall** m. *(-[e]s,-fälle)* (caso *m.* di) morte *f.*: ***im ~*** in caso di morte ◆ ***wegen -(es) geschlossen*** chiuso per lutto. **To|des|fal|le** f. *(-,-n)* trappola *f.* mortale. **To|des|fol|ge** f. *(-,-n)* conseguenza *f.* mortale: ***Unfall mit ~*** incidente mortale. **To|des|furcht** f. *(-)* paura *f.* della morte, di morire. **To|des|ge|fahr** f. *(-,-en)* pericolo *m.* di morte ◆ ***in ~ schweben*** versare in pericolo di vita. **To|des|jahr** n. *(-[e]s,-e)* anno *m.* di, della morte. **To|des|kampf** m. *(-[e]s,-kämpfe)* agonia *f.* **To|des|kan|di|dat** m. *(-en,-en)* **1** condannato *m.* a morte **2** → **Todkranke.** **To|des|mut** m. *(-[e]s)* sprezzo *m.* del pericolo. **to|des|mu|tig I** agg. sprezzante del pericolo, coraggiosissimo **II** avv. con sprezzo del pericolo. **To|des|nach|richt** f. *(-,-en)* annuncio *m.*, notizia *f.* della morte. **To|des|not** f. *(-)* pericolo *m.* di morte, rischio *m.* di morire. **To|des|op|fer** n. *(-s,-)* vittima *f.* **To|des|qual** f. *(-,-en)* **1** agonia *f.* **2** *(seelisch)* tormento *m.*, strazio *m.* **To|des|schrei** m. *(-[e]s,-e)* grido *m.* di morte. **To|des|schuss** m. *(-es,-schüsse)* colpo *m.* mortale (con arma da fuoco). **To|des|schwad|ron** f. *(-,-en)* squadrone *m.* della morte. **To|des|stoß** m. *(-es,-stöße)* colpo *m.* di grazia (anche FIG.). **To|des|stra|fe** f. *(-,-n)* pena *f.* di morte (*o* capitale): ***auf etw. (D) steht die ~*** per qcs. c'è la pena di morte. **To|des|strei|fen** m. *(-s,-)* limite *m.* invalicabile (con pericolo di morte). **To|des|stun|de** f. *(-,-n)* ora *f.* di, della morte. **To|des|tag** m. *(-[e]s,-e)* giorno *m.* di, della morte. **To|des|trakt** m. *(-[e]s,-e)* braccio *m.* della morte. **To|des|ur|sa|che** f. *(-,-n)* causa *f.* di, della morte. **To|des|ur|teil** n. *(-[e]s,-e)* condanna *f.* a morte, sentenza *f.* di morte (*o* capitale). **To|des|ver|ach|tung** f. *(-)* sprezzo *m.* del pericolo (anche SCHERZ.). **To|des|wun|de** f. *(-,-n)* ferita *f.* mortale. **to|des|wür|dig** agg. che merita la morte. **To|des|zeit** f. *(-,-en)* momento *m.* della morte. **To|des|zel|le** f. *(-,-n)* cella *f.* della morte. **To|des|zo|ne** f. *(-,-n)* zona *f.* interdetta (con pericolo di morte).

Tod|feind m. *(-[e]s,-e)* nemico *m.* mortale ◆ ***jdm ~ sein*** essere nemico mortale di qcn. **tod|ge|weiht** agg. destinato alla morte, condannato. **Tod|ge|weih|te** m. e f. *(-n,-n)* condannato *m.* (-a *f.*) a morire, alla morte. **tod|krank** agg. gravemente malato **Tod|kran|ke** m. e f. *(-n,-n)* malato *m.* (-a *f.*) grave. **tod|lang|wei|lig** agg. noioso da morire.

töd|lich I agg. **1a** mortale: ***-e Unfälle, Wunden*** incidenti, ferite mortali; FIG. ***-er Hass*** odio mortale; ***-e Langeweile*** noia mortale **b** *(das Leben bedrohend)* di morte, mortale: ***-e Gefahr*** pericolo mortale **2** *(sehr groß)* assoluto, massimo: ***mit -er Sicherheit*** con assoluta sicurezza; ***-er Ernst*** massima serietà **II** avv. **1a** mortalmente: ***jdn ~ treffen*** colpire qcn. mortalmente; ***~ verunglücken*** avere un incidente mortale **b** ***~ wirken*** avere un effetto letale **2** *(sehr)* moltissimo, del tutto, assolutamente: ***~ banal*** del tutto banale ◆ DIR. ***-e Körperverletzung*** omicidio preterintenzionale.

tod|matt, tod|mü|de agg. stanco morto. **tod|schick I** agg. elegantissimo, molto chic **II** avv. in modo elegantissimo. **tod|si|cher I** agg. sicurissimo, assolutamente sicuro **II** avv. con assoluta certezza, senza nessun dubbio. **tod|still** agg. → **totenstill.** **Tod|sün|de** f. *(-,-n)* peccato *m.* mortale (anche FIG.): ***eine ~ begehen*** commettere un peccato mortale. **tod|trau|rig I** agg. terribilmente triste, tristissimo **II** avv. ***~ blicken*** avere uno sguardo tristissimo. **tod|un|glück|lich** agg. terribilmente infelice. **tod|wund** agg. ferito a morte, mortalmente.

töff inter. INFANT. *(Geräusch des Motors)* brum, bruum.

Töff|töff n. *(-s,-s)* INFANT. *(Auto, Motorrad)* brumbrum *f.*

To|ga f. *(-, Togen)* STOR. toga *f.*

To|hu|wa|bo|hu n. *(-[s],-s)* caos *m.*, guazzabuglio *m.*

Toi|let|te [toa-] f. *(-,-n)* toilette *f.*, toletta *f.*: ***auf die, zur ~ gehen*** andare alla toilette; *(Sichankleiden, Sichzurechtmachen)* ***~ machen*** fare toilette; *(elegante Damenkleidung)* ***in großer ~ erscheinen*** presentarsi in gran toilette. **Toi|let|te(n)|ar|ti|kel** m. *(-s,-)* articolo *m.* da toilette. **Toi|let|ten|be|cken** n. *(-s,-)* (tazza *f.* del) water *m.* **Toi|let|ten|frau** f. *(-,-en)* donna *f.* (addetta) alle toilette. **Toi|let|ten|pa|pier** n. *(-s,-e)* carta *f.* igienica. **Toi|let|ten|raum** m. *(-[e]s,-räume)* toilette *f.*, servizi *m.pl.* (igienici). **Toi|let|ten|sei|fe** f. *(-,-n)* saponetta *f.* **Toi|let|ten|tisch** m. *(-es,-e)* toilette *f.*, toletta *f.*

toi, toi, toi inter. COLLOQ. **1** *(Glückwunsch)* in bocca al lupo **2** *(Beschwörung)* tocca ferro, incrociamo le dita.

To|kai|er, To|ka|jer m. *(-s,-)*, **To|kai|er|wein, To|ka|jer|wein** m. *(-[e]s,-e)* tocai *m.*, tokaj *m.*

To|ki|o|er, To|ki|o|ter I m. *(-s,-)* abitante *m.* di Tokio **II** agg.inv. di Tokio, RAR. edochiano.

Tok|ka|ta f. *(-, Tokkaten)* MUS. toccata *f.*

to|le|ra|bel agg. (compar. *tolerabler*, superl. *tolerabelst...*) tollerabile. **to|le|rant I** agg. tollerante: ***~ jdm, etw. gegenüber sein*** essere tollerante nei confronti di qcn., qcs. **II** avv. in modo tollerante, con tolleranza. **To|le|ranz** f. *(-,-en)* tolleranza *f.* (anche MED. TECN.): ***~ gegen jdn üben*** praticare la tolleranza verso qcn.; *(Empfindlichkeit)* ***die ~ des Organismus einem Medikament gegenüber*** la tolleranza dell'organismo a un medicinale. **To|le|ranz|be|reich** m. *(-es,-e)* margine *m.* di tolleranza. **To|le|ranz|do|sis** f. *(-,-dosen)* dose *f.* massima tollerabile. **To|le|ranz|gren|ze** f. *(-,-n)* limite *m.* di tolleranza. **to|le|rier|bar** agg. tollerabile. **to|le|rie|ren** tr. tollerare. **To|le|rie|rung** f. *(-,-en)* tolleranza *f.*

toll I agg. COLLOQ. **1a** *(großartig)* fantastico: ***eine -e Party, Frau*** una festa, una donna fantastica; ***ein -es Haus*** una casa fantastica **b** IRON. bello: ***ein -er Freund bist du!*** bell'amico (che) sei! **2** *(doll)* incredibile, pazzesco: ***eine -e Geschichte*** una storia pazzesca **3** *(arg, wild)* indiavolato, infernale: ***ein -er Lärm*** un chiasso indiavolato, infernale; ***ein -er Ritt*** una cavalcata indiavolata **4** ANT. *(geistesgestört)* matto, pazzo **5** ANT. *(tollwütig)* rabbioso, idrofobo **II** avv. COLLOQ. *(sehr, viel)* tantissimo: ***es hat ~ geschneit*** è nevicato tantissimo; ***ich habe mich ~ gefreut*** mi ha fatto tantissimo piacere ◆ ***ein -er Bursche*** un ragazzo in gamba; ***-es Glück haben*** avere una fortuna sfacciata; ***ein -er Kerl*** un tipo in gamba; ***es kommt noch -er*** e non è tutto; ***jdn ~ machen*** fare impazzire qcn.; ***nach etw. ~ sein*** andare matto per qcs.; ***es zu ~ treiben*** permettersi troppo; ***dabei kann man ja ~ werden*** c'è da impazzire (per questo).

Tol|le f. *(-,-n)* boccolo *m.*, ricciolo *m.*

tol|len intr. (aus. *haben, sein*) scatenarsi, schiamazzare. **Toll|haus** n. *(-es,-häuser)* ANT. manicomio *m.* **Toll|häus|ler** m. *(-s,-)* pazzo *m.* (rinchiuso in manicomio). **Toll|heit** f. *(-,-en)* pazzia *f.*, follia *f.* **Toll|kir|sche** f. *(-,-n)* atropa *f.*, belladonna *f.* **toll|kühn** agg. audace, temerario. **Toll|kühn|heit** f. *(-,-en)* audacia *f.*, temerarietà *f.*

Toll|patsch m. *(-[e]s,-e)* goffo *m.*, imbranato *m.* **toll|pat|schig** agg. goffo, maldestro. **Toll|pat|schig|keit** f. *(-)* goffaggine *f.*

Toll|wut f. *(-)* MED. rabbia *f.* **toll|wü|tig** agg. MED. rabbioso.

Tol|patsch → **Tollpatsch.** **tol|pat|schig** → **tollpatschig.** **Tol|pat|schig|keit** → **Tollpatschigkeit.**

Töl|pel m. *(-s,-)* babbeo *m.*, allocco *m.* **Töl|pe|lei** f. *(-,-en)* balordaggine *f.* **töl|pel|haft I** agg. impacciato **II** avv. da babbeo. **Töl|pel|haf|tig|keit** f. *(-)* balordaggine *f.* **töl|peln** intr. (aus. *sein*) RAR. camminare inciampando come un babbeo. **töl|pisch** agg. RAR. → **tölpelhaft.**

To|lu|ol n. *(-s)* toluene *m.*

To|ma|hawk [-ha:k] m. *(-s,-s)* tomahawk *m.*

To|ma|te f. *(-,-n)* pomodoro *m.*: ***gefüllte -n*** pomodori ripieni; ***jdn mit faulen -n bewerfen*** tirare i pomodori a qcn. ◆ ***-n auf den Augen haben*** avere gli occhi foderati; ***rot wie eine ~ werden*** diventare rosso come un pomodoro (*o* come un peperone); SCHERZ. ***treulose ~*** = traditore. **To|ma|ten|ket|schup** [-ketʃap] m. e n. *(-[s],-s)* ketchup *m.* **To|ma|ten|mark** n. *(-s)* concentrato *m.* di pomodoro. **To|ma|ten|saft** m. *(-[e]s,-säfte)* succo *m.* di pomodoro. **To|ma|ten|sa|lat** m. *(-[e]s,-e)* insalata *f.* di pomodori. **To|ma|ten|so|ße** f. *(-,-n)* salsa *f.* di pomodoro. **To|ma|ten|sup|pe** f. *(-,-n)* crema *f.* di pomodoro.

Tom|bo|la f. *(-,-s* e *Tombolen)* lotteria *f.*

To|mo|gra|phie f. *(-)* tomografia *f.*

1.Ton m. *(-[e]s,-e)* **1** argilla *f.*, creta *f.*: ***~ formen, kneten*** modellare, lavorare l'argilla **2** *(Tongefäß)* terracotta *f.*, creta *f.*: ***Töpfe aus ~*** vasellame di terracotta ◆ ***feuerfester ~*** argilla refrattaria; ***gebrannter ~*** terracotta.

2.Ton m. *(-[e]s, Töne)* **1a** suono *m.*: ***einen ~ hervorbringen, herausbringen*** emettere, produrre un suono; ***ein runder, klarer ~*** un suono rotondo, limpido; ***das Instrument hat einen vollen ~*** lo strumento ha un suono pieno **b** TECN. audio *m.*: ***der ~ ist ausgefallen*** l'audio è caduto **2** *(Note)* nota *f.*: ***ein hoher, tiefer ~*** una nota alta, bassa; ***den ~ C auf dem Klavier anschlagen*** suonare la nota do (*o* il do) sul pianoforte **3** *(Betonung)* accento *m.*: ***der ~ liegt auf der ersten Silbe*** l'accento cade sulla prima sillaba; ***die erste Silbe trägt den ~*** la prima sillaba ha l'accento, è tonica (*o* accentata); FIG. ***den ~ auf die Notwendigkeit des Friedens legen*** porre l'accento sulla necessità della pace **4** *(Tonfall)* tono *m.*: ***etw. in einem freundlichen, scharfen ~ sagen*** dire qcs. in un tono gentile, aspro; ***ich verbitte mir diesen ~!*** ti proibisco di parlare con questo tono! ***was ist denn das für ein ~?*** che tono è questo? **5** *(Farbton)* tono *m.*, tonalità *f.*: ***warme Töne*** toni caldi **6** COLLOQ. *(Wort)* parola *f.*: ***keinen ~ reden, herausbringen, von sich geben*** non dire una parola ◆ *(von Farben)* ***im ~ aufeinander abgestimmt sein*** essere intonati; ***den ~ angeben*** dare il tono; FIG. *(tonangebend sein)* dare il tono, predominare; ***einen anderen ~ anschlagen*** usare un altro tono, cambiare tono; ***falscher ~*** nota sbagliata, stonata; FIG. nota falsa;

MUS. ***ein ganzer ~*** un tono intero; ***der gute ~*** il bon ton, le buone maniere; ***ein halber ~*** un semitono; COLLOQ. ***hast du Töne?*** ma veramente? ***~ in ~*** tono su tono; ***jdn, etw. in den höchsten Tönen loben*** fare lodi sperticate a qcn., qcs.; ***der ~ macht die Musik*** è il tono che fa la musica; ***ohne einen ~ zu sagen*** senza dire una parola; COLLOQ. ***große, dicke Töne reden, schwingen, spucken*** dirle, spararle grosse; ***sich im ~ vergreifen*** usare un tono, un registro sbagliato.

Ton|ab|neh|mer m. *(-s,-)* fonorivelatore *m.*, testina *f.*, pick-up *m.*

to|nal agg. tonale. **To|na|li|tät** f. *(-)* tonalità *f.*

ton|an|ge|bend agg. che dà il tono, predominante. **Ton|arm** m. *(-[e]s,-e)* braccio *m.* (del giradischi).

1.Ton|art f. *(-,-en)* **1** MUS. tonalità *f.*, ANT. modo *m.*: ***in welcher ~ steht das Stück?*** in quale tonalità è il pezzo? **2** FIG. tono *m.*, registro *m.*: ***eine arrogante ~*** un tono arrogante; ***eine andere ~ anschlagen*** cambiare tono.

2.Ton|art f. *(-,-en)* tipo *m.* di argilla. **ton|ar|tig** agg. argilloso.

Ton|art|vor|zeich|nung f. *(-)* MUS. accidenti *m.pl.* in chiave. **Ton|auf|nah|me** f. *(-,-n)* registrazione *f.* (del suono), ripresa *f.* sonora. **Ton|auf|nah|me|ge|rät** n. *(-[e]s,-e)* registratore *m.* **Ton|auf|zeich|nung** f. *(-,-en)* → **Tonaufnahme.**

Ton|band n. *(-[e]s,-bänder)* nastro *m.* (magnetico): ***etw. auf ~ aufnehmen*** registrare qcs. su nastro. **Ton|band|auf|nah|me** f. *(-,-n)* registrazione *f.* (su nastro). **Ton|band|ge|rät** n. *(-[e]s,-e)* registratore *m.* (a nastro). **Ton|band|pro|to|koll** n. *(-s,-e)* verbale *m.* registrato.

Ton|be|reich m. *(-[e]s,-e)* estensione *f.* del suono, gamma *f.* **Ton|bild** n. *(-[e]s,-er)* diapositiva *f.* sonora. **Ton|blen|de** f. *(-,-n)* regolazione *f.* del suono. **Ton|dich|ter** m. *(-s,-)* compositore *m.* **Ton|dich|tung** f. *(-,-en)* poema *m.* sinfonico.

Ton|do n. *(-s,-s* e *Tondi)* ART. tondo *m.*

Ton|druck m. *(-[e]s)* TIP. stampa *f.* del fondo.

to|nen tr. FOT. virare.

tö|nen **I** intr. (aus. *haben*) **1** risuonare, suonare: ***laut, dumpf ~*** risuonare forte, in modo sordo; ***aus dem Lokal tönte Musik*** si sentiva provenire della musica dal locale **2** COLLOQ. *(prahlen)* vantarsi: ***von seinen Erfolgen ~*** vantarsi dei propri successi **II** tr. sfumare: ***die Wände gelb ~*** dare una sfumatura di giallo alle pareti; ***die Haare ~*** fare un cachet, un riflessante. **tö|nend** p.pres. agg. **1** → **tönen** **2** ***-e Worte, Sätze*** parole, frasi altisonanti, roboanti.

To|ner m. *(-s,-)* TIP. toner *m.*

Ton|er|de f. *(-)* **1** argilla *f.* **2** CHIM. allumina *f.* ◆ ***essigsaure ~*** acetato d'alluminio. **tö|nern** agg. di argilla, di creta, di terracotta: ***-es Geschirr*** vasellame di terracotta.

Ton|fall m. *(-[e]s)* **1** *(Sprechweise)* accento *m.*, cadenza *f.* **2** *(Tonart)* tono *m.*, inflessione *f.* **Ton|film** m. *(-[e]s,-e)* film *m.* sonoro. **Ton|film|ge|rät** n. *(-[e]s,-e)* proiettore *m.* sonoro. **Ton|fol|ge** f. *(-,-n)* MUS. motivo *m.* **Ton|fre|quenz** f. *(-,-en)* frequenza *f.* acustica. **Ton|ge|bung** f. *(-,-en)* MUS. LING. intonazione *f.*

Ton|ge|fäß n. *(-es,-e)* vaso *m.* di terracotta, di creta. **Ton|ge|schirr** n. *(-s)* vasellame *m.* di terracotta, di creta.

Ton|ge|schlecht n. *(-[e]s,-er)* MUS. modo *m.*

Ton|gru|be f. *(-,-n)* cava *f.* d'argilla. **ton|hal|tig,** AUSTR. **ton|häl|tig** agg. argilloso: ***-e Erde*** terra argillosa.

Ton|hö|he f. *(-,-n)* altezza *f.* del suono.

To|ni **I** n.pr.f. Antonietta *f.* **II** n.pr.m. Tonino *m.*, Toni *m.*

To|nic n. *(-[s],-s)* (acqua *f.*) tonica *f.*

To|ni|ka f. *(-, Toniken)* MUS. tonica *f.* **To|ni|ka-Do** n. *(-)* MUS. metodo *m.* del do mobile.

To|ni|kum n. *(-s, Tonika)* FARM. tonico *m.*

Ton|in|ge|ni|eur [-inʒeniø:ɐ] m. *(-s,-e)* ingegnere *m.* del suono; *(Tontechniker)* tecnico *m.* del suono.

to|nisch agg. MED. MUS. tonico.

to|ni|sie|ren tr. tonificare.

Ton|ka|baum m. *(-[e]s,-bäume)* fava *f.* tonca (*o* del Tonchino).

Ton|ka|bi|ne f. *(-,-n)* cabina *f.* sonora. **Ton|ka|me|ra** f. *(-,-s)* cinepresa *f.* sonora. **Ton|kopf** m. *(-[e]s,-köpfe)* → **Tonabnehmer. Ton|kunst** f. *(-)* musica *f.* **Ton|künst|ler** m. *(-s,-)* compositore *m.* **Ton|la|ge** f. *(-,-n)* tonalità *f.*; *(Tonhöhe)* altezza *f.* (del suono). **Ton|lei|ter** f. *(-,-n)* scala *f.* (musicale). **ton|los** agg. **1** *(ohne Ausdruck)* piatto, spento, inespressivo: ***eine -e Stimme*** una voce spenta **2** MED. afono. **Ton|lo|sig|keit** f. *(-)* **1** *(Ausdruckslosigkeit)* piattezza *f.*, inespressività *f.* **2** MED. afonia *f.*

Ton|ma|le|rei f. *(-)* musica *f.* descrittiva. **Ton|meis|ter** m. *(-s,-)* → **Toningenieur. Ton|mi|scher** m. *(-s,-)* CINEM. RAD. TELEV. mixer *m.* **Ton|mö|bel** n. *(-s,-)* radiogrammofono *m.* a mobiletto.

Ton|na|ge [tɔ'na:ʒə] f. *(-,-n)* tonnellaggio *m.*

Tönn|chen n. *(-s,-)* barilotto *m.* (anche FIG.).

Ton|ne f. *(-,-n)* **1** barile *m.*, botte *f.*: ***eine ~ Öl*** un barile di petrolio; FIG. ***dick wie eine ~ sein*** essere (grasso come) un barile **2a** *(Maßeinheit)* tonnellata *f.* **b** MAR. tonnellata *f.* di stazza (lorda) **3** *(Seezeichen)* boa *f.* **4** *(Mülltonne)* bidone *m.* (della spazzatura). **Ton|nen|dach** n. *(-[e]s,-dächer)* tetto *m.* a botte. **Ton|nen|ge|halt** m. *(-[e]s,-e)* tonnellaggio *m.* **Ton|nen|geld** n. *(-[e]s,-er)* diritti *m.pl.* portuali per stazza. **Ton|nen|ge|wöl|be** n. *(-s,-)* volta *f.* a botte. **Ton|nen|ki|lo|me|ter** m. *(-s,-)* tonnellata-chilometro *f.* **Ton|nen|schne|cke** f. *(-,-n)* doglio *m.* **ton|nen|wei|se** avv. a barili, a botti.

Ton|pfei|fe f. *(-,-n)* pipa *f.* di terracotta.

Ton|qua|li|tät f. *(-)* qualità *f.* del suono. **Ton|satz** m. *(-es,-sätze)* MUS. **1** tecnica *f.* compositiva **2** *(mehrstimmige Komposition)* composizione *f.* a più voci.

Ton|schie|fer m. *(-s,-)* scisto *m.* argilloso.

Ton|schöp|fer, Ton|set|zer m. *(-s,-)* compositore *m.* **Ton|sil|be** f. *(-,-n)* sillaba *f.* tonica (*o* accentata).

Ton|spur f. *(-,-en)* colonna *f.* sonora, sonoro *m.* **Ton|stö|rung** f. *(-,-en)* RAD. disturbo *m.* **Ton|stück** n. *(-[e]s,-e)* ANT. brano *m.* musicale. **Ton|stu|dio** n. *(-s,-s)* studio *m.* di registrazione. **Ton|stu|fe** f. *(-,-n)* MUS. grado *m.* (della scala).

Ton|sur f. *(-,-en)* tonsura *f.*, chierica *f.* **ton|su|rie|ren** tr. tonsurare.

Ton|ta|fel f. *(-,-n)* tavola *f.* di terracotta. **Ton|tau|be** f. *(-,-n)* ANT. piattello *m.* **Ton|tau|ben|schie|ßen** n. *(-s)* ANT. tiro *m.* al piattello.

Ton|tech|ni|ker m. *(-s,-)* tecnico *m.* del suono. **Ton|trä|ger** m. *(-s,-)* supporto *m.* audio. **Ton|um|fang** m. *(-[e]s,-umfänge)* **1** MUS. registro *m.* **2** ACUST. estensione *f.* del suono, gamma *f.*

To|nung f. *(-,-en)* FOT. viraggio *m.*, intonazione *f.*

Tö|nung f. *(-,-en)* **1** colorazione *f.*, tinteggiatura *f.*, tintura *f.* **2** *(Farbton)* tonalità *f.*, gradazione *f.*

To|nus m. *(-, Toni)* **1** MUS. tono *m.* **2** FISIOL. tono *m.* muscolare.

Ton|wa|ren pl. vasellame *m.* di terracotta, terraglie *f.pl.*

Ton|wei|se f. *(-,-n)* melodia *f.* **Ton|werk** n. *(-[e]s,-e)* pezzo *m.* musicale, composizione *f.* **Ton|wert** m. *(-[e]s,-e)* FOT. gradazione *f.* di grigio. **Ton|wie|der|ga|be** f. *(-)* **1** riproduzione *f.* del suono, fonoriproduzione *f.* **2** *(Klangtreue)* fedeltà *f.* **Ton|zei|chen** n. *(-s,-)* **1** MUS. nota *f.* **2** *(Akzent)* accento *m.*

Ton|zie|gel m. *(-s,-)* tegola *f.* di terracotta.

top agg. COLLOQ. ***~ sein*** essere il massimo.

TOP m. *(-)* ⇒ *Tagesordnungspunkt* punto *m.* (all'ordine del giorno).

To|pas, AUSTR. **To|pas** m. *(-es,-e)* topazio *m.* **to|pas|far|ben, to|pas|far|big** agg. color topazio.

Topf m. *(-[e]s, Töpfe)* **1** vaso *m.*: ***ein ~ (mit) Geranien*** un vaso di gerani; ***etw. in den ~ pflanzen*** piantare qcs. nel vaso **2a** *(Kochtopf)* pentola *f.*, casseruola *f.* **b** *(kleiner Topf)* pentolino *m.*, bollitore *m.* **3** *(Gefäß für Nahrungsmittel)* vaso *m.*, vasetto *m.*: ***ein ~ mit Marmelade*** un vaso di marmellata **4** *(Nachttopf)* vaso *m.* da notte; *(für Kinder)* vasino *m.*, vasetto *m.* ◆ ***wie ~ und Deckel zusammenpassen*** essere (come) pappa e ciccia; COLLOQ. ***auf den ~ gehen*** = andare al gabinetto; ***in alle Töpfe gucken, seine Nase in alle Töpfe stecken*** ficcare il naso dappertutto; ***alles in einen ~ werfen*** mettere tutto nello stesso calderone; PROV. ***jeder ~ findet seinen Deckel*** ogni pentola trova il suo coperchio. **Topf|blu|me** f. *(-,-n)* **1** fiore *m.* da vaso **2** *(Blume im Topf)* fiore *m.* in vaso.

Töpf|chen n. *(-s,-)* **1** vasetto *m.* **2** *(Kochtöpfchen)* pentolino *m.* **3** *(Nachttöpfchen)* vasino *m.*, vasetto *m.*: ***aufs ~ gehen*** fare la pipì, la popò (nel vasino).

top|fen tr. invasare.

Top|fen m. *(-s)* REGION. GASTR. quark *m.*

Töp|fer m. *(-s,-)* **1** vasaio *m.* **2** *(Ofensetzer)* fumista *m.* **Töp|fe|rei** f. *(-,-en)* **1** laboratorio *m.* (*o* bottega *f.*) di vasaio **2** *(Töpferware)* oggetto *m.* di terracotta, terraglia *f.*; ceramica *f.* **3** *(Töpferhandwerk)* ceramica *f.*

Töp|fer|er|de f. *(-)* → **Töpferton. Töp|fer|meis|ter** m. *(-s,-)* mastro *m.* vasaio; *(heute)* vasaio *m.* (diplomato).

1.töp|fern agg. di argilla; *(aus gebranntem Ton)* di terracotta.

2.töp|fern **I** tr. modellare in argilla (*o* in creta) **II** intr. (aus. *haben*) fare lavori di terracotta (*o* di ceramica). **Töp|fern** n. *(-s)* (corso *m.* di) ceramica *f.*

Töp|fer|schei|be f. *(-,-n)* tornio *m.* da vasaio.

Töp|fer|ton m. *(-[e]s,-e)* creta *f.*; argilla *f.* **Töp|fer|vo|gel** m. *(-s,-vögel)* ORNIT. fornaio *m.* **Töp|fer|wa|ren** pl. vasellame *m.*, terraglie *f.pl.*

top|fit agg. COLLOQ. in piena forma.

Topf|krat|zer m. *(-s,-)* paglia *f.* di ferro, paglietta *f.* **Topf|ku|chen** m. *(-s,-)* INTRAD. (tipo di dolce simile al panettone). **Topf|lap|pen** m. *(-s,-)* presina *f.*

Top|form f. *(-)* COLLOQ. forma *f.* migliore, top *m.* della forma.

Topf|pflan|ze f. *(-,-n)* **1** pianta *f.* da vaso **2** *(Pflanze im Topf)* pianta *f.* in vaso.

To|pik f. *(-)* FILOS. topica *f.*

to|pisch agg. MED. topico, locale.
Top|leis|tung f. *(-,-en)* COLLOQ. prestazione *f.* strepitosa.
top|less agg. in topless.
Top|ma|na|ger m. *(-s,-)* top manager *m.*
To|po|graph m. *(-en,-en)* topografo *m.* **To|po|gra|phie** f. *(-,-n)* topografia *f.* **to|po|gra|phisch** agg. topografico.
To|po|lo|gie f. *(-,-n)* MAT. topologia *f.* **to|po|lo|gisch** agg. MAT. topologico.
To|po|no|mas|tik f. *(-)* toponomastica *f.*
To|pos m. *(-, Topoi)* topos *m.*
topp inter. d'accordo, okay.
Topp m. *(-s,-e[n])* **1** MAR. cima *f.*, testa *f.* (dell'albero), testa *f.* d'albero **2** SCHERZ. *(im Theater)* piccionaia *f.* ◆ ***vor ~ und Takel*** a secco di vele; ***vor ~ und Takel lenzen, treiben*** andare alla deriva. **Topp|se|gel** n. *(-s,-)* vela *f.* di gabbia.
1.Tor n. *(-[e]s,-e)* **1** portone *m.*, (grossa) porta *f.*; *(aus Metall)* cancello *m.*: ***ans ~ klopfen*** bussare al portone; ***das ~ der Garage*** la porta del garage **2** *(Stadttor, Denkmal)* porta *f.*: ***das Brandenburger ~*** la porta di Brandeburgo **3a** SPORT porta *f.*: ***im ~ stehen, das ~ hüten*** stare in porta; ***den Ball ins ~ schießen*** calciare la palla in rete; *(beim Ski)* ***an einem ~ einfädeln*** inforcare una porta **b** *(Treffer)* rete *f.*, goal *m.*: ***ein ~ schießen (ins ~ treffen), erzielen*** fare (*o* segnare), realizzare un goal (*o* una rete); ***mit 3 zu 0 -en siegen*** vincere per 3 a 0; ***das ~ fiel in der 10. Minute*** la rete fu realizzata al 10° (minuto) **4** GEOGR. porta *f.* ◆ ***ins eigene ~ schießen*** fare autogol (anche FIG.); ***vor dem ~*** fuori porta; ***vor den -en der Stadt*** alle porte della città; ***jdm das ~ zu einer neuen Welt öffnen*** far scoprire un mondo nuovo a qcn.
2.Tor m. *(-en,-en)* stolto *m.*, sciocco *m.* ◆ LETT. ***der reine ~*** il puro folle.
Tor|aus n. *(-)* SPORT fondo *m.*: ***der Ball rollt ins ~*** la palla finisce sul fondo. **Tor|bau** m. *(-[e]s,-ten)* ARCH. porta *f.* **Tor|chan|ce** [-ʃã:sə] f. *(-,-n)* occasione *f.* da goal.
Tord|alk m. *(-[e]s,-e)* gazza *f.* marina, alca *f.* torda.
Tor|dif|fe|renz f. *(-,-en)* SPORT differenza *f.* reti. **Tor|drang** m. *(-[e]s)* SPORT pressione *f.* in attacco, spinta *f.* in avanti.
Tor|ein|fahrt f. *(-,-en)* passo *m.* carrabile, porta *f.* carraia. **Tor|er|folg** m. *(-[e]s,-e)* SPORT segnatura *f.*
To|res|schluss, *(kurz) vor, bei ~* all'ultimo minuto.
To|reu|tik f. *(-)* toreutica *f.*
Torf m. *(-[e]s,-e)* **1** torba *f.*: ***~ stechen*** scavare torba **2** → **Torfboden.** **Torf|bo|den** m. *(-s,-böden)* terreno *m.* torboso. **Torf|er|de** f. *(-)* terriccio *m.* torboso. **Torf|ge|win|nung** f. *(-)* estrazione *f.* di, della torba. **tor|fig** agg. torboso. **Torf|moor** n. *(-[e]s,-e)* torbiera *f.* **Torf|mull** m. *(-[e]s)* terriccio *m.* torboso. **Torf|ste|cher** m. *(-s,-)* scavatore *m.* di torba. **Torf|stich** m. *(-[e]s,-e)* scavo *m.* della torba. **Torf|streu** f. *(-)* strame *m.* (*o* lettiera *f.*) di torba.
Tor|heit f. *(-,-en)* stoltezza *f.*, sciocchezza *f.*; *(Handlung)* ***eine ~ begehen*** commettere una sciocchezza.
Tor|hü|ter m. *(-s,-)* → **Torwart.**
tö|richt I agg. **1** stolto, sciocco: ***eine -e Person, Bemerkung*** una persona, un'osservazione sciocca **2** *(unsinnig)* assurdo, vano: ***eine -e Hoffnung*** un'assurda speranza **3** *(lächerlich)* ridicolo **II** avv. **1** stoltamente, scioccamente: ***sich ~ verhalten*** comportarsi da sciocco **2** *(unsinnig)* in modo assurdo **3** *(lächerlich)* in modo ridicolo, ridicolmente. **tö|rich|ter|wei|se** avv. stoltamente, scioccamente.
Tö|rin f. *(-,-nen)* stolta *f.*, sciocca *f.*
Tor|in|stinkt m. *(-[e]s)* SPORT senso *m.* del goal. **Tor|jä|ger** m. *(-s,-)* goleador *m.*, bomber *m.*, cannoniere *m.*
1.Tor|kel m. *(-s,-)* e f. *(-,-n)* torchio *m.* (per uva).
2.Tor|kel m. *(-s,-)* COLLOQ. **1a** vertigine *f.*, capogiro *m.* **b** *(Rausch)* ebbrezza *f.* **2** *(Tollpatsch)* maldestro *m.*, zoticone *m.* ◆ ***~ haben*** = avere una fortuna sfacciata, immeritata. **tor|ke|lig** agg. barcollante. **tor|keln** intr. (aus. *haben, sein*) barcollare, andare barcollando. **tork|lig** → **torkelig.**
Tor|lat|te f. *(-,-n)* traversa *f.* (della porta): ***an die ~ schießen*** prendere (*o* colpire) la traversa. **Tor|lauf** m. *(-[e]s,-läufe)* slalom *m.* **Tor|li|nie** f. *(-,-n)* SPORT linea *f.* di porta. **tor|los** agg. avv. SPORT senza reti, a reti inviolate. **Tor|mann** m. *(-[e]s,-männer)* → **Torwart.**
Tor|na|do m. *(-s,-s)* tornado *m.*
Tor|nis|ter m. *(-s,-)* zaino *m.*
tor|pe|die|ren tr. silurare (anche FIG.). **Tor|pe|die|rung** f. *(-,-en)* siluramento *m.* (anche FIG.).
Tor|pe|do m. *(-s,-s)* siluro *m.*: ***einen ~ gegen etw. abschießen*** lanciare un siluro contro qcs. **Tor|pe|do|boot** n. *(-[e]s,-e)* torpediniera *f.*, silurante *f.* **Tor|pe|do|boot(s)|zer|stö|rer** m. *(-s,-)* cacciatorpediniere *m.* **Tor|pe|do|fisch** m. *(-[e]s,-e)* ITTIOL. torpedine *f.*
Tor|pfei|ler, Tor|pfos|ten m. *(-s,-)* SPORT palo *m.* (della porta).
Tor|por m. *(-s)* torpore *m.*
Tor|raum m. *(-[e]s,-räume)* SPORT area *f.* di porta. **tor|reif** agg. ***eine -e Szene*** un'occasione da goal. **Tor|rie|cher** m. *(-s)* → **Torinstinkt.** **Tor|schluss|pa|nik** f. *(-)* panico *m.* dell'ultimo momento. **Tor|schuss** m. *(-es,-schüsse)* tiro *m.* in porta, in rete. **Tor|schüt|ze** m. *(-n,-n)* autore *m.* del goal, marcatore *m.* **Tor|schüt|zen|kö|nig** m. *(-s,-e)* capocannoniere *m.* **Tor|se|gen** m. *(-s)* pioggia *f.* di gol, goleada *f.* **Tor|stan|ge** m. *(-,-n)* *(Skifahren)* paletto *m.* (*o* bandierina *f.*) della porta.
Tor|si|on f. *(-,-en)* TECN. MED. torsione *f.* **Tor|si|ons|fes|tig|keit** f. *(-)* resistenza *f.* alla torsione. **Tor|si|ons|waa|ge** f. *(-,-n)* bilancia *f.* di torsione.
Tor|so m. *(-s,-s* e *Torsi)* **1** ART. torso *m.* **2** *(unvollständiges Werk)* opera *f.* incompiuta, frammento *m.*
Tört|chen n. *(-s,-)* tortina *f.*
Tor|te f. *(-,-n)* torta *f.* **Tor|ten|bo|den** m. *(-s,-böden)* GASTR. base *f.* (della torta). **Tor|ten|guss** m. *(-es,-güsse)* glassa *f.* **Tor|ten|he|ber** m. *(-s,-)* paletta *f.* per dolci. **Tor|ten|plat|te** f. *(-,-n)* piatto *m.* per torte. **Tor|ten|schau|fel** f. *(-,-n)* → **Tortenheber.** **Tor|ten|sprit|ze** f. *(-,-n)* siringa *f.* per dolci.
Tor|tur f. *(-,-en)* tortura *f.*, tormento *m.* (spec. FIG.): ***diese Reise war eine ~*** questo viaggio è stato una tortura.
Tor|wa|che f. *(-,-n)* STOR. guardia *f.* (alle porte della città). **Tor|wäch|ter** m. *(-s,-)* **1** → **Torwache** **2** → **Torwart.** **Tor|wart** m. *(-[e]s,-e)* SPORT portiere *m.* **Tor|wär|ter** m. *(-s,-)* → **Torwache.** **Tor|weg** m. *(-[e]s,-e)* passo *m.* carraio.
to|sen intr. **1** (aus. *haben*) mugghiare, rumoreggiare: ***die Wellen ~*** le onde mugghiano **2** *(sich tosend bewegen;* aus. *sein)* scatenarsi, infuriare. **to|send** p.pres. agg. **1** → **tosen** **2** fragososo, strepitoso: ***-er Beifall*** applauso fragoroso.
Tos|ka|na n.pr.f. *(-)* Toscana *f.*: ***in die ~ fahren*** andare in Toscana. **Tos|ka|ner I** m. *(-s,-)* toscano *m.* **II** agg.inv. toscano. **tos|ka|nisch** agg. toscano.
tot agg. **1a** morto: ***~ daliegen*** giacere morto; ***klinisch ~*** clinicamente morto; ***jdn für ~ erklären*** dichiarare qcn. morto; ***sich ~ stellen*** fingersi morto; ***~ umfallen*** cadere morto; ***~ geboren werden*** nascere morto; ***~ geboren*** nato morto **b** *(regungslos, öde)* ***ein -es Gebiet*** una zona morta; ***eine -e Stadt*** una città morta **c** *(abgestorben)* ***eine -e Sprache*** una lingua morta; ***ein -er Ast*** un ramo morto; ***-e Materie*** materia morta; FIG. ***ihre Liebe ist ~*** il loro amore è morto **2a** *(ohne Lebendigkeit)* smorto, spento: ***-er Blick*** sguardo spento **b** *(nicht auffallend)* ***-e Farben*** colori smorti ◆ ***~ und begraben sein*** essere morto e sepolto; ***ein -es Gewicht*** un peso morto; ***ein -es Gleis*** un binario morto; ***jdn, etw. aufs -e Gleis schieben*** = ridurre qcn. all'impotenza, far finire qcs. in un vicolo cieco; ***halb ~ vor Angst sein*** essere mezzo morto di paura; ***-es Kapital*** capitale morto; ***mehr ~ als lebendig sein*** essere più morto che vivo; ***die Leitung ist ~*** la linea è interrotta; *(im Wasser)* ***den -en Mann machen*** fare il morto; ***das Tote Meer*** il Mar Morto; ***an einem -en Punkt sein*** essere ad un punto morto; ***-es Wasser*** acqua morta, stagnante; ***-er Winkel*** angolo morto; ***die -e Zeit*** la stagione morta.
to|tal I agg. **1** totale, completo: ***eine -e Zerstörung, Niederlage*** una distruzione totale, una totale sconfitta **2** RAR. *(totalitär)* totalitario: ***ein -er Staat*** uno stato totalitario **II** avv. COLLOQ. totalmente, del tutto, completamente: ***~ betrunken, verkehrt*** completamente ubriaco, totalmente sbagliato; ***etw. ~ vergessen*** dimenticare completamente qcs. ◆ ***-e Sonnenfinsternis*** eclissi (solare) totale. **To|tal** n. *(-s,-e)* SVIZZ. totale *m.* **To|tal|an|sicht** f. *(-,-en)* vista *f.* (*o* veduta *f.*) complessiva, generale. **To|tal|aus|ver|kauf** m. *(-[e]s,-verkäufe)* svendita *f.* totale.
To|ta|le f. *(-,-n)* **1** inquadratura *f.* totale **2** *(Gesamtansicht)* veduta *f.* d'insieme.
To|ta|li|sa|tor m. *(-s,-en)* totalizzatore *m.* **to|ta|li|sie|ren** tr. **1** ANT. totalizzare **2** RAR. *(zusammenfassen)* esaminare complessivamente (*o* nel complesso): ***Probleme ~*** esaminare i problemi nel loro complesso.
to|ta|li|tär agg. totalitario: ***ein -es Regime*** un regime totalitario. **To|ta|li|ta|ris|mus** m. *(-)* totalitarismo *m.* **to|ta|li|ta|ris|tisch** agg. totalitaristico.
To|ta|li|tät f. *(-,-en)* **1** totalità *f.* **2** *(absolute Macht, Autorität)* potere *m.* assoluto, autorità *f.* assoluta.
to|ta|li|ter avv. totalmente.
To|tal|scha|den m. *(-s,-schäden)* ***einen ~ haben*** essere completamente sfasciato ◆ COLLOQ. ***er hat einen ~*** è completamente matto. **To|tal|sum|me** f. *(-,-n)* somma *f.* totale. **To|tal|ver|lust** m. *(-[e]s,-e)* perdita *f.* totale.
tot_ar|bei|ten rifl. ***sich (mit etw.) ~*** ammazzarsi di lavoro (facendo qcs.); ***sich halb ~*** sfacchinare. **tot_är|gern** rifl. ***sich (über etw.) ~*** arrabbiarsi come un pazzo (per qcs.).

To|te m. e f. *(-n,-n)* morto *m.* (-a *f.*); *(Verstorbene)* defunto *m.* (-a *f.*): ***die -n begraben*** seppellire i morti; COLLOQ. ***es hat zwei ~ gegeben*** ci sono stati due morti; ***der -n gedenken*** commemorare i defunti ◆ SCHERZ. ***bist du von den -n auferstanden?*** chi non muore si rivede! ***ein Lärm, um ~ aufzuwecken*** un rumore infernale; ***die -n soll man ruhen lassen*** bisogna lasciare in pace i morti; COLLOQ. ***wie ein -r schlafen*** dormire come un ghiro; ***um einen -n trauern*** essere in lutto.

To|tem n. *(-s,-s)* totem *m.* **To|te|mis|mus** m. *(-)* totemismo *m.* **to|te|mis|tisch** agg. totemistico.

tö|ten I tr. **1a** uccidere: ***jdn vorsätzlich ~*** uccidere qcn. premeditatamente; ***ein Tier ~*** uccidere un animale **b** FIG. ***seine Gefühle ~*** uccidere i propri sentimenti **2** COLLOQ. *(vernichten)* far morire, uccidere: ***den Nerv eines Zahns ~*** far morire il nervo di un dente; ***alle Bakterien ~*** uccidere tutti i batteri **3** *(löschen)* SCHERZ. spegnere: ***die Zigarette ~*** spegnere la sigaretta **II** rifl. **sich ~** uccidersi ◆ BIBL. ***du sollst nicht ~*** non uccidere; ***die Zeit ~*** ammazzare il tempo.

To|ten|acker m. *(-s,-äcker)* ANT. camposanto *m.* **to|ten|ähn|lich** agg. simile alla morte. **To|ten|amt** n. *(-[e]s,-ämter)* ufficio *m.* funebre. **To|ten|bah|re** f. *(-,-n)* catafalco *m.* **To|ten|be|schwö|rung** f. *(-,-en)* necromanzia *f.* **To|ten|bett** n. *(-[e]s,-en)* letto *m.* di morte. **to|ten|blass** agg. pallido come un morto. **To|ten|bläs|se** f. *(-)* pallore *m.* cadaverico. **to|ten|bleich** → **totenblass.**

To|ten|eh|rung f. *(-,-en)* onori *m.pl.* (*o* onoranze *f.pl.*) funebri. **To|ten|fei|er** f. *(-,-n)* cerimonia *f.* funebre, esequie *f.pl.* **To|ten|fest** n. *(-[e]s,-e)* giorno *m.* dei morti. **To|ten|fleck** m. *(-[e]s,-e)* MED. macchia *f.* ipostatica. **To|ten|ge|läut** n. *(-[e]s)*, **To|ten|ge|läu|te** n. *(-s)* rintocchi *m.pl.* (*o* campane *f.pl.*) a morto. **To|ten|glo|cke** f. *(-,-n)* campana *f.* a morto. **To|ten|gräb|ber** m. *(-s,-)* **1** becchino *m.* **2** ENTOM. necroforo *m.* **To|ten|hemd** n. *(-[e]s,-en)* sudario *m.* **To|ten|kla|ge** f. *(-,-n)* lamento *m.* funebre. **To|ten|kopf** m. *(-[e]s,-köpfe)* **1** teschio *m.* **2** ENTOM. (sfinge *f.*) testa *f.* di morto, acheronzia *f.*, atropo *m.* **To|ten|kranz** m. *(-es,-kränze)* corona *f.* (funebre). **To|ten|kult** m. *(-[e]s,-e)* culto *m.* dei morti. **To|ten|mahl** n. *(-[e]s,-mähler)* banchetto *m.* funebre. **To|ten|mas|ke** f. *(-,-n)* maschera *f.* mortuaria. **To|ten|mes|se** f. *(-,-n)* **1** messa *f.* funebre **2** MUS. messa *f.* da requiem, requiem *m.* **To|ten|reich** n. *(-[e]s)* regno *m.* dei morti. **To|ten|schä|del** m. *(-s,-)* teschio *m.* **To|ten|schein** m. *(-[e]s,-e)* certificato *m.* di morte. **To|ten|sonn|tag** m. *(-[e]s,-e)* giorno *m.* dei morti (nella chiesa evangelica). **To|ten|stadt** f. *(-,-städte)* necropoli *f.* **To|ten|star|re** f. *(-)* rigidità *f.* cadaverica, rigor mortis *m.*

to|ten|still agg. profondamente silenzioso; ***es war ~*** c'era un silenzio di tomba. **To|ten|stil|le** f. *(-)* silenzio *m.* di tomba, di morte.

To|ten|tanz m. *(-es,-tänze)* LETT. MUS. danza *f.* macabra. **To|ten|uhr** f. *(-,-en)* ENTOM. orologio *m.* della morte. **To|ten|vo|gel** m. *(-s,-vögel)* civetta *f.* **To|ten|ver|bren|nung** f. *(-,-en)* cremazione *f.* **To|ten|wa|che** f. *(-,-n)* veglia *f.* funebre: ***~ halten*** vegliare un morto.

Tö|ter m. *(-s,-)* uccisore *m.*

Tot|er|klär|te m. e f. *(-n,-n)* morto *m.* (-a *f.*) presunto (-a). **tot‿fah|ren** tr. *(fährt, fuhr, gefahren)* ***jdn ~*** investire qcn. uccidendolo, uccidere qcn. investendolo. **Tot|ge|burt** f. *(-,-en)* **1** parto *m.* con feto morto **2** *(tot geborenes Kind)* bambino *m.* nato morto. **Tot|ge|glaub|te** m. e f. *(-n,-n)* persona *f.* creduta morta. **Tot|ge|sag|te** m. e f. *(-n,-n)* persona *f.* data per morta. **tot‿het|zen I** tr. braccare (fino alla morte) **II** rifl. **sich ~** COLLOQ. ammazzarsi di fatica. **tot‿krie|gen** tr. COLLOQ. **1** *(ermüden)* sfiancare **2** *(völlig abnutzen)* distruggere ◆ SCHERZ. ***nicht totzukriegen sein*** essere indistruttibile. **tot‿la|chen** rifl. **sich ~** ridere a crepapelle (*o* da morire) ◆ ***es ist zum Totlachen*** c'è da morir dal ridere. **tot‿lau|fen** rifl. *(läuft, lief, gelaufen)* **sich ~ 1** non avere alcun esito, finire nel nulla: ***die Diskussion lief sich tot*** la discussione finì nel nulla **2** *(von Gerüchten, einer Mode)* esaurirsi, venir meno. **tot‿ma|chen I** tr. COLLOQ. **1** ammazzare **2** FIG. distruggere: ***die Konkurrenz ~*** distruggere la concorrenza **II** rifl. **sich ~** logorarsi, distruggersi.

Tot|mann|brem|se f. *(-,-n)* dispositivo *m.* di uomo morto.

To|to n. e m. *(-s,-s)* **1** *(Totalisator)* totalizzatore *m.* **2** *(Sporttoto)* totocalcio *m.*: ***~ spielen*** giocare al totocalcio; ***im ~ tippen, gewinnen*** giocare, vincere al totocalcio. **To|to|schein** m. *(-[e]s,-e)*, **To|to|zet|tel** m. *(-s,-)* schedina *f.* (del totocalcio).

Tot|punkt m. *(-[e]s,-e)* TECN. punto *m.* morto.

tot‿re|den tr. COLLOQ. ***jdn ~*** sfinire qcn. a furia di parlare. **tot‿rei|ten** tr. *(ritt, geritten)* COLLOQ. esaurire: ***ein Problem ~*** esaurire un problema. **tot‿sa|gen** tr. dare per morto, dichiarare morto. **tot‿schie|ßen** tr. *(schoss, geschossen)* ammazzare, uccidere (con un'arma da fuoco).

Tot|schlag m. *(-[e]s)* omicidio *m.* doloso: ***~ begehen, verüben*** commettere un omicidio doloso. **tot‿schla|gen** tr. *(schlägt, schlug, geschlagen)* ammazzare, uccidere ◆ ***jdn halb ~*** picchiare qcn. a sangue; ***ich lasse mich eher, lieber ~ als...*** meglio morto, piuttosto che, di...; ***auch wenn du mich totschlägst, gehe ich nicht hin*** non ci vado, neanche se mi ammazzi; ***die Zeit ~*** ammazzare il tempo. **Tot|schlä|ger** m. *(-s,-)* **1** omicida *m.*, assassino *m.* **2** *(Waffe)* mazza *f.* ferrata.

tot‿schwei|gen tr. *(schwieg, geschwiegen)* passare sotto silenzio. **tot‿ste|chen** tr. *(sticht, stach, gestochen)* trafiggere (a morte). **tot‿tram|peln, tot‿tre|ten** tr. *(tritt, trat, getreten)* uccidere calpestando.

Tö|tung f. *(-)* uccisione *f.*; *(von Menschen)* omicidio *m.*: ***fahrlässige, vorsätzliche ~*** omicidio colposo, doloso (*o* premeditato) ◆ ***~ auf Verlangen*** eutanasia. **Tö|tungs|ab|sicht** f. *(-,-en)* intenzione *f.* di uccidere, intento *m.* omicida. **Tö|tungs|ver|such** m. *(-[e]s,-e)* tentato omicidio *m.*

Tot|zeit f. *(-,-en)* TECN. tempo *m.* morto.

Touch [tatʃ] m. *(-s,-s)* COLLOQ. tocco *m.* **tou|chie|ren** [tuˈʃi:rən] tr. **1** *(Fechten)* toccare **2** MED. *(austasten)* esplorare **3** MED. cauterizzare.

Tou|pet [tuˈpe:] n. *(-s,-s)* toupet *m.* **tou|pie|ren** tr. cotonare.

Tour [tu:ɐ] f. *(-,-en)* **1** *(Ausflug)* gita *f.*, giro *m.*: ***eine ~ unternehmen*** fare una gita; ***eine ~ durch Europa*** un giro per l'Europa; *(Wanderung)* ***eine ~ in die Berge machen*** fare una gita (*o* un'escursione) in montagna **2** *(bestimmte Strecke)* tratto *m.*, percorso *m.*: ***die ~ Turin-Rom*** il tratto Torino-Roma; ***eine ~ mit dem Zug machen, fahren*** fare, percorrere un tratto con il treno **3** COLLOQ. FIG. *(Art, Trick, Vorhaben)* via *f.*, strada *f.*: ***sich auf krumme -en einlassen*** prendere vie traverse; ***es auf die langsame, gemütliche ~ machen*** = andar piano, prendersela comoda; ***auf die dumme ~ reisen, reiten*** prendere una strada poco pulita, cercare di raggirare **4** TECN. giro *m.*; pl. giri *m.pl.*, regime *m.*: ***5000 -en in der Minute*** 5000 giri al minuto **5** *(Reihe, Runde)* giro *m.*: ***mehrere -en auf dem Karussell*** parecchi giri sulla giostra; ***zwei -en rechts stricken*** lavorare (a maglia) due giri a diritto ◆ COLLOQ. ***auf -en kommen*** andare su di giri; ***jdn auf -en bringen*** fare andare qcn. su di giri; ***auf ~ gehen, sein*** andare, essere in tournée; COLLOQ. ***auf die billige ~*** per pochi soldi; COLLOQ. ***auf die feine ~*** in modo raffinato; ***die ~ de France*** il Tour de France, il giro di Francia; ***in einer ~*** in continuazione; ***etw. läuft auf vollen, höchsten -en*** qcs. va a pieno regime (anche FIG.); ***seine ~ kriegen, haben*** avere la luna storta; ***jdm die ~ vermasseln*** guastare i piani di qcn.

tou|ren [ˈtu:rən] intr. (aus. *haben*) COLLOQ. **1** andare in tournée **2** *(auf Tour gehen)* andare in gita.

Tou|ren|ski m. *(-s,-er)* sci *m.* da fondoescursionismo. **Tou|ren|wa|gen** m. *(-s,-)* auto *f.* da rally (in serie limitata). **Tou|ren|zahl** f. *(-,-en)* TECN. numero *m.* di giri. **Tou|ren|zäh|ler** m. *(-s,-)* TECN. contagiri *m.*

Tou|ris|mus m. *(-)* turismo *m.* **Tou|ris|mus|fach|mann** m. *(-[e]s,-leute)* operatore *m.* turistico. **Tou|rist** m. *(-en,-en)* **1** turista *m.* **2** ANT. *(Bergsteiger)* escursionista *m.*, alpinista *m.* **Tou|ris|ten|klas|se** f. *(-)* classe *f.* turistica. **Tou|ris|tik** f. *(-)* turismo *m.* **Tou|ris|tik|bör|se** f. *(-,-n)* fiera *f.* per operatori turistici, borsa *f.* del turismo. **tou|ris|tisch** agg. turistico.

Tour|né [tʊrˈne:] n. *(-s,-s)* atout *m.*

Tour|nee f. *(-,-s* e *-n)* tournée *f.*: ***eine ~ machen, starten*** fare, iniziare una tournée; ***auf ~ gehen, sein*** andare, essere in tournée. **Tour|nee|ver|an|stal|ter** m. *(-s,-)* organizzatore *m.* di una, della tournée.

Tow|er [ˈtauə] m. *(-[s],-)* AER. torre *f.* di controllo.

To|xi|ko|lo|ge m. *(-n,-n)* tossicologico *m.* **To|xi|ko|lo|gie** f. *(-)* tossicologia *f.* **to|xi|ko|lo|gisch** agg. tossicologico. **To|xin** n. *(-s,-e)* tossina *f.* **to|xisch** agg. tossico. **To|xi|zi|tät** f. *(-)* tossicità *f.*

Trab m. *(-[e]s)* trotto *m.*: ***(im) ~ reiten*** andare al trotto; ***in leichtem ~ reiten, fallen*** cavalcare al piccolo trotto ◆ ***ein bisschen ~!*** avanti, forza! trottare! COLLOQ. ***jdn auf ~ bringen*** far trottare qcn.; ***jdn in, auf ~ halten*** tenere qcn. in agitazione; ***auf ~ kommen*** procedere velocemente; FIG. ***auf ~ sein*** trottare; ***das Pferd in ~ setzen*** far trottare il cavallo; FIG. ***sich in ~ setzen*** mettersi a trottare.

Tra|bant m. *(-en,-en)* **1** ASTR. satellite *m.* **2** STOR. seguace *m.* **3** ELETTRON. impulso *m.* sincronizzatore. **Tra|ban|ten|stadt** f. *(-,-städte)* città *f.* satellite.

tra|ben intr. **1** (aus. *haben, sein*) trottare, andare al trotto **2** COLLOQ. FIG. (aus. *sein*) trottare, trotterellare. **Tra|ber** m. *(-s,-)* trottatore *m.* **Tra|ber|bahn, Trab|renn|bahn** f. *(-,-en)* trottatoio *m.* **Trab|ren|nen** n. *(-s,-)* gara *f.* di trotto, corsa *f.* trottistica.

Tra|che|i|tis f. *(-, Tracheitiden)* tracheite *f.* **Tra|che|o|to|mie** f. *(-,-n)* tracheotomia *f.*

Tracht f. *(-,-en)* **1** *(typische Kleidung)* costume *m.* (tipico): ***Tiroler -en*** costumi tirolesi **2** ANT. O REGION. *(Last)* carico *m.*: ***eine ~ Futter*** un carico di foraggio ◆ ***jdm eine ~ Prügel geben, erteilen, verab-***

reichen dare a qcn. un fracco di legnate.
trach|ten intr. (aus. *haben*) ***nach etw. ~*** mirare, aspirare a qcs.; ***danach ~, etw. zu tun*** adoperarsi, sforzarsi per fare qcs. **Trach|ten** n. *(-s)* aspirazione *f.*, mire *f.pl.*
Trach|ten|an|zug m. *(-[e]s,-anzüge)* abito *m.* folcloristico, costume *m.* regionale. **Trach|ten|fest** n. *(-[e]s,-e)* festa *f.* folcloristica, in costume tipico. **Trach|ten|ka|pel|le** f. *(-,-n)* banda *f.* musicale in costume. **Trach|ten|kos|tüm** n. *(-s,-e)* → **Trachtenanzug.**
träch|tig agg. **1** *(von Säugetieren)* gravido **2** FIG. pregno, fecondo. **Träch|tig|keit** f. *(-)* **1** *(von Säugetieren)* gravidanza *f.*, gestazione *f.* **2** FIG. pregnanza *f.*, fecondità *f.*
tra|die|ren tr. tramandare. **Tra|di|ti|on** f. *(-,-en)* tradizione *f.*: ***eine alte ~ fortsetzen, fortführen*** continuare un'antica tradizione; ***an der ~ festhalten*** attenersi alla tradizione; ***an eine ~ anknüpfen*** riprendere una tradizione; ***eine ~ pflegen*** mantenere una tradizione; ***mit der ~ brechen*** rompere con la tradizione. **tra|di|ti|o|nal** agg. RAR. → **traditionell. Tra|di|ti|o|na|lis|mus** m. *(-)* tradizionalismo *m.* **Tra|di|ti|o|na|list** m. *(-en,-en)* tradizionalista *m.* **tra|di|ti|o|na|lis|tisch** agg. tradizionalistico. **tra|di|ti|o|nell** agg. tradizionale. **tra|di|ti|ons|ge|mäß** agg. conforme alla tradizione. **Tra|di|ti|ons|pfle|ge** f. *(-)* mantenimento *m.* della tradizione.
traf → **treffen.**
Tra|fik f. *(-,-en)* AUSTR. tabaccheria *f.* **Tra|fi|kant** m. *(-en,-en)* AUSTR. tabaccaio *m.*
Tra|fo m. *(-[s],-s)* EL. trasformatore *m.*
träg → **träge.**
Trag|al|tar m. *(-[e]s,-altäre)* altare *m.* portatile. **Trag|bah|re** f. *(-,-n)* barella *f.*, ANT. portantina *f.*, lettiga *f.*
trag|bar agg. **1** portatile: ***ein -er Fernseher*** un televisore portatile **2** *(von Kleidung)* portabile, indossabile **3** *(erträglich)* sostenibile, accettabile: ***wirtschaftlich nicht ~*** economicamente insostenibile; ***dieser Zustand ist nicht mehr ~*** questo stato di cose non è più accettabile.
Tra|ge f. *(-,-n)* **1** → **Tragbahre 2** → **Traggestell.**
trä|ge agg. **1** pigro, fiacco, inerte: ***~ Bewegungen*** movimenti pigri (*o* lenti); ***die Hitze macht mich ~*** il caldo mi rende fiacco; ***geistig und körperlich ~*** pigro mentalmente e fisicamente **2** FIS. inerte: ***eine ~ Masse*** una massa inerte ◆ ***~ werden*** impigrirsi, infiacchirsi.
Tra|ge|beu|tel m. *(-s,-)* marsupio *m.* (per bambino). **Tra|ge|ei|gen|schaft** f. *(-,-en)* portabilità *f.* (di abiti). **Tra|ge|gurt** m. *(-[e]s,-e)* spallaccio *m.* **Tra|ge|korb** m. *(-[e]s,-körbe)* gerla *f.*
tra|gen *(trägt, trug, getragen)* **I** tr. **1a** portare, tenere: ***ein Kind auf dem Arm, eine Last auf dem Rücken ~*** portare un bambino in braccio, un peso sulle spalle; ***das Pferd trägt einen Reiter*** il cavallo porta un cavaliere; ***den Arm in einer Binde ~*** portare il braccio in una benda **b** *(tragend bringen)* portare: ***einen Verletzten zum Krankenwagen ~*** portare un ferito sull'autoambulanza; ***jdn nach Hause ~*** portare qcn. a casa; ***jdm, für jdn den Koffer zum Bahnhof ~*** portare a qcn. la valigia alla stazione **2a** *(stützen)* sostenere, sorreggere, reggere: ***die Säulen ~ das Dach*** le colonne sorreggono il tetto **b** FIG. ***die Knie ~ mich nicht mehr*** le ginocchia non mi reggono più **c** *(tragfähig sein)* ***die Brücke trägt auch schwerste Lasten*** il ponte è in grado di sostenere anche i carichi più pesanti **d** assol. ***das Eis trägt nicht*** il ghiaccio non regge **3** portare, avere (con sé): ***den Pass bei sich ~*** portare il passaporto (con sé) **4a** *(haben)* portare: ***ein neues Kleid, eine Uniform ~*** portare un vestito nuovo, un'uniforme; ***Stiefel ~*** portare gli stivali; ***eine Perücke ~*** portare una parrucca; ***einen Ring ~*** portare un anello; ***einen Bart, eine Brille ~*** portare la barba, gli occhiali; ***das Haar glatt, kurz ~*** portare i capelli lisci, corti; ***die Röcke lang ~*** portare le gonne lunghe **b** assol. ***man trägt wieder kurz, lang*** si porta di nuovo il corto, il lungo **c** ***einen Ehrentitel, berühmten Namen ~*** portare un titolo onorifico, avere un nome famoso **5** portare, recare: ***der Grabstein trägt eine Inschrift*** la lapide porta un'iscrizione **6** *(halten)* tenere: ***den Kopf aufrecht ~*** tenere la testa diritta **7a** *(hervorbringen)* produrre, dare, portare: ***viele Früchte ~*** dare molti frutti; FIG. ***seine Bemühungen ~ Früchte*** i suoi sforzi portano frutti; ***das Kapital trägt Zinsen*** il capitale produce (*o* frutta) interessi **b** assol. ***die Bäume ~ schlecht, gut*** gli alberi fruttificano poco, molto **8** *(erdulden)* sopportare, subire: ***das Schicksal mit Geduld ~*** sopportare il destino con pazienza; ***sein Leiden schweigend ~*** sopportare in silenzio il proprio dolore; ***die Folgen seines Tuns ~*** subire le conseguenze del suo agire **9** *(übernehmen)* sostenere, farsi carico di: ***die Kosten ~*** sostenere le spese; ***die Verluste trägt die Versicherung*** l'assicurazione si fa carico dei danni; ***die Schuld an etw. ~*** farsi carico della colpa di qcs. **10a** *(trächtig sein)* aspettare: ***die Kuh trägt ein Kalb*** la mucca aspetta un vitellino **b** assol. ***die Kuh trägt*** la mucca è gravida **II** intr. (aus. *haben*) avere una portata, portare: ***das Geschütz trägt drei Kilometer weit*** l'arma ha una portata di tre chilometri; ***jds Stimme trägt*** la voce di qcn. arriva lontano **III** rifl. **sich ~ 1** *(Trageeigenschaften haben)* portarsi, essere portabile, comodo: ***dieser Stoff trägt sich gut, schlecht*** questa stoffa si porta bene, male; ***dieses Kleid trägt sich sehr angenehm*** questo vestito è molto comodo **2** RAR. *(gekleidet sein)* vestirsi, essere vestito: ***sich elegant ~*** essere vestito elegante **3** *(getragen werden)* ***der Koffer trägt sich leicht, schwer*** la valigia è facile, difficile da portare **4** *(vorhaben)* accarezzare: ***sich mit dem Gedanken, mit der Absicht ~, alles zu verkaufen*** accarezzare l'idea di vendere tutto **5** COMM. rendere, fruttare: ***das Unternehmen trägt sich nicht*** l'impresa non rende ◆ ***Bedenken ~*** farsi degli scrupoli; ***das Datum vom 18. Mai ~*** essere datato 18 maggio, avere la data del 18 maggio; ***jdn auf Händen ~*** tenere qcn. in palma (*o* palmo) di mano; ***ein Kind unter dem Herzen ~*** aspettare un bambino; ***sein Kreuz ~*** portare la propria croce; ***aus der Kurve getragen werden*** uscire di strada; ***etw. (D) Rechnung ~*** tenere conto di qcs.; ***das Risiko ~*** assumersi il rischio; ***etw. zur Schau ~*** dimostrare qcs., far vedere qcs. (a scopo dimostrativo); ***schwer an etw. (D) zu ~ haben*** avere da soffrire, patire sotto il peso di qcs. (anche FIG.); ***Sorge für etw. ~*** provvedere a qcs.; ***das Buch trägt den Titel***... il libro è intitolato...; ***Trauer ~*** portare il lutto; ***jds Unterschrift ~*** avere la firma di qcn., essere firmato da qcn.; ***Verlangen nach etw. ~*** desiderare qcs.; ***etw. kommt zum Tragen*** qcs. ha effetto.
tra|gend p.pres. agg. **1** → **tragen 2** portante (anche FIG.): ***-e Balken*** travi portanti; ***die -e Idee eines Textes*** l'idea portante di un testo **3** ***-e Muttertiere*** madri gestanti (di animali) ◆ ***eine -e Rolle spielen*** interpretare un ruolo principale; ***eine -e Stimme*** una voce potente, forte.
Trä|ger m. *(-s,-)* **1a** portatore *m.*: ***der ~ einer Infektionskrankheit*** il portatore di una malattia infettiva **b** *(Gepäckträger)* facchino *m.*, portabagagli *m.* **c** *(im Krankenhaus)* portantino *m.*, barelliere *m.* **2a** detentore *m.*: ***der ~ der politischen Gewalt, des Preises*** il detentore del potere politico, del premio **b** *(tragende Körperschaft)* gestore *m.* **c** *(treibende Kraft)* sostenitore *m.*, propugnatore *m.*: ***der ~ einer Entwicklung*** il propugnatore di uno sviluppo **3** *(Hosenträger)* bretella *f.*; *(an Kleidern)* bretellina *f.*, spallina *f.* **4** *(tragender Bauteil)* supporto *m.*, sostegno *m.* **5** *(Trägerwelle)* portante *f.*
Trä|ge|rin f. *(-,-nen)* **1** portatrice *f.* **2a** detentrice *f.*: ***die ~ der Kultur*** la detentrice della cultura **b** *(Vertreterin)* rappresentante *f.*, esponente *f.* **c** *(Stützerin)* sostenitrice *f.*, propugnatrice *f.* **Trä|ger|kleid** n. *(-[e]s,-er)* scamiciato *m.*; *(Sommerkleid)* prendisole *m.* **trä|ger|los** agg. senza bretelle; *(von Damenkleidern)* senza bretelline, senza spalline. **Trä|ger|ra|ke|te** f. *(-,-n)* razzo *m.* vettore, vettore *m.* **Trä|ger|schaft** f. *(-,-en)* amministrazione *f.*, gestione *f.* **Trä|ger|wel|le** f. *(-,-n)* ELETTRON. onda *f.* portante.
Tra|ge|ta|sche f. *(-,-n)* **1** borsa *f.*; *(große Einkaufstasche)* sporta *f.* **2** *(Plastiktüte)* sacchetto *m.* (di plastica). **Tra|ge|tü|te** f. *(-,-n)* borsa *f.*; *(große Einkaufstasche)* sporta *f.* **Tra|ge|zeit** f. *(-,-en)* periodo *m.* della, di gravidanza, della, di gestazione.
trag|fä|hig agg. **1** in grado di sostenere (*o* di reggere) un carico: ***die Konstruktion ist nicht ~*** questa costruzione non è in grado di sostenere carichi **2** FIG. in grado di reggere (*o* di mantenersi), solido: ***ein -er Kompromiss*** un compromesso solido. **Trag|fä|hig|keit** f. *(-)* portata *f.*
Trag|flä|che f. *(-,-n)* AER. superficie *f.* portante. **Trag|flä|chen|boot** n. *(-[e]s,-e)* aliscafo *m.* **Trag|flü|gel** m. *(-s,-)* AER. ala *f.* portante. **Trag|flü|gel|boot** n. *(-[e]s,-e)* → **Tragflächenboot. Trag|ge|stell** n. *(-[e]s,-e)* barella *f.* **Trag|gurt** → **Tragegurt.**
Träg|heit f. *(-)* **1** fiacchezza *f.*, inerzia *f.* **2** FIS. inerzia *f.* **Träg|heits|ge|setz** n. *(-es)* FIS. legge *f.* (*o* principio *m.*) d'inerzia. **Träg|heits|mo|ment** n. *(-[e]s,-e)* FIS. momento *m.* d'inerzia.
Trag|him|mel m. *(-s,-)* RAR. baldacchino *m.*
Tra|gik f. *(-)* tragicità *f.*, tragico *m.*: ***die ~ der Situation*** la tragicità della situazione. **Tra|gi|ker** m. *(-s,-)* ANT. (poeta *m.*) tragico *m.*
Tra|gi|ko|mik f. *(-)* aspetto *m.* tragicomico. **tra|gi|ko|misch** agg. tragicomico. **Tra|gi|ko|mö|die** f. *(-,-n)* tragicommedia *f.*
tra|gisch **I** agg. tragico: ***-er Dichter*** poeta tragico; ***ein -es Ende nehmen*** avere una fine tragica **II** avv. tragicamente ◆ ***das ist alles nicht so ~*** non è così tragico; ***nimm's nicht so ~*** non metterla così sul tragico, non te la prendere così.
Trag|korb → **Tragekorb. Trag|kraft** f. *(-)* → **Tragfähigkeit. Trag|last** f. *(-,-en)* carico *m.* **Trag|luft|hal|le** f. *(-,-n)* (copertura *f.* a) pallone *m.*
Tra|gö|de m. *(-n,-n)* attore *m.* tragico. **Tra|gö|die** f. *(-,-n)* tragedia *f.* (anche FIG.): ***eine ~ in vier Akten*** una tragedia in quattro atti ◆ ***mach doch keine ~ daraus!*** non farne una tragedia! **Tra|gö|di|en|dar|stel|ler** m. *(-s,-)* → **Tragöde. Tra|gö|di|en|dich|ter** m. *(-s,-)*

→ **Tragiker. Tra|gö|din** f. *(-,-nen)* attrice *f.* tragica. **Trag|pfei|ler** m. *(-s,-)* pilastro *m.* portante. **Trag|rie|men** m. *(-s,-)* tracolla *f.* **Trag|rol|le** f. *(-,-n)* rullo *m.* portante. **Trag|schrau|ber** m. *(-s,-)* autogiro *m.* **Trag|seil** n. *(-[e]s,-e)* fune *f.* portante. **Trag|ses|sel** m. *(-s,-)* portantina *f.* **Trag|stein** m. *(-[e]s,-e)* mensola *f.* **Trag|tier** n. *(-[e]s,-e)* RAR. bestia *f.* da soma. **Trag|wei|te** f. *(-,-n)* portata *f.*: ***die ~ eines Gewehrs, Leuchtfeuers*** la portata di un fucile, di un faro; FIG. *(Bedeutung)* ***eine Maßnahme von großer ~*** un provvedimento di grande portata; ***sich der ~ von etw. bewusst sein*** essere consapevole della portata di qcs. **Trag|werk** n. *(-[e]s)* **1** EDIL. struttura *f.* portante **2** AER. cellula *f.* **Trag|zeit** → **Tragezeit.**

Trai|ler ['treɪlə] m. *(-s,-)* **1** AUT. trailer *m.* **2** CINEM. prossimamente *m.*; trailer *m.*

Trai|nee [treɪ'ni:] m. *(-s,-s)* neoassunto *m.* (che fa pratica).

Trai|ner ['trɛ:nɐ] m. *(-s,-)* allenatore *m.*, trainer *m.* **Trai|ner|bank** f. *(-,-bänke)* SPORT panchina *f.*

trai|nie|ren ['trɛ-, 'tre:-] **I** tr. **1** allenare: ***Athleten, Pferde ~*** allenare atleti, cavalli; ***das Gedächnis ~*** allenare la memoria **2** *(einüben)* ***etw. ~*** allenarsi in qcs.: ***den Salto ~*** allenarsi nel salto mortale **3** istruire: ***Verkäufer ~*** istruire agenti di commercio **II** intr. (aus. *haben*) allenarsi: ***auf (für) etw. (A) ~*** allenarsi per qcs.; ***er trainiert für die nächste Olympiade*** si allena per le prossime olimpiadi **III** rifl. **sich ~** allenarsi: ***sich in etw. ~*** allenarsi in qcs.

Trai|ner|li|zenz f. *(-,-en)* patentino *m.* di allenatore. **Trai|ner|wech|sel** m. *(-s,-)* cambio *m.*, sostituzione *f.* di, dell'allenatore.

Trai|ning ['trɛ-, 'tre:-] n. *(-s,-s)* allenamento *m.*, training *m.*: ***ein hartes ~*** un duro allenamento; ***das ~ abbrechen*** interrompere l'allenamento; ***nicht im ~ sein*** essere fuori allenamento ◆ ***autogenes ~*** training autogeno. **Trai|nings|an|zug** m. *(-[e]s,-anzüge)* tuta *f.* (sportiva). **Trai|nings|ho|se** f. *(-,-n)* pantaloni *m.pl.* della tuta. **Trai|nings|ja|cke** f. *(-,-n)* giacca *f.* (*o* casacca *f.*) della tuta. **Trai|nings|la|ger** n. *(-s,-)* campo *m.* (sportivo) per gli allenamenti. **Trai|nings|me|tho|de** f. *(-,-n)* metodo *m.*, tipo *m.* di allenamento. **Trai|nings|mög|lich|keit** f. *(-,-en)* possibilità *f.* di allenarsi. **Trai|nings|rück|stand** m. *(-[e]s,-rückstände)* ritardo *m.* nell'allenamento, nella preparazione. **Trai|nings|zeit** f. *(-,-en)* periodo *m.* di, dell'allenamento.

Tra|jan n.pr.m. Traiano *m.* **Tra|jans|säu|le** f. *(-)* colonna *f.* traiana. **Tra|jans|wall** m. *(-[e]s)* vallo *m.* di Traiano.

Tra|jekt m. e n. *(-[e]s,-e)* **1** traghetto *m.* **2** ANT. *(Überfahrt)* traversata *f.*

Trakt m. *(-[e]s,-e)* **1** lato *m.*, ala *f.*: ***der nördliche ~ des Palastes*** il lato nord del palazzo **2** MED. tratto *m.*

Trak|tat m. e n. *(-[e]s,-e)* **1** ANT. trattato *m.* **2** *(Flugschrift)* volantino *m.* di propaganda. **Trak|tät|chen** n. *(-s,-)* SPREG. opuscolo *m.* edificante. **trak|tie|ren** tr. **1a** *(misshandeln)* maltrattare: ***jdn mit Vorwürfen, Fußtritten ~*** coprire qcn. di insulti, prendere qcn. a calci **b** FIG. *(plagen)* tormentare **2** ***jdn mit dem Stock ~*** bastonare qcn. **3** ANT. *(bewirten)* offrire (da bere) **4** ANT. *(vollstopfen)* ***jdn mit etw. ~*** rimpinzare qcn. di qcs.

Trak|ti|on f. *(-,-en)* trazione *f.* **Trak|tor** m. *(-s,-en)* trattore *m.*, trattrice *f.*

tral|la, tral|la|(la)|la inter. trallallera trallalà.

träl|lern tr. e intr. (aus. *haben*) canticchiare.

1.Tram f. *(-,-s)* e n. *(-s,-s)* REGION. tram *m.*

2.Tram m. *(-[e]s,-e)* → **Tramen.**

Tram|bahn f. *(-,-en)* REGION. tram *m.*

Tra|men m. *(-s,-)* REGION. trave *f.*

Tramp [trɛmp] m. *(-s,-s)* vagabondo *m.*

Tram|pel m. e n. *(-s,-)* FIG. COLLOQ. = persona *f.* goffa.

tram|peln I intr. **1** (aus. *haben*) battere, pestare i piedi: ***vor Begeisterung ~*** battere i piedi per l'entusiasmo **2** SPREG. (aus. *sein*) calpestare (camminando) con passi pesanti: ***über den Rasen ~*** calpestare il prato con passi pesanti; ***durch eine Pfütze ~*** passare su una pozzanghera (pestando i piedi) **II** tr. **1a** calpestare, pestare (ripetutamente): ***jdn zu Tode ~*** calpestare e uccidere qcn.; ***etw. platt ~*** schiacciare qcs. **b** *(treten)* ***einen Pfad ~*** battere un sentiero **2** togliere battendo i piedi: ***den Schnee von den Schuhen ~*** togliere la neve dalle scarpe battendo i piedi ◆ ***Beifall ~*** battere i piedi in segno di approvazione.

Tram|pel|pfad m. *(-[e]s,-e)* sentiero *m.* battuto. **Tram|pel|tier** n. *(-[e]s,-e)* **1** cammello *m.* **2** → **Trampel.**

tram|pen ['trɛmpn] intr. (aus. *sein*) **1** viaggiare in autostop **2** ANT. *(als Tramp umherziehen)* vagabondare. **Tram|per** m. *(-s,-)* autostoppista *m.*

Tram|po|lin n. *(-s,-e)* trampolino *m.* **Tram|po|lin|sprung** m. *(-[e]s,-sprünge)* salto *m.* dal trampolino.

Tram|way ['tramvai] f. *(-,-s)* AUSTR. tram *m.*

Tran m. *(-[e]s,-e)* olio *m.* di grasso animale, di pesce ◆ ***im ~ sein*** essere intontito.

Tran|ce ['trã:s(ə)] f. *(-,-n)* trance *f.*: ***in ~ fallen, geraten*** cadere in trance; ***jdn in ~ versetzen*** far cadere in trance. **Tran|ce|zu|stand** m. *(-[e]s,-zustände)* stato *m.* di trance.

Tran|che ['trã:ʃ(ə)] f. *(-,-n)* **1** GASTR. trancio *m.*, fetta *f.* **2** ECON. tranche *f.*

Trän|chen n. *(-s,-)* lacrimuccia *f.*

tran|chie|ren [trã:'ʃi:rən] tr. GASTR. tagliare a fette. **Tran|chier|be|steck** n. *(-[e]s,-e)* posate *f.pl.* per tagliare a fette. **Tran|chier|mes|ser** n. *(-s,-)* trinciante *m.*

Trä|ne f. *(-,-n)* **1a** lacrima *f.*: ***-n der Freude, des Schmerzes*** lacrime di gioia, di dolore; ***-n vergießen*** versare lacrime; ***heiße, bittere -n weinen*** piangere calde lacrime, lacrime amare; ***die -n zurückhalten, hinunterschlucken*** trattenere, ingoiare le lacrime; ***in -n ausbrechen, zerfließen*** scoppiare, sciogliersi in lacrime **b** FIG. COLLOQ. *(kleine Menge)* goccio *m.*: ***in der Flasche ist nur noch eine ~*** nella bottiglia c'è solo un goccio **2** COLLOQ. SPREG. *(Tränentier)* piagnone *m.* ◆ ***-n in den Augen haben*** avere le lacrime agli occhi; ***jdm stehen -n in den Augen*** qcn. ha le lacrime agli occhi; ***jdm treten (die) -n in die Augen*** a qcn. vengono le lacrime agli occhi; ***etw. treibt jdm die -n in die Augen*** qcs. fa venire le lacrime agli occhi a (*o* fa piangere) qcn.; ***mit einer ~ im Knopfloch*** con il groppo in gola; ***ihm kommen (die) -n*** gli viene da piangere; ***-n lachen*** ridere fino alle lacrime; ***den -n freien Lauf lassen*** dare libero sfogo al pianto; ***jdm, einer Sache keine ~ nachweinen*** non versare una lacrima per qcn., qcs.; ***den -n nahe sein*** stare per (*o* essere sul punto di) piangere; ***jdn zu -n rühren*** commuovere qcn. fino alle lacrime; ***jd, etw. ist keine ~ wert*** qcn., qcs. non merita nulla.

trä|nen intr. (aus. *haben*) lacrimare: ***mir ~ die Augen*** mi lacrimano gli occhi. **Trä|nen|bein** n. *(-[e]s,-e)* osso *m.* lacrimale. **Trä|nen|drü|se** f. *(-,-n)* ghiandola *f.* lacrimale ◆ COLLOQ. ***auf die -n drücken*** commuovere fino alle lacrime. **trä|nen|er|stickt** agg. soffocato dal pianto: ***mit -er Stimme*** con voce soffocata dal pianto. **trä|nen|feucht** agg. umido di lacrime. **Trä|nen|fluss** m. *(-es)* fiume *m.* di lacrime. **Trä|nen|flüs|sig|keit** f. *(-)* lacrimazione *f.* **Trä|nen|flut** f. *(-,-en)* profluvio *m.* di lacrime. **Trä|nen|gas** n. *(-es)* gas *m.* lacrimogeno. **Trä|nen|na|sen|gang** m. *(-[e]s,-gänge)* condotto *m.* lacrimale. **trä|nen|nass** agg. bagnato di lacrime. **trä|nen|reich** agg. IRON. con molte lacrime, lacrimoso. **Trä|nen|sack** m. *(-[e]s,-säcke)* sacco *m.* lacrimale. **Trä|nen|schlei|er** m. *(-s,-)* velo *m.* di lacrime. **Trä|nen|strom** m. *(-[e]s,-ströme)* → **Tränenfluss. Trä|nen|su|se** f. *(-,-n)* piagnucolona *f.* **Trä|nen|tier** n. *(-[e]s,-e)* COLLOQ. SPREG. piagnone *m.*, piagnucolone *m.* **trä|nen|über|strömt** agg. inondato di lacrime.

Tran|fun|sel, Tran|fun|zel f. *(-,-n)* **1** = lampada *f.* debole, fioca **2** FIG. *(langsamer Mensch)* polentone *m.*, marmotta *f.*

tra|nig I agg. **1** pieno d'olio **2** *(wie Tran)* oleoso **3** FIG. COLLOQ. *(langweilig, langsam)* lento **II** avv. ***es schmeckt ~*** sa di olio di pesce.

trank → **trinken. Trank** m. *(-[e]s)* bevanda *f.*: ***heilender ~*** bevanda medicinale.

Trän|ke f. *(-,-n)* abbeveratoio *m.* **trän|ken** tr. **1** *(Tieren)* abbeverare **2a** *(voll saugen lassen)* ***mit etw. ~*** impregnare di qcs. **b** *(durchtränken)* ***in etw. ~*** imbevere in qcs.

Trank|op|fer n. *(-s,-)* libagione *f.*

Tränk|stoff m. *(-[e]s,-e)* sostanza *f.* impregnante. **Trän|kung** f. *(-,-en)* **1** *(von Tieren)* abbeveraggio *m.* **2** *(Imprägnierung)* impregnazione *f.*

Tran|lampe f. *(-,-n)* **1** ANT. lampada *f.* a olio **2** FIG. → **Tranfunzel.**

Tran|quil|li|zer ['træŋkwɪlaɪzə] m. *(-s,-)* tranquillante *m.*

Trans|ak|ti|on f. *(-,-en)* COMM. transazione *f.* **Trans|ak|ti|ons|ana|ly|se** f. *(-,-n)* analisi *f.* transazionale.

trans|al|pin, trans|al|pi|nisch agg. transalpino. **trans|at|lan|tisch** agg. d'oltre Atlantico.

Trans|ami|na|se f. *(-,-n)* transaminasi *f.*

Tran|sept m. e n. *(-[e]s,-e)* transetto *m.*

Trans|fer m. *(-s,-s)* **1** trasferimento *m.* (anche ECON. SPORT) **2** PSIC. transfert *m.* **3** LING. *(Entlehnung)* prestito *m.* **Trans|fer|ab|kom|men** n. *(-s,-)* accordo *m.* per i trasferimenti valutari.

trans|fe|rie|ren tr. trasferire. **Trans|fe|rie|rung** f. *(-,-en)* trasferimento *m.*

Trans|fer|lis|te f. *(-,-n)* SPORT lista *f.* di giocatori da trasferire. **Trans|fer|ma|schi|ne** f. macchina *f.* a trasferta, transfer *m.* e *f.* **Trans|fer|stra|ße** f. *(-,-n)* TECN. linea *f.* di trasferimento.

Trans|fi|gu|ra|ti|on f. *(-,-en)* trasfigurazione *f.*

Trans|for|ma|ti|on f. *(-,-en)* trasformazione *f.* **trans|for|ma|ti|o|nell** agg. della (*o* relativo alla) trasformazione. **Trans|for|ma|ti|**

onslgramlmaltik, ***generative ~*** grammatica generativa trasformazionale.
Translforlmaltor m. *(-s,-en)* EL. trasformatore *m.* **Translforlmaltolrenlhäuslchen, Translforlmaltorlhäuslchen** n. *(-s,-)* cabina *f.* di trasformazione (*o* elettrica).
translforlmielren tr. **1** trasformare **2** EL. ***etw. ~*** modificare la tensione corrente di qcs. **Translforlmielrung** f. *(-,-en)* trasformazione *f.*
Translfulsilon f. *(-,-en)* trasfusione *f.*: ***jdm eine ~ geben*** praticare (*o* fare) una trasfusione a qcn.
Translgreslsilon f. *(-,-en)* GEOGR. trasgressione *f.*
translhulmant agg. transumante. **Translhulmanz** f. *(-,-en)* transumanza *f.*
Tranlsisltor m. *(-s, Transistoren)* transistor *m.* **Tranlsisltorlgelrät** n. *(-[e]s,-e)* apparecchio *m.* a transistor. **tranlsisltolrielren, tranlsisltolrilsielren** tr. transistorizzare. **Tranlsisltorlraldio** n. *(-s,-s)* radio *m.* a transistor.
1.Tranlsit m. *(-s,-e)* ECON. transito *m.*: ***im ~*** in transito.
2.Tranlsit n. *(-s,-s)* → **Transitvisum.**
Tranlsitlablkomlmen n. *(-s,-)* DIR. convenzione *f.* di transito, accordo *m.* sul transito. **Tranlsitlgut** n. *(-[e]s,-güter)* merce *f.* in transito. **Tranlsitlhallle** f. *(-,-n)* → **Transitraum. Tranlsitlhanldel** m. *(-s)* commercio *m.* di transito.
tranlsiltielren intr. (aus. *haben*) ECON. transitare.
tranlsiltiv agg. transitivo: ***-e Verben*** verbi transitivi. **Tranlsiltiv** n. *(-s,-e)*, **Tranlsiltilvum** n. *(-s, Transitiva)* transitivo *m.*
tranlsiltolrisch agg. transitorio ◆ COMM. ***-e Aktiva, Passiva*** ratei attivi, passivi.
Tranlsitlraum m. *(-[e]s,-räume)* sala *f.* (d'attesa) per i passeggeri in transito. **Tranlsitlreilsenlde** m. e f. *(-n,-n)* passeggero *m.* (-a *f.*) in transito. **Tranlsitlstrelcke** f. *(-,-n)* percorso *m.* di transito. **Tranlsitlverlkehr** m. *(-s)* traffico *m.* di, in transito, transito *m.* **Tranlsitlvilsum** n. *(-s,-visa* e *-visen)* visto *m.* di transito. **Tranlsitlwalre** f. *(-,-n)* → **Transitgut. Tranlsitlweg** m. *(-[e]s,-e)* (via *f.* di) transito. **Tranlsitlzoll** m. *(-[e]s,-zölle)* dogana *f.* di transito.
Transljorldalnilen n.pr.n. *(-s)* Transgiordania *f.* **Translkaulkalsilen** n.pr.n. *(-s)* Transcaucasia *f.* **translkonltilnenltal** agg. transcontinentale.
tranlskrilbielren tr. LING. MUS. trascrivere. **Tranlskripltilon** f. *(-,-en)* LING. MUS. trascrivere.
Translliltelraltilon f. *(-,-en)* traslitterazione *f.* **translliltelrielren** tr. traslitterare.
Translmislsilon f. *(-,-en)* FIS. MECC. trasmissione *f.* **Translmislsilonslrielmen** m. *(-s,-)* cinghia *f.* di trasmissione. **Translmislsilonslwellle** f. *(-,-n)* MECC. albero *m.* di trasmissione.
Translmultaltilon f. *(-,-en)* CHIM. trasmutazione *f.* **translnaltilolnal** agg. transnazionale. **translozelalnisch** agg. transoceanico.
translpalrent agg. trasparente (anche FIG.). **Translpalrent** n. *(-[e]s,-e)* **1** trasparente *m.* **2** *(Spruchband)* striscione *m.* **Translpalrentlpalpier** n. *(-s,-e)* carta *f.* lucida; *(Pauspapier)* carta *f.* velina; **Translpalrentlseilfe** f. *(-,-n)* sapone *m.* alla glicerina. **Translpalrenz** f. *(-)* trasparenza *f.* (anche FIG.).
Tranlspilraltilon f. *(-,-en)* traspirazione *f.* **tranlspilrielren** intr. (aus. *haben*) traspirare.
Translplanltat n. *(-[e]s,-e)* CHIR. **1** organo *m.* trapiantato **2** *(Gewebe)* tessuto *m.* trapiantato. **Translplanltaltilon** f. *(-,-en)* AGR. CHIR. trapianto *m.*: ***eine ~ vornehmen, durchführen*** eseguire un trapianto. **translplanltielren** tr. CHIR. trapiantare.
translpolnielren tr. **1** trasportare **2** MUS. trasporre, trasportare.
Translport m. *(-[e]s,-e)* **1** trasporto *m.*: ***~ auf der Straße, mit der (o per) Bahn, per Schiff, Flugzeug*** trasporto su strada, per ferrovia, per nave, per via aerea; ***auf dem, beim ~ wurde die Ware beschädigt*** nel (*o* durante il) trasporto la merce fu danneggiata **2** *(transportierte Ware, Personen, Tiere)* carico *m.*, trasporto *m.*: ***ein ~ Waren, Verletzte ist eingetroffen*** è arrivato un carico di merci, di feriti.
translporltalbel agg. trasportabile; *(tragbar)* portatile.
Translportlanllalge f. *(-,-n)* impianto *m.* di trasporto, trasportatore *m.* **Translportlarlbeilter** m. *(-s,-)* lavoratore *m.* di un'impresa di trasporti. **Translportlband** n. *(-[e]s,-bänder)* nastro *m.* trasportatore. **Translportlbelhällter** m. *(-s,-)* container *m.* **Translportlbelstimlmung** f. *(-,-en)* disposizione *f.* per il trasporto.
Translporlter m. *(-s,-)* furgone *m.*
Translporlteur [-'tø:ɐ] m. *(-s,-e)* **1** trasportatore *m.* **2** MAT. ANT. rapportatore *m.*
translportlfälhig agg. trasportabile. **Translportlfluglzeug** n. *(-[e]s,-e)* aereo *m.* da trasporto. **Translportlfühlrer** m. *(-s,-)* responsabile *m.* di un trasporto (*o* di un carico).
translporltielren tr. **1** trasportare **2** FOT. trascinare (la pellicola).
Translportlkoslten pl. costi *m.pl.* di, del trasporto. **Translportlmalschilne** f. *(-,-n)* aereo *m.* da trasporto. **Translportlmitltel** n. *(-s,-)* mezzo *m.* di trasporto. **Translportlschiff** n. *(-[e]s,-e)* nave *f.* da trasporto (*o* da carico). **Translportlunlterlnehlmen** n. *(-s,-)* impresa *f.* di trasporti. **Translportlverlsilchelrung** f. *(-,-en)* assicurazione *f.* sul trasporto. **Translportlwelsen** n. *(-s)* trasporti *m.pl.*
Translposlsiltilon f. *(-,-en)* LING. MUS. trasposizione *f.*
Translselxulallislmus m. *(-)* transessualismo *m.*, transessualità *f.* **translselxulell** agg. transessuale.
translsilbilrisch agg. transiberiano ◆ ***die Transsibirische Eisenbahn*** la ferrovia transiberiana, la Transiberiana.
Translsublstanltilaltilon f. *(-,-en)* transustanziazione *f.*
Transluralne pl. elementi *m.pl.* transuranici.
Tranlsulse f. *(-,-n)* COLLOQ. addormentata *f.*, imbranata *f.*
translverlsal agg. TECN. trasversale. **Translverlsalle** f. *(-,-n)* GEOM. (retta *f.*) trasversale *f.*
Translveslitislmus → **Transvestitismus. Translveslitit** m. *(-en,-en)* travestito *m.* **Translveslitiltislmus** m. *(-)* travestitismo *m.*
translzenldent agg. FILOS. MAT. trascendente. **translzenldenltal** agg. trascendentale. **Translzenldenltallphillolsolphie** f. *(-)* filosofia *f.* trascendentale. **Translzenldenltislmus** m. *(-s)* trascendentismo *m.* **Translzenldenz** f. *(-)* trascendenza *f.* **translzenldielren** intr. (aus. *haben*) trascendere.
Tralpez n. *(-es,-e)* trapezio *m.*: ***am, auf dem ~ turnen*** fare esercizi al, sul trapezio; GEOM. ***gleichschenkliges, rechtwinkliges ~*** trapezio isoscele, rettangolo. **Tralpezlakt** m. *(-[e]s,-e)* numero *m.* al trapezio. **tralpezlförlmig** agg. trapezoidale, a forma di trapezio. **Tralpezlkünstller** m. *(-s,-)* trapezista *m.* **Tralpezlmuslkel** m. *(-s,-n)* muscolo *m.* trapezio.
Tralpelzolid n. *(-[e]s,-e)* GEOM. trapezoide *m.*
trapp inter. clop, cloppete.
Traplpe f. *(-,-n)* otitide *m.*; *(Großtrappe)* otarda *f.*
traplpeln intr. (aus. *haben*) trotterellare ◆ ***Hufe ~ hören*** sentire uno scalpiccio di zoccoli.
Traplper m. *(-s,-)* cacciatore *m.* di pelli.
Traplpist m. *(-en,-en)* trappista *m.* **Traplpislenlkloslter** n. *(-s,-klöster)* convento *m.* di trappisti, trappa *f.* **Traplpislenlorlden** m. *(-s)* ordine *m.* dei trappisti.
tralra inter. taratà. **Tralra** n. *(-s)* **1** taratà *m.* **2a** COLLOQ. *(großer Lärm)* trambusto *m.*, baccano *m.*, chiasso *m.*: ***mit großem ~*** con grande chiasso **b** FIG. ***um jdn, etw. viel ~ machen*** fare molto chiasso intorno a (*o* per) qcn., qcs.
Tralsilmelnisch, *der -e See* il lago Trasimeno.
Traslsant m. *(-en,-en)* traente *m.* **Traslsat** m. *(-en,-en)* trassato *m.*, trattario *m.*
Traslse f. *(-,-n)*, SVIZZ. **Traslsee** n. *(-s,-s)* tracciato *m.*
traslsielren tr. **1** tracciare **2** ECON. ***einen Wechsel ~*** emettere (*o* spiccare) una tratta, BANC. trarre una cambiale.
trat → **treten.**
Tratsch m. *(-[e]s)* COLLOQ. chiacchiere *f.pl.*, pettegolezzi *m.pl.* **Tratlsche** f. *(-,-n)* COLLOQ. chiacchierone *m.* (-a *f.*), pettegolo *m.* (-a *f.*).
tratlschen intr. (aus. *haben*) COLLOQ. ***über jdn, etw. ~*** parlare, spettegolare di qcn., qcs.; *(gehässig)* sparlare di qcn., qcs. **Tratlschelrei** f. *(-,-en)* chiacchiere *f.pl.*, pettegolezzi *m.pl.*
Tratlte f. *(-,-n)* tratta *f.*: ***eine ~ auf jdn ausstellen, ziehen*** emettere, spiccare una tratta su qcn.; ***eine ~ annehmen, einlösen*** accettare, pagare una tratta.
tratlzen, trätlzen tr. REGION. **1** stuzzicare, punzecchiare **2** *(spötteln)* prendere in giro.
Traulalltar m. *(-s)* altare *m.*: ***jdn zum ~ führen*** portare qcn. all'altare; ***vor den ~ treten*** andare all'altare.
Traulbe f. *(-,-n)* **1a** grappolo *m.*: ***eine ~ von Blüten, Beeren*** un grappolo di fiori, di bacche **b** FIG. *(dichter Schwarm)* ***eine ~ Bienen, Menschen*** un grappolo d'api, di persone **2a** *(Weintraube)* grappolo *m.* (d'uva) **b** pl. *(Wein)* uva *f.*: ***blaue, grüne -n*** uva nera, bianca; ***-n schneiden, lesen*** raccogliere, vendemmiare l'uva; ***ein Kilo -n*** un chilo d'uva ◆ ***jdm (o dem Fuchs) hängen die -n zu hoch, sind die -n zu sauer*** qcn. fa come la volpe con l'uva. **traulbenlförlmig I** agg. a (forma di) grappolo **II** avv. a grappolo, a grappoli. **Traulbenlholllunlder** m. *(-s,-)* sambuco *m.* di montagna. **Traulbenlkamm** m. *(-[e]s,-kämme)* raspo *m.* **Traulbenlkirlsche** f. *(-,-n)* ciliegio *m.* a grappoli. **Traulbenlkoklken** pl. stafilococchi *m.pl.* **Traulbenlkur** f. *(-,-en)* MED. ampeloterapia *f.*, botrioterapia *f.* **Traulbenllelse** f. *(-,-n)* raccolta *f.* dell'uva, vendemmia *f.* **Traulbenlmost** m. *(-[e]s,-e)* mosto *m.* d'uva. **Traulbenlpreslse** f. *(-,-n)* torchio *m.* per uva. **Traulbenlsaft** m. *(-[e]s,-säfte)* succo *m.* d'uva. **Traulbenlsäulre** f. *(-)* acido *m.* racemico (*o* tartarico). **Traulbenlwicklller** m. *(-s,-)* tignola *f.* dell'uva.

Trau|ben|zu|cker m. *(-s)* glucosio *m.*
trau|big agg. avv. → **traubenförmig.**
trau|en I intr. (aus. *haben*) fidarsi, aver fiducia: ***jdm (nicht) ~*** (non) fidarsi di (*o* aver fiducia in) qcn.; ***jds Worten (nicht) ~*** (non) prestar fede alle parole di qcn.; ***seinem Versprechen ist nicht zu ~*** non c'è da fidarsi della sua promessa **II** rifl. **sich ~** fidarsi, azzardarsi, osare: ***sich nicht über die Straße ~*** non fidarsi ad attraversare la strada; *(wagen)* ***sich nicht zu sprechen ~*** non osare parlare **III** tr. sposare, unire in matrimonio ◆ ***seinen Augen, Ohren nicht ~*** non credere ai propri occhi, alle proprie orecchie; ***dem Frieden nicht ~*** non fidarsi, avere i propri dubbi; ***sich standesamtlich, kirchlich ~ lassen*** sposarsi civilmente (*o* in municipio), sposarsi in chiesa; ***jdm nicht über den Weg ~*** fidarsi poco di qcn.
Trau|er f. *(-)* **1a** dolore *m.*, afflizione *f.*: ***~ über etw. empfinden*** provare dolore per qcs., affliggersi per qcs. **b** *(um einen Verstorbenen)* lutto *m.*, cordoglio *m.*: ***die ~ um jdn*** il lutto, il dolore per la morte di qcn. **2a** *(Trauerzeit)* lutto *m.*: ***einen Tag ~ anordnen*** proclamare un giorno di lutto (nazionale) **b** *(Trauerkleidung)* ***~ tragen*** portare il (*o* essere in) lutto ◆ ***~ ablegen*** deporre, smettere il lutto; ***~ anlegen*** prendere il lutto; ***in ~ sein*** essere in lutto; ***in stiller, tiefer ~*** con profondo dolore.
Trau|er|akt m. *(-[e]s,-e)* esequie *f.pl.* **Trau|er|an|zei|ge** f. *(-,-n)* **1** annuncio *m.* di, della morte **2** *(in der Zeitung)* necrologio *m.* **Trau|er|ar|beit** f. *(-)* PSIC. elaborazione *f.* del lutto. **Trau|er|bin|de** f. *(-,-n)* → **Trauerflor. Trau|er|bot|schaft** f. *(-,-en)* notizia *f.* luttuosa, funesta; tragica notizia *f.* **Trau|er|brief** m. *(-[e]s,-e)* lettera *f.* listata a lutto. **Trau|er|fah|ne** f. *(-,-n)* bandiera *f.* a mezz'asta (*o* abbrunata). **Trau|er|fall** m. *(-[e]s,-fälle)* lutto *m.*, evento *m.* luttuoso: ***ein ~ in der Familie*** un lutto in famiglia. **Trau|er|fei|er** f. *(-,-n)* funerale *m.*, funerali *m.pl.* **Trau|er|flor** m. *(-[e]s,-e)* fascia *f.*, nastrino *m.* da lutto. **Trau|er|gast** m. *(-[e]s,-gäste)* partecipante *m.* al, a un funerale. **Trau|er|ge|fol|ge** n. *(-s)*, **Trau|er|ge|leit** n. *(-[e]s,-e)* corteo *m.* funebre. **Trau|er|ge|sell|schaft** f. *(-,-en)* partecipanti *m.pl.* al, a un funerale. **Trau|er|got|tes|dienst** m. *(-es,-e)* messa *f.* funebre. **Trau|er|haus** n. *(-es,-häuser)* casa *f.* colpita da un lutto. **Trau|er|jahr** n. *(-[e]s,-e)* anno *m.* di lutto. **Trau|er|klei|dung** f. *(-)* vestiti *m.pl.* da lutto. **Trau|er|kloß** m. *(-es,-klöße)* SCHERZ. musone *m.* **Trau|er|man|tel** m. *(-s,-mäntel)* antiopa *f.* **Trau|er|marsch** m. *(-[e]s,-märsche)* marcia *f.* funebre. **Trau|er|mie|ne** f. *(-,-n)* COLLOQ. faccia *f.* da funerale: ***eine ~ aufsetzen*** fare una faccia da funerale.
trau|ern intr. (aus. *haben*) **1** essere afflitto, addolorato: ***um jds Tod, über jds Verlust ~*** essere addolorato per la morte, per la scomparsa di qcn. **2** *(Trauerkleidung tragen)* portare, osservare il lutto. **Trau|er|nach|richt** f. *(-,-en)* notizia *f.* luttuosa. **Trau|er|rand** m. *(-[e]s,-ränder)* margine *m.* (*o* bordo *m.*) nero, a lutto: ***ein Brief mit ~*** una lettera listata a lutto. **Trau|er|re|de** f. *(-,-n)* discorso *m.* funebre. **Trau|er|schlei|er** m. *(-s,-)* velo *m.* da lutto. **Trau|er|spiel** n. *(-[e]s,-e)* LETT. tragedia *f.*, dramma *m.* (anche FIG.). **Trau|er|wei|de** f. *(-,-n)* salice *m.* piangente. **Trau|er|zeit** f. *(-,-en)* periodo *m.* di lutto. **Trau|er|zug** m. *(-[e]s,-züge)* corteo *m.* funebre.
Trau|fe f. *(-,-n)* grondaia *f.*, gronda *f.* ◆ ***vom Regen in die ~ kommen*** passare dalla padella alla brace. **träu|feln I** tr. versare a gocce, far gocciolare; stillare: ***etw. in die Ohren ~*** mettere delle gocce nelle orecchie **II** intr. (aus. *sein*) ANT. gocciolare. **träu|fen** ANT. → **träufeln.**
trau|lich agg. **1** intimo, accogliente **2** RAR. *(vertraulich)* fidato. **Trau|lich|keit** f. *(-)* **1** intimità *f.*, cordialità *f.* **2** RAR. *(Vertrautheit)* familiarità *f.*, confidenza *f.*
Traum m. *(-[e]s, Träume)* sogno *m.*: ***einen bösen, schönen, wirren ~ haben*** fare un brutto, un bel sogno, un sogno confuso; ***jdm im ~ erscheinen*** apparire in sogno a qcn.; *(unerfüllter Wunsch)* ***der ~ seines Lebens*** il sogno della sua vita; ***das Auto seiner Träume*** l'auto dei suoi sogni; ***der ~ ist ausgeträumt, vorbei*** il sogno è svanito; ***ein ~ geht in Erfüllung, wird wahr*** un sogno si avvera; *(etw. Traumhaftes)* ***ein ~ von einem Kleid*** un vestito di sogno ◆ ***aus (ist) der ~*** è finita, il sogno è svanito; ***ich denke nicht im ~ daran*** non ci penso nemmeno (lontanamente); ***einen ~ deuten*** interpretare un sogno; ***das wäre mir nicht im ~ eingefallen*** non mi sarebbe mai venuto in mente; ***aus seinen Träumen gerissen werden*** essere strappato ai propri sogni; ***wie im ~ leben*** vivere come in un sogno; ***der Mann, die Frau meiner Träume*** l'uomo, la donna dei miei sogni; ***nicht im ~*** neanche per sogno; ***im ~ reden*** parlare nel sonno; ***es ist (mir) wie im ~*** mi pare di sognare; PROV. ***Träume sind Schäume*** = i sogni svaniscono.
Trau|ma n. *(-s, Traumen* e *-ta)* trauma *m.*: ***etw. wird, führt bei jdm zu einem ~*** qcs. è un trauma per qcn., provoca un trauma in qcn.; ***es wurde für ihn zu einem ~*** per lui è stato traumatico. **trau|ma|tisch** agg. traumatico. **trau|ma|ti|sie|ren** tr. traumatizzare. **Trau|ma|to|lo|gie** f. *(-)* traumatologia *f.*
Traum|be|ruf m. *(-[e]s,-e)* professione *f.* sognata: ***mein ~ ist, Sängerin zu werden*** il mio sogno è diventare una cantante. **Traum|bild** n. *(-[e]s,-er)* **1** visione *f.* (onirica) **2** *(Fantasievorstellung)* fantasticheria *f.*, fantasia *f.* **Traum|buch** n. *(-[e]s,-bücher)* libro *m.* dei sogni. **Traum|deu|tung** f. *(-,-en)* interpretazione *f.* dei sogni.
träu|men I tr. **1** sognare: ***etwas Fürchterliches ~*** sognare qualcosa di spaventoso; *(sich einbilden)* ***das hast du doch geträumt*** te lo sarai sognato **2** impers. ***ihm träumte, dass...*** sognò che... **II** intr. (aus. *haben*) **1a** ***von jdm, etw. ~*** sognare (di) qcn. qcs. **b** *(sich wünschen)* ***von einem ruhigen Leben ~*** sognare una vita tranquilla **2** *(nicht bei der Sache sein)* sognare, fantasticare: ***mit offenen Augen ~*** sognare ad occhi aperti; ***du träumst wohl?*** stai sognando? ◆ ***er hat geträumt*** aveva la testa per aria; ***das hätte ich mir nicht, nie ~ lassen*** non me lo sarei nemmeno sognato; ***träum nicht!*** dove hai la testa? ***träum süß*** sogni d'oro; ***in den Tag hinein ~*** sognare ad occhi aperti; ***einen Traum ~*** fare un sogno.
Träu|mer m. *(-s,-)* sognatore *m.* **Träu|me|rei** f. *(-,-en)* fantasticheria *f.*, sogno *m.*: ***sich in -en verlieren*** perdersi in fantasticherie. **träu|me|risch** agg. sognante; *(verträumt)* trasognato : ***mit -en Augen*** con occhi sognanti.
Traum|fab|rik f. *(-,-en)* fabbrica *f.* dei sogni. **Traum|frau** f. *(-,-en)* donna *f.* ideale, dei sogni: ***sie ist seine ~*** è la donna dei suoi sogni. **Traum|ge|bil|de** n. *(-s,-)* visione *f.* onirica. **Traum|ge|sicht** n. *(-[e]s,-e)* visione *f.* **traum|haft I** agg. di, da sogno, fantastico, irreale: ***-e Darstellungen*** rappresentazioni irreali; FIG. ***eine -e Reise*** un viaggio fantastico, di sogno **II** avv. come in (un) sogno. **Traum|mann** m. *(-[e]s,-männer)* uomo *m.* ideale, dei sogni. **Traum|tän|zer** m. *(-s,-)* SPREG. visionario *m.* **traum|ver|lo|ren, traum|ver|sun|ken** agg. trasognato.
traun avv. ANT. in verità, veramente.
trau|rig I agg. **1a** *(freudlos)* triste; mesto: ***über etw. ~ sein*** essere triste per qcs.; ***ein -es Gesicht machen*** fare una faccia triste; ***eine -e Gestalt, Kindheit*** una figura, infanzia triste **b** *(schmerzlich)* ***eine -e Nachricht, Wahrheit*** una triste notizia, verità; ***die -e Pflicht*** il triste compito **c** *(bedauerlich, kläglich)* ***es ist ~, dass es sich nicht ändern lässt*** è triste che non si possa far nulla **2** *(erbärmlich)* misero: ***ein -er Rest Torte*** un misero avanzo di torta; ***in -en Verhältnissen leben*** vivere in misere condizioni **II** avv. **1** tristemente, in modo triste , con tristezza; mestamente **2** *(armselig)* miseramente ◆ ***ein -es Los*** una triste sorte; ***jdn ~ machen, stimmen*** rendere triste (*o* rattristare) qcn.; ***~ werden*** rattristarsi. **Trau|rig|keit** f. *(-,-en)* tristezza *f.*; mestizia *f.*: ***tiefe ~*** profonda tristezza; *(trauriges Ereignis)* ***nur von -en reden*** parlare solo di tristezze.
Trau|ring m. *(-[e]s,-e)* anello *m.* (*o* fede *f.*) nuziale. **Trau|schein** m. *(-[e]s,-e)* certificato *m.* di matrimonio.
traut agg. ANT. **1** caro, amato **2** *(vertraut)* intimo.
Trau|te f. *(-)* coraggio *m.*: ***die ~ (zu etw.) haben*** avere il coraggio di fare qcs.
Trau|ung f. *(-,-en)* matrimonio *m.*; ANT. sposalizio *m.*: ***(standes)-amtliche, kirchliche ~*** matrimonio civile, religioso (*o* COLLOQ. in chiesa). **Trau|zeu|ge** m. *(-n,-n)* testimone *m.* di nozze.
Tra|vel|ler|scheck ['trɛvəlɐ-] m. *(-s,-s)* traveller's cheque *m.*
Tra|ver|se f. *(-,-n)* ARCH. TECN. SPORT traversa *f.*
Tra|vers|flö|te f. *(-,-n)* flauto *m.* traverso.
Tra|ver|tin m. *(-s,-)* travertino *m.*
Tra|ves|tie f. *(-,-n)* parodia *f.* **tra|ves|tie|ren** tr. parodiare. **Tra|ves|tie|show** f. *(-,-s)* spettacolo *m.* en travesti.
Tre|cen|to [tre'tʃɛnto] n. *(-s)* ART. LETT. trecento *m.*
Treck m. *(-s,-s)* **1** *(von Siedlern)* carovana *f.* **2** *(von Flüchtlingen)* colonna *f.* **Tre|cker** m. *(-s,-)* trattore *m.*, trattrice *f.* **Tre|cking** → **Trekking.**
1.Treff n. *(-s,-s)* GIOC. fiori *m.pl.*
2.Treff m. *(-s,-s)* COLLOQ. **1** incontro *m.*: ***einen ~ vereinbaren*** accordarsi per un incontro **2** *(Treffpunkt)* punto *m.* d'incontro.
Treff|ass n. *(-es,-e)* asso *m.* di fiori.
tref|fen *(trifft, traf, getroffen)* **I** tr. **1** incontrare: ***jdn auf der Straße ~*** incontrare qcn. per strada **2a** colpire: ***das Ziel ~*** colpire il bersaglio; ***der Stein traf ihn am Kopf, ins Gesicht, in den Rücken*** la pietra lo colpì alla testa, al volto, sulla schiena; ***eine Bombe traf das Haus*** una bomba colpì la casa; ***jdn tödlich ~*** colpire qcn. a morte **b** assol. colpire nel segno, andare a segno: ***der Schuss traf nicht*** il colpo non andò a segno **3a** FIG. *(erschüttern)* colpire: ***jdn in seinem Stolz, bis ins Innerste ~*** colpire qcn. nell'orgoglio, nel profondo **b** *(schaden)* ***die Interessen der Firma ~*** colpire gli interessi dell'azienda **c** *(betreffen)* toccare, riguardare: ***diesmal trifft's dich*** stavolta tocca, capita a te; ***ihn trifft keine Schuld*** non è colpa sua

4a *(erraten)* indovinare, cogliere: ***jds Geschmack ~*** indovinare il gusto di qcn. **b** *(herausfinden)* trovare: ***den richtigen Ton ~*** trovare il tono giusto **5** prendere: ***eine Entscheidung ~*** prendere una decisione; ***Maßnahmen ~*** prendere provvedimenti; ***eine Absprache, ein Abkommen ~*** prendere accordi **II** intr. (aus. *sein*) **1** imbattersi: ***auf jdn ~*** imbattersi in (*o* incontrare) qcn.; ***auf den Feind ~*** imbattersi nel nemico; ***auf Schwierigkeiten ~*** imbattersi in (*o* incontrare) difficoltà; ***auf Widerstand ~*** incontrare opposizione, resistenza **2** SPORT ***auf den Gegner ~*** incontrare gli avversari **III** rifl. **sich ~ 1** incontrarsi: ***sich mit jdm ~*** incontrarsi con qcn.; ***ihre Blicke trafen sich*** i loro sguardi si incontrarono; ***sich auf einen Kaffee ~*** incontrarsi per un caffè **2** verificarsi, capitare: ***es traf sich, dass...*** capitò che... ◆ ***es gut, schlecht ~*** avere fortuna, sfortuna (*o* capitare bene, male); ***es trifft sich gut, schlecht*** è una fortuna, sfortuna; ***auf dem Foto ist sie (nicht) gut getroffen*** sulla foto (non) è venuta bene; ***jdn ins Herz ~*** colpire qcn. al cuore; ***das Richtige ~*** indovinare; ***eine Vereinbarung ~*** giungere a un accordo; ***Vorbereitungen ~*** fare preparativi; ***eine Wahl ~*** fare una scelta; ***wie es sich so trifft*** come vuole il caso; ***ins Ziel ~*** colpire nel segno.

Tref|fen n. *(-s,-)* **1a** *(geplante Begegnung)* incontro *m.*: ***ein ~ verabreden, veranstalten, vereinbaren*** fissare, organizzare un incontro, accordarsi per un incontro **b** *(Versammlung)* riunione *f.*, raduno *m.*: ***ein ~ von Schulkamaraden*** un raduno di compagni di scuola **2** SPORT *(Wettkampf)* incontro *m.*, partita *f.* **3** MIL. ANT. *(Gefecht)* scontro *m.*, combattimento *m.* ◆ ***etw. ins ~ führen*** portare qcs. come argomento. **tref|fend I** p.pres. agg. **1** → **treffen 2** giusto, appropriato, felice: ***ein -es Urteil*** un giudizio giusto; ***eine -e Bemerkung*** un'osservazione appropriata **II** avv. a proposito, appropriatamente.

Tref|fer m. *(-s,-)* **1a** centro *m.*: ***auf 10 Schüsse 6 ~ haben*** aver fatto 6 centri su 10 colpi **b** *(beim Boxen)* colpo *m.* (andato a segno) **c** *(beim Fechten)* colpo *m.*, stoccata *f.* (andata a segno) **2** *(Tor)* rete *f.*, goal *m.*: ***einen ~ erzielen*** segnare un goal **3** *(Gewinn)* vincita *f.*; *(in der Lotterie)* numero *m.* (*o* biglietto *m.*) vincente: ***einen ~ machen*** fare una vincita ◆ ***einen ~ bekommen, erhalten*** essere colpito; *(Glück)* ***einen ~ haben*** fare centro. **Tref|fer|quo|te** f. *(-,-n)*, **Tref|fer|zahl** f. *(-,-en)* **1** numero *m.* di centri **2** *(beim Fußball)* numero *m.* di reti, di goal.

treff|lich ANT. **I** agg. eccellente, ottimo: ***ein -er Wissenschaftler, Beobachter*** un illustre scienziato, un ottimo osservatore; ***ein -er Wein*** un vino eccellente **II** avv. in modo eccellente, ottimamente. **Treff|lich|keit** f. *(-)* ANT. eccellenza *f.*, ottima qualità *f.*

Treff|platz m. *(-es,-plätze)* luogo *m.* di ritrovo. **Treff|punkt** m. *(-[e]s,-e)* **1a** punto *m.* di incontro **b** centro m.: ***Mailand, ~ der Mode*** Milano, centro della moda **2** GEOM. *(Schnittpunkt)* punto *m.* di intersezione.

treff|si|cher agg. **1** dalla mira sicura, infallibile: ***ein -er Spieler*** un tiratore dalla mira sicura **2** FIG. appropriato, calzante: ***eine -e Ausdrucksweise*** un'espressione appropriata **3** *(sicher, unbeirrt)* esatto, preciso: ***ein -es Urteil*** un giudizio mirato. **Treff|si|cher|heit** f. *(-)* **1** sicurezza *f.* di, nel tiro **2** *(im Ausdruck)* appropriatezza *f.*, uso *m.* appropriato **3** *(im Urteil)* sicurezza *f.* (*o* esattezza *f.*) di giudizio.

Treib|ach|se f. *(-,-n)* asse *m.* motore. **Treib|an|ker** m. *(-s,-)* MAR. ancora *f.* flottante (*o* galleggiante). **Treib|ar|beit** f. *(-,-en)* (lavoro *m.* a) sbalzo *m.* **Treib|beet** n. *(-[e]s,-e)* AGR. letto *m.* caldo. **Treib|eis** n. *(-es)* ghiaccio *m.* alla deriva.

trei|ben I tr. **1a** *(jagen)* cacciare, spingere, condurre: ***das Vieh auf die Weide, aus dem Stall ~*** condurre la mandria al pascolo, spingere il bestiame fuori dalla stalla; ***den Feind aus dem Land ~*** cacciare il nemico dal paese **b** *(vom Wind)* spazzare: ***der Wind treibt die Blätter vor sich her*** il vento spazza le foglie **2** FIG. spingere, indurre: ***seine Eifersucht hat ihn dazu getrieben*** lo ha spinto a farlo la gelosia; ***jdn in den Tod, zum Äußersten, zur, in die Verzweiflung, zum Selbstmord ~*** portare qcn. alla morte, spingere qcn. all'estremo, spingere (*o* ridurre) qcn. alla disperazione, spingere (*o* indurre) qcn. al suicidio; ***jdn aus dem Haus ~*** spingere qcn. ad andarsene, cacciare qcn. di casa **3a** *(in Gang halten)* muovere, azionare: ***der Motor treibt zwei Maschinen*** il motore aziona due macchine **b** *(antreiben)* far girare: ***das Wasser treibt das Mühlrad*** l'acqua fa girare il mulino **4a** *(hineinschlagen)* conficcare, piantare: ***Nägel ins Holz ~*** piantare chiodi nel legno **b** *(Tunnel, Stollen)* scavare **5** sbalzare, lavorare a sbalzo: ***Kupfer ~*** sbalzare il rame **6** *(sich beschäftigen)* fare, occuparsi di, dedicarsi a: ***was treibt ihr den ganzen Tag?*** cosa fate tutto il giorno? ***Handel, Viehzucht ~*** dedicarsi al commercio, all'allevamento; ***Philosophie ~*** occuparsi di filosofia; ***Sport, Musik ~*** praticare sport, musica **II** intr. **1a** *(von der Strömung bewegt werden;* aus. *haben, sein)* galleggiare, andare alla deriva: ***etw. treibt auf dem, im Wasser*** qcs. galleggia sull'acqua **b** (aus. *sein*) essere spinto (*o* sospinto): ***ans Ufer ~*** essere spinto sulla riva **2** *(hervorwachsen;* aus. *haben)* spuntare, germogliare **3a** (aus. *haben*) lievitare: ***der Teig treibt*** la pasta lievita **b** *(gären)* fermentare **4** (aus. *haben*) COLLOQ. *(harntreibend sein)* ***Bier treibt*** la birra stimola ◆ ***jdn zur Arbeit ~*** incitare qcn. al lavoro; ***großen Aufwand ~*** fare grande sfoggio; ***man weiß nicht, wohin die Dinge ~*** non si sa che piega prenderanno le cose; ***jdn zur Eile ~*** mettere fretta a qcn.; COLLOQ. ***es toll, zu bunt ~*** esagerare; ***den Feind in die Flucht ~*** mettere il nemico in fuga; ***jdm das Blut, die Schamröte ins Gesicht ~*** fare arrossire qcn. di vergogna; ***die Preise in die Höhe ~*** far salire i prezzi; EUFEM. *(entdeckt werden; bald sterben)* ***er wird es nicht mehr lange ~*** non ce la farà ancora per molto; ***mit etw. Missbrauch ~*** fare abuso di qcs.; EUFEM. *(Geschlechtsverkehr haben)* ***es mit jdm ~*** farsela con qcn.; ***seinen Scherz mit jdm ~*** prendere in giro qcn.; ***jdm den Schweiß aus den Poren ~*** far sudare qcn.; ***sich (zu sehr) ~ lassen*** lasciarsi andare (troppo); ***Spionage ~*** fare (dello) spionaggio; ***seinen Spott mit jdm ~*** mettere qcn. in ridicolo; ***sich von der Strömung ~ lassen*** farsi trascinare dalla corrente; ***Unfug, Unsinn ~*** fare stupidaggini; ***Unzucht ~*** commettere atti osceni; ***sich von den Verhältnissen ~ lassen*** farsi trascinare dalle circostanze; ***was treibst du denn?*** che fai di bello? ***was treibst du so?*** come te la passi? ***etw. zu weit ~*** spingere qcs. troppo avanti.

Trei|ben n. *(-s,-)* **1** andirivieni *m.*, movimento *m.*, animazione *f.*: ***das Leben und ~ auf den Straßen*** la vita e il movimento per le strade; ***es herrscht ein lebhaftes, buntes ~*** regna una vivace animazione **2** *(Handeln)* l'affaccendarsi, attività *f.*: ***seinem heimlichen ~ ein Ende machen*** porre fine alla propria attività segreta. **trei|bend** p.pres. agg. **1** → **treiben 2** FIG. trainante: ***er ist die -e Kraft*** è la forza trainante, motrice. **Trei|ber** m. *(-s,-)* **1** VENAT. battitore *m.* **2** *(Viehtreiber)* mandriano *m.*, guardiano *m.* **3a** SPREG. *(Antreiber)* istigatore *m.* **b** *(zur Arbeit)* aguzzino *m.* **Trei|be|rei** f. *(-,-en)* **1** *(von Pflanzen)* coltivazione *f.* **2a** COLLOQ. *(Antreiberei)* istigazione *f.* **b** sollecitazioni *f.pl.*, insistenze *f.pl.*

Treib|gas n. *(-es,-e)* **1** *(Kraftstoff)* gas *m.* per trazione **2** *(in Spraydosen)* gas *m.* propellente. **Treib|gut** n. *(-[e]s)* relitto *m.*, oggetto *m.* galleggiante, alla deriva.

Treib|haus n. *(-[e]s,-häuser)* serra *f.* **Treib|haus|ef|fekt** m. *(-[e]s)* effetto *m.* serra. **Treib|haus|kul|tur** f. *(-)* coltura *f.* in serra.

Treib|holz n. *(-es)* legname *m.* galleggiante. **Treib|jagd** f. *(-,-en)* battuta *f.* di caccia. **Treib|la|dung** f. *(-,-en)* ARTIGL. carica *f.* propellente. **Treib|mi|ne** f. *(-,-n)* mina *f.* galleggiante. **Treib|mit|tel** n. *(-s,-)* **1** CHIM. propellente *m.*; *(Treibgas)* (gas *m.*) propellente *m.* **2** *(Gärstoff)* lievito *m.* **Treib|öl** n. *(-s,-e)* gasolio *m.* **Treib|rad** n. *(-[e]s,-räder)* ruota *f.* motrice. **Treib|rie|gel|ver|schluss** m. *(-es,-verschlüsse)* bascula *f.* **Treib|rie|men** m. *(-s,-)* cinghia *f.* di trasmissione. **Treib|sand** m. *(-[e]s)* sabbia *f.* mobile. **Treib|satz** m. *(-es,-sätze)* propellente *m.* **Treib|schlag** m. *(-[e]s,-schläge)* SPORT drive *m.* **Treib|stoff** m. *(-[e]s,-e)* carburante *m.*: ***fester, flüssiger, gasförmiger ~*** carburante solido, liquido, gassoso.

Trei|de|lei f. *(-,-en)* alaggio *m.* **trei|deln** tr. alare. **Trei|del|pfad** m. *(-[e]s,-e)*, **Trei|del|weg** m. *(-[e]s,-e)* alzaia *f.*

trei|fe agg. *(von Speisen)* impuro, non kasher.

Trek|king n. *(-s,-s)* trekking *m.*

Tre|ma n. *(-s,-s* e *-ta)* LING. dieresi *f.*, trema *m.*

tre|mo|lie|ren tr. MUS. tremolare. **Tre|mo|lo** n. *(-s,-s* e *Tremoli)* MUS. tremolo *m.* **Tre|mu|lant** m. *(-en,-en)* MUS. *(an der Orgel)* tremolo *m.* **tre|mu|lie|ren** → **tremolieren.**

Trench|coat ['trɛntʃkoʊt) m. *(-[s],-s)* trench *m.*

Trend m. *(-s,-s)* tendenza *f.*, trend *m.*: ***der ~ hält an, setzt sich fort*** la tendenza si mantiene, prosegue; ***der ~ geht zu...*** la tendenza va verso... ◆ ***voll im ~ sein*** = centrare in pieno il gusto del tempo. **Trend|set|ter** m. *(-s,-)* chi, che fa tendenza. **Trend|wen|de** f. *(-,-n)* mutamento *m.* di tendenza.

trenn|bar agg. separabile, divisibile. **Trenn|bar|keit** f. *(-)* separabilità *f.*, divisibilità *f.*

tren|nen I tr. **1a** separare, dividere: ***ein Kind von seiner Familie ~*** dividere un bambino dalla sua famiglia; ***die Streitenden ~*** separare i litiganti; ***nichts konnte die Liebenden ~*** niente poteva dividere gli amanti; ***Eigelb und Eiweiß, die faulen Äpfel von den guten ~*** separare il tuorlo dall'albume, le mele guaste da quelle buone; ***die Bestandteile einer Mischung ~*** separare i componenti di un miscuglio **b** *(eine Grenze bilden)* ***ein Zaun trennt unsere Gärten*** un recinto divide i nostri giardini; FIG. ***nur noch wenige Tage ~ uns vom Urlaub*** soltanto pochi giorni ci dividono ancora dalle vacanze **c** ***ein Wort (nach Silben) ~*** dividere una parola in sillabe **2a** *(abschneiden)* troncare, tagliare: ***den Kopf vom Rumpf ~*** troncare la testa **b** *(loslösen)* staccare: ***das Futter aus dem Mantel ~*** staccare l'imbottitura dal cappotto **3** scucire, disfare: ***eine Naht ~*** disfare una cucitura **4** *(unterscheiden)* separare, distinguere: ***die Begriffe klar ~*** distinguere i concetti chiaramente; ***Person und Sache, die Person von der Sache ~*** distinguere la persona dalla cosa **5** *(telefonisch)* interrompere: ***die Verbindung ~*** interrompere la comunicazione **II** rifl. **sich ~ 1** separarsi, dividersi: ***unsere Wege ~ sich hier*** le nostre strade si dividono qui; ***wir ~ uns am Bahnhof*** ci separiamo alla stazione **2** *(Partnerschaft auflösen)* separarsi: ***sich von ihrem Mann ~*** separarsi dal marito **3** *(hergeben)* staccarsi, separarsi: ***sich von einem Besitz ~*** separarsi da un possedimento; FIG. ***sich von einem Gedanken, Anblick nicht ~ können*** non riuscire a staccarsi da un pensiero, da uno sguardo ◆ RAD. ***gut ~*** essere selettivo; SPORT ***sich unentschieden ~*** terminare in parità; ***uns ~ Welten*** siamo distanti mille miglia.

Trenn|li|nie f. *(-,-n)* linea *f.* divisoria. **Trenn|pro|gramm** n. *(-s,-e)* INFORM. programma *m.* per la divisione sillabica. **Trenn|punk|te** pl. dieresi *f.* **trenn|scharf** agg. **1** RAD. selettivo **2** sottile, fine: ***eine -e Argumentation*** una sottile argomentazione. **Trenn|schär|fe** f. *(-)* RAD. selettività *f.* **Trenn|schei|be** f. *(-,-n)* vetro *m.* divisorio.

Tren|nung f. *(-,-en)* **1a** separazione *f.*, divisione *f.* **b** *(Abschied)* separazione *f.*, distacco *m.*: ***die ~ von seinen Freunden*** la separazione dai suoi amici **c** CHIM. POL. *(Spaltung)* scissione *f.* **2a** *(Abschneiden)* troncatura *f.*, taglio *m.* **b** *(Loslösung)* stacco *m.*, distacco *m.* **3** *(Unterscheidung)* distinzione *f.* **4** *(telefonisch)* interruzione *f.* ◆ *(von Ehepartnern)* ***in ~ leben*** vivere separati; ***die ~ von Staat und Kirche*** la separazione della chiesa dallo stato; ***die ~ von Tisch und Bett*** = la separazione di due coniugi.

Tren|nungs|angst f. *(-,-ängste)* angoscia *f.* di separazione. **Tren|nungs|ent|schä|di|gung** f. *(-,-en)*, **Tren|nungs|geld** n. *(-[e]s,-er)* = indennità *f.* per lunghe trasferte. **Tren|nungs|li|nie** f. *(-,-n)* linea *f.* di separazione ◆ ***eine ideologische ~*** uno spartiacque ideologico. **Tren|nungs|par|ti|kel** f. *(-,-n)* particella *f.* disgiuntiva. **Tren|nungs|strich** m. *(-[e]s,-e)* trattino *m.* (*o* lineetta *f.*) di separazione ◆ ***einen ~ ziehen, machen*** fare una netta distinzione. **Tren|nungs|zei|chen** n. *(-s,-)* trattino *m.* di separazione. **Tren|nungs|zu|lage** f. *(-,-n)* indennita *f.* di separazione.

Trenn|wand f. *(-,-wände)* parete *f.* divisoria, muro *m.* divisorio.

Tren|se f. *(-,-n)* filetto *m.*, imboccatura *f.* (del morso).

trepp|ab avv. giù per le scale. **trepp|auf** avv. su per le scale.

Trepp|chen n. *(-s,-)* **1** scaletta *f.* **2** SPORT *(Siegerpodest)* podio *m.*

Trep|pe f. *(-,-n)* **1a** scala *f.*: ***eine steile, gewundene ~*** una scala ripida, a chiocciola; ***die ~ zum Keller, zum oberen Stock*** la scala che porta in cantina, al piano superiore; ***die ~ führt, geht in den Dachboden*** la scala porta in soffitta; ***die ~ hinauf-, hinuntergehen (hinauf-, hinuntersteigen)*** salire, scendere la scala; ***die ~ hinunterfallen*** cadere per le scale **b** *(Freitreppe)* scalinata *f.*, gradinata *f.* **2** *(Stock)* piano *m.*: ***fünf -n hoch wohnen*** abitare al quinto piano; ***eine ~ höher, tiefer*** un piano sopra, sotto ◆ ***sie hat mir -n ins Haar geschnitten*** mi ha fatto degli scalini (ai capelli); ***auf halber ~*** sul pianerottolo; COLLOQ. ***die ~ hinauffallen*** cadere in piedi; *(befördert werden)* essere promosso, avanzare di grado.

Trep|pen|ab|satz m. *(-es,-absätze)* pianerottolo *m.* **trep|pen|ar|tig** agg. scalare, a scala (*o* a gradini). **Trep|pen|ge|län|der** n. *(-s,-)* ringhiera *f.* delle scale. **Trep|pen|gie|bel** m. *(-s,-)* ARCH. pignone *m.* a gradini. **Trep|pen|haus** n. *(-es,-häuser)* tromba *f.* delle scale. **Trep|pen|läu|fer** m. *(-s,-)* passatoia *f.*, guida *f.* (sulle scale). **Trep|pen|lei|ter** f. *(-,-n)* scala *f.* a libro. **Trep|pen|po|dest** n. e REGION. m. *(-[e]s,-e)* pianerottolo *m.* **Trep|pen|schritt** m. *(-[e]s)* SPORT scaletta *f.*: ***im ~*** a scaletta. **Trep|pen|stei|gen** n. *(-s)* il salire le scale; ***das ~ fällt ihm schwer*** fa fatica a salire le scale. **Trep|pen|stu|fe** f. *(-,-n)* gradino *m.*, scalino *m.* **Trep|pen|witz** m. *(-es,-e)* ***ein ~ der Weltgeschichte*** una delle crudeli ironie della storia.

Tre|sen m. *(-s,-)* REGION. banco *m.*, bancone *m.*

Tre|sor m. *(-s,-e)* **1** cassaforte *f.*: ***etw. in den ~ legen*** mettere qcs. in cassaforte; ***einen ~ knacken*** scassinare una cassaforte **2** → **Tresorraum**. **Tre|sor|fach** n. *(-[e]s,-fächer)* cassetta *f.* di sicurezza. **Tre|sor|raum** m. *(-[e]s,-räume)* camera *f.* blindata, caveau *m.*

Tres|se f. *(-,-n)* gallone *m.*

Tres|ter m. *(-s,-)* **1a** vinaccia *f.* **b** → **Tresterbranntwein** **2** *(von Obst- oder Gemüsesäften)* residuo *m.* della spremitura *o* della centrifugazione. **Tres|ter|brannt|wein** m. *(-[e]s,-e)*, **Tres|ter|schnaps** m. *(-es,-schnäpse)* grappa *f.*, acquavite *f.* (di vinaccia).

Tret|au|to n. *(-s,-s)* automobilina *f.* a pedali. **Tret|balg** m. *(-[e]s,-bälge)* MUS. mantice *m.* a calcamento. **Tret|boot** n. *(-[e]s,-e)* pedalò *m.*, pattino *m.* a pedali. **Tret|ei|mer** m. *(-s,-)* secchio *m.* della spazzatura a pedale.

tre|ten *(tritt, trat, getreten)* **I** tr. **1a** ***jdn, etw. (mit dem Fuß) ~*** dare un calcio (*o* una pedata) a, prendere a calci qcn., qcs.: ***jdn ans, gegen das Schienbein ~*** dare un calcio negli stinchi a qcn. **b** *(mit dem Fuß treffen)* dare (*o* tirare) un calcio: ***das Pferd tritt jdn*** il cavallo tira un calcio a qcn. **2a** *(mit dem Fuß irgendwohin befördern)* spingere (*o* spostare) col piede: ***etw. zur Seite ~*** spingere qcs. a lato col piede **b** *(unabsichtlich)* ***den Dreck ins Haus ~*** portare lo sporco (rimasto attaccato alle scarpe) in casa **3** SPORT calciare, tirare: ***den Ball ins Tor ~*** calciare la palla in rete; ***einen Freistoß, eine Ecke ~*** calciare una punizione, tirare un calcio d'angolo **4** *(durch Treten herstellen)* battere, aprire, fare: ***einen Weg durch den Schnee ~*** fare una strada nella neve **5** *(begatten bei Geflügel)* montare, coprire **6** COLLOQ. *(drängen)* pungolare, spingere: ***man muss sie immer ~, damit sie etwas tut*** bisogna sempre pungolarla, perché faccia qualcosa **II** intr. **1a** (aus. *sein*) andare: ***auf den Balkon, ans Fenster, vor den Spiegel ~*** andare sul balcone, alla finestra, davanti allo specchio; ***auf die Straße, ins Freie ~*** andare (*o* uscire) in strada, all'aperto; ***nach hinten, vorne ~*** andare avanti, indietro (*o* avanzare, indietreggiare); ***über die Schwelle ~*** varcare la soglia; ***der Mond trat hinter die Wolken*** la luna sparì dietro alle nuvole **b** *(kommen)* venire **c** *(hinausgehen)* uscire: ***aus der Tür, dem Zimmer ~*** uscire dalla porta, dalla stanza **d** *(etwas betreten)* entrare: ***ins Haus, ins Zimmer ~*** entrare in casa, nella stanza **e** *(steigen)* salire: ***in den Ring ~*** salire sul ring **f** ***zu jdm, etw. ~*** avvicinarsi a qcn., qcs. **g** *(erscheinen)* comparire, venire: ***vor das Gericht ~*** comparire in tribunale; ***tritt mir nicht mehr unter die Augen!*** non comparirmi più davanti (agli occhi)! **2a** FIG. (aus. *sein*) entrare: ***in Aktion, Streik, Verhandlungen ~*** entrare in azione, in sciopero, in trattative; ***in sein 60. Jahr ~*** entrare nel 60° anno di età; ***in jds Dienst ~*** entrare al servizio di qcn. **b** ASTROL. ***in das Zeichen des Stiers ~*** entrare nel segno del Toro **3** *(hinzukommen*; aus. *sein)* aggiungersi, venire aggiunto: ***die Endung tritt an den Wortstamm*** la desinenza si aggiunge alla radice **4a** *(seinen Fuß unabsichtlich setzen*; aus. *sein*, RAR. *haben)* ***in, auf etw. (A) ~*** finire (col piede) in qcs., (cal)pestare qcs.: ***in eine Pfütze, auf eine Mine ~*** finire in una pozzanghera, sopra una mina; ***jdm auf den Fuß ~*** pestare un piede a qcn.; ***einer Katze auf den Schwanz ~*** pestare la coda a un gatto **b** *(absichtlich*; aus. *haben)* ***auf die brennenden Zweige ~*** spegnere i rami incendiati calpestandoli **5a** *(mit dem Fuß stoßen*; aus. *haben)* ***nach jdm, etw. ~*** dare un calcio (*o* calci) a, prendere a calci qcn., qcs. **b** ***gegen die Tür ~*** prendere a calci la porta **6** *(ausschlagen*; aus. *haben)* scalciare, recalcitrare: ***der Esel tritt*** l'asino scalcia **7a** *(etw. mit dem Fuß betätigen*; aus. *haben)* ***auf etw. (A) ~*** schiacciare, premere qcs. (col piede): ***auf das Gaspedal, die Kupplung ~*** schiacciare l'acceleratore, la frizione **b** MUS. pedaleggiare **c** ***(in) die Pedale ~*** pedalare ◆ SPORT GERG. ***den Ball ~*** prendere a calci la palla, giocare a pallone; ***etw. tritt in jds Bewusstsein*** qcn. diventa conscio (*o* si rende conto) di qcs.; ***in den Ehestand ~*** sposarsi; ***sich (D) etw. in den Fuß ~*** piantarsi qcs. nel piede; ***von einem Fuß auf den anderen ~*** ballare da un piede all'altro (per l'impazienza o l'imbarazzo); ***jds Gefühle, Würde mit Füßen ~*** calpestare i sentimenti, la dignità di qcn.; FIG. ***jdn mit Füßen ~*** calpestare qcn., trattare qcn. come una pezza da piedi; ***in jds Fußstapfen ~*** seguire le orme di qcn.; FIG. ***in den Hintergrund ~*** passare in secondo piano; EUFEM. ***in etw. (A) ~*** pestare qcs. (la cacca); ***in, außer Kraft ~*** entrare in vigore, perdere validità; ***jdm zu nahe ~*** ferire, offendere qcn.; ***näher ~*** avvicinarsi; ***Pflaster ~*** andare a zonzo; ***etw. platt ~*** schiacciare qcs.; ***bitte nicht auf den Rasen ~!*** non calpestare l'erba! ***in den Ruhestand ~*** andare in pensione; ***jdn in den Schmutz ~*** trascinare qcn. nel fango; ***sich (D) den Schmutz von den Schuhen ~*** pulirsi le scarpe dal fango sbattendo i piedi; ***der Schweiß tritt jdm auf die Stirn*** il sudore imperla la fronte di qcn.; ***zur Seite ~*** farsi da parte, scostarsi; FIG. ***auf jds Seite ~*** mettersi dalla parte di qcn.; ***an jds Stelle ~*** entrare al posto di qcn., subentrare a qcn., sostituire qcn.; FIG. ***auf der Stelle ~*** non andare avanti; ***die Tränen ~ jdm in die Augen*** a qcn. vengono (*o* LETT. salgono) le lacrime agli occhi; ***über die Ufer ~*** straripare; FIG. ***nach unten ~*** sfogarsi con i (*o* rivalersi sui) propri sottoposti; FIG. ***in den Vordergrund ~*** passare in primo piano; ***Wasser ~*** camminare nell'acqua (a scopo terapeutico); ***jdm in den Weg ~*** sbarrare il passo a qcn.

Tre|ter pl. COLLOQ. scarpe *f.pl.* sformate.

Tret|kur|bel f. *(-,-n)* leva *f.* del pedale, pedivella *f.* **Tret|mi|ne** f. *(-,-n)* mina *f.* a pressione. **Tret|müh|le** f. *(-,-n)* **1** ANT. → **Tretwerk** **2** COLLOQ. trantran *m.*: ***nicht aus der ~ herauskommen*** non uscire dal solito trantran. **Tret|rol|ler** m. *(-s,-)* monopattino *m.* **Tret|werk** n. *(-[e]s,-e)* **1** meccanismo *m.* a pedale **2** IDR. bindolo *m.*, noria *f.*

treu I agg. **1a** fedele, devoto: ***ein -er Ehemann, Freund, Sohn*** un marito, amico fedele, un figlio devoto; ***ein -er Hund*** un cane fedele; ***eine -e Liebe*** un amore fedele; ***jdm ~ bleiben*** rimanere (*o* restare) fedele a qcn. **b** *(zuverlässig)* fidato, fedele: ***ein -er Mitarbeiter*** un fidato collaboratore; ***etw. zu -en Händen übergeben*** consegnare qcs. in mani fidate **2a** *(ergeben)* affezionato: ***ein -er Kunde*** un cliente affezionato **b** *(in Briefen)* ***Dein -er Karl*** il tuo affezionato Karl **3** FIG. fedele: ***seinem Schwur, seinen Prinzipien, sich selber ~ bleiben*** rimanere fedele al proprio giuramento, ai propri principi, a se stesso **4** COLLOQ. *(treuherzig)* candido, innocente, ingenuo: ***ein -er Blick*** uno sguardo ingenuo **II** avv. **1** fedelmente: ***jdm ~ dienen*** servire fedelmente qcn.; ANT. ***~ ergeben*** affezionato; ***~ gesinnt*** fedele; **2** COLLOQ. *(treuherzig)* candidamente, ingenuamente ◆ ***der Erfolg, das Glück blieb ihm ~*** il successo, la fortuna non lo abbandonò; ***eine -e Seele*** un'anima buona, un amico fidato.

Treu|bruch m. *(-[e]s,-brüche)* **1** STOR. fellonia *f.* **2** FIG. slealtà *f.*, tradimento *m.* **treu|brü|chig** agg. STOR. che ha commesso (*o* si è macchiato di) fellonia, tradimento; ***~ werden*** commettere tradimento, macchiarsi di fellonia. **treu|deutsch** agg. COLLOQ. SPREG. tipicamente (*o* puramente) tedesco. **treu|doof** agg. COLLOQ. SPREG. idiota, imbecille.

Treue f. *(-)* **1a** fedeltà *f.*: ***eheliche ~*** fedeltà coniugale; ***jdm ewige ~ schwören, geloben*** giurare eterna fedeltà a qcn.; ***jdm die ~ halten (bewahren), brechen*** rimanere fedele (*o* serbare fedeltà) a qcn., tradire qcn. **b** *(Genauigkeit)* ***historische ~*** fedeltà storica; ***die ~ einer Übersetzung*** la fedeltà di una traduzione **2** *(Ergebenheit)* attaccamento *m.* ◆ ***auf Treu und Glauben*** con piena fiducia, in buona fede; ANT. ***meiner Treu!*** perbacco! **Treu|e|be|kennt|nis, Treu|e|ge|löb|nis** n. *(-ses,-se)* voto *m.* (*o* promessa *f.*) di fedeltà.

Treu|eid m. *(-[e]s,-e)* **1** giuramento *m.* di fedeltà **2** STOR. *(Lehnseid)* giuramento *m.* di vassallaggio.

Treu|e|pflicht f. *(-)* DIR. dovere *m.* di fedeltà. **Treu|e|prä|mie** f. *(-,-n)* premio *m.* di fedeltà. **Treu|e|ra|batt** m. *(-[e]s,-e)* sconto *m.* (di) fedeltà.

Treu|e|schwur m. *(-[e]s,-schwüre)* giuramento *m.* di fedeltà. **Treu|e|ver|spre|chen** n. *(-s,-)* promessa *f.* di fedeltà.

Treu|hand f. *(-)* **1** → **Treuhandschaft 2** → **Treuhandanstalt. Treu|hand|an|stalt** f. *(-,-en)* INTRAD. (istituzione per la privatizzazione delle industrie di stato della EX-RDT).

Treu|hän|der m. *(-s,-)* (amministratore *m.*) fiduciario *m.* **treu|hän|de|risch I** agg. fiduciario **II** avv. fiduciariamente.

Treu|hand|ge|biet n. *(-[e]s,-e)* territorio *m.* sotto amministrazione fiduciaria (*o* sotto mandato fiduciario). **Treu|hand|ge|sell|schaft** f. *(-,-en)* (società *f.*) fiduciaria *f.* **Treu|hand|schaft** f. *(-,-en)* amministrazione *f.* fiduciaria.

treu|her|zig I agg. candido, innocente, ingenuo **II** avv. candidamente, ingenuamente, con candore. **Treu|her|zig|keit** f. *(-)* candore *m.*, innocenza *f.*, ingenuità *f.*

treu|lich ANT. **I** agg. fedele **II** avv. fedelmente.

treu|los I agg. infedele **II** avv. da infedele, slealmente. **Treu|lo|sig|keit** f. *(-)* infedeltà *f.*, slealtà *f.*

Treu|pflicht → **Treuepflicht. Treu|schwur** → **Treueschwur.**

Tri|a|de f. *(-,-n)* triade *f.*

Tri|an|gel m. e AUSTR. n. *(-s,-)* **1** MUS. triangolo *m.* **2** REGION. *(Riss)* sette *m.* **Tri|an|gu|la|ti|on** f. *(-,-en)* TOPOGR. triangolazione *f.* **tri|an|gu|lie|ren** tr. TOPOGR. triangolare.

Tri|as f. *(-,-)* **1** triade *f.* **2** GEOL. trias *m.*, triassico *m.* **Tri|as|for|ma|ti|on** f. *(-)* GEOL. trias *m.*, triassico *m.* **tri|as|sisch** agg. GEOL. triassico.

Tri|ath|lon n. *(-s,-s)* triat(h)lon *m.*

Tri|ba|lis|mus m. *(-)* tribalismo *m.*

Tri|bun m. *(-s* e *-en,-e[n])* tribuno *m.* **Tri|bu|nal** n. *(-s,-e)* tribunale *m.* **Tri|bu|nat** n. *(-[e]s,-e)* tribunato *m.*

Tri|bü|ne f. *(-,-n)* tribuna *f.*: ***auf der ~ sitzen*** sedere in tribuna. **Tri|bü|nen|platz** m. *(-es,-plätze)* posto *m.* in tribuna.

Tri|but m. *(-[e]s,-e)* tributo *m.* (anche FIG.): ***einen ~ auferlegen, zahlen (entrichten), erheben*** imporre, pagare, riscuotere un tributo; ***einen großen ~ an Menschenleben fordern*** richiedere un grosso tributo di vite umane ◆ ***jdm den schuldigen ~ zollen*** tributare a qcn. i debiti onori. **tri|bu|tär** agg. ANT. tributario. **Tri|but|last** f. *(-,-en)* onere *m.* fiscale. **tri|but|pflich|tig** agg. tributario.

Trich|ter m. *(-s,-)* **1** imbuto *m.*: ***etw. durch einen ~ gießen*** versare qcs. con un imbuto **2a** *(Schalltrichter)* padiglione *m.* **b** *(Megaphon)* megafono *m.* **3** *(Bomben-, Vulkantrichter)* cratere *m.* ◆ ***auf den (richtigen) ~ kommen*** arrivare alla giusta soluzione. **trich|ter|för|mig** agg. a (forma di) imbuto, imbutiforme. **Trich|ter|mün|dung** f. *(-,-en)* estuario *m.*

Trick m. *(-s,-s)* **1** trucco *m.*, astuzia *f.*, espediente *m.*: ***einen (gemeinen) ~ anwenden*** usare, ricorrere a un (volgare) trucco; ***alle -s kennen*** conoscere tutti i trucchi; ***den ~ heraushaben*** conoscere il trucco; ***hinter den ~ kommen*** capire il trucco; ***er ist auf den ~ hereingefallen*** ci ha creduto, ci è cascato **2** *(Kniff)* trucco *m.*: ***die -s eines Taschenspielers*** i trucchi di un prestigiatore; ***dafür gibt's einen ganz simplen ~!*** per questo esiste un trucco (*o* un modo) molto semplice! **3** SPORT finta *f.* ◆ ***ein fauler ~*** un colpo gobbo (*o* basso), un tiro mancino. **Trick|auf|nah|me** f. *(-,-n)* trucchi *m.pl.* cinematografici, effetti *m.pl.* speciali. **Trick|film** m. *(-[e]s,-e)* **1** film *m.* con effetti speciali **2** *(Zeichentrickfilm)* film *m.* d'animazione, COLLOQ. cartone *m.* animato. **Trick|film|zeich|ner** m. *(-s,-)* **1** disegnatore *m.* di cartoni animati, cartoonist *m.*, cartonista *m.* **2** animatore *m.* **Trick|kis|te** f. *(-,-n)* COLLOQ. trucchi *m.pl.*: FIG. ***in die ~ greifen*** usare dei trucchi. **trick|reich I** agg. che conosce molti trucchi; *(listig)* astuto **II** avv. astutamente ◆ SPORT ***~ spielen*** giocare con molte finte.

trick|sen intr. (aus. *haben*) COLLOQ. **1** SPORT fintare **2** *(bewerkstelligen)* = risolvere con un trucco.

Trick|ski I m. *(-s,-er)* sci *m.* (da sci acrobatico) **II** n. *(-s)* → **Trickskilaufen. Trick|ski|lau|fen** n. *(-s)* sci *m.* acrobatico.

tri|cky agg.inv. COLLOQ. → **trickreich.**

Tri|den|ti|ner I m. *(-s,-)* trentino *m.* **II** agg.inv. trentino. **tri|den|ti|nisch** agg. tridentino: ***das Tridentinische Konzil*** il Concilio di Trento (*o* tridentino).

Tri|du|um n. *(-s, Triduen)* triduo *m.*

trieb → **treiben. Trieb** m. *(-[e]s,-e)* **1** impulso *m.*, istinto *m.*; PSIC. pulsione *f.*: ***ein innerer, sinnlicher ~*** una pulsione interiore, sensuale; ***mütterlicher, natürlicher ~*** istinto materno, naturale; ***ein unwiderstehlicher ~*** un impulso irresistibile; ***seine -e bezähmen (zügeln), beherrschen, befriedigen*** frenare, dominare, soddisfare i propri istinti; ***seinen -en nachgeben, freien Lauf lassen*** cedere, dare libero corso ai propri impulsi; ***sich von seinen -en leiten lassen*** farsi guidare dai propri istinti **2** *(Neigung)* forte propensione *f.*, inclinazione *f.*: ***~ zum Verbrechen*** forte propensione al crimine **3** ANT. *(Lust)* voglia *f.*: ***keinen ~ zur Arbeit haben*** non avere alcuna voglia di lavorare **4** BOT. *(Spross)* getto *m.*, germoglio *m.* **5a** TECN. azionamento *m.* **b** *(Vorrichtung)* azionatore *m.* **6** MECC. *(Zahnrad)* pignone *m.*

trieb|ar|tig agg. istintivo, impulsivo. **Trieb|be|frie|di|gung** f. *(-)* soddisfacimento *m.* di una pulsione, di un impulso. **Trieb|fe|der** f. *(-,-n)* **1** molla *f.* motrice **2** FIG. molla *f.*, motivo *m.*, movente *m.*: ***die ~ von, zu etw. sein*** essere la molla di, per qcs. **trieb|ge|stört** agg. perverso, deviato. **trieb|haft I** agg. istintivo, impulsivo **II** avv. in modo istintivo, seguendo l'impulso: ***sich ~ verhalten*** comportarsi in modo istintivo. **Trieb|haf|tig|keit** f. *(-)* istintività *f.* **Trieb|hand|lung** f. *(-,-en)* atto *m.* istintivo. **Trieb|kraft** f. *(-,-kräfte)* **1** forza *f.* motrice **2** *(von Hefe, Backpulver)* capacità *f.* di fermentare, di lievitare **3** BOT. forza *f.* vegetativa **4** FIG. *(Triebfeder)* molla *f.*, motivo *m.*, ragione *f.* ◆ ***gesellschaftliche Triebkräfte*** spinte sociali. **Trieb|le|ben** n. *(-s)* vita *f.* istintiva. **trieb|mä|ßig** agg. istintivo. **Trieb|rad** → **Treibrad. Trieb|sand** → **Treibsand. Trieb|tä|ter** m. *(-s,-)* → **Triebverbrecher.**

Trieb|ver|bre|chen n. *(-s,-)* delitto *m.* (a sfondo) sessuale. **Trieb|ver|bre|cher** m. *(-s,-)* autore *m.* di delitti sessuali.

Trieb|wa|gen m. *(-s,-)* automotrice *f.* **Trieb|werk** n. *(-[e]s,-e)* MECC. propulsore *m.*

Trief|au|ge n. *(-s,-n)* occhio *m.* cisposo. **trief|äu|gig** agg. COLLOQ. cisposo.

trie|fen intr. *(triefte/troff, getrieft/getroffen)* **1a** (aus. *sein*) grondare: ***der Regen trieft vom Dach*** la pioggia gronda dal tetto; ***Schweiß trieft ihm von der Stirn*** il sudore gli gronda dalla fronte; ***aus der Wunde trieft Blut*** dalla ferita gronda sangue **b** *(tropfend nass sein;* aus. *haben)* ***die Stirn trieft von Schweiß*** la fronte gronda (di) sudore; FIG. ***seine Hände ~ von Blut*** le sue mani grondano sangue **2** *(laufen;* aus. *haben)* gocciolare, colare: ***die Nase trieft*** il naso gocciola **3** *(übermäßig voll sein;* aus. *haben)* essere pieno (zeppo), abbondare: ***die Spaghetti ~ von, vor Öl*** gli spaghetti sono pieni d'olio; FIG. ***der Roman trieft von Ironie*** il romanzo è denso d'ironia; ***von, vor Boshaftigkeit ~*** essere pieno di cattiveria, molto cattivo. **trie|fend I** p.pres. agg. **1** → **triefen 2** *(triefnass)* grondante, (bagnato) fradicio: ***-e Kleider*** abiti fradici **II** avv. ***~ nass*** completamente bagnato, bagnato fradicio.

trief|nass agg. grondante, fradicio: ***-e Haare*** capelli fradici.

1.Triel m. *(-[e]s,-e)* ORNIT. occhione *m.*

2.Triel m. *(-[e]s,-e)* REGION. **1** bocca *f.* **2** *(Wamme)* giogaia *f.*

Tri|ent n.pr.n. *(-s)* Trento *f.* **Tri|en|ter I** m. *(-s,-)* trentino *m.* **II** agg. inv. trentino.

Trier n.pr.n. *(-s)* Treviri *f.* **Trie|rer I** m. *(-s,-)* abitante *m.* di Treviri **II** agg.inv. di Treviri. **trie|risch** agg. di Treviri.

Tri|est n.pr.n. *(-s)* Trieste *f.* **Tries|ter I** m. *(-s,-)* triestino *m.* **II** agg.inv. triestino.

Tri|eur [tri'øːɐ] m. *(-s,-e)* AGR. pulitrice *f.*

trie|zen tr. COLLOQ. seccare, scocciare, stufare: ***jdn (mit etw.) ~*** seccare qcn. (con qcs.).

Trift f. *(-,-en)* **1** MAR. corrente *f.* di deriva **2** REGION. *(Hutung)* pascolo *m.* magro **3** REGION. *(Weg fürs Vieh)* tratturo *m.*

trif|ten tr. flottare, far fluitare.

1.trif|tig agg. MAR. (che va) alla deriva.

2.trif|tig **I** agg. valido, fondato; *(überzeugend)* convincente: ***-e Einwände*** obiezioni fondate; ***-e Beweise, Erklärungen*** prove, spiegazioni convincenti **II** avv. in modo valido, convincente. **Trif|tig|keit** f. *(-)* validità *f.*, fondatezza *f.*

Tri|glyph m. *(-s,-e)*, **Tri|gly|phe** f. *(-,-n)* triglifo *m.*

Tri|go|no|met|rie f. *(-)* trigonometria *f.* **tri|go|no|met|risch** agg. trigonometrico: ***-e Funktion*** funzione trigonometrica.

Tri|kot [tri'ko:] **I** m. e RAR. n. *(-s,-s)* TESS. tricot *m.* **II** n. *(-s,-s)* tuta *f.* aderente (in maglia) ◆ SPORT ***das gelbe ~*** la maglia gialla. **Tri|ko|ta|ge** [-ta:ʒə] f. *(-,-n)* capo *m.* in maglia; pl. maglieria *f.* **Tri|kot|wa|re** f. *(-,-n)* maglieria *f.*, capi *m.pl.* in maglia.

tri|la|te|ral agg. trilaterale.

Tril|ler m. *(-s,-)* trillo *m.*: ***der ~ einer Nachtigall*** il trillo di un usignolo; MUS. ***einen ~ spielen*** eseguire un trillo ◆ COLLOQ. ***einen ~ haben*** essere un po' suonato. **tril|lern** intr. (aus. *haben*) **1** gorgheggiare **2** *(mit der Trillerpfeife)* fischiare. **Tril|ler|pfei|fe** f. *(-,-n)* fischietto *m.*

Tril|li|ar|de f. *(-,-n)* milione *m.* di bilioni. **Tril|li|on** f. *(-,-en)* trilione *m.*

Tri|lo|gie f. *(-,-n)* trilogia *f.*

Tri|ma|ran m. *(-s,-e)* trimarano *m.*

Tri|mes|ter n. *(-s,-)* trimestre *m.*

Tri|me|ter m. *(-s,-)* trimetro *m.*

Trimm m. *(-[e]s)* MAR. assetto *m.*: ***nicht im ~ sein*** non essere in assetto. **Trimm-dich-Pfad** m. *(-[e]s,-e)* percorso *m.* attrezzato.

trim|men **I** tr. **1** allenare **2** COLLOQ. ***jdn auf etw. (A), zu etw. ~*** = educare qcn. a qcs.: ***jdn auf, zur Ordnung, Höflichkeit ~*** educare qcn. all'ordine, insegnare l'educazione a qcn. **3a** *(Hunde)* tosare **b** spazzolare **4** AER. MAR. assettare, equilibrare **5** MAR. *(Schiffsladungen)* stivare **6** RAD. ELETTRON. compensare **II** rifl. **sich ~** allenarsi, tenersi in forma ◆ ***sich auf jugendlich ~*** fare il (*o* atteggiarsi a) giovanotto; MAR. ***Kohlen ~*** alimentare con carbone; ***ein Lokal rustikal ~*** rifare un locale in stile rustico. **Trim|mer** m. *(-s,-)* **1** chi si allena, chi si tiene in forma **2** RAD. ELETTRON. compensatore *m.* **3** ANT. MAR. fuochista *m.*

Trimm|kon|den|sa|tor m. *(-s,-en)* RAD. ELETTRON. compensatore *m.* **Trimm|vor|rich|tung** f. *(-,-en)* AER. equilibratore *m.*

Tri|ne n.pr.f. Rina *f.* ◆ COLLOQ. FIG. ***dumme ~*** oca *f.*

Tri|ni|tät f. *(-)* Trinità *f.* **Tri|ni|ta|tis** n. *(-)* Santissima Trinità *f.* **Tri|ni|ta|tis|fest** n. *(-[e]s)* (festa *f.* della) Santissima Trinità *f.*

trink|bar agg. **1** bevibile: ***die Milch ist noch ~*** il latte è ancora bevibile **2** *(vom Wasser)* potabile ◆ COLLOQ. ***möchtest du was Trinkbares?*** vuoi qualcosa da bere? **Trink|bar|keit** f. *(-)* **1** bevibilità *f.* **2** *(vom Wasser)* potabilità *f.* **Trink|be|cher** m. *(-s,-)* calice *m.*, coppa *f.* **Trink|ei** n. *(-[e]s,-er)* uovo *m.* da bere.

trin|ken *(trank, getrunken)* **I** tr. bere: ***Bier, Wein, Milch ~*** bere birra, vino, latte; ***etw. in, mit kleinen Schlucken, in einem Zug, gierig, langsam ~*** bere qcs. a piccoli sorsi, in un sorso, avidamente, lentamente; assol. *(Alkohol trinken)* ***er hat angefangen zu ~*** ha cominciato a bere; FIG. *(aufsaugen)* ***die Erde trinkt den Regen*** la terra beve la pioggia **II** rifl. **sich ~** **1** farsi (*o* lasciarsi) bere: ***der Wein trinkt sich gut*** il vino si lascia bere, si beve bene **2** ***sich arm, krank ~*** bere fino a ridursi in miseria, ammalarsi a forza di bere ◆ ***auf jds Gesundheit, Wohl ~*** bere alla salute di qcn.; ***auf das Hochzeitspaar ~*** bere alla salute degli sposi, brindare agli sposi; ***aus der Flasche, aus dem Glas ~*** bere alla bottiglia, al bicchiere; COLLOQ. ***einen ~*** bere un bicchierino; ***einen über den Durst ~*** bere un bicchiere di troppo; ***jdm zu ~ geben*** dare da bere a, far bere qcn.; ***einem Baby zu ~ geben*** dare il latte a un bambino; ***ein Glas ~*** bere un bicchiere; ***Kaffee ~*** bere (*o* prendere) il caffè; ***der Wein lässt sich ~*** il vino si lascia bere, si beve bene; ***etw. leer ~*** vuotare qcs. (bevendo); ***er wird sich zu Tode ~*** a forza di bere si ammazzerà; ***keinen Tropfen ~*** non bere neanche una goccia; ***sich voll ~*** ubriacarsi completamente; COLLOQ. ***er hat was getrunken*** ha un po' bevuto.

Trin|ken n. *(-s)* il bere: ***sich das ~ angewöhnen*** prendere l'abitudine al bere. **Trin|ker** m. *(-s,-)* **1** bevitore *m.*: ***ein starker ~*** un forte bevitore **2** *(Trunksüchtiger)* ubriacone *m.*: ***zum ~ werden*** diventare un ubriacone. **Trin|ke|rei** f. *(-,-en)* **1** il bere (di continuo) **2** SPREG. *(Trunksucht)* vizio *m.* del bere **3** COLLOQ. → **Trinkgelage.** **Trin|ker|heil|an|stalt** f. *(-,-en)*, **Trin|ker|heil|stät|te** f. *(-,-n)* clinica *f.* per (la cura degli) alcolisti.

trink|fest agg. che regge l'alcool. **Trink|fes|tig|keit** f. *(-)* capacità *f.* di reggere l'alcool. **trink|freu|dig** agg. che beve volentieri: ***ein -er Typ*** uno che beve volentieri. **Trink|freu|dig|keit** f. *(-)* il bere volentieri. **Trink|ge|fäß** n. *(-es,-e)* recipiente *m.* per bere. **Trink|ge|la|ge** n. *(-s,-)* bevuta *f.* **Trink|geld** n. *(-[e]s,-er)* mancia *f.*: ***ein hohes, großes ~*** una grossa mancia; ***kleines, mageres ~*** piccola, magra mancia; ***kein ~ annehmen, bekommen*** non accettare, non ricevere mance; ***(ein) ~ geben*** dare una, la mancia. **Trink|glas** n. *(-es, -gläser)* bicchiere *m.* **Trink|hal|le** f. *(-,-n)* **1** fonte *f.* (di acque termali) **2** *(Kiosk)* chiosco *m.* (di bibite). **Trink|halm** m. *(-[e]s,-e)* cannuccia *f.* **Trink|horn** n. *(-[e]s,-hörner)* STOR. corno *m.* per bere. **Trink|kur** f. *(-,-en)* cura *f.* delle acque. **Trink|milch** f. *(-)* latte *m.* (da bere). **Trink|scha|le** f. *(-,-n)* coppa *f.* **Trink|spruch** m. *(-[e]s, -sprüche)* brindisi *m.*: ***einen ~ auf jdn, etw. ausbringen*** fare un brindisi a qcn., qcs.

Trink|was|ser n. *(-s,-wässer)* acqua *f.* potabile: ***kein ~*** acqua non potabile. **Trink|was|ser|auf|be|rei|tung** f. *(-)* depurazione *f.* delle acque. **Trink|was|ser|ver|sor|gung** f. *(-)* approvvigionamento *m.* di acqua potabile.

Tri|nom n. *(-s,-e)* trinomio *m.*

Trio n. *(-s,-s)* trio *m.* (anche FIG.).

Tri|o|de f. *(-,-n)* triodo *m.*

Tri|o|le f. *(-,-n)* MUS. terzina *f.*

Trip m. *(-s,-s)* **1** COLLOQ. viaggio *m.*, viaggetto *m.*; *(Ausflug)* gita *f.*: ***einen kleinen ~ unternehmen*** intraprendere un breve viaggio; ***einen ~ nach Salzburg machen*** fare un viaggio a Salisburgo **2a** GERG. *(Rauschzustand)* trip *m.*, viaggio *m.*: ***auf dem ~ sein*** avere un trip **b** *(Dosis von Rauschgift)* dose *f.*: ***einen ~ einwerfen (einschmeißen)*** farsi (una dose) ◆ FIG. COLLOQ. ***auf dem religiösen, anarchistischen ~ sein*** stare attraversando una fase religiosa, anarchica.

Tri|pel n. *(-s,-)* MAT. ternario *m.* **Tri|pel|al|li|anz** f. *(-,-en)* STOR. triplice alleanza *f.*

Triph|thong m. *(-s,-e)* trittongo *m.*

Tri|po|lis n.pr.n. *(-)* Tripoli *f.*

trip|peln intr. (aus. *sein*) camminare a passettini.

Trip|per m. *(-s,-)* gonorrea *f.*

Trip|tik → **Triptyk.** **Trip|ty|chon** n. *(-s, Triptychen* e *Triptycha)* ART. trittico *m.* **Trip|tyk** n. *(-s,-s)* BUROCR. trittico *m.*

trist agg. triste, mesto, desolato: ***eine -e Landschaft*** un paesaggio desolato; ***ein -es Leben*** una vita triste.

Tris|tan n.pr.m. Tristano *m.*

Trist|heit f. *(-)* tristezza *f.*, desolazione *f.*

Tri|ton m. *(-en,-en)* MITOL. tritone *m.* **Tri|tons|horn** n. *(-[e]s,-hörner)* ZOOL. buccino *m.*

Tri|to|nus m. *(-)* tritono *m.*

tritt → **treten.**

Tritt m. *(-[e]s,-e)* **1** passo *m.*: ***einen leichten, schweren ~ haben*** avere un passo leggero, pesante; ***bei jedem ~*** a ogni passo **2** *(Fußtritt)* calcio *m.*, pedata *f.*: ***jdm einen ~ geben, versetzen*** dare un calcio a qcn.; ***einen ~ bekommen, kriegen*** prendersi un calcio; FIG. COLLOQ. prendersi un calcio nel sedere **3** *(Fußspur)* orma *f.*, pedata *f.*: ***-e im Sand*** orme sulla sabbia **4** → **Trittbrett** **5** *(Stufe)* gradino *m.* **6** *(Podium)* predella *f.* **7** → **Trittleiter** **8** *(von Nähmaschinen)* pedale *m.* **9** pl. *(Füße von Federvieh)* zampe *f.pl.* ◆ ***einen falschen ~ machen*** mettere un piede in fallo; ***~ fassen*** rimettersi al passo (anche FIG.); ***~ halten*** tenere il passo; ***aus dem ~ kommen*** perdere il passo; ***im ~ marschieren*** marciare al passo (*o* in cadenza); MIL. ***ohne ~, marsch!*** passo di strada! **Tritt|brett** n. *(-[e]s,-er)* predellino *m.*, montatoio *m.* **Tritt|brett|fah|rer** m. *(-s,-)* SPREG. profittatore *m.*, avvoltoio *m.* **tritt|fest** agg. **1** saldo, stabile **2** *(strapazierfähig)* resistente, robusto. **Tritt|lei|ter** f. *(-,-n)* scaletta *f.* **tritt|si|cher** agg. saldo, stabile.

Tri|umph m. *(-[e]s,-e)* trionfo *m.*: ***einen ~ erringen, feiern*** ottenere, celebrare un trionfo; ***jdn im ~ durch die Stadt leiten*** portare qcn. in trionfo per la città. **tri|um|phal** **I** agg. trionfale: ***ein -er Empfang, Erfolg*** un'accoglienza trionfale, un successo trionfale **II** avv. trionfalmente. **Tri|um|pha|tor** m. *(-s,-en)* trionfatore *m.*

Tri|umph|bo|gen m. *(-s,-bögen)* ARCH. **1** arco *m.* di trionfo **2** *(in Kirchen)* arco *m.* trionfale. **Tri|umph|ge|heul** n. *(-[e]s)*, **Tri|umph|ge|schrei** n. *(-s)* grida *f.pl.* di trionfo.

tri|um|phie|ren intr. (aus. *haben*) **1** trionfare: ***über jdn, etw. ~*** trionfare su qcn., qcs., vincere qcn., qcs. **2** esultare: ***bei der Siegesnachricht ~*** esultare alla notizia della vittoria **3** *(frohlocken)* provare un senso di trionfo: ***wegen jds Niederlage innerlich ~*** provare dentro di sé un senso di trionfo per la sconfitta di qcn.

Tri|umph|marsch m. *(-[e]s,-märsche)* marcia *f.* trionfale. **Tri|umph|wa|gen** m. *(-s,-)* carro *m.* trionfale. **Tri|umph|zug** m. *(-[e]s, -züge)* corteo *m.* trionfale ◆ ***einen ~ antreten*** avere un enorme successo.

Tri|um|vir m. *(-s* e *-n,-n)* triunviro *m.* **Tri|um|vi|rat** n. *(-[e]s,-e)* triunvirato *m.*
tri|vi|al agg. **1a** banale, ovvio: ***-e Ideen, Redensarten*** idee, frasi banali **b** dozzinale: ***ein -es Buch*** un libro dozzinale **2** *(gewöhnlich)* comune, solito, quotidiano: ***eine -e Wendung*** un'espressione comune; ***die -en Freuden, Genüsse*** i piaceri soliti **3** MAT. triviale. **Tri|vi|a|li|tät** f. *(-,-en)* banalità *f.*, ovvietà *f.*, piattezza *f.*
Tri|vi|al|li|te|ra|tur f. *(-)* letteratura *f.* d'evasione (o di consumo). **Tri|vi|al|na|me** m. *(-ns,-n)* nome *m.* volgare. **Tri|vi|al|ro|man** m. *(-s,-e)* romanzetto *m.*, romanzo *m.* d'evasione.
Tri|zeps m. *(-[es],-e)* (muscolo *m.*) tricipite *m.*
tro|chä|isch agg. trocaico. **Tro|chä|us** m. *(-, Trochäen)* trocheo *m.*
tro|cken I agg. **1** asciutto: ***-e Wäsche*** biancheria asciutta; ***-en Fußes*** coi piedi asciutti; ***die Farbe ist ~ geworden*** il colore si è asciugato **2a** *(ausgetrocknet)* secco: ***-es Brot, Holz*** pane, legno secco; ***die Zweige sind ~ geworden*** i rami sono seccati **b** *(ohne Feuchtigkeit)* ***-e Hände, Lippen*** mani, labbra secche; ***ein Shampoon gegen -es Haar*** uno shampoo per capelli secchi **c** *(herb)* ***-er Sekt, Wein*** spumante, vino secco **3** *(regenarm)* asciutto, secco: ***ein -es Jahr, Klima*** un'annata secca, un clima asciutto; ***ein -es Land*** un paese poco piovoso **4a** *(sehr nüchtern, sachlich)* arido, piatto, noioso: ***eine -e Arbeit*** un lavoro arido, noioso; ***ein -er Vortrag*** una conferenza noiosa **b** *(von Menschen)* senza spirito, senza entusiasmo; *(prosaisch)* prosaico: ***ein -er Mensch*** una persona prosaica **5** *(witzig, nüchtern)* sobrio (ma divertente): ***-er Humor*** umorismo sobrio **II** avv. **1** a secco: ***etw. ~ reinigen*** lavare qcs. a secco **2** *(sehr nüchtern)* in modo asciutto (*o* sobrio), senza entusiasmo: ***etw. ~ erzählen*** raccontare qcs. in modo sobrio **3** seccamente, in tono secco: ***etw. ~ mitteilen*** comunicare qcs. in tono secco ◆ ***~ aufbewahren*** mantenere in luogo asciutto; ***-en Auges*** senza versare una lacrima; ***etw. ~ essen*** mangiare qcs. senza condimento; ***keinen -en Faden mehr am Leib haben*** essere bagnato fradicio; ***~ heimkommen*** arrivare a casa asciutto; ***ein -er Husten*** una tosse secca; ***im Trockenen*** all'asciutto, al riparo; COLLOQ. *(nicht mehr alkoholsüchtig)* ***seit einem Jahr ~ sein*** non bere più un goccio (*o* non toccare più una bottiglia) da un anno; ***-e Kälte*** freddo secco; ***-e Kehle*** gola secca; ***noch nicht ~ hinter den Ohren sein*** avere ancora il latte sulle labbra; ***sich ~ rasieren*** radersi col rasoio elettrico; ***sein Schäfchen ins Trockene bringen*** mettersi al riparo, mettere da parte un bel gruzzolo; ***auf dem Trockenen sitzen, ~ sitzen*** essere a corto (di qcs.); *(nicht mehr weiterkommen)* essere fermo, essersi arenato; COLLOQ. *(vor einem leeren Glas sitzen)* essere a secco; non avere più un goccio da bere; ***~ stehen*** non dare più latte, VETER. essere in asciutta; ***-e Zahlen*** aride cifre.
Tro|cken|an|la|ge f. *(-,-n)* impianto *m.* essiccatore (*o* di essiccazione). **Tro|cken|bat|te|rie** f. *(-,-n)* pila *f.* a secco. **Tro|cken|bee|ren|aus|le|se** f. *(-,-n)* (vino *m.*) passito *m.* **Tro|cken|blu|me** f. *(-,-n)* fiore *m.* secco. **Tro|cken|bo|den** m. *(-s,-böden)* stenditoio *m.* **Tro|cken|dock** n. *(-s,-s)* bacino *m.* di carenaggio. **Tro|cken|ei** n. *(-[e]s,-er)* uovo *m.* in polvere. **Tro|cken|eis** n. *(-es)* ghiaccio *m.* secco. **Tro|cken|ele|ment** n. *(-[e]s,-e)* pila *f.* a secco. **Tro|cken|fäu|le** f. *(-)* BOT. carie *f.* secca. **Tro|cken|fut|ter** n. *(-s)* ALLEV. mangime *m.* secco. **Tro|cken|füt|te|rung** f. *(-)* ALLEV. alimentazione *f.* secca, nutrizione *f.* con mangimi secchi. **Tro|cken|ge|biet** n. *(-[e]s,-e)* zona *f.* (*o* regione *f.*) arida. **Tro|cken|hau|be** f. *(-,-n)* casco *m.* (asciugacapelli). **Tro|cken|he|fe** f. *(-)* lievito *m.* in polvere.
Tro|cken|heit f. *(-)* **1** asciuttezza *f.* **2** secchezza *f.*, aridità *f.*: ***die ~ der Haut, des Bodens*** la secchezza della pelle, l'aridità del terreno **3** pl. *(Dürreperiode)* periodo *m.* di siccità **4a** *(Nüchternheit)* aridità *f.*, piattezza *f.*, noia *f.* **b** *(von Menschen)* mancanza *f.* di entusiasmo; *(Prosaisches)* prosaicità *f.*
tro|cken‿le|gen tr. **1** cambiare: ***das Kind ~*** cambiare il bambino, cambiare il pannolino al bambino **2** *(entwässern)* prosciugare **3** COLLOQ. SCHERZ. ***jdn ~*** far rimanere qcn. a secco. **Tro|cken|le|gung** f. *(-,-en)* prosciugamento *m.*, bonifica *f.*
Tro|cken|mas|se f. *(-)* contenuto *m.* secco ◆ ***Käse mit 60 % Fett in der ~*** contenuto grasso non inferiore al 60 %. **Tro|cken|milch** f. *(-)* latte *m.* in polvere. **Tro|cken|obst** n. *(-[e]s)* frutta *f.* secca. **Tro|cken|ofen** m. *(-s,-öfen)* forno *m.* di essiccazione. **Tro|cken|platz** m. *(-es,-plätze)* stenditoio *m.* **Tro|cken|ra|sie|rer** m. *(-s,-)* COLLOQ. **1** rasoio *m.* elettrico **2** *(Mann)* = persona *f.* che si rade col rasoio elettrico. **Tro|cken|raum** m. *(-[e]s,-räume)* stenditoio *m.*
tro|cken‿rei|ben tr. *(rieb, gerieben)* asciugare (strofinando): ***die Teller ~*** asciugare i piatti ◆ ***sich (D) die Haare ~*** asciugarsi i capelli (con l'asciugamano).
Tro|cken|rei|ni|gung f. *(-)* lavaggio *m.* a secco. **Tro|cken|schleu|der** f. *(-,-n)* centrifuga *f.* (della lavatrice). **Tro|cken|sham|poon** n. *(-s,-s)* shampoo *m.* secco.
Tro|cken|spin|ne f. *(-,-n)* stendibiancheria *m.* **Tro|cken|spi|ri|tus** m. *(-)* meta *f.*, metaldeide *f.*
tro|cken‿ste|hen intr. *(stand, gestanden*; aus. *haben)* non dare più latte, VETER. essere in asciutta.
Tro|cken|stoff m. *(-[e]s,-e)* seccativo *m.* **Tro|cken|sub|stanz** f. *(-,-en)* → **Trockenmasse. Tro|cken|tuch** n. *(-[e]s,-tücher)* canovaccio *m.*, strofinaccio *m.* **Tro|cken|übung** f. *(-,-en)* esercizi *m.pl.* preliminari.
tro|cken‿wi|schen tr. → **trockenreiben.**
Tro|cken|zeit f. *(-,-en)* stagione *f.* secca.
trock|nen I tr. **1** asciugare: ***die Haare mit dem Föhn ~*** asciugar(si) i capelli col fon; ***die Wäsche auf dem Balkon, an der Sonne ~*** (mettere ad) asciugare la biancheria sul balcone, al sole **2a** *(dörren)* essiccare, seccare: ***Blumen, Fleisch, Obst ~*** seccare fiori, essiccare la carne, la frutta **b** CHIM. disidratare **II** intr. (aus. *haben, sein*) asciugare, asciugarsi: ***in der Sonne, im Wind ~*** asciugarsi al sole, al vento **III** rifl. ***sich (D) das Gesicht, die Tränen ~*** asciugarsi il viso, le lacrime ◆ ***sich von der Sonne ~ lassen*** asciugarsi al sole.
Trock|ner m. *(-s,-)* **1** asciugatore *m.* **2** *(Wäschetrockner)* asciugabiancheria *m.*, asciugatrice *f.* **Trock|nung** f. *(-)* **1** asciugatura *f.* **2a** *(Dörren)* essiccazione *f.* **b** CHIM. disidratazione *f.*
Trod|del f. *(-,-n)* **1** nappa *f.*, fiocco *m.* **2** MIL. dragona *f.*
Trö|del m. *(-s)* COLLOQ. **1** ciarpame *m.* **2** → **Trödelmarkt. Trö|del|bu|de** f. *(-,-n)* COLLOQ. → **Trödelladen. Trö|de|lei** f. *(-,-en)* COLLOQ. SPREG. trastullamento *m.*, baloccamento *m.*, cincischiamento *m.* **Trö|del|frit|ze** m. *(-n,-n)* COLLOQ. SPREG. perditempo *m.* **Trö|del|la|den** m. *(-s,-läden)* negozio *m.* di rigattiere. **Trö|del|lie|se** f. *(-,-n)* COLLOQ. SPREG. perditempo *f.* **Trö|del|markt** m. *(-[e]s,-märkte)* mercato *m.* delle pulci. **trö|deln** intr. COLLOQ. **1** (aus. *haben*) gingillarsi, trastullarsi; *(langsam sein)* perder tempo, attardarsi **2** *(schlendern*; aus. *sein)* bighellonare, ciondolare, andare a zonzo **3** ANT. *(mit Trödel handeln*; aus. *haben)* commerciare in anticaglie. **Trö|del|wa|ren** pl. ciarpame *m.* **Tröd|ler** m. *(-s,-)* COLLOQ. **1** rigattiere *m.*, robivecchi *m.* **2** → **Trödelfritze. Tröd|ler|la|den** → **Trödelladen.**
Tro|er m. *(-s,-)* troiano *m.*
troff → **triefen.**
trog → **trügen.**
Trog m. *(-[e]s, Tröge)* **1** trogolo *m.* (anche GEOL.) **2** *(Bütte)* tinozza *f.* **3** *(Backtrog)* madia *f.* **4** *(für Mörtel)* conca *f.*
Trog|lo|dyt m. *(-en,-en)* troglodita *m.*
tro|isch agg. troiano. **Tro|ja** n.pr.n. *(-s)* Troia *f.* **Tro|ja|ner** m. *(-s,-)* troiano *m.* **tro|ja|nisch** agg. troiano, di Troia ◆ ***der Trojanische Krieg*** la guerra di Troia; ***das Trojanische Pferd*** il cavallo di Troia.
Troll m. *(-[e]s,-e)* MITOL. troll *m.*
trol|len COLLOQ. **I** intr. (aus. *sein*) andare a zonzo: ***durch die Straßen ~*** andare a zonzo per le strade **II** rifl. **sich ~** andarsene, allontanarsi.
Trom|mel f. *(-,-n)* **1** tamburo *m.*: ***die ~ schlagen (rühren)*** suonare (*o* battere) il tamburo; ***die ~ einer Pistole, einer Betonmischmaschine*** il tamburo di una pistola, di una betoniera **2** TECN. tamburo *m.*, cilindro *m.* **3** *(von Waschmaschinen)* cestello *m.* **4** *(von Zentrifugen)* paniere *m.* **5** *(Botanisiertrommel)* vascolo *m.* ◆ ***große ~*** grancassa *f.*; FIG. ***die ~ für jdn, etw. rühren*** battere il tamburo (*o* la grancassa) per qcn., qcs. **Trom|mel|brem|se** f. *(-,-n)* freno *m.* a tamburo. **Trom|mel|fell** n. *(-[e]s,-e)* **1** pelle *f.* del, di tamburo **2** ANAT. (membrana *f.* del) timpano *m.*: ***sein ~ ist geplatzt*** gli si è rotto un timpano. **Trom|mel|feu|er** n. *(-s,-)* MIL. fuoco *m.* tambureggiante, tambureggiamento *m.*
trom|meln I intr. (aus. *haben*) **1** battere (*o* suonare) il tamburo **2a** tamburellare: ***mit den Fingern auf den Tisch ~*** tamburellare con le dita sul tavolo; ***der Regen trommelt gegen die Scheiben*** la pioggia tamburella sui vetri **b** *(schlagen)* battere, picchiare: ***gegen, an die Tür ~*** picchiare alla porta **3** VENAT. battere il terreno con le zampe posteriori **II** tr. **1** battere: ***den Takt (auf den Tisch) ~*** battere il ritmo (sul tavolo) **2** ***einen Marsch ~*** accompagnare una marcia col tamburo ◆ ***jdn aus dem Bett, Schlaf ~*** tirare giù dal letto, svegliare qcn. picchiando alla porta.
Trom|mel|re|vol|ver m. *(-s,-)* pistola *f.* a tamburo, revolver *m.* **Trom|mel|schlag** m. *(-[e]s,-schläge)* colpo *m.* di tamburo: ***Trommelschläge hören*** sentire un rullo di tamburi. **Trom|mel|schlä|gel** m. *(-s,-)* mazza *f.* (del tamburo). **Trom|mel|schlä|ger** m. *(-s,-)* RAR. → **Trommler. Trom|mel|sieb** n. *(-[e]s,-e)* MIN. vaglio *m.* a tamburo. **Trom|mel|stock** m. *(-[e]s,-stöcke)* bacchetta *f.* (del tamburo). **Trom|mel|wir|bel** m. *(-s,-)* rullo *m.* di tamburo (*o* di tamburi).
Tromm|ler m. *(-s,-)* **1** suonatore *m.* di tamburo **2** MIL. tamburino *m.*
Trom|pe|te f. *(-,-n)* tromba *f.*: ***~ blasen*** suonare la tromba; ***die -n blasen*** suonano le trombe; ***ein Stück auf der ~ blasen*** suonare un pezzo con la tromba; ***die ~ an die Lippen setzen*** imboccare la

tromba. **trom|pe|ten I** intr. (aus. *haben*) **1** suonare la tromba **2** *(von Elefanten)* barrire **3** *(sich laut schneuzen)* soffiarsi rumorosamente il naso **II** tr. **1** suonare con la tromba: ***ein Stück von Baker ~*** suonare un pezzo di Baker con la tromba **2** *(ausposaunen)* strombazzare, gridare ai quattro venti.

Trom|pe|ten|baum m. *(-[e]s,-bäume)* catalpa *f.* **Trom|pe|ten|ge|schmet|ter** n. *(-s)* strombettio *m.* **Trom|pe|ten|schne|cke** f. *(-,-n)* ZOOL. buccino *m.* **Trom|pe|ten|stoß** m. *(-es,-stöße)* squillo *m.* di tromba. **Trom|pe|ter** m. *(-s,-)* **1a** trombettiere *m.*, suonatore *m.* di tromba **b** *(Jazz)* trombettista *m.* **2** *(im Sinfonieorchester)* tromba *f.*: ***zweiter ~ sein*** essere seconda tromba.

Tro|pe f. *(-,-n)* tropo *m.*

Tro|pen pl. tropici *m.pl.*: ***in den ~ leben*** vivere ai tropici. **Tro|pen|an|zug** m. *(-[e]s,-anzüge)* tenuta *f.* coloniale. **Tro|pen|fie|ber** n. *(-s,-)* malaria *f.*, febbre *f.* tropicale. **Tro|pen|helm** m. *(-[e]s,-e)* casco *m.* coloniale. **Tro|pen|kli|ma** n. *(-s,-s)* clima *m.* tropicale. **Tro|pen|kol|ler** m. *(-s)* psicosi *f.* (*o* delirio *m.*) tropicale. **Tro|pen|krank|heit** f. *(-,-en)* malattia *f.* tropicale. **Tro|pen|me|di|zin** f. *(-)* medicina *f.* tropicale. **Tro|pen|pflan|ze** f. *(-,-n)* pianta *f.* tropicale. **tro|pen|taug|lich** agg. adatto al clima tropicale; TECN. tropicalizzato. **Tro|pen|wald** m. *(-[e]s,-wälder)* foresta *f.* equatoriale.

1.Tropf m. *(-[e]s, Tröpfe)* SPREG. ***ein armer ~*** un poveraccio.

2.Tropf m. *(-[e]s,-e)* MED. fleboclisi *f.*, flebo *f.*: ***er hängt am ~*** gli hanno messo la flebo.

Tröpf|chen n. *(-s,-)* gocciolina *f.* **tröpf|chen|wei|se** avv. **1** goccia a goccia; MED. a gocce **2** COLLOQ. FIG. col contagocce.

tröp|feln I tr. *(Flüssigkeit, Medizin)* versare a gocce **II** intr. **1a** (aus. *sein*) gocciolare **b** *(von der Nase;* aus. *haben)* colare **2** impers. (aus. *haben*) piovigginare: ***es tröpfelt*** pioviggina.

trop|fen I intr. **1** (aus. *sein*) gocciolare: ***der Wein ist auf den Tisch getropft*** il vino è gocciolato sul tavolo **2a** (aus. *haben*) gocciolare: ***der Wasserhahn hat die ganze Nacht getropft*** il rubinetto ha gocciolato tutta la notte **b** colare: ***ihr tropft die Nase*** le cola il naso **3** impers. (aus. *haben*) ***es tropft von den Bäumen*** dagli alberi cadono gocce **II** tr. versare a gocce: ***die Medizin auf ein Stück Zucker ~*** versare le gocce di medicina su uno zuccherino **III** rifl. ***sich (D) etw. in die Augen ~*** mettersi (le) gocce di qcs. negli occhi.

Trop|fen m. *(-s,-)* **1a** goccia *f.*: ***ein ~ Wasser, Regen*** una goccia d'acqua, di pioggia **b** MED. ***10 ~ von einem Medikament einnehmen*** prendere 10 gocce di una medicina; ***~ gegen den Husten*** gocce per la tosse **2** *(sehr kleine Menge)* goccia *f.*, goccio *m.*: ***keinen ~ Wein trinken*** non bere un goccio di vino; ***es ist noch ein ~ in der Flasche*** nella bottiglia ce n'è ancora un goccio; ***bis auf den letzten ~ trinken*** bere fino all'ultima goccia ◆ ***dicker ~*** gocciolone; ***ein edler, guter ~ (Wein)*** un vino nobile, un buon vino; ***ein ~ auf den heißen Stein sein*** essere come una goccia nel mare; PROV. ***steter ~ höhlt den Stein*** la goccia scava la pietra.

Trop|fen|fän|ger m. *(-s,-)* salvagocce *m.* **Trop|fen|form** f. *(-)* forma *f.* di goccia: ***in ~*** a goccia. **trop|fen|wei|se** avv. **1** a gocce, a goccia **2** COLLOQ. FIG. *(tröpfchenweise)* col contagocce. **Trop|fen|zäh|ler** m. *(-s,-)* contagocce *m.*

Tropf|fla|sche f. *(-,-n)* boccettino *m.* contagocce. **tropf|nass** agg. grondante. **Tropf|röhr|chen** n. *(-s,-)* pipetta *f.* **Tropf|stein** m. *(-[e]s,-e)* concrezione *f.* calcarea da gocciolamento. **Tropf|stein|höh|le** f. *(-,-n)* grotta *f.* con stalattiti e stalagmiti.

Tro|phäe f. *(-,-n)* trofeo *m.*

tro|phisch agg. trofico.

tro|pisch agg. tropicale, dei tropici.

Tro|pis|mus m. *(-, Tropismen)* tropismo *m.*

Tro|po|sphä|re f. *(-)* troposfera *f.*

Tro|pus m. *(-, Tropen)* tropo *m.*

Tross m. *(-es,-e)* **1** MIL. salmerie *f.pl.*, carriaggi *m.pl.* **2** *(Gefolge)* seguito *m.*

Tros|se f. *(-,-n)* gomena *f.*, cavo *m.*

Tross|schiff n. *(-[e]s,-e)* nave *f.* ausiliaria.

Trost m. *(-[e]s)* consolazione *f.*, conforto *m.*: ***das war mir ein ~*** ciò mi fu di conforto; ***in etw. (D), bei jdm ~ suchen, finden*** cercare, trovare consolazione in qcs., presso qcn.; ***~ bringend*** confortante, consolante; ***magerer, schwacher ~*** magra consolazione; ***rechter, geringer ~*** vera, scarsa consolazione ◆ COLLOQ. ***nicht (ganz) bei ~ sein*** essere un po' suonato; ***~ spenden*** dare, recare conforto; ***zu deinem ~*** per consolarti; ***jdm ~ zusprechen*** confortare qcn.

trost|be|dürf|tig agg. bisognoso di conforto.

trös|ten I tr. confortare, consolare: ***jdn in seinem Leid ~*** consolare qcn. nel suo dolore; ***jdn über etw. (A) ~*** consolare qcn. di qcs.; ***jdn mit liebevollen Worten ~*** confortare qcn. con parole affettuose; ***die Erinnerung tröstete ihn*** il ricordo lo consolò **II** rifl. **sich ~** consolarsi: ***sich mit dem Gedanken ~, dass...*** consolarsi al pensiero che...; ***sich mit einem Glas Wein über die Enttäuschung ~*** consolarsi della delusione con un bicchiere di vino; SCHERZ. ***die Witwe hat sich getröstet*** la vedova si è consolata. **Trös|ter** m. *(-s,-)* **1** consolatore *m.* **2** FIG. consolazione *f.*, conforto *m.*: ***die Musik ist sein ~*** la musica è la sua consolazione. **tröst|lich** agg. confortante, di conforto, consolante: ***-e Worte*** parole di conforto; *(beruhigend)* ***es ist ~ zu erfahren, dass...*** è confortante (*o* consolante) sapere che...

trost|los agg. **1** sconsolato, sconfortato; *(nicht zu trösten)* inconsolabile **2** *(deprimierend schlecht)* sconsolante, sconfortante, desolante **3** *(öde)* desolato: ***eine -e Gegend*** un paesaggio desolato. **Trost|lo|sig|keit** f. *(-)* sconforto *m.*; desolazione *f.* **Trost|pflas|ter** n. *(-s,-)* SCHERZ. (piccola) consolazione *f.* **Trost|preis** m. *(-es,-e)* premio *m.* di consolazione. **trost|reich** agg. confortante, consolante. **Trost|run|de** f. *(-,-n)* girone *m.* di consolazione. **Trös|tung** f. *(-,-en)* conforto *m.*: ***die -en der Kirche*** i conforti della religione. **Trost|wort** n. *(-[e]s,-e)* parola *f.* di conforto.

Trott m. *(-[e]s,-e)* **1** trotto *m.*: ***im ~ gehen*** andare al trotto **2** *(eintöniger Ablauf)* tran tran *m.*: ***es geht alles den alten (im alten) ~*** è il solito tran tran; ***in den alten ~ verfallen, zurückfallen*** ricominciare il solito tran tran.

Trot|tel m. *(-s,-)* scemo *m.*, cretino *m.* **trot|tel|haft** agg. da scemo, da cretino. **trot|te|lig** agg. rimbecillito. **Trot|te|lig|keit** f. *(-)* stupidità *f.*

trot|teln intr. (aus. *haben*) trotterellare. **trot|ten** intr. (aus. *haben*) camminare con passo lento, pesante.

Trot|teur [-'tøːɐ] m. *(-s,-s)* scarpa *f.* da passeggio.

Trot|toir [-'toaːɐ] n. *(-s,-e* e *-s)* ANT. marciapiede *m.*

trotz prep + gen. (e RAR. dat.) nonostante, malgrado, a dispetto di: ***~ des Regens kamen wir pünktlich an*** nonostante la pioggia arrivammo puntuali; ***~ allem, alledem*** malgrado tutto.

Trotz m. *(-es)* **1** ostinazione *f.*, caparbietà *f.*: ***kindischer, kindlicher ~*** ostinazione infantile; ***etw. aus ~ tun*** fare qcs. per ostinazione **2** dispetto *m.*: ***dem Verbot, allen Warnungen, jdm zum ~...*** a dispetto del divieto, di ogni raccomandazione, di qcn... ◆ ***jdm ~ bieten*** affrontare, sfidare qcn.

Trotz|al|ter n. *(-s)* = età *f.* tra i tre e i quattro anni.

trotz|dem, trotz|dem I avv. ciononostante, nonostante ciò, tuttavia: ***er war krank und ging ~ zur Schule*** era malato e ciononostante andò a scuola **II** cong. sebbene, benché, nonostante: ***sie gingen spazieren, ~ es regnete*** andarono a passeggio sebbene piovesse.

trot|zen intr. (aus. *haben*) **1** ***dem Schicksal, den Gefahren ~*** sfidare il destino, i pericoli; ***er wagte es, dem Lehrer zu ~*** osò sfidare l'insegnante **2** *(widersetzen)* resistere: ***der Kälte ~*** resistere al freddo **3** *(trotzig sein)* tenere il broncio. **trot|zig I** agg. **1** caparbio, testardo **2** *(arrogant)* arrogante, tracotante **II** avv. caparbiamente, testardamente. **Trot|zig|keit** f. *(-)* caparbietà *f.*, testardaggine *f.*

Trotz|kis|mus m. *(-)* trotzkismo *m.* **Trotz|kist** m. *(-en,-en)* trotzkista *m.* **trotz|kis|tisch** agg. trotzkista.

Trotz|kopf m. *(-[e]s,-köpfe)* testardo *m.*, testone *m.*, ostinato *m.* **trotz|köp|fig** agg. testardo, caparbio.

Trou|ba|dour ['truːbaduːɐ, -'duːɐ] m. *(-s,-e* e *-s)* LETT. trovatore *m.*

Trou|ble ['trʌbl] m. *(-s)* problemi *m.pl.*: ***er hat ~ mit seinem Boss*** ha problemi con il suo capo.

Trou|pi|er [tru'pieː] m. *(-s,-s)* veterano *m.*

Trub m. *(-[e]s)* feccia *f.*

trüb RAR. → **trübe.**

trü|be agg. **1** torbido: ***~ Flüssigkeit*** liquido torbido **2a** opaco, spento: ***-r Blick*** sguardo spento; ***~ Augen*** occhi spenti **b** *(von Glas)* opaco, appannato; offuscato **3a** cupo, tetro: ***ein -s Licht*** una luce cupa; ***eine ~ Farbe*** un colore tetro; *(regnerisch)* ***ein -s Wetter*** un tempo tetro; ***ein -r Himmel*** un cielo tetro **b** FIG. *(traurig)* ***eine ~ Stimmung*** un'atmosfera tetra; ***~ Tage*** giornate tristi; ***~ Zeiten*** tempi cupi **4** FIG. *(fragwürdig)* losco, ambiguo, torbido ◆ ***~ im Trüben fischen*** pescare nel torbido; ***es wird ~*** il cielo si rannuvola. **Trü|be** f. *(-,-n)* torbidezza *f.*, torbidità *f.*

Tru|bel m. *(-s)* trambusto *m.*, confusione *f.*, baraonda *f.*: ***es herrschte ein großer ~*** c'era una gran confusione; ***sie stürzten sich in den ~*** si lanciarono nella baraonda.

trü|ben I tr. **1** intorbidare, intorbidire: ***die Abwässer ~ den Fluss*** le acque di scarico intorbidiscono il fiume **2** *(beeinträchtigen)* offuscare: ***ein Verhältnis, jds Glück ~*** offuscare un rapporto, la felicità di qcn. **II** rifl. **sich ~ 1** intorbidarsi, intorbidirsi **2** *(sich verschleiern)* offuscarsi: ***der Himmel, jds Blick trübt sich*** il cielo, lo sguardo di qcn. si offusca; *(sich verwirren)* ***jds Bewusstsein, Verstand trübt sich*** la mente, la coscienza di qcn. si offusca; ***das Einvernehmen zwischen zwei Personen trübt sich*** l'intesa tra due persone si offusca.

Trüb|heit f. *(-)* torbidezza *f.*, torbidità *f.* **Trüb|nis** f. *(-,-se)* LETT. afflizione *f.*, mestizia *f.* **Trüb|sal** f. *(-,-e)* **1** afflizione *f.* **2** *(Traurigkeit)* tristezza *f.*: ***sich der ~ hingeben*** abbandonarsi alla tristezza ◆ COLLOQ. ***~ blasen*** essere a terra, avere il morale a terra. **trüb|se|lig I** agg. **1** desolante, triste: ***eine -e Stimmung*** un'atmosfera desolante; ***ein -es Wetter*** un tempo desolante; ***-e Gedanken*** pensieri sconfortanti **2** *(von Orten)* desolato: ***eine -e Landschaft*** un paesaggio desolato **II** avv. in modo sconfortato (*o* triste); ***~ in einer Ecke sitzen*** starsene seduto sconfortato. **Trüb|se|lig|keit** f. *(-)* **1** afflizione *f.*, sconforto *m.* **2** *(von Orten)* desolazione *f.* **Trüb|sinn** m. *(-[e]s)* malinconia *f.*, tetraggine *f.*: ***in ~ verfallen*** essere in preda alla malinconia. **trüb|sin|nig** agg. malinconico, tetro.

Trub|stoff m. *(-[e]s,-e)* deposito *m.*

Trü|bung f. *(-,-en)* **1** intorbidamento *m.*: ***die ~ einer Flüssigkeit*** l'intorbidamento di un liquido **2** *(Beeinträchtigung)* offuscamento *m.*, turbamento *m.*: ***die ~ des Bewusstseins*** l'offuscamento della coscienza; ***die ~ der Beziehungen*** il turbamento dei rapporti **3** *(Getrübtsein)* annebbiamento *m.*, ottenebramento *m.*: ***eine ~ der Augen*** un annebbiamento della vista.

Truch|sess m. *(-es* e *-en,-e)* STOR. scalco *m.*

tru|deln intr. (aus. *sein*) **1** rotolare: ***die Kugel trudelt über den Boden*** la sfera rotola sul pavimento **2a** cadere ondeggiando: ***die Blätter ~ im Wind*** le foglie cadono ondeggiando nel vento **b** *(von Flugzeugen)* cadere a vite **3** *(langsam gehen)* gironzolare: ***durch die Straßen ~*** gironzolare per le strade. **Tru|deln** n. *(-s)* AER. caduta *f.* (libera) a vite: ***ins ~ geraten, kommen*** entrare in vite (*o* in avvitamento).

Trüf|fel f. *(-,-n)* e COLLOQ. m. *(-s,-)* tartufo *m.* **trüf|feln** tr. tartufare, condire con tartufi.

trug → **tragen.**

Trug m. *(-[e]s)* inganno *m.*: ***ein ~ der Sinne, der Fantasie*** un inganno dei sensi, della fantasia; ANT. ***einen ~ aufdecken*** scoprire un inganno ◆ ***Lug und ~*** menzogne e inganni. **Trug|bild** n. *(-[e]s,-er)* allucinazione *f.*, illusione *f.*

trü|gen tr. *(trog, getrogen)* ingannare: ***wenn mich meine Erinnerung nicht trügt*** se la memoria non mi inganna; assol. ***der Schein trügt*** l'apparenza inganna. **trü|ge|risch I** agg. ingannevole, illusorio: ***ein -es Gefühl*** una sensazione ingannevole; ***eine -e Sicherheit*** una sicurezza illusoria **II** avv. in modo ingannevole (*o* illusorio).

Trug|ge|bil|de n. *(-s,-)* visione *f.* **Trug|schluss** m. *(-es,-schlüsse)* **1** falsa conclusione *f.* **2** MUS. cadenza *f.* d'inganno. **Trug|werk** n. *(-[e]s,-e)* LETT. **1** inganno *m.* **2** *(Täuschung)* illusione *f.*

Tru|he f. *(-,-n)* cassapanca *f.*

Trul|la, Trul|le f. *(-,Trullen)* **1** SPREG. tipa *f.* **2** *(unordentliche weibliche Person)* sciattona *f.*

Trum m. e n. *(-[e]s,-e e Trümer)* **1** MECC. tratto *m.*, ramo *m.* **2** MIN. tratto *m.*

1.Trumm m. e n. *(-[e]s,-e* e *Trümmer)* → **Trum.**

2.Trumm n. *(-[e]s, Trümmer)* REGION. pezzo *m.* grande, notevole; ***ein ~ Brot*** un (bel) pezzo di pane ◆ ***ein ~ von einem Buch*** un bel malloppo; ***ein ~ von einem Mannsbild*** un (gran) pezzo d'uomo.

Trüm|mer pl. **1** rovine *f.pl.*, macerie *f.pl.*: ***die ~ einer Stadt*** le rovine di una città **2** FIG. rovina *f.* **3** *(Bruchstücke)* frantumi *m.pl.*; *(einer Maschine)* rottami *m.pl.*: ***die ~ eines Flugzeuges*** i rottami di un aereo ◆ ***in ~ gehen*** andare (*o* ridursi) in frantumi; ***etw. in ~ legen*** ridurre qcs. a un cumulo di macerie; ***in -n liegen*** essere ridotto a un cumulo di macerie; ***in ~ schlagen*** mandare in frantumi. **Trüm|mer|berg** m. *(-[e]s,-e)* montagna *f.* di macerie. **Trüm|mer|feld** n. *(-[e]s,-er)* campo *m.* di macerie. **Trüm|mer|frak|tur** f. *(-,-en)* frattura *f.* con minuta. **Trüm|mer|frau** f. *(-,-en)* = donna *f.* che ha lavorato alla rimozione delle macerie dopo la II guerra mondiale. **Trüm|mer|ge|stein** n. *(-[e]s,-e)* roccia *f.* clastica. **Trüm|mer|grund|stück** n. *(-[e]s,-e)* terreno *m.* coperto di macerie. **trüm|mer|haft** agg. in frantumi. **Trüm|mer|hau|fen** m. *(-s,-)* mucchio *m.* (*o* cumulo *m.*) di macerie.

Trumpf m. *(-[e]s, Trümpfe)* **1** briscola *f.*, atout *m.*: ***Herz ist ~*** cuori è la briscola; ***nur Trümpfe auf, in der Hand haben*** avere solo briscole in mano **2** FIG. asso *m.* nella manica ◆ ***seinen letzten ~ ausspielen*** giocare la propria ultima carta; ***alle Trümpfe aus der Hand geben*** rinunciare a tutti i vantaggi; ***alle Trümpfe in der Hand haben*** avere degli atout, avere un asso nella manica; ***~ sein*** essere di moda, andare molto; ***jdm zeigen, was ~ ist*** mostrare a qcn. come stanno le cose. **Trumpf|ass** n. *(-es,-e)* asso *m.* di briscola. **trumpf|fen** tr. prendere (con la briscola). **Trumpf|kar|te** f. *(-,-n)* briscola *f.*, atout *m.*

Trunk m. *(-[e]s, Trünke)* **1** bevanda *f.*: ***ein labender ~*** una bevanda ristoratrice **2** ANT. *(Schluck)* sorso *m.* **3** *(Trinken)* bevuta *f.* ◆ ***sich dem ~ ergeben*** darsi al bere; ***dem ~ verfallen sein*** abbandonarsi al bere. **trun|ken** agg. **1** ubriaco **2** FIG. ubriaco, ebbro: ***~ von, vor Freude, Glück*** ebbro di gioia, di felicità ◆ ***jdn mit etw. ~ machen*** ubriacare qcn. con qcs. **Trun|ken|bold** m. *(-[e]s,-e)* ubriacone *m.* **Trun|ken|heit** f. *(-)* ubriachezza *f.*, ebbrezza *f.* (anche FIG.) ◆ ***~ am Steuer*** guida in stato di ebbrezza (*o* ubriachezza).

Trunk|sucht f. *(-)* alcolismo *m.* **trunk|süch|tig** agg. alcolizzato.

Trupp m. *(-s,-s)* **1** drappello *m.*: ***ein ~ Soldaten, Gefangene*** un drappello di soldati, di prigionieri **2** *(Gruppe)* squadra *f.*, gruppo *m.*: ***ein ~ Arbeiter*** una squadra di lavoratori.

Trup|pe f. *(-,-n)* **1** truppe *f.pl.*: ***eine motorisierte ~*** truppe motorizzate; ***feindliche, alliierte, reguläre, meuternde -n*** truppe nemiche, alleate, regolari, ribelli **2** TEATR. CINEM. troupe *f.*, compagnia *f.*: ***eine ~ von Schauspielern*** una compagnia di attori ◆ COLLOQ. ***nicht von der schnellen ~ sein*** non essere di quelli veloci.

Trup|pen|ab|bau m. *(-[e]s,-e)* smobilitazione *f.* delle truppe. **Trup|pen|ab|zug** m. *(-[e]s,-abzüge)* partenza *f.* delle truppe. **Trup|pen|aus|he|bung** f. *(-,-en)* leva *f.* (militare). **Trup|pen|be|we|gung** f. *(-,-en)* movimento *m.* di truppe. **Trup|pen|ein|heit** f. *(-,-en)* MIL. reparto *m.* **Trup|pen|füh|rer** m. *(-s,-)* comandante *m.* delle truppe. **Trup|pen|gat|tung** f. *(-,-en)* arma *f.* **Trup|pen|kon|tin|gent** n. *(-[e]s,-e)* contingente *m.* militare. **Trup|pen|kon|zent|ra|ti|on** f. *(-,-en)* concentrazione *f.* di truppe. **Trup|pen|mas|sie|rung** f. *(-,-en)* ammassamento *m.* di truppe. **Trup|pen|pa|ra|de** f. *(-,-n)* parata *f.* militare, rassegna *f.* (delle truppe). **Trup|pen|stär|ke** f. *(-,-n)* effettivi *m.pl.* **Trup|pen|teil** m. *(-[e]s,-e)* MIL. reparto *m.* **Trup|pen|trans|por|ter** m. *(-s,-)* trasporto *m.* truppe. **Trup|pen|übungs|platz** m. *(-es,-plätze)* piazza *f.* d'armi.

trupp|wei|se avv. a drappelli, a gruppi.

Trust [trʌst] m. *(-[e]s,-e* e *-s)* trust *m.*

Trut|hahn m. *(-[e]s,-hähne)* tacchino *m.* (maschio) **Trut|hen|ne** f. *(-,-n)* tacchina *f.* **Trut|huhn** n. *(-[e]s,-hühner)* tacchino *m.*

Trutz m. *(-es)* ANT. **1** difesa *f.* **2** *(Widerstand)* resistenza *f.* ◆ ***zu Schutz und ~*** a protezione e difesa. **Trutz|burg** f. *(-,-en)* ANT. fortezza *f.* difensiva. **trut|zen** intr. (aus. *haben*) ANT. resistere. **trut|zig** agg. imponente.

Tschad n.pr.m. *(-s)* Ciad *m.* **Tscha|der** m. *(-s,-)* ciadiano *m.* **tscha|disch** agg. ciadiano.

Tscha|dor [-'doːɐ] m. *(-s,-s)* chador *m.*

Tscha|ko m. *(-s,-s)* sciaccò *m.*

Tsche|che m. *(-n,-n)* ceco *m.* **Tsche|chei** n.pr.f. *(-)* ***die ~*** la Repubblica *f.* ceca. **Tsche|chi|en** n.pr.n. *(-s)* Repubblica *f.* ceca: ***in ~*** nella Repubblica ceca. **tsche|chisch** agg. ceco.

Tsche|cho|slo|wa|ke m. *(-n,-n)* cecoslovacco *m.* **Tsche|cho|slo|wa|kei** n.pr.f. *(-)* Cecoslovacchia *f.* **tsche|cho|slo|wa|kisch** agg. cecoslovacco.

Tsche|ka n.pr.f. *(-)* STOR. Ceka *f.*

Tschet|sche|ne m. *(-n,-n)* ceceno *m.* **Tschet|sche|ni|en** n.pr.n. *(-s)* Cecenia *f.*

tschil|pen intr. (aus. *haben*) cinguettare.

tschüs(s) inter. ciao.

Tsd. ⇒ *Tausend* migliaio.

Tse|tse|flie|ge f. *(-,-n)* mosca *f.* tse-tse (*o* tze-tze).

T-Shirt ['tiːʃɔːt] n. *(-s,-s)* T-shirt *f.*

T-Trä|ger m. *(-s,-)* EDIL. ferro *m.* a T.

TU ⇒ *technische Universität* politecnico.

Tu|ba f. *(-, Tuben)* ANAT. MUS. tuba *f.*

Tu|be f. *(-,-n)* **1** tubetto *m.*: ***eine ~ Zahnpasta*** un tubetto di dentifricio **2** ANAT. tuba *f.* ◆ COLLOQ. ***auf die ~ drücken*** = accelerare.

Tu|ber|kel m. *(-s,-)* e AUSTR. f. *(-,-n)* MED. tubercolo *m.* **Tu|ber|kel|bak|te|rie** f. *(-,-n)*, **Tu|ber|kel|ba|zil|lus** m. *(-,-bazillen)* bacillo *m.* tubercolare.

tu|ber|ku|lar agg. tubercolare. **tu|ber|ku|lös** agg. tubercoloso, tubercolotico. **Tu|ber|ku|lo|se** f. *(-,-n)* tubercolosi *f.*

Tu|be|ro|se f. *(-,-n)* tuberosa *f.*

Tü|bin|gen n.pr.n. *(-s)* Tubinga *f.*

Tuch n. *(-[e]s, Tücher* e *-e)* **1** (pl. *Tücher*) panno *m.*: ***ein wollenes ~*** un panno di lana; ***die Schuhe mit einem ~ polieren*** lucidare le scarpe con un panno **2a** *(Kopftuch*; pl. *Tücher)* fazzoletto *m.*, foulard *m.*: ***ein ~ umbinden*** mettersi un fazzoletto **b** *(Schal)* scialle *m.*: ***ein ~ um die Schultern legen*** mettere uno scialle sulle spalle **3** *(Gewebe*; pl. *-e)* stoffa *f.*, tessuto *m.*: ***ein Ballen ~*** una balla di stoffa **4** *(Segeltuch*; pl. *-e)* MAR. tela *f.* ◆ ***ein rotes ~ für jdm sein, wie ein rotes ~ auf jdn wirken*** essere per qcn. come il fumo negli occhi. **Tuch|bahn** f. *(-,-en)* telo *m.* di stoffa. **Tuch|bal|len** m. *(-s,-)* balla *f.* di tessuto.

Tü|chel|chen n. *(-s,-)* fazzolettino *m.*

tu|chen agg. di panno.

Tuch|fab|rik f. *(-,-en)* lanificio *m.* **Tuch|füh|lung** f. *(-)* SCHERZ. =

contatto *m.* stretto (anche FIG.), lo stare gomito a gomito: ***auf ~ mit jdm sitzen*** sedere gomito a gomito con qcn.; ***mit jdm in ~ kommen*** entrare in contatto con qcn.; FIG. ***keine ~ mehr haben*** non avere più alcun contatto; ***auf ~ bleiben*** rimanere in contatto.

Tüch|lein n. *(-s,-)* fazzolettino *m.*

Tuch|sei|te f. *(-,-n)* diritto *m.* (della stoffa).

tüch|tig I agg. **1** abile, capace, bravo: ***in etw. (D) ~ sein*** essere abile (*o* bravo) in qcs.; ***ein -er Maurer*** un bravo muratore **2a** *(beachtlich)* buono: ***eine -e Arbeit*** un buon lavoro **b** COLLOQ. *(beträchtlich)* bello, grosso: ***eine -e Tracht Prügel*** un bel po' di legnate; ***ein -er Schluck*** un bel sorso; ***eine -e Portion Mut*** una buona dose di coraggio; ***ein -er Esser*** un grosso mangiatore; ***eine -e Ohrfeige, einen -en Schrecken bekommen*** prendersi un sonoro schiaffone, un bello spavento **II** avv. **1** bene, per bene **2** rafforz. *(viel)* molto, tanto: ***es hat ~ geregnet*** ha piovuto (davvero) tanto ◆ IRON. ***(bist du aber) ~!*** (ma che) bravo! **Tüch|tig|keit** f. *(-)* capacità *f.*, abilità *f.*; bravura *f.*

Tu|cke f. *(-,-n)* COLLOQ. SPREG. **1** megera *f.*, vecchia strega *f.* **2** *(Schwuchtel)* checca *f.*, frocio *m.*

Tü|cke f. *(-,-n)* **1** malvagità *f.*, perfidia *f.*: ***er ist, steckt voller ~*** è pieno di perfidia; ***die -n des Schicksals*** le malvagità del destino **2** *(heimtückische Handlung)* cattiveria *f.*, malvagità *f.* **3** FIG. magagna *f.*: ***die -n eines Motors*** le magagne di un motore ◆ ***seine -n haben*** essere difficile, complicato.

tu|ckern intr. **1** (aus. *haben*) scoppiettare, sbuffare: ***der Motor tuckert leicht*** il motore scoppietta leggermente **2** (aus. *sein*) procedere scoppiettando.

tü|ckisch I agg. **1** malvagio, perfido: ***ein -er Mensch, Plan*** una persona malvagia, un piano malvagio **2** *(gefährlich)* insidioso, pericoloso: ***ein -er Abhang*** un pendio insidioso **3** *(Gefahr signalisierend)* minaccioso: ***ein -er Blick*** uno sguardo minaccioso **II** avv. **1** con malvagità, con perfidia **2** in modo minaccioso.

tuck|tuck inter. pio pio.

Tu|e|rei f. *(-,-en)* COLLOQ. SPREG. smancerie *f.pl.*

Tuff m. *(-s,-e)* **1** tufo *m.* **2** *(Sinter)* sedimento *m.* (geologico). **Tuff|stein** m. *(-[e]s,-e)* (roccia *f.* di) tufo *m.*

Tüf|tel|ar|beit f. *(-,-en)* COLLOQ. lavoro *m.* meticoloso (*o* certosino). **Tüf|te|lei** f. *(-,-en)* COLLOQ. **1** meticolosità *f.* **2** → **Tüftelarbeit** **3** *(Grübelei)* rompicapi *m.pl.* **Tüf|te|ler** → **Tüftler. tüf|te|lig** agg. meticoloso: ***eine -e Arbeit, ein -er Typ*** un lavoro, un tipo meticoloso. **tüf|teln** intr. (aus. *haben*) **1** ***an etw. (D) ~*** star dietro (*o* lavorare) meticolosamente a qcs. **2** *(grübeln)* ***an etw. (D) ~*** lambiccarsi il cervello intorno a qcs. **Tüft|ler** m. *(-s,-)* COLLOQ. **1** chi fa del bricolage **2** *(Grübler)* chi fa rompicapi. **tüft|lig** → **tüftelig.**

Tu|gend f. *(-,-en)* virtù *f.*: ***~ üben*** praticare (*o* esercitare) la virtù; ***christliche, häusliche, weibliche -en*** virtù cristiane, domestiche, femminili; ***göttliche -en*** virtù teologali; ***-en und Fehler haben*** avere vizi e virtù; ***ein Ausbund an, von ~ sein*** essere un modello di virtù; ***die ~ der Pünktlichkeit*** la virtù della puntualità ◆ ***aus der Not eine ~ machen*** far di necessità virtù; ***der Pfad der ~*** la retta via. **Tu|gend|bold** m. *(-[e]s,-e)* IRON. modello *m.* di virtù. **tu|gend|haft I** agg. virtuoso **II** avv. virtuosamente. **Tu|gend|haf|tig|keit** f. *(-)* virtù *f.* **Tu|gend|held** m. *(-en,-en)* COLLOQ. **1** campione *m.* di virtù **2** → **Tugendbold. tu|gend|lich** agg. ANT. virtuoso. **tu|gend|los** agg. ANT. privo di virtù. **tu|gend|reich** agg. virtuoso. **tu|gend|sam** agg. → **tugendhaft. Tu|gend|wäch|ter** m. *(-s,-)* IRON. custode *m.* della virtù.

Tu|kan m. *(-s,-e)* tucano *m.*

Tüll m. *(-s,-e)* tulle *m.*

Tül|le f. *(-,-n)* REGION. beccuccio *m.*

Tüll|schlei|er m. *(-s,-)* velo *m.* di tulle.

Tul|pe f. *(-,-n)* **1** tulipano *m.* **2** *(Glas)* (bicchiere *m.* a) calice *m.* **3** COLLOQ. *(sonderbarer Mensch)* = tipo *m.* strambo. **Tul|pen|baum** m. *(-[e]s,-bäume)* liriodendro *m.* **Tul|pen|zwie|bel** f. *(-,-n)* bulbo *m.* di tulipano.

tumb agg. ANT. SCHERZ. ingenuone. **Tumb|heit** f. *(-)* ANT. ingenuità *f.*

tum|meln I rifl. **sich ~ 1a** scorrazzare; sgambettare **b** *(im Wasser)* sguazzare **2** *(von Insekten)* svolazzare **3** REGION. *(sich beeilen)* sbrigarsi **II** tr. ANT. EQUIT. caracollare **III** intr. (aus. *sein*) volteggiare. **Tum|mel|platz** m. *(-es,-plätze)* (luogo *m.* di) ritrovo *m.*

Tümm|ler m. *(-s,-)* **1** focena *f.* **2** *(Haustaube)* colombo *m.* domestico.

Tu|mor, Tu|mor m. *(-s,-en* e *-e)* tumore *m.*: ***ein gutartiger, bösartiger ~*** un tumore benigno, maligno. **Tu|mor|zel|le** f. *(-,-n)* cellula *f.* tumorale.

Tüm|pel m. *(-s,-)* pozza *f.*, pozzanghera *f.*

Tu|mult m. *(-[e]s,-e)* tumulto *m.*, rivolta *f.*: ***ein allgemeiner ~*** un tumulto generale; ***es kam zu schweren, heftigen -en*** si giunse ad aspri, a violenti tumulti; ***ein ~ entsteht*** nasce un tumulto. **Tu|mul|tu|ant** m. *(-en,-en)* RAR. tumultuante *m.*, rivoltoso *m.* **tu|mul|tu|a|risch, tu|mul|tu|ös** agg. tumultuoso: ***eine -e Sitzung*** una seduta tumultuosa.

tun *(tat, getan)* **I** tr. **1** fare: ***etw. (un)gern ~*** fare qcs. (mal)volentieri; ***seine Arbeit, seine Pflicht, nichts ~*** fare il proprio lavoro, il proprio dovere, non fare niente; ***etw. für jdn, etw. ~*** fare qcs. per qcn., qcs.; ***was hast du denn getan?*** che (cosa) hai fatto? ***was willst du mit dem Geld ~?*** che cosa vuoi fare (*o* farne) del denaro? ***so etwas tut man nicht*** (così) non si fa; ***tu's doch!*** fallo! *(zufügen)* ***(jdm) Gutes, Böses, ein Unrecht ~*** fare del bene, del male, fare un torto (a qcn.) **2a** COLLOQ. *(stellen)* mettere: ***etw. an seinen Platz ~*** mettere qcs. al suo posto **b** *(hinzufügen)* ***Salz an, in die Suppe, Zucker in den Tee ~*** mettere sale nella minestra, zucchero nel tè **3** COLLOQ. *(schicken)* mandare: ***jdn ins Internat ~*** mandare qcn. in collegio **4** COLLOQ. *(mit Infinitiv)* ***lesen tue ich gern*** leggo volentieri (*o* COLLOQ. leggere lo faccio volentieri) **5** COLLOQ. *(zur Umschreibung des Konjunktivs)* ***ich täte gern essen*** mangerei volentieri **II** intr. (aus. *haben*) fare, comportarsi: ***tu doch nicht so!*** non fare così! ***er tut bloß, nur so*** fa tanto per fare; ***tu nicht so dumm!*** non fare lo stupido! ***geheimnisvoll ~*** fare il misterioso; ***freundlich ~*** fare il (*o* essere) gentile, comportarsi in modo gentile; ***er tut (so), als ob, als wenn, wie wenn, als...*** si comporta in modo tale che (*o* da)...; ***~ Sie, als ob Sie zu Hause wären*** faccia come se fosse a casa sua **III** rifl. **sich ~ 1** ***sich (mit, bei etw.) leicht, schwer ~*** avere facilità, avere difficoltà (nel fare qcs.) **2** *(geschehen)* accadere, succedere: ***hier tut sich was*** qui sta accadendo qualcosa ◆ ***alles ~*** fare di tutto; ***es mit jdm zu ~ bekommen*** avere a che fare con qcn., dover vedersela con qcn.; ***es mit der Angst zu ~ bekommen*** trovarsi faccia a faccia con la paura; ***nichts Besseres zu ~ haben, als...*** non aver niente di meglio da fare che...; ***sein Bestes ~*** fare del proprio meglio; ***einen Blick (in, auf etw. [A]) ~*** dare un'occhiata (a qcs.); ***nichts dagegen ~ können*** non potere farci niente; ***dagegen musst du etwas ~!*** devi fare qualcosa! ***er tut gut (recht) daran abzufahren*** fa bene a partire; ***nichts dazu ~ können*** non potere farci nulla; ***jdm einen Dienst ~*** dare una mano a qcn.; ***es ~*** andare bene; *(funktionieren)* ***das Auto tut es noch*** l'auto va ancora; *(genügen)* ***Versprechen ~ es nicht*** le promesse non bastano; COLLOQ. ***es ~*** fare l'amore, farlo; ***ich muss noch etwas ~*** ho ancora da fare; ***jdm etw. zu ~ geben*** dare qcs. da fare a qcn.; ***jdm einen Gefallen ~*** fare un piacere a qcn.; ***getan ist getan*** quel che è fatto è fatto (*o* PROV. cosa fatta capo ha); ***es ist um ihn getan*** è perduto, per lui è finita; ***sich an etw. (D) gütlich ~*** gustare qcs., godere di qcs.; ***nichts, viel zu ~ haben*** non avere niente da fare, avere molto da fare; ***nichts, anderes zu ~ haben, als...*** non avere nient'altro (*o* niente di meglio) da fare che..., avere altro da fare che...; ***mit jdm, etw. zu ~ haben*** avere a che fare (*o* a che vedere) con qcn., qcs.; ***mit jdm, etw. nichts zu ~ haben wollen*** non voler avere a che fare con qcn., qcs.; ***es mit jdm, etw. zu ~ haben*** dover affrontare qcn., qcs.; ***mit sich (selbst) zu ~ haben*** aver da fare per conto proprio; ***alle Hände voll zu ~ haben*** avere molto da fare, essere indaffaratissimo; ***keinen Handschlag ~*** non alzare un dito; ***man tut, was man kann*** si fa quel che si può; ***ich will sehen, was ich ~ kann*** vedrò quel che posso fare; ***er tat, was er konnte*** ha fatto quel che ha potuto; ***es tat einen Knall*** ci fu un botto; COLLOQ. ***es mit jdm zu ~ kriegen*** → ***es mit jdm zu ~ bekommen; du kannst ~ und lassen, was du willst*** puoi disporre liberamente del tuo tempo; ***mit etw. ist es nicht getan*** qcs. non basta, non è sufficiente; ***sein Möglichstes ~*** fare tutto il possibile; ***das tut nichts*** non fa niente, non importa; *(harmlos sein)* ***der Hund tut nichts*** il cane non fa niente; ***das Seine, Seinige ~*** fare il proprio dovere; ***einen Seufzer ~*** tirare un sospiro; ***jdm ist um jdn, etw. zu ~*** a qcn. importa (*o* preme) qcn., qcs.; ***es ist ihm nur darum zu ~ wegzugehen*** gli preme solo di andar via; ***jdm Unrecht ~*** far torto a qcn.; ***unter dem tue ich es nicht*** per meno (di così) non lo faccio; ***so tu doch was!*** fa' qualcosa! ***was tust du hier?*** che fai qui? che ci fai? ***was tut's?*** e con questo? e beh? ***was ~?*** che fare? ***wer hat das getan?*** chi è stato? ***ich tue, wie mir befohlen*** faccio ciò che (*o* come) mi è stato ordinato; ***tu, was du willst*** fa' come vuoi, fa' come ti pare; ***Wunder ~*** fare miracoli; ***jdm, etw. zuleide ~*** far del male a, danneggiare qcn., qcs.; ***des Guten zu viel ~*** strafare; PROV. ***was du nicht willst, dass man dir tu, das füg auch keinem andern zu*** non fare agli altri quello che non vorresti fosse fatto a te.

Tun n. *(-s)* comportamento *m.*, agire *m.* ◆ ***jds ~ und Treiben, Lassen*** tutto ciò che qcn. fa (e che non fa).

Tün|che f. *(-,-n)* **1** intonaco *m.* **2** FIG. SPREG. facciata *f.*, vernice *f.* **tün|chen** tr. intonacare. **Tün|cher** m. *(-s,-)* REGION. intonacatore *m.*, imbianchino *m.*

Tund|ra f. *(-, Tundren)* tundra *f.*

Tu|nell n. *(-s,-e)* REGION. AUSTR. SVIZZ. → **Tunnel.**
tu|nen ['tju:nən] tr. GERG. AUT. truccare. **Tu|ner** ['tju:nɐ] m. *(-s,-)* **1** tuner *m.*, sintonizzatore *m.* **2** AUT. GERG. = chi trucca motori.
Tu|ne|ser I m. *(-s,-)* tunisino *m.* **II** agg. inv. tunisino. **Tu|ne|si|en** n.pr.n. *(-s)* Tunisia *f.* **Tu|ne|si|er** m. *(-s,-)* tunisino *m.* **tu|ne|sisch** agg. tunisino.
Tun|fisch → **Thunfisch.**
Tungs|ten m. *(-)* tungsteno *m.*
Tu|nicht|gut m. *(-* e *-[e]s,-e)* buono *m.* a nulla.
Tu|ni|ka f. *(-, Tuniken)* tunica *f.* **Tu|ni|ka|te** f. *(-,-n)* tunicato *m.*
Tu|nis n.pr.n. *(-)* Tunisi *f.* **Tu|ni|ser I** m. *(-s,-)* tunisino *m.*, abitante *m.* di Tunisi **II** agg.inv. tunisino, di Tunisi. **tu|ni|sisch** agg. tunisino, di Tunisi.
Tun|ke f. *(-,-n)* salsa *f.* **tun|ken** tr. REGION. intingere.
tun|lich ANT. **I** agg. conveniente, opportuno **II** avv. ***so schnell wie nur*** ~ al più presto possibile. **Tun|lich|keit** f. *(-)* RAR. opportunità *f.* **tun|lichst** avv. (superl. *tunlich*) **1** il più possibile, quanto più possibile: ***unter ~ großer Beteiligung*** con la maggiore partecipazione possibile; ***etw. ~ vermeiden*** evitare il più possibile qcs. **2** *(unbedingt)* assolutamente: ***du solltest ~ nicht mehr rauchen*** non dovresti assolutamente più fumare.
Tun|nel m. *(-s,-* e RAR. *-s)* galleria *f.*, tunnel *m.*: ***einen ~ bauen, graben*** costruire, scavare una galleria. **Tun|nel|gurt** m. *(-[e]s,-e)* SART. coulisse *f.* **tun|neln** tr. *(Fußball)* ***jdn ~*** fare il tunnel (a qcn.). **Tun|nel|ofen** m. *(-s,-öfen)* forno *m.* a galleria.
Tun|te f. *(-,-n)* **1** checca *f.* **2** COLLOQ. SPREG. *(Tante)* befana *f.* **tun|ten|haft, tun|tig** agg. COLLOQ. SPREG. **1** (estremamente) premuroso **2** *(wie eine Tunte)* da checca.
Tupf m. *(-[e]s,-e)* REGION. → **Tupfen.**
Tüpf|chen n. *(-s,-)* puntino *m.* **Tüp|fel** n. e m. *(-s,-)* RAR., **Tüp|fel|chen** n. *(-s,-)* **1** puntino *m.* **2** FIG. *(Kleinigkeit)* virgola *f.*: ***nicht ein ~ an etw. (D) ändern*** non cambiare nemmeno una virgola in qcs. ◆ ***das ~ auf dem i*** i puntini sulle i. **tüp|fe|lig** agg. punteggiato, picchiettato. **tüp|feln** tr. punteggiare, picchiettare.
tup|fen tr. **1** *(abtupfen)* asciugare, detergere: ***den Schweiß von der Stirn ~*** asciugare il sudore dalla fronte **2** *(tupfend aufbringen)* mettere: ***mit einem Wattebausch etwas Alkohol auf die Wunde ~*** mettere un po' di alcol sulla ferita con un batuffolo di cotone **3** *(tüpfeln)* picchiettare: ***einen Stoff blau ~*** picchiettare un tessuto di blu. **Tup|fen** m. *(-s,-)* **1** *(Punkt)* punto *m.*, puntino *m.* **2** *(kleiner Fleck)* macchiolina *f.* **Tup|fer** m. *(-s,-)* **1** COLLOQ. → **Tupfen 2** MED. tampone *m.*
tüpf|lig → **tüpfelig.**
Tür f. *(-,-en)* **1** porta *f.*: ***die ~ schließen (zumachen), öffnen (aufmachen), anlehnen*** chiudere, aprire, socchiudere (*o* accostare) la porta; ***die ~ eintreten*** sfondare la porta; ***die ~ quietscht*** la porta cigola; ***an die ~ klopfen*** bussare alla porta; *(Türöffnung)* ***den Fuß bereits in der ~ haben*** avere già un piede sulla porta; ***in der ~ stehen*** stare alla, sulla porta; ***an die ~ gehen*** andare alla porta **2** porta *f.*, sportello *m.*: ***die ~ eines Ofens, Schranks*** la porta (*o* lo sportello) di un forno, di un armadio; ***ein Auto mit vier -en*** un'auto a quattro porte ◆ ***~ an ~ mit jdm wohnen*** abitare porta a porta con qcn.; COLLOQ. ***zwischen ~ und Angel*** su due piedi; COLLOQ. ***mit der ~ ins Haus fallen*** agire precipitosamente; COLLOQ. ***vor seiner eigenen ~ kehren*** farsi gli affari propri; COLLOQ. ***offene -en einrennen*** sfondare una porta aperta; ***jdm stehen, jd findet alle -en offen*** qcn. ha, trova tutte le porte aperte; COLLOQ. ***jdn vor die ~, jdm den Stuhl vor die ~ setzen*** mettere qcn. alla porta; ***etw. (D) ~ und Tor öffnen*** spalancare la porta a qcs.; ***hinter verschlossenen -en*** a porte chiuse; *(auf Ablehnung stoßen)* ***nur verschlossene -en finden*** trovare soltanto porte chiuse; ***vor verschlossener ~ stehen*** trovare le porte chiuse; ***Ostern steht vor der ~*** Pasqua è alle porte; ***vor die ~*** fuori; ***jdm die ~ weisen*** mostrare la porta a qcn.; COLLOQ. ***jdm die ~ vor der Nase zuschlagen*** sbattere la porta in faccia a qcn.
Tür|an|gel f. *(-,-n)* cardine *m.* (della porta). **Tür|an|schlag** m. *(-[e]s, -anschläge)* fermaporte *m.*
tür|aus, tür|ein avv. dentro e fuori.
Tur|ban m. *(-s,-e)* turbante *m.*
Tur|bi|ne f. *(-,-n)* turbina *f.* **Tur|bi|nen|an|trieb** m. *(-[e]s,-e)* propulsione *f.* a turbina. **Tur|bi|nen|flug|zeug** n. *(-[e]s,-e)* turbogetto *m.*, aereo *m.* con turboreattore. **tur|bi|nen|ge|trie|ben** agg. (con motore) a turbina. **Tur|bi|nen|haus** n. *(-es,-häuser)* sala *f.* turbine. **Tur|bi|nen|schiff** n. *(-[e]s,-e)* turbonave *f.*
Tur|bo m. *(-s,-s)* **1** turbo *m.* **2** *(Auto mit Turbomotor)* turbo *f.*
Tür|bo|gen m. *(-s,-)* arco *m.* della porta.
Tur|bo|kom|pres|sor m. *(-s,-en)* turbocompressore *m.* **Tur|bo|la|der** m. *(-s,-)* turbocompressore *m.* **Tur|bo|mo|tor** m. *(-s,-en)* motore *m.* turbo. **Tur|bo-Prop-Flug|zeug** n. *(-[e]s,-e)* aereo *m.* a turboelica. **Tur|bo-Prop-Trieb|werk** n. *(-[e]s,-e)* turboelica *f.*
tur|bu|lent agg. turbolento (anche FIS.). **Tur|bu|lenz** f. *(-,-en)* turbolenza *f.* (anche FIS.).
Tür|chen n. *(-s,-)* porticina *f.* **Tür|drü|cker** m. *(-s,-)* maniglia *f.* della porta. **Tü|re** f. *(-,-n)* REGION. → **Tür. Tü|ren|schla|gen** n. *(-s)* sbatacchio *m.*, sbattere *m.* di porte.
Turf [turf, tə:f] m. *(-s)* turf *m.*
Tür|flü|gel m. *(-s,-)* battente *m.* della porta. **Tür|fül|lung** f. *(-,-en)* pannello *m.* della porta. **Tür|griff** m. *(-[e]s,-e)* maniglia *f.* della porta. **Tür|hü|ter** m. *(-s,-)* **1** STOR. guardaportone *m.* **2** ANT. *(Pförtner)* portinaio *m.*, portiere *m.*
Tu|rin n.pr.n. *(-s)* Torino *m.* **Tu|ri|ner I** m. *(-s,-)* torinese *m.* **II** agg.inv. torinese. **tu|ri|nisch** agg. torinese.
Tür|ke m. *(-n,-n)* **1** turco *m.* **2** COLLOQ. *(Fälschung)* finzione *f.*: ***einen -n bauen*** mettere in piedi una finzione. **Tür|kei** n.pr.f. *(-)* Turchia *f.*: ***in die ~ fahren*** andare in Turchia; ***aus der ~ kommen*** venire dalla Turchia.
tür|ken tr. COLLOQ. fingere.
Tür|ken m. *(-s)* AUSTR. granoturco *m.*, mais *m.* **Tür|ken|bund** m. *(-[e]s,-bünde)* ANT. *(Turban)* turbante *m.* **Tür|ken|sä|bel** m. *(-s,-)* scimitarra *f.* **Tür|ken|sitz** m. *(-es,-e)* posizione *f.* (seduta) alla turca. **Tür|ken|tau|be** f. *(-,-n)* tortora *f.* dal collare. **Tür|kin** f. *(-,-nen)* turca *f.*
tür|kis agg.inv. turchese. **Tür|kis I** m. *(-es,-e)* MINER. turchese *m.* **II** n. *(-)* (color) turchese *m.*
tür|kisch agg. turco ◆ ***-es Bad*** bagno turco. **Tür|kisch** n. *(-[s])*, **Tür|ki|sche** n. *(-n)* turco *m.*, lingua *f.* turca.
tür|kis|far|ben, tür|kis|far|big agg. (di) color turchese.
Tür|klin|ke f. *(-,-n)* maniglia *f.* della porta. **Tür|klop|fer** m. *(-s,-)* battiporta *m.*, batacchio *m.*
Turk|me|ne m. *(-n,-n)* turkmeno *m.* **Turk|me|ni|en** n.pr.n. *(-s)* Turkmenistan *m.*
Tur|ko|lo|gie f. *(-)* turcologia *f.*
Turk|spra|che f. *(-)* turco *m.* **Turk|volk** n. *(-[e]s)* popolo *m.* turco, turchi *m.pl.*
Turm m. *(-[e]s, Türme)* **1a** torre *f.*: ***einen ~ besteigen, auf einen ~ steigen*** salire su una torre **b** *(einer Kirche)* campanile *m.* **c** *(Schachfigur)* ***mit dem ~ die Dame schlagen*** mangiare la regina con la torre **2** *(von Unterseebooten)* torretta *f.* **3** *(Sprungturm)* trampolino *m.* (per i tuffi) **4** *(Stereoturm)* rack *m.* ◆ ***der ~ zu Babel*** la Torre di Babele; ***mit Türmen bewehrt*** turrito; ***der Schiefe ~ von Pisa*** la torre pendente di Pisa.
Tur|ma|lin m. *(-s,-e)* tormalina *f.*
Turm|bau m. *(-[e]s,-ten)* **1** costruzione *f.* di una torre **2** *(Turm)* torre *f.* **Türm|chen** n. *(-s,-)* torretta *f.* **Turm|dreh|kran** m. *(-[e]s, -kräne)* gru *f.* girevole a torre.
1.tür|men I tr. ammonticchiare, accatastare: ***Äpfel zu Pyramiden ~*** ammonticchiare le mele a piramide; ***Bücher auf den Tisch ~*** accatastare i libri sul tavolo **II** rifl. **sich ~ 1** ammonticchiarsi, accatastarsi **2** *(aufragen)* torreggiare.
2.tür|men intr. (aus. *sein*) COLLOQ. svignarsela, battersela.
Tür|mer m. *(-s,-)* **1** guardiano *m.* della torre **2** *(Glöckner)* campanaro *m.*
Turm|fal|ke m. *(-n,-n)* gheppio *m.* **Turm|hahn** m. *(-[e]s,-hähne)* banderuola *f.* segnavento. **Turm|hau|be** f. *(-,-n)* tetto *m.* di una, della torre. **turm|hoch I** agg. alto come una torre, altissimo **II** avv. rafforz. nettamente, di gran lunga: ***~ überlegen*** nettamente superiore. **Turm|schwal|be** f. *(-,-n)* rondone *m.* **Turm|spit|ze** f. *(-,-n)* cuspide *f.* di una, della torre. **Turm|sprin|gen** n. *(-s)* SPORT tuffi *m.pl.* dalla piattaforma. **Turm|uhr** f. *(-,-en)* orologio *m.* della torre; *(einer Kirche)* orologio *m.* del campanile. **Turm|wäch|ter** m. *(-s,-)* → **Türmer.**
Turn [tə:n] m. *(-s,-s)* **1** AER. curva *f.* **2** COLLOQ. *(Rauschzustand)* sballo *m.*: ***auf dem ~ sein*** essere allo sballo.
Turn|an|zug m. *(-[e]s,-anzüge)* tuta *f.* da ginnastica.
tur|nen I intr. (aus. *haben*) **1** fare ginnastica **2** ***am Reck, Barren, Pferd, an den Ringen ~*** fare esercizi alla sbarra fissa, alle parallele, al cavallo, agli anelli **II** tr. ***eine Übung ~*** fare un esercizio (ginnico). **Tur|nen** n. *(-s)* ginnastica *f.* **Tur|ner** m. *(-s,-)* ginnasta *m.* **Tur|ne|rei** f. *(-,-en)* esercizi *m.pl.* ginnici. **Tur|ne|rin** f. *(-,-nen)* ginnasta *f.* **tur|ne|risch** agg. ginnico, ginnastico. **Tur|ner|schaft** f. *(-,-en)* **1** ginnasti *m.pl.* **2** *(Verband)* associazione *f.* ginnica.
Turn|fest n. *(-[e]s,-e)* festa *f.* con gare ginniche. **Turn|ge|rät** n. *(-[e]s,-e)* attrezzo *m.* ginnico. **Turn|hal|le** f. *(-,-n)* palestra *f.* **Turn|hemd** n. *(-[e]s,-en)* maglietta *f.* da ginnastica. **Turn|ho|se** f. *(-,-n)* calzoncini *m.pl.* da ginnastica.
Tur|nier n. *(-s,-e)* **1** STOR. torneo *m.*, giostra *f.* **2** SPORT torneo *m.*: ***ein***

~ austragen disputare un torneo; ***an einem ~ teilnehmen*** partecipare a un torneo; ***bei einem ~ Zweiter werden*** essere secondo a un torneo. **tur|nie|ren** intr. (aus. *haben*) torneare, giostrare. **Tur|nier|pferd** n. *(-[e]s,-e)* cavallo *m.* da torneo. **Tur|nier|platz** m. *(-es,-plätze)* lizza *f.*

Turn|leh|rer m. *(-s,-)* istruttore *m.* di ginnastica; *(in der Schule)* insegnante *m.* di ginnastica. **Turn|schuh** m. *(-es,-e)* scarpa *f.* da ginnastica. **Turn|stun|de** f. *(-,-n)* ora *f.* di ginnastica. **Turn|übung** f. *(-,-en)* esercizio *m.* di ginnastica (*o* ginnico).

Tur|nus m. *(-,-se)* turno *m.* **tur|nus|ge|mäß** agg. e avv. secondo il turno. **tur|nus|mä|ßig** agg. e avv. a turno.

Turn|ver|ein m. *(-[e]s,-e)* associazione *f.* ginnica. **Turn|zeug** n. *(-[e]s)* tenuta *f.* da ginnastica.

Tür|öff|ner m. *(-s,-)* apriporta *m.* **Tür|öff|nung** f. *(-,-en)* vano *m.* della porta. **Tür|pfos|ten** m. *(-s,-)* stipite *m.* della porta. **Tür|rah|men** m. *(-s,-)* montante *m.* della porta. **Tür|rie|gel** m. *(-s,-)* catenaccio *m.* **Tür|schild** n. *(-[e]s,-er)* targhetta *f.* sulla porta. **Tür|schlie|ßer** m. *(-s,-)* **1** *(im Kino, Theater)* maschera *f.* **2** *(mechanische Vorrichtung)* chiudiporta *m.* **Tür|schloss** n. *(-es,-schlösser)* serratura *f.* della porta. **Tür|schnal|le** f. *(-,-n)* AUSTR. maniglia *f.* della porta. **Tür|schwel|le** f. *(-,-n)* soglia *f.* **Tür|spalt** m. *(-[e]s,-e)* spiraglio *m.* (di una, della porta socchiusa). **Tür|ste|her** m. *(-s,-)* → **Türhüter**. **Tür|sturz** m. *(-es,-e* e *-stürze)* architrave *m.* della porta.

tur|teln intr. (aus. *haben*) ANT. o FIG. SCHERZ. tubare. **Tur|tel|tau|be** f. *(-,-n)* tortora *f.*

Tür|vor|le|ger m. *(-s,-)* stuoino *m.*

TuS ⇒ *Turn- und Sportverein* associazione ginnico-sportiva.

Tusch m. *(-[e]s,-e)* fanfara *f.*; *(im Zirkus, Kabarett)* stacco *m.*

Tu|sche f. *(-,-n)* (inchiostro *m.* di) china *f.*

Tu|sche|lei f. *(-,-en)* bisbiglio *m.*, mormorio *m.*, sussurro *m.* **tu|scheln** tr. e intr. (aus. *haben*) bisbigliare, sussurrare, mormorare: ***jdm etw. ins Ohr ~*** bisbigliare qcs. a qcn. all'orecchio; ***hinter jds Rücken ~*** bisbigliare alle spalle di qcn.

tu|schen tr. disegnare a china ◆ ***sich (D) die Wimpern ~*** darsi il mascara.

Tusch|kas|ten m. *(-s,-kästen)* REGION. scatola *f.* dei colori. **Tusch|zeich|nung** f. *(-,-en)* (disegno *m.* a) china *f.*

Tüt|chen n. *(-s,-)* cartoccetto *m.*

Tu|te f. *(-,-n)* INFANT. → **Tuthorn**.

Tü|te f. *(-,-n)* **1a** cartoccio *m.*: ***eine ~ (voll, mit) Kirschen*** un cartoccio (pieno) di ciliegie **b** *(größeres Verpackungsmittel)* sacchetto *m.*, busta *f.* **2** *(Eistüte)* cono *m.* (gelato) **3** COLLOQ. *(Typ)* tipo *m.* ◆ COLLOQ. ***in die ~ blasen*** fare la prova del palloncino; COLLOQ. ***-n drehen, kleben*** stare al fresco, in gattabuia; COLLOQ. ***das kommt nicht in die ~*** neanche per idea.

tu|ten intr. (aus. *haben*) risuonare ◆ COLLOQ. ***von Tuten und Blasen keine Ahnung haben*** non saperne, capirne nulla di nulla.

Tut|horn n. *(-[e]s,-hörner)* INFANT. trombetta *f.*

Tüt|tel|chen n. *(-s,-)* COLLOQ. briciolo *m.*, nonnulla *m.*; ***kein ~ nachgeben*** non cedere.

TÜV [tyf] **I** ⇒ *Technischer Überwachungs-Verein* Ente per il collaudo tecnico periodico **II** m. *(-)* ***ein Auto beim ~ vorführen*** presentare un'auto al controllo del TÜV; ***durch den ~ kommen*** passare il controllo al TÜV.

Tu|wort n. *(-[e]s,-wörter)* SCOL. verbo *m.*

TV ⇒ *Turnverein* associazione ginnica.

TV [teːˈfau, tiːˈviː] ⇒ *Television* televisione (TV).

Tweed [tviːt, twiːd] m. *(-s,-s* e *-e)* tweed *m.*

Twen m. [twɛn] *(-[s],-s)* ventenne *m.*

Twin|set n. e m. *(-[s],-s)* twin-set *m.*

1.Twist m. *(-[e]s,-e)* filato *m.* ritorto di cotone.

2.Twist m. *(-s,-s)* **1** *(Tanz)* twist *m.* **2** *(beim Tennis)* effetto *m.* **twis|ten** intr. (aus. *haben*) ballare il twist.

Tym|pa|non n. *(-s, Tympana)* ARCH. MUS. timpano *m.* **Tym|pa|num** n. *(-s, Tympana)* STOR. ANAT. timpano *m.*

Typ m. *(-s,-en)* **1a** *(Menschentyp)* tipo *m.*: ***ein ruhiger, ängstlicher ~*** un tipo tranquillo, ansioso; ***er ist ein ganz anderer ~ als sein Bruder*** è un tipo del tutto diverso dal fratello; COLLOQ. ***sie ist mein ~*** è il mio tipo **b** *(typischer Vertreter)* ***den ~ des Intellektuellen verkörpern*** incarnare il tipo dell'intellettuale; ***er ist nicht der ~ dafür, dazu*** non è il tipo (per queste cose); ***er ist nicht der ~, der so etwas tut*** non è il tipo che fa queste cose **2** *(Modell)* tipo *m.*, modello *m.*, serie *f.*: ***verschiedene -en produzieren*** produrre diversi tipi; ***eine Maschine des -s, vom ~ Boeing 707*** un apparecchio del tipo Boeing 707 **3** LETT. *(Typus)* carattere *m.*, tipo *m.* **4** *(-s* e *-en, -en)* COLLOQ. *(Mann)* tipo *m.*: ***ein attraktiver, ekelhafter ~*** un tipo attraente, antipatico; *(Freund)* ***einen neuen ~, -en haben*** stare con, avere un tipo nuovo ◆ ***dein ~ wird verlangt, ist hier nicht gefragt*** ti vogliono, qui sei indesiderato; ***der ~ des erfolgreichen Mannes sein*** essere il tipico uomo di successo.

Ty|pe f. *(-,-n)* **1** TIP. carattere *m.* **2** *(Mehltype)* tipo *m.* (di farina) **3** COLLOQ. *(komischer Mensch)* tipo *m.*, sagoma *f.*: ***eine seltsame ~!*** che tipo strano! che sagoma!

ty|pen tr. TECN. tipizzare.

Ty|pen|druck m. *(-[e]s,-e)* stampa *f.* tipografica, tipografia *f.* **Ty|pen|dru|cker** m. *(-s,-)* stampante *f.* (da ufficio). **ty|pen|ge|prüft** agg. TECN. omologato. **Ty|pen|he|bel** m. *(-s,-)* martelletto *m.* (della macchina da scrivere). **Ty|pen|ko|mö|die** f. *(-)* LETT. commedia *f.* di carattere. **Ty|pen|leh|re** f. *(-)* tipologia *f.* **Ty|pen|psy|cho|lo|gie** f. *(-)* psicologia *f.* dei tipi. **Ty|pen|rad** n. *(-[e]s,-räder)* margherita *f.* (per macchina da scrivere). **Ty|pen|rei|ni|ger** m. *(-s,-)* utensile *m.* per pulire i caratteri (della macchina da scrivere).

typ|ge|prüft → **typengeprüft**.

Ty|phus m. *(-)* MED. tifo *m.*

ty|pisch I agg. tipico: ***ein -er Berliner*** un tipico berlinese; ***ein -er Fall von...*** un tipico caso di...; ***ein -es Beispiel*** un esempio tipico; ***das ist ~ für ihn*** è tipico suo, è sempre il solito **II** avv. tipicamente: ***eine ~ intellektuelle Eigenart*** una caratteristica tipicamente intellettuale ◆ COLLOQ. ***~ Frau, Mann*** tipico delle donne, degli uomini (*o* tipicamente femminile, maschile).

ty|pi|sie|ren tr. **1** tipizzare **2** *(nach Typen einteilen)* classificare secondo il tipo. **Ty|pi|sie|rung** f. *(-,-en)* **1** tipizzazione *f.* **2** *(Einteilung nach Typen)* classificazione *f.* secondo il tipo.

Ty|po|graph m. *(-en,-en)* ANT. tipografo *m.* **Ty|po|gra|phie** f. *(-,-n)* tipografia *f.* **ty|po|gra|phisch** agg. tipografico.

Ty|po|lo|gie f. *(-,-n)* tipologia *f.* **ty|po|lo|gisch** agg. tipologico.

Ty|po|skript n. *(-[e]s,-e)* dattiloscritto *m.*

Typ|prü|fung f. *(-,-en)* TECN. omologazione *f.* **Ty|pung** f. *(-,-en)* TECN. tipizzazione *f.*

Ty|pus m. *(-, Typen)* **1** *(Menschentyp)* tipo *m.* **2a** FILOS. ART. tipo *m.* **b** LETT. carattere *m.*, tipo *m.*

Ty|rann m. *(-en,-en)* tiranno *m.* (anche FIG.). **Ty|ran|nei** f. *(-,-en)* tirannia *f.*, tirannide *f.* (anche FIG.). **Ty|ran|nen|herr|schaft** f. *(-,-en)* tirannia *f.*, tirannide *f.* **Ty|ran|nen|mord** m. *(-[e]s,-e)* tirannicidio *m.* **Ty|ran|nen|mör|der** m. *(-s,-)* tirannicida *m.* **Ty|ran|nen|tum** n. *(-s)* tirannia *f.* **Ty|ran|nis** f. *(-)* tirannide *f.* **ty|ran|nisch I** agg. tirannico (anche FIG.) **II** avv. tirannicamente (anche FIG.). **ty|ran|ni|sie|ren** tr. tiranneggiare (anche FIG.).

tyr|rhe|nisch agg. tirrenico, tirreno ◆ ***Tyrrhenisches Meer*** Mar Tirreno, Tirreno *m.*

U

u, U n. *(-,-)* u, U *f.* e *m.* : ***ein großes U, ein kleines u*** una U maiuscola, una u minuscola.

u. ⇒ *und* e.

u. a. ⇒ **1a** *und anderes* e altro **b** *und andere* e altri **2a** *unter ander(e)m* tra l'altro **b** *unter anderen* tra gli altri.

u. Ä. ⇒ *und Ähnliche(s)* e simili (e sim.).

u. a. m. ⇒ **1** *und anderes mehr* e altro (ancora) **2** *und andere mehr* e altri (ancora).

u. A. w. g., U. A. w. g. ⇒ *um Antwort wird gebeten* gradita Sua risposta.

U-Bahn f. *(-,-en)* metropolitana *f.* **U-Bahn|hof** m. *(-[e]s,-höfe)* stazione *f.* della metropolitana. **U-Bahn-Netz** n. *(-es,-e)* rete *f.* della metropolitana. **U-Bahn-Schacht** m. *(-[e]s,-schächte)* galleria *f.* della metropolitana. **U-Bahn-Sta|ti|on** f. *(-,-en)* stazione *f.* della metropolitana.

ü|bel I agg. (compar. *übler*, superl. *übelst...*) **1a** cattivo: ***ein übles Subjekt*** un cattivo soggetto **b** *(schlecht)* ***ein übler Geruch, Geschmack*** un odore, un gusto cattivo; ***übler Laune sein*** essere di cattivo umore **2** *(schlimm)* brutto, cattivo: ***einen üblen Ruf haben*** avere una brutta (*o* cattiva) fama; ***eine üble Situation*** una brutta situazione; ***üble Folgen haben*** avere brutte conseguenze; ***ein übles Ende nehmen*** fare una brutta fine **II** avv. **1** ***~ riechen, schmecken*** avere un cattivo odore, sapore; ***~ riechend*** dal cattivo odore, maleodorante **2** male: ***~ ausgehen*** finire male; ***etw. ~ aufnehmen*** prendere male qcs.; ***etw. lässt sich ~ an*** qcs. promette male; ***jdn ~ zurichten*** conciare male qcn.; ***~ beraten*** mal consigliato; ***jdm ~ wollen*** volere male, volerne a qcn.; ***~ wollend*** malevolo ◆ ***das kann ihm ~ bekommen*** questo può avere conseguenze negative per lui; ***er ist ~ dran*** le cose gli vanno male, va male; ***etw. ~ empfinden*** essere urtato da qcs.; ***~ gelaunt*** di cattivo umore, di malumore; ***~ gesinnt*** maldisposto, ostile, malevolo; ***nicht ~ Lust haben, etw. zu tun*** avere proprio voglia di fare qcs.; ***jdm ~ mitspielen*** giocare un brutto tiro a qcn.; ***üble Nachrede*** diffamazione; ***(jdm) etw. ~ nehmen*** aversela a male, prendersela (con qcn.) per qcs.; COLLOQ. ***nicht ~*** non male, niente male: ***das Essen ist (gar) nicht ~*** il mangiare non è (niente) male; ***es steht ~ mit ihm, mit seiner, um seine Gesundheit*** va male (*o* le cose gli vanno male), la sua salute va male; ***in übelster Weise*** nel peggiore dei modi, pessimamente; *(sehr gemein)* in modo ignobile (*o* infame); ***jdm wird (es) ~*** a qcn. viene la nausea; ***dabei kann einem ~ werden*** è una cosa che fa venire la nausea, che dà il voltastomaco; ***wohl oder ~ musst du mitkommen!*** bene o male (*o* che ti piaccia o no) devi venire con noi!

Ü|bel n. *(-s,-)* **1** male *m.*: ***das ~ bekämpfen, mit der Wurzel ausrotten*** lottare contro il male, estirpare il male alla radice; ***ein notwendiges ~*** un male necessario **2** *(Krankheit)* male *m.*, malanno *m.*: ***ein chronisches ~*** un male cronico **3** *(Unglück)* disgrazia *f.*: ***einem ~ entgegentreten*** affrontare una disgrazia ◆ ***von zwei -n das kleinere wählen*** scegliere il minore dei due mali; ***zu allem ~*** per colmo di sventura.

Ü|bel|keit f. *(-,-en)* **1a** *(Brechreiz)* nausea *f.* **b** FIG. schifo *m.*, ripugnanza *f.*, nausea *f.*: ***~ erregen*** dare la nausea, fare schifo **2** *(Krankheitsgefühl)* malessere *m.*, malore *m.*: ***von ~ überfallen werden*** essere colto da malore.

ü|bel|lau|nig agg. di cattivo umore, di malumore. **Ü|bel|lau|nig|keit** f. *(-)* malumore *m.*

ü|bel|neh|me|risch agg. permaloso, suscettibile. **Ü|bel|sein** n. *(-s)* malessere *m.*, malore *m.*; *(Unpässlichkeit)* indisposizione *f.* **Ü|bel|stand** m. *(-[e]s)* inconveniente *m.*, difficoltà *f.*: ***einem ~ abhelfen, einen ~ beheben*** ovviare a un inconveniente. **Ü|bel|tat** f. *(-,-en)* malefatta *f.*; *(Verbrechen)* misfatto *m.* **Ü|bel|tä|ter** m. *(-s,-)* malfattore *m.*, autore *m.* del misfatto. **Ü|bel|wol|len** n. *(-s)* malevolenza *f.*

ü|ben I tr. **1a** esercitare: ***das Gedächtnis ~*** esercitare la memoria **b** FIG. ***Gerechtigkeit, Gewalt ~*** esercitare la giustizia, il potere **2** *(wiederholen)* ripetere, provare (più volte): ***eine Szene, eine Kür ~*** ripetere una scena, provare più volte un esercizio libero **3** MUS. ***Geige, Klavier ~*** esercitarsi (*o* fare esercizi) al violino, al piano **II** intr. (aus. *haben*) esercitarsi, fare esercizi: ***an den Ringen ~*** esercitarsi agli anelli **III** rifl. ***sich ~*** esercitarsi: ***sich im Schießen ~*** esercitarsi a sparare ◆ ***Barmherzigkeit ~*** fare opere di carità, essere caritatevole; ***sich in Geduld ~*** essere paziente; ***Kritik an jdm, etw. ~*** criticare qcn., qcs.; ***Nachsicht ~*** usare indulgenza, essere indulgente; ***Rache ~*** vendicarsi; ***Tugend ~*** praticare la virtù; ***für etw. Vergeltung ~*** vendicarsi per qcs.; ***Verrat ~*** commettere (un) tradimento.

ü|ber I prep. + dat. (anche artcl. **überm**) e acc. (anche artcl. **übern, übers**) **1a** + dat. *(lokal: Lage)* sopra, al di sopra di: ***das Bild hängt ~ dem Schreibtisch*** il quadro è appeso sopra la scrivania; ***er wohnt (drei Stockwerke) ~ mir*** abita (tre piani) sopra di me; ***den Pulli ~ dem Hemd tragen*** portare la maglia sopra la camicia **b** *(Lage auf der gegenüberliegenden Seite)* dall'altra parte di, dall'altro lato di: ***die Post ist ~ der Straße*** la posta è dall'altro lato della strada **2a** + acc. *(lokal: Richtung)* sopra, al di sopra di: ***ein Schild ~ die Haustür hängen*** appendere un cartello sopra la porta di casa; ***die Decke ~ den Tisch breiten*** stendere la tovaglia sulla tavola **b** *(mit direktem Kontakt)* su, sopra: ***die Jacke ~ die Schulter nehmen*** mettersi la giacca sulle spalle; ***mit der Hand ~ die Stirn fahren*** passare la mano sopra la (*o* sulla) fronte; ***Tränen liefen ihr ~ die Wangen*** le lacrime le scorrevano sulle guance **c** *(Überquerung)* dall'altra parte di, sull'altro lato, oltre: ***jdn ~ den Fluss fahren*** traghettare qcn. sull'altro lato del fiume **d** *(Bewegung durch einen Ort hindurch)* ***~ die Brücke, die Straße gehen*** attraversare il ponte, la strada; ***~ den See schwimmen*** attraversare il lago a nuoto; ***~ Bremen nach Hamburg fahren*** andare ad Amburgo passando per (*o* da) Brema; ***der Zug fährt nicht ~ Bonn*** il treno non passa da Bonn; ***der Flug ~ Frankfurt nach Hannover*** il volo per Hannover via Francoforte **3a** + acc. *(temporal: Zeitdauer)* durante, per: ***-s Wochenende bleibe ich zu Hause*** durante il weekend resterò a casa; ***~ Ostern, Weihnachten*** a (*o* per) Pasqua, Natale **b** *(Überschreitung eines Zeitpunkts, -raums)* oltre, dopo: ***es ist schon weit ~ Mitternacht*** mezzanotte è già passata da un pezzo; ***~ die Zeit wegbleiben*** restare fuori più del solito; ***er ist schon ~ die 60*** ha già passato i 60; ***Kinder ~ 10 Jahre dürfen nicht teilnehmen*** i bambini oltre i 10 anni non possono partecipare; COLLOQ. ***es ist schon zehn Minuten ~ 8 Uhr*** son già le 8 e 10 **4** + dat. *(temporal: Eintritt eines anderen Geschehens)* durante: ***~ der Lektüre, der Arbeit einschlafen*** addormentarsi durante la lettura, mentre si lavora **5a** + dat. *(Ausdruck einer Reihenfolge, Rangfolge)* sopra, al di sopra di: ***~ ihm ist nur der Direktor*** sopra di lui c'è solo il direttore **b** *(Ausdruck eines überschrittenen Punkts)* ***es sind 10° ~ Null*** ci sono 10° sopra zero **6** + acc. *(Überschreiten einer bestimmten, angegebenen Grenze)* al di sopra, sopra, oltre: ***~ diese Summe kann ich nicht hinaus gehen*** non posso andare oltre questa somma; ***bei Bestellungen ~ 200 Mark gewähren wir ein Skonto*** per ordini di oltre (*o* superiori a) 200 marchi facciamo uno sconto **7** + acc. *(Bezeichnung des Themas, Inhalts)* su, di: ***ein Essay ~ Büchner*** un saggio su Büchner; ***~ etw. diskutieren, schreiben*** discutere, scrivere di qcs. **8** + acc. *(im Betrage von)* di, da: ***eine Rechnung, ein Scheck ~ 100 Mark*** una fattura, un assegno di 100 marchi **9a** + acc. *(Bezeichnung eines Mittels, einer Mittelsperson)* per, tramite: ***etw. ~ jdn bekommen, erfahren*** ricevere qcs. tramite qcn., sapere qcs. da qcn.; ***~ den Rundfunk mitteilen, sprechen*** comunicare per radio, parlare alla radio **b** via, su: ***~ Satellit, ~ Internet*** via satellite, su internet **10** + dat. *(infolge)* in seguito a, a causa di, per: ***das Kind wachte ~ dem Lärm auf*** il bambino si svegliò per il rumore **11** + acc. *(Ausdruck einer Anhäufung)* su: ***Fehler ~ Fehler, Schulden ~ Schulden machen*** fare errori su errori, debiti su debiti; ***Blumen ~ Blumen waren im Zimmer*** la stanza era piena di fiori **12** + acc. *(in Abhängigkeit von einem Satzteil)* ***sich ~ etw. ärgern, freuen*** arrabbiarsi per qcs., essere contento (*o* lieto) di qcs.; ***~ etw. lachen, reden, staunen*** ridere, parlare, stupirsi di qcs.; ***~ jdn triumphieren*** trionfare su qcn.; ***~ ein Land herrschen*** regnare su un paese; ***erstaunt, glücklich, traurig ~ etw. sein*** essere stupito, felice, triste per qcs.; ***Gewalt ~ jdn haben*** avere potere su qcn. **13** + acc. REGION. *(in)* fra, tra: ***~ 8 Tage*** fra 8 giorni; ***heute ~ ein Jahr*** di qui a un anno **14** + acc. ANT. *(bei Verwünschungen)* ***Fluch ~ ihn!*** che sia maledetto! **II** avv. **1** oltre, più di: ***das Haus ist ~ 40 m hoch*** la casa è alta più di 40 m; ***Städte von ~ 100 000 Einwohnern*** città con oltre 100 000 abitanti; ***Briefe ~ 20 g kosten mehr Porto*** le lettere che superano i 20 g pagano di più per l'affrancatura; ***~ 40 Jahre alt sein*** avere più di 40 anni; ***die ~ Fünfzigjährigen, Hundertjährigen*** gli ultracinquantenni, ultracentenari **2** *(hindurch, während)* ***den ganzen Tag ~*** (per) tutto il giorno; ***die ganze Zeit ~*** (per) tutto il tempo **III** agg. COLLOQ. **1** restante, rimanente: ***nur eine Mark ist ~*** rimane solo un marco **2** *(überlegen)* ***jdm ~ sein*** essere superiore a qcn. **3** *(überdrüssig)* ***jdm ist es ~, etw. zu tun*** qcn. è stufo di fare qcs. ◆ ***~ alles*** più di ogni (*o* sopra) altra cosa, più di tutto; ***das geht ihm ~ alles*** è la cosa che più conta per lui; ***~ Berg und Tal*** su e giù per i monti, per monti e per valli; ***~ Bord gehen*** cadere in mare; ***~ dem, den Durchschnitt*** sopra la media, al di sopra della media; ***einmal ~ das andere*** una volta dopo l'altra, sempre (di nuovo); ***~ Gebühr*** oltre misura, più del dovuto; ***das geht ~ meine Kräfte*** questo è superiore alle mie forze; ***das geht ~ meinen Verstand*** questo va oltre la mia comprensione; ***das geht ~ jede Vorstellungskraft*** questo supera ogni immaginazione; ***es geht nichts ~ ein Glas Wein, ~ die Gesundheit*** non c'è niente di meglio di un buon bicchiere di vino, niente è più importante della salute; MIL. ***Gewehr ~!*** spall'arm! COLLOQ. ***noch zehn Mark ~ haben*** avere ancora dieci marchi; ***~ kurz oder lang*** prima o poi, un giorno o l'altro; ***~ alle Maßen*** oltre misura, oltremodo; ***1000 m ~ dem Meer*** 1000 metri sopra il livello del mare; ***~ etw. (A) springen*** saltare qcs.; ***~ die Ufer treten*** straripare; ***~ und ~*** dalla testa ai piedi, completamente.

Über|ak|ti|vi|tät f. *(-,-en)* attività *f.* eccessiva, iperattività *f.* **über|all, über|all** avv. **1** dappertutto, ovunque: ***von ~ her*** da tutti i luoghi, da ogni dove **2** *(bei jeder Gelegenheit)* in ogni occasione, sempre. **über|all|her, über|all|her** avv. da tutti i luoghi, da tutte le parti, da ogni dove. **über|all|hin, über|all|hin** avv. ovunque, dappertutto, da tutte le parti: ***jdm ~ folgen*** seguire qcn. ovunque.

über|al|tert agg. **1** composto da molte persone anziane: ***das Unternehmen ist ~*** l'impresa ha molti dipendenti anziani; ***eine -e Bevölkerung*** una popolazione anziana **2** *(zu alt)* troppo vecchio, invecchiato **3** FIG. *(altmodisch)* antiquato, vecchio, sorpassato. **Über|al|te|rung** f. *(-)* invecchiamento *m.*

Über|an|ge|bot n. *(-[e]s,-e)* ECON. offerta *f.* eccessiva. **über|ängst|lich** agg. **1** eccessivamente pauroso **2** *(unruhig, besorgt)* troppo ansioso, troppo apprensivo: ***eine -e Mutter*** una madre troppo apprensiva.

über|an|stren|gen I tr. affaticare (*o* stancare) troppo, sovraffaticare, strapazzare: ***einen Athleten, sein Herz ~*** sovraffaticare un atleta, il cuore **II** rifl. **sich ~** affaticarsi (*o* stancarsi) troppo, sovraffaticarsi. **Über|an|stren|gung** f. *(-,-en)* affaticamento *m.* eccessivo, fatica *f.* eccessiva.

über|ant|wor|ten tr. **1** consegnare: ***jdn der Gerechtigkeit ~*** consegnare qcn. alla giustizia **2** *(anvertrauen)* affidare, consegnare: ***ein Kind Pflegeeltern ~*** affidare un bambino a genitori adottivi.

über|ar|bei|ten I tr. rielaborare, rivedere; *(neu fassen)* rifare **II** rifl. **sich ~** lavorare troppo. **Über|ar|bei|tung** f. *(-,-en)* **1** rielaborazione *f.*, revisione *f.*; *(neue Fassung)* rifacimento *m.* **2** *(Erschöpfung durch zu viel Arbeit)* affaticamento *m.* (*o* sfinimento *m.*) per il troppo lavoro.

über|aus, über|aus avv. moltissimo, sommamente, oltremodo: ***das hat mir ~ gut gefallen*** mi è piaciuto moltissimo.

1.über|ba|cken tr. *(überbäckt/überbackt, überbackte/*ANT. *überbuk, überbacken)* gratinare.

2.über|ba|cken agg. al gratin.

Über|bau m. *(-[e]s,-e* e *-ten)* **1** FILOS. sovrastruttura *f.* **2** EDIL. *(einer Brücke)* soprelevazione *f.* **3** ARCH. *(hinausragender Teil eines Gebäudes)* aggetto *m.*, sporgenza *f.*

über|bau|en tr. ***etw. mit einem Dach ~*** coprire qcs. con un tetto, costruire un tetto su qcs.

über|be|an|spru|chen tr. **1** sollecitare eccessivamente (anche TECN.) **2a** *(überbelasten)* sovraffaticare: ***das Herz ~*** sovraffaticare il cuore **b** sovraccaricare: ***die Waschmaschine ~*** sovraccaricare la lavatrice; ***jdn mit Arbeit ~*** sovraccaricare qcn. di lavoro **c** *(stressen)* stressare **3** abusare: ***seine Rechte, jds Aufmerksamkeit ~*** abusare dei propri diritti, dell'attenzione di qcn. **Über|be|an|spru|chung** f. *(-,-en)* **1** sollecitazione *f.* eccessiva (anche TECN.) **2a** sovraccarico *m.* **b** *(Übermüden, Übermüdetsein)* sovraffaticamento *m.*

über_be|hal|ten tr. *(behält, behielt, behalten)* COLLOQ. ***ich habe 100 Mark ~*** mi sono rimasti 100 marchi.

Über|bein n. *(-[e]s,-e)* MED. ganglio *m.*

über_be|kom|men tr. *(bekam, bekommen)* COLLOQ. ***etw. ~*** stancarsi (*o* stufarsi) di qcs., averne a sufficienza di qcs. ◆ ***einen, eins ~*** prendersi una botta.

über|be|las|ten tr. sovraccaricare. **Über|be|las|tung** f. *(-,-en)* sovraccarico *m.* (anche FIG.).

über|be|le|gen tr. sovraffollare. **Über|be|le|gung** f. *(-,-en)* sovraffollamento *m.*

über|be|lich|ten tr. sovraesporre. **Über|be|lich|tung** f. *(-,-en)* sovraesposizione *f.*

Über|be|schäf|ti|gung f. *(-,-en)* sovraoccupazione *f.*

über|be|to|nen tr. accentuare eccessivamente. **Über|be|to|nung** f. *(-,-en)* accentuazione *f.* eccessiva.

über|be|völ|kern tr. sovrappopolare. **Über|be|völ|ke|rung** f. *(-)* sovrappopolazione *f.*

über|be|wer|ten tr. sopravvalutare. **Über|be|wer|tung** f. *(-,-en)* sopravvalutazione *f.*

über|be|zah|len tr. pagare di più: ***jdn tariflich ~*** pagare una tariffa maggiorata a qcn.

über|bie|ten tr. *(überbot, überboten)* **1a** *(bei Auktionen)* ***jdn um 100 DM ~*** offrire 100 marchi più di qcn., rilanciare di 100 marchi **b** GIOC. rilanciare **2** *(übertreffen)* battere, superare, sorpassare: ***jdn an Frechheit, Höflichkeit ~*** superare qcn. in sfacciataggine, in gentilezza; ***einen Rekord ~*** battere un record ◆ ***sich gegenseitig an etw. (D) ~*** fare a gara in qcs. **Über|bie|tung** f. *(-,-en)* offerta *f.* maggiore.

Über|biss m. *(-es,-e)* prognatismo *m.*

über_blei|ben intr. *(blieb, geblieben;* aus. *sein)* COLLOQ. avanzare, restare d'avanzo. **Über|bleib|sel** n. *(-s,-)* COLLOQ. avanzo *m.*, rimasuglio *m.*

Über|blen|dung f. *(-,-en)* CINEM. TELEV. dissolvenza *f.*

Über|blick m. *(-[e]s,-e)* **1** vista *f.*, panorama *m.*: ***ein schöner ~ über die Stadt*** una bella vista sulla città **2a** *(Übersicht)* visione *f.* d'insieme (*o* generale): ***den ~ verlieren*** perdere la visione d'insieme **b** *(flüchtige Kenntnisse)* idea *f.* generale: ***sich einen ~ über etw. verschaffen*** farsi un'idea generale di qcs.; ***einen ~ geben*** dare un'idea generale **3** *(Zusammenfassung)* sintesi *f.*, profilo *m.*: ***die deutsche Literatur im ~*** la letteratura tedesca in sintesi, profilo della letteratura tedesca. **über|bli|cken** tr. **1** abbracciare, dominare con lo sguardo: ***eine Landschaft ~*** abbracciare con lo sguardo un paesaggio **2** FIG. ***die Situation ~*** avere una visione d'insieme della situazione.

über|bor|den I tr. travalicare, oltrepassare (anche FIG.) **II** intr. (aus. *sein*) straripare. **über|bor|dend** p.pres. agg. **1** → **überborden 2a** ***-e Preise*** prezzi troppo alti **b** FIG. ***-e Freundlichkeit*** una gentilezza esagerata, quasi invadente.

über_bra|ten *(brät, briet, gebraten)*, COLLOQ. ***jdm eins ~*** dare una botta (*o* un colpo) a qcn.

über|brin|gen tr. *(überbrachte, überbracht)* portare, consegnare; trasmettere: ***ein Paket ~*** consegnare un pacchetto; *(ausrichten)* ***jdm eine Nachricht persönlich ~*** portare personalmente una notizia a qcn. **Über|brin|ger** m. *(-s,-)* portatore *m.*, latore *m.*: ***der ~ dieses Briefes*** il latore della presente (lettera) ◆ COMM. ***zahlbar an ~*** pagabile al portatore. **Über|brin|ger|scheck** m. *(-s,-s)* assegno *m.* al portatore. **Über|brin|gung** f. *(-,-en)* consegna *f.*, rimessa *f.*

über|brück|bar agg. superabile, colmabile: ***-e Gegensätze*** contrasti superabili; ***-e Unterschiede*** differenze colmabili. **über|brü|cken** tr. **1** superare: ***einen Gegensatz, Zeitraum ~*** superare un contrasto, un periodo **2** RAR. ***einen Fluss ~*** gettare un ponte su un fiume. **Über|brü|ckung** f. *(-,-en)* **1** superamento *m.*: ***die ~ der Schwierigkeiten*** il superamento delle difficoltà **2** costruzione *f.* di un ponte: ***die ~ des Rheins*** la costruzione di un ponte sul Reno. **Über|brü|ckungs|(bei)hil|fe** f. *(-,-n)* sussidio *m.* (finanziario) temporaneo. **Über|brü|ckungs|kre|dit** m. *(-[e]s,-e)* credito *m.* temporaneo.

über|bür|den tr. sovraccaricare. **Über|bür|dung** f. *(-,-en)* sovraccarico *m.*

Über|dach n. *(-[e]s,-dächer)* tettoia *f.* **über|da|chen** tr. coprire con un tetto.

über|dau|ern tr. ***jdn, etw. ~*** sopravvivere a qcn., qcs.; *(überstehen)* superare qcs.: ***den Winter ~*** superare l'inverno.

Ü|ber|de|cke f. *(-,-n)* copertura *f.* esterna.

1.über_de|cken tr. stendere sopra.

2.über|de|cken tr. **1** (ri)coprire: ***eine Eisschicht überdeckt den Fluss*** uno strato di ghiaccio ricopre il fiume **2** *(verhüllen)* coprire, nascondere: ***mit Puder die Hautunreinheiten ~*** coprire di cipria le impurità della pelle; FIG. ***mit Betriebsamkeit die innere Leere ~*** nascondere il vuoto interiore con l'attivismo.

über|deh|nen tr. **1** tendere, tirare troppo **2** FIG. stiracchiare.

über|den|ken tr. *(dachte, gedacht)* riesaminare, riconsiderare: ***etw. ~*** ripensare a qcs.

über|deut|lich agg. **1** *(allzu deutlich)* esageratamente chiaro, manifesto **2** *(sehr deutlich)* chiarissimo.

über|dies, über|dies avv. inoltre, oltre a ciò; *(obendrein)* per giunta.

über|di|men|si|o|nal agg. surdimensionato.

über|do|sie|ren tr. dosare eccessivamente. **Über|do|sie|rung** f. *(-,-en)* iperdosaggio *m.*, dosaggio *m.* eccessivo. **Über|do|sis** f. *(-,-dosen)* dose *f.* eccessiva; *(von Rauschgift)* overdose *f.*

über|dre|hen tr. **1** girare troppo **2** *(von Motoren)* far andare fuori giri **3** *(von Uhren)* caricare troppo **4** *(von Schrauben)* spanare. **über|dreht** p.pass. agg. **1** → **überdrehen 2** sovraeccitato; COLLOQ. carico.

1.Über|druck m. *(-[e]s,-drücke)* FIS. sovrappressione *f.*, pressione *f.* eccessiva.

2.Über|druck m. *(-[e]s,-e)* sovrastampa *f.* (su un francobollo). **über|dru|cken** tr. sovrastampare.

Über|druck|ka|bi|ne f. *(-,-n)* cabina *f.* pressurizzata. **Über|druck|ven|til** n. *(-[e]s,-e)* valvola *f.* di sicurezza.

Über|druss m. *(-es)* disgusto *m.*; *(Langeweile)* nausea *f.*, noia *f.*: ***zum ~ werden*** venire a noia ◆ ***bis zum ~*** fino alla nausea; ***aus ~ am Leben*** perché stanco di vivere. **über|drüs|sig** agg. disgustato, nauseato: ***des Lebens ~ sein*** essere disgustato della vita; *(gesättigt)* stufo, stanco: ***jds, etw. ~ sein, werden*** essere stanco, stufo di qcn., qcs.

über|durch|schnitt|lich agg. superiore alla media: ***~ intelligent sein*** essere d'intelligenza superiore alla media.

über|eck avv. di traverso, diagonalmente; *(quer)* obliquamente: ***etw. ~ stellen*** sistemare qcs. di traverso.

Über|ei|fer m. *(-s)* zelo *m.* eccessivo, eccesso *m.* di zelo. **über|eif|rig** agg. troppo zelante.

über|eig|nen tr. DIR. trasferire, volturare: ***ein Eigentum ~*** trasferire una proprietà. **Über|eig|nung** f. *(-,-en)* trasferimento *m.* di proprietà, voltura *f.*

Über|ei|le f. *(-)* fretta *f.* eccessiva. **über|ei|len I** tr. affrettare troppo, precipitare: ***eine Entscheidung ~*** precipitare una decisione **II** rifl. **sich ~** precipitare le cose. **über|eilt** p.pass. agg. **1** → **übereilen 2** precipitoso, affrettato, avventato. **Über|ei|lung** f. *(-,-en)* precipitazione *f.*; avventatezza *f.*, sconsideratezza *f.*

über|ei|nan|der avv. l'uno sull'altro (*o* sopra l'altro): ***~ reden, sprechen*** parlare (male) l'uno dell'altro; ***~ legen*** sovrapporre, mettere l'uno sopra l'altro; ***~ liegen*** essere sovrapposti: ***die Bücher liegen ~*** i libri sono sovrapposti; ***~ schichten*** accatastare: ***das Holz ~ schichten*** accatastare la legna; ***~ schlagen*** incrociare, accavallare: ***die Beine ~ schlagen*** accavallare le gambe *(übereinanderlegen)* sovrapporre; ***~ setzen*** sovrapporre, mettere l'uno sull'altro; ***~ stehen*** essere uno sopra l'altro, essere sovrapposto; ***~ stellen*** porre l'uno sopra l'altro, sovrapporre; ***~ werfen*** gettare uno sopra l'altro.

über|ein_kom|men intr. *(kam, gekommen;* aus. *sein)* accordarsi, convenire: ***wir sind mit ihm übereingekommen, die Zahlung zu verschieben*** abbiamo convenuto con lui (*o* ci siamo accordati) di posticipare il pagamento. **Über|ein|kom|men** n. *(-s,-)*, **Über|ein|kunft** f. *(-,-künfte)* accordo *m.*, intesa *f.*: ***eine ~ treffen, erzielen*** trovare un (*o* giungere a un) accordo; ***stillschweigende ~*** tacito accordo.

über|ein_stim|men intr. (aus. *haben*) **1** convenire, essere (*o* trovarsi) d'accordo, concordare: ***mit jdm in etw. (D) ~*** convenire con qcn. su qcs.; ***alle Experten stimmten in der Bewertung des Objekts überein*** tutti gli esperti si trovarono d'accordo nella valutazione dell'oggetto **2** *(zueinander passen)* intonarsi, andare bene: ***die Farbe des Teppichs stimmt mit den Tapeten überein*** il colore del tappeto s'intona con quello della tappezzeria **3** concordare (anche GRAMM.): ***die Zeugenaussagen stimmen nicht überein*** le testimonianze non concordano; ***in Kasus und Numerus ~*** concordare nel caso e nel numero. **über|ein|stim|mend I** p.pres. agg. **1** → **übereinstimmen 2a** concorde: ***-e Ansichten*** opinioni concordi **b** *(gemäß)* conforme, consono **II** avv. **1** concordemente, in modo concorde: ***etw. ~ entscheiden*** decidere qcs. concordemente **2** conformemente. **Über|ein|stim|mung** f. *(-,-en)* **1** accordo *m.*, conformità *f.*: ***eine ~ erreichen*** raggiungere un accordo; ***zwei Vorschläge in ~ bringen*** accordare due proposte **2** concordanza *f.*: ***~ mit dem Subjekt*** concordanza con il soggetto.

über|emp|find|lich agg. ipersensibile. **Über|emp|find|lich|keit** f. *(-,-en)* ipersensibilità *f.*

über|er|fül|len tr. ECON. soddisfare in eccesso.

Über|er|näh|rung f. *(-)* superalimentazione *f.*, supernutrizione *f.*

über|er|reg|bar agg. ipereccitabile. **Über|er|reg|bar|keit** f. *(-)* ipereccitabilità *f.*

1.über_es|sen rifl. *(isst, aß, gegessen)* **sich (D) etw. ~** mangiare, mangiarsi qcs. fino alla nausea (*o* fino a non poterne più).

2.über|es|sen rifl. *(überisst, überaß, übergessen)* **sich ~** mangiare troppo: ***ich habe mich an Pralinen übergessen*** ho mangiato troppi cioccolatini.

1.über_fah|ren *(fährt, fuhr, gefahren)* **I** tr. trasportare al di là, traghettare: ***jdn über den Fluss ~*** traghettare qcn. al di là del fiume **II** intr. (aus. *sein*) passare al di là, attraversare.

2.über|fah|ren tr. *(überfährt, überfuhr, überfahren)* **1** investire, travolgere **2** *(über etw. hinfahren)* oltrepassare: ***die weiße Linie ~*** oltrepassare la linea bianca **3** ***die Ampel bei Rot ~*** passare col rosso **4** COLLOQ. *(überrumpeln)* sorprendere, cogliere di sorpresa **5** GERG. SPORT travolgere: ***den Gegner mit 6:0 ~*** travolgere l'avversario per 6 a 0. **Über|fahrt** f. *(-,-en)* traversata *f.*

Über|fall m. *(-[e]s,-fälle)* **1** assalto *m.*, aggressione *f.*: ***ein ~ auf jdn, etw.*** un aggressione a qcn., un assalto a qcs.; ***~ auf eine Bank*** assalto a una banca; ***bewaffneter ~*** aggressione a mano armata **2** SART. sbuffo *m.* **über|fal|len** tr. *(überfällt, überfiel, überfallen)* **1a** aggredire, assalire: ***jdn auf der Straße, hinterrücks ~*** aggredire qcn. per la strada, alle spalle; ***den Feind ~*** assalire il nemico **b** *(Bank, Postamt)* assaltare **c** *(Gebiet, Land)* invadere **2** FIG. *(überkommen)* assalire: ***ein Gedanke, Müdigkeit überfiel ihn*** un pensiero, la stanchezza lo assalì **3** *(unangemeldet besuchen)* ***jdn ~*** piombare in casa a qcn. **4** FIG. *(überraschen)* sorprendere, cogliere di sorpresa: ***die Nacht überfiel uns*** la notte ci sorprese ◆ ***jdn mit Fragen ~*** tempestare qcn. di domande; ***von Übelkeit ~ werden*** essere colto da malore.

über|fäl|lig agg. **1** che tarda oltre il previsto, in ritardo rispetto al previsto: ***das Flugzeug ist seit einer Stunde ~*** l'aereo atteso un'ora fa è in ritardo **2** *(längst fällig)* atteso a lungo: ***ein -er Besuch*** una visita attesa a lungo **3** COMM. sofferente, in sofferenza: ***-er Wechsel*** cambiale in sofferenza; ***-e Forderung*** credito sofferente ◆ ***das ist schon längst ~*** = si sarebbe dovuto fare già da molto tempo.

Über|fall|kom|man|do, AUSTR. **Über|falls|kom|man|do** n. *(-s,-s)* COLLOQ. squadra *f.* di pronto intervento, volante *f.*

über|fein agg. **1** sopraffino **2** *(übersteigert fein)* eccessivamente fine. **über|fei|nern** tr. rendere fine (*o* affinare) eccessivamente. **über|fei|nert** p.pass. agg. **1** → **überfeinern 2** (eccessivamente) raffinato. **Über|fei|ne|rung** f. *(-,-en)* raffinamento *m.* eccessivo.

Über|fleiß m. *(-es)* zelo *m.* eccessivo. **über|flei|ßig** agg. eccessivamente (*o* troppo) zelante.

über|flie|gen tr. *(überflog, überflogen)* **1** sorvolare: ***ein fremdes Land, den Ozean ~*** sorvolare un territorio straniero, l'oceano **2** FIG. *(flüchtig lesen)* ***einen Artikel ~*** dare una scorsa a un articolo **3** FIG. *(überziehen)* passare sopra (*o* ricoprire) leggermente, sfiorare.

1.über_flie|ßen intr. *(floss, geflossen;* aus. *sein)* **1** traboccare: ***das Wasser fließt über*** l'acqua trabocca; ***aus einem Behälter ~*** traboccare da un contenitore; *(von Gefäßen)* ***der Krug fließt über*** il boccale trabocca; FIG. ***vor Begeisterung, Freude, Mitleid ~*** traboccare di entusiasmo, di gioia, di compassione **2** ***ineinander ~*** mescolarsi, fondersi: ***die Farben fließen ineinander über*** i colori si fondono l'uno nell'altro ◆ ***vor Dank ~*** profondersi in ringraziamenti.

2.über|flie|ßen tr. *(überfloss, überflossen)* inondare: ***Tränen ~ ihr Gesicht*** le lacrime le inondano il viso.

Über|flug m. *(-[e]s,-flüge)* il sorvolare; AER. sorvolo *m.* **über|flü|geln** tr. sopravanzare.

Über|fluss m. *(-es)* abbondanza *f.*: ***~ an etw. (D)*** abbondanza di qcs.; ***in, im ~*** in abbondanza ◆ ***im ~ leben*** vivere nell'abbondanza; ***zu allem, zum ~*** per giunta, come se non bastasse; PROV. ***~ bringt Überdruss*** il troppo stroppia. **über|flüs|sig** agg. superfluo, inutile: ***-e Ausgaben, Worte*** spese, parole superflue; ***es ist ~ zu sagen, dass...*** è superfluo dire che... ◆ ***ich komme mir ~ vor*** mi sento di troppo; IRON. ***Kommentar ~*** ogni commento è superfluo. **über|flüs|si|ger|wei|se** avv. per quanto (*o* benché) superfluo.

1.über_flu|ten intr. (aus. *sein*) RAR. straripare: ***der Fluss flutet über*** il fiume straripa.

2.ü|ber|flu|ten tr. **1** inondare: ***der Fluss überflutet die Felder*** il fiume inonda i campi; FIG. ***Sonnenlicht überflutet die Stadt*** la luce del sole inonda la città **2** *(überschwemmen)* sommergere. **Ü|ber|flu|tung** f. *(-,-en)* inondazione *f.*

ü|ber|for|dern tr. **1** ***jdn, etw.*** ~ pretendere, esigere troppo (*o* eccessivamente) da qcn., qcs.: ***ein Kind, seine Kräfte*** ~ pretendere troppo da un bambino, dalle proprie forze; ***jdn mit einer Arbeit*** ~ chiedere troppo lavoro a qcn. **2** *(überlasten)* sovraffaticare: ***das Herz, den Kreislauf*** ~ sovraffaticare il cuore, la circolazione. **ü|ber|for|dert** p.pass. agg. **1** → **überfordern** **2** sovraccarico ◆ ***ich fühle mich*** ~ da me si pretende troppo; ***ich bin mit etw.*** ~ qcs. è eccessivo (*o* è troppo) per me. **Ü|ber|for|de|rung** f. *(-,-en)* **1** pretesa *f.* eccessiva **2** sovraccarico *m.*

Ü|ber|fracht f. *(-,-en)* **1** sovraccarico *m.* **2** *(Gepäck)* bagaglio *m.* eccedente. **ü|ber|frach|ten** tr. sovraccaricare (anche FIG.): ***ein Schiff*** ~ sovraccaricare una nave. **Ü|ber|frach|tung** f. *(-,-en)* sovraccarico *m.*

ü|ber|fragt agg., ***das weiß ich nicht, da bin ich*** ~ non lo so, mi chiedi troppo.

ü|ber|frem|den tr. dare un influsso straniero (eccessivo), inforestierire; ***unsere Sprache wurde durch das Französische überfremdet*** la nostra lingua ha subito un eccessivo influsso da parte del francese. **Ü|ber|frem|dung** f. *(-,-en)* penetrazione *f.* di elementi stranieri, inforestieramento *m.*

ü|ber|fres|sen rifl. *(überfrisst, überfraß, überfressen)* **sich** ~ COLLOQ. abbuffarsi.

ü|ber|frie|ren intr. *(überfror, überfroren;* aus. *sein)* gelare (*o* congelare) in superficie, coprirsi di uno strato di ghiaccio.

1.ü|ber‿füh|ren, ü|ber|füh|ren tr. **1** trasportare, trasferire (da un luogo a un altro): ***Tote, Verwundete*** ~ trasportare morti, feriti; ***Truppen*** ~ trasferire truppe; ***jdn ins Krankenhaus*** ~ trasportare qcn. in ospedale **2** *(von einem Zustand in einen anderen bringen)* portare, far passare: ***ein Gas in den flüssigen Zustand*** ~ portare un gas allo stato liquido.

2.ü|ber|füh|ren tr. **1** *(eine Schuld nachweisen)* ***jdn*** ~ dimostrare la colpevolezza di qcn.; ***jdn des Mordes*** ~ dimostrare che qcn. è colpevole di omicidio **2** *(überspannen)* passare sopra a, congiungere le sponde di: ***eine Brücke überführt den Fluss*** un ponte congiunge le rive del fiume. **Ü|ber|füh|rung** f. *(-,-en)* **1** trasporto *m.*, trasferimento *m.*; *(einer Leiche)* traslazione *f.* **2** *(Nachweis)* dimostrazione *f.* della colpevolezza **3** *(Brücke)* viadotto *m.* (al di sopra di una strada, una ferrovia), cavalcavia *m.*

Ü|ber|fül|le f. *(-)* grande abbondanza *f.*, sovrabbondanza *f.* **ü|ber|fül|len** tr. sovraccaricare: ***den Magen*** ~ sovraccaricare lo stomaco. **ü|ber|füllt** p.pass. agg. **1** → **überfüllen** **2** *(voll)* strapieno, sovraffollato: ***-e Züge, Schulen*** treni strapieni, scuole sovraffollate. **Ü|ber|fül|lung** f. *(-,-en)* **1** affollamento *m.* **2** *(des Magens)* sovraccarico *m.*

Ü|ber|funk|ti|on f. *(-,-en)* iperfunzione *f.*: ~ ***der Schilddrüse*** iperfunzione della tiroide.

ü|ber|füt|tern tr. **1** *(Tiere)* riempire (eccessivamente) di cibo **2** COLLOQ. *(Menschen)* ***jdn*** ~ rimpinzare, ingozzare qcn. **Ü|ber|füt|te|rung** f. *(-,-en)* **1** eccessiva nutrizione *f.* (di animali) **2** COLLOQ. il rimpinzare, rimpinzamento *m.*

Ü|ber|ga|be f. *(-,-n)* **1** consegna *f.*: ***die*** ~ ***der Briefe*** la consegna delle lettere **2** MIL. resa *f.*

Ü|ber|gang m. *(-[e]s,-gänge)* **1** passaggio *m.*, attraversamento *m.*: ~ ***für Fußgänger*** passaggio pedonale; ***der*** ~ ***über die Alpen, den Fluss*** il passaggio delle Alpi, del fiume **2** *(Veränderung)* passaggio *m.*: ***der*** ~ ***von der Kindheit zur Jugend, vom Wachen zum Schlafen*** il passaggio dall'infanzia all'adolescenza, dalla veglia al sonno; ~ ***zur Tagesordnung*** passaggio all'ordine del giorno **3** → **Übergangszeit** **4** *(Zwischenlösung)* soluzione *f.* transitoria: ***diese Arbeit ist für mich nur ein*** ~ questo lavoro è per me una soluzione transitoria **5** MUS. LIT. transizione *f.* **6** PITT. *(Schattierung)* ombreggiatura *f.*

Ü|ber|gangs|bahn|hof m. *(-[e]s,-höfe)* stazione *f.* di confine. **Ü|ber|gangs|be|stim|mung** f. *(-,-en)* disposizione *f.* temporanea (*o* transitoria). **Ü|ber|gangs|er|schei|nung** f. *(-,-en)* fenomeno *m.* transitorio. **Ü|ber|gangs|klau|sel** f. *(-,-n)* clausola *f.* transitoria. **ü|ber|gangs|los** agg. e avv. senza transizione. **Ü|ber|gangs|lö|sung** f. *(-,-en)* soluzione *f.* transitoria, provvisoria. **Ü|ber|gangs|man|tel** m. *(-[e]s,-mäntel)* soprabito *m.* da mezza stagione. **Ü|ber|gangs|pe|ri|o|de** f. *(-,-n)* periodo *m.* di transizione. **Ü|ber|gangs|pha|se** f. *(-,-n)* fase *f.* di transizione. **Ü|ber|gangs|re|gie|rung** f. *(-,-en)* governo *m.* di transizione. **Ü|ber|gangs|sta|di|um** n. *(-s,-stadien)* stadio *m.* di transizione. **Ü|ber|gangs|stel|le** f. *(-,-n)* (punto *m.* di) passaggio *m.* **Ü|ber|gangs|zeit** f. *(-,-en)* **1** periodo *m.* di transizione **2** *(Jahreszeit)* mezza stagione *f.*

ü|ber|ge|ben *(übergibt, übergab, übergeben)* **I** tr. **1** consegnare, dare: ***jdm, an jdn etw.*** ~ consegnare qcs. a qcn.; ***einem Dieb der Polizei*** ~ consegnare un ladro alla polizia **2** *(anvertrauen)* dare, affidare: ***die Rechtssache einem Anwalt*** ~ affidare la causa a un legale **3** passare: ***an jdn den Staffelstab, das Telefongespräch*** ~ passare a qcn. il testimone, la telefonata **4** *(überlassen)* dare, lasciare, trasferire: ***seinem Sohn das Eigentum*** ~ trasferire la proprietà al proprio figlio; ***seinem Nachfolger das Amt*** ~ lasciare l'incarico al proprio successore **II** rifl. **sich** ~ vomitare, rigettare ◆ ***jdm etw. zur Aufbewahrung*** ~ dare qcs. a qcn. in custodia; ***die Stadt an den, dem Feind*** ~ consegnare la città al nemico; ***etw. den Flammen*** ~ dare alle fiamme qcs.; ***jdm etw. zu treuen Händen*** ~ affidare qcs. alle mani (fidate) di qcn.; ***die Nachricht der Presse*** ~ passare la notizia alla stampa; ***eine Straße, Brücke dem Verkehr*** ~ aprire al traffico una strada, un ponte.

Ü|ber|ge|bühr f. *(-,-en)* **1** soprattassa *f.* **2** *(erhöhte Gebühr)* tassa *f.* elevata.

1.über‿ge|hen intr. *(ging, gegangen;* aus. *sein)* **1** passare: ***vom Vater auf den Sohn*** ~ passare di padre in figlio; ***das Eigentum geht auf den Erben (in den Besitz des Erben) über*** la proprietà passa all'erede; ***in fremde Hände*** ~ passare (*o* finire) in mano straniera; ***zur Tagesordnung, zu einem anderen Punkt*** ~ passare all'ordine del giorno, a un altro punto; ***man ist dazu übergegangen, etw. zu tun*** si è passati a fare qcs.; ***auf die andere Seite*** ~ passare dall'altra parte (anche FIG.); ***auf ein anderes Thema*** ~ passare a un altro argomento; ***zum Angriff*** ~ passare all'attacco; *(überwechseln)* ***zum Feind*** ~ passare dalla parte del nemico **2** *(sich verwandeln)* trasformarsi, diventare: ***die Diskussion ging in einen Streit über*** la discussione si trasformò in una lite; ***in Gärung, Verwesung, Fäulnis*** ~ fermentare, decomporsi, marcire **3** *(überfließen)* traboccare.

2.ü|ber|ge|hen tr. *(überging, übergangen)* **1** passare oltre (*o* sopra), ignorare: ***die Gesetze, jds Einwände*** ~ ignorare le leggi, le obiezioni di qcn. **2** *(überspringen)* tralasciare, saltare: ***er überging diesen Punkt zunächst*** per il momento ha saltato questo punto **3** *(nicht beachten)* ***etw.*** ~ non curarsi di (*o* non badare a) qcs. **4** *(nicht berücksichtigen)* trascurare, escludere: ***jdn im Testament*** ~ escludere qcn. dal testamento ◆ ***etw. mit Stillschweigen*** ~ passare qcs. sotto silenzio. **Ü|ber|ge|hung** f. *(-)* esclusione *f.*

ü|ber|ge|nau agg. pignolo.

ü|ber|ge|nug agg. più che sufficiente.

ü|ber|ge|ord|net p.pass. agg. **1** → **überordnen** **2** superiore, più alto: ***eine -e Stelle*** un posto superiore ◆ ***ein -er Begriff*** un concetto di ordine più generale; ***ein -es Problem*** un problema di ordine superiore.

Ü|ber|ge|päck n. *(-[e]s)* bagaglio *m.* eccedente.

Ü|ber|ge|wicht n. *(-[e]s,-e)* **1** *(von Personen)* sovrappeso *m.* **2** *(von Paketen)* peso *m.* in eccedenza **3** *(Vorherrschaft)* prevalenza *f.*, sopravvento *m.*, preponderanza *f.*: ~ ***über jdn gewinnen*** prendere il sopravvento su qcn. ◆ ~ ***bekommen, kriegen*** perdere l'equilibrio (e ribaltarsi); ~ ***haben*** essere (in) sovrappeso; FIG. avere preponderanza. **ü|ber|ge|wich|tig** agg. in sovrappeso.

1.über‿gie|ßen tr. *(goss, gegossen)* **1** versare (addosso *o* sopra): ***jdm etw.*** ~ versare qcs. addosso a qcn. **2** *(verschütten)* rovesciare.

2.ü|ber|gie|ßen *(übergoss, übergossen)* **I** tr. **1** ***mit etw.*** ~ cospargere di qcs., versare qcs.: ***den Braten mit Cognac*** ~ versare cognac sull'arrosto; ***den Teebeutel mit kochendem Wasser*** ~ versare l'acqua bollente sulla bustina di tè **2** FIG. ***mit Spott*** ~ coprire di ridicolo **II** rifl. ***sich mit etw.*** ~ cospargersi di qcs.

ü|ber|glück|lich agg. felicissimo.

ü|ber|gol|den tr. **1** indorare **2** FIG. *(bescheinen)* illuminare.

über‿grei|fen intr. *(griff, gegriffen;* aus. *haben)* **1** *(beim Klavierspielen, Geräteturnen)* incrociare **2** ***auf etw. (A)*** ~ estendersi, propagarsi a qcs.: ***das Feuer griff auf die Fabrik über*** il fuoco si estese alla fabbrica; ***die Epidemie hat auf andere Länder übergegriffen*** l'epidemia si è propagata ad altri paesi. **Ü|ber|griff** m. *(-[e]s,-e)* **1** violazione *f.*, usurpazione *f.*: ~ ***in jds Rechte*** violazione dei diritti di qcn. **2** *(Missbrauch)* abuso *m.*, sopruso *m.*

ü|ber|groß agg. immenso, enorme, eccessivo. **Ü|ber|grö|ße** f. *(-,-n)* **1** grandezza *f.* eccezionale, misura *f.* straordinaria **2** *(in der Konfektion)* taglia *f.* forte.

Ü|ber|guss m. *(-es,-güsse)* glassa *f.*

über‿ha|ben tr. *(hat, hatte, gehabt)* COLLOQ. **1** *(angezogen haben)* indossare, avere addosso: ***er hat nur eine Jacke über*** indossa soltanto una giacca **2** *(satt haben)* ***etw.*** ~ averne abbastanza di qcs., essere stanco (*o* stufo) di qcs. **3** REGION. *(übrig haben)* avanzare,

avere d'avanzo.
ü|ber|hand, ~ ***nehmen*** aumentare (*o* crescere) eccessivamente, moltiplicarsi; *(sich verbreiten)* propagarsi, diffondersi.
Ü|ber|hand|nah|me f. *(-)* aumento *m.* eccessivo, crescita *f.* eccessiva, prevalenza *f.*; *(Verbreitung)* propagazione *f.*, diffusione *f.*
Ü|ber|hang m. *(-[e]s,-hänge)* **1** *(überhängende Felswand)* strapiombo *m.* **2** eccedenza *f.*: ***Überhänge an Waren*** eccedenza di merci, merci in eccedenza **3a** sporgenza *f.*, prominenza *f.* **b** ARCH. corpo *m.* aggettante, aggetto *m.*, sporto *m.*
1.ü|ber‿hän|gen intr. *(hing, gehangen;* aus. *haben)* **1a** sporgere; ARCH. aggettare **b** ***die Zweige des Baums hängen über*** i rami dell'albero sporgono **2** pendere: ***der Turm von Pisa hängt über*** la torre di Pisa pende **3** *(von Felswänden)* strapiombare.
2.ü|ber‿hän|gen I tr. **1** mettere addosso, mettere sulle spalle: ***jdm den Mantel*** ~ mettere il cappotto sulle spalle a qcn. **2** mettere a tracolla: ***die Tasche*** ~ mettere la borsetta a tracolla **II** rifl. ***sich (D) etw.*** ~ **1** mettersi qcs. addosso **2** ***sich die Tasche*** ~ mettersi la borsetta a tracolla.
3.ü|ber|hän|gen tr. ricoprire: ***etw. mit einem Tuch*** ~ ricoprire qcs. con un panno.
ü|ber|hän|gend p.pres. agg. **1** → **1.überhängen 2a** pendente, sporgente **b** ARCH. aggettante **3** *(von Fels)* a strapiombo.
ü|ber|has|ten I tr. affrettare troppo, precipitare **II** rifl. **sich** ~ essere affrettato, essere precipitoso. **ü|ber|has|tet I** p.pass. agg. **1** → **überhasten 2** precipitoso **II** avv. precipitosamente, in modo eccessivamente affrettato: ~ ***sprechen*** parlare precipitosamente.
ü|ber|häu|fen tr. **1** ricolmare, colmare, ricoprire: ***jdn mit Ehren, Geschenken*** ~ ricolmare qcn. di onori, di regali **2** ingombrare: ***den Tisch mit Büchern*** ~ ingombrare il tavolo di libri. **ü|ber|häuft** p.pass. agg. **1** → **überhäufen 2** carico, sovraccarico: ***mit Arbeit ~ sein*** essere sovraccarico di lavoro. **Ü|ber|häu|fung** f. *(-,-en)* carico *m.*, sovraccarico *m.*, eccesso *m.*: ***eine ~ mit Arbeit*** un carico di lavoro.
ü|ber|haupt I avv. **1** *(im Allgemeinen)* generalmente, in genere, comunemente: ***es geht ~ schlecht in der letzten Zeit*** generalmente va male negli ultimi tempi **2** *(ganz und gar)* assolutamente, affatto: ***das tue ich ~ nicht gern*** questo non lo faccio assolutamente volentieri; ***ich glaube ihm ~ nicht*** non gli credo affatto; ***das kommt ~ nicht in Frage*** non se ne parla neanche; ***er kennt ~ keine Angst*** non conosce affatto la paura **3** *(besonders)* soprattutto, specialmente: ***sie ist, ~ morgens, immer müde*** è sempre stanca, specialmente al mattino **4** *(überdies)* d'altra parte, poi: ***und ~ hat er damit nichts zu tun*** e poi non ha nulla a che fare con questo **II** part.at. ma, poi: ***wie konntest du ~ so reden*** ma come hai potuto parlare così? ***was ist ~ sein Beruf?*** qual è poi (*o* in sostanza) la sua professione? ***wenn es ~ möglich ist*** se mai è possibile.
ü|ber|he|ben *(überhob, überhoben)* ANT. **I** tr. ***jdn etw. (G)*** ~ sollevare, esentare, dispensare qcn. da qcs.; ***nun bin ich dieser Sorge überhoben*** ora sono sollevato da questa preoccupazione **II** rifl. **sich** ~ **1** farsi male (sollevando un peso) **2** ANT. *(überheblich werden)* insuperbirsi; ***sich über jdn*** ~ credersi più di qcn. **ü|ber|heb|lich I** agg. altezzoso, superbo, presuntuoso **II** avv. con presunzione, con superbia. **Ü|ber|heb|lich|keit** f. *(-)*, ANT. **Ü|ber|he|bung** f. *(-)* altezzosità *f.*, superbia *f.*, presunzione *f.*
ü|ber|hei|zen tr. surriscaldare. **Ü|ber|hei|zen** n. *(-s)* surriscaldamento *m.*
ü|ber|hit|zen tr. surriscaldare (anche FIG.). **Ü|ber|hit|zer** m. *(-s,-)* TECN. surriscaldatore *m.* **Ü|ber|hit|zung** f. *(-)* surriscaldamento *m.* (anche FIG.).
ü|ber|hö|hen tr. sopraelevare, rialzare: ***die Straße in einer Kurve*** ~ sopraelevare la strada (in una curva). **ü|ber|höht** agg. eccessivo, esorbitante: ***-e Preise*** prezzi esorbitanti; ***-e Geschwindigkeit*** velocità eccessiva ◆ ***-e Kurven*** curve soprelevate. **Ü|ber|hö|hung** f. *(-,-en)* **1** soprelevazione *f.*, rialzo *m.* **2** *(übermäßige Erhöhung)* aumento *m.* eccessivo.
1.ü|ber‿ho|len tr. traghettare, trasportare.
2.ü|ber|ho|len tr. **1a** sorpassare, superare: ***ein Auto*** ~ sorpassare un'auto **b** assol. ***links*** ~ sorpassare a sinistra **2** *(leistungsmäßig)* superare **3** TECN. *(überprüfen)* revisionare. **Ü|ber|hol|ma|nö|ver** n. *(-s,-)* manovra *f.* di sorpasso. **Ü|ber|hol|spur** f. *(-,-en)* corsia *f.* di sorpasso. **ü|ber|holt** p.pass. agg. **1** → **überholen 2** FIG. sorpassato, superato: ***-e Ansichten haben*** avere idee sorpassate. **Ü|ber|ho|lung** f. *(-,-en)* TECN. revisione *f.* **ü|ber|ho|lungs|be|dürf|tig** agg. bisognoso di (una) revisione. **Ü|ber|hol|ver|bot** n. *(-[e]s,-e)* divieto *m.* di sorpasso. **Ü|ber|hol|vor|gang** m. *(-[e]s, -vorgänge)* sorpasso *m.*
ü|ber‿hö|ren rifl. COLLOQ. ***sich etw. (D)*** ~ sentirsi e risentirsi qcs.
ü|ber|hö|ren tr. **1** non sentire: ***das Klingeln*** ~ non sentire (suonare) il campanello **2** *(ignorieren)* fare finta di non sentire: ***einen Vorwurf*** ~ fare finta di non sentire un rimprovero.
Ü|ber|ich n. *(-[s])* Super-Io *m.*
ü|ber|in|ter|pre|tie|ren tr. sopravvalutare, caricare di significato.
ü|ber|ir|disch I agg. ultraterreno, soprannaturale; *(außerordentlich)* divino: ***eine -e Schönheit*** una bellezza divina **II** avv. divinamente. **Ü|ber|ir|di|sche** pl. celesti *m.pl.*
ü|ber|jäh|rig agg. ANT. **1** troppo vecchio **2** *(von Kühen)* sopranno.
ü|ber|kan|di|delt agg. COLLOQ. esaltato.
Ü|ber|ka|pa|zi|tät f. *(-,-en)* ECON. sovracapacità *f.* produttiva, eccesso *m.* di capacità.
ü|ber‿kip|pen intr. (aus. *sein*) capovolgersi, ribaltarsi (anche FIG.): ***nach vorn, hinten*** ~ capovolgersi in avanti, all'indietro ◆ ***seine Stimme kippt über*** la sua voce va in falsetto.
ü|ber|kle|ben tr. incollare (sopra).
Ü|ber|kleid n. *(-[e]s,-er)* ANT. sopravveste *f.* **ü|ber|klei|den** tr. ANT. rivestire, ricoprire.
ü|ber|klet|tern tr. scavalcare: ***einen Zaun*** ~ scavalcare un recinto.
ü|ber|klug agg. saccente.
1.ü|ber‿ko|chen intr. (aus. *sein*) **1** traboccare (bollendo): ***die Milch kocht über*** il latte trabocca **2** FIG. ribollire: ***vor Zorn*** ~ ribollire d'ira.
2.ü|ber|ko|chen tr. ***etw.*** ~ dare una breve cottura a qcs., scottare qcs.
1.ü|ber‿kom|men intr. *(kam, gekommen;* aus. *sein) (von Seewasser)* arrivare in coperta.
2.ü|ber|kom|men tr. *(überkam, überkommen)* invadere, sopraffare: ***Ekel, Panik überkam ihn*** un senso di nausea, di panico lo invase, lo sopraffece.
3.ü|ber|kom|men p.pass. agg. **1** → **2.überkommen 2** *(überliefert)* ~ ***sein*** essere tramandato **3** tradizionale: ***-e Bräuche, Sitten*** usanze, costumi tradizionali.
ü|ber|kom|pen|sie|ren tr. compensare eccessivamente: ***eine Schwäche mit Aggressivität*** ~ compensare una debolezza con un'aggressività esagerata.
ü|ber|kon|fes|si|o|nell agg. sovra-confessionale.
ü|ber|kreu|zen I tr. **1** attraversare, incrociare: ***einen Platz*** ~ attraversare una piazza **2** *(zusammenlegen)* incrociare: ***die Arme*** ~ incrociare le braccia **II** rifl. **sich** ~ incrociarsi: ***die Straßen ~ sich*** le strade si incrociano.
ü|ber‿krie|gen tr. COLLOQ. ***etw.*** ~ averne fin sopra i capelli di qcs.
ü|ber|kro|nen tr. incapsulare: ***einen Zahn*** ~ incapsulare un dente.
ü|ber|krus|ten tr. **1** GASTR. gratinare **2** incrostare: ***die Scheibe war mit Eis überkrustet*** il vetro era incrostato di ghiaccio.
1.ü|ber|la|den tr. *(überlädt, überlud, überladen)* sovraccaricare ◆ ***sich den Magen*** ~ caricare lo stomaco, rimpinzarsi.
2.ü|ber|la|den p.pass. agg. **1** → **1.überladen 2** *(barock)* carico, sovraccarico. **Ü|ber|la|dung** f. *(-,-en)* sovraccarico *m.*
ü|ber|la|gern I tr. sovrapporre (anche RAD.) **II** rifl. **sich** ~ sovrapporsi: ***die widerstreitenden Interessen ~ sich*** gli interessi contrapposti si sovrappongono. **Ü|ber|la|ge|rung** f. *(-,-en)* sovrapposizione *f.*
Ü|ber|land|bahn f. *(-,-en)* tranvia *f.* interurbana. **Ü|ber|land|bus** m. *(-ses,-se)* autobus *m.* interurbano. **Ü|ber|land|lei|tung** f. *(-,-en)* elettrodotto *m.*
ü|ber|lang agg. eccessivamente (*o* troppo) lungo. **Ü|ber|län|ge** f. *(-,-n)* lunghezza *f.* eccessiva.
ü|ber|lap|pen rifl. **sich** ~ sovrapporsi. **Ü|ber|lap|pung** f. *(-,-en)* sovrapposizione *f.*
1.ü|ber‿las|sen tr. *(lässt, ließ, gelassen)* REGION. lasciare, avanzare.
2.ü|ber|las|sen *(überlässt, überließ, überlassen)* **I** tr. **1** cedere, lasciare: ***jdm sein Auto billig*** ~ cedere a qcn. la propria auto a buon prezzo; ***jdm seine Wohnung während des Urlaubs*** ~ lasciare a qcn. il proprio appartamento durante le vacanze **2** *(anvertrauen)* affidare, lasciare: ***die Kinder einer Freundin*** ~ affidare i bambini a un'amica **3** *(entscheiden lassen)* lasciare, rimettere: ***dem Ermessen jds*** ~ rimettere al giudizio di qcn.; ***nichts dem Zufall*** ~ non lasciare niente al caso **4** *(allein lassen)* abbandonare: ***jdn sich selbst, seinem Schicksal*** ~ abbandonare qcn. a se stesso, al suo destino **II** rifl. ***sich etw. (D)*** ~ abbandonarsi a qcs.: ***sich seinen Gedanken, Träumen*** ~ abbandonarsi ai propri pensieri, ai propri sogni ◆ ***überlass das gefälligst mir!*** non impicciarti!
Ü|ber|las|sung f. *(-,-en)* cessione *f.*: ~ ***zur Nutznießung*** cessione in usufrutto.
ü|ber|las|ten tr. **1** sovraccaricare: ***ein Fahrzeug*** ~ sovraccaricare un autoveicolo; FIG. ***ein Telefonnetz*** ~ sovraccaricare una rete telefonica **2** *(überanstrengen)* sovraffaticare: ***den Magen, das Herz*** ~ sovraffaticare lo stomaco, il cuore. **ü|ber|las|tig** agg. sovraccarico.

Ü|ber|las|tung f. *(-,-en)* **1** sovraccarico *m.* **2** *(Überanstrengung)* sovraffaticamento *m.*

Ü|ber|lauf m. *(-[e]s,-läufe)* **1** sfioratore *m.* **2** MECC. oltrecorsa *m.*

1.ü|ber_lau|fen intr. *(läuft, lief, gelaufen*; aus. *sein)* **1** *(von Flüssigkeit)* traboccare, fuoriuscire: ***die Milch, das Wasser läuft über*** il latte, l'acqua trabocca (*o* fuoriesce); *(von Gefäßen)* traboccare: ***der Tank, die Wanne läuft über*** il serbatoio, la vasca trabocca **2** *(zum Gegner übergehen)* passare: ***zum Feind ~*** passare al nemico.

2.ü|ber|lau|fen tr. *(überläuft, überlief, überlaufen)* **1a** assalire: ***ein Frösteln überlief sie*** un brivido di freddo l'assalì **b** percorrere: ***ein Schauder überläuft jdn*** un brivido percorre qcn. **2** SPORT *(überwinden)* superare: ***er hat die Abwehr ~*** ha superato la difesa; FIG. ***die Hindernisse ~*** superare gli ostacoli ◆ ***es überläuft mich kalt (heiß), wenn...*** rabbrividisco, se...

3.ü|ber|lau|fen p.pass. agg. **1** → **2.überlaufen** **2** *(überfüllt)* affollato: ***ein -es Geschäft*** un negozio affollato **3** *(von Farben)* tinto, screziato: ***eine rot -e Rose*** una rosa screziata di rosso.

Ü|ber|läu|fer m. *(-s,-)* transfuga *m.* **Ü|ber|lauf|rohr** n. *(-[e]s,-e)* tubo *m.* di troppopieno.

ü|ber|laut agg. e avv. troppo forte, troppo alto.

ü|ber|le|ben I tr. ***etw. ~*** sopravvivere a qcs.: ***den Krieg, eine Katastrophe ~*** sopravvivere alla guerra, a una catastrofe; ***seine Lehre hat seinen Tod überlebt*** il suo insegnamento è sopravvissuto alla sua morte; ***den Ehepartner um viele Jahre ~*** sopravvivere molti anni al proprio congiunto **II** rifl. **sich ~** passare, invecchiare, essere superato: ***diese Mode wird sich schnell ~*** questa moda passerà velocemente ◆ COLLOQ. ***das überleb ich nicht!*** questo è davvero troppo! ***der Verletzte wird die Nacht nicht ~*** il ferito non passerà la notte.

Ü|ber|le|ben|de m. e f. *(-n,-n)* superstite *m.* e *f.*, sopravvissuto *m.* (-a *f.*). **Ü|ber|le|bens|chan|ce** f. *(-,-n)* possibilità *f.* di sopravvivenza.

ü|ber|le|bens|groß agg. più grande del naturale. **Ü|ber|le|bens|grö|ße** f. *(-)* grandezza *f.* superiore al naturale.

Ü|ber|le|bens|kampf m. *(-[e]s,-kämpfe)* lotta *f.* per la sopravvivenza. **Ü|ber|le|bens|trai|ning** n. *(-s,-s)* corso *m.* di sopravvivenza.

ü|ber|lebt p.pass. agg. **1** → **überleben** **2** *(veraltet)* superato: ***-e Meinungen*** opinioni superate.

1.ü|ber_le|gen I tr. **1** mettere (sopra): ***ich habe ihr noch eine Decke übergelegt*** le ho messo ancora una coperta **2** COLLOQ. *(verhauen)* ***jdn ~*** sculacciare qcn. **II** rifl. **sich ~ 1** *(sich herauslehnen)* sporgersi **2** MAR. *(sich auf die Seite neigen)* piegare.

2.ü|ber|le|gen I tr. ***etw. ~*** riflettere su qcs., considerare, valutare qcs., pensare a qcs.; ***etw. gründlich, reiflich ~*** riflettere a fondo, in modo ponderato su qcs.; ***etw. von allen Seiten ~*** considerare qcs. da ogni lato; ***eine bessere Lösung ~*** pensare a una soluzione migliore; ***es wäre zu ~, ob...*** bisognerebbe valutare se... **II** ***sich (D) ~*** rifletterci, pensarci: ***ich muss es mir noch einmal ~*** devo ancora pensarci ◆ ***er hat es sich anders überlegt*** ci ha ripensato; ***hin und her ~*** valutare fino in fondo; ***sich (D) seine Worte gut, genau ~*** ponderare bene le proprie parole.

3.ü|ber|le|gen I agg. superiore: ***jdm an etw. ~ sein*** essere superiore a qcn. in qcs., superare qcn. in qcs.; ***an Intelligenz ist sie ihm weit ~*** è molto più intelligente di lui; ***sich in etw. ~ zeigen*** mostrarsi superiore in qcs.; ***er war dem Gegner ~*** era superiore all'avversario **II** avv. con (*o* mostrando) superiorità: ***er lächelte ~*** sorrise con superiorità; ***~ gewinnen*** vincere con netta superiorità ◆ ***etw. mit -er Ruhe machen*** fare qcs. con calma olimpica; ***ein -er Sieg*** una vittoria schiacciante.

Ü|ber|le|gen|heit f. *(-)* superiorità *f.*: ***die wirtschaftliche, militärische ~ eines Staates*** la superiorità economica, militare di uno stato; ***die zahlenmäßige ~ des Gegners*** la superiorità numerica dell'avversario. **Ü|ber|le|gen|heits|ge|fühl** n. *(-[e]s)* senso *m.* di superiorità.

ü|ber|le|gens|wert agg. degno di considerazione, di riflessione. **ü|ber|legt I** p.pass. agg. **1** → **2.überlegen** **2** ponderato, meditato **II** avv. ponderatamente, attentamente: ***~ vorgehen, handeln*** procedere, agire attentamente. **Ü|ber|le|gung** f. *(-,-en)* riflessione *f.*, considerazione *f.*: ***-en anstellen*** fare delle riflessioni; ***einer ~ wert sein*** meritare considerazione; *(das Überlegen)* il riflettere: ***ohne ~ handeln*** agire senza riflettere ◆ ***bei näherer ~*** riflettendoci meglio; ***nach reiflicher ~*** dopo matura riflessione; ***bei ruhiger ~*** a mente fredda.

ü|ber_lei|ten I intr. (aus. *haben*) passare: ***zum nächsten, zu einem neuen Thema ~*** passare al prossimo (*o* a un nuovo) argomento **II** tr. trasferire, condurre. **Ü|ber|lei|tung** f. *(-,-en)* **1** passaggio *m.* **2** *(Verbindung)* collegamento *m.*: ***eine ~ zum Hauptthema suchen*** cercare un collegamento al tema principale ◆ ***ohne ~*** direttamente.

ü|ber|le|sen tr. *(überliest, überlas, überlesen)* **1** saltare: ***einen Fehler ~*** saltare un errore **2** *(flüchtig lesen)* ***einen Brief schnell ~*** dare una scorsa a una lettera.

ü|ber|lie|fern tr. **1** tramandare, trasmettere: ***ein Werk der Nachwelt ~*** trasmettere un'opera ai posteri **2** ANT. *(übergeben)* consegnare: ***jdn der Justiz ~*** consegnare qcn. alla giustizia. **Ü|ber|lie|fe|rung** f. *(-,-en)* tradizione *f.*: ***mündliche, schriftliche ~*** tradizione orale, scritta; ***alte -en*** antiche tradizioni.

ü|ber_lie|gen intr. *(lag, gelegen*; aus. *haben)* MAR. essere in controstallia. **Ü|ber|lie|ge|zeit** f. *(-,-en)* MAR. controstallia *f.*

ü|ber|lis|ten tr. ***jdn ~*** farsi beffe di qcn. **Ü|ber|lis|tung** f. *(-)* il beffarsi, il farsi beffe.

Ü|ber|lohn m. *(-[e]s,-löhne)* soprappaga *f.*

ü|berm COLLOQ. → **über.**

ü|ber|ma|chen tr. ANT. trasmettere, lasciare in eredità: ***jdm sein Vermögen ~*** trasmettere il proprio patrimonio a qcn.

Ü|ber|macht f. *(-)* superiorità *f.*, strapotenza *f.* superiore: ***eine erdrückende ~*** una superiorità schiacciante. **ü|ber|mäch|tig** agg. **1** superiore, strapotente: ***ein -er Gegner*** un avversario superiore **2** *(dringend)* pressante, impellente: ***ein -es Verlangen*** un desiderio pressante.

ü|ber|ma|len tr. ridipingere, dipingere sopra: ***die Fresken ~*** ridipingere gli affreschi. **Ü|ber|ma|lung** f. *(-,-en)* **1** pittura *f.* sovrapposta: ***die ~ entfernen, beseitigen*** rimuovere, eliminare la pittura sovrapposta **2** *(Farbschicht)* strato *m.* di colore **3** *(Nachbesserung)* ritocco *m.*

ü|ber|man|nen tr. **1** sopraffare: ***die Rührung, der Schmerz übermannte ihn*** la commozione, il dolore lo sopraffece **2** ANT. *(jdn überwältigen)* sopraffare, vincere. **ü|ber|manns|hoch** agg. più grande di un uomo.

Ü|ber|maß n. *(-es,-e)* **1** eccesso *m.*, sovrabbondanza *f.*: ***ein ~ an Arbeit, Eifer*** un eccesso di lavoro, di zelo; ***etw. im ~ haben*** avere qcs. in sovrabbondanza; ***etw. im ~ produzieren*** produrre qcs. in eccesso **2** TECN. *(bei Passungen)* interferenza *f.* **ü|ber|mä|ßig I** agg. **1** eccessivo: ***eine -e Kälte*** un freddo eccessivo **2** *(maßlos)* smodato **II** avv. **1** eccessivamente: ***nicht ~ attraktiv*** non eccessivamente attraente **2** *(maßlos)* smodatamente, oltre misura: ***~ viel trinken*** bere smodatamente.

Ü|ber|mensch m. *(-en,-en)* superuomo *m.* **ü|ber|mensch|lich I** agg. sovrumano: ***-e Anstrengung*** sforzo sovrumano **II** avv. in modo sovrumano.

Ü|ber|mik|ro|skop n. *(-[e]s,-e)* microscopio *m.* elettronico.

ü|ber|mit|teln tr. **1** trasmettere: ***eine Nachricht ~*** trasmettere una notizia **2** *(senden)* inviare, trasmettere: ***jdm seine Grüße ~*** inviare i propri saluti a qcn. **Ü|ber|mit|te|lung, Ü|ber|mitt|lung** f. *(-,-en)* **1** trasmissione *f.* **2** *(Sendung)* invio *m.*

ü|ber|mor|gen avv. dopodomani.

ü|ber|mü|de agg. sfinito, esausto. **ü|ber|mü|den** tr. sfinire, spossare. **Ü|ber|mü|dung** f. *(-,-en)* spossatezza *f.*, sfinimento *m.*

Ü|ber|mut m. *(-[e]s)* **1** esuberanza *f.*, sfrenatezza *f.*: ***jds ~ dämpfen*** frenare l'esuberanza di qcn.; ***etw. aus, im ~ tun*** fare qcs. con esuberanza **2** ANT. *(Selbstüberhebung)* presunzione *f.* alterigia *f.*, baldanza *f.* ◆ PROV. ***~ tut selten gut*** la superbia va a cavallo e torna a piedi.

ü|ber|mü|tig I agg. **1** esuberante, sfrenato: ***-e Kinder*** bambini sfrenati **2** ANT. *(überheblich)* presuntuoso, arrogante **II** avv. in modo sfrenato.

ü|bern COLLOQ. → **über.**

ü|ber|nächst... agg. **1** ***-es Jahr, im -en Jahr*** tra due anni; ***am -en Tag*** tra due giorni **2** *(lokal)* secondo: ***er wohnt im -en Haus links*** abita nella seconda casa a sinistra.

ü|ber|nach|ten intr. (aus. *haben*) pernottare, trascorrere la notte: ***im Hotel ~*** pernottare in albergo; ***im Freien ~*** trascorrere la notte all'aperto. **ü|ber|näch|tig** AUSTR., **ü|ber|näch|tigt** agg. stanco (per la notte insonne): ***ein -es Gesicht*** un viso stanco. **Ü|ber|nach|tung** f. *(-,-en)* pernottamento *m.*

Ü|ber|nah|me f. *(-,-n)* **1** rilevamento *m.*: ***die ~ eines Geschäfts, einer Gesellschaft*** il rilevamento di un negozio, di una società **2** *(Annahme)* accettazione *f.*, presa *f.* in consegna **3a** *(die Nachfolge antreten)* assunzione *f.*: ***die ~ eines Amtes, einer Rolle*** l'assunzione di una carica, di un ruolo; ***die ~ der Regierungsgewalt*** l'assunzione del potere **b** *(von Schulden)* assunzione *f.*, assorbimento *m.* **4** *(Aneignung)* adozione *f.*: ***die ~ einer neuen Methode*** l'adozione di un nuovo metodo ◆ ***~ in das Beamtenverhältnis*** nomina in ruolo.

Ü|ber|na|me m. *(-ns,-n)* soprannome *m.*

ü|ber|na|ti|o|nal agg. sopranazionale, sovranazionale.

ü|ber|na|tür|lich agg. **1** soprannaturale, sovrannaturale: ***-e Erscheinungen*** fenomeni sovrannaturali **2** *(von Maßen)* più grande del naturale: ***eine Statue in -er Größe*** una statua di dimensioni più grandi del naturale.

1.ü|ber‿neh|men tr. *(nimmt, nahm, genommen)* COLLOQ. **1** mettersi sulle spalle: ***einen Mantel ~*** mettersi un cappotto sulle spalle **2** MAR. prendere (acqua); RAR. ***jdn ~*** prendere a bordo qcn.

2.ü|ber|neh|men *(übernimmt, übernahm, übernommen)* **I** tr. **1** prendere in consegna, ricevere: ***eine Sendung ~*** ricevere una spedizione; ***etw. aus jds Händen ~*** prendere in consegna qcs. dalle mani di qcn. **2** *(in Besitz nehmen)* rilevare: ***sie hat den Laden ihrer Mutter übernommen*** ha rilevato il negozio di sua madre **3** *(nehmen)* prendere: ***jetzt übernehme ich den Koffer*** adesso prendo io la valigia **4a** *(auf sich nehmen)* assumere: ***einen Auftrag, die Kontrolle, das Steuer, die Leitung einer Abteilung ~*** assumere un incarico, il controllo, il comando, la direzione di un reparto **b** *(bei sich einstellen)* ***die Angestellten der alten Firma ~*** assumere gli impiegati della vecchia ditta **c** *(tragen)* assumersi, accollarsi: ***die Haftung, Verantwortung für etw. ~*** assumersi la responsabilità di qcs.; ***die Bürgschaft für etw., jdn ~*** prestare garanzia (*o* garantire) per qcs., qcn.; ***die Kosten ~*** assumersi (*o* accollarsi) le spese **5** *(sich verpflichten)* incaricarsi, impegnarsi: ***ich übernehme es, ihn anzurufen*** mi incarico di telefonargli **6** *(entlehnen)* trarre, riprendere: ***jds Ideen ~*** riprendere le idee di qcn.; ***einen Text ~*** riprendere un brano, citare un testo **7** *(sich aneignen)* adottare: ***eine Methode ~*** adottare un metodo **8** MAR. *(an Bord nehmen)* prendere a bordo: ***Passagiere, eine Ladung ~*** prendere a bordo passeggeri, un carico **9** AUSTR. COLLOQ. *(übertölpeln)* abbindolare **10** ANT. *(übermannen)* sopraffare **II** rifl. **sich ~ 1** impegnarsi troppo: ***sich finanziell ~*** impegnarsi troppo finanziariamente **2a** *(sich überanstrengen)* affaticarsi troppo: ***sich beim Arbeiten ~*** affaticarsi troppo sul lavoro; ***sich beim Essen ~*** esagerare nel mangiare **b** *(sich bemühen)* sforzarsi troppo. **Ü|ber|neh|mer** m. *(-s,-)* **1** DIR. cessionario *m.* **2** *(Nachfolger)* successore *m.*

ü|ber‿ord|nen tr. anteporre, preporre: ***die Arbeit der Familie ~*** anteporre il lavoro alla famiglia. **Ü|ber|ord|nung** f. *(-,-en)* anteposizione *f.*

ü|ber|par|tei|lich agg. **1** al di sopra delle parti **2** *(unabhängig)* indipendente, autonomo: ***eine -e Zeitung*** un giornale indipendente.

ü|ber|pin|seln tr. COLLOQ. ***etw. ~*** ridipingere, dipingere sopra qcs.

Ü|ber|preis m. *(-es,-e)* prezzo *m.* maggiorato.

Ü|ber|pro|duk|ti|on f. *(-,-en)* sovrapproduzione *f.*

ü|ber|pro|por|ti|o|nal agg. avv. in eccedenza, in proporzione eccessiva.

ü|ber|prüf|bar agg. verificabile, controllabile. **ü|ber|prü|fen** tr. **1** controllare, verificare: ***eine Rechnung, ein Ergebnis ~*** verificare un conto, un risultato; ***die Papiere ~*** controllare i documenti; ***den Zeugen auf seine Glaubwürdigkeit ~*** verificare la credibilità del testimone **2** rivedere, riesaminare: ***einen Vorschlag ~*** riesaminare una proposta; *(überdenken)* ***sein Urteil, seine Entscheidung ~*** rivedere il proprio giudizio, la propria decisione ◆ ***den Wagen auf Mängel ~ lassen*** far revisionare la macchina. **Ü|ber|prü|fung** f. *(-,-en)* verifica *f.*, controllo *m.*, (ri)esame *m.*, revisione *f.*

ü|ber|pu|dern tr. impolverare, coprire di polvere.

ü|ber|qua|li|fi|ziert agg. molto qualificato.

ü|ber‿quel|len intr. *(quillt, quoll, gequollen;* aus. *sein)* traboccare: ***der Einkaufskorb quillt über*** il cesto della spesa trabocca; FIG. ***von, vor Freude ~*** traboccare di gioia ◆ ***vor Dankbarkeit ~*** profondersi in ringraziamenti.

ü|ber|quer avv. AUSTR. o ANT. trasversalmente, di traverso ◆ FIG. ***es geht ~*** le cose vanno di traverso; FIG. ***mit jdm ~ kommen*** entrare in contrasto con qcn. **ü|ber|que|ren** tr. attraversare: ***die Straße ~*** attraversare la strada. **Ü|ber|que|rung** f. *(-,-en)* attraversamento *m.*

1.ü|ber‿ra|gen intr. (aus. *haben*) sporgere.

2.ü|ber|ra|gen tr. superare (in altezza), sovrastare: ***der Kirchturm überragt alle Gebäude*** il campanile supera in altezza tutti gli edifici; ***jdn um einen ganzen Kopf ~*** superare qcn. in altezza di tutta la testa: FIG. *(übertreffen)* ***jdn an Leistung ~*** essere superiore a qcn. in (*o* per) rendimento. **ü|ber|ra|gend** p.pres. agg. **1** → **2.überragen 2** sovrastante **3** *(hervorragend)* eminente, superiore ◆ ***von -er Wichtigkeit, Bedeutung*** di capitale importanza.

ü|ber|ra|schen tr. **1a** *(erwischen)* sorprendere, cogliere di sorpresa: ***jdn bei einem Diebstahl, beim Stehlen ~*** sorprendere qcn. mentre ruba, a rubare; ***vom Regen überrascht werden*** essere sorpresi dalla pioggia **b** *(erstaunen)* ***jdn mit etw. ~*** sorprendere qcn. con qcs.: ***deine Behauptung überrascht mich*** la tua affermazione mi sorprende **2** fare una sorpresa: ***jdn mit einem Geschenk, einem unerwarteten Besuch ~*** fare una sorpresa a qcn. con un regalo, una visita inattesa ◆ ***lass dich ~!*** aspetta e vedrai! ***lassen wir uns ~!*** staremo a vedere!

ü|ber|ra|schend I p.pres. agg. **1** → **überraschen 2** *(in Erstaunen setzend)* sorprendente: ***ein -es Ergebnis*** un risultato sorprendente **3** *(unerwartet)* inatteso, inaspettato: ***ein -er Besuch*** una visita inattesa; ***eine -e Wendung nehmen*** prendere una piega inaspettata **II** avv. **1** sorprendentemente, straordinariamente: ***~ schnell*** sorprendentemente rapido **2** inaspettatamente, di sorpresa: ***es waren ~ wenig Leute*** contro ogni aspettativa c'era poca gente; ***~ ankommen*** giungere di sorpresa. **ü|ber|ra|schen|der|wei|se** avv. sorprendentemente. **ü|ber|rascht** p.pass. agg. **1** → **überraschen 2** sorpreso: ***von etw., über etw. (A) ~ sein*** essere sorpreso di qcs.; *(erstaunt)* ***~ hob er den Kopf*** sorpreso, sollevò la testa ◆ ***angenehm ~*** piacevolmente sorpreso.

Ü|ber|ra|schung f. *(-,-en)* sorpresa *f.*: ***vor lauter ~ konnte sie nicht sprechen*** per la grande sorpresa non riuscì a parlare; ***zu meiner ~*** con mia sorpresa; *(unerwartetes Geschehen)* ***jdm eine ~ bereiten*** fare una sorpresa a qcn.; ***eine angenehme, schöne, böse ~*** una piacevole, bella, brutta sorpresa; ***für -en sorgen*** riservare delle sorprese; *(kleines Geschenk)* ***ich habe für dich eine kleine ~*** ho una sorpresina per te ◆ ***in der ersten ~*** nel primo momento di sorpresa; ***das ist aber eine ~!*** ma che sorpresa! **Ü|ber|ra|schungs|an|griff** m. *(-[e]s,-e)* attacco *m.* di sorpresa. **Ü|ber|ra|schungs|ef|fekt** m. *(-[e]s,-e)* effetto *m.* sorpresa. **Ü|ber|ra|schungs|mo|ment** n. *(-[e]s,-e)* fattore *m.* sorpresa.

ü|ber|rech|nen tr. **1** calcolare (*o* valutare) approssimativamente **2** *(nachrechnen)* rivedere, controllare.

ü|ber|re|den tr. convincere, persuadere: ***jdn zum Kauf ~*** persuadere qcn. all'acquisto; ***sich ~ lassen, etw. zu tun*** lasciarsi convincere a fare qcs. **Ü|ber|re|dung** f. *(-,-en)* persuasione *f.*: ***durch ~*** con la persuasione; ***Gabe der ~*** dote di persuasione. **Ü|ber|re|dungs|kraft** f. *(-,-kräfte)* forza *f.* di persuasione. **Ü|ber|re|dungs|kunst** f. *(-,-künste)* arte *f.* persuasiva.

ü|ber|reich agg. straricco; ricchissimo: ***der Raum war ~ mit Blumen geschmückt*** la stanza era riccamente ornata di fiori; ***ein Land ~ an Bodenschätzen*** un paese ricchissimo di giacimenti minerari.

ü|ber|rei|chen tr. consegnare: ***jdm ein Zeugnis ~*** consegnare un attestato a qcn. **Ü|ber|rei|chung** f. *(-,-en)* consegna *f.*: ***bei ~*** alla consegna.

ü|ber|reif agg. eccessivamente (*o* troppo) maturo. **Ü|ber|rei|fe** f. *(-)* maturazione *f.* eccessiva.

ü|ber|rei|zen I tr. sovreccitare **II** rifl. **sich ~** sovreccitarsi. **Ü|ber|reizt|heit** f. *(-)* sovreccitazione *f.* **Ü|ber|rei|zung** f. *(-,-en)* sovreccitamento *m.*

ü|ber|ren|nen tr. *(überrannte, überrannt)* **1** travolgere: ***die feindlichen Stellungen ~*** travolgere le postazioni nemiche **2** *(umrennen)* gettare a terra, travolgere: ***einen Fußgänger ~*** travolgere un pedone **3** FIG. *(überfahren)* sopraffare: ***jdn mit seinen kühnen Theorien ~*** sopraffare qcn. con le proprie audaci teorie.

ü|ber|re|prä|sen|tiert agg. molto rappresentato.

Ü|ber|rest m. *(-[e]s,-e)* resto *m.*, avanzo *m.*: ***ein trauriger ~*** un misero avanzo; ***die -e einer alten Burg*** i resti di un antico castello ◆ ***die sterblichen -e*** le spoglie mortali.

ü|ber|rie|seln tr. FIG. ***ein Schauder überrieselt jdn*** qcn. è percorso da un brivido; impers. ***es überrieselt mich kalt (heiß), wenn ich das höre*** rabbrividisco quando sento ciò.

Ü|ber|rock m. *(-[e]s,-röcke)* ANT. soprabito *m.*, pastrano *m.*, sopravveste *f.*

ü|ber|rol|len tr. travolgere.

ü|ber|rum|peln tr. cogliere (*o* assalire) di sorpresa, sorprendere: ***jdn mit Fragen ~*** cogliere di sorpresa qcn. con domande; ***den Gegner ~*** sorprendere l'avversario. **Ü|ber|rum|pe|lung, Ü|ber|rump|lung** f. *(-,-en)* assalto *m.* di sorpresa.

ü|ber|run|den tr. **1** SPORT doppiare **2** FIG. superare, surclassare, soppiantare. **Ü|ber|run|dung** f. *(-,-en)* SPORT doppiaggio *m.*

ü|bers → **über.**

ü|ber|sät agg. ***~ mit, von etw.*** disseminato, cosparso di qcs.

ü|ber|satt agg. satollo. **ü|ber|sät|ti|gen** tr. **1** rimpinzare: ***jdn mit Schokolade ~*** rimpinzare qcn. di cioccolato **2** CHIM. soprassaturare, sovrassaturare. **ü|ber|sät|tigt** p.pass. agg. **1** → **übersättigen 2** sazio, satollo **3** CHIM. soprassaturo. **Ü|ber|sät|ti|gung** f. *(-,-en)* **1** sazietà *f.* **2** CHIM. soprassaturazione *f.*

ü|ber|säu|ert agg. molto acido. **Ü|ber|säu|e|rung** f. *(-,-en)* superacidità *f.*: ***an ~ des Magensaftes leiden*** soffrire di acidità di stomaco.

Ü|ber|schall|flug m. *(-[e]s,-flüge)* volo *m.* supersonico. **Ü|ber|**

schall|ge|schwin|dig|keit f. *(-)* velocità *f.* supersonica.

ü|ber|schat|ten tr. **1** adombrare, ombreggiare: ***die Bäume ~ den Hof*** gli alberi adombrano il cortile **2** FIG. ***etw. ~*** eclissare qcs., gettare un'ombra su qcs. **Ü|ber|schat|tung** f. *(-,-en)* **1** ombreggiamento *m.*, adombramento *m.* **2** FIG. offuscamento *m.*

ü|ber|schät|zen tr. sopravvalutare. **Ü|ber|schät|zung** f. *(-,-en)* sopravvalutazione *f.*

Ü|ber|schau f. *(-)* panoramica *f.*, panorama *m.* **ü|ber|schau|bar** agg. **1** *(deutlich)* chiaro, comprensibile **2** *(gut sichtbar)* ben visibile, valutabile. **Ü|ber|schau|bar|keit** f. *(-)* chiarezza *f.*, trasparenza *f.* **ü|ber|schau|en** tr. **1** abbracciare (*o* dominare) con lo sguardo **2** FIG. *(Zusammenhänge erfassen)* ***die Situation ~*** avere una visione d'insieme (*o* complessiva) della situazione.

ü|ber_schäu|men intr. (aus. *sein*) traboccare (spumeggiando): ***der Sekt, das Glas schäumt über*** lo spumante, il bicchiere trabocca; FIG. ***vor Freude, Wut ~*** traboccare di gioia, di rabbia ◆ ***vor Temperament ~*** avere un temperamento esuberante. **ü|ber|schäu|mend** p.pres. agg. **1** → **überschäumen** **2** FIG. spumeggiante, esuberante: ***ein -es Temperament*** un temperamento esuberante.

Ü|ber|schicht f. *(-,-en)* turno *m.* straordinario.

1.ü|ber_schie|ßen intr. *(schoss, geschossen;* aus. *sein)* REGION. traboccare.

2.ü|ber|schie|ßen tr. *(überschoss, überschossen)* tirare (*o* sparare) sopra, oltre: ***das Ziel ~*** sparare oltre il bersaglio.

ü|ber|schie|ßend p.pres. agg. **1** → **1.überschießen** **2** eccedente, in eccedenza.

ü|ber|schla|fen tr. *(überschläft, überschlief, überschlafen)* ***etw. ~*** dormire sopra a qcs.; ***das überschlafe ich erst einmal*** prima ci dormo su.

Ü|ber|schlag m. *(-[e]s,-schläge)* **1a** calcolo *m.* approssimativo **b** *(von Kosten)* preventivo *m.* **2a** GINN. *(ganze Drehung)* volteggio *m.*: ***ein ~ am Barren*** un volteggio alle sbarre **b** *(Salto)* salto *m.* mortale **3** AER. *(Looping)* looping *m.* **4** EL. scarica *f.*

1.ü|ber_schla|gen *(schlägt, schlug, geschlagen)* **I** tr. **1a** accavallare: ***die Beine ~*** accavallare le gambe **b** *(von Händen)* incrociare **II** intr. (aus. *sein*) **1** sprizzare, schizzare (oltre) **2** trasformarsi: ***sein Groll schlug in Hass über*** il suo risentimento si trasformò in odio **3** RAR. *(Stimme)* passare in falsetto.

2.ü|ber|schla|gen **I** *(überschlägt, überschlug, überschlagen)* tr. **1** saltare, tralasciare: ***eine Seite, Zeile ~*** saltare una pagina, una riga **2** calcolare approssimativamente: ***die Zahl der Gäste ~*** fare un calcolo approssimativo degli ospiti; ***die Kosten ~*** calcolare approssimativamente i costi **II** rifl. **sich ~** **1a** capovolgersi, rovesciarsi, ribaltarsi **b** *(um sich selbst drehen)* fare una capriola **c** *(mit dem Auto)* capottare **2** FIG. farsi in quattro, prodigarsi: ***der Ober überschlug sich*** il cameriere si fece in quattro **3** accavallarsi, susseguirsi rapidamente (anche FIG.): ***die Wellen, die Ereignisse ~ sich*** le onde, gli avvenimenti si accavallano **4** MUS. *(Stimme)* passare in falsetto ◆ ***sich vor Freude ~*** saltare di gioia; ***sich vor Liebenswürdigkeit ~*** profondersi in complimenti, in cerimonie.

3.ü|ber|schla|gen agg. REGION. tiepido: ***die Milch soll nur ~ sein*** il latte deve essere solo tiepido.

ü|ber|schlä|gig **I** agg. approssimativo **II** avv. approssimativamente.

Ü|ber|schlag|la|ken n. *(-s,-)* lenzuolo *m.* di sopra. **ü|ber|schläg|lich** → **überschlägig.** **Ü|ber|schlags|rech|nung** f. *(-,-en)* calcolo *m.* approssimativo, approssimato.

ü|ber_schnap|pen intr. **1** (aus. *sein*) COLLOQ. impazzire, ammattire: ***ist er übergeschnappt?*** è impazzito? gli ha dato di volta il cervello? **2** COLLOQ. *(mit der Stimme überschlagen;* aus. *sein)* passare in falsetto **3** (aus. *haben, sein*) scattare.

ü|ber|schnei|den rifl. *(überschnitt, überschnitten)* **sich ~** **1a** incrociarsi **b** GEOM. intersecarsi **2a** coincidere, accavallarsi: ***die zwei Veranstaltungen ~ sich*** i due spettacoli coincidono **b** sovrapporsi: ***die Aufgaben der beiden Abteilungen ~ sich*** i compiti dei due reparti si sovrappongono. **Ü|ber|schnei|dung** f. *(-,-en)* **1** intersezione *f.* (anche GEOM.) **2** interferenza *f.* **3** *(zum selben Zeitpunkt stattfinden)* coincidenza *f.*

ü|ber|schnell agg. velocissimo, COLLOQ. ultrarapido.

ü|ber|schrei|ben tr. *(überschrieb, überschrieben)* **1** intitolare: ***einen Artikel ~*** dare un titolo a un articolo **2** DIR. *(Eigentum)* intestare: ***ein Haus auf jds Namen ~*** intestare una casa a (nome di) qcn. **3** COMM. ANT. trasmettere, inviare, pagare. **Ü|ber|schrei|bung** f. *(-,-en)* **1** DIR. trascrizione *f.*, voltura *f.* **2** COMM. ANT. trasmissione *f.*, trasferimento *m.*

ü|ber|schrei|en *(überschie, überschrien)* **I** tr. ***jdn ~*** coprire la voce di qcn. con le proprie grida, soverchiare qcn. gridando; *(lauter schreien)* gridare più forte di qcn.; ***den Straßenlärm ~*** soverchiare il rumore della strada **II** rifl. **sich ~** perdere la voce a forza di gridare, gridare fino a diventare rauco.

ü|ber|schrei|ten tr. *(überschritt, überschritten)* **1a** varcare, attraversare, passare: ***die Schwelle, die Grenze ~*** varcare la soglia, il confine; ***den Rhein ~*** attraversare il Reno **b** FIG. ***die fünfzig ~*** passare la cinquantina **2** *(höher sein)* superare: ***die Kosten ~ den Voranschlag*** i costi superano il preventivo; ***die Ausgaben ~ die Einnahmen*** le spese superano le entrate **3** *(sich nicht an etw. halten)* superare, oltrepassare, eccedere: ***die vorgeschriebene Geschwindigkeit ~*** superare il limite di velocità prescritto; ***das Gewicht ~*** eccedere il peso; ***einen Kredit ~*** superare (*o* sorpassare) un credito **4** DIR. trasgredire, violare: ***ein Gesetz ~*** trasgredire una legge ◆ ***seine Befugnisse ~*** andare al di là delle proprie competenze, commettere un eccesso di potere; ***das überschreitet meine Fähigkeiten*** questo supera le (*o* è al di sopra delle) mie capacità; DIR. ***die Fristen ~*** far trascorrere i termini; ***das Hochwasser hat den Höchstwert überschritten*** il livello dell'acqua ha superato la massima; ***das Maß ~*** passare la misura; ***seinen Urlaub ~*** fare più vacanze del dovuto, prolungare le proprie vacanze. **Ü|ber|schrei|ten** n. *(-s)* → **Überschreitung** ◆ ***~ der Gleise verboten*** vietato attraversare i binari. **Ü|ber|schrei|tung** f. *(-,-en)* **1** superamento *m.*, eccesso *m.*: DIR. ***~ der Amtsbefugnisse*** eccesso di potere **2** DIR. trasgressione *f.*, violazione *f.*

Ü|ber|schrift f. *(-,-en)* titolo *m.* **Ü|ber|schuh** m. *(-[e]s,-e)* galoscia *f.*, soprascarpa *f.*

ü|ber|schul|det agg. pieno (*o* oberato) di debiti.

Ü|ber|schuss m. *(-es,-schüsse)* **1** eccedenza *f.*, esubero *m.*, eccesso *m.*: ***~ an Arbeitskräften, Geburten, Waren*** esubero di manodopera, di nascite, eccedenza di merci; ***einen ~ an etw. (D) besitzen*** avere qcs. in eccedenza **2** *(Reingewinn)* profitto *m.*: ***einen ~ abwerfen*** dare un profitto; ***hohe Überschüsse erzielen*** ottenere grossi profitti **3** *(Plus)* saldo *m.*: ***es besteht ein ~ von DM... zu Ihren Gunsten*** vi è un saldo di DM... a Vs. favore **4** ECON. surplus *m.* **ü|ber|schüs|sig** agg. **1** eccedente, in eccedenza, in esubero **2** *(überflüssig)* eccessivo.

1.ü|ber_schüt|ten tr. COLLOQ. versare, rovesciare; ***jdm etw. ~*** rovesciare qcs. addosso a qcn.

2.ü|ber|schüt|ten tr. **1** (ri)coprire **2** FIG. coprire, colmare, riempire: ***jdn mit Lob ~*** colmare qcn. di lodi.

Ü|ber|schwang m. *(-[e]s)* **1** esuberanza *f.* **2** *(Übermaß)* trasporto *m.*, entusiasmo *m.* **ü|ber|schwäng|lich** **I** agg. **1** entusiastico, caloroso: ***in -em Ton*** in, con tono entusiastico; ***mit -en Worten*** con parole entusiastiche **2** *(exaltiert)* esaltato **3** *(übertrieben)* esagerato, sperticato: ***-es Lob*** lodi sperticate **4** *(von Menschen)* esuberante, entusiasta **II** avv. **1** entusiasticamente, calorosamente: ***~ von jdm sprechen*** parlare entusiasticamente di qcn.; ***jdm ~ danken*** ringraziare qcn. calorosamente **2** *(exaltiert)* con esaltazione **3** *(übertrieben)* in modo esagerato (*o* sperticato). **Ü|ber|schwäng|lich|keit** f. *(-,-en)* **1** entusiasmo *m.*, calore *m.* **2** *(Exaltiertheit)* esaltazione *f.* **3** *(Übertriebenheit)* esagerazione *f.* **4** *(von Menschen)* esuberanza *f.*, entusiasmo *m.*

ü|ber_schwap|pen intr. (aus. *sein*) COLLOQ. traboccare.

ü|ber|schwem|men tr. **1a** sommergere, inondare: ***das Hochwasser des Flusses hat die Felder überschwemmt*** la piena del fiume ha inondato i campi **b** allagare: ***der Regen hat die Straßen überschwemmt*** la pioggia ha allagato le strade **2** FIG. invadere, sommergere, inondare: ***den Markt mit billigen Waren ~*** inondare il mercato di merci a basso prezzo. **Ü|ber|schwem|mung** f. *(-,-en)* **1a** inondazione *f.*, alluvione *f.* **b** allagamento *m.* (anche FIG.): COLLOQ. ***du hast im Bad eine ~ angerichtet*** hai allagato tutto il bagno **2** FIG. invasione *f.*, ondata *f.* **Ü|ber|schwem|mungs|ge|biet** n. *(-[e]s,-e)* regione *f.* alluvionata. **Ü|ber|schwem|mungs|ka|ta|stro|phe** f. *(-,-n)* alluvione *f.*, inondazione *f.*

ü|ber|schweng|lich → **überschwänglich.** **Ü|ber|schweng|lich|keit** → **Überschwänglichkeit.**

ü|ber|schwer agg. pesantissimo.

Ü|ber|see f. *(-)* oltreoceano *m.* ◆ ***aus ~*** d'oltreoceano; ***in ~*** oltreoceano; ***nach ~ auswandern*** emigrare oltreoceano. **Ü|ber|see|damp|fer** m. *(-s,-)* transatlantico *m.* **Ü|ber|see|flug** m. *(-[e]s,-flüge)* volo *m.* transoceanico. **ü|ber|see|isch** agg. (d')oltremare; *(über den Ozean)* transoceanico.

ü|ber|seh|bar agg. **1** che si può abbracciare con lo sguardo, che si può vedere (tutto), ben visibile **2a** FIG. di cui si ha una visione d'insieme, che si può valutare, valutabile **b** prevedibile: ***-e Folgen*** conseguenze prevedibili.

1.ü|ber_se|hen rifl. *(sieht, sah, gesehen)* COLLOQ. ***sich (D) etw. ~*** stufarsi di (vedere) qcs.

2.ü|ber|se|hen tr. *(übersieht, übersah, übersehen)* **1a** abbracciare con lo sguardo, vedere (tutto): ***von hier aus kann man das (ganze)***

Tal ~ da qui si può vedere tutta la valle **b** FIG. ***eine Lage, ein Problem*** ~ avere una visione d'insieme di una situazione, di un problema **2a** *(erkennen)* avere chiaro, vedere chiaramente: ***das Ausmaß, die Folgen von etw.*** ~ avere chiare le proporzioni, le conseguenze di qcs. **b** *(verstehen)* capire, vedere: ***soweit ich die Angelegenheit übersehe,...*** da come vedo la faccenda..., a quanto posso vedere... **c** *(abschätzen)* valutare, calcolare: ***einen Schaden*** ~ valutare un danno **3** *(voraussehen)* prevedere, sapere (in anticipo): ***ich kann es noch nicht ~, ob...*** non posso ancora prevedere se... **4** *(nicht beachten)* ignorare, far finta di non vedere: ~ ***werden*** passare inosservato **5** *(unabsichtlich)* tralasciare, non vedere, lasciarsi sfuggire.

ü|ber|sen|den tr. *(übersandte/übersendete, übersandt/übersendet)* spedire, inviare. **Ü|ber|sen|dung** f. *(-,-en)* spedizione *f.*, invio *m.*

ü|ber|setz|bar agg. traducibile.

1.ü|ber_set|zen I tr. portare sull'altra riva, traghettare **II** intr. (aus. *haben, sein*) passare sull'altra riva.

2.ü|ber|set|zen tr. **1** tradurre: ***etw. aus dem, vom Englischen ins Deutsche*** ~ tradurre qcs. dall'inglese al tedesco; ***frei, sinngemäß, wörtlich*** ~ tradurre liberamente, a senso, letteralmente (*o* alla lettera) **2** *(umwandeln, übertragen)* volgere, trasporre: ***eine Erzählung in Verse*** ~ trasporre un racconto in versi; ***etw. in Musik*** ~ trasporre (*o* tradurre) qcs. in musica **3** MECC. convertire, tradurre.

Ü|ber|set|zer m. *(-s,-)* traduttore *m.* (anche INFORM.). **Ü|ber|set|ze|rin** f. *(-,-nen)* traduttrice *f.* **ü|ber|setzt** p.pass. agg. **1** → **übersetzen 2** saturo, oberato: ***der Markt ist durch etw. stark*** ~ il mercato è saturo di qcs. **3** TECN. moltiplicato ◆ ***Rennwagen sind anders ~ als normale Autos*** le auto da corsa hanno rapporti diversi dalle auto normali. **Ü|ber|set|zung** f. *(-,-en)* **1** traduzione *f.*: ***eine ~ anfertigen*** fare una traduzione; ***einen Text nur in ~ kennen*** conoscere un testo solo in traduzione; ***die ~ besorgte...*** traduzione di... **2** TECN. rapporto *m.* (di trasmissione). **Ü|ber|set|zungs|bü|ro** n. *(-s,-s)* agenzia *f.* di traduzioni. **Ü|ber|set|zungs|feh|ler** m. *(-s,-)* errore *m.* di traduzione. **Ü|ber|set|zungs|pro|gramm** n. *(-s,-e)* INFORM. programma *m.* di traduzione.

Ü|ber|sicht f. *(-,-en)* **1a** visione *f.* d'insieme: ***die ~ über etw. haben, gewinnen, verlieren*** avere, raggiungere, perdere una visione d'insieme di qcs.; ***sich (D) die nötige ~ verschaffen*** (fare in modo di) raggiungere la necessaria visione d'insieme **b** *(Orientierung)* orientamento *m.* **2a** *(übersichtliche Darstellung)* panorama *m.*, panoramica *f.* **b** *(knappe Beschreibung)* profilo *m.*, sintesi *f.* **c** *(Abriss)* compendio *m.* **3** *(Tabelle)* prospetto *m.*, tavola *f.* (sinottica).

ü|ber|sich|tig agg. ANT. ipermetrope; *(von alten Leuten)* presbite. **Ü|ber|sich|tig|keit** f. *(-)* ANT. ipermetropia *f.*; *(bei alten Leuten)* presbiopia *f.*

ü|ber|sicht|lich I agg. **1** ben visibile; *(von Gelände)* aperto **2a** *(leicht erfassbar)* chiaro, comprensibile **b** *(gut geordnet)* ben ordinato, ben strutturato **II** avv. in modo chiaro, chiaramente; ~ ***gegliedert*** strutturato in modo chiaro. **Ü|ber|sicht|lich|keit** f. *(-)* **1** (buona) visibilità *f.* **2** *(Verständlichkeit)* chiarezza *f.*

Ü|ber|sichts|kar|te f. *(-,-n)* carta *f.* sinottica. **Ü|ber|sichts|ta|fel** f. *(-,-n)* tavola *f.* sinottica.

ü|ber_sie|deln, ü|ber|sie|deln intr. (aus. *sein*) trasferirsi. **Ü|ber|sie|de|lung, Ü|ber|sied|lung** f. *(-,-en)* trasferimento *m.*

ü|ber|sinn|lich agg. **1** soprasensibile, extrasensibile **2** *(in der Parapsychologie)* extrasensoriale.

ü|ber|span|nen tr. **1** (ri)coprire, rivestire **2** *(zu sehr spannen)* tendere troppo **3** *(über etwas hinwegführen)* passare sopra a: ***eine Hängebrücke überspannt den Fluss*** un ponte sospeso passa sopra al fiume ◆ FIG. ***den Bogen*** ~ tirare troppo la corda. **ü|ber|spannt** p.pass. agg. **1** → **überspannen 2** *(übertrieben)* esagerato, eccessivo: ***-e Forderungen*** richieste esagerate **3** *(außergewöhnlich)* stravagante, bizzarro: ***-e Ideen, Ansichten*** idee stravaganti, opinioni bizzarre **4** *(exaltiert)* esaltato. **Ü|ber|spannt|heit** f. *(-)* **1** esagerazione *f.* **2** *(Außergewöhnlichkeit)* stravaganza *f.*, bizzarria *f.* **3** *(Exaltiertheit)* esaltazione *f.*

1.Über|span|nung f. *(-,-en)* **1** rivestimento *m.*, fodera *f.* **2** *(zu starke Spannung)* tensione *f.* eccessiva.

2.Ü|ber|span|nung f. *(-,-en)* EL. sovratensione *f.* **Ü|ber|span|nungs|schutz** m. *(-es)* EL. protezione *f.* contro le sovratensioni.

ü|ber|spie|len tr. **1** celare, nascondere, dissimulare: ***seine Unsicherheit, Schüchternheit*** ~ dissimulare la propria insicurezza, timidezza; ***eine peinliche Situation*** ~ nascondere una situazione penosa **2** *(ignorieren)* ignorare, far finta di non notare **3** *(aufnehmen)* riversare: ***eine Schallplatte aufs Tonband*** ~ riversare un disco su nastro **4** SPORT superare: ***den Gegner, die gegnerische Abwehr*** ~ superare l'avversario, la difesa avversaria **5** *(überlisten)* imbrogliare, raggirare, abbindolare. **ü|ber|spielt** p.pass. agg. **1** → **überspielen 2** SPORT sovraffaticato **3** AUSTR. *(abgespielt)* consumato, logoro (dall'uso). **Ü|ber|spie|lung** f. *(-,-en)* riversamento *m.*, masterizzazione *f.*

ü|ber|spit|zen tr. esagerare. **Ü|ber|spitzt|heit, Ü|ber|spit|zung** f. *(-,-en)* esagerazione *f.*

1.ü|ber_sprin|gen intr. *(sprang, gesprungen*; aus. *sein)* **1** scoccare: ***der Funke ist übergesprungen*** è scoccata la scintilla **2** FIG. saltare: ***auf ein anderes Argument*** ~ saltare a un altro argomento ◆ ***seine gute Laune springt auf alle über*** il suo buonumore contagia tutti.

2.ü|ber|sprin|gen tr. *(übersprang, übersprungen)* saltare (anche FIG.): ***2.40 m im dritten Versuch*** ~ saltare 2.40 m al terzo tentativo; ***ein paar Seiten*** ~ saltare un paio di pagine.

ü|ber_spru|deln intr. (aus. *sein*) **1** traboccare, versarsi **2** FIG. ***vor Einfällen, Heiterkeit, Lebenslust, Witz*** ~ essere un vulcano d'idee, sprizzare allegria, gioia di vivere, essere pieno di spirito. **ü|ber|spru|delnd** p.pres. agg. **1** → **übersprudeln 2** vivace, esuberante: ***-es Temperament*** temperamento esuberante.

1.ü|ber_sprü|hen intr. (aus. *sein*) sprizzare, traboccare: ***vor Freude, Glück*** ~ traboccare di felicità.

2.ü|ber|sprü|hen tr. spruzzare (leggermente).

ü|ber|spü|len tr. bagnare.

ü|ber|staat|lich agg. sopra(n)nazionale, sovranazionale.

1.ü|ber_ste|hen intr. *(stand, gestanden*; aus. *haben)* sporgere.

2.ü|ber|ste|hen tr. *(überstand, überstanden)* **1** superare: ***eine Gefahr, Krankheit, Krise*** ~ superare un pericolo, una malattia, una crisi **2** sopportare: ***eine Reise, eine Anstrengung gut*** ~ sopportare bene (le fatiche di) un viaggio, uno sforzo ◆ FIG. ***er hat es überstanden*** = è morto.

1.ü|ber_stei|gen intr. *(stieg, gestiegen*; aus. *sein)* salire, montare (su).

2.ü|ber|stei|gen tr. *(überstieg, überstiegen)* **1a** superare: ***einen Zaun*** ~ superare un recinto **b** *(Berge)* varcare, valicare **2** superare, sormontare: ***das übersteigt meine Kräfte*** questo supera le mie forze; ***jds Erwartungen*** ~ superare le aspettative di qcn. ◆ ***das übersteigt alle Begriffe*** supera ogni immaginazione, è inconcepibile.

ü|ber|stei|gern I tr. aumentare eccessivamente, far salire troppo: ***die Preise*** ~ maggiorare i prezzi esageratamente **II** rifl. **sich** ~ esagerare, essere eccessivo: ***sich in seiner Wut*** ~ esagerare nella propria ira. **ü|ber|stei|gert** p.pass. agg. **1** → **übersteigern 2** eccessivo, esagerato: ***-es Selbstbewusstsein*** eccessiva sicurezza di sé. **Ü|ber|stei|ge|rung** f. *(-,-en)* aumento *m.* eccessivo; *(von Preisen)* maggiorazione *f.* esagerata.

Ü|ber|stei|gung f. *(-,-en)* **1** superamento *m.*, RAR. sormontamento *m.*: ***die ~ einer Mauer*** il superamento di un muro; ***die ~ der Erwartungen*** il superamento delle aspettative **2** *(von Bergen)* valico *m.*

ü|ber|stel|len tr. trasferire: ***einen Gefangenen*** ~ trasferire un prigioniero. **Ü|ber|stel|lung** f. *(-,-en)* trasferimento *m.*

ü|ber|steu|ern I tr. ELETTRON. sovramodulare **II** intr. (aus. *haben*) sovrasterzare. **Ü|ber|steu|e|rung** f. *(-,-en)* **1** ELETTRON. sovramodulazione *f.* **2** sovrasterzata *f.*

ü|ber|stim|men tr. **1** *(in einer Abstimmung)* mettere in minoranza **2** *(mit Stimmenmehrheit ablehnen)* respingere.

ü|ber|strah|len tr. **1** irradiare (anche FIG.) **2** FIG. *(beeinträchtigen)* offuscare, oscurare, fare impallidire.

ü|ber|strei|chen tr. *(überstrich, überstrichen)* ricoprire, spalmare; *(mit Farbe)* tingere; *(mit Lack)* verniciare.

ü|ber_strei|fen tr. infilare: ***eine Jacke*** ~ infilare una giacca.

ü|ber|streu|en tr. cospargere (interamente).

1.ü|ber_strö|men intr. (aus. *sein*) **1** traboccare (anche FIG.): ***vor, von Freude*** ~ traboccare di gioia **2** *(über die Ufer)* straripare.

2.ü|ber|strö|men tr. inondare, sommergere: ***von Tränen überströmt sein*** essere inondato di lacrime.

ü|ber_stül|pen tr. calcare: ***dem Kind die Mütze*** ~ calcare il berretto (in testa) al bambino.

Ü|ber|stun|de f. *(-,-n)* ora *f.* di (lavoro) straordinario: ***-n machen*** fare del lavoro straordinario, fare lo straordinario. **Ü|ber|stun|den|geld** n. *(-[e]s)* straordinario *m.*, compenso *m.* per lo straordinario. **Ü|ber|stun|den|zu|schlag** m. *(-[e]s,-zuschläge)* indennità *f.* per lavoro straordinario.

ü|ber|stür|zen I tr. affrettare, precipitare: ***eine Entscheidung*** ~ precipitare una decisione, prendere una decisione affrettata **II** rifl. **sich** ~ **1** *(sich übermäßig beeilen)* affrettarsi troppo **2** succedersi (*o* susseguirsi) rapidamente: ***die Nachrichten, Ereignisse ~ sich*** le notizie, gli eventi si succedono rapidamente. **ü|ber|stürzt I** p.pass. agg. **1** → **überstürzen 2** precipitoso: ***-e Flucht*** fuga precipitosa **II** avv. precipitosamente, con precipitazione. **Ü|ber|stür|zung** f. *(-)* precipitazione *f.*, fretta *f.* eccessiva.

ü|ber|ta|rif|lich I agg. superiore alla tariffa normale **II** avv. oltre la (*o* più della) tariffa normale.

ü|ber|täu|ben tr. soffocare, stordire: ***einen Schmerz durch rastlose Tätigkeit ~*** soffocare un dolore (*o* stordirsi) con un'attività incessante. **Ü|ber|täu|bung** f. *(-)* soffocamento *m.*, stordimento *m.*

ü|ber|tau|chen tr. AUSTR. superare: ***eine Grippe ~*** superare un'influenza.

ü|ber|teu|er agg. eccessivamente caro. **ü|ber|teu|ern** tr. rincarare. **Ü|ber|teu|e|rung** f. *(-,-en)* rincaro *m.*

ü|ber|tip|pen tr. correggere ribattendo (con la macchina da scrivere).

ü|ber|töl|peln tr. abbindolare, gabbare. **Ü|ber|töl|pe|lung, Ü|ber|tölp|lung** f. *(-,-en)* abbindolamento *m.*

ü|ber|tö|nen tr. coprire (con suono, voce), soverchiare: ***der Chor übertönte die Solisten*** il coro copriva i solisti. **Ü|ber|tö|nung** f. *(-,-en)* copertura *f.* (con suono, voce).

Ü|ber|topf m. *(-[e]s,-töpfe)* portavaso *m.*, cache-pot *m.*

Ü|ber|trag m. *(-[e]s,-träge)* COMM. riporto *m.* **ü|ber|trag|bar** agg. **1a** trasferibile **b** BANC. trasferibile, girabile **2** cedibile: ***diese Fahrkarte ist nicht ~*** questo biglietto non è cedibile **3** *(infektiös)* trasmissibile, infettivo **4** DIR. reversibile: ***-e Rente*** pensione reversibile. **Ü|ber|trag|bar|keit** f. *(-,-en)* **1** trasferibilità *f.* **2** *(Benutzbarkeit durch jdn anderen)* cedibilità *f.* **3** *(von Krankheiten)* trasmissibilità *f.* **4** DIR. reversibilità *f.* **5** BANC. girabilità *f.*

1.ü|ber|tra|gen *(überträgt, übertrug, übertragen)* **I** tr. **1a** *(senden)* trasmettere: ***etw. live, direkt ~*** trasmettere qcs. dal vivo, in diretta **b** *(Kräfte weiterleiten)* ***die Kraft des Motors auf die Räder ~*** trasmettere la forza del motore alle ruote **c** FIG. ***seine Begeisterung auf die anderen ~*** trasmettere il proprio entusiasmo agli altri **2** *(überspielen)* registrare, riversare **3** *(übersetzen)* tradurre: ***ein Buch vom, aus dem Italienischen ins Deutsche ~*** tradurre un libro dall'italiano in (*o* al) tedesco **4a** trasporre, trascrivere: ***eine Erzählung in Verse ~*** trasporre un racconto in versi **b** MUS. trasportare, trasporre: ***ein Stück in eine andere Tonart ~*** trasportare un pezzo in un'altra tonalità **5** riportare: ***ein Muster auf einen Stoff ~*** riportare un modello su una stoffa; ***eine Zahl auf die nächste Seite ~*** riportare un numero nella pagina seguente; ***einen Aufsatz ins Reine ~*** riportare (*o* ricopiare) un tema in bella **6** *(anwenden)* applicare: ***eine Methode auf etw. ~*** applicare un metodo a qcs. **7** *(erteilen)* conferire, affidare: ***jdm ein Amt, eine Befugnis ~*** conferire a qcn. una carica, una facoltà; ***jdm eine Aufgabe, Funktion ~*** affidare un compito, una funzione a qcn. **8a** DIR. trasferire, cedere: ***ein Recht ~*** cedere un diritto **b** *(übereignen)* volturare **c** BANC. trasferire, girare: ***eine Summe auf ein Konto ~*** trasferire una somma su un conto; ***eine Forderung auf jdn ~*** girare un credito a qcn.; ***einen Wechsel ~*** girare una cambiale **II** rifl. **sich ~** trasmettersi: ***eine Krankheit überträgt sich auf jdn*** una malattia si trasmette a qcn.; ***seine Nervosität übertrug sich auf die anderen*** il suo nervosismo si trasmise agli altri.

2.ü|ber|tra|gen p.pass. agg. **1** → **1.übertragen 2** *(sinnbildlich)* traslato, figurato: ***in -er Bedeutung, im -en Sinn*** in senso figurato ◆ ***ein -es Kind*** un bambino nato da un parto post-maturo, un parto post-maturo.

Ü|ber|trä|ger m. *(-s,-)* MED. portatore *m.*; *(Insekt)* vettore *m.*

Ü|ber|tra|gung f. *(-,-en)* **1a** *(Sendung)* trasmissione *f.* **b** TECN. *(von Kräften)* trasmissione *f.* **c** *(Ansteckung)* ***die ~ einer Krankheit*** la trasmissione di una malattia **2** *(Überspielung)* registrazione *f.* **3** *(Übersetzung)* traduzione *f.* **4a** *(Umwandlung)* trasposizione *f.*, trascrizione *f.* **b** MUS. trasporto *m.* **5** riporto *m.*: ***die ~ einer Summe auf die nächste Seite*** il riporto di una somma nella pagina seguente **6** *(Anwendung)* applicazione *f.* **7** *(Erteilen)* conferimento *m.*, affidamento *m.*: ***die ~ eines Amtes*** il conferimento di una carica; ***die ~ einer Aufgabe*** l'affidamento di un compito **8** PSIC. transfert *m.* **9a** DIR. trasferimento *m.*, cessione *f.*; delegazione *f.*, delega *f.*: ***die ~ von Befugnissen*** delega di poteri **b** *(Übereignung)* voltura *f.* **c** BANC. girata *f.* **Ü|ber|tra|gungs|ur|kun|de** f. *(-,-n)* DIR. atto *m.* di cessione; atto *m.* di trapasso. **Ü|ber|tra|gungs|ver|merk** m. *(-[e]s,-e)* BANC. girata *f.* **Ü|ber|tra|gungs|wa|gen** m. *(-s,-)* (autoveicolo *m.*) stazione *f.* mobile trasmittente.

ü|ber‿trai|nie|ren tr. superallenare. **Ü|ber|trai|ning** n. *(-s)* superallenamento *m.*

ü|ber|tref|fen tr. *(übertrifft, übertraf, übertroffen)* superare: ***jdn an Geschwindigkeit, etw. an Höhe ~*** superare qcn. in velocità, qcs. in altezza; ***das Ergebnis hat alle Erwartungen übertroffen*** il risultato ha superato ogni attesa; ***sich selbst ~*** superare se stesso ◆ ***in etw. nicht zu ~ sein*** essere insuperabile in qcs.

ü|ber|trei|ben *(übertrieb, übertrieben)* **I** tr. esagerare: ***seine Fehler ~*** esagerare i propri difetti; *(zu weit treiben)* ***das Training ~, es mit dem Training ~*** esagerare con l'allenamento (*o* eccedere nell'allenamento) **II** intr. (aus. *haben*) esagerare: ***ich übertreibe nicht, wenn ich sage, dass...*** non esagero, quando dico che... **Ü|ber|trei|bung** f. *(-,-en)* esagerazione *f.*

1.ü|ber‿tre|ten intr. *(tritt, trat, getreten;* aus. *sein)* **1** SPORT (aus. *haben, sein*) oltrepassare la linea **2** *(vom Fluss)* straripare **3** ***zu etw. ~*** passare a qcs.: ***zu einer anderen Partei ~*** passare a un altro partito **4** *(sich einer anderen Konfession anschließen)* convertirsi: ***zum Buddhismus ~*** convertirsi al buddismo **5** AUSTR. passare: ***ins Gymnasium ~*** passare al liceo.

2.ü|ber|tre|ten *(übertritt, übertreten)* **I** tr. trasgredire, violare: ***ein Gesetz ~*** trasgredire una (*o* contravvenire a una) legge **II** rifl. **sich ~** provocarsi una distorsione; ***sich (D) den Fuß ~*** storcersi il piede.

Ü|ber|tre|tung f. *(-,-en)* trasgressione *f.*, violazione *f.*, contravvenzione *f.* **Ü|ber|tre|tungs|fall, *im ~*** in caso di trasgressione.

ü|ber|trie|ben I p.pass. agg. **1** → **übertreiben 2** esagerato, eccessivo: ***das finde ich ~*** lo trovo esagerato **II** avv. esageratamente, eccessivamente: ***~ sparsam sein*** essere esageratamente parsimonioso. **Ü|ber|trie|ben|heit** f. *(-,-en)* esagerazione *f.*

Ü|ber|tritt m. *(-[e]s,-e)* **1** *(Überschreiten)* passaggio *m.*, l'oltrepassare **2** passaggio *m.*, adesione *f.*: ***die -e zu dieser Religionsgemeinschaft nehmen zu*** le adesioni a questa comunità religiosa aumentano **3** *(zu einer Konfession)* conversione *f.*

ü|ber|trump|fen tr. **1a** *(im Kartenspiel)* ***jdn ~*** vincere (*o* battere) qcn. con una briscola **b** ***jds Karte ~*** prendere la carta di qcn. con una briscola **2** *(weit übertreffen)* superare (di gran lunga), schiacciare, surclassare.

1.ü|ber‿tun tr. *(tat, getan)* COLLOQ. coprire: ***jdm einen Schal ~*** coprire qcn. con uno scialle, mettere uno scialle sulle spalle a qcn.

2.ü|ber|tun *(übertat, übertan)* RAR. rifl. **sich ~** strapazzarsi, affaticarsi.

ü|ber|tün|chen tr. intonacare, imbiancare.

ü|ber|über|mor|gen avv. COLLOQ. fra tre giorni.

ü|ber‿ver|si|chern tr. assicurare oltre il valore. **Ü|ber|ver|si|che|rung** f. *(-,-en)* superassicurazione *f.*, sovrassicurazione *f.*

ü|ber|völ|kern tr. sovrappopolare. **ü|ber|völ|kert** p.pass. agg. **1** → **übervölkern 2** sovrappopolato. **Ü|ber|völ|ke|rung** f. *(-)* sovrappopolazione *f.*

ü|ber|voll agg. strapieno.

ü|ber|vor|sich|tig agg. esageratamente prudente.

ü|ber|vor|tei|len tr. imbrogliare (facendo pagare troppo). **Ü|ber|vor|tei|lung** f. *(-,-en)* imbroglio *m.*

ü|ber|wach agg. perfettamente sveglio.

ü|ber|wa|chen tr. **1** sorvegliare: ***einen Verdächtigen ~*** sorvegliare un sospetto **2** controllare: ***die Ausführung einer Arbeit ~*** controllare l'esecuzione di un lavoro; ***die Schulaufgaben ~*** controllare i compiti.

ü|ber|wach|sen tr. *(überwächst, überwuchs, überwachsen)* ricoprire (di vegetazione).

Ü|ber|wa|chung f. *(-,-en)* sorveglianza *f.*, vigilanza *f.*; *(Kontrolle)* controllo *m.* **Ü|ber|wa|chungs|dienst** m. *(-[e]s,-e)* servizio *m.* di vigilanza.

ü|ber‿wal|len intr. (aus. *sein*) traboccare (bollendo): ***die Milch wallt über*** il latte trabocca; FIG. ***vor Glück, Freude ~*** traboccare di felicità, di gioia; ***vor Zorn ~*** ribollire d'ira.

ü|ber|wäl|ti|gen tr. sopraffare, vincere: ***den Feind ~*** sopraffare il nemico; FIG. *(übermannen)* ***vom Schlaf, von Rührung überwältigt werden*** essere vinto dal sonno, dalla commozione. **ü|ber|wäl|ti|gend** p.pres. agg. **1** → **überwältigen 2** *(außergewöhnlich)* sconvolgente, straordinario: ***ein -es Erlebnis*** un'esperienza sconvolgente; ***ein -er Anblick*** una vista straordinaria **3** *(sehr groß)* ***jdn mit -er Mehrheit wählen*** eleggere a grandissima maggioranza, con maggioranza schiacciante. **Ü|ber|wäl|ti|gung** f. *(-)* sopraffazione *f.*

ü|ber|wäl|zen tr. scaricare: ***die Kosten auf jdn ~*** scaricare le spese su qcn. **Ü|ber|wäl|zung** f. *(-)* traslazione *f.*

ü|ber‿wech|seln intr. (aus. *sein*) passare, spostarsi: ***zu einer anderen Partei ~*** passare a un altro partito; ***in ein anderes Büro ~*** passare in un altro ufficio, cambiare ufficio; UNIV. ***vom Physik- zum Biologiestudium ~*** passare da fisica a biologia.

Ü|ber|weg m. *(-[e]s,-e)* passaggio *m.*, attraversamento *m.* pedonale.

ü|ber|wei|sen tr. *(überwies, überwiesen)* **1** BANC. trasferire, versare, rimettere: ***einen Geldbetrag auf jds Konto ~*** rimettere una somma di denaro sul conto di qcn. **2** BUROCR. ***etw. an einen Ausschuss ~*** rimettere qcs. a una commissione **3** *(schicken)* mandare:

einen Patienten zum, an den Facharzt ~ mandare un paziente dallo specialista **4** *(zuweisen)* consegnare, inviare: ***die Dokumente der zuständigen Behörde ~*** inviare i documenti all'autorità competente **5** AUSTR. *(überführen)* ***jdn ~*** dimostrare la colpevolezza di qcn.

ü|ber|wei|ßen tr. imbiancare.

Ü|ber|wei|sung f. *(-,-en)* **1** BANC. rimessa *f.*, trasferimento *m.*; bonifico *m.*: ***~ von Geldern*** trasferimento di denaro **2** → **Überweisungsschein 3** BUROCR. rinvio *m.*: ***~ an den Ausschuss*** rinvio alla commissione. **Ü|ber|wei|sungs|auf|trag** m. *(-[e]s,-aufträge)* BANC. ordine *m.* di bonifico (*o* di rimessa). **Ü|ber|wei|sungs|be|trag** m. *(-[e]s,-beträge)* rimessa *f.* **Ü|ber|wei|sungs|for|mu|lar** n. *(-s,-e)* modulo *m.* di bonifico. **Ü|ber|wei|sungs|schein** m. *(-[e]s,-e)* impegnativa *f.*

ü|ber|weit agg. **1** lontanissimo, eccessivamente lontano **2** *(ampio)* larghissimo, eccessivamente largo. **Ü|ber|wei|te** f. *(-,-n)* SART. taglia *f.* forte.

Ü|ber|welt f. *(-)* mondo *m.* ultraterreno. **ü|ber|welt|lich** agg. ultraterreno.

1.ü|ber‿wer|fen *(wirft, warf, geworfen)* **I** tr. mettere (*o* gettare) addosso: ***dem Pferd eine Decke ~*** gettare addosso al cavallo una coperta **II** rifl. ***sich (D) etw. ~*** mettersi addosso qcs.: ***er warf sich den Mantel über*** si mise addosso il cappotto.

2.ü|ber|wer|fen rifl. *(überwirft, überwarf, überworfen)* ***sich mit jdm ~*** litigare con qcn.

ü|ber|wer|ten tr. sopravvalutare. **Ü|ber|wer|tung** f. *(-,-en)* sopravvalutazione *f.*

1.ü|ber|wie|gen *(überwog, überwogen)* **I** intr. (aus. *haben*) prevalere, avere la meglio: ***es überwog die Anschauung, dass...*** prevalse l'opinione che... **II** tr. prevalere su, superare: ***die Vorteile ~ die Nachteile*** i vantaggi superano gli svantaggi; ***die Neugier überwog die Angst*** la curiosità prevalse sulla paura.

2.ü|ber‿wie|gen intr. *(wog, gewogen;* aus. *haben)* RAR. COLLOQ. superare il peso, essere in sovrappeso (*o* soprappeso): ***das Paket wiegt über*** il pacco supera il peso.

ü|ber|wie|gend I p.pres. agg. **1** → **1.überwiegen 2** ***der -e Teil*** la maggior parte **3** *(sehr groß)* grandissimo, stragrande: ***die -e Mehrheit*** la stragrande maggioranza **II** avv. prevalentemente, in prevalenza.

ü|ber|wind|bar agg. superabile. **ü|ber|win|den** *(überwand, überwunden)* **I** tr. superare, vincere: ***den Gegner ~*** superare l'avversario; FIG. ***Probleme, Schwierigkeiten, eine Enttäuschung, eine Krise ~*** superare problemi, difficoltà, una delusione, una crisi; ***seine Faulheit, seine Angst, die Scham ~*** vincere la pigrizia, la paura, la vergogna; ***seine Vorbehalte gegen etw. ~*** vincere le proprie riserve su qcs. **II** rifl. **sich ~** vincersi, dominarsi: ***sich nicht ~ können, etw. zu tun*** non riuscire a trovare la spinta per fare qcs. **Ü|ber|win|der** m. *(-s,-)* vincitore *m.* **ü|ber|wind|lich** agg. → **überwindbar. Ü|ber|win|dung** f. *(-,-en)* superamento *m.* di sé ◆ ***es hat mich viel, wenig ~ gekostet, das zu tun*** mi è costato molto, poco fare ciò.

ü|ber|win|tern I intr. (aus. *haben*) **1** trascorrere (*o* passare) l'inverno, svernare **2** *(von Tieren)* trascorrere il letargo **II** tr. collocare, riporre per l'inverno: ***die Geranien im Keller ~*** mettere i gerani in cantina durante l'inverno. **Ü|ber|win|te|rung** f. *(-,-en)* svernamento *m.*

ü|ber|wöl|ben tr. **1** ***etw. ~*** inarcarsi (a volta) sopra qcs. **2** *(mit einem Gewölbe versehen)* coprire con una volta. **Ü|ber|wöl|bung** f. *(-,-en)* ARCH. copertura *f.* a volta.

ü|ber|wu|chern tr. ricoprire (di vegetazione): ***das Unkraut hat den Garten überwuchert*** le erbacce hanno ricoperto l'aiuola.

Ü|ber|wurf m. *(-[e]s,-würfe)* **1** soprabito *m.* **2** AUSTR. *(Decke)* copriletto *m.* **3** SPORT *(beim Ringen)* cintura *f.* all'indietro.

Ü|ber|zahl f. *(-)* **1** maggioranza *f.*: ***in der ~ sein*** essere in maggioranza **2** MIL. SPORT superiorità *f.* numerica **3** *(große Anzahl)* enorme numero *m.* **ü|ber|zah|len** tr. pagare troppo, strapagare.

ü|ber|zäh|len tr. ricontare. **ü|ber|zäh|lig** agg. in soprannumero.

ü|ber|zeich|nen tr. **1** ECON. ***eine Anleihe ~*** superare la sottoscrizione di un prestito **2** *(zugespitzt darstellen)* raffigurare a forti tinte, caricare. **Ü|ber|zeich|nung** f. *(-,-en)* **1** ECON. sottoscrizione *f.* eccedente **2** *(Darstellung)* raffigurazione *f.* a forti tinte.

Ü|ber|zeit f. *(-,-en)* SVIZZ. straordinario *m.* **ü|ber|zeit|lich** agg. **1** sempre valido **2** FILOS. sovratemporale.

ü|ber|zeu|gen I tr. convincere, persuadere: ***jdn von etw. ~*** convincere (*o* persuadere) qcn. di qcs.; ***ich kann ihn nicht (davon) ~, dass...*** non riesco a convincerlo che...; ***die Leistung der Spieler hat überzeugt*** la prestazione dei giocatori ha convinto; ***die Aussagen, die Beweise ~ nicht*** le testimonianze, le prove non convincono **II** rifl. ***sich (von etw.) ~*** convincersi, persuadersi (di qcs.); *(vergewissern)* sincerarsi (di qcs.): ***sich mit eigenen Augen ~*** andare a vedere (*o* sincerarsi) con i propri occhi ◆ ***~ Sie sich selbst!*** guardi lei stesso!

ü|ber|zeu|gend I p.pres. agg. **1** → **überzeugen 2** convincente, persuasivo: ***ein -er Beweis*** una prova convincente **II** avv. in modo convincente.

ü|ber|zeugt p.pass. agg. **1** → **überzeugen 2** convinto: ***ich bin (davon), ~ dass...*** sono convinto che...; ***ich bin von dem Schauspieler, von deiner Arbeit nicht ~*** questo attore, il tuo lavoro non mi convince **3** *(fest glaubend)* ***ein -er Kommunist*** un comunista convinto ◆ ***er ist von sich ~*** è sicuro di sé. **Ü|ber|zeugt|heit** f. *(-)* convinzione *f.*

Ü|ber|zeu|gung f. *(-,-en)* **1** convincimento *m.*, il convincere **2** *(Meinung)* convinzione *f.*: ***religiöse, politische -en*** convinzioni religiose, politiche; ***etw. aus (mit), gegen seine ~ tun, machen*** fare qcs. per convinzione, di contrario alle proprie convinzioni; ***ich bin der ~, dass...*** sono convinto che... ◆ ***zu der ~ kommen, die ~ gewinnen, dass...*** arrivare a convincersi, acquisire la convinzione che...

Ü|ber|zeu|gungs|kraft f. *(-,-kräfte)* forza *f.* di persuasione.

1.ü|ber‿zie|hen tr. *(zog, gezogen)* **1** indossare, mettersi (addosso) **2** *(anprobieren)* provare ◆ COLLOQ. ***jdm eins, ein paar ~*** dare una sberla, un paio di sberle a qcn.

2.ü|ber|zie|hen *(überzog, überzogen)* **I** tr. **1a** ricoprire, rivestire: ***etw. mit Leder, mit Papier ~*** rivestire qcs. di, in pelle, di carta; ***den Kuchen mit Zucker ~*** ricoprire il dolce con lo zucchero; ***eine leichte Röte überzog ihr Gesicht*** un lieve rossore le coprì il viso **b** *(mit Lack)* verniciare **2** BANC. mandare allo scoperto (*o* in rosso): ***sein Konto um 500 DM ~*** mandare il proprio conto in rosso di 500 marchi **3** *(Sendezeit)* prolungare, protrarre: ***die Sendezeit wurde um 5 Minuten überzogen*** il tempo di trasmissione fu superato di 5 minuti **4** *(zu weit treiben)* ***etw. ~*** eccedere con (*o* esagerare in) qcs. **II** rifl. **sich ~** (ri)coprirsi: ***der Himmel überzieht sich mit Wolken*** il cielo si copre di nuvole ◆ ***ein Bett (frisch) ~*** cambiare le lenzuola; FIG. ***das Land mit Krieg ~*** portare la guerra in un paese.

Ü|ber|zie|her m. *(-s,-)* **1** soprabito *m.* **2** COLLOQ. preservativo *m.*

Ü|ber|zie|hung f. *(-,-en)* BANC. scoperto *m.* **Ü|ber|zie|hungs|kre|dit** m. *(-[e]s,-e)* BANC. credito *m.* su base scoperta. **ü|ber|zo|gen** p.pass. agg. **1** → **überziehen 2** BANC. scoperto: ***ein -es Konto*** un conto scoperto **3** *(übertrieben)* esagerato, eccessivo: ***eine -e Kritik*** una critica eccessiva.

ü|ber|züch|tet agg. **1** *(von Tieren, Pflanzen)* selezionato in modo eccessivo **2** FIG. molto sofisticato: ***eine -e Technologie*** una tecnologia molto sofisticata.

ü|ber|zu|ckern tr. cospargere di zucchero, inzuccherare ◆ ***jdm eine bittere Pille ~*** inzuccherare (*o* indorare) la pillola.

Ü|ber|zug m. *(-[e]s,-züge)* **1** rivestimento *m.*, copertura *f.*, strato *m.* (di copertura): ***metallischer ~*** rivestimento metallico; ***ein ~ aus Lack*** uno strato di vernice; ***ein ~ aus Schokolade*** uno strato (di copertura) di cioccolato **2** *(Bettbezug)* federa *f.*

ü|ber|zwerch REGION. **I** agg. **1** strambo, eccentrico **2** → **übermütig II** avv. ***die Beine ~ legen*** incrociare le gambe.

üb|lich agg. **1** consueto, usuale, solito: ***-e Methoden*** metodi consueti; ***die -e Verspätung, Ausrede*** il solito ritardo, la solita scusa **2** *(regulär)* normale: ***-e Preise*** prezzi normali ◆ ***das ist hier, bei uns so ~*** qui, da noi si usa così; ***das ist nicht mehr ~*** non si usa più; ***wie ~*** come al solito. **üb|li|cher|wei|se** avv. di solito, d'abitudine, solitamente.

U-Bo|gen m. *(-s,-* e *-Bögen)* → **U-Haken.**

U-Boot n. *(-[e]s,-e)* (accorc. *Unterseeboot*) sommergibile *m.*; *(deutsches Unterseeboot in den beiden Weltkriegen)* u-boot *m.* **U-Boot-Krieg** m. *(-[e]s,-e)* guerra *f.* sottomarina. **U-Boot-Sper|re** f. *(-,-n)* sbarramento *m.* antisommergibili.

üb|rig I agg. restante, rimanente: ***die -en Leute, Sachen*** le altre persone, cose; ***das -e Geld*** il resto (del denaro), il denaro che resta; ***vom Kuchen ist noch etwas ~*** resta (*o* c'è) ancora un po' di torta; ***ich habe noch ein Bonbon ~*** ho ancora una caramella **II** avv. **1** ***etw. ~ behalten*** avere ancora qcs., avere il resto di qcs.: ***ich behalte noch eine Menge Geld ~*** ho ancora (*o* mi è rimasto) un bel po' di denaro **2** ***~ bleiben*** restare, rimanere: ***davon ist nichts ~ geblieben*** non ne è rimasto nulla; ***mir bleibt nichts anderes (weiter) ~, als...*** non mi resta altro (da fare) che... **3** ***~ lassen*** lasciare (come avanzo): ***jdm etw. ~ lassen*** lasciare qcs. a qcn.; ***in etw. zu wünschen ~ lassen*** lasciare a desiderare in qcs. ◆ ***alles Übrige*** tutto il resto; ***das Übrige*** il resto, il rimanente; ***ich habe etwas, viel, nichts für sie ~*** mi piace (*o* mi è simpatica), mi piace molto, non mi piace (*o* mi è antipatica); ***ich habe etwas für Musik ~*** la musica mi piace (*o* mi interessa); ***im Übrigen*** del resto; *(außerdem)* inoltre;

COLLOQ. ***ein Übriges tun*** fare ancora una cosa (in più).

üb|ri|gens avv. del resto, d'altronde; *(inoltre)* tra l'altro.

Ü|bung f. *(-,-en)* **1** esercizio *m.*: ***eine leichte, schwere ~*** un esercizio facile, difficile; ***-en in deutscher Syntax*** esercizi di sintassi tedesca; ***eine Grammatik mit -en*** una grammatica con esercizi; ***-en für Klavier*** esercizi per pianoforte; SPORT GINN. ***eine gymnastische ~*** un esercizio di ginnastica; ***eine ~ am Sprungpferd turnen*** eseguire un esercizio al cavallo **2** MIL. esercitazione *f.*: ***militärische -en*** esercitazioni militari **3** *(Lehrveranstaltung)* esercitazione *f.*: ***eine ~ in englischer Phonetik abhalten*** fare un'esercitazione di fonetica inglese **4** REGION. *(Sitte)* uso *m.*, usanza *f.* ◆ ***aus der ~ kommen*** perdere l'esercizio; ***in der ~ bleiben*** tenersi in esercizio; ***jdm fehlt es an ~*** qcn. manca di esercizio; RELIG. ***geistliche -en*** esercizi spirituali; ***in etw. ~ haben*** essere esercitato in qcs.; ***etw. zur ~ tun*** fare qcs. per esercizio; PROV. ***~ macht den Meister*** = solo con l'esercizio si acquista maestria.

Ü|bungs|ar|beit f. *(-,-en)* esercizio *m.* **Ü|bungs|auf|ga|be** f. *(-,-n)* compito *m.*, esercizio *m.* **Ü|bungs|buch** n. *(-[e]s,-bücher)* libro *m.* di, degli esercizi. **Ü|bungs|ge|län|de** n. *(-s,-)* MIL. terreno *m.* da esercitazioni, campo *m.* di addestramento. **ü|bungs|hal|ber** avv. per, come esercizio. **Ü|bungs|hang** m. *(-[e]s,-hänge)* pista *f.* per principianti, (pista *f.*) baby *f.* **Ü|bungs|mu|ni|ti|on** f. *(-,-en)* munizione *f.* da esercitazione (*o* da addestramento); *(Platzpatrone)* munizione *f.* a salve. **Ü|bungs|platz** m. *(-es,-plätze)* **1** MIL. campo *m.* di esercitazioni **2** SPORT campo *m.* di allenamento. **Ü|bungs|sa|che,** ***etw. ist (reine) ~*** qcs. è solo una questione di esercizio. **Ü|bungs|stück** n. *(-[e]s,-e)* MUS. SCOL. esercizio *m.* **Ü|bungs|zweck,** ***zu -en*** per esercizio, a scopo di esercizio.

u. d. Ä. ⇒ *und dem Ähnliche(s)* e simili (e sim.).

u. desgl. (m) ⇒ *und desgleichen (mehr)* e simili (e sim.).

u. dgl. (m) ⇒ *und dergleichen (mehr)* e simili (e sim.).

u. d. M. ⇒ *unter dem Meeresspiegel* sotto il livello del mare.

ü. d. M. ⇒ *über dem Meeresspiegel* sul livello del mare (s.l.m.).

UdSSR ⇒ *Union der Sozialistischen Sowjetrepubliken* Unione delle Repubbliche Socialiste Sovietiche (URSS).

u. E. ⇒ *unseres Erachtens* a nostro avviso.

U-Ei|sen n. *(-s,-)* ferro *m.* a C (*o* a U).

U|fer n. *(-s,-)* riva *f.*, sponda *f.*: ***am anderen ~*** sull'altra riva (*o* sponda); ***ans andere ~ schwimmen*** nuotare verso l'altra riva ◆ COLLOQ. ***vom anderen ~ sein*** essere dell'altra sponda; ***zu neuen -n aufbrechen, führen*** aprire un nuovo capitolo della propria vita; ***über die ~ treten*** straripare.

U|fer|be|fes|ti|gung f. *(-,-en)* opera *f.* di difesa delle sponde. **U|fer|läu|fer** m. *(-s,-)* piro piro *m.* piccolo. **u|fer|los** agg. senza fine, interminabile ◆ COLLOQ. ***ins Uferlose gehen*** andare troppo lontano (*o* all'infinito). **U|fer|pro|me|na|de** f. *(-,-n)* lungomare *m.*, passeggiata *f.*; *(den Fluss entlang)* lungofiume *m.*; *(am See)* lungolago *m.* **U|fer|re|gi|on** f. *(-,-en)* regione *f.* rivierasca. **U|fer|schnep|fe** f. *(-,-n)* pittima *f.* (reale), moschettone *m.* **U|fer|schwal|be** f. *(-,-n)* rondine *f.* riparia. **U|fer|stra|ße** f. *(-,-n)* **1** strada *f.* che costeggia la riva **2** *(am See)* lungolago *m.* **3** *(Straße entlang der Meeresküste)* litoranea *f.* **U|fer|zo|ne** f. *(-,-n)* → **Uferregion.**

uff inter. uff, uffa.

Uffz. ⇒ *Unteroffizier* sottufficiale (sottuff.).

UFO, U|fo n. *(-[s],-s)* ufo *m.*

u|för|mig agg. a (forma di) U.

U|gan|der m. *(-s,-)* ugandese *m.* **u|gan|disch** agg. ugandese.

U-Haft f. *(-)* → **Untersuchungshaft.**

U-Ha|ken m. *(-s,-)* INTRAD. (archetto posto come diacritico sopra la u minuscola per distinguerla dalla n).

Uhr f. *(-,-en)* **1a** orologio *m.*: ***die ~ geht nach, vor, genau (richtig)*** l'orologio va indietro, avanti, è giusto; ***die ~ steht, ist abgelaufen*** l'orologio è fermo, è scarico; ***die ~ aufziehen, stellen, vor-, zurückstellen*** caricare, regolare, mettere avanti, indietro l'orologio; ***die ~ schlägt*** l'orologio batte le ore; ***nach, auf meiner ~ ist es 14.30*** il mio orologio segna (*o* COLLOQ. fa) le 14.30; ***beim nächsten Ton ist es 6 ~ und 10 Minuten*** al prossimo segnale orario saranno le ore 6 e 10 minuti **b** ***die biologische, innere ~*** l'orologio biologico, interno **2** *(Uhrzeit)* ora *f.*: ***wie viel ~ ist es? – es ist 8 (~)*** che ora è? (*o* che ore sono?) – sono le 8; ***um wie viel ~ kommt der Zug an? – um 10 (~)*** a che ora arriva il treno? – alle 10 ◆ ***seine ~ ist abgelaufen*** è venuta (*o* suonata) la sua ora; ***hier gehen die -en anders*** qui le cose vanno diversamente; ***ein Rennen gegen die ~*** una corsa contro il tempo; ***rund um die ~*** ventiquattr'ore su ventiquattro, giorno e notte; ***auf die ~ sehen*** guardare l'ora.

Uhr(arm)|band n. *(-[e]s,-bänder)* cinghietto *m.* (*o* cinturino *m.*) dell'orologio; *(aus Metall)* bracciale *m.* dell'orologio.

Uh|ren|fab|rik f. *(-,-en)* fabbrica *f.* di orologi. **Uh|ren|fe|der** f. *(-,-n)* molla *f.* dell'orologio. **Uh|ren|in|dust|rie** f. *(-)* industria *f.* orologiera.

Uhr|ge|häu|se n. *(-s,-)* cassa *f.* dell'orologio. **Uhr|ge|wicht** n. *(-[e]s,-e)* peso *m.* del pendolo. **Uhr|glas** n. *(-es,-gläser)* vetro *m.* dell'orologio. **Uhr|ket|te** f. *(-,-n)* catena *f.* dell'orologio. **Uhr|ma|cher** m. *(-s,-)* orologiaio *m.* **Uhr|ma|che|rei** f. *(-,-en)* orologeria *f.* **Uhr|pen|del** n. *(-s,-)* pendolo *m.* **Uhr|ta|sche** f. *(-,-n)* taschino *m.* per l'orologio. **Uhr|turm** m. *(-[e]s,-türme)* torre *f.* dell'orologio. **Uhr|werk** n. *(-[e]s,-e)* meccanismo *m.* (*o* movimento *m.*) dell'orologio.

Uhr|zei|ger m. *(-s,-)* lancetta *f.* **Uhr|zei|ger|rich|tung** f. *(-)*, **Uhr|zei|ger|sinn** m. *(-[e]s)* senso *m.* orario: ***im ~, entgegen dem ~*** in senso orario, in senso anti-orario.

Uhr|zeit f. *(-,-en)* ora *f.*

U|hu m. *(-s,-s)* gufo *m.* (reale).

ui, ui je inter. AUSTR. diamine, santo cielo.

Uke|lei m. *(-s,-e* e *-s)* alburno *m.*

Uk|ra|i|ne n.pr.f. *(-)* Ucraina *f.* **Uk|ra|i|ner** m. *(-s,-)* ucraino *m.* **uk|ra|i|nisch** agg. ucraino.

UKW ⇒ *Ultrakurzwellen* onde ultracorte; RAD. modulazione di frequenza (FM, MF) ◆ ***ein Sender auf ~*** una stazione (*o* emittente) in FM. **UKW-Emp|fän|ger** m. *(-s,-)* apparecchio *m.* (radio) a modulazione di frequenza. **UKW-Sen|der** m. *(-s,-)* trasmettitore *m.* a modulazione di frequenza.

U|lan m. *(-en,-en)* ulano *m.*

Ulk m. *(-s* e RAR. *-es)* scherzo *m.*, burla *f.* **ul|ken** intr. (aus. *haben*) scherzare. **ul|kig** agg. COLLOQ. comico, buffo: *(spaßig)* spassoso, divertente.

Ulm n.pr.n. *(-s)* Ulma *f.*

Ul|me f. *(-,-n)* olmo *m.* **Ul|men|holz** n. *(-es)* legno *m.* d'olmo.

Ul|mer I m. *(-s,-)* abitante *m.* di Ulma **II** agg.inv. di Ulma.

Ul|rich n.pr.m. Ulrico *m.*

ul|ti|ma|tiv agg. ultimativo. **Ul|ti|ma|tum** n. *(-s, Ultimaten)* ultimatum *m.*: ***jdm ein ~ stellen, jdn vor ein ~ stellen*** dare (*o* porre) un ultimatum a qcn.; ***das ~ läuft heute ab*** l'ultimatum scade oggi.

ul|ti|mo avv. all'ultimo, l'ultimo (del mese): ***~ April*** l'ultimo di aprile, a fine aprile. **Ul|ti|mo** m. *(-s,-s)* COMM. ultimo *m.* del mese), fine *m.* mese. **Ul|ti|mo|fäl|lig|keit** f. *(-,-en)* scadenza *f.* a, di fine mese. **Ul|ti|mo|ge|schäft** n. *(-[e]s,-e)* ECON. operazione *f.* (*o* contratto *m.*) a fine ultimo.

Ult|ra m. *(-s,-s)* POL. GERG. estremista *m.*, ultrà *m.*

Ult|ra|kurz|wel|len pl. **1** FIS. onde *f.pl.* ultracorte **2** RAD. modulazione *f.* di frequenza. **Ult|ra|kurz|wel|len|emp|fän|ger** → **UKW-Empfänger.** **Ult|ra|kurz|wel|len|sen|der** → **UKW-Sender.** **Ult|ra|kurz|wel|len|the|ra|pie** f. *(-,-n)* terapia *f.* a microonde.

ult|ra|ma|rin agg. oltremarino. **Ult|ra|ma|rin** n. *(-s)* blu *m.* oltremare. **Ult|ra|mik|ro|skop** n. *(-s,-e)* ultramicroscopio *m.*

ult|ra|mon|tan agg. RELIG. ultramontano. **Ult|ra|mon|ta|ne** m. *(-n,-n)* ultramontano *m.* **Ult|ra|mon|ta|nis|mus** m. *(-)* ultramontanismo *m.*

ult|ra|rot agg. ultrarosso. **Ult|ra|rot** n. *(-s)* FIS. raggio *m.* ultrarosso, infrarosso *m.*

Ult|ra|schall m. *(-[e]s)* ultrasuono *m.* **Ult|ra|schall|be|hand|lung** f. *(-,-en)* terapia *f.* a ultrasuoni, ultrasuonoterapia *f.*, COLLOQ. ultrasuoni *m.pl.* **Ult|ra|schall|boh|rer** m. *(-s,-)* trapano *m.* a ultrasuoni. **Ult|ra|schall|de|tek|tor** m. *(-s,-en)* rivelatore *m.* a ultrasuoni. **Ult|ra|schall|di|ag|nos|tik** f. *(-)* ultrasonografia *f.* **Ult|ra|schall|prü|fung** f. *(-,-en)* controllo *m.* con ultrasuoni. **Ult|ra|schall|schwei|ßung** f. *(-,-en)* saldatura *f.* a ultrasuoni. **Ult|ra|schall|the|ra|pie** f. *(-,-n)* → **Ultraschallbehandlung.** **Ult|ra|schall|wel|le** f. *(-,-n)* onda *f.* ultrasonica.

Ult|ra|strah|lung f. *(-,-en)* radiazione *f.* cosmica.

ult|ra|vi|o|lett agg. ultravioletto. **Ult|ra|vi|o|lett** n. *(-s)* ultravioletto *m.* **Ult|ra|vi|o|lett|be|hand|lung** f. *(-,-en)* trattamento *m.* con raggi ultravioletti. **Ult|ra|vi|o|lett|lam|pe** f. *(-,-n)* **1** lampada *f.* a raggi ultravioletti **2** OTT. lampada *f.* ultravioletta.

U|lys|ses n.pr.m. Ulisse *m.*

um I prep.+ acc. (anche artcl. **ums**) **1a** *(lokal)* intorno, attorno: ***die Erde kreist ~ die Sonne*** la terra ruota intorno al sole; ***eine Reise ~ die Welt*** un viaggio intorno al mondo; ***~ einen Tisch (herum) sitzen*** sedere attorno a un tavolo; ***alle saßen ~ ihn herum*** tutti sedevano intorno a lui (*o* gli sedevano intorno); ***jdn, etw. ~ sich haben*** avere qcn., qcs. intorno a sé; ***eine Kette ~ den Hals legen*** mettere una collana al collo **b** *(bezüglich)* su, intorno: ***Gerüchte ~ etw.*** dicerie su qcs.; ***eine Spekulation ~ ein Projekt*** una speculazione su un progetto **2a** *(temporal; ungefährer Zeitpunkt)* intorno, verso: ***~ das Jahr 1900*** intorno al 1900; ***~ den 30. Juni*** intorno al 30 giugno; ***~ Ostern, Weihnachten (herum)*** verso Pasqua, verso Natale;

~ die Mittagszeit (herum) verso mezzogiorno **b** *(genauer Zeitpunkt)* a: **~ drei (Uhr)** alle tre; **gestern ~ diese Zeit** ieri a quest'ora **3** *(Unterschied bei Maß- und Mengenangaben)* di: **etw. ~ 2 cm kürzen** accorciare qcs. di 2 cm; **~ einen Kopf größer sein** essere più alto di tutta la testa; **er ist ~ ein Jahr älter** è più vecchio di un anno, ha un anno di più; **sich ~ 5 DM verrechnen** sbagliarsi di 5 marchi **4a** *(Zweck)* per: **~ jdn, etw. kämpfen** combattere per qcs., qcn.; **ich bitte euch ~ Verständnis** vi prego d'essere comprensivi; **die Sorge ~ die Kinder** la preoccupazione per i bambini **b** *(wegen)* **es tut mir Leid ~ ihn** mi spiace per lui; **schade ~ die kaputten Gläser** peccato per i bicchieri rotti **c** REGION. *(für)* **einen Pulli ~ 50 DM kaufen** comprare una maglia per 50 marchi; **etw. ~ die Hälfte kaufen** comprare qcs. a metà prezzo; **~ einen bescheidenen Lohn arbeiten** lavorare per un salario modesto **5** *(in Abhängigkeit von einem Satzteil)* **es handelt sich ~ etw. Wichtiges** si tratta di qualcosa di importante; **sich ~ jdn, etw. sorgen** preoccuparsi per qcn., qcs.; **jdn ~ etw. beneiden** invidiare qcn. per qcs.; **das Wissen ~ dieses Ereignis** la conoscenza di questa vicenda; **~ jdn weinen** piangere qcn. **II** cong. **1a** *(final)* per: **er ist da, ~ Deutsch zu lernen** è qui per imparare il tedesco; **~ es kurz zu sagen** per dirla brevemente **b** *(konsekutiv)* **er ist alt genug, ~ sich alleine anzuziehen** è grande abbastanza per vestirsi da solo; **es war zu laut, ~ ihre Worte zu verstehen** c'era troppo rumore per sentire le sue parole **c** *(temporal)* **er kam ziemlich spät, ~ sich gleich wieder zu verabschieden** arrivò piuttosto tardi, per poi accomiatarsi subito dopo **III** avv. circa, all'incirca: **es sind ~ (die) 100 Teilnehmer** ci sono circa 100 partecipanti; **er braucht ~ (die) 1000 DM** ha bisogno di circa 1000 marchi ◆ **Auge ~ Auge, Zahn ~ Zahn** occhio per occhio, dente per dente; **jdn ~ etw. bringen** far perdere qcs. a qcn.; **es geht -s Ganze** è in gioco tutto; **~ Geld spielen** giocare a soldi; **es ist ~ ihn geschehen, getan** per lui è finita, è perduto, è spacciato; **~ ein Haar hätten wir uns schwer verletzt** per un pelo non ci siamo feriti, c'è mancato un pelo che ci ferissimo gravemente; **~ Hilfe rufen** gridare aiuto; **~ etw. kommen** perdere qcs.; **die Mauer läuft ~ die Stadt** le mura circondano la città; **es geht ~ Leben oder Tod** è questione di vita o di morte; **~ meinetwillen** per me; **~ Mitternacht** verso mezzanotte; **~ nichts in der Welt** per niente, per nulla al mondo; **~ jeden Preis** a tutti i costi, a ogni costo; MIL. **rechts ~!** fianco destr-destr! **~ sich schauen** guardarsi intorno; **Schritt ~ Schritt** passo (a) passo; COLLOQ. **~ sein** essere finito, terminato; **wie steht es ~ ihn (die Sache)?** come sta? come va la faccenda? **Stunde ~ Stunde** ora dopo ora; **Tag ~ Tag** giorno per giorno; **einen Tag ~ den anderen** ogni due giorni, un giorno sì e uno no; **~ und ~** completamente; **ich weiß ~ die Sache** so della (*o* conosco la) cosa; **~ wie viel Uhr?** a che ora? **~ wie viel mehr** quanto più; **~ Gottes, Himmels willen** per l'amor di Dio, per l'amor del cielo; **es geht ~ die Wurst** = ecco il momento decisivo.

um‿ackern tr. arare.

um‿ad|res|sie|ren tr. **die Post ~** cambiare l'indirizzo sulla posta.

um‿än|dern tr. **1** cambiare **2a** modificare, trasformare: **einen Rock ~** modificare una gonna **b** *(renovieren)* rinnovare. **Um|än|de|rung** f. *(-,-en)* trasformazione *f.*, modifica *f.*

um‿ar|bei|ten tr. **1a** rielaborare, trasformare: **einen Roman in ein Drehbuch ~** trasformare un romanzo in una sceneggiatura, adattare un romanzo per la scena **b** rivedere: **einen Text ~** rivedere un testo **2** modificare: **ein Kleid nach der letzten Mode ~** modificare un vestito seguendo l'ultima moda ◆ **zu etw. ~** trasformare in qcs. **Um|ar|bei|tung** f. *(-,-en)* **1a** rielaborazione *f.*, trasformazione *f.* **b** *(von Texten)* revisione *f.* **2** *(Änderung)* cambiamento *m.* **3** *(zum Drehbuch)* adattamento *m.*

um|ar|men I tr. abbracciare **II** rifl. **sich ~** abbracciarsi. **Um|ar|mung** f. *(-,-en)* abbraccio *m.*

Um|bau m. *(-[e]s,-e* e *-ten)* **1a** *(Wiederaufbau)* ricostruzione *f.* **b** *(Modernisierung)* ristrutturazione *f.*, rinnovo *m.*: **wegen ~ geschlossen** chiuso per rinnovo locali; **das Gebäude ist im ~** l'edificio è in (fase di) ristrutturazione **2** *(Umänderung)* trasformazione *f.*, modifica *f.* **3** TEATR. cambio *m.* (*o* cambiamento *m.*) di scena: **~ auf der Bühne** cambio di scena a vista.

1.um‿bau|en tr. **1a** ristrutturare, rinnovare; *(renovieren)* rimodernare **b** FIG. riorganizzare, ristrutturare: **die Gesellschaft ~** riorganizzare la società **2a** *(umändern)* trasformare, modificare: **einen Bahnhof zu einem, in ein Museum ~** trasformare una stazione in un museo **b** cambiare: **die Bühne ~** cambiare la scena.

2.um|bau|en tr. circondare con (nuove) costruzioni.

um‿be|hal|ten tr. *(behält, behielt, behalten)* tenere addosso.

um‿be|nen|nen tr. *(benannte, benannt)* **etw. ~** ribattezzare qcs., cambiare nome a qcs. **Um|be|nen|nung** f. *(-,-en)* cambiamento *m.* di, del nome.

Um|ber m. *(-s,-n)* **1** *(als Malerfarbe)* terra *f.* d'ombra **2** ITT. ombrina *f.*

um‿be|set|zen tr. **1** assegnare a un altro: **eine Arbeitsstelle ~** assegnare a un altro un posto di lavoro **2** *(anders besetzen)* **alle Rollen ~** cambiare la distribuzione di tutti i ruoli. **Um|be|set|zung** f. *(-,-en)* **1** assegnazione *f.* a un altro (di un posto, di un ruolo) **2** *(Umverteilung)* ridistribuzione *f.*, diversa assegnazione *f.*

um‿be|sin|nen rifl. **sich ~** *(besann, besonnen)* cambiare idea.

um‿be|stel|len tr. **1 Waren ~** cambiare un'ordinazione di merce **2** *(einen Termin ändern)* **jdn ~** cambiare (*o* spostare) l'appuntamento con qcn.

um‿bet|ten tr. **1** cambiare di letto, mettere in un altro letto **2** *(Leichen)* traslare. **Um|bet|tung** f. *(-,-en)* **1** cambio *m.* (*o* spostamento *m.*) di letto **2** *(von Leichen)* traslazione *f.*

um‿bie|gen *(bog, gebogen)* **I** tr. piegare, ripiegare; *(krümmen)* curvare **II** intr. (aus. *sein*) curvare, girare, svoltare: **nach links ~** girare a sinistra; **der Pfad bog nach Norden um** il sentiero curvava verso nord ◆ **die Wahrheit ~** distorcere la verità.

um‿bil|den I tr. **1** cambiare: **die Führungsspitze der Firma ~** cambiare i vertici dell'azienda **2** *(umändern)* trasformare, modificare **II** rifl. **sich ~** trasformarsi ◆ **eine Regierung ~** fare un rimpasto di governo. **Um|bil|dung** f. *(-,-en)* **1** cambiamento *m.*, trasformazione *f.* **2** *(Neubildung)* ricomposizione *f.*, ricostituzione *f.*

1.um‿bin|den *(band, gebunden)* **I** tr. legare, annodare (attorno): **einen Schal ~** mettere, annodare uno scialle **II** rifl. **sich ~** annodarsi, legarsi, mettersi: **sich (D) eine Schürze ~** mettersi un grembiule.

2.um|bin|den tr. *(umband, umbunden)* fasciare, avvolgere; *(binden)* legare.

1.um‿bla|sen tr. *(bläst, blies, geblasen)* abbattere, buttare giù (soffiando): **ein starker Wind blies alle Schilder um** un forte vento buttò giù tutti i cartelli.

2.um|bla|sen tr. *(umbläst, umblies, umblasen)* **etw. ~** soffiare intorno a qcs. ◆ **von Winden ~** esposto ai quattro venti.

um‿blät|tern tr. **1** girare, voltare: **die Seite ~** girare la pagina **2** assol. girare pagina.

um‿bli|cken rifl. **sich ~ 1** guardarsi intorno: **sich nach allen Seiten ~** guardarsi intorno in ogni direzione; **sich nach jdm, etw. ~** guardarsi intorno alla ricerca di, cercando qcn., qcs. **2** *(den Kopf umdrehen)* voltarsi indietro.

um|brau|sen tr. scrosciare intorno.

1.um‿bre|chen I tr. **1** abbattere, schiantare **2** *(umpflügen)* dissodare, lavorare **II** intr. (aus. *sein*) crollare, schiantarsi.

2.um|bre|chen tr. *(umbricht, umbrach, umbrochen)* impaginare. **Um|bre|cher** m. *(-s,-)* TIP. impaginatore *m.*

Umb|rer m. *(-s,-)* umbro *m.* **Umb|ri|en** n.pr.n. *(-s)* Umbria *f.*

um‿brin|gen *(brachte, gebracht)* **I** tr. uccidere: **jdn aus Eifersucht ~** uccidere qcn. per gelosia **II** rifl. **sich ~** uccidersi, ammazzarsi: **sich aus Liebeskummer ~** uccidersi per pene d'amore; FIG. **sich vor Arbeit ~** ammazzarsi di lavoro ◆ **sich für jdn ~** farsi in quattro per qcn.; **nicht umzubringen sein** = resistere a tutto.

Um|bruch m. *(-[e]s,-brüche)* **1a** radicale cambiamento *m.*, rivolgimento *m.*: **ein politischer ~** un rivolgimento politico **2a** TIP. impaginazione *f.* **b** *(umbrochener Satz)* impaginato *m.* **3** AGR. dissodamento *m.* **Um|bruch|kor|rek|tur** f. *(-,-en)* correzione *f.* dell'impaginato. **Um|bruch|re|vi|si|on** f. *(-,-en)* revisione *f.* dell'impaginato.

um‿bu|chen tr. **1 eine Reise ~** cambiare la prenotazione di un viaggio; **den Flug ~** cambiare il (la prenotazione del) volo **2** COMM. trasferire: **eine Summe auf ein anderes Konto ~** trasferire una somma su un altro conto. **Um|bu|chung** f. *(-,-en)* **1** cambiamento *m.* di prenotazione **2** COMM. trasferimento *m.*: **die ~ eines Betrages** il trasferimento di una somma.

um‿da|tie|ren tr. **einen Termin, einen Brief ~** spostare la data di un appuntamento, cambiare la data di una lettera.

um‿den|ken intr. *(dachte, gedacht;* aus. *haben)* cambiare modo di pensare. **Um|denk|pro|zess** m. *(-es,-e)* processo *m.* di cambiamento di pensiero.

um‿deu|ten tr. interpretare diversamente, in altro modo: **eine Lehre ~** dare una diversa interpretazione di una dottrina. **Um|deu|tung** f. *(-,-en)* diversa interpretazione *f.*

um‿dich|ten tr. rielaborare, rifare (un'opera letteraria). **Um|dich|tung** f. *(-,-en)* rielaborazione *f.*, rifacimento *m.* (di un'opera letteraria).

um‿di|ri|gie|ren tr. deviare.

um‿dis|po|nie|ren I tr. **1 etw. ~** cambiare la disposizione di qcs., disporre qcs. in modo diverso **2** spostare: **einen Termin ~** spostare un appuntamento **II** intr. (aus. *haben*) cambiare i propri programmi.

um|drän|gen tr. ***etw.*** ~ fare ressa, ammassarsi intorno a qcs.
um‿dre|hen I tr. **1** girare: ***den Schlüssel im Schloss ~*** girare la chiave nella toppa **2** torcere: ***jdm einen Arm, die Hand ~*** torcere un braccio, la mano a qcn. **3** *(auf die andere Seite)* (ri)voltare: ***ein Blatt Papier ~*** voltare un foglio di carta **II** rifl. **sich** ~ girarsi, voltarsi: ***sich nach jdm, etw. ~*** girarsi verso qcn., qcs. **III** intr. (aus. *haben, sein*) girare, tornare indietro: ***mit dem Auto ~*** girare l'auto ◆ FIG. ***sich auf dem Absatz ~*** girare i tacchi; FIG. ***jdm die Gurgel ~*** rovinare qcn.; ***jdm den Hals ~*** torcere il collo qcn.; ***jeden Pfennig, jede Mark ~*** rigirare ogni centesimo prima di spenderlo; FIG. ***ihm dreht sich der Magen um*** gli si rivolta lo stomaco; ***jdm das Wort im Mund ~*** girare il discorso di qcn.
1.Um|dre|hung f. *(-,-en)* inversione *f.*
2.Um|dre|hung f. *(-,-en)* **1** giro *m.*: ***der Motor macht 3000 -en in der Minute*** il motore fa 3000 giri al minuto **2** *(Rotation)* rotazione *f.* **Um|dre|hungs|ge|schwin|dig|keit** f. *(-,-en)* velocità *f.* di rotazione. **Um|dre|hungs|zahl** f. *(-,-en)* numero *m.* di, dei giri, regime *m.*
Um|druck m. *(-[e]s,-e)* autografia *f.*
um|düs|tern rifl. **sich** ~ oscurarsi (anche FIG.).
um|ei|nan|der avv. l'uno intorno all'altro; ***sich nicht ~ kümmenrn*** non curarsi l'uno dell'altro.
um‿er|zie|hen tr. *(erzog, erzogen)* rieducare. **Um|er|zie|hung** f. *(-,-en)* rieducazione *f.*
um|fä|cheln tr. LETT. ***etw., jdn ~*** spirare intorno a qcs., qcn.
1.um‿fah|ren tr. *(fährt, fuhr, gefahren)* travolgere, investire.
2.um|fah|ren tr. *(umfährt, umfuhr, umfahren)* aggirare: ***ein Hindernis ~*** aggirare un ostacolo.
Um|fah|rung f. *(-,-en)* **1** aggiramento *m.* **2** AUSTR. circonvallazione *f.* **Um|fah|rungs|stra|ße** f. *(-,-n)* AUSTR. circonvallazione *f.*
Um|fall m. *(-[e]s,-fälle)* COLLOQ. voltafaccia *m.*
um‿fal|len intr. *(fällt, fiel, gefallen;* aus. *sein)* **1a** cadere (a terra), rovesciarsi: ***die Vase ist umgefallen*** il vaso è caduto **b** ***ohnmächtig ~*** cadere a terra svenuto; ***wie die Fliegen ~*** cadere come le mosche **2** COLLOQ. *(seine Meinung ändern)* cambiare improvvisamente idea, fare un voltafaccia ◆ ***eine Hitze zum Umfallen*** un caldo da morire; ***vor Müdigkeit ~, zum Umfallen müde sein*** non reggersi in piedi per la stanchezza. **Um|fal|ler** m. *(-s,-)* COLLOQ. banderuola *f.*, voltagabbana *m.*
Um|fang m. *(-[e]s,-fänge)* **1a** circonferenza *f.*: ***der ~ eines Baumes*** la circonferenza di un albero **b** GEOM. *(eines Vielecks)* perimetro *m.*; *(eines Kreises)* circonferenza *f.* **2** *(Ausmaß, Größe)* mole *f.*, estensione *f.*, ampiezza *f.*: ***der ~ einer Arbeit, der Sammlung*** la mole di un lavoro, il volume della collezione; ***etw. nimmt einen immer größeren ~ an*** qcs. assume un'estensione sempre maggiore **3** entità *f.*: ***der ~ des Schadens*** l'entità del danno **4** MUS. estensione *f.*: ***eine Stimme von zwei Oktaven ~*** una voce con un'estensione di due ottave ◆ ***in vollem ~*** completamente; FIG. COLLOQ. ***einen ganz schönen ~ haben*** avere un bel giro vita.
um|fan|gen tr. *(umfängt, umfing, umfangen)* avvolgere, circondare; *(umarmen)* abbracciare: ***jdn (mit beiden Armen) ~*** abbracciare qcn.; FIG. ***die Stille des Waldes umfängt uns*** il silenzio del bosco ci avvolge ◆ ***jdn ~ halten*** tenere abbracciato qcn.
um|fäng|lich agg. ampio, vasto: ***eine -e Sammlung*** una vasta collezione.
um|fang|reich agg. ampio, vasto, esteso: ***-e Kenntnisse*** vaste conoscenze.
Um|fangs|be|rech|nung f. *(-,-en)* **1** calcolo *m.* del perimetro **2** *(von Kreisen)* calcolo *m.* della circonferenza.
um‿fär|ben tr. ritingere.
1.um‿fas|sen tr. montare, incastonare diversamente.
2.um|fas|sen I tr. **1** abbracciare, cingere: ***jdn ~*** abbracciare qcn.; ***jds Taille ~*** cingere la vita di qcn. **2** *(umgeben)* circondare, cingere: ***den Garten mit einem Zaun ~*** cingere il giardino con uno steccato **3** MIL. *(einschließen)* accerchiare **4** *(bestehen)* comprendere: ***das Werk umfasst drei Bände*** l'opera comprende tre volumi **II** rifl. ***sich (gegenseitig, einander) ~*** abbracciarsi.
um|fas|send I p.pres. agg. **1** → **2.umfassen 2** ampio, vasto, esteso; *(vollständig)* completo: ***eine -e Bildung haben*** avere una formazione completa; ***-e Kenntnisse*** conoscenze vaste **II** avv. ampiamente; *(vollständig)* completamente, in modo completo.
Um|fas|sung f. *(-,-en)* **1** abbraccio *m.* **2a** *(Einfassung)* recinzione *f.* **b** *(Zaun)* recinto *m.* **3** MIL. accerchiamento *m.* **Um|fas|sungs|mau|er** f. *(-,-n)* muro *m.* di cinta.
Um|feld n. *(-[e]s,-er)* PSIC. SOCIOL. ambiente *m.*
um|flech|ten tr. *(umflicht, umflocht, umflochten)* intrecciare attorno, avvolgere intrecciando.
1.um‿flie|gen intr. *(flog, geflogen;* aus. *sein)* COLLOQ. volare (giù), cascare.
2.um|flie|gen tr. *(umflog, umflogen)* ***etw. ~*** volare intorno a qcs.
um|flie|ßen tr. *(umfloss, umflossen)* ***etw. ~*** scorrere intorno a qcs., bagnare qcs. (intorno).
um|flo|ren I tr. listare a lutto **II** rifl. **sich** ~ velarsi (di lacrime). **um|flort** p.pass. agg. **1** → **umfloren 2** velato: ***mit von Trauer -er Stimme*** con voce velata di tristezza.
um|flu|ten tr. → **umfließen.**
um‿for|men tr. **1** trasformare; *(eine neue Form geben)* rimodellare **2** EL. trasformare. **Um|for|mer** m. *(-s,-)* EL. trasformatore *m.* **um‿for|mu|lie|ren** tr. formulare diversamente, riformulare. **Um|for|mung** f. *(-,-en)* trasformazione *f.*
Um|fra|ge f. *(-,-n)* inchiesta *f.*, sondaggio *m.*: ***unter den Leuten eine ~ zur, über die Schwangerschaftsunterbrechung machen, veranstalten*** fare, condurre un'inchiesta fra la gente sull'aborto; ***die ~ hat ergeben, dass...*** l'inchiesta ha dimostrato che... **um‿fra|gen** intr. (solo inf. e p.pass.; aus. *haben*) condurre un'inchiesta.
um|frie|den, RAR. **um|frie|di|gen** tr. recintare, recingere. **Um|frie|di|gung** RAR., **Um|frie|dung** f. *(-,-en)* recinzione *f.*
um‿fül|len tr. travasare. **Um|fül|lung** f. *(-,-en)* travaso *m.*
um‿funk|ti|o|nie|ren tr. ***etw. ~*** cambiare la funzione di qcs., riconvertire qcs. **Um|funk|ti|o|nie|rung** f. *(-,-en)* cambiamento *m.* di funzione, riconversione *f.*
Um|gang m. *(-[e]s,-gänge)* **1a** *(gesellschaftlicher Verkehr)* relazioni *f.pl.*, rapporti *m.pl.*: ***mit jdm freundschaftlichen, vertraulichen ~ haben, pflegen*** avere, coltivare rapporti amichevoli, di fiducia con qcn.; ***keinen ~ haben*** non avere relazioni, non frequentare nessuno **b** compagnia *f.*: ***jds ~ meiden*** evitare la compagnia di qcn.; ***er ist kein ~ für dich*** non è una compagnia adatta a te **2** *(das Sichbeschäftigen mit etw.)* pratica *f.*, dimestichezza *f.*: ***sich im ~ mit Tieren auskennen*** avere dimestichezza con gli animali **3** ARCH. *(Rundgang)* deambulatorio *m.*, ambulacro *m.* **4** *(kirchlicher Umzug)* processione *f.*: ***im ~ um die Kirche ziehen*** andare in processione intorno alla chiesa ◆ ***bei näherem ~ mit ihm*** frequentandolo più da vicino; ***durch dauernden ~ mit jdm*** frequentando qcn. assiduamente.
um|gäng|lich agg. socievole. **Um|gäng|lich|keit** f. *(-)* socievolezza *f.*
Um|gangs|form f. *(-,-en)* modo *m.* (di fare), maniera *f.*: ***gute -en haben, besitzen*** avere delle buone maniere. **Um|gangs|spra|che** f. *(-,-n)* linguaggio *m.* colloquiale, lingua *f.* parlata. **um|gangs|sprach|lich** agg. colloquiale, della lingua parlata. **Um|gangs|ton** m. *(-[e]s,-töne)* modo *m.* di fare, di trattare; *(Sprechweise)* modo *m.* di parlare.
um|gar|nen tr. irretire, ingannare. **Um|gar|nung** f. *(-,-en)* irretimento *m.*, inganno *m.*
um|gau|keln tr. ***etw. ~*** svolazzare intorno a qcs.
1.um‿ge|ben tr. *(gibt, gab, gegeben)* COLLOQ. mettere addosso, sulle spalle: ***jdm ein Cape ~*** mettere una mantellina sulle spalle a qcn.
2.um|ge|ben *(umgibt, umgab, umgeben)* **I** tr. circondare (anche FIG.): ***jdn mit Aufmerksamkeiten ~*** circondare qcn. di attenzioni **II** rifl. **sich** ~ circondarsi, attorniarsi: ***sich mit Freunden ~*** circondarsi di amici.
Um|ge|bung f. *(-,-en)* **1** dintorni *m.pl.*: ***gibt es hier in der ~ ein Postamt?*** c'è un ufficio postale qui nei dintorni? **2** *(Milieu)* ambiente *m.*: ***sich an eine neue ~ anpassen*** adattarsi a un ambiente nuovo.
Um|ge|gend f. *(-,-en)* COLLOQ. dintorni *m.pl.*, regione *f.* circostante.
1.um‿ge|hen intr. *(ging, gegangen;* aus. *sein)* **1** girare, circolare: ***ein Gerücht geht um*** gira una voce, corre voce **2** *(von Gespenstern)* aggirarsi **3** *(von Gedanken)* accarezzare: ***mit einem Plan ~*** accarezzare un progetto **4** *(behandeln)* trattare: ***mit jdm nachsichtig ~*** trattare qcn. con indulgenza **5** *(benutzen)* ***mit etw. gut, schlecht ~ können*** saper maneggiare (*o* usare) qcs., servirsi di qcs. bene, male **6** ANT. *(verkehren)* ***mit jdm ~*** frequentare qcn. ◆ ***mit dem Geld verschwenderisch, sparsam ~*** scialacquare, usare il denaro con parsimonia.
2.um|ge|hen tr. *(umging, umgangen)* **1** ***etw. ~*** girare intorno a qcs., aggirare qcs.; ***die Straße umgeht die Stadt*** la strada gira intorno alla città; ***den Feind ~*** aggirare il nemico **2** FIG. aggirare, eludere; *(vermeiden)* evitare: ***eine Schwierigkeit, ein Hindernis, das Gesetz, die Antwort ~*** aggirare una difficoltà, un ostacolo, aggirare (*o* eludere) la legge, evitare di rispondere (*o* eludere la risposta).
um|ge|hend I p.pres. agg. **1** → **1.umgehen 2** pronto, immediato: ***eine -e Antwort*** una risposta pronta **II** avv. prontamente, immediatamente ◆ ***mit -er Post*** a stretto giro di posta.
Um|ge|hung f. *(-,-en)* **1** aggiramento *m.* **2** → **Umgehungsstraße 3** FIG. aggiramento *m.*, l'eludere: ***unter ~ der Gesetze*** eludendo le

leggi. **Um|ge|hungs|stra|ße** f. *(-,-n)* circonvallazione *f.*

um|ge|kehrt I p.pass. agg. **1** → **umkehren 2** *(entgegengesetzt)* opposto, contrario: ***in -er Richtung*** in direzione opposta, in senso contrario; ***mit -em Vorzeichen*** con segno opposto **3** inverso (anche MAT.): ***im -en Verhältnis*** in proporzione inversa **II** avv. **1** *(gegenteilig)* in caso contrario, all'opposto **2** inversamente: ***~ proportional*** inversamente proporzionale **3** viceversa: ***vom Spanischen ins Deutsche und ~ übersetzen*** tradurre dallo spagnolo al tedesco e viceversa **4** *(verkehrt)* a rovescio: ***etw. ~ verstehen*** intendere qcs. a rovescio ◆ ***genau ~*** diametralmente opposto; ***gerade ~*** proprio il contrario; MUS. ***-e Intervalle*** intervalli rivoltati.

um‿ge|stal|ten tr. trasformare, riorganizzare: ***einen Hof zu einem Spielplatz ~*** trasformare un cortile in un parco giochi; ***einen Raum ~*** riorganizzare (*o* ridisegnare) uno spazio; ***eine Bühne, ein Schaufenster ~*** riorganizzare una scena, rifare una vetrina. **Um|ge|stal|tung** f. *(-,-en)* trasformazione *f.*, riorganizzazione *f.*

um‿gie|ßen tr. *(goss, gegossen)* **1** travasare: ***den Wein in eine Karaffe ~*** travasare il vino in una caraffa **2** *(Metall)* colare, gettare (in un'altra forma) **3** COLLOQ. *(verschütten)* versare, rovesciare.

um|git|tern tr. circondare con una grata.

um|glän|zen tr. LETT. circondare di luce.

um|gol|den tr. LETT. indorare, circondare di luce dorata.

um‿gra|ben tr. *(gräbt, grub, gegraben)* rivoltare, vangare: ***ein Beet ~*** rivoltare la terra di un'aiuola, vangare un'aiuola. **Um|gra|bung** f. *(-,-en)* vangatura *f.*

1.um‿grei|fen intr. *(griff, gegriffen;* aus. *haben)* GINN. cambiare appiglio (con le mani).

2.um|grei|fen tr. *(umgriff, umgriffen)* **1** afferrare **2** *(in sich begreifen)* comprendere.

um|gren|zen tr. circoscrivere, delimitare (anche FIG.): ***ein Thema ~*** circoscrivere un tema. **Um|gren|zung** f. *(-,-en)* delimitazione *f.* (anche FIG.).

um‿grup|pie|ren tr. raggruppare diversamente. **Um|grup|pie|rung** f. *(-,-en)* nuovo raggruppamento *m.*

um‿gu|cken rifl. **sich ~** COLLOQ. guardarsi intorno.

1.um‿gür|ten tr. cingere: ***(sich) das Schwert ~*** cingere la spada.

2.um|gür|ten tr. cingere: ***der Ritter wurde mit dem Schwert umgürtet*** il cavaliere fu cinto di spada.

um‿ha|ben tr. *(hat, hatte, gehabt)* COLLOQ. avere addosso, portare, indossare: ***eine Uhr ~*** portare un orologio.

um‿ha|cken tr. **1** *(Baum)* abbattere **2** *(Erde)* zappare.

um|hä|keln tr. ***etw. ~*** fare un bordo all'uncinetto a qcs.

um|hal|sen tr. ***jdn ~*** gettare le braccia al collo a qcn., abbracciare qcn. **Um|hal|sung** f. *(-,-en)* abbraccio *m.*

Um|hang m. *(-[e]s,-hänge)* mantellina *f.*

1.um‿hän|gen I tr. **1** appendere altrove (*o* da un'altra parte): ***ein Bild ~*** appendere un quadro da un'altra parte **2a** *(umlegen)* mettere addosso (*o* sulle spalle): ***jdm einen Schal, einen Mantel ~*** mettere uno scialle, un cappotto addosso a qcn. **b** mettere al collo: ***jdm eine Medaille ~*** mettere una medaglia al collo a qcn. **II** rifl. ***sich (D) etw. ~*** **1** mettersi addosso qcs. **2** *(Gewehr, Fotoapparat)* mettersi a tracolla qcs.

2.um|hän|gen tr. *(umhing, umhängen)* ***etw. ~*** pendere da qcs.; essere appeso a qcs.

3.um|hän|gen tr. ricoprire (avvolgendo): ***den Polstersessel mit einem Tuch zum Schutz gegen Staub ~*** ricoprire la poltrona con un telo per proteggerla dalla polvere.

Um|hän|ge|ta|sche f. *(-,-n)* borsa *f.* a tracolla. **Um|hän|ge|tuch** n. *(-[e]s,-tücher)* scialle *m.*

um‿hau|en tr. *(haute/hieb, gehauen)* **1** abbattere (con l'ascia): ***einen Baum ~*** abbattere un albero **2a** COLLOQ. *(niederstrecken)* atterrare (con un colpo), stendere **b** FIG. stendere, mettere k.o.: ***ein Glas Wein haut mich um*** un bicchiere di vino mi stende.

um|he|gen tr. **1** curare amorosamente **2** *(einfrieden)* recingere.

um|her avv. **1** intorno, in giro; ***weit ~*** tutt'intorno **2** *(hierhin und dorthin)* qui e là. **um|her‿bli|cken** intr. (aus. *haben*) guardare intorno (*o* in giro), volgere lo sguardo in giro. **um|her‿fah|ren** intr. *(fährt, fuhr, gefahren;* aus. *sein)* andare in giro, girare qua e là. **um|her‿flat|tern** intr. (aus. *sein*) svolazzare qua e là. **um|her‿flie|gen** intr. *(flog, geflogen;* aus. *sein)* volare qua e là. **um|her‿ge|hen** intr. *(ging, gegangen;* aus. *sein)* andare in giro, girare. **um|her‿ir|ren** intr. (aus. *sein*) girovagare: ***im Wald ~*** girovagare nel bosco. **um|her‿ja|gen I** tr. far correre qua e là **II** intr. (aus. *haben*) correre da un posto all'altro.

um|her‿lau|fen intr. *(läuft, lief, gelaufen;* aus. *sein)* andare in giro, girare. **um|her‿lie|gen** intr. *(lag, gelegen;* aus. *haben)* essere sparso (qua e là): ***etw. ~ lassen*** lasciare qcs. in giro. **um|her‿schwei|fen** intr. (aus. *sein*) vagare: ***die Augen ~ lassen*** vagare con lo sguardo. **um|her‿schwir|ren** intr. (aus. *sein*) **1a** svolazzare, frullare in giro **b** *(von Insekten)* ronzare, volare qua e là **2** COLLOQ. *(flitzen)* sfrecciare, volare. **um|her‿strei|fen** intr. (aus. *sein*) girovagare, vagare: ***in der Stadt ~*** girovagare per la città. **um|her‿trei|ben** *(trieb, getrieben)* **I** tr. mandare in giro, qua e là **II** intr. (aus. *sein*) essere sballottato: ***das Boot treibt auf den Wellen umher*** la barca è sballottata dalle onde **III** rifl. **sich ~** vagare, girovagare qua e là, andare in giro: ***sich im Wald ~*** girovagare nel bosco.

um|hin‿kom|men, *nicht ~, etw. zu tun* non poter fare a meno di fare qcs. **um|hin‿kön|nen** → **umhinkommen.**

um‿hö|ren rifl. **sich ~** informarsi in giro: ***sich bei jdm nach etw. ~*** informarsi in giro di qcs. presso qcn.

um|hül|len tr. avvolgere. **Um|hül|lung** f. *(-,-en)* **1** avvolgimento *m.* **2** *(Hülle)* involucro *m.*

U/min ⇒ *Umdrehungen pro Minute* giro al minuto (g/min).

um‿in|ter|pre|tie|ren ***etw. ~*** interpretare in modo diverso qcs., dare un'interpretazione diversa (*o* nuova) di qcs.

um|kämp|fen tr. ***etw. ~*** lottare per qcs.

Um|kehr f. *(-)* **1** ritorno *m.*, il tornare indietro: ***zur ~ gezwungen sein*** essere costretto a tornare indietro **2** MECC. TECN. inversione *f.* **um|kehr|bar** agg. che si può invertire, invertibile.

um‿keh|ren I tr. **1a** rovesciare, capovolgere **b** rivoltare: ***die Taschen ~*** rivoltare le tasche **2** *(wenden)* voltare, girare: ***ein Blatt Papier ~*** girare un foglio **3** *(ins Gegenteil verkehren)* invertire: ***ein Verhältnis, eine Reihenfolge ~*** invertire una proporzione, una serie **II** intr. (aus. *sein*) tornare indietro: ***auf halbem Wege kehrte er um*** a metà strada tornò indietro **III** rifl. **sich ~ 1** capovolgersi: ***die Situation hat sich umgekehrt*** la situazione si è capovolta **2** *(sich umwenden)* voltarsi, volgersi, girarsi: ***sich nach jdm, etw. ~*** voltarsi verso qcn., qcs. ◆ COLLOQ. ***das ganze Haus (nach etw.) ~*** mettere tutta la casa sottosopra (alla ricerca di qcs.); ***ihm kehrte sich der Magen um*** gli si rivoltò lo stomaco. **Um|kehr|film** m. *(-[e]s,-e)* pellicola *f.* invertibile. **Um|keh|rung** f. *(-,-en)* **1** inversione *f.* (anche FOT.) **2** MUS. rivolto *m.*

um‿kip|pen I intr. (aus. *sein*) **1a** rovesciarsi: ***der Kübel kippt um*** il secchio si rovescia **b** ribaltarsi, capottare: ***das Auto ist umgekippt*** l'auto ha capottato **2** *(zusammenbrechen)* cadere giù: ***die Leiter ist umgekippt*** la scala è caduta **3** COLLOQ. *(ohnmächtig werden)* svenire: ***wegen der Hitze ~*** svenire per il caldo **4** COLLOQ. *(seine Meinung ändern)* fare un voltafaccia **5a** COLLOQ. *(plötzlich umschlagen)* mutare (*o* trasformarsi) d'improvviso: ***die Stimmung kippte um*** l'atmosfera mutò di colpo **b** *(von Stimme)* rompersi, incrinarsi **6** *(von Wein)* inacidirsi **7** GERG. *(biologisch sterben)* = morire biologicamente **II** tr. **1** rovesciare, buttare giù: ***einen Eimer ~*** rovesciare un secchio; ***den Servierwagen ~*** buttare giù il carrello **2a *ein Boot ~*** rovesciare una barca **b *ein Auto ~*** ribaltare un auto.

um|klam|mern tr. **1** stringere forte: ***jds Hand ~*** stringere forte la mano di qcn. **2** *(umarmen)* abbracciare forte, avvinghiare **3** *(einschließen)* accerchiare. **Um|klam|me|rung** f. *(-,-en)* **1** forte stretta *f.*: ***sich aus der ~ lösen*** liberarsi dalla stretta **2** *(Umarmung)* abbraccio *m.* **3** SPORT clinch *m.*

um|klapp|bar agg. reclinabile. **um‿klap|pen I** tr. reclinare: ***den Autositz ~*** reclinare il sedile dell'auto **II** intr. (aus. *sein*) COLLOQ. svenire.

Um|klei|de|ka|bi|ne f. *(-,-n)* cabina *f.* (spogliatoio).

1.um‿klei|den I tr. ***jdn ~*** cambiare abito a qcn.: ***ein Kind ~*** cambiare abito a un bambino **II** rifl. **sich ~** cambiarsi d'abito: ***sich zum Ausgehen, für das Abendessen ~*** cambiarsi d'abito per uscire, per la cena.

2.um|klei|den tr. ricoprire (avvolgendo), rivestire: ***etw. mit Girlanden ~*** ricoprire di ghirlande qcs.

Um|klei|de|raum m. *(-[e]s,-räume)* spogliatoio *m.*

Um|klei|dung f. *(-,-en)* copertura *f.*, rivestimento *m.*

um‿kni|cken I tr. **1** piegare: ***eine Seite ~*** piegare una pagina **2** *(abknicken)* spezzare, staccare (piegando): ***den Stiel einer Blume ~*** spezzare lo stelo di un fiore **II** intr. (aus. *sein*) spezzarsi: ***während des Sturms knickten die Bäume um*** con la bufera gli alberi si spezzarono ◆ ***(mit dem Fuß) ~*** storcersi (*o* slogarsi) la caviglia.

um‿kom|men intr. *(kam, gekommen;* aus. *sein)* **1** morire: ***bei einem Unfall ~*** morire in un incidente; FIG. ***vor Angst, Kälte, Hunger ~*** morire di paura, di freddo, di fame **2** *(von Lebensmitteln)* andare a male: ***nichts ~ lassen*** non lasciare andare a male nulla. ◆ ***es ist zum Umkommen heiß*** c'è (*o* fa) un caldo da morire.

um|krän|zen tr. ornare con ghirlande (*o* corone), incoronare.

Um|kreis m. *(-es,-e)* **1** circondario *m.*, vicinanze *f.pl.*, dintorni *m.pl.*: ***im (näheren) ~ der Stadt*** nelle (immediate) vicinanze della città **2** *(von Personen)* entourage *m.*: ***im ~ eines bedeutenden Politi-***

kers nell'entourage di un importante uomo politico **3** GEOM. circonferenza *f.* circoscritta ◆ ***3 km im ~, im ~ von 3 km*** nel (*o* per un) raggio di 3 km; ***im weiten ~*** per largo tratto. **um|krei|sen** tr. ***etw. ~*** girare intorno a qcs.: ***die Erde umkreist die Sonne*** la terra gira intorno al sole; FIG. ***ein Thema ~*** girare intorno a un argomento. **Um|krei|sung** f. *(-,-en)* giro *m.*

um‿krem|peln tr. **1** rimboccare: ***die Ärmel ~*** rimboccare le maniche **2** *(umkehren)* rivoltare: ***Strümpfe ~*** rivoltare le calze **3** COLLOQ. *(umgestalten)* rifare (*o* cambiare) completamente ◆ ***das ganze Haus ~*** mettere sottosopra tutta la casa (alla ricerca di qcs.).

Um|la|de|bahn|hof m. *(-[e]s,-höfe)* stazione *f.* di trasbordo. **Um|la|de|gü|ter** pl. merci *m.pl.* da trasbordare. **Um|la|de|ha|fen** m. *(-s,-häfen)* porto *m.* di trasbordo. **um‿la|den** tr. *(lädt, lud, geladen)* trasbordare: ***Güter ~*** trasbordare merci. **Um|la|dung** f. *(-,-en)* trasbordo *m.* **Um|la|dungs|kos|ten** pl. spese *f.pl.* di trasbordo.

Um|la|ge f. *(-,-n)* quota *f.*, costo *m.*: ***die ~ beträgt 50 Mark pro Person*** la quota è di 50 marchi a persona.

1.um‿la|gern tr. immagazzinare (in altro luogo).

2.um|la|gern tr. assediare: ***der Sänger war von vielen Fans umlagert*** il cantante era assediato da molti fan.

Um|la|ge|rung f. *(-,-en)* immagazzinamento *m.*

Um|land n. *(-[e]s)* regione *f.* (*o* area *f.*) circostante.

um‿las|sen tr. *(lässt, ließ, gelassen)* lasciare (indosso).

um|lau|ern tr. spiare intorno, in giro.

Um|lauf m. *(-[e]s,-läufe)* **1** rotazione *f.*; ASTRON. rivoluzione *f.*: ***der ~ der Erde um die Sonne*** la rivoluzione della terra intorno al sole **2a** *(Kreislauf)* circolazione *f.*: ***der ~ des Blutes*** la circolazione sanguigna **b** *(Kursieren)* ***schneller ~ von Nachrichten*** veloce circolazione di notizie **3** *(Rundschreiben)* (lettera *f.*) circolare *f.* ◆ ***eine Banknote außer ~ setzen*** mettere fuori corso una banconota; ***im, in ~ befindlich*** in circolazione; ***etw. in ~ bringen*** mettere qcs. in circolazione; ***in ~ kommen*** entrare nell'uso; ***in, im ~ sein*** essere in circolazione; ***etw. in ~ setzen*** → ***etw. in ~ bringen***; ***etw. aus dem ~ ziehen*** togliere qcs. dalla circolazione. **Um|lauf|bahn** f. *(-,-en)* orbita *f.*: ***einen Satelliten in eine ~ bringen, schießen*** mettere, lanciare in orbita un satellite.

1.um‿lau|fen *(läuft, lief, gelaufen)* **I** tr. travolgere, buttare a terra (correndo) **II** intr. (aus. *sein*) **1** circolare: ***es läuft das Gerücht um, dass...*** circola la voce che... **2** ASTRON. ruotare, girare: ***die um die Sonne umlaufenden Planeten*** i pianeti che ruotano intorno al sole **3** *(ringsherum verlaufen)* correre tutt'intorno: ***ein umlaufender Säulengang*** un portico che corre tutt'intorno.

2.um|lau|fen tr. *(umläuft, umlief, umlaufen)* ***etw. ~*** girare intorno a qcs., compiere il giro di qcs.: ***die Erde umläuft die Sonne in 365 Tagen*** la terra gira intorno al sole in 365 giorni.

um|lau|fend p.pres. agg. **1** → **1.umlaufen** **2** TECN. rotante **3** *(von Münzen)* in circolazione **4** *(von Wind)* variabile.

Um|lauf|ge|schwin|dig|keit f. *(-,-en)* **1** ASTRON. velocità *f.* di rivoluzione **2** COMM. velocità *f.* di circolazione. **Um|lauf|ka|pi|tal** n. *(-s,-e)* → **Umlaufvermögen.** **Um|lauf|schrei|ben** n. *(-s,-)* (lettera *f.*) circolare *f.* **Um|laufs|ka|pi|tal** → **Umlaufkapital.** **Um|laufs|zeit** → **Umlaufzeit.** **Um|lauf|ver|mö|gen** n. *(-s,-)* capitale *m.* circolante. **Um|lauf|zeit** f. *(-,-en)* **1** tempo *m.* di rotazione **2** ASTRON. periodo *m.* di rivoluzione.

Um|laut m. *(-[e]s,-e)* umlaut *m.* **um‿lau|ten** tr., ***im Plural muss man den Vokal ~*** al plurale la vocale richiede l'umlaut; ***der Vokal wurde umgelautet*** la vocale ha preso l'umlaut.

Um|le|ge|ka|len|der m. *(-s,-)* calendario *m.* da tavolo (a fogli mobili). **Um|le|ge|kra|gen** m. *(-s,-)* colletto *m.* rovesciato.

um‿le|gen **I** tr. **1** mettere: ***jdm einen Schal ~*** mettere uno scialle a qcn. **2** *(fällen)* abbattere: ***Bäume, eine Mauer ~*** abbattere alberi, un muro **3** *(verlegen)* trasferire, spostare: ***einen Kranken ~*** trasferire un malato **4** *(umschlagen)* rovesciare: ***einen Kragen ~*** rovesciare un colletto **5** *(verteilen)* dividere, ripartire: ***die Kosten ~*** dividere le spese **6** COLLOQ. stendere: ***jdn mit einem Fausthieb ~*** stendere qcn. con un pugno; *(töten)* ***jdn mit einer Pistole ~*** stendere qcn. con un colpo di pistola **II** rifl. ***sich (D) etw. ~*** mettersi (addosso) qcs.: ***ich lege mir einen Schall, eine Halskette um*** mi metto uno scialle, una catenina ◆ ***ein Telefongespräch ~*** passare una chiamata telefonica; ***einen Termin ~*** spostare una data; ***einen Verband ~*** applicare una fasciatura.

Um|le|gung f. *(-,-en)* **1** rovesciamento *m.* **2** *(Verlegung)* trasferimento *m.*, spostamento *m.* **3** *(Verteilung)* ripartizione *f.*, divisione *f.*

um‿lei|ten tr. deviare: ***den Verkehr ~*** deviare il traffico. **Um|lei|tung** f. *(-,-en)* deviazione *f.*

um‿len|ken tr. **1** indirizzare altrove, deviare **2** *(umwenden)* voltare, girare (anche assol.): ***den Wagen ~*** girare l'auto, invertire la marcia dell'auto.

um‿ler|nen intr. (aus. *haben*) **1** cambiare modo di pensare, cambiare sistema **2** *(beruflich)* riqualificarsi.

um|lie|gend agg. circostante.

Um|luft f. *(-)* TECN. aria *f.* ricircolata.

um‿ma|chen tr. COLLOQ. cambiare.

um|mau|ern tr. recintare con un muro, circondare con un muro; *(von einer Stadt)* circondare di mura. **Um|mau|e|rung** f. *(-,-en)* **1** recinzione *f.* con un muro **2** *(Mauer)* muro *m.* di cinta.

um‿mel|den **I** tr. ***ein Auto ~*** comunicare il cambio di residenza (*o* d'indirizzo) del proprietario di un auto **II** rifl. ***sich ~*** comunicare il cambio di residenza (*o* d'indirizzo). **Um|mel|dung** f. *(-,-en)* cambio *m.* di residenza.

um‿mo|deln tr. **1** cambiare **2** *(umformen)* rimodellare. **Um|mo|de|lung, Um|mod|lung** f. *(-,-en)* **1** cambiamento *m.* **2** rimodellamento *m.*

um‿mün|zen tr. **1** trasformare, adattare, sfruttare **2** SPREG. fare passare, spacciare (per): ***einen Misserfolg in einen, zu einem Erfolg ~*** far passare un insuccesso per un successo.

um|nach|ten tr. ottenebrare: ***Wahnsinn umnachtet jds Verstand*** la follia ottenebra la mente di qcn. **Um|nach|tung** f. *(-,-en)* ottenebramento *m.*

um|ne|beln tr. **1** avvolgere nella nebbia **2** FIG. annebbiare, obnubilare. **Um|ne|be|lung, Um|neb|lung** f. *(-,-en)* annebbiamento *m.*, obnubilamento *m.*

um‿neh|men tr. *(nimmt, nahm, genommen)* COLLOQ. mettersi sulle spalle.

um‿nen|nen tr. *(nannte, genannt)* ***jdn, etw. ~*** cambiare nome a, ribattezzare qcn., qcs.: ***die Straße wurde umgenannt*** fu cambiato il nome della strada, la strada cambiò nome.

um‿ord|nen tr. riordinare, riorganizzare.

Um|or|ga|ni|sa|ti|on f. *(-,-en)* → **Umorganisierung.** **um‿or|ga|ni|sie|ren** tr. riorganizzare. **Um|or|ga|ni|sie|rung** f. *(-,-en)* riorganizzazione *f.*

um‿pa|cken tr. **1** spostare, trasferire: ***die Sachen aus den Koffern in die Kisten ~*** trasferire le cose dalle valigie nelle casse **2a** COLLOQ. *(neu packen)* ***seine Sachen ~*** risistemare le proprie cose **b** ***den Koffer ~*** rifare la valigia.

1.um‿pflan|zen tr. trapiantare; *(eintopfen)* rinvasare.

2.um|pflan|zen tr. circondare di piante (*o* di fiori).

Um|pflan|zung f. *(-,-en)* trapianto *m.*; *(Eintopfung)* rinvasatura *f.*

um‿pflü|gen tr. arare.

um‿po|len tr. ***etw. ~*** invertire la polarità (*o* i poli) di qcs. **Um|po|lung** f. *(-,-en)* inversione *f.* di polarità.

um‿quar|tie|ren tr. **1** ***jdn ~*** far cambiare alloggio a qcn., sistemare qcn. altrove **2** *(in ein anderes Zimmer)* spostare, trasferire, cambiare di stanza **3** MIL. ***Truppen ~*** cambiare di alloggiamento le truppe. **Um|quar|tie|rung** f. *(-,-en)* **1** cambio *m.* di alloggio **2** *(in ein anderes Zimmer)* cambio *m.* di stanza.

um|rah|men tr. incorniciare: ***braune Locken ~ sein Gesicht*** ricci bruni gli incorniciano il viso ◆ ***von Musik umrahmt werden*** avere una cornice musicale. **Um|rah|mung** f. *(-,-en)* incorniciatura *f.*; *(Rahmen)* cornice *f.* ◆ ***musikalische ~*** cornice musicale.

um|ran|den tr. contornare, orlare, bordare.

um|rän|dert agg. bordato, cerchiato: ***rot -e Augen*** occhi cerchiati di rosso.

Um|ran|dung f. *(-,-en)* **1** il contornare, orlatura *f.*, bordatura *f.* **2** *(Rand)* contorno *m.*, orlo *m.*, bordo *m.*

um‿ran|gie|ren tr. FERR. ricomporre, comporre diversamente.

um|ran|ken tr. circondare, avvolgere (anche FIG.).

um‿räu|men tr. ridisporre (secondo un nuovo ordine), cambiare la disposizione (di), risistemare.

um‿rech|nen tr. convertire: ***Franken in Lire ~*** convertire franchi in lire; ***Zentimeter in Millimeter ~*** trasformare centimetri in millimetri. **Um|rech|nung** f. *(-,-en)* conversione *f.* **Um|rech|nungs|kurs** m. *(-es,-e)* (corso *m.* del) cambio *m.*

um|rei|sen tr. ***die Welt ~*** fare il giro del mondo.

1.um‿rei|ßen tr. *(riss, gerissen)* abbattere, buttare giù (*o* a terra): ***der Wind hat den Baum umgerissen*** il vento ha buttato giù l'albero; FIG. ***er riss mich vor Freude fast um*** dalla gioia mi buttò quasi a terra, quasi mi travolse.

2.um|rei|ßen tr. *(umriss, umrissen)* tracciare, abbozzare, delineare: ***die Situation in groben Zügen, mit wenigen Worten ~*** tracciare la situazione a grandi linee, con poche parole.

1.um‿rei|ten tr. *(ritt, geritten)* travolgere cavalcando.

2.um|rei|ten tr. *(umritt, umritten)* ***etw. ~*** cavalcare intorno a qcs.

um‿ren|nen tr. *(rannte, gerannt)* travolgere, buttare a terra (correndo).

um|rin|gen tr. ***jdn, etw.*** ~ fare cerchio intorno a, circondare, attorniare qcn., qcs.

Um|riss m. *(-es,-e)* **1** contorno *m.*, profilo *m.* **2** *(Zug)* tratto *m.*, linea *f.*: ***in großen, groben Umrissen zeichnen, beschreiben*** disegnare a grandi (*o* larghi) tratti, descrivere qcs. a grandi linee; ***feste Umrisse annehmen*** assumere contorni precisi.

um|ris|sen p.pass. agg. **1** → **2.umreißen** **2** tracciato, abbozzato, delineato **3** FIG. preciso, molto chiaro: ***fest -e Vorstellungen haben*** avere idee ben precise.

Um|riss|li|nie f. *(-,-n)* (linea *f.* di) contorno *m.*, profilo *m.* **Um|riss|zeich|nung** f. *(-,-en)* schizzo *m.*, abbozzo *m.*

um‿rüh|ren tr. mescolare, rimestare ◆ ***unter ständigem Umrühren*** continuando a mescolare.

um|run|den tr. ***etw.*** ~ fare il giro di, girare intorno a qcs.

um‿rüs|ten I tr. **1** MIL. ***eine Armee*** ~ cambiare (*o* ammodernare) l'armamento di un esercito **2** TECN. adattare (ad altri lavori), convertire: ***etw. auf Sonnenenergie*** ~ convertire qcs. a energia solare **II** intr. (aus. *haben*) rinnovarsi. **Um|rüs|tung** f. *(-,-en)* **1** MIL. rinnovo *m.* degli armamenti **2** TECN. ripreparazione *f.*, adattamento *m.* (ad altri lavori).

ums → **um.**

um‿sä|gen tr. abbattere, segare.

um‿sat|teln I tr. ***ein Pferd*** ~ cambiare sella a un cavallo **II** intr. (aus. *haben*) COLLOQ. cambiare mestiere (*o* corso, scuola): ***auf Sekretärin*** ~ diventare segretaria; ***auf Mathematik*** ~ passare a matematica.

Um|satz m. *(-es,-sätze)* **1** giro *m.* (*o* volume *m.*) d'affari: ***den ~ erhöhen*** aumentare il giro d'affari; ***der ~ steigt, sinkt*** il volume d'affari aumenta, diminuisce **2** *(Verkauf)* fatturato *m.*, vendite *f.pl.*: ***100 000 Mark ~ machen*** fare un fatturato di (*o* fatturare) 100 000 marchi **3** *(Kontoumsatz)* movimento *m.*: ***der ~ der Kunden*** il movimento dei clienti **4** *(Börsenumsatz)* quantitativo *m.* trattato (*o* di titoli scambiati) ◆ COLLOQ. ***~ machen*** fare soldi.

Um|satz|ana|ly|se f. *(-,-n)* ECON. analisi *f.* delle vendite. **Um|satz|an|stieg** m. *(-[e]s)* aumento *m.* del fatturato (*o* delle vendite). **Um|satz|be|tei|li|gung** f. *(-,-en)* partecipazione *f.* al fatturato. **Um|satz|pro|vi|si|on** f. *(-,-en)* **1** provvigione *f.* sulle vendite (*o* sul fatturato, sul giro d'affari) **2** BANC. provvigione *f.* di movimento del conto. **Um|satz|rück|gang** m. *(-[e]s,-rückgänge)* calo *m.* delle vendite, riduzione *f.* del volume d'affari. **Um|satz|stei|ge|rung** f. *(-,-en)* incremento (*o* aumento *m.*) del fatturato, delle vendite. **Um|satz|steu|er** f. *(-,-n)* imposta *f.* sugli affari (*o* sull'entrata). **Um|satz|ver|gü|tung** f. *(-,-en)* provvigione *f.* sulle vendite (*o* sul fatturato, sul giro d'affari).

um|säu|men tr. **1** bordare, orlare **2** *(umgeben)* circondare, orlare.

um‿schal|ten I tr. **1** TELEV. ***den Apparat auf einen anderen Sender*** ~ sintonizzare l'apparecchio su un altro canale **2** EL. commutare **3** MECC. ***etw.*** ~ invertire la marcia di qcs. **II** intr. (aus. *haben*) **1** COLLOQ. passare ad altro, cambiare: ***der Markt muss*** ~ il mercato deve cambiare **2a** passare: ***auf andere Produkte*** ~ passare ad altri prodotti; ***auf ein anderes Thema*** ~ passare a un altro tema; ***wieder auf den Alltag*** ~ tornare alla vita di tutti i giorni; AUT. ***vom zweiten in den dritten Gang*** ~ passare dalla seconda alla terza **b** *(automatisch)* ***die Ampel schaltet von Gelb auf Rot um*** il semaforo passa dal giallo al rosso **3** RAD. TELEV. collegarsi: ***direkt ins Stadion*** ~ collegarsi in diretta con lo stadio; ***jetzt schalten wir nach Berlin um*** ora ci colleghiamo con (*o* passiamo la linea a) Berlino **4** *(einen anderen Kanal wählen)* cambiare canale: ***schalte mal um!*** cambia canale! ***auf ZDF*** ~ girare sulla ZDF; ***von einem Programm auf, in ein anderes*** ~ passare da un programma a un altro, cambiare programma. **Um|schal|ter** m. *(-s,-)* **1** commutatore *m.* **2** *(von Schreibmaschinen)* tasto *m.* delle maiuscole. **Um|schalt|he|bel** m. *(-s,-)* **1** EL. leva *f.* di commutazione **2** MECC. leva *f.* di inversione. **Um|schal|tung** f. *(-,-en)* **1** EL. commutazione *f.* **2** MECC. inversione *f.* (di marcia) **3** AUT. cambio *m.* di marcia.

um|schat|ten tr. ombreggiare.

Um|schau f. *(-)* **1** sguardo *m.* all'intorno **2** FIG. giro *m.* d'orizzonte (*o* orientativo): ***zur freien ~ einladen*** invitare a una visita senza impegno ◆ ***nach jdm, etw. ~ halten*** guardarsi intorno alla ricerca di qcn., qcs., cercare qcn., qcs. **um‿schau|en** rifl. **sich** ~ REGION. → **umsehen.**

Um|schicht f. *(-,-en)* MIN. cambio *m.* di turno. **um‿schich|ten I** tr. **1** disporre diversamente **2a** ECON. ristrutturare **b** *(Kapital)* reinvestire **II** rifl. **sich** ~ **1** ristrutturarsi **2** SOCIOL. ***die Bevölkerung hat sich umgeschichtet*** è mutata la stratificazione della popolazione. **um|schich|tig** avv. a turno, alternativamente. **Um|schich|tung** f. *(-,-en)* **1** diversa disposizione *f.*, cambiamento *m.* di disposizione, riorganizzazione *f.* **2a** ECON. ristrutturazione *f.* **b** *(von Kapital)* reinvestimento *m.* **3** *(Veränderung der Schichtung)* mutamento *m.* della stratificazione.

1.um‿schif|fen tr. trasbordare (su un'altra nave).

2.um|schif|fen tr. circumnavigare: ***eine Insel*** ~ girare intorno a un'isola, circumnavigare (*o* compiere il periplo di) un'isola; *(ein Kap)* doppiare.

1.Um|schif|fung f. *(-,-en)* trasbordo *m.*

2.Um|schif|fung f. *(-,-en)* circumnavigazione *f.*, periplo *m.*

Um|schlag m. *(-[e]s,-schläge)* **1** *(Buchumschlag)* copertina *f.* **2** *(Briefumschlag)* busta *f.*: ***den Brief in den ~ stecken*** infilare la lettera nella busta; ***eine Briefmarke auf den ~ kleben*** incollare un francobollo sulla busta **3** *(Wickel)* impacco *m.*, compressa *f.*: ***kalte, warme Umschläge verordnen*** prescrivere impacchi freddi, caldi **4** SART. risvolto *m.*: ***eine Hose mit*** ~ pantaloni col risvolto **5a** *(plötzliche Veränderung)* mutamento *m.* (improvviso), cambiamento *m.* (repentino), sbalzo *m.*: ***den ~ des Wetters spüren*** sentire il cambiamento del tempo **b** *(Umschwung)* svolta *f.*: ***ein politischer, wirtschaftlicher*** ~ una svolta politica, economica **6a** *(Umladen von Waren)* trasbordo *m.* **b** movimento *m.* (di merci). **Um|schlag|bahn|hof** m. *(-[e]s,-höfe)* stazione *f.* di trasbordo.

um‿schla|gen *(schlägt, schlug, geschlagen)* **I** tr. **1** SART. rivoltare, rovesciare: ***den Kragen*** ~ rovesciare il collo **2** *(umkrempeln)* rimboccare **3** *(umdrehen)* voltare: ***die Seite eines Buches*** ~ voltare la pagina di un libro **4** *(fällen)* abbattere, buttare giù: ***einen Baum*** ~ abbattere un albero **5** *(umladen)* ***Güter, Waren*** ~ trasbordare merci **II** intr. (aus. *sein*) **1a** rovesciarsi, capovolgersi: ***das Boot schlägt um*** la barca si rovescia **b** *(von Wagen)* ribaltare **2** *(sich plötzlich ändern)* cambiare, mutare (improvvisamente): ***die Sympathie schlug in Hass um*** la simpatia si trasformò in odio; ***der Wind ist umgeschlagen*** il vento è cambiato (*o* ha girato) **3** *(sauer werden)* inacidire, inacetire ◆ ***ins Gegenteil*** ~ cambiare completamente, prendere la piega contraria.

Um|schla|ge|tuch n. *(-[e]s,-tücher)* scialle *m.*

Um|schlag|ha|fen m. *(-s,-häfen)* porto *m.* di trasbordo. **Um|schlag|kra|gen** m. *(-s,-)* colletto *m.* rovesciato. **Um|schlag|platz** m. *(-es,-plätze)* piazza *f.* (*o* luogo *m.*) di trasbordo. **Um|schlag|zeich|nung** f. *(-,-en)* disegno *m.* della, in copertina.

um|schlei|chen tr. *(umschlich, umschlichen)* ***etw.*** ~ girare di soppiatto, strisciare intorno a qcs.

um|schlie|ßen tr. *(umschloss, umschlossen)* **1** stringere: ***etw. mit den Händen*** ~ stringere qcs. in mano, nelle mani; ***jdn fest (mit seinen Armen)*** ~ stringere forte qcn. (fra le braccia), abbracciare forte qcn. **2** *(umgeben)* circondare, cingere **3** *(umzingeln)* accerchiare. **Um|schlie|ßung** f. *(-,-en)* accerchiamento *m.*

1.um‿schlin|gen *(schlang, geschlungen)* **I** tr. stringere, avvolgere **II** rifl. ***sich (D) einen Schal*** ~ avvolgersi una scialle.

2.um|schlin|gen tr. *(umschlang, umschlungen)* **1** *(umfassen)* cingere, stringere; *(umarmen)* abbracciare: ***jdn*** ~ stringere, abbracciare qcn.; ***jds Taille*** ~ cingere la vita di qcn., allacciare qcn. alla vita **2** *(um etw. herumschlingen)* cingere, avvolgere **3** *(umranken)* avviticchiare. **Um|schlin|gung** f. *(-,-en)* **1** stretta *f.*: ***sich aus der ~ befreien*** liberarsi dalla stretta **2** *(Herumschlingen)* avvolgimento *m.*

um|schlun|gen p.pass. agg. **1** → **2.umschlingen** **2** stretto (in un abbraccio), allacciato.

um|schmei|cheln tr. **1** adulare, lusingare **2a** *(liebkosen)* ***jdn*** ~ fare le coccole a, (ac)carezzare qcn. **b** FIG. (ac)carezzare: ***der Wind umschmeichelte ihr Gesicht*** il vento le carezzava il viso.

um‿schmei|ßen tr. *(schmiss, geschmissen)* COLLOQ. **1** buttare giù (*o* a terra), far cadere **2a** *(aus der Fassung bringen)* stendere, mandare k.o. **b** *(zunichte machen)* mandare all'aria, far saltare.

um‿schmel|zen tr. *(schmilzt, schmolz, geschmolzen)* METALL. rifondere.

um‿schnal|len tr. legare, chiudere.

um|schnü|ren tr. legare (con lo spago): ***eine Schachtel mit einem Bindfaden*** ~ legare una scatola con uno spago. **Um|schnü|rung** f. *(-,-en)* legatura *f.* (con lo spago).

1.um‿schrei|ben tr. *(schrieb, geschrieben)* **1a** riscrivere, rielaborare: ***einen Artikel, einen Roman*** ~ riscrivere un articolo, un romanzo **b** *(ändern)* ***eine Rechnung*** ~ riscrivere (*o* rifare) un conto **2** *(übereignen, übertragen)* volturare, trasferire: ***das Auto*** ~ volturare la (*o* fare la voltura della) macchina; ***ein Grundstück auf jdn, auf jds Namen*** ~ trasferire un terreno a qcn., a nome di qcn. **3** *(transkribieren)* trascrivere.

2.um|schrei|ben tr. *(umschrieb, umschrieben)* **1** definire, delimitare, circoscrivere: ***jds Rechte, Aufgaben*** ~ definire i diritti, i compiti di qcn. **2a** *(verhüllend beschreiben)* descrivere con un giro di parole, con perifrasi: ***eine peinliche Situation*** ~ descrivere con perifrasi una situazione penosa **b** *(erklären)* spiegare: ***ein Wort ~*** spiegare una parola con una perifrasi **3** GEOM. ***ein Vieleck mit einem Kreis ~*** circoscrivere una circonferenza a un poligono.

1.Um|schrei|bung f. *(-,-en)* **1** riscrittura *f.*, rielaborazione *f.* **2** DIR. voltura *f.*

2.Um|schrei|bung f. *(-,-en)* **1** perifrasi *f.*, circonlocuzione *f.* **2** GEOM. il circoscrivere.

um|schrie|ben p.pass. agg. **1** → **2.umschreiben** **2** MED. *(abgegrenzt)* circoscritto, localizzato: ***ein -es Ekzem*** un eczema ben delimitato.

Um|schrift f. *(-,-en)* **1** traslitterazione *f.*: ***die ~ eines kyrillischen Textes*** la traslitterazione di un testo in cirillico **2** LING. trascrizione *f.*: ***phonetische ~*** trascrizione fonetica **3** *(Umarbeitung)* riscrittura *f.*, rielaborazione *f.* **4** *(kreisförmige Beschriftung auf Münzen)* leggenda *f.*

um_schul|den tr. ECON. convertire: ***Anleihen, Kredite ~*** convertire prestiti, crediti. **Um|schul|dung** f. *(-,-en)* ECON. conversione *f.* di debiti.

um_schu|len **I** tr. **1** trasferire, far cambiare scuola: ***ein Kind ~*** far cambiare scuola a (*o* trasferire) un bambino **2** *(ausbilden)* formare, addestrare: ***einen Facharbeiter auf eine neue Maschine ~*** addestrare un operaio specializzato su un nuovo tipo di macchina; ***jdn zum Mechaniker ~*** avviare qcn. alla professione di meccanico **3** *(umerziehen)* rieducare: ***die politischen Gefangenen ~*** rieducare i prigionieri politici **II** intr. (aus. *haben*) riqualificarsi (professionalmente): ***er hat umgeschult*** si è riqualificato professionalmente. **Um|schu|lung** f. *(-,-en)* **1** trasferimento *m.*, cambiamento *m.* di scuola **2** *(Ausbildung)* riqualificazione *f.* (professionale), formazione *f.*, riaddestramento *m.* **3** *(Umerziehung)* rieducazione *f.*

um_schüt|ten tr. **1** versare: ***die Milch ~*** versare il latte **2** *(umfüllen)* travasare: ***den Wein in eine Karaffe ~*** travasare il vino in una caraffa.

um|schwär|men tr. **1** ***etw. ~*** sciamare, svolazzare intorno a qcs.: ***von Fliegen umschwärmt werden*** essere circondato da sciami di mosche **2** FIG. *(den Hof machen)* corteggiare: ***jdn ~*** corteggiare qcn.

um|schwe|ben tr. ***etw. ~*** volare intorno a qcs.

Um|schweif m. *(-[e]s,-e)* giro *m.* di parole: ***etw. ohne -e erklären*** spiegare qcs. senza giri di parole; ***keine -e machen*** non fare giri di parole ◆ ***ohne -e zur Sache kommen*** arrivare al sodo.

um_schwen|ken intr. (aus. *sein*) **1** fare una conversione, fare dietro front: ***die Kolonne schwenkte um*** la colonna fece dietro front **2** *(einbiegen)* svoltare **3** FIG. *(wechseln)* cambiare, mutare: ***auf ihn ist kein Verlass, er schwenkt oft um*** non c'è da fidarsi di lui, cambia spesso (opinione).

um|schwir|ren tr. ***etw. ~*** ronzare intorno a qcs.

Um|schwung m. *(-[e]s,-schwünge)* **1** svolta *f.*: ***ein politischer, wirtschaftlicher ~*** una svolta politica, economica **2** GINN. volteggio *m.*

um|se|geln tr. circumnavigare: ***eine Insel ~*** circumnavigare un'isola. **Um|se|ge|lung, Um|seg|lung** f. *(-,-en)* circumnavigazione *f.*

um_se|hen rifl. *(sieht, sah, gesehen)* **sich ~** **1** guardare (*o* guardarsi) intorno: ***du darfst dich nicht ~, ich muss noch aufräumen*** non guardarti intorno, devo ancora mettere in ordine **2** vedere (*o* girare): ***sich in der Welt, in einer Stadt ~*** girare il mondo, girare per una città **3** *(sich umdrehen)* girarsi, voltarsi: ***er hat sich oft nach ihm umgesehen*** si è voltato spesso verso di lui **4** *(suchen)* ***sich nach etw. (D) ~*** cercare, andare alla ricerca di qcs.: ***sich nach neuen Mitarbeitern, nach einem anderen Arbeitsplatz ~*** cercare nuovi collaboratori, un nuovo posto di lavoro ◆ COLLOQ. ***du wirst dich noch ~!*** te ne accorgerai!

um|sei|tig agg. e avv. sul retro: ***vergleiche das -e Bild*** confronta l'illustrazione (posta) sul retro; ***der Preis ist ~ angegeben*** il prezzo è indicato sul retro. **um|seits** avv. a tergo, sul retro.

um|setz|bar agg. **1** ECON. convertibile: ***in Geld ~ sein*** essere convertibile in denaro **2** *(verpflanzbar)* trapiantabile **3** *(umwandelbar)* trasformabile **4** *(marktfähig)* smerciabile, vendibile.

um_set|zen **I** tr. **1** ***etw. ~*** cambiare posto a qcs., spostare qcs.: ***der Lehrer hat einen Schüler umgesetzt*** l'insegnante ha spostato un alunno; ***den Kamin ~*** cambiare posto al camino **2** *(umpflanzen)* trapiantare: ***eine Pflanze in einen anderen Topf ~*** trapiantare una pianta in un altro vaso **3** *(übersetzen)* tradurre: ***etw. in Musik ~*** tradurre qcs. in musica **4** *(umwandeln)* trasformare: ***Energie in Wärme ~*** trasformare l'energia in calore **5** COLLOQ. *(ausgeben)* spendere: ***er hat sein ganzes Geld in Geschenke, neue Möbel, Alkohol umgesetzt*** ha speso tutto il suo denaro in regali, mobili nuovi, alcolici **6** *(verkaufen)* fatturare: ***Waren für 20 000 Mark ~*** fatturare merce per 20 000 marchi **7** ECON. convertire: ***in Geld ~*** convertire in denaro **II** rifl. **sich ~** **1** spostarsi, cambiare (di) posto **2** *(sich umwandeln)* trasformarsi: ***Reibung setzt sich in Wärme um*** l'attrito si trasforma in calore ◆ ***etw. in die Praxis ~*** mettere qcs. in pratica; ***in die Tat ~*** mettere in atto. **Um|set|zer** m. *(-s,-)* TECN. convertitore *m.* **Um|set|zung** f. *(-,-en)* **1** *(Umpflanzung)* trapianto *m.* **2** *(Umwandlung)* trasformazione *f.* **3** trasposizione *f.*

Um|sicht f. *(-)* circospezione *f.*, prudenza *f.*: ***große ~ zeigen*** mostrare grande circospezione; ***mit ~ handeln*** agire con circospezione. **um|sich|tig** **I** agg. circospetto, cauto, prudente: ***ein -es Verhalten*** un comportamento circospetto **II** avv. cautamente, in modo prudente, con circospezione: ***~ handeln, vorgehen*** agire, procedere con circospezione. **Um|sich|tig|keit** f. *(-)* → **Umsicht.**

um_sie|deln **I** tr. trasferire: ***einen Teil der Bevölkerung ~*** trasferire una parte della popolazione **II** intr. (aus. *sein*) trasferirsi: ***in ein anderes Land ~*** trasferirsi in un altro paese. **Um|sie|de|lung, Um|sied|lung** f. *(-,-en)* trasferimento *m.* **Um|sied|ler** m. *(-s,-)* persona *f.* trasferita.

um_sin|ken intr. *(sank, gesunken;* aus. *sein)* cadere a terra: ***vor Müdigkeit ~*** cadere a terra dalla stanchezza.

um|so cong. **1a** tanto: ***~ besser*** tanto meglio **b** ***je..., ~...*** quanto più... tanto più...: ***je älter man wird, ~ vergesslicher wird man*** quanto più si è vecchi tanto più si diventa smemorati **2** rafforz. ***die Erklärung ist ~ nötiger, als vieles noch unklar ist*** la spiegazione si rivela necessaria, tanto più che molto è ancora confuso.

um|sonst avv. **1** gratuitamente, gratis: ***etw. ~ tun*** fare qcs. gratuitamente **2** *(vergebens)* inutilmente, invano: ***~ auf jdn warten*** aspettare invano qualcuno ◆ ***es war alles ~*** fu tutto inutile.

um|sor|gen tr. ***etw. ~*** avere cura di, prendersi cura di qcs.

1.um_span|nen tr. cambiare, sostituire: ***Pferde, Ochsen ~*** sostituire i cavalli, i buoi **2** EL. trasformare: ***Strom von 2000 Volt auf 220 Volt ~*** trasformare la corrente da 2000 a 220 volt.

2.um|span|nen tr. **1a** *(umfassen)* abbracciare: ***der Baumstamm ließ sich nicht ~*** il tronco dell'albero non si poteva abbracciare **b** *(einschließen)* ***seine Interessen ~ alle Gebiete der klassischen Philologie*** i suoi interessi abbracciano tutti gli ambiti della filologia classica; ***einen Zeitraum von sechs Jahren ~*** abbracciare un lasso di tempo di sei anni **2** *(umschließen)* stringere: ***ihren Arm mit beiden Händen ~*** stringere il suo braccio con entrambe le mani.

Um|span|ner m. *(-s,-)* EL. trasformatore *m.* **Um|span|nung** f. *(-,-en)* **1** cambio *m.*, sostituzione *f.* **2** trasformazione *f.* **Um|spann|werk** n. *(-[e]s,-e)* impianto *m.* di trasformazione.

um|spie|len tr. **1** ***etw. ~*** giocherellare intorno a qcs. **2a** *(streifen)* sfiorarare: ***die Locken ~ ihre Stirn*** i riccioli sfiorano la sua fronte **b** FIG. sfiorare: ***ein Lächeln umspielte seine Lippen*** un sorriso sfiorò le sue labbra **3** *(von Wellen)* lambire: ***Wellen umspielen das Boot*** le onde lambiscono la barca **4** MUS. *(paraphrasieren)* parafrasare **5** SPORT aggirare, scartare: ***den Gegner ~*** scartare l'avversario.

um|spin|nen tr. avvolgere, rivestire (di tessuto).

1.um_sprin|gen intr. *(sprang, gesprungen;* aus. *sein)* **1a** *(plötzlich wechseln)* cambiare improvvisamente **b** *(vom Wind)* girare improvvisamente, cambiare direzione **c** *(von Ampeln)* scattare: ***die Ampel ist von Gelb auf Rot umgesprungen*** il semaforo è scattato dal giallo al rosso **2** *(unangemessen behandeln)* trattare (male): ***mit jdm brutal, rücksichtslos ~*** trattare qcn. brutalmente, senza riguardo; ***so kannst du mit ihm nicht ~*** non puoi trattarlo così **5** GINN. compiere un salto con giravolta.

2.um|sprin|gen tr. ***etw. ~*** saltare intorno a qcs.

um_spu|len tr. riavvolgere.

um|spü|len tr. bagnare, lambire.

Um|stand m. *(-[e]s,-stände)* **1** circostanza *f.*: ***ein entscheidender unvorhergesehener, glücklicher ~*** una circostanza decisiva, imprevista, felice; ***unter diesen Umständen*** in queste circostanze; ***unter den gegebenen Umständen*** date le circostanze; ***unter den gegenwärtigen Umständen*** nelle attuali circostanze; ***unter den besonderen Umständen*** in queste circostanze particolari; ***die Umstände gestatten mir das nicht*** le circostanze non me lo consentono; ***eine Verkettung glücklicher Umstände*** un susseguirsi di circostanze favorevoli **2** *(Fall)* caso *m.*: ***unter allen Umständen*** in tutti i casi; ***unter keinen Umständen*** in nessun caso (*o* nessuna circostanza) **3** *(Zustand)* condizione *f.*: ***dem Patienten geht es den Umständen entsprechend gut*** considerando le sue condizioni, il paziente sta bene **4** pl. *(Mühe)* cerimonie *f.pl.*, convenevoli *m.pl.*: ***viel Umstände mit jdm machen*** fare tante cerimonie con qcn.; ***ohne viel Umstände*** senza tanti convenevoli ◆ ***in anderen Umständen sein*** essere in stato interessante; DIR. ***erschwerender, mildernder ~*** circostanza aggravante, attenuante; ***machen Sie meinetwegen keine Umstände*** non si disturbi per me; ***je nach***

den Umständen secondo le circostanze; ***unter Umständen*** se si dà il caso, eventualmente; ***ohne weitere Umstände*** senza tante storie.

um|stän|de|hal|ber avv. per circostanze particolari.

um|stand|lich I agg. **1** *(allzu genau, langsam)* pignolo, circostanziato, prolisso: ***eine -e Erzählung*** un racconto prolisso **2** *(mühsam)* scomodo, disagevole: ***es ist zu ~, mit dem Zug dorthin zu kommen*** è troppo scomodo arrivarci con il treno **3** *(schwerfällig)* goffo, maldestro **II** avv. **1** in modo pignolo, a rilento **2** *(schwerfällig)* in modo maldestro: ***~ arbeiten*** lavorare in modo maldestro. **Um|ständ|lich|keit** f. *(-,-en)* **1** pedanteria *f.*, prolissità *f.* **2** *(Beschwerlichkeit)* scomodità *f.* **3** *(Ungeschicklichkeit)* l'essere maldestro, goffaggine *f.*

Um|stands|an|ga|be, Um|stands|be|stim|mung f. *(-)* GRAMM. complemento *m.* circostanziale. **Um|stands|für|wort** n. *(-[e]s, -wörter)* avverbio *m.* pronominale. **um|stands|hal|ber** RAR. → **umständehalber. Um|stands|kleid** n. *(-[e]s,-er)* (abito *m.*) premaman *m.* **Um|stands|klei|dung** f. *(-)* vestiti *m.pl.* pre-maman. **Um|stands|krä|mer** m. *(-s,-)* COLLOQ. individuo *m.* maldestro. **Um|stands|satz** m. *(-es,-sätze)* proposizione *f.* avverbiale. **Um|stands|wort** n. *(-[e]s,-wörter)* avverbio *m.* **um|stands|wört|lich** agg. RAR. avverbiale.

um‿ste|chen tr. *(sticht, stach, gestochen)* vangare.

um‿ste|cken tr. **1** infilare da un'altra parte, mettere altrove: ***den Stecker ~*** infilare la spina da un'altra parte **2** *(mit Nadeln abstecken)* puntare con gli spilli: ***den Saum ~*** puntare l'orlo con gli spilli.

1.um‿ste|hen intr. *(stand, gestanden;* aus. *sein)* REGION. allontanarsi: ***steh ein wenig um!*** allontanati un po'!

2.um|ste|hen tr. *(umstand, umstanden)* ***etw.*** ~ attorniare, circondare, stare intorno a qcs. **um|ste|hend** p.pres. **I** agg. **1** → **2.umstehend 2** circostante: ***die -en Personen*** le persone circostanti **3** *(umseitig)* sul retro: ***siehe -es Bild*** vedi illustrazione sul retro **II** avv. *(umseitig)* sul retro.

um‿stei|gen intr. *(stieg, gestiegen;* aus. *sein)* **1** cambiare: ***in München müssen wir ~*** a Monaco dobbiamo cambiare **2** trasbordare: ***vom Zug in einen Bus ~*** trasbordare dal treno su (a) un autobus **3** *(überwechseln)* COLLOQ. passare: ***vom Auto auf öffentliche Verkehrsmittel ~*** passare dall'automobile ai mezzi pubblici; ***auf vegetarische Ernährung ~*** passare all'alimentazione vegetariana. **Um|stei|ge|fahr|schein** m. *(-[e]s,-e)* **Um|stei|ge|kar|te** f. *(-,-n)* biglietto *m.* con coincidenza.

Um|stell|bahn|hof m. *(-[e]s,-höfe)* FERR. stazione *f.* di smistamento. **um|stell|bar** agg. **1** spostabile **2** *(einstellbar)* regolabile **3** *(fähig sich einzustellen)* flessibile, adattabile.

1.um‿stel|len tr. **1** ***etw.*** ~ spostare, cambiare posto a qcs.; ***einen Tisch, einen Schrank ~*** spostare un tavolo, un armadio **b** *(anders einstellen)* ***einen Hebel, die Uhr ~*** spostare una leva, l'orologio; *(in einem Text)* ***einen Satz ~*** spostare (*o* trasporre) una frase **2** *(anpassen)* adattare: ***die Heizung auf Erdgas ~*** adattare il riscaldamento al metano **3** *(ändern)* cambiare, variare: ***er hat seine Essgewohnheiten umgestellt*** ha cambiato le sue abitudini alimentari **4** ECON. convertire: ***die Produktion einer Industrie ~*** convertire la produzione di un'industria **5** SPORT cambiare (la formazione): ***die Mannschaft ~*** cambiare la formazione di una squadra **6** FERR. *(verschieben)* smistare **II** rifl. **sich ~ 1** passare: ***er hat sich auf eine neue Diät ~*** è passato a una nuova dieta **2** *(sich anpassen)* adeguarsi, adattarsi: ***sich ohne Probleme ~ können*** sapersi adeguare senza problemi; ***sich auf die neue Arbeit, ein ruhigeres Leben ~*** adattarsi al nuovo lavoro, a una vita più tranquilla.

2.um|stel|len tr. circondare.

Um|stel|lung f. *(-,-en)* **1** spostamento *m.*, cambiamento *m.* di posto **2** *(Übergang)* passaggio *m.* **3** *(Änderung)* cambiamento *m.* **4** *(Anpassung)* adeguamento *m.* **5** ECON. conversione *f.*

um‿steu|ern tr. invertire (la marcia). **Um|steu|e|rung** f. *(-,-en)* inversione *f.* (di marcia).

um‿stim|men tr. **1** *(Musikinstrument)* cambiare accordatura di, accordare diversamente **2** FIG. ***jdn (in etw.) ~*** far cambiare idea a qcn. (su qcs.), persuadere qcn. (di qcs.).

um‿sto|ßen tr. *(stößt, stieß, gestoßen)* **1** rovesciare, far cadere (urtando) **2** *(rückgängig machen)* annullare, revocare: ***ein Urteil ~*** revocare un giudizio **3** *(zunichte machen)* sconvolgere, cambiare radicalmente: ***jds Vorhaben, Berechnungen ~*** sconvolgere il piano, i calcoli di qcn.

um|strah|len tr. circondare di luce.

1.um‿stri|cken tr. rifare (lavorando a maglia).

2.um|stri|cken tr. **1** *(umgarnen)* irretire **2** ANT. *(umgeben)* avvolgere.

um|strit|ten agg. controverso, discusso: ***eine -e These*** una tesi controversa; ***ein -er Autor*** un autore discusso.

um|strö|men tr. ***etw.*** ~ scorrere intorno a qcs.

um‿struk|tu|rie|ren tr. ristrutturare. **Um|struk|tu|rie|rung** f. *(-,-en)* ristrutturazione *f.*

um‿stül|pen I tr. **1** rovesciare, capovolgere: ***einen Eimer ~*** rovesciare una pattumiera **2** rivoltare: ***die Taschen ~*** rivoltare le tasche **3** *(grundlegend ändern)* capovolgere, rivoluzionare: ***sein Leben ~*** rivoluzionare la propria vita **II** rifl. **sich ~ 1** rivoltarsi, rovesciarsi **2** *(Ärmel)* rivoltarsi, rimboccarsi.

Um|sturz m. *(-es,-stürze)* **1a** sovvertimento *m.*, rivoluzione *f.*: ***einen politischen ~ vorbereiten*** preparare un sovvertimento politico **b** rovesciamento *m.*: ***der ~ einer Regierung*** il rovesciamento di un governo **2** FIG. rivoluzione *f.*: ***ein ~ in der Technologie*** una rivoluzione nella tecnologia. **Um|sturz|be|we|gung** f. *(-,-en)* moto *m.* rivoluzionario, movimento *m.* sovversivo. **um‿stür|zen I** tr. **1** rovesciare, ribaltare: ***Tische ~*** rovesciare i tavoli **2** FIG. rovesciare: ***ein System, eine Regierung ~*** rovesciare un sistema, un governo **3** sconvolgere: ***jds Pläne ~*** sconvolgere i piani di qcn. **II** intr. (aus. *sein*) cadere, crollare: ***die Mauer, der Turm stürzt um*** il muro, la torre crolla. **Um|stürz|ler** m. *(-s,-)* sovversivo *m.*, rivoluzionario *m.* **um|stürz|le|risch** agg. sovversivo, rivoluzionario.

um|tan|zen tr. ***jdn, etw.*** ~ ballare intorno a qcn., a qcs.

um‿tau|fen tr. COLLOQ. ribattezzare: ***eine Straße ~*** ribattezzare (*o* cambiare il nome a) una strada.

Um|tausch m. *(-[e]s)* **1** scambio *m.*, cambio *m.*, permuta *f.*: ***Kauf auf ~*** vendita con diritto di cambio **2** *(von Geld)* cambio *m.*; ECON. conversione *f.*: ***~ zum Nennwert*** conversione alla pari ◆ ***vom ~ ausgeschlossen*** senza possibilità di scambio. **Um|tausch|bar|keit** f. *(-)* ECON. convertibilità *f.* **um‿tau|schen** tr. **1** scambiare, cambiare, permutare: ***etw. in, gegen etw. ~*** cambiare qcs. in, per qcs.; ***die Ware ~*** cambiare (*o* permutare) la merce **2** *(Geld)* cambiare; ECON. convertire: ***Dollars in Francs ~*** cambiare dollari in franchi. **Um|tausch|recht** n. *(-[e]s)* diritto *m.* di permuta. **Um|tausch|ver|hält|nis** n. *(-ses,-se)* rapporto *m.* di conversione.

um‿ti|teln tr. intitolare diversamente, reintitolare.

um‿top|fen tr. rinvasare.

um‿trei|ben *(trieb, getrieben)* **I** tr. ***jdn ~*** non dare pace a qcn., tormentare qcn.: ***sein Gewissen treibt ihn um*** la sua coscienza lo tormenta **II** rifl. **sich ~** girovagare. **Um|trieb** m. *(-[e]s,-e)* **1** AGR. ciclo *m.* colturale **2** pl. intrighi *m.pl.*, manovre *f.pl.*, attività *f.pl.* sovversive.

Um|trunk m. *(-[e]s,-trünke)* giro *m.* di bevute, bicchierata *f.*: ***einen ~ halten*** fare una bicchierata.

um‿tun *(tat, getan)* COLLOQ. **I** tr. mettersi (addosso): ***eine Schürze ~*** mettersi un grembiule **II** rifl. **sich ~ 1** ***sich nach etw., jdm ~*** darsi da fare per trovare qcs., qcn. **2** *(näher kennenlernen)* guardarsi attorno, orientarsi: ***sich in der Welt ~*** guardarsi attorno nel mondo.

um‿ver|tei|len tr. ECON. ridistribuire, redistribuire. **Um|ver|tei|lung** f. *(-,-en)* ECON. ridistribuzione *f.*, redistribuzione *f.* **Um|ver|tei|lungs|po|li|tik** f. *(-)* politica *f.* ridistributiva.

um|wach|sen tr. *(umwächst, umwuchs, umwachsen)* ***etw.*** ~ crescere intorno a qcs., circondare qcs.

um|wal|len tr. fluttuare, ondeggiare attorno. **Um|wal|lung** f. *(-,-en)* vallo *m.*

um‿wäl|zen tr. **1** girare (sull'altro lato) **2** *(Luft, Wasser)* far circolare **3** FIG. *(grundlegend verändern)* sovvertire, capovolgere, sconvolgere. **um|wäl|zend** p.pres. agg. **1** → **umwälzen 2** sconvolgente: ***-e Folgen haben*** avere conseguenze sconvolgenti. **Um|wälz|pum|pe** f. *(-,-n)* pompa *f.* di circolazione. **Um|wäl|zung** f. *(-,-en)* **1** rivoluzione *f.*, sconvolgimento *m.*, sovvertimento *m.* **2** *(von Luft, Wasser)* circolazione *f.*

um|wan|del|bar agg. **1** trasformabile, convertibile **2** DIR. commutabile: ***eine -e Strafe*** una pena commutabile.

1.um‿wan|deln I tr. **1** trasformare, tramutare **2** ECON. FIS. convertire: ***mechanische Energie in Elektrizität ~*** convertire energia meccanica in elettricità **3** DIR. commutare **II** rifl. **sich ~** trasformarsi ◆ ***wie umgewandelt sein*** essere completamente cambiato.

2.um|wan|deln, um|wan|dern intr. (aus. *haben*) ***etw.*** ~ passeggiare intorno a qcs., fare un giro (*o* una passeggiata) intorno a qcs.

Um|wand|lung f. *(-,-en)* **1** trasformazione *f.* **2** ECON. FIS. conversione *f.* **3** DIR. commutazione *f.* **Um|wand|lungs|pro|zess** m. *(-es,-e)* processo *m.* di trasformazione.

um‿wech|seln tr. cambiare: ***einen Zehnmarkschein in Münzen ~*** cambiare una banconota da dieci marchi in monete; ***an der Grenze Geld ~*** cambiare i soldi alla frontiera; ***Mark gegen Schillinge ~*** cambiare i marchi in scellini. **Um|wech|se|lung, Um|wechs|lung** f. *(-,-en)* cambio *m.*

Um|weg m. *(-[e]s,-e)* giro *m.*: ***einen kleinen, weiten ~ machen*** fare una piccola deviazione, un ampio giro (*o* allungare la strada di poco, di molto); ***etw. auf -en erreichen*** raggiungere qcs. facendo la strada più lunga (*o* con una deviazione); FIG. ***etw. auf -en erfahren*** venire a sapere qcs. indirettamente (*o* per vie traverse).

1.um‿we|hen tr. abbattere, buttare giù (soffiando).

2.um|we|hen tr. ***jdn, etw.*** ~ soffiare intorno a qcn., qcs.

Um|welt f. *(-,-en)* ambiente *m.*: ***die natürliche, soziale ~*** l'ambiente naturale, sociale; ***die Verschmutzung der ~*** l'inquinamento dell'ambiente; ***sich seiner ~ anpassen*** adattarsi al proprio ambiente; *(Menschen in einer Umgebung)* ***von seiner ~ akzeptiert werden*** essere ben accetto nel proprio ambiente.

Um|welt|au|to n. *(-s,-s)* COLLOQ. auto *f.* ecologica, non inquinante. **um|welt|be|dingt** agg. condizionato dall'ambiente. **Um|welt|be|din|gun|gen** pl. condizioni *f.pl.* ambientali. **Um|welt|be|las|tung** f. *(-,-en)* inquinamento *m.* ambientale (non grave). **Um|welt|ein|flüs|se** pl. influssi *m.pl.* dell'ambiente. **Um|welt|fak|tor** m. *(-s,-en)* fattore *m.* ambientale. **um|welt|feind|lich** agg. inquinante. **Um|welt|for|schung** f. *(-)* ricerca *f.* ambientale, ecologia *f.* **um|welt|freund|lich** agg. ecologico, non inquinante: ***-e Stoffe*** materiali ecologici. **Um|welt|kri|mi|na|li|tät** f. *(-)* reati *m.pl.* contro l'ambiente. **um|welt|neut|ral** agg. ecologico, pulito: ***-e Energiequellen*** fonti di energia pulita. **Um|welt|pa|pier** → **Umweltschutzpapier. Um|welt|po|li|tik** f. *(-)* politica *f.* ambientale. **Um|welt|schä|den** pl. danni *m.pl.* all'ambiente. **um|welt|schäd|lich** agg. inquinante, nocivo (per l'ambiente). **um|welt|scho|nend** agg. → **umweltfreundlich.**

Um|welt|schutz m. *(-es)* tutela *f.* ambientale, ecologismo *m.*, ambientalismo *m.* **Um|welt|schüt|zer** m. *(-s,-)* ecologista *m.*, ambientalista *m.* **Um|welt|schutz|pa|pier** n. *(-s,-e)* COLLOQ. carta *f.* ecologica.

Um|welt|sün|der m. *(-s,-)* COLLOQ. inquinatore *m.* **Um|welt|tech|no|lo|gie** f. *(-)* tecnologia *f.* ambientale. **Um|welt|ver|schmut|zung** f. *(-)* inquinamento *m.* ambientale. **um|welt|ver|träg|lich** agg. che rispetta l'ambiente.

um‿wen|den *(wendete/wandte, gewendet/gewandt)* **I** tr. girare, voltare: ***die Seiten einer Zeitung, den Braten ~*** girare le pagine di un giornale, l'arrosto; *(Fahrtrichtung)* ***einen Wagen ~*** girare la macchina **II** intr. (aus. *haben*) svoltare, voltare, girare: ***der Autofahrer wendete um*** l'autista svoltò **III** rifl. **sich** ~ voltarsi, girarsi: ***sich nach jdm ~*** voltarsi verso qcn.

um|wer|ben tr. *(umwirbt, umwarb, umworben)* corteggiare.

um‿wer|fen I tr. *(wirft, warf, geworfen)* **1** buttare giù, rovesciare: ***ein Glas ~*** buttare giù un bicchiere **2** buttare addosso: ***jdm eine Decke ~*** buttare una coperta addosso a qcn. **3a** COLLOQ. *(aus der Fassung bringen)* sconvolgere, scuotere **b** mettere k.o.: ***ein Glas Wein kann dich nicht ~*** un bicchiere di vino non può metterti k.o. **c** *(zunichte machen)* ***jds Pläne ~*** sconvolgere i piani di qcn. **II** rifl. ***sich (D) etw.*** ~ buttarsi qcs. addosso: ***sich eine Jacke ~*** buttarsi una giacca addosso. **um|wer|fend** p.pres. agg. **1** → **umwerfen 2** sconvolgente: ***eine -e Nachricht*** una notizia sconvolgente ◆ ***~ komisch sein*** essere di una comicità sconvolgente.

um‿wer|ten tr. ***etw.*** ~ cambiare, sovvertire il valore di qcs. **Um|wer|tung** f. *(-,-en)* cambiamento *m.*, sovvertimento *m.* di valore.

um|wi|ckeln tr. **1** avvolgere: ***etw. mit einem Draht ~*** avvolgere un filo intorno a qcs. **2** fasciare: ***den Kopf mit einem Verband ~*** fasciare la testa con una benda.

Um|wi|cke|lung, Um|wick|lung f. *(-,-en)* **1** avvolgimento *m.* **2** *(mit Binden)* fasciatura *f.*

um‿wid|men tr. dedicare ad altro, sfruttare diversamente.

1.um‿win|den *(wand, gewunden)* **I** tr. legare intorno: ***jdm ein Tuch ~*** legare un fazzoletto a qcn. **II** rifl. ***sich einen Schal ~*** legarsi uno scialle.

2.um|win|den tr. *(umwand, umwunden)* avvolgere, cingere, circondare: ***etw. mit einer Girlande ~*** cingere qcs. con una ghirlanda.

um|wit|tern tr. circondare, avvolgere: ***ein Geheimnis umwittert ihn*** è circondato da un segreto.

um|wo|gen tr. ***etw.*** ~ ondeggiare intorno a qcs.

um|woh|nend agg. vicino (di casa). **Um|woh|ner** m. *(-s,-)* vicino *m.*

um|wöl|ken I tr. avvolgere (come nubi) **II** rifl. **sich ~ 1** annuvolarsi, rannuvolarsi **2** FIG. *(verdüstern)* rabbuiarsi. **Um|wöl|kung** f. *(-,-en)* **1** annuvolamento *m.*, rannuvolamento *m.* **2** FIG. rabbuiamento *m.*

um‿wüh|len tr. **1** *(Erde)* rivoltare **2** FIG. *(in Unordnung bringen)* scompigliare.

um|zäu|nen tr. recintare. **Um|zäu|nung** f. *(-,-en)* recinzione *f.*

1.um‿zie|hen *(zog, gezogen)* **I** intr. (aus. *sein*) trasferirsi, traslocare: ***nach Köln ~*** trasferirsi a Colonia; ***sie ist vor kurzem umgezogen*** ha traslocato da poco; ***in eine kleinere Wohnung ~*** trasferirsi in un appartamento più piccolo **II** tr. cambiare (d'abito): ***die Kinder ~*** cambiare (d'abito) i bambini **III** rifl. **sich** ~ cambiarsi (d'abito): ***sich zum Essen, fürs Theater ~*** cambiarsi per il pranzo, la cena, per il teatro.

2.um|zie|hen *(umzog, umzogen)* **I** tr. **1** circondare, cingere: ***ein Zaun umzieht die Manege*** un recinto circonda il maneggio **2** *(überziehen)* (ri)coprire **II** rifl. **sich** ~ (r)annuvolarsi.

um|zin|geln tr. accerchiare, circondare. **Um|zin|ge|lung, Um|zing|lung** f. *(-,-en)* accerchiamento *m.*

Um|zug m. *(-[e]s,-züge)* **1** trasloco *m.*: ***jdm beim ~ helfen*** aiutare qcn. a traslocare **2a** *(Gang, Zug)* corteo *m.*: ***ein historischer ~*** un corteo storico **b** *(Prozession)* processione *f.* **c** ***ein politischer ~*** una marcia (politica). **um|zugs|hal|ber** avv. per trasferimento, trasloco. **Um|zugs|kos|ten** pl. spese *f.pl.* di trasloco.

um|zün|geln tr. lambire: ***Flammen ~ das Dach*** le fiamme lambiscono il tetto.

UN [u:'ɛn] ⇒ *Vereinte Nationen* Nazioni Unite (N.U.).

un|ab|än|der|lich, un|ab|än|der|lich agg. immutabile; *(unwiderruflich)* irrevocabile. **Un|ab|än|der|lich|keit** f. *(-,-en)* immutabilità *f.*

un|ab|ding|bar, un|ab|ding|bar agg. **1** imprescindibile, irrinunciabile **2** DIR. inalienabile. **Un|ab|ding|bar|keit** f. *(-,-en)* **1** irrinunciabilità *f.*, imprescindibilità *f.* **2** DIR. inalienabilità *f.* **un|ab|ding|lich, un|ab|ding|lich** agg. imprescindibile, irrinunciabile.

un|ab|hän|gig I agg. **1** indipendente: ***von jdm, etw.~ sein*** essere indipendente da qcn., qcs.; ***ein -er Mensch*** una persona indipendente; *(überparteilich)* ***eine -e Zeitung*** un giornale indipendente; *(souverän)* ***ein -es Land*** un paese indipendente **2** *(frei)* libero **II** avv. indipendentemente, in modo indipendente: ***etw. ~ von jdm entscheiden*** decidere qcs. indipendentemente da qcn. ◆ ***~ davon, dass...*** a prescindere dal fatto che... **Un|ab|hän|gig|keit** f. *(-,-en)* indipendenza *f.* **Un|ab|hän|gig|keits|er|klä|rung** f. *(-,-en)* dichiarazione *f.* d'indipendenza.

un|ab|kömm|lich, un|ab|kömm|lich agg. non disponibile, impegnato, occupato: ***zur Zeit, im Moment ~ sein*** essere occupato per il momento. **Un|ab|kömm|lich|keit, Un|ab|kömm|lich|keit** f. *(-)* indispensabilità *f.*

un|ab|läs|sig, un|ab|läs|sig I agg. incessante **II** avv. incessantemente.

un|ab|lös|lich agg. **1** *(von Schuld)* non redimibile **2** *(von Anleihen)* inestinguibile.

un|ab|seh|bar, un|ab|seh|bar agg. **1** imprevedibile: ***-e Folgen*** conseguenze imprevedibili **2** *(nicht überblickbar)* sterminato, immenso, sconfinato: ***-e Plantagen*** piantagioni sterminate ◆ ***~ weit*** a perdita d'occhio. **Un|ab|seh|bar|keit, Un|ab|seh|bar|keit** f. *(-,-en)* **1** imprevedibilità *f.* **2** *(nicht überschaubare Weite)* immensità *f.*

un|ab|setz|bar, un|ab|setz|bar agg. **1** BUROCR. inamovibile **2** *(Steuer)* non deducibile **3** *(Waren)* invendibile. **Un|ab|setz|bar|keit** f. *(-)* **1** BUROCR. inamovibilità *f.* **2** *(Steuer)* non deducibilità *f.* **3** *(Waren)* invendibilità *f.*

un|ab|sicht|lich I agg. involontario **II** avv. involontariamente.

un|ab|weis|bar, un|ab|weis|bar, un|ab|weis|lich, un|ab|weis|lich agg. **1** innegabile **2** *(zwingend)* assoluto, imperioso.

un|ab|wend|bar, un|ab|wend|bar agg. inevitabile, ineluttabile, inesorabile. **Un|ab|wend|bar|keit, Un|ab|wend|bar|keit** f. *(-)* inevitabilità *f.*, ineluttabilità *f.*, inesorabilità *f.*

un|acht|sam I agg. disattento, sbadato, distratto **II** avv. sbadatamente, distrattamente. **Un|acht|sam|keit** f. *(-,-en)* sbadataggine *f.*, sbadatezza *f.*, distrazione *f.*

un|ähn|lich agg. dissimile, diverso: ***jdm, etw. ~ sein*** essere diverso da qcn., qcs. **Un|ähn|lich|keit** f. *(-,-en)* diversità *f.*, dissomiglianza *f.*

un|an|bring|lich agg. *(von Postsendungen)* giacente.

un|an|fecht|bar, un|an|fecht|bar agg. incontestabile, inoppugnabile. **Un|an|fecht|bar|keit, Un|an|fecht|bar|keit** f. *(-)* incontestabilità *f.* inoppugnabilità *f.*

un|an|ge|bracht agg. inopportuno, fuori luogo; inappropriato: ***eine -e Bemerkung*** un'osservazione inopportuna.

un|an|ge|foch|ten I agg. **1** incontestato, indiscusso: ***-er Sieger sein*** essere vincitore indiscusso **2** *(unbehindert)* indisturbato, incontrastato **II** avv. in modo indisturbato, senza problemi: ***~ über die Grenze kommen*** passare il confine indisturbato.

un|an|ge|mel|det I agg. **1** non annunciato; inatteso: ***ein -er Gast*** un ospite inatteso **2** BUROCR. non registrato **II** avv. senza avvertire, inaspettatamente: ***bei jdm ~ vorbeikommen*** passare da qcn. senza avvertire.

un|an|ge|mes|sen I agg. inadeguato: ***ein -es Benehmen*** un comportamento inadeguato **II** avv. in modo inadeguato: ***~ reagieren*** reagire in modo inadeguato. **Un|an|ge|mes|sen|heit** f. *(-)* inadeguatezza *f.*

un|an|ge|nehm I agg. **1** *(misslich)* spiacevole, sgradevole: ***eine -e Nachricht*** una spiacevole notizia; ***ein -er Geruch*** un odore sgradevole; *(unsympathisch)* ***ein -er Typ*** un tipo sgradevole; *(peinlich)* ***eine -e Frage*** una domanda sgradevole **2** *(ärgerlich)* fastidioso, seccante: ***eine -e Situation*** una situazione seccante **II** avv. **1** sgradevolmente, spiacevolmente **2** *(lästig)* in modo seccante, fastidioso ◆ ***~ auffallen*** fare una cattiva impressione; ***von etw. ~ berührt sein*** essere dispiaciuto di qcs.; ***das ist mir sehr ~*** mi spiace molto (sono molto imbarazzato); ***~ werden*** arrabbiarsi, diventare cattivo.

un|an|ge|passt agg. SOCIOL. disadattato. **Un|an|ge|passt|heit** f. *(-)* SOCIOL. disadattamento *m.*

un|an|ge|se|hen prep. + gen e acc. ANT. senza considerare, non considerato: ***~ der, die Umstände*** senza considerare le circostanze.

un|an|ge|tas|tet agg. **1** intatto: ***ein -es Vermögen*** un capitale intatto **2** inviolato: ***ein -es Privileg*** un privilegio inalienato.

un|an|greif|bar, un|an|greif|bar agg. inattaccabile, inoppugnabile: ***ein -es Urteil*** un giudizio inoppugnabile. **Un|an|greif|bar|keit, Un|an|greif|bar|keit** f. *(-)* inattaccabilità *f.*, inoppugnabilità *f.*

un|an|nehm|bar, un|an|nehm|bar agg. inaccettabile: ***eine -e Bedingung*** una condizione inaccettabile. **Un|an|nehm|bar|keit, Un|an|nehm|bar|keit** f. *(-)* inammissibilità *f.* **Un|an|nehm|lich|keit** f. *(-,-en)* fastidio *m.*, seccatura *f.*; inconveniente *m.*: ***mit etw. nur -en haben*** avere con qcs. solo seccature; ***-en bekommen*** avere dei fastidi; ***jdm -en bereiten, machen*** procurare dei fastidi a qcn.

un|an|sehn|lich agg. **1** *(unbedeutend)* insignificante, modesto, poco appariscente: ***ein -er Mensch*** una persona insignificante; ***ein -es Haus*** una casa modesta **2** *(von Speisen)* non appetitoso **3** *(schäbig)* logoro, consunto: ***die Schuhe sind ~ geworden*** le scarpe sono diventate logore. **Un|an|sehn|lich|keit** f. *(-)* modestia *f.*, scarsa appariscenza *f.*

un|an|stän|dig I agg. **1** indecente: ***ein -es Benehmen*** un comportamento indecente; ***eine -e Bemerkung*** un'osservazione indecente **2** *(obszön)* sconcio: ***ein -er Witz*** un barzelletta sconcia **II** avv. indecentemente, in modo indecente: ***~ dick sein*** essere indecentemente grasso; ***~ viel essen*** mangiare troppo. **Un|an|stän|dig|keit** f. *(-,-en)* indecenza *f.*

un|an|stö|ßig agg. inoffensivo, innocuo, innocente.

un|an|tast|bar, un|an|tast|bar agg. **1a** intoccabile, intangibile: ***ein -er Ruf*** una fama intoccabile **b** *(nicht zugänglich)* intoccabile: ***-e Ersparnisse*** risparmi intoccabili **2** *(unverletzbar)* inviolabile: ***-e Rechte*** diritti inviolabili ◆ ***die Würde des Menschen ist ~*** la dignità della persona è inviolabile. **Un|an|tast|bar|keit, Un|an|tast|bar|keit** f. *(-)* intangibilità *f.*

un|ap|pe|tit|lich agg. **1** non appetitoso **2** *(ekelig)* disgustoso.

1.Un|art f. *(-,-en)* **1** cattive maniere *f.pl.*, maleducazione *f.*: ***diese ~ musst du dir abgewöhnen*** devi perdere queste cattive maniere **2** *(von Kindern)* cattiveria *f.*

2.Un|art m. *(-[e]s,-e)* ANT. screanzato *m.*

un|ar|tig I agg. maleducato: ***ein -es Kind*** un bambino maleducato **II** avv. da maleducato: ***sich ~ benehmen*** comportarsi da maleducato. **Un|ar|tig|keit** f. *(-,-en)* maleducazione *f.*

un|ar|ti|ku|liert agg. inarticolato.

un|äs|the|tisch agg. antiestetico.

un|auf|dring|lich agg. discreto: ***ein -er Duft*** un profumo discreto. **Un|auf|dring|lich|keit** f. *(-)* discrezione *f.*

un|auf|fäl|lig I agg. non appariscente: ***-e Kleidung*** vestiti non appariscenti **II** avv. senza dare nell'occhio, senza farsi notare: ***sich ~ benehmen*** comportarsi senza dare nell'occhio; ***sich ~ entfernen*** allontanarsi senza farsi notare; ***~ aussehen*** avere un aspetto non appariscente. **Un|auf|fäl|lig|keit** f. *(-)* l'essere poco appariscente; discrezione *f.*

un|auf|find|bar, un|auf|find|bar agg. introvabile, irreperibile.

un|auf|ge|for|dert I agg. non richiesto, non sollecitato **II** avv. spontaneamente.

un|auf|ge|klärt agg. **1** non chiarito: ***ein -er Fall*** un caso non chiarito (*o* svelato) **2** *(von Kindern)* non informato (su questioni sessuali).

un|auf|halt|bar, un|auf|halt|bar RAR., **un|auf|halt|sam, un|auf|halt|sam I** agg. inarrestabile, irrefrenabile: ***ein -er Aufstieg*** un'ascesa inarrestabile **II** avv. inarrestabilmente, irrefrenabilmente. **Un|auf|halt|sam|keit** f. *(-)* inarrestabilità *f.*, irrefrenabilità *f.*

un|auf|hör|lich, un|auf|hör|lich I agg. incessante: ***ein -es Geräusch*** un rumore incessante **II** avv. incessantemente: ***es schneit ~*** nevica incessantemente.

un|auf|lös|bar, un|auf|lös|bar agg. **1** insolubile, non solubile **2** *(von Knoten usw.)* che non si riesce a slegare **3** FIG. *(unüberwindbar)* insuperabile, insanabile: ***ein -er Widerspruch*** una contraddizione insanabile. **Un|auf|lös|bar|keit, Un|auf|lös|bar|keit** f. (-) **1** insolubilità *f.*; FIG. ***die ~ eines Problems*** l'insolubilità di un problema **2** indissolubilità *f.*: ***die ~ der Ehe*** l'indissolubilità del matrimonio. **un|auf|lös|lich, un|auf|lös|lich** agg. **1** indissolubile: ***eine -e Verbindung*** un legame indissolubile; *(von Verträgen)* non rescindibile **2** insuperabile, insanabile: ***-e Schwierigkeiten*** difficoltà insuperabili **3** *(von Stoffen)* insolubile, non solubile.

un|auf|merk|sam I agg. **1** disattento: ***im Unterricht ~ sein*** essere disattento durante la lezione; ***ein -es Publikum*** un pubblico disattento **2** *(nicht zuvorkommend)* poco attento: ***jdm gegenüber ~ sein*** essere poco attento nei confronti di, verso qcn. **II** avv. con disattenzione, distrattamente. **Un|auf|merk|sam|keit** f. *(-,-en)* disattenzione *f.*; *(Zerstreutheit)* distrazione *f.*

un|auf|rich|tig agg. insincero, poco sincero: ***jdm gegenüber ~ sein*** essere insincero nei confronti di qcn. **Un|auf|rich|tig|keit** f. *(-,-en)* insincerità *f.*, mancanza *f.* di sincerità.

un|auf|schieb|bar, un|auf|schieb|bar agg. improrogabile, improcrastinabile. **Un|auf|schieb|bar|keit, Un|auf|schieb|bar|keit** f. *(-)* improrogabilità *f.* **un|auf|schieb|lich** RAR. → **unaufschiebbar.**

un|aus|bleib|lich agg. inevitabile; immancabile: ***-e Folgen*** conseguenze inevitabili.

un|aus|denk|bar, RAR. **un|aus|denk|lich** agg. impensabile, inimmaginabile.

un|aus|führ|bar, un|aus|führ|bar agg. inattuabile. **Un|aus|führ|bar|keit, Un|aus|führ|bar|keit** f. *(-)* inattuabilità *f.*

un|aus|ge|bil|det agg. **1** non (ancora) addestrato, non (ancora) istruito **2** *(noch nicht entwickelt)* non sviluppato, rudimentale.

un|aus|ge|füllt agg. **1** non riempito, non pieno **2** *(leer)* non compilato, in bianco: ***ein -er Scheck*** un assegno in bianco **3** FIG. non realizzato, vuoto: ***ein -es Leben*** una vita vuota; ***sich ~ fühlen*** non sentirsi realizzato. **Un|aus|ge|füllt|sein** n. *(-s)* insoddisfazione *f.*

un|aus|ge|gli|chen agg. **1** non equilibrato, instabile: ***ein -er Mensch*** una persona non equilibrata **2** *(ungleichmäßig)* non bilanciato, squilibrato ◆ ECON. ***eine -e Bilanz*** un bilancio non in pareggio. **Un|aus|ge|gli|chen|heit** f. *(-)* **1** squilibrio *m.*, instabilità *f.* **2a** mancanza *f.* di equilibrio **b** ECON. sperequazione *f.*

un|aus|ge|go|ren agg. immaturo, non maturo.

un|aus|ge|schla|fen agg. insonnolito, assonnato, addormentato.

un|aus|ge|setzt I agg. continuo, ininterrotto **II** avv. in continuazione, ininterrottamente.

un|aus|ge|spro|chen agg. inespresso, non detto: ***-e Gedanken, Wünsche*** pensieri, desideri inespressi ◆ ***~ sein, bleiben*** essere, rimanere sottinteso.

un|aus|lösch|lich, un|aus|lösch|lich I agg. incancellabile, indelebile **II** avv. in modo indelebile.

un|aus|rott|bar, un|aus|rott|bar agg. inestirpabile.

un|aus|sprech|bar, un|aus|sprech|bar agg. impronunciabile. **un|aus|sprech|lich, un|aus|sprech|lich I** agg. **1** inesprimibile, ineffabile; *(unsagbar)* indicibile, indescrivibile: ***-e Freude*** gioia inesprimibile **2** *(sehr groß)* enorme, immenso: ***-e Dankbarkeit*** immensa riconoscenza **II** avv. in modo indicibile (*o* inesprimibile); immensamente: ***~ glücklich sein*** essere immensamente felice.

un|aus|steh|lich, un|aus|steh|lich agg. insopportabile. **Un|aus|steh|lich|keit, Un|aus|steh|lich|keit** f. *(-)* insopportabilità *f.*

un|aus|tilg|bar, un|aus|tilg|bar agg. LETT. → **unauslöschlich.**

un|aus|weich|lich, un|aus|weich|lich I agg. inevitabile **II** avv. inevitabilmente. **Un|aus|weich|lich|keit, Un|aus|weich|lich|keit** f. *(-)* inevitabilità *f.*

un|bän|dig I agg. **1a** irrefrenabile, incontenibile, indomabile: ***ein -er Hass*** un odio irrefrenabile **b** *(sehr groß)* enorme: ***ein -er Durst, Hunger*** una sete, fame enorme **2** *(ungestüm)* turbolento, impetuoso, irrequieto: ***ein -es Kind*** un bambino turbolento **II** avv. **1a** in modo irrefrenabile, senza contenersi **b** *(sehr)* enormemente, moltissimo: ***sich ~ freuen*** essere contentissimo **2** *(ungestüm)* impetuosamente, in modo turbolento; ***der Sturm tobte ~*** la tempesta infuriava violentemente.

un|barm|her|zig I agg. **1** duro, spietato, impietoso: ***ein -es Gesetz*** una legge spietata **2** FIG. tremendo, duro: ***eine -e Hitze*** un caldo tremendo **II** avv. impietosamente, senza pietà. **Un|barm|her|zig|keit** f. *(-,-en)* spietatezza *f.*, durezza *f.*

un|be|ab|sich|tigt I agg. non intenzionale, involontario **II** avv. involontariamente.

un|be|ach|tet agg. ignoto, oscuro, anonimo: ***ein -es Leben führen*** condurre un'esistenza anonima ◆ ***~ bleiben*** essere ignorato, non

essere considerato; ***jdn, etw. ~ lassen*** ignorare qcn., qcs. **un|be|acht|lich** agg. trascurabile.
un|be|an|stan|det agg. incontestato ◆ ***etw. ~ lassen*** non contestare qcs., non reclamare per qcs.
un|be|ant|wort|bar, un|be|ant|wort|bar agg. senza risposta, che non ha risposta. **un|be|ant|wor|tet** agg. (rimasto) senza risposta, BUROCR. inevaso ◆ ***etw. ~ lassen*** non rispondere a qcs.
un|be|ar|bei|tet agg. **1** non lavorato: ***-e Rohstoffe*** materie grezze non lavorate; *(nicht behandelt)* non trattato **2** che non è stato ancora visto, da sbrigare, da evadere: ***-e Akten*** pratiche da sbrigare.
un|be|baut agg. **1** non edificato **2** AGR. incolto, non coltivato.
un|be|dacht **I** agg. sconsiderato, sventato **II** avv. senza riflettere, sconsideratamente. **un|be|dach|ter|wei|se** avv. senza riflettere (*o* pensarci), sconsideratamente. **Un|be|dacht|sam|keit** f. *(-,-en)* sconsideratezza *f.*, sventatezza *f.*
un|be|darft agg. sprovveduto, ingenuo, inesperto.
un|be|deckt agg. scoperto, aperto.
un|be|denk|lich **I** agg. **1** che non comporta rischi, sicuro: ***die Lage ist nicht ~*** la situazione non è affatto sicura **2** *(keine Bedenken auslösend)* leggero, non impegnato **II** avv. senza pensarci, senza starci a pensare, senza esitazione: ***etw. ~ annehmen*** accettare qcs. senza esitazione. **Un|be|denk|lich|keit** f. *(-)* **1** assenza *f.* di rischi, sicurezza *f.* **2** *(unbedenkliches Verhalten)* leggerezza *f.*: ***eine ~ begehen*** commettere una leggerezza ◆ ***steuerliche ~*** nullaosta fiscale. **Un|be|denk|lich|keits|be|schei|ni|gung** f. *(-,-en)* nullaosta *m.*
un|be|deu|tend agg. **1** irrilevante, insignificante **2** *(geringwertig)* di scarso valore, poco rilevante: ***ein -es Kunstwerk*** un'opera di scarso valore artistico. **Un|be|deu|tend|heit** f. *(-)* RAR. **1** irrilevanza *f.* **2** *(geringer Wert)* scarso valore *m.*, poca rilevanza *f.*
un|be|dingt, un|be|dingt **I** agg. **1** assoluto, incondizionato: ***-es Vertrauen*** fiducia incondizionata **2** FISIOL. ***-e Reflexe*** riflessi incondizionati **II** avv. **1** assolutamente, incondizionatamente **2a** *(auf jeden Fall)* assolutamente, in ogni caso: ***du musst ~ kommen!*** devi assolutamente venire! **b** necessariamente: ***muss er zahlen? – nicht ~*** deve pagare? – non necessariamente (*o* non è detto). **Un|be|dingt|heit, Un|be|dingt|heit** f. *(-)* l'essere incondizionato (*o* assoluto): ***die ~ seiner Treue, Zustimmung beeindruckte mich*** la sua fedeltà incondizionata, il suo assoluto consenso mi impressionò.
un|be|ein|druckt, un|be|ein|druckt **I** agg. non impressionato **II** avv. ***jdn ~ lassen*** non impressionare qcn., non fare impressione su qcn.
un|be|ein|fluss|bar, un|be|ein|fluss|bar agg. non influenzabile, non suggestionabile. **un|be|ein|flusst** **I** agg. non influenzato, non suggestionato **II** avv. senza essere influenzato (*o* suggestionato).
un|be|fahr|bar, un|be|fahr|bar agg. impraticabile, intransitabile.
un|be|fan|gen **I** agg. **1** disinvolto, spontaneo **2a** *(unvoreingenommen)* non prevenuto, senza pregiudizi **b** *(unparteiisch)* imparziale **II** avv. **1** disinvoltamente, spontaneamente **2a** *(unvoreingenommen)* senza pregiudizi **b** *(unparteiisch)* con imparzialità. **Un|be|fan|gen|heit** f. *(-)* **1** disinvoltura *f.*, spontaneità *f.* **2a** *(Unvoreingenommenheit)* mancanza *f.* di pregiudizi **b** *(Unparteilichkeit)* imparzialità *f.*
un|be|fleckt agg. immacolato ◆ RELIG. ***Unbefleckte Empfängnis*** Immacolata concezione.
un|be|frie|di|gend agg. non soddisfacente, insoddisfacente. **un|be|frie|digt** agg. insoddisfatto: ***über etw. (A) ~ sein*** essere insoddisfatto di qcs.; ***vom Leben ~ sein*** essere insoddisfatto, deluso della vita. **Un|be|frie|digt|heit** f. *(-)* insoddisfazione *f.*
un|be|fris|tet agg. **1** illimitato **2** (a tempo) indeterminato.
un|be|fruch|tet agg. non fecondato.
un|be|fugt **I** agg. **1** non autorizzato: ***-e Personen*** persone non autorizzate **2** *(unerlaubt)* abusivo, illecito: ***-e Berufsausübung*** esercizio abusivo di una professione **II** avv. **1** senza autorizzazione: ***~ eingreifen*** intervenire senza autorizzazione **2** *(unerlaubt)* abusivamente, illecitamente. **Un|be|fug|te, *Zutritt für ~ verboten*** vietato l'ingresso agli estranei (*o* ai non addetti ai lavori).
un|be|gabt agg. non dotato, non portato, COLLOQ. negato: ***für, zu etw. ~ sein*** non essere portato (*o* essere negato) per qcs. **Un|be|gabt|heit** f. *(-)* assenza *f.* (*o* mancanza *f.*) di attitudine.
un|be|geh|bar agg. impraticabile, non transitabile, impercorribile.
un|be|gli|chen agg. non pagato, non saldato.
un|be|greif|lich, un|be|greif|lich **I** agg. **1** incomprensibile, inconcepibile: ***~, wie so etwas passieren konnte*** non si capisce come una cosa simile possa essere successa **2** *(unerklärlich)* inspiegabile: ***ein -er Leichtsinn*** un'inspiegabile leggerezza **II** avv. molto, estremamente, incredibilmente: ***~ hoch, leicht*** molto alto, facile.
un|be|greif|li|cher|wei|se avv. incomprensibilmente.
un|be|grenzt, un|be|grenzt agg. illimitato: ***eine -e Aufenthaltserlaubnis*** un permesso di soggiorno illimitato ◆ ***-es Vertrauen*** fiducia assoluta. **Un|be|grenzt|heit, Un|be|grenzt|heit** f. *(-)* illimitatezza *f.*
un|be|grün|det agg. infondato, ingiustificato.
un|be|haart agg. privo di peli, glabro.
Un|be|ha|gen n. *(-s)* **1** disagio *m.*, malessere *m.*: ***ein leichtes, tiefes ~ spüren*** provare un leggero, profondo disagio; ***jdm ~ bereiten*** mettere qcn. a disagio **2** *(Abneigung)* avversione *f.*: ***~ an der Politik*** avversione verso la politica. **un|be|hag|lich** **I** agg. **1** sgradevole, spiacevole: ***ein -es Gefühl*** una sensazione sgradevole; ***eine -e Situation*** una situazione spiacevole; ***etw. ist mir ~*** qcs. mi è sgradevole, mi crea disagio **2** *(ungemütlich)* non accogliente, sgradevole: ***eine -e Atmosphäre, Wohnung*** un'atmosfera sgradevole, un appartamento poco accogliente **II** avv. a, con disagio: ***sich ~ fühlen*** sentirsi a disagio.
un|be|hau|en agg. non scolpito, grezzo.
un|be|haust agg. e avv. senza dimora; *(ohne Heimat)* senza patria.
un|be|hel|ligt agg. ***von jdm ~ bleiben, sein*** non venire disturbato, non essere seccato da qcn.; ***jdn ~ lassen*** lasciare in pace, non disturbare (*o* infastidire, seccare) qcn.
un|be|herrscht agg. **1** incontrollato: ***eine -e Reaktion*** una reazione incontrollata **2** *(von Menschen)* che non sa controllarsi: ***er ist ~*** non sa controllarsi. **Un|be|herrscht|heit** f. *(-,-en)* mancanza *f.* di autocontrollo.
un|be|hin|dert **I** agg. non impedito; *(frei)* libero **II** avv. senza impedimenti; *(frei)* liberamente.
un|be|hol|fen **I** agg. impacciato, goffo; *(ungeschickt)* maldestro **II** avv. in modo impacciato, goffamente; *(ungeschickt)* maldestramente. **Un|be|hol|fen|heit** f. *(-)* goffaggine *f.*
un|be|irr|bar, un|be|irr|bar **I** agg. imperturbabile, impassibile; *(fest)* fermo, saldo **II** avv. ***~ seinen Weg gehen*** andare dritto per la propria strada. **Un|be|irr|bar|keit, Un|be|irr|bar|keit** f. *(-)* imperturbabilità *f.*; *(Festigkeit)* fermezza *f.* **un|be|irrt, un|be|irrt** **I** agg. saldo, fermo; *(zielstrebig)* imperterrito, tenace **II** avv. saldamente, tenacemente; imperterrito.
un|be|kannt agg. **1a** sconosciuto, ignoto: ***ein -er Autor*** un autore sconosciuto; ***aus -er Ursache*** per cause ignote **b** MAT. incognito: ***eine -e Größe*** un'incognita **2a** ***etw. ist jdm ~*** qcn. non conosce qcs.: ***Furcht ist ihm ~*** non conosce (*o* non sa cosa sia) la paura **b** *(jd weiß etwas nicht)* qcn. ignora qcs.: ***es ist mir nicht ~, dass...*** so bene che...; ***das ist mir ~*** questo non lo so, lo ignoro, mi giunge nuovo ◆ ***Anzeige gegen Unbekannt*** denuncia contro ignoti; ***Empfänger ~*** destinatario sconosciuto; ***ich bin hier (völlig) ~*** non sono pratico del luogo; ***der Unbekannte Soldat*** il milite ignoto; ***-e Täter*** ignoti; ***~ verzogen*** trasferito senza lasciare indirizzo. **Un|be|kann|te** **I** m. e f. *(-n,-n)* sconosciuto *m.* (-a *f.*) **II** n. *(-n)* ignoto *m.* **III** f. *(-n,-n)* MAT. incognita *f.* **un|be|kann|ter|wei|se** avv. senza conoscere (di persona): ***grüßen Sie ihren Mann ~ von mir!*** porga i miei saluti a suo marito anche se non ho avuto il piacere di conoscerlo!
un|be|klei|det agg. senza vestiti, nudo.
un|be|küm|mert, un|be|küm|mert **I** agg. **1** incurante, noncurante: ***~ um etw. sein*** essere incurante di qcs., non curarsi (*o* preoccuparsi) di qcs.: ***~ um die Folgen sein*** non preoccuparsi delle conseguenze **2** *(unbeschwert)* spensierato: ***ein -es Mädchen*** una ragazza spensierata **II** avv. **1** con noncuranza **2** *(unbeschwert)* spensieratamente: ***~ lachen*** ridere spensieratamente. **Un|be|küm|mert|heit, Un|be|küm|mert|heit** f. *(-)* **1** noncuranza *f.* **2** *(Sorglosigkeit)* spensieratezza *f.*
un|be|las|tet agg. **1** non gravato, libero **2** *(nicht kompromittiert)* dal passato ineccepibile, pulito: ***-e Politiker*** politici puliti **3** *(ohne Hypothek)* libero da ipoteca.
un|be|lebt agg. **1** inanimato **2** *(ruhig, still)* deserto, vuoto.
un|be|leckt agg. COLLOQ. **1** ignorante: ***von der Musik ~ sein*** essere ignorante in fatto di musica **2** *(unberührt)* non toccato: ***ein von der Kultur -es Volk*** un popolo non toccato dalla civiltà.
un|be|lehr|bar, un|be|lehr|bar agg. incorreggibile, inveterato; *(eigensinnig)* ostinato. **Un|be|lehr|bar|keit, Un|be|lehr|bar|keit** f. *(-)* incorreggibilità *f.*; *(Eigensinnigkeit)* ostinazione *f.*
un|be|leuch|tet agg. **1** non illuminato, buio **2** *(von Fahrzeugen)* con i fari spenti, a fari spenti, senza luci.
un|be|lich|tet agg. FOT. non esposto, non impressionato.
un|be|liebt agg. malvisto ◆ ***sich mit etw. (bei jdm) ~ machen*** rendersi impopolare per qcs. (presso qcn.). **Un|be|liebt|heit** f. *(-)* l'essere malvisto, impopolarità *f.*
un|be|mannt agg. **1** senza equipaggio **2** SCHERZ. *(unverheiratet)* senza marito.

un|be|merkt I agg. inosservato, senza essere visto II avv. di soppiatto: *~ ins Haus gelangen* arrivare a casa di soppiatto.
un|be|mit|telt agg. senza mezzi, povero.
un|be|nom|men, un|be|nom|men, *jdm ~ sein, bleiben* essere lecito, permesso a qcn.; *es ist dir ~, das zu tun* sei libero di farlo.
un|be|nutz|bar, un|be|nutz|bar agg. inutilizzabile, inservibile.
un|be|nutzt, REGION. **un|be|nützt** agg. 1 inutilizzato 2 *(neu)* nuovo: *eine (noch) -e Seife* una saponetta (ancora) nuova.
un|be|obach|tet agg. non visto: *in einem -en Moment* quando nessuno sta osservando; *sich ~ glauben* credersi non visto.
un|be|quem I agg. scomodo: *eine -e Lage* una posizione scomoda; *ein -es Bett, -e Schuhe* un letto scomodo, scarpe scomode; FIG. *(lästig) ein -er Kritiker* un critico scomodo; *eine -e Meinung* un'opinione scomoda II avv. scomodamente: *~ sitzen* essere seduto scomodamente, stare scomodo. **Un|be|quem|lich|keit** f. *(-,-en)* scomodità *f.*
un|be|re|chen|bar, un|be|re|chen|bar agg. imprevedibile: *-e Faktoren* fattori imprevedibili; *ein -er Mensch* una persona imprevedibile. **Un|be|re|chen|bar|keit, Un|be|re|chen|bar|keit** f. *(-)* imprevedibilità *f.*
un|be|rech|tigt I agg. 1a non autorizzato b *ein -er Besitz, Titel* un possesso, titolo abusivo 2 *(ungerechtfertigt)* ingiustificato: *-e Ansprüche* pretese ingiustificate II avv. 1 senza autorizzazione: *sich ~ einmischen* intromettersi senza autorizzazione 2 in modo ingiustificato. **un|be|rech|tig|ter|wei|se** avv. non legittimamente, in modo non legittimo.
un|be|rück|sich|tigt, un|be|rück|sich|tigt agg. non considerato ◆ *~ bleiben* non essere considerato, essere ignorato; *etw. ~ lassen* trascurare (*o* tralasciare) qcs.
un|be|ru|fen, un|be|ru|fen I agg. non richiesto, non autorizzato: *eine -e Einmischung* un'intromissione non richiesta II inter. *~ toi, toi, toi* tocca ferro! ◆ *in -e Hände fallen* cadere in mani estranee.
un|be|rühr|bar agg. intoccabile. **Un|be|rühr|ba|re, Un|be|rühr|ba|re** m. e f. *(-n,-n)* intoccabile *m.* e *f.* **un|be|rührt** agg. 1 intatto, incontaminato: *-er Schnee, -e Natur* neve intatta, natura incontaminata; *sein Essen ~ lassen* non toccare cibo 2 *(jungfräulich)* vergine: *ein -es Mädchen* una ragazza vergine 3 *(unbeeindruckt)* insensibile, non commosso: *von jds Tränen ~ bleiben* rimanere insensibile alle lacrime di qcn.; *ich bleibe davon ~, das lässt mich ~* questo non mi tocca. **Un|be|rührt|heit** f. *(-)* 1 l'essere intatto, incontaminatezza *f.* 2 *(Jungfräulichkeit)* verginità *f.* 3 FIG. assenza *f.* di commozione.
un|be|scha|det, un|be|scha|det I prep. + gen. 1 senza danno per, fatto salvo: *~ meiner Rechte* fatti salvi i miei diritti 2 *(trotz)* nonostante, malgrado: *~ der Schwierigkeiten* malgrado le difficoltà II avv. ANT. senza danno: *~ ans Ziel kommen* giungere senza danno alla meta.
un|be|schä|digt agg. 1 non danneggiato: *das Gebäude blieb ~* l'edificio non fu danneggiato 2 *(unversehrt)* intatto: *ein -es Siegel* un sigillo intatto.
un|be|schäf|tigt agg. senza occupazione, non occupato; libero.
un|be|schei|den agg. 1 *(anmaßend)* presuntuoso 2 *(zu anspruchsvoll)* immodesto: *wenn ich ~ sein darf...* se non è chiedere troppo... 3 *(übertrieben)* eccessivo, esagerato: *-e Ansprüche* richieste eccessive. **Un|be|schei|den|heit** f. *(-)* 1 presunzione *f.* 2 *(Übertriebenheit)* esagerazione *f.*
un|be|schnit|ten agg. 1 non potato 2 RELIG. non circonciso.
un|be|schol|ten agg. 1 integerrimo, integro 2 *ein -es Mädchen* una ragazza illibata. **Un|be|schol|ten|heit** f. *(-)* 1 integrità *f.* 2 illibatezza *f.*
un|be|schrankt agg. senza sbarra, senza barriera; *-er Bahnübergang* passaggio a livello senza barriere.
un|be|schränkt, un|be|schränkt I agg. 1 non limitato: *die Teilnehmerzahl ist ~* non vi sono limiti al numero dei partecipanti 2a illimitato: *-e Haftung* responsabilità illimitata b infinito: *-e Möglichkeiten* infinite possibilità 3 *(absolut)* assoluto: *-e Gewalt* potere assoluto II avv. *für etw. ~ haften* dare una garanzia illimitata per qcs. **Un|be|schränkt|heit, Un|be|schränkt|heit** f. *(-)* 1 illimitatezza *f.* 2 *(Absolutheit)* assolutezza *f.*
un|be|schreib|lich, un|be|schreib|lich I agg. 1 indescrivibile: *eine -e Begeisterung, ein -es Durcheinander* un entusiasmo, un disordine indescrivibile 2 *(sehr groß)* enorme, incredibile: *eine -e Angst* un'incredibile paura II avv. moltissimo, incredibilmente: *~ viele Leute* una quantità incredibile di persone, moltissime persone; *~ schmutzig* incredibilmente sporco; *sich ~ ärgern* arrabbiarsi moltissimo.
un|be|schrie|ben agg. non scritto, bianco: *-e Seiten* pagine non scritte, bianche ◆ FIG. *ein -es Blatt sein* essere un'incognita.
un|be|schützt agg. senza protezione, non protetto.
un|be|schwert I agg. spensierato, sereno: *eine -e Kindheit* un'infanzia serena II avv. in modo spensierato ◆ *mit -em Gewissen* a cuor leggero. **Un|be|schwert|heit** f. *(-)* spensieratezza *f.*
un|be|seelt agg. senz'anima.
un|be|se|hen, un|be|se|hen I agg. non esaminato, non ponderato II avv. 1 senza riflettere 2 *(ohne zu zögern)* senza esitazione, senz'altro: *das glaube ich dir ~* ti credo senz'altro.
un|be|sieg|bar, un|be|sieg|bar agg. invincibile. **Un|be|sieg|bar|keit, Un|be|sieg|bar|keit** f. *(-)* invincibilità *f.* **un|be|siegt, un|be|siegt** agg. 1 non vinto, non sconfitto; LETT. invitto 2 *(in Spiel und Sport)* imbattuto: *eine -e Mannschaft* una squadra imbattuta.
un|be|sol|det agg. non retribuito.
un|be|son|nen I agg. sconsiderato, avventato: *eine -e Handlung* un'azione sconsiderata II avv. in modo sconsiderato, avventato. **Un|be|son|nen|heit** f. *(-,-en)* sconsideratezza *f.*, avventatezza *f.*
un|be|sorgt I agg. non preoccupato, tranquillo II avv. senza preoccupazioni ◆ *seien, bleiben Sie ~* stia tranquillo, non si preoccupi.
un|be|spiel|bar agg. SPORT impraticabile: *der Rasen ist ~* il terreno è impraticabile. **un|be|spielt** agg. non registrato, vergine: *ein -es Band* un nastro non registrato; *eine -e Kassette* una cassetta vergine.
un|be|stän|dig agg. 1a variabile, incostante: *-es Wetter* tempo variabile b incostante, volubile, mutevole: *ein -er Mensch* una persona volubile; *das Glück ist ~* la fortuna è mutevole 2 *(vom Wetter)* instabile. **Un|be|stän|dig|keit** f. *(-,-en)* 1 incostanza *f.*, volubilità *f.*; mutevolezza *f.* 2 *(vom Wetter)* instabilità *f.*
un|be|stä|tigt, un|be|stä|tigt agg. non confermato.
un|be|stech|lich, un|be|stech|lich agg. 1 incorruttibile: *ein -er Politiker* un politico incorruttibile 2 *(unbeeinflussbar)* saldo, fermo, sicuro. **Un|be|stech|lich|keit, Un|be|stech|lich|keit** f. *(-)* 1 incorruttibilità *f.* 2 *(Unbeeinflussbarkeit)* saldezza *f.*, sicurezza *f.*
un|be|stimm|bar, un|be|stimm|bar agg. indefinibile, indeterminabile: *ein -es Alter* un'età indefinibile; *ein -er Geruch, eine -e Farbe* un odore, un colore indefinibile. **Un|be|stimm|bar|keit, Un|be|stimm|bar|keit** f. *(-)* indefinibilità *f.*, indeterminabilità *f.*
un|be|stimmt I agg. 1 indefinito, indeterminato: *auf -e Zeit* a tempo indeterminato (*o* indefinito), DIR. BUROCR. sine die; *ein Mann -en Alters* un uomo di età indefinita 2 *(ungenau)* vago, impreciso: *ein -er Eindruck* una vaga impressione; *eine -e Vorstellung von etw. haben* avere una vaga di idea di qcs. 3 *(nicht festgelegt)* non certo, incerto: *es ist noch ~, ob...* non è ancora certo che... (*o* è ancora incerto se...) 4a GRAMM. *-er Artikel* articolo indeterminativo b *-es Fürwort* pronome indefinito II avv. in modo vago, impreciso: *sich ~ äußern* esprimersi in modo vago ◆ MAT. *-es Integral* integrale indefinito. **Un|be|stimmt|heit** f. *(-)* 1 indeterminatezza *f.*, indefinitezza *f.* 2 *(Undeutlichkeit)* incertezza *f.* **Un|be|stimmt|heits|re|la|ti|on** f. *(-,-en)* FIS. principio *m.* di indeterminazione.
un|be|straft agg. impunito: *~ davonkommen* cavarsela senza essere punito, uscirne impunito.
un|be|streit|bar, un|be|streit|bar I agg. incontestabile, indiscutibile II avv. indiscutibilmente. **un|be|strit|ten, un|be|strit|ten** I agg. incontestato, indiscusso: *ein -es Recht* un diritto incontestato; *es ist ~, dass...* è indiscusso (*o* indubbio) che... II avv. indiscutibilmente, senz'altro.
un|be|tei|ligt, un|be|tei|ligt agg. 1 non coinvolto, estraneo: *an etw. (D) ~ sein* non essere coinvolto in qcs., essere estraneo a qcs.; *-e Passanten* passanti estranei 2 *(teilnahmslos)* non partecipe, distaccato: *in einer -en Art* in modo distaccato. **Un|be|tei|ligt|heit, Un|be|tei|ligt|heit** f. *(-)* 1 estraneità *f.* 2 *(Teilnahmslosigkeit)* distacco *m.*
un|be|tont agg. non accentato, atono: *-e Silbe* sillaba atona.
un|be|trächt|lich, un|be|trächt|lich agg. trascurabile, irrilevante, insignificante: *-e Unterschiede* differenze trascurabili. **Un|be|trächt|lich|keit, Un|be|trächt|lich|keit** f. *(-)* trascurabilità *f.*, irrilevanza *f.*
un|beug|bar, un|beug|bar agg. GRAMM. indeclinabile. **un|beug|sam, un|beug|sam** agg. inflessibile: *ein -er Wille, Charakter* un'inflessibile volontà, un carattere inflessibile. **Un|beug|sam|keit, Un|beug|sam|keit** f. *(-)* inflessibilità *f.*
un|be|wacht agg. 1 non sorvegliato, non custodito: *-e Gefangene* prigionieri non sorvegliati 2 incustodito: *-er Parkplatz* parcheggio incustodito ◆ *in einem -en Augenblick* in un momento di disattenzione, di distrazione.
un|be|waff|net agg. disarmato.
un|be|wäl|tigt, un|be|wäl|tigt agg. 1 non portato a termine, non concluso 2 *(ungelöst)* irrisolto: *-e Probleme* problemi irrisolti.

un|be|weg|lich, un|be|weg|lich agg. **1a** immobile: ~ ***dastehen, sitzen*** stare, sedere immobile **b** ***-e Güter, Sachen*** (beni) immobili **2** *(gleich bleibend)* fisso: ***-e Feste*** feste fisse; ***mit -em Blick*** con sguardo fisso **3** *(schwerfällig)* inerte: ***geistig, intellektuell ~ sein*** essere inerte spiritualmente, intellettualmente. **Un|be|weg|lich|keit, Un|be|weg|lich|keit** f. *(-)* **1** immobilità *f.* **2** *(Festigkeit)* fissità *f.* **3** scarsa vivacità *f.* **un|be|wegt** agg. **1a** calmo, immobile **b** fermo: ***-e Wasseroberfläche*** immobile superficie dell'acqua **2** *(unverändert)* impassibile: ***eine -e Miene*** un'espressione impassibile; ***mit -em Gesicht*** con viso impassibile.

un|be|wehrt agg. **1** *(unbewaffnet)* disarmato **2** FIG. indifeso, inerme.

un|be|weibt agg. COLLOQ. scapolo, non ammogliato.

un|be|weis|bar agg. indimostrabile. **Un|be|weis|bar|keit** f. *(-)* indimostrabilità *f.* **un|be|wie|sen** agg. indimostrato: ***eine -e Behauptung*** un'affermazione indimostrata.

un|be|wohn|bar, un|be|wohn|bar agg. inabitabile. **un|be|wohnt** agg. disabitato.

un|be|wusst I agg. inconscio, inconsapevole: ***das ist mir völlig ~*** non me ne sono reso conto **II** avv. inconsciamente, inconsapevolmente: ***sich ~ verraten*** tradirsi inconsapevolmente. **Un|be|wuss|te** n. *(-n)* PSIC. inconscio *m.* ◆ ***das kollektive ~*** l'inconscio collettivo. **Un|be|wusst|heit** f. *(-)* inconsapevolezza *f.*

un|be|zahl|bar, un|be|zahl|bar agg. **1** impossibile, inaccessibile: ***die Preise sind ~*** i prezzi sono inaccessibili **2** *(von Kunstwerken)* (di valore) inestimabile **3** COLLOQ. FIG. impagabile: ***er ist einfach ~!*** è semplicemente impagabile! **un|be|zahlt** agg. non pagato, non saldato: ***-e Überstunden, -e Rechnungen*** straordinari non pagati, fatture non saldate; ***-er Urlaub*** ferie non pagate.

un|be|zähm|bar, un|be|zähm|bar agg. indomabile, irrefrenabile: ***ein -er Wille, eine -e Neugier*** una volontà indomabile, una curiosità irrefrenabile. **Un|be|zähm|bar|keit, Un|be|zähm|bar|keit** f. *(-)* indomabilità *f.*, irrefrenabilità *f.*

un|be|zwei|fel|bar, un|be|zwei|fel|bar agg. indubitabile.

un|be|zwing|bar, un|be|zwing|bar, un|be|zwing|lich, un|be|zwing|lich agg. **1** inespugnabile: ***eine -e Burg*** un castello inespugnabile **2** FIG. indomabile, invincibile: ***eine -e Lachlust*** una irrefrenabile voglia di ridere; ***ein -er Drang zu weinen*** una irresistibile voglia di piangere.

Un|bil|den pl. effetti *m.pl.* dannosi, danni *m.pl.* ◆ ***die ~ der Witterung*** l'inclemenza del tempo. **Un|bil|dung** f. *(-)* incultura *f.*

Un|bill f. *(-)* ingiustizia *f.*, iniquità *f.* **un|bil|lig** agg. ingiusto, iniquo. **Un|bil|lig|keit** f. *(-)* → **Unbill.**

un|blu|tig I agg. incruento: ***ein -er Aufstand*** una rivolta incruenta; MED. ***ein -er Eingriff*** un intervento incruento **II** avv. senza spargimento di sangue, in modo incruento.

un|bot|mä|ßig agg. insubordinato. **Un|bot|mä|ßig|keit** f. *(-,-en)* insubordinazione *f.*

un|brauch|bar agg. inservibile, inutilizzabile. **Un|brauch|bar|keit** f. *(-)* inservibilità *f.*, inutilizzabilità *f.*, inutilità *f.*

un|bü|ro|kra|tisch I agg. non burocratico **II** avv. non burocraticamente.

un|buß|fer|tig I agg. impenitente **II** avv. senza pentirsi.

un|christ|lich I agg. non cristiano, poco cristiano **II** avv. non cristianamente, non da cristiano.

und cong. **1a** e: ***Brot ~ Milch*** pane e latte; ***gelbe, rote ~ grüne Strümpfe*** calze gialle, rosse e verdi; ***Ein- ~ Ausgaben*** entrate e uscite; ***~ als er kam, gingen sie zusammen*** e quando arrivò, andarono insieme; ***~ so geschah es...*** e così accadde... **b** MAT. e, più: ***zwei ~ zwei ist vier*** due e (*o* più) due fa quattro **2** *(in negativen Sätzen)* né: ***keine Lust ~ keine Zeit haben*** non avere né voglia né tempo **3** *(verstärkend)* ***mehr ~ mehr*** sempre più; ***schneller ~ schneller*** sempre più veloce; ***es regnete ~ regnete*** continuava a piovere **4** *(konditional)* e se: ***sie müssen aus ihrer Wohnung ausziehen, ~ tun sie es nicht, werden sie dazu gezwungen*** devono lasciare l'appartamento, e se non lo fanno, ci saranno costretti **5** *(konzessiv)* anche se: ***ich muss, ~ koste(t) es mein Leben*** devo, anche se mi costasse la vita **6** *(Bitte)* ***sei bitte so gut ~ hilf mir*** abbi la bontà di aiutarmi; ***tu mir bitte den Gefallen ~ schweig*** fammi il piacere di tacere **7** COLLOQ. *(Gegenteil bezeichnend)* ***sie, ~ ein Geheimnis bewahren!*** lei, mantenere un segreto! mantenere un segreto, quella (lì)! ◆ ***~ Ähnliches*** e simili; ***~ dann?*** e poi? ***~ doch*** eppure; ***durch ~ durch*** completamente; ***je zwei ~ zwei*** a due a due; ***na ~?*** e allora? ebbene? ***nach ~ nach*** (a) poco a poco; ***~ ob!*** → ***~ wie! ~ so weiter (fort)*** eccetera, e così via; ***~ wie!*** eccome! ***~ zwar*** e precisamente.

Un|dank m. *(-[e]s)* ingratitudine *f.*: ***~ ernten*** raccogliere ingratitudine ◆ PROV. ***~ ist der Welt(en) Lohn*** = gli uomini sono sempre ingrati. **un|dank|bar** agg. ingrato: ***ein -er Mensch*** un ingrato; *(nicht lohnend)* ***eine -e Aufgabe*** un compito ingrato ◆ ***es wäre ~,...*** sarebbe da ingrati..., sarebbe sgradevole... **Un|dank|bar|keit** f. *(-)* ingratitudine *f.*

un|da|tiert agg. senza data, non datato.

un|de|fi|nier|bar, un|de|fi|nier|bar I agg. indefinibile: ***ein -es Gefühl*** una sensazione indefinibile; ***eine -e Farbe*** un colore indefinibile **II** avv. in modo indefinibile: ***~ schmecken*** avere un gusto indefinibile.

un|de|kli|nier|bar, un|de|kli|nier|bar agg. indeclinabile.

un|de|mo|kra|tisch, un|de|mo|kra|tisch I agg. non democratico **II** avv. non democraticamente.

un|denk|bar agg. impensabile, inconcepibile. **un|denk|lich**, ***seit, vor -er Zeit (-en Zeiten)*** da tempo immemorabile.

un|deut|lich I agg. indistinto, vago, confuso: ***ein -es Bild*** un'immagine indistinta; ***eine -e Schrift*** una scrittura illeggibile; *(vage)* ***eine -e Erinnerung*** un ricordo indistinto **II** avv. indistintamente, in modo indistinto: ***~ sprechen*** parlare in modo indistinto, inarticolato. **Un|deut|lich|keit** f. *(-,-en)* mancanza *f.* di chiarezza, confusione *f.*, vaghezza *f.*

un|deutsch agg. non tedesco.

un|dicht agg. **1** permeabile **2** *(luftundicht)* non ermetico, non stagno: ***ein -es Fenster*** una finestra (a chiusura) non ermetica ◆ ***das Ventil, der Wasserhahn ist ~*** la valvola non tiene, il rubinetto perde; ***eine -e Stelle*** una perdita; FIG. *(Informant)* = una talpa. **Un|dich|tig|keit** f. *(-,-en)* **1** permeabilità *f.* **2** *(Luftundichtigkeit)* non ermeticità *f.*, difetto *m.* di tenuta **3** *(undichte Stelle)* perdita *f.*

un|dif|fe|ren|ziert I agg. indifferenziato, indistinto **II** avv. in modo indifferenziato, indistintamente, confusamente.

Un|di|ne f. *(-,-n)* MITOL. ondina *f.*

Un|ding, ***ein ~ sein*** essere un'assurdità, una sciocchezza.

un|dis|ku|ta|bel, un|dis|ku|ta|bel agg. indiscutibile.

un|dis|zip|li|niert I agg. indisciplinato **II** avv. indisciplinatamente. **Un|dis|zip|li|niert|heit** f. *(-)* indisciplinatezza *f.*

un|dog|ma|tisch agg. non dogmatico.

un|dra|ma|tisch I agg. non drammatico **II** avv. non drammaticamente, senza drammi: ***es verlief alles ~*** si svolse tutto senza drammi.

un|du|la|to|risch agg. FIS. ondulatorio.

un|duld|sam agg. intollerante. **Un|duld|sam|keit** f. *(-)* intolleranza *f.*

un|durch|dring|bar, un|durch|dring|bar RAR. → **undurchdringlich. un|durch|dring|lich, un|durch|dring|lich** agg. impenetrabile: ***-er Wald, Nebel*** bosco, nebbia impenetrabile; ***eine -e Miene*** un'espressione impenetrabile. **Un|durch|dring|lich|keit, Un|durch|dring|lich|keit** f. *(-)* impenetrabilità *f.*

un|durch|führ|bar, un|durch|führ|bar agg. inattuabile, irrealizzabile: ***das Vorhaben, der Plan ist ~*** il progetto è inattuabile, non è attuabile. **Un|durch|führ|bar|keit, Un|durch|führ|bar|keit** f. *(-)* inattuabilità *f.*, irrealizzabilità *f.*

un|durch|läs|sig agg. impermeabile: ***ein für Luft und Wasser -es Material*** un materiale impermeabile all'aria e all'acqua. **Un|durch|läs|sig|keit** f. *(-)* impermeabilità *f.*

un|durch|schau|bar, un|durch|schau|bar agg. impenetrabile, inafferrabile: ***ein -es Verhalten, Kind*** un comportamento, un bambino impenetrabile. **Un|durch|schau|bar|keit, Un|durch|schau|bar|keit** f. *(-)* impenetrabilità *f.*, inafferrabilità *f.*

un|durch|sich|tig agg. **1** non trasparente, opaco **2** *(undurchschaubar)* impenetrabile **3a** FIG. poco pulito: ***-e Geschäfte*** affari poco puliti **b** *(zweifelhaft)* ***bei etw. eine -e Rolle spielen*** avere un ruolo poco chiaro in qcs. **Un|durch|sich|tig|keit** f. *(-,-en)* **1** non trasparenza *f.*, opacità *f.* **2** FIG. *(Undurchschaubarkeit)* impenetrabilità *f.*

un|eben agg. **1** disuguale, non piano **2** *(vom Boden)* accidentato, scabroso ◆ COLLOQ. ***nicht ~ sein*** non essere male. **Un|eben|heit** f. *(-,-en)* **1** disuguaglianza *f.* **2a** *(vom Boden)* scabrosità *f.* **b** asperità *f.*: ***die -en des Geländes*** le asperità del terreno.

un|echt agg. **1** falso: ***-e Perlen, Bilder*** perle false, quadri falsi **2** *(nachgemacht)* finto, artificiale: ***-e Haare*** capelli finti **3** *(vorgetäuscht)* falso, finto: ***-e Freundlichkeit*** falsa gentilezza **4** CHIM. TESS. *(von Farben)* non resistente **5** MAT. ***ein -er Bruch*** una frazione impropria. **Un|echt|heit** f. *(-,-en)* **1** falsità *f.* (anche FIG.) **2** *(Künstlichkeit)* artificialità *f.*

un|edel I agg. **1** ignobile: ***ein unedles Verhalten*** un comportamento ignobile **2** non nobile, comune: ***unedle Metalle*** metalli comuni **II** avv. ignobilmente, in modo ignobile: ***~ an jdm handeln*** comportarsi in modo ignobile con qcn.

un|ehe|lich agg. **1** *(illegitim)* illegittimo: ***ein -es Kind*** un figlio illegittimo **2** naturale: ***die -e Mutter*** la madre naturale. **Un|ehe|lich|**

keit f. *(-)* illegittimità *f.*
Un|eh|re f. *(-)* disonore *m.*: ***jdm zur ~ gereichen*** andare a disonore di qcn.; ***etw. macht jdm ~*** qcs. non fa onore a qcn. **un|eh|ren|haft** **I** agg. disonorevole **II** avv. disonorevolmente. **Un|eh|ren|haf|tig|keit** f. *(-)* disonorevolezza *f.* **un|ehr|er|bie|tig** agg. irriverente, irrispettoso. **Un|ehr|er|bie|tig|keit** f. *(-,-en)* irriverenza *f.*
un|ehr|lich **I** agg. **1** *(unaufrichtig)* insincero, falso **2** *(betrügerisch)* disonesto **II** avv. **1** in modo insincero **2** *(nicht zuverlässig)* disonestamente, in modo disonesto: ***etw. ~ erwerben*** ottenere qcs. in modo disonesto ◆ ***ein -es Spiel mit jdm treiben*** fare un gioco sporco con qcn. **Un|ehr|lich|keit** f. *(-,-en)* **1** *(Unaufrichtigkeit)* insincerità *f.*, falsità *f.* **2** disonestà *f.*
un|ei|gen|nüt|zig **I** agg. disinteressato **II** avv. disinteressatamente. **Un|ei|gen|nüt|zig|keit** f. *(-)* disinteresse *m.*, altruismo *m.*
un|ei|gent|lich **I** agg. RAR. improprio: ***im -en Sinne*** in senso improprio **II** avv. **1** impropriamente **2** SCHERZ. comunque: ***wir sollen eigentlich noch bleiben, aber ~ könnten wir gehen*** veramente dovremmo ancora restare, ma comunque potremmo andare.
un|ein|ge|schränkt, un|ein|ge|schränkt **I** agg. illimitato: ***-e Zustimmung*** consenso illimitato **II** avv. senza limitazioni, senza riserve: ***jdm ~ zustimmen*** acconsentire con qcn. senza riserve.
un|ein|ge|weiht agg. non iniziato, profano.
un|ei|nig agg. discorde; ***mit jdm in etw. (D), über etw. (A) ~ sein*** non essere d'accordo con qcn. in qcs., su qcs.; ***mit sich (selbst) ~ sein*** essere in conflitto con se stessi. **Un|ei|nig|keit** f. *(-,-en)* disaccordo *m.*, dissenso *m.*
un|ein|nehm|bar, un|ein|nehm|bar agg. inespugnabile, imprendibile. **Un|ein|nehm|bar|keit, Un|ein|nehm|bar|keit** f. *(-)* inespugnabilità *f.*, imprendibilità *f.*
un|eins agg. → **uneinig.**
un|ein|sich|tig agg. non comprensivo. **Un|ein|sich|tig|keit** f. *(-)* incomprensione *f.*
un|emp|fäng|lich agg. insensibile: ***für etw. ~ sein*** essere insensibile a qcs. **Un|emp|fäng|lich|keit** f. *(-)* insensibilità *f.*
un|emp|find|lich **I** agg. **1** insensibile, impassibile, indifferente: ***~ gegen etw. sein*** essere insensibile a qcs. **2** *(widerstandsfähig)* resistente, refrattario **3** *(gegen Krankheiten)* immune **II** avv. insensibilmente; *(gleichgültig)* con indifferenza. **Un|emp|find|lich|keit** f. *(-)* **1** insensibilità *f.*, impassibilità *f.*, indifferenza *f.* **2** *(Widerstandsfähigkeit)* resistenza *f.*, refrattarietà *f.*
un|end|lich **I** agg. infinito (anche MAT. FOT.): ***die -e Weite der Wüste*** l'infinita vastità del deserto; ***eine -e Zeit*** un tempo infinito; *(sehr groß, stark)* ***mit -er Liebe, Geduld*** con infinito amore, infinita pazienza; ***-e Mal*** (per) infinite volte **II** avv. infinitamente: ***~ verliebt, traurig*** infinitamente innamorato, triste ◆ MAT. ***gegen ~ gehen*** tendere all'infinito. **Un|end|li|che** n. *(-n)* infinito *m.* (anche MAT.): *(von Parallelen)* ***sich im -n schneiden*** incontrarsi all'infinito; *(unaufhörlich)* ***bis ins ~*** all'infinito. **Un|end|lich|keit** f. *(-)* infinità *f.*: ***die ~ des Alls*** l'infinità (*o* l'immensità) dell'universo; COLLOQ. ***es dauerte eine ~*** durò un'infinità (di tempo). **un|end|lich|mal** avv. (per) infinite volte.
un|ent|behr|lich, un|ent|behr|lich agg. indispensabile: ***für jdn, etw. ~ sein*** essere indispensabile per qcn., per qcs. ◆ ***sich ~ machen*** rendersi indispensabile. **Un|ent|behr|lich|keit, Un|ent|behr|lich|keit** f. *(-,-en)* indispensabilità *f.*
un|ent|deckt, un|ent|deckt agg. **1** non (ancora) scoperto: ***der Betrug ist ~ geblieben*** l'imbroglio non è stato scoperto **2** *(von niemandem bemerkt)* nascosto.
un|ent|gelt|lich, un|ent|gelt|lich **I** agg. gratuito, gratis **II** avv. gratuitamente, gratis.
un|ent|rinn|bar, un|ent|rinn|bar agg. ineluttabile, inesorabile, inevitabile.
un|ent|schie|den **I** agg. **1a** non deciso: ***die Sache ist noch ~*** la cosa non è ancora decisa **b** aperto: ***eine -e Frage*** una domanda aperta **c** *(zweifelhaft)* incerto **2a** SPORT (che è) in parità, in pareggio **b** *(beim Boxen)* ***ein -er Kampf*** un incontro equilibrato **3** RAR. *(unentschlossen)* indeciso: ***ein -er Mensch*** un indeciso **II** avv. SPORT in parità, in pareggio: ***~ enden, stehen*** finire, essere in parità. **Un|ent|schie|den|heit** f. *(-)* indecisione *f.*
un|ent|schlos|sen agg. **1** indeciso, irresoluto **2** *(unschlüssig)* esitante, titubante. **Un|ent|schlos|sen|heit** f. *(-)* **1** indecisione *f.*, irresolutezza *f.* **2** *(Unschlüssigkeit)* esitazione *f.*, titubanza *f.*
un|ent|schuld|bar, un|ent|schuld|bar agg. non scusabile, imperdonabile, ingiustificabile. **un|ent|schul|digt** **I** agg. ingiustificato **II** avv. senza giustificazione.
un|ent|wegt, un|ent|wegt **I** agg. infaticabile, imperterrito **II** avv. **1** imperterrito **2** *(unaufhörlich)* in continuazione, incessantemente.
un|ent|wirr|bar, un|ent|wirr|bar agg. inestricabile (anche FIG.).
un|er|ach|tet, un|er|ach|tet ANT. → **ungeachtet.**
un|er|bitt|lich, un|er|bitt|lich **I** agg. **1** inesorabile, spietato: ***das -e Schicksal*** il destino spietato **2** *(unbeugsam)* inflessibile: ***~ bleiben*** restare inflessibile **II** avv. **1** inesorabilmente, in modo spietato **2** *(unbeugsam)* inflessibilmente.
un|er|fah|ren agg. inesperto: ***in etw. (D) ~ sein*** essere inesperto (*o* non avere esperienza) in, di qcs. **Un|er|fah|ren|heit** f. *(-)* inesperienza *f.*
un|er|find|lich, un|er|find|lich agg. inspiegabile: ***aus -en Gründen*** per motivi inspiegabili.
un|er|forsch|lich, un|er|forsch|lich agg. imperscrutabile. **Un|er|forsch|lich|keit, Un|er|forsch|lich|keit** f. *(-)* imperscrutabilità *f.* **un|er|forscht** agg. **1** inesplorato **2** FIG. sconosciuto.
un|er|freu|lich **I** agg. triste, brutto; *(unangenehm)* spiacevole **II** avv. spiacevolmente, in modo spiacevole.
un|er|füll|bar, un|er|füll|bar agg. inesaudibile, irrealizzabile, inattuabile. **Un|er|füll|bar|keit, Un|er|füll|bar|keit** f. *(-)* irrealizzabilità *f.*, inattuabilità *f.* **un|er|füllt** agg. **1** inesaudito, irrealizzato **2** *(leer)* vuoto, irrealizzato: ***ein -es Dasein*** un'esistenza vuota.
un|er|gie|big agg. infruttuoso, improduttivo (anche FIG.). **Un|er|gie|big|keit** f. *(-)* infruttuosità *f.*, improduttività *f.*
un|er|gründ|bar, un|er|gründ|bar agg. impenetrabile; *(unerklärlich)* inspiegabile. **Un|er|gründ|bar|keit, Un|er|gründ|bar|keit** f. *(-)* impenetrabilità *f.* **un|er|gründ|lich, un|er|gründ|lich** agg. **1** impenetrabile, imperscrutabile: ***-e Geheimnisse, Motive*** segreti impenetrabili, motivi imperscrutabili (*o* oscuri) **2** *(unerklärlich)* inspiegabile, oscuro.
un|er|heb|lich agg. irrilevante. **Un|er|heb|lich|keit** f. *(-)* irrilevanza *f.*
1.un|er|hört agg. non ascoltato, ignorato; *(von Liebe)* non corrisposto ◆ ***~ bleiben*** non essere ascoltato, essere ignorato.
2.un|er|hört **I** agg. inaudito, incredibile: ***eine -e Frechheit*** una sfacciataggine inaudita; ***mit -er Grausamkeit*** con crudeltà inaudita; ***-es Glück haben*** avere una fortuna incredibile; ***das ist ja wirklich ~!*** è veramente inaudito (*o* incredibile)! **II** avv. **1** in modo inaudito, incredibile: ***sich ~ benehmen*** comportarsi in modo inaudito **2** *(überaus)* incredibilmente, estremamente, molto: ***eine ~ schwierige Rolle*** un ruolo estremamente difficile.
un|er|kannt **I** agg. non riconosciuto, incognito **II** avv. in incognito. **un|er|kenn|bar** agg. irriconoscibile.
un|er|klär|bar, un|er|klär|bar agg. RAR. → **unerklärlich. un|er|klär|lich, un|er|klär|lich** agg. inspiegabile, inesplicabile: ***es ist mir noch ~, wie das geschehen konnte*** per me è ancora inspiegabile (*o* non mi so ancora spiegare) come ciò sia potuto accadere.
un|er|läss|lich, un|er|läss|lich agg. indispensabile, essenziale.
un|er|laubt **I** agg. **1** non autorizzato; *(verboten)* vietato: MIL. ***-e Entfernung von der Truppe*** allontanamento non autorizzato dalla truppa **2** *(unbefugt)* illecito, abusivo: ***-er Waffenbesitz*** possesso abusivo di armi **II** avv. **1** senza permesso, senza autorizzazione **2** *(unbefugt)* illecitamente, abusivamente.
un|er|le|digt agg. **1** non sbrigato, inevaso: ***-e Post*** posta inevasa **2** *(nicht bezahlt)* insoluto, non pagato: ***ein -er Wechsel*** una cambiale insoluta **3** *(in der Schwebe)* irrisolto, in sospeso, pendente: ***ein -es Problem*** un problema irrisolto ◆ ***eine Arbeit ~ liegen lassen*** lasciare un lavoro da sbrigare, in sospeso.
un|er|mess|lich, un|er|mess|lich **I** agg. **1** *(überaus groß)* smisurato, sterminato, enorme: ***ein -es Leid*** un dolore enorme **2** *(unendlich)* sconfinato: ***ein -es Land*** una terra sconfinata **3** *(unschätzbar)* incommensurabile, incalcolabile, immenso: ***ein -es Vermögen*** un patrimonio incalcolabile; ***-er Schaden*** danno incalcolabile **II** avv. smisuratamente, straordinariamente: ***~ reich sein*** essere straordinariamente ricco ◆ ***(bis) ins Unermessliche*** a dismisura, smisuratamente. **Un|er|mess|lich|keit, Un|er|mess|lich|keit** f. *(-)* **1** smisuratezza *f.* **2** *(Unschätzbarkeit)* incommensurabilità *f.*, immensità *f.*
un|er|müd|lich, un|er|müd|lich **I** agg. instancabile, infaticabile, indefesso **II** avv. instancabilmente, infaticabilmente, indefessamente. **Un|er|müd|lich|keit, Un|er|müd|lich|keit** f. *(-)* infaticabilità *f.*
un|er|quick|lich agg. → **unerfreulich.**
un|er|reich|bar, un|er|reich|bar agg. irraggiungibile. **Un|er|reich|bar|keit, Un|er|reich|bar|keit** f. *(-)* irraggiungibilità *f.* **un|er|reicht, un|er|reicht** agg. **1** ineguagliato: ***ein bisher -er Rekord*** un primato finora ineguagliato **2** FIG. ineguagliabile, impareggiabile: ***mit -er Präzision*** con impareggiabile precisione.
un|er|sätt|lich, un|er|sätt|lich agg. insaziabile, inappagabile; ***ein -es Verlangen*** un desiderio inappagabile; ***ein -er Wissensdurst*** un'avida sete di conoscenza. **Un|er|sätt|lich|keit, Un|er|sätt|**

lich|keit f. *(-)* insaziabilità *f.*; *(Gier)* avidità *f.*

un|er|schlos|sen agg. **1** non (ancora) aperto, chiuso: ***eine für den Tourismus -e Region*** una regione non ancora aperta al turismo **2** *(unerforscht)* inesplorato, intatto: ***ein -es Land*** una terra inesplorata **3** *(nicht genutzt)* non sfruttato: ***-e Erzvorkommen*** giacimenti minerari non sfruttati.

un|er|schöpf|lich, un|er|schöpf|lich agg. inesauribile ◆ FIG. ***~ sein im Erfinden von Ausreden*** inventare sempre scuse, trovare continuamente scuse. **Un|er|schöpf|lich|keit, Un|er|schöpf|lich|keit** f. *(-)* inesauribilità *f.*

un|er|schro|cken I agg. intrepido, impavido **II** avv. intrepidamente, impavidamente. **Un|er|schro|cken|heit** f. *(-)* intrepidezza *f.*

un|er|schüt|ter|lich, un|er|schüt|ter|lich I agg. incrollabile, imperturbabile; *(fest)* saldo, fermo: ***ein -er Wille, eine -e Ruhe*** una volontà incrollabile, una calma imperturbabile; ***ein -er Optimismus*** un inguaribile ottimismo **II** avv. incrollabilmente; *(fest)* saldamente: ***~ an seiner Tradition festhalten*** rimanere saldamente attaccato alla propria tradizione. **Un|er|schüt|ter|lich|keit, Un|er|schüt|ter|lich|keit** f. *(-)* imperturbabilità *f.*; *(Festigkeit)* saldezza *f.*, fermezza *f.*

un|er|schwing|lich, un|er|schwing|lich agg. inaccessibile, esorbitante ◆ ***~ teuer sein*** avere un prezzo esorbitante.

un|er|setz|bar, un|er|setz|bar RAR., **un|er|setz|lich, un|er|setz|lich** agg. **1** insostituibile, indispensabile: ***sich für ~ halten*** credersi indispensabile **2** *(nicht ausgleichbar)* irreparabile: ***-e Schäden*** danni irreparabili. **Un|er|setz|lich|keit** f. *(-)* insostituibilità *f.*

un|er|sprieß|lich, un|er|sprieß|lich agg. infruttuoso, non redditizio.

un|er|träg|lich, un|er|träg|lich I agg. insopportabile, intollerabile **II** avv. rafforz. insopportabilmente: ***es ist ~ kalt*** fa un freddo insopportabile.

un|er|wähnt agg. non menzionato, non citato ◆ ***etw. ~ lassen*** tralasciare, non menzionare qcs.

un|er|war|tet, un|er|war|tet I agg. inaspettato, inatteso **II** avv. inaspettatamente: ***etw. kommt mir völlig ~*** qcs. mi giunge (*o* è per me) del tutto inaspettato.

un|er|weis|bar, un|er|weis|bar agg. non dimostrabile, indimostrabile.

un|er|wi|dert agg. **1** non corrisposto, non ricambiato: ***eine -e Liebe*** un amore non corrisposto **2** *(unbeantwortet)* (rimasto) senza risposta ◆ ***einen Brief ~ lassen*** non rispondere a una lettera.

un|er|wünscht agg. non gradito, sgradito, indesiderato.

un|er|zieh|bar agg. ineducabile. **un|er|zo|gen** agg. ineducato, maleducato.

un|fä|hig agg. **1** incapace: ***zu etw. ~ sein*** essere incapace (*o* non essere capace) a fare qcs. **2** *(außerstande)* non in grado: ***der Kranke ist ~, allein aufzustehen*** il malato non è in grado di alzarsi da solo **3** *(behindert)* inabile: ***zur Arbeit ~*** inabile al lavoro. **Un|fä|hig|keit** f. *(-,-en)* **1** incapacità *f.* **2** *(Behinderung)* inabilità *f.*

un|fair [-fɛːɐ] **I** agg. scorretto **II** avv. scorrettamente. **Un|fair|ness** f. *(-)* scorrettezza *f.*

Un|fall m. *(-[e]s,-fälle)* **1** incidente *m.*: ***einen ~ mit dem Auto haben (erleiden), verursachen (verschulden)*** avere, causare (*o* provocare) un incidente con l'auto; COLLOQ. ***einen ~ bauen*** causare un incidente; ***ein ~ ereignet sich*** si verifica un incidente; ***in einen ~ verwickelt sein*** essere coinvolto in un incidente; ***bei einem ~ ums Leben kommen, tödlich verunglücken*** perdere la vita in un incidente **2** incidente *m.*, infortunio *m.*: ***einen ~ am Arbeitsplatz haben*** avere un infortunio sul lavoro **3** *(bei Versicherungen)* sinistro *m.* ◆ ***~ mit tödlichem Ausgang, mit Todesfolge*** incidente mortale. **Un|fall|be|tei|lig|te** m. e f. *(-n,-n)* persona *f.* coinvolta in un incidente, nell'incidente. **Un|fall|chi|rur|gie** f. *(-)* chirurgia *f.* d'urgenza e di pronto soccorso. **Un|fall|flucht** f. *(-)* DIR. fuga *f.* del conducente (dopo l'incidente); *(unterlassene Hilfeleistung)* omissione *f.* di soccorso. **Un|fall|fol|gen** pl. conseguenze *f.pl.* dell'incidente, lesioni *f.pl.* riportate nell'incidente: ***an den ~ sterben*** morire in seguito a un incidente.

un|fall|frei I agg. che non ha mai avuto incidenti **II** avv. senza (aver avuto) incidenti. **Un|fall|ge|fahr** f. *(-,-en)* pericolo *m.* (*o* rischio *m.*) di incidenti. **Un|fall|geg|ner** m. *(-s,-)* controparte *f.* (in un incidente stradale). **Un|fall|ge|schä|dig|te** m. e f. *(-n,-n)* vittima *f.* di un, dell'incidente, BUROCR. sinistrato *m.* (-a *f.*). **Un|fall|heil|kun|de** f. *(-)* infortunistica *f.* **Un|fall|her|gang** m. *(-[e]s,-hergänge)* dinamica *f.* dell'incidente. **Un|fall|hil|fe** f. *(-)* pronto soccorso *m.* **Un|fall|kran|ken|haus** n. *(-es,-häuser)* ospedale *m.* traumatologico. **Un|fall|op|fer** n. *(-s,-)* vittima *f.* di un, dell'incidente. **Un|fall|ort** m. *(-[e]s,-e)* luogo *m.* dell'incidente. **Un|fall|quo|te, Un|fall|ra|te** f. *(-,-n)* percentuale *f.* di incidenti. **Un|fall|ren|te** f. *(-,-n)* pensione *f.* d'infortunio. **Un|fall|scha|den** m. *(-s,-schäden)* danno *m.* derivante da un, dall'incidente. **Un|fall|schutz** m. *(-es)* prevenzione *f.* degli infortuni, antinfortunistica *f.* **Un|fall|sta|ti|on** f. *(-,-en)* pronto soccorso *m.* **Un|fall|sta|tis|tik** f. *(-,-en)* statistica *f.* degli infortuni. **Un|fall|stel|le** f. *(-,-n)* luogo *m.* dell'incidente. **Un|fall|tod** m. *(-[e]s)* morte *f.* per (*o* in seguito a) incidente. **un|fall|träch|tig** agg. pericoloso, con grave pericolo di incidenti. **Un|fall|ver|hü|tung** f. *(-)* prevenzione *f.* degli infortuni. **Un|fall|ver|letz|te** m. e f. *(-n,-n)* infortunato *m.* **Un|fall|ver|si|che|rung** f. *(-,-en)* assicurazione *f.* contro gli infortuni. **Un|fall|wa|gen** m. *(-s,-)* **1** auto *f.* incidentata **2** *(Rettungswagen)* mezzo *m.* di, del soccorso stradale **3** *(Krankenwagen)* ambulanza *f.*

un|fass|bar, un|fass|lich I agg. inconcepibile, incomprensibile; *(unglaublich)* incredibile **II** avv. incomprensibilmente; *(unglaublich)* incredibilmente.

un|fehl|bar, un|fehl|bar I agg. **1** infallibile **2** *(unweigerlich)* immancabile **II** avv. **1** infallibilmente **2** *(unweigerlich)* immancabilmente. **Un|fehl|bar|keit, Un|fehl|bar|keit** f. *(-)* infallibilità *f.* **Un|fehl|bar|keits|glau|be(n), Un|fehl|bar|keits|glau|be(n)** m. *(-[n]s)* dogma *m.* dell'infallibilità (papale).

un|fein I agg. sconveniente: ***ein -es Benehmen*** un comportamento sconveniente; ***-e Manieren*** modi sconvenienti **II** avv. in modo sconveniente, sconvenientemente. **Un|fein|heit** f. *(-,-en)* sconvenienza *f.*, mancanza *f.* di correttezza.

un|fern prep. + gen. e avv. → **unweit.**

un|fer|tig agg. **1** incompleto: ***ein -er Artikel*** un articolo incompleto **2** *(noch nicht ausgereift)* immaturo: ***ein -es Werk*** un'opera immatura; ***ein -er Mensch*** una persona immatura. **Un|fer|tig|keit** f. *(-)* **1** incompletezza *f.* **2** *(Unreife)* immaturità *f.*

Un|flat m. *(-[e]s)* ANT. sudiciume *m.*, sozzura *f.* (anche FIG.). **un|flä|tig I** agg. sconcio, osceno: ***-e Worte, Ausdrücke*** parole sconce, espressioni oscene **II** avv. in modo sconcio ◆ ***ein -er Mensch*** un maiale. **Un|flä|tig|keit** f. *(-,-en)* sconcezza *f.*

un|flek|tiert agg. indeclinato, non flesso.

un|flott, COLLOQ. ***nicht ~*** niente male.

un|folg|sam agg. disubbidiente. **Un|folg|sam|keit** f. *(-)* disubbidienza *f.*

un|for|ma|tiert agg. non formattato.

un|för|mig I agg. deforme: ***-e Hände*** mani deformi **II** avv. in modo deforme: ***~ geschwollen sein*** essere gonfio e deforme. **Un|för|mig|keit** f. *(-)* deformità *f.*

un|förm|lich I agg. **1** informale, non formale: ***ein -es Verhalten*** un comportamento informale **2** ANT. → **unförmig II** avv. in modo informale: ***etw. ~ sagen*** dire qcs. in modo informale; ***es ging sehr ~ zu*** c'era un'atmosfera molto informale. **Un|förm|lich|keit** f. *(-)* mancanza *f.* di formalità.

un|fran|kiert agg. non affrancato.

un|frei I agg. **1a** non libero, schiavo, assoggettato, asservito: ***ein -es Volk*** un popolo schiavo **b** *(abhängig)* non libero: ***in seinem Urteil ~ sein*** non essere libero nel proprio giudizio **2** FIG. *(befangen, innerlich gebunden)* impacciato, irrigidito: ***ein -es Benehmen zeigen*** mostrare un comportamento impacciato; ***sich in jds Gegenwart ~ fühlen*** sentirsi impacciato in presenza di qcn. **3** *(unfrankiert)* non affrancato **II** avv. **1** non liberamente, da (*o* come) schiavi: ***~ leben*** vivere come schiavi **2** senza affrancatura: ***etw. ~ schicken*** spedire qcs. senza affrancatura. **Un|freie** m. e f. *(-n,-n)* servo *m.* (-a *f.*), schiavo *m.* (-a *f.*). **Un|frei|heit** f. *(-)* **1** mancanza *f.* di libertà **2** *(Knechtschaft)* servitù *f.*, schiavitù *f.*

un|frei|wil|lig I agg. **1** *(gezwungen)* obbligato: ***ein -er Aufenthalt*** un soggiorno obbligato **2** *(unbeabsichtigt)* involontario: ***-e Komik*** comicità involontaria **II** avv. **1** *(gezwungen)* obbligatoriamente **2** involontariamente.

un|freund|lich agg. **1** scortese, sgarbato: ***eine -e Antwort*** una risposta scortese; ***-es Personal*** personale sgarbato; ***zu jdm, gegen jdn ~ sein*** essere sgarbato nei confronti di, verso qcn. **2** *(unangenehm)* ***-es Wetter*** tempo inclemente; ***eine -e Gegend*** un paesaggio poco accogliente. **Un|freund|lich|keit** f. *(-,-en)* **1** scortesia *f.*, sgarbatezza *f.* **2** *(von Handlungen, Äußerungen)* sgarbo *m.* **3** *(vom Wetter)* inclemenza *f.*

Un|frie|de m. *(-ns)*, **Un|frie|den** m. *(-s)* discordia *f.*, disaccordo *m.*: ***~ stiften*** seminare discordia; ***in ~ leben*** vivere nel disaccordo.

un|fri|siert agg. **1** spettinato, non pettinato **2** COLLOQ. **a** *(nicht schöngefärbt)* vero, non ritoccato **b** *(von Motoren)* non truccato.

un|fromm agg. miscredente.

un|frucht|bar agg. sterile (anche FIG.): ***ein -er Boden*** un terreno sterile; *(steril)* ***eine -e Frau*** una donna sterile; ***die -en Tage (der Frau)*** i giorni non fecondi (della donna); *(nutzlos)* ***ein -es Gespräch*** una discussione sterile ◆ ***~ machen*** sterilizzare. **Un|frucht|bar|keit** f.

(-) sterilità *f.* (anche FIG.). **Un|frucht|bar|ma|chung** f. *(-,-en)* sterilizzazione *f.*

Un|fug m. *(-[e]s)* **1** sciocchezze *f.pl.*, stupidaggini *f.pl.*: ***rede keinen ~!*** ma non dire stupidaggini! ***~ machen, treiben*** fare delle sciocchezze **2** DIR. molestia *f.*, molestie *f.pl.*: ***grober ~*** gravi molestie *f.pl.*

un|gang|bar, un|gang|bar agg. impraticabile: ***ein -er Weg*** un sentiero impraticabile.

Un|gar m. *(-n,-n)* ungherese *m.* **Un|ga|rin** f. *(-,-nen)* ungherese *f.* **un|ga|risch** agg. ungherese. **Un|ga|risch** n. *(-[s])*, **Un|ga|ri|sche** n. *(-n)* ungherese *m.*, lingua *f.* ungherese. **Un|garn** n.pr.n. *(-s)* Ungheria *f.*

un|gast|lich I agg. inospitale: ***ein -es Haus, Lokal*** una casa, un locale inospitale **II** avv. in modo inospitale. **Un|gast|lich|keit** f. *(-)* inospitalità *f.*

un|ge|ach|tet, un|ge|ach|tet I prep. + gen. nonostante, malgrado: ***~ der Tatsache, dass...*** malgrado il fatto che...; ***des, dessen ~*** malgrado ciò, ciononostante; ***~ der Gefahr stürzte er sich in den Fluss*** incurante del pericolo si buttò nel fiume **II** cong. ANT. malgrado, sebbene.

un|ge|ahn|det agg. impunito.

un|ge|ahnt, un|ge|ahnt agg. imprevisto, insospettato: ***-e Energien, Schwierigkeiten*** energie insospettate, difficoltà impreviste.

un|ge|bär|dig I agg. ricalcitrante, recalcitrante, ribelle: ***ein -es Kind, Tier*** un bambino, un animale ricalcitrante **II** avv. in modo ricalcitrante. **Un|ge|bär|dig|keit** f. *(-)* ribellione *f.*

un|ge|be|ten I agg. importuno **II** avv. in modo importuno: ***sich ~ in etw. einmischen*** immischiarsi in qcs. in modo importuno ◆ ***-e Gäste*** ospiti indesiderati.

un|ge|beugt agg. **1** non piegato, non incurvato **2** *(nicht entmutigt)* indomito **3** GRAMM. *(unflektiert)* indeclinato.

un|ge|bil|det agg. incolto, rozzo. **Un|ge|bil|det|heit** f. *(-)* rozzezza *f.*

un|ge|bo|ren agg. non (ancora) nato ◆ ***-es Kind*** nascituro.

un|ge|brannt agg. non cotto, crudo: ***-e Ziegel*** mattoni non cotti ◆ ***-er Kaffee*** caffè non tostato.

un|ge|bräuch|lich agg. inusitato, insolito: ***ein -er Ausdruck*** un'espressione insolita; ***eine -e Methode*** un metodo inusitato. **un|ge|braucht** agg. inutilizzato; *(neu)* non (ancora) usato, nuovo.

un|ge|bro|chen agg. **1** *(von Linien)* non spezzato, diritto **2** *(ungetrübt)* luminoso: ***-e Farben*** colori luminosi **3** *(nicht geschwächt)* indomito, fiero: ***mit -em Mut*** con coraggio indomito.

Un|ge|bühr f. *(-)* **1** sconvenienza *f.*, contegno *m.* sconveniente **2** oltraggio *m.*: ***~ vor Gericht*** oltraggio alla corte. **un|ge|bühr|lich, un|ge|bühr|lich I** agg. **1** *(ungehörig)* sconveniente, indecoroso: ***ein -er Ton*** un tono sconveniente **2** *(übertrieben, unrechtmäßig)* eccessivo, ingiusto: ***eine -e Forderung*** una richiesta eccessiva **II** avv. **1** in modo sconveniente, indecorosamente: ***sich ~ benehmen*** comportarsi indecorosamente **2** eccessivamente: ***eine ~ hohe Strafe*** una pena eccessivamente alta. **Un|ge|bühr|lich|keit** f. *(-,-en)* **1** sconvenienza *f.*, indecorosità *f.* **2** *(Übertriebenheit)* eccesso *m.*

un|ge|bun|den I agg. **1** *(von Büchern)* non (ri)legato **2** *(nicht geknüpft)* slacciato, slegato: ***-e Schuhe*** scarpe slacciate **3** GASTR. *(von Suppen, Soßen)* non legato **4** MUS. non legato, staccato **5a** FIG. *(frei)* libero, indipendente **b** *(unverheiratet)* libero, non sposato, senza legami **II** avv. liberamente, in modo indipendente ◆ ***in -er Rede*** in prosa. **Un|ge|bun|den|heit** f. *(-)* libertà *f.*, indipendenza *f.*

un|ge|deckt I agg. **1a** scoperto **b** MIL. *(ungeschützt)* ***eine -e Linie*** una linea scoperta **c** SPORT *(Boxen)* ***-es Kinn*** mento scoperto; *(Ballspiel)* ***ein -er Spieler*** un giocatore scoperto (*o* smarcato); *(Schach)* ***einen -en Springer schlagen*** mangiare un cavallo scoperto **d** BANC. ***ein -er Scheck*** un assegno scoperto (*o* a vuoto) **2** *(vom Esstisch)* non apparecchiato, sparecchiato **II** avv. allo scoperto, scopertamente.

un|ge|dient agg. militesente. **Un|ge|dien|te** m. *(-n,-n)* militesente *m.*

un|ge|druckt agg. non stampato.

Un|ge|duld f. *(-)* impazienza *f.*: ***in großer ~, mit ~ auf jdn warten*** aspettare qcn. fremendo d'impazienza, con impazienza; ***voll(er) ~ sein*** essere impaziente. **un|ge|dul|dig I** agg. impaziente: ***ein -er Mensch*** una persona impaziente **II** avv. impazientemente: ***~ hin und her laufen*** camminare impazientemente su e giù ◆ ***schnell ~ werden*** diventare impaziente, spazientirsi rapidamente.

un|ge|eig|net agg. inadatto: ***ein für diesen Zweck, zu diesem Zweck -es Mittel*** un mezzo inadatto a (*o* per) questo scopo ◆ ***im -sten Augenblick*** nel momento meno adatto, meno opportuno.

un|ge|fähr, un|ge|fähr I avv. circa, all'incirca, press'a poco: ***~ ein Drittel*** circa un terzo; ***~ in zwei Wochen, in ~ zwei Wochen, in zwei Wochen ~*** in circa due settimane (*o* in due settimane circa, all'incirca) **II** agg. approssimativo, impreciso: ***eine -e Ahnung von etw.*** un'idea approssimativa di qcs. ◆ ***so ~*** all'incirca; ***das kommt nicht von ~*** non accade per caso, per combinazione.

un|ge|fähr|det, un|ge|fähr|det agg. e avv. senza pericolo. **un|ge|fähr|lich** agg. innocuo, non pericoloso, senza pericolo: ***völlig ~ sein*** essere del tutto innocuo; ***nicht ganz ~ sein*** non essere del tutto privo di rischi.

un|ge|fäl|lig agg. sgarbato: ***jdm gegenüber ~ sein*** essere sgarbato nei confronti di qcn. **Un|ge|fäl|lig|keit** f. *(-)* sgarbatezza *f.*

un|ge|färbt agg. **1** senza coloranti **2** FIG. *(nicht beschönigt)* non abbellito, oggettivo.

un|ge|fes|tigt agg. instabile: ***eine -e Beziehung*** un rapporto instabile.

un|ge|formt agg. informe.

un|ge|fragt avv. senza essere interrogato: ***~ dazwischenreden*** intromettersi nel discorso senza essere interrogato.

un|ge|früh|stückt avv. SCHERZ. senza colazione.

un|ge|fü|ge agg. **1** *(unförmig)* informe, massiccio **2** *(plump)* goffo; *(unbeholfen)* maldestro. **un|ge|fü|gig** agg. **1** RAR. *(ungefüge)* massiccio **2** *(nicht gefügig)* indocile, poco arrendevole.

un|ge|ges|sen I agg. non mangiato **II** avv. senza aver mangiato.

un|ge|glie|dert agg. disarticolato.

un|ge|hal|ten I agg. indignato, indispettito: ***auf, über, wegen jdn, etw. ~*** indignato con qcn., qcs.; ***ein -er Ton*** un tono indignato **II** avv. in modo indignato: ***~ reagieren, antworten*** reagire, rispondere in modo indignato. **Un|ge|hal|ten|heit** f. *(-)* indignazione *f.*

un|ge|hei|ßen avv. senza aver ricevuto un ordine, spontaneamente.

un|ge|heizt agg. non riscaldato: ***-e Zimmer*** camere non riscaldate.

un|ge|hemmt I agg. **1** non impedito, non bloccato, libero: ***-e Bewegungen*** movimenti liberi **2** FIG. sfrenato: ***-e Leidenschaft*** passione sfrenata **II** avv. liberamente: ***~ sprechen*** parlare liberamente.

un|ge|heu|er, un|ge|heu|er I agg. mostruoso, enorme, straordinario: ***eine ungeheure Entfernung, Kraft*** una distanza, una forza mostruosa; ***ungeheure Schmerzen*** dolori atroci; ***eine ungeheure Anstrengung*** uno sforzo straordinario **II** avv. mostruosamente, enormemente, straordinariamente: ***~ klug, stark*** mostruosamente intelligente, forte; ***sich ~ ärgern*** arrabbiarsi enormemente ◆ ***ins Ungeheure*** enormemente, estremamente. **Un|ge|heu|er** n. *(-s,-)* mostro *m.* (anche FIG.): ***er ist ein richtiges ~*** è un vero mostro. **un|ge|heu|er|lich, un|ge|heu|er|lich I** agg. **1** RAR. *(ungeheuer)* mostruoso, enorme **2** *(unerhört)* mostruoso, inaudito: ***das ist ja ~!*** ma è mostruoso! ***-e Ausmaße annehmen*** assumere dimensioni inaudite **II** avv. rafforz. mostruosamente: ***~ groß sein*** essere mostruosamente grande. **Un|ge|heu|er|lich|keit, Un|ge|heu|er|lich|keit** f. *(-,-en)* mostruosità *f.*

un|ge|hin|dert I agg. non impedito **II** avv. senza ostacoli, liberamente.

un|ge|ho|belt, un|ge|ho|belt I agg. **1** grezzo, non piallato **2** FIG. *(unbeholfen)* impacciato: ***eine -e Sprache*** un linguaggio impacciato **3** FIG. *(grob)* grossolano, rozzo: ***ein -er Mensch*** una persona grossolana **II** avv. in modo grossolano, rozzo: ***sich ~ benehmen*** comportarsi in modo grossolano.

un|ge|hö|rig I agg. **1** sconveniente, non appropriato: ***ein -es Benehmen*** un comportamento sconveniente **2** *(frech)* insolente, sfacciato **II** avv. **1** sconvenientemente **2** *(frech)* in modo insolente. **Un|ge|hö|rig|keit** f. *(-,-en)* **1** sconvenienza *f.* **2** *(Frechheit)* insolenza *f.*

un|ge|hor|sam agg. disobbediente (*o* disubbidiente). **Un|ge|hor|sam** m. *(-s)* disobbedienza (*o* disubbidienza) *f.*

un|ge|hört agg. non udito.

Un|geist m. *(-[e]s)* spirito *m.* distruttivo, maledizione *f.*

un|ge|kämmt agg. **1** spettinato **2** TESS. non pettinato.

un|ge|klärt agg. **1** *(nicht gelöst)* non chiarito, insoluto: ***-e Probleme,*** problemi insoluti; ***ein -er Fall*** un caso insoluto **2** *(unklar)* non chiaro, oscuro: ***eine -e Lage*** una situazione non chiara **3** *(nicht gereinigt)* non depurato: ***-e Abwässer*** acque di scarico non depurate.

un|ge|kocht agg. **1** crudo **2** *(von Flüssigkeiten)* non bollito.

un|ge|krönt agg. senza corona: ***ein -es Haupt*** un capo senza corona ◆ FIG. ***der -e König sein*** = essere il migliore di tutti.

un|ge|kün|digt agg. **1** (ancora) in servizio **2** non revocato, in corso: ***ein -es Arbeitsverhältnis*** un rapporto di lavoro in corso.

un|ge|küns|telt I agg. non affettato, spontaneo **II** avv. in modo non affettato, in modo spontaneo.

un|ge|kürzt I agg. integrale: ***-e Ausgabe, Fassung*** edizione, stesura integrale **II** avv. integralmente.

un|ge|la|den agg. **1** non invitato **2** *(nicht aufgeladen)* scarico: ***ein -es Gewehr*** un fucile scarico.

Un|geld n. *(-[e]s,-er)* STOR. tassa *f.* ◆ ***ein ~ kosten*** costare una fortuna.

un|ge|le|gen agg. inopportuno, poco opportuno: ***ein -er Gast*** un ospite inopportuno; ***zu -er Stunde*** in un momento poco opportuno; ***das kommt (mir) ~*** (mi) giunge inopportuno ◆ ***komme ich ~?*** disturbo? **Un|ge|le|gen|heit** f. *(-,-en)* fastidio *m.*, noia *f.*: ***-en haben*** avere delle noie; ***jdm -en bereiten, machen*** procurare fastidi a qcn.

un|ge|legt agg. ***sich nicht um -e Eier kümmern*** non fasciarsi la testa prima di averla rotta.

un|ge|leh|rig agg. indocile. **un|ge|lehrt** agg. ANT. indotto.

un|ge|lenk **I** agg. goffo, sgraziato: ***eine -e Schrift*** una scrittura goffa **II** avv. in modo sgraziato (*o* goffo). **un|ge|len|kig** **I** agg. impacciato, rigido **II** avv. in modo impacciato, con rigidezza. **Un|ge|len|kig|keit** f. *(-)* impaccio *m.*, rigidezza *f.*

un|ge|lernt agg. non qualificato. **Un|ge|lern|te** m. e f. *(-n,-n)* operaio *m.* non qualificato.

un|ge|le|sen **I** agg. non letto **II** avv. senza essere letto.

un|ge|liebt agg. **1** non amato **2** *(nicht gemocht)* che non piace, sgradito: ***eine -e Arbeit*** un lavoro sgradito.

un|ge|lo|gen avv. COLLOQ. per davvero, veramente.

un|ge|löscht agg. non spento, vivo: ***-er Kalk*** calce viva.

un|ge|löst agg. **1a** non risolto: ***eine -e Gleichung*** un'equazione non risolta **b** FIG. irrisolto, insoluto: ***ein -es Problem*** un problema irrisolto **2** CHIM. non (di)sciolto.

Un|ge|mach n. *(-[e]s)* ANT. **1** avversità *f.pl.*: ***großes ~ erleiden*** patire grandi avversità **2** *(Beschwernis)* disagi *m.pl.*, fastidio *m.*: ***jdm ~ bereiten*** procurare disagi a qcn.; LETT. ***~ auf sich nehmen*** assumersi un fastidio.

un|ge|macht agg. non rifatto: ***ein -es Bett*** un letto non rifatto.

un|ge|mäß agg. ***jdm, etw. ~ sein*** non essere conforme (*o* corrispondente) a qcn., qcs.

un|ge|mein, un|ge|mein **I** agg. enorme, smisurato, immenso: ***-e Fortschritte, Vorteile*** progressi, vantaggi enormi; ***ein -er Erfolg*** un successo enorme **II** avv. rafforz. estremamente, molto, immensamente: ***~ faul, wichtig*** estremamente pigro, importante; ***das freut mich ~*** mi fa un immenso piacere.

un|ge|mes|sen, un|ge|mes|sen agg. → **unermesslich.**

un|ge|min|dert agg. non diminuito, costante: ***mit -er Lautstärke*** con volume costante.

un|ge|mischt agg. non mescolato.

un|ge|müt|lich **I** agg. **1** non (*o* poco) accogliente, non confortevole: ***ein -es Zimmer, Lokal*** una camera, un locale non accogliente **2a** FIG. *(unangenehm)* sgradevole: ***eine -e Stimmung*** un'atmosfera sgradevole **b** *(misslich)* spiacevole, sgradevole, poco simpatico: ***eine -e Lage*** una situazione spiacevole; ***ein -er Mensch*** una persona sgradevole **II** avv. sgradevolmente ◆ COLLOQ. ***~ werden*** reagire in modo sgarbato; ***bei ihnen ist es ~*** da loro si sta, mi sento a disagio. **Un|ge|müt|lich|keit** f. *(-)* sgradevolezza *f.*

un|ge|nannt agg. anonimo.

un|ge|nau **I** agg. **1** inesatto: ***eine -e Rechnung*** un calcolo inesatto **2a** *(undeutlich)* vago, impreciso: ***eine -e Idee, Erinnerung*** un'idea vaga, un vago ricordo **b** *(unsorgfältig)* non accurato, impreciso: ***eine -e Übersetzung*** una traduzione imprecisa **II** avv. **1** in modo inesatto **2** *(undeutlich)* in modo vago, in modo impreciso ◆ ***die Uhr geht ~*** l'orologio non è esatto. **Un|ge|nau|ig|keit** f. *(-,-en)* imprecisione *f.*, inesattezza *f.*: ***jdm unterläuft eine ~*** a qcn. sfugge un'imprecisione.

un|ge|niert, un|ge|niert [-ʒe-] **I** agg. disinvolto: ***ein -es Benehmen*** un comportamento disinvolto **II** avv. in modo disinvolto. **Un|ge|niert|heit, Un|ge|niert|heit** f. *(-)* disinvoltura *f.*

un|ge|nieß|bar, un|ge|nieß|bar agg. **1** non commestibile: ***-e Pilze*** funghi non commestibili **2a** *(nicht essbar)* immangiabile **b** *(nicht trinkbar)* imbevibile **3** FIG. SCHERZ. *(unausstehlich)* insopportabile. **Un|ge|nieß|bar|keit, Un|ge|nieß|bar|keit** f. *(-)* **1** il non essere commestibile; *(Giftigkeit)* velenosità *f.* **2** l'essere immangiabile, l'essere imbevibile **3** *(Unerträglichkeit)* insopportabilità *f.*

Un|ge|nü|gen n. *(-s)* insufficienza *f.* **un|ge|nü|gend** **I** agg. insufficiente: ***eine -e Vorbereitung*** una preparazione insufficiente **II** avv. insufficientemente ◆ SCOL. ***etw. mit der Note ~ zensieren*** dare l'insufficiente, un'insufficienza per qcs.

un|ge|nutzt, un|ge|nützt agg. non utilizzato: ***-e Energiequellen*** fonti d'energia inutilizzate; ***eine Gelegenheit, eine Chance ~ (vorübergehen) lassen*** lasciarsi scappare (*o* perdere) un'occasione.

un|ge|ord|net agg. non ordinato, disordinato, in disordine.

un|ge|pflegt agg. non curato, trascurato: ***ein -er Park*** un parco non curato; ***~ wirken*** apparire trascurato. **Un|ge|pflegt|heit** f. *(-)* trascuratezza *f.*

un|ge|rächt agg. invendicato.

un|ge|ra|de agg. MAT. dispari.

un|ge|ra|ten agg. snaturato, degenere: ***ein -er Sohn*** un figlio degenere.

un|ge|rech|net **I** agg. escluso, a parte: ***die Miete beträgt 1000 DM, die Nebenkosten ~*** l'affitto ammonta a 1000 marchi, escluse le spese **II** prep. + gen. senza contare: ***~ der Frachtspesen*** senza contare i costi di trasporto.

un|ge|recht **I** agg. ingiusto: ***ein -er Richter, eine -e Behandlung*** un giudice, un trattamento ingiusto; ***gegen jdn (zu jdm), gegenüber jdn ~ sein*** essere ingiusto verso, nei confronti di qcn. **II** avv. in modo ingiusto: ***jdn ~ behandeln, beurteilen*** trattare, giudicare qcn. in modo ingiusto. **un|ge|rech|ter|wei|se** avv. ingiustamente.

un|ge|recht|fer|tigt agg. ingiustificato.

Un|ge|rech|tig|keit f. *(-,-en)* ingiustizia *f.*: ***eine ~ begehen*** commettere un'ingiustizia; ***eine himmelschreiende ~*** una vergognosa ingiustizia.

un|ge|re|gelt agg. sregolato, disordinato: ***ein -es Leben führen*** condurre una vita sregolata.

un|ge|reimt agg. **1a** non rimato, sciolto: ***-e Verse*** versi sciolti **b** *(von Gedichten)* in versi sciolti **2** FIG. *(ohne rechten Sinn)* insensato: ***-es Zeug reden*** dire cose insensate; ***seine Worte klingen ~*** le sue parole sono insensate. **Un|ge|reimt|heit** f. *(-,-en)* insensatezza *f.*

un|gern avv. malvolentieri: ***etw. ~ sehen, tun*** fare, vedere qcs. malvolentieri.

un|ge|rührt agg. impassibile, indifferente: ***~ von etw. bleiben*** restare impassibile di fronte a qcs.

un|ge|rupft agg. ***~ davonkommen*** passarla liscia.

un|ge|sagt agg. non detto.

un|ge|sal|zen agg. insipido, senza sale.

un|ge|sat|telt agg. non sellato, senza sella.

un|ge|sät|tigt agg. **1** non sazio **2** CHIM. insaturo: ***-e Lösung*** soluzione insatura.

un|ge|säu|ert agg. azzimo: ***-es Brot*** pane azzimo.

1.un|ge|säumt, un|ge|säumt avv. immediatamente.

2.un|ge|säumt agg. senza orlo.

un|ge|schält agg. **1** non sbucciato **2** *(von Getreide, Reis)* non mondato.

un|ge|sche|hen agg. ***etw. ~ machen (wollen)*** volere che qcs. non sia mai successa.

un|ge|scheut, un|ge|scheut agg. senza timore.

Un|ge|schick n. *(-[e]s)* inettitudine *f.*, incapacità *f.* **un|ge|schick|lich** agg. ANT. → **ungeschickt. Un|ge|schick|lich|keit** f. *(-,-en)* inettitudine *f.*, incapacità *f.* **un|ge|schickt** **I** agg. **1** maldestro, incapace, inetto: ***-e Hände*** mani inette **2** *(plump)* impacciato, goffo: ***-e Bewegungen*** movimenti goffi **II** avv. **1** maldestramente, in modo maldestro: ***etw. ~ anfassen*** afferrare qcs. in modo maldestro **2** in modo impacciato: ***sich ~ ausdrücken*** esprimersi in modo impacciato ◆ ***stell dich nicht so ~ an*** non essere così maldestro! **Un|ge|schickt|heit** f. *(-,-en)* **1** inettitudine *f.*, incapacità *f.* **2** *(Plumpheit)* goffaggine *f.*

un|ge|schlacht agg. SPREG. **1a** massiccio: ***ein -es Gebäude*** un edificio massiccio **b** *(von Personen)* tozzo, massiccio **2** *(grob)* grossolano. **Un|ge|schlacht|heit** f. *(-,-en)* **1** struttura *f.* massiccia **2** *(Grobheit)* grossolanità *f.*, rozzezza *f.*

un|ge|schla|gen agg. SPORT imbattuto: ***~ bleiben*** rimanere imbattuto.

un|ge|schlecht|lich agg. BIOL. asessuale: ***-e Fortpflanzung*** riproduzione asessuale.

un|ge|schlif|fen agg. **1** non levigato, grezzo: ***ein -er Diamant*** un diamante grezzo, non levigato **2** FIG. rozzo: ***ein -er Kerl, -e Manieren*** un tipo rozzo, maniere rozze. **Un|ge|schlif|fen|heit** f. *(-,-en)* rozzezza *f.*

un|ge|schmä|lert **I** agg. **1** non diminuito, non ridotto: ***ein durch die Inflation -es Einkommen*** un reddito non ridotto dall'inflazione **2** *(ganz)* intero, completo **II** avv. interamente, completamente.

un|ge|schmei|dig agg. non malleabile, non duttile (anche FIG.).

un|ge|schminkt **I** agg. **1** non truccato: ***ein -es Gesicht*** un viso non truccato **2** FIG. *(offen, unbeschönigt)* semplice, puro: ***die -e Wahrheit*** la pura verità **II** avv. apertamente: ***jdm ~ seine Meinung sagen*** cantarla chiara a qcn.

un|ge|scho|ren agg. **1** non tosato **2** *(unversehrt)* illeso: ***~ bleiben, davonkommen*** rimanere, uscirne illeso ◆ ***jdn (mit etw.) ~ lassen*** lasciare in pace qcn. (su qcs.).

un|ge|schrie|ben agg. non scritto: ***ein -es Gesetz*** una legge non scritta.

un|ge|schult agg. non addestrato, non istruito: ***-es Personal*** personale non addestrato.

un|ge|se|hen avv. non visto, (in modo) inosservato, senza essere visto: ***~ verschwinden, weggehen*** scomparire, andarsene in modo inosservato.

un|ge|sel|lig agg. non socievole, insocievole, scontroso: ***ein -er Charakter*** un carattere non (*o* poco) socievole. **Un|ge|sel|lig|keit** f. *(-)* insocievolezza *f.*

un|ge|setz|lich I agg. illegale: ***eine -e Methode*** un metodo illegale **II** avv. in modo illegale, illegalmente: ***~ handeln, vorgehen*** agire in modo illegale. **Un|ge|setz|lich|keit** f. *(-,-en)* illegalità *f.*

un|ge|si|chert agg. non custodito: ***ein -er Bahnübergang*** un passaggio a livello non custodito.

un|ge|sit|tet I agg. incivile, inurbano **II** avv. incivilmente: ***sich völlig ~ verhalten*** comportarsi in modo assolutamente incivile.

un|ge|stalt agg. **1** informe: ***eine -e Masse*** una massa informe **2** ANT. *(missgestaltet)* deforme. **Un|ge|stalt** f. *(-,-en)* ANT. LETT. deformità *f.* **un|ge|stal|tet** agg. informe.

un|ge|stem|pelt agg. non timbrato, senza timbro: ***-e Briefmarken*** francobolli non timbrati (*o* senza timbro postale).

un|ge|stillt agg. inappagato: ***-e Wünsche*** desideri inappagati; ***-e Neugier*** curiosità inappagata.

un|ge|stört I agg. indisturbato, non disturbato: ***ein -er Empfang*** una ricezione non disturbata **II** avv. indisturbato: ***~ arbeiten*** lavorare indisturbato. **Un|ge|stört|heit** f. *(-)* tranquillità *f.*

un|ge|straft agg. impunito: ***ein -es Verbrechen*** un delitto impunito.

un|ge|stüm I agg. impetuoso, irruente, veemente: ***eine -e See*** un mare impetuoso: FIG. ***ein -es Temperament, eine -e Umarmung*** un temperamento, un abbraccio irruente **II** avv. in modo impetuoso, in modo irruente, con foga, veementemente: ***jdn ~ begrüßen*** salutare qcn. con foga. **Un|ge|stüm** n. *(-[e]s)* impeto *m.*, irruenza *f.*, veemenza *f.*: ***jugendliches ~*** irruenza giovanile.

un|ge|sühnt agg. non espiato.

un|ge|sund (compar. *ungesünder*/RAR. *ungesunder*, superl. *ungesündest...*/RAR. *ungesundest...*) **I** agg. **1a** malsano: ***ein -es Aussehen, eine -e Gesichtsfarbe*** un aspetto, un colorito malsano **b** FIG. malsano, insano: ***ein -er Ehrgeiz*** un'ambizione malsana (*o* insana); ***eine -e Entwicklung*** uno sviluppo malsano **2** *(der Gesundheit abträglich)* insalubre: ***ein -es Klima*** un clima insalubre **II** avv. in modo malsano: ***sich ~ ernähren*** nutrirsi in modo malsano.

un|ge|süßt agg. non dolcificato; *(ohne Zucker)* senza zucchero: ***Kaffee ~ trinken*** bere il caffè senza zucchero.

un|ge|tan agg. non fatto ◆ ***etw. ~ lassen*** lasciare qcs. da fare.

un|ge|teilt agg. **1** non diviso, indiviso **2** FIG. *(einmütig)* unanime, generale: ***-e Zustimmung finden*** trovare l'approvazione generale.

un|ge|treu agg. LETT. non fedele: ***ein -er Diener*** un servitore non fedele.

un|ge|trübt agg. senza nubi, sereno: ***eine -e Freundschaft, Freude*** un'amicizia serena, una gioia senza nubi.

Un|ge|tüm n. *(-s,-e)* **1** mostruosità *f.*: ***dieser Schrank ist ein richtiges ~*** questo armadio è una vera mostruosità **2** ANT. *(Furcht erregendes Tier)* mostro *m.*

un|ge|übt agg. **1** non esercitato: ***ein -es Gedächtnis*** una memoria non esercitata **2** *(unerfahren)* inesperto: ***-e Hände*** mani inesperte ◆ ***in etw. ~ sein*** non essere pratico in qcs. **Un|ge|übt|heit** f. *(-)* mancanza *f.* di esercizio.

un|ge|wandt I agg. maldestro, goffo **II** avv. in modo maldestro. **Un|ge|wandt|heit** f. *(-)* l'essere maldestro, goffaggine *f.*

un|ge|wa|schen agg. non lavato: ***mit -en Händen*** con le mani non lavate ◆ ***ein -es Maul haben*** = parlare in modo volgare.

un|ge|wiss I agg. **1** incerto: ***eine -e Zukunft*** un futuro incerto; ***der Ausgang des Prozesses ist noch ~*** l'esito del processo è ancora incerto; ***von -er Farbe*** di colore incerto **2** *(unbestimmt)* vago: ***seine Absichten im Ungewissen lassen*** lasciare nel vago le proprie intenzioni **II** avv. in modo incerto ◆ ***sich (D) über etw. ~ sein*** essere incerto su qcs.; ***jdn über etw. im Ungewissen lassen*** lasciare qcn. all'oscuro di qcs. **Un|ge|wiss|heit** f. *(-,-en)* incertezza *f.*: ***quälende ~*** incertezza angosciosa; ***in ~ über etw. sein*** essere nell'incertezza su qcs.

Un|ge|wit|ter n. *(-s,-)* **1** FIG. tempesta *f.*, putiferio *m.* **2** ANT. *(Unwetter)* tempesta *f.*

un|ge|wöhn|lich I agg. **1** insolito, inconsueto, inusuale: ***eine -e Form, Frau*** una forma, una donna insolita; ***~ aussehen*** avere un aspetto inconsueto **2** *(außergewöhnlich)* straordinario: ***-e Leistungen*** prestazioni straordinarie, eccezionali **II** avv. rafforz. insolitamente: ***es ist ~ kalt, heiß*** fa insolitamente freddo, caldo; ***ein ~ hoher Verbrauch*** un consumo insolitamente alto. **Un|ge|wöhn|lich|keit** f. *(-,-en)* stranezza *f.*, singolarità *f.*

un|ge|wohnt agg. **1** insolito, inconsueto: ***zu -er Stunde*** a un'ora insolita; ***mit -er Schärfe*** con insolita severità **2** *(nicht vertraut)* non familiare: ***etw. ist jdm, für jdn noch ~*** qcs. non è ancora familiare a qcn.

un|ge|wollt I agg. **1** non voluto, non desiderato: ***ein -es Kind*** un bambino non voluto **2** *(unbeabsichtigt)* involontario: ***eine -e Wirkung*** un effetto involontario **II** avv. senza volere, involontariamente: ***etw. ~ beschädigen, verraten*** danneggiare, rivelare qcs. involontariamente.

un|ge|zählt I agg. **1** *(nicht nachgezählt)* non contato **2** RAR. innumerabile: ***etw. -e Male sagen*** dire qcs. innumerabili volte **II** avv. senza contare: ***er steckte das Geld ~ ein*** intascò il denaro senza contarlo.

un|ge|zähmt agg. **1** non addomesticato: ***ein -es Tier*** un animale non addomesticato **2** FIG. sfrenato: ***-e Leidenschaften*** passioni sfrenate.

un|ge|zeich|net agg. non firmato: ***-e Artikel*** articoli non firmati.

Un|ge|zie|fer n. *(-s)* **1** insetti *m.pl.* (nocivi) **2** *(große Tiere)* animali *m.pl.* nocivi: ***mein Keller ist voller ~*** la mia cantina è piena di topi. **Un|ge|zie|fer|be|kämp|fung** f. *(-)* lotta *f.* contro gli insetti nocivi.

un|ge|zo|gen I agg. ineducato, maleducato: ***ein -es Kind*** un bambino maleducato; ***zu jdm ~ sein*** comportarsi in modo (*o* da) maleducato con qcn. **II** avv. in modo ineducato (*o* maleducato): ***~ antworten*** rispondere in modo maleducato. **Un|ge|zo|gen|heit** f. *(-,-en)* **1** maleducazione *f.* **2** *(ungezogene Äußerung)* insolenza *f.*, impertinenza *f.*

un|ge|zu|ckert agg. non zuccherato.

un|ge|zü|gelt I agg. sfrenato, smodato: ***-e Wut*** rabbia sfrenata **II** avv. senza freno, smodatamente.

un|ge|zwun|gen I agg. spigliato, disinvolto: ***ein -es Benehmen*** un comportamento disinvolto; ***eine -e Konversation*** una conversazione spigliata **II** avv. disinvoltamente, spigliatamente: ***~ lächeln*** ridere disinvoltamente; ***~ reden*** parlare disinvoltamente. **Un|ge|zwun|gen|heit** f. *(-)* disinvoltura *f.*, spigliatezza *f.*

un|gif|tig agg. non velenoso, non tossico: ***-e Pilze, Gase*** funghi non velenosi, gas non tossici.

Un|glau|be m. *(-ns)*, **Un|glau|ben** m. *(-s)* incredulità *f.*: ***auf ~ stoßen*** incontrare incredulità. **un|glaub|haft** agg. incredibile, inattendibile: ***eine -e Darstellung*** una descrizione inattendibile.

un|gläu|big I agg. incredulo: ***ein -er Blick*** uno sguardo incredulo **II** avv. in modo incredulo: ***~ lächeln*** sorridere incredulo ◆ ***ein -er Thomas sein*** essere come san Tommaso. **Un|gläu|bi|ge** m. e f. *(-n,-n)* non credente *m.* e *f.*, SPREG. miscredente *m.* e *f.* **Un|gläu|big|keit** f. *(-)* incredulità *f.*, SPREG. miscredenza *f.*

un|glaub|lich I agg. incredibile: ***eine -e Geschichte, Frechheit*** una storia, una sfacciataggine incredibile; *(sehr groß)* ***eine -e Menge*** una quantità incredibile **II** avv. COLLOQ. incredibilmente: ***~ alt, dick*** incredibilmente vecchio, grasso; ***~ schnell*** incredibilmente veloce. **Un|glaub|lich|keit** f. *(-)* l'essere incredibile, incredibilità *f.*

un|glaub|wür|dig agg. non degno di fede, non attendibile. **Un|glaub|wür|dig|keit** f. *(-)* inattendibilità *f.*

un|gleich I agg. **1** disuguale, diseguale, ineguale: ***zwei -e Tische*** due tavoli disuguali; ***-e Leistung*** rendimento disuguale (*o* ineguale); ***Schachteln von -er Größe*** scatole di dimensioni disuguali **2** *(verschieden)* diverso: MAT. ***A ist ~ B*** A è diverso da B **3** impari: ***ein -er Kampf*** una lotta impari; ***mit -en Mitteln kämpfen*** combattere ad armi impari **4** *(unpaarig)* spaiato: ***zwei -e Schuhe*** due scarpe spaiate **5** *(nicht zusammenpassend)* male assortito: ***ein -es Paar*** una coppia mal assortita **II** avv. incomparabilmente, infinitamente: ***sie ist ~ schöner*** è incomparabilmente più bella; ***er hat ~ mehr Zeit als ich*** ha infinitamente più tempo di me **III** prep. + dat. a differenza di, diversamente da: ***er ist, ~ seinem Vater, sehr scheu*** a differenza di suo padre è molto timido.

un|gleich|ar|tig agg. disparato, diverso. **Un|gleich|ar|tig|keit** f. *(-,-en)* disparità *f.* **un|gleich|för|mig** agg. non uniforme, disuniforme. **Un|gleich|för|mig|keit** f. *(-,-en)* disuniformità *f.* **Un|gleich|ge|wicht** n. *(-[e]s,-e)* squilibrio *m.*: ***ein ~ in der Handelsbilanz*** uno squilibrio nella bilancia commerciale. **un|gleich|ge|wich|tig** agg. non equilibrato.

Un|gleich|heit f. *(-,-en)* **1** disuguaglianza *f.*: ***soziale ~*** disuguaglianza sociale **2** *(Unterschiedlichkeit)* disparità *f.*: ***die ~ der Meinungen*** la disparità delle opinioni; ***~ in der Entlohnung*** disparità di retribuzione **3** *(Unterschied)* differenza *f.*, diversità *f.*: ***~ der Leistung*** differenza di rendimento. **un|gleich|mä|ßig** I agg. **1** irregolare: ***ein -er Puls*** un polso irregolare **2** *(ungleich)* ineguale **II** avv. **1** in modo irregolare: ***~ atmen*** respirare in modo irregolare **2** *(un-*

gleich) in modo ineguale (diseguale): ***etw. ~ verteilen*** distribuire qcs. in modo ineguale. **Un|gleich|mä|ßig|keit** f. *(-,-en)* **1** irregolarità *f.* **2** *(Ungleichheit)* disuguaglianza *f.*

Un|glei|chung f. *(-,-en)* MAT. **1** disuguaglianza *f.* (*o* diseguaglianza *f.*) **2** *(mit Unbekannten)* disequazione *f.*

un|gleich|zei|tig I agg. non contemporaneo, non simultaneo **II** avv. non contemporaneamente, non simultaneamente.

Un|glück n. *(-[e]s, -e)* **1** *(Unheil)* sciagura *f.*, disgrazia *f.*: ***ein schweres ~ ist passiert, geschehen, hat sich ereignet*** è avvenuta una grave sciagura; ***ein ~ verursachen (verschulden), verhüten, verhindern*** provocare, prevenire, evitare una disgrazia (*o* una sciagura); ***ihm widerfuhr ein ~*** gli è accaduta una disgrazia; ***bei dem ~ gab es fünf Tote*** nella disgrazia ci furono cinque morti; ***von einem ~ betroffen werden*** essere colpito da una disgrazia **2** *(Pech)* sfortuna *f.*: ***jdm ~ bringen*** portare sfortuna a qcn.; ***vom ~ verfolgt sein*** essere perseguitato dalla sfortuna **3** *(Verderben)* sventura *f.*: ***jdn ins ~ bringen, stoßen, stürzen*** trascinare qcn. nella sventura **4** *(das Unglücklichsein)* infelicità *f.* ◆ ***wie ein Häufchen ~ aussehen*** sembrare un cane bastonato; ***das ist doch kein ~!*** non è mica una tragedia! ***in sein ~ rennen*** correre dietro alla propria sventura; ***zu allem ~*** per colmo di sventura; ***zu unserem ~*** per nostra disgrazia (*o* sventura); ***zum ~*** sventuratamente, disgraziatamente; PROV. ***ein ~ kommt selten allein*** le disgrazie non vengono mai sole; ***~ im Spiel, Glück in der Liebe*** sfortunato al gioco, fortunato in amore; ***Glück im ~ haben*** avere fortuna nella sfortuna.

un|glück|lich I agg. **1** infelice: ***~ aussehen*** sembrare infelice; ***sich ~ fühlen*** sentirsi infelice; ***über etw. ~ sein*** essere infelice per qcs.; ***ein -es Gesicht machen*** fare una faccia triste; *(ungeschickt)* ***eine -e Wahl treffen*** fare una scelta infelice; ***eine -e Figur machen, abgeben*** fare una figura infelice; ***eine -e Hand haben*** avere una mano infelice **2** *(bedauerlich)* sfortunato: ***ein -er Zufall*** un caso sfortunato; ***ein -es Zusammentreffen*** una coincidenza sfortunata; ***eine -e Liebe*** un amore sfortunato (*o* infelice) **II** avv. **1** infelicemente, in modo infelice: ***seine Ehe endete ~*** il suo matrimonio finì infelicemente **2** *(ungünstig)* in modo sfortunato **3** *(ungeschickt)* male: ***~ stürzen*** cadere male ◆ ***etw. nimmt einen -en Verlauf*** qcs. prende una brutta piega. **un|glück|li|cher|wei|se** avv. sfortunatamente, disgraziatamente.

Un|glücks|bo|te m. *(-n,-n)* messaggero *m.* di sventura.

un|glück|se|lig agg. sventurato, disgraziato: ***ein -er Mann*** un uomo sventurato; *(verhängnisvoll)* sventurato, funesto: ***eine -e Geschichte*** una storia sventurata. **un|glück|se|li|ger|wei|se** avv. sventuratamente, disgraziatamente.

Un|glücks|fall m. *(-[e]s,-fälle)* disgrazia *f.*, sciagura *f.* **Un|glücks|kind** n. *(-[e]s,-er)* ANT., **Un|glücks|mensch** m. *(-en,-en)* COLLOQ. scalognato *m.* **Un|glücks|ort** m. *(-[e]s,-e)* luogo *m.* della sciagura. **Un|glücks|ra|be** m. *(-n,-n)* COLLOQ. → **Unglücksmensch. Un|glücks|stel|le** f. *(-,-n)* → **Unglücksort. Un|glücks|tag** m. *(-[e]s,-e)* giorno *m.* sfortunato (*o* infausto). **Un|glücks|zahl** f. *(-,-en)* numero *m.* sfortunato.

Un|gna|de f. *(-)* disgrazia *f.*: ***(bei jdm) in ~ fallen, sein*** cadere, essere in disgrazia (presso qcn.); ***sich (D) jds ~ zuziehen*** perdere il favore di qcn., suscitare il risentimento di qcn. **un|gnä|dig I** agg. **1a** irritato, seccato; ***ein -er Blick*** una sguardo irritato **b** *(übellaunig)* di cattivo umore **2** LETT. *(erbarmungslos)* spietato: ***ein -es Schicksal*** un destino spietato **II** avv. con sfavore, sfavorevolmente. **Un|gnä|dig|keit** f. *(-)* irritazione *f.*; *(schlechte Laune)* malumore *m.*

un|grad REGION., **un|gra|de** → **ungerade.**

un|gra|zi|ös agg. sgraziato.

un|gül|tig agg. **1a** non valido, nullo, DIR. invalido: ***-e Stimmen*** voti nulli **2a** *(nicht mehr gültig)* scaduto: ***der Ausweis wird am Monatsende ~*** la carta d'identità scade a fine mese **b** *(von Banknoten)* fuori corso ◆ ***etw. für ~ erklären*** dichiarare nullo, invalidare, annullare qcs.; ***Geld für ~ erklären*** mettere fuori corso una moneta. **Un|gül|tig|keit** f. *(-)* non validità *f.*, nullità *f.*, DIR. invalidità *f.* **Un|gül|tig|keits|er|klä|rung** f. *(-,-en)* dichiarazione *f.* d'annullamento (*o* di nullità).

Un|gunst f. *(-)* **1** avversione *f.*: ***sich jds ~ zuziehen*** attirarsi l'avversione di qcn.; ***bei jdm in ~ geraten, stehen*** cadere, essere in disgrazia presso qcn. **2** *(des Wetters)* inclemenza *f.*: ***die ~ des Wetters*** l'inclemenza del tempo ◆ ***zu jds -en*** a sfavore (*o* a svantaggio, a discapito) di qcn.

un|güns|tig I agg. **1** non favorevole, sfavorevole, svantaggioso: ***-e Bedingungen*** condizioni sfavorevoli; ***der Augenblick ist ~*** il momento non è favorevole (*o* è poco propizio) **2** *(vom Wetter)* avverso, inclemente: ***-e Witterungsverhältnisse*** condizioni atmosferiche avverse **II** avv. sfavorevolmente ◆ ***im -sten Fall*** nel peggiore dei casi, nella peggiore delle ipotesi.

un|gus|ti|ös agg. AUSTR. → **unappetitlich.**

un|gut agg. **1** sgradevole, spiacevole: ***ein -es Gefühl*** una sgradevole sensazione **2** *(schlecht)* brutto, cattivo ◆ ***nichts für ~!*** non avertene a male! non se ne abbia a male!

un|halt|bar, un|halt|bar I agg. **1a** insostenibile, indifendibile: ***eine -e Behauptung*** un'affermazione insostenibile **b** MIL. ***eine -e Stellung*** una posizione indifendibile (*o* insostenibile) **2** *(unerträglich)* insostenibile, intollerabile: ***eine -e Situation*** una situazione insostenibile **II** avv. SPORT imparabile, imprendibile: ***~ ins linke Eck schießen*** effettuare un tiro imprendibile nell'angolo sinistro. **Un|halt|bar|keit, Un|halt|bar|keit** f. *(-)* **1** insostenibilità *f.* **2** SPORT imprendibilità *f.*

un|hand|lich agg. poco maneggevole. **Un|hand|lich|keit** f. *(-)* scarsa maneggevolezza *f.*

un|har|mo|nisch agg. disarmonico.

Un|heil n. *(-s)* **1** sventura *f.*: ***~ kam über ihn, brach über das Land herein*** la sventura si abbatté su di lui, sul paese; ***uns droht ~*** siamo minacciati dalla sventura **2** *(Böses)* male *m.*, malanno *m.*: ***dir soll kein ~ geschehen*** non ti deve succedere nulla di male ◆ ***~ anrichten*** arrecare disgrazie, sventure; *(Schaden verursachen)* causare danni; ***~ bringend*** funesto, nefasto, foriero di sventura; ***~ kündend*** funesto, nefasto; ***~ stiften*** → **~ anrichten;** ***~ verkündend*** che annuncia sventura (*o* disgrazia); *(Unheil kündend)* funesto, nefasto.

un|heil|bar agg. **1a** incurabile, inguaribile: ***eine -e Krankheit*** un male incurabile **b** FIG. inguaribile, cronico, incorreggibile: ***ein -er Pessimist, Lügner, Romantiker*** un pessimista cronico, un incorreggibile bugiardo, un inguaribile romantico **2** irreparabile: ***ein -er Schaden*** un danno irreparabile ◆ ***~ krank sein*** avere un male incurabile. **Un|heil|bar|keit** f. *(-)* **1** incurabilità *f.* **2** irreparabilità *f.*

un|heil|dro|hend I agg. minaccioso, spaventoso **II** avv. in modo minaccioso (*o* spaventoso). **un|heil|voll** agg. funesto, nefasto.

un|heim|lich, un|heim|lich I agg. **1** inquietante, sinistro: ***ein -er Ort, Mensch*** un luogo sinistro, un personaggio inquietante **2** COLLOQ. *(sehr groß)* tremendo, terribile, spaventoso: ***eine -e Kälte, Summe*** un freddo tremendo, una somma spaventosa **II** avv. COLLOQ. tremendamente, terribilmente: ***~ dick, sympathisch sein*** essere tremendamente grasso, terribilmente simpatico; ***sich ~ freuen*** essere tremendamente contento ◆ ***das ist mir ~*** lo trovo inquietante; ***mir ist ~ zumute*** non mi sento tranquillo.

un|his|to|risch agg. astorico, antistorico.

un|höf|lich I agg. scortese, sgarbato **II** avv. scortesemente, sgarbatamente. **Un|höf|lich|keit** f. *(-,-en)* **1** scortesia *f.*, sgarbatezza *f.* **2** *(unhöfliche Äußerung, Handlung)* scortesia *f.*, sgarberia *f.*, sgarbo *m.*

Un|hold m. *(-[e]s,-e)* mostro *m.*

un|hör|bar, un|hör|bar agg. non udibile, impercettibile; *(von Schritten)* silenzioso.

un|hy|gi|e|nisch agg. antigienico.

u|ni, u|ni ['yni, y'ni:] agg.inv. in, a tinta unita.

1.U|ni, U|ni n. *(-s,-s)* tinta *f.* unita.

2.U|ni f. *(-,-s)* COLLOQ. accorc. → **Universität.**

u|ni|far|ben agg. in, a tinta unita.

U|ni|fi|ka|ti|on f. *(-,-en)* → **Unifizierung. u|ni|fi|zie|ren** tr. unificare. **U|ni|fi|zie|rung** f. *(-,-en)* unificazione *f.*

u|ni|form agg. uniforme, unitario. **U|ni|form** f. *(-,-en)* uniforme *f.*, divisa *f.*: ***die ~ an-, ablegen, tragen*** mettere, togliere, indossare la divisa; ***in voller ~*** in completa uniforme; FIG. vestito di tutto punto, bell'e vestito. **u|ni|for|mie|ren** tr. **1** mettere in divisa, far indossare la divisa, fornire di uniforme **2** LETT. SPREG. *(gleichförmig machen)* uniformare, unificare. **u|ni|for|miert** p.pass. agg. **1** → **uniformieren 2** MIL. in divisa, in uniforme: ***-e Polizisten*** poliziotti in divisa. **U|ni|for|mier|te** m. e f. *(-n,-n)* agente *m.* e *f.* in divisa; *(Soldat)* soldato *m.* in divisa.

U|ni|kat n. *(-[e]s,-e)* **1** copia *f.* unica **2** *(Unikum)* unicum *m.* **U|ni|kum** n. *(-s, Unika* e *-s)* **1** (pl. *Unika*) unicum *m.* **2** COLLOQ. FIG. (pl. *-s*) tipo *m.* unico, originale *m.*

u|ni|la|te|ral agg. unilaterale.

un|in|for|miert agg. disinformato.

un|in|te|res|sant agg. **1** privo d'interesse: ***eine -e Nachricht, Stadt*** una notizia, una città priva d'interesse **2** *(gleichgültig)* che non interessa, indifferente: ***es ist (für mich) völlig ~, was er macht*** (mi) è del tutto indifferente cosa fa. **un|in|te|res|siert I** agg. non interessato: ***an jdm, etw. ~ sein*** non avere interesse per (*o* non essere interessati a) qcn., qcs. **II** avv. senza interesse. **Un|in|te|res|siert|heit** f. *(-)* mancanza *f.* di interesse.

U|ni|on f. *(-,-en)* unione *f.* ◆ ***Christlich-Demokratische ~*** Unione Cristiano-Democratica; ***Christlich-Soziale ~*** Unione Cristiano-

Sociale; ***Europäische*** ~ Unione Europea; ***~ der Sozialistischen Sowjetrepubliken*** Unione delle Repubbliche Socialiste Sovietiche. **U|ni|o|nist** m. *(-en,-en)* unionista *m.* **u|ni|o|nis|tisch** agg. unionista. **U|ni|ons|kir|che** f. *(-,-n)* unione *f.* delle chiese ecumeniche. **U|ni|ons|par|tei|en** pl. partiti *m.pl.* dell'Unione Cristiano-Democratica e dell'Unione Cristiano-Sociale.

u|ni|po|lar agg. unipolare.

un|ir|disch agg. non terrestre, celeste.

U|ni|sex m. *(-[e]s)* unisex *m.*

U|ni|so|no n. *(-s,-s)* MUS. unisono *m.*

u|ni|ver|sal agg. universale. **U|ni|ver|sal|bil|dung** f. *(-)* cultura *f.* universale. **U|ni|ver|sal|er|be** m. *(-n,-n)* erede *m.* universale. **U|ni|ver|sal|ge|nie** n. *(-s,-s)* genio *m.* universale. **U|ni|ver|sal|ge|schich|te** f. *(-)* storia *f.* universale.

U|ni|ver|sa|li|en pl. FILOS. LING. universali *m.pl.*

U|ni|ver|sa|lis|mus m. *(-)* universalismo *m.* **u|ni|ver|sa|lis|tisch** agg. universalistico.

U|ni|ver|sa|li|tät f. *(-)* **1** universalità *f.* **2** *(Vielseitigkeit)* versatilità *f.*

U|ni|ver|sal|mit|tel n. *(-s,-)* rimedio *m.* universale, panacea *f.*

u|ni|ver|sell I agg. universale **II** avv. universalmente: ***ein ~ verwendbares Messer*** un temperino universale ◆ ***ein ~ begabter Mensch*** un uomo dalle molteplici doti.

u|ni|ver|si|tär agg. universitario. **U|ni|ver|si|tät** f. *(-,-en)* università *f.*: ***die ~ (in) Heidelberg*** l'università di Heidelberg; ***auf die, zur ~ gehen*** andare all'università; ***an der ~ lehren, studieren, immatrikuliert sein*** insegnare, studiare, essere iscritto all'università; ***an der ~ promovieren*** conseguire il dottorato presso l'università; ***die ~ besuchen*** frequentare l'università; ***an eine ~ berufen werden*** ottenere una cattedra presso un'università.

U|ni|ver|si|täts|aus|bil|dung f. *(-,-en)* formazione *f.* universitaria. **U|ni|ver|si|täts|bib|li|o|thek** f. *(-,-en)* biblioteca *f.* universitaria (*o* dell'università). **U|ni|ver|si|täts|in|sti|tut** n. *(-[e]s,-e)* istituto *m.* universitario. **U|ni|ver|si|täts|kli|nik** f. *(-,-en)* clinica *f.* universitaria. **U|ni|ver|si|täts|lauf|bahn** f. *(-,-en)* carriera *f.* universitaria. **U|ni|ver|si|täts|leh|rer** m. *(-s,-)* docente *m.* (*o* professore *m.*) universitario. **U|ni|ver|si|täts|pro|fes|sor** m. *(-s,-en)* professore *m.* universitario. **U|ni|ver|si|täts|stadt** f. *(-,-städte)* città *f.* universitaria. **U|ni|ver|si|täts|stu|di|um** n. *(-s,-studien)* studi *m.pl.* universitari.

U|ni|ver|sum n. *(-s)* universo *m.* (anche FIG.).

Un|ke f. *(-,-n)* **1** ululone *m.* **2** SCHERZ. *(Schwarzseher)* uccello *m.* del malaugurio, gufo *m.* **un|ken** intr. (aus. *haben*) COLLOQ. fare l'uccello del malaugurio: ***„morgen regnet es", unkte er*** "domani piove", disse, facendo l'uccello del malaugurio.

un|kennt|lich agg. irriconoscibile. **Un|kennt|lich|keit** f. *(-)* irriconoscibilità *f.*: ***ein bis zur ~ entstelltes, verstümmeltes Gesicht*** un viso tanto sfigurato da apparire irriconoscibile. **Un|kennt|nis** f. *(-)* ignoranza *f.*: ***in ~ über etw. (A) sein*** ignorare qcs., essere all'oscuro di qcs.; ***jdn in ~ über etw. (A) lassen*** lasciare qcn. all'oscuro di qcs.; ***in ~ einer Sache*** non essendo a conoscenza di una cosa ◆ ***~ (des Gesetzes) schützt nicht vor Strafe*** la legge non ammette ignoranza.

Un|ken|ruf m. *(-[e]s,-e)*, COLLOQ. ***hör mit diesen -en auf!*** smettila di fare sempre l'uccello del malaugurio! ***allen -en zum Trotz*** contro ogni pessimistica previsione.

un|keusch agg. ANT. impudico. **Un|keusch|heit** f. *(-)* impudicizia *f.*

un|kind|lich agg. non infantile, non tipico per un bambino, precoce; *(altklug)* da saputello.

un|klar I agg. **1a** non chiaro, incomprensibile: ***der Satz, der Begriff ist ~*** la frase non è chiara, il concetto non è chiaro; ***das ist mir (völlig) ~*** questo non mi è (per niente) chiaro; ***es ist noch ~, ob wir ins Kino gehen*** non si sa ancora (*o* non è ancora certo) se andremo al cinema **b** *(ungeklärt)* non chiaro, oscuro: ***eine -e Situation*** una situazione oscura **2** *(verschwommen)* confuso, indistinto: ***-e Umrisse*** contorni indistinti **3** FIG. confuso, vago: ***-e Empfindungen, Erinnerungen*** sensazioni vaghe, vaghi ricordi **4** *(von Flüssigkeiten)* torbido **II** avv. **1** in modo non chiaro, non chiaramente: ***sich ~ ausdrücken*** non esprimersi chiaramente **2** *(verschwommen)* non chiaramente, indistintamente ◆ ***jdn im Unklaren lassen*** lasciare qcn. all'oscuro; ***im Unklaren über etw. (A) sein*** essere all'oscuro di qcs.

Un|klar|heit f. *(-,-en)* **1** confusione *f.* : ***über etw. (A) herrscht ~*** su qcs. c'è poca chiarezza; ***es herrscht ~ darüber, ob...*** non si sa se, non è certo che.... **2** *(unklare Beschaffenheit)* oscurità *f.*, mancanza *f.* di chiarezza: ***die ~ von jds Ausführungen*** la mancanza di chiarezza nelle argomentazioni di qcn. **3** pl. punti *m.pl.* oscuri, dubbi *m.pl.*: ***-en beseitigen*** chiarire i punti oscuri (*o* i dubbi); ***bestehen noch -en?*** ci sono ancora dubbi?

un|kleid|sam agg. che non si può portare, che non sta bene: ***eine -e Farbe*** un colore che non sta bene.

un|klug I agg. sconsiderato; *(unvorsichtig)* imprudente **II** avv. in modo poco intelligente, stupidamente; *(unbesonnen)* sconsideratamente; *(unvorsichtig)* imprudentemente. **Un|klug|heit** f. *(-,-en)* **1** sconsideratezza *f.*; *(Unvorsichtigkeit)* imprudenza *f.* **2** pl. imprudenze *f.pl.*

un|kol|le|gi|al agg. sleale verso i colleghi.

un|kom|pli|ziert agg. non complicato, privo di complicazioni.

un|kon|trol|lier|bar, un|kon|trol|lier|bar agg. incontrollabile. **Un|kon|trol|lier|bar|keit, Un|kon|trol|lier|bar|keit** f. *(-)* incontrollabilità *f.* **un|kon|trol|liert** agg. incontrollato.

un|kon|ven|ti|o|nell I agg. **1** non convenzionale **2** *(ungezwungen)* disinvolto, semplice **II** avv. **1** in modo non convenzionale **2** *(ungezwungen)* con disinvoltura, semplicemente.

un|kon|zent|riert agg. deconcentrato.

un|kör|per|lich agg. incorporeo, immateriale.

un|kor|rekt I agg. scorretto **II** avv. scorrettamente, in modo scorretto. **Un|kor|rekt|heit** f. *(-,-en)* scorrettezza *f.*

Un|kos|ten pl. spese *f.pl.*: ***die ~ (für etw.) tragen (bestreiten)*** sostenere le spese (di qcs.); ***die ~ belaufen sich auf 1000 Mark*** le spese ammontano a 1000 marchi; ***zu den ~ beitragen*** contribuire alla spese; ***mit großen ~ verbunden, verknüpft sein*** comportare grosse spese; ***hohe ~ haben*** avere alti costi ◆ SCHERZ. ***sich in ~ stürzen*** fare spese notevoli. **Un|kos|ten|bei|trag** m. *(-[e]s,-beiträge)* contributo *m.* alle spese.

Un|kraut n. *(-[e]s,-kräuter)* erbacce *f.pl.*: ***~ vertilgen, jäten, ausreißen, zupfen*** estirpare, sarchiare, strappare, togliere le erbacce ◆ PROV. ***~ vergeht, verdirbt nicht*** la mala erba non muore mai. **Un|kraut|be|kämp|fung** f. *(-)* sarchiatura *f.* **Un|kraut|be|kämp|fungs|mit|tel** n. *(-s,-)* erbicida *m.*, diserbante *m.*

un|krie|ge|risch agg. non bellicoso.

un|kri|tisch I agg. **1** acritico **2** *(ungefährlich)* non critico, non grave **II** avv. in modo acritico, acriticamente.

un|kul|ti|viert I agg. **1** rozzo, incolto: ***ein -er Mensch*** una persona rozza **2** *(nicht bebaut)* incolto, non coltivato: ***-es Land*** terreno incolto **II** avv. in modo rozzo, ineducato. **Un|kul|ti|viert|heit** f. *(-)* rozzezza *f.*, ineducazione *f.*

Un|kul|tur f. *(-)* mancanza *f.* di raffinatezza, di cultura.

un|künd|bar, un|künd|bar agg. **1a** non revocabile, permanente, fisso: ***eine -e Stellung*** un posto fisso; ***ein -er Vertrag*** un contratto non revocabile **b** COMM. DIR. irredimibile: ***-e Anleihe, Schuld*** prestito, colpa irredimibile **2** *(von Personen)* ***er ist ~*** non può essere licenziato.

un|kun|dig agg. inesperto, non competente: ***des Englischen ~ sein*** non conoscere affatto l'inglese; ***des Lesens und Schreibens ~ sein*** non saper né leggere né scrivere.

un|längst avv. non da molto, di recente, recentemente.

un|lau|ter agg. **1** non schietto: ***ein -er Charakter*** un carattere non schietto **2** *(unehrlich)* disonesto, cattivo: ***-e Absichten*** cattive intenzioni **3** *(nicht legitim)* sleale: ***-e Mittel*** mezzi sleali; ***-er Wettbewerb*** concorrenza sleale.

un|lei|dig ANT., **un|leid|lich** agg. **1** *(missgestimmt)* di malumore, maldisposto, noioso **2** *(unerträglich)* insopportabile: ***heute bist du ~*** oggi sei insopportabile.

un|les|bar, un|les|bar agg. illeggibile: ***ein -er Roman*** un romanzo illeggibile. **un|le|ser|lich, un|le|ser|lich I** agg. illegibile: ***eine -e Unterschrift*** una firma illegibile **II** avv. in modo illeggibile: ***~ schreiben*** scrivere in modo illeggibile. **Un|le|ser|lich|keit, Un|le|ser|lich|keit** f. *(-)* illeggibilità *f.*

un|leug|bar, un|leug|bar agg. innegabile.

un|lieb agg. **1** spiacevole: ***das ist mir nicht ~*** non mi dispiace **2** REGION. → **unliebenswürdig.** **un|lie|bens|wür|dig** agg. scortese: ***~ zu jdm sein*** essere scortese con (*o* verso) qcn. **un|lieb|sam I** agg. spiacevole, sgradevole: ***-e Überraschungen, Folgen*** sorprese, conseguenze spiacevoli **II** avv. in modo sgradevole, spiacevole.

un|li|niert AUSTR., **un|li|ni|iert** agg. non rigato, senza righe.

Un|lo|gik f. *(-,-en)* illogicità *f.* **un|lo|gisch I** agg. illogico **II** avv. in modo illogico, senza (una) logica.

un|lös|bar, un|lös|bar I agg. **1a** insolubile: ***eine -e Aufgabe*** un problema, un compito insolubile **b** *(unüberwindbar)* insanabile, insuperabile: ***ein -er Konflikt, Widerspruch*** un conflitto, contrasto insanabile **2** *(nicht trennbar)* indissolubile: ***ein -er Zusammenhang*** una connessione indissolubile **3** CHIM. *(unlöslich)* insolubile, non solubile **II** avv. indissolubilmente: ***~ miteinander verbunden sein*** essere indissolubilmente legati. **Un|lös|bar|keit, Un|lös|bar|keit** f. *(-,-en)* **1** insolubilità *f.* **2** indissolubilità *f.*: ***die ~ der Ehe*** l'indissolubilità del matrimonio. **un|lös|lich, un|lös|lich** agg. **1** non solubile: ***ein in Wasser -er Stoff*** una sostanza non solubile in acqua **2** *(unlösbar)* indissolubile: ***eine -e Verbindung*** un legame indissolubile.

Un|lust f. *(-)* **1** svogliatezza *f.*, mancanza *f.* d'interesse, di entusiasmo: ***etw. mit ~ tun*** fare qcs. svogliatamente, senza entusiasmo **2** *(Abneigung)* avversione *f.*: ***~ verspüren, seine ~ überwinden*** sentire riluttanza, superare la propria riluttanza ◆ ECON. ***~ an der Börse*** fiacchezza della borsa. **Un|lust|ge|fühl** n. *(-[e]s,-e)* senso *m.* di svogliatezza. **un|lus|tig I** agg. **1** svogliato; riluttante **2** ECON. fiacco **II** avv. svogliatamente, senza entusiasmo.

un|ma|nier|lich I agg. privo di buone maniere, maleducato **II** avv. maleducatamente, da maleducato.

un|männ|lich I agg. non virile, SPREG. effemminato **II** avv. in modo non virile, SPREG. in modo effeminato.

Un|maß n. *(-es)* **1** eccesso *m.*: ***~ an, von etw.*** eccesso di qcs. **2** RAR. → **Unmäßigkeit.**

Un|mas|se f. *(-,-n)* COLLOQ. → **Unmenge.**

un|maß|geb|lich, un|maß|geb|lich agg. ininfluente: ***eine -e Entscheidung*** una decisione ininfluente ◆ SCHERZ. ***nach meiner -en Meinung*** secondo il mio modesto parere. **un|mä|ßig I** agg. smodato, intemperante: ***ein -er Anspruch*** una pretesa smodata; ***ein -er Alkoholkonsum*** un eccessivo consumo di alcoolici **II** avv. **1** smodatamente, senza misura: ***~ rauchen*** fumare smodatamente **2** rafforz. oltre misura, oltremodo, moltissimo: ***~ dick*** molto grasso; ***~ viel trinken*** bere in modo eccessivo. **Un|mä|ßig|keit** f. *(-)* smodatezza *f.*, intemperanza *f.*

Un|men|ge f. *(-,-n)* quantità *f.*: ***eine ~ Bücher, von, an Büchern*** una quantità di libri; ***Wein in -n*** vino in quantità.

Un|mensch m. *(-en,-en)* SPREG. mostro *m.*, bruto *m.*: ***ich bin doch kein ~!*** non sono un mostro! **un|mensch|lich, un|mensch|lich I** agg. **1** disumano, inumano: ***-e Bedingungen*** condizioni disumane; ***eine -e Behandlung*** un trattamento inumano; ***-e Grausamkeit*** crudeltà disumana **2** *(entsetzlich)* disumano, terribile: ***-e Schmerzen*** dolori terribili; *(unerträglich)* ***ein -es Leid*** una sofferenza disumana **II** avv. COLLOQ. terribilmente, tremendamente: ***~ frieren*** avere un freddo terribile. **Un|mensch|lich|keit, Un|mensch|lich|keit** f. *(-,-en)* disumanità *f.*

un|merk|bar, un|merk|bar agg. impercettibile, non percepibile: ***ein -es Geräusch*** un rumore non percepibile. **un|merk|lich, un|merk|lich I** agg. impercettibile; *(unerkennbar)* non visibile: ***-e Unterschiede*** differenze impercettibili; ***eine -e Veränderung*** un cambiamento impercettibile **II** avv. impercettibilmente.

un|mess|bar, un|mess|bar agg. incommensurabile.

un|me|tho|disch I agg. non metodico **II** avv. non metodicamente.

un|mi|li|tä|risch I agg. non militare **II** avv. come non si addice a un militare, a un soldato: ***~ auftreten*** non comportarsi da soldato.

un|miss|ver|ständ|lich, un|miss|ver|ständ|lich I agg. inequivocabile: ***eine -e Ablehnung*** un inequivocabile rifiuto; ***eine -e Antwort*** una risposta inequivocabile **II** avv. in modo inequivocabile; *(deutlich)* chiaramente: ***sich ~ ausdrücken*** esprimersi in modo inequivocabile.

un|mit|tel|bar I agg. **1** immediato: ***in -er Nähe*** nelle immediate vicinanze; ***-e Folge*** conseguenza immediata; ***ein -er Vorgesetzer*** un superiore immediato **2** *(direkt)* diretto: ***-e Zugverbindung*** collegamento (ferroviario) diretto **3** *(drohend)* incombente: ***eine -e Gefahr*** un pericolo incombente **II** avv. **1** immediatamente, subito: ***~ danach*** immediatamente dopo; ***~ nach dem Essen, hinter dem Haus*** subito dopo pranzo, dietro la casa **2** *(direkt)* direttamente: ***ein ~ vom Volk gewählter Präsident*** un presidente eletto direttamente dal popolo; ***die Straße führt ~ zum Hafen*** la strada conduce direttamente al porto ◆ ***~ bevorstehen*** essere imminente; ***~ vor mir*** proprio davanti a me. **Un|mit|tel|bar|keit** f. *(-)* immediatezza *f.*

un|möb|liert agg. non ammobiliato.

un|mo|dern I agg. antiquato; *(unmodisch)* fuori moda: ***diese Hosen sind ~*** questi pantaloni sono fuori moda; FIG. *(überholt)* ***-e Anschauungen*** modi di vedere antiquati **II** avv. in modo antiquato, fuori moda: ***sich ~ kleiden*** vestirsi fuori moda. **un|mo|disch** RAR. **I** agg. fuori moda, non di moda **II** avv. fuori moda.

un|mög|lich, un|mög|lich I agg. **1a** impossibile: ***eine -e Aufgabe*** un compito impossibile; ***es ist mir ~, das zu tun*** mi è impossibile farlo; *(unerträglich)* ***ein -er Kollege, ein -es Kind*** un collega, un bambino impossibile; ***einen -en Charakter haben*** avere un carattere impossibile **b** *(sehr unpassend)* ***ein -es Kleid*** un vestito impossibile **c** *(inakzeptabel)* ***-e Ideen haben*** avere idee impossibili **2** *(merkwürdig)* impensato: ***an den -sten Orten*** nei luoghi più impensati **II** avv. in nessun modo, assolutamente: ***~ auf etw. verzichten können*** non poter assolutamente rinunciare a qcs.; ***etw. (D) ~ zustimmen können*** non poter assolutamente approvare qcs. ◆ ***~ aussehen*** avere un aspetto ridicolo; ***sich ~ benehmen*** avere un comportamento impossibile; ***etw. für ~ halten*** ritenere qcs. impossibile; ***etw. ~ machen*** rendere impossibile qcs.; ***jdn ~ machen*** compromettere qcn.; ***sich bei, vor jdm ~ machen*** fare una figuraccia con qcn. **Un|mög|li|che, Un|mög|li|che** n. *(-n)* impossibile *m.*: ***-s leisten*** fare l'impossibile; ***von jdm -s verlangen*** pretendere l'impossibile da qcn. **Un|mög|lich|keit, Un|mög|lich|keit** f. *(-,-en)* impossibilità *f.* ◆ ***das ist ein Ding der ~*** è una cosa impossibile, è materialmente impossibile.

Un|mo|ral f. *(-)* immoralità *f.* **un|mo|ra|lisch I** agg. immorale **II** avv. in modo immorale.

un|mo|ti|viert I agg. immotivato, ingiustificato: ***eine -e Reaktion*** una reazione immotivata **II** avv. in modo immotivato.

un|mün|dig agg. minorenne: ***-e Kinder*** ragazzi minorenni ◆ ***jdn für ~ erklären*** interdire qcn. **Un|mün|dig|keit** f. *(-)* minorità *f.*

un|mu|si|ka|lisch agg. amusicale.

Un|mut m. *(-[e]s)* malumore *m.*: ***voller ~ (über etw.) sein*** essere pieno di malumore (per qcs.); ***seinen ~ an jdm auslassen*** sfogare il proprio malumore su qcn.; ***seinem ~ Luft machen*** dare sfogo al proprio malumore; ***sich jds ~ zuziehen*** tirarsi addosso l'ira di qcn. **un|mu|tig I** agg. maldisposto **II** avv. con cattiva disposizione.

un|nach|ahm|lich, un|nach|ahm|lich agg. inimitabile.

un|nach|gie|big agg. intransigente, irremovibile: ***eine -e Haltung*** un comportamento intransigente; ***sich ~ zeigen*** mostrarsi irremovibile; ***~ sein, bleiben*** essere irremovibile. **Un|nach|gie|big|keit** f. *(-)* intransigenza *f.*, irremovibilità *f.*

un|nach|sich|tig I agg. implacabile: ***mit -er Strenge*** con implacabile severità **II** avv. in modo implacabile, senza indulgenza. **Un|nach|sich|tig|keit** f. *(-)* implacabilità *f.*

un|nah|bar, un|nah|bar agg. inavvicinabile. **Un|nah|bar|keit, Un|nah|bar|keit** f. *(-)* inaccessibilità *f.*

Un|na|tur f. *(-)* innaturalezza *f.* **un|na|tür|lich I** agg. **1a** non naturale; artificiale: ***-es Licht*** luce artificiale **b** *(nicht normal)* innaturale, non normale: ***eine -e Lebensweise*** un modo di vivere non normale **2** *(gekünstelt)* affettato, innaturale: ***ein -es Benehmen*** un comportamento affettato **II** avv. **1** in modo innaturale, affettato **2** *(nicht normal)* non normalmente, in modo anormale: ***~ viel schlafen*** dormire più del normale ◆ ***-er Tod*** morte per cause non naturali, morte violenta.

un|nenn|bar, un|nenn|bar agg. **1** indicibile **2** *(nicht benennbar)* innominabile.

un|nor|mal I agg. anormale **II** avv. in modo anormale.

un|no|tiert agg. ECON. non quotato.

un|nö|tig I agg. non necessario, inutile: ***-e Kosten, Sorgen*** spese, preoccupazioni inutili **II** avv. senza necessità, inutilmente: ***sich ~ aufregen*** inquietarsi inutilmente ◆ ***~ zu sagen, dass...*** inutile dire che... **un|nö|ti|ger|wei|se** avv. inutilmente, invano.

un|nütz I agg. inutile, vano: ***-e Ausgaben, Anschaffungen*** spese, acquisti inutili; ***-e Worte*** parole vane; ***es ist ~, darüber zu reden*** è inutile parlarne **II** avv. inutilmente, vanamente ◆ ***-er Esser*** mangiapane a tradimento. **un|nüt|zer|wei|se** avv. inutilmente, invano.

UNO ⇒ *United Nations Organisation* Organizzazione delle Nazioni Unite (ONU).

un|öko|no|misch agg. antieconomico.

un|or|dent|lich I agg. **1** disordinato: ***ein -er Schüler*** un allievo disordinato; ***-e Arbeit, -es Leben*** lavoro disordinato, vita disordinata **2** *(nicht in Ordnung gehalten)* in disordine, disordinato: ***ein -es Büro*** un ufficio in disordine **3** *(nachlässig)* trasandato, disordinato: ***eine -e Aufmachung*** un modo di vestirsi trasandato **II** avv. **1** disordinatamente **2** *(nachlässig)* in modo trascurato, con poca cura. **Un|or|dent|lich|keit** f. *(-)* **1** trascuratezza *f.* **2** FIG. *(vom Leben)* disordine *m.*, sregolatezza *f.*

Un|ord|nung f. *(-)* disordine *m.*: ***hier herrscht eine heillose, fürchterliche (schreckliche) ~*** qui regna un terribile disordine; ***etw. in ~ bringen*** mettere in disordine qcs.; ***etw. ist in ~ geraten*** qcs. è completamente in disordine.

un|or|ga|nisch agg. **1** disorganico: ***ein -es Wachstum*** una crescita disorganica **2** RAR. *(anorganisch)* inorganico.

un|or|ga|ni|siert agg. disorganizzato.

un|or|tho|dox agg. non ortodosso, poco ortodosso: ***-e Ansichten*** idee poco ortodosse.

Un|paar|hu|fer m. *(-s,-)* perissodattilo *m.* **un|paa|rig** agg. ZOOL. ANAT. dispari. **Un|paar|ze|her** m. *(-s,-)* → **Unpaarhufer.**

un|par|tei|isch I agg. imparziale: ***ein -es Urteil*** un giudizio imparziale **II** avv. in modo imparziale ◆ ***ein -er Dritter*** un terzo (che giudichi in modo imparziale). **Un|par|tei|ische** m. *(-n,-n)* 1 persona *f.* imparziale 2 *(Schiedsrichter)* arbitro *m.* **un|par|tei|lich** agg. 1 *(nicht parteilich)* apartitico 2 → **unparteiisch. Un|par|tei|lich|keit** f. *(-)* imparzialità *f.*

un|pass agg. 1 REGION., jdm ~ kommen essere sgradito a qcn. 2 ANT. → **unpässlich. un|pas|send I** agg. 1 inopportuno, poco opportuno: zur -sten Zeit nel momento meno opportuno 2 *(unangemessen)* non appropriato, fuori luogo: ein -er Kommentar un commento fuori luogo **II** avv. 1 in modo inopportuno 2 in modo inappropriato: ~ gekleidet sein essere vestito in modo inappropriato.

un|pas|sier|bar, un|pas|sier|bar agg. impraticabile: eine -e Brücke un ponte impraticabile.

un|päss|lich agg. indisposto: sich ~ fühlen sentirsi indisposto. **Un|päss|lich|keit** f. *(-,-en)* indisposizione *f.*

un|per|sön|lich I agg. impersonale: ein -er Stil uno stile impersonale; *(kühl)* ein -es Gespräch una conversazione impersonale; FILOS. RELIG. ein -er Gott un dio impersonale; GRAMM. -es Verb verbo impersonale **II** avv. impersonalmente, in modo impersonale. **Un|per|sön|lich|keit** f. *(-)* impersonalità *f.*

un|pfänd|bar, un|pfänd|bar agg. DIR. non pignorabile.

un|plat|ziert agg. SPORT ~ schießen sbucciare la palla, colpire la palla in malo modo.

un|po|e|tisch agg. impoetico.

un|po|li|tisch agg. apolitico.

un|po|pu|lär agg. impopolare: -e Maßnahmen, Politiker misure, politici impopolari. **Un|po|pu|la|ri|tät** f. *(-)* impopolarità *f.*

un|prak|tisch agg. 1 non pratico: -e Möbel, Kleidung mobili, vestiti non pratici 2 *(ungeschickt)* maldestro, non pratico: er ist ~ non è abile.

un|prä|zis AUSTR., **un|prä|zi|se** agg. impreciso.

un|prob|le|ma|tisch agg. non problematico, senza problemi.

un|pro|duk|tiv agg. improduttivo (anche FIG.).

un|pro|por|ti|o|niert agg. sproporzionato.

un|pünkt|lich agg. non puntuale, poco puntuale. **Un|pünkt|lich|keit** f. *(-)* scarsa puntualità *f.*, mancanza *f.* di puntualità.

un|qua|li|fi|ziert agg. non qualificato: ein -er Arbeiter un operaio non qualificato; eine -e Arbeit un lavoro non qualificato; SPREG. ein -es Urteil un giudizio non qualificato.

un|ra|siert agg. non rasato.

Un|rast f. *(-)* irrequietezza *f.*

Un|rat m. *(-[e]s)* immondizia *f.*, spazzatura *f.* ◆ FIG. ~ wittern fiutare l'inganno.

un|ra|ti|o|nell agg. irrazionale.

un|rat|sam agg. sconsigliabile.

un|re|a|lis|tisch agg. irrealistico.

un|recht agg. sbagliato: zur -en Zeit kommen arrivare nel momento sbagliato; in -e Hände kommen, gelangen finire nelle mani sbagliate ◆ an den Unrechten kommen finire nelle mani sbagliate; am -en Platz fuori posto; ~ daran tun agire male, in modo sbagliato; jdm ~ tun fare torto a qcn.

Un|recht n. *(-[e]s)* 1 ingiustizia *f.*: schweres, himmelschreiendes ~ grave ingiustizia, ingiustizia che grida vendetta; jdm geschieht, widerfährt (ein) ~ qcn. subisce un'ingiustizia; ein ~ begehen, wiedergutmachen commettere, riparare un'ingiustizia 2 torto *m.*: ~ haben avere torto; jdm ~ geben dare torto a qcn.; ich habe ~ bekommen mi hanno dato torto; jdm (ein) ~ (an)tun, zufügen fare un torto a qcn.; im ~ sein essere nel (*o* dalla parte del) torto; besser ~ leiden als ~ tun meglio subire un torto che commetterlo ◆ jdn, sich ins ~ setzen mettere qcn., mettersi dalla parte del torto; zu ~ a torto.

un|recht|mä|ßig agg. illegittimo. **un|recht|mä|ßi|ger|wei|se** avv. illegittimamente. **Un|recht|mä|ßig|keit** f. *(-,-en)* illegittimità *f.*

un|red|lich I agg. disonesto **II** avv. disonestamente. **Un|red|lich|keit** f. *(-)* disonestà *f.*

un|re|ell agg. 1 irreale 2 *(nicht ehrlich)* sleale, scorretto.

un|re|gel|mä|ßig I agg. irregolare: ein -es Viereck un quadrilatero irregolare; ein -er Pulsschlag un polso irregolare; -e Verben verbi irregolari **II** avv. irregolarmente, in modo irregolare. **Un|re|gel|mä|ßig|keit** f. *(-,-en)* irregolarità *f.*

un|re|gier|bar, un|re|gier|bar agg. ingovernabile: ein -es Land un paese ingovernabile.

un|reif agg. 1 non maturo, acerbo: -es Obst frutta acerba 2 FIG. immaturo: er ist, wirkt noch sehr ~ è, sembra ancora molto immaturo 3 *(unausgereift)* prematuro: eine -e Idee un'idea prematura. **Un|rei|fe** f. *(-)* 1 immaturità *f.*, mancanza *f.* di maturità 2 *(Unausgereiftheit)* prematurità *f.*

un|rein agg. 1a impuro: ein -er Diamant un diamante impuro b *(sündig, unmoralisch)* -e Gedanken pensieri impuri 2 non pulito, sporco: eine -e Note una nota non pulita ◆ -er Atem alito cattivo; -e Haut pelle che presenta impurità; etw. ins Unreine schreiben scrivere qcs. in brutta; COLLOQ. ins Unreine sprechen, reden parlare a vanvera; -er Reim rima imperfetta. **Un|rein|heit** f. *(-,-en)* impurità *f.* (anche FIG.): die -en der Haut le impurità della pelle; die ~ der Sitten l'impurità dei costumi. **un|rein|lich** agg. sporco, sudicio. **Un|rein|lich|keit** f. *(-)* sporcizia *f.*

un|ren|ta|bel agg. non redditizio. **Un|ren|ta|bi|li|tät** f. *(-)* non redditività *f.*

un|rett|bar, un|rett|bar I agg. perduto, irrecuperabile **II** avv. irrimediabilmente: ~ verloren sein essere irrimediabilmente perduto.

un|rich|tig I agg. inesatto, scorretto, sbagliato: -e Angaben dati inesatti: -e Betonung accento sbagliato **II** avv. erroneamente: etw. ~ verstehen capire qcs. erroneamente. **un|rich|ti|ger|wei|se** avv. erroneamente. **Un|rich|tig|keit** f. *(-,-en)* inesattezza *f.*, scorrettezza *f.*, erroneità *f.*

un|rit|ter|lich agg. non cavalleresco.

Un|ruh f. *(-,-en)* bilanciere *m.* (dell'orologio).

Un|ru|he f. *(-,-n)* 1 inquietudine *f.*, agitazione *f.*, turbamento *m.*: ~ ergreift, überfällt, überkommt jdn l'inquietudine si impadronisce di qcn.; jdm ~ bereiten, verursachen, bringen, jdn in ~ versetzen mettere in agitazione qcn.; in ~ sein essere inquieto, agitato; ~ stiften creare disagio 2 *(ständige Bewegung)* irrequietezza *f.*, eccitazione *f.* 3 agitazione *f.*, confusione *f.*: die ~ der Großstadt la confusione della metropoli; in der Klasse herrscht ~ c'è agitazione in classe 4 pl. *(Tumulte)* disordini *m.pl.*, tumulti *m.pl.*: politische -n disordini politici; -n erregen, schlichten, niederschlagen suscitare, appianare, reprimere disordini 5 COLLOQ. → **Unruh. Un|ru|he|stif|ter** m. *(-s,-)* sobillatore *m.*

un|ru|hig I agg. 1 inquieto: ein -er Geist uno spirito inquieto; -e Zeiten tempi inquieti 2 irrequieto, turbolento: die Kinder sind ~ i bambini sono irrequieti; ein -es Leben una vita irrequieta 3a agitato: eine -e See un mare agitato b *(gestört)* ein -er Schlaf un sonno agitato **II** avv. 1 con inquietudine, nervosamente: ~ um sich blicken guardare nervosamente intorno a sé 2 in modo agitato, irrequieto ◆ -es Blut haben = essere un irrequieto; ~ wie Quecksilber sein avere l'argento vivo addosso; ~ werden agitarsi.

un|rühm|lich I agg. inglorioso: ein -es Ende una fine ingloriosa **II** avv. ingloriosamente.

un|rund I agg. TECN. non uniforme **II** avv. in modo non uniforme.

uns I pron.pers. dat. (nom. **wir**) 1a a noi, ci: er gab ~ Geld ci diede dei soldi; kannst du ~ helfen? puoi aiutarci? ~ gefällt es nicht a noi non piace b *(reflexiv)* wir haben ~ geschadet ci siamo danneggiati 2 *(nach Präpositionen)* noi: komm mit ~! vieni con noi! **II** pron.pers. acc. (nom. **wir**) 1a noi, ci: er findet ~ nett ci trova simpatici; sieh ~ an! guardaci! b *(reflexiv)* wir haben ~ geirrt ci siamo sbagliati; wir haben ~ geschlagen ci siamo picchiati 2 *(nach Präpositionen)* noi: das ist für ~ questo è per noi ◆ ~ kann keiner! nessuno ci batte! siamo i più forti! wir sind unter ~ siamo tra noi; unter ~ gesagt detto tra noi.

un|sach|ge|mäß I agg. inappropriato, non idoneo **II** avv. inappropriatamente. **un|sach|lich I** agg. non oggettivo **II** avv. non oggettivamente.

un|sag|bar, un|sag|bar I agg. indicibile: -e Armut povertà indicibile **II** avv. indicibilmente: ~ traurig sein essere indicibilmente triste. **un|säg|lich, un|säg|lich** agg. ineffabile.

un|sanft I agg. brusco, duro **II** avv. bruscamente, duramente: jdn ~ wecken svegliare qcn. bruscamente.

un|sau|ber agg. 1 sporco, sudicio 2a FIG. *(unordentlich)* non pulito, disordinato: eine -e Arbeit un lavoro non pulito b *(unpräzise)* impreciso, inesatto 3 FIG. *(unlauter)* poco pulito, losco, disonesto: ein -es Geschäft un affare poco pulito; ein -er Charakter un carattere disonesto ◆ ~ singen cantare stonato; SPORT ~ spielen giocare sporco (*o* in modo poco pulito). **Un|sau|ber|keit** f. *(-,-en)* 1 sporcizia *f.*, sudiciume *m.* 2 FIG. *(Unexaktheit)* imprecisione *f.* 3 FIG. *(Unlauterkeit)* disonestà *f.*

un|schäd|lich agg. innocuo, non nocivo: -e Insekten insetti non nocivi ◆ jdn, etw. ~ machen rendere qcn., qcs. inoffensivo, mettere qcn., qcs. nell'impossibilità di nuocere. **Un|schäd|lich|keit** f. *(-)* innocuità *f.* **Un|schäd|lich|ma|chung** f. *(-)* neutralizzazione *f.*

un|scharf agg. 1 indistinto, confuso 2 FOT. sfocato 3 *(ungenau)* impreciso, non appropriato: eine -e Definition una definizione imprecisa. **Un|schär|fe** f. *(-,-n)* 1 indeterminatezza *f.* 2 *(unscharfe Stelle)* sfocatura *f.*

un|schätz|bar, un|schätz|bar agg. inestimabile: von -em Wert di inestimabile valore.

un|schein|bar agg. non (*o* poco) appariscente, modesto. **Un|schein|bar|keit** f. *(-)* il non essere appariscente, modestia *f.*
un|schick|lich I agg. 1 inadeguato, inopportuno 2 *(von Sitten)* sconveniente: ***als ~ gelten*** sembrare sconveniente II avv. 1 inadeguatamente 2 sconvenientemente. **Un|schick|lich|keit** f. *(-,-en)* 1 inadeguatezza *f.*, inopportunità *f.* 2 *(von Sitten)* sconvenienza *f.*
un|schlag|bar, un|schlag|bar agg. imbattibile: ***ein -er Gegner*** un avversario imbattibile; COLLOQ. *(unübertrefflich)* ***als Clown, im Spaßmachen ~ sein*** essere imbattibile come clown, nel far divertire. **Un|schlag|bar|keit** f. *(-)* imbattibilità *f.*
un|schlüs|sig agg. indeciso, irresoluto, tentennante: ***sich (D) über etw. ~ sein*** essere indeciso su qcs. **Un|schlüs|sig|keit** f. *(-)* indecisione *f.*, irresolutezza *f.*
un|schmelz|bar, un|schmelz|bar agg. infusibile.
un|schön agg. brutto: ***~ wirken*** sembrare brutto.
Un|schuld f. *(-)* 1 innocenza *f.*: ***seine ~ beteuern, beweisen*** sostenere, dimostrare la propria innocenza 2 *(Jungfräulichkeit)* purezza *f.*, innocenza *f.*: ***die ~ verlieren*** perdere la purezza; ***einem Mädchen die ~ nehmen, rauben*** rubare l'innocenza a una ragazza 3 *(Harmlosigkeit)* innocenza *f.*, candore *m.*, ingenuità *f.* ◆ ***eine ~ vom Lande*** un'ingenua contadinella; ***etw. in aller ~ sagen*** dire qcs. candidamente; ***seine Hände in ~ waschen*** lavarsene le mani; ***wegen erwiesener ~*** per non aver commesso il fatto.
un|schul|dig I agg. 1a innocente: ***den Angeklagten für ~ erklären*** dichiarare l'imputato innocente; ***~ im Gefängnis sein*** essere in prigione innocente b *(nicht verantwortlich)* ***an etw. (D) ~ sein*** non avere colpa (*o* merito) di qcs. c *(harmlos)* ***ein -es Vergnügen*** un piacere innocente 2a *(rein)* innocente, candido: ***-e Kinder*** bambini innocenti b ANT. *(unberührt)* puro II avv. innocentemente, candidamente: ***~ fragen*** chiedere innocentemente. **Un|schul|di|ge** m. e f. *(-n,-n)* innocente *m.* e *f.* ◆ ***den -n spielen*** fare l'innocentino.
Un|schulds|en|gel m. *(-s,-)*, **Un|schulds|lamm** n. *(-[e]s,-lämmer)* IRON. innocentino *m.*, santarellino *m.* **Un|schulds|mie|ne** f. *(-,-n)* aria *f.* innocente. **un|schulds|voll** I agg. innocente, candido II avv. innocentemente, candidamente.
un|schwer I agg. non difficile, facile II avv. non difficilmente, facilmente: ***das ist ~ vermeidbar*** non è difficile da evitare.
un|selb|stän|dig, un|selbst|stän|dig I agg. non indipendente, non autonomo: ***-e Arbeit*** lavoro dipendente II avv. non autonomamente ◆ ***~ arbeiten*** lavorare alle dipendenze di qcn., svolgere lavoro dipendente.
un|se|lig agg. infelice, sciagurato; *(unglückselig)* funesto. **un|se|li|ger|wei|se** avv. sciaguratamente.
1.un|ser pron.poss. 1 *(attributiv)* (il) nostro: ***~ Buch, Haus*** il nostro libro, la nostra casa; ***-e, unsre Brüder, Worte*** i nostri fratelli, le nostre parole; *(als Pluralis majestatis)* ***der Hauptteil -er, unsrer Abhandlung*** la parte principale della nostra dissertazione 2 *(absolut)* **unserer** (f. **unsere**, n. **unseres**; pl. **unsere**) il nostro: ***eure Wohnung ist kleiner als die -e*** il vostro appartamento è più piccolo del nostro ◆ ***die Unseren*** i nostri.
2.un|ser → **wir.**
Un|se|re n. *(-n)* nostro *m.*: ***wir haben das ~ getan*** abbiamo fatto il nostro dovere.
un|ser|ei|ner pron.indef., **un|ser|eins** pron.indef. inv. 1 uno come noi 2 *(wir)* noialtri. **un|se|rer|seits** avv. per, da parte nostra: ***~ gibt es keine Einwände*** da parte nostra non c'è alcuna obiezione. **un|se|res|glei|chen** pron.indef. inv. i nostri pari, gente come noi. **un|se|res|teils** avv. per quanto ci riguarda, per quanto concerne noi. **un|ser|seits** → **unsererseits.**
un|sert|hal|ben ANT., **un|sert|we|gen** avv. 1 per causa (*o* colpa) nostra, per noi 2 *(von uns aus)* per quanto ci riguarda, per noi. **un|sert|wil|len**, ***um ~*** per noi, per amor nostro.
un|si|cher I agg. 1a insicuro, malsicuro: ***-e Straßen*** strade insicure, malsicure; ***eine Gegend ~ machen*** rendere un luogo malsicuro b *(gefährdet)* ***ein -er Arbeitsplatz*** un posto di lavoro insicuro 2 *(nicht selbstsicher)* insicuro: ***ein -es Benehmen*** un comportamento insicuro; ***sich ~ fühlen*** sentirsi insicuro 3 *(Unsicherheit aufweisend)* incerto, insicuro: ***eine -e Antwort*** una risposta insicura; ***-e Schritte*** passi incerti, insicuri; ***~ auf den Beinen sein*** essere insicuro sulle gambe; ***mit -er Hand*** con mano incerta 4a *(nicht verlässlich, zweifelhaft)* incerto, dubbio: ***aus -er Quelle*** da fonte incerta; ***ein -es Verfahren*** un procedimento dubbio b *(ungewiss)* ***eine -e Lage, Zukunft*** una situazione incerta, un futuro incerto II avv. in modo insicuro, in modo malsicuro ◆ ***jdn ~ machen*** confondere qcn., rendere insicuro qcn.; SCHERZ. ***ein Lokal, einen Ort ~ machen*** divertirsi in un locale, in un luogo; ***sich (D) noch ~ über etw. sein*** essere ancora indeciso su qcs., non avere ancora deciso qcs. **Un|si|cher|heit** f. *(-,-en)* 1 *(eines Menschen)* insicurezza *f.* 2 incertezza *f.*: ***die ~ einer Nachricht, der Lage*** l'incertezza di una notizia, della situazione; ***-en zeigen*** dimostrare incertezze.
un|sicht|bar agg. invisibile ◆ FIG. SCHERZ. ***sich ~ machen*** eclissarsi, sparire. **Un|sicht|bar|keit** f. *(-)* invisibilità *f.* **un|sich|tig** agg. non limpido, non trasparente; *(vom Wasser)* torbido; *(vom Wetter)* fosco.
un|sink|bar agg. inaffondabile.
Un|sinn m. *(-[e]s)* 1 nonsenso *m.*, assurdità *f.*: ***das ist blanker, glatter, purer, reiner, schierer ~*** è una totale assurdità (*o* un'assurdità bella e buona); ***diese Behauptung ist ~*** questa affermazione è un nonsenso; ***es ist ein ~ zu glauben, denken, dass...*** è assurdo credere, pensare che... 2 *(Torheit, Unfug)* sciocchezze *f.pl.*, fesserie *f.pl.* stupidaggini *f.pl.*: ***das ist alles ~*** sono tutte sciocchezze; ***~ machen, treiben*** fare fesserie; ***rede keinen ~!*** non dire sciocchezze! ***nur ~ im Kopf haben*** avere solo stupidaggini per la testa ◆ ***stört dich das? – ~!*** ti disturba? – figurati! sciocchezze! **un|sin|nig** I agg. 1 insensato, assurdo, privo di senso: ***-es Gerede*** chiacchiere insensate, prive di senso 2 *(übermäßig groß)* assurdo, pazzesco, folle: ***-e Kosten*** costi folli; ***-e Forderungen*** pretese assurde; COLLOQ. ***ein -er Hunger*** una fame pazzesca II avv. 1 assurdamente, irragionevolmente 2 pazzamente, da matti: ***~ in jdn verliebt sein*** essere pazzamente innamorato di qcn.; ***sich ~ ärgern*** arrabbiarsi da matti ◆ ANT. ***sich wie ~ gebärden*** comportarsi come un pazzo. **un|sin|ni|ger|wei|se** avv. assurdamente, insensatamente. **Un|sin|nig|keit** f. *(-)* assurdità *f.*, follia *f.*
un|sinn|lich agg. non sensuale.
Un|sit|te f. *(-)* malcostume *m.*, cattiva usanza *f.* **un|sitt|lich** I agg. immorale; scostumato: ***eine -e Handlung*** un comportamento immorale II avv. immoralmente. **Un|sitt|lich|keit** f. *(-,-en)* immoralità *f.*; scostumatezza *f.*
un|sol|da|tisch agg. non da soldato.
un|so|lid, un|so|li|de agg. 1 FIG. poco solido: ***eine -e Arbeit*** un lavoro poco solido, raffazzonato 2 *(unzuverlässig)* inaffidabile, poco serio: ***ein -er Mensch*** una persona poco affidabile; ***eine -e Firma*** una ditta poco seria 3 sregolato, disordinato: ***ein -es Leben*** una vita sregolata.
un|sorg|fäl|tig I agg. poco accurato, trascurato II avv. in modo trascurato.
un|so|zi|al agg. antisociale: ***-es Verhalten*** comportamento antisociale.
un|spe|zi|fisch agg. aspecifico.
un|sport|lich agg. 1 non sportivo 2 *(unfair)* antisportivo.
uns|re → **unser. uns|rer|seits** → **unsererseits. uns|res|glei|chen** → **unseresgleichen.**
uns|ri|ge pron.poss. m., f., n. *(-n,-n)* il nostro, la nostra ◆ ***wir haben das Unsrige getan*** abbiamo fatto la nostra parte.
un|sta|bil agg. instabile. **Un|sta|bi|li|tät** f. *(-,-en)* instabilità *f.*
un|statt|haft agg. inammissibile: ***-e Forderungen*** richieste inammissibili; ***ein -es Benehmen*** un comportamento inammissibile.
un|sterb|lich, un|sterb|lich agg. immortale: ***-e Seele*** anima immortale; *(unvergänglich)* ***ein -es Werk*** un'opera immortale ◆ COLLOQ. ***sich ~ blamieren*** fare una tremenda figuraccia; ***sich ~ verlieben*** innamorarsi perdutamente. **Un|sterb|li|che** m. e f. *(-n,-n)* immortale *m.* e *f.* **Un|sterb|lich|keit** f. *(-)* immortalità *f.*
Un|stern m. *(-[e]s)* cattiva stella *f.*: ***unter einem ~ stehen, geboren sein*** essere, essere nato sotto una cattiva stella.
un|stet I agg. 1a inquieto: ***ein -er Blick*** uno sguardo inquieto b *(ruhelos)* irrequieto: ***ein -es Leben*** una vita irrequieta 2 *(unbeständig)* discontinuo, variabile; volubile II avv. in modo irrequieto: ***~ umherirren*** vagare senza pace. **Un|stet|heit** f. *(-)* 1 inquietudine *f.*; *(Rastlosigkeit)* irrequietezza *f.* 2 *(Unbeständigkeit)* instabilità *f.*, volubilità *f.* **un|ste|tig** agg. 1 ANT. → **unstet** 2 MAT. discontinuo. **Un|ste|tig|keit** f. *(-,-en)* 1 → **Unstetheit** 2 MAT. discontinuità *f.*
un|still|bar, un|still|bar agg. insaziabile, inestinguibile.
un|stim|mig agg. discorde; *(widersprechend)* discrepante, contrastante. **Un|stim|mig|keit** f. *(-,-en)* 1 discrepanza *f.* 2 *(unstimmige Stelle, Meinungsverschiedenheit)* divergenza *f.*, contrasto *m.*, dissapore *m.*
un|stoff|lich agg. immateriale.
un|strei|tig I agg. incontestabile II avv. incontestabilmente.
Un|sum|me f. *(-,-n)* somma *f.* enorme, enormità *f.*
un|sym|met|risch agg. asimmetrico.
un|sym|pa|thisch agg. antipatico: ***jdm ~ sein*** essere antipatico a qcn.; ***~ aussehen*** avere un aspetto antipatico.
un|sys|te|ma|tisch agg. non sistematico.
un|ta|de|lig, un|ta|de|lig agg. irreprensibile, inappuntabile.
Un|tat f. *(-,-en)* misfatto *f.* **un|tä|tig** agg. inoperoso; *(müßig)* ozioso

◆ ***bei etw. ~ zusehen müssen*** assistere a qcs. senza poter intervenire. **Un|tä|tig|keit** f. *(-)* inoperosità *f.*

un|taug|lich agg. **1a** inadatto: ***für etw. ~ sein*** essere inadatto a qcs. **b** *(unbrauchbar)* inservibile **2** MIL. inabile: ***jdm für ~ erklären*** dichiarare qcn. inabile; ***als ~ eingestuft, entlassen werden*** essere riformato. **Un|taug|lich|keit** f. *(-)* **1** inservibilità *f.*, inutilità *f.* **2** *(Nichteignung)* inattitudine *f.* ◆ MIL. ***wegen ~ entlassen werden*** essere riformato.

un|teil|bar, un|teil|bar agg. indivisibile. **Un|teil|bar|keit, Un|teil|bar|keit** f. *(-)* indivisibilità *f.* **un|teil|haf|tig** agg., *etw.* ***(G) ~ sein*** non essere partecipe di qcs.

un|ten avv. **1a** sotto, giù, in basso: ***nach ~ gehen*** andare sotto, giù, scendere; ***~ im Dorf*** giù al paese; ***links, rechts ~ (~ links, rechts)*** in basso a sinistra, destra (*o* a sinistra, a destra in basso); ***~ im Regal*** in basso nello scaffale **b** *(am unteren Ende)* ***diese Seite muss ~ sein*** questo lato deve stare sotto **c** sotto: ***von ~ winken*** salutare di sotto; ***~ wohnen*** abitare (di) sotto; ***von ~ nach oben*** di sotto in su, dal basso verso l'alto **2a** *(auf dem Boden)* in fondo: ***~ im Schrank, Koffer*** in fondo all'armadio, alla valigia **b** *(von bedruckten Seiten)* ***~ auf der (dritten) Seite*** in fondo alla (terza) pagina **3** COLLOQ. *(südlich)* giù: ***~ in Sizilien*** giù in Sicilia ◆ ***wie ~ angeführt*** come indicato in seguito; ***~ am Bett*** ai piedi del letto; ***da ~*** laggiù; ***bei jdm ~ durch sein*** non godere della stima di qcn.; COMM. BUROCR. ***~ erwähnt, ~ genannt*** sottoindicato; ***hier ~*** quaggiù; ***nach ~*** giù, sotto; ***siehe ~*** vedi sotto; ***~ stehend*** → **erwähnt;** ***von ~*** dal basso; FIG. dalla gavetta; ***jdn von oben bis ~ mustern*** squadrare qcn. dall'alto al basso; ***von oben bis ~ dreckig sein*** essere sporco dalla testa ai piedi; ***sich von ~ nach oben hocharbeiten, hochdienen, hochkämpfen*** farsi strada, salire la scala sociale; ***weiter ~*** più giù.

un|ten|drun|ter avv. COLLOQ. sotto (tutto): ***~ nichts anziehen*** non indossare nulla (di) sotto. **un|ten|durch** avv. (da) sopra: ***den Faden ~ ziehen*** far passare il filo sotto. **un|ten|her** avv. dal basso, da giù. **un|ten|he|rum** avv. COLLOQ. sotto: ***sich ~ warm anziehen*** mettersi qcs. di caldo sotto. **un|ten|hin** avv. giù, in basso, verso il basso. **un|ten|rum** COLLOQ. → **untenherum.**

un|ter I prep. + dat. (anche artcl. **unterm**) e acc. (anche artcl. **untern, unters**) **1** + dat. *(lokal)* sotto: ***~ dem Sonnenschirm sitzen*** essere seduto sotto l'ombrellone; ***~ den Arkaden gehen*** camminare sotto i portici; ***ein Hemd ~ der Jacke tragen*** indossare una camicia sotto la giacca; *(ein Stockwerk tiefer)* ***sie wohnen ~ uns*** abitano sotto di noi **2** + acc. *(lokal: Richtung)* sotto: ***den Koffer -s Bett legen*** mettere la valigia sotto il letto; ***gehen wir ~ die Bäume!*** andiamo sotto gli alberi! ***sich ein Kissen ~ den Kopf stopfen*** mettersi un cuscino sotto la testa **3a** + dat. e acc. *(bei Wert, Rang: darunter liegend)* sotto: ***~ den Durchschnitt, Null sinken*** scendere sotto la (*o* al di sotto della) media, sotto lo zero; ***~ dem normalen Wert liegen*** essere sotto il (*o* al di sotto del) valore normale; ***Kinder ~ 5 Jahren*** bambini sotto i cinque anni; ***der Preis liegt ~ 1000 DM*** il prezzo è sotto i 1000 marchi **b** *(Führung, Unterordnung)* ***~ jds Führung, Leitung, Schutz*** sotto il comando, la guida, la protezione (*o* scorta) di qcn.; ***jdn ~ Aufsicht stellen*** mettere qcn. sotto sorveglianza; ***~ ärztlicher Kontrolle*** sotto controllo medico **4** + dat. con: ***~ Schmerzen*** con dolore; ***~ dem Beifall des Publikums*** con il consenso del pubblico; ***~ Schwierigkeiten*** con difficoltà; ***~ der Voraussetzung, dass...*** con la premessa di...; ***~ Protest den Saal verlassen*** uscire protestando dalla sala **5** + dat. e acc. *(zwischen, innerhalb)* tra, fra: ***er saß ~ seinen Bekannten*** sedeva fra i suoi conoscenti; ***sich ~ das Publikum mischen*** mescolarsi tra il pubblico; ***~ Kollegen sein*** essere tra colleghi; ***einer ~ vielen*** uno tra molti; ***~ uns gesagt*** detto tra noi; ***das bleibt ~ uns*** questo resta fra noi; ***der klügste ~ den Kandidaten*** il più bravo tra i candidati **6** ANT. + dat. *(bei Datumsangabe)* in: ***~ dem 1. Mai*** in data (*o* il) primo maggio; ***~ dem heutigen Datum*** in data odierna **7** + dat. *(Zuordnung, Zugehörigkeit)* ***~ falschem Namen*** sotto falso nome; ***er ist ~ dieser Nummer zu erreichen*** è reperibile a questo numero; ***was verstehst du ~ Freiheit?*** cosa intendi per libertà? **8** + dat. REGION. *(während)* durante: ***~ der Woche*** durante la settimana; ***~ der Arbeitszeit*** durante l'orario di lavoro **9** + dat. *(Zustand)* per: ***~ einer Krankheit, der Hitze leiden*** soffrire (a causa) di una malattia, per il caldo **II** avv. meno di: ***die Zuschauer sind ~ 100*** gli spettatori sono meno di cento; ***ein Kind von ~ 10 Jahren*** un bambino di meno di 10 anni ◆ ***~ anderem, andern*** tra l'altro; ***jdm ~ die Arme greifen***; sorreggere qcn.; FIG. sostenere qcn.; ***~ der Bedingung, dass...*** a condizione di...; ***~ Druck stehen*** essere sotto pressione (anche FIG.); ***~ der Dusche sein*** essere sotto la doccia; ***ich gehe ~ die Dusche*** vado a fare la doccia; ***~ dem Gesetz stehen*** essere soggetto alla legge; ***~ freiem Himmel*** sotto le stelle, all'aperto; ***~ aller Kritik sein*** essere di pessima qualità; ***~ Lebensgefahr*** a rischio della vita; ***sein Geld ~ die Leute bringen*** = spendere; ***~ dem Mikroskop*** al microscopio; REGION. ***~ Mittag*** a mezzogiorno; ***mitten ~ ihnen*** in mezzo a loro; ***etw. ~ Preis verkaufen*** vendere qcs. sotto prezzo; ***~ Pseudonym*** sotto pseudonimo; ***~ Tränen*** tra le lacrime; ***~ diesen Umständen*** date le circostanze; ***~ allen Umständen*** in ogni caso; ***~ Umständen*** eventualmente; ***etw. ~ Verschluss halten*** tenere qcs. sotto chiave; ***~ Verwendung*** usando; ***~ dem Vorbehalt, dass...*** tenendo presente che...; ***~ dem Vorwand*** col pretesto; ***~ Wasser stehen*** essere sott'acqua.

Un|ter m. *(-s,-)* fante *m.*

Un|ter|ab|tei|lung f. *(-,-en)* sottosezione *f.*; sottodivisione *f.*

Un|ter|arm m. *(-[e]s,-e)* avambraccio *m.*

Un|ter|art f. *(-,-en)* sottospecie *f.*

Un|ter|bau m. *(-[e]s,-ten)* **1a** *(Fundament)* fondamento *m.*; EDIL. fondamenta *f.pl.* **b** *(Grundlage)* fondamento *m.*: ***der philosophische ~*** il fondamento filosofico **2** *(Sockel)* base *f.*, basamento *m.* **3a** FERR. massicciata *f.* **b** *(von Straßen)* fondo *m.*

Un|ter|bauch m. *(-[e]s,-bäuche)* basso ventre *m.*

Un|ter|be|klei|dung f. *(-,-en)* biancheria *f.* (intima).

un|ter|be|legt agg. con molti posti liberi, semivuoto.

un|ter|be|lich|ten tr. FOT. sottoesporre. **un|ter|be|lich|tet** p.pass. → **unterbelichten** ◆ ***geistig ~ sein*** = essere tonto. **Un|ter|be|lich|tung** f. *(-,-en)* sottoesposizione *f.*

un|ter|be|schäf|tigt agg. sottoccupato. **Un|ter|be|schäf|ti|gung** f. *(-,-en)* sottoccupazione *f.*

un|ter|be|setzt agg. che scarseggia di personale: ***~ sein*** scarseggiare di personale.

Un|ter|bett n. *(-[e]s,-en)* (sottile) materasso *m.* di piume.

un|ter|be|wer|ten tr. sottovalutare. **Un|ter|be|wer|tung** f. *(-,-en)* sottovalutazione *f.*

un|ter|be|wusst agg. subconscio. **Un|ter|be|wusst|sein** n. *(-s)* subcosciente *m.*, subconscio *m.*

un|ter|be|zah|len tr. sottopagare.

un|ter|bie|ten *(unterbot, unterboten)* tr. **1** offrire a un prezzo inferiore **2a** *(Konkurrenz)* battere (offrendo a minor prezzo, a prezzi più bassi) **b** SPORT ***einen Rekord ~*** battere un record ◆ ***kaum noch zu ~ sein*** essere il peggio del peggio. **Un|ter|bie|tung** f. *(-,-en)* offerta *f.* (a un prezzo) inferiore.

Un|ter|bi|lanz f. *(-,-en)* bilancio *m.* deficitario; deficit *m.*, disavanzo *m.*: ***eine ~ haben*** essere in deficit.

un|ter|bin|den tr. *(unterband, unterbunden)* impedire.

un|ter|blei|ben intr. *(unterblieb, unterblieben;* aus. *sein)* non accadere, non aversi.

Un|ter|bo|den m. *(-s,-böden)* **1** sottosuolo *m.* **2** pavimento *m.* sottostante **3** AUT. sottoscocca *f.*

un|ter|bre|chen tr. *(unterbricht, unterbrach, unterbrochen)* interrompere: ***den Urlaub, ein Spiel, ein Gespräch, sein Studium, die Schwangerschaft ~*** interrompere le vacanze, un gioco, una conversazione, lo studio, la gravidanza; ***unterbrich mich nicht dauernd!*** non interrompermi continuamente! **Un|ter|bre|cher** m. *(-s,-)* EL. ruttore *m.* **Un|ter|bre|chung** f. *(-,-en)* interruzione *f.*

1.un|ter‿brei|ten tr. COLLOQ. mettere, distendere, sistemare sotto: ***ein Handtuch ~*** mettere sotto un asciugamano.

2.un|ter|brei|ten tr. sottoporre: ***jdm ein Angebot ~*** sottoporre un'offerta a qcn. **Un|ter|brei|tung** f. *(-,-en)* il sottoporre, presentazione *f.*

un|ter‿brin|gen tr. *(brachte, gebracht)* **1a** sistemare: ***das Gepäck im Kofferraum ~*** sistemare i bagagli nel baule; ***die Gäste im Hotel, bei Verwandten ~*** sistemare gli ospiti in albergo, da parenti **b** COLLOQ. ***seinen Sohn bei einer Bank ~*** sistemare il proprio figlio in banca **2** FIG. collocare: ***er wusste nicht, wo er dieses Gesicht ~ sollte*** non sapeva dove dovesse collocare quel volto **3** COLLOQ. piazzare: ***seinen Aufsatz bei einer bekannten Zeitschrift ~*** piazzare il proprio saggio presso una nota rivista. **Un|ter|brin|gung** f. *(-,-en)* sistemazione *f.*

un|ter|but|tern tr. COLLOQ. **1** schiacciare, sottomettere **2** *(zusätzlich verbrauchen)* usare, mettere a disposizione, consumare: ***das restliche Geld noch ~*** usare anche il denaro restante ◆ ***sich nicht ~ lassen*** non scoraggiarsi.

Un|ter|deck n. *(-[e]s,-s)* MAR. sottocoperta *f.* **Un|ter|de|ckung** f. *(-,-en)* COMM. copertura *f.* in difetto, copertura *f.* insufficiente.

un|ter|des|sen avv. nel frattempo, intanto, frattanto.

Un|ter|do|mi|nan|te f. *(-,-n)* MUS. sottodominante *f.*

Un|ter|druck m. *(-[e]s,-drücke)* **1** FIS. TECN. depressione *f.* **2** MED. pressione *f.* bassa.

un|ter|drü|cken tr. **1** reprimere, soffocare: ***seinen Zorn ~*** reprimere la propria collera; ***sein Lachen ~*** reprimere il riso; ***einen Aufstand ~*** reprimere una rivolta; ***eine Frage, Bemerkung ~*** soffocare

una domanda, un'osservazione **2** *(verbergen)* FIG. nascondere, celare: ***Nachrichten ~*** nascondere notizie **3** opprimere: ***eine Minderheit ~*** opprimere una minoranza; ***jdn psychisch ~*** opprimere qcn. psicologicamente. **Un|ter|drü|cker** m. *(-s,-)* oppressore *m.* **un|ter|drü|cke|risch** agg. oppressivo, repressivo. **Un|ter|drü|ckung** f. *(-,-en)* **1** repressione *f.* **2** *(Unterjochung)* oppressione *f.*
un|ter|durch|schnitt|lich agg. inferiore alla media: ***eine -e Leistung*** un rendimento inferiore alla media.
un|te|re agg. **1** inferiore: ***die ~ Schublade*** il cassetto inferiore; ***die -n Zweige des Baumes*** i rami inferiori dell'albero; *(niedrig)* ***die -n Schulklassen, Ränge*** le classi, i ranghi inferiori; GEOGR. ***die ~ Elbe*** l'Elba inferiore (*o* il basso corso dell'Elba) **2** *(darunter liegend)* (posto) in basso: ***den -n Knopf drücken*** premere il pulsante posto in basso **3** *(der Oberfläche abgekehrt)* sottostante: ***die ~ Seite*** il lato sottostante.
un|ter|ei|nan|der avv. **1** uno sotto l'altro: ***die Schilder ~ hängen*** appendere le targhe una sotto l'altra **2** *(miteinander)* l'uno con l'altro: ***die Drähte ~ verbinden*** unire i fili l'uno con l'altro; ***sich ~ helfen*** aiutarsi uno con l'altro.
Un|ter|ein|heit f. *(-,-en)* sottosezione *f.*
un|ter|ent|wi|ckelt agg. **1** ECON. sottosviluppato: ***-e Länder*** paesi sottosviluppati **2** *(von Menschen)* subnormale. **Un|ter|ent|wick|lung** f. *(-,-en)* sottosviluppo *m.*
un|ter|er|nährt agg. sottoalimentato, denutrito. **Un|ter|er|näh|rung** f. *(-)* sottoalimentazione *f.*, denutrizione *f.*
un|ter|fah|ren tr. *(unterfährt, unterfuhr, unterfahren)* **1** EDIL. sottomurare **2** *(unter etw. hindurchfahren)* ***etw. ~*** passare sotto qcs.; ***eine Brücke ~*** passare sotto un ponte.
Un|ter|fa|mi|lie f. *(-,-n)* sottofamiglia *f.*
un|ter|fan|gen *(unterfängt, unterfing, unterfangen)* **I** rifl. **sich ~** osare: ***sich ~, etw. zu tun*** osare fare qcs.; ANT. FIG. ***wie konnte er sich dieser Behauptung ~?*** come ha potuto affermare questo? **II** tr. EDIL. sottomurare. **Un|ter|fan|gen** n. *(-s,-)* impresa *f.*: ***das ist kein leichtes ~*** non è un'impresa facile.
un|ter‿fas|sen tr. COLLOQ. **1** prendere a braccetto (*o* sottobraccio) **2** *(stützen)* sorreggere: ***einen Kranken ~*** sorreggere un malato.
un|ter|fer|ti|gen tr. BUROCR. sottoscrivere. **Un|ter|fer|ti|ger** m. *(-s,-)*, **Un|ter|fer|tig|te** m. e f. *(-n,-n)* BUROCR. sottoscritto *m.* (-a *f.*).
un|ter|flur avv. TECN. sotto il pavimento. **Un|ter|flur|ga|ra|ge** f. *(-,-n)* garage *m.* sotterraneo. **Un|ter|flur|mo|tor** m. *(-s,-en)* AUT. motore *m.* piatto.
un|ter|for|dern tr. ***jdn ~*** richiedere poco a qcn., esigere poco da qcn.
Un|ter|fran|ken n.pr.n. *(-s)* Bassa Franconia *f.* **un|ter|frän|kisch** agg. della Bassa Franconia.
un|ter|füh|ren tr. **1** ***etw. ~*** far passare sotto qcs. **2** TIP. richiamare con virgolette. **Un|ter|füh|rung** f. *(-,-en)* sottopassaggio *m.*
Un|ter|funk|ti|on f. *(-,-en)* MED. ipofunzione *f.*
Un|ter|fut|ter n. *(-s,-)* fodera *f.* interna. **un|ter|füt|tern** tr. **1** foderare **2** *(überziehen)* rivestire: ***etw. mit Dämmmaterial ~*** rivestire qcs. con materiale isolante.
Un|ter|gang m. *(-[e]s,-gänge)* **1** tramonto *m.*: ***der ~ des Mondes, der Sonne*** il tramonto della luna, del sole; FIG. ***der ~ des Abendlandes*** il tramonto dell'occidente **2** *(Versinken)* affondamento *m.*: ***der ~ eines Schiffes*** l'affondamento di una nave **3** *(Verfall)* caduta *f.*: ***der ~ des Römischen Reiches*** la caduta dell'impero romano **4** COLLOQ. *(Verderben)* rovina *f.*: ***das Glücksspiel ist sein ~*** il gioco è la sua rovina; ***dem ~ geweiht sein*** essere destinato alla rovina; ***vom ~ bedroht sein*** essere minacciato dalla rovina.
un|ter|gä|rig agg. a bassa fermentazione: ***-es Bier*** birra a bassa fermentazione. **Un|ter|gä|rung** f. *(-,-en)* bassa fermentazione *f.*
Un|ter|gat|tung f. *(-,-en)* sottogenere *m.*
un|ter|ge|ben agg. subalterno: ***jdm ~ sein*** essere subalterno a qcn. **Un|ter|ge|be|ne** m. e f. *(-n,-n)* subalterno *m.* (-a *f.*), sottoposto *m.* (-a *f.*).
un|ter‿ge|hen intr. *(ging, gegangen;* aus. *sein)* **1** tramontare: ***die Sonne geht unter*** il sole tramonta **2** *(versinken)* affondare, andare a fondo, colare a picco, inabissarsi: ***das Schiff droht unterzugehen*** la nave minaccia di affondare **3** *(zugrunde gehen)* decadere, scomparire: ***dieses Reich wird ~*** questo impero scomparirà **4** *(sich verlieren)* svanire, perdersi: ***etw. geht im Lärm unter*** qcs. si perde nel rumore; ***in der Menge ~*** perdersi nella folla ◆ ***im Applaus ~*** essere sommerso dagli applausi; ***davon geht die Welt nicht unter*** non crolla certo il mondo per questo.
un|ter|ge|ord|net p.pass. agg. **1** → **unterordnen** **2** *(sekundär)* secondario: ***von -er Bedeutung*** di importanza secondaria; GRAMM. ***-e Sätze*** proposizioni subordinate (*o* secondarie) ◆ ***etw. (D) ~ sein*** afferire, essere soggetto a qcs.

un|ter|ge|scho|ben p.pass. agg. → **1.unterschieben** ◆ ***ein -es Kind*** un bambino attribuito a un falso padre; ***ein -es Testament*** un testamento non veritiero.
Un|ter|ge|schoss, AUSTR. **Un|ter|ge|schoß** n. *(-es,-e)* seminterrato *m.*
Un|ter|ge|stell n. *(-[e]s,-e)* **1** AUT. (auto)telaio *m.* **2** SCHERZ. *(Beine)* gambe *f.pl.*: ***ein tolles ~*** gambe fantastiche.
Un|ter|ge|wicht n. *(-[e]s)* sottopeso *m.* ◆ ***~ haben*** essere sottopeso. **un|ter|ge|wich|tig** agg. sottopeso.
un|ter|glie|dern tr. suddividere. **Un|ter|glie|de|rung** f. *(-,-en)* suddivisione *f.*
1.un|ter‿gra|ben tr. *(gräbt, grub, gegraben)* interrare.
2.un|ter|gra|ben tr. *(untergräbt, untergrub, untergraben)* minare: ***jds Ruf, Autorität ~*** minare la fama, l'autorità di qcn.
Un|ter|gren|ze f. *(-,-n)* limite *m.* inferiore.
Un|ter|grund m. *(-[e]s,-gründe)* **1** sottosuolo *m.* **2** EDIL. *(Grundlage)* = terreno *m.* (su cui viene costruito un edificio): ***fester, sandiger ~*** terreno solido, sabbioso **3a** *(unterste Fläche)* fondo *m.*: ***der ~ des Meers*** il fondo del mare **b** PITT. ***eine gelbe Schrift auf schwarzem ~*** un'iscrizione gialla su fondo (*o* sfondo) nero **4a** POL. clandestinità *f.*: ***in den ~ gehen*** entrare in clandestinità **b** → **Untergrundbewegung. Un|ter|grund|bahn** f. *(-,-en)* metropolitana *f.* **Un|ter|grund|be|we|gung** f. *(-,-en)* movimento *m.* clandestino: ***einer ~ angehören*** far parte di un movimento clandestino. **un|ter|grün|dig** agg. sotterraneo **2** FIG. nascosto, sotterraneo: ***eine -e Strömung*** una corrente nascosta. **Un|ter|grund|kämp|fer** m. *(-s,-)* clandestino *m.* **Un|ter|grund|or|ga|ni|sa|ti|on** f. *(-,-en)* organizzazione *f.* clandestina.
Un|ter|grup|pe f. *(-,-n)* sottogruppo *m.*
un|ter‿ha|ben tr. COLLOQ. avere sotto: ***nichts ~*** non avere niente sotto.
un|ter‿ha|ken tr. COLLOQ. **I** prendere a braccetto (*o* sottobraccio): ***einen Freund ~*** prendere sottobraccio un amico **II** rifl. ***sich bei jdm ~*** essere preso a braccetto (*o* sottobraccio) da qcn.
un|ter|halb prep. + gen. sotto, al di sotto di: ***die Hütte steht ~ des Gipfels*** il rifugio si trova sotto la vetta ◆ ***~ von*** al di sotto di; ***der Parkplatz liegt ~ vom Krankenhaus*** il parcheggio si trova sotto l'ospedale.
Un|ter|halt m. *(-[e]s)* **1** mantenimento *m.*, sostentamento *m.*: ***für jds ~ sorgen, aufkommen*** provvedere al mantenimento di qcn.; ***zu jds ~ beitragen*** contribuire al mantenimento di qcn. **2** *(Unterhaltszahlung)* alimenti *m.pl.*: ***für jdn ~ leisten, zahlen*** pagare gli alimenti a qcn.; ***~ gewähren*** corrispondere (*o* passare) gli alimenti; ***auf ~ klagen*** chiedere gli alimenti **3** *(Instandhaltung)* manutenzione *f.*: ***der ~ eines Fahrzeugs*** la manutenzione di un autoveicolo ◆ ***seinen ~ bestreiten*** provvedere al proprio sostentamento; ***seinen ~ haben*** avere di che vivere.
1.un|ter‿hal|ten tr. *(hält, hielt, gehalten)* COLLOQ. tenere (da) sotto.
2.un|ter|hal|ten *(unterhält, unterhielt, unterhalten)* **I** tr. **1** mantenere: ***eine Familie, seine Kinder ~*** mantenere una famiglia, i figli; ***Kontakte, freundschaftliche Beziehungen zu jdm ~*** mantenere i contatti, rapporti amichevoli con qcn. **2** *(beschäftigen)* intrattenere: ***seine Gäste ~*** intrattenere i propri ospiti **3** *(betreiben)* gestire, condurre, tenere: ***ein Geschäft, ein Hotel, eine Schule ~*** gestire un negozio, un albergo, dirigere una scuola **4** *(instand halten)* tenere in buono stato, in ordine: ***ein Haus, ein Auto ~*** tenere in ordine la casa, tenere l'auto in buono stato **II** rifl. **sich ~ 1** intrattenersi: ***sich mit jdm über ein Thema ~*** intrattenersi con qcn. su un argomento **2** *(sich vergnügen)* divertirsi: ***habt ihr euch gut ~?*** vi siete divertiti? ***sich auf einer Party bestens ~*** divertirsi tantissimo a una festa **3** *(reden)* conversare, parlare: ***sich mit jdm über etw. (A) ~*** parlare con qcn. di qcs.; ***sich auf italienisch, deutsch ~*** parlare (in) italiano, tedesco; ***sich unter vier Augen ~*** parlare a quattro occhi ◆ ***das Feuer ~*** alimentare il fuoco.
un|ter|hal|tend p.pres. agg. **1** → **2.unterhalten** **2** → **unterhaltsam.** **Un|ter|hal|ter** m. *(-s,-)* intrattenitore *m.* **un|ter|halt|sam** agg. divertente, piacevole, spassoso: ***ein -er Film*** un film divertente; ***ein -er Abend*** una serata piacevole. **Un|ter|halt|sam|keit** f. *(-)* l'essere divertente. **Un|ter|halts|an|spruch** m. *(-[e]s,-ansprüche)* diritto *m.* agli alimenti. **Un|ter|halts|kla|ge** f. *(-,-n)* causa *f.* per (gli) alimenti. **Un|ter|halts|kos|ten** pl. spese *f.pl.* per gli alimenti. **Un|ter|halts|pflicht** f. *(-)* obbligo *m.* alimentare.
Un|ter|hal|tung f. *(-,-en)* **1** manutenzione *f.*: ***die ~ der Straßen, eines Gebäudes*** la manutenzione delle strade, di un edificio **2** FIG. mantenimento *m.*, cura *f.*: ***die ~ guter nachbarlicher Beziehungen*** il mantenimento di rapporti di buon vicinato **3** *(Gespräch)* conversazione *f.*: ***mit jdm über etw. (A) eine ~ führen*** sostenere una

conversazione con qcn. su qcs.; ***sich an der ~ beteiligen*** prendere parte alla conversazione **4** *(Vergnügen)* divertimento *m.*: ***jdm gute, angenehme ~ wünschen*** augurare buon divertimento a qcn.; ***sich (D) etw. ~ suchen*** cercare di divertirsi un po' **5** ANT. *(Geselligkeit)* trattenimento *m.*

Un|ter|hal|tungs|elekt|ro|nik f. *(-)* elettronica *f.* di consumo. **Un|ter|hal|tungs|film** m. *(-[e]s,-e)* film *m.* di evasione, di intrattenimento. **Un|ter|hal|tungs|li|te|ra|tur** f. *(-)* letteratura *f.* di intrattenimento. **Un|ter|hal|tungs|mu|sik** f. *(-)* musica *f.* leggera. **Un|ter|hal|tungs|or|ches|ter** n. *(-s,-)* orchestra *f.* di musica leggera. **Un|ter|hal|tungs|pro|gramm** n. *(-s,-e)*, **Un|ter|hal|tungs|sen|dung** f. *(-,-en)* programma *m.* di intrattenimento.

un|ter|han|deln intr. (aus. *haben*) POL. trattare, negoziare: ***über etw. ~*** trattare su qcs. **Un|ter|händ|ler** m. *(-s,-)* negoziatore *m.*, mediatore *m.* **Un|ter|hand|lung** f. *(-,-en)* trattativa *f.*, negoziato *m.*: ***-en führen*** condurre trattative.

Un|ter|haus n. *(-[e]s,-häuser)* POL. camera *f.* bassa (*o* dei comuni).

Un|ter|haut f. *(-)* ipoderma *m.*

Un|ter|hemd n. *(-[e]s,-en)* maglia *f.*, maglietta *f.*

un|ter|höh|len tr. **1** scavare, scalzare **2** *(untergraben)* minare.

Un|ter|holz n. *(-es)* sottobosco *m.*

Un|ter|ho|se f. *(-,-n)* mutanda *f.*: ***in -n*** in mutande.

un|ter|ir|disch I agg. **1** sotterraneo: ***ein -es Gefängnis*** una prigione sotterranea **2** FIG. *(heimlich)* sotterraneo, segreto, clandestino **II** avv. sotto terra.

Un|ter|ita|li|en n.pr.n. *(-s)* Italia *f.* meridionale (*o* del sud), Mezzogiorno *m.*

Un|ter|ja|cke f. *(-,-n)* corpetto *m.*

un|ter|jo|chen tr. soggiogare, assoggettare. **Un|ter|jo|chung** f. *(-,-en)* soggiogamento *m.*, assoggettamento *m.*

un|ter‿ju|beln tr. COLLOQ. ***jdm etw. ~*** rifilare qcs. a qcn.

Un|ter|kie|fer m. *(-s,-)* mascella *f.* inferiore, mandibola *f.* ◆ COLLOQ. ***jdm klappt, fällt der ~ herunter*** qcn. resta a bocca aperta.

Un|ter|klas|se f. *(-,-n)* sottoclasse *f.*

Un|ter|kleid n. *(-[e]s,-er)* sottoveste *f.* **Un|ter|klei|dung** f. *(-)* biancheria *f.* intima.

un|ter‿kom|men intr. *(kam, gekommen;* aus. *sein)* **1a** trovare alloggio, alloggiare: ***in einer Pension ~*** trovare alloggio in una pensione **b** *(Obdach finden)* ricoverarsi, trovare asilo **2** COLLOQ. *(Arbeit finden)* trovare un posto, un impiego **3** REGION. capitare: ***so etwas ist mir noch nicht untergekommen*** una cosa così non mi era ancora capitata. **Un|ter|kom|men** n. *(-s)* **1** *(Unterkunft)* alloggio *m.*, ricovero *m.*, asilo *m.*: ***jdm ein ~ gewähren*** dare alloggio a qcn. **2** ANT. *(Stellung)* posto *m.* (di lavoro), impiego *m.*

Un|ter|kör|per m. *(-s,-)* parte inferiore *f.* del corpo: ***im ~*** dalla vita in giù.

un|ter‿krie|chen intr. *(kroch, gekrochen;* aus. *sein)* COLLOQ. trovare riparo.

un|ter‿krie|gen tr. COLLOQ. mettere sotto: ***sich nicht ~ lassen*** non lasciarsi mettere sotto.

un|ter|küh|len tr. **1** ibernare **2** TECN. raffreddare eccessivamente. **un|ter|kühlt** p.pass. agg. **1** → **unterkühlen 2** FIG. molto freddo, distaccato: ***ein -er Stil*** uno stile distaccato. **Un|ter|küh|lung** f. *(-,-en)* **1** ibernazione *f.* **2** TECN. surraffreddamento *m.*

Un|ter|kunft f. *(-,-künfte)* **1** alloggio *m.*; *(Obdach)* ricovero *m.*, asilo *m.*: ***eine einfache, billige ~ suchen*** cercare un alloggio semplice, a buon mercato; ***jdm ~ gewähren*** dare asilo a qcn. **2** MIL. *(Quartier)* alloggiamento *m.* **3** alloggiamento *m.*: ***für jds ~ sorgen*** provvedere all'alloggiamento di qcn. ◆ ***~ und Verpflegung*** vitto e alloggio.

Un|ter|la|ge f. *(-,-n)* **1a** base *f.*, sostegno *m.*, supporto *m.*: ***eine ~ aus Holz, Pappe*** una base di legno, di cartone; ***etw. als ~ benutzen*** usare qcs. come supporto **b** FIG. *(Grundlage)* base *f.*: ***eine gute finanzielle ~ haben*** avere una buona base finanziaria **2** *(Schreibunterlage)* sottomano *m.* **3** pl. *(Dokumente)* documentazione *f.*, documenti *m.pl.*: ***sämtliche -n anfordern, beibringen*** richiedere, fornire la documentazione completa; ***wie aus den -n hervorgeht, ersichtlich wird*** come risulta dalla documentazione **4** BOT. portinnesto *m.*, portainnesto *m.*, soggetto *m.* ◆ ***bei der Weinprobe für eine gute ~ sorgen*** = accompagnare la degustazione del vino con un buon piatto.

Un|ter|land n. *(-[e]s)* piana *f.* **Un|ter|län|der** m. *(-s,-)* abitante *m.* della piana.

Un|ter|län|ge f. *(-,-n)* TIP. lettera *f.* discendente.

Un|ter|lass m., ***ohne ~*** ininterrottamente. **un|ter|las|sen** tr. *(unterlässt, unterließ, unterlassen)* tralasciare, trascurare, omettere: ***etw. aus Angst vor den Folgen ~*** tralasciare (*o* evitare di fare) qcs. per paura delle conseguenze; ***man unterließ es, Beweise zu suchen*** si tralasciò di cercare delle prove ◆ ***~ Sie die Bemerkungen!*** lasci perdere i commenti. **Un|ter|las|sung** f. *(-,-en)* il tralasciare, omissione *f.* **Un|ter|las|sungs|sün|de** f. *(-,-n)* COLLOQ. (peccato *m.* di) omissione *f.*

Un|ter|lauf m. *(-[e]s,-läufe)* corso *m.* inferiore (di un fiume).

1.un|ter|lau|fen *(unterläuft, unterlief, unterlaufen)* **I** tr. **1** *(unwirksam machen)* sfuggire, sottrarsi a: ***ein Gesetz, ein Verbot ~*** sottrarsi a una legge, a un divieto **2** SPORT ***den Gegner ~*** entrare sull'avversario **II** intr. (aus. *sein*) **1** sfuggire, scappare: ***ihm ist ein Fehler ~*** gli è scappato un errore **2** COLLOQ. capitare: ***so etwas ist mir noch nicht ~*** una cosa così non mi era ancora capitata; ***so ein unverschämter Mensch ist mir noch nicht ~*** una persona così insolente non l'avevo ancora incontrata.

2.un|ter|lau|fen p.pass. agg. **1** → **1.unterlaufen 2** ***mit Blut, blutig ~*** iniettato di sangue.

1.un|ter‿le|gen I tr. **1** mettere sotto: ***jdm ein Kissen ~*** mettere un cuscino sotto a qcn. **2** attribuire: ***dem Text einen falschen Sinn ~*** attribuire al testo un significato sbagliato; ***jdm böse Absichten ~*** attribuire a qcn. cattive intenzioni **II** rifl. **sich ~** mettersi sotto: ***sich eine Decke ~*** mettersi sotto una coperta.

2.un|ter|le|gen tr. **1** guarnire, foderare; *(verstärken)* rinforzare: ***etw. mit Filz ~*** rinforzare qcs. con del feltro **2** ***etw. mit Musik ~*** mettere un sottofondo musicale a qcs.

3.un|ter|le|gen p.pass. agg. **1** → **unterliegen 2** inferiore: ***seinem Gegner ~ sein*** essere inferiore al proprio avversario; ***jdm an Zahl, an Verstand ~ sein*** essere inferiore di numero, per intelligenza. **Un|ter|le|ge|ne** m. e f. *(-n,-n)* vinto *m.* (-a *f.*), sconfitto *m.* (-a *f.*). **Un|ter|le|gen|heit** f. *(-)* inferiorità *f.*

Un|ter|leg|schei|be f. *(-,-n)* rondella *f.*, rosetta *f.*

1.Un|ter|le|gung f. *(-,-en)* attribuzione *f.*: ***die ~ einer Tat*** l'attribuzione di un'azione.

2.Un|ter|le|gung f. *(-,-en)* guarnizione *f.*; *(Verstärkung)* rinforzo *m.*

Un|ter|leib m. *(-[e]s,-er)* **1** basso ventre *m.* **2** *(weibliche Geschlechtsorgane)* = organi *m.pl.* genitali femminili. **Un|ter|leibs|krank|heit** f. *(-,-en)* malattia *f.* ginecologica.

Un|ter|lid n. *(-[e]s,-er)* palpebra *f.* inferiore.

un|ter|lie|gen intr. *(unterlag, unterlegen)* **1** (aus. *sein*) soccombere, sottostare, soggiacere: ***nach hartem Widerstand ~*** soccombere dopo una dura opposizione **2** (aus. *haben*) ***etw. (D) ~*** essere soggetto a qcs.: ***Stimmungsschwankungen ~*** essere soggetto a continue variazioni di umore; ***der Zensur, Mode ~*** essere soggetto alla censura, alla moda; ***scharfen Kontrollen, der Schweigepflicht ~*** essere soggetto a controlli severi, al segreto professionale ◆ ***einer Täuschung ~*** ingannarsi; ***keinem Zweifel ~*** essere fuori di dubbio.

Un|ter|lip|pe f. *(-,-n)* labbro *m.* inferiore.

un|term prep. artcl. COLLOQ. → **unter.**

un|ter|ma|len tr. **1** ***musikalisch ~*** accompagnare con un sottofondo musicale **2** *(von Tafelmalereien)* dare la tinta di fondo a. **Un|ter|ma|lung** f. *(-,-en)* **1** ***(musikalische) ~*** sottofondo *m.* (musicale), commento *m.* musicale **2** (tinta *f.* di) fondo *m.*

Un|ter|maß n. *(-es,-e)* misura *f.* (*o* grandezza *f.*) inferiore alla media.

un|ter|mau|ern tr. **1** ***etw. ~*** rafforzare le fondamenta di qcs. **2** FIG. *(stützen)* ***etw. wissenschaftlich ~*** dare un fondamento scientifico a qcs. **Un|ter|mau|e|rung** f. *(-)* **1** fondamenta *f.pl.*, fondazioni *f.pl.* **2** FIG. fondamenti *m.pl.*

Un|ter|men|ge f. *(-,-n)* MAT. sottoinsieme *m.*

un|ter|men|gen tr. frammischiare.

Un|ter|mensch m. *(-en,-en)* **1** SPREG. bruto *m.*, primitivo *m.* **2** SPREG. *(im Nationalsozialismus)* essere *m.* inferiore.

Un|ter|mie|te f. *(-)* subaffitto *m.*, BUROCR. sublocazione *f.*: ***in, zur ~ wohnen*** abitare in subaffitto; ***ein Zimmer in, zur ~ nehmen, (ab)geben*** prendere, dare una stanza in subaffitto. **Un|ter|mie|ter** m. *(-s,-)* subaffittuario *m.*, subinquilino *m.*, sublocatario *m.*

un|ter|mi|nie|ren tr. minare (anche FIG.): ***die feindlichen Stellungen ~*** minare le postazioni nemiche; ***jds Stellung, Ansehen ~*** minare la posizione, la reputazione di qcn. **Un|ter|mi|nie|rung** f. *(-,-en)* il minare.

1.un|ter‿mi|schen tr. mescolare.

2.un|ter|mi|schen tr. frammischiare. **Un|ter|mi|schung, Un|ter|mi|schung** f. *(-,-en)* mescolanza *f.*, mescolamento *m.*

un|ter|mo|to|ri|siert agg. con un motore troppo debole.

un|tern → **unter.**

1.un|ter‿neh|men tr. *(nimmt, nahm, genommen)* COLLOQ. prendere sottobraccio.

2.un|ter|neh|men tr. *(unternimmt, unternahm, unternommen)* **1** intraprendere, fare: ***eine Reise, einen Ausflug ~*** intraprendere un viaggio, una gita; ***was wollen wir heute ~?*** cosa facciamo oggi? ***etw. auf eigene Faust ~*** fare qcs. di propria iniziativa; *(mit Spaß, Freude)* ***viel zusammen ~*** fare molte cose insieme **2** *(eingreifen)* intervenire, intromettersi ◆ ***etwas in einer Sache ~*** intervenire in una faccenda; ***Schritte ~*** prendere provvedimenti; ***den Versuch ~, den Fall aufzuklären*** tentare di chiarire il caso.

Un|ter|neh|men n. *(-s,-)* **1a** impresa *f.*, iniziativa *f.*: ***ein gewagtes, risikoreiches ~*** un'impresa azzardata, molto rischiosa; ***das ~ gelang, scheiterte*** l'impresa riuscì, fallì **b** MIL. *(Operation)* impresa *f.*, operazione *f.* **2** *(Betrieb)* impresa *f.*, azienda *f.*: ***ein ~ gründen, aufbauen, leiten, übernehmen*** fondare, creare, dirigere, rilevare un'impresa; ***ein privates, öffentliches ~*** un'impresa privata, pubblica (*o* statale). **un|ter|neh|mend** p.pres. agg. **1** → **2.unternehmen 2** intraprendente.

Un|ter|neh|mens|be|ra|ter m. *(-s,-)* consulente *m.* aziendale. **Un|ter|neh|mens|for|schung** f. *(-)* ricerca *f.* operativa. **Un|ter|neh|mens|füh|rung** f. *(-,-en)* direzione *f.* aziendale. **Un|ter|neh|mens|po|li|tik** f. *(-)* politica *f.* imprenditoriale.

Un|ter|neh|mer m. *(-s,-)* imprenditore *m.* **Un|ter|neh|mer|geist** m. *(-[e]s)* spirito *m.* imprenditoriale. **Un|ter|neh|me|rin** f. *(-,-nen)* imprenditrice *f.* **un|ter|neh|me|risch I** agg. imprenditoriale **II** avv. come un, da imprenditore. **Un|ter|neh|mer|tum** n. *(-s)* imprenditoria *f.* **Un|ter|neh|mer|ver|band** m. *(-[e]s,-verbände)* associazione *f.* degli, di imprenditori.

Un|ter|neh|mung f. *(-,-en)* → **Unternehmen. Un|ter|neh|mungs|geist** m. *(-[e]s)*, **Un|ter|neh|mungs|lust** f. *(-)* spirito *m.* d'iniziativa, intraprendenza *f.* **un|ter|neh|mungs|lus|tig** agg. intraprendente, pieno d'iniziativa.

Un|ter|of|fi|zier m. *(-s,-e)* sottufficiale *m.*; *(Rang)* sergente *m.* **Un|ter|of|fi|zier(s)|an|wär|ter** m. *(-s,-)* allievo *m.* sottufficiale. **Un|ter|of|fi|ziers|lehr|gang** m. *(-[e]s,-lehrgänge)* corso *m.* allievi sottufficiali.

un|ter‿ord|nen I tr. subordinare: ***seine Interessen dem Gemeinwohl ~*** subordinare i propri interessi al bene comune; ***jdm untergeordnet werden*** venire subordinato a qcn. **II** rifl. **sich ~** assoggettarsi, sottomettersi: ***sich jdm, den Konventionen ~*** sottomettersi a qcn., sottostare alle convenzioni. **un|ter|ord|nend** p.pres. agg. **1** → **unterordnen 2** GRAMM. subordinante, subordinativo: ***eine -e Konjunktion*** una congiunzione subordinante. **Un|ter|ord|nung** f. *(-,-en)* **1** subordinazione *f.* **2** *(Unterwerfung)* assoggettamento *m.* **3** GRAMM. *(Hypotaxe)* ipotassi *f.* **4** BOT. ZOOL. sottordine *m.*

Un|ter|pfand n. *(-[e]s,-pfänder)* pegno *m.*

Un|ter|pflas|ter(|stra|ßen)|bahn f. *(-,-en)* = tranvia *f.* con tratto di percorso in galleria superficiale.

Un|ter|pri|ma, Un|ter|pri|ma f. *(-,-primen)* prima *f.* inferiore (RFT ANT. ottava classe del Gymnasium).

un|ter|pri|vi|le|giert agg. svantaggiato.

un|ter|que|ren tr. passare sotto: ***die Straße unterquert die Autobahn*** la strada passa sotto l'autostrada.

un|ter|re|den rifl. **sich ~** conversare, discorrere: ***sich mit jdm ~*** conversare con qcn. **Un|ter|re|dung** f. *(-,-en)* conversazione *f.*, colloquio *m.*: ***mit jdm eine ~ haben, führen*** avere una conversazione con qcn.

un|ter|re|prä|sen|tiert agg. insufficientemente rappresentato.

Un|ter|richt m. *(-[e]s)* **1** lezione *f.*: ***theoretischer, praktischer ~*** lezione teorica, pratica; ***ein langweiliger ~*** una lezione noiosa; ***der ~ beginnt um 8 Uhr, dauert eine Stunde, fällt aus*** la lezione comincia alle 8, dura un'ora, non c'è lezione; ***zwei Stunden ~ haben*** avere due ore di lezione; ***im ~*** a lezione; ***am ~ teilnehmen, den ~ besuchen*** assistere alla lezione; ***vom ~ befreit sein*** essere esonerato dalla lezione; ***dem ~ fernbleiben*** non andare a lezione **2** *(Stunde)* lezioni *f.pl.*: ***~ in etw. geben, erteilen, nehmen (erhalten)*** dare, impartire, prendere lezioni di qcs. ◆ ***den ~ schwänzen*** marinare la scuola.

un|ter|rich|ten I tr. **1a** insegnare: ***Latein ~*** insegnare latino; ***an einer Schule ~*** insegnare in una scuola **b** assol. ***vier Stunden ~*** fare (*o* avere) quattro ore di lezione **2** ***jdn (in etw.) ~*** istruire qcn. (in qcs.), insegnare (qcs.) a qcn.: ***jdn im Zeichnen ~*** insegnare disegno a qcn., istruire qcn. nel disegno; ***eine Klasse in Englisch ~*** insegnare inglese a una classe **3** *(benachrichtigen)* informare: ***jdn über etw., von etw. ~*** informare qcn. su qcs. **II** intr. (aus. *haben*) ***in etw. ~*** insegnare qcs.: ***(in) Deutsch ~*** insegnare tedesco **III** rifl. ***sich (über etw.) ~*** informarsi su qcs.; ***ich werde mich sofort ~*** m'informerò subito. **un|ter|rich|tet** p.pass. agg. **1** → **unterrichten 2** *(informiert)* informato: ***falsch ~ sein*** essere male informato; ***soweit ich ~ bin...*** per quanto ne so...; ***von gut -er Seite*** da fonte ben informata. **un|ter|richt|lich** agg. di, della lezione.

Un|ter|richts|brief m. *(-[e]s,-e)* lezione *f.* per corrispondenza. **Un|ter|richts|ein|heit** f. *(-,-en)* **1** unità *f.* didattica **2** *(Folge von Unterrichtsstunden)* corso *m.*: ***eine ~ über den Nationalsozialismus*** un corso sul nazionalsocialismo **Un|ter|richts|fach** n. *(-[e]s,-fächer)* materia *f.* d'insegnamento. **un|ter|richts|frei** agg. libero (da lezioni): ***heute ist ~*** oggi non c'è lezione. **Un|ter|richts|kun|de, Un|ter|richts|leh|re** f. *(-)* didattica *f.* **Un|ter|richts|ma|te|ri|al** n. *(-s,-ien)* materiale *m.* didattico. **Un|ter|richts|me|tho|de** f. *(-,-n)* metodo *m.* didattico. **Un|ter|richts|mi|nis|ter** m. *(-s,-)* ministro *m.* della pubblica istruzione. **Un|ter|richts|mit|tel** n. *(-s,-)* sussidio *m.* didattico. **Un|ter|richts|pro|gramm** n. *(-s,-e)* programma *m.* d'insegnamento. **Un|ter|richts|stun|de** f. *(-,-n)* ora *f.* di lezione. **Un|ter|richts|we|sen** n. *(-s)* istruzione *f.* scolastica.

Un|ter|rich|tung f. *(-,-en)* informazione *f.*: ***zu Ihrer ~*** per Vostra informazione.

Un|ter|rock m. *(-[e]s,-röcke)* sottogonna *f.*; *(Unterkleid)* sottoveste *f.*

un|ter‿rüh|ren tr. mescolare girando.

un|ters → **unter.**

un|ter|sa|gen tr. proibire, vietare, interdire: ***jdm etw. ~*** vietare qcs. a qcn.; ***jdm ~, etw. zu tun*** proibire a qcn. di fare qcs. (*o* interdire qcn. dal fare qcs.); ***der Arzt untersagt ihm zu rauchen*** il dottore gli vieta di fumare.

Un|ter|satz m. *(-es,-sätze)* **1** supporto *m.*, base *f.* **2** FILOS. premessa *f.* minore (di un sillogismo) ◆ SCHERZ. ***fahrbarer ~*** = automobile.

un|ter|schät|zen tr. sottovalutare: ***den Gegner, seine Kräfte ~*** sottovalutare l'avversario, le proprie forze; ***die Schwierigkeit der Aufgabe ~*** sottovalutare la difficoltà del compito. **Un|ter|schät|zung** f. *(-)* sottovalutazione *f.*

un|ter|scheid|bar agg. distinguibile.

un|ter|schei|den *(unterschied, unterschieden)* **I** tr. distinguere: ***etw. von etw. ~*** distinguere qcs. da qcs.; ***die Gegenstände, die Zwillinge ~ können*** saper distinguere gli oggetti, i gemelli; ***etw. am Geruch ~*** distinguere qcs. dall'odore; *(einteilen)* ***etw. nach Qualität, nach Größe ~*** distinguere qcs. secondo la qualità, la grandezza; *(unterschiedlich machen)* ***seine Intelligenz unterscheidet ihn von den anderen*** la sua intelligenza lo distingue dagli altri **II** intr. (aus. *haben*) distinguere: ***zwischen Echtem und Unechtem ~*** distinguere fra vero e falso (*o* il vero dal falso); ***zwischen den Leuten ~*** distinguere da persona a persona **III** rifl. **sich ~** distinguersi, differenziarsi; differire: ***sich von jdm, etw. in etw. (D) ~*** distinguersi da qcn., qcs. in qcs.; ***sich durch etw. ~*** distinguersi per qcs.; ***sich voneinander ~*** distinguersi l'uno dall'altro. **un|ter|schei|dend** p.pres. agg. **1** → **unterscheiden 2** *(charakterisierend)* distintivo. **Un|ter|schei|dung** f. *(-,-en)* distinzione *f.*, differenziazione *f.*: ***-en treffen*** fare delle distinzioni, distinguere. **Un|ter|schei|dungs|merk|mal** n. *(-[e]s,-e)* segno *m.* distintivo. **Un|ter|schei|dungs|ver|mö|gen** n. *(-s)* discernimento *m.*

Un|ter|schen|kel m. *(-s,-)* gamba *f.* (dal ginocchio al piede).

Un|ter|schicht f. *(-,-en)* **1** ceto *m.* (*o* classe *f.*) inferiore **2** *(untere Schicht)* strato *m.* inferiore, sostrato (*o* substrato) *m.*

1.un|ter‿schie|ben tr. *(schob, geschoben)* mettere sotto, far scivolare sotto: ***eine Unterlage ~*** mettere un supporto; ***dem Kind ein Kissen ~*** mettere un cuscino sotto il bambino.

2.un|ter|schie|ben tr. *(unterschob, unterschoben/untergeschoben)* **1** sostituire, scambiare di nascosto: ***jdm einen Brief ~*** sostituire di nascosto una lettera a qcn. **2** *(zuschreiben)* attribuire falsamente, imputare: ***jdm etw. ~*** imputare qcs. a qcn. **Un|ter|schie|bung** f. *(-,-en)* **1** falsa attribuzione *f.* **2** *(von Kindern)* sostituzione *f.*, supposizione *f.*

Un|ter|schied m. *(-[e]s,-e)* **1** differenza *f.*: ***ein geringer, großer ~*** una piccola, grande differenza; ***soziale, klimatische -e*** differenze sociali, climatiche; ***der ~ zwischen Mann und Frau*** la differenza fra uomo e donna **2** *(Abgrenzung)* distinzione *f.*: ***einen ~ machen in der Beurteilung, Behandlung*** fare una distinzione nel giudizio, nel trattamento; ***ohne ~ der Rasse, der Religion*** senza distinzione di razza, di religione ◆ ***zwischen zwei Sachen besteht ein ~*** tra due cose c'è (*o* sussiste) una differenza; ***-e in der Qualität, im Gewicht, im Preis*** differenza di qualità, di peso, di prezzo; ***es ist ein ~, ob...*** è diverso se...; ***das macht keinen ~*** non fa alcuna differenza; ***das ist ein ~ wie Tag und Nacht*** è diverso come il giorno dalla notte; ***im ~ zu, zum ~ von*** a differenza di.

un|ter|schie|den agg. → **unterschiedlich. un|ter|schied|lich I** agg. differente, diverso: ***-e Gegenstände*** oggetti differenti; ***Schachteln von -er Größe*** scatole di dimensioni diverse; ***-er Meinung sein*** essere di parere diverso **II** avv. facendo differenze, con trattamento diverso: ***seine Freunde ~ behandeln*** trattare i propri amici facendo delle differenze. **Un|ter|schied|lich|keit** f. *(-,-en)* differenza *f.* **un|ter|schieds|los I** agg. **1** che non fa differenze **2**

(ohne Unterschied) senza distinzione **II** avv. senza distinzione.

1.un|ter_schla|gen tr. *(schlug, geschlagen)* incrociare: ***die Arme, die Beine ~*** incrociare le braccia, le gambe.

2.un|ter|schla|gen tr. *(unterschlug, unterschlagen)* **1** ***etw. ~*** appropriarsi indebitamente di qcs. **2** *(verheimlichen)* non riferire, tenere nascosto, tacere: ***die Hauptsache ~*** tenere nascosta la cosa principale ◆ ***eine Stelle im Text ~*** saltare un passo nel testo. **Un|ter|schla|gung** f. *(-,-en)* appropriazione *f.* indebita: ***wegen ~ verurteilt werden*** essere giudicato per appropriazione indebita.

Un|ter|schleif m. *(-[e]s,-e)* ANT. O REGION. → **Unterschlagung.**

Un|ter|schlupf m. *(-[e]s,-e)* nascondiglio *m.*, rifugio *m.*: ***einen ~ suchen*** cercare un nascondiglio; ***bei jdm ~ finden*** trovare rifugio presso (*o* da) qcn. **un|ter_schlup|fen** REGION., **un|ter_schlüp|fen** intr. (aus. *sein*) COLLOQ. rifugiarsi, nascondersi.

un|ter|schrei|ben tr. *(unterschrieb, unterschrieben)* **1a** firmare: ***einen Scheck, einen Vertrag ~*** firmare un assegno, un contratto; ***mit vollem Namen, rechts unten ~*** firmare con il nome completo, in basso a destra **b** FIG. sottoscrivere: ***eine Erklärung ~*** sottoscrivere una dichiarazione **2** COLLOQ. FIG. *(gutheißen)* sottoscrivere, approvare: ***das kann ich nicht ~*** non posso approvarlo.

un|ter|schrei|ten tr. *(unterschritt, unterschritten)* ***etw. ~*** risultare (*o* essere) al di sotto di qcs.: ***die Kosten ~ die vorgesehene Summe*** le spese risultano al di sotto della somma prevista.

Un|ter|schrift f. *(-,-en)* firma *f.*: ***leserliche ~*** firma leggibile; ***etw. trägt jds ~*** qcs. porta la firma di qcn.; ***eine ~ leisten*** mettere una firma; ***seine ~ unter etw. setzen*** apporre la propria firma a qcs.; ***die ~ fälschen*** falsificare la firma; ***für etw. -en sammeln*** raccogliere firme per qcs.; ***jdm etw. zur ~ vorlegen*** presentare qcs. a qcn. per la firma. **Un|ter|schrif|ten|ak|ti|on** f. *(-,-en)*, **Un|ter|schrif|ten|kam|pag|ne** f. *(-,-n)* campagna *f.* di raccolta (di) firme. **Un|ter|schrif|ten|map|pe** f. *(-,-n)* cartella *f.* delle lettere da firmare. **Un|ter|schrif|ten|samm|lung** f. *(-,-en)* raccolta *f.* di, delle firme. **un|ter|schrift|lich** avv. BUROCR. con la firma. **un|ter|schrifts|be|rech|tigt** agg. autorizzato a firmare. **Un|ter|schrifts|pro|be** f. *(-,-n)* firma *f.* depositata. **un|ter|schrifts|reif** agg. pronto per la firma.

un|ter|schwel|lig I agg. subliminale **II** avv. in modo subliminale.

Un|ter|see|boot n. *(-[e]s,-e)* sommergibile *m.*; *(von deutschen Unterseebooten in den beiden Weltkriegen)* u-boot *m.* **un|ter|see|isch** agg. GEOL. sottomarino.

Un|ter|sei|te f. *(-,-n)* parte *f.* (*o* lato *m.*) inferiore.

Un|ter|se|kun|da, Un|ter|se|kun|da f. *(-,-sekunden)* seconda *f.* inferiore (RFT ant. sesta classe *f.* del Gymnasium).

1.un|ter_set|zen tr. mettere (*o* porre) sotto.

2.un|ter|set|zen tr. **1** mescolare **2** MECC. ridurre; demoltiplicare.

Un|ter|set|zer m. *(-s,-)* **1** sottobicchiere *m.* **2** *(von Töpfen)* sottovaso *m.* **un|ter|setzt** agg. tarchiato. **Un|ter|setzt|heit** f. *(-)* struttura *f.* (*o* figura *f.*) tarchiata. **Un|ter|set|zung** f. *(-,-en)* MECC. **1** riduzione *f.*; demoltiplicazione *f.* **2** *(Vorrichtung)* riduttore *m.*

un|ter_sin|ken intr. *(sank, gesunken*; aus. *sein)* affondare, andare a fondo.

un|ter|spie|len tr. minimizzare.

un|ter|spü|len tr. dilavare. **Un|ter|spü|lung** f. *(-,-en)* dilavamento *m.*

un|terst... agg. (superl. di *unter*) **1** (il) più basso, infimo: ***auf der -en Stufe*** al livello più basso; ***die -e Schicht*** il ceto più basso **2** *(letzte)* ultimo: ***die -e Schublade*** l'ultimo cassetto. **Un|terste, *das ~ zuoberst kehren*** mettere tutto sottosopra.

Un|ter|staats|sek|re|tär m. *(-s,-e)* sottosegretario *m.* di stato.

Un|ter|stand m. *(-[e]s,-stände)* **1** MIL. rifugio *m.* **2** AUSTR. riparo *m.*, alloggio *m.* **un|ter|stän|dig** agg. BOT. infero.

1.un|ter_ste|hen intr. *(stand, gestanden;* aus. *haben)* stare al coperto, al riparo.

2.un|ter|ste|hen *(unterstand, unterstanden)* **I** intr. (aus. *haben*) **1** dipendere, sottostare: ***jdm, etw. ~*** dipendere da qcn., qcs.; ***unmittelbar dem Ministerium ~*** dipendere direttamente dal ministero; ***der zentralen Behörde ~*** sottostare all'autorità centrale; ***niemandem ~*** non dipendere da nessuno **2** *(unterliegen)* ***etw. (D) ~*** essere sottoposto a qcs.: ***ständiger Beobachtung ~*** essere sottoposto a una continua osservazione **3** ***jdm ~*** essere di competenza di qcn.: ***dem Arbeitsgericht ~*** essere di competenza del tribunale del lavoro **II** rifl. ***sich ~, etw. zu tun*** avere la sfacciataggine di fare qcs. ◆ ***untersteh dich!*** provaci! guai a te!

1.un|ter_stel|len I tr. **1** mettere, collocare sotto **2** *(zur Aufbewahrung)* mettere al coperto, al riparo **II** rifl. ***sich ~*** mettersi al riparo, ripararsi: ***sich unter einem Balkon ~*** mettersi al riparo sotto un balcone.

2.un|ter|stel|len tr. **1** sottoporre, far dipendere, subordinare: ***jdn, etw. einem Ministerium ~*** far dipendere qcn., qcs. da un ministero **2** *(annehmen)* ammettere, supporre: ***wir ~, dass...*** ammettiamo che... **3** *(fälschlich zuschreiben)* attribuire (falsamente), imputare: ***jdm eine Tat, eine Schuld ~*** accusare ingiustamente qcn. di un'azione, una colpa.

1.Un|ter|stel|lung f. *(-)* il porre al riparo.

2.Un|ter|stel|lung f. *(-,-en)* **1** il sottoporre **2** *(falsche Annahme)* imputazione *f.*

Un|ter|stim|me f. *(-,-n)* MUS. basso *m.*

Un|ter|stock m. *(-[e]s,-stöcke)*, **Un|ter|stock|werk** n. *(-[e]s,-e)* seminterrato *m.*

un|ter|strei|chen tr. *(unterstrich, unterstrichen)* sottolineare (anche FIG.): ***die Fehler rot ~*** sottolineare in rosso gli errori; ***seine Worte mit Gesten ~*** sottolineare le parole con i gesti. **Un|ter|strei|chung** f. *(-,-en)* sottolineatura *f.*

Un|ter|strö|mung f. *(-,-en)* corrente *f.* di profondità.

Un|ter|stu|fe f. *(-,-n)* SCOL. classi *f.pl.* inferiori.

un|ter|stüt|zen tr. **1a** sostenere, appoggiare: ***jdn (bei etw.) mit Rat und Tat ~*** sostenere qcn. (in qcs.) con le parole e coi fatti; ***einen Politiker, einen Plan ~*** sostenere un politico, un progetto **b** *(jdm helfen)* aiutare, assistere **2** *(subventionieren)* sovvenzionare, sostenere (finanziariamente) **3** *(begünstigen)* favorire, agevolare: ***viel Bewegung unterstützt die Genesung*** muoversi molto favorisce la guarigione. **Un|ter|stüt|zer** m. *(-s,-)* sostenitore *m.*

Un|ter|stüt|zung f. *(-,-en)* **1a** sostegno *m.*, appoggio *m.*: ***auf jds ~ rechnen können*** poter contare sull'appoggio di qcn.; ***keine ~ finden*** non trovare appoggio **b** *(Hilfe)* aiuto *m.*, assistenza *f.*: ***gegenseitige ~*** mutua assistenza **2a** *(Subvention)* sovvenzione *f.*, aiuto *m.* (finanziario): ***~ beantragen*** chiedere una sovvenzione; ***jdm eine ~ gewähren*** concedere una sovvenzione a qcn. **b** *(für Bedürftige, Kranke, Arbeitslose...)* sussidio *m.*: ***jdm die ~ entziehen*** togliere il sussidio a qcn.; ***auf ~ angewiesen sein*** dipendere dal sussidio. **un|ter|stüt|zungs|be|dürf|tig** agg. bisognoso. **Un|ter|stüt|zungs|emp|fän|ger** m. *(-s,-)* beneficiario *m.* di un sussidio, sussidiato *m.*, assistito *m.* **Un|ter|stüt|zungs|geld** n. *(-[e]s,-er)* sussidio *m.*

un|ter|su|chen tr. **1a** esaminare, analizzare: ***etw. gründlich, oberflächlich ~*** esaminare qcs. a fondo, superficialmente **b** CHIM. ***Mineralproben ~*** analizzare campioni di minerale **2a** *(vom Arzt)* visitare: ***sich ärztlich ~ lassen*** farsi visitare dal medico **b** esaminare: ***die Augen ~*** esaminare gli occhi, la vista **3** *(von der Polizei)* indagare, investigare su: ***einen Mordfall, die Unfallursache ~*** indagare su un caso di omicidio, sulla causa dell'incidente **4a** *(durchsuchen)* ispezionare: ***ein Auto auf Drogen ~*** ispezionare un'auto in cerca di droga **b** *(Menschen)* perquisire: ***jdn auf Waffen ~*** perquisire qcn. per vedere se ha armi ◆ ***das Blut auf Zucker ~*** = analizzare (*o* valutare) la glicemia; ***etw. auf seinen Fettgehalt (hin) ~*** analizzare il contenuto di grassi di qcs.; ***jdn auf seinen Geistes-, Gesundheitszustand (hin) ~*** esaminare lo stato mentale, le condizioni di salute di qcn.; ***etw. gerichtlich ~*** fare indagini giudiziarie su qcs.

Un|ter|su|chung f. *(-,-en)* **1a** esame *m.*, analisi *f.*: ***~ des Blutes*** esame (*o* analisi) del sangue; ***sich einer ~ unterziehen*** sottoporsi a, fare un esame **b** ***chemische ~*** analisi chimica **2** *(wissenschaftliche Arbeit)* ricerca *f.*, studio *m.*: ***eine ~ über die Klimaveränderungen veröffentlichen*** pubblicare uno studio sulle variazioni climatiche; ***die ~ verlief ergebnislos*** la ricerca non diede esito **3a** *(von Ärzten)* visita *f.* **b** esame *m.* **4** *(von der Polizei)* indagine *f.*, inchiesta *f.*: ***die polizeiliche ~ ist noch im Gange*** l'indagine della polizia è ancora in corso; ***eine ~ einleiten, vornehmen*** aprire, fare un'inchiesta (*o* avviare, fare un'indagine); ***die ~ abschließen, niederschlagen, einstellen*** chiudere, sospendere, terminare l'inchiesta **5a** *(Durchsuchen)* ispezione *f.* **b** *(von Menschen)* perquisizione *f.*

Un|ter|su|chungs|aus|schuss m. *(-es,-ausschüsse)* commissione *f.* d'inchiesta. **Un|ter|su|chungs|er|geb|nis** n. *(-ses,-se)* **1** esito *m.* di un esame, degli esami **2** SOCIOL. risultato *m.* di un'indagine (*o* di una ricerca). **Un|ter|su|chungs|ge|fan|ge|ne** m. e f. *(-n,-n)* detenuto *m.* (-a *f.*) in attesa di giudizio (*o* in custodia preventiva). **Un|ter|su|chungs|ge|fäng|nis** n. *(-ses,-se)* carcere *m.* giudiziario. **Un|ter|su|chungs|haft** f. *(-)* arresto *m.* preventivo, carcerazione *f.* (*o* custodia *f.*) preventiva. **Un|ter|su|chungs|häft|ling** m. *(-s,-e)* detenuto *m.* in attesa di giudizio (*o* in custodia preventiva). **Un|ter|su|chungs|kom|mis|si|on** f. *(-,-en)* → **Untersuchungsausschuss. Un|ter|su|chungs|rich|ter** m. *(-s,-)* giudice *m.* istruttore. **Un|ter|su|chungs|ver|fah|ren** n. *(-s,-)* indagine *f.*: ***ein ~ einleiten*** avviare un'indagine.

un|ter|tags avv. REGION. durante il giorno, di giorno.

un|ter|tan, ANT. ***jdm, einer Sache ~ sein*** essere assoggettato a qcn., a una cosa; ***sich (D) jdn, etw. ~ machen*** assoggettare qcn., qcs. **Un|ter|tan** m. *(-s* e *-en,-en)* STOR. suddito *m.* **Un|ter|ta|nen|geist** m. *(-[e]s)* SPREG. animo *m.* servile. **un|ter|tä|nig** agg. SPREG. sottomesso; *(unterwürfig)* servile ◆ ANT. ***Euer -ster Diener*** il Vostro umilissimo servo. **Un|ter|tä|nig|keit** f. *(-)* SPREG. sottomissione *f.*; *(Unterwürfigkeit)* servilismo *m.*

Un|ter|tas|se f. *(-,-n)* piattino *m.*, sottocoppa *m.* ◆ ***fliegende ~*** disco volante.

Un|ter|tas|te f. *(-,-n)* tasto *m.* bianco.

un|ter_tau|chen I tr. **1** immergere **2** *(unter Wasser drücken)* spingere sott'acqua **II** intr. (aus. *sein*) **1** immergersi (anche FIG.): ***der Wal tauchte unter*** la balena s'immerse; ***in der Menge ~*** immergersi nella folla **2** *(verschwinden)* sparire: ***er ist untergetaucht*** è sparito. **Un|ter|tau|chen** n. *(-s)* **1** immersione *f.* **2** *(Verschwinden)* sparizione *f.*

Un|ter|teil n. e m. *(-[e]s,-e)* parte f. inferiore, sotto m. **un|ter|tei|len** tr. suddividere. **Un|ter|tei|lung** f. *(-,-en)* suddivisione *f.*

Un|ter|tem|pe|ra|tur f. *(-,-en)* ipotermia *f.*

Un|ter|ter|tia, Un|ter|ter|tia f. *(-,-tertien)* terza *f.* inferiore (quarta classe *f.* del Gymnasium).

Un|ter|ti|tel m. *(-s,-)* sottotitolo *m.*: ***der ~ des Buches lautet...*** il sottotitolo del libro è...; ***der Film läuft mit deutschen -n*** il film ha (i) sottotitoli in tedesco. **un|ter|ti|teln** tr. **1** sottotitolare **2** *(mit Bildunterschrift versehen)* ***ein Foto ~*** mettere la didascalia a una foto.

Un|ter|ton m. *(-[e]s,-töne)* **1** MUS. suono *m.* armonico inferiore **2** *(Beiklang)* cenno *m.*, sfumatura *f.*, punta *f.*; ***in seiner Stimme schwang ein beleidigter ~ mit*** nella sua voce c'era un tono leggermente offeso.

un|ter|trei|ben tr. *(untertrieb, untertrieben)* minimizzare, sminuire. **Un|ter|trei|bung** f. *(-,-en)* il minimizzare, lo sminuire.

un|ter|tun|neln tr. ***etw.*** ~ scavare una galleria (*o* un tunnel) sotto a qcs. ◆ ***einen Berg ~*** traforare una montagna.

un|ter_ver|mie|ten tr. subaffittare. **Un|ter|ver|mie|tung** f. *(-,-en)* subaffitto *m.*

un|ter_ver|sor|gen tr. sottoalimentare. **Un|ter|ver|sor|gung** f. *(-,-en)* sottoalimentazione *f.*

un|ter|wan|dern tr. **1** ***etw.*** ~ infiltrarsi in qcs.: ***eine Organisation ~*** infiltrarsi in una organizzazione **2** ANT. mescolarsi: ***ein Volk ~*** mescolarsi con un popolo (trasformandone il carattere etnico). **Un|ter|wan|de|rung** f. *(-,-en)* infiltrazione *f.*

un|ter|wärts avv. COLLOQ. **1** sotto **2** *(abwärts)* verso il basso, (in) giù, all'ingiù.

Un|ter|wä|sche f. *(-)* biancheria *f.* intima: ***warme ~*** biancheria di lana.

un|ter|wa|schen tr. dilavare, scalzare. **Un|ter|wa|schung** f. *(-,-en)* dilavamento *m.*

Un|ter|was|ser n. *(-s)* acqua *f.* sotterranea (*o* freatica). **Un|ter|was|ser|auf|nah|me** f. *(-,-n)* **1** ripresa *f.* subacquea **2** FOT. foto *f.* subacquea. **Un|ter|was|ser|be|hand|lung** f. *(-,-en)* → **Unterwassermassage. Un|ter|was|ser|bom|be** f. *(-,-n)* bomba *f.* di profondità. **Un|ter|was|ser|for|scher** m. *(-s,-)* acquanauta *m.* **Un|ter|was|ser|jagd** f. *(-,-en)* pesca *f.* subacquea. **Un|ter|was|ser|ka|me|ra** f. *(-,-s)* **1** FOT. macchina *f.* fotografica subacquea **2** *(Filmkamera)* cinepresa *f.* subacquea. **Un|ter|was|ser|mas|sa|ge** f. *(-,-n)* MED. idromassaggio *m.* **Un|ter|was|ser|streit|kräf|te** pl. forze *f.pl.* navali subacquee.

un|ter|wegs avv. **1a** per strada, in cammino: ***sie ist schon ~*** è già per strada **b** strada facendo, durante il cammino: ***~ begegnete er einem Mädchen*** strada facendo incontrò una ragazza **2a** *(auf der Reise)* in viaggio: ***nach Wien ~ sein*** essere in viaggio per Vienna; ***sie ist seit drei Wochen ~*** è in viaggio da tre settimane; FIG. ***das Paket war lange ~*** il pacco era in viaggio da molto tempo **b** *(während der Reise)* durante il viaggio **3** *(nicht zu Hause)* fuori casa, in giro: ***immer ~ sein*** essere sempre in giro **4** *(draußen)* per le strade, in strada: ***das ganze Dorf war ~*** tutto il paese era per le strade ◆ ***bei ihr ist ein Kind ~*** aspetta un bambino.

un|ter|wei|len avv. ANT. **1** talora, talvolta **2** *(währenddessen)* frattanto, intanto, nel frattempo.

un|ter|wei|sen tr. *(unterwies, unterwiesen)* ***jdn in etw. (D) ~*** istruire qcn. in qcs.; *(lehren)* insegnare qcs. a qcn.: ***jdn im Zeichnen ~*** insegnare a disegnare a qcn. **Un|ter|wei|sung** f. *(-,-en)* istruzione *f.*; *(Lehre)* insegnamento *m.*

Un|ter|welt f. *(-)* **1** inferi *m.pl.* **2** *(Verbrecherwelt)* bassifondi *m.pl.* **un|ter|welt|lich** agg. **1** degli inferi **2** *(zur Verbrecherwelt gehörend)* dei bassifondi.

un|ter|wer|fen *(unterwirft, unterwarf, unterworfen)* **I** tr. **1** sottomettere, assoggettare; *(unterjochen)* soggiogare **2** *(unterziehen)* sottoporre: ***jdn, etw. einer strengen Kontrolle ~*** sottoporre qcn., qcs. a un severo controllo **II** rifl. **sich ~ 1a** sottomettersi, assoggettarsi **b** *(sich beugen)* sottomettersi, piegarsi: ***sich jds Willen, Bedingungen ~*** piegarsi alla volontà, alle condizioni di qcn. **2** *(sich unterziehen)* sottoporsi: ***sich jds Urteil ~*** sottoporsi al giudizio di qcn. **Un|ter|wer|fung** f. *(-,-en)* sottomissione *f.*, assoggettamento *m.*

un|ter|wer|tig agg. inferiore al valore medio, di valore inferiore al normale. **Un|ter|wer|tig|keit** f. *(-)* valore *m.* inferiore al normale (*o* a quello medio).

un|ter|wor|fen p.pass. agg. **1** → **unterwerfen 2** soggetto: ***Stimmungen, Veränderungen ~ sein*** essere soggetto a cambiamenti di umore, a mutamenti; ***dem Zufall ~ sein*** dipendere dal caso, essere casuale.

un|ter|wür|fig, un|ter|wür|fig SPREG. **I** agg. sottomesso, servile **II** avv. servilmente. **Un|ter|wür|fig|keit, Un|ter|wür|fig|keit** f. *(-)* sottomissione *f.*, servilismo *n.*

Un|ter|zahn m. *(-[e]s,-zähne)* dente *m.* inferiore.

un|ter|zeich|nen I tr. **1** sottoscrivere, firmare **II** rifl. ANT. ***sich als Parlamentspräsident ~*** firmarsi come presidente della Camera (dei Deputati). **Un|ter|zeich|ner** m. *(-s,-)* firmatario *m.*, sottoscrittore *m.* **Un|ter|zeich|ne|te** m. e f. *(-n,-n)* sottoscritto *m.* (-a *f.*). **Un|ter|zeich|nung** f. *(-,-en)* firma *f.*

Un|ter|zeug n. *(-[e]s)* COLLOQ. → **Unterwäsche.**

1.un|ter_zie|hen tr. *(zog, gezogen)* **1** mettere sotto: ***eine Jacke ~*** mettere sotto una giacca **2** GASTR. incorporare (mescolando dal basso verso l'alto).

2.un|ter|zie|hen *(unterzog, unterzogen)* **I** tr. sottoporre: ***jdn einer Untersuchung, Prüfung ~*** sottoporre qcn. a una visita, a un esame **II** rifl. **sich ~ 1** sottoporsi: ***sich einer Operation, einer Untersuchung ~*** sottoporsi a un'operazione, a un esame **2** *(auf sich nehmen)* ***sich einer Arbeit, Aufgabe, Pflicht ~*** accollarsi un lavoro, assumersi un incarico, un dovere; ***sich der Mühe ~, etw. zu tun*** prendersi (*o* assumere) l'impegno di fare qcs.

Un|ter|zug m. *(-[e]s,-züge)* trave *f.*

Un|tie|fe f. *(-,-n)* **1** bassofondo *m.*, secca *f.* **2** *(große Tiefe)* abisso *m.*

Un|tier n. *(-[e]s,-e)* mostro *m.*, belva *f.* (anche FIG.).

un|tilg|bar, un|tilg|bar agg. **1a** COMM. inestinguibile **b** *(nicht amortisierbar)* non ammortizzabile **2** FIG. *(unauslöschlich)* indelebile, indimenticabile: ***ein -er Eindruck*** un'impressione indelebile.

un|trag|bar, un|trag|bar agg. **1** insostenibile: ***wirtschaftlich ~ sein*** essere economicamente insostenibile **2** *(unerträglich)* insopportabile **3** *(von Menschen)* che non si può (più) sostenere: ***er ist für seine Partei ~*** il partito non può più sostenerlo. **Un|trag|bar|keit, Un|trag|bar|keit** f. *(-,-en)* **1** insostenibilità *f.* **2** *(Unerträglichkeit)* insopportabilità *f.*

un|trai|niert agg. non allenato, fuori allenamento.

un|trenn|bar, un|trenn|bar agg. inseparabile.

un|treu agg. non fedele; *(von Menschen)* infedele: ***seinen Prinzipien ~ sein*** non essere fedele ai propri principi; ***jdm ~ sein*** essere infedele a qcn.; ***jdm, etw. ~ werden*** tradire qcn., qcs.; ***sich selbst, einem Versprechen ~ werden*** tradire se stessi, mancare a una promessa. **Un|treue** f. *(-)* **1** infedeltà *f.* **2a** DIR. malversazione *f.* **b** *(Amtsuntreue)* prevaricazione *f.*

un|tröst|lich agg. inconsolabile; desolato: ***über etw. ~ sein*** essere inconsolabile per qcs.; ***-e Witwe*** vedova inconsolabile.

un|trüg|lich, un|trüg|lich agg. infallibile, certo, sicuro.

un|tüch|tig agg. incapace, inetto, inabile. **Un|tüch|tig|keit** f. *(-)* inettitudine *f.*, incapacità *f.*

Un|tu|gend f. *(-,-en)* vizio *m.*

un|tun|lich agg. ANT. inopportuno.

un|ty|pisch agg. atipico.

un|über|biet|bar agg. insuperabile, imbattibile.

un|über|brück|bar, un|über|brück|bar agg. insormontabile, insuperabile: ***eine -e Kluft*** un abisso insuperabile.

un|über|hör|bar, un|über|hör|bar agg. non trascurabile, non ignorabile: ***ein -es Geräusch*** un rumore non trascurabile; ***eine -e Drohung*** una minaccia non ignorabile.

un|über|legt I agg. avventato, sconsiderato; inconsulto **II** avv. avventatamente, sconsideratamente; in modo inconsulto. **Un|über|legt|heit** f. *(-,-en)* avventatezza *f.*, sconsideratezza *f.*

un|über|schau|bar, un|über|schau|bar I agg. immenso, sterminato, incalcolabile **II** avv. immensamente.

un|über|seh|bar I agg. **1** *(sichtbar)* vistoso: ***ein -er Fehler*** un vistoso errore **2** immenso, sterminato; *(unberechenbar)* incalcolabile: ***-e Folgen*** conseguenze incalcolabili **II** avv. immensamente: ***~ breit*** immensamente vasto.

un|über|setz|bar, un|über|setz|bar agg. intraducibile.

un|über|sicht|lich agg. **1** di, con scarsa visibilità: ***eine -e Kreuzung*** un incrocio con una scarsa visibilità **2** *(verworren)* confuso, disordinato: ***ein -er Plan*** un piano confuso; ***-e Verhältnisse*** rapporti disordinati ◆ ***-e Kurve*** curva cieca.

un|über|steig|bar, un|über|steig|bar agg. insormontabile, insuperabile.

un|über|trag|bar, un|über|trag|bar agg. **1** non trasferibile (anche COMM.) **2** non cedibile: ***-e Fahrkarte*** biglietto non cedibile **3** *(von Krankheiten)* non infettivo, non trasmissibile **4** DIR. inalienabile.

un|über|treff|lich, un|über|treff|lich agg. insuperabile, ineguagliabile. **Un|über|treff|lich|keit, Un|über|treff|lich|keit** f. *(-)* insuperabilità *f.* **un|über|trof|fen, un|über|trof|fen** agg. insuperato, ineguagliato.

un|über|wind|bar, un|über|wind|bar, un|über|wind|lich, un|über|wind|lich agg. **1** insormontabile, insuperabile: ***-e Schwierigkeiten*** difficoltà insormontabili **2a** *(unbesiegbar)* invincibile, imbattibile **b** *(uneinnehmbar)* inespugnabile. **un|über|wun|den** agg. insuperato.

un|üb|lich agg. inusuale.

un|um|gäng|lich, un|um|gäng|lich agg. indispensabile, assolutamente necessario: ***-e Maßnahmen*** provvedimenti (*o* misure) indispensabili. **Un|um|gäng|lich|keit, Un|um|gäng|lich|keit** f. *(-)* indispensabilità *f.*

un|um|schränkt, un|um|schränkt agg. illimitato; POL. assoluto: ***-es Vertrauen*** fiducia assoluta.

un|um|stöß|lich, un|um|stöß|lich agg. **1** ineluttabile: ***eine -e Tatsache*** un fatto ineluttabile **2a** *(unwiderruflich)* irrevocabile: ***eine -e Entscheidung*** una decisione irrevocabile **b** *(endgültig)* perentorio: ***ein -er Befehl, ein -es Verbot*** un ordine, un divieto perentorio. **Un|um|stöß|lich|keit, Un|um|stöß|lich|keit** f. *(-)* **1** ineluttabilità *f.* **2a** *(Unwiderrufbarkeit)* irrevocabilità *f.* **b** *(Endgültigkeit)* perentorietà *f.*

un|um|strit|ten agg. incontestato, indiscusso.

un|um|wun|den, un|um|wun|den I agg. RAR. franco, schietto **II** avv. francamente, schiettamente, apertamente: ***etw. ~ gestehen*** dichiarare (*o* confessare) qcs. apertamente.

un|un|ter|bro|chen, un|un|ter|bro|chen I agg. ininterrotto, incessante **II** avv. ininterrottamente, incessantemente.

un|ver|än|der|bar, un|ver|än|der|bar, un|ver|än|der|lich, un|ver|än|der|lich agg. **1** invariabile, immutabile, non mutevole: ***die -en Naturgesetze*** le immutabili leggi della natura **2** MAT. GRAMM. invariabile. **Un|ver|än|der|lich|keit** f. *(-)* **1** immutabilità *f.*, invariabilità *f.* **2** MAT. invariabilità *f.* **un|ver|än|dert, un|ver|än|dert** agg. immutato, inalterato, stabile: ***sein Gesundheitszustand ist ~*** il suo stato di salute è stabile.

un|ver|ant|wort|lich, un|ver|ant|wort|lich I agg. **1** imperdonabile, ingiustificabile: ***ein -er Leichtsinn*** una leggerezza imperdonabile **2** RAR. irresponsabile: ***-e Eltern*** genitori irresponsabili **II** avv. **1** in modo imperdonabile; senza buoni motivi **2** *(leichtsinnig)* irresponsabilmente, con leggerezza: ***~ handeln*** agire con leggerezza. **Un|ver|ant|wort|lich|keit, Un|ver|ant|wort|lich|keit** f. *(-)* irresponsabilità *f.*, mancanza *f.* di responsabilità.

un|ver|ar|bei|tet, un|ver|ar|bei|tet agg. **1** non lavorato, grezzo: ***-es Holz, Leder, Produkt*** legno, cuoio grezzo, prodotto non lavorato **2** PSIC. non (ri)elaborato: ***-e Erlebnisse*** esperienze non rielaborate.

un|ver|äu|ßer|lich, un|ver|äu|ßer|lich agg. inalienabile: ***ein -es Recht, ein -er Besitz*** un diritto, una proprietà inalienabile. **Un|ver|äu|ßer|lich|keit** f. *(-)* inalienabilità *f.*

un|ver|bes|ser|lich, un|ver|bes|ser|lich agg. incorreggibile: ***ein -er Mensch*** un uomo incorreggibile.

un|ver|bil|det agg. semplice, genuino, alla buona.

un|ver|bind|lich, un|ver|bind|lich I agg. **1** distaccato, riservato: ***eine -e Art haben*** avere un carattere riservato **2** COMM. *(nicht obligatorisch)* libero, non vincolante: ***ein -es Angebot*** un'offerta non vincolante **II** avv. in modo distaccato: ***~ antworten*** rispondere in modo distaccato. **Un|ver|bind|lich|keit, Un|ver|bind|lich|keit** f. *(-,-en)* **1** distacco *m.*, riservatezza *f.* **2** COMM. *(ohne Verpflichtung)* non obbligatorietà *f.*, assenza *f.* d'obbligo.

un|ver|bleit agg. senza piombo: ***-es Benzin*** benzina senza piombo (*o* verde).

un|ver|blümt, un|ver|blümt agg. e avv. senza fronzoli, non infiorato ◆ ***die -e Wahrheit*** la verità nuda e cruda.

un|ver|braucht agg. **1** inutilizzato, non consumato: ***-e Energien*** energie inutilizzate **2** *(frisch)* fresco: ***-e Lebensmittel, Luft*** generi alimentari freschi, aria fresca.

un|ver|brenn|bar agg. incombustibile.

un|ver|brüch|lich, un|ver|brüch|lich agg. LETT. **1** incrollabile, indistruttibile: ***-es Vertrauen*** fiducia incrollabile **2** *(absolut)* assoluto: ***jdm die -e Treue halten*** restare assolutamente fedele a qcn. ◆ ***an etw. (D) ~ festhalten*** rimanere saldamente ancorato a qcs.

un|ver|bürgt, un|ver|bürgt agg. non garantito, non confermato, incerto: ***eine -e Nachricht*** una notizia non confermata.

un|ver|däch|tig, un|ver|däch|tig agg. insospettato, insospettabile.

un|ver|dau|lich, un|ver|dau|lich agg. indigesto (anche FIG.): ***eine -e Speise, ein -er Roman*** un cibo, un romanzo indigesto. **Un|ver|dau|lich|keit, Un|ver|dau|lich|keit** f. *(-)* l'essere indigesto, indigeribilità *f.* **un|ver|daut, un|ver|daut** agg. non digerito (anche FIG.).

un|ver|dient, un|ver|dient agg. immeritato: ***-e Vorwürfe*** rimproveri immeritati; ***-es Lob*** lode immeritata. **un|ver|dien|ter|ma|ßen, un|ver|dien|ter|wei|se** avv. immeritatamente.

un|ver|dor|ben agg. **1** non guasto, inalterato: ***-e Nahrung*** un alimento inalterato **2a** FIG. incontaminato, integro, incorrotto **b** *(rein)* innocente, puro. **Un|ver|dor|ben|heit** f. *(-)* **1** il non essere guasto **2** FIG. integrità *f.*

un|ver|dros|sen, un|ver|dros|sen I agg. instancabile, solerte, indefesso: ***~ bei der Arbeit*** instancabile nel lavoro **II** avv. instancabilmente: ***~ weitermachen*** proseguire instancabilmente. **Un|ver|dros|sen|heit** f. *(-)* instancabilità *f.*, solerzia *f.*

un|ver|dünnt agg. non diluito.

un|ver|ehe|licht agg. BUROCR. non coniugato; *(von Männern)* celibe; *(von Frauen)* nubile.

un|ver|ein|bar, un|ver|ein|bar agg. inconciliabile, incompatibile: ***mit etw. ~ sein*** essere incompatibile con qcs. **Un|ver|ein|bar|keit, Un|ver|ein|bar|keit** f. *(-,-en)* incompatibilità *f.*, inconciliabilità *f.*

un|ver|fälscht, un|ver|fälscht agg. **1** non falsificato **2a** *(rein)* genuino, puro **b** *(von Wein)* non adulterato. **Un|ver|fälscht|heit** f. *(-)* **1** autenticità *f.* **2** *(von Lebensmitteln)* genuinità *f.*, purezza *f.*

un|ver|fäng|lich agg. innocente: ***eine -e Antwort, Frage*** una risposta, una domanda innocente.

un|ver|fro|ren, un|ver|fro|ren agg. sfacciato, sfrontato. **Un|ver|fro|ren|heit, Un|ver|fro|ren|heit** f. *(-)* sfacciataggine *f.*, sfrontatezza *f.*

un|ver|gäng|lich, un|ver|gäng|lich agg. intramontabile: ***eine -e Melodie*** una melodia intramontabile; *(unsterblich)* immortale, LETT. imperituro. **Un|ver|gäng|lich|keit, Un|ver|gäng|lich|keit** f. *(-)* immortalità *f.*

un|ver|ges|sen, un|ver|ges|sen agg. indimenticato, non dimenticato ◆ ***das wird mir ~ bleiben*** non lo potrò dimenticare. **un|ver|gess|lich, un|ver|gess|lich** agg. indimenticabile.

un|ver|gleich|bar, un|ver|gleich|bar agg. incomparabile, non paragonabile. **un|ver|gleich|lich, un|ver|gleich|lich I** agg. **1** *(einzig)* impareggiabile, ineguagliabile, unico: ***eine -e Stadt, Leistung*** una città unica, una prestazione impareggiabile **2** → **unvergleichbar II** avv. senza pari: ***~ schön*** d'una bellezza senza pari ◆ ***~ besser*** senza confronto.

un|ver|go|ren agg. non fermentato.

un|ver|hält|nis|mä|ßig, un|ver|hält|nis|mä|ßig I agg. sproporzionato; *(übertrieben)* esagerato **II** avv. sproporzionatamente; esageratamente.

un|ver|hei|ra|tet agg. non sposato, BUROCR. non coniugato.

un|ver|hofft, un|ver|hofft I agg. insperato; inatteso **II** avv. insperatamente ◆ ***unverhofft kommt oft*** le cose accadono quando meno te le aspetti.

un|ver|hoh|len, un|ver|hoh|len I agg. non celato **II** avv. senza mezzi termini, apertamente.

un|ver|hüllt agg. manifesto, scoperto, chiaro ◆ ***etw. ~ zeigen*** mettere a nudo qcs.

un|ver|käuf|lich, un|ver|käuf|lich agg. invendibile; *(nicht zum Verkauf bestimmt)* fuori mercato, non in vendita. **Un|ver|käuf|lich|keit, Un|ver|käuf|lich|keit** f. *(-)* invendibilità *f.* **un|ver|kauft** agg. invenduto.

un|ver|kenn|bar, un|ver|kenn|bar agg. inconfondibile.

un|ver|langt agg. non richiesto.

un|ver|läss|lich agg. inaffidabile.

un|ver|letz|bar, un|ver|letz|bar agg. invulnerabile. **un|ver|letz|lich, un|ver|letz|lich** agg. inviolabile: ***ein -es Recht*** un diritto inviolabile. **Un|ver|letz|lich|keit, Un|ver|letz|lich|keit** f. *(-)* inviolabilità *f.* **un|ver|letzt** agg. **1** illeso, indenne, sano e salvo: ***~ bleiben*** rimanere illeso **2** *(von Siegeln)* intatto.

un|ver|lier|bar, un|ver|lier|bar agg. perenne, incrollabile: ***-e Werte*** valori incrollabili.

un|ver|lösch|lich agg. **1** inestinguibile, incancellabile: ***eine -e Erinnerung*** un ricordo incancellabile **2** *(unauslöschlich)* indelebile: ***-e Schrift*** scrittura indelebile.

un|ver|mählt agg. non maritato, non coniugato.
un|ver|meid|bar, un|ver|meid|bar, un|ver|meid|lich, un|ver|meid|lich agg. **1** inevitabile: ***-e Folgen, Nebenwirkungen*** conseguenze, effetti collaterali inevitabili **2** IRON. *(unbedingt dazugehörend)* immancabile ◆ ***sich in das Unvermeidliche fügen*** rassegnarsi all'inevitabile. **Un|ver|meid|lich|keit, Un|ver|meid|lich|keit** f. *(-)* inevitabilità *f.*
un|ver|merkt avv. LETT. inosservato: ***sich ~ entfernen*** allontanarsi inosservato.
un|ver|min|dert agg. non diminuito, immutato, inalterato.
un|ver|mischt agg. non mischiato, puro.
un|ver|mit|telt I agg. immediato, diretto **II** avv. immediatamente, direttamente; *(plötzlich)* improvvisamente.
Un|ver|mö|gen n. *(-s)* incapacità *f.* **un|ver|mö|gend** agg. **1** ANT. incapace **2** *(ohne Vermögen)* senza (*o* con pochi) mezzi. **Un|ver|mö|gen|heit** f. *(-)* ANT. → **Unvermögen.**
un|ver|mu|tet I agg. insospettato, inaspettato **II** avv. inaspettatamente.
Un|ver|nunft f. *(-)* irragionevolezza *f.*, insensatezza *f.* **un|ver|nünf|tig I** agg. irragionevole, insensato: ***~ wie ein Kind*** irragionevole come un bambino; ***es ist ~, so vorzugehen*** è insensato (*o* irragionevole) procedere così **II** avv. irragionevolmente, insensatamente, in modo irragionevole. **Un|ver|nünf|tig|keit** f. *(-,-en)* **1** → **Unvernunft 2** *(etwas Unvernünftiges)* pazzia *f.*: ***-en begehen*** fare delle pazzie.
un|ver|öf|fent|licht agg. inedito, non pubblicato.
un|ver|packt I agg. non imballato **II** avv. senza imballaggio.
un|ver|putzt agg. non intonacato.
un|ver|rich|tet, ***-er Dinge, Sache*** senza aver ottenuto nulla, con un nulla di fatto.
un|ver|rück|bar, un|ver|rück|bar agg. definitivo, immutabile. **un|ver|rückt** agg. fisso, immutato, come sempre: ***alles stand noch ~ auf dem Schreibtisch*** tutto stava come sempre sulla scrivania; ***sein Ziel ~ vor Augen haben*** avere ben fissa la propria meta davanti a sé.
un|ver|schämt I agg. **1** sfacciato, insolente: COLLOQ. ***-es Glück*** una fortuna sfacciata **2** *(von Preisen)* esorbitante **II** avv. **1** sfacciatamente, in modo insolente **2** *(sehr)* sfacciatamente, straordinariamente. **Un|ver|schämt|heit** f. *(-,-en)* sfacciataggine *f.*, insolenza *f.*
un|ver|schieb|bar agg. che non si può rimandare, improrogabile, indifferibile.
un|ver|schlei|ert agg. senza velo, non velato.
un|ver|schließ|bar agg. non chiudibile. **un|ver|schlos|sen, un|ver|schlos|sen** agg. aperto, non chiuso.
un|ver|schul|det, un|ver|schul|det agg. **1** non indebitato, senza debiti **2** *(ohne Schuld)* immeritato; ***ein -es Unglück*** una disgrazia avvenuta senza colpa di nessuno. **un|ver|schul|de|ter|ma|ßen, un|ver|schul|de|ter|wei|se** avv. senza colpa; *(unverdient)* immeritatamente.
un|ver|se|hens, un|ver|se|hens avv. improvvisamente, all'improvviso, alla sprovvista.
un|ver|sehr|bar agg. inviolabile. **un|ver|sehrt** agg. **1** *(unverletzt)* illeso, incolume, indenne **2** *(unbeschädigt)* intatto, integro. **Un|ver|sehrt|heit** f. *(-)* **1** incolumità *f.* **2** *(unbeschädigter Zustand)* integrità *f.*
un|ver|sieg|bar, un|ver|sieg|bar agg. inesauribile. **un|ver|sieg|lich, un|ver|sieg|lich** agg. inesauribile, infinito.
un|ver|söhn|bar, un|ver|söhn|bar agg. inconciliabile: ***-e Gegner*** avversari inconciliabili. **un|ver|söhn|lich, un|ver|söhn|lich** agg. **1** → **unversöhnbar 2** insanabile: ***-e Gegensätze*** contrasti insanabili. **Un|ver|söhn|lich|keit, Un|ver|söhn|lich|keit** f. *(-)* **1** inconciliabilità *f.* **2** *(Unüberbrückbarkeit)* insanabilità *f.*
un|ver|sorgt agg. **1** sprovvisto **2** senza mezzi: ***-e Kinder hinterlassen*** lasciare i figli senza mezzi.
Un|ver|stand m. *(-[e]s)* sconsideratezza *f.*, irragionevolezza *f.* **un|ver|stan|den** agg. incompreso: ***sich ~ fühlen*** sentirsi incompreso. **un|ver|stän|dig** agg. ***ein -es Kind*** un bambino che non ha (ancora) la capacità di capire. **Un|ver|stän|dig|keit** f. *(-)* incapacità *f.* di capire. **un|ver|ständ|lich** agg. incomprensibile: ***-e Laute*** suoni incomprensibili; ***es ist mir ~*** non riesco a capire, per me è inconcepibile. **Un|ver|ständ|lich|keit** f. *(-,-en)* incomprensibilità *f.* **Un|ver|ständ|nis** n. *(-ses)* incomprensione *f.*: ***auf ~ stoßen*** incontrare incomprensione; ***~ für etw. zeigen*** mostrare incomprensione per qcs.
un|ver|stellt agg. non finto, non simulato, sincero.
un|ver|steu|ert, un|ver|steu|ert agg. non tassato, senza tasse.
un|ver|sucht, un|ver|sucht, *nichts ~ lassen* non lasciare nulla di intentato.
un|ver|träg|lich, un|ver|träg|lich agg. **1** intrattabile: ***ein -er Kollege*** un collega intrattabile **2** *(schwer verdaulich)* indigesto **3** *(nicht harmonierend)* incompatibile, inconciliabile: ***-e Ideen*** idee incompatibili. **Un|ver|träg|lich|keit, Un|ver|träg|lich|keit** f. *(-,-en)* **1** intrattabilità *f.* **2** *(Unvereinbarkeit)* incompatibilità *f.*, inconciliabilità *f.*: ***die ~ zweier Weltanschauungen*** l'inconciliabilità di due visioni del mondo **3** *(Unverdaulichkeit)* incompatibilità *f.*: ***die ~ bestimmter Nahrungsmittel*** l'incompatibilità di determinati alimenti.
un|ver|traut agg. non famigliare, sconosciuto.
un|ver|tret|bar, un|ver|tret|bar agg. insostenibile: ***-e Maßnahmen*** misure insostenibili.
un|ver|wandt agg. fisso: ***seine Augen ~ auf etw. heften*** tenere gli occhi fissi su qcn.; ***jdn -en Blickes ansehen*** guardare fisso qcn.
un|ver|wech|sel|bar, un|ver|wech|sel|bar agg. inconfondibile.
un|ver|wehrt, un|ver|wehrt agg. non impedito, non vietato: ***das ist, bleibt dir ~*** questo non ti viene impedito.
un|ver|weilt, un|ver|weilt agg. ANT. → **unverzüglich.**
un|ver|wert|bar, un|ver|wert|bar agg. non sfruttabile.
un|ver|wirk|licht agg. irrealizzato.
un|ver|wes|lich, un|ver|wes|lich agg. ANT. non deperibile.
un|ver|wisch|bar, un|ver|wisch|bar agg. incancellabile (anche FIG.).
un|ver|wund|bar, un|ver|wund|bar agg. invulnerabile. **Un|ver|wund|bar|keit, Un|ver|wund|bar|keit** f. *(-)* invulnerabilità *f.* **un|ver|wun|det** agg. illeso.
un|ver|wüst|lich, un|ver|wüst|lich agg. indistruttibile (anche FIG.): ***ein -es Material, eine -e Gesundheit*** un materiale, una salute indistruttibile. **Un|ver|wüst|lich|keit, Un|ver|wüst|lich|keit** f. *(-)* indistruttibilità *f.*
un|ver|zagt agg. intrepido, impavido. **Un|ver|zagt|heit** f. *(-)* valore *m.*, RAR. intrepidezza *f.*
un|ver|zeih|bar, un|ver|zeih|bar, un|ver|zeih|lich, un|ver|zeih|lich agg. imperdonabile.
un|ver|zicht|bar, un|ver|zicht|bar agg. irrinunciabile.
un|ver|zins|lich, un|ver|zins|lich agg. infruttifero.
un|ver|zollt agg. non sdoganato.
un|ver|züg|lich I agg. immediato **II** avv. immediatamente, senza indugio.
un|voll|en|det, un|voll|en|det agg. incompleto; *(fragmentarisch)* incompiuto.
un|voll|kom|men, un|voll|kom|men I agg. imperfetto **II** avv. imperfettamente, in modo imperfetto: ***etw. nur ~ beherrschen, können*** padroneggiare, sapere qcs. soltanto in modo imperfetto. **Un|voll|kom|men|heit, Un|voll|kom|men|heit** f. *(-,-en)* imperfezione *f.*
un|voll|stän|dig, un|voll|stän|dig agg. incompleto, insufficiente. **Un|voll|stän|dig|keit, Un|voll|stän|dig|keit** f. *(-,-en)* incompletezza *f.*, insufficienza *f.*
un|vor|be|rei|tet I agg. **1** non preparato, improvvisato: ***ein -er Vortrag*** una relazione improvvisata **2** impreparato: ***~ ins Examen gehen*** andare all'esame impreparato; ***die Nachricht traf uns ~*** la notizia ci colse impreparati **II** avv. **1** senza essere preparato **2** all'improvviso, alla sprovvista.
un|vor|denk|lich agg., ***seit -en Zeiten*** da tempo immemorabile.
un|vor|ein|ge|nom|men I agg. non prevenuto, imparziale, obiettivo **II** avv. senza preconcetti. **Un|vor|ein|ge|nom|men|heit** f. *(-)* imparzialità *f.*, obiettività *f.*
un|vor|her|ge|se|hen agg. imprevisto: ***-e Änderungen*** cambiamenti imprevisti. **un|vor|her|seh|bar I** agg. imprevedibile: ***-e Schwierigkeiten*** difficoltà imprevedibili **II** avv. imprevedibilmente.
un|vor|schrifts|mä|ßig I agg. non regolamentare, illegale, irregolare **II** avv. in contrasto col regolamento.
un|vor|sich|tig I agg. imprudente, incauto **II** avv. imprudentemente, incautamente. **un|vor|sich|ti|ger|wei|se** avv. imprudentemente, incautamente. **Un|vor|sich|tig|keit** f. *(-,-en)* imprudenza *f.*
un|vor|stell|bar, un|vor|stell|bar agg. inimmaginabile, inconcepibile, incredibile.
un|vor|teil|haft I agg. **1** svantaggioso: ***ein -es Geschäft*** un affare svantaggioso **2** inadatto, che non valorizza: ***eine -e Frisur*** una pettinatura inadatta **II** avv. svantaggiosamente.
un|wäg|bar, un|wäg|bar agg. imponderabile. **Un|wäg|bar|keit, Un|wäg|bar|keit** f. *(-,-en)* imponderabilità *f.*
un|wahr agg. non vero, falso. **un|wahr|haf|tig** agg. non veritiero. **Un|wahr|haf|tig|keit** f. *(-,-en)* mancanza *f.* di veridicità. **Un|**

wahr|heit f. *(-,-en)* falsità *f.*: ***die ~ seiner Behauptungen ist offenkundig*** la falsità delle sue affermazioni è evidente; ***die ~, -en sagen*** dire il falso, dire falsità.
un|wahr|schein|lich I agg. **1** improbabile: ***es ist ~, dass...*** è improbabile che... **2** *(unglaublich)* inverosimile, incredibile: ***ein -es Glück*** una fortuna inverosimile **II** avv. rafforz. *(sehr)* inverosimilmente, incredibilmente. **Un|wahr|schein|lich|keit** f. *(-,-en)* **1** improbabilità *f.* **2** *(Unglaublichkeit)* inverosimiglianza *f.*
un|wan|del|bar, un|wan|del|bar agg. immutabile, costante. **Un|wan|del|bar|keit, Un|wan|del|bar|keit** f. *(-)* immutabilità *f.*, costanza *f.*
un|weg|sam agg. impraticabile, impervio.
un|weib|lich agg. non (*o* poco) femminile.
un|wei|ger|lich, un|wei|ger|lich I agg. immancabile **II** avv. immancabilmente: ***das war ~ zu erwarten*** c'era immancabilmente da aspettarselo.
un|weit I prep. + gen. non lontano da: ***~ unseres Hauses*** non lontano da casa nostra **II** avv. non lontano: ***~ vom Meer*** non lontano dal mare.
un|wert agg., ***etw. (G) ~ sein, scheinen*** essere, sembrare indegno di qcs. **Un|wert** m. *(-[e]s)* mancanza *f.* di valore.
Un|we|sen n. *(-s)* **1** *(Missstand)* inconveniente *m.*, male *m.*: ***dem ~ steuern, ein Ende machen*** porre fine al male **2** *(Unfug)* molestia *f.*, molestie *f.pl.* ◆ ***sein ~ treiben*** imperversare.
un|we|sent|lich I agg. non sostanziale, non essenziale, secondario **II** avv. non di molto: ***er ist ~ älter als du*** non è molto più vecchio di te, è poco più vecchio di te.
Un|wet|ter n. *(-s,-)* **1** tempesta *f.*; *(Gewitter)* temporale *m.*: ***ein ~ bricht los, geht nieder*** scoppia, si abbatte un temporale **2** FIG. *(Donnerwetter)* burrasca *f.*
un|wich|tig agg. non importante, poco importante, senza importanza. **Un|wich|tig|keit** f. *(-,-en)* **1** scarsa importanza *f.* **2** *(unwichtige Sache)* sciocchezza *f.*
un|wi|der|leg|bar, un|wi|der|leg|bar, un|wi|der|leg|lich, un|wi|der|leg|lich agg. irrefutabile, inconfutabile.
un|wi|der|ruf|lich, un|wi|der|ruf|lich agg. irrevocabile. **Un|wi|der|ruf|lich|keit, Un|wi|der|ruf|lich|keit** f. *(-)* irrevocabilità *f.*
un|wi|der|spro|chen, un|wi|der|spro|chen I agg. inconfutato, non smentito: ***etw. darf nicht ~ bleiben*** qcs. deve essere smentito **II** avv. ***etw. ~ hinnehmen*** accettare qcs. senza discutere.
un|wi|der|steh|lich, un|wi|der|steh|lich agg. irresistibile: ***von -er Komik sein*** avere un'irresistibile comicità; ***ein -es Verlangen*** un desiderio irresistibile. **Un|wi|der|steh|lich|keit, Un|wi|der|steh|lich|keit** f. *(-)* irresistibilità *f.*
un|wie|der|bring|lich, un|wie|der|bring|lich I agg. irrecuperabile, irrimediabilmente perduto **II** avv. in modo irrecuperabile, irrimediabilmente. **Un|wie|der|bring|lich|keit, Un|wie|der|bring|lich|keit** f. *(-)* irrecuperabilità *f.*
Un|wil|le m. *(-ns)*, **Un|wil|len** m. *(-s)* sdegno *m.*, risentimento *m.*: ***jds ~ erregen, hervorrufen*** suscitare lo sdegno di qcn.; ***jds ~ richtet sich gegen jdn, etw.*** il risentimento di qcn. si rivolge contro (*o* verso) qcn., qcs. **un|wil|lig I** agg. **1** sdegnato, risentito: ***über etw. ~ werden*** seccarsi (*o* risentirsi) di qcs.; ***jdn ~ machen*** seccare qcn. **2** RAR. *(nicht gewillt)* non intenzionato: ***~ sein, etw. zu tun*** non essere intenzionato a fare qcs. **II** avv. ***etw. ~ tun*** fare qcs. controvoglia (*o* malvolentieri).
un|will|kom|men agg. indesiderato, non gradito.
un|will|kür|lich, un|will|kür|lich I agg. involontario: ***-e Bewegung*** movimento involontario **II** avv. senza volerlo, di riflesso.
un|wirk|lich agg. non reale, irreale, immaginario. **Un|wirk|lich|keit** f. *(-,-en)* irrealtà *f.*
un|wirk|sam agg. inefficace. **Un|wirk|sam|keit** f. *(-)* inefficacia *f.*
un|wirsch I agg. brusco, sgarbato **II** avv. bruscamente.
un|wirt|lich agg. **1** inospitale, poco accogliente: ***ein -es Haus*** una casa poco accogliente **2a** *(rauh)* inclemente, rigido: ***ein -es Wetter*** un tempo inclemente **b** *(von einer Landschaft)* aspro. **Un|wirt|lich|keit** f. *(-)* **1** inospitalità *f.* **2** *(Rauheit)* rigidezza *f.*, asprezza *f.*
un|wirt|schaft|lich agg. antieconomico. **Un|wirt|schaft|lich|keit** f. *(-)* mancanza *f.* di redditività.
Un|wis|sen n. *(-s)* ignoranza *f.* **un|wis|send** agg. **1** ignorante **2** *(nicht bewusst)* ignaro. **Un|wis|sen|heit** f. *(-)* ignoranza *f.*: ***aus ~*** per ignoranza; ***es besteht, herrscht ~ darüber, ob...*** non si sa (*o* si ignora) se...; ***jdn in ~ halten*** tenere qcn. nell'ignoranza.
un|wis|sen|schaft|lich I agg. non scientifico, privo di scientificità **II** avv. in modo non scientifico: ***~ vorgehen*** procedere in modo non scientifico.
un|wis|sent|lich I agg. inconsapevole **II** avv. inconsapevolmente.
un|wohl avv. **1** male, non bene: ***~ sein*** stare male (*o* essere indisposto); ***mir ist ~, ich fühle mich ~*** non sto bene (*o* sono indisposto), non mi sento bene **2** *(unbehaglich)* a disagio, male. **Un|wohl|sein** n. *(-s)* indisposizione *f.*
un|wohn|lich agg. poco accogliente, non accogliente.
un|wür|dig agg. indegno: ***jds, etw. ~ sein*** essere indegno di qcn., qcs.; ***eine -e Behandlung*** un trattamento umiliante. **Un|wür|dig|keit** f. *(-)* indegnità *f.*
Un|zahl f. *(-)* infinità *f.*: ***eine ~ von Leuten*** un'infinità di gente. **un|zähl|bar, un|zähl|bar** agg. **1** incalcolabile, enorme: ***eine -e Menge*** una folla immensa **2** LING. non numerabile. **un|zäh|lig, un|zäh|lig I** agg. **1** innumerevole **2** *(sehr viel)* moltissimo, tantissimo: ***-e Tote, Verletzte*** moltissimi morti, feriti **II** avv. rafforz. ***~ viele Besucher*** moltissimi (*o* un'infinità di) visitatori.
un|zähm|bar, un|zähm|bar agg. indomabile.
un|zart agg. indelicato: ***eine -e Bemerkung*** un'osservazione indelicata.
Un|ze f. *(-,-n)* oncia *f.*
Un|zeit, ***zur ~*** in un momento inopportuno. **un|zeit|ge|mäß** agg. **1** anacronistico **2** *(nicht aktuell)* inattuale: ***ein -es Thema*** un argomento inattuale **3** *(der Jahreszeit nicht entsprechend)* non conforme alla stagione. **un|zei|tig I** agg. **1** inopportuno **2** ANT. O REGION. non maturo, acerbo **II** avv. in un momento inopportuno.
un|zen|siert agg. non censito.
un|zer|brech|lich, un|zer|brech|lich agg. infrangibile.
un|zer|kaut I agg. non masticato **II** avv. senza masticare.
un|zer|reiß|bar, un|zer|reiß|bar agg. non lacerabile.
un|zer|stör|bar, un|zer|stör|bar agg. indistruttibile.
un|zer|trenn|bar, un|zer|trenn|bar, un|zer|trenn|lich, un|zer|trenn|lich agg. inseparabile. **Un|zer|trenn|li|che, Un|zer|trenn|li|che** pl. ZOOL. inseparabili *m.pl.*
Un|zi|al|buch|sta|be m. *(-ns,-n)* lettera *f.* onciale. **Un|zi|a|le** f. *(-,-n)*, **Un|zi|al|schrift** f. *(-,-en)* (scrittura *f.*) onciale *f.*
un|zie|mend, un|ziem|lich LETT. **I** agg. disdicevole, sconveniente **II** avv. in modo disdicevole. **Un|ziem|lich|keit** f. *(-,-en)* sconvenienza *f.*
Un|zier|de f. *(-)*, ANT. ***etw. gereicht jdm zur ~*** qcs. compromette l'immagine di qcn.
Un|zucht f. *(-)* **1** libidine *f.*, lussuria *f.* **2** DIR. atto *m.* osceno ◆ ***~ treiben*** commettere atti osceni; ***gewerbsmäßige ~*** esercizio *m.* della prostituzione; ***~ mit Minderjährigen*** corruzione di minorenni. **un|züch|tig** agg. osceno: ***eine -e Zeitschrift*** una rivista oscena. **Un|züch|tig|keit** f. *(-,-en)* oscenità *f.*
un|zu|frie|den agg. insoddisfatto, scontento: ***mit jdm, etw. ~ sein*** essere insoddisfatto (*o* scontento) di qcn., qcs. **Un|zu|frie|den|heit** f. *(-)* insoddisfazione *f.*, scontentezza *f.*
un|zu|gäng|lich agg. inaccessibile ◆ ***allen Bitten gegenüber ~ sein*** = non accettare (*o* non venire incontro a) nulla. **Un|zu|gäng|lich|keit** f. *(-)* inaccessibilità *f.*
un|zu|läng|lich I agg. insufficiente: ***-e Ernährung*** nutrimento insufficiente **II** avv. in modo insufficiente. **Un|zu|läng|lich|keit** f. *(-,-en)* insufficienza *f.*
un|zu|läs|sig agg. **1** inammissibile: ***eine -e Einmischung*** un'inammissibile intromissione **2** *(unerlaubt)* illecito: ***-e Mittel*** mezzi illeciti. **Un|zu|läs|sig|keit** f. *(-,-en)* **1** inammissibilità *f.* **2** *(unerlaubte Handlung)* illiceità *f.*
un|zu|mut|bar agg. che non si può esigere (*o* pretendere), inaccettabile. **Un|zu|mut|bar|keit** f. *(-,-en)* **1** inaccettabilità *f.* **2** richiesta *f.* (*o* pretesa *f.*) inaccettabile.
un|zu|rech|nungs|fä|hig agg. incapace d'intendere e di volere. **Un|zu|rech|nungs|fä|hig|keit** f. *(-)* incapacità *f.* d'intendere e di volere.
un|zu|rei|chend agg. insufficiente, inadeguato.
un|zu|sam|men|hän|gend agg. incoerente.
un|zu|stän|dig agg. non competente, DIR. BUROCR. incompetente: ***sich für ~ erklären*** dichiararsi incompetente. **Un|zu|stän|dig|keit** f. *(-)* DIR. BUROCR. incompetenza *f.*
un|zu|stell|bar agg. che non può essere recapitato.
un|zu|träg|lich agg. ***jdm, etw. ~ sein*** essere svantaggioso per qcn., qcs.; *(vom Klima)* non essere salutare (*o* essere malsano) per qcn., qcs. **Un|zu|träg|lich|keit** f. *(-,-en)* dannosità *f.*
un|zu|tref|fend I agg. **1** non appropriato **2** *(falsch)* inesatto, sbagliato **II** avv. in modo non appropriato. **Un|zu|tref|fen|de** n. *(-n)*, BUROCR. ***-s streichen*** barrare ciò che non interessa.
un|zu|ver|läs|sig agg. **1** di cui non ci si può fidare, inaffidabile: ***jdn für ~ halten*** ritenere qcn. inaffidabile **2** *(nicht glaubwürdig)* inattendibile: ***aus -er Quelle*** da fonte inattendibile. **Un|zu|ver|läs|sig|keit** f. *(-,-en)* **1** inaffidabilità *f.* **2** *(Unglaubwürdigkeit)* inattendibilità *f.*

un|zweck|mä|ßig I agg. inadeguato (allo scopo) II avv. in modo inadeguato. **Un|zweck|mä|ßig|keit** f. *(-,-en)* inadeguatezza *f.*

un|zwei|deu|tig I agg. 1 inequivocabile; *(deutlich)* chiaro 2 *(unanständig)* sporco, sconcio: ***-e Witze*** barzellette sporche II avv. in modo inequivocabile, inequivocabilmente; *(deutlich)* chiaramente.

un|zwei|fel|haft, un|zwei|fel|haft I agg. indubitabile, indubbio II avv. indubbiamente, senza dubbio.

Up|date ['apdeɪt] n. *(-s,-s)* INFORM. nuova versione *f.*, versione *f.* aggiornata.

üp|pig I agg. 1a rigoglioso, fiorente, lussureggiante: ***-e Vegetation*** vegetazione rigogliosa b *(vom Haar; dicht)* folto 2a *(rundlich)* formoso, prosperoso: ***eine -e Frau*** una donna formosa; ***ein -er Busen*** un seno prosperoso b ***-e Lippen*** labbra carnose 3 *(von Essen)* opulento, sontuoso 4a *(von Farben)* intenso, ricco b FIG. ***eine -e Fantasie*** una fervida fantasia 5 REGION. *(dreist, übermütig)* presuntuoso, sfrontato II avv. 1 rigogliosamente 2 *(verschwenderisch)* sontuosamente. **Üp|pig|keit** f. *(-)* 1 rigoglio *f.* 2 *(Rundlichkeit)* formosità *f.* 3 *(von Essen)* opulenza *f.* 4 *(von Farben)* ridondanza *f.*, ricchezza *f.*

Ur m. *(-[e]s,-e)* uro *m.*

Ur|ab|stim|mung f. *(-,-en)* voto *m.* (*o* votazione *f.*) della base.

Ur|adel m. *(-s)* nobiltà *f.* di sangue.

Ur|ahn m. *(-[e]s* e *-en,-en)* 1 avo *m.*, progenitore *m.* 2 ANT. o REGION. → **Urgroßvater.**

1.Ur|ah|ne m. *(-n,-n)* → **Urahn.**

2.Ur|ah|ne f. *(-,-n)* 1 ava *f.*, progenitrice *f.* 2 → **Urgroßmutter.**

U|ral n.pr.m. *(-[s])* 1 Urali *m.pl.* 2 *(Fluss)* Ural *m.* **u|ra|lisch** agg. uralico.

ur|alt agg. 1 antichissimo, remoto: ***in -en Zeiten*** in tempi remoti 2 vecchissimo: ***ein -er Mensch*** un uomo vecchissimo; ***ein -er Trick*** un vecchissimo trucco. **Ur|al|ter** n. *(-s)* epoca *f.* primordiale.

U|rä|mie f. *(-,-n)* uremia *f.* **u|rä|misch** agg. uremico.

U|ran n. *(-s)* uranio *m.* **U|ran|berg|werk** n. *(-[e]s,-e)* miniera *f.* di uranio. **U|ran|bren|ner** m. *(-s,-)* reattore *m.* a uranio. **U|ran|erz** n. *(-es,-e)* minerale *m.* d'uranio (*o* uranifero).

Ur|an|fang m. *(-[e]s,-anfänge)* primordi *m.pl.*, origini *f.pl.* **ur|an|fäng|lich** agg. primordiale.

u|ran|hal|tig agg. uranifero.

Ur|angst f. *(-,-ängste)* angoscia *f.* primordiale.

U|ra|nos n.pr.m. Urano *m.* **U|ra|nus** I → **Uranos** II m. *(-)* ASTR. urano *m.*

ur|auf|füh|ren tr. (solo inf. e p.pass.) rappresentare per la prima volta. **Ur|auf|füh|rung** f. *(-,-en)* TEATR. prima rappresentazione *f.*, prima *f.*; CINEM. TELEV. prima visione *f.*

ur|ban agg. urbano. **Ur|ba|ni|sa|ti|on** f. *(-,-en)* urbanizzazione *f.* **ur|ba|ni|sie|ren** tr. urbanizzare. **Ur|ba|ni|sie|rung** f. *(-,-en)* urbanizzazione *f.* **Ur|ba|nis|tik** f. *(-)* urbanistica *f.* **Ur|ba|ni|tät** f. *(-)* urbanità *f.*

ur|bar agg. coltivabile ◆ ***ein Land, ein Moor ~ machen*** bonificare un terreno, una palude. **Ur|bar|ma|chung** f. *(-,-en)* bonifica *f.*

Ur|be|deu|tung f. *(-,-en)* significato *m.* originario (*o* primitivo).

Ur|be|völ|ke|rung f. *(-,-en)* popolazione *f.* indigena, indigeni *m.pl.* **Ur|be|woh|ner** m. *(-s,-)* indigeno *m.*, aborigeno *m.*

Ur|bild n. *(-[e]s,-er)* 1 *(Inbegriff)* archetipo *m.*, prototipo *m.* 2 *(Vorbild)* originale *m.* **ur|bild|lich** agg. originale, primordiale, primitivo.

Ur|chris|ten|tum n. *(-s)* cristianesimo *m.* delle origini (*o* primitivo). **ur|christ|lich** agg. protocristiano.

ur|deutsch agg. tipicamente (*o* prettamente) tedesco.

ur|ei|gen agg. personalissimo ◆ ***das ist meine -ste Sache*** sono fatti esclusivamente personali.

Ur|ein|woh|ner m. *(-s,-)* → **Urbewohner. Ur|el|tern** pl. progenitori *m.pl.* **Ur|en|kel** m. *(-s,-)* pronipote *m.* **Ur|en|ke|lin** f. *(-,-nen)* pronipote *f.*

U|re|ter m. *(-s,-en* e *-)* MED. uretere *m.* **U|re|thra** f. *(-, Urethren)* uretra *f.* **u|re|tisch** agg. diuretico.

Ur|fas|sung f. *(-,-en)* originale *m.*, versione *f.* originale.

Ur|feh|de f. *(-,-n)* STOR. tregua *f.* (sancita da un giuramento).

Ur|form f. *(-,-en)* forma *f.* originaria (*o* primitiva), prototipo *m.*

ur|ge|müt|lich agg. confortevolissimo, molto accogliente.

ur|ger|ma|nisch agg. protogermanico.

Ur|ge|schich|te f. *(-)* preistoria *f.* **ur|ge|schicht|lich** agg. preistorico.

Ur|ge|stalt f. *(-,-en)* → **Urform.**

Ur|ge|stein n. *(-s)* roccia *f.* primitiva.

Ur|ge|walt f. *(-,-en)* forza *f.* della natura, elemento *m.*

Ur|groß|el|tern pl. bisnonni *m.pl.* **Ur|groß|mut|ter** f. *(-,-mütter)* bisnonna *f.* **Ur|groß|va|ter** m. *(-s,-väter)* bisnonno *m.*

Ur|grund m. *(-[e]s,-gründe)* causa *f.* prima.

Ur|he|ber m. *(-s,-)* 1 *(Initiator)* promotore *m.*, creatore *m.* 2 *(Autor)* autore *m.* **Ur|he|be|rin** f. *(-,-nen)* 1 *(Initiatorin)* promotrice *f.*, creatrice *f.* 2 *(Autorin)* autrice *f.* **Ur|he|ber|recht** n. *(-[e]s,-e)* diritto *m.* d'autore: ***die -e erwerben, abgeben*** acquistare, cedere i diritti d'autore. **ur|he|ber|recht|lich** agg. tutelato. **Ur|he|ber|schaft** f. *(-)* l'essere autore, paternità *f.* (di un'opera). **Ur|he|ber|schutz** m. *(-es)* tutela *f.* del diritto d'autore.

Ur|hei|mat f. *(-)* paese *m.* d'origine.

u|rig agg. 1 naturale; *(Kneipe, Tracht)* tradizionale, tipico 2 *(sonderbar)* originale, strano.

U|ri|kä|mie f. *(-)* uricemia *f.*

U|rin m. *(-s,-e)* urina *f.*, orina *f.* **u|ri|nal** agg. urinario, orinario. **U|ri|nal** n. *(-s,-e)* 1 *(Glasgefäß)* orinale *m.* 2 orinatoio *m.* **u|ri|nie|ren** intr. (aus. *haben*) urinare, orinare.

Ur|ins|tinkt m. *(-[e]s,-e)* istinto *m.* primordiale.

U|rin|un|ter|su|chung f. *(-,-en)* analisi *f.* (*o* esame *m.*) delle urine.

Ur|kan|ton m. *(-s,-e)* SVIZZ. cantone *m.* primitivo.

Ur|kir|che f. *(-)* chiesa *f.* delle origini (*o* primitiva).

ur|ko|misch agg. comicissimo, buffissimo.

Ur|kraft f. *(-,-kräfte)* forza *f.* della natura, elementare.

Ur|kun|de f. *(-,-n)* documento *m.*, atto *m.*, scrittura *f.*; *(Zeugnis)* attestato *m.*, certificato *m.*: ***amtliche ~*** atto d'ufficio; ***beglaubigte ~*** atto autenticato; ***meldeamtliche ~*** certificato anagrafico; ***eine ~ ausstellen (ausfertigen), fälschen, unterzeichnen*** rilasciare, falsificare, firmare un documento (*o* sottoscrivere un atto). **Ur|kun|den|fäl|schung** f. *(-,-en)* falso *m.* in atto pubblico. **Ur|kun|den|leh|re** f. *(-)* diplomatica *f.*

ur|kund|lich I agg. documentario, documentato II avv. con documenti.

Ur|laub m. *(-[e]s,-e)* 1 vacanza *f.*, ferie *f.pl.*: ***bezahlter, unbezahlter ~*** ferie pagate (*o* retribuite), non pagate; ***~ haben*** avere le ferie; ***~ beantragen, einreichen, nachsuchen*** chiedere le ferie; ***auf, in ~ gehen, fahren*** andare in vacanza; ***auf, im ~ sein*** essere in vacanza; ***seinen ~ an der See, im Gebirge verbringen*** trascorrere le vacanze al mare, in montagna; ***einen Tag ~ nehmen*** prendere un giorno di ferie; ***den ~ antreten*** iniziare le vacanze; ***aus dem ~ zurückkommen, zurück sein*** tornare, essere tornato dalle vacanze 2 MIL. *(Ausgang)* licenza *f.* ◆ ***von jdm, etw. ~ machen*** prendersi una vacanza da qcn., da qcs. **ur|lau|ben** intr. (aus. *haben*) COLLOQ. fare le vacanze (*o* le ferie). **Ur|lau|ber** m. *(-s,-)* 1 vacanziere *m.*, villeggiante *m.* 2 MIL. militare *m.* in licenza. **Ur|lau|ber|zug** m. *(-[e]s,-züge)* 1 *(in Ferienzeiten)* treno *m.* speciale (festivo) 2 MIL. tradotta *f.* per militari in licenza.

Ur|laubs|an|spruch m. *(-[e]s,-ansprüche)* diritto *m.* alle ferie. **Ur|laubs|gast** m. *(-[e]s,-gäste)* ospite *m.* (di hotel, pensioni); *(Urlauber)* villeggiante *m.* **Ur|laubs|geld** n. *(-[e]s,-er)* 1 indennità *f.* di ferie 2 *(für den Urlaub gespartes Geld)* denaro *m.* per le vacanze. **Ur|laubs|ge|such** n. *(-s,-e)* 1 richiesta *f.* ferie 2 MIL. domanda *f.* di licenza. **Ur|laubs|ort** m. *(-[e]s,-e)* luogo *m.* di vacanze (*o* di villeggiatura). **ur|laubs|reif,** COLLOQ. ***~ sein*** avere bisogno di una vacanza. **Ur|laubs|rei|se** f. *(-,-n)* viaggio *m.* per (il luogo del)le vacanze. **Ur|laubs|schein** m. *(-[e]s,-e)* MIL. (foglio *m.* di) licenza *f.* **Ur|laubs|sper|re** f. *(-,-n)* 1 MIL. sospensione *f.* dei permessi 2 AUSTR. *(von Geschäften)* chiusura *f.* per ferie. **Ur|laubs|tag** m. *(-[e]s,-e)* giorno *m.* di vacanza; MIL. giorno *m.* di licenza. **Ur|laubs|ver|tre|tung** f. *(-,-en)* sostituzione *f.* per vacanza. **Ur|laubs|zeit** f. *(-,-en)* periodo *m.* delle vacanze, vacanze *f.pl.*, ferie *f.pl.*

Ur|mensch m. *(-en,-en)* uomo *m.* primitivo. **ur|mensch|lich** agg. preistorico, primitivo.

Ur|mut|ter f. *(-,-mütter)* progenitrice *f.*

Ur|ne f. *(-,-n)* urna *f.* ◆ ***das Volk zu den -n rufen*** chiamare il popolo alle urne. **Ur|nen|fel|der|kul|tur** f. *(-)* civiltà *f.* dei campi d'urne. **Ur|nen|grab** n. *(-[e]s,-gräber)* tomba *f.* a urna.

u|ro|ge|ni|tal agg. urogenitale, genito-urinario. **U|ro|lo|ge** m. *(-n,-n)* urologo *m.* **U|ro|lo|gie** f. *(-)* urologia *f.* **u|ro|lo|gisch** agg. urologico.

ur|plötz|lich agg. repentino.

Ur|quell m. *(-[e]s,-e)* LETT., **Ur|quel|le** f. *(-,-n)* fonte *f.* prima, origine *f.*

Ur|sa|che f. *(-,-n)* causa *f.*, motivo *m.*, ragione *f.*: ***die ~ der Krankheit*** la causa della malattia; ***~ und Wirkung*** causa ed effetto; ***die ~ für etw.*** il motivo di, per qcs.; ***einer ~ nachgehen*** approfondire una causa; ***jdm ~ geben, etw. zu tun*** dare a qcn. motivo di fare qcs.; ***du hast alle ~, dich darüber zu freuen*** hai tutte le ragioni di rallegrartene ◆ ***keine ~!*** non c'è di che! di nulla! **Ur|sa|chen|for|schung** f. *(-,-en)* ricerca *f.* delle cause.

ur|säch|lich agg. causale: ***in -em Zusammenhang*** in nesso causale. **Ur|säch|lich|keit** f. *(-,-en)* causalità *f.*
Ur|schleim m. *(-[e]s)* fango *m.* primordiale.
Ur|schrift f. *(-,-en)* (testo *m.*) originale *m.* **ur|schrift|lich I** agg. originale **II** avv. originalmente.
Ur|schweiz n.pr.f. *(-)* Cantoni *m.pl.* (svizzeri) primitivi.
Ur|sen|dung f. *(-,-en)* RAD. TELEV. prima trasmissione *f.*
urspr. ⇒ *ursprünglich* originario.
Ur|sprung m. *(-[e]s,-sprünge)* **1** origine *f.*: ***unbekannten -s sein*** essere di origine sconosciuta; ***der ~ für etw. sein*** essere l'origine di qcs.; ***etw. auf seinen ~ zurückführen*** ricondurre qcs. alla propria origine; ***seinen ~ in etw. haben*** avere origine in qcs., trarre la propria origine da qcs.; ***jdm, etw. den ~ verdanken*** dovere la propria origine a qcn., qcs. **2** MAT. *(eines Koordinatensystems)* origine *f.*
ur|sprüng|lich, ur|sprüng|lich I agg. **1** *(anfänglich)* originario, primitivo: ***den -en Plan ändern*** modificare il progetto originario **2** *(unverbildet)* primitivo, naturale: ***-e Sitten*** usanze primitive; ***einen -en Sinn für Kunst haben*** avere un naturale senso artistico **II** avv. originariamente, in origine. **Ur|sprüng|lich|keit** f. *(-)* **1** originarietà *f.* **2** *(Natürlichkeit)* naturalezza *f.*, primitività *f.*
Ur|sprungs|ge|biet n. *(-[e]s,-e)*, **Ur|sprungs|land** n. *(-[e]s,-länder)* paese *m.* d'origine. **Ur|sprungs|nach|weis** m. *(-es,-e)* attestazione *f.* di origine (*o* di provenienza). **Ur|sprungs|zeug|nis** n. *(-ses,-se)* COMM. certificato *m.* di provenienza.
Ur|ständ, *fröhliche ~ feiern* rialzare la testa.
Ur|stoff m. *(-[e]s,-e)* **1** CHIM. elemento *m.* **2** *(Materie)* materia *f.* primigenia.
Ur|su|la n.pr.f. Orsola *f.* **Ur|su|li|ne** f. *(-,-n)*, **Ur|su|li|ne|rin** f. *(-,-nen)* (suora *f.*) orsolina *f.*
Ur|teil n. *(-s,-e)* **1a** *(Beurteilung)* giudizio *m.*: ***ein abgewogenes (wohl überlegtes), sachliches, vorschnelles, (un)parteiisches ~*** un giudizio ponderato, oggettivo, affrettato, (im)parziale; ***ein ~ abgeben, aussprechen*** dare, pronunciare un giudizio; ***sich über jdn, etw. ein ~ bilden*** farsi un giudizio su qcn., qcs.; ***das bestärkt ihn in seinem ~*** ciò avvalora il suo giudizio; ***sich eines -s enthalten*** sottrarsi a un giudizio; ***sich auf jds ~ verlassen*** fidarsi del giudizio di qcn. **b** *(Standpunkt)* parere *m.*: ***das ~ eines Experten einholen*** chiedere il parere di un esperto; ***nach fachmännischem ~*** secondo il parere dei tecnici **c** *(Urteilsfähigkeit)* ***das ~ eines Laien*** il giudizio di un profano **2a** DIR. sentenza *f.*, giudizio *m.*: ***ein mildes, hartes ~*** una sentenza mite, dura; ***das ~ lautet auf Freispruch*** la sentenza è di assoluzione; ***ein ~ fällen, anfechten, verkünden, aufheben*** emettere, impugnare, emanare, annullare una sentenza; ***das ~ vollstrecken, vollziehen*** eseguire la sentenza; ***ein ~ bestätigen*** confermare un giudizio; ***über jdn ein ~ sprechen*** pronunciare una sentenza su qcn. **b** *(der Geschworenen)* verdetto *m.*
Ur|teil|chen n. *(-s,-)* particella *f.* elementare.
ur|tei|len intr. (aus. *haben*) ***über jdn, etw. ~*** giudicare qcn., qcs.; ***wie ~ Sie über dieses Buch?*** come giudica (*o* che giudizio dà di) questo libro? ***nach dem ersten Eindruck ~*** giudicare in base alla prima impressione; ***hart, unparteiisch ~*** giudicare duramente, in modo imparziale; ***dem Schein, dem Erfolg nach zu ~*** a giudicare dall'apparenza, dal successo.
Ur|teils|be|grün|dung f. *(-,-en)* motivazione *f.* della sentenza. **ur|teils|fä|hig** agg. capace di giudicare. **Ur|teils|fä|hig|keit** f. *(-)* capacità *f.* di giudizio. **Ur|teils|kraft** f. *(-)* giudizio *m.* **ur|teils|los** agg. privo di opinioni. **Ur|teils|spruch** m. *(-[e]s,-sprüche)* sentenza *f.*, verdetto *m.* **Ur|teils|ver|kün|dung** f. *(-,-en)* pubblicazione *f.* della sentenza. **Ur|teils|ver|mö|gen** n. *(-s)* giudizio *m.* **Ur|teils|voll|stre|ckung** f. *(-,-en)*, **Ur|teils|voll|zug** m. *(-[e]s,-vollzüge)* esecuzione *f.* della sentenza.
Ur|text m. *(-[e]s,-e)* testo *m.* originale.
Ur|tier|chen n. *(-s,-)* protozoo *m.*
Ur|trieb m. *(-[e]s,-e)* impulso *m.* ancestrale.
ur|tüm|lich agg. **1** primitivo, primigenio **2** *(natürlich)* elementare, naturale.
Ur|typ m. *(-s,-en)*, **Ur|ty|pus** m. *(-,-typen)* prototipo *m.*, archetipo *m.*
U|ru|gu|ay I n.pr.m. *(-[s])* (fiume *m.*) Uruguay *m.* **II** n.pr.n. *(-s)* Uruguay *m.* **U|ru|gu|ay|er I** m. *(-s,-)* uruguaiano *m.*, uruguayano *m.* **II** agg.inv. uruguaiano, uruguayano. **u|ru|gu|ay|isch** agg. uruguaiano, uruguayano.
Ur|ur|ahn m. *(-[e]s* e *-en,-en)* antenato *m.*, avo *m.* **Ur|ur|el|tern** pl. trisavoli *m.pl.*, terzavoli *m.pl.* **Ur|ur|en|kel** m. *(-s,-)* terzo nipote *m.*, nipote *m.* di trisavolo. **Ur|ur|groß|mut|ter** f. *(-,-mütter)* trisnonna *f.* **Ur|ur|groß|va|ter** m. *(-s,-väter)* trisnonno *m.*, trisavolo *m.*
Ur|va|ter m. *(-s,-väter)* progenitore *m.*; FIG. capostipite *m.* **ur|vä|ter|lich** agg. ancestrale. **Ur|vä|ter|zeit** f. *(-)* tempi *m.pl.* remoti.
ur|ver|wandt agg. LING. di origine comune. **Ur|ver|wandt|schaft** f. *(-,-en)* LING. origine *f.* comune.
Ur|volk n. *(-[e]s,-völker)* popolo *m.* primitivo; *(Urbevölkerung)* popolazione *f.* indigena, indigeni *m.pl.*
Ur|wahl f. *(-,-en)* (elezioni *f.pl.*) primarie *f.pl.*
Ur|wald m. *(-[e]s,-wälder)* foresta *f.* vergine.
Ur|welt f. *(-,-en)* mondo *m.* primitivo, preistorico.
ur|welt|lich agg. primordiale, preistorico.
ur|wüch|sig agg. **1a** primitivo: ***eine -e Lebensart*** un modo di vivere primitivo **b** *(unverfälscht)* spontaneo, naturale; *(naturhaft)* selvaggio, selvatico: ***eine -e Landschaft*** un paesaggio selvaggio **2** *(von Sprachen)* semplice, vigoroso. **Ur|wüch|sig|keit** f. *(-)* **1** primitività *f.* **2a** *(Natürlichkeit)* naturalezza *f.*, spontaneità *f.* **b** *(Einfachheit)* semplicità *f.*
Ur|zeit f. *(-,-en)* tempi *m.pl.* (più) remoti: FIG. ***in, vor, zu -en*** tantissimo tempo fa; ***seit -en*** da un'infinità di tempo.
Ur|zeu|gung f. *(-,-en)* generazione *f.* spontanea. **Ur|zu|stand** m. *(-[e]s,-zustände)* stato *m.* primitivo, originario. **ur|zu|ständ|lich** agg. primitivo, originario.
USA pl. USA *m.pl.*: ***in die ~ fahren*** andare negli USA; ***in den ~ sein*** essere negli USA.
US-A|me|ri|ka|ner m. *(-s,-)* statunitense *m.* **US-a|me|ri|ka|nisch** agg. statunitense.
U|sance [y'sã:s] f. *(-,-n)* COMM. usanza *f.*, uso *m.*, usi *m.pl.* **u|sance|mä|ßig I** agg. COMM. dell'uso commerciale **II** avv. secondo l'uso commerciale. **U|san|cen|han|del** m. *(-s)* COMM. operazioni *m.pl.* in valuta.
Us|be|ke m. *(-n,-n)* usbeco *m.* **us|be|kisch** agg. usbeco. **Us|be|kis|tan** n.pr.n. *(-s)* Usbechistan *m.*
US-Dol|lar m. *(-s,-s)* dollaro *m.* USA.
usf. ⇒ *und so fort* eccetera (ecc., etc.).
u|su|ell agg. usuale, d'uso.
U|sur|pa|ti|on f. *(-,-en)* usurpazione *f.* **U|sur|pa|tor** m. *(-s,-en)* usurpatore *m.* **u|sur|pa|to|risch** agg. usurpatore. **u|sur|pie|ren** tr. usurpare.
U|sus m. *(-)* COLLOQ. usanza *f.*, uso *m.*: ***das ist hier so ~*** qui (si) usa così.
usw. ⇒ *und so weiter* eccetera (ecc., etc.).
U|ten|sil n. *(-s,-ien)* **1** utensile *m.*, attrezzo *m.* **2** *(Zubehör)* accessorio *m.*
u|te|rin agg. uterino. **U|te|rus** m. *(-, Uteri)* utero *m.*
U|ti|li|ta|ris|mus m. *(-)* utilitarismo *m.* **U|ti|li|ta|rist** m. *(-en,-en)* utilitarista *m.* **u|ti|li|ta|ris|tisch** agg. utilitaristico.
U|to|pie f. *(-,-n)* utopia *f.*: ***das ist doch ~!*** è pura utopia! **u|to|pisch** agg. utopistico. **U|to|pis|mus** m. *(-, Utopismen)* **1** tendenza *f.* all'utopia **2** *(utopische Vorstellung)* utopia *f.* **U|to|pist** m. *(-en,-en)* utopista *m.*
u. U. ⇒ *unter Umständen* eventualmente.
u. ü. V. ⇒ *unter üblichem Vorbehalt* salvo errori o omissioni (s.e. o o.).
u. v. a. (m.) ⇒ *und viele(s) andere (mehr)* e molti altri (ancora).
UV-Fil|ter m. *(-s,-)* filtro *m.* UV, a raggi ultravioletti. **UV-Lam|pe** f. *(-,-n)* lampada *f.* a raggi ultravioletti. **UV-Strah|len** pl. raggi *m.pl.* UV (*o* ultravioletti). **UV-Strah|lung** f. *(-,-en)* radiazione *f.* UV (*o* ultravioletta).
u. W. ⇒ *unseres Wissens* a, per quanto ci consta.
u. Z. ⇒ *unsere(r) Zeitrechnung* della nostra era, dopo Cristo (d.C.).
Uz m. *(-es)* COLLOQ. canzonatura *f.*, burla *f.* **Uz|bru|der** m. *(-s,-brüder)* COLLOQ. canzonatore *m.*, burlone *m.* **u|zen** tr. COLLOQ. ***jdn ~*** burlarsi di qcn., prendere in giro qcn. **U|ze|rei** f. *(-,-en)* COLLOQ. canzonatura *f.*, burla *f.*
Uz|na|me m. *(-ns,-n)* nomignolo *m.*

V

v, V n. *(-,-)* v, V, vi, vu *f.* e *m.*: ***ein großes V, ein kleines v*** una V maiuscola, una v minuscola.
v. ⇒ **1** *von* di **2a** *vor (temporal)* avanti, prima di **b** *vor (lokal)* prima di.
V. ⇒ *Vers* verso (v.).
v. a. ⇒ *vor allem* soprattutto.
va banque, Va|banque [va'baŋk] ***~ spielen*** giocare il tutto per tutto. **Va|banque|spiel** n. *(-[e]s)* gioco *m.* d'azzardo, impresa *f.* arrischiata.
Vache|le|der ['vaʃ-] n. (-s) (pelle *f.* di) vacchetta *f.*
Va|de|me|kum [v-] n. *(-s,-s)* vademecum *m.*
vag → **vage.**
Va|ga|bund [v-] m. *(-en,-en)* vagabondo *m.* **Va|ga|bun|den|le|ben** n. *(-s,-)* vita *f.* da vagabondo. **va|ga|bun|die|ren** intr. (aus. *haben, sein*) vagabondare. **va|ga|bun|die|rend** p.pres. agg. → **vagabundieren** ◆ ***-er Strom*** corrente vagante.
Va|gant [v-] m. *(-en,-en)* chierico *m.* vagante. **Va|gan|ten|dich|tung** f. *(-)* poesia *f.* dei chierici vaganti. **Va|gan|ten|lied** n. *(-[e]s, -er)* canzone *f.* dei chierici vaganti.
va|ge [v-] **I** agg. vago: ***ein -er Verdacht*** un vago sospetto; ***-e Versprechungen*** vaghe promesse **II** avv. vagamente, in modo vago: ***etw. vag(e) formulieren*** formulare qcs. in modo vago. **Vag|heit** f. *(-,-en)* **1** vaghezza *f.* **2** *(vage Aussage)* incertezza *f.* **va|gie|ren** intr. (aus. *haben*) vagare.
Va|gi|na [v-] f. *(-, Vaginen)* vagina *f.* **va|gi|nal** agg. vaginale. **Va|gi|nis|mus** m. *(-, Vaginismen)* vaginismo *m.*
Va|gus [v-] m. *(-)* nervo *m.* vago.
va|kant [v-] agg. vacante: ***der Lehrstuhl ist noch ~*** la cattedra è ancora vacante. **Va|kanz** f. *(-,-en)* vacanza *f.*
Va|ku|o|le f. *(-,-n)* BIOL. vacuolo *m.*
Va|ku|um [v-] n. *(-s, Vakuen* e *Vakua)* FIS. vuoto *m.*: ***ein ~ erzeugen*** fare il vuoto; FIG. ***ein machtpolitisches ~*** un vuoto di potere. **Va|ku|um|ap|pa|rat** m. *(-[e]s,-e)* apparecchio *m.* a vuoto. **Va|ku|um|brem|se** f. *(-,-n)* freno *m.* a depressione. **Va|ku|um|me|ter** n. *(-s,-)* vacuometro *m.* **Va|ku|um|pum|pe** f. *(-,-n)* pompa *f.* a vuoto. **Va|ku|um|röh|re** f. *(-,-n)* RAD. tubo *m.* a vuoto. **va|ku|um|ver|packt** agg. (confezionato) sottovuoto: ***-e Speisen*** alimenti sottovuoto. **Va|ku|um|ver|pa|ckung** f. *(-,-en)* confezione *f.* sottovuoto.
Va|len|ci|ennes|spit|ze [valã'siɛn-] f. *(-,-n)* pizzo *m.* valenciennes, valenciennes *m.*
Va|len|tin [v-] n.pr.m. Valentino *m.* **Va|len|ti|ne** n.pr.f. Valentina *f.* **Va|len|tins|tag** m. *(-[e]s)* (giorno *m.* di) San Valentino *m.*
Va|lenz [v-] f. *(-,-en)* LING. CHIM. valenza *f.*
Va|let [v-] n. *(-s,-s)* ANT. addio *m.*: ***jdm, etw. (D) ~ sagen*** dire addio a qcn., a qcs.
Va|leur [va'lø:ɐ] **1** ANT. BANC. carta *f.* valore **2** PITT. valore *m.*
Va|lor [v-] m. *(-s, Valoren)* **1** ANT. valore *m.* **2** pl. *(Wertsachen)* valori *m.pl.* **Va|lo|ri|sa|ti|on** f. *(-,-en)* ECON. valorizzazione *f.* **va|lo|ri|sie|ren** tr. ECON. valorizzare. **Va|lo|ri|sie|rung** → **Valorisation.**
Va|lu|ta [v-] f. *(-, Valuten)* **1a** valuta *f.* (estera): ***hochwertige ~*** valuta pregiata, forte **b** *(Wertstellung)* valuta *f.* **2** *pl. (Zinsscheine)* cedole *f.pl.* **Va|lu|ta|an|lei|he** f. *(-,-n)* prestito *m.* in valuta (estera). **Va|lu|ta|klau|sel** f. *(-,-n)* **1** clausola *f.* (di rimborso) in valuta estera **2** clausola *f.* "valuta ricevuta". **Va|lu|ta|kre|dit** m. *(-[e]s,-e)* credito *m.* in valuta (estera). **Va|lu|ta|no|tie|rung** f. *(-,-en)* quotazione *f.* dei cambi. **Va|lu|ta|pa|pier** n. *(-s,-e)* titolo *m.* (*o* effetto *m.*) in valuta (estera). **Va|lu|ta|ri|si|ko** n. *(-s,-s* e *-risiken)* rischio *m.* di cambio, rischio *m.* valutario. **Va|lu|ta|schuld** f. *(-,-en)* obbligazione *f.* in valuta estera. **va|lu|tie|ren** tr. **1** ECON. fissare la valuta **2** *(bewerten)* valutare.
Vamp [vɛmp] m. *(-s,-s)* vamp *f.* **Vam|pir, Vam|pir** m. *(-s,-e)* vampiro *m.* (anche ZOOL.).
Va|na|din, Va|na|di|um [v-] n. *(-s)* vanadio *m.*

Van-Al|len-Gür|tel [væn'ælɪn-] m. *(-s,-)* fascia *f.* di Van Allen.
Van|da|le → **Wandale. van|da|lisch** → **wandalisch. Van|da|lis|mus** → **Wandalismus.**
va|nil|le [va'nɪljə, va'nɪlə] agg.inv. giallino. **Va|nil|le** f. *(-)* vaniglia *f.* **Va|nil|le|eis** n. *(-es)* gelato *m.* alla vaniglia. **Va|nil|le|pud|ding** m. *(-s,-e* e *-s)* budino *m.* alla vaniglia. **Va|nil|le|stan|ge** f. *(-,-n)* stecca *f.* di vaniglia. **Va|nil|le|zu|cker** m. *(-s)* zucchero *m.* vanigliato. **Va|nil|lin** n. *(-s)* vanillina *f.*, vaniglina *f.*
VAR ⇒ *Vereinigte Arabische Republik* Repubblica Araba Unita (R.A.U.).
va|ri|a|bel [v-] **I** agg. **1** variabile, incostante, instabile: ***variable Kosten*** costi variabili **2** MAT. variabile: ***variable Größe*** grandezza variabile **II** avv. in modo incostante. **Va|ri|a|bi|li|tät** f. *(-)* variabilità *f.* (anche MAT.), instabilità *f.* **Va|ri|ab|le** f. *(-n,-n)* variabile *f.*
Va|ri|an|te [v-] f. *(-,-n)* **1** variante *f.*: ***die -en eines Modells*** le varianti di un modello **2** *(Darstellung)* versione *f.*: ***eine andere ~ zum Hergang des Unglücks*** una versione diversa della dinamica dell'incidente **3** MUS. variazione *f.* **va|ri|an|ten|reich** agg. ricco di varianti.
Va|ri|anz [v-] f. *(-)* varianza *f.*
Va|ri|a|ti|on [v-] f. *(-,-en)* variazione *f.*: ***einige -en erfahren*** subire alcune variazioni; MUS. ***-en über ein Thema, zu einem Volkslied*** variazioni su un tema, su un canto popolare; BIOL. ***genetische ~*** variazione genetica. **Va|ri|a|ti|ons|brei|te** f. *(-,-n)* (ampiezza *f.* della) variazione. **va|ri|a|ti|ons|fä|hig** agg. variabile. **Va|ri|a|ti|ons|rech|nung** f. *(-,-en)* calcolo *m.* delle variazioni.
Va|ri|e|tät [v-] f. *(-,-en)* BOT. varietà *f.* **Va|ri|é|té** SVIZZ., **Va|ri|e|tee** n. *(-s,-s)* TEATR. varietà *m.* **Va|ri|e|tee|the|a|ter** n. *(-s,-)* (teatro *m.* di) varietà *m.*
va|ri|ie|ren [v-] **I** intr. (aus. *haben*) variare: ***der Preis variiert je nach Größe*** il prezzo varia a seconda della grandezza **II** tr. variare: MUS. ***ein Thema ~*** variare un tema.
va|ri|kös [v-] agg. varicoso. **Va|ri|ko|se** f. *(-,-n)* varicosi *f.*
Va|ri|o|me|ter [v-] n. *(-s,-)* variometro *m.* **Va|ri|o|ob|jek|tiv** n. *(-s,-e)* FOT. obiettivo *m.* a focale variabile, zoom *m.*
Va|rix [v-] f. *(-, Varizen),* **Va|ri|ze** f. *(-,-n)* varice *f.*
Va|sall [v-] m. *(-en,-en)* vassallo *m.* **Va|sal|len|dienst** m. *(-es,-e)* **1** vassallaggio *m.* **2** SPREG. servizio *m.*: ***bei jdm ~ leisten*** prestare servizio a qcn., servire qcn. **Va|sal|len|staat** m. *(-[e]s,-en)* stato *m.* vassallo. **va|sal|lisch** agg. vassallo, vassallesco.
Väs|chen [v-] n. *(-s,-)* vasetto *m.* **Va|se** f. *(-,-n)* vaso *m.*: ***einen Strauß Blumen in eine ~ stellen*** mettere un mazzo di fiori in un vaso.
Va|sek|to|mie [v-] f. *(-,-n)* vasectomia *f.*
Va|se|lin [v-] n. *(-s),* **Va|se|li|ne** f. *(-)* vaselina *f.*
Va|sen|ma|le|rei [v-] f. *(-)* pittura *f.* vascolare.
vas|ku|lar, vas|ku|lär [v-] agg. MED. vascolare. **Vas|ku|la|ri|sa|ti|on** f. *(-,-en)* vascolarizzazione *f.*
Va|so|mo|to|ren [v-] pl. nervi *m.pl.* vasomotori. **va|so|mo|to|risch** agg. vasomotore, vasomotorio. **Va|so|to|mie** f. *(-,-n)* vasotomia *f.*
Va|ter m. *(-s, Väter)* **1** padre *m.*: ***er ist ~ von zwei Kindern*** è padre di due bambini; ***er ist ganz der ~*** è tutto suo padre; ***das hat sie vom ~*** questo l'ha preso dal padre; FIG. ***geistiger ~*** padre spirituale; *(Schöpfer)* ***die Väter der Verfassung*** i padri della costituzione; RELIG. ***apostolische Väter*** padri apostolici **2** *(Gott)* ***der himmlische ~*** il Padre celeste; ***Gott ~*** Dio Padre; ***der allmächtige ~*** il Padre onnipotente ◆ ***jdm den ~ ersetzen*** fare da padre a qcn.; RELIG. ***Heiliger*** ~ Santo Padre; ***leiblicher*** ~ padre naturale; SCHERZ. ***~ Staat*** stato; ANT. SCHERZ. ***sich zu den Vätern versammeln*** ricongiungersi ai propri avi (in cielo); PROV. ***wie der ~, so der Sohn*** tale padre, tale figlio. **Va|ter|bild** n. *(-[e]s,-er)* PSIC. figura *f.* paterna. **Va|ter|bin|dung** f. *(-,-en)* legame *m.* paterno. **Va|ter|fi|gur** f. *(-,-en)* figura *f.* paterna. **Va|ter|freu|den, *~ entgegensehen*** = sta-

re per diventare padre. **Va|ter|haus** n. *(-es)* casa *f.* paterna. **Va|ter|herr|schaft** f. *(-,-en)* patriarcato *m.* **Va|ter|kom|plex** m. *(-es,-e)* complesso *m.* paterno.

Va|ter|land n. *(-[e]s,-länder)* patria *f.* **va|ter|län|disch** agg. patriottico: ***-e Lieder*** canti patriottici. **Va|ter|lands|lie|be** f. *(-,-n)* amor *m.* di patria, amor *m.* patrio. **va|ter|lands|lie|bend** agg. patriottico. **va|ter|lands|los** agg. senza patria. **Va|ter|lands|ver|rä|ter** m. *(-s,-)* traditore *m.* della patria. **Va|ter|lands|ver|tei|di|ger** m. *(-s,-)* difensore *m.* della patria.

vä|ter|lich agg. paterno: ***das -e Unternehmen übernehmen*** rilevare l'impresa del padre; ***ein -er Rat*** un consiglio paterno ◆ DIR. ***die -e Gewalt*** la patria potestà. **vä|ter|li|cher|seits** avv. da parte di padre, paterno: ***seine Verwandten ~*** i parenti da parte di padre; ***seine Großmutter ~*** la nonna paterna. **Vä|ter|lich|keit** f. *(-)* sentimento *m.* (*o* affetto *m.*) paterno.

va|ter|los I agg. senza padre, orfano di padre **II** avv. senza padre.

Va|ter|mord m. *(-[e]s,-e)* parricidio *m.* **Va|ter|mör|der** m. *(-s,-)* **1** parricida *m.* **2** SCHERZ. *(hoher Kragen)* = collo *m.* alto. **Va|ter|na|me** m. *(-ns,-n)* patronimico *m.*

Va|ter|schaft f. *(-,-en)* paternità *f.*: ***die ~ anerkennen, aberkennen, leugnen, feststellen*** riconoscere, disconoscere, negare, accertare la paternità; DIR. ***Vermutung der ~*** presunzione di paternità; ***eheliche, uneheliche*** (*o* ***außereheliche) ~*** paternità legittima, naturale. **Va|ter|schafts|be|stim|mung** f. *(-,-en)* accertamento *m.* della paternità. **Va|ter|schafts|kla|ge** f. *(-,-n)* azione *f.* di accertamento della paternità.

Va|ters|na|me → **Vatername.**

Va|ter|stadt f. *(-,-städte)* città *f.* natale. **Va|ter|stel|le,** ***bei*** (*o* ***an) jdm ~ vertreten*** fare da padre a qcn. **Va|ter|tag** m. *(-[e]s,-e)* festa *f.* del papà. **Va|ter|tier** n. *(-[e]s,-e)* ALLEV. maschio *m.*, animale *m.* da monta. **Va|ter|un|ser** n. *(-s,-)* padrenostro *m.*, paternoster *m.*: ***das ~, drei ~ beten, sprechen*** dire il padrenostro, tre paternoster.

Va|ti m. *(-s,-s)* FAM. **1** papà *m.*, papi *m.*; *(bes. in Mittelitalien)* babbo *m.* **2** *(als Kosename)* paparino *m.*, babbino *m.*

Va|ti|kan [v-] m. *(-s)* Vaticano *m.* **va|ti|ka|nisch** agg. vaticano. **Va|ti|kan|stadt** n.pr.f. *(-)* città *f.* del Vaticano.

V-Aus|schnitt m. *(-[e]s,-e)* scollo *m.* (*o* scollatura *f.*) a V.

v. Chr. ⇒ *vor Christus, vor Christo* avanti Cristo (a.C.).

v. Chr. G. ⇒ *vor Christi Geburt* avanti Cristo (a.C.).

Vd. ⇒ *Verschiedene* diversi (div.).

v. d. ⇒ *vor der* (in toponimi) di fronte al, allo, alla.

VdK ⇒ *Verband der Kriegs- und Wehrdienstopfer, Behinderten und Sozialrentner* Associazione invalidi e pensionati di guerra.

VDS ⇒ *Verband Deutscher Studentenschaften* Federazione Universitaria Nazionale.

v. d. Z. ⇒ *vor der Zeitrechnung* avanti Cristo (a.C.).

VEB ⇒ EX-RDT *volkseigener Betrieb* azienda statale.

Ve|du|te [v-] f. *(-,-n)* ART. FOT. veduta *f.*

Ve|ge|ta|bi|li|en [v-] pl. alimenti *m.pl.* (*o* cibi *m.pl.*) vegetali. **ve|ge|ta|bi|lisch** agg. vegetale.

Ve|ge|ta|ri|a|ner [v-] RAR., **Ve|ge|ta|ri|er** m. *(-s,-)* vegetariano *m.* **ve|ge|ta|risch** agg. vegetariano ◆ ***nur ~ essen*** mangiare solo cibi vegetariani. **Ve|ge|ta|ris|mus** m. *(-)* vegetarismo *m.*, vegetarianismo *m.*

Ve|ge|ta|ti|on [v-] f. *(-,-en)* vegetazione *f.* **Ve|ge|ta|ti|ons|gren|ze** f. *(-,-n)* limite *m.* superiore della vegetazione. **Ve|ge|ta|ti|ons|gür|tel** m. *(-s,-)* fascia *f.* (*o* zona *f.*) di vegetazione. **ve|ge|ta|ti|ons|los** agg. privo di vegetazione. **Ve|ge|ta|ti|ons|pe|ri|o|de** f. *(-,-n)* periodo *m.* vegetativo. **Ve|ge|ta|ti|ons|stu|fe** f. *(-,-n)* fascia *f.* di vegetazione.

ve|ge|ta|tiv agg. vegetativo ◆ ***-es Nervensystem*** sistema neurovegetativo.

ve|ge|tie|ren [v-] intr. (aus. *haben*) vegetare.

ve|he|ment [v-] agg. veemente. **Ve|he|menz** f. *(-)* veemenza *f.*

Ve|hi|kel [v-] n. *(-s,-)* **1a** macinino *m.*, trabiccolo *m.* **b** ANT. *(Fahrzeug)* veicolo *m.* **2** FIG. *(Mittel)* strumento *m.*, veicolo *m.*

Veil|chen n. *(-s,-)* **1** violetta *f.*, viola *f.* (mammola) **2** SCHERZ. ***ein ~ haben*** avere un occhio nero ◆ ***blau wie ein ~ sein*** essere ubriaco fradicio; IRON. ***wie ein ~ im Verborgenen blühen*** = vivere appartato, ritirato. **veil|chen|blau** agg. violetto. **Veil|chen|duft** m. *(-[e]s)* (profumo *m.* di) violetta *f.* **Veil|chen|strauß** m. *(-es,-sträuße)* mazzo *m.* di violette.

Veit n.pr.m. Vito *m.* **Veits|tanz** m. *(-es)* MED. ballo *m.* di san Vito.

Vek|tor [v-] m. *(-s,-en)* MAT. FIS. vettore *m.* **vek|to|ri|ell** agg. vettoriale. **Vek|tor|rech|nung** f. *(-,-en)* calcolo *m.* vettoriale.

ve|lar [v-] agg. FON. velare. **Ve|lar** m. *(-s,-e)* FON. velare *f.* **Ve|lar|laut** m. *(-[e]s,-e)* FON. suono *m.* velare, velare *f.*

Ve|lin [v-] n. *(-s)* **1** velino *m.* **2** *(Seidenpapier)* carta *f.* velina.

Ve|lo [v-] n. *(-s,-s)* SVIZZ. bici *f.*

Ve|lo|drom [v-] n. *(-s,-e)* velodromo *m.*

1.Ve|lours [və'lu:ɐ, ve'lu:ɐ] m. *(-)* velours *m.*, velluto *m.*

2.Ve|lours [və'lu:ɐs] *(-)*, **Ve|lours|le|der** n. *(-s)* pelle *f.* scamosciata.

Ve|lo|zi|ped [v-] n. *(-[e]s,-e)* velocipede *m.*

Velt|lin n.pr.n. *(-s)* Valtellina *f.*

Ve|lum [v-] n. *(-s, Vela)* **1** LIT. velo *m.* **2** ANAT. *(Gaumensegel)* velo *m.* palatino (*o* pendulo) **3** ZOOL. velo *m.*

Ve|ne [v-] f. *(-,-n)* MED. vena *f.*

Ve|ne|dig [v-] n.pr.n. *(-s)* Venezia *f.*

Ve|nen|ent|zün|dung f. *(-,-en)* flebite *f.*

ve|ne|risch [v-] agg. venereo.

Ve|ne|ter [v-] m. *(-s,-)* veneto *m.* **Ve|ne|ti|a|ner** agg.inv. veneto: ***~ Alpen*** Alpi Venete. **Ve|ne|ti|en** n.pr.n. *(-s)* Veneto *m.* ◆ ***Julisches ~*** Venezia Giulia. **Ve|ne|zi|a|ner I** m. *(-s,-)* veneziano *m.* **II** agg.inv. veneziano, di Venezia. **ve|ne|zi|a|nisch** agg. veneziano.

Ve|ne|zo|la|ner m. *(-s,-)* [v-] venezuelano *m.* **ve|ne|zo|la|nisch** agg. venezuelano. **Ve|ne|zu|e|la** n.pr.n. *(-s)* Venezuela *m.* **Ve|ne|zu|e|ler** m. *(-s,-)* → **Venezolaner.** **ve|ne|zu|e|lisch** → **venezolanisch.**

ve|nös [v-] agg. venoso.

Ven|til [v-] n. *(-s,-e)* **1a** valvola *f.*: ***ein ~ öffnen, schließen*** aprire, chiudere una valvola; ***die -e einstellen*** registrare le valvole **b** FIG. valvola *f.* (di sfogo, di sicurezza), sfogo *m.*: ***ein ~ für seinen Zorn suchen*** cercare uno sfogo per la propria rabbia **2a** MUS. pistone *m.* **b** *(von Orgeln)* valvola *f.*

Ven|ti|la|ti|on [v-] f. *(-,-en)* ventilazione *f.* **Ven|ti|la|tor** [v-] m. *(-s,-en)* ventilatore *m.*

Ven|til|hub m. *(-[e]s,-hübe)* alzata *f.* della valvola.

ven|ti|lie|ren [v-] tr. **1** ventilare: ***ein Zimmer ~*** ventilare una stanza **2** *(erwägen)* esaminare, ponderare: ***eine neue Steuerreform ~*** esaminare una nuova riforma fiscale ◆ FIG. ***seine Lunge ~*** ossigenarsi i polmoni.

Ven|til|klap|pe [v-] f. *(-,-n)* valvola *f.* a farfalla. **Ven|til|spiel** n. *(-[e]s,-e)* gioco *m.* della valvola. **Ven|til|steu|e|rung** f. *(-,-en)* distribuzione *f.* **Ven|til|stö|ßel** m. *(-s,-)* punteria *f.* (della valvola).

vent|ral [v-] agg. MED. ventrale.

Vent|ri|kel [v-] m. *(-s,-)* ventricolo *m.*

Ve|nus [v-] n.pr.f. *(-)* MITOL. ASTR. Venere *f.* **Ve|nus|berg** m. *(-[e]s,-e)* ANAT. monte *m.* di Venere. **Ve|nus|gür|tel** m. *(-s,-)* cinto *m.* di Venere. **Ve|nus|haar** n. *(-[e]s,-e)* capelvenere *m.* **Ve|nus|hü|gel** m. *(-s,-)* → **Venusberg.** **Ve|nus|mu|schel** f. *(-,-n)* veneride *m.*, venere *f.*

ver|ab|fol|gen tr. ANT. **1** somministrare, dare: ***jdm Medikamente ~*** somministrare medicine a qcn. **2** *(aushändigen)* consegnare, dare **3** *(versetzen)* somministrare, assestare, dare: ***Prügel, Schläge ~*** somministrare botte, assestare colpi ◆ ***jdm eine Spritze ~*** fare un'iniezione a qcn.

ver|ab|re|den I tr. concordare, stabilire **II** rifl. **sich ~** fissare un appuntamento, dare un appuntamento: ***sich mit jdm ~*** dare un appuntamento a qcn.; ***sie haben sich für morgen verabredet*** si sono dati un appuntamento per domani. **ver|ab|re|det** p.pass. agg. **1** → **verabreden 2** convenuto, concordato, stabilito: ***am -en Ort, Tag*** nel luogo fissato, il giorno convenuto ◆ ***(mit jdm) ~ sein*** avere un appuntamento (con qcn.). **ver|ab|re|de|ter|ma|ßen** agg. come convenuto, come stabilito, come d'accordo. **Ver|ab|re|dung** f. *(-,-en)* **1** accordo *m.*, patto *m.*: ***eine ~ mit jdm treffen*** concludere un accordo con qcn.; ***eine ~ nicht einhalten*** non rispettare un accordo; ***das entspricht nicht unserer ~, das verstößt gegen unsere ~*** questo non era nei patti (*o* nei nostri accordi) **2** *(verabredete Zusammenkunft)* appuntamento *m.*: ***eine ~ absagen, bestätigen*** disdire, confermare un appuntamento.

ver|ab|rei|chen tr. **1** somministrare: ***eine Medizin ~*** somministrare una medicina **2** COLLOQ. dare, rifilare: ***jdm eine Tracht Prügel ~*** dare un sacco di botte a qcn. **Ver|ab|rei|chung** f. *(-,-en)* somministrazione *f.*

ver|ab|säu|men tr. trascurare, tralasciare; *(vergessen)* dimenticare.

ver|ab|scheu|en tr. detestare, aborrire, esecrare. **ver|ab|scheu|ens|wert, ver|ab|scheu|ens|wür|dig** agg. detestabile, abominevole, esecrabile. **Ver|ab|scheu|ung** f. *(-)* aborrimento *m.*, abominio *m.*, esecrazione *f.* **ver|ab|scheu|ungs|wert, ver|ab|scheu|ungs|wür|dig** → **verabscheuenswert, verabscheuenswürdig.**

ver|ab|schie|den I tr. **1** salutare: ***der französische Staatspräsident wurde auf dem Flugplatz verabschiedet*** il capo di stato francese fu salutato all'aeroporto **2a** MIL. congedare, mandare in congedo **b** *(in den Ruhestand versetzen)* mettere a riposo, giubilare **3** DIR. varare; *(annehmen)* approvare, votare: ***ein Gesetz ~*** varare (*o* approvare) una legge; ***der Haushalt wurde mit großer Mehrheit verabschiedet*** il bilancio fu approvato con larga maggioranza **II** rifl. **sich ~ 1a** congedarsi, accomiatarsi, prendere congedo (*o* commiato) **b** *(grüßen)* salutare: ***ich muss mich leider ~*** devo purtroppo salutare **c** *(sich trennen)* lasciarsi: ***wir haben uns um 10 Uhr verabschiedet*** ci siamo lasciati alle 10 **2** FIG. *(etwas aufgeben, lösen)* ***sich von etw. ~*** staccarsi da qcs. **3** COLLOQ. SPORT *(ausscheiden)* essere eliminato, uscire: ***die Mannschaft verabschiedete sich nach der ersten Runde*** la squadra uscì al primo turno **4** COLLOQ. *(kaputtgehen)* partire, rompersi: ***die Benzinpumpe hat sich verabschiedet*** è partita la pompa della benzina ◆ ***jdn in den Ruhestand ~*** mettere a riposo qcn. **ver|ab|schie|det** p.pass. agg. **1** → **verabschieden 2** MIL. congedato, in congedo **3** *(im Ruhestand)* a riposo. **Ver|ab|schie|dung** f. *(-,-en)* **1** congedo *m.*, commiato *m.* **2** *(Versetzen in den Ruhestand)* messa *f.* a riposo **3** DIR. varo *m.*; *(Annahme)* approvazione *f.* **ver|ab|schie|dungs|reif** agg. ***ein -es Gesetz*** una legge pronta per essere varata.

ver|ab|so|lu|tie|ren tr. assolutizzare: ***dazu neigen, alles zu ~*** tendere ad assolutizzare tutto. **Ver|ab|so|lu|tie|rung** f. *(-,-en)* assolutizzazione *f.*

ver|ach|ten tr. **1a** disprezzare: ***jdn wegen seiner Schwäche ~*** disprezzare qcn. per la sua debolezza **b** FIG. ***die Gefahr, die Gesetze ~*** disprezzare il pericolo, le leggi **2** disdegnare, disprezzare: ***ein gutes Glas Wein ist nicht zu ~*** un buon bicchiere di vino non è mai da disprezzare. **ver|ach|tens|wert** agg. degno di disprezzo, spregevole, disprezzabile.

Ver|äch|ter m. *(-s,-)* spregiatore *m.*

ver|ächt|lich I agg. **1** sprezzante: ***-e Worte*** parole sprezzanti **2** *(verachtenswert)* spregevole **II** avv. sprezzantemente, con disprezzo: ***~ von jdm sprechen*** parlare con disprezzo di qcn. ◆ ***jdn, etw. ~ machen*** screditare qcn., denigrare qcs. **Ver|ächt|lich|ma|chung** f. *(-,-en)* vilipendio *m.*

Ver|ach|tung f. *(-)* disprezzo *m.*: ***jdn seine ~ spüren lassen*** far capire il proprio disprezzo a qcn. ◆ ***jdn der allgemeinen ~ preisgeben*** esporre qcn. al pubblico ludibrio; ***jdn mit ~ strafen*** ignorare qcn. **ver|ach|tungs|voll** avv. pieno di disprezzo. **ver|ach|tungs|wür|dig** → **verachtenswert**.

ver|al|bern tr. canzonare, prendere in giro; *(foppen)* schernire. **Ver|al|be|rung** f. *(-,-en)* canzonatura *f.*, presa *f.* in giro; *(Foppen)* scherno *m.*

ver|all|ge|mei|nern tr. generalizzare. **Ver|all|ge|mei|ne|rung** f. *(-,-en)* generalizzazione *f.*

ver|al|ten intr. (aus. *sein*) invecchiare; *(altmodisch werden)* passare di moda; *(außer Gebrauch kommen)* cadere in disuso; *(sich abnutzen)* logorarsi. **ver|al|tet** p.pass. agg. vecchio, antiquato; *(überholt)* sorpassato, obsoleto; *(altmodisch)* fuori moda; *(außer Gebrauch)* in disuso; *(abgenutzt)* logoro.

Ve|ran|da [v-] f. *(-, Veranden)* veranda *f.*: ***auf der ~*** sulla veranda.

ver|än|der|bar agg. modificabile, trasformabile. **ver|än|der|lich** agg. **1** mutevole, instabile, volubile: ***ein -es Wesen haben*** avere una natura mutevole **2** variabile, instabile: ***-es Wetter*** tempo variabile; ***das Barometer steht auf ~*** il barometro è sul variabile **3** MAT. ***-e Größen*** grandezze variabili; ASTR. ***-e Sterne*** stelle variabili. **Ver|än|der|li|che I** f. *(-n,-n)* MAT. variabile *f.* **II** m. *(-n,-n)* stella *f.* variabile. **Ver|än|der|lich|keit** f. *(-,-en)* **1** *(Unbeständigkeit)* mutevolezza *f.*, instabilità *f.*, volubilità *f.* **2** *(vom Wetter)* variabilità *f.*, instabilità *f.*

ver|än|dern I tr. **1** cambiare, mutare, trasformare: ***die Welt, Wirklichkeit ~*** cambiare il mondo, trasformare la realtà; ***an einer Sache etw. ~*** cambiare qcs. in una cosa **2** modificare: ***einen Text ~*** modificare un testo **II** rifl. **sich ~ 1** cambiare, mutare, trasformarsi: ***die Situation hat sich zu seinem Vorteil verändert*** la situazione è mutata a suo vantaggio; ***du hast dich aber verändert!*** come sei cambiato! ***sich beruflich ~*** cambiare lavoro **2** ANT. *(sich verheiraten)* sposarsi. **Ver|än|de|rung** f. *(-,-en)* **1** variazione *f.*, modifica *f.*: ***an etw. eine ~ vornehmen*** apportare una modifica a qcs. **2** cambiamento *m.*, trasformazione *f.*: ***in unserer Beziehung ist eine ~ eingetreten*** nel nostro rapporto è subentrato un cambiamento.

ver|ängs|ti|gen tr. impaurire, intimidire: ***ein Tier, die Bevölkerung ~*** impaurire un animale, intimidire la popolazione. **ver|ängs|tigt** p.pass. agg. **1** → **verängstigen 2** impaurito, spaurito. **Ver|ängs|ti|gung** f. *(-,-en)* intimidazione *f.*

ver|an|kern tr. **1** *(Schiff)* ancorare **2** ancorare, fissare: ***etw. fest im Boden ~*** ancorare qcs. a terra. **ver|an|kert** p.pass. agg. **1** → **verankern 2** FIG. *(verbunden)* ancorato, fondato: ***in etw. (D) ~*** ancorato a qcs., fondato su qcs. **Ver|an|ke|rung** f. *(-,-en)* **1** *(von Schiffen)* ancoraggio *m.* **2** ancoraggio *m.*, fissaggio *m.*

ver|an|la|gen tr. tassare: ***jdn zu einer Steuer ~*** tassare qcn.; ***jdn mit 90 000 Mark ~*** tassare qcn. di 90 000 marchi. **ver|an|lagt** agg. predisposto, dotato: ***für etw. ~ sein*** essere dotato per qcs. ◆ ***homosexuell ~ sein*** avere tendenze omosessuali; ***musikalisch ~ sein*** avere predisposizione per la musica; ***praktisch ~ sein*** essere dotato di senso pratico. **Ver|an|la|gung** f. *(-,-en)* **1** predisposizione *f.*, attitudine *f.*: ***eine ~ zum Politiker haben*** avere una predisposizione per la politica; ***musikalische ~*** attitudini musicali **2** *(Steuerveranlagung)* tassazione *f.* ◆ ***homosexuelle ~*** tendenze omosessuali.

ver|an|las|sen tr. **1** ***jdn zu etw. ~*** indurre, spingere qcn. a qcs.: ***jdn ~, eine Entscheidung zu treffen*** indurre qcn. a prendere una decisione; ***sich veranlasst fühlen, etw. zu tun*** sentirsi spinto a fare qcs. **2** *(hervorrufen, bewirken)* determinare, provocare **3** *(anordnen)* disporre, predisporre, ordinare: ***das Nötige, alles Weitere ~*** predisporre il necessario, tutte le cose successive; ***eine Untersuchung ~*** ordinare un'inchiesta. **Ver|an|las|ser** m. *(-s,-)* promotore *m.*

Ver|an|las|sung f. *(-,-en)* **1** *(Grund)* motivo *m.*, ragione *f.*: ***dazu besteht, gibt es keine ~*** non ce n'è motivo **2** *(Anlass)* iniziativa *f.*, disposizione *f.*, ordine *m.*: ***auf meine ~*** per (*o* su) mia iniziativa, per (*o* su) mia disposizione; ***auf ~ der Regierung*** per disposizione governativa; ***auf wessen ~ (hin) wurde die Reihenfolge abgeändert?*** per disposizione di chi è stato cambiato l'ordine? ◆ BUROCR. ***zur weiteren ~*** per i provvedimenti del caso. **Ver|an|las|sungs|verb** n. *(-s,-en)* causativo *m.*

ver|an|schau|li|chen tr. dimostrare, illustrare, rendere chiaro: ***den Gebrauch eines Wortes durch Beispiele ~*** illustrare l'uso di una parola attraverso esempi ◆ ***grafisch ~*** rappresentare graficamente. **Ver|an|schau|li|chung** f. *(-,-en)* dimostrazione *f.*, illustrazione *f.* ◆ ***grafische ~*** rappresentazione grafica.

ver|an|schla|gen tr. valutare, calcolare, preventivare: ***die Kosten mit 3 Millionen Mark ~*** preventivare una spesa di 3 milioni di marchi ◆ ***etw. hoch, nicht hoch genug ~*** considerare tutto il valore (*o* tutta l'importanza) di qcs., non sopravvalutare qcs. **ver|an|schlagt** p.pass. agg. **1** → **veranschlagen 2** preventivato, previsto: ***die -en Kosten überschreiten*** superare le spese preventivate. **Ver|an|schla|gung** f. *(-,-en)* **1** valutazione *f.*, calcolo *m.*, preventivo *m.* **2** *(Bewertung)* valutazione *f.*, stima *f.*

ver|an|stal|ten tr. **1** organizzare, allestire, preparare: ***ein Fest, eine Ausstellung ~*** organizzare una festa, allestire una mostra; ***eine Umfrage ~*** condurre un'inchiesta **2** COLLOQ. *(machen)* fare: ***Lärm ~*** fare chiasso. **Ver|an|stal|tung** f. *(-,-en)* **1** organizzazione *f.*, allestimento *m.*: ***die ~ der Olympischen Spiele*** l'organizzazione dei giochi olimpici **2a** manifestazione *f.*: ***eine sportliche, kulturelle ~*** una manifestazione sportiva, culturale **b** allestimento *m.*, spettacolo *m.*: ***eine ~ des Rundfunks, Fernsehens*** un allestimento radiofonico, televisivo. **Ver|an|stal|tungs|ka|len|der** m. *(-s,-)* calendario *m.* delle manifestazioni.

ver|ant|wor|ten I tr. **1** ***etw. ~*** assumere la responsabilità di qcs., rispondere di qcs. **2** giustificare: ***eine Maßnahme ~*** giustificare un provvedimento **II** rifl. **sich ~** giustificarsi, rispondere: ***sich für sein Tun vor Gott, Gericht ~*** giustificarsi davanti a Dio per il proprio operato, rispondere del proprio operato davanti a un tribunale; ***sich wegen einer Mordanklage zu ~ haben*** dover rispondere dell'accusa di omicidio, essere imputato di omicidio.

ver|ant|wort|lich agg. **1** responsabile: ***der -e Leiter*** il direttore responsabile; ***für jdn, etw. ~ sein*** essere responsabile per (*o* di) qcn., qcs.; ***jdm gegenüber ~ sein*** essere responsabile di fronte a qcn.; ***jdn, etw. für etw. ~ machen*** ritenere qcn., qcs. responsabile per (*o* di) qcs. **2** di responsabilità: ***eine -e Stelle*** un posto di responsabilità ◆ ***für etw. ~ zeichnen*** assumersi la responsabilità di qcs. **Ver|ant|wort|li|che** m. e f. *(-n,-n)* responsabile *m.* e *f.* **Ver|ant|wort|lich|keit** f. *(-,-en)* responsabilità *f.*; DIR. ***rechtliche, strafrechtliche, vertragliche ~*** responsabilità giuridica, penale, contrattuale.

Ver|ant|wor|tung f. *(-,-en)* responsabilità *f.*: ***die ~ für etw. ablehnen, von sich abwälzen (abschütteln), auf sich nehmen (übernehmen)*** declinare, allontanare da sé, assumersi la responsabilità per (*o* di) qcs.; ***die volle ~ für jdn, etw. haben, tragen*** avere la piena responsabilità di qcn., qcs.; ***auf eigene ~*** sotto la propria responsabilità; ***jdm die ~ abnehmen, jdn der ~ entbinden*** togliere la responsabilità a qcn., liberare qcn. dalla responsabilità; ***sich der ~ entziehen*** sottrarsi alla responsabilità; ***jdm die ~ zuschieben*** delegare la responsabilità a qcn. ◆ ***jdn zur ~ ziehen*** chiedere ragione (*o* conto) a qcn. **ver|ant|wor|tungs|be|wusst I** agg. conscio della propria responsabilità (consapevolmente) responsabile **II** avv. responsabilmente: ***~ handeln*** agire responsabilmente. **Ver|ant|wor|tungs|be|wusst|sein** n. *(-s)* senso *m.* di responsabilità. **Ver|ant|wor|tungs|ge|fühl** n. *(-s)* senso *m.* di responsabilità. **ver|ant|wor|tungs|los I** agg. irresponsabile **II** avv. in modo irresponsabile. **Ver|ant|wor|tungs|lo|sig|keit** f. *(-)* irresponsabilità *f.* **ver|ant|wor|tungs|voll I** agg. **1** di responsabilità: ***eine -e Aufgabe*** un compito di responsabilità **2** molto responsabile: ***ein -er Mensch*** una persona molto responsabile **II** avv. responsabilmente, in modo responsabile.

ver|ar|bei|ten tr. **1** *(verwenden, verbrauchen)* adoperare, utilizzare: ***hochwertige Materialien ~*** adoperare materiali pregiati **2a** *(bearbeiten)* lavorare, trasformare: ***die Zutaten zu einem Teig ~*** lavorare gli ingredienti per ottenere un impasto; ***den Ton zu kleinen Gefäßen ~*** fare delle ciotoline lavorando l'argilla **b** FIG. elaborare: ***einen mittelalterlichen Stoff zu einem Roman ~*** elaborare tematiche medioevali in un romanzo; ***die aufgenommenen Reize im Gehirn ~*** elaborare gli stimoli percepiti nel cervello **3a** *(verdauen)* assimilare: ***Speisen ~*** assimilare il cibo **b** *(psychisch bewältigen)* assimilare, elaborare: ***Erlebnisse, Eindrücke ~*** assimilare esperienze, elaborare impressioni. **ver|ar|bei|tend** p.pres. agg. → **verarbeiten** ◆ ***-e Industrie*** industria di trasformazione. **ver|ar|bei|tet** p.pass. agg. **1** → **verarbeiten 2** rovinato, logoro, sciupato (dal lavoro): ***-e Hände*** mani sciupate. **Ver|ar|bei|tung** f. *(-,-en)* **1a** *(Bearbeitung)* lavorazione *f.*, trattamento *m.*, trasformazione *f.* **b** *(Art der Fertigung)* tipo *m.* di lavorazione **2** FIG. elaborazione *f.*, trasformazione *f.* **3a** *(Verdauung)* assimilazione *f.* **b** *(psychische Bewältigung)* assimilazione *f.*, elaborazione *f.*

ver|ar|gen tr. **1** ***jdm etw. (A) ~*** biasimare qcn. per qcs.; ***das kann ihm nicht verargt werden*** non gli si può dare torto (per questo) **2** *(übel nehmen)* offendersi, prendersela: ***du wirst es ihr nicht ~, wenn sie heute nicht kommt*** non ti offenderai, non te la prenderai, se oggi lei non viene.

ver|är|gern tr. irritare, stizzire. **ver|är|gert** p.pass. agg. → **verärgern** ◆ ***ein -er Gesichtsausdruck*** un'espressione irritata; ***sich ~ abwenden*** voltarsi indispettito. **Ver|är|ge|rung** f. *(-,-en)* irritazione *f.*, stizza *f.*

ver|ar|men intr. (aus. *sein*) impoverire, impoverirsi (anche FIG.). **Ver|ar|mung** f. *(-,-en)* impoverimento *m.*

ver|ar|schen tr. VOLG. prendere per il culo.

ver|arz|ten tr. COLLOQ. curare, medicare. **Ver|arz|tung** f. *(-,-en)* COLLOQ. cura *f.*, medicazione *f.*

ver|aschen tr. CHIM. incenerire.

ver|äs|teln rifl. **sich ~** *(von Bäumen, Flüssen)* ramificarsi. **Ver|äs|te|lung, Ver|äst|lung** f. *(-,-en)* ramificazione *f.*, diramazione *f.*

ver|ät|zen tr. corrodere. **Ver|ät|zung** f. *(-,-en)* corrosione *f.*

ver|aus|ga|ben I tr. **1** BUROCR. *(ausgeben)* spendere **2** *(Briefmarken)* emettere **II** rifl. **sich ~ 1** spendere tutto **2** prodigarsi: ***sich in etw. (D), mit etw. völlig ~*** prodigarsi totalmente per qcs. **Ver|aus|ga|bung** f. *(-,-en)* **1** BUROCR. spesa *f.* **2** *(von Briefmarken)* emissione *f.* **3** *(Anstrengung)* esaurimento *m.*

ver|aus|la|gen tr. anticipare: ***jdm, für jdn Geld ~*** anticipare del denaro a, per qcn. **Ver|aus|la|gung** f. *(-,-en)* anticipo *m.* (di denaro).

ver|äu|ßer|lich agg. DIR. alienabile.

ver|äu|ßer|li|chen I tr. **1** *(äußerlich machen)* esteriorizzare **2** *(oberflächlich behandeln)* trattare superficialmente **II** intr. (aus. *sein*) **1** esteriorizzarsi **2** diventare superficiale: ***ihre Beziehungen ~ immer mehr*** le sue relazioni diventano sempre più superficiali. **Ver|äu|ßer|li|chung** f. *(-,-en)* il trattare superficialmente; comportamento *m.* superficiale.

ver|äu|ßern tr. DIR. alienare, cedere: ***Immobilien ~*** alienare beni immobili; ***Rechte ~*** cedere dei diritti. **Ver|äu|ße|rung** f. *(-,-en)* alienazione *f.*, cessione *f.*

Verb [v-] n. *(-s,-en)* GRAMM. verbo *m.*: ***regelmäßiges, unregelmäßiges ~*** verbo regolare, irregolare; ***starkes, schwaches ~*** verbo forte, debole; ***transitives, intransitives, reflexives ~*** verbo transitivo, intransitivo, riflessivo.

1.ver|ba|cken tr. *(verbäckt/verbackt, verbackte/*ANT. *verbuk, verbacken)* adoperare, usare: ***hundert Gramm Butter ~*** usare un etto di burro; *(verarbeiten)* ***Mehl zu Brot ~*** usare farina per fare il pane.

2.ver|ba|cken I intr. (aus. *sein*) essere incollato **II** rifl. **sich ~** incollarsi ◆ ***sich zu etw. ~*** formare un'unità.

ver|bal [v-] **I** agg. verbale: ***ein -er Protest*** una protesta verbale; GRAMM. ***-e Ableitungen*** derivazioni verbali **II** avv. verbalmente: ***etw. ~ ausdrücken*** esprimere qcs. verbalmente. **Ver|bal|ad|jek|tiv** n. *(-s,-e)* aggettivo *m.* verbale. **Ver|ba|le** n. *(-s, Verbalien)* **1** nome *m.* derivato da un verbo **2** ANT. *(mündliche Äußerung)* espressione *f.* verbale. **Ver|bal|in|ju|rie** f. *(-,-n)* ingiuria *f.* verbale. **ver|ba|li|sie|ren** tr. esprimere verbalmente. **Ver|bal|kon|kor|danz** f. *(-,-en)* concordanza *f.* verbale. **Ver|bal|kon|trakt** m. *(-[e]s,-e)* contratto *m.* verbale.

ver|bal|lern tr. sperperare.

ver|ball|hor|nen tr. storpiare, parodiare. **Ver|ball|hor|nung** f. *(-,-en)* storpiatura *f.*, parodia *f.*

Ver|bal|no|te f. *(-,-n)* DIPL. nota *f.* verbale: ***eine ~ überreichen*** presentare una nota verbale. **Ver|bal|phra|se** f. *(-,-n)* frase *f.* verbale. **Ver|bal|prä|fix** n. *(-es,-e)* prefisso *m.* verbale. **Ver|bal|sub|stan|tiv** n. *(-[e]s,-e)* sostantivo *m.* verbale.

Ver|band m. *(-[e]s,-bände)* **1** fasciatura *f.*, bendaggio *m.*: ***einen ~ anlegen, abnehmen, wechseln*** applicare, togliere, cambiare una fasciatura **2a** *(Bund)* unione *f.*, associazione *f.*, federazione *f.*, lega *f.*: ***einen ~ gründen*** fondare un'associazione; ***einem ~ angehören*** appartenere a una federazione; ***in einem ~ organisiert sein*** essere organizzato in un'associazione **b** *(Gruppe)* gruppo *m.*: ***der ~ der Familie*** il gruppo famigliare **3a** MIL. unità *f.*: ***motorisierte Verbände*** unità motorizzate **b** formazione *f.*: ***im ~ fliegen*** volare in formazione **4** EDIL. calettatura *f.*, giunto *m.*

Ver|band|kas|ten m. *(-s,- e -kästen)* cassetta *f.* di pronto soccorso. **Ver|band|ma|te|ri|al** n. *(-s,-ien)* materiale *m.* per medicazione. **Ver|band|mull** m. *(-[e]s,-e)* garza *f.* idrofila. **Ver|band|platz** m. *(-es,-plätze)* MIL. posto *m.* di medicazione. **Ver|bands|kas|ten** → **Verbandkasten.**

Ver|bands|lei|ter m. *(-s,-)* dirigente *m.* di un'associazione, capo *m.* di una federazione.

Ver|bands|ma|te|ri|al → **Verbandmaterial. Ver|bands|mull** → **Verbandmull. Ver|bands|platz** → **Verbandplatz. Ver|band(s)|stoff** m. *(-[e]s)* → **Verbandmaterial.**

Ver|bands|vor|sit|zen|de m. *(-n,-n)* presidente *m.* di un'associazione, di una federazione. **Ver|bands|vor|stand** m. *(-[e]s,-vorstände)* presidenza *f.* di un'associazione.

Ver|bands|wat|te → **Verbandwatte. Ver|bands|zeug** n. *(-[e]s)* → **Verbandmaterial. Ver|bands|zim|mer** → **Verbandzimmer. Ver|band|wat|te** f. *(-)* cotone *m.* idrofilo. **Ver|band|zeug** n. *(-[e]s)* → **Verbandmaterial. Ver|band|zim|mer** n. *(-s,-)* sala *f.* di medicazione, infermeria *f.*

ver|ban|nen tr. bandire, esiliare (anche FIG.): ***jdn aus der Heimat ~*** esiliare qcn. dalla patria; FIG. ***jdn aus dem Herzen ~*** esiliare qcn. dal cuore. **Ver|bann|te** m. e f. *(-n,-n)* esiliato *m.*, esule *m.* **Ver|ban|nung** f. *(-,-en)* esilio *m.*: ***~ auf Lebenszeit*** esilio per tutta la vita; ***in die ~ gehen*** andare in esilio; ***jdn in die ~ schicken*** mandare qcn. in esilio.

ver|bar|ri|ka|die|ren I tr. barricare: ***eine Straße, die Tür ~*** barricare una strada, la porta **II** rifl. **sich ~** barricarsi: ***sich hinter etw. (D) ~*** barricarsi dietro qcs.

ver|bau|en tr. **1** chiudere, ostruire (con una costruzione): ***jdm durch Aufstocken die Aussicht ~*** coprire (*o* togliere) la vista con un rialzo **2** FIG. ostacolare, precludere: ***jdm die Zukunft ~*** precludere il futuro a qcn. **3a** *(falsch, unzweckmäßig, unpraktisch bauen)* costruire male **b** *(beim Bauen verunstalten)* rovinare, deturpare (costruendo): ***die Landschaft ~*** deturpare il paesaggio **4** *(zum Bau verbrauchen)* ***viel Holz ~*** usare molto legno per costruire, costruire con molto legno **5** *(beim Bauen ausgeben)* spendere (per costruire).

ver|be|am|ten tr. **1** assumere in ruolo **2** SPREG. burocratizzare. **Ver|be|am|tung** f. *(-)* assunzione *f.* in ruolo.

ver|bei|ßen *(verbiss, verbissen)* **I** tr. **1** reprimere, contenere, trattenere: ***seinen Zorn, Schmerz ~*** reprimere la collera, soffocare il dolore **2** *(zusammenbeißen)* stringere, serrare: ***die Zähne, Lippen ~*** stringere i denti, serrare le labbra **3** *(beißend beschädigen)* morsicare, rosicchiare **II** rifl. **sich ~ 1** azzannare: ***sich in jdn, in etw. ~*** azzannare qcn., qcs. **2** *(unterdrücken)* reprimere, contenere: ***sich (D) das Lachen nicht ~ können*** non potersi trattenere dal ridere **3** *(sich versteifen)* ostinarsi, incaponirsi, perseverare: ***sich in eine Aufgabe ~*** ostinarsi in un compito.

ver|bel|len tr. VENAT. abbaiare (indicando): ***der Hund verbellt den Fasan*** il cane abbaia indicando il fagiano.

ver|ber|gen *(verbirgt, verbarg, verborgen)* **I** tr. nascondere: ***einen Flüchtling ~*** nascondere un fuggiasco; ***ich habe dir nichts zu ~*** non ho nulla da nasconderti; ***er verbirgt uns etw.*** (*o* ***etw. vor uns***)! ci nasconde qcs.! FIG. ***seinen Kummer ~*** nascondere la propria preoccupazione **II** rifl. **sich ~** nascondersi: ***welche Absicht verbirgt sich dahinter?*** quale mira si nasconde là dietro? ***sich vor der Polizei ~*** nascondersi dalla polizia. **Ver|ber|gung** f. *(-,-en)* **1** occultamento *m.* **2** *(Verheimlichung)* dissimulazione *f.*

ver|bes|sern I tr. **1** migliorare: ***seine finanzielle Lage ~*** migliorare la propria situazione economica; ***den Rekord um 2 Sekunden ~*** migliorare il record di 2 secondi **2** *(korrigieren)* correggere: ***einen***

Fehler, ein Diktat ~ correggere un errore, un dettato; ***verbessere mich nicht ständig*** non mi riprendere in continuazione **II** rifl. **sich ~ 1** migliorare: ***der Schüler hat sich gegen Schulschluss verbessert*** l'alunno è migliorato verso la fine dell'anno scolastico **2** *(besser leben)* trovarsi meglio: ***mit der Übersiedlung in die Stadt haben wir uns sehr verbessert*** con il trasferimento in città ci troviamo molto meglio **3** *(sich korrigieren)* correggersi: ***der Redner verbesserte sich oft*** l'oratore si corresse spesso. **Ver|bes|se|rung** f. *(-,-en)* **1** miglioramento *m.* **2** *(Korrektur)* correzione *f.* **ver|bes|se|rungs|fä|hig** agg. migliorabile. **Ver|bes|se|rungs|vor|schlag** m. *(-[e]s,-vorschläge)* proposta *f.* di miglioramento (*o* correzione): ***einen ~ einbringen, unterbreiten, machen*** presentare una proposta di correzione. **Ver|bess|rung** → **Verbesserung.**

ver|beu|gen rifl. **sich ~** inchinarsi. **Ver|beu|gung** f. *(-,-en)* inchino *m.*: ***eine ~ machen*** fare un inchino.

ver|beu|len tr. **1** ammaccare: ***den Kotflügel ~*** ammaccare il parafango **2** *(ausbeulen)* sformare.

ver|bie|gen *(verbog, verbogen)* **I** tr. piegare, curvare: ***einen Nagel ~*** piegare un chiodo; FIG. ***die strenge Erziehung hat seinen Charakter verbogen*** l'educazione severa ha piegato il suo carattere **II** rifl. **sich ~** piegarsi, flettersi: ***Blech verbiegt sich leicht*** la lamiera si piega facilmente. **Ver|bie|gung** f. *(-,-en)* piegatura *f.*, curvatura *f.*, piegamento *m.*

ver|bies|tern I tr. REGION. **1** turbare, confondere: ***dieses Ereignis hat ihn ganz verbiestert*** questo evento l'ha confuso molto **2** *(verärgern)* irritare, stizzire **II** rifl. COLLOQ. **sich ~** smarrirsi, perdersi: ***sich im Wald ~*** smarrirsi nel bosco; FIG. ***sich in etw. (D), bei etw. (D) ~*** perdersi in qcs.; ***sich bei einer komplizierten Gleichung ~*** perdersi in un'equazione complicata.

ver|bie|ten *(verbot, verboten)* **I** tr. **1** proibire, vietare: ***der Arzt hat ihr den Alkohol verboten*** il medico le ha proibito l'alcol; ***er hat mir sein Haus verboten*** mi ha proibito di frequentare casa sua; ***Unbefugten ist der Zutritt verboten!*** è vietato l'accesso agli estranei **2** *(verwehren)* impedire: ***das müsste ihm sein Rechtsgefühl ~*** dovrebbe impedirglielo il suo senso della giustizia **3** FIG. *(nicht erlauben)* non permettere: ***das verbietet mir mein Geldbeutel*** il mio portafoglio non me lo permette **II** rifl. ***sich ~ 1*** escludersi: ***diese Wahl verbietet sich von selbst*** questa scelta si esclude da sé **2** *(sich nicht leisten)* non permettersi, non concedersi: ***sich jedes Anzeichen von Freude, Ärger ~*** non permettersi alcun segno di gioia, di rabbia ◆ ***jdm das Wort ~*** non permettere a qcn. di parlare; ***jdm den Mund ~*** far tacere qcn.

ver|bil|den tr. diseducare, corrompere. **ver|bil|det** p.pass. agg. **1** → **verbilden 2** *(verformt)* alterato, deformato. **ver|bild|li|chen** tr. illustrare. **Ver|bil|dung** f. *(-,-en)* **1** diseducazione *f.* **2** RAR. *(Verformung)* deformazione *f.*

ver|bil|li|gen I tr. ***etw. ~*** ridurre, ribassare (il prezzo di) qcs. **II** rifl. **sich ~** diminuire, diventare più conveniente. **ver|bil|ligt** p.pass. agg. → **verbilligen** ◆ ***-er Eintritt*** ingresso ridotto. **Ver|bil|li|gung** f. *(-,-en)* riduzione *f.* (del prezzo), ribasso *m.*

ver|bin|den *(verband, verbunden)* **I** tr. **1a** fasciare: ***eine Wunde, einen Finger ~*** fasciare una ferita, un dito **b** bendare: ***jdm die Augen ~*** bendare gli occhi a qcn. **2** *(zusammenbringen)* collegare, congiungere: ***zwei Städte durch eine Eisenbahnlinie ~*** collegare due città con una linea ferroviaria; ***das Kabel verbindet den Fernseher mit dem Netz*** il cavo collega il televisore alla rete **3a** FIG. *(vereinigen)* unire, legare: ***mit ihm verbindet mich eine lange Freundschaft*** a lui mi lega una lunga amicizia; ***uns verbindet nichts mehr*** non ci lega più nulla; assol. ***gemeinsame Erlebnisse ~*** le esperienze comuni uniscono **b** *(zusammenhalten)* ***der Klebstoff verbindet die Blätter unlöslich (miteinander)*** la colla unisce (*o* tiene uniti) inseparabilmente i fogli (l'uno all'altro) **4** TEL. mettere in comunicazione, passare: ***~ Sie mich bitte mit Herrn Mayer, mit Bonn 6273728*** per favore mi metta in comunicazione con il signor Mayer, mi dia il 6273728 di Bonn; ***Moment, ich verbinde*** un attimo, glielo passo **II** rifl. **sich ~ 1a** fasciarsi: ***sich einen Arm ~*** fasciarsi un braccio **b** bendarsi: ***sich die Augen ~*** bendarsi gli occhi **2a** *(sich vereinigen)* unirsi: ***sich zu einer Koalition ~*** unirsi in una coalizione **b** *(sich assoziieren)* essere legato: ***mit dieser Musik ~ sich unangenehme Erinnerungen*** a questa musica sono legati ricordi spiacevoli **3** CHIM. combinarsi: ***die Elemente ~ sich leicht miteinander*** gli elementi si combinano facilmente tra loro ◆ ***sich fürs Leben ~*** legarsi per la vita; ***das Angenehme mit dem Nützlichen ~*** unire l'utile al dilettevole; ANT. ***Sie würden mich Ihnen sehr ~, wenn*** Le sarei molto obbligato, se. **ver|bin|dend** p.pres. agg. → **verbinden** ◆ ***ein paar -e Worte sprechen*** dire due parole di collegamento.

Ver|bin|der m. *(-s,-)* SPORT mezzala *f.*

ver|bind|lich I agg. **1** compiacente, condiscendente: ***-e Worte*** parole compiacenti **2** *(verpflichtend)* vincolante, impegnativo: ***eine -e Zusage, Verpflichtung*** una promessa, un impegno vincolante **II** avv. in modo compiacente, in modo condiscendente ◆ ***-sten Dank!*** i più sentiti ringraziamenti. **Ver|bind|lich|keit** f. *(-,-en)* **1** carattere *m.* vincolante, obbligatorietà *f.*: ***diese Norm hat keine ~*** questa norma non ha carattere vincolante **2** compiacenza *f.*, condiscendenza *f.* **3** *(verbindliche Äußerung)* gentilezza *f.*, parole *f.pl.* gentili: ***ein paar -en sagen*** dire due parole gentili **4** *(Verpflichtung)* obbligo *m.*, impegno *m.*: ***seine -en erfüllen*** adempiere i propri impegni; ***ohne ~*** senza impegno **5** COMM. *(Schuld)* debito *m.*: ***-en eingehen*** contrarre debiti.

Ver|bin|dung f. *(-,-en)* **1** unione *f.*: ***die ~ von zwei Sätzen durch eine Konjunktion*** l'unione di due frasi con una congiunzione; ***eheliche ~*** unione matrimoniale **2a** *(Beziehung)* rapporto *m.*, relazione *f.*: ***briefliche, geschäftliche -en*** rapporti epistolari, d'affari: ***eine ~ abbrechen, lösen*** rompere, troncare una relazione; ***-en zum Ministerium haben*** avere rapporti col ministero; ***-en mit (o zu) jdm anknüpfen*** stringere rapporti con qcn. **b** *(Kontakt)* contatto *m.*: ***mit jdm in ~ treten, bleiben, stehen*** entrare, rimanere, essere in contatto con qcn.; ***mit jdm eine ~ herstellen*** stabilire un contatto con qcn.; ***in ~ setzen*** mettere in contatto; ***sich mit jdm in ~ setzen*** mettersi in contatto con qcn. **3a** *(das Zusammenbringen)* collegamento *m.*: ***etw. mit etw. in ~ bringen*** associare, collegare qcs. a qcs.; ***die Polizei hat seinen Namen mit dem Mord in ~ gebracht*** la polizia ha collegato il suo nome all'omicidio **b** *(Verkehrsverbindung)* ***eine direkte ~ nach Bremen*** un collegamento diretto con Brema **4** *(verknüpfende Strecke)* linea *f.* di collegamento: ***die kürzeste ~ zwischen zwei Punkten*** la linea più breve tra due punti **5** TEL. comunicazione *f.*, collegamento *m.* (telefonico): ***eine ~ unterbrechen*** interrompere la comunicazione; ***eine ~ herstellen*** stabilire un collegamento telefonico; ***keine ~ erhalten*** non ottenere la comunicazione **6a** *(Zusammenschluss)* associazione *f.*, unione *f.*: ***geschäftliche ~*** associazione commerciale **b** *(Studentenverbindung)* associazione *f.* studentesca: ***in eine ~ eintreten*** entrare in un'associazione studentesca **7** CHIM. composto *m.* **8** EL. collegamento *m.*, allacciamento *m.* **9** MECC. IDR. raccordo *m.* ◆ LING. ***feste ~*** collocazione *f.*; ***in ~ mit*** insieme a, con. **Ver|bin|dungs|gang** m. *(-[e]s,-gänge)* corridoio *m.* di comunicazione. **Ver|bin|dungs|glied** n. *(-[e]s,-er)* raccordo *m.*, congiunzione *f.* **Ver|bin|dungs|gra|ben** m. *(-s,-gräben)* **1** fossato *m.* di collegamento **2** MIL. camminamento *m.* **Ver|bin|dungs|li|nie** f. *(-,-n)* linea *f.* di collegamento. **Ver|bin|dungs|mann** m. *(-[e]s,-männer* e *-leute)* agente *m.* di collegamento. **Ver|bin|dungs|of|fi|zier** m. *(-s,-e)* ufficiale *m.* di collegamento. **Ver|bin|dungs|rohr** n. *(-[e]s,-e)* tubo *m.* di raccordo. **Ver|bin|dungs|ste|cker** m. *(-s,-)* spina *f.* di raccordo. **Ver|bin|dungs|stra|ße** f. *(-,-n)* strada *f.* di collegamento. **Ver|bin|dungs|stück** n. *(-[e]s,-e)* raccordo *m.* **Ver|bin|dungs|tür** f. *(-,-en)* porta *f.* comunicante. **Ver|bin|dungs|weg** m. *(-[e]s,-e)* via *f.* di comunicazione. **Ver|bin|dungs|we|sen** n. *(-s,-)* associazioni *f.pl.* studentesche.

ver|bis|sen p.pass. **I** agg. **1** → **verbeißen 2** accanito: ***ein -er Gegner*** un avversario accanito **3** *(hartnäckig)* ostinato **4** *(verkrampft)* teso, contratto: ***ein -es Gesicht*** una faccia tesa **5** COLLOQ. *(pedantisch)* serio **II** avv. **1** in modo accanito **2** *(hartnäckig)* ostinatamente **3** *(verkrampft)* in modo teso, rigidamente **4** COLLOQ. *(pedantisch)* seriamente, sul serio: ***etw. nicht so ~ nehmen*** non prendere qcs. troppo seriamente. **Ver|bis|sen|heit** f. *(-)* **1** accanimento *m.* **2** *(Hartnäckigkeit)* ostinazione *m.*

ver|bit|ten rifl. *(verbat, verbeten)* **sich (D) etw. ~** non tollerare qcs.: ***ich verbitte mir diesen Ton*** non tollero che si usi questo tono con me.

ver|bit|tern tr. amareggiare, rendere amaro: ***jdm das Leben ~*** rendere amara la vita a qcn.; ***durch ständige Misserfolge verbittert sein*** essere amareggiato dai continui insuccessi. **Ver|bit|te|rung** f. *(-,-en)* amarezza *f.*

ver|bla|sen agg. confuso, sfocato. **Ver|bla|sen|heit** f. *(-,-en)* **1** confusione *f.* **2** *(verblasener Ausdruck)* oscurità *f.*

ver|blas|sen intr. (aus. *sein*) **1** sbiadire, scolorirsi: ***die Fotos ~*** le foto sbiadiscono; ***die Erinnerungen ~*** i ricordi sbiadiscono **2** *(blass werden)* impallidire **3** *(die Leuchtkraft verlieren)* svanire, dissolversi: ***die Sterne ~ am Morgen*** le stelle svaniscono al mattino.

ver|blät|tern I tr. perdere sfogliando: ***die Seite ~*** perdere la pagina sfogliando **II** rifl. **sich ~** sbagliarsi a sfogliare.

ver|bläu|en tr. COLLOQ. legnare, bastonare.

Ver|bleib m. *(-[e]s)* permanenza *f.*, soggiorno *m.* ◆ ***über jds ~ nichts wissen*** non sapere dove sia andato a finire qcn.

ver|blei|ben intr. *(verblieb, verblieben;* aus. *sein)* **1** *(sich aufhalten)* rimanere, restare **2** *(übrig bleiben)* ***mir ~ noch 30 Mark*** mi restano ancora 30 marchi **3** *(sich einigen)* rimanere (intesi): ***wie seid ihr denn verblieben?*** come siete rimasti allora? ***wir sind so verblieben, dass...*** siamo rimasti intesi che... **4** *(im Briefschluss unübersetzt)* ***in Erwartung einer baldigen Antwort verbleiben wir mit freundlichen Grüßen*** in attesa di un vostro sollecito riscontro porgiamo cordiali saluti. **Ver|blei|ben** n. *(-s)* permanenza *f.*

ver|blei|chen intr. *(verblich/*RAR. *verbleichte, verblichen/*RAR. *verbleicht;* aus. *haben)* **1** sbiadire, sbiadirsi, scolorire, scolorirsi **2** *(verblassen)* impallidire **3** FIG. *(von Ruhm)* offuscarsi, sfumare; *(von Erinnerung)* svanire **4** ANT. *(sterben)* spirare.

ver|blei|en tr. **1** ricoprire con uno strato di piombo **2** *(mit einer Plombe versehen)* piombare. **ver|bleit** p.pass. agg. **1** → **verbleien** **2** con piombo, contenente piombo: ***-es Benzin*** benzina con piombo. **Ver|blei|ung** f. *(-,-en)* piombatura *f.*

ver|blen|den tr. **1** accecare, abbagliare: ***sich nicht vom Hass ~ lassen*** non lasciarsi accecare dall'odio **2** TECN. *(verkleiden)* rivestire. **Ver|blen|dung** f. *(-,-en)* **1** accecamento *m.* **2** *(Verkleidung)* rivestimento *m.*

ver|bleu|en → **verbläuen.**

ver|bli|chen → **verbleichen. Ver|bli|che|ne** m. e f. *(-n,-n)* defunto *m.* (-a *f.*).

ver|blö|den I intr. (aus. *sein*) istupidire, rincretinire, diventare stupido **II** tr. istupidire, rincretinire, rendere stupido. **Ver|blö|dung** f. *(-)* istupidimento *m.*

ver|blüf|fen tr. **1** confondere: ***lass dich durch seine scheinbare Sicherheit nicht ~*** non lasciarti confondere dalla sua apparente sicurezza **2** *(erstaunen)* sbalordire. **ver|blüf|fend I** p.pres. agg. **1** → **verblüffen** **2** *(erstaunlich)* sbalorditivo, strabiliante **II** avv. in modo strabiliante, sbalorditivo. **ver|blüfft** p.pass. agg. **1** → **verblüffen** **2** *(überrascht)* esterrefatto, allibito: ***ein -es Gesicht machen*** fare una faccia allibita; ***jdn ~ ansehen*** guardare allibito qcn. **Ver|blüfft|heit** f. *(-)*, **Ver|blüf|fung** f. *(-,-en)* sbalordimento *m.*, stupore *m.*

ver|blü|hen intr. (aus. *sein*) sfiorire, appassire (anche FIG.).

ver|blümt I agg. velato: ***ein -er Vorwurf*** un velato rimprovero **II** avv. velatamente, con mezze parole: ***etw. ~ ausdrücken*** esprimere qcs. velatamente.

ver|blu|ten I intr. (aus. *sein*) morire dissanguato **II** rifl. ***sich ~*** dissanguarsi. **Ver|blu|tung** f. *(-,-en)* dissanguamento *m.*

ver|bo|cken tr. COLLOQ. guastare, rovinare. **ver|bockt** agg. cocciuto, ostinato.

ver|bo|gen → **verbiegen.**

ver|boh|ren rifl. ***sich in etw. ~*** fissarsi, incaponirsi in qcs.; ***sich in eine fixe Idee ~*** fissarsi in un'idea. **ver|bohrt** p.pass. agg. **1** → **verbohren** **2** COLLOQ. SPREG. *(starrköpfig)* testardo, cocciuto. **Ver|bohrt|heit** f. *(-)* COLLOQ. cocciutaggine *f.*, testardaggine *f.*

ver|bol|zen tr. **1** (im)bullonare, fissare con bulloni **2** SPORT COLLOQ. *(verschießen)* sbagliare: ***einen Freistoß ~*** sbagliare un calcio di punizione.

1.ver|bor|gen tr. prestare, dare in prestito: ***etw. an jdn ~*** prestare qcs. a qcn.

2.ver|bor|gen p.pass. **I** agg. **1** → **verbergen** **2a** *(nicht sichtbar)* nascosto: ***eine -e Tür*** una porta nascosta; ***ein -es Talent*** un talento nascosto **b** *(abgelegen)* ***ein -es Tal*** una valle nascosta **II** avv. segretamente, di nascosto ◆ ***im Verborgenen*** di nascosto, in segreto; ***im Verborgenen bleiben*** rimanere nascosto. **Ver|bor|gen|heit** f. *(-)* segretezza *f.*

Ver|bot n. *(-[e]s,-e)* divieto *m.*, proibizione *f.*: ***ein ~ erlassen, einhalten, beachten, aufheben*** dare, rispettare, osservare, rimuovere un divieto; ***gegen ein ~ verstoßen*** contravvenire a un divieto; ***sich an ein ~ halten*** attenersi a un divieto. **ver|bo|ten** p.pass. agg. **1** → **verbieten** **2** COLLOQ. *(unmöglich)* impossibile, assurdo: ***eine -e Frisur*** una pettinatura assurda. **ver|bo|te|ner|wei|se** avv. nonostante il divieto.

Ver|bots|irr|tum m. *(-s)* ignoranza *f.* della giuridicità del fatto. **Ver|bots|schild** n. *(-[e]s,-er)*, **Ver|bots|ta|fel** f. *(-,-n)* segnale *m.* (*o* cartello *m.*) di divieto. **ver|bots|wid|rig I** agg. che non osserva il, un divieto **I** avv. contravvenendo al, a un divieto. **Ver|bots|zei|chen** n. *(-s,-)* segnale *m.* di divieto.

ver|brä|men tr. **1** guarnire, listare; SART. profilare **2** FIG. *(verzieren)* abbellire (con fronzoli). **Ver|brä|mung** f. *(-,-en)* **1** orlatura *f.*, profilatura *f.*; *(Verzierung)* guarnizione *f.* **2** FIG. abbellimento *m.*

ver|brannt → **verbrennen** ◆ ***es riecht ~*** c'è odore di bruciato; FIG. ***die Weiden sind von der Sonne ~*** i pascoli sono bruciati dal sole; ***-e Erde*** terra bruciata.

ver|bra|ten *(verbrät, verbriet, verbraten)* **I** intr. (aus. *sein*) bruciacchiare, arrostire (troppo) **II** tr. **1** *(verschwenden)* sperperare, sprecare **2** COLLOQ. *(äußern)* dire: ***Blödsinn ~*** dire scemenze; ***jdm eine ~*** dirne quattro a qcn.

Ver|brauch m. *(-[e]s,-bräuche)* consumo *m.*: ***der ~ an, von etw.*** consumo di qcs.; ***einen großen ~ an etw. (D) haben*** fare un gran consumo di qcs.; ***den ~ senken, steigern*** ridurre, aumentare il consumo ◆ ***sparsam im ~ sein*** risparmiare. **ver|brau|chen I** tr. **1a** consumare: ***viel Zucker ~*** consumare molto zucchero; ***das Auto verbraucht zu viel Benzin*** l'auto consuma troppa benzina **b** FIG. ***alle seine Kräfte ~*** consumare tutte le proprie forze **2a** *(aufbrauchen)* impiegare, utilizzare **b** spendere: ***für die Reise 2000 DM verbraucht haben*** aver speso 2000 marchi per il viaggio **3** *(abnutzen)* consumare, logorare **II** rifl. ***sich ~*** logorarsi, consumarsi.

Ver|brau|cher m. *(-s,-)* consumatore *m.* **Ver|brau|cher|auf|klä|rung** f. *(-)* informazione *f.* dei consumatori. **Ver|brau|cher|be|ra|tung** f. *(-)* consulenza *f.* ai, per i consumatori. **Ver|brau|cher|ge|nos|sen|schaft** f. *(-,-en)* cooperativa *f.* di consumatori. **Ver|brau|cher|preis** m. *(-es,-e)* prezzo *m.* al consumatore. **Ver|brau|cher|schutz** m. *(-es)* tutela *f.* (*o* difesa *f.*) dei consumatori. **Ver|brau|cher|ver|band** m. *(-[e]s,-verbände)* unione *f.* (*o* associazione *f.*) dei consumatori. **Ver|brau|cher|zent|ra|le** f. *(-,-n)* = associazione *f.* per la difesa del consumatore.

Ver|brauchs|gut n. *(-[e]s,-güter)* bene *m.* di consumo. **Ver|brauch(s)|steu|er** f. *(-,-n)* imposta *f.* sul consumo.

ver|braucht p.pass. agg. **1** → **verbrauchen** **2** *(von Luft)* viziato **3a** *(abgenutzt)* logoro, consunto **b** FIG. logorato.

ver|bre|chen tr. *(verbricht, verbrach, verbrochen)* COLLOQ. *(anstellen)* combinare, fare; IRON. ***wer hat denn diesen Roman verbrochen?*** chi ha scritto questo orrore?

Ver|bre|chen n. *(-s,-)* crimine *m.*, delitto *m.*: ***ein ~ begehen, verüben*** commettere un crimine; ***ein brutales, schweres ~*** un delitto brutale, un grave delitto; ***ein ~ gegen etw.*** un crimine contro qcs.; *(verabscheuenswürdige Untat)* ***~ an der Menschheit*** crimine contro l'umanità; ***es ist doch kein ~, ins Kino zu gehen*** non è mica un delitto andare al cinema ◆ ***Rauchen ist ein ~ gegen die Gesundheit*** = il fumo nuoce gravemente alla salute. **Ver|bre|chens|be|kämp|fung** f. *(-)* lotta *f.* al crimine.

Ver|bre|cher m. *(-s,-)* delinquente *m.*, criminale *m.*, malvivente *m.* **Ver|bre|cher|al|bum** n. *(-s,-alben)* album *m.* segnaletico. **Ver|bre|cher|ban|de** f. *(-,-n)* banda *f.* di malviventi. **Ver|bre|che|rin** f. *(-,-nen)* delinquente *f.*, criminale *f.* **ver|bre|che|risch** agg. criminale, delittuoso; criminoso. **Ver|bre|cher|kar|tei** f. *(-,-en)* schedario *m.* segnaletico. **Ver|bre|cher|ko|lo|nie** f. *(-,-n)* ANT. colonia *f.* penale. **Ver|bre|cher|syn|di|kat** n. *(-[e]s,-e)* racket *m.* **Ver|bre|cher|tum** n. *(-s)* delinquenza *f.*, criminalità *f.* **Ver|bre|cher|welt** f. *(-)* mondo *m.* della delinquenza.

ver|brei|ten I tr. **1** diffondere, divulgare: ***eine Nachricht ~*** diffondere una notizia; ***ein Gerücht ~*** divulgare un pettegolezzo **2** diffondere, propagare: ***Krankheiten ~*** propagare malattie; ***Angst, Ruhe ~*** diffondere la paura, la calma **II** rifl. ***sich ~*** **1** propagarsi, diffondersi: ***der Duft, die Seuche verbreitet sich schnell*** il profumo, l'epidemia si propaga rapidamente **2** dilungarsi: ***sich über etw. ~*** dilungarsi a parlare di qcs. **Ver|brei|ter** m. *(-s,-)* divulgatore *m.*, propagatore *m.*

ver|brei|tern I tr. allargare, ampliare **II** rifl. ***sich ~*** allargarsi, ampliarsi. **Ver|brei|te|rung** f. *(-,-en)* allargamento *m.*, ampliamento *m.*

Ver|brei|tung f. *(-,-en)* **1** *(Bekanntmachung)* diffusione *f.*, divulgazione *f.* **2** *(Ausbreitung)* diffusione *f.*, propagazione *f.* **Ver|brei|tungs|ge|biet** n. *(-[e]s,-e)* area *f.* di diffusione.

ver|brenn|bar agg. combustibile. **Ver|brenn|bar|keit** f. *(-)* combustibilità *f.* **ver|bren|nen** *(verbrannte, verbrannt)* **I** intr. (aus. *sein*) **1** bruciare, ardere: ***das Holz verbrennt*** la legna arde **2** *(zu viel braten, backen)* bruciare: ***der Kuchen, Braten verbrennt*** il dolce, l'arrosto brucia **3** *(bei Unfällen)* morire carbonizzato **II** tr. **1** bruciare: ***Holz ~*** bruciare legna; ***der Körper verbrennt den Zucker*** il corpo brucia lo zucchero: ***eine Hexe ~*** bruciare una strega; *(stark bräunen)* ***die Sonne hat ihn verbrannt*** il sole lo ha bruciato **2** *(durch Feuer vernichten)* incenerire: ***den Müll ~*** incenerire i rifiuti **3** *(Leichen)* cremare **4** COLLOQ. *(verbrauchen)* consumare **III** rifl. ***sich ~*** **1** bruciarsi, scottarsi: ***sich am Bügeleisen ~*** bruciarsi col ferro da stiro; ***sich einen Finger ~*** scottarsi, bruciarsi un dito **2** FIG. rimanere scottato ◆ ***zu Asche ~*** incenerirsi; ***bei lebendigem Leib ~*** bruciare vivo; FIG. ***sich (D) den Mund ~*** lasciarsi scappare di bocca. **Ver|bren|nung** f. *(-,-en)* **1a** bruciatura *f.* **b** MED. *(Brandwunde)* ustione *f.*: ***-en zweiten Grades*** ustioni di secondo grado **2** *(von Müll)* incenerimento *m.* **3** *(von Leichen)* cremazione *f.* **4** CHIM. combustione *f.* **Ver|bren|nungs|(kraft|)ma|schi|ne** f. *(-,-n)*, **Ver|bren|nungs|mo|tor** m. *(-s,-en)* motore *m.* a scoppio

(*o* a combustione interna). **Ver|bren|nungs|ofen** m. *(-s,-öfen)* crematorio *m.* **Ver|bren|nungs|rück|stand** m. *(-[e]s,-rückstände)* residuo *m.* della combustione. **Ver|bren|nungs|wär|me** f. *(-)* calore *m.* di combustione.
ver|brie|fen tr. riconoscere, garantire (con documenti). **ver|brieft** p.pass. agg. **1** → **verbriefen 2** DIR. chirografario, incorporato.
ver|brin|gen tr. *(verbrachte, verbracht)* **1** trascorrere, passare: ***den Abend zu Hause, bei den Eltern ~*** trascorrere la serata in casa, con i genitori; ***sein Leben, den Urlaub im Ausland ~*** passare la vita, trascorrere le vacanze all'estero; ***den Sonntag mit Lesen ~*** passare la domenica a leggere **2** BUROCR. trasferire: ***Geld ins Ausland ~*** trasferire soldi all'estero. **Ver|brin|gung** f. *(-,-en)* BUROCR. trasferimento *m.*
ver|brü|dern rifl. **sich ~** fraternizzare: ***sich mit jdm ~*** fraternizzare con qcn. **Ver|brü|de|rung** f. *(-,-en)* fraternizzazione *f.*
ver|brü|hen I tr. scottare (con un liquido) **II** rifl. ***sich ~*** scottarsi (con un liquido). **Ver|brü|hung** f. *(-,-en)* scottatura *f.* (con un liquido).
ver|bu|chen tr. registrare, allibrare: ***einen Betrag auf einem Konto ~*** registrare un importo su un conto; FIG. ***einen Erfolg ~*** registrare un successo. **Ver|bu|chung** f. *(-,-en)* registrazione *f.*, allibramento *m.*
ver|bum|meln COLLOQ. **I** tr. **1** sciupare (oziando): ***seine Zeit ~*** sciupare il proprio tempo **2** *(vergessen, verlieren)* scordarsi: ***einen Termin, seinen Schlüssel ~*** scordarsi un appuntamento, la chiave **II** intr. (aus. *sein*) sciuparsi (per gli stravizi).
Ver|bund m. *(-[e]s,-e)* **1** ECON. *(von Betrieben)* unione *f.*; ***im ~ arbeiten*** collaborare **2** EDIL. aderenza *f.*
ver|bun|den p.pass. agg. **1** → **verbinden 2** bendato: ***mit -en Augen*** a occhi bendati **3** EL. collegato **4** FIG. legato, collegato: ***die damit -e Mühe, -en Probleme*** la fatica legata, i problemi collegati a questo **5** ***jdm freundschaftlich ~ sein*** essere legato da amicizia a qcn. ◆ TEL. ***Entschuldigung, (ich bin) falsch ~*** scusi, ho sbagliato numero; ***ich bin Ihnen (dafür, deswegen) sehr ~*** Le sono molto obbligato (per questo).
ver|bün|den rifl. **sich ~** allearsi, coalizzarsi: ***sich (miteinander) gegen jdn ~*** allearsi contro qcn.
Ver|bun|den|heit f. *(-)* **1** *(Zusammengehörigkeit)* unione *f.*, comunione *f.* **2** *(Zuneigung)* attaccamento *m.*, affetto *m.*
Ver|bün|de|te m. e f. *(-n,-n)* alleato *m.* (-a *f.*).
Ver|bund|glas n. *(-es)* vetro *m.* stratificato (*o* laminato). **Ver|bund|ma|schi|ne** f. *(-,-n)* macchina *f.* (a vapore) compound. **Ver|bund|netz** n. *(-es,-e)* EL. rete *f.* di interconnessione.
ver|bür|gen I tr. garantire, avallare, assicurare **II** rifl. ***sich für jdn, etw. ~*** garantire per qcn., qcs., rendersi garante di (*o* per) qcn., qcs. **ver|bürgt** p.pass. agg. **1** → **verbürgen 2** *(authentisiert)* accreditato, autentico.
ver|bür|ger|li|chen intr. (aus. *sein*) imborghesirsi. **Ver|bür|ger|li|chung** f. *(-)* imborghesimento *m.*
Ver|bür|gung f. *(-,-en)* garanzia *f.*
ver|bü|ro|kra|ti|sie|ren intr. (aus. *sein*) burocratizzarsi, sclerotizzarsi.
ver|bü|ßen tr. DIR. espiare, scontare: ***eine Strafe ~*** scontare una pena. **Ver|bü|ßung** f. *(-,-en)* espiazione *f.*
ver|but|tern tr. **1** ***Milch ~*** ricavare burro dal latte **2** COLLOQ. *(verschwenden)* sperperare: ***einen Monatslohn an einem Wochenende in Paris ~*** sperperare un mese di stipendio in un fine settimana a Parigi.
ver|char|tern [-'tʃar-] tr. *(Schiff, Flugzeug)* noleggiare.
ver|christ|li|chen tr. cristianizzare.
ver|chro|men tr. cromare. **Ver|chro|mung** f. *(-,-en)* cromatura *f.*
Ver|dacht m. *(-[e]s,-e* e *-dächte)* sospetto *m.*: ***ein unbegründeter ~*** un sospetto infondato; ***über jeden ~ erhaben sein*** essere al di sopra di ogni sospetto; ***ein ~ fällt auf jdn, richtet sich gegen jdn*** un sospetto ricade su qcn., è rivolto contro qcn.; ***nicht den geringsten, den leisesten ~ haben*** non avere il minimo, il più lieve sospetto; ***den ~ auf jdn lenken*** dirigere i sospetti su qcn.; ***einen ~ entkräften, zerstreuen*** dissipare un sospetto ◆ COLLOQ. ***auf ~*** a caso, a casaccio; ***jdn in einen falschen ~ bringen*** sospettare di qcn. ingiustamente; ***~ erregen, erwecken*** destare, suscitare sospetti; ***~ gegen jdn hegen, schöpfen*** nutrire sospetti contro (*o* nei confronti di) qcn.; ***in ~ geraten*** → ***in ~ kommen***; ***jdn im, in ~ haben*** sospettare di qcn.; ***in ~ kommen*** essere sospettato; ***im, unter dem ~ der Spionage stehen*** essere sospettato di spionaggio.
ver|däch|tig I agg. sospetto: ***ein -es Individuum*** un individuo sospetto; ***-e Geräusche*** rumori sospetti; ***etw. kommt jdm ~ vor*** qcs. sembra sospetto a qcn. **II** avv. in modo sospetto, sospettosamente ◆ ***sich ~ machen*** destare sospetto; ***einer Tat ~ sein*** essere sospettato di un fatto. **Ver|däch|ti|ge** m. e f. *(-n,-n)* sospetto *m.* (-a *f.*). **ver|däch|ti|gen** tr. sospettare: ***jdn eines Mordes ~*** sospettare qcn. di un omicidio; ***jdn ~, Geld aus der Kasse gestohlen zu haben*** sospettare qcn. di aver rubato i soldi dalla cassa. **Ver|däch|tig|te** m. e f. *(-n,-n)* sospettato *m.* (-a *f.*), persona *f.* sospettata. **Ver|däch|ti|gung** f. *(-,-en)* sospetto *m.*: ***die ~ zurückweisen*** respingere il sospetto.
Ver|dachts|mo|ment n. *(-[e]s,-e)* indizio *m.*
ver|dam|men tr. **1** condannare: ***jdn, jds Handeln ~*** condannare qcn., l'operato di qcn.; ***die Sünder ~*** condannare i peccatori; ***der Plan ist zum Scheitern verdammt*** il progetto è condannato al fallimento **2** *(verfluchen)* maledire. **ver|dam|mens|wert** agg. riprovevole, condannabile.
ver|däm|mern I intr. (aus. *sein*) svanire, scomparire sfumando **II** tr. *(Zeit)* perdere (in fantasticherie).
Ver|damm|nis f. *(-)* RELIG. dannazione *f.* **ver|dammt I** p.pass. agg. **1** → **verdammen 2** dannato, maledetto: ***ein -es Pech*** una sfortuna maledetta **II** avv. dannatamente, maledettamente: ***~ hoch*** maledettamente alto; ***~ wenig*** dannatamente poco ◆ ***~ (noch mal, noch eins)!*** maledizione! dannazione! **Ver|damm|te** m. e f. *(-n, -n)* RELIG. dannato *m.* (-a *f.*). **Ver|dam|mung** f. *(-,-en)* **1** *(Verurteilung)* condanna *f.* **2** RELIG. *(Verdammnis)* dannazione *f.* **ver|dam|mungs|wür|dig** agg. → **verdammenswert.**
ver|damp|fen I tr. fare evaporare **II** intr. (aus. *sein*) **1** evaporare **2** FIG. andare in fumo, svanire. **Ver|damp|fer** m. *(-s,-)* evaporatore *m.* **Ver|damp|fung** f. *(-,-en)* evaporazione *f.*
ver|dan|ken tr. ***jdm etw. ~*** dovere qcs. a qcn., essere debitore di qcs. a qcn.
ver|darb → **verderben.**
ver|dat|tert agg. COLLOQ. sbalordito.
ver|dau|en tr. **1a** digerire (anche assol.): ***die Nahrung ~*** digerire il cibo; ***etw. ist gut, schlecht zu ~*** qcs. si digerisce bene, male **b** FIG. *(ausstehen)* ***jdn nicht ~ können*** non riuscire a digerire qcn. **2** *(verarbeiten)* assimilare: ***Erlebnisse ~*** assimilare esperienze. **ver|dau|lich** agg. digeribile: ***leicht, gut ~*** facilmente digeribile. **Ver|dau|lich|keit** f. *(-)* digeribilità *f.*
Ver|dau|ung f. *(-)* digestione *f.*: ***eine normale ~ haben*** avere una digestione normale; ***an schlechter ~ leiden*** avere la digestione difficile; ***die ~ fördern*** favorire la digestione. **Ver|dau|ungs|ap|pa|rat** m. *(-[e]s,-e)* apparato *m.* digerente. **Ver|dau|ungs|be|schwer|den** pl. disturbi *m.pl.* digestivi. **Ver|dau|ungs|ka|nal** m. *(-s,-kanäle)* canale *m.* digerente. **Ver|dau|ungs|or|gan** n. *(-s,-e)* organo *m.* della digestione. **Ver|dau|ungs|saft** m. *(-[e]s,-säfte)* succo *m.* gastrico. **Ver|dau|ungs|stö|rung** f. *(-,-en)* disturbo *m.* nella digestione (*o* digestivo).
Ver|deck n. *(-[e]s,-e)* **1** MAR. coperta *f.*, ponte *m.* superiore **2** AUT. tettuccio *m.*, capote *f.* **ver|de|cken** tr. coprire, nascondere, celare: ***das Gesicht, eine Spielkarte ~*** coprire il viso, una carta; ***jdm die Sicht ~*** coprire la vista a qcn.; FIG. ***seine wahren Absichten ~*** nascondere le proprie vere intenzioni. **ver|deck|ter|wei|se** avv. di nascosto.
ver|den|ken tr. *(verdachte, verdacht)* ***jdm etw. ~*** disapprovare qcn. per qcs. ◆ ***ich kann es ihm nicht ~*** non gli posso dar torto.
Ver|derb m. *(-[e]s)* **1** *(von Lebensmitteln)* deterioramento *m.* **2** ANT. *(Zerstörung)* rovina *f.* **ver|der|ben** *(verdirbt, verdarb, verdorben)* **I** tr. rovinare (anche FIG.): ***die Feuchtigkeit verdirbt die Ware*** l'umidità rovina (*o* deteriora) la merce; ***jdm die Freude, die Lust an etw. ~*** rovinare a qcn. la gioia, il piacere di qcs.; ***die Nachricht hat ihnen den Abend, den Appetit verdorben*** la notizia gli ha rovinato la serata, l'appetito; ***die schlechte Gesellschaft hat ihn verdorben*** le cattive compagnie lo hanno rovinato; ***die Preise ~*** rovinare i prezzi **II** rifl. ***sich (D) etw. ~*** rovinarsi qcs.: ***sich (D) die Augen, den Magen ~*** rovinarsi gli occhi, lo stomaco **III** intr. (aus. *sein*) guastarsi, andare a male, deteriorarsi: ***das Obst verdirbt, wenn es nicht gekühlt wird*** la frutta si guasta se non si mette nel frigo; ***das Gemüse ~ lassen*** lasciar andare a male la verdura ◆ ***es mit jdm ~*** guastarsi con qcn., perdere il favore di qcn.; ***daran ist nichts mehr zu ~*** non si potrebbe rovinare di più, è in cattivo stato. **Ver|der|ben** n. *(-s)* **1** *(von Lebensmitteln)* deterioramento *m.* **2** *(Unglück)* rovina *f.*, perdizione *f.*: ***die Spielleidenschaft war sein ~*** la passione del gioco fu la sua rovina; ***jdn ins ~ stürzen*** mandare qcn. in rovina; ***ins, in sein ~ rennen, laufen*** andare in rovina; ***~ bringend*** che porta alla rovina, rovinoso; ***eine ~ bringende Politik*** una politica rovinosa. **ver|derb|lich** agg. **1** *(Ware)* deperibile, corruttibile **2** *(unheilvoll)* dannoso, nocivo, deleterio: ***sein Einfluss ist, wirkt ~*** il suo influsso è deleterio. **Ver|derb|lich|keit** f. *(-)* **1** deperibilità *f.*, corruttibilità *f.* **2** *(Schädlichkeit)* nocività *f.*, pericolosità *f.*, dannosità *f.* **Ver|derb|nis** f. *(-,-se)* ANT. corruzione *f.*, depravazione *f.*,

pervertimento *m.*, corruttela *f.* **ver|derbt** agg. **1** ANT. corrotto, depravato **2** FILOL. *(von Texten)* corrotto. **Ver|derbt|heit** f. *(-)* → **Verderbnis.**
ver|deut|li|chen tr. chiarire, spiegare: ***seinen Standpunkt an einem Beispiel, durch Beispiele, an Hand von Beispielen ~*** illustrare il proprio punto di vista con un esempio, con degli esempi. **ver|deut|li|chend** p.pres. agg. **1** → **verdeutlichen 2** esplicativo: ***ein -es Beispiel*** un esempio esplicativo. **Ver|deut|li|chung** f. *(-,-en)* chiarimento *m.*, spiegazione *f.*
ver|deut|schen tr. **1** ANT. tradurre in tedesco **2** COLLOQ. *(erläutern)* spiegare, chiarire. **Ver|deut|schung** f. *(-,-en)* **1** ANT. traduzione *f.* in tedesco **2** COLLOQ. *(Erläuterung)* spiegazione *f.*, chiarimento *m.*
ver|dicht|bar agg. TECN. comprimibile. **ver|dich|ten I** tr. **1** condensare, concentrare **2** FIS. TECN. comprimere **3** FIG. condensare: ***seine Erlebnisse zu einem Roman ~*** condensare le proprie esperienze in un romanzo **II** rifl. **sich ~ 1** addensarsi: ***der Nebel verdichtet sich*** la nebbia si addensa **2** FIG. *(zunehmen)* intensificarsi, rafforzarsi: ***der Verdacht verdichtete sich*** il sospetto si intensificò; ***Vermutungen ~ sich zur Gewissheit*** congetture si rafforzano fino a diventare certezza. **Ver|dich|ter** m. *(-s,-)* TECN. compressore *m.* **Ver|dich|tung** f. *(-,-en)* **1** condensazione *f.*, concentrazione *f.* **2** FIS. TECN. compressione *f.* **3** FIG. *(Zunehmen)* intensificazione *f.*, rafforzamento *m.* **Ver|dich|tungs|grad** m. *(-[e]s)* MOT. grado *m.* di compressione. **Ver|dich|tungs|raum** m. *(-[e]s,-räume)* **1** area *f.* densamente popolata **2** MOT. volume *m.* (*o* spazio *m.*) di compressione. **Ver|dich|tungs|ver|hält|nis** n. *(-ses,-se)* MOT. rapporto *m.* di compressione.
ver|di|cken I tr. ispessire, rendere più denso **II** rifl. **sich ~ 1** ispessirsi, diventare più denso **2** *(anschwellen)* gonfiarsi: ***der Finger verdickte sich*** il dito si gonfiò. **Ver|di|ckung** f. *(-,-en)* **1** ispessimento *m.* **2** *(Anschwellung)* gonfiore *m.*, rigonfiamento *m.*
ver|die|nen tr. **1a** guadagnare: ***viel Geld, etwas nebenbei ~*** guadagnare molti soldi, guadagnare qcs. di straforo; ***sein Brot als Kellner ~*** guadagnarsi il pane come cameriere; ***30 % an einer Ware ~*** guadagnare il 30 % su una merce **b** assol. ***gut, schlecht ~*** guadagnare bene, male; ***wieviel verdienst du im Monat, in der, pro Stunde?*** quanto guadagni al mese, all'ora? **2** *(wert sein)* meritare: ***Lob, eine Prämie, eine Strafe ~*** meritare un elogio, un premio, una punizione; ***du verdienst (es) nicht, dass wir dich mitnehmen*** non ti (*o* non te lo) meriti che ti portiamo con noi ◆ ***es nicht anders, besser ~*** non meritarsi altro, di meglio; ***er verdient es nicht besser*** se lo merita, ben gli sta; ***sich (D) sein Studium selbst ~*** mantenersi da solo agli studi; ***das hat er nicht um dich verdient*** questo non se lo meritava da te.
Ver|dienst I m. *(-es,-e)* **1** guadagno *m.*, profitto *m.*: ***einen guten ~ haben*** avere un buon guadagno **2** *(Gehalt)* stipendio *m.*; *(Lohn)* salario *m.*: ***einen Teil seines -es sparen*** risparmiare una parte dello stipendio; ***von meinem ~ allein hätten wir uns das nicht leisten können*** soltanto con il mio stipendio non ce lo saremmo potuti permettere **II** n. *(-es,-e)* merito *m.*, benemerenza *f.*: ***seine -e als Lehrer, um die Stadt, um die Verbesserung der Lebensbedingungen sind unbestritten*** i suoi meriti come insegnante, verso la città, per il miglioramento delle condizioni di vita sono indiscussi; ***jdn nach ~ belohnen*** ricompensare qcn. secondo il merito; ***das gereicht ihm zum ~*** va ascritto a suo merito ◆ ***sich (D) etw. als, zum ~ anrechnen, sich (D) -e um etw. erwerben*** rendersi benemerito di qcs. **Ver|dienst|aus|fall** m. *(-[e]s,-ausfälle)* mancato guadagno *m.* **Ver|dienst|kreuz** n. *(-es,-e)* croce *f.* al merito. **Ver|dienst|or|den** m. *(-s,-)* ordine *m.* al merito. **Ver|dienst|quel|le** f. *(-,-n)* fonte *f.* di guadagno. **Ver|dienst|span|ne** f. *(-,-n)* margine *m.* di guadagno (*o* di profitto). **ver|dienst|voll** agg. meritevole, meritorio, benemerito.
ver|dient I p.pass. agg. **1** → **verdienen 2** meritevole, benemerito: ***eine -e Person*** una persona benemerita **II** avv. meritatamente, meritoriamente ◆ ***sich um etw. ~ machen*** rendersi benemerito di qcs. **ver|die|ner|ma|ßen, ver|die|ner|wei|se** avv. meritatamente.
Ver|dikt [v-] n. *(-[e]s,-e)* **1** verdetto *m.* **2** *(Verdammungsurteil)* verdetto *m.* di colpevolezza, sentenza *f.* di condanna.
ver|din|gen *(verdingte/verdang, verdingt/verdungen)* **I** tr. **1** mettere (*o* mandare) a servizio, mandare a lavorare: ***die Tochter als Hausmädchen ~*** mandare la figlia a servizio (come cameriera) **2** *(vergeben)* appaltare, dare in appalto **II** rifl. **sich ~** andare a servizio.
ver|ding|li|chen I tr. **1** concretare, concretizzare **2** FILOS. *(konkretisieren)* ipostatizzare **3** FILOS. *(materialisieren)* reificare **II** rifl. **sich ~** concretizzarsi. **Ver|ding|li|chung** f. *(-,-en)* **1** concretizzazione *f.* **2** FILOS. *(Konkretisieren)* ipostatizzazione *f.* **3** FILOS. *(Materialisierung)* reificazione *f.*
ver|dirbt → **verderben.**
ver|dol|met|schen tr. COLLOQ. tradurre.
ver|don|nern tr. COLLOQ. **1** condannare, punire: ***jdn zu einem Monat Gefängnis ~*** condannare qcn. a un mese di prigione **2** *(zwingen)* costringere, obbligare (come punizione): ***jdn dazu ~, etw. zu tun*** costringere qcn. a fare qcs. **ver|don|nert** p.pass. agg. **1** → **verdonnern 2** allibito, sbigottito: ***~ dastehen*** essere allibito.
ver|dop|peln I tr. raddoppiare **II** rifl. **sich ~** raddoppiare, raddoppiarsi. **Ver|dop|pe|lung, Ver|dopp|lung** f. *(-,-en)* raddoppiamento *m.*
ver|dor|ben p.pass. agg. **1** → **verderben 2** guasto, andato a male, avariato **3** FIG. corrotto ◆ ***-e Luft*** aria viziata; ***einen -en Magen haben*** avere lo stomaco rovinato. **Ver|dor|ben|heit** f. *(-)* corruzione *f.*, depravazione *f.*
ver|dor|ren intr. (aus. *sein*) seccare, seccarsi; *(von Feldern)* inaridire, inaridirsi.
ver|dö|sen tr. COLLOQ. **1** ***den ganzen Nachmittag ~*** passare tutto il pomeriggio a sonnecchiare, sonnecchiare tutto il pomeriggio **2** *(vergessen)* dimenticare (di fare): ***eine Verabredung ~*** dimenticare un appuntamento.
ver|drän|gen tr. **1** spostare, scalzare: ***jdn aus einem Amt ~*** scalzare qcn. da una carica; ***sich nicht von seinem Platz ~ lassen*** rimanere saldo al proprio posto, non farsi scalzare dal proprio posto **2** *(ersetzen)* sostituire, rimpiazzare, soppiantare **3** *(unterdrücken)* scacciare, allontanare: ***die Sorgen ~*** scacciare le preoccupazioni **4** PSIC. rimuovere **5** MAR. dislocare. **Ver|drän|gung** f. *(-,-en)* **1** spostamento *m.*, lo scalzare **2** *(Ersetzen)* sostituzione *f.*, soppiantamento *m.* **3** *(Unterdrücken)* lo scacciare, allontanamento *m.* **4** PSIC. rimozione *f.* **5** MAR. dislocamento *m.* **Ver|drän|gungs|me|cha|nis|mus** m. *(-,-mechanismen)* PSIC. meccanismo *m.* di rimozione.
ver|dre|cken COLLOQ. **I** tr. insozzare **II** intr. (aus. *sein*) insozzarsi. **ver|dreckt** p.pass. agg. COLLOQ. **1** → **verdrecken 2** sozzo.
ver|dre|hen tr. **1a** storcere: ***jdm den Arm ~*** storcere il braccio a qcn.; ***die Augen ~*** storcere (*o* stralunare, strabuzzare) gli occhi **b** torcere, contorcere **2** *(unrichtig darstellen)* distorcere, travisare, alterare: ***die Tatsachen, die Wahrheit ~*** travisare i fatti, distorcere la verità; ***das Recht ~*** interpretare male la legge **3** CINEM. GERG. girare ◆ FIG. ***jdm den Kopf ~*** far girare la testa a qcn. **ver|dreht** p.pass. agg. **1** → **verdrehen 2a** COLLOQ. *(verrückt)* strambo, matto **b** *(konfus)* confuso: ***jdn ~ machen*** confondere qcn. **3** REGION. *(falsch)* falso. **Ver|dreht|heit** f. *(-,-en)* stramberia *f.*, stravaganza *f.* **Ver|dre|hung** f. *(-,-en)* **1** contorcimento *m.* **2** *(unrichtige Darstellung)* distorsione *f.*, travisamento *m.*
ver|drei|fa|chen I tr. triplicare **II** rifl. **sich ~** triplicarsi.
ver|dre|schen tr. *(verdrosch, verdroschen)* COLLOQ. pestare, menare; *(mit einem Stock)* bastonare.
ver|drie|ßen tr. *(verdross, verdrossen)* seccare, irritare: ***es verdrießt mich, dass...*** mi secca (*o* mi dà fastidio) che... ◆ ***lass es dir nicht ~!*** non lasciarti scoraggiare! non scoraggiarti! **ver|drieß|lich** agg. **1** seccato, irritato, infastidito: ***ein -es Gesicht machen*** fare la faccia seccata **2** *(unangenehm)* spiacevole, seccante. **Ver|drieß|lich|keit** f. *(-,-en)* **1** irritazione *f.* **2** *(Unannehmlichkeit)* seccatura *f.*, noia *f.*
ver|dril|len tr. TECN. torcere. **Ver|dril|lung** f. *(-,-en)* TECN. torsione *f.*
ver|dross → **verdrießen. ver|dros|sen** p.pass. agg. **1** → **verdrießen 2** seccato, irritato; *(lustlos)* svogliato, annoiato. **Ver|dros|sen|heit** f. *(-)* irritazione *f.*, fastidio *m.*; *(Lustlosigkeit)* svogliatezza *f.*; *(Missmut)* malumore *m.*
ver|dru|cken tr. **1** stampare male **2** *(druckend verbrauchen)* usare per la stampa.
ver|drü|cken I tr. **1** COLLOQ. ingollare, divorare, mandare giù **2** REGION. → **verknautschen II** rifl. **sich ~** COLLOQ. squagliarsela, svignarsela.
Ver|druss m. *(-es,-e)* irritazione *f.*; *(Missmut)* malumore *m.* ◆ ***jdm ~ bereiten*** (far) irritare qcn.
ver|duf|ten intr. (aus. *sein*) **1** perdere il profumo (*o* l'aroma) **2** COLLOQ. dileguarsi, volatilizzarsi.
ver|dum|men I tr. istupidire, rincretinire **II** intr. (aus. *sein*) istupidirsi, rincretinirsi. **Ver|dum|mung** f. *(-,-en)* istupidimento *m.*
ver|dump|fen I tr. attutire **II** intr. (aus. *sein*) attutirsi.
ver|dun|keln I tr. **1** oscurare: ***jds Ruhm ~*** oscurare la fama di qcn. **2** FIG. oscurare, offuscare: ***Tränen verdunkelten ihren Blick*** le lacrime le offuscavano la vista **3** *(verschleiern)* dissimulare, mascherare: ***Tatbestände ~*** mascherare i fatti **4** ASTR. eclissare **II** rifl. **sich ~ 1** oscurarsi **2** FIG. rabbuiarsi: ***jds Miene verdunkelt sich*** qcn. si rabbuia in viso **3** ASTR. eclissarsi. **Ver|dun|ke|lung** f. *(-,-en)* **1** oscuramento *m.* **2** FIG. oscuramento *m.*, offuscamento *m.* **3** DIR.

inquinamento *m.*, alterazione *f.*, collusione *f.* **4** ASTR. eclissamento *m.* **Ver|dun|ke|lungs|ge|fahr** f. *(-)* DIR. pericolo *m.* di collusione e di distorsione delle prove. **Ver|dunk|lung** → **Verdunkelung.**
ver|dün|nen I tr. **1a** allungare: ***die Soße mit Milch ~*** allungare la salsa con il latte; ***den Wein mit Wasser ~*** allungare il vino con acqua **b** diluire: ***den Lack, die Farbe ~*** diluire la vernice, il colore **c** *(Gase)* rarefare **2** RAR. *(dünn werden lassen)* assottigliare **3** MIL. ***Truppen ~*** ridurre gli effettivi **II** rifl. **sich ~ 1** assottigliarsi **2** TECN. rastremarsi. **Ver|dün|ner** m. *(-s,-)* diluente *m.* **ver|dün|ni|sie|ren** rifl. **sich ~** COLLOQ. volatilizzarsi. **Ver|dün|nung** f. *(-,-en)* **1a** l'allungare **b** diluizione *f.* **c** *(von Gasen)* rarefazione *f.* **2** RAR. assottigliamento *m.* **3** MIL. **~ *der Truppen*** riduzione degli effettivi **4** *(chemisches Mittel)* diluente *m.* ◆ ***etw. bis zur ~ tun*** fare qcs. fino alla nausea. **Ver|dün|nungs|mit|tel** n. *(-s,-)* diluente *m.*
ver|duns|ten I tr. far evaporare **II** intr. (aus. *sein*) evaporare.
Ver|duns|tung f. *(-)* evaporazione *f.* **Ver|duns|tungs|mes|ser** m. *(-s,-)* evaporimetro *m.* **Ver|duns|tungs|wär|me** f. *(-)* temperatura *f.* di evaporazione.
ver|durs|ten intr. (aus. *sein*) morire di sete (anche FIG.).
ver|dus|seln tr. COLLOQ. scordare.
ver|düs|tern I tr. **1** offuscare, oscurare: ***Wolken ~ den Himmel*** le nuvole oscurano il cielo **2** FIG. rabbuiare, offuscare **II** rifl. **sich ~ 1** offuscarsi, oscurarsi **2** FIG. rabbuiarsi, offuscarsi: ***ihr Gesicht verdüsterte sich*** il suo viso si rabbuiò.
ver|dut|zen tr. stupire, sbalordire; *(verwirren)* confondere, sconcertare.
ver|eb|ben intr. (aus. *sein*) cessare (*o* spegnersi) lentamente, andare morendo: ***der Beifall, Lärm, Protest verebbte allmählich*** l'applauso, il rumore cessò lentamente, la protesta si spense lentamente.
ver|edeln tr. **1a** nobilitare **b** *(verfeinern)* (r)affinare, ingentilire **2a** TECN. lavorare, trasformare **b** METALL. affinare **c** TESS. nobilitare **3** MIN. arricchire **4** AGR. innestare. **Ver|ede|lung** f. *(-,-en)* **1a** nobilitazione *f.* **b** *(Verfeinern)* affinamento *m.*, ingentilimento *m.* **2a** TECN. lavorazione *f.*, trasformazione *f.* **b** METALL. affinazione *f.* **c** TESS. nobilitazione *f.* **3** MIN. arricchimento *m.* **4** AGR. innesto *m.* **Ver|ede|lungs|ver|fah|ren** n. *(-s,-)* processo *m.* di affinazione. **Ver|ed|lung** → **Veredelung. Ver|ed|lungs|ver|fah|ren** → **Veredelungsverfahren.**
ver|ehe|li|chen rifl. **sich ~** coniugarsi. **ver|ehe|licht** p.pass. agg. → **verehelichen** ◆ BUROCR. ***Gisela Schmidt, -e Meier*** Gisela Schmidt in Meier (*o* coniugata Meier). **Ver|ehe|li|chung** f. *(-,-en)* matrimonio *m.*
ver|eh|ren tr. **1a** adorare, venerare: ***einen Gott, die Sonne ~*** adorare un dio, il sole **b** FIG. ***jdn als Heiligen ~*** venerare qcn. come un santo; ***seine Schüler ~ ihn*** i suoi allievi lo adorano **2** ANT. *(umwerben)* corteggiare **3** SCHERZ. *(schenken)* ***jdm etw. ~*** fare omaggio di qcs. a qcn., donare qcs. a qcn. **Ver|eh|rer** m. *(-s,-)* **1a** adoratore *m.* **b** FIG. (grande) ammiratore *m.* **2** *(jd, der ein Mädchen verehrt)* adoratore *m.*, corteggiatore *m.* **ver|ehrt** p.pass. agg. **1** → **verehren 2** *(Anrede)* gentile, stimato: ***sehr -er Herr...*** gentilissimo (*o* pregiatissimo) Signor...; ***-e gnädige Frau...*** pregiatissima Signora...; ***-e Gäste, Anwesende!*** stimatissimi ospiti, stimatissimo pubblico!
Ver|eh|rung f. *(-)* **1** adorazione *f.*, venerazione *f.* **2** FIG. *(Hochschätzung)* (profonda) ammirazione *f.*, venerazione *f.*: ***allgemeine ~ genießen*** godere dell'ammirazione generale; ***jdm seine ~ bezeigen*** mostrare la propria ammirazione per qcn.; ***jdm ~ entgegenbringen*** avere ammirazione per qcn.; ***voll ~ für jdn sein*** essere pieno di ammirazione per qcn., avere una vera venerazione per qcn. **ver|eh|rungs|voll** agg. pieno di ammirazione, adorante. **ver|eh|rungs|wür|dig** agg. **1** venerabile **2** *(achtungswürdig)* degno di ammirazione.
ver|ei|den, ver|ei|di|gen tr. ***jdn ~*** far giurare qcn., far prestare giuramento a qcn.; ***auf die Verfassung vereidigt werden*** giurare sulla Costituzione. **Ver|ei|di|gung** f. *(-,-en)* giuramento *m.*
Ver|ein m. *(-[e]s,-e)* **1** associazione *f.*, unione *f.*: ***eingetragener, nichteingetragener ~*** associazione registrata, non registrata; ***gemeinnütziger ~*** associazione di interesse collettivo; ***genehmigter, verbotener ~*** associazione riconosciuta, illecita (*o* illegale); ***einen ~ gründen*** fondare un'associazione; ***einem ~ beitreten, in einen ~ eintreten*** entrare a far parte di un'associazione; ***wohltätiger ~*** associazione benefica **2** *(Klub)* circolo *m.* ◆ ***im ~ mit*** insieme a, insieme con; IRON. ***in trautem ~ mit*** in buoni rapporti con.
ver|ein|bar agg. conciliabile, compatibile: ***mit etw. schwerlich ~ sein*** essere difficilmente conciliabile (*o* difficile da conciliare) con qcs. **ver|ein|ba|ren** tr. **1** concordare, stabilire, fissare: ***Bedingungen, Preise ~*** stabilire condizioni, fissare (*o* pattuire) prezzi; ***eine Verabredung, Zusammenkunft mit jdm ~*** fissare un appuntamento, un incontro con qcn. **2** *(harmonieren)* conciliare; ***nicht zu ~ sein, sich nicht ~ lassen*** essere inconciliabile (*o* incompatibile).
Ver|ein|ba|rung f. *(-,-en)* accordo *m.*, intesa *f.*, patto *m.*: ***eine ~ treffen*** concludere un accordo; ***-en (mit jdm) treffen*** prendere accordi (con qcn.); ***sich an die -en halten*** attenersi (*o* stare) ai patti; ***zu einer ~ kommen*** giungere a un accordo (*o* a un'intesa); ***eine ~ für ungültig erklären*** invalidare un accordo ◆ ***mangels gegenteiliger ~*** salvo patto contrario, in mancanza di accordi contrari. **ver|ein|ba|rungs|ge|mäß** avv. come d'accordo, come convenuto, come stabilito.
ver|ei|nen I tr. **1a** unire, riunire: ***einige Unternehmen zu einem Konzern ~*** (ri)unire alcune imprese in un gruppo industriale **b** *(zugleich besitzen)* ***viele Tugenden in sich ~*** riunire in sé molte virtù **2** conciliare: ***verschiedene Meinungen miteinander ~*** conciliare tra loro opinioni diverse **II** rifl. **sich ~** unirsi, riunirsi: ***sich zu gemeinsamem Handeln ~*** unirsi in un'azione comune; ***in ihm ~ sich Besinnlichkeit und Humor*** in lui si riuniscono riflessività e umorismo.
ver|ein|fa|chen tr. semplificare. **Ver|ein|fa|chung** f. *(-,-en)* semplificazione *f.*
ver|ein|heit|li|chen tr. uniformare, standardizzare. **Ver|ein|heit|li|chung** f. *(-,-en)* uniformazione *f.*, standardizzazione *f.*
ver|ei|ni|gen I tr. **1a** *(zusammenfassen)* riunire, raggruppare: ***viele Aufgaben in einer Hand ~*** riunire molti incarichi in mano di una sola persona; ***verschiedene Unternehmen ~*** raggruppare diverse imprese **b** *(zugleich besitzen)* ***gegensätzliche Eigenschaften in sich ~*** assommare (*o* riunire) in sé qualità diverse tra loro **2** *(in Übereinstimmung bringen)* conciliare, fondere **II** rifl. **sich ~ 1** unirsi, allearsi: ***sich mit einer Gruppe ~*** unirsi a un gruppo; ***sich gegen jdn ~*** allearsi contro qcn. **2a** FIG. riunirsi, fondersi: ***in Goethes Faust ~ sich die gegensätzlichsten Stilelemente*** nel Faust di Goethe si fondono gli elementi stilistici più diversi; ***unsere Anschauungen lassen sich nicht ~*** le nostre vedute sono inconciliabili **b** *(von Stimmen)* unirsi **c** *(geschlechtlich)* unirsi, congiungersi **3** *(von Flüssen)* confluire. **ver|ei|nigt** p.pass. agg. → **vereinigen** ◆ ***die Vereinigte Arabische Republik*** Repubblica Araba Unita; ***das Vereinigte Königreich*** il Regno Unito; ***die Vereinigten Staaten (von Amerika)*** gli Stati Uniti (d'America);
Ver|ei|ni|gung f. *(-,-en)* **1** unione *f.*, riunione *f.*, raggruppamento *m.* **2** *(Harmonisierung)* conciliazione *f.*, fusione *f.* **3** POL. unione *f.*, unificazione *f.* **4** *(Verein)* associazione *f.*; *(Bündnis)* alleanza *f.* **Ver|ei|ni|gungs|frei|heit** f. *(-)* libertà *f.* di associazione.
ver|ein|nah|men tr. **1** riscuotere, incassare **2a** COLLOQ. FIG. ***jdn ~*** approfittare di qcn. **b** ***etw. ~*** appropriarsi di qcs. **Ver|ein|nah|mung** f. *(-,-en)* riscossione *f.*, incasso *m.*
ver|ein|sa|men intr. (aus. *sein*) isolarsi, restare (sempre più) solo. **ver|ein|samt** p.pass. agg. **1** → **vereinsamen 2** isolato, solitario. **Ver|ein|sa|mung** f. *(-)* isolamento *m.*, solitudine *f.*
ver|ein|sei|ti|gen tr. rappresentare unilateralmente.
Ver|eins|bru|der m. *(-s,-brüder)* compagno *m.* di circolo. **Ver|eins|elf** f. *(-)* SPORT undici *m.* **Ver|eins|far|be** f. *(-,-n)* colori *m.pl.* sociali. **Ver|eins|haus** n. *(-es,-häuser)* sede *f.* del circolo (*o* dell'associazione). **Ver|eins|kas|se** f. *(-,-n)* cassa *f.* sociale. **Ver|eins|lei|tung** f. *(-,-en)* direzione *f.* dell'associazione. **Ver|eins|lo|kal** n. *(-s,-e)* locale *m.* del circolo. **Ver|eins|recht** n. *(-[e]s)* diritto *m.* di associazione. **Ver|eins|re|gis|ter** n. *(-s,-)* registro *m.* delle associazioni. **Ver|eins|sat|zung** f. *(-,-en)* statuto *m.* dell'associazione. **ver|eins|schä|di|gend** agg. pregiudizievole, dannoso per l'associazione. **Ver|eins|ver|samm|lung** f. *(-,-en)* assemblea *f.* sociale. **Ver|eins|we|sen** n. *(-s)* associazioni *f.pl.* e circoli *m.pl.*
ver|eint p.pass. agg. → **vereinen** ◆ ***die Vereinten Nationen*** le Nazioni Unite.
ver|ein|zeln I tr. **1** *(absondern)* isolare **2** AGR. diradare **II** rifl. **sich ~** *(spärlicher werden)* diradarsi. **ver|ein|zelt I** p.pass. agg. **1** → **vereinzeln 2** *(in geringer Zahl)* isolato, raro, sporadico **II** avv. sporadicamente. **Ver|ein|ze|lung** f. *(-,-en)* **1** *(Absonderung)* isolamento *m.* **2** diradamento *m.*, sporadicità *f.*
ver|ei|sen I intr. (aus. *sein*) gelare, ghiacciare **II** tr. MED. *(Bereich der Haut)* anestetizzare. **ver|eist** p.pass. agg. **1** → **vereisen 2** gelato, ghiacciato: ***-e Straßen*** strade gelate. **Ver|ei|sung** f. *(-,-en)* **1** congelamento *m.* **2** MED. anestetizzazione *f.*
ver|ei|teln tr. sventare, mandare a monte: ***einen Plan, ein Attentat ~*** sventare un piano, un attentato. **Ver|ei|te|lung** f. *(-)* lo sventare.
ver|ei|tern intr. (aus. *sein*) suppurare. **Ver|ei|te|rung** f. *(-,-en)* suppurazione *f.*
Ver|eit|lung → **Vereitelung.**
ver|ekeln tr. ***jdm etw. ~*** far venire a qcn. disgusto di qcs., far passare a qcn. la voglia di qcs.

ver|elen|den intr. (aus. *sein*) impoverirsi, impoverire. **Ver|elen|dung** f. *(-,-en)* impoverimento *m.*, depauperamento *m.*
ver|en|den intr. (aus. *sein*) morire (di animali).
ver|en|gen I tr. restringere: ***die Schneehaufen ~ die Fahrbahn*** i cumuli di neve restringono la corsia **II** rifl. **sich ~** restringersi. **ver|en|gern I** tr. stringere, restringere: ***einen Rock ~*** stringere una gonna **II** rifl. **sich ~** stringersi, restringersi. **Ver|en|ge|rung** f. *(-,-en)* restringimento *m.* **Ver|en|gung** f. *(-,-en)* **1** restringimento *m.* **2** *(verengte Stelle)* strettoia *f.*
ver|erb|bar agg. ereditario. **ver|er|ben I** tr. **1a** lasciare in eredità: ***jdm, an jdn sein Vermögen ~*** lasciare il proprio patrimonio in eredità a qcn. **b** COLLOQ. *(schenken)* lasciare, passare **2** BIOL., MED. trasmettere (per eredità) **II** rifl. **sich ~** trasmettersi (per eredità): ***diese Krankheit hat sich vom Vater auf, an den Sohn vererbt*** questa malattia si è trasmessa di padre in figlio. **ver|erb|lich** agg. → **vererbbar. Ver|er|bung** f. *(-,-en)* trasmissione *f.* ereditaria, ereditarietà *f.* **Ver|er|bungs|gang** m. *(-[e]s)* via *f.* (di trasmissione) ereditaria. **Ver|er|bungs|leh|re** f. *(-)* genetica *f.*
ver|es|tern tr. esterificare. **Ver|es|te|rung** f. *(-,-en)* esterificazione *f.*
ver|ewi|gen I tr. **1** eternare, immortalare: ***mit diesem Werk hat er seinen Namen verewigt*** con quest'opera ha immortalato il suo nome **2** perpetuare: ***einen Zustand ~ wollen*** voler perpetuare una situazione **II** rifl. **sich ~** SCHERZ. immortalarsi: ***sich an den Wänden ~*** = lasciare il proprio nome scritto su un muro. **ver|ewigt** p.pass. agg. **1** → **verewigen 2** *(verstorben)* defunto. **Ver|ewig|te** m. e f. *(-n,-n)* defunto *m.* (-a *f.*). **Ver|ewi|gung** f. *(-,-en)* **1** l'eternare, l'immortalare **2** perpetuazione *f.*
1.ver|fah|ren *(verfährt, verfuhr, verfahren)* **I** intr. (aus. *sein*) **1** procedere, agire: ***nach einem Schema, folgendermaßen ~*** procedere secondo uno schema, nel modo seguente; ***gerichtlich ~*** procedere legalmente **2** *(behandeln)* trattare: ***mit jdm hart ~*** trattare qcn. duramente; ***so kannst du nicht mit ihm ~!*** non puoi trattarlo così! **II** rifl. **sich ~** perdersi (guidando), sbagliare strada **III** tr. COLLOQ. *(fahrend verbrauchen)* spendere, consumare: ***viel Benzin, Geld ~*** spendere molta benzina, molti soldi.
2.ver|fah|ren p.pass. agg. **1** → **1.verfahren 2** *(falsch behandelt)* rovinato, andato in rovina (*o* in malora) **3** *(ausweglos)* arenato: ***eine -e Lage*** una situazione arenata, senza via d'uscita.
Ver|fah|ren n. *(-s,-)* **1** *(Methode)* procedimento *m.*, metodo *m.*, tecnica *f.*: ***ein neues ~ entwickeln, erproben*** inventare, provare un nuovo procedimento; ***die modernsten ~ anwenden*** utilizzare le tecniche più moderne **2** DIR. procedimento *m.*, processo *m.*: ***anhängiges ~*** processo pendente (*o* in corso); ***~ in Abwesenheit, gegen Abwesende*** procedimento in contumacia; ***zivilrechtliches, strafrechtliches ~*** procedimento civile, penale; ***das ~ aufheben, aussetzen (niederschlagen)*** annullare, sospendere il procedimento; ***ein ~ gegen jdn einleiten, eröffnen*** istruire un procedimento (*o* intentare un'azione legale) contro qcn., rinviare qcn. a giudizio; ***gegen ihn läuft ein ~ wegen Diebstahls*** contro di lui è in corso un processo per furto; ***ein ~ wieder aufnehmen*** riaprire un processo **3** procedura *f.*: ***parlamentarisches ~*** procedura parlamentare. **Ver|fah|rens|fra|ge** f. *(-,-n)* questione *f.* procedurale. **Ver|fah|rens|recht** n. *(-[e]s)* diritto *m.* procedurale (*o* processuale). **ver|fah|rens|recht|lich** agg. procedurale, processuale. **Ver|fah|rens|re|gel** f. *(-,-n)* norma *f.* procedurale. **Ver|fah|rens|tech|nik** f. *(-,-en)* tecnologia *f.* dei procedimenti industriali. **Ver|fah|rens|wei|se** f. *(-,-n)* procedimento *m.*, metodo *m.*
Ver|fall m. *(-[e]s)* **1** rovina *f.*: ***in ~ geraten*** andare in rovina; ***ein Gebäude dem ~ preisgeben*** lasciare andare in rovina un edificio **2** *(Abnahme)* deperimento *m.*, decadimento *m.*, declino *m.*: ***ein körperlicher ~*** un deperimento fisico; ***der ~ der Kräfte*** il declino delle forze **3** *(Untergang)* declino *m.*, decadenza *f.*: ***kultureller, sittlicher ~*** declino culturale, decadenza morale; ***der ~ des Römischen Reiches*** la decadenza dell'impero romano **4** BANC. scadenza *f.* **5** DIR. prescrizione *f.*, decadenza *f.*
1.ver|fal|len intr. *(verfällt, verfiel, verfallen;* aus. *sein)* **1** rovinare, cadere (*o* andare) in rovina: ***ein Haus ~ lassen*** lasciare andare in rovina una casa **2** *(an Kraft verlieren)* deperire **3** *(untergehen)* decadere, declinare: ***seine Autorität verfiel langsam*** la sua autorità decadde lentamente **4** *(ungültig werden)* scadere: ***die Karten, die Medikamente sind ~*** i biglietti, i medicinali sono scaduti; ***ein Wechsel verfällt*** una cambiale scade **5** ***in etw. (A) ~*** cadere, incorrere in qcs.: ***in einen alten Fehler ~*** cadere in un vecchio errore **6** *(hörig werden)* ***jdm, etw. (D) ~*** abbandonarsi, dedicarsi a qcs., qcn., diventare schiavo di qcs., qcn.; ***dem Alkohol, einem Laster ~*** essere dedito all'alcol, abbandonarsi a un vizio **7** *(zufallen)* ***jdm, dem Staat ~*** essere devoluto a qcn., allo stato, diventare proprietà di qcn., dello stato **8** *(ersinnen)* ***auf jdn, etw. ~*** qcn., qcs. viene in mente: ***ich bin auf einen Gedanken ~*** mi è venuta un'idea; ***darauf wäre ich nie ~*** questo non l'avrei mai immaginato ◆ ***der Ächtung ~*** cadere in proscrizione; ***in Schlaf ~*** addormentarsi improvvisamente; ***in Schweigen ~*** ammutolire; ***in Schwermut ~*** immalinconirsi; ***dem Tod ~ sein*** essere votato alla morte; ***zusehends ~*** peggiorare a vista d'occhio.
2.ver|fal|len p.pass. agg. **1** → **1.verfallen 2** diroccato, in rovina: ***ein -es Schloss*** un castello diroccato.
Ver|fall|er|klä|rung f. *(-,-en)* DIR. dichiarazione *f.* di confisca.
Ver|falls|da|tum n. *(-s,-daten)* data *f.* di scadenza. **Ver|falls|er|schei|nung** f. *(-,-en)* fenomeno *m.* di decadenza. **Ver|falls|tag** m. *(-[e]s,-e)* giorno *m.* della, di scadenza. **Ver|falls|zeit** f. *(-,-en)* **1** periodo *m.* di deperimento **2** *(Untergangszeit)* periodo *m.* di decadenza.
ver|fäl|schen tr. **1** falsare, alterare: ***die Geschichte ~*** falsare la storia **2** falsificare, contraffare: ***Banknoten, Urkunden ~*** falsificare banconote, documenti **3** *(Wein, Lebensmittel)* adulterare. **Ver|fäl|schung** f. *(-,-en)* **1** alterazione *f.* **2** *(von Banknoten, Urkunden)* falsificazione *f.*, contraffazione *f.* **3** *(von Wein, Lebensmitteln)* adulterazione *f.*
ver|fan|gen *(verfängt, verfing, verfangen)* **I** rifl. **sich ~** impigliarsi: ***sich in einem Netz ~*** impigliarsi in una rete **II** intr. (aus. *haben*) servire, essere efficace: ***alle Bitten, Schmeicheleien ~ (bei mir) nicht*** le preghiere, i complimenti (su di me) non servono (*o* non sono efficaci) ◆ ***sich in Widersprüche(n) ~*** cadere in contraddizione.
ver|fäng|lich agg. **1** insidioso, capzioso: ***-e Fragen*** domande insidiose **2** *(peinlich)* imbarazzante: ***in eine -e Situation geraten*** trovarsi in una situazione imbarazzante. **Ver|fäng|lich|keit** f. *(-,-en)* **1** insidiosità *f.*, capziosità *f.* **2** imbarazzo *m.*
ver|fär|ben I tr. tingere, macchiare di colore; ***das blaue Hemd hat die Wäsche verfärbt*** la camicia blu ha tinto la biancheria **II** rifl. **sich ~ 1** *(von Wäsche)* cambiare colore, stingere **2** *(vom Gesicht)* cambiare colore: ***sich vor Wut ~*** cambiare colore per la rabbia. **Ver|fär|bung** f. *(-,-en)* **1** scolorimento *m.* **2** *(vom Gesicht)* cambiamento *m.* di colore **3** *(verfärbte Stelle)* macchia *f.* scolorita.
ver|fas|sen tr. **1** scrivere: ***Gedichte, Romane ~*** scrivere poesie, romanzi **2** *(von Sachtexten)* redigere: ***einen Artikel ~*** redigere un articolo. **Ver|fas|ser** m. *(-s,-)* autore *m.* **Ver|fas|ser|ka|ta|log** m. *(-[e]s,-e)* BIBLIOT. catalogo *m.* per autori. **Ver|fas|ser|schaft** f. *(-)* paternità *f.* (di un'opera).
Ver|fas|sung f. *(-,-en)* **1** POL. costituzione *f.*: ***eine demokratische ~*** una costituzione democratica; ***die ~ ändern, außer Kraft setzen*** modificare, abrogare la costituzione; ***die ~ brechen*** non rispettare la costituzione; ***gegen die ~ verstoßen*** violare la costituzione; ***auf die ~ schwören*** giurare sulla costituzione; ***die ~ tritt in Kraft*** la costituzione entra in vigore; ***auf Grund der ~*** in base alla costituzione **2** *(Grundordnung)* ordinamento *m.*: ***die ~ eines Staates, der katholischen Kirche*** l'ordinamento di uno stato, della chiesa cattolica **3** *(Zustand)* condizioni *f.pl.*: ***gesundheitliche ~*** condizioni di salute; ***körperliche, geistige ~*** condizioni fisiche, psichiche; ***in guter, in einer guten ~ sein*** essere in buone condizioni ◆ ***nicht in der ~ sein, sich nicht in der ~ fühlen, etw. zu tun*** non essere, non sentirsi in vena di fare qcs. **ver|fas|sung|ge|bend** agg. costituente: ***die -e Versammlung*** l'assemblea costituente, la costituente. **Ver|fas|sungs|bruch** m. *(-[e]s,-brüche)* violazione *f.* della costituzione. **ver|fas|sungs|feind|lich** agg. anticostituzionale. **ver|fas|sungs|ge|mäß** agg. conforme alla costituzione, costituzionale. **Ver|fas|sungs|ge|richt** n. *(-[e]s,-e)* corte *f.* costituzionale. **ver|fas|sungs|kon|form** agg. → **verfassungsgemäß. ver|fas|sungs|mä|ßig** agg. costituzionale. **Ver|fas|sungs|mä|ßig|keit** f. *(-)* costituzionalità *f.* **Ver|fas|sungs|recht** n. *(-[e]s)* diritto *m.* costituzionale. **ver|fas|sungs|recht|lich** agg. di, del diritto costituzionale, costituzionale. **Ver|fas|sungs|schutz** m. *(-es)* **1** tutela *f.* costituzionale, difesa *f.* della costituzione **2** COLLOQ. *(Bundesamt)* = ufficio *m.* federale per la tutela della costituzione. **Ver|fas|sungs|staat** m. *(-[e]s,-en)* stato *m.* costituzionale. **ver|fas|sungs|treu** agg. fedele alla costituzione. **ver|fas|sungs|wid|rig** agg. anticostituzionale; DIR. incostituzionale: ***ein -es Gesetz*** una legge incostituzionale.
ver|fau|len intr. (aus. *sein*) marcire, imputridire.
ver|fech|ten tr. *(verficht, verfocht, verfochten)* sostenere, difendere, propugnare: ***eine Meinung, eine Theorie ~*** sostenere un'opinione, difendere una teoria. **Ver|fech|ter** m. *(-s,-)* sostenitore *m.*, fautore *m.*, difensore *m.* **Ver|fech|tung** f. *(-)* difesa *f.*
ver|feh|len I tr. **1** *(verpassen)* perdere: ***den Zug, den Anschluss ~*** perdere il treno, la coincidenza; ***eine Gelegenheit ~*** perdere

un'opportunità 2 *(nicht treffen)* ***jdn ~*** non incontrare, non trovare qcn. 3a *(nicht erreichen)* mancare: ***das Ziel, das Tor ~*** mancare il bersaglio, la porta; ***einen Rekord ~*** fallire un record b FIG. ANT. *(versäumen)* ***ich werde nicht ~, Sie einzuladen*** non mancherò di invitarla II rifl. **sich ~** 1 commettere una mancanza 2 *(sich verpassen)* non incontrarsi ◆ ***seinen Beruf ~*** sbagliare mestiere; SCOL. ***das Thema ~*** andare fuori tema; ***die Wirkung nicht ~*** avere l'effetto desiderato. **ver|fehlt** p.pass. agg. 1 → **verfehlen** 2 *(falsch)* sbagliato: ***eine -e Politik*** una politica sbagliata; ***es wäre ~...*** sarebbe sbagliato... 3 FIG. *(gescheitert)* fallito: ***ein -es Leben*** una vita fallita. **Ver|feh|lung** f. *(-,-en)* mancanza *f.*: ***eine geringe, schwere ~*** una lieve, grave mancanza.

ver|fein|den rifl. **sich ~** inimicarsi: ***sich mit jdm (wegen etw.) ~*** inimicarsi qcn. (*o* con qcn.), rendersi nemico di qcn. (per qcs.). **ver|fein|det** p.pass. agg. 1 → **verfeinden** 2 *(feindlich)* nemico: ***~ sein*** essere nemici; ***-e Gruppen*** gruppi nemici.

ver|fei|nern I tr. 1 affinare, raffinare, perfezionare: ***ein Verfahren ~*** affinare un procedimento 2 *(Speisen)* rendere più delicato, ingentilire II rifl. **sich ~** 1 raffinarsi, affinarsi: ***die Methoden haben sich verfeinert*** i metodi si sono raffinati 2 *(von Speisen)* diventare più delicato, ingentilirsi. **Ver|fei|ne|rung** f. *(-,-en)* raffinamento *m.*

ver|fe|men tr. proscrivere, bandire. **Ver|fem|te** m. e f. *(-n,-n)* proscritto *m.* (-a *f.*). **Ver|fe|mung** f. *(-,-en)* proscrizione *f.*

ver|fer|ti|gen tr. fare, fabbricare, confezionare. **Ver|fer|ti|ger** m. *(-s,-)* chi fabbrica, chi confeziona. **Ver|fer|ti|gung** f. *(-,-en)* fabbricazione *f.*, confezione *f.*

ver|fes|ti|gen I tr. solidificare, indurire II rifl. **sich ~** solidificarsi, indurirsi. **Ver|fes|ti|gung** f. *(-,-en)* solidificazione *f.*, indurimento *m.*

ver|fet|ten intr. (aus. *sein*) 1 ingrassare (eccessivamente) 2 MED. *(vom Herzen)* essere appesantito. **Ver|fet|tung** f. *(-,-en)* MED. 1 adiposi *f.* 2 *(vom Herzen)* sviluppo *m.* eccessivo di tessuto adiposo.

ver|feu|ern intr. 1a bruciare: ***Holz ~*** bruciare legna b *(völlig aufbrauchen)* consumare, esaurire (bruciando): ***alles Holz verfeuert haben*** avere consumato tutta la legna 2 *(verschießen)* esaurire (sparando), consumare (sparando): ***die ganze Munition ~*** esaurire tutte le munizioni.

ver|fil|men tr. trasporre (*o* ridurre) per il cinema: ***einen Roman ~*** trasporre un romanzo per il cinema; ***der Fall wurde verfilmt*** dal caso è stato tratto un film. **Ver|fil|mung** f. *(-,-en)* riduzione *f.* cinematografica.

ver|fil|zen intr. (aus. *sein*) infeltrire, infeltrirsi. **ver|filzt** p.pass. agg. 1 → **verfilzen** 2 *(vom Haar)* arruffato. **Ver|fil|zung** f. *(-,-en)* infeltrimento *m.*

ver|fins|tern I tr. oscurare II rifl. **sich ~** 1a oscurarsi b ASTR. eclissarsi: ***Sonne und Mond ~ sich*** sole e luna si eclissano 2 FIG. *(vom Gesicht, von der Miene)* rabbuiarsi. **Ver|fins|te|rung** f. *(-,-en)* 1a l'oscurarsi, oscuramento *m.* b ASTR. eclissamento *m.* 2 FIG. il rabbuiarsi 3 *(Finsternis)* oscurità *f.*, buio *m.*

ver|fit|zen COLLOQ. I tr. ingarbugliare, aggrovigliare II rifl. **sich ~** ingarbugliarsi, aggrovigliarsi.

ver|fla|chen I tr. appiattire (anche FIG.) II intr. (aus. *sein*) 1 appiattirsi (anche FIG.) 2 *(von Gewässern)* abbassarsi di livello, diventare meno profondo III rifl. **sich ~** appiattirsi (anche FIG.). **Ver|fla|chung** f. *(-,-en)* 1 appiattimento *m.* 2 *(flache Stelle)* secca *f.*

ver|flech|ten *(verflicht, verflocht, verflochten)* I tr. 1a intrecciare (strettamente): ***Bänder, Zweige ~*** intrecciare nastri, ramoscelli b FIG. ***(miteinander) ~*** collegare (strettamente): ***zwei Unternehmen miteinander ~*** collegare strettamente due imprese 2 *(hineinziehen)* coinvolgere: ***in etw. (A) verflochten werden*** venire coinvolti in qcs. II rifl. **sich ~** intrecciarsi (anche FIG.): ***die Zweige ~ sich miteinander*** i rami s'intrecciano l'uno con l'altro. **Ver|flech|tung** f. *(-,-en)* 1 intreccio *m.* 2 ECON. formazione *f.* di consorzi, concentrazione *f.*

ver|flie|gen *(verflog, verflogen)* I intr. (aus. *sein*) 1a svanire, dileguarsi: ***der Blumenduft verflog schnell*** il profumo dei fiori svanì rapidamente; ***der Nebel ist verflogen*** la nebbia si è dileguata b FIG. scomparire, svanire: ***sein Ärger verflog bald*** la sua irritazione svanì presto 2 *(sich verflüchtigen)* evaporare 3 FIG. *(schnell vorübergehen)* volare: ***die Zeit verfliegt*** il tempo vola II tr. COLLOQ. *(durch Fliegen verbrauchen)* spendere, consumare: ***Kraftstoff ~*** consumare carburante (in volo) III rifl. **sich ~** sbagliare rotta (in volo).

ver|flie|sen tr. piastrellare.

ver|flie|ßen intr. *(verfloss, verflossen;* aus. *sein)* 1 *(verschwimmen)* confondersi, sfumare: ***die Farben ~ ineinander*** i colori sfumano l'uno nell'altro 2 *(vergehen)* passare, trascorrere: ***die Tage ~*** i giorni passano.

ver|flixt COLLOQ. I agg. maledetto: ***eine -e Geschichte*** una maledetta storia; ***dieses -e Auto*** questa maledetta auto II avv. rafforz. maledettamente: ***eine ~ schwere Arbeit*** un lavoro maledettamente pesante ◆ ***ein -er Kerl*** un furbacchione; ***~ noch mal (noch eins)!*** maledizione! ***~ und zugenäht!*** accidenti al diavolo!

Ver|floch|ten|heit f. *(-,-en)* 1 *(enge Verbundenheit)* coinvolgimento *m.* 2 *(Verflochtensein)* interdipendenza *f.*

ver|flos|sen p.pass. agg. 1 → **verfließen** 2 COLLOQ. *(ehemalig)* ***ihr -er Freund*** il suo ex ragazzo 3 trascorso: ***das -e Jahr*** l'anno trascorso. **Ver|flos|se|ne** m. e f. *(-n,-n)* COLLOQ. ex *m.* e *f.*: ***seine ~, ihr -r*** la sua ex, il suo ex.

ver|flu|chen tr. maledire: ***jdn, etw. ~*** maledire qcn., qcs.; ***ich habe es schon oft verflucht, dass...*** ho spesso maledetto il fatto che (*o* di)... **ver|flucht** I p.pass. agg. 1 → **verfluchen** 2 COLLOQ. *(verdammt)* maledetto: ***ein -er Wind*** un maledetto vento; ***diese -e Warterei*** questa maledetta attesa; ***ein -es Glück haben*** avere una maledetta fortuna II avv. rafforz. maledettamente: ***ein ~ gutes Ergebnis*** un risultato maledettamente buono ◆ ***~ (noch mal, noch eins)!*** maledizione ! ***~ und zugenäht!*** accidenti al diavolo!

ver|flüch|ti|gen I tr. far volatilizzare II rifl. **sich ~** 1 volatilizzarsi, svaporarsi; COLLOQ. evaporare 2 *(verschwinden)* svanire, dileguarsi (anche FIG.): ***der Nebel, der Geruch verflüchtigt sich*** la nebbia si dilegua, l'odore svanisce 3 SCHERZ. volatilizzarsi: ***der Dieb hat sich verflüchtigt*** il ladro si è volatilizzato. **Ver|flüch|ti|gung** f. *(-,-en)* volatilizzazione *f.*

Ver|flu|chung f. *(-,-en)* maledizione *f.*

ver|flüs|si|gen I tr. condensare II rifl. **sich ~** condensarsi. **Ver|flüs|si|gung** f. *(-,-en)* condensazione *f.*

Ver|folg, BUROCR. ***in, im ~ etw. (G)*** nel corso di qcs.

ver|fol|gen tr. 1 inseguire: ***einen Flüchtling ~*** inseguire un fuggiasco; ***die Hunde ~ das Wild*** i cani inseguono la selvaggina 2 *(nachstellen)* perseguitare: ***jdn aus politischen, rassischen Gründen ~*** perseguitare qcn. per motivi politici, razziali; FIG. ***er ist vom Pech verfolgt*** è perseguitato dalla sfortuna 3 *(beobachten)* seguire: ***jdn mit Blicken, mit den Augen ~*** seguire qcn. con lo sguardo, con gli occhi; *(etw. nachgehen)* ***eine falsche Fährte ~*** seguire una pista sbagliata; ***ein Ereignis in der Zeitung, im Fernsehen ~*** seguire un avvenimento sul giornale, alla televisione 4 *(anstreben)* perseguire: ***einen Zweck, ein Ziel, eine Absicht ~*** perseguire uno scopo, un fine, un intento 5 DIR. procedere contro: ***eine Straftat ~*** perseguire un reato; ***jdn gerichtlich ~*** perseguire legalmente qcn., procedere legalmente contro qcn. **Ver|fol|ger** m. *(-s,-)* 1 inseguitore *m.*: ***die ~ täuschen, abschütteln*** eludere, seminare gli inseguitori 2 *(jd der nachstellt)* persecutore *m.* **Ver|folg|te** m. e f. *(-n,-n)* perseguitato *m.* (-a *f.*): ***~ des Naziregimes*** perseguitati dal regime nazista.

Ver|fol|gung f. *(-,-en)* 1 inseguimento *m.*: ***jds ~ aufnehmen*** partire all'inseguimento di qcn. 2 *(Nachstellung)* persecuzione *f.*: ***eine politische, rassische ~*** una persecuzione politica, razziale; ***-en erdulden, erleiden*** subire persecuzioni 3 DIR. procedimento *m.* ◆ ***jdn außer ~ setzen*** dichiarare il non luogo a procedere contro qcn. **Ver|fol|gungs|jagd** f. *(-,-en)* caccia *f.* a inseguimento. **Ver|fol|gungs|ren|nen** n. *(-s,-)* SPORT corsa *f.* a inseguimento. **Ver|fol|gungs|wahn** m. *(-[e]s)* mania *f.* di persecuzione.

ver|form|bar agg. 1 deformabile 2 TECN. malleabile, plasmabile. **Ver|form|bar|keit** f. *(-)* 1 deformabilità *f.* 2 TECN. malleabilità *f.*, plasmabilità *f.* **ver|for|men** I tr. 1 deformare 2 TECN. forgiare: ***ein Metall ~*** forgiare un metallo II rifl. **sich ~** deformarsi. **Ver|for|mung** f. *(-,-en)* deformazione *f.*

ver|frach|ten tr. 1 *(verschiffen)* caricare, imbarcare 2 spedire: ***etw. nach Übersee ~*** spedire qcs. oltreoceano 3 SCHERZ. *(bringen)* ***ein Kind ins Bett ~*** mettere a letto un bambino. **Ver|frach|ter** m. *(-s,-)* trasportatore *m.* **Ver|frach|tung** f. *(-,-en)* carico *m.*, spedizione *f.*

ver|fran|zen rifl. **sich ~** smarrire la via; AER. finire fuori rotta.

ver|frem|den tr. straniare. **Ver|frem|dung** f. *(-,-en)* straniamento *m.* **Ver|frem|dungs|ef|fekt** m. *(-[e]s,-e)* effetto *m.* straniante, di straniamento.

1.ver|fres|sen tr. *(verfrisst, verfraß, verfressen)* COLLOQ. ***sein ganzes Geld ~*** spendere tutti i propri soldi per il mangiare.

2.ver|fres|sen p.pass. agg. 1 → **1.verfressen** 2 *(gefräßig)* mangione, ingordo. **Ver|fres|sen|heit** f. *(-)* ingordigia *f.*

ver|fro|ren agg. 1 *(durchgefroren)* assiderato 2 *(leicht frierend)* freddoloso.

ver|frü|hen rifl. **sich ~** arrivare in anticipo: ***wir haben uns verfrüht*** siamo arrivati in anticipo. **ver|früht** p.pass. agg. 1 → **verfrühen** 2 prematuro, anticipato: ***ein -es Urteil*** un giudizio prematuro; ***-er Jubel*** esultanza prematura.

ver|füg|bar agg. disponibile, a disposizione. **Ver|füg|bar|keit** f. *(-)* disponibilità *f.*

ver|fu|gen tr. EDIL. ***etw.* ~** otturare le commessure di qcs.

ver|fü|gen I tr. *(anordnen)* disporre: ***der Präsident verfügte, dass...*** il presidente dispose che...; ***jds Verhaftung ~*** disporre l'arresto di qcn. **II** intr. (aus. *haben*) disporre: ***über jdn, etw. ~*** disporre di qcn., qcs.; ***über sein Vermögen frei ~ können*** disporre liberamente del proprio patrimonio; ***~ Sie über mich*** disponga di me; *(besitzen)* ***über gute Beziehungen ~*** disporre di buone relazioni **III** rifl. BUROCR. **sich ~** recarsi, andare; SCHERZ. ***du verfügst dich jetzt auf deinen Platz, ins Bett*** adesso vai al tuo posto, a letto.

Ver|fü|gung f. *(-,-en)* **1** disposizione *f.*: ***etw. zur, zu seiner ~ haben*** avere a (propria) disposizione qcs.; ***sich zur, zu jds ~ halten*** tenersi a disposizione (di qcn.); ***jdm zur ~ stehen*** essere a disposizione di qcn.; ***zur ~ stellen*** mettere a disposizione **2** DIR. *(Anordnung)* disposizione *f.*, ordine *m.*, provvedimento *m.*: ***eine einstweilige ~*** un provvedimento d'urgenza; ***eine neue ~ erlassen*** emanare una nuova disposizione; ***-en treffen*** prendere disposizioni ◆ ***sein Amt zur ~ stellen*** rimettere il proprio incarico; ***amtliche ~*** ordine dell'autorità; ***gerichtliche ~*** decreto giudiziario; ***laut ~*** secondo le disposizioni; ***letztwillige ~*** disposizione testamentaria; ***polizeiliche ~*** ordinanza di polizia; ***zur ~ stehend*** disponibile, a disposizione. **ver|fü|gungs|be|rech|tigt** agg. autorizzato a disporre. **Ver|fü|gungs|ge|walt** f. *(-)* potere *m.* discrezionale. **Ver|fü|gungs|recht** n. *(-[e]s)* diritto *m.*, facoltà *f.* di disporre: ***-e über etw. (A) haben*** avere diritto di disporre di qcs.; ***jdm ein ~ über etw. einräumen*** accordare a qcn. la facoltà di disporre di qcs.

ver|füh|ren tr. **1** sedurre: ***ein Mädchen ~*** sedurre una ragazza **2** *(locken)* allettare, invogliare: ***das schöne Wetter verführt zum Nichtstun*** il bel tempo invoglia a non far niente; assol. ***dein Vorschlag verführt*** la tua proposta alletta (*o* seduce) **3** SCHERZ. *(einladen)* tentare: ***jdn zu etw. ~*** tentare qcn. con qcs.; ***darf ich Sie zu einem Drink ~?*** posso tentarla con un drink? **Ver|füh|rer** m. *(-s,-)* seduttore *m.* **ver|füh|re|risch I** agg. seducente: ***ein -es Angebot*** un'offerta seducente **II** avv. in modo seducente. **Ver|füh|rung** f. *(-s,-en)* seduzione *f.*

ver|fut|tern COLLOQ. → **1.verfressen.**

ver|füt|tern tr. dare (come foraggio): ***altes Brot an die Enten ~*** dare pane vecchio alle anatre.

Ver|ga|be f. *(-,-n)* assegnazione *f.*, aggiudicazione *f.*: ***die ~ eines Stipendiums, von Aufträgen*** l'assegnazione di una borsa di studio, di ordini.

ver|gaf|fen rifl. COLLOQ. ***sich (in jdn) ~*** prendersi una cotta (per qcn.).

ver|gagt [-ˈgɛkt] agg. COLLOQ. pieno di gag.

ver|gäl|len tr. **1** rovinare: ***jdm das Leben, die Freude an etw. (D) ~*** rovinare a qcn. la vita, il piacere di qcs. **2** CHIM. denaturare: ***Spiritus ~*** denaturare l'alcool. **Ver|gäl|lung** f. *(-,-en)* CHIM. denaturazione *f.*

ver|ga|lop|pie|ren rifl. **sich ~** COLLOQ. sbagliarsi, prendere un granchio, una cantonata.

ver|gam|meln I intr. (aus. *sein*) COLLOQ. **1a** *(von Nahrungsmitteln)* guastarsi, andare a male: ***das Fleisch ist vergammelt*** la carne si è guastata **b** *(ranzig werden)* irrancidire **c** *(verschimmeln)* ammuffire **2** *(herunterkommen)* andare in rovina, rovinarsi: ***sein Haus ist ziemlich vergammelt*** la sua casa è quasi andata in rovina **II** tr. *(vertrödeln)* sprecare, sciupare (anche FIG.): ***die Zeit (im Bett) ~*** sprecare il tempo (a letto). **ver|gam|melt** p.pass. agg. **1** → **vergammeln 2** SPREG. trascurato, sciatto: ***ein -er Typ*** un tipo sciatto.

ver|gan|gen p.pass. agg. **1** → **vergehen 2** scorso, passato: ***die -e Sitzung*** la scorsa seduta; ***im -en Jahr*** lo scorso anno.

Ver|gan|gen|heit f. *(-,-en)* passato *m.*: ***die jüngste ~*** il recente passato; ***eine Frau mit ~*** una donna con un passato; ***die unbewältigte ~*** il passato irrisolto; ***eine dunkle, bewegte ~*** un passato oscuro, movimentato; ***der ~ angehören*** appartenere al passato; ***mit der ~ brechen*** rompere con il passato; GRAMM. ***ein Verb in die ~ setzen*** volgere un verbo al passato; ***die erste ~*** l'imperfetto; ***die zweite ~*** il passato remoto; ***die dritte ~*** il trapassato remoto. **Ver|gan|gen|heits|be|wäl|ti|gung** f. *(-,-en)* superamento *m.* del passato.

ver|gäng|lich agg. transitorio, fugace: ***das Leben ist ~*** la vita è fugace. **Ver|gäng|lich|keit** f. *(-)* transitorietà *f.*, fugacità *f.*

ver|gä|ren *(vergor/vergärte, vergoren/vergärt)* **I** tr. far fermentare **II** intr. (aus. *sein*) fermentare. **Ver|gä|rung** f. *(-,-en)* fermentazione *f.*

ver|ga|sen tr. **1** gas(s)ificare **2** *(durch Giftgase töten)* gasare **3** *(Ungeziefer durch Giftgase vertilgen)* uccidere con l'insetticida. **Ver|ga|ser** m. *(-s,-)* carburatore *m.* **Ver|ga|ser|brand** m. *(-[e]s, -brände)* incendio *m.* del carburatore. **Ver|ga|ser|kraft|stoff** m. *(-[e]s,-e)* carburante *m.* **Ver|ga|ser|mo|tor** m. *(-s,-en)* motore *m.* a carburazione.

ver|gaß → **vergessen.**

Ver|ga|sung f. *(-,-en)* **1** gas(s)ificazione *f.* **2** *(das Töten durch Giftgase)* uccisione *f.* col gas ◆ COLLOQ. ***bis zur ~*** fino alla nausea.

ver|gat|tern tr. **1** COLLOQ. ***jdn zu etw. ~*** dare l'ordine, ordinare a qcn. di fare qcs.: ***jdn zum Schuhputzen ~*** ordinare a qcn. di pulire le scarpe **2** *(mit Gatter versehen)* chiudere con una cancellata **3** MIL. ***die Wache ~*** obbligare i soldati prima del cambio della guardia ad osservare le istruzioni.

1.ver|ge|ben *(vergibt, vergab, vergeben)* **I** tr. **1** *(erteilen)* assegnare, conferire: ***eine Stelle, einen Auftrag, einen Preis an jdn ~*** assegnare un posto, un incarico, un premio a qcn. **2a** *(verzeihen)* perdonare: ***jdm etw. ~*** perdonare qcs. a qcn.; assol. ***jdm ~*** perdonare qcn. **b** RELIG. rimettere: ***jdm seine Sünden ~*** rimettere a qcn. i suoi peccati **3** *(nicht nutzen)* sprecare, sciupare: ***eine Chance ~*** sprecare una chance **4** SPORT fallire, sbagliare: ***einen Elfmeter ~*** fallire un rigore; ***er vergab kläglich*** fallì miseramente **5** *(beim Kartenspiel)* sbagliarsi a dare: ***du hast die Karten ~*** ti sei sbagliato a dare le carte **II** rifl. ***sich (D) nichts ~*** non rimetterci nulla; ***hast du dir was ~?*** ci hai rimesso qualcosa? ◆ ***etw. ist ~ und vergessen*** qcs. è passato e dimenticato; ***es sind noch Karten, Plätze zu ~*** ci sono ancora carte, posti da dare.

2.ver|ge|ben p.pass. agg. **1** → **1.vergeben 2** *(beschäftigt)* impegnato: ***ich bin Dienstag schon ~*** martedì sono già impegnato; *(verlobt oder verheiratet)* ***seine Töchter sind alle ~*** le figlie sono tutte impegnate **3** *(vergeblich)* sprecato: ***das ist doch -e Mühe*** è tutta fatica sprecata. **ver|ge|bens** avv. invano, inutilmente: ***ich habe ~ angerufen*** ho telefonato inutilmente ◆ ***~ sein*** essere vano, inutile. **ver|geb|lich I** agg. inutile: ***ein -es Opfer*** un sacrificio inutile **II** avv. inutilmente, invano. **Ver|geb|lich|keit** f. *(-)* inutilità *f.*, vanità *f.* **Ver|ge|bung** f. *(-,-en)* **1** remissione *f.*: ***die ~ der Sünden*** la remissione dei peccati **2** *(als Ausruf)* perdono *m.*

ver|ge|gen|ständ|li|chen I tr. oggettivare **II** rifl. **sich ~** oggettivarsi. **Ver|ge|gen|ständ|li|chung** f. *(-,-en)* oggettivazione *f.*

ver|ge|gen|wär|ti|gen rifl. ***sich (D) etw. ~*** rammentare (*o* rammentarsi di) qcs. **Ver|ge|gen|wär|ti|gung** f. *(-,-en)* il rammentare.

ver|ge|hen *(verging, vergangen)* **I** intr. (aus. *sein*) **1** passare, trascorrere: ***die Zeit vergeht langsam, schnell*** il tempo passa lentamente, velocemente; ***es waren noch keine fünf Minuten vergangen, als...*** non erano passati cinque minuti che... **2a** *(aufhören)* passare: ***jdm ~ die Schmerzen*** a qcn. passano i dolori; ***ihr verging der Appetit, die Lust*** le passò (*o* perse) l'appetito, la voglia; ***das Lachen wird dir noch ~!*** ti passerà la voglia di ridere! **b** ***jdm vergeht der Mut, ~ die Sinne*** qcn. perde il coraggio, i sensi **3a** *(sterben)* morire **b** FIG. ***vor Angst, Durst, Scham ~*** morire di paura, di sete, di vergogna **II** rifl. **sich ~ 1** ***sich gegen etw. ~*** trasgredire, infrangere, violare qcs.: ***sich gegen das Gesetz, eine Norm ~*** violare la legge, una norma **2** ***sich an jdm ~*** abusare di qcn., usare violenza a qcn. ◆ ***sich an fremdem Eigentum ~*** impossessarsi della proprietà altrui; ***wie im Fluge ~*** volare; ***dir wird noch Hören und Sehen ~!*** ne vedrai delle belle! ***sich gegen die guten Sitten ~*** offendere la decenza; ***wie (doch) die Zeit vergeht!*** come passa il tempo! **Ver|ge|hen** n. *(-s,-)* **1** trasgressione *f.*, infrazione *f.*, violazione *f.* **2** *(Delikt)* delitto *m.*, reato *m.*

ver|gei|gen tr. COLLOQ. sbagliare.

ver|geis|ti|gen tr. spiritualizzare, rendere spirituale. **Ver|geis|ti|gung** f. *(-,-en)* spiritualizzazione *f.*

ver|gel|ten tr. *(vergilt, vergalt, vergolten)* **1** ripagare, ricambiare, ricompensare: ***etw. mit Undank ~*** ricambiare qcs. con l'ingratitudine; ***wie kann ich dir das jemals ~?*** come potrò mai ricambiare (*o* sdebitarmi)? ***wir werden es Ihnen in angemessener Weise ~*** ricambieremo in modo adeguato **2a** *(sich für etw. rächen)* (ri)pagare, rendere: ***das werde ich dir ~!*** me la pagherai! **b** ***Böses mit Gutem ~*** ripagare il bene col male **3** *(lohnen)* ricompensare: ***jdm (etw.) reichlich ~*** ricompensare lautamente qcn. (per qcs.) ◆ ***Gleiches mit Gleichem ~*** rendere la pariglia (*o* pan per focaccia); ***vergelt's Gott!*** Dio te ne renda merito!

Ver|gel|tung f. *(-,-en)* **1** il ripagare, il ricambiare, il contraccambiare: ***die ~ eines Unrechts*** il ricambiare un torto **2** ricompensa *f.*: ***das war die ~ für seinen Verrat*** questa fu la ricompensa per il suo tradimento **3** *(Rache)* vendetta *f.*; *(Revanche)* rivincita *f.*, rivalsa *f.*; ***für etw. ~ an jdm üben*** vendicarsi di qcn., rivalersi su qcn. per qcs. **4** *(Retorsion)* ritorsione *f.* **Ver|gel|tungs|maß|nah|me** f. *(-,-n)* rappresaglia *f.*: ***eine ~ (gegen jdn) ergreifen*** compiere una rappresaglia (contro qcn.). **Ver|gel|tungs|schlag** m. *(-[e]s,-schläge)* ritorsione *f.*

ver|ge|sell|schaf|ten I tr. socializzare **II** rifl. ***sich mit jdm ~*** mettersi in società con qcn. **Ver|ge|sell|schaf|tung** f. (-,-en) socializzazione *f.*

1.ver|ges|sen *(vergisst, vergaß, vergessen)* **I** tr. ***etw. ~*** dimenticare, (*o* COLLOQ. scordare) qcs., dimenticarsi (*o* COLLOQ. scordarsi) di qcs.: ***jds Adresse, Namen ~*** dimenticare l'indirizzo, il nome di qcn.; ***ich hatte es völlig ~*** me ne ero completamente dimenticato; ***ich habe ~, ihn anzurufen*** mi sono dimenticato di telefonargli; *(liegen lassen)* ***etw. bei jdm, zu Hause, im Taxi ~*** dimenticare qcs. da qcn., a casa, nel taxi **II** intr. (aus. *haben*) **1** *(ein schlechtes Gedächtnis haben)* dimenticare (le cose): ***leicht ~*** dimenticare facilmente (le cose) **2** REGION. ***auf etw. (A) ~*** dimenticarsi, scordarsi di qcs. **III** rifl. **sich ~ 1** dimenticarsi: ***das vergisst sich nicht so leicht*** non lo si dimentica facilmente **2** *(die Beherrschung über sich selbst verlieren)* lasciarsi trasportare, trascendere: ***sich in seiner Wut ~*** lasciarsi trasportare dalla propria ira; ***wie konntest du dich nur so weit ~, ihn zu beschimpfen!*** come hai potuto insultarlo così! ◆ ***das kannst du ~!*** lascia perdere! non ne vale la pena! ***er wird noch einmal seinen Kopf ~!*** un giorno o l'altro si dimenticherà anche la testa! ***das werde ich ihm nie ~*** non lo dimenticherò mai, non dimenticherò mai ciò che ha fatto.

2.ver|ges|sen p.pass. → **1.vergessen** ◆ ***etw. ~ sein lassen*** porre qcs. in dimenticanza; ***vergangen und ~!*** tutto dimenticato! mettiamoci una pietra sopra!

Ver|ges|sen|heit f. *(-)* oblio *m.*; COLLOQ. dimenticatoio *m.*: ***in ~ geraten*** cadere nell'oblio (*o* COLLOQ. nel dimenticatoio); ***etw. der ~ entreißen*** strappare qcs. all'oblio.

ver|gess|lich agg. smemorato. **Ver|gess|lich|keit** f. *(-)* smemoratezza *f.*, smemorataggine *f.*

ver|geu|den tr. sprecare: ***Zeit ~*** sprecare tempo; ***seine Kräfte, sein Leben ~*** sprecare le proprie energie, la propria vita; *(Geld)* sperperare; *(Vermögen)* dilapidare. **ver|geu|de|risch** agg. RAR. → **verschwenderisch. Ver|geu|dung** f. *(-,-en)* spreco *m.*; *(von Geld)* sperpero *m.*; *(von Vermögen)* dilapidazione *f.*

ver|ge|wal|ti|gen tr. **1a** violentare, stuprare **b** FIG. ***die Sprache ~*** far violenza alla lingua **2** *(unterdrücken)* opprimere ◆ ***das Recht ~*** violare il diritto; ***die Wahrheit ~*** falsare la verità. **Ver|ge|wal|ti|ger** m. *(-s,-)* **1** violentatore *m.*, stupratore *m.* **2** *(Unterdrücker)* oppressore *m.* **Ver|ge|wal|ti|gung** f. *(-,-en)* **1** violenza *f.* carnale, stupro *m.* **2** *(Unterdrücken)* oppressione *f.*

ver|ge|wis|sern rifl. **sich ~** assicurarsi, accertarsi, sincerarsi: ***sich ~, ob (dass) das Gas abgedreht ist*** assicurarsi che il gas sia spento. **Ver|ge|wis|se|rung** f. *(-,-en)* accertamento *m.*

ver|gie|ßen tr. *(vergoss, vergossen)* **1** rovesciare, versare: ***Kaffee ~*** rovesciare il caffè **2** *(fließen lassen)* versare: ***Blut, Tränen ~*** versare sangue, lacrime **3** METALL. spillare.

ver|gif|ten I tr. **1** avvelenare: ***die Nebenbuhlerin aus Eifersucht ~*** avvelenare la rivale per gelosia; ***Speisen ~*** avvelenare i cibi **2** *(vom verdorbenen Essen)* intossicare **3** FIG. avvelenare, rovinare: ***eine entspannte Atmosphäre ~*** rovinare un'atmosfera distesa **II** rifl. **sich ~ 1** avvelenarsi **2** intossicarsi: ***sich durch verdorbenes Essen ~*** intossicarsi con cibi avariati. **Ver|gif|tung** f. *(-,-en)* **1** avvelenamento *m.*: ***an ~ sterben*** morire per avvelenamento, morire avvelenato **2** intossicazione *f.*: ***~ durch Nahrungsmittel*** intossicazione alimentare. **Ver|gif|tungs|er|schei|nung** f. *(-,-en)* sintomo *m.* di avvelenamento.

Ver|gil n.pr.m. Virgilio *m.*

ver|gip|sen tr. **1** stuccare **2** *(eingipsen)* ingessare.

Ver|giss|mein|nicht n. *(-[e]s,-[e])* nontiscordardimé *m.*

ver|gisst → **vergessen.**

ver|git|tern tr. munire di inferriata, di inferriate: ***die Fenster ~*** mettere l'inferriata, le inferriate alle finestre.

ver|gla|sen tr. invetriare, munire di vetri (*o* di vetrate): ***die Fenster ~*** invetriare le (*o* mettere i vetri alle) finestre. **ver|glast** p.pass. agg. **1** → **verglasen 2** a vetri, invetriato. **Ver|gla|sung** f. *(-,-en)* **1** invetriatura *f.* **2** *(Glasscheibe)* vetrata *f.*

Ver|gleich m. *(-[e]s,-e)* **1** confronto *m.*, paragone *m.*: ***ein passender, treffender, gewagter ~*** un paragone appropriato, calzante, azzardato; ***einen ~ zwischen Personen, Sachen anstellen, ziehen*** istituire, fare un paragone fra persone, cose; ***mit jdm, etw. den ~, keinen ~ aushalten*** reggere, non reggere il confronto (*o* il paragone) con qcn., qcs. **2** *(bildhafte Redewendung)* paragone *m.*, similitudine *f.* **3** *(Vergleichung)* raffronto *m.*, comparazione *f.* **4a** DIR. composizione *f.*, accordo *m.* (amichevole): ***zu einem ~ kommen*** giungere a un accordo; ***einen ~ schließen*** concludere un accordo **b** *(Ausgleich)* compromesso *m.*, transazione *f.* **5** SPORT → **Vergleichskampf** ◆ DIR. ***gerichtlicher ~*** concordato giudiziale; ***gütlicher ~*** accordo amichevole; ***der ~ hinkt*** il paragone non sta in piedi (*o* non regge); ***im ~ zu, mit*** in confronto a, rispetto a; COLLOQ. ***(das ist) ja gar kein ~!*** non c'è proprio paragone! non c'è proprio confronto! DIR. ***~ zur Abwendung des Konkurses*** concordato preventivo; ***das hält einem ~ nicht stand*** non regge al paragone.

ver|gleich|bar agg. paragonabile, comparabile.

ver|glei|chen *(verglich, verglichen)* **I** tr. **1** confrontare, paragonare, comparare: ***etw. mit etw. ~*** confrontare qcs. con qcs.; ***sich mit etw. ~ lassen*** essere paragonabile a qcs. **2** MAT. STATIST. rapportare: ***zwei Größen ~*** rapportare due grandezze **3** *(durch Vergleich in Verbindung setzen)* paragonare: ***die Geliebte (mit) einem Schwan ~*** paragonare l'amata a un cigno **4** DIR. accomodare, comporre, conciliare: ***einen Streit ~*** comporre una lite **II** rifl. **sich ~ 1** confrontarsi, paragonarsi: ***mit ihr kann ich mich nicht ~*** non mi posso paragonare a lei **2** DIR. venire a un accomodamento, trovare un accordo, accordarsi, conciliarsi ◆ ***das ist doch gar nicht zu ~!*** non c'è paragone! non c'è confronto! ***vergleiche Seite 12*** confronta pagina 12. **ver|glei|chend** p.pres. agg. **1** → **vergleichen 2** comparativo, comparato: ***-e Sprachwissenschaft*** linguistica comparata.

Ver|gleichs|an|ge|bot n. *(-[e]s,-e)* DIR. offerta *f.* di concordato. **Ver|gleichs|an|trag** m. *(-[e]s,-anträge)* domanda *f.* di concordato. **Ver|gleichs|form** f. *(-,-en)* forma *f.* comparativa, comparativo *m.* **Ver|gleichs|gläu|bi|ger** m. *(-s,-)* creditore *m.* concordatario. **Ver|gleichs|grö|ße** f. *(-,-n)* termine *m.* di paragone. **Ver|gleichs|kampf** m. *(-[e]s,-kämpfe)* (partita *f.*) amichevole *f.* **Ver|gleichs|maß|stab** m. *(-[e]s,-stäbe)* termine *m.* di paragone. **Ver|gleichs|par|ti|kel** f. *(-,-n)* congiunzione *f.* comparativa. **Ver|gleichs|rech|nung** f. *(-,-en)* calcolo *m.* comparativo. **Ver|gleichs|satz** m. *(-,-sätze)* proposizione *f.* comparativa. **Ver|gleichs|schuld|ner** m. *(-s,-)* debitore *m.* concordatario. **Ver|gleichs|ver|fah|ren** n. *(-s,-)* (procedura *f.* di) concordato *m.* **Ver|gleichs|ver|wal|ter** m. *(-s,-)* commissario *m.* giudiziale. **Ver|gleichs|weg, *auf dem ~*** mediante accordo. **ver|gleichs|wei|se** avv. **1** a titolo di paragone, comparativamente, in via di comparazione **2** *(im Vergleich)* in confronto: ***das ist ~ nichts!*** questo in confronto non è niente! ***gegen ihn ist sie ~ sympathisch*** in confronto a lui lei è simpatica ◆ DIR. ***etw. ~ annehmen*** accettare qcs. in via di transazione. **Ver|gleichs|wert** m. *(-[e]s,-e)* valore *m.* comparativo. **Ver|gleichs|zah|lung** f. *(-,-en)* pagamento *m.* per (*o* a titolo di) transazione.

Ver|glet|sche|rung f. *(-)* glaciazione *f.*, glacialismo *m.*

ver|glim|men intr. *(verglomm/verglimmte, verglommen/verglimmt*; aus. *sein)* spegnersi lentamente.

ver|glü|hen intr. (aus. *sein*) **1** spegnersi, estinguersi, consumarsi **2** *(zerfallen)* disintegrarsi.

ver|gnü|gen I rifl. **sich ~** divertirsi: ***sich mit etw. ~*** divertirsi a (fare) qcs.; ***sich beim Tanzen ~*** divertirsi a ballare **II** tr. RAR. divertire.

Ver|gnü|gen n. *(-s,-)* **1** divertimento *m.*, piacere *m.*: ***jdm das ~ verderben*** rovinare il divertimento (*o* il piacere) a qcn.; ***~ an etw. (D) finden*** divertirsi, provare gusto a fare qcs.; ***aus reinem ~*** per puro divertimento **2** *(Freude)* piacere *m.*, gioia *f.*: ***es war mir ein ~!*** è stato un piacere per me! ***ein kindliches ~ bei etw. empfinden*** provare un piacere infantile in qcs., a fare qcs. ◆ ***etw. bereitet mir ~*** qcs. mi fa piacere; *(gefallen)* qcs. mi piace; ***ich hatte bereits das ~, sie kennen zu lernen*** ho già avuto il piacere di conoscerla; ***ich mache mir ein ~ daraus, etw. zu tun*** per me è un piacere fare qcs., ho piacere a fare qcs.; ***ein diebisches ~*** un intimo (*o* segreto) piacere; ***das ~ ist ganz meinerseits, auf meiner Seite*** il piacere è tutto mio; ***mit ~*** con piacere, volentieri; ANT. ***mit wem habe ich das ~?*** con chi ho il piacere? ***ein teures ~*** uno scherzo che costa caro; ***viel ~!*** buon divertimento! ***zu seinem ~*** per proprio piacere, per proprio diletto. **ver|gnü|gens|hal|ber** avv. per divertimento.

ver|gnüg|lich I agg. divertente, piacevole **II** avv. in modo divertente, piacevolmente.

ver|gnügt p.pass. agg. **1** → **vergnügen 2** divertito: ***eine -e Miene machen*** fare una faccia divertita; ***er lachte ~*** rise divertito **3** *(heiter)* allegro, contento; *(gut gelaunt)* di buon umore: ***sie ist immer ~*** è sempre allegra (*o* di buon umore) **4** *(vergnüglich)* divertente, piacevole: ***ein -er Abend*** una piacevole serata. **Ver|gnügt|heit** f. *(-)* **1** divertimento *m.*, piacevolezza *f.* **2** *(Heiterkeit)* allegria *f.*, contentezza *f.*; *(gute Laune)* buonumore *m.*

Ver|gnü|gung f. *(-,-en)* **1** divertimento *m.*, piacere *m.* **2** *(Veranstaltung)* festa *f.*, trattenimento *m.* **3** *(Kurzweil)* passatempo *m.* **Ver|gnü|gungs|fahrt** f. *(-,-en)* viaggio *m.* di piacere. **ver|gnü|gungs|hal|ber** → **vergnügenshalber. Ver|gnü|gungs|in|dust|rie** f. *(-)* industria *f.* del divertimento. **Ver|gnü|gungs|lo|kal** n. *(-[e]s,-e)* locale *m.*, ritrovo *m.* **Ver|gnü|gungs|park** m. *(-s,-s)* parco *m.* dei divertimenti. **Ver|gnü|gungs|rei|se** f. *(-,-n)* viaggio *m.* di piacere. **Ver|gnü|gungs|steu|er** f. *(-,-n)* tassa *f.* (*o* imposta *f.*) sugli spettacoli. **ver|gnü|gungs|süch|tig** agg. maniaco dei divertimenti.

ver|gol|den tr. **1a** dorare, indorare: ***einen Rahmen ~*** dorare una cornice **b** *(Schmuck)* placcare (in) oro **2** FIG. indorare: ***die Sonne vergoldet die Bergspitzen*** il sole indora le cime delle montagne **3** LETT. *(verschönen)* abbellire **4** COLLOQ. *(bezahlen)* pagare. **Ver|gol|der** m. *(-s,-)* doratore *m.* **Ver|gol|dung** f. *(-,-en)* **1** doratura *f.*, indoratura *f.* **2** *(von Schmuck)* placcatura *f.* in oro.

ver|gön|nen tr. **1** concedere **2** impers. ***es war ihm nicht vergönnt, sein Werk abzuschließen*** non gli fu dato di terminare la sua opera.

ver|got|ten tr. → **vergöttlichen.**

ver|göt|tern tr. idolatrare: ***einen Sänger ~*** idolatrare un cantante. **Ver|göt|te|rung** f. *(-,-en)* l'idolatrare.

ver|gött|li|chen tr. deificare, divinizzare. **Ver|gött|li|chung, Ver|got|tung** f. *(-,-en)* deificazione *f.*, divinizzazione *f.*, apoteosi *f.*

ver|gra|ben *(vergräbt, vergrub, vergraben)* **I** tr. **1** sotterrare, seppellire: ***einen Schatz ~*** sotterrare un tesoro **2** coprire, nascondere: ***sein Gesicht in die Hände, in den Händen ~*** coprirsi il viso con le mani **3** affondare: ***die Hände in die, in den Taschen ~*** affondare le mani nelle tasche **II** rifl. **sich ~ 1** seppellirsi: ***sich in der, in die Erde ~*** seppellirsi nella terra **2** *(sich zurückziehen)* ritirarsi, nascondersi **3** sprofondarsi: ***sich in die Arbeit ~*** sprofondarsi nel lavoro.

ver|grä|men tr. **1** affliggere **2** VENAT. *(stören)* disturbare.

ver|grät|zen tr. COLLOQ. ***jdn ~*** far arrabbiare qcn.

ver|grau|len tr. COLLOQ. ***jdn ~*** allontanare, stancare qcn.

ver|grei|fen rifl. *(vergriff, vergriffen)* **sich ~ 1a** *(danebengreifen)* sbagliare (suonando) **b** ***sich im Ton, Ausdruck ~*** sbagliare tono, espressione **2** *(sich etw. aneignen)* ***sich an etw. (D) ~*** mettere le mani su qcs. **3** ***sich an jdm ~*** mettere le mani addosso a qcn.; *(vergewaltigen)* fare violenza a qcn. ◆ ***sich an der Kasse ~*** manomettere la cassa.

ver|grei|sen intr. (aus. *sein*) invecchiare (precocemente). **Ver|grei|sung** f. *(-)* invecchiamento *m.* (precoce), senescenza *f.*

ver|grif|fen → **vergreifen.**

ver|grö|bern I tr. rendere grossolano, rozzo **II** rifl. **sich ~** diventare grossolano, irruvidire: ***sein Gesicht hatte sich im Alter vergröbert*** con la vecchiaia gli si era irruvidito il volto. **Ver|grö|be|rung** f. *(-,-en)* irruvidimento *m.*

ver|grö|ßern I tr. **1** ingrandire, ampliare: ***ein Haus ~*** ingrandire una casa; ***sein Repertoire ~*** ampliare il proprio repertorio **2a** *(Bilder, Fotos)* ingrandire **b** assol. *(größer erscheinen lassen)* ***diese Lupe vergrößert stark*** questa lente ingrandisce molto **3** *(vermehren)* aumentare, accrescere: ***sein Kapital ~*** accrescere il proprio capitale; ***die Zahl der Mitarbeiter ~*** aumentare il numero dei collaboratori **II** rifl. **sich ~ 1a** ingrandirsi: ***der Betrieb hat sich stark vergrößert*** la ditta si è ingrandita molto; ***wir haben uns vergrößert*** ci siamo ingranditi **b** *(sich vermehren)* ingrandirsi, estendersi, ampliarsi: ***mein Bekanntenkreis hat sich vergrößert*** la cerchia delle mie conoscenze si è ingrandita **2** ingrossarsi: ***die Leber hat sich vergrößert*** il fegato si è ingrossato.

Ver|grö|ße|rung f. *(-,-en)* **1a** *(Erweiterung)* ingrandimento *m.*, ampliamento *m.* **b** FOT. ingrandimento *m.*: ***von einem Negativ -en machen*** fare degli ingrandimenti da un negativo **2** *(Vermehrung)* incremento *m.*, aumento *m.* **Ver|grö|ße|rungs|ap|pa|rat** m. *(-[e]s,-e)* ingranditore *m.* **Ver|grö|ße|rungs|form** f. *(-,-en)* GRAMM. accrescitivo *m.* **Ver|grö|ße|rungs|glas** n. *(-es,-gläser)* lente *f.* d'ingrandimento.

ver|gu|cken rifl. **sich ~** COLLOQ. **1** ***sich in jdn ~*** prendere una cotta per qcn. **2** *(falsch sehen)* ***sich in etw. (D) ~*** sbagliarsi nel giudicare qcs., sbagliarsi su qcs.

Ver|gunst ANT., ***mit ~*** con permesso, con licenza. **Ver|güns|ti|gung** f. *(-,-en)* agevolazione *f.*, facilitazione *f.*: ***-en bieten, gewähren, entziehen*** offrire, concedere, togliere delle facilitazioni.

ver|gü|ten tr. **1** risarcire, rimborsare: ***jdm einen Schaden, Verlust ~*** risarcire a qcn. un danno, una perdita **2** *(bezahlen)* rimunerare, retribuire: ***jdm eine Arbeit ~*** retribuire un lavoro a qcn. **3** TECN. *(Metalle, Linsen)* bonificare, temprare. **Ver|gü|tung** f. *(-,-en)* **1** risarcimento *m.*, rimborso *m.*, indennità *f.*, indennizzo *m.* **2** *(Bezahlung)* retribuzione *f.*, compenso *m.*, rimunerazione *f.*: ***~ von Überstunden*** retribuzione per le ore di straordinario **3** TECN. *(von Metallen, Linsen)* bonifica *f.*, tempra *f.*

verh. ⇒ *verheiratet* coniugato.

ver|hack|stü|cken tr. COLLOQ. *(negativ beurteilen)* ridurre (*o* fare) a pezzi.

Ver|haft ANT., ***jdn in ~ nehmen*** mettere qcn. agli arresti; ***in ~ sein*** essere in prigione. **ver|haf|ten** tr. arrestare: ***jdn unter dem Verdacht des Diebstahls ~*** arrestare qcn. sospettato di furto. **ver|haf|tet** p.pass. agg. **1** → **verhaften 2** attaccato, legato: ***(in) der Tradition ~ sein*** essere legato alla tradizione. **Ver|haf|te|te** m. e f. *(-n,-n)* arrestato *m.* (-a *f.*). **Ver|haf|tung** f. *(-,-en)* arresto *m.*: ***jds ~ veranlassen, vornehmen*** ordinare l'arresto di qcn., procedere all'arresto di qcn.

ver|ha|geln intr. (aus. *sein*) essere rovinato dalla grandine.

ver|ha|ken I tr. **1** agganciare **2** intrecciare: ***die Finger ~*** intrecciare le dita **II** rifl. **sich ~** agganciarsi, restare impigliato.

ver|hal|len intr. **1** (aus. *sein*) smorzarsi, spegnersi **2** (aus. *haben*) riverberare ◆ FIG. ***sein Ruf ist ungehört verhallt*** il suo appello non ha avuto eco.

1.ver|hal|ten *(verhält, verhielt, verhalten)* **I** rifl. **sich ~ 1** comportarsi: ***sich jdm gegenüber korrekt ~*** comportarsi correttamente con qcn., nei confronti di qcn. **2** rimanere, restare, essere: ***sich ruhig, abwartend ~*** restare tranquillo, in attesa **3** stare: ***zwei verhält sich zu drei wie vier zu sechs*** due sta a tre come quattro sta a sei **II** tr. **1** trattenere: ***die Tränen, das Lachen ~*** trattenere le lacrime, il riso; ***den Atem ~*** trattenere (*o* ritenere) il respiro **2a** *(im Gehen innehalten)* arrestare: ***den Schritt ~*** arrestare il passo **b** assol. arrestarsi: ***einen Augenblick an der Kreuzung ~*** arrestarsi un attimo all'incrocio ◆ ***die Sache verhält sich so*** le cose stanno così; ***mit der Sache verhält es sich folgendermaßen:...*** il fatto è questo:...

2.ver|hal|ten I p.pass. agg. **1** → **1.verhalten 2** *(unterdrückt)* trattenuto, represso: ***mit -em Zorn*** con ira repressa **3** *(zurückhaltend)* ritroso: ***ein scheues, -es Wesen haben*** avere un carattere timido e ritroso **4a** *(gedämpft)* attenuato, tenue: ***-e Farben*** colori tenui **b** ***-e Töne*** suoni attutiti **II** avv. in modo trattenuto, in modo contenuto ◆ ***~ fahren*** guidare prudentemente; ***eine -e Fahrweise*** una guida prudente; ***mit -er Stimme*** sottovoce.

Ver|hal|ten n. *(-s,-)* **1** comportamento *m.*, condotta *f.*, contegno *m.*: ***ein tadelloses, einwandfreies, unverschämtes ~*** una condotta irreprensibile, ineccepibile, insolente; ***jds ~ billigen*** approvare il comportamento di qcn.; ***sein ~ gegen jdn, jdm gegenüber ändern*** cambiare il proprio comportamento verso qcn., nei confronti di qcn. **2** BIOL. CHIM. comportamento *m.*, reazione *f.*: ***das ~ einer Kultur untersuchen*** studiare il comportamento di una coltura.

Ver|hal|ten|heit f. *(-)* ritrosia *f.*, riservatezza *f.*, riserbo *m.*

ver|hal|tens|auf|fäl|lig agg. disadattato: ***-e Jugendliche*** giovani disadattati. **Ver|hal|tens|for|scher** m. *(-s,-)* etologo *m.* **Ver|hal|tens|for|schung** f. *(-)* etologia *f.* **ver|hal|tens|ge|stört** agg. caratteriale: ***-e Kinder*** bambini caratteriali. **Ver|hal|tens|maß|re|gel** f. *(-,-n)* regola *f.* di comportamento (*o* di condotta). **Ver|hal|tens|mus|ter** n. *(-s,-)* modello *m.* comportamentale (*o* di comportamento). **Ver|hal|tens|norm** f. *(-,-en)* norma *f.* di comportamento. **Ver|hal|tens|psy|cho|lo|gie** f. *(-)* psicologia *f.* del comportamento. **Ver|hal|tens|stö|rung** f. *(-,-en)* disturbo *m.* (*o* anomalia *f.*) comportamentale (*o* nel comportamento). **Ver|hal|tens|the|ra|pie** f. *(-)* terapia *f.* comportamentale. **Ver|hal|tens|wei|se** f. *(-,-n)* modo *m.* di comportarsi, comportamento *m.*

Ver|hält|nis n. *(-ses,-se)* **1** rapporto *m.*, proporzione *f.*: ***im ~ von 3 zu 5*** in proporzione di 3 a 5; ***im ~ zu früher*** in rapporto a prima **2** *(persönliche Beziehung)* rapporto *m.*: ***es herrscht ein gutes ~ zwischen uns*** c'è un buon rapporto tra di noi; ***in gespanntem, in freundschaftlichem ~ zu jdm stehen*** avere un rapporto teso, essere in rapporti d'amicizia con qcn.; ***kein rechtes ~ zur Mathematik haben, finden*** non avere, trovare un buon rapporto con la matematica **3** *(Liebesverhältnis)* relazione *f.*: ***ein ~ mit jdm haben*** avere una relazione con qcn.; ***ein ~ eingehen, lösen*** stringere, troncare una relazione; ***mit, zu jdm ein ~ unterhalten*** intrattenere una relazione con qcn. **4** pl. *(Umstände)* condizioni *f.pl.*, circostanze *f.pl.*, situazione *f.*: ***sich den gegebenen -sen anpassen*** adattarsi alle condizioni esistenti; ***unter den waltenden -sen*** nelle presenti circostanze ◆ ***in keinem ~ zu etw. stehen*** essere sproporzionato rispetto a qcs.; ***aus kleinen -sen stammen*** avere origini modeste; ***über seine -se leben*** vivere al di sopra delle proprie possibilità; ***im umgekehrten ~ zu etw. stehen*** essere indirettamente proporzionale a qcs. **ver|hält|nis|gleich** agg. proporzionale. **Ver|hält|nis|glei|chung** f. *(-,-en)* MAT. proporzione *f.* **ver|hält|nis|mä|ßig** avv. **1** relativamente: ***eine ~ große Zahl von Einwohnern*** un numero relativamente alto di abitanti; ***das ist ~ leicht*** è relativamente facile **2** *(entsprechend)* proporzionatamente, in modo proporzionale. **Ver|hält|nis|mä|ßig|keit** f. *(-)* proporzionatezza *f.* **Ver|hält|nis|wahl** f. *(-,-en)* elezioni *f.pl.* secondo il sistema proporzionale. **Ver|hält|nis|wahl|recht** n. *(-[e]s)* sistema *m.* proporzionale. **Ver|hält|nis|wort** n. *(-[e]s,-wörter)* preposizione *f.* **Ver|hält|nis|zahl** f. *(-,-en)* numero *m.* indice.

Ver|hal|tung f. *(-)* MED. ritenzione *f.*

ver|han|deln I tr. **1** trattare, discutere, dibattere: ***etw. mit jdm ~*** trattare qcs. (*o* discutere di qcs.) con qcn.; ***eine Sache noch ~ müssen*** dover ancora dibattere una questione **2** DIR. dibattere **II** intr. (aus. *haben*) **1** trattare, negoziare: ***mit jdm über den (*** RAR. ***um den) Frieden ~*** negoziare la pace con qcn. **2** DIR. ***gegen jdn wegen etw. ~*** dibattere una causa contro qcn. per qcs. **Ver|hand|lung** f.

(-,-en) **1** trattativa *f.*: ***die -en führen (leiten), eröffnen, unterbrechen, fortführen, abschließen (beenden)*** condurre, aprire, interrompere, continuare, chiudere le trattative; ***mit jdm in ~ stehen*** essere in trattative con qcn.; ***die -en verliefen ergebnislos*** le trattative non diedero risultato **2** *(Besprechung)* dibattito *m.*, discussione *f.*: ***parlamentarische ~*** dibattito parlamentare **3** POL. negoziato *m.*, trattativa *f.*: ***diplomatische -en*** negoziati diplomatici **4** DIR. dibattimento *m.*, udienza *f.*: ***gerichtliche ~*** dibattimento giudiziario; ***öffentliche ~*** udienza pubblica; ***die ~ ist für nächste Woche angesetzt*** l'udienza è fissata per la prossima settimana. **Ver|hand|lungs|ba|sis** f. *(-,-basen)* → **Verhandlungsgrundlage. Ver|hand|lungs|be|reit|schaft** f. *(-)* disponibilità *f.* a trattare. **ver|hand|lungs|fä|hig** agg. trattabile, negoziabile: ***-er Preis*** prezzo trattabile. **Ver|hand|lungs|ge|gen|stand** m. *(-[e]s,-gegenstände)* oggetto *m.* della trattativa. **Ver|hand|lungs|grund|la|ge** f. *(-,-n)* base *f.* delle trattative. **Ver|hand|lungs|saal** m. *(-s,-säle)* sala *f.* delle udienze. **Ver|hand|lungs|tag** m. *(-[e]s,-e)* giorno *m.* dell'udienza. **Ver|hand|lungs|tisch,** ***sich an den ~ setzen*** sedersi al tavolo delle trattative. **Ver|hand|lungs|weg,** ***auf dem ~*** mediante trattative, tramite negoziati.

ver|han|gen agg. **1** *(trübe)* coperto: ***ein -er Himmel*** un cielo coperto **2** *(zugehängt)* coperto, chiuso.

ver|hän|gen tr. **1** *(zuhängen)* coprire, chiudere (con una tenda) **2** *(anordnen)* infliggere: ***eine Strafe über jdn ~*** infliggere una punizione a qcn. **3** decretare, proclamare, dichiarare: ***Konkurs, den Ausnahmezustand ~*** dichiarare fallimento, lo stato d'emergenza.

Ver|häng|nis n. *(-ses,-se)* destino *m.*, fatalità *f.*; ***etw. wird mir zum ~, ist mein ~*** qcs. mi è (*o* mi riesce) fatale; ***das ~ bricht über jdn herein*** il destino si abbatte su qcn. **ver|häng|nis|voll** agg. fatale: ***ein -er Irrtum*** un errore fatale; ***die Entscheidung war ~*** la decisione fu fatale. **ver|hängt** p.pass. agg. → **verhängen** ◆ ***mit -en Zügeln*** a briglia sciolta. **Ver|hän|gung** f. *(-,-en)* **1** *(von Strafen)* inflizione *f.*, imposizione *f.* **2** *(Anordnung)* ordine *m.*, dichiarazione *f.*, proclamazione *f.*

ver|harm|lo|sen tr. minimizzare.

ver|härmt I agg. patito: ***ein -es Gesicht*** un volto patito **II** avv. ***~ aussehen*** avere un aspetto patito.

ver|har|ren intr. (aus. *haben*) **1** rimanere fermo: ***an der Haustür ~*** rimanere fermo sulla porta d'ingresso **2** FIG. *(ausharren)* rimanere saldo (*o* fermo), persistere: ***in etw. (D) ~*** rimanere saldo in qcs.; ***in Schweigen ~*** persistere nel silenzio; ***auf (bei) seiner Meinung, bei einem Entschluss ~*** rimanere fermo sulla propria opinione, su una decisione.

ver|har|schen intr. (aus. *sein*) **1** formare la crosta; ***die Wunde verharscht*** sulla ferita si forma la crosta **2** *(von Schnee)* incrostarsi. **Ver|har|schung** f. *(-,-en)* formazione *f.* di, della crosta.

ver|här|ten I tr. indurire, rendere duro (anche FIG.): ***Ton ~*** indurire l'argilla; ***das verhärtet mein Herz*** questo indurisce il mio cuore **II** intr. (aus. *sein*) e rifl. **sich ~** indurirsi, diventare duro (anche FIG.): ***die Gewebe ~ (sich)*** i tessuti si induriscono; ***sich gegen jdn ~*** diventare duro nei confronti di qcn. **ver|här|tet** p.pass. agg. **1** → **verhärten 2** *(hart)* ***ein -es Gemüt haben*** avere un cuore duro. **Ver|här|tung** f. *(-,-en)* indurimento *m.*

ver|hascht agg. GERG. fumato.

ver|has|peln rifl. **sich ~** COLLOQ. **1** impappinarsi, imbrogliarsi (nel parlare) **2** *(verfangen)* impigliarsi.

ver|hasst agg. **1** odiato: ***die -e Diktatur*** l'odiata dittatura **2** *(unbeliebt)* odioso: ***sich bei jdm ~ machen*** rendersi odioso a qcn.

ver|hät|scheln tr. viziare. **Ver|hät|sche|lung, Ver|hätsch|lung** f. *(-,-en)* il viziare.

Ver|hau m. e n. *(-[e]s,-e)* **1a** abbattuta *f.* **b** *(mit Drähten)* reticolato *m.* **2** COLLOQ. confusione *f.*, massa *f.* disordinata.

ver|hau|chen I tr. esalare: ***die Blumen ~ einen intensiven Duft*** i fiori esalano un profumo intenso; ***die Seele, den Geist ~*** esalare l'anima, lo spirito **II** intr. (aus. *sein*) spegnersi lentamente, morire a poco a poco: ***die Öllampe verhauchte*** la lampada si spense lentamente.

ver|hau|en tr. COLLOQ. **I** tr. **1** picchiare **2** *(schlecht machen)* fare malamente, sbagliare: ***die Schularbeit ~*** fare malamente il compito in classe **3** *(Geld)* sperperare **II** rifl. ***sich gründlich ~*** sbagliarsi di grosso, prendere una grossa cantonata.

ver|he|ben rifl. **sich ~** farsi male (sollevando o trasportando qcs.).

ver|hed|dern COLLOQ. **I** tr. ingarbugliare: ***Fäden ~*** ingarbugliare fili **II** rifl. **sich ~ 1** impigliarsi: ***sich in etw. (D) ~*** impigliarsi in qcs. **2** ingarbugliarsi: ***die Seile haben sich verheddert*** le funi si sono ingarbugliate **3** *(beim Sprechen)* impappinarsi.

ver|hee|ren tr. devastare. **ver|hee|rend I** p.pres. agg. **1** → **verheeren 2a** devastante, devastatore: ***eine -e Wirkung*** un effetto devastante **b** *(katastrophal)* disastroso, catastrofico: ***-e Folgen*** conseguenze catastrofiche **II** avv. **1** ***sich ~ auf etw. auswirken*** avere un effetto devastante su qcs. **2** COLLOQ. *(scheußlich)* ***~ aussehen*** avere un aspetto disastroso. **Ver|hee|rung** f. *(-,-en)* devastazione *f.*: ***schwere -en anrichten*** causare gravi devastazioni.

ver|heh|len tr. dissimulare; *(verheimlichen)* celare, nascondere: ***jdm seine wahren Gefühle ~*** celare a qcn. i propri sentimenti.

ver|hei|len intr. (aus. *sein*) **1** guarire (completamente) **2** *(von Wunden)* cicatrizzarsi. **Ver|hei|lung** f. *(-,-en)* **1** completa guarigione *f.* **2** *(Vernarbung)* cicatrizzazione *f.*

ver|heim|li|chen tr. nascondere, celare, tenere nascosto: ***jdm etw. ~*** nascondere qcs. a qcn.; ***nichts zu ~ haben*** non avere niente da nascondere. **Ver|heim|li|chung** f. *(-,-en)* occultamento *m.*

ver|hei|ra|ten I rifl. **sich ~** sposarsi: ***sich mit jdm ~*** sposarsi con qcn.; ***sich zum zweiten Mal, wieder ~*** sposarsi per la seconda volta (*o* in seconde nozze), risposarsi **II** tr. sposare: ***seine Tochter mit einem, an einen reichen Mann ~*** sposare la propria figlia a un uomo ricco. **ver|hei|ra|tet** p.pass. agg. **1** → **verheiraten 2** sposato, coniugato: ***ein -er Mann*** un uomo sposato; ***glücklich, unglücklich ~ sein*** essere felicemente sposato, avere un matrimonio infelice. **Ver|hei|ra|te|te** m. e f. *(-n,-n)* persona *f.* sposata (*o* coniugata), coniugato *m.* (-a *f.*).

ver|hei|ßen tr. *(verhieß, verheißen)* promettere, preannunciare: ***sein Blick verheißt nichts Gutes*** il suo sguardo non promette niente di buono. **Ver|hei|ßung** f. *(-,-en)* promessa *f.* ◆ BIBL. ***das Land der ~*** la terra promessa. **ver|hei|ßungs|voll** agg. promettente, che promette bene.

ver|hei|zen tr. **1** bruciare (per riscaldamento): ***Holz, Kohle ~*** bruciare legna, carbone **2** COLLOQ. *(rücksichtslos einsetzen)* mandare allo sbaraglio, bruciare.

ver|hel|fen intr. *(verhilft, verhalf, verholfen;* aus. *haben)* aiutare: ***jdm zu etw. ~*** aiutare qcn. a ottenere (*o* a raggiungere) qcs.; ***jdm zur Flucht ~*** aiutare qcn. a fuggire; ***etw. (D) zum Erfolg ~*** fare in modo che qcs. abbia successo.

ver|herr|li|chen tr. celebrare, esaltare, glorificare. **Ver|herr|li|chung** f. *(-,-en)* celebrazione *f.*, esaltazione *f.*, glorificazione *f.*

ver|het|zen tr. aizzare. **Ver|het|zung** f. *(-,-en)* aizzamento *m.*

ver|heu|len intr. (aus. *haben*) COLLOQ. → **verweinen.**

ver|he|xen tr. **1** stregare (anche FIG.) **2** trasformare (con una stregoneria): ***jdn in einen Frosch ~*** trasformare qcn. in un ranocchio. **ver|hext** p.pass. agg. **1** → **verhexen** ◆ ***es ist wie ~*** il diavolo ci ha messo la coda.

ver|him|meln tr. COLLOQ. portare alle stelle.

ver|hin|dern tr. evitare, impedire: ***eine Katastrophe, das Schlimmste ~*** evitare una catastrofe, il peggio; ***es lässt sich nicht ~, dass...*** non si può evitare che... **ver|hin|dert** p.pass. agg. **1** → **verhindern 2** FIG. ***ein -er Musiker*** un musicista mancato **3** impedito: ***dienstlich, aus familiären Gründen, wegen Krankheit ~ sein*** essere impedito (non poter venire) per ragioni di servizio, per motivi familiari, per malattia. **Ver|hin|de|rung** f. *(-,-en)* impedimento *m.* **Ver|hin|de|rungs|fall,** BUROCR. ***im ~*** in caso di impedimento.

ver|hoh|len agg. dissimulato: ***mit kaum -er Neugier*** con curiosità non dissimulata.

ver|höh|nen tr. schernire, deridere. **ver|hoh|ne|pi|peln** tr. COLLOQ. prendere in giro. **Ver|höh|nung** f. *(-,-en)* scherno *m.*, derisione *f.*

ver|hö|kern tr. COLLOQ. smerciare.

ver|hol|zen intr. (aus. *sein*) diventare legnoso, lignificare. **Ver|hol|zung** f. *(-)* lignificazione *f.*

Ver|hör n. *(-[e]s,-e)* interrogatorio *m.*, DIR. escussione *f.*: ***jdn einem ~ unterziehen, jdn ins ~ nehmen, ein ~ mit jdm anstellen*** sottoporre qcn. a interrogatorio (*o* interrogare qcn.). **ver|hö|ren I** tr. interrogare, DIR. escutere: ***die Zeugen, den Verdächtigen ~*** interrogare i testimoni, il sospettato **II** rifl. **sich ~** sentire male.

ver|hor|nen intr. (aus. *sein*) **1** corneificarsi, cheratinizzarsi **2** *(Hornhaut bilden)* formare callosità, incallirsi. **Ver|hor|nung** f. *(-,-en)* corneificazione *f.*, cheratinizzazione *f.* **2** *(Bildung der Hornhaut)* incallimento *m.*

ver|hu|deln tr. REGION. COLLOQ. pasticciare.

ver|hül|len tr. **1** velare, coprire (con un velo): ***sein Haupt ~*** velarsi il capo; ***das Gesicht mit einem Schleier ~*** coprire il viso con un velo **2** *(bedecken)* avvolgere: ***die Wolken ~ die Berge*** le nuvole avvolgono le montagne. **ver|hül|lend** p.pres. agg. **1** → **verhüllen 2** *(euphemistisch)* eufemistico: ***ein -er Ausdruck*** un'espressione eufemistica. **ver|hüllt** p.pass. agg. **1** → **verhüllen 2** FIG. velato: ***-e Drohungen*** minacce velate; ***mit kaum -em Spott*** con sarcasmo non velato. **Ver|hül|lung** f. *(-,-en)* **1** velatura *f.* **2** *(Schleier)* velo *m.*

ver|hun|dert|fa|chen I tr. centuplicare **II** rifl. **sich ~** centuplicarsi.

ver|hun|gern intr. (aus. *sein*) morire di fame.

ver|hun|zen tr. COLLOQ. guastare, rovinare, deturpare: ***die Landschaft ~*** rovinare il paesaggio. **Ver|hun|zung** f. *(-,-en)* deturpamento *m.*
ver|hu|ren tr. sperperare con le puttane. **ver|hurt** p.pass. agg. 1 → **verhuren** 2 COLLOQ. *(sexuell ausschweifend)* dissoluto.
ver|huscht agg. intimorito, timoroso.
ver|hü|ten tr. prevenire; *(verhindern)* impedire, evitare (prevenendo): ***Krankheiten, Schaden, eine Gefahr ~*** prevenire malattie, danni, un pericolo; ***ein Unglück ~*** evitare un disastro; ***~, dass etw. geschieht*** impedire che qcs. accada; ***eine Schwangerschaft ~*** evitare una gravidanza ◆ ***das möge Gott ~!*** Dio ne guardi!
ver|hüt|ten tr. ***Erze ~*** lavorare minerali (in un'industria metallurgica). **Ver|hüt|tung** f. *(-,-en)* lavorazione *f.*, trattamento *m.* (di minerali).
Ver|hü|tung f. *(-,-en)* 1 prevenzione *f.* 2 *(Schwangerschaftsverhütung)* contraccezione *f.* **Ver|hü|tungs|mit|tel** n. *(-s,-)* anticoncezionale *m.*, contraccettivo *m.*
ver|hut|zelt agg. COLLOQ. raggrinzito.
Ve|ri|fi|ka|ti|on [v-] f. *(-,-en)* verifica *f.* **ve|ri|fi|zie|ren** tr. verificare. **Ve|ri|fi|zie|rung** f. *(-,-en)* verifica *f.*
ver|in|ner|li|chen tr. 1 arricchire spiritualmente 2 *(internalisieren)* interiorizzare. **Ver|in|ner|li|chung** f. *(-,-en)* 1 arricchimento *m.* interiore 2 *(Internalisierung)* interiorizzazione *f.*
ver|ir|ren rifl. **sich ~** 1 smarrirsi, perdersi: ***sich im Nebel, in einer großen Stadt ~*** smarrirsi nella nebbia, in una grande città 2 andare a finire: ***wohin hat er sich verirrt?*** dov'è andato a finire? **ver|irrt** p.pass. agg. → **verirren** ◆ ***ein -es Schaf*** una pecorella smarrita; ***eine -e Gewehrkugel*** un proiettile vagante. **Ver|ir|rung** f. *(-,-en)* traviamento *m.*
Ve|ris|mus [v-] m. *(-)* verismo *m.* **Ve|rist** m. *(-en,-en)* verista *m.* **ve|ris|tisch** agg. 1 verista, veristico 2 *(wirklichkeitsgetreu)* realistico.
ve|ri|ta|bel [v-] agg. autentico, vero.
ver|ja|gen tr. cacciare via, scacciare: ***die Fliegen ~*** scacciare le mosche; ***jdn von Haus und Hof ~*** cacciare qcn. (via) di casa; ***der Wind verjagt die Wolken*** il vento scaccia le nubi; FIG. ***die Sorgen, die Gedanken ~*** scacciare le preoccupazioni, i pensieri.
ver|jäh|ren intr. (aus. *sein*) DIR. cadere in prescrizione. **Ver|jäh|rung** f. *(-,-en)* prescrizione *f.* **Ver|jäh|rungs|frist** f. *(-,-en)* termine *m.* di prescrizione.
ver|ju|beln tr. COLLOQ. sperperare, scialacquare.
ver|jün|gen I tr. 1a ringiovanire b ***die Haut ~*** far tornare giovane la pelle 2 FIG. *(jüngere Kräfte einsetzen)* rinnovare, svecchiare: ***die Mannschaft, das Personal ~*** rinnovare la squadra, il personale **II** rifl. **sich ~** 1 ringiovanire: ***du hast dich verjüngt*** sei ringiovanito 2a *(von Gegenständen)* assottigliarsi (verso l'alto) b ARCH. rastremarsi. **Ver|jün|gung** f. *(-,-en)* 1 ringiovanimento *m.* 2a *(von Gegenständen)* assottigliamento *m.* b ARCH. rastremazione *f.* **Ver|jün|gungs|kur** f. *(-,-en)* cura *f.* di ringiovanimento.
ver|ju|xen tr. COLLOQ. 1 → **verjubeln** 2 canzonare, prendere in giro.
ver|ka|beln tr. cablare. **Ver|ka|be|lung** f. *(-,-en)* cablaggio *m.*
ver|kal|ken intr. (aus. *sein*) 1 calcificare, calcificarsi 2 COLLOQ. FIG. *(alt werden)* diventare arteriosclerotico, sclerotizzarsi.
ver|kal|ku|lie|ren rifl. **sich ~** sbagliarsi nei calcoli, sbagliare i calcoli, far male i calcoli (anche FIG.).
Ver|kal|kung f. *(-,-en)* 1 calcificazione *f.* 2 COLLOQ. FIG. *(Senilität)* arteriosclerosi *f.*
ver|kannt → **verkennen.**
ver|kan|ten I tr. angolare **II** rifl. **sich ~** angolarsi ◆ ***die Skier ~*** spigolare.
ver|kap|pen I tr. camuffare, mascherare **II** rifl. **sich ~** camuffarsi, mascherarsi. **ver|kappt** p.pass. agg. 1 → **verkappen** 2 mascherato.
ver|kap|seln I tr. incapsulare **II** rifl. **sich ~** 1 incapsularsi 2 FIG. *(sich absondern)* isolarsi. **Ver|kap|se|lung, Ver|kaps|lung** f. *(-,-en)* 1 incapsulamento *m.* 2 FIG. *(Absonderung)* isolamento *m.*
ver|kars|ten intr. (aus. *sein*) essere soggetto a carsismo. **Ver|kars|tung** f. *(-,-en)* carsismo *m.*
ver|kä|sen I tr. sottoporre a caseificazione **II** intr. (aus. *sein*) subire un processo di caseificazione (anche MED.). **Ver|kä|sung** f. *(-,-en)* caseificazione *f.* (anche MED.).
ver|ka|tert agg. COLLOQ. rintronato (dopo una sbornia).
Ver|kauf m. *(-[e]s,-käufe)* 1 vendita *f.*, smercio *m.*: ***etw. zum ~ anbieten, bringen*** mettere qcs. in vendita; ***zum ~ kommen, stehen*** essere messo, essere in vendita; ***~ mit Gewinn, Verlust*** vendita in attivo, in passivo (*o* in perdita) 2 *(Verkaufsabteilung)* (reparto *m.*) vendita *f.*, vendite *f.pl.*: ***im ~ tätig sein*** essere addetto alle vendite ◆ ***~ auf Abzahlung*** vendita rateale; ***~ gegen bar*** vendita dietro contanti; ***~ über die Straße*** servizio a domicilio.
ver|kau|fen I tr. 1a vendere, smerciare: ***etw. jdm, an jdn billig, teuer, unter seinem Wert ~*** vendere qcs. a qcn. a buon prezzo, caro, sotto costo; ***etw. für 50 Mark ~*** vendere qcs. per 50 marchi b *(sich prostituieren)* ***seinen Körper ~*** vendere il proprio corpo 2 assol. vendere: ***gut, schlecht, schwarz ~*** vendere bene, male, in nero **II** rifl. **sich ~** 1 vendersi: ***sich gut, schlecht ~*** vendersi bene, male; ***sich nicht gut ~ können*** non sapersi vendere bene; ***sich dem Feind, an den Feind ~*** vendersi al nemico; *(sich prostituieren)* ***das Mädchen verkauft sich*** la ragazza si vende 2 ***sich mit etw. ~*** sbagliare l'acquisto di qcs. ◆ ***sein Leben teuer ~*** vendere cara la pelle; ***jdn für dumm ~*** prendere qcn. per scemo.
Ver|käu|fer m. *(-s,-)* 1 *(als Eigentümer)* venditore *m.* 2 *(als Angestellter)* commesso *m.* **Ver|käu|fe|rin** f. *(-,-nen)* 1 *(als Eigentümerin)* venditrice *f.* 2 *(als Angestellte)* commessa *f.* **ver|käuf|lich** agg. vendibile, smerciabile, commerciabile ◆ ***frei -e Arzneien*** farmaci da banco; ***leicht ~*** di facile smercio, che si vende facilmente; ***(nicht) ~ sein*** (non) essere in vendita. **Ver|käuf|lich|keit** f. *(-)* vendibilità *f.*, commerciabilità *f.*
Ver|kaufs|ab|tei|lung f. *(-,-en)* reparto *m.* vendite. **Ver|kaufs|ar|ti|kel** m. *(-s,-)* articolo *m.* in vendita. **Ver|kaufs|aus|stel|lung** f. *(-,-en)* mostra-mercato *f.* **Ver|kaufs|au|to|mat** m. *(-en,-en)* distributore *m.* automatico. **Ver|kaufs|be|din|gun|gen** pl. condizioni *f.pl.* di vendita. **Ver|kaufs|er|lös** m. *(-es,-e)* ricavo *m.* di una vendita. **Ver|kaufs|flä|che** f. *(-,-n)* area *f.* di vendita. **ver|kaufs|för|dernd** agg. promozionale. **Ver|kaufs|för|de|rung** f. *(-)* promozione *f.* delle vendite. **Ver|kaufs|hit** m. *(-[s],-s)* campione *m.* di vendite. **Ver|kaufs|lei|ter** m. *(-s,-)* direttore *m.* delle vendite. **ver|kaufs|of|fen** agg. aperto: ***-er Samstag*** sabato con orario di apertura dei negozi prolungato. **Ver|kaufs|per|so|nal** n. *(-s)* personale *m.* di vendita. **Ver|kaufs|preis** m. *(-es,-e)* prezzo *m.* di vendita. **Ver|kaufs|schla|ger** m. *(-s,-)* campione *m.* di vendite. **Ver|kaufs|stand** m. *(-[e]s,-stände)* bancarella *f.*, banco *m.* **Ver|kaufs|stel|le** f. *(-,-n)* punto *m.* vendita. **Ver|kaufs|tisch** m. *(-es,-e)* banco *m.* di vendita. **Ver|kaufs|ver|trag** m. *(-[e]s,-verträge)* contratto *m.* di vendita.
Ver|kehr m. *(-s,-e)* 1 traffico *m.*, circolazione *f.* (stradale): ***fließender, reger (starker) ~*** traffico scorrevole, intenso; ***der ~ stockt, staut sich, kommt zum Erliegen*** il traffico si blocca; ***den ~ lenken, regeln*** regolare il traffico; ***den ~ umleiten*** (far) deviare il traffico; ***für den ~ gesperrt*** chiuso al traffico; ***ein Auto für den ~ zulassen, aus dem ~ ziehen*** ammettere un'auto alla, ritirare un'auto dalla circolazione 2 *(Handelsverkehr)* traffico *m.*, commercio *m.* 3 *(von Geld, Ware)* circolazione *f.*: ***Geld aus dem ~ ziehen*** ritirare denaro dalla circolazione 4 *(Kontakt, Beziehung)* relazione *f.*, rapporto *m.*: ***den ~ mit jdm abbrechen*** rompere la relazione con qcn.; ***der ~ mit den Behörden*** il rapporto con le autorità 5 *(Geschlechtsverkehr)* rapporti *m.pl.*: ***vorehelicher, außerehelicher ~*** rapporti prematrimoniali, extraconiugali ◆ ***brieflicher ~*** corrispondenza (epistolare); ***in brieflichem ~ mit jdm stehen*** essere in corrispondenza (*o* corrispondere) con qcn.; ***etw. in (den) ~ bringen*** mettere qcs. in circolazione; ***nicht der geeignete ~ für jdn sein*** non essere la compagnia giusta per qcn.; ***gesellschaftlicher ~*** vita di società; ***in gesellschaftlichem ~ mit jdm stehen*** frequentare qcn.; ***kombinierter ~*** trasporto combinato; ***jdn aus dem ~ ziehen*** togliere qcn. dalla circolazione.
ver|keh|ren I tr. volgere, trasformare: ***Freude in Trauer ~*** trasformare la gioia in tristezza **II** rifl. **sich ~** volgersi, trasformarsi: ***die Vorteile ~ sich in Nachteile*** i vantaggi si trasformano in svantaggi **III** intr. (aus. *haben*) 1 transitare, passare: ***dieser Zug verkehrt nicht hier*** questo treno non transita qui; ***die Straßenbahn verkehrt alle 20 Minuten*** il tram passa ogni venti minuti 2a *(Kontakt pflegen)* frequentare: ***mit jdm viel, oft, wenig ~*** frequentare molto, spesso, poco qcn. b *(besuchen)* ***in einer Familie ~*** frequentare una famiglia; ***bei jdm ~*** essere ospite da qcn. c ***intim, geschlechtlich mit jdm ~*** avere rapporti intimi, sessuali con qcn. ◆ ***mit jdm brieflich, freundschaftlich ~*** essere in corrispondenza con qcn., avere rapporti d'amicizia con qcn.
Ver|kehrs|ader f. *(-,-n)* arteria *f.* **Ver|kehrs|am|pel** f. *(-,-n)* semaforo *m.* **Ver|kehrs|amt** n. *(-[e]s,-ämter)* ente *m.* per il, del turismo. **Ver|kehrs|an|bin|dung** f. *(-,-en)* collegamento *m.* con la rete stradale. **ver|kehrs|arm** agg. con traffico poco intenso, poco trafficato. **Ver|kehrs|auf|kom|men** n. *(-s)* densità *f.* di traffico. **Ver|kehrs|be|hin|de|rung** f. *(-,-en)* ostacolo *m.* al traffico. **Ver|kehrs|be|schrän|kung** f. *(-,-en)* limitazione *f.* del traffico. **Ver|kehrs|be|trieb** m. *(-[e]s,-e)* azienda *f.* di trasporti pubblici. **Ver|kehrs|cha|os** n. *(-)* traffico *m.* caotico. **Ver|kehrs|de|likt** n. *(-[e]s,-e)* infrazione *f.* delle norme di circolazione. **Ver|kehrs|dich|te** f. *(-)* → **Verkehrsaufkommen. Ver|kehrs|durch|sa|ge** f. *(-,-n)* → **Verkehrsmeldung. Ver|kehrs|ent|las|tung** f. *(-)* decon-

gestione *f.* (del traffico). **Ver|kehrs|er|zie|hung** f. *(-)* educazione *f.* stradale. **Ver|kehrs|flug|zeug** n. *(-[e]s,-e)* aereo *m.* di linea. **Ver|kehrs|fluss** m. *(-es,-flüsse)* flusso *m.* di traffico. **ver|kehrs|frei** agg. non trafficato, privo di traffico. **Ver|kehrs|funk** m. *(-s)* notiziario *m.* (radiofonico) per automobilisti. **Ver|kehrs|ge|fähr|dung** f. *(-,-en)* pericolo *m.* per la sicurezza stradale. **ver|kehrs|güns|tig** agg. ben servito (di mezzi pubblici); con buoni collegamenti stradali. **Ver|kehrs|in|sel** f. *(-,-n)* isola *f.*, spartitraffico *m.*; *(für Fußgänger)* salvagente *m.* **Ver|kehrs|kno|ten|punkt** m. *(-[e]s,-e)* **1** nodo *m.* stradale **2** FERR. nodo *m.* ferroviario. **Ver|kehrs|kon|trol|le** f. *(-,-n)* controllo *m.* del traffico. **Ver|kehrs|la|ge** f. *(-,-n)* **1** situazione *f.* del traffico **2** *(von Gebäuden, Orten)* posizione *f.* rispetto ai collegamenti stradali. **Ver|kehrs|lärm** m. *(-s)* rumore *m.* del traffico. **Ver|kehrs|leit|sys|tem** n. *(-s,-e)* sistema *m.* di direzione del traffico. **Ver|kehrs|li|nie** f. *(-,-n)* linea *f.* di comunicazione. **Ver|kehrs|lot|se** m. *(-n,-n)* = chi guida attraverso il traffico; SCHERZ. navigatore *m.* **Ver|kehrs|mel|dung** f. *(-,-en)* annuncio *m.* agli automobilisti (per radio). **Ver|kehrs|mi|nis|ter** m. *(-s,-)* ministro *m.* dei trasporti. **Ver|kehrs|mit|tel** n. *(-s,-)* mezzo *m.* di comunicazione. **Ver|kehrs|netz** n. *(-es,-e)* rete *f.* di comunicazione. **Ver|kehrs|op|fer** n. *(-s,-)* vittima *f.* della strada. **Ver|kehrs|ord|nung** f. *(-)* codice *m.* stradale (*o* della strada). **Ver|kehrs|po|li|tik** f. *(-)* politica *f.* dei trasporti.

Ver|kehrs|po|li|zei f. *(-,-en)* polizia *f.* stradale. **Ver|kehrs|po|li|zist** m. *(-en,-en)* agente *m.* della (polizia) stradale.

Ver|kehrs|re|gel f. *(-,-n)* norma *f.* di circolazione stradale. **Ver|kehrs|re|ge|lung, Ver|kehrs|reg|lung** f. *(-,-en)* regolazione *f.* del traffico.

ver|kehrs|reich agg. molto trafficato, di grande traffico. **Ver|kehrs|schild** n. *(-[e]s,-er)* cartello *m.* stradale. **ver|kehrs|si|cher** agg. sicuro: ***-es Fahrzeug*** veicolo sicuro. **Ver|kehrs|si|cher|heit** f. *(-)* sicurezza *f.* **Ver|kehrs|sig|nal** n. *(-s,-e)* segnalazione *f.* stradale luminosa. **Ver|kehrs|spit|ze** f. *(-,-n)* ora *f.* di punta. **Ver|kehrs|spra|che** f. *(-,-n)* lingua *f.* veicolare. **Ver|kehrs|stau** m. *(-[e]s,-s* e *-e)* coda *f.* **Ver|kehrs|steu|er** f. *(-,-n)* = tassa *f.* di circolazione; imposta *f.* di bollo. **Ver|kehrs|sto|ckung** f. *(-,-en)* ingorgo *m.* stradale. **Ver|kehrs|stö|rung** f. *(-,-en)* interruzione *f.* del traffico stradale. **Ver|kehrs|stra|ße** f. *(-,-n)* via *f.* di comunicazione. **Ver|kehrs|strei|fe** f. *(-,-n)* pattuglia *f.* della (polizia) stradale.

Ver|kehrs|sün|der m. *(-s,-)* = contravventore *m.* al codice della strada. **Ver|kehrs|sün|der|kar|tei** → **Verkehrszentralkartei.**

Ver|kehrs|taug|lich|keit f. *(-)* abilità *f.* a muoversi nel traffico. **Ver|kehrs|teil|neh|mer** m. *(-s,-)* utente *m.* di mezzi pubblici. **Ver|kehrs|to|te** m. e f. *(-n,-n)* vittima *f.* della strada. **Ver|kehrs|trä|ger** m. *(-s,-)* azienda *f.* di trasporti pubblici. **Ver|kehrs|tüch|tig|keit** f. *(-)* → **Verkehrstauglichkeit. Ver|kehrs|un|fall** m. *(-[e]s,-unfälle)* incidente *m.* stradale. **Ver|kehrs|un|ter|bre|chung** f. *(-,-en)* **1** interruzione *f.* del traffico **2** FERR. interruzione *f.* del servizio. **Ver|kehrs|ver|bin|dung** f. *(-,-en)* collegamento *m.* (delle vie di comunicazione). **Ver|kehrs|ver|bund** m. *(-[e]s,-e)* associazione *f.* di imprese di trasporti. **Ver|kehrs|ver|ein** m. *(-[e]s,-e)* ufficio *m.* turistico, ente *m.* per il turismo. **Ver|kehrs|vor|schrift** f. *(-,-en)* → **Verkehrsregel. Ver|kehrs|weg** m. *(-[e]s,-e)* **1** via *f.* di comunicazione **2** *(in betrieblicher Organisation)* canale *m.* di comunicazione. **Ver|kehrs|wert** m. *(-[e]s,-e)* valore *m.* di mercato. **Ver|kehrs|we|sen** n. *(-s)* trasporti *m.pl.* **ver|kehrs|wid|rig** agg. contrario alle norme di circolazione. **Ver|kehrs|zäh|lung** f. *(-,-en)* censimento *m.* della circolazione stradale. **Ver|kehrs|zei|chen** n. *(-s,-)* **1** segnalazione *f.* (*o* segnale *m.*) stradale **2** pl. segnaletica *f.* (stradale). **Ver|kehrs|zent|ral|kar|tei** f. *(-,-en)* schedario *m.* dei contravventori al codice stradale. **Ver|kehrs|zent|ral|re|gis|ter** n. *(-s,-)* casellario *m.* della motorizzazione.

ver|kehrt I p.pass. agg. **1** → **verkehren 2a** a rovescio, alla rovescia: ***-e Masche*** maglia a rovescio; FIG. ***-e Welt*** mondo alla rovescia **b** contrario, al contrario: ***in der -en Richtung fahren*** andare nella direzione contraria **3** *(falsch)* sbagliato: ***etw. am -en Ende halten*** tenere qcs. dalla parte sbagliata (*o* al contrario); ***das ist gar nicht so ~*** questo non è poi del tutto sbagliato (*o* insensato) **II** avv. **1** al contrario, al, dal rovescio: ***den Pullover ~ anziehen*** mettere la maglia al rovescio **2** *(falsch)* in modo sbagliato: ***alles ~ machen*** fare tutto in modo sbagliato, male; ***das Bild hängt ~*** il quadro non è appeso nel posto giusto ◆ ***mit dem -en Bein aufstehen*** alzarsi col piede sbagliato; ***~ herum*** al contrario; ***Kaffee ~*** = caffè con molto latte; TESS. ***-e Seite*** rovescio. **Ver|kehr|te** m. e f., ***an den -n, an die ~ kommen*** sbagliare persona. **Ver|kehrt|heit** f. *(-,-en)* **1** insensatezza *f.*, assurdità *f.* **2** *(etwas Verkehrtes)* cosa *f.* insensata, sciocchezza *f.*: ***-en begehen*** fare sciocchezze.

Ver|keh|rung f. *(-,-en)* **1** rovesciamento *m.* **2** FIG. rovesciamento *m.*, capovolgimento *m.*: ***die ~ der Tatsachen*** il capovolgimento dei fatti.

ver|kei|len I tr. **1** fermare con cunei (*o* con zeppe) **2** COLLOQ. *(verprügeln)* prendere a botte **II** rifl. **sich ~** incunearsi, incastrarsi.

ver|ken|nen tr. *(verkannte, verkannt)* **1a** non riconoscere, disconoscere **b** ***eine Gefahr ~*** non avvertire (*o* sottovalutare) un pericolo **2** *(falsch beurteilen)* valutare male: ***die Tatsachen ~*** valutare male i fatti ◆ ***jds Absicht, Können ist nicht zu ~*** non si può non capire l'intenzione di qcn., non si può non riconoscere la capacità di qcn.; ***es ist nicht zu ~, dass...*** si deve riconoscere che..., non si può negare che... **Ver|ken|nung** f. *(-,-en)* **1** disconoscimento *m.* **2** *(Fehleinschätzung)* valutazione *f.* errata: ***in ~ der Tatsachen*** valutando i fatti in modo errato.

ver|ket|ten I tr. **1** ***die Tür ~*** chiudere la porta con la catena **2** *(zusammenfügen)* unire, collegare, concatenare **II** rifl. **sich ~** concatenarsi. **Ver|ket|tung** f. *(-,-en)* concatenazione *f.*: ***eine ~ unglücklicher Umstände*** una fatale concatenazione di circostanze.

ver|ket|zern tr. stigmatizzare.

Ver|kie|se|lung f. *(-,-en)* silicizzazione *f.*

ver|kit|schen tr. banalizzare.

ver|kit|ten tr. stuccare.

ver|kla|gen tr. DIR. citare, querelare.

ver|klam|mern I tr. (ag)graffare **II** rifl. ***sich ineinander ~*** aggrapparsi uno all'altro. **Ver|klam|me|rung** f. *(-,-en)* (ag)graffatura *f.*

ver|klä|ren I tr. **1** trasfigurare **2** FIG. illuminare: ***ein Lächeln verklärte ihr Gesicht*** un sorriso le illuminò il viso **II** rifl. **sich ~ 1** trasfigurarsi **2** FIG. illuminarsi. **Ver|klä|rung** f. *(-,-en)* trasfigurazione *f.* (anche FIG.).

ver|klau|su|lie|ren tr. **1** ***etw. ~*** inserire clausole restrittive in qcs., limitare qcs. con clausole **2** *(verwickelt formulieren)* formulare in modo complesso, incomprensibile. **Ver|klau|su|lie|rung** f. *(-,-en)* inserimento *m.* di clausole restrittive, limitazione *f.* con clausole.

ver|kle|ben I tr. **1** incollare, attaccare; ***Schweiß verklebte seine Haare*** il sudore gli appiccicava i capelli **2** *(zukleben)* chiudere con la colla, incollare **II** intr. (aus. *sein*) **1** incollarsi, appiccicarsi **2** *(klebrig werden)* diventare appiccicoso, colloso ◆ ***eine Wunde ~*** mettere il cerotto su una ferita.

ver|kle|ckern tr. COLLOQ. **1** ***etw. ~*** macchiarsi di qcs., rovesciarsi addosso qcs. **2** sprecare, buttare via: ***sein Geld, seine Zeit ~*** buttare via il proprio denaro, sprecare il proprio tempo.

ver|klei|den I tr. **1** travestire, vestire **2** *(verhüllend bedecken)* rivestire, ricoprire: ***eine Wand mit Holz ~*** rivestire una parete in, di legno **II** rifl. **sich ~** travestirsi; *(sich kostümieren)* mascherarsi: ***sich als Indianer ~*** travestirsi, mascherarsi da indiano. **Ver|klei|dung** f. *(-,-en)* **1** travestimento *m.*; *(Kostümierung)* mascheramento *m.* **2** *(Bedeckung)* rivestimento *m.*, copertura *f.*

ver|klei|nern I tr. **1** rimpicciolire, ridurre (anche assol.): ***einen Raum ~*** ridurre uno spazio; ***eine Zeichnung ~*** rimpicciolire un disegno **2a** *(vermindern)* diminuire, ridurre: ***die Teilnehmerzahl ~*** ridurre il numero dei partecipanti **b** *(kürzer machen)* ***einen Abstand ~*** ridurre una distanza **3** *(schmälern)* sminuire: ***jds Verdienste ~*** sminuire i meriti di qcn. **II** rifl. **sich ~ 1** rimpicciolirsi, ridursi: ***unsere Firma hat sich verkleinert*** la nostra ditta si è rimpicciolita **2** *(sich vermindern)* diminuire, ridursi: ***seine Anhängerschaft hat sich verkleinert*** sono diminuiti i suoi sostenitori **3** COLLOQ. mettersi allo stretto, andare nello stretto, stringersi. **ver|klei|nert** p.pass. agg. **1** → **verkleinern 2** ridotto: ***etw. in -em Maßstab darstellen*** rappresentare qcs. in scala ridotta; ***eine -e Wiedergabe*** una riproduzione in formato ridotto. **Ver|klei|ne|rung** f. *(-,-en)* **1** rimpicciolimento *m.*, riduzione *f.* **2** *(Verminderung)* diminuzione *f.*, riduzione *f.* **3** *(Schmälerung)* lo sminuire. **Ver|klei|ne|rungs|form** f. *(-,-en)* forma *f.* diminutiva, diminutivo *m.* **Ver|klei|ne|rungs|sil|be** f. *(-,-n)* suffisso *m.* diminutivo.

ver|kleis|tern tr. COLLOQ. **1** chiudere con la colla, incollare **2** *(klebrig machen)* rendere colloso (*o* appiccicoso) **3** FIG. *(verschleiern)* coprire, dissimulare: ***Gegensätze ~*** dissimulare contrasti ◆ ***jds Hirn ~*** rendere stupido, istupidire qcn. **Ver|kleis|te|rung** f. *(-,-en)* **1** incollatura *f.* **2** FIG. dissimulazione *f.*, occultamento *m.*

ver|klem|men I tr. incastrare **II** rifl. **sich ~** incastrarsi, bloccarsi. **ver|klemmt** p.pass. agg. **1** → **verklemmen 2** PSIC. inibito: ***sexuell ~ sein*** essere sessualmente inibito. **Ver|klemmt|heit** f. *(-,-en)* PSIC. inibizione *f.*

ver|klin|gen intr. *(verklang, verklungen*; aus. *sein)* andare morendo, perdersi, smorzarsi.

ver|klop|pen tr. COLLOQ. **1** pestare **2** *(unter Wert verkaufen)* svendere.

ver|klum|pen intr. (aus. *sein*) raggrumarsi.

ver|kna|cken tr. COLLOQ. ***jdn zu zwei Jahren Gefängnis ~*** rifilare

(*o* appioppare) a qcn. due anni di galera.
ver|knack|sen rifl. COLLOQ. ***sich (D) etw. ~*** storcersi, slogarsi qcs.
ver|knal|len rifl. ***sich (in jdn) ~*** prendersi una cotta (per qcn.). **ver|knallt** p.pass. agg. **1** → **verknallen** **2** COLLOQ. cotto: ***in jdn ~ sein*** essere cotto di qcn.
ver|knap|pen I tr. ridurre, diminuire **II** rifl. **sich ~** ridursi, diminuire. **Ver|knap|pung** f. *(-,-en)* riduzione *f.*
ver|knäu|eln, ver|knäu|len rifl. **sich ~ 1** aggrovigliarsi **2** *(vom Verkehr)* ingorgarsi.
ver|knaut|schen I tr. stropicciare, (s)gualcire: ***das Kleid ~*** sgualcire il vestito **II** intr. (aus. *sein*) stropicciarsi, (s)gualcirsi: ***der Anzug verknautscht leicht*** il vestito si stropiccia facilmente
ver|knei|fen rifl. *(verkniff, verkniffen)* ***sich (D) etw. ~*** **1** reprimere, trattenere qcs.: ***sich (D) eine Bemerkung nicht ~ können*** non potersi trattenere dal fare un'osservazione **2** *(sich etw. versagen)* rinunciare a qcs.: ***sich (D) ein neues Kleid ~*** rinunciare a un vestito nuovo. **ver|knif|fen** p.pass. agg. **1** → **verkneifen** **2** contratto: ***ein -es Gesicht*** un viso contratto ◆ ***~ aussehen*** avere la faccia contratta.
ver|knit|tern tr. (s)gualcire, stropicciare, spiegazzare.
ver|knö|chern intr. (aus. *sein*) **1** MED. ossificarsi **2** FIG. fossilizzarsi, mummificarsi. **Ver|knö|che|rung** f. *(-,-en)* **1** MED. ossificazione *f.* **2** FIG. fossilizzazione *f.*
ver|knor|peln intr. (aus. *sein*) MED. diventare cartilaginoso.
ver|kno|ten I tr. annodare, legare: ***die beiden Enden eines Fadens miteinander ~*** annodare (insieme) i due capi di un filo **II** rifl. **sich ~** annodarsi.
ver|knüp|fen I tr. **1** annodare: ***Fäden (miteinander) ~*** annodare dei fili **2** FIG. (col)legare, connettere, mettere in connessione; *(assoziieren)* associare: ***etw. mit jds Namen ~*** collegare (*o* associare) qcs. al nome di qcn. **II** rifl. **sich ~** legarsi, essere legato (*o* connesso): ***mit diesem Namen ~ sich gegensätzliche Erinnerungen*** a questo nome sono legati ricordi contrastanti ◆ ***eine Geschäftsreise mit einem Besuch bei jdm, mit einem Ausstellungsbesuch ~*** approfittare di un viaggio d'affari per fare una visita a qcn., per visitare una mostra. **Ver|knüp|fung** f. *(-,-en)* **1** annodamento *m.* **2** FIG. collegamento *m.*, connessione *f.*; *(Assoziation)* associazione *f.*
ver|knu|sen, COLLOQ. ***jdn, etw. nicht ~ können*** non poter sopportare (*o* soffrire) qcn., qcs.
ver|ko|chen I tr. (fare) cuocere: ***Obst zu Marmelade ~*** cuocere frutta per farne marmellata **II** intr. (aus. *sein*) **1** consumare (a forza di cuocere, di bollire), consumarsi tutto: ***das Wasser ist verkocht*** l'acqua si è consumata tutta **2** *(zu Brei werden)* diventare pappetta, stracuocere: ***das Fleisch ist völlig verkocht*** la carne è stracotta.
1.ver|koh|len I tr. carbonizzare **II** intr. (aus. *sein*) carbonizzarsi.
2.ver|koh|len tr. COLLOQ. prendere in giro.
Ver|koh|lung f. *(-,-en)* carbonizzazione *f.*
ver|ko|ken tr. sottoporre a cokificazione, cokificare. **Ver|ko|kung** f. *(-,-en)* cokificazione *f.*, cokefazione *f.*
1.ver|kom|men intr. *(verkam, verkommen*; aus. *sein)* **1** degradarsi, ridursi male: ***er verkommt immer mehr*** è ridotto sempre peggio **2** *(moralisch)* cadere in basso **3** *(verwahrlosen)* andare in rovina: ***seinen Garten ~ lassen*** lasciare andare in rovina il proprio giardino **4** *(verderben)* andare a male, guastarsi, deteriorarsi **5a** ***zu jdm, etw. ~*** diventare qcn., qcs., trasformarsi in qcn., in qcs. (di negativo): ***zum Säufer ~*** diventare un ubriacone **b** FIG. degenerare: ***die Demokratie ist zu einer Parteienherrschaft ~*** la democrazia è degenerata in partitocrazia.
2.ver|kom|men p.pass. agg. **1** → **1.verkommen** **2** *(verwahrlost)* in rovina, abbandonato **3** *(verdorben)* andato a male, guasto **4** *(von Menschen)* depravato, corrotto.
Ver|kom|men|heit f. *(-)* **1a** deperimento *m.* **b** *(moralische Verkommenheit)* depravazione *f.* **2** *(Verwahrlosen)* rovina *f.*, abbandono *m.* **3** *(von Nahrung)* deterioramento *m.*
ver|kom|pli|zie|ren tr. complicare.
ver|kop|peln tr. **1a** accoppiare; *(Hunde)* legare al guinzaglio; *(Ochsen)* aggiogare **b** *(Fahrzeuge)* attaccare, agganciare **c** TECN. collegare: ***das Telefon an einen Computer ~*** collegare il telefono a un computer **2** FIG. *(von etw. abhängig machen)* collegare, connettere, abbinare. **Ver|kop|pe|lung, Ver|kopp|lung** f. *(-,-en)* **1a** accoppiamento *m.* (anche MECC. EL.) **b** *(von Fahrzeugen)* agganciamento *m.*, aggancio *m.* **c** TECN. collegamento *m.* **2** FIG. collegamento *m.*, abbinamento *m.*
ver|kor|ken I tr. turare, tappare (con un turacciolo) **II** intr. (aus. *sein*) diventare sughero, trasformarsi in sughero.
ver|kork|sen tr. COLLOQ. rovinare, pasticciare ◆ ***sich (D) den Magen ~*** rovinarsi lo stomaco. **ver|korkst** p.pass. agg. **1** → **verkorksen** **2** ***eine -e Arbeit*** un lavoro pasticciato ◆ ***dieses Kind ist völlig ~*** questo bambino è molto complessato.
ver|kör|pern tr. **1** incarnare, personificare: ***ein Ideal ~*** incarnare un ideale; ***den Geist einer Epoche in sich ~*** incarnare in sé lo spirito di un'epoca **2** CINEM. TEATR. impersonare, interpretare: ***den Othello, eine Rolle ~*** impersonare Otello, interpretare una parte. **Ver|kör|pe|rung** f. *(-,-en)* **1** incarnazione *f.*, personificazione *f.* **2** CINEM. TEATR. interpretazione *f.*
ver|kos|ten tr. **1** degustare **2** AUSTR. *(kosten)* assaggiare. **Ver|kos|ter** m. *(-s,-)* degustatore *m.*
ver|kös|ti|gen tr. ***jdn ~*** fornire il vitto a qcn. **Ver|kös|ti|gung** f. *(-,-en)* vitto *m.*
Ver|kos|tung f. *(-,-en)* degustazione *f.*
ver|kra|chen COLLOQ. **I** intr. (aus. *sein*) fare un crac, fallire **II** rifl. ***sich mit jdm ~*** rompere con qcn. **ver|kracht** p.pass. agg. COLLOQ. **1** → **verkrachen** **2** fallito: ***ein -er Lehrer*** un insegnante fallito.
ver|kraf|ten tr. COLLOQ. **1** sopportare: ***eine Belastung ~*** sopportare un peso **2** *(mit etwas fertig werden)* svolgere, sbrigare, portare a termine: ***eine Aufgabe, Arbeit kaum ~ können*** poter appena svolgere un compito, sbrigare un lavoro ◆ SCHERZ. ***kannst du noch ein Stück Torte ~?*** ce la fai ancora a mangiare una fetta di torta?
ver|kral|len I tr. ***die Hände in etw. (A), um etw. ~*** aggrapparsi (con le mani) a qcs. **II** rifl. **sich ~** aggrapparsi; ***sich in jds Haare ~*** prendere qcn. per i capelli.
ver|kramp|fen I tr. ***die Hände in etw. (A), um etw. ~*** aggrapparsi convulsamente a qcs.; ***die Hände zu Fäusten ~*** serrare le mani convulsamente **II** rifl. **sich ~ 1** contrarsi, rattrappirsi **2** *(von Menschen)* irrigidirsi, bloccarsi **ver|krampft** p.pass. agg. **1** → **verkrampfen** **2a** forzato: ***ein -es Lächeln*** un sorriso forzato **b** *(von Menschen)* rigido, bloccato. **Ver|kramp|fung** f. *(-,-en)* **1** contrazione *f.*; *(Krampf)* crampo *m.* **2** *(von Menschen)* irrigidimento *m.*, blocco *m.*
ver|krat|zen tr. graffiare: ***eine glatte Oberfläche ~*** graffiare una superficie liscia.
ver|krau|chen REGION. → **verkriechen.**
ver|krau|ten intr. (aus. *sein*) essere infestato di erbacce. **Ver|krau|tung** f. *(-,-en)* infestazione *f.* di erbacce.
ver|krie|chen rifl. *(verkroch, verkrochen)* **sich ~ 1** rintanarsi, rifugiarsi: ***das Tier hat sich im Gebüsch verkrochen*** l'animale si è rintanato nella boscaglia; ***sich in einen Winkel ~*** rintanarsi in un angolo; FIG. ***sich in seiner Arbeit ~*** rifugiarsi nel proprio lavoro **2a** *(sich verstecken)* nascondersi: ***sich unter das Bett ~*** nascondersi sotto il letto **b** FIG. (andare a) nascondersi: ***ich hätte mich (vor Scham) am liebsten verkrochen*** avrei preferito nascondermi (per la vergogna); ***neben ihm kannst du dich ~*** di fronte a lui puoi andare a nasconderti **3** COLLOQ. *(schlüpfen)* infilarsi: ***sich ins Bett ~*** infilarsi nel letto.
ver|kröp|fen tr. **1** TECN. piegare a gomito **2** ARCH. collegare a doppio angolo retto. **Ver|kröp|fung** f. *(-,-en)* **1** TECN. piegatura *f.* a gomito **2** ARCH. collegamento *m.* a doppio angolo retto.
ver|krü|meln I tr. sbriciolare: ***Kekse auf dem Tisch ~*** sbriciolare biscotti sulla tavola **II** rifl. **sich ~** COLLOQ. svignarsela, squagliarsela: ***der Schuldige hat sich schnell verkrümelt*** il colpevole se l'è svignata rapidamente.
ver|krüm|men I tr. **1** curvare: ***die Krankheit hat ihren Rücken verkrümmt*** la malattia gli ha curvato la schiena **2** *(verformen)* ***die Arthrose hat seine Finger verkrümmt*** l'artrosi gli ha deformato le dita **II** rifl. **sich ~** curvarsi, incurvarsi: ***die Wirbelsäule hat sich verkrümmt*** la colonna vertebrale si è incurvata **III** intr. (aus. *sein*) curvarsi, incurvarsi: ***er ist mit dem Alter verkrümmt*** con l'età si è incurvato. **Ver|krüm|mung** f. *(-,-en)* **1** curvatura *f.* **2** *(Verformung)* deformazione *f.*
ver|krüp|peln I tr. rendere storpio: ***der Unfall hat ihn verkrüppelt*** l'incidente lo ha reso storpio **II** intr. (aus. *sein*) raggrinzire: ***die Pflanze ist verkrüppelt*** la pianta è raggrinzita. **ver|krüp|pelt** p.pass. agg. **1** → **verkrüppeln** **2** storpio. **Ver|krüp|pe|lung, Ver|krüpp|lung** f. *(-,-en)* **1** raggrinzimento *m.* **2** *(Krüppelhaftigkeit)* storpiatura *f.*
ver|krus|ten intr. (aus. *sein*) **1** incrostarsi: ***mit Schlamm ~*** incrostarsi di fango **2** *(von Wunden)* formare la crosta: ***die Wunde ist verkrustet*** la ferita ha formato la crosta. **ver|krus|tet** p.pass. agg. **1** → **verkrusten** **2** *(von Wunden)* con la crosta. **Ver|krus|tung** f. *(-,-en)* incrostazione *f.*
ver|küh|len rifl. **sich ~** REGION. AUSTR. raffreddarsi, prendersi il raffreddore. **Ver|küh|lung** f. *(-,-en)* REGION. AUSTR. raffreddore *m.*
ver|küm|mern intr. (aus. *sein*) **1** deperire, intristire: ***Löwen ~ in der Gefangenschaft*** in cattività i leoni deperiscono **2** *(von Menschen)*

intristirsi, deprimersi **3** MED. atrofizzarsi **4** FIG. venire meno: ***das Rechtsgefühl war im Dritten Reich verkümmert*** il senso della giustizia era venuto meno nel Terzo Reich. **Ver|küm|me|rung** f. *(-,-en)* **1** deperimento *m.*: ***die ~ einer Pflanze*** il deperimento di una pianta **2** MED. atrofia *f.* (anche FIG.) **3** FIG. il venire meno.

ver|kün|den tr. **1** annunciare: ***ein Urteil, ein Gesetz ~*** annunciare una sentenza, una legge **2** *(prophezeien)* preannunciare: ***sein Blick verkündet nichts Gutes*** il suo sguardo non preannuncia (*o* promette) niente di buono **3** *(ausrufen)* proclamare: ***die Menschenrechte ~*** proclamare i diritti dell'uomo. **Ver|kün|der** m. *(-s,-)* **1** annunciatore *m.* **2** *(Ausrufer)* proclamatore *m.*

ver|kün|di|gen tr. annunciare: ***das Evangelium ~*** annunciare il vangelo. **Ver|kün|di|gung** f. *(-,-en)* **1** annuncio *m.* **2** RELIG. ***Mariä ~*** Annunciazione *f.* a Maria.

Ver|kün|dung f. *(-,-en)* **1** annuncio *m.* **2** *(Ausrufung)* proclamazione *f.* **3** DIR. promulgazione *f.*: ***die ~ eines Gesetzes*** la promulgazione di una legge.

ver|kup|fern tr. ramare. **Ver|kup|fe|rung** f. *(-,-en)* ramatura *f.*

ver|kup|peln tr. **1** mettere insieme: ***jdn mit jdm, an jdn ~*** mettere qcn. insieme con qcn. **2** *(koppeln)* attaccare, agganciare **Ver|kup|pe|lung, Ver|kupp|lung** f. *(-,-en)* **1** accoppiamento *m.* **2** *(Liebesbeziehung)* unione *f.*

ver|kür|zen I tr. **1a** accorciare: ***ein Brett (um 10 cm) ~*** accorciare una tavola (di 10 cm) **b** ***den Urlaub ~*** accorciare (*o* abbreviare) le vacanze **2** *(verringern)* ridurre: ***die Arbeitszeit ~*** ridurre l'orario di lavoro **3** SPORT ridurre il distacco **II** rifl. **sich ~** accorciarsi: ***die Schatten ~ sich*** le ombre si accorciano ◆ ***sich (D) die Zeit ~*** ingannare il tempo. **ver|kürzt** p.pass. agg. **1** → **verkürzen 2** ridotto: ***-e Arbeitszeit*** orario ridotto di lavoro; ***eine -e Fassung*** una versione ridotta. **Ver|kür|zung** f. *(-,-en)* **1** accorciamento *m.* **2** *(Verringerung)* riduzione *f.* **3** SPORT riduzione *f.* del distacco.

ver|la|chen tr. deridere.

Ver|lad m. *(-s)* SVIZZ. → **Verladung. Ver|la|de|bahn|hof** m. *(-[e]s,-höfe)* stazione *f.* di carico. **Ver|la|de|brü|cke** f. *(-,-n)* ponte *m.* di carico. **Ver|la|de|kran** m. *(-[e]s,-kräne)* gru *f.* di carico.

ver|la|den tr. *(verlud, verladen)* **1** caricare: ***Waren, Vieh ~*** caricare merci, bestiame **2** *(einschiffen)* imbarcare **3** COLLOQ. *(täuschen)* raggirare, buggerare, ingannare: ***die Wähler ~*** ingannare gli elettori. **Ver|la|der** m. *(-s,-)* **1** caricatore *m.* **2** *(Expedient)* spedizioniere *m.* **Ver|la|de|ram|pe** f. *(-,-n)* rampa *f.* di carico. **Ver|la|dung** f. *(-,-en)* **1** carico *m.*, caricamento *m.* **2** *(Einschiffung)* imbarco *m.*

Ver|lag m. *(-[e]s,-e)* **1a** casa *f.* editrice: ***bei, in einem ~ erscheinen, von einem ~ herausgegeben, verlegt werden*** essere pubblicato da, presso una casa editrice; ***bei, in einem ~ arbeiten*** lavorare in una casa editrice **b** *(mit einem Namen)* edizioni *f.pl.*: ***Müller ~*** Edizioni Müller **2** COMM. ANT. *(Vertrieb)* rivendita *f.*

ver|la|gern I tr. spostare, trasferire: ***das Gewicht auf das andere Bein ~*** spostare il peso sull'altra gamba **II** rifl. **sich ~** spostarsi. **Ver|la|ge|rung** f. *(-,-en)* **1** spostamento *m.* **2** *(Verlegung)* trasferimento *m.*

Ver|lags|an|stalt f. *(-,-en)* → **Verlagshaus.**

Ver|lags|buch|han|del m. *(-s)* editoria *f.* **Ver|lags|buch|händ|ler** m. *(-s,-)* editore *m.* **Ver|lags|buch|hand|lung** f. *(-,-en)* ANT. casa *f.* editrice.

Ver|lags|hand|lung → **Verlagsbuchhandlung. Ver|lags|haus** n. *(-es,-häuser)* casa *f.* editrice. **Ver|lags|pro|gramm** n. *(-s,-e)* programma *m.* editoriale. **Ver|lags|pros|pekt** m. e AUSTR. n. *(-[e]s,-e)* prospetto *m.* editoriale. **Ver|lags|recht** n. *(-[e]s,-e)* proprietà *f.* letteraria. **Ver|lags|re|dak|teur** [-tøːɐ] m. *(-s,-e)* redattore *m.* editoriale. **Ver|lags|we|sen** n. *(-s)* editoria *f.*

ver|lan|den intr. (aus. *sein*) interrarsi. **Ver|lan|dung** f. *(-,-en)* interramento *m.*

ver|lan|gen I tr. **1** pretendere, esigere: ***eine Erklärung, Unmögliches ~*** pretendere una spiegazione, l'impossibile **2** *(erfordern)* richiedere: ***Pünktlichkeit ~*** richiedere la puntualità; ***diese Arbeit verlangt Geduld*** questo lavoro richiede pazienza **3a** *(auffordern)* chiedere: ***die Rechnung ~*** chiedere il conto; ***er verlangt, vorgelassen zu werden*** chiede di essere ricevuto **b** *(sehen wollen)* ***der Polizist verlangte seinen Ausweis*** il poliziotto chiese il suo documento **c** *(berechnen)* ***wie viel ~ Sie dafür?*** quanto chiede per questo? **4** *(beanspruchen)* reclamare: ***sein Recht ~*** reclamare i propri diritti **5** *(am Telefon)* ***Sie werden am Telefon verlangt*** La vogliono al telefono **6** impers. ***mich verlangt (es) nach einem Vertrauten, nach seiner Freundschaft*** desidero ardentemente una persona affidabile, la sua amicizia **II** intr. (aus. *haben*) **1** *(bitten)* volere: ***nach einem Glas Wasser ~*** volere un bicchiere d'acqua; ***nach dem Arzt ~*** chiamare il medico **2** *(sich sehnen)* desiderare ardentemente: ***nach jdm, etw. ~*** desiderare ardentemente qcn., qcs. ◆ ***das ist zu viel verlangt*** questo è chiedere troppo. **Ver|lan|gen** n. *(-s,-)* **1** desiderio *m.*: ***ein sehnsüchtiges, unstillbares ~*** un desiderio struggente, insaziabile; ***jds ~ erregen, wecken*** stimolare, destare il desiderio di qcn.; ***ein starkes ~ nach etw. haben, verspüren*** avere, provare un forte desiderio di qcs.; ***jdn, etw. mit ~ ansehen*** guardare qcn., qcs. con desiderio **2** *(Forderung)* richiesta *f.*: ***auf jds ~*** dietro richiesta di qcn. **ver|lan|gend** p.pres. agg. **1** → **verlangen 2** pieno di desiderio: ***-e Blicke auf etw. werfen*** lanciare sguardi pieni di desiderio a qcs. ◆ ***~ die Hand nach etw. ausstrecken*** tendere la mano desiderando prendere qcs.

ver|län|gern I tr. **1a** allungare: ***den Rock, die Ärmel (um zwei cm) ~*** allungare la gonna, le maniche (di due cm) **b** *(verdünnen)* ***die Suppe ~*** allungare la minestra **c** SPORT *(weiterleiten)* ***den Ball ins Tor ~*** allungare la palla in rete **2** *(länger dauern lassen)* prolungare: ***einen Aufenthalt, das Spiel ~*** prolungare un soggiorno, il gioco **3** *(verschieben)* prorogare: ***eine Frist, ein Mandat ~*** prorogare una scadenza, un mandato **4** *(länger gültig sein lassen)* rinnovare: ***den Pass, den Führerschein ~*** rinnovare il passaporto, la patente **II** rifl. **sich ~ 1** allungarsi: ***die Schatten ~ sich*** le ombre si allungano **2** *(länger werden)* prolungarsi: ***die Proben ~ sich um eine Woche*** le prove si prolungano di una settimana **3** *(länger gültig bleiben)* rinnovarsi: ***der Vertrag verlängert sich automatisch*** il contratto si rinnova automaticamente. **ver|län|gert** p.pass. agg. → **verlängern** ◆ FIG. ***jds -er Arm sein*** essere lo strumento, la longa manus di qcn.

Ver|län|ge|rung f. *(-,-en)* **1** allungamento *m.* **2** prolungamento *m.*: ***die ~ einer Straße*** il prolungamento di una strada **3** COMM. proroga *f.*: ***die ~ einer Frist*** la proroga di una scadenza **4** TECN. prolunga *f.* **Ver|län|ge|rungs|ka|bel** n. *(-s,-)*, **Ver|län|ge|rungs|schnur** f. *(-,-schnüre)* (cavo *m.* di) prolunga *f.*

ver|lang|sa|men I tr. rallentare: ***seine Schritte ~*** rallentare il passo **II** rifl. **sich ~** decrescere: ***das Tempo des Wirtschaftsaufschwungs verlangsamt sich*** il ritmo dello sviluppo economico decresce. **Ver|lang|sa|mung** f. *(-,-en)* rallentamento *m.*

ver|läp|pern COLLOQ. **I** tr. sciupare, dissipare: ***seine Zeit ~*** sciupare il proprio tempo **II** rifl. **sich ~** svanire, scomparire: ***sein Vermögen hat sich verläppert*** il suo patrimonio è svanito **III** intr. (aus. *haben*) svanire a poco a poco: ***seine Begeisterung verläpperte*** il suo entusiasmo a poco a poco svanì.

Ver|lass, ***auf jdn, etw. ist (kein) ~*** (non) si può fare affidamento su qcn., qcs.

1.ver|las|sen *(verlässt, verließ, verlassen)* **I** tr. lasciare, abbandonare: ***seine Familie ~*** abbandonare la propria famiglia; ***die Autobahn ~*** lasciare l'autostrada; EUFEM. ***Großmutter hat uns für immer ~*** la nonna ci ha lasciati per sempre; FIG. ***mein Gedächtnis verlässt mich*** la memoria mi abbandona **II** rifl. **sich ~ 1** confidare: ***sich auf jdn, etw. ~*** confidare in, fare affidamento su qcn., qcs.; ***sich auf jds Hilfe ~*** confidare nell'aiuto di qcn. **2** *(vertrauen)* fidarsi: ***du kannst dich auf sein Urteil ~*** puoi fidarti del suo giudizio ◆ ***darauf kannst du dich ~*** puoi contarci; ***verlass dich drauf!*** contaci!

2.ver|las|sen p.pass. agg. **1** → **1.verlassen 2** abbandonato: ***von Gott und der Welt ~ sein*** essere abbandonato da Dio e dal mondo **3** *(öde)* desolato: ***eine -e Gegend*** un paesaggio desolato ◆ ***von allen guten Geistern ~ sein*** avere perso il buon senso.

Ver|las|sen|heit f. *(-)* (stato *m.* di) abbandono *m.*

ver|läs|sig ANT., **ver|läss|lich** agg. **1** fidato: ***ein -er Mensch*** una persona fidata **2** *(glaubwürdig)* attendibile: ***ein -er Zeuge*** un testimone attendibile; ***aus -er Quelle*** da fonte attendibile. **Ver|läss|lich|keit** f. *(-)* **1** affidabilità *f.* **2** *(Glaubwürdigkeit)* attendibilità *f.*

ver|läs|tern tr. diffamare, calunniare. **Ver|läs|te|rung** f. *(-,-en)* diffamazione *f.*, calunnia *f.*

Ver|laub, ***mit ~*** con permesso; ***mit ~ gesagt*** con rispetto parlando.

Ver|lauf m. *(-[e]s,-läufe)* **1a** tracciato *m.*: ***der ~ der Straße*** il tracciato (*o* percorso) della strada **b** *(vom Fluss)* corso *m.* **c** andamento *m.*: ***der ~ der Küste, der Grenze*** l'andamento della costa, del confine **2** *(von Krankheiten)* (de)corso *m.* **3** andamento *m.*, svolgimento *m.*: ***der ~ einer Reise*** l'andamento di un viaggio; ***der ~ der Dinge*** l'andamento delle cose ◆ ***im ~ (von) einer Woche*** nel giro di una settimana; ***einen guten ~ nehmen*** prendere una buona piega.

ver|lau|fen *(verläuft, verlief, verlaufen)* **I** intr. (aus. *sein*) **1a** correre: ***die Linien ~ parallel*** le linee corrono parallelamente **b** correre, procedere, snodarsi: ***die Straße verläuft entlang der Grenze*** la strada corre lungo il confine **c** *(sich verlieren)* perdersi: ***die Spuren verliefen im Sand*** le tracce si persero nella sabbia **2a** *(von der Zeit)* trascorrere, passare **b** *(zu Ende gehen)* terminare **3a** *(ablaufen)* svolgersi, andare: ***die Probe verlief gut*** la prova andò bene;

alles verlief ohne Zwischenfall tutto si svolse senza inconvenienti; ***alles ist gut*** ~ tutto è andato bene **b** avere un decorso, procedere: ***die Krankheit ist normal*** ~ la malattia ha avuto un decorso normale **4** *(schmelzen)* squagliarsi, sciogliersi; *(auseinander rinnen)* spandersi **II** rifl. **sich** ~ **1** perdersi, smarrirsi: ***sich in einer Stadt*** ~ perdersi in una città **2** *(auseinander gehen)* disperdersi: ***nach der Kundgebung verlief sich die Menge*** dopo la manifestazione la folla si disperse **3** *(abfließen)* ritirarsi, defluire ◆ ***tödlich*** ~ avere un esito letale.

ver|lau|sen intr. (aus. *sein*) riempirsi di pidocchi. **ver|laust** p.pass. agg. **1** → **verlausen** **2** infestato dai pidocchi, pieno di pidocchi.

ver|laut|ba|ren I tr. rendere noto, notificare: ***sie ließ ~, dass...*** fece notificare che... **II** intr. (aus. *sein*) **1** diventare, essere noto **2** impers. ***es verlautbart, dass...*** corre voce, comunicano che... **Ver|laut|ba|rung** f. *(-,-en)* annuncio *m.*, comunicazione *f.*: ***amtliche*** ~ comunicazione ufficiale.

ver|lau|ten tr. **1** rendere noto, comunicare **2** impers. ***es verlautet, dass...*** corre voce, si dice che... ◆ ***etw. ~ lassen*** lasciare trapelare qcs.; ***wie verlautet*** a quanto si dice.

ver|le|ben tr. **1** trascorrere, passare: ***den Sommer an der See*** ~ trascorrere l'estate al mare **2** COLLOQ. *(aufbrauchen)* utilizzare (per vivere).

ver|le|ben|di|gen tr. rappresentare. **Ver|le|ben|di|gung** f. *(-,-en)* vivace rappresentazione *f.*

ver|lebt p.pass. agg. **1** → **verleben** **2** *(aufgrund von Alter, Arbeit)* sciupato, segnato: ***ein -es Gesicht*** un volto sciupato.

1.ver|le|gen I tr. **1** mettere fuori posto, mettere chissà dove: ***ich habe die Schlüssel verlegt*** ho messo le chiavi chissà dove **2** *(verschieben)* spostare, rimandare: ***der Termin wurde auf die nächste Woche verlegt*** l'appuntamento venne spostato alla settimana successiva; ***etw. auf einen späteren Zeitpunkt*** ~ spostare qcs. ad altra data **3** spostare, trasferire: ***den Wohnsitz nach Bonn*** ~ trasferire la residenza a Bonn; ***der Sitz wurde in eine andere Stadt verlegt*** la sede fu spostata in un'altra città; ***den Kranken auf, in eine neue Station*** ~ trasferire il malato in un nuovo reparto **4** collocare, ambientare: ***die Handlung eines Films in das vorige Jahrhundert*** ~ ambientare un film nel secolo scorso **5** TECN. *(legen)* posare: ***die Fliesen, Kabel*** ~ posare le piastrelle, i cavi **6** *(versperren)* sbarrare, bloccare **7** *(herausbringen)* pubblicare: ***das Buch ist bei einem großen Verlag verlegt*** il libro è edito da una grande casa editrice **II** rifl. **sich** ~ **1** *(sich von nun an widmen)* darsi: ***sich auf die Musik*** ~ darsi adesso alla musica **2** passare, ricorrere: ***sich aufs Drohen*** ~ passare alle minacce.

2.ver|le|gen agg. imbarazzato: ***um etw. ~ sein*** essere imbarazzato (*o* trovarsi in imbarazzo) per qcs. ◆ ***jdn ~ machen*** mettere in imbarazzo qcn.; ***nie um eine Ausrede ~ sein*** aver sempre una scusa pronta; ***um Geld ~ sein*** essere a corto di denaro.

Ver|le|gen|heit f. *(-,-en)* **1** imbarazzo *m.*: : ***jdn in ~ bringen*** mettere in imbarazzo qcn.; ***seine ~ verbergen*** nascondere il proprio imbarazzo; ***jdm aus der ~ helfen*** levare qcn. dall'imbarazzo **2a** *(Unannehmlichkeit)* impiccio *m.*, guaio *m.*: ***in die ~ kommen*** mettersi nei guai **b** *(finanzielle Schwierigkeit)* difficoltà *f.* economica. **Ver|le|gen|heits|lö|sung** f. *(-,-en)* soluzione *f.* di ripiego.

Ver|le|ger m. *(-s,-)* editore *m.* **ver|le|ge|risch** agg. editoriale.

Ver|le|gung f. *(-,-en)* **1** spostamento *m.*, rinvio *m.*: ***~ der Aufführung*** spostamento dello spettacolo **2a** trasferimento *m.*: ***~ des Wohnsitzes*** trasferimento della residenza **b** MIL. dislocamento *m.* **3** TECN. posa *f.*, installazione *f.* **4** *(Belegen)* rivestimento *m.* **5** *(Veröffentlichung)* pubblicazione *f.*

ver|lei|den tr. ***jdm etw.*** ~ far passare a qcn. il piacere di qcs.; ***jdn die Freude an etw. (D)*** ~ guastare a qcn. il piacere di qcs.

Ver|leih m. *(-[e]s,-e)* **1** prestito *m.* **2** *(gegen Gebühr)* noleggio *m.*, affitto *m.* **ver|lei|hen** tr. *(verlieh, verliehen)* **1** dare in prestito, prestare **2** *(vermieten)* noleggiare, affittare **3a** conferire, dare: ***einen Titel, eine Auszeichnung*** ~ conferire un titolo, un'onorificenza **b** FIG. ***das verleiht seinen Worten einen gewissen Nachdruck*** ciò conferisce un certo rilievo alle sue parole; ***seiner Freude Ausdruck*** ~ esprimere la propria gioia ◆ ***jdm Kraft, Mut*** ~ infondere forza, coraggio a qcn. **Ver|lei|her** m. *(-s,-)* prestatore *m.*; *(gegen Gebühr)* noleggiatore *m.* **Ver|lei|hung** f. *(-,-en)* **1** prestito *m.* **2** noleggio *m.* **3** *(von Titeln)* conferimento *m.*, concessione *f.*

ver|lei|men tr. incollare. **Ver|lei|mung** f. *(-,-en)* incollamento *m.*

ver|lei|ten tr. indurre, spingere: ***jdn zu etw.*** ~ indurre qcn. a fare qcs.; ***jdm zum Irrtum*** ~ indurre in errore qcn.; *(anspornen)* istigare, incitare: ***zum Diebstahl*** ~ istigare al furto. **Ver|lei|tung** f. *(-,-en)* istigazione *f.*, incitamento *m.*

ver|ler|nen tr. disimparare, dimenticare: ***Englisch*** ~ disimparare l'inglese; FIG. ***er hat das Lächeln verlernt*** non sa più sorridere.

1.ver|le|sen I tr. ***etw.*** ~ dare lettura di qcs.; *(benennen)* ***die Liste der Teilnehmer*** ~ leggere ad alta voce l'elenco dei partecipanti **II** rifl. **sich** ~ sbagliarsi leggendo.

2.ver|le|sen tr. selezionare.

Ver|le|sung f. *(-,-en)* lettura *f.*

ver|letz|bar agg. vulnerabile. **Ver|letz|bar|keit** f. *(-,-en)* vulnerabilità *f.* **ver|let|zen I** tr. **1a** ferire: ***jdn an einer Hand*** ~ ferire qcn. a una mano **b** FIG. *(kränken)* ***jds Gefühle*** ~ ferire i sentimenti di qcn.; ***jdn mit einer Bemerkung*** ~ ferire qcn. con una osservazione; ***jdn in seiner Ehre*** ~ ferire qcn. nell'onore **c** *(Interessen)* ledere **2** violare, infrangere: ***die Gesetze*** ~ infrangere le leggi; ***den Frieden, ein Abkommen*** ~ violare la pace, un accordo **3** violare: ***die Grenzen, den Luftraum*** ~ violare i confini, lo spazio aereo **4** offendere, urtare: ***den Anstand, die Sitte*** ~ offendere la morale comune (*o* andare contro la buona creanza), il decoro; ***den Geschmack*** ~ offendere il buon gusto **II** rifl. **sich** ~ **1** ferirsi: ***sich bei einem Unfall*** ~ ferirsi in un incidente; ***sich am Arm*** ~ ferirsi al braccio **2** ferirsi: ***sich (D) eine Hand*** ~ ferirsi a una mano ◆ ***seine Pflicht*** ~ venir meno al proprio dovere. **ver|let|zend** p.pres. agg. **1** → **verletzen** **2** *(kränkend)* offensivo: ***-e Worte*** parole offensive.

ver|letz|lich agg. vulnerabile, delicato. **Ver|letz|lich|keit** f. *(-,-en)* vulnerabilità *f.*, sensibilità *f.*

ver|letzt p.pass. agg. **1** → **verletzen** **2** FIG. ferito, offeso: ***-er Stolz*** orgoglio ferito; ***-e Ehre*** onore ferito; ***sich von etw. ~ fühlen*** sentirsi ferito da qcs. ◆ ***lebensgefährlich ~ sein*** essere in pericolo di vita per le ferite riportate. **Ver|letz|te** m. e f. *(-n,-n)* ferito *m.* (-a *f.*).

Ver|let|zung f. *(-,-en)* **1** ferimento *m.*: ***die ~ von vielen Reisenden verursachen*** causare il ferimento di molti viaggiatori **2** *(verletzte Stelle)* ferita *f.*, lesione *f.*: ***innere -en*** lesioni interne; ***eine ~ am Bein*** una ferita alla gamba; ***eine schwere ~ davontragen*** riportare una ferita grave; ***jdm eine ~ zufügen*** procurare una ferita a qcn.; ***seinen -en erliegen*** morire per le ferite riportate **3** *(Gesetze)* violazione *f.*, infrazione *f.* **4** *(Kränkung)* offesa *f.* ◆ ***~ der Amtspflichten*** violazione dei doveri d'ufficio. **ver|let|zungs|an|fäl|lig** agg. soggetto a lesioni. **Ver|let|zungs|ge|fahr** f. *(-,-en)* pericolo *m.*, rischio *m.* di ferirsi.

ver|leug|nen tr. **1** rinnegare, ripudiare: ***die Ideale*** ~ rinnegare gli ideali **2** negare, smentire: ***das lässt sich nicht*** ~ questo non si può negare ◆ ***sich (am Telefon) ~ lassen*** farsi negare (al telefono). **Ver|leug|nung** f. *(-,-en)* rinnegamento *m.*

ver|leum|den tr. calunniare, diffamare: ***jdn als Betrüger*** ~ diffamare qcn. accusandolo di essere un imbroglione. **Ver|leum|der** m. *(-s,-)* calunniatore *m.*, diffamatore *m.* **ver|leum|de|risch** agg. calunnioso, diffamatorio. **Ver|leum|dung** f. *(-,-en)* calunnia *f.*, diffamazione *f.* **Ver|leum|dungs|kam|pag|ne** f. *(-,-n)* campagna *f.* diffamatoria. **Ver|leum|dungs|kla|ge** f. *(-,-n)* querela *f.* per diffamazione.

ver|lie|ben rifl. **sich** ~ innamorarsi: ***sich in jdn, etw.*** ~ innamorarsi di qcn., qcs.; ***sich hoffnungslos, (un)sterblich in jdn*** ~ innamorarsi perdutamente di qcn.; ***sich auf den ersten Blick*** ~ innamorarsi a prima vista ◆ ***zum Verlieben aussehen*** avere un aspetto delizioso. **ver|liebt** p.pass. agg. → **verlieben** ◆ ***-e Augen machen*** fare gli occhi dolci; ***~ bis über beide Ohren sein*** essere innamorato pazzo; ***-es Paar*** coppia di innamorati, coppietta. **Ver|liebt|heit** f. *(-,-en)* innamoramento *m.*, l'essere innamorato.

ver|lie|ren *(verlor, verloren)* **I** tr. perdere: ***die Geldbörse*** ~ perdere il portafoglio; FIG. ***das Bewusstsein (die Besinnung), die Ruhe*** ~ perdere coscienza, la calma; *(einbüßen)* ***ein Bein, das Leben*** ~ perdere una gamba, la vita; ***Geld (beim Spiel)*** ~ perdere denaro (al gioco); ***beim Poker 100 DM*** ~ perdere 100 marchi a poker; ***die Arbeit*** ~ perdere il lavoro; ***jds Liebe*** ~ perdere l'amore di qcn.; ***eine Freundin, die Kundschaft*** ~ perdere un'amica, la clientela; *(durch Tod)* ***er hat kürzlich die Frau verloren*** ha perso la moglie di recente; *(verschwenden)* ***den ganzen Tag*** ~ perdere tutta la giornata; ***es ist keine Zeit, Minute zu*** ~ non c'è tempo, un minuto da perdere; *(abwerfen)* ***die Bäume ~ die Blätter*** gli alberi perdono le foglie; ***die Katze verliert das Haar*** il gatto perde il pelo; *(weniger intensiv werden)* ***der Kaffee verliert sein Aroma*** il caffè perde il suo aroma; assol. ***der Wein hat verloren*** il vino ha perso; *(herausströmen lassen)* ***Luft, Öl, Wasser*** ~ perdere aria, olio, acqua; *(nicht gewinnen)* ***den Krieg, eine Wette, ein Fußballspiel*** ~ perdere la guerra, una scommessa, una partita di calcio **II** intr. (aus. *haben*) perdere: ***an Bedeutung, Wert, Einfluss*** ~ perdere di significato, di valore, di influenza; ***an Schönheit*** ~ perdere in bellezza **III** rifl. **sich** ~ **1** perdersi: ***das Kind hat sich am Flughafen verloren*** il bambino si è perso all'aeroporto; FIG. ***sich in Einzelheiten*** ~ perdersi in minuzie; ***sich in Gedanken*** ~ immergersi nei propri pensieri; *(verschwinden)* ***sich in der Menge ~*** perdersi tra la folla **2** *(vergehen)* svanire, sparire: ***die Furcht verliert sich mit der Zeit*** il timore svanisce col tempo; ***der Duft verliert sich*** il profumo svanisce ◆ ***es ist noch nicht alles verloren*** non tutto è perduto; ***jdn, etw. aus dem Auge ~*** perdere di vista qcn., qcs.; FIG. ***den Faden ~*** perdere il filo; ***das Spiel verloren geben*** dare la partita per persa; ***das Gesicht ~*** perdere la faccia; ***die Gewalt über ein Fahrzeug ~*** perdere il controllo di un mezzo; ***das Gleichgewicht ~*** perdere l'equilibrio; ***jds Gunst ~*** perdere il favore di qcn.; ***den Halt ~*** perdere il controllo (anche FIG.); ***die Hoffnung ~*** perdere la speranza; ***an Höhe ~*** perder quota; ***den Mut ~*** perdersi di coraggio; ***die Nerven ~*** perdere la calma; ***nichts mehr zu ~ haben*** non aver più nulla da perdere; ***hier hat er nichts verloren*** qui non ha nulla da cercare, da fare; ***nach Punkten ~*** perdere ai punti; ***den Sinn ~*** perdere di (*o* ogni) significato; ***die Sprache ~*** perdere la parola; ***den Verstand ~*** perdere il lume della ragione. **Ver|lie|rer** m. *(-s,-)* perdente *m.*, sconfitto *m.*

Ver|lies n. *(-es,-e)* segrete *f.pl.*

ver|lo|ben I rifl. **sich ~** fidanzarsi: ***sich mit jdm ~*** fidanzarsi con qcn. **II** tr. promettere in matrimonio, fidanzare: ***seine Tochter (mit) jdm ~*** promettere la propria figlia in sposa a qcn. **Ver|löb|nis** n. *(-ses,-se)* promessa *f.* di matrimonio. **ver|lobt** p.pass. agg. → **verloben** ◆ ***~ sein*** essere fidanzato. **Ver|lob|te** m. e f. *(-n,-n)* fidanzato *m.* (-a *f.*). **Ver|lo|bung** f. *(-,-en)* fidanzamento *m.* **Ver|lo|bungs|an|zei|ge** f. *(-,-n)* annuncio *m.* di fidanzamento. **Ver|lo|bungs|ring** m. *(-[e]s,-e)* anello *m.* di fidanzamento.

ver|lo|cken tr. allettare, attrarre, attirare (anche assol.): ***jdn zu etw. ~*** attirare qcn. a qcs.: ***das Wetter verlockt zu einem Ausflug*** il tempo invita a (fare) una gita. **ver|lo|ckend** p.pres. agg. **1** → **verlocken 2** allettante: ***ein -es Angebot*** un'offerta allettante. **Ver|lo|ckung** f. *(-,-en)* allettamento *m.*

ver|lo|dern intr. (aus. *sein*) **1** cessare di divampare **2** *(lodernd verbrennen)* bruciare divampando.

ver|lo|gen agg. **1** bugiardo, menzognero **2** *(unaufrichtig)* ipocrita: ***eine -e Moral*** una morale ipocrita **3** *(falsch)* falso: ***-e Versprechungen*** false promesse. **Ver|lo|gen|heit** f. *(-,-en)* bugia *f.*, falsità *f.*

ver|lo|hen intr. (aus. *sein*) → **verlodern.**

ver|loh|nen intr. (aus. *haben*) e rifl. **sich ~** valere la pena: ***es verlohnt sich, das zu tun*** vale la pena farlo ◆ ***die Mühe hat (sich) verlohnt*** è valsa la pena.

ver|lor → **verlieren.**

ver|lo|ren p.pass. agg. **1** → **verlieren 2a** perduto: ***ein -er Mann*** un uomo perduto; ***es ist noch nicht alles ~*** non è ancora tutto perduto; ***die Ersparnisse waren ~*** i risparmi erano perduti **b** *(hilflos)* ***ohne dich bin ich ~*** senza te sono perduto **3** *(einsam)* sperduto, smarrito: ***sich in einer Großstadt ~ vorkommen*** sentirsi smarrito in una grande città **4a** ***~ gehen*** andare perso (*o* perduto): ***der Schlüssel ist ~ gegangen*** la chiave è andata persa **b** *(verloren werden)* ***der Krieg ging ~*** si perse la guerra **c** ***an jdm ist ein Musiker, Ingenieur ~ gegangen*** qcn. sarebbe stato un buon musicista, un buon ingegnere ◆ GASTR. ***-e Eier*** uova in camicia; ***jdn, etw. ~ geben*** dare qcn., qcs. per perso; ***sich ~ geben*** darsi per vinto; ***in Gedanken ~*** assorto in pensieri; ***in Träumen ~*** perso in fantasticherie, trasognato; ***-e Liebesmühe, Mühe*** fatica sprecata; ***auf -em Posten kämpfen, stehen*** combattere una battaglia perduta; ***das -e Schaf*** la pecorella smarrita; ***der -e Sohn*** il figliol prodigo.

1.ver|lö|schen tr. spegnere.

2.ver|lö|schen intr. *(verlischt, verlosch/verlöschte, verloschen/verlöscht;* aus. *sein)* spegnersi: ***die Kerze ist verloschen*** la candela si è spenta; FIG. ***die Erinnerung an seine Kunst wird nie ~*** il ricordo della sua arte non si spegnerà.

ver|lö|schend p.pres. agg. **1** → **1,2.verlöschen 2** ***mit -r Stimme*** con voce morente.

ver|lo|sen tr. estrarre a sorte, sorteggiare. **Ver|lo|sung** f. *(-,-en)* sorteggio *m.*

ver|lö|ten tr. saldare, brasare ◆ COLLOQ. ***einen ~*** bere un bicchiere.

ver|lot|tern I tr. sperperare, dissipare **II** intr. (aus. *sein*) **1** andare in rovina, rovinarsi **2** *(verkommen)* ridursi male. **ver|lot|tert** p.pass. agg. **1** → **verlottern 2** ridotto male, malridotto: ***ein völlig -er Typ*** un tipo veramente malridotto. **Ver|lot|te|rung** f. *(-,-en)* rovina *f.*

ver|lu|dern, ver|lum|pen → **verlottern.**

Ver|lust m. *(-[e]s,-e)* **1** perdita *f.*, smarrimento *m.*: ***bei ~*** in caso di smarrimento; ***der ~ des Gedächtnisses, der Besinnung*** la perdita della memoria, della coscienza **2a** *(Einbuße)* perdita *f.*: ***der ~ des Vermögens*** la perdita del patrimonio; ***~ der bürgerlichen Rechte*** perdita dei diritti civili **b** *(Tod)* ***den ~ eines Freundes beklagen*** piangere la perdita di un amico; ***ein schmerzlicher ~*** un perdita dolorosa; ***ein schwerer ~ hat ihn betroffen*** una grave perdita lo ha colpito; MIL. ***jdm große -e beibringen (zufügen)*** infliggere a qcn. grosse perdite; ***-e haben, erleiden*** avere, subire delle perdite **c** COMM. ECON. ***der ~ geht in die Millionen*** la perdita è nell'ordine di milioni ◆ ***in ~ geraten*** andare perduto; ***mit ~ produzieren, verkaufen*** produrre, vendere in perdita. **Ver|lust|an|zei|ge** f. *(-,-n)* annuncio *m.* di smarrimento. **Ver|lust|be|trieb** m. *(-[e]s,-e)* azienda *f.* in perdita. **Ver|lust|ge|schäft** n. *(-[e]s,-e)* affare *m.* in perdita.

ver|lus|tie|ren rifl. **sich ~** IRON. spassarsela, godersela: ***sich mit jdm ~*** spassarsela con qcn.

ver|lus|tig agg., ***einer Sache ~ gehen*** perdere qcs.; BUROCR. ANT. ***jdn einer Sache für ~ erklären*** dichiarare qcn. decaduto da qcs., privato di qcs.

Ver|lust|lis|te f. *(-,-n)* elenco *m.* delle perdite. **ver|lust|reich** agg. **1** che comporta (grosse) perdite **2** COMM. ECON. in perdita.

verm. ⇒ *vermählt* coniugato.

ver|ma|chen tr. **1** lasciare in eredità: ***jdm etw. ~*** lasciare in eredità qcs. a qcn. **2** COLLOQ. *(schenken)* dare, regalare. **Ver|mächt|nis** n. *(-ses,-se)* **1** legato *m.*, lascito *m.* **2** *(letzter Wille)* ultime volontà *f.pl.*: ***jds ~ erfüllen*** esaudire le ultime volontà di qcn. **Ver|mächt|nis|neh|mer** m. *(-s,-)* legatario *m.*

ver|mah|len tr. macinare: ***Getreide ~*** macinare grano.

ver|mäh|len I rifl. **sich ~** sposarsi: ***sich mit jdm ~*** sposarsi con qcn. **II** tr. sposare: ***seine Tochter mit jdm ~*** sposare la propria figlia a qcn. ◆ ***jung vermählt sein*** essere sposati di fresco, giovani sposi. **Ver|mähl|te** m. e f. *(-n,-n)* sposo *m.* (-a *f.*). **Ver|mäh|lung** f. *(-,-en)* matrimonio *m.* **Ver|mäh|lungs|an|zei|ge** f. *(-,-n)* partecipazione *f.* di matrimonio.

ver|ma|le|dei|en tr. ANT. maledire. **ver|ma|le|deit** p.pass. agg. ANT. **1** → **vermaledeien 2** COLLOQ. *(verdammt)* maledetto.

ver|ma|len tr. **1** consumare (dipingendo): ***die Farben ~*** consumare i colori **2** *(vollschmieren)* imbrattare di (*o* con il) colore.

ver|männ|li|chen tr. mascolinizzare.

ver|man|schen tr. COLLOQ. pasticciare; ***das Essen ~*** fare pasticci preparando il mangiare.

ver|mar|ken tr. → **1.vermessen.**

ver|mark|ten tr. **1** commercializzare, mettere sul mercato **2** FIG. ***jdn, etw. ~*** commercializzare, far mercato di qcn., qcs. **Ver|mark|tung** f. *(-,-en)* commercializzazione *f.* (anche FIG.).

Ver|mar|kung f. *(-,-en)* → **Vermessung.**

ver|mas|seln tr. COLLOQ. **1** mandare a rotoli: ***jdm ein Projekt ~*** mandare a rotoli un affare a qcn. **2** *(verhauen)* fare male, sbagliare: ***ein Examen ~*** sbagliare un esame.

ver|mas|sen I tr. massificare **II** intr. (aus. *sein*) diventare di massa. **Ver|mas|sung** f. *(-,-en)* massificazione *f.*

ver|mau|ern tr. **1** chiudere con un muro **2** *(beim Mauern verbrauchen)* utilizzare (costruendo un muro).

ver|meh|ren I tr. accrescere, aumentare; *(ausdehnen)* ampliare **II** rifl. **sich ~ 1** crescere, aumentare; *(sich ausdehnen)* ampliarsi **2** *(sich fortpflanzen)* riprodursi. **Ver|meh|rung** f. *(-,-en)* **1** aumento *m.*, crescita *f.* **2** *(Fortpflanzung)* riproduzione *f.*

ver|meid|bar agg. evitabile: ***das wäre ~ gewesen*** si sarebbe potuto evitare. **ver|mei|den** tr. evitare: ***Fehler ~*** evitare errori; ***es ~, etw. zu tun*** evitare di fare qcs.; ***es lässt sich nicht ~, dass...*** non si può evitare che... **ver|meid|lich** agg. → **vermeidbar. Ver|mei|dung** f. *(-,-en)* l'evitare ◆ ***zur ~ von etw.*** a scanso di qcs.

ver|meil [vɛr'mɛ:j] agg. vermiglio.

ver|mei|nen tr. presumere. **ver|meint|lich I** agg. presunto **II** avv. presumibilmente.

ver|mel|den tr. ANT o SCHERZ. comunicare, annunciare.

ver|men|gen I tr. mescolare, mischiare: ***Wasser mit Mehl ~*** mescolare acqua con farina; ***alle Zutaten gut miteinander ~*** mescolare bene tutti gli ingredienti; FIG. *(durcheinander bringen)* ***verschiedene Ideen ~*** mescolare idee differenti **II** rifl. **sich ~** mescolarsi, mischiarsi. **Ver|men|gung** f. *(-,-en)* mescolanza *f.* (anche FIG.).

ver|mensch|li|chen tr. **1** umanizzare **2** *(personifizieren)* personificare. **Ver|mensch|li|chung** f. *(-,-en)* **1** umanizzazione *f.* **2** *(Personifizierung)* personificazione *f.*

Ver|merk m. *(-[e]s,-e)* annotazione *f.*, nota *f.* **ver|mer|ken** tr. **1** annotare: ***etw. im Heft, auf dem Umschlag, am Rand ~*** annotare qcs. sul quaderno, sulla busta, a, in margine **2** *(feststellen)* notare, osservare: ***etw. mit Missfallen ~*** notare qcs. a malincuore ◆ ***am Rande vermerkt*** detto fra parentesi (*o* per inciso).

1.ver|mes|sen *(vermisst, vermaß, vermessen)* **I** tr. misurare; TOPOGR. rilevare: ***ein Feld, Land ~*** misurare un campo, un terreno **II** rifl. **sich ~ 1** sbagliare (nella misurazione), misurare male **2** *(sich anmaßen)* ***sich ~, etw. zu tun*** avere l'ardire di fare qcs.

2.ver|mes|sen p.pass. agg. **1** → **1.vermessen 2** temerario. **Ver|mes|sen|heit** f. *(-,-en)* temerarietà *f.*

Ver|mes|ser m. *(-s,-)* misuratore *m.* **Ver|mes|sung** f. *(-,-en)* misurazione *f.*; TOPOGR. rilevamento *m.*: ***die ~ eines Grundstücks*** il rilevamento di un terreno. **Ver|mes|sungs|amt** n. *(-[e]s,-ämter)* catasto *m.* **Ver|mes|sungs|ur|kun|de** f. *(-,-n)* mappa *f.* catastale.

ver|mi|ckert agg. COLLOQ. mingherlino, striminzito.

ver|mieft agg. COLLOQ. fetente, puzzolente.

ver|mie|sen tr. COLLOQ. ***jdm etw. ~*** rovinare qcs. a qcn.

ver|mie|ten tr. affittare, dare in affitto: ***jdm, an jdn etw. ~*** affittare qcs. a qcn. ◆ ***zu ~*** affittasi. **Ver|mie|ter** m. *(-s,-)* **1** chi affitta **2** *(Hauswirt)* proprietario *m.* **Ver|mie|tung** f. *(-,-en)* affitto *m.*

ver|min|dern I tr. diminuire: ***das Risiko, die Preise um ein Drittel ~*** diminuire il rischio, i prezzi di un terzo **II** rifl. **sich ~** diminuire: ***die Einnahmen, Schmerzen ~ sich*** le entrate, i dolori diminuiscono. **ver|min|dert** p.pass. agg. **1** → **vermindern 2** MUS. ***eine -e Septime*** una settima diminuita ◆ DIR. ***-e Zurechnungsfähigkeit*** parziale capacità d'intendere e di volere. **Ver|min|de|rung** f. *(-,-en)* diminuzione *f.*

ver|mi|nen tr. minare. **Ver|mi|nung** f. *(-,-en)* MIL. posa *f.* di mine.

ver|mi|schen I tr. **1** mescolare, mischiare: ***Orangensaft mit Sekt ~*** mescolare succo d'arancia con spumante; ***alle Zutaten gut miteinander ~*** mescolare bene tutti gli ingredienti **2** FIG. confondere: ***Wahres mit Falschem ~*** confondere il vero con il falso **II** rifl. **sich ~** mescolarsi: ***die Rassen ~ sich*** le razze si mescolano. **ver|mischt** p.pass. agg. **1** → **vermischen 2** ***mit Wasser -er Wein*** vino mescolato con acqua, annacquato ◆ ***-e Schriften*** varie, scritti vari; ***unter der Rubrik „Vermischtes"*** nella rubrica "varie". **Ver|mi|schung** f. *(-,-en)* mescolanza *f.*

ver|mis|sen tr. **1** ***jdn, etw. ~*** sentire la mancanza di qcn., qcs.; ***sie vermisst ihre Kinder*** sente la mancanza dei suoi bambini, le mancano i suoi bambini **2** *(das Fehlen bemerken)* ***etw. ~*** accorgersi della mancanza di qcs., non trovare qcs.; ***jdn ~*** notare l'assenza di qcn. **3** *(entbehren)* ***etw. ~*** essere privo di qcs. **ver|misst** p.pass. agg. **1** → **vermissen 2** disperso: ***zwei der Bergsteiger sind noch ~*** due alpinisti risultano ancora dispersi; ***im Krieg ~ sein*** essere disperso in guerra; ***jdn als ~ melden*** dare qcn. per disperso. **Ver|miss|te** m. e f. *(-n,-n)* scomparso *m.* (-a *f.*); *(im Krieg)* disperso *m.* **Ver|miss|ten|an|zei|ge** f. *(-,-n)* denuncia *f.* di scomparsa.

ver|mit|teln I tr. **1** combinare, organizzare: ***ein Zusammentreffen, eine Ehe ~*** combinare un incontro, un matrimonio **2** *(verschaffen)* procurare, fornire: ***jdm eine Arbeitsstelle ~*** procurare a qcn. un posto di lavoro **3** *(in Verbindung bringen)* mettere in comunicazione (come mediatore): ***jdn an eine Firma ~*** mettere qcn. in comunicazione con una ditta; ***den Verkauf eines Hauses ~*** fare da mediatore nella vendita di una casa **4a** *(übertragen)* trasmettere, comunicare: ***sein Wissen ~*** trasmettere il proprio sapere **b** *(geben)* dare: ***einen guten Eindruck ~*** dare un'impressione buona **II** intr. (aus. *haben*) intervenire, intercedere, fare da mediatore: ***zwischen zwei Streitenden ~*** intervenire tra due litiganti. **ver|mit|telnd I** p.pres. agg. **1** → **vermitteln 2** da mediatore; *(versöhnlich)* conciliatore **II** avv. in modo conciliante (*o* conciliatore).

ver|mit|tels(t) prep. + gen. BUROCR. per mezzo di, mediante.

Ver|mitt|ler m. *(-s,-)* intermediario *m.*, mediatore *m.* **Ver|mitt|ler|rol|le** f. *(-)* ruolo *m.* di intermediario.

Ver|mitt|lung f. *(-,-en)* **1** mediazione *f.*, intervento *m.*: ***die ~ zwischen zwei Gegnern versuchen*** tentare la mediazione tra due avversari; ***durch jds ~*** per intercessione di qcn. **2** *(Beilegung)* conciliazione *f.*, accomodamento *m.* **3** *(Telefonzentrale)* centralino *m.* **Ver|mitt|lungs|amt** n. *(-[e]s,-ämter)* **1** = istituzione *f.* statale di mediazione **2** centrale *f.* telefonica. **Ver|mitt|lungs|aus|schuss** m. *(-es,-ausschüsse)* commissione *f.* di mediazione (tra Bundestag e Bundesrat). **Ver|mitt|lungs|ge|bühr** f. *(-,-en)* provvigione *f.* **Ver|mitt|lungs|stel|le** f. *(-,-n)* **1** → **Vermittlungsamt 2** luogo *m.* di trattative. **Ver|mitt|lungs|ver|such** m. *(-[e]s,-e)* tentativo *m.* di mediazione. **Ver|mitt|lungs|vor|schlag** m. *(-[e]s,-vorschläge)* proposta *f.* di mediazione.

ver|mö|beln tr. COLLOQ. bastonare, picchiare. **Ver|mö|be|lung, Ver|möb|lung** f. *(-,-en)* COLLOQ. bastonatura *f.*

ver|mo|dern intr. (aus. *sein*) putrefarsi, marcire.

ver|mö|ge prep. + gen. in virtù di, grazie a.

ver|mö|gen tr. *(vermag, vermochte, vermocht)* ***(es) ~, etw. zu tun*** poter fare qcs., essere in grado di, riuscire a fare qcs.; ***ein freundliches Wort vermag viel*** una parola gentile poté fare molto; ***er vermochte nicht mehr zu laufen*** non poteva più camminare ◆ ***bei jdm viel, wenig ~*** avere molto, poco potere su qcn.

Ver|mö|gen n. *(-s,-)* **1** facoltà *f.*, capacità *f.*, potere *m.*: ***nach meinem besten ~, soviel in meinem ~ liegt*** per quanto è in mio potere; ***etw. geht über jds ~*** qcs. va oltre le capacità di qcn. **2** *(Besitz)* patrimonio *m.*: ***ein ~ erben, haben*** ereditare, avere un patrimonio; ***das kostet ein ~*** costa un patrimonio (*o* una fortuna) ◆ ***bewegliches, unbewegliches ~*** beni mobili, immobili. **ver|mö|gend** p.pres. agg. **1** → **vermögen 2** facoltoso, agiato, benestante. **Ver|mö|gens|ab|ga|be** f. *(-,-n)* imposta *f.* (straordinaria) sul patrimonio. **Ver|mö|gens|be|ra|ter** m. *(-s,-)* consulente *m.* patrimoniale. **Ver|mö|gens|be|steu|e|rung** f. *(-,-en)* tassazione *f.* del patrimonio. **Ver|mö|gens|bil|dung** f. *(-)* formazione *f.* del patrimonio. **Ver|mö|gens|la|ge** f. *(-,-n)* situazione *f.* (*o* stato *m.*) patrimoniale. **ver|mö|gens|los** agg. privo di beni. **Ver|mö|gens|recht** n. *(-[e]s)* diritto *m.* patrimoniale. **ver|mö|gens|recht|lich** agg. (di diritto) patrimoniale. **Ver|mö|gen(s)|steu|er** f. *(-,-n)* imposta *f.* patrimoniale, patrimoniale *f.* **Ver|mö|gens|ver|hält|nis|se** pl. situazione *f.* finanziaria. **Ver|mö|gens|ver|si|che|rung** f. *(-,-en)* assicurazione *f.* contro i danni patrimoniali. **Ver|mö|gens|ver|tei|lung** f. *(-)* divisione *f.* dei beni. **Ver|mö|gens|ver|wal|tung** f. *(-)* amministrazione *f.* dei beni. **ver|mö|gens|wirk|sam** agg. con effetti sul patrimonio. **Ver|mö|gens|zu|wachs** m. *(-es,-zuwächse)* incremento *m.* patrimoniale.

ver|mög|lich agg. REGION. → **vermögend.**

ver|moo|ren intr. (aus. *sein*) trasformarsi in palude.

ver|mor|schen intr. (aus. *sein*) marcire.

ver|mum|meln FAM., **ver|mum|men I** tr. **1** imbacuccare **2** *(verkleiden)* mascherare, travestire, camuffare **II** rifl. **sich ~ 1** imbacuccarsi **2** *(sich verkleiden)* mascherarsi. **Ver|mum|mung** f. *(-,-en)* **1** imbacuccamento *m.* **2** *(Verkleidung)* mascheramento *m.*

ver|mu|ren tr. seppellire sotto una frana.

ver|murk|sen tr. COLLOQ. guastare, rovinare.

ver|mu|ten tr. supporre, presumere: ***das lässt sich nur ~*** si può soltanto supporre; ***ich vermute ihn im Büro*** presumo che sia in ufficio; ***ich vermute, dass er ein Verbrecher ist*** sospetto che sia un criminale; ***es ist, steht zu ~, dass...*** c'è da supporre che... **ver|mut|lich I** agg. presunto, supposto **II** avv. presumibilmente. **Ver|mu|tung** *(-,-en)* **1** supposizione *f.*, ipotesi *f.*: ***meine ~ hat sich bestätigt*** la mia supposizione è stata confermata; ***eine ~ haben, äußern*** avere, esprimere un'ipotesi; ***auf -en angewiesen sein*** doversi basare su ipotesi **2** DIR. presunzione *f.* **ver|mu|tungs|wei|se** avv. presumibilmente.

ver|nach|läs|sig|bar agg. trascurabile. **ver|nach|läs|si|gen I** tr. trascurare: ***seine Kinder, Pflichten ~*** trascurare i propri figli, i propri doveri; ***ein Detail ~*** trascurare un dettaglio **II** rifl. **sich ~** trascurarsi. **Ver|nach|läs|si|gung** f. *(-,-en)* trascuratezza *f.*, negligenza *f.*; LETT. trascuranza *f.*

ver|na|geln tr. **1** inchiodare, chiudere inchiodando **2** *(Pferd)* ferire ferrando. **ver|na|gelt** p.pass. agg. **1** → **vernageln 2** FIG. COLLOQ. *(beschränkt)* corto di comprendonio. **Ver|na|ge|lung, Ver|nag|lung** f. *(-,-en)* chiusura *f.* con chiodi.

ver|nä|hen tr. **1** cucire **2** *(mit einer Naht verschließen)* ricucire, chiudere cucendo: ***eine Wunde ~*** ricucire una ferita **3** *(verbrauchen)* consumare, utilizzare (cucendo).

ver|nar|ben intr. (aus. *sein*) cicatrizzarsi. **ver|narbt** p.pass. agg. **1** → **vernarben 2** ***ein -es Gesicht*** un viso pieno di cicatrici. **Ver|nar|bung** f. *(-,-en)* cicatrizzazione *f.*

ver|nar|ren rifl. ***sich in jdn, etw. ~*** innamorarsi pazzamente di qcn., qcs. **Ver|narrt|heit** f. *(-,-en)* amore *m.* pazzo.

ver|na|schen tr. **1** spendere in ghiottonerie **2** COLLOQ. ***jdn ~*** avere un'avventuretta con qcn. **3** COLLOQ. *(mühelos besiegen)* stracciare.

ver|ne|beln tr. **1** annebbiare (anche FIG.): ***den Kopf ~*** annebbiare il cervello **2** *(versprühen)* nebulizzare **3** *(verschleiern)* occultare. **Ver|ne|be|lung, Ver|neb|lung** f. *(-,-en)* **1** annebbiamento *m.* **2** *(Zerstäubung)* nebulizzazione *f.* **3** *(Verschleierung)* occultamento *m.*

ver|nehm|bar agg. **1** percepibile, percettibile **2** → **vernehmungsfähig.**

ver|neh|men tr. *(vernimmt, vernahm, vernommen)* **1** percepire: ***ein Geräusch ~*** percepire un rumore **2** *(erfahren)* apprendere, venire a sapere: ***etw. von jdm ~*** apprendere qcs. di qcn. **3** *(verhören)* interrogare: ***den Angeklagten, einen Zeugen ~*** interrogare l'imputato, un testimone. **Ver|neh|men** n., ***dem, allem ~ nach*** a quanto si dice, a quanto dicono tutti; ***gutem, sicherem ~ nach*** secondo buone fonti, secondo fonti sicure. **ver|nehm|lich** agg. percettibile, distinto: ***mit gut -er Stimme*** con voce ben percettibile.

Ver|neh|mung f. *(-,-en)* interrogatorio *m.* **ver|neh|mungs|fä|hig** agg. in grado di essere interrogato. **ver|neh|mungs|un|fä|hig** agg. non in condizioni di essere interrogato.

ver|nei|gen rifl. **sich ~** inchinarsi. **Ver|nei|gung** f. *(-,-en)* inchino *m.*, riverenza *f.*

ver|nei|nen tr. **1** negare: ***eine Frage ~*** rispondere negativamente a una domanda; ***eine Behauptung ~*** contraddire un'asserzione;

GRAMM. ***einen Satz ~*** negare una frase, mettere una frase al negativo **2** *(ablehnen)* rifiutare, ricusare: ***Gewalt ~*** rifiutare la violenza. **ver|nei|nend I** p.pres. agg. **1** → **verneinen 2** negativo: ***eine -e Antwort*** una risposta negativa **II** avv. negativamente: ***den Kopf ~ schütteln*** scuotere negativamente il capo.

Ver|nei|nung f. *(-,-en)* **1** negazione *f.* **2** *(Ablehnung)* rifiuto *m.* **Ver|nei|nungs|fall,** ***im -e*** in caso negativo, in caso contrario. **Ver|nei|nungs|wort** n. *(-[e]s,-wörter)* LING. negazione *f.*

ver|net|zen tr. collegare in rete. **ver|netzt** agg. (collegato) in rete. **Ver|net|zung** f. *(-,-en)* collegamento *m.* in rete.

ver|nich|ten tr. **1a** distruggere: ***Dokumente, Briefe ~*** distruggere dei documenti, delle lettere; ***die Ernte ~*** distruggere il raccolto **b** FIG. distruggere, annientare, annichilare: ***jds Hoffnungen ~*** distruggere le speranze di qcn. **2a** *(ausrotten)* sterminare: ***Ungeziefer ~*** sterminare parassiti **b** ***Unkraut ~*** estirpare erbacce. **ver|nich|tend I** p.pres. agg. → **vernichten II** avv. **1** in modo distruttivo **2** *(verächtlich)* sprezzantemente ◆ ***jdm einen -en Blick zuwerfen*** annichilare (*o* annichilire) qcn. con lo sguardo; ***eine -e Kritik*** una critica distruttiva; ***eine -e Niederlage*** una pesante sconfitta, una disfatta; ***ein -es Urteil*** un giudizio demolitore, spietato.

Ver|nich|tung f. *(-,-en)* **1** distruzione *f.*, annientamento *m.* **2** *(Ausrottung)* sterminio *m.* **Ver|nich|tungs|la|ger** n. *(-s,-)* campo *m.* di sterminio. **Ver|nich|tungs|waf|fe** f. *(-,-n)* arma *f.* di distruzione totale. **Ver|nich|tungs|wut** f. *(-)* furia *f.* annientatrice.

ver|ni|ckeln tr. nichelare. **Ver|ni|cke|lung, Ver|nick|lung** f. *(-,-en)* nichelatura *f.*

ver|nied|li|chen tr. minimizzare: ***einen Fehler, die Realität ~*** minimizzare un errore, la realtà. **Ver|nied|li|chung** f. *(-,-en)* minimizzazione *f.*

ver|nie|ten tr. ribadire. **Ver|nie|tung** f. *(-,-en)* ribaditura *f.*

Ver|nis|sa|ge [-'sa:ʒə] f. *(-,-n)* vernissage *m.*: ***auf eine ~ gehen*** andare a un vernissage.

Ver|nunft f. *(-)* **1** ragione *f.*, raziocinio *m.*: ***gegen, wider alle ~ sein*** essere contrario alla ragione; ***die Jahre der ~*** l'età della ragione; ***mit ~ begabt sein*** essere dotato di ragione; ***zur ~ kommen*** arrivare all'uso della ragione **2** *(Besonnenheit)* ragionevolezza *f.*, giudizio *m.*, senno *m.*: ***ohne ~ handeln*** agire senza giudizio; ***aller ~ beraubt sein*** essere privo di senno, essere irragionevole; ***~ annehmen*** mettere giudizio; ***nimm ~ an!*** sii ragionevole! ◆ ***jdn zur ~ bringen*** fare intendere ragione a qcn., ridurre qcn. alla ragione; ***~ walten lassen*** cedere alla voce della ragione. **ver|nunft|be|gabt** agg. dotato di ragione, raziocinante. **Ver|nunft|ehe** f. *(-,-n)* matrimonio *m.* di convenienza. **Ver|nünf|te|lei** f. *(-,-en)* sofisticheria *f.*, sottigliezza *f.* **ver|nunft|ge|mäß I** agg. ragionevole, razionale, logico **II** avv. ragionevolmente, razionalmente. **Ver|nunft|glau|be(n)** m. *(-[n]s)* razionalismo *m.* **Ver|nunft|hei|rat** f. *(-,-en)* → **Vernunftehe.**

ver|nünf|tig I agg. ragionevole: ***sei doch ~!*** sii ragionevole! *(sinnvoll)* ***ein -er Vorschlag*** una proposta ragionevole; COLLOQ. *(richtig)* ***ein -er Preis*** un prezzo ragionevole **II** avv. ragionevolmente: ***~ handeln*** agire ragionevolmente. **ver|nünf|ti|ger|wei|se** avv. ragionevolmente. **Ver|nünf|tig|keit** f. *(-)* ragionevolezza *f.*

ver|nunft|los agg. irragionevole. **Ver|nunft|mensch** m. *(-en,-en)* persona *f.* razionale. **Ver|nunft|schluss** m. *(-es,-schlüsse)* ragionamento *m.* logico. **Ver|nunft|we|sen** n. *(-s,-)* essere *m.* razionale. **ver|nunft|wid|rig** agg. irrazionale, illogico. **Ver|nunft|wid|rig|keit** f. *(-,-en)* irrazionalità *f.*, illogicità *f.*

ver|nu|ten tr. unire a cava e linguetta (*o* a maschio e femmina), incastrare.

ver|öden I tr. MED. sclerotizzare **II** intr. (aus. *sein*) **1** *(von Straßen, Städten)* svuotarsi, spopolarsi **2** *(unfruchtbar werden)* diventare incolto, impoverirsi. **ver|ödet** p.pass. agg. **1** → **veröden 2** deserto, vuoto; *(entvölkert)* spopolato. **Ver|ödung** f. *(-,-en)* **1** svuotamento *m.*, spopolamento *m.* **2** *(von Ackerland)* impoverimento *m.* **3** MED. sclerotizzazione *f.* (di una vena).

ver|öf|fent|li|chen tr. **1** rendere pubblico (*o* noto): ***etw. in den Zeitungen, in der Presse ~*** rendere pubblico qcs. attraverso i giornali, la stampa **2** EDIT. pubblicare. **Ver|öf|fent|li|chung** f. *(-,-en)* **1** il rendere pubblico (*o* noto) **2** EDIT. pubblicazione *f.*

ver|ölen intr. (aus. *sein*) **1** ungersi, sporcarsi (*o* imbrattarsi) d'olio **2** MECC. imbrattarsi. **ver|ölt** p.pass. agg. **1** → **verölen 2** sporco (d'olio): ***-e Kerzen*** candele sporche.

Ve|ro|ne|ser [v-] **I** m. *(-s,-)* veronese *m.* **II** agg.inv. veronese, di Verona.

Ve|ro|ni|ka [v-] **I** n.pr.f. Veronica *f.* **II** f. *(-, Veroniken)* BOT. RELIG. veronica *f.*

ver|ord|nen tr. **1** prescrivere: ***jdm eine Brille, Kur ~*** prescrivere a qcn. un paio d'occhiali, una cura **2** ANT. *(anordnen)* ordinare, decretare ◆ ***wenn vom Arzt nicht anders verordnet...*** salvo diversa prescrizione medica...

Ver|ord|nung f. *(-,-en)* **1** prescrizione *f.*: ***nach ärztlicher ~*** dietro prescrizione medica **2** *(Anordnung)* ordine *m.*, disposizione *f.* **3** DIR. decreto *m.*, ordinanza *f.* **4** regolamento *m.*: ***laut ~*** ai sensi del regolamento. **Ver|ord|nungs|blatt** n. *(-[e]s,-blätter)* gazzetta *f.* ufficiale. **ver|ord|nungs|mä|ßig** agg. conforme all'ordinanza (*o* alla prescrizione).

ver|paa|ren ZOOL. **I** tr. RAR. accoppiare **II** rifl. **sich ~** accoppiarsi.

ver|pach|ten tr. affittare, dare in affitto; BUROCR. locare: ***jdm etw., etw. an jdn ~*** affittare qcs. a qcn. **Ver|päch|ter** m. *(-s,-)* locatore *m.* **Ver|pach|tung** f. *(-,-en)* affitto *m.*; BUROCR. locazione *f.*

ver|pa|cken tr. **1** impacchettare, confezionare; ***etw. als Geschenk ~*** fare una confezione regalo di qcs. **2** *(zum Transport)* imballare: ***Ware in Kartons, in Kisten ~*** imballare la merce in scatoloni, in casse.

Ver|pa|ckung f. *(-,-en)* **1** confezione *f.*: ***die ~ eines Produkts*** la confezione di un prodotto **2** *(von Waren)* imballaggio *m.*, imballo *m.*: ***bruchsichere, mangelhafte, Raum sparende ~*** imballaggio resistente alla rottura, difettoso, poco ingombrante ◆ ***~ ausschließlich*** imballaggio escluso; ***handelsübliche ~*** imballaggio corrente; ***seemäßige ~*** imballaggio marittimo. **Ver|pa|ckungs|kos|ten** pl. spese *f.pl.* d'imballaggio. **Ver|pa|ckungs|ma|schi|ne** f. *(-,-n)* impacchettatrice *f.*, imballatrice *f.* **Ver|pa|ckungs|ma|te|ri|al** n. *(-s, -ien)* materiale *m.* di (*o* da, per) imballaggio.

ver|päp|peln tr. COLLOQ. far diventare un, una pappamolle; *(verwöhnen)* viziare.

ver|pas|sen tr. **1a** perdere: ***den Bus, den Anschluss ~*** perdere l'autobus, la coincidenza; ***den Anfang des Films ~*** perdere l'inizio del film **b** FIG. ***eine gute Gelegenheit ~*** perdere (*o* mancare) una buona occasione; ***eine Ausstellung, die man nicht ~ sollte*** una mostra da non perdere **2** COLLOQ. *(geben)* dare: ***jdm eine Ohrfeige, einen Zettel ~*** dare una sberla, una lezione a qcn. ◆ FIG. ***jdm eine, eins ~*** dare botte a qcn.; MUS. ***den Einsatz ~*** sbagliare l'attacco; COLLOQ. ***wer hat dir diesen Haarschnitt verpasst?*** chi ti ha conciato i capelli in questo modo? ***wir haben uns um einige Minuten verpasst*** ci siamo mancati per pochi minuti; SPORT ***den Rekord ~*** mancare (*o* fallire) il record.

ver|pat|zen tr. COLLOQ. rovinare, pasticciare; *(falsch machen)* sbagliare, fare male; ***er hat das Bild verpatzt*** il quadro non gli è riuscito.

ver|pen|nen COLLOQ. **I** tr. **1** passare dormendo (*o* a dormire): ***sein halbes Leben ~*** passare metà della propria vita a dormire **2** *(vergessen)* dimenticare **II** intr. (aus. *haben*) e rifl. **sich ~** rimanere addormentato, non svegliarsi in tempo: ***er hat (sich) verpennt*** è rimasto addormentato.

ver|pes|ten tr. appestare, ammorbare (anche FIG.). **Ver|pes|tung** f. *(-)* ammorbamento *m.*

ver|pet|zen tr. COLLOQ. ***jdn bei jdm ~*** denunciare qcn. a qcn., fare la spia a qcn. con qcn.

ver|pfän|den tr. **1a** dare in pegno, impegnare **b** FIG. impegnare, dare: ***sein Ehrenwort ~*** dare la propria parola d'onore **2** DIR. pignorare. **Ver|pfän|dung** f. *(-,-en)* **1** costituzione *f.* in pegno, pegno *m.* **2** DIR. pignoramento *m.*

ver|pfei|fen tr. *(verpfiff, verpfiffen)* COLLOQ. denunciare.

ver|pflan|zen tr. trapiantare (anche MED.). **Ver|pflan|zung** f. *(-,-en)* trapianto *m.* (anche MED.).

ver|pfle|gen tr. **1** nutrire: ***sich selbst ~ müssen*** dover provvedere al proprio nutrimento, sostentamento **2** MIL. vettovagliare. **Ver|pfle|gung** f. *(-)* **1** vitto *m.* **2a** MIL. vettovagliamento *m.* **b** *(Essen)* vettovaglie *f.pl.* ◆ ***bei jdm in ~ sein*** essere a pensione da qcn.; ***volle ~*** pensione completa. **Ver|pfle|gungs|kos|ten** pl. spese *f.pl.* per il vitto. **Ver|pfle|gungs|satz** m. *(-es,-sätze)* razione *f.*

ver|pflich|ten I tr. **1** vincolare, impegnare: ***jdn eidlich, durch Eid ~*** vincolare qcn. con giuramento; ***jdn zu etw. ~*** impegnare qcn. a fare qcs. **2** *(nötigen)* obbligare, imporre: ***meine Stellung verpflichtet mich zur Diskretion*** la mia posizione mi impone la discrezione; ***jdn zum Schweigen ~*** imporre il silenzio a qcn.; ***das verpflichtet Sie zu nichts*** questo non La obbliga a fare nulla, non si deve sentire in alcun obbligo per questo **3** *(vereidigen)* far giurare: ***jdn auf die Verfassung ~*** far giurare qcn. sulla Costituzione **4a** *(engagieren)* ingaggiare: ***einen Fußballspieler, Trainer (auf zwei Jahre) ~*** ingaggiare un calciatore, allenatore (per due anni) **b** CINEM. TEATR. scritturare **II** rifl. **sich ~ 1** impegnarsi: ***sich zu etw. ~*** impegnarsi a fare qcs. **2** *(sich vertraglich binden)* impegnarsi, firmare: ***der Schauspieler hat sich auf, für ein Jahr verpflichtet*** l'attore ha firmato per un anno. **ver|pflich|tend** p.pres. agg. **1** → **verpflichten 2** impegnativo, vincolante. **ver|pflich|tet** p.pass. agg.

1 → **verpflichten 2a** obbligato, tenuto: ***zu etw. ~ sein*** essere obbligato (*o* tenuto) a (fare) qcs. **b** *(zu Dank verpflichtet)* obbligato, in obbligo: ***sich ~ fühlen, etw. zu tun*** sentirsi obbligato a (*o* in obbligo di) fare qcs. ◆ ***jdm zu Dank ~ sein*** essere obbligato verso qcn.
Ver|pflich|tung f. *(-,-en)* **1a** obbligo *m.*, impegno *m.*: ***die vertraglichen -en erfüllen*** adempiere agli obblighi contrattuali; ***eine ~ übernehmen*** prendere un impegno, assumere un obbligo; ***eine ~ eingehen*** contrarre un impegno; *(Schulden)* ***seinen (finanziellen) -en nicht nachkommen können*** non poter far fronte ai propri impegni (finanziari) **b** *(Bindung)* obbligazione *f.*, vincolo *m.* **c** *(Pflicht)* dovere *m.*, obbligo *m.*: ***die ~ haben, etw. zu tun*** avere il dovere (*o* l'obbligo) di fare qcs. **2a** *(Engagieren)* ingaggio *m.* **b** CINEM. TEATR. scrittura *f.* **Ver|pflich|tungs|ge|schäft** n. *(-[e]s,-e)* negozio *m.* obbligatorio.
ver|pfu|schen tr. COLLOQ. rovinare, sciupare, mandare a rotoli: ***sein Leben ~*** rovinare la propria vita.
ver|pi|chen tr. impeciare. **ver|picht** p.pass. → **verpichen** ◆ ***auf etw. (A) ~ sein*** essere avido di qcs.
ver|pim|peln tr. COLLOQ. → **verpäppeln.**
ver|pin|keln tr. COLLOQ. sporcare (*o* bagnare) di pipì, spisciazzare (in).
ver|pis|sen I tr. VOLG. ***die Unterhose ~*** pisciarsi addosso **II** rifl. **sich ~** COLLOQ. squagliarsela, battersela: ***verpiss dich!*** fila! levati dai piedi!
ver|pla|nen tr. **1** sbagliare (a pianificare), pianificare male: ***ein Projekt ~*** sbagliare un progetto **2** *(vorprogrammieren)* programmare, pianificare: ***die Woche ~*** programmare la settimana; ***sein Weihnachtsgeld ~*** programmare l'impiego della tredicesima. **ver|plant** p.pass. agg. **1** → **verplanen 2** impegnato, occupato: ***er ist bis zum Ende des Monats ~*** è impegnato fino alla fine del mese.
ver|plap|pern rifl. **sich ~** COLLOQ. spiattellare, lasciarsi scappare un segreto.
ver|plat|ten tr. piastrellare.
ver|plät|ten tr. COLLOQ. prendere a botte, menare ◆ ***jdm eins ~*** dare un pugno a qcn.; *(mit einem Schuss treffen)* colpire, centrare qcn.
ver|plau|dern I tr. **1** trascorrere (*o* passare) chiacchierando: ***den ganzen Nachmittag ~*** chiacchierare tutto il pomeriggio **2** RAR. *(ausplaudern)* spiattellare, spifferare **II** rifl. **sich ~** chiacchierare (troppo), perdersi in chiacchiere infinite.
ver|plem|pern I tr. **1** COLLOQ. sprecare: ***Zeit, Geld ~*** sprecare tempo, denaro **2** REGION. *(verschütten)* versare, rovesciare **II** rifl. **sich ~** COLLOQ. **1** sprecare le proprie doti, il proprio talento: ***sich als Schauspieler ~*** sprecare le proprie doti d'attore **2** ***sich mit Kleinigkeiten ~*** perder tempo con inezie, perdersi in bazzecole.
ver|plom|ben tr. piombare. **Ver|plom|bung** f. *(-,-en)* piombatura *f.*
ver|pönt agg. malvisto; *(tabu)* tabù: ***Alkohol ist bei ihm ~*** l'alcol per lui è tabù.
ver|poppt I agg. **1** ***eine -e Melodie*** una melodia arrangiata in chiave pop **2** *(auffällig)* vistoso, appariscente, sgargiante **II** avv. ***~ gekleidet sein*** essere vestito in modo vistoso, appariscente.
ver|pras|sen tr. sperperare, scialacquare, dilapidare (in gozzoviglie).
ver|prel|len tr. irritare, innervosire.
ver|pro|le|ta|ri|sie|ren tr. proletarizzare.
ver|pro|vi|an|tie|ren tr. approvvigionare, rifornire di viveri, MIL. vettovagliare. **Ver|pro|vi|an|tie|rung** f. *(-,-en)* approvvigionamento *m.*, rifornimento *m.* di viveri; MIL. vettovagliamento *m.*
ver|prü|geln tr. picchiare, pestare; *(mit dem Stock)* bastonare.
ver|puf|fen intr. (aus. *sein*) **1** scoppiare (debolmente) **2** FIG. sgonfiarsi, indebolirsi, non sortire effetto. **Ver|puf|fung** f. *(-,-en)* (leggera) esplosione *f.*, (leggero) scoppio *m.*
ver|pul|vern tr. COLLOQ. sperperare, mangiarsi.
ver|pup|pen rifl. **sich ~** trasformarsi in crisalide (*o* in pupa), incrisalidarsi. **Ver|pup|pung** f. *(-,-en)* incrisalidamento *m.*
Ver|putz m. *(-es)* intonaco *m.* **ver|put|zen** tr. **1** intonacare **2a** COLLOQ. *(aufessen)* spazzolare, spolverare **b** *(vergeuden)* mangiarsi, sperperare **3** SPORT liquidare. **Ver|put|zer** m. *(-s,-)* intonacatore *m.*
ver|qual|men I tr. COLLOQ. **1** SPREG. affumicare, appestare di fumo **2** *(verrauchen)* spendere in fumo (*o* in sigarette) **II** intr. (aus. *haben*) consumarsi.
ver|quält agg. molto afflitto.
ver|quat|schen COLLOQ. **I** tr. passare a chiacchierare: ***einen ganzen Nachmittag ~*** passare un intero pomeriggio a chiacchierare **II** rifl. **sich ~ 1** parlare (troppo), perdersi in chiacchiere infinite **2** *(sich verplappern)* spiattellare, lasciarsi scappare un segreto.
ver|quel|len intr. *(verquillt, verquoll, verquollen*; aus. *sein)* gonfiarsi (molto).
ver|quer I agg. **1** trasversale, traverso; obliquo **2** *(seltsam)* strampalato, strano **II** avv. **1** di traverso, trasversalmente; obliquamente **2** *(seltsam)* in modo strampalato (*o* strano) ◆ ***~ gehen*** andare storto; ***jdm ~ kommen*** essere inopportuno, poco opportuno per qcn.
ver|quir|len tr. sbattere.
ver|quol|len p.pass. agg. **1** → **verquellen 2** (molto) gonfio: ***ein -es Gesicht*** un viso molto gonfio.
ver|ram|me(l)n tr. COLLOQ. sbarrare, barricare. **Ver|ram|me|lung, Ver|ramm|lung, Ver|ram|mung** f. *(-,-en)* sbarramento *m.*
ver|ram|schen tr. COLLOQ. svendere.
ver|rannt p.pass. agg. **1** → **verrennen 2** fissato, ostinato, cocciuto: ***in etw. (A) ~ sein*** essere fissato, ostinarsi su qcs.
Ver|rat m. *(-[e]s)* tradimento *m.*: ***~ üben, treiben*** commettere tradimento; ***einen ~ an jdm, etw. begehen*** tradire qcn., qcs.
1.ver|ra|ten *(verrät, verriet, verraten)* **I** tr. **1** tradire: ***seine Ideale, einen Freund ~*** tradire i propri ideali, un amico **2** *(weitersagen)* tradire, rivelare: ***ein Geheimnis, seine Absichten ~*** tradire un segreto, rivelare le proprie intenzioni; ***etw. an die Konkurrenz ~*** rivelare qcs. alla concorrenza **3** *(erkennen lassen)* tradire, rivelare, mostrare: ***ihre Stimme verrät ihr Alter*** la sua voce tradisce la sua età; ***sein Erstlingswerk verrät Talent*** la sua opera prima rivela talento **II** rifl. **sich ~ 1** tradirsi **2** *(sich zeigen)* mostrarsi, rivelarsi, riconoscersi: ***in seiner Rede verrät sich eine tiefe Ratlosigkeit*** il suo discorso rivela grande perplessità **3** *(sich erkennen lassen)* rivelare la propria provenienza: ***du verrätst dich durch deine Aussprache*** dalla tua pronuncia si capisce di dove sei, da dove vieni ◆ COLLOQ. ***verrate es niemandem!*** non dirlo a nessuno! ***sich als der Täter ~*** tradire la propria colpevolezza.
2.ver|ra|ten p.pass. → **1.verraten** ◆ ***~ und verkauft sein*** essere abbandonato a se stesso, essere perduto.
Ver|rä|ter m. *(-s,-)* traditore *m.* **Ver|rä|te|rei** f. *(-,-en)* tradimento *m.* **ver|rä|te|risch I** agg. **1** da traditore, proditorio **2** *(erkennen lassend)* che tradisce, rivelatore: ***-e Worte*** parole rivelatrici **II** avv. **1** da traditore, a tradimento **2** *(erkennen lassend)* in modo rivelatore, tradendo le emozioni.
ver|ratzt agg. COLLOQ. ***~ sein*** essere perduto.
ver|rau|chen I tr. **1** spendere in fumo (*o* in tabacco) **2** *(mit Rauch erfüllen)* riempire di fumo **II** intr. (aus. *sein*) **1** sfumare, svanire **2** FIG. svanire, sbollire: ***sein Zorn verrauchte schnell*** la sua collera sbollì in fretta. **ver|raucht** p.pass. agg. **1** → **verrauchen 2** fumoso, pieno di fumo: ***ein -es Zimmer*** una stanza fumosa.
ver|räu|chern tr. affumicare, appestare di fumo. **ver|räu|chert** p.pass. agg. **1** → **verräuchern 2** fumoso, pieno di fumo: ***ein -es Lokal*** un locale fumoso.
ver|rau|schen intr. (aus. *sein*) sfumare, scemare, passare.
ver|rech|nen I tr. **1** *(ausgleichen)* pareggiare, compensare **2** *(nicht bar auszahlen)* mettere in conto, accreditare (su un conto): ***einen Scheck ~*** accreditare un assegno (sul conto) **II** rifl. **sich ~ 1** sbagliare i calcoli (*o* i conti), sbagliarsi (a calcolare) **2** FIG. COLLOQ. sbagliarsi: ***da hast du dich aber sehr (gewaltig) verrechnet!*** ti sei sbagliato di grosso! hai fatto male i tuoi conti! ***sich in jdm ~*** sbagliarsi a giudicare qcn.
Ver|rech|nung f. *(-,-en)* **1** conteggio *m.*, computo *m.* **2** *(Ausgleich)* pareggio *m.*, compensazione *f.* ◆ COMM. ***nur zur ~*** (solo) da accreditare. **Ver|rech|nungs|ein|heit** f. *(-,-en)* unità *f.* di compensazione. **Ver|rech|nungs|kon|to** n. *(-s,-konten,-kontos* e *-konti)* conto *m.* di compensazione. **Ver|rech|nungs|preis** m. *(-es,-e)* prezzo *m.* di compensazione. **Ver|rech|nungs|scheck** m. *(-s,-s)* assegno *m.* da accreditare. **Ver|rech|nungs|ver|fah|ren** n. *(-s,-)* procedura *f.* di compensazione, clearing *m.*
ver|re|cken intr. (aus. *sein*) COLLOQ. crepare; FIG. ***die Waschmaschine ist verreckt*** la lavatrice è andata ◆ ***ums Verrecken nicht*** neanche a crepare.
ver|reg|nen tr. TECN. spruzzare. **ver|reg|net** p.pass. agg. **1** → **verregnen 2a** rovinato dalla pioggia: ***der Sommer ist ~*** l'estate è rovinata dalla pioggia **b** *(regnerisch)* piovoso.
ver|rei|ben tr. *(verrieb, verrieben)* spalmare (massaggiando, strofinando): ***die Salbe (im Gesicht) ~*** spalmare l'unguento (sul viso).
ver|rei|sen intr. (aus. *sein*) andare, essere in viaggio: ***er ist verreist*** è partito, è in viaggio; ***dienstlich ~*** viaggiare per lavoro.
ver|rei|ßen tr. *(verriss, verrissen)* **1** GERG. stroncare **2** COLLOQ. *(ruckartig aus der Richtung bringen)* girare: ***den Wagen ~*** girare la macchina **3** SPORT sbagliare.
ver|ren|ken I tr. **1** slogare, lussare **2** *(stark drehen, biegen)* contorcere **II** rifl. **sich ~ 1** contorcersi: ***die Tänzer ~ sich*** i ballerini si contorcono **2** slogarsi, lussarsi: ***sich (D) den Fuß ~*** slogarsi il piede ◆ ***sich den Hals nach etw., jdm ~*** allungare il collo per vedere qcs.,

qcn.; ***sich (D) den Magen ~*** rovinarsi lo stomaco (con un pasto troppo abbondante); ***sich (D) die Zunge ~*** essere uno scioglilingua. **Ver|ren|kung** f. *(-,-en)* **1** slogatura *f.*, lussazione *f.* **2** *(starke Drehung)* contorsione *f.*

ver|ren|nen rifl. *(verrannte, verrannt)* **sich ~ 1** smarrirsi **2** fissarsi: ***sich in ein Problem ~*** fissarsi su un problema.

ver|ren|ten tr. BUROCR. collocare a riposo, pensionare. **Ver|ren|tung** f. *(-,-en)* BUROCR. collocamento *m.* a riposo, pensionamento *m.*

ver|rich|ten tr. eseguire, compiere; *(erledigen)* sbrigare; ***seinen Dienst ~*** svolgere il proprio servizio ◆ ***ein Gebet, seine Andacht ~*** dire una preghiera, le orazioni; ***seine Notdurft ~*** fare i propri bisogni. **Ver|rich|tung** f. *(-,-en)* **1** compimento *m.*, esecuzione *f.*, svolgimento *m.*; *(Erledigung)* disbrigo *m.* **2** *(Pflicht)* dovere *m.*

ver|rie|geln tr. sprangare, serrare. **Ver|rie|ge|lung, Ver|rieg|lung** f. *(-,-en)* sprangatura *f.*, chiusura *f.*

ver|rin|gern I tr. ridurre, diminuire: ***die Entfernung, Geschwindigkeit ~*** ridurre la distanza, la velocità **II** rifl. **sich ~** ridursi, diminuire: ***die Kosten haben sich verringert*** i costi si sono ridotti. **Ver|rin|ge|rung** f. *(-,-en)* riduzione *f.*, diminuzione *f.*

ver|rin|nen intr. *(verrann, verronnen;* aus. *sein)* **1** scorrere, scolare **2** FIG. *(verstreichen)* trascorrere, passare: ***die Zeit verrinnt im Nu*** il tempo passa in un baleno.

Ver|riss m. *(-es,-e)* GERG. stroncatura *f.*

ver|ro|hen I tr. abbrutire **II** intr. (aus. *sein*) abbrutirsi.

ver|roh|ren tr. ***ein Gebäude ~*** dotare di tubazioni un edificio.

Ver|ro|hung f. *(-,-en)* abbrutimento *m.*

ver|rol|len I intr. (aus. *sein*) perdersi (in lontananza): ***der Donner verrollt in der Ferne*** il tuono si perde in lontananza **II** tr. COLLOQ. prendere a botte, pestare **III** rifl. **sich ~** COLLOQ. andare a dormire.

ver|ros|ten intr. (aus. *sein*) arrugginire, arrugginirsi. **ver|ros|tet** p.pass. agg. **1** → **verrosten 2** arrugginito.

ver|rot|ten intr. (aus. *sein*) **1** marcire, decomporsi; putrefarsi **2** *(von Gebäuden)* sgretolarsi. **ver|rot|tet** p.pass. agg. **1** → **verrotten 2** FIG. corrotto, marcio: ***eine -e Gesellschaft*** una società corrotta. **Ver|rot|tung** f. *(-,-en)* **1** marciume *m.*, putridume *m.* **2** FIG. marciume *m.*, corruzione *f.*

ver|rucht agg. **1a** ANT. scellerato **b** *(verworfen)* abietto **2** SCHERZ. *(lasterhaft)* vizioso ◆ ***ein -es Lokal*** un localaccio. **Ver|rucht|heit** f. *(-)* scelleratezza *f.*; *(Verworfenheit)* abiezione *f.*

ver|rü|cken tr. spostare: ***einen Tisch ~*** spostare un tavolo.

ver|rückt I p.pass. agg. **1** → **verrücken 2** *(geistesgestört)* matto, pazzo, folle: ***~ vor Angst, Schmerzen*** pazzo di paura, per i dolori; ***auf etw. (A) ~ sein*** andare matto per qcs.; ***auf jdn, nach jdm ~ sein*** andare pazzo per qcn., essere pazzo di qcn.; ***sag mal, du bist wohl ~?*** di' un po' sei pazzo? **3** COLLOQ. *(närrisch)* folle, pazzesco: ***eine -e Idee*** un'idea pazzesca; ***ein -er Typ*** un tipo pazzesco **4** *(ungewöhnlich)* stravagante, un po' folle: ***-e Schuhe tragen*** portare scarpe stravaganti **II** avv. **1a** come un pazzo, pazzamente **b** COLLOQ. *(ungewöhnlich)* stravagante: ***sie kleidet sich ~*** veste in modo stravagante **2** rafforz. *(sehr)* tremendamente, terribilmente: ***es ist ~ kalt*** fa tremendamente freddo, fa un freddo pazzesco ◆ ***das ist ~*** è una pazzia; ***jdn für ~ erklären*** dichiarare pazzo qcn.; ***jdn ~ machen*** fare impazzire qcn.; ***~ spielen*** fare il matto; *(nicht mehr richtig funktionieren)* funzionare male; ***~ werden*** diventare matto, impazzire; ***ich werde ~!*** non posso crederci! ***wie ~*** come un matto; ***es regnet wie ~*** piove da matti. **Ver|rück|te** m. e f. *(-n,-n)* pazzo *m.* (-a *f.*), matto *m.* (-a *f.*). **Ver|rückt|heit** f. *(-,-en)* pazzia *f.*, follia *f.*; *(verrückter Einfall, Handlung)* ***eine ~ begehen*** commettere una follia. **Ver|rückt|wer|den** n. *(-s)*, ***das (es) ist ja zum ~*** c'è da impazzire.

Ver|ruf m. *(-[e]s)* discredito *m.*: ***in ~ kommen, geraten*** cadere in discredito; ***jdn in ~ bringen*** screditare, gettare discredito su qcn.

1.ver|ru|fen tr. *(verrief, verrufen)* diffamare, screditare.

2.ver|ru|fen p.pass. agg. **1** → **1.verrufen 2a** malfamato, dalla cattiva fama: ***ein -es Lokal*** un locale malfamato; ***ein -er Geschäftsmann*** un uomo d'affari dalla cattiva fama **b** famigerato: ***ein -er Mörder*** un famigerato assassino.

ver|rüh|ren tr. mescolare: ***die Milch mit den Eiern ~*** mescolare il latte con le uova.

ver|run|zelt agg. rugoso: ***eine -e Haut*** una pelle rugosa.

ver|ru|ßen I tr. RAR. coprire di fuliggine **II** intr. (aus. *sein*) coprirsi di fuliggine, annerirsi. **ver|rußt** p.pass. agg. **1** → **verrußen 2** fuligginoso ◆ AUT. ***-e Zündkerzen*** candele sporche. **Ver|ru|ßung** f. *(-,-en)* annerimento *m.* (per la fuliggine).

ver|rut|schen intr. (aus. *sein*) scivolare, cadere scivolando.

Vers [fɛrs] m. *(-es,-e)* **1** verso *m.*: ***gereimte, reimlose -e*** versi in rima, non in rima; ***-e schmieden, machen*** comporre, scrivere versi; ***etw. in -e setzen, bringen, fassen*** mettere qcs. in versi **2** *(Strophe)* strofa *f.* **3** BIBL. versetto *m.* ◆ ***sich (D) einen, keinen ~ auf etw., aus etw. machen (können)*** (poter) avere un'idea di qcs., non (riuscire a) capire un'acca di qcs.

ver|sach|li|chen tr. oggettivare, concretizzare. **Ver|sach|li|chung** f. *(-)* oggettivazione *f.*, concretizzazione *f.*

ver|sa|cken intr. (aus. *sein*) COLLOQ. **1** *(versinken)* affondare, colare a picco **2** *(einsinken)* affondare, sprofondare: ***im Schlamm ~*** sprofondare nel fango **3** *(sich senken)* abbassarsi, sprofondare **4a** FIG. *(verkommen)* cadere in basso **b** *(lange feiern, trinken)* alzare il gomito.

ver|sa|gen I intr. (aus. *haben*) **1** *(scheitern)* fallire, non riuscire: ***bei der Prüfung, im Leben ~*** fallire all'esame, nella vita; ***die Führung hat versagt*** la direzione ha fallito, è venuta meno al suo compito **2a** *(aufhören zu funktionieren)* incepparsi, guastarsi: ***das Gewehr, die Maschine hat versagt*** il fucile si è inceppato, la macchina si è inceppata **b** mancare, venire meno: ***ihre Stimme versagte*** le mancò la voce **II** tr. **1a** negare, rifiutare: ***jdm seine Hilfe ~*** negare il proprio aiuto a qcn.; ***einem Plan seine Zustimmung ~*** negare la propria approvazione a un progetto **b** ***eine Bitte ~*** respingere una preghiera **c** ***einen Wunsch ~*** non soddisfare un desiderio **2** impers. ***es ist uns versagt zu...*** non ci è concesso (di)... **III** rifl. **1** ***sich jdm ~*** negarsi a qcn. **2** ***sich (D) etw. ~*** negarsi qcs., non concedersi qcs., rinunciare a qcs. ◆ ***die Beine ~ mir den Dienst*** le mie gambe non fanno più il loro dovere; ***ich kann es mir nicht ~*** non posso farne a meno.

Ver|sa|gen n. *(-s)* **1** *(Scheitern)* fallimento *m.* **2** *(Schaden)* guasto *m.* ◆ ***der Unfall ist auf menschliches ~ zurückzuführen*** l'incidente è da ricondurre all'errore umano. **Ver|sa|ger** m. *(-s,-)* **1** fallito *m.*, incapace *m.* **2** fallimento *m.*, fiasco *m.*: ***die Schallplatte war ein ~*** il disco fu un fiasco **3a** *(Ausfall)* guasto *m.* **b** *(von Feuerwaffen)* scatto *m.* a vuoto. **Ver|sa|gung** f. *(-,-en)* rifiuto *m.*, negazione *f.*, diniego *m.*

Ver|sal [v-] m. *(-s,-ien)* TIP. maiuscola *f.* **Ver|sal|buch|sta|be** m. *(-ns,-n)* lettera *f.* maiuscola.

ver|sal|zen tr. (p.pass. *versalzen/versalzt*) **1** salare troppo: ***das Fleisch ~*** salare troppo la, mettere troppo sale nella carne **2** COLLOQ. *(verderben)* guastare, rovinare: ***jds Pläne ~*** guastare i piani a qcn.; FIG. ***jdm die Suppe ~*** rovinare la festa a qcn. **ver|sal|zen, ver|salzt** p.pass. agg. **1** → **versalzen 2** (troppo) salato.

ver|sam|meln I tr. radunare, riunire **II** rifl. **sich ~** riunirsi, radunarsi: ***sich vor dem Tor ~*** riunirsi davanti al portone. **Ver|samm|lung** f. *(-,-en)* **1** raduno *m.*, adunanza *f.*: ***eine große ~*** un grande raduno **2** riunione *f.*, assemblea *f.*: ***eine ~ einberufen, abhalten, auflösen, vertagen*** indire, tenere, sciogliere, rinviare una riunione; ***beratende, beschließende ~*** assemblea consultiva, deliberante; ***gesetzgebende ~*** assemblea legislativa; ***zu einer, auf eine ~ gehen*** andare a una riunione; ***einer ~ beiwohnen*** partecipare a una riunione; ***auf einer ~ sprechen*** parlare in un'assemblea. **Ver|samm|lungs|frei|heit** f. *(-)* libertà *f.* di riunione. **Ver|samm|lungs|lo|kal** n. *(-s,-e)* sala *f.* riunioni. **Ver|samm|lungs|recht** n. *(-[e]s)* diritto *m.* di riunione. **Ver|samm|lungs|saal** m. *(-s,-säle)* → **Versammlungslokal.**

Ver|sand m. *(-[e]s)* **1** spedizione *f.*: ***der ~ der Waren*** la spedizione delle merci; ***etw. zum ~ fertig machen*** preparare qcs. per la spedizione **2** *(Versandabteilung)* spedizioni *f.pl.*: ***im ~ arbeiten*** lavorare alle spedizioni **3** → **Versandhaus. Ver|sand|ab|tei|lung** f. *(-,-en)* reparto *m.* spedizioni, ufficio *m.* spedizioni. **Ver|sand|an|zei|ge** f. *(-,-n)* avviso *m.* di spedizione. **ver|sand|be|reit** agg. pronto per la spedizione. **Ver|sand|buch|han|del** m. *(-s)* vendita *f.* di libri per corrispondenza.

ver|san|den intr. (aus. *sein*) **1** insabbiarsi **2** FIG. insabbiarsi, arenarsi: ***die Verhandlungen sind versandet*** le trattative si sono arenate.

ver|sand|fer|tig agg. → **versandbereit. Ver|sand|ge|schäft** n. *(-[e]s,-e)* (ditta *f.* di) vendita *f.* per corrispondenza. **Ver|sand|gut** n. *(-[e]s,-güter)* merce *f.* spedita. **Ver|sand|han|del** m. *(-s)* vendita *f.* per corrispondenza (*o* su catalogo). **Ver|sand|haus** n. *(-es,-häuser)* ditta *f.* di vendita per corrispondenza. **Ver|sand|kos|ten** pl. spese *f.pl.* di spedizione.

ver|sandt → **versenden.**

Ver|san|dung f. *(-,-en)* insabbiamento *m.* (anche FIG.).

Ver|satz|stück n. *(-[e]s,-e)* elemento *m.* scenico mobile.

ver|sau|beu|teln tr. COLLOQ. **1** sporcare, macchiare **2** *(verlieren)* perdere. **ver|sau|en** tr. VOLG. **1** sporcare come un maiale **2** *(zunichte machen)* rovinare.

ver|sau|ern intr. (aus. *sein*) **1** inacidire **2** FIG. *(geistig verkümmern)* impoverirsi, inaridirsi.

ver|sau|fen *(versäuft, versoff, versoffen)* **I** tr. COLLOQ. *(vertrinken)* bersi: ***den Lohn ~*** bersi lo stipendio **II** intr. (aus. *sein*) MIN. allagarsi.
ver|säu|men I tr. **1** perdere: ***den Zug ~*** perdere il treno; ***eine Chance ~*** perdere una chance **2a** *(nicht dabei sein)* ***etw. ~*** mancare a qcs.: ***eine Verabredung, den Unterricht ~*** mancare a un appuntamento, alle lezioni **b** *(unterlassen)* ***seine Aufgaben ~*** mancare ai propri compiti; ***ich werde nicht ~, das zu tun*** non mancherò di farlo **II** rifl. **sich ~** REGION. trattenersi, fermarsi: ***sich bei etw. ~*** trattenersi in qcs. ◆ FIG. ***du hast nichts, nicht viel versäumt,*** non hai perso niente, molto; ***ich habe nichts zu ~*** non ho fretta; ***Zeit ~*** perdere tempo.
Ver|säum|nis n. *(-ses,-se)* ANT. f. *(-,-se)* omissione *f.*, mancanza *f.*: ***ein ~ wieder gutmachen*** riparare a un'omissione; ***sich ein ~ zuschulden kommen lassen*** rendersi colpevole di una mancanza. **Ver|säum|nis|ur|teil** n. *(-[e]s,-e)* DIR. sentenza *f.* in contumacia. **ver|säumt** p.pass. agg. → **versäumen** ◆ ***das Versäumte nachholen*** recuperare il tempo perso, le occasioni mancate. **Ver|säu|mung** f. *(-,-en)* **1** perdita *f.* **2** *(Versäumnis)* omissione *f.*, mancanza *f.*
Vers|bau m. *(-[e]s)* versificazione *f.*
ver|scha|chern tr. COLLOQ. SPREG. mercanteggiare.
ver|schach|telt agg. **1** *(verwinkelt)* ***-e Straßen*** strade intricate **2** FIG. involuto: ***ein -er Satz*** un periodo involuto.
ver|schaf|fen I tr. procurare, procacciare: ***jdm etw. ~*** procurare qcs. a qcn. **II** rifl. ***sich (D) etw. ~*** procurarsi, procacciarsi qcs.: ***sich eine Stellung, ein Alibi ~*** procurarsi un posto, un alibi ◆ ***was verschafft mir die Ehre?*** a che devo l'onore? ***sich Geltung ~*** farsi valere; ***sich Gewissheit über etw. (A) ~*** accertarsi di qcs.; ***(jdm) die Möglichkeit ~, etw. zu tun*** dare (a qcn.) la possibilità di fare qcs.; ***sich Recht ~*** farsi giustizia; ***sich Respekt ~*** farsi rispettare.
ver|schal|len intr. *(verschallte/verscholl, verschallt;* aus. *sein)* → **verklingen.**
ver|schal|ten rifl. **sich ~** innestare male una marcia, sbagliare cambiando (la marcia).
ver|schämt I agg. vergognoso, timido **II** avv. timidamente.
ver|schan|deln tr. COLLOQ. deturpare; *(von Personen)* sfigurare: ***die Landschaft ~*** deturpare il paesaggio; ***die Narbe verschandelt ihn*** la ferita lo sfigura. **Ver|schan|de|lung, Ver|schand|lung** f. *(-,-en)* deturpamento *m.*
ver|schan|zen I tr. trincerare **II** rifl. **sich ~ 1** trincerarsi (anche FIG.): ***sich hinter seiner Arbeit, einer Ausrede ~*** trincerarsi dietro gli impegni di lavoro, dietro un pretesto **2** *(sich verbergen)* nascondersi: ***sich hinter einer Zeitung ~*** nascondersi dietro un giornale. **Ver|schan|zung** f. *(-,-en)* trinceramento *m.*
ver|schär|fen I tr. **1** aumentare, accrescere: ***die Kontrollen, die Aufmerksamkeit ~*** aumentare i controlli, l'attenzione **2** acuire, acutizzare: ***die Gegensätze, Spannungen ~*** acuire i contrasti, le tensioni **3** *(verschlimmern)* aggravare, inasprire: ***die Lage ~*** aggravare la situazione **II** rifl. **sich ~ 1** crescere, aumentare **2** acuirsi, acutizzarsi: ***die Krise verschärft sich*** la crisi si acutizza **3** *(sich verschlimmern)* inasprirsi, aggravarsi ◆ ***die Strafen ~*** rendere più severe le sanzioni. **ver|schärft** p.pass. agg. **1** → **verschärfen 2** *(vergrößert)* maggiore, superiore: ***mit -er Aufmerksamkeit*** con accresciuta attenzione, con attenzione maggiore; ***mit -em Tempo*** a velocità superiore; ***ein -es Training*** un allenamento più intenso; ***eine -e Zensur*** una censura più rigida (*o* severa). **Ver|schär|fung** f. *(-,-en)* **1** l'acutizzarsi **2** *(Verschlimmerung)* inasprimento *m.*
ver|schar|ren tr. sotterrare.
ver|schät|zen rifl. **sich ~** sbagliarsi (valutando).
ver|schau|keln tr. COLLOQ. imbrogliare, abbindolare.
ver|schei|den intr. *(verschied, verschieden;* aus. *sein)* decedere, morire.
ver|schei|ßen *(verschiss, verschissen)* VOLG. **I** tr. smerdare **II** rifl. **sich ~** smerdarsi ◆ ***bei, mit ihm habe ich es verschissen*** mi ha mandato a cacare.
ver|schei|ßern tr. VOLG. prendere per il culo.
ver|schen|ken I tr. **1** regalare, dare via: ***(an jdn) Geld, Möbel ~*** regalare soldi, dar via mobili (a qcn.) **2** SPORT *(nicht nutzen)* regalare: ***den Sieg ~*** regalare la vittoria **II** rifl. **sich ~** LETT. darsi: ***sich an jdn ~*** darsi a qcn.
ver|scher|beln tr. COLLOQ. → **verramschen.**
ver|scher|zen rifl. **sich ~** giocarsi: ***sich jds Zuneigung, seine Stellung ~*** giocarsi l'affetto di qcn., il posto.
ver|scheu|chen tr. **1** (fare) scappare, scacciare **2** FIG. cacciare via: ***seine Sorgen ~*** scacciare le preoccupazioni.
ver|schi|cken tr. **1** *(versenden)* inviare, spedire **2** *(zur Erhohlung schicken)* mandare: ***jdn zur Kur, in die Berge ~*** mandare qcn. a fare una cura, in montagna. **Ver|schi|ckung** f. *(-,-en)* invio *m.*, spedizione *f.*
ver|schieb|bar agg. **1** spostabile **2** *(zeitliche Angelegenheit)* differibile, rinviabile. **Ver|schie|be|bahn|hof** m. *(-[e]s,-höfe)* stazione *f.* di smistamento.
ver|schie|ben *(verschob, verschoben)* **I** tr. **1a** spostare: ***einen Schrank ~*** spostare un armadio **b** FIG. spostare, cambiare: ***den Gesamteindruck ~*** cambiare, mutare l'impressione generale **2** *(zeitlich)* rimandare, rinviare, spostare: ***einen Termin ~*** rinviare un appuntamento; ***etw. von einem Tag auf den anderen ~*** rimandare qcs. da un giorno all'altro; ***etw. auf unbestimmte Zeit, auf später ~*** rimandare a tempo indeterminato, a dopo; ***eine Entscheidung, den Unterricht ~*** rimandare una decisione, spostare la lezione **3** COLLOQ. *(schwarz verkaufen)* vendere (di contrabbando), smerciare: ***etw. auf dem Schwarzmarkt ~*** vendere qcs. al mercato nero **II** rifl. **sich ~ 1a** spostarsi, scivolare: ***die Tischdecke verschiebt sich ständig*** la tovaglia scivola in continuazione **b** FIG. ***die Problemstellung hat sich verschoben*** la problematica è mutata **2** *(zeitlich)* slittare, spostarsi: ***die Abreise verschiebt sich um eine Stunde*** la partenza slitta di un'ora ◆ PROV. ***verschiebe nicht auf morgen, was du heute kannst besorgen*** non rimandare a domani quello che potresti fare oggi. **Ver|schie|bung** f. *(-,-en)* **1a** spostamento *m.* **b** *(zeitlich)* rimando *m.*, rinvio *m.* **2** COLLOQ. vendita *f.* di contrabbando.
ver|schie|den I agg. **1** diverso, differente: ***~ von etw. sein*** essere diverso da qcs.; ***von Fall zu Fall ~ sein*** essere diverso da caso a caso; ***-er Meinung (Auffassung) sein*** essere di parere diverso; ***in, nach Form, Größe ~ sein*** essere diverso per forma, grandezza **2a** pl. *(mehrere)* diversi: ***-e Gründe, Leute*** diversi motivi, diverse persone; ***die Anwesenheit -er ausländischer Teilnehmer*** la presenza di diversi partecipanti stranieri; ***-e Mal(e)*** diverse volte **b** ***an den -sten Stellen*** nei posti più disparati **II** pron. n. **Verschiedenes** qualcosa: ***hier fehlt noch Verschiedenes*** qui manca ancora qualcosa **III** avv. in modo diverso (*o* differente): ***~ schwer sein*** avere peso diverso ◆ ***unter der Rubrik „Verschiedenes"*** nella rubrica "varie".
ver|schie|den|ar|tig agg. di diverso tipo, diverso. **Ver|schie|den|ar|tig|keit** f. *(-,-en)* diversità *f.*, varietà *f.* **ver|schie|de|ner|lei I** agg. inv. di diversa specie, diverso: ***es gab ~ Weine*** c'erano vini di diversa specie **II** pron. inv. diverse cose *f.pl.* **ver|schie|den|far|big** agg. di diverso colore. **ver|schie|den|ge|stal|tig** agg. di forme svariate, multiforme. **Ver|schie|den|heit** f. *(-,-en)* diversità *f.*, differenza *f.* **ver|schie|dent|lich** avv. diverse volte: ***er hat schon ~ angerufen*** ha già chiamato diverse volte.
ver|schie|ßen *(verschoss, verschossen)* **I** tr. **1** utilizzare (come munizione) **2** *(durch Schießen aufbrauchen)* consumare, esaurire (sparando): ***seine Munition ~*** esaurire le munizioni **3** SPORT sbagliare: ***einen Elfmeter ~*** sbagliare un rigore **II** intr. (aus. *sein*) sbiadire, scolorire: ***der Stoff ist verschossen*** la stoffa è scolorita ◆ COLLOQ. ***er hat sich in sie verschossen*** ha preso una cotta per lei, si è innamorato di lei; ***sein Pulver verschossen haben*** avere esaurito le (proprie) forze; *(alle Argumente vorgebracht haben)* non avere più frecce al proprio arco.
ver|schif|fen I tr. trasportare per nave **II** rifl. **sich ~** COLLOQ. battersela, svignarsela. **Ver|schif|fung** f. *(-,-en)* trasporto *m.* per nave. **Ver|schif|fungs|ha|fen** m. *(-s,-häfen)* porto *m.* d'imbarco.
ver|schil|fen intr. (aus. *sein*) riempirsi, coprirsi di canne.
ver|schim|meln intr. (aus. *sein*) coprirsi di muffa, ammuffire.
ver|schimp|fie|ren tr. ANT. oltraggiare, offendere.
Ver|schiss, VOLG. ***in ~ geraten, kommen*** = essere messo al bando; ***jdn in ~ tun*** = mettere al bando qcn., emarginare qcn.
ver|schis|sen COLLOQ. ***es bei, mit jdm ~ haben*** aver scocciato qcn.
ver|schla|cken intr. (aus. *sein*) **1** riempirsi di scorie **2** GEOL. trasformarsi in scoria (vulcanica).
1.ver|schla|fen *(verschläft, verschlief, verschlafen)* **I** tr. **1** trascorrere dormendo: ***den ganzen Tag ~*** trascorrere tutto il giorno dormendo **2** *(vergessen)* dimenticare: ***einen Termin ~*** dimenticare un appuntamento **3** *(überwinden)* dimenticare dormendo: ***seine Sorgen ~*** dimenticare le proprie preoccupazioni dormendoci sopra **II** intr. (aus. *haben*) e rifl. **sich ~** restare addormentato, non svegliarsi (in tempo).
2.ver|schla|fen p.pass. agg. **1** → **1.verschlafen 2** insonnolito, mezzo addormentato **3** *(ruhig, langweilig)* sonnolento: ***ein -es Städtchen*** una cittadina sonnolenta. **Ver|schla|fen|heit** f. *(-)* sonnolenza *f.*, sopore *m.*
Ver|schlag m. *(-[e]s,-schläge)* baracca *f.*, capanna *f.*
1.ver|schla|gen *(verschlägt, verschlug, verschlagen)* **I** tr. **1** chiudere (con assi): ***ein Fenster mit Brettern ~*** chiudere una finestra con assi **2** *(verbinden)* inchiodare **3a** *(rauben)* togliere, levare: ***jdm den Atem, den Appetit, die Sprache ~*** togliere a qcn. il fiato, l'ap-

petito, la parola **b** impers. ***als er sie sah, verschlug es ihm die Sprache*** quando la vide, perse la parola **4** *(gelangen lassen)* spingere, gettare: ***der Sturm verschlug das Schiff an eine unbekannte Küste*** la tempesta gettò la nave su una costa sconosciuta; ***der Zufall verschlug uns in dieses Tal*** il caso ci spinse in questa valle **5** REGION. *(verprügeln)* bastonare, picchiare **6** GASTR. *(vermischen)* mescolare bene **7** SPORT *(verschießen)* sbagliare (nel tiro) **II** intr. (aus. *haben*) **1** ANT. *(von Belang sein)* essere importante, importare: ***seine Weigerung verschlägt nichts*** il suo rifiuto non ha nessuna importanza **2** REGION. *(nutzen)* giovare, servire **III** rifl. **sich ~** VENAT. *(von Geschossen)* andare a vuoto ◆ ***die Seite ~*** perdere il segno (sfogliando un libro).

2.ver|schla|gen I p.pass. agg. **1** → **verschlagen 2** scaltro, furbo: ***ein -er Blick*** un'occhiata furba **II** avv. in modo scaltro. **Ver|schla|gen|heit** f. *(-)* scaltrezza *f.*

ver|schlam|men intr. (aus. *sein*) diventare fangoso, infangarsi. **ver|schläm|men** tr. riempire di fango.

ver|schlam|pen COLLOQ. **I** tr. **1** perdere (per disattenzione); *(verlegen)* mettere fuori posto **2** *(vergessen)* scordare: ***einen Termin ~*** scordare un appuntamento **II** intr. (aus. *sein*) lasciarsi andare.

ver|schlan|ken tr. alleggerire, diminuire: ***die Produktion ~*** alleggerire la produzione; ***die Belegschaft ~*** ridurre le maestranze.

ver|schlech|tern I tr. peggiorare, aggravare **II** rifl. **sich ~ 1a** peggiorare, aggravarsi: ***seine Gesundheit hat sich verschlechtert*** la sua salute è peggiorata **b** *(vom Wetter)* peggiorare, guastarsi **2** peggiorare la propria situazione, stare peggio: ***sich finanziell ~*** peggiorare la propria situazione finanziaria. **Ver|schlech|te|rung** f. *(-,-en)* peggioramento *m.*

ver|schlei|ern I tr. **1** velare: ***das Gesicht ~*** velare il volto **2** FIG. occultare, coprire, mascherare: ***die Tatsachen, einen Skandal ~*** occultare i fatti, coprire uno scandalo **II** rifl. **sich ~** velarsi (anche FIG.): ***sich (D) das Gesicht ~*** velarsi il viso; ***der Himmel verschleierte sich*** il cielo si velò ◆ ***die Bilanz ~*** truccare il bilancio. **ver|schlei|ert** p.pass. agg. **1** → **verschleiern 2** FIG. ***ein -er Blick*** uno sguardo velato; ***eine -e Stimme*** una voce velata; ***von Tränen ~*** velato di lacrime.

Ver|schlei|e|rung f. *(-,-en)* **1** velatura *f.* **2** FIG. occultamento *m.*, dissimulazione *f.*, camuffamento *m.* **3** MIL. mimetizzazione *f.* **Ver|schlei|e|rungs|tak|tik** f. *(-)* FIG. tattica *f.*: ***deine Klagen sind nur ~*** le tue lamentele sono solo una tattica, un modo per nasconderti. **Ver|schlei|e|rungs|ver|such** m. *(-es,-e)* tentativo *m.* di occultamento.

ver|schlei|fen tr. *(verschliff, verschliffen)* **1** levigare, molare **2** FIG. *(Buchstaben, Silben)* strascicare. **Ver|schlei|fung** f. *(-,-en)* **1** levigatura *f.*, molatura *f.* **2** FIG. *(von Buchstaben, Silben)* strascicamento *m.*

ver|schlei|men tr. riempire di muco. **ver|schleimt** p.pass. agg. **1** → **verschleimen 2** pieno di muco, ostruito dal muco. **Ver|schlei|mung** f. *(-,-en)* intasamento *m.* mucoso, ostruzione *f.* mucosa.

Ver|schleiß m. *(-es,-e)* **1** usura *f.*, logoramento *m.*, logorio *m.*, consumo *m.*: ***einem starken ~ unterliegen*** essere sottoposto a una forte usura **2** AUSTR. *(Kleinverkauf)* spaccio *m.*, vendita *f.* al minuto, rivendita *f.* **ver|schlei|ßen** *(verschliss/*AUSTR. *verschleißte, verschlissen/*AUSTR. *verschleißt)* **I** tr. **1** logorare: ***die Hose ~*** logorare (*o* consumare) i pantaloni; ***seine Nerven ~*** logorarsi i nervi **2** AUSTR. *(verkaufen)* vendere (al minuto) **II** intr. (aus. *sein*) e rifl. **sich ~** logorarsi, consumarsi. **Ver|schlei|ßer** m. *(-s,-)* AUSTR. rivenditore *m.* **Ver|schleiß|er|schei|nung** f. *(-,-en)* segno *m.* dell'usura, del logoramento. **ver|schleiß|fest** agg. resistente all'usura. **Ver|schleiß|fes|tig|keit** f. *(-)* resistenza *f.* all'usura. **Ver|schleiß|prü|fung** f. *(-,-en)* test *m.*, prova *f.* d'usura.

ver|schlep|pen tr. **1** deportare **2** *(weiterverbreiten)* diffondere: ***einen Virus ~*** diffondere un virus **3a** *(hinauszögern)* rinviare, rimandare, differire: ***einen Prozess ~*** rinviare un processo **b** *(hinausziehen)* protrarre, tirare in lungo (*o* per le lunghe) **4** *(Krankheiten)* trascurare. **Ver|schlep|pung** f. *(-,-en)* **1** deportazione *f.* **2** *(Verzögerung)* rinvio *m.*, differimento *m.* **3** *(Verbreitung)* diffusione *f.*, propagazione *f.* **ver|schleppt** p.pass. agg. **1** → **verschleppen 2** trascurato, non curato: ***eine -e Blinddarmentzündung*** un'appendicite trascurata. **Ver|schlepp|te** m. e f. *(-n,-n)* deportato *m.* (-a *f.*). **Ver|schlep|pungs|ma|nö|ver** n. *(-s,-)* manovra *f.* dilatoria. **Ver|schlep|pungs|tak|tik** f. *(-)* tattica *f.* dilatoria.

ver|schleu|dern tr. **1** svendere: ***etw. zu Niedrigstpreisen ~*** svendere qcs. a prezzi stracciati **2** *(Geld)* dilapidare, scialacquare. **Ver|schleu|de|rung** f. *(-,-en)* **1** svendita *f.* **2** *(von Geld)* sperpero *m.*

ver|schließ|bar agg. chiudibile, richiudibile. **ver|schlie|ßen** *(verschloss, verschlossen)* **I** tr. **1** chiudere (a chiave): ***den Koffer, die Garage ~*** chiudere la valigia, il garage; ***die Flasche mit einem Korken ~*** chiudere la bottiglia con un tappo; ***etw. hermetisch ~*** chiudere qcs. ermeticamente **2** *(einschließen)* chiudere, rinchiudere, mettere sotto chiave: ***Vorräte, Papiere in einer (in eine) Schublade ~*** chiudere delle provviste, dei documenti in un cassetto **3** FIG. *(Gefühle, Gedanken)* occultare, tenere nascosto **II** rifl. **sich ~ 1** ***sich (in sich selbst) ~*** chiudersi in se stesso; ***sich jdm ~*** rimanere inaccessibile a qcn. **2** ***sich etw. (D) ~*** chiudere gli occhi davanti a qcs., non voler comprendere (*o* ammettere) una cosa: ***sich nicht der Tatsache ~ können, dass...*** dover ammettere il fatto che... ◆ ***die Augen vor etw. (D) ~*** chiudere gli occhi davanti a qcs.

ver|schlimm|bes|sern tr. COLLOQ. cambiare in peggio (volendo migliorare). **Ver|schlimm|bes|se|rung** f. *(-,-en)* COLLOQ. cambiamento *m.* in peggio.

ver|schlim|mern I tr. peggiorare, aggravare **II** rifl. **sich ~** peggiorare, aggravarsi. **Ver|schlim|me|rung** f. *(-,-en)* peggioramento *m.*, aggravamento *m.*

1.ver|schlin|gen *(verschlang, verschlungen)* **I** tr. intrecciare, annodare: ***die Fäden zu einem Knoten ~*** intrecciare i fili in un nodo **II** rifl. **sich ~** intrecciarsi, annodarsi ◆ ***die Arme ~*** incrociare le braccia.

2.ver|schlin|gen tr. *(verschlang, verschlungen)* **1** *(gierig essen)* inghiottire, divorare **2** FIG. divorare: ***jdn, etw. mit Blicken ~*** divorare qcn., qcs. con gli occhi; ***ein Buch ~*** divorare un libro **3a** FIG. inghiottire: ***von der Dunkelheit verschlungen werden*** essere inghiottito dall'oscurità **b** *(kosten)* divorare, inghiottire.

Ver|schlin|gung f. *(-,-en)* **1** intreccio *m.*, annodamento *m.* **2** *(Knoten)* nodo *m.*; *(Schlinge)* laccio *m.*

ver|schlos|sen p.pass. agg. **1** → **verschließen 2** *(in sich gekehrt)* chiuso: ***ein -er Mensch*** una persona chiusa **3** *(schweigsam)* riservato, taciturno ◆ ***hinter -en Türen*** a porte chiuse. **Ver|schlos|sen|heit** f. *(-)* **1** carattere *m.* chiuso **2** *(Wortkargheit)* riservatezza *f.*

ver|schlu|cken I tr. **1** inghiottire (anche FIG.): ***die Tränen ~*** inghiottire le lacrime; ***die Dunkelheit verschluckte ihn*** l'oscurità lo inghiottì **2** FIG. *(Worte, Sätze)* mangiare, masticare **3** FIG. *(kosten)* mangiare, mangiarsi: ***Millionen ~*** mangiare milioni **II** rifl. **sich ~** ***er verschluckte sich beim Essen*** gli andò di traverso il cibo.

ver|schlu|dern I tr. COLLOQ. **1** *(verlieren)* perdere, smarrire **2** *(verderben)* rovinare **3** *(vernachlässigen)* sprecare: ***seine Begabung ~*** sprecare il proprio talento **II** intr. (aus. *sein*) cadere in basso.

Ver|schluss m. *(-es,-schlüsse)* **1a** chiusura *f.*: ***der ~ einer Kette*** la chiusura di una collana **b** *(Pfropfen)* tappo *m.* **c** *(Deckel)* coperchio *m.* **2** FISIOL. occlusione *f.* **3** ARM. FOT. otturatore *m.* ◆ ***etw. hinter, unter ~ halten, aufbewahren*** tenere qcs. sotto chiave; ***etw. hinter, unter ~ bringen*** mettere sotto chiave qcs. **Ver|schluss|deckel** m. *(-s,-)* coperchio *m.* (di chiusura).

ver|schlüs|seln tr. cifrare: ***eine Meldung, Daten ~*** cifrare un dispaccio, dei dati. **ver|schlüs|selt** p.pass. agg. **1** → **verschlüsseln 2** cifrato, in cifra: ***eine -e Nachricht*** una notizia in cifra. **Ver|schlüs|se|lung** f. *(-,-en)* cifratura *f.*

Ver|schluss|kap|pe f. *(-,-n)* cappuccio *m.* **Ver|schluss|laut** m. *(-[e]s,-e)* (consonante *f.*) occlusiva *f.* **Ver|schluss|sa|che** f. *(-,-n)* documento *m.* segreto. **Ver|schluss|schrau|be** f. *(-,-n)* tappo *m.* a vite. **Ver|schluss|strei|fen** m. *(-s,-)* fascetta *f.* (di chiusura). **Ver|schluss|vor|rich|tung** f. *(-,-en)* (congegno *m.* di) chiusura *f.*

ver|schmach|ten intr. (aus. *sein*) soccombere: ***vor Durst, Hunger ~*** soccombere alla sete, alla fame.

ver|schmä|hen tr. disdegnare, disprezzare: ***jds Hilfe ~*** disdegnare l'aiuto di qcn.; SCHERZ. ***den Nachtisch ~*** disdegnare il dessert. **ver|schmäht** p.pass. agg. → **verschmähen** ◆ ***-e Liebe*** amore non corrisposto. **Ver|schmä|hung** f. *(-)* disdegno *m.*, disprezzo *m.*

ver|schmä|lern I tr. restringere **II** rifl. **sich ~** restringersi.

ver|schmau|sen tr. COLLOQ. divorare, fare una scorpacciata.

ver|schmel|zen *(verschmolz, verschmolzen)* **I** tr. **1** fondere insieme: ***Metalle miteinander ~*** fondere insieme metalli **2** FIG. *(verbinden)* fondere: ***zwei Dinge zu einer Einheit ~*** fondere due cose in un tutto unico **II** intr. (aus. *sein*) fondersi (anche FIG.). **Ver|schmel|zung** f. *(-,-en)* fusione *f.* (anche FIG.).

ver|schmer|zen tr. ***etw. ~*** dimenticare il dolore di, consolarsi di: ***eine Niederlage ~*** consolarsi di una sconfitta; ***den Verlust ~*** dimenticare il dolore di, consolarsi di una perdita ◆ ***das ist (leicht) zu ~*** trova (facilmente) consolazione.

ver|schmie|ren tr. **1** chiudere (spalmando): ***die Risse in der Wand mit Lehm ~*** chiudere le crepe nel muro con dell'argilla **2** COLLOQ. *(Butter, Creme)* spalmare **3** *(beschmieren)* sporcare, imbrattare; ***die Wände ~*** scarabocchiare le pareti **4a** *(verwischen)* sfregare (via): ***den Lippenstift ~*** sfregare il rossetto **b** *(Geschriebene)* cancellare.

ver|schmitzt agg. scaltro, astuto. **Ver|schmitzt|heit** f. *(-)* scaltrezza *f.*, astuzia *f.*

ver|schmo|ren intr. (aus. *sein*) **1** scuocere **2** *(von Kabeln, Leitungen)* fondere.

ver|schmust agg. COLLOQ. coccolone, tenerone.

ver|schmut|zen I tr. insudiciare, sporcare **II** intr. (aus. *sein*) insudiciarsi, sporcarsi. **Ver|schmut|zung** f. *(-,-en)* **1** l'insudiciare **2** *(verschmutzte Stelle)* sudiciume *m.*, sporco *m.*

ver|schnau|fen intr. e rifl. **sich ~** riprendere fiato. **Ver|schnauf|pau|se** f. *(-,-n)* piccola pausa *f.* per riprendere fiato.

ver|schnei|den tr. *(verschnitt, verschnitten)* **1** tagliare, potare **2** *(Stoffen)* tagliare male, rovinare tagliando **3** *(kastrieren)* castrare **4** ENOL. tagliare ◆ ***etw. zu einer Collage ~*** fare un collage di qcs. **Ver|schnei|dung** f. *(-,-en)* **1** taglio *m.*, potatura *f.* **2** ALP. diedro *m.* aperto **3** *(Kastrierung)* castratura *f.*

ver|schnei|en intr. (aus. *sein*) coprirsi di neve. **ver|schneit** p.pass. agg. **1** → **verschneien 2** innevato, coperto di neve: ***-e Straßen*** strade innevate.

Ver|schnitt m. *(-[e]s,-e)* **1** ENOL. taglio *m.* **2** ritagli *m.pl.*, avanzi *m.pl.* di ritagli. **Ver|schnit|te|ne** m. *(-n,-n)* castrato *m.*

ver|schnör|keln tr. ornare di ghirigori, di svolazzi. **Ver|schnör|ke|lung, Ver|schnörk|lung,** f. *(-,-en)* ghirigori *m.pl.*, svolazzi *m.pl.*

ver|schnup|fen tr. COLLOQ. fare arrabbiare, seccare. **ver|schnupft I** p.pass. agg. **1** → **verschnupfen 2** arrabbiato, seccato **3** *(erkältet)* raffreddato **II** avv. da raffreddato.

ver|schnü|ren tr. legare (con lo spago). **Ver|schnü|rung** f. *(-,-en)* **1** legatura *f.* (con lo spago) **2** *(Schnur)* spago *m.*

ver|schol|len agg. scomparso, disperso, (creduto) perduto: ***im Krieg ~ sein*** essere disperso in guerra; ***ein bisher -es Kunstwerk*** un'opera d'arte che finora si credeva perduta ◆ ***ein ~ geglaubter Freund*** un amico creduto morto. **Ver|schol|len|heit** f. *(-)* scomparsa *f.*

ver|scho|nen tr. risparmiare: ***der Sturm hat kein Dorf verschont*** la tempesta non ha risparmiato nessun villaggio; ***verschone mich mit deinen Fragen*** risparmiami le tue domande.

ver|schö|nen tr. allietare, rendere piacevole.

ver|schö|nern tr. abbellire, ornare, adornare. **Ver|schö|ne|rung** f. *(-,-en)* abbellimento *m.*, ornamento *m.*

Ver|scho|nung f. *(-,-en)* il risparmiare, l'essere risparmiato.

Ver|schö|nung f. *(-,-en)* allietamento *m.*

ver|schor|fen intr. (aus. *sein*) MED. incrostarsi. **Ver|schor|fung** f. *(-,-en)* MED. crosta *f.*

ver|schos|sen → **verschießen.**

ver|schram|men I tr. graffiare, scalfire **II** intr. (aus. *sein*) graffiarsi, scalfirsi **III** rifl. ***sich (D) etw. ~*** graffiarsi qcs. **Ver|schram|mung** f. *(-,-en)* graffiatura *f.*, scalfittura *f.*

ver|schrän|ken tr. incrociare; *(Beine)* accavallare. **ver|schränkt** p.pass. agg. → **verschränken** ◆ ***mit -en Armen*** con le braccia conserte; METR. ***-e Reime*** rime incrociate.

ver|schrau|ben tr. avvitare, fissare con viti. **Ver|schrau|bung** f. *(-,-en)* avvitamento *m.* **2** *(Verschluss)* chiusura *f.* (*o* collegamento *m.*) a vite.

ver|schre|cken tr. spaventare.

ver|schrei|ben *(verschrieb, verschrieben)* **I** tr. **1** consumare (scrivendo): ***Papier und Bleistift ~*** consumare carta e matita **2** *(verordnen)* prescrivere: ***jdm Medikamente, eine Kur ~*** prescrivere farmaci, una cura a qcs. **3** ANT. *(übereignen)* cedere (per iscritto): ***jdm ein Grundstück ~*** cedere a qcn. un terreno **II** rifl. **sich ~ 1** sbagliare scrivendo **2** *(sich widmen)* ***sich etw. (D) ~*** dedicarsi, votarsi a qcs.: ***sich der Wissenschaft (mit Leib und Seele) ~*** dedicarsi (anima e corpo) alla scienza.

Ver|schrei|bung f. *(-,-en)* **1** ANT. cessione *f.* (scritta) **2** *(Rezept)* prescrizione *f.* **Ver|schrei|bungs|pflicht** f. *(-)* obbligo *m.* di prescrizione medica, di ricetta. **ver|schrei|bungs|pflich|tig** agg. soggetto a prescrizione medica, da vendersi dietro presentazione di ricetta medica.

ver|schrei|en *(verschrie, verschrie[e]n)* tr. diffamare, screditare. **ver|schrie|en, ver|schrien** p.pass. agg. **1** → **verschreien 2** *(verrufen)* malfamato ◆ ***bei jdm als Schmarotzer, Dieb ~ sein*** avere fama di parassita, di ladro presso qcn.

ver|schro|ben agg. bislacco, strambo. **Ver|schro|ben|heit** f. *(-,-en)* bislaccheria *f.*, stramberia *f.*

ver|schro|ten tr. macinare grossolanamente.

ver|schrot|ten tr. rottamare. **Ver|schrot|tung** f. *(-,-en)* rottamazione *f.*

ver|schrum|peln, RAR. **ver|schrump|fen** intr. (aus. *sein*) COLLOQ. raggrinzirsi: ***ein verschrumpeltes Gesicht*** un viso raggrinzito.

ver|schüch|tern tr. intimidire. **Ver|schüch|te|rung** f. *(-,-en)* intimidimento *m.*

ver|schul|den I tr. causare, provocare: ***einen Unfall ~*** provocare un incidente **II** intr. (aus. *sein*) indebitarsi **III** rifl. **sich ~** far debiti. **Ver|schul|den** n. *(-s)* colpa *f.*: ***durch mein eigenes ~*** per mia colpa, per causa mia. **ver|schul|det** p.pass. agg. **1** → **verschulden 2** indebitato: ***an jdm, bei einer Bank ~ sein*** essere indebitato con qcn., con una banca; ***hoch, stark, bis über die Ohren ~ sein*** essere fortemente indebitato, indebitato fin sopra i capelli. **Ver|schul|dung** f. *(-,-en)* indebitamento *m.*

ver|schu|len tr. **1** trapiantare (in vivaio) **2** FIG. *(reglementieren)* rendere (eccessivamente) scolastico. **Ver|schu|lung** f. *(-,-en)* **1** trapianto *m.* (in vivaio) **2** ***die ~ der Universitäten*** l'impronta scolastica data alle università.

ver|schus|seln COLLOQ. **1** perdere (per disattenzione): ***den Ausweis ~*** perdere il documento **2** *(vergessen)* dimenticare.

ver|schütt, COLLOQ. ***~ gehen*** **1** andare perduto **2** *(umkommen)* rimetterci le penne **3** GERG. *(verhaftet werden)* venire pizzicato.

ver|schüt|ten tr. **1** versare: ***Zucker, Kaffee ~*** versare zucchero, caffè **2** *(zuschütten)* riempire, colmare: ***eine Grube mit Erde ~*** riempire di terra una fossa **3** *(begraben)* seppellire: ***die Lawine hat den Skifahrer verschüttet*** la valanga ha sepolto lo sciatore ◆ COLLOQ. ***es bei jdm verschüttet haben*** essersi guastato con qcn. **Ver|schüt|tung** f. *(-,-en)* **1** il versare **2** riempimento *m.*

ver|schwä|gern rifl. **sich ~** imparentarsi. **ver|schwä|gert** p.pass. agg. → **verschwägern** ◆ ***mit jdm ~ sein*** essere parente acquisito di qcn.

ver|schwät|zen tr. COLLOQ. trascorrere chiacchierando: ***die Zeit ~*** passare il tempo chiacchierando (*o* in chiacchiere).

ver|schwei|gen tr. *(verschwieg, verschwiegen)* tacere, nascondere: ***jdm die Wahrheit ~*** tacere a qcn. la verità; ***nichts zu ~ haben*** non avere niente da nascondere. **Ver|schwei|gung** f. *(-)* il tacere.

ver|schwei|ßen tr. saldare.

ver|schwe|llen I intr. (aus. *sein*) **1** bruciare senza fiamma **2** *(verlöschen)* spegnersi (lentamente) **II** tr. TECN. bruciare senza fiamma.

ver|schwen|den tr. sprecare: ***Geld, Zeit ~*** sprecare denaro, tempo; ***seine Worte ~*** sprecare le parole; ***seine Mühe an etw. (A), für, mit etw. ~*** fare sforzi inutili in, per qcs. **Ver|schwen|der** m. *(-s,-)* scialacquatore *m.*, sprecone *m.* **ver|schwen|de|risch I** agg. **1a** scialacquatore **b** ***ein -er Lebensstil*** uno stile di vita lussuoso, dispendioso **2** *(üppig)* sontuoso, abbondante **II** avv. ***mit Geld ~ umgehen*** sprecare denaro, scialacquare.

Ver|schwen|dung f. *(-,-en)* sperpero *m.*, spreco *m.* **Ver|schwen|dungs|sucht** f. *(-)* prodigalità *f.* **ver|schwen|dungs|süch|tig** agg. prodigo.

ver|schwie|gen p.pass. agg. **1** → **verschweigen 2a** *(von Menschen)* riservato, discreto **b** riparato, tranquillo: ***ein -es Städtchen*** una cittadina tranquilla ◆ ***~ sein wie ein Grab*** essere muto come una tomba; COLLOQ. ***das -e Örtchen*** quel posticino. **Ver|schwie|gen|heit** f. *(-)* discrezione *f.*, riservatezza *f.*: ***strengste ~*** massima riservatezza.

ver|schwim|men intr. *(verschwamm, verschwommen;* aus. *sein)* sfumare, confondersi: ***die Farben ~ ineinander*** i colori sfumano l'uno nell'altro; ***im Dunst ~*** confondersi nella nebbia; ***mir verschwamm alles vor den Augen*** vidi tutto annebbiato.

ver|schwin|den intr. *(verschwand, verschwunden;* aus. *sein)* sparire, scomparire: ***spurlos ~*** sparire senza lasciare traccia; ***mein Schlüssel, Geld ist verschwunden*** la mia chiave è scomparsa, è sparito del denaro; ***die Sonne verschwindet hinter den Bergspitzen*** il sole scompare dietro le vette; ***das Flugzeug verschwindet in den Wolken*** l'aereo scomparve nelle nuvole; ***ins Nichts ~*** sparire nel nulla; COLLOQ. *(weggehen)* ***er ist verschwunden*** è scomparso; ***verschwinde!*** sparisci! COLLOQ. FIG. ***neben ihm verschwindet sie*** accanto a lui lei scompare ◆ ***von der Bildfläche ~*** scomparire dalla scena, uscire di scena (anche FIG.); FIG. ***jdn, etw. ~ lassen*** fare sparire qcn., qcs.; ***ich muss mal ~*** devo andare in quel posto (*o* in quel posticino). **Ver|schwin|den** n. *(-s)* scomparsa *f.*, sparizione *f.* **ver|schwin|dend I** p.pres. agg. **1** → **verschwinden 2** *(äußerst gering)* minimo: ***-er Prozentsatz von Studenten*** tasso percentuale minimo di studenti **II** avv. rafforz. infinitamente, molto: ***~ klein, wenig*** infinitamente piccolo, pochissimo.

ver|schwis|tern I tr. **1** affratellare: ***die gemeinsam verbrachte Jugend verschwistert uns*** la giovinezza trascorsa insieme ci affratella **2** FIG. unire strettamente **II** rifl. ***sich mit jdm ~*** unirsi fraternamente a qcn. **ver|schwis|tert** p.pass. agg. → **verschwistern** ◆ ***(miteinander) ~ sein*** essere fratelli. **Ver|schwis|te|rung** f. *(-,-en)* unione *f.* fraterna.

ver|schwit|zen tr. **1** bagnare di sudore **2** COLLOQ. *(vergessen)*

etw. ~ dimenticarsi di qcs.

ver|schwol|len agg. gonfio: ***-e Augen*** occhi gonfi.

ver|schwom|men I p. pass. agg. **1** → **verschwimmen 2** sfocato: ***-e Bilder*** immagini sfocate **3** FIG. *(unklar, unbestimmt)* confuso: ***-e Erinnerungen, Gefühle*** ricordi, sentimenti confusi **II** avv. in modo confuso: ***etw. ~ sehen, wahrnehmen*** vedere, percepire qcs. in modo confuso; ***sich ~ ausdrücken*** esprimersi in modo confuso. **Ver|schwom|men|heit** f. *(-)* **1** confusione *f.*, imprecisione *f.* **2** FOT. sfocatura *f.*

ver|schwö|ren *(verschwor, verschworen)* **I** rifl. **sich ~ 1** congiurare, cospirare, complottare: ***sich (mit jdm) gegen jdn, etw. ~*** cospirare (con qcn.) contro qcn., qcs.; FIG. ***alles hat sich gegen mich verschworen*** tutto congiura contro di me **2** *(sich einsetzen)* adoperarsi, impegnarsi: ***sich dem Kampf um die Freiheit ~*** impegnarsi nella lotta per la libertà **II** tr. ANT. giurare di rinunciare a, abiurare. **ver|schwo|ren** p.pass. agg. → **verschwören ◆ *ein -es Paar*** una coppia di ferro. **Ver|schwo|re|ne** m. e f. *(-n,-n)* congiurato *m.* (-a *f.*), cospiratore *m.* (-trice *f.*). **Ver|schwö|rer** m. *(-s,-)* congiurato *m.*, cospiratore *m.* **ver|schwö|re|risch** agg. da congiurato, da cospiratore, cospiratorio, cospirativo. **Ver|schwö|rer|mie|ne** f. *(-)* aria *f.* da cospiratore (*o* da cospiratrice), aria *f.* cospiratoria.

Ver|schwor|ne → **Verschworene.**

Ver|schwö|rung f. *(-,-en)* congiura *f.*, complotto *m.*, cospirazione *f.*: ***eine ~ anzetteln*** ordire una congiura.

Vers|dra|ma n. *(-s,-dramen)* dramma *m.* in versi.

1.ver|se|hen *(versieht, versah, versehen)* **I** tr. **1a** provvedere, fornire, dotare: ***jdn mit Geld, Kleidung, mit allem Nötigen ~*** rifornire qcn. di denaro, di vestiti, di tutto il necessario; ***einen Betrieb mit neuen Maschinen ~*** dotare un'azienda di nuovi macchinari; ***etw. mit seiner Unterschrift, mit dem Datum, mit einem Stempel ~*** apporre la propria firma, la data, un timbro su qcs. **b *ein Zimmer mit Vorhängen ~*** mettere le tende in camera **2** *(ausstatten)* corredare: ***ein Buch mit Bildern ~*** corredare un libro di illustrazioni **3a** *(ausüben)* esercitare: ***seinen Dienst ungern ~*** esercitare il proprio servizio malvolentieri **b** fare, compiere: ***seine Pflicht ~*** fare il proprio dovere **II** rifl. **sich ~ 1** rifornirsi: ***sich für die Reise (mit etw.) ~*** rifornirsi (di qcs.) per il viaggio **2** *(sich irren)* sbagliare, sbagliarsi: ***sich bei, in etw. (D) ~*** sbagliarsi in qcs. **3** ANT. *(einer Sache gewärtig sein)* ***sich bei jdm etw. (G) ~*** aspettarsi qcs. da qcn. ◆ ***ehe man sich's versieht*** quando meno te l'aspetti; ANT. ***den Haushalt, das Haus ~*** accudire alla casa ; ***einen Kranken ~*** dare l'estrema unzione a un malato.

2.ver|se|hen p.pass. agg. → **1.versehen ◆ *ich bin mit allem ~*** sono provvisto di tutto, ho tutto quel che mi serve.

Ver|se|hen n. *(-s,-)* svista *f.*; *(Irrtum)* errore *m.*, sbaglio *m.*: ***mir ist ein ~ unterlaufen*** mi è sfuggito un errore; ***aus ~*** per sbaglio. **ver|se|hent|lich I** agg. dato per sbaglio: ***eine -e Angabe*** un'informazione data per sbaglio **II** avv. **1** per sbaglio **2** *(aus Unachtsamkeit)* inavvertitamente. **Ver|seh|gang** m. *(-[e]s,-gänge)* ***einen ~ machen*** portare l'estrema unzione, il viatico.

ver|seh|ren ANT. ledere, danneggiare. **Ver|sehr|te** m. e f. *(-n,-n)* invalido *m.* (-a *f.*).

ver|sei|fen I tr. saponificare **II** intr. (aus. *sein*) diventare sapone. **Ver|sei|fung** f. *(-,-en)* saponificazione *f.*

ver|selb|stän|di|gen, ver|selbst|stän|di|gen I tr. rendere autonomo, indipendente **II** rifl. ***sich zu einer eigenen Abteilung ~*** diventare un reparto indipendente.

Ver|se|ma|cher m. *(-s,-)* poetastro *m.*

ver|sen|den tr. *(versandte/versendete, versandt/versendet)* spedire, inviare: ***Bücher ~*** spedire libri. **Ver|sen|dung** f. *(-,-en)* spedizione *f.*

ver|sen|gen tr. **1** bruciacchiare, strinare: ***sich (D) die Haare ~*** strinarsi i capelli **2** *(ausdörren)* seccare, inaridire: ***die Sonne hat die Felder versengt*** il sole ha inaridito i campi.

ver|senk|bar agg. rientrabile, rientrante. **Ver|senk|büh|ne** f. *(-,-n)* palcoscenico *m.* mobile. **ver|sen|ken I** tr. **1** affondare: ***ein Schiff ~*** affondare una nave **2 *etw. in die Erde ~*** interrare (*o* mettere sotto terra) qcs. **3** TECN. incassare, accecare: ***eine Schraube ~*** accecare una vite **4** TEATR. abbassare, far scomparire: ***ein Stück des Bühnenbilds ~*** far scomparire una parte della scenografia **II** rifl. **sich ~** sprofondarsi, immergersi: ***sich ins Gebet, in die Arbeit ~*** immergersi nella preghiera, nel lavoro; ***sich in den Anblick von etw. ~*** sprofondarsi (*o* perdersi) nella contemplazione di qcs. ◆ ***die Hände in die Taschen ~*** affondare le mani nelle tasche. **Ver|sen|kung** f. *(-,-en)* **1** affondamento *m.*: ***die ~ eines Schiffes*** l'affondamento di una nave **2** *(in die Erde)* interramento *m.* **3** TECN. accecatura *f.* **4** FIG. l'essere assorto: ***die ~ in sich selbst*** l'essere assorto in se stesso ◆ ***aus der ~ auftauchen*** ritornare in scena; COLLOQ. ***in der ~ verschwinden*** sparire di scena, finire nel dimenticatoio.

Vers|epos n. *(-,-epen)* poema *m.* epico (in versi). **Vers|er|zäh|lung** f. *(-,-en)* racconto *m.* in versi. **Ver|se|schmied** m. *(-[e]s,-e)* SCHERZ. artefice *m.*

ver|ses|sen p.pass. agg. → **versitzen ◆ *auf jdn, etw. ~ sein*** andare (*o* essere) pazzo per qcn., qcs.; ***darauf ~ sein, etw. zu tun*** andare pazzo per fare qcs.; ***auf Genauigkeit ~ sein*** essere ossessionato dalla precisione. **Ver|ses|sen|heit** f. *(-)* mania *f.*

ver|set|zen I tr. **1** spostare: ***einen Schrank ~*** spostare un armadio; ***die Knöpfe am Mantel ~*** spostare i bottoni del cappotto **2** *(an eine andere Dienststelle beordern)* trasferire: ***jdn nach Rom, in eine andere Abteilung ~*** trasferire qcn. a Roma, in un altro reparto **3** SCOL. promuovere: ***jdn in die nächste Klasse ~*** promuovere qcn. alla classe successiva; *(befördern)* ***jdn in einen höheren Rang ~*** promuovere qcn. a un grado maggiore **4** ANT. *(wegnehmen)* togliere: ***das versetzt mir den Atem*** questo mi toglie il fiato **5** *(umpflanzen)* trapiantare: ***Pflanzen ~*** trapiantare le piante **6** *(nicht geradlinig anorden)* sfalsare: ***bei einem Mosaik die Steine ~*** sfalsare le tessere di un mosaico **7** FIG. trasportare, proiettare: ***der Film versetzt den Zuschauer in die Zukunft*** il film trasporta (*o* proietta) lo spettatore nel futuro **8** *(in einen anderen Zustand bringen)* mettere: ***etw. in Bewegung, Tätigkeit ~*** mettere in moto, in funzione qcs.; ***jdn in die Lage ~, etw. zu tun*** mettere qcn. in condizione di fare qcs.; ***jdn in Unruhe, Aufregung, Schrecken, Zorn ~*** mettere in agitazione, eccitare, spaventare qcn., suscitare l'ira di qcn.; DIR. ***jdn in Anklagezustand ~*** mettere qcn. in stato di accusa **9** *(verpassen)* assestare: ***jdm eine Ohrfeige, einen Fußtritt ~*** assestare uno schiaffo, un calcio a qcn. **10** *(verpfänden)* impegnare, dare in pegno: ***seinen Schmuck ~*** impegnare i propri gioielli **11** COLLOQ. *(sitzen lassen)* tirare un bidone: ***wir waren verabredet, aber heute hat er mich versetzt*** avevamo un appuntamento ma oggi mi ha tirato un bidone **12** ANT. *(erwidern)* replicare: ***– Nein! – versetzte er*** – No! – replicò **13** *(vermischen)* mischiare, mescolare: ***Kaffee mit Zichorie ~*** mescolare il caffè con la cicoria **14** MUS. mettere gli accidenti **II** rifl. **sich ~** mettersi: ***sich in jds Lage, in jdn, an jds Stelle ~*** mettersi nei panni, al posto di qcn. ◆ ***Berge ~*** smuovere le montagne; ***jdm eine, eins ~*** darle a qcn.; ***jdn in Erstaunen, Begeisterung ~*** destare stupore, entusiasmo in qcn.; ***in den Ruhestand ~*** collocare a riposo. **ver|setzt** p.pass. **I** agg. → **versetzen II** avv. in modo sfalsato: ***die Kacheln ~ anordnen*** disporre le piastrelle in modo sfalsato.

Ver|set|zung f. *(-,-en)* **1** spostamento *m.* **2** trasferimento *m.*: ***einen Antrag auf ~ stellen*** fare domanda di trasferimento **3** SCOL. BUROCR. promozione *f.* **4** *(Verpfändung)* l'impegnare, il dare a pegno **5** *(Vermischung)* miscuglio *m.*, miscela *f.* ◆ DIR. ***~ in den Anklagezustand*** messa in stato di accusa; ***~ in den Ruhestand*** collocamento a riposo. **Ver|set|zungs|zei|chen** n. *(-s,-)* MUS. accidente *m.*

ver|seu|chen tr. **1** contaminare: ***Wasser, Luft ~*** contaminare l'acqua, l'aria; ***radioaktiv verseucht sein*** essere contaminato da radiazioni **2** FIG. *(verderben)* corrompere. **Ver|seu|chung** f. *(-,-en)* **1** contaminazione *f.*: ***die ~ des Grundwassers*** la contaminazione delle acque freatiche **2** FIG. corruzione *f.*, contaminazione *f.*: ***jdn vor der ~ durch nazistisches Gedankengut warnen*** mettere in guardia qcn. dalla contaminazione dell'ideologia nazista.

Vers|fuß m. *(-es,-füße)* METR. piede *m.*

Ver|si|che|rer m. *(-s,-)* assicuratore *m.*

ver|si|chern I tr. assicurare: ***seine Familie gegen Krankheit ~*** assicurare la propria famiglia contro la malattia; ***sein Leben mit 100 000 DM ~*** fare un'assicurazione sulla vita per 100 000 marchi; *(beteuern)* ***das kann ich dir ~*** te lo posso assicurare; ***jdn etw. (G) ~*** assicurare qcn. di qcs.; ***jdm ~*** (LETT. ***jdn ~***), ***dass*** assicurare a qcn. che **II** rifl. **sich ~** assicurarsi: ***sich gegen Unfall, Feuer ~*** assicurarsi contro gli infortuni, gli incendi; *(sich überzeugen)* ***sich jds, etw. (G) ~*** assicurarsi di qcn., qcs.: ***sich jds Schutzes ~*** assicurarsi la protezione di qcn. **ver|si|chert** p.pass. agg. **1** → **versichern 2** sicuro, certo: ***Sie können ~ sein, dass...*** può essere sicuro che... **Ver|si|cher|te** m. e f. *(-n,-n)* assicurato *m.* (-a *f.*).

Ver|si|che|rung f. *(-,-en)* **1** assicurazione *f.*: ***eine ~ gegen Feuer, Diebstahl, auf den Todesfall, eines Fahrzeugs*** un'assicurazione contro l'incendio, il furto, in caso di morte, di un autoveicolo; ***eine ~ abschließen, eingehen*** stipulare, contrarre un'assicurazione; ***eine ~ kündigen*** dare disdetta di un'assicurazione; *(Versicherungsbeitrag)* ***die ~ beträgt 200 DM im Monat*** l'assicurazione ammonta a 200 marchi al mese; *(Versicherungsgesellschaft)* ***in diesem Fall zahlt die ~ nicht*** in questo caso l'assicurazione non paga **2** *(feste Zusage)* assicurazione *f.*: ***er hat mir die ~ gegeben, dass*** mi ha dato la sua assicurazione che **3** *(Beteuerung)* dichiarazione *f.*: ***eine eidesstattliche ~ abgeben*** rilasciare una dichiarazione giurata. **Ver|si|che|rungs|agent** m. *(-en,-en)* → **Versicherungsvertreter. Ver|si|che|rungs|an|spruch** m. *(-[e]s,-ansprüche)* diritto *m.* all'assicurazione. **Ver|si|che|rungs|an|stalt** f. *(-,-en)* istituto *m.* di assicurazioni. **Ver|si|che|rungs|bei|trag** m. *(-[e]s, -beiträge)* quota *f.* assicurativa. **Ver|si|che|rungs|be|trug** m. *(-[e]s)* frode *f.* assicurativa, truffa *f.* ai danni dell'assicurazione. **Ver|si|che|rungs|dau|er** f. *(-)* durata *f.* della polizza (di assicurazione). **Ver|si|che|rungs|fall** m. *(-[e]s,-fälle)* sinistro *m.* **Ver|si|che|rungs|ge|ber** m. *(-s,-)* TECN. assicurante *m.* **Ver|si|che|rungs|ge|sell|schaft** f. *(-,-en)* società *f.* (*o* compagnia *f.*) di assicurazioni (*o* assicuratrice). **Ver|si|che|rungs|kar|te** f. *(-,-n)* **1** *(Sozialversicherung)* attestazione *f.* del versamento di contributi **2** AUT. ***(grüne) ~*** carta *f.* verde. **Ver|si|che|rungs|kauf|mann** m. *(-es,-leute)* assicuratore *m.* **Ver|si|che|rungs|leis|tung** f. *(-,-en)* contributo *m.* assicurativo (*o* dell'assicurazione). **Ver|si|che|rungs|ma|the|ma|tik** f. *(-)* matematica *f.* attuariale. **Ver|si|che|rungs|neh|mer** m. *(-s,-)* TECN. assicurato *m.* **Ver|si|che|rungs|pflicht** f. *(-,-en)* assicurazione *f.* obbligatoria. **ver|si|che|rungs|pflich|tig** agg. soggetto a obbligo di assicurazione. **Ver|si|che|rungs|po|li|ce** [-po'li:sə] f. *(-,-n)* polizza *f.* assicurativa (*o* di assicurazione). **Ver|si|che|rungs|prä|mie** f. *(-,-n)* premio *m.* dell'assicurazione. **Ver|si|che|rungs|recht** n. *(-[e]s)* diritto *m.* assicurativo. **Ver|si|che|rungs|schein** m. *(-[e]s,-e)* → **Versicherungspolice. Ver|si|che|rungs|schutz** m. *(-es)* copertura *f.* assicurativa. **Ver|si|che|rungs|sum|me** f. *(-,-n)* capitale *m.* assicurato. **Ver|si|che|rungs|trä|ger** m. *(-s,-)* TECN. ente *m.* assicuratore. **Ver|si|che|rungs|ver|tre|ter** m. *(-s,-)* agente *m.* assicurativo. **Ver|si|che|rungs|wert** m. *(-[e]s,-e)* valore *m.* assicurato. **Ver|si|che|rungs|we|sen** n. *(-s)* assicurazioni *f.pl.*

ver|si|ckern intr. (aus. *sein*) disperdersi: ***der Regen versickert schnell im sandigen Boden*** la pioggia si disperde rapidamente nel terreno sabbioso. **Ver|si|cke|rung** f. *(-)* il disperdersi, dispersione *f.*

ver|sie|ben tr. COLLOQ. **1** smarrire: ***seine Schlüssel ~*** smarrire le chiavi **2** *(verderben)* guastare, rovinare ◆ ***es bei jdm ~*** guastarsi con qcn.

ver|sie|geln tr. **1** sigillare: ***eine Urkunde ~*** sigillare un documento; ***der Steuerbeamte hat die Tür versiegelt*** il funzionario del fisco ha sigillato la porta **2** TECN. laccare: ***das Parkett ~*** laccare il parquet. **Ver|sie|ge|lung** f. *(-,-en)* **1** sigillatura *f.* **2** TECN. laccatura *f.*

ver|sie|gen intr. (aus. *sein*) esaurirsi: ***der Brunnen ist versiegt*** la sorgente si è esaurita; FIG. ***die Unterhaltung versiegte*** la conversazione si esaurì. **ver|sie|gend** p.pres. agg. **1** → **versiegen 2** inesauribile: ***sein nie -er Humor*** il suo inesauribile senso dell'umorismo.

Ver|sieg|lung → **Versiegelung.**

ver|siert [v-] agg. versato: ***in etw. (D) ~ sein*** essere versato in qcs. **Ver|siert|heit** f. *(-)* l'essere versato, competenza *f.*

Ver|si|fi|ka|ti|on [v-] f. *(-,-en)* versificazione *f.*

Ver|sil|be|rer m. *(-s,-)* argentatore *m.* **ver|sil|bern** tr. **1** placcare in argento, argentare **2** COLLOQ. *(zu Geld machen)* ***etw. ~*** vendere qcs. **Ver|sil|be|rung** f. *(-,-en)* placcatura *f.* in argento, argentatura *f.*

ver|sim|peln I tr. semplificare **II** intr. (aus. *sein*) diventare un sempliciotto.

ver|sin|ken intr. *(versank, versunken;* aus. *sein)* **1** affondare: ***das Schiff versinkt*** la nave affonda; ***im Schnee ~*** affondare nella neve **2** *(verschwinden)* scomparire: ***die Sonne versank im Meer*** il sole scomparve nel mare **3** FIG. sprofondare: ***in Trauer ~*** sprofondare nella tristezza; ***ich wäre am liebsten im, in den Erdboden versunken*** sarei sprofondato volentieri sottoterra, avrei preferito sprofondare sottoterra; ***in Gedanken ~*** sprofondare nei pensieri; ***im Elend ~*** cadere in miseria; ***in Schlaf ~*** addormentarsi **4** *(sich versenken)* immergersi, sprofondarsi: ***in die Arbeit ~*** immergersi nel lavoro.

ver|sinn|bil|den RAR., **ver|sinn|bild|li|chen** tr. simboleggiare. **Ver|sinn|bild|li|chung** f. *(-,-en)* simbolizzazione *f.*

ver|sinn|li|chen tr. rendere percepibile, far percepire sensibilmente. **Ver|sinn|li|chung** f. *(-,-en)* concretizzazione *f.*, materializzazione *f.*

Ver|si|on [v-] f. *(-,-en)* versione *f.*: ***die modernste, älteste ~ eines Textes*** la versione più moderna, più antica di un testo; ***der Golf in neuer ~*** la nuova versione della Golf.

ver|sip|pen rifl. **sich ~** imparentarsi.

ver|sit|zen tr. *(versaß, versessen)* COLLOQ. **1** *(Zeit vertun)* trascorrere oziando (restando seduto), perdere, sprecare: ***den ganzen Morgen im Wartezimmer ~*** perdere tutta la mattina (seduto) in sala d'aspetto **2** *(Kleidungsstücke)* sgualcire, spiegazzare **3** *(durch Sitzen abnutzen)* consumare.

ver|skla|ven tr. **1** rendere schiavo, ridurre in schiavitù **2** FIG. asservire. **Ver|skla|vung** f. *(-)* **1** riduzione *f.* in schiavitù **2** FIG. asservimento *m.*

Vers|kunst f. *(-)* arte *f.* poetica. **Vers|leh|re** f. *(-)* metrica *f.* **Vers|maß** n. *(-es,-e)* metro *m.*, verso *m.*

ver|sno|ben intr. (aus. *sein*) diventare snob. **ver|snobt** p.pass. agg. **1** → **versnoben 2** snob.

Ver|so [v-] n. *(-s,-s)* retro *m.* (del foglio).

ver|sof|fen p.pass. agg. → **versaufen** ◆ ***ein -er Kerl*** un ubriacone; ***mit -er Stimme*** con una voce da ubriacone.

ver|soh|len tr. COLLOQ. ***jdn, jdm das Fell ~*** suonarle a qcn., dare un sacco di botte sul groppone a qcn.

ver|söh|nen I tr. conciliare, riconciliare (anche FIG.): ***den Sohn mit dem Vater ~*** riconciliare il figlio con suo padre; ***die Streitenden ~*** conciliare i litiganti **II** rifl. **sich ~** riconciliarsi (anche FIG.): ***sich mit jdm ~*** riconciliarsi con qcn.; ***sich mit seinem Schicksal ~*** riconciliarsi con il proprio destino. **ver|söh|nend** p.pres. agg. **1** → **versöhnen 2** conciliante, (ri)conciliatore, di (ri)conciliazione: ***das -e Wort*** la parola riconciliatrice. **Ver|söh|ner** m. *(-s,-)* (ri)conciliatore *m.* **ver|söhn|lich** agg. conciliante, conciliatore: ***in -em Ton*** con tono conciliante; ***ein -er Schluss*** una conclusione conciliante. **Ver|söhn|lich|keit** f. *(-)* carattere *m.* conciliante, spirito *m.* conciliatore.

Ver|söh|nung f. *(-,-en)* conciliazione *f.*, riconciliazione *f.*: ***jdm die Hand zur ~ bieten, reichen*** dare la mano a qcn. in segno di riconciliazione. **Ver|söh|nungs|fest** n. *(-[e]s,-e)* digiuno *m.* di espiazione, (jom) kippur *m.* **Ver|söh|nungs|tag** m. *(-[e]s,-e)* giorno *m.* di espiazione, (jom) kippur *m.* **Ver|söh|nungs|trunk** m. *(-[e]s)* bevuta *f.* di riconciliazione.

ver|son|nen I agg. trasognato, assorto, pensieroso: ***in -er Stimmung sein*** essere trasognato; ***mit -em Blick*** con sguardo trasognato **II** avv. in modo trasognato, in modo assorto. **Ver|son|nen|heit** f. *(-)* pensierosità *f.*, carattere *m.* trasognato.

ver|sor|gen I tr. **1a** ***jdn, etw. ~*** provvedere a qcn., qcs., occuparsi di qcn., qcs. **b** *(ernähren)* mantenere: ***er hat eine Familie zu ~*** ha una famiglia da mantenere; ***hast du die Katze schon versorgt?*** hai già dato da mangiare al gatto? **2** *(Kranke)* assistere, accudire **3** *(beschaffen)* rifornire, approvvigionare: ***jdn mit etw. ~*** rifornire (*o* provvedere) qcn. di qcs., procurare qcs. a qcn.; ***jdn mit Nahrung, Kleidung ~*** rifornire qcn. di generi alimentari, di vestiario; ***die Stadt mit Trinkwasser, Strom ~*** rifornire la città di acqua potabile, energia elettrica **II** rifl. **sich ~ 1** badare a se stesso **2** ***sich mit etw. ~*** rifornirsi, approvvigionarsi di qcs., procurarsi qcs. **Ver|sor|ger** m. *(-s,-)* **1** *(Ernährer)* chi nutre, chi mantiene **2** *(Pfleger)* chi assiste, chi accudisce. **ver|sorgt** p.pass. agg. **1** → **versorgen 2** RAR. *(besorgt)* preoccupato.

Ver|sor|gung f. *(-,-en)* **1** *(Unterhalt)* mantenimento *m.*, sostentamento *m.* **2** *(Pflege)* cura *f.*, assistenza *f.* **3a** rifornimento *m.*, approvvigionamento *m.* **b** TECN. alimentazione *f.* **4a** *(staatliche Unterstützung)* previdenza *f.* **b** *(Rente)* rendita *f.*, pensione *f.* **Ver|sor|gungs|an|spruch** m. *(-[e]s,-ansprüche)* diritto *m.* all'assistenza. **ver|sor|gungs|be|rech|tigt** agg. che ha diritto all'assistenza. **Ver|sor|gungs|be|rech|tig|te** m. e f. *(-n,-n)* chi ha diritto all'assistenza. **Ver|sor|gungs|eng|pass** m. *(-es,-engpässe)* difficoltà *f.* di approvvigionamento. **Ver|sor|gungs|la|ge** f. *(-)* situazione *f.* degli approvvigionamenti. **Ver|sor|gungs|lü|cke** f. *(-,-n)* crisi *f.* degli approvvigionamenti. **Ver|sor|gungs|netz** n. *(-es,-e)* **1** rete *f.* di distribuzione **2** EL. rete *f.* di alimentazione. **Ver|sor|gungs|schwie|rig|kei|ten** pl. difficoltà *f.pl.* di approvvigionamento. **Ver|sor|gungs|staat** m. *(-es,-en)* stato *m.* assistenziale. **Ver|sor|gungs|zent|rum** n. *(-s,-zentren)* centro *m.* di rifornimento.

ver|sot|ten intr. (aus. *sein*) coprirsi di fuliggine.

ver|spach|teln tr. **1** stuccare **2** COLLOQ. *(aufessen)* spazzolare, far fuori.

ver|span|nen I tr. EDIL. controventare **II** rifl. **sich ~** contrarsi: ***die Muskeln ~ sich*** i muscoli si contraggono. **Ver|span|nung** f. *(-,-en)* **1** *(Verkrampfung)* contrazione *f.* **2** EDIL. controvento *m.*, contravvento *m.*

ver|spä|ten rifl. **sich ~** ritardare, essere in ritardo: ***der Zug hat sich (um) einige Minuten verspätet*** il treno ha ritardato (di) alcuni minuti. **ver|spä|tet I** p.pass. agg. **1** → **verspäten 2** ritardatario; in ritardo: ***-e Glückwünsche*** auguri in ritardo **3** tardivo: ***-e Blumen*** fiori tardivi **II** avv. con, in ritardo: ***~ ankommen, abfahren*** arrivare, partire in ritardo. **Ver|spä|tung** f. *(-,-en)* ritardo *m.*: ***eine halbe Stunde ~ haben*** avere un ritardo di, essere in ritardo di mezz'ora.

ver|spei|sen tr. consumare (un pasto).
ver|spe|ku|lie|ren I tr. perdere con, in speculazioni sbagliate **II** rifl. **sich ~ 1** fare speculazioni sbagliate **2** COLLOQ. *(sich verrechnen)* sbagliare i conti.
ver|sper|ren I tr. **1** sbarrare, bloccare, ostruire, impedire: ***den Eingang ~*** bloccare l'entrata; ***jdm den Weg ~*** sbarrare la strada a qcn.; FIG. ***den Blick, die Aussicht auf etw. (A) ~*** impedire la visuale su qcs. **2** REGION. *(verschließen)* chiudere **II** rifl. **sich ~** chiudersi. **Ver|sper|rung** f. *(-,-en)* sbarramento *m.*, blocco *m.*, ostruzione *f.*
ver|spie|geln tr. munire di specchi.
ver|spie|len I tr. **1** perdere al gioco **2a** *(verlieren)* perdere (malamente, per leggerezza) **b** assol. *(scheitern)* perdere, fallire **3** giocare: ***jede Woche sechs Mark ~*** giocare sei marchi ogni settimana; ***viele Stunden am Strand ~*** giocare per molte ore in spiaggia **II** rifl. **sich ~** sbagliarsi suonando, suonare sbagliato ◆ COLLOQ. ***bei jdm verspielt haben*** aver perso il favore di qcn.; SPORT ***einen Sieg ~*** buttare via una vittoria. **ver|spielt** p.pass. agg. **1** → **verspielen 2** giocherellone **3** *(unbeschwert)* leggero. **Ver|spielt|heit** f. *(-)* **1** l'essere giocherellone **2** *(Unbeschwertheit)* leggerezza *f.*
ver|spin|nen *(verspann, versponnen)* **I** tr. filare: ***die Wolle ~*** filare la lana **II** rifl. **sich ~** fissarsi, perdersi: ***sich in eine Idee, in Gedanken, in Träumereien, in sich selbst ~*** fissarsi su (*o* perdersi in) un'idea, perdersi in pensieri, in fantasticherie, chiudersi in se stesso. **ver|spon|nen** p.pass. agg. **1** → **verspinnen 2** *(träumerisch)* svagato, trasognato. **Ver|spon|nen|heit** f. *(-)* svagatezza *f.*
ver|spot|ten tr. deridere, schernire. **Ver|spot|tung** f. *(-,-en)* derisione *f.*, scherno *m.*
ver|spre|chen *(verspricht, versprach, versprochen)* **I** tr. promettere: ***jdm etw. ~*** promettere qcs. a qcn.; ***jdm seine Unterstützung ~*** promettere a qcn. il proprio appoggio; FIG. ***nicht halten, was die Werbung verspricht*** non mantenere quello che promette la pubblicità; *(erwarten lassen)* ***seine Miene verspricht nichts Gutes*** la sua faccia non promette niente di buono **II** rifl. **sich ~ 1** sbagliarsi (parlando); COLLOQ. impaperarsi, prendere (*o* fare) una papera **2** ***sich (D) etw. ~*** ripromettersi, aspettarsi qcs.: ***was versprichst du dir von diesem Urlaub?*** che cosa ti riprometti da questa vacanza? ***sich nicht viel von jdm ~*** non sperare molto in qcn. **3** ANT. *(die Ehe versprechen)* ***sich jdm ~*** promettersi a qcn. ◆ ***jdm goldene Berge ~*** promettere mari e monti a qcn.; ***jdm etw. in die Hand, mit Handschlag ~*** dare a qcn. la parola d'onore per qcs.; ***jdm etw. hoch und heilig ~*** promettere solennemente qcs. a qcn.; ***es (das Wetter) verspricht schön zu werden*** sembra che (il tempo) si metta al bello; PROV. ***wer viel verspricht, hält wenig*** chi molto promette poco mantiene.
Ver|spre|chen n. *(-s,-)* promessa *f.*: ***ein ~ (ein)halten, einlösen, erfüllen*** mantenere una, adempiere a una promessa ◆ ***jdm ein ~ abnehmen*** strappare una promessa a qcn., far promettere qcs. a qcn.; ***jdm das ~ geben, etw. zu tun*** promettere a qcn. di fare qcs.; PROV. ***~ und Halten ist zweierlei*** altro è promettere, altro è mantenere.
Ver|spre|cher m. *(-s,-)* lapsus *m.*: ***ihm ist ein ~ unterlaufen*** gli è sfuggito un lapsus.
Ver|spre|chung f. *(-,-en)* promessa *f.*: ***leere -en*** promesse vane; ***große -en machen*** fare grandi promesse.
ver|spren|gen tr. **1** disperdere, sbandare: ***den Feind ~*** disperdere il nemico **2** *(sprengend verteilen)* spruzzare. **Ver|spren|gung** f. *(-)* dispersione *f.*, sbandamento *m.*
ver|sprit|zen tr. spruzzare: ***die Farbe ~*** spruzzare il colore.
ver|spro|chen p.pass. agg. → **versprechen** ◆ PROV. ***~ ist ~*** ogni promessa è debito. **ver|spro|che|ner|ma|ßen, ver|sproch|ner|ma|ßen** avv. come promesso, conformemente alla promessa.
ver|sprü|hen I tr. spruzzare **II** intr. (aus. *sein*) sprizzare, schizzare.
ver|spun|den, ver|spün|den tr. zaffare.
ver|spü|ren tr. sentire, provare: ***Hunger, Durst, Müdigkeit ~*** sentire fame, sete, stanchezza; ***Angst, Lust zu etw. ~*** provare paura per, sentire voglia di qcs.; *(erkennen)* ***hier ist sein Einfluss deutlich zu ~*** qui si sente chiaramente la sua influenza.
ver|staat|li|chen tr. nazionalizzare, statalizzare, statizzare. **Ver|staat|li|chung** f. *(-,-en)* nazionalizzazione *f.*, statalizzazione *f.*, statizzazione *f.*
ver|städ|tern I intr. (aus. *sein*) urbanizzarsi **II** tr. RAR. urbanizzare. **Ver|städ|te|rung** f. *(-,-en)* urbanizzazione *f.*
Ver|stadt|li|chung f. *(-,-en)* municipalizzazione *f.*
ver|stäh|len tr. acciaiare. **Ver|stäh|lung** f. *(-,-en)* acciaiatura *f.*
Ver|stand m. *(-[e]s)* **1** intelletto *m.*, ingegno *m.*, intelligenza *f.*, mente *f.*: ***der menschliche ~*** l'intelletto umano; ***ein scharfer, wacher ~*** un'intelligenza (*o* una mente) acuta, sveglia; ***dazu reicht sein ~ nicht aus, fehlt ihm der ~*** non ha abbastanza ingegno **2** *(Sinn)* senso *m.*: ***im engeren, weiteren ~*** in senso più stretto, in senso lato; ***ohne Sinn und ~*** senza alcun senso ◆ ***nicht ganz bei ~ sein*** non essere tanto a posto (di cervello); ***kein Fünkchen ~ haben*** non avere un briciolo di cervello; ***mehr Glück als ~ haben*** avere più fortuna che giudizio; ***keinen, wenig ~ haben*** non avere cervello, avere poco cervello; ***bei klarem ~*** a mente fredda; ***mit ~ essen, trinken, rauchen*** mangiare, bere, fumare con gusto; ***ohne ~ sein*** essere senza cervello; COLLOQ. ***da steht mir der ~ still*** non ci capisco proprio niente, non capisco un tubo; ***das geht über meinen ~*** non ci arrivo; ***das hat mich um meinen ~ gebracht*** mi ha fatto uscire di senno; ***den ~ verlieren*** perdere il lume della ragione; ***bei vollem ~ sein*** essere lucido, avere il pieno possesso delle facoltà mentali; ***jdn zu ~ bringen*** ridurre qcn. alla ragione, far rinsavire qcn.; ***zu ~ kommen*** mettere giudizio, rinsavire; ***all seinen ~ zusammennehmen*** raccogliere le idee; ***an jds ~ zweifeln*** chiedersi se qcs. è impazzito.
ver|stan|den → **verstehen.**
Ver|stan|des|kraft f. *(-)* forza *f.* della ragione. **ver|stan|des|mä|ßig I** agg. **1** razionale, logico **2** *(intellektuell)* intellettuale **II** avv. **1** razionalmente, logicamente **2** *(intellektuell)* intellettualmente. **Ver|stan|des|mensch** m. *(-en,-en)* persona *f.* concreta. **Ver|stan|des|schär|fe** f. *(-)* acutezza *f.* d'ingegno, acume *m.*
ver|stän|dig I agg. assennato, giudizioso **II** avv. assennatamente, in modo giudizioso. **ver|stän|di|gen I** tr. informare, avvertire, avvisare: ***die Direktion (von, über etw. [A]) ~*** informare la direzione (di qcs.) **II** rifl. **sich ~ 1a** farsi capire **b** ***sich mit jdm ~*** comunicare con qcn.; ***sich durch Zeichen, mit Gesten, auf deutsch ~*** comunicare a segni, a gesti, in tedesco **2** *(sich einigen)* capirsi, intendersi; ***sich miteinander über etw. (A) ~*** mettersi d'accordo su qcs. **Ver|stän|dig|keit** f. *(-)* assennatezza *f.*
Ver|stän|di|gung f. *(-,-en)* **1** informazione *f.* **2a** il capirsi: ***die ~ mit ihm war schwierig*** con lui era difficile capirsi **b** *(am Telefon)* comunicazione *f.* **3** *(Einigung)* accordo *m.*, intesa *f.*: ***eine ~ anstreben, erzielen*** cercare, raggiungere un'intesa; ***zu einer ~ kommen*** giungere a un accordo. **Ver|stän|di|gungs|schwie|rig|kei|ten** pl. difficoltà *f.pl.* di comunicazione, nel farsi capire.
ver|ständ|lich I agg. **1** che si comprende bene, chiaro: ***eine -e Aussprache, Stimme*** una pronuncia, una voce chiara **2** *(gut verstehbar)* comprensibile: ***kaum -e Worte*** parole poco comprensibili; ***ein leicht -es Buch*** un libro di facile comprensione; ***seine Reaktion, seine Verlegenheit ist ~*** la sua reazione, il suo imbarazzo è comprensibile **II** avv. **1** ***~ sprechen*** parlare in modo chiaro **2** in modo comprensibile: ***etw. ~ darstellen, beschreiben*** illustrare, descrivere qcs. in modo comprensibile ◆ ***jdm etw. ~ machen*** rendere comprensibile (*o* spiegare) qcs. a qcn.; ***sich ~ machen*** farsi capire. **ver|ständ|li|cher|wei|se** avv. comprensibilmente: ***er ist ~ besorgt*** è comprensibilmente preoccupato. **Ver|ständ|lich|keit** f. *(-)* chiarezza *f.*, comprensibilità *f.*
Ver|ständ|nis n. *(-ses)* **1a** comprensione *f.*: ***das ~ des Textes*** la comprensione del testo; ***zum besseren ~*** per una migliore comprensione; *(Einfühlungsvermögen)* ***(volles) ~ für jdn, etw. haben*** avere (piena) comprensione per qcn., qcs., comprendere (pienamente) qcn., qcs.; ***jdm ~ entgegenbringen, für jdn ~ aufbringen*** mostrare comprensione a, verso qcn.; COMM. ***wir bitten um (Ihr) ~*** confidiamo nella Vostra comprensione **b** sensibilità *f.*: ***~ für Kunst, Musik haben*** avere sensibilità per l'arte, la musica; ***jdm geht jedes ~ für etw. ab*** a qcn. manca ogni sensibilità per qcs.; ***nach katholischem ~*** per la sensibilità cattolica **2** ANT. *(Einvernehmen)* accordo *m.*, intesa *f.* **ver|ständ|nis|in|nig** agg. con profonda comprensione, molto comprensivo.
ver|ständ|nis|los I agg. che non riesce a comprendere **II** avv. senza capire, senza comprendere ◆ ***einer Sache völlig ~ gegenüberstehen*** non capire assolutamente nulla di qcs. **Ver|ständ|nis|lo|sig|keit** f. *(-)* incapacità *f.* di comprendere.
ver|ständ|nis|voll I agg. pieno di comprensione, molto comprensivo **II** avv. con molta comprensione.
ver|stän|kern tr. COLLOQ. appestare.
ver|stär|ken I tr. **1a** rinforzare (anche FOT.): ***eine Mauer, einen Pfeiler ~*** rinforzare un muro, un pilastro **b** potenziare: ***eine Mannschaft, die Truppen ~*** potenziare una squadra, le truppe **2** intensificare, accrescere: ***die Wache ~*** intensificare la guardia; FIG. ***seine Bemühungen ~*** intensificare i propri sforzi **3** *(vermehren)* aumentare: ***die Gruppe um drei Personen, von zehn auf zwölf ~*** aumentare l'equipe di tre persone, (portandola) da 10 a 12 **4** TECN. ACUST. amplificare: ***den elektrischen Strom ~*** amplificare la corrente elettrica; ***die Stimme durch ein Mikrophon ~*** amplificare la voce con un microfono **5** FIG. rafforzare: ***eine Vermutung, einen Eindruck ~*** rafforzare una supposizione, un'impressione **II** rifl. **sich ~**

1 rafforzarsi, potenziarsi 2 aumentare (anche FIG.): ***der Sturm, die Unruhe verstärkt sich*** la tempesta, l'agitazione aumenta. **ver|stär|kend** p.pres. agg. 1 → **verstärken** 2 GRAMM. rafforzativo.

Ver|stär|ker m. *(-s,-)* 1 rinforzo *m.* 2 ELETTR. ACUST. amplificatore *m.* 3 FOT. bagno *m.* di rinforzo. **Ver|stär|ker|an|la|ge** f. *(-,-n)* ACUST. impianto *m.* di amplificazione.

Ver|stär|kung f. *(-,-en)* 1 rinforzo *m.* (anche FOT.): ***die ~ eines Damms*** il rinforzo di una diga 2 *(Intensivierung)* intensificazione *f.* 3a potenziamento *m.* b rinforzi *m.pl.*: ***~ rufen, holen, um ~ bitten*** chiedere rinforzi 4 FIG. rafforzamento *m.*: ***die ~ seiner Macht*** il rafforzamento del proprio potere 5 TECN. ACUST. amplificazione *f.*

ver|stat|ten tr. ANT. permettere, concedere.

ver|stau|ben intr. (aus. *sein*) impolverarsi: FIG. ***die Bilder ~ auf dem Dachboden*** i quadri stanno a impolverarsi (*o* a prendere polvere) in soffitta.

ver|stäu|ben tr. (aus. *haben*) nebulizzare, polverizzare.

ver|staubt p.pass. agg. 1 → **verstauben** 2 FIG. *(veraltet)* antiquato, sorpassato.

Ver|stäu|bung f. *(-)* nebulizzazione *f.*, polverizzazione *f.*

ver|stau|chen I tr. slogare II rifl. ***sich (D) etw. ~*** slogarsi qcs. **Ver|stau|chung** f. *(-,-en)* slogatura *f.*, distorsione *f.*

ver|stau|en tr. stipare: ***etw. im Kofferraum, im Keller ~*** stipare qcs. nel bagagliaio, in cantina.

Ver|steck n. *(-[e]s,-e)* nascondiglio *m.* ◆ ***~ spielen*** giocare a nascondino (*o* a rimpiattino); FIG. ***mit, vor jdm ~ spielen*** giocare a rimpiattino con qcn.

ver|ste|cken I tr. nascondere: ***jdm etw. ~*** nascondere qcs. a qcn.; ***das Geld im (***RAR. ***in den) Schrank, das Rad hinter dem Haus ~*** nascondere il denaro nell'armadio, la bicicletta dietro casa; ***seine Absichten, Gefühle (vor jdm) ~*** nascondere le proprie intenzioni, i propri sentimenti (a qcn.) II rifl. **sich ~** nascondersi: ***sich vor jdm, etw. ~*** nascondersi da qcn., qcs.; FIG. ***sich hinter jdm, etw. ~*** nascondersi dietro a qcn., qcs. ◆ COLLOQ. FIG. ***sich vor jdm ~ müssen, können*** sparire (*o* dover andare a nascondersi) di fronte a qcn.; ***sich vor, neben jdm nicht zu ~ brauchen*** essere alla pari con qcn., non doversi sentire inferiore a qcn. **Ver|ste|cken** n. *(-s)* nascondino *m.*, rimpiattino *m.*: ***~ spielen*** giocare a nascondino. **Ver|steck|spiel** n. *(-[e]s)* nascondino *m.*, rimpiattino *m.* **ver|steckt** p.pass. agg. 1 → **verstecken** 2 *(nicht direkt)* velato, dissimulato: ***ein -er Vorwurf*** un rimprovero dissimulato 3 *(heimlich)* segreto: ***-e Aktivitäten*** attività segrete 4 TIP. spostato. **Ver|steckt|heit** f. *(-,-en)* 1 dissimulazione *f.* 2 *(Heimlichkeit)* segretezza *f.*

ver|ste|hen *(verstand, verstanden)* I tr. 1 capire: ***sprich lauter, ich verstehe kein Wort*** parla più forte, non capisco una parola; ***Englisch ~*** capire l'inglese 2 *(begreifen)* capire, comprendere: ***der Text ist schwer zu ~*** il testo è difficile da capire; ***das verstehst du noch nicht*** non lo puoi ancora capire; ***bleib jetzt still, verstehst du?*** ora sta' zitto, capito? ***verstanden?*** capito? ***ich verstehe!*** capito! capisco! *(Verständnis haben)* ***keiner versteht mich*** nessuno mi capisce; ***die Fehler der anderen ~*** comprendere gli errori degli altri; ***ich kann gut ~, dass...*** posso capire che...; ***ich verstehe nicht, wie...*** non capisco come... 3 *(beherrschen)* conoscere: ***sein Handwerk ~*** conoscere il proprio mestiere 4 *(können)* sapere: ***sie versteht zu schreiben, erzählen*** sa scrivere, sa raccontare 5 *(Kenntnisse haben)* ***etw. ~*** intendersi di qcs.: ***wenig, nichts von Musik ~*** intendersi poco, non intendersi per nulla di musica II rifl. **sich ~** 1a intendersi: ***wir ~ uns nicht*** non c'intendiamo; ***sich mit jdm (in etw. [D]) ~*** intendersi (*o* essere d'accordo) con qcn. (in qcs.); COMM. ***der Preis versteht sich ohne Extras*** il prezzo s'intende senza extra b *(gut kennen)* ***sich auf etw. (A) ~*** intendersi di qcs.; ***sich aufs Kochen ~*** intendersi di cucina; ***ich verstehe mich nicht darauf*** non me ne intendo 2 FIG. *(sich sehen)* porsi, ritenersi: ***sich als Erneuerer ~*** porsi come innovatore; ***sich als Erbe von etw. ~*** ritenersi erede di qcs. 3 ANT. ***sich dazu ~, etw. zu tun*** essere disposto a fare qcs. ◆ ***etw. als Warnung, Rat, Drohung ~*** prendere (*o* interpretare) qcs. come un avvertimento, un consiglio, una minaccia; ***das versteht sich von selbst! (das versteht sich!)*** si capisce, s'intende; ***es mit jdm ~*** saper trattare con qcn.; ***etw. falsch ~*** fraintendere qcs.; ***jdm etw. zu ~ geben*** far capire (*o* lasciare intendere) qcs. a qcn.; ***wenn ich recht verstehe...*** se ho capito bene...; ***~ wir uns recht!*** intendiamoci! ***Spaß ~*** stare allo scherzo; ***was versteht man unter...?*** cosa s'intende per..., cosa s'intende dire con...? ***wie soll ich das ~? (wie ist das zu ~?)*** com'è da intendere? ***nicht ~ wollen*** non volere sentir ragione; ***etw. wörtlich ~*** prendere qcs. alla lettera. **ver|ste|hend** p.pres. agg. 1 → **verstehen** 2 *(verständnisvoll)* comprensivo: ***ein -er Blick*** uno sguardo comprensivo.

ver|stei|fen I tr. 1 irrigidire 2 *(abstützen)* puntellare: ***eine Brücke ~*** puntellare un ponte II intr. (aus. *sein*) irrigidirsi, diventare rigido: ***seine Beine ~ immer mehr*** le sue gambe diventano sempre più rigide III rifl. **sich ~** 1 irrigidirsi (anche FIG.) 2 *(beharren)* ***sich auf etw. ~*** impuntarsi, ostinarsi su qcs. 3 ECON. tendere al rialzo. **Ver|stei|fung** f. *(-,-en)* 1 irrigidimento *m.* 2 *(Abstützung)* puntello *m.*: ***eine ~ aus Holz*** un puntello di legno.

ver|stei|gen rifl. *(verstieg, verstiegen)* **sich ~** arrivare, osare: ***sich zur Behauptung ~ (sich dazu ~ zu behaupten), dass...*** arrivare ad affermare che..., osare affermare che...

Ver|stei|ge|rer m. *(-s,-)* banditore *m.* (d'asta). **ver|stei|gern** tr. vendere all'asta, all'incanto: ***meistbietend für 15 000 DM ~*** vendere al migliore offerente per 15 000 DM. **Ver|stei|ge|rung** f. *(-,-en)* vendita *f.* all'asta, asta *f.*: ***zur ~ bringen, kommen*** mettere, essere messo all'asta; ***eine öffentliche ~*** un'asta pubblica.

ver|stei|nern I tr. pietrificare, impietrire II intr. (aus. *sein*) e rifl. **sich ~** pietrificarsi, impietrirsi (anche FIG.). **Ver|stei|ne|rung** f. *(-,-en)* 1 pietrificazione *f.* 2 *(versteinertes Lebewesen)* fossile *m.*

ver|stell|bar agg. regolabile. **Ver|stell|bar|keit** f. *(-)* regolabilità *f.*

ver|stel|len I tr. 1 spostare: ***die Sitzhöhe ~*** spostare l'altezza del sedile; ***die Uhr ~*** spostare l'orologio 2a *(versperren)* sbarrare, bloccare: ***jdm den Weg ~*** bloccare la strada a qcn.; ***die Tür mit Möbeln ~*** sbarrare la porta con mobili; ***das Auto verstellt die Ausfahrt*** l'auto blocca l'uscita b ostacolare, impedire: ***die Aussicht auf etw. ~*** impedire la visuale su qcs. 3 *(Stimmen, Schriften)* contraffare II rifl. **sich ~** 1 spostarsi: ***der Thermostat hat sich verstellt*** il termostato si è spostato 2 *(heucheln)* fingere: ***sich nicht ~ können*** non saper fingere ◆ ***den Blick auf etw. ~*** togliere la visuale su qcs.; FIG. ***etw. verstellt den Blick für etw.*** qcs. impedisce la visione di qcs. **Ver|stel|lung** f. *(-,-en)* 1a spostamento *m.* b regolazione *f.* 2 *(Versperrung)* sbarramento *m.* 3 *(von Stimmen, Schriften)* contraffazione *f.* 4 *(Heuchelei)* finzione *f.*

ver|ster|ben intr. *(verstarb, verstorben;* aus. *sein)* decedere.

ver|steu|er|bar agg. tassabile. **ver|steu|ern** I tr. ***etw. ~*** pagare le imposte su qcs. II rifl. **sich ~** AUT. sbagliare una manovra al volante. **Ver|steu|e|rung** f. *(-,-en)* pagamento *m.* delle imposte, tassazione *f.*

ver|stie|gen I p.pass. agg. 1 → **versteigen** 2 *(überspannt)* eccentrico, stravagante II avv. in modo eccentrico, stravagante. **Ver|stie|gen|heit** f. *(-,-en)* stravaganza *f.*

ver|stim|men I tr. 1 MUS. scordare 2 *(verärgern)* fare alterare, irritare II rifl. **sich ~** MUS. scordarsi III intr. (aus. *sein*) RAR. MUS. scordarsi. **ver|stimmt** p.pass. agg. 1 → **verstimmen** 2 MUS. scordato 3 *(verärgert)* alterato, irritato; *(schlecht gelaunt)* di malumore ◆ ECON. ***die Börse ist ~*** la borsa ha reagito male, è in ribasso; ***einen -en Magen haben*** avere lo stomaco disturbato (*o* imbarazzato). **Ver|stimmt|heit** f. *(-)* irritazione *f.*; *(schlechte Laune)* malumore *m.* **Ver|stim|mung** f. *(-,-en)* 1 MUS. scordatura *f.* 2 *(Verärgerung)* irritazione *f.*; *(schlechte Laune)* malumore *m.*: ***eine ~ hervorrufen, verursachen*** provocare irritazione.

ver|sto|cken ANT. I tr. rendere testardo, caparbio II rifl. **sich ~** ostinarsi, intestardirsi; *(gegen jdn)* accanirsi. **ver|stockt** p.pass. agg. 1 → **verstocken** 2a testardo, ostinato, caparbio b *(nicht zur Reue bereit)* impenitente, incallito. **Ver|stockt|heit** f. *(-)* testardaggine *f.*, caparbietà *f.*

ver|stoh|len I agg. furtivo, segreto II avv. furtivamente, segretamente: ***jdn ~ anblicken*** lanciare uno sguardo furtivo a qcn.

ver|stop|fen I tr. 1 tappare, turare 2a ostruire, occludere, intasare: ***den Ausguss, die Toilette ~*** intasare lo scarico, il gabinetto b ***die Autos ~ die Straßen*** le auto intasano le strade II intr. (aus. *sein*) 1 occludersi, ostruirsi, intasarsi 2 ***sich (D) die Ohren ~*** tapparsi le orecchie. **ver|stopft** p.pass. agg. 1 → **verstopfen** 2 MED. *(hartleibig)* costipato, stitico ◆ ***meine Nase ist ~*** ho il naso intasato (*o* pieno). **Ver|stop|fung** f. *(-,-en)* 1a ostruzione *f.*, intasamento *m.* b *(vom Verkehr)* intasamento *m.*, congestione *f.* 2 MED. costipazione *f.*, stitichezza *f.*

ver|stor|ben p.pass. → **versterben** ◆ ***mein -er Onkel*** il mio defunto zio. **Ver|stor|be|ne** m. e f. *(-n,-n)* defunto *m.* (-a *f.*), deceduto *m.* (-a *f.*).

ver|stö|ren tr. sconvolgere; *(verwirren)* turbare. **ver|stört** p.pass. agg. 1 → **verstören** 2 sconvolto; *(verwirrt)* turbato. **Ver|stört|heit, Ver|stö|rung** f. *(-)* turbamento *m.*

Ver|stoß m. *(-es,-stöße)* 1 mancanza *f.*, fallo *m.* 2 DIR. infrazione *f.*, trasgressione *f.*: ***~ gegen das Gesetz, die Vorschriften*** infrazione della legge, trasgressione delle disposizioni ◆ ***ein ~ gegen die Moral*** offesa alla morale. **ver|sto|ßen** *(verstößt, verstieß, verstoßen)* I tr. (s)cacciare, ripudiare: ***aus dem Elternhaus ~ werden*** essere scacciato dalla casa paterna II intr. (aus. *haben*) ***gegen etw. ~*** andare contro, infrangere (*o* trasgredire, violare) qcs., contravvenire a qcs.: ***gegen den guten Geschmack, die Regeln, ein Tabu ~*** andare contro il buon gusto, le regole, violare un tabù; ***gegen die Sitten ~*** offendere il decoro. **Ver|sto|ßung** f. *(-,-en)* cacciata *f.*, ripudio *m.*

ver|strah|len tr. **1** emanare (anche FIG.) **2** *(radioaktiv verseuchen)* contaminare. **Ver|strah|lung** f. *(-,-en)* **1** emanazione *f.* (anche FIG.) **2** *(radioaktive Verseuchung)* contaminazione *f.* (radioattiva).

ver|strei|chen *(verstrich, verstrichen)* **I** tr. **1** spalmare, stendere: ***Marmelade auf dem Brot ~*** spalmare marmellata sul pane **2** *(verbrauchen)* usare (per dipingere) **3** *(zustreichen)* (ot)turare: ***ein Loch mit Gips ~*** turare un buco col gesso **II** intr. (aus. *sein*) trascorrere, passare: ***eine Frist ~ lassen*** non rispettare una scadenza, far trascorrere un termine ◆ ***eine Gelegenheit ungenutzt ~ lassen*** lasciarsi scappare un'occasione.

ver|streu|en tr. **1a** spargere **b** *(verschütten)* versare, spargere, far cadere **2** *(da und dort verteilen)* disseminare, spargere, sparpagliare: ***seine Sachen im ganzen Haus ~*** spargere le proprie cose per tutta la casa. **ver|streut** p.pass. agg. **1** → **verstreuen** **2** sparso, sparpagliato: ***-e Bauernhöfe*** casolari sparsi.

ver|stri|chen → **verstreichen.**

ver|stri|cken **I** tr. **1** usare, adoperare (per un lavoro a maglia) **2** LETT. *(hineinziehen)* coinvolgere, irretire: ***jdn in etw. (A) ~*** coinvolgere qcn. in qcs.: ***in einen Skandal verstrickt werden*** essere coinvolto in uno scandalo **II** rifl. **sich ~** **1** sbagliarsi, fare un errore (nel fare la maglia) **2** *(von der Wolle)* ***sich gut, schnell ~*** lavorarsi bene, in fretta **3** LETT. *(sich verwickeln)* impegolarsi, invischiarsi.

ver|stro|men tr. TECN. impiegare per la produzione di corrente elettrica.

ver|strö|men **I** tr. emanare (anche FIG.) **II** rifl. **sich ~** spendere tutte le proprie energie.

ver|strub|beln tr. COLLOQ. spettinare, arruffare.

ver|stüm|meln tr. **1** mutilare: ***jdn bis zur Unkenntlichkeit ~*** mutilare qcn. fino a renderlo irriconoscibile **2** FIG. *(entstellen)* mutilare, troncare; *(Namen)* storpiare. **Ver|stüm|mel|lung** f. *(-,-en)* **1** mutilazione *f.* **2** *(Entstellung)* mutilazione *f.*; *(von Namen)* storpiatura *f.*

ver|stum|men intr. (aus. *sein*) **1** ammutolire, azzittire **2** *(aufhören)* cessare, tacere (anche FIG.). **Ver|stum|men,** ***jdn zum ~ bringen*** fare ammutolire qcn., ridurre qcn. al silenzio.

Ver|stümm|lung → **Verstümmelung.**

Ver. St. v. A. ⇒ *Vereinigte Staaten von Amerika* Stati Uniti d'America (U.S.A.).

Ver|such m. *(-[e]s,-e)* **1** tentativo *m.*, prova *f.*: ***der ~ scheiterte, misslang, schlug fehl*** il tentativo fallì; ***einen (letzten) ~ mit jdm machen, wagen*** fare un (ultimo) tentativo con qcn.; ***beim ersten, dritten ~*** al primo, terzo tentativo **2** *(Experiment)* esperimento *m.*, test *m.*: ***-e an, mit Tieren machen*** fare esperimenti su animali; ***einen ~ anstellen, einstellen*** fare, interrompere un esperimento **3** SPORT tentativo *m.*: ***drei -e haben*** avere tre tentativi **4** *(Essay)* saggio *m.* ◆ ***es käme auf einen ~ an*** bisogna provare.

ver|su|chen **I** tr. **1a** cercare, tentare: ***etw. mit allen Mitteln ~*** tentare qcs. con ogni mezzo; ***immer ~, sich hervorzutun*** cercare sempre di mettersi in mostra; ***ich will ~ zu kommen*** cercherò di venire **b** tentare, provare: ***lass mich mal ~, ob ich es schaffe*** fammi provare se ce la faccio; ***versuch es!*** prova! provaci! ***das Unmögliche ~*** tentare l'impossibile **2** *(kosten)* provare, assaggiare: ***den Wein ~*** assaggiare il vino **3** *(in Versuchung führen)* tentare **II** rifl. **sich ~** cimentarsi, provarsi: ***sich in der Malerei, an einem Roman, auf der Orgel ~*** cimentarsi nella pittura, con un romanzo, all'organo ◆ ***das Äußerste ~*** fare un estremo tentativo; ***es bei jdm ~*** provare da, con qcn.; ***er hat es bei ihr versucht*** ci ha provato con lei; ***sein Bestes ~*** cercare di fare del proprio meglio; ***sein Glück, Heil ~*** tentare la fortuna, la sorte; ***es mit jdm ~*** mettere qcn. alla prova, dare una possibilità a qcn.; ***es mit etw. ~*** provare (con) qcs.: ***versuch's doch mal mit natürlichen Mitteln!*** prova con i metodi naturali! **Ver|su|cher** m. *(-s,-)* tentatore *m.* (anche RELIG.).

Ver|suchs|ab|tei|lung f. *(-,-en)* sezione *f.* sperimentale. **Ver|suchs|an|la|ge** f. *(-,-n)* **1** impianto *m.* sperimentale **2** impianto *m.* per esperimenti. **Ver|suchs|an|stalt** f. *(-,-en)* istituto *m.* sperimentale (*o* di ricerca). **Ver|suchs|bal|lon** m. *(-s,-s* e *-e)* pallone *m.* sonda ◆ FIG. ***einen ~ steigen lassen*** = fare un sondaggio. **Ver|suchs|ge|län|de** n. *(-s,-)* campo *m.* di prova. **Ver|suchs|grup|pe** f. *(-,-n)* soggetti *m.pl.* dell'esperimento. **Ver|suchs|ka|nin|chen** n. *(-s,-)* cavia *f.*: FIG. ***das ~ spielen*** fare da cavia. **Ver|suchs|mo|dell** n. *(-s,-e)* modello *m.* sperimentale. **Ver|suchs|rei|he, Ver|suchs|se|rie** f. *(-,-n)* serie *f.* di esperimenti (*o* di prove). **Ver|suchs|sta|di|um** n. *(-s,-stadien)* fase *f.* sperimentale. **Ver|suchs|stre|cke** f. *(-,-n)* pista *f.* (*o* percorso *m.*) di prova. **Ver|suchs|tier** n. *(-[e]s,-e)* animale *m.* da laboratorio, cavia *f.* **ver|suchs|wei|se** avv. in via sperimentale, sperimentalmente; *(probeweise)* per prova. **Ver|suchs|zweck,** ***zu -en*** per scopi sperimentali.

ver|sucht **1** p.pass. agg. → **versuchen** **2** ***-er Mord*** tentato omicidio ◆ ***~ sein, sich ~ fühlen, etw. zu tun*** essere tentato di fare qcs.

Ver|su|chung f. *(-,-en)* tentazione *f.*: ***den -en nachgeben (erliegen, unterliegen), widerstehen (standhalten)*** cedere, resistere alle tentazioni; ***einer ~ ausgesetzt sein*** venire, essere tentato; ***jdn in ~ bringen, führen*** tentare qcn., RELIG. indurre qcn. in tentazione; ***in ~ fallen, kommen (geraten)*** cadere in tentazione, essere tentato; ***in ~ sein, etw. zu tun*** essere tentato di fare qcs.

ver|süh|nen ANT. → **versöhnen.**

ver|sump|fen intr. (aus. *sein*) **1** impaludarsi, diventare paludoso **2** FIG. COLLOQ. *(verwahrlosen)* cadere in basso, corrompersi, depravarsi **3** COLLOQ. *(viel feiern und trinken)* fare bisboccia: ***heute Nacht ist er versumpft*** questa notte ha fatto bisboccia. **Ver|sump|fung** f. *(-,-en)* impaludamento *m.*

ver|sün|di|gen rifl. **sich ~** peccare; *(unrecht handeln)* far del male, arrecar danno: ***sich an jdm, etw. ~*** peccare (*o* commettere peccato) contro qcn., qcs., far del male a qcn., qcs. **Ver|sün|di|gung** f. *(-,-en)* peccato *m.*; *(Schuld)* colpa *f.*

ver|sun|ken p.pass. agg. **1** → **versinken** **2** scomparso: ***eine -e Kultur*** una cultura scomparsa **3** assorto, immerso: ***in Gedanken ~ sein*** essere assorto nei pensieri. **Ver|sun|ken|heit** f. *(-)* l'essere assorto, pensierosità *f.*, pensieri *m.pl.*: ***jdn aus seiner ~ herausreißen*** strappare qcn. ai suoi pensieri.

ver|sü|ßen **I** tr. (r)addolcire, rendere (più) dolce (anche FIG.) **II** rifl. ***sich (D) das Leben ~*** rendersi più dolce la vita. **Ver|sü|ßung** f. *(-,-en)* (r)addolcimento *m.*

ver|ta|gen **I** tr. aggiornare, rinviare: ***die Versammlung wurde auf die nächste Woche, bis auf weiteres vertagt*** la riunione fu aggiornata alla settimana successiva, fu sospesa fino a nuovo ordine **II** rifl. **sich ~** rinviare la seduta, aggiornarsi. **Ver|ta|gung** f. *(-,-en)* aggiornamento *m.*, rinvio *m.*

ver|tan p.pass. agg. **1** → **vertun** **2** ***-e Mühe*** fatica sprecata.

ver|tän|deln tr. ANT. sprecare inutilmente: ***seine Zeit ~*** sprecare il proprio tempo inutilmente.

ver|täu|en tr. ormeggiare.

ver|tau|schen tr. **1a** scambiare: ***etw. mit, gegen etw. ~*** scambiare qcs. con qcs. **b** FIG. ***die Schulbank mit der Universität ~*** lasciare i banchi di scuola per andare all'università **2a** *(versehentlich mitnehmen)* prendere per sbaglio **b** scambiare: ***wir haben unsere Hüte vertauscht*** ci siamo scambiati i cappelli; ***seinen Regenschirm ~*** scambiare il proprio ombrello con un altro. **Ver|tau|schung** f. *(-,-en)* scambio *m.*

Ver|täu|ung f. *(-,-en)* ormeggio *m.*

ver|teb|ral [v-] agg. vertebrale. **Ver|teb|rat** m. *(-en,-en)* ZOOL. vertebrato *m.*

ver|tech|ni|sie|ren tr. tecnicizzare (eccessivamente).

ver|tei|di|gen **I** tr. difendere: ***eine Festung, Stadt, die Grenzen ~*** difendere una fortezza, una città, i confini; ***jdn vor Gericht ~*** difendere qcn. in tribunale; FIG. ***seine Ansichten, Ideen ~*** difendere le proprie opinioni, idee; SPORT ***das Tor ~*** difendere la porta; ***seinen Titel, den Vorsprung ~*** difendere il titolo, il vantaggio **II** rifl. **sich ~** difendersi: ***sich gegen ungerechte Beschuldigungen ~*** difendersi da ingiuste accuse. **Ver|tei|di|ger** m. *(-s,-)* **1** difensore *m.* (anche SPORT) **2** DIR. difensore *m.*, patrocinatore *m.* ◆ SPORT ***rechter, linker ~*** terzino destro, sinistro.

Ver|tei|di|gung f. *(-,-en)* difesa *f.*: ***die militärische ~ einer Stadt, der Grenze*** la difesa militare di una città, dei confini; SPORT ***die Mannschaft konzentrierte sich auf die ~*** la squadra si chiuse in difesa; ***in der ~ spielen*** giocare in difesa; *(das Sichverteidigen)* ***eine kluge, schwache ~*** una difesa intelligente, debole; ***etw. zu seiner ~ vorbringen*** addurre qcs. a propria difesa; *(Verteidiger)* DIR. ***die ~ zog den Antrag zurück*** la difesa ritirò l'istanza; ***jdn mit der ~ des Angeklagten beauftragen*** incaricare qcn. della difesa dell'imputato ◆ ***zur ~ seiner Meinung bereit sein*** essere pronto a difendere le proprie opinioni; ***jdn in die ~ drängen*** mettere qcn. sulla difensiva; ***jds ~ übernehmen*** assumere le difese di qcn. **Ver|tei|di|gungs|aus|ga|ben** pl. spese *f. pl.* per la difesa. **Ver|tei|di|gungs|bei|trag** m. *(-[e]s,-beiträge)* contributo *m.* per la difesa. **ver|tei|di|gungs|be|reit** agg. pronto alla difesa. **Ver|tei|di|gungs|be|reit|schaft** f. *(-)* l'essere pronto alla difesa. **Ver|tei|di|gungs|bünd|nis** n. *(-ses,-se)* alleanza *f.* difensiva. **Ver|tei|di|gungs|etat** [-eta:] m. *(-s,-s)* bilancio *m.* preventivo per la difesa. **Ver|tei|di|gungs|krieg** m. *(-[e]s,-e)* guerra *f.* difensiva. **Ver|tei|di|gungs|**

li|nie f. *(-,-n)* **1** DIR. linea *f.* di difesa **2** MIL. linea *f.* difensiva, di difesa. **Ver|tei|di|gungs|mi|nis|ter** m. *(-s,-)* ministro *m.* della difesa. **Ver|tei|di|gungs|mi|nis|te|ri|um** n. *(-s,-ministerien)* ministero *m.* della difesa. **Ver|tei|di|gungs|pakt** m. *(-[e]s,-e)* patto *m.* difensivo. **Ver|tei|di|gungs|re|de** f. *(-,-n)* difesa *f.* **Ver|tei|di|gungs|stel|lung** f. *(-,-en)* posizione *f.* difensiva. **Ver|tei|di|gungs|stra|te|gie** f. *(-,-n)* strategia *f.* di difesa. **ver|tei|di|gungs|un|fä|hig** agg. incapace di difendersi. **Ver|tei|di|gungs|waf|fe** f. *(-,-n)* arma *f.* difensiva. **Ver|tei|di|gungs|zu|stand** m. *(-[e]s)* stato *m.* di difesa.

ver|tei|len I tr. **1** distribuire: ***Flugblätter, Geschenke an, unter die Freunde ~*** distribuire volantini, regali agli (*o* tra gli) amici; ***die Kosten auf alle Mitglieder ~*** distribuire le spese tra tutti i membri; *(verstreichen)* ***die Salbe gleichmäßig auf der, die Haut ~*** distribuire in modo uniforme la pomata sulla pelle; *(an verschiedene Plätze bringen)* ***Flüchtlinge auf drei Auffanglager ~*** distribuire i profughi in tre campi di raccolta; ***eine Ladung gleichmäßig ~*** distribuire equamente il carico; TEATR. ***der Regisseur verteilt die Rollen*** il regista distribuisce i ruoli; FIG. ***Lob und Tadel ~*** distribuire lodi e rimproveri **2** *(verbreiten)* spargere: ***die Filialen sind im ganzen Land verteilt*** le filiali sono sparse in tutta la regione **3** *(austeilen)* somministrare: ***Prügel, Ohrfeigen ~*** somministrare botte, schiaffi **II** rifl. **sich ~** distribuirsi, disporsi: ***die Gäste verteilten sich an die einzelnen Tische*** gli ospiti si disposero ai singoli tavoli; ***die Besucher verteilten sich in den Gärten*** i visitatori si sparpagliarono nei giardini; *(sich vermischen)* ***der Farbstoff hat sich schlecht verteilt*** il colore si è distribuito male. **Ver|tei|ler** m. *(-s,-)* **1** distributore *m.* (anche TECN.) **2** *(Zündverteiler)* spinterogeno *m.* **3** BUROCR. elenco *m.* dei destinatari **4** → **Verteilerdose 5** → **Verteilerkasten 6** → **Verteilertafel. Ver|tei|ler|do|se** f. *(-,-n)* scatola *f.* di derivazione. **Ver|tei|ler|fin|ger** m. → **Verteilerläufer. Ver|tei|ler|kap|pe** f. *(-,-n)* calotta *f.* dello spinterogeno. **Ver|tei|ler|kas|ten** m. *(-s,-kästen)* cassetta *f.* di distribuzione. **Ver|tei|ler|läu|fer** m. *(-s,-)* spazzola *f.* del distributore. **Ver|tei|ler|netz** n. *(-es,-e)* rete *f.* di distribuzione (anche TECN.). **Ver|tei|ler|ring** m. *(-[e]s,-e)* banda *f.* di trafficanti. **Ver|tei|ler|schlüs|sel** m. *(-s,-)* chiave *f.*, codice *m.* di distribuzione. **Ver|tei|ler|ta|fel** f. *(-,-n)* quadro *m.* di distribuzione.

Ver|tei|lung f. *(-,-en)* **1** distribuzione *f.*: ***die ~ der Flugblätter, der Rollen*** la distribuzione di volantini, dei ruoli; *(Anordnung)* ***die ~ der Bevölkerung*** la distribuzione della popolazione **2** *(Umlegung)* ripartizione *f.*: ***die ~ der Kosten*** la ripartizione delle spese ◆ ***etw. zur ~ bringen*** mettere qcs. in distribuzione; ***zur ~ gelangen, kommen*** essere distribuito. **Ver|tei|lungs|netz** → **Verteilernetz.**

ver|te|le|fo|nie|ren tr. COLLOQ. spendere in telefonate.

ver|teu|ern I tr. rincarare: ***der Transport verteuert die Ware*** il trasporto rincara la merce **II** rifl. **sich ~** rincarare: ***die Waren haben sich um 3 % verteuert*** le merci sono rincarate del 3 %. **Ver|teu|e|rung** f. *(-,-en)* rincaro *m.*

ver|teu|feln tr. denigrare, calunniare, diffamare. **ver|teu|felt 1** p.pass. agg. **2** → **verteufeln 2** *(verflixt)* maledetto, dannato: ***eine -e Situation*** una dannata situazione **II** avv. maledettamente, dannatamente: ***er riecht ~ nach Alkohol*** puzza maledettamente di alcol. **Ver|teu|fe|lung, Ver|teuf|lung** f. *(-,-en)* calunnia *f.*, diffamazione *f.*

ver|tie|fen I tr. **1a** approfondire, rendere più profondo: ***die Grube wurde um 30 cm vertieft*** la fossa fu resa più profonda di 30 cm **b** FIG. approfondire: ***ein Thema, sein Wissen ~*** approfondire un argomento, il proprio sapere **2** MUS. abbassare: ***einen Ton ~*** abbassare un tono **II** rifl. **sich ~ 1** diventare più profondo: ***die Falten um seine Augen haben sich vertieft*** le rughe intorno agli occhi sono diventate più profonde; FIG. ***ihre Freundschaft vertiefte sich*** la loro amicizia divenne più profonda (*o* si rafforzò) **2** *(sich versenken)* immergersi, sprofondarsi: ***sich in eine Zeitung, in ein Buch, ~*** immergersi nella lettura di un giornale, di un libro. **ver|tieft** p.pass. agg. **1** → **vertiefen 2** *(versunken)* assorto: ***in Gedanken ~ sein*** essere assorto nei pensieri. **Ver|tie|fung** f. *(-,-en)* **1** approfondimento *m.* (anche FIG.): ***die ~ seiner Kenntnisse*** l'approfondimento delle proprie conoscenze **2** *(Einsenkung)* avvallamento *m.* **3** *(Höhlung)* incavo *m.* **4** MUS. abbassamento *m.*

ver|tie|ren intr. (aus. *sein*) abbruttirsi.

ver|ti|kal [v-] **I** agg. verticale **II** avv. verticalmente. **Ver|ti|ka|le** f. *(-,-n)* GEOM. verticale *f.* **Ver|ti|kal|ebe|ne** f. *(-,-n)* piano *m.* verticale. **Ver|ti|kal|ver|schie|bung** f. *(-,-en)* spostamento *m.* verticale.

ver|til|gen tr. **1** *(Unkraut)* estirpare **2** *(Ungeziefer)* sterminare **3** SCHERZ. *(aufessen)* far fuori, divorare: ***einen Kuchen ~*** far fuori una torta. **Ver|til|gung** f. *(-,-en)* **1** *(von Unkraut)* estirpazione *f.* **2** *(von Ungeziefer)* sterminio *m.* **Ver|til|gungs|mit|tel** n. *(-s,-)* **1** *(von Unkraut)* diserbante *m.* **2** *(von Ungeziefer)* insetticida *m.*

ver|tip|pen COLLOQ. **I** tr. sbagliare a battere (a macchina): ***ein Wort ~*** sbagliare a battere una parola **II** rifl. ***sich (bei etw.) ~*** sbagliarsi a battere (qcs.).

ver|to|nen tr. musicare: ***ein Gedicht ~*** musicare una poesia. **Ver|to|nung** f. *(-,-en)* messa in musica.

ver|tor|fen intr. (aus. *sein*) trasformarsi in torba. **Ver|tor|fung** f. *(-,-en)* trasformazione *f.* in torba.

ver|trackt agg. **1** ingarbugliato, intricato: ***eine -e Geschichte*** una storia ingarbugliata **2** *(ärgerlich)* fastidioso, irritante: ***das -e Gefühl haben, dass...*** avere la fastidiosa sensazione che... **Ver|trackt|heit** f. *(-,-en)* **1** complessità *f.* **2** *(Ärgerlichkeit)* fastidio *m.*, situazione *f.* irritante.

Ver|trag m. *(-[e]s,-träge)* **1** contratto *m.*: ***ein ~ auf drei Jahre*** un contratto di tre anni; ***ein (un)befristeter ~*** un contratto a tempo (in)determinato; ***ein kurz-, langfristiger ~*** un contratto a breve, lungo termine; ***ein gegenseitiger ~*** un contratto bilaterale; ***ein sechsmonatiger ~*** un contratto di sei mesi; ***der ~ läuft zwei Jahre (lang)*** il contratto vale (per) due anni; ***einen ~ mit jdm (ab)schließen, eingehen*** stipulare un contratto con qcn.; ***einen ~ anfechten, kündigen, verletzen*** impugnare, disdire, violare un contratto; ***einen ~ halten*** attenersi a un contratto; ***einen ~ brechen, lösen, erfüllen, unterschreiben*** rompere (*o* rescindere), annullare, adempiere, firmare un contratto; COLLOQ. ***jdn unter ~ nehmen, haben*** prendere, avere qcn. sotto contratto; COLLOQ. ***(bei jdm) unter ~ stehen, sein*** essere a contratto con (*o* presso) qcn.; ***laut ~*** secondo il (*o* come da) contratto **2** POL. trattato *m.*: ***einen ~ ratifizieren*** ratificare un trattato; ***der Versailler ~*** il trattato di Versailles; *(Pakt)* patto *m.*: ***ein leoninischer ~*** un patto leonino.

ver|tra|gen *(verträgt, vertrug, vertragen)* **I** tr. sopportare, tollerare: ***Rauch schlecht ~*** non sopportare il fumo; ***die Sonne (nicht) ~ können*** (non) poter tollerare il sole; COLLOQ. ***keine Kritik, keinen Spaß ~*** non sopportare le critiche, gli scherzi; FIG. ***das Problem verträgt keinen Aufschub*** il problema non tollera dilazioni; *(bekommen)* ***Wein gut ~*** sopportare (*o* reggere) bene il vino; MED. ***ein Medikament gut ~*** tollerare bene un farmaco **II** rifl. **sich ~** andare d'accordo: ***die beiden Kinder ~ sich nicht (miteinander)*** i bambini non vanno d'accordo (tra loro); ***sich mit jdm gut, schlecht ~*** andare, non andare d'accordo con qcn.; ***er hat sich immer mit allen ~*** è sempre andato d'accordo con tutti; ***das verträgt sich nicht mit seiner Position*** questo non si addice alla sua posizione; COLLOQ. *(passen)* ***die beiden Farben ~ sich nicht*** i due colori non vanno d'accordo ◆ ***ich könnte jetzt einen Whisky ~*** adesso non disdegnerei (*o* non direi di no a) un whisky; COLLOQ. ***viel ~*** = poter bere (*o* mangiare) molto.

ver|trag|lich I agg. contrattuale: ***eine -e Vereinbarung*** un accordo contrattuale **II** avv. contrattualmente, per contratto: ***zu etw. ~ verpflichtet, gebunden sein*** essere vincolato a qcs. per contratto. **ver|träg|lich** agg. **1a** *(von Speisen)* digeribile: ***leicht -e Speisen*** cibi facilmente digeribili **b** *(von Medikamenten)* tollerabile: ***ein gut -es Medikament*** un farmaco ben tollerabile **2** *(umgänglich)* affabile, socievole: ***ein -er Mensch*** una persona affabile. **Ver|träg|lich|keit** f. *(-)* **1a** *(von Speisen)* digeribilità *f.* **b** *(von Medikamenten)* tollerabilità *f.* **2** *(Umgänglichkeit)* affabilità *f.*, socievolezza *f.*

ver|trag|los agg. senza contratto.

Ver|trags|ab|schluss m. *(-es,-abschlüsse)* stipulazione *f.* del, di un contratto. **Ver|trags|be|din|gung** f. *(-,-en)* condizione *f.* contrattuale. **Ver|trags|bruch** m. *(-[e]s,-brüche)* rottura *f.* del contratto. **ver|trags|brü|chig** agg. che rompe il contratto. **ver|trag|schlie|ßend** agg. contraente: ***die -en Parteien*** le parti contraenti. **Ver|trags|ent|wurf** m. *(-[e]s,-entwürfe)* bozza *f.* di contratto. **ver|trags|ge|bun|den** agg. vincolante per contratto. **ver|trags|ge|mäß, ver|trags|ge|recht** → **vertragsmäßig. Ver|trags|ho|tel** n. *(-s,-s)* albergo *m.* convenzionato. **ver|trags|los** → **vertraglos. ver|trags|mä|ßig I** agg. conforme al contratto, secondo contratto **II** avv. conformemente al (*o* come da) contratto. **Ver|trags|par|tei** f. *(-,-en)*, **Ver|trags|part|ner** m. *(-s,-)* parte *f.* contraente. **Ver|trags|punkt** m. *(-[e]s,-e)* articolo *m.* del, di un contratto. **Ver|trags|recht** n. *(-[e]s)* DIR. diritto *m.* contrattuale. **Ver|trags|schluss** → **Vertragsabschluss. Ver|trags|treue** f. *(-)* rispetto *m.* del contratto. **Ver|trags|ver|let|zung** f. *(-,-en)* violazione *f.* del, di un contratto. **Ver|trags|werk** n. *(-[e]s,-e)* **1** contratto *m.* **2** POL. trattato *m.* **Ver|trags|werk|statt** f. *(-,-stätten)* officina *f.* convenzionata. **ver|trags|wid|rig** agg. non conforme ai termini del contratto. **Ver|trags|wid|rig|keit** f. *(-)* inadempienza *f.* contrattuale.

ver|trau|en I intr. (aus. *haben*) **1** fidarsi: ***jdm voll, blind (rückhaltlos) ~*** fidarsi completamente, ciecamente di qcn.; ***jds Worten ~***

fidarsi delle parole di qcn. **2** *(Hoffnung haben)* confidare: *auf etw. (A)* ~ confidare in qcs.; *auf Gott* ~ confidare in Dio **II** tr. ANT. confidare: *jdm ein Geheimnis* ~ confidare un segreto a qcn. **III** rifl. *sich selbst* ~ avere fiducia in se stesso. **Ver|trau|en** n. *(-s)* **1a** fiducia *f.*: *grenzenloses, unerschütterliches* ~ *zu jdm, etw. haben*, avere una fiducia sconfinata, incrollabile in qcn., qcs.; *jdm* ~ *einflößen* infondere fiducia in, a qcn.; *das* ~ *zu jdm, in jdn verlieren* perdere la fiducia in qcn.; *jdm* ~ *schenken, entgegenbringen* concedere fiducia a qcn.; *jds* ~ *genießen, besitzen* godere della, avere la fiducia di qcn.; ~ *auf, in jdn, etw. setzen* riporre la fiducia in qcn., qcs.; *jds* ~ *missbrauchen* ingannare la fiducia di qcn. **b** POL. *dem Kanzler, der Regierung das* ~ *aussprechen* esprimere la fiducia al cancelliere, al governo **2** *(Vertrautheit)* confidenza *f.*: *im* ~ *gesagt* detto in confidenza; *im strengsten* ~ in tutta confidenza; ~ *gegen* ~ confidenza per confidenza ◆ *einen* ~ *erweckenden Eindruck machen* fare un'impressione rassicurante; ~ *erweckend aussehen* sembrare rassicurante, avere un aspetto rassicurante; *im* ~ *auf etw. (A)* confidando in qcs.; *im* ~ *darauf, dass* confidando che; *ein Mann seines -s* un uomo degno di fiducia; *jdn ins* ~ *ziehen* confidarsi con qcn.; PROV. ~ *ist gut, Kontrolle ist besser* fidarsi è bene, non fidarsi è meglio. **ver|trau|end** p.pres. agg. **1** → **vertrauen 2** fiducioso, confidente.

Ver|trau|ens|an|trag m. *(-[e]s,-anträge)* mozione *f.* di fiducia. **Ver|trau|ens|arzt** m. *(-es,-ärzte)* medico *m.* fiscale. **ver|trau|ens|ärzt|lich** agg. del medico fiscale: *eine -e Untersuchung* una visita del medico fiscale. **Ver|trau|ens|be|weis** m. *(-es,-e)* prova *f.* (*o* testimonianza *f.*) di fiducia. **Ver|trau|ens|bruch** m. *(-[e]s, -brüche)* abuso *m.* di fiducia. **Ver|trau|ens|fra|ge** f. *(-,-n)* questione *f.* di fiducia: *die* ~ *stellen* porre la questione di fiducia. **Ver|trau|ens|grund|la|ge** f. *(-,-n)* condizione *f.* di fiducia. **Ver|trau|ens|mann** m. *(-[e]s,-leute* e *männer)* **1** *(in der Gewerkschaft*; pl. *-leute)* rappresentante *m.* sindacale **2** *(Vertreter;* pl. *-männer* e *-leute)* portavoce *m.* **3** (pl. *-männer)* uomo *m.* di fiducia. **Ver|trau|ens|per|son** f. *(-,-en)* persona *f.* di fiducia. **Ver|trau|ens|sa|che** f. *(-,-n)* **1** questione *f.* di fiducia **2** *(vertrauliche Angelegenheit)* confidenza *f.* **ver|trau|ens|se|lig** agg. troppo fiducioso. **Ver|trau|ens|se|lig|keit** f. *(-)* fiducia *f.* cieca. **Ver|trau|ens|stel|lung** f. *(-,-en)* posto *m.* (*o* carica *f.*) di fiducia. **Ver|trau|ens|ver|hält|nis** n. *(-ses,-se)* rapporto *m.* fiduciario. **ver|trau|ens|voll** **I** agg. **1** fiducioso **2** *(in gegenseitigem Vertrauen stattfindend)* basato sulla fiducia: *eine -e Zusammenarbeit* una collaborazione basata sulla fiducia **II** avv. con fiducia: ~ *in die Zukunft blicken* guardare con fiducia al futuro. **Ver|trau|ens|vo|tum** n. *(-s,-voten)* voto *m.* di fiducia. **ver|trau|ens|wür|dig** agg. degno di fiducia.

ver|trau|lich **I** agg. **1** riservato, confidenziale: *ein streng -er Brief* una lettera strettamente riservata **2** *(freundschaftlich)* confidenziale: *-er Umgang* rapporti confidenziali **II** avv. **1** in modo riservato: *etw.* ~ *behandeln* trattare qcs. con riservatezza **2** confidenzialmente ◆ *-e Mitteilung* confidenza. **Ver|trau|lich|keit** f. *(-,-en)* **1** riservatezza *f.*: *in größter* ~ nella massima riservatezza **2** pl. *(Zudringlichkeit)* confidenze *f.pl.*: *sich jdm gegenüber -en herausnehmen* prendersi delle confidenze con qcn.

ver|träu|men tr. trascorrere sognando: *seine Zeit* ~ trascorrere il tempo fantasticando. **ver|träumt** p.pass. agg. **1** → **verträumen 2** *(träumerisch)* trasognato, sognante **3** *(abseits und still)* fuori del tempo, idillico. **Ver|träumt|heit** f. *(-)* l'essere trasognato.

ver|traut p.pass. agg. **1** → **vertrauen 2** intimo: *-e Freunde* amici intimi; *mit jdm* ~ *werden* diventare intimo di qcn. **3** familiare: *ein -es Gesicht* un volto familiare; *sich mit jdm, etw.* ~ *machen* familiarizzarsi (*o* prendere confidenza) con qcn., qcs. ◆ *mit etw.* ~ *sein* avere dimestichezza con qcs. **Ver|trau|te** m. e f. *(-n,-n)* confidente *m.* e *f.* **Ver|traut|heit** f. *(-,-en)* **1** intimità *f.* **2** *(Bekanntheit)* familiarità *f.*

ver|trei|ben tr. *(vertrieb, vertrieben)* **1a** cacciare (via), scacciare: *jdn aus seinem Haus, die Fliegen* ~ cacciare qcn. di casa, scacciare le mosche; *jdn aus seinem Land* ~ cacciare (*o* espellere) qcn. dal proprio paese; *das schlechte Wetter vertreibt die Touristen* il brutto tempo scaccia i turisti; FIG. *die Langeweile, den Schlaf* ~ scacciare la noia, il sonno **b** *(beseitigen)* mandar via: *das Fieber* ~ mandar via la febbre **2** *(verkaufen)* distribuire, vendere: *dieses Produkt wird in der ganzen Welt vertrieben* questo prodotto è distribuito in tutto il mondo **3** PITT. sfumare ◆ *(Höflichkeitsformel) ich wollte Sie nicht von Ihrem Platz* ~ non volevo toglierle il posto; *sich (D) die Zeit* ~ passare, ingannare il tempo. **Ver|trei|ber** m. *(-s,-)* distributore *m.*, venditore *m.*: *die* ~ *einer Ware* i distributori di una merce. **Ver|trei|bung** f. *(-,-en)* **1** cacciata *f.*, allontanamento *m.*: BIBL. *die* ~ *aus dem Paradies* la cacciata dal paradiso (terrestre) **2** RAR. *(Vertrieb)* distribuzione *f.*, vendita *f.*

ver|tret|bar agg. **1** sostenibile **2** DIR. fungibile, sostituibile. **Ver|tret|bar|keit** f. *(-)* **1** sostenibilità *f.* **2** DIR. fungibilità *f.*

1.ver|tre|ten *(vertritt, vertrat, vertreten)* **I** tr. **1** rappresentare: *die Abgeordneten* ~ *das Volk* i deputati rappresentano il popolo; *sich vor Gericht* ~ *lassen* farsi rappresentare in tribunale; *einen Verlag, eine Firma, sein Land als Diplomat* ~ rappresentare una casa editrice, una ditta, il proprio paese come diplomatico; *die Interessen der Arbeiter* ~ rappresentare gli interessi degli operai **2** *(ersetzen) jdn* ~ sostituire, supplire, fare le veci di qcn.: *den erkrankten Lehrer* ~ sostituire l'insegnante ammalato; *der Minister wird vom Staatssekretär* ~ il ministro è sostituito dal segretario di stato **3a** *(verfechten)* sostenere, difendere: *eine Ansicht, eine These* ~ sostenere un'opinione, una tesi; *etw. ist nicht zu* ~ qcs. non è sostenibile **b** DIR. patrocinare: *eine Sache* ~ patrocinare una causa **4a** REGION. *(austreten; Stufen)* consumare, logorare **b** *(Schuhe)* allargare, sformare **II** rifl. COLLOQ. *sich (D) den Fuß* ~ slogarsi il piede ◆ *sich die Beine* ~ sgranchirsi le gambe; *etw. zu* ~ *haben* essere responsabile di qcs.; *Mutterstelle an jdm* ~ fare da madre a qcn.

2.ver|tre|ten p.pass. agg. **1** → **1.vertreten 2** *(anwesendend sein)* ~ *sein* essere presente, esserci: *bei der Messe waren mehrere Verlage* ~ alla fiera erano presenti parecchie case editrici; *in einer Anthologie* ~ *sein* essere presente in un'antologia ◆ *stark, schwach* ~ *sein* essere molto rappresentato; *(vorhanden sein)* essere presente in gran numero, in numero limitato; *durch jdn, etw.* ~ *sein* essere rappresentato da qcn., qcs.

Ver|tre|ter m. *(-s,-)* **1a** rappresentante *m.*: *die diplomatischen* ~ i rappresentanti diplomatici; ~ *eines Staates, der Verbände* rappresentanti di uno stato, delle associazioni; *einen* ~ *bestellen* nominare un rappresentante; *(Handelsvertreter)* ~ *einer Firma, für Kosmetika* rappresentante di una ditta, di cosmetici; *als* ~ *arbeiten* fare il rappresentante **b** FIG. *(Verkörperung) die* ~ *der romantischen Dichtung* i rappresentanti della poesia romantica **2** *(Ersatz)* sostituto *m.*, supplente *m.* **3** *(Verfechter)* sostenitore *m.* **Ver|tre|ter|be|such** m. *(-[e]s,-e)* visita *f.* di rappresentanza.

Ver|tre|tung f. *(-,-en)* **1** rappresentanza *f.*: *eine diplomatische* ~ una rappresentanza diplomatica; SPORT *die deutsche* ~ *bei der Olympiade* la rappresentanza tedesca alle olimpiadi; POL. *ständige* ~ rappresentanza permanente; COMM. *er hat die* ~ *der Firma Müller* ha la rappresentanza della ditta Müller **2a** *(Ersetzung)* sostituzione *f.*, supplenza *f.*; *jds* ~ *übernehmen* sostituire qcn. **b** *(Vertreter)* sostituto *m.* (-a *f.*), supplente *m.* e *f.*: ~ *für jdn, von jdm* sostituto di qcn. **3** *(Niederlassung)* filiale *f.* ◆ *in jds* ~ in rappresentanza di qcn. **ver|tre|tungs|wei|se** avv. come supplente, come sostituto.

Ver|trieb m. *(-[e]s)* **1** distribuzione *f.*, vendita *f.* **2** → **Vertriebsabteilung.**

ver|trie|ben → **vertreiben. Ver|trie|be|ne** m. e f. *(-n,-n)* profugo *m.* (-a *f.*).

Ver|triebs|ab|tei|lung f. *(-,-en)* ufficio *m.* vendite. **Ver|triebs|ge|sell|schaft** f. *(-,-en)* società *f.* distributrice. **Ver|triebs|kos|ten** pl. spese *f.pl.* di distribuzione. **Ver|triebs|lei|ter** m. *(-s,-)* direttore *m.* commerciale.

ver|trim|men tr. COLLOQ. riempire di botte, pestare.

ver|trin|ken tr. *(vertrank, vertrunken)* **1** sperperare (nel bere) **2** FIG. *seinen Kummer* ~ annegare nell'alcol le proprie preoccupazioni.

ver|trock|nen intr. (aus. *sein*) seccarsi, disseccarsi. **ver|trock|net** p.pass. agg. **1** → **vertrocknen 2** *(trocken) -es Brot* pane secco **3** FIG. COLLOQ. *ein -er Mensch* una persona arida.

ver|trö|deln tr. COLLOQ. sprecare: *die Zeit (mit Plaudern)* ~ sprecare il tempo (in chiacchiere).

ver|trös|ten tr. dare speranze (con promesse), fare sperare: *jdn auf einen anderen Tag* ~ dare speranze a qcn. per un altro giorno. **Ver|trös|tung** f. *(-,-en)* promessa *f.* (che conforta).

ver|trot|teln intr. (aus. *sein*) COLLOQ. rimbambire, rimbecillire.

ver|trus|ten [-'trastn] tr. concentrare (*o* unire) in trust.

ver|tun *(vertat, vertan)* **I** tr. sprecare; *(Zeit)* perdere; *Geld* ~ sprecare denaro **II** rifl. *sich* ~ sbagliare, sbagliarsi.

ver|tu|schen tr. tenere segreto, mettere a tacere; *einen Skandal* ~ soffocare uno scandalo.

ver|übeln tr. *jdm etw.* ~ prendersela con qcn. per qcs.

ver|üben tr. commettere, compiere, perpetrare: *einen Mord* ~ commettere un omicidio; *einen Anschlag* ~ compiere un attentato.

ver|ul|ken tr. canzonare, prendere in giro. **Ver|ul|kung** f. *(-,-en)* canzonatura *f.*, presa *f.* in giro.

ver|un|eh|ren tr. ANT. disonorare.

ver|un|fal|len intr. (aus. *sein*) SVIZZ. BUROCR. subire un infortunio: *am Arbeitsplatz* ~ subire un infortunio sul lavoro. **Ver|un|fall|**

te m. e f. *(-n,-n)* SVIZZ. BUROCR. infortunato *m.* (-a *f.*).

ver|un|glimp|fen tr. diffamare. **Ver|un|glimp|fung** f. *(-,-en)* diffamazione *f.*

ver|un|glü|cken intr. (aus. *sein*) **1** subire un infortunio, infortunarsi, avere un incidente: ***tödlich ~*** avere un incidente mortale; *(von Fahrzeugen)* ***der Zug ist verunglückt*** il treno ha avuto un incidente **2a** SCHERZ. *(missglücken)* non riuscire, fallire: ***die Rede ist verunglückt*** il discorso non è riuscito **b** ***die Torte ist mir verunglückt*** la torta non mi è venuta. **ver|un|glückt** p.pass. agg. **1** → **verunglücken 2** ***ein -er Plan*** un progetto fallito, non riuscito. **Ver|un|glück|te** m. e f. *(-n,-n)* infortunato *m.* (-a *f.*), vittima *f.* (di un incidente).

ver|un|kla|ren, SVIZZ. **ver|un|klä|ren** tr. rendere oscuro.

ver|un|krau|ten tr. ricoprire di erbacce.

ver|un|mög|li|chen, ver|un|mög|li|chen tr. SVIZZ. rendere impossibile.

ver|un|rei|ni|gen tr. **1** imbrattare, sporcare **2** inquinare: ***das Grundwasser ~*** inquinare la falda acquifera. **ver|un|rei|ni|gend** p.pres. agg. **1** → **verunreinigen 2** inquinante: ***-er Stoff*** sostanza inquinante. **Ver|un|rei|ni|gung** f. *(-,-en)* **1** imbrattamento *m.* **2a** inquinamento *m.* **b** *(Substanz)* inquinante *m.* **3** *(Unreinheit)* impurità *f.*

ver|un|si|chern tr. ***jdn in etw. (D) ~*** dare un senso di insicurezza a qcn., disorientare qcn. in qcs. **Ver|un|si|che|rung** f. *(-,-en)* il rendere insicuro, disorientamento *m.*: ***diese Fragen dienen nur zur ~*** queste domande servono solo a disorientare.

ver|un|stal|ten tr. **1** deturpare, rovinare: ***die Landschaft ~*** deturpare il paesaggio; ***die Narbe verunstaltet sein Gesicht*** la cicatrice gli deturpa il viso **2** imbruttire: ***mit dieser Frisur verunstaltest du sie*** con questa pettinatura la imbruttisci. **Ver|un|stal|tung** f. *(-,-en)* deturpamento *m.*

ver|un|treu|en tr. DIR. ***etw. ~*** appropriarsi indebitamente di, sottrarre qcs. **Ver|un|treu|er** m. *(-s,-)* DIR. chi si appropria indebitamente, prevaricatore *m.* **Ver|un|treu|ung** f. *(-,-en)* DIR. appropriazione *f.* indebita, sottrazione *f.*

ver|un|zie|ren tr. rovinare, deturpare: ***etw. mit einem Fleck ~*** rovinare qcs. con una macchia. **Ver|un|zie|rung** f. *(-,-en)* deturpamento *m.*

ver|ur|sa|chen tr. causare, provocare: ***Störungen ~*** provocare disturbi; ***einen Unfall, Schäden ~*** causare un incidente, danni. **Ver|ur|sa|cher** m. *(-s,-)* BUROCR. autore *m.* **Ver|ur|sa|cher|prin|zip** n. *(-s)* DIR. principio *m.* di causalità. **Ver|ur|sa|chung** f. *(-,-en)* causa *f.*

ver|ur|tei|len tr. condannare: ***jdn zu einer Geldstrafe, zu zwei Jahren Gefängnis, zum Tod(e) ~*** condannare qcn. a una pena pecuniaria, a due anni di prigione, a morte; ***jdn wegen Diebstahls ~*** condannare qcn. per furto; FIG. *(ablehnen)* ***ein Verhalten, eine Reaktion ~*** condannare un comportamento, una reazione. **ver|ur|teilt** p.pass. agg. **1** → **verurteilen 2** FIG. *(gezwungen)* condannato: ***zum Schweigen, zum Scheitern ~*** condannato al silenzio, al fallimento. **Ver|ur|teil|te** m. e f. *(-n,-n)* condannato *m.* (-a *f.*). **Ver|ur|tei|lung** f. *(-,-en)* condanna *f.* (anche FIG.).

ver|viel|fa|chen I tr. moltiplicare: ***den Umsatz, die Anstrengungen ~*** moltiplicare il giro d'affari, gli sforzi; MAT. ***eine Zahl mit einer anderen ~*** moltiplicare un numero per un altro **II** rifl. **sich ~** moltiplicarsi. **Ver|viel|fa|chung** f. *(-,-en)* moltiplicazione *f.*, aumento *m.*

ver|viel|fäl|ti|gen I tr. **1** riprodurre: ***ein Dokument ~*** riprodurre un documento **2** *(vermehren)* aumentare, moltiplicare **II** rifl. **sich ~** moltiplicarsi, aumentare. **Ver|viel|fäl|ti|gung** f. *(-,-en)* riproduzione *f.*, copia *f.* **Ver|viel|fäl|ti|gungs|recht** n. *(-s)* diritto *m.* di riproduzione.

ver|vier|fa|chen tr. quadruplicare.

ver|voll|komm|nen I tr. perfezionare **II** rifl. **sich ~** perfezionarsi: ***sich in einer Sprache ~*** perfezionarsi in una lingua. **Ver|voll|komm|nung** f. *(-,-en)* perfezionamento *m.* **ver|voll|komm|nungs|fä|hig** agg. perfezionabile.

ver|voll|stän|di|gen I tr. completare **II** rifl. **sich ~** completarsi. **Ver|voll|stän|di|gung** f. *(-,-en)* completamento *m.*

verw. ⇒ *verwitwet* vedovo, vedova (ved.).

1.ver|wach|sen *(verwächst, verwuchs, verwachsen)* **I** tr. REGION. ***ein Kleid ~*** non entrare più nel vestito (per essere troppo cresciuto) **II** intr. (aus. *sein*) **1** guarire; COLLOQ. andare via: ***die Wunde ist ~*** la ferita è guarita **2** *(mit etw. zusammenwachsen)* unirsi, attaccarsi, aderire **3** *(überwuchern)* ricoprirsi di piante, erbacce: ***die Wege ~ immer mehr*** i sentieri si ricoprono sempre più di erbacce **4** FIG. *(sich eng verbinden)* unirsi strettamente (a), fare tutt'uno (con): ***mit seinem Beruf ~*** fare tutt'uno con la propria professione; ***zu einer Einheit ~*** unirsi, diventare una cosa sola, tutt'uno **III** rifl. **sich ~** sparire; COLLOQ. andare via.

2.ver|wach|sen p.pass. agg. **1** → **verwachsen 2** *(verkrüppelt)* storpio, deforme: ***ein -es Bein*** una gamba deforme.

Ver|wach|sung f. *(-,-en)* **1** BIOL. concrescenza *f.* **2** MED. aderenza *f.*

ver|wa|ckeln tr. COLLOQ. ***ein Foto ~*** fare una foto mossa. **ver|wa|ckelt** p.pass. agg. **1** → **verwackeln 2** FOT. mosso: ***eine -e Aufnahme*** una foto mossa.

ver|wäh|len rifl. **sich ~** COLLOQ. sbagliare numero: ***Entschuldigung, ich habe mich verwählt*** scusi, ho sbagliato numero.

Ver|wahr m. *(-s)* custodia *f.*, deposito *m.*: ***etw. in ~ nehmen, haben, geben*** prendere, avere, dare qcs. in custodia. **ver|wah|ren I** tr. conservare, custodire **II** rifl. **sich ~** protestare, opporsi: ***sich gegen etw. ~*** protestare contro qcs., opporsi a qcs. **Ver|wah|rer** m. *(-s,-)* custode *m.*, depositario *m.*

ver|wahr|lo|sen intr. (aus. *sein*) **1** andare in rovina (perché trascurato): ***sein Haus ~ lassen*** lasciar andare in rovina la propria casa **2** *(von Menschen)* cadere in basso, lasciarsi andare. **ver|wahr|lost** p.pass. agg. **1** → **verwahrlosen 2** trascurato, in abbandono: ***ein -er Garten*** un giardino in abbandono **3** *(von Menschen)* abbandonato a se stesso, trascurato: ***-e Kinder*** bambini abbandonati a se stessi. **Ver|wahr|los|te** m. e f. *(-n,-n)* persona *f.* abbandonata a se stessa. **Ver|wahr|lo|sung** f. *(-,-en)* **1** abbandono *m.*, trascuratezza *f.* **2** *(moralisch)* depravazione *f.*

Ver|wah|rung f. *(-,-en)* **1** custodia *f.*, deposito *m.*: ***etw. in ~ nehmen, haben, geben*** prendere, avere, dare qcs. in custodia **2** *(Protest)* protesta *f.*: ***~ gegen etw. einlegen*** protestare contro qcs. **3a** DIR. ANT. custodia *f.*: ***vorbeugende ~*** custodia preventiva **b** *(Obhut)* cura *f.*, ricovero *m.* **Ver|wah|rungs|ort** m. *(-[e]s,-e)* luogo *m.* di custodia (*o* di deposito). **Ver|wah|rungs|ver|trag** m. *(-[e]s,-verträge)* contratto *m.* di deposito.

ver|wai|sen intr. (aus. *sein*) **1** diventare orfano **2** FIG. venire abbandonato. **ver|waist** p.pass. agg. **1** → **verwaisen 2** orfano **3** FIG. abbandonato, desolato: ***ein -es Dorf, Grab*** un paese abbandonato, una tomba abbandonata.

ver|wal|ken tr. COLLOQ. prendere a botte, menare; *(mit dem Stock)* bastonare.

ver|wal|ten tr. **1** amministrare, gestire (anche POL.): ***ein Vermögen, einen Nachlass, ein Haus ~*** amministrare un patrimonio, un lascito, una casa; ***eine Gemeinde ~*** amministrare un comune **2** *(verantwortlich leiten)* gestire: ***die Studenten ~ die Bibliothek selbst*** gli studenti gestiscono da soli la biblioteca **3** *(innehaben)* rivestire, ricoprire: ***ein Amt ~*** ricoprire una carica. **Ver|wal|ter** m. *(-s,-)* **1a** amministratore *m.* **b** economo *m.* **2** *(von Konkursen)* curatore *m.*

Ver|wal|tung f. *(-,-en)* **1** amministrazione *f.*, gestione *f.*: ***etw. in ~ nehmen*** assumere l'amministrazione di qcs.; ***jdm etw. zur ~ (über)geben*** dare qcs. in amministrazione a qcn. **2a** *(Verwaltungsapparat)* amministrazione *f.*: ***die öffentliche, staatliche ~*** la pubblica amministrazione, l'amministrazione statale **b** *(verwaltende Stelle)* ***in der ~ tätig sein*** lavorare nell'amministrazione ◆ ***die ~ des Hauses*** il governo della casa. **Ver|wal|tungs|akt** m. *(-[e]s,-e)* atto *m.* amministrativo. **Ver|wal|tungs|ap|pa|rat** m. *(-[e]s,-e)* apparato *m.* amministrativo. **Ver|wal|tungs|aus|ga|ben** pl. spese *f.pl.* amministrative (*o* di gestione). **Ver|wal|tungs|be|am|te** m. *(-n,-n)* impiegato *m.* amministrativo (*o* dell'amministrazione). **Ver|wal|tungs|be|zirk** m. *(-[e]s,-e)* distretto *m.* amministrativo, circoscrizione *f.* amministrativa. **Ver|wal|tungs|dienst** m. *(-[e]s)* servizio *m.* amministrativo, amministrazione *f.* **Ver|wal|tungs|ge|bühr** f. *(-,-en)* tassa *f.* amministrativa.

Ver|wal|tungs|ge|richt n. *(-[e]s,-e)* tribunale *m.* amministrativo. **Ver|wal|tungs|ge|richts|hof** m. *(-[e]s,-höfe)* tribunale *m.* amministrativo.

Ver|wal|tungs|kos|ten pl. spese *f.pl.* amministrative (*o* di gestione). **ver|wal|tungs|mä|ßig I** agg. amministrativo **II** avv. in via amministrativa. **Ver|wal|tungs|or|gan** n. *(-s,-e)* organo *m.* amministrativo. **Ver|wal|tungs|rat** m. *(-[e]s,-räte)* consiglio *m.* di amministrazione. **Ver|wal|tungs|recht** n. *(-[e]s)* diritto *m.* amministrativo. **Ver|wal|tungs|re|form** f. *(-,-en)* riforma *f.* amministrativa. **Ver|wal|tungs|sitz** m. *(-es,-e)* sede *f.* amministrativa. **ver|wal|tungs|tech|nisch I** agg. amministrativo **II** avv. in modo amministrativo. **Ver|wal|tungs|vor|schrift** f. *(-,-en)* norma *f.* (*o* disposizione *f.*) amministrativa. **Ver|wal|tungs|weg** m. *(-[e]s,-e)* via *f.* amministrativa: ***auf dem ~*** per via amministrativa, amministrativamente.

ver|wam|sen tr. COLLOQ. prendere a botte, menare; *(mit dem Stock)* bastonare.

ver|wan|del|bar agg. trasformabile. **ver|wan|deln I** tr. **1** trasformare, cambiare: ***dieses Erlebnis hat ihn völlig verwandelt*** questa esperienza lo trasformò completamente **2a** *(umwandeln)* trasformare: ***die Wohnung in ein Büro ~*** trasformare l'appartamento in un ufficio **b** (tra)mutare: ***die Hexe verwandelte ihn in einen Raben*** la strega lo mutò in corvo **3** FIS. convertire, trasformare: ***Wasser in Dampf ~*** convertire acqua in vapore **4** SPORT trasformare: ***einen Elfmeter ~*** trasformare un calcio di rigore **II** rifl. **sich ~ 1** trasformarsi, cambiare **2** ***sich in etw. (A) ~*** trasformarsi in qcs., diventare qcs.: ***er hat sich in einen jungen Mann verwandelt*** è diventato un giovanotto; ***ihre Liebe verwandelte sich in Hass*** il suo amore si trasformò (*o* si tramutò) in odio. **Ver|wand|lung** f. *(-,-en)* **1** trasformazione *f.*, cambiamento *m.*, metamorfosi *f.*: ***mit ihm ist eine ~ vorgegangen*** ha subito una trasformazione **2** *(Umwandeln)* trasformazione *f.* **3** FIS. conversione *f.*, trasformazione *f.* **4** SPORT trasformazione *f.* **Ver|wand|lungs|künst|ler** m. *(-s,-)* trasformista *m.*

1.ver|wandt → **verwenden.**

2.ver|wandt agg. **1** ***mit jdm (nahe, entfernt, im ersten Grad) ~ sein*** essere parente (stretto, alla lontana, di primo grado) di qcn.; ***~ miteinander sein*** essere parenti; ***-e Personen*** parenti **2** affine: ***-e Rassen, Sprachen*** razze, lingue affini; ***-e Ideen*** idee affini ◆ ***mit jdm geistig ~ sein*** avere affinità spirituale con qcn.

Ver|wand|te m. e f. *(-n,-n)* parente *m.* e *f.*: ***ein naher, entfernter (weitläufiger) -r*** un parente stretto, alla lontana. **Ver|wand|ten|be|such** m. *(-[e]s,-e)* **1** visita *f.* a(i) parenti: ***einen ~ machen*** fare una visita a (dei) parenti **2** *(Verwandte als Besuch)* visita *f.* di parenti, parenti *m.pl.* in visita: ***~ erwarten, haben*** aspettare una visita di parenti (*o* aspettare dei parenti), avere parenti in visita. **Ver|wand|ten|ehe** f. *(-,-n)* matrimonio *m.* fra consanguinei.

Ver|wandt|schaft f. *(-,-en)* **1** parentela *f.*: ***~ in direkter Linie, in der Seitenlinie*** parentela in linea diretta, in linea collaterale **2** *(alle Verwandten)* parenti *m.pl.*, parentela *f.*; SCHERZ. parentado *m.* **3** *(Ähnlichkeit)* parentela *f.*, affinità *f.* **ver|wandt|schaft|lich** agg. di parentela, parentale: ***-e Bande*** legami di parentela ◆ ***~ verbunden sein*** avere legami di parentela.

Ver|wandt|schafts|grad m. *(-[e]s,-e)* grado *m.* di parentela. **Ver|wandt|schafts|ver|hält|nis** n. *(-ses,-se)* rapporto *m.* di parentela.

ver|wan|zen intr. (aus. *sein*) riempirsi di cimici. **ver|wanzt** p.pass. agg. **1** → **verwanzen 2** pieno di cimici.

ver|war|nen tr. **1** avvertire **2** SPORT ammonire ◆ ***jdn polizeilich ~*** fare una multa (*o* contravvenzione) a qcn. **Ver|war|nung** f. *(-,-en)* **1** avvertimento *m.*, avviso *m.* **2** SPORT ammonizione *f.* ◆ ***gebührenpflichtige ~*** multa, contravvenzione. **Ver|war|nungs|geld** n. *(-[e]s,-er)* contravvenzione *f.*, multa *f.*

ver|wa|schen agg. **1** sbiadito: ***-e Jeans, Farben*** jeans, colori sbiaditi; ***eine -e Inschrift*** una scritta sbiadita; FIG. ***-e Bilder*** immagini sbiadite **2** *(unklar, verschwommen)* confuso, vago: ***eine -e Formulierung, Vorstellung*** una formulazione vaga, una vaga idea.

ver|wäs|sern tr. **1a** annacquare: ***Wein ~*** annacquare il vino **b** ECON. ***das Kapital ~*** annacquare il capitale **2** FIG. annacquare, indebolire; mitigare. **Ver|wäs|se|rung, Ver|wäss|rung** f. *(-)* annacquamento *m.* (anche ECON.).

ver|we|ben *(verwebte/verwob, verwebt/verwoben)* **I** tr. **1** adoperare, consumare (tessendo) **2a** *(zusammenweben, ineinander weben)* intessere, intrecciare *f.* **b** FIG. ***verschiedene Interessen miteinander ~*** intrecciare insieme interessi diversi **II** rifl. **sich ~** FIG. intrecciarsi.

ver|wech|sel|bar agg. confondibile, molto simile. **ver|wech|seln** tr. confondere, scambiare: ***Sie ~ mich mit jemand anderem*** mi confonde con qualcun altro; *(vertauschen)* ***er hat die Jacken verwechselt*** ha confuso le giacche; ***den Akkusativ und den Dativ (miteinander) ~*** confondere l'accusativo col dativo ◆ ***sich zum Verwechseln ähnlich sein, sehen*** essere (come) due gocce d'acqua. **Ver|wech|se|lung, Ver|wechs|lung** f. *(-,-en)* confusione *f.*, scambio *m.*

ver|we|gen agg. audace, temerario (anche FIG.). **Ver|we|gen|heit** f. *(-,-en)* audacia *f.*, temerarietà *f.*

ver|we|hen I tr. **1** cancellare; *(zudecken)* coprire: ***der Wind hat die Spuren im Sand verweht*** il vento ha cancellato le tracce nella sabbia **2** *(wegwehen)* disperdere, soffiare via **II** intr. (aus. *sein*) **1** LETT. disperdersi, perdersi: ***im Wind ~*** disperdersi al vento **2** *(vorübergehen)* passare, finire.

ver|weh|ren tr. impedire, vietare; *(verweigern)* negare: ***jdm den Zutritt zu etw., die Teilnahme an etw. (D) ~*** impedire a qcn. l'accesso a qcs., di partecipare a qcs. ◆ FIG. ***jdm die Sicht ~*** impedire la vista a qcn. **Ver|weh|rung** f. *(-)* l'impedire, impedimento *m.*, divieto *m.*

ver|weib|li|chen I tr. **1** effeminare **2** BIOL. femminilizzare **II** intr. (aus. *sein*) diventare effeminato.

ver|weich|li|chen I tr. rammollire **II** intr. (aus. *sein*) rammollirsi. **Ver|weich|li|chung** f. *(-)* rammollimento *m.*

Ver|wei|ge|rer m. *(-s,-)* protestatario *m.* **ver|wei|gern I** tr. rifiutare, ricusare, negare: ***jdm etw. ~*** rifiutare qcs. a qcn.; ***die Nahrung ~*** rifiutare il cibo; ***den Gehorsam ~*** negare l'obbedienza **II** rifl. ***sich (jdm) ~*** negarsi (a qcn.) **III** intr. (aus. *haben*) EQUIT. rifiutare l'ostacolo ◆ ***Annahme verweigert*** respinta (sulle lettere); ***den Wehrdienst ~*** rifiutare di prestare il servizio militare. **Ver|wei|ge|rung** f. *(-,-en)* rifiuto *m.*, ricusa *f.* **Ver|wei|ge|rungs|fall,** DIR. ***im ~*** in caso di rifiuto.

Ver|weil|dau|er f. *(-,-n)* **1** tempo *m.* di trattenimento **2** *(von Patienten)* degenza *f.* **ver|wei|len I** intr. (aus. *haben*) **1** trattenersi, rimanere: ***an jds Krankenbett ~*** rimanere al capezzale di qcn. **2** FIG. soffermarsi, indugiare: ***bei einem Problem ~*** soffermarsi su un problema **II** rifl. ***sich (bei jdm) ~*** trattenersi (da qcn.) ◆ ***jdn zum Verweilen auffordern, einladen*** invitare qcn. a rimanere. **Ver|weil|zeit** f. *(-,-en)* → **Verweildauer.**

ver|wei|nen tr. **1** trascorrere piangendo **2** *(Augen)* gonfiare di pianto. **ver|weint** p.pass. agg. **1** → **verweinen 2** ***-e Augen*** occhi gonfi di pianto.

Ver|weis m. *(-es,-e)* **1a** rimprovero *m.*, rabbuffo *m.*: ***jdm einen ~ erteilen, aussprechen*** fare un rimprovero a qcn.; ***einen ~ bekommen, erhalten*** ricevere un rimprovero **b** *(Tadel)* biasimo *m.* **2** SCOL. espulsione *f.* **3** *(Hinweis)* rinvio *m.*, rimando *m.*: ***ein ~ auf etw. (A)*** un rimando a qcs. **4** DIR. ammonimento *m.*, richiamo *m.* **ver|wei|sen** *(verwies, verwiesen)* **I** tr. **1a** rimproverare: ***jdm etw. ~*** rimproverare qcs. a qcn. **b** *(tadeln)* biasimare: ***jdm sein Verhalten ~*** biasimare qcn. per il suo comportamento **2** *(hinweisen)* rimandare, rinviare: ***den Leser auf Seite 50, auf die vorhergehende Seite ~*** rimandare il lettore a pagina 50, alla pagina precedente **3** indicare: ***ein Schild verweist auf den Ausgang ~*** un'insegna indica l'uscita **4** indirizzare: ***jdn an den Geschäftsführer ~*** indirizzare qcn. al titolare **5** DIR. ***jdn an ein Gericht ~*** rinviare qcn. a giudizio; ***den Fall an die zuständige Instanz ~*** affidare il caso all'autorità competente **6** espellere: ***den Spieler des Platzes (vom Platz), jdn von der Schule, jdn des Landes ~*** espellere un giocatore dal campo, qcn. da scuola, qcn. dal paese **II** rifl. ***sich (D) etw. ~*** rimproverarsi qcs. ◆ COMM. ***wir ~ auf unser Schreiben vom...*** in riferimento alla nostra lettera del...; ***jdn in die, seine Grenzen, Schranken ~*** (ri)mettere in riga qcn. **Ver|wei|sung** f. *(-,-en)* → **Verweis.**

ver|wel|ken intr. (aus. *sein*) appassire, avvizzire (anche FIG.). **ver|welkt** p.pass. agg. **1** → **verwelken 2** ***eine -e Schönheit*** una bellezza appassita; ***ein -es Gesicht*** un viso avvizzito.

ver|welt|li|chen I tr. secolarizzare, laicizzare **II** intr. (aus. *sein*) secolarizzarsi, laicizzarsi. **Ver|welt|li|chung** f. *(-)* secolarizzazione *f.*, laicizzazione *f.*

ver|wend|bar agg. adoperabile, utilizzabile. **Ver|wend|bar|keit** f. *(-)* utilizzabilità *f.* ◆ ***(un)beschränkte ~*** di uso (il)limitato.

ver|wen|den *(verwandte/verwendete, verwandt/verwendet)* **I** tr. **1** adoperare, utilizzare, impiegare: ***etw. im Unterricht, zum Kochen ~*** adoperare qcs. durante la lezione, per cucinare; ***etw. gut, schlecht ~ können*** saper usare qcs. bene, male **2** *(widmen)* impiegare, spendere: ***Geld, Zeit auf etw. (A), zu, für etw. ~*** impiegare denaro, tempo in, per qcs. **II** rifl. ***sich für jdn, etw. ~*** adoperarsi per qcn., qcs., interessarsi, occuparsi di qcn., qcs. **Ver|wen|der** m. *(-s,-)* utilizzatore *m.*

Ver|wen|dung f. *(-,-en)* **1** uso *m.*, utilizzo *m.*, utilizzazione *f.*, impiego *m.* **2** *(Fürsprache)* interessamento *m.*, intervento *m.*, intercessione *f.* ◆ ***~ finden*** trovare un'utilizzazione, essere impiegato; ***für jdn, etw. keine ~ haben*** non poter essere utilizzato per qcn., qcs.; AUSTR. ***etw. in ~ nehmen*** adottare qcs.; AUSTR. ***in ~ stehen*** essere in uso. **Ver|wen|dungs|be|reich** m. *(-[e]s,-e)* ambito *m.* di impiego. **ver|wen|dungs|fä|hig** agg. utilizzabile. **Ver|wen|dungs|fä|hig|keit** f. *(-)* utilizzabilità *f.* **Ver|wen|dungs|mög|lich|keit** f. *(-,-en)* possibilità *f.* di impiego. **Ver|wen|dungs|wei|se** f. *(-,-n)* modalità *f.* d'impiego. **Ver|wen|dungs|zweck** m. *(-s,-e)* scopo *m.* di impiego, uso *m.* previsto.

ver|wer|fen *(verwirft, verwarf, verworfen)* **I** tr. **1** respingere, rifiutare: ***einen Plan ~*** respingere un progetto; DIR. ***eine Berufung ~*** respingere un ricorso **2** *(verurteilen)* riprovare, condannare **II** rifl. **sich ~ 1** incurvarsi, imbarcarsi: ***das Holz hat sich verworfen*** il legno si è incurvato **2** GEOL. fagliare, fagliarsi **3** *(beim Kartenspiel)* sbagliare carta **III** intr. (aus. *haben*) ZOOL. abortire. **ver|werf|lich** agg. riprovevole: ***eine -e Tat*** un'azione riprovevole.

Ver|wer|fung f. *(-,-en)* **1** *(Ablehnung)* rifiuto *m.*, rigetto *m.* **2** *(Verurteilung)* riprovazione *f.*, condanna *f.* **3** *(Verformung, Verbiegung)* incurvamento *m.* **4** GEOL. faglia *f.* **Ver|wer|fungs|li|nie** f. *(-,-n)* GEOL. linea *f.* di faglia.

ver|wert|bar agg. utilizzabile, sfruttabile. **Ver|wert|bar|keit** f. *(-)* utilizzabilità *f.*, sfruttabilità *f.*
ver|wer|ten tr. **1** utilizzare, sfruttare: ***Abfälle (zu etw.) ~*** utilizzare materiali di scarto (per qcs.); ***ein Patent ~*** sfruttare un brevetto; ***nicht mehr zu ~ sein*** non essere più utilizzabile **2** valorizzare: ***eine Erfindung kommerziell ~*** valorizzare un'invenzione commercialmente **3** ECON. realizzare. **Ver|wer|ter** m. *(-s,-)* utilizzatore *m.* **Ver|wer|tung** f. *(-,-en)* **1** utilizzazione *f.*, sfruttamento *m.* **2** *(Auswertung)* valorizzazione *f.* **3** ECON. realizzazione *f.*, realizzo *m.*
1.ver|we|sen intr. (aus. *sein*) putrefarsi, imputridire; *(vom Fleisch)* marcire.
2.ver|we|sen tr. ANT. amministrare. **Ver|we|ser** m. *(-s,-)* STOR. amministratore *m.* (reggente).
ver|wes|lich agg. corruttibile, deperibile: ***-e Materie*** materia deperibile. **Ver|wes|lich|keit** f. *(-)* corruttibilità *f.*, deperibilità *f.*
ver|west|li|chen intr. (aus. *sein*) occidentalizzarsi.
Ver|we|sung f. *(-)* putrefazione *f.*, decomposizione *f.*: ***in ~ übergehen*** andare in putrefazione. **Ver|we|sungs|ge|ruch** m. *(-[e]s)* puzzo *m.* di putrefazione.
ver|wet|ten tr. **1** scommettere; COLLOQ. ***seinen Kopf für etw. ~*** scommettere la propria testa su qcs. **2** *(beim Wetten verlieren)* perdere in scommesse.
ver|wi|chen agg. ANT. passato, scorso: ***im -en Jahr*** l'anno passato.
ver|wich|sen tr. COLLOQ. **1** *(kräftig verprügeln)* pestare, bastonare **2** *(Geld)* dissipare.
ver|wi|ckeln I tr. **1** ingarbugliare, aggrovigliare **2** coinvolgere, implicare: ***jdn in einen Skandal, Prozess, in ein Gespräch ~*** coinvolgere qcn. in uno scandalo, in un processo, in una discussione **II** rifl. **sich ~ 1** ingarbugliarsi, aggrovigliarsi: ***die Schnur hat sich verwickelt*** la corda si è aggrovigliata **2** impigliarsi: ***der Rock hat sich in den Speichen verwickelt*** la gonna si è impigliata nei raggi **3** FIG. invischiarsi, imbrogliarsi ◆ ***sich in Widersprüche ~*** cadere in contraddizione. **ver|wi|ckelt** p.pass. agg. **1** → **verwickeln 2** FIG. *(kompliziert)* intricato, ingarbugliato: ***ein -er Fall*** un caso intricato; ***eine -e Situation*** una situazione ingarbugliata. **Ver|wi|cke|lung, Ver|wick|lung** f. *(-,-en)* **1** groviglio *m.*, intrico *m.* (anche FIG.) **2** *(Komplikation)* complicazione *f.*: ***-en treten ein*** subentrano delle complicazioni **3** LETT. intreccio *m.*
ver|wil|dern intr. (aus. *sein*) **1** inselvatichire, inselvatichirsi: ***einen Garten, einen Hund ~ lassen*** lasciar inselvatichire un giardino, un cane **2** FIG. *(verrohen)* inselvatichirsi, imbarbarirsi, abbrutirsi. **ver|wil|dert** p.pass. agg. **1** → **verwildern 2** incolto, abbandonato: ***ein -er Garten, Park*** un giardino incolto, un parco abbandonato **3** imbarbarito, abbrutito: ***-e Sitten*** costumi imbarbariti. **Ver|wil|de|rung** f. *(-)* **1** inselvatichimento *m.* **2** FIG. *(Verrohung)* imbarbarimento *m.*, abbrutimento *m.*
1.ver|win|den tr. *(verwand, verwunden)* superare: ***einen Schmerz ~*** superare (*o* vincere) un dolore; ***einen Verlust ~*** superare una (*o* rassegnarsi a una) perdita; ***jds Tod nicht ~ können*** non riuscire a superare la morte di qcn.
2.ver|win|den tr. *(verwand, verwunden)* TECN. torcere. **Ver|win|dung** f. *(-,-en)* TECN. torsione *f.*
ver|win|kelt agg. tortuoso: ***ein -es Gässchen*** una stradina tortuosa.
ver|wir|ken tr. perdere (per propria colpa): ***das Recht auf etw. (A) ~*** perdere il diritto a qcs.; ***sein Leben verwirkt haben*** dover pagare con la vita, meritare la morte.
ver|wirk|li|chen I tr. attuare, realizzare: ***ein Vorhaben ~*** realizzare un progetto **II** rifl. **sich ~ 1** attuarsi, realizzarsi: ***seine Träume ~ sich*** i suoi pensieri si realizzano **2** ***sich selbst, sich in etw. (D) ~*** realizzarsi in qcs. **Ver|wirk|li|chung** f. *(-,-en)* attuazione *f.*, realizzazione *f.*
Ver|wir|kung f. *(-)* DIR. perdita *f.*: ***die ~ eines Rechtes*** la perdita di un diritto.
ver|wir|ren I tr. **1** scompigliare, arruffare: ***der Wind verwirrte die Haare*** il vento scompigliò i capelli **2** ingarbugliare (anche FIG.): ***Garn, Begriffe ~*** ingarbugliare il filo, i concetti **3** *(irremachen)* confondere, sconcertare: ***jdn mit etw. völlig ~*** sconcertare del tutto qcn. con qcs. **II** rifl. **sich ~ 1** scompigliarsi, arruffarsi **2** ingarbugliarsi, intricarsi (anche FIG.): ***seine Gedanken ~ sich manchmal*** i suoi pensieri si ingarbugliano a volte **3** *(die Fassung verlieren)* confondersi, sconcertarsi. **ver|wir|rend** p.pres. agg. **1** → **verwirren 2** sconcertante: ***-e Fragen*** domande sconcertanti; ***ein -es Angebot*** un'offerta sconcertante. **ver|wirrt** p.pass. agg. **1** → **verwirren 2** confuso. **Ver|wirrt|heit** f. *(-)* confusione *f.*, sconcerto *m.*
Ver|wir|rung f. *(-,-en)* **1** *(Durcheinander)* scompiglio *m.*, confusione *f.*: ***es herrscht große ~*** c'è una gran confusione; ***~ stiften, anrichten*** creare confusione; ***die ~ vergrößern*** aumentare la confusione **2** *(Fassungslosigkeit)* confusione *f.* ◆ ***jdn in ~ bringen*** confondere qcn.; ***in ~ geraten*** confondersi; ***sich in einem Zustand geistiger ~ befinden*** essere in stato confusionale.
ver|wirt|schaf|ten tr. sperperare, dilapidare (con una cattiva amministrazione).
ver|wi|schen I tr. **1** cancellare, far sparire: ***sämtliche Spuren ~*** cancellare tutte le tracce **2** *(Farben)* sfumare **II** rifl. **sich ~** cancellarsi, scomparire: ***die Unterschiede ~ sich*** le differenze si cancellano. **Ver|wi|schung** f. *(-,-en)* cancellazione *f.* (anche FIG.).
ver|wis|sen|schaft|li|chen tr. **1** ***etw. ~*** applicare metodi scientifici a qcs. **2** trasformare in scienza.
ver|wit|tern intr. (aus. *sein*) disgregarsi, disfarsi (a causa degli agenti atmosferici), essere rovinato dal tempo, dalle intemperie (anche FIG.). **ver|wit|tert** p.pass. agg. **1** → **verwittern 2** ***-e Haut*** pelle rovinata (dagli agenti atmosferici). **Ver|wit|te|rung** f. *(-,-en)* disgregazione *f.*, disfacimento *m.*
ver|wit|wet agg. vedovo.
ver|wo|ben → **verweben. Ver|wo|ben|heit** f. *(-)* intreccio *m.*
ver|woh|nen tr. *(Wohnung)* rovinare; *(Möbelstücke)* consumare.
ver|wöh|nen tr. viziare: ***seine Kinder ~*** viziare i propri figli; ***jdn mit Geschenken ~*** viziare qcn. con regali. **ver|wöhnt** p.pass. agg. **1** → **verwöhnen 2** viziato: ***ein -es Kind*** un bambino viziato **3** *(anspruchsvoll)* esigente: ***ein -er Geschmack*** un gusto esigente; ***-e Kunden*** clienti esigenti. **Ver|wöh|nung** f. *(-)* il viziare.
ver|wor|fen p.pass. agg. **1** → **verwerfen 2** *(lasterhaft)* abietto, scellerato. **Ver|wor|fen|heit** f. *(-)* abiezione *f.*, scelleratezza *f.*
ver|wor|ren I agg. confuso: ***eine -e Erklärung*** una dichiarazione confusa **II** avv. confusamente, in modo confuso. **Ver|wor|ren|heit** f. *(-)* confusione *f.*
ver|wund|bar agg. **1** vulnerabile **2** *(empfindlich)* suscettibile, sensibile. **Ver|wund|bar|keit** f. *(-)* **1** vulnerabilità *f.* **2** *(Empfindlichkeit)* suscettibilità *f.*
1.ver|wun|den tr. ferire (anche FIG.): ***jdn am Bein, tödlich ~*** ferire qcn. alla gamba, mortalmente; ***jds Gefühle ~*** ferire i sentimenti di qcn.
2.ver|wun|den → **1,2.verwinden.**
ver|wun|der|lich agg. sorprendente, stupefacente. **ver|wun|dern I** tr. meravigliare, sorprendere, stupire: ***das verwundert mich gar nicht*** questo non mi meraviglia affatto; ***es ist nicht zu ~*** non c'è da meravigliarsi **II** rifl. ***sich (über etw. [A]) ~*** meravigliarsi, sorprendersi, stupirsi (di qcs.). **Ver|wun|de|rung** f. *(-)* meraviglia *f.*, sorpresa *f.*, stupore *m.*: ***zu meiner großen ~*** con mia grande meraviglia, con mio grande stupore; ***jdn in ~ setzen*** meravigliare, sorprendere, stupire qcn.; ***in ~ geraten*** meravigliarsi, sorprendersi, stupirsi.
ver|wun|det p.pass. agg. **1** → **1.verwunden 2** ferito: ***am Arm ~ sein*** essere ferito al braccio. **Ver|wun|de|te** m. e f. *(-n,-n)* ferito *m.* (-a *f.*). **Ver|wun|de|ten|ab|zei|chen** n. *(-s,-)* medaglia *f.* di benemerenza ai soldati feriti in guerra. **Ver|wun|de|ten|trans|port** m. *(-[e]s,-e)* trasporto *m.* di feriti.
Ver|wun|dung f. *(-,-en)* **1** ferimento *m.* **2** *(Wunde)* ferita *f.*
ver|wun|schen agg. incantato, colpito da incantesimo: ***ein -es Schloss*** un castello incantato; ***ein -er Prinz*** un principe colpito da incantesimo.
ver|wün|schen tr. **1** maledire: ***jdn, sein Schicksal ~*** maledire qcn., la propria sorte **2a** ANT. *(verzaubern)* ***jdn ~*** fare un incantesimo a, incantare qcn. **b** ***jdn in etw. (A) ~*** tramutare (*o* trasformare) qcn. in qcs. ◆ ***verwünscht!*** maledizione! **Ver|wün|schung** f. *(-,-en)* **1a** maledizione *f.* **b** *(Fluch)* maledizione *f.*, imprecazione *f.*: ***-en ausstoßen*** imprecare **2** ANT. *(Verzauberung)* incantesimo *m.*
ver|wursch|teln, ver|wurs|teln COLLOQ. **I** tr. mettere in disordine, incasinare **II** rifl. **sich ~** attorcigliarsi.
ver|wur|zeln intr. (aus. *sein*) **1** mettere radici, radicare **2** FIG. radicarsi, attecchire. **ver|wur|zelt** p.pass. agg. → **verwurzeln** ◆ FIG. ***in etw. (D) ~ sein*** essere radicato in qcs. **Ver|wur|ze|lung, Ver|wurz|lung** f. *(-,-en)* **1** BOT. radicazione *f.* **2** FIG. il radicarsi, l'essere radicato.
ver|wu|scheln tr. COLLOQ. arruffare.
ver|wüs|ten tr. devastare (anche FIG.). **Ver|wüs|tung** f. *(-,-en)* devastazione *f.*: ***-en anrichten*** provocare devastazioni.
ver|za|gen intr. (aus. *sein*, RAR. *haben*) perdersi d'animo, scoraggiarsi, avvilirsi. **Ver|zagt|heit** f. *(-,-en)* scoraggiamento *m.*, avvilimento *m.*
ver|zäh|len I tr. REGION. raccontare **II** intr. (aus. *haben*) sbagliare a contare.
ver|zah|nen tr. **1a** EDIL. immorsare, calettare **b** FIG. *(verketten)* concatenare, collegare **2** *(mit Zähnen versehen)* dentare, addentellare. **Ver|zah|nung** f. *(-,-en)* **1a** EDIL. immorsatura *f.*, calettatura *f.* **b** *(Verkettung)* concatenazione *f.*, collegamento *m.* **2** MECC. dentatura *f.*

ver|zan|ken rifl. **sich ~** COLLOQ. bisticciarsi, litigare.
ver|zap|fen tr. **1a** TECN. calettare **b** *(in der Tischlerei)* unire a tenone e mortisa **2** COLLOQ. dire, tirar fuori: ***Unsinn ~*** dire sciocchezze **3** REGION. *(abzapfen)* spillare. **Ver|zap|fung** f. *(-,-en)* **1** TECN. calettamento *m.* **2** *(in der Tischlerei)* unione *f.* a tenone e mortisa.
ver|zär|teln tr. SPREG. viziare, coccolare troppo; *(verweichlichen)* rammollire. **Ver|zär|te|lung** f. *(-)* SPREG. il viziare, eccesso *m.* di cure e attenzioni; *(Verweichlichung)* rammollimento *m.*
ver|zau|bern tr. **1a** ***jdn ~*** fare un incantesimo a qcn., incantare qcn. **b** ***jdn in etw. (A) ~*** tramutare (*o* trasformare) qcn. in qcs.: ***die Hexe verzauberte sie in eine Taube*** la strega la tramutò in una colomba **2** FIG. *(stark beeindrucken)* incantare, stregare, rapire. **Ver|zau|be|rung** f. *(-,-en)* **1** incantesimo *m.* **2** FIG. l'incantare, lo stregare, affascinamento *m.*
ver|zäu|nen tr. **1** *(umgrenzen)* recintare **2** ***einen Weg ~*** erigere, far correre uno steccato lungo la strada. **Ver|zäu|nung** f. *(-,-en)* recinzione *f.*
ver|ze|chen tr. **1** spendere nel bere **2** *(durchzechen)* trascorrere sbevazzando.
ver|zehn|fa|chen **I** tr. decuplicare **II** rifl. **sich ~** decuplicarsi.
Ver|zehr m. *(-[e]s)* **1** il consumare, consumazione *f.*; *(Essen)* il mangiare; ***die Früchte sind nicht zum ~ geeignet*** i frutti non sono commestibili **2** REGION. *(Verzehrtes)* ciò che si consuma ◆ ***zum baldigen, sofortigen ~ bestimmt!*** da consumarsi al più presto! **Ver|zehr|bon** m. *(-s,-s)* buono *m.* per una consumazione. **ver|zeh|ren** **I** tr. **1a** consumare: ***das Mittagessen ~*** consumare il pranzo **b** *(trinken)* bere **2a** ANT. *(verbrauchen)* consumare, utilizzare per il vitto **b** *(ausgeben)* spendere **3** *(an jdm, etw. zehren)* consumare, logorare: ***die Krankheit hat seine Kräfte verzehrt*** la malattia gli ha consumato le forze **II** rifl. **sich ~** consumarsi, struggersi: ***sich in Liebe ~ (zu jdm)*** consumarsi d'amore (per qcn.); ***sich nach jdm, etw. ~*** struggersi per qcn., qcs. **ver|zeh|rend** p.pres. agg. **1** → **verzehren** **2** struggente: ***-e Blicke, Leidenschaften*** sguardi, passioni struggenti. **Ver|zehr|zwang** m. *(-[e]s)* obbligo *m.* di consumazione.
ver|zeich|nen tr. **1** ***etw. ~*** fare una lista (*o* un elenco) di qcs., elencare qcs.: ***die Bücher alphabetisch ~*** fare un elenco alfabetico dei libri **2** *(festhalten)* annotare, registrare: ***etw. in einer Liste ~*** registrare qcs. in una lista **3** FIG. *(feststellen)* registrare: ***Fortschritte wurden nicht verzeichnet*** non si registrarono progressi **4a** *(falsch zeichnen)* disegnare male, sbagliare (a disegnare) **b** FIG. tracciare (*o* delineare) male; *(entstellt darstellen)* deformare, distorcere ◆ ***große Erfolge zu ~ haben*** registrare grandi successi. **ver|zeich|net** p.pass. agg. **1** → **verzeichnen** **2** registrato, segnato, iscritto: ***im Register ~ sein*** essere iscritto nel registro **3a** *(falsch gezeichnet)* disegnato male **b** FIG. mal delineato, tracciato male; *(entstellt dargestellt)* deformato, distorto: ***in dem Film ist die Persönlichkeit der Hauptfigur stark ~*** nel film la personalità del protagonista è molto mal delineata. **Ver|zeich|nis** n. *(-ses,-se)* **1** elenco *m.*, lista *f.*; COMM. distinta *f.*: ***ein ~ aufstellen, anlegen, anfertigen*** compilare una lista, un elenco; ***etw. in ein ~ aufnehmen, eintragen*** registrare (*o* segnare) qcs. in una lista, in un elenco **2** *(Register)* registro *m.* **3** *(Katalog)* catalogo *m.* **4** *(in Büchern)* indice *m.* **5** INFORM. directory *f.*, indirizzario *m.* **Ver|zeich|nung** f. *(-,-en)* **1** disegno *m.* sbagliato **2** FIG. *(falsche Wiedergabe)* rappresentazione *f.* falsa, deformazione *f.*
ver|zei|hen tr. *(verzieh, verziehen)* **1** perdonare: ***jdm alles ~*** perdonare tutto a qcn.; ***ich kann es mir nicht ~, dass ich das gesagt habe*** non mi posso perdonare di aver detto questo **2** *(entschuldigen)* scusare: ***~ Sie bitte, wie spät ist es?*** (mi) scusi, che ore sono? **ver|zeih|lich** agg. scusabile, veniale. **Ver|zei|hung** f. *(-,-en)* **1** perdono *m.*: ***jdm um ~ bitten*** chiedere perdono a qcn. **2** *(als Höflichkeitsformel)* ***~!*** (mi) scusi!
ver|zer|ren **I** tr. **1** storcere: ***den Mund vor Schmerz ~*** storcere la bocca per il dolore **2** *(entstellen)* deformare: ***Angst verzerrte ihr Gesicht*** la paura le deformò il viso **3** *(optisch)* distorcere: ***der Spiegel verzerrt die Gestalt*** lo specchio distorce la figura **4** FIG. *(verfälschen)* distorcere, deformare, travisare: ***die Wirklichkeit ~*** distorcere la realtà **II** rifl. **sich ~** **1** deformarsi: ***sein Gesicht verzerrte sich vor Wut*** il suo viso si deformò per la rabbia **2** ***sich (D) einen Muskel ~*** distorcersi, stirarsi un muscolo. **Ver|zer|rung** f. *(-,-en)* **1** lo storcere **2** *(Entstellung)* deformazione *f.*, distorsione *f.* **3** FIG. *(Verfälschung)* distorsione *f.*, deformazione *f.*, travisamento *m.*
1.ver|zet|teln tr. schedare, trascrivere su schede.
2.ver|zet|teln **I** tr. sprecare, sciupare: ***seine Zeit ~*** sprecare il proprio tempo **II** rifl. **sich ~** disperdersi: ***sich in Kleinigkeiten ~*** disperdersi in sciocchezze.
1.Ver|zet|te|lung, Ver|zett|lung f. *(-,-en)* schedatura *f.*
2.Ver|zet|te|lung, Ver|zett|lung f. *(-,-en)* **1** spreco *m.* **2** dispersione *f.*
Ver|zicht m. *(-[e]s,-e)* rinuncia *f.*: ***~ auf etw. (A) ~ leisten, üben*** rinunciare a qcs. **ver|zich|ten** intr. (aus. *haben*) **1** rinunciare: ***auf den Thron, auf seinen Anteil am Erbe ~*** rinunciare al trono, alla propria parte di eredità; ***auf die Teilnahme an etw. (D) ~*** rinunciare a partecipare a qcs. **2** *(entbehren)* fare a meno (di), rinunciare: ***ich verzichte auf deine Hilfe!*** faccio a meno del tuo aiuto! ***darauf kann ich gut und gern ~*** posso benissimo rinunciarvi (*o* farne a meno); ***sie müssen leider auf mich ~*** purtroppo dovrete fare a meno di me. **Ver|zicht(s)|er|klä|rung** f. *(-,-en)* dichiarazione *f.* di rinuncia. **Ver|zicht(s)|leis|tung** f. *(-,-en)* rinuncia *f.*
1.ver|zie|hen *(verzog, verzogen)* **I** tr. **1a** contrarre; *(verzerren)* storcere **b** ***den Mund zu einem Lächeln, Grinsen ~*** atteggiare la bocca a un sorriso, fare un ghigno; ***das Gesicht vor Schmerz ~*** fare una smorfia di dolore **2** RAR. *(verformen)* deformare, sformare **3** *(zu sehr verwöhnen)* viziare (troppo) **4** SPORT svirgolare: ***den Ball, Schuss ~*** svirgolare la palla, il tiro **5** AGR. *(vereinzeln)* diradare **II** intr. (aus. *sein*) trasferirsi: ***in eine andere Stadt, nach Köln ~*** trasferirsi in un'altra città, a Colonia **III** rifl. **sich ~** **1** contrarsi: ***sein Gesicht verzog sich schmerzlich*** il suo viso si contrasse dolorosamente **2** *(die Form verlieren)* sformarsi: ***die Bluse hat sich beim Waschen verzogen*** la camicetta si è sformata durante il lavaggio **3a** *(sich werfen)* deformarsi: ***das Bücherbrett hat sich verzogen*** il ripiano dei libri si è deformato **b** MECC. svergolarsi **4** *(wegziehen)* disperdersi, diradarsi; *(vom Gewitter, Regen)* cessare lentamente **5** FIG. *(vergehen)* sparire, passare: ***der Schmerz verzieht sich*** il dolore sta passando **6** COLLOQ. *(sich zurückziehen)* andarsene, mettersi: ***sich ins Bett ~*** andarsene (*o* mettersi) a letto **7** COLLOQ. *(sich entfernen)* sparire, filare: ***er hat sich heimlich verzogen*** se l'è filata di nascosto; ***verzieh dich!*** fila! sparisci! ◆ ***ohne eine Miene zu ~*** senza cambiare espressione, senza batter ciglio; ***keine Miene ~*** non batter ciglio, rimanere impassibile.
2.ver|zie|hen → **verzeihen.**
ver|zie|ren tr. **1** ornare, decorare: ***ein Kleid mit Perlen ~*** ornare un vestito con perle; ***eine Torte ~*** decorare (*o* guarnire) una torta **2** ARCH. decorare **3** MUS. infiorettare. **Ver|zie|rung** f. *(-,-en)* **1** ornamento *m.*, decorazione *f.* **2** ARCH. decorazione *f.* **3** MUS. abbellimento *m.*, (in)fiorettatura *f.*
ver|zim|mern tr. EDIL. armare (con opere di carpenteria). **Ver|zim|me|rung** f. *(-,-en)* EDIL. armatura *f.* (in legno).
1.ver|zin|ken tr. zincare.
2.ver|zin|ken tr. COLLOQ. tradire.
Ver|zin|kung f. *(-,-en)* zincatura *f.*
ver|zin|nen tr. stagnare. **Ver|zin|nung** f. *(-,-en)* stagnatura *f.*
ver|zins|bar agg. → **verzinslich.** **ver|zin|sen** **I** tr. ***etw. ~*** pagare l'interesse per (*o* su) qcs.: ***Spareinlagen mit 3 % ~*** pagare l'interesse del 3 % sui depositi **II** rifl. **sich ~** dare un interesse, fruttare: ***das Kapital verzinst sich mit 6 %*** il capitale frutta del 6 %. **ver|zins|lich** agg. ECON. fruttifero: ***-er Bonus, -e Einlage*** buono, deposito fruttifero; ***mit, zu 4 % ~ sein*** fruttare interessi del 4 %; ***gering, hoch ~*** a basso, ad alto tasso d'interesse. **Ver|zin|sung** f. *(-,-en)* ECON. **1** corresponsione *f.* d'interessi **2** il fruttare.
ver|zo|gen p.pass. agg. **1** → **1.verziehen** **2** *(zu sehr verwöhnt)* viziato ◆ ***Empfänger ~*** destinatario trasferito.
ver|zö|gern **I** tr. **1** rinviare, rimandare: ***die Abreise, den Baubeginn ~*** rimandare la partenza, l'inizio dei lavori **2** (far) ritardare: ***die Blüte ~*** ritardare la fioritura; ***die Auslieferung der Waren ~*** ritardare la consegna della merce **3** *(verlangsamen)* rallentare: ***das Tempo, das Spiel ~*** rallentare il ritmo, il gioco **II** rifl. **sich ~** **1** ritardare, subire un ritardo: ***die Lieferung hat sich verzögert*** la consegna ha subito un ritardo; ***der Start verzögert sich um eine Stunde*** la partenza ritarda di un'ora **2** *(sich bei etw. aufhalten)* indugiare, temporeggiare: ***sich bei etw. ~*** indugiare in qcs. **ver|zö|gernd** p.pres. agg. **1** → **verzögern** **2** DIR. dilatorio.
Ver|zö|ge|rung f. *(-,-en)* **1** ritardo *m.* **2** *(Verlangsamung)* rallentamento *m.* **Ver|zö|ge|rungs|tak|tik** f. *(-,-en)* tattica *f.* temporeggiatrice. **Ver|zö|ge|rungs|zin|sen** pl. → **Verzugszinsen.**
ver|zol|len tr. sdoganare. **Ver|zol|lung** f. *(-,-en)* sdoganamento *m.*: ***die ~ vornehmen*** effettuare, fare lo sdoganamento.
ver|zü|cken tr. mandare in estasi.
ver|zu|ckern tr. **1** ricoprire (*o* cospargere) di zucchero **2** CHIM. saccarificare ◆ ***jdm eine bittere Pille ~*** indorare la pillola a qcn. **ver|zu|ckert** p.pass. agg. → **verzuckern** ◆ ***-e Früchte*** frutta candita. **Ver|zu|cke|rung** f. *(-,-en)* saccarificazione *f.*
ver|zückt p.pass. agg. **1** → **verzücken** **2** estasiato, in estasi. **Ver|zückt|heit, Ver|zü|ckung** f. *(-)* ***in ~ geraten*** andare in estasi.

Ver|zug m. *(-[e]s)* **1** ritardo *m.*: **~ *der Zahlung*** ritardo nel pagamento (*o* ritardato pagamento); ***mit etw. im ~ sein, in ~ geraten (kommen)*** essere in ritardo con qcs., ritardare in qcs. **2** DIR. mora *f.*: ***im ~ sein, in ~ geraten (kommen)*** essere, cadere in mora; ***in ~ setzen*** mettere in mora ◆ ***Gefahr ist im ~*** pericolo imminente; ***ohne ~*** senza indugio. **Ver|zugs|tag** m. *(-[e]s,-e)* giorno *m.* di dilazione. **Ver|zugs|zin|sen** pl. interessi *m.pl.* di dilazione, di mora.

ver|zup|fen rifl. **sich ~** AUSTR. COLLOQ. svignarsela.

ver|zwackt agg. COLLOQ. → **verzwickt.**

ver|zwei|feln intr. (aus. *sein*, ANT. *haben*) disperare, disperarsi: ***an jdm, etw. ~*** disperare di qcn., qcs., perdere la speranza in qcn., qcs.; ***am Gelingen von etw. ~*** disperare della riuscita di qcs.; ***es besteht kein Grund zu ~*** non c'è ragione di disperare (*o* disperarsi); ***nur nicht ~!*** non disperare (*o* disperarti)! ◆ ***es ist zum Verzweifeln*** c'è da disperarsi. **ver|zwei|felt I** p.pass. agg. **1** → **verzweifeln 2** disperato: ***eine -e Lage, ein -er Kampf*** una situazione, una lotta disperata; ***ein -er Mann*** un uomo disperato; ***-e Anstrengungen*** sforzi disperati **II** avv. **1** disperatamente **2** rafforz. *(sehr)* estremamente: ***die Aussichten sind ~ gering*** le possibilità sono estremamente ridotte. **Ver|zweif|lung** f. *(-,-en)* disperazione *f.*: ***etw. aus, in, vor größter, äußerster ~ tun*** fare qcs. per estrema disperazione ◆ ***jdn zur ~ bringen*** far disperare qcn.; ***in ~ über jdn, etw. geraten*** disperarsi per qcn., qcs.; ***eine Tat der ~*** un atto disperato; ***jdn zur, in die ~ treiben*** ridurre qcn. alla disperazione. **Ver|zweif|lungs|tat** f. *(-,-en)* atto *m.* disperato. **ver|zweif|lungs|voll** agg. disperato.

ver|zwei|gen rifl. **sich ~** ramificarsi (anche FIG.). **ver|zweigt** p.pass. agg. **1** → **verzweigen 2** ramificato: ***ein sehr -es Kanalsystem*** un sistema di canalizzazione molto ramificato. **Ver|zwei|gung** f. *(-,-en)* **1** ramificazione *f.* (anche FIG.) **2** SVIZZ. *(Kreuzung)* incrocio *m.*

ver|zwickt agg. COLLOQ. intricato, ingarbugliato, complicato.

Ves|per f. *(-,-n)*, REGION. n. *(-s,-)* **1a** vespro *m.* **b** *(Gottesdienst)* vespro *m.*, vespri *m.pl.*: ***in die, zur ~ gehen*** andare ai vespri **2** REGION. *(Zwischenmahlzeit)* merenda *f.* ◆ ***Sizilianische ~*** vespri siciliani. **Ves|per|bild** n. *(-[e]s,-er)* ART. pietà *f.* **Ves|per|brot** n. *(-[e]s,-e)* REGION. merenda *f.* **Ves|per|glo|cke** f. *(-,-n)* campana *f.* del vespro. **Ves|per|läu|ten** n. *(-s)* (suono *m.* della) campana *f.* del vespro. **ves|pern** intr. (aus. *haben*) REGION. fare merenda. **Ves|per|zeit** f. *(-)* REGION. ora *f.* della merenda.

Ves|ta|lin [v-] f. *(-,-nen)* vestale *f.*

Ves|ti|bül [v-] n. *(-s,-e)* vestibolo *m.*: **~ *des Theaters*** vestibolo del teatro. **Ves|ti|bu|lum** n. *(-s, Vestibula)* ARCH. ANAT. vestibolo *m.*

Ve|suv [v-] n.pr.m. *(-s)* Vesuvio *m.* **ve|su|visch** agg. vesuviano.

Ve|te|ran [v-] m. *(-en,-en)* veterano *m.* (anche FIG.).

ve|te|ri|när [v-] agg. veterinario. **Ve|te|ri|när** m. *(-s,-e)* veterinario *m.* **Ve|te|ri|när|me|di|zin** f. *(-)* (medicina *f.*) veterinaria *f.*

Ve|to [v-] n. *(-s,-s)* **1** veto *m.*: ***ein (sein) ~ gegen etw. einlegen*** porre il veto a qcs.; ***sein ~ zurückziehen*** togliere il veto **2** → **Vetorecht.** **Ve|to|recht** n. *(-s)* diritto *m.* di veto: ***von seinem ~ Gebrauch machen*** esercitare il diritto di veto.

Vet|tel f. *(-,-n)* ANT. vecchiaccia *f.*

Vet|ter m. *(-s,-n)* cugino *m.* **vet|ter|lich** agg. di, da cugino. **Vet|ter(n)|schaft** f. *(-)* insieme *m.* dei cugini. **Vet|tern|wirt|schaft** f. *(-)* nepotismo *m.*

Ve|xier|bild [v-] n. *(-[e]s,-er)* figura *f.* ambigua (in un disegno). **ve|xie|ren** tr. ANT. **1** vessare **2** *(necken)* motteggiare, canzonare. **Ve|xier|schloss** n. *(-es, -schlösser)* serratura *f.* a combinazione. **Ve|xier|spie|gel** m. *(-s,-)* specchio *m.* deformante.

vgl. ⇒ *vergleiche* confronta (cfr.).

v. g. u. ⇒ *vorgelesen, genehmigt, unterschrieben* letto, approvato, sottoscritto.

v. H. ⇒ *vom Hundert* per cento.

VHS ⇒ *Volkshochschule* Università popolare.

via [v-] prep. + acc. **1** via: **~ *London nach New York fliegen*** volare a New York via Londra; **~ *Telefon, Satellit*** via telefono, via satellite **2** *(durch)* per mezzo di, tramite.

Vi|a|dukt [v-] m. e n. *(-[e]s,-e)* viadotto *m.*

Vib|ra|fon, Vib|ra|phon [v-] n. *(-s,-e)* vibrafono *m.* **Vib|ra|fo|nist, Vib|ra|pho|nist** m. *(-en,-en)* vibrafonista *m.* **Vib|ra|ti|on** f. *(-,-en)* vibrazione *f.* **Vib|ra|ti|ons|mas|sa|ge** [-ma'sa:ʒə] f. *(-,-n)* vibromassaggio *m.* **Vib|ra|to** n. *(-s,-s* e *Vibrati)* vibrato *m.* **Vib|ra|tor** m. *(-s,-en)* vibratore *m.* **vib|rie|ren** intr. (aus. *haben*) vibrare. **Vib|ro|mas|sa|ge** → **Vibrationsmassage.**

Vic|to|ri|a|see [v-] n.pr.m. *(-s)* lago *m.* Vittoria.

Vi|deo [v-] n. *(-s,-s)* **1** → **Videotechnik 2** *(Videoclip)* video *m.* **3** *(Videokassette)* cassetta *f.*: ***ein ~ aufnehmen*** registrare una cassetta **4** → **Videoband 5** → **Videofilm.** **Vi|de|o|auf|zeich|nung** f. *(-,-en)* videoregistrazione *f.* **Vi|de|o|band** n. *(-[e]s,-bänder)* videotape *m.* **Vi|de|o|clip** m. *(-s,-s)* videoclip *m.* **Vi|de|o|film** m. *(-[e]s,-e)* **1a** filmino *m.* **b** filmato *m.* **2** *(Film auf Videokassette)* film *m.* in, su videocassetta. **Vi|de|o|ge|rät** n. *(-[e]s,-e)* → **Videorecorder.** **Vi|de|o|ka|me|ra** f. *(-,-s)* videocamera *f.* **Vi|de|o|kas|set|te** f. *(-,-n)* videocassetta *f.* **Vi|de|o|kon|fe|renz** f. *(-,-en)* videoconferenza *f.* **Vi|de|o|plat|te** f. *(-,-n)* videodisco *m.* **Vi|de|o|re|cor|der** m. *(-s,-)* videoregistratore *m.* **Vi|de|o|sig|nal** n. *(-s,-e)* segnale *m.* video, videosegnale *m.* **Vi|de|o|spiel** n. *(-[e]s,-e)* videogioco *m.*, videogame *m.* **Vi|de|o|sys|tem** n. *(-s,-e)* videosistema *m.* **Vi|de|o|tech|nik** f. *(-)* **1** apparecchiature *f.pl.* video (*o* di videoregistrazione) **2** *(Aufzeichnungsverfahren)* videotecnica *f.* **Vi|de|o|text** m. *(-[e]s,-e)* televideo *m.*, teletext *m.* **Vi|de|o|thek** f. *(-,-en)* videoteca *f.* **Vi|de|o|über|wa|chung** f. *(-,-en)* sorveglianza *f.* con telecamere (a circuito chiuso).

vi|die|ren [v-] tr. AUSTR. o ANT., **vi|di|mie|ren** tr. ANT. vidimare.

Viech n. *(-[e]s,-er)* COLLOQ. bestia *f.* (anche FIG. SPREG.). **Vie|che|rei** f. *(-,-en)* **1** COLLOQ. *(Strapaze)* faticaccia *f.* **2** *(niederträchtige Handlung)* vigliaccata *f.*

Vieh n. *(-[e]s)* **1** bestiame *m.*, bestie *f.pl.*: **~ *züchten, halten*** allevare bestiame; ***das ~ auf die Weide treiben*** portare il bestiame al pascolo; ***zehn Stück ~*** dieci capi di bestiame **2** COLLOQ. *(Tier)* animale *m.*, bestia *f.* (anche FIG. SPREG.) ◆ ***wie das liebe ~*** come bestie; ***jdn wie ein Stück ~ behandeln*** trattare qcn. come un cane. **Vieh|be|stand** m. *(-[e]s,-bestände)* patrimonio *m.* zootecnico. **Vieh|dok|tor** m. *(-s,-en)* COLLOQ. veterinario *m.* **Vieh|fut|ter** n. *(-s)* cibo *m.* per animali. **Vieh|hal|ter** m. *(-s,-)* allevatore *m.* di bestiame. **Vieh|hal|tung** f. *(-)* allevamento *m.* di bestiame. **Vieh|han|del** m. *(-s)* commercio *m.* di bestiame. **Vieh|händ|ler** m. *(-s,-)* commerciante *m.* di bestiame. **Vieh|her|de** f. *(-,-n)* mandria *f.*

vie|hisch I agg. **1** bestiale **2** FIG. *(brutal)* brutale, bestiale **3** *(sehr stark)* bestiale: ***-e Schmerzen*** dolori bestiali **II** avv. **1** come (le) bestie **2** *(brutal)* brutalmente **3** *(sehr viel)* terribilmente.

Vieh|markt m. *(-[e]s,-märkte)* mercato *m.* del bestiame. **Vieh|salz** n. *(-es)* sale *m.* pastorizio. **Vieh|seu|che** f. *(-,-n)* epizoozia *f.* **Vieh|stall** m. *(-[e]s,-ställe)* stalla *f.* **Vieh|stand** m. *(-[e]s,-stände)* SVIZZ. → **Viehbestand.** **Vieh|trän|ke** f. *(-,-n)* abbeveratoio *m.* **Vieh|wa|gen** m. *(-s,-)*, **Vieh|wag|gon** m. *(-s,-s)* carro *m.* bestiame. **Vieh|wei|de** f. *(-,-n)* pascolo *m.* **Vieh|wirt|schaft** f. *(-)* zootecnia *f.* **Vieh|zucht** f. *(-)* allevamento *m.* di, del bestiame. **Vieh|züch|ter** m. *(-s,-)* allevatore *m.* di, del bestiame.

viel (compar. *mehr*, superl. *meist*) **I** pron. indef. *(attributiv)* **1** molto, tanto: ***in -er Hinsicht*** per molti aspetti; ***in -en Fällen*** in molti casi; ***mit -em unnötigem Fleiß*** con tanto inutile zelo; ***-e Sorgen*** molte preoccupazioni; ***-e neue Freunde, -e Leute*** molti nuovi amici, tanta gente **2** inv. **~ *Geld, Zeit, Mut*** molto denaro, tempo, coraggio; **~ *Blut vergießen*** versare molto sangue; ***mit ~ Soße*** con molta salsa; ***mit ~ trockenem Holz*** con molta legna secca; ***mit ~ gutem Willen*** con molta buona volontà **II** pron.n. **vieles**, pron. pl. **viele**: ***-es gelernt haben, wissen*** avere imparato, sapere molto (*o* molte cose); ***in -em hast du recht*** in molte cose hai ragione; ***-e der Zuschauer, von uns, einer unter -en*** molti spettatori, molti di noi, uno tra molti; ***die Interessen -er, von -en*** gli interessi di molti; ***-e können das nicht tun*** molti non possono farlo **III** pron.inv. **viel** molto, tanto, molte (*o* tante) cose: **~ *Gutes, Unnötiges*** molte cose buone, inutili; ***er hat ~ von seinem Vater*** ha molto di suo padre; **~ *zu tun haben*** avere molto da fare **IV** avv. **1a** molto, tanto: **~ *arbeiten, essen*** lavorare, mangiare molto **b** *(oft)* **~ *ins Kino gehen*** andare molto al cinema **2** rafforz. molto: **~ *besser, mehr*** molto meglio, molto di più; **~ *zu teuer*** troppo caro **3 ~ *befahren*** molto trafficato; **~ *beschäftigt*** indaffarato, molto occupato; **~ *besprochen*** molto discusso; **~ *besucht*** molto frequentato, frequentatissimo; **~ *diskutiert*** molto discusso; **~ *gebraucht*** molto usato; **~ *gefragt*** molto richiesto; **~ *gekauft*** molto venduto; **~ *gelesen*** molto letto; ANT. **~ *geliebt*** amatissimo, beneamato; **~ *genannt*** molto nominato, noto; **~ *geprüft*** molto provato; **~ *gereist*** che ha viaggiato molto; **~ *gerühmt, gepriesen*** ottimo, eccellente; **~ *sagend*** significativo, eloquente; in modo significativo: ***ein ~ sagender Blick*** uno sguardo eloquente; **~ *umworben*** molto corteggiato; LETT. **~ *verheißend, versprechend*** molto promettente, che promette bene: ***ein ~ versprechender Anfang*** un inizio molto promettente; **~ *zitiert*** molto citato ◆ ***ein bisschen ~*** un po' troppo; ***-en Dank!*** grazie molte! (*o* tante grazie!) ***durch -es Lesen*** a forza di leggere; ***gleich ~*** altrettanto; **~ *Glück (und Segen)!*** buona fortuna! ***-e hundert Menschen*** molte centinaia di persone; ***nicht ~*** non molto; ***sehr ~*** moltissimo; **~ *Spaß!*** buon divertimento! ***um -es*** (di) molto; ***um so ~*** di tanto; **~ *Vergnügen!*** buon divertimento! ***so ~ weiß ich, dass...*** so solo questo che...; COLLOQ. ***nicht ~ Worte machen***

non fare molte parole; ***ziemlich*** **~** abbastanza; **~ *zu viel*** troppo; **~ *zu wenig*** troppo poco.

viel|ar|mig agg. a, con molti bracci. **viel|ar|tig** agg. di molte specie. **viel|bän|dig** agg. in molti volumi.

viel|deu|tig agg. dai molti significati. **Viel|deu|tig|keit** f. *(-,-en)* polivalenza *f.* di significati.

Viel|eck n. *(-[e]s,-e)* poligono *m.* **viel|eckig** agg. poligonale.

Viel|ehe f. *(-)* poligamia *f.*: ***in ~ leben*** essere poligamo.

vie|ler|lei I agg.inv. vario, diverso, di vario tipo, di molte specie: ***es gibt ~ Ursachen dafür*** ci sono vari motivi; ***~ Sorten Wein*** molti tipi di vino **II** pron.indef. molte (*o* varie, diverse) cose *f.pl.*: ***ich habe ~ zu tun*** ho varie cose da fare. **Vie|ler|lei** n. *(-s,-s)* gran numero *m.* di cose, grande quantità *f.* di cose. **vie|ler|orts** avv. in molti (*o* vari) luoghi.

viel|fach I agg. multiplo, molteplice **II** avv. **1** più volte: ***ein ~ korrigierter Text*** un testo corretto più volte **2** *(in großer Zahl)* in gran (*o* in buon) numero **3** COLLOQ. *(häufig)* spesso, molte volte ◆ ***das kleinste gemeinsame Vielfache*** il minimo comune multiplo; ***ein -er Millionär*** un plurimiliardario, un multimiliardario; ***um ein Vielfaches*** di molto; ***auf -en Wunsch*** a grande richiesta. **Viel|fach|mess|ge|rät** n. *(-[e]s,-e)* multimetro *m.*

Viel|falt f. *(-)* molteplicità *f.*, varietà *f.*: ***eine überraschende ~ von, an etw. (D)*** una sorprendente varietà di qcs. **viel|fäl|tig** agg. molteplice, vario, svariato: ***in -en Farben*** in svariati colori. **Viel|fäl|tig|keit** f. *(-)* molteplicità *f.*, varietà *f.*

viel|far|big, AUSTR. **viel|fär|big** agg. multicolore; ART. policromo.

Viel|flach n. *(-[e]s,-e)* poliedro *m.* **viel|flä|chig** agg. poliedrico. **Viel|fläch|ner** m. *(-s,-)* → **Vielflach.**

Viel|fraß m. *(-es,-e)* **1** COLLOQ. mangione *m.* **2** ZOOL. ghiottone *m.* **viel|fü|ßig** agg. a, con molti piedi. **Viel|ge|reis|te** m. e f. *(-n,-n)* grande viaggiatore *m.* (-trice *f.*). **viel|ge|stal|tig** agg. multiforme. **Viel|ge|stal|tig|keit** f. *(-)* multiformità *f.* **viel|glied|rig** agg. **1** con molti arti **2** molto articolato: ***eine -e Organisation*** un'organizzazione molto articolata. **Viel|göt|te|rei** f. *(-)* politeismo *m.*

Viel|heit f. *(-)* molteplicità *f.*, pluralità *f.*, moltitudine *f.*

viel|hun|dert|mal avv. cento volte, centomila volte, centinaia di volte: ***ich habe es dir ~ gesagt*** te l'ho detto cento volte.

viel|köp|fig agg. **1** a, con molte teste **2** *(zahlreich)* numeroso: ***eine -e Familie*** una famiglia numerosa.

viel|leicht I avv. **1** *(eventuell)* forse: ***~ hast du dich geirrt*** forse ti sei sbagliato; ***es ist ~ besser, wenn...*** forse è meglio se... **2** *(ungefähr)* forse, circa: ***es waren ~ zwanzig Leute da*** c'erano forse venti persone **II** part.at. **1** *(wirklich sehr)* veramente, davvero, proprio: ***du bist ~ ein Spinner!*** sei proprio uno svitato! ***ich war ~ böse!*** ero davvero arrabbiato! **2** *(als unwillige Aufforderung)* ***~ wartest du!*** sta' ad aspettare, fa' il piacere di aspettare! **3** *(etwa)* forse, mica: ***soll ich dir das ~ glauben?*** devo forse crederti?

Viel|lieb|chen n. *(-s,-)* INTRAD. (scommessa scherzosa, che si fa mangiando in due le due metà di un frutto).

viel|mal avv. ANT. → **vielmals. viel|ma|lig** agg. RAR. ripetuto, frequente. **viel|mals** avv. tanto, molte volte: ***entschuldigen Sie ~!*** scusi tanto! ***jdn ~ grüßen lassen*** mandare tanti saluti a qcn. ◆ ***jdm ~ danken*** ringraziare vivamente qcn.; IRON. ***danke ~!*** grazie tante!

Viel|män|ne|rei f. *(-)* poliandria *f.*

viel|mehr, viel|mehr avv. **1** *(im Gegenteil)* anzi, piuttosto, invece **2** *(genauer)* anzi, meglio.

viel|pha|sig agg. multifase. **viel|po|lig** agg. multipolare.

viel|schich|tig agg. **1** di, a più strati **2** *(heterogen)* molteplice, complesso: ***ein -es Problem*** un problema complesso. **Viel|schich|tig|keit** f. *(-)* **1** multidimensionalità *f.* **2** *(Heterogenität)* molteplicità *f.*, complessità *f.*

Viel|schrei|ber m. *(-s,-)* SPREG. grafomane *m.*

viel|sei|tig agg. **1** poliedrico, eclettico: ***ein -er Mensch*** una persona poliedrica **2** *(mannigfach)* molteplice, multiforme: ***-e Verwendungsmöglichkeiten*** molteplici possibilità di applicazione; ***ein -es Programm*** un programma multiforme **3** *(von vielen)* generale, di molti, espresso da molti; ***auf -en Wunsch*** a grande richiesta ◆ ***~ begabt*** eclettico; ***~ interessiert*** poliedrico; ***etw. ~ verwenden*** utilizzare qcs. in molteplici modi. **Viel|sei|tig|keit** f. *(-)* **1** poliedricità *f.*, eclecticità *f.* **2** *(Weite)* complessità *f.*, vastità *f.*

viel|spra|chig agg. poliglotta. **Viel|staa|te|rei** f. *(-)* particolarismo *m.* **viel|stim|mig** agg. polifonico: ***-er Gesang*** canto polifonico (*o* a più voci). **viel|tau|send|mal** avv. mille volte, migliaia di volte, infinitamente. **Viel|völ|ker|staat** m. *(-[e]s,-en)* stato *m.* plurinazionale. **Viel|wei|be|rei** f. *(-)* poliginia *f.* **Viel|wis|ser** m. *(-s,-)* SPREG. sapientone *m.* **Viel|zahl** f. *(-)* pluralità *f.*, molteplicità *f.* **Viel|zel|ler** m. *(-s,-)* organismo *m.* pluricellulare. **viel|zel|lig** agg. pluricellulare.

vier agg. **1** quattro: ***wir waren unser ~*** eravamo in quattro; ***in ~ Tagen*** fra quattro giorni; ***mit der Linie ~ fahren*** prendere il quattro (linea del tram o del bus); ***~ (Jahre alt) werden*** compiere quattro anni; ***die ~ Jahreszeiten, Himmelsrichtungen, Elemente*** le quattro stagioni, i quattro punti cardinali, i quattro elementi **2** *(vier Uhr)* le quattro, le ore quattro: ***gegen ~ Uhr*** verso le quattro; ***um ~*** alle quattro; ***es war, schlug halb ~*** erano, battevano le tre e mezza; ***ein Viertel vor*** (RAR. ***auf), nach ~*** le quattro meno un quarto (un quarto alle quattro), le quattro e un quarto ◆ COLLOQ. ***auf allen -en*** carponi; COLLOQ. a quattro zampe; ***unter ~ Augen*** a quattr'occhi; ***sich auf seine ~ Buchstaben setzen*** = sedersi; COLLOQ. ***alle -e von sich strecken*** stirarsi, stiracchiarsi per bene; *(sterben)* tirare le cuoia; ***in seinen ~ Wänden bleiben*** restare tra le quattro mura di casa.

Vier f. *(-,-en)* **1a** *(Ziffer)* quattro *m.* **b** COLLOQ. ***die ~*** il quattro (linea del tram o del bus) **2** SCOL. *(ausreichend)* = sei *m.*: ***eine ~ in Chemie bekommen*** prendere un sei in chimica **3a** *(Spielkarte)* quattro *m.*: ***die ~ ablegen*** scartare il quattro **b** *(Würfel)* ***eine ~ würfeln*** fare quattro con i dadi.

Vier|ach|ser m. *(-s,-)* autocarro *m.* a quattro assi. **Vier|ak|ter** m. *(-s,-)* dramma *m.* in quattro atti. **vier|ar|mig** agg. a quattro bracci. **Vier|au|gen|ge|spräch** n. *(-[e]s,-e)* COLLOQ. discorso *m.* a quattr'occhi. **vier|bän|dig** agg. in quattro volumi. **Vier|bei|ner** m. *(-s,-)* **1** quadrupede *m.* **2** SCHERZ. *(Hund)* quattrozampe *m.* **vier|bei|nig** agg. quadrupede. **Vier|blatt** n. *(-[e]s,-blätter)* quadrifoglio *m.* **vier|blät|te|rig, vier|blätt|rig** agg. a (*o* di) quattro foglie. **vier|di|men|si|o|nal** agg. quadrimensionale, quadridimensionale.

Vier|eck n. *(-[e]s,-e)* quadrilatero *m.*; *(Quadrat)* quadrato *m.*: ***ein ~ bilden, zeichnen*** formare, disegnare un quadrato. **vier|eckig** agg. quadrangolare, tetragonale.

vier|ein|halb agg.inv. quattro e mezzo.

vie|ren tr. dividere in quattro (parti).

Vie|rer m. *(-s,-)* **1** *(beim Rudern)* imbarcazione *f.* a quattro **2** COLLOQ. quaterna *f.* **3** REGION. SCOL. = sei *m.* **4** → **Vier** ◆ ***~ mit Steuermann*** quattro con. **Vie|rer|bob** m. *(-s,-s)* bob *m.* a quattro.

vie|rer|lei agg.inv. di quattro specie (*o* tipi). **Vie|rer|rei|he** f. *(-,-n)* fila *f.* per quattro. **Vie|rer|zug** m. *(-[e]s,-züge)* tiro *m.* a quattro.

vier|fach I agg. quadruplo, quadruplice: ***in -er Ausfertigung*** in quadruplice copia (*o* in quattro copie) **II** avv. quattro volte: ***etw. ~ falten*** piegare qcs. quattro volte (*o* in quattro). **Vier|fa|che** n. *(-n)* quadruplo *m.* ◆ ***etw. um das ~ erhöhen*** quadruplicare qcs., moltiplicare qcs. per quattro.

Vier|far|ben|druck m. *(-[e]s,-e)* quadricromia *f.*

Vier|flach n. *(-[e]s,-e)*, **Vier|fläch|ner** m. *(-s,-)* tetraedro *m.* **Vier|fürst** m. *(-en,-en)* tetrarca *m.* **Vier|fü|ßer** m. *(-s,-)* quadrupede m. **vier|fü|ßig** agg. **1** quadrupede **2** METR. di quattro piedi. **Vier|füß|ler** m. → **Vierfüßer. Vier|gang|ge|trie|be** n. *(-s,-)* cambio *m.* a quattro marce. **Vier|ge|spann** n. *(-[e]s,-e)* **1** tiro *m.* a quattro **2** *(in der Antike)* quadriga *f.*

Vier|hän|der m. *(-s,-)* quadrumane *m.* **vier|hän|dig I** agg. quadrumane **II** avv. a quattro mani: ***~ Klavier spielen*** suonare il pianoforte a quattro mani.

vier|hun|dert agg.inv. quattrocento. **Vier|jah|res|plan** m. *(-[e]s,-pläne)* piano *m.* quadriennale. **vier|jäh|rig** agg. **1** di quattro anni: ***ein -es Kind*** un bambino di quattro anni **2** *(vier Jahre dauernd)* quadriennale. **vier|jähr|lich** agg. quadriennale.

vier|kant avv. MAR. orizzontalmente. **Vier|kant** n. e m. *(-[e]s,-e)* **1** → **Vierkanteisen 2** → **Vierkantschlüssel. Vier|kant|ei|sen** n. *(-s,-)* barra *f.* quadra di ferro. **Vier|kant|fei|le** f. *(-,-n)* lima *f.* quadra. **vier|kan|tig** agg. quadro, quadrangolare. **Vier|kant|schlüs|sel** m. *(-s,-)* chiave *f.* a femmina quadra.

Vier|ling m. *(-s,-e)* **1** gemello *m.* (di quattro): ***-e gebären*** partorire quattro gemelli **2** fucile *m.* a quattro canne. **Vier|lings|ge|burt** f. *(-,-en)* parto *m.* quadrigemino.

Vier|mäch|te|ab|kom|men n. *(-s,-)* accordo *m.* quadripartito.

vier|mal avv. (per) quattro volte. **vier|ma|lig** agg. di quattro volte.

Vier|mas|ter m. *(-s,-)* quattro alberi *m.*

vier|mo|na|tig agg. di quattro mesi. **vier|mo|nat|lich** agg. ogni quattro mesi.

vier|mo|to|rig agg. quadrimotore. **Vier|pass** m. *(-es,-pässe)* ARCH. quadrilobo *m.* **vier|pfün|dig** agg. di (*o* da) due chili. **Vier|plät|zer** m. *(-s,-)* SVIZZ. → **Viersitzer. vier|pro|zen|tig** agg. al (*o* del) quattro per cento.

Vier|rad|an|trieb m. *(-[e]s,-e)* trazione *f.* a quattro ruote (*o* integrale). **vier|rä|de|rig, vier|räd|rig** agg. a, con quattro ruote.

Vier|ru|de|rer m. *(-s,-)* quadrireme *f.* **vier|sai|tig** agg. a quattro corde. **vier|sät|zig** agg. MUS. in quattro movimenti (*o* tempi). **vier|**

schrö|tig agg. tarchiato: *ein -er Mann* un uomo tarchiato. **vier|sei|tig** agg. quadrilatero. **vier|sil|big** agg. quadrisillabico, quadrisillabo. **Vier|sit|zer** m. *(-s,-)* AUT. quattro posti *f.* **vier|sit|zig** agg. a quattro posti. **Vier|spän|ner** m. *(-s,-)* tiro *m.* a quattro, carrozza *f.* a quattro cavalli. **vier|spän|nig** agg. a quattro cavalli. **vier|spu|rig** agg. a quattro corsie: *eine -e Straße* una strada a quattro corsie. **vier|stel|lig** agg. a, di quattro cifre. **vier|stim|mig** agg. MUS. a quattro voci. **vier|stö|ckig** agg. di, a quattro piani. **vier|stün|dig** agg. di sei ore. **vier|stünd|lich I** agg. che avviene ogni quattro ore; *in -en Abständen* a intervalli di quattro ore **II** avv. ogni quattro ore. **vier|tä|gig** agg. di quattro giorni. **vier|täg|lich I** agg. che avviene (*o* si ripete) ogni quattro giorni **II** avv. ogni quattro giorni. **Vier|takt|mo|tor** m. *(-s,-en)* motore *m.* a quattro tempi. **vier|tau|send** agg.inv. quattromila. **Vier|tau|sen|der** m. *(-s,-)* quattromila *m.*, montagna *f.* di quattromila metri: *einen ~ besteigen* scalare una montagna di quattromila metri.

vier|te agg., pron. **1** quarto: *das ~ Schuljahr* il quarto anno di scuola **2** *(im Datum)* quattro: *Wien, den -n März* Vienna, quattro marzo; *am -n März* il quattro marzo ◆ *die Vierte Republik* la quarta repubblica; STOR. *der ~ Stand* il quarto stato. **Vier|te** m. e f. *(-n,-n)* **1** quarto *m.* (-a *f.*): *Karl der ~* Carlo Quarto; *Mahlers ~* la Quarta di Mahler; *er ist der ~ in der Reihe* è il quarto della fila; *jeder ~* uno su quattro, uno ogni quattro **2** *(als Monatstag)* quattro *m.*: *heute ist der ~* oggi è il quattro.

vier|tei|len tr. **1** squartare **2** RAR. dividere in quattro: *einen Apfel ~* dividere in quattro una mela. **vier|tei|lig** agg. diviso in quattro parti.

vier|tel agg.inv. **1** quarto: *ein ~ Liter* un quarto di litro **2** *(Viertelstunde) in drei ~ Stunden* in tre quarti d'ora; REGION. *wir treffen uns um ~ zwei, um drei ~ zwei* ci vediamo all'una e un quarto, all'una e tre quarti; *es ist drei ~ zwei* sono le due meno un quarto. **Vier|tel** n. e SVIZZ. m. *(-s,-)* **1a** quarto *m.*: *drei ~ der Wähler* tre quarti degli elettori; *im ersten ~ des Jahrhunderts* nel primo quarto del secolo **b** *(Viertelstunde) es ist (ein) ~ vor, nach drei* sono le tre meno, e un quarto **c** ASTR. *der Mond steht im ersten, letzten ~* la luna è al (*o* nel) primo, all' (*o* nell') ultimo quarto **d** *(Viertelliter Wein)* quarto *m.* (di vino), quartino *m.*: *er hat schon zwei ~ getrunken* ha già bevuto due quartini **e** REGION. → **Viertelpfund 2** *(Stadtteil)* quartiere *m.*: *ein verrufenes ~* un quartiere malfamato **3** REGION. *(Häuserblock)* isolato *m.* ◆ *das akademische ~* il quarto d'ora accademico. **Vier|tel|dre|hung** f. *(-,-en)* quarto *m.* di rotazione. **Vier|tel|fi|na|le** n. *(-s,- e -s)* SPORT quarti *m.pl.* di finale: *ins ~ kommen, einziehen* arrivare ai quarti di finale.

Vier|tel|jahr n. *(-[e]s,-e)* trimestre *m.* **Vier|tel|jah|res|schrift** f. *(-,-en)* (pubblicazione *f.*) trimestrale *m.* **Vier|tel|jahr|hun|dert** n. *(-s,-e)* quarto *m.* di secolo. **vier|tel|jäh|rig** agg. di tre mesi, trimestrale. **vier|tel|jähr|lich I** agg. trimestrale **II** avv. trimestralmente, ogni tre mesi. **Vier|tel|jahrs|schrift** → **Vierteljahresschrift.**

Vier|tel|kreis m. *(-es,-e)* **1** GEOM. quadrante *m.* **2** SPORT corner *m.* **Vier|tel|li|ter** m. e n. *(-s,-)* quarto *m.* di litro, quartino *m.*

vier|teln tr. **1** dividere in quattro (parti) **2** *(mit einem Messer)* tagliare in quattro (parti): *Tomaten ~* tagliare in quattro i pomodori; *eine Pizza ~* tagliare in quattro una pizza.

Vier|tel|no|te f. *(-,-n)* MUS. semiminima *f.* **Vier|tel|pau|se** f. *(-,-n)* pausa *f.* di una semiminima. **Vier|tel|pfund** n. *(-[e]s,-e)* **1** 125 grammi **2** *(in Großbritannien)* quarto *m.* di libbra. **Vier|tel|stun|de** f. *(-,-n)* quarto *m.* d'ora. **vier|tel|stün|dig** agg. di un quarto d'ora. **vier|tel|stünd|lich** agg. e avv. ogni quarto d'ora: *der Bus kommt ~* l'autobus passa ogni quarto d'ora. **Vier|tel|ton** m. *(-[e]s,-töne)* MUS. quarto *m.* di tono.

vier|tens avv. in quarto luogo.

viert|letzt agg. quartultimo. **vier|tü|rig** agg. a quattro porte. **vier|und|ein|halb** → **viereinhalb. Vier|und|sech|zigs|tel|no|te** f. *(-,-n)* semibiscroma *f.*, sessantaquattresimo *m.*

Vie|rung f. *(-,-en)* ARCH. quadrato *m.*, crociera *f.*

Vier|vier|tel|takt m. *(-[e]s,-e)* MUS. tempo *m.* in quattro quarti.

Vier|wald|stät|ter, *~ See* lago *m.* dei Quattro Cantoni.

vier|wer|tig agg. CHIM. tetravalente. **vier|wö|chent|lich I** agg. che avviene ogni quattro settimane **II** avv. ogni quattro settimane. **vier|wö|chig** agg. di quattro settimane.

vier|zehn agg.inv. quattordici ◆ *~ Tage* quindici giorni, due settimane. **vier|zehn|hun|dert** agg.inv. millequattrocento. **vier|zehn|jäh|rig** agg. quattordicenne, di quattordici anni. **vier|zehn|tä|gig** agg. di quindici giorni, di due settimane. **vier|zehn|täg|lich I** agg. che avviene ogni quindici giorni, che avviene ogni due settimane. **II** avv. ogni quindici giorni, ogni due settimane.

Vier|zei|ler m. *(-s,-)* METR. quartina *f.*

vier|zig agg.inv. **1** *(Zahl)* quaranta **2** *(Alter)* quaranta *m.pl.*, quarantina *f.*: *in die ~ kommen* arrivare ai quaranta; *Ende der ~ sein* essere alla fine dei quaranta. **Vier|zig** f. *(-,-en)* quaranta *m.* **vier|zi|ger** agg.inv. quaranta: *die ~ Jahre* gli anni quaranta; *nahe den ~ Jahren sein* essere vicino ai quaranta. **Vier|zi|ger** m. *(-s,-)* **1** quarantenne *m.* **2** *(Vierzigerjahre)* quaranta *m.pl.* **3** *(Wein)* vino *m.* del quaranta. **Vier|zi|ge|rin** f. *(-,-nen)* quarantenne *f.* **Vier|zi|ger|jah|re** pl. → **vierziger. vier|zig|jäh|rig** agg. di quarant'anni; *(von Menschen)* quarantenne. **vier|zigs|te** agg., pron. quarantesimo. **vier|zigs|tel** agg.inv. quarantesimo, quarantesima parte (di). **Vier|zigs|tel** n. e SVIZZ. m. *(-s,-)* quarantesimo *m.*, quarantesima *f.* parte. **Vier|zig|stun|den|wo|che** f. *(-,-n)* settimana *f.* di quaranta ore.

Vier|zim|mer|woh|nung f. *(-,-en)* appartamento *m.* di quattro camere.

Vier|zy|lin|der m. *(-s,-)* **1** COLLOQ. → **Vierzylindermotor 2** quattro cilindri *f.* **Vier|zy|lin|der|mo|tor** m. *(-s,-en)* motore *m.* a quattro cilindri. **vier|zy|lind|rig** agg. a quattro cilindri.

Vi|et|nam, Vi|et|nam [v-] n.pr.n. *(-s)* Vietnam *m.* **Vi|et|na|me|se** m. *(-n,-n)* vietnamita *m.* **vi|et|na|me|sisch** agg. vietnamita. **Vi|et|nam|krieg** m. *(-[e]s)* guerra *f.* del Vietnam.

vif [v-] agg. ANT. vispo, vivace.

Vi|gil [v-] f. *(-,-ien)* REGION. vigilia *f.* **vi|gi|lant** agg. ANT. vigile. **Vi|gi|lanz** f. *(-)* vigilanza *f.*

Vig|net|te [vɪnˈjɛtə] f. *(-,-n)* **1** vignetta *f.* **2** CINEM. mascherina *f.* **3** SVIZZ. *(Gebührenmarke für die Autobahnbenutzung)* bollino *m.* (autostradale).

Vi|kar [v-] m. *(-s,-e)* **1** vicario *m.* **2** SVIZZ. *(Stellvertreter eines Lehrers)* supplente *m.* **Vi|ka|ri|at** n. *(-[e]s,-e)* vicariato *m.*

Vik|tor [v-] n.pr.m. Vittorio *m.* **Vik|to|ria I** n.pr.f. Vittoria *f.*: *Königin ~* la regina Vittoria **II** f. *(-,-s e Viktorien)* MITOL. Vittoria *f.* **III** n. *(-s,-s)* vittoria *f.*: *~ rufen* cantare vittoria. **vik|to|ri|a|nisch** agg. vittoriano. **Vik|to|ri|a|see** → **Victoriasee.**

Vik|tu|a|li|en [v-] pl. ANT. vettovaglie *f.pl.*

Vi|kun|ja [v-] n. *(-s,-s)* e f. *(-, Vikunjen)* ZOOL. vigogna *f.*

Vil|la [v-] f. *(-, Villen)* villa *f.*: *eine ~ auf dem Land* una villa in campagna.

Vi|no|thek [v-] f. *(-,-en)* **1** *(Sammlung)* cantina *f.* (pregiata) **2** *(Geschäft)* enoteca *f.*

Vi|nyl [v-] n. *(-s)* vinile *m.* **Vi|nyl|grup|pe** f. *(-,-n)* gruppo *m.* vinilico.

Vin|zen|ti|ner [v-] m. *(-s,-)* RELIG. vincenzino *m.* **Vin|zen|ti|ne|rin** f. *(-,-nen)* RELIG. vincenzina *f.* **Vin|zenz** n.pr.m. Vincenzo *m.*

1.Vi|o|la [v-] f. *(-, Violen)* BOT. viola *f.*

2.Vi|o|la [v-] f. *(-, Violen)* MUS. viola *f.*

Vi|o|le → **1.Viola.**

vi|o|lett [v-] agg. violetto. **Vi|o|lett** n. *(-s,-* e COLLOQ. *-s)* violetto *m.*

Vi|o|li|ne [v-] f. *(-,-n)* violino *m.* **Vi|o|li|nist** m. *(-en,-en)* violinista *m.* **Vi|o|lin|kon|zert** n. *(-[e]s,-e)* concerto *m.* per violino (e orchestra). **Vi|o|lin|schlüs|sel** m. *(-s,-)* chiave *f.* di violino. **Vi|o|lin|so|na|te** f. *(-,-n)* sonata *f.* per violino. **Vi|o|lon|cel|list** m. *(-en,-en)* violoncellista *m.* **Vi|o|lon|cel|lo** n. *(-s, Violoncelli)* violoncello *m.* **Vi|o|lo|ne** m. *(-s, Violoni)* violone *m.*

VIP [v-], **V. I. P.** [viːaɪˈpiː] f. *(-,-s)* e m. *(-[s],-s)* vip *m.* **VIP-Lounge** [-laʊndʒ] f. *(-,-s)* sala *f.* VIP.

Vi|per [v-] f. *(-,-n)* vipera *f.*

Vi|ren → **Virus.**

Vir|gil [v-] n.pr.m. Virgilio *m.*

1.Vir|gi|nia [virgi-, virdʒ-] **I** n.pr.n. *(-s)* GEOG. Virginia *f.* **II** f. *(-,-s)* (sigaro *m.*) virginia *m.* **Vir|gi|ni|a|ta|bak** m. *(-s,-e)* tabacco *m.* virginia.

Vir|gi|ni|tät [v-] f. *(-)* illibatezza *f.*

vi|ril [v-] **I** agg. virile **II** avv. virilmente, in modo virile. **Vi|ri|li|tät** f. *(-,-en)* virilità *f.*

Vi|ro|lo|ge [v-] m. *(-n,-n)* virologo *m.* **Vi|ro|lo|gie** f. *(-)* virologia *f.* **vi|ro|lo|gisch** agg. virologico. **Vi|ro|se** f. *(-,-n)* virosi *f.*

Vir|tu|a|li|tät [v-] f. *(-,-en)* virtualità *f.* **vir|tu|ell I** agg. virtuale: *-e Realität* realtà virtuale; *-er Sex* sesso virtuale **II** avv. virtualmente.

vir|tu|os [v-] **I** agg. **1** magistrale: *eine -e Ausführung* un'esecuzione magistrale **2** *(von Personen)* brillante, eccellente: *ein -er Geiger* un brillante violinista **II** avv. in modo magistrale, da virtuoso: *~ spielen* suonare in modo magistrale. **Vir|tu|o|se** m. *(-n,-n)* virtuoso *m.* **Vir|tu|o|sen|tum** n. *(-s)* virtuosismo *m.* **Vir|tu|o|si|tät** f. *(-)* virtuosismo *m.*, maestria *f.*: *etw. mit ~ vortragen* eseguire qcs. con maestria.

vi|ru|lent [v-] agg. **1** virulento: *-e Bazillen* bacilli virulenti **2** FIG. serio, grave: *das Problem ist ~ geworden* il problema si è fatto serio. **Vi|ru|lenz** f. *(-)* virulenza *f.*

Vi|rus n. e m. *(-, Viren)* virus *m.* **Vi|rus|er|kran|kung** f. *(-,-en)* malattia *f.* virale, virosi *f.* **Vi|rus|grip|pe** f. *(-,-n)* influenza *f.* virale. **Vi|rus|in|fek|ti|on** f. *(-,-en)* infezione *f.* virale. **Vi|rus|krank|heit** f. *(-,-en)* → **Viruserkrankung.**

Vi|sa → **Visum.**

Vi|sa|ge [vi'za:ʒə] f. *(-,-n)* COLLOQ. SPREG. faccia *f.*: ***jdm eins in die ~ hauen*** colpire qcn. in faccia; ***ich ertrag diese ~ nicht*** non sopporto questa faccia. **Vi|sa|gist** m. *(-en,-en)* visagista *m.*

vis-a-vis [viza'vi] **I** prep. + dat. di fronte a, dirimpetto a: ***die Bank ist ~ der Kirche*** la banca è di fronte alla chiesa **II** avv. vis-à-vis: ***~ wohnen*** abitare vis-à-vis. **Vi|sa|vis** n. *(-)* **1** persona *f.* (che sta, siede) di fronte **2** *(gegenüber Wohnender)* dirimpettaio *m.*

Vi|sier [v-] n. *(-s,-e)* **1** visiera *f.* **2** *(Ziel)* mira *f.*: FIG. ***etw. im ~ haben*** avere di mira qcs.; ***jdn, etw. ins ~ nehmen*** prendere di mira qcn., qcs. ◆ ***etw. ins ~ fassen*** puntare lo sguardo su qcs.; FIG. ***das ~ herunterlassen*** abbassare la saracinesca; ***mit offenem ~ kämpfen*** combattere a viso aperto. **Vi|sier|ein|rich|tung** f. *(-,-en)* mirino *m.* **vi|sie|ren I** intr. *(aus. haben)* mirare: ***auf den Kopf ~*** mirare alla testa **II** tr. **1** ***etw. ~*** mirare a qcs. (anche FIG.): ***den Gegner, ein neues Projekt ~*** mirare al nemico, a un nuovo progetto **2** RAR. *(eichen)* tarare. **Vi|sier|fern|rohr** n. *(-[e]s,-e)* cannocchiale *m.* di mira. **Vi|sier|li|nie** f. *(-,-n)* linea *f.* di mira. **Vi|sier|schei|be** f. *(-,-n)* bersaglio *m.* **Vi|sie|rung** f. *(-,-en)* ANT. schizzo *m.*, bozzetto *m.*

Vi|si|on [v-] f. *(-,-en)* visione *f.*: ***die ~ einer friedlichen Welt*** la visione di un mondo pacifico. **vi|si|o|när** agg. visionario. **Vi|si|o|när** m. *(-s,-e)* visionario *m.*

Vi|si|ta|ti|on [v-] f. *(-,-en)* **1** BUROCR. perquisizione *f.*, ispezione *f.*: ***eine ~ der Kleidung vornehmen*** eseguire una perquisizione dei vestiti; ANT. *(Besuch eines Schulrats)* ispezione *f.* **2** RELIG. visita *f.* (pastorale). **Vi|si|ta|tor** m. *(-s,-en)* **1** ANT. BUROCR. ispettore *m.* **2** RELIG. visitatore *m.* **Vi|si|te** f. *(-,-n)* MED. visite *f.pl.*: ***auf der Station ~ machen*** fare le visite in un reparto (di ospedale). **Vi|si|ten|kar|te** f. *(-,-n)* biglietto *m.* da visita: ***jdm seine ~ geben, überreichen*** dare, consegnare il (proprio) biglietto da visita a qcn.; FIG. ***seine ~ hinterlassen*** lasciare il (proprio) biglietto da visita. **vi|si|tie|ren** tr. **1** ispezionare, perquisire: ***die Reisenden wurden visitiert*** i viaggiatori furono perquisiti **2** *(überprüfen)* esaminare, controllare: ***die Ausweise ~*** controllare i documenti. **Vi|sit|kar|te** AUSTR. → **Visitenkarte.**

vis|kos, RAR. **vis|kös** agg. viscoso. **Vis|ko|se** f. *(-)* viscosa *f.* **Vis|ko|si|me|ter** n. *(-s,-)* viscosimetro *m.* **Vis|ko|si|tät** f. *(-)* viscosità *f.*

Vis|ta|wech|sel m. *(-s,-)* cambiale *f.* a vista.

vi|su|a|li|sie|ren tr. visualizzare.

vi|su|ell agg. visivo: ***ein -es Gedächtnis*** una memoria visiva.

Vi|sum [v-] n. *(-s, Visa* e *Visen)* visto *m.*: ***ein ~ beantragen, erteilen, verweigern*** richiedere, rilasciare, negare un visto; ***das ~ ist abgelaufen, ist noch gültig*** il visto è scaduto, è ancora valido. **Vi|sum|an|trag** m. *(-[e]s,-anträge)* richiesta *f.* di visto: ***einen ~ stellen, einreichen*** presentare richiesta di visto. **vi|sum|frei** agg. che non richiede il visto, senza obbligo di visto. **Vi|sum|zwang** m. *(-[e]s)* obbligo *m.* del visto, visto *m.* obbligatorio.

vi|tal [v-] agg. **1** vitale: ***ein -er Typ*** un tipo vitale **2** *(lebenswichtig)* primario, (di importanza) vitale, essenziale: ***-e Bedürfnisse*** bisogni primari; ***von -em Interesse*** di vitale interesse. **Vi|tal|funk|ti|o|nen** pl. funzioni *f.pl.* vitali. **vi|ta|li|sie|ren** tr. LETT. vitalizzare, rendere vivo. **Vi|ta|lis|mus** m. *(-)* vitalismo *m.* **Vi|ta|list** m. *(-en,-en)* vitalista *m.* **vi|ta|lis|tisch** agg. vitalistico. **Vi|ta|li|tät** f. *(-)* vitalità *f.*

Vi|ta|min [v-] n. *(-s,-e)* vitamina *f.*: ***~ A, B, C*** vitamina A, B, C; ***-e enthalten*** contenere vitamine ◆ SCHERZ. ***~ B*** = conoscenze, amicizie influenti. **vi|ta|min|arm** agg. povero di vitamine. **Vi|ta|min|ge|halt** m. *(-[e]s,-e)* contenuto *m.* vitaminico (*o* di vitamine). **vi|ta|mi|nie|ren, vi|ta|mi|ni|sie|ren** tr. vitaminizzare. **Vi|ta|min|man|gel** m. *(-s)* carenza *f.* vitaminica (*o* di vitamine). **Vi|ta|min|prä|pa|rat** n. *(-[e]s,-e)* preparato *m.* vitaminico. **vi|ta|min|reich** agg. ricco di vitamine, vitaminico. **Vi|ta|min|stoß** m. *(-es,-stöße)* urto *m.* vitaminico. **Vi|ta|min|tab|let|te** f. *(-,-n)* compressa *f.* vitaminica; COLLOQ. pillola *f.* di vitamine.

Vit|ri|ne [v-] f. *(-,-n)* vetrina *f.*

Vit|ri|ol [v-] n. *(-s,-e)* vetriolo *m.*

Vitz|li|putz|li [v-] m. *(-[s])* REGION. babau *m.*, uomo *m.* nero.

Vi|va|ce [vi'va:tʃə] n. *(-,-)* MUS. vivace *m.*

vi|vat [v-] inter. ANT. viva, evviva. **Vi|vat** n. *(-s,-s)* ANT. evviva *m.*

Vi|vi|sek|ti|on [v-] f. *(-,-en)* vivisezione *f.* **vi|vi|se|zie|ren** tr. vivisezionare.

Vi|ze [f-, RAR. v-] m. *(-s,-s)* COLLOQ. vice *m.* **Vi|ze|ad|mi|ral** m. *(-s,-e)* viceammiraglio *m.* **Vi|ze|kanz|ler** [f-] m. *(-s,-)* vicecancelliere *m.* **Vi|ze|kö|nig** m. *(-s,-e)* vicerè *m.* **Vi|ze|kon|sul** m. *(-s,-e)* viceconsole *m.* **Vi|ze|meis|ter** m. *(-s,-)* vicecampione *m.* **Vi|ze|prä|si|dent** m. *(-en,-en)* vicepresidente *m.*

v. J. ⇒ *vorigen Jahres* dell'anno scorso.

Vlies n. *(-es,-e)* vello *m.* ◆ ***das Goldene ~*** il vello d'oro.

v. M. ⇒ *vorigen Monats* del mese scorso.

V-Mann m. *(-[e]s, V-Leute* e *V-Männer)* (accorc. *Vertrauensmann*) informatore *m.*

VN ⇒ *Vereinte Nationen* Nazione Unite (N.U.).

v. o. ⇒ *von oben* dall'alto.

Vo|gel m. *(-s, Vögel)* **1** uccello *m.*: ***der ~ fliegt, singt, zwitschert, nistet, brütet*** l'uccello vola, canta, cinguetta, fa il nido (*o* nidifica), cova **2** COLLOQ. *(Mensch)* tipo *m.*: ***ein komischer, seltener, lustiger, lockerer ~*** uno strano tipo, un (tipo) originale, un allegrone, una persona leggera ◆ ***(mit etw.) den ~ abschießen*** fare centro, vincere il primo premio; FIG. ***der ~ ist ausgeflogen*** l'uccellino ha preso il volo; FIG. ***einen ~ haben*** essere picchiato, avere qualche rotella fuori posto; FIG. ***jdm den, einen ~ zeigen*** dare del matto a qcn.; PROV. ***friss ~, oder stirb!*** o mangi questa minestra o salti dalla finestra! **Vo|gel|art** f. *(-,-en)* specie *f.* di uccelli. **Vo|gel|bau|er** n. e m. *(-s,-)* → **Vogelkäfig. Vo|gel|beer|baum** m. *(-[e]s,-bäume)* sorbo *m.* selvatico. **Vo|gel|bee|re** f. *(-,-n)* sorba *f.* **Vo|gel|brut** f. *(-,-en)* nidiata *f.* di uccelli.

Vö|gel|chen n. *(-s,-)* uccellino *m.*

Vo|gel|ei n. *(-[e]s,-er)* uovo *m.* di uccello.

Vö|ge|lei f. *(-,-en)* VOLG. lo scopare, scopate *f.pl.*

Vo|gel|fän|ger m. *(-s,-)* uccellatore *m.* **Vo|gel|flug** m. *(-[e]s)* volo *m.* d'uccello (*o* degli uccelli). **Vo|gel|flug|li|nie,** ***in der ~*** in linea d'aria: ***von Hamburg nach München sind es 800 km in der ~*** da Amburgo a Monaco ci sono in linea d'aria 800 km. **Vo|gel|fraß** m. *(-es)* danni *m.pl.* causati dagli uccelli. **vo|gel|frei** agg. bandito, fuorilegge. **Vo|gel|fut|ter** n. *(-s)* mangime *m.* per uccelli, becchime *m.* **Vo|gel|ge|sang** m. *(-[e]s)* canto *m.* degli uccelli. **Vo|gel|ge|zwit|scher** m. *(-s)* cinguettio *m.* (degli uccelli). **Vo|gel|haus** n. *(-es,-häuser)* voliera *f.*, uccelliera *f.* **Vo|gel|kä|fig** m. *(-s,-e)* gabbia *f.* per uccelli. **Vo|gel|kir|sche** f. *(-,-n)* agriotta *f.*, visciola *f.*

Vo|gel|kun|de f. *(-)* ornitologia *f.* **Vo|gel|kund|ler** m. *(-s,-)* ornitologo *m.* **vo|gel|kund|lich** agg. ornitologico.

Vo|gel|leim m. *(-[e]s)* pania *f.*, vischio *m.* **Vo|gel|mie|re** f. *(-,-n)* centonchio *m.*, centocchi *m.*, stellaria *f.* media. **Vo|gel|mist** m. *(-[e]s)* sterco *m.* (*o* escrementi *m.pl.*) di uccelli.

vö|geln VOLG. **I** tr. scopare, chiavare **II** intr. (aus. *haben*) ***mit jdm ~*** scopare con qcn.

Vo|gel|nest n. *(-[e]s,-er)* nido *m.* d'uccello. **Vo|gel|per|spek|ti|ve** f. *(-)* prospettiva *f.* a volo d'uccello; ***etw. aus der ~ betrachten*** considerare qcs. a volo d'uccello. **Vo|gel|ruf** m. *(-[e]s,-e)* richiamo *m.* **Vo|gel|schar** f. *(-,-en)* stormo *m.* d'uccelli. **Vo|gel|schau** f. *(-,-en)* **1** RELIG. auspicio *m.*, ornitomanzia *f.* **2** veduta *f.* (*o* prospettiva *f.*) a volo d'uccello. **Vo|gel|scheu|che** f. *(-,-n)* spaventapasseri *m.* (anche FIG.).

Vo|gel|schutz m. *(-es)* protezione *f.* degli uccelli. **Vo|gel|schutz|ge|biet** n. *(-[e]s,-e)* riserva *f.* ornitologica. **Vo|gel|schutz|war|te** → **Vogelwarte.**

Vo|gel|schwarm m. *(-[e]s,-schwärme)* stormo *m.* d'uccelli. **Vo|gel|stel|ler** m. *(-s,-)* ANT. uccellatore *m.* **Vo|gel|stim|me** f. *(-,-n)* verso *m.* d'uccello.

Vo|gel-Strauß-Po|li|tik f. *(-)* politica *f.* dello struzzo.

Vo|gel|war|te f. *(-,-n)* stazione *f.* ornitologica. **Vo|gel|welt** f. *(-)* mondo *m.* degli uccelli. **Vo|gel|zucht** f. *(-)* avicoltura *f.* **Vo|gel|züch|ter** m. *(-s,-)* avicoltore *m.* **Vo|gel|zug** m. *(-[e]s,-züge)* migrazione *f.* di, degli uccelli.

Vo|gerl|sa|lat m. *(-[e]s,-e)* AUSTR. valerianella *f.*, dolcetta *f.*

Vo|ge|sen n.pr.pl. Vosgi *m.pl.*

Vög|lein n. *(-s,-)* uccellino *m.*

Vogt m. *(-[e]s, Vögte)* **1** balivo *m.*, balì *m.* **2** SVIZZ. *(Vormund)* tutore *m.* **Vog|tei** f. *(-,-en)* baliato *m.*, baliaggio *m.*

Vo|ka|bel [v-] f. *(-,-n)* vocabolo *m.*: ***jdn -n abfragen*** chiedere i vocaboli a qcn. **Vo|ka|bel|schatz** m. *(-es)* patrimonio *m.* lessicale, vocabolario *m.*, lessico *m.*

Vo|ka|bu|lar n. *(-s,-e)* **1** vocabolario *m.* **2** *(Vokabelschatz)* vocabolario *m.*, lessico *m.*: ***sein ~ erweitern*** ampliare il proprio vocabolario; ***etw. in sein ~ aufnehmen*** integrare qcs. nel proprio lessico.

vo|kal agg. MUS. vocale. **Vo|kal** m. *(-s,-e)* vocale *f.*: ***ein geschlossener, offener ~*** una vocale chiusa, aperta. **Vo|kal|har|mo|nie** f. *(-)* armonia *f.* vocalica. **Vo|ka|li|sa|ti|on** f. *(-,-en)* MUS. vocalizzazione *f.* **vo|ka|lisch** [v-] agg. vocalico, vocale. **vo|ka|li|sie|ren** intr. (aus. *haben*) vocalizzare. **Vo|ka|lis|mus** m. *(-)* vocalismo *m.* **Vo|ka|list** m. *(-en,-en)* cantante *m.* **Vo|kal|kon|zert** n. *(-[e]s,-e)* concerto *m.* vocale. **Vo|kal|mu|sik** f. *(-)* musica *f.* vocale. **Vo|kal|part** m. *(-s,-s* e *-e)* parte *f.* vocale. **Vo|kal|stück** n. *(-[e]s,-e)* brano *m.* vocale.

Vo|ka|ti|on [v-] f. *(-,-en)* nomina *f.*
Vo|ka|tiv [v-] m. *(-s,-e)* vocativo *m.*
vol. ⇒ *Volumen* volume (vol.).
Vo|land [f-] m. *(-[e]s)* ANT. ***Junker ~*** = denominazione del diavolo.
Vo|lant [vo'lã:] m. e SVIZZ. n. *(-s,-s)* **1** SART. volant *m.* **2** AUSTR. *(Steuerrad)* volante *m.*
Vo|li|e|re [v-] f. *(-,-n)* voliera *f.*
Volk n. *(-[e]s, Völker)* **1a** popolo *m.*: ***das deutsche, italienische ~*** il popolo tedesco, italiano; ***die Völker Europas*** i popoli dell'Europa; ***ein Handel treibendes, seefahrendes ~*** un popolo di commercianti, marinaro (*o* di marinai); ***im ~ gärt es*** il popolo è in fermento; ***über ein ~ herrschen*** regnare su un popolo; ***das ~ zum Aufstand rufen, aufwiegeln*** incitare il popolo alla rivolta; *(untere soziale Schichten)* ***ein Mann aus dem ~*** un uomo del popolo **b** *(Bevölkerung)* popolazione *f.*: ***das arbeitende, werktätige ~*** la popolazione attiva **2** *(Leute)* gente *f.*: ***das gemeine ~*** la gente comune; ***viel ~*** molta gente **3** *(Gruppe)* gruppo *m.*, compagnia *f.*, brigata *f.*: ***ein lustiges ~*** un'allegra compagnia **4** ZOOL. *(Schwarm)* colonia *f.*: ***ein ~ Insekten*** una colonia d'insetti ◆ ***das auserwählte ~*** il popolo eletto; ***fahrendes ~*** girovaghi; ***das junge ~*** i giovani; ***dem ~ aufs Maul schauen*** sentire come parla la gente comune; ***etw. unters ~ bringen*** divulgare qcs. **volk|arm** agg. RAR. poco popolato.
Völ|ker|ball m. *(-[e]s)* GIOC. palla *f.* prigioniera. **Völ|ker|bund** m. *(-[e]s)* STOR. Società *f.* delle Nazioni. **Völ|ker|freund|schaft** f. *(-)* amicizia *f.* fra i popoli. **Völ|ker|frie|de** m. *(-ns)* pace *f.* fra i popoli. **Völ|ker|ge|misch** n. *(-[e]s, -e)* mescolanza *f.* di popoli.
Völ|ker|kun|de f. *(-)* etnologia *f.* **Völ|ker|kund|ler** m. *(-s,-)* etnologo *m.* **völ|ker|kund|lich** agg. etnologico.
Völ|ker|mord m. *(-[e]s,-e)* genocidio *m.*: ***der ~ an den Juden*** il genocidio degli ebrei.
Völ|ker|recht n. *(-[e]s)* diritto *m.* internazionale (*o* delle genti). **Völ|ker|recht|ler** m. *(-s,-)* studioso *m.* di diritto internazionale. **völ|ker|recht|lich** agg. di diritto internazionale.
Völ|ker|schaft f. *(-,-en)* popolazione *f.* **Völ|ker|stamm** → **Volksstamm. völ|ker|ver|bin|dend** agg. che unisce i popoli. **Völ|ker|ver|stän|di|gung** f. *(-)* comprensione *f.* fra i popoli. **Völ|ker|wan|de|rung** f. *(-,-en)* **1** migrazione *f.* dei popoli **2** COLLOQ. *(Bewegung einer Menschenmasse)* spostamento *m.* di masse di gente, esodo *m.*: ***eine wahre ~ in den Süden*** un vero esodo verso sud.
völ|kisch agg. **1** ANT. nazionale, popolare **2** STOR. *(nationalistisch)* nazionalista, nazionalistico.
volk|reich agg. popoloso. **Volks|ab|stim|mung** f. *(-,-en)* plebiscito *m.*, referendum *m.* **Volks|ak|tie** f. *(-,-n)* ECON. azione *f.* popolare. **Volks|ar|mee** f. *(-,-n)* EX-RDT forze armate *f.pl.* popolari. **Volks|ar|mist** m. *(-en,-en)* soldato *m.* delle forze armate popolari. **Volks|auf|lauf** m. *(-[e]s,-aufläufe)* assembramento *m.* di popolo. **Volks|auf|stand** m. *(-[e]s,-aufstände)* insurrezione *f.* popolare. **Volks|auf|wieg|ler** m. *(-s,-)* agitatore *m.* del popolo. **Volks|bank** f. *(-,-en)* banca *f.* popolare. **Volks|be|fra|gung** f. *(-,-en)* consultazione *f.* popolare. **Volks|be|geh|ren** n. *(-s,-)* proposta *f.* di legge di iniziativa popolare. **Volks|be|lus|ti|gung** f. *(-,-en)* festa *f.* popolare. **Volks|be|we|gung** f. *(-,-en)* movimento *m.* popolare. **Volks|bib|li|o|thek** f. *(-,-en)* ANT. → **Volksbücherei. Volks|bil|dung** f. *(-)* istruzione *f.* popolare. **Volks|brauch** m. *(-[e]s,-bräuche)* usanza *f.* popolare. **Volks|buch** n. *(-[e]s,-bücher)* INTRAD. (racconto popolare). **Volks|bü|che|rei** f. *(-,-en)* biblioteca *f.* pubblica. **Volks|cha|rak|ter** m. *(-s,-)* carattere *m.* (di un popolo). **Volks|de|mo|kra|tie** f. *(-,-n)* POL. democrazia *f.* popolare. **volks|de|mo|kra|tisch** agg. democratico-popolare. **Volks|deut|sche** m. e f. *(-n,-n)* STOR. = cittadino *m.* (-a *f.*) di lingua tedesca (ma non di cittadinanza). **Volks|dich|ter** m. *(-s,-)* poeta *m.* popolare. **Volks|dich|tung** f. *(-,-en)* poesia *f.* popolare. **volks|ei|gen** agg. EX-RDT di stato, nazionalizzato: ***-er Betrieb*** azienda di stato. **Volks|ei|gen|tum** n. *(-s)* EX-RDT proprietà *f.* del popolo. **Volks|ein|kom|men** n. *(-s,-)* reddito *m.* nazionale. **Volks|emp|fin|den** n. *(-s)* sentimento *m.* popolare. **Volks|ent|scheid** m. *(-[e]s, -e)* plebiscito *m.* **Volks|epos** n. *(-,-epen)* epopea *f.* nazionale. **Volks|er|he|bung** f. *(-,-en)* sollevazione *f.* popolare. **Volks|ety|mo|lo|gie** f. *(-,-n)* etimologia *f.* popolare. **Volks|feind** m. *(-[e]s,-e)* nemico *m.* del popolo. **volks|feind|lich** agg. di, da nemico del popolo. **Volks|fest** n. *(-[e]s,-e)* festa *f.* popolare. **Volks|front** f. *(-)* STOR. fronte *m.* popolare. **Volks|geist** m. *(-[e]s)* spirito *m.* del popolo. **Volks|ge|mein|schaft** f. *(-)* STOR. collettività *f.* nazionale. **Volks|ge|nos|se** m. *(-n,-n)* STOR. connazionale *m.* **Volks|ge|richt** n. *(-[e]s,-e)* STOR. tribunale *m.* del popolo. **Volks|ge|richts|hof** m. *(-[e]s,-höfe)* STOR. = tribunale *m.* speciale (nazista). **Volks|ge|sund|heit** f. *(-)* salute *f.* pubblica. **Volks|glau|be(n)** m. *(-[n]s)* credenza *f.* popolare. **Volks|grup|pe** f. *(-,-n)* gruppo *m.* etnico. **Volks|gunst** f. *(-)* favore *m.* del popolo (*o* popolare), popolarità *f.* **Volks|held** m. *(-en,-en)* eroe *m.* nazionale. **Volks|herr|schaft** f. *(-)* democrazia *f.* **Volks|hoch|schu|le** f. *(-,-n)* università *f.* popolare. **Volks|kam|mer** f. *(-)* EX-RDT = parlamento *m.* (della Repubblica Democratica Tedesca).
Volks|kun|de f. *(-)* folclore *m.*, demologia *f.* **Volks|kund|ler** m. *(-s,-)* folclorista *m.*, demologo *m.* **volks|kund|lich** agg. folcloristico, demologico.
Volks|kunst f. *(-)* arte *f.* popolare. **Volks|lauf** m. *(-[e]s,-läufe)* gara *f.* (di corsa) di massa. **Volks|lied** n. *(-[e]s,-er)* canto *m.* popolare. **Volks|mär|chen** n. *(-s,-)* fiaba *f.* popolare. **volks|mä|ßig** agg. RAR. → **volkstümlich. Volks|me|di|zin** f. *(-)* medicina *f.* popolare. **Volks|mei|nung** f. *(-)* opinione *f.* popolare. **Volks|men|ge** f. *(-)* folla *f.*, moltitudine *f.* **Volks|mund** m. *(-[e]s)* linguaggio *m.* popolare. **Volks|mu|sik** f. *(-,-en)* musica *f.* popolare. **volks|nah** agg. vicino al popolo. **Volks|par|tei** f. *(-,-en)* partito *m.* popolare. **Volks|po|li|zei** f. *(-)* EX-RDT polizia *f.* (di stato). **Volks|po|li|zist** m. *(-en,-en)* EX-RDT agente *m.* di polizia. **Volks|re|de** f. *(-,-n)* ANT. arringa *f.*, discorso *m.*: COLLOQ. ***-n halten*** tenere un'arringa, parlare in modo prolisso. **Volks|red|ner** m. *(-s,-)* ANT. tribuno *m.*, oratore *m.* **Volks|re|pub|lik** f. *(-)* repubblica *f.* popolare ◆ ***die ~ China*** la Repubblica popolare cinese. **Volks|schau|spie|ler** m. *(-s,-)* attore *m.* di commedie popolari. **Volks|schicht** f. *(-,-en)* classe *f.* sociale.
Volks|schu|le f. *(-,-n)* scuola *f.* elementare, elementari *f.pl.* **Volks|schü|ler** m. *(-s,-)* alunno *m.* delle elementari. **Volks|schul|leh|rer** m. *(-s,-)* maestro *m.* elementare.
Volks|see|le f. *(-)* anima *f.* di un, del popolo. **Volks|sou|ve|rä|ni|tät** f. *(-)* sovranità *f.* popolare (*o* del popolo). **Volks|sport** m. *(-[e]s)* sport *m.* di massa. **Volks|spra|che** f. *(-,-n)* linguaggio *m.* popolare, lingua *f.* volgare. **Volks|staat** m. *(-[e]s,-en)* POL. stato *m.* democratico, democrazia *f.* popolare. **Volks|stamm** m. *(-[e]s,-stämme)* stirpe *f.*, tribù *f.* **Volks|stück** n. *(-[e]s,-e)* commedia *f.* popolare. **Volks|sturm** m. *(-[e]s)* STOR. milizia *f.* popolare. **Volks|tanz** m. *(-es,-tänze)* danza *f.* popolare. **Volks|tanz|grup|pe** f. *(-,-n)* gruppo *m.* folcloristico. **Volks|tracht** f. *(-,-en)* costume *m.* nazionale. **Volks|trau|er|tag** m. *(-[e]s)* = giornata *f.* di lutto nazionale (per i caduti delle due guerre mondiali e per le vittime del nazionalsocialismo). **Volks|tri|bun** m. *(-s* e *-en,-e[n])* STOR. tribuno *m.* della plebe.
Volks|tum n. *(-s)* carattere *m.* nazionale. **Volks|tü|me|lei** f. *(-,-en)* SPREG. modi *m.pl.* popolareschi affettati. **volks|tü|meln** intr. (aus. *haben*) SPREG. affettare modi popolareschi. **volks|tüm|lich I** agg. **1a** popolare: ***-e Preise, Lieder*** prezzi, canti popolari **b** popolare, popolaresco: ***ein -er Brauch*** un'usanza popolaresca **2** volgare: ***-e Pflanzennamen*** nomi volgari di piante **3** *(gemeinverständlich)* divulgativo **II** avv. popolarmente, popolarescamente. **Volks|tüm|lich|keit** f. *(-)* carattere *m.* popolare, popolarità *f.*
volks|ver|bun|den agg. legato al popolo. **Volks|ver|dum|mung** f. *(-)* inganno *m.*, raggiro *m.* delle masse. **Volks|ver|füh|rer** m. *(-s,-)* demagogo *m.* **Volks|ver|mö|gen** n. *(-s,-)* patrimonio *m.* nazionale. **Volks|ver|samm|lung** f. *(-,-en)* **1** POL. assemblea *f.* nazionale **2** *(Massenversammlung)* riunione *f.* di massa. **Volks|ver|tre|ter** m. *(-s,-)* rappresentante *m.* del popolo, deputato *m.* **Volks|ver|tre|tung** f. *(-,-en)* rappresentanza *f.* popolare, parlamento *m.* **Volks|wei|se** f. *(-,-n)* melodia *f.* popolare. **Volks|weis|heit** f. *(-)* saggezza *f.* popolare. **Volks|wil|le** m. *(-n)* volontà *f.* del popolo.
Volks|wirt m. *(-[e]s,-e)* economista *m.*, esperto *m.* di economia politica. **Volks|wirt|schaft** f. *(-)* economia *f.* politica. **Volks|wirt|schaft|ler** m. *(-s,-)* → **Volkswirt. volks|wirt|schaft|lich** agg. politico-economico. **Volks|wirt|schafts|leh|re** f. *(-)* economia *f.* politica.
Volks|wohl n. *(-[e]s)* bene *m.* pubblico. **Volks|zäh|lung** f. *(-,-en)* censimento *m.* (della popolazione). **Volks|zu|ge|hö|rig|keit** f. *(-)* appartenenza *f.* etnica.
voll I agg. **1a** pieno, colmo: ***ein -es Glas*** un bicchiere pieno; ***das Glas ist halb ~, bis zum Rand ~*** il bicchiere è mezzo pieno, pieno fino all'orlo; ***ein Löffel ~*** un cucchiaio pieno (*o* una cucchiaiata); ***ein Korb ~ Nüsse, ~ (mit) Nüssen*** un cesto pieno di noci; ***der Schrank ist ~ Kleider (~ von Kleidern, -er Kleider)*** l'armadio è pieno di vestiti; ***ein Netz ~ mit Fischen*** una rete piena di pesci; ***der Zug war gedrängt ~, zum Brechen, brechend, gerammelt,*** COLLOQ. ***gestopft ~*** il treno era pieno zeppo, pieno da scoppiare **b** FIG. ***~ (von) tiefer Dankbarkeit*** pieno di profonda gratitudine; ***-er Angst, Freude*** pieno di paura, di gioia; ***ein Herz ~ Liebe*** un cuore pieno d'amore; COLLOQ. ***den Kopf ~ haben*** avere la testa piena (di pensieri)

c *(kräftig)* **-er Geschmack, Ton** gusto, suono pieno **2a** *(völlig)* pieno, completo: **ein -er Erfolg** un successo pieno; **-e drei Jahre habe ich daran gearbeitet** ci ho lavorato per tre anni buoni; **im -en Licht** in piena luce; **er besitzt mein -es Vertrauen** ha la mia piena (*o* completa) fiducia **b** *(höchst)* **in -er Fahrt, in -em Lauf** in piena corsa; **in -er Blüte stehen** essere in piena fioritura **3** *(rundlich)* pieno, paffuto: **ein -es Gesicht** un viso pieno **4** COLLOQ. *(satt)* pieno: **ich bin ~** sono pieno; *(betrunken)* **Mensch, der ist ~!** accidenti, quello è pieno come un otre (*o* ha fatto il pieno)! **II** avv. **1** pienamente, completamente: **~ verantwortlich** pienamente responsabile; **etw. mit etw. ~ laden** caricare qcs. completamente di qcs., riempire qcs. di qcs.; **~ laufen** riempirsi completamente; **~ besetzt** completamente occupato, pienissimo: **ein ~ besetzter Bus** un autobus pienissimo; **sich ~ essen** mangiare a sazietà; **sich ~ fressen** *(von Tieren)* mangiare a sazietà; SPREG. *(von Menschen)* rimpinzarsi; **einen Behälter ~ füllen** riempire un contenitore; **~ gefressen** COLLOQ. SPREG. *(sehr dick)* ciccione, grassone; **~ gepfropft** pieno zeppo; **~ gestopft** pieno zeppo, strapieno: **ein ~ gestopftes Theater** un teatro strapieno; **die Gläser ~ gießen** riempire i bicchieri fino all'orlo (versando); COLLOQ. **das Hemd mit Wein ~ gießen** macchiare la camicia di vino; COLLOQ. **~ machen** riempire: **das Kleid ~ machen** sporcare il vestito; **eine Kiste ~ packen** riempire completamente una cassa; **~ pumpen** riempire (pompando); **sich (D) die Lungen mit Luft ~ pumpen** riempirsi d'aria i polmoni; COLLOQ. **sich (D) mit Tabletten ~ pumpen** imbottirsi di pasticche; **sich ~ saufen** sbronzarsi; **sich mit etw. ~ saugen** impregnarsi completamente di qcs.; **~ schenken** riempire completamente (versando): **das Glas mit Bier ~ schenken** riempire il bicchiere di birra; MAR. **~ schlagen** riempirsi d'acqua, allagarsi; **sich (D) den Bauch ~ schlagen** riempirsi la pancia, rimpinzarsi; COLLOQ. **~ schmieren** imbrattare (anche FIG. SPREG.); **sich ~ schmieren** sporcarsi, imbrattarsi; **~ schreiben** riempire (scrivendo): **eine Tafel ~ schreiben** riempire una lavagna; COLLOQ. **~ spritzen** riempire di spruzzi, spruzzare completamente; COLLOQ. **ein Zimmer mit Möbeln ~ stellen** stipare mobili in una camera; COLLOQ. **den Schrank ~ stopfen, ~ pfropfen** inzeppare l'armadio; **sich ~ stopfen** *(sich vollessen)* rimpinzarsi; **sich (D) den Bauch, die Taschen ~ stopfen** riempirsi la pancia, le tasche; **den Wagen ~ tanken** fare il pieno (all'auto); COLLOQ. **sich ~ tanken** fare il pieno, ubriacarsi; **~ tanken bitte!** il pieno, per favore! **2** interamente, per intero: **~ bezahlen** pagare per intero (*o* la tariffa intera); COLLOQ. **~ machen** *(vollzählig machen)* arrotondare; *(vervollständigen)* **das Dutzend ~ machen** completare la dozzina ◆ **jdn nicht für ~ ansehen** non prendere sul serio qcn.; **aus dem Vollen leben, wirtschaften** spendere e spandere, non fare economia; **bei -em Bewusstsein** in piena coscienza, con piena consapevolezza; **~ da sein** essere in piena forma; SPORT **~ draufhalten** cannoneggiare; MIL. coprire con fuoco serrato; **die Idee hat ~ eingeschlagen** l'idea è stata un successone; **in -em Ernst** in tutta serietà; COLLOQ. **in -em Galopp** al galoppo; **in -em Gange sein** essere in pieno svolgimento; **~ und ganz** completamente, perfettamente; COLLOQ. **in die Vollen gehen** darsi da fare; **in seiner -en Größe** in tutta la sua grandezza; **-es Haar** folta capigliatura; **ich habe gerade beide Hände ~** ho le mani occupate; **alle Hände ~ zu tun haben** avere tanto da fare; **das Geld mit -en Händen ausgeben** spendere a pieni mani; **wir haben immer ein -es Haus** abbiamo sempre la casa piena (di ospiti); **vor -em Haus** a teatro esaurito; **~ hineintappen** centrare in pieno; FIG. cascarci in pieno; **mit -er Kraft** a tutta forza, a pieno ritmo; MAR. **-e Kraft voraus, zurück** avanti, indietro tutta; COLLOQ. **sich ~ laufen lassen** riempirsi d'alcol; **im Vollen leben** vivere nell'abbondanza; **des Lobes ~ (~ des Lobes) über jdn sein** elogiare molto qcn.; COLLOQ. **(sich [D]) die Hosen ~ machen** farsela addosso; **das Maß ist ~** la misura è colma; **mit -em Mund spricht man nicht** non si parla con la bocca piena; **mit dem -en Namen unterschreiben** firmare per esteso; **jdn für ~ nehmen** prendere sul serio qcn.; **~ bis oben hin** pieno fino all'orlo; **zum -en Preis** a prezzo pieno; **mit -em Recht** a buon diritto; **aus dem Vollen schöpfen** avere tanto a disposizione; **mit -en Segeln** a gonfie vele; **eine -e Stunde** un'ora intera; **auf -en Touren laufen** andare a pieno ritmo; **die -e Wahrheit** tutta la verità; **in -en Zügen genießen** godere in tutti i sensi.

voll|auf, voll|auf avv. **1** completamente, pienamente: **~ zufrieden sein** essere pienamente soddisfatto **2** *(reichlich)* abbondantemente: **~ mit etw. zu tun haben** avere abbondantemente da fare con qcs.

voll|au|to|ma|tisch agg. totalmente automatico. **voll|au|to|ma|ti|siert** agg. totalmente automatizzato. **Voll|au|to|ma|ti|sie|rung** f. *(-,-en)* automatizzazione *f.* totale.

Voll|bad n. *(-[e]s,-bäder)* bagno *m.* completo. **Voll|bart** m. *(-[e]s,-bärte)* barba *f.* folta, barbone *m.*, barbona *f.* **voll|bär|tig** agg. barbuto, con un barbone. **voll|be|rech|tigt** agg. pienamente autorizzato. **voll|be|schäf|tigt** agg. molto occupato. **Voll|be|schäf|ti|gung** f. *(-)* piena attività *f.* **Voll|be|sitz** m. *(-es)* pieno possesso *m.*: **im ~ seiner Kräfte, Sinne sein** essere nel pieno possesso delle proprie forze, facoltà. **Voll|bier** n. *(-s,-e)* birra *f.* forte.

Voll|blut n. *(-[e]s)*, **Voll|blü|ter** m. *(-s,-)* (cavallo *m.*) purosangue *m.* **voll|blü|tig** agg. **1** purosangue, puro sangue **2** *(vital)* vitale. **Voll|blut|pferd** n. *(-[e]s,-e)* cavallo *m.* purosangue. **Voll|blut|po|li|ti|ker** m. *(-s,-)* politico *m.* di razza.

Voll|brem|sung f. *(-,-en)* frenata *f.* a fondo.

voll|brin|gen tr. *(vollbrachte, vollbracht)* completare, portare a compimento: **eine gute Tat ~** portare a compimento una buona azione. **Voll|brin|gung** f. *(-,-en)* compimento *m.*

voll|bu|sig agg. dal seno pieno, abbondante. **Voll|dampf, mit ~** a tutto vapore, a tutta forza. **Voll|dün|ger** m. *(-s)* concime *m.* integrale (*o* completo).

Völ|le f. *(-)* RAR. pienezza *f.*, sazietà *f.* **Völ|le|ge|fühl** n. *(-[e]s)* senso *m.* di sazietà.

voll|en|den I tr. **1** terminare, portare a termine, concludere, finire: **eine Arbeit ~** terminare un lavoro **2** *(vollbringen)* compiere: **das siebzigste Lebensjahr ~** compiere settant'anni **II** rifl. **sich ~** completarsi: **mit diesem Werk vollendet sich sein dichterisches Schaffen** con quest'opera si completa la sua produzione poetica ◆ **sein Leben ~** = lasciare la vita, morire. **voll|en|det I** p.pass. agg. **1** → **vollenden 2a** *(vollkommen)* perfetto: **ein -er Gastgeber** un ospite perfetto **b eine -e Schönheit** una bellezza assoluta **II** avv. in modo perfetto: **technisch ~ spielen** suonare in modo tecnicamente perfetto ◆ GRAMM. **-e Gegenwart** tempo perfetto; **mit -em 18. Lebensjahr** a diciotto anni compiuti; **jdn vor -e Tatsachen stellen** mettere qcn. di fronte al fatto compiuto; GRAMM. **-e Vergangenheit** tempo piuccheperfetto. **voll|ends** avv. completamente, interamente, del tutto. **Voll|en|dung** f. *(-,-en)* **1a** conclusione *f.*: **die ~ eines Werks** la conclusione di un'opera **b** compimento *m.*: **mit, nach ~ des 18. Lebensjahrs** al, dopo il compimento del diciottesimo anno di età **2** *(Perfektion)* perfezione *f.*

vol|ler agg.inv. pieno: **~ Wasser** pieno (*o* colmo) d'acqua; **ein Saal ~ Leute** una sala piena di gente; FIG. **ein Herz ~ Liebe** un cuore pieno (*o* colmo) d'amore; **~ Angst sein** essere pieno di paura; **er ist ~ Widersprüche** è pieno di contraddizioni.

Völ|le|rei f. *(-,-en)* crapula *f.*, gozzoviglia *f.*

vol|ley ['vɔlɪ] agg. SPORT al volo; **den Ball ~ nehmen** prendere la palla al volo. **Vol|ley** m. *(-s,-s)* volée *f.* **Vol|ley|ball** m. *(-[e]s,-bälle)* **1** pallavolo *m.*: **~ spielen** giocare a pallavolo **2** *(Ball)* pallone *m.* da pallavolo.

voll|fett agg. grasso: **-er Käse** formaggio grasso.

voll|füh|ren tr. **1** fare, realizzare: **ein Spektakel ~** fare uno spettacolo **2** *(vollbringen)* compiere. **Voll|füh|rung** f. *(-,-en)* **1** realizzazione *f.* **2** *(Vollbringen)* compimento *m.*

Voll|gas, ~ geben dare gas; **mit ~** a tutto gas (anche FIG.). **Voll|ge|fühl** n. *(-[e]s)* piena coscienza *f.*, piena consapevolezza *f.*: **im ~ seiner Kräfte** nella piena consapevolezza delle proprie forze. **Voll|ge|nuss** m. *(-es)* pieno godimento *m.* **voll|gül|tig** agg. pienamente valido. **Voll|gum|mi|rei|fen** m. *(-s,-)* copertone *m.* in gomma piena. **Voll|haf|ter** m. *(-s,-)* accomandatario *m.* **Voll|idi|ot** m. *(-en,-en)* perfetto idiota *m.*

völ|lig I agg. pieno, completo; *(total)* totale: **eine -e Übereinstimmung erzielen** raggiungere un accordo completo; **jdm -e Freiheit lassen** lasciare a qcn. piena libertà **II** avv. **1a** completamente, totalmente: **~ gesund, betrunken sein** essere completamente sano, ubriaco **b** del tutto, completamente: **~ gleichgültig** del tutto indifferente **2** rafforz. assolutamente: **es ist ~ unmöglich** è assolutamente impossibile.

voll|in|halt|lich I agg. integrale, completo **II** avv. integralmente.

voll|jäh|rig agg. maggiorenne: **~ werden** diventare maggiorenne. **Voll|jäh|rig|keit** f. *(-)* maggiore età *f.*: **bei Erreichung der ~** al raggiungimento della maggiore età. **Voll|jäh|rig|keits|er|klä|rung** f. *(-,-en)* DIR. STOR. dichiarazione *f.* di maggiore età.

Voll|kas|ko f. *(-)* (polizza *f.*) casco *f.* **voll|kas|ko|ver|si|chern** tr. (solo inf. e p.pass. *vollkaskoversichert*) assicurare con polizza casco. **Voll|kas|ko|ver|si|che|rung** f. *(-,-en)* polizza *f.* casco.

Voll|kauf|mann m. *(-[e]s,-kaufleute)* imprenditore *m.* commerciale. **voll|kli|ma|ti|siert** agg. completamente climatizzato.

voll|kom|men, voll|kom|men I agg. **1** perfetto: **ein -er Plan** un piano perfetto **2** *(völlig)* pieno, completo: **-es Einverständnis** pieno accordo **II** avv. **1** perfettamente: **~ zustimmen** essere perfettamente d'accordo **2** COLLOQ. *(völlig)* completamente, del tutto ◆ MAT. **-e Zahl** numero perfetto; PROV. **kein Mensch ist ~** nessuno è

perfetto. **Voll|kom|men|heit, Voll|kom|men|heit** f. *(-)* perfezione *f.*
Voll|korn|brot n. *(-[e]s,-e)* pane *m.* integrale. **Voll|korn|mehl** n. *(-[e]s,-e)* farina *f.* integrale.
Voll|kraft f. *(-)* pienezza *f.* delle forze, pieno vigore *m.*: ***in der ~ seiner Jugend*** nel pieno della giovinezza.
Voll|last f. *(-)* carico *m.* massimo.
voll|lei|big agg. ANT. corpulento.
Voll|macht f. *(-,-en)* **1a** procura *f.*, mandato *m.*, delega *f.*: ***in ~*** per procura; ***jdm (die) ~ für, zu etw. erteilen, geben*** conferire, dare a qcn. un mandato per qcs.; ***seine ~ überschreiten*** eccedere i limiti del proprio mandato **b** *(Urkunde)* delega *f.*: ***eine ~ unterschreiben*** firmare una delega **2** *(Gewalt)* potere *m.*: ***jdn mit weit reichenden -en ausstatten*** investire qcn. di più ampi poteri; ***unumschränkte -en*** pieni poteri. **Voll|macht|ge|ber** m. *(-s,-)* mandante *m.*
Voll|mat|ro|se m. *(-n,-n)* marinaio *m.* scelto.
Voll|milch f. *(-)* latte *m.* intero. **Voll|milch|scho|ko|la|de** f. *(-,-n)* cioccolato *m.* al latte.
Voll|mit|glied n. *(-[e]s,-er)* membro *m.* di pieno diritto, membro *m.* effettivo.
Voll|mond m. *(-[e]s)* **1** luna *f.* piena: ***es ist, wir haben ~*** c'è la luna piena **2** SCHERZ. *(Glatzkopf)* testa *f.* pelata ◆ ***wie ein ~ strahlen*** = fare un sorriso da un orecchio all'altro. **Voll|mond|ge|sicht** n. *(-[e]s,-er)* faccia *f.* di luna piena.
voll|mun|dig agg. dal gusto pieno. **Voll|nar|ko|se** f. *(-,-n)* anestesia *f.* totale. **Voll|pen|si|on** f. *(-)* pensione *f.* completa: ***~ buchen*** prenotare a pensione completa. **Voll|pro|fi** m. *(-s,-s)* vero professionista *m.;* SPORT professionista *m.* a tempo pieno. **Voll|rausch** m. *(-[e]s,-räusche)* totale ubriachezza *f.*: ***im ~*** in stato di totale ubriachezza.
voll|reif agg. in piena maturazione. **Voll|rei|fe** f. *(-)* piena maturazione *f.*
Voll|ren|te f. *(-,-n)* pensione *f.* d'invalidità. **voll|schlank** agg. pienotto, rotondetto. **Voll|sinn** m. *(-[e]s)* senso *m.* vero: ***im ~ des Wortes*** nel vero senso della parola.
Voll|spur f. *(-)* scartamento *m.* normale. **voll|spu|rig** agg. a scartamento normale.
voll|stän|dig I agg. completo: ***die Sammlung ist ~*** la collezione è completa; ***-e Adresse*** indirizzo completo; *(gänzlich)* ***jdm -es Vertrauen schenken*** dare completa fiducia a qcn. **II** avv. completamente, interamente, del tutto: ***etw. ~ vergessen*** dimenticare completamente qcs. **Voll|stän|dig|keit** f. *(-)* completezza *f.*: ***der ~ halber*** per ragioni di completezza.
voll|streck|bar agg. DIR. esecutorio, esecutivo: ***-es Urteil*** sentenza esecutiva. **Voll|streck|bar|keit** f. *(-)* DIR. esecutorietà *f.*, esecutività *f.* **voll|stre|cken** tr. **1** DIR. eseguire, rendere esecutivo: ***eine Strafe, ein Testament ~*** rendere esecutiva una pena, un testamento **2** SPORT GERG. eseguire: ***einen Elfmeter ~*** eseguire un calcio di rigore. **voll|stre|ckend** p.pres. agg. → **vollstrecken** ◆ ***-e Gewalt*** potere esecutivo. **Voll|stre|cker** m. *(-s,-)* esecutore *m.* **Voll|stre|ckung** f. *(-,-en)* DIR. esecuzione *f.* **Voll|stre|ckungs|be|am|te** m. *(-n,-n)* esecutore *m.* giudiziario.
voll|tö|nend agg. sonoro. **Voll|tref|fer** m. *(-s,-)* **1** centro *m.* pieno **2** FIG. *(Erfolg)* bel colpo *m.* ◆ ***einen ~ landen, erzielen*** colpire nel segno (anche FIG.).
voll|trun|ken agg. completamente ubriaco. **Voll|trun|ken|heit** f. *(-)* briachezza *f.* totale.
Voll|ver|pfle|gung f. *(-,-en)* pensione *f.* completa. **Voll|ver|samm|lung** f. *(-,-en)* riunione *f.* plenaria. **Voll|wai|se** f. *(-,-n)* orfano *m.* (-a *f.*) di entrambi i genitori. **Voll|wasch|mit|tel** n. *(-s,-)* detersivo *m.* universale. **Voll|weib** n. *(-s,-er)* maggiorata *f.*
voll|wer|tig agg. **1** di pieno valore, pienamente valido **2** *(gleichwertig)* del medesimo valore, adeguato: ***ein -er Ersatz*** un adeguato sostituto. **Voll|wer|tig|keit** f. *(-)* **1** piena validità *f.* **2** adeguatezza *f.* **Voll|wert|kost** f. *(-)* cibo *m.* a base di alimenti integrali.
voll|wich|tig agg. NUMISM. di giusto peso. **voll|zäh|lig I** agg. completo: ***die -e Liste der Teilnehmer*** la lista completa dei partecipanti **II** avv. al completo: ***~ versammelt sein, ~ sein*** essere tutti riuniti, esserci tutti. **Voll|zeit|be|schäf|ti|gung** f. *(-,-en)* impiego *m.* a tempo pieno. **Voll|zeit|schu|le** f. *(-,-n)* scuola *f.* a tempo pieno.
voll|zie|hen *(vollzog, vollzogen)* **I** tr. **1a** effettuare, mettere in atto, fare: ***eine Trennung ~*** effettuare una separazione; ***jds Willen ~*** fare il volere di qcn. **b** *(verwirklichen)* eseguire: ***einen Befehl ~*** eseguire un ordine; DIR. *(vollstrecken)* ***ein Urteil ~*** eseguire una sentenza **2** *(vollbringen)* compiere: ***ein Opfer ~*** compiere un sacrificio **II** rifl. **sich ~** compiersi, verificarsi, avere luogo: ***eine Veränderung vollzieht sich rasch*** un cambiamento si verifica rapidamente; ***die Prophezeiung wird sich ~*** la profezia si compirà ◆ ***die Ehe ~*** consumare il matrimonio. **voll|zie|hend** p.pres. agg. → **vollziehen** ◆ ***-e Gewalt*** potere esecutivo. **Voll|zie|her** m. *(-s,-)* DIR. esecutore *m.* **Voll|zie|hung** f. *(-,-en)* messa *f.* in atto, effettuazione *f.* **Voll|zie|hungs|be|am|te** m. *(-n,-n)* → **Vollstreckungsbeamte.**
Voll|zug m. *(-[e]s)* **1** → **Vollziehung 2** *(Strafvollzug)* esecuzione *f.* della pena **3** GERG. *(Vollzugsanstalt)* penitenziario *m.* **Voll|zugs|an|stalt** f. *(-,-en)* istituto *m.* di pena, penitenziario *m.* **Voll|zugs|be|am|te** m. *(-n,-n)* funzionario *m.* esecutivo.
Vo|lon|tär [v-] m. *(-s,-e)* praticante *m.*; *(in einem Betrieb)* stagista *m.* **Vo|lon|ta|ri|at** n. *(-[e]s,-e)* (periodo *m.* di) praticantato *m.*; *(in einem Betrieb)* stage *m.* **vo|lon|tie|ren** intr. (aus. *haben*) lavorare come praticante, fare praticantato.
Volt [v-] n. *(-* e *-[e]s,-)* volt *m.* **Vol|ta|ele|ment** n. *(-[e]s,-e)* pila *f.* di Volta.
Vol|tai|ri|a|ner [voltɛ-] m. *(-s,-)* volte(r)riano *m.*
Vol|ta|me|ter [v-] n. *(-s,-)* voltametro *m.*
Volt|am|pere [-ampɛ:ɐ] n. *(-[s],-)* voltampère *m.*
Vol|te [v-] f. *(-,-n)* **1** gioco *m.* di prestigio (con le carte) **2** EQUIT. volta *f.* **3** SPORT *(beim Fechten)* svolta *f.* ◆ ***die, eine ~ schlagen*** fare un'abile mossa. **vol|tie|ren** → **voltigieren.**
Vol|ti|ge [vɔl'ti:ʒə] f. *(-,-n)* volteggio *m.* **vol|ti|gie|ren** intr. (aus. *haben*) EQUIT. volteggiare.
Volt|me|ter n. *(-s,-)* voltmetro *m.*
Vo|lum|ein|heit [v-] f. *(-)* unità *f.* di volume. **Vo|lu|men** n. *(-s,-* e *Volumina)* **1** (pl. -) volume *m.*: ***das ~ eines Körpers berechnen*** calcolare il volume di un solido; *(Umfang)* ***das ~ der Exporte*** il volume delle esportazioni **2** BIBLIOT. (pl. *Volumina*) volume *m.* **Vo|lu|men|ge|wicht** → **Volumgewicht.**
Vo|lu|met|rie f. *(-)* volumetria *f.* **vo|lu|me|trisch** agg. volumetrico.
Vo|lum|ge|wicht n. *(-[e]s,-e)* peso *m.* specifico.
vo|lu|mi|nös agg. voluminoso (anche FIG. SCHERZ.).
Vo|lun|ta|ris|mus [v-] m. *(-)* FILOS. volontarismo *m.* **vo|lun|ta|ris|tisch** agg. FILOS. volontaristico.
Vo|lu|te [v-] f. *(-,-n)* ARCH. voluta *f.*
vom → **von.**
von prep. + dat. (anche artcl. **vom**) **1a** *(lokal: Ausgangspunkt)* da: ***der Zug kommt ~ Bonn*** il treno arriva da Bonn; ***vom Bahnhof bis nach Hause sind es 10 Minuten*** dalla stazione a casa sono 10 minuti; ***~ nahem, fernem (weitem)*** da vicino, lontano; ***~ oben, unten, vorn, hinten, rechts, links*** da sopra, sotto, da davanti, dietro, da destra, sinistra **b** *(Herkunft)* ***ich komme vom Arzt, ~ der Versicherung*** vengo dal medico, dall'assicurazione; ***~ woher stammt sie?*** da dove viene? di dov'è? **2a** *(temporal: Ausgangspunkt)* da: ***~ morgens bis abends*** dalla mattina alla sera; ***der Unterricht dauert ~ 10 bis 11 Uhr*** la lezione dura dalle 10 alle 11 **b** di: ***das Brot, die Zeitung ist ~ gestern*** il pane, il giornale è di ieri **3** *(Loslösung, Trennung)* da: ***etw. vom Schrank nehmen*** prendere qcs. dall'armadio; ***~ seiner Frau getrennt sein*** essere separato dalla propria moglie **4a** *(partitiv)* di: ***keins ~ diesen Kleidern gefällt mir*** nessuno di questi vestiti mi piace; ***wer ~ euch kennt ihn?*** chi di voi lo conosce? ***die jüngere ~ den Schwestern*** la più giovane delle sorelle; ***Hunderte, Tausende ~...*** centinaia, migliaia di... **b** su: ***~ zwanzig Schülern sind acht krank*** otto allievi su venti sono malati **c** *(Bezeichnung des partitiven Genitivs)* ***ein Freund ~ mir*** un mio amico **5** *(Angabe von Maßen, Größenordnungen, Alter)* di: ***ein Vermögen ~ einigen Millionen Mark*** un patrimonio di alcuni milioni di marchi; ***ein Fisch ~ vier Pfund*** un pesce di due chili; ***ein Kind ~ drei Jahren*** un bambino di tre anni; ***ein Tisch ~ zwei Meter Breite, Länge*** un tavolo largo, lungo due metri **6** *(modal)* di: ***eine Frau ~ großem Talent*** una donna di grande talento; ***ein Mann ~ Bildung*** un uomo di cultura; ***ein Kleid ~ besonderem Schnitt*** un vestito dal taglio particolare **7** *(kausal)* per, a furia di: ***müde ~ etw. sein*** essere stanco per qcs.; ***heiser vom Schreien sein*** essere rauco a furia di gridare; ***vom vielen Trinken erkranken*** ammalarsi per il troppo bere **8** *(Angabe des Typischen einer Person, Sache)* di: ***ein Vorbild, Teufel ~ einem Mädchen*** un modello, diavolo di ragazza **9** *(an Stelle eines Genitivs)* di: ***die Königin ~ England*** la regina d'Inghilterra; ***ein Gedicht ~ Goethe*** una poesia di Goethe; ***Mutter ~ zwei Kindern sein*** essere madre di due bambini **10** *(beim Passiv)* da: ***~ einem Auto angefahren werden*** essere investito da un'auto **11** *(in Bezug auf)* di: ***schwer ~ Begriff*** duro di comprendonio; ***schön ~ Gestalt*** bello d'aspetto; ***schwach ~ Gehör*** debole d'udito; ***er ist Ingenieur ~ Beruf*** di professione è (*o* fa) l'ingeniere **12** *(als Adelsprädikat: in Bezug auf deutsche Persönlichkeiten oft unübersetzt)* di, von: ***Otto ~ Bismarck*** Otto von Bismarck **13** ANT. *(aus)* di: ***eine Kette ~ Silber*** una collana d'argento

14 *(in Abhängigkeit von einem Satzteil)* di, da: **~ *etw. beeindruckt, überzeugt sein*** essere impressionato da, convinto di qcs.; **~ *jdm, etw. abhängen*** dipendere da qcn., qcs.; **~ *etw. berichten, sprechen, hören*** raccontare di (*o* riferire su) qcs., parlare di qcs., sentir parlare di qcs.; **~ *wem ist die Rede?*** di chi si parla? ◆ **~ *heute ab*** da oggi in poi, a partire da oggi; ***abgesehen* ~** a prescindere da; **~ *hier an*** di qui in poi, da qui; **~ *heute an*** da oggi (in poi), a partire da oggi; **~ *Anfang an*** fin dall'inizio; **~ *Jugend, Kind(heit) auf*** fin dalla giovinezza (*o* da giovane), fin da piccolo; **~ *Freitag auf Sonntag*** dal venerdì alla domenica; **~ *Grund auf*** interamente, completamente; **~ *Köln aus*** da Colonia (in poi); **~ *mir aus*** per me, per conto mio; **~ *da, dort*** di (*o* da) lì, là; **~ *Fall zu Fall*** caso per caso, secondo i casi; ***grüßen Sie ihn* ~ *mir!*** lo saluti da parte mia! **~ *Hand gemacht*** fatto a mano; **~ *zu Hause fortgehen, kommen*** andarsene, venire da casa; ***jdn* ~ *zu Hause abholen*** andare a prendere qcn. a casa; ***eine Frau* ~ *heute*** una donna d'oggi, una donna moderna; ***drei* ~ *hundert, vom Hundert*** tre percento; ***infolge* ~** in seguito a; ***jdn vom Hören, Sehen kennen*** conoscere qcn. per sentito dire, di vista; ***sie hat ein Kind* ~ *ihm*** ha avuto un figlio da lui; **~ *Mal zu Mal*** di volta in volta; **~ *selbst*** da solo; **~ *sich aus*** di sua iniziativa, da solo; COLLOQ. ***mit einer* ~ *verheiratet sein*** avere sposato una nobile; **~ *wegen!*** neanche per sogno! ***ein wenig* ~** un po' di; **~ *nichts wissen*** non sapere niente; **~*...* zu*...*** di... in...: **~ *Blume zu Blume fliegen*** volare di fiore in fiore; **~ *Jahr zu Jahr*** di anno in anno; **~ *Zeit zu Zeit*** di quando in quando, talvolta.

von|ei|n<u>a</u>n|der avv. **1** uno dall'altro: ***sie sind* ~ *abhängig*** dipendono uno dall'altro; *(unübersetzt)* ***wir müssen* ~ *scheiden*** dobbiamo separarci; **~ *gehen*** separarsi, lasciarsi **2** uno dell'altro: ***wir haben nichts mehr* ~ *gehört*** non abbiamo più sentito niente uno dell'altro.

von|n<u>ö</u>|ten, ~ *sein* essere necessario (*o* indispensabile).

von|s<u>ei</u>|ten prep. + gen. da, da parte di.

von|st<u>a</u>t|ten, ~ *gehen* svolgersi, avere luogo, esserci; *(vorangehen)* procedere, andare avanti: ***wann soll das Konzert* ~ *gehen?*** quando sarà il concerto? ***seine Heilung geht gut* ~** si sta rimettendo bene, è in via di guarigione.

1.V<u>o</u>|po m. *(-s,-s)* EX-RDT COLLOQ. → **Volkspolizist.**

2.V<u>o</u>|po f. *(-)* EX-RDT COLLOQ. → **Volkspolizei.**

vor I prep. + dat (anche artcl. **vorm**) e acc. (anche artcl. **vorn, vors**) **1a** + dat. *(lokal)* davanti a, di fronte a: **~ *dem Bahnhof warten*** aspettare davanti alla stazione; **~ *dem Fernseher sitzen*** sedere davanti al televisore; ***eine Binde* ~ *den Augen tragen*** avere una benda davanti agli occhi; **~ *„weil" steht immer ein Komma*** davanti a "weil" c'è sempre una virgola **b** *(außerhalb)* prima di: ***ein Kilometer* ~ *dem Dorf*** un chilometro prima del paese, a un chilometro dal paese **2a** + acc. *(lokal: Richtung)* davanti a: ***das Auto* ~ *die Garage stellen*** mettere l'auto davanti al garage; ***setz dich bitte* ~ *mich!*** siediti per favore davanti a me! ***jdn, etw.* ~ *Gericht bringen*** portare qcn., qcs. in tribunale **b** prima di, alle porte di: ***jdn bis* ~ *die Stadt begleiten*** accompagnare qcn. fino alle porte della città **3a** + dat. *(temporal)* prima di: **~ *1945, Weihnachten, dem Sommer*** prima del 1945, di Natale, dell'estate; ***das Konzert beginnt nicht* ~ *21 Uhr*** il concerto non comincia prima delle 21; **~ *Ablauf der Frist*** entro la scadenza del termine **b** **~ *10 Minuten, einigen Tagen, einer Woche*** dieci minuti fa, alcuni giorni fa, una settimana fa; **~ *kurzem*** poco tempo fa, recentemente **c** *(bei Angabe der Uhrzeit)* ***Viertel* ~ *acht*** le otto meno un quarto, un quarto alle otto **4** + dat. *(in Anwesenheit von)* davanti a, con: **~ *einem breiten Publikum reden*** parlare davanti a un folto pubblico; ***sich* ~ *jdm aufspielen*** darsi delle arie (*o* pavoneggiarsi) con qcn. **5** + dat. *(Angabe einer Reihenfolge, Rangordnung)* davanti a, prima di: **~ *jdm durchs Ziel gehen*** tagliare il traguardo prima di qcn.; ***du bist* ~ *ihm dran*** sei prima di lui **6** + dat. *(kausal)* di, da, per: **~ *Hunger, Kälte sterben*** morire di fame, freddo (*o* dalla fame, dal freddo); **~ *Freude, Schmerz schreien*** urlare di gioia, dal dolore; **~ *Wut zittern*** tremare di, dalla rabbia; ***blass* ~ *Schreck, rot* ~ *Scham*** pallido per lo spavento, rosso di vergogna; ***etw.* ~ *lauter Arbeit vergessen*** dimenticare qcs. per il troppo lavoro **7** + dat. *(in Abhängigkeit von einem Satzteil)* ***jdn* ~ *etw. schützen, warnen*** proteggere, mettere in guardia qcn. da qcs.; ***sich* ~ *etw. hüten*** guardarsi da qcs.; ***sich* ~ *jdm schämen*** vergognarsi davanti a qcn.; ***Angst* ~ *etw. haben*** avere paura di qcs.; ***Vorrang* ~ *jdm, etw. haben*** avere la precedenza (*o* la priorità) su qcn., qcs.; **II** avv. **1** (in) avanti: **~ *und zurück*** avanti e indietro; ***Freiwillige* ~*!*** avanti i volontari! **2** forza, avanti, dai: ***Klinsmann* ~*, noch ein Tor!*** forza Klinsmann, ancora un gol! ◆ **~ *allem*** soprattutto; COLLOQ. ***außen* ~ *bleiben*** rimanere fuori, essere tagliato fuori, non essere coinvolto; COLLOQ. ***jdn außen* ~ *lassen*** lasciare fuori, tagliare fuori, non coinvolgere qcn.; **~ *Christi Geburt, Christo, Christus*** avanti Cristo; **~ *allen Dingen*** sopra ogni altra cosa; **~ *sich gehen*** accadere, succedere, capitare; **~ *dem Gesetz sind alle gleich*** la legge è uguale per tutti; ***etw.* ~ *sich haben*** dover fare qcs.; ***heute* ~ *einem Jahr*** un anno fa; ***nach wie* ~** come prima; ***zwei Schritte* ~ *jdm gehen*** camminare due passi avanti a qcn., precedere qcn. di due passi; **~ *sich hin*** fra sé e sé, da solo; **~ *aller Welt*** davanti a tutti; **~ *der Zeit*** prima del tempo, anzitempo.

vor|<u>a</u>b avv. **1** innanzitutto, prima di tutto, in primo luogo: **~ *ein paar nützliche Informationen...*** innanzitutto alcune utili informazioni... **2** *(im Voraus)* in anticipo, prima. **Vor|<u>a</u>b|in|for|ma|ti|on** f. *(-,-en)* informazione *f.* in anteprima.

V<u>o</u>r|ab|druck m. *(-[e]s,-e)* EDIT. anticipazione *f.*

V<u>o</u>r|abend m. *(-s,-e)* vigilia *f.* (anche FIG.): ***am* ~** alla vigilia.

V<u>o</u>r|ah|nung f. *(-,-en)* presentimento *m.*: ***-en haben*** avere dei presentimenti; ***jdn befällt eine böse* ~** a qcn. viene un brutto presentimento.

V<u>o</u>r|alarm m. *(-[e]s,-e)* preallarme *m.*

V<u>o</u>r|al|pen n.pr.pl. Prealpi *f.pl.*

vo|r<u>a</u>n avv. **1** davanti, avanti, innanzi **2** *(vorwärts)* avanti ◆ ***mit Vorsicht* ~*!*** procedere con prudenza!

vo|r<u>a</u>n‿brin|gen tr. *(brachte, gebracht)* portare avanti, far avanzare.

vo|r<u>a</u>n‿ei|len intr. (aus. *sein*) correre innanzi (*o* avanti).

vo|r<u>a</u>n|ge|gan|gen p.pass. agg. **1** → **vorangehen 2** precedente: ***am -en Tag*** il giorno precedente. **vo|r<u>a</u>n‿ge|hen** intr. *(ging, gegangen;* aus. *sein)* **1a *jdm, etw.* ~** andare innanzi a, precedere qcn., qcs.: ***ein Führer ging der Gruppe voran*** una guida precedeva il gruppo **b** FIG. ***etw. (D)* ~** precedere qcs.: ***der Rede ging eine Schweigeminute voran*** il discorso fu preceduto da un minuto di silenzio **2** *(Fortschritte machen)* andare avanti, procedere: ***die Arbeit geht gut voran*** il lavoro procede bene ◆ ***mit gutem Beispiel* ~** dare il buon esempio; ***es geht mit ihm voran*** sta facendo progressi; ***gehen Sie voran!*** dopo di Lei! **Vo|r<u>a</u>n|ge|hen|de** n. *(-n)* quanto detto sopra ◆ ***im -n*** sopra.

vo|r<u>a</u>n‿kom|men intr. *(kam, gekommen;* aus. *sein)* **1** procedere, avanzare **2** *(Fortschritte machen)* andare avanti, avanzare, procedere: ***beruflich* ~** avanzare, fare carriera.

V<u>o</u>r|an|kün|di|gung f. *(-,-en)* preannuncio *m.*

v<u>o</u>r|an‿ma|chen intr. (aus. *haben*) COLLOQ. spicciarsi, muoversi: ***mach voran!*** muoviti!

v<u>o</u>r|an‿mel|den intr. (solo inf. e p.pass.; aus. *haben*) preavvisare di una chiamata. **V<u>o</u>r|an|mel|dung** f. *(-,-en)* preavviso *m.* di una chiamata.

V<u>o</u>r|an|schlag m. *(-[e]s,-anschläge)* preventivo *m.*

vo|r<u>a</u>n‿schrei|ten intr. *(schritt, geschritten;* aus. *sein)* **1 *jdm, etw.* ~** andare innanzi a, precedere qcn., qcs. **2** *(Fortschritte machen)* andare avanti, procedere.

vo|r<u>a</u>n‿stel|len tr. premettere far precedere.

vo|r<u>a</u>n‿trei|ben tr. *(trieb, getrieben)* accelerare.

V<u>o</u>r|an|zei|ge f. *(-,-n)* presentazione *f.*: ***die* ~ *eines Buches, eines Films*** la presentazione di un libro, di un film.

V<u>o</u>r|ar|beit f. *(-,-en)* lavoro *m.* preparatorio (*o* preliminare). **v<u>o</u>r‿ar|bei|ten I** tr. recuperare in anticipo (lavorando): ***drei Stunden, einen Tag* ~** recuperare tre ore, un giorno **II** intr. (aus. *haben*) ***jdm, etw.* ~** preparare un lavoro (*o* fare lavori preparatori) a qcn., qcs.: ***er hat mir gut, schlecht vorgearbeitet*** mi ha fatto, non mi ha fatto un buon lavoro **III** rifl. **sich ~** avanzare, farsi strada (anche FIG.): ***sich mühsam durch das Gebüsch* ~** avanzare a fatica fra la boscaglia; ***sich an die Spitze (der Firma)* ~** raggiungere i vertici (della ditta). **V<u>o</u>r|ar|bei|ter** m. *(-s,-)* capomastro *m.*, caposquadra *m.*

V<u>o</u>r|arl|ber|ger I m. *(-s,-)* abitante *m.* del Vorarlberg **II** agg.inv. del Vorarlberg.

vo|r<u>a</u>uf avv. **1** → **voran 2** RAR. → **vorher.**

v<u>o</u>r|auf‿füh|ren tr. CINEM. proiettare in anteprima.

vo|r<u>a</u>uf‿ge|hen intr. *(ging, gegangen;* aus. *sein)* **1 *etw. (D)* ~** precedere qcs. **2** → **vorausgehen.**

vo|r<u>a</u>us avv. **1a** avanti, innanzi: ***den anderen weit* ~ *sein*** essere molto più avanti degli altri, rispetto agli altri **b** FIG. ***seiner Zeit* ~ *sein*** essere avanti rispetto al proprio tempo, precorrere i tempi **2** MAR. avanti: ***mit Volldampf* ~*!*** avanti tutta! ◆ ***im Voraus*** in anticipo, anticipatamente; COMM. ***...danken wir Ihnen im Voraus*** ...Vi ringraziamo anticipatamente; ***im Voraus zahlen*** pagare in anticipo; ***Miete im Voraus*** affitto anticipato; ***jdm in etw. (D)* ~ *sein*** essere superiore a qcn. in qcs.

Vo|r<u>a</u>us|ab|tei|lung f. *(-,-en)* MIL. distaccamento *m.* avanzato.

vo|r<u>a</u>us‿ah|nen tr. ***etw.* ~** presagire, presentire qcs., avere il presentimento di qcs.

Vo|raus|be|din|gung ANT. → **Vorbedingung.**
vo|raus_be|rech|nen tr. calcolare in anticipo.
vo|raus_be|stim|men tr. determinare (*o* stabilire) in anticipo.
vo|raus_be|zah|len tr. pagare in anticipo (*o* anticipatamente). **Vo|raus|be|zah|lung** f. *(-,-en)* pagamento *m.* anticipato.
vo|raus_bli|cken tr. prevedere.
vo|raus_da|tie|ren tr. postdatare.
vor|aus_ei|len intr. (aus. *sein*) **1** correre (in) avanti (anche FIG.) **2** *(einer Sache)* precorrere, anticipare.
vo|raus_fah|ren intr. *(fährt, fuhr, gefahren;* aus. *sein)* andare avanti, partire prima (con un veicolo).
vo|raus_ge|hen intr. *(ging, gegangen;* aus. *sein)* **1a** andare avanti: ***geh voraus, ich komme bald nach!*** va' avanti, arrivo subito! **b** ***jdm ~*** precedere qcn. (anche FIG.) **2** *(zeitlich)* ***etw. (D) ~*** essere anteriore (*o* precedente) a, precedere qcs.: ***dem Entschluss gingen lange Überlegungen voraus*** la decisione fu preceduta da lunghe riflessioni ◆ ***ihm geht ein großer Ruf voraus*** è preceduto da una grande fama; ***ihr ging der Ruf voraus, sehr streng zu sein*** aveva la fama di essere molto severa; ***jdm im Tod ~*** precedere qcn. (nella morte).
vo|raus|ge|setzt p.pass. → **voraussetzen** ◆ ***~, dass...*** (sup)posto che..., a condizione che..., purché...
vo|raus_ha|ben tr. ***jdm etw. ~, etw. vor jdm ~*** essere superiore a qcn. in qcs., avere qcs. in più di qcn.: ***sie hat ihm mehr Erfahrung voraus*** ha più esperienza di lui; ***er hat mir viel, nichts voraus*** mi è di molto superiore (*o* mi supera di gran lunga), non ha nulla più di me; ***was hat er mir voraus?*** cos'ha lui più di me?
Vo|raus|kas|se f. *(-)* pagamento *m.* anticipato: ***Lieferung gegen ~*** consegna dietro pagamento anticipato.
vo|raus_lau|fen intr. *(läuft, lief, gelaufen;* aus. *sein)* correre avanti.
vo|raus_pla|nen tr. programmare in anticipo.
Vo|raus|sa|ge f. *(-,-n)* **1** predizione *f.*: ***eine ~ erfüllt sich, trifft ein*** una predizione si avvera **2** *(Wettervoraussage)* previsioni *f.pl.* **vo|raus_sa|gen** tr. predire.
Vo|raus|schau f. *(-,-en)* previsione *f.* **vo|raus_schau|en** tr. prevedere. **vo|raus|schau|end** p.pres. agg. **1** → **vorausschauen** **2** previdente.
Vor|aus|schei|dung f. *(-,-en)* SPORT precampionato *m.*
vo|raus_schi|cken tr. **1** mandare prima, fare precedere **2** *(vorher erklären)* premettere: ***ich muss noch ~, dass...*** devo ancora premettere che...
vo|raus|seh|bar agg. prevedibile. **vo|raus_se|hen** tr. *(sieht, sah, gesehen)* prevedere.
vo|raus_set|zen tr. presupporre: ***etw. als bekannt ~*** presupporre che qcs. sia noto; ***die Zusammenarbeit setzt bei allen guten Willen voraus*** questa collaborazione presuppone buona volontà da parte di tutti. **Vo|raus|set|zung** f. *(-,-en)* presupposto *m.*, premessa *f.*, condizione *f.*: ***von falschen -en ausgehen*** partire da premesse sbagliate; ***die ~ für etw. sein*** essere il presupposto per qcs.; ***die -en sind nicht gegeben, nicht erfüllt*** non sono date, soddisfatte le premesse; ***unter der ~, dass...*** a condizione che..., purché... **vo|raus|set|zungs|los** agg. e avv. senza presupposti.
Vo|raus|sicht f. *(-,-en)* previsione *f.*: ***in der ~, dass...*** in previsione del fatto che... ◆ ***aller ~ nach*** con ogni probabilità; ***in weiser ~*** per precauzione. **vo|raus|sicht|lich** **I** agg. prevedibile, presumibile, probabile **II** avv. presumibilmente, probabilmente.
Vo|raus|ver|mächt|nis n. *(-ses,-se)* DIR. prelegato *m.*
Vor|aus|wahl f. *(-,-en)* scelta *f.* preliminare.
vo|raus_wis|sen tr. *(weiß, wusste, gewusst)* sapere prima: ***das konnte niemand ~*** nessuno poteva saperlo prima, poteva già saperlo.
vo|raus_zah|len tr. pagare anticipatamente. **Vo|raus|zah|lung** f. *(-,-en)* pagamento *m.* anticipato.
Vor|bau m. *(-[e]s,-ten)* **1a** EDIL. *(Vorsprung)* avancorpo *m.*, aggetto *m.*, sporto *m.* **b** *(Vorhalle)* portico *m.* **2** SCHERZ. *(großer Busen)* davanzale *m.* **vor_bau|en** **I** tr. costruire in aggetto: ***dem Haus eine Veranda ~*** costruire una veranda in aggetto alla casa **II** intr. (aus. *haben*) ***etw. (D) ~*** prevenire qcs. ◆ PROV. ***der kluge Mann baut vor*** l'uomo saggio mette le mani avanti.
vor|be|dacht → **vorbedenken.** **Vor|be|dacht**, ***aus, mit, in ~*** di proposito, con premeditazione; ***ohne ~*** non premeditato. **vor_be|den|ken** tr. *(bedachte, bedacht)* ***etw. ~*** premeditare qcs., pensare prima a qcs.
Vor|be|deu|tung f. *(-,-en)* presagio *m.*, indizio *m.* ◆ ***mit guter ~*** di buon augurio (*o* auspicio).
Vor|be|din|gung f. *(-,-en)* condizione *f.* preliminare, premessa *f.* necessaria.
Vor|be|halt m. *(-[e]s,-e)* riserva *f.*: ***-e gegen etw. haben*** avere delle riserve nei confronti di qcs.; ***-e anmelden*** manifestare riserve; ***etw. mit, unter ~ annehmen*** prendere qcs. con riserva; ***ohne ~*** senza riserve ◆ ***unter üblichem ~*** salvo buon fine.
1.vor_be|hal|ten *(behält, behielt, behalten)* **I** rifl. ***sich (D) etw. ~*** riservarsi qcs. **II** tr. ANT. ***jdm etw. ~*** riservare qcs. a qcn. ◆ ***sich (D) gerichtliche Schritte ~*** riservarsi di adire a vie giudiziarie.
2.vor|be|hal|ten p.pass. agg. **1** → **1.vorbehalten** **2** ***jdm ~ sein, bleiben*** essere riservato a qcn. ◆ ***Änderungen, Irrtum ~*** salvo cambiamenti, salvo errori; ***alle Rechte ~*** tutti i diritti riservati; ***unvorhergesehene Umstände ~*** salvo imprevisti.
vor|be|halt|lich, SVIZZ. **vor|be|hält|lich** **I** prep. + gen. BUROCR. con riserva di, salvo **II** agg. con riserva: ***eine -e Zustimmung*** un'approvazione con riserva. **vor|be|halt|los** agg. e avv. senza riserve: ***etw. ~ annehmen*** accettare qcs. senza riserve.
Vor|be|halts|gut n. *(-[e]s,-güter)* DIR. beni *m.pl.* parafernali. **Vor|be|halts|klau|sel** f. *(-,-n)* clausola *f.* di riserva. **Vor|be|halts|ur|teil** n. *(-s,-e)* DIR. sentenza *f.* condizionale.
vor_be|han|deln tr. trattare preventivamente. **Vor|be|hand|lung** f. *(-,-en)* trattamento *m.* preventivo.
vor|bei avv. **1** passato: ***der Wagen ist schon (an uns) ~*** la macchina è già passata (davanti a noi) **2a** *(vergangen)* finito, passato: ***der Sommer ist ~*** l'estate è finita; ***es ist Mitternacht ~*** è mezzanotte passata **b** FIG. *(zu Ende)* ***mit uns ist es ~*** tra noi è finita; ***mit ihm wird es bald ~ sein*** è spacciato ◆ ***(es ist) aus und ~*** è finita; ***~ ist ~*** quel che è stato è stato. **vor|bei_be|neh|men** rifl. *(benimmt, benahm, benommen)* **sich ~** COLLOQ. comportarsi male. **vor|bei_brin|gen** tr. *(brachte, gebracht)* COLLOQ. ***jdm etw. ~*** passare da qcn. a portare qcs. **vor|bei_drü|cken** rifl. **sich ~** **1** ***sich an jdm ~*** passare vicino a qcn. senza essere visto, evitare qcn. **2** FIG. ***sich an etw. (D) ~*** scansare, evitare qcs. **vor|bei_dür|fen** intr. *(darf, durfte, gedurft;* aus. *haben)* COLLOQ. poter passare. **vor|bei_fah|ren** intr. *(fährt, fuhr, gefahren;* aus. *sein)* passare (con un veicolo): ***am Bahnhof ~*** passare davanti alla stazione; COLLOQ. ***bei der Apotheke ~*** passare in farmacia. **vor|bei_flie|gen** intr. *(flog, geflogen;* aus. *sein)* passare (in volo) davanti. **vor|bei_flie|ßen** intr. *(floss, geflossen;* aus. *sein)* scorrere vicino. **vor|bei_flit|zen** intr. (aus. *sein*) ***an etw. (D) ~*** sfrecciare davanti a qcs. **vor|bei_füh|ren** **I** tr. condurre davanti **II** intr. (aus. *haben*) ***an etw. (D) ~*** passare lungo qcs., costeggiare qcs. ◆ ***daran führt kein Weg vorbei*** non c'è niente da fare, non c'è scampo.
vor|bei_ge|hen intr. *(ging, gegangen;* aus. *sein)* **1** ***an jdm, etw. ~*** passare accanto (*o* davanti) a qcn., qcs.; *(überholen)* superare qcn., qcs. **2** FIG. ***an etw. (D) ~*** passare sopra a qcs., non curarsi di qcs.: ***an den Tatsachen ~*** passar sopra ai fatti **3** COLLOQ. *(kurz aufsuchen)* passare: ***bei der Apotheke, beim Arzt ~*** passare in farmacia, dal medico **4a** *(vergehen)* passare, finire: ***das geht schon vorbei!*** passerà! **b** FIG. ***keine Gelegenheit ungenutzt ~ lassen*** non trascurare nessuna occasione ◆ ***(am Ziel) ~*** mancare (il bersaglio). **Vor|bei|ge|hen, *beim, im ~*** passando.
vor|bei_kom|men intr. *(kam, gekommen;* aus. *sein)* **1** passare (davanti) **2** *(vorbeigehen können)* poter passare, riuscire a passare **3** COLLOQ. *(kurz besuchen)* passare: ***bei jdm ~*** passare da qcn.; ***komm doch mal vorbei!*** passa (da noi)! **vor|bei_kön|nen** intr. *(kann, konnte, gekonnt;* aus. *haben)* COLLOQ. poter passare. **vor|bei_las|sen** tr. *(lässt, ließ, gelassen)* COLLOQ. lasciar passare; FIG. ***ein Angebot ungenutzt ~*** lasciarsi sfuggire un'occasione, non sfruttare un'offerta. **vor|bei_lau|fen** intr. *(läuft, lief, gelaufen;* aus. *sein)* ***an jdm, etw. ~*** passare accanto (*o* davanti) a qcn., qcs., superare qcn., qcs.
Vor|bei|marsch m. *(-[e]s,-märsche)* sfilata *f.* **vor|bei_mar|schie|ren** intr. (aus. *sein*) sfilare: ***an etw. (D) ~*** sfilare davanti a qcn.
vor|bei_müs|sen intr. *(muss, musste, gemusst;* aus. *haben)* COLLOQ. dover passare. **vor|bei_pla|nen** intr. (aus. *haben*) ***an jdm, etw. ~*** pianificare trascurando qcn., qcs., trascurare qcn., qcs. nella pianificazione. **vor|bei_ra|sen** intr. (aus. *sein*) sfrecciare (davanti): ***an jdm ~*** sfrecciare davanti a qcn. **vor|bei_re|den** intr. (aus. *haben*) ***am eigentlichen Thema ~*** sfiorare appena un tema, non centrare un tema ◆ ***aneinander ~*** parlare ognuno per conto proprio. **vor|bei_rei|ten** intr. *(ritt, geritten;* aus. *sein)* passare a cavallo. **vor|bei_ren|nen** intr. *(rannte, gerannt;* aus. *sein)* passare di corsa: ***an jdm, etw. ~*** passare di corsa davanti a qcn., qcs. **vor|bei_schau|en** tr. passare a vedere: ***bei jdm, etw. ~*** passare da qcn., da qcs. a vedere. **vor|bei_schie|ßen** intr. *(schoss, geschossen)* **1** (aus. *haben*) mancare: ***am Ziel ~*** mancare il bersaglio **2** (aus. *sein*) ***an etw. (D) ~*** sfrecciare oltre qcs., passare sfrecciando davanti a qcs. **vor|bei_zie|hen** intr. *(zog, gezogen;* aus. *sein)* **1** passare (davanti): ***am Gegner ~*** superare l'avversario **2** FIG. ***~ lassen*** lasciar passare, trascorrere; ***die letzten Ereignisse an sich ~ lassen*** lasciar scorrere gli ultimi avvenimenti (davanti a sé).

vor|be|las|tet agg. compromesso.
Vor|be|mer|kung f. *(-,-en)* avvertenza *f.* (preliminare), premessa *f.*
vor‿be|ra|ten tr. *(berät, beriet, beraten)* discutere preliminarmente.
vor‿be|rei|ten I tr. preparare: ***jdn für ein Rennen ~*** preparare qcn. per una corsa; ***ein Fest, eine Reise ~*** preparare una festa, un viaggio; ***jdn auf eine schlimme Nachricht ~*** preparare qcn. a una brutta notizia **II** rifl. **sich ~** prepararsi: ***sich auf, für eine Prüfung ~*** prepararsi per un esame; *(entstehen)* ***ein Sturm bereitet sich vor*** si sta preparando una tempesta ◆ ***jdn schonend auf etw. (A) ~*** preparare qcn. a qcs. (una brutta notizia); ***darauf war ich nicht vorbereitet*** a questo non ero preparato. **Vor|be|rei|tung** f. *(-,-en)* **1** preparazione *f.*: ***in ~ sein*** essere in preparazione **2** preparativo *m.*: ***-en (für etw.) treffen*** fare dei preparativi (per qcs.). **Vor|be|rei|tungs|dienst** m. *(-[e]s,-e)* tirocinio *m.* **Vor|be|rei|tungs|kurs** m. *(-es,-e)* corso *m.* propedeutico. **Vor|be|rei|tungs|zeit** f. *(-,-en)* tempo *m.* di preparazione.
Vor|be|richt m. *(-[e]s,-e)* relazione *f.* preliminare.
vor|be|sagt agg. ANT. suddetto.
Vor|be|scheid m. *(-[e]s,-e)* risposta *f.* (*o* decisione *f.*) provvisoria.
Vor|be|sit|zer m. *(-s,-)* proprietario *m.* precedente.
Vor|be|spre|chung f. *(-,-en)* **1** discussione *f.* preliminare **2** *(von Büchern)* recensione *f.* preliminare.
vor‿be|stel|len tr. prenotare, far riservare. **Vor|be|stel|lung** f. *(-,-en)* prenotazione *f.*
vor‿be|stim|men tr. **1** determinare preliminarmente **2** TEOL. predestinare. **Vor|be|stim|mung** f. *(-,-en)* **1** determinazione *f.* preliminare **2** *(Prädestination)* predestinazione *f.*
vor|be|straft agg. DIR. pregiudicato, con precedenti penali ◆ ***nicht ~*** incensurato, senza precedenti penali. **Vor|be|straf|te** m. e f. *(-n,-n)* pregiudicato *m.* (-a *f.*).
vor‿be|ten tr. **1** guidare le preghiere **2** COLLOQ. *(genau erklären)* spiegare in lungo e in largo.
Vor|beu|ge|haft f. *(-)* carcerazione *f.* preventiva. **vor‿beu|gen I** tr. piegare in avanti: ***den Kopf ~*** piegare il capo in avanti **II** rifl. **sich ~** piegarsi in avanti **III** intr. (aus. *haben*) ***etw. (D) ~*** prevenire qcs.: ***einer Gefahr ~*** prevenire un pericolo ◆ PROV. ***~ ist besser als heilen*** prevenire è meglio che curare. **vor|beu|gend** p.pres. agg. **1** → **vorbeugen 2** preventivo: ***-e Maßnahmen*** misure preventive **3** MED. profilattico. **Vor|beu|gung** f. *(-,-en)* **1** prevenzione *f.* **2** MED. *(Prophylaxe)* profilassi *f.* **Vor|beu|gungs|maß|nah|me** f. *(-,-n)* misura *f.* preventiva.
Vor|be|wuss|te n. *(-n)* preconscio *m.*
Vor|bild n. *(-[e]s,-er)* modello *m.*, esempio *m.*: ***ein leuchtendes, schlechtes ~*** un modello luminoso, un cattivo modello; ***jdn zum ~ nehmen*** prendere qcn. a modello; ***ein ~ geben*** dare un modello; ***in jdm ein ~ sehen*** vedere in qcn. un modello; ***jdm (ein) ~ sein, jdm als ~ dienen*** essere un modello (*o* di esempio), servire da modello (*o* da esempio) per qcn.; ***einem ~ folgen, nacheifern*** seguire, emulare un modello. **vor‿bil|den I** tr. **1** prefigurare **2** preparare: ***Kinder für die Schule ~*** preparare (*o* avviare) dei bambini alla scuola **II** rifl. **sich ~** formarsi, nascere. **vor|bild|haft** agg. rappresentativo, tipico, modello. **vor|bild|lich I** agg. esemplare, modello: ***sein Benehmen ist ~*** il suo è un comportamento esemplare; ***ein -er Schüler*** uno scolaro modello **II** avv. in modo esemplare. **Vor|bild|lich|keit** f. *(-)* esemplarità *f.* **Vor|bil|dung** f. *(-)* preparazione *f.*, avviamento *m.*
vor‿bin|den tr. *(band, gebunden)* allacciare (davanti); ***sich (D) eine Schürze ~*** mettersi un grembiule.
Vor|blick m. *(-[e]s,-e)* previsione *f.*
vor‿boh|ren tr. sgrossare al trapano.
Vor|bör|se f. *(-,-n)* ECON. mercato *m.* preborsistico. **vor|börs|lich** agg. ECON. preborsistico.
Vor|bo|te m. *(-n,-n)* **1** messaggero *m.* **2** *(Vorläufer)* precursore *m.*, antesignano *m.* **3** *(Anzeichen)* (pre)annuncio *m.*: ***die ersten -n des Winters*** le prime avvisaglie dell'inverno.
vor‿brin|gen tr. *(brachte, gebracht)* **1a** formulare, esprimere: ***eine Forderung, einen Wunsch ~*** formulare una richiesta, un desiderio; ***Klagen ~*** fare rimostranze **b** addurre: ***Gründe für etw. ~*** addurre le ragioni di qcs.; ***was hast du noch vorzubringen?*** cos'hai da dire? **2** *(nach vorn bringen)* portare (fuori): ***etw. aus dem Magazin, in den Laden ~*** portare qcs. dal magazzino, nel negozio. **Vor|brin|gung** f. *(-,-en)* formulazione *f.*, richiesta *f.*
Vor|büh|ne f. *(-,-n)* proscenio *m.*
vor|christ|lich agg. precrisitano.
Vor|dach n. *(-[e]s,-dächer)* tettoia *f.*
vor‿da|tie|ren tr. **1** *(vorausdatieren)* postdatare **2** RAR. *(zurückdatieren)* retrodatare. **Vor|da|tie|rung** f. *(-,-en)* postdatazione *f.* **2** RAR. retrodatazione *f.*
Vor|deck → **Vorderdeck.**
vor|dem, vor|dem avv. ANT. **1** prima: ***wie bereits ~ gesagt*** come detto prima **2** *(einst)* una volta, un tempo.
Vor|der|ach|se f. *(-,-n)* asse *m.* anteriore. **Vor|der|an|sicht** f. *(-,-en)* veduta *f.* (del lato) anteriore. **Vor|der|asi|en** n.pr.n. *(-s)* Asia *f.* anteriore. **Vor|der|aus|gang** m. *(-[e]s,-ausgänge)* uscita *f.* anteriore. **Vor|der|bein** n. *(-[e]s,-e)* zampa *f.* anteriore. **Vor|der|deck** n. *(-[e]s,-s)* MAR. castello *m.* di prora.
vor|de|re agg. **1** anteriore, davanti: ***die ~ Seite*** il lato anteriore; ***das ~ Rad*** la ruota anteriore ◆ ***der Vordere Orient*** il Medio Oriente. **Vor|de|re** m. e f. *(-n,-n)* **1** chi sta davanti **2** pl. ANT. avi *m.pl.*
Vor|der|ein|gang m. *(-[e]s,-eingänge)* entrata *f.* anteriore. **Vor|der|front** f. *(-,-en)* facciata *f.* anteriore. **Vor|der|fuß** m. *(-es,-füße)* zampa *f.* anteriore. **Vor|der|gau|men** m. *(-s,-)* palato *m.* anteriore. **Vor|der|gau|men|laut** m. *(-[e]s,-e)* prepalatale *f.*
Vor|der|grund m. *(-[e]s)* **1** (parte *f.*) davanti *m.* **2a** PITT. FOT. primo piano *m.* **b** FIG. ***im ~ stehen*** essere in primo piano; ***etw. in den ~ stellen, rücken, schieben*** mettere qcs. in primo piano (*o* in risalto); ***in den ~ treten, rücken*** passare in primo piano, diventare importante; ***sich in den ~ spielen, stellen, rücken, drängen, schieben*** distinguersi, mettersi in luce. **vor|der|grün|dig** agg. evidente, palese.
vor|der|hand, vor|der|hand avv. per ora, per il momento. **Vor|der|hand** f. *(-)* **1** *(beim Kartenspiel)* (giocatore *m.*) primo *m.* di mano **2** ZOOL. zampe *f.pl.* anteriori.
Vor|der|haus n. *(-es,-häuser)* parte *f.* anteriore (*o* davanti *m.*) della casa. **Vor|der|hirn** n. *(-[e]s,-e)* pro(s)encefalo *m.* **Vor|der|in|di|en** n.pr.n. *(-s)* subcontinente *m.* indiano. **Vor|der|la|der** m. *(-s,-)* fucile *m.* ad avancarica. **Vor|der|lauf** m. *(-[e]s,-läufe)* VENAT. → **Vorderbein. Vor|der|mann** m. *(-[e]s,-männer* e *-leute)* chi sta davanti, chi viene prima: ***~ sein*** stare davanti ◆ ***jdn auf ~ bringen*** mettere in riga qcn.; ***etw. auf ~ bringen*** mettere in ordine, sistemare qcs. **Vor|der|mast** m. *(-[e]s,-e[n])* albero *m.* di prua. **Vor|der|pfo|te** f. *(-,-n)* zampa *f.* anteriore.
Vor|der|rad n. *(-[e]s,-räder)* ruota *f.* anteriore. **Vor|der|rad|an|trieb** m. *(-[e]s,-e)* trazione *f.* anteriore. **Vor|der|rad|brem|se** f. *(-,-n)* freno *m.* anteriore.
Vor|der|rei|fen m. *(-s,-)* pneumatico *m.* anteriore. **Vor|der|satz** m. *(-es,-sätze)* LING. protasi *f.* **Vor|der|schiff** n. *(-[e]s,-e)* prua *f.* **Vor|der|schin|ken** m. *(-s,-)* prosciutto *m.* di spalla. **Vor|der|sei|te** f. *(-,-n)* **1** parte *f.* (*o* lato *m.*) anteriore. **Vor|der|sitz** m. *(-es,-e)* sedile *m.* anteriore.
vor|derst... agg. primo: ***an -er Front kämpfen*** combattere in prima linea. **Vor|ders|te** m. e f. *(-n,-n)* primo *m.* (-a *f.*).
Vor|der|ste|ven [-v-] m. *(-s,-)* MAR. ruota *f.* di prua. **Vor|der|teil** n. e m. *(-[e]s,-e)* parte *f.* anteriore. **Vor|der|tür** f. *(-,-en)* porta *f.* d'ingresso, porta *f.* principale. **Vor|der|zahn** m. *(-[e]s,-zähne)* (dente *m.*) incisivo *m.* **Vor|der|zim|mer** n. *(-s,-)* camera *f.* sulla fronte.
vor‿drän|geln rifl. **sich ~** farsi avanti, mettersi in vista.
vor‿drän|gen I tr. spingere (in avanti), premere **II** intr. (aus. *haben*) spingere **III** rifl. **sich ~ 1** farsi avanti, farsi largo: ***durch die Menge ~*** farsi largo tra la folla **2** FIG. mettersi in vista, farsi avanti.
vor‿drin|gen intr. *(drang, gedrungen;* aus. *sein)* **1a** spingersi, inoltrarsi: ***in ein neues Wissensgebiet ~*** inoltrarsi in un nuovo campo del sapere **b** FIG. ***bis zu jdm, etw. ~*** giungere, arrivare fino a qcn., qcs. **2** *(ausbreiten)* diffondersi, propagarsi. **vor|dring|lich I** agg. urgente, pressante **II** avv. con priorità: ***etw. ~ behandeln*** dare la priorità a qcs. **Vor|dring|lich|keit** f. *(-)* urgenza *f.*
Vor|druck m. *(-[e]s,-e)* (pre)stampato *m.* **vor‿dru|cken** tr. prestampare. **vor|ge|druckt** p.pass. agg. → **vordrucken** ◆ ***-es Formular*** (modulo) prestampato.
vor|ehe|lich agg. **1** precedente al (*o* fuori dal) matrimonio: ***ihr Kind ist ~*** ha avuto il bambino prima del matrimonio **2** prematrimoniale: ***-er Geschlechtsverkehr*** rapporto prematrimoniale.
vor|ei|lig I agg. precipitoso **II** avv. in modo precipitoso, precipitosamente. **Vor|ei|lig|keit** f. *(-)* precipitazione *f.*
vor|ei|nan|der avv. **1** (l')uno davanti all'altro **2** (l')uno dell'altro, (l')uno per l'altro: ***Furcht ~ haben*** avere timore uno dell'altro; ***keine Geheimnisse ~ haben*** non avere segreti l'uno per l'altro.
vor|ein|ge|nom|men I agg. prevenuto: ***gegen*** (RAR. ***für) jdn, etw., jdm, etw. gegenüber ~ sein*** essere prevenuto nei confronti di qcn., qcs. **II** avv. in modo prevenuto, preconcetto. **Vor|ein|ge|nom|men|heit** f. *(-)* preconcetto *m.*, prevenzione *f.*: ***~ gegen jdn, etw. (jdm, etw. gegenüber)*** preconcetto nei confronti di qcn., qcs.
Vor|ein|sen|dung f. *(-,-en)* invio *m.* anticipato, spedizione *f.* anticipata.
Vor|el|tern pl. progenitori *m.pl.*

vor‿ent|hal|ten tr. *(enthält, enthielt, enthalten)* **1** *(nicht geben)* ***jdm etw. ~*** privare qcn. di qcs.: ***jdm das Erbe ~*** privare qcn. dell'eredità **2** *(nicht sagen)* sottacere. **Vor|ent|hal|tung** f. *(-,-en)* **1** privazione *f.* **2** il sottacere.

Vor|ent|scheid m. *(-[e]s,-e)*, **Vor|ent|schei|dung** f. *(-,-en)* decisione *f.* provvisoria ◆ SPORT ***mit diesem Tor war die ~ gefallen*** con questo gol si decise la partita. **Vor|ent|schei|dungs|kampf** m. *(-[e]s,-kämpfe)* SPORT semifinale *f.*

Vor|ent|wurf m. *(-[e]s,-entwürfe)* **1** abbozzo *m.* provvisorio, primo abbozzo *m.* **2** *(Zeichnung)* progetto *m.* provvisorio.

Vor|er|be I m. *(-n,-n)* DIR. erede *m.* istituito **II** n. *(-s)* eredità *f.* spettante all'erede istituito.

Vor|er|mitt|lung f. *(-,-en)* indagine *f.* preliminare.

Vor|ern|te f. *(-,-n)* primo raccolto *m.*

vor|erst, vor|erst avv. per il momento, per ora.

vor|er|wähnt agg. BUROCR. suddetto, summenzionato.

vor‿er|zäh|len tr. COLLOQ. raccontare (una storia falsa): ***erzähl mir doch nichts vor!*** a chi la racconti? raccontala a un altro!

vor‿exer|zie|ren tr. COLLOQ. far vedere: ***das habe ich schon hundertmal vorexerziert!*** te l'ho fatto vedere cento volte (*o* ti ho fatto vedere cento volte come si fa)!

vor|fab|ri|ziert agg. prefabbricato.

Vor|fahr m. *(-en,-en)*, **Vor|fah|re** m. *(-n,-n)* predecessore *m.*, antenato *m.*

vor‿fah|ren *(fährt, fuhr, gefahren)* **I** intr. (aus. *sein*) **1** passare davanti: ***vor dem Hotel, mit dem Auto ~*** passare davanti all'hotel, con l'auto **2** *(nach vorn fahren)* avanzare, andare avanti: ***zehn Meter weiter ~*** avanzare ancora di dieci metri **3** *(die Vorfahrt haben)* avere la precedenza: ***jdn ~ lassen*** dare la precedenza a qcn. **II** tr. far avanzare; ***den Wagen ~*** venire avanti con la macchina.

Vor|fah|rin f. *(-,-nen)* antenata *f.*

Vor|fahrt f. *(-,-en)* precedenza *f.*: ***die ~ haben, beachten*** avere, osservare la precedenza; ***jdm die ~ lassen*** dare a qcn. la precedenza; ***die ~ verletzen*** non dare la precedenza. **vor|fahrt(s)|be|rech|tigt** agg. con (diritto di) precedenza, che ha la precedenza. **Vor|fahrt(s)|recht** n. *(-[e]s)* **1** diritto *m.* di precedenza **2** *(Vorschriften)* norme *f.pl.* sul diritto di precedenza. **Vor|fahrt(s)|re|gel** f. *(-,-n)* norma *f.* sul diritto di precedenza. **Vor|fahrt(s)|schild** n. *(-[e]s,-er)* cartello *m.* di precedenza. **Vor|fahrt(s)|stra|ße** f. *(-,-n)* strada *f.* con (diritto di) precedenza. **Vor|fahrt(s)|zei|chen** n. *(-s,-)* segnale *m.* di precedenza.

Vor|fall m. *(-[e]s,-fälle)* **1** caso *m.*, accaduto *m.*, avvenimento *m.*: ***ein unangenehmer, peinlicher ~*** un caso spiacevole, imbarazzante; ***der ~ ereignete sich gestern*** il caso si verificò ieri **2** MED. prolasso *m.* **vor‿fal|len** intr. *(fällt, fiel, gefallen;* aus. *sein)* **1** accadere, capitare **2** *(nach vorn fallen)* cadere in avanti **3** MED. subire un prolasso.

Vor|fei|er f. *(-,-n)* vigilia *f.* di festa.

Vor|feld n. *(-[e]s,-er)* campo *m.*, terreno *m.* antistante ◆ FIG. ***im ~ der Präsidentschaftswahlen*** alla vigilia della elezioni presidenziali.

vor‿fer|ti|gen tr. prefabbricare. **Vor|fer|ti|gung** f. *(-,-en)* **1** prefabbricazione *f.* **2** *(vorfabriziertes Bauteil)* prefabbricato *m.*

Vor|film m. *(-[e]s,-e)* cortometraggio *m.* (che precede il film).

vor‿fi|nan|zie|ren tr. prefinanziare. **Vor|fi|nan|zie|rung** f. *(-,-en)* prefinanziamento *m.*

vor‿fin|den *(fand, gefunden)* **I** tr. trovare: ***jdn, etw. in einem kritischen Zustand ~*** trovare qcn., qcs. in condizioni critiche; ***eine (un)veränderte Situation ~*** trovare una situazione (im)mutata **II** rifl. **sich ~** trovarsi: ***sich in einer unbekannten Gegend ~*** trovarsi in un luogo sconosciuto.

vor‿flun|kern tr. COLLOQ. raccontare frottole.

Vor|flu|ter m. *(-s,-)* fosso *m.* di scolo.

Vor|form f. *(-,-en)* forma *f.* originaria.

Vor|fra|ge f. *(-,-n)* domanda *f.* (*o* questione *f.*) preliminare.

Vor|freu|de f. *(-,-n)* gioia *f.* anticipata, gioiosa attesa *f.*

Vor|frie|de m. *(-ns)* pace *f.* temporanea.

vor|fris|tig I agg. anticipato **II** avv. anticipatamente.

Vor|früh|ling m. *(-s)* primavera *f.* precoce.

vor‿füh|len intr. (aus. *haben*) sondare il terreno: ***bei jdm ~*** sondare il terreno presso qcn.

Vor|führ|da|me f. *(-,-n)* indossatrice *f.* **vor‿füh|ren** tr. **1** condurre (davanti): ***jdn dem Richter ~*** condurre qcn. di fronte al giudice **2** *(vorstellen, zeigen)* presentare, esibire, mostrare: ***seine Erzeugnisse, die neuen Modelle ~*** esibire i propri prodotti, i nuovi modelli; ***jdm seine Wohnung ~*** mostrare a qcn. il proprio appartamento **3** *(Film)* proiettare **4** *(demonstrieren)* (di)mostrare: ***jdm etw. ~*** dimostrare qcs. a qcn.; ***die Funktionsweise einer Maschine ~*** mostrare il funzionamento di una macchina **5** COLLOQ. *(bloßstellen)* mettere in ridicolo. **Vor|füh|rer** m. *(-s,-)* **1** operatore *m.* (di cabina), proiezionista *m.* **2** RAR. presentatore *m.* **Vor|führ|ge|rät** n. *(-[e]s,-e)* **1** proiettore *m.* **2** *(im Geschäft)* articolo *m.* da dimostrazione. **Vor|führ|raum** m. *(-[e]s,-räume)* sala *f.* di proiezione.

Vor|füh|rung f. *(-,-en)* **1** il condurre (davanti) **2** *(Vorstellung)* dimostrazione *f.* **3** *(eines Films)* proiezione *f.* **4** *(Aufführung)* rappresentazione *f.* **Vor|füh|rungs|raum** m. *(-[e]s,-räume)* sala *f.* da esposizione, show-room *f.* **Vor|führ|wa|gen** m. *(-s,-)* vettura *f.* di prova.

Vor|ga|be f. *(-,-n)* **1** SPORT vantaggio *m.*: ***jdm fünf Minuten ~ zugestehen*** dare a qcn. 10 minuti di vantaggio **2** *(Richtlinie)* direttiva *f.* **3** ECON. → **Vorgabezeit. Vor|ga|be|zeit** f. *(-,-en)* tempo *m.* indicato.

Vor|gang m. *(-[e]s,-gänge)* **1** corso *m.*, svolgimento *m.* **2** *(Prozess)* processo *m.*: ***chemische, physikalische Vorgänge*** processi chimici, fisici **3** BUROCR. pratica *f.*: ***einen ~ zu den Akten legen*** archiviare una pratica ◆ ***schildern Sie uns den ~*** ci illustri come si sono svolti i fatti. **Vor|gän|ger** m. *(-s,-)* predecessore *m.* **vor|gän|gig** agg. **I** agg. ANT. antecedente **II** avv. SVIZZ. prima, in precedenza.

Vor|gar|ten m. *(-s,-gärten)* giardino *m.* di (*o* davanti a) una casa.

vor‿gau|keln tr. far credere: ***jdm etw. ~*** far credere qcs. a qcn.; ***jdm ~, dass...*** far credere a qcn. che...

vor‿ge|ben tr. *(gibt, gab, gegeben)* **1** pretendere, dare a intendere (di avere): ***er gab vor, zu Hause gewesen zu sein*** diede a intendere di essere stato a casa; ***er gab dringende Geschäfte vor*** diede a intendere di avere affari urgenti **2** COLLOQ. *(nach vorn geben)* porgere: ***der Lehrerin ein Buch ~*** porgere un libro alla maestra **3** SPORT dare (*o* concedere) un vantaggio: ***jdm eine Runde, 50 m, 15 Punkte ~*** dare a qcn. un vantaggio di un giro, di 50 m, di 15 punti **4** *(im Voraus festlegen)* indicare, (pre)stabilire: ***neue Arbeitzeiten ~*** stabilire nuovi tempi di lavoro. **vor|ge|ge|ben** p.pass. agg. **1** → **vorgeben 2** (pre)indicato, (pre)stabilito: ***ein -es Programm*** un programma prestabilito; ***-e Normen, Werte*** norme, valori prestabiliti.

Vor|ge|bir|ge n. *(-s,-)* promontorio *m.*

vor|geb|lich I agg. presunto, supposto: ***seine -en Schmerzen*** i suoi presunti dolori **II** avv. ***er ist ~ krank*** dice di essere malato.

vor|ge|fasst agg. preconcetto: ***ein -es Urteil*** un giudizio preconcetto.

Vor|ge|fecht n. *(-[e]s,-e)* (prima) scaramuccia *f.*

vor|ge|fer|tigt p.pass. agg. **1** → **vorfertigen 2** prefabbricato: ***-e Bauteile*** elementi prefabbricati.

Vor|ge|fühl n. *(-s,-e)* presentimento *m.*: ***ein ~ sagt mir, dass...*** un presentimento mi dice che...

Vor|ge|gen|wart f. *(-)* GRAMM. perfetto *m.*

vor|ge|hal|ten p.pass. agg. → **vorhalten** ◆ ***jdn mit einer -en Schusswaffe bedrohen*** minacciare qcn. con un'arma puntata.

vor‿ge|hen intr. *(ging, gegangen;* aus. *sein)* **1a** andare (avanti): ***an die Tafel, zur Bühne ~*** andare alla lavagna, in scena; ***ich bin vorgegangen, weil ich den Weg kannte*** sono andato avanti, perché conoscevo la strada **b** *(von Messgeräten)* ***die Uhr geht fünf Minuten vor*** l'orologio va cinque minuti avanti **2a** *(verfahren)* avanzare, procedere: ***wie wollen wir ~?*** come vogliamo procedere? ***gegen jdn mit etw. ~*** procedere contro qcn. con qcs. **b** DIR. procedere: ***gerichtlich gegen jdn ~*** procedere legalmente contro qcn. **3** MIL. passare all'attacco: ***die Soldaten gingen vor*** i soldati passarono all'attacco **4** COLLOQ. *(vorausgehen)* passare avanti (*o* prima): ***jdn ~ lassen*** far passare avanti qcn. **5** *(sich abspielen)* accadere, succedere, avvenire: ***was geht hier vor?*** che cosa succede qui? ***was geht in ihm vor?*** che cosa gli succede? **6** *(Vorrang haben)* venire prima: ***die Gesundheit geht (allem anderen) vor*** la salute viene prima (di tutto il resto); ***die Pflicht geht vor*** il dovere (viene) innanzi tutto ◆ ***zum Angriff ~*** passare all'attacco. **Vor|ge|hen** n. *(-s)* **1** procedimento *m.*: **2** *(Handlung)* azione *f.* (anche DIR.), intervento *m.*: ***das ~ der Polizei gegen die Demonstranten*** l'intervento della polizia contro i dimostranti; ***gemeinsames ~*** azione concertata. **Vor|ge|hens|wei|se** f. *(-,-n)* modo *m.* di procedere.

Vor|ge|län|de n. *(-s,-)* terreno *m.* antistante.

Vor|ge|le|ge n. *(-s,-)* TECN. (albero *m.* di) rinvio *m.*

vor|ge|nannt agg. BUROCR. suddetto, succitato.

Vor|ge|nuss m. *(-es,-genüsse)* piacere *m.* (*o* godimento *m.*) anticipato, il pregustare.

vor|ge|ord|net p.pass. agg. **1** → **vorordnen 2** ANT. *(übergeordnet)* (di ordine) superiore.

Vor|ge|richt n. *(-[e]s,-e)* antipasto *m.*

vor|ge|rückt p.pass. agg. **1** → **vorrücken 2** avanzato, tardo: ***im -en Alter*** in età avanzata; ***zu -er Stunde*** a ora tarda.

Vor|ge|schich|te f. *(-,-n)* **1** preistoria *f.* **2** antefatto *m.*: ***dieser Vorfall hat eine ~*** questa vicenda ha un antefatto **3** MED. anamnesi *f.*: ***die ~ einer Krankheit*** l'anamnesi di una malattia. **vor|ge|schicht|lich** agg. preistorico.

Vor|ge|schmack m. *(-[e]s)* assaggio *m.* (anche FIG.): ***einen ~ von etw. bekommen*** avere un assaggio di qcs.

vor|ge|scho|ben p.pass. agg. **1** → **vorschieben 2** pretestuoso: ***ein -er Grund*** un motivo pretestuoso; ***die Einladung war nur ~*** l'invito era soltanto un pretesto **3** MIL. avanzato: ***-e Posten*** postazioni avanzate.

vor|ge|schrie|ben p.pass. agg. **1** → **vorschreiben 2** prescritto: ***die vom Arzt -e Dosis*** la dose prescritta dal medico.

vor|ge|schrit|ten p.pass. agg. **1** → **vorschreiten 2** *(von Alter)* avanzato.

vor|ge|se|hen p.pass. agg. **1** → **vorsehen 2** previsto: ***die Eröffnung ist für den nächsten Montag ~*** l'apertura è prevista per lunedì prossimo; ***im Plan, im Gesetz ~ sein*** essere previsto dal progetto, dalla legge **3** ESCLAM. *(Achtung)* attenzione.

Vor|ge|setz|te m. e f. *(-n,-n)* superiore *m.* e *f.*

Vor|ge|spräch n. *(-[e]s,-e)* colloquio *m.* preliminare.

vor|ges|tern avv. l'altro ieri, ieri l'altro: ***~ Mittag*** l'altro ieri mattina; ***~ Abend*** l'altro ieri sera ◆ FIG. ***von ~ sein*** = essere superato, antiquato. **vor|gest|rig** agg. dell'altro ieri, di ieri l'altro.

vor‿grei|fen intr. *(griff, gegriffen;* aus. *haben)* precedere, anticipare: ***jdm, etw. ~*** precedere qcn., qcs.; ***jdm bei einer Entscheidung ~*** precedere qcn. in una decisione; *(beim Sprechen)* ***etw. (D) ~*** anticipare qcs. **Vor|griff** m. *(-[e]s,-e)* anticipazione *f.*, anticipo *m.*: ***etw. im, in, unter ~ auf etw. (A) tun*** fare qcs. in anticipo su qcs.

vor‿gu|cken intr. (aus. *haben*) COLLOQ. **1** sbirciare: ***hinter der Gardine ~*** sbirciare da dietro la tenda **2** *(vorsehen)* spuntare: ***der Rock guckt unter dem Mantel vor*** la gonna spunta dal cappotto.

vor‿ha|ben tr. *(hat, hatte, gehabt)* **1** ***etw. ~*** avere l'intenzione, avere in mente di fare qcs., intendere fare qcs.; ***er hat eine Reise vor, er hat vor, eine Reise zu machen*** ha un viaggio in programma, intende fare un viaggio; ***hast du heute Abend etwas vor?*** hai in mente qcs. (*o* hai programmi) per questa sera? ***er hat Großes mit seinem Sohn vor*** ha in mente grandi cose per suo figlio **2** COLLOQ. *(vorgebunden haben)* portare, avere davanti **3** COLLOQ. *(sehr zusetzen)* scocciare: ***sie haben ihn ganz schön vorgehabt*** l'hanno scocciato abbastanza. **Vor|ha|ben** n. *(-s,-)* **1** progetto *m.*: ***ein wissenschaftliches ~*** un progetto scientifico **2** *(Plan, Absicht)* intenzioni *f.pl.*, progetti *m.pl.*: ***sein ~ durchführen, ändern*** realizzare, modificare i propri progetti.

Vor|hal|le f. *(-,-n)* **1** portico *m.* **2** *(eines Theaters)* foyer *m.* **3** *(eines Hotels)* hall *f.*

Vor|halt m. *(-[e]s,-e)* **1** MUS. ritardo *m.* **2** MIL. linea *f.* di puntamento **3** SVIZZ. → **Vorhaltung.**

vor‿hal|ten *(hält, hielt, gehalten)* **I** tr. **1** mettere davanti: ***beim Husten die Hand ~*** mettere la mano davanti quando si tossisce **2** *(anlegen)* puntare, spianare: ***jdm die Pistole ~*** puntare la pistola contro qcn. **3** *(zum Vorwurf machen)* rinfacciare: ***jdm etw. ~*** rinfacciare qcs. a qcn. **4** TECN. approntare, mettere a disposizione **II** rifl. ***sich (D) etw. ~*** mettere (*o* mettersi) qcs. davanti **III** intr. (aus. *haben*) COLLOQ. durare: ***der Vorrat wird bis zum Frühjahr ~*** le scorte dureranno fino a primavera; FIG. ***der Fleiß hielt nicht lange vor*** l'impegno non durò a lungo. **Vor|hal|tung** f. *(-,-en)* **1** rimostranza *f.*: ***jdm -en machen*** fare le proprie rimostranze a qcn., rimproverare qcn. **2a** *(Vorwurf)* rimprovero *m.* **b** TECN. approntamento *m.*, messa *f.* a disposizione.

Vor|hand f. *(-)* **1** SPORT diritto *m.*: ***einen Ball mit (der) ~ schlagen*** colpire una palla di diritto; ***er hat (k)eine gute ~*** (non) ha un buon diritto **2** *(beim Kartenspiel)* (giocatore *m.*) primo *m.* di mano: ***in der ~ sein*** essere primo di mano **3** *(von Tieren)* zampa *f.* anteriore ◆ FIG. ***jdm, etw. gegenüber in der ~ sein*** essere in vantaggio rispetto a qcn., qcs.

vor|han|den agg. **1** esistente, presente: ***-e Mängel beseitigen*** eliminare le anomalie presenti **2** *(verfügbar)* disponibile: ***die noch -en Vorräte*** le scorte ancora disponibili ◆ ***~ sein*** sussistere, esserci: ***Gefahren sind unleugbar ~*** sussistono innegabilmente pericoli; COLLOQ. ***für jdn nicht mehr ~ sein*** non esserci più per qcn. **Vor|han|den|sein** n. *(-s)* presenza *f.*

Vor|hang m. *(-[e]s,-hänge)* **1** tenda *f.*: ***den ~ auf-, zuziehen*** aprire, chiudere la tenda **2** TEATR. sipario *m.*: ***der ~ geht auf, hebt sich, senkt sich, fällt*** il sipario si apre, si alza, si abbassa, cala (*o* cade); ***den Vorhang hochziehen, senken*** alzare, abbassare il sipario; FIG. ***über etw. (A) ist der ~ gefallen*** su qcs. è calato il sipario ◆ TEATR. ***der eiserne ~*** il sipario (*o* la cortina) di ferro; POL. ***der Eiserne ~*** la cortina di ferro. **vor‿hän|gen** tr. appendere (*o* mettere) davanti.

Vor|haus n. *(-es,-häuser)* REGION. atrio *m.*

Vor|haut f. *(-,-häute)* prepuzio *m.* **Vor|haut|ver|en|gung** f. *(-,-en)* fimosi *f.*

vor‿hei|zen tr. (pre)riscaldare: ***den Backofen ~*** riscaldare il forno.

vor|her avv. prima: ***kurz ~*** poco prima; ***am Abend ~*** la sera prima; ***etw. ~ tun*** fare qcs. prima.

vor|her‿be|rech|nen tr. calcolare in anticipo.

vor|her‿be|stim|men tr. determinare (*o* stabilire) in anticipo. **vor|her|be|stimmt** p.pass. agg. **1** → **vorherbestimmen 2** predestinato ◆ ***es war mir ~*** era mio destino. **Vor|her|be|stim|mung** f. *(-)* predestinazione *f.*

vor|her‿ge|hen intr. *(ging, gegangen;* aus. *sein)* ***etw. (D) ~*** precedere qcs. **vor|her|ge|hend** p.pres. agg. → **vorhergehen** ◆ ***im Vorhergehenden*** in precedenza (*o* antecedenza).

vor|he|rig agg. **1** precedente: ***am -en Abend*** la sera precedente **2** BUROCR. previo: ***nach -er Vereinbarung*** previo accordo.

Vor|herr|schaft f. *(-)* predominio *m.*, supremazia *f.* **vor‿herr|schen** intr. (aus. *haben*) predominare: ***in dem Gemälde herrschen die roten Farbtöne vor*** nel quadro predominano i toni rossi.

Vor|her|sa|ge f. *(-,-n)* **1** previsione *f.*: ***seine -n haben sich bestätigt*** le sue previsioni sono risultate vere **2** *(Voraussagen)* predizione *f.* ◆ ***die ~ des Wetters*** le previsioni del tempo. **vor|her‿sa|gen** tr. **1** prevedere: ***die Folgen, das Wetter ~*** prevedere le conseguenze, il tempo **2** *(deuten)* predire: ***jdm die Zukunft ~*** predire il futuro a qcn.

vor|her‿se|hen tr. *(sieht, sah, gesehen)* prevedere: ***die Katastrophe ließ sich nicht ~*** la catastrofe non si poteva prevedere.

vor‿heu|cheln tr. COLLOQ. infinocchiare: ***jdm etw. ~*** infinocchiare qcn. facendogli credere qcs.

vor‿heu|len tr. COLLOQ. ***jdm etw. ~*** piangere dicendo qcs. a qcn.

vor|hin, vor|hin avv. poco prima, poco fa, poc'anzi: ***ich sah ihn ~*** l'ho visto poco fa. **Vor|hi|nein** AUSTR. ***im ~*** prima, in anticipo.

Vor|hof m. *(-[e]s,-höfe)* ARCH. ANAT. atrio *m.* **Vor|hof|flat|tern** n. *(-s)* vibrazione *f.* (*o* fluttuazione *f.*) atriale. **Vor|hof|flim|mern** n. *(-s)* fibrillazione *f.* atriale (*o* auricolare).

Vor|höl|le f. *(-,-n)* limbo *m.*

Vor|hut f. *(-,-en)* avanguardia *f.*

vo|rig agg. scorso: ***-e Woche*** la settimana scorsa; ***im -en Jahrhundert*** nel secolo scorso ◆ ***im Vorigen*** in precedenza; SVIZZ. *(übrig)* ***etw. ~ lassen*** lasciare (*o* avanzare) qcs. **Vo|ri|ge** m. e f. *(-n,-n)* TEATR. detto *m.* (-a *f.*).

vor|in|dust|ri|ell agg. preindustriale.

Vor|jahr n. *(-[e]s,-e)* **1** *(voriges Jahr)* anno *m.* scorso **2** *(vorhergehendes Jahr)* anno *m.* precedente: ***im ~*** l'anno precedente. **vor|jäh|rig** agg. **1** dell'anno scorso **2** *(des vorhergehenden Jahres)* dell'anno precedente.

vor‿jam|mern tr. COLLOQ. ***jdm etw. ~*** lamentarsi di qcs. con qcn.

Vor|kal|ku|la|ti|on f. *(-,-en)* calcolo *m.* preventivo.

Vor|kam|mer f. *(-,-n)* **1** ANAT. atrio *m.* **2** TECN. camera *f.* di precombustione, precamera *f.*

vor‿kämp|fen rifl. ***sich ~*** farsi strada: ***sich zur Unfallstelle ~*** farsi strada verso il luogo dell'incidente. **Vor|kämp|fer** m. *(-s,-)* antesignano *m.*, alfiere *m.*

Vor|kas|se f. *(-,-n)* pagamento *m.* anticipato: ***nur gegen ~*** soltanto dietro pagamento anticipato.

vor‿kau|en tr. **1** premasticare **2** COLLOQ. FIG. spiegare per filo e per segno: ***jdm eine Rechenaufgabe ~*** spiegare per filo e per segno un compito di aritmetica a qcn.

Vor|kauf m. *(-[e]s,-käufe)* prelazione *f.* **Vor|kaufs|recht** n. *(-[e]s,-e)* diritto *m.* di prelazione.

Vor|kehr f. *(-,-en)* SVIZZ. → **Vorkehrung. vor‿keh|ren** tr. **1** COLLOQ. *(herauskehren)* ostentare, esibire **2** SVIZZ. disporre. **Vor|keh|rung** f. *(-,-en)* provvedimento *m.*, misura *f.*: ***-en treffen*** prendere provvedimenti.

Vor|kennt|nis f. *(-,-se)* nozione *f.* di base ◆ ***keine ~ besitzen*** non avere nessuna preparazione, non avere le basi.

Vor|klas|si|ker m. *(-s,-)* precursore *m.* del classicismo. **vor|klas|sisch** agg. preclassico.

vor‿knöp|fen rifl. COLLOQ. **1** ***sich (D) jdn ~*** strapazzare qcn., mettere qcn. sotto torchio **2** ***sich (D) etw. ~*** mettersi a fare qcs.

vor‿ko|chen tr. cucinare prima.

vor‿koh|len intr. (aus. *haben*) COLLOQ. raccontare frottole.

vor‿kom|men *(kam, gekommen)* **I** intr. (aus. *sein*) **1** *(nach vorn kommen)* venire avanti **2** *(geschehen)* accadere, succedere: ***das kommt selten, oft vor*** accade raramente, spesso; ***so etwas ist mir noch nicht vorgekommen*** una cosa così non mi è ancora capitata (*o* successa); ***so etwas kommt vor*** sono cose che succedono **3** *(vorhanden sein)* trovarsi, esserci: ***in dieser Gegend kommt Uran***

vor in questa regione si trova l'uranio **4** *(scheinen)* sembrare, parere: ***die Sache kommt mir verdächtig vor*** la cosa mi sembra sospetta (*o* trovo la cosa sospetta); ***er kommt mir bekannt vor*** mi pare di conoscerlo **5** sentirsi: ***hier komme ich mir überflüssig vor*** qui mi sento di troppo **6** *(zum Vorschein kommen)* comparire **II** rifl. **sich ~** credersi, ritenersi: ***sich sehr klug ~*** credersi molto intelligente ◆ ***es kommt mir vor, als ob ich ihn schon gesehen hätte*** mi pare di averlo già visto; ***dass mir so etwas nicht wieder vorkommt!*** che questo non si ripeta più! **Vor|kom|men** n. *(-s,-)* **1** presenza *f.*, esistenza *f.* **2** *(Lagerstätte)* giacimento *m.*: ***reiche ~ an Eisenerz, an Erdöl*** ricchi giacimenti di ferro, di petrolio. **vor|kom|mend** p.pres. agg. → **vorkommen** ◆ ***bei -er Gelegenheit*** eventualmente, se si presenta l'occasione. **vor|kom|men|den|falls** avv. BUROCR. eventualmente, nel caso. **Vor|komm|nis** n. *(-ses,-se)* accaduto *m.*, evento *m.*, avvenimento *m.*

Vor|kriegs|zeit f. *(-)* anteguerra *m.*, periodo *m.* prebellico.

Vor|kurs m. *(-es,-e)*, **Vor|kur|sus** m. *(-,-kurse)* corso *m.* preparatorio (*o* propedeutico).

vor‿la|den tr. *(lädt, lud, geladen)* citare (in giudizio): ***jdn gerichtlich, als Zeuge ~*** citare qcn. in tribunale, come testimone. **Vor|la|dung** f. *(-,-en)* **1** citazione *f.* (in giudizio) **2** mandato *m.* di comparizione: ***jdm eine ~ schicken*** inviare a qcn. un mandato di comparizione.

Vor|la|ge f. *(-,-n)* **1** presentazione *f.*: ***zahlbar bei ~*** pagabile alla presentazione; ***gegen ~ des Personalausweises*** dietro presentazione (*o* produzione) del documento d'identità **2a** *(Muster)* modello *m.*: ***etw. als ~ benutzen*** usare qcs. come modello; ***sich an die ~ halten*** attenersi al modello **b** TIP. *(Original)* originale *m.* **3** *(Gesetzesvorlage)* progetto *m.*, disegno *m.* di legge: ***eine ~ einbringen*** presentare un disegno di legge **4a** SPORT *(Ballvorlage)* passaggio *m.* (in avanti), allungo *m.*: ***eine ~ geben, aufnehmen*** fare, ricevere un passaggio; ***auf ~ des Rechtsaußen schoss er das Tor*** ha segnato su allungo dell'esterno destro **b** *(Ski)* posizione *f.* china in avanti **5** CHIM. recipiente *m.* di raccolta, collettore *m.* **6** *(Bettvorleger)* scendiletto *m.* ◆ COMM. ***eine Geldsumme in ~ bringen*** anticipare una somma di denaro.

vor‿la|gern tr. porre davanti.

Vor|land n. *(-[e]s,-länder)* zona *f.* antistante.

vor‿las|sen tr. *(lässt, ließ, gelassen)* **1** *(empfangen)* far passare, ammettere, ricevere: ***beim Botschafter vorgelassen werden*** essere ricevuto dall'ambasciatore **2** COLLOQ. ***jdn ~*** far passare (avanti) qcn., dare la precedenza a qcn.

Vor|lauf m. *(-[e]s,-läufe)* **1** SPORT (corsa *f.*) eliminatoria *f.* **2** *(vom Tonband, Film)* avanzamento *m.* rapido **3** CHIM. *(erstes Destillat)* prodotto *m.* di testa. **vor‿lau|fen** intr. *(läuft, lief, gelaufen;* aus. *sein)* COLLOQ. **1** correre (in) avanti **2** *(vorauslaufen)* correre davanti, precedere nella corsa. **Vor|läu|fer** m. *(-s,-)* **1** precursore *m.* **2** *(beim Ski)* apripista *m.* **3** REGION. = treno *m.* straordinario.

vor|läu|fig I agg. provvisorio, temporaneo **II** avv. **1** provvisoriamente, temporaneamente **2** *(fürs Erste)* per ora, momentaneamente. **Vor|läu|fig|keit** f. *(-)* provvisorietà *f.*, temporaneità *f.*

vor|laut agg. saccente, impertinente ◆ ***-es Wesen*** saccenteria, impertinenza.

vor‿le|ben tr. ***jdm etw. ~*** essere d'esempio a qcn. con qcs. **Vor|le|ben** n. *(-s)* vita *f.* precedente, passato *m.*; DIR. precedenti *m.pl.*

Vor|le|ge|be|steck n. *(-[e]s,-e)* posate *f.pl.* di servizio (*o* da portata). **Vor|le|ge|ga|bel** f. *(-,-n)* forchetta *f.* da portata, forchettone *m.* **Vor|le|ge|löf|fel** m. *(-s,-)* cucchiaio *m.* da portata, cucchiaione *m.* **Vor|le|ge|mes|ser** n. *(-s,-)* trinciante *m.*

vor‿le|gen I tr. **1a** presentare, mostrare: ***jdm einen Brief zur Unterschrift ~*** presentare una lettera a qcn. per la firma **b** *(Dokumente)* esibire **c** *(Gründe, Beweise)* produrre **d** *(der Öffentlichkeit zeigen)* presentare: ***ein neues Buch ~*** presentare un nuovo libro **2** sottoporre, proporre: ***jdm etw. zur Prüfung, Annahme ~*** sottoporre qcs. all'esame, all'approvazione di qcn.; ***jdm eine Frage ~*** sottoporre una questione a qcn. **3** *(Speisen)* servire (sul piatto di portata) **4** *(zur Befestigung anbringen)* mettere, chiudere con: ***eine Kette ~*** mettere un catenaccio, chiudere con un catenaccio **5** *(auslegen)* ***jdm eine Summe ~*** anticipare una somma a qcn. **II** rifl. **sich ~** sporgersi (in avanti) ◆ SPORT ***einen Ball ~*** passare una palla; ***ein scharfes Tempo ~*** mantenere una velocità sostenuta. **Vor|le|ger** m. *(-s,-)* tappetino *m.*; *(Bettvorleger)* scendiletto *m.* **Vor|le|ge|schloss** n. *(-es,-schlösser)* REGION. lucchetto *m.* **Vor|le|gung** f. *(-)* **1a** presentazione *f.* **b** *(von Dokumenten)* esibizione *f.* **c** *(von Beweisen)* produzione *f.* **2** presentazione *f.*, il sottoporre.

vor‿leh|nen rifl. **sich ~** sporgersi in avanti.

Vor|leis|tung f. *(-,-en)* prestazione *f.* anticipata; ***politische -en erbringen*** fare concessioni (politiche) in anticipo.

vor‿le|sen tr. *(liest, las, gelesen)* leggere (forte, ad alta voce): ***liest du mir was vor?*** mi leggi qualcosa? **Vor|le|ser** m. *(-s,-)* lettore *m.*, chi legge ad alta voce. **Vor|le|sung** f. *(-,-en)* **1a** UNIV. lezione *f.*: ***eine ~ halten*** tenere una lezione; ***in die, zur ~ gehen*** andare a lezione **b** *(Vorlesungsreihe)* ciclo *m.* di lezioni, corso *m.*: ***eine ~ über die Romantik belegen*** iscriversi a un corso sul romanticismo **2** il leggere ad alta voce, lettura *f.* **Vor|le|sungs|ver|zeich|nis** n. *(-ses,-se)* calendario *m.* delle lezioni.

vor|letzt... agg. penultimo: ***die -e Seite*** la penultima pagina.

vor|lieb, *mit jdm, etw. ~ nehmen* accontentarsi di qcn., di qcs. **Vor|lie|be** f. *(-,-n)* predilezione *f.*, preferenza *f.*: ***eine besondere ~ für etw. haben, zeigen*** avere, mostrare una particolare predilezione per qcs. ◆ ***mit ~*** preferibilmente.

vor‿lie|gen intr. *(lag, gelegen;* aus. *haben)* **1** *(sich befinden)* essere, trovarsi davanti: ***der Fall liegt dem Richter vor*** il caso è davanti al giudice; ***es liegen noch nicht alle Urkunden vor*** non ci sono ancora tutti i documenti **2** *(bestehen)* esserci, esistere: ***offenkundig liegt hier ein Irrtum vor*** evidentemente qui c'è un errore; ***es liegen Gründe zu der Annahme vor, dass...*** esistono ragioni per pensare che...; ***es liegt nichts gegen ihn vor*** non c'è nulla contro di lui **3** *(vorgelegt sein)* essere (posto) davanti. **vor|lie|gend** p.pres. agg. **1** → **vorliegen 2** presente: ***im -en Fall*** nel caso presente, in questo caso.

vor|lings avv. GINN. in avanti.

vor‿lü|gen tr. *(log, gelogen)* ***jdm etw. ~*** dare a intendere qcs. a qcn., mentire a qcn.

vorm → **vor.**

vorm. ⇒ **1** *(vormals)* prima **2** *(vormittags)* di mattina (a.m.).

vor‿ma|chen tr. COLLOQ. **1** mostrare, far vedere: ***jdm eine Yogaübung ~*** far vedere a qcn. un esercizio di yoga **2** *(vortäuschen)* dare a intendere ◆ ***das musst du mir erst einmal ~*** devi ancora dimostrarmi che sapresti farlo; ***mir kannst du doch nichts ~!*** che cosa vuoi darmi a intendere! ***ich will dir nichts ~*** parliamoci chiaro. **Vor|macht** f. *(-)* predominio *m.*, supremazia *f.* **Vor|macht|stel|lung** f. *(-)* posizione *f.* di supremazia, di predominio.

Vor|ma|gen m. *(-s,-mägen* e *-)* rumine *m.*

vor|ma|lig agg. precedente, di prima, ex: ***der -e Besitzer*** il proprietario precedente, l'ex proprietario. **vor|mals** avv. precedentemente, prima, in passato.

Vor|mann m. *(-[e]s,-männer)* **1** *(Vorarbeiter)* caposquadra *m.* **2** *(Vorgänger)* predecessore *m.*

Vor|marsch m. *(-[e]s,-märsche)* MIL. avanzata *f.* (anche FIG.); ***eine neue Mode ist auf dem, im ~*** una nuova moda sta avanzando.

Vor|märz m. *(-)* INTRAD. (periodo storico tedesco, dal 1815 al marzo 1848). **vor|märz|lich** agg. del Vormärz.

Vor|mast m. *(-[e]s,-en* e *-e)* MAR. albero *m.* di trinchetto.

Vor|mau|er f. *(-,-n)* antemurale *m.*

vor‿mer|ken tr. **1** annotare, segnarsi, prendere nota di: ***einen Termin ~*** segnarsi un appuntamento **2** *(reservieren)* prenotare ◆ ***sich für etw. ~ lassen*** prenotarsi per qcs. **Vor|mer|kung** f. *(-,-en)* **1** annotazione *f.*, nota *f.* **2** *(Reservierung)* prenotazione *f.* **3** *(Eintragung ins Grundbuch)* registrazione *f.* (al catasto).

Vor|mie|ter m. *(-s,-)* affittuario *m.* precedente.

Vor|milch f. *(-)* colostro *m.*

vor|mi|li|tä|risch agg. premilitare: ***-e Ausbildung*** istruzione premilitare.

Vor|mit|tag m. *(-s,-e)* **1** mattino *m.*, mattina *f.*: ***am frühen ~*** il mattino (*o* la mattina) presto; ***am Montag ~*** lunedì mattina **2** mattinata *f.*: ***im Laufe des -s*** nel corso della mattinata ◆ ***heute ~*** stamattina, stamane. **vor|mit|tä|gig** agg. della mattina, antimeridiana. **vor|mit|täg|lich** agg. di (ogni), della mattina, mattutino. **vor|mit|tags** avv. di (*o* alla) mattina. **Vor|mit|tags|vor|stel|lung** f. *(-,-en)* matinée *f.* **Vor|mit|tags|zeit** f. *(-)* mattinata *f.*

Vor|mo|nat m. *(-[e]s,-e)* mese *m.* precedente.

Vor|mon|ta|ge f. *(-,-n)* premontaggio *m.*

Vor|mund m. *(-[e]s,-e* e *-münder)* tutore *m.*: ***einen ~ bestellen, berufen*** nominare un tutore. **Vor|mund|schaft** f. *(-,-en)* tutela *f.*, curatela *f.*: ***die ~ über jdn übernehmen*** assumere la tutela di qcn.; ***jdm die ~ übertragen, entziehen*** assegnare (*o* conferire), togliere la tutela a qcn.; ***unter ~ stehen*** essere sotto tutela. **vor|mund|schaft|lich** agg. tutelare, tutorio. **Vor|mund|schafts|ge|richt** n. *(-[e]s,-e)* ufficio *m.* tutorio, giudice *m.* tutelare. **Vor|mund|schafts|rich|ter** m. *(-s,-)* giudice *m.* tutelare.

1.vorn avv. **1** davanti: ***das Kleid wird ~ zugeknöpft*** il vestito si abbottona davanti; ***~ am Haus*** davanti alla casa; ***~ an der Tür*** davanti alla porta, alla porta **2** *(an der Spitze)* in testa, davanti: SPORT ***nach der dritten Runde lag, war er noch ~*** dopo il terzo giro era ancora in testa ◆ ***(wieder) von ~ anfangen*** (ri)cominciare da capo; ~ ***im Bild*** in primo piano; ~ ***im Buch*** all'inizio del libro; ***von ~ bis hinten*** da cima a fondo, completamente: ***das ist von ~ bis hinten gelogen, erfunden*** è una spudorata menzogna, è un'invenzione bella e buona; ***jdn von ~ bis hinten bedienen*** servire qcn. da capo a piedi; ***etw. von ~ und hinten betrachten*** guardare qcs. davanti e dietro; ***es stimmt hinten und ~ nicht*** è completamente sbagliato; COLLOQ. ***sich hinten und ~ nicht auskennen*** non intendersene affatto; COLLOQ. ***weder hinten noch ~*** in nessun modo, non... affatto; COLLOQ. ***nicht wissen, wo hinten und ~ ist*** non sapere che pesci pigliare; ***nach ~ gehen, schauen*** andare, guardare (in) avanti; COLLOQ. ***das Zimmer liegt nach ~ (raus)*** la stanza dà sul davanti; ***von ~ (her)*** dal davanti.

2.vorn → **vor.**

Vor|nah|me f. *(-,-n)* BUROCR. esecuzione *f.*

Vor|na|me m. *(-ns,-n)* nome *m.* (di battesimo), ANT. prenome *m.*: ***jdn beim -n rufen, nennen*** chiamare qcn. per nome.

vorn|an avv. davanti, in testa.

vor|ne → **1.vorn. vor|ne|an** → **vornan.**

vor|nehm I agg. **1** distinto, signorile: ***ein -er Herr*** un signore distinto **2** *(nobel)* nobile: ***-e Gesinnung*** nobili sentimenti **3** *(der Oberschicht angehörend)* illustre, importante, di riguardo: ***aus einem -en Haus stammen*** discendere da una famiglia illustre **4a** *(kultiviert)* raffinato, esclusivo: ***ein -es Hotel, Lokal, Restaurant*** un hotel, locale, ristorante esclusivo; ***zu den -en Kreisen gehören*** appartenere ai circoli più esclusivi **b** *(elegant)* elegante, raffinato; COLLOQ. ***ein Anzug für -e Gelegenheiten*** un abito per le grandi occasioni **II** avv. **1** in modo distinto, signorilmente: ***sich ~ ausdrücken, benehmen*** esprimersi, comportarsi signorilmente **2** *(nobel)* nobilmente **3a** *(kultiviert)* in modo raffinato, da gran signore: ***~ leben*** vivere da gran signore **b** *(elegant)* elegantemente ◆ ***die -e Gesellschaft***, COLLOQ. ***die -e Welt*** il gran mondo; ***tu nicht so ~!*** non fare tanto il raffinato!

vor‿neh|men *(nimmt, nahm, genommen)* **I** tr. **1a** COLLOQ. mettere (*o* portare, spostare) avanti: ***den Arm ~*** portare in avanti il braccio **b** mettere, mettersi (davanti): ***die Serviette, die Schürze ~*** mettersi la salvietta, il grembiule; ***die Hand ~*** mettere la mano davanti alla bocca **2** *(durchführen)* eseguire, effettuare, fare: ***eine Operation an jdm ~*** eseguire un'operazione su qcn.; ***eine Analyse, Inspektion ~*** fare un'analisi, un'ispezione; ***Änderungen an etw. (D) ~*** apportare modifiche a qcs. **II** rifl. ***sich (D) etw. ~*** **1a** proporsi, prefiggersi, ripromettersi (di fare) qcs.: ***ich habe mir vorgenommen, nicht mehr dorthin zu gehen*** mi sono ripromesso di non andarci più **b** *(vorhaben)* avere in programma qcs.: ***ich habe mir einiges vorgenommen für heute*** ho alcune cose in programma per oggi **2** *(mit etw. beginnen)* cominciare, prendere qcs.: ***sich (D) ein Buch ~*** cominciare un libro **3** COLLOQ. *(vorknöpfen)* ***sich (D) jdn ~*** strapazzare qcn. ◆ ***sich (D) zu viel auf einmal ~*** mettere troppa carne al fuoco.

Vor|nehm|heit f. *(-)* **1** distinzione *f.*, signorilità *f.* **2** FIG. *(Adel)* nobiltà *f.* **3a** *(Kultiviertsein)* raffinatezza *f.* **b** *(Eleganz)* eleganza *f.*, raffinatezza *f.*

vor|nehm|lich agg. specialmente, principalmente, soprattutto. **vor|nehmst...** agg. (superl. di *vornehm*) principale, primario, primo. **Vor|nehm|tu|e|rei** f. *(-)* arie *f.pl.* da raffinato, da elegantone.

vor‿nei|gen I tr. piegare (*o* chinare) in avanti **II** rifl. **sich ~** chinarsi in avanti, inchinarsi.

vor|ne|weg, vor|ne|weg avv. → **vorweg.**

vorn|he|rein, vorn|he|rein avv. ***von ~*** (fin) da principio, dall'inizio. **vorn|hin** avv. **1** all'inizio **2** *(an die Spitze)* davanti, avanti, in testa. **Vorn|hi|nein, Vorn|hi|nein** avv. REGION., ***im ~*** (fin) da principio, dall'inizio.

vorn|über avv. in avanti. **vorn|über‿beu|gen I** tr. piegare (*o* chinare) in avanti **II** rifl. **sich ~** piegarsi (*o* chinarsi) in avanti. **vorn|über‿fal|len** intr. *(fällt, fiel, gefallen;* aus. *sein)* cadere in avanti. **vorn|über‿kip|pen** intr. (aus. *sein*) ribaltarsi (*o* rovesciarsi, cadere) in avanti.

vorn|weg, vorn|weg → **vorweg.**

vor‿ord|nen tr. ***etw. ~*** dare una prima sistemata a qcs.

Vor|ort m. *(-[e]s,-e)* **1** sobborgo *m.* **2** SVIZZ. → **Vorstand. Vor|ort(s)|ver|kehr** m. *(-s)* traffico *m.* suburbano.

vor‿pla|nen tr. programmare (in anticipo).

Vor|platz m. *(-es,-plätze)* **1** piazza *f.* antistante **2** REGION. *(Diele)* atrio *m.*, ingresso *m.*

Vor|pos|ten m. *(-s,-)* MIL. postazione *f.* avanzata, avamposto *m.*: ***auf ~*** agli avamposti. **Vor|pos|ten|ge|fecht** n. *(-[e]s,-e)* scontro *m.* di avamposti, combattimento *m.* agli avamposti.

vor‿pre|schen intr. (aus. *sein*) correre (*o* precipitarsi) in avanti.

Vor|pro|gramm n. *(-s,-e)* **1** prossimamente *m.* **2** cinegiornale *m.*

vor‿pro|gram|mie|ren tr. programmare (in anticipo).

Vor|prü|fung f. *(-,-en)* **1** esame *m.* di ammissione **2** *(zur Vorbereitung der Prüfung)* esame *m.* preliminare.

vor‿quel|len intr. *(quillt, quoll, gequollen;* aus. *sein)* sgorgare fuori, scaturire, uscire.

vor‿ra|gen intr. (aus. *haben*) sporgere (in fuori).

Vor|rang m. *(-[e]s)* **1** priorità *f.*, precedenza *f.*: ***(den) ~ vor jdm, etw. haben*** avere la precedenza su qcn., qcs.; ***absoluter ~*** priorità assoluta; ***jdm, etw. den ~ geben*** dare la priorità (*o* la precedenza) a qcn., qcs. **2** AUSTR. *(Vorfahrt)* precedenza *f.* **vor|ran|gig I** agg. prioritario, di favore: ***eine -e Behandlung*** un trattamento di favore **II** avv. prioritariamente, con priorità. **Vor|rang|stel|lung** f. *(-,-en)* posizione *f.* preminente. **Vor|rang|stra|ße** f. *(-,-n)* AUSTR. strada *f.* con (diritto di) precedenza.

Vor|rat m. *(-[e]s,-räte)* scorta *f.* (-e *f.pl.*), provvista *f.* (-e *f.pl.*): ***~ an, von Holz, Geld, Lebensmitteln*** provvista di legna, denaro, scorta di generi alimentari; ***einen ~ anlegen*** fare scorta; ***die Vorräte auffrischen, erschöpfen (aufbrauchen)*** integrare, esaurire le scorte ◆ ***etw. in ~ haben*** avere scorte (*o* provviste) di qcs.; ***etw. auf ~ herstellen*** produrre stock di qcs.; ***etw. auf ~ kaufen*** fare provvista di qcs.; ***solange der ~ reicht*** fino a esaurimento delle scorte. **vor|rä|tig** avv. ***etw. ~ haben, halten*** avere scorte (*o* provviste) di qcs.). **Vor|rats|kam|mer** f. *(-,-n)*, **Vor|rats|raum** m. *(-[e]s,-räume)* dispensa *f.*

Vor|raum m. *(-[e]s,-räume)* anticamera *f.*

vor‿rech|nen tr. **1** risolvere: ***eine Rechenaufgabe an der Tafel ~*** risolvere un compito di aritmetica alla lavagna **2** ***etw. ~*** mostrare il conto di qcs.: ***jdm die monatlichen Ausgaben ~*** mostrare a qcn. il conto delle spese mensili **3** FIG. enumerare: ***jdm seine Fehler ~*** enumerare a qcn. i suoi difetti.

Vor|recht n. *(-[e]s,-e)* privilegio *m.*: ***-e genießen*** godere di privilegi; ***jdm ein ~ einräumen*** accordare un privilegio a qcn.

Vor|re|de f. *(-,-n)* **1** preambolo *m.*: ***spar dir deine -n!*** risparmia i preamboli! **2** TEATR. prologo *m.* **3** ANT. *(Einleitung)* introduzione *f.* **vor‿re|den** tr. COLLOQ. raccontare, dare a intendere: ***das kannst du einem anderen ~!*** raccontala a un altro! **Vor|red|ner** m. *(-s,-)* oratore *m.* precedente.

vor‿rei|ten *(ritt, geritten)* **I** tr. ***(ein Pferd) ~*** portare avanti, davanti un cavallo **II** intr. (aus. *sein*) **1** cavalcare in avanti **2** *(vorausreiten)* andare avanti (*o* precedere) a cavallo, partire prima a cavallo.

vor‿ren|nen intr. *(rannte, gerannt;* aus. *sein)* COLLOQ. **1** correre (in) avanti **2** *(vorausrennen)* correre avanti, precedere correndo.

vor|re|vo|lu|ti|o|när agg. prerivoluzionario.

Vor|rich|tung f. *(-,-en)* **1** dispositivo *m.*, meccanismo *m.*, congegno *m.*: ***~ zum Öffnen des Geräts*** dispositivo di apertura dell'apparecchio **2** REGION. *(Vorrichten)* il preparare, il mettere in ordine.

vor‿rü|cken I tr. spostare (in) avanti, avanzare: ***den Tisch ~*** spostare avanti il tavolo; GIOC. ***einen Stein ~*** far avanzare (*o* muovere) una pedina **II** intr. (aus. *sein*) **1** spostarsi (*o* andare) avanti, avanzare: ***mit dem Stuhl ~*** spostarsi avanti con la sedia; *(beim Schachspiel)* ***mit der Dame drei Felder ~*** avanzare con la regina di tre caselle; ***die Mannschaft ist auf den dritten Platz vorgerückt*** la squadra è avanzata al terzo posto **2** MIL. avanzare **3** *(vergehen)* passare, scorrere: ***die Zeit rückt schnell vor*** il tempo scorre velocemente. **Vor|rü|cken** n. *(-s)* **1** spostamento *m.* in avanti, avanzamento *m.* **2** MIL. avanzata *f.*

Vor|ru|he|stand m. *(-[e]s)* prepensionamento *m.*

Vor|run|de f. *(-,-n)* SPORT girone *m.* eliminatorio, eliminatorie *f.pl.* **Vor|run|den|spiel** n. *(-[e]s,-e)* (partita *f.*) eliminatoria *f.*

vors → **vor.**

Vors. ⇒ *Vorsitzende* presidente.

Vor|saal m. *(-[e]s,-säle)* REGION. antisala *f.*, ingresso *m.*

vor‿sa|gen I tr. **1** suggerire (anche assol.): ***jdm (die Antwort) ~*** suggerire (la risposta) a qcn. **2** dire (perché si ripeta): ***jdm einen Satz ~*** dire a qcn. una frase da ripetere **II** rifl. ***sich (D) etw. ~*** **1** dire, recitare qcs. (per sé) **2** suggerire a se stesso, dirsi qcs. **Vor|sa|ger** m. *(-s,-)* COLLOQ. suggeritore *m.*

Vor|sai|son [-zɛzõ] f. *(-,-s* e REGION. *-en)* bassa stagione *f.*

Vor|satz m. *(-es,-sätze)* **1a** proposito *m.*, intenzione *f.*: ***ein fester ~*** un fermo proposito; ***einen ~ aufgeben, fallen lassen*** rinunciare a un proposito; ***jdn in seinem ~ bestärken*** rafforzare qcn. nel suo proposito **b** *(Entschluss)* decisione *f.*, risoluzione *f.*: ***den ~ fassen, etw. zu tun*** prendere la decisione (*o* proporsi) di fare qcs.; ***bei seinem ~ bleiben*** non cambiare la propria decisione **2** TIP. → **Vorsatzblatt 3** TECN. dispositivo *m.* ausiliario **4** DIR. premeditazione *f.*, dolo *m.*: ***ohne ~*** senza premeditazione, preterintenzionale. **Vor|satz|blatt** n. *(-[e]s,-blätter)* TIP. risguardo *m.*

vor|sätz|lich I agg. **1** intenzionale **2** DIR. premeditato, doloso: ***-er***

Mord omicidio premeditato **II** avv. **1** intenzionalmente, deliberatamente **2** DIR. premeditatamente, con premeditazione. **Vor|sätz|lich|keit** f. *(-,-en)* **1** intenzionalità *f.* **2** DIR. premeditazione *f.*
Vor|satz|lin|se f. *(-,-n)* lente *f.* addizionale. **Vor|satz|pa|pier** n. *(-s,-e)* TIP. risguardo *m.*
vor‿schal|ten tr. preinserire. **Vor|schalt|wi|der|stand** m. *(-[e]s, -widerstände)* resistenza *f.* (*o* resistore *m.*) addizionale.
Vor|schau f. *(-,-en)* **1** presentazione *f.*, panorama *m.*: ***eine ~ auf das heutige Abendprogramm*** un panorama dei programmi di questa sera **2** *(von Filmen)* prossimamente *m.*, spezzone *m.* pubblicitario, trailer *m.*
Vor|schein, ***zum ~ bringen*** portare alla luce; *(hervorholen)* tirare fuori; ***zum ~ kommen*** venire alla luce (*o* fuori), uscire, apparire.
vor‿schi|cken tr. **1** mandare avanti: ***jdn, das Gepäck ~*** mandare avanti qcn., il bagaglio **2** FIG. mandare in avanscoperta.
vor‿schie|ben *(schob, geschoben)* **I** tr. **1** spingere (in) avanti, spostare (in) avanti: ***das Auto, den Tisch ~*** spingere l'auto, spingere avanti il tavolo **2** *(nach vorn bewegen)* portare in avanti, protendere: ***die Unterlippe ~*** protendere il labbro inferiore **3** MIL. avanzare **4** *(als Vorwand nehmen)* prendere a pretesto, addurre come scusa **5** *(für sich handeln lassen)* ***jdn, etw. ~*** servirsi di qcn., qcs., usare qcn., qcs. come paravento: ***einen Strohmann ~*** servirsi di un prestanome **II** rifl. **sich ~** spingersi in avanti, avanzare ◆ ***den Riegel ~*** mettere (*o* tirare) il catenaccio.
vor‿schie|ßen *(schoss, geschossen)* COLLOQ. **I** tr. dare in anticipo, anticipare **II** intr. (aus. *sein*) sfrecciare davanti.
Vor|schiff n. *(-[e]s,-e)* prua *f.*, prora *f.*
vor‿schla|fen intr. *(schläft, schlief, geschlafen;* aus. *haben)* COLLOQ. dormire (prima): ***da es heute spät wird, muss ich ein wenig ~*** visto che oggi si farà tardi, devo dormire un po' prima.
Vor|schlag m. *(-[e]s,-schläge)* **1** proposta *f.*: ***jdm einen (interessanten, klugen, lockenden) ~ machen*** fare una proposta (interessante, intelligente, allettante) a qcn.; ***einen ~ annehmen, ablehnen*** accettare (*o* accogliere), rifiutare una proposta; ***auf einen ~ eingehen*** aderire a una proposta; ***ich erlaube mir den ~...*** mi permetto di proporre... **2** MUS. appoggiatura *f.* ◆ ***auf meinen ~ (hin), auf ~ von...*** su mia proposta, su proposta di...; BUROCR. ***jdm etw. in ~ bringen*** proporre qcs. a qcn. **vor‿schla|gen** tr. *(schlägt, schlug, geschlagen)* proporre: ***jdm eine Lösung, einen Spaziergang ~*** proporre una soluzione, una passeggiata a qcn.; ***ich schlage vor, wir gehen ins Kino (dass wir ins Kino gehen)*** propongo di andare al cinema; ***jdn für den Vorsitz, als Direktor ~*** proporre qcn. alla presidenza, come direttore.
Vor|schlag|ham|mer m. *(-s,-hämmer)* mazza *f.* (da fabbro).
Vor|schlags|lis|te f. *(-,-n)* lista *f.* di candidati. **Vor|schlags|recht** n. *(-[e]s)* diritto *m.* di proporre un candidato.
Vor|schluss|run|de f. *(-,-n)* semifinale *f.*
vor‿schme|cken intr. (aus. *haben*) sentirsi (in mezzo ad altri sapori): ***die Zwiebel schmeckt stark vor*** si sente molto la cipolla.
vor‿schnei|den tr. *(schnitt, geschnitten)* tagliare (prima): ***dem Kranken das Fleisch ~*** tagliare la carne per il malato.
vor|schnell I agg. precipitoso **II** avv. in modo precipitoso, precipitosamente.
vor‿schrei|ben tr. *(schrieb, geschrieben)* **1** mostrare (*o* far vedere) come si scrive **2a** prescrivere: ***das Gesetz schreibt vor, dass...*** la legge prescrive che ... **b** *(bestimmen)* imporre, fissare: ***Preise ~*** imporre i prezzi; ***die Bedingungen ~*** dettare (*o* porre) le condizioni ◆ ***sich (D) (von jdm) nichts ~ lassen*** non farsi comandare (da qcn.).
vor‿schrei|ten intr. *(schritt, geschritten;* aus. *sein)* avanzare, procedere.
Vor|schrift f. *(-,-en)* prescrizione *f.*, disposizione *f.*: ***nach ~ des Arztes*** secondo la prescrizione del medico (*o* secondo prescrizione medica); ***sich an die -en halten*** attenersi alle disposizioni; ***die -en beachten, befolgen, einhalten*** osservare, seguire le prescrizioni; ***die -en verletzen, missachten*** non osservare le prescrizioni; ***jdm -en machen*** dare disposizioni a qcn.; ***gesetzliche ~*** norma (*o* disposizione) di legge ◆ ***sich (D) von jdm keine -en machen lassen*** non accettare ordini da qcn. **vor|schrifts|ge|mäß, vor|schrifts|mä|ßig I** agg. conforme alle disposizioni, alla norma **II** avv. conformemente alla disposizioni, alla norma. **vor|schrifts|wid|rig I** agg. contrario alle disposizioni, alla norma **II** avv. in modo contrario alla disposizioni, alla norma.
Vor|schub m. *(-[e]s,-schübe)* **1** appoggio *m.*, favore *m.*; ***jdm, etw. ~ leisten*** favorire qcn., qcs. **2** TECN. avanzamento *m.*
Vor|schul|al|ter n. *(-s)* età *f.* prescolare. **Vor|schu|le** f. *(-,-n)* **1** prescuola *f.* **2** ANT. *(Grundschule)* scuola *f.* elementare. **Vor|schul|er|zie|hung** f. *(-)* educazione *f.* prescolastica. **vor|schu|lisch** agg. prescolastico. **Vor|schu|lung** f. *(-,-en)* **1** addestramento *m.* **2** SCOL. istruzione *f.* prescolastica.
Vor|schuss m. *(-es,-schüsse)* anticipo *m.*: ***sich (einen) ~ auf etw. geben lassen, einen ~ auf etw. bekommen*** farsi dare, ricevere un anticipo per qcs. **Vor|schuss|lor|bee|ren** pl. elogi *m.pl.* anticipati. **Vor|schuss|pflicht** f. *(-,-en)* obbligo *m.* di pagamento anticipato. **vor|schuss|wei|se** avv. come anticipo. **Vor|schuss|zah|lung** f. *(-,-en)* pagamento *m.* di un anticipo.
vor‿schüt|zen tr. addurre come pretesto. **Vor|schüt|zung** f. *(-,-en)* pretesto *m.* ◆ ***unter ~ falscher Tatsachen*** con simulazione dei, simulando i fatti.
vor‿schwär|men tr. raccontare con entusiasmo.
vor‿schwe|ben intr. (aus. *haben*) ***jdm schwebt etw. vor*** qcn. ha in mente qcs.
vor‿schwin|deln tr. COLLOQ. ***jdm etw. ~*** dare a intendere qcs. a qcn.
Vor|se|gel n. *(-s,-)* vela *f.* di prora.
vor‿se|hen *(sieht, sah, gesehen)* **I** tr. **1** prevedere: ***der Vortrag sieht dafür vor, dass...*** per questo il contratto prevede che... **2** *(verwenden wollen)* destinare: ***das Geld für etw. ~*** destinare il denaro per (*o* a) qcs.; ***jdn für ein Amt ~*** destinare qcn. a un incarico **II** intr. (aus. *haben*) **1** sbirciare: ***hinter einer Ecke ~*** sbirciare da dietro un angolo **2** *(zu sehen sein)* spuntare (fuori), sporgere **III** rifl. **sich ~** cautelarsi, guardarsi: ***sich vor jdm, etw. ~*** cautelarsi da qcn., qcs.; ***sieh dich vor, dass du nicht krank wirst*** bada di non ammalarti. **Vor|se|hung** f. *(-)* provvidenza *f.*: ***die göttliche ~*** la divina provvidenza.
vor‿set|zen I tr. **1a** mettere (*o* porre) davanti: ***einen Filter ~*** mettere un filtro; ***einem Wort eine Silbe ~*** mettere un prefisso a una parola **b** portare avanti: ***den linken Fuß ~*** portare avanti il piede sinistro; ***den Tisch ~*** spostare in avanti il tavolo **c** ***jdn aus den hinteren Reihen ~*** spostare avanti qcn. dalle ultime file **2** *(anbieten)* proporre, servire: ***man hat uns kalte Vorspeisen vorgesetzt*** ci hanno servito antipasti freddi **3** *(als Vorgesetzten geben)* preporre **II** rifl. **sich ~ 1** portarsi avanti, avanzare **2** ANT. riproporsi: ***sich ~, etw. zu tun*** riproporsi di fare qcs.
Vor|sicht f. *(-)* prudenza *f.*, cautela *f.*, precauzione *f.*: ***zur ~ einen Schirm mitnehmen*** per prudenza (*o* precauzione) portare con sé un ombrello; ***mit der gebotenen ~*** con la dovuta cautela; ***~ üben*** agire con prudenza, essere prudente ◆ ***~!*** attenzione! ***~, bissiger Hund!*** attenti al cane! IRON. ***mit ~ zu genießen*** da prendere con le molle; PROV. ***~ ist die Mutter der Weisheit (der Porzellankiste)*** la prudenza non è mai troppa; ***~ ist besser als Nachsicht*** prevenire è meglio che curare. **vor|sich|tig I** agg. prudente, cauto, accorto. **II** avv. con prudenza, con cautela: ***etw. ~ anfassen*** afferrare qcs. con cautela. **Vor|sich|tig|keit** f. *(-)* l'essere prudente, prudenza *f.* **vor|sichts|hal|ber** avv. per prudenza, per precauzione. **Vor|sichts|maß|nah|me, Vor|sichts|maß|re|gel** f. *(-,-n)* misura *f.* precauzionale (*o* cautelativa), precauzione *f.*
Vor|sig|nal n. *(-s,-e)* FERR. presegnale *m.*
Vor|sil|be f. *(-,-n)* prefisso *m.*
vor‿sin|gen *(sang, gesungen)* **I** tr. **1** cantare: ***jdm etw. ~*** cantare qcs. a qcn. **2** *(zum Lernen)* cantare per primo, far sentire: ***jdm die erste Strophe ~*** far sentire a qcn. la prima strofa **II** intr. (aus. *haben*) ***vor jdm ~*** fare un'audizione di fronte a qcn. ◆ SCHERZ. ***vor jdm ~*** presentarsi come candidato (per un posto).
vor|sint|flut|lich agg. SCHERZ. antidiluviano.
Vor|sitz m. *(-es,-e)* presidenza *f.*: ***den ~ übernehmen, führen (haben)*** assumere, avere la presidenza; ***jdm den ~ übertragen*** affidare la presidenza a qcn.; ***den ~ abgeben, niederlegen*** lasciare la, rinunciare alla presidenza; ***unter dem ~ von...*** sotto la presidenza di... **vor‿sit|zen** intr. *(saß, gesessen;* aus. *haben)* ***einem Ausschuss ~*** avere la presidenza di, presiedere una commissione. **Vor|sit|zen|de** m. e f. *(-n,-n)* presidente *m.* e *f.* **Vor|sit|zer** m. *(-s,-)* presidente *m.*
Vor|som|mer m. *(-s,-)* estate *f.* precoce.
Vor|sor|ge f. *(-,-n)* misure *f.pl.* preventive, provvedimenti *m.pl.*, precauzioni *f.pl.* ◆ ***für etw. ~ treffen*** provvedere (in anticipo) a qcs.; ***gegen etw. ~ treffen*** prendere precauzioni contro qcs. **vor‿sor|gen** intr. (aus. *haben*) adottare misure preventive, provvedere: ***für etw. ~*** provvedere (preventivamente) a qcs.; ***für den Winter ~*** adottare misure per (affrontare) l'inverno. **Vor|sor|ge|un|ter|su|chung** f. *(-,-en)* esame *m.* per la prevenzione di malattie. **vor|sorg|lich I** agg. preventivo: ***-e Maßnahmen*** misure preventive **II** avv. preventivamente.
Vor|spann m. *(-[e]s,-e)* **1** premessa *f.*, cappello *m.*: ***der ~ eines Artikels*** il cappello di un articolo **2** CINEM. TELEV. titoli *m.pl.* (di testa) **3a** *(vorgespanntes Fahrzeug)* mezzo *m.* di rinforzo **b** *(Zugtier)* ani-

male *m.* di rinforzo. **vor_span|nen** tr. attaccare (nel traino) come rinforzo. **Vor|spann|lo|ko|mo|ti|ve** f. *(-,-n)* locomotiva *f.* di rinforzo. **Vor|spann|pferd** n. *(-[e]s,-e)* cavallo *m.* di rinforzo, bilancino *m.*

Vor|spei|se f. *(-,-n)* antipasto *m.*

vor_spie|geln tr. fingere, simulare. **Vor|spie|ge|lung, Vor|spieg|lung** f. *(-,-en)* finzione *f.*, simulazione *f.* ◆ ***unter ~ falscher Tatsachen*** travisando i fatti.

Vor|spiel n. *(-[e]s,-e)* **1** MUS. preludio *m.* **2** TEATR. prologo *m.* **3** *(vor dem Geschlechtsverkehr)* preliminari *m.pl.* **4** SPORT incontro *m.* preliminare **5** *(Probespiel)* provino *m.*, audizione *f.*

vor_spie|len I tr. **1a** suonare (per intrattenimento): ***jdm etw. ~*** suonare qcs. per (*o* davanti a) qcn. **b** *(zuerst spielen)* mostrare come si suona **c** *(als Probestück spielen)* suonare (in un'audizione) **2a** *(darstellen)* recitare (per intrattenimento) **b** mostrare come si recita: ***jdm eine Rolle ~*** mostrare a qcn. come si recita un ruolo **c** *(vorsprechen)* recitare (in un provino) **3** *(vortäuschen)* ***jdm etw. ~*** fingere con qcn. in qcs. **II** intr. (aus. *haben*) **1** MUS. ***(bei) jdm ~*** fare un'audizione presso (*o* di fronte a) qcn. **2** TEATR. ***(bei) jdm ~*** fare un provino di fronte a qcn.

vor_spre|chen *(spricht, sprach, gesprochen)* **I** tr. **1** pronunciare, dire per primo **2** *(vorspielen)* recitare (in un provino) **II** intr. (aus. *haben*) **1** fare un provino **2** *(mit jdm sprechen)* ***bei jdm ~*** andare a parlare con qcn., rivolgersi a qcn.

vor_sprin|gen intr. *(sprang, gesprungen;* aus. *sein)* **1** saltare fuori: ***aus einem Versteck ~*** saltare fuori da un nascondiglio **2** *(vorwärts springen)* saltare, balzare (in) avanti **3** *(herausragen)* sporgere, ARCH. aggettare. **vor|sprin|gend** p.pres. agg. **1** → **vorspringen 2** sporgente, prominente: ***eine -e Nase, ein -es Kinn*** un naso sporgente, un mento prominente **3** ARCH. aggettante: ***ein -es Dach*** un tetto aggettante. **Vor|sprung** m. *(-[e]s,-sprünge)* **1a** sporgenza *f.*; ARCH. aggetto *m.* **b** *(von Felsen)* spuntone *m.* **2** *(Vorteil)* vantaggio *m.*: ***einen ~ (vor jdm) haben*** avere un vantaggio (su qcn.); ***ein ~ von 10 Metern*** un vantaggio di 10 metri.

Vor|sta|di|um n. *(-s,-stadien)* stadio *m.* preliminare.

Vor|stadt f. *(-,-städte)* periferia *f.*, sobborgo *m.* **Vor|städ|ter** m. *(-s,-)* abitante *m.* della periferia. **vor|städ|tisch** agg. periferico, suburbano.

Vor|stand m. *(-[e]s,-stände)* **1** consiglio *m.* di amministrazione, consiglio *m.* direttivo **2** → **Vorstandsmitglied 3** AUSTR. *(Bahnhofsvorsteher)* capostazione *m.* **Vor|stands|mit|glied** n. *(-[e]s,-er)* membro *m.* del consiglio di amministrazione. **Vor|stands|vor|sit|zen|de** m. e f. *(-n,-n)* presidente *m.* e *f.* del consiglio direttivo.

vor_ste|cken tr. appuntare (davanti): ***sich ein Sträußchen, eine Nadel ~*** appuntarsi un mazzolino, una spilla. **Vor|steck|na|del** f. *(-,-n)* **1** spilla *f.*, fermaglio *m.* **2** *(Krawattennadel)* spillo *m.* da cravatta.

vor_ste|hen intr. *(stand, gestanden;* aus. *haben)* **1** sporgere **2** ***etw. (D) ~*** dirigere qcs., essere a capo di qcs. **vor|ste|hend I** p.pres. agg. **1** → **vorstehen 2** sporgente: ***-e Zähne*** denti sporgenti **2** *(weiter oben stehend)* precedente **II** avv. precedentemente, in precedenza: ***wie ~ bereits gesagt, erwähnt*** come detto in precedenza. **Vor|ste|her** m. *(-s,-)* capo *m.*; *(einer Schule)* direttore *m.*: ***der ~ der Schule*** il direttore della scuola. **Vor|ste|her|drü|se** f. *(-,-n)* prostata *f.* **Vor|ste|he|rin** f. *(-,-nen)* capo *m.*; *(einer Schule)* direttrice *f.* **Vor|steh|hund** m. *(-[e]s,-e)* cane *m.* da ferma.

vor|stell|bar agg. immaginabile.

vor_stel|len I tr. **1** *(nach vorn stellen)* mettere davanti, spostare davanti **2** mettere avanti: ***den Wecker (um) eine Stunde ~*** mettere la sveglia avanti di un'ora **3a** presentare: ***darf ich Ihnen Herrn Lang ~*** posso presentarLe il signor Lang? **b** FIG. ***ein neues Modell ~*** presentare un nuovo modello **4a** *(darstellen, wiedergeben)* rappresentare **b** *(bedeuten)* rappresentare, significare: ***was soll das eigentlich ~?*** che cosa significa? **II** rifl. **sich ~ 1** presentarsi: ***sich jdm ~*** presentarsi a qcn.; ***sich in einer Firma, beim Personalleiter ~*** presentarsi in una ditta, al capo del personale **2** ***sich (D) etw. ~*** immaginarsi qcs.: ***das kann ich mir gut ~*** me lo posso ben immaginare; ***sich etw. lebhaft ~*** immaginarsi qcs. vivacemente; ***ich habe ihn mir jünger vorgestellt*** me lo immaginavo più giovane; ***du kannst dir seine Verwunderung ~!*** figurati la sua meraviglia! ***stell dir vor, wir würden gewinnen*** pensa se vincessimo; ***stell dir mal vor!*** pensa un po'! ◆ ***was stellst du dir eigentlich vor?*** che cosa credi? ***er stellt etwas vor*** è qualcuno; ***was stellst du dir unter Kultur vor?*** che cosa intendi per cultura?

vor|stel|lig, ***auf (in) einem Amt, bei jdm ~ werden*** presentarsi, rivolgersi a un ufficio, a qcn.

Vor|stel|lung f. *(-,-en)* **1** presentazione *f.* **2** *(Ahnung)* idea *f.*: ***sich falsche -en von etw. machen*** farsi idee sbagliate di, su qcs.; ***du machst dir keine ~, wie faul er ist*** non hai idea di quanto sia pigro **3** *(Phantasie)* fantasia *f.*, immaginazione *f.*: ***das existiert nur in deiner ~*** esiste solo nella tua fantasia; ***das geht über jede ~ hinaus*** va oltre ogni immaginazione **4** *(Aufführung)* rappresentazione *f.*, spettacolo *m.*: ***eine ~ besuchen*** andare a una rappresentazione **5** *(Einwand)* obiezione *f.*: ***-en erheben*** sollevare obiezioni ◆ ***jdn zu einer persönlichen ~ einladen*** invitare qcn. a un colloquio personale; ***nur eine kurze ~ geben*** fare solo una breve apparizione. **Vor|stel|lungs|ga|be** f. *(-)* immaginazione *f.* **Vor|stel|lungs|ge|spräch** n. *(-[e]s,-e)* colloquio *m.* (di presentazione). **Vor|stel|lungs|kraft** f. *(-)*, **Vor|stel|lungs|ver|mö|gen** n. *(-s)* facoltà *f.* immaginativa, immaginazione *f.*

Vor|ste|ven [-v-] m. *(-s,-)* MAR. ruota *f.* di prua.

Vor|stop|per m. *(-s,-)* stopper *m.*

Vor|stoß m. *(-es,-stöße)* **1** avanzata *f.*, puntata *f.* offensiva: ***ein ~ in feindliches Gebiet*** un'avanzata in territorio nemico (anche SPORT) **2** FIG. iniziativa *f.*, tentativo *m.*: ***einen ~ bei der Geschäftsleitung unternehmen*** intraprendere un'iniziativa presso la direzione **3** SART. filetto *m.*, pedana *f.*

vor_sto|ßen *(stößt, stieß, gestoßen)* **I** tr. spingere (in) avanti, colpire **II** intr. (aus. *sein*) **1** avanzare, spingersi (avanti): ***zum Gipfel ~*** avanzare verso la cima **2** FIG. salire: ***die Mannschaft ist an die Spitze vorgestoßen*** la squadra è salita in cima alla classifica **3** FIG. addentrarsi, inoltrarsi: ***in Neuland ~*** inoltrarsi in un campo nuovo.

Vor|stra|fe f. *(-,-n)* DIR. precedente *m.* penale: ***keine -n haben*** non avere precedenti. **Vor|stra|fen|re|gis|ter** n. *(-s,-)* casellario *m.* penale (*o* giudiziale).

vor_stre|cken I tr. **1** allungare, protendere, sporgere (in avanti): ***den Kopf ~*** allungare il collo **2** *(Geld)* anticipare; GERG. allungare **II** rifl. **sich ~** flettersi in avanti.

Vor|stu|die f. *(-,-n)* studio *m.* preparatorio, preliminare. **Vor|stu|fe** f. *(-,-n)* stadio *m.* (*o* grado *m.*) preliminare.

vor_stür|men intr. (aus. *sein*) avanzare impetuosamente, lanciarsi all'attacco.

vor|sünd|flut|lich agg. → **vorsintflutlich.**

Vor|tag m. *(-[e]s,-e)* vigilia *f.*, giorno *m.* precedente (*o* prima): ***am ~ der Prüfung*** alla vigilia dell'esame, il giorno prima dell'esame.

vor_tan|zen I tr. insegnare a ballare: ***jdm den Walzer ~*** insegnare a qcn. a ballare il valzer, mostrare a qcn. come si balla il valzer **II** intr. (aus. *haben*) ***jdm, vor jdm ~*** ballare davanti a qcn.

vor_tas|ten rifl. **sich ~** procedere a tentoni.

vor_täu|schen tr. simulare, fingere. **Vor|täu|schung** f. *(-,-en)* simulazione *f.*, finzione *f.*

Vor|teil m. *(-[e]s,-e)* **1** vantaggio *m.*: ***-e und Nachteile einer Sache gegeneinander abwägen*** soppesare vantaggi e svantaggi di una cosa; ***seinen ~ aus etw. ziehen, herausschlagen*** trarre, ricavare vantaggio (*o* beneficio) da qcs.; ***viele -e bieten, haben*** offrire, avere molti vantaggi; ***sich einen ~ verschaffen*** ottenere un vantaggio; ***jdm zum ~ gereichen*** andare a vantaggio di qcn.; ***im ~ gegenüber den anderen sein*** essere in vantaggio rispetto agli altri **2** interesse *m.*, tornaconto *m.*: ***auf seinen eigenen ~ bedacht sein*** guardare al proprio interesse; ***seinen ~ wahrnehmen*** badare al proprio tornaconto **3** SPORT vantaggio *m.*: ***~ gelten lassen*** concedere il vantaggio; *(beim Tennis)* ***~ Aufschläger*** vantaggio per il battitore **4** ANT. *(Gewinn)* profitto *m.* ◆ ***von ~ sein*** essere vantaggioso; ***sich zu seinem ~ verändern*** cambiare in meglio. **vor|teil|haft I** agg. **1** vantaggioso, conveniente **2** *(günstig)* favorevole **II** avv. **1** vantaggiosamente, utilmente **2** favorevolmente: ***sich auf etw. ~ auswirken*** agire favorevolmente su qcs. ◆ ***diese Farbe ist ~ für dich*** questo colore ti dona; ***sich ~ kleiden*** avere un abbigliamento che dona, che sta bene.

Vor|trag m. *(-[e]s,-träge)* **1** conferenza *f.*: ***einen ~ (über etw. [A]) halten*** tenere una conferenza (su qcs.); ***einen ~ besuchen*** andare a (sentire) una conferenza **2a** recitazione *f.*, declamazione *f.* **b** *(von Musik, sportlicher Darbietung)* esecuzione *f.* **3** rapporto *m.*: ***zum ~ bei jdm sein*** essere a rapporto da qcn. **4** COMM. *(Übertrag)* riporto *m.* **vor_tra|gen** tr. *(trägt, trug, getragen)* **1a** *(künstlerische, sportliche Darbietung)* eseguire **b** *(rezitieren)* recitare, declamare **2** *(darlegen)* esporre, riferire: ***jdm seine Gründe, Wünsche ~*** esporre a qcn. le proprie ragioni, i propri desideri **3** COLLOQ. *(nach vorn tragen)* portare in avanti **4** COMM. *(übertragen)* riportare ◆ ***einen Angriff, eine Attacke ~*** sferrare un attacco. **Vor|tra|gen|de** m. e f. *(-n,-n)* **1** esecutore *m.* (-trice *f.*) **2** *(Redner)* conferenziere *m.*, relatore *m.* **Vor|trags|abend** m. *(-s,-e)* TEATR. MUS. serata *f.* **Vor|trags|fol|ge** f. *(-,-n)* TEATR. MUS. programma *m.* **Vor|trags|kunst** f. *(-)* declamazione *f.* **Vor|trags|raum** m. *(-[e]s,-räume)* sala *f.* delle conferenze. **Vor|trags|rei|he** f. *(-,-n)* ciclo *m.* di conferenze. **Vor|trags|rei|se** f. *(-,-n)* giro *m.* di conferenze. **Vor|**

trags|zyk|lus m. *(-,-zyklen)* → **Vortragsreihe.**
vor|treff|lich I agg. eccellente, perfetto **II** avv. perfettamente, in modo eccellente. **Vor|treff|lich|keit** f. *(-)* eccellenza *f.*, perfezione *f.*
vor‿trei|ben tr. *(trieb, getrieben)* **1** spingere avanti, far andare avanti **2** MIN. *(Stollen)* (continuare a) scavare.
vor‿tre|ten intr. *(tritt, trat, getreten;* aus. *sein)* **1** presentarsi, farsi avanti **2** COLLOQ. *(hervortreten)* sporgere (in fuori).
Vor|trieb m. *(-[e]s,-e)* **1** TECN. *(Schub)* spinta *f.* (propulsiva) **2** MIN. avanzamento *m.*
Vor|tritt m. *(-[e]s)* **1** precedenza *f.* (anche FIG.): ***jdm den ~ lassen*** dare la precedenza (*o* cedere il passo) a qcn. **2** SVIZZ. *(Vorfahrt)* precedenza *f.* **Vor|tritts|recht** n. *(-[e]s)* SVIZZ. diritto *m.* di precedenza.
Vor|trupp m. *(-s,-s)* pattuglia *f.* avanzata.
vor‿tur|nen I tr. *(Turnübungen)* mostrare (come si fanno) **II** intr. (aus. *haben*) esibirsi (in esercizi di ginnastica).
vo|rü|ber avv. passato. **vo|rü|ber‿fah|ren** intr. *(fährt, fuhr, gefahren;* aus. *sein)* passare (con un veicolo): ***an jdm, etw. ~*** passare accanto (*o* davanti) a qcn., qcs.
vo|rü|ber‿ge|hen intr. *(ging, gegangen;* aus. *sein)* **1** ***an jdm, etw. ~*** passare accanto (*o* davanti) a qcn., qcs.; *(überholen)* superare qcn., qcs. **2** FIG. ***an etw. ~*** passar sopra a qcs.; ***ein Ereignis, das nicht spurlos an ihm vorübergegangen ist*** un evento che non è passato senza lasciare tracce su di lui **3** COLLOQ. *(vergehen)* passare, finire. **Vo|rü|ber|ge|hen, *im ~*** in scioltezza, en passant. **vo|rü|ber|ge|hend I** p.pres. agg. → **vorübergehen 2** passeggero, transitorio: ***eine -e Besserung*** un miglioramento passeggero **II** avv. transitoriamente, provvisoriamente: ***~ geschlossen*** provvisoriamente chiuso.
Vor|übung f. *(-,-en)* esercizio *m.* preparatorio.
Vor|un|ter|su|chung f. *(-,-en)* **1** esame *m.* (*o* inchiesta *f.*) preliminare **2** DIR. istruzione *f.* preliminare.
Vor|ur|teil n. *(-s,-e)* pregiudizio *m.*, preconcetto *m.*: ***-e gegen jdn haben, hegen*** avere, nutrire pregiudizi contro qcn.; ***-e ablegen, abbauen, ausrotten, überwinden*** deporre, distruggere, estirpare, superare pregiudizi; ***voller -e sein, stecken*** essere pieno di pregiudizi. **vor|ur|teils|frei, vor|ur|teils|los I** agg. privo di, libero da pregiudizi **II** avv. senza pregiudizi. **Vor|ur|teils|lo|sig|keit** f. *(-)* mancanza *f.* di pregiudizi.
Vor|vä|ter pl. avi *m.pl.*, antenati *m.pl.*, progenitori *m.pl.*
Vor|ver|gan|gen|heit f. *(-)* piuccheperfetto *m.*, trapassato *m.*
Vor|ver|hand|lung f. *(-,-en)* **1** trattativa *f.* preliminare **2** DIR. udienza *f.* preliminare.
Vor|ver|kauf m. *(-[e]s,-verkäufe)* prevendita *f.*, vendita *f.* anticipata. **Vor|ver|kaufs|kas|se** f. *(-,-n)* biglietteria *f.*, botteghino *m.*
vor‿ver|le|gen tr. **1** spostare (in) avanti **2** anticipare: ***die Reise ~*** anticipare il viaggio. **Vor|ver|le|gung** f. *(-,-en)* **1** spostamento *m.* (in) avanti **2** anticipazione *f.*: ***die ~ einer Prüfung*** l'anticipazione di un esame.
Vor|ver|stär|ker m. *(-s,-)* preamplificatore *m.*
Vor|ver|trag m. *(-[e]s,-verträge)* contratto *m.* preliminare.
vor|vor|ges|tern avv. tre giorni fa.
vor|vo|rig agg. COLLOQ. **1** precedente allo scorso, penultimo **2** ***-en Montag*** due lunedì fa.
vor|vor|letzt... agg. COLLOQ. **1** terzultimo **2** ***-es Jahr*** tre anni fa.
vor‿wa|gen rifl. **sich ~ 1** osare andare avanti **2** ***sich in etw. (A) ~*** avventurarsi in qcs.: ***sich in unbekanntes Gebiet ~*** avventurarsi in una zona sconosciuta.
Vor|wahl f. *(-,-en)* **1** scelta *f.* preliminare **2** TEL. teleselezione *f.* **3** pl. elezioni *f.pl.* preliminari, primarie *f.pl.* **vor‿wäh|len** tr. **1** scegliere (prima) **2** TEL. comporre (come prefisso). **Vor|wähl|num|mer** f. *(-,-n)* prefisso *m.* (teleselettivo).
vor‿wal|ten intr. (aus. *haben*) ANT. predominare.
Vor|wand m. *(-[e]s,-wände)* pretesto *m.*: ***etw. als ~ benutzen*** usare qcs. come pretesto; ***unter dem ~*** col pretesto; ***etw. zum ~ nehmen*** prendere (*o* addurre) qcs. come pretesto.
vor‿wär|men tr. preriscaldare. **Vor|wär|mer** m. *(-s,-)* preriscaldatore *m.*
vor‿war|nen tr. preavvertire. **Vor|war|nung** f. *(-,-en)* preavvertimento *m.*
vor|wärts avv. (in) avanti: ***drei Schritte ~ machen*** fare tre passi avanti; ***sich ~ beugen*** piegarsi in avanti; ***ein Geschäft ~ bringen*** mandare avanti un negozio; *(unterstützen)* ***jdn ~ bringen*** portare avanti (*o* spingere) qcn.; COLLOQ. ***~ gehen, ~ schreiten*** andare avanti, procedere, progredire; ***~ kommen*** andare avanti, avanzare, procedere; FIG. progredire; ***im Leben ~ kommen*** farsi strada nella vita; FIG. ***ein großer Schritt ~*** un grosso passo avanti; ***~ und rückwärts*** avanti e indietro, in avanti e all'indietro. **Vor|wärts|be|we|gung** f. *(-,-en)* movimento *m.* in avanti. **Vor|wärts|gang** m. *(-[e]s,-gänge)* AUT. marcia *f.* avanti. **Vor|wärts|schritt** m. *(-[e]s,-e)* passo *m.* avanti. **Vor|wärts|ver|tei|di|gung** f. *(-)* difesa *f.* attiva.
Vor|wä|sche f. *(-,-n)* prelavaggio *m.* **vor‿wa|schen** tr. lavare in prelavaggio, fare un prelavaggio. **Vor|wasch|gang** m. *(-[e]s, -gänge)* programma *m.* di prelavaggio.
vor|weg avv. **1** *(zuvor)* prima **2** *(voraus)* avanti, davanti **3** *(vor allem)* anzitutto. **Vor|weg|nah|me** f. *(-,-n)* anticipazione *f.* **vor|weg‿neh|men** tr. *(nimmt, nahm, genommen)* **1** *(vorher sagen)* anticipare, dire in anticipo **2** *(vorher tun)* anticipare, fare prima ◆ ***etw. in Gedanken ~*** anticipare qcs.
vor|weg‿sa|gen tr. anticipare, dire prima.
vor|weih|nacht|lich agg. prenatalizio: ***-e Stimmung*** atmosfera prenatalizia. **Vor|weih|nachts|zeit** f. *(-,-en)* periodo *m.* prenatalizio.
Vor|weis m. *(-es,-e)* SVIZZ. presentazione *f.*, esibizione *f.* **vor‿wei|sen** tr. *(wies, gewiesen)* **1** presentare, esibire: ***seinen Pass ~*** esibire il proprio passaporto **2** *(aufweisen)* rivelare, dimostrare di possedere: ***technische Kenntnisse ~*** rivelare conoscenze tecniche. **Vor|wei|sung** f. *(-,-en)* **1** → **Vorweis 2** *(Beherrschung)* possesso *m.*
Vor|welt f. *(-)* **1** tempi *m.pl.* passati **2** *(Urwelt)* mondo *m.* preistorico, preistoria *f.* **vor|welt|lich** agg. **1** dei tempi passati **2** *(urweltlich)* preistorico.
vor‿wer|fen *(wirft, warf, geworfen)* **I** tr. *(nach vorn werfen)* **1** lanciare (in) avanti: ***den Ball ~*** lanciare la palla in avanti **2** *(hinwerfen)* gettare, lanciare: ***einem Tier etw. zum Fraß ~*** dare in pasto qcs. a un animale **3** *(heftig tadeln)* rinfacciare, rimproverare: ***jdm (seine) Parteilichkeit ~*** rinfacciare a qcn. la (sua) parzialità **II** rifl. ***sich (D) ~*** rimproverarsi: ***ich habe mir nichts vorzuwerfen*** non ho nulla da rimproverarmi ◆ FIG. ***sie haben sich (gegenseitig) nichts vorzuwerfen*** = l'uno è degno dell'altro.
Vor|werk n. *(-[e]s,-e)* MIL. antemurale *m.*
vor‿wie|gen *(wog, gewogen)* **I** intr. (aus. *haben*) predominare, dominare, prevalere: ***in diesem Film wiegen die sozialen Themen vor*** in questo film predominano i temi sociali **II** tr. pesare. **vor|wie|gend** p.pres. **I** agg. **1** → **vorwiegen 2** preponderante, prevalente: ***die -e Meinung*** l'opinione prevalente **II** avv. in prevalenza, prevalentemente: ***Wetter: ~ heiter*** tempo: in prevalenza sereno.
Vor|win|ter m. *(-s,-)* inverno *m.* precoce.
Vor|wis|sen n. *(-s)* conoscenza *f.* (attuale).
Vor|witz m. *(-es)* ANT. **1** curiosità *f.* indiscreta, impertinenza *f.* **2** *(vorlaute Art)* saccenteria *f.* **vor|wit|zig** agg. **1** impertinente **2** *(vorlaut)* saccente.
Vor|wo|che f. *(-,-n)* **1** *(vorige Woche)* settimana *f.* scorsa **2** *(vorhergehende Woche)* settimana *f.* precedente. **vor|wö|chig** agg. della settimana scorsa.
Vor|wort n. *(-[e]s, -e* e *-wörter)* **1** *(eines Buches)* prefazione *f.* **2** *(Vorrede)* premessa *f.* **3** AUSTR. preposizione *f.*
Vor|wurf m. *(-[e]s,-würfe)* **1** rimprovero *m.*: ***ein offener, versteckter, leiser, bitterer ~*** un rimprovero aperto, nascosto, lieve, amaro; ***jdm einen ~ machen*** fare un rimprovero a qcn.; ***jdn mit Vorwürfen überhäufen*** coprire qcn. di rimproveri **2** *(Beschuldigung)* accusa *f.*: ***der ~ der Vertragsverletzung*** l'accusa di violazione del contratto; ***dieser ~ trifft mich nicht*** questa accusa non mi riguarda; ***einen ~ zurückweisen, gegen jdn erheben*** ricusare, sollevare (*o* muovere) un'accusa contro qcn. **3** RAR. *(Vorlage)* modello *m.* ◆ ***in jds Blick liegt ein stiller ~*** nello sguardo di qcn. si legge un tacito rimprovero; ***jdm etw. zum ~ machen*** rimproverare qcs. a qcn.; ***sich (D) wegen etw. (G) bittere Vorwürfe machen*** rimproverarsi amaramente (di) qcs. **vor|wurfs|frei** agg. SVIZZ. ineccepibile, irreprensibile. **vor|wurfs|voll I** pieno di rimprovero: ***-e Worte*** parole piene di rimprovero **II** avv. con rimprovero: ***jdn ~ anblicken*** guardare qcn. con (aria di) rimprovero.
vor‿zäh|len tr. contare: ***jdm das Geld ~*** contare il denaro davanti a qcn.
vor‿zau|bern tr. **1** fare apparire (per incanto) **2** esibirsi in uno spettacolo di magia.
Vor|zei|chen n. *(-s,-)* **1a** segno *m.* (premonitore): ***ein schlimmes (böses), gutes ~*** un cattivo, buon segno **b** MAT. segno *m.*: ***positives, negatives ~*** segno positivo, negativo **2** MUS. accidente *m.*
vor‿zeich|nen tr. **1** abbozzare, schizzare **2** *(zur Nachahmung zeichnen)* disegnare: ***jdm etw. ~*** disegnare qcs. a qcn.; ***etw. an der Tafel ~*** disegnare qcs. alla lavagna **3** FIG. *(im Voraus festlegen)* tracciare, indicare: ***die kommende Entwicklung ~*** indicare l'evoluzione futura; ***den Weg ~*** indicare la via: ***seine Laufbahn ist schon vorgezeichnet*** la sua carriera è già segnata. **Vor|zeich|nung** f.

(-,-en) **1** abbozzo *m.*, schizzo *m.* **2** *(zur Nachahmung)* disegno *m.* **3** FIG. indicazione *f.*
vor_zei|gen tr. mostrare, esibire: ***die Karte, den Führerschein, die Hefte ~*** mostrare il biglietto, la patente, i quaderni.
Vor|zeit f. *(-,-en)* preistoria *f.* ◆ ***in grauer ~*** nella notte dei tempi. **vor|zei|tig I** agg. **1** anticipato: ***eine -e Abfahrt*** una partenza anticipata **2** *(früher als erwartet)* prematuro: ***-er Tod*** morte prematura **II** avv. **1** anticipatamente, prima del tempo: ***~ altern, pensioniert werden*** invecchiare, andare in pensione prima del tempo **2** *(zu früh)* prematuramente: ***~ sterben*** morire prematuramente. **Vor|zei|tig|keit** f. *(-)* GRAMM. anteriorità *f.* **vor|zeit|lich** agg. preistorico: ***-e Ausgrabungen*** scavi preistorici. **Vor|zeit|mensch** m. *(-en,-en)* uomo *m.* preistorico.
Vor|zen|sur f. *(-,-en)* **1** censura *f.* preventiva **2** SCOL. voto *m.* provvisorio.
vor_zie|hen tr. *(zog, gezogen)* **1a** preferire: ***ziehen Sie Tee oder Kaffee vor?*** preferisce tè o caffè? ***das Bier dem Wein ~*** preferire la birra al vino **b** *(begünstigen)* preferire, prediligere, privilegiare: ***der Lehrer zieht niemanden vor*** l'insegnante non privilegia nessuno; ***jdn den anderen ~*** preferire qcn. agli altri **2a** *(vorverlegen)* anticipare: ***die Abreise um einige Tage ~*** anticipare la partenza di qualche giorno **b** COLLOQ. far passare prima: ***der Arzt hat mich vorgezogen*** il medico mi ha fatto passare prima **3** *(zuziehen)* tirare: ***die Gardinen ~*** tirare le tende **4** *(nach vorn ziehen)* spostare in avanti: ***den Schreibtisch 30 cm ~*** spostare in avanti la scrivania di 30 cm **5** MIL. far avanzare: ***die Truppen ~*** far avanzare le truppe. **vor|ge|zo|gen** p.pass. agg. → **vorziehen** ◆ ***-e Wahlen*** elezioni anticipate.
Vor|zim|mer n. *(-s,-)* **1** anticamera *f.*: ***im ~ warten*** aspettare in anticamera **2** AUSTR. ingresso *m.* **Vor|zim|mer|da|me** f. *(-,-n)* COLLOQ. segretaria *f.*
1.Vor|zug m. *(-[e]s,-züge)* **1** preferenza *f.*: ***jdm, etw. (D) den ~ geben*** dare la preferenza a qcn., qcs. **2** *(Vorrang)* priorità *f.*: ***der Arbeit den ~ gegenüber der Familie geben*** dare la priorità al lavoro rispetto alla famiglia; ***etw. (D) den ~ einräumen, geben*** accordare, dare la priorità a qcs. **3** *(gute Eigenschaft)* pregio *m.*, merito *m.*: ***sein ~ ist die Verlässlichkeit*** il suo pregio è l'affidabilità; ***die Vorzüge und Nachteile eines Mitarbeiters*** i pregi e i difetti di un collaboratore; ***ein ~ an jdm, etw.*** il pregio di qcn., qcs.; ***neue Vorzüge an, bei jdm entdecken*** scoprire nuovi pregi in (*o* meriti di) qcn. **4** *(Vorteil)* vantaggio *m.*: ***der ~ liegt darin, dass...*** il vantaggio consiste nel fatto che...; *(Vergünstigung)* privilegio *m.*: ***ich habe nicht den ~, ihn zu kennen*** non ho il privilegio di conoscerlo **5** AUSTR. SCOL. merito *m.* **6** DIR. privilegio *m.*
2.Vor|zug m. *(-[e]s,-züge)* FERR. treno *m.* straordinario.
vor|züg|lich, vor|züg|lich I agg. **1** eccellente: ***ein -er Geiger, Wein*** un violinista, un vino eccellente **II** avv. **1** in modo eccellente: ***~ speisen*** mangiare in modo eccellente **2** ANT. *(hauptsächlich)* in modo particolare, specialmente ◆ ***mit -er Hochachtung*** (con) i nostri rispetti. **Vor|züg|lich|keit, Vor|züg|lich|keit** f. *(-,-en)* eccellenza *f.*
Vor|zugs|ak|tie f. *(-,-n)* ECON. azione *f.* privilegiata. **Vor|zugs|ob|li|ga|ti|on** f. *(-,-en)* ECON. obbligazione *f.* privilegiata. **Vor|zugs|preis** m. *(-es,-e)* prezzo *m.* di favore. **Vor|zugs|stel|lung** f. *(-,-en)* posizione *f.* privilegiata. **vor|zugs|wei|se** avv. preferibilmente, di preferenza.
vo|tie|ren [v-] tr. votare: ***für, gegen jdn ~*** votare per, contro qcn. **Vo|tiv|bild** n. *(-[e]s,-er)* immagine *f.* votiva. **Vo|tiv|ga|be** f. *(-,-n)* ex voto *m.* **Vo|tiv|kir|che** f. *(-,-n)* chiesa *f.* votiva.
Vo|tum n. *(-s, Voten* e *Vota)* voto *m.*: ***sein ~ für, gegen jdn, etw. abgeben*** dare il proprio voto per, contro qcn., qcs.
VP ⇒ EX-RDT *Volkspolizei* polizia.
VR ⇒ *Volksrepublik* repubblica popolare.
v. R. w. ⇒ *von Rechts wegen* ex jure.
v. T. ⇒ *vom Tausend* per mille.
v. u. ⇒ *von unten* dal basso.
vul|gär [v-] **I** agg. volgare, grossolano: ***ein -es Wort, Benehmen*** una parola, un comportamento volgare; *(vereinfachend)* ***eine -e Auffassung des Marxismus*** una grossolana (*o* piatta) interpretazione del marxismo **II** avv. volgarmente. **Vul|ga|ri|tät** f. *(-,-en)* volgarità *f.* **Vul|gär|la|tein** n. *(-s)* latino *m.* volgare. **Vul|gär|spra|che** f. *(-,-n)* volgare *m.*, lingua *f.* volgare.
Vul|kan [v-] **I** n.pr.m. Vulcano *m.* **II** m. *(-s,-e)* vulcano *m.*: ***ein (un)tätiger, Feuer speiender, erloschener ~*** un vulcano (in)attivo, in eruzione, spento; ***der ~ ist ausgebrochen*** il vulcano è entrato in eruzione; FIG. *(temperamentvoller Mensch)* ***sie ist ein ~*** è un vulcano; FIG. ***auf einem ~ leben*** stare seduti su un vulcano. **Vul|kan|aus|bruch** m. *(-[e]s,-ausbrüche)* eruzione *f.* vulcanica. **Vul|kan|fi|ber** f. *(-,-n)* fibra *f.* vulcanizzata. **Vul|ka|ni|sa|ti|on** f. *(-,-en)* vulcanizzazione *f.* **vul|ka|nisch** agg. vulcanico: ***-es Gestein*** roccia vulcanica. **Vul|ka|ni|seur** [-zøːɐ] m. *(-s,-e)* vulcanizzatore *m.* **vul|ka|ni|sie|ren** tr. vulcanizzare. **Vul|ka|nis|mus** m. *(-)* vulcanismo *m.* **Vul|ka|no|lo|gie** f. *(-)* vulcanologia *f.* **Vul|kan|kra|ter** m. *(-s,-)* cratere *m.* (vulcanico).
Vul|va f. *(-, Vulven)* vulva *f.*
v. v. ⇒ *vice versa* viceversa.
VW® ⇒ *Volkswagen* (industria automobilistica tedesca).

W

w, W n. *(-,-)* w *f.* e *m.*, vu (*o* vi) *f.* doppia, vu (*o* vi) *m.* doppio: ***ein großes W, ein kleines w*** una W maiuscola, una w minuscola.
Waadt n.pr.f. *(-)* Vaud *m.*
Waa|ge f. *(-,-n)* **1a** bilancia *f.*: ***etw. mit der ~, sich auf der ~ wiegen*** pesare qcs. con la bilancia, pesarsi sulla bilancia; ***etw. auf die ~ legen*** mettere qcs. sulla bilancia **b** ASTROL. ***im Zeichen ~ sein*** essere del segno della bilancia; ***ich bin (eine) ~*** sono (una) bilancia (*o* della bilancia) **2a** GINN. (posizione *f.* a) bilanciere *m.* **b** *(nach vorne)* (posizione *f.* dell') angelo *m.* ◆ ***80 Kilo auf die ~ bringen*** pesare 80 chili; ***sich die ~ halten*** bilanciarsi, equivalersi. **Waa|ge|amt** n. *(-[e]s,-ämter)* pesa *f.* pubblica. **Waa|ge|bal|ken** m. *(-s,-)* giogo *m.* (della bilancia). **Waa|ge|meis|ter** m. *(-s,-)* pesatore *m.*, addetto *m.* alla pesa pubblica.
waa|ge|recht, waag|recht I agg. orizzontale **II** avv. orizzontalmente. **Waa|ge|rech|te, Waag|rech|te** f. *(-n,-n)* (linea *f.*) orizzontale *f.*
Waag|schal|le f. *(-,-n)* piatto *m.* della bilancia ◆ ***(nicht) in die ~ fallen*** = (non) incidere; ***alles, jedes Wort auf die ~ legen*** soppesare ogni cosa, ogni parola; ***etw. in die ~ werfen*** = far valere, sfruttare; *(bei Verhandlungen)* mettere qcs. sul piatto della bilancia.
wab|be|lig agg. COLLOQ. **1** tremolante **2** *(von Muskeln)* molliccio, floscio. **wab|beln** intr. (aus. *haben*) COLLOQ. tremolare. **wabb|lig** → **wabbelig.**
Wa|be f. *(-,-n)* favo *m.* **Wa|ben|ho|nig** m. *(-[e]s,-e)* miele *m.* di favo.
wach agg. **1** sveglio, LETT. desto: ***~ sein, bleiben*** essere, rimanere sveglio; ***~ werden*** svegliarsi; ***Kaffee hält mich ~*** il caffè mi tiene sveglio **2a** *(aufgeweckt)* vivo, sveglio, (ben) desto: ***ein -er Geist*** una mente sveglia; ***-e Sinne*** sensi desti **b** vigile, attento: ***ein -er Blick*** uno sguardo vigile ◆ ***jdn ~ bekommen*** riuscire a svegliare qcn.; ***Traditionen ~ halten*** mantenere vive le tradizioni; ***~ kriegen*** → **~ bekommen;** ***~ liegen*** non riuscire a dormire, non chiudere occhio; ***jdn ~ rütteln*** svegliare qcn. scrollandolo; ***im -en Zustand*** in stato di veglia, da sveglio.
Wach|ab|lö|sung f. *(-,-en)* cambio *m.* della guardia (anche FIG.). **Wach|boot** n. *(-[e]s,-e)* vedetta *f.* **Wach|dienst** m. *(-[e]s,-e)* servizio *m.* di guardia: ***den ~ antreten*** montare la guardia. **Wa|che** f. *(-,-n)* **1a** guardia *f.*: ***~ halten, haben*** fare la guardia **b** MIL. guardia *f.*, sentinella *f.*: ***-n aufstellen*** mettere guardie, sentinelle; ***auf ~ sein*** essere di guardia (*o* di sentinella, di picchetto); ***auf ~ ziehen (~ beziehen), von der ~ abziehen*** montare, smontare la guardia; ***die ~ übernehmen*** dare il cambio (nella guardia) **2** *(Wachposten)* guardia *f.*: ***die ~ ablösen*** dare il cambio alla guardia **3** *(Wachgebäude)* posto *m.* di guardia **4** *(Wachmannschaft)* (corpo *m.* di) guardia *f.*, picchetto *m.* (di guardia) **5** *(Polizeiwache)* posto *m.* di polizia ◆ ***bei einem Toten ~ halten*** vegliare un morto; MIL. ***~ stehen,*** GERG. ***~ schieben*** montare la guardia, essere di sentinella; ***~ stehend*** di guardia. **Wa|che|be|am|te** m. *(-n,-n)* AUSTR. BUROCR. agente *m.* di polizia.
wa|chen intr. (aus. *haben*) **1a** stare sveglio, vegliare: ***die ganze Nacht (hindurch) ~*** stare sveglio tutta la notte; ***sie wacht, bis er nach Hause kommt*** sta sveglia finché lui non torna a casa **b** ***bei jdm ~*** vegliare qcn. **2** ***über jdn, etw. ~*** vigilare su, stare attento a, (sor)vegliare qcn., qcs.: ***er wachte darüber, dass...*** vigilò affinché... **3** MIL. fare la guardia.
Wa|che|ste|hen n. *(-s)* l'essere di guardia, servizio *m.* di guardia.
Wach|feu|er n. *(-s,-)* fuoco *m.* di bivacco (delle sentinelle).
wach|ha|bend agg. di guardia: ***der -e Offizier*** l'ufficiale di guardia. **Wach|ha|ben|de** m. *(-n,-n)* soldato *m.* di guardia, sentinella *f.*; *(Offizier)* ufficiale *m.* di guardia.
Wach|häus|chen n. *(-s,-)* garitta *f.*, guardiola *f.* **Wach|hund** m. *(-[e]s,-e)* cane *m.* da guardia. **Wach|kom|pa|nie** f. *(-,-n)* MIL. compagnia *f.* di guardia; picchetto *m.* di guardia. **Wach|lo|kal** n. *(-[e]s,-e)* guardiola *f.* **Wach|mann** m. *(-[e]s,-männer* e *-leute)* **1** guardia *f.* **2** AUSTR. *(Polizist)* poliziotto *m.* **Wach|mann|schaft** f. *(-,-en)* corpo *m.* di guardia, guardia *f.*
Wa|chol|der m. *(-s,-)* **1** ginepro *m.* **2** → **Wacholderbranntwein. Wa|chol|der|baum** m. *(-[e]s,-bäume)* ginepro *m.* **Wa|chol|der|bee|re** f. *(-,-n)* bacca *f.* di ginepro, coccola *f.* **Wa|chol|der|brannt|wein** m. *(-[e]s,-e)* acquavite *f.* di ginepro. **Wa|chol|der|dros|sel** f. *(-,-n)* ORNIT. cesena *f.* **Wa|chol|der|schnaps** m. *(-es,-schnäpse)* COLLOQ. → **Wacholderbranntwein.**
Wach|pos|ten m. *(-s,-)* **1** posto *m.* di guardia **2** *(Soldat)* guardia *f.*, sentinella *f.*
Wachs n. *(-es,-e)* **1** cera *f.*: ***Kerzen aus ~*** candele di cera; ***~ gießen, kneten*** colare, modellare la cera; ***den Boden mit ~ einreiben*** dare la cera al pavimento **2** *(Skiwachs)* sciolina *f.* ◆ ***~ in jds Hand, Hände sein*** essere creta nelle mani di qcn.; ***weich wie ~ werden*** ammorbidirsi, diventare docile; ***weiß wie ~ sein*** essere pallido come un lenzuolo. **Wachs|ab|druck** m. *(-[e]s,-abdrücke)*, **Wachs|ab|guss** m. *(-es,-abgüsse)* impronta *f.* nella cera.
wach|sam I agg. vigile, attento: ***~ sein*** essere vigile, stare all'erta **II** avv. con attenzione ◆ ***ein -es Auge auf etw. haben*** tenere d'occhio qcs. **Wach|sam|keit** f. *(-)* vigilanza *f.*, attenzione *f.*
wachs|bleich agg. cereo.
Wachs|boh|ne f. *(-,-n)* fagiolino *m.*
1.wach|sen intr. *(wächst, wuchs, gewachsen;* aus. *sein)* **1** crescere: ***sich (D) den Bart, die Haare ~ lassen*** farsi crescere la barba, i capelli; ***üppig ~*** crescere rigoglioso; ***in die Breite, Länge ~*** crescere in larghezza, lunghezza (*o* allargarsi, allungarsi); *(größer werden)* ***die Stadt, die Familie wächst*** la città, la famiglia cresce; ***die Begeisterung, Spannung wuchs von Stunde zu Stunde*** l'entusiasmo, la tensione cresceva di ora in ora; ***die Flut wächst*** la marea cresce **2** ***jd wächst an etw. (D), mit etw.*** qcs. fa crescere, matura qcn.: ***er ist an dieser Erfahrung gewachsen*** questa esperienza lo ha maturato ◆ FIG. ***aus der Erde ~*** sbucare dal terreno; ***er ist mir über den Kopf gewachsen*** è diventato più alto di me; ***die Schatten ~*** le ombre si allungano; ***ins Unerträgliche ~*** diventare insopportabile.
2.wach|sen tr. **1** ***etw. ~*** dare la cera a qcs., lucidare qcs. con la cera; TECN. incerare qcs.: ***den Boden, die Möbel ~*** lucidare il pavimento, i mobili **2** *(Skier)* sciolinare.
Wach|sen n. *(-s)* crescita *f.*: ***er ist im ~*** è nell'età della crescita, sta crescendo. **wach|send** p.pres. agg. **1** → **wachsen 2** crescente: ***mit -em Interesse*** con crescente interesse.
wäch|sern agg. **1** di cera **2** LETT. *(wachsbleich)* cereo.
Wachs|fi|gur f. *(-,-en)* statua *f.* di cera. **Wachs|fi|gu|ren|ka|bi|nett** n. *(-s,-e)* museo *m.* delle cere. **Wachs|ker|ze** f. *(-,-n)* candela *f.* di cera. **Wachs|licht** n. *(-[e]s,-er)* → **Wachskerze. Wachs|ma|le|rei** f. *(-,-en)* encausto *m.* **Wachs|mo|dell** n. *(-s,-e)* modello *m.* in cera. **Wachs|pa|pier** n. *(-s,-e)* carta *f.* cerata. **Wachs|stock** m. *(-[e]s,-stöcke)* candelina *f.* **Wachs|streich|holz** n. *(-es,-hölzer)* cerino *m.* **Wachs|ta|fel** f. *(-,-n)* tavoletta *f.* di cera (*o* cerata).
Wach|sta|ti|on f. *(-,-en)* reparto *m.* di rianimazione. **Wach|stu|be** f. *(-,-n)* → **Wachlokal.**
Wachs|tuch n. *(-[e]s,-tücher)* tela *f.* cerata.
Wachs|tum n. *(-s)* **1** crescita *f.*: ***das ~ fördern, hemmen, beschleunigen*** favorire, arrestare, accelerare la crescita; ***im ~ zurückbleiben*** rimanere indietro nella crescita **2** *(Entwicklung)* crescita *f.*, sviluppo *m.* ◆ ***Wein, Gemüse aus eigenem ~*** vino di produzione propria, verdura del proprio orto. **wachs|tums|för|dernd** agg. che favorisce la crescita ◆ ***-e Hormone*** ormoni della crescita. **wachs|tums|hem|mend** agg. che frena (*o* inibisce) la crescita. **Wachs|tums|hor|mon** n. *(-s,-e)* ormone *m.* della crescita. **Wachs|tums|ra|te** f. *(-,-n)* tasso *m.* di crescita. **Wachs|tums|stö|rung** f. *(-,-en)* disturbo *m.* della crescita.
wachs|weich agg. **1** morbido come la cera **2** FIG. *(nachgiebig)* arrendevole, condiscendente, remissivo. **Wachs|zel|le** f. *(-,-n)* cel-

letta *f.* del favo. **Wachs|zie|her** m. *(-s,-)* ceraio *m.*, candelaio *m.*
Wacht f. *(-,-en)* MIL. guardia *f.* **Wacht|dienst** → **Wachdienst.**
Wäch|te → **Wechte.**
Wach|tel f. *(-,-n)* quaglia *f.* **Wach|tel|kö|nig** m. *(-s,-e)* re *m.* di (*o* delle) quaglie. **Wach|tel|ruf** m. *(-[e]s,-e)*, **Wach|tel|schlag** m. *(-[e]s,-schläge)* verso *m.* della quaglia.
Wäch|ter m. *(-s,-)* **1** guardiano *m.*, custode *m.* **2** FIG. tutore *m.*, difensore *m.* **Wäch|ter|lied** n. *(-[e]s,-er)* LETT. alba *f.* **Wäch|ter|ruf** m. *(-[e]s,-e)* ANT. grido *m.* della guardia notturna.
Wacht|meis|ter m. *(-s,-)* **1** ANT. maresciallo *m.* **2** *(Polizist)* agente *m.*; COLLOQ. guardia *f.* **Wacht|pa|ra|de** f. *(-,-n)* parata *f.* del cambio della guardia. **Wacht|pos|ten** → **Wachposten.**
Wach|traum m. *(-[e]s,-träume)* sogno *m.* a occhi aperti. **Wacht|turm, Wach|turm** m. *(-[e]s,-türme)* torre *f.* di vedetta; STOR. guardiola *f.* **Wach- und Schließ|ge|sell|schaft** f. *(-,-en)* servizio *m.* di vigilanza notturna. **Wach|zu|stand** m. *(-[e]s)* stato *m.* di veglia.
wa|cke|lig agg. **1a** traballante, tentennante: ***ein -er Tisch*** un tavolo traballante **b** FIG. vacillante, traballante: ***seine Stellung ist ~*** il suo posto è traballante (*o* traballa) **2** COLLOQ. *(zittrig)* malfermo: ***ein -er Greis*** un vecchio malfermo ◆ ***~ auf den Beinen sein*** reggersi male sulle gambe; ***~ stehen*** essere traballante; *(in der Schule)* zoppicare.
Wa|ckel|kon|takt m. *(-[e]s,-e)* contatto *m.* difettoso.
wa|ckeln intr. **1a** (aus. *haben*) traballare, ballare, tentennare; ***der Stuhl, Zahn wackelt*** la sedia zoppica, il dente balla **b** *(zittern)* tremare: ***das Haus wackelt*** la casa trema **2** COLLOQ. *(rütteln*; aus. *haben)* ***an etw. (D)*** ~ scuotere qcs. **3** COLLOQ. *(taumeln*; aus. *sein)* barcollare, camminare barcollando **4** COLLOQ. *(wackelig sein*; aus. *haben)* vacillare, essere traballante: ***seine Position wackelt*** il suo posto è traballante ◆ ***mit dem Kopf, den Hüften, den Ohren ~*** tentennare il capo, ancheggiare, muovere le orecchie.
wa|cker ANT. **I** agg. **1** onesto, perbene **2** *(tapfer)* valente, valoroso, prode: ***-e Soldaten*** soldati valorosi **II** avv. **1** onestamente **2** *(tapfer)* valorosamente ◆ SCHERZ. ***sich ~ halten*** = tener duro.
wack|lig → **wackelig.**
Wa|de f. *(-,-n)* polpaccio *m.*; ANAT. sura *f.* **Wa|den|bein** n. *(-[e]s,-e)* perone *m.*, fibula *f.* **Wa|den|krampf** m. *(-[e]s,-krämpfe)* crampo *m.* del polpaccio. **wa|den|lang** agg. (lungo fino) al polpaccio; SART. longuette: ***ein -er Rock*** una gonna longuette. **Wa|den|strumpf** m. *(-[e]s,-strümpfe)* **1** ANT. calzettone *m.* al ginocchio **2** *(in bestimmten Trachten)* calzettone *m.* senza piede.
Wa|di n. *(-s,-s)* uadi *m.*
Waf|fe f. *(-,-n)* **1** arma *f.*: ***blanke, konventionelle, atomare (nukleare), chemische -n*** armi bianche, convenzionali, atomiche, chimiche; ***eine ~ entsichern*** togliere la sicura a un'arma; ***eine ~ gegen, auf jdn richten*** puntare un'arma contro qcn.; ***die -n niederlegen*** deporre le armi; ***zu den -n greifen*** prendere (*o* impugnare) le armi; ***-n (bei sich) tragen, führen*** portare armi (con sé); ***-n einsetzen, Gebrauch von -n machen*** usare, fare uso di armi; FIG. ***die Ironie ist seine stärkste ~*** l'ironia è la sua arma migliore; ***-n des Geistes*** armi dello spirito; ANT. *(Waffengattung)* ***bei der ~ dienen*** servire nell'arma **2** *(Kralle)* artiglio *m.* ◆ ***jdn zu den -n rufen*** chiamare qcn. alle armi; ***die -n ruhen*** le armi tacciono; ***jdn mit seinen eigenen -n schlagen*** battere qcn. ad armi pari; ***die -n schweigen*** → ***die -n ruhen; die -n strecken*** consegnare le armi; ***unter (den) -n sein, stehen*** essere sotto le armi.
Waf|fel f. *(-,-n)* wafer *m.* **Waf|fel|ei|sen** n. *(-s,-)* stampo *m.* per wafer.
Waf|fen|ar|se|nal n. *(-s,-e)* armeria *f.* **Waf|fen|be|sitz** m. *(-es)* detenzione *f.* di armi: ***unerlaubter ~*** detenzione abusiva di armi. **Waf|fen|bru|der** m. *(-s,-brüder)* compagno *m.* d'armi, commilitone *m.* **Waf|fen|brü|der|schaft** f. *(-)* fratellanza *f.* d'armi. **Waf|fen|dienst** m. *(-[e]s)* ANT. servizio *m.* militare. **Waf|fen|fab|rik** f. *(-,-en)* fabbrica *f.* di armi. **Waf|fen|ge|brauch** m. *(-[e]s)* uso *m.* di armi. **Waf|fen|ge|fähr|te** m. *(-n,-n)* compagno *m.* d'armi. **Waf|fen|ge|walt** f. *(-)* forza *f.* delle armi: ***unter ~*** con la forza (delle armi). **Waf|fen|han|del** m. *(-s)* traffico *m.* d'armi. **Waf|fen|händ|ler** m. *(-s,-)* mercante *m.*, trafficante *m.* d'armi. **Waf|fen|kam|mer** f. *(-,-n)* armeria *f.* **Waf|fen|la|ger** n. *(-s,-)* deposito *m.* di armi, arsenale *m.* **waf|fen|los** agg. disarmato. **Waf|fen|meis|ter** m. *(-s,-)* STOR. MIL. armiere *m.*, armaiolo *m.* **Waf|fen|platz** m. *(-[e]s,-plätze)* SVIZZ. piazza *f.* d'armi. **Waf|fen|recht** n. *(-s)* norme *f.pl.* sul possesso e sull'uso delle armi. **Waf|fen|rock** m. *(-[e]s,-röcke)* ANT. casacca *f.* dell'uniforme. **Waf|fen|ru|he** f. *(-)* tregua *f.*: ***die ~ einhalten, brechen*** rispettare, violare la tregua. **Waf|fen|schein** m. *(-[e]s,-e)* porto *m.* d'armi. **Waf|fen|schmied** m. *(-[e]s,-e)* armaiolo *m.* **Waf|fen|schmie|de** f. *(-,-n)* fabbrica *f.* di armi.
Waf|fen-SS f. *(-)* STOR. reparti *m.pl.* combattenti delle SS. **waf|fen|star|rend** agg. armato dalla testa ai piedi.
Waf|fen|still|stand m. *(-[e]s)* armistizio *m.*: ***einen ~ abschließen*** stipulare un armistizio; ***einen ~ einhalten, brechen*** rispettare, violare un armistizio. **Waf|fen|still|stands|ab|kom|men** n. *(-s,-)* (trattato *m.* di) armistizio *m.* **Waf|fen|still|stands|li|nie** f. *(-,-n)* linea *f.* di armistizio.
Waf|fen|sys|tem n. *(-s,-e)* sistema *m.* d'arma. **Waf|fen|trä|ger** m. *(-s,-)* mezzo *m.* armato.
waff|nen I tr. ANT. armare **II** rifl. **sich ~** FIG. *(sich wappnen)* armarsi.
wäg|bar agg. ponderabile, valutabile.
Wa|ge|hals m. *(-es,-hälse)* rompicollo *m.*, spericolato *m.* **wa|ge|hal|sig** → **waghalsig. Wa|ge|hal|sig|keit** → **Waghalsigkeit.**
Wä|gel|chen n. *(-s,-)* **1** carretto *m.* **2** *(kleine Kutsche)* carrozzella *f.*
Wa|ge|mut m. *(-[e]s)* ardimento *m.*, audacia *f.* **wa|ge|mu|tig** agg. ardimentoso, audace, arrischiato.
wa|gen I tr. **1** rischiare, mettere a rischio: ***sein Leben ~*** rischiare la propria vita **2** azzardare, arrischiare: ***ein Wort, einen Blick ~*** azzardare una parola, uno sguardo; ***einen Versuch ~*** azzardare un tentativo; ***ein Experiment ~*** tentare un esperimento **3** ***~, etw. zu tun*** osare fare qcs.; ***er wagt nicht, ihn anzusprechen*** non osa rivolgergli la parola **II** rifl. **sich ~** arrischiarsi, osare, ardire: ***sich nicht aus dem Haus, unter Menschen ~*** non osare uscire di casa, andare fra la gente; ***sich an etw. (A) ~*** ardire affrontare qcs. ◆ PROV. ***wer nicht wagt, der nicht gewinnt*** chi non risica non rosica; ***frisch gewagt ist halb gewonnen*** chi ben comincia è a metà dell'opera.
Wa|gen m. *(-s,-* e REGION. *Wägen)* **1** auto *f.*, macchina *f.*, vettura *f.*: ***ein ~ aus zweiter Hand*** un'auto di seconda mano; ***aus dem, in den ~ steigen*** scendere dalla, salire in macchina; ***im ~ sitzen*** stare in macchina **2** *(einer Straßenbahn)* vettura *f.* **3** *(eines Zuges)* vagone *m.*, carrozza *f.*: ***einen ~ ankuppeln (anhängen), abhängen*** agganciare, sganciare una carrozza **4** carro *m.*: ***ein zwei-, vierrädriger ~*** un carro a due, a quattro ruote; ***den ~ mit Pferden bespannen, die Pferde an den, vor den ~ spannen*** attaccare i cavalli al carro; ***auf, in dem ~ sitzen*** sedere sul carro; ***einen ~ ziehen*** trainare un carro **5** *(Handwagen)* carriola *f.* **6** *(Kutsche)* carrozza *f.* **7** *(Kinderwagen)* carrozzina *f.* **8** *(Sportwagen)* passeggino *m.* **9** *(Einkaufs-, Servierwagen)* carrello *m.* **10** TECN. *(Schlitten)* carrello *m.*: ***der ~ der Schreibmaschine*** il carrello della macchina da scrivere ◆ ***jdm an den ~ fahren*** = aggredire verbalmente qcn.; ASTR. ***der Große, Kleine ~*** Gran Carro, Piccolo Carro; COLLOQ. ***abwarten, sehen wie der ~ läuft*** guardare come vanno le cose; ***sich nicht vor jds ~ spannen lassen*** = non farsi sfruttare da qcn.; PROV. ***den ~ vor die Ochsen spannen*** mettere il carro davanti ai buoi.
wä|gen tr. *(wog, gewogen)* **1** pesare **2** FIG. soppesare, ponderare ◆ PROV. ***erst ~, dann wagen!*** = bisogna pensarci prima per non pentirsi poi.
Wa|gen|bau|er m. *(-s,-)* carrozzaio *m.*, carraio *m.* **Wa|gen|burg** f. *(-,-en)* barricata *f.* di carri. **Wa|gen|he|ber** m. *(-s,-)* martinetto *m.*; COLLOQ. cric *m.* **Wa|gen|kas|ten** m. *(-s,-kästen)* cassa *f.* **Wa|gen|klas|se** f. *(-,-n)* **1** FERR. classe *f.* **2** *(von Fahrzeugen)* classe *f.* della vettura, del veicolo. **Wa|gen|ko|lon|ne** f. *(-,-n)* colonna *f.* di vetture, autocolonna *f.* **Wa|gen|la|dung** f. *(-,-en)* carico *m.* di un carro, carrata *f.* **Wa|gen|len|ker** m. *(-s,-)* guidatore *m.* **Wa|gen|ma|cher** m. *(-s,-)* → **Wagenbauer. Wa|gen|pa|pie|re** pl. COLLOQ. documenti *m.pl.* della macchina. **Wa|gen|park** m. *(-[e]s,-e)* autoparco *m.*, parco *m.* macchine. **Wa|gen|pla|ne** f. *(-,-n)* copertone *m.* di autocarro. **Wa|gen|rad** n. *(-[e]s,-räder)* ruota *f.* di, del carro. **Wa|gen|ren|nen** n. *(-s,-)* STOR. corsa *f.* dei carri. **Wa|gen|schlag** m. *(-[e]s,-schläge)* ANT. **1** portiera *f.* della macchina **2** *(einer Kutsche)* porta *f.* **Wa|gen|spur** f. *(-,-en)* carreggiata *f.* **Wa|gen|tür** f. *(-,-en)* portiera *f.* della macchina. **Wa|gen|typ** m. *(-s,-en)* tipo *m.* di auto, di vettura. **Wa|gen|ver|leih** m. *(-[e]s,-e)* autonoleggio *m.* **Wa|gen|wä|sche** f. *(-,-n)* lavaggio *m.* dell'automobile.
Wa|ge|stück n. *(-[e]s,-e)* impresa *f.* audace, ardita.
Wag|gon [va'gõ:] m. *(-s,-s)* **1** vagone *m.*, carrozza *f.* **2** *(Ladung)* vagone *m.*, vagonata *f.* **wag|gon|wei|se** avv. **1** a vagoni **2** *(ein Waggon nach dem anderen)* vagone per vagone.
wag|hal|sig I agg. temerario, spericolato: ***ein -er Typ*** un tipo spericolato; *(risikoreich)* ***ein -es Unternehmen*** un'impresa temeraria **II** avv. in modo spericolato. **Wag|hal|sig|keit** f. *(-,-en)* temerarietà *f.*
Wag|ner m. *(-s,-)* REGION. AUSTR. SVIZZ. → **Wagenbauer.**
Wag|ne|ri|a|ner m. *(-s,-)* wagneriano *m.* **wag|ne|ri|a|nisch** agg. wagneriano.
Wag|nis n. *(-ses,-se)* **1** impresa *f.* audace (*o* temeraria) **2** *(Risiko)* rischio *m.*: ***ein ~ eingehen, auf sich nehmen*** correre, assumersi un rischio.

Wa|gon → **Waggon. wa|gonwei|se** → **waggonweise.**

Wä|gung f. *(-,-en)* pesatura *f.*

Wahl f. *(-,-en)* **1** scelta *f.*: ***eine ~ treffen*** fare (*o* operare) una scelta; ***schwere (schwierige), einfache (leichte) ~*** scelta difficile, facile; ***jdm die ~ (zwischen zwei Möglichkeiten) lassen*** lasciare a qcn. la scelta (fra due possibilità); ***die ~ steht dir frei*** sei libero di scegliere; ***jdn vor die ~ stellen, etw. zu tun*** mettere qcn. di fronte alla scelta di fare qcs.; ***vor der ~ stehen, etw. zu tun*** trovarsi di fronte alla scelta di fare qcs. **2** *(Abstimmung)* elezione *f.*: ***(in)direkte, demokratische ~*** elezione (in)diretta, democratica; ***die ~ ist gültig*** l'elezione è valida; ***die ~ des Präsidenten*** l'elezione del presidente; ***freie -en*** libere elezioni; ***-en ausschreiben, abhalten (durchführen)*** indire, fare le elezioni; ***die -en gewinnen, verlieren*** vincere, perdere le elezioni; *(Berufung)* ***seine ~ zum Präsidenten ablehnen*** rifiutare l'elezione a presidente ◆ ***~ durch Handaufheben*** elezione per alzata di mano; ***in die engere ~ kommen*** entrare in ballottaggio; ***die ~ fällt auf jdn*** la scelta cade su qcn.; ***freie ~*** libera scelta, libero arbitrio; ***die Freiheit der ~*** la libertà di scelta; ***geheime ~*** votazione a scrutinio segreto; ***zur ~ gehen*** andare alle urne (*o* a votare); ***die ~ haben*** potere scegliere; ***keine (andere) ~ haben*** non avere (altra) scelta; ***das Mädchen seiner ~*** la ragazza del suo cuore; ***nach (Ihrer) ~*** a (sua) scelta; ***die Qual der ~ haben*** avere l'imbarazzo della scelta; ***zur ~ stehen*** poter essere selezionato; ***sich für etw. zur ~ stellen*** candidarsi per qcs.; ***jdn zur ~ vorschlagen*** proporre la candidatura di qcn.; ***Waren erster, zweiter ~*** merci di prima, di seconda scelta; ***~ durch Zuruf*** elezione per acclamazione.

Wahl|akt m. *(-[e]s)* votazione *f.* **Wahl|al|ter** n. *(-s)* età *f.* elettorale. **Wahl|amt** n. *(-[e]s,-ämter)* carica *f.* elettiva. **Wahl|auf|ruf** m. *(-[e]s,-e)* appello *m.* agli elettori. **Wahl|aus|gang** m. *(-[e]s,-ausgänge)* esito *m.* delle elezioni, del voto. **Wahl|aus|schuss** m. *(-es,-ausschüsse)* comitato *m.* elettorale.

wähl|bar agg. eleggibile. **Wähl|bar|keit** f. *(-)* eleggibilità *f.*

Wahl|be|nach|rich|ti|gung f. *(-,-en)* avviso *m.* elettorale.

wahl|be|rech|tigt agg. avente (*o* con) diritto di voto: ***-e Bürger*** cittadini con diritto di voto. **Wahl|be|rech|tig|te** m. e f. *(-n,-n)* avente *m.* e *f.* diritto di voto. **Wahl|be|rech|ti|gung** f. *(-)* diritto *m.* di voto.

Wahl|be|tei|li|gung f. *(-,-en)* partecipazione *f.* al voto. **Wahl|be|zirk** m. *(-[e]s,-e)* distretto *m.* elettorale. **Wahl|el|tern** pl. AUSTR. genitori *m.pl.* adottivi.

wäh|len I tr. **1a** scegliere: ***seine Freunde, ein Kleid ~*** scegliere i propri amici, un vestito; ***den richtigen Augenblick für etw. ~*** scegliere il momento giusto per qcs. **b** assol. ***zwischen, unter mehreren Dingen ~*** scegliere fra più cose; ***sorgfältig ~*** scegliere con cura **2a** *(durch Wahl bestimmen)* eleggere: ***jdn zum Vorsitzenden, ins Parlament ~*** eleggere qcn. presidente, in parlamento **b** *(abstimmen)* votare: ***eine Partei ~*** votare un partito **3** TEL. formare, comporre: ***eine Nummer ~*** comporre un numero **II** intr. (aus. *haben*) votare: ***sozialistisch, grün ~*** votare socialista, verde ◆ ***jdn zum Vorbild ~*** prendere qcn. ad esempio; ***das kleinere Übel ~*** scegliere il male minore.

Wäh|ler m. *(-s,-)* elettore *m.* **Wäh|ler|auf|trag** m. *(-[e]s,-aufträge)* mandato *m.*, incarico *m.* (dato in base al risultato elettorale).

Wahl|er|folg m. *(-[e]s,-e)* successo *m.* elettorale. **Wahl|er|geb|nis** n. *(-ses,-se)* risultato *m.* elettorale.

Wäh|ler|grup|pe f. *(-,-n)* raggruppamento *m.* elettorale. **Wäh|le|rin** f. *(-,-nen)* elettrice *f.* **wäh|le|risch** agg. **1** difficile, esigente: ***-e Kunden*** clienti difficili; ***in etw. (D) ~ sein*** essere difficile in qcs. **2** raffinato: ***er ist nicht ~ in seiner Ausdrucksweise*** nel modo di parlare non è raffinato. **Wäh|ler|lis|te** f. *(-,-n)* lista *f.* elettorale. **Wäh|ler|schaft** f. *(-,-en)* elettorato *m.* **Wäh|ler|stim|me** f. *(-,-n)* voto *m.* (elettorale). **Wäh|ler|ver|ei|ni|gung** f. *(-,-en)* unione *f.* (*o* comitato *m.*) elettorale. **Wäh|ler|ver|zeich|nis** n. *(-ses,-se)* lista *f.* elettorale. **Wäh|ler|wil|le** m. *(-ns)* volontà *f.* dell'elettore (*o* dell'elettorato).

Wahl|fach n. *(-[e]s,-fächer)* materia *f.* facoltativa. **Wahl|fäl|schung** f. *(-,-en)* falsificazione *f.* dei risultati elettorali. **wahl|frei** agg. **1** facoltativo **2** INFORM. casuale: ***-er Zugang*** accesso casuale. **Wahl|frei|heit** f. *(-)* **1** libertà *f.* di scelta **2** POL. libertà *f.* di voto. **Wahl|gang** m. *(-[e]s,-gänge)* votazione *f.* ◆ ***im ersten ~ gewählt werden*** essere votato al primo scrutinio. **Wahl|ge|heim|nis** n. *(-ses)* segreto *m.* elettorale (*o* dell'urna). **Wahl|ge|schenk** n. *(-[e]s,-e)* regalo *m.* elettorale. **Wahl|ge|setz** n. *(-es,-e)* legge *f.* elettorale. **Wahl|hei|mat** f. *(-)* patria *f.* d'elezione. **Wahl|hel|fer** m. *(-s,-)* volontario *m.* **Wahl|jahr** n. *(-[e]s,-e)* anno *m.* delle elezioni. **Wahl|ka|bi|ne** f. *(-,-n)* cabina *f.* elettorale. **Wahl|kampf** m. *(-[e]s,-kämpfe)* campagna *f.* elettorale. **Wahl|kind** n. *(-[e]s,-er)* AUSTR. bambino *m.* adottivo. **Wahl|kreis** m. *(-es,-e)* collegio *m.* (*o* circoscrizione *f.*) elettorale. **Wahl|lei|ter** m. *(-s,-)* presidente *m.* di seggio. **Wahl|lis|te** f. *(-,-n)* lista *f.* elettorale. **Wahl|lo|kal** n. *(-s,-e)* seggio *m.* elettorale. **wahl|los I** agg. **1** indiscriminato **2** *(leichtsinnig)* sconsiderato **II** avv. **1** indiscriminatamente, a caso **2** *(leichtsinnig)* alla leggera, sconsideratamente. **Wahl|mann** m. *(-[e]s,-männer)* elettore *m.* delegato. **Wahl|mo|dus** m. *(-,-modi)* sistema *m.* elettorale. **Wahl|mo|nar|chie** f. *(-,-n)* monarchia *f.* elettiva. **Wahl|nie|der|la|ge** f. *(-,-n)* sconfitta *f.* elettorale. **Wahl|pa|ro|le** f. *(-,-n)* slogan *m.* elettorale. **Wahl|pe|ri|o|de** f. *(-,-n)* legislatura *f.* **Wahl|pflicht** f. *(-)* obbligo *m.* di voto, obbligatorietà *f.* del voto. **Wahl|pla|kat** n. *(-[e]s,-e)* manifesto *m.* elettorale. **Wahl|pro|gramm** n. *(-[e]s,-e)* programma *m.* elettorale. **Wahl|pro|pa|gan|da** f. *(-)* propaganda *f.* elettorale. **Wahl|recht** n. *(-[e]s)* **1** diritto *m.* di voto, suffragio *m.*: ***sein ~ ausüben, von seinem ~ Gebrauch machen*** esercitare il proprio diritto di voto; ***allgemeines ~*** suffragio universale **2** *(Gesamtheit der Wahlvorschriften)* diritto *m.* elettorale ◆ ***aktives, passives ~*** elettorato attivo, passivo. **Wahl|re|de** f. *(-,-n)* discorso *m.* elettorale.

Wähl|schei|be f. *(-,-n)* disco *m.* combinatore (del telefono); ***eine Nummer auf der ~ wählen*** comporre un numero.

Wahl|schein m. *(-[e]s,-e)* certificato *m.* elettorale. **Wahl|schlacht** f. *(-,-en)* battaglia *f.* elettorale. **Wahl|sieg** m. *(-[e]s,-e)* vittoria *f.* elettorale. **Wahl|spruch** m. *(-[e]s,-sprüche)* motto *m.*, slogan *m.* **Wahl|sys|tem** n. *(-s,-e)* → **Wahlmodus. Wahl|tag** m. *(-[e]s,-e)* giorno *m.* delle elezioni.

Wähl|ton m. *(-[e]s)* TEL. segnale *m.* di libero.

Wahl|ur|ne f. *(-,-n)* urna *f.* elettorale. **Wahl|ver|an|stal|tung** f. *(-,-en)* manifestazione *f.* elettorale. **Wahl|ver|samm|lung** f. *(-,-en)* comizio *m.* elettorale. **Wahl|ver|spre|chen** n. *(-s,-)* promesse *f.pl.* elettorali. **Wahl|ver|tei|di|ger** m. *(-s,-)* DIR. difensore *m.* di fiducia.

wahl|ver|wandt agg. affine: ***-e Seelen*** anime affini. **Wahl|ver|wandt|schaft** f. *(-,-en)* affinità *f.* elettiva.

Wahl|vor|ste|her m. *(-s,-)* → **Wahlleiter. wahl|wei|se** avv. a scelta. **Wahl|zel|le** f. *(-,-n)* → **Wahlkabine. Wahl|zet|tel** m. *(-s,-)* scheda *f.* elettorale.

Wahn m. *(-[e]s)* **1** *(Einbildung)* illusione *f.*: ***ein leerer ~*** una vana illusione; ***in dem ~ befangen sein, zu...*** essere vittima dell'illusione di...; ***in dem ~ leben, dass...*** vivere nell'illusione che... **2** *(krankhafte Einbildung)* follia *f.*, mania *f.* **Wahn|bild** n. *(-[e]s,-er)* allucinazione *f.*

wäh|nen I tr. supporre, credere: ***ich wähnte dich im Urlaub*** ti credevo in vacanza; ***ich wähnte, das Problem sei gelöst*** credevo che il problema fosse risolto **II** rifl. **sich ~** credersi, immaginarsi: ***sich gerettet ~*** credersi in salvo.

Wahn|ge|bil|de n. *(-s,-)* illusione *f.*, inganno *m.* **wahn|haft** agg. paranoico: ***-e Vorstellungen*** idee paranoiche. **Wahn|idee** f. *(-,-n)* idea *f.* paranoica, fissazione *f.*

Wahn|sinn m. *(-[e]s)* follia *f.*, pazzia *f.* (anche FIG.): ***heller, reiner, purer ~*** pura follia ◆ ***in ~ verfallen*** impazzire; ***dem ~ verfallen sein*** essere in preda alla follia. **wahn|sin|nig I** agg. **1** matto, folle, pazzo (anche FIG.): ***du bist ja ~*** tu sei matto **2a** *(unsinnig)* folle, pazzesco: ***ein -es Unternehmen*** un'impresa pazzesca **b** COLLOQ. *(sehr groß)* ***-en Hunger, Durst haben*** avere una fame, sete pazzesca **c** *(als Ausruf)* ***~!*** pazzesco! **II** avv. pazzamente, follemente, in modo pazzesco, alla follia: ***jdn ~ lieben*** amare qcn. alla follia ◆ ***wie ~*** come un pazzo; FIG. ***jdn ~ machen*** fare impazzire qcn. **Wahn|sin|ni|ge** m. e f. *(-n,-n)* matto *m.* (-a *f.*), pazzo *m.* (-a *f.*). **Wahn|sin|nig|wer|den** n., COLLOQ. ***das ist (ja) zum ~!*** è una cosa pazzesca, è pazzesco!

Wahn|sinns|an|fall m. *(-[e]s,-anfälle)* accesso *m.* di pazzia. **Wahn|sinns|ar|beit** f. *(-,-en)* COLLOQ. lavoro *m.* da matti, pazzesco. **Wahn|sinns|hit|ze** f. *(-)* COLLOQ. caldo *m.* pazzesco. **Wahn|sinns|idee** f. *(-,-n)* idea *f.* folle. **Wahn|sinns|tat** f. *(-,-en)* azione *f.* folle. **Wahn|sinns|vor|stel|lung** f. *(-,-en)* vaneggiamento *m.*, idea *f.* delirante.

Wahn|witz m. *(-es)* pazzia *f.*, follia *f.* **wahn|wit|zig** agg. pazzo, folle.

wahr agg. vero: ***eine -e Geschichte*** una storia vera; ***das scheint ~ zu sein*** sembra vero; *(echt)* ***ein -er Freund*** un vero amico; *(richtig)* ***ein -er Segen*** una vera benedizione ◆ ***daran ist etw. Wahres*** in questo c'è qcs. di vero; ***es ist kein -es Wort daran*** non c'è una parola di vero in questo; ***etw. ~ machen*** mettere in atto, attuare qcs.; ***nicht ~?*** (non è) vero? no? ***das kann (darf) doch nicht ~ sein!*** non è vero! non può essere! ***es ist zu schön, um ~ zu sein*** è troppo bello per essere vero; ***so ~ ich lebe! (ich hier stehe!)*** com'è vero Dio! ***~ werden*** avverarsi; ***wie ~!*** com'è vero! ***im -sten Sinn des Wortes***

nel vero senso della parola; ***das ist nur zu ~*** è fin troppo vero.

Wah|re n. *(-n)* vero *m.* ◆ ***das ~ treffen*** cogliere nel segno; COLLOQ. ***das einzig ~*** l'unica cosa giusta.

wah|ren tr. **1** conservare, mantenere, serbare: ***ein Geheimnis ~*** mantenere un segreto **2** *(Rechte, Interessen)* tutelare, salvaguardare ◆ ***die Form ~*** salvare la forma; ***eine Frist ~*** osservare un termine; ***das Gesicht ~*** salvare la faccia; ***den Schein ~*** salvare le apparenze.

wäh|ren intr. (aus. *haben*) durare, continuare (anche impers.); ***es währte nicht lange, da kam er wieder*** non passò molto tempo che ritornò ◆ PROV. ***ehrlich währt am längsten*** chi va dritto non fallisce strada.

1.wäh|rend p.pres. agg. **1** → **währen 2** ***immer ~*** incessante, eterno; ***eine lange -e Auseinandersetzung*** un lungo dissidio.

2.wäh|rend I prep. + gen., ANT. o COLLOQ. + dat. durante: ***~ des Krieges, ~ dreier Jahre*** durante la guerra, per tre anni; *(in besonderen Fällen mit Dat.)* ***~ fünf Tagen*** per cinque giorni; ***~ des Autors langer Rede*** durante il lungo discorso dell'autore **II** cong. mentre: ***~ ich las, schrieb er*** mentre leggevo, lui scriveva; *(wohingegen)* ***~ er weggeht, bleiben die anderen*** mentre lui se ne va, gli altri restano. **wäh|rend|dem** avv. COLLOQ., **wäh|rend|des(|sen)** avv. intanto, frattanto, nel frattempo.

wahr‿ha|ben, *(hat, hatte, gehabt)* ***etw. nicht ~ wollen*** non voler ammettere (*o* riconoscere) qcs.

wahr|haft I agg. vero, autentico: ***ein -er Freund*** un vero amico; ***-e Worte*** parole veraci **II** avv. veramente, davvero. **wahr|haf|tig I** agg. veritiero, veridico, verace **II** avv. veramente, effettivamente, in realtà. **Wahr|haf|tig|keit** f. *(-)* veridicità *f.*, veracità *f.*

Wahr|heit f. *(-,-en)* verità *f.*: ***die reine, volle, nackte, ungeschminkte ~*** la pura verità, la verità nuda e cruda; ***eine halbe ~*** una mezza verità; ***jdm die ~ ins Gesicht sagen, schleudern*** dire, sbattere la verità in faccia a qcn.; ***die ~ herausfinden, verschweigen*** scoprire, tacere la verità; ***der ~ entsprechen*** corrispondere a verità (*o* al vero) ◆ ***es ist eine alte ~, dass...*** è risaputo che...; ***auf ~ beruhen*** basarsi, fondarsi sulla verità; ***bei der ~ bleiben*** restare nella verità; ***hinter die ~ kommen*** scoprire la verità; ***in ~*** in verità; ***an der Sache ist ein Körnchen ~*** in questo c'è un briciolo di verità; ***die ~ liegt in der Mitte*** la verità sta nel mezzo; ***um die ~ zu sagen*** a dire il vero; FIG. ***jdm die ~ sagen*** dirne quattro a qcn. **Wahr|heits|be|weis** m. *(-es,-e)* prova *f.* della verità. **Wahr|heits|ge|halt** m. *(-[e]s)* veridicità *f.*: ***den ~ einer Aussage prüfen*** verificare la veridicità di un'affermazione. **wahr|heits|ge|mäß I** agg. conforme al vero, veritiero **II** avv. in modo conforme al vero. **wahr|heits|ge|treu I** agg. fedele alla verità, veritiero: ***ein -er Bericht*** un resoconto veritiero **II** avv. fedelmente: ***etw. ~ darstellen*** rappresentare qcs. fedelmente, in modo conforme al vero. **Wahr|heits|lie|be** f. *(-)* amore *m.* della verità. **wahr|heits|lie|bend** agg. amante della verità. **Wahr|heits|su|che** f. *(-)* ricerca *f.* della verità. **wahr|heits|wid|rig** agg. contrario al vero.

wahr|lich avv. veramente, in verità ◆ RELIG. ***~, ich sage dir...*** in verità ti dico...

wahr|nehm|bar agg. percettibile: ***ein kaum, deutlich -es Geräusch*** un rumore appena, chiaramente percettibile. **Wahr|nehm|bar|keit** f. *(-)* percettibilità *f.* **wahr‿neh|men** tr. *(nimmt, nahm, genommen)* **1** percepire; *(bemerken)* scorgere: ***ein Geräusch, ein Licht ~*** percepire un rumore, scorgere una luce **2a** *(feststellen)* ***etw. an jdm ~*** avvertire, percepire, notare, qcs. in qcn. **b** FIG. ***die Tatsachen ~*** notare i fatti **3** *(ausnutzen)* approfittare di, sfruttare: ***eine günstige Gelegenheit ~*** approfittare di una buona occasione **4** *(wahren)* tutelare, curare: ***jds Interessen, Geschäfte ~*** curare gli interessi, gli affari di qcn. **5** *(einhalten)* osservare, rispettare: ***einen Termin, eine Frist ~*** osservare un termine, una scadenza **6** *(übernehmen)* adempiere: ***eine Aufgabe ~*** adempiere a un dovere. **Wahr|neh|mung** f. *(-,-en)* **1** percezione *f.* (anche FIG.): ***die ~ eines Geräusches, der Wirklichkeit*** la percezione di un rumore, della realtà **2** tutela *f.*, salvaguardia *f.*: ***in ~ seiner Interessen*** a tutela dei suoi interessi **3** *(Einhaltung)* rispetto *m.*: ***die ~ einer Frist*** il rispetto di una scadenza ◆ ***eine ~ machen*** notare qcs. **Wahr|neh|mungs|fä|hig|keit** f. *(-)*, **Wahr|neh|mungs|ver|mö|gen** n. *(-s)* facoltà *f.* percettiva, percettività *f.*

Wahr|sa|ge|kunst f. *(-)* arte *f.* divinatoria. **wahr|sa|gen** *(wahrsagte/sagte wahr, gewahrsagt/wahrgesagt)* tr. predire: ***jdm etw. ~*** predire qcs. a qcn. ◆ ***aus der Hand, den Karten ~*** leggere la mano, fare le carte; ***sich ~ lassen*** farsi predire il futuro. **Wahr|sa|ger** m. *(-s,-)* indovino *m.* **Wahr|sa|ge|rin** f. *(-,-nen)* indovina *f.* **wahr|sa|ge|risch** agg. divinatorio, profetico. **Wahr|sa|gung** f. *(-,-en)* **1** divinazione *f.* **2** *(das Prophezeite)* predizione *f.*, vaticinio *m.*

wahr|schein|lich, wahr|schein|lich I agg. probabile, verosimile: ***die -en Attentäter*** i probabili attentatori; ***es ist nicht ~, dass...*** non è verosimile, che... **II** avv. probabilmente, verosimilmente: ***sehr ~ hat er Recht*** molto probabilmente ha ragione. **Wahr|schein|lich|keit** f. *(-)* probabilità *f.*: ***aller ~ nach*** con ogni probabilità. **Wahr|schein|lich|keits|grad** m. *(-[e]s)* grado *m.* di probabilità. **Wahr|schein|lich|keits|rech|nung** f. *(-,-en)* calcolo *m.* delle probabilità. **Wahr|schein|lich|keits|the|o|rie** f. *(-)* teoria *f.* della probabilità.

Wahr|spruch m. *(-[e]s,-sprüche)* DIR. ANT. verdetto *m.* **Wahr|traum** m. *(-[e]s,-träume)* sogno *m.* premonitore.

Wah|rung f. *(-)* **1** conservazione *f.*, mantenimento *m.* **2** *(von Rechten, Interessen)* tutela *f.*, salvaguardia *f.*, difesa *f.* ◆ ***unter ~ meiner Rechte*** salvi i miei diritti.

Wäh|rung f. *(-,-en)* valuta *f.*, moneta *f.*: ***in ausländischer ~*** in valuta estera; ***harte, weiche ~*** valuta forte, debole. **Wäh|rungs|ab|kom|men** n. *(-s,-)* accordo *m.* monetario. **Wäh|rungs|block** m. *(-[e]s, -blöcke* e RAR. *-s)* blocco *m.* monetario. **Wäh|rungs|ein|heit** f. *(-,-en)* unità *f.* monetaria. **Wäh|rungs|fonds** m. *(-,-)* fondo *m.* monetario ◆ ***Europäischer, Internationaler ~*** Fondo Monetario Europeo, Internazionale. **Wäh|rungs|ge|biet** n. *(-[e]s,-e)* area *f.* monetaria. **Wäh|rungs|kri|se** f. *(-,-n)* crisi *f.* monetaria. **Wäh|rungs|pa|ri|tät** f. *(-)* parità *f.* dei cambi. **Wäh|rungs|po|li|tik** f. *(-)* politica *f.* valutaria (*o* monetaria). **Wäh|rungs|re|form** f. *(-,-en)* riforma *f.* monetaria. **Wäh|rungs|re|ser|ve** f. *(-,-n)* riserva *f.* monetaria. **Wäh|rungs|schlan|ge** f. *(-)* GERG. serpente *m.* monetario. **Wäh|rungs|sta|bi|li|tät** f. *(-)* stabilità *f.* monetaria. **Wäh|rungs|sys|tem** n. *(-s,-e)* sistema *m.* monetario.

Wahr|zei|chen n. *(-s,-)* simbolo *m.*, emblema *m.*: ***das Brandenburger Tor ist das ~ von Berlin*** la porta di Brandeburgo è il simbolo di Berlino.

Waid m. *(-[e]s,-e)* BOT. isatide *f.*; guado *m.*

Wai|se f. *(-,-n)* orfano *m.* (-a *f.*). **Wai|sen|geld** n. *(-es,-er)* sussidio *m.* a favore degli orfani. **Wai|sen|ge|richt** n. *(-[e]s,-e)* ANT. tribunale *m.* degli orfani. **Wai|sen|haus** n. *(-es,-häuser)* orfanotrofio *m.* **Wai|sen|kind** n. *(-[e]s,-er)* FAM. orfanello *m.* (-a *f.*) ◆ ***gegen jdn ein, das reinste ~ sein*** essere un pivellino nei confronti di qcn. **Wai|sen|kna|be** m. *(-n,-n)* ANT. **1** orfano *m.* **2** FIG. profano *m.*: ***ein reiner ~ in etw. sein*** essere un vero profano in qcs.

Wal m. *(-[e]s,-e)* balena *f.*

Wa|la|che m. *(-n,-n)* valacco *m.* **Wa|la|chei** n.pr.f. *(-)* Valacchia *f.* **wa|la|chisch** agg. valacco.

Wald m. *(-[e]s, Wälder)* **1a** bosco *m.*: ***ein lichter, dichter ~*** un bosco rado, fitto; ***im tiefen ~*** nel profondo del bosco **b** *(großer Wald)* foresta *f.*: ***einen ~ abholzen, roden*** disboscare, dissodare una foresta **2a** FIG. selva *f.*, foresta *f.*: ***ein ~ von Fahnen, Schildern*** una selva di bandiere, di cartelli **b** LETT. ANT. *(Versammlung)* selva *f.* ◆ ***durch ~ und Feld*** per boschi e per campi; FIG. ***den ~ vor (lauter) Bäumen nicht sehen*** vedere gli alberi e non vedere la foresta; PROV. ***wie man in den ~ hineinruft, so schallt es heraus*** = chi la fa l'aspetti. **Wald|amei|se** f. *(-,-n)* formica *f.* rossa dei boschi. **Wald|bau** m. *(-[e]s)* silvicoltura *f.* **Wald|bee|ren** pl. frutti *m.pl.* di bosco. **Wald|bo|den** m. *(-s,-böden)* terreno *m.* a bosco. **Wald|brand** m. *(-[e]s, -brände)* incendio *m.* boschivo. **Wäld|chen** n. *(-s,-)* boschetto *m.* **wald|ein** avv. nel bosco, dentro il bosco.

Wal|den|ser m. *(-s,-)* valdese *m.* **wal|den|sisch** agg. valdese.

Wald|erd|bee|re f. *(-,-n)* fragola *f.* di bosco.

Wal|des|rand m. *(-[e]s,-ränder)* margine *m.* del bosco: ***am ~*** ai margini del bosco. **Wal|des|rau|schen** n. *(-s)* LETT. lo stormire degli alberi (del bosco).

Wald|eu|le f. *(-,-n)* → **Waldkauz. Wald|farn** m. *(-[e]s,-e)* felce *f.* selvatica. **Wald|fre|vel** m. *(-s,-)* contravvenzione *f.* alle leggi forestali. **Wald|geiß|bart** m. *(-[e]s)* arunco *m.* silvestre. **Wald|geist** m. *(-[e]s,-er)* spirito *m.* dei boschi. **Wald|gott** m. *(-es,-götter)* dio *m.* (*o* divinità *f.*) dei boschi. **Wald|gren|ze** f. *(-,-n)* limite *m.*, limitare *m.* del bosco. **Wald|horn** n. *(-[e]s,-hörner)* MUS. corno *m.* **Wald|hü|ter** m. *(-s,-)* guardaboschi *m.* **wal|dig** agg. boscoso, boschivo. **Wald|kauz** m. *(-es,-käuze)* strige *m.* allocco, gufo *m.* selvatico. **Wald|kul|tur** f. *(-,-en)* silvicoltura *f.* **Wald|land** n. *(-[e]s)* terreno *m.* boschivo. **Wald|lauf** m. *(-[e]s,-läufe)* corsa *f.* nei boschi. **Wald|lehr|pfad** m. *(-[e]s,-e)* percorso *m.* didattico nel bosco (*o* nei boschi). **Wald|lich|tung** f. *(-,-en)* radura *f.* (boschiva). **Wald|man|tel** m. *(-s)* protezione *f.* boschiva. **Wald|maus** f. *(-,-mäuse)* topo *m.* selvatico. **Wald|meis|ter** m. *(-s,-)* asperula *f.* **Wald|ohr|eu|le** f. *(-,-n)* gufo *m.*

Wal|dorf|schu|le f. *(-,-n)* scuola *f.* steineriana.

Wald|rand → **Waldesrand. wald|reich** agg. ricco di boschi, boscoso. **Wald|saum** m. *(-[e]s,-säume)* → **Waldesrand. Wald|schnei|se** f. *(-,-n)* sentiero *m.* nel bosco. **Wald|schnep|fe** f. *(-,-n)* beccaccia *f.* boschereccia. **Wald|schrat(t)** m. *(-[e]s,-e)* spirito *m.* dei boschi. **Wald|stät|te** n.pr.pl. Quattro Cantoni *m.pl.* **Wald|step|pe** f. *(-,-n)* steppa *f.* boscosa. **Wald|ster|ben** n. *(-s)* moria *f.* (per inquinamento) della foresta (*o* delle foreste). **Wald|streu** f. *(-,-en)* strame *m.* di foglie. **Wald|stück** n. *(-[e]s,-e)* **1** parte *f.* di un bosco **2** *(Wäldchen)* boschetto *m.* **Wald|tau|be** f. *(-,-n)* colombaccio *m.* **Wald|tier** n. *(-[e]s,-e)* animale *m.* del bosco. **Wal|dung** f. *(-,-en)* foresta *f.*; *(Waldgebiet)* area *f.* boscosa. **Wald|vo|gel** m. *(-s,-vögel)* uccello *m.* di bosco. **wald|wärts** avv. verso il bosco. **Wald|weg** m. *(-[e]s,-e)* sentiero *m.* nel bosco. **Wald|wie|se** f. *(-,-n)* radura *f.*

Wales [weɪlz] n.pr.n. *(-)* Galles *m.*

Wal|fang m. *(-[e]s,-fänge)* caccia *f.* alla balena; ***~ treibend*** che pratica la caccia alla balena. **Wal|fän|ger** m. *(-s,-)* baleniere *m.* **Wal|fang|flot|te** f. *(-,-n)* flotta *f.* baleniera. **Wal|fang|schiff** n. *(-[e]s,-e)* baleniera *f.* **Wal|fisch** m. *(-[e]s,-e)* COLLOQ. e ASTR. balena *f.*

Wal|hall, Wal|hall n. *(-s)*, **Wal|hal|la** n. *(-[s])* e f. *(-)* Walhalla *m.*

Wa|li|ser m. *(-s,-)* gallese *m.* **wa|li|sisch** agg. gallese. **Wa|li|sisch** n. *(-[s])*, **Wa|li|si|sche** n. *(-n)* gallese *m.*, lingua *f.* gallese.

Wal|ke f. *(-,-n)* TESS. **1** follatura *f.* **2** *(Filzmaschine)* follatrice *f.* **wal|ken** tr. **1** TESS. follare **2** REGION. *(von Leder, Teig)* lavorare. **Wal|ker** m. *(-s,-)* **1** follatore *m.* **2** *(Nudelwalker)* spianatore *m.*

Wal|kie-Tal|kie [ˈwɔːkɪˈtɔːkɪ] n. *(-[s],-s)* walkie-talkie *m.* **Walk|man®** [ˈwɔːkmən] m. *(-s,-men)* walkman *m.*

Wal|kü|re, Wal|kü|re f. *(-,-n)* valchiria *f.* (anche SCHERZ.).

Wall m. *(-[e]s, Wälle)* terrapieno *m.*, argine *m.* (anche FIG.): ***einen ~ errichten, aufschütten*** erigere un argine.

Wal|lach m. *(-[e]s,-e* e AUSTR. *-en,-en)* cavallo *m.* castrato.

1.wal|len intr. **1** (aus. *haben*) (ri)bollire (anche FIG.): ***die Milch ~ lassen*** far bollire il latte **2** *(wogen;* aus. *haben)* fluttuare: ***der Nebel wallte über die Passhöhe*** la nebbia fluttuava sul culmine del passo **3** *(in großer Fülle herabfallen;* aus. *sein)* (ri)cadere: ***sein Gewand wallte in reichen Falten bis zu den Knöcheln*** le sue vesti ricadevano in ricche pieghe fino ai piedi.

2.wal|len intr. (aus. *sein*) **1** LETT. *(einhergehen)* incedere **2** ANT. → **wallfahren.**

Wal|len n. *(-s)* **1** ebollizione *f.*: ***etw. zum ~ bringen*** portare a ebollizione qcs. **2** *(Wogen)* il fluttuare **3** *(Gang)* l'incedere ◆ ***der Zorn bringt sein Blut zum ~*** la rabbia gli fa ribollire il sangue.

Wal|ler m. *(-s,-)* ANT. → **Wallfahrer. wall|fah|ren** intr. (aus. *sein*) andare in pellegrinaggio: ***sie sind nach Lourdes gewallfahrt*** sono andati in pellegrinaggio a Lourdes. **Wall|fah|rer** m. *(-s,-)* pellegrino *m.* **Wall|fahrt** f. *(-,-en)* pellegrinaggio *m.*: ***auf ~ gehen*** andare in pellegrinaggio. **wall|fahr|ten** ANT. → **wallfahren. Wall|fahrts|kir|che** f. *(-,-n)* santuario *m.* **Wall|fahrts|ort** m. *(-[e]s,-e)* luogo *m.* di pellegrinaggio.

Wall|gang m. *(-[e]s,-gänge)* MAR. zattera *f.* cellulare. **Wall|gra|ben** m. *(-s,-gräben)* fossato *m.*

Wal|lis n.pr.n. *(-)* Vallese *m.* **Wal|li|ser** m. *(-s,-)* vallese *m.* **Wal|li|se|rin** f. *(-,-nen)* vallese *f.* **wal|li|se|risch** agg. vallese.

Wal|lo|ne m. *(-n,-n)* vallone *m.* **wal|lo|nisch** agg. vallone. **Wal|lo|nisch** n. *(-[s])*, **Wal|lo|ni|sche** n. *(-n)* *(wallonische Sprache)* vallone *m.*

Wal|lung f. *(-,-en)* **1** ebollizione *f.*: ***in ~ kommen, geraten*** (anche FIG.) andare in ebollizione **2** MED. iperemia *f.*, congestione *f.* **3** *(Hitzewallung)* vampata *f.*

Wal|nuss f. *(-,-nüsse)* **1** *(Frucht)* noce *f.* **2** → **Walnussbaum. Wal|nuss|baum** m. *(-[e]s,-bäume)* noce *m.*

Wal|pur|gis|nacht f. *(-,-nächte)* notte *f.* di Valpurga.

Wal|rat m. e n. *(-[e]s)* spermaceti *m.* **Wal|ross** m. *(-es,-e)* **1** tricheco *m.* **2** FIG. *(schwerfälliger Mensch)* foca *f.*

Wal|statt f. *(-,-stätten)* ANT. campo *m.* (di battaglia): ***auf der ~ bleiben*** rimanere sul campo (di battaglia).

wal|ten intr. (aus. *haben*) **1a** *(herrschen)* imperare, regnare, dominare: ***hier waltet unnachsichtige Strenge*** qui regna un rigore implacabile **b** *(gebieten)* comandare: ***im Haus waltet die Mutter*** in casa comanda la madre **2** *(ausüben)* esercitare, usare: ***Vorsicht, Gerechtigkeit ~ lassen*** esercitare prudenza, la giustizia; ***Milde ~ lassen*** usare clemenza **3** ANT. *(erfüllen)* ***etw. (G) ~*** adempiere qcs., attendere a qcs.: ***seines Amtes ~*** adempiere i propri doveri d'ufficio ◆ ***das walte Gott*** Dio lo voglia; ***schalten und ~*** fare e disfare a proprio piacimento.

Wal|t(h)er n.pr.m. Walter *m.*, Gualtiero *m.*

Walz|blech n. *(-[e]s,-e)* lamiera *f.* laminata. **Wal|ze** f. *(-,-n)* TECN. rullo *m.*, cilindro *m.* ◆ ANT. ***auf die ~ gehen*** andare in viaggio; ***auf der ~ sein*** essere in cammino. **wal|zen I** tr. **1** TECN. *(im Walzwerk bearbeiten)* laminare: ***Stahl ~*** laminare l'acciaio **2** *(mit einer Straßenwalze bearbeiten)* spianare: ***eine Straße ~*** spianare una strada **II** intr. (aus. *haben, sein*) ANT. ballare (il walzer). **Wal|zen** n. *(-s)* laminazione *f.*

wäl|zen I tr. **1** (far) rotolare: ***einen Stein ~*** rotolare una pietra **2** *(drehen)* girare, voltare: ***jdn auf die Seite ~*** girare qcn. sul fianco **3** *(aufbürden)* riversare, addossare: ***die Schuld auf jdn ~*** riversare la colpa su qcn. **4** COLLOQ. *(durchblättern)* spulciare, scartabellare: ***Lexika ~*** scartabellare enciclopedie **5** *(brüten)* rimuginare: ***Probleme ~*** rimuginare problemi **II** rifl. **sich ~ 1a** rotolarsi: ***sich im Schnee, vor Schmerzen auf dem Boden ~*** rotolarsi nella neve, a terra dal dolore **b** FIG. ***sich vor Lachen ~*** rotolarsi dal ridere **2** (ri)girarsi: ***sich im Bett hin und her ~*** rigirarsi nel letto da una parte e dall'altra **3a** *(sich fortbewegen)* riversarsi: ***die Lava wälzt sich zu Tal*** la lava si riversa a valle **b** *(sich schieben)* ***die Demonstranten wälzten sich durch die Straßen*** i dimostranti si riversarono per le strade ◆ ***etw. im Mehl, Paniermehl ~*** passare qcs. nella farina, nel pangrattato.

wal|zen|för|mig agg. cilindrico. **Wal|zen|la|ger** → **Wälzlager. Wal|zen|spin|ne** f. *(-,-n)* solifugo *m.*

Wal|zer m. *(-s,-)* valzer *m.*: ***ein langsamer ~*** un valzer lento; ***Wiener ~*** valzer viennese; ***einen ~ tanzen, spielen*** ballare, suonare un valzer.

Wäl|zer m. *(-s,-)* COLLOQ. librone *m.*

Wal|zer|takt m. *(-[e]s,-e)* tempo *m.* di valzer.

wal|zig agg. → **walzenförmig. Wälz|la|ger** n. *(-s,-)* TECN. cuscinetto *m.* a rotolamento. **Walz|pro|fil** n. *(-s,-e)* profilato *m.* laminato. **Walz|stahl** m. *(-[e]s)* acciaio *m.* laminato. **Wälz|ver|fah|ren** n. *(-s,-)* laminazione *f.* **Walz|werk** n. *(-[e]s,-e)* laminatoio *m.* **Walz|wer|ker** m. *(-s,-)* laminatore *m.*

Wam|pe f. *(-,-n)* COLLOQ. pancia *f.*, trippa *f.*: ***sich die ~ vollschlagen*** riempirsi la pancia.

Wams n. *(-es, Wämser)* farsetto *m.*, corpetto *m.*

wand → **winden.**

Wand f. *(-, Wände)* parete *f.*, muro *m.*: ***eine tragende ~*** un muro portante; ***die Wände tünchen, streichen, tapezieren*** intonacare, verniciare, tappezzare le pareti; ***ein Bild an die ~ hängen*** appendere un quadro alla parete (*o* al muro); ***eine ~ aufrichten, hochziehen, einreißen*** innalzare, erigere, abbattere un muro (*o* una parete); FIG. ***eine ~ von Vorurteilen*** un muro di pregiudizi; ***zwischen sich und den anderen eine ~ errichten*** erigere (*o* innalzare) un muro tra sé e gli altri; *(Felswand im Gebirge)* ***in eine ~ steigen*** scalare una parete; ANAT. ***die ~ des Magens*** la parete dello stomaco ◆ ***~ an ~ wohnen*** abitare porta a porta; ***jdn an die ~ drücken*** lasciare qcn. in disparte (*o* nell'ombra); ***vor Schmerzen beinahe die Wände hinaufklettern*** sbattere la testa contro il muro per i dolori; ***die ~, Wände hochgehen*** dar di capo nel muro (per la rabbia); ***die Wände haben Ohren*** i muri hanno orecchie; ***für, gegen eine ~ reden*** parlare al muro; ***mit dem Kopf gegen die ~ rennen*** sbattere la testa contro il muro; ANT. ***spanische ~*** paravento; ***jdn an die ~ spielen*** lasciare al palo qcn.; ***jdn an die ~ stellen*** mettere al muro qcn.; ***die eigenen vier Wände*** le proprie quattro mura; ***..., dass die Wände wackeln*** ... da far tremare le pareti; ***weiß wie die ~*** bianco come un cencio.

Wan|da|le m. *(-n,-n)* vandalo *m.* (anche FIG.). **wan|da|lisch** agg. vandalico: ***-e Tat*** atto vandalico. **Wan|da|lis|mus** m. *(-)* vandalismo *m.*

Wand|arm m. *(-[e]s,-e)* lampada *f.* a braccio, applique *f.* **Wand|be|hang** m. *(-[e]s,-behänge)* arazzo *m.* **Wand|be|klei|dung, Wand|be|span|nung** f. *(-,-en)* rivestimento *m.* da, della parete. **Wand|be|wurf** m. *(-[e]s,-bewürfe)* intonaco *m.* **Wand|bord** n. *(-[e]s,-e)*, **Wand|brett** n. *(-[e]s,-er)* mensola *f.*

Wan|del m. *(-s)* **1** mutamento *m.*, cambiamento *m.*: ***ein allmählicher, plötzlicher ~*** un mutamento graduale, improvviso; ***~ der Gesinnung, der Bedeutung*** mutamento del modo di pensare, del significato; ***einen ~ erfahren, herbeirufen*** subire, provocare un cambiamento; ***dem ~ unterworfen sein*** essere soggetto a cambiamenti; ***ein ~ trat ein*** subentrò un cambiamento **2** ANT. *(Lebenswandel)* condotta *f.* di vita ◆ ANT. ***Handel und ~*** gli affari, i traffici; ***im ~ der Zeiten*** col mutare dei tempi. **Wan|del|al|tar** m. *(-[e]s -altäre)* polittico *m.* **Wan|del|an|lei|he** f. *(-,-n)* BANC. prestito *m.* convertibile. **wan|del|bar** agg. soggetto a mutamento, mutevole. **Wan|del|bar|keit** f. *(-)* mutevolezza *f.* **Wan|del|gang** m. *(-[e]s,-gänge)*, **Wan|del|hal|le** f. *(-,-n)* **1** *(in Kurorten)* portico *m.* **2** *(im Theater)* foyer *m.*, ridotto *m.* **Wan|del|mo|nat, Wan|del|mond** m. *(-[e]s)* ANT. aprile *m.*

wan|deln I tr. trasformare, cambiare, mutare: ***die Erfahrungen im Ausland haben dich gewandelt*** le esperienze all'estero ti hanno trasformato; ***jdn, etw. in etwas anderes ~*** mutare qcn., qcs. in qualcos'altro **II** rifl. **sich ~ 1** trasformarsi, cambiare, mutare: ***die***

Ansichten ~ sich le opinioni cambiano **2** *(sich umwandeln)* ***sich in etw. (A) ~*** mutarsi in qcs., diventare qcs. **III** intr. (aus. *sein*) passeggiare, camminare ◆ ***auf jds Spuren, auf dem Pfad der Tugend ~*** seguire le orme di qcn., la retta via. **wan|delnd** p.pres. agg. **1** → **wandeln 2** FIG. ambulante: ***ein -es Lexikon sein*** essere una biblioteca ambulante; ***ein -er Leichnam*** un cadavere ambulante.

Wan|del|ob|li|ga|ti|on, Wan|del|schuld|ver|schrei|bung f. *(-,-en)* BANC. obbligazione *f.* convertibile. **Wan|del|stern** m. *(-[e]s,-e)* stella *f.* errante. **Wan|de|lung** f. *(-,-en)* **1** *(Wandlung)* trasformazione *f.*, mutamento *m.* **2** DIR. redibizione *f.*

Wan|der|amei|sen pl. formiche *f.pl.* visitatrici. **Wan|der|ar|bei|ter** m. *(-s,-)* STOR. bracciante *m.* **Wan|der|aus|stel|lung** f. *(-,-en)* esposizione *f.* (*o* mostra *f.*) itinerante. **Wan|der|block** m. *(-[e]s,-blöcke)* GEOL. masso *m.* erratico. **Wan|der|bü|che|rei** f. *(-,-en)* biblioteca *f.* circolante. **Wan|der|büh|ne** f. *(-,-n)* compagnia *f.* teatrale itinerante. **Wan|der|bur|sche** m. *(-n,-n)* STOR. garzone *m.* girovago.

Wan|de|rer m. *(-s,-)* **1** viandante *m.* **2a** *(wer viel und gern wandert)* camminatore *m.* **b** *(Ausflügler)* escursionista *m.* **3** migratore *m.*

Wan|der|fal|ke m. *(-n,-n)* falco *m.* pellegrino. **Wan|der|fisch** m. *(-[e]s,-e)* (pesce *m.*) migratore *m.* **Wan|der|ge|sel|le** m. *(-n,-n)* → **Wanderbursche. Wan|der|ge|wer|be** n. *(-s,-)* commercio *m.* ambulante. **Wan|der|grup|pe** f. *(-,-n)* comitiva *f.* di escursionisti. **Wan|der|heu|schre|cke** f. *(-,-n)* cavalletta *f.* migratrice. **Wan|der|hirt** m. *(-en,-en)* pastore *m.* nomade. **Wan|der|hüt|te** f. *(-,-n)* rifugio *m.* alpino, per escursionisti.

Wan|de|rin f. *(-,-nen)* **1** camminatrice *f.* **2** *(Ausflüglerin)* escursionista *f.*

Wan|der|jah|re pl. STOR. anni *m.pl.* di apprendistato, di tirocinio ◆ LETT. ***Wilhelm Meisters ~*** gli anni di pellegrinaggio di Wilhelm Meister. **Wan|der|kar|te** f. *(-,-n)* carta *f.* escursionistica, dei sentieri. **Wan|der|le|ben** n. *(-s)* vita *f.* nomade. **wan|der|lus|tig** agg. che cammina volentieri.

wan|dern intr. (aus. *sein*) **1** camminare, fare una camminata (*o* un'escursione, una passeggiata): ***im Gebirge ~*** fare una camminata in montagna **2a** *(umherziehen)* vagare, girare: ***durch die Stadt ~*** vagare per la città; ***Wolken ~ am Himmel*** le nuvole vagano nel cielo; ***der Blick wandert über die Landschaft*** lo sguardo vaga sul paesaggio **b** errare: ***von Ort zu Ort ~*** errare da un luogo all'altro **3** ZOOL. migrare **4** COLLOQ. (andare a) finire: ***ins Gefängnis ~*** finire in prigione ◆ ***von Hand zu Hand ~*** passare di mano in mano. **wan|dernd** p.pres. agg. **1** → **wandern 2** nomade: ***-es Volk*** popolazione nomade.

Wan|der|po|kal m. *(-s,-e)* coppa *f.* challenge. **Wan|der|pre|di|ger** m. *(-s,-)* predicatore *m.* itinerante. **Wan|der|preis** m. *(-es,-e)* (premio *m.*) challenge *m.* **Wan|der|rat|te** f. *(-,-n)* ratto *m.* delle chiaviche, surmolotto *m.* **Wan|der|schaft** f. *(-,-en)* **1** cammino *m.*, viaggio *m.* (a piedi): ***auf (der) ~ sein*** essere in cammino; COLLOQ. ***auf ~ sein*** essere in giro **2** ZOOL. migrazione *f.* **Wan|der|schuh** m. *(-[e]s,-e)* scarponcino *m.* da escursione. **Wan|ders|mann** m. *(-[e]s,-leute)* **1** STOR. viandante *m.* **2** SCHERZ. camminatore *m.* **Wan|der|sport** m. *(-[e]s)* escursionismo *m.* **Wan|der|stab** m. *(-[e]s,-stäbe)* ANT. bastone *m.* del viandante ◆ ***den ~ nehmen, zum ~ greifen*** = andar via, partire. **Wan|der|stock** m. *(-[e]s,-stöcke)* bastone *m.* del viandante. **Wan|der|trieb** m. *(-[e]s)* **1** ZOOL. istinto *m.* migratorio **2** MED. poriomania *f.* **Wan|der|trup|pe** f. *(-,-n)* compagnia *f.* (teatrale) itinerante.

Wan|de|rung f. *(-,-en)* **1** camminata *f.*, escursione *f.* (a piedi), gita *f.*; *(Spazierfahrt)* passeggiata *f.*: ***eine ~ von drei Tagen machen*** fare un'escursione de tre giorni **2** migrazione *f.*: ***die ~ der Lachse, von Völkern*** la migrazione dei salmoni, di popoli. **Wan|de|rungs|be|we|gung** f. *(-,-en)* movimento *m.* migratorio, corrente *f.* migratoria.

Wan|der|vo|gel m. *(-s,-vögel)* **1** ANT. (uccello *m.*) migratore *m.* **2** STOR. INTRAD. (organizzazione giovanile tedesca d'inizio secolo). **Wan|der|weg** m. *(-[e]s,-e)* sentiero *m.* (della camminata, dell'escursione). **Wan|der|zir|kus** m. *(-,-se)* circo *m.* ambulante.

Wand|fach n. *(-[e]s,-fächer)* → **Wandbord. Wand|flie|se** f. *(-,-n)* piastrella *f.* **Wand|ge|mäl|de** n. *(-s,-)* pittura *f.* murale. **Wand|ha|ken** m. *(-s,-)* gancio *m.* (alla parete). **Wand|hei|zung** f. *(-,-en)* riscaldamento *m.* a pannelli radianti (all'interno della parete). **Wand|ka|chel** f. *(-,-n)* → **Wandfliese. Wand|ka|len|der** m. *(-s,-)* calendario *m.* da parete. **Wand|kar|te** f. *(-,-n)* carta *f.* geografica (appesa alla parete).

Wand|ler m. *(-s,-)* trasduttore *m.*

Wand|leuch|te f. *(-,-n)*, **Wand|leuch|ter** m. *(-s,-)* applique *f.*

Wand|lung f. *(-,-en)* **1** trasformazione *f.*, mutamento *m.* **2** RELIG. transustanziazione *f.* **3** DIR. *(Wandelung)* redibizione *f.* **wand|lungs|fä|hig** agg. **1** trasformabile, plasmabile **2** *(vom Schauspieler)* versatile, poliedrico. **Wand|lungs|pro|zess** m. *(-es,-e)* processo *m.* di trasformazione.

Wand|ma|le|rei f. *(-,-en)* pittura *f.* murale, murale *m.* **Wand|pfei|ler** m. *(-s,-)* lesena *f.* **Wand|plat|te** f. *(-,-n)* piastrella *f.*

Wand|rer → **Wanderer. Wand|re|rin** → **Wanderin.**

Wand|schirm m. *(-[e]s,-e)* paravento *m.* **Wand|schrank** m. *(-[e]s,-schränke)* armadio *m.* a muro. **Wand|spie|gel** m. *(-s,-)* **1** specchio *m.* da parete **2** *(großer Spiegel mit Rahmen)* specchiera *f.* **Wand|ta|fel** f. *(-,-n)* lavagna *f.* a muro. **Wand|ver|klei|dung** f. *(-,-en)* rivestimento *m.* murale.

wand|te → **wenden.**

Wand|tel|ler m. *(-s,-)* piatto *m.* da appendere, da parete. **Wand|tep|pich** m. *(-s,-e)* arazzo *m.* **Wand|uhr** f. *(-,-en)* orologio *m.* a parete. **Wan|dung** f. *(-,-en)* parete *f.* **Wand|zei|tung** f. *(-,-en)* giornale *m.* murale.

Wan|ge f. *(-,-n)* **1** guancia *f.*, gota *f.*: ***seine -n brennen, glühen*** ha le guance infuocate **2** *(Seitenteil)* fianco *m.* **Wan|gen|bein** n. *(-[e]s,-e)* zigomo *m.* **Wan|gen|kno|chen** m. *(-s,-)* osso *m.* zigomatico.

Wan|kel|mo|tor m. *(-s,-en)* motore *m.* wankel, motore *m.* a pistoni rotanti.

Wan|kel|mut m. *(-[e]s)* volubilità *f.*, incostanza *f.* **wan|kel|mü|tig** agg. volubile, incostante. **Wan|kel|mü|tig|keit** f. *(-)* → **Wankelmut.**

wan|ken intr. **1a** (aus. *haben*) vacillare (anche FIG.): ***der Turm, die Regierung wankt*** la torre, il governo vacilla **b** *(von Menschen; taumeln)* barcollare, vacillare: ***unter einer Last ~*** barcollare sotto un peso **2** (aus. *haben*) tremare: ***die Knie ~ mir*** le ginocchia mi tremano; ***der Boden wankt unter meinen Füßen*** la terra mi trema sotto i piedi **3** *(wankend gehen;* aus. *sein)* camminare barcollando ◆ ***nicht ~ und (nicht) weichen*** essere saldo come una roccia. **Wan|ken** n. *(-s)* il vacillare: ***ins ~ bringen*** far vacillare; ***ins ~ geraten*** cominciare a vacillare. **wan|kend** p.pres. agg. **1** → **wanken 2** FIG. titubante, vacillante: ***in etw. (D) ~ werden*** titubare in qcs.

wann I avv. **1** *(interrogativ)* quando: ***~ kommst du?*** quando vieni? ***~ ist er geboren?*** quando è nato? ***er fragt mich, ~ das Flugzeug nach Berlin geht*** mi chiede quando parte l'aereo per Berlino **2a** *(relativ)* quando: ***du kannst kommen, ~ du willst*** puoi venire quando vuoi **b** in cui: ***das Datum, ~ die Versammlung stattfindet*** la data in cui ha luogo la riunione **3** *(konditional)* quando: ***~ darf man rechts überholen?*** quando si può superare a destra? **II** cong. REGION. O ANT. *(temporal)* quando ◆ ***bis ~?*** fino a quando? ***dann und ~*** di quando in quando; ***~ (auch) immer*** in qualsiasi momento; ***seit ~?*** da quando? ***von ~ an?*** (a cominciare) da quando? ***von ~ bis ~?*** da quando a quando?

Wan|ne f. *(-,-n)* **1a** vasca *f.* **b** *(Waschwanne)* tinozza *f.*, bacinella *f.* **2** *(Ölwanne)* coppa *f.* (dell'olio) **3** *(in der Glasherstellung)* bacino *m.* ◆ ***in der ~ sitzen*** = fare il bagno. **Wan|nen|bad** n. *(-[e]s,-bäder)* bagno *m.* in, nella vasca.

Wanst m. *(-es, Wänste)* COLLOQ. SPREG. **1** trippa *f.*, pancia *f.*: ***sich den ~ vollschlagen*** riempirsi la pancia **2** FIG. *(dicker Mensch)* trippone *m.*, pancione *m.*

Want f. *(-,-en)* sartia *f.*

Wan|ze f. *(-,-n)* **1** cimice *f.* **2** COLLOQ. SPREG. *(ekelhafter Mensch)* pidocchio *m.* **3** *(Spion)* microspia *f.*, radiospia *f.*

Wap|pen n. *(-s,-)* stemma *m.*, blasone *m.*: ***ein ~ führen*** avere un blasone. **Wap|pen|bild** n. *(-[e]s,-er)* → **Wappenfigur. Wap|pen|brief** m. *(-[e]s,-e)* STOR. lettera *f.* di conferimento del blasone. **Wap|pen|feld** n. *(-[e]s,-er)* campo *m.* (dello stemma). **Wap|pen|fi|gur** f. *(-,-en)* figura *f.* araldica. **Wap|pen|kun|de** f. *(-)* araldica *f.* **Wap|pen|man|tel** m. *(-s,-mäntel)* manto *m.* (*o* drappo *m.*) araldico. **Wap|pen|schild** m. e n. *(-[e]s,-e)* scudo *m.* araldico. **Wap|pen|spruch** m. *(-[e]s,-sprüche)* motto *m.* araldico, divisa *f.* araldica. **Wap|pen|tier** n. *(-[e]s,-e)* animale *m.* araldico.

wapp|nen I rifl. **sich ~** armarsi: ***sich gegen eine Gefahr ~*** armarsi contro un pericolo; ***sich mit Geduld ~*** armarsi di pazienza **II** tr. armare.

war → **1.sein.**

Wa|ran m. *(-s,-)* varano *m.*

warb → **werben.**

Wa|re f. *(-,-n)* **1** merce *f.*, mercanzia *f.*: ***verderbliche, hochwertige ~*** merce deperibile, di valore; ***die ~ feilbieten, verkaufen*** mettere in vendita la merce; ***eine ~ führen*** tenere una merce; ***~ erster Wahl*** merce (*o* articolo) di prima scelta **2** *(Erzeugnis)* prodotto *m.*: ***synthetische -n*** prodotti sintetici ◆ GERG. ***heiße ~*** merce che scotta, illegale; PROV. ***gute ~ lobt sich selbst*** il buon vino si vende senza frasca. **Wa|ren|an|ge|bot** n. *(-[e]s,-e)* offerta *f.* (di merce). **Wa|**

ren|an|nah|me f. *(-)* accettazione *f.* (*o* ritiro *m.*) della merce. **Wa|ren|aus|fuhr** f. *(-)* esportazione *f.* di merci. **Wa|ren|aus|ga|be** f. *(-)* consegna *f.* della merce. **Wa|ren|aus|tausch** m. *(-[e]s)* scambio *m.* di merci. **Wa|ren|au|to|mat** m. *(-en,-en)* distributore *m.* automatico. **Wa|ren|be|lei|hung** f. *(-,-en)* anticipazione *f.* (*o* prestito *m.*) su merci. **Wa|ren|be|stand** m. *(-[e]s,-bestände)* merci *f.pl.* in magazzino, giacenza *f.* di magazzino, scorte *f.pl.* **Wa|ren|bör|se** f. *(-,-n)* borsa *f.* merci. **Wa|ren|cha|rak|ter** m. *(-s,-)* carattere *m.* (*o* qualità *f.*) di merce. **Wa|ren|ein|fuhr** f. *(-,-en)* importazione *f.* di merci. **Wa|ren|ex|port** m. *(-[e]s,-e)* esportazione *f.* di merci, export *m.* **Wa|ren|han|del** m. *(-s)* commercio *m.* **Wa|ren|haus** n. *(-es,-häuser)* grande magazzino *m.* **Wa|ren|im|port** m. *(-[e]s,-e)* importazione *f.* di merci, import *m.* **Wa|ren|korb** m. *(-[e]s,-körbe)* ECON. paniere *m.* **Wa|ren|kre|dit** m. *(-[e]s,-e)* prestito *m.* su merci. **Wa|ren|kun|de** f. *(-)* merceologia *f.* **wa|ren|kund|lich** agg. merceologico. **Wa|ren|la|ger** n. *(-s,-)* magazzino *m.* **Wa|ren|mus|ter** n. *(-s,-)*, **Wa|ren|pro|be** f. *(-,-n)* campione *m.* (di merce). **Wa|ren|sen|dung** f. *(-,-en)* **1** invio *m.* (*o* spedizione *f.*) della merce, di merci **2** *(von Warenproben)* invio *m.* di campioni. **Wa|ren|sor|ti|ment** n. *(-[e]s)* assortimento *m.* di merci. **Wa|ren|test** m. *(-[e]s,-s e -e)* test *m.* (*o* esame *m.*) dei prodotti in commercio. **Wa|ren|um|satz** m. *(-es,-umsätze)* giro *m.* (*o* vendite *f.pl.*) di merci, fatturato *m.* **Wa|ren|um|schlag** m. *(-[e]s)* movimento *m.* (di) merci. **Wa|ren|ver|kehr** m. *(-s,-e)* traffico *m.* (*o* trasporto *m.*) di merci. **Wa|ren|zei|chen** n. *(-s,-)* marchio *m.* (di fabbrica): ***eingetragenes, geschütztes ~*** marchio registrato (*o* depositato), protetto.

warf → **werfen.**

warm (compar. *wärmer*, superl. *wärmst...*) agg. **1a** caldo: ***ein -es Klima, Land, Getränk*** un clima, paese caldo, una bevanda calda; ***-e Hände haben*** avere le mani calde; ***in der -en Jahreszeit*** durante la stagione calda; ***es ist ~*** fa caldo; ***mir ist (es) ~*** ho caldo; ***langsam wurde (es) mir ~*** lentamente mi scaldai **b** *(den Körper warm haltend)* ***-e Kleidung*** vestiti caldi **c** ***-e Farben*** colori caldi **2** *(herzlich)* caloroso, cordiale: ***ein -er Händedruck, Empfang*** una calorosa stretta di mano, una calorosa accoglienza **3** *(lebhaft)* vivo: ***mit -em Interesse*** con vivo interesse ◆ ***sich ~ anziehen*** vestirsi con abiti caldi, coprirsi bene; ***~ baden, duschen*** fare un bagno caldo, una doccia calda; ***~ essen*** mangiare qcs. di caldo (*o* cibi caldi); REGION. ***~ geben*** → ***~ halten***; ***der Pulli hält ~*** la maglia tiene caldo; ***das Essen ~ halten*** tenere in caldo il mangiare; COLLOQ. ***sich (D) jdn ~ halten*** tenersi buono qcn.; ***mir wurde ~ ums Herz*** = mi commossi; ***mir ist weder ~ noch kalt*** non mi fa né caldo né freddo; ***-e Küche*** piatti caldi; SPORT ***sich ~ laufen*** riscaldarsi (correndo); ***den Motor ~ laufen lassen*** far scaldare il motore; ***~ machen*** (ri)scaldare; ***-e Miete*** affitto con riscaldamento; ***die Sonne scheint ~*** il sole è caldo, scalda; SPORT ***sich ~ spielen*** fare riscaldamento, riscaldarsi; ***das Essen ~ stellen*** mettere in caldo il mangiare; ***im Warmen*** al caldo; ***etw. aufs Wärmste empfehlen*** raccomandare caldamente qcs.; ***sich ~ waschen*** lavarsi con l'acqua calda; ***~ werden*** (ri)scaldarsi; FIG. conoscersi meglio, diventare più intimi; ***mit etw. ~ werden*** prendere confidenza con, conoscere meglio qcs.; ***-e Worte*** parole commosse, sentite; *(herzliche Worte)* parole cordiali.

Warm|blut n. *(-[e]s)* (cavallo *m.*) mezzosangue *m.* **Warm|blü|ter** m. *(-s,-)* animale *m.* a sangue caldo. **warm|blü|tig** agg. **1** a sangue caldo **2** RAR. *(von Pferden)* mezzosangue. **Warm|blüt|ler** m. *(-s,-)* RAR. **1** → **Warmblüter 2** → **Warmblut.** **Warm|blut|pferd** n. *(-[e]s,-e)* → **Warmblut.**

War|me m. *(-n,-n)* SPREG. frocio *m.*, checca *f.*

Wär|me f. *(-)* **1a** calore *m.*, tepore *m.*: ***der Kamin strahlt eine angenehme ~ aus*** il camino emana un piacevole tepore **b** FIS. calore *m.*: ***~ ausstrahlen, freisetzen*** irradiare calore **2** FIG. *(Herzlichkeit)* calore *m.*, cordialità *f.* ◆ ***25 Grad ~*** 25 gradi sopra zero. **Wär|me|aus|deh|nung** f. *(-,-en)* dilatazione *f.* termica. **Wär|me|aus|tausch** m. *(-[e]s)* scambio *m.* termico (*o* di calore). **Wär|me|aus|tau|scher** m. *(-s,-)* scambiatore *m.* termico (*o* di calore). **wär|me|be|dürf|tig** agg. che ha bisogno di calore. **Wär|me|be|hand|lung** f. *(-,-en)* **1** METALL. trattamento *m.* termico **2** MED. termoterapia *f.* **Wär|me|be|las|tung** f. *(-,-en)* inquinamento *m.* termico. **wär|me|be|stän|dig** agg. resistente al calore. **Wär|me|be|stän|dig|keit** f. *(-)* resistenza *f.* al calore. **Wär|me|bett** n. *(-[e]s,-en)* MED. incubatrice *f.*

wär|me|däm|mend agg. → **wärmeisolierend.** **Wär|me|dämm|stoff** m. *(-[e]s,-e)* isolante *m.* termico, termoisolante *m.* **Wär|me|däm|mung** f. *(-)* → **Wärmeisolation.**

Wär|me|deh|nung → **Wärmeausdehnung.** **Wär|me|ein|heit** f. *(-,-en)* unità *f.* termica. **Wär|me|ener|gie** f. *(-)* energia *f.* termica. **Wär|me|ent|wick|lung** f. *(-)*, **Wär|me|er|zeu|gung** f. *(-)* sviluppo *m.* (*o* produzione *f.*) di calore. **Wär|me|haus|halt** m. *(-[e]s,-e)* bilancio *m.* termico.

Wär|me|iso|la|ti|on f. *(-)* isolamento *m.* termico. **wär|me|iso|lie|rend** agg. termoisolante. **Wär|me|iso|lie|rung** f. *(-)* isolante *m.* termico, termoisolante *m.*

Wär|me|ka|pa|zi|tät f. *(-)* capacità *f.* termica. **Wär|me|kraft|werk** n. *(-[e]s,-e)* centrale *f.* termoelettrica. **Wär|me|leh|re** f. *(-)* termodinamica *f.*

Wär|me|lei|ter m. *(-s,-)* conduttore *m.* termico, termoconduttore *m.* **Wär|me|leit|fä|hig|keit** f. *(-)* conducibilità *f.* (*o* conduttività *f.*) termica. **Wär|me|leit|zahl** f. *(-)* (grado *m.* di) conducibilità *f.* termica.

Wär|me|men|ge f. *(-)* quantità *f.* di calore. **Wär|me|mes|ser** m. *(-s,-)* → **Wärmezähler.**

wär|men I tr. (ri)scaldare: ***die Milch, Suppe ~*** scaldare il latte, la minestra; ***das Essen ~*** scaldare il pranzo *o* la cena; assol. ***der Schnaps wärmt*** la grappa riscalda **II** intr. (aus. *haben*) tenere caldo, essere caldo: ***diese Jacke wärmt (gut)*** questa giacca tiene (un bel) caldo **III** rifl. **sich ~** (ri)scaldarsi: ***sich (D) die Füße, Hände am Ofen ~*** scaldarsi i piedi, le mani alla stufa.

Wär|me|pe|ri|o|de f. *(-,-n)* periodo *m.* (di) caldo. **Wär|me|pum|pe** f. *(-,-n)* pompa *f.* di calore. **Wär|me|quel|le** f. *(-,-n)* fonte *f.* di calore. **Wär|me|reg|ler** m. *(-s,-)* termoregolatore *m.*; *(Thermostat)* termostato *m.* **Wär|me|schutz** m. *(-es)* → **Wärmeisolation.** **Wär|me|spei|cher** m. *(-s,-)* accumulatore *m.* termico. **Wär|me|strah|lung** f. *(-)* radiazione *f.* termica. **Wär|me|tau|scher** → **Wärmeaustauscher.** **Wär|me|tech|nik** f. *(-)* termotecnica *f.* **Wär|me|ver|lust** m. *(-[e]s,-e)* perdita *f.* di calore, dispersione *f.* termica. **Wär|me|wert** m. *(-[e]s)* grado *m.* termico. **Wär|me|wirt|schaft** f. *(-)* economia *f.* termica. **Wär|me|zäh|ler** m. *(-s,-)* contatore *m.* termico.

Wärm|fla|sche f. *(-,-n)* borsa *f.* dell'acqua calda.

Warm|front f. *(-,-en)* fronte *m.* caldo.

Warm|hal|te|fla|sche → **Wärmflasche.** **Warm|hal|te|plat|te** f. *(-,-n)* scaldavivande *m.*

Warm|haus n. *(-es,-häuser)* serra *f.* calda. **warm|her|zig** agg. **1** caloroso, cordiale: ***ein -er Empfang*** un'accoglienza calorosa **2** *(von Menschen)* cordiale. **Warm|her|zig|keit** f. *(-)* **1** calore *m.*, cordialità *f.* **2** *(von Menschen)* cordialità *f.* **Warm|luft** f. *(-)* aria *f.* calda. **Warm|luft|hei|zung** f. *(-,-en)* riscaldamento *m.* ad aria calda. **Warm|mie|te** f. *(-,-n)* COLLOQ. affitto *m.* con riscaldamento.

wärms|tens avv. caldamente: ***jdn, etw. ~ empfehlen*** raccomandare caldamente qcn., qcs.

Warm|was|ser n. *(-s)* acqua *f.* calda. **Warm|was|ser|be|rei|ter** m. *(-s,-)* boiler *m.*, scaldabagno *m.* **Warm|was|ser|hei|zung** f. *(-,-en)* riscaldamento *m.* ad acqua (con radiatori). **Warm|was|ser|spei|cher** m. *(-s,-)* serbatoio *m.* dell'acqua calda.

Warm|zeit f. *(-)* periodo *m.* interglaciale. **warm|zeit|lich** agg. interglaciale.

Warn|an|la|ge f. *(-,-n)* (dispositivo *m.* di) allarme *m.* ◆ ***~ gegen Diebstahl*** antifurto.

Warn|blink|an|la|ge f. *(-,-n)*, COLLOQ. **Warn|blin|ker** m. *(-s,-)* lampeggiatori *m.pl.* di emergenza, blinker *m.* **Warn|blink|leuch|te** f. *(-,-n)* lampeggiatore *m.*

Warn|drei|eck n. *(-[e]s,-e)* AUT. triangolo *m.*

war|nen tr. **1a** ***jdn vor etw. ~*** avvertire (*o* avvisare) qcn. di qcs., mettere in guardia qcn. da qcs.: ***jdn vor einer Gefahr, vor Betrügern ~*** avvertire qcn. di un pericolo, mettere in guardia qcn. dai truffatori **b** ***ich warne euch!*** (state) attenti! ***ich warne dich, du machst einen großen Fehler*** attento, stai facendo un grosso errore; ***ich warne dich vor ihm*** guardati da lui **c** *(ermahnen)* ammonire: ***die Jugendlichen vor Drogen ~*** ammonire i giovani contro la droga **2** FIG. dire (come avvertimento), avvertire: ***ihr Instinkt warnte sie, es nicht zu tun*** il suo istinto le disse di non farlo ◆ ***vor Taschendieben wird gewarnt*** attenzione ai borseggiatori. **war|nend I** p.pres. agg. **1** → **warnen 2** *(abschreckend)* ammonitore: ***ein -es Beispiel*** un esempio ammonitore **II** avv. in segno di avvertimento, di ammonimento: ***~ den Finger, die Stimme erheben*** sollevare il dito in segno di ammonimento, alzare la voce per ammonire ◆ ***-e Träume*** sogni premonitori. **War|ner** m. *(-s,-)* chi avverte, avvisa, mette in guardia.

Warn|kreuz n. *(-es,-e)* croce *f.* di Sant'Andrea. **Warn|lam|pe** f. *(-,-n)* luce *f.* di emergenza. **Warn|laut** m. *(-[e]s,-e)* ZOOL. segnale *m.* (*o* grido *m.*) di allarme. **Warn|leuch|te** f. *(-,-n)* **1** → **Warnlampe 2** → **Warnblinkleuchte.** **Warn|licht** n. *(-[e]s,-er)* **1** spia *f.* (luminosa) **2** segnale *m.* (lampeggiante) di emergenza. **Warn|ruf** m. *(-[e]s,-e)* **1** grido *m.* di allarme **2** → **Warnlaut.** **Warn|schild** n. *(-[e]s,-er)* **1**

avviso *m.* **2** AUT. segnale *m.* di pericolo. **Warn|schuss** m. *(-es, -schüsse)* colpo *m.* in aria: ***einen ~ abgeben*** sparare un colpo in aria. **Warn|sig|nal** n. *(-s,-e)* segnale *m.* d'allarme. **Warn|si|re|ne** f. *(-,-n)* sirena *f.* d'allarme. **Warn|streik** m. *(-s,-s)* sciopero *m.* di avvertimento. **Warn|sys|tem** n. *(-s,-e)* sistema *m.* d'allarme.

War|nung f. *(-,-en)* **1** avvertimento *m.*, avviso *m.*: ***auf jds -en hören*** ascoltare gli avvertimenti di qcn.; ***alle -en in den Wind schlagen*** non curarsi degli avvertimenti; ***ohne ~ schießen*** sparare senza avvertimento **2** *(Lehre)* lezione *f.*, ammonimento *m.*, LETT. monito *m.*: ***lass es dir als, zur ~ dienen!*** che ti serva di lezione! ◆ ***~ vor dem Hunde!*** attenti al cane!

Warn|zei|chen n. *(-s,-)* **1** → **Warnsignal** **2** *(Warnschild)* segnale *m.* di pericolo.

Warp m. *(-[e]s,-e)* MAR. (cavo *m.* da) tonneggio *m.* **Warp|an|ker** m. *(-s,-)* ancora *f.* da tonneggio. **war|pen** MAR. **I** tr. tonneggiare **II** intr. (aus. *sein*) tonneggiarsi.

War|schau n.pr.n. *(-s)* Varsavia *f.* **War|schau|er I** m. *(-s,-)* abitante *m.* di Varsavia **II** agg.inv. di Varsavia: STOR. ***der ~ Pakt*** il Patto di Varsavia. **war|schau|isch** agg. di Varsavia.

Wart m. *(-[e]s,-e)* guardiano *m.*, custode *m.*

War|te f. *(-,-n)* **1a** punto *m.* di osservazione, osservatorio *m.* **b** *(Aussichtspunkt)* panoramica *f.* **2** STOR. (torre *f.* di) vedetta *f.* **3** FIG. *(Standpunkt)* punto *m.* di vista: ***von seiner ~ aus*** dal suo punto di vista.

War|te|frau f. *(-,-en)* **1** sorvegliante *f.*, custode *f.* **2** *(Kinderfrau)* governante *f.* **3** ANT. *(Pflegerin)* infermiera *f.*

War|te|frist f. *(-,-en)* → **Wartezeit.** **War|te|geld** n. *(-[e]s,-er)* assegno *m.* di aspettativa. **War|te|hal|le** f. *(-,-n)* sala *f.* d'aspetto. **War|te|lis|te** f. *(-,-n)* lista *f.* d'attesa: ***auf der ~ sein, stehen*** essere in lista d'attesa; ***sich auf die ~ setzen lassen*** farsi mettere in lista d'attesa.

war|ten I intr. (aus. *haben*) aspettare, attendere: ***auf jdn, etw. ~*** aspettare qcn., qcs.: ***geduldig, stundenlang, vergeblich ~*** aspettare pazientemente, per ore, inutilmente; ***jdn ~ lassen*** fare aspettare qcn.; ***auf sich ~ lassen*** farsi aspettare; ***wie lange soll ich ~?*** quanto devo aspettare? ***auf jdn am Ausgang, vor dem Bahnhof ~*** aspettare qcn. all'uscita, alla stazione; ***worauf wartest du noch?*** cosa aspetti ancora? ***sie wartet nur darauf, dass er einen Fehler macht*** non aspetta altro che (lui) faccia un errore; ***mit dem Essen ~, bis jd kommt*** aspettare a mangiare finché non arriva qcn. **II** tr. **1** accudire, guardare; *(pflegen)* curare, assistere **2** TECN. ***etw. ~*** eseguire la manutenzione di qcs. ◆ ***da kannst du lange ~*** campa cavallo che l'erba cresce; ***darauf habe ich gerade noch gewartet!*** ci mancava solo questo! **War|ten** n. *(-s)* attesa *f.*

Wär|ter m. *(-s,-)* **1** custode *m.*, guardiano *m.* **2** *(Krankenpfleger)* infermiere *m.* **3** *(Bahnwärter)* casellante *m.*

War|te|raum m. *(-[e]s,-räume)* sala *f.* d'aspetto. **War|te|rei** f. *(-,-en)* COLLOQ. attesa *f.*, l'aspettare.

Wär|ter|häus|chen n. *(-s,-)* casetta *f.* del custode. **Wär|te|rin** f. *(-,-nen)* **1** custode *f.*, guardiana *f.* **2** *(Krankenpflegerin)* infermiera *f.*

War|te|saal m. *(-[e]s,-säle)* sala *f.* d'aspetto (alla stazione). **War|te|schlan|ge** f. *(-,-n)* coda *f.* (di attesa). **War|te|schlei|fe** f. *(-,-n)* loop *m.* di attesa, attesa *f.* attiva. **War|te|stand** m. *(-[e]s)* ANT. aspettativa *f.* (di impiegato, ufficiale). **War|te|zeit** f. *(-,-en)* **1** (periodo *m.* di) attesa *f.* **2** *(beim Versicherungswesen)* termine *m.* d'aspettativa, aspettativa *f.* **War|te|zim|mer** n. *(-s,-)* sala *f.* d'aspetto (dal medico).

Wart|saal SVIZZ. → **Wartesaal.**

War|tung f. *(-,-en)* **1** assistenza *f.*, cura *f.* **2** TECN. manutenzione *f.* **War|tungs|ar|beit** f. *(-,-en)* lavoro *m.* di manutenzione. **war|tungs|arm** agg. che richiede poca manutenzione. **war|tungs|frei** agg. che non richiede manutenzione. **War|tungs|frei|heit** f. *(-)* il non richiedere manutenzione. **war|tungs|freund|lich** agg. che facilita la manutenzione. **War|tungs|kos|ten** pl. spese *f.pl.* di manutenzione.

wa|rum avv. **1** *(interrogativ)* perché: ***~ denn?*** perché poi? e perché? ***~ nicht?*** perché no? ***er fragt, ~ du das getan hast*** chiede perché hai fatto questo **2** *(relativisch)* perché, per cui: ***der Grund, ~ er das getan hat, ist bekannt*** il motivo per cui ha fatto questo è noto ◆ ***nach dem Warum und Weshalb fragen*** chiedere il perché e il percome.

War|ze f. *(-,-n)* **1** verruca *f.*, porro *m.* **2** *(Brustwarze)* capezzolo *m.* **war|zen|för|mig** agg. verrucoso. **War|zen|hof** m. *(-[e]s,-höfe)* ANAT. areola *f.* **War|zen|schwein** n. *(-s,-e)* facocero *m.* **war|zig** agg. verrucoso, pieno di verruche.

was I pron.n. (nom. e acc., RAR. dat.) **1a** pron.interr. che cosa, che, cosa: ***~ ist das?*** (che) cos'è (questo)? ***~ gibt es Neues?*** che (cosa) c'è di nuovo? ***~ bedeutet, heißt dieses Wort?*** (che) cosa significa questa parola? ***~ ist er (von Beruf)?*** che lavoro fa? ***ich weiß nicht, ~ er gesagt hat*** non so che cosa ha detto **b** COLLOQ. ***~, du hast gewonnen?*** cosa (*o* davvero?), hai vinto? ***das gefällt dir, ~?*** ti piace, vero? *(wie bitte)* ***~?*** che? **c** *(wieviel)* quanto: ***~ kostet das?*** quanto costa? ***~ ist sieben mal drei?*** quanto fa sette per tre? **d** COLLOQ. *(in Verbindung mit Präpositionen)* ***an ~ denkst du?*** a che pensi? ***auf ~ wartest du noch?*** cosa aspetti ancora? ***um ~ geht's?*** di che si tratta? **2a** pron.rel. ciò che, quello che: ***alles, ~ mich betrifft*** tutto ciò che mi riguarda; ***~ er sagt, ist richtig*** quello che dice è giusto; ***~ ich ihm nicht verzeihen kann...*** quello che non gli posso perdonare... **b** quanto: ***~ mich betrifft*** quanto a me, per quel che mi riguarda **c** ***~ auch immer*** qualunque cosa, checché; ***~ auch immer geschehen mag*** qualunque cosa accada; ***~ du auch immer sagst*** checché tu dica **3** pron.indef. COLLOQ. *(etwas)* qualche cosa, qualcosa: ***~ Schönes*** qualcosa di bello; ***er ist so ~ wie ein Physiotherapeut*** fa qualcosa tipo il, di simile al fisioterapista **II** avv. **1a** COLLOQ. *(warum)* cosa, perché: ***~ lachst du?*** cosa ridi? **b** *(in Ausrufesätzen)* ***~ musst du ihn so provozieren!*** perché devi provocarlo così! **2** come: ***~ war ich glücklich*** com'ero felice **3** *(wie sehr)* quanto: ***er lief, ~ er konnte*** correva quanto più poteva ◆ ***ach ~!*** ma va, macché! ***das ist ~ anderes*** questa è un'altra cosa; ***~ dann?*** che si fa? ***~ denn?*** cosa c'è? (che vuoi?); COLLOQ. ***~ ein*** che; ***~ ein Kerl*** che tipo; ***~ für ein*** quale, che; ***~ für eine Kamera möchten Sie?*** che (tipo di) macchina fotografica desidera? ***er ist mein einziger Freund, aber ~ für einer!*** è il mio unico amico, ma che amico! ***sie sind meine einzigen Freunde, aber ~ für welche*** sono i miei unici amici, ma che amici; ***koste es, ~ es wolle*** a qualunque costo; ***~ ist los?*** che c'è? che succede? ***~ nun?*** e adesso? ***~ du nicht sagst!*** ma cosa dici! ***na so ~!*** davvero! COLLOQ. ***~ weiß ich?*** e che ne so? ***weißt du ~?*** sai che facciamo? **Was** n. *(-)* il che, la cosa, il fatto.

wasch|ak|tiv agg. attivo: ***-e Substanzen*** sostanze attive. **Wasch|an|la|ge** f. *(-,-n)* **1** impianto *m.* di lavaggio **2** *(für Autos)* stazione *f.* di lavaggio; COLLOQ. autolavaggio *m.* **Wasch|an|lei|tung** f. *(-,-en)* → **Waschanweisung.** **Wasch|an|stalt** f. *(-,-en)* lavanderia *f.* **Wasch|an|wei|sung** f. *(-,-en)* indicazioni *f.pl.* di, per il lavaggio. **Wasch|au|to|mat** m. *(-en,-en)* lavatrice *f.* automatica. **wasch|bar** agg. lavabile. **Wasch|bär** m. *(-en,-en)* orsetto *m.* lavatore, procione *m.* **Wasch|be|cken** n. *(-s,-)* lavandino *m.*, lavabo *m.* **Wasch|ben|zin** n. *(-s)* benzina *f.* per smacchiare. **Wasch|brett** n. *(-[e]s,-er)* asse *f.* per lavare. **Wasch|büt|te** f. *(-,-n)* tinozza *f.*

Wä|sche f. *(-,-n)* **1** biancheria *f.*: ***frische ~ anziehen*** indossare biancheria pulita; ***die ~ wechseln*** cambiare la biancheria **2** bucato *m.*, panni *m.pl.*: ***die ~ in die Maschine stecken*** mettere il bucato in lavatrice; ***die ~ waschen, aufhängen*** fare il bucato, stendere il bucato (*o* i panni) **3** *(Waschen)* lavaggio *m.*, lavatura *f.* (anche TECN.) ◆ COLLOQ. ***jdm an die ~ gehen, wollen*** volerle dare di santa ragione a qcn.; ***etw. in die, zur ~ geben*** dare qcs. a lavare, portare qcs. in lavanderia; ***große ~*** bucato; COLLOQ. ***dumm aus der ~ gucken*** fare una faccia da stupido; ***kleine ~*** piccolo bucato, bucatino; ***(seine) schmutzige ~ vor anderen Leuten, in den eigenen vier Wänden waschen*** lavare i panni sporchi davanti a tutti, in famiglia; ***etw. in die, zur ~ tun*** mettere qcs. a lavare.

wasch|echt agg. **1** lavabile **2** *(echt)* vero: ***ein -er Berliner*** un vero berlinese.

Wä|sche|ge|schäft n. *(-[e]s,-e)* negozio *m.* di biancheria. **Wä|sche|klam|mer** f. *(-,-n)* molletta *f.* (*o* pinza *f.*, pinzetta *f.*) da bucato. **Wä|sche|korb** m. *(-[e]s,-körbe)* cesto *m.* per la, della biancheria. **Wä|sche|lei|ne** f. *(-,-n)* corda *f.* per (stendere) il bucato. **Wä|sche|man|gel** f. *(-)* mangano *m.* (per biancheria).

wa|schen *(wäscht, wusch, gewaschen)* **I** tr. **1** lavare (anche TECN.): ***die Socken mit Seife ~*** lavare i calzini con il sapone; ***seine Hände ~*** lavarsi le mani; ***das Geschirr ~*** lavare i piatti; ***etw. in der Waschmaschine, mit der Hand ~*** lavare qcs. in lavatrice, a mano; COLLOQ. *(vom Regen)* ***wir sind gestern gewaschen worden*** ieri ci siamo lavati **2** COLLOQ. *(Geld)* riciclare **II** rifl. ***sich ~*** lavarsi: ***sich von Kopf bis Fuß ~*** lavarsi dalla testa ai piedi; ***sich (D) die Haare ~*** lavarsi i capelli; ***sich kalt ~*** lavarsi con l'acqua fredda **III** intr. (aus. *haben*) lavare, fare il bucato: ***einmal in der Woche ~*** lavare una volta alla settimana ◆ ***die Wellen ~ ihn über Bord*** le onde lo spazzano via (dalla nave, dal ponte); ***eine Ohrfeige, eine Prüfung, die sich gewaschen hat*** uno schiaffone, un esame coi fiocchi; ***jdm den Kopf ~*** dare un lavata di capo a qcn.; ***seinen Namen rein ~*** lavare la macchia dal suo nome; ***etw. sauber ~*** lavare bene qcs.; ***den Schmutz aus der Wunde ~*** pulire, lavare la ferita; ***sich den Schmutz von den Händen ~*** pulirsi, lavarsi le mani; ***sich von jeder Schuld rein ~ wollen*** volersi lavare da ogni colpa; ***seine Hände in Unschuld ~*** lavarsene le mani. **Wa|schen** n. *(-s)* **1** lavaggio *m.*, lavatura *f.* **2** *(Wäsche)* bucato *m.* ◆ ***der Pullover ist beim ~ einge-***

gangen la maglia si è ristretta lavandola; ***die Farbe der Bluse ist beim ~ ausgegangen, ausgelaufen*** la camicetta si è scolorita lavandola; ***Wäsche zum ~ geben*** dare il bucato a lavare.

Wä|scher m. *(-s,-)* lavandaio *m.* **Wä|sche|rei** f. *(-,-en)* **1** lavanderia *f.* **2** INDUSTR. impianto *m.* di lavaggio. **Wä|sche|rin** f. *(-,-nen)* lavandaia *f.*

Wä|sche|schleu|der f. *(-,-n)* centrifuga *f.* (per il bucato). **Wä|sche|schrank** m. *(-[e]s,-schränke)* armadio *m.* della biancheria, guardaroba *m.* **Wä|sche|stär|ke** f. *(-)* amido *m.* **Wä|sche|stoff** m. *(-[e]s)* stoffa *f.* per biancheria. **Wä|sche|stück** n. *(-[e]s,-e)* capo *m.* di biancheria. **Wä|sche|trock|ner** m. *(-s,-)* **1** asciugatrice *f.* **2** *(Trockengestell)* stendibiancheria *m.* **Wä|sche|zei|chen** n. *(-s,-)* monogramma *m.* sulla biancheria.

Wasch|frau f. *(-,-en)* lavandaia *f.* **Wasch|gang** m. *(-[e]s,-gänge)* fase *f.* di lavaggio. **Wasch|ge|le|gen|heit** f. *(-,-en)* lavandino *m.* **Wasch|hand|schuh** m. *(-es,-e)* guanto *m.* di spugna. **Wasch|haus** n. *(-[e]s,-häuser)* lavatoio *m.* **Wasch|kes|sel** m. *(-s,-)* caldaia *f.* del bucato. **Wasch|korb** → **Wäschekorb. Wasch|kraft** f. *(-)* forza *f.* lavante. **Wasch|kü|che** f. *(-,-n)* **1** lavanderia *f.* **2** COLLOQ. *(dichter Nebel)* nebbione *m.* **Wasch|lap|pen** m. *(-s,-)* **1** panno *m.* di spugna (per lavarsi) **2** COLLOQ. *(Schwächling)* pasta *f.* frolla. **Wasch|lau|ge** f. *(-,-n)* liscivia *f.*

Wasch|ma|schi|ne f. *(-,-n)* lavatrice *f.*: ***mit, in der ~ waschen*** lavare in lavatrice; ***die Wäsche in die ~ tun*** caricare la lavatrice. **wasch|ma|schi|nen|fest** agg. lavabile in lavatrice.

Wasch|mit|tel n. *(-s,-)* detersivo *m.* **Wasch|pro|gramm** n. *(-[e]s,-e)* programma *m.* di lavaggio. **Wasch|pul|ver** n. *(-s,-)* detersivo *m.* in polvere. **Wasch|raum** m. *(-[e]s,-räume)* lavatoio *m.* **Wasch|sa|chen** pl. COLLOQ. → **Waschzeug. Wasch|sa|lon** m. *(-s,-s)* lavanderia *f.* a gettone. **Wasch|schüs|sel** f. *(-,-n)* catino *m.*, bacinella *f.* **Wasch|sei|fe** f. *(-,-n)* sapone *m.* da bucato. **Wasch|stoff** m. *(-[e]s,-e)* tessuto *m.* lavabile. **Wasch|stra|ße** f. *(-,-n)* tunnel *m.* (di un autolavaggio). **Wasch|tag** m. *(-[e]s,-e)* giorno *m.* di, del bucato. **Wasch|tisch** m. *(-es,-e)* lavabo *m.* **Wasch|trog** m. *(-[e]s,-tröge)* vasca *f.* di lavaggio. **Wa|schung** f. *(-,-en)* **1** lavanda *f.*, abluzione *f.* **2** MED. *(Abwaschung)* lavatura *f.* **Wasch|wan|ne** f. *(-,-n)* tinozza *f.* per il bucato. **Wasch|was|ser** n. *(-s)* (acqua *f.* di) lavatura *f.* **Wasch|weib** n. *(-[e]s,-er)* **1** ANT. → **Wäscherin 2** COLLOQ. SPREG. *(geschwätziger Mensch)* portinaia *f.* **Wasch|zet|tel** m. *(-s,-)* **1** EDIT. risvolto *m.* **2** FARM. bugiardino *m.* **Wasch|zeug** n. *(-[e]s)* occorrente *m.* per lavarsi, nécessaire *m.* da toeletta. **Wasch|zu|ber** m. *(-s,-)* → **Waschbütte.**

Wa|sen m. *(-s,-)* **1** ANT. *(Rasen)* prato *m.* **2** REGION. *(Faschine)* fascina *f.*

Was|ser n. *(-s,- e Wässer)* **1** acqua *f.*: ***kaltes, warmes ~*** acqua fredda, calda; ***reines, sauberes, schmutziges ~*** acqua pura, pulita, sporca; ***fließendes, stehendes, kalkhaltiges, schwefelhaltiges ~*** acqua corrente, stagnante, calcarea, sulfurea; ***flaches, tiefes ~*** acqua bassa, alta (*o* profonda); ***salziges, süßes ~*** acqua salata, dolce; ***(nicht) trinkbares ~*** acqua (non) potabile; ***ein Glas, eine Flasche ~*** un bicchiere, una bottiglia d'acqua; ***ins ~ fallen, etw. ins ~ werfen*** cadere in acqua, gettare qcs. in acqua; ***im ~ leben*** vivere nell'acqua; ***unter ~ schwimmen*** nuotare sott'acqua; ***~ aufsetzen*** mettere l'acqua sul fuoco; COSMET. ***wohlriechendes ~*** acqua profumata; CHIM. ***hartes, weiches ~*** acqua dura, dolce **2** *(Tränen)* lacrime *f.pl.*: ***das ~ stand ihr in den Augen*** aveva le lacrime agli occhi **3** *(Schweiß)* sudore *m.*: ***das ~ lief ihm von der Stirn*** il sudore gli colava dalla fronte **4** *(Urin)* urina *f.*: ***~ lassen*** fare acqua ◆ ***jdm das ~ abgraben*** togliere a qcn. il terreno sotto i piedi; ***ablaufendes, auflaufendes ~*** bassa, alta marea; ***~ abstoßend, ~ abweisend*** idrorepellente; ***bei ~ und Brot sitzen*** stare a pane e acqua; FIG. ***ins ~ fallen*** andare in fumo, sfumare; ***~ führend*** acquifero; ***ins ~ gehen*** annegarsi; ***mit allen -n gewaschen sein*** saperne una più del diavolo; ***geweihtes ~*** acqua benedetta (*o* santa), acquasanta; COLLOQ. ***das ~ steht ihm bis zum Hals*** ha l'acqua alla gola; ***sich über ~ halten*** tenersi a galla (anche FIG.); ***kölnisch ~*** acqua di Colonia; ***~ auf jds Mühle sein*** portare l'acqua al mulino di qcn.; ***jdm läuft das ~ im Mund zusammen*** qcn. ha (*o* a qcn. viene) l'acquolina in bocca; ***nahe am ~ gebaut haben*** avere le lacrime in tasca; ***jdm nicht das ~ reichen können*** non essere all'altezza di qcn.; FIG. ***reinsten -s, von reinstem ~*** della più bell'acqua; ***ins kalte ~ springen*** fare un salto nel buio; FIG. ***ein stilles ~ sein*** essere un'acqua cheta; ***etw. unter ~ setzen*** allagare, inondare qcs.; ***unter ~ stehen*** essere allagato, inondato; ***~ in den Wein gießen*** = spegnere l'entusiasmo; ***zu ~ oder zu Land*** per via d'acqua o di terra; ***zu ~ bringen*** calare in acqua; PROV. ***bis dahin fließt, läuft noch viel ~ den Rhein (den Bach) hinunter, hinab*** ne ha ancora da passare di acqua (*o* ha da passare molta acqua) sotto i ponti; ***da, dort wird auch nur mit ~ gekocht*** nemmeno là si fanno miracoli; ***stille ~ gründen tief*** acqua cheta rompe i ponti.

Was|ser|ader f. *(-,-n)* vena *f.* d'acqua. **Was|ser|an|schluss** m. *(-es,-anschlüsse)* allacciamento *m.* dell'acqua. **was|ser|arm** agg. povero d'acqua. **Was|ser|arm** m. *(-[e]s,-e)* braccio *m.* di mare; *(Kanal)* canale *m.* **Was|ser|auf|be|rei|tung** f. *(-,-en)* depurazione *f.* dell'acqua. **Was|ser|bad** n. *(-[e]s)* GASTR. bagnomaria *m.*: ***im ~*** a bagnomaria. **Was|ser|ball** m. *(-[e]s,-bälle)* **1** pallone *m.* da mare **2a** SPORT pallanuoto *f.* **b** *(Lederball)* pallone *m.* da pallanuoto. **Was|ser|bal|ler** m. *(-s,-)* pallanuotista *m.* **Was|ser|bas|sin** n. *(-s,-s)* bacino *m.* d'acqua. **Was|ser|bau** m. *(-[e]s)* costruzioni *f.pl.* idrauliche; tecnica *f.* idraulica. **Was|ser|bau|in|ge|ni|eur** [-niøːɐ] m. *(-s,-e)* ingegnere *m.* idraulico. **Was|ser|be|cken** n. *(-s,-)* bacino *m.* d'acqua. **Was|ser|be|häl|ter** m. *(-s,-)* recipiente *m.* d'acqua, contenitore *m.* dell'acqua. **Was|ser|be|hand|lung** f. *(-,-en)* idroterapia *f.* **Was|ser|bett** n. *(-[e]s,-en)* letto *m.* ad acqua. **Was|ser|bla|se** f. *(-,-n)* bolla *f.* (d'acqua), vescica *f.* **was|ser|blau** agg. azzurro mare. **Was|ser|bom|be** f. *(-,-n)* bomba *f.* di profondità. **Was|ser|büf|fel** m. *(-s,-)* bufalo *m.* (indiano).

Wäs|ser|chen n. *(-s,-)* torrentello *m.*, rigagnolo *m.* ◆ ***kein ~ trüben können*** non essere capace di far male a una mosca.

Was|ser|dampf m. *(-[e]s)* vapore *m.* acqueo. **was|ser|dicht** agg. **1** stagno, a tenuta d'acqua **2** *(wasserundurchlässig)* impermeabile **3** FIG. *(unanfechtbar)* inattaccabile, sicuro. **Was|ser|dost** m. *(-[e]s,-e)* BOT. eupatorio *m.* **Was|ser|druck** m. *(-[e]s,-drücke* e RAR. *-e)* pressione *f.* dell'acqua; FIS. pressione *f.* idraulica.

was|ser|durch|läs|sig agg. permeabile. **Was|ser|durch|läs|sig|keit** f. *(-)* permeabilità *f.*

Was|ser|ei|mer m. *(-s,-)* secchio *m.* dell'acqua (*o* per l'acqua). **Was|ser|ent|här|ter** m. *(-s,-)* dolcificatore *m.* (dell'acqua). **Was|ser|fahr|zeug** n. *(-[e]s,-e)* natante *m.* **Was|ser|fall** m. *(-[e]s,-fälle)* cascata *f.* (d'acqua) ◆ ***wie ein ~ reden*** parlare come una macchinetta. **Was|ser|far|be** f. *(-,-n)* acquerello *m.* **was|ser|fest** agg. resistente all'acqua. **Was|ser|flä|che** f. *(-,-n)* distesa *f.* d'acqua; *(Wasseroberfläche)* superficie *f.* dell'acqua. **Was|ser|fla|sche** f. *(-,-n)* bottiglia *f.* per l'acqua (*o* dell'acqua). **Was|ser|floh** m. *(-[e]s,-flöhe)* pulce *f.* d'acqua. **Was|ser|flug|ha|fen** m. *(-s,-häfen)* idroscalo *m.* **Was|ser|flug|zeug** n. *(-[e]s,-e)* idrovolante *m.* **Was|ser|frosch** m. *(-[e]s,-frösche)* rana *f.* verde, ranocchio *m.* **Was|ser|ge|halt** m. *(-[e]s,-e)* contenuto *m.* (*o* percentuale *f.*) d'acqua. **Was|ser|geist** m. *(-[e]s,-er)* spirito *m.* delle acque. **was|ser|ge|kühlt** agg. ***ein -er Motor*** un motore con raffreddamento ad acqua (*o* raffreddato ad acqua). **Was|ser|ge|wächs** n. *(-es,-e)* pianta *f.* acquatica. **Was|ser|glas** n. *(-es,-gläser)* **1** bicchiere *m.* da acqua **2** CHIM. silicato *m.* di potassio ◆ ***ein Sturm im ~*** una tempesta in un bicchier d'acqua. **Was|ser|gra|ben** m. *(-s,-gräben)* fossato *m.* **Was|ser|hahn** m. *(-[e]s,-hähne)* rubinetto *m.* (dell'acqua): ***den ~ aufdrehen, abdrehen (zudrehen)*** aprire, chiudere il rubinetto. **was|ser|hal|tig** agg. acquoso. **Was|ser|här|te** f. *(-)* durezza *f.* dell'acqua. **Was|ser|haus|halt** m. *(-[e]s,-e)* FISIOL. bilancio *m.* idrico. **Was|ser|heil|kun|de** f. *(-)* idroterapia *f.* **Was|ser|heil|ver|fah|ren** n. *(-s,-)* idroterapia *f.* **was|ser|hell** agg. chiaro (*o* limpido) come l'acqua. **Was|ser|hö|he** f. *(-)* livello *m.* dell'acqua. **Was|ser|ho|se** f. *(-,-n)* METEOR. tromba *f.* d'acqua. **Was|ser|huhn** n. *(-[e]s,-hühner)* folaga *f.*

wäs|se|rig → **wässrig. Wäs|se|rig|keit** → **Wässrigkeit.**

Was|ser|jung|fer f. *(-,-n)* libellula *f.* **Was|ser|jung|frau** f. *(-,-en)* ondina *f.* **Was|ser|kan|ne** f. *(-,-n)* brocca *f.* dell'acqua. **Was|ser|kan|te** n.pr.f. → **Waterkant. Was|ser|ka|raf|fe** f. *(-,-n)* caraffa *f.* dell'acqua. **Was|ser|kas|ten** m. *(-s,-kästen)* sciacquone *m.* **Was|ser|kes|sel** m. *(-s,-)* bollitore *m.* (dell'acqua). **was|ser|klar** agg. chiaro (*o* limpido) come l'acqua. **Was|ser|klo|sett** n. *(-s,-s* e *-e)* watercloset *m.*, water *m.*, wc *m.* **Was|ser|kopf** m. *(-[e]s,-köpfe)* idrocefalo *m.*

Was|ser|kraft f. *(-)* energia *f.* (*o* forza *f.*) idraulica. **Was|ser|kraft|ma|schi|ne** f. *(-,-n)* macchina *f.* idraulica, motore *m.* idraulico. **Was|ser|kraft|werk** n. *(-[e]s,-e)* centrale *f.* idroelettrica.

Was|ser|kreis|lauf m. *(-[e]s)* METEOR. ciclo *m.* dell'acqua. **Was|ser|krug** m. *(-[e]s,-krüge)* brocca *f.* dell'acqua. **Was|ser|küh|lung** f. *(-)* raffreddamento *m.* ad acqua. **Was|ser|kunst** f. *(-)* giochi *m.pl.* d'acqua. **Was|ser|kur** f. *(-,-en)* cura *f.* idroterapica. **Was|ser|la|che** f. *(-,-n)* pozzanghera *f.* (*o* pozza *f.*) d'acqua. **Was|ser|lan|dung** f. *(-,-en)* ammaraggio *m.* **Was|ser|lauf** m. *(-[e]s,-läufe)* corso *m.* d'acqua. **Was|ser|läu|fer** m. *(-s,-)* ORNIT. tringa *f.* **was|ser|le|bend** agg. ZOOL. acquatico. **Was|ser|lei|che** f. *(-,-n)* COLLOQ. cadavere *m.* (di un annegato). **Was|ser|lei|tung** f. *(-,-en)* conduttura *f.* (*o* tubatura *f.*) dell'acqua. **Was|ser|li|nie** f. *(-,-n)* linea *f.* di galleggiamento (*o* d'acqua). **Was|ser|lin|se** f. *(-,-n)* BOT. lenticchia *f.* d'acqua. **was|ser|lös|lich** agg. solubile in acqua, CHIM. idrosolubile. **Was|ser|man|gel** m. *(-s)* scarsità *f.* (*o* carenza *f.*) d'acqua.

Was|ser|mann m. *(-[e]s,-männer)* **1** spirito *m.* (*o* genio *m.*) delle acque **2** ASTROL. acquario *m.*, aquario *m.*: ***im Zeichen ~ sein*** essere del segno dell'acquario; ***sie ist (ein) ~*** è un acquario (*o* dell'acquario).

was|ser|mannsch agg. di Wassermann: ***die -e Reaktion*** la reazione di Wassermann.

Was|ser|mas|se f. *(-,-n)* massa *f.* d'acqua. **Was|ser|me|lo|ne** f. *(-,-n)* cocomero *m.*, REGION. anguria *f.* **Was|ser|mes|ser** m. *(-s,-)* → **Wasserzähler. Was|ser|molch** m. *(-[e]s,-e)* tritone *m.* **Was|ser|müh|le** f. *(-,-n)* mulino *m.* ad acqua.

was|sern intr. (aus. *haben, sein*) ammarare.

wäs|sern tr. **1** annaffiare: ***die Blumen ~*** annaffiare i fiori **2** *(in Wasser legen)* mettere a bagno (nell'acqua).

Was|ser|ni|xe f. *(-,-n)* **1** ondina *f.* **2** *(in der klassischen Mythologie)* sirena *f.* **Was|ser|not** f. *(-)* penuria *f.* d'acqua, siccità *f.* **Was|ser|nym|phe** f. *(-,-n)* naiade *f.* **Was|ser|ober|flä|che** f. *(-,-n)* superficie *f.* dell'acqua. **Was|ser|or|gel** f. *(-,-n)* organo *m.* idraulico. **Was|ser|pest** f. *(-)* BOT. peste *f.* d'acqua. **Was|ser|pfei|fe** f. *(-,-n)* narghilè *m.* **Was|ser|pflan|ze** f. *(-,-n)* pianta *f.* acquatica. **Was|ser|pfüt|ze** f. *(-,-n)* pozza *f.* d'acqua. **Was|ser|pis|to|le** f. *(-,-n)* pistola *f.* ad acqua. **Was|ser|po|li|zei** → **Wasserschutzpolizei. Was|ser|pum|pe** f. *(-,-n)* pompa *f.* **Was|ser|rad** n. *(-[e]s,-räder)* ruota *f.* idraulica. **Was|ser|rat|te** f. *(-,-n)* **1** ratto *m.* d'acqua, arvicola *f.* **2** FIG. COLLOQ. *(begeisterter Schwimmer)* pesce *m.* **Was|ser|recht** n. *(-[e]s)* diritto *m.* delle acque (*o* acquatico). **was|ser|reich** agg. ricco d'acqua. **Was|ser|re|ser|voir** [-'voa:ɐ] n. *(-s,-e)* **1** serbatoio *m.* per l'acqua (*o* dell'acqua) **2** *(Wasservorrat)* riserva *f.* d'acqua. **Was|ser|rohr** n. *(-[e]s,-e)* tubo *m.* dell'acqua. **Was|ser|ro|se** f. *(-,-n)* ninfea *f.* **Was|ser|säu|le** f. *(-,-n)* FIS. colonna *f.* d'acqua. **Was|ser|schei|de** f. *(-,-n)* spartiacque *m.* **was|ser|scheu** agg. che ha paura dell'acqua: ***~ sein*** avere paura dell'acqua. **Was|ser|scheu** f. *(-)* paura *f.* dell'acqua, idrofobia *f.* **Was|ser|schi** → **Wasserski. Was|ser|schlacht** f. *(-,-en)* ANT. battaglia *f.* navale. **Was|ser|schlan|ge** f. *(-,-n)* biscia *f.* d'acqua. **Was|ser|schlauch** m. *(-[e]s,-schläuche)* tubo *m.* dell'acqua. **Was|ser|schutz|po|li|zei** f. *(-)* polizia *f.* fluviale. **Was|ser|schwein** n. *(-[e]s,-e)* maiale *m.* d'acqua, capibara *m.* **Was|ser|ski I** m. *(-s,-er* e *-)* sci *m.* per lo, da sci acquatico **II** n. *(-s)* sci *m.* acquatico. **Was|sers|not** f. *(-)* ANT. alluvione *f.*, inondazione *f.* **Was|ser|spei|cher** m. *(-s,-)* serbatoio *m.*, cisterna *f.* **Was|ser|spei|er** m. *(-s,-)* doccione *m.* **Was|ser|spie|gel** m. *(-s,-)* **1** superficie *f.* (dell'acqua) **2** *(Wasserhöhe)* livello *m.* dell'acqua. **Was|ser|spie|le** pl. giochi *m.pl.* d'acqua. **Was|ser|sport** m. *(-[e]s,-e)* sport *m.* acquatico. **Was|ser|spü|lung** f. *(-,-en)* sciacquone *m.*

Was|ser|stand m. *(-[e]s)* livello *m.* dell'acqua. **Was|ser|stands|an|zei|ger** m. *(-s,-)* indicatore *m.* del livello dell'acqua.

Was|ser|stein m. *(-[e]s)* incrostazione *f.* (di vasche o caldaie). **Was|ser|stel|le** f. *(-,-n)* sorgente *f.*

Was|ser|stoff m. *(-[e]s)* idrogeno *m.* **was|ser|stoff|blond** agg. COLLOQ. ossigenato. **Was|ser|stoff|bom|be** f. *(-,-n)* bomba *f.* all'idrogeno. **was|ser|stoff|hal|tig** agg. idrogenato. **Was|ser|stoff|per|oxid, Was|ser|stoff|su|per|oxid** n. *(-[e]s)* perossido *m.* d'idrogeno; COLLOQ. acqua *f.* ossigenata.

Was|ser|strahl m. *(-[e]s,-en)* getto *m.* d'acqua. **Was|ser|strahl|pum|pe** f. *(-,-n)* pompa *f.* a getto d'acqua, iniettore *m.* idraulico.

Was|ser|stra|ße f. *(-,-n)* via *f.* d'acqua, idrovia *f.*

Was|ser|sucht f. *(-)* idropisia *f.* **was|ser|süch|tig** agg. idropico.

Was|ser|sup|pe f. *(-,-n)* brodaglia *f.* **Was|ser|tank** m. *(-s,-s* e *-e)* serbatoio *m.* (*o* cisterna *f.*) dell'acqua. **Was|ser|tem|pe|ra|tur** f. *(-,-en)* temperatura *f.* dell'acqua. **Was|ser|tie|fe** f. *(-)* profondità *f.* dell'acqua. **Was|ser|tier** n. *(-[e]s,-e)* animale *m.* acquatico. **Was|ser|trä|ger** m. *(-s,-)* POL. SPORT = gregario *m.* **Was|ser|tre|ten** n. *(-s)* il camminare in acqua (come terapia). **Was|ser|trop|fen** m. *(-s,-)* goccia *f.* d'acqua. **Was|ser|tur|bi|ne** f. *(-,-n)* turbina *f.* idraulica. **Was|ser|turm** m. *(-[e]s,-türme)* serbatoio *m.* d'acqua (sopraelevato). **Was|ser|uhr** f. *(-,-en)* → **Wasserzähler. was|ser|un|durch|läs|sig** agg. impermeabile.

Was|se|rung f. *(-,-en)* ammaraggio *m.*

Wäs|se|rung f. *(-,-en)* **1** *(das In-Wasser-Legen)* bagno *m.* **2** *(von Pflanzen, Gärten)* irrigazione *f.*; annaffiamento *m.*

Was|ser|ver|brauch m. *(-[e]s)* consumo *m.* d'acqua. **Was|ser|ver|drän|gung** f. *(-,-en)* MAR. dislocamento *m.* **Was|ser|ver|schmut|zung** f. *(-)* inquinamento *m.* idrico (*o* dell'acqua). **Was|ser|ver|sor|gung** f. *(-,-en)* rifornimento *m.* (*o* approvvigionamento *m.*) idrico. **Was|ser|vo|gel** m. *(-s,-vögel)* uccello *m.* acquatico. **Was|ser|vor|rat** m. *(-[e]s,-vorräte)* riserva *f.* (*o* provvista *f.*) d'acqua. **Was|ser|waa|ge** f. *(-,-n)* bilancia *f.* idrostatica. **Was|ser|weg** m. *(-[e]s,-e)* via *f.* d'acqua, idrovia *f.*: ***auf dem ~*** per via d'acqua. **Was|ser|wel|le** f. *(-,-n)* messa *f.* in piega. **Was|ser|wer|fer** m. *(-s,-)* idrante *m.* (della polizia). **Was|ser|werk** n. *(-[e]s,-e)* centrale *f.* idrica. **Was|ser|wüs|te** f. *(-,-n)* (sterminata) distesa *f.* d'acqua. **Was|ser|zäh|ler** m. *(-s,-)* contatore *m.* dell'acqua. **Was|ser|zei|chen** n. *(-s,-)* filigrana *f.*

wäss|rig agg. **1** acquoso: ***-e Lösung*** soluzione acquosa **2** *(di colore)* slavato. **Wäss|rig|keit** f. *(-)* acquosità *f.*

wa|ten intr. (aus. *sein*) **1** guadare: ***durch den Fluss ~*** guadare il fiume **2** camminare sprofondando, sprofondare: ***im Schlamm ~*** sprofondare nel fango.

Wat|sche f. *(-n,-n)* AUSTR. schiaffo *m.*

wat|sche|lig agg. barcollante. **wat|scheln** intr. (aus. *sein*) barcollare.

wat|schen tr. AUSTR. schiaffeggiare. **Wat|schen** f. *(-,-)* → **Watsche.**

watsch|lig → **watschelig.**

1.Watt n. *(-[e]s,-en)* INTRAD. (bassofondo lungo le coste del mare del Nord).

2.Watt n. *(-s,-)* EL. watt *m.*

Wat|te f. *(-,-n)* ovatta *f.*, cotone *m.*: ***etw. mit ~ polstern, füttern*** imbottire qcs. con ovatta; ***sich ~ in die Ohren stopfen*** mettersi del cotone nelle orecchie ◆ ***du hast wohl ~ in den Ohren!*** sei sordo! ***jdn in ~ packen*** tenere qcn. nella bambagia. **Wat|te|bausch** m. *(-es,-bäusche)* batuffolo *m.* di cotone (*o* di ovatta).

Wat|ten|meer n. *(-[e]s,-e)* mare *m.* del Watt.

wat|tie|ren tr. ovattare, imbottire con ovatta. **Wat|tie|rung** f. *(-,-en)* ovattatura *f.*, imbottitura *f.* di ovatta. **wat|tig** agg. ovattato, di ovatta.

Watt|me|ter n. *(-s,-)* wattmetro *m.* **Watt|se|kun|de** f. *(-,-n)* wattsecondo *m.* **Watt|stun|de** f. *(-,-n)* wattora *f.*

Wa|tus|si pl. watussi *m.pl.*

Wat|vo|gel m. *(-s,-vögel)* trampoliere *m.*

Wau m. *(-[e]s,-e)* reseda *f.*

wau inter. bau: ***~, ~ machen*** fare bau bau. **Wau|wau, Wau|wau** m. *(-s,-s)* INFANT. baubau *m.*

Web|ar|beit f. *(-,-en)* lavoro *m.* di tessitura, tessitura *f.* **We|be** f. *(-,-n)* AUSTR. tela *f.*

we|ben *(wob/webte, gewoben/gewebt)* **I** tr. **1** tessere **2** FIG. tramare, macchinare **II** intr. (aus. *haben*) muoversi, agitarsi **III** rifl. **sich ~** *(von Gerüchten, Sagen)* aggirarsi ◆ ***an der eigenen Legende ~*** costruire la propria leggenda.

We|ber m. *(-s,-)* tessitore *m.* **We|be|rei** f. *(-,-en)* **1** tessitura *f.* **2** *(Betrieb)* industria *f.* (*o* stabilimento *m.*) tessile, fabbrica *f.* di tessuti. **We|be|rin** f. *(-,-nen)* tessitrice *f.* **We|ber|schiff|chen** n. *(-s,-)* navetta *f.*, spola *f.* **We|ber|spu|le** f. *(-,-n)* rocchetto *m.* **We|ber|vo|gel** m. *(-s,-vögel)* (uccello *m.*) tessitore *m.*

Web|feh|ler m. *(-s,-)* **1** difetto *m.* di tessitura **2** COLLOQ. *(geistiger Defekt)* rotella *f.* fuori posto. **Web|kan|te** f. *(-,-n)* cimosa *f.* **Web|pelz** m. *(-es,-e)* pelliccia *f.* finta (di materiale naturale o sintetico). **Web|stuhl** m. *(-s,-stühle)* telaio *m.* **Web|wa|ren** pl. tessuti *m.pl.*

Wech|sel m. *(-s,-)* **1** *(Änderung)* cambiamento *m.*: ***alles ist dem ~ unterworfen*** tutto è soggetto a cambiamento; ***den ~ lieben*** amare il cambiamento **2** *(Aufeinanderfolge)* alternanza *f.*, avvicendamento *m.*: ***der ~ der Jahreszeiten, von Tag und Nacht*** l'avvicendarsi delle stagioni, l'alternanza del giorno e della notte **3** *(Austausch)* cambio *m.*, scambio *m.*; *(in der Regierung)* avvicendamento *m.* **4** SPORT cambio *m.* **5** BANC. cambiale *f.*: ***einen ~ ausstellen, begeben, einlösen (honorieren), vorlegen, unterschreiben, ziehen, protestieren, zurückrufen*** emettere (*o* rilasciare), negoziare, pagare (*o* onorare), presentare, firmare, trarre, protestare, ritirare una cambiale; ***der ~ ist fällig, verfällt*** la cambiale scade, è scaduta; ***mit (einem) ~ bezahlen*** pagare con una cambiale; ***kurzfristiger (kurzer), langfristiger ~*** cambiale a breve, a lunga scadenza **6** *(Wildwechsel)* passo *m.* ◆ ***in buntem ~*** in successione disordinata; ***eigener, trockener ~*** pagherò *m.* (cambiario); ***bei uns zahlbar gestellter ~*** cambiale domiciliata presso di noi; ***einen ~ auf jdn ziehen*** spiccare una tratta su qcn.

Wech|sel|ak|zept n. *(-[e]s,-e)* accettazione *f.* cambiaria. **Wech|sel|bad** n. *(-[e]s,-bäder)* bagno *m.* alternato caldo e freddo ◆ ***im ~ der Gefühle*** con sentimenti contrastanti. **Wech|sel|bank** f. *(-,-en)* banca *f.* di sconto, banco *m.* di sconto. **Wech|sel|be|zie|hung** f. *(-,-en)* correlazione *f.*: ***in enger ~ (miteinander) stehen*** essere in stretta correlazione. **Wech|sel|buch** n. *(-[e]s,-bücher)* scadenzario *m.* **Wech|sel|bür|ge** m. *(-n,-n)* avallante *m.* **Wech|sel|bürg|schaft** f. *(-,-en)* avallo *m.* cambiario ◆ ***~ leisten*** avallare una cambiale. **Wech|sel|ein|zug** m. *(-s,-einzüge)* incasso *m.* di cambiale. **Wech|sel|fäl|le** pl. alterne vicende *f.pl.*, peripezie *f.pl.* **Wech|sel|fäl|schung** f. *(-,-en)* falso *m.* in cambiali. **Wech|sel|fie|ber** n. *(-s)* malaria *f.* **Wech|sel|for|de|rung** f. *(-,-en)* credito *m.* cambiario. **Wech|sel|geld** n. *(-[e]s)* spiccioli *m.pl.*, moneta *f.* **Wech|sel|ge|sang** m. *(-[e]s,-gesänge)* canto *m.* alterno. **Wech|sel|ge|schäft** n. *(-[e]s,-e)* operazione *f.* di cambio. **Wech|sel|ge|trie|be** n. *(-s,-)* MOT. cambio *m.* (di velocità). **Wech|sel|gläu|bi|ger** m. *(-s,-)* creditore *m.* di cambiale.

wech|sel|haft agg. mutevole, instabile, variabile: ***-es Wetter*** tempo instabile (*o* variabile); ***in seinen Meinungen ~ sein*** avere opinioni mutevoli. **Wech|sel|haf|tig|keit** f. *(-)* mutevolezza *f.*, instabilità *f.*, variabilità *f.*

Wech|sel|jah|re pl. **1** menopausa *f.*: ***in den -n sein*** essere in menopausa; ***in die ~ kommen*** andare in menopausa **2** andropausa *f.* **Wech|sel|kre|dit** m. *(-[e]s,-e)* credito *m.* cambiario (*o* su effetti cambiari, di sconto).

Wech|sel|kurs m. *(-[e]s,-e)* cambio *m.*, corso *m.* dei cambi: ***amtlicher, freier, gestaffelter ~*** cambio ufficiale, libero, differenziato; ***fester, flexibler ~*** cambio fisso, flessibile. **Wech|sel|kurs|be|rich|ti|gung** f. *(-,-en)* aggiustamento *m.* dei cambi. **Wech|sel|kurs|pa|ri|tät** f. *(-,-en)* parità *f.* di cambio.

wech|seln I tr. **1a** cambiare: ***das Kleid, den Platz, das Thema ~*** cambiare vestito, posto, argomento; ***bei einem Auto die Reifen ~*** cambiare le gomme a un'automobile **b** ***einen Hundertmarkschein ~*** cambiare una banconota da cento marchi; ***an der Grenze Geld ~*** cambiare dei soldi alla frontiera; ***Mark gegen Peseten ~*** cambiare dei marchi in pesetas; assol. ***Entschuldigung, können Sie ~?*** scusi, ha da cambiare? **2** scambiare: ***mit jdm wenige Worte ~*** scambiare poche parole con qcn. **II** intr. **1a** (aus. *haben*) cambiare, mutare, variare: ***seine Stimmung kann sehr schnell ~*** il suo umore può cambiare molto velocemente; ***das Wetter wechselt*** il tempo cambia **b** *(miteinander)* avvicendarsi, alternarsi: ***Glück und Unglück ~, Glück wechselt mit Unglück*** gioie e dolori si alternano **2** (aus. *sein*) passare: ***über die Grenze ~*** passare il confine (di nascosto); ***auf die andere Seite der Straße ~*** passare dall'altra parte della strada; ***von einer Konferenz zur anderen ~*** passare da una conferenza all'altra ◆ ***mit jdm einen Blick ~*** scambiarsi un'occhiata con qcn.; ***mit jdm Briefe ~*** essere in corrispondenza con qcn.; ***die Farbe ~*** cambiare colore (del viso); ***Öl ~*** cambiare l'olio, fare il cambio dell'olio. **wech|selnd** p.pres. agg. **1** → **wechseln 2** variabile, mutevole **3** volubile, incostante: ***ein -er Charakter*** un carattere variabile **4** alterno: ***mit -em Glück*** con alterna fortuna ◆ ***bei -er Gesundheit sein*** avere una salute instabile, precaria.

Wech|sel|ob|jek|tiv n. *(-[e]s,-e)* FOT. obiettivo *m.* intercambiabile. **Wech|sel|pro|test** m. *(-[e]s,-e)* protesto *m.* cambiario. **Wech|sel|rad** n. *(-[e]s,-räder)* ruota *f.* (dentata) di cambio. **Wech|sel|rah|men** m. *(-s,-)* cornice *f.* (*o* montatura *f.*) a giorno. **Wech|sel|re|de** f. *(-,-n)* dialogo *m.* **Wech|sel|re|gress** m. *(-es,-e)* regresso *m.* cambiario. **Wech|sel|rich|ter** m. *(-s,-)* EL. ondulatore *m.*, invertitore *m.* **Wech|sel|schal|ter** m. *(-s,-)* EL. commutatore *m.* **Wech|sel|schicht** f. *(-,-en)* turno *m.* alternato, avvicendato. **Wech|sel|schuld** f. *(-,-en)* debito *m.* cambiario. **Wech|sel|schuld|ner** m. *(-s,-)* debitore *m.* cambiario.

wech|sel|sei|tig agg. reciproco. **Wech|sel|sei|tig|keit** f. *(-)* reciprocità *f.*

Wech|sel|span|nung f. *(-,-en)* EL. tensione *f.* alternata. **Wech|sel|spiel** n. *(-[e]s,-e)* (gioco *m.* di) alternanza *f.*: ***das ~ der Farben*** l'alternanza dei colori. **Wech|sel|stab** m. *(-[e]s,-stäbe)* testimone *m.* **wech|sel|stän|dig** agg. BOT. alterno. **Wech|sel|stel|le** f. *(-,-n)* ufficio *m.* di cambio. **Wech|sel|steu|er** f. *(-,-n)* tassa *f.* cambiaria. **Wech|sel|strom** m. *(-[e]s,-ströme)* EL. corrente *f.* alternata. **Wech|sel|stu|be** f. *(-,-n)* ufficio *m.* (*o* agenzia *f.*) di cambio, cambiavalute *m.* **Wech|sel|sum|me** f. *(-,-n)* importo *m.* della cambiale. **Wech|sel|tier|chen** n. *(-s,-)* ameba *f.* **Wech|sel|ver|hält|nis** n. *(-ses,-se)* rapporto *m.* di interazione. **Wech|sel|ver|kehr** m. *(-s)* traffico *m.* alternato. **wech|sel|voll** agg. pieno di vicissitudini, di alterne vicende. **Wech|sel|wäh|ler** m. *(-s,-)* = elettore *m.* che cambia partito. **wech|sel|warm** agg. eterotermo. **wech|sel|wei|se** avv. **1** alternativamente, alternatamente **2** ANT. *(wechselseitig)* reciprocamente. **Wech|sel|wir|kung** f. *(-,-en)* interazione *f.*, azione *f.* (*o* influenza *f.*) reciproca. **Wech|sel|wirt|schaft** f. *(-,-en)* AGR. rotazione *f.* delle colture (*o* agraria).

Wechs|ler m. *(-s,-)* cambiavalute *m.*

Wech|te f. *(-,-n)* cornice *f.* di neve.

Weck|auf|trag m. *(-[e]s,-aufträge)* TEL. prenotazione *f.* di sveglia.

Weck|dienst m. *(-[e]s)* TEL. sveglia *f.* (telefonica).

we|cken tr. **1** svegliare, LETT. destare: ***jdn um sieben Uhr ~*** svegliare qcn. alle sette; ***durch den Lärm, durch das Telefon geweckt werden*** essere svegliati dal rumore, dal telefono **2** FIG. ***etw. in, bei jdm ~*** destare, risvegliare, suscitare qcs. in qcn.: ***Neugier ~*** destare curiosità; ***ferne Erinnerungen ~*** risvegliare ricordi lontani; ***Gefühle, Interesse in jdm ~*** suscitare sentimenti, interesse in qcn. ◆ ***sich telefonisch ~ lassen*** farsi dare la sveglia telefonica.

1.We|cken n. *(-s)* sveglia *f.*: ***um acht Uhr ist ~*** (la) sveglia (è) alle otto.

2.We|cken m. *(-s,-)* REGION. AUSTR. **1** filone *m.* di pane **2** *(Brötchen)* panino *m.*

We|cker m. *(-s,-)* **1** sveglia *f.*: ***elektrischer ~*** sveglia elettrica; ***der ~ klingelt, schrillt*** la sveglia suona; ***den ~ auf sechs Uhr stellen*** mettere la sveglia alle sei **2** COLLOQ. *(große Armband-, Taschenuhr)* cipollone *m.* ◆ ***jd, etw. fällt, geht mir auf den ~*** qcn., qcs. mi dà sui nervi.

Weck|glas® n. *(-es,-gläser)* vaso *m.* per conserve.

Weck|ruf m. *(-[e]s,-e)* sveglia *f.* **Weck|uhr** f. *(-,-en)* sveglia *f.*

We|da m. *(-[s], Weden* e *-s)* Veda *m.*

We|del m. *(-s,-)* **1** piumino *m.* (per spolverare) **2** *(Blatt von Palmen, Farnen)* foglia *f.* palmata.

we|deln intr. (aus. *haben*) **1a** ***mit etw. ~*** agitare qcs.: ***mit einem Taschentuch ~*** agitare (*o* sventolare) un fazzoletto **b** ***(mit dem Schwanz) ~*** dimenare (*o* agitare) la coda, scodinzolare **2** *(entfernen)* togliere (via): ***mit etw. die Krümel, den Staub vom Tisch ~*** togliere le briciole, la polvere dal tavolo con qcs. **3** SPORT fare lo scodinzolo. **We|deln** n. *(-s)* SPORT scodinzolo *m.*

we|der cong., ***~ ... noch (... noch)*** né ... né (... né): ***ich habe ~ Zeit noch Lust (noch Geld)*** non ho né tempo né voglia (né denaro); ***~ das eine noch das andere*** né l'uno né l'altro; ***~ ich noch du wünschen das*** né io né tu lo vogliamo; ***~ er noch sie kann (o können) Englisch*** né lui né lei sanno l'inglese.

we|disch agg. vedico.

Week|end ['wi:kɛnd] n. *(-[s],-s)* weekend *m.*

weg avv. **1** via; *(abwesend)* ***er ist schon ~*** se n'è già andato; ***der Zug ist ~*** il treno è partito; *(verschwunden)* ***der Schlüssel ist ~*** la chiave non si trova più; ***ich muss ~*** devo andare, devo andarmene; ***~ da!*** via di qui! ***~ mit euch!*** (andatevene) via! ***~ damit!*** metti via, porta via; ***Hände ~!*** via (*o* giù) le mani! ***er geht von uns ~*** ci lascia, se ne va **2** *(entfernt)* distante, lontano: ***weit ~*** lontano; ***der Bahnhof liegt weit ~ vom Zentrum*** la stazione è lontana dal centro ◆ ***in einem ~*** ininterrottamente; ***sein*** essere assente; ***über etw. ~ sein*** non pensare più a qcs.; COLLOQ. ***von etw. ~ sein*** essere entusiasta di qcs.

Weg m. *(-[e]s,-e)* **1** via *f.*, strada *f.*: ***ein schmaler, steiler ~*** una via stretta, ripida; ***öffentliche, private -e*** strade pubbliche, private; ***der ~ steigt an, biegt nach links ab, verläuft bergauf*** la via sale, piega a sinistra, corre verso il monte; ***einen ~ sperren, kreuzen*** sbarrare, incrociare una via; ***den ~ verfehlen*** sbagliare strada (anche FIG.); FIG. ***unsere -e trennen sich*** le nostre vie si separano; ***der einzig gangbare ~*** l'unica via percorribile; ***einen besseren ~ suchen*** cercare una via migliore; ***der ~ zum Erfolg*** la via del successo; *(Richtung)* ***jdm den ~ zur Bank zeigen*** mostrare a qcn. la strada per la banca; ***den ~ verlieren*** smarrire la strada; ***einen ~ einschlagen*** prendere una strada (anche FIG.); *(Strecke)* ***der kürzeste ~ zum Bahnhof*** la strada più breve per la stazione; ***zehn Kilometer, ein Stück ~*** dieci chilometri, un pezzo di strada **2** *(Gang)* cammino *m.*: ***seinen ~ fortsetzen*** proseguire il cammino; ***sich auf den ~ machen*** mettersi in cammino, incamminarsi **3** *(Fahrt)* viaggio *m.*: ***er ist auf dem ~ nach Bonn*** è in viaggio per Bonn, sta andando a Bonn; EUFEM. ***jdn auf seinem letzten ~ begleiten*** accompagnare qcn. nel suo ultimo viaggio **4** COLLOQ. *(Besorgung)* faccenda *f.*, commissione *f.*: ***einige -e erledigen*** sbrigare alcune faccende **5** *(Weise)* modo *m.*, mezzo *m.*: ***auf friedlichem ~*** in modo pacifico; ***auf diesem ~*** in questo modo; ***auf kürzestem, schnellstem ~*** nel modo più breve, veloce; ***auf dem ~ eines Vergleichs*** con un confronto; ***auf kaltem ~ (-e)*** con freddezza, freddamente ◆ ***sich einen ~ durch etw. bahnen*** farsi strada, aprirsi un varco attraverso qcs.; ***auf dem ~ der Besserung sein, sich befinden*** essere in via di miglioramento; IRON. ***auf dem besten ~ (-e) sein*** essere sulla buona strada; ***jdm, etw. den ~ (die -e) ebnen*** spianare la strada a qcn., qcs.; ***keinen anderen ~ finden*** non trovare altre strade; ***den ~ allen Fleisches gehen*** seguire il destino di tutti i mortali; ***aus dem ~ gehen*** scansarsi; ***auf gesetzlichem -e*** per via legale (*o* per vie legali); ***auf gütlichem -e*** in via amichevole; ***auf halbem ~*** a metà strada; FIG. ***jdm auf halbem ~ (-e) entgegenkommen*** venire incontro a qcn.; ***jdm, etw. im ~ sein, stehen*** essere d'intralcio (*o* di ostacolo) a qcn., qcs.; ***im -e von*** per mezzo di, mediante; ***den ~ alles Irdischen gehen*** → ***den ~ allen Fleisches gehen***; ***krumme -e gehen*** prendere vie traverse; ***bis dorthin ist es noch ein langer ~*** c'è ancora molta strada da fare; ***jdm über, in den ~ laufen*** imbattersi in qcn.; ***etw. in die -e leiten*** avviare qcs.; ***an, auf dem ~ liegen*** essere di strada; ***seinen ~ machen*** farsi strada; ***jdn, etw. aus dem ~ räumen*** togliere di mezzo qcn., qcs.; ***jdn auf den rechten, richtigen ~ (zurück)bringen*** (ri)portare qcn. sulla retta via; ***auf schriftlichem ~ (-e)*** per iscritto; ***seinen (eigenen) ~ gehen, seine eigenen -e gehen*** agire di testa propria; ***seines -es (seiner -e) gehen*** andare per la propria strada; ***am ~ sitzen*** sedersi al lato della strada; ANT. ***über ~ und Steg*** dappertutto; ***sich jdm in den ~ stellen*** sbarrare la strada a qcn.; ***jdm nicht über den ~ trauen*** fidarsi poco di qcn.; ***jdm in den ~ treten*** sbarrare il passo a qcn.; ***bis dahin ist es noch ein weiter ~*** la strada è ancora lunga; ***zu -e*** → **zuwege**; PROV. ***viele -e führen nach Rom*** tutte le strade portano a Roma; ***wo ein Wille ist, ist auch ein ~*** volere è potere.

weg‿an|geln tr. COLLOQ. soffiare: ***jdm die Freundin ~*** soffiare la ragazza a qcn.

weg‿ar|bei|ten intr. (aus. *haben*) COLLOQ. finire, liquidare (un lavoro).

weg‿ätzen tr. eliminare (*o* togliere) cauterizzando, cauterizzare.

weg‿ be|ge|ben rifl. *(begibt, begab, begeben)* **sich ~** allontanarsi, andare via.

weg‿ be|kom|men tr. *(bekam, bekommen)* COLLOQ. → **wegkriegen.**

Weg|be|rei|ter m. *(-s,-)* precursore *m.*, antesignano *m.*

Weg|bie|gung f. *(-,-en)* curva *f.*

weg‿bla|sen tr. *(bläst, blies, geblasen)* soffiare via: ***Zigarettenasche ~*** soffiare via la cenere della sigaretta ◆ FIG. ***seine Liebe war, seine Sorgen waren wie weggeblasen*** il suo amore era svanito, le sue preoccupazioni erano svanite.

weg‿blei|ben intr. *(blieb, geblieben;* aus. *sein)* COLLOQ. **1** rimanere (*o* restare) lontano; *(nicht kommen)* non venire: ***er ist von der Schule weggeblieben*** non è venuto a scuola **2** *(plötzlich aussetzen, versagen)* fermarsi, arrestarsi: ***der Motor bleibt weg*** il motore si ferma **3** mancare: ***die Luft bleibt mir weg*** mi manca l'aria; ***der Strom bleibt weg*** manca la corrente **4** *(fortgelassen werden)* essere tralasciato: ***dieses Detail kann auch ~*** questo dettaglio si può tralasciare ◆ ***über Nacht ~*** restare fuori tutta la notte; ***jdm bleibt die Sprache weg*** qcn. resta senza parole.

weg‿bli|cken intr. (aus. *haben*) guardare (*o* volgere lo sguardo) altrove.

weg‿brin|gen tr. *(brachte, gebracht)* **1** *(fortbringen)* portare via **2** *(bewegen)* rimuovere, COLLOQ. togliere, levare: ***die Flecken ~*** levare le macchie **3** *(abbringen)* distogliere: ***jdn von etw. ~*** distogliere qcn. da qcs.

weg‿den|ken tr. *(dachte, gedacht)* ***jdn, etw. ~*** immaginare che qcn., qcs. non ci sia: ***er ist aus der Firma nicht mehr wegzudenken*** non è possibile immaginare la ditta senza di lui.

weg‿dre|hen tr. volgere altrove, girare dall'altra parte.

weg‿dür|fen intr. *(darf, durfte, gedurft;* aus. *haben)* **1** potersene andare **2** *(entfernt werden dürfen)* poter buttare via.

We|ge|bau m. *(-[e]s)* costruzioni *f.pl.* stradali. **We|ge|geld** n. *(-[e]s,-er)* pedaggio *m.* **We|ge|la|ge|rer** m. *(-s,-)* ANT. grassatore *m.* **we|ge‿la|gern** intr. (aus. *haben*) fare il grassatore. **We|ge|mes|ser** → **Wegmesser.**

we|gen prep. + gen. (*in besonderen Fällen* + dat.) **1a** *(kausal)* a causa di, a motivo di, per: ***~ des schlechten Wetters (dem schlechten Wetter)*** a causa del cattivo tempo; ***~ Motorschadens*** per danni al motore; ***~ Mangels an...*** per mancanza di...; ***~ Geschäften*** per affari **b** *(in Verbindung mit von)* ***von Berufs ~*** per motivi di lavoro; ***von Rechts ~*** di diritto **2** *(in Bezug auf)* per: ***~ dieser Sache wenden Sie sich an mich*** per questa questione si rivolga a me **3** *(final)* per: ***er arbeitet nur ~ des Geldes*** lavora solo per i soldi; ***der Kinder ~ tue ich das*** lo faccio per i bambini ◆ ***von ~!*** neanche per sogno! COLLOQ., ANT. o REGION. ***~ mir*** per me, a causa mia.

We|ge|recht n. *(-[e]s)* (norme *f.pl.* sulla) viabilità *f.*

We|ge|rich m. *(-s,-e)* piantaggine *f.*

weg‿es|sen tr. *(isst, aß, gegessen)* **1** ***jdm etw. ~*** mangiarsi completamente qcs. (non lasciando nulla) a qcn.: ***du hast uns die Torte weggegessen*** ci hai mangiato tutta la torta **2** COLLOQ. sbafarsi.

weg‿fah|ren *(fährt, fuhr, gefahren)* **I** intr. (aus. *sein*) andare via, andarsene **II** tr. portare via, trasportare via. **Weg|fahr|sper|re** f. *(-,-n)* (antifurto *m.*) immobilizzatore *m.*

Weg|fall m. *(-[e]s)* cessazione *f.*, il venir meno: ***nach ~ dieser Verordnung*** dopo la cessazione di questa ordinanza ◆ ***in ~ kommen*** venir meno, cadere. **weg‿fal|len** intr. *(fällt, fiel, gefallen;* aus. *sein)* venire a mancare (*o* a cadere), cessare.

weg‿fan|gen tr. *(fängt, fing, gefangen)* COLLOQ. **1** catturare, acchiappare **2** → **wegschnappen.**

weg‿fe|gen tr. spazzare via (anche FIG.).

weg‿fi|schen tr. COLLOQ. soffiare, portare via.

weg‿flie|gen intr. *(flog, geflogen;* aus. *sein)* volare via, allontanarsi (volando).

weg‿fres|sen tr. *(frisst, fraß, gefressen)* **1** divorare completamente (non lasciando nulla ad altri) **2** COLLOQ. *(aufessen)* sbafarsi: ***er hat sofort die Pralinen weggefressen*** si è subito sbafato tutti i cioccolatini.

weg‿füh|ren I tr. portare via **II** intr. (aus. *haben*) **1** allontanarsi, uscire (anche FIG.): ***vom Zentrum ~*** allontanarsi dal centro (città) **2** diramarsi, dipartirsi: ***von dem Platz führen fünf Straßen weg*** dalla piazza si diramano cinque vie.

Weg|ga|bel f. *(-,-n)*, **Weg|ga|be|lung, Weg|gab|lung** f. *(-,-en)* bivio *m.*

Weg|gang m. *(-[e]s)* partenza *f.* (definitiva); *(Ausscheiden)* allontanamento *m.*: ***der ~ aus der Heimat*** la partenza dalla patria; ***nach, bei seinem ~*** dopo la, alla sua partenza.

weg‿ge|ben tr. *(gibt, gab, gegeben)* dare fuori, dare via: ***etw. zur Reparatur ~*** dare qcs. in ripararazione.

Weg|ge|fähr|te m. *(-n,-n)* **1** LETT. compagno *m.* di viaggio **2** FIG. compagno *m.* di strada.

weg‿ge|hen intr. *(ging, gegangen;* aus. *sein)* **1a** *(fortgehen)* andare via, andarsene: ***heimlich, grußlos ~*** andarsene di nascosto, senza salutare; ***der Fleck geht nicht weg*** la macchia non va via **b** COLLOQ. *(gut verkauft werden)* andare via: ***die neuen Artikel gingen schnell weg*** i nuovi articoli sono andati via velocemente **2** *(verschwinden)* sparire, andarsene: ***der Kopfschmerz ist weggegangen*** il mal di testa è sparito **3** ***über jdn, etw. ~*** passare sopra a (*o* ignorare) qcn., qcs. ◆ ***geh mir bloß weg damit!*** lascia perdere! ***~ wie warme Semmeln*** andare a ruba; ***von jdm ~*** lasciare qcn.

Weg|ge|nos|se m. *(-n,-n)* compagno *m.* di viaggio.

weg‿gie|ßen tr. *(goss, gegossen)* buttare via: ***das schmutzige Wasser ~*** buttare via l'acqua sporca.

weg‿ha|ben tr. *(hatte, gehabt)* **1a** *(entfernt haben)* avere tolto, eliminato **b** avere allontanato: ***jdn von seiner Stellung ~*** aver allontanato qcn. dal suo posto **2** *(bekommen haben)* essersi (*o* aver) preso: ***eine Strafe, eine Erkältung ~*** essersi preso un castigo, un raffreddore **3** *(erfasst haben)* avere capito, afferrato **4** *(verstehen)* ***(et)was in etw. ~*** intendersi di qcs.; ***auf einem Gebiet etwas ~*** essere esperto in un settore; COLLOQ. ***in Mathe hat er was weg*** in matematica se la cava bene ◆ COLLOQ. ***einen ~*** essere brillo; ***sein Fett ~*** prendersele, beccarsele; ***die Ruhe ~*** essere la calma in persona; ***jdn, etw. ~ wollen*** voler allontanare qcn., qcs.

weg‿hal|ten tr. *(hält, hielt, gehalten)* COLLOQ. tenere lontano (*o* distante).

weg‿hän|gen tr. **1** appendere altrove **2** *(aufräumen)* mettere via, riordinare.

weg‿ho|len I tr. portare via **II** rifl. ***sich (D) etw. ~*** prendersi, buscarsi qcs.

weg‿hö|ren tr. non ascoltare, non sentire.

weg‿ja|gen tr. cacciare via.

weg‿kar|ren tr. **1** portare via con carri *o* carriole **2** COLLOQ. FIG. portare via.

1.weg‿keh|ren tr. spazzare (*o* scopare) via.

2.weg‿keh|ren I tr. volgere altrove, girare dall'altra parte **II** rifl. **sich ~** girarsi dall'altra parte.

weg‿kom|men intr. *(kam, gekommen;* aus. *sein)* COLLOQ. **1** andare via, andarsene: ***mach, dass du hier wegkommst*** vedi di andartene via di qui **2a** *(loskommen)* liberarsi **b** ***vom Alkohol, Rauchen ~*** smettere di bere, di fumare **3** ***über etw. ~*** superare, dimenticare qcs.; ***ich komme nicht darüber weg, dass...*** non riesco a dimenticare che... **4** *(verlorengehen)* andare perso, sparire: ***mir ist meine Uhr weggekommen*** mi è sparito l'orologio **5** *(abschneiden)* cavarsela: ***bei einer Prüfung gut ~*** cavarsela bene a un esame; ***glimpflich bei einem Unfall ~*** uscire indenne da un incidente.

weg‿kön|nen intr. *(kann, konnte, gekonnt;* aus. *haben)* COLLOQ. potersene andare, poter andare via.

weg‿krat|zen tr. grattare via.

Weg|kreuz n. *(-es,-e)* crocefisso *m.* (al margine della strada). **Weg|kreu|zung** f. *(-,-en)* incrocio *m.*

weg‿krie|chen intr. *(kroch, gekrochen;* aus. *sein)* allontanarsi strisciando, strisciare via.

weg‿krie|gen tr. COLLOQ. **1** togliere, levare **2a** *(fortbringen)* spostare, rimuovere: ***den Schrank ~*** spostare l'armadio **b** FIG. staccare, smuovere: ***jdn vom Schaufenster nicht ~ können*** non riusci-

re a staccare qcn. dalla vetrina **3** *(abkriegen)* subire, prendere, buscare: ***einen Knacks ~*** buscarsi un malanno **4** *(verstehen)* capire.
weg|kun|dig agg. pratico della strada.
weg‿las|sen tr. *(lässt, ließ, gelassen)* **1** lasciare andare (via), fare allontanare **2** COLLOQ. *(auslassen)* tralasciare, saltare.
weg‿lau|fen intr. *(läuft, lief, gelaufen;* aus. *sein)* **1** correre via, allontanarsi di corsa **2** *(fortlaufen)* scappare: ***von zu Hause ~*** scappare di casa; ***seine Frau ist ihm weggelaufen*** sua moglie è scappata (*o* lo ha lasciato); FIG. ***die Arbeit läuft nicht weg*** il lavoro non scappa.
weg‿le|gen tr. mettere via, riporre.
weg‿leug|nen tr. negare.
weg‿lo|cken tr. portare via, allontanare con lusinghe.
weg|los agg. privo di (*o* senza) strade.
weg‿ma|chen COLLOQ. **I** tr. togliere, levare **II** rifl. **sich ~** filare via, scappare ◆ COLLOQ. ***sich (D) ein Kind ~ lassen*** = abortire.
Weg|mar|ke f. *(-,-n)* → **Wegzeichen. Weg|mes|ser** m. *(-s,-)* **1** contapassi *m.* **2** *(Hodometer)* odometro *m.*
weg‿müs|sen intr. *(muss, musste, gemusst;* aus. *haben)* dovere andare via, dover andarsene.
Weg|nah|me f. *(-,-n)* BUROCR. **1a** confisca *f.*, sequestro *m.* **b** *(des Passes, des Führerscheins)* ritiro *m.* **2** *(Stehlen)* sottrazione *f.*
weg‿neh|men tr. *(nimmt, nahm, genommen)* **1** togliere, portare via: ***den Teller vom Tisch ~*** togliere il piatto dal tavolo; FIG. ***viel Licht, Raum, Zeit ~*** togliere molta luce, portare via molto spazio, tempo; ***jdm die Frau ~*** portare via la moglie a qcn.; ***das Kind von der Schule, aus dem Kindergarten ~*** togliere il bambino da scuola, dall'asilo; ***jdm heimlich Geld ~*** sottrarre denaro a qcn. di nascosto **2** GIOC. *(schlagen)* mangiare, soffiare ◆ ***(das) Gas ~*** lasciare l'acceleratore, togliere gas.
weg‿ope|rie|ren tr. togliere.
weg‿pa|cken **I** tr. mettere via, riporre **II** rifl. **sich ~** svignarsela, filarsela.
weg‿put|zen tr. **1** levare via, togliere (pulendo) **2** COLLOQ. *(aufessen)* spolverare **3** COLLOQ. *(überlegen besiegen)* stracciare **4** COLLOQ. *(töten)* togliere di mezzo, far fuori.
weg‿ra|die|ren tr. radere al suolo.
weg‿raf|fen tr. portare via, strappare via: ***die Pest raffte Tausende weg*** la peste si portò via (*o* uccise) migliaia di persone.
Weg|rand m. *(-[e]s,-ränder)* ciglio *m.* (*o* margine *m.*) della strada.
weg‿ra|sie|ren tr. **1** ***den Bart ~*** tagliare la barba **2** COLLOQ. *(dem Erdboden gleichmachen)* radere al suolo.
weg‿ra|ti|o|na|li|sie|ren tr. eliminare (nel corso di un processo di razionalizzazione).
weg‿räu|men tr. sgomberare, rimuovere, togliere; *(aufräumen)* riporre.
weg‿rei|ßen tr. *(riss, gerissen)* **1** trascinare (via), travolgere **2** *(wegbringen)* strappare (via).
weg‿ren|nen intr. *(rannte, gerannt;* aus. *sein)* correre via, allontanarsi di corsa.
weg‿rü|cken **I** tr. spostare, scostare **II** intr. (aus. *sein*) spostarsi, scostarsi: ***von jdm ~*** scostarsi da qcn.
weg‿sa|cken intr. (aus. *sein*) COLLOQ. **1a** affondare **b** AER. perdere quota **2** *(in sich zusammensinken)* crollare, rovinare, cadere a terra ◆ ***mir sacken die Beine weg*** mi cedono le gambe.
weg‿schaf|fen **I** tr. portare via, rimuovere, sgomberare **II** rifl. COLLOQ. **sich ~** togliersi la vita.
weg‿schau|en intr. (aus. *haben*) REGION. volgere gli occhi altrove, guardare da un'altra parte.
weg‿schau|feln tr. spalare via, levare con la pala.
Weg|scheid m. *(-[e]s,-e)* e AUSTR. f. *(-,-en)*, **Weg|schei|de** f. *(-,-n)* bivio *m.*, biforcazione *f.*
weg‿schen|ken tr. dare via, regalare.
weg‿sche|ren rifl. **sich ~** andarsene via, filare.
weg‿schi|cken tr. **1** mandare via **2** *(verschicken)* spedire, mandare via.
weg‿schie|ben tr. *(schob, geschoben)* spingere via.
weg‿schlei|chen intr. *(schlich, geschlichen;* aus. *sein)* e rifl. **sich ~** **1** allontanarsi strisciando **2** *(unbemerkt)* sgattaiolare via, andarsene di soppiatto.
1.weg‿schlei|fen tr. *(schliff, geschliffen)* molare, levigare.
2.weg‿schlei|fen tr. trascinare via, portare via.
weg‿schlep|pen **I** tr. trascinare via; *(gewaltsam)* portare via a forza **II** rifl. **sich ~** trascinarsi: ***sich mühsam ~*** trascinarsi a fatica.
weg‿schleu|dern tr. scagliare via, scaraventare lontano.
weg‿schlie|ßen tr. *(schloss, geschlossen)* mettere sotto chiave, rinchiudere.
weg‿schmei|ßen tr. *(schmiss, geschmissen)* gettare via, buttare via.
weg‿schnap|pen tr. COLLOQ. soffiare, portare via.
Weg|schne|cke f. *(-,-n)* arionide *m.*
weg‿schnei|den tr. *(schnitt, geschnitten)* tagliare via.
weg‿schub|sen tr. spingere via.
weg‿schüt|ten tr. versare via.
weg‿schwem|men tr. trascinare via, portare via.
weg‿schwim|men intr. *(schwamm, geschwommen;* aus. *sein)* **1** allontanarsi a nuoto **2** *(von Sachen)* andarsene con la corrente.
weg‿se|hen intr. *(sieht, sah, gesehen;* aus. *haben)* **1** volgere lo sguardo altrove, guardare da un'altra parte **2a** COLLOQ. *(hinwegsehen)* ***über etw. ~*** guardare oltre (*o* al di sopra di) qcs. **b** FIG. passare sopra (a).
weg‿set|zen **I** tr. **1a** cambiare di posto, spostare **b** ***jdn von jdm ~*** separare qcn. da qcn. **2** *(aufräumen)* mettere via, riporre **II** intr. (aus. *haben, sein*) ***über etw. ~*** saltare qcs.: ***über ein Hindernis ~*** saltare un ostacolo **III** rifl. **sich ~** **1a** cambiare posto, spostarsi **b** *(von einer Stelle)* venire via, allontanarsi **2** COLLOQ. ***sich über etw. ~*** non badare a qcs., non curarsi di qcs.
weg‿sol|len intr. (aus. *haben*) dovere andare via, doversi allontanare.
weg‿spü|len tr. **1a** cancellare, pulire via **b** *(waschen und aufräumen)* lavare e riporre **2** *(entfernen)* trascinare via.
weg‿ste|cken tr. **1** mettere via, riporre; *(verbergen)* nascondere **2** *(verkraften)* sopportare, ingoiare, mandar giù.
weg‿steh|len rifl. *(stiehlt, stahl, gestohlen)* **sich ~** svignarsela, sgattaiolare via.
weg‿stel|len tr. mettere via, riporre.
weg‿ster|ben intr. *(stirbt, starb, gestorben;* aus. *sein)* COLLOQ. morire.
weg‿sto|ßen tr. *(stößt, stieß, gestoßen)* spingere via.
Weg|stre|cke f. *(-,-n)* tratto *m.* di strada.
weg‿strei|chen tr. *(strich, gestrichen)* **1** togliere, levare **2** *(ausstreichen)* cancellare.
Weg|stun|de f. *(-,-n)* ora *f.* di cammino: ***die Stadt ist eine halbe ~, zwei -n entfernt*** la città è a mezz'ora, a due ore di cammino.
weg‿tra|gen tr. *(trägt, trug, getragen)* portare via.
weg‿trei|ben *(trieb, getrieben)* **I** tr. **1** spingere via **2** *(vertreiben)* cacciare via, scacciare, allontanare **II** intr. (aus. *sein*) andare alla deriva, essere sospinto via.
weg‿tre|ten *(tritt, trat, getreten)* **I** tr. calciare via: ***den Ball ~*** calciare via la palla **II** intr. (aus. *sein*) MIL. rompere le righe ◆ FIG. ***er ist ganz weggetreten*** = è completamente assente.
weg‿trin|ken intr. *(trank, getrunken;* aus. *haben)* finire di bere, bere tutto.
weg‿tun tr. *(tat, getan)* **1** mettere via; *(aufräumen)* riporre **2** *(wegwerfen)* buttare via.
Weg|über|füh|rung f. *(-,-en)* soprapassaggio *m.* **Weg|un|ter|füh|rung** f. *(-,-en)* sottopassaggio *m.*, sottopasso *m.* **Weg|war|te** f. *(-,-n)* cicoria *f.* **weg|wärts** avv. verso la strada.
weg‿wa|schen tr. *(wäscht, wusch, gewaschen)* lavare via.
weg|wei|send agg. che indica la strada, di guida. **Weg|wei|ser** m. *(-s,-)* segnale *m.* (stradale) indicatore, freccia *f.*
Weg|wei|sung f. *(-,-en)* SVIZZ. espulsione *f.*, bando *m.*
weg‿wen|den *(wandte, gewandt)* **I** tr. volgere altrove, levare: ***den Blick von jdm ~*** levare lo sguardo da qcn. **II** rifl. **sich ~** voltarsi dall'altra parte, volgersi altrove.
weg‿wer|fen *(wirft, warf, geworfen)* **I** tr. buttare via, gettare via (anche FIG.): ***sein Geld ~*** buttare via il proprio denaro; ***sein Leben ~*** gettare via la propria vita **II** rifl. **sich ~** **1** buttarsi via, avvilirsi, abbassarsi: ***wirf dich nicht so weg!*** non ti buttare via così! non ti abbassare così! **2** ***sich an jdn, etw. ~*** rovinarsi per qcn., qcs., sacrificarsi inutilmente per qcn., qcs. **weg|wer|fend** **I** p.pres. agg. **1** → **wegwerfen** **2** sprezzante, sdegnoso **II** avv. con disprezzo, in modo sprezzante, sdegnosamente. **Weg|werf|fla|sche** f. *(-,-n)* bottiglia *f.* a perdere. **Weg|werf|ge|sell|schaft** f. *(-)* società *f.* dello spreco.
weg‿wi|schen tr. **1** togliere (strofinando): ***den Staub ~*** togliere la polvere **2** cancellare: ***etw. an der Tafel ~*** cancellare qcs. dalla lavagna.
weg‿wol|len intr. *(will, wollte, gewollt;* aus. *haben)* voler andare via, volersi allontanare.
weg‿wün|schen **I** tr. ***jdn ~*** desiderare che qcn. se ne vada **II** rifl. **sich ~** desiderare di andarsene (*o* di essere lontano).
weg‿zau|bern tr. fare svanire, fare sparire (per incanto).
Weg|zeh|rung f. *(-,-en)* viatico *m.* **Weg|zei|chen** n. *(-s,-)* segno *m.* indicante il percorso, segnavia *m.*
weg‿zer|ren tr. tirare via.
weg‿zie|hen *(zog, gezogen)* **I** tr. tirare (via): ***die Gardine ~*** tirare

(*o* aprire) le tende **II** intr. (aus. *sein*) trasferirsi, partire; *(von Vögeln)* migrare. **Weg|zug** m. *(-[e]s,-züge)* trasferimento *m.*, partenza *f.*; *(von Vögeln)* migrazione *f.*

weh I agg. **1** COLLOQ. dolorante, che fa male: ***-e Füße haben*** avere i piedi doloranti, avere male ai piedi **2a** LETT. *(schmerzlich)* doloroso: ***-es Gefühl*** sentimento doloroso **b** *(traurig)* dolente, triste: ***ein -er Blick*** uno sguardo dolente **II** inter. → **wehe** ◆ ***mir ist ~ zumute*** sono triste, sto male.

Weh n. *(-[e]s,-e)* dolore *m.* ◆ ***sein ewiges Ach und ~*** tutti i suoi ahi e ohi, il suo eterno lamento.

we|he inter. **1** ahimè: ***weh(e) mir!*** ahimè! povero me! **2** *(als Drohung)* guai: ***~ (dir), wenn du es nicht tust!*** guai (a te) se non lo fai! ***~ dem, der nicht kommt!*** guai a chi non viene! ***~ den Besiegten!*** guai ai vinti!

1.We|he n. *(-s)* → ANT. **Weh.**

2.We|he f. *(-,-n)* doglia *f.*: ***-n haben, in den -n liegen*** avere le doglie.

3.We|he f. *(-,-n)* **1** mucchio *m.* di neve (portata dal vento) **2** *(Sandwehe)* mucchio *m.* di sabbia (portata dal vento).

we|hen I tr. spazzare (via): ***der Wind weht die Zettel vom Tisch*** il vento spazza via i foglietti dal tavolo **II** intr. **1a** (aus. *haben*) soffiare, spirare: ***der Wind weht aus Norden, vom Meer her*** il vento spira da nord, soffia dal mare **b** impers. ***es weht heute tüchtig*** oggi tira un forte vento **2** (aus. *sein*) spandersi, aleggiare: ***der Duft der Blumen weht ins Zimmer*** il profumo dei fiori aleggia nella stanza **3** (aus. *haben*) agitarsi, sventolare: ***die Flaggen ~ im Wind*** le bandiere sventolano al vento.

Weh|ge|fühl n. *(-s,-e)* sentimento *m.* di dolore, doloroso. **Weh|ge|schrei** n. *(-s)* grida *f.pl.* di dolore. **Weh|kla|ge** f. *(-,-n)* lamento *m.*, gemito *m.*: ***laute -n*** alti lamenti. **weh|kla|gen** intr. (aus. *haben*) lamentarsi, gemere: ***über etw. ~*** lamentarsi di qcs. **Weh|laut** m. *(-[e]s,-e)* tono *m.* lamentoso, piagnucoloso. **weh|lei|dig** agg. *(klagend)* lamentoso; *(weinerlich)* piagnucoloso. **Weh|lei|dig|keit** f. *(-)* l'essere lamentoso, piagnucoloso.

Weh|mut f. *(-)* **1** malinconia *f.*, tristezza *f.*, mestizia *f.*: ***eine tiefe ~ erfasste ihn*** lo colse una profonda malinconia **2** *(Sehnsucht nach Vergangenem)* nostalgia *f.*, rimpianto *m.* **weh|mü|tig I** agg. malinconico, triste, mesto **II** avv. malinconicamente, tristemente, mestamente: ***~ lächeln*** sorridere tristemente. **Weh|mü|tig|keit** f. *(-)* malinconia *f.*, tristezza *f.*, mestizia *f.* **weh|muts|voll** agg. pieno di malinconia, molto triste.

1.Wehr f. *(-,-en)* **1** *(Feuerwehr)* pompieri *m.pl.* **2** ANT. *(Verteidigung)* difesa *f.*, resistenza *f.* **3** ANT. *(Waffenausrüstung)* armatura *f.*, armi *f.pl.* **4** ANT. *(Schutz)* baluardo *m.*, riparo *m.* ◆ ***sich gegen jdn, etw. zur ~ setzen*** opporre resistenza contro qcn., qcs.

2.Wehr n. *(-[e]s,-e)* IDR. sbarramento *m.*

wehr|bar agg. ANT. → **wehrfähig. Wehr|bau** m. *(-[e]s,-ten)* fortificazione *f.* **Wehr|be|auf|trag|te** m. *(-n,-n)* = delegato *m.* parlamentare per la tutela delle istituzioni democratiche nella Bundeswehr. **Wehr|be|reich** m. *(-[e]s,-e)* zona *f.* militare. **Wehr|be|zirk** m. *(-[e]s,-e)* distretto *m.* militare.

Wehr|dienst m. *(-[e]s)* servizio *m.* militare. **wehr|dienst|pflich|tig** agg. → **wehrpflichtig. wehr|dienst|taug|lich** agg. abile (alle armi). **wehr|dienst|un|taug|lich** agg. non idoneo al servizio militare. **Wehr|dienst|ver|wei|ge|rer** m. *(-s,-)* obiettore *m.* di coscienza. **Wehr|dienst|ver|wei|ge|rung** f. *(-,-en)* obiezione *f.* di coscienza.

weh|ren I rifl. **sich ~ 1** difendersi: ***sich gegen etw. ~*** difendersi contro qcs.; ***sich tapfer, mit aller Kraft ~*** difendersi valorosamente, con tutte le forze **2** ***sich (dagegen) ~, etw. zu tun*** opporsi a fare qcs. **II** intr. (aus. *haben*) ***etw. (D) ~*** opporsi a qcs., impedire qcs.: ***dem Schlechten ~*** opporsi al male **III** tr. ANT. impedire, proibire: ***ich kann es dir nicht ~*** non posso impedirtelo ◆ ***sich seiner Haut ~*** difendere la propria pelle; ***sich mit Händen und Füßen gegen etw. ~*** opporsi a qcs. con tutte le proprie forze.

Wehr|er|satz|be|hör|de f. *(-)* ufficio *m.* leva. **Wehr|etat** m. *(-s,-s)* bilancio *m.* della difesa. **Wehr|ex|per|te** m. *(-n,-n)* esperto *m.* in questioni militari.

wehr|fä|hig agg. abile (alle armi), idoneo al servizio militare. **Wehr|fä|hig|keit** f. *(-)* idoneità *f.* al servizio militare.

Wehr|gang m. *(-[e]s,-gänge)* cammino *m.* di ronda. **Wehr|ge|hän|ge** n. *(-s,-)*, ANT. **Wehr|ge|henk** n. *(-[e]s,-e)* bandoliera *f.*, cinturone *m.* **Wehr|ge|rech|tig|keit** f. *(-)* = uguaglianza *f.* di trattamento di tutti i soggetti agli obblighi militari. **Wehr|ge|setz** n. *(-es,-e)* legge *f.* sul servizio militare. **wehr|haft** agg. **1** in grado di difendersi **2** *(befestigt)* ben munito, fortificato. **Wehr|kraft** f. *(-)* potenziale *m.* militare.

wehr|los agg. **1** disarmato, inerme **2** FIG. inerme, indifeso. **Wehr|lo|sig|keit** f. *(-)* impossibilità *f.* di difendersi, l'essere inerme (anche FIG.).

Wehr|macht f. *(-)* **1** INTRAD. (forze armate tedesche dal 1935 al 1945) **2** *(Streitkräfte)* forze *f.pl.* armate. **Wehr|macht(s)|be|richt** m. *(-[e]s,-e)* = bollettino *m.* del comando supremo della Wehrmacht.

Wehr|mann m. *(-[e]s,-männer* e *-leute)* **1** *(Feuerwehrmann)* pompiere *m.* **2** SVIZZ. *(Soldat)* soldato *m.* **Wehr|pass** m. *(-es,-pässe)* MIL. libretto *m.* di servizio.

Wehr|pflicht f. *(-)* servizio *m.* militare obbligatorio, coscrizione *f.* obbligatoria. **wehr|pflich|tig** agg. soggetto agli obblighi militari (di leva). **Wehr|pflich|ti|ge** m. *(-n,-n)* soggetto *m.* agli obblighi militari (di leva).

Wehr|po|li|tik f. *(-)* politica *f.* militare. **wehr|po|li|tisch** agg. riguardante la politica militare.

Wehr|sold m. *(-[e]s,-e)* soldo *m.*, paga *f.* **Wehr|stand** m. *(-[e]s)* ANT. ceto *m.* militare. **Wehr|übung** f. *(-,-en)* esercitazione *f.* militare.

Weh|ruf m. *(-[e]s,-e)* grido *m.* di dolore.

Wehr|we|sen n. *(-s)* affari *m.pl.* militari, difesa *f.*

weh‿tun *(tat, getan)* **I** intr. (aus. *haben*) fare male; LETT. ***jdm ~*** dolore a qcn.; ***mein Kopf tut weh*** mi fa male la testa, ho mal di testa **II** rifl. **sich (D) ~** farsi male.

Weh|weh, Weh|weh n. *(-s,-s)* INFANT. bua *f.* **Weh|weh|chen** n. *(-s,-)* bubù *m.*, doloretto *m.*

Weib n. *(-[e]s,-er)* **1** ANT. o COLLOQ. *(Frau als weibliches Wesen)* donna *f.*: ***zum ~ heranwachsen*** diventare donna; ***ein tolles ~*** una donna fantastica; ***den -ern nachlaufen*** correre dietro alle donne **2** SPREG. femmina *f.*, donnetta *f.*; ***blödes ~!*** razza di oca! **3** ANT. o SCHERZ. *(Ehefrau)* moglie *f.*: ***~ und Kinder haben*** avere moglie e figli; ***jdn zum ~ nehmen*** prendere qcn. in moglie ◆ ***die lustigen -er von Windsor*** le allegre comari di Windsor. **Weib|chen** n. *(-s,-)* femmina *f.* (anche SPREG.): ***das ~ legt die Eier*** la femmina depone le uova.

Wei|bel m. *(-s,-)* **1** ANT. sergente *m.* **2** SVIZZ. usciere *m.*

Wei|ber|feind m. *(-[e]s,-e)* misogino *m.* **Wei|ber|ge|schich|te** f. *(-,-n)* COLLOQ. storia *f.* di donne: ***er hat immer -n*** ha sempre delle storie di donne. **Wei|ber|ge|schwätz** n. *(-es)* chiacchiere *f.pl.* (*o* pettegolezzi *m.pl.*) di donne. **Wei|ber|held** m. *(-en,-en)* donnaiolo *m.* **Wei|ber|volk** n. *(-[e]s)* SPREG. donne *f.pl.* **Wei|ber|wirt|schaft** f. *(-)* SPREG. lavori *m.pl.* da donna.

wei|bisch SPREG. **I** agg. effeminato, LETT. femmineo **II** avv. da donnicciola, da effeminato.

Weib|lein n. *(-s,-)* **1** donnetta *f.* **2** *(kleine alte Frau)* vecchietta *f.*

weib|lich I agg. **1a** femminile: ***die -en Geschlechtsorgane*** gli organi sessuali femminili **b** femminile, di donna: ***eine -e Stimme*** una voce femminile (*o* di donna); ***-e Vornamen*** nomi di donna **c** femminile, muliebre: ***eine -e Eigenschaft*** una caratteristica femminile (*o* muliebre); ***sehr ~ sein*** essere molto femminile **2** GRAMM. femminile: ***-e Substantive*** sostantivi femminili **3** METR. piano: ***-er Reim*** rima piana **II** avv. in modo femminile ◆ ***ein -es Tier*** un animale femmina, una femmina. **Weib|li|che** n. *(-n)* femminino *m.* **Weib|lich|keit** f. *(-)* **1** femminilità *f.* **2** *(Frauen)* donne *f.pl.*, sesso *m.* femminile ◆ SCHERZ. ***die holde ~*** il gentil sesso.

Weibs|bild n. *(-[e]s,-er)* **1** REGION. COLLOQ. *(Frau)* donna *f.* **2** SPREG. *(Weib)* femmina *f.* **Weib|sen** n. *(-s,-)* donnina *f.* **Weibs|leu|te** pl. COLLOQ. SPREG. donne *f.pl.* **Weibs|per|son** f. *(-,-en)*, **Weibs|stück** n. *(-[e]s,-e)* → **Weibsbild.**

weich I agg. **1a** morbido, soffice: ***ein -es Bett*** un letto morbido; ***-e Kissen*** morbidi cuscini; ***-es Haar*** capelli soffici **b** morbido, molle: ***-er Käse*** formaggio molle **c** *(zart)* morbido: ***-e Haut*** pelle morbida; ***-e Wolle, -er Stoff, -es Leder*** lana, stoffa, pelle morbida **d** *(nicht schrill)* ***ein -er Klang*** un suono morbido **e** *(nicht grell)* morbido, tenue: ***-es Licht*** luce tenue **2a** *(nicht streng)* dolce, morbido: ***-e Gesichtszüge*** dolci tratti del viso **b** *(vom Klima)* dolce **c** *(ohne Aufprall)* ***-e Landung*** atterraggio morbido (*o* dolce) **3** *(gar)* tenero: ***das Fleisch, das Gemüse ist noch nicht ~*** la carne, la verdura non è ancora tenera **4** *(empfindsam)* tenero, sensibile, delicato: ***ein -es Herz haben*** avere un cuore tenero; ***viel zu ~ sein*** essere troppo sensibile **5** *(nicht stabil)* variabile: ***-e Preise*** prezzi variabili **II** avv. morbidamente, dolcemente: ***~ landen*** atterrare morbidamente; ***~ bremsen*** frenare dolcemente ◆ ***ein -er Bleistift*** una matita morbida; ***-e Drogen*** droghe leggere; ***-e Eier*** uova alla coque; ***die Eier ~ kochen*** fare le uova alla coque; ***~ geklopftes Fleisch*** carne battuta; ***ihre Stimme klingt ~*** ha una voce morbida; FIG. ***-e Knie haben*** avere le ginocchia molli; ***-e Konsonanten*** consonanti sonore; ***~ machen*** ammorbidire, COLLOQ. fiaccare; ***das Haar ~ machen*** rendere i capelli soffici; ***~ sitzen*** sedere sul morbido; ***jdn ~ stimmen*** intenerire qcn.; ***es wurde mir ~ ums Herz*** mi si intenerì il cuore; ***~ werden*** ammorbidirsi (anche FIG.).

Weich|bild n. *(-[e]s,-er)* **1** *(Randbezirke)* zona *f.* periferica **2a** STOR. *(Stadtrecht)* diritto *m.* civico **b** giurisdizione *f.*
1.Wei|che f. *(-,-n)* **1** *(Flanke)* fianco *m.*: ***dem Pferd die Sporen in die ~ drücken*** conficcare al cavallo gli speroni nel fianco **2** RAR. → **Weichheit.**
2.Wei|che f. *(-,-n)* scambio *m.* (ferroviario), deviatoio *m.*: ***die -n stellen*** manovrare (*o* azionare) gli scambi; ***aus der ~ springen*** uscire dagli scambi ◆ FIG. ***die -n für etw. stellen*** preparare il terreno per qcs.
1.wei|chen I tr. ammollare, mettere a mollo: ***Wäsche ~*** mettere a mollo il bucato **II** intr. (aus. *sein*) ammollirsi: ***die Wäsche einige Stunden ~ lassen*** lasciare il bucato a mollo per alcune ore.
2.wei|chen intr. *(wich, gewichen;* aus. *sein)* **1a** arretrare **b** *(sich entfernen)* allontanarsi, ritirarsi: ***vom Weg ~*** allontanarsi dalla via **2** cedere: ***der Gewalt, dem Feind ~*** cedere alla violenza, al nemico **3** *(allmählich nachlassen)* diminuire: ***die Spannung begann zu ~*** la tensione cominciò a diminuire ◆ ***jdm weicht das Blut aus dem Gesicht*** qcn. sbianca in volto; ***von der Stelle ~*** lasciare il posto, ritirarsi; ***nicht wanken und ~*** non piegarsi (*o* non cedere).
Wei|chen|stel|ler, Wei|chen|wär|ter m. *(-s,-)* scambista *m.*, deviatore *m.*
Weich|heit f. *(-)* **1a** morbidezza *f.*: ***die ~ der Haut, des Haares*** la morbidezza della pelle, dei capelli **b** *(von Käse, Butter, Wachs)* morbidezza *f.*, mollezza *f.* **2** dolcezza *f.*: ***die ~ ihrer Züge*** la dolcezza dei suoi tratti **3** tenerezza *f.*: ***die ~ des Fleisches*** la tenerezza della carne **4** *(Empfindsamkeit)* tenerezza *f.*, delicatezza *f.*
weich|her|zig agg. di, dal cuore tenero. **Weich|her|zig|keit** f. *(-)* tenerezza *f.* di cuore.
Weich|holz n. *(-es,-hölzer)* legno *m.* dolce. **Weich|kä|fer** m. *(-s,-)* cantaride *m.* **Weich|kä|se** m. *(-s,-)* formaggio *m.* morbido (*o* molle).
weich|lich agg. **1** *(nicht ganz weich)* molliccio **2** *(schwächlich)* rammollito, deboluccio. **Weich|lich|keit** f. *(-)* mollezza *f.*
Weich|ling m. *(-[e]s,-e)* rammollito *m.*
Weich|lot n. *(-s,-e)* lega *f.* per saldatura dolce. **weich_lö|ten** tr. saldare a dolce.
Weich|ma|cher m. *(-s,-)* CHIM. plastificante *m.*
weich|mü|tig agg. tenero, sensibile, delicato. **Weich|mü|tig|keit** f. *(-)* tenerezza *f.* (di cuore), delicatezza *f.*
1.Weich|sel n.pr.f. *(-)* Vistola *f.*
2.Weich|sel f. *(-,-n)* REGION., **Weich|sel|kir|sche** f. *(-,-n)* visciola *f.*, amarena *f.* **Weich|sel|rohr** n. *(-[e]s,-röhre)* legno *m.* di visciolo.
Weich|spü|ler m. *(-s,-)*, **Weich|spül|mit|tel** n. *(-s,-)* ammorbidente *m.*
Weich|tei|le pl. ANAT. parti *f.pl.* molli (del corpo). **Weich|tier** n. *(-s,-e)* mollusco *m.* **Weich|zeich|ner** m. *(-s,-)* FOT. schermo *m.* (*o* filtro *m.*) diffusore.
1.Wei|de f. *(-,-n)* salice *m.*: ***ein Korb aus ~*** una cesta di salice.
2.Wei|de f. *(-,-n)* pascolo *m.*; ANT. pastura *f.*: ***die Kühe auf die, zur ~ treiben*** condurre le mucche al pascolo; ***das Vieh grast auf der ~*** il bestiame pascola sul prato.
Wei|de|land n. *(-[e]s,-länder)* terreno *m.* da pascolo. **Wei|de|mo|nat, Wei|de|mond** m. *(-[e]s)* ANT. maggio *m.* **wei|den I** intr. (aus. *haben*) pascolare: ***die Schafe ~ im Gebirge*** le pecore pascolano sui monti **II** tr. pascolare, condurre al pascolo: ***der Hirt weidet die Ziegen*** il pastore pascola (*o* conduce al pascolo) le capre **III** rifl. ***sich an etw. (D) ~*** **1** pascersi in qcs. **2** SPREG. *(ohne Mitleid beobachten)* godere di qcs.: ***sich an jds Verlegenheit ~*** godere dell'imbarazzo di qcn.
Wei|den|baum m. *(-[e]s,-bäume)* salice *m.* **Wei|den|kätz|chen** n. *(-s,-)* amento *m.* (*o* gattino *m.*) del salice. **Wei|den|korb** m. *(-[e]s, -körbe)* cesto *m.* di vimini. **Wei|den|rös|chen** n. *(-s,-)* epilobio *m.* **Wei|den|ru|te** f. *(-,-n)* vimine *m.*
Wei|de|platz m. *(-[e]s,-plätze)* luogo *m.*, posto *m.* per il pascolo. **Wei|de|recht** n. *(-[e]s,-e)* diritto *m.* di pascolo. **Wei|de|vieh** n. *(-[e]s)* bestiame *m.* al pascolo. **Wei|de|wirt|schaft** f. *(-)* pastorizia *f.*
weid|ge|recht agg. conforme alle norme sulla caccia.
weid|lich avv. (per) bene.
Weid|mann m. *(-[e]s,-männer)* cacciatore *m.* **weid|män|nisch** agg. da cacciatore. **Weid|manns|heil** inter. buona caccia ◆ ***~! – Weidmannsdank!*** buona caccia! – grazie! **Weid|manns|spra|che** f. *(-)* gergo *m.* dei cacciatori.
Weid|mes|ser n. *(-s,-)* coltello *m.* da caccia. **Weid|werk** n. *(-[e]s)* (arte *f.* della) caccia *f.* **weid|wund** agg. ferito al ventre; *(todwund)* ferito a morte.
wei|gern I rifl. **sich ~** rifiutarsi: ***sich ~, etw. zu tun*** rifiutarsi di fare qcs. **II** tr. ANT. rifiutare: ***jdm den Gehorsam ~*** rifiutare l'obbedienza a qcn. **Wei|ge|rung** f. *(-,-en)* rifiuto *m.*: ***eine hartnäckige ~*** un ostinato rifiuto; ***bei seiner ~ bleiben*** persistere nel proprio rifiuto (*o* nel rifiutare). **Wei|ge|rungs|fall,** ***im ~ (-e)*** in caso di rifiuto.
Weih m. *(-[e]s,-e)* → **2.Weihe.**
Weih|bi|schof m. *(-s,-bischöfe)* vescovo *m.* suffraganeo.
1.Wei|he f. *(-,-n)* RELIG. **1** consacrazione *f.*: ***die ~ einer Kirche*** la consacrazione di una chiesa **2** *(als Sakrament)* ordinazione *f.*, ordine *m.*: ***die ~ zum Priester empfangen*** ricevere l'ordinazione sacerdotale, essere ordinato sacerdote; ***die niederen -n*** gli ordini minori **3** FIG. *(Erhabenheit)* solennità *f.*: ***die ~ der Stunde*** la solennità dell'ora; ***etw. (D) die ~ geben*** dare solennità a (*o* rendere solenne) qcs.
2.Wei|he f. *(-,-n)* albanella *f.*
Wei|he|akt m. *(-[e]s,-e)* cerimonia *f.* di, della consacrazione.
wei|hen I tr. **1a** consacrare: ***einen Altar, die Hostie ~*** consacrare un altare, l'ostia; FIG. *(widmen)* ***sein Leben der Musik ~*** consacrare la propria vita alla musica **b** *(ordinieren)* consacrare, ordinare: ***jdn zum Priester ~*** ordinare qcn. sacerdote **2** dedicare: ***einem Gott einen Tempel ~*** dedicare un tempio a una divinità; ***jdm ein Denkmal ~*** dedicare a qcn. un monumento **3** *(segnen)* benedire: ***die Kerzen, das Wasser ~*** benedire le candele, l'acqua **4** *(preisgeben)* destinare, votare: ***jdn dem Tod, dem Untergang ~*** destinare qcn. alla morte **II** rifl. **sich ~** consacrarsi, votarsi: ***sich der Wissenschaft ~*** consacrarsi alla scienza.
Wei|her m. *(-s,-)* REGION. laghetto *m.*
Wei|he|stät|te f. *(-,-n)* luogo *m.* sacro. **Wei|he|stun|de** f. *(-,-n)* ora *f.* solenne. **wei|he|voll** agg. pieno di solennità, solenne.
Weih|ga|be f. *(-,-n)*, **Weih|ge|schenk** n. *(-[e]s,-e)* offerta *f.* votiva, dono *m.* votivo; *(Exvoto)* ex voto *m.* **Weih|kes|sel** → **Weihwasserbecken.**
Weih|nacht f. *(-)* → **Weihnachten. weih|nach|ten** intr. impers. (aus. *haben*) ***es weihnachtet*** il Natale è vicino. **Weih|nach|ten** n. *(-,-)* **1** Natale *m.*: ***~ feiern*** festeggiare il Natale; ***ich wünsche dir schöne ~*** ti auguro buon Natale; ***über, zu, an ~*** a Natale; ***nächstes, voriges ~*** il prossimo, lo scorso Natale; *(Weihnachtsfest)* ***jdm etw. zu ~ schenken*** regalare qcs. a qcn. per Natale **2** → **Weihnachtsgeschenk** ◆ ***frohe, fröhliche ~!*** buon Natale! ***grüne, weiße ~ sind zu erwarten*** dobbiamo aspettarci un Natale senza neve, con la neve.
weih|nacht|lich I agg. di Natale, natalizio: ***-er Schmuck*** addobbi natalizi **II** avv. ***~ geschmückt*** addobbato per (il) Natale. **Weih|nachts|abend** m. *(-[e]s,-e)* sera *f.* (della vigilia) di Natale. **Weih|nachts|bä|cke|rei** f. *(-)* **1** preparazione *f.* di dolci natalizi **2** REGION. *(Gebäck)* dolci *m.pl.* natalizi. **Weih|nachts|baum** m. *(-[e]s,-bäume)* albero *m.* di Natale: ***den ~ schmücken*** addobbare l'albero di Natale. **Weih|nachts|be|sche|rung** f. *(-,-en)* distribuzione *f.* di strenne natalizie. **Weih|nachts|ein|kauf** m. *(-[e]s, -einkäufe)* acquisto *m.* di Natale, natalizio.
Weih|nachts|fei|er f. *(-,-n)* festa *f.* natalizia. **Weih|nachts|fei|er|tag** m. *(-[e]s,-e)* giorno *m.* di Natale ◆ ***der erste, zweite ~*** Natale, Santo Stefano. **Weih|nachts|fe|ri|en** pl. vacanze *f.pl.* di Natale (*o* natalizie). **Weih|nachts|fest** n. *(-[e]s,-e)* (festa *f.* del) Natale *m.* **Weih|nachts|ga|be** f. *(-,-n)* dono *m.* natalizio, strenna *f.* natalizia. **Weih|nachts|geld** n. *(-[e]s)* gratifica *f.* natalizia. **Weih|nachts|ge|schenk** n. *(-[e]s,-e)* regalo *m.* di Natale, strenna *f.* natalizia. **Weih|nachts|ge|schich|te** f. *(-)* (racconto *m.* della) nascita *f.* di Gesù. **Weih|nachts|gra|ti|fi|ka|ti|on** f. *(-,-en)* → **Weihnachtsgeld. Weih|nachts|krip|pe** f. *(-,-n)* presepe *m.*, presepio *m.* **Weih|nachts|lied** n. *(-[e]s,-er)* canto *m.* di Natale (*o* natalizio). **Weih|nachts|mann** m. *(-[e]s,-männer)* **1** babbo *m.* Natale **2** COLLOQ. *(einfältiger Mensch)* semplicione *m.*, babbione *m.* **Weih|nachts|markt** m. *(-[e]s,-märkte)* mercatino *m.* di Natale. **Weih|nachts|ro|se** f. *(-,-n)* rosa *f.* di Natale. **Weih|nachts|spiel** n. *(-[e]s,-e)* sacra rappresentazione *f.* della Natività. **Weih|nachts|stern** m. *(-[e]s,-e)* stella *f.* di Natale (anche BOT.). **Weih|nachts|stim|mung** f. *(-)* atmosfera *f.* natalizia. **Weih|nachts|stol|le** f. *(-,-n)*, **Weih|nachts|stol|len** m. *(-s,-)* INTRAD. (dolce natalizio). **Weih|nachts|tag** → **Weihnachtsfeiertag. Weih|nachts|zeit** f. *(-)* periodo *m.* natalizio; RELIG. *(Advent)* tempo *m.* di Natale, avvento *m.*
Weih|rauch m. *(-[e]s)* incenso *m.* ◆ FIG. ***jdm ~ streuen*** incensare qcn. **weih|räu|chern** tr. incensare. **Weih|rauch|fass** m. *(-es, -fässer)* turibolo *m.*, incensiere *m.*
Wei|hung f. *(-,-en)* **1** consacrazione *f.* **2** *(von Priester)* ordinazione *f.* **3** *(Segnung)* benedizione *f.*
Weih|was|ser n. *(-s)* acqua *f.* santa, acquasanta *f.* **Weih|was|ser|be|cken** n. *(-s,-)* acquasantiera *f.* **Weih|was|ser|we|del, Weih|we|del** m. *(-s,-)* aspersorio *m.*

weil cong. **1** *(kausal)* perché, poiché: ***ich blieb zu Hause, ~ ich krank war*** rimasi a casa perché ero ammalato; ***eine absurde, ~ unbeantwortbare Frage*** una domanda assurda, perché senza risposta; ***warum kommst du nicht mit? – ~ ich keine Zeit habe*** perché non vieni? – perché non ho tempo **2** *(mit zeitlichem Nebensinn)* dal momento che, giacché: ***~ ihr gerade davon sprecht, will auch ich meine Meinung dazu sagen*** dal momento che ne parlate, voglio anch'io dire la mia.

weil. ⇒ *weiland* già.

wei|land avv. ANT. una volta, già: ***sein Vater, ~ Abgeordneter*** suo padre, già deputato.

Weil|chen n. *(-s,-)* momentino *m.*, attimo *m.*

Wei|le f. *(-)* tratto *m.* (*o* lasso *m.*) di tempo, momento *m.*: ***eine kurze, kleine ~*** un breve lasso di tempo, un attimo; ***warte noch eine ~*** aspetta un momento; ***mit etw. hat es ~*** per qcs. c'è tempo ◆ ***nach einer (langen) ~*** dopo un (bel) po'; ***eine ganze, geraume ~*** un bel po' di tempo, un bel pezzo. **wei|len** intr. (aus. *haben*) LETT. trattenersi, dimorare ◆ EUFEM. ***nicht mehr unter den Lebenden ~*** non essere più fra i vivi.

Wei|ler m. *(-s,-)* borgo *m.*

Wei|mar n.pr.n. *(-s)* Weimar *f.* **Wei|ma|rer I** agg.inv. di Weimar: ***~ Republik*** repubblica di Weimar **II** m. *(-s,-)* abitante *m.* di Weimar. **wei|ma|risch** agg. di Weimar.

Wein m. *(-[e]s,-e)* **1** vino *m.*: ***eine Flasche, ein Glas ~*** una bottiglia, un bicchiere di vino; ***weißer, roter ~*** vino bianco, rosso (*o* nero); ***schwerer, leichter, süßer, trockener ~*** vino pesante, leggero, dolce, secco; ***lieblicher, herber ~*** vino amabile, aspro; ***alter, neuer (junger) ~*** vino vecchio, nuovo; ***reiner, verschnittener ~*** vino genuino, tagliato; ***der ~ steigt in den, zu Kopf*** il vino dà alla testa; ***~ trinken*** bere (il) vino; ***~ abfüllen, probieren, panschen*** imbottigliare, degustare, adulterare il vino; ***offener ~*** vino sfuso; ***~ kalt stellen*** mettere in fresco il vino; *(Obstwein, Saft)* ***~ von Äpfeln*** vino di mele **2** *(Weinrebe)* vite *f.*: ***~ bauen*** coltivare la vite; ***wilder ~*** vite vergine (*o* del Canada) ◆ ***jdm reinen, klaren ~ einschenken*** dire a qcn. la pura verità; ***~ ernten, lesen*** vendemmiare; PROV. ***im ~ ist, liegt Wahrheit*** in vino veritas.

Wein|bau m. *(-[e]s)* viticoltura *f.* **Wein|bau|er** m. *(-n* e RAR. *-s,-n)* viticoltore *m.*, vignaiolo *m.* **Wein|bee|re** f. *(-,-n)* **1** acino *m.* d'uva **2** REGION. AUSTR. SVIZZ. *(Rosine)* chicco *m.* di uva passa. **Wein|bei|ßer** m. *(-s,-)* AUSTR. **1** INTRAD. (cantuccio da inzuppare nel vino) **2** *(Weinkenner)* assaggiatore *m.* di vini.

Wein|berg m. *(-[e]s,-e)* vigna *f.*, vigneto *m.* **Wein|berg|schne|cke** f. *(-,-n)* chiocciola *f.*

Wein|brand m. *(-[e]s,-brände)* acquavite *f.* di vino; *(Brandy)* brandy *m.*

wei|nen I intr. (aus. *haben*) piangere: ***vor Wut, Freude, Angst ~*** piangere di rabbia, di gioia, per la paura; ***um jdn ~*** piangere (per) qcn. **II** tr. ***heiße, bittere Tränen ~*** piangere calde lacrime, lacrime amare **III** rifl. **sich ~ 1** ***sich die Augen rot ~*** piangere fino ad avere gli occhi rossi, far diventare gli occhi rossi di pianto **2** ***sich in den Schlaf ~*** addormentarsi piangendo ◆ ***etw. nass ~*** bagnare qcs. di lacrime. **Wei|nen** n. *(-s)* il piangere, pianto *m.*: ***dem ~ nah sein*** essere sul punto di (*o* stare per) piangere; ***das ist doch zum ~!*** c'è da piangere! **wei|ner|lich** agg. piagnucoloso: ***mit -er Stimme*** con voce piagnucolosa.

Wein|ern|te f. *(-,-n)* vendemmia *f.* **Wein|es|sig** m. *(-s,-e)* aceto *m.* di vino. **Wein|fass** n. *(-es,-fässer)* botte *f.* da vino. **Wein|fla|sche** f. *(-,-n)* bottiglia *f.* da vino. **Wein|gar|ten** m. *(-s,-gärten)* vigna *f.* **Wein|gärt|ner** m. *(-s,-)* vignaiolo *m.* **Wein|ge|gend** f. *(-,-en)* regione *f.* vinicola. **Wein|geist** m. *(-[e]s)* spirito *m.* di vino. **Wein|glas** n. *(-es,-gläser)* bicchiere *m.* da vino.

Wein|händ|ler m. *(-s,-)* vinaio *m.* **Wein|hand|lung** f. *(-,-en)* negozio *m.* di vini, bottiglieria *f.*

Wein|hau|er m. *(-s,-)* AUSTR. → **Weinbauer. Wein|haus** n. *(-[e]s,-häuser)* osteria *f.* **Wein|he|ber** m. *(-s,-)* saggiavino *m.* **Wein|he|fe** f. *(-,-n)* feccia *f.*

wei|nig agg. che sa di vino, vinoso ◆ ***~ schmecken*** sapere di vino.

Wein|jahr n. *(-[e]s,-e)* annata *f.* di produzione (vinicola). **Wein|kar|te** f. *(-,-n)* lista *f.* dei vini. **Wein|kauf** m. *(-[e]s,-käufe)* acquisto *m.* di vini. **Wein|kel|ler** m. *(-s,-)* cantina *f.* **Wein|kel|le|rei** f. *(-,-en)* cantina *f.*, cantine *f.pl.* **Wein|ken|ner** m. *(-s,-)* conoscitore *m.* (*o* intenditore *m.*) di vini, enologo *m.*

Wein|krampf m. *(-[e]s,-krämpfe)* crisi *f.* di pianto.

Wein|küh|ler m. *(-s,-)* secchiello *m.* per il vino. **Wein|kü|fer** m. *(-s,-)* cantiniere *m.* **Wein|la|ge** f. *(-,-n)* area *f.* vitivinicola. **Wein|land** n. *(-[e]s,-länder)* paese *m.* produttore di vini. **Wein|laub** n. *(-[e]s)* pampini *m.pl.* **Wein|lau|be** f. *(-,-n)* pergola *f.*, pergolato *m.* **Wein|le|se** f. *(-,-n)* vendemmia *f.*: ***~ halten*** vendemmiare. **Wein|le|ser** m. *(-s,-)* vendemmiatore *m.*

Wein|lo|kal n. *(-s,-e)* enoteca *f.* (con mescita). **Wein|pres|se** f. *(-,-n)* torchio *m.* per l'uva. **Wein|pro|be** f. *(-,-n)* **1** assaggio *m.* del vino. **2** *(von verschiedenen Weinsorten)* degustazione *f.* **Wein|pro|du|zent** m. *(-en,-en)* produttore *m.* di vino.

Wein|re|be f. *(-,-n)* vite *f.* **Wein|re|ben|sor|te** f. *(-,-n)* vitigno *m.*

wein|rot agg. rosso vino. **Wein|säu|re** f. *(-,-n)* acido *m.* tartarico. **Wein|schaum** m. *(-[e]s)* INTRAD. (specie di zabaione al vino bianco). **Wein|schlauch** m. *(-[e]s,-schläuche)* otre *m.* di vino. **wein|se|lig** agg. brillo, alticcio.

Wein|stein m. *(-[e]s)* tartaro *m.* **Wein|stein|säu|re** → **Weinsäure.**

Wein|steu|er f. *(-,-n)* imposta *f.* sul vino. **Wein|stock** m. *(-[e]s,-stöcke)* → **Weinrebe. Wein|stu|be** f. *(-,-n)* → **Weinlokal. Wein|trau|be** f. *(-,-n)* grappolo *m.* d'uva. **Wein|trin|ker** m. *(-s,-)* bevitore *m.* di vino.

wei|se I agg. saggio, sapiente: ***~ Reden, Ratschläge*** discorsi, consigli saggi **II** avv. saggiamente, sapientemente: ***~ urteilen, handeln*** giudicare, agire saggiamente.

1.Wei|se m. e f. *(-n,-n)* saggio *m.* (-a *f.*), sapiente *m.* e *f.* ◆ ***die drei -n aus dem Morgenland*** i tre re magi; ***der Stein der -n*** la pietra filosofale.

2.Wei|se f. *(-,-n)* **1** modo *m.*, maniera *f.*: ***auf meine ~*** a modo mio; ***auf diese ~*** in questo modo; ***auf jede ~*** in, a ogni modo; ***auf keine, in keiner*** (COLLOQ. ***keinster) ~*** in nessun modo; ***auf gleiche ~*** allo stesso modo; ***in der ~, dass*** in modo che; ***auf die eine oder andere ~*** in un modo o nell'altro; ***in gewohnter ~*** nel modo consueto **2** MUS. aria *f.*: ***eine lustige, fröhliche, schwermütige ~ spielen*** suonare un'aria vivace, allegra, malinconica ◆ ***das ist die rechte Art und ~*** questo è il modo giusto; ***das ist doch keine Art und ~*** non è questo il modo.

Wei|sel m. *(-s,-)* ape *f.* regina.

wei|sen *(wies, gewiesen)* **I** tr. indicare, mostrare: ***jdm den Weg ~*** indicare la strada a qcn.; ***jdm die Tür ~*** indicare la porta a qcn. (anche FIG.) **2** *(wegschicken)* allontanare, espellere: ***jdn aus dem Zimmer ~*** allontanare qcn. dalla stanza; ***jdn von der Schule, vom Spielfeld, aus dem Land ~*** espellere qcn. dalla scuola, dal campo di gioco, dal paese; ***etw. weit von sich ~*** respingere, allontanare fermamente qcs. da sé **II** rifl. **sich ~** vedere: ***ob er Recht hat, wird sich ~*** si vedrà se ha ragione; ***es muss sich noch ~*** bisogna ancora vedere **III** intr. (aus. *haben*) indicare, mostrare: ***nach Norden, auf einen freien Platz ~*** indicare il nord, un posto libero; ***mit der Hand auf etw. ~*** indicare qcs. con la mano ◆ ***etw. von der Hand ~*** = rifiutare qcs.; ***jdn zur Ordnung ~*** richiamare all'ordine qcn.; ***jdn zur Ruhe ~*** far tacere qcn.; ***jdn in die, seine Schranken ~*** richiamare qcn. all'ordine; ***ein Plan, der in die Zukunft weist*** un progetto che guarda al futuro.

Wei|ser m. *(-s,-)* ANT. lancetta *f.*

Weis|heit f. *(-,-en)* **1** *(Wissen)* sapienza *f.*: ***die göttliche ~*** la sapienza divina **2** *(Klugheit)* saggezza *f.*: ***die ~ des Alters*** la saggezza dell'età **3** *(weiser Rat, Spruch)* cosa *f.* saggia, saggio consiglio *m.*: ***er hat viele -en gesagt*** ha detto molte cose sagge; ***deine -en kannst du für dich behalten*** puoi tenere per te i tuoi saggi consigli **4** *(Kardinaltugend)* prudenza *f.* ◆ ***mit seiner ~ am Ende sein*** essere arrivato al fondo, non saper più come fare; COLLOQ. ***die ~ nicht mit Löffeln gegessen (gefressen) haben*** non essere un pozzo di scienza; ***der ~ letzter Schluss*** = la soluzione migliore. **Weis|heits|zahn** m. *(-[e]s,-zähne)* dente *m.* del giudizio. **weis|lich** avv. ANT. saggiamente. **weis‿ma|chen** tr. COLLOQ. ***jdm etw. ~*** far credere (*o* dare a intendere) qcs. a qcn.; ***er wollte mir ~, er habe mich nicht gesehen*** voleva darmi a intendere, di non avermi visto.

weiß I agg. **1** bianco: ***~ wie Schnee*** bianco come la neve; ***-e Haare, Zähne, Blutkörperchen*** capelli, denti, globuli bianchi; ***-er Wein*** vino bianco; ***-es Fleisch*** carne bianca; ***-e Rasse*** razza bianca **2** *(mit Schnee)* con la neve: ***-e Weihnachten, Ostern*** Natale, Pasqua con la neve **3** *(ohne Markennamen)* non di marca: ***-e Produkte*** prodotti non di marca **II** avv. di bianco: ***~ angezogen*** vestito di bianco ◆ ***~ glühend*** incandescente; ***das Weiße Haus*** la Casa Bianca; ***-e Kohle*** carbone bianco, energia idroelettrica; ***schwarz auf ~*** nero su bianco; ***der -e Sport*** = il tennis; ***der -e Tod*** la morte bianca; ***~ wie die Wand*** bianco come un cencio; ***vor Schreck ~ werden*** diventare bianco (*o* sbiancare) per lo spavento; ***~ werden*** incanutire, imbiancare; ***eine -e Weste haben*** = avere la fedina penale pulita. **Weiß** n. *(-[es])* bianco *m.*: ***die Farbe ~*** il colore bianco; ***in ~ heiraten*** sposarsi in bianco; *(Spieler mit weißen Figuren)* ***~ bietet Schach*** il bianco dà scacco ◆ ***in ~ gehalten*** tutto in bianco; ***aus Schwarz ~ machen (wollen)*** (voler) far vedere il nero per il bianco; ***~ tragen*** vestire di bianco.

weis|sa|gen tr. profetizzare, predire. **Weis|sa|ger** m. *(-s,-)* indovino *m.*, veggente *m.* **Weis|sa|gung** f. *(-,-en)* profezia *f.*, predizione *f.*

Weiß|bier n. *(-[e]s,-e)* → **Weizenbier. Weiß|bin|der** m. *(-s,-)* **1** bottaio *m.* **2** *(Anstreicher)* imbianchino *m.* **Weiß|blech** n. *(-[e]s,-e)* lamiera *f.* stagnata. **weiß|blond** agg. biondo platino. **weiß|blu|ten** rifl. (solo inf.) ***sich ~*** dissanguarsi ◆ ***bis zum Weißbluten*** fino ad esaurimento (*o* allo stremo). **Weiß|brot** n. *(-[e]s,-e)* pane *m.* bianco. **Weiß|buch** n. *(-[e]s,-bücher)* POL. libro *m.* bianco. **Weiß|bu|che** f. *(-,-n)* carpine *m.*, carpino *m.* **Weiß|dorn** m. *(-[e]s,-e)* biancospino *m.*

1.Wei|ße f. *(-,-n)* **1** bianco *m.* **2** *(weißes Aussehen)* biancore *m.*, bianchezza *f.*: ***die ~ eines Gesichts*** il biancore di un viso **3** COLLOQ. *(Weißbier)* chiara *f.*

2.Wei|ße *(-n,-n)* **I** m. **1** *(mit heller Hautfarbe)* bianco *m.*: ***hier wohnen viele ~*** qui vivono molti bianchi **2** *(Weißwein)* bianco *m.*: ***einen -n trinken*** bere un bianco **II** f. *(mit heller Hautfarbe)* bianca *f.*

3.Wei|ße n. *(-n)* **1** bianco *m.*: ***das ~ im Auge*** il bianco dell'occhio **2** *(Eiweiß)* chiara *f.*: ***das ~ im Ei*** la chiara dell'uovo ◆ ***jdm das ~ im Auge nicht gönnen*** = essere invidioso di qcn.

wei|ßeln REGION., **wei|ßen** tr. imbiancare: ***eine Wand ~*** imbiancare (*o* dare il bianco a) una parete.

Weiß|fisch m. *(-[e]s,-e)* leucisco *m.* **Weiß|fluss** m. *(-es)* MED. leucorrea *f.* **Weiß|fuchs** m. *(-es,-füchse)* volpe *f.* bianca. **Weiß|ger|be|rei** f. *(-,-en)* allumatura *f.* **Weiß|glut** f. *(-)* calore *m.* bianco, incandescenza *f.* ◆ ***jdn bis zur ~ reizen, bringen, treiben*** = far infuriare qcn. **Weiß|gold** n. *(-[e]s)* oro *m.* bianco. **weiß|grau** agg. grigio chiaro. **weiß|haa|rig** agg. dai capelli bianchi. **Weiß|kä|se** m. *(-s,-)* REGION. quark *m.* **Weiß|klee** m. *(-s)* trifoglio *m.* bianco (*o* ladino). **Weiß|kohl** m. *(-[e]s,-e)* REGION., **Weiß|kraut** n. *(-[e]s)* REGION. AUSTR. cavolo *m.* bianco. **weiß|lich** agg. biancastro, bianchiccio. **Weiß|ling** m. *(-s,-e)* ENTOM. pieride *f.* **Weiß|ma|cher** m. *(-s,-)* sbiancante *m.* **Weiß|mehl** n. *(-[e]s)* farina *f.* bianca. **Weiß|me|tall** n. *(-s,-e)* metallo *m.* bianco. **weiß|nä|hen** intr. (aus. *haben*) cucire biancheria. **Weiß|nä|he|rin** f. *(-,-nen)* biancherista *f.* **Weiß|pap|pel** f. *(-,-n)* pioppo *m.* bianco, gattice m.

Weiß|rus|se m. *(-n,-n)* bielorusso *m.* **Weiß|rus|sin** f. *(-,-nen)* bielorussa *f.* **weiß|rus|sisch** agg. bielorusso. **Weiß|russ|land** n.pr.n. *(-s)* Bielorussia *f.*, Russia *f.* bianca.

Weiß|sti|cke|rei f. *(-,-en)* ricamo *m.* in bianco. **Weiß|sucht** f. *(-)* albinismo *m.* **Weiß|tan|ne** f. *(-,-n)* abete *m.* bianco. **Wei|ßung** f. *(-,-en)* imbiancatura *f.* **Weiß|wal** m. *(-[e]s,-e)* balena *f.* bianca, beluga *m.* **Weiß|wa|ren** pl. biancheria *f.* **Weiß|wa|ren|ge|schäft** n. *(-[e]s,-e)* negozio *m.* di biancheria. **Weiß|wä|sche** f. *(-)* **1** biancheria *f.* **2** *(Kochwäsche)* bucato *m.* (di capi non colorati). **weiß|wa|schen** COLLOQ. **I** tr. scagionare **II** rifl. **sich ~** scagionarsi. **Weiß|wein** m. *(-[e]s,-e)* vino *m.* bianco. **Weiß|wurst** f. *(-,-würste)* INTRAD. (salsiccia *f.* di carne di vitello).

Weis|tum n. *(-s, Weistümer)* **1** DIR. weistum *m.* **2** *(Sammlung)* raccolta *f.* di weistum.

Wei|sung f. *(-,-en)* **1** istruzione *f.*, disposizione *f.* direttiva *f.*: ***-en erteilen, erhalten*** impartire, ricevere disposizioni **2** *(Anweisung, Befehl)* ordine *m.*, incarico *m.*, disposizione *f.*: ***er hatte ~, niemanden vorzulassen*** aveva ordine di non far passare nessuno. **wei|sungs|be|fugt, wei|sungs|be|rech|tigt** agg. che ha diritto di impartire ordini (*o* disposizioni). **wei|sungs|ge|bun|den** agg. soggetto a disposizioni. **wei|sungs|ge|mäß I** agg. conforme alle disposizioni **II** avv. secondo le disposizioni. **Wei|sungs|recht** n. *(-[e]s)* diritto *m.* di impartire ordini (*o* disposizioni).

weit I agg. **1** ampio, vasto: ***-e Räume*** ampi spazi; ***-e Ebenen, Täler*** vaste pianure, ampie vallate; ***einen -en Blick über die Landschaft haben*** avere un'ampia vista sul paesaggio; FIG. ***einen -en Horizont haben*** avere un vasto orizzonte **2a** *(groß)* grande, largo: ***-e Teile der Bevölkerung*** gran (*o* larga) parte della popolazione; ***aus -er Entfernung*** a grande distanza **b** *(locker sitzend)* ***-e Ärmel, Hosen*** maniche larghe, pantaloni larghi (*o* grandi) **3** *(streckenmäßig ausgedehnt)* lungo: ***ein -er Weg*** un lungo cammino; ***eine -e Reise*** un lungo viaggio; ***über -e Strecken*** per lunghi tratti **4** *(entfernt)* lontano, distante: ***es ist sehr ~ von hier*** è molto lontano da qui; ***das Dorf ist fünf Kilometer ~*** il villaggio è lontano (*o* dista) cinque chilometri **5** *(mit Maßangaben auch unübersetzt)* ***5,80 Meter ~ springen*** saltare 5,80 metri **II** avv. **1** ampiamente: ***dieser Aberglauben ist ~ verbreitet*** questa superstizione è ampiamente diffusa; ***~ gereist*** che ha viaggiato molto; ***~ verzweigt*** molto ramificato **2** *(entfernt)* lontano, distante: ***von jdm ~ weg wohnen*** abitare lontano da qcn.; ***er kommt von ~ her*** viene da lontano **3** *(lange)* a lungo, lungamente: ***sie haben ~ zu laufen*** devono camminare a lungo **4** *(längst)* di gran lunga, molto, ben: ***er ist ~ älter*** è di gran lunga più vecchio; ***~ nach Mitternacht*** ben oltre mezzanotte ◆ ***~ aufmachen*** spalancare; ***das ist bei -em besser*** è di gran lunga (*o* decisamente) migliore; ***er singt bei -em nicht so gut*** alla fine (*o* in fondo) non canta così bene; ***~ bekannt*** molto conosciuto (*o* noto), conosciutissimo, notissimo; ***~ blickend*** lungimirante; ***~ und breit*** in lungo e in largo; FIG. ***es ~ bringen*** fare molta strada; ***von etw. (D) ~ entfernt sein*** essere ben lungi, ben lontano da qcs.; ***in -er Ferne*** da lontano; FIG. ***zu ~ führen*** portare troppo lontano; ***so ~ gehen*** arrivare al punto; FIG. ***zu ~ gehen*** andare troppo oltre; ***so ~ ist es schon gekommen*** a che punto ci siamo ridotti; ***~ greifend*** di vasta portata; ***so ~ so gut*** fin qui tutto bene; ***mit jdm, mit etw. ist es nicht ~ her*** qcn., qcs. non vale molto; FIG. ***~ hergeholt*** tirato per i capelli; FIG. ***ein ~-es Herz haben*** avere un gran cuore; ***bis ~ in die Nacht hinein*** fino a notte inoltrata; ***~ öffnen*** spalancare; ***~ reichend*** esteso, vasto, ampio; *(von Geschützen)* a lunga gittata; ***~ reichende Konsequenzen*** conseguenze di vasta portata; ***~ vom Schuss sein*** essere fuori tiro; COLLOQ. ***so ~ sein*** essere pronto; ***so ~*** fino a questo punto; ***~ tragend*** a lunga gittata; FIG. di vasta (*o* ampia) portata; ***es zu ~ treiben*** esagerare; ***von -em*** da lontano; ***(nicht) ~ weg*** (non) molto lontano; ***etw. ~ von sich weisen*** allontanare, respingere fermamente qcs. da sé; ***die -e Welt entdecken gehen*** andare alla scoperta del mondo; ***wie ~ ist es bis zur nächsten Stadt?*** quanto dista la prossima città? ***wie ~ sind Sie mit dem Plan?*** a che punto siete con il progetto?

Weit n. *(-[e]s,-e)* TECN. larghezza *f.* **weit|ab** avv. lontano: ***~ vom Flughafen*** lontano dall'aeroporto. **weit|aus** avv. di gran lunga, molto, ben: ***~ tüchtiger*** di gran lunga più bravo; ***~ der beste Pianist*** di gran lunga il migliore pianista.

Weit|blick m. *(-[e]s)* lungimiranza *f.*

Wei|te f. *(-,-n)* **1** ampiezza *f.*, vastità *f.*; *(Ausdehnung)* estensione *f.*: ***das Meer lag in unendlicher ~ vor uns*** il mare si estendeva davanti a noi nella sua infinita vastità **2** *(Öffnung)* apertura *f.* **3** *(Durchmesser)* larghezza *f.*, diametro *m.*: ***lichte ~*** diametro interno **4a** *(von Kleidungsstücken)* ampiezza *f.*, misura *f.* **b** *(Umfang)* circonferenza *f.* **5** *(Ferne)* lontananza *f.*: ***in die ~ schauen, ziehen*** guardare in lontananza, andare lontano; ***in die ~ schweifen*** divagare **6a** SPORT *(Entfernung)* distanza *f.* **b** ***mit der ~ von 8,32 m siegen*** vincere con la misura di 8,32 m ◆ ***mit den Gedanken in die ~ schweifen*** vagare lontano col pensiero.

wei|ten I tr. **1** allargare; ***etw. ~ lassen*** fare allargare qcs. **2** FIG. ampliare, allargare: ***seinen Horizont ~*** ampliare il proprio orizzonte **II** rifl. **sich ~** allargarsi; *(von Pupillen)* dilatarsi.

wei|ter (compar. di *weit*) **I** agg. ulteriore, altro: ***eine -e Woche Frist*** un'ulteriore (*o* un'altra) settimana di proroga; ***die -e Entwicklung abwarten*** aspettare gli ulteriori sviluppi; ***noch -e Fragen?*** ancora altre domande? **II** avv. **1a** più in là, più avanti: ***sie wohnt drei Hausnummern ~*** abita tre numeri più in là; ***nicht ~ sehen als seine Nase*** non vedere più in là del proprio naso **b** *(mehr)* più: ***~ unten, vorn*** più giù, più avanti; ***die Stadt liegt ~ östlich*** la città è più ad est **2** *(darüber hinaus, sonst)* altro, (in)oltre, di più: ***nichts ~?*** nient'altro? ***~ weiß er nichts von der Angelegenheit*** non sa altro della faccenda; ***sie wollte ~ nichts als weggehen*** non desiderava altro che andarsene; ***mir bleibt nichts ~ übrig als...*** non mi resta altro (da fare) che...; ***kein Wort ~!*** non una parola di più! **3a** *(weiterhin)* dopo, in seguito, poi: ***und was sagte sie ~?*** e cosa disse dopo? **b** ancora: ***er will sich ~ damit beschäftigen*** vuole occuparsene ancora (*o* continuare a occuparsene); ***~ bestehen*** continuare a esistere (*o* sussistere), sopravvivere, durare **4** rafforz. ***das ist ~ kein Unglück*** non è poi una disgrazia ◆ ***bis auf -es*** fino a nuovo ordine; ***des Weiteren*** inoltre; ***~ machen*** allargare; ***nicht ~!*** fermo! ***nur ~!*** avanti! ***ohne -es*** senz'altro; ***das ist nicht ~ schlimm*** non è poi una cosa grave; ***im -en Sinn*** in senso più ampio, in senso lato; ***und so ~*** e così via, eccetera; ***ohne -e Umstände*** senza tante storie; ***~ werden*** allargarsi.

wei|ter‿ar|bei|ten I intr. (aus. *haben*) continuare a lavorare **II** rifl. **sich ~** fare carriera, avanzare (nel lavoro). **wei|ter‿be|för|dern** tr. **1** ***die Passagiere mit Bussen ~*** far proseguire i passeggeri in pullman **2** *(weiterleiten)* inoltrare. **Wei|ter|be|för|de|rung** f. *(-)* inoltro *m.* **wei|ter‿bil|den I** tr. perfezionare; *(fortbilden)* aggiornare **II** rifl. **sich ~** perfezionarsi; *(sich fortbilden)* aggiornarsi. **Wei|ter|bil|dung** f. *(-)* perfezionamento *m.*; *(Fortbildung)* aggiornamento *m.* **wei|ter‿brin|gen** tr. *(brachte, gebracht)* portare (*o* mandare) avanti; *(fördern)* favorire. **wei|ter‿dür|fen** intr. *(darf, durfte, gedurft*; aus. *haben)* poter continuare (*o* proseguire).

Wei|te|re n. *(-n)* resto *m.*, altro *m.*

wei|ter‿emp|feh|len tr. *(empfiehlt, empfahl, empfohlen)* raccomandare ad altri. **wei|ter‿ent|wi|ckeln I** tr. sviluppare ulteriormente **II** rifl. **sich ~** evolversi, svilupparsi, fare progressi. **Wei|ter|ent|wick|lung** f. *(-,-en)* sviluppo *m.* ulteriore, evoluzione *f.* **wei|**

ter‿er|zäh|len tr. raccontare, (andare a) dire in giro. **wei|ter‿fah|ren** intr. *(fährt, fuhr, gefahren*; aus. *sein)* proseguire, continuare (il viaggio). **Wei|ter|fahrt** f. *(-)* proseguimento *m.* del viaggio. **wei|ter‿flie|gen** intr. *(flog, geflogen*; aus. *sein)* proseguire in volo. **wei|ter‿füh|ren I** tr. **1** portare avanti **2** *(fortführen)* proseguire, continuare **II** intr. (aus. *haben*) proseguire, continuare. **wei|ter|füh|rend** p.pres. agg. **1** → **weiterführen 2** ***-e Schulen*** scuole di specializzazione.

Wei|ter|ga|be f. *(-)* **1** passaggio *m.* **2** *(Übermitteln)* inoltro *m.*, trasmissione *f.* **wei|ter‿ge|ben** tr. *(gibt, gab, gegeben)* **1a** dare (ad altri), passare **b** SPORT ***den Ball ~*** passare la palla **2** *(übermitteln)* inoltrare, trasmettere (ad altri).

wei|ter‿ge|hen intr. *(ging, gegangen;* aus. *sein)* andare avanti, continuare, proseguire (anche FIG.): ***bitte, ~!*** (vada, andate) avanti, per favore! circolare, prego! ***hier geht es nicht mehr weiter*** qui la strada non continua più, finisce; ***so kann es nicht ~!*** così non si può andare avanti! ***das Leben geht weiter*** la vita continua.

wei|ter‿hel|fen I intr. *(hilft, half, geholfen*; aus. *haben)* ***jdm (bei etw.) ~*** aiutare qcn. (a superare qcs.); ***dein Rat hat mir weitergeholfen*** il tuo consiglio mi ha aiutato (*o* mi è servito) **II** rifl. ***sich (D) ~*** farcela da solo.

wei|ter|hin avv. **1** ancora: ***sie leben ~ getrennt*** vivono ancora divisi **2** *(künftig)* in futuro: ***ich wünsche dir ~ viel Glück*** ti auguro tanta fortuna anche in futuro **3** *(außerdem)* inoltre, anche.

wei|ter‿kämp|fen intr. (aus. *haben*) continuare a combattere (*o* a lottare).

wei|ter‿kom|men intr. *(kam, gekommen*; aus. *sein)* **1** proseguire **2** *(vorankommen)* andare avanti, avanzare, progredire: ***mit einer Arbeit, im Beruf ~*** andare avanti con un lavoro, fare carriera ◆ COLLOQ. ***sehen (machen), dass man weiterkommt*** cercare di allontanarsi in fretta.

wei|ter‿kön|nen intr. *(kann, konnte, gekonnt*; aus. *haben)* **1** poter proseguire (*o* andare avanti) **2** *(fähig sein fortzusetzen)* essere capace di proseguire (*o* di continuare), riuscire a continuare.

wei|ter‿lau|fen intr. *(läuft, lief, gelaufen*; aus. *sein)* **1** continuare a correre: ***die Produktion ~ lassen*** far continuare la produzione **2** *(weitergehen)* andare avanti, proseguire, continuare (anche FIG.); ***sein Gehalt läuft während der Krankheit weiter*** durante la malattia continua a percepire lo stipendio **3** *(in Betrieb bleiben)* andare avanti, restare in funzione. **wei|ter‿le|ben** intr. (aus. *haben*) continuare a vivere. **wei|ter‿lei|ten** tr. **1a** inoltrare, trasmettere **b** ***eine Postsendung ~*** effettuare una spedizione postale **2** SPORT ***den Ball ~*** passare la palla. **Wei|ter|lei|tung** f. *(-)* inoltro *m.*, trasmissione *f.* **wei|ter‿ma|chen** tr. ***etw.*** *~* continuare (a fare) qcs., andare avanti con qcs. ◆ IRON. ***mach nur so weiter!*** continua pure così! **wei|ter‿müs|sen** intr. *(muss, musste, gemusst*; aus. *haben)* dover proseguire (*o* andare avanti).

wei|tern RAR. → **erweitern.**

wei|ter‿re|den intr. (aus. *haben*) continuare il proprio discorso, continuare a parlare. **wei|ter‿rei|chen** tr. passare (*o* dare) ad altri. **Wei|ter|rei|se** f. *(-)* proseguimento *m.* del viaggio. **wei|ter‿rei|sen** intr. (aus. *haben*) proseguire il viaggio.

wei|ters avv. AUSTR. → **weiterhin.**

wei|ter‿sa|gen tr. (andare a) dire in giro, ad altri. **wei|ter‿se|hen** intr. *(sieht, sah, gesehen*; aus. *haben)* vedere (poi): ***nach dem Urlaub werden wir ~*** vedremo poi dopo le ferie. **wei|ter‿sol|len** intr. (aus. *haben)* dover proseguire (*o* andare avanti). **wei|ter‿spie|len I** tr. ***den Ball ~*** passare la palla **II** intr. (aus. *haben*) continuare a giocare. **wei|ter‿spin|nen I** tr. ***einen Gedanken ~*** sviluppare un pensiero **II** intr. (aus. *haben*) continuare a tessere. **wei|ter‿spre|chen** intr. *(spricht, sprach, gesprochen*; aus. *haben)* continuare a parlare. **wei|ter‿tra|gen** tr. *(trägt, trug, getragen)* portare via. **wei|ter‿trei|ben** *(trieb, getrieben)* **I** tr. **1** spingere via **2** *(vertreiben)* cacciare, scacciare via **II** intr. (aus. *sein*) andare alla deriva, essere sospinto via.

Wei|te|run|gen pl. complicazioni *f.pl.*

wei|ter‿ver|ar|bei|ten tr. ***etw.*** *~* lavorare ulteriormente qcs., continuare la lavorazione di qcs. **wei|ter|ver|ar|bei|tend** p.pres. agg. **1** → **weiterverarbeiten 2** ***-e Industrie*** industria manifatturiera (*o* di trasformazione). **Wei|ter|ver|ar|bei|tung** f. *(-,-en)* ulteriore lavorazione *f.*, proseguimento *m.* nella lavorazione.

wei|ter‿ver|brei|ten tr. diffondere. **Wei|ter|ver|brei|tung** f. *(-)* diffusione *f.* **wei|ter‿ver|fol|gen** tr. **1** continuare a inseguire **2** *(zu verwirklichen zu suchen)* continuare a perseguire **3** *(weiterbeobachten)* continuare a seguire. **Wei|ter|ver|kauf** m. *(-[e]s,-verkäufe)* rivendita *f.* **wei|ter‿ver|kau|fen** tr. rivendere. **wei|ter‿ver|mie|ten** tr. subaffittare. **Wei|ter|ver|mie|tung** f. *(-,-en)* subaffitto *m.* **wei|ter‿ver|mit|teln** tr. **1** ***Kenntnisse ~*** trasmettere conoscenze acquisite **2** procurare, fornire (a terzi): ***Arbeitskräfte ~*** procurare manodopera. **Wei|ter|ver|si|che|rung** f. *(-,-en)* prosecuzione *f.* (volontaria) dell'assicurazione, assicurazione *f.* volontaria (*o* facoltativa). **wei|ter‿wis|sen** intr. *(weiß, wusste, gewusst*; aus. *haben)* saper cosa fare, sapere come cavarsela: ***bei diesem Problem weiß ich wirklich nicht mehr weiter*** non so proprio più come risolvere questo problema. **wei|ter‿wol|len** intr. *(will, wollte, gewollt*; aus. *haben)* voler andare avanti (*o* proseguire). **wei|ter‿zah|len** tr. continuare a pagare.

weit|ge|hend (compar. *-er/weiter gehend*, superl. *-st.../weitest gehend...*) **I** agg. ampio, vasto, largo: ***-e Übereinstimmung erzielen*** raggiungere una larga intesa **II** avv. ampiamente; *(vollständig)* completamente. **weit|her** avv. da lontano. **weit|her|zig** agg. magnanimo, generoso. **Weit|her|zig|keit** f. *(-)* magnanimità *f.*, generosità *f.* **weit|hin** avv. (da) lontano, in lontananza. **weit|hi|naus** avv. molto fuori ◆ ***auf ~*** per un lontano futuro, a lunga scadenza. **weit|läu|fig** agg. **1** grande, vasto; *(großräumig)* spazioso **2** *(ausführlich)* ampio, lungo, dettagliato: ***eine -e Erzählung*** un racconto dettagliato **3** *(entfernt)* lontano: ***-e Verwandten*** parenti lontani (*o* alla lontana) ◆ ***~ verwandt sein*** essere lontani parenti. **Weit|läu|fig|keit** f. *(-,-en)* **1** grandezza *f.*, vastità *f.* **2a** *(Ausführlichkeit)* lunghezza *f.* **b** *(Weitschweifigkeit)* lungaggine *f.* **weit|ma|schig** agg. a maglie larghe. **weit|räu|mig** agg. spazioso; *(ausgedehnt)* esteso. **weit|schwei|fig** agg. prolisso, verboso. **Weit|schwei|fig|keit** f. *(-,-en)* prolissità *f.*, verbosità *f.*, lungaggine *f.*

Weit|sicht f. *(-)* lungimiranza *f.* **weit|sich|tig I** agg. **1** presbite **2** *(weitblickend)* lungimirante **II** avv. con lungimiranza, in modo lungimirante. **Weit|sich|tig|keit** f. *(-)* presbiopia *f.*, presbitismo *m.*

weit‿sprin|gen intr. *(sprang, gesprungen*; aus. *sein)* SPORT praticare il salto in lungo. **Weit|sprin|ger** m. *(-s,-)* saltatore *m.* in lungo. **Weit|sprung** m. *(-[e]s,-sprünge)* **1** salto *m.* in lungo **2** *(Sprung)* salto *m.*

Wei|tung f. *(-,-en)* **1** allargamento *m.* **2** FIG. ampliamento *m.*

Weit|win|kel n. *(-s,-)*, **Weit|win|kel|ob|jek|tiv** n. *(-s,-e)* (obiettivo *m.*) grandangolare *m.*, grandangolo *m.*

Wei|zen m. *(-s,-)* frumento *m.*, grano *m.* ◆ ***sein ~ blüht*** le cose (*o* gli affari) gli vanno bene. **Wei|zen|bier** n. *(-[e]s,-e)* INTRAD. (birra chiara di frumento). **Wei|zen|brot** n. *(-[e]s,-e)* pane *m.* di frumento. **Wei|zen|ern|te** f. *(-,-n)* **1** raccolto *m.* di grano **2** *(Ernten von Weizen)* raccolta *f.* del grano, raccolto *m.* **Wei|zen|feld** n. *(-[e]s,-er)* campo *m.* di grano. **Wei|zen|keim** m. *(-[e]s,-e)* germoglio *m.* di grano. **Wei|zen|kleie** f. *(-,-n)* crusca *f.* di grano. **Wei|zen|korn** n. *(-[e]s,-körner)* chicco *m.* di grano. **Wei|zen|mehl** n. *(-[e]s,-e)* farina *f.* di frumento. **Wei|zen|schrot** m. e n. *(-[e]s,-e)* frumento *m.* (*o* grano *m.*) macinato grosso.

welch, wel|che → **welcher.**

wel|cher (f. **welche**, n. **welches**) **I** pron.interr. **1a** *(attributiv)* quale, che: ***an welchem Tag bist du geboren?*** in che giorno sei nato? ***welches Kleid ziehst du an?*** che vestito ti metti? ***in welche Schule gehst du?*** in che scuola vai? ***die wirtschaftliche Lage welches (welchen) Landes?*** la situazione economica di che paese? ***welches (welchen) Schülers Buch ist dies?*** di quale allievo è questo libro? **b** *(absolut)* ***welche von deinen Freundinnen?*** quale delle tue amiche? ***~ von ihnen, euch beiden?*** quale di loro due, chi di voi due? **c** n. **welches** quale: ***welches ist deine Tasche?*** qual è la tua borsa? ***welches sind die beliebtesten Ferienziele?*** quali sono le mete preferite per le vacanze? ***welche(s) sind die schönsten (Filme)?*** quali sono i (film) più belli? **2** LETT. *(in Ausrufen)* che, quale: ***welch ein Anblick!*** che spettacolo! ***welch großer, ~ große Dichter!*** che grande poeta! qual grande poeta! ***mit welch einer, mit ~ Freude!*** con quale gioia! **II** pron.rel. che, il quale: ***die Frau, welche ich kennengelernt habe*** la donna che ho conosciuto **III** pron.indef. COLLOQ. qualcuno: ***hier sind viele Ausländer: hast du schon welche gesehen?*** qui ci sono molti stranieri: ne hai già visto qualcuno? (*o* ne hai già visti?); ***ich habe kein Geld mehr. Hast du welches?*** non ho più soldi. Ne hai tu? ***es gibt welche, die...*** c'è qualcuno che... ◆ ***~ auch (immer)*** chiunque; ***welches auch (immer)*** qualunque (cosa); ***auf welche Schwierigkeit ich auch stoßen mag*** qualunque difficoltà io possa incontrare. **wel|cher|art,** BUROCR. **wel|cher|ge|stalt** avv. di che (*o* quale) tipo, di che specie. **wel|cher|lei** avv. di che tipo (*o* natura), quale; *(welche auch immer)* qualunque, qualsiasi. **wel|cher|wei|se** avv. RAR. in che (*o* quale) modo.

wel|ches → **welcher.**

Welf m. *(-[e]s,-e)* e n. *(-[e]s,-er)* → **Welpe.**

welk agg. avvizzito, vizzo: ***eine -e Haut*** una pelle avvizzita; *(von*

Blumen, Pflanzen) appassito. **wel|ken** intr. (aus. *sein*) **1a** avvizzire **b** *(von Blumen, Pflanzen)* appassire **2** FIG. appassire, sfiorire: ***schon nach einigen Jahren begann ihre Schönheit zu ~*** già dopo pochi anni la sua bellezza cominciò a sfiorire.

Well|baum m. *(-[e]s,-bäume)* ANT. TECN. albero *m.* **Well|blech** n. *(-[e]s,-e)* lamiera *f.* ondulata. **Well|blech|dach** n. *(-[e]s,-dächer)* tetto *m.* in lamiera ondulata.

Wel|le f. *(-,-n)* **1a** onda *f.*: ***der Kamm einer ~*** la cresta di un'onda; ***die -n brechen sich, branden*** le onde s'infrangono; ***die -n schlagen, klatschen ans Ufer*** le onde battono sulla riva; ***die -n gehen hoch*** le onde si alzano; ***von den -n verschlungen werden*** essere inghiottito dalle onde; FIG. ***die ~ der Begeisterung*** l'onda dell'entusiasmo **b** FIS. ***kurze, lange -n*** onde corte, lunghe; ***elektromagnetische -n*** onde elettromagnetiche **c** *(welliges Haar)* ***sich -n legen lassen*** farsi fare le onde **2** RAD. lunghezza *f.* d'onda **3** FIG. ondata *f.*: ***eine ~ von Protesten*** un'ondata di proteste; MIL. ***in mehreren -n angreifen*** attaccare in varie ondate **4** *(Erhebung)* ondulazione *f.*: ***-n im Gelände*** ondulazioni nel terreno **5** FIG. *(Tendenz)* linea *f.*, tendenza *f.*: ***die neue ~ in der Mode*** la nuova linea (*o* le novità) della moda; POL. ***die weiche ~*** la linea morbida **6** MECC. albero *m.* **7** GINN. *(Umschwung)* volteggio *m.* **8** REGION. *(Bündel)* fascina *f.* ◆ ***die -n haben sich geglättet*** le acque si sono calmate; ***grüne ~*** onda verde; ***(hohe) -n schlagen*** destare (grande) scalpore; *(Auswirkungen haben)* avere ripercussioni.

wel|len I tr. ondulare: ***das Haar, das Blech ~*** ondulare i capelli, la lamiera **II** rifl. **sich ~ 1** *(nicht glatt liegen)* fare delle pieghe **2** *(wellig sein)* essere ondulato: ***sein Haar wellt sich*** i suoi capelli sono ondulati. **wel|len|ar|tig** agg. ondulato, a onde. **Wel|len|bad** n. *(-[e]s,-bäder)* piscina *f.* con onde artificiali. **Wel|len|be|reich** m. *(-[e]s,-e)* gamma *f.* di lunghezze d'onda. **Wel|len|berg** m. *(-[e]s,-e)* cresta *f.* dell'onda. **Wel|len|be|we|gung** f. *(-,-en)* moto *m.* ondulatorio. **Wel|len|bre|cher** m. *(-s,-)* **1** frangiflutti *m.*, frangionde *m.* **2** MAR. *(auf dem Vordeck von Schiffen)* paraonde *m.* **wel|len|för|mig** agg. ondulato, a onde. **Wel|len|gang** m. *(-[e]s)* moto *m.* ondoso. **Wel|len|kamm** m. *(-[e]s,-kämme)* cresta *f.* d'onda. **Wel|len|län|ge** f. *(-,-n)* FIS. lunghezza *f.* d'onda (anche FIG.): ***die gleiche ~ haben, auf der gleichen ~ liegen*** essere sulla stessa lunghezza d'onda. **Wel|len|li|nie** f. *(-,-n)* linea *f.* ondulata. **Wel|l en|me|cha|nik** f. *(-)* meccanica *f.* ondulatoria. **Wel|len|rei|ten** n. *(-s)* surf *m.* **Wel|len|rei|ter** m. *(-s,-)* surfista *m.* **Wel|len|sa|lat** m. *(-[e]s)* SCHERZ. = cattiva ricezione *f.* di diverse frequenze radio. **Wel|len|sit|tich** m. *(-s,-e)* pappagallino *m.* ondulato. **Wel|len|tal** n. *(-[e]s,-täler)* cavo *m.* dell'onda. **Wel|len|the|o|rie** f. *(-)* **1** FIS. teoria *f.* ondulatoria **2** LING. teoria *f.* delle onde. **Wel|len|tun|nel** m. *(-s,-)* **1** MAR. tunnel *m.* dell'asse **2** MECC. *(Kardantunnel)* tunnel *m.* dell'albero di trasmissione.

Wel|ler m. *(-s,-)* argilla *f.* mista a paglia. **wel|lern** tr. riempire con argilla mista a paglia.

Well|fleisch n. *(-[e]s)* bollito *m.* di maiale.

wel|lig agg. ondulato. **Well|pap|pe** f. *(-,-n)* cartone *m.* ondulato. **Well|rad** n. *(-[e]s,-räder)* argano *m.*, verricello *m.* **Wel|lung** f. *(-,-en)* **1** forma *f.* ondulata **2** *(wellige Stelle)* ondulazione *f.*

Wel|pe m. *(-n,-n)* cucciolo *m.*, piccolo *m.* (di cane, lupo, volpe).

Wels m. *(-es,-e)* siluro *m.* di Europa.

welsch agg. **1** SVIZZ. (svizzero) di lingua francese **2a** ANT. italiano; *(französisch)* francese **b** SPREG. straniero; meridionale. **Welsch|kohl** m. *(-[e]s)*, **Welsch|kraut** n. *(-[e]s)* REGION. verza *f.*, cavolo *m.* verzotto.

Welsch|land n. *(-[e]s)* **1** SVIZZ. Svizzera *f.* francese **2** ANT. Italia *f.*; *(Frankreich)* Francia *f.*

Welt f. *(-,-en)* mondo *m.*: ***die Entstehung der ~*** l'origine del mondo; ***die ganze ~*** il mondo intero; ***eine andere, bessere ~*** un altro mondo, un mondo migliore; ***die ~ von morgen, von gestern*** il mondo di domani, di ieri; ***die ~ ändern wollen*** voler cambiare il mondo; ***eine Reise um die ~ machen*** fare un viaggio intorno al mondo; *(Leben)* ***die ~ der Erwachsenen*** il mondo degli adulti; EUFEM. ***aus der ~ gehen, scheiden*** andarsene dal mondo; *(Menschen)* ***die weibliche ~*** il mondo delle donne; *(Bereich)* ***die literarische ~*** il mondo letterario (*o* delle lettere); ***die ~ der Musik, der Arbeit*** il mondo della musica, del lavoro; *(Planeten und Sterne)* ***ferne -en*** mondi lontani ◆ ***allein auf der ~ sein*** essere solo al mondo; ***in aller ~*** dappertutto...; ***was in aller ~?*** cosa mai? ***aus aller ~*** da ogni parte; ***alle ~*** tutti; ***die Alte ~*** il vecchio mondo; ***auf dieser ~*** a questo mondo; ***in den Augen der ~*** agli occhi del mondo; COLLOQ. ***aus der ~ sein*** essere in capo al (*o* fuori del) mondo; ***für ihn bricht eine ~ zusammen*** gli crolla il mondo addosso; ***jdn zur ~ bringen*** → ***jdn in die ~ setzen; die Dritte ~*** il Terzo Mondo; ***am Ende der ~ wohnen*** vivere in capo al mondo; ***der ~ entsagen*** rinunciare al mondo; ***eine ~ für sich*** un mondo a sé; FIG. ***um die ganze ~ laufen*** fare il giro del mondo; ***die ~ gesehen haben*** aver visto il mondo; FIG. ***die große ~*** il gran mondo; ***die halbe ~*** mezzo mondo; ***in die ~ hinausgehen*** andare alla conquista del mondo; ***das Beste in der ~*** il migliore del (*o* al) mondo; ***die ~ kennen*** conoscere il mondo; ***auf die, zur ~ kommen*** venire al mondo; ***nicht die ~ kosten*** non costare un patrimonio; ***das ist der Lauf der ~*** così va il mondo; ***das Licht der ~ erblicken*** vedere la luce, nascere; ***die Neue ~*** il Nuovo Mondo; ***um nichts in der ~*** per niente al mondo; ***etw. aus der ~ schaffen*** sistemare qcs.; *(beseitigen)* eliminare qcs., liberarsi di qcs.; ***auf der ~ sein*** essere al mondo; ***jdn in die ~ setzen*** mettere al mondo qcn.; ***etw. in die ~ setzen*** mettere in giro, diffondere; ***-en trennen uns*** apparteniamo a due mondi diversi; ***davon geht die ~ nicht unter*** non casca il mondo; ***verkehrte ~*** mondo alla rovescia; ***ein Mann von ~*** un uomo di mondo; ***die ~ nicht mehr verstehen*** non saper più che cosa pensare; ***die Vierte ~*** il Quarto mondo; ***vor der ~*** davanti a tutti; ***sich von der ~ zurückziehen*** ritirarsi dal mondo; PROV. ***die ~ ist klein, ist ein Dorf*** com'è piccolo il mondo!

welt|ab|ge|schie|den agg. isolato (dal mondo). **welt|ab|ge|wandt** agg. (di)staccato (*o* avulso) dalla realtà: ***ein -er Mensch*** una persona avulsa dalla realtà. **Welt|ab|ge|wandt|heit** f. *(-)* distacco *m.* dalla realtà. **Welt|all** n. *(-s)* universo *m.* **welt|an|schau|lich** agg. relativo alla visione del mondo: ***aus -en Gründen*** per la (mia) visione del mondo. **Welt|an|schau|ung** f. *(-,-en)* visione *f.* (*o* concezione *f.*) del mondo; FILOS. Weltanschauung *f.* **Welt|aus|stel|lung** f. *(-,-en)* esposizione *f.* mondiale. **Welt|bank** f. *(-)* banca *f.* mondiale. **welt|be|kannt** agg. universalmente noto, noto in tutto il mondo. **welt|be|rühmt** agg. di fama mondiale (*o* internazionale), famoso in tutto il mondo. **Welt|be|rühmt|heit** f. *(-,-en)* **1** fama *f.* mondiale (*o* internazionale) **2** *(weltberühmter Mensch)* celebrità *f.* di fama internazionale.

Welt|bes|te m. e f. *(-n,-n)* SPORT primatista *m.* e *f.* mondiale, del mondo. **Welt|best|leis|tung** f. *(-,-en)* primato *m.* (*o* record *m.*) del mondo, mondiale. **Welt|best|zeit** f. *(-,-en)* (tempo *m.*) record *m.* mondiale, del mondo.

welt|be|we|gend agg. importante per tutta l'umanità. **Welt|bumm|ler** → **Weltenbummler.**

Welt|bür|ger m. *(-s,-)* cosmopolita *m.*, cittadino *m.* del mondo. **welt|bür|ger|lich** agg. cosmopolitico. **Welt|bür|ger|tum** n. *(-s)* cosmopolitismo *m.*

Welt|cup m. [-kap] *(-s,-s)* coppa *f.* del mondo. **Welt|da|me** f. *(-,-n)* donna *f.* di mondo. **Wel|ten|bumm|ler** m. *(-s,-)* giramondo *m.* **Wel|ten|de** n. *(-s)* fine *f.* del mondo. **Wel|ten|raum** LETT. → **Weltraum. welt|ent|rückt** agg. trasognato. **welt|er|fah|ren** agg. esperto del mondo. **Welt|er|fah|rung** f. *(-,-en)* esperienza *f.* (delle cose) del mondo. **Welt|er|folg** m. *(-[e]s,-e)* successo *m.* mondiale (*o* internazionale).

Wel|ter|ge|wicht n. *(-[e]s,-e)* SPORT peso *m.* welter. **Wel|ter|ge|wicht|ler** m. *(-s,-)* peso *m.* welter.

Welt|er|o|be|rer m. *(-s,-)* conquistatore *m.* del mondo. **welt|er|schüt|ternd** agg. che sconvolge (*o* che scuote) il mondo (intero). **welt|fern** agg. lontano dalla realtà: ***ein -er Gelehrter*** un erudito lontano dalla realtà. **Welt|flucht** f. *(-)* fuga *f.* dal mondo. **welt|fremd** agg. (al di) fuori della realtà, avulso dalla realtà.

Welt|frie|de m. *(-ns)* ANT., **Welt|frie|den** m. *(-s)* pace *f.* mondiale. **Welt|frie|dens|kon|gress** m. *(-es,-e)* conferenza *f.* mondiale per la pace.

Welt|ge|fü|ge n. *(-s,-)* struttura *f.* del cosmo. **Welt|geist|li|che** m. *(-n,-n)* ecclesiastico *m.* secolare. **Welt|geist|lich|keit** f. *(-)* clero *m.* secolare. **Welt|ge|richt** n. *(-[e]s)* giudizio *m.* universale. **Welt|ge|sche|hen** n. *(-s)* avvenimenti *m.pl.* mondiali. **Welt|ge|schich|te** f. *(-)* storia *f.* universale ◆ COLLOQ. ***in der ~ herumreisen*** viaggiare per il mondo; ***da hört (sich) doch die ~ auf*** è davvero inaudito. **welt|ge|schicht|lich** agg. di storia universale. **Welt|ge|sund|heits|or|ga|ni|sa|ti|on** f. *(-)* organizzazione *f.* mondiale della sanità. **welt|ge|wandt** agg. esperto (delle cose) del mondo, navigato. **Welt|ge|wandt|heit** f. *(-)* esperienza *f.* (delle cose) del mondo. **Welt|han|del** m. *(-s)* commercio *m.* mondiale. **Welt|herr|schaft** f. *(-)* dominio *m.* mondiale. **Welt|hilfs|spra|che** f. *(-)* interlingua *f.* **Welt|jah|res|best|leis|tung** f. *(-,-en)* primato *m.* mondiale dell'anno. **Welt|jah|res|best|zeit** f. *(-,-en)* (tempo *m.*) record *m.* mondiale dell'anno. **Welt|kar|te** f. *(-,-n)* planisfero *m.* **Welt|kennt|nis** f. *(-)* conoscenza *f.* del mondo. **Welt|kind** n. *(-[e]s,-er)* LETT. uomo *m.* di mondo. **Welt|klas|se** f. *(-,-n)* **1a** categoria *f.* dei fuoriclasse internazionali; ***zur ~ gehören*** essere fra i fuoriclasse internazionali **b** *(Sportler)* fuoriclasse *m.* (di livello) internazionale 2 *(höchste Qualität)* primissima qualità *f.* **Welt|klas|se|spie|ler** m. *(-s,-)* fuoriclasse *m.* (internazionale). **welt|klug** agg. pratico della vita, del mondo. **Welt|klug|heit** f. *(-)* esperienza *f.* della vita, del mondo. **Welt|krieg** m. *(-[e]s,-e)* guerra *f.* mondiale: ***der Erste, Zweite ~*** la prima, seconda guerra mondiale. **Welt|ku|gel** f. *(-)* globo *m.* terrestre. **welt|kun|dig** agg. 1 → **welterfahren** 2 *(weltbekannt)* universalmente noto. **Welt|la|ge** f. *(-)* situazione *f.* mondiale.

Welt|lauf m. *(-[e]s)* corso *m.* (degli avvenimenti) del mondo. **welt|läu|fig** agg. → **weltgewandt.**

welt|lich agg. 1 *(irdisch)* terreno, mondano: ***-e Genüsse*** piaceri terreni 2 *(nicht geistlich)* secolare, temporale: ***-e Herrschaft*** potere temporale 3 *(profan)* profano, laico: ***-e Musik*** musica profana: ***~ gesinnt sein*** avere idee laiche. **Welt|lich|keit** f. *(-)* 1 mondanità *f.* 2 laicità *f.*: ***die ~ seiner Ideen*** la laicità delle sue idee.

Welt|li|te|ra|tur f. *(-)* letteratura *f.* universale. **Welt|macht** f. *(-,-mächte)* potenza *f.* mondiale, grande potenza *f.* **Welt|mann** m. *(-[e]s,-männer)* uomo *m.* di mondo. **welt|män|nisch** agg. da uomo di mondo. **Welt|mar|ke** f. *(-,-n)* marca *f.* conosciuta (*o* diffusa) in tutto il mondo. **Welt|markt** m. *(-[e]s)* mercato *m.* mondiale. **Welt|meer** n. *(-s)* oceano *m.*

Welt|meis|ter m. *(-s,-)* campione *m.* mondiale. **Welt|meis|te|rin** f. *(-,-nen)* campionessa *f.* mondiale. **Welt|meis|ter|schaft** f. *(-,-en)* campionato *m.* mondiale. **Welt|meis|ter|ti|tel** m. *(-s)* titolo *m.* di campione del mondo.

welt|mü|de agg. stanco del mondo, della vita. **welt|of|fen** agg. 1 cosmopolita 2 *(international)* internazionale. **Welt|of|fen|heit** f. *(-)* cosmopolitismo *m.* **Welt|öf|fent|lich|keit** f. *(-)* opinione *f.* pubblica mondiale. **Welt|ord|nung** f. *(-)* ordine *m.* cosmico. **Welt|po|li|tik** f. *(-)* politica *f.* internazionale (*o* mondiale). **Welt|pres|se** f. *(-)* stampa *f.* internazionale. **Welt|pries|ter** m. *(-s,-)* prete *m.* secolare. **Welt|rang** m. *(-s)* rango *m.* internazionale. **Welt|rang|lis|te** f. *(-,-n)* SPORT classifica *f.* (internazionale).

Welt|raum m. *(-[e]s)* spazio *m.*, cosmo *m.* **Welt|raum|fah|rer** m. *(-s,-)* astronauta *m.* **Welt|raum|fahrt** f. *(-,-en)* 1 *(Raumfahrt)* astronautica *f.* 2 RAR. *(Raumflug)* viaggio *m.* spaziale. **Welt|raum|fahr|zeug** n. *(-[e]s,-e)* veicolo *m.* spaziale. **Welt|raum|flug** m. *(-[e]s,-flüge)* volo *m.* spaziale. **Welt|raum|for|schung** f. *(-)* ricerca *f.* spaziale. **Welt|raum|kap|sel** f. *(-,-n)* capsula *f.* spaziale. **Welt|raum|la|bor** n. *(-s,-s)* laboratorio *m.* spaziale. **Welt|raum|schiff** n. *(-[e]s,-e)* astronave *f.*, navicella *f.* spaziale. **Welt|raum|son|de** f. *(-,-n)* sonda *f.* spaziale. **Welt|raum|sta|ti|on** f. *(-,-en)* stazione *f.* spaziale.

Welt|reich n. *(-[e]s,-e)* impero *m.* mondiale. **Welt|rei|se** f. *(-,-n)* viaggio *m.* intorno al mondo. **Welt|re|kord** m. *(-[e]s,-e)* record *m.* (*o* primato *m.*) mondiale. **Welt|re|kord|in|ha|ber** m. *(-s,-)* detentore *m.* di un record mondiale. **Welt|ruf, Welt|ruhm** m. *(-[e]s)* fama *f.* mondiale. **Welt|schmerz** m. *(-[e]s)* dolore *m.* universale. **Welt|schöp|fer** m. *(-s,-)* creatore *m.* del mondo. **Welt|sen|sa|ti|on** f. *(-,-en)* fatto *m.* (sensazionale) di portata mondiale. **Welt|spra|che** f. *(-,-n)* lingua *f.* universale (*o* internazionale). **Welt|stadt** f. *(-,-städte)* grande metropoli *f.* **welt|städ|tisch** agg. di una grande metropoli, delle grandi metropoli. **Welt|star** m. *(-s,-s)* star *f.* (di fama) mondiale. **Welt|teil** m. *(-s,-e)* 1 parte *f.* del mondo 2 *(Erdteil)* continente *m.* **Welt|um|se|ge|lung, Welt|um|seg|lung** f. *(-,-en)* circumnavigazione *f.* del globo. **welt|um|span|nend** agg. mondiale, internazionale. **Welt|un|ter|gang** m. *(-[e]s)* fine *f.* del mondo. **Welt|ur|auf|füh|rung** f. *(-,-en)* prima *f.* mondiale, prima rappresentazione *f.* assoluta. **Welt|ver|bes|se|rer** m. *(-s,-)* IRON. riformatore *m.* del mondo. **welt|ver|lo|ren** agg. 1 *(weltentrückt)* trasognato 2 *(einsam gelegen)* sperduto. **Welt|weis|heit** f. *(-)* ANT. filosofia *f.* **welt|weit** I agg. mondiale, planetario II avv. in tutto il mondo.

Welt|wirt|schaft f. *(-)* economia *f.* mondiale. **Welt|wirt|schafts|kri|se** f. *(-,-n)* crisi *f.* economica mondiale.

Welt|wun|der n. *(-s,-)* prodigio *m.* ◆ ***die Sieben ~*** le sette meraviglie del mondo.

wem → **wer.**

Wem|fall m. *(-[e]s,-fälle)* (caso *m.*) dativo *m.*

wen → **wer.**

1.Wen|de f. *(-,-n)* 1 *(Veränderung)* svolta *f.*: ***in seinem Leben trat eine ~ ein*** sopraggiunse una svolta nella sua vita; ***die ~ kam überraschend*** la svolta arrivò inaspettatamente; ***eine ~ zum Guten, Schlechten*** un cambiamento in meglio, in peggio 2 *(Richtungsänderung)* voltata *f.*, giro *m.* 3 MAR. AER. SPORT virata *f.* 4 GINN. volteggio *m.* frontale ◆ ***an der, um die ~ des 19. Jahrhunderts*** a cavallo tra il XIX e il XX secolo; ***eine kopernikanische ~*** una rivoluzione copernicana.

2.Wen|de m. *(-n,-n)* vendo *m.*, sorabo *m.*

Wen|de|hals m. *(-es,-hälse)* 1 ORNIT. torcicollo *m.*, capotorto *m.* 2 FIG. voltagabbana *m.* e *f.*

Wen|de|kreis m. *(-es,-e)* 1 diametro *m.* di sterzata (*o* di volta) 2 GEOGR. Tropico *m.* ◆ ***~ des Krebses, des Steinbocks*** Tropico del Cancro, del Capricorno.

Wen|del f. *(-,-n)* elica *f.*, spirale *f.* **Wen|del|boh|rer** m. *(-s,-)* punta *f.* (da trapano) elicoidale. **Wen|del|rut|sche** f. *(-,-n)* scivolo *m.* elicoidale. **Wen|del|trep|pe** f. *(-,-n)* scala *f.* a chiocciola.

Wen|de|ma|nö|ver n. *(-s,-)* 1 *(von Fahrzeugen)* sterzata *f.* 2 *(von Schiffen)* virata *f.* **Wen|de|mar|ke** f. *(-,-n)* indicatore *m.* di virata.

wen|den *(wendete/wandte, gewendet/gewandt)* I tr. 1a girare, voltare, rivoltare: ***den Braten, das Heu ~*** girare l'arrosto, rivoltare il fieno; ***der Schneider hat den Mantel gewendet*** il sarto ha rivoltato il cappotto b *(drehen)* voltare, girare: ***den Kopf ~*** voltare il capo; ***das Auto ~*** girare la macchina 2 volgere, rivolgere: ***seine Aufmerksamkeit auf jdn, etw. ~*** rivolgere la propria attenzione a qcn., qcs.; ***den Blick zum Himmel ~*** volgere lo sguardo verso il cielo 3a *(abwenden)* distogliere, volgere altrove: ***das Gesicht, das Herz von jdm ~*** distogliere il viso, il cuore da qcn.; ***keinen Blick von jdm ~*** non distogliere lo sguardo da qcn. b FIG. stornare, allontanare: ***die Gefahr von jdm ~*** stornare il pericolo da qcn. 4 *(aufwenden)* impiegare, spendere: ***viel Zeit, Mühe, Geld auf etw. ~*** impiegare molto tempo, molta fatica, molto denaro per qcs.; ***all seine Ersparnisse an die Ausbildung seiner Kinder ~*** spendere tutti i propri risparmi per l'educazione dei figli II intr. (aus. *haben*) 1a voltare, voltarsi, girare, girarsi b ***(mit dem Wagen) ~*** effettuare un'inversione (a U) 2 MAR. AER. virare III rifl. **sich ~** 1a voltarsi, girarsi: ***sich zur Seite, zur Tür, nach links, nach Norden ~*** voltarsi da una parte, verso la porta, a sinistra, verso nord b FIG. *(sich ändern)* cambiare: ***das Wetter, der Wind hat sich gewendet*** il tempo, il vento è cambiato 2a *(sich richten)* rivolgersi, indirizzarsi: ***sich schriftlich, mündlich, mit einer Frage an jdn ~*** rivolgersi a qcn. per scritto, verbalmente, con una domanda; ***sich gegen jdn, etw. ~*** rivolgersi contro qcn., qcs. b FIG. ***dieses Buch wendet sich nur an Spezialisten dieser Materie*** questo libro è destinato a esperti del settore 3 volgere, volgersi: ***sich zum Guten, Bösen ~*** volgere al meglio, al peggio; ***etw. wendet sich ins Gegenteil*** qcs. si volge nel suo contrario 4a *(sich abwenden)* ***sich von jdm ~*** voltare le spalle a qcn., abbandonare qcn. b FIG. abbandonare: ***das Glück wendete sich von ihm*** la fortuna lo abbandonò ◆ ***bitte ~*** vedi retro; ***sich zur Flucht, zum Gehen ~*** darsi alla fuga, incamminarsi; ***etw. in Mehl ~*** passare qcs. nella farina. **Wen|den** n. *(-s)* 1 *(mit dem Auto)* inversione *f.* (a U) 2 MAR. AER. virata *f.*

Wen|de|platz m. *(-es,-plätze)* piazzale *m.* di manovra. **Wen|de|punkt** m. *(-[e]s,-e)* 1 (punto *m.* di) svolta *f.*: ***an einem ~ angelangt, angekommen sein*** essere giunto a una svolta 2 MAT. punto *m.* d'inflessione 3 ASTR. punto *m.* solstiziale. **Wen|de|schlei|fe** f. *(-,-n)* svolta *f.*, curva *f.*

wen|dig agg. 1 maneggevole 2 *(schnell erfassend)* sveglio, pronto, svelto. **Wen|dig|keit** f. *(-)* 1 maneggevolezza *f.* 2 *(geistige Beweglichkeit)* prontezza *f.*, sveltezza *f.*

wen|disch agg. vendico, sorabico.

Wen|dung f. *(-,-en)* 1 *(Richtungsänderung)* rotazione *f.*: ***eine ~ des Kopfes nach links, nach rechts*** una rotazione del capo a sinistra, a destra; ***eine ~ um 180°*** una rotazione di 180° 2 *(Biegung)* curva *f.*, svolta *f.*: ***die ~ eines Weges*** la curva di un sentiero; ***etw. (D) durch eine schnelle ~ ausweichen*** schivare qcs. svoltando velocemente 3 *(Veränderung)* svolta *f.*, cambiamento *m.* 4 *(Redewendung)* locuzione *f.*, modo *m.* di dire: ***feste, umgangssprachliche ~*** modo di dire fisso, colloquiale ◆ ***eine schlimme, überraschende ~ nehmen*** prendere una brutta piega, una piega inaspettata; ***eine ~ zum Besseren nehmen*** mettersi al meglio.

Wen|fall m. *(-[e]s,-fälle)* caso *m.* accusativo.

we|nig I pron.indef. (m. **weniger**, f. **wenige**, n. **weniges**; pl. **wenige**; anche inv.) 1 *(attributiv)* poco: ***~ Geld, Zeit*** poco denaro, poco tempo; ***das -e Geld reicht oft nicht aus*** quel poco denaro spesso non è sufficiente; ***mit -(er) Mühe*** con poca fatica; ***mit -(en) Worten*** in poche parole; ***diese -en Worte*** queste poche parole; ***nur -e Menschen*** soltanto pochi uomini; ***es gibt hier nur -(e) Bücher*** qui ci sono solo pochi libri 2a *(absolut)* ***Hast du Zucker? – Ich habe nur noch ~*** Hai dello zucchero? – Ne ho solo (*o* ancora) poco; ***nur -e haben das verstanden*** solo pochi lo hanno capito b poco, poche cose: ***er begnügte sich mit -em*** si accontentava di poco; ***~ Gutes*** poco di buono; ***mit ~ Interessantem aufwarten*** offrire cose poco interessanti II avv. 1 poco: ***~ essen, trinken*** mangiare, bere poco; ***sich zu ~ darum kümmern*** preoccuparsene troppo poco 2 *(mit*

Komparativen) poco, di poco: er ist nur ~ größer als ich è solo (di) poco più alto di me ◆ ein ~ un po'; mit ein ~ gutem Willen con un po' di buona volontà; ~ fehlte, und er wäre abgestürzt poco mancò che cadesse; ein klein ~ un pochino, un pochettino; hier wäre -er mehr gewesen = con meno si sarebbe ottenuto di più; nicht ~ non poco, molto; noch ein ~ ancora un po', un altro po'; um ein -es per poco; ~ werden diminuire. **We|ni|ge** n. *(-n)* poco *m.* ◆ PROV. viele Wenig machen ein Viel molti poco fanno un assai.

we|ni|ger I avv. (compar. di *wenig*) **1** meno: er ist ~ intelligent als sein Bruder è meno intelligente di suo fratello; heute habe ich noch ~ Zeit als gestern oggi ho ancora meno tempo di ieri; dieses Jahr sind ~ Leute da quest'anno ci sono meno persone **2** meno, di meno: ~ essen, trinken mangiare, bere (di) meno; je -r er weiß, um so besser ist es für uns quanto meno sa tanto meglio è per noi **II** cong. *(minus)* meno: fünf ~ zwei ist, macht, gibt drei cinque meno due fa tre ◆ nicht mehr und nicht ~ non né più né meno, niente di più e niente di meno; nichts ~ als dumm tutt'altro che stupido; viel ~ molto meno; ich habe ihn nicht gesehen, viel ~ mit ihm gesprochen non l'ho neanche visto, men che meno gli ho parlato; COLLOQ. immer ~ werden dimagrire sempre più.

We|nig|keit, das kostet nur eine ~ costa poco e niente; meine ~ la mia persona, il qui presente.

we|nigst... pron. indef. (superl. di *wenig*) **1** *(attributiv)* pochissimo: in den -en Fällen in pochissimi casi **2** *(absolut)* minimo: das -e, was er hätte tun sollen il minimo che avrebbe dovuto fare; das ist das -e questo è il meno **3** pl. pochissimi *m.pl.*: das glauben die -en pochissimi (*o* ben pochi) lo credono ◆ am -en meno di tutti; zum -en almeno, per lo meno.

we|nigs|tens avv. almeno, per lo meno, come minimo: du könntest ~ anrufen potresti almeno telefonare; das kostet ~ 500 Mark costa almeno 500 marchi.

wenn cong. **1a** *(konditional)* se: was würdest du machen, ~... che cosa faresti, se...; ~ ich Zeit hätte, käme ich zu dir se avessi tempo ti verrei a trovare; ~ nötig, ruf mich an se necessario, chiamami **b** *(Wunschsätze)* ~ es doch schön wäre! se solo facesse bello! ~ ich nur wüsste, ob... se solo sapessi se... **2** *(temporal)* quando: ~ die Ferien kommen, (dann) verreisen wir quando arrivano le ferie, facciamo un viaggio **3a** *(konzessiv)* ~ auch anche se, sebbene, seppure: er arbeitet gut, ~ auch langsam lavora bene, anche se lentamente; ~ er auch ein Dilettant ist, spielt er doch fast meisterhaft sebbene sia un dilettante, suona quasi magistralmente **b** auch ~ anche se: auch ~ es schon spät ist, geht er noch aus anche se è (*o* sebbene sia) tardi esce ancora **c** selbst ~ anche se: ich könnte nicht, selbst ~ ich wollte non potrei anche se volessi **4** *(kausal)* ~ schon se proprio, giacché, visto che: ~ er schon nichts weiß, sollte er wenigstens schweigen visto che non sa nulla, dovrebbe almeno tacere ◆ als ~ come se; (und) ~ auch! (e) allora? (e) anche fosse? außer ~ tranne che, a meno che: sie kommt immer mit, außer ~ sie eine dringende Verpflichtung hat viene sempre anche lei, a meno che non abbia un impegno urgente; erst dann, ~ solo nel caso che (*o* in cui), non prima che; immer ~ ogni volta che; jedes Mal, ~ tutte le volte che (*o* in cui): jedes Mal, ~ wir kommen tutte le volte che veniamo; ~ nicht, dann nicht se è no è no; wie ~ come se. **Wenn** n. *(-s,- e COLLOQ. -s)* se *m.*: es gibt kein ~ und kein Aber non ci sono né se né ma.

wenn|gleich cong. sebbene, quantunque: ~ du keine Lust hast, musst du ihm doch schreiben sebbene tu non abbia voglia, devi scrivergli. **wenn|schon** cong. RAR. sebbene, quantunque ◆ (na) ~! (non) fa nulla! ~, dennschon se si fa, si faccia bene.

wer (gen. **wessen** [ANT. **wes**], dat. **wem**, acc. **wen**) **I** pron.interr. chi: ~ war das? chi era? sag mir, ~ kommt dimmi chi viene; an wen erinnerst du dich? di chi ti ricordi? wessen Mantel hängt dort? di chi è il cappotto lì appeso? wem hast du die Puppe geschenkt? a chi hai regalato la bambola? wem ist er begegnet? chi ha incontrato? wen hat der Lehrer abgefragt? chi ha interrogato l'insegnante? wen soll ich anrufen? a chi devo telefonare? *(in rhetorischen Fragen)* ~ hat das nicht auch schon einmal gemacht? chi non ha mai fatto una cosa così? wem sagst du das! a chi lo dici! *(in Ausrufesätzen)* ~ hätte das gedacht! chi l'avrebbe immaginato! **II** pron.rel. chi, colui che, colei che: ~ krank ist, muss zu Hause bleiben chi è ammalato, deve stare a casa; ich weiß nicht, wessen Auto das ist non so di chi è la macchina; wem das nicht schmeckt, der braucht es nur zu sagen a chi non piace, ha solo da dirlo; wen man einlädt, dem sollte man zumindest mit Höflichkeit begegnen chi si invita, bisognerebbe almeno accoglierlo con cortesia **III** pron.indef. COLLOQ. qualcuno: hat ~ nach mir gefragt? qualcuno ha chiesto di me? ist da ~? c'è qualcuno? *(jemand Besonderes)* in seiner Branche ist er ~ nel suo ramo lui è qualcuno ◆ ~ es auch sei chiunque sia; ~ noch? chi altri? ~ weiß chissà: ich habe es ihm ~ weiß wie oft gesagt gliel'ho detto chissà quante volte; wunder ~ chissà chi.

Wer|be|ab|tei|lung f. *(-,-en)* ufficio *m.* pubblicità. **Wer|be|agen|tur** f. *(-,-en)* agenzia *f.* di pubblicità (*o* pubblicitaria). **Wer|be|ak|ti|on** f. *(-,-en)* azione *f.* pubblicitaria. **Wer|be|an|zei|ge** f. *(-,-n)* inserzione *f.* pubblicitaria, annuncio *m.* pubblicitario. **Wer|be|blatt** n. *(-[e]s,-blätter)* volantino *m.* pubblicitario. **Wer|be|be|ra|ter** m. *(-s,-)* consulente *m.* pubblicitario. **Wer|be|brief** m. *(-[e]s,-e)* lettera *f.* pubblicitaria. **Wer|be|bü|ro** n. *(-s,-s)* → **Werbeagentur.** **Wer|be|etat** [-ˈta:] m. *(-s,-s)* bilancio *m.* pubblicitario. **Wer|be|fach|mann** m. *(-[e]s,-leute* e RAR. *-männer)* pubblicitario *m.* **Wer|be|feld|zug** m. *(-[e]s,-feldzüge)* → **Werbekampagne.** **Wer|be|fern|se|hen** n. *(-s)* pubblicità *f.* televisiva. **Wer|be|film** m. *(-[e]s,-e)* film *m.* pubblicitario. **Wer|be|flä|che** f. *(-,-n)* spazio *m.* pubblicitario. **Wer|be|fo|to** n. *(-s,-s)* fotografia *f.* pubblicitaria. **Wer|be|funk** m. *(-s)* pubblicità *f.* radiofonica. **Wer|be|ge|schenk** n. *(-[e]s,-e)* regalo *m.* promozionale. **Wer|be|gra|fik** f. *(-,-en)* grafica *f.* pubblicitaria. **Wer|be|gra|fi|ker** m. *(-s,-)* grafico *m.* pubblicitario. **Wer|be|kam|pag|ne** f. *(-,-n)* campagna *f.* pubblicitaria. **Wer|be|kos|ten** pl. spese *f.pl.* di pubblicità. **Wer|be|lei|ter** m. *(-s,-)* direttore *m.* dell'ufficio pubblicità. **Wer|be|ma|te|ri|al** n. *(-s,-ien)* materiale *m.* pubblicitario. **Wer|be|mit|tel** n. *(-s,-)* mezzo *m.* pubblicitario.

wer|ben *(wirbt, warb, geworben)* **I** intr. (aus. *haben*) **1** fare pubblicità; für etw. ~ pubblicizzare, reclamizzare qcs.; für jdn ~ fare pubblicità a qcn.; mit Plakaten für einen Kandidaten ~ fare pubblicità a un candidato con manifesti; für eine Partei ~ fare pubblicità a (*o* propaganda per) un partito; im Fernsehen ~ fare pubblicità in televisione; wir müssen mehr ~ dobbiamo fare più pubblicità **2** *(sich bemühen)* cercare di conquistare: um Wählerstimmen, jds Vertrauen ~ cercare di conquistare i (*o* aspirare ai) voti degli elettori, la fiducia di qcn.; um jdn ~ cercare di conquistare qcn. **II** tr. **1** procurarsi, procacciarsi: neue Kunden, Abonnenten ~ procacciarsi nuovi clienti, abbonati **2** *(anwerben)* reclutare, arruolare: Soldaten, Freiwillige ~ reclutare soldati, volontari.

Wer|ber m. *(-s,-)* **1** ANT. pretendente *m.* **2** ANT. MIL. arruolatore *m.* **3** COLLOQ. → **Werbefachmann.**

wer|be|risch agg. pubblicitario.

Wer|be|schrift f. *(-,-en)* opuscolo *m.* pubblicitario. **Wer|be|slo|gan** m. *(-s,-s)* slogan *m.* pubblicitario. **Wer|be|spot** m. *(-s,-s)* spot *m.* pubblicitario. **Wer|be|spra|che** f. *(-)* linguaggio *m.* della pubblicità. **Wer|be|spruch** m. *(-[e]s,-sprüche)* → **Werbeslogan.** **Wer|be|text** m. *(-[e]s,-e)* testo *m.* pubblicitario. **Wer|be|tex|ter** m. *(-s,-)* copywriter *m.* **Wer|be|trä|ger** m. *(-s,-)* **1** mezzo *m.* (*o* veicolo *m.*) pubblicitario **2** *(jd, der Werbung macht)* medium *m.* **Wer|be|trom|mel,** COLLOQ. die ~ rühren, schlagen battere la grancassa. **Wer|be|un|ter|bre|chung** f. *(-,-en)* interruzione *f.* pubblicitaria. **wer|be|wirk|sam** agg. di grande effetto pubblicitario; ein -er Slogan uno slogan di grande effetto pubblicitario. **Wer|be|wirk|sam|keit** f. *(-,-en)* efficacia *f.* pubblicitaria. **Wer|be|wo|che** f. *(-,-n)* settimana *f.* promozionale.

werb|lich agg. pubblicitario, promozionale: das -e Angebot l'offerta promozionale; für -e Zwecke per scopi promozionali.

Wer|bung f. *(-,-en)* **1** pubblicità *f.*: ~ für jdn, etw. machen fare pubblicità a qcn., qcs.; die ~ für ein Produkt im Fernsehen la pubblicità di un prodotto in televisione; *(Werbeabteilung)* (ufficio *m.*) pubblicità *f.* **2** *(Werben um jds Gunst)* corte *f.*, corteggiamento *m.*: die ~ um ein Mädchen il corteggiamento di una ragazza **3** MIL. arruolamento *m.*, reclutamento *m.* **Wer|bungs|kos|ten** pl. spese *f.pl.* di pubblicità.

Wer|da n. *(-[s],-s)* MIL. chi va là *m.*

Wer|de|gang m. *(-[e]s,-gänge)* **1** evoluzione *f.*: der ~ einer Dichtung l'evoluzione di una poesia **2** *(Laufbahn)* carriera *f.*

wer|den (ich *werde*, du *wirst*, er *wird*, wir *werden*, ihr *werdet*, sie *werden*; *wurde*/ANT. *ward*; *geworden*/*worden*; aus. *sein*) **I** intr. *(als Vollverb:* p.pass. *geworden)* **1a** *(in einen bestimmten Zustand kommen)* diventare, divenire: arm, groß ~ diventare povero, alto; was willst du ~? che cosa vuoi diventare? Lehrer, Vater ~ diventare insegnante, padre; die Milch ist sauer geworden il latte è diventato acido **b** *(oft mit Verben übersetzt)* verrückt ~ diventare pazzo (*o* impazzire); krank, gesund, müde ~ ammalarsi, guarire, stancarsi; das Wetter wurde schlechter il tempo peggiorò **c** *(wandeln)* rimanere, restare: Witwe ~ rimanere vedova; schwanger ~ restare incinta **2a** impers. *(sich nähern)* farsi, venire: es wird Nacht si fa notte; es wird Winter viene l'inverno; es ist spät geworden si è fatto tardi **b** *(von Wetter)* fare: heute wird es heiß, kalt oggi farà caldo, freddo **c** *(als Gefühl bei jdm auftreten)* mir wird schwindlig mi gira la testa; ***mir wird schlecht*** sto male; ***ihm wurde das Herz schwer*** gli si gonfiò il cuore di tristezza **3** *(von Alter)* compiere: ***er ist 60 geworden*** ha compiuto 60 anni **4a** *(sich entwickeln)* ***zu etw. (D)*** ~ trasformarsi in, diventare qcs.: ***das Wasser wurde zu Eis*** l'acqua si trasformò in ghiaccio; ***sie ist zur Frau geworden*** è diventata (*o* si è fatta) donna **b** *(sich aus etw. entwickeln)* ***aus Freundschaft wurde Liebe*** l'amicizia si trasformò in amore; ***aus diesem Plan wird nichts*** questo progetto non si farà; ***was soll aus dir ~?*** che cosa ne sarà di te? **5** impers. *(sich einem bestimmten Zeitpunkt nähern)* essere (quasi): ***es wird acht Uhr*** sono quasi le otto; ***morgen wird es eine Woche, seit er verreist ist*** domani è quasi una settimana che è in viaggio; ***es wird (höchste) Zeit zur Abreise*** è quasi ora di partire **6** COLLOQ. *(gelingen)* riuscire: ***sind die Fotos was geworden?*** sono riuscite (*o* venute) le foto? **7** *(gebühren)* spettare: ***jedem wurde*** (ANT. ***ward) sein Teil*** a ciascuno spettò la propria parte **II** *(als Hilfsverb:* p.pass. *worden)* **1a** *(zur Bildung des Futurs)* ***ich werde es ausrichten*** lo riferirò; ***du wirst diesen Kerl doch nicht heiraten!*** non sposerai mica questo tizio! **b** *(als Ausdruck der Vermutung)* ***sie ~ (wohl) im Kino sein*** (probabilmente) saranno al cinema; ***es wird um die 50 Mark kosten*** costerà sui 50 marchi **2** *(zur Bildung des Passivs)* ***er war gerufen worden*** era stato chiamato; ***darüber wird viel gesprochen*** se ne parla molto; ***jetzt wird aber geschlafen!*** adesso però si dorme! **3** *(zur Bildung des Konjunktivs)* ***was würdest du tun?*** che cosa faresti? ***wenn es schön wäre, würde ich ausgehen*** se facesse bello, uscirei; ***würden Sie mir bitte den Weg zum Rathaus zeigen?*** mi indicherebbe la strada per il municipio, per favore? ***er sagte, dass er kommen würde*** disse che sarebbe venuto ◆ ***das muss anders ~*** le cose devono cambiare; COLLOQ. ***wird's bald?*** ci sbrighiamo? ***mit jdm bekannt ~*** fare la conoscenza di qcn.; ***Erster, Letzter ~*** essere primo, ultimo; ***es wird alles noch gut ~*** andrà tutto a posto; ***es werde, ward Licht!*** e luce sia, fu! COLLOQ. ***nicht mehr ~*** non farcela più; ***etw. wird Mode*** qcs. diventa di (*o* una) moda; ***etw. wird mir zum Verhängnis*** qcs. mi è fatale; ***das wird was ~!*** sarà un bel divertimento! ***was nicht ist, kann noch ~*** = non è detta l'ultima parola.

Wer|den n. *(-s)* il divenire: ***das Buch ist noch im ~*** il libro è ancora in divenire (*o* in fieri); ***große Dinge sind im ~*** grandi cose stanno per accadere. **wer|dend** p.pres. agg. **1** → **werden** **2** futuro: ***-e Mutter*** futura madre; ***-es Leben*** vita futura.

Wer|der m. e RAR. n. *(-s,-)* **1** isolotto *m.* **2** *(Niederung)* avvallamento *m.*, depressione *f.*

Wer|fall m. *(-[e]s,-fälle)* GRAMM. nominativo *m.*

wer|fen *(wirft, warf, geworfen)* **I** tr. **1** gettare, buttare: ***das Schiff warf Anker*** la nave gettò l'ancora; ***keine Gegenstände aus dem Fenster ~*** non gettare oggetti dal finestrino; ***jdn auf den Boden, ins Wasser ~*** buttare qcn. a terra, in acqua **2** *(schleudern)* lanciare, tirare: ***einen Stein ~*** lanciare una pietra; ***den Ball ins Tor ~*** tirare la palla in porta; ***die Arme in die Höhe, in die Luft ~*** lanciare le braccia in alto; FIG. ***neue Waren auf den Markt ~*** lanciare nuove merci sul mercato; FIG. ***einen kurzen Blick in den Spiegel, in die Zeitung ~*** lanciare un breve sguardo (*o* dare una breve occhiata) allo specchio, al giornale; FIG. ***einen Schatten auf jdn ~*** gettare un'ombra su qcn.; SPORT ***(den Speer) 80 m weit ~*** lanciare (il giavellotto) a 80 m **3** *(würfeln)* fare: ***eine Sechs ~*** fare un sei **4** SPORT *(niederwerfen)* atterrare: ***der Ringer warf seinen Gegner*** il lottatore atterrò il suo avversario **5** *(gebären; für Tiere)* partorire **6** proiettare: ***Dias an die Wand ~*** proiettare diapositive sulla parete; ***einen Schatten ~*** proiettare un'ombra **II** intr. (aus. *haben*) lanciare, tirare: ***mit etw. nach jdm ~*** tirare qcs. a qcn.; ***mit Schneebällen nach jdm ~*** lanciare palle di neve a qcn.; ***die Zuschauer ~ mit Tomaten, faulen Eiern*** gli spettatori tirano pomodori, uova marce **III** rifl. **sich ~** **1a** gettarsi, buttarsi: ***sich einen Mantel um die Schultern ~*** buttarsi un cappotto sulle spalle; ***sich vor den Zug ~*** buttarsi sotto il treno **b** *(sich fallen lassen)* ***sich aufs Bett ~*** buttarsi sul letto; ***sich jdm in die Arme, zu Füßen ~*** gettarsi tra le braccia, ai piedi di qcn.; FIG. ***sich auf eine Tätigkeit ~*** buttarsi in un'attività **2** *(sich verziehen)* deformarsi **3** MECC. svergolarsi ◆ ***jdn aus dem Haus ~*** buttare qcn. fuori di casa; ***Falten ~*** fare (delle) pieghe; MIL. ***Truppen an die Front ~*** mandare le truppe al fronte; ***sich im Bett hin und her ~*** girarsi e rigirarsi nel letto; FIG. ***sich in andere Kleider ~*** cambiarsi d'abito rapidamente; ***ein schlechtes, schiefes Licht auf jdn, etw. ~*** mettere qcn., qcs. in cattiva luce, suscitare sospetti su qcn., qcs.; ***etw. aufs Papier ~*** buttare giù qcs.; COLLOQ. ***eine Runde ~*** pagare un giro, offrire da bere a tutti; COLLOQ. ***sich in Schale ~*** mettersi in ghingheri; ***jdn auf die Straße ~*** mettere qcn. in mezzo a una strada; ***ein Tor ~*** segnare un goal; ***die Tür ins Schloss ~*** sbattere la porta; ***alle Sorgen von sich, hinter sich ~*** gettare via (*o* buttare alle spalle) tutte le preoccupazioni; ***mit Geld um sich ~*** buttare via il proprio denaro; ***(einen) Weltrekord ~*** stabilire un record mondiale nel lancio. **Wer|fen** n. *(-s)* **1** lancio *m.*, tiro *m.* **2** *(von Säugetieren)* parto *m.* **3** TECN. deformazione *f.* ◆ SPORT ***im ~ ist er sehr gut*** lancia molto bene. **Wer|fer** m. *(-s,-)* **1** SPORT lanciatore *m.* **2a** MIL. lanciarazzi *m.* **b** *(Granatwerfer)* lanciagranate *m.*

Werft f. *(-,-en) (von Schiffen und Flugzeugen)* cantiere *m.*

Werg n. *(-[e]s)* stoppa *f.*, filaccia *f.* **Werg|ab|fäl|le** pl. filaccia *f.*

Wer|geld n. *(-[e]s,-er)* guidrigildo *m.*, vidrigildo *m.*

wer|gen agg. di stoppa, di filaccia.

Werk n. *(-[e]s,-e)* **1a** opera *f.*, lavoro *m.*: ***ein ~ beginnen, tun, vollenden*** iniziare, compiere, portare a termine un'opera; *(Tat)* ***es ist sein ~, das ~ seiner Hände*** è opera sua, delle sue mani; ***-e der Nächstenliebe*** opere di carità; FIG. ***es war das ~ eines Augenblicks*** fu cosa di un istante **b** *(künstlerisches Erzeugnis)* ***gesammmelte, ausgewählte -e*** (raccolta di) opere, opere scelte; ***ein ~ (über etw.) schreiben, publizieren*** scrivere, pubblicare un'opera (su qcs.) **2a** *(Fabrik)* fabbrica *f.*, stabilimento *m.*: ***im ~ arbeiten*** lavorare in fabbrica; ***ein chemisches ~*** uno stabilimento chimico **b** *(Belegschaft eines Werks)* lavoratori *m.pl.* **3** *(Mechanismus)* meccanismo *m.*: ***das ~ der Uhr, einer Orgel*** il meccanismo dell'orologio, di un organo ◆ ***ab ~*** franco stabilimento; ***ans ~!*** all'opera! al lavoro! ***sich ans ~ machen*** mettersi all'opera (*o* al lavoro); ***am ~ sein*** essere all'opera; ***zu -e gehen*** procedere, avanzare; ***gute -e tun*** fare opere buone, compiere buone azioni; COLLOQ. ***du tätest ein gutes ~, wenn...*** mi faresti un favore se...; ***im -e sein*** essere in preparazione, essere in corso di lavorazione; ***etw. ins ~ setzen*** mettere in opera qcs.

Werk|an|ge|hö|ri|ge m. e f. *(-n,-n)* dipendente *m.* e *f.* di una fabbrica. **Werk|an|la|ge** f. *(-,-n)* stabilimento *m.* **Werk|arzt** m. *(-es,-ärzte)* medico *m.* dell'azienda. **Werk|bank** f. *(-,-bänke)* banco *m.* di (*o* da) lavoro. **Werk|bü|che|rei** f. *(-,-en)* biblioteca *f.* aziendale. **werk|ei|gen** agg. della fabbrica, aziendale.

Wer|kel n. *(-s,-[n])* AUSTR. COLLOQ. organetto *m.* **wer|keln** intr. (aus. *haben*) trafficare, fare lavoretti. **Wer|kel|tag** ANT. → **Werktag.**

wer|ken intr. (aus. *haben*) lavorare. **Wer|ken** n. *(-s)* → **Werkunterricht.** **Werk|füh|rer** m. *(-s,-)* → **Werkmeister.** **werk|ge|recht** agg. a regola d'arte. **werk|ge|treu** **I** agg. fedele (all'opera): ***eine -e Aufführung*** una rappresentazione fedele **II** avv. fedelmente. **Werk|hal|le** f. *(-,-n)* capannone *m.* di una, della fabbrica. **Werk|kin|der|gar|ten** m. *(-[e]s,-gärten)* asilo *m.* aziendale. **Werk|kü|che** f. *(-,-n)* mensa *f.* aziendale. **Werk|lei|ter** m. *(-s,-)* direttore *m.* di stabilimento. **Werk|lei|tung** f. *(-,-en)* direzione *f.* di, della fabbrica (*o* di stabilimento). **Werk|meis|ter** m. *(-s,-)* capo *m.* officina; *(einer Abteilung)* caporeparto *m.*; *(einer Arbeitsgruppe)* caposquadra *m.*

Werks|an|ge|hö|ri|ge, Werks|an|la|ge... → **Werkangehörige, Werkanlage...**

Werk|schutz m. *(-es)* servizio *m.* di vigilanza aziendale. **Werk|spi|o|na|ge** [-ʒə] f. *(-)* spionaggio *m.* industriale. **Werk|statt** f. *(-,-stätten)*, **Werk|stät|te** f. *(-,-n)* officina *f.* **Werk|stein** m. *(-[e]s,-e)* pietra *f.* da costruzione, concio *m.*

Werk|stoff m. *(-[e]s,-e)* materiale *m.* (per la lavorazione). **Werk|stoff|kun|de** f. *(-)* scienza *f.* dei materiali. **Werk|stoff|prü|fung** f. *(-,-en)* esame *m.* dei materiali.

Werk|stück n. *(-[e]s,-e)* pezzo *m.* in lavorazione. **Werk|stu|dent** m. *(-en,-en)* studente *m.* lavoratore.

Werk|tag m. *(-[e]s,-e)* giorno *m.* lavorativo, giornata *f.* lavorativa. **werk|täg|lich** agg. lavorativo, feriale. **werk|tags** avv. nei giorni lavorativi (*o* feriali).

werk|tä|tig agg. che lavora, attivo: ***-e Bevölkerung*** popolazione attiva. **Werk|tä|ti|ge** m. e f. *(-n,-n)* lavoratore *m.* (-trice *f.*). **Werk|tisch** m. *(-[e]s,-e)* tavolo *m.* da lavoro. **Werk|un|ter|richt** m. *(-[e]s,-e)* insegnamento *m.* di lavori manuali. **Werk|ver|trag** m. *(-[e]s,-verträge)* contratto *m.* d'opera. **Werk|ver|zeich|nis** n. *(-ses,-se)* catalogo *m.* delle opere. **Werk|woh|nung** f. *(-,-en)* abitazione *f.* per dipendenti.

Werk|zeug n. *(-[e]s,-e)* **1a** attrezzo *m.*, strumento *m.*, utensile *m.* **b** FIG. strumento *m.*: ***ein ~ in jds Hand sein*** essere uno strumento nelle mani di qcn. **2** *(Gesamtheit der Werkzeuge)* arnesi *m.pl.*, attrezzi *m.pl.*, attrezzatura *f.* ◆ ***jdn als ~ benutzen*** sfruttare, usare qcn. **Werk|zeug|kas|ten** m. *(-s,-kästen)* cassetta *f.* degli attrezzi. **Werk|zeug|ma|cher** m. *(-s,-)* utensilista *m.* **Werk|zeug|ma|schi|ne** f. *(-,-n)* macchina *f.* utensile. **Werk|zeug|stahl** m. *(-[e]s)* acciaio *m.* per utensili. **Werk|zeug|ta|sche** f. *(-,-n)* borsa *f.* degli attrezzi **2** *(Satteltasche)* borsetta *f.* portaccessori.

Wer|mut m. *(-[e]s,-s)* 1 assenzio *m.* 2 *(Wermutwein)* vermut *m.* **Wer|mut|bru|der** m. *(-s,-brüder)* COLLOQ. SPREG. ubriacone *m.* **Wer|muts|trop|fen** m. *(-s,-)* FIG. punta *f.* d'amaro. **Wer|mut|wein** m. *(-[e]s)* vermut *m.*

Wer|re f. *(-,-n)* REGION. 1 grillotalpa *m.* 2 *(Gerstenkorn)* orzaiolo *m.*

wert agg. 1 che vale, che ha valore; **~ sein** valere; ***es ist viel, wenig, nichts ~*** è di molto, poco, nessun valore (*o* vale molto, poco, non vale niente) 2a ANT. pregiato, pregiatissimo: ***Ihr -es Schreiben*** la sua pregiatissima lettera; *(als Anrede)* ***-e Frau Fischer*** pregiatissima signora Fischer b *(teuer)* caro: ***ein -er Freund*** un caro amico ◆ ANT. ***~ achten*** stimare altamente, tenere in grande stima; ***jdn, etw. jds, etw. (für) ~ befinden, (er)achten*** trovare, giudicare qcn., qcs. degno di qcn., qcs.; ***das, sein Geld ~ sein*** valere la spesa; ***jdn, etw. jds, etw. (für) ~ halten*** ritenere qcn., qcs. degno di qcn., qcs.; ***etw. ist mir lieb und ~*** qcs. mi è molto caro, tengo molto a qcs.; ***(nicht) der Mühe ~ sein*** (non) valere la pena; ***nicht der Rede ~!*** si figuri, non c'è di che! ***jds, etw. ~ sein*** meritare qcn., qcs.; ***es ~ sein, dass...*** meritare di...

Wert m. *(-[e]s,-e)* valore *m.* (anche ECON. MAT. MUS.): ***der ~ des Geldes, der Aktien, des Goldes*** il valore del denaro, delle azioni, dell'oro; ***innerer ~*** valore intrinseco; ***von großem, geringem ~*** di grande, scarso valore; ***künstlerischer ~*** valore artistico; ***den ~ eines Bildes schätzen*** stimare il valore di un quadro; ***bleibende, unvergängliche -e*** valori durevoli; ***materielle, tatsächliche, geistige, ideelle -e*** valori materiali, effettivi, spirituali, ideali; MUS. ***der ~ einer Achtelnote*** il valore di una croma; MAT. ***arithmetische -e*** valori aritmetici; ***Temperaturen unter den normalen -en*** temperature al di sotto dei valori normali; *(Wertpapiere)* ***unnotierte -e*** valori non quotati ◆ ***an ~ gewinnen, verlieren*** acquistare, perdere (di) valore; ***etw. (D) (keinen) großen ~ beilegen, beimessen*** (non) dare molto peso a qcs.; ***sich seines (eigenen) -es bewusst sein*** essere consapevole del proprio valore; COLLOQ. ***keinen ~ haben*** non valere la pena; ***etw. im ~ mindern*** diminuire il valore di qcs., far diminuire di valore qcs.; ***im ~ sinken*** perdere (*o* diminuire) di valore; ***im ~ von...*** per un (*o* del) valore di...; ECON. ***im ~ steigen, fallen*** aumentare di, perdere valore; ***auf etw. (A) ~ legen*** tenere a qcs.; COMM. ***Muster ohne ~*** campione senza valore; ***etw. (weit) unter ~ verkaufen*** vendere qcs. sotto costo; ***von ~ sein*** essere importante.

Wert|an|ga|be f. *(-,-n)* dichiarazione *f.* del valore. **Wert|ar|beit** f. *(-,-en)* lavoro *m.* di qualità. **Wert|be|rich|ti|gung** f. *(-,-en)* ECON. rivalutazione *f.*, rettifica *f.* del valore. **wert|be|stän|dig** agg. (di valore) stabile: ***-e Währung*** valuta stabile; ***~ bleiben, sein*** essere stabile. **Wert|brief** m. *(-[e]s,-e)* (lettera *f.*) assicurata *f.* **Wert|ein|bu|ße** f. *(-,-n)* perdita *f.* di valore.

wer|ten tr. valutare, stimare: ***etw. hoch, gering ~*** valutare molto, poco qcs.; ***etw. als Erfolg ~*** considerare (*o* stimare) qcs. un successo; ***etw. positiv, negativ ~*** dare una valutazione positiva, negativa di qcs.

Wert|er|mitt|lung f. *(-,-en)* 1 valutazione *f.* 2 MAT. *(Errechnung)* calcolo *m.* del valore. **wert|frei** agg. libero da giudizi di valore. **Wert|fort|schrei|bung** f. *(-,-en)* rettifica *f.* del valore, rivalutazione *f.* **Wert|ge|gen|stand** m. *(-[e]s,-gegenstände)* oggetto *m.* di valore, pl. valori *m.pl.* **Wer|tig|keit** f. *(-,-en)* CHIM. LING. valenza *f.* **Wert|leh|re** f. *(-)* FILOS. 1 etica *f.* dei valori 2 *(im Marxismus)* teoria *f.* del valore. **wert|los** agg. di nessun valore, senza valore: ***-e Schmuckstücke*** gioielli di nessun valore; ***ein künstlerisch -es Unternehmen*** un'impresa priva di valore artistico. **Wert|lo|sig|keit** f. *(-)* mancanza *f.* di valore. **Wert|mar|ke** f. *(-,-n)* buono *m.*

Wert|maß n. *(-es,-e)* misura *f.* del valore. **wert|mä|ßig** I agg. conforme al valore, di valore adeguato II avv. secondo il (*o* conformemente al) valore. **Wert|maß|stab** m. *(-[e]s,-maßstäbe)*, **Wert|mes|ser** m. *(-s,-)* metro *m.* di valutazione.

Wert|min|de|rung f. *(-,-en)* diminuzione *f.* di valore, deprezzamento *m.*; *(vom Geld)* svalutazione *f.* **Wert|pa|ket** n. *(-[e]s,-e)* pacco *m.* assicurato.

Wert|pa|pier n. *(-[e]s,-e)* titolo *m.*, BUROCR. effetto *m.*: ***börsengängiges, festverzinsliches ~*** titolo negoziato in borsa, a reddito fisso. **Wert|pa|pier|bör|se** f. *(-,-n)* borsa *f.* valori. **Wert|pa|pier|ge|schäft** n. *(-[e]s,-e)* compravendita *f.* di titoli. **Wert|pa|pier|han|del** m. *(-s)* commercio *m.* in titoli. **Wert|pa|pier|ver|kehr** m. *(-s)* transazione *f.* in titoli. **Wert|pa|pier|ver|wal|tung** f. *(-,-en)* gestione *f.* di portafoglio.

Wert|sa|che f. *(-,-n)* cosa *f.*, oggetto *m.* di valore; pl. valori *m.pl.* **wert_schät|zen** tr. stimare molto, tenere in grande stima. **Wert|schät|zung** f. *(-)* stima *f.*: ***große ~ genießen*** godere di grande stima. **Wert|schöp|fung** f. *(-,-en)* valore *m.* aggiunto. **Wert|schrift** f. *(-,-en)* SVIZZ. → **Wertpapier.** **Wert|sen|dung** f. *(-,-en)* spedizione *f.* assicurata. **Wert|si|che|rungs|klau|sel** f. *(-,-n)* clausola *f.* di garanzia monetaria. **Wert|stei|ge|rung** f. *(-,-en)* rialzo *m.* **Wert|sys|tem** n. *(-s,-e)* sistema *m.* di valori.

Wer|tung f. *(-,-en)* valutazione *f.* ◆ ***in der ~ vorne, hinten liegen*** essere avanti, indietro in classifica.

Wert|ur|teil n. *(-s,-e)* giudizio *m.* di valore: ***ein ~ abgeben*** dare (*o* esprimere) un giudizio di valore. **Wert|ver|min|de|rung** f. *(-,-en)* → **Wertminderung.** **wert|voll** agg. 1a di (grande) valore; ***ein künstlerisch -es Werk*** un'opera di valore artistico; ***ein -er Mensch*** una persona di valore b pregiato, di valore: ***-e Bilder, Schmuckstücke*** quadri, gioielli pregiati 2 *(nützlich)* valido, utile: ***-e Ratschläge*** validi consigli; ***etw. ist jdm ~*** qcs. è molto utile a qcn. **Wert|vor|stel|lung** f. *(-,-en)* idea *f.* del valore: ***die ~ einer Epoche*** l'idea del valore di un'epoca. **Wert|zei|chen** n. *(-s,-)* valore *m.* bollato. **Wert|zoll** m. *(-[e]s,-zölle)* dazio *m.* sul valore. **Wert|zu|wachs** m. *(-es,-zuwächse)* incremento *m.* (*o* crescita *f.*) di valore.

wer|wei|ßen intr. (aus. *haben*) SVIZZ. essere perplesso.

Wer|wolf m. *(-[e]s,-wölfe)* lupo *m.* mannaro, licantropo *m.*

wes ANT. → **wer.**

we|sen intr. (aus. *haben*) ANT. esistere, esserci.

We|sen n. *(-s,-)* 1a essenza *f.*, natura *f.*: ***das ~ der Kunst*** l'essenza dell'arte; ***im ~ der Dinge liegen*** essere nella natura delle cose b FILOS. essenza *f.*: ***das ~ der Wahrheit*** l'essenza della verità 2 *(Eigenart)* indole *f.*, natura *f.*; *(Charakter)* carattere *m.*: ***ein kindliches, freundliches ~*** un'indole infantile, gentile; ***ein ungezwungenes, gesetztes ~*** un carattere spigliato, posato; ***seinem ~ nach*** per natura; ***dieses Verhalten entspricht nicht seinem ~*** questo comportamento non corrisponde al suo carattere 3a *(Lebewesen)* essere *m.* (vivente): ***menschliches, vernunftbegabtes ~*** essere umano, dotato di ragione; ***das höchste ~*** l'essere supremo b *(Mensch)* essere *m.*, creatura *f.*: ***ein zartes, stilles ~*** un essere delicato, una persona silenziosa; ***kleines ~*** esserino; ***das arme ~*** la povera creatura ◆ ***zum ~ von jdm, etw. gehören*** essere proprio della natura di (*o* essere insito in) qcn., qcs.; ***viel ~ (-s), kein ~ aus, von, um etw. machen*** dare grande (*o* non dare) importanza a qcs.; COLLOQ. ***männliches ~*** uomo; ***sein ~ treiben*** aggirarsi; COLLOQ. ***weibliches ~*** donna.

we|sen|haft agg. 1 intrinseco, essenziale, sostanziale 2 *(real existent)* sussistente, reale. **We|sen|heit** f. *(-,-en)* 1 essenza *f.* 2 ANT. indole *f.*, natura *f.* 3 *(Vorhandensein)* consistenza *f.* **we|sen|los** agg. 1 inesistente, irreale: ***-e Träume*** sogni vani 2 *(bedeutungslos)* non essenziale: ***-e Pracht*** vuota magnificenza 3 ANT. *(vom Körper)* esanime. **We|sen|lo|sig|keit** f. *(-)* 1 inesistenza *f.* 2 *(Bedeutungslosigkeit)* irrilevanza *f.* **We|sens|art** f. *(-,-en)* indole *m.*, carattere *m.* **we|sens|ei|gen** agg. caratteristico, proprio: ***etw. ist jdm, etw. ~*** qcs. è caratteristico di qcn., qcs. **we|sens|fremd** agg. non confacente, non corrispondente alla (propria) natura. **we|sens|gleich** agg. della stessa natura. **we|sens|mä|ßig** agg. conforme all'essenza, alla sostanza. **we|sens|ver|wandt** agg. di carattere (*o* indole) affine, affine nel carattere. **We|sens|ver|wandt|schaft** f. *(-)* affinità *f.* di indole, di carattere. **We|sens|zug** m. *(-[e]s,-züge)* tratto *m.* caratteristico (*o* distintivo).

we|sent|lich I agg. essenziale, sostanziale: ***der -e Bestandteil von etw.*** l'elemento essenziale di qcs.; ***eine -e Aufgabe*** un compito essenziale; ***kein -er Unterschied*** nessuna differenza sostanziale II avv. 1 essenzialmente 2 considerevolmente, notevolmente: ***~ größer, schwieriger*** notevolmente più grande, più difficile ◆ ***im -en*** essenzialmente. **We|sent|li|che** n. *(-n)* essenziale *m.*

We|ser n.pr.f. *(-)* Weser *f.*

Wes|fall m. *(-[e]s,-fälle)* genitivo *m.*

wes|halb I avv. 1 perché 2 *(Relativadverb)* per cui: ***der Grund, ~ er so nervös ist...*** il motivo per cui è così nervoso... II cong. per cui, perciò: ***er kam lange nicht, ~ ich immer unruhiger wurde*** tardava molto, per cui mi preoccupai sempre più.

We|sir m. *(-s,-e)* visir *m.*

Wes|pe f. *(-,-n)* vespa *f.* **Wes|pen|nest** n. *(-[e]s,-er)* nido *m.* di vespe, vespaio *m.* ◆ ***in ein ~ stechen, greifen, sich mit etw. ins ~ setzen*** sollevare (*o* suscitare) un vespaio con qcs. **Wes|pen|stich** m. *(-[e]s,-e)* puntura *f.* di vespa. **Wes|pen|tail|le** f. *(-,-n)* vitino *m.* di vespa.

wes|sen → **wer.**

Wes|si m. *(-s,-s)* e f. *(-,-s)* COLLOQ. INTRAD. (tedesco/tedesca dei Länder che prima della riunificazione costituivano la RFT).

West m. *(-[e]s)* 1 ovest *m.*, occidente *m.*: ***von, aus ~ kommende Winde*** venti provenienti da ovest 2 MAR. LETT. (pl. *-e*) vento *m.* da ovest ◆ ***10, 20 Mark ~*** 10, 20 marchi occidentali. **West|af|ri|ka** n.pr.n. *(-s)* Africa *f.* occidentale. **West|ber|lin** n.pr.n. *(-s)* STOR. Berlino Ovest *f.* **West|ber|li|ner** m. *(-s,-)* STOR. abitante *m.* di Berlino Ovest. **west|deutsch** agg. STOR. tedesco occidentale, della Germania Occidentale. **West|deutsch|land** n.pr.n. *(-s)* STOR. Germania *f.* Occidentale.

Wes|te f. *(-,-n)* **1** gilet *m.*, gilé *m.*, panciotto *m.* **2** *(Schwimmweste)* giubbotto *m.* di salvataggio **3** *(Schutzbekleidung)* giubbotto *m.*: ***kugelsichere, schusssichere ~*** giubbotto antiproiettile ◆ ***eine reine, saubere, weiße ~ haben*** = avere la fedina penale pulita.

Wes|ten m. *(-s)* **1** ovest *m.*, occidente *m.*, ponente *m.*: ***der Wind weht von ~*** il vento spira da ovest; ***das Zimmer geht nach ~*** la camera è rivolta verso ovest **2** *(im Westen gelegenes Gebiet)* parte *f.* occidentale, (zona *f.*) ovest *m.*: ***der ~ des Landes*** la parte occidentale del paese; ***im ~ Asiens, Frankfurts*** nell'Asia occidentale, nella zona ovest di Francoforte **3** POL. Occidente *m.*, ovest *m.*: ***die Spannung zwischen Osten und ~*** la tensione fra est e ovest; *(Westdeutschland)* ***in den ~ fliehen*** fuggire all'ovest ◆ ***der Wilde ~*** il selvaggio West.

West|end n. *(-s,-s)* zona *f.* ovest, parte *f.* occidentale; *(in London)* westend *m.*

Wes|ten|ta|sche f. *(-,-n)* taschino *m.* del gilet (*o* del panciotto) ◆ ***etw. wie seine ~ kennen*** conoscere qcs. come le proprie tasche. **Wes|ten|ta|schen|for|mat, *im ~*** in formato minuscolo.

Wes|tern m. *(-[s],-)* (film *m.*) western *m.*

West|eu|ro|pa n.pr.n. *(-s)* Europa *f.* occidentale (*o* dell'ovest). **West|eu|ro|pä|er** m. *(-s,-)* abitante *m.* dell'Europa occidentale, europeo *m.* occidentale. **west|eu|ro|pä|isch** agg. dell'Europa occidentale, europeo occidentale.

West|fa|le m. *(-n,-n)* abitante *m.* della Vestfalia. **West|fa|len** n.pr.n. *(-s)* Vestfalia *f.* **West|fä|lin** f. *(-,-nen)* abitante *f.* della Vestfalia. **west|fä|lisch** agg. vestfalico, vestfaliano ◆ ***der Westfälische Frieden*** la pace di Vestfalia.

West|flan|ke f. *(-,-n)* METEOR. fianco *m.* (*o* lato *m.*) occidentale. **West|flü|gel** m. *(-s,-)* ala *f.* occidentale. **West|front** f. *(-,-en)* fronte *m.* occidentale. **West|ger|ma|nen** pl. germani *m.pl.* occidentali. **West|go|te** m. *(-n,-n)* visigoto *m.* **west|go|tisch** agg. visigoto. **West|in|di|en** n.pr.n. *(-s)* Indie *f.pl.* occidentali. **west|in|disch** agg. delle Indie occidentali: ***Westindische Kompanie*** Compagnia delle Indie Occidentali. **West|küs|te** f. *(-,-n)* costa *f.* occidentale.

West|ler m. *(-s,-)* SPREG. tedesco *m.* dell'ovest. **west|lich I** agg. occidentale, dell'ovest: ***die -en Länder, Völker*** i paesi, i popoli occidentali **II** avv. a ovest, a occidente: ***~ von Köln*** a ovest di Colonia; ***die Stadt liegt weiter ~*** la città è più a ovest **III** prep. + gen. a ovest di: ***~ Münchens*** a ovest di Monaco; ***~ der Autobahn*** a ovest dell'autostrada ◆ ***10 Grad -er Länge*** 10 gradi (di) longitudine ovest; ***in -er Richtung*** in direzione ovest, verso ovest.

West|mäch|te pl. potenze *f.pl.* occidentali. **West|mark** f. *(-)* marco *m.* occidentale. **West|nord|west** m. *(-[e]s)* **1** ovest-nordovest *m.* **2** *(Wind;* pl. *-e)* vento *m.* da ovest-nordovest. **West|nord|wes|ten** m. *(-s)* ovest-nordovest *m.* **west|öst|lich** agg. occidentaleorientale. **West|punkt** m. *(-[e]s)* GEOGR. punto *m.* ovest (*o* di ponente). **West|rom** n.pr.n. *(-s)* STOR. l'Impero *m.* (Romano) d'Occidente. **west|rö|misch** agg. STOR. ***das Weströmische Reich*** l'Impero Romano d'Occidente. **West|sei|te** f. *(-,-n)* lato *m.* occidentale (*o* ovest); *(von Bergen)* versante *m.* ovest. **west|sei|tig I** agg. del (*o* che si trova sul) lato occidentale **II** avv. sul lato occidentale. **West|süd|west** m. *(-[e]s)* **1** ovest-sudovest *m.* **2** *(Wind;* pl. *-e)* vento *m.* da ovest-sudovest. **West|süd|wes|ten** m. *(-s)* ovest-sudovest *m.* **West|teil** m. *(-[e]s,-e)* parte *f.* occidentale. **West|wand** f. *(-,-wände)* parete *f.* occidentale (*o* ovest). **west|wärts** avv. verso ovest, verso occidente (*o* ponente). **West|wind** m. *(-[e]s,-e)* (vento *m.* di) ponente *m.*, vento *m.* da ovest. **West|zo|ne** f. *(-)* STOR. zona *f.* occidentale.

wes|we|gen avv. → **weshalb.**

wett, *(mit jdm) ~ sein* essere pari, aver saldato i propri debiti (con qcn).

Wett|an|nah|me f. *(-,-n)* ricevitoria *f.* (di scommesse).

Wett|be|werb m. *(-s,-e)* **1a** concorso *m.*: ***einen ~ ausschreiben*** bandire (*o* indire) un concorso **b** *(Wettkampf)* gara *f.*, competizione *f.* **2** *(Konkurrenz)* concorrenza *f.*: ***unlauterer ~*** concorrenza sleale; ***(mit jdm) im ~ stehen, in ~ treten*** essere, entrare (*o* mettersi) in concorrenza (con qcn.) ◆ ***außerhalb des -s*** fuori concorso. **Wett|be|wer|ber** m. *(-s,-)* concorrente *m.*

Wett|be|werbs|aus|schrei|bung f. *(-,-en)* bando *m.* di concorso. **Wett|be|werbs|be|din|gun|gen** pl. **1** condizioni *f.pl.* del concorso **2** ECON. condizioni *f.pl.* di concorrenza. **wett|be|werbs|fä|hig** agg. competitivo, concorrenziale. **Wett|be|werbs|klau|sel** f. *(-,-n)* clausola *f.* di concorrenza. **Wett|be|werbs|teil|neh|mer** m. *(-s,-)* partecipante *m.* al concorso (*o* alla competizione, gara), concorrente *m.* **Wett|be|werbs|wirt|schaft** f. *(-)* economia *f.* di concorrenza ◆ ***freier ~*** regime di libera concorrenza.

Wett|bü|ro n. *(-s,-s)* ricevitoria *f.* (di scommesse).

Wet|te f. *(-,-n)* scommessa *f.*: ***mit jdm eine ~ abschließen (eingehen), gewinnen, verlieren*** fare, vincere, perdere una scommessa con qcn.; ***was gilt die ~?*** che cosa scommettiamo? ◆ ***ich gehe jede ~ ein (mache jede ~), dass...*** scommetto quel che vuoi che...; ***um die ~ fahren, laufen, rennen*** fare una gara, fare a gara a chi arriva primo; COLLOQ. ***um die ~ schreien, trinken*** fare a gara a chi grida, beve di più; ***um die ~ rüsten*** partecipare alla corsa agli armamenti.

Wett|ei|fer m. *(-s)* spirito *m.* competitivo (*o* di competizione). **wett|ei|fern** intr. (aus. *haben*) gareggiare, competere: ***mit jdm um etw. ~*** gareggiare con qcn. per qcs.

wet|ten I tr. **1** scommettere: ***ich wette (darauf), dass du es nicht kannst*** scommetto che non ci riesci; FIG. ***darauf wette ich den Kopf!*** ci scommetto la testa! ***~ wir, wer zuerst ankommt?*** scommettiamo a, su chi arriva primo? **2** scommettere, puntare: ***(zehn Mark) auf ein Pferd ~*** puntare (10 marchi) su un cavallo **II** intr. (aus. *haben*) scommettere: ***mit jdm (um etw.) ~*** scommettere (qcs.) con qcn.; ***worum ~ wir?*** cosa scommettiamo? ◆ ***~, dass?*** scommettiamo? ***so haben wir nicht gewettet!*** questo non era nei patti!

1.Wet|ter m. *(-s,-)* scommettitore *m.*

2.Wet|ter n. *(-s,-)* **1** tempo *m.*: ***beständiges, unbeständiges, veränderliches ~*** tempo stabile, instabile, variabile; ***heiteres, regnerisches, kühles, schwüles ~*** tempo sereno, piovoso, fresco, afoso; ***wie ist das ~? was ist für ~?*** com'è il tempo? che tempo fa? ***es ist schlechtes, schönes (gutes) ~*** c'è brutto (*o* cattivo), bel tempo (*o* fa brutto, bello); ***das ~ hält sich, ändert sich, schlägt um, bessert sich, wird schlecht*** il tempo si mantiene (bello), cambia, cambia improvvisamente, migliora, peggiora; ***bei günstigem ~ machen wir einen Ausflug*** se il tempo è bello facciamo una gita **2a** *(Unwetter)* maltempo *m.* **b** *(Gewitter)* temporale *m.*: ***es kommt ein ~*** arriva un temporale ◆ ***alle ~!*** accidenti! ***um gutes ~ bitten*** = cercare d'ingraziarsi qcn.; ***frische ~*** aria pura; ***bei diesem ~ jagt man keinen Hund vor die Tür*** con questo tempaccio non esce (di casa) neanche un cane; ***bei jdm gut ~ machen*** = ingraziarsi, COLLOQ. tenersi buono qcn.; MIN. ***schlagende ~*** grisou.

Wet|ter|amt n. *(-[e]s,-ämter)* ufficio *m.* meteorologico. **Wet|ter|an|sa|ge** f. *(-,-n)* → **Wetterbericht. Wet|ter|aus|sich|ten** pl. previsioni *f.pl.* del tempo. **Wet|ter|be|richt** m. *(-[e]s,-e)* bollettino *m.* meteorologico. **Wet|ter|bes|se|rung** f. *(-,-en)* miglioramento *m.* del tempo. **wet|ter|be|stän|dig** → **wetterfest. wet|ter|be|stim|mend** agg. determinante per il tempo. **Wet|ter|dach** n. *(-[e]s,-dächer)* **1** tettoia *f.* **2** *(vom Wagen)* capote *f.* **Wet|ter|dienst** m. *(-[e]s,-e)* servizio *m.* meteorologico. **Wet|ter|fah|ne** f. *(-,-n)* banderuola *f.*, segnavento *m.* **wet|ter|fest** agg. **1** resistente agli agenti atmosferici (*o* alle intemperie) **2** *(wasserdicht)* impermeabile. **Wet|ter|fleck** m. *(-[e]s,-e)* AUSTR. mantellina *f.* impermeabile. **Wet|ter|frosch** m. *(-[e]s,-frösche)* raganella *f.* **wet|ter|füh|lig** agg. sensibile ai cambiamenti del tempo, MED. meteoropatico. **Wet|ter|füh|lig|keit** f. *(-)* sensibilità *f.* ai cambiamenti del tempo, MED. meteoropatia *f.* **Wet|ter|füh|rung** f. *(-)* MIN. ventilazione *f.* **Wet|ter|ge|sche|hen** n. *(-s)* andamento *m.* del tempo. **Wet|ter|glas** n. *(-es,-gläser)* ANT. barometro *m.* **Wet|ter|hahn** m. *(-[e]s,-hähne)* galletto *m.* (segnavento). **Wet|ter|häus|chen** n. *(-s,-)* = casettina *f.* che segnala le variazioni meteorologiche. **Wet|ter|kar|te** f. *(-,-n)* carta *f.* meteorologica (*o* del tempo).

Wet|ter|kun|de f. *(-)* meteorologia *f.* **wet|ter|kun|dig** agg. esperto del tempo. **wet|ter|kund|lich** agg. meteorologico.

Wet|ter|la|ge f. *(-,-n)* situazione *f.* del tempo, condizioni *f.pl.* meteorologiche. **Wet|ter|lam|pe** f. *(-,-n)* lampada *f.* di sicurezza (*o* da minatore). **Wet|ter|leuch|ten** pl. bagliori *m.pl.* (*o* lampi *m.pl.*) in lontananza, balenìo *m.*, baleno *m.* **Wet|ter|loch** n. *(-[e]s,-löcher)* COLLOQ. = posto *m.* infame (per il cattivo tempo). **Wet|ter|man|tel** m. *(-s,-mäntel)* impermeabile *m.* **wet|ter|mä|ßig** agg. del (*o* relativo al) tempo. **Wet|ter|mel|dung** f. *(-,-en)* → **Wetterbericht.**

wet|tern intr. (aus. *haben*) **1** impers. ***es wettert*** fa temporale **2** COLLOQ. *(schimpfen)* tuonare, imprecare.

Wet|ter|prog|no|se f. *(-,-n)* previsioni *f.pl.* del tempo (a lunga scadenza). **Wet|ter|sa|tel|lit** m. *(-en,-en)* satellite *m.* meteorologico. **Wet|ter|schacht** m. *(-[e]s,-schächte)* MIN. pozzo *m.* di ventilazione. **Wet|ter|scha|den** m. *(-s,-schäden)* danno *m.* causato dal maltempo. **Wet|ter|schei|de** f. *(-,-n)* limite *m.* meteorologico. **Wet|ter|sei|te** f. *(-,-n)* **1** lato *m.* da cui proviene il maltempo **2** *(in Bezug auf Wind)* lato *m.* esposto al vento. **Wet|ter|sta|ti|on** f. *(-,-en)* stazione *f.* meteorologica. **Wet|ter|strahl** m. *(-[e]s,-en)* LETT. saetta *f.*, fulmine *m.* **Wet|ter|sturz** m. *(-es,-stürze)* caduta *f.* (improvvisa) della temperatura. **Wet|ter|um|schlag** m. *(-[e]s,-umschläge)*, **Wet|ter|um|schwung** m. *(-[e]s,-umschwünge)* (improvviso) cambiamento *m.* del tempo. **Wet|ter|ver|än|de|rung** f. *(-,-en)* cambiamento *m.* del tempo. **Wet|ter|ver|hält|nis|se** pl. condizioni *f.pl.* atmosferiche (*o* del tempo). **Wet|ter|vo|raus|sa|ge, Wet|ter|vor|her|sa|ge** f. *(-,-n)* previsioni *f.pl.* del tempo. **Wet|ter|war|te** f. *(-,-n)* stazione *f.* meteorologica. **Wet|ter|wech|sel** m. *(-s,-)* → **Wetterveränderung. wet|ter|wen|disch** agg. volubile, incostante; *(launisch)* lunatico.

Wett|fah|ren n. *(-s)* gara *f.*, corsa *f.* **Wett|fah|rer** m. *(-s,-)* corridore *m.* **Wett|fahrt** f. *(-,-en)* gara *f.*, corsa *f.*

Wett|ge|hen n. *(-s,-)* gara *f.* (*o* corsa *f.*) podistica. **Wett|kampf** m. *(-[e]s,-kämpfe)* gara *f.*, competizione *f.* **Wett|kämp|fer** m. *(-s,-)* concorrente *m.*, partecipante *m.* a una gara. **Wett|lauf** m. *(-[e]s, -läufe)* (gara *f.* di) corsa *f.* **Wett|läu|fer** m. *(-s,-)* corridore *m.*

wett_ma|chen tr. COLLOQ. **1** compensare, equilibrare, bilanciare: ***mangelnde Schönheit mit Liebenswürdigkeit ~*** compensare la scarsa bellezza con l'amabilità **2** *(wieder gutmachen)* riparare: ***einen Fehler, einen Verlust ~*** riparare a un errore, a una perdita.

Wett|ren|nen n. *(-s,-)* → **Wettlauf. Wett|ru|dern** n. *(-s,-)* regata *f.* **Wett|rüs|ten** n. *(-s)* corsa *f.* agli armamenti. **Wett|schie|ßen** n. *(-s,-)* gara *f.* di tiro. **Wett|schwim|men** n. *(-s,-)* gara *f.* di nuoto. **Wett|spiel** n. *(-s,-e)* partita *f.*, incontro *m.* **Wett|streit** m. *(-[e]s, -e)* competizione *f.*, gara *f.*: ***mit jdm in ~ treten*** entrare in competizione con qcn.; ***sich im ~ messen*** misurarsi nella competizione. **Wett|teu|fel** m. *(-s)* mania *f.* delle scommesse: ***vom ~ besessen sein*** essere un maniaco delle scommesse, avere la mania delle scommesse.

wet|zen I tr. affilare: ***ein Messer, eine Sense ~*** affilare un coltello, una falce **II** intr. (aus. *sein*) COLLOQ. correre: ***um die Ecke ~*** girare l'angolo di corsa. **Wetz|stahl** m. *(-[e]s)* acciaino *m.*, acciaiolo *m.* **Wetz|stein** m. *(-[e]s,-e)* cote *f.*, pietra *f.* per affilare.

WEU ⇒ *Westeuropäische Union* Unione dell'Europa Occidentale (UEO).

WEZ ⇒ *westeuropäische Zeit* tempo medio dell'Europa occidentale, tempo medio di Greenwich (TMG).

WG f. *(-,-s)* **1** alloggio *m.* in comune **2** *(sozialtherapeutisch)* comunità *f.* alloggio **3** *(in den sechziger/siebziger Jahren)* comune *f.*

Whirl|pool® ['wɔ:lpu:l] m. *(-s,-s)* vasca *f.* da, con idromassaggio.

Whis|key, Whis|ky ['vɪski, 'wɪ:skɪ] m. *(-s,-s)* whisky *m.*: ***einen ~ pur, (mit) Soda trinken*** bere un whisky liscio, un whisky e soda.

Whist n. *(-[e]s)* whist *m.*

Wichs m. *(-es,-e)* e AUSTR. f. *(-,-en)* divisa *f.* (goliardica) di gala.

Wichs|bürs|te f. *(-,-n)* COLLOQ. spazzola *f.* da scarpe. **Wich|se** f. *(-,-n)* **1** COLLOQ. lucido *m.* (*o* crema *f.*) da scarpe **2** *(Prügel)* botte *f.pl.*: ***~ kriegen*** prendersele. **wich|sen** tr. **1** COLLOQ. lucidare: ***die Schuhe, die Parkettböden ~*** lucidare le scarpe, i parquet **2** REGION. *(prügeln)* picchiare **3** VOLG. *(onanieren)* farsi una sega. **Wich|ser** m. *(-s,-)* VOLG. **1** segaiolo *m.* **2** *(Schimpfwort)* mezza sega *m.*

Wicht m. *(-[e]s,-e)* **1** FAM. *(Kind)* marmocchio *m.* **2** SPREG. *(verachteter Mensch)* ***feiger ~*** vigliacco *m.* **3** → **Wichtelmännchen.**

Wich|te f. *(-,-n)* peso *m.* specifico.

Wich|tel m. *(-s,-)*, **Wich|tel|männ|chen** n. *(-s,-)* gnomo *m.*

wich|tig I agg. **1** importante: ***eine -e Nachricht*** una notizia importante; ***-e Entscheidungen treffen*** prendere decisioni importanti; ***ein -er Mann*** un uomo importante; ***es ist mir, für mich sehr ~ zu wissen, was du davon hältst*** per me è molto importante sapere che cosa ne pensi **2** IRON. serio, grave: ***mit -er Miene*** con un'espressione seria **II** avv. seriamente: ***nimm die Sache nicht so ~!*** non prendere la cosa così seriamente ◆ ***das Wichtigste, am -sten ist, dass...*** l'importante è che...; ***das ist nur halb so ~*** non è poi così importante; ***sich ~ machen, tun, haben, sich (D) ~ vorkommen*** darsi delle arie, darsi arie di importanza; ***sich zu ~ nehmen*** prendersi troppo sul serio. **Wich|tig|keit** f. *(-,-en)* **1** importanza *f.*: ***etw. (D) große ~ beimessen, beilegen*** attribuire grande importanza a qcs.; ***von höchster ~ sein*** essere della massima importanza **2** *(bedeutende Angelegenheit)* cosa *f.* importante **3** importanza *f.* esagerata, serietà *f.*, gravità *f.* **Wich|tig|ma|cher** m. *(-s,-)* AUSTR. → **Wichtigtuer.**

Wich|tig|tu|er m. *(-s,-)* chi si dà delle arie. **Wich|tig|tu|e|rei** f. *(-,-en)* arie *f.pl.* **wich|tig|tu|e|risch** agg. che si dà delle arie, grandioso.

Wi|cke f. *(-,-n)* veccia *f.* ◆ ***in die -n gehen*** andare perduto.

Wi|ckel m. *(-s,-)* **1** *(Umschlag)* impacco *m.*, pezza *f.* **2** *(Windel)* fascia *f.* (per neonati) **3** *(Knäuel)* gomitolo *m.*; *(Spule)* rocchetto *m.* **4** *(Rolle)* rotolo *m.* **5** *(Lockenwickler)* bigodino *m.* **6** BOT. ci(n)cino *m.* ◆ ***jdn am, beim ~ nehmen, packen, haben*** tirare le orecchie a qcn.

Wi|ckel|ga|ma|sche f. *(-,-n)* mollettiera *f.* **Wi|ckel|kind** n. *(-[e]s, -er)* bambino *m.* in fasce. **Wi|ckel|kom|mo|de** f. *(-,-n)* fasciatoio *m.*

wi|ckeln I tr. **1** avvolgere: ***Garn auf eine Spule ~*** avvolgere del filo su un rocchetto; ***einen Schal um den Hals ~*** avvolgere uno scialle attorno al collo; ***etw. in Papier ~*** avvolgere qcs. nella carta, incartare qcs. **2a** *(Säugling)* fasciare **b** *(mit einer Bandage)* fasciare, bendare **II** rifl. **sich** ~ avvolgersi: ***sich in den Mantel ~*** avvolgersi nel cappotto ◆ ***das Haar ~*** arricciare i capelli, mettere i bigodini; ***etw. aus dem Papier ~*** scartare qcs.; ***einen Turban ~*** fare un turbante.

Wi|ckel|rock m. *(-[e]s,-röcke)* gonna *f.* a portafoglio. **Wi|ckel|tisch** m. *(-es,-e)* → **Wickelkommode. Wi|ckel|tuch** n. *(-[e]s,-tücher)* fascia *f.*, triangolo *m.* (per neonati). **Wi|cke|lung** f. *(-,-en)* **1** *(Wickeln)* avvolgimento *m.* **2** *(etw. Gewickeltes)* involto *m.* **3** *(Verbinden)* fasciatura *f.*, bendatura *f.* **4** EL. avvolgimento *m.*, bobina *f.* **Wick|ler** m. *(-s,-)* bigodino *m.* **Wick|lung** → **Wickelung.**

Wid|der m. *(-s,-)* **1** *(Schafbock)* montone *m.* **2** ASTROL. ariete *m.*

wi|der prep. + acc. **1** *(gegen)* contro: ***~ jdn, die Gesetze*** contro qcn., le leggi; ***für und ~*** pro e contro **2** *(entgegen)* contro, contrariamente a: ***~ alle Vernunft*** contro ogni ragionevolezza ◆ ***das Für und Wider*** il pro e il contro; ***~ meinen Willen*** contro la mia volontà, mio malgrado; ***~ besseres Wissen*** in mala fede.

wi|der|bors|tig agg. **1** *(vom Haar)* ribelle **2** *(widerspenstig)* ribelle, ricalcitrante, riottoso.

Wi|der|christ m. *(-[s]* e *-en,-en)* anticristo *m.*

Wi|der|druck m. *(-[e]s,-e)* TIP. stampa *f.* in volta.

wi|der|ei|nan|der avv. l'uno contro l'altro, l'un l'altro.

wi|der|fah|ren intr. *(widerfährt, widerfuhr, widerfahren;* aus. *sein)* accadere, capitare, succedere: ***mir ist ein Unglück ~*** mi è accaduta una disgrazia; ***jdm Gerechtigkeit ~ lassen*** rendere giustizia a qcn.

wi|der|ge|setz|lich agg. contrario alla legge, illegale.

Wi|der|ha|ken m. *(-s,-)* **1** uncino *m.* **2** PESC. ardiglione *m.*

Wi|der|hall m. *(-[e]s,-e)* eco *m.* e *f.*, risonanza *f.* (anche FIG.) ◆ ***~ finden*** avere risonanza, riscuotere consenso. **wi|der_hal|len** intr. (aus. *haben*) riecheggiare, ris(u)onare.

Wi|der|hand|lung f. *(-,-en)* SVIZZ. contravvenzione *f.*, infrazione *f.*

Wi|der|kla|ge f. *(-,-n)* DIR. controquerela *f.* **Wi|der|klä|ger** m. *(-s,-)* DIR. controquerelante *m.*

Wi|der|la|ger n. *(-s,-)* EDIL. spalla *f.*, piedritto *m.*

wi|der|leg|bar agg. confutabile. **wi|der|le|gen I** tr. confutare: ***eine Hypothese, jds Ansichten, einen Zeugen ~*** confutare un'ipotesi, le opinioni di qcn., un testimone **II** rifl. **sich** ~ contraddirsi. **Wi|der|le|gung** f. *(-,-en)* confutazione *f.*

wi|der|lich I agg. **1** *(eklig)* ripugnante, disgustoso: ***ein -er Geschmack*** un sapore disgustoso **2** *(abstoßend)* disgustoso, odioso, repellente: ***ein -es Verhalten*** un comportamento disgustoso **II** avv. disgustosamente: ***~ süß*** disgustosamente dolce ◆ ***das ist mir ~*** mi disgusta; ***~ schmecken, riechen*** avere un sapore disgustoso, un odore nauseante. **Wi|der|lich|keit** f. *(-,-en)* **1** ripugnanza *f.*, disgusto *m.* **2** *(etw. Widerliches)* cosa *f.* disgustosa. **Wi|der|ling** m. *(-[e]s, -e)* uomo *m.* ripugnante. **wi|dern** tr. ANT. disgustare.

wi|der|na|tür|lich agg. innaturale, contro natura. **Wi|der|na|tür|lich|keit** f. *(-,-en)* perversione *f.*

Wi|der|part m. *(-[e]s,-e)* parte *f.* avversa, controparte *f.* ◆ ***jdm ~ bieten, geben*** opporre resistenza a qcn.

wi|der|ra|ten tr. *(widerrät, widerriet, widerraten)* ***jdm etw. ~*** sconsigliare qcs. a qcn., dissuadere qcn. da qcs.

wi|der|recht|lich I agg. illegale, illecito: ***-er Besitz*** detenzione illecita **II** avv. illegalmente, illecitamente; ***sich etw. ~ aneignen*** appropriarsi indebitamente di qcs. ◆ ***-e Aneignung*** appropriazione indebita; ***-e Bauten*** costruzioni abusive. **Wi|der|recht|lich|keit** f. *(-,-en)* illegalità *f.*, illiceità *f.*

Wi|der|re|de f. *(-,-n)* obiezione *f.*, replica *f.*: ***keine ~ dulden*** non tollerare obiezioni ◆ ***ohne ~*** senza replicare. **wi|der|re|den** intr. (aus. *haben*) RAR. obiettare, replicare.

Wi|der|rist m. *(-[e]s,-e)* garrese *m.*

Wi|der|ruf m. *(-[e]s,-e)* **1** revoca *f.*, revocazione *f.*: ***~ eines Testaments*** revocazione di un testamento **2** *(von Aussagen, Behauptungen)* ritrattazione *f.*, smentita *f.*: ***öffentlich ~ leisten*** fare una pubblica smentita **3** COMM. *(von Bestellungen)* cancellazione *f.* ◆ ***bis auf ~*** fino a nuovo ordine. **wi|der|ru|fen** tr. *(widerief, widerrufen)* **1** ritirare, revocare: ***eine Erlaubnis, ein Urteil ~*** ritirare un permesso, revocare una sentenza **2** *(zurücknehmen)* ritrattare, smentire: ***ein Geständnis ~*** ritrattare una confessione; ***eine Nachricht ~*** smentire una notizia. **wi|der|ruf|lich, wi|der|ruf|lich** agg. revocabile. **Wi|der|ruf|lich|keit, Wi|der|ruf|lich|keit** f. *(-)* revocabilità *f.* **Wi|der|ru|fung** f. *(-,-en)* → **Widerruf.**

Wi|der|sa|cher m. *(-s,-)* avversario *m.*
Wi|der|schein m. *(-[e]s,-e)* riflesso *m.*, riverbero *m.*
wi|der|set|zen rifl. **sich ~** opporsi: ***sich einer Anordnung, jds Wünschen ~*** opporsi a un ordine, ai desideri di qcn. **wi|der|setz|lich, wi|der|setz|lich** agg. **1** ricalcitrante, renitente **2** riluttante: ***eine -e Miene machen*** avere un'espressione riluttante; ***in -em Ton sprechen*** parlare con riluttanza. **Wi|der|setz|lich|keit, Wi|der|setz|lich|keit** f. *(-,-en)* **1** riluttanza *f.* **2** *(Ungehorsamkeit)* renitenza *f.*
Wi|der|sinn m. *(-[e]s)* controsenso *m.*, assurdità *f.* **wi|der|sin|nig** agg. assurdo, paradossale. **Wi|der|sin|nig|keit** f. *(-,-en)* → **Widersinn.**
wi|der|spens|tig agg. **1** ricalcitrante, riottoso, ritroso **2** *(vom Haar)* ribelle. **Wi|der|spens|tig|keit** f. *(-,-en)* ritrosia *f.*, riottosità *f.*
wi|der‿spie|geln *(p.pass. widergespiegelt/widerspiegelt)* **I** tr. rispecchiare, riflettere (anche FIG.) **II** rifl. **sich ~** riflettersi, rispecchiarsi (anche FIG.). **Wi|der|spie|ge|lung, Wi|der|spieg|lung** f. *(-,-en)* riflessione *f.*, rispecchiamento *m.* (anche FIG.).
Wi|der|spiel n. *(-[e]s)* **1** contrapposizione *f.* **2** ANT. *(Gegenteil)* contrario *m.*, opposto *m.* ◆ ***im ~ mit*** in contrapposizione con.
wi|der|spre|chen I intr. *(widersprach, widersprochen;* aus. *haben)* **1** contraddire: ***jdm, einer Aussage, den Tatsachen ~*** contraddire qcn., un'affermazione, i fatti **2** opporsi: ***der Entlassung des Gefangenen ~*** opporsi al rilascio del prigioniero **II** rifl. **sich ~** contraddirsi: ***diese Aussagen ~ sich (einander)*** queste affermazioni si contraddicono (tra loro). **wi|der|spre|chend** p.pres. agg. **1** → **widersprechen 2** contraddittorio: ***sich -e Nachrichten*** notizie contraddittorie.
Wi|der|spruch m. *(-[e]s,-sprüche)* **1** contraddizione *f.*: ***der ~ liegt darin, dass...*** la contraddizione è insita nel fatto che...; ***einen ~ in sich enthalten*** contenere una contraddizione in sé; ***in ~ zu etw. sein, stehen*** essere in contraddizione (*o* in contrasto) con qcs.; ***in krassem ~ zu etw.*** in stridente contrasto con qcs. **2a** obiezione *f.*, protesta *f.*: ***keinen ~ dulden*** non ammettere obiezioni; ***zum ~ reizen*** sollevare obiezioni; ***es erhob sich allgemeiner ~*** si sollevò la protesta generale; ***jeden ~ zurückweisen*** respingere ogni obiezione **b** *(Widerstand)* opposizione *f.*: ***auf ~ stoßen, ~ erfahren*** incontrare opposizione; ***~ gegen etw. einlegen*** fare opposizione a qcs.
wi|der|sprüch|lich agg. **1** contraddittorio **2** *(inkonsequent)* incongruente. **Wi|der|sprüch|lich|keit** f. *(-,-en)* **1** contraddittorietà *f.* **2** *(Inkonsequenz)* incongruenza *f.* **Wi|der|spruchs|geist** m. *(-[e]s)* spirito *m.* di contraddizione. **wi|der|spruchs|los I** agg. privo di contraddizioni **II** avv. senza contraddizioni. **wi|der|spruchs|voll** agg. pieno di contraddizioni.
Wi|der|stand m. *(-[e]s,-stände)* resistenza *f.*: ***aktiver, passiver, bewaffneter ~*** resistenza attiva, passiva, armata; ***jdm, etw. ~ leisten, entgegensetzen*** opporre resistenza a qcn., qcs.; ***jds ~ brechen, überwinden*** spezzare, vincere la resistenza di qcn.; ***jdn zum ~ aufrufen, aufstacheln, aufwiegeln*** incitare qcn. alla resistenza; ***auf ~ bei jdm stoßen*** incontrare la resistenza di qcn.; *(Widerstandsbewegung)* ***im ~ sein*** essere nella resistenza; PSIC. ***seine Widerstände überwinden*** superare le proprie resistenze EL. FIS. ***elektrischer, magnetischer ~*** resistenza elettrica, magnetica; ***einen ~ einbauen, einschalten*** inserire una resistenza ◆ ***ohne ~*** senza opporre (*o* fare) resistenza; DIR. ***~ gegen die Staatsgewalt*** resistenza a pubblico ufficiale; ***den Weg des geringsten -(e)s gehen*** = scegliere la via più facile. **Wi|der|stands|be|we|gung** f. *(-,-en)* (movimento *m.* della, di) resistenza *f.* **wi|der|stands|fä|hig** agg. resistente: ***~ gegen etw. sein*** essere resistente a qcs. **Wi|der|stands|fä|hig|keit** f. *(-)* resistenza *f.* **Wi|der|stands|kämp|fer** m. *(-s,-)* combattente *m.* della resistenza, resistente *m.* **Wi|der|stands|kraft** f. *(-,-kräfte)* resistenza *f.* **wi|der|stands|los** avv. **1** senza opporre (*o* fare) resistenza **2** *(ohne auf Widerstand zu stoßen)* senza incontrare resistenze. **Wi|der|stands|mes|ser** m. *(-s,-)* ohmmetro *m.* **Wi|der|stands|nest** n. *(-[e]s,-er)* focolaio *m.* di resistenza. **Wi|der|stands|wil|le** m. *(-ns)* volontà *f.* di resistere.
wi|der|ste|hen intr. *(widerstand, widerstanden*; aus. *haben*) **1** resistere: ***einem feindlichen Angriff, jds Charme, den Versuchungen ~*** resistere a un assalto nemico, al fascino di qcn., alle tentazioni; ***etw. (D) nicht ~ können*** non saper (*o* poter) resistere a qcs. **2** *(jdn ekeln)* ***jdm ~*** disgustare, nauseare qcn.
wi|der‿strah|len I tr. riflettere **II** intr. (aus. *haben*) riflettersi.
wi|der|stre|ben intr. (aus. *haben*) **1a** ripugnare, riluttare: ***es widerstrebt mir, so etwas zu tun*** mi ripugna fare una cosa del genere **b** ***das widerstrebt seinem Taktgefühl, seinem Willen*** ciò urta la sua sensibilità, va contro la sua volontà **2** LETT. *(sich widersetzen)* opporsi: ***jds Wünschen ~*** opporsi ai desideri di qcn. **Wi|der|stre|ben** n. *(-s)* ripugnanza *f.*, riluttanza *f.*, resistenza *f.*: ***etw. nur mit ~ tun*** fare qcs. solo con riluttanza; ***nach anfänglichem ~*** dopo un'iniziale resistenza. **wi|der|stre|bend I** p.pres. agg. **1** → **widerstreben 2** riluttante, restio **II** avv. con riluttanza, controvoglia: ***etw. nur ~ tun*** fare qcs. solo con riluttanza.
Wi|der|streit m. *(-[e]s,-e)* **1** conflitto *m.*, contrasto *m.* **2** *(Widerspruch)* contraddizione *f.* **wi|der|strei|ten** intr. *(widerstritt, widerstritten*; aus. *haben)* **1a** contrastare, essere in conflitto **b** *(widersprechen)* essere in contraddizione **2** ANT. *(sich widersetzen)* opporsi. **wi|der|strei|tend** p.pres. agg. **1** → **widerstreiten 2** contrastante: ***einander -e Gefühle*** sentimenti contrastanti fra loro.
wi|der|wär|tig agg. **1** ripugnante, disgustoso: ***ein -er Mensch, Geschmack*** un tipo ripugnante, un sapore disgustoso; ***das ist mir ~*** questo mi ripugna **2** *(sehr ungünstig)* avverso: ***-e Umstände*** circostanze avverse. **Wi|der|wär|tig|keit** f. *(-,-en)* **1a** ripugnanza *f.*, spiacevolezza *f.* **b** *(widerwärtige Sache)* cosa *f.* ripugnante; fatto *m.* ripugnante **2** *(Ungünstigkeit)* avversità *f.*
Wi|der|wil|le(n) m. *(-[n]s)* **1** avversione *f.*, antipatia *f.*: ***jdn, etw. mit ~ betrachten*** guardare qcn., qcs. con avversione **2** *(Ekel)* repulsione *f.*, ripugnanza *f.*, disgusto *m.*: ***-n gegen jdn, etw. empfinden, haben (hegen)*** provare, avere repulsione per qcn., qcs.; ***das weckt, erregt in mir ~*** questo mi disgusta ◆ ***mit -n*** controvoglia, malvolentieri. **wi|der|wil|lig I** agg. ***eine -e Antwort*** una risposta seccata, data controvoglia **II** avv. controvoglia, malvolentieri; *(widerstrebend)* con riluttanza: ***nur ~ gehorchen*** obbedire solo controvoglia. **Wi|der|wil|lig|keit** f. *(-)* riluttanza *f.*
Wi|der|wort n. *(-[e]s,-e)* obiezione *f.*: ***keine -e!*** niente obiezioni!
wid|men I tr. dedicare: ***jdm ein Lied ~*** dedicare una canzone a qcn.; ***jdm, etw. seine Aufmerksamkeit, Zeit ~*** dedicare la propria attenzione, il proprio tempo a qcn., qcs.; ***sein Leben der Kunst ~*** dedicare (*o* votare, consacrare) la propria vita all'arte **II** rifl. **sich ~** dedicarsi: ***sich seinen Kindern, Interessen ~*** dedicarsi ai propri figli, ai propri interessi. **Wid|mung** f. *(-,-en)* **1** dedica *f.*: ***jdm eine ~ in ein Buch (hinein)schreiben*** scrivere (*o* fare) una dedica a qcn. su un libro **2** *(Schenkung)* donazione *f.*
wid|rig agg. **1a** contrario, sfavorevole: ***-e Winde*** venti contrari; ***-es Wetter*** tempo sfavorevole **b** avverso, sfavorevole: ***-e Bedingungen, Umstände*** condizioni, circostanze sfavorevoli; ***ein -es Schicksal*** una sorte avversa **2** SPREG. *(ekelhaft)* ripugnante, disgustoso. **wid|ri|gen|falls** avv. in caso contrario. **Wid|rig|keit** f. *(-,-en)* contrarietà *f.*, avversità *f.*; disavventura *f.*: ***auf -en stoßen*** avere delle disavventure.
wie I avv. **1a** *(interrogativ)* come: ***~ heißt sie?*** come si chiama? ***~ komme ich zum Bahnhof?*** come arrivo alla stazione? ***~ geht es dir?*** come va? ***~ ist das Wetter?*** com'è il tempo? ***~ war es in Paris?*** com'è andata a Parigi? **b** *(in indirekten Fragen)* ***ich weiß nicht, ~ ich es erklären soll*** non so come spiegarlo **c** *(in Ausrufesätzen)* ***~ habe ich gelacht, als...!*** come ho riso quando...! **2a** *(in welchem Maße?)* quanto: ***~ alt, groß bist du?*** quanti anni hai, quanto sei alto? ***~ teuer ist es?*** quanto costa? **b** *(in Ausrufesätzen)* come, che: ***~ schlau du bist!*** come sei furbo! ***~ gemütlich es hier ist!*** com'è accogliente qui! ***~ schön, wundervoll!*** che bello! che meraviglia! ***~ dumm!*** che stupido! ***~ schade!*** che peccato! **3a** *(relativisch)* come: ***mich stört es, ~ sie sich benimmt*** mi dà fastidio come si comporta **b** *(in bestimmten Wendungen)* ***in dem Maße, der Weise, ~...*** nella misura, maniera in cui... **4** *(wirklich)* davvero, come: ***~, das hat er wirklich getan?*** come, ha fatto veramente questo? davvero ha fatto questo? **5** COLLOQ. *(nicht wahr)* vero: ***du magst ihn nicht, ~?*** non ti piace, vero? **6a *~ viel:*** quanto: ***~ viel kostet das?*** quanto costa questo? ***~ viel wiegst du?*** quanto pesi? **b** quanto, quanti...: ***~ viel Geld hast du?*** quanto denaro hai? ***~ viel Personen waren da?*** quanto persone c'erano? **c** *(in welchem Maß?)* ***~ viel älter ist sie?*** (di) quanto è più vecchia? **d** *(in Ausrufesätzen)* quanto, come: ***~ viel schöner wäre die Welt, wenn...!*** come sarebbe più bello il mondo se...! **e** COLLOQ. *(welche Nummer)* (a) che numero, che: ***Ludwigstraße ~ viel wohnt sie?*** a che numero della Ludwigstraße abita? ***Seite ~ viel?*** a che pagina? **II** cong. **1a** *(als Vergleichspartikel)* come: ***sie ist so groß ~ du*** è alta come te; ***stumm ~ ein Fisch*** muto come un pesce; ***der Wagen ist ~ neu*** l'auto è come nuova; ***~ ein Kind weinen*** piangere come un bambino; ***ich fühle mich ~ neugeboren*** mi sento (come) rinato **b** *(zum Beispiel)* come, quale: ***in einem Land ~ dem unseren*** in un paese come il nostro; ***hochindustrialisierte Staaten ~ die USA und Japan*** paesi altamente industrializzati come (*o* quali) gli USA e il Giappone; ***eine Frau, ~ sie*** una donna come lei **c** *(in Korrelation zu* **so***)* ***sie war damals so jung, ~ du jetzt bist*** allora era giovane (proprio) come te adesso; ***es ist alles so gekommen, ~ ich es vorausgesehen habe*** è andato tutto come avevo previsto; ***das weißt du so gut ~ ich*** questo lo sai quanto me **2a** COLLOQ. *(als)* di, che:

sie ist älter ~ du è più vecchia di te **b** *(temporal)* come, quando, appena: ***das sah ich sofort, ~ ich ins Haus kam*** questo lo vidi appena entrai in casa **3** *(sowie)* come, e: ***Junge ~ Alte nahmen teil*** giovani e vecchi parteciparono **4** *(nach Verben der Wahrnehmung)* come, che: ***ich sah, ~ er hinfiel*** lo vidi cadere; ***ich spürte, ~ es kälter wurde*** sentii che si stava facendo più freddo ◆ ***~... auch*** per quanto...; ***~ etw. aussehen*** avere l'aria di, sembrare qcs.; ***~ bitte?*** come? cosa? ***~ dem auch sei*** sia come sia, in ogni caso; COLLOQ. ***einer ~ der andere*** tutti; ***~ gehabt*** come al solito, come sempre; ***~ schon gesagt*** come già detto; ***~ gewöhnlich*** come al solito; ***gewusst ~!*** basta imparare! basta sapere come si fa! ***~ gut, dass...*** meno male che...; ***~ kommt es, dass...?*** com'è che...? come mai...? ***~ lange...?*** quanto (tempo)...? ***~ man sagt, sieht*** come si dice, si vede; ***nichts ~*** nient'altro che; ***nichts ~ Unsinn im Kopf haben*** non avere nient'altro che stupidaggini per la testa; ***~ nichts*** come niente, facilmente; ***nichts ~ hin!*** andiamoci subito! ***~ oft...?*** quante volte...? ***wer weiß ~ oft*** chissà quante volte; ***so groß, klein ~ möglich*** il più grande, piccolo possibile; ***so bald, lange ~ möglich*** il più presto, il più a lungo possibile; ***so schön, schnell ~ nie*** più bello che mai, veloce come non mai; ***so gut ~ sicher*** praticamente sicuro; ***so gut ~ nichts*** nulla o quasi; ***~ spät ist es?*** che ora è? ***und ~!*** eccome! ***~ viel auch immer*** per quanto; ***~ viele Male?*** quante volte? ***~ viel Uhr ist es?*** che ora è? che oro sono? ***~ wär's mit einem Bier?*** che ne diresti di (*o* ti andrebbe) una birra? ***~ wäre es, wenn wir ans Meer führen?*** che ne diresti di andare al mare? ***~ weit sind Sie mit der Arbeit?*** a che punto è col lavoro? ***~ wenn*** come se; ***~ durch ein Wunder*** per (un) miracolo; PROV. ***~ du mir, so ich dir*** chi la fa l'aspetti. **Wie** n. *(-s)* come *m.*: ***das ~, Wo und Wann ist noch unklar*** non è ancora chiaro il come, il dove e il quando; ***auf das ~ kommt es an*** tutto dipende dal come.

Wie|de|hopf m. *(-[e]s,-e)* upupa *f.* ◆ ***wie ein ~ stinken*** puzzare come un cavallo.

wie|der avv. **1a** di nuovo, ancora (una volta), nuovamente: ***wann treffen wir uns ~?*** quando ci troviamo di nuovo? ***er hat ~ nach dir gefragt*** ha chiesto di nuovo di te; ***sie hat ~ nicht angerufen*** non ha di nuovo chiamato; ***~ ist ein Tag vergangen*** è trascorsa un'altra giornata; ***wie du ~ aussiehst!*** guarda come ti sei conciata oggi! ***das Buch ist ~ ein Bestseller*** il libro è un altro bestseller **b** *(Rückkehr in den früheren Zustand; oft verbal wiedergegeben)* ***es wird ~ schön*** torna a fare bello; ***~ gesund werden*** guarire; ***etw. ~ in Ordnung, an seinen Platz bringen*** rimettere in ordine qcs., riportare qcs. al suo posto; ***es ist ~ ruhig*** è tornata la calma **2** *(mit Verben und Partizipien)* ***~ aufbauen*** ricostruire; ***~ aufarbeiten, ~ aufbereiten*** rigenerare; ***~ aufforsten*** rimboschire; TEATR. ***~ aufführen*** riportare in scena, riprendere; ***~ aufleben*** rivivere, tornare in vita; ***~ aufnehmen*** riprendere: ***ein Gespräch ~ aufnehmen*** riprendere un discorso; DIR. ***~ aufnehmen*** riaprire: ***ein Verfahren ~ aufnehmen*** riaprire un procedimento; *(in eine Gruppe)* ***~ aufnehmen*** riammettere; ***~ aufrichten*** risollevare, rinfrancare; ***~ auftauchen*** ricomparire; ***~ beleben*** rianimare; FIG. far rivivere, ravvivare; ***~ beschaffen*** rifornire, procurare di nuovo; ***~ einfallen*** ritornare, venire di nuovo in mente: ***etw. fällt mir ~ ein*** qcs. mi ritorna in mente; ***~ einführen*** reintrodurre, introdurre di nuovo; ***~ einsetzen*** reinsediare, reintegrare: ***er wurde in sein Amt ~ eingesetzt*** fu reinsediato nella sua carica; ***~ entdecken*** riscoprire; ***~ erkennen*** riconoscere; ***sich ~ erkennen*** riconoscersi; ***~ eröffnen*** riaprire; ***~ erwecken*** risvegliare, ridestare; ***~ finden*** (anche FIG.) ritrovare; ***sich ~ finden*** ritrovarsi: ***hat sich der Scheck wiedergefunden?*** si è ritrovato l'assegno? ***~ geboren*** rinato; ***etw. ~ gutmachen*** riparare a qcs.; ***ein nicht ~ gutzumachendes Unrecht*** un torto cui non si può porre rimedio; ***~ herrichten*** rimettere a posto (*o* in ordine), riassettare; ***~ herstellen: den Frieden ~ herstellen*** ristabilire la pace; ***sich ~ herstellen*** ristabilirsi; ***~ sehen*** rivedere; ***sich ~ sehen*** rivedersi; ***~ tun*** rifare; ***~ vereinigen*** riunificare; ***~ verheiraten*** risposare; ***sich ~ verheiraten*** risposarsi; ***~ verwenden*** reimpiegare, riutilizzare; ***~ verwerten*** riutilizzare; *(recyceln)* riciclare; ***~ wählen*** rieleggere **3** *(andererseits)* d'altra parte, d'altronde, poi: ***das ist auch ~ wahr*** (d'altronde) anche questo è vero; ***so schlimm ist es auch ~ nicht*** non è poi così male **4** COLLOQ. *(noch)* già: ***wie hieß er ~?*** come si chiamava già? com'è già che si chiamava? ◆ ***alles ist ~ beim Alten*** tutto è tornato come prima; ***ich bin gleich ~ da*** torno subito; ***da bin ich ~!*** eccomi qua! ***~ einmal*** ancora una volta; ***hin und ~*** talvolta, di tanto in tanto; ***immer ~*** sempre, continuamente; ***für nichts und ~ nichts*** per niente, inutilmente; ***nie ~*** mai più; ***schon ~*** di nuovo, ancora; ***~ und (immer) ~*** sempre, continuamente.

Wie|der|ab|druck m. *(-[e]s,-e)* ristampa *f.* **Wie|der|an|nä|he|rung** f. *(-,-en)* riavvicinamento *m.*, riaccostamento *m.* **Wie|der|an|pfiff** m.. *(-[e]s,-e)* SPORT (fischio *m.* di) inizio *m.* della ripresa. **Wie|der|an|stoß** m. *(-es,-anstöße)* SPORT calcio *m.* d'inizio della ripresa.

Wie|der|auf|ar|bei|tung f. *(-,-en)* → **Wiederaufbereitung.**

Wie|der|auf|bau m. *(-[e]s)* ricostruzione *f.*

Wie|der|auf|be|rei|tung f. *(-,-en)* rigenerazione *f.* **Wie|der|auf|be|rei|tungs|an|la|ge** f. *(-,-n)* impianto *m.* (*o* stabilimento *m.*) di ritrattamento.

Wie|der|auf|fors|tung f. *(-,-en)* rimboschimento *m.*

Wie|der|auf|füh|rung f. *(-,-en)* TEATR. rimessa *f.* in scena, ripresa *f.*

Wie|der|auf|nah|me f. *(-,-n)* **1** ripresa *f.*: ***die ~ einer Arbeit, der Verhandlungen*** la ripresa di un lavoro, delle trattative **2** DIR. riapertura *f.* **3** *(in eine Gruppe)* riammissione *f.* **Wie|der|auf|nah|me|ver|fah|ren** n. *(-s,-)* DIR. procedimento *m.* di revisione.

Wie|der|auf|rüs|tung f. *(-,-en)* riarmo *m.*

Wie|der|be|ginn m. *(-[e]s)* nuovo inizio *m.*, ripresa *f.*

wie|der‿be|kom|men tr. *(bekam, bekommen)* (ri)avere indietro, riottenere: ***dein Geld wirst du nie mehr ~!*** non riavrai mai più indietro il tuo denaro! ◆ ***ich bekomme noch drei Mark (Wechselgeld) wieder*** mi deve ancora tre marchi di resto.

Wie|der|be|le|bung f. *(-,-en)* **1** rianimazione *f.* **2** FIG. ripresa *f.*, rinascita *f.* **Wie|der|be|le|bungs|ge|rät** n. *(-[e]s,-e)* rianimatore *m.* **Wie|der|be|le|bungs|ver|such** m. *(-[e]s,-e)* tentativo *m.* di rianimazione.

Wie|der|be|waff|nung f. *(-,-en)* riarmo *m.*

wie|der‿brin|gen tr. *(brachte, gebracht)* **1** restituire, portare indietro: ***ein geliehenes Buch ~*** restituire un libro preso in prestito **2** *(zurückführen)* ricondurre, riportare: ***einen entlaufenen Hund dem Besitzer ~*** riportare un cane smarrito al suo proprietario.

Wie|der|druck m. *(-[e]s,-e)* ristampa *f.*

Wie|der|ein|füh|rung f. *(-)* reintroduzione *f.*

Wie|der|ein|glie|de|rung f. *(-,-en)* reinserimento *m.*, reintegrazione *f.*: ***die ~ ehemaliger Häftlinge in die Gesellschaft*** il reinserimento di ex-carcerati nella società.

Wie|der|ein|set|zung f. *(-,-en)* reinsediamento *m.*, reintegrazione *f.*

Wie|der|ein|tritt m. *(-[e]s,-e)* rientro *m.*: ***der ~ in eine Partei*** il rientro in un partito.

Wie|der|ent|de|ckung f. *(-,-en)* riscoperta *f.*

Wie|der|er|grei|fung f. *(-)* ricattura *f.*: ***die ~ des ausgebrochenen Mörders*** la ricattura dell'assassino evaso.

wie|der‿er|hal|ten tr. *(erhält, erhielt, erhalten)* riottenere, riavere.

Wie|der|er|ken|nung f. *(-,-en)* riconoscimento *m.*

wie|der‿er|lan|gen tr. riacquistare, recuperare: ***die Freiheit, das Selbstvertrauen ~*** riacquistare la libertà, la fiducia in se stesso.

wie|der‿er|o|bern tr. riconquistare: ***ein Land ~*** riconquistare un paese; ***eine Position ~*** riconquistare (*o* riguadagnare) una posizione. **Wie|der|er|o|be|rung** f. *(-,-en)* riconquista *f.*

Wie|der|er|öff|nung f. *(-,-en)* riapertura *f.*

wie|der‿er|stat|ten tr. rimborsare, risarcire: ***die Versandkosten ~*** rimborsare le spese di spedizione. **Wie|der|er|stat|tung** f. *(-,-en)* rimborso *m.*, risarcimento *m.*

Wie|der|er|we|ckung f. *(-,-en)* risveglio *m.*

wie|der‿er|zäh|len tr. **1** raccontare, riportare: ***ein Erlebnis ~*** riportare un esperienza **2** COLLOQ. *(wiedersagen)* ridire, ripetere.

wie|der‿for|dern tr. reclamare, richiedere.

Wie|der|ga|be f. *(-,-n)* **1** riproduzione *f.* (anche TECN.): ***eine lautgetreue ~*** una riproduzione fedele; ***alle Rechte der ~ vorbehalten*** tutti i diritti di riproduzione sono riservati; ***eine farbgetreue ~ eines Gemäldes*** una riproduzione con colori fedeli di un dipinto **2** *(Schilderung)* descrizione *f.*: ***eine genaue ~ der Ereignisse*** un'esatta descrizione dei fatti **3** MUS. esecuzione *f.*, interpretazione *f.*: ***eine hervorragende ~ der Goldberg-Variationen von Bach*** un'esecuzione eccellente delle variazioni Goldberg di Bach **4** *(von Übersetzungen)* resa *f.*: ***eine sinngemäße ~ des Textes*** una resa fedele del testo.

wie|der‿ge|ben tr. *(gibt, gab, gegeben)* **1** ridare, restituire: ***er hat mir den Ring noch nicht wiedergegeben*** non mi ha ancora ridato l'anello **2** *(berichten)* riferire, riportare: ***einen Vorfall richtig, entstellt ~*** riportare un fatto in modo corretto, alterato **3** *(ausdrücken)* rendere, esprimere: ***dieses Idiom wird im Deutschen anders wiedergegeben*** questa frase idiomatica viene resa diversamente in tedesco; ***seine Gefühle nicht ~ können*** non saper esprimere i propri sentimenti **4a** *(darstellen)* riprodurre: ***einen Text stark gekürzt ~*** riprodurre un testo fortemente accorciato; ***der Verfasser hat das politische Klima dieser Jahre meisterhaft wiedergegeben*** l'autore ha riprodotto in modo magistrale il clima politico di questi anni **b** TECN. ***diese Aufnahme gibt die Töne sehr rein wieder*** questa registrazione riproduce suoni molto limpidi.

Wie|der|ge|burt f. *(-,-en)* rinascita *f.*: ***geistige ~*** rinascita spirituale.
wie|der‿ge|win|nen tr. *(gewann, gewonnen)* riguadagnare, recuperare: ***das verspielte Geld ~*** riguadagnare il denaro perso (al gioco); FIG. ***seine Fassung, sein Gleichgewicht ~*** recuperare il controllo, l'equilibrio.
wie|der‿grü|ßen tr. ricambiare il saluto.
Wie|der|gut|ma|chung f. *(-,-en)* riparazione *f.*
wie|der‿ha|ben tr. *(hat, hatte, gehabt)* riavere, avere indietro: ***er will seine Schallplatten ~*** vuole riavere i suoi dischi.
wie|der‿her|stel|len tr. *(stellt wieder her)* ristabilire: *(wieder gesund machen)* ***nach dem langen Krankenhausaufenthalt ist er vollkommen wiederhergestellt*** dopo la lunga permanenza in ospedale si è ristabilito perfettamente ◆ ***den ursprünglichen Zustand ~*** riportare allo stato originario. **Wie|der|her|stel|lung** f. *(-,-en)* ristabilimento *m.*
wie|der|hol|bar agg. ripetibile. **Wie|der|hol|bar|keit** f. *(-)* ripetibilità *f.*
1.wie|der‿ho|len I tr. (andare a) riprendere: ***den Schlüssel vom Nachbarn ~*** andare a riprendere la chiave dal vicino **II** rifl. **sich ~** (andare a) riprendersi: ***sich die ausgeliehenen Bücher ~*** riprendersi i libri prestati.
2.wie|der|ho|len I tr. **1a** ripetere: ***etw. deutlich, Wort für Wort ~*** ripetere qcs. chiaramente, parola per parola **b** *(nochmals ausführen)* ***die Wahlen, ein Experiment ~*** ripetere le elezioni, un esperimento **c** *(nochmals absolvieren)* ***eine Klasse, eine Prüfung ~*** ripetere una classe, un esame **d** *(von Lernstoff)* ***eine Lektion ~*** ripetere una lezione **2** *(von Sendungen, Aufführungen)* replicare: ***das Theaterstück wird nächste Woche wiederholt*** il pezzo teatrale sarà replicato la settimana prossima **II** rifl. **sich ~** *(noch einmal sagen)* ripetersi: ***der Redner wiederholte sich mehrmals*** l'oratore si ripetè più volte; *(immer wiederkehren)* ***das kann sich jederzeit ~*** può ripetersi in ogni momento.
wie|der|holt I p.pass. agg. → **2.wiederholen II** avv. ripetutamente: ***~ nach jdn fragen*** chiedere ripetutamente di qcn. ◆ ***zum -en Male*** (per) ripetute volte.
Wie|der|ho|lung f. *(-,-en)* **1** ripetizione *f.*: ***die ~ eines Elfmeters*** la ripetizione di un rigore; ***die ~ der Wahlen, einer Prüfung*** la ripetizione delle elezioni, di un esame **2** *(von Sendungen, Aufführungen)* replica *f.* **Wie|der|ho|lungs|fall, *im ~, für den ~*** in caso di recidiva. **Wie|der|ho|lungs|ge|fahr** f. *(-,-en)* pericolo *m.* di recidiva. **Wie|der|ho|lungs|spiel** n. *(-[e]s,-e)* ripetizione *f.* della partita. **Wie|der|ho|lungs|tä|ter** m. *(-s,-)* recidivo *m.* **Wie|der|ho|lungs|zahl|wort** n. *(-[e]s,-wörter)* LING. numerale *m.* moltiplicativo. **Wie|der|ho|lungs|zei|chen** n. *(-s,-)* segno *m.* di ripetizione. **Wie|der|ho|lungs|zwang** m. *(-[e]s,-zwänge)* PSIC. coazione *f.* a ripetere.
Wie|der|hö|ren, *auf ~* a risentirci.
wie|der‿käu|en tr. **1** (continuare a) ruminare: ***Schafe käuen wieder*** le pecore ruminano **2a** FIG. ruminare, rimuginare: ***alte Erinnerungen ~*** ruminare (*o* rimuginare) vecchi ricordi **b** *(ständig wiederholen)* continuare a ripetere. **Wie|der|käu|er** m. *(-s,-)* ruminante *m.*
Wie|der|kauf m. *(-[e]s,-käufe)* **1** riacquisto *m.* **2** DIR. riscatto *m.* **wie|der‿kau|fen** tr. **1** riacquistare **2** DIR. riscattare. **Wie|der|käu|fer** m. *(-s,-)* ricompratore *m.*
Wie|der|kehr f. *(-)* **1** ritorno *m.* **2** *(regelmäßiges Vorkommen)* il ricorrere, ricorrenza *f.* **wie|der‿keh|ren** intr. (aus. *sein*) ritornare, tornare: ***von einer Reise, aus dem Krieg ~*** ritornare da un viaggio, dalla guerra; FIG. ***so eine Gelegenheit kehrt nie wieder*** un tale opportunità non torna più. **wie|der|keh|rend** p.pres. agg. **1** → **wiederkehren 2** ricorrente: ***ein -es Motiv*** un motivo ricorrente.
wie|der‿kom|men intr. (aus. *sein*) **1** ritornare, tornare: ***ich werde morgen ~*** ritornerò domani.
wie|der‿krie|gen tr. COLLOQ. riavere indietro.
Wie|der|kunft f. *(-)* ritorno *m.* ◆ ***die ~ Christi*** la seconda venuta (*o* il secondo avvento) di Cristo.
wie|der‿lie|ben tr. ***jdn ~*** riamare qcn., corrispondere all'amore di qcn.
wie|der‿sa|gen tr. COLLOQ. ridire, riferire, ripetere.
Wie|der|schau|en, REGION. ***(auf) ~*** arrivederci.
wie|der‿schen|ken tr. ridonare: ***einem Tier die Freiheit ~*** ridonare la libertà a un animale.
Wie|der|se|hen n. *(-s,-)* il rivedersi, il ritrovarsi; *(Zusammentreffen)* (nuovo) incontro *m.*: ***es war ein überraschendes ~*** fu un incontro a sorpresa; ***es gab ein fröhliches ~*** vi fu nuovamente un lieto incontro ◆ ***(auf) ~!*** arrivederci! ***jdm auf ~ sagen*** dire arrivederci a, salutare qcn.; SCHERZ. ***~ macht Freude*** si chiama Pietro (torna indietro).
Wie|der|tau|fe f. *(-,-n)* secondo battesimo *m.* **Wie|der|täu|fer** m. *(-s,-)* anabattista *m.*
wie|de|rum avv. **1** di nuovo, ancora **2** *(andererseits)* d'altronde, comunque, poi **3** *(meinerseits, deinerseits...)* a mia volta, a tua volta...
Wie|der|ver|ei|ni|gung f. *(-,-en)* riunificazione *f.*
Wie|der|ver|hei|ra|tung f. *(-,-en)* seconde nozze *f.pl.*; *(nach mehr als zwei Malen)* nuovo matrimonio *m.*
Wie|der|ver|kauf m. *(-[e]s,-verkäufe)* rivendita *f.* **Wie|der|ver|käu|fer** m. *(-s,-)* rivenditore *m.*
wie|der|ver|wend|bar agg. **1** riutilizzabile **2** *(recycelbar)* riciclabile ◆ ***nicht ~*** non riutilizzabile, a perdere. **Wie|der|ver|wen|dung** f. *(-,-en)* reimpiego *m.*, riutilizzo *m.*, riutilizzazione *f.*
wie|der|ver|wert|bar agg. **1** riutilizzabile **2** *(recycelbar)* riciclabile. **Wie|der|ver|wer|tung** f. *(-,-en)* **1** riutilizzo *m.* **2** *(Recycling)* riciclaggio *m.*
Wie|der|vor|la|ge f. *(-)* BUROCR. ripresentazione *f.* ◆ ***zur ~!*** ripresentare! **Wie|der|wahl** f. *(-,-en)* rielezione *f.*
wie|fern ANT. → **inwiefern.**
Wie|ge f. *(-,-n)* **1a** culla *f.*: ***das Baby in die ~ legen*** mettere il bambino nella culla **b** FIG. culla *f.*, patria *f.*: ***die ~ der Kultur*** la culla della civiltà **2** → **Wiegestahl** ◆ ***etw. ist jdm in die ~ gelegt worden*** = qcs. è innato in qcn., qcn. ha qcs. nel sangue; ***von der ~ an*** fin dalla culla; ***von der ~ bis zur Bahre*** dalla culla fino alla tomba.
Wie|ge|brett n. *(-[e]s,-er)* tagliere *m.*
Wie|ge|mes|ser n. *(-s,-)* mezzaluna *f.*
1.wie|gen *(wog, gewogen)* **I** tr. **1** pesare: ***die Zutaten ~*** pesare gli ingredienti **2** *(mit der Hand)* soppesare **II** intr. (aus. *haben*) **1** pesare: ***50 Kilo ~*** pesare 50 chili **2** FIG. avere peso: ***sein Urteil wiegt viel, schwer*** il suo giudizio ha molto peso, ha un grosso peso **III** rifl. **sich ~** pesarsi ◆ ***großzügig ~*** fare buon peso.
2.wie|gen I tr. **1** cullare (anche FIG.): ***ein Baby in den Schlaf ~*** cullare un bambino per farlo addormentare **2** *(mit dem Wiegemesser schneiden)* tritare (con la mezzaluna) **II** rifl. **sich ~ 1** dondolarsi, lasciarsi dondolare **2** FIG. cullarsi: ***sich in der Hoffnung, in Sicherheit ~*** cullarsi nella speranza, credersi al sicuro ◆ ***sich in den Hüften ~*** ancheggiare; ***den Kopf ~*** dondolare la testa; ***sich zur Musik ~*** lasciarsi cullare dalla musica.
Wie|gen|druck m. *(-[e]s,-e)* incunabolo *m.* **Wie|gen|fest** n. *(-[e]s,-e)* compleanno *m.* **Wie|gen|lied** n. *(-[e]s,-er)* ninnananna *f.*
wie|hern intr. (aus. *haben*) **1** nitrire **2** COLLOQ. *(schallend lachen)* sghignazzare.
Wien n.pr.n. *(-s)* Vienna *f.* **Wie|ner I** m. *(-s,-)* **1** viennese *m.* **2** GASTR. INTRAD. (salsiccia di carne suina e bovina) **II** agg.inv. viennese, di Vienna ◆ STOR. ***der ~ Kongress*** il Congresso di Vienna. **Wie|ne|rin** f. *(-,-nen)* viennese *f.* **wie|ne|risch** agg. viennese.
wie|nern tr. COLLOQ. tirare a lucido.
wies → **weisen.**
Wie|se f. *(-,-n)* prato *m.*: ***die ~ mähen, hauen*** falciare l'erba del prato.
Wie|sel n. *(-s,-)* donnola *f.* ◆ ***flink wie ein ~*** agile come una gazzella. **wie|seln** intr. (aus. *sein*) correre lesto, sfrecciare.
Wie|sen|blu|me f. *(-,-n)* fiore *m.* di campo. **Wie|sen|cham|pig|non** [-ʃampinjɔŋ] m. *(-s,-s)* (fungo *m.*) prataiolo *m.*, champignon *m.* **Wie|sen|grund** m. *(-[e]s,-gründe)* conca *f.* prativa. **Wie|sen|klee** m. *(-s)* trifoglio *m.* **Wie|sen|ris|pe** f. *(-,-n)* BOT. fienarola *f.* **Wie|sen|tal** n. *(-[e]s,-täler)* valle *f.* prativa.
wie|so avv. perché, come mai.
wie|vie|ler|lei, wie|vie|ler|lei avv. quanti tipi di, quanto.
wie|viel|mal, wie|viel|mal avv. quanto volte.
wie|vielt, *zu ~* (in) quanti: ***zu ~ waren sie?*** (in) quanti erano? **wie|viel|te, wie|viel|te** agg. quanto: ***zum -n Mal habe ich es dir gesagt?*** quante volte te l'ho detto? ***am -n Mai?*** che giorno di maggio? ◆ ***den Wievielten haben wir heute?*** quanti ne abbiamo oggi? ***der Wievielte ist heute?*** che giorno è oggi?
wie|weit avv. **1** fin (a) dove **2** FIG. fino a che punto, in che misura, quanto: ***ich weiß nicht, ~ ich mich auf ihn verlassen kann*** non so fino a che punto (*o* fin dove) posso fidarmi di lui. **wie|wohl** cong. ANT. sebbene. benché.
Wi|king m. *(-s,-er)*, **Wi|kin|ger** m. *(-s,-)* vichingo *m.* **Wi|kin|ger|schiff** n. *(-[e]s,-e)* nave *f.* vichinga. **wi|kin|gisch** agg. vichingo.
wild agg. **1a** selvatico; *(von Pferden)* selvaggio **b *-e Tiere*** bestie feroci **c** *(von Pflanzen, Honig)* selvatico **2a** *(nicht zivilisiert)* selvaggio: ***-e Stämme, Völker*** tribù selvagge, popoli selvaggi **b** *(unberührt)* ***-e Landschaften*** paesaggi selvaggi **3** *(unkontrolliert)* incontrollato, selvaggio: ***ein -er Streik*** uno sciopero selvaggio; ***-e Gerüchte*** voci incontrollate **4a** *(ausgelassen)* sfrenato, scatenato, violento: ***-e Leidenschaften*** passioni violente; ***eine -e Fantasie*** una fantasia sfrenata **b** *(sehr lebhaft)* scalmanato, turbolento: ***ein***

-es Kind un bambino scalmanato; *ein -er Haufen* una banda di scalmanati **5a** *(ungestüm)* furibondo, furioso, violento: *eine -e Schlägerei* una rissa furibonda; *ein -er Sturm* una tempesta furiosa; *-e Drohungen* violente minacce **b** cieco: *-er Hass, Zorn* odio, furore cieco **6** *(böse)* feroce, furioso: *ein -er Blick* uno sguardo feroce **7** *(ungepflegt)* non curato, incolto, (da) selvaggio: *ein -er Bart* una barba incolta **8** *(nicht genehmigt)* abusivo, illegale: *eine -e Mülldeponie* una discarica abusiva; *-er Handel* commercio illegale **9** MIN. *(taub)* non metallifero, sterile ◆ COLLOQ. *~ auf jdn, etw. sein* essere pazzo di qcn., andare matto per qcs.; *~ bauen* costruire abusivamente; *~ durcheinander liegen* essere in gran disordine, essere sparsi ovunque; *-e Ehe* unione non legittima, ANT. concubinato; COLLOQ. *~ entschlossen sein* essere fermamente deciso; MED. *-es Fleisch* escrescenza; COLLOQ. *-e Geschichten* storie fantastiche; COLLOQ. *das ist halb so ~!* non è mica la fine del mondo! *in -er Hast* in fretta e furia; *~ lebend* (che vive) allo stato libero, selvatico; *(von Pferden)* allo stato brado, selvaggio; *ein Pferd ~ machen* fare imbizzarrire un cavallo; *den -en Mann spielen, machen* fare il diavolo a quattro; *~ um sich schlagen* menare botte da orbi; *-e See* mare in tempesta; *~ wachsen* crescere spontaneo; *~ wachsend* che cresce spontaneo, selvatico; *-er Wein* vite vergine (*o* del Canada); *~ werden* imbizzarrirsi; *(verwildern)* inselvatichirsi; *-der Wilde Westen* il selvaggio West, il Far West; *wie ~ arbeiten, lesen, tanzen* lavorare come un matto, legere avidamente, ballare in modo sfrenato; *~ zelten* fare campeggio abusivo.

Wild n. *(-[e]s)* selvaggina *f.*, cacciagione *f.*: *~ essen* mangiare selvaggina.

Wild|bach m. *(-[e]s,-bäche)* torrente *m.* (di montagna). **Wild|bahn,** *freie ~* stato libero, habitat naturale: *Tiere in freier ~ beobachten* osservare animali allo stato libero (*o* nel loro habitat naturale). **Wild|blu|me** f. *(-,-n)* fiore *m.* selvatico. **Wild|bret** n. *(-s)* selvaggina *f.* **Wild|dieb** m. *(-[e]s,-e)* → **Wilderer. Wild|die|be|rei** f. *(-,-en)* → **Wilderei.**

Wil|de m. e f. *(-n,-n)* ANT. selvaggio *m.* ◆ *wie ein -r schreien* gridare come un forsennato.

wil|deln intr. (aus. *haben*) avere un forte gusto di selvaggina, sapere molto di selvatico.

Wild|en|te f. *(-,-n)* anatra *f.* selvatica.

Wil|de|rei f. *(-,-en)* caccia *f.* di frodo, bracconaggio *m.* **Wil|de|rer** m. *(-s,-)* cacciatore *m.* di frodo, bracconiere *m.* **wil|dern I** tr. cacciare di frodo **II** intr. (aus. *haben*) **1** *(von Menschen)* cacciare di frodo, praticare il bracconaggio **2** *(von Wildhunden, -katzen)* uccidere la selvaggina **3** ANT. *(ein ungebundenes Leben führen)* condurre una vita libera, sregolata.

Wild|esel m. *(-s,-)* asino *m.* selvatico. **Wild|fang** m. *(-[e]s,-fänge)* **1** uccello *m.* rapace usato per la caccia **2** *(wildes Kind)* piccolo selvaggio *m.*, peste *f.*, diavoletto *m.* **wild|fremd** agg. sconosciuto, del tutto estraneo. **Wild|frucht** f. *(-,-früchte)* frutto *m.* selvatico. **Wild|gans** f. *(-,-gänse)* oca *f.* selvatica. **Wild|gat|ter** n. *(-s,-)* recinto *m.*, rete *f.* metallica (per proteggere la coltura dalla selvaggina). **Wild|ge|he|ge** n. *(-s,-)* recinto *m.* per gli animali. **Wild|ge|schmack** m. *(-[e]s)* sapore *m.* di selvatico. **Wild|he|ger** m. *(-s,-)* → **Wildhüter.**

Wild|heit f. *(-)* **1** selvatichezza *f.* **2a** *(Ausgelassenheit)* sfrenatezza *f.*, violenza *f.*, furia *f.* **b** *(große Lebhaftigkeit)* turbolenza *f.* **3** *(Ungestüm)* furore *m.*, violenza *f.* **4** *(Roheit)* ferocia *f.*, brutalità *f.*

Wild|hund m. *(-[e]s,-e)* cane *m.* selvatico. **Wild|hü|ter** m. *(-s,-)* guardacaccia *m.* **Wild|ka|nin|chen** n. *(-s,-)* coniglio *m.* selvatico. **Wild|kat|ze** f. *(-,-n)* gatto *m.* selvatico. **Wild|le|der** n. *(-s,-)* **1** pelle *f.* di camoscio **2** *(Veloursleder)* pelle *f.* scamosciata.

Wild|ling m. *(-s,-e)* **1** BOT. arboscello *m.* selvatico **2** ANT. → **Wildfang.**

Wild|nis f. *(-,-se)* luogo *m.* selvaggio, regione *f.* selvaggia: *in der ~ leben* vivere in una regione selvaggia.

Wild|park m. *(-s,-s)* riserva *f.* (per la selvaggina). **Wild|pferd** n. *(-[e]s,-e)* cavallo *m.* selvaggio (*o* allo stato brado). **Wild|pflan|ze** f. *(-,-n)* pianta *f.* selvatica. **Wild|re|be** f. *(-,-n)* vite *f.* selvatica. **wild|reich** agg. ricco di selvaggina. **wild|ro|man|tisch** agg. romantico e selvaggio. **Wild|sau** f. *(-,-säue* e *-en)* femmina *f.* di, del cinghiale. **Wild|scha|den** m. *(-s,-schäden)* danno *m.* causato dalla selvaggina. **Wild|schütz** m. *(-en,-en)* ANT. **1** cacciatore *m.* **2** *(Wilderer)* cacciatore *m.* di frodo, bracconiere *m.* **Wild|schwein** n. *(-[e]s,-e)* cinghiale *m.* **Wild|tau|be** f. *(-,-n)* colombo *m.* selvatico. **Wild|was|ser** n. *(-s,-)* torrente *m.* **Wild|wech|sel** m. *(-s,-)* passo *m.* di, della selvaggina ◆ *Achtung! ~!* attenzione, passaggio selvaggina! **Wild|west|film** m. *(-[e]s,-e)* film *m.* western. **Wild|wuchs** m. *(-es,-wüchse)* piante *f.pl.* selvatiche.

Wil|helm n.pr.m. Guglielmo *m.* ◆ *Kaiser ~* l'imperatore (*o* il Kaiser) Guglielmo. **Wil|hel|mi|ne** n.pr.f. Guglielmina *f.* **wil|hel|mi|nisch** agg. guglielmino.

Wil|le m. *(-ns,-n)* **1** volontà *f.*: *ein schwacher, starker, eiserner ~* una volontà debole, forte, di ferro; *etw. gegen, wider jds -n tun* fare qcs. contro la volontà (*o* il volere) di qcn.; *der ~ zur Macht* la volontà di potenza; *der gute ~ allein reicht nicht aus* la buona volontà da sola non basta; *jds -n lenken, brechen, beugen* manovrare, spezzare, piegare la volontà di qcn.; *es ist kein böser ~ von mir, wenn...* non è cattiva volontà da parte mia se...; *voll guten -ns sein* essere pieno di buona volontà; *seinen -n durchsetzen* imporre la propria volontà (*o* il proprio volere); *Gottes ~* la volontà di Dio **2** *(Testament)* volontà *f.pl.*: *der ~ des Verstorbenen* le volontà del defunto; *der letzte ~* le ultime volontà ◆ *jdm seinen -n aufzwingen* costringere (*o* piegare) qcn. al proprio volere; *auf seinem -n bestehen* impuntarsi; *beim besten -n* con tutta la buona volontà; *es war nicht böser ~* non c'era cattiva intenzione; *den festen -n haben, etw. zu tun* avere la ferma intenzione di fare qcs.; *der freie ~* il libero arbitrio; *etw. aus freiem -n tun* fare qcs. a proprio arbitrio; *gegen jds -n handeln* agire contro il volere di qcn.; *an gutem -n fehlt es (ihm) nicht* la buon volontà non (gli) manca; *er hat nun seinen -n* adesso fa come vuole lui; *des Menschen ~ ist sein Himmelreich* sia fatta la sua volontà; *jdm seinen -n lassen* lasciare a qcn. la libertà di decidere; *etw. mit -n tun* fare qcs. con intenzione; *nach dem -n der Mehrheit* secondo il volere della maggioranza; *ohne Wissen und -n seiner Eltern* senza il consenso dei suoi genitori; *jdm zu -n sein* soggiacere alla volontà (*o* al volere) di qcn.; PROV. *wo ein ~ ist, ist auch ein Weg* volere è potere.

wil|len, *um jds, etw. (G) ~* per amor di qcn., qcs.: *um des Friedens ~* per amor di pace; *etw. um seiner selbst ~ tun* fare qcs. per se stessa; *um Gottes ~!* per amor di Dio! **Wil|len** m. *(-s,-)* RAR. → **Wille. wil|len|los I** agg. privo di volontà **II** avv. senza volontà ◆ *etw. ~ über sich ergehen lassen* subire qcs. senza volerlo. **Wil|len|lo|sig|keit** f. *(-)* mancanza *f.* di volontà. **wil|lens,** *~ sein, etw. zu tun* essere intenzionati a (avere l'intenzione di) fare qcs. **Wil|lens|akt** m. *(-[e]s,-e)* atto *m.* di volontà. **Wil|lens|an|span|nung** f. *(-)* sforzo *m.* di volontà. **Wil|lens|äu|ße|rung, Wil|lens|be|kun|dung** f. *(-,-en)* manifestazione *f.* di volontà. **Wil|lens|er|klä|rung** f. *(-,-en)* DIR. dichiarazione *f.* di volontà. **Wil|lens|fes|tig|keit** f. *(-)* fermezza *f.* di volontà. **Wil|lens|frei|heit** f. *(-)* libero *m.* arbitrio. **Wil|lens|kraft** f. *(-)* forza *f.* di volontà. **Wil|lens|kund|ge|bung** f. *(-,-en)* manifestazione *f.* (*o* dimostrazione *f.*) di volontà. **wil|lens|schwach** agg. (dotato) di poca volontà, di poca forza di volontà. **Wil|lens|schwä|che** f. *(-)* volontà *f.* debole, mancanza *f.* di forza di volontà. **wil|lens|stark** agg. dotato di forza di volontà. **Wil|lens|stär|ke** f. *(-)* forza *f.* di volontà. **wil|lent|lich I** agg. intenzionale **II** avv. intenzionalmente.

will|fah|ren, will|fah|ren intr. *(willfahrte, willfahrt/gewillfahrt*; aus. *haben) jdm, etw. (D) ~* esaudire (*o* accondiscendere a) qcn., qcs.; *einem Wunsch ~* esaudire un desiderio; *jds Forderungen ~* esaudire le richieste di qcn. **will|fäh|rig, will|fäh|rig** agg. compiacente: *ein -er Angestellter* un impiegato compiacente; *jdm ~ sein* mostrarsi compiacente con qcn. **Will|fäh|rig|keit, Will|fäh|rig|keit** f. *(-,-en)* **1** compiacenza *f.* **2** *(Nachgiebigkeit)* arrendevolezza *f.*

wil|lig I agg. **1** volenteroso: *ein -er Schüler* un alunno volenteroso **2** *(gern bereit)* ben disposto, disponibile: *ein -er Zuhörer* un ascoltatore disponibile **II** avv. di buon grado, volentieri: *etw. ~ tun* fare qcs. volentieri. **wil|li|gen** intr. (aus. *haben*) consentire, acconsentire, dare il consenso: *in die Scheidung ~* acconsentire al divorzio. **Wil|lig|keit** f. *(-)* **1** buona volontà *f.* **2** *(Bereitschaft)* disponibilità *f.*

Will|komm m. *(-s,-e)* RAR. → **Willkommen.**

will|kom|men agg. **1** benvenuto: *ein -er Gast* un ospite benvenuto; *Geld ist allen ~* il denaro è benvenuto per tutti; *(sei) ~!* benvenuto! *jdn ~ heißen* dare il benvenuto a qcn.; *~ bei uns* benvenuto da noi; *~ bei uns zu Hause* benvenuto nella nostra casa **2** *(glücklich)* felice: *eine -e Gelegenheit* una felice opportunità ◆ *Sie sind jederzeit ~* lei è sempre il benvenuto; *herzlich ~!* benvenuto!

Will|kom|men n. e RAR. m. *(-s,-)* benvenuto *m.* **Will|kom|mens|gruß** m. *(-es,-grüße)* saluto *m.* di benvenuto. **Will|kom|mens|trunk** m. *(-[e]s,-trünke)* brindisi *m.* di benvenuto.

Will|kür f. *(-)* **1** arbitrio *m.*: *ein Akt der ~* un atto di arbitrio **2** POL. dispotismo *m.*: *jds schrankenlose ~ bekämpfen* combattere il dispotismo smisurato di qcn.; *das ist reine ~* questo è mero arbitrio ◆ *jds ~ ausgeliefert, preisgegeben, ausgesetzt sein* essere lasciato in balia (*o* alla mercé) di qcn. **Will|kür|akt** m. *(-[e]s,-e)* atto *m.* arbitrario. **Will|kür|herr|schaft** f. *(-)* dispotismo *m.*

will|kür|lich I agg. **1** arbitrario: *eine -e Auswahl* una scelta arbitraria **2** *(gewollt)* volontario: *-e Bewegungen* movimenti volontari **II** avv. arbitrariamente, in modo arbitrario: *etw. ~ bestimmen* stabilire qcs. in modo arbitrario.

Will|kür|maß|nah|me f. *(-,-n)* provvedimento *m.* arbitrario.

wim|meln intr. (aus. *haben*) brulicare, pullulare: ***die Straße wimmelt (auf der Straße wimmelt es) von Menschen*** la strada brulica di uomini; FIG. ***der Artikel wimmelt von Druckfehlern*** l'articolo pullula di refusi.

wim|me|rig agg. piagnucoloso.

Wim|mer|kas|ten m. *(-s,-kästen)* SCHERZ. = pianoforte *m.*

Wim|merl n. *(-s,-n)* REGION. e AUSTR. **1** brufolo *m.*, foruncolo *m.* **2** *(Taillentäschchen)* marsupio *m.*

wim|mern intr. (aus. *haben*) **1** gemere: ***vor Schmerzen ~*** gemere per il dolore; FIG. ***eine Geige wimmerte*** un violino gemeva **2** *(weinen)* piagnucolare ***um Verzeihung ~*** chiedere perdono, scusa piagnucolando.

Wim|pel m. *(-s,-)* **1** gagliardetto *m.* **2** MAR. guidone *m.*

Wim|per f. *(-,-n)* ciglio *m.* (anche BIOL.): ***lange, falsche (künstliche) -n*** ciglia lunghe, finte; ***mir ist eine ~ ins Auge geraten*** mi è andato un ciglio nell'occhio; ***mit den -n klimpern*** sbattere le ciglia ◆ ***sich (D) die -n tuschen*** darsi il mascara; ***ohne mit der ~ zu zucken*** senza batter ciglio.

Wim|pern|tu|sche f. *(-,-n)* mascara *m.*, rimmel *m.* **Wim|per|tier|chen** n. *(-s,-)* ZOOL. ciliato *m.*

Wind m. *(-[e]s,-e)* vento *m.*: ***ein eisiger, schneidender, lauer ~*** un vento gelido, tagliente, tiepido; ***ein starker ~ erhebt sich, kommt auf, weht*** si leva, si alza, soffia (*o* tira) un forte vento; ***ein ungünstiger, widriger ~*** un vento a sfavore, contrario; ***der ~ bläst, pfeift, braust, flaut ab, dreht sich, legt sich*** il vento soffia, fischia, mugghia, cala, cambia, si calma (*o* si placa); ***der ~ brachte Regen*** il vento portò pioggia ◆ ***-e abgehen lassen*** fare un peto; ***(hart) am ~ segeln*** navigare di bolina; FIG. ***hier weht ein anderer ~*** qui soffia un vento diverso; ***~ von etw. bekommen*** avere sentore di qcs.; ***die, seine Fahne nach dem ~ drehen*** mutare (*o* cambiare) bandiera secondo il vento; FIG. ***der ~ hat sich gedreht*** è cambiato il vento; ***frischen ~ in etw. (A) bringen*** portare una ventata d'aria fresca in qcs.; FIG. ***es weht ein frischer ~*** tira un'aria nuova; ***gegen den ~ segeln*** navigare contro vento; FIG. andare controcorrente; MAR. ***halber ~*** vento di (*o* al) traverso, a mezzanave; ***die, seine Fahne nach dem ~ hängen*** → ***die, seine Fahne nach dem ~ drehen***; ***der ~ pfeift aus einem anderen Loch*** tira un'altra aria; COLLOQ. ***viel ~ um etw. machen*** esagerare molto qcs., pompare qcs.; ***mit dem ~*** con il vento a favore; FIG. ***mit dem ~ segeln*** seguire il vento; REGION. ***eine Mütze voll ~*** un alito, un soffio di vento; COLLOQ. ***jdm den ~ aus den Segeln nehmen*** mettere il freno a qcn.; COLLOQ. ***sich (D) den ~ um die Nase, Ohren pfeifen lassen*** → ***sich (D) den ~ um die Nase, Ohren wehen lassen***; ***in den ~ reden*** parlare al vento; ***wie ein Rohr im ~ schwanken*** ondeggiare come una canna al vento; FIG. ***es weht nun ein scharfer, schärferer ~*** adesso tira una brutta aria; COLLOQ. ***schieß in 'n ~!*** sparisci! ***jdn in den ~ schießen*** buttare fuori qcn.; ***etw. in den ~ schlagen*** = non tener conto, non curarsi di qcs.; FIG. ***etw. in den ~ schreiben*** scordarsi di qcs., dare addio a qcs.; ***in den ~ sprechen*** → ***in den ~ reden***; ***der ~ springt auf Nord*** il vento gira (*o* piega) verso nord; ***in alle vier -e*** ai quattro venti; ***mit vollem ~ segeln*** navigare a vele spiegate; ***vor dem ~ segeln*** navigare con il vento in poppa; COLLOQ. ***sich (D) den ~ um die Nase, Ohren wehen lassen*** = girare il mondo; FIG. *(Erfahrungen sammeln)* voler conoscere il mondo; ***wissen, merken, woher der ~ weht*** sapere (*o* sentire) dove tira il vento; ***daher weht der ~!*** ecco perché! ***bei, in ~ und Wetter*** con ogni tempo; ***(schnell) wie der ~*** (veloce) come il vento; ***in alle -e zerstreut sein*** essere sparsi ai quattro venti; PROV. ***wer ~ sät, wird Sturm ernten*** chi semina vento, raccoglie tempesta.

Wind|än|de|rung f. *(-,-en)* cambiamento *m.* del vento. **Wind|beu|tel** m. *(-s,-)* **1** bignè *m.* alla panna **2** ANT. SPREG. *(oberflächlicher Mensch)* vanesio *m.*, cicisbeo *m.* **Wind|beu|te|lei** f. *(-,-en)* frivolezza *f.*, vacuità *f.* **Wind|bö** f. *(-,-en)*, **Wind|böe** f. *(-,-n)* folata *f.*, raffica *f.* di vento. **Wind|bruch** m. *(-[e]s,-brüche)* abbattimento *m.* degli alberi causato dal vento. **Wind|büch|se** f. *(-,-n)* RAR. fucile *m.* ad aria compressa. **Wind|chen** n. *(-s,-)* venticello *m.*

Win|de f. *(-,-n)* **1a** argano *m.*, verricello *m.* **b** *(Hebevorrichtung, Schraubenwinde)* martinetto *m.* **2** BOT. convolvolo *m.*

Wind|ei n. *(-[e]s,-er)* **1** uovo *m.* senza guscio **2** MED. mola *f.* ◆ ***ein ~ sein*** essere un buco nell'acqua; ***sich als ~ erweisen*** rivelarsi un bluff, un inganno.

Wind|ei|sen n. *(-s,-)* MECC. giramaschio *m.*

Win|del f. *(-,-n)* pannolino *m.*: ***eine trockene, nasse, frische ~*** un pannolino asciutto, bagnato, nuovo; ***die ~ wechseln*** cambiare il pannolino ◆ FIG. ***noch in den -n liegen, stecken*** essere ancora in fasce; ***ein Kind in -n wickeln*** fasciare un bambino. **Win|del|hös|chen** n. *(-s,-)* mutandina *f.* portapannolino. **win|deln** tr. ***ein Baby ~*** mettere un pannolino a un bebè. **win|del|weich** agg. COLLOQ. SPREG. molle ◆ ***jdn ~ schlagen, hauen*** picchiare (*o* darle) di santa ragione a qcn.

1.win|den *(wand, gewunden)* **I** tr. **1** intrecciare: ***Blumen zu einem, in einen Kranz ~*** intrecciare fiori in una ghirlanda **2** *(umlegen)* cingere: ***jdm ein Band um den Kopf ~*** cingere la testa di qcn. con un nastro **3** *(schlingen)* avvolgere: ***eine Schnur um das Paket ~*** avvolgere un filo intorno al pacco **4** *(entwinden)* strappare: ***jdm etw. aus den Händen ~*** strappare qcs. di mano a qcn. **5** TECN. ***eine Last in die Höhe ~*** sollevare un carico con un argano **II** rifl. **sich ~ 1** intrecciare: ***sich (D) Schleifen ins Haar ~*** intrecciare fiocchi nei capelli **2a** *(sich schlangenartig fortbewegen)* procedere serpeggiando: ***die Schlange windet sich über die Steine*** il serpente procede serpeggiando sulle pietre; ***der Wurm windet sich*** il verme si contorce **b** FIG. serpeggiare, snodarsi: ***ein Pfad windet sich durch den Wald*** un sentiero si snoda lungo il bosco **3** *(sich schlängeln)* sgusciare via, svicolare: FIG. *(nach Ausflüchten suchen)* ***er windet sich*** svicola **4** *(sich hindurchbewegen)* intrufolarsi: ***sich durch die Menge ~*** intrufolarsi tra la folla; ***sich durch ein Loch in der Mauer ~*** intrufolarsi in un buco del muro **5** *(sich krümmen)* torcersi, contorcersi: ***sich vor Schmerzen, vor Lachen ~*** contorcersi dal dolore, dalle risa ◆ ***sich wie ein Aal ~*** = cercare di svincolarsi con ogni mezzo (da una situazione difficile); ***um jdn die Arme ~*** stringere le braccia al collo di qcn.; ***sich krümmen und ~*** cercare scappatoie.

2.win|den intr. **1** IMPERS. ***hier windet es*** qui tira vento **2** VENAT. *(wittern)* fiutare.

Wind|ener|gie f. *(-)* energia *f.* eolica. **Wind|er|hit|zer** m. *(-s,-)* recuperatore *m.* di calore. **Win|des|ei|le**, ***in, mit ~*** con la rapidità del vento, in un battibaleno. **Wind|fah|ne** f. *(-,-n)* banderuola *f.*, segnavento *m.* **Wind|fang** m. *(-[e]s,-fänge)* **1** paravento *m.* **2** *(Raum zwischen Haustür und Windfangtür)* bussola *f.* **Wind|fang|tür** f. *(-,-en)* controporta *f.* **wind|ge|schützt** agg. riparato (o al riparo) dal vento: ***eine -e Stelle*** un luogo riparato dal vento. **Wind|ge|schwin|dig|keit** f. *(-,-en)* velocità *f.* del vento. **Wind|har|fe** f. *(-,-n)* arpa *f.* eolia (*o* eolica). **Wind|hauch** m. *(-[e]s,-e)* soffio *m.* di vento. **Wind|ho|se** f. *(-,-n)* tromba *f.* d'aria. **Wind|hund** m. *(-[e]s,-e)* **1** levriero *m.* **2** SPREG. *(Luftikus)* scapestrato *m.*, scavezzacollo *m.*

win|dig agg. **1** ventoso: ***-er Tag*** giorno ventoso; ***-es Wetter*** tempo ventoso; ***eine -e Ecke*** un angolo ventoso (*o* ventilato) **2** *(zweifelhaft)* incerto, dubbio: ***eine -e Angelegenheit*** un dubbio affare **3** *(nicht glaubhaft)* inaffidabile, inattendibile: ***eine -e Ausrede*** una scusa inattendibile ◆ ***es ist ~*** c'è vento, tira vento.

Wind|ja|cke f. *(-,-n)* giacca *f.* a vento. **Wind|ka|nal** m. *(-s,-kanäle)* **1** galleria *f.* del vento **2** MUS. → **Windlade**. **Wind|kraft** f. *(-)* energia *f.* eolica. **Wind|kraft|werk** n. *(-[e]s,-e)* impianto *m.* aeroelettrico. **Wind|la|de** f. *(-,-n)* somiere *m.* **Wind|ma|cher** m. *(-s,-)* COLLOQ. fanfarone *m.* **Wind|ma|schi|ne** f. *(-,-n)* TEATR. CINEM. macchina *f.* del vento. **Wind|mes|ser** m. *(-s,-)* anemometro *m.* **Wind|mo|tor** m. *(-s,-en)* aeromotore *m.*, motore *m.* a vento.

Wind|müh|le f. *(-,-n)* mulino *m.* a vento: FIG. ***gegen, mit -n kämpfen*** combattere contro i mulini a vento. **Wind|müh|len|flü|gel** m. *(-s,-)* pala *f.* del mulino (a vento) ◆ ***gegen, mit -n kämpfen*** combattere contro i mulini a vento.

Wind|po|cken pl. varicella *f.* **Wind|rad** n. *(-[e]s,-räder)* ruota *f.* a vento. **Wind|räd|chen** n. *(-s,-)* girandola *f.* **Wind|rich|tung** f. *(-,-en)* direzione *f.* del vento. **Wind|rös|chen** n. *(-s,-)* anemone *m.* **Wind|ro|se** f. *(-,-n)* rosa *f.* dei venti. **Wind|sack** m. *(-[e]s,-säcke)* manica *f.* a vento. **Winds|braut** f. *(-)* LETT. turbine *m.* **Wind|schat|ten** m. *(-s,-)* lato *m.* riparato (dal vento): ***im ~ von etw. liegen*** trovarsi sul lato riparato di qcs. **wind|schief** agg. storto, sghembo. **wind|schlüp|fig, wind|schnit|tig I** agg. aerodinamico **II** avv. in modo aerodinamico. **Wind|schutz** m. *(-es)* protezione *f.* antivento. **Wind|schutz|schei|be** f. *(-,-n)* parabrezza *m.* **Wind|sei|te** f. *(-,-n)* lato *m.* esposto (al vento). **Wind|spiel** n. *(-[e]s,-e)* → **Windhund**. **Wind|stär|ke** f. *(-)* intensità *f.*, forza *f.* del vento: ***es herrscht ~ 8*** c'è forza 8. **wind|still** agg. senza vento. **Wind|stil|le** f. *(-)* calma *f.*, bonaccia *f.* **Wind|stoß** m. *(-es,-stöße)* colpo *m.* di vento, raffica *f.* **wind|sur|fen** intr. (solo inf.) praticare il windsurf, fare windsurf. **Wind|sur|fer** m. *(-s,-)* surfista *m.* **Wind|tur|bi|ne** f. *(-,-n)* turbina *f.* a vento.

Win|dung f. *(-,-en)* **1a** incurvatura *f.*, sinuosità *f.*; *(vom Gehirn, Darm)* circonvoluzione *f.* **b** *(vom Fluss)* ansa *f.* **2** *(von Wegen)* curva *f.*, serpentina *f.* **3** *(von einer Spule)* spira *f.*

Wind|zug m. *(-[e]s)* corrente *f.* d'aria.

Wink m. *(-[e]s,-e)* **1** cenno *m.*: ***ein heimlicher, unmissverständlicher ~*** un cenno furtivo, inequivocabile; ***jdm einen ~ mit dem Kopf, mit der Hand geben*** fare un cenno col capo, con la mano a qcn.; ***auf einen ~ hin*** a un cenno; ***jdm einen ~ geben*** fare (un) cenno a qcn. **2** FIG. *(Ratschlag)* suggerimento *m.*, indicazione *f.*: ***jdm einen ~ geben*** dare un suggerimento a qcn. ◆ ***ein ~ des Schicksals*** un segno del destino; ***ein ~ mit dem Zaunpfahl*** = un'allusione esplicita.

win|ke INFANT. ***~, ~ machen*** fare ciao (con la mano).

Win|kel m. *(-s,-)* **1a** GEOM. angolo *m.*: ***spitzer, stumpfer, rechter, gestreckter ~*** angolo acuto, ottuso, retto, piatto; ***ein ~ von 45°*** un angolo di 45°; ***einen ~ von 90° bilden*** formare un angolo di 90°; ***die Geraden schneiden sich in einem ~ von 60°*** le rette s'incrociano formando un angolo di 6°; ***die Schenkel eines -s*** i lati di un angolo; ***einen ~ messen*** misurare un angolo **b** *(Ecke)* ***der ~ eines Zimmers*** l'angolo di una stanza **c** *(abgelegene Stelle)* ***ein stiller, malerischer ~*** un angolo silenzioso, pittoresco; ***ein vergessener ~ der Region*** un angolo dimenticato della regione; FIG. ***im verborgensten ~ des Herzens*** nell'angolo più riposto del cuore **2** *(Winkelmaß)* squadra *f.* **3** MIL. gallone *m.* ◆ ***in allen -n suchen*** cercare in ogni angolo; ***toter ~*** angolo morto; ***sich in einen ~ verkriechen*** nascondersi in un angolo.

Win|kel|ad|vo|kat m. *(-en,-en)* causidico *m.*, azzeccagarbugli *m.*

Win|kel|ei|sen n. *(-s,-)* ferro *m.* angolare, ferro *m.* a L. **win|kel|för|mig** agg. angolare. **Win|kel|funk|ti|on** f. *(-,-en)* funzione *f.* trigonometrica. **Win|kel|hal|bie|ren|de** f. *(-n,-n)* bisettrice *f.* dell'angolo. **win|ke|lig** agg. **1** angoloso, con molti angoli: ***eine -e Wohnung*** un appartamento con molti angoli **2** *(von einer Straße)* tortuoso. **Win|kel|klam|mer** f. *(-,-n)* **1** grappa *f.* a gomito **2** *(spitze Klammer)* parentesi *f.* uncinata.

Win|kel|maß n. *(-es,-e)* **1** unità *f.* di misura dell'angolo **2** *(Messgerät)* squadra *f.* **Win|kel|mes|ser** m. *(-s,-)* goniometro *m.* **Win|kel|mes|sung** f. *(-,-en)* goniometria *f.*

Win|kel|zug m. *(-[e]s,-züge)* stratagemma *m.*, espediente *m.*: ***geschickte Winkelzüge*** abili espedienti; ***undurchsichtige Winkelzüge machen*** usare espedienti poco puliti.

win|ken I intr. (aus. *haben*) **1a** fare cenno, fare segno: ***mit der Hand, dem Taschentuch ~*** fare segno con la mano, sventolando il fazzoletto **b** ***jdm ~*** fare segno a qcn., chiamare qcn. con un cenno: ***dem Ober, einem Taxi ~*** fare segno al cameriere, chiamare un taxi con un cenno **c** ***jdm ~, etw. zu tun*** fare segno a qcn. di fare qcs. **2** *(in Aussicht stehen)* attendere: ***dem Sieger ~ hohe Preise*** grossi premi attendono il vincitore **II** tr. ***jdn zu sich ~*** fare segno a qcn. di venire; ***den Wagen zur Seite ~*** fare segno all'auto di accostare ◆ ***das Glück winkt mir*** la fortuna mi sorride; MAR. ***mit Flaggen ~*** fare segnalazioni con bandierine.

Win|ker m. *(-s,-)* segnalatore *m.* **Win|ker|flag|ge** f. *(-,-n)* bandierina *f.* di segnalazione.

wink|lig → **winkelig.**

Win|se|lei f. *(-,-en)* **1** guaito *m.* continuo, guaiti *m.pl.* **2** *(von Menschen)* supplica *f.* lamentosa. **win|seln** intr. (aus. *haben*) **1** guaire: ***der Hund winselt*** il cane guaisce **2** *(flehen)* ***um etw. ~*** implorare qcs. piagnucolando (*o* lamentandosi); ***um Gnade ~*** implorare pietà. **Win|seln** n. *(-s)* → **Winselei.**

Win|ter m. *(-s,-)* inverno *m.* (anche FIG.): ***ein strenger, milder ~*** un inverno rigido, mite; ***es ist tiefer ~*** è pieno inverno; ***es wird ~*** arriva l'inverno; ***(mitten) im ~*** in (pieno) inverno; ***über den ~, den ~ über*** durante l'inverno ◆ ***gut über den ~ kommen*** superare l'inverno. **Win|ter|abend** m. *(-[e]s,-e)* sera *f.* (*o* serata *f.*) invernale, d'inverno. **Win|ter|an|fang** m. *(-[e]s,-anfänge)* inizio *m.* dell'inverno. **Win|ter|ein|bruch** m. *(-[e]s,-einbrüche)* il sopraggiungere, arrivo *m.* dell'inverno. **Win|ter|fahr|plan** m. *(-[e]s,-pläne)* orario *m.* invernale. **Win|ter|fell** n. *(-[e]s,-e)* ZOOL. mantello *m.*, pelliccia *f.* invernale. **win|ter|fest** agg. **1** invernale, per l'inverno, da inverno: ***-e Kleidung*** abiti invernali **2** BOT. → **winterhart. Win|ter|frucht** f. *(-)* frutti *m.pl.* vernini. **Win|ter|gar|ten** m. *(-s,-gärten)* giardino *m.* d'inverno. **Win|ter|gers|te** f. *(-,-n)* orzo *m.* vernino. **Win|ter|ge|trei|de** n. *(-s,-)* cereali *m.pl.* vernini. **Win|ter|halb|jahr** n. *(-[e]s,-e)* semestre *m.* invernale. **win|ter|hart** agg. BOT. resistente al freddo.

Win|ter|kleid n. *(-[e]s,-er)* **1** abito *m.* (*o* vestito *m.*) invernale **2** ZOOL. → **Winterfell 3** *(Gefieder)* piumaggio *m.* invernale. **Win|ter|klei|dung** f. *(-,-en)* abbigliamento *m.* invernale, abiti *m.pl.* invernali.

Win|ter|kohl m. *(-[e]s)* cavolo *m.* verde. **Win|ter|kol|lek|ti|on** f. *(-,-en)* ABBIGL. collezione *f.* invernale. **Win|ter|kur|ort** m. *(-[e]s,-e)* stazione *f.* climatica invernale. **Win|ter|land|schaft** f. *(-,-en)* paesaggio *m.* invernale.

win|ter|lich I agg. invernale: ***-e Kälte, -es Wetter*** freddo, tempo invernale; ***-e Kleidung*** abiti invernali **II** avv. da inverno, con abiti invernali: ***sich ~ anziehen*** vestirsi da inverno ◆ ***es ist ~*** c'è un clima (*o* un tempo) invernale.

Win|ter|ling m. *(-s,-e)* eranto *f.*, piè *m.* di gallo.

Win|ter|man|tel m. *(-s,-mäntel)* cappotto *m.* **Win|ter|mo|de** f. *(-)* moda *f.* invernale, per l'inverno. **Win|ter|mo|nat** m. *(-[e]s,-e)* **1** mese *m.* invernale **2** ANT. dicembre *m.*

win|tern intr. (aus. *haben*) RAR. impers. ***es wintert*** arriva l'inverno.

Win|ter|obst n. *(-[e]s)* frutta *f.* invernale. **win|ter|of|fen** agg. aperto d'inverno, durante l'inverno: ***ein -er Pass*** un passo aperto durante l'inverno. **Win|ter|olym|pi|a|de** f. *(-,-n)* olimpiade *f.* invernale. **Win|ter|quar|tier** n. *(-s,-e)* **1** MIL. quartieri *m.pl.* invernali (*o* d'inverno) **2** *(für Tiere)* ricovero *m.* invernale. **Win|ter|rei|fen** m. *(-s,-)* pneumatico *m.* invernale. **Win|ter|ru|he** f. *(-)* ZOOL. ibernazione *f.*

win|ters avv. d'inverno.

Win|ter|saat f. *(-,-en)* **1** semina *f.* autunnale **2** *(Pflanze)* pianta *f.* vernina. **Win|ter|sa|chen** pl. *(Kleidung)* roba *f.* invernale, vestiti *m.pl.* invernali. **Win|ter|sai|son** f. *(-,-s)* stagione *f.* invernale. **Win|ters|an|fang** → **Winteranfang. Win|ter|schlaf** m. *(-[e]s)* letargo *m.* (invernale). **Win|ter|schluss|ver|kauf** m. *(-[e]s,-verkäufe)* saldi *m.pl.* invernali. **Win|ter|se|mes|ter** n. *(-s,-)* semestre *m.* invernale. **Win|ter|son|nen|wen|de** f. *(-,-n)* solstizio *m.* d'inverno. **Win|ter|spie|le** pl. giochi *m.pl.* olimpici invernali. **Win|ter|sport** m. *(-[e]s)* sport *m.* invernale. **win|ters|über** avv. durante l'inverno, in inverno. **Win|ters|zeit** → **Winterzeit. Win|ter|tag** m. *(-[e]s,-e)* giorno *m.* (*o* giornata *f.*) invernale, d'inverno. **win|ter|taug|lich** agg. invernale, da inverno. **Win|te|rung** f. *(-)* semina *f.* autunnale. **Win|ter|ur|laub** m. *(-[e]s,-e)* vacanze *f.pl.* invernali. **Win|ter|wet|ter** n. *(-s)* tempo *m.* invernale. **Win|ter|zeit** f. *(-)* periodo *m.* invernale, inverno *m.* **Win|ter|zwie|bel** f. *(-,-n)* cipolla *f.* vernina.

Win|zer m. *(-s,-)* viticoltore *m.* **Win|zer|ge|nos|sen|schaft** f. *(-,-en)* cooperativa *f.* vinicola. **Win|zer|mes|ser** m. *(-s,-)* roncolo *m.*

win|zig agg. minuscolo, piccolissimo ◆ ***~ klein*** estremamente piccolo, minuscolo. **Win|zig|keit** f. *(-,-en)* **1** piccolezza *f.* estrema **2** FIG. COLLOQ. *(unwichtige Sache)* piccolezza *f.*, sciocchezza *f.*

Winz|ling m. *(-s,-e)* COLLOQ. **1** *(Person)* affarino *m.*, cosettino *m.* **2** *(Sache)* cosettina *f.*

Wip|fel m. *(-s,-)* cima *f.* (di un albero).

Wip|pe f. *(-,-n)* altalena *f.* (a bilico). **wip|pen** intr. (aus. *haben*) **1a** dondolare, dondolarsi (su e giù): ***auf jds Knien ~*** dondolare sulle ginocchia di qcn. **b** *(hin und her bewegen)* ***mit etw. ~*** (far) dondolare qcs., far oscillare qcs.: ***mit dem Fuß ~*** dondolare il piede **2** *(sich auf und ab bewegen)* andare su e giù: ***auf den Zehenspitzen ~*** andare su e giù sulle punte dei piedi **3** *(schwingen)* ondeggiare: ***bei jedem Schritt ~ ihre Locken*** a ogni passo i riccioli le ondeggiano. **Wipp|sterz** m. *(-es,-e)* REGION. ZOOL. batticoda *f.*, ballerina *f.*

wir pron.pers. (gen. **unser**, dat. **uns**, acc. **uns**) **1** noi: *(oft ausgelassen)* ***~ fahren morgen*** partiamo domani; ***~ beide*** noi due; ***~ anderen*** noi altri (*o* noialtri); ***er spricht von uns*** parla di noi; LETT. ***gedenke unser!*** ricordati di noi! **2** *(ich)* noi, io: ***wie ~ bemerkten*** come osservammo; ***Wir, König von Spanien*** noi, re di Spagna **3** *(als vertrauliche Anrede)* ***wollen ~ aufessen?*** vogliamo finire di mangiare? ***wie fühlen ~ uns denn heute?*** come ci sentiamo oggi?

Wir|bel m. *(-s,-)* **1a** turbine *m.*, vortice *m.*, mulinello *m.*: ***der Rauch steigt in -n auf*** si levano densi vortici di fumo **b** FIG. vortice *m.*, turbinio *m.*, turbine *m.*: ***der ~ der Leidenschaften*** il vortice delle passioni; ***im ~ des Tanzes*** nel vortice delle danze; ***im ~ der Ereignisse*** nel vortice (*o* turbinio) degli avvenimenti **2** *(Aufregung)* scalpore *m.*: ***~ verursachen*** suscitare scalpore; ***(einen) ~ um jdn, etw. machen*** sollevare un polverone intorno a qcn., qcs. **3** *(Haarwirbel)* cocuzzolo *m.* **4** MUS. pirolo *m.* **5** ANAT. vertebra *f.* **6** *(Trommelwirbel)* rullo *m.* di tamburo ◆ ***viel ~ um nichts*** tanto (*o* molto) rumore per nulla.

Wir|bel|bo|gen m. *(-s,-)* arco *m.* vertebrale.

wir|be|lig agg. RAR. **1** turbolento, scalmanato **2** *(hektisch)* turbinoso, vorticoso **3** *(konfus)* confuso, stordito: ***jdn ~ machen*** confondere, stordire qcn. ◆ ***mir wird ~ (im Kopf)*** mi gira la testa.

Wir|bel|kas|ten m. *(-s,-kästen)* MUS. cavigliere *m.* **Wir|bel|kno|chen** m. *(-s,-)* vertebra *f.* **wir|bel|los** agg. invertebrato. **Wir|bel|lo|se** pl. invertebrati *m.pl.*

wir|beln I tr. **1** far girare in vortici, far turbinare: ***der Wind wirbelt Staub durch die Luft*** il vento fa turbinare la polvere nell'aria **2** *(beim Tanz)* fare volteggiare: ***seine Partnerin durch den Saal ~*** far volteggiare la propria compagna per la sala **II** intr. **1a** (aus. *sein*) vorticare, turbinare, fare mulinelli: ***die Schneeflocken ~ immer dichter*** i fiocchi di neve sempre più fitti turbinano nell'aria; ***die***

Blätter ~ durch die Luft le foglie vorticano nell'aria; ***der Rauch wirbelt in die Höhe*** il fumo sale a vortici, salgono vortici di fumo **b** FIG. turbinare: ***tausend Gedanken ~ mir durch den Kopf*** mille pensieri mi turbinano nella mente **2a** *(schnell drehen*; aus. *haben, sein)* girare (vorticosamente) **b** FIG. ***jdm wirbelt der Kopf*** a qcn. gira la testa **3** *(in schneller Bewegung drehen;* aus. *sein)* volteggiare: ***die Tänzer ~ über die Bühne*** i ballerini volteggiano sul palcoscenico **4** *(von Trommeln*; aus. *haben)* rullare.

Wir|bel|säu|le f. *(-,-n)* colonna *f.* vertebrale. **Wir|bel|säu|len|ver|krüm|mung** f. *(-,-en)* scoliosi *f.* **Wir|bel|strom** m. *(-[e]s,-ströme)* corrente *f.* parassita (*o* di Foucault). **Wir|bel|sturm** m. *(-[e]s, -stürme)* ciclone *m.*, uragano *m.* **Wir|bel|tier** n. *(-[e]s,-e)* vertebrato *m.* **Wir|bel|wind** m. *(-[e]s,-e)* **1** turbine *m.*, vortice *m.* di vento **2** SCHERZ. *(von Menschen)* uragano *m.*, terremoto *m.*: ***sie ist ein richtiger ~*** è un vero terremoto ◆ ***wie ein ~ laufen*** correre come il vento (*o* come un fulmine).

wir|ken I tr. **1** fare, operare: ***Gutes ~*** fare del bene; ***Wunder ~*** fare miracoli; ***verheerend ~*** fare un disastro **2a** TESS. fare (*o* lavorare) a maglia **b** *(weben)* tessere **II** intr. (aus. *haben*) **1** operare, lavorare; *(tätig sein)* essere attivo, agire; ***als Lehrer an einer Schule ~*** essere insegnante in una scuola, insegnare in una scuola; ***der Künstler wirkte Ende des 19. Jahrhunderts in Wien*** l'artista fu attivo a Vienna alla fine del 19° secolo **2a** *(eine bestimmte Wirkung haben)* avere un effetto: ***auf jdn, etw. ~*** avere effetto su qcn., qcs.; ***anregend, schädlich, tödlich ~*** avere un effetto eccitante, nocivo, letale; ***beruhigend ~*** avere un effetto calmante; *(von Menschen)* avere un effetto rassicurante; ***ansteckend, schmerzstillend ~*** essere contagioso, calmare il dolore **b** *(wirkungsvoll sein)* essere efficace, fare (un) effetto, agire: ***das Mittel wirkt (gut) gegen Schnupfen*** la medicina è efficace (*o* agisce) contro il raffreddore; ***die Tablette beginnt zu ~*** la pastiglia comincia a fare effetto (*o* ad agire); ***es hat gewirkt!*** ha funzionato! **3** *(einen Eindruck erwecken)* sembrare, avere un aspetto: ***kindlich, kränklich, jugendlich ~*** sembrare un bambino, avere un aspetto malaticcio, giovanile; ***lächerlich, peinlich ~*** fare un'impressione ridicola, fare pena; ***dieser Ort wirkt bedrückend auf mich*** questo posto mi dà un senso di oppressione **4a** *(beeindrucken)* impressionare, colpire: ***mit seinem Wissen wirkt er*** colpisce per il proprio sapere; ***der Film hat auf mich sehr stark gewirkt*** il film mi ha colpito molto **b** ***das Bild wirkt auf der bunten Tapete nicht (gut)*** il quadro non è valorizzato (*o* perde) sulla tappezzeria colorata ◆ ***etw. auf sich (A) ~ lassen*** abbandonarsi a qcs. **Wir|ken** n. *(-s)* operato *m.*; *(Tätigkeit)* attività *f.*, lavoro *m.* **wir|kend** p.pres. agg. **1** → **wirken 2** ***eine schnell, stark -e Medizin*** una medicina che agisce in fretta (*o* che fa subito effetto), una medicina potente **3** *(aussehend)* ***eine sympathisch -e Dame*** una signora dall'apparenza simpatica.

Wir|ker m. *(-s,-)* magliaio *m.* **Wir|ke|rei** f. *(-,-en)* **1** lavorazione *f.* a maglia **2** *(Strickarbeit)* lavoro *m.* a maglia, maglia *f.* **Wir|ke|rin** f. *(-,-nen)* magliaia *f.*

Wirk|kraft → **Wirkungskraft. Wirk|leis|tung** f. *(-,-en)* EL. potenza *f.* attiva.

wirk|lich I agg. **1** reale, vero: ***das -e Leben*** la vita reale **2** *(tatsächlich)* reale, effettivo: ***der -e Wert*** il valore effettivo **3** *(richtig, echt)* vero: ***ist das ihr -er Name?*** è questo il suo vero nome? ***er ist ein -er Freund, Künstler!*** è un vero amico, artista! **II** avv. **1** realmente, in realtà **2** *(tatsächlich)* effettivamente, in effetti **3** veramente, davvero: ***das Buch ist ~ interessant*** il libro è veramente interessante; ***nein, ~?*** no, davvero? ◆ ***etw. ~ machen*** realizzare, attuare qcs.

Wirk|lich|keit f. *(-,-en)* realtà *f.*: ***die harte, nackte ~*** la dura, cruda realtà; ***ein Traum wird ~*** un sogno si fa realtà; *(tatsächliche Lage)* ***die politische, wirtschaftliche ~ eines Landes*** la realtà politica, economica di un paese ◆ ***der ~ ins Auge sehen*** guardare in faccia la realtà; ***in ~*** in realtà, in verità. **wirk|lich|keits|fern** agg. → **wirklichkeitsfremd. Wirk|lich|keits|form** f. *(-)* GRAMM. (modo *m.*) indicativo *m.* **wirk|lich|keits|fremd** agg. **1** lontano (*o* avulso) dalla realtà **2** *(von Menschen)* che vive al di fuori della realtà. **wirk|lich|keits|ge|treu** agg. fedele (*o* rispondente) alla realtà, realistico. **Wirk|lich|keits|mensch** m. *(-en,-en)* realista *m.* e *f.* **wirk|lich|keits|nah** agg. aderente alla realtà, realistico; LETT. icastico. **Wirk|lich|keits|sinn** m. *(-[e]s,-e)* senso *m.* della realtà (*o* realistico). **Wirk|lich|keits|treue** f. *(-)* fedeltà *f.* (*o* rispondenza *f.*) alla realtà, realismo *m.*

wirk|sam I agg. **1a** efficace: ***ein -es Mittel gegen Kopfschmerzen*** un rimedio efficace contro il mal di testa; ***eine -e Maßnahme, Strafe*** una misura, una punizione efficace **b** DIR. ***~ werden*** acquistare efficacia **2** *(von Menschen)* ***~ sein*** essere attivo, operare **II** avv. efficacemente, con efficacia: ***~ gegen jdn vorgehen*** procedere efficacemente contro qcn. **Wirk|sam|keit** f. *(-)* **1** efficacia *f.* **2** *(Tätigkeit)* attività *f.* ◆ BUROCR. ***in ~ sein*** essere in vigore.

Wirk|stoff m. *(-[e]s,-e)* sostanza *f.* attiva; *(in Medikamenten)* principio *m.*

Wir|kung f. *(-,-en)* **1** effetto *m.*: ***Ursache und ~*** causa e effetto; ***~ tun*** fare effetto, essere efficace; ***eine nachhaltige, schmerzlindernde ~*** un effetto duraturo, calmante; ***auf jdn, etw. ~ ausüben*** avere un effetto (*o* influire) su qcn., qcs.; ***jd, etw. erzielt, hat die gewünschte ~*** qcn. ottiene (*o* sortisce), ha l'effetto desiderato; ***(keine) ~ zeigen*** (non) mostrare effetti; ***ohne ~ bleiben, seine ~ verfehlen*** rimanere senza effetto, non avere effetto **2** TECN. azione *f.*: ***mechanische ~*** azione meccanica ◆ BUROCR. ***mit ~ vom...*** con effetto dal...; ***mit sofortiger ~*** con effetto immediato. **Wir|kungs|be|reich** m. *(-[e]s,-e)*, **Wir|kungs|feld** n. *(-[e]s,-er)* campo *m.* d'azione. **Wir|kungs|ge|schich|te** f. *(-,-n)* storia *f.* della ricezione; FILOS. storia *f.* degli effetti. **Wir|kungs|grad** m. *(-[e]s,-e)* **1** grado *m.* di efficienza **2** TECN. rendimento *m.*, resa *f.* **Wir|kungs|kraft** f. *(-,-kräfte)* efficacia *f.* **Wir|kungs|kreis** m. *(-es,-e)* sfera *f.* d'azione (*o* d'influenza). **wir|kungs|los I** agg. senza effetto, privo di efficacia, inefficace **II** avv. senza effetto, senza efficacia; ***bei jdm ~ bleiben*** non fare effetto su qcn. ◆ ***~ machen*** rendere inefficace, neutralizzare. **Wir|kungs|lo|sig|keit** f. *(-)* mancanza *f.* di effetto, inefficacia *f.* **wir|kungs|reich** agg. efficace. **Wir|kungs|stät|te** f. *(-,-n)* luogo *m.* in cui si opera (*o* si è attivi). **wir|kungs|voll** agg. **1** efficace **2** *(effektvoll)* di (grande) effetto. **Wir|kungs|wei|se** f. *(-,-n)* modo *m.* d'azione; *(von Geräten)* funzionamento *m.*; *(von Medikamenten)* azione *f.* (terapeutica).

Wirk|wa|ren pl. articoli *m.pl.* di maglieria, maglierie *f.pl.*

wirr I agg. **1** disordinato, in disordine; *(vom Haar)* scompigliato, arruffato **2a** *(verworren)* confuso: ***-e Erinnerungen, Gedanken*** ricordi, pensieri confusi **b** *(von einer Rede)* sconclusionato: ***-es Zeug reden*** sragionare **II** avv. in modo confuso ◆ ***ein -es Durcheinander*** una grande confusione; ***mir ist ganz ~ im Kopf*** ho una gran confusione in testa; ***er ist ein -er Kopf*** = ha le idee confuse; ***jdn ~ machen*** confondere qcn.; *(in Verwirrung bringen)* mandare in confusione qcn.

Wir|re f. *(-,-n)* **1** ANT. confusione *f.* **2** pl. *(Unruhen)* disordini *m.pl.*, agitazioni *f.pl.*: ***in den -n der Revolution*** nei (*o* durante i) disordini della rivoluzione.

Wirr|heit f. *(-,-en)* **1** disordine *m.* **2** *(Verworrenheit)* confusione *f.*

wir|rig agg. REGION. **1** confuso **2** *(zornig)* irato, incollerito.

Wirr|kopf m. *(-[e]s,-köpfe)* confusionario *m.* **wirr|köp|fig** agg. confusionario.

Wirr|nis f. *(-,-se)*, LETT. **Wirr|sal** n. *(-[e]s,-e)* e f. *(-,-e)* **1** confusione *f.*, disordine *m.* **2** pl. *(Wirren)* disordini *m.pl.*

Wir|rung f. *(-,-en)* LETT. groviglio *m.*, intrico *m.* ◆ LETT. ***Irrungen und -en*** errore e passione.

Wirr|warr m. *(-s)* confusione *f.*, disordine *m.*; *(Chaos)* caos *m.*, scompiglio *m.*

Wir|sing m. *(-s)*, **Wir|sing|kohl** m. *(-[e]s)* verza *f.*

Wirt m. *(-[e]s,-e)* **1a** oste *m.* **b** *(eines Gasthofes)* albergatore *m.*, ANT. locandiere *m.* **2a** *(Hauswirt)* padrone *m.* di casa **b** ANT. *(Gastgeber)* ospite *m.* **3** *(Zimmervermieter)* affittacamere *m.* **4** BIOL. ospite *m.* ◆ ***die Rechnung ohne den ~ machen*** fare i conti senza l'oste.

Wir|tel m. *(-s,-)* **1** puleggia *f.* a gola, noce *f.* **2** BOT. verticillo *m.*

Wir|tin f. *(-,-nen)* **1a** ostessa *f.*; *(Frau des Wirtes)* moglie *f.* dell'oste **b** *(eines Gasthofes)* albergatrice *f.*, ANT. locandiera *f.* **2a** *(Hauswirtin)* padrona *f.* di casa **b** ANT. *(Gastgeberin)* ospite *f.* **3** *(Zimmervermieterin)* affittacamere *f.*

wirt|lich agg. ANT. **1** ospitale **2** *(einladend)* invitante, accogliente.

Wirt|schaft f. *(-,-en)* **1** economia *f.*: ***kapitalistische, sozialistische ~*** economia capitalistica, socialista; ***eine expandierende, stagnierende ~*** un'economia in espansione, stagnante; ***gelenkte ~*** economia controllata, regolata; ***in der freien ~ tätig sein*** operare in una libera economia; ***die ~ ankurbeln, lenken, planen*** incentivare, dirigere, pianificare l'economia **2a** *(Hauswirtschaft)* economia *f.* domestica, governo *m.* della casa: ***die ~ besorgen, führen*** occuparsi del governo della casa **b** *(Wirtschaften)* amministrazione *f.*, gestione *f.* aziendale: ***die ~ lernen*** imparare la gestione aziendale **3** *(Gaststätte)* trattoria *f.* **4** *(Landwirtschaft)* fattoria *f.* **5** COLLOQ. *(Durcheinander)* confusione *f.*, baraonda *f.*: ***was ist das hier für eine ~?*** che cos'è questa confusione?

wirt|schaf|ten intr. (aus. *haben*) **1** amministrare (i beni), tenere i conti: ***mit dem Geld gut, schlecht ~*** amministrare bene, male il denaro **2a** *(die Hauswirtschaft führen)* governare (*o* mandare avanti) la casa **b** *(haushalten)* attendere alle faccende domestiche **3** *(die Landwirtschaft führen)* mandare avanti la fattoria **4** *(beschäftigt sein)* essere occupato, trafficare, sfaccendare: ***in der Küche ~*** trafficare in cucina ◆ ***etw. konkursreif ~*** mandare in fallimento qcs.; RAR. ***etw. in den Ruin ~*** → ***etw. zugrunde ~***; ***in die eigene Tasche ~*** arricchire le proprie tasche, arricchirsi indebitamente; ***sie versteht zu ~*** è una brava economa; ***etw. zugrunde ~*** mandare in rovina qcs.

Wirt|schaf|ter m. *(-s,-)* **1** ECON. imprenditore *m.* **2** *(in einer Landwirtschaft)* amministratore *m.*, economo *m.* **Wirt|schaf|te|rin** f. *(-,-nen)* governante *f.* **Wirt|schaft|ler** m. *(-s,-)* **1** economista *m.* **2** REGION. *(Wirtschafter)* imprenditore *m.*

wirt|schaft|lich I agg. **1** economico: ***die -e Entwicklung, Kraft, Struktur eines Landes*** lo sviluppo economico, la forza, la struttura economica di un paese; ***-e Sanktionen, Strafmaßnahmen*** sanzioni economiche **2** *(finanziell)* finanziario, economico: ***-e Schwierigkeiten*** difficoltà economiche **3** *(sparsam)* parsimonioso, economo **4** *(kostengünstig)* economico, conveniente: ***ein -es Auto*** un'auto economica **II** avv. **1** economicamente: ***~ anfällig*** economicamente debole **2** *(finanziell)* finanziariamente, economicamente: ***~ von jdm, etw. abhängig sein*** dipendere economicamente da qcn., qcs. **3** *(sparsam)* parsimoniosamente. **Wirt|schaft|lich|keit** f. *(-)* **1** ECON. redditività *f.* **2** *(Sparsamkeit)* parsimoniosità *f.* **3** *(Kostengünstigkeit)* economicità *f.*, convenienza *f.*

Wirt|schafts|ab|kom|men n. *(-s,-)* accordo *m.* economico. **Wirt|schafts|auf|schwung** m. *(-[e]s,-aufschwünge)* ripresa *f.* economica. **Wirt|schafts|aus|schuss** m. *(-es,-ausschüsse)* comitato *m.* economico. **Wirt|schafts|be|zie|hun|gen** pl. rapporti *m.pl.* economici. **Wirt|schafts|block** m. *(-[e]s,-blöcke)* blocco *m.* (*o* gruppo *m.*) economico. **Wirt|schafts|buch** n. *(-[e]s,-bücher)* libro *m.* dei conti. **Wirt|schafts|de|likt** n. *(-[e]s,-e)* → **Wirtschaftsstraftat. Wirt|schafts|ein|heit** f. *(-,-en)* unità *f.* economica. **Wirt|schafts|flücht|ling** m. *(-s,-e)* immigrato *m.* per motivi economici. **Wirt|schafts|form** f. *(-,-en)* forma *f.* di economia, sistema *m.* economico. **Wirt|schafts|füh|rer** m. *(-s,-)* capitano *m.* d'industria. **Wirt|schafts|ge|bäu|de** pl. fabbricati *m.pl.* rurali. **Wirt|schafts|ge|biet** n. *(-[e]s,-e)* area *f.* economica. **Wirt|schafts|geld** n. *(-[e]s,-er)* denaro *m.* per le spese di casa. **Wirt|schafts|ge|mein|schaft** f. *(-,-en)* comunità *f.* economica ◆ ***die Europäische ~*** la Comunità Economica Europea. **Wirt|schafts|ge|o|gra|phie** f. *(-)* geografia *f.* economica. **Wirt|schafts|ge|schich|te** f. *(-)* storia *f.* dell'economia. **Wirt|schafts|ge|setz** n. *(-es,-e)* legge *f.* economica. **Wirt|schafts|gip|fel** m. *(-s,-)* vertice *m.* economico. **Wirt|schafts|gut** n. *(-[e]s,-güter)* bene *m.* economico. **Wirt|schafts|hil|fe** f. *(-,-n)* aiuto *m.* economico. **Wirt|schafts|jahr** n. *(-[e]s,-e)* ECON. anno *m.* amministrativo, esercizio *m.*; *(von 360 Tagen)* anno *m.* commerciale. **Wirt|schafts|ka|pi|tän** m. *(-s,-e)* capitano *m.* d'industria. **Wirt|schafts|krieg** m. *(-[e]s,-e)* guerra *f.* economica. **Wirt|schafts|kri|mi|na|li|tät** f. *(-)* criminalità *f.* economica. **Wirt|schafts|kri|se** f. *(-,-n)* crisi *f.* economica. **Wirt|schafts|la|ge** f. *(-,-n)* situazione *f.* economica. **Wirt|schafts|le|ben** n. *(-s)* vita *f.* economica. **Wirt|schafts|leh|re** f. *(-)* scienze *f.pl.* economiche, dottrina *f.* economica. **Wirt|schafts|len|kung** f. *(-)* dirigismo *m.* (economico). **Wirt|schafts|mi|nis|ter** m. *(-s,-)* ministro *m.* dell'economia. **Wirt|schafts|ord|nung** f. *(-,-en)* ordinamento *m.* (*o* sistema *m.*) economico.

Wirt|schafts|plan m. *(-[e]s,-pläne)* piano *m.* economico. **Wirt|schafts|pla|nung** f. *(-,-en)* pianificazione *f.* (*o* programmazione *f.*) economica.

Wirt|schafts|po|li|tik f. *(-)* politica *f.* economica. **wirt|schafts|po|li|tisch** agg. politico-economico.

Wirt|schafts|po|ten|zi|al n. *(-s,-e)* potenziale *m.* economico. **Wirt|schafts|prü|fer** m. *(-s,-)* revisore *m.* dei conti. **Wirt|schafts|prü|fung** f. *(-,-en)* revisione *f.* dei conti. **Wirt|schafts|rat** m. *(-[e]s)* consiglio *m.* economico (*o* dell'economia). **Wirt|schafts|raum** m. *(-[e]s,-räume)* **1** (vasta) area *f.* economica **2** pl. *(Wirtschaftsgebäude)* fabbricati *m.pl.* rurali. **Wirt|schafts|spi|o|na|ge** [-na:ʒə] f. *(-)* spionaggio *m.* economico (*o* industriale). **Wirt|schafts|straf|tat** f. *(-,-en)* reato *m.* economico. **Wirt|schafts|sys|tem** n. *(-s,-e)* sistema *m.* economico. **Wirt|schafts|teil** m. *(-[e]s,-e)* GIORN. sezione *f.* economica, pagine *f.pl.* dell'economia. **Wirt|schafts|the|o|rie** f. *(-,-n)* teoria *f.* economica. **Wirt|schafts|uni|on** f. *(-,-en)* unione *f.* economica. **Wirt|schafts|wachs|tum** n. *(-s)* crescita *f.* economica.

Wirt|schafts|wis|sen|schaf|ten pl. scienze *f.pl.* economiche. **Wirt|schafts|wis|sen|schaft|ler** m. *(-s,-)* studioso *m.* di scienze economiche, economista *m.* **wirt|schafts|wis|sen|schaft|lich** agg. di (*o* relativo alle) scienze economiche.

Wirt|schafts|wun|der n. *(-s,-)* miracolo *m.* economico. **Wirt|schafts|zei|tung** f. *(-,-en)* giornale *m.* economico. **Wirt|schafts|zweig** m. *(-[e]s,-e)* settore *m.* economico.

Wirts|haus n. *(-es,-häuser)* **1** osteria *f.* **2** *(Gaststätte)* trattoria *f.*

Wirts|leu|te pl. **1** padroni *m.pl.* di casa, affittacamere *m.pl.* **2** *(einer Gastwirtschaft)* locandieri *m.pl.* **Wirts|or|ga|nis|mus** m. *(-,-organismen)* BIOL. ospite *m.* **Wirts|pflan|ze** f. *(-,-n)* pianta *f.* ospite. **Wirts|stu|be** f. *(-,-n)* **1** saletta *f.* (di un ristorante) **2** *(Lokal)* (piccola) trattoria *f.*, ristorantino *m.* **Wirts|tier** n. *(-[e]s,-e)* (animale *m.*) ospite *m.*

Wisch m. *(-[e]s,-e)* **1** SPREG. scartoffia *f.*, cartaccia *f.* **2** ANT. *(kleines Bündel)* mannello *m.* (di paglia).

wi|schen I tr. **1** togliere (strofinando): ***Staub (von etw.) ~*** togliere la polvere (a qcs.), spolverare (qcs.) **2** *(trocknen)* asciugare, LETT. tergere: ***jdm die Tränen ~*** asciugare le lacrime a qcn. **3** *(aufwischen)* pulire (con uno straccio umido), lavare: ***den Boden (feucht) ~*** lavare il pavimento, passare lo straccio sul pavimento **II** intr. **1** (aus. *haben*) ***mit der Hand, dem Ärmel über etw. ~*** passare la mano, la manica su qcs. **2** (aus. *sein*) filarsela, sgattaiolare via: ***aus dem Zimmer, um die Ecke ~*** sgattaiolare fuori dalla stanza, svoltare in fretta l'angolo **III** rifl. **1** ***sich (D) die Stirn ~*** asciugarsi la fronte **2** ***sich (D) den Mund (mit der Serviette) ~*** pulirsi la bocca (col tovagliolo) ◆ COLLOQ. ***jdm eine ~*** mollare un ceffone a qcn.; ***sich (D) den Schlaf aus den Augen ~*** stropicciarsi gli occhi (svegliandosi); ***sich (D) mit der Hand über die Stirn ~*** asciugarsi il sudore dalla fronte.

Wi|scher m. *(-s,-)* **1** tergicristallo *m.* **2** *(Tintenwischer)* nettapenne *m.* **3** *(in der Grafik)* sfumino *m.* **4a** MIL. *(Streifschuss)* ferita *f.* di striscio **b** COLLOQ. *(leichte Verletzung)* graffio *m.* **Wi|scher|blatt** n. *(-[e]s,-blätter)* spazzola *f.* (del tergicristallo).

wisch|fest agg. indelebile: ***-e Farben*** colori indelebili.

Wi|schi|wa|schi n. *(-s)* SPREG. sproloqui *m.pl.*, vaniloqui *m.pl.*

Wisch|lap|pen m. *(-s,-)* REGION. strofinaccio *m.*, straccio *m.*

Wisch|nu n.pr.m. Visnù *m.*

Wisch|tuch n. *(-[e]s,-tücher)* → **Wischlappen.**

Wi|sent m. *(-s,-e)* bisonte *m.* (europeo).

Wis|mut n. *(-[e]s)* bismuto *m.*

wis|peln REGION. → **wispern. wis|pern** intr. (aus. *haben*) bisbigliare, sussurrare: ***jdm etw. ins Ohr ~*** bisbigliare qcs. all'orecchio di qcn.

Wiss|be|gier, Wiss|be|gier|de f. *(-)* brama *f.* (*o* avidità *f.*) di sapere, desiderio *m.* di conoscere.

wis|sen *(weiß, wusste, gewusst)* **I** tr. **1a** sapere: ***etw. ganz sicher, aus zuverlässiger Quelle ~*** sapere qcs. per certo, da fonte sicura; ***nichts von etw. ~*** non sapere nulla di qcs.; ***ich weiß (es) nicht*** non (lo) so; ***sie weiß, was sie will*** sa quel che vuole; COLLOQ. ***was weiß der denn?*** che ne sa quello? ***nicht ~, was man tun soll*** non sapere cosa fare; ***jdn etw. ~ lassen*** far sapere qcs. a qcn. **b** *(erfahren)* ***etw. durch jdn ~*** (venire a) sapere qcs. da qcn. **c** *(in einer bestimmten Situation wähnen)* ***jdn in guten Händen, in Sicherheit ~*** sapere qcn. in buone mani, al sicuro; ***ein Problem gelöst ~*** sapere che un problema è stato risolto **2** *(kennen)* conoscere, sapere: ***jds Adresse, ein Lied, den Weg ~*** conoscere (*o* sapere) l'indirizzo di qcn., una canzone, la strada; ***ein Gedicht auswendig ~*** sapere una poesia a memoria; ***ich weiß ein gutes Restaurant*** conosco un buon ristorante **3** *(sich erinnern)* ricordarsi, sapere: ***ich weiß Ihren Namen nicht mehr*** non mi ricordo più (*o* non so più) il suo nome; ***weißt du noch, wie arm wir damals waren?*** ti ricordi come eravamo poveri allora? **4** *(mit Infinitiv mit zu)* essere capace di, riuscire a, sapere: ***sich zu beherrschen, zu benehmen, zu behaupten ~*** sapersi dominare, comportare, imporre; ***ich weiß mich nicht zu erinnern*** non riesco a ricordarmelo **II** intr. (aus. *haben*) ***von, um etw. ~*** sapere, conoscere qcs., essere a conoscenza di qcs.: ***von den Schwierigkeiten einer Arbeit ~*** essere a conoscenza delle difficoltà di un lavoro; ***ich weiß, wovon ich rede*** so di cosa parlo, quel che dico; COLLOQ. ***keiner weiß von nichts*** nessuno sa nulla **III** rifl. ***sich in Gefahr, in Sicherheit ~*** sapersi in pericolo, al sicuro ◆ ***immer alles besser ~ wollen*** voler sapere sempre più degli altri; ***es nicht anders, besser ~*** non saper fare meglio; ***etw. zu ~ bekommen*** venire a sapere qcs.; ***das braucht niemand zu ~*** non c'è bisogno che qcn. lo sappia, nessuno deve saperlo; ***damit, dass du es nur weißt,...*** tanto che tu lo sappia...; ***jdm Dank ~*** essere grato a qcn.; ***sich mit jdm eins ~*** = sentirsi, essere d'accordo con qcn.; ***sich vor Freude nicht zu lassen ~*** non stare in sé dalla gioia; ***weiß der Geier!*** lo sa il diavolo! ***~, was die Glocke geschlagen hat*** = conoscere la gravità della situazione; ***weiß Gott! das ~ die Götter!*** (questo) lo sa solo Dio! ***sich (D) zu helfen ~*** riuscire ad arrangiarsi, sapersela cavare; ***sich (D) nicht mehr zu helfen ~*** non sapere più che fare, non avere vie d'uscita; ***sich (D) nicht anders zu helfen ~*** non poter fare altrimenti (*o* diversamente); ***weiß der Henker!*** lo sa il diavolo! ***(das) weiß der Himmel!*** lo sa il cielo! ***~, wo der Hund begraben ist*** sapere dove sta il busillis; ***man kann nie ~*** non si può mai sapere, non si sa mai; ***das weiß jedes Kind*** questo lo sanno anche i bambini; ***weiß der Kuckuck!*** lo sa il diavolo! ***ich möchte nicht ~, wieviel das gekostet hat*** preferirei non sapere quanto è costato; ***weißt du schon das Neueste?*** la sai l'ultima? ***nicht, dass ich wüsste*** non che io sappia; FILOS. ***ich weiß, dass ich nichts weiß*** io so di non sapere; ***sich (D) keinen (anderen) Rat ~ als...*** non vedere altra via d'uscita (*o* soluzione) che...; ***das hätte man ~ sollen!*** a saperlo! ad averlo saputo! ***soviel, soweit ich weiß,...*** per, a quanto ne so...; ***~, was die Uhr geschlagen hat*** → ***~, was die Glocke geschlagen hat***; ***das weiß ich von allein(e)!*** questo lo so da me! ***was weiß ich!*** e che ne so! ***weißt du was?*** sai che facciamo? ***weder ein noch aus ~*** non sapere che pesci pigliare; ***wer weiß, ob...*** chissà se...; ***du hast ihn wer weiß wie oft gesehen*** l'hai visto chissà (*o* dio sa) quante volte; ***wer weiß?*** chi lo sa? ***woher weißt du es?*** come lo sai? ***woher soll ich das ~?*** come faccio a saperlo? ***von jdm, etw. nichts mehr ~ wollen*** non volerne più sapere di qcn., qcs.; ***jetzt will ich's aber ~*** adesso voglio proprio provarci! adesso voglio proprio vedere! ***ich wüsste nicht, dass ich dich um deinen Rat gebeten hätte!*** non mi sembra di aver chiesto il tuo consiglio! PROV. ***was ich nicht weiß, macht mich nicht heiß*** occhio non vede, cuore non duole.

Wis|sen n. *(-s)* sapere *m.*; *(Kenntnis)* conoscenza *f.*, conoscenze *f.pl.*: ***das menschliche ~*** il sapere umano, la conoscenza umana; ***ein großes ~ haben, besitzen*** avere una vasta conoscenza; ***sich ~ aneignen*** acquistare conoscenza di qcs. ◆ ***wider, gegen besseres ~*** in malafede; ***nach bestem ~ und Gewissen*** secondo scienza e coscienza; ***~ ist Macht*** sapere è potere; ***meines -s*** a, per quanto ne so; ***etw. mit ~ tun*** fare qcs. consapevolmente; ***ohne mein ~*** senza che lo sapessi, a mia insaputa; ***ohne jds ~ und Willen*** senza il consenso di qcn.

wis|send p.pres. agg. **1** → **wissen** **2** ***ein -er Blick*** uno sguardo consapevole.

Wis|sen|schaft f. *(-,-en)* scienza *f.*; ***in der ~ tätig sein*** essere uno scienziato; ***die -en pflegen*** coltivare le scienze; ***sich der ~ widmen*** dedicarsi alla scienza; ***eine Leuchte der ~*** un luminare della scienza ◆ ***die Akademie der -en*** l'Accademia delle Scienze; ***die exakten -en*** le scienze esatte; ***etw. ist eine ~ für sich*** qcs. è un'arte. **Wis|sen|schaf|ter** AUSTR., SVIZZ., **Wis|sen|schaft|ler** m. *(-s,-)* scienziato *m.* **Wis|sen|schaft|le|rin** f. *(-,-nen)* scienziata *f.* **wis|sen|schaft|lich** **I** agg. scientifico **II** avv. scientificamente. **Wis|sen|schaft|lich|keit** f. *(-)* scientificità *f.*

Wis|sen|schafts|be|trieb m. *(-[e]s)* organizzazione *f.* scientifica. **Wis|sen|schafts|ge|schich|te** f. *(-)* storia *f.* della scienza. **Wis|sen|schafts|the|o|rie** f. *(-)* epistemologia *f.* **Wis|sen|schafts|zweig** m. *(-[e]s,-e)* ramo *m.* della scienza.

Wis|sens|drang m. *(-[e]s)*, **Wis|sens|durst** m. *(-[e]s)* sete *f.* di sapere (*o* di conoscenza). **wis|sens|durs|tig** agg. avido di sapere, assetato di conoscenza. **Wis|sens|ge|biet** n. *(-[e]s,-e)* campo *m.* dello scibile. **Wis|sens|stand** m. *(-[e]s)* stato *m.* della conoscenza. **Wis|sens|stoff** m. *(-[e]s)* complesso *m.* delle conoscenze. **wis|sens|wert** agg. interessante.

wis|sent|lich **I** agg. deliberato, intenzionale; *(bewusst)* consapevole **II** avv. deliberatamente, intenzionalmente; *(bewusst)* consapevolmente: ***~ die Unwahrheit sagen*** mentire consapevolmente (*o* sapendo di mentire).

Wi|tib f. *(-,-e)* ANT. vedova *f.*

wit|tern tr. **1** VENAT. fiutare (anche assol.): ***Wild ~*** fiutare la selvaggine **2** FIG. fiutare, subodorare: ***den Betrug, eine Falle, ein Geschäft ~*** subodorare l'inganno, fiutare la trappola, un affare.

Wit|te|rung f. *(-,-en)* **1** tempo *m.* (atmosferico) **2a** VENAT. fiuto *m.*; ***von etw. ~ bekommen*** fiutare qcs. (anche FIG.) **b** *(Geruchsspur)* pista *f.*; usta *f.* **wit|te|rungs|be|dingt** agg. determinato dal (*o* dovuto al) tempo. **Wit|te|rungs|um|schlag** m. *(-[e]s,-umschläge)* (improvviso) cambiamento *m.* del tempo. **Wit|te|rungs|ver|hält|nis|se** pl. condizioni *f.pl.* atmosferiche (*o* del tempo).

Wit|we f. *(-,-n)* vedova *f.*: ***~ werden*** rimanere vedova. **Wit|wen|ren|te** f. *(-,-n)* pensione *f.* vedovile. **Wit|wen|schaft** f. *(-)* vedovanza *f.* **Wit|wen|stand** m. *(-[e]s)*, **Wit|wen|tum** n. *(-s)* stato *m.* vedovile, vedovanza *f.*

Wit|wer m. *(-s,-)* vedovo *m.*: ***~ werden*** rimanere vedovo. **Wit|wer|schaft** f. *(-)* vedovanza *f.* **Wit|wer|stand** m. *(-[e]s)* stato *m.* vedovile, vedovanza *f.*

Witz m. *(-es,-e)* **1a** spirito *m.*: ***ein beißender, sarkastischer ~*** uno spirito mordace, sarcastico; ***ihm fehlt der ~*** gli manca lo spirito **b** ANT. *(Klugheit)* ingegno *m.*, intelligenza *f.* **2a** *(witzige Geschichte)* barzelletta *f.*: ***ein doppeldeutiger, fauler, gesalzener, schmutziger ~*** una barzelletta a doppio senso, di cattivo gusto, spinta, sporca; ***keine -e erzählen können*** non saper raccontare le barzellette; ***über einen ~ lachen*** ridere per una barzelletta; ***ist das nicht ein ~?*** non sembra una barzelletta? non è buffo? **b** PSIC. motto *m.* di spirito **3** *(Spaß)* scherzo *m.*: ***etw. aus ~ sagen, tun*** dire, fare qcs. per scherzo; ***das soll wohl ein ~ sein!*** dev'essere uno scherzo! ***das ist kein ~!*** non è uno scherzo! **4** *(lächerliche Sache)* cosa *f.* ridicola, spasso *m.*: ***ihr Kleid war ein ~*** il suo vestito era uno spasso; ***diese Strafe ist ein ~*** questa punizione è ridicola, assurda **5** *(Kern)* punto *m.*, nocciolo *m.*: ***der ~ (der Sache) ist nämlich der, dass...*** il punto (della faccenda) è che...; il bello (della faccenda) è che... ◆ ***-e mit jdm machen*** prendere in giro qcn., divertirsi alle spalle di qcn.; ***ohne ~*** sul serio; ***-e reißen*** = raccontare barzellette sporche; ***wo steckt der ~?*** che c'è da ridere? **Witz|blatt** n. *(-[e]s,-blätter)* giornale *m.* umoristico. **Witz|bold** m. *(-[e]s,-e)* burlone *m.*

Wit|ze|lei f. *(-,-en)* spiritosaggine *f.*

wit|zeln intr. (aus. *haben*) fare dello spirito, scherzare: ***über jdn, etw. ~*** fare dello spirito (*o* scherzare) su qcn., qcs.

Witz|fi|gur f. *(-,-en)* **1** personaggio *m.* delle barzellette **2** FIG. personaggio *m.* (*o* tipo *m.*) da barzelletta, macchietta *f.*

wit|zig **I** agg. **1** spiritoso, arguto **2** COLLOQ. *(seltsam)* strano, curioso **II** avv. spiritosamente, in modo spiritoso (*o* arguto). **Wit|zig|keit** f. *(-)* spiritosaggine *f.*, arguzia *f.*

Witz|ling m. *(-s,-e)* COLLOQ. → **Witzbold.**

witz|los agg. **1** privo di spirito (*o* d'arguzia) **2** COLLOQ. *(sinnlos)* inutile. **Witz|sei|te** f. *(-,-n)* pagina *f.* umoristica. **Witz|wort** n. *(-[e]s,-e)* frase *f.* (*o* osservazione *f.*) spiritosa, spiritosaggine *f.*

w. L. ⇒ *westlicher Länge* longitudine ovest.

WM ⇒ *Weltmeisterschaft* campionato del mondo.

wo **I** avv. **1** *(interrogativ)* dove: ***~ wohnst du?*** dove abiti? ***von ~ ist er gekommen?*** da dove è venuto? ***ich weiß nicht, ~ er steckt*** non so dove si nasconde **2a** *(relativisch, lokal)* dove: ***bleib (da), ~ du bist*** resta (lì) dove sei **b** *(relativisch, temporal)* nel quale, in cui: ***in dem Augenblick, ~...*** nel momento in cui... **3** COLLOQ. *(irgendwo)* da qualche parte: ***der Schlüssel muss hier ~ sein*** la chiave dev'essere qui da qualche parte **II** cong. **1** ANT. se: ***~ nicht zerstört, so doch schwer beschädigt*** se non distrutto, comunque gravemente danneggiato **2** *(zumal da)* visto che: ***warum hast du den Film nicht angesehen, ~ du doch Liebesfilme so gern siehst?*** perché non hai visto quel film, visto che ti piacciono così tanto i film d'amore? **3** *(während)* mentre, malgrado: ***du hast mich gestern nicht angerufen, ~ ich dich doch so sehr darum gebeten hatte*** non mi hai telefonato ieri, malgrado io ti avessi tanto pregato di farlo ◆ ***ach ~!*** macché! ***~ immer er auch sein mag*** dovunque sia; ***~ möglich*** se possibile; ***~ nicht*** se no, altrimenti; COLLOQ. ***~ gibt's denn so was!*** chi ha mai visto una cosa simile!

w. o. ⇒ *wie oben* come sopra (c.s.).

wo|an|ders avv. altrove, da un'altra parte, in un altro luogo; FIG. ***mit seinen Gedanken ~ sein*** essere altrove con la testa. **wo|an|ders|hin** avv. altrove, verso un altro luogo.

wob → **weben.**

wo|bei, enfat. **wo|bei** avv. pron. **1** *(interrogativ)* presso che cosa, (a) che cosa, di che cosa, con che cosa: ***~ ist er gerade?*** che cosa sta facendo? **2a** *(relativisch)* presso il quale **b** mentre: ***er hörte mich, ~ er mich nicht sehen konnte*** mi ascoltava, mentre non poteva vedermi.

Wo|che f. *(-,-n)* settimana *f.*: ***nächste, vorige ~*** la prossima settimana, la settimana scorsa; ***in der, während der ~*** in settimana, durante la settimana; ***auf -n hinaus*** per settimane; ***zweimal die, in der ~*** due volte la, alla settimana; ***in einer ~*** tra una settimana; ***heute in einer ~*** una settimana da oggi; ***die ~ über*** la settimana prossima; ***Mitte, Anfang, Ende der ~*** a metà, all'inizio, alla fine della settimana; ***im Laufe der ~*** nel corso della settimana; COLLOQ. ***unter der ~*** durante la settimana ◆ ***jede ~*** ogni settimana, settimanalmente; ANT. ***in die -n kommen*** = essere prossima al parto; ***in den -n liegen*** stare partorendo; ***Weiße ~*** settimana bianca.

Wo|chen|be|richt m. *(-[e]s,-e)* rapporto *m.* settimanale. **Wo|chen|bett** n. *(-[e]s)* puerperio *m.*: ***im ~*** durante il puerperio. **Wo|chen|bett|fie|ber** n. *(-s)* febbre *f.* puerperale. **Wo|chen|blatt** n. *(-[e]s,-blätter)* ANT. → **Wochenzeitung.**

Wo|chen|end|aus|flug m. *(-[e]s,-ausflüge)* gita *f.* del fine settimana. **Wo|chen|end|aus|ga|be** f. *(-,-n)* edizione *f.* del sabato. **Wo|chen|end|bei|la|ge** f. *(-,-n)* supplemento *m.* del sabato. **Wo|chen|en|de** n. *(-s,-n)* fine *m.* settimana, weekend *m.*: ***über das ~ verreisen*** andare via per il (*o* nel) weekend; ***schönes ~!*** buon weekend! ◆ ***ein langes, verlängertes ~*** un ponte. **Wo|chen|end|haus** n. *(-[e]s,-häuser)* seconda casa *f.*, casa *f.* per le vacanze.

Wo|chen|fluss m. *(-es)* lochi *m.pl.*, flusso *m.* puerperale. **Wo|chen|kar|te** f. *(-,-n)* abbonamento *m.* settimanale, settimanale *m.* **wo|chen|lang** **I** agg. di (più) settimane **II** avv. per (più) settimane, per settimane e settimane. **Wo|chen|lohn** m. *(-[e]s,-löhne)* paga *f.* settimanale. **Wo|chen|markt** m. *(-[e]s,-märkte)* mercato *m.* settimanale: ***auf den ~ gehen*** andare al mercato settimanale. **Wo|chen|schau** f. *(-,-en)* cinegiornale *m.* **Wo|chen|schrift** f. *(-,-en)* ANT. settimanale *m.* **Wo|chen|spiel|plan** m. *(-[e]s,-pläne)* cartellone *m.* (*o* programma *m.*) settimanale. **Wo|chen|stun|de** f. *(-,-n)* ora *f.* (di lezione) settimanale: ***fünf -n Italienisch*** cinque ore di italiano alla settimana. **Wo|chen|tag** m. *(-[e]s,-e)* **1** giorno *m.* della settimana **2** *(Werktag)* giorno *m.* feriale, di lavoro. **wo|chen|tags** avv. in giorno feriale, nei giorni feriali.

wö|chent|lich I agg. settimanale **II** avv. settimanalmente ◆ ***zweimal ~*** due volte la settimana.

wo|chen|wei|se avv. a settimane. **Wo|chen|zei|tung** f. *(-,-en)* settimanale *m.*

Wöch|ne|rin f. *(-,-nen)* puerpera *f.*

Wo|dan n.pr.m. Wodan *m.*, Wotan *m.*, Odino *m.*

Wod|ka m. *(-s,-s)* vodka *f.*: ***zwei Glas, Gläser ~*** due bicchieri di vodka.

Wo|du m. *(-)* voodoo *m.*

wo|durch, enfat. **wo|durch** avv. pron. **1** *(interrogativ)* come, attraverso che cosa, per mezzo di che cosa: ***~ ist das passiert?*** come è accaduto? **2** *(relativ)* per cui, per mezzo del quale.

wo|fern cong. ANT. ove, caso mai, qualora.

wo|für, enfat. **wo|für** avv. pron. **1** *(interrogativ)* per che cosa, di che cosa: ***~ entschuldigst du dich?*** per che cosa ti scusi? ***~ interessierst du dich?*** di che cosa ti interessi? **2** *(relativisch)* per che cosa: ***nicht wissen, ~ man bezahlen soll*** non sapere per che cosa bisogna pagare ◆ ***~ hältst du mich?*** per chi mi prendi?

wog → **wiegen.**

Wo|ge f. *(-,-n)* onda *f.*, ondata *f.* (anche FIG.): ***die -n schlugen über ihr zusammen*** le onde si richiusero sopra di lei; ***die -n der Begeisterung*** ondate di entusiasmo; ***auf den -n des Erfolgs*** sull'onda del successo ◆ ***die -n glätten*** = cercare di appianare i contrasti.

wo|ge|gen, enfat. **wo|ge|gen I** avv. pron. **1** *(interrogativ)* contro che cosa **2** *(relativisch)* contro il quale, contro cui: ***ein Problem, ~ man nichts tun kann*** un problema contro il quale non si può fare nulla **II** cong. mentre (invece): ***er will schnell entscheiden, ~ an sich nichts zu sagen ist*** vuole decidere in fretta, mentre in sé non c'è niente da dire ◆ ***~ hilft das?*** a che cosa serve?

wo|gen intr. (aus. *haben*) **1** ondeggiare, fluttuare (anche FIG.): ***die Ähren ~ im Wind*** le spighe ondeggiano al vento **2** impers. LETT. ***es wogt in ihm*** si sente ribollire il sangue. **Wo|gen** n. *(-s)* ondeggiamento *m.* **wo|gend** p.pres. agg. **1** → **wogen 2** ondeggiante.

wo|her, enfat. **wo|her** avv. **1a** *(interrogativ)* da dove, di dove: ***~ kommst du?*** da dove vieni? ***ich weiß nicht, ~ er das hat*** non so da dove l'ha preso **b** come: ***~ weißt du das?*** come lo sai? ***~ kommt es, dass...*** com'è che... **2** *(relativisch)* da dove: ***ich kehre dorthin zurück, ~ ich gekommen bin*** torno da dove sono venuto **3** *(irgendwoher)* da qualunque luogo: ***~ er auch kommen mag*** da qualunque luogo venga ◆ ***ach ~ (denn), aber ~!*** macché!

wo|hin, enfat. **wo|hin** avv. **1** *(interrogativ)* dove, in quale direzione: ***~ gehst du?*** dove vai? **2** *(relativisch)* dove: ***du kannst gehen, ~ du willst*** puoi andare dove vuoi **3** *(irgendwohin)* in qualunque luogo: ***~ er auch geht*** in qualunque luogo vada ◆ COLLOQ. ***~ damit?*** dove lo metto? cosa ne faccio? EUFEM. ***ich muss noch schnell ~*** devo ancora andare in quel posto; ***~ des Wegs?*** dove si va?

wo|hi|nauf, enfat. **wo|hi|nauf** avv. **1** *(interrogativ)* su che cosa **2** *(relativisch)* sul quale, su cui. **wo|hi|naus,** enfat. **wo|hi|naus** avv. per dove, da che parte ◆ ***~ will er damit?*** dove vuole arrivare con ciò? **wo|hi|nein,** enfat. **wo|hi|nein** avv. **1** *(interrogativ)* in (che) cosa **2** *(relativisch)* nel quale, in cui. **wo|hin|ge|gen** cong. mentre (al contrario), invece. **wo|hi|nun|ter,** enfat. **wo|hi|nun|ter** avv. **1** *(interrogativ)* sotto che cosa **2** *(relativisch)* sotto il quale, sotto cui.

wohl I avv. **1** bene: ***mir ist nicht ~*** non sto bene **2** *(mit Verben, Partizipien, Adjektiven)* ***~ bedacht*** ben meditato, ponderato; ***~ begründet*** ben fondato; ***~ behütet*** sotto una campana di vetro; ***~ bekannt*** ben noto; ***~ beraten*** ben consigliato; ***~ durchdacht*** ben meditato; ***~ erhalten*** ben conservato; ***sich ~ fühlen*** sentirsi bene; ***~ gemeint*** dato, fatto a fin di bene, da amico; ***~ temperiert*** alla giusta temperatura; *(ausgewogen)* appropriato, giusto; ***das Wohltemperierte Klavier*** il clavicembalo ben temperato; ***~ tun*** beneficare, fare del bene: ***jdm ~*** fare del bene a qcn.; *(erquicken)* far bene, ristorare: ***etw. tut jdm ~*** qcs. fa bene a qcn.; ***~ überlegt*** ben ponderato, studiato a fondo; ***~ versorgt*** ben assistito, ben accudito; ***~ verwahrt*** ben custodito; ***jdm ~ wollen*** essere ben disposto verso qcn. **3** ***~ aber*** però: ***hier ist es nicht üblich, ~ aber in anderen Ländern*** qui non è usuale, però in altri paesi sì **4** *(zwar)* certamente, sicuramente; ***er sagte ~, er würde ihr schreiben, aber ich glaubte ihm nicht*** disse sì che le avrebbe scritto, ma io non gli credetti **5** *(etwa)* circa, all'incirca: ***es waren ~ 30 Leute*** c'erano circa 30 (*o* sulle 30) persone **6** esclam. ANT. ***~ dem, der...*** beato colui che..., felice chi... **II** part.at. **1** *(vermutlich)* probabilmente, forse: ***das kann ~ sein*** può essere; ***das wird ~ so sein*** (probabilmente) sarà così; ***~ kaum*** probabilmente no **2** rafforz. ***willst du ~ hören!*** ma vuoi stare a sentire! ***siehst du ~!*** vedi! ◆ ***~ bekomm's!*** buon pro! ***mir ist ~ ums Herz*** sono contento; ***es sich ~ sein lassen*** godersela; ***leben Sie, lebe ~!*** addio! ***das ist ~ möglich*** è possibilissimo; ***~ und munter sein*** essere in perfetta salute; ***~ oder übel*** bene o male, necessariamente; ***wieder ~ sein*** essere ristabilito; ***ich wünsche, ~ gespeist zu haben*** ANT. → ***~ bekomm's***; ***mir ist nicht ~ zumute*** non mi sento tranquillo.

Wohl n. *(-[e]s)* **1** bene *m.*: ***für jds ~*** per il bene di qcn.; ***das öffentliche, allgemeine ~*** il bene comune **2** benessere *m.*: ***das körperliche ~*** il benessere fisico **3** salute *f.*: ***auf Ihr ~!*** alla Sua salute! ***auf jds ~ trinken*** bere alla salute di qcn.; ***zum -(e)!*** salute! ◆ ***das ~ und Wehe*** il destino, la fortuna.

wohl|an avv. ANT. orsù, suvvia. **wohl|an|stän|dig** agg. molto rispettabile. **wohl|auf** avv. **1** ANT. → **wohlan 2** *(gesund)* in buona salute. **Wohl|be|fin|den** n. *(-s)* buona salute *f.*, benessere *m.* (fisico). **Wohl|be|ha|gen** n. *(-s)* senso *m.* di benessere ◆ ***etw. mit ~ genießen*** gustare qcs. **wohl|be|hal|ten** agg. **1** *(unverletzt)* sano e salvo **2** *(unbeschädigt)* in buono stato. **wohl|be|leibt** agg. bene in carne. **wohl|be|schaf|fen** agg. in buone condizioni. **wohl|be|stallt** agg. ANT. o SCHERZ. ben sistemato, con un buon posto. **Wohl|er|ge|hen** n. *(-s)* benessere *m.*: ***sich nach jds ~ erkundigen*** informarsi su come vanno le cose a qcn. **wohl|er|wo|gen** agg. ben ponderato. **wohl|er|zo|gen** agg. beneducato. **Wohl|er|zo|gen|heit** f. *(-)* buona educazione *f.*

Wohl|fahrt f. *(-)* **1** prosperità *f.*, benessere *m.* **2** *(Wohlfahrtsamt, Wohlfahrtspflege)* assistenza *f.* pubblica. **Wohl|fahrts|amt** n. *(-[e]s,-ämter)* ufficio *m.* di assistenza sociale. **Wohl|fahrts|aus|schuss** m. *(es,-ausschüsse)* STOR. comitato *m.* di salute pubblica. **Wohl|fahrts|emp|fän|ger** m. *(-s,-)* beneficiario *m.* di assistenza sociale. **Wohl|fahrts|pfle|ge** f. *(-)* ANT. assistenza *f.* sociale. **Wohl|fahrts|staat** m. *(-[e]s,-en)* stato *m.* assistenziale (*o* sociale).

wohl|feil agg. e avv. ANT. a buon mercato (anche FIG.): ***-en Kaufs davonkommen*** cavarsela a buon mercato.

wohl|ge|bo|ren agg. ANT. illustrissimo ◆ ***Euer ~*** Vossignoria illustrissima.

Wohl|ge|fal|len n. *(-s)* soddisfazione *f.*, piacere *m.*, compiacimento *m.*: ***ich finde, habe mein ~ an jdm, etw.*** qcs., qcn. mi dà soddisfazione, provo piacere in qcn., qcs.; ***etw. mit ~ betrachten*** guardare qcs. con compiacimento ◆ COLLOQ. ***sich in ~ auflösen*** cadere in pezzi; *(ein gutes Ende finden)* andare a buon fine; *(verschwinden)* perdersi. **wohl|ge|fäl|lig I** agg. **1** compiaciuto, soddisfatto: ***ein -er Blick*** uno sguardo compiaciuto **2** ANT. *(angenehm)* gradevole: ***ein -er Duft*** un profumo gradevole **II** avv. con compiacimento, con soddisfazione: ***~ lächeln*** sorridere compiaciuto.

wohl|ge|formt agg. benfatto, ben formato. **Wohl|ge|fühl** n. *(-s,-e)* senso *m.* di benessere. **wohl|ge|lit|ten** agg. benvoluto, benvisto. **wohl|ge|merkt** agg. nota bene, beninteso. **wohl|ge|mut** agg. di buonumore. **wohl|ge|nährt** agg. ben nutrito. **wohl|ge|neigt** agg. **1** bendisposto **2** *(in Briefformeln)* devoto, fedele. **wohl|ge|ra|ten** agg. **1** *(gut gelungen)* ben riuscito **2** *(von Kindern)* venuto su bene. **Wohl|ge|ruch** m. *(-es,-gerüche)* buon odore *m.* **Wohl|ge|schmack** m. *(-s)* buon sapore *m.* **wohl|ge|setzt** agg. ben formulato. **wohl|ge|sinnt** agg. bendisposto, benintenzionato. **wohl|ge|sit|tet** agg. educato. **wohl|ge|stalt** ANT., **wohl|ge|stal|tet** agg. ben fatto, ben formato. **wohl|ge|tan** agg. ANT. ben fatto, fatto bene. **wohl|ha|bend** agg. benestante, agiato. **Wohl|ha|ben|heit** f. *(-)* agiatezza *f.*

woh|lig agg. piacevole: ***ein -es Gefühl*** una sensazione piacevole.

Wohl|klang m. *(-[e]s,-klänge)* **1** armonia *f.*, musicalità *f.* **2** suono *m.* armonioso. **wohl|klin|gend** agg. armonioso, melodioso. **Wohl|laut** m. *(-[e]s,-e)* armonia *f.* **wohl|lau|tend** agg. armonioso.

Wohl|le|ben n. *(-s)* vita *f.* comoda (*o* agiata), lusso *m.* **wohl|mei|nend** agg. benevolo, amichevole: ***ein -er Rat, Mensch*** un consiglio benevolo, una persona benevola. **wohl|pro|por|ti|o|niert** agg. ben proporzionato. **wohl|rie|chend** agg. odoroso, profumato. **wohl|schme|ckend** agg. gustoso, saporito. **Wohl|sein** n. *(-s)* (sensazione *f.* di) benessere *m.* ◆ ***(zum) ~!*** salute!

Wohl|stand m. *(-[e]s)* benessere *m.*, agiatezza *f.*: ***im ~ leben*** vivere nell'agiatezza. **Wohl|stands|bür|ger** m. *(-s,-)* SPREG. figlio *m.* (della società) del benessere. **Wohl|stands|ge|sell|schaft** f. *(-)* società *f.* del benessere.

Wohl|tat f. *(-,-en)* **1** (opera *f.* di) bene *m.*, opera *f.* buona: ***jdm eine***

~ erweisen fare del bene a qcn. **2** FIG. *(Erleichterung)* bene *m.*, sollievo *m.*: ***etw. ist eine große ~ für jdn*** qcs. è un gran bene per qcn. **Wohl|tä|ter** m. *(-s,-)* benefattore *m.*: ***ein ~ der Menschheit*** un benefattore dell'umanità. **Wohl|tä|te|rin** f. *(-,-nen)* benefattrice *f.* **wohl|tä|tig** agg. benefico, di beneficenza, caritatevole: ***für -e Zwecke*** a scopi benefici; ***einen -en Einfluss haben*** avere un influsso benefico ◆ ***-er Schlaf*** sonno ristoratore. **Wohl|tä|tig|keit** f. *(-)* beneficenza *f.*, carità *f.* **Wohl|tä|tig|keits|ball** m. *(-[e]s,-bälle)* ballo *m.* di beneficenza. **Wohl|tä|tig|keits|ba|sar** m. *(-s,-e)* vendita *f.* di beneficenza. **Wohl|tä|tig|keits|ver|ein** m. *(-[e]s,-e)* associazione *f.* benefica.

wohl|tu|end I agg. **1** benefico: ***eine -e Wärme, Wirkung*** un calore, un effetto benefico **2** *(angenehm)* piacevole: ***eine -e Ruhe*** una piacevole tranquillità **II** avv. piacevolmente.

wohl|ver|dient agg. (ben) meritato: ***-e Ruhe*** meritato riposo. **Wohl|ver|hal|ten** n. *(-s)* buona condotta *f.* **Wohl|ver|leih** m. *(-[e]s,-e)* arnica *f.* **wohl|ver|stan|den** avv. beninteso. **wohl|weis|lich, wohl|weis|lich** avv. (molto) saggiamente.

Wohl|wol|len n. *(-s)* benevolenza *f.*, buona disposizione *f.*, favore *m.*: ***jds ~ genießen*** godere della benevolenza di qcn.; ***jdn mit ~ betrachten*** trattare qcn. con benevolenza. **wohl|wol|lend I** p.pres. agg. **1** → **wohlwollen 2** benevolo, ben disposto: ***~ jdm gegenüber*** benevolo verso qcn. **II** avv. benevolmente, in modo benevolo ◆ ***jdm ~ auf die Schulter klopfen*** dare un'amichevole pacca sulla spalla a qcn.

Wohn|an|hän|ger m. *(-s,-)* roulotte *f.* **Wohn|an|la|ge** f. *(-,-n)* complesso *m.* residenziale. **Wohn|bau** m. *(-[e]s,-ten)* → **Wohngebäude. wohn|be|rech|tigt** agg. con diritto di residenza. **Wohn|be|rech|ti|gung** f. *(-,-en)* permesso *m.* di residenza. **Wohn|be|reich** m. *(-[e]s,-e)* zona *f.* giorno. **Wohn|be|zirk** m. *(-[e]s,-e)* zona *f.* residenziale. **Wohn|block** m. *(-[e]s,-s* e SVIZZ. *-blöcke)* isolato *m.* **Wohn|ein|heit** f. *(-,-en)* unità *f.* abitativa.

woh|nen intr. (aus. *haben*) **1** abitare, risiedere: ***in der Stadt, auf dem Land ~*** abitare in città, in campagna; ***im zweiten Stock, zur, in Miete ~*** abitare al secondo piano, in affitto; ***zusammen ~*** coabitare **2** *(kurzfristig)* alloggiare, stare: ***während der Umbauarbeiten wohnt er bei seiner Mutter, im Hotel*** durante i lavori di ristrutturazione alloggia da sua madre, in albergo **3** FIG. dimorare, albergare, convivere: ***in ihrem Herzen ~ widerstreitende Gefühle*** nel suo cuore albergano sentimenti contrastanti.

Wohn|flä|che f. *(-,-n)* superficie *f.* abitabile. **Wohn|ge|bäu|de** n. *(-s,-)* edificio *m.* d'abitazione, caseggiato *m.* **Wohn|ge|biet** n. *(-[e]s,-e)* area *f.*, zona *f.* residenziale. **Wohn|geld** n. *(-[e]s)* indennità *f.* di residenza.

Wohn|ge|mein|schaft f. *(-,-en)* **1** alloggio *m.* in comune: ***in einer studentischen ~ leben*** vivere in comune con altri studenti **2** *(in den sechziger/siebziger Jahren)* comune *f.*: ***eine ~ gründen*** fondare una comune ◆ ***therapeutische ~*** comunità alloggio.

wohn|haft agg. **1** domiciliato, abitante **2** *(den Wohnsitz habend)* residente: ***in Paris ~ sein*** essere residente a Parigi.

Wohn|haus n. *(-es,-häuser)* casa *f.* di abitazione *f.* **Wohn|heim** n. *(-[e]s,-e)* pensionato *m.* **Wohn|kü|che** f. *(-,-n)* cucina *f.* abitabile. **Wohn|kul|tur** f. *(-)* gusto *m.* nell'arredare. **Wohn|la|ge** f. *(-,-n)* posizione *f.* (di un'abitazione): ***in ruhiger ~*** in posizione tranquilla.

wohn|lich agg. accogliente: ***ein -es Haus*** una casa accogliente.

Wohn|mo|bil n. *(-s,-e)* camper *m.*, motorhome *m.* **Wohn|ort** m. *(-[e]s,-e)* luogo *m.* di residenza.

Wohn|raum m. *(-[e]s,-räume)* **1** camera *f.* a uso abitativo, d'abitazione **2** *(Wohnungen)* spazi *m.pl.* abitativi. **Wohn|raum|be|wirt|schaf|tung, Wohn|raum|len|kung** f. *(-,-en)* regime *m.* vincolistico delle abitazioni.

Wohn|schlaf|zim|mer n. *(-s,-)* soggiorno-letto *m.* **Wohn|sitz** m. *(-es,-e)* (luogo *m.* di) residenza *f.*, domicilio *m.*: ***seinen ~ in Berlin wählen, aufschlagen*** stabilire la propria residenza a Berlino; ***seinen ~ verlegen*** cambiare residenza ◆ ***steuerlicher ~*** domicilio fiscale; ***ohne festen ~*** senza fissa dimora. **Wohn|stadt** f. *(-,-städte)* periferia *f.* residenziale. **Wohn|stra|ße** f. *(-,-n)* strada *f.* di abitazioni residenziali. **Wohn|stu|be** f. *(-,-n)* ANT. → **Wohnzimmer.**

Woh|nung f. *(-,-en)* appartamento *m.*, alloggio *m.*; *(Wohneinheit)* abitazione *f.*: ***-en bauen*** costruire appartamenti; ***eine ~ vermieten*** affittare un appartamento; ***eine neue ~ beziehen*** trasferirsi in un nuovo appartamento; ***sich eine ~ einrichten*** arredare un appartamento ◆ ***freie ~ haben*** non pagare l'affitto; ***~ gesucht*** cercasi appartamento; ***Nahrung und ~*** vitto e alloggio.

Woh|nungs|bau m. *(-[e]s)* edilizia *f.* abitativa. **Woh|nungs|bau|ge|nos|sen|schaft** f. *(-,-en)* consorzio *m.* edile (per la costruzione di alloggi). **Woh|nungs|bau|ge|sell|schaft** f. *(-,-en)* società *f.* immobiliare (per la costruzione di alloggi).

Woh|nungs|ei|gen|tum n. *(-s)* proprietà *f.*, possesso *m.* di, dell'alloggio. **Woh|nungs|ei|gen|tü|mer** m. *(-s,-)* proprietario *m.* di, dell'alloggio. **Woh|nungs|fra|ge** f. *(-,-n)* problema *m.* della casa. **Woh|nungs|geld** n. *(-[e]s,-er)* indennità *f.* di alloggio. **Woh|nungs|in|ha|ber** m. *(-s,-)* locatore *m.* di, dell'alloggio, proprietario *m.* di un alloggio (in affitto). **woh|nungs|los** agg. senza casa. **Woh|nungs|man|gel** m. *(-s)* carenza *f.* di alloggi. **Woh|nungs|markt** m. *(-[e]s,-märkte)* mercato *m.* immobiliare. **Woh|nungs|mie|te** f. *(-,-n)* affitto *m.*, locazione *f.* **Woh|nungs|tausch** m. *(-[e]s,-e)* permuta *f.* di, dell'alloggio. **Woh|nungs|wech|sel** m. *(-s,-)* trasloco *m.*, trasferimento *m.* **Woh|nungs|zwangs|wirt|schaft** f. *(-)* regime *m.* vincolistico delle abitazioni.

Wohn|vier|tel n. *(-s,-)* quartiere *m.* residenziale. **Wohn|wa|gen** m. *(-s,-)* **1** roulotte *f.*, caravan *m.* **2** *(Zirkuswagen)* carrozzone *m.* **Wohn|wand** f. *(-,-wände)* parete *f.* soggiorno, soggiorno *m.* da parete. **Wohn|zim|mer** n. *(-s,-)* soggiorno *m.*, salotto *m.*

Woi|wod, Woi|wo|de m. *(-[e]n,-[e]n)* voivoda *m.*

wöl|ben I tr. curvare a volta **II** rifl. **sich ~** inarcarsi: ***sich nach vorn ~*** sporgere in avanti inarcandosi; ***die Brücke wölbt sich in kühnem Bogen über den Fluss*** il ponte s'inarca con un arco audace sopra il fiume. **Wöl|bung** f. *(-,-en)* inarcatura *f.*, curvatura *f.*

Wolf m. *(-[e]s, Wölfe)* **1** lupo *m.*: ***die Wölfe leben in Rudeln, heulen*** i lupi vivono in branchi, ululano **2** COLLOQ. *(Fleischwolf)* tritacarne *m.*: ***etw. durch den ~ drehen*** macinare qcs. con il tritacarne; FIG. ***jdn durch den ~ drehen*** ridurre qcn. in poltiglia, strapazzare qcn. per bene **3** COLLOQ. *(Hautwolf)* intertrigine *f.* ◆ ***der ~ in der Fabel*** lupus in fabula; FIG. ***unter die Wölfe geraten sein*** finire nella tana del lupo; ***mit den Wölfen heulen*** stare nel (*o* seguire il) branco; ***hungrig wie ein ~ sein*** avere una fame da lupo; ***ein ~ im Schafspelz sein*** = sembrare un agnellino.

Wölf|chen n. *(-s,-)* lupetto *m.*, lupacchiotto *m.* **wöl|fen** intr. (aus. *haben*) figliare (di lupa, volpe).

Wolf|gang n.pr.m. Volfango *m.*, Wolfgang *m.*

wöl|fisch agg. di, da lupo, lupino.

Wölf|ling m. *(-s,-e)* lupetto *m.*

Wolf|ram n. *(-s)* tungsteno *m.*, wolframio *m.* **Wolf|ram|fa|den** m. *(-s,-fäden)* filo *m.* di tungsteno. **Wolf|ra|mit** n. *(-s)* tungstenite *f.*, wolframite *f.*

Wolfs|an|gel f. *(-,-n)*, **Wolfs|ei|sen** n. *(-s,-)* tagliola *f.* per lupi. **Wolfs|gru|be** f. *(-,-n)* tana *f.* del lupo. **Wolfs|hund** m. *(-[e]s,-e)* cane *m.* lupo. **Wolfs|hun|ger** m. *(-s)* fame *f.* da lupo. **Wolfs|mensch** m. *(-en,-en)* licantropo *m.* **Wolfs|milch** f. *(-)* euforbia *f.*, erba *f.* rogna. **Wolfs|schlucht** f. *(-,-en)* forra *f.* del lupo.

Wol|ga n.pr.f. *(-)* Volga *m.*

Wölk|chen n. *(-s,-)* nuvoletta *f.*

Wol|ke f. *(-,-n)* **1** nuvola *f.*, nube *f.* (anche FIG.): ***dicke -n*** fitte nubi; ***tief hängende, dunkle, drohende -n*** nuvole basse, nere, minacciose; ***die -n ziehen auf, ballen sich (türmen sich auf)*** si avvicinano, si addensano le nuvole; ***eine ~ von Parfum, Staub*** una nuvola di profumo, di polvere **2** nugolo *m.*: ***eine ~ von Mücken*** un nugolo di zanzare **3** MINER. *(Fleck in Edelsteinen)* impurità *f.* ◆ ***aus allen -n fallen*** cadere dalle nuvole; ***auf -n, in den -n, über den -n schweben*** vivere nelle nuvole.

wöl|ken I intr. (aus. *haben*) formare nuvole **II** rifl. **sich ~** annuvolarsi: ***der Himmel wölkt sich*** il cielo si annuvola.

Wol|ken|bank f. *(-,-bänke)* banco *m.* di nubi, di nuvole. **Wol|ken|bil|dung** f. *(-,-en)* formazione *f.* di nubi, di nuvole. **Wol|ken|bruch** m. *(-[e]s,-brüche)* nubifragio *m.*: ***ein ~ geht nieder*** si abbatte un nubifragio. **wol|ken|bruch|ar|tig** agg. torrenziale: ***-er Regen*** pioggia torrenziale. **Wol|ken|de|cke** f. *(-)* cappa *f.* di nubi. **Wol|ken|feld** n. *(-[e]s,-er)* area *f.* nuvolosa. **Wol|ken|fet|zen** m. *(-s,-)* brandello *m.* di nubi, di nuvole. **Wol|ken|him|mel** m. *(-s,-)* cielo *m.* nuvoloso (*o* coperto). **Wol|ken|krat|zer** m. *(-s,-)* grattacielo *m.* **wol|ken|los** agg. senza nuvole, senza nubi. **Wol|ken|mas|se** f. *(-,-n)* massa *f.* nuvolosa, di nubi. **Wol|ken|schlei|er** m. *(-s,-)* velo *m.* di nubi. **Wol|ken|store** [-ʃtoːɐ, stoːɐ] m. *(-s,-s)* tenda *f.* increspata. **wol|ken|ver|han|gen** agg. coperto di nuvole. **Wol|ken|wand** f. *(-)* cortina *f.* di nubi.

wol|kig agg. **1a** nuvoloso: ***-es Wetter*** tempo nuvoloso **b** ***-er Rauch*** fumo che si addensa in nuvole **2** *(undeutlich)* nebuloso (anche FIG.): ***-e Bilder*** immagini nebulose **3** MINER. con impurità.

Woll|baum m. *(-[e]s,-bäume)* albero *m.* del capoc. **Woll|blu|me** f. *(-,-n)* verbasco *m.* **Woll|de|cke** f. *(-,-n)* coperta *f.* di lana.

Wol|le f. *(-,-n)* lana *f.*: ***aus reiner ~*** di pura lana; ***ein Knäuel ~*** un gomitolo di lana ◆ COLLOQ. ***jdn in die ~ bringen*** fare andare qcn. fuori dai gangheri; ***in die ~ geraten, kommen*** accalorarsi, andare in bestia; ***sich in die ~ kriegen, sich in der ~ haben, liegen*** = litigare con qcn.; ***(warm) in der ~ sitzen*** essere in un letto di rose.

1.wol|len agg. di lana: ***-e Strümpfe*** calze di lana.
2.wol|len mod. (ich *will*, du *willst*, er *will*, wir *wollen*, ihr *wollt*, sie *wollen*; *wollte*; *gewollt/hat...wollen*; aus. *haben*) **I** *mit Infinitiv* (p.pass. *hat...wollen*) **1a** *(beabsichtigen, wünschen)* volere: ***sie ~ ins Ausland fahren*** vogliono andare all'estero; ***ich hätte Sie fragen ~, ob...*** avrei voluto chiederLe se...; ***nichts mit jdm zu tun haben ~*** non voler avere niente a che fare con qcn.; ***der Chef will, dass ich zur Tagung fahre*** il capo vuole che vada al congresso **b** *(mit nur/doch nur)* ***ich will doch nur dein Glück*** voglio soltanto la tua felicità **c** *(mit Negation)* ***der Regen will nicht mehr aufhören*** la pioggia non vuole più smettere **d** *(Annahme: mit Konjunktiv II)* ***es käme zu teuer, wollten wir noch dableiben*** sarebbe troppo caro, se volessimo ancora rimanere qui **2a** *(Erfordernis)* richiedere, avere bisogno di: ***der Motor will regelmäßig gewartet werden*** il motore richiede manutenzione periodica; ***die Blumen ~ zweimal täglich gegossen werden*** i fiori devono essere bagnati due volte al giorno **b** *(Notwendigkeit)* ***die Angelegenheit will schnell erledigt sein*** la cosa deve essere sbrigata velocemente **3a** *(Zweifel, Skepsis)* ***er will es nicht gewusst haben*** dice che (*o* vorrebbe farmi credere che) non lo sapeva; ***er will dich gesehen haben*** dice (*o* pretende) di averti visto; ***ich will nichts gesehen haben*** dirò di non aver visto nulla (non voglio essere coinvolto) **b** *(starker Vorwurf)* ***der will unser Freund sein, und benimmt sich so?*** dice di essere nostro amico e si comporta così? **4** *(zur Umschreibung der Zukunft)* ***wir ~ sehen*** vedremo, si vedrà; ***ich will schon kommen*** verrò di certo; ***ich wollte gerade ausgehen*** stavo per uscire **5** *(unübersetzt)* ***nun ~ wir aber abfahren*** adesso però partiamo; ***willst du vernünftig sein!*** sii ragionevole! ***es will mir scheinen, dass...*** mi pare che...; ***das will mir nicht gefallen*** non mi piace; ***~ wir ins Kino gehen?*** andiamo al cinema? **6** *(müssen; mit Partizip II)* dovere, essere necessario: ***diese Entscheidung will gut überlegt sein*** questa decisione dev'essere ben ponderata **II** *als Vollverb* (p.pass. *gewollt*) **1** *(wünschen)* volere: ***er weiß, was er will*** sa quello che vuole; ***was ~ Sie von mir?*** che cosa vuole da me? ***wie du willst*** come vuoi **2a** COLLOQ. *(tun wollen)* voler fare: ***sie will zum Film*** vuole fare l'attrice **b** *(etw. Übles)* ***jdm etw. ~*** voler fare qcs., (di male) a qcn. **3** COLLOQ. *(gehen, fahren wollen)* voler andare: ***wir ~ ans Meer, nach Hause*** vogliamo andare al mare, a casa; ***wo willst du hin?*** dove vuoi andare? ***~ Sie zu mir?*** vuole parlare con me? viene da me? **4** *(mit Konjunktiv; irrealer Wunsch)* volere: ***ich wollte, es wäre alles schon vorbei*** vorrei che fosse già tutto finito ◆ ***da, dagegen ist nichts zu ~*** non c'è scampo; COLLOQ. ***na, dann ~ wir mal!*** allora, iniziamo! ***das will gekonnt sein*** ce ne vuole per fare questo; ***ich will nichts gesagt haben*** come non detto; ***das will ich glauben*** lo credo bene; ***wollte Gott, (dass) es wäre...*** volesse il cielo che fosse...; ***so Gott will, will's Gott*** a Dio piacendo; ***~ Sie die Güte haben, mir den Koffer herunterzugeben*** abbia la bontà di portarmi giù la valigia; ***komme was wolle...*** qualunque cosa accada; ***es will mir nicht in den Kopf, dass...*** non posso credere che...; ***dieser Vers will mir nicht aus dem Kopf*** non mi tolgo dalla mente questo verso; ***er mag ~ oder nicht*** che lo voglia o no, volente o nolente; ***etw. will nicht mehr*** qcs. non va, non funziona più; ***nichts zu ~!*** niente da fare! ***ohne es zu ~*** senza volerlo; ***ohne mich loben zu ~*** non faccio per lodarmi; ***~ Sie Platz nehmen?*** vuole accomodarsi? COLLOQ. ***wir ~ sehen*** aspettiamo! si vedrà! ***es will und will nicht regnen*** non vuole proprio piovere; ***was ich sagen wollte...*** dicevo...; ***wie man es nehmen will*** dipende, secondo; PROV. ***wer will, der kann*** volere è potere.
Wol|len n. *(-s)* volere *m.*, volontà *f.*
Woll|fa|den m. *(-s,-fäden)* filo *m.* di lana. **Woll|fa|ser** f. *(-,-n)* fibra *f.* di lana. **Woll|fett** n. *(-[e]s)* lanolina *f.* **Woll|garn** n. *(-[e]s,-e)* filato *m.* di lana. **Woll|ge|we|be** n. *(-s,-)* tessuto *m.* di lana. **Woll|haar** n. *(-[e]s,-e)* capelli *m.pl.* lanosi. **wol|lig** agg. lanoso, lanuto. **Woll|kamm** m. *(-[e]s,-kämme)* cardo *m.*, pettine *m.* da lana. **Woll|käm|mer** m. *(-s,-)* cardatore *m.* **Woll|käm|me|rei** f. *(-,-en)* cardatura *f.*, pettinatura *f.* della lana. **Woll|kleid** n. *(-[e]s,-er)* abito *m.* di lana. **Woll|knäu|el** n. *(-s,-)* gomitolo *m.* di lana. **Woll|man|tel** m. *(-s,-mäntel)* cappotto *m.* di lana. **Woll|maus** f. *(-,-mäuse)* cincillà *f.* **Woll|sa|chen** pl. indumenti *m.pl.* di lana, lanerie *f.pl.* **Woll|schal** m. *(-s,-s)* scialle *m.* di lana. **Woll|sie|gel** n. *(-s,-)* marchio *m.* di pura lana vergine. **Woll|spin|ne|rei** f. *(-,-en)* **1** filatura *f.* della lana **2** *(Fabrik)* lanificio *m.* **Woll|stoff** m. *(-[e]s,-e)* stoffa *f.* di lana.
Wol|lust f. *(-,-lüste)* voluttà *f.*: ***etw. mit wahrer ~ tun*** fare qcs. con vera voluttà. **wol|lüs|tig** agg. voluttuoso. **Wol|lüst|ling** m. *(-s,-e)* libertino *m.*
Woll|wa|ren pl. lanerie *f.pl.*
wo|mit, enfat. **wo|mit** avv. pron. **1** *(interrogativ)* con che cosa, con che: ***~ hast du das getan?*** con che cosa lo hai fatto? **2** *(relativisch)* con il quale, con cui: ***das ist etwas, ~ ich nicht einverstanden bin*** questa è una cosa con la quale non sono d'accordo.
wo|mög|lich avv. possibilmente: ***er kommt ~ früher*** arriva possibilmente in anticipo; ***ist das nicht ~ ein Fehler?*** non è possibile che questo sia un errore?
wo|nach, enfat. **wo|nach** avv. pron. **1a** *(interrogativ)* che cosa: ***~ hast du ihn gefragt?*** che cosa gli hai chiesto? ***~ suchst du?*** che cosa cerchi? **b** a che cosa: ***~ strebst du?*** a che cosa aspiri? **c** di che cosa: ***~ schmeckt es?*** di che cosa sa? che sapore ha? **2a** *(relativisch)* dopo di che **b** *(demzufolge)* secondo cui, in base al quale: ***ein Gesetz, ~ alle Hausbesitzer diese Abgabe zahlen müssen*** una legge in base alla quale tutti i proprietari di case devono pagare questa tassa.
Won|ne f. *(-,-n)* delizia *f.*, piacere *m.*: ***die -n der Liebe*** le delizie dell'amore; ***es ist für ihn eine wahre ~, andere zu quälen*** per lui è un vero piacere (*o* gode nel) tormentare gli altri ◆ ***mit ~*** con vero piacere, con tutto il cuore. **Won|ne|ge|fühl** n. *(-s,-e)* sentimento *m.* di gioia, estasi *f.* **Won|ne|mo|nat, Won|ne|mond** m. *(-[e]s)* ANT. maggio *m.* **Won|ne|prop|pen** m. *(-s,-)* REGION. bambino *m.* paffutello. **won|ne|trun|ken** agg. LETT. ebbro di gioia. **won|ne|voll** agg. LETT. deliziato. **won|nig** agg. delizioso: ***ist das ~!*** delizioso! che delizia! **won|nig|lich** agg. ANT. incantevole.
wo|ran, enfat. **wo|ran** avv. pron. **1** *(interrogativ)* a che cosa, su che cosa: ***~ hat er sich gelehnt?*** a che cosa si è appoggiato? ***~ denkst du?*** a che cosa pensi? ***~ erkennst du ihn?*** da che cosa lo riconosci? **2** *(relativisch)* al quale, sul quale, a cui, su cui: ***die Wand, ~ das Bild hing*** il muro al quale era attaccato il quadro; ***das Werbeprojekt, ~ er gerade arbeitet*** il progetto pubblicitario al quale sta lavorando.
wo|rauf, enfat. **wo|rauf** avv. pron. **1a** *(interrogativ)* su (*o* sopra a) che cosa, dove: ***~ soll ich mich setzen?*** su che cosa mi devo sedere? **b** che cosa: ***~ wartest du?*** che cosa aspetti **2** *(relativisch)* sul quale, su cui, dove: ***das Blatt, ~ er das geschrieben hat*** il foglio sul quale lo ha scritto; ***der Stuhl, ~ er saß*** la sedia su cui era seduto **3** *(woraufhin)* dopo di che, perciò, per cui. **wo|rauf|hin,** enfat. **wo|rauf|hin** avv. **1** *(interrogativ)* perché, in seguito a che cosa, per quale fine (*o* motivo) **2** *(relativisch)* per cui.
wo|raus, enfat. **wo|raus** avv. pron. **1** *(interrogativ)* da che cosa, di che cosa: ***~ wird das gewonnen?*** da che cosa lo si estrae? ***~ ist das gemacht?*** di che cosa è fatto? **2** *(relativisch)* dal quale, da cui, del quale, di cui: ***der Roman, ~ er einige Sätze vorlas*** il romanzo da cui lesse alcune frasi; ***~ folgt, dass...*** dal che segue che...
wor|den → **werden.**
wo|rein, enfat. **wo|rein** avv. **1** *(interrogativ)* dove, in che cosa **2** *(relativisch)* nel quale, in cui.
wor|feln tr. ANT. ventilare, spulare. **Worf|schau|fel** f. *(-,-n)* ventilabro *m.*
wo|rin, enfat. **wo|rin** avv. pron. **1** *(interrogativ)* in che cosa: ***~ besteht der Unterschied?*** in che cosa consiste la differenza? **2** *(relativisch)* nel quale, in cui: ***das Haus, ~ er wohnt*** la casa in cui abita; ***er ist davon überzeugt, ~ ich ihm nicht Recht geben kann*** ne è convinto, cosa di cui non posso dargli ragione.
Work|shop ['wə:kʃɔp] m. *(-s,-s)* workshop *m.*, seminario *m.*
Worm|ser I m. *(-s,-)* abitante *m.* di Worms **II** agg.inv. di Worms: ***das ~ Konkordat*** il concordato di Worms; ***der ~ Reichstag*** la dieta di Worms; ***das ~ Edikt*** l'editto di Worms.
Wort n. *(-[e]s,-e* e *Wörter)* **1a** (pl. *Wörter)* parola *f.*: ***ein anschauliches, abgegriffenes ~*** una parola perspicua, abusata; ***ein ~ aussprechen, schreiben*** pronunciare, scrivere una parola; ***Wörter im Text unterstreichen*** sottolineare le parole nel testo; ***im wahrsten, eigentlichen Sinne des -es*** nel vero senso della parola **b** *(Ausdruck)* ***nach dem passenden, treffenden ~ suchen*** cercare la parola adatta, giusta **c** *(Äußerung*; pl. *-e)* ***freundliche, böse -e*** parole gentili, cattive; ***hohle, leere -e*** parole vane; ***jedes zweite, dritte ~*** ogni due, tre parole; ***mir fehlen die -e, ich finde (habe) keine -e dafür!*** sono senza parole, mi mancano, non trovo le parole (per questo); ***davon ist kein ~ wahr (daran ist kein wahres ~)*** non c'è una parola di vero in questo; ***mit jdm ein paar -e wechseln*** scambiare un paio di parole con qcn.; ***seine -e abwägen, wählen*** soppesare, scegliere le parole; ***nach -en suchen, ringen*** cercare le parole; ***ich verstehe kein ~*** non capisco una parola; ***etw. in, mit wenigen -en sagen*** dire qcs. in, con poche parole; ***ohne viel -e etw. tun*** fare qcs. senza tante parole **d** *(Versicherung)* ***sein ~ halten, brechen, zurücknehmen*** mantenere la parola (data), venir meno alla parola data, rimangiarsi la parola; ***ich gebe Ihnen mein ~ darauf*** Le dò la mia parola; ***jdn beim ~ nehmen*** prendere qcn. in parola **2** *(Ausspruch)* detto *m.*, massima *f.* **3** *(Text)* parole *f.pl.*: ***~ und Weise*** parole e musica **4** RELIG. Parola *f.*: ***das ~ Gottes*** la Parola di

Dio 5 BIBL. *(Logos)* Verbo *m.*: ***das ~ ward Fleisch*** il Verbo si è fatto carne; ***am Anfang war das ~*** in principio era il Verbo ◆ ***jdm das ~ abschneiden*** troncare la parola a qcn.; ***ein ~ gibt das andere*** una parola tira l'altra; ***auf ein ~!*** una parola! ***auf mein ~!*** sulla mia parola! parola (d'onore)! ***jdn aufs ~ glauben*** credere qcn. sulla parola; ***in ~ und Bild*** scritto e illustrato; ***ums ~ bitten*** chiedere (*o* domandare) la parola; ***jdm das ~ entziehen*** togliere la parola a qcn.; ***das ~ ergreifen*** prendere la parola; ***ein ernstes ~ reden, sprechen*** fare un discorso serio; ***das ist das erste ~, das ich davon höre*** è la prima volta che ne sento parlare; ***jdm das ~ erteilen*** → ***jdm das ~ geben***; ***jdm ins ~ fallen*** troncare la parola in bocca a qcn.; ***in -e fassen*** esprimere, formulare (a parole); ***aufs ~ folgen*** obbedire al primo richiamo; ***das ~ führen*** condurre la conversazione; ***~ für ~*** parola per parola; ***jdm das ~ geben*** dare la parola a qcn.; ***darüber ist kein ~ gefallen*** non ne è stata fatta parola; ***geflügelte -e*** detti celebri, frasi famose; ***genug der -e!*** basta con le parole! ***jedes ~ auf die Goldwaage legen*** misurare bene le parole; ***das große ~ haben, führen*** parlare a nome di tutti; ***für jdn ein gutes ~ einlegen*** mettere una buona parola per qcn.; ***das ~ haben*** avere la parola; COLLOQ. ***hast du -e?*** non è incredibile? ***bei jdm im ~ sein, stehen*** essere in parola con qcn.; ***(von Ziffer) in -en*** (una cifra) in lettere; ***kein ~ davon!*** non una parola (non parlarne con nessuno); ***etw. in -e kleiden*** esprimere qcs. a parole; ***jdn mit leeren -en abspeisen*** tenere a bada qcn. con belle parole, con vane promesse; ***nicht das leiseste ~ fallen lassen*** non dire mezza parola, non aprir bocca; ***das letzte ~*** l'ultima parola; ***immer das letzte ~ haben (behalten) wollen, müssen*** voler, dover sempre avere l'ultima parola; ***das letzte ~ ist noch nicht gesprochen*** non è ancora detta l'ultima parola; ***nicht viel -e machen*** non fare tante parole; ***sich zu ~ melden*** chiedere (*o* domandare) la parola; ***mit einem ~*** in una parola; ***mit anderen, diesen, wenig(en) -en*** in altre parole, con queste parole (*o* detto questo), in poche parole; ***mit zwei -en*** in due parole; ***jdm jedes ~ (einzeln) aus der Nase ziehen müssen*** dover cavare le parole di bocca a qcn.; ***das ~ nehmen*** → ***das ~ ergreifen***; ***jdm das ~ aus dem Munde (von der Zunge) nehmen*** togliere la parola di bocca a qcn.; ***neue Wörter*** parole nuove, neologismi; ***etw. nicht ~ haben wollen*** = non voler ammettere, negare qcs.; ***dein ~ in Gottes Ohr*** = che possa avverarsi (quello che hai detto); ***jdm, etw. das ~ reden*** parlare in favore di qcn., qcs.; ***das ~ an jdn richten*** rivolgere la parola a qcn.; ***schöne -e machen*** dire soltanto belle parole; ***eine Sprache in ~ und Schrift beherrschen*** conoscere una lingua parlata e scritta; ***spar dir deine -e!*** risparmia il fiato! ***jedes ~ unterschreiben*** sottoscrivere in pieno; ***jdm das ~ verbieten*** proibire a qcn. di parlare; ***kein ~ über etw. verlieren*** non sprecare fiato per qcs.; ***viel(e) -e machen*** fare tante parole; ***da hast du ein wahres ~ gesprochen*** quello che hai detto è vero; ***ein Mensch von wenig -en*** una persona di poche parole; ***zu ~ kommen*** riuscire a parlare; ***jdn (nicht) zu ~ kommen lassen*** (non) lasciar parlare qcn.; ***mir liegt das ~ auf der Zunge*** ho la parola sulla punta della lingua.

Wort|ak|zent m. *(-[e]s,-e)* accento *m.* della parola. **Wort|art** f. *(-,-en)* parte *f.* del discorso, categoria *f.* grammaticale. **Wort|be|deu|tung** f. *(-,-en)* significato *m.* di una parola. **Wort|be|deu|tungs|leh|re** f. *(-)* semasiologia *f.* **Wort|be|stand** m. *(-[e]s,-bestände)* lessico *m.* **Wort|beu|gung** f. *(-,-en)* flessione *f.* **Wort|bil|dung** f. *(-,-en)* formazione *f.* di una, delle parole.

Wort|bruch m. *(-[e]s,-brüche)* il mancare alla parola data. **wort|brü|chig** agg. fedifrago, che non mantiene la parola data: ***gegen jdn ~ sein*** essere fedifrago nei confronti di qcn.; ***an jdm ~ werden*** non mantenere la parola data a qcn.

Wört|chen n. *(-s,-)* parolina *f.*, paroletta *f.* ◆ ***ich habe auch ein ~ mitzureden*** devo dire anch'io la mia; ***ich habe noch ein ~ mit ihm zu reden*** gli devo fare ancora un discorsetto.

Wor|te|ma|cher m. *(-s,-)* SPREG. parolaio *m.* **Wor|te|ma|che|rei** f. *(-)* parole *f.pl.*, chiacchiere *f.pl.*

Wör|ter|buch n. *(-[e]s,-bücher)* vocabolario *m.*, dizionario *m.*: ***ein einsprachiges, zweisprachiges ~*** un vocabolario monolingue, bilingue; ***ein italienisch-deutsches, medizinisches, etymologisches ~*** un dizionario italiano-tedesco, medico, etimologico; ***in einem ~ nachschlagen*** consultare un dizionario. **Wör|ter|ver|zeich|nis** n. *(-ses,-se)* **1** glossario *m.* **2** *(eines Wörterbuchs)* lemmario *m.*

Wort|fa|mi|lie f. *(-,-n)* famiglia *f.* di parole. **Wort|feld** n. *(-[e]s,-er)* campo *m.* semantico. **Wort|fet|zen** pl. brandelli *m.pl.* di discorso. **Wort|fol|ge** f. *(-,-n)* ordine *m.* delle parole, costruzione *f.* **Wort|for|schung** f. *(-,-en)* lessicologia *f.* **Wort|fü|gung** f. *(-,-en)* costrutto *m.* **Wort|füh|rer** m. *(-s,-)* portavoce *m.*: ***sich zum ~ einer Gruppe machen*** farsi portavoce di un gruppo. **Wort|ge|brauch** m. *(-[e]s,-gebräuche)* uso *m.* di una parola. **Wort|ge|fecht** n. *(-es,-e)* diverbio *m.*, disputa *f.* **Wort|ge|klin|gel** n. *(-s)* SPREG. belle parole *f.pl.*, paroloni *m.pl.* **Wort|ge|o|gra|phie** f. *(-)* geografia *f.* linguistica. **Wort|ge|plän|kel** n. *(-s)* schermaglia *f.* (verbale). **Wort|ge|schich|te** f. *(-)* etimologia *f.* **wort|ge|treu I** agg. fedele: ***eine -e Übersetzung*** una traduzione fedele **II** avv. fedelmente. **wort|ge|wandt** agg. eloquente, LETT. facondo. **Wort|ge|wandt|heit** f. *(-)* facilità *f.* di parola, eloquenza *f.*, LETT. facondia *f.* **Wort|got|tes|dienst** m. *(-[e]s)* liturgia *f.* della parola. **Wort|gut** n. *(-[e]s)* patrimonio *m.* lessicale. **wort|karg** agg. di poche parole, laconico. **Wort|karg|heit** f. *(-)* laconicità *f.*

Wort|klau|ber m. *(-s,-)* cavillatore *m.*, pedante *m.* **Wort|klau|be|rei** f. *(-)* cavillosità *f.*, pedanteria *f.* **wort|klau|be|risch** agg. cavilloso, pedante.

Wort|laut m. *(-[e]s)* testo *m.*: ***das Telegramm hat folgenden ~*** il telegramma ha il seguente testo; ***eine Rede im vollen ~ veröffentlichen*** pubblicare integralmente il testo di un discorso. **Wort|leh|re** f. *(-)* lessicologia *f.* **Wört|lein** n. *(-s,-)* → **Wörtchen.**

wört|lich I agg. letterale, testuale: ***-e Übersetzung*** traduzione letterale **II** avv. **1** letteralmente, testualmente: ***~ zitieren*** citare testualmente **2** FIG. alla lettera: ***alles ~ nehmen*** prendere tutto alla lettera.

wort|los I agg. senza parole, muto **II** avv. senza parlare, in silenzio. **Wort|mel|dung** f. *(-,-en)* richiesta *f.* di parola ◆ ***um -en bitten*** chiedere se c'è qualcuno che vuole parlare. **Wort|paar** n. *(-[e]s,-e)* dittologia *f.* **Wort|prä|gung** f. *(-,-en)* creazione *f.* di una parola. **Wort|re|gis|ter** n. *(-s,-)* indice *m.* dei termini.

wort|reich agg. **1** *(weitschweifig)* verboso, prolisso **2** ricco (di vocaboli): ***eine -e Sprache*** una lingua ricca. **Wort|reich|tum** m. *(-s)* **1** *(Weitschweifigkeit)* verbosità *f.*, prolissità *f.* **2** ricchezza *f.* di vocaboli.

Wort|schatz m. *(-es)* **1** *(Lexik)* lessico *m.*, patrimonio *m.* lessicale **2** *(eines Menschen)* lessico *m.*, vocabolario *m.*: ***aktiver, passiver ~*** lessico attivo, passivo. **wort|schöp|fe|risch** agg. creativo. **Wort|schöp|fung** f. *(-,-en)* **1** creazione *f.* di parole **2** *(neues Wort)* neologismo *m.* **Wort|schwall** m. *(-[e]s,-e)* profluvio *m.* (*o* mare *m.*, torrente *m.*) di parole. **Wort|spiel** n. *(-[e]s,-e)* gioco *m.* di parole. **Wort|stamm** m. *(-[e]s,-stämme)* radice *f.* di una parola. **Wort|stel|lung** f. *(-,-en)* posizione *f.* delle parole. **Wort|streit** m. *(-[e]s,-e)* **1** discussione *f.* su una parola **2** → **Wortgefecht. Wort|ton** m. *(-[e]s,-töne)* → **Wortakzent. Wort|un|ge|tüm** n. *(-s,-e)* parola *f.* mostruosa, mostruosamente lunga. **Wort|ver|bin|dung** f. *(-,-en)* sintagma *m.* lessicale. **Wort|ver|dre|her** m. *(-s,-)* chi distorce il senso delle parole. **Wort|ver|dre|hung** f. *(-,-en)* distorsione *f.* (*o* falsificazione *f.*) di una parola, delle parole. **Wort|ver|zeich|nis** n. *(-ses,-se)* → **Wörterverzeichnis. Wort|wahl** f. *(-)* scelta *f.* di parole (*o* di termini). **Wort|wech|sel** m. *(-s,-)* → **Wortgefecht. Wort|witz** m. *(-es)* gioco *m.* di parole. **wort|wört|lich** agg. e avv. parola per parola, alla lettera (anche FIG.). **Wort|zei|chen** n. *(-s,-)* marchio *m.* di parola. **Wort|zu|sam|men|set|zung** f. *(-,-en)* **1** composizione *f.* di parole **2** *(zusammengesetztes Wort)* parola *f.* composta, composto *m.*

wo|rü|ber, enfat. **wo|rü|ber** avv. pron. **1a** *(interrogativ)* su (*o* sopra) che cosa **b** di che cosa: ***~ habt ihr gesprochen?*** di che cosa avete parlato? **2a** *(relativisch)* su cui, sul quale, sopra il quale **b** di cui, del quale: ***das Thema, ~ er sprach*** il tema di cui parlò; ***er hat sehr gut gesprochen, ~ ich nicht wenig verwundert war*** ha parlato molto bene, cosa della quale fui non poco sorpreso.

wo|rum, enfat. **wo|rum** avv. pron. **1a** *(interrogativ)* intorno a che cosa **b** di che cosa: ***~ handelt es sich?*** di che cosa si tratta? **2a** *(relativisch)* intorno a cui, intorno al quale **b** di cui, del quale: ***~ es hier geht, ist folgendes*** la cosa di cui si tratta è la seguente **c** che: ***alles, ~ er bat*** tutto ciò che chiedeva.

wo|run|ter, enfat. **wo|run|ter** avv. pron. **1a** *(interrogativ)* sotto che cosa: ***~ soll ich das stellen?*** sotto che cosa devo metterlo? **b** *(wozwischen)* tra (*o* fra) che cosa **c** di che cosa: ***~ leidet er?*** di che cosa soffre? **2a** *(relativisch)* sotto cui, sotto il quale: ***der Baum, ~ wir saßen*** l'albero sotto il quale sedevamo **b** *(wozwischen)* tra (*o* fra) cui, tra i quali **c** di cui, del quale: ***etw., ~ ich mir nichts vorstellen kann*** qcs. di cui non riesco ad avere alcun'idea.

wo|selbst avv. ANT. dove.

Wo|tan → **Wodan.**

wo|von, enfat. **wo|von** avv. pron. **1a** *(interrogativ)* da che cosa **b** di che cosa: ***~ ist die Rede?*** di che cosa si parla? ***~ leben sie?*** di che cosa vivono? **2a** *(relativisch)* da cui, dal quale **b** di cui, del quale: ***er redet gerne über etwas, ~ er nichts versteht*** parla volentieri di cose di cui non capisce nulla.

wo|vor, enfat. **wo|vor** avv. pron. **1a** *(interrogativ)* davanti a che cosa **b** di che cosa: ***~ hat er Angst?*** di che cosa ha paura? **2a** *(relativisch)* davanti a cui, davanti al quale **b** di cui, del quale: ***etw., ~ er sich fürchtet*** qcs. di cui ha timore.

wo|zu, enfat. **wo|zu** avv. pron. **1** *(interrogativ)* a che cosa, per che cosa, a quale scopo, perché **2a** *(relativisch)* per cui **b** di cui, del quale: ***ein Thema, ~ er sich nicht äußert*** un argomento del quale non parla; ***er lud mich zu einem Fest ein, ~ ich keine Lust hatte*** mi invitò a una festa, della quale non avevo alcuna voglia **c** a cui, al quale: ***ein Betrag, ~ noch Zinsen kommen*** una somma a cui si aggiungono ancora gli interessi.

wrack agg. **1** *(von Schiffen, Flugzeugen)* danneggiato, in avaria **2** ANT. *(von Waren)* avariato, di scarto. **Wrack** n. *(-[e]s,-s* e RAR. *-e)* relitto *m.*; FIG. *(von Menschen)* relitto *m.* (umano), rottame *m.*

wrang → **wringen.**

wrin|gen tr. *(wrang, gewrungen)* strizzare: ***die Wäsche ~*** strizzare i panni.

Wu|cher m. *(-s,-)* usura *f.*, strozzinaggio *m.*: ***~ treiben*** praticare l'usura; ***auf ~ leihen*** prestare a usura.

Wu|cher|blu|me f. *(-,-n)* crisantemo *m.*

Wu|che|rei f. *(-,-en)* usura *f.*, strozzinaggio *m.* **Wu|che|rer** m. *(-s,-)* usuraio *m.*, strozzino *m.* **wu|che|risch** agg. usurario, da usuraio: ***-e Zinsen*** interessi da usuraio. **wu|chern** intr. (aus. *haben, sein*) **1** *(sich stark vermehren)* proliferare, crescere rigogliosamente **2** praticare l'usura: ***mit seinem Geld ~*** prestare il proprio denaro a usura ◆ ***mit seinem Pfunde ~*** sfruttare il proprio talento. **wu|chernd** p.pres. agg. **1** → **wuchern 2** lussureggiante (anche FIG.). **Wu|cher|preis** m. *(-es,-e)* prezzo *m.* da usuraio. **Wu|che|rung** f. *(-,-en)* tumore *m.* **Wu|cher|zins** m. *(-es,-en)* interesse *m.* da usuraio.

wuchs → **wachsen.**

Wuchs m. *(-es, Wüchse)* **1** *(Wachstum)* crescita *f.*, sviluppo *m.*: ***Pflanzen mit, von schnellem ~*** piante con una, dalla crescita veloce **2a** *(Gestalt)* forma *f.* **b** *(Körperbau)* corporatura *f.*, figura *f.*; *(Körperhöhe)* statura *f.*: ***von schlankem ~*** dalla figura slanciata; ***klein von ~ sein*** essere piccolo di statura **3** *(Bestand von Pflanzen)* vegetazione *f.* **Wuchs|stoff** m. *(-[e]s,-e)* fitormone *m.*

Wucht f. *(-,-en)* **1** forza *f.*, impeto *m.*, violenza *f.*: ***mit voller ~*** con tutta la sua forza; ***unter der ~ der Schläge zusammenbrechen*** crollare sotto la violenza dei colpi **2** REGION. *(heftige Schläge)* botte *f.pl.*: ***eine ~ bekommen*** prendersi un sacco di botte **3** REGION. *(große Menge)* gran quantità *f.*, bella dose *f.* ◆ COLLOQ. ***das ist wirklich eine ~*** è una vera forza! è formidabile!

wuch|ten I tr. **1** mettere (a fatica), alzare a stento: ***einen Schrank auf den Wagen ~*** mettere a fatica un armadio sulla macchina **2a** *(wuchtig schlagen)* colpire violentemente: ***jdm die Faust unters Kinn ~*** colpire violentemente qcn. con un pugno al mento **b** scaraventare: ***den Ball ins Tor ~*** scaraventare la palla in rete **II** intr. (aus. *haben*) troneggiare, spiccare **III** rifl. **sich ~ 1** ricadere pesantemente; ***sich in einen Sessel ~*** sprofondare in una poltrona **2** alzarsi a fatica: ***sich aus dem Sessel ~*** alzarsi a fatica dalla poltrona.

wuch|tig agg. **1** *(voller Wucht)* forte, violento: ***ein -er Schlag*** un forte colpo **2** imponente: ***ein Mann von -er Statur*** un uomo dalla statura imponente. **Wuch|tig|keit** f. *(-)* **1** forza *f.*, violenza *f.* **2** imponenza *f.*: ***die ~ seiner Figur*** l'imponenza della sua figura.

Wühl|ar|beit f. *(-,-en)* **1** scavo *m.*, lo scavare **2** *(Aufwiegelei)* sobillazione *f.*, attività *f.* sovversiva. **wüh|len I** tr. **1** scavare: ***ein Loch in die Erde ~*** scavare un buco nella terra **2** *(hervorholen)* tirare fuori rovistando: ***den Schlüssel aus der Handtasche ~*** tirare fuori la chiave rovistando nella borsetta **II** intr. (aus. *haben*) **1a** scavare: ***Maulwürfe ~ im Garten*** le talpe scavano in giardino **b** ***nach etw. ~*** cercare qcs. (scavando) **c** ***in etw. ~*** affondare le mani in qcs: ***in einem Korb mit Spielsachen ~*** affondare le mani in un cesto di giocattoli **2** rovistare, frugare: ***in einer Schublade, in den Papieren ~*** rovistare in un cassetto, frugare tra le carte **3** *(von Schweinen)* grufolare **4** *(aufwiegeln)* svolgere attività sediziosa; ***gegen die Regierung ~*** sobillare contro il governo **5** COLLOQ. *(rastlos arbeiten)* immergersi nel lavoro, lavorare accanitamente **III** rifl. **sich ~ 1** ***sich in die Erde ~*** interrarsi **2** *(sich durcharbeiten)* farsi strada (scavando, frugando); ***sich durch einen Berg von Akten ~*** frugare tra una montagna di documenti ◆ ***es wühlt mir im Magen*** ho lo stomaco in subbuglio; FIG. ***der Schmerz wühlt in seinen Eingeweiden*** il dolore gli rode l'anima; FIG. ***im Schmutz ~*** sguazzare nel sudiciume. **wüh|lend** p.pres. agg. **1** → **wühlen 2** ***-e Schmerzen*** dolori lancinanti. **Wüh|ler** m. *(-s,-)* **1** *(wühlendes Nagetier)* scavatore *m.* **2** *(Aufwiegler)* agitatore *m.*, sobillatore *m.* **3** COLLOQ. *(rastloser Arbeiter)* lavoratore *m.* accanito, indefesso. **Wüh|le|rei** f. *(-,-en)* COLLOQ. **1** lo scavare **2** *(wühlendes Suchen)* il frugare, il rovistare **3** *(Aufwiegelei)* agitazione *f.*, sobillazione *f.* **4** COLLOQ. *(rastlose Arbeit)* lavoro *m.* accanito. **wüh|le|risch** agg. sovversivo, sedizioso. **Wühl|maus** f. *(-,-mäuse)* microto *m.* **Wühl|tisch** m. *(-es,-e)* COLLOQ. banco *m.* delle occasioni.

Wulst m. *(-[e]s, Wülste* e *-e)* e f. *(-, Wülste)* **1a** *(gerundete Verdickung)* cuscinetto *m.*, rigonfiamento *m.* **b** ANAT. cercine *m.* **2** ARCH. *(an Säulen)* toro *m.*, tondino *m.*, astragalo *m.* **wuls|ten I** tr. dare forma rigonfia, arrotondata **II** rifl. **sich ~** gonfiarsi, arrotondarsi, formare un rigonfiamento, un arrotondamento. **wuls|tig** agg. rigonfio, arrotondato ◆ ***-e Lippen*** labbra tumide.

wumm inter. bum. **wum|mern** intr. (aus. *haben*) COLLOQ. **1** rintronare, rimbombare **2** *(heftig schlagen)* battere forte.

wund I agg. ferito: ***ein -es Bein haben*** avere una gamba ferita, essere ferito a una gamba **II** avv. ***sich die Füße ~ laufen*** correre fino a piagarsi i piedi; FIG. ***sich die Finger ~ schreiben*** farsi venire le vesciche a furia di scrivere; ***sich den Mund ~ reden*** sfinirsi a forza di parole; ***sich den Rücken ~ liegen*** piagarsi la schiena (per lungo decubito) ◆ ***sein -er Punkt*** il suo punto dolente. **Wund|arzt** m. *(-es,-ärzte)* ANT. chirurgo *m.* **Wund|be|hand|lung** f. *(-,-en)* medicazione *f.* di una, della ferita. **Wund|brand** m. *(-[e]s)* cancrena *f.*

Wun|de f. *(-,-n)* ferita *f.*: ***eine klaffende ~*** una ferita aperta; ***tiefe, tödliche -n*** ferite profonde, mortali; ***eine ~ behandeln, verbinden, nähen, versorgen, desinfizieren*** medicare, fasciare, cucire, curare, disinfettare una ferita; ***die ~ blutet*** la ferita sanguina; ***eine ~ am Arm haben*** avere una ferita al braccio; FIG. ***alte -n aufreißen*** riaprire vecchie ferite; ***tiefe -n schlagen*** causare profonde ferite ◆ ***an eine alte ~ rühren*** toccare un tasto dolente; ***sich seine -n lecken*** leccarsi le ferite.

wun|der → **Wunder.**

Wun|der n. *(-s,-)* **1** miracolo *m.*, prodigio *m.*: ***wie durch ein ~*** (come) per miracolo; ***es war ein wahres ~, dass...*** fu un vero miracolo che...; ***das klingt wie ein ~*** sembra un miracolo; ***an ~ glauben*** credere ai miracoli; ***auf ein ~ hoffen*** sperare in un miracolo; BIBL. ***ein ~ tun, wirken*** fare (*o* compiere) un miracolo; FIG. ***~ wirken*** fare miracoli **2** FIG. miracolo *m.*, meraviglia *f.*: ***ein technisches ~, ein ~ der Technik*** un miracolo della tecnica; ***die ~ der Natur*** le meraviglie della natura; ***ein ~ an Schönheit*** un miracolo di bellezza ◆ ***sein blaues ~ erleben*** avere una brutta sorpresa; ***etw. ist ein, kein ~*** (non) c'è da meravigliarsi; ***o ~!*** miracolo! ***was ~, dass (wenn)...*** che c'è di strano se...; COLLOQ. ***~ (o wunders) was, wie*** chissà cosa, chissà che; ***~ (o wunders) wer*** chissà chi, chissa cosa.

wun|der|bar I agg. **1** miracoloso **2** *(bewundernswert)* meraviglioso, stupendo, splendido: ***ein -er Mensch*** una persona meravigliosa; ***-es Wetter*** tempo stupendo; ***eine -e Reise*** un viaggio splendido **II** avv. **1** miracolosamente: ***er wurde ~ gerettet*** fu salvato miracolosamente **2a** in modo meraviglioso, stupendamente, perfettamente bene: ***er spielt ~*** suona meravigliosamente **b** a meraviglia: ***es hat alles ~ geklappt*** tutto ha funzionato a meraviglia; ***die Geschäfte gehen ~*** gli affari vanno a meraviglia **3** COLLOQ. rafforz. *(sehr)* molto, straordinariamente: ***~ beruhigend*** straordinariamente rilassante. **Wun|der|ba|re** n. *(-n)*, ***etw. grenzt ans ~*** qcs. è quasi un (*o* rasenta il) miracolo. **wun|der|ba|rer|wei|se** avv. miracolosamente, per miracolo. **Wun|der|baum** m. *(-[e]s,-bäume)* ricino *m.* **Wun|der|ding** n. *(-[e]s,-e)* meraviglia *f.* (anche FIG.): ***von jdm, etw. -e erzählen*** raccontare meraviglie di qcn., qcs. **Wun|der|dok|tor** m. *(-s,-en)* guaritore *m.* **Wun|der|glau|be** m. *(-ns)* fede *f.* (*o* credenza *f.*) nei miracoli. **wun|der|gläu|big** agg. che crede ai miracoli. **Wun|der|hei|ler** m. *(-s,-)* guaritore *m.* **Wun|der|hei|lung** f. *(-,-en)* guarigione *f.* miracolosa. **Wun|der|horn** n. *(-[e]s)* corno *m.* magico. **wun|der|hübsch** agg. incantevole. **Wun|der|ker|ze** f. *(-,-n)* candela *f.* magica. **Wun|der|kind** n. *(-[e]s,-er)* bambino *m.* prodigio: ***Mozart war ein musikalisches ~*** Mozart fu un bambino prodigio nel campo della musica. **Wun|der|kraft** f. *(-,-kräfte)* forza *f.* miracolosa. **Wun|der|lam|pe** f. *(-,-n)* lampada *f.* magica. **Wun|der|land** n. *(-[e]s,-länder)* paese *m.* incantato, paese *m.* delle meraviglie ◆ ***Alice im ~*** Alice nel paese delle meraviglie.

wun|der|lich agg. stravagante, bizzarro. **Wun|der|lich|keit** f. *(-,-en)* stravaganza *f.*, bizzaria *f.*

Wun|der|mann m. *(-[e]s,-männer)* → **Wundertäter. Wun|der|mit|tel** n. *(-s,-)* rimedio *m.* miracoloso, toccasana *m.*

wun|dern I tr. meravigliare, stupire: ***jdn sehr ~*** stupire molto qcn.; ***es wundert mich, dass...*** mi meraviglia che... **II** rifl. **sich ~** meravigliarsi, stupirsi: ***sich über jdn, etw. ~*** meravigliarsi di qcs.; ***sich ~, dass...*** meravigliarsi (del fatto) che... **wun|der‿neh|men** tr. *(nimmt, nahm, genommen)* sorprendere, stupire: ***es nimmt mich nicht wunder, wenn...*** non mi fa meraviglia che (*o* se)...

wun|ders → **Wunder.**

wun|der|sam agg. LETT. **1** mirabile **2** *(seltsam)* strano. **wunder|**

schön agg. magnifico, meraviglioso: ***eine -e Landschaft*** un paesaggio magnifico.

Wun|der|tat f. *(-,-en)* miracolo *m.*, prodigio *m.* **Wun|der|tä|ter** m. *(-s,-)* taumaturgo *m.* **wun|der|tä|tig** agg. taumaturgico, miracoloso.

Wun|der|tier n. *(-[e]s,-e)* **1** *(im Märchen)* animale *m.* fantastico **2** FIG. bestia *f.* rara: ***jdn wie ein ~ bestaunen*** guardare qcn. come una bestia rara. **wun|der|voll I** agg. meraviglioso, stupendo **II** avv. rafforz. straordinariamente, meravigliosamente, molto. **Wun|der|welt** f. *(-,-en)* **1** mondo *m.* fantastico **2** *(Fabelland)* → **Wunderland. Wun|der|werk** n. *(-[e]s,-e)* meraviglia *f.*, miracolo *m.*: ***die -e der Technik*** le meraviglie della tecnica.

Wund|fie|ber n. *(-s)* febbre *f.* traumatica. **Wund|klam|mer** f. *(-,-n)* graffa *f.* per ferite, punto *m.* **Wund|lie|gen** n. *(-s)* piaghe *f.pl.* da decubito. **Wund|mal** n. *(-s,-e)* piaga *f.* **Wund|pflas|ter** n. *(-s,-)* cerotto *m.* **Wund|sal|be** f. *(-,-n)* pomata *f.* per ferite. **Wund|schorf** m. *(-[e]s,-e)* crosta *f.* della ferita. **Wund|starr|krampf** m. *(-[e]s)* tetano *m.* **Wund|ver|band** m. *(-[e]s,-verbände)* fasciatura *f.*

Wunsch m. *(-[e]s, Wünsche)* **1** desiderio *m.*: ***~ nach etw.*** desiderio di qcs.; ***einen ~ haben, hegen, äußern, erfüllen*** avere, nutrire, esprimere, esaudire un desiderio; ***auf jds (ausdrücklichen) ~*** per (espresso) desiderio di qcn.; ***in jdm regt sich ein ~*** in qcn. si (ri)sveglia un desiderio **2** pl. *(Glückwünsche)* auguri *m.pl.*: ***mit den besten, allen guten Wünschen für...*** con i migliori auguri per...; ***beste Wünsche zum Geburtstag*** i migliori auguri di compleanno ◆ ***auf ~*** su, a richiesta; ***dein ~ ist mir Befehl*** ogni tuo desiderio è (per me) un ordine; ***von einem ~ beseelt sein*** essere animato da un desiderio; ***noch einen ~ frei haben*** poter esprimere ancora un desiderio; ***ein frommer ~*** un pio desiderio; ***haben Sie noch einen ~?*** desidera qualcos'altro? ***nach ~*** secondo i desideri, nel modo voluto.

Wunsch|bild n. *(-[e]s,-er)* ideale *m.* **Wunsch|den|ken** n. *(-s)* sogni *m.pl.*, fantasticherie *f.pl.*

Wün|schel|ru|te f. *(-,-n)* bacchetta *f.* del rabdomante. **Wün|schel|ru|ten|gän|ger** m. *(-s,-)* rabdomante *m.*

wün|schen I tr. **1** desiderare, volere: ***Sie ~ bitte?*** desidera? ***ganz wie Sie ~*** (proprio) come desidera (*o* come vuole) **2** *(Glückwünsche aussprechen)* augurare: ***viel Glück ~*** augurare buona fortuna; ***jdm etw. von Herzen, herzlich ~*** augurare qcs. a qcn. di cuore; ***jdm gute Nacht ~*** augurare buona notte a qcn. **II** rifl. **sich ~** desiderare, augurarsi: ***sich etw. brennend, sehnlichst ~*** desiderare qcs. ardentemente; ***sich jdn als, zum Freund ~*** desiderare (di avere) qcn. come amico; ***was wünschst du dir zum Geburtstag?*** cosa desideri per il compleanno? ***sie ~ sich ein Kind*** desiderano (avere) un bambino ◆ ***(in etw.) zu ~ übrig lassen*** lasciare a desiderare (in qcs.); ***jdn zum Teufel ~*** mandare qcn. al diavolo.

wün|schens|wert agg. desiderabile, auspicabile.

Wunsch|form f. *(-)* ottativo *m.* **wunsch|ge|mäß I** agg. conforme ai desideri **II** avv. conformemente ai desideri, secondo i desideri, come richiesto. **Wunsch|kind** n. *(-[e]s,-er)* bambino *m.* desiderato. **wunsch|los** agg. senza desideri ◆ ***ich bin ~ glücklich*** non mi manca niente. **Wunsch|satz** m. *(-es,-sätze)* proposizione *f.* ottativa. **Wunsch|traum** m. *(-[e]s,-träume)* sogno *m.* **Wunsch|vor|stel|lung** f. *(-,-en)* ideale *m.*

wupp, wupp|dich inter. via, oplà. **Wupp|dich,** ***mit (einem) ~*** in un attimo, in un istante. **wupps** inter. → **wupp.**

wur|de → **werden.**

Wür|de f. *(-,-n)* **1** dignità *f.*: ***die menschliche ~*** la dignità umana; ***jds ~ verletzen*** ferire la dignità di qcn.; ***die ~ bewahren*** mantenere (*o* conservare) la dignità; ***mit ~*** dignitosamente; ***päpstliche ~, ~ eines Kardinals*** dignità papale, cardinalizia **2** *(Rang)* grado *m.*: ***akademische -n*** grado accademico; ***zu höchsten -n gelangen, emporsteigen*** raggiungere i più alti gradi, salire ai più alti gradi ◆ ***unter jds ~ sein*** non essere degno di qcn.; ***unter aller ~*** al di sotto di ogni dignità; ***in Amt und -n sein*** = rivestire una carica sicura e goderne i vantaggi.

wür|de|los agg. senza dignità, privo di dignità. **Wür|de|lo|sig|keit** f. *(-,-en)* mancanza *f.* di dignità. **Wür|den|trä|ger** m. *(-s,-)* dignitario *m.*: ***hohe ~*** alti dignitari. **wür|de|voll** agg. **1** dignitoso **2** *(gravitätisch)* grave.

wür|dig I agg. **1** dignitoso: ***eine -e Zeremonie*** una cerimonia dignitosa **2** degno: ***sich einer Ehre ~ erweisen, zeigen*** mostrarsi degno di un onore; ***jds Vertrauens ~ sein*** essere degno della fiducia di qcn.; ***~ sein, etw. zu tun*** essere degno di fare qcs.; ***jdn für ~ befinden, erachten, etw. zu tun*** stimare qcn. degno di fare qcs. **II** avv. **1** in modo dignitoso, dignitosamente **2** degnamente: ***jdn ~ ersetzen*** sostituire degnamente qcn. **wür|di|gen** tr. **1** apprezzare: ***jds Hilfe, Verdienste ~*** apprezzare l'aiuto, i meriti di qcn. **2** *(für würdig halten)* degnare: ***jdn keines Blickes, Grußes ~*** non degnare qcn. di uno sguardo, di un saluto. **Wür|dig|keit** f. *(-)* **1** dignità *f.* **2** *(Würdigsein)* l'essere degno. **Wür|di|gung** f. *(-,-en)* apprezzamento *m.*, riconoscimento *m.*: ***in ~ seiner Verdienste*** a riconoscimento dei suoi meriti.

Wurf m. *(-[e]s, Würfe)* **1** lancio *m.*: ***~ mit dem Ball, mit dem Diskus*** lancio della palla, del disco; ***zum ~ ausholen*** mettersi in posizione di lancio **2** *(erfolgreiches Werk)* colpo *m.*, trovata *f.*: ***ein gelungener ~*** un colpo riuscito; ***dieses Programm ist ein genialer ~*** questo programma è una trovata geniale **3** *(Faltenwurf)* drappeggio *m.* **4** *(von Tieren)* cucciolata *f.*, figliata *f.*: ***ein ~ Kaninchen, Hunde*** una figliata di conigli, una cucciolata di cani ◆ ***auf einen ~*** in un colpo solo; ***alles auf einen ~ setzen*** rischiare il tutto per tutto. **Wurf|bahn** f. *(-,-en)* traiettoria *f.*

Wür|fel m. *(-s,-)* **1** *(Kubus)* cubo *m.* **2a** *(Spiel)* dado *m.*: ***~ spielen*** giocare a dadi **b** GASTR. dado *m.*, dadino *m.*: ***den Schinken in ~ schneiden*** tagliare il prosciutto a dadini ◆ ***der ~ ist, die ~ sind gefallen*** il dado è tratto. **Wür|fel|be|cher** m. *(-s,-)* bussolotto *m.* **Wür|fel|brett** n. *(-[e]s,-er)* tavoliere *m.* **wür|fe|lig** agg. **1** GASTR. a dadi, a dadini **2** *(kariert)* a scacchi, a dadi. **Wür|fel|ka|pi|tell** n. *(-s,-e)* ARCH. capitello *m.* a dado. **Wür|fel|mus|ter** n. *(-s,-)* TESS. disegno *m.* a scacchi. **wür|feln** intr. (aus. *haben*) **1a** giocare a dadi: ***um Geld ~*** giocare soldi a dadi **b** ***eine Sechs ~*** fare sei con i dadi **2** *(in kleine Würfel zerschneiden)* tagliare a dadini. **Wür|fel|spiel** n. *(-[e]s,-e)* **1** gioco *m.* dei dadi **2** → **Würfelbrett. Wür|fel|zu|cker** m. *(-s)* zucchero *m.* in zollette.

Wurf|ge|schoss, AUSTR. **Wurf|ge|schoß** n. *(-es,-e)* proiettile *m.* **Wurf|kreis** m. *(-es,-e)* settore *m.* di lancio. **Wurf|ring** m. *(-[e]s,-e)* **1** pedana *f.* (*o* settore *m.*) di lancio **2** *(auf dem Rummelplatz)* anello *m.* (da lanciare). **Wurf|schei|be** f. *(-,-n)* SPORT disco *m.* **Wurf|speer** m. *(-[e]s,-e)* giavellotto *m.*

Wurf|tau|be f. *(-,-n)* SPORT piattello *m.* **Wurf|tau|ben|schie|ßen** n. *(-s,-)* tiro *m.* al piattello.

Wür|ge|en|gel → **Würgengel. Wür|ge|griff** m. *(-[e]s,-e)* presa *f.* alla gola ◆ ***im ~ des Todes*** nella stretta della morte. **Wür|ge|mal** n. *(-[e]s,-e)* segno *m.* di strangolamento.

wür|gen I tr. **1** ***jdn (am Hals) ~*** stringere qcn. alla gola **2** strangolare, strozzare: ***das Halsband würgt den Hund*** il collare strozza il cane **3** *(Brechreiz erzeugen)* ***das fette Fleisch würgte ihn*** la carne grassa gli procurò un conato di vomito; ***es würgt mich*** devo vomitare **4** COLLOQ. *(mühsam hineinzwängen)* ficcare, infilare a fatica: ***einen Korken in die Flasche ~*** infilare (a fatica) un tappo nella bottiglia **II** intr. (aus. *haben*) **1** strozzarsi: ***an etw. (D) ~*** strozzarsi con qcs. **2** COLLOQ. *(schwer arbeiten)* sgobbare, sfacchinare: ***den ganzen Tag ~*** sgobbare tutto il giorno.

Würg|en|gel m. *(-s,-)* angelo *m.* sterminatore. **Wür|ger** m. *(-s,-)* **1** ANT. strangolatore *m.* **2** ORNIT. laniere *m.*, averla *f.* **Würg|schrau|be** f. *(-,-n)* garrota *f.*, garrotta *f.*

1.Wurm m. *(-[e]s, Würmer* e *Würme)* **1a** (pl. *Würmer*) verme *m.*: ***im Apfel sitzt ein ~*** nella mela c'è un verme; ***von Würmern wimmeln*** brulicare di vermi **b** *(Spulwurm)* ***Würmer haben*** avere i vermi **c** FIG. *(niederträchtiger Mensch)* verme *m.* **2** *(Holzwurm)* tarlo *m.*: ***in diesem Schreibtisch sitzt ein ~*** in questa scrivania c'è un tarlo **3** ANT. *(Lindwurm*; pl. *Würme)* drago *m.* ◆ ***da ist, sitzt der ~ drin*** = qui c'è qualcosa che non va; COLLOQ. ***sich wie ein getretener ~ winden*** = essere visibilmente imbarazzato; FIG. COLLOQ. ***jdm die Würmer aus der Nase ziehen*** rubare le parole di bocca a qcn.

2.Wurm n. *(-[e]s, Würmer)* FAM. *(schutzloses Kind)* creatura *f.*, piccolo *m.*: ***diese armen Würmer*** queste povere creature.

wurm|ähn|lich I agg. **1** simile a un verme **2** ANAT. vermicolare, lombricale **II** avv. come un verme. **Würm|chen** n. *(-s,-)* **1** vermicello *m.*, vermetto *m.* **2** *(von Kindern)* creaturina *f.*, piccolino *m.*, esserino *m.*

wur|men tr. rodere: ***diese Ungerechtigkeit wurmt mich*** questa ingiustizia mi rode; ***es wurmt mich, dass sich niemand für meinen Vorschlag interessiert hat*** mi rode che nessuno si sia interessato alla mia proposta.

Wurm|farn m. *(-[e]s,-e)* felce *f.* maschio. **wurm|för|mig** agg. vermiforme. **Wurm|fort|satz** m. *(-es,-fortsätze)* appendice *f.* vermiforme (*o* ileocecale). **Wurm|fraß** m. *(-es)* tarlatura *f.* **wur|mig** agg. bacato: ***-es Obst*** frutta bacata. **Wurm|krank|heit** f. *(-,-en)* **1** MED. elmintiasi *f.* **2** VETER. verminosi *f.* **Wurm|kur** f. *(-,-en)* cura *f.* antielmintica (*o* vermifuga). **Wurm|loch** n. *(-[e]s,-löcher)* **1** foro *m.* del verme **2** *(von Holz)* tarlatura *f.* **Wurm|mit|tel** n. *(-s,-)* antielmintico *m.*, vermifugo *m.* **wurm|sti|chig** agg. **1** *(von Obst)* bacato **2** *(von Holz)* tarlato: ***ein -er Schrank*** un armadio tarlato.

Wurst f. *(-, Würste)* **1** salsiccia *f.*, würstel *m.*: ***geräucherte, hausge-***

machte ~ salsiccia affumicata, fatta in casa; ***eine ~ braten*** arrostire una salsiccia **2** *(etw. in der Form einer länglichen Rolle)* salame *m.*: ***den Teig zu einer ~ formen*** fare un salame con la pasta ◆ COLLOQ. ***es geht um die ~*** siamo al dunque; ***jdm die ~ auf dem Brot nicht gönnen*** = essere molto invidioso di qcn.; COLLOQ. ***das ist ihm ~*** se ne infischia, non gliene importa niente; ***sich nicht die ~ vom Brot nehmen lassen*** non farsi mettere i piedi in testa; ***mit dem Schinken nach der ~ werfen*** = arrischiare molto per guadagnare poco. **Wurst|brot** n. *(-[e]s,-e)* panino *m.* con salsicce, con würstel.

Würst|chen n. *(-s,-)* **1** würstel *m.* **2** COLLOQ. poveraccio *m.*, poveretto *m.* **Würst|chen|bu|de** f. *(-,-n)*, **Würst|chen|stand** m. *(-[e]s,-stände)* bancarella *f.* (*o* chiosco *m.*) delle salsicce.

Wurs|tel m. *(-s,-)* REGION. e AUSTR. **1** INTRAD. (figura comica del teatro tedesco) **2** FIG. buffone *m.*, pagliaccio *m.*

Würs|tel n. *(-s,-)* AUSTR. salsiccia *f.* (sottile), würstel *m.* **Wurs|te|lei** f. *(-,-en)* COLLOQ. SPREG. il lavoricchiare (a vuoto).

wurs|teln intr. (aus. *haben*) COLLOQ. lavoricchiare (a vuoto).

wurs|ten intr. (aus. *haben*) fare salsicce. **Wurs|ter** m. *(-s,-)* salumaio *m.*

Wurst|haut f. *(-,-häute)* budello *m.* della salsiccia.

wurs|tig agg. COLLOQ. menefreghista: ***-es Benehmen*** comportamento menefreghista. **Wurs|tig|keit** f. *(-,-en)* COLLOQ. menefreghismo *m.*

Wurst|ler REGION. → **Wurster. Wurst|sa|lat** m. *(-[e]s,-e)* insalata *f.* di würstel. **Wurst|wa|ren** pl. insaccati *m.pl.* **Wurst|zip|fel** m. *(-s,-)* culaccino *m.*

Würt|tem|ber|ger I m. *(-s,-)* abitante *m.* del Württemberg **II** agg.inv. del Württemberg. **würt|tem|ber|gisch** agg. del Württemberg, württemberghese.

Wurz f. *(-,-en)* ANT. e REGION. → **Wurzel.**

Würz|bur|ger I m. *(-s,-)* abitante *m.* di Würzburg **II** agg.inv. di Würzburg. **würz|bur|gisch** agg. di Würzburg.

Wür|ze f. *(-,-n)* **1** condimento *m.*: ***eine scharfe ~*** un condimento piccante **2** *(aromatischer Geschmack, Geruch)* aroma *m.*: ***die besondere ~ einer Speise*** l'aroma particolare di un cibo **3** *(Bierwürze)* mosto *m.* **4** FIG. mordente *m.*: ***eine Geschichte ohne ~*** una storia senza mordente.

Wur|zel f. *(-,-n)* **1a** radice *f.* (anche ANAT. LING.): ***die Pflanzen haben neue -n gebildet*** le piante hanno formato nuove radici **b** FIG. *(Ursprung)* ***geistige -n*** radici spirituali **c** MAT. ***die ~ aus 49 ist 7*** la radice di 49 è 7; ***die ~ aus einer Zahl ziehen*** estrarre la radice di un numero **2** REGION. *(Möhre)* carota *f.* ◆ ***etw. mit der ~ ausrotten*** estirpare qcs.; ***dritte ~*** radice cubica; ***-n schlagen, treiben*** mettere (le) radici (anche FIG.); ***die ~ allen Übels*** la radice di tutti i mali; ***das Übel an der ~ packen*** affrontare il problema alla radice. **wur|zel|ar|tig** agg. simile (*o* come) una radice. **Wur|zel|be|hand|lung** f. *(-,-en)* MED. cura *f.* (*o* trattamento *m.*) della radice. **Wur|zel|bürs|te** f. *(-,-n)* brusca *f.* **Wür|zel|chen** n. *(-s,-)* radicetta *f.* **Wur|zel|fa|ser** f. *(-,-n)* BOT. barba *f.*

Wur|zel|haut f. *(-,-häute)* periodonto *m.* **Wur|zel|haut|ent|zün|dung** f. *(-,-en)* periodontite *f.*

wur|ze|lig → **wurzlig. Wur|zel|knol|le** f. *(-,-n)* tubero *m.* **wur|zel|los** agg. privo di radici, senza radici. **Wur|zel|lo|sig|keit** f. *(-)* assenza *f.* (*o* mancanza *f.*) di radici.

wur|zeln intr. (aus. *haben*) **1** radicare: ***die Pflanze wurzelt tief im Boden*** la pianta radica in profondità nel terreno; FIG. radicarsi: ***dieses Vorurteil wurzelt fest in den Leuten*** questo pregiudizio si è radicato saldamente nella gente **2** *(in etw. Ursprung haben)* essere radicato, radicarsi, avere le radici: ***dieses Parteiprogramm wurzelt im Marxismus*** il programma del partito è radicato (*o* ha le sue radici) nel marxismo. **Wur|zel|schöss|ling** m. *(-s,-e)* → **Wurzelspross. Wur|zel|sil|be** f. *(-,-n)* LING. sillaba *f.* radicale. **Wur|zel|spross** m. *(-es,-e* e *-en)* BOT. pollone *m.* **Wur|zel|stock** m. *(-[e]s,-stöcke)* **1** BOT. rizoma *m.* **2** *(Stubben)* ceppo *m.* **Wur|zel|werk** n. *(-[e]s,-e)* apparato *m.* radicale. **Wur|zel|wort** n. *(-[e]s,-wörter)* etimo *m.* **Wur|zel|zei|chen** n. *(-s,-)* MAT. segno *m.* di radice. **Wur|zel|zie|hen** n. *(-s,-)* MAT. estrazione *f.* della, di radice.

wür|zen tr. condire, insaporire: ***ein Gericht mit etw. ~*** insaporire una pietanza con qcs.; FIG. ***er würzte seinen Vortrag mit geistreichen Anspielungen*** condì (*o* insaporì) il suo discorso con allusioni spiritose.

wür|zig agg. saporito, gustoso: ***eine -e Suppe*** una minestra saporita; FIG. ***eine -e Anekdote*** un aneddoto gustoso ◆ ***ein -es Bier*** una birra dal gusto pieno. **Wür|zig|keit** f. *(-)* sapore *m.*, gusto *m.*

wurz|lig agg. pieno di radici.

Würz|mi|schung f. *(-,-en)* miscela *f.* di aromi. **Würz|stoff** m. *(-[e]s,-e)* condimento *m.* **Würz|sträuß|chen** n. *(-s,-)* mazzetto *m.* di erbe aromatiche. **Wür|zung** f. *(-,-en)* aromatizzazione *f.* **Würz|wein** m. *(-[e]s,-e)* vino *m.* aromatizzato.

wusch → **waschen.**

Wu|schel|haar n. *(-[e]s,-e)* COLLOQ. capelli *m.pl.* ricci, ricciuti, riccioluti. **wu|sche|lig** agg. riccio, ricciuto, riccioluto. **wu|schel|köp|fig** agg. dalla testa riccia, ricciuta, riccioluta. **wu|scheln** intr. (aus. *haben*) REGION. arruffare, scompigliare.

wu|se|lig agg. REGION. agitato. **wu|seln** intr. REGION. **1** (aus. *sein*) affrettarsi **2** (aus. *haben*) affaccendarsi (con agitazione).

wuss|te, wüss|te → **wissen.**

Wust m. *(-[e]s)* **1** confusione *f.*, guazzabuglio *m.*: ***ein ~ von Papieren*** un guazzabuglio di carte **2** FIG. calderone *m.*, guazzabuglio *m.*: ***ein ~ von Vorurteilen*** un calderone di pregiudizi.

WUSt, Wust SVIZZ. ⇒ *Warenumsatzsteuer* imposta generale sul fatturato.

wüst I agg. **1** deserto: ***ein -er Ort*** un luogo deserto **2a** *(unordentlich)* caotico, disordinato: ***eine -e Lage*** una situazione caotica **b** *(vom Haar)* scompigliato, arruffato **3** *(ungezügelt)* sfrenato, smodato: ***ein -es Treiben*** un'attività sfrenata; ***eine -e Hetze*** una furia incontenibile **4** *(derb)* sguaiato: ***ein -es Lied*** una canzone sguaiata **5** *(hässlich)* terribile: ***ein -es Aussehen*** un aspetto terribile; ***ein -es Durcheinander*** un caos terrificante **II** avv. **1** *(unordentlich)* in modo caotico, disordinatamente **2** *(ungezügelt)* sfrenatamente, smodatamente: ***~ toben*** scatenarsi sfrenatamente **3** *(derb)* sguaiatamente **4** *(abscheulich)* terribilmente: ***jdn ~ beschimpfen*** insultare terribilmente qcn. ◆ ***es sieht hier ~ aus*** qui è tutto sotto sopra.

Wüs|te f. *(-,-n)* deserto *m.* (anche FIG.): ***eine Oase in der ~*** un'oasi nel deserto; ◆ ***ein Rufer in der ~*** una voce (che grida) nel deserto; COLLOQ. ***jdn in die ~ schicken*** mandare all'inferno qcn.; ***das Land zur ~ machen*** fare terra bruciata di un paese.

wüs|ten intr. (aus. *haben*) **1** dissipare, sperperare: ***mit dem Geld ~*** sperperare il denaro **2** FIG. *(verderben)* rovinarsi: ***mit seiner Gesundheit ~*** rovinarsi la salute ◆ ***er hat jahrelang gewüstet*** per anni ha vissuto in modo dissoluto. **Wüs|te|nei** f. *(-,-en)* **1** *(wüste Gegend)* deserto *m.* **2** FIG. caos *m.*, confusione *f.*: ***in seiner Wohnung herrscht eine schreckliche ~*** nel suo appartamento regna un caos spaventoso. **Wüs|ten|fuchs** m. *(-es,-füchse)* volpe *f.* del deserto. **Wüs|ten|kli|ma** n. *(-s)* clima *m.* desertico. **Wüs|ten|kö|nig** m. *(-s,-e)* FIG. *(Löwe)* ***der ~*** il re *m.* della foresta. **Wüs|ten|sand** m. *(-[e]s,-e* e *-sände)* sabbia *f.* del deserto. **Wüs|ten|schiff** n. *(-[e]s,-e)* FIG. *(Kamel)* ***das ~*** la nave *f.* del deserto. **Wüs|ten|tier** n. *(-[e]s,-e)* animale *m.* del deserto.

Wüst|ling m. *(-s,-e)* uomo *m.* dissoluto, libertino *m.* ◆ ***die Laufbahn eines -s*** la carriera di un libertino. **Wüs|tung** f. *(-,-en)* luogo *m.* deserto (*o* abbandonato).

Wut f. *(-)* **1** furore *m.*, furia *f.*: ***eine blinde ~*** un furore cieco; ***die ~ des Volkes*** il furore del popolo; ***die ~ des Unwetters*** la furia della tempesta **2a** *(Ärger)* ira *f.*, rabbia *f.*, collera *f.*: ***die ~ der Menge schüren*** fomentare l'ira della folla; ***schäumend vor ~*** schiumante di rabbia **b** MED. *(Tollwut)* rabbia *f.* **3** *(großer Eifer)* fervore *m.*, ardore *m.*: ***sich mit ~ ans Werk machen*** mettersi all'opera con fervore ◆ ***seine ~ an jdm auslassen*** sfogare la propria rabbia su qcn.; COLLOQ. ***eine ~ im Bauch haben*** avere il diavolo in corpo; COLLOQ. ***eine fürchterliche ~ auf jdn bekommen*** arrabbiarsi tremendamente con qcn.; ***jdn in ~ bringen*** far andare in collera qcn.; ***von ~ erfüllt sein*** essere furente; COLLOQ. ***~ auf jdn haben*** essere arrabbiato (*o* in collera) con qcn.; ***die ~ in sich hineinfressen*** mangiar veleno; ***sich in ~ hineinsteigern*** montare in collera; ***in ~ kommen, geraten*** andare in collera, arrabbiarsi; ***die ~ packt jdn*** qcn. è in preda all'ira; FIG. ***vor ~ platzen*** schiattare dalla, di rabbia; ***rot vor ~ sein*** essere verde di rabbia; PROV. ***in der ~ tut niemand gut*** l'ira è cattiva consigliera. **Wut|aus|bruch** m. *(-[e]s,-ausbrüche)* accesso *m.* di collera (*o* d'ira, di rabbia).

wü|ten intr. (aus. *haben*) **1** essere furente, furibondo: ***gegen jdn, etw. ~*** essere furente nei confronti di qcn. **2** FIG. infuriare, imperversare: ***der Sturm wütete*** imperversò la tempesta **wü|tend** p.pres. agg. **1** → **wüten 2** furente: ***mit -er Stimme*** con voce furente; ***~ auf, über jdn sein*** essere furente nei confronti di qcn. **3** *(heftig)* cocente, furibondo: ***ein -er Schmerz*** un dolore cocente; ***mit -em Hass*** con odio furibondo. **wut|ent|brannt I** agg. furioso, furibondo **II** avv. in modo furioso. **Wü|ter** m. *(-s,-)* ANT. → **Wüterich. Wü|te|rei** f. *(-,-en)* furia *f.*, furore *m.* **Wü|te|rich** m. *(-s,-e)* uomo *m.* furibondo. **Wut|ge|heul** n. *(-[e]s)* grida *f.pl.* di rabbia. **wut|schäu|mend, wut|schnau|bend** agg. schiumante di rabbia.

Wwe. ⇒ *Witwe* vedova (ved.).

Wwr. ⇒ *Witwer* vedovo (ved.).

X

x, X n. *(-,-)* x, X, ics *f.* e *m.*: ***ein großes X, ein kleines x*** una X maiuscola, una x minuscola; *(unbekannter Name)* ***Herr X*** il signor X; ***etw. auf einen Tag X festsetzen*** fissare qcs. per il giorno X; ***die Stunde X*** l'ora X; MAT. ***eine Gleichung nach x auflösen*** risolvere un'equazione rispetto a x; *(unbestimmte Zahl)* ***er hat x Schallplatten*** ha x dischi ◆ ***jdm ein X für ein U vormachen*** = abbindolare qcn.
x-Ach|se ['ɪks-] f. *(-,-n)* MAT. asse *m.* delle x.
Xan|thip|pe **I** n.pr.f. Santippe *f.* **II** f. *(-,-n)* santippe *f.*
Xan|tho|phyll n. *(-s)* xantofilla *f.*
X-Bei|ne pl. gambe *f.pl.* a X. **x-bei|nig** agg. con le gambe a X.
x-be|lie|big COLLOQ. **I** agg. qualsiasi: ***eine -e Person*** un tizio qualsiasi; ***jeder x-Beliebige*** ognuno, chiunque **II** avv. come, quanto si vuole, a piacere: ***etw. ~ verwenden*** usare qcs. quanto si vuole.
X-Chro|mo|som n. *(-s)* cromosoma *m.* X.
X-Ein|heit f. *(-,-en)* FIS. unità *f.* X.
Xe|no|kra|tes n.pr.m. Senocrate *m.*
Xe|non n. *(-s)* xeno *m.*
xe|no|phil agg. xenofilo. **Xe|no|phi|lie** f. *(-)* xenofilia *f.* **xe|no|phob** agg. xenofobo. **Xe|no|pho|bie** f. *(-)* xenofobia *f.*
Xe|ro|gra|phie f. *(-,-n)* xerografia *f.* **xe|ro|gra|phisch** agg. xerografico. **Xe|ro|ko|pie** f. *(-,-n)* xerocopia *f.*
xe|ro|phil agg. xerofilo. **Xe|ro|phyt** m. *(-en,-en)* xerofita *f.*
Xer|xes n.pr.m. Serse *m.*
x-fach agg. e avv. COLLOQ. x volte, mille volte: ***ein ~ erprobtes Schema*** uno schema sperimentato x volte. **x-fa|che** n. *(-n)* numero *m.* x di volte.
x-för|mig agg. a (forma di) X.
X-Ha|ken m. *(-s,-)* gancio *m.* a X.
x-mal avv. COLLOQ. x volte, mille volte: ***das habe ich dir doch schon ~ gesagt!*** te l'ho già detto mille volte!
X-Strah|len pl. raggi *m.pl.* X.
x-te agg. ennesimo: ***die ~ Potenz*** l'ennesima potenza; ***der ~ Versuch*** l'ennesimo tentativo; ***zum -n Male*** per l'ennesima volta.
Xy|lem n. *(-s,-e)* xilema *m.*
Xy|lo|graph m. *(-en,-en)* xilografo *m.*, silografo *m.* **Xy|lo|gra|phie** f. *(-,-n)* xilografia *f.*, silografia *f.* **xy|lo|gra|phisch** agg. xilografico, silografico.
Xy|lo|phon n. *(-s,-e)* xilofono *m.*
Xy|lo|se f. *(-)* xilosio *m.*

Y

y, Y n. *(-,-)* y, Y, ipsilon *f.* e *m.*: ***ein großes Y, ein kleines y*** una Y maiuscola, una y minuscola; MAT. ***eine Gleichung nach y auflösen*** risolvere un'equazione rispetto a y.
y-Ach|se ['ypsilɔn-] f. *(-,-n)* MAT. asse *m.* delle y.
Yacht f. *(-,-en)* yacht *m.*
Yang n. *(-[s])* yang *m.*
Yan|kee ['jɛŋki] m. *(-s,-s)* yankee *m.*
Yard n. *(-s,-[s])* iarda *f.*, yard *m.*
Y-Chro|mo|som n. *(-s)* cromosoma *m.* Y.
Yen m. *(-[s],-[s])* yen *m.*
Ye|ti m. *(-s,-s)* yeti *m.*
Yin n. *(-)* yin *m.*
Yip|pie ['jɪpi] m. *(-s,-s)* yippie *m.*
Yo|ga m. e n. *(-[s])* yoga *m.*: ***~ betreiben*** praticare lo yoga. **Yo|ga|übung** f. *(-,-en)* esercizio *m.* (di) yoga.
Yo|gi, Yo|gin m. *(-s,-s)* yogin *m.*
Youngs|ter ['jʌŋstə] m. *(-s,-[s])* giovane giocatore *m.*, esordiente *m.*
Yo-Yo n. *(-s,-s)* yo-yo *m.*
Yp|si|lon n. *(-[s],-s)* ypsilon (*o* ipsilon) *m.* e *f.*
Y|sop m. *(-s,-e)* issopo *m.*
Yt|ter|bi|um n. *(-s)* itterbio *m.*
Ytt|ri|um n. *(-s)* ittrio *m.*, yttrio *m.*
Yuc|ca f. *(-,-s)* yucca *f.*
Yup|pie ['jʊpi, 'jʌpi] m. *(-s,-s)* yuppie *m.*

Z

z, Z n. *(-,-)* z, Z, zeta *f.* e *m.*: ***ein großes Z, ein kleines z*** una Z maiuscola, una z minuscola.
Z. ⇒ **1** *Zahl* numero (n., nr., n.º) **2** *Zeile* riga (r.).
Za|cha|ri|as n.pr.m. Zaccaria *m.*
zack inter. COLLOQ. **1** zac, zacchete **2** *(schnell)* **~, ~** presto, in fretta. **Zack, *auf ~* 1 *auf ~ sein*** essere in gamba; *(bestens funktionieren)* funzionare **2 *jdn, etw. auf ~ bringen*** mettere in quadro qcn., qcs.
Zäck|chen n. *(-s,-)* **1** dentello *m.* **2** *(kleine Spitze)* piccola punta *f.*
Za|cke f. *(-,-n)* **1** dente *m.*: ***die -n des Kammes, der Säge, einer Gabel*** i denti del pettine, della sega, di una forchetta **2** *(von Kronen, Sternen)* punta *f.*: ***Stern mit fünf -n*** stella a cinque punte **3** *(Spitze)* picco *m.*: ***die -n der Bergkette*** i picchi della catena montuosa. **za|cken** tr. dentellare, dentare. **Za|cken** m. *(-s,-)* REGION. → **Zacke** ◆ ***einen ~ draufhaben*** = andare veloce; ***einen ~ haben*** = essere ubriaco; ***sich keinen ~ aus der Krone brechen*** non sciuparsi, non rimetterci nulla; ***jdm bricht kein ~ aus der Krone*** qcn. non si sciupa, non ci rimette nulla; ***einen ~ haben, weghaben*** = essere ubriaco. **Za|cken|bar|sche** pl. serranidi *m.pl.* **za|cken|för|mig** agg. a forma di dente. **Za|cken|kro|ne** f. *(-,-n)* corona *f.* **Za|cken|li|nie** f. *(-,-n)* (linea *f.* a) zigzag *m.*
za|ckig I agg. **1** con molte punte, con molti picchi; *(ausgezackt)* frastagliato **2** COLLOQ. *(schneidig)* baldanzoso **II** avv. **1** con picchi, a picchi **2** *(schneidig)* in modo baldanzoso.
za|gen intr. (aus. *haben*) titubare, tentennare. **zag|haft** agg. titubante, tentennante. **Zag|haf|tig|keit, Zag|heit** f. *(-)* titubanza *f.*, tentennamento *m.*
zäh I agg. **1a** tenace (anche FIG.): ***ein -es Klebemittel*** un collante tenace; ***-en Widerstand leisten*** opporre tenace resistenza; ***mit -em Fleiß*** con zelo tenace **b** *(hart)* duro: ***-es Fleisch*** carne dura; ***~ wie Leder*** duro come cuoio **2** *(dick-, schwerflüssig)* denso; *(zähflüssig)* viscoso: ***-e Teigmasse*** impasto denso **3** FIG. *(schleppend)* che si trascina, stentato: ***ein -es Gespräch*** una conversazione stentata **II** avv. tenacemente: ***an etw. ~ festhalten*** restare tenacemente fedele a qcs. ◆ ***ein -es Leben haben*** = essere molto resistente; FIG. essere duro a morire. **zä|he** → **zäh. Zä|he, Zä|heit** → **Zähheit. zäh|flüs|sig** agg. viscoso: ***-es Öl*** olio viscoso. **Zäh|flüs|sig|keit** f. *(-)* viscosità *f.* **Zäh|heit** f. *(-)* **1** tenacia *f.*, resistenza *f.* **2** *(von Fleisch)* durezza *f.* **3** densità *f.*: ***die ~ eines Hefeteigs*** la densità di un impasto lievitato. **Zä|hig|keit** f. *(-)* **1** resistenza *f.* **2** *(Beharrlichkeit)* tenacia *f.*, perseveranza *f.*
Zahl f. *(-,-en)* numero *m.*: ***römische, arabische -en*** numeri romani, arabi; ***natürliche -en*** numeri naturali; ***gerade, ungerade -en*** numeri pari, dispari; ***ganze, gebrochene, gemischte ~*** numero intero, frazionario, misto; ***rationale, irrationale, reelle -en*** numeri razionali, irrazionali, reali; ***eine ~ durch eine andere dividieren*** dividere un numero per un altro; ***eine ~ mit einer anderen multiplizieren*** moltiplicare un numero per un altro; *(Anzahl)* ***die ~ der Teilnehmer*** il numero dei partecipanti; ***eine große, kleine ~ (von) Touristen war, waren nach Rom gekommen*** un grande, piccolo numero di turisti era giunto (*o* erano giunti) a Roma; LING. ***Geschlecht und ~*** genere e numero ◆ ***an der ~*** di numero; ***es, sie sind hundert an der ~*** sono cento (di numero); ***in großer ~*** in gran numero; ***rote -en schreiben, in den roten -en sein*** essere in rosso; ***runde ~*** cifra tonda; ***ohne,*** ANT. ***sonder ~*** infinito, senza fine; ***in voller ~*** tutti, al completo; ***vollkommene ~*** numero perfetto.
Zähl|ap|pa|rat m. *(-[e]s,-e)* contatore *m.*
zahl|bar agg. pagabile: ***~ bei Sicht*** pagabile a vista ◆ COMM. ***einen Wechsel bei einer Bank ~ stellen*** domiciliare una cambiale presso una banca.
zähl|bar agg. **1** calcolabile, determinabile **2** LING. numerabile.
Zahl|bar|keit f. *(-)* l'essere pagabile.
Zähl|bar|keit f. *(-)* **1** calcolo *m.* **2** LING. numerabilità *f.*
zäh|le|big agg. **1** resistente: ***-e Pflanzen*** piante resistenti **2** FIG. duro a morire: ***ein -es Vorurteil*** un pregiudizio duro a morire.

Zah|le|mann, SCHERZ. ***es heißt ~ und Söhne*** ci sono da sborsare un bel po' di soldi.
zah|len I tr. pagare: ***die Strafe, Steuern ~*** pagare la multa, le tasse; ***an jdn, jdm etw. ~*** pagare qcs. a qcn.; ***einen zu hohen Preis ~*** pagare un prezzo troppo alto; COLLOQ. ***das Zimmer, die Rechnung ~*** pagare la camera, il conto; ASSOL. ***der Schuldner muss ~*** il debitore deve pagare **II** intr. (aus. *haben*) pagare: ***(in) bar, in Raten ~*** pagare in contanti, a rate; ***in, mit Dollar ~*** pagare in dollari ◆ ***bitte ~!*** il conto, per favore!
zäh|len I tr. **1** contare: ***die Teilnehmer, das Geld ~*** contare i partecipanti, il denaro; ***(etw.) genau, falsch ~*** fare un conto esatto, sbagliato (di qcs.); ***er zählt die Tage, die Stunden bis zur Abreise*** conta i giorni, le ore che mancano alla partenza; ***die Stadt zählt eine Million Einwohner*** la città conta un milione di abitanti **2** annoverare: ***jdn zu seinen Freunden, unter seine Freunde ~*** annoverare qcn. fra i propri amici **3** *(als gültig ansehen)* far contare, far valere: ***sein zweiter Versuch beim Weitsprung wurde nicht gezählt*** il suo secondo tentativo nel salto (in lungo) non fu giudicato valido **II** intr. (aus. *haben*) **1** contare: ***bis zehn ~*** contare fino a dieci **2a** *(Wichtigkeit haben)* contare, valere: ***das zählt nicht*** non conta; ***bei jdm, für ihn zählt etw.*** per qcn. conta qcs. **b** *(in Spielen)* ***der König zählt zehn*** il re vale dieci **c** *(gelten)* ***das Tor zählt nicht*** il gol non conta, non vale **3** *(gehören)* ***zu etw. ~*** fare parte di qcs., essere parte di qcs.: ***diese Stunden ~ zu den schönsten meines Lebens*** queste ore sono fra le più belle della mia vita; ***ich zähle nicht zu seinen Kunden*** non sono fra i suoi clienti; ***er zählt zu den reichsten Männern der Welt*** è fra gli uomini più ricchi del mondo **4** *(sich verlassen)* ***auf jdn, etw. ~*** contare su qcn., qcs.: ***ich zähle auf dich*** conto su di te ◆ ***jdm die Bissen in den Mund ~*** contare il pane in bocca a qcn.; ANT. ***30 Jahre ~*** avere trent'anni; ***man zählte (das Jahr) 1789*** correva l'anno 1789; ***nach Hunderten, Tausenden ~*** contarsi a centinaia, a migliaia; ***seine Tage sind gezählt*** ha i giorni contati.
Zah|len|an|ga|be f. *(-,-n)* dato *m.* numerico, numero *m.*
zah|lend p.pres. agg. **1** → **zahlen 2** pagante: ***das -e Publikum*** il pubblico pagante.
Zah|len|fol|ge f. *(-,-n)* sequenza *f.* di numeri, serie *f.* numerica. **Zah|len|ge|dächt|nis** n. *(-ses)* memoria *f.* per i numeri. **Zah|len|ko|lon|ne** f. *(-,-n)* colonna *f.* di numeri, di cifre. **Zah|len|kom|bi|na|ti|on** f. *(-,-en)* combinazione *f.* numerica. **Zah|len|leh|re** f. *(-)* teoria *f.* dei numeri. **Zah|len|lot|te|rie** f. *(-)* lotto *m.* **zah|len|mä|ßig I** agg. numerico **II** avv. numericamente. **Zah|len|mys|tik** f. *(-)* mistica *f.* dei numeri. **Zah|len|rei|he** f. *(-,-n)* serie *f.* di numeri, numerica. **Zah|len|schloss** n. *(-es,-schlösser)* chiusura *f.* a combinazione. **Zah|len|sys|tem** n. *(-s,-e)* sistema *m.* numerico. **Zah|ler** m. *(-s,-)* chi paga, pagatore *m.*: ***pünktlicher, säumiger ~*** pagatore puntuale, moroso.
Zäh|ler m. *(-s,-)* **1** contatore *m.*: ***den ~ ablesen*** leggere il contatore **2** chi effettua un conteggio **3** MAT. *(Dividend)* numeratore *m.* **4a** SPORT GERG. *(Treffer)* centro *m.*, gol *m.* **b** *(Punkt)* punto *m.* **Zäh|ler|häus|chen** n. *(-s,-)* cassetta *f.* del contatore.
Zahl|gren|ze f. *(-,-n)* limite *m.* di, della tratta (su un mezzo pubblico). **Zahl|kar|te** f. *(-,-n)* modulo *m.* (*o* bollettino *m.*) di versamento. **Zahl|kell|ner** m. *(-s,-)* capocameriere *m.* **zahl|los** agg. innumerevole.
Zähl|maß n. *(-es,-e)* misura *f.* numerica.
Zahl|meis|ter m. *(-s,-)* tesoriere *m.* **zahl|reich I** agg. numeroso: ***-e Teilnehmer*** numerosi partecipanti; ***eine -e Verwandtschaft*** una parentela numerosa **II** avv. in gran numero.
Zähl|rohr n. *(-[e]s,-e)* contatore *m.* Geiger.
Zahl|stel|le f. *(-,-n)* **1** cassa *f.* **2** BANC. *(Ort der Zahlung)* luogo *m.* di pagamento. **Zahl|tag** m. *(-[e]s,-e)* giorno *m.* di pagamento.
Zah|lung f. *(-,-en)* pagamento *m.*: ***eine ~ leisten*** effettuare un pagamento; ***die -en einstellen*** sospendere i pagamenti; ***~ in bar*** pagamento in contanti; ***fällige ~*** pagamento scaduto ◆ ***etw. in ~ geben***

dare qcs. in pagamento; ***etw. in ~ nehmen*** accettare qcs. in pagamento; ANT. ***an -s statt*** a titolo di pagamento.
Zäh|lung f. *(-,-en)* conteggio *m.*
Zah|lungs|ab|kom|men n. *(-s,-)* accordo *m.* di pagamento. **Zah|lungs|an|wei|sung** f. *(-,-en)* ordine *m.* (*o* mandato *m.*) di pagamento. **Zah|lungs|auf|for|de|rung** f. *(-,-en)* **1** avviso *m.* di pagamento) **2** *(Mahnung)* sollecito *m.* **Zah|lungs|auf|schub** m. *(-[e]s, -aufschübe)* dilazione *f.* di pagamento: ***einen ~ gewähren*** accordare una dilazione (sul pagamento). **Zah|lungs|auf|trag** m. *(-[e]s,-aufträge)* → **Zahlungsanweisung. Zah|lungs|be|din|gung** f. *(-,-en)* condizione *f.* di, del pagamento. **Zah|lungs|be|fehl** m. *(-[e]s,-e)* ANT. sollecito *m.* di pagamento. **Zah|lungs|be|stä|ti|gung** f. *(-,-en)* attestazione *f.* di pagamento, conferma *f.* del pagamento effettuato. **Zah|lungs|bi|lanz** f. *(-,-en)* bilancia *f.* dei pagamenti. **Zah|lungs|ein|stel|lung** f. *(-,-en)* sospensione *f.* dei pagamenti. **Zah|lungs|er|leich|te|rung** f. *(-,-en)* facilitazione *f.* (*o* agevolazione *f.*) di pagamento.
zah|lungs|fä|hig agg. solvibile, solvente. **Zah|lungs|fä|hig|keit** f. *(-)* solvibilità *f.*, solvenza *f.*
Zah|lungs|frist f. *(-,-en)* termine *m.* di, del pagamento. **zah|lungs|kräf|tig** agg. COLLOQ. che ha buone disponibilità finanziarie. **Zah|lungs|mit|tel** n. *(-s,-)* mezzo *m.* di, del pagamento. **Zah|lungs|ort** m. *(-[e]s,-e)* luogo *m.* di pagamento. **zah|lungs|säu|mig** agg. moroso. **Zah|lungs|schwie|rig|keit** f. *(-,-en)* difficoltà *f.* finanziaria. **Zah|lungs|ter|min** m. *(-s,-e)* scadenza *f.*. del pagamento, termine *m.* di pagamento.
zah|lungs|un|fä|hig agg. insolvibile, insolvente. **Zah|lungs|un|fä|hig|keit** f. *(-)* insolvibilità *f.*, insolvenza *f.*
Zah|lungs|ver|kehr m. *(-s)* pagamenti *m.pl.* **Zah|lungs|ver|zug** m. *(-[e]s,-verzüge)* ritardo *m.* nel pagamento, mora *f.* **zah|lungs|wil|lig** agg. disposto a pagare. **Zah|lungs|ziel** n. *(-[e]s,-e)* termine *m.* di pagamento. **Zah|lungs|zweck** m. *(-[e]s,-e)* causale *f.* di, del versamento.
Zähl|werk n. *(-[e]s,-e)* contatore *m.*
Zahl|wort n. *(-[e]s,-wörter)* GRAMM. numerale *m.* **Zahl|zei|chen** n. *(-s,-)* cifra *f.*, numero *m.*: ***arabische, römische ~*** numeri arabi, romani.
zahm agg. **1** *(von Tieren)* domestico, mansueto **2** FIG. *(brav)* docile, mite ◆ ***eine -e Kritik*** una critica indulgente. **zähm|bar** agg. addomesticabile, domabile. **Zähm|bar|keit** f. *(-)* addomesticabilità *f.*, domabilità *f.* **zäh|men I** tr. **1** addomesticare, domare, ammansire: ***ein wildes Pferd ~*** domare un cavallo selvaggio **2** FIG. *(Begierden, Trieb)* domare, frenare **II** rifl. **sich ~** dominarsi, frenarsi. **Zahm|heit** f. *(-)* **1** domesticità *f.*, domestichezza *f.* **2** FIG. docilità *f.*, mitezza *f.* **Zäh|mung** f. *(-,-en)* **1** addomesticamento *m.*, domatura *f.* **2** FIG. *(Beherrschung)* dominio *m.*, controllo *m.* ◆ LETT. ***der Widerspenstigen ~*** la bisbetica domata.
Zahn m. *(-[e]s, Zähne)* **1** dente *m.* (anche TECN.): ***Zähne bekommen*** mettere i denti; ***die Zähne brechen durch, kommen*** i denti spuntano; ***sich (D) die Zähne putzen*** lavarsi i denti; ***künstlicher, lockerer ~*** dente finto, traballante; ***sich (D) einen ~ abbrechen*** rompersi un dente; ***der ~ wackelt, schmerzt*** il dente balla, fa male; ***einen ~ plombieren, füllen*** piombare un dente; ***mit den Zähnen knirschen, die Zähne fletschen, blecken*** arrotare i denti, digrignare i denti, mostrare i denti; ***vor Kälte mit den Zähnen klappern*** battere i denti per il freddo **2** *(von Tieren)* dente *m.*; *(von großen Säugetieren)* zanna *f.* ◆ ***sich (D) an jdm, etw. die Zähne ausbeißen*** non spuntarla con qcn., dannarsi l'anima per qcs.; ***auf die Zähne beißen*** stringere i denti; ***bis an die Zähne bewaffnet*** armato fino ai denti; COLLOQ. ***einen ~ draufhaben*** = andare a gran velocità; SCHERZ. ***die dritten Zähne*** = la dentiera; ***jdm auf den ~ fühlen*** tastare il polso a qcn.; ***das reicht (ist) nur für einen, den hohlen ~*** = è troppo poco; ***Haare auf den Zähnen haben*** = essere bisbetico; COLLOQ. ***die Zähne heben*** mangiare con disgusto, fare una smorfia di disgusto; ***ein höllischer, irrer ~*** = una velocità pazzesca; ***lange Zähne machen (mit langen Zähnen essen)*** → ***die Zähne heben***; ***einen süßen ~ haben*** avere un debole per i dolci; ***~ um ~*** dente per dente; ***etw. mit Zähnen und Klauen verteidigen*** difendere qcs. con le unghie e coi denti; ***jdm die Zähne zeigen*** mostrare i denti a qcn. (anche FIG.); ***der ~ der Zeit*** le ingiurie del tempo; ***jdm einen, den ~ ziehen*** estrarre (*o* cavare) un dente a qcn.; FIG. togliere le illusioni a qcn.; COLLOQ. ***einen ~ zulegen*** = aumentare la velocità; ***die Zähne zusammenbeißen*** stringere i denti; ***etw. zwischen den Zähnen murmeln*** mormorare qcs. tra i denti; ***etw. zwischen die Zähne bekommen*** mettere qcs. sotto i denti.
Zahn|ar|me pl. ZOOL. sdentati *m.pl.*
Zahn|arzt m. *(-[e]s,-ärzte)* dentista *m.*, odontoiatra *m.* **Zahn|ärz|tin** f. *(-,-nen)* dentista *f.*, odontoiatra *f.* **zahn|ärzt|lich** agg. dentistico, odontoiatrico.
Zahn|be|hand|lung f. *(-,-en)* cura *f.* dei denti (*o* dentaria). **Zahn|bein** n. *(-[e]s)* dentina *f.* **Zahn|be|lag** m. *(-[e]s,-beläge)* placca *f.* dentaria. **Zahn|bürs|te** f. *(-,-n)* spazzolino *m.* da denti. **Zähn|chen** n. *(-s,-)* dentino *m.* **Zahn|creme** f. *(-,-s)* → **Zahnpasta. Zahn|durch|bruch** m. *(-[e]s,-durchbrüche)* dentizione *f.*
zäh|ne|ble|ckend agg. che mostra i denti. **zäh|ne|flet|schend** agg. che digrigna i denti. **Zäh|ne|klap|pern** n. *(-s)* il battere i denti. **zäh|ne|klap|pernd** agg. che batte i denti. **zäh|ne|knir|schend I** agg. che digrigna i denti (anche FIG.) **II** avv. digrignando i denti (anche FIG.).
zah|nen intr. (aus. *haben*) mettere i denti: ***das Kind zahnt gerade*** il bambino sta mettendo i denti. **Zah|nen** n. *(-s)* dentizione *f.* **zäh|nen** tr. dentare, dentellare.
Zahn|er|satz m. *(-es)* protesi *f.* dentaria. **Zahn|fach** n. *(-[e]s, -fächer)* alveolo *m.* dentario. **Zahn|fäu|le** f. *(-)* carie *f.* dentaria.
Zahn|fleisch n. *(-es)* gengiva *f.* **Zahn|fleisch|blu|ten** n. *(-s)* sanguinamento *m.* delle gengive. **Zahn|fleisch|ent|zün|dung** f. *(-,-en)* gengivite *f.* **Zahn|fleisch|schwund** m. *(-[e]s)* paradentosi *f.*, parodontosi *f.*
zahn|för|mig agg. a forma di dente. **Zahn|fül|lung** f. *(-,-en)* otturazione *f.* **Zahn|hals** m. *(-es,-hälse)* ANAT. colletto *m.* **Zahn|heil|kun|de** f. *(-)* odontoiatria *f.* **Zahn|höh|le** f. *(-,-n)* cavità *f.* dentaria. **Zahn|klam|mer** f. *(-,-n)* → **Zahnspange. Zahn|klemp|ner** m. *(-s,-)* SCHERZ. O SPREG. cavadenti *m.* **Zahn|kli|nik** f. *(-,-en)* clinica *f.* odontoiatrica. **Zahn|krank|heit** f. *(-,-en)* malattia *f.* dentaria. **Zahn|kranz** m. *(-es,-kränze)* MECC. corona *f.* dentata. **Zahn|kro|ne** f. *(-,-n)* corona *f.* dentaria. **Zahn|laut** m. *(-[e]s,-e)* (consonante *f.*) dentale *f.* **zahn|los** agg. sdentato. **Zahn|lo|sig|keit** f. *(-)* mancanza *f.* di denti. **Zahn|lü|cke** f. *(-,-n)* vuoto *m.* tra i denti, SCHERZ. finestra *f.*, finestrella *f.* **Zahn|mark** n. *(-s)* polpa *f.* dentaria. **Zahn|me|di|zin** f. *(-)* odontoiatria *f.* **zahn|me|di|zi|nisch** agg. odontoiatrico. **Zahn|pas|ta, Zahn|pas|te** f. *(-,-pasten)* dentifricio *m.* **Zahn|pfle|ge** f. *(-)* cura *f.* dei denti; *(Hygiene)* pulizia *f.* dei denti, igiene *f.* dentale. **Zahn|pro|the|se** f. *(-,-n)* protesi *f.* dentaria.
Zahn|rad n. *(-[e]s,-räder)* ruota *f.* dentata. **Zahn|rad|an|trieb** m. *(-[e]s,-e)* **1** comando *m.* a ingranaggi **2** FERR. comando *m.* a cremagliera. **Zahn|rad|bahn** f. *(-,-en)* ferrovia *f.* a cremagliera. **Zahn|rad|über|set|zung, Zahn|rad|über|tra|gung** f. *(-,-en)* trasmissione *f.* a ingranaggi.
Zahn|rei|he f. *(-,-n)* fila *f.* dei denti, chiostra *f.* **Zahn|schmelz** m. *(-es)* smalto *m.* dentario. **Zahn|schmerz** m. *(-es,-en)* mal *m.* di denti. **Zahn|sei|de** f. *(-,-n)* filo *m.* interdentale. **Zahn|span|ge** f. *(-,-n)* apparecchio *m.* (protesico). **Zahn|spie|gel** m. *(-s,-)* specchietto *m.* del, da dentista. **Zahn|stan|ge** f. *(-,-n)* asta *f.* dentata. **Zahn|stein** m. *(-[e]s)* tartaro *m.* **Zahn|sto|cher** m. *(-s,-)* stuzzicadenti *m.* **Zahn|stumpf** m. *(-[e]s,-stümpfe)* moncone *m.* di dente.
Zahn|tech|nik f. *(-)* odontotecnica *f.* **Zahn|tech|ni|ker** m. *(-s,-)* odontotecnico *m.*, tecnico *m.* dentista. **Zahn|tech|ni|ke|rin** f. *(-,-nen)* odontotecnica *f.*, tecnico *m.* dentista.
Zah|nung f. *(-,-en)* dentellatura *f.* **Zäh|nung** f. *(-,-en)* dentatura *f.*, dentellatura *f.* **Zahn|ver|fall** m. *(-s)* deterioramento *m.* dei denti. **Zahn|ver|lust** m. *(-[e]s,-e)* perdita *f.* dei denti. **Zahn|weh** n. *(-[e]s)* COLLOQ. → **Zahnschmerz. Zahn|wur|zel** f. *(-,-n)* radice *f.* dentaria.
Zäh|re f. *(-,-n)* LETT. O REGION. lacrima *f.*
Za|i|rer m. *(-s,-)* zairese *m.* **za|i|risch** agg. zairese.
Zan|der m. *(-s,-)* lu(c)cioperca *m.*
Zan|ge f. *(-,-n)* **1** tenaglia *f.*, tenaglie *f.pl.* (anche MED. ZOOL.): ***einen Nagel mit einer ~ herausziehen*** sconficcare un chiodo con le tenaglie; ***etw. mit der ~ ziehen*** estrarre qcs. con la tenaglia **2** *(Geburtszange)* forcipe *m.* ◆ COLLOQ. ***ich möchte es nicht mit der ~ anfassen*** non lo prenderei neanche con le molle; ***jdn in die ~ nehmen*** stringere qcn. in una morsa.
Zan|gen|be|we|gung f. *(-,-en)* movimento *m.* (*o* manovra *f.*) a tenaglia. **Zan|gen|ent|bin|dung** f. *(-,-en)* parto *m.* con il forcipe. **zan|gen|för|mig** agg. a (forma di) tenaglia. **Zan|gen|ge|burt** f. *(-,-en)* → **Zangenentbindung. Zan|gen|griff** m. *(-[e]s,-e)* presa *f.* a tenaglia, morsa *f.* (anche FIG.). **Zäng|lein** n. *(-s,-)* tenaglietta *f.*
Zank m. *(-[e]s)* lite *f.*, litigio *m.*; ***in dieser Familie herrschen ständig Streit und ~*** in questa famiglia si litiga continuamente; ***in ~ um, über etw. (A) geraten*** attaccar lite (*o* briga) su qcs. **Zank|ap|fel** m. *(-s,-äpfel)* pomo *m.* della discordia. **zan|ken I** intr. (aus. *haben*) REGION. sgridare: ***seine Mutter hat mit ihm sehr gezankt*** sua madre lo ha sgridato per bene **II** rifl. **sich ~** litigare, bisticciare: ***sich mit jdm um etw. ~*** litigare con qcn. per qcs.
Zän|ker m. *(-s,-)* attaccabrighe *m.* **Zan|ke|rei** f. *(-,-en)* COLLOQ. lite *f.*, litigio *m.* **Zän|ke|rei** f. *(-,-en)* bisticcio *m.* **zän|kisch** agg. litigioso.

Zank|sucht f. *(-)* litigiosità *f.*, rissosità *f.* **zank|süch|tig** agg. litigioso, rissoso.

Zapf m. *(-[e]s, Zäpfe)* **1** REGION. *(Ausschank)* mescita *f.* **2** RAR. → **Zapfen.**

Zäpf|chen n. *(-s,-)* **1** *(Medikament)* supposta *f.*: ***ein ~ einführen*** mettere una supposta **2** BOT. piccola pigna *f.* **3** piccolo zaffo *m.* **4** ANAT. ugola *f.* **Zäpf|chen-R** n. *(-)* r *f.* gutturale.

zap|fen tr. **1** *(Bier, Wein)* spillare **2** *(Wasser)* attingere **3** FAL. mortasare ◆ ***Benzin ~*** fare benzina.

1.Zap|fen n. *(-s)* **1** spillatura *f.* **2** *(vom Wasser)* presa *f.*

2.Zap|fen m. *(-s,-)* **1** pigna *f.*; *(Frucht)* strobilo *m.* **2a** *(Stöpsel)* tappo *m.*, zaffo *m.*: ***einen ~ in das Fass schlagen*** mettere un tappo alla botte **b** REGION. *(Korken)* tappo *m.* **3** FAL. tenone *m.* **4** *(Bolzen)* perno *m.* **5** *(Eiszapfen)* ghiacciolo *m.* **6** ANAT. *(im Auge)* cono *m.* **zap|fen|ar|tig** agg. → **zapfenförmig. Zap|fen|auf|hän|gung** f. *(-,-en)* sospensione *f.* a perno. **Zap|fen|boh|rer** m. *(-s,-)* succhiello *m.* **zap|fen|för|mig** agg. a forma di pigna, conico. **Zap|fen|streich** m. *(-[e]s,-e)* ritirata *f.*, COLLOQ. silenzio *m.*: ***den ~ blasen*** suonare la ritirata. **Zap|fen|zie|her** m. *(-s,-)* REGION. cavatappi *m.* **Zap|fer** m. *(-s,-)* birraio *m.* **Zapf|hahn** m. *(-[e]s,-hähne)* **1** *(für Bier, Wein)* spina *f.* **2** *(für Benzin)* erogatore *m.* **Zapf|säu|le** f. *(-,-n)* distributore *m.* di (*o* pompa *f.* di, della) benzina. **Zapf|stel|le** f. *(-,-n)* **1** *(Tankstelle)* stazione *f.* di servizio **2** *(für Wasser)* punto *m.* di presa, presa *f.* (d'acqua).

Zap|pe|ler → **Zappler. zap|pe|lig** agg. COLLOQ. agitato, irrequieto. **Zap|pe|lig|keit** f. *(-)* COLLOQ. agitazione *f.*, irrequietezza *f.* **zap|peln** intr. (aus. *haben*) **1** dibattersi: ***ein Fisch zappelt im Netz*** un pesce si dibatte nella rete **2** dimenarsi, agitarsi: ***vor Ungeduld ~*** agitarsi per l'impazienza **3** ***mit den Beinen ~*** sgambettare ◆ ***jdn ~ lassen*** tenere qcn. sulla corda, col cuore sospeso. **Zap|pel|phi|lipp** m. *(-s,-e- e -s)* COLLOQ. SPREG. saltamartino *m.*

zap|pen|dus|ter agg. COLLOQ. completamente buio; FIG. ***damit ist's ~*** è buio pesto.

Zapp|ler m. *(-s,-)* COLLOQ. irrequieto *m.* **zapp|lig** → **zappelig. Zapp|lig|keit** → **Zappeligkeit.**

Zar m. *(-en,-en)* zar *m.*

Za|ra|go|za n.pr.n. *(-s)* Saragozza *f.*

Za|ren|herr|schaft f. *(-)* zarismo *m.*, dominio *m.* degli zar. **Za|ren|reich** n. *(-es)* impero *m.* zarista. **Za|ren|tum** n. *(-s)* zarismo *m.* **Za|re|witsch** m. *(-[e]s,-e)* zarevic *m.* **Za|rew|na** f. *(-,-s)* zarevna *f.*

Zar|ge f. *(-,-n)* **1** *(von Türen, Fenstern, Stühlen)* intelaiatura *f.*, telaio *m.* **2** *(von Musikinstrumenten)* fascia *f.*

Za|rin f. *(-,-nen)* zarina *f.* **Za|ris|mus** m. *(-)* zarismo *m.* **za|ris|tisch** agg. zarista.

zart I agg. **1** tenero: ***ein -es Pflänzchen*** una piantina tenera; ***-e Knospen*** tenere gemme; ***im -en Alter von zwei Jahren*** alla tenera età di due anni; *(mürbe)* ***-es Fleisch*** carne tenera **2a** *(sanft)* delicato: ***-e Hände, Haut*** mani delicate, pelle delicata; *(schwächlich)* ***eine -e Konstitution*** una costituzione delicata **b** FIG. *(feinfühlig)* ***-es Gemüt*** animo delicato **3** *(fein)* fine: ***-es Porzellan, -e Seide*** porcellana, seta fine **4a** *(behutsam)* lieve: ***ein -er Windhauch*** un lieve alito di vento **b** *(von Farben, Licht, Klang)* tenue, lieve: ***ein -es Rosa*** un rosa tenue **5** FIG. *(zurückhaltend)* discreto: ***eine -e Andeutung*** un cenno discreto **II** avv. **1a** delicatamente **b** FIG. *(rücksichtsvoll)* con delicatezza, con riguardo: ***mit jdm ~ umgehen*** trattare qcn. con delicatezza **2** lievemente, leggermente: ***~ berühren*** toccare leggermente **3** *(zurückhaltend)* con discrezione **4** ***~ besaitet*** ipersensibile; ***~ fühlend*** delicato; *(empfindlich)* sensibile ◆ SCHERZ. ***das -e Geschlecht*** il sesso debole, il gentil sesso.

zart|bit|ter agg. leggermente amaro. **zart|blau** agg. azzurro tenue.

Zär|te f. *(-)* ANT. → **Zartheit. Zär|te|lei** f. *(-,-en)* tenerezze *f.pl.*, affettuosità *f.pl.* esagerate.

Zart|ge|fühl n. *(-[e]s)* **1** delicatezza *f.*, tatto *m.* **2** *(Empfindlichkeit)* sensibilità *f.* **zart|gelb** agg. giallo pallido. **zart|glied|rig** agg. gracile, delicato. **zart|grün** agg. verde pallido. **Zart|heit** f. *(-,-en)* tenerezza *f.*

zärt|lich I agg. tenero, affettuoso: ***ein -er Kuss*** un tenero bacio; ***eine -e Mutter*** una madre affettuosa; ***~ zu jdm sein*** essere affettuoso con qcn. **II** avv. **1** teneramente, affettuosamente: ***jdn ~ lieben*** amare teneramente qcn. **2** *(liebevoll)* amorevolmente: ***jdn ~ ansehen*** guardare amorevolmente qcn. **Zärt|lich|keit** f. *(-,-en)* tenerezza *f.*: ***für jdn eine große ~ empfinden*** provare (una) grande tenerezza per qcn.; ***eine Umarmung voller ~*** un abbraccio pieno di tenerezza; *(Liebkosung)* ***-en austauschen*** scambiarsi tenerezze.

zart|ro|sa agg. rosa pallido. **Zart|sinn** m. *(-[e]s)* ANT. → **Zartgefühl. zart|sin|nig** agg. ANT. → **zartfühlend.**

Zä|si|um n. *(-s)* cesio *m.*

Zas|ter m. *(-s)* COLLOQ. grana *f.*, soldi *m.pl.*

Zä|sur f. *(-,-en)* METR. MUS. cesura *f.*

Zau|ber m. *(-s,-)* **1a** incantesimo *m.*: ***~ treiben*** fare incantesimi; ***einen ~ anwenden*** ricorrere a un incantesimo; ***einen ~ aussprechen*** pronunciare un incantesimo; ***den ~ lösen*** sciogliere (*o* rompere) l'incantesimo **b** *(Zauberkraft)* potere *m.* magico **2** FIG. incanto *m.*, fascino *m.*: ***der ~ einer Landschaft*** l'incanto di un paesaggio; ***auf jdn einen ~ ausüben*** esercitare fascino su qcn.; ***der ~ des Verbotenen, einer Person*** il fascino del proibito, di una persona **3** COLLOQ. SPREG. *(großes Aufheben)* baccano *m.*: ***einen mächtigen ~ veranstalten*** fare un gran baccano ◆ ***fauler ~*** imbroglio, inganno; ***den ~ kenne ich!*** conosco il trucco! COLLOQ. ***was kostet der (ganze) ~?*** quanto costa (tutta) questa roba?

Zau|ber|bann m. *(-[e]s)* LETT. incantesimo *m.* **Zau|ber|berg** m. *(-[e]s)* montagna *f.* incantata. **Zau|ber|buch** n. *(-[e]s,-bücher)* libro *m.* di magia, magico. **Zau|be|rei** f. *(-,-en)* **1** magia *f.*, incantesimi *m.pl.*: ***an ~ glauben*** credere alla magia **2** → **Zaubertrick. Zau|be|rer** m. *(-s,-)* mago *m.* **Zau|ber|flö|te** f. *(-,-n)* flauto *m.* magico. **Zau|ber|for|mel** f. *(-,-n)* formula *f.* magica. **zau|ber|haft I** agg. incantevole **II** avv. in modo incantevole. **Zau|ber|hand, *wie von, durch ~*** come per incanto. **Zau|be|rin** f. *(-,-nen)* maga *f.* **zau|be|risch** agg. magico: ***eine -e Stimmung*** una magica atmosfera. **Zau|ber|kas|ten** m. *(-s,-kästen)* scatola *f.* dei trucchi (da mago).

Zau|ber|kraft f. *(-,-kräfte)* potere *m.* magico. **zau|ber|kräf|tig** agg. con poteri magici, magico: ***-er Trank*** pozione magica.

Zau|ber|kunst f. *(-,-künste)* arte *f.* magica. **Zau|ber|künst|ler** m. *(-s,-)* prestigiatore *m.*, illusionista *m.* **Zau|ber|kunst|stück** n. *(-[e]s,-e)* gioco *m.* di prestigio.

Zau|ber|lehr|ling m. *(-s,-e)* apprendista *m.* stregone. **Zau|ber|mär|chen** n. *(-s,-)* racconto *m.* di fate. **Zau|ber|mit|tel** n. *(-s,-)* **1** oggetto *m.* magico **2** *(Zaubertrank)* filtro *m.* magico. **zau|bern I** intr. (aus. *haben*) **1** fare incantesimi **2** *(Zauberkunststücke vorführen)* fare giochi di prestigio **II** tr. **1** fare apparire (con un incantesimo): ***eine Taube aus dem Hut ~*** fare apparire una colomba dal cappello **2** FIG. inventare ◆ ***ich kann doch nicht ~!*** non posso fare miracoli! **Zau|ber|ring** m. *(-[e]s,-e)* anello *m.* magico. **Zau|ber|schlag, *wie durch ~*** come per incanto. **Zau|ber|spruch** m. *(-[e]s,-sprüche)* formula *f.* magica. **Zau|ber|stab** m. *(-[e]s,-stäbe)* bacchetta *f.* magica. **Zau|ber|trank** m. *(-[e]s,-tränke)* pozione *f.* magica, filtro *m.* magico. **Zau|ber|trick** m. *(-s,-s)* trucco *m.* (da mago). **Zau|ber|we|sen** n. *(-s)* magia *f.* **Zau|ber|wort** n. *(-[e]s,-e)* parola *f.* magica. **Zau|ber|wur|zel** f. *(-,-n)* radice *f.* magica. **Zaub|rer** → **Zauberer.**

Zau|de|rei f. *(-,-en)* titubanza *f.*, tentennamento *m.* **Zau|de|rer** m. *(-s,-)* persona *f.* titubante, tentennante. **zau|dern** intr. (aus. *haben*) titubare, tentennare: ***mit etw. ~*** tentennare in qcs. **Zaud|rer** → **Zauderer.**

Zaum m. *(-[e]s, Zäume)* briglia *f.*: ***dem Pferd den ~ anlegen*** mettere la briglia al cavallo ◆ ***jdn, etw. im ~ (-e) halten*** tenere a freno qcn., qcs.; ***sich im ~ (-e) halten*** frenarsi.

zäu|men tr. imbrigliare: ***das Pferd ~*** imbrigliare il cavallo. **Zäu|mung** f. *(-,-en)* imbrigliamento *m.* **Zaum|zeug** n. *(-[e]s,-e)* briglia *f.*

Zaun m. *(-[e]s, Zäune)* recinto *m.*, recinzione *f.*: ***ein ~ aus Latten, Maschendraht*** uno steccato, una recinzione di rete metallica; ***einen ~ um etw. errichten, ziehen*** innalzare una recinzione intorno a qcs. ◆ ***einen Streit, Krieg vom ~ (-e) brechen*** fare scoppiare una lite, una guerra; ***ein lebender ~*** una siepe viva.

zäu|nen tr. recintare.

Zaun|gast m. *(-es,-gäste)* COLLOQ. GERG. = persona *f.* che sta a guardare, spettatore *m.* **Zaun|kö|nig** m. *(-[e]s,-e)* ZOOL. scricciolo *m.* **Zaun|pfahl** m. *(-[e]s,-pfähle)* palo *m.* di, del recinto ◆ ***mit dem ~ winken*** = fare un'allusione esplicita. **Zaun|re|be** f. *(-,-n)* vite *f.* rampicante. **Zaun|rü|be** f. *(-,-n)* brionia *f.*, vite *f.* bianca. **Zaun|schlüp|fer** m. *(-s,-)* REGION. → **Zaunkönig. Zaun|werk** n. *(-[e]s,-e)* opera *f.* di recinzione. **Zaun|win|de** f. *(-,-n)* convolvolo *m.* delle siepi.

zau|sen tr. **1** stropicciare; *(Haar)* arruffare stropicciando: ***jds Haar ~, jdn ~*** stropicciare i capelli di qcn. **2** *(vom Wind)* scompigliare: ***der Wind zaust die Baumkronen*** il vento scompiglia le chiome degli alberi. **zau|sig** agg. AUSTR. arruffato.

z. B. ⇒ *zum Beispiel* per esempio (p.es., per es.).

z. b. V. ⇒ *zur besonderen Verwendung* per uso speciale.

z. D. ⇒ *zur Disposition* a disposizione.

z. d. A. ⇒ *zu den Akten* agli atti.

ZDF ⇒ *Zweites Deutsches Fernsehen* seconda rete televisiva (tedesca).

Ze|ba|ot, BIBL. ***der Herr ~, Gott ~*** Dio degli eserciti.

Ze|bra n. *(-s,-s)* zebra *f.* **Ze|bra|strei|fen** m. *(-s,-)* zebratura *f.* stradale, zebre *f.pl.*

Ze|bu m. e n. *(-s,-s)* zebù *m.*

Zech|bru|der m. *(-s,-brüder)* COLLOQ. **1** bevitore *m.* **2** → **Zechgenosse.** **Ze|che** f. *(-,-n)* **1** conto *m.*: ***seine ~ bezahlen*** pagare il conto **2** *(Bergwerk)* cava *f.*, miniera *f.*: ***auf einer ~ arbeiten*** lavorare in una miniera ◆ FIG. ***die ~ bezahlen*** pagare lo scotto; ***eine große ~ machen*** = consumare molto (in un locale); COLLOQ. ***die ~ prellen*** = non pagare il conto. **ze|chen** intr. (aus. *haben*) sbevazzare, gozzovigliare. **Ze|cher** m. *(-s,-)* ANT. o SCHERZ. bevitore *m.*: ***ein lustiger ~*** un allegro bevitore. **Ze|che|rei** f. *(-,-en)* ANT. o SCHERZ. bevuta *f.*, sbevazzata *f.* **Zech|ge|la|ge** n. *(-s,-)* ANT. → **Zecherei.** **Zech|ge|nos|se** m. *(-n,-n)* compagno *m.* di bevute. **Zech|ge|sell|schaft** f. *(-,-en)* compagnia *f.* di bevitori.

Ze|chi|ne f. *(-,-n)* zecchino *m.*

Zech|kum|pan m. *(-s,-e)* compare *m.* di bevute. **Zech|prel|ler** m. *(-s,-)* = chi non paga il conto. **Zech|tour** [-tu:r] f. *(-)* giro *m.* delle osterie.

Zeck m. *(-[e]s,-e)* REGION. AUSTR., **Ze|cke** f. *(-,-n)* zecca *f.*

Ze|dent m. *(-en,-en)* DIR. cedente *m.*

Ze|der f. *(-,-n)* cedro *m.* **ze|dern** agg. di (legno di) cedro. **Ze|dern|holz** n. *(-es)* legno *m.* di cedro.

ze|die|ren tr. DIR. cedere: ***jdm etw., etw. an jdn ~*** cedere qcs. a qcn.; ***eine Forderung ~*** cedere un credito.

Zee|se f. *(-,-n)* rete *f.* a strascico.

Zeh m. *(-s,-en)*, **Ze|he** f. *(-,-n)* **1** dito *m.* del piede: ***die große, die kleine ~*** l'alluce, il mignolo; ***sich auf die -n stellen*** mettersi in punta di piedi **2** *(beim Knoblauch)* spicchio *m.* ◆ ***jdm auf die -n treten*** pestare i piedi a qcn.; FIG. offendere inavvertitamente qcn.; *(zur Eile antreiben)* spingere qcn. **Ze|hen|gän|ger** m. *(-s,-)* ZOOL. animale *m.* digitigrado. **Ze|hen|na|gel** m. *(-s,-nägel)* unghia *f.* del piede. **Ze|hen|spit|ze** f. *(-,-n)* ***auf -n*** in punta di piedi; ***sich auf die -n stellen*** mettersi in punta di piedi.

Ze|hent → **Zehnt.**

zehn agg.inv. **1** dieci: ***es waren ihrer ~*** erano in dieci; ***die ~ Finger der Hände*** le dieci dita delle mani; ***heute in ~ Tagen*** fra dieci giorni, dieci giorni a oggi; ***mit der Linie ~ fahren*** prendere il dieci (linea del tram o del bus) **2** *(zehn Uhr)* le dieci: ***gegen ~ Uhr*** verso le dieci; ***um ~*** alle dieci; ***es war, schlug halb ~*** erano, battevano le nove e mezza; ***ein Viertel vor, nach ~*** un quarto alle dieci, le dieci e un quarto. **Zehn** f. *(-,-en)* **1a** dieci *m.* **b** COLLOQ. *(Straßenbahn, Bus)* ***die ~*** il dieci **2** *(Spielkarte)* dieci *m.*: ***die ~ ablegen*** scartare il dieci. **Zehn|eck** n. *(-[e]s,-e)* decagono *m.* **zehn|eckig** agg. decagonale.

1.Zeh|ner m. *(-s,-)* **1** decina *f.* **2** COLLOQ. *(Zehnmarkschein)* pezzo *m.* da dieci marchi, deca *m.* **3** REGION. *(Zehn)* dieci *m.*

2.Zeh|ner f. *(-,-)* → **Zehnpfennigbriefmarke.**

Zeh|ner|bruch m. *(-[e]s,-brüche)* frazione *f.* decimale. **Zeh|ner|kar|te** f. *(-,-n)* **1** *(Fahrkarte)* biglietto *m.* da dieci corse **2** *(Eintrittskarte)* biglietto *m.* per dieci ingressi. **zeh|ner|lei I** agg.inv. dieci ... (diversi): ***in ~ Farben*** in dieci colori diversi **II** pron. dieci cose *f.pl.* (diverse). **Zeh|ner|pa|ckung** f. *(-,-en)* confezione *f.* da dieci (pezzi). **Zeh|ner|stel|le** f. *(-,-n)* decine *f.pl.* **Zeh|ner|sys|tem** n. *(-s,-e)* sistema *m.* decimale.

zehn|fach I agg. decuplo, di dieci volte **II** avv. dieci volte. **Zehn|fa|che** n. *(-n)* decuplo *m.*, dieci volte *f.pl.*; ***um das ~ vermehren*** decuplicare.

Zehn|flach n. *(-[e]s,-e)* decaedro *m.* **zehn|flä|chig** agg. decaedrico. **Zehn|fläch|ner** m. *(-s,-)* → **Zehnflach.**

Zehn|fü|ßer m. *(-s,-)* decapode *m.* **zehn|fü|ßig** agg. di dieci piedi.

Zehn|jah|res|fei|er → **Zehnjahrfeier.** **Zehn|jah|res|tag** m. *(-[e]s,-e)* (giorno *m.* del) decimo anniversario *m.* **Zehn|jahr|fei|er** f. *(-,-n)* decennale *m.*, decimo anniversario *m.* **zehn|jäh|rig** agg. **1** di dieci anni, decenne: ***ein -es Mädchen*** una ragazzina di dieci anni **2** *(zehn Jahre dauernd)* decennale: ***-e Pläne*** piani decennali. **zehn|jähr|lich I** agg. decennale, che ricorre ogni dieci anni **II** avv. ogni dieci anni.

Zehn|kampf m. *(-[e]s,-kämpfe)* decat(h)lon *m.* **Zehn|kämp|fer** m. *(-s,-)* decatleta *m.*

Zehn|ka|rä|ter m. *(-s,-)* pietra *f.* da dieci carati. **zehn|ka|rä|tig** agg. da, di dieci carati.

zehn|mal avv. dieci volte. **zehn|ma|lig** agg. di dieci volte.

Zehn|mark|schein m. *(-[e]s,-e)* banconota *f.* da dieci marchi.

Zehn|pfen|nig|brief|mar|ke f. *(-,-n)* francobollo *m.* da dieci pfennig. **Zehn|pfen|nig|stück** n. *(-[e]s,-e)* moneta *f.* da dieci pfennig.

zehnt, zu ~ in dieci (persone): ***sie waren zu ~*** erano in dieci.

Zehnt m. *(-en,-en)* STOR. decima *f.*

zehn|tau|send agg.inv. diecimila ◆ ***die oberen ~*** l'alta società.

zehn|te agg. **1** decimo **2** *(im Datum)* dieci: ***München, den -n Mai*** Monaco, dieci maggio; ***am -n März*** il dieci marzo.

1.Zehn|te m. e f. *(-n,-n)* **1** decimo *m.* (-a *f.*): ***er ist der ~ von links*** è il decimo da sinistra **2** *(als Monatstag)* dieci *m.*: ***am -n des Monats*** il dieci del mese; ***heute ist der ~*** oggi è il dieci.

2.Zehn|te m. *(-n,-n)* → **Zehnt.**

zehn|tel agg.inv. decimo: ***eine ~ Sekunde*** un decimo di secondo. **Zehn|tel** n. e SVIZZ. m. *(-s,-)* decimo *m.*: ***zwei, drei ~*** due, tre decimi. **zehn|teln** tr. dividere in dieci parti. **Zehn|tel|se|kun|de** f. *(-,-n)* decimo *m.* di secondo. **zehn|tens** avv. (per) decimo, in decimo luogo.

Zehn|ton|ner m. *(-s,-)* autocarro *m.* da dieci tonnellate.

Zehnt|recht n. *(-[e]s)* STOR. diritto *m.* di decima.

zehn|und|ein|halb agg.inv. dieci e mezzo.

zeh|ren intr. (aus. *haben*) **1a** consumare: ***von den Vorräten, vom Kapital ~*** consumare le provviste, il capitale **b** FIG. consumare, rodere: ***der Kummer zehrt an ihr*** il dolore la consuma (*o* si consuma per il dolore); ***die Sorgen ~ an ihm*** lo rodono le preoccupazioni **2** far deperire: ***Fieber zehrt*** la febbre fa deperire **3** FIG. vivere, nutrirsi: ***von schönen Erinnerungen ~*** vivere di bei ricordi. **zeh|rend** p.pres. agg. **1** → **zehren 2** ***-es Fieber*** febbre di consunzione. **Zehr|geld** n. *(-[e]s,-er)*, **Zehr|pfen|nig** m. *(-s,-e)* ANT. denaro *m.* per il vitto. **Zeh|rung** f. *(-,-en)* ANT. provviste *f.pl.* (per il viaggio). **Zehr|wes|pen** pl. calcididi *m.pl.*

Zei|chen n. *(-s,-)* **1a** segno *m.*, segnale *m.*: ***das ~ zum Anfang, zum Angriff geben*** dare il segno dell'inizio, dell'attacco; ***jdm ein ~ geben, machen*** dare, fare un segnale a qcn. **b** segno *m.*: ***sich ein ~ ins Buch machen, legen*** fare, mettere un segno nel libro; ***ein ~ in den Baum kerben*** incidere un segno nell'albero; *(Symbol)* ***die Sprache ist ein System von ~*** la lingua è un sistema di segni; *(Symptom, Vorzeichen)* ***die ersten ~ einer Krankheit*** i primi segni di una malattia; ***zum ~ der Dankbarkeit*** in segno di gratitudine; ***das ist kein gutes ~*** non è un buon segno; ***ein schlechtes ~*** un brutto, cattivo segno; ***das ist ein ~ dafür, dass...*** questo è un segno che...; ***als ~, zum ~ einer Sache*** come segno di qcs.; ***er hielt es für ein ~ der Schwäche*** lo prese come un segno di debolezza; *(Sternbild)* ***er ist im ~ der Waage geboren*** è nato nel segno della bilancia **c** segnale *m.*: ***hörbares, sichtbares ~*** segnale acustico, ottico **2** segno *m.*, gesto *m.*, cenno *m.*: ***sich durch ~ miteinander verständigen*** capirsi a segni; ***jdn durch ein ~ warnen*** avvertire qcn. con un gesto **3** *(Namenszeichen)* sigla *f.*: ***sein ~ unter einen Text setzen*** apporre la propria sigla a un testo **4** *(Symbol)* simbolo *m.*: ***mathematisches, chemisches ~*** simbolo matematico, chimico **5** *(Satzzeichen)* segno *m.* d'interpunzione, punteggiatura *f.*: ***die ~ setzen*** mettere la punteggiatura **6** COMM. riferimento *m.* ◆ MUS. ***bis zum ~*** al segno; ***im ~ von etw. stehen, geschehen, leben*** essere, accadere, vivere all'insegna di qcs.; ***er ist seines -s Schneider (Schneider seines -s)*** di mestiere fa il sarto; ***ein ~ setzen*** = aprire una strada nuova; ***wenn nicht alle ~ trügen*** se le apparenze non ingannano; ***unter einem guten (glücklichen, günstigen) ~ stehen*** essere sotto buoni auspici; ***es geschehen noch ~ und Wunder!*** accadono ancora i miracoli! ***die ~ der Zeit*** i segni dei tempi.

Zei|chen|block m. *(-[e]s,-blöcke* e *-s)* blocco *m.* da disegno. **Zei|chen|bo|gen** m. *(-s,-* e *-bögen)* foglio *m.* da disegno. **Zei|chen|brett** n. *(-[e]s,-er)* tavoletta *f.* da disegno. **Zei|chen|drei|eck** n. *(-[e]s,-e)* squadra *f.* **Zei|chen|er|klä|rung** f. *(-,-en)* legenda *f.* **Zei|chen|fe|der** f. *(-,-n)* pennino *m.* da disegno. **Zei|chen|film** m. *(-[e]s,-e)* → **Zeichentrickfilm.** **Zei|chen|ge|bung** f. *(-,-en)* segnalazione *f.* **zei|chen|haft** agg. simbolico. **Zei|chen|heft** n. *(-[e]s,-e)* quaderno *m.* da disegno. **Zei|chen|koh|le** f. *(-,-n)* carboncino *m.* (da disegno). **Zei|chen|leh|rer** m. *(-s,-)* insegnante *m.* di disegno. **Zei|chen|ma|schi|ne** f. *(-,-n)* tecnigrafo *m.* **Zei|chen|pa|pier** n. *(-s)* carta *f.* da disegno. **Zei|chen|saal** m. *(-[e]s,-säle)* aula *f.* di disegno. **Zei|chen|schutz** m. *(-es)* tutela *f.* del marchio di fabbrica. **Zei|chen|set|zung** f. *(-,-en)* punteggiatura *f.*, interpunzione *f.* **Zei|chen|spra|che** f. *(-,-n)* linguaggio *m.* dei gesti. **Zei|chen|stift** m. *(-[e]s,-e)* matita *f.* da disegno. **Zei|chen|tisch** m. *(-es,-e)* tavolo *m.* da disegno. **Zei|chen|trick|film** m. *(-[e]s,-e)* cartone *m.* (*o* disegno *m.*) animato. **Zei|chen|un|ter|richt** m. *(-[e]s,-e)* lezione *f.* di disegno.

zeich|nen tr. **1** disegnare (anche assol.): ***nach der Natur (nach dem Leben), mit Bleistift, mit Kohle ~*** disegnare dal vero, a matita, a carboncino; ***ein Porträt, eine Landschaft, einen Plan ~*** disegnare un ritratto, un paesaggio, un progetto; ***~ lernen*** imparare a disegnare **2** FIG. *(darstellen)* disegnare, delineare: ***eine Romanfigur realistisch ~*** delineare il personaggio di un romanzo in modo realistico **3** *(kennzeichnen)* contrassegnare, marcare, marchiare: ***Waren, Wäsche (mit einem Monogramm) ~*** contrassegnare (*o* marcare) le merci, la biancheria (con un monogramma); ***das Vieh ~*** marchiare il bestiame **4** FIG. segnare: ***die Krankheit hatte ihn gezeichnet*** la malattia lo aveva segnato; ***vom Tod, Schicksal ge-***

zeichnet sein essere segnato dalla morte, dal destino **5a** *(unterzeichnen)* sottoscrivere: ***Aktien, einen Betrag von tausend Mark ~*** sottoscrivere azioni, un importo di mille marchi **b** *(verantwortlich sein)* firmare: ***als Verfasser des Artikels zeichnet Herr Lang*** l'articolo è firmato dal Signor Lang; ***für etw. ~*** assumersi la responsabilità di qcs. **Zeich|nen** n. *(-s)* disegno *m.*: ***künstlerisches, technisches ~*** disegno artistico, tecnico.

Zeich|ner m. *(-s,-)* **1** disegnatore *m.*: ***technischer ~*** disegnatore tecnico (*o* industriale); ***~ für Zeichentrickfilme*** disegnatore di cartoni animati **2** *(von Aktien, Anleihen)* sottoscrittore *m.* **Zeich|ne|rin** f. *(-,-nen)* **1** disegnatrice *f.* **2** *(von Aktien, Anleihen)* sottoscrittrice *f.* **zeich|ne|risch I** agg. grafico **II** avv. graficamente ◆ ***ein -es Talent haben, ~ begabt sein*** avere talento per il disegno.

Zeich|nung f. *(-,-en)* **1a** disegno *m.*: ***eine ~ entwerfen, anfertigen, ausführen*** fare, eseguire un disegno; ***eine naturgetreue, maßstabgetreue ~*** un disegno conforme all'originale, in scala; ***technische ~*** disegno tecnico, industriale **b** *(Musterung)* disegno *m.*, motivo *m.* **2** FIG. *(Darstellung)* descrizione *f.*, raffigurazione *f.*: ***die lebendige ~ der dramatischen Figuren*** la vivace descrizione dei personaggi drammatici **3** sottoscrizione *f.*: ***eine Anleihe zur ~ auflegen*** offrire un prestito in pubblica sottoscrizione. **zeich|nungs|be|rech|tigt** agg. autorizzato a firmare, alla firma. **Zeich|nungs|be|rech|ti|gung** f. *(-,-en)* autorizzazione *f.* a firmare, (facoltà *f.* di) firma *f.*

Zei|ge|fin|ger m. *(-s,-)* dito *m.* indice, indice *m.*: ***mit dem ~ auf etw. zeigen, deuten*** additare qcs. con l'indice.

zei|gen I tr. **1** *(sehen lassen)* mostrare: ***jdm etw. ~*** mostrare qcs. a qcn.; ***die Pässe ~*** mostrare i passaporti **2** *(angeben)* indicare, mostrare: ***jdm den Weg ~*** indicare la via a qcn.; ***zeige mir doch bitte, wie es gemacht wird*** mostrami come si fa **3** *(spüren lassen)* mostrare, dimostrare: ***Angst, Verständnis ~*** mostrare paura, comprensione; ***seine Gefühle ~*** (di)mostrare i propri sentimenti; ***die Erfahrung hat gezeigt, dass...*** l'esperienza ha dimostrato che...; ***jdm seine Liebe ~*** dimostrare a qcn. il proprio amore **4** *(anzeigen)* segnare, indicare: ***die Uhr zeigt zehn*** l'orologio segna le dieci **II** intr. (aus. *haben*) **1** *(deuten)* indicare: ***auf jdn, etw. mit dem Finger ~*** indicare qcn., qcs. col dito (*o* additare qcn., qcs.); ***er zeigt in diese Richtung*** indica questa direzione **2** *(angeben)* indicare, segnare: ***die Magnetnadel zeigt nach Norden*** l'ago della bussola indica il nord; ***der Zeiger zeigt auf sechs*** la lancetta segna le sei **III** rifl. **sich ~ 1a** mostrarsi: ***sich in der Öffentlichkeit ~*** mostrarsi in pubblico **b** COLLOQ. *(sich zur Schau stellen)* mettersi in mostra, farsi guardare **2** *(sich erweisen)* mostrarsi, dimostrarsi: ***sich dankbar ~*** mostrarsi grato; ***sich als guter Freund ~*** dimostrarsi un buon amico **3** *(erscheinen)* apparire: ***die ersten Sterne ~ sich am Himmel*** le prime stelle appaiono in cielo ◆ ***es zeigt sich, dass...*** si vede (*o* è chiaro) che...; ***es wird sich ja ~, ob...*** si vedrà (*o* vedremo) se...; ***dem werde ich's aber ~!*** gliela farò vedere io!

Zei|ger m. *(-s,-)* **1** indicatore *m.*, indice *m.*; *(Nadel)* ago *m.* **2** lancetta *f.*: ***der große, kleine ~ der Uhr*** la lancetta dei minuti, delle ore; ***der ~ steht, zeigt auf neun*** la lancetta segna le nove; ***den ~ vor-, zurückstellen*** mettere avanti, indietro la lancetta. **Zei|ger|aus|schlag** m. *(-[e]s,-ausschläge)* deviazione *f.* dell'ago. **Zei|ge|stock** m. *(-[e]s,-stöcke)* bacchetta *f.*

zei|hen tr. *(zieh, geziehen)* accusare, incolpare: ***jdn einer Lüge ~*** accusare qcn. di una menzogna.

Zei|le f. *(-,-n)* **1** *(Schriftzeile)* riga *f.*, rigo *m.*: ***jdm ein paar -n schreiben*** scrivere due righe a qcn.; ***in, auf der vierten ~ von oben*** nella, alla quarta riga partendo dall'alto; ***er hat davon noch keine einzige ~ gelesen*** non ne ha ancora letto neanche una riga **2** *(Reihe)* riga *f.*, fila *f.*: ***eine lange ~ alter Häuser*** una lunga fila di vecchie case **3** TELEV. linea *f.* ◆ ***mit zwei -n Abstand schreiben*** scrivere con l'interlinea due; ***neue ~*** a capo; ***eine neue ~ anfangen*** andare a capo; ***zwischen den -n lesen*** leggere tra le righe. **Zei|len|ab|stand** m. *(-[e]s,-abstände)* interlinea *f.*: ***kleiner, doppelter ~*** interlinea singola, doppia. **Zei|len|bau|wei|se** f. *(-)* tipologia *f.* di case in linea. **Zei|len|ein|stel|ler** m. *(-s,-)* regolatore *m.* dell'interlinea. **Zei|len|ho|no|rar** n. *(-s,-e)* compenso *m.* a riga. **Zei|len|län|ge** f. *(-,-n)* TIP. giustezza *f.* **Zei|len|schal|ter** m. *(-s,-)* leva *f.* dell'interlinea. **Zei|len|schin|der** m. *(-s,-)* SPREG. scrittorucolo *m.* **Zei|len|sprung** m. *(-[e]s,-sprünge)* METR. enjambement *m.* **zei|len|wei|se** avv. a righe, a riga.

Zei|sig m. *(-s,-e)* lucherino *m.* ◆ FIG. ***ein lockerer ~*** uno sventato. **zei|sig|grün** agg. color lucherino.

zeit prep. + gen. ***~ meines, unseres Lebens*** per tutta la mia, la nostra vita, durante tutta la mia, la nostra vita.

Zeit f. *(-,-en)* **1a** tempo *m.*: ***die ~ vergeht, verrinnt, verstreicht*** il tempo passa; ***im Laufe der ~*** nel corso del tempo; ***keine ~ für jdn, etw. haben*** non avere tempo per qcn., qcs.; ***die ~ nutzen*** sfruttare il tempo; ***~ sparen, verlieren*** risparmiare, perdere tempo; ***versäumte ~*** tempo perso; ***etw. braucht, kostet, erfordert ~*** qcs. ha bisogno di, costa, richiede tempo; ***seine ~ mit jdm, etw. verbringen*** trascorrere il proprio tempo con qcn., qcs.; FIG. ***die ~ arbeitet für uns*** il tempo gioca in nostro favore, è dalla nostra parte **b** *(Zeitabschnitt)* ***kurze ~ darauf*** poco (tempo) dopo; ***in ganz kurzer ~*** in pochissimo tempo; ***lange ~*** per molto tempo, a lungo; ***eine ~ lang schweigen*** tacere (per) un momento; ***seit einiger, längerer ~*** da un po' di tempo, da parecchio tempo; ***vor einiger ~*** (qualche) tempo fa; ***die ganze ~ hindurch, über*** (per) tutto il tempo; ***wie viel ~ ist vergangen?*** quanto tempo è passato? **2** *(Zeitpunkt)* momento *m.*, tempo *m.*: ***die ~ für etw. ist gekommen*** è giunto il momento per (*o* di) qcs.; ***seit dieser ~*** da questo momento; ***um diese ~*** in questo momento; ***vor der ~*** prima del tempo; ***zu jeder ~*** in ogni momento; ***zur rechten ~*** al momento giusto, al tempo opportuno **3** *(Zeitraum)* periodo *m.*: ***die schönste ~ des Lebens, im Leben*** il più bel periodo della vita; ***eine schöne ~ verbringen, verleben*** trascorrere, vivere un bel periodo; ***während dieser ~*** durante questo periodo **4** *(Epoche)* tempo *m.*, epoca *f.*, età *f.*: ***die ~ des Barocks*** l'età del barocco; ***der Geist der ~*** lo spirito dell'epoca; ***in alten -en*** nei tempi antichi; ***in dieser ~*** di questi tempi; ***zu jener ~*** a quei tempi, allora; ***harte, schwere -en*** tempi duri; ***in seinen besten -en*** nei suoi tempi migliori; ***seiner ~ weit voraus sein*** precorrere i tempi **5** *(Uhrzeit)* ora *f.*: ***welche ~ ist es?*** che ora è? che ore sono? ***um welche ~?*** a che ora? **6** SPORT tempo *m.*: ***eine gute ~ laufen, fahren*** correre un buon tempo; ***die ~ stoppen, nehmen*** prendere il tempo, cronometrare **7** GRAMM. *(Zeitform)* tempo *m.*: ***einfache, zusammengesetzte -en*** tempi semplici, composti ◆ ***für alle ~*** per sempre; ***es ist an der ~ zu gehen*** è ora (*o* tempo) di andare; ***auf ~*** a termine, a tempo determinato; ***auf ~ spielen*** giocare a tempo; ***außer der ~*** fuori orario; ***bei diesen -en*** coi tempi che corrono; ***bessere -en gekannt (gesehen) haben*** aver visto tempi migliori; ***die ~ drängt*** il tempo stringe; ***es ist, wird ~*** è il momento; ***es ist höchste ~*** è ora, non c'è tempo da perdere; ***auf ewige -en*** in eterno, per l'eternità; ***seit ewigen -en*** da tempo immemorabile; ***zu gegebener ~*** al momento opportuno; ***seine ~ ist noch nicht gekommen*** non è ancora giunta la sua ora; ***es ist noch ~ genug*** c'è ancora tempo; ***~ gewinnen*** prendere (*o* guadagnare) tempo; ***zur gleichen ~*** allo stesso tempo, insieme; ***die gute alte ~*** il buon tempo antico; ***das hat ~*** c'è tempo, non c'è fretta; ***alle heiligen -en einmal*** a ogni morte di papa; ***in jüngster ~*** negli ultimi tempi; ***zu keiner ~*** mai; ***mir wird die ~ lang*** mi sto annoiando; ***im Laufe der ~*** nel corso del tempo; ***die ~ wird es lehren*** chi vivrà vedrà; ***in letzter ~*** negli ultimi tempi, ultimamente; COLLOQ. ***ach du liebe, meine ~!*** oh, mio Dio! santo cielo! ***mit der ~*** col (passare del) tempo, con l'andare del tempo; ***mit der ~ gehen*** andare al passo coi tempi; ***in nächster ~*** in un prossimo futuro, prossimamente; ***sich ~ nehmen*** prendere tempo; *(beim Boxen)* ***~ nehmen*** contare; ***das waren noch -en!*** che tempi! bei tempi! ***jdm die ~ rauben, stehlen*** rubare il tempo a qcn.; ***in der ~ sein*** rispettare i tempi; ***die ~ totschlagen*** ammazzare il tempo; *(nutzlos verbringen)* sprecare il (proprio) tempo; ***auf unbestimmte ~*** a tempo indeterminato; ***seit, vor undenklicher ~ (undenklichen -en)*** da tempo immemorabile; ***in unserer ~*** oggigiorno, nel tempo in cui viviamo; ***sich die ~ (mit etw.) vertreiben*** passare il tempo (con qcs.); ***von ~ zu ~*** di tanto in tanto, ogni tanto; ***vor -en*** una volta, un tempo; ***zu meiner ~*** ai miei tempi; PROV. ***alles zu seiner ~*** ogni cosa a suo tempo; ***die -en ändern sich*** i tempi cambiano; ***~ ist Geld*** il tempo è denaro; ***jdm ~ lassen*** dare tempo a qcn.; ***sich ~ lassen*** dar tempo al tempo; ***kommt ~, kommt Rat*** il tempo porta consiglio; ***wer nicht kommt zur rechten ~, der muss nehmen (essen, sehen) was übrig bleibt*** chi tardi arriva male alloggia; ***die ~ heilt alle Wunden*** il tempo guarisce ogni ferita, il tempo è il miglior medico per tutti i mali; ***zur ~*** → **zurzeit.**

zeit|ab|hän|gig agg. **1** dipendente, che dipende dal (*o* vincolato al) tempo **2** *(vom Zeitalter abhängig)* dipendente, che dipende dai tempi (*o* dall'epoca). **Zeit|ab|lauf** m. *(-[e]s,-abläufe)* corso *m.* del tempo. **Zeit|ab|schnitt** m. *(-[e]s,-e)* periodo *m.*, lasso *m.* (di tempo). **Zeit|al|ter** n. *(-s,-)* **1** età *f.*: ***das ~ Goethes, der Technik*** l'età di Goethe, della tecnica; ***das Goldene ~*** l'età dell'oro **2** era *f.* (anche GEOL.): ***christliches ~*** era cristiana. **Zeit|an|ga|be** f. *(-,-n)* **1** indicazione *f.* temporale **2** *(Uhrzeit)* ora *f.* **3** SPORT tempi *m.pl.* **Zeit|an|sa|ge** f. *(-,-n)* **1** *(im Rundfunk)* segnale *m.* orario **2** *(beim Telefon)* ora *f.* esatta. **Zeit|ar|beit** f. *(-,-en)* lavoro *m.* a tempo. **Zeit|auf|nah|me** f. *(-,-n)* FOT. posa *f.*

Zeit|auf|wand m. *(-[e]s)* dispendio *m.* di tempo. **zeit|auf|wen|dig** agg. che richiede molto tempo: ***eine -e Arbeit*** un lavoro che richiede molto tempo.

zeit|be|dingt agg. 1 condizionato dal (*o* dovuto al) tempo: ***-e Fehler*** errori dovuti al tempo 2 *(vom Zeitalter abhängig)* legato (*o* dovuto) ai tempi: ***-e Probleme*** problemi legati ai tempi. **Zeit|be|griff** m. *(-[e]s,-e)* nozione *f.* del tempo. **Zeit|be|stim|mung** f. *(-,-en)* 1 determinazione *f.* temporale 2 GRAMM. complemento *m.* di tempo. **Zeit|bild** n. *(-[e]s,-er)* quadro *m.* di un'epoca. **Zeit|bom|be** f. *(-,-n)* bomba *f.* a tempo (*o* a orologeria). **Zeit|dau|er** f. *(-)* durata *f.* **Zeit|deh|ner** m. *(-s,-)* → **Zeitlupe. Zeit|do|ku|ment** n. *(-[e]s,-e)* documento *m.* del tempo. **Zeit|druck** m. *(-[e]s)* ***in, unter ~*** sotto pressione.

Zeit|ein|heit f. *(-,-en)* unità *f.* di tempo. **Zeit|ein|tei|lung** f. *(-,-en)* suddivisione *f.* del tempo. **Zei|ten|fol|ge** f. *(-,-n)* GRAMM. consecutio *f.* temporum, correlazione *f.* dei tempi. **Zei|ten|wen|de** f. *(-,-n)* svolta *f.* epocale. **Zeit|er|schei|nung** f. *(-,-en)* sintomo *m.* (*o* espressione *f.*) dei tempi. **Zeit|er|spar|nis** f. *(-,-se)* risparmio *m.* di tempo. **Zeit|fah|ren** n. *(-s,-)* corsa *f.* a cronometro. **Zeit|fak|tor** m. *(-s,-en)* fattore *m.* tempo. **Zeit|fol|ge** f. *(-,-n)* sequenza *f.* temporale, successione *f.* **Zeit|form** f. *(-,-en)* GRAMM. tempo *m.*: ***in der ~ der Gegenwart*** al tempo presente. **Zeit|fra|ge** f. *(-)* questione *f.* di tempo: ***es ist nur eine ~*** è solo una questione di tempo. **zeit|ge|bun|den** agg. legato al proprio tempo. **Zeit|ge|fühl** n. *(-s,-e)* senso *m.* del tempo. **Zeit|geist** m. *(-[e]s)* spirito *m.* del tempo (*o* dell'epoca). **zeit|ge|mäß** agg. 1 conforme ai tempi 2 *(aktuell)* attuale: ***ein -es Thema*** un tema attuale.

Zeit|ge|nos|se m. *(-n,-n)* 1 contemporaneo *m.*: ***ein ~ Hegels*** un contemporaneo di Hegel 2 COLLOQ. *(Mitmensch)* tipo *m.*, tizio *m.*: ***ein sturer ~*** un tipo testardo. **zeit|ge|nös|sisch** agg. 1 contemporaneo, coevo, dell'epoca: ***-e Berichte*** notizie dell'epoca 2 *(gegenwärtig)* contemporaneo: ***-e Literatur*** letteratura contemporanea.

zeit|ge|recht agg. 1 adeguato (*o* conforme) ai tempi 2a AUSTR. SVIZZ. *(rechtzeitig)* tempestivo b *(pünktlich)* puntuale. **Zeit|ge|schäft** n. *(-[e]s,-e)* operazione *f.* (*o* affare *m.*) a termine. **Zeit|ge|sche|hen** n. *(-s)* avvenimento *m.* attuale.

Zeit|ge|schich|te f. *(-)* storia *f.* contemporanea. **zeit|ge|schicht|lich** agg. di, della storia contemporanea, contemporaneo.

Zeit|ge|winn m. *(-[e]s,-e)* risparmio *m.* di tempo. **zeit|gleich** I agg. contemporaneo, simultaneo: ***-e Vorgänge*** procedure simultanee II avv. contemporaneamente, simultaneamente, insieme: ***~ ins Ziel kommen*** arrivare insieme al traguardo. **Zeit|grün|de, *aus -n*** per motivi di tempo. **zeit|her** ANT. → **seither.**

zei|tig I agg. 1 *(frühzeitig)* precoce, anticipato: ***ein -er Winter*** un inverno precoce 2 *(früh)* primo: ***am -en Nachmittag*** nel primo pomeriggio 3 ANT. e REGION. *(reif)* maturo II avv. 1 precocemente, anticipatamente 2 *(früh)* presto, prima: ***~ aufstehen*** alzarsi presto; ***es wird jetzt ~ dunkel*** adesso diventa buio prima.

zei|ti|gen tr. ottenere, produrre: ***ein Ergebnis ~*** ottenere un risultato.

Zeit|kar|te f. *(-,-n)* abbonamento *m.* **Zeit|kar|ten|in|ha|ber** m. *(-s,-)* abbonato *m.* **Zeit|ko|lo|rit** n. *(-[e]s,-e* e *-s)* atmosfera *f.* dell'epoca (*o* del tempo).

Zeit|kri|tik f. *(-)* critica *f.* rispetto ai tempi attuali, all'epoca attuale. **zeit|kri|tisch** agg. critico nei confronti dell'attualità, rispetto ai tempi attuali: ***ein -er Roman*** un romanzo critico rispetto ai tempi, al presente.

Zeit|lauf m. *(-[e]s,-läuf[t]e)* 1 tempo *m.*: ***in diesen Zeitläuf(t)en*** in questi tempi 2 RAR. il volgere del tempo.

zeit|le|bens avv. per tutta la vita, durante la vita: ***~ arbeiten*** lavorare per tutta la vita.

zeit|lich I agg. temporale, di tempo: ***-e Reihenfolge*** successione temporale; ***in kurzem -em Abstand*** a breve intervallo di tempo; *(vergänglich)* ***-e Güter*** beni temporali II avv. per motivi (*o* problemi) di tempo: ***der Besuch ist ~ nicht möglich*** la visita non è possibile per motivi di tempo. **Zeit|li|che, *mein Wagen hat das ~ gesegnet*** la mia auto ha segnato (*o* fatto) il suo tempo; *(sterben)* ***das ~ segnen*** passare ad altra vita. **Zeit|lich|keit** f. *(-)* temporalità *f.* **Zeit|lohn** m. *(-[e]s,-löhne)* retribuzione *f.* (*o* salario *m.*) a tempo.

zeit|los agg. 1 senza tempo: ***eine -e Kunst*** un'arte senza tempo 2 *(nicht der Mode unterworfen)* sempre attuale, intramontabile: ***eine -e Tasche*** una borsa sempre attuale; ***-e Eleganz*** eleganza intramontabile. **Zeit|lo|sig|keit** f. *(-)* l'essere senza tempo; FIG. immortalità *f.*: ***die ~ einer Form*** l'immortalità di una forma.

Zeit|lu|pe f. (-) CINEM. TELEV. rallentatore *m.*: ***etw. in ~ zeigen*** mostrare qcs. al rallentatore. **Zeit|lu|pen|auf|nah|me** f. *(-,-n)* ripresa *f.* al rallentatore. **Zeit|lu|pen|tem|po** n. *(-s)* rallentatore *m.*: ***sich im ~ bewegen*** muoversi al rallentatore.

Zeit|man|gel m. *(-s)* mancanza *f.* di tempo: ***aus ~, wegen -(s)*** per mancanza di tempo. **Zeit|maß** n. *(-es,-e)* tempo *m.* **Zeit|mes|ser** m. *(-s,-)* 1 *(Uhr)* orologio *m.* 2 *(Chronometer)* cronometro *m.* **Zeit|mes|sung** f. *(-,-en)* 1 rilevamento *m.* dei tempi 2 *(mit Chronometer)* cronometraggio *m.* 3 *(Chronologie)* cronologia *f.*

zeit|nah, zeit|na|he I agg. attuale, di attualità II avv. in modo attuale. **Zeit|nä|he** f. *(-)* attualità *f.*

Zeit|nah|me f. *(-,-n)* SPORT cronometraggio *m.* **Zeit|neh|mer** m. *(-s,-)* cronometrista m.

Zeit|not f. *(-)* mancanza *f.* di tempo ◆ ***in ~ geraten*** avere poco tempo. **Zeit|plan** m. *(-[e]s,-pläne)* orario *m.* **Zeit|punkt** m. *(-[e]s,-e)* momento *m.*: ***ein günstiger ~*** un momento favorevole; ***den richtigen ~ für etw. abwarten, verpassen*** aspettare, perdere il momento giusto per qcs.; ***zum jetzigen ~*** al momento attuale; ***von diesem ~ an*** da questo momento in poi, a partire da questo momento. **Zeit|raf|fer** m. *(-s,-)* CINEM. cadenza *f.* accelerata. **zeit|rau|bend** agg. con (o che richiede) dispendio di tempo. **Zeit|raum** m. *(-[e]s)* lasso *m.* di tempo, spazio *m.* (di tempo). **Zeit|rech|nung** f. *(-,-en)* calendario *m.* ◆ ***vor unserer ~*** avanti Cristo; ***nach unserer ~*** dopo Cristo. **Zeit|ro|man** m. *(-s,-e)* romanzo *m.* di un'epoca. **Zeit|schal|ter** m. *(-s,-)* interruttore *m.* a tempo. **zeit|schnell** agg. SPORT veloce: ***der -ste Läufer*** il corridore più veloce (*o* con il miglior tempo).

Zeit|schrift f. *(-,-en)* rivista *f.*, periodico *m.*: ***eine ~ für Mode*** una rivista di moda. **Zeit|schrif|ten|le|se|saal** m. *(-[e]s,-säle)* sala *f.* periodici, emeroteca *f.*

Zeit|sinn m. *(-[e]s,-e)* senso *m.* del tempo. **Zeit|sol|dat** m. *(-en,-en)* = soldato *m.* volontario che presta servizio per un tempo determinato. **Zeit|span|ne** f. *(-,-n)* lasso *m.* di tempo, periodo *m.* **zeit|spa|rend** agg. che fa risparmiare tempo. **Zeit|sprin|gen** n. *(-s,-)* EQUIT. percorso *m.* a tempo. **Zeit|stra|fe** f. *(-,-n)* penalità *f.* in tempo. **Zeit|strö|mung** f. *(-,-en)* corrente *f.* del tempo. **Zeit|stück** n. *(-[e]s,-e)* dramma *m.* di attualità. **Zeit|ta|fel** f. *(-,-n)* tavola *f.* cronologica, prospetto *m.* cronologico. **Zeit|takt** m. *(-[e]s,-e)* TEL. scatto *m.* ◆ ***Ortsgespräch mit ~*** telefonata (con tariffa) urbana a tempo. **Zeit|um|stän|de** pl. condizioni *f.pl.* del tempo (*o* dell'epoca).

Zei|tung f. *(-,-en)* 1a giornale *m.*: ***eine ~ abonnieren, abbestellen*** abbonarsi, disdire l'abbonamento a un giornale; ***eine ~ verlegen, herausgeben, drucken*** pubblicare un giornale; ***-en austragen*** recapitare i giornali; ***etw. aus der ~ erfahren*** apprendere qcs. dal giornale; ***eine ~ beziehen*** ricevere un giornale; ***eine Anzeige in die ~ setzen*** mettere un annuncio sul giornale; ***in der ~ steht, dass...*** sul giornale è scritto che... b *(Redaktion einer Zeitung)* ***bei einer ~ arbeiten*** lavorare in (*o* presso) un giornale 2 ANT. *(Nachricht)* notizia *f.*: ***eine gute, schlechte ~ bringen*** portare una buona, cattiva notizia. **Zei|tungs|an|zei|ge** f. *(-,-n)* annuncio *m.* (*o* inserzione *f.*) sul giornale. **Zei|tungs|aus|schnitt** m. *(-[e]s,-e)* ritaglio *m.* di giornale. **Zei|tungs|aus|trä|ger** m. *(-s,-)* distributore *m.* di giornali. **Zei|tungs|en|te** f. *(-,-n)* COLLOQ. GIORN. bufala *f.*, canard *m.* **Zei|tungs|frau** f. *(-,-en)* giornalaia *f.* **Zei|tungs|jun|ge** m. *(-n,-n)* ragazzo *m.* dei giornali. **Zei|tungs|ki|osk** m. *(-[e]s,-e)* chiosco *m.* dei giornali, edicola *f.* **Zei|tungs|mann** m. *(-es,-männer* e *-leute)* giornalaio *m.* **Zei|tungs|mel|dung** f. *(-,-en)*, **Zei|tungs|no|tiz** f. *(-,-en)* notizia *f.* del giornale. **Zei|tungs|pa|pier** n. *(-s,-e)* 1 *(Papier von Zeitungen)* carta *f.* di giornale: ***etw. in ~ einwickeln*** avvolgere qcs. in carta di giornale 2 *(Papier für Zeitungen)* carta *f.* da giornale. **Zei|tungs|ro|man** m. *(-s,-e)* romanzo *m.* d'appendice. **Zei|tungs|stän|der** m. *(-s,-)* espositore *m.* di, per giornali. **Zei|tungs|trä|ger** → **Zeitungsausträger. Zei|tungs|ver|käu|fer** m. *(-s,-)* giornalaio *m.* **Zei|tungs|we|sen** n. *(-s)* stampa *f.* **Zei|tungs|wis|sen|schaft** f. *(-)* pubblicistica *f.*

Zeit|un|ter|schied m. *(-[e]s,-e)* 1 SPORT differenza *f.* di tempo 2 *(von Ortszeit)* differenza *f.* d'orario. **Zeit|ver|geu|dung** f. *(-)* → **Zeitverschwendung. Zeit|ver|lust** m. *(-[e]s,-e)*, **Zeit|ver|säum|nis** n. *(-ses,-se)* e ANT. f. *(-,-se)* perdita *f.* di tempo. **Zeit|ver|schwen|dung** f. *(-)* spreco *m.* di tempo. **zeit|ver|setzt** I agg. differito, rimandato: ***eine -e Übertragung*** una trasmissione differita II avv. in differita: ***etw. ~ senden*** trasmettere qcs. in differita. **Zeit|ver|trag** m. *(-[e]s,-verträge)* contratto *m.* a tempo determinato. **Zeit|ver|treib** m. *(-[e]s,-e)* passatempo *m.*: ***Kino ist sein liebster ~*** il cinema è il suo passatempo preferito; ***zum ~*** per passatempo.

zeit|wei|lig I agg. 1 temporaneo, momentaneo: ***-e Probleme*** problemi temporanei 2 *(gelegentlich)* occasionale II avv. 1 temporaneamente, momentaneamente 2 *(gelegentlich)* a volte, ogni tanto: ***er ist ~ zahlungsunfähig*** a volte non è solvibile.

zeit|wei|se I agg. temporaneo, provvisorio: ***ein -r Rückgang*** una flessione temporanea II avv. 1 di tanto in tanto, a periodi 2 *(vorübergehend)* provvisoriamente, temporaneamente: ***~ geöffnet sein*** essere aperto temporaneamente. **Zeit|wen|de** f. *(-,-n)* svolta *f.* dei tempi ◆ ***vor, nach der ~*** avanti, dopo Cristo. **Zeit|wert** m. *(-[e]s,-e)* valore *m.* attuale. **Zeit|wort** n. *(-[e]s,-wörter)* GRAMM. verbo *m.*

Zeit|zei|chen n. *(-s,-)* RAD. TEL. segnale *m.* orario. **Zeit|zeu|ge** m. *(-n,-n)* testimone *m.* dell'epoca (*o* del tempo). **Zeit|zo|ne** f. *(-,-n)* fuso *m.* orario. **Zeit|zün|der** m. *(-s,-)* spoletta *f.* a tempo.

Ze|leb|rant m. *(-en,-en)* celebrante *m.* **Ze|leb|ra|ti|on** f. *(-,-en)* celebrazione *f.* **ze|leb|rie|ren** tr. celebrare (anche FIG. SCHERZ.). **Ze|leb|ri|tät** f. *(-,-en)* celebrità *f.*

Zell|at|mung f. *(-,-en)* respirazione *f.* cellulare. **Zell|bau** m. *(-[e]s)* struttura *f.* della cellula. **Zell|bil|dung** f. *(-,-en)* formazione *f.* cellulare.

Zel|le f. *(-,-n)* **1a** BIOL. cellula *f.*: ***lebende, tote -n*** cellule vive, morte **b** POL. *(kleine politische Gruppe)* ***kommunistische -n*** cellule comuniste; ***eine ~ aufbauen, bilden*** costituire, formare una cellula **2a** *(kleiner Raum)* cella *f.*: ***die -n der Mönche, der Gefangenen*** le celle dei monaci, dei prigionieri; ***jdn in eine ~ einschließen, sperren*** chiudere in cella qcn. **b** *(eines Bienenstocks)* ***die -n einer Honigwabe*** le celle di un favo **3** *(Telefonzelle)* cabina *f.* **4a** EL. cella *f.*: ***die ~ einer Batterie*** la cella (*o* cellula) di una batteria **b** *(Photozelle)* cellula *f.* (fotoelettrica) ◆ SCHERZ. ***die grauen -n*** la materia grigia. **Zel|len|bil|dung** f. *(-,-en)* BIOL. → **Zellbildung.** **Zel|len|ge|nos|se** m. *(-n,-n)* compagno *m.* di cella. **Zel|len|ge|wöl|be** n. *(-s,-)* ARCH. volta *f.* reticolata. **Zel|len|leh|re** → **Zelllehre.** **Zel|len|schmelz** m. *(-es,-e)* ART. cloisonné *m.*

Zell|for|schung f. *(-)* citologia *f.* **Zell|ge|we|be** n. *(-s,-)* tessuto *m.* cellulare. **Zell|glas** n. *(-es)* cellophan *m.*

zel|lig agg. cellulare; celluloso.

Zell|kern m. *(-[e]s,-e)* nucleo *m.* della cellula (*o* cellulare). **Zell|ko|lo|nie** f. *(-,-n)* colonia *f.* cellulare (*o* di cellule). **Zell|leh|re** f. *(-)* citologia *f.* **Zell|memb|ran** f. *(-,-en)* membrana *f.* cellulare. **Zell|mund** m. *(-[e]s,-münder)* citostoma *m.*

Zel|lo|phan n. *(-s)* cellophan *m.*, cellofan(e) *m.*

Zell|plas|ma n. *(-s,-plasmen)* citoplasma *m.* **Zell|stoff** m. *(-[e]s)* cellulosa *f.* **Zell|stoff|wech|sel** m. *(-s)* metabolismo *m.* della, di una cellula. **Zell|tei|lung** f. *(-,-en)* scissione *f.* (*o* divisione *f.*) cellulare, della cellula.

zel|lu|lar, zel|lu|lär agg. cellulare.

Zel|lu|li|tis f. *(-, Zellulitiden)* cellulite *f.*

Zel|lu|loid n. *(-[e]s)* celluloide *f.* **Zel|lu|loid|strei|fen** m. *(-s,-)* pellicola *f.*

Zel|lu|lo|se f. *(-,-n)* cellulosa *f.*

Zell|ver|meh|rung f. *(-,-en)* riproduzione *f.* (*o* moltiplicazione *f.*) cellulare. **Zell|wand** f. *(-,-wände)* parete *f.* cellulare. **Zell|wol|le** f. *(-)* lana *f.* di cellulosa.

Ze|lot m. *(-en,-en)* **1** STOR. zelota *m.* **2** *(Fanatiker)* fanatico *m.* (religioso). **Ze|lo|ten|tum** n. *(-s)*, **Ze|lo|tis|mus** m. *(-)* fanatismo *m.* (religioso). **ze|lo|tisch** agg. **1** STOR. degli (*o* relativo agli) zeloti **2** FIG. *(fanatisch)* fanatico.

Zelt n. *(-[e]s,-e)* **1** tenda *f.*: ***das ~ errichten (aufbauen, aufschlagen), abbrechen (abbauen)*** montare (*o* piantare), smontare la tenda; ***im ~ schlafen*** dormire in tenda (*o* sotto la tenda) **2** *(vom Zirkus)* tendone *m.* **3** *(Gebäude auf Jahrmärkten)* padiglione *m.* ◆ FIG. ***seine -e abbrechen*** levare le tende; FIG. ***seine -e irgendwo aufschlagen*** piantare le tende da qualche parte; ***das himmlische ~*** la volta celeste.

Zelt|bahn f. *(-,-en)* **1** telo *m.* da tenda **2** → **Zeltplane.** **Zelt|dach** n. *(-[e]s,-dächer)* ARCH. tetto *m.* a piramide.

zel|ten intr. (aus. *haben*) campeggiare, attendarsi; MIL. accamparsi ◆ ***im Urlaub ~ (gehen)*** andare in vacanza in, con la tenda.

Zel|ten m. *(-s,-)* REGION. INTRAD. (specie di panpepato).

Zelt|la|ger n. *(-s,-)* **1** attendamento *m.*, campo *m.* **2** MIL. accampamento *m.*, campo *m.* **Zelt|lein|wand** f. *(-)* tela *f.* da tenda, telo *m.*

Zelt|ler m. *(-s,-)* campeggiatore *m.*

Zelt|mast m. *(-[e]s,-e[n])* palo *m.* portante (del tendone da circo). **Zelt|pflock** m. *(-[e]s,-pflöcke)* picchetto *m.* (da tenda). **Zelt|pla|ne** f. *(-,-n)* telone *m.* **Zelt|platz** m. *(-es,-plätze)* campeggio *m.* **Zelt|rei|sen|de** m. *(-n,-n)* campeggiatore *m.* **Zelt|stadt** f. *(-,-städte)* **1** tendopoli *f.*, grande campo *m.* **2** MIL. grande accampamento *m.* **Zelt|stan|ge** f. *(-,-n)*, **Zelt|stock** m. *(-[e]s,-stöcke)* paletto *m.* (della tenda).

Ze|ment m. *(-[e]s,-e)* cemento *m.*: ***langsam, rasch (schnell) abbindender ~*** cemento a presa lenta, a presa rapida. **Ze|men|ta|ti|on** f. *(-,-en)* cementazione *f.* **Ze|ment|bahn** f. *(-,-en)* pista *f.* di cemento. **Ze|ment|bo|den** m. *(-s,-böden)* pavimento *m.* in, di cemento. **ze|men|ten** agg. **1** di cemento **2** *(grau wie Zement)* grigio come il cemento. **Ze|ment|fuß|bo|den** m. *(-s,-böden)* pavimento *m.* in, di cemento. **ze|men|tie|ren** tr. cementare (anche FIG.). **Ze|men|tie|rung** f. *(-,-en)* cementazione *f.* **Ze|ment|mör|tel** m. *(-s,-)* malta *f.* di cemento. **Ze|ment|platz** m. *(-es,-plätze)* campo *m.* di cemento. **Ze|ment|röh|re** f. *(-,-n)* tubo *m.* di cemento. **Ze|ment|über|zug** m. *(-[e]s,-überzüge)* rivestimento *m.* in cemento. **Ze|ment|werk** n. *(-[e]s,-e)* cementificio *m.*

Zen n. *(-[s])* zen *m.*

Ze|nit m. *(-[e]s)* zenit *m.* (anche FIG.): ***im ~ stehen*** essere allo zenit. **ze|ni|tal** agg. zenitale. **Ze|nit|dis|tanz** f. *(-)* distanza *f.* zenitale.

Ze|no n.pr.m. Zenone *m.*

Ze|no|taph → **Kenotaph.**

zen|sie|ren tr. **1** censurare: ***die Post der Strafgefangenen ~*** censurare la posta dei carcerati **2** *(mit einer Note bewerten)* valutare: ***einen Aufsatz mit „ausreichend" ~*** valutare un componimento (con) "sufficiente". **Zen|sie|rung** f. *(-,-en)* **1** censura *f.* **2** SCOL. valutazione *f.*

Zen|sor m. *(-s,-en)* censore *m.* **zen|so|risch** agg. censorio.

Zen|sur f. *(-,-en)* **1** censura *f.*: ***von der ~ verboten werden*** essere vietato dalla censura; ***durch die ~ gehen*** passare la censura **2** *(Benotung)* valutazione *f.*, voto *m.*

Zen|sus m. *(-,-)* **1** censo *m.* **2** *(Volkszählung)* censimento *m.* **Zen|sus|wahl|recht** n. *(-[e]s)* diritto *m.* di voto censitario, suffragio *m.* censitario.

Zent f. *(-,-en)* STOR. centena *f.*

Zen|taur → **Kentaur.**

Zen|te|nar m. *(-s,-e)* **1** centenario *m.*, centenne *m.* **2** STOR. centenario *m.* **Zen|te|nar|aus|ga|be** f. *(-,-n)* edizione *f.* del centenario. **Zen|te|nar|fei|er** f. *(-,-n)*, **Zen|te|na|ri|um** n. *(-s, Zentenarien)* (celebrazione *f.* del) centenario *m.*

zen|te|si|mal agg. centesimale. **Zen|te|si|mal|ein|tei|lung** f. *(-,-en)* scala *f.* (*o* gradazione *f.*) centesimale. **Zen|te|si|mal|po|tenz** f. *(-,-en)* potenza *f.* centesimale. **Zen|te|si|mal|waa|ge** f. *(-,-n)* bilancia *f.* centesimale.

Zen|ti|fo|lie f. *(-,-n)* (rosa *f.*) centifoglia *f.*

Zen|ti|gramm, Zen|ti|gramm n. *(-s,-e)* centigrammo *m.* **Zen|ti|li|ter, Zen|ti|li|ter** m. e n. *(-s,-)* centilitro *m.* **Zen|ti|me|ter, Zen|ti|me|ter** m. e n. *(-s,-)* centimetro *m.* **Zen|ti|me|ter-Gramm-Se|kun|den-Sys|tem** n. *(-s)* sistema *m.* centimetro-grammo-secondo. **Zen|ti|me|ter|maß** n. *(-es,-e)* centimetro *m.*

Zent|ner m. *(-s,-)* **1a** mezzo quintale *m.*, ANT. centner (*o* zentner) *m.*: ***ein, zwei, fünf ~ Kartoffeln*** mezzo quintale, un quintale, due quintali e mezzo di patate **b** *(ausländische Maßeinheit für Getreide)* centner *m.* **2** AUSTR. SVIZZ. *(100 Kilogramm)* quintale *m.* **Zent|ner|ge|wicht** n. *(-[e]s,-e)* peso *m.* di mezzo quintale; *(von mehreren Zentnern)* peso *m.* di quintali. **Zent|ner|last** f. *(-,-en)* **1** peso *m.* di quintali: ***-en heben*** sollevare quintali **2** FIG. macigno *m.*, peso *m.* enorme. **zent|ner|schwer** agg. di (*o* che pesa) mezzo quintale; *(mehrere Zentner schwer)* di quintali ◆ ***jdm ~ auf der Seele lasten, liegen*** pesare a qcn. come un macigno. **zent|ner|wei|se I** agg. di enormi proporzioni, su vasta scala, enorme **II** avv. **1** a mezzi quintali **2** *(in großer Menge)* a quintali.

zent|ral I agg. **1** centrale: ***die -e Figur eines Romans*** la figura centrale di un romanzo **2** *(von einer übergeordneten Stelle ausgehend)* centralizzato, centrale **3** TECN. centralizzato: ***-e Bedienung*** manovra centralizzata **II** avv. **1** centralmente, al centro, in centro: ***~ wohnen*** abitare in centro **2** in modo centralizzato: ***ein ~ gesteuertes Heizsystem*** un sistema di riscaldamento centralizzato. **Zent|ral|af|ri|ka** n.pr.n. *(-s)* Africa *f.* centrale. **Zent|ral|ame|ri|ka** n.pr.n. *(-s)* America *f.* centrale. **Zent|ral|bank** f. *(-,-en)* banca *f.* centrale. **Zent|ral|bau** m. *(-[e]s,-ten)* edificio *m.* a pianta centrale. **zent|ral|be|heizt** agg. con riscaldamento centralizzato. **Zent|ral|be|hör|de** f. *(-,-n)* autorità *f.* centrale.

Zent|ra|le f. *(-,-n)* **1** centrale *f.* **2** *(Hauptgeschäftsstelle)* sede *f.* centrale **3** *(Telefonzentrale)* centrale *f.* telefonica.

Zent|ral|ein|heit f. *(-,-en)* INFORM. unità *f.* centrale. **Zent|ral|fi|gur** f. *(-,-en)* figura *f.* (*o* personaggio *m.*) centrale.

zent|ral|ge|heizt → **zentralbeheizt.** **Zent|ral|ge|nos|sen|schaft** f. *(-,-en)* cooperativa *f.* centrale. **Zent|ral|ge|walt** f. *(-)* potere *m.* centrale. **Zent|ral|hei|zung** f. *(-,-en)* riscaldamento *m.* centralizzato (*o* centrale).

Zent|ra|li|sa|ti|on f. *(-,-en)* **1** centralizzazione *f.* **2** *(zusammengefasste Leitung)* accentramento *m.* **zent|ra|li|sie|ren** tr. **1** centralizzare **2** *(planmäßig zusammenfassen)* accentrare. **Zent|ra|li|sie|rung** f. *(-,-en)* → **Zentralisation.** **Zent|ra|lis|mus** m. *(-)* centralismo *m.* **zent|ra|lis|tisch** agg. centralista, accentratore. **Zent|ra|li|tät** f. *(-)* centralità *f.*

Zent|ral|ka|ta|log m. *(-[e]s,-e)* catalogo *m.* centrale. **Zent|ral|ko|mi|tee** n. *(-s,-s)* comitato *m.* centrale. **Zent|ral|kör|per|chen** n. *(-s,-)* centrosfera *f.* **Zent|ral|kraft** f. *(-)* FIS. forza *f.* centrale. **Zent|ral|ner|ven|sys|tem** n. *(-s,-e)* sistema *m.* nervoso centrale. **Zent|ral|or|gan** n. *(-s,-e)* organo *m.* (*o* organismo *m.*) centrale. **Zent|ral|prob|lem** n. *(-s,-e)* problema *m.* centrale. **Zent|ral|pro|jek|ti|**

on f. *(-,-en)* GEOM. proiezione *f.* centrale. **Zent|ral|rat** m. *(-[e]s,-räte)* consiglio *m.* centrale. **Zent|ral|stel|le** f. *(-,-n)* ufficio *m.* (*o* agenzia *f.*) centrale; *(Zentrale)* sede *f.* centrale. **Zent|ral|ver|band** m. *(-[e]s,-verbände)* unione *f.* (*o* associazione *f.*) centrale. **Zent|ral|ver|rie|ge|lung** f. *(-,-en)* chiusura *f.* centralizzata. **Zent|ral|ver|schluss** m. *(-es,-verschlüsse)* otturatore *m.* centrale. **Zent|ral|ver|wal|tung** f. *(-,-en)* amministrazione *f.* centrale.

zent|rie|ren tr. centrare. **Zent|rie|rung** f. *(-,-en)* centratura *f.*, MECC. centraggio *m.*

zent|ri|fu|gal agg. centrifugo. **Zent|ri|fu|gal|kraft** f. *(-)* forza *f.* centrifuga. **Zent|ri|fu|gal|pum|pe** f. *(-,-n)* pompa *f.* centrifuga. **Zent|ri|fu|ge** f. *(-,-n)* centrifuga *f.* **zent|ri|fu|gie|ren** tr. centrifugare. **Zent|ri|fu|gie|rung** f. *(-,-en)* centrifugazione *f.*

Zent|ri|ol n. *(-s,-e)* centriolo *m.*

zent|ri|pe|tal agg. centripeto. **Zent|ri|pe|tal|kraft** f. (-) forza f. centripeta.

zent|risch agg. centrico.

Zent|rum n. *(-s, Zentren)* centro *m.*: ***das ~ eines Kreises, Platzes*** il centro di un cerchio, di una piazza; *(Stadtzentrum)* ***ins ~ fahren, gehen*** andare in centro; ***im ~ wohnen*** abitare in centro; *(wichtige zentrale Stelle)* ***ein industrielles, kulturelles ~*** un centro industriale, culturale; FIG. ***im ~ der Diskussion, des Interesses stehen*** essere al centro della discussione, dell'interesse; ***die Zentren der Macht*** i centri di potere.

Ze|pha|lo|po|de m. *(-n,-n)* cefalopode *m.*

Ze|phir m. *(-s,-e)* **1** zefiro *m.* **2** TESS. zefir *m.*

Zep|pe|lin m. *(-s,-e)*, **Zep|pe|lin|luft|schiff** n. *(-[e]s,-e)* zeppelin *m.*

Zep|ter n. e m. *(-s,-)* scettro *m.* ◆ ***das ~ führen, schwingen*** avere il bastone del comando.

Zer n. *(-s)* cerio *m.*

Zer|be → **Zirbe.**

zer|bei|ßen tr. *(zerbiss, zerbissen)* **1** sgranocchiare **2** *(durch Bisse, Stiche verletzen)* riempire di punture.

zer|bers|ten intr. *(zerbirst, zerbarst, zerborsten*; aus. *sein)* scoppiare.

Zer|be|rus I n.pr.m. Cerbero *m.* **II** m. *(-,-se)* cerbero *m.*

zer|bom|ben tr. distruggere con bombardamenti (*o* con le bombe). **zer|bombt** p.pass. agg. **1** → **zerbomben 2** distrutto dai bombardamenti, dalle bombe.

zer|bre|chen *(zerbricht, zerbrach, zerbrochen)* **I** tr. rompere, spezzare **II** intr. (aus. *sein*) rompersi, andare in pezzi, spezzarsi ◆ ***an jds Tod ~*** essere distrutto per la morte di qcn.; ***sich (D) den Kopf über etw. ~*** rompersi il capo (*o* lambiccarsi il cervello) su qcs.; ***etw. in Stücke ~*** fare a pezzi qcs.; ***in tausend Stücke ~*** andare in mille pezzi. **zer|brech|lich** agg. fragile. **Zer|brech|lich|keit** f. *(-)* fragilità *f.*

zer|brö|ckeln I tr. **1** sbriciolare ***Brot ~*** sbriciolare il pane **2** *(zersplittern)* sgretolare **II** intr. (aus. *sein*) **1** sbriciolarsi **2** *(allmählich zerfallen)* sgretolarsi (anche FIG.): ***die Gartenmauer zerbröckelt nach und nach*** il muro del giardino si sgretola a poco a poco. **Zer|brö|cke|lung, Zer|bröck|lung** f. *(-)* **1** sbriciolamento *m.* **2** *(allmähliches Zerfallen)* sgretolamento *m.*

zer|deh|nen I tr. **1** *(dehnen)* tirare, tendere **2** *(von der Aussprache)* strascicare, allungare (a dismisura): ***Vokale ~*** strascicare le vocali **II** rifl. **sich ~** allungarsi, estendersi: ***die Rauchwolken ~ sich im Wind*** le nuvole di fumo si allungano nel vento.

zer|dep|pern tr. COLLOQ. sfasciare, spaccare.

zer|drü|cken tr. **1** schiacciare, pressare: ***die Kartoffeln mit der Gabel ~*** schiacciare le patate con la forchetta **2** *(von Zigaretten)* spegnere (schiacciando) **3** *(zerknittern)* (s)gualcire, stazzonare: ***einen Rock ~*** sgualcire una gonna.

Ze|re|a|lie f. *(-,-n)* cereale *m.*

ze|reb|ral agg. cerebrale (anche LING.). **Ze|reb|ral** m. *(-s,-e)*, **Ze|reb|ral|laut** m. *(-[e]s,-e)* LING. suono *m.* cerebrale. **ze|reb|ro|spi|nal** agg. cerebrospinale.

Ze|re|mo|nie f. *(-,-n)* cerimonia *f.* (anche FIG.). **ze|re|mo|ni|ell I** agg. **1** cerimoniale **2** *(steif)* cerimonioso: ***ein -er Empfang*** un'accoglienza cerimoniosa **II** avv. in modo cerimonioso: ***~ grüßen*** salutare in modo cerimonioso. **Ze|re|mo|ni|ell** n. *(-s,-e)* cerimoniale: ***höfisches ~*** cerimoniale di corte. **Ze|re|mo|ni|en|meis|ter** m. *(-s,-)* cerimoniere *m.*, maestro *m.* di cerimonia. **ze|re|mo|ni|ös** agg. cerimonioso: ***ein -es Benehmen*** un comportamento cerimonioso.

1.zer|fah|ren tr. *(zerfährt, zerfuhr, zerfahren)* rovinare, dissestare.

2.zer|fah|ren p.pass. agg. **1** → **1.zerfahren 2** dissestato, rovinato: ***durch Lastwagen -e Straßen*** vie dissestate dai camion **3** *(unkonzentriert)* distratto, sbadato. **Zer|fah|ren|heit** f. *(-)* distrazione *f.*, sbadataggine *f.*

Zer|fall m. *(-[e]s)* **1** rovina *f.*, decadimento *m.*: ***der ~ der Baudenkmäler*** la rovina dei monumenti architettonici **2** FIG. *(Verfall)* caduta *f.*, crollo *m.*, decadimento *m.*: ***der ~ des Römischen Reichs*** la caduta dell'impero romano; ***der ~ der Moral*** il decadimento della morale **3** *(Verwesung)* decomposizione *f.* **4** FIS. decadimento *m.*

1.zer|fal|len intr. *(zerfällt, zerfiel, zerfallen;* aus. *sein)* **1** crollare, cadere in rovina, decadere: ***dieses unbewohnte Haus zerfällt langsam*** questa casa disabitata cade lentamente in rovina **2** FIG. decadere, cadere: ***das Römische Reich ist im 5. Jahrhundert endgültig ~*** l'impero romano è caduto definitivamente nel V secolo **3** *(sich auflösen)* dissolversi: ***in nichts ~*** dissolversi in nulla **4** *(gegliedert sein)* dividersi: ***der Arbeitsablauf zerfällt in drei Phasen*** lo svolgimento del lavoro si divide in tre fasi; ***der Roman zerfällt in zwei Teile*** il romanzo si divide in due parti **5** FIS. decadere ◆ ***in, zu Staub, in Krümel ~*** ridursi in polvere, in briciole.

2.zer|fal|len p.pass. agg. **1** → **1.zerfallen 2** in rotta: ***er war mit seiner Frau ~*** era in rotta con sua moglie; ***mit sich und der Welt ~ sein*** essere in rotta, avercela con sé e con il mondo.

zer|fal|lend p.pres. agg. **1** → **1.zerfallen 2** in rovina, cadente: ***eine -e Mauer*** un muro cadente. **Zer|falls|pro|dukt** n. *(-[e]s,-e)* FIS. prodotto *m.* di decadimento. **Zer|falls|stoff** m. *(-[e]s,-e)* rifiuto *m.*, scoria *f.*: ***giftige -e*** rifiuti tossici.

zer|fa|sern I tr. **1** sfilacciare: ***ein Gewebe ~*** sfilacciare un tessuto **2** *(von Holz)* sfibrare **II** intr. (aus. *sein*) **1** *(von Stoff)* sfilacciarsi **2** *(von Holz)* sfibrarsi.

zer|fet|zen tr. **1** lacerare, stracciare: ***einen Brief ~*** stracciare una lettera **2** *(zerreißen)* lacerare, dilaniare: ***eine Granate hat sein Bein zerfetzt*** una bomba gli ha dilaniato la gamba **3** FIG. *(verreißen)* stroncare: ***einen neuen Roman ~*** stroncare un nuovo romanzo.

zer|fle(d)|dern tr. sciupare, rovinare, logorare.

zer|flei|schen I tr. **1** sbranare, dilaniare: ***die Beute ~*** sbranare la preda **2** FIG. dilaniare: ***die Gewissensbisse zerfleischten ihn*** i rimorsi lo dilaniavano **II** rifl. **sich ~** lacerarsi, tormentarsi: ***sich in Schuldgefühlen ~*** lacerarsi, tormentarsi nei sensi di colpa.

Zer|flei|schung f. *(-,-en)* **1** sbranamento *m.* **2** *(Qual)* tormento *m.*

zer|flie|ßen intr. *(zerfloss, zerflossen;* aus. *sein)* **1a** sciogliersi, squagliarsi, liquefarsi: ***Butter zerfließt in der Sonne*** il burro si scioglie al sole **b** FIG. ***in Tränen ~*** sciogliersi in lacrime **2** *(vom Geld)* svanire, dissolversi: ***das Geld zerfließt jdm unter den Händen*** il denaro svanisce a qcn. tra le mani **3** *(von Farben)* sbavare: ***die Tinte ist zerflossen*** l'inchiostro ha sbavato ◆ ***vor Mitleid ~*** muoversi a compassione.

zer|fran|sen I tr. sfrangiare: ***ein Papiertaschentuch ~*** sfrangiare un fazzoletto di carta **II** intr. (aus. *sein*) sfrangiarsi.

zer|fres|sen tr. *(zerfrisst, zerfraß, zerfressen)* **1a** rodere, rosicchiare: ***die Motten haben meine Pullover*** le tarme hanno roso le mie maglie **b** FIG. ***Eifersucht zerfrisst ihn*** la gelosia lo rode **2** *(von Metallen)* corrodere: ***Rost zerfrisst das Eisen*** la ruggine corrode il ferro.

zer|fur|chen tr. **1** ***etw. ~*** scavare solchi in qcs. **2** solcare: ***viele Falten ~ seine Stirn*** molte rughe solcano la sua fronte. **zer|furcht** p.pass. agg. **1** → **zerfurchen 2** (profondamente) solcato, segnato.

zer|ge|hen intr. *(zerging, zergangen;* aus. *sein)* sciogliersi, disfarsi: ***Butter in der Pfanne ~ lassen*** far sciogliere il burro nel tegame; FIG. ***der Schinken zergeht auf der Zunge*** il prosciutto si scioglie in bocca.

zer|glie|dern tr. **1** smembrare, sezionare (anche MED.) **2** *(zerlegen)* ***einen Satz ~*** scomporre una frase **3** *(analysieren)* esaminare, analizzare: ***ein Verfahren ~*** esaminare un procedimento. **Zer|glie|de|rung** f. *(-,-en)* **1a** smembramento *m.*, sezionamento *m.* **b** MED. sezione *f.*, dissezione *f.* **2** *(von Sätzen)* scomposizione *f.* **3** *(Analyse)* analisi *f.*

zer|grü|beln rifl. ***sich ~*** lambiccarsi, rimuginare: ***sich das Hirn ~*** lambiccarsi il cervello. **zer|grü|belt** p.pass. agg. **1** → **zergrübeln 2** assorto (*o* perso) nei pensieri.

zer|ha|cken tr. tagliare, spaccare.

zer|hau|en tr. *(zerhieb/zerhaute, zerhauen/* REGION. *zerhaut)* spaccare, tagliare a pezzi.

Ze|ri|um n. *(-s)* CHIM. cerio *m.*

zer|kau|en tr. masticare.

zer|klei|nern tr. **1** spezzettare, tagliare a pezzetti **2** *(zermahlen)* sminuzzare, frantumare. **Zer|klei|ne|rung** f. *(-,-en)* **1** spezzettamento *m.* **2** *(Zermahlung)* frantumazione *f.*

zer|klir|ren intr. (aus. *sein*) andare in frantumi.

zer|klüf|tet agg. pieno di crepacci, con fenditure: ***ein -er Gletscher*** un ghiacciaio pieno di crepacci. **Zer|klüf|tung** f. *(-,-en)* frastagliatura *f.*, fenditura *f.*

zer|kna|cken I tr. **1** schiacciare: ***Nüsse ~*** schiacciare noci **2** *(zerbrechen)* spezzare: ***einen Ast ~*** spezzare un ramo **II** intr. (aus. *sein*) spezzarsi.

zer|knal|len I tr. far esplodere, far scoppiare: ***Knallerbsen ~*** far scoppiare petardi **II** intr. (aus. *sein*) esplodere, scoppiare.

zer|knaut|schen tr. COLLOQ. stropicciare.

zer|kni|cken I tr. spezzare **II** intr. (aus. *sein*) rompersi, spezzarsi: ***der Baum zerknickte unter den heftigen Windstößen*** l'albero si spezzò sotto le violente raffiche di vento.

zer|knirscht agg. contrito. **Zer|knirscht|heit, Zer|knir|schung** f. *(-)* contrizione *f.*

zer|knit|tern tr. sgualcire, spiegazzare: ***ein Kleid ~*** sgualcire un vestito. **zer|knit|tert** p.pass. agg. **1** → **zerknittern 2** pieno di rughe: ***ein -es Gesicht*** un viso pieno di rughe **3** *(betroffen)* abbattuto, avvilito: ***~ sein*** essere abbattuto.

zer|knül|len tr. appallottolare.

zer|ko|chen I tr. stracuocere, far scuocere **II** intr. scuocere, scuocersi.

zer|krat|zen tr. graffiare: ***jdm das Gesicht ~*** graffiare il viso a qcn.; ***einen Tisch ~*** graffiare (*o* rigare) un tavolo.

zer|krü|meln I tr. sbriciolare: ***ein Stück Brot ~*** sbriciolare un pezzo di pane **II** intr. (aus. *sein*) sbriciolarsi, ridursi in briciole.

zer|las|sen tr. *(zerlässt, zerließ, zerlassen)* GASTR. sciogliere.

zer|lau|fen intr. *(zerläuft, zerlief, zerlaufen;* aus. *sein)* → **zerfließen.**

zer|leg|bar agg. **1** scomponibile **2** *(abmontierbar)* smontabile.

zer|le|gen tr. **1** smontare: ***einen Motor ~*** smontare un motore **2** FIG. scomporre: ***die Farben eines Lichtstrahls ~*** scomporre i colori di un raggio di luce **3** *(zerschneiden)* tagliare (a pezzi): ***ein Huhn ~*** tagliare (*o* trinciare) un pollo **4** GRAMM. ***einen Satz (grammatisch) ~*** fare l'analisi (grammaticale) di una frase ◆ ***einen Fisch ~*** pulire un pesce. **Zer|le|gung** f. *(-,-en)* **1** smontaggio *m.* **2** FIG. scomposizione *f.* **3** *(von Fleisch)* taglio *m.*, trinciatura *f.*

zer|le|sen tr. *(zerliest, zerlas, zerlesen)* sciupare a forza di leggere.

zer|lö|chern tr. bucherellare (con colpi, proiettili), sforacchiare.

zer|lumpt I agg. **1** logoro, frusto: ***-e Kleider*** abiti logori **2** *(in Lumpen gekleidet)* vestito di stracci **II** avv. (vestito) come uno straccione: ***~ herumlaufen*** andare in giro come uno straccione.

zer|mah|len tr. macinare, triturare ◆ ***etw. zu Pulver ~*** ridurre qcs. in polvere.

zer|mal|men tr. stritolare, maciullare.

zer|man|schen tr. COLLOQ. schiacciare, pestare: ***die Kartoffeln ~*** schiacciare le patate.

zer|mar|tern rifl. ***sich (D) den Kopf, das Hirn ~*** lambiccarsi il cervello.

zer|mür|ben I tr. logorare, snervare: ***das Warten hat ihn zermürbt*** l'attesa lo ha logorato; ***jdn mit Vorwürfen ~*** snervare qcn. con rimproveri **II** rifl. **sich ~** logorarsi: ***sich bei einer Tätigkeit ~*** logorarsi in un'attività. **zer|mür|bend** p.pres. agg. **1** → **zermürben 2** logorante, estenuante, snervante.

zer|na|gen tr. rodere, rosicchiare.

zer|nich|ten tr. ANT. annientare.

Ze|ro f. *(-,-s)* e n. *(-,-s)* **1** *(im Roulett)* banco *m.* **2** LING. grado *m.* zero.

zer|pflü|cken tr. **1** *(von Blumen, Salat)* sfogliare **2** *(zerreißen)* stracciare, strappare: ***eine Papierserviette ~*** stracciare un fazzoletto di carta **3** FIG. *(negativ beurteilen)* criticare con malevolenza: ***ein neues Theaterstück ~*** criticare con malevolenza un nuovo dramma teatrale.

zer|plat|zen intr. (aus. *sein*) scoppiare: ***die Birne ist zerplatzt*** la lampadina è scoppiata; FIG. ***vor Wut, Neid ~*** scoppiare dalla rabbia, dall'invidia.

zer|quält agg. tormentato.

zer|quet|schen tr. schiacciare. **Zer|quetsch|te,** COLLOQ. ***und ein paar ~*** e rotti; ***es kostet 80 Mark und ein paar ~*** costa 80 marchi e rotti.

zer|rau|fen tr. arruffare, scompigliare.

Zerr|bild n. *(-[e]s,-er)* caricatura *f.*

zer|re|den tr. ***etw. ~*** dilungarsi troppo su qcs., parlare troppo di qcs.

zer|reib|bar agg. polverizzabile. **zer|rei|ben** tr. *(zerrieb, zerrieben)* **1** sbriciolare: ***den getrochneten Thymian ~*** sbriciolare il timo essiccato; ***etw. zwischen den Fingern ~*** sbriciolare qcs. tra, con le dita **2** FIG. annientare: ***die Gegner wurden zerrieben*** gli avversari furono annientati. **Zer|rei|bung** f. *(-)* **1** polverizzazione *f.* **2** FIG. annientamento *m.*

Zerr|ei|che f. *(-,-n)* cerro *m.*

zer|reiß|bar agg. strappabile, lacerabile.

zer|rei|ßen *(zerriss, zerrissen)* **I** tr. **1** strappare, stracciare: ***einen Brief, ein Foto ~*** strappare una lettera, una foto **2a** *(zerfetzen)* dilaniare, lacerare: ***der Tiger zerriss seine Beute*** la tigre dilaniò la sua preda **b** FIG. lacerare, squarciare: ***die Schüsse zerrissen die Stille*** gli spari lacerarono il silenzio **3** COLLOQ. *(beschädigen)* fare a pezzi, distruggere: ***er zerreißt alle seine Schuhe*** distrugge tutte le sue scarpe; FIG. ***ich könnte ihn ~*** lo farei a pezzi; FIG. ***etw. zerreißt jdm das Herz*** qcs. spezza il cuore a qcn. **II** rifl. **sich ~** strapparsi, rompersi: ***ich habe mir an dem Stuhl die Strümpfe zerrissen*** mi sono strappata le calze con la sedia **III** intr. (aus. *sein*) **1a** strapparsi: ***das Garn zerreißt leicht*** il filo si strappa facilmente **b** *(vom Stoff)* lacerarsi, strapparsi **2** FIG. *(sich auflösen)* dissolversi, dileguarsi: ***der Nebel zerriss*** la nebbia si dileguò **3** FIG. *(sich lösen)* spezzarsi, LETT. recidersi: ***die Bande der Freundschaft sind zerrissen*** i legami dell'amicizia si sono spezzati ◆ ***jdn zerreißt es fast (vor Lachen)*** qcn. si sbellica dalle risa; ***sich für jdn, etw. ~*** farsi in quattro per qcn., qcs.; ***zum Zerreißen gespannt sein*** essere teso all'inverosimile; FIG. SCHERZ. ***ich kann mich doch nicht ~!*** ho solo due mani!

zer|reiß|fest agg. TECN. resistente alla trazione. **Zer|reiß|fes|tig|keit** f. *(-)* TECN. resistenza *f.* alla trazione. **Zer|reiß|pro|be** f. *(-,-n)* TECN. prova *f.* di trazione. **Zer|rei|ßung** f. *(-,-en)* **1** strappo *m.* **2** *(Zerfetzen)* lacerazione *f.*

zer|ren I tr. **1** tirare: ***jdm aus dem Bett ~*** tirare giù dal letto qcn. **2** *(schleppen)* trascinare: ***eine Kiste über den Gang ~*** trascinare una cassa attraverso il corridoio; FIG. ***jdn vor Gericht ~*** trascinare qcn. in tribunale **II** intr. (aus. *haben*) tirare: ***an etw. ~*** tirare qcs. **III** rifl. **sich ~** stirarsi: ***sich (D) einen Muskel ~*** stirarsi un muscolo ◆ ***etw. an die Öffentlichkeit ~*** dare qcs. in pasto al pubblico. **Zer|re|rei** f. *(-,-en)* il continuo tirare.

zer|rin|nen intr. *(zerrann, zerronnen;* aus. *sein)* svanire, dileguarsi (anche FIG.): ***der Schnee zerrinnt an der Sonne*** la neve svanisce al sole; FIG. ***Hoffnungen, Träume ~*** le speranze, i sogni svaniscono; ***das Geld zerrinnt ihm in den Händen*** il denaro gli svanisce tra le mani ◆ ***in nichts ~*** risolversi in nulla.

zer|ris|sen p.pass. agg. **1** → **zerreißen 2** dilaniato, lacerato (anche FIG.): ***ein durch den Krieg -es Land*** un paese dilaniato dalla guerra **3** lacero: ***-e Kleider*** abiti laceri. **Zer|ris|sen|heit** f. *(-)* lacerazione *f.*

Zerr|spie|gel m. *(-s,-)* specchio *m.* deformante.

Zer|rung f. *(-,-en)* **1** strappo *m.*, stiramento *m.*; MED. distrazione *f.* **2** GEOL. fenditura *f.*

zer|rup|fen tr. sfilacciare.

zer|rüt|ten tr. **1** minare, rovinare: ***die Gesundheit, eine Ehe ~*** minare la salute, un matrimonio; ***die Finanzen des Staates ~*** minare (*o* dissestare) le finanze dello stato **2** *(erschöpfen)* logorare, sfibrare: ***jdn seelisch, körperlich, die Nerven ~*** sfibrare qcn. psicologicamente, fisicamente, logorare i nervi. **zer|rüt|tet** p.pass. agg. → **zerrütten** ◆ ***-e Vermögensverhältnisse*** dissesti finanziari. **Zer|rüt|tung** f. *(-,-en)* **1** rovina *f.* **2** *(von Finanzen)* dissesto *m.* **3** *(Erschöpfung)* logorio *m.*

zer|schel|len intr. (aus. *sein*) **1** sfracellarsi, schiantarsi: ***das Flugzeug zerschellte an einem Berg*** l'aereo si sfracellò contro una montagna **2** FIG. infrangersi, scontrarsi: ***mein Hilfsangebot zerschellte an seinem Stolz*** la mia offerta d'aiuto si scontrò con il suo orgoglio.

zer|schie|ßen tr. *(zerschoss, zerschossen)* bersagliare, distruggere a colpi (di arma da fuoco).

1.zer|schla|gen *(zerschlägt, zerschlug, zerschlagen)* **I** tr. **1** frantumare, fracassare: ***einen Teller ~*** fracassare un piatto **2a** *(stark beschädigen)* distruggere **b** *(vernichten)* ***den Feind ~*** distruggere (*o* annientare) il nemico **3** *(von Staaten)* frantumare, smembrare **II** rifl. **sich ~** andare in fumo, sfumare: ***seine Hoffnungen, seine Pläne haben sich ~*** le sue speranze sono sfumate, i suoi progetti sono andati in fumo ◆ ***jdm die Knochen ~*** rompere le ossa a qcn.

2.zer|schla|gen p.pass. agg. **1** → **1.zerschlagen 2** *(erschöpft)* distrutto, spossato, a pezzi: ***sich ~ fühlen*** sentirsi spossato. **Zer|schla|gen|heit** f. *(-)* spossatezza *f.*, prostrazione *f.*

zer|schlei|ßen *(zerschliss, zerschlissen)* **I** tr. consumare, logorare **II** intr. (aus. *sein*) consumarsi, logorarsi. **zer|schlis|sen** p.pass. agg. **1** → **zerschleißen 2** consumato, logoro.

zer|schlit|zen tr. tagliare: ***Reifen ~*** tagliare le gomme.

zer|schmei|ßen tr. *(schmiss, geschmissen)* COLLOQ. fracassare, rompere.

zer|schmel|zen intr. *(zerschmilzt, zerschmolz, zerschmolzen;* aus. *sein)* sciogliersi completamente.

zer|schmet|tern tr. **1a** fracassare **b** *(Körperteile)* sfracellare **2** *(vernichten)* distruggere, annientare (anche FIG.).

zer|schnei|den tr. *(zerschnitt, zerschnitten)* **1a** tagliare (a pezzi, fette...), tagliuzzare **b** FIG. ***das Schiff zerschneidet die Wellen*** la nave taglia (*o* fende) le onde **2** *(durch Schnitte beschädigen)* tagliare ◆ ***sich (D) die Hand mit etw. ~*** tagliarsi la mano con qcs.

zer|schnip|peln tr. COLLOQ. fare a pezzetti, tagliuzzare.

zer|schram|men I tr. graffiare, scalfire **II sich ~** graffiarsi, ferirsi.

zer|schun|den agg. escoriato, COLLOQ. spellato.

zer|setz|bar agg. **1** decomponibile, scomponibile **2** *(auflösbar)* solubile. **zer|se̲t|zen I** tr. **1a** scomporre, disgregare **b** *(auflösen)* dissolvere, sciogliere **2** FIG. *(untergraben)* minare: ***die politische Ordnung ~*** minare l'ordinamento politico **II** rifl. **sich ~** scomporsi. **Zer|se̲t|zung** f. *(-,-en)* **1a** scomposizione *f.*, disgregazione *f.* **b** *(Auflösen)* dissolvimento *m.*, scioglimento *m.* **2** FIG. *(Untergraben)* il minare.

zer|sie|deln tr. ***eine Landschaft ~*** distruggere un paesaggio con insediamenti disordinati.

zer|spa̲l|ten (p.pass. *zerspaltet/zerspalten*) **I** tr. spaccare **II** rifl. **sich ~** spaccarsi. **Zer|spa̲l|tung** f. *(-,-en)* lo spaccare, FIG. spaccatura *f.*

zer|spli̲t|tern I tr. **1** mandare in frantumi (*o* in pezzi), frantumare **2** *(verzetteln)* sprecare, disperdere: ***seine Kräfte, seine Zeit ~*** disperdere le proprie energie, sprecare il proprio tempo **II** intr. (aus. *sein*) **1** andare in frantumi (*o* in pezzi), frantumarsi **2** FIG. *(aufteilen)* frammentarsi, dividersi, smembrarsi: ***in viele Kleinstaaten ~*** frammentarsi in molti staterelli **III** rifl. **sich ~** disperdersi, sprecare il proprio tempo. **zer|spli̲t|tert** p.pass. agg. **1** → **zersplittern 2** POL. ***-e Stimmen*** voti dispersi. **Zer|spli̲t|te|rung** f. *(-,-en)* **1** frantumazione *f.* **2** FIG. *(Aufteilung)* frammentazione *f.* **3** *(Verzetteln)* spreco *m.*, dispersione *f.*

zer|spre̲n|gen tr. **1** far scoppiare (*o* esplodere, saltare) **2** *(auseinander treiben)* disperdere, sbaragliare.

zer|spri̲n|gen intr. *(zersprang, zersprungen*; aus. *sein)* **1** rompersi, frantumarsi, andare in pezzi **2** LETT. *(zerreißen)* rompersi, spezzarsi, saltare ◆ FIG. ***das Herz zerspringt ihr vor Freude, Schmerz*** il cuore le scoppia di gioia, le si spezza per il dolore; ***in (tausend) Stücke ~*** andare in (mille) pezzi.

zer|sta̲mp|fen tr. **1** pestare, calpestare **2** *(durch Stampfen zerkleinern)* pestare, schiacciare: ***Kartoffeln ~*** schiacciare le patate.

zer|stä̲u|ben tr. polverizzare, nebulizzare. **Zer|stä̲u|ber** m. *(-s,-)* polverizzatore *m.*, nebulizzatore *m.* **Zer|stä̲u|bung** f. *(-,-en)* polverizzazione *f.*, nebulizzazione *f.*

zer|ste̲|chen tr. *(zersticht, zerstach, zerstochen)* **1** bucare, forare **2** *(von Insekten)* punzecchiare.

zer|stie̲|ben intr. *(zerstob/zerstiebte, zerstoben/*RAR. *zerstiebt*; aus. *sein)* **1** disperdersi: ***in alle Winde ~*** disperdersi ai quattro venti **2** *(verschwinden)* svanire: ***der Traum zerstob mit einem Mal*** il sogno svanì improvvisamente.

zer|stö̲r|bar agg. che si può distruggere, distruttibile.

zer|stö̲|ren tr. **1a** distruggere: ***ein Erdbeben hat die Stadt zerstört*** un terremoto ha distrutto la città; ***durch Bomben, Feuer zerstört werden*** essere distrutto dalle bombe, dal fuoco **b** *(verschandeln)* ***die Landschaft ~*** distruggere il paesaggio **2** FIG. rovinare, distruggere; ***jds Gesundheit, Existenz, Glück ~*** rovinare la salute a qcn., distruggere l'esistenza, la felicità di qcn. **Zer|stö̲|rer** m. *(-s,-)* **1** distruttore *m.* **2** *(Kriegsschiff)* cacciatorpediniere *m.* **zer|stö̲|re|risch** agg. distruttivo, distruttore.

Zer|stö̲|rung f. *(-,-en)* distruzione *f.* **Zer|stö̲|rungs|trieb** m. *(-[e]s)* impulso *m.* distruttivo. **Zer|stö̲|rungs|wut** f. *(-)* furia *f.* distruttiva.

zer|sto̲|ßen tr. *(zerstößt, zerstieß, zerstoßen)* pestare, schiacciare.

Zer|stra̲h|lung f. *(-,-en)* FIS. annichilazione *f.*

zer|stre̲i|ten rifl. *(zerstritt, zerstritten)* **sich ~** essere in lite.

zer|stre̲u|en I tr. **1** spargere, sparpagliare **2a** *(auseinander treiben)* disperdere: ***die Demonstranten ~*** disperdere i dimostranti **b** FIS. ***die Linse zerstreut das Licht*** la lente diffonde la luce **3** *(beseitigen)* dissipare, eliminare: ***jds Zweifel ~*** dissipare i dubbi di qcn. **4** *(ablenken, unterhalten)* distrarre **II** rifl. **sich ~ 1** disperdersi: ***sich in alle Winde ~*** disperdersi ai quattro venti **2** *(sich unterhalten, ablenken lassen)* distrarsi: ***sich beim Kartenspiel ~*** distrarsi giocando a carte. **zer|stre̲ut I** p.pass. agg. **1** → **zerstreuen 2** distratto, sbadato: ***sie ist sehr ~*** è molto distratta **II** avv. **1** ***im ganzen Haus ~ liegen*** essere sparso (*o* sparpagliato) per tutta la casa **2** *(unaufmerksam)* distrattamente: ***~ auf die Uhr sehen*** guardare distrattamente l'ora ◆ ***-es Licht*** luce diffusa; SCHERZ. ***er ist ein -er Professor*** ha sempre la testa fra le nuvole. **Zer|stre̲ut|heit** f. *(-)* distrazione *f.*, sbadataggine *f.*

Zer|stre̲u|ung f. *(-,-en)* **1** lo spargere, lo sparpagliare **2** *(Auseinandertreiben)* dispersione *f.* (anche FIS.) **3** *(Beseitigung)* il dissipare **4** *(Unterhaltung)* distrazione *f.*, svago *m.*: ***-en haben, suchen*** avere, cercare distrazioni **5** → **Zerstreutheit. Zer|stre̲u|ungs|lin|se** f. *(-,-n)* lente *f.* concava (*o* divergente). **Zer|stre̲u|ungs|punkt** m. *(-[e]s,-e)* punto *m.* di dispersione (*o* di divergenza).

zer|stü̲|ckeln tr. fare a pezzetti.

zer|te̲i|len I tr. **1** dividere, fare a pezzi; *(durch Schneiden)* tagliare (in pezzi): ***den Braten ~*** tagliare l'arrosto **2** disperdere: ***der frische Wind zerteilte die Wolken*** il vento fresco disperse le nuvole **II** rifl. **sich ~ 1** dividersi **2** *(sich auflösen)* disperdersi: ***der Nebel zerteilt sich*** la nebbia si disperde. **Zer|te̲i|lung** f. *(-,-en)* **1** divisione *f.*; *(durch Schneiden)* taglio *m.* **2** *(Auflösung)* dispersione *f.*

Zer|ti|fi|ka̲t n. *(-[e]s,-e)* certificato *m.* **zer|ti|fi|zie̲|ren** tr. certificare.

zer|tra̲m|peln tr. calpestare.

zer|tre̲n|nen tr. dividere; *(auftrennen)* disfare.

zer|tre̲|ten tr. *(zertritt, zertrat, zertreten)* (cal)pestare, schiacciare.

zer|trü̲m|mern tr. **1** fracassare, rompere **2** FIG. frantumare: ***jds Illusionen ~*** frantumare le illusioni di qcn. **Zer|trü̲m|me|rung** f. *(-,-en)* il fracassare, rottura *f.*

Zer|ve|la̲t|wurst f. *(-,-würste)* cervellata *f.*

zer|vi|ka̲l agg. cervicale. **Ze̲r|vix** f. *(-, Zervices)* cervice *f.*

zer|we̲r|fen rifl. *(zerwirft, zerwarf, zerworfen)* ***sich mit jdm ~*** guastarsi (*o* rompere) con qcn., inimicarsi qcn.

zer|wü̲h|len tr. scompigliare, mettere in disordine; *(das Bett)* disfare.

Zer|wü̲rf|nis n. *(-ses,-se)* rottura *f.*; *(Trennung)* separazione *f.*

zer|za̲u|sen tr. scompigliare, arruffare.

zer|zu̲p|fen tr. fare a pezzetti, dividere in pezzetti.

Zes|si|o̲n f. *(-,-en)* cessione *f.* **Zes|si|o|na̲r, Zes|si|o|nä̲r** m. *(-s,-e)* cessionario *m.*

Ze̲|ter, *~ und Mord(io) schreien* urlare (*o* strillare) come un forsennato, come un ossesso. **Ze̲|ter|ge|schrei** n. *(-[e]s)* urlo *m.*, strillo *m.* **ze̲|ter|mo̲r|dio, ~ *schreien*** urlare (*o* strillare) come un forsennato, come un ossesso. **Ze̲|ter|mo̲r|dio** n. *(-s)* → **Zetergeschrei. ze̲|tern** intr. (aus. *haben*) urlare, strillare.

1.Ze̲t|tel m. *(-s,-)* biglietto *m.*, foglietto *m.*

2.Ze̲t|tel m. *(-s,-)* TESS. catena *f.*, ordito *m.*; subbio *m.* dell'orditoio.

Ze̲t|tel|kar|tei f. *(-,-en)* schedario *m.* **Ze̲t|tel|kram** m. *(-[e]s)* COLLOQ. → **Zettelwirtschaft. Ze̲t|tel|wirt|schaft** f. *(-)* COLLOQ. confusione *f.* di biglietti, carte...; ***ich habe eine richtige ~*** ho tutte le mie carte sottosopra, ho le mie carte sparse qua e là.

Zeug n. *(-[e]s,-e)* **1a** roba *f.*, cose *f.pl.*: ***unnützes ~*** cose inutili; ***ungenießbares ~*** roba immangiabile, robaccia **b** *(wertloses Zeug)* robaccia *f.*, ciarpame *m.*, cianfrusaglie *f.pl.* **2a** ANT. *(Stoff)* stoffa *f.*, tessuto *m.* **b** *(Kleidung)* vestiti *m.pl.* **3** ANT. *(Werkzeug)* arnese *m.*, attrezzo *m.* ◆ ***jdm etw. am ~ flicken*** = trovare da ridire su qcn.; ***für jdn, etw. ins ~ gehen*** mettersi all'opera, impegnarsi per qcn., qcs.; ***das ~ zu etw. haben*** avere la stoffa di qcs.; ***was das ~ hält*** a più non posso; ***sich für jdn, etw. ins ~ legen*** impegnarsi, darsi da fare per qcn., qcs.; ***rede kein (dummes) ~!*** non dire sciocchezze!

Ze̲ug|druck m. *(-[e]s,-e)* stampa *f.* dei tessuti.

Ze̲u|ge m. *(-n,-n)* **1** testimone *m.* (anche FIG.) **2** DIR. testimone *m.*, teste *m.*: ***einen -n benennen, stellen (beibringen), verhören (befragen, vernehmen), ablehnen*** nominare, produrre, interrogare, contestare un teste (*o* un testimone); ***als ~ erscheinen, vorgeladen werden*** comparire, essere citato come testimone; ***ich war ~, wie das geschah*** fui testimone dei fatti; ***in Gegenwart, im Beisein von -n*** in presenza di testimoni ◆ ***jdn als, zum -n anrufen*** chiamare qcn. a testimone.

1.ze̲u|gen intr. (aus. *haben*) testimoniare: ***für, gegen jdn ~*** testimoniare a favore di, contro (*o* a carico di) qcn. ◆ ***von etw. ~*** essere prova di, provare (*o* dimostrare) qcs.

2.ze̲u|gen tr. **1** generare, procreare **2** FIG. *(verursachen)* creare, generare, causare.

Ze̲u|gen|aus|sa|ge f. *(-,-n)* deposizione *f.* **Ze̲u|gen|bank** f. *(-,-bänke)* banco *m.* dei testimoni. **Ze̲u|gen|be|fra|gung** f. *(-,-en)* interrogatorio *m.* del testimone, dei testimoni. **Ze̲u|gen|be|ste|chung** f. *(-,-en)* subornazione *f.* di teste. **Ze̲u|gen|be|weis** m. *(-es,-e)* prova *f.* testimoniale. **Ze̲u|gen|schaft** f. *(-)* deposizione *f.*, testimonianza *f.*: ***sich auf jds ~ berufen*** invocare la testimonianza di qcn. **Ze̲u|gen|stand** m. *(-[e]s)* banco *m.* dei testimoni.

Ze̲ug|haus n. *(-es,-häuser)* MIL. arsenale *m.*

Ze̲u|gin f. *(-,-nen)* **1** testimone *f.* **2** DIR. testimone *f.*, teste *f.*

Ze̲ug|nis n. *(-ses,-se)* **1a** certificato *m.*, attestato *m.*: ***ärztliches ~*** certificato medico; ***ein ~ ausstellen, vorlegen (beibringen), beilegen*** rilasciare, presentare, accludere un certificato **b** SCOL. pagella *f.* **2** ANT. *(Aussage vor Gericht)* deposizione *f.* **3** FIG. testimonianza *f.*: ***-se einer frühen Kultur*** testimonianze di una cultura arcaica; ***ein beredtes ~ von etw. sein*** essere una testimonianza eloquente di qcs. ◆ ***von etw. ~ ablegen, geben*** prestare testimonianza su qcs.; ***jdm das beste ~ ausstellen*** = parlare bene di qcn. **Ze̲ug|nis|ab|schrift** f. *(-,-en)* copia *f.* di certificato. **Ze̲ug|nis|pflicht** f. *(-)* obbligo *m.* di testimoniare. **Ze̲ug|nis|ver|wei|ge|rung** f. *(-,-en)* rifiuto *m.* di, astensione *f.* dal testimoniare: ***das Recht der, auf ~*** il diritto di non testimoniare.

Zeugs n. *(-)* COLLOQ. SPREG. roba *f.*, robaccia *f.*

Ze̲u|gung f. *(-,-en)* procreazione *f.*, generazione *f.*, riproduzione *f.*

Ze̲u|gungs|akt m. *(-[e]s,-e)* atto *m.* della procreazione. **ze̲u|gungs|fä|hig** agg. capace di procreare. **Ze̲u|gungs|fä|hig|keit** f. *(-)* capacità *f.* riproduttiva. **Ze̲u|gungs|glied** n. *(-[e]s,-er)* organo (genitale) *m.* copulatore. **Zeu|gungs|kraft** f. *(-)* facoltà *f.* riproduttiva. **Zeu|gungs|or|gan** n. *(-[e]s,-e)* organo *m.* genitale.

zeu|gungs|un|fä|hig agg. impotente, sterile. **Zeu|gungs|un|fä|hig|keit** f. *(-)* impotenza *f.* (a generare), sterilità *f.*

ZGB ⇒ CH *Zivilgesetzbuch* Codice Civile.

z. H. ⇒ *zu Händen* sue proprie mani (S.P.M.).

Zi|be|be f. *(-,-n)* REGION. zibibbo *m.*

Zi|be|li|ne f. *(-)* zibellino *m.*

Zi|bet m. *(-s)* zibetto *m.* **Zi|bet|kat|ze** f. *(-,-n)* zibetto *m.*

Zi|bo|ri|um n. *(-s, Ziborien)* ciborio *m.*

Zi|cho|rie f. *(-,-n)* cicoria *f.* **Zi|cho|ri|en|kaf|fee** m. *(-s)* caffè *m.* di cicoria.

Zi|cke f. *(-,-n)* **1** capretta *f.* **2** SPREG. *(Frau)* ***alte, neugierige, dumme ~*** vecchia megera *f.*, ficcanaso *f.*, oca *f.* **3a** COLLOQ. *(Dummheiten)* cavolate *f.pl.*, stupidaggini *f.pl.*: ***nur -n im Kopf haben*** avere in testa soltanto delle cavolate **b** *(Schwierigkeiten)* storie *f.pl.*: ***mach keine -n!*** non fare storie! **Zi|ckel** n. *(-s,-)* capretto *m.* **Zi|ckel|chen** n. *(-s,-)* caprettino *m.* **zi|ckeln** intr. (aus. *haben*) figliare. **zi|ckig** agg. SPREG. bisbetico. **Zick|lein** n. *(-s,-)* → **Zickelchen.**

zick|zack avv. a zigzag. **Zick|zack** m. *(-[e]s,-e)* zigzag *m.*, zig zag *m.*: ***im ~ gehen, laufen*** andare, procedere a zigzag. **zick|za|cken** intr. (aus. *haben, sein*) zigzagare. **Zick|zack|kurs** m. *(-es,-e)* andamento *m.* a zigzag. **Zick|zack|li|nie** f. *(-,-n)* linea *f.* a zigzag.

Zi|der m. *(-s)* sidro *m.*

Zie|ge f. *(-,-n)* **1** capra *f.* **2** *(Schimpfwort)* ***alte ~*** vecchiaccia, megera; ***blöde ~*** stupida oca.

Zie|gel m. *(-s,-)* mattone *m.*, laterizio *m.* **Zie|gel|bren|ner** m. *(-s,-)* fornaciaio *m.* **Zie|gel|bren|ne|rei** f. *(-,-en)* → **Ziegelei. Zie|gel|dach** n. *(-[e]s,-dächer)* tetto *m.* di tegole. **Zie|ge|lei** f. *(-,-en)* fornace *f.*, fabbrica *f.* di mattoni. **Zie|gel|mau|er** f. *(-,-n)* muro *m.* di mattoni. **Zie|gel|mau|er|werk** n. *(-[e]s,-e)* muratura *f.* in mattoni. **zie|gel|rot** agg. color mattone, rosso mattone. **Zie|gel|stein** m. *(-[e]s,-e)* → **Ziegel.**

Zie|gen|bart m. *(-[e]s,-bärte)* barba *f.* caprina. **Zie|gen|bock** m. *(-[e]s,-böcke)* becco *m.*, caprone *m.*, capro *m.* **Zie|gen|kä|se** m. *(-s,-)* formaggio *m.* di capra (*o* caprino). **Zie|gen|mel|ker** m. *(-s,-)* caprimulgo *m.* **Zie|gen|milch** f. *(-)* latte *m.* di capra (*o* caprino). **Zie|gen|pe|ter** m. *(-s,-)* COLLOQ. orecchioni *m.pl.*

Zie|ger m. *(-s,-)* REGION. **1** *(Kräuterkäse)* formaggio *m.* alle erbe **2** *(Quark)* quark *m.*

Zieg|ler m. *(-s,-)* ANT. → **Ziegelbrenner.**

zieh → **zeihen.**

Zieh|bank f. *(-,-bänke)* trafilatrice *f.*, banco *m.* da trafila. **Zieh|brun|nen** m. *(-s,-)* pozzo *m.* a carrucola.

zie|hen *(zog, gezogen)* **I** tr. **1a** tirare: ***jdn am Ärmel, an den Ohren, an den Haaren ~*** tirare qcn. per la manica, per le orecchie, per i capelli; ***die Notbremse ~*** tirare il freno a mano; *(ziehend zu sich bewegen)* ***das Boot an(s) Land ~*** tirare la barca a riva; ***jdn auf die Seite ~*** tirare qcn. da parte **b** tirare, trainare: ***einen Heuwagen, Schlitten ~*** tirare un carro di fieno, una slitta **c** *(an eine bestimmte Stelle bringen)* ***die Mütze ins Gesicht ~*** tirare il cappello sul viso; ***die Gardine vors Fenster ~*** tirare la tenda davanti alla finestra **2** *(herausziehen)* estrarre: ***die Pistole ~*** estrarre la pistola; ***das Schwert ~*** sguainare la spada; ***Öl aus einer Pflanze ~*** estrarre olio da una pianta; ***ein Los ~*** estrarre a sorte; ***einen Zahn ~*** estrarre (*o* cavare) un dente; MAT. ***die Wurzel aus einer Zahl ~*** estrarre la radice di un numero **3a** *(entnehmen)* levare, togliere: ***den Ring vom Finger ~*** togliere l'anello dal dito; ***den Hut (zum Gruß) ~*** levarsi il cappello (in segno di saluto) **b** FIG. ***Banknoten aus dem Verkehr ~*** ritirare delle banconote dalla circolazione **4** *(Spielfiguren rücken)* muovere, spostare: ***einen Stein ~*** muovere una pedina **5a** attrarre, attirare: ***die Hoffnung auf Arbeit zog viele in die Stadt*** la speranza di lavoro attrasse molti in città **b** *(lenken)* ***die Aufmerksamkeit, jds Zorn auf sich ~*** attirare l'attenzione, l'ira di qcn. su di sé **6a** *(bringen)* portare: ***die Knie bis unters Kinn ~*** portare le ginocchia fin sotto il mento **b** ***eine Schutzbrille über die Augen ~*** portare un paio di occhiali protettivi **c** FIG. ***jdn ins Gespräch ~*** portare qcn. nel discorso; ***jdn ins Verderben ~*** portare qcn. in rovina **7** *(anziehen)* mettere: ***eine Bluse unter den Pullover ~*** mettere una camicetta sotto il pullover; ***den Mantel eng um sich ~*** avvolgersi nel cappotto **8** *(gewinnnen)* trarre, ricavare: ***die Pflanzen ~ die Nahrung aus dem Boden*** le piante traggono il nutrimento dal terreno; FIG. ***viel Geld aus einem Geschäft ~*** ricavare molto denaro da un affare; ***eine Lehre, einen Vorteil (Nutzen) aus etw. ~*** trarre un insegnamento, trarre (*o* ricavare) profitto da qcs.; ***den Schluss aus etw. ~*** trarre la conclusione da qcs. **9a** *(ziehend herstellen)* formare, trafilare: ***Röhren ~*** trafilare tubi **b** *(dehnen, spannen)* (s)tendere, tirare: ***eine Leine ~*** tendere (*o* tirare) una corda; ***Saiten auf eine Gitarre ~*** tendere le corde su una chitarra **10** *(beschreiben)* tracciare, descrivere: ***eine Linie (mit dem Lineal), einen Kreis, die Grenze ~*** tracciare una linea (*o* tirare una riga con il righello), descrivere un cerchio, tracciare il confine **11** *(errichten)* tirare su: ***eine Mauer ~*** tirare su un muro **12** *(eine Miene machen)* ***ein Gesicht, eine Grimasse ~*** fare versacci, fare una smorfia; ***den Mund schief ~*** storcere la bocca; ***die Stirn in Falten ~*** corrugare la fronte; ***die Augenbrauen nach oben ~*** inarcare le sopracciglia **13** *(aufziehen)* coltivare: ***Rosen ~*** coltivare rose **14a** *(züchten)* allevare: ***Gänse ~*** allevare oche **b** RAR. *(erziehen)* tirare su: ***seine Kinder gut ~*** tirare su bene i propri bambini; ***er zieht sich sein Kind allein*** si alleva il bambino da solo **15** impers. avere nostalgia: ***es hat ihn heim, nach Hause gezogen*** ha avuto nostalgia di casa **II** rifl. **sich ~ 1** allungarsi: ***der Heimweg zog sich*** il cammino verso casa si allungava **2** *(sich herausziehen)* tirarsi, trarsi (fuori): ***sich aus der Verlegenheit ~*** trarsi d'impaccio **3** *(sich erstrecken)* estendersi, protendersi: ***das Gebirge zieht sich von Westen nach Osten*** la montagna si estende da ovest a est; ***der Weg zieht sich bis zur Küste*** il sentiero si estende fino alla costa **4** ***sich durch etw. ~*** attraversare qcs.; FIG. ***der Schmerz zog sich durch den ganzen Körper*** il dolore gli attraversò tutto il corpo **5** ***sich um etw. ~*** circondare qcs. **III** intr. **1a** (aus. *sein*) andare: ***ins Ausland, in den Krieg, ziellos durch die Straßen ~*** andare all'estero, in guerra, vagare senza meta per le strade **b** *(umziehen)* andare, trasferirsi: ***in die Stadt, aufs Land, nach Bonn, zu Freunden ~*** andare a stare in città, in campagna, a Bonn, da amici **c** *(vom Nebel, von Wolken)* passare, muoversi; FIG. ***verschiedene Gedanken zogen durch seinen Kopf, zogen ihm durch den Kopf*** diversi pensieri gli passavano per la testa **d** *(von Tieren)* migrare **2** (aus. *haben*) ***es zieht*** c'è corrente; ***es zieht an die Schultern, es zieht mir an den Schultern*** sento uno spiffero sulle spalle **3a** (aus. *haben*) tirare: ***der Hund zieht (an der Leine)*** il cane tira (al guinzaglio) **b** ***der Ofen zieht gut*** la stufa tira bene (*o* ha un buon tiraggio); ***die Pfeife zieht nicht mehr*** la pipa non tira più **c** ***an der Zigarette, Zigarre ~*** dare un tiro (*o* tirare una boccata) alla sigaretta, al sigaro **d** COLLOQ. *(gefallen, wirken)* tirare, attirare: ***der Film zieht*** il film tira; ***das Sonderangebot zieht nicht bei der Masse*** l'offerta speciale non ha successo; ***diese Ausrede zieht nicht*** questa scusa non funziona **4a** (aus. *haben*) stare in infusione: ***den Tee drei Minuten ~ lassen*** lasciare il tè in infusione per tre minuti **b** ***das Fleisch ~ lassen*** lasciare la carne a macerare ◆ ***jdn an sich, an die Brust ~*** stringere qcn. a sé, al petto; ***Zigaretten am, aus dem Automaten ~*** prendere delle sigarette a un distributore automatico; ***die Planeten ~ ihre Bahn*** i pianeti descrivono la loro orbita; ***Blasen ~*** formare bolle, fare (le) bolle; ***in Erwägung ~*** prendere in considerazione; ***Perlen auf einen Faden ~*** infilare delle perle su un filo; ***einen Faden durch das Nadelöhr ~*** infilare un filo nella cruna dell'ago; ***Fäden ~*** filare, fare fili; MED. ***Fäden ~*** togliere i punti; ***ins Feld ~*** scendere in campo; ***gegen jdn zu Felde ~*** scendere in campo contro qcn.; ***die Feuchtigkeit ist in die Wände gezogen*** l'umidità è entrata nei muri; ***auf Flaschen ~*** imbottigliare; ***etw. in Frage ~*** mettere qcs. in questione; ***einen Graben ~*** scavare una fossa; ***Kerzen ~*** fare candele; ***etw. ins Lächerliche ~*** mettere qcs. in ridicolo; ***in die Länge ~*** tirare per le lunghe; ***hoffentlich wird das nichts Böses nach sich ~*** speriamo che questo non abbia brutte conseguenze; ***etw. in die Öffentlichkeit ~*** rendere pubblico qcs.; ***jdn zu Rate ~*** consultare qcn.; ***jdn zur Rechenschaft ~*** chiedere conto a qcn.; ***einen Scheck ~*** emettere un assegno; ***die Tür leise ins Schloss ~*** chiudere piano la porta; FIG. ***etw. ans Tageslicht ~*** portare qcs. alla luce; ***einen Vergleich ~*** fare un paragone; ***jdn ins Vertrauen ~*** confidarsi con qcn.; ***den Wagen scharf nach links ~*** sterzare bruscamente a sinistra; ***etw. in Zweifel ~*** mettere in dubbio qcs.

Zie|hen n. *(-s)* **1a** trazione *f.*; *(Schleppen)* traino *m.* **b** *(Herausziehen)* estrazione *f.* **2** *(Anbau)* coltivazione *f.* **3** *(Zucht)* allevamento *m.* **4** *(Gehen, Wandern)* il camminare **5** *(von Tieren)* migrazione *f.* **6** *(Dehnen, Strecken)* stiramento *m.* **7** METALL. trafilatura *f.* **zie|hend** p.pres. agg. → **ziehen** ◆ ***ein -er Schmerz*** un dolore lancinante.

Zieh|har|mo|ni|ka f. *(-,-s e -harmoniken)* fisarmonica *f.* **Zieh|kind** n. *(-[e]s,-er)* bambino *m.* in affidamento. **Zieh|klin|ge** f. *(-,-n)* raschietto *m.* **Zieh|mut|ter** f. *(-,-mütter)* madre *f.* affidativa. **Zie|hung** f. *(-,-en)* estrazione *f.* **Zieh|va|ter** m. *(-s,-väter)* padre *m.* affidativo.

Ziel n. *(-[e]s,-e)* **1** meta *f.*, destinazione *f.*: ***das ~ einer Reise*** la meta di un viaggio; ***mit unbekanntem ~*** con destinazione sconosciuta; ***ans ~ kommen, gelangen*** giungere alla meta, arrivare a destinazione **2a** meta *f.*, obiettivo *m.*, scopo *m.*: ***ein ~ ins Auge fassen*** avere in mente un obiettivo; ***sich (D) ein ~ setzen, stecken*** porsi un obiettivo, prefiggersi uno scopo; ***sein ~ verfolgen, anstreben***

perseguire il proprio scopo; ***-e verwirklichen*** realizzare degli obiettivi; ***sich von seinem ~ nicht abbringen lassen*** non lasciarsi distogliere dalla propria meta; ***zum ~ führen, kommen (gelangen)*** condurre, arrivare alla meta **b** *(Absicht)* scopo *m.*, intento *m.*: ***mit dem ~ studieren, Wissenschaftler zu werden*** studiare con l'intento di diventare scienziato **3** SPORT traguardo *m.*: ***das ~ passieren*** passare il traguardo; ***als Erster das ~ erreichen, durchs ~ gehen*** raggiungere, passare per primo il traguardo; ***ins ~ kommen*** arrivare al traguardo **4a** *(beim Schießen, Werfen)* bersaglio *m.*: ***das ~ treffen, verfehlen (am ~ vorbeischießen)*** colpire, mancare il bersaglio; ***das ~ anvisieren*** mirare al bersaglio; FIG. ***das ~ ständiger Kritik sein*** essere il bersaglio di critiche continue **b** *(eines militärischen Angriffs)* obiettivo *m.*: ***das ~ bestimmen, treffen, verfehlen*** individuare, colpire, mancare l'obiettivo **5** COMM. ANT. *(Zahlungsfrist)* termine *m.* (di pagamento), scadenza *f.*: ***auf ~ verkaufen*** vendere a termine; ***das ~ der Zahlung ist 30 Tage*** il termine di pagamento è 30 giorni; ***das ~ einhalten, überschreiten*** rispettare, superare la scadenza ◆ ***sich ein hohes ~ setzen*** mirare in alto; ***über das ~ hinausschießen*** passare il segno.

Ziel|bahn|hof m. *(-[e]s,-höfe)* stazione *f.* di destinazione. **Ziel|band** n. *(-[e]s,-bänder)* SPORT nastro *m.* di arrivo.

ziel|be|wusst I agg. che sa quello che vuole, determinato, risoluto **II** avv. con determinazione, con risolutezza. **Ziel|be|wusst|heit** f. *(-)* determinazione *f.*, risolutezza *f.*

Ziel|ein|rich|tung f. *(-,-en)* → **Zielvorrichtung.**

zie|len intr. (aus. *haben*) **1** mirare (anche FIG.): ***auf etw. (A) ~*** mirare a qcs.; ***über Kimme und Korn ~*** mirare esattamente; ***mit der Pistole nach jdm ~*** puntare la pistola verso qcn.; FIG. ***auf eine Lösung des Konfliktes ~*** mirare a una soluzione del conflitto **2** *(anspielen)* alludere: ***auf jdn, etw. ~*** alludere a qcn., qcs. **zie|lend** p.pres. agg. **1** → **zielen 2** LING. *(transitiv)* transitivo: ***-es Zeitwort*** verbo transitivo.

Ziel|fern|rohr n. *(-[e]s,-e)* cannocchiale *m.* di puntamento. **Ziel|film** m. *(-[e]s,-e)* SPORT ripresa *f.* al fotofinish. **Ziel|flug|ge|rät** n. *(-[e]s,-e)* radiobussola *f.* **Ziel|fo|to** n. *(-s,-s)* fotofinish *m.* **Ziel|ge|biet** n. *(-[e]s,-e)* MIL. obiettivo *m.* (di un attacco). **ziel|ge|nau** agg. preciso. **Ziel|ge|nau|ig|keit** f. *(-)* precisione *f.* di un'arma da fuoco; *(von Schützen)* precisione *f.* di tiro. **Ziel|ge|ra|de** f. *(-,-n)* rettilineo *m.* d'arrivo, dirittura *f.* d'arrivo: ***in der ~ sein*** essere in dirittura d'arrivo (anche FIG.). **ziel|ge|rich|tet** agg. finalizzato, mirato. **Ziel|grup|pe** f. *(-,-n)* destinatari *m.pl.* **Ziel|ha|fen** m. *(-s,-häfen)* porto *m.* di destinazione. **Ziel|ka|me|ra** f. *(-,-s)* **1** telecamera *f.* per riprese al fotofinish **2** *(Fotoapparat)* apparecchio *m.* fotografico per fotofinish. **Ziel|kauf** m. *(-[e]s,-käufe)* acquisto *m.* a termine. **Ziel|kur|ve** f. *(-,-n)* curva *f.* in dirittura d'arrivo. **Ziel|lan|dung** f. *(-,-en)* atterraggio *m.* preciso. **Ziel|li|nie** f. *(-,-n)* SPORT **1** linea *f.* di arrivo, linea *f.* del traguardo **2** *(Ziel)* traguardo *m.* **Ziel|loch** n. *(-[e]s,-löcher)* SPORT *(beim Golf)* buca *f.*

ziel|los agg. senza (una) meta: ***~ herumirren*** vagare senza meta. **Ziel|lo|sig|keit** f. *(-)* assenza *f.* di (una) meta.

Ziel|rich|ter m. *(-s,-)* SPORT giudice *m.* di arrivo. **Ziel|schei|be** f. *(-,-n)* bersaglio *m.* (anche FIG.): ***auf eine, nach einer ~ schießen*** sparare a un bersaglio ◆ ***die ~ jds Spottes, Kritik sein*** essere il bersaglio di qcn. **Ziel|set|zung** f. *(-,-en)* finalità *f.*

ziel|si|cher I agg. **1** dalla mira sicura, sicuro nella mira **2** FIG. deciso, risoluto **II** avv. con sicurezza. **Ziel|si|cher|heit** f. *(-)* sicurezza *f.* nella mira.

Ziel|spra|che f. *(-,-n)* **1** *(in einer Übersetzung)* lingua *f.* di arrivo **2** *(Fremdsprache)* lingua *f.* da apprendere.

ziel|stre|big I agg. determinato, risoluto **II** avv. in modo determinato. **Ziel|stre|big|keit** f. *(-)* determinazione *f.*

Ziel|strich m. *(-[e]s,-e)* linea *f.* del traguardo. **Ziel|ver|kehr** m. *(-s,-e)* traffico *m.* convergente. **Ziel|vor|rich|tung** f. *(-,-en)* dispositivo *m.* di puntamento.

zie|men I rifl. **sich ~** convenire, essere conveniente, addirsi: ***es ziemt sich nicht, so zudringlich zu sein*** non è conveniente essere così invadente **II** intr. (aus. *haben*) confarsi, addirsi: ***etw. ziemt jdm*** qcs. si addice a qcn.

Zie|mer m. *(-s,-)* **1** lombo *m.* **2** *(Ochsenziemer)* nerbo *m.* di bue.

ziem|lich I agg. **1** COLLOQ. *(beträchtlich)* discreto, notevole, considerevole: ***ein -es Vermögen angehäuft haben*** avere accumulato un discreto patrimonio; ***eine -e Menge*** un buon numero **2** *(schicklich)* decoroso, conveniente **II** avv. **1** piuttosto, abbastanza: ***~ jung, teuer*** piuttosto giovane, costoso; ***~ spät*** abbastanza (*o* piuttosto) tardi; ***~ viel*** abbastanza, parecchio **2a** COLLOQ. *(ungefähr)* su per giù, all'incirca: ***das sind so ~ seine Worte*** queste sono su per giù le sue parole **b** *(fast)* quasi: ***ich bin ~ fertig*** ho quasi finito; ***es ist ~ alles richtig*** è quasi tutto giusto.

zie|pen REGION. **I** intr. (aus. *haben*) **1** pigolare **2** impers. *(schmerzen)* fare male: ***es ziept mir im Bein*** mi fa male la gamba **II** tr. ***jdn an den Haaren ~*** tirare i capelli a qcn.

Zier f. *(-)* ANT. → **Zierde.**

Zier|af|fe m. *(-n,-n)* SPREG. damerino *m.*, cicisbeo *m.*

Zie|rat → **Zierrat.**

Zier|de f. *(-,-n)* **1** ornamento *m.*, decorazione *f.*: ***zur ~*** come (*o* ad) ornamento **2** FIG. onore *m.*, vanto *m.*: ***die Grünanlagen sind eine ~ für die Stadt*** gli spazi verdi sono un vanto per la città. **zie|ren I** tr. (ad)ornare: ***mit etw. ~*** adornare con qcs.; ***eine Brosche ziert ihre Bluse*** una spilla adorna la sua camicetta; ***Girlanden ~ die Türen*** ghirlande adornano le porte **II** rifl. **sich ~** SPREG. fare smancerie (*o* complimenti). **Zie|re|rei** f. *(-,-en)* smancerie *f.pl.*, complimenti *m.pl.*

Zier|fisch m. *(-[e]s,-e)* pesce *m.* ornamentale. **Zier|gar|ten** m. *(-[e]s,-gärten)* giardino *m.* **Zier|gras** n. *(-es,-gräser)* erba *f.* ornamentale. **Zier|kür|bis** m. *(-ses,-se)* zucca *f.* ornamentale. **Zier|leis|te** f. *(-,-n)* listello *m.* ornamentale.

zier|lich agg. fine, grazioso. **Zier|lich|keit** f. *(-)* finezza *f.*, grazia *f.*

Zier|naht f. *(-,-nähte)* cucitura *f.* riportata. **Zier|pflan|ze** f. *(-,-n)* pianta *f.* ornamentale. **Zier|rat** m. *(-[e]s,-e)* decorazione *f.*, ornamento *m.* **Zier|schrift** f. *(-,-en)* scrittura *f.* ornamentale. **Zier|stich** m. *(-[e]s,-e)* punto *m.* ornamentale. **Zier|strauch** m. *(-[e]s,-sträucher)* arbusto *m.* ornamentale; *(im Ziergarten)* cespuglio *m.* ornamentale. **Zier|stück** n. *(-[e]s,-e)* decorazione *f.* **Zier|vo|gel** m. *(-s,-vögel)* uccello *m.* ornamentale.

Ziff. ⇒ *Ziffer* cifra.

Zif|fer f. *(-,-n)* **1a** cifra *f.*: ***Zahlen mit vier -n*** numeri di quattro cifre; ***in -n*** in cifre **b** *(Zahl)* numero *m.*: ***arabische, römische -n*** numeri arabi, romani **2** *(Unterabschnitt)* comma *m.* **Zif|fer|blatt** n. *(-[e]s,-blätter)* quadrante *m.* **zif|fern|mä|ßig** agg. in cifre. **Zif|fer(n)|schrift** f. *(-,-en)* scrittura *f.* cifrata.

zig agg. COLLOQ. parecchi: ***~ Leute*** parecchie persone.

Zi|ga|ret|te f. *(-,-n)* sigaretta *f.*: ***-n mit, ohne Filter*** sigarette con, senza filtro; ***eine Schachtel, Stange -n*** un pacchetto, una stecca di sigarette; ***eine ~ anzünden (anstecken), rauchen, ausdrücken*** accendere, fumare, spegnere una sigaretta. **Zi|ga|ret|ten|an|zün|der** m. *(-s,-)* accendisigari *m.* **Zi|ga|ret|ten|au|to|mat** m. *(-en,-en)* distributore *m.* automatico di sigarette. **Zi|ga|ret|ten|etui** n. *(-s,-s)* portasigarette *m.* **Zi|ga|ret|ten|kip|pe** f. *(-,-n)* → **Zigarettenstummel. Zi|ga|ret|ten|län|ge** f. *(-)*, ***auf eine ~*** nel tempo di fumare una sigaretta. **Zi|ga|ret|ten|pa|pier** n. *(-s,-e)* cartina *f.* (di sigaretta). **Zi|ga|ret|ten|pau|se** f. *(-,-n)* COLLOQ. pausa *f.* per una sigaretta. **Zi|ga|ret|ten|schach|tel** f. *(-,-n)* pacchetto *m.* di sigarette. **Zi|ga|ret|ten|spit|ze** f. *(-,-n)* bocchino *m.* per sigarette. **Zi|ga|ret|ten|stum|mel** m. *(-s,-)* mozzicone *m.* di sigaretta. **Zi|ga|ret|ten|ver|käu|fe|rin** f. *(-,-nen)* sigaraia *f.*

Zi|ga|ril|lo [-'rilo, rar. -'riljo] m. e n. *(-s,-s)* e COLLOQ. f. *(-,-s)* sigaretto *m.*

Zi|gar|re f. *(-,-n)* **1** sigaro *m.*: ***leichte, schwere, dunkle, helle ~*** sigaro leggero, forte, scuro, chiaro; ***die ~ abschneiden, abbeißen*** spuntare (*o* tagliare), trinciare (con i denti) un sigaro; ***sich eine ~ anstecken*** accendere (*o* accendersi) un sigaro **2** COLLOQ. *(Rüffel)* lavata *f.* di capo: ***eine ~ bekommen*** ricevere una lavata di capo; ***(jdm) eine ~ verpassen*** fare una lavata di capo (a qcn.). **Zi|gar|ren|ab|schnei|der** m. *(-s,-)* tagliasigari *m.* **Zi|gar|ren|kis|te** f. *(-,-n)* scatola *f.* di sigari. **Zi|gar|ren|sche|re** f. *(-,-n)* → **Zigarrenabschneider. Zi|gar|ren|spit|ze** f. *(-,-n)* punta *f.* del sigaro. **Zi|gar|ren|stum|mel** m. *(-s,-)* mozzicone *m.* di sigaro.

Zi|geu|ner m. *(-s,-)* **1** zingaro *m.*, zigano *m.* **2** FIG. COLLOQ. zingaro *m.* **zi|geu|ner|haft** agg. zingaresco, da zingaro (anche FIG.): ***ein -es Leben führen*** condurre una vita zingaresca. **zi|geu|ne|risch** agg. zingaresco, da zingaro. **Zi|geu|ner|ka|pel|le** f. *(-,-n)* orchestra *f.* zigana. **Zi|geu|ner|la|ger** n. *(-s,-)* campo *m.*, accampamento *m.* di zingari. **Zi|geu|ner|le|ben** n. *(-s,-)* vita *f.* da zingaro, zingaresca. **Zi|geu|ner|mu|sik** f. *(-)* musica *f.* zigana.

zi|geu|nern intr. **1** (aus. *sein*) girovagare come uno zingaro: ***durch die Welt ~*** girovagare per il mondo **2** *(ein Zigeunerleben führen;* aus. *haben)* fare una vita da zingaro, zingaresca.

Zi|geu|ner|pri|mas m. *(-,-se)* primo violino *m.* di un'orchestra zigana. **Zi|geu|ner|schnit|zel** n. *(-s,-)* GASTR. INTRAD. (scaloppina in salsa piccante). **Zi|geu|ner|spra|che** f. *(-)* lingua *f.* degli zingari.

zig|fach COLLOQ. **I** agg. multiplo **II** avv. parecchie volte. **Zig|fa|che** n. *(-n)* parecchie *f.pl.* volte. **zig|hun|dert** agg.inv. parecchie centinaia di: ***~ Besucher*** parecchie centinaia di visitatori. **zig|hun|der|te, Zig|hun|der|te** pl. parecchie centinaia *f.pl.* **zig|mal** avv. parecchie volte. **zigs|te** agg. ennesimo. **zig|tau|send** agg. parecchie migliaia di. **zig|tau|sen|de, Zig|tau|sen|de** pl. parecchie migliaia *f.pl.*

Zi|ka|de f. *(-,-n)* cicala *f.*
zi|li|ar agg. ciliare. **Zi|li|ar|kör|per** m. *(-s,-)* ANAT. corpo *m.* ciliare.
Zi|li|a|te f. *(-,-n)* ZOOL. ciliato *m.*
Zil|le f. *(-,-n)* REGION. chiatta *f.*
Zim|bal n. *(-s,-e* e *-s)* MUS. cimbalon *m.*, salterio *m.* tedesco.
Zim|bel f. *(-,-n)* MUS. **1** *(Becken)* cembalo *m.* **2** *(Orgelregister)* sistro *m.*
Zim|ber m. *(-s,-n)* STOR. cimbro *m.*
Zim|mer n. *(-s,-)* camera *f.*, stanza *f.*: ***~ frei, zu vermieten*** camere libere, da affittare; ***keine ~ (frei)haben*** non avere camere (libere); ***ein möbliertes ~*** una camera ammobiliata; ***ein ~ mieten, verlassen*** affittare, lasciare una camera; ***die ~ machen, aufräumen*** (ri)fare, riordinare le camere; ***ein ~ bestellen, nehmen*** prenotare, prendere una stanza; ***das Frühstück aufs ~ bringen*** portare la colazione in camera; ***das ~ geht nach Süden, nach hinten*** la stanza guarda a sud, sul retro ◆ ***das ~ hüten (müssen)*** = (dover) restare a letto (per malattia). **Zim|mer|an|ten|ne** f. *(-,-n)* antenna *f.* interna. **Zim|mer|ar|beit** f. *(-,-en)* lavoro *m.* di carpenteria. **Zim|mer|brand** m. *(-[e]s,-brände)* incendio *m.* in (una) stanza. **Zim|mer|de|cke** f. *(-,-n)* soffitto *m.* di, della camera.
Zim|me|rei f. *(-,-en)* **1** → **Zimmerwerkstatt** **2** COLLOQ. carpenteria *f.* **Zim|mer|ein|rich|tung** f. *(-,-en)* arredamento *m.* di una, della camera. **Zim|me|rer** m. *(-s,-)* carpentiere *m.* **Zim|me|rer|ar|beit** → **Zimmerarbeit.** **Zim|me|rer|hand|werk** → **Zimmerhandwerk.** **Zim|mer|flucht** f. *(-,-en)* fuga *f.* di stanze. **Zim|mer|ge|sel|le** m. *(-n,-n)* lavorante *m.* carpentiere. **Zim|mer|hand|werk** n. *(-[e]s)* carpenteria *f.*
Zim|mer|kell|ner m. *(-s,-)* cameriere *m.* (addetto al servizio in camera). **Zim|mer|laut|stär|ke** f. *(-)* basso volume *m.* **Zim|mer|ling** m. *(-s,-e)* MIN. carpentiere *m.* **Zim|mer|mäd|chen** n. *(-s,-)* cameriera *f.* (per la pulizia nelle camere). **Zim|mer|mann** m. *(-[e]s, -leute)* carpentiere *m.* ◆ COLLOQ. ***jdm zeigen, wo der ~ das Loch gelassen hat*** = invitare qcn. ad andarsene. **Zim|mer|meis|ter** m. *(-s,-)* capo *m.* carpentiere.
zim|mern I tr. **1** costruire (con il legno): ***einen Schrank ~*** costruire un armadio in legno **2** FIG. fare, costruire; ***sich ein neues Leben ~*** rifarsi una vita **II** intr. (aus. *haben*) **1** eseguire lavori di carpenteria **2** ***an etw. (D) ~*** lavorare a, costruire (*o* costruirsi) qcs.
Zim|mer|num|mer f. *(-,-n)* numero *m.* della camera. **Zim|mer|pflan|ze** f. *(-,-n)* pianta *f.* da appartamento. **Zim|mer|schlüs|sel** m. *(-s,-)* chiave *f.* della camera. **Zim|mer|su|che** f. *(-)* ricerca *f.* di una stanza (*o* camera): ***auf ~ sein*** essere alla ricerca di una stanza. **Zim|mer|tan|ne** f. *(-,-n)* araucaria *f.* **Zim|mer|tem|pe|ra|tur** f. *(-,-en)* **1** temperatura *f.* della stanza **2** *(normale Temperatur)* temperatura *f.* ambiente. **Zim|mer|the|a|ter** n. *(-s,-)* teatro *m.* da camera. **Zim|me|rung** f. *(-,-en)* **1** esecuzione *f.* di lavori di carpenteria **2** MIN. armatura *f.* **Zim|mer|werk|statt** f. *(-,-werkstätten)* officina *f.* (*o* laboratorio *m.*) di, del carpentiere.
Zim|met m. *(-s)* ANT. → **Zimt.**
zim|per|lich SPREG. **I** agg. **1** *(wehleidig)* (eccessivamente) delicato, sensibile **2** *(gegen Unsauberkeit)* schizzinoso, schifiltoso **3** *(affektiert, geziert)* smorfioso **4** *(prüde)* ritroso, prude **II** avv. **1** in modo troppo delicato **2** *(auf gezierte Weise)* da smorfioso ◆ ***nicht (gerade) ~ umgehen*** non andare (tanto) per il sottile. **Zim|per|lich|keit** f. *(-,-en)* SPREG. **1** (eccessiva) delicatezza *f.* **2** schifiltosità *f.* **3** *(Geziertheit)* smanceria *f.* **4** *(Prüderie)* pruderie *f.* **Zim|per|lie|se** f. *(-,-n)* COLLOQ. SPREG. smorfiosa *f.*
Zimt m. *(-[e]s,-e)* **1** cannella *f.* **2** COLLOQ. *(Zeug)* stupidaggini *f.pl.*, sciocchezze *f.pl.*: ***rede nicht solchen ~!*** non dire stupidaggini! **Zimt|ap|fel** m. *(-s,-äpfel)* mela *f.* cannella. **Zimt|baum** m. *(-[e]s, -bäume)* cannella *f.* **zimt|far|ben, zimt|far|big** agg. color cannella. **Zimt|stan|ge** f. *(-,-n)* bastoncino *m.* di cannella.
Zin|gel m. *(-s,-)* ITTIOL. pesce *m.* persico.
1.Zink n. *(-[e]s)* CHIM. zinco *m.*
2.Zink m. *(-[e]s,-en)* MUS. cornetto *f.*
Zink|ät|zung f. *(-,-en)* zincotipia *f.* **Zink|blen|de** f. *(-)* blenda *f.* **Zink|chlo|rid** n. *(-s,-e)* cloruro *m.* di zinco. **Zink|draht** m. *(-[e]s, -drähte)* filo *m.* di zinco. **Zink|druck** m. *(-[e]s,-e)* zincografia *f.*
Zin|ke f. *(-,-n)* **1a** dente *m.*: ***die -n des Kammes*** i denti del pettine **b** *(von einer Gabel)* rebbio *m.*, punta *f.* **2** FAL. incastro *m.* a coda di rondine.
1.zin|ken I tr. **1** GERG. segnare: ***Karten ~*** segnare le carte **2** FAL. incastrare a coda di rondine **II** intr. *(verraten;* aus. *haben)* parlare.
2.zin|ken agg. di zinco.
Zin|ken m. *(-s,-)* **1** *(Zeichen an Türen)* segno *m.* **2** SCHERZ. *(große Nase)* nappa *f.* **Zin|ker** m. *(-s,-)* **1** *(beim Kartenspielen)* baro *m.* **2** *(Spitzel)* spia *f.*
Zin|ko n. *(-s,-s)*, **Zin|ko|gra|phie** f. *(-,-n)* zincografia *f.* **Zink|oxid** n. *(-[e]s,-e)* ossido *m.* di zinco. **Zink|sal|be** f. *(-,-n)* pomata *f.* all'ossido di zinco. **Zink|spat** m. *(-[e]s,-e* e *-späte)* smithsonite *f.* **Zink|sul|fat** n. *(-[e]s,-e)* solfato *m.* di zinco. **Zink|wan|ne** f. *(-,-n)* vasca *f.* di zinco. **Zink|weiß** n. *(-es)* bianco *m.* di zinco.
Zinn n. *(-[e]s)* **1** stagno *m.* **2** *(Geschirr aus Zinn)* vasellame *m.* di stagno.
Zin|na|mom n. *(-s)* → **Zimt.**
Zin|ne f. *(-,-n)* **1** ARCH. merlo *m.* **2** SVIZZ. *(Dachterrasse)* terrazza *f.* sul tetto ◆ ***die Drei Zinnen*** le tre cime di Lavaredo.
zin|ne(r)n agg. di stagno. **Zinn|fo|lie** f. *(-,-n)* (carta *f.*) stagnola *f.* **Zinn|gie|ßer** m. *(-s,-)* fonditore *m.* di stagno.
Zin|nie f. *(-,-n)* zinnia *f.*
Zinn|kraut n. *(-[e]s)* BOT. coda *f.* di cavallo. **Zinn|krug** m. *(-[e]s, -krüge)* brocca *f.* (*o* boccale *m.*) di stagno.
Zin|no|ber m. *(-s,-)* **1** cinabro *m.* **2** *(wertloses Zeug)* porcheria *f.*: ***wirf doch den ganzen ~ weg!*** ma butta via tutta quella porcheria! **3** *(Unsinn)* sciocchezze *f.pl.*, stupidaggini *f.pl.*: ***rede nicht solchen ~!*** non dire simili sciocchezze! ◆ ***mach keinen ~!*** non fare tante storie! **zin|no|ber|rot** agg. rosso cinabro.
Zinn|sol|dat m. *(-en,-en)* soldatino *m.* di piombo.
Zins m. *(-es,-en* e *-e)* **1** (pl. *-en*) interesse *m.*: ***hohe, niedrige -en*** alti, bassi interessi; ***rückständige, fällige -en*** interessi arretrati, maturati; ***zu 8 % -en*** con l'interesse dell'8 %; ***bei einem ~ von 8 %*** con un interesse dell'8 %; ***auf -en leihen*** prestare a interesse; ***aufgelaufene -en*** interessi maturati (*o* accumulati); ***-en tragen, bringen*** fruttare, procurare interessi; ***die -en kapitalisieren*** capitalizzare gli interessi **2** REGION. e AUSTR. SVIZZ. *(Miete;* pl. *-e)* affitto *m.*, pigione *f.* **3** STOR. *(Grundzins;* pl. *-e)* censo *m.* ◆ ***jdm etw. mit ~ (-en) und Zinseszins zurückzahlen*** ricambiare qcn. della (*o* con la) stessa moneta; ***ein Kapital auf -en legen*** mettere a frutto un capitale. **Zins|ab|schnitt** m. *(-[e]s,-e)* tagliando *m.* (*o* cedola *f.*) degli interessi. **Zins|ar|bit|ra|ge** f. *(-,-n)* arbitraggio *m.* sui tassi di interesse. **zins|bar** agg. RAR. **1** tributario **2** *(verzinslich)* fruttifero. **Zins|bau|er** m. *(-n,-n)* STOR. censuario *m.*, livellario *m.* **Zins|bo|gen** m. *(-s,-)* ECON. foglio *m.* cedolare. **zins|brin|gend** agg. fruttifero. **zin|sen** intr. (aus. *haben*) **1** SVIZZ. pagare il tributo **2** STOR. pagare il censo. **Zin|sen|dienst** m. *(-[e]s,-e)* ECON. GERG. servizio *m.* interessi.
Zin|se|ner m. *(-s,-)* ANT. censuario *m.*
Zin|sen|kon|to n. *(-s,-s* e *-konten/-konti)* conto *m.* interessi. **Zin|sen|last** f. *(-,-en)* carico *m.* degli interessi. **Zin|sen|mo|ra|to|ri|um** n. *(-s,-moratorien)* moratoria *f.* degli interessi. **Zin|sen|rück|stän|de** pl. interessi *m.pl.* arretrati. **Zins|er|hö|hung** f. *(-,-en)* aumento *m.* degli interessi. **Zins|er|trag** m. *(-[e]s,-erträge)* provento *m.* di interessi. **Zin|ses|zins** m. *(-es,-en)* interesse *m.* composto. **zins|fäl|lig** → **zinspflichtig.** **zins|frei** agg. senza interessi. **Zins|fuß** m. *(-es,-füße)* tasso *m.* (*o* saggio *m.*) di interesse. **Zins|ge|fäl|le** n. *(-s,-)* differenza *f.* dei tassi di interesse. **Zins|gro|schen** m. *(-s,-)* STOR. decima *f.* **zins|güns|tig** agg. agevolato, a interesse favorevole. **Zins|gut|schrift** f. *(-,-en)* accreditamento *m.* di interessi. **Zins|hahn** m. *(-[e]s,-hähne)*, ***rot wie ein ~*** rosso come un peperone. **Zins|haus** n. *(-es,-häuser)* REGION. e AUSTR. SVIZZ. casa *f.* d'affitto.
Zins|herr m. *(-n,-en)* signore *m.* (feudale). **Zins|herr|schaft** f. *(-)* dominio *m.* feudale.
Zins|knecht|schaft f. *(-)* servitù *f.* **Zins|leu|te** pl. censuari *m.pl.* **zins|los** agg. infruttifero: ***-es Darlehen*** mutuo infruttifero. **Zins|ner** → **Zinsener.** **Zins|pflicht** f. *(-)* STOR. obbligo *m.* censuario. **zins|pflich|tig** agg. STOR. soggetto al pagamento (*o* alla corresponsione) del censo. **Zins|po|li|tik** f. *(-)* politica *f.* dei tassi (di interesse). **Zins|rech|nung** f. *(-,-en)* calcolo *m.* degli interessi. **Zins|satz** m. *(-es,-sätze)* → **Zinsfuß.** **Zins|schein** m. *(-[e]s,-e)* cedola *f.* degli interessi. **Zins|schwan|kung** f. *(-,-en)* fluttuazione *f.* (*o* variazione) del tasso di interesse. **Zins|sen|kung** f. *(-,-en)* riduzione *f.* degli interessi. **Zins|span|ne** f. *(-,-n)* margine *m.* di interesse. **Zins|ter|min** m. *(-s,-e)* scadenza *f.* del pagamento degli interessi.
zins|tra|gend agg. fruttifero. **Zins|um|wand|lung** f. *(-,-en)* conversione *f.* con riduzione dell'interesse. **zins|ver|bil|ligt** agg. (a tasso) agevolato. **Zins|wu|cher** m. *(-s,-)* usura *f.* **Zins|zahl** f. *(-,-en)* numero *m.* per il calcolo degli interessi.
Zi|on n.pr.m. *(-s)* Sion *m.* **Zi|o|nis|mus** m. *(-)* sionismo *m.* **Zi|o|nist** m. *(-en,-en)* sionista *m.* **zi|o|nis|tisch** agg. sionistico.
Zip|fel m. *(-s,-)* **1** angolo *m.*, cocca *f.*: ***der ~ eines Kissens*** l'angolo di un cuscino **2** *(Tuchzipfel)* lembo *m.*: ***der ~ einer Decke*** il lembo di una coperta **3** *(Ende)* punta *f.* (anche FIG.): ***der äußerste ~ eines Sees*** la punta estrema di un lago **4** FAM. *(Penis)* pistolino *m.* ◆ COLLOQ. ***etw. am (o beim) rechten ~ anfassen (anpacken)*** prendere qcs. per il giusto verso; COLLOQ. ***etw. an (o bei) allen vier -n haben***

avere in pugno qcs. **zip|fe|lig** agg. irregolare: ***ein -er Saum*** un orlo irregolare. **Zip|fel|müt|ze** f. *(-,-n)* berretto *m.* a punta. **zip|feln** intr. (aus. *haben*) avere un orlo irregolare. **zipf|lig** → **zipfelig.**

Zipp® m. *(-s,-s)* AUSTR. zip *f.*, lampo *f.*

Zip|per|lein n. *(-s)* COLLOQ. ANT. gotta *f.*

Zir|be(l) f. *(-,-n)* → **Zirbelkiefer. Zir|bel|drü|se** f. *(-,-n)* ghiandola *f.* pineale. **Zir|bel|kie|fer** f. *(-,-n)* cembro *m.*, cimbrolo *m.*

zir|ka avv. circa: ***~ eine Woche*** circa una settimana.

Zir|ka|auf|trag m. *(-[e]s,-aufträge)* ECON. ordine *m.* circa, ordine *m.* con clausola circa.

Zir|kel m. *(-s,-)* **1** compasso *m.*: ***mit dem ~ einen Kreis ziehen, schlagen*** tracciare un cerchio con il compasso **2** *(Kreis)* circolo *m.*: ***in einem ~ um das Feuer stehen*** stare in cerchio intorno al fuoco **3** *(Gruppe von Personen)* circolo *m.*, cerchia *f.*: ***ein intellektueller ~*** un circolo intellettuale; ***der engste ~ der Freunde*** la cerchia ristretta di amici **4** MUS. *(Quintenzirkel)* circolo *m.* delle quinte **5** → **Zirkelschluss** ◆ ***der hermeneutische ~*** il circolo ermeneutico. **Zir|kel|be|weis** m. *(-es,-e)* → **Zirkelschluss. Zir|kel|kas|ten** m. *(-s,-kästen)* custodia *f.* (*o* astuccio *m.*) del compasso.

zir|keln tr. **1a** *(abmessen)* misurare **b** *(ausprobieren)* verificare, accertare **2** SPORT GERG. piazzare: ***den Ball ins Tor ~*** piazzare la palla in rete.

Zir|kel|sä|ge f. *(-,-n)* sega *f.* circolare. **Zir|kel|schluss** m. *(-es,-schlüsse)* circolo *m.* vizioso.

Zir|kon m. *(-s,-e)* zircone *m.* **Zir|ko|ni|um** n. *(-s)* zirconio *m.*

zir|ku|lar, zir|ku|lär agg. circolare. **Zir|ku|lar** n. *(-s,-e)* ANT. (lettera *f.*) circolare *f.* **Zir|ku|lar|no|te** f. *(-,-n)* nota *f.* circolare.

Zir|ku|la|ti|on f. *(-,-en)* circolazione *f.* **Zir|ku|la|ti|ons|stö|rung** f. *(-,-en)* disturbo *m.* circolatorio.

zir|ku|lie|ren intr. (aus. *sein*, RAR. *haben*) circolare.

Zir|kum|flex m. *(-es,-e)* accento *m.* circonflesso. **Zir|kum|zi|si|on** f. *(-,-en)* circoncisione *f.*

Zir|kus m. *(-,-se)* **1** circo *m.*: ***Artist beim ~ sein*** essere un artista di circo **2** COLLOQ. *(Rummel)* casino *m.*: ***mach nicht so einen ~*** non fare tanto casino; ***einen ~ veranstalten*** fare una scenata. **Zir|kus|rei|ter** m. *(-s,-)* cavallerizzo *m.* da circo.

zir|pen intr. (aus. *haben*) **1** stridere **2** *(von Zikaden)* frinire.

Zir|rho|se f. *(-,-n)* cirrosi *f.*

Zir|ro|ku|mu|lus m. *(-,-kumuli)* cirrocumulo *m.* **Zir|ro|stra|tus** m. *(-,-strati)* cirrostrato *m.* **Zir|rus** m. *(-,- e Zirren)*, **Zir|rus|wol|ke** f. *(-,-n)* cirro *m.*

zir|zen|sisch agg. circense: ***-e Darbietungen, Spiele*** rappresentazioni, giochi circensi.

zis|al|pin, zis|al|pi|nisch agg. cisalpino: ***-e Republik*** Repubblica cisalpina.

Zi|sche|lei f. *(-,-en)* sussurrio *m.*, il continuo bisbigliare. **zi|scheln** tr. sussurrare, bisbigliare: ***jdm etw. ins Ohr ~*** sussurrare a qcn. qcs. nell'orecchio.

zi|schen intr. **1a** (aus. *haben*) sibilare: ***die Schlange zischt*** il serpente sibila **b** *(von Gänsen)* stridere **2a** *(pfeifen;* aus. *haben)* fischiare: ***das Publikum zischte oft bei der Premiere*** il pubblico fischiò spesso durante la prima **b** (aus. *sein*) ***der Dampf zischt aus dem Schnellkochtopf*** il vapore fischia (uscendo) dalla pentola a pressione **c** *(fliegen;* aus. *sein)* ***die Kugeln zischten mir um die Ohren*** le pallottole mi fischiavano vicino alle orecchie **3** COLLOQ. *(eilig laufen;* aus. *sein)* svicolare: ***er ist gerade um die Ecke gezischt*** è appena svicolato dietro l'angolo ◆ ***ein Bier, einen ~*** farsi una birra, bere un bicchiere. **Zi|schen** n. *(-s)* sibilo *m.*, fischio *m.* **Zisch|laut** m. *(-[e]s,-e)* LING. sibilante *f.*

Zi|se|leur [-'lø:ɐ] m. *(-s,-e)* cesellatore *m.* **Zi|se|lier|ar|beit** f. *(-,-en)* lavoro *m.* di cesello, cesellatura *f.* **zi|se|lie|ren** tr. cesellare. **Zi|se|lie|rer** m. *(-s,-)* → **Ziseleur. Zi|se|lie|rung** f. *(-,-en)* cesellatura *f.*

Zis|ter|ne f. *(-,-n)* cisterna *f.* **Zis|ter|nen|was|ser** n. *(-[e]s)* acqua *f.* di cisterna.

Zis|ter|zi|en|ser m. *(-s,-)* cistercense *m.* **Zis|ter|zi|en|ser|or|den** m. *(-s)* ordine *m.* dei cistercensi.

Zi|ta|del|le f. *(-,-n)* cittadella *f.*

Zi|tat n. *(-[e]s,-e)* **1** *(zitierte Textstelle)* citazione *f.*: ***ein ~ aus einer philosophischen Abhandlung*** una citazione da un trattato filosofico; ***eine Behauptung durch -e belegen*** dimostrare un'affermazione con citazioni **2** *(bekannter Ausspruch)* detto *m.*, sentenza *f.*: ***viele klassische -e kennen*** conoscere molte sentenze classiche.

Zi|ther f. *(-,-n)* cetra *f.*

zi|tie|ren tr. citare: ***eine Stelle aus einem Buch ~*** citare un passo da un libro; ***seinen Lehrer ~*** citare il proprio maestro; DIR. ***jdn vor Gericht ~*** citare qcn. in giudizio. **Zi|tie|rung** f. *(-,-en)* citazione *f.*

Zit|rat n. *(-[e]s,-e)* citrato *m.*

1.Zit|rin m. *(-s,-e)* MINER. citrino *m.*

2.Zit|rin n. *(-s)* BIOL. citrina *f.*

Zit|ro|nat n. *(-[e]s,-e)* cedro *m.* candito.

Zit|ro|ne f. *(-,-n)* **1** limone *m.*: ***eine ~ auspressen*** spremere un limone **2** *(Getränk)* limonata *f.*: ***heiße ~*** limonata calda ◆ COLLOQ. ***jdn wie eine ~ auspressen, ausquetschen*** spremere qcn. come un limone. **Zit|ro|nen|baum** m. *(-[e]s,-bäume)* (albero *m.* di) limone *m.* **Zit|ro|nen|fal|ter** m. *(-s,-)* ENTOM. cedron(c)ella *f.* **zit|ro|nen|far|ben, zit|ro|nen|far|big, zit|ro|nen|gelb** agg. giallo limone, citrino. **Zit|ro|nen|kraut** n. *(-[e]s)* → **Zitronenmelisse. Zit|ro|nen|li|mo|na|de** f. *(-,-n)* limonata *f.* (gassata). **Zit|ro|nen|me|lis|se** f. *(-)* melissa *f.*, erba *f.* cedrata, cedronella *f.* **Zit|ro|nen|pres|se** f. *(-,-n)* spremiagrumi *m.* **Zit|ro|nen|saft** m. *(-[e]s,-säfte)* succo *m.* di limone. **zit|ro|nen|sau|er** agg. citrico. **Zit|ro|nen|säu|re** f. *(-)* acido *m.* citrico. **Zit|ro|nen|scha|le** f. *(-,-n)* scorza *f.* di limone. **Zit|ro|nen|schei|be** f. *(-,-n)* fetta *f.* di limone. **Zit|ro|nen|was|ser** n. *(-s)* limonata *f.*

Zit|rus|frucht f. *(-,-früchte)* agrume *m.* **Zit|rus|ge|wächs** n. *(-es,-e)*, **Zit|rus|pflan|ze** f. *(-,-n)* agrume *m.*

Zit|ter|aal m. *(-[e]s,-e)* gimnoto *m.*, anguilla *f.* elettrica. **zit|te|rig** → **zittrig. Zit|ter|läh|mung** f. *(-)* morbo *m.* di Parkinson. **Zit|ter|laut** m. *(-[e]s,-e)* (consonante *f.*) vibrante *f.*

zit|tern intr. (aus. *haben*) tremare: ***vor Kälte, Wut ~*** tremare di freddo, di rabbia; ***seine Hände ~ (ihm ~ die Hände)*** gli tremano le mani; *(vibrieren)* ***die Wände ~*** le pareti tremano; *(vor Angst)* ***vor jdm ~*** tremare davanti a qcn.; *(sich sorgen)* ***um etw., für jdn ~*** tremare per qcs., per qcn. **Zit|tern** n. *(-s)* tremore *m.*, tremito *m.*; *(Licht, Stimme)* tremolio *m.* **zit|ternd** p.pres. agg. **1** → **zittern 2** tremante, tremolante: ***mit -er Stimme antworten*** rispondere con voce tremante.

Zit|ter|pap|pel f. *(-,-n)* pioppo *m.* tremulo. **Zit|ter|ro|chen** m. *(-s,-)* ITTIOL. torpedine *f.* **Zit|ter|spiel** n. *(-s,-e)* SPORT GERG. = partita *f.* incerta fino all'ultimo.

zitt|rig agg. tremante, tremolante, tremulo: ***-e Hände*** mani tremanti; ***mit -er Stimme*** con voce tremula.

Zit|wer m. *(-s,-)* curcuma *f.*

Zitz m. *(-es)* chintz *m.*, cinz *m.*

Zit|ze f. *(-,-n)* ZOOL. capezzolo *m.*

Zi|vi m. *(-s,-s)* COLLOQ. obiettore *m.* (di coscienza).

zi|vil [-v-] **I** agg. civile: ***-e Kleidung*** abiti civili; ***die -e Ehe*** il matrimonio civile; *(anständig)* ***-e Preise*** prezzi civili **II** avv. civilmente: ***jdn ~ behandeln*** trattare qcn. civilmente. **Zi|vil** n. *(-s)* **1** *(Zivilkleidung)* civile *m.*, borghese *m.*: ***in ~ sein*** essere in civile **2** RAR. *(Zivilisten)* civili *m.pl.*, borghesi *m.pl.* **Zi|vil|an|zug** m. *(-[e]s,-anzüge)* abito *m.* civile. **Zi|vil|be|hör|de** f. *(-)* autorità *f.* civile. **Zi|vil|be|ruf** m. *(-s,-e)* professione *f.* da civile; ***er ist im ~ Arzt*** nella vita (civile) fa il medico. **Zi|vil|be|völ|ke|rung** f. *(-,-en)* popolazione *f.* civile. **Zi|vil|cou|ra|ge** f. *(-)* coraggio *m.* civile.

Zi|vil|die|ner m. *(-s,-)* → **Zivildienstleistende. Zi|vil|dienst** m. *(-[e]s)* servizio *m.* civile: ***~ leisten*** prestare servizio civile. **Zi|vil|dienst|be|auf|trag|te** m. e f. *(-n,-n)* funzionario *m.* (-a *f.*) della commissione per il servizio civile. **Zi|vil|dienst|leis|ten|de** m. *(-n,-n)* chi presta servizio civile, obiettore *m.* di coscienza. **Zi|vil|dienst|ler** m. *(-s,-)* COLLOQ. obiettore *m.*

Zi|vil|ehe f. *(-,-n)* matrimonio *m.* civile. **Zi|vil|flug|ha|fen** m. *(-s,-häfen)* aeroporto *m.* civile. **Zi|vil|ge|fan|ge|ne** m. e f. *(-n,-n)* prigioniero *m.* (-a *f.*) civile. **Zi|vil|ge|richt** n. *(-[e]s,-e)* tribunale *m.* civile. **Zi|vil|ge|richts|bar|keit** f. *(-,-en)* giurisdizione *f.* civile. **Zi|vil|ge|setz|buch** n. *(-[e]s)* SVIZZ. codice *m.* civile.

Zi|vi|li|sa|ti|on [-v-] f. *(-,-en)* civiltà *f.*, civilizzazione *f.*: ***eine hohe, niedrige ~ haben*** avere un alto, basso grado di civiltà. **Zi|vi|li|sa|ti|ons|krank|heit** f. *(-,-en)* malattia *f.* del benessere. **zi|vi|li|sa|to|risch** agg. della civiltà, della civilizzazione. **zi|vi|li|sie|ren** tr. **1** civilizzare **2** *(verfeinern)* incivilire. **zi|vi|li|siert I** p.pass. agg. **1** → **zivilisieren 2a** civilizzato, civile: ***die -en Länder*** i paesi civilizzati **b** *(gesittet)* civile, incivilito **II** avv. in modo civile. **Zi|vi|li|sie|rung** f. *(-,-en)* civilizzazione *f.*

Zi|vi|list m. *(-en,-en)* civile *m.*, borghese *m.*: ***auch die -en gefangen nehmen*** prendere prigionieri anche i civili. **zi|vi|lis|tisch** agg. civile, non militare.

Zi|vil|kam|mer f. *(-,-n)* sezione *f.* civile (del tribunale regionale o distrettuale). **Zi|vil|kla|ge** f. *(-,-n)* DIR. azione *f.* civile. **Zi|vil|kleid** n. *(-[e]s,-er)*, **Zi|vil|klei|dung** f. *(-,-en)* abito *m.* civile, abiti *m.pl.* borghesi. **Zi|vil|le|ben** n. *(-s,-)* vita *f.* (da) civile. **Zi|vil|lis|te** f. *(-,-n)* lista *f.* civile. **Zi|vil|luft|fahrt** f. *(-)* aviazione *f.* civile. **Zi|vil|per|son** f. *(-,-en)* → **Zivilist.**

Zi|vil|pro|zess m. *(-es,-e)* processo *m.* civile. **Zi|vil|pro|zess|ord|nung** f. *(-,-en)* codice *m.* di procedura civile. **Zi|vil|pro|zess|recht** n. *(-[e]s)* diritto *m.* processuale civile.

Zi|vil|recht n. *(-[e]s)* diritto *m.* civile. **zi|vil|recht|lich I** agg. civilistico, di diritto civile **II** avv. dal punto di vista del diritto civile. **Zi|vi|re|gie|rung** f. *(-,-en)* governo *m.* civile. **Zi|vil|sa|che** f. *(-,-n)* causa *f.* civile. **Zi|vil|schutz** m. *(-es)* protezione *f.* civile. **Zi|vil|stand** m. *(-es)* SVIZZ. stato *m.* di famiglia. **Zi|vil|trau|ung** f. *(-,-en)* (celebrazione *f.* del) matrimonio *m.* civile. **Zi|vil|ver|fah|ren** n. *(-s,-)* → **Zivilprozess.**

ZK ⇒ *Zentralkomitee* Comitato centrale (C.C.).

z. K. ⇒ *zur Kenntnisnahme* per conoscenza (p.c.).

Zo|bel m. *(-s,-)* zibellino *m.* **Zo|bel|pelz** m. *(-es,-e)* pelliccia *f.* di zibellino.

zo|cken intr. (aus. *haben*) COLLOQ. giocare d'azzardo.

zo|ckeln intr. (aus. *sein*) COLLOQ. trotterellare.

Zo|cker m. GERG. baro *m.*

zo|di|a|kal agg. zodiacale. **Zo|di|a|kal|licht** n. *(-[e]s,-er)* luce *f.* zodiacale. **Zo|di|a|kus** m. *(-)* zodiaco *m.*

Zo|fe f. *(-,-n)* cameriera *f.*

Zoff m. *(-s)* COLLOQ. lite *f.*, bisticcio *m.*: *~ mit jdm haben* litigare, bisticciare con qcn.

zog → **ziehen.**

zö|ger|lich I agg. esitante, lento, titubante: *ein -er Beginn* un inizio esitante **II** avv. in modo esitante, con esitazione: *sich ~ verhalten* esitare. **zö|gern** intr. (aus. *haben*) esitare, indugiare: *mit der Antwort ~* esitare a rispondere; *er zögerte nicht, seine Zustimmung zu geben* non esitò a dare il suo consenso; *einen Augenblick, lange ~* esitare un momento, a lungo; *jdm folgen, ohne zu ~* seguire qcn. senza indugio. **Zö|gern** n. *(-s)* esitazione *f.*, titubanza *f.* **zö|gernd I** p.pres. agg. → **zögern II** avv. con esitazione: *nur ~ gehorchen* obbedire esitando.

Zög|ling m. *(-s,-e)* ANT. allievo *m.*; *(vom Internat)* collegiale *m.*

Zö|len|te|rat m. *(-en,-en)* celenterato *m.*

Zö|les|tin m. *(-s,-e)* MINER. celestina *f.*

Zö|li|bat n. e m. *(-[e]s)* celibato *m.* (ecclesiastico): *im ~ leben* vivere in celibato. **zö|li|ba|tär** agg. e avv. celibatario, in celibato. **Zö|li|bats|zwang** m. *(-[e]s)* obbligo *m.* del celibato.

1.Zoll m. *(-[e]s, Zölle)* **1** dogana *f.*: *den ~ passieren* passare la dogana; *frei ~* franco dogana **2** *(Abgabe)* tassa *f.* (*o* imposta *f.*) doganale, dazio *m.*: *auf dieser Ware liegt ein hoher ~* su questa merce c'è una tassa doganale elevata; *~ erheben, bezahlen* riscuotere, pagare il dazio; *~ zu Lasten des Käufers* dazio a carico del compratore **3** STOR. *(Straßen-, Brückenzoll)* pedaggio *m.* **4** FIG. tributo *m.*: *der Natur seinen ~ entrichten* pagare il proprio tributo alla natura.

2.Zoll m. *(-[e]s,-)* METROL. pollice *m.* ◆ *jeder ~ ein Gentleman* un gentiluomo dalla testa ai piedi.

Zoll|ab|fer|ti|gung f. *(-,-en)* sdoganamento *m.*, pratiche *f.pl.* (*o* operazioni *f.pl.*) doganali. **Zoll|ab|kom|men** n. *(-s,-)* accordo *m.* doganale. **Zoll|amt** n. *(-[e]s,-ämter)* ufficio *m.* doganale, dogana *f.* **zoll|amt|lich I** agg. doganale **II** avv. a cura della dogana ◆ *~ abgefertigt* sdoganato.

Zoll|an|mel|dung f. *(-,-en)* dichiarazione *f.* (di merci) alla dogana. **Zoll|an|schluss** m. *(-es,-anschlüsse)* unione *f.* doganale. **Zoll|aus|land** n. *(-[e]s)* territorio *m.* doganale estero. **Zoll|aus|schluss** m. *(-es,-ausschlüsse)* zona *f.* franca. **zoll|bar** agg. soggetto a dogana, a dazio. **Zoll|be|am|te** m. *(-n,-n)* funzionario *m.* doganale, doganiere *m.* **Zoll|be|hör|de** f. *(-,-n)* autorità *f.* doganale. **Zoll|be|gleit|schein** m. *(-s,-e)* bolletta *f.* doganale di accompagnamento. **Zoll|be|güns|ti|gung** f. *(-,-en)* privilegio *m.* doganale. **Zoll|be|las|tung** f. *(-,-en)* onere *m.* doganale. **Zoll|be|schau** f. *(-,-en)* verifica *f.*, visita *f.* doganale.

zoll|breit agg. largo un pollice. **Zoll|breit** m. *(-,-)* larghezza *f.* di un pollice.

Zoll|bürg|schaft f. *(-,-en)* cauzione *f.* doganale. **Zoll|de|kla|ra|ti|on** f. *(-,-en)* dichiarazione *f.* alla dogana, doganale. **Zoll|durch|fuhr|schein** m. *(-s,-e)* bolletta *f.* di transito. **Zoll|ein|nah|men** pl. proventi *m.pl.* doganali. **Zoll|ein|neh|mer** m. *(-s,-)* ANT. esattore *m.*

zol|len tr. **1** tributare: *jdm Anerkennung, Lob, Dank ~* tributare stima, lode, gratitudine a qcn. **2** ANT. *(Zoll bezahlen)* pagare il dazio ◆ *jdm, etw. Beifall, Applaus ~* applaudire qcn., qcs.

Zoll|er|klä|rung f. *(-,-en)* → **Zolldeklaration. Zoll|fahn|der** m. *(-s,-)* doganiere *m.* **Zoll|fahn|dung** f. *(-,-en)* ispezione *f.* doganale. **Zoll|for|ma|li|tä|ten** pl. formalità *f.pl.* doganali.

zoll|frei I agg. esente da dazio, franco di dogana **II** avv. in franchigia ◆ *-er Einkauf* duty free. **Zoll|frei|ge|biet** n. *(-[e]s,-e)* zona *f.* franca. **Zoll|frei|heit** f. *(-)* franchigia *f.* doganale.

Zoll|ge|biet n. *(-[e]s,-e)* territorio *m.* doganale. **Zoll|ge|setz** n. *(-es,-e)* legge *f.* doganale. **Zoll|grenz|be|zirk** m. *(-[e]s,-e)* zona *f.* doganale di confine. **Zoll|gren|ze** f. *(-,-n)* **1** confine *m.* (*o* frontiera *f.*) doganale **2** ANT. *(von Stadt)* cinta *f.* daziaria. **Zoll|hin|ter|zie|hung** f. *(-,-en)* frode *f.* doganale. **Zoll|ho|heit** f. *(-)* sovranità *f.* doganale. **Zoll|in|halts|er|klä|rung** f. *(-,-en)* dichiarazione *f.* del contenuto (di un pacco postale). **Zoll|kon|trol|le** f. *(-,-n)* controllo *m.* doganale.

Zöll|ner m. *(-s,-)* **1** COLLOQ. → **Zollbeamte 2** STOR. gabelliere *m.*; BIBL. pubblicano *m.*

Zoll|ord|nung f. *(-,-en)* regolamento *m.* doganale. **zoll|pflich|tig** agg. soggetto a dazio, a dogana. **Zoll|recht** n. *(-[e]s)* diritto *m.* doganale. **Zoll|schran|ke** f. *(-,-n)* barriera *f.* doganale. **Zoll|sta|ti|on** f. *(-,-en)*, **Zoll|stel|le** f. *(-,-n)* posto *m.* di dogana, posto *m.* (*o* ufficio *m.*) doganale.

Zoll|stock m. *(-[e]s,-stöcke)* metro *m.* pieghevole.

Zoll|straf|recht n. *(-[e]s)* diritto *m.* penale doganale. **Zoll|ta|rif** m. *(-s,-e)* tariffa *f.* doganale. **Zoll|uni|on** f. *(-,-en)* unione *f.* doganale. **Zoll|ver|ge|hen** n. *(-s,-)* infrazione *f.* doganale. **Zoll|ver|trag** m. *(-[e]s,-verträge)* trattato *m.* doganale. **Zoll|wa|che** f. *(-,-n)* guardia *f.* doganale.

Zö|lom n. *(-s,-e)* celoma *m.*

Zom|bie [-bi] m. *(-[s],-s)* zombie *m.* (anche FIG.).

zo|nal agg. zonale, di zona.

Zo|ne f. *(-,-n)* zona *f.*: *blaue ~* zona disco; *entmilitarisierte, atomwaffenfreie ~* zona smilitarizzata, denuclearizzata; *heiße, gemäßigte, kalte ~* zona torrida, temperata, glaciale ◆ STOR. COLLOQ. *die ~* = la Germania orientale, la zona d'occupazione sovietica.

Zo|nen|gren|ze f. *(-,-n)* **1** confine *m.* zonale **2** STOR. COLLOQ. *(Grenze zur DDR)* = confine con la Germania orientale **3** *(Zahlgrenze)* limite *m.* di tratta (su un mezzo pubblico). **Zo|nen|rand|ge|biet** n. *(-[e]s,-e)* STOR. fascia *f.* di confine (con la Germania orientale). **Zo|nen|ta|rif** m. *(-s,-e)* tariffa *f.* di zona. **Zo|nen|zeit** f. *(-)* ora *f.* del fuso orario.

Zö|no|bit m. *(-en,-en)* cenobita *m.* **zö|no|bi|tisch** agg. cenobitico. **Zö|no|bi|um** n. *(-s, Zönobien)* cenobio *m.* (anche BIOL.).

Zoo m. *(-s,-s)* zoo *m.*: *in den ~ gehen* andare allo zoo. **zo|o|gen** agg. zoogeno, zoogenico. **Zoo|ge|schäft** n. *(-[e]s,-e)* negozio *m.* di animali. **Zoo|hand|lung** f. *(-,-en)* → **Zoogeschäft. Zo|o|lat|rie** f. *(-)* zoolatria *f.*

Zo|o|lo|ge m. *(-n,-n)* zoologo *m.* **Zo|o|lo|gie** f. *(-)* zoologia *f.* **zo|o|lo|gisch** agg. zoologico: *-er Garten* giardino zoologico.

Zoom [zu:m] n. *(-s,-s)* zoom *m.* **zoo|men** [zu-] tr. zumare, zoomare. **Zoom|ob|jek|tiv** n. *(-s,-e)* zoom *m.*

zo|o|phag agg. zoofago. **Zo|o|pho|bie** f. *(-,-n)* zoofobia *f.* **Zoo|tech|nik** f. *(-)* zootecnica *f.* **Zoo|tech|ni|ker** m. *(-s,-)* zootecnico *m.* **Zoo|tier** n. *(-[e]s,-e)* animale *m.* in cattività (in uno zoo).

Zopf m. *(-[e]s, Zöpfe)* **1** treccia *f.*: *sich Zöpfe flechten* farsi le trecce; *Zöpfe tragen* portare le trecce **2** *(für Männer, im 18. Jh)* codino *m.* ◆ *ein alter ~* = un'idea antiquata. **Zopf|band** n. *(-[e]s,-bänder)* nastro *m.* per (legare) la treccia, il codino. **Zöpf|chen** n. *(-s,-)* treccina *f.* **zop|fig** agg. SPREG. codino, da codino. **Zopf|mus|ter** n. *(-s,-)* SART. (motivo *m.* a) treccia *f.* **Zopf|pe|rü|cke** f. *(-,-n)* parrucca *f.* a codino. **Zopf|stil** m. *(-[e]s)* INTRAD. (stile nell'arte tedesca della seconda metà del XVIII sec.). **Zopf|tum** n. *(-s)* SPREG. codinismo *m.* **Zopf|zeit** f. *(-,-en)* epoca *f.* dello Zopfstil.

Zo|res m. *(-)* REGION. **1** rabbia *f.*, ira *f.* **2** *(Wirrwarr)* confusione *f.*

Zorn m. *(-[e]s)* ira *f.*, collera *f.*: *jds ~ erregen* suscitare l'ira di qcn.; *(einen) ~ auf jdn haben* essere in collera con qcn.; *in ~ geraten* andare (*o* montare) in collera; *in ~ bringen* adirarsi; *der ~ packte ihn, verrauchte* l'ira lo assalì, svanì. **Zorn|ader** → **Zornesader. Zorn|aus|bruch** → **Zornesausbruch. zorn|ent|brannt** agg. acceso d'ira. **Zor|nes|ader,** *jdm schwillt die ~ (an)* = a qcn. viene un accesso d'ira (*o* di rabbia). **Zor|nes|aus|bruch** m. *(-[e]s,-ausbrüche)* scoppio *m.* (*o* scatto *m.*) d'ira. **Zor|nes|rö|te,** *etw. treibt jdm die ~ ins Gesicht* qcs. fa diventare qcn. rosso dalla collera. **Zorn|fal|te** f. *(-,-n)* ruga *f.* di collera. **zor|nig I** agg. (ad)irato, incollerito, arrabbiato: *auf jdn (über etw.) ~ sein* essere in collera con qcn. (per qcs.); *~ werden* adirarsi, arrabbiarsi **II** avv. con ira, con rabbia. **zorn|mü|tig** agg. **1** collerico, irascibile **2** → **zornig. Zorn|rö|te** → **Zornesröte. zorn|schnau|bend** agg. fremente di rabbia.

Zo|ro|as|ter n.pr.m. Zoroastro *m.*

Zo|te f. *(-,-n)* sconcezza *f.*: COLLOQ. *-n reißen* dire sconcezze. **zo|ten|haft** agg. sconcio, osceno. **Zo|ten|rei|ßer** m. *(-s,-)* chi racconta storielle sconce. **zo|tig I** agg. sconcio **II** avv. in modo sconcio. **Zo|tig|keit** f. *(-,-en)* sconcezza *f.*

Zot|te f. *(-,-n)* **1** *(Haarbüschel)* ciuffo *m.* di peli **2** ANAT. villo *m.*

Zot|tel f. *(-,-n)* COLLOQ. **1a** *(Zotte)* ciuffo *m.* di peli **b** ciocca *f.*, ciuffo *m.* (di capelli) **2** *(Quaste)* nappa *f.* **Zot|tel|bär** m. *(-en,-en)* INFANT. orsacchiotto *m.* (peloso). **Zot|te|lei** f. *(-,-en)* COLLOQ. SPREG. passo *m.* fiacco (*o* ciondolante). **Zot|tel|haar** n. *(-[e]s,-e)* COLLOQ.

capelli *m.pl.* arruffati. **zot|te|lig** agg. **1** incolto, irsuto **2** *(unordentlich)* disordinato, arruffato. **Zot|tel|kopf** m. *(-[e]s,-köpfe)* COLLOQ. capelli *m.pl.* arruffati, testa *f.* arruffata. **zot|teln** intr. **1** (aus. *sein*) andare avanti fiaccamente, ciondolando **2** *(von Haaren;* aus. *haben)* cadere in ciocche arruffate. **zot|tig** agg. incolto, irsuto **2** *(wirr, strähnig)* a ciocche arruffate, arruffato. **zott|lig** → **zottelig.**

ZPO ⇒ *Zivilprozessordnung* codice di procedura civile (c.p.c.).

Z-Sol|dat GERG. → **Zeitsoldat.**

z. T. ⇒ *zum Teil* in parte.

Ztr. ⇒ *Zentner* = mezzo quintale.

zu I prep. + dat. (anche artcl. m. e n. **zum**, f. **zur**) **1a** *(lokal: Richtung)* a, in: ***zur Schule, zum Unterricht gehen*** andare a scuola, a lezione; ***~ Bett gehen*** andare a letto; ***sich ~ Tisch setzen*** mettersi a tavola; ***jdn zum Zug bringen*** condurre qcn. al treno **b** *(bei Personen)* da: ***zum Arzt gehen*** andare dal dottore; ***komm ~ mir!*** vieni da me! **c** FIG. ***~ etw. kommen*** arrivare, venire a qcs.; ***es kam zum Streit*** si giunse alla lite **2a** *(lokal: Lage)* in, a: ***~ Hause*** a casa; ***~ Bett liegen, sein*** essere a letto; ***zur Seite*** a lato, a fianco; ***jdm ~ Füßen sitzen*** sedere ai piedi di qcn. **b** *(vor Ortsnamen)* di: ***der Dom ~ Köln*** il duomo di Colonia; ***Graf ~...*** conte di... **c** *(in Namen von Gaststätten; auch unübersetzt)* a: ***Gasthof zum goldenen Adler*** albergo „All'aquila d'oro" **3a** *(temporal: Zeitspanne)* a, in: ***~ dieser Zeit*** in questo periodo; ***~ jds Zeiten*** ai tempi di qcn.; ***~ Beginn des Jahres*** all'inizio dell'anno; ***zum erstenmal*** per la prima volta; REGION. ***~ Ostern, Weihnachten*** a Pasqua, a Natale **b** *(meistens in Verbindung mit bis; lokal, temporal)* a: ***bis zum Ende*** fino alla fine; ***bis zum Bahnhof*** fino alla stazione; ***vom Morgen bis zum Abend*** dal mattino alla sera; ***bis ~ 250 Passagieren*** fino a 250 passeggeri **4** *(Mittel einer Fortbewegung)* a, con: ***~ Fuß, Pferde*** a piedi, a cavallo; ***~ Schiff*** per (*o* con la) nave **5a** *(modal)* a, per: ***~ niedrigen Preisen*** a prezzi bassi **b** con: ***~ jds voller Zufriedenheit*** con piena soddisfazione di qcn.; ***~ meinem Bedauern*** con mio rincrescimento; ***~ meiner Freude*** con mia gioia **6a** *(Zweck, Ziel)* per, a, in: ***jdm etw. ~ Weihnachten, zum Geburtstag schenken*** regalare qcs. a qcn. per Natale, per il compleanno; ***~ jds Ehren, Erinnerung*** in onore, in ricordo di qcn.; ***zur Strafe*** per punizione; ***~ Ihrer Information*** per sua informazione; ***sich zur Reise rüsten*** prepararsi alla partenza **b** *(mit substantivierten Verben)* per, da: ***ein Bleistift zum Zeichnen*** una matita da disegno; ***ein Platz zum Spielen*** un posto per giocare **7** *(Ergebnis eines Vorgangs, Folge einer Wandlung; oft unübersetzt)* in, a: ***~ Staub werden, zerfallen*** diventare, ridursi in polvere; ***~ Asche verbrennen*** (bruciare fino a) ridursi in cenere; ***jdn zum König wählen*** eleggere qcn. re; ***jdn zum Narren halten*** ritenere qcn. un buffone; ***jdn zum Freund gewinnen*** conquistarsi l'amicizia di qcn. **8** *(Hinzufügung)* con: ***Zucker zum Kaffee nehmen*** prendere il caffè con lo zucchero **9a** *(gegenüber)* per, verso, nei confronti di: ***die Liebe ~ ihm*** l'amore per lui (*o* nei suoi confronti) **b** con: ***freundlich, böse ~ jdm sein*** essere gentile, cattivo con qcn. **10** *(neben)* accanto a: ***sich ~ jdm setzen*** sedersi accanto a qcn. **11** *(Angabe der Menge, Anzahl, Häufigkeit)* per, a: ***zur Hälfte*** per metà; ***~ dritt*** per tre, tre a tre; ***~ Tausenden*** a migliaia **12** *(Verhältnisangabe)* a: ***eins ~ drei*** uno a tre; ***das Match endete zwei ~ Null*** la partita è finita due a zero; MAT. ***zwei verhält sich ~ vier wie drei ~ sechs*** due sta a quattro come tre sta a sei **13** *(Angabe des Preises)* da, a, per: ***ein Buch ~ vierzig Mark*** un libro da quaranta marchi; ***Briefmarke ~ sechzig Pfennig*** francobollo da sessanta pfennig **14** *(Angabe von Maßen, Gewichten)* da: ***eine Flasche ~ einem Liter*** una bottiglia da un litro; ***eine Packung ~ 20 Tabletten*** una confezione da 20 pastiglie **15** *(in Abhängigkeit von Verben, Substantiven, Adjektiven)* ***Neigung ~ etw.*** inclinazione per (*o* a) qcs.; ***(un)fähig ~ etw.*** (in)capace di qcs.; ***bereit ~ etw.*** pronto a qcs.; ***in Vergleich ~...*** in confronto a...; ***Beitrag ~...*** contributo a...; ***~ etw., jdm gehören*** appartenere a qcn., qcs.; ***~ etw. passen*** adattarsi a qcs., andare bene con qcs.; ***~ jdm (gut) passen*** essere adatto a qcn. **II** avv. **1** troppo: ***~ groß*** troppo grande; ***~ sehr (viel), wenig*** troppo, troppo poco; ***viel ~ tun haben*** avere troppo da fare; ***das ist mir ~ viel*** questo è troppo per me; ***~ viel Geld, Zeit*** troppo denaro, tempo; ***~ viel trinken, rauchen*** bere, fumare troppo; ***~ wenig essen*** mangiare troppo poco; ***~ spät*** troppo tardi **2a** *(in Lokalangaben, in Verbindung mit Präpositionen; unübersetzt)* ***nach Norden ~*** verso nord; ***auf die Küste ~*** in direzione della costa; ***zur Grenze ~*** al confine **b** *(in Temporalangaben)* ***auf Weihnachten ~*** verso Natale **3a** *(zumachen)* ***Tür ~!*** chiudere la porta! **b** *(geschlossen)* ***die Tür, das Geschäft ist ~*** la porta è chiusa, il negozio è chiuso **c** *(verstopft)* ***meine Nase ist ~*** ho il naso chiuso **d** *(betrunken)* ***er ist ja schon wieder völlig ~*** ha fatto di nuovo il pieno, è di nuovo completamente sbronzo **4** rafforz. davvero, molto: ***~ schön*** davvero bello **III** cong. **1a** *(in Infinitivsätzen; auch unübersetzt)* di, a: ***es ist leicht, schwer, möglich, etw. ~ tun*** è facile, difficile, possibile fare qcs.; ***ich hoffe, kommen ~ können*** spero di poter venire; ***jdm helfen, etw. ~ tun*** aiutare qcn. a fare qcs.; ***viel ~ tun haben*** avere molto da fare; ***nichts ~ sagen haben*** non avere niente da dire **b** *(mit Substantiven)* di, a: ***die Fähigkeit, sich auszudrücken*** la capacità di esprimersi **c** *(mit sein)* ***die Wohnung ist ~ vermieten*** l'appartamento è in affitto; ***er ist ~ bedauern*** è da compiangere; ***sie ist nicht ~ sprechen*** non le si può parlare; ***die Rechnung ist ~ bezahlen*** il conto va pagato, è da pagare **2** *(Finalsatz, in Verbindung mit um)* per: ***ich arbeite, um mir mein Leben ~ verdienen*** lavoro per guadagnarmi la vita **3** *(in Verbindung mit dem 1. Partizip)* ***das ~ lösende Rätsel*** l'enigma da risolvere; ***die ~ vermietenden Zimmer*** le camere in affitto; ***die ~ erwartende Zustimmung*** l'atteso consenso ◆ ***ab und ~*** talvolta, ogni tanto; ***~ Abend essen*** cenare; ***anstatt ~...*** invece di, anziché; ***zum Beispiel*** per esempio; ***zur Diskussion stellen*** mettere in discussione; ***~ Ende gehen*** essere alla fine, stare per finire; ***zum Frühstück*** a colazione; ***bei jdm ~ Gast sein*** essere ospite presso qcn.; ***zum Glück*** per fortuna; ***~ Hilfe!*** aiuto! COLLOQ. ***mach ~!*** sbrigati! ***~ Mittag essen*** pranzare; ***nur ~!*** avanti! forza! ***ohne ~...*** senza...; ***~ Papier bringen*** mettersi a scrivere; ***~ Recht*** giustamente; ***zum Schluss*** alla fine, da ultimo, concludendo; ***zur See fahren*** andare per mare; ***jdm zur Seite stehen*** essere a lato, a fianco (*o* FIG. al fianco) di qcn.; ***zum Spaß*** per divertimento; ***zum Teil*** in parte; ***~ Tisch!*** a tavola! ***~ meinem Vergnügen*** per diletto; ***ein Glas, einen ~ viel trinken*** berne uno (o bere un bicchiere) di troppo; ***einer ~ viel*** uno di troppo; IRON. ***das ist ~ viel des Guten*** troppa grazia; ***mir ist heute alles ~ viel*** oggi ne ho abbastanza di tutto; ***viel ~ viel*** veramente troppo; ***was ~ viel ist, ist ~ viel!*** quando è troppo è troppo! ***besser ~ viel, als ~ wenig*** meglio troppo che troppo poco; ***von... ~...*** di...in...: ***von Stunde ~ Stunde*** di ora in ora; ***jdn, etw. zum Vorbild nehmen*** portare ad esempio qcn., qcs.; ***~ Wasser und ~ Lande*** per terra e per mare; ***zur Zeit*** attualmente, al (*o* per il) momento; COLLOQ. ***zue Fenster*** finestre chiuse; ***eine zue Nase*** un naso chiuso; ***~ diesem Zweck*** a tale scopo, per questo.

zu|al|ler|al|ler|erst avv. assolutamente prima di tutto. **zu|al|ler|al|ler|letzt** avv. (assolutamente) alla fine di tutto. **zu|al|ler|erst** avv. prima di tutto, anzitutto. **zu|al|ler|letzt** avv. alla fine. **zu|al|ler|meist** avv. per lo più, in massima parte. **zu|al|ler|oberst** avv. al sopra di tutto, in cima. **zu|al|ler|un|terst** avv. sotto a tutto.

zu‿ar|bei|ten intr. (aus. *haben*) ***jdm ~*** aiutare qcn. nel lavoro, lavorare con qcn.

zu|äu|ßerst avv. all'estremo.

Zu|a|ve m. *(-n,-n)* zuavo *m.*

zu‿bal|lern tr. COLLOQ. chiudere con forza, sbattere: ***die Tür ~*** sbattere la porta.

zu‿bau|en tr. chiudere (con una costruzione).

Zu|be|hör n. e m. *(-[e]s,-e* e SVIZZ. *-den)* accessori *m.pl.* **Zu|be|hör|teil** n. *(-[e]s,-e)* accessorio *m.*

zu‿bei|ßen intr. *(biss, gebissen;* aus. *haben)* dare un morso.

zu‿be|kom|men tr. *(bekam, bekommen)* **1** riuscire a chiudere **2** REGION. *(dazubekommen)* ricevere in più.

zu‿be|rei|ten tr. preparare: ***das Abendessen ~*** preparare la cena. **Zu|be|rei|tung** f. *(-,-en)* **1** preparazione *f.* **2** *(Arznei)* preparato *m.*

zu‿be|to|nie|ren tr. **1a** pavimentare (con calcestruzzo): ***eine Straße ~*** pavimentare una strada **b** ***ein Loch in der Mauer ~*** chiudere un buco nel muro (con calcestruzzo) **2** *(von Landschaften)* cementificare.

Zu|bett|ge|hen n. *(-s)* l'andare a letto.

zu‿be|we|gen I tr. muovere (verso): ***etw. auf jdn, etw. ~*** muovere qcs. in direzione di qcn., qcs. **II** rifl. **sich ~** muoversi (verso): ***sich auf das Zentrum ~*** muoversi (*o* andare) in direzione del centro città.

zu‿bil|li|gen tr. concedere, accordare: ***jdm etw. ~*** accordare qcs. a qcn. **Zu|bil|li|gung** f. *(-,-en)* concessione *f.*

zu‿bin|den tr. legare: ***die Schnürsenkel ~*** legare i lacci delle scarpe.

Zu|biss m. *(-es,-e)* morso *m.*

zu‿blei|ben intr. *(blieb, geblieben;* aus. *sein)* rimanere chiuso.

zu‿blin|zeln intr. (aus. *haben*) strizzare l'occhio, fare l'occhiolino: ***jdm ~*** strizzare l'occhio a qcn.

zu‿brin|gen tr. *(brachte, gebracht)* **1** trascorrere: ***einen Monat im Ausland, im Krankenhaus ~*** trascorrere un anno all'estero, in ospedale **2** COLLOQ. REGION. *(zubekommen)* riuscire a chiudere: ***den Schrank nicht ~*** non riuscire a chiudere l'armadio.

Zu|brin|ger m. *(-s,-)* **1** → **Zubringerstraße 2** *(Verkehrsmittel)* (mezzo *m.*) navetta *f.* **Zu|brin|ger|bus** m. *(-ses,-se)* (autobus *m.*) navetta *f.* **Zu|brin|ger|dienst** m. *(-[e]s,-e)* servizio *m.* navetta: ***~ zum Flugplatz*** servizio navetta per l'aeroporto. **Zu|brin|ger|stra|ße** f.

(-,-n) strada *f.* di collegamento, raccordo *m.* (auto)stradale.
Zu|brot n. *(-[e]s)* **1** companatico *m.* **2** *(zusätzlicher Verdienst)* guadagno *m.* extra.
zu‿brül|len tr. urlare: ***jdm etw. ~*** urlare qcs. a qcn.
Zu|bu|ße f. *(-,-n)* aggiunta *f.* in denaro.
zu‿but|tern tr. COLLOQ. ***etw. ~*** dare qcs. (come contributo), contribuire con qcs.: ***Millionen ~ müssen*** dover aggiungere milioni.
Zuc|chi|ni [-ki-] f. *(-,-)*, RAR. **Zuc|chi|no** m. *(-, Zucchini)* zucchino *m.*
Zucht f. *(-,-en)* **1a** *(von Tieren)* allevamento *m.* **b** *(von Pflanzen)* coltivazione *f.* **c** *(von Bakterien)* coltura *f.* **2a** ANT. *(Erziehung)* educazione *f.*: ***in strenger ~ aufwachsen*** crescere con un'educazione rigida **b** *(Disziplin)* disciplina *f.*: ***~ halten*** rispettare la disciplina; IRON. ***hier herrscht ja eine schöne ~!*** bella disciplina! ◆ ANT o SCHERZ. ***in Züchten*** con decoro.
Zucht|buch n. *(-[e]s,-bücher)* pedigree *m.* **Zucht|bul|le** m. *(-n,-n)* toro *m.* da monta.
züch|ten tr. **1** allevare **2** *(Pflanzen)* coltivare **3** FIG. *(fördern)* alimentare, nutrire, coltivare. **Züch|ter** m. *(-s,-)* **1** allevatore *m.* **2** *(Pflanzenzüchter)* coltivatore *m.* **züch|te|risch** agg. di allevamento, allevatore.
Zucht|haus n. *(-[e]s,-häuser)* STOR. **1** penitenziario *m.*, carcere *m.*: ***im ~ sein*** essere in carcere **2** *(Zuchthausstrafe)* reclusione *f.*, carcere *m.*: ***zu lebenslänglichem ~ verurteilt werden*** essere condannato al carcere a vita. **Zucht|häus|ler** m. *(-s,-)* ANT. galeotto *m.* **Zucht|haus|stra|fe** f. *(-,-n)* pena *f.* della reclusione.
Zucht|hengst m. *(-[e]s,-e)* stallone *m.* da monta.
züch|tig ANT. o SCHERZ. **I** agg. pudico, castigato, costumato: ***ein -es Mädchen*** una ragazza pudica; ***ein -es Leben führen*** condurre una vita castigata **II** avv. pudicamente: ***~ die Augen niederschlagen*** abbassare pudicamente lo sguardo. **züch|ti|gen** tr. punire, castigare. **Züch|tig|keit** f. *(-)* pudicizia *f.*, costumatezza *f.*, castigatezza *f.* **Züch|ti|gung** f. *(-,-en)* punizione *f.*, castigo *m.*
zucht|los agg. indisciplinato, sregolato. **Zucht|lo|sig|keit** f. *(-,-en)* indisciplinatezza *f.*, sregolatezza *f.*
Zucht|meis|ter m. *(-s,-)* ANT. o SCHERZ. castigamatti *m.* **Zucht|mit|tel** n. *(-s,-)* mezzo *m.* di correzione. **Zucht|per|le** f. *(-,-n)* perla *f.* coltivata. **Zucht|ru|te** f. *(-,-n)* bacchetta *f.*, verga *f.* ◆ ***unter jds ~ stehen*** = essere educato molto severamente. **Zucht|stät|te** f. *(-,-n)* allevamento *m.* **Zucht|stier** m. *(-[e]s,-e)* toro *m.* da monta. **Zucht|tier** n. *(-s,-e)* animale *m.* da riproduzione. **Züch|tung** f. *(-,-en)* **1** allevamento *m.* **2** *(von Pflanzen)* coltivazione *f.*, coltura *f.* **Zucht|vieh** n. *(-s)* bestiame *m.* da razza. **Zucht|wahl** f. *(-)* selezione *f.*
zuck inter. ***ruck ~*** zac. **Zuck** m. *(-[e]s,-e)* guizzo *m.*, attimo *m.*: ***in einem ~*** in un attimo.
zu|ckeln intr. (aus. *sein*) COLLOQ. trotterellare. **Zu|ckel|trab** m. *(-[e]s)* COLLOQ. piccolo trotto *m.*
zu|cken intr. **1** (aus. *haben*) contrarsi, tremare, sussultare: ***seine Lippen zuckten*** le sue labbra si contrassero **2** (aus. *haben, sein*) guizzare, balenare: ***Blitze ~ über den Himmel*** i fulmini guizzano nel cielo; FIG. ***ein Gedanke zuckte ihm durch den Kopf*** gli balenò un pensiero per il capo; ***die Hand zuckt zum Messer*** la mano va veloce al coltello ◆ ***die, mit den Achseln ~*** scrollare le spalle, fare spallucce; ***es zuckt mir in den Beinen*** non riesco a stare fermo; ***es zuckt ihr in den Beinen*** le prudono le gambe (per la voglia di ballare); ***es zuckt ihm in den Fäusten, Händen*** gli prudono le mani (per la voglia di picchiare); ***ohne mit der Wimper zu ~*** senza battere ciglio. **Zu|cken** n. *(-s)* tremito *m.*, sussulto *m.*: ***ein ~ ging durch seinen Körper*** un tremito lo percorse in tutto il corpo.
zü|cken tr. **1** estrarre, sguainare (con rapida mossa) **2** SCHERZ. tirare fuori: ***die Geldbörse ~*** tirare fuori il borsellino.
Zu|cker m. *(-s,-)* **1** zucchero *m.*: ***ein Stück ~*** una zolletta di zucchero; ***weißer, brauner ~*** zucchero (bianco), zucchero di canna; ***mit ~ süßen*** dolcificare con lo zucchero; ***nimmst du ~ in den, zum Kaffee?*** metti (*o* prendi) zucchero nel caffè? **2** MED. GERG. *(Blutzuckerspiegel)* tasso *m.* glicemico: ***den ~ bestimmen*** determinare il tasso glicemico **3** COLLOQ. *(Zuckerkrankheit)* diabete *m.*: ***~ haben*** avere il diabete; ***an ~ erkrankt sein*** soffrire di diabete ◆ ***~ sein*** = essere splendido, fantastico; COLLOQ. ***jdm ~ in den Hintern blasen*** fare il leccapiedi con qcn. **Zu|cker|bä|cker** m. *(-s,-)* ANT. o REGION. pasticcere *m.* **Zu|cker|brot** n. *(-[e]s)* **1** ANT. marzapane *m.* **2** *(Butterbrot)* panino *m.* imburrato con lo zucchero ◆ ***mit ~ und Peitsche*** con il bastone e la carota. **Zu|cker|büch|se** f. *(-,-n)* → **Zuckerdose. Zu|cker|cou|leur** f. *(-)* zucchero *m.* caramellato, caramello *m.* **Zu|cker|do|se** f. *(-,-n)* zuccheriera *f.* **Zu|cker|erb|se** f. *(-,-n)* pisello *m.* dolce. **Zu|cker|fab|rik** f. *(-,-en)* zuccherificio *m.* **Zu|cker|ge|halt** m. *(-[e]s,-e)* contenuto *m.* saccarino (*o* zuccherino). **Zu|cker|guss** m. *(-es)* glassa *f.* ◆ ***mit ~ überziehen*** glassare.
zu|cker|hal|tig agg. zuccheroso, saccarifero. **Zu|cker|harn|ruhr** f. *(-)* → **Zuckerkrankheit. Zu|cker|hut** m. *(-[e]s,-hüte)* pan *m.* di zucchero. **zu|cke|rig** agg. **1** *(mit Zucker bedeckt)* inzuccherato: ***mit -en Fingern*** con le dita inzuccherate **2** *(aus Zucker)* zuccherino, zuccheroso. **Zu|cker|kand** m. *(-[e]s)* COLLOQ., **Zu|cker|kan|dis** m. *(-)* COLLOQ. zucchero *m.* candito. **zu|cker|krank** agg. malato di diabete, diabetico. **Zu|cker|krank|heit** f. *(-)* diabete *m.* **Zu|ckerl** n. *(-s,-[n])* REGION. e AUSTR. **1** bonbon *m.* **2** FIG. *(etw. Besonderes)* chicca *f.* **Zu|cker|le|cken, *das ist kein ~*** non è uno scherzo, una passeggiata.
zu|ckern tr. **1** zuccherare **2** *(mit Zucker bestreuen)* cospargere di zucchero. **Zu|cker|pup|pe** f. *(-,-n)* COLLOQ. FIG. bambolina *f.* **Zu|cker|raf|fi|ne|rie** f. *(-,-n)* raffineria *f.* di zucchero. **Zu|cker|rohr** n. *(-s,-e)* canna *f.* da zucchero. **Zu|cker|rü|be** f. *(-,-n)* barbabietola *f.* da zucchero. **Zu|cker|spie|gel** m. *(-s,-)* tasso *m.* glicemico. **Zu|cker|stan|ge** f. *(-,-n)* bastoncino *m.* di zucchero. **Zu|cker|streu|er** m. *(-s,-)* spolverino *m.* (per spargere lo zucchero). **Zu|cker|stück** n. *(-[e]s,-e)* zuccherino *m.* **zu|cker|süß** agg. **1** dolcissimo, zuccherino **2** FIG. SPREG. zuccheroso, mieloso. **Zu|cker|was|ser** n. *(-s)* acqua *f.* zuccherata. **Zu|cker|wat|te** f. *(-)* zucchero *m.* filato. **Zu|cker|werk** n. *(-[e]s)* ANT. dolciumi *m.pl.* **Zu|cker|zan|ge** f. *(-,-n)* mollette *f.pl.* per le zollette di zucchero. **zuck|rig** → **zuckerig.**
Zu|ckung f. *(-,-en)* spasimo *m.*, contrazione *f.* ◆ ***letzte -en*** agonia; ***in den letzten -en liegen*** essere agli estremi.
Zu|deck n. *(-[e]s,-e)*, **Zu|de|cke** f. *(-,-n)* REGION. coperta *f.* **zu‿de|cken** tr. coprire, ricoprire: ***jdn mit einer Decke ~*** coprire qcn. con una coperta; ***den Topf mit einem Deckel ~*** coprire la pentola con un coperchio; FIG. ***jdn mit Vorwürfen ~*** coprire qcn. di rimproveri; ***die Stellungen mit Artilleriefeuer ~*** coprire le postazioni col fuoco di artiglieria.
zu|dem avv. inoltre, oltre a ciò.
zu‿den|ken tr. *(dachte, gedacht)* destinare, riservare: ***jdm etw. ~*** destinare qcs. a qcn.
zu‿dik|tie|ren tr. assegnare: ***jdm eine Aufgabe, Strafe ~*** assegnare un compito, infliggere una punizione a qcn.
zu‿dre|hen I tr. **1** chiudere (girando): ***den Hahn, die Heizung ~*** chiudere il rubinetto, il riscaldamento **2** *(zuwenden)* voltare, girare: ***jdm den Rücken, das Gesicht ~*** voltare le spalle a qcn. **II** rifl. ***sich jdm ~*** voltarsi verso qcn.
zu|dring|lich agg. importuno, invadente ◆ ***jdm gegenüber ~ werden*** importunare qcn. **Zu|dring|lich|keit** f. *(-,-en)* importunità *f.*, invadenza *f.*, indiscrezione *f.*
zu‿drü|cken tr. **1** chiudere (premendo): ***eine schwere Tür ~*** chiudere una porta pesante **2** *(drücken)* premere, stringere: ***jdm die Kehle ~*** stringere la gola a qcn. ◆ ***ein Auge bei etw. ~*** chiudere un occhio su qcs.
zu‿eig|nen I tr. **1** *(widmen)* dedicare **2** ANT. *(schenken)* donare, regalare **II** rifl. ***sich (D) etw. ~*** attribuirsi qcs., appropriarsi di qcs. indebitamente **Zu|eig|nung** f. *(-,-en)* **1** appropriazione *f.*, attribuzione *f.* indebita **2** *(Widmung)* dedica *f.* **Zu|eig|nungs|ti|tel** m. *(-s,-)* dedica *f.*
zu‿ei|len intr. (aus. *sein*) ***auf jdn, etw. ~*** affrettarsi verso qcn., qcs., correre incontro a qcn., qcs.
zu|ei|nan|der avv. **1** l'uno verso l'altro: ***~ Vertrauen haben*** avere fiducia l'uno nell'altro **2** (l')uno con l'altro: ***~ sprechen*** parlare l'uno con l'altro; ***~ finden*** trovarsi (l'un l'altro); ***~ halten, stehen*** sostenersi a vicenda; ***~ kommen*** venirsi incontro; ***~ streben*** tendere l'uno verso l'altro.
zu‿er|ken|nen tr. *(erkannte, erkannt)* **1** *(Preis)* aggiudicare, assegnare, conferire **2** *(Recht)* accordare, concedere **3** *(Strafe)* infliggere. **Zu|er|ken|nung** f. *(-,-en)* **1** *(von Preisen)* aggiudicazione *f.*, assegnazione *f.*, conferimento *m.* **2** *(von Rechten)* accordo *m.*, concessione *f.*
zu|erst avv. **1a** prima, dapprima: ***~ ging er auf den Markt und dann auf die Post*** prima è andato al mercato e poi alla posta **b** *(anfangs)* prima, dapprima, inizialmente: ***~ hatte ich keine Lust dazu*** dapprima non ne avevo voglia **2a** *(als Erster)* prima, (per) primo: ***wer war ~ da?*** chi è arrivato prima? **b** *(als Erstes, an erster Stelle)* primo, in primo luogo **3** *(zum ersten Mal)* per la prima volta: ***wann hast du ihn ~ gesehen?*** quando lo hai visto per la prima volta? ◆ ***gleich ~*** sulle prime; PROV. ***wer ~ kommt, mahlt ~*** chi prima arriva macina.
zu‿er|tei|len tr. aggiudicare, affidare, assegnare. **Zu|er|tei|lung** f. *(-,-en)* aggiudicazione *f.*, assegnazione *f.*
Zu|er|werb m. *(-[e]s)* occupazione *f.* (*o* attività *f.*) secondaria.
zu‿fä|cheln tr. ***jdm, sich Kühlung ~*** far fresco a qcn., farsi fresco (con il ventaglio); ***jdm Luft ~*** far vento a qcn.

zu_fah|ren intr. *(fährt, fuhr, gefahren;* aus. *sein)* **1** andare, dirigersi verso: ***der Wagen fuhr auf mich, auf das Bauernhaus zu*** la macchina si dirigeva verso di me, andava verso la fattoria **2** *(losgehen)* ***auf jdn ~*** lanciarsi su qcn. **3** COLLOQ. *(schnell fahren)* andare avanti; ***fahr zu!*** avanti, corri! **Zu|fahrt** f. *(-,-en)* accesso *m.* (per le auto). **Zu|fahrts|ram|pe** f. *(-,-n)* rampa *f.* di accesso. **Zu|fahrts|stra|ße** f. *(-,-n)* strada *f.* di accesso.

Zu|fall m. *(-[e]s,-fälle)* caso *m.*: ***ein merkwürdiger, glücklicher, böser, widriger ~*** un caso strano, fortunato, disgraziato, avverso; ***durch ~*** per caso; ***eine Reihe von Zufällen*** una serie di casi; ***es war bloßer (reiner, purer) ~, dass wir uns getroffen haben*** ci siamo incontrati per puro caso; ***der ~ wollte es, dass...*** il caso volle che...; ***es ist kein ~, dass er gewonnen hat*** non è un caso che abbia vinto; ***der ~ kam uns zu Hilfe*** il caso ci venne in aiuto; ***ein Spiel des -s*** un capriccio del caso; ***etw. dem ~ verdanken*** ringraziare il caso per qcs. ◆ ***das ist aber ein ~!*** che sorpresa! che caso fortunato! ***so ein ~!*** che combinazione! ***sich dem ~ überlassen*** andare a caso.

zu_fal|len intr. *(fällt, fiel, gefallen;* aus. *sein)* **1** chiudersi: ***mir fallen die Augen zu*** mi si chiudono gli occhi (dal sonno) **2a** *(zufälligerweise bekommen)* toccare (in sorte): ***ihm fiel eine schwierige Aufgabe zu*** gli toccò un compito difficile **b** *(zuteil werden)* spettare, toccare, competere: ***das Erbe fällt der Tochter zu*** l'eredità spetta alla figlia ◆ ***es fällt ihm alles zu*** gli riesce tutto al volo, senza fatica.

zu|fäl|lig I agg. casuale, fortuito: ***eine -e Begegnung*** un incontro casuale; ***es ist nicht ~, dass...*** non è casuale che... **II** avv. casualmente, per caso, per combinazione: ***jdn ~ treffen*** incontrare qcn. casualmente; ***wie ~*** come per caso; COLLOQ. ***weißt du ~, wo ich den Kuli hingelegt habe?*** sai per caso dove ho messo la biro? **zu|fäl|li|ger|wei|se** avv. casualmente, per caso, fortuitamente. **Zu|fäl|lig|keit** f. *(-,-en)* casualità *f.*, caso *m.*

Zu|falls|aus|wahl f. *(-,-en)* STATIST. selezione *f.* casuale. **Zu|falls|be|kannt|schaft** f. *(-,-en)* conoscenza *f.* casuale. **Zu|falls|er|geb|nis** n. *(-ses,-se)* risultato *m.* casuale. **Zu|falls|fund** m. *(-[e]s,-e)* scoperta *f.* casuale. **Zu|falls|grö|ße** f. *(-,-n)* MAT. grandezza *f.* casuale. **Zu|falls|tref|fer** m. *(-s,-)* colpo *m.* di fortuna.

zu_fas|sen intr. (aus. *haben*) **1** afferrare **2** COLLOQ. *(zupacken)* darci dentro.

zu_flie|gen intr. *(flog, geflogen;* aus. *sein)* **1** ***auf jdn, etw. ~*** volare verso (*o* in direzione di) qcn., qcs. **2** COLLOQ. *(zufallen)* chiudersi da sé ◆ ***jdm fliegt in der Schule alles zu*** = qcn. impara tutto molto facilmente; ***jdm fliegen alle Herzen zu*** qcn. conquista con facilità i cuori di tutti.

zu_flie|ßen intr. *(floss, geflossen;* aus. *sein)* **1** ***dem Meer, der Ebene ~*** scorrere verso il mare (*o* in direzione del mare), verso la pianura **2** *(hineinfließen)* ***etw. (D) ~*** affluire in qcs.: ***dem See fließen keine Abwässer zu*** nel lago non affluiscono acque di scarico **3** *(zuteil werden)* ***jdm, etw. ~*** andare (*o* spettare) a qcs., qcn.

Zu|flucht f. *(-,-en)* rifugio *m.*, riparo *m.*: ***~ vor etw. suchen, finden*** cercare, trovare riparo da qcs.; ***jdm ~ geben, bieten (gewähren)*** dare, offrire rifugio a qcn. ◆ FIG. ***(seine) ~ zu etw. nehmen*** ricorrere a qcs. **Zu|fluchts|ort** m. *(-[e]s,-e)*, **Zu|fluchts|stät|te** f. *(-,-n)* rifugio *m.*, riparo *m.*

Zu|fluss m. *(-es,-flüsse)* **1** affluenza *f.*, afflusso *m.* **2** *(hinzufließendes Gewässer)* affluente *m.*

zu_flüs|tern tr. bisbigliare.

zu|fol|ge prep. + dat. e gen. secondo, conformemente a: ***seinem Wunsch ~ (~ seines Wunsches)*** secondo il suo desiderio.

zu|frie|den I agg. soddisfatto, contento: ***mit jdm, etw. ~*** soddisfatto di qcn., qcs.; ***damit musst du ~ sein*** devi accontentarti di questo; LETT. ***ich bin es ~*** ne sono contento **II** avv. ***sich mit etw. ~ geben*** accontentarsi di qcs.; ***~ lassen*** lasciare in pace; ***~ stellen*** accontentare, soddisfare; ***~ stellend*** soddisfacente.

Zu|frie|den|heit f. *(-)* soddisfazione *f.*: ***zu voller ~*** con piena soddisfazione. **Zu|frie|den|stel|lung** f. *(-)* soddisfacimento *m.*, soddisfazione *f.*

zu_frie|ren intr. *(fror, gefroren;* aus. *sein)* gelare, ghiacciare.

zu_fü|gen tr. **1** arrecare, causare: ***jdm Schaden ~*** causare danni a qcn. **2** *(hinzufügen)* aggiungere. **Zu|fü|gung** f. *(-,-en)* il causare.

Zu|fuhr f. *(-,-en)* **1** afflusso *m.* **2** TECN. alimentazione *f.* **zu_füh|ren I** tr. **1** portare, inviare: ***dem Magen Nahrung ~*** dar nutrimento allo stomaco; ***dem Restaurant Kunden ~*** portare clienti al ristorante **2** TECN. alimentare: ***einem Gerät Strom ~*** alimentare un apparecchio con energia elettrica **II** intr. (aus. *haben*) condurre, portare: ***die Straße führt auf den Marktplatz zu*** la strada conduce alla piazza del mercato ◆ ***etw. einem glücklichen Ende ~*** condurre in porto qcs.; ***ein Problem einer Lösung ~*** trovare una soluzione a un problema; ***jdn seiner gerechten, verdienten Strafe ~*** punire qcn. giustamente; **Zu|füh|rung** f. *(-,-en)* **1** afflusso *m.* **2** TECN. alimentazione *f.* **3** *(Leitung)* conduttura *f.*, condotto *m.*

Zu|fuß|ge|hen n. *(-s)* l'andare a piedi.

Zug m. *(-[e]s, Züge)* **1** treno *m.*: ***den ~ nehmen, verpassen (versäumen), erreichen*** prendere, perdere, riuscire a prendere il treno; ***der ~ fährt ab, hält, kommt*** il treno parte, (si) ferma, arriva; ***mit dem ~ fahren*** andare con il treno; ***der ~ verkehrt werktags, führt nur Wagen zweiter Klasse*** il treno viaggia nei giorni feriali, ha solo vagoni di seconda classe **2a** *(sich fortbewegende Gruppe)* corteo *m.*, processione *f.*: ***ein ~ von Demonstranten*** un corteo di dimostranti **b** *(Kolonne)* colonna *f.*, fila *f.*: ***im ~*** in colonna; ***einen ~ bilden*** formare una colonna **3a** *(von Nebel, Wolken)* passaggio *m.* **b** *(von Vögeln)* passo *m.*, migrazione *f.* **4a** il tirare, tirata *f.*, tiro *m.*: ***ein starker ~*** una forte tirata, uno strattone; ***~ ausüben*** tirare **b** MUS. TEATR. tiro *m.*: ***der ~ der Posaune*** il tiro del trombone **c** *(Gespann)* tiro *m.*: ***ein ~ Pferde*** un tiro di cavalli **5a** FIG. *(Tendenz)* spinta *f.*, tendenza *f.*: ***der ~ der Zeit*** la tendenza dei tempi **b** *(Trieb, Schwung)* impulso *m.*, slancio *m.*: ***dem ~ des Herzens folgen*** seguire l'impulso del cuore; ***in etw. (D) ist ~*** in qcs. c'è slancio **6** *(in Brettspielen)* mossa *f.*: ***ein falscher ~*** una mossa sbagliata; ***den ersten ~ tun, machen*** fare la prima mossa; ***Schwarz ist am ~*** muove il nero **7** *(Schluck)* sorso *m.*, sorsata *f.*: ***einen ~ aus der Flasche tun*** bere un sorso dalla bottiglia; ***auf einen, in, mit einem ~*** in un sorso, tutto d'un fiato **8** *(Einziehen von Rauch)* tiro *m.*, tirata *f.*, boccata *f.*: ***einen ~ aus der Pfeife tun*** fare un tiro con la pipa **9** *(Luftzug)* corrente *m.*: ***hier herrscht, ist ein ständiger ~*** qui c'è sempre corrente; ***im ~ stehen*** stare nella (*o* in mezzo alla) corrente **10** *(Luftbewegung im Ofen, Kamin)* tiraggio *m.*: ***einen guten ~ haben*** avere un buon tiraggio **11a** *(Linie des Gesichts)* tratto *m.*, lineamento *m.*: ***regelmäßige Züge*** tratti regolari; ***in seinem Gesicht liegt ein ~ von Strenge*** il suo viso ha un'espressione dura **b** FIG. *(Wesenszug)* caratteristica *f.*, tratto *m.*: ***etw. ist ein sympathischer ~ an, von jdm*** qcs. è un tratto simpatico in (*o* di) qcn. **12** *(Schriftzug)* tratto *m.*: ***die Züge der Schrift*** i tratti della scrittura **13** *(eines Gewehres)* rigatura *f.* **14** *(Schwimmbewegung)* bracciata *f.* **15** laccio *m.*: ***die Züge einer Kapuze*** i lacci di un cappuccio **16** *(Lastzug)* autotreno *m.* **17** COLLOQ. *(Disziplin)* ***militärischer ~*** disciplina militare **18** MIL. *(Abteilung)* plotone *m.*, squadra *f.* **19** *(Feuerlöschzug)* squadra *f.* di autopompe **20** REGION. *(Schubfach)* cassetto *m.*, REGION. tiretto *m.* ◆ ***Vorsicht bei der Abfahrt des -es!*** attenzione, treno in partenza! FIG. ***der ~ ist abgefahren*** abbiamo perso il treno; ***jd ist am -e*** tocca a qcn.; ***~ in etw. (A) bringen*** mettere ordine in qcs.; ***im falschen ~ sitzen*** = aver fatto la scelta sbagliata; COLLOQ. ***ein ~ durch die Gemeinde*** un giro per locali; ***in großen Zügen*** a grandi tratti, a grandi linee; COLLOQ. ***einen guten ~ haben*** essere un buon bevitore; ***gut im ~, -e sein*** essere ben avviato; ***jdn gut im ~ haben*** tenere in pugno qcn.; FIG. ***einen ~ ins Lächerliche haben*** avere un tratto ridicolo; ***zum ~ (-e) kommen*** scendere in campo, entrare in azione; ***in den letzten Zügen liegen*** essere in punto di morte; ***einen scharfen ~ um den Mund haben*** avere un'espressione tesa; COLLOQ. ***im schönsten -e sein*** essere nel bel mezzo di qcs.; ***taktischer ~*** mossa tattica; ***in tiefen Zügen*** profondamente; ***einen guten ~ tun*** fare buona pesca; ***~ um ~*** progressivamente; ***in vollen Zügen*** a pieni polmoni; FIG. *(ausgiebig)* pienamente.

Zu|ga|be f. *(-,-n)* **1** aggiunta *f.* **2** MUS. *(zusätzliches Stück)* fuoriprogramma (*o* fuori programma) *m.*

Zug|ab|teil n. *(-[e]s,-e)* scompartimento *m.* (di treno).

Zu|gang m. *(-[e]s,-gänge)* **1** accesso *m.*: ***der ~ zu einem Saal*** l'accesso a una sala; ***den ~ zum Meer verwehren*** impedire l'accesso al mare **2a** *(Neuerwerb von Waren)* nuovo arrivo *m.*, nuovo acquisto *m.* **b** *(von Menschen)* nuovo arrivato *m.* **3** BIBLIOT. accessione *f.*: ***der ~ an neuen Büchern*** l'accessione di nuovi libri (nella biblioteca) ◆ ***~ verboten!*** vietato l'accesso! ***zu jdm ~ haben*** poter avvicinare qcn.; ***zu jdm, etw. keinen ~ haben*** non capire (*o* comprendere) qcn., qcs. **zu|gan|ge** avv. COLLOQ., ***mit jdm, etw. ~ sein*** essere occupato con qcn., qcs. **zu|gän|gig, zu|gäng|lich** agg. accessibile: ***ein leicht, schwer -er Ort*** un luogo facilmente, difficilmente accessibile; ***die Dokumente sind jdm, für jdn ~*** i documenti sono accessibili a qcn.; FIG. ***ein -er Mensch*** una persona accessibile ◆ ***für etw. ~ sein*** essere aperto a qcs. **Zu|gäng|lich|keit** f. *(-)* accessibilità *f.*

Zu|gangs|stra|ße f. *(-,-n)* strada *f.* d'accesso. **Zu|gangs|weg** m. *(-[e]s,-e)* via *f.* d'accesso.

Zug|an|schluss m. *(-es,-anschlüsse)* coincidenza *f.* (di treni). **Zug|be|glei|ter** m. *(-s,-)* **1** accompagnatore *m.* (in un viaggio in treno) **2** *(Faltblatt)* = prospetto *m.* (*o* dépliant *m.*) con gli orari del treno.

Zug|brü|cke f. *(-,-n)* ponte *m.* levatoio.

zu_ge|ben tr. *(gibt, gab, gegeben)* **1a** *(gestehen)* ammettere: ***eine***

Schuld, Tat ~ ammettere una colpa, un fatto; ***das gebe ich nicht zu*** non lo ammetto; ***gib's zu!*** ammettilo! ***zugegeben, er hat sich geirrt*** ammettiamolo pure, ha sbagliato **b** *(gestatten)* permettere, concedere **2a** *(hinzufügen)* dare (*o* concedere) in aggiunta: ***der Pianist gab ein Stück zu*** il pianista concesse ancora un brano **b** aggiungere: ***der Suppe Pfeffer ~*** aggiungere pepe nella minestra **3** *(beim Kartenspiel)* ***eine Karte ~*** rispondere con una carta. **zu|ge|ge|be|ner|ma|ßen** avv. secondo quanto (*o* come) ammesso.

zu|ge|gen agg. ***(bei etw.) ~ sein*** essere presente (a qualcosa).

zu_ge|hen intr. *(ging, gegangen;* aus. *sein)* **1a** avvicinarsi, andare verso: ***auf jdn, etw. ~*** avvicinarsi a qcn., qcs.; FIG. ***auf die Siebzig ~*** andare verso i settanta **b** IMPERS. ***es geht auf den Sommer zu*** si va (*o* andiamo) verso l'estate, si avvicina l'estate **2** *(zugesandt werden)* giungere, arrivare: ***jdm etw. ~ lassen*** far arrivare qcs. a qcn.; ***die Antwort wird Ihnen in den nächsten Tagen ~*** la risposta Le giungerà nei prossimi giorni **3** COLLOQ. *(sich schließen)* chiudersi **4a** IMPERS. *(geschehen)* succedere, accadere: ***in diesem Haus geht es nicht mit rechten Dingen zu*** in questa casa accadono cose strane **b** COLLOQ. ***hier geht es immer lebhaft, lustig zu*** qui c'è sempre vita, allegria **5** COLLOQ. *(schneller gehen)* allungare il passo **6** *(sich schließen lassen)* chiudersi ◆ ***aufeinander ~*** avvicinarsi, trovare un'intesa; ***dem Ende ~*** volgere al termine, alla fine; ***spitz ~*** terminare a punta; ***es müßte mit dem Teufel ~, wenn es nicht klappt*** dovrebbe andare bene, se il diavolo non ci mette la coda.

Zu|geh|frau f. *(-,-en)* REGION. domestica *f.*

Zu|ge|hör n. *(-[e]s),* SVIZZ. f. *(-)* accessori *m.pl.*

zu_ge|hö|ren intr. (aus. *haben*) appartenere: ***etw. (D), jdm ~*** appartenere a qcs., a qcn.

zu|ge|hö|rig agg. **1** appartenente: ***dem Schloss -e Grundstücke*** i terreni appartenenti al castello **2** *(dazugehörig)* relativo, annesso: ***ein Fahrrad mit dem -en Kindersitz*** una bicicletta con relativo seggiolino per bambini. **Zu|ge|hö|rig|keit** f. *(-)* appartenenza *f.* **Zu|ge|hö|rig|keits|ge|fühl** n. *(-s)* senso *m.* (*o* sentimento *m.*) di appartenenza.

zu|ge|knöpft p.pass. agg. **1** → **zuknöpfen 2** FIG. COLLOQ. chiuso.

Zü|gel m. *(-s,-)* briglia *f.*, redine *f.*: ***dem Pferd die ~ anlegen*** mettere le briglie al cavallo ◆ FIG. ***jdm, etw. die ~ anlegen*** mettere le briglie a qcn., qcs.; ***die ~ straffer anziehen*** tirare le briglie; ***die ~ ergreifen*** prendere le redini; ***die ~ aus der Hand geben*** lasciare le redini; ***die ~ in der Hand haben*** avere le redini in mano; ***die ~ kurz halten*** stringere i freni; ***die ~ lockern*** allentare le briglie; ***die ~ schießen lassen*** sciogliere le redini; ***der Fantasie die ~ schießen lassen*** dare libero sfogo alla (*o* sbrigliare la) fantasia; ***die ~ schleifen lassen*** → ***die ~ lockern***; ***mit verhängtem ~*** a briglia sciolta.

zü|gel|los I agg. sbrigliato, senza briglia, senza freno **II** avv. smodatamente, in modo sfrenato: ***~ trinken*** bere smodatamente. **Zü|gel|lo|sig|keit** f. *(-,-en)* sbrigliatezza *f.*, sfrenatezza *f.*

zü|geln I tr. **1** trattenere, tenere a freno: ***ein Pferd ~*** tenere a freno un cavallo **2** FIG. tenere a freno, frenare, dominare: ***seinen Ärger ~*** tenere a freno la propria rabbia; ***zügle deine Zunge!*** tieni a freno la lingua! **II** rifl. **sich ~** frenarsi, trattenersi, dominarsi: ***er konnte sich kaum ~*** riuscì a dominarsi a stento.

Zü|ge|lung f. *(-,-en)* dominio *m.*, il tenere a freno.

zu|ge|neigt p.pass. agg. **1** → **zuneigen 2** affezionato: ***jdm ~ sein*** essere affezionato a qcn.

Zu|ge|reis|te m. e f. *(-n,-n)* forestiero *m.* (-a *f.*).

zu_ge|sel|len I tr. aggiungere, unire **II** rifl. **sich ~** unirsi, aggiungersi: ***sich einer Gruppe ~*** unirsi a un gruppo.

zu|ge|stan|de|ner|ma|ßen avv. come riconosciuto, come (*o* secondo quanto) ammesso.

Zu|ge|ständ|nis n. *(-ses,-se)* concessione *f.*: ***jdm, etw. -se (ein ~) machen, abringen*** fare, strappare concessioni (*o* una concessione) a qcn., qcs.; ***ein ~ an den Zeitgeist*** una concessione allo spirito del tempo ◆ ***ich muss ihm das ~ machen, dass er auf Draht ist*** devo riconoscere che è in gamba. **zu_ge|ste|hen** tr. *(gestand, gestanden)* **1** concedere, accordare: ***jdm einen Rabatt ~*** concedere uno sconto a qcn. **2** *(zugeben)* riconoscere, ammettere: ***du musst ~, dass du Unrecht hast*** devi ammettere che hai torto.

zu|ge|tan p.pass. agg. **1** → **zutun 2 *jdm, etw. ~ sein*** propendere per (*o* prediligere) qcn., qcs. ◆ ***jdm herzlich ~ sein*** = provare sentimenti cordiali per qcn.

zu|ge|wandt p.pass. agg. **1** → **zuwenden 2** propenso, incline.

Zu|ge|winn m. *(-[e]s,-e)* **1** aumento *m.*, incremento *m.* **2** DIR. incremento *m.* patrimoniale. **Zu|ge|winn|aus|gleich** m. *(-[e]s,-e)* DIR. = divisione dei beni accumulati durante il matrimonio. **zu_ge|win|nen** tr. *(gewann, gewonnen)* incrementare, aumentare. **Zu|ge|winn|ge|mein|schaft** f. *(-,-en)* DIR. regime *m.* legale di separazione dei beni.

Zu|ge|zo|ge|ne m. e f. *(-n,-n)* **1** nuovo (-a) arrivato *m.* (-a *f.*) **2** *(Zuwanderer)* immigrato *m.* (-a *f.*).

Zug|fe|der f. *(-,-n)* TECN. molla *f.* di trazione. **zug|fest** agg. resistente alla trazione. **Zug|fes|tig|keit** f. *(-)* resistenza *f.* alla trazione. **Zug|füh|rer** m. *(-s,-)* **1** FERR. conduttore *m.* **2** MIL. caposquadra *m.*

zu_gie|ßen tr. *(goss, gegossen)* versare, aggiungere: ***noch etwas Milch ~*** aggiungere ancora del latte; assol. *(auffüllen)* ***darf ich ~?*** posso versare?

zu|gig agg. in corrente, esposto alle correnti d'aria ◆ ***hier ist es mir zu ~*** qui c'è troppa corrente (per me).

zü|gig I agg. spedito: ***ein -es Tempo vorlegen*** procedere con un (*o* a) ritmo spedito **II** avv. in modo spedito. **Zü|gig|keit** f. *(-)* speditezza *f.*

zu_gip|sen tr. stuccare: ***ein Loch in der Wand ~*** stuccare un buco nel muro.

Zug|kon|trol|le f. *(-,-n)* **1** controllo *m.* sul, in treno **2** *(Kontrolleur)* controllore *m.*, conduttore *m.* **Zug|kraft** f. *(-,-kräfte)* **1** forza *f.* di trazione **2** FIG. *(Anziehungskraft)* (forza *f.* di) attrattiva *f.*, carisma *m.*: ***die ~ eines Schauspielers*** il carisma di un attore. **zug|kräf|tig** agg. di richiamo: ***ein -er Titel*** un titolo di richiamo.

zu|gleich avv. allo (*o* nello) stesso tempo, contemporaneamente, insieme: ***er spielt und singt ~*** suona e canta allo stesso tempo

Zug|lei|ne f. *(-,-n)* cavo *m.* da rimorchio. **Zug|luft** f. *(-)* corrente *f.* d'aria. **Züg|lung** → **Zügelung. Zug|ma|schi|ne** f. *(-,-n)* trattore *m.*, trattrice *f.* **Zug|netz** n. *(-es,-e)* rete *f.* a strascico. **Zug|num|mer** f. *(-,-n)* **1** (numero *m.* di) attrazione *f.* **2** FERR. numero *m.* del treno. **Zug|per|so|nal** n. *(-s)* personale *m.* del treno. **Zug|pferd** n. *(-[e]s,-e)* cavallo *m.* da tiro. **Zug|pflas|ter** n. *(-s,-)* MED. (impiastro *m.*) vescicante *m.*

zu_grei|fen intr. *(griff, gegriffen;* aus. *haben)* **1** servirsi, prendere: ***bitte greifen Sie zu!*** si serva, prego! prenda pure! **2** FIG. *(nutzen)* approfittare: ***bei diesem Sonderangebot sollte man schnell ~*** bisognerebbe approfittare subito di questa offerta speciale; ***wenn die Wohnung so billig ist, werde ich sofort ~*** se l'appartamento è così conveniente, ne approfitterò subito **3** *(einschreiten)* intervenire: ***die Polizei hat zugegriffen*** la polizia è intervenuta **4** *(fleißig arbeiten)* affaccendarsi, prodigarsi, darsi da fare: ***tüchtig ~*** darsi molto da fare. **Zu|griff** m. *(-[e]s,-e)* **1** presa *f.*, stretta *f.* **2** *(Verhaftung)* cattura *f.*: ***sich dem ~ der Polizei entziehen*** sottrarsi alla cattura della polizia **3** *(Zugang)* accesso: ***auf etw. (A), zu etw. ~ haben*** avere accesso a qcs.; INFORM. ***direkter, sequentieller ~*** accesso diretto, sequenziale; ***serieller, wahlfreier ~*** accesso seriale, casuale.

zu|grun|de avv. ***an etw. (D) ~ gehen*** andare in rovina per qcs.: ***an sich selbst ~ gehen*** andare in rovina per causa propria; *(umkommen)* morire per (*o* di) qcs.; ***einer Sache etw. (A) ~ legen*** basare (*o* impostare) una cosa su qcs.; ***dem Unterricht ein Gedicht von Hölderlin ~ legen*** basare la lezione su una poesia di Hölderlin; ***etw. (D) ~ liegen*** essere alla base (*o* a fondamento) di qcs.; ***~ liegend*** che sta alla base; ***jdn, etw. ~ richten*** mandare in rovina qcn., qcs.: ***er hat die Firma ~ gerichtet*** ha mandato in rovina l'azienda. **Zu|grun|de|le|gung** f. *(-,-en)* presupposto *m.* ◆ ***unter, bei ~ dieser Tatsache*** presupponendo questo fatto, avendo come presupposto questo fatto.

Zugs|ab|teil AUSTR. → **Zugabteil. Zug|sal|be** f. *(-,-n)* MED. pomata *f.* vescicante. **Zug|schaff|ner** m. *(-s,-)* controllore *m.* **Zug|seil** n. *(-[e]s,-e)* (fune *f.*) traente *f.* **Zug|span|nung** f. *(-,-en)* tensione *f.* di trazione. **Zug|stie|fel** m. *(-s,-)* ANT. stivale *m.* elastico. **Zug|stück** n. *(-[e]s,-e)* TEATR. titolo *m.*, spettacolo *m.* di richiamo. **Zug|tier** n. *(-[e]s,-e)* animale *m.* da tiro.

zu_gu|cken tr. COLLOQ. guardare, stare a guardare.

Zug-um-Zug-Leis|tung f. *(-)* COMM. contratto *m.* a prestazioni corrispettive.

Zug|un|glück n. *(-[e]s,-e)* disastro *m.* ferroviario.

zu|guns|ten I prep. + gen. e RAR. dat. a (*o* in) favore di: ***~ jds auf das Erbe verzichten*** rinunciare all'eredità a favore di qcn.; ***mir ~*** a mio favore, per me **II** avv. ***~ von*** a favore di; ***~ von Herrn Heger*** a favore del signor Heger.

zu|gu|te avv. ***jdm etw. ~ halten*** addurre qcs. a giustificazione di qcn.; ***sich (D) etw. auf eine Sache ~ halten*** farsi vanto di qcs.; ***sich (D) etw. ~ tun*** godersi qcs.; ***jdm, etw. (D) ~ kommen*** venire (*o* tornare) utile a qcn., qcs.; ***jdm etw. ~ kommen lassen*** far beneficiare qcn. di qcs.

Zug|ver|bin|dung f. *(-,-en)* **1** collegamento *m.* ferroviario **2** *(Zuganschluss)* coincidenza *f.* **Zug|ver|kehr** m. *(-s)* traffico *m.* ferroviario. **Zug|vo|gel** m. *(-s,-vögel)* uccello *m.* migratore. **Zug|vor|rich|tung** f. *(-,-en)* dispositivo *m.* di trazione. **zug|wei|se** avv. **1** a stormi **2** MIL. a plotoni. **Zug|wind** m. *(-[e]s,-e)* corrente *f.* d'aria. **Zug|zeit** f. *(-,-en)* periodo *m.* di migrazione. **Zug|zwang** m. *(-[e]s,*

-zwänge) sollecitazione *f.* ad agire: ***unter ~ stehen, in ~ sein*** essere sollecitato ad agire; ***jdn in ~ bringen*** sollecitare qcn. ad agire.

zu‿ha|ben *(hat, hatte, gehabt)* COLLOQ. **I** tr. *(geschlossen haben)* aver chiuso: ***die Augen, den Mantel ~*** aver chiuso gli occhi, il cappotto **II** intr. *(von Geschäften;* aus. *haben)* essere (*o* restare) chiuso: ***wir haben montags zu*** siamo chiusi il lunedì.

zu‿ha|ken tr. agganciare, chiudere con un gancetto: ***den Rock, das Kleid ~*** chiudere il gancetto della gonna, del vestito.

zu‿hal|ten I tr. *(hält, hielt, gehalten)* **1** *(geschlossen halten)* tenere chiuso: ***die Eingangstür ~*** tenere chiusa la porta d'ingresso **2a** *(mit der Hand bedecken)* chiudere, tappare: ***den Mund, die Augen ~*** tenere la bocca chiusa, gli occhi chiusi; ***jdm die Augen ~*** coprire a qcn. gli occhi con le mani; ***die Nase, die Ohren ~*** tappare il naso, le orecchie **b** *(festhalten)* sbarrare: ***die Tür von innen ~*** sbarrare la porta dall'interno **II** rifl. **sich (D) ~** chiudersi, tapparsi: ***sich die Nase ~*** tapparsi il naso **III** intr. (aus. *haben*) dirigersi: ***auf ein Ziel ~*** dirigersi verso una meta. **Zu|häl|ter** m. *(-s,-)* protettore *m.*, sfruttatore *m.* **Zu|häl|te|rei** f. *(-)* DIR. sfruttamento *m.* della prostituzione, lenocinio *m.* **zu|häl|te|risch** agg. da protettore.

zu|han|den I RAR. avv. a portata di mano, a disposizione: ***jdm ~ sein*** essere a portata di mano di qcn. **II** AUSTR. SVIZZ. prep. + gen. all'attenzione di: ***~ von Herrn Müller*** all'attenzione del signor Müller.

zu‿hän|gen tr. coprire, chiudere (con una tenda).

zu‿hau|en *(haute, gehauen)* COLLOQ. **I** tr. **1** sbattere: ***das Fenster ~*** sbattere la finestra **2** *(behauen)* sgrossare, squadrare: ***einen Stein ~*** squadrare una pietra **II** intr. (aus. *haben*) picchiare, menare: ***hart ~*** picchiare duro.

zu|hauf avv. a frotte.

zu|hau|se AUSTR. SVIZZ. avv. a casa. **Zu|hau|se** n. *(-s)* casa *f.*: ***ein gemütliches ~ haben*** avere una casa accogliente.

zu‿hef|ten tr. imbastire.

zu‿hei|len intr. (aus. *sein*) rimarginare, rimarginarsi: ***die Wunde ist zugeheilt*** la ferita si è rimarginata.

Zu|hil|fe|nah|me f. *(-)* ausilio *m.*: ***ohne, unter ~ von etw.*** senza, con l'ausilio di qcs.

zu|hin|terst avv. per ultimo, in fondo, alla fine.

zu|höchst avv. in cima.

zu‿hor|chen REGION., **zu‿hö|ren** intr. (aus. *haben*) ***jdm, etw. ~*** ascoltare, sentire qcn., qcs.: ***er hat nicht richtig zugehört*** non ha sentito bene; ***jetzt hör mal gut zu*** adesso sta' (*o* stammi) bene a sentire; ***einer Radiosendung ~*** ascoltare un programma radiofonico. **Zu|hö|rer** m. *(-s,-)* ascoltatore *m.* **Zu|hö|rer|bank** f. *(-,-bänke)* banco *m.* del pubblico. **Zu|hö|rer|schaft** f. *(-)* uditorio *m.*

zu|in|nerst avv. nel più profondo, nell'intimo.

zu‿jauch|zen, zu‿ju|beln intr. (aus. *haben*) ***jdm ~*** acclamare qcn.

Zu|kauf m. *(-[e]s,-käufe)* acquisto *m.* supplementare (*o* complementare). **zu‿kau|fen** tr. acquistare in più (*o* in aggiunta), aggiungere.

zu‿keh|ren tr. voltare, girare: ***jdm den Rücken ~*** voltare le spalle a qcn.

zu‿kit|ten tr. chiudere con lo stucco (*o* col mastice), stuccare.

zu‿klap|pen I tr. chiudere **II** intr. (aus. *sein*) chiudersi.

zu‿kle|ben, zu‿kleis|tern tr. chiudere con la colla, incollare.

zu‿klin|ken tr. chiudere (girando la maniglia).

zu‿knal|len I tr. chiudere con fracasso, sbattere **II** intr. (aus. *sein*) chiudersi sbattendo, sbattere.

zu‿knei|fen tr. *(kniff, gekniffen)* chiudere (stretto), serrare: ***die Augen, den Mund ~*** serrare le palpebre, le labbra ◆ ***ein Auge ~*** strizzare l'occhio, fare l'occhiolino.

zu‿knöp|fen tr. abbottonare.

zu‿kno|ten tr. annodare.

zu‿kom|men intr. *(kam, gekommen;* aus. *sein)* **1a** avvicinarsi: ***auf jdn ~*** avvicinarsi a qcn. **b** FIG. *(bevorstehen)* ***er ahnt nicht, was auf ihn zukommt*** non immagina a cosa va incontro (*o* cosa lo aspetta) **2** *(sich wenden)* rivolgersi: ***ich werde gegebenenfalls auf Sie ~*** all'occorrenza mi rivolgerò a Lei **3** *(übermittelt werden)* giungere, pervenire: ***jdm eine Botschaft ~ lassen*** far pervenire (*o* inviare) un messaggio **4a** *(zustehen)* ***etw. kommt jdm zu*** qcs. spetta (*o* compete) a qcn., qcn. ha il diritto a qcs.: ***ein Urteil darüber kommt dir nicht zu*** non hai il diritto di giudicare (questo); ***ihr kommt dieses Amt zu*** questa carica le spetta **b** *(sich gehören)* doversi, convenirsi, addirsi: ***einem Schüler kommt ein solches Verhalten nicht zu*** un simile comportamento non si addice a un allievo ◆ ***eine große Bedeutung ~*** avere grande importanza; ***warten, dass die Dinge auf uns ~*** aspettare che gli eventi maturino; ***Gültigkeit ~*** avere validità, essere valido; ***jdm etw. ~ lassen*** dare qcs. a qcn.; *(schenken)* regalare qcs. a qcn.; *(zugeben)* accordare, concedere qcs. a qcn.

zu‿kor|ken tr. tappare.

Zu|kost f. *(-)* contorno *m.*

zu‿krie|gen tr. COLLOQ. → **zubekommen.**

Zu|kunft f. *(-,* RAR. *Zukünfte)* **1** futuro *m.*, avvenire *m.*: ***der ~ optimistisch entgegensehen, optimistisch in die ~ sehen*** guardare con ottimismo al futuro; ***jdm eine glänzende ~ voraussagen*** predire un luminoso futuro a qcn. **2** GRAMM. futuro *m.*: ***ein Verb in die ~ setzen*** coniugare un verbo al futuro ◆ ***einer Sache gehört die ~*** una cosa appartiene al futuro; ***(keine) ~ haben*** (non) avere (un) futuro; ***in ~*** in futuro, in avvenire; ***in ferner ~, in naher (näherer, nächster) ~*** in un lontano, prossimo futuro; ***mit, ohne ~*** con, senza futuro.

zu|künf|tig I agg. futuro: ***seine -e Frau*** la sua futura sposa **II** avv. in futuro, in avvenire. **Zu|künf|ti|ge** m. e f. *(-n,-n)* COLLOQ. futuro sposo *m.* (-a -a *f.*).

Zu|kunfts|angst f. *(-,-ängste)* paura *f.* del futuro. **Zu|kunfts|aus|sich|ten** pl. prospettive *f.pl.* future (*o* per il futuro). **Zu|kunfts|for|scher** m. *(-s,-)* futurologo *m.* **Zu|kunfts|for|schung** f. *(-)* futurologia *f.* **zu|kunfts|froh** agg. fiducioso nel futuro, ottimista per il futuro. **Zu|kunfts|glau|be(n)** m. *(-[n]s)* fiducia *f.* nel futuro. **zu|kunfts|gläu|big** agg. fiducioso nel futuro. **Zu|kunfts|hoff|nung** f. *(-,-en)* speranza *f.* nel futuro. **Zu|kunfts|mu|sik** f. *(-)* sogno *m.*, utopia *f.*: ***reine ~ sein*** essere pura utopia. **zu|kunfts|ori|en|tiert** agg. orientato (*o* rivolto) al futuro. **Zu|kunfts|per|spek|ti|ve** f. *(-,-n)* prospettiva *f.* futura (*o* per il futuro). **Zu|kunfts|plan** m. *(-[e]s,-pläne)* progetto *m.* futuro. **zu|kunfts|reich** agg. ANT. promettente. **Zu|kunfts|ro|man** m. *(-s,-e)* romanzo *m.* di fantascienza. **zu|kunfts|si|cher** agg. dal futuro sicuro. **Zu|kunfts|si|che|rung** f. *(-)* sicurezza *f.* del, per il futuro. **zu|kunfts|träch|tig** agg. → **zukunftsreich. Zu|kunfts|traum** m. *(-[e]s,-träume)* utopia *f.* **zu|kunft(s)|wei|send** agg. avveniristico.

zu‿lä|cheln intr. (aus. *haben*) sorridere.

zu‿la|chen intr. (aus. *haben*) ***jdm ~*** sorridere, fare un bel sorriso a qcn.

zu‿la|den tr. aggiungere al carico. **Zu|la|dung** f. *(-,-en)* **1** MAR. portata *f.* **2** AER. AUT. carico *m.* utile.

Zu|la|ge f. *(-,-n)* **1** supplemento *m.*, aggiunta *f.* **2** *(Gehaltszulage)* maggiorazione *f.*, indennità *f.* (supplementare).

zu|lan|de → **Land.**

zu‿lan|gen intr. (aus. *haben*) **1** COLLOQ. servirsi (abbondantemente): ***bitte langen Sie zu!*** per favore si serva! **2** *(kräftig zupacken)* darsi da fare, darci dentro **3** REGION. *(ausreichen)* bastare, essere sufficiente.

zu|läng|lich agg. sufficiente.

zu‿las|sen *(lässt, ließ, gelassen)* **I** tr. **1a** lasciar entrare, ammettere: ***es wurden keine Journalisten zur Versammlung zugelassen*** non furono ammessi giornalisti alla riunione **b** FIG. ammettere, accettare: ***zum Abitur (nicht) zugelassen werden*** (non) essere ammessi alla maturità; ***ein Wertpapier an der Börse ~*** ammettere un titolo in borsa **2** *(zu einem Beruf berechtigen)* abilitare: ***jdn als Anwalt ~*** abilitare qcn. all'esercizio della professione di avvocato **3** *(erlauben)* permettere, tollerare, ammettere: ***viele Interpretationen, keine Zweifel ~*** permettere molte interpretazioni, non lasciare spazio a dubbi; ***keine Ausnahme ~*** non ammettere eccezioni **4** *(Kraftfahrzeuge)* immatricolare **5** COLLOQ. *(geschlossen lassen)* lasciare chiuso, non aprire; *(einen Mantel)* tenere abbottonato.

zu|läs|sig agg. ammesso, permesso: ***rechtlich ~ sein*** essere permesso (*o* ammesso) per legge.

Zu|las|sung f. *(-,-en)* **1a** ammissione *f.* **b** FIG. ammissione *f.*, accettazione *f.*: ***~ zur Prüfung*** ammissione all'esame **2** *(Berechtigung zu einem Beruf)* abilitazione *f.* **3a** *(von Kraftfahrzeugen)* ammissione *f.* alla circolazione, immatricolazione *f.* **b** COLLOQ. *(Kraftfahrzeugschein)* carta *f.* di circolazione, COLLOQ. libretto *m.* (della macchina) ◆ ***~ zum Börsenhandel*** ammissione alla quotazione ufficiale (*o* di borsa). **Zu|las|sungs|num|mer** f. *(-,-n)* numero *m.* di matricola (*o* d'immatricolazione). **Zu|las|sungs|pa|pier** n. *(-[e]s,-e)* libretto *m.* (*o* documento *m.*) di circolazione, di immatricolazione. **zu|las|sungs|pflich|tig** agg. con obbligo di immatricolazione. **Zu|las|sungs|prü|fung** f. *(-,-en)* esame *m.* d'ammissione. **Zu|las|sungs|schein** m. *(-[e]s,-e)* carta *f.* di circolazione, **Zu|las|sungs|stel|le** f. *(-,-n)* **1** ufficio *m.* d'ammissione **2** *(für Kraftfahrzeuge)* ufficio *m.* di immatricolazione. **Zu|las|sungs|ver|fah|ren** n. *(-s,-)* procedimento *m.* (*o* procedura *f.*) d'ammissione.

zu|las|ten prep. + gen. ***~ einer Sache*** a capito (*o* a svantaggio) di una cosa.

Zu|lauf m. *(-[e]s,-läufe)* **1** afflusso *m.* **2** *(von Menschen)* affluenza *f.*, afflusso *m.*, concorso *m.* **3** RAR. *(Zufluss)* affluente *m.* ◆ ***großen,***

starken ~ haben avere una vasta clientela; *(an Publikum)* essere molto frequentato.

zu‿lau|fen intr. *(läuft, lief, gelaufen;* aus. *sein)* **1a** correre (verso), accorrere: ***auf jdn, etw. ~*** correre verso qcn., qcs. **b** *(gehen)* andare (verso): ***die Straße läuft schnurgerade auf den Hauptplatz zu*** la strada va dritta verso la piazza principale **c** *(verlaufen)* correre, andare (verso) **2** FIG. affluire, finire: ***den Grünen laufen vor allem viele Studenten zu*** fra i verdi affluiscono soprattutto molti studenti **3** *(zusätzlich fließen)* scorrere (ancora): ***das Wasser war zu kalt; ich habe noch warmes Wasser ~ lassen*** l'acqua era troppo fredda; ho fatto scorrere altra acqua calda **4** *(auslaufen)* terminare, finire: ***spitz ~*** terminare a (*o* con una) punta **5** COLLOQ. *(sich beeilen)* muoversi, correre: ***lauf zu, sonst verpasst du den Bus*** corri, o perdi l'autobus ◆ ***der Hund ist uns zugelaufen*** il cane ci è venuto dietro, ci ha seguiti (fino a casa).

zu‿le|gen I tr. REGION. COLLOQ. **1** mettere ancora, aggiungere **2** *(beisteuern)* partecipare, contribuire (con): ***zum Kauf des Autos 1000 Mark ~*** partecipare (*o* contribuire) all'acquisto dell'auto con 1000 marchi **II** intr. (aus. *haben*) COLLOQ. **1** aumentare **2** *(dicker werden)* aumentare, ingrassare **3** *(sein Tempo steigern)* accelerare (il ritmo) **III** rifl. ***sich (D) etw. ~*** prendersi (*o* comprarsi) qcs.: ***sich (D) eine Katze, ein Motorrad ~*** prendersi un gatto, una moto ◆ ***sich (D) einen Bart, Bauch ~*** farsi crescere la barba, mettere su pancia; SCHERZ. ***sich (D) eine Freundin, eine Frau ~*** farsi la ragazza, prendere moglie; ***einen Schritt ~*** aumentare (*o* affrettare) il passo; ***einen Zahn ~*** = aumentare la velocità.

zu|leid, zu|lei|de, ***jdm etw. ~ tun*** fare del male a qcn.

zu‿lei|ten tr. **1** fare affluire, convogliare: ***einer Mühle Wasser ~*** fare affluire acqua a un mulino **2** *(übermitteln)* trasmettere. **Zu|lei|tung** f. *(-,-en)* **1** afflusso *m.* **2** *(Übermittlung)* trasmissione *f.* **3** *(Leitung)* conduttura *f.*, condotto *m.* **4a** EL. linea *f.* di alimentazione **b** → **Zuleitungsrohr. Zu|lei|tungs|rohr** n. *(-s,-rohre)* tubo *m.* di alimentazione.

zu‿ler|nen tr. COLLOQ. imparare in più.

zu|letzt avv. **1** per ultimo, da ultimo: ***~ kommen*** arrivare (per) ultimo **2** *(am Ende)* alla fine, infine **3** COLLOQ. *(das letzte Mal)* l'ultima volta: ***wann hast du sie ~ gesehen?*** quando l'hai vista l'ultima volta? ◆ ***bis ~*** fino all'ultimo; ***nicht ~*** non da ultimo, (particolarmente) anche; ***~ an die Reihe kommen*** essere l'ultimo della fila.

zu|lieb, zu|lie|be prep. + dat. per amore di, per il bene di: ***ihm ~ habe ich nichts gesagt*** per il suo bene non ho detto nulla; ***der Wahrheit ~*** per amore della verità.

Zu|lie|fe|rant m. *(-en,-en)*, **Zu|lie|fer|be|trieb** m. *(-[e]s,-e)*, **Zu|lie|fe|rer** m. *(-s,-)* fornitore *m.* **Zu|lie|fer|in|dust|rie** f. *(-)* industria *f.* complementare. **zu‿lie|fern** tr. fornire. **Zu|lie|fe|rung** f. *(-,-en)* fornitura *f.*

zu‿lö|ten tr. chiudere con una saldatura, saldare.

Zu|lu I m. *(-[s],-[s])* zulù *m.* **II** n. *(-[s])* (lingua *f.*) zulù *m.*

Zu|luft f. *(-)* aria *f.* di alimentazione.

zum → **zu.**

zu‿ma|chen I tr. COLLOQ. **1a** chiudere: ***das Fenster, die Tür ~*** chiudere la finestra, la porta; ***mach den Mund zu!*** chiudi la bocca! ***wann macht die Bibliothek zu?*** quando chiude la biblioteca? ***kein Auge ~ können*** non riuscire a chiudere occhio **b** *(den Betrieb einstellen)* chiudere (bottega) **2** *(zuknöpfen)* abbottonare, chiudere: ***das Kleid, den Kragen ~*** abbottonare il vestito, chiudere il colletto **II** intr. (aus. *haben*) REGION. sbrigarsi, spicciarsi: ***mach zu!*** sbrigati! spicciati!

zu|mal I avv. particolarmente, specialmente, soprattutto **II** cong. soprattutto perché, tanto più che.

zu‿mar|schie|ren intr. (aus. *sein*) ***auf jdn, etw. ~*** marciare verso qcn., qcs.

zu‿mau|ern tr. chiudere con un muro, murare.

zu|meist avv. per lo più, in gran parte.

zu‿mes|sen tr. **1a** misurare, dosare **b** ***jdm seinen Teil, seine Portion ~*** assegnare a qcn. la sua parte, porzione **2** attribuire, dare: ***einer Sache Bedeutung, Gewicht, Wert ~*** dare importanza, peso, attribuire valore a una cosa **3** *(verhängen)* infliggere: ***jdm eine Strafe ~*** infliggere una pena a qcn. **Zu|mes|sung** f. *(-,-en)* **1** il dare, attribuzione *f.* **2** *(von Strafen)* l'infliggere.

zu|min|dest avv. almeno, per lo meno; *(wenigstens)* come minimo: ***du hättest die Sache ~ vorher mit ihm besprechen müssen*** avresti dovuto almeno parlare prima con lui della cosa.

zu|mut COLLOQ. → **zumute.**

zu|mut|bar agg. accettabile, ragionevole.

zu|mu|te, ***jdm ist bange, trüb, sonderbar, nicht wohl ~*** qcn. sta in pena, si sente triste, non si sente bene, tranquillo; ***jdm wird ängstlich, fröhlich ~*** qcn. s'impaurisce, si rallegra; ***wie ist dir ~?*** come ti senti? ***mir ist nicht zum Lachen, nach Scherzen ~*** non ho voglia di ridere, non sono in vena di scherzi; ***mir ist nicht danach ~*** non mi sento di farlo.

zu‿mu|ten tr. ***jdm etw. ~*** pretendere, aspettarsi qcs. da qcn.: ***ich kann dir nicht ~, so weit alleine zu fahren*** non posso pretendere che tu vada da solo così lontano; ***sich (D), seinen Kräften zu viel ~*** pretendere troppo da se stessi, dalle proprie forze. **Zu|mu|tung** f. *(-,-en)* **1** pretesa *f.*: ***-en an jdn stellen*** avanzare pretese nei confronti di qcn.; ***das ist eine starke ~!*** è una bella pretesa! **2** *(Unverschämtheit)* sfacciataggine *f.*; ***es ist eine ~, so spät abends anzurufen*** è da sfacciati telefonare la sera così tardi.

zu|nächst I avv. **1** *(anfangs)* all'inizio, da principio, in un primo momento **2** *(als Erstes)* per prima cosa, innanzitutto **3** *(vorläufig)* per il momento: ***daran denke ich ~ noch nicht*** per il momento non ci penso ancora **II** prep. + dat. vicinissimo a ◆ ***~ einmal*** innanzitutto.

zu‿na|geln tr. chiudere con chiodi, inchiodare.

zu‿nä|hen tr. cucire (insieme).

Zu|nah|me f. *(-,-n)* **1** aumento *m.*, incremento *m.*: ***~ des Gewichts, an Gewicht*** aumento di peso; ***die ~ beträgt 7 %*** l'incremento è del 7 % **2** *(von Maschen)* aumento *m.*

Zu|na|me m. *(-ns,-n)* **1** *(Familienname)* cognome *m.* **2** ANT. *(Beiname)* soprannome *m.*, nomignolo *m.*

Zünd|an|la|ge f. *(-,-n)* impianto *m.* di accensione. **Zünd|blätt|chen** n. *(-s,-)* capsula *f.* (per pistole giocattolo).

Zun|del m. *(-s)* ANT. → **Zunder.**

zün|deln intr. (aus. *haben*) REGION. e AUSTR. giocare col fuoco.

zün|den I tr. **1** *(entzünden)* accendere; ***eine Bombe, eine Sprengladung ~*** fare esplodere una bomba, una carica esplosiva; ***eine Rakete ~*** far partire un missile **2** *(in Brand setzen)* incendiare, dare fuoco a **3** FIG. *(begeistern)* infiammare, elettrizzare: ***der Aufruf hat alle gezündet*** l'appello ha elettrizzato tutti **II** intr. (aus. *haben*) **1** accendersi **2** provocare un incendio: ***der Blitz hat gezündet*** il fulmine ha provocato un incendio ◆ COLLOQ. ***bei ihm hat es gezündet*** gli si è accesa la lampadina. **zün|dend** p.pres. agg. **1** → **zünden 2** *(begeisternd)* entusiasmante, elettrizzante: ***eine -e Rede*** un discorso elettrizzante.

Zun|der m. *(-s,-)* **1** miccia *f.*, innesco *m.* **2** TECN. calamina *f.* **3** COLLOQ. *(Prügel)* botte *f.pl.*, legnate *f.pl.*: ***jdm ~ geben*** dare un sacco di legnate a qcn.; ***~ bekommen, kriegen*** prendersele ◆ ***etw. brennt wie ~*** qcs. prende subito fuoco, brucia facilmente.

Zün|der m. *(-s,-)* **1** *(für Sprengstoffe)* accenditore *m.*, spoletta *f.* **2** pl. AUSTR. *(Zündhölzer)* fiammiferi *m.pl.*

Zünd|fun|ke m. *(-[n]s,-n)* scintilla *f.* di accensione. **Zünd|hil|fe** f. *(-)* starter *m.*

Zünd|holz n. *(-es,-hölzer)*, **Zünd|hölz|chen** n. *(-s,-)* fiammifero *m.* **Zünd|holz|schach|tel** f. *(-,-n)* scatola *f.* di fiammiferi.

Zünd|hüt|chen n. *(-s,-)* capsula *f.* fulminante, innesco *m.* **Zünd|ka|bel** n. *(-s,-)* cavo *m.* di accensione. **Zünd|kap|sel** f. *(-,-n)* capsula *f.* **Zünd|ker|ze** f. *(-,-n)* candela *f.* (di accensione): ***verschmutzte ~*** candela sporca. **Zünd|kopf** m. *(-[e]s,-köpfe)* capocchia *f.* di zolfo (di fiammifero). **Zünd|la|dung** f. *(-,-en)* carica *f.* detonante. **Zünd|na|del|ge|wehr** n. *(-s,-e)* fucile *m.* ad ago. **Zünd|pfan|ne** f. *(-,-n)* MIL. ANT. scodellino *m.* **Zünd|plätt|chen** n. *(-s,-)* → **Zündblättchen. Zünd|punkt** m. *(-[e]s)* punto *m.* di accensione. **Zünd|satz** m. *(-es,-sätze)* dispositivo *m.* di accensione. **Zünd|schloss** n. *(-es,-schlösser)* blocchetto *m.* dell'accensione. **Zünd|schlüs|sel** m. *(-s,-)* chiavetta *f.* dell'accensione. **Zünd|schnur** f. *(-,-schnüre)* miccia *f.* **Zünd|spu|le** f. *(-,-n)* bobina *f.* (*o* rocchetto *m.*) di accensione. **Zünd|stein** m. *(-[e]s,-e)* pietrina *f.* **Zünd|stoff** m. *(-[e]s,-e)* **1** materiale *m.* infiammabile **2** *(Initialsprengstoff)* detonante *m.*, innescante *m.* **3** FIG. materia *f.* esplosiva.

Zün|dung f. *(-,-en)* accensione *f.*: ***die ~ einer Sprengladung*** l'accensione (*o* l'innesco) di una carica esplosiva; ***die ~ einstellen*** regolare l'accensione.

Zünd|ver|tei|ler m. *(-s,-)* spinterogeno *m.* **Zünd|vor|rich|tung** f. *(-,-en)* dispositivo *m.* di accensione.

zu‿neh|men *(nimmt, nahm, genommen)* **I** intr. (aus. *haben*) crescere, aumentare: ***der Mond nimmt zu*** la luna cresce; ***der Wind nimmt an Stärke zu*** il vento aumenta di intensità; ***(an Gewicht) ~*** aumentare di peso; ***an Höhe ~*** crescere in altezza; ***er hat an Erfahrung, Macht zugenommen*** è aumentata la sua esperienza, il suo potere **II** tr. SART. aumentare (anche assol.): ***Maschen ~*** aumentare (il numero del)le maglie ◆ ***die Tage nehmen zu*** le giornate si allungano. **zu|neh|mend I** p.pres. agg. **1** → **zunehmen 2** crescente: ***in -em Maße*** in misura crescente; ***-er Mond*** luna crescente; ***mit -er Geschwindigkeit*** con velocità crescente **II** avv. sempre più, in misura crescente: ***~ verschlechtern*** peggiorare sempre più; ***es wird ~***

kälter fa sempre più freddo ◆ ***mit -em Alter*** con l'avanzare degli anni, con l'età.

zu‿nei|gen I intr. (aus. *haben*) **1** propendere per, essere incline a: ***einer Ansicht ~*** propendere per un'opinione **2** *(neigen)* inclinare: ***jdm den Kopf ~*** inclinare il capo verso qcn. **II** rifl. **sich ~ 1a** inclinarsi: ***sich jdm, etw. ~*** inclinarsi verso qcn., qcs. **b** FIG. ***sich dem Ende ~*** avvicinarsi alla fine, volgere al termine **2** *(Sympathie fühlen)* ***sich jdm ~*** essere affezionato a qcn. **Zu|nei|gung** f. *(-,-en)* simpatia *f.*, affetto *m.*: ***~ zu jdm empfinden*** provare simpatia per qcn.; ***jdm (seine) ~ zeigen*** mostrare (il proprio) affetto a qcn.; ***jds ~ gewinnen, erwidern*** guadagnarsi l'affetto di qcn.

Zunft f. *(-, Zünfte)* **1** STOR. corporazione *f.* **2** FIG. SCHERZ. congrega *f.*, combriccola *f.* ◆ ***von der ~ sein*** essere del mestiere. **Zunft|brief** m. *(-[e]s,-e)* statuto *m.* di una, della corporazione. **Zunft|geist** m. *(-[e]s)* SPREG. spirito *m.* corporativo. **Zunft|ge|nos|se** m. *(-n,-n)* membro *m.* della, di una corporazione. **zunft|ge|recht** agg. ANT. specializzato. **Zunft|haus** n. *(-[e]s,-häuser)* sede *f.* della corporazione.

zünf|tig I agg. **1a** STOR. corporativo **b** *(zu einer Zunft gehörend)* appartenente a una corporazione **2** → **zunftgerecht 3** *(ordentlich)* come si deve: ***eine -e Kneipe*** una birreria come si deve; ***eine -e Ohrfeige*** uno schiaffo come si deve **II** avv. come si deve, per bene. **Zünft|ler** m. *(-s,-)* → **Zunftgenosse.**

Zunft|meis|ter m. *(-s,-)* capo *m.* di una corporazione. **Zunft|ord|nung** f. *(-,-en)*, **Zunft|rol|le** f. *(-,-n)* → **Zunftbrief. Zunft|we|sen** n. *(-s)* corporazioni *f.pl.*, arti *f.pl.* **Zunft|zwang** m. *(-[e]s)* obbligo *m.* di appartenenza a una corporazione.

Zun|ge f. *(-,-n)* **1a** lingua *f.*: ***eine belegte ~*** una lingua patinosa (*o* bianca, sporca); ***die ~ herausstrecken*** tirare fuori la lingua; ***sich (D) mit der ~ über die Lippen fahren*** passarsi la lingua sulle labbra; ***sich (D) die ~ verbrennen*** scottarsi la lingua; ***mit der ~ schnalzen*** (far) schioccare la lingua; ***gespaltene ~*** lingua biforcuta, bifida (anche FIG.); ***sich (D) auf, in die ~ beißen*** mordersi la lingua (anche FIG.); ***die -n eines Gletschers, der Flamme*** le lingue di un ghiacciaio, le lingue di fuoco **b** FIG. ***eine scharfe, spitze, lose ~*** una lingua tagliente, mordace, sciolta; ***mit heraushängender ~*** con la lingua penzoloni (*o* di fuori); ***ich beiße mir lieber die ~ ab, als dass ich etwas verrate*** mi taglio la lingua piuttosto di parlare; ***der Wein löste ihm die ~*** il vino gli sciolse la lingua; ***seine ~ hüten, im Zaum halten*** tenere a freno (*o* a posto) la lingua **c** *(Gericht aus Rinder-, Kalbszunge)* ***~ essen*** mangiare della lingua **d** ANT. O LETT. *(Sprache)* lingua *f.*, linguaggio *m.* **2** *(von Schuhen)* linguetta *f.* **3** *(von Orgeln)* lingua *f.*, linguetta *f.* **4** *(von Blasinstrumenten)* ancia *f.* **5** *(Zeiger an Waagen)* indice *m.*, ago *m.* **6** *(Weichenzunge)* ago *m.* dello scambio ◆ ***mit der ~ anstoßen*** avere la pronuncia blesa; ***es liegt mir, ich hab's auf der ~*** ce l'ho sulla punta della lingua; ***es brennt mir auf der ~*** muoio dalla voglia di dirlo; ***eine böse ~*** una malalingua; ***böse -n*** malelingue; ***eine feine ~ haben*** avere il palato fino; ***mit hängender ~*** con un palmo di lingua fuori; COLLOQ. ***die ~ hängt ihm aus dem Hals (vor Durst)*** ha la lingua asciutta, la gola secca (per la sete); ***eine schwere ~ haben*** = balbettare, essere impacciato nel parlare; ***etw. mit tausend -n predigen*** dire in mille modi, in tutte le salse; ***sich nicht die ~ verbrennen wollen*** non volersi dare la zappa sui piedi (dicendo qcs.); ***jdm die ~ zeigen*** fare la lingua (*o* le linguacce) a qcn.; ***auf der ~ zergehen*** sciogliersi in bocca; ***sich die Worte auf der ~ zergehen lassen*** gustare le parole.

Zün|gel|chen n. *(-s,-)* linguetta *f.*

zün|geln intr. (aus. *haben*) **1** *(von Schlangen)* far guizzare la lingua **2** guizzare: ***die Flammen ~*** le fiamme guizzano.

Zun|gen|ak|ro|ba|tik f. *(-)* COLLOQ. scioglilingua *m.* **Zun|gen|bänd|chen** n. *(-s,-)* frenulo *m.* della lingua. **Zun|gen|bein** n. *(-[e]s,-e)* (osso *m.*) ioide *m.* **Zun|gen|bre|cher** m. *(-s,-)* COLLOQ. scioglilingua *m.* **zun|gen|bre|che|risch** agg. COLLOQ. da scioglilingua. **zun|gen|fer|tig** agg. con la lingua pronta, pronto di parola, eloquente. **Zun|gen|fer|tig|keit** f. *(-)* prontezza *f.* (*o* facilità *f.*) di parola, eloquenza *f.* **zun|gen|för|mig** agg. linguiforme. **Zun|gen|kuss** m. *(-es,-küsse)* bacio *m.* con la lingua. **Zun|gen|laut** m. *(-[e]s,-e)* (consonante *f.*) linguale *f.* **Zun|gen|man|del** f. *(-,-n)* tonsilla *f.* **Zun|gen|pfei|fe** f. *(-,-n)* MUS. canna *f.* a lingua. **Zun|gen-R** n. *(-)* R *f.* linguale. **Zun|gen|re|den** n. *(-s)* glossolalia *f.* **Zun|gen|schlag** m. *(-[e]s,-schläge)* colpo *m.* di lingua ◆ ***falscher ~*** papera. **Zun|gen|spa|tel** f. *(-,-n)* abbassalingua *m.* **Zun|gen|spit|ze** f. *(-,-n)* punta *f.* della lingua. **Zun|gen|wur|zel** f. *(-,-n)* radice *f.* della lingua. **Züng|lein** n. *(-s,-)* **1** linguetta *f.* **2** *(Zeiger)* lancetta *f.*, ago *m.* ◆ ***das ~ an der Waage sein*** essere l'ago della bilancia.

zu|nich|te, ***etw. ~ machen*** annientare, distruggere qcs.: *(Plan)* far fallire; *(Hoffnung)* deludere; ***~ werden, sein*** essere annientato, fallire, sfumare.

zu‿ni|cken I intr. (aus. *haben*) ***jdm ~*** fare un cenno col capo a qcn. **II** rifl. **sich ~** farsi un cenno col capo.

zu|nut|ze, ***sich (D) etw. ~ machen*** servirsi, approfittare di qcs.

zu|oberst avv. in cima ◆ ***~ an der Tafel*** a capotavola; ***das Unterste ~ kehren*** mettere tutto sottosopra.

zu‿ord|nen tr. **1** correlare, associare: ***einem Bild ein Wort ~*** associare una parola a un'immagine **2** *(zurechnen)* classificare, annoverare: ***einen Dichter einer literarischen Bewegung ~*** annoverare un poeta fra i componenti di un movimento letterario. **Zu|ord|nung** f. *(-,-en)* **1** correlazione *f.*, associazione *f.* **2** *(Zurechnung)* classificazione *f.*

zu‿pa|cken I intr. (aus. *haben*) **1** *(zugreifen)* afferrare **2** *(energisch ans Werk gehen)* darci dentro, darsi da fare **II** tr. COLLOQ. *(ganz bedecken)* ***jdn ~*** intabarrare qcn.

zu‿par|ken tr. chiudere, bloccare (parcheggiando veicoli).

zu|pass, zu|pas|se, ***jdm ~ kommen*** venire a proposito per qcn.

zu‿pas|sen tr. SPORT *(Ball)* passare.

zup|fen I intr. (aus. *haben*) tirare: ***an jds Bart ~*** tirare la barba a qcn., tirare qcn. per la barba; *(von Geweben)* sfilacciare **II** tr. **1** tirare: ***jdn am Ärmel ~*** tirare qcn. per la manica **2** *(herausziehen)* togliere: ***Unkraut ~*** togliere le erbacce **3** MUS. *(Saiten)* pizzicare ◆ ***sich die Augenbrauen ~*** sfoltire le sopracciglia. **Zupf|gei|ge** f. *(-,-n)* ANT. chitarra *f.* **Zupf|in|stru|ment** n. *(-[e]s,-e)* strumento *m.* a pizzico.

zu‿pfrop|fen tr. turare, tappare (con un turacciolo).

zu‿pres|sen tr. chiudere (premendo).

zu‿pros|ten intr. (aus. *haben*) ***jdm ~*** brindare a qcn.

zur → **zu** ◆ ***~ Genüge*** quanto basta; ***~ Neige gehen*** andare al fondo.

zu|ran|de, ***mit etw. ~ kommen*** venire a capo di qcs.

zu|ra|te, ***jdn ~ ziehen*** chieder consiglio a qcn., consultare qcn.; ***etw. ~ ziehen*** consultare qcs.

zu‿ra|ten intr. *(rät, riet, geraten;* aus. *haben)* consigliare: ***ich kann dir nur ~, die Gelegenheit wahrzunehmen*** posso solo consigliarti di accettare questa possibilità; ***ich rate dir weder zu noch ab*** non posso consigliarti né per il sì né per il no. **Zu|ra|ten** n. *(-s,-)* consiglio *m.*: ***auf mein ~*** su mio consiglio.

zu‿rau|nen tr. ***jdm etw. ~*** sussurrare qcs. all'orecchio di qcn.

Zür|cher → **Züricher.**

Zu|re|chen|bar|keit f. *(-)* DIR. responsabilità *f.* giuridica, imputabilità *f.*

zu‿rech|nen intr. (aus. *haben*) **1** *(zuordnen)* classificare, annoverare **2** *(hinzufügen)* aggiungere, sommare **3** *(zuschreiben)* attribuire, imputare: ***jdm die Schuld ~*** attribuire la colpa a qcn. **Zu|rech|nung** f. *(-,-en)* **1** *(Zuordnung)* classificazione *f.* **2** aggiunta *f.* **3** *(Zuschreibung)* attribuzione *f.*

zu|rech|nungs|fä|hig agg. **1** *(geistig normal)* sano di mente **2** DIR. capace di intendere e di volere. **Zu|rech|nungs|fä|hig|keit** f. *(-)* **1** sanità *f.* mentale **2** DIR. capacità *f.* di intendere e di volere, imputabilità *f.*

zu|recht‿bas|teln I tr. **1** costruire, fabbricare: ***einen Drachen ~*** costruire un aquilone **2** FIG. COLLOQ. *(anfertigen)* fare, preparare, realizzare: ***einen Plan ~*** fare un progetto **II** rifl. **sich ~** inventarsi: ***sich eine Ausrede ~*** inventarsi una scusa. **zu|recht‿bie|gen** tr. *(bog gebogen)* raddrizzare (anche FIG. COLLOQ.). **zu|recht‿brin|gen** tr. *(brachte, gebracht)* ***etw. ~*** riuscire in qcs. **zu|recht‿fin|den** rifl. *(fand, gefunden)* **sich ~ 1a** trovarsi: ***sich in der neuen Arbeit nicht ~*** non trovarsi nel nuovo lavoro **b** cavarsela: ***sich schnell, nur mühsam ~*** cavarsela facilmente, solo con difficoltà **2** *(den Weg finden)* trovare la strada: FIG. ***sich nicht im Leben ~*** non trovare la strada nella vita. **zu|recht‿kom|men** intr. *(kam, gekommen;* aus. *sein)* **1** ***mit etw. ~*** venire a capo di qcs. **2** *(rechtzeitig kommen)* venire, arrivare in (*o* a) tempo: ***ich kam gerade zurecht*** sono arrivato giusto in tempo. **zu|recht‿le|gen** tr. **1** *(bereitlegen)* preparare **2** *(ausdenken)* escogitare, architettare: ***eine Ausrede, einen Plan ~*** architettare una scusa, un piano. **zu|recht‿ma|chen** COLLOQ. **I** tr. **1** preparare: ***die Zimmer für die Gäste ~*** preparare le camere per gli ospiti **2** *(verschönen)* sistemare, aggiustare **II** rifl. **sich ~ 1** aggiustarsi, agghindarsi: ***sich fürs Theater ~*** sistemarsi per andare a teatro **2** ***sich die Haare ~*** farsi i capelli. **zu|recht‿rü|cken** tr. mettere a posto, sistemare: ***die Krawatte ~*** sistemare la cravatta; FIG. COLLOQ. ***eine Sache ~*** sistemare una faccenda ◆ ***jdm den Kopf ~*** = far ragionare qcn. **zu|recht‿schnei|dern** tr. COLLOQ. **1** cucire alla meglio **2** FIG. mettere insieme (alla meglio): ***ein Programm, einen Text ~*** mettere insieme un programma, un testo. **zu|recht‿schus|tern** tr. COLLOQ. rabberciare, mettere insieme (alla meglio). **zu|recht‿set|zen I** tr. mettere a posto, sistemare: ***die Brille auf der Nase ~*** sistemare gli occhiali sul naso **II** rifl. **sich ~** mettersi a sedere, sistemarsi: ***sich***

bequem ~ mettersi comodo ◆ ***jdm den Kopf*** ~ = far ragionare qcn. **zu|recht‿stel|len** tr. mettere a posto. **zu|recht‿stut|zen** tr. tagliare (come si deve).

zu|recht‿wei|sen tr. *(wies, gewiesen)* rimproverare: ***jdn wegen etw.*** ~ rimproverare qcn. per qcs. **Zu|recht|wei|sung** f. *(-,-en)* rimprovero *m.*

zu|recht‿zim|mern tr. fabbricarsi, costruirsi alla meglio.

zu‿re|den intr. (aus. *haben*) ***jdm*** ~ (cercare di) persuadere qcn., convincere qcn.: ***jdm ~, etw. zu tun*** convincere qcn. a fare qcs.; ***jdm gut*** ~ cercare di far ragionare qcn. **Zu|re|den** n. *(-s)* consiglio *m.*, esortazione *f.*: ***auf mein ~ (hin)*** su mio consiglio; ***nach langem*** ~ dopo molte esortazioni.

zu‿rei|chen I tr. porgere, passare: ***jdm etw.*** ~ porgere qcs. a qcn. **II** intr. (aus. *haben*) REGION. bastare. **zu|rei|chend I** p.pres. agg. **1** → **zureichen 2** *(genügend)* sufficiente: ***-er Grund*** ragione sufficiente **II** avv. abbastanza: ***~ groß*** abbastanza grande.

zu‿rei|ten *(ritt, geritten)* **I** tr. scozzonare, addestrare **II** intr. (aus. *sein*) cavalcare: ***auf die Burg*** ~ cavalcare verso la fortezza. **Zu|rei|ter** m. *(-s,-)* scozzonatore *m.*

Zü|rich n.pr.n. *(-s)* Zurigo *f.* **Zü|ri|cher** m. *(-s,-)* zurighese *m.* **zü|ri|che|risch** agg. zurighese. **Zü|rich|see** m. *(-s)* lago *m.* di Zurigo.

zu‿rich|ten tr. **1** preparare: ***die Mahlzeit*** ~ preparare il pasto **2a** FIG. *(beschädigen)* ridurre male, conciare male: ***die Schuhe*** ~ ridurre male le scarpe **b** *(verletzen)* ***jdn übel*** ~ conciar male qcn. **3** TIP. taccheggiare **4** TECN. rifinire **5** TESS. *(appretieren)* apprettare. **Zu|rich|tung** f. *(-,-en)* **1** preparazione *f.* **2** TECN. rifinitura *f.* **3** TESS. apprettatura *f.*

zu‿rie|geln tr. chiudere con il catenaccio.

zür|nen intr. (aus. *haben*) essere in collera: ***jdm, mit jdm*** ~ essere in collera con qcn.

zu‿rol|len I tr. far rotolare: ***etw. auf jdn, etw.*** ~ far rotolare qcs. verso qcn., qcs. **II** intr. (aus. *sein*) rotolare: ***der Felsbrocken rollte auf mich, auf die Schlucht zu*** il masso rotolò verso di me, verso il burrone.

zur|ren 1 MAR. drizzare **2** REGION. *(zerren)* trascinare. **Zur|ring** m. *(-s, -s* e *-e)* MAR. drizza *f.*

Zur|schau|stel|lung f. *(-,-en)* esibizione *f.*, mostra *f.*

zu|rück avv. **1** indietro: ***~!*** indietro! ***einen Schritt ~!*** un passo indietro! ***vor und*** ~ avanti e indietro; FIG. COLLOQ. ***die Ernte ist dieses Jahr noch weit*** ~ quest'anno il raccolto è ancora molto indietro; ***in der Entwicklung ~ sein*** essere indietro nello sviluppo **2** di ritorno, al ritorno: ***die Fahrt ~ war lang*** il viaggio di ritorno è stato lungo; ***einen Tag hin und einen Tag ~ brauchen*** impiegare un giorno per l'andata e uno per il ritorno; ***ich bin in fünf Minuten*** ~ sarò di ritorno (*o* torno) tra cinque minuti; ***von einer Reise ~ sein*** essere di ritorno da un viaggio **3** REGION. *(vorher)* prima, addietro, fa: ***einige Monate*** ~ alcuni mesi fa ◆ ***mit vielem Dank*** ~ restituisco e ringrazio; ***hin und*** ~ andata e ritorno; ***~ zur Natur!*** torniamo alla natura! **Zu|rück** n. *(-[s])*, ***es gibt kein ~ mehr*** non si può più tornare indietro.

zu|rück‿be|för|dern tr. riportare indietro. **zu|rück‿be|ge|ben** rifl. *(begibt, begab, begeben)* **sich** ~ ritornare. **zu|rück‿be|glei|ten** tr. riaccompagnare, ricondurre.

zu|rück‿be|hal|ten tr. *(behält, behielt, behalten)* **1** *(nicht herausgeben)* tenere per sé, serbare **2** riportare: ***von einem Unfall einen Schaden*** ~ riportare un danno in seguito a un incidente; ***er hat eine Narbe*** ~ gli è rimasta una cicatrice **3** DIR. ritenere, trattenere. **Zu|rück|be|hal|tung** f. *(-,-en)* ritenuta *f.*, trattenuta *f.* **Zu|rück|be|hal|tungs|recht** n. *(-s)* diritto *m.* di ritenzione.

zu|rück‿be|kom|men tr. *(bekam, bekommen)* **1** riavere, avere indietro: ***ein verliehenes Buch*** ~ riavere un libro dato in prestito **2** *(Wechselgeld erhalten)* ricevere di resto **3** COLLOQ. (riuscire a) rimettere nella posizione iniziale. **zu|rück‿be|or|dern** tr., ***jdn*** ~ ordinare (*o* imporre a) a qcn. di ritornare. **zu|rück‿be|ru|fen** tr. *(berief, berufen)* richiamare. **zu|rück‿be|sin|nen** rifl. *(besann, besonnen)* **sich** ~ ricordarsi, richiamare alla mente: ***sich auf jdn, etw.*** ~ richiamare alla mente qcn., qcs.; ***sich auf die christlichen Werte*** ~ richiamarsi ai valori cristiani. **zu|rück‿beu|gen I** tr. piegare all'indietro **II** rifl. **sich** ~ piegarsi all'indietro. **zu|rück‿be|we|gen** intr. (aus. *haben*) e rifl. **sich** ~ tornare indietro. **zu|rück‿be|zah|len** tr. rimborsare. **zu|rück‿bie|gen** tr. *(bog, gebogen)* → **zurückbeugen.**

zu|rück‿bil|den rifl. **sich** ~ **1** regredire **2** *(schrumpfen)* ridursi. **Zu|rück|bil|dung** f. *(-,-en)* **1** regresso *m.* **2** riduzione *f.*, restringimento *m.*

zu|rück‿bin|den *(band, gebunden)* **I** tr. legare dietro **II** rifl. ***sich (D) die Haare*** ~ legarsi i capelli. **zu|rück‿blei|ben** intr. *(blieb, geblieben;* aus. *sein)* **1a** rimanere (*o* restare) indietro: ***hinter jdm, etw.*** ~ rimanere indietro rispetto a qcn., qcs.; ***mit, in etw.*** ~ rimanere indietro con, in qcs. **b** ***die Uhr bleibt zurück*** l'orologio rimane indietro **c** ***der Ort blieb hinter mir zurück*** mi lasciai alle spalle quel luogo **2a** *(nicht mitkommen)* rimanere, restare **b** *(zurückbehalten)* ***auf der Bluse blieb ein Fettfleck zurück*** sulla camicetta rimase una macchia d'unto ◆ ***bleib zurück!*** resta lì! **zu|rück‿blen|den** intr. (aus. *haben*) fare un flashback. **zu|rück‿bli|cken** intr. (aus. *haben*) **1** volgere indietro lo sguardo (anche FIG.): ***auf seine Jugend*** ~ volgere lo sguardo alla propria giovinezza **2** *(sich umsehen)* guardarsi intorno.

zu|rück‿brin|gen tr. *(brachte, gebracht)* **1** riportare: FIG. ***ins Leben*** ~ riportare in vita **2** *(zurückbegleiten)* ricondurre, riaccompagnare. **zu|rück‿däm|men** tr. arginare (anche FIG.). **zu|rück‿da|tie|ren** tr. retrodatare, antidatare. **zu|rück‿den|ken** intr. *(dachte, gedacht;* aus. *haben)* ripensare: ***an jdn, etw.*** ~ ripensare a qcn., qcs.

zu|rück‿drän|gen tr. **1a** spingere indietro, respingere **b** *(nach hinten drängen)* premere indietro **2** *(einschränken)* contenere. **Zu|rück|drän|gung** f. *(-,-en)* **1** spinta *f.* (all'indietro) **2** *(Einschränkung)* contenimento *m.*

zu|rück‿dre|hen I tr. **1** girare in senso contrario (*o* antiorario): ***den Uhrzeiger*** ~ girare la lancetta in senso antiorario **2** *(drosseln)* abbassare: ***die Lautstärke*** ~ abbassare il volume **II** rifl. **sich** ~ girare, girarsi in senso contrario (*o* antiorario). **zu|rück‿dür|fen** intr. *(darf, durfte, gedurft;* aus. *haben)* poter (ri)tornare. **zu|rück‿ei|len** intr. (aus. *sein*) far ritorno (*o* ritornare) in fretta. **zu|rück‿er|bit|ten** tr. *(erbat, erbeten)* ***etw.*** ~ chiedere la restituzione di qcs. **zu|rück‿er|hal|ten** tr. *(erhielt, erhalten)* → **zurückbekommen. zu|rück‿er|in|nern** rifl. **sich** ~ richiamare alla mente: ***an jdn, etw.*** ~ richiamare alla mente qcn., qcs. **zu|rück‿er|lan|gen** tr. riottenere.

zu|rück‿er|o|bern tr. riconquistare. **Zu|rück|er|o|be|rung** f. *(-,-en)* riconquista *f.*

zu|rück‿er|stat|ten tr. rimborsare, restituire. **Zu|rück|er|stat|tung** f. *(-,-en)* rimborso *m.*

zu|rück‿er|war|ten tr. ***jdn*** ~ aspettare il ritorno di qcn.

zu|rück‿fah|ren *(fährt, fuhr, gefahren)* **I** intr. (aus. *sein*) **1** ritornare, tornare indietro: ***mit dem Zug*** ~ ritornare in treno **2** *(zurückweichen)* indietreggiare: ***vor Schreck*** ~ indietreggiare per lo spavento **II** tr. **1** riportare, portare indietro **2** *(Personen)* ricondurre.

zu|rück‿fal|len intr. *(fällt, fiel, gefallen;* aus. *sein)* **1** cadere all'indietro **2a** FIG. ***in etw. (A)*** ~ ricadere in qcs.: ***in einen Fehler*** ~ ricadere in un errore **b** ***auf jdn*** ~ ricadere su qcn.: ***deine Fehler fallen auf uns zurück*** i tuoi errori ricadono su di noi **3** *(zurückbleiben)* perdere terreno, rimanere indietro **4** *(zurückgehen)* retrocedere: ***auf den letzten Platz*** ~ retrocedere in ultima posizione **5** *(in den Besitz übergehen)* ***an jdn*** ~ ritornare in possesso di qcn.

zu|rück‿fin|den *(fand, gefunden)* **I** intr. (aus. *haben*) **1** trovare la strada (del ritorno): ***nach Hause*** ~ trovare la strada per tornare a casa **2** FIG. *(zurückkehren)* ritornare: ***zur alten Liebe*** ~ ritornare all'antico amore; ***zu sich selbst*** ~ tornare in se stesso, ritrovare se stesso **II** tr. ***den Weg*** ~ trovare la strada del ritorno.

zu|rück‿flie|gen *(flog, geflogen)* **I** intr. (aus. *sein*) **1** tornare in aereo (*o* in volo) **2** COLLOQ. *(zurückprallen)* rimbalzare indietro, volare indietro **II** tr. **1** ricondurre con l'aereo **2** *(Flugzeuge)* riportare (pilotando).

zu|rück‿flie|ßen intr. *(floss, geflossen;* aus. *sein)* rifluire (anche FIG.). **zu|rück‿flu|ten** intr. (aus. *haben*) rifluire. **zu|rück‿for|dern** tr. **1** richiedere, chiedere in restituzione **2** *(beanspruchen)* reclamare. **zu|rück‿fra|gen** intr. (aus. *haben*) domandare a propria volta. **zu|rück‿füh|ren** tr. **1** ricondurre, riportare (anche FIG.) **2** *(ableiten)* ***etw. auf etw.*** ~ far risalire qcs. a qcs.

zu|rück‿ge|ben tr. *(gibt, gab, gegeben)* restituire, ridare (anche FIG.): ***jdm einen Auftrag, den Ball*** ~ restituire un incarico, la palla a qcn.; ***jdm die Freiheit*** ~ restituire la libertà a qcn.

zu|rück|ge|blie|ben p.pass. agg. **1** → **zurückbleiben 2** ritardato (mentale). **Zu|rück|ge|blie|be|ne** m. e f. *(-n,-n)* ritardato *m.* (-a *f.*).

zu|rück‿ge|hen intr. *(ging, gegangen;* aus. *sein)* **1a** tornare indietro (anche FIG.) **b** fare ritorno: ***in die Heimat*** ~ fare ritorno in patria **2** *(rückwärts gehen)* indietreggiare, ritirarsi: ***der Gletscher, der Feind geht zurück*** il ghiacciaio, il nemico si ritira **3** *(geringer werden)* diminuire, calare, andare giù: ***die Anzahl der Studenten geht zurück*** il numero di studenti diminuisce; ***die Nachfrage nach diesem Artikel geht zurück*** la richiesta di questo articolo cala; ***die Börsenkurse gehen zurück*** le quotazioni calano **4** *(zurückgeschickt werden)* tornare (indietro), ritornare: ***der Brief ging an den Absender zurück*** la lettera tornò al mittente **5** *(Ursprung haben)* risalire: ***diese Sage geht auf die Kelten zurück*** questa leggenda risale ai celti. **Zu|rück|ge|hen** n. *(-s)* **1** ritorno *m.* **2a** *(Weichen)* l'indietreggiare **b** MIL. ripiegamento *m.* **3** *(Senkung)* diminuzione *f.*, calo *m.*

zu|rück_ge|win|nen tr. *(gewann, gewonnen)* recuperare (*o* ricuperare), riconquistare: ***jds Vertrauen ~*** riconquistare la fiducia di qcn. **Zu|rück|ge|win|nung** f. *(-,-en)* recupero (*o* ricupero) *m.*

Zu|rück|ge|zo|gen|heit f. *(-)* vita *f.* ritirata.

zu|rück_grei|fen intr. *(griff, gegriffen;* aus. *haben)* **1** *(zurückgehen)* risalire **2** *(Gebrauch machen)* ricorrere: ***auf ein altes Mittel ~*** ricorrere a un vecchio rimedio. **zu|rück_ha|ben** tr. riavere.

zu|rück_hal|ten *(hält, hielt, gehalten)* **I** tr. **1** trattenere: ***jdn am Ärmel ~*** trattenere qcn. per la manica; ***jdn von etw. ~*** trattenere qcn. da qcs.; ***Urkunden ~*** trattenere documenti (presso di sé); FIG. *(nicht zum Ausdruck bringen)* ***die Tränen nicht ~ können*** non poter trattenere le lacrime; ***seinen Zorn ~*** trattenere la collera **2** tenere per sé: ***ein Buch ~*** tenere per sé un libro **II** intr. (aus. *haben*) **1** ***mit etw. ~*** tenere qcs. per sé: ***mit seiner Meinung nicht ~*** non nascondere la propria opinione **2** *(abwarten)* andare cauto: ***mit etw. ~*** andare cauto in qcs. **III** rifl. **sich ~ 1** trattenersi: ***sich beim Trinken ~*** trattenersi nel bere **2** *(sich im Hintergrund halten)* tenersi in disparte. **zu|rück|hal|tend I** p.pres. agg. **1** → **zurückhalten 2** *(bescheiden)* riservato, discreto **II** avv. **1** con moderazione **2** con riservatezza. **Zu|rück|hal|tung** f. *(-,-en)* **1** riservatezza *f.*, riserbo *m.* **2** *(Mäßigkeit)* moderazione *f.*

zu|rück_ho|len tr. **1** andare a riprendere, riportare **2** *(zurückrufen)* richiamare. **zu|rück_ja|gen I** tr. ricacciare indietro **II** intr. (aus. *sein*) tornare di corsa. **zu|rück_käm|men** tr. pettinare all'indietro.

zu|rück_kau|fen tr. ricomprare.

zu|rück_keh|ren intr. (aus. *sein*) ritornare, tornare: ***aus dem Urlaub, von einer Reise, nach Hause ~*** ritornare dalle vacanze, da un viaggio, a casa; ***an den Ort des Verbrechens ~*** tornare sul luogo del delitto; ***allmählich kehrte die Heiterkeit zurück*** gradatamente tornò la serenità; FIG. ***zum Thema ~*** ritornare all'argomento (*o* riprendere l'argomento); *(zurückgreifen)* ***zur figurativen Malerei ~*** ritornare (*o* ricorrere nuovamente) alla pittura figurativa.

zu|rück_klap|pen tr. reclinare: ***die Lehne ~*** reclinare lo schienale.

zu|rück_kom|men intr. *(kam, gekommen;* aus. *sein)* ritornare, tornare: ***aus dem Urlaub, nach Hause ~*** ritornare dalle vacanze, tornare (*o* rientrare) a casa; ***allmählich kam die Erinnerung zurück*** lentamente tornava il ricordo; FIG. ***auf ein Thema, einen Vorschlag ~*** ritornare su un argomento, su una proposta; ***ich werde auf Ihr Angebot ~*** ritornerò alla Sua offerta.

zu|rück_kön|nen intr. *(kann, konnte, gekonnt;* aus. *haben)* **1** poter (ri)tornare **2** FIG. *(mit einer Entscheidung)* tornare indietro. **zu|rück_krie|gen** tr. COLLOQ. → **zurückbekommen. Zu|rück|kunft** f. *(-)* ritorno *m.* **zu|rück_lä|cheln** intr. (aus. *haben*) rispondere con un sorriso, ricambiare il sorriso.

zu|rück_las|sen tr. *(lässt, ließ, gelassen)* **1a** lasciare: ***etw. im Hotel ~*** lasciare qcs. in hotel; ***jdm eine Nachricht, eine Nachricht für jdn ~*** lasciare un messaggio a qcn. (*o* per qcn.); ***eine Narbe ~*** lasciare una cicatrice **b** FIG. *(hinterlassen)* ***zwei Kinder ~*** lasciare due bambini **2** COLLOQ. *(zurückgehen, -fahren, -kehren lassen)* lasciar ritornare. **Zu|rück|las|sung** f. *(-)* il lasciare (indietro); ***unter ~ hoher Schulden flüchten*** fuggire lasciando grossi debiti.

zu|rück_lau|fen intr. *(läuft, lief, gelaufen;* aus. *sein)* **1** tornare indietro **2** *(zurückfließen)* rifluire ◆ ***das Tonband ~ lassen*** far riavvolgere il nastro.

zu|rück_le|gen I tr. **1** *(wieder an seinen Platz legen)* riporre, rimettere a posto **2** *(beiseite legen)* mettere da parte: ***Geld ~*** mettere da parte del denaro; *(nicht verkaufen)* ***können Sie mir die Schuhe bis morgen ~*** può mettermi da parte le scarpe fino a domani? **3** *(nach hinten beugen)* appoggiare, chinare all'indietro **4** *(Wegstrecke)* percorrere: ***eine Strecke in 20 Minuten ~*** percorrere un tratto di strada in 20 minuti **II** rifl. **sich ~** appoggiarsi (all'indietro).

zu|rück_leh|nen I tr. appoggiare (all'indietro) **II** rifl. **sich ~** appoggiarsi (all'indietro): ***sich im Lehnstuhl ~*** appoggiarsi alla spalliera della poltrona. **zu|rück_lei|ten** tr. **1** ricondurre, riportare **2** *(Sendungen)* rispedire, rimandare.

zu|rück_lie|gen intr. *(lag, gelegen;* aus. *haben,* REGION. *sein)* essere passato, essere successo: ***es liegt drei Jahre zurück, dass...*** sono passati tre anni da quando...; ***es liegt lange zurück*** è successo molto tempo fa.

zu|rück_mel|den rifl. **sich ~** annunciare il proprio ritorno. **zu|rück_müs|sen** intr. *(muss, musste, gemusst;* aus. *haben)* **1** dover (ri)tornare **2** COLLOQ. *(zurückgelegt werden müssen)* dover essere riposto, rimesso a posto.

Zu|rück|nah|me f. *(-,-n)* **1** il riprendere **2a** ritiro *m.* (anche FIG.): ***die ~ einer Bestellung, eines Gesetzentwurfs*** il ritiro di un ordine, di un progetto di legge **b** *(von Beleidigungen)* ritrattazione *f.* **c** *(von Klagen)* remissione *f.* **d** *(von Anordnungen, Zustimmungen)* revoca *f.* **zu|rück_neh|men** tr. *(nimmt, nahm, genommen)* **1** riprendere **2a** *(Ware, Truppen, Spieler)* ritirare; FIG. *(Behauptung, Antrag, Klage)* ritirare **b** *(Beleidigung)* ritrattare **c** *(Gesetz)* ritirare, revocare **3** *(nach hinten bewegen)* portare (all')indietro: ***die Schultern ~*** portare indietro le spalle ◆ ***das Gas ~*** togliere il piede dall'acceleratore; SCHERZ. ***ich nehme alles zurück und behaupte das Gegenteil*** ritiro quello che ho detto e sostengo il contrario.

zu|rück_pfei|fen tr. *(pfiff, gepfiffen)* **1** ***den Hund ~*** richiamare il cane con un fischio **2** COLLOQ. ***jdn ~*** dare, imporre l'alt a qcn.

zu|rück_pral|len intr. (aus. *sein*) **1** rimbalzare **2** *(vor Schreck)* indietreggiare di scatto. **zu|rück_rei|chen I** tr. ridare **II** intr. (aus. *haben*) risalire: ***diese Tradition reicht bis ins Mittelalter zurück*** questa tradizione risale al Medioevo. **zu|rück_rei|sen** intr. (aus. *sein*) ritornare, fare il viaggio di ritorno. **zu|rück_rol|len I** tr. rotolare fino al punto di partenza **II** intr. (aus. *sein*) rotolare indietro.

zu|rück_ru|fen tr. *(rief, gerufen)* richiamare; *(anrufen)* ***ich rufe (ihn) später zurück*** lo richiamo più tardi; FIG. ***jdn ins Leben ~*** richiamare qcn. in vita, far rivivere qcn.; ***jdm etw. ins Gedächtnis ~*** richiamare qcs. alla mente di qcn.; ***sich (D) etw. ins Gedächtnis ~*** richiamare qcs. alla memoria.

zu|rück_schal|ten intr. (aus. *haben*) **1** collegarsi (con il programma precedente) **2** AUT. scalare (la marcia): ***in, auf den dritten Gang ~*** scalare in terza.

zu|rück_schau|dern intr. (aus. *sein*) indietreggiare inorridito. **zu|rück_schau|en** intr. (aus. *haben*) REGION. e AUSTR. SVIZZ. ***auf jdn, etw. ~*** guardare indietro a qcn., qcs. **zu|rück_scheu|en** intr. (aus. *sein*) indietreggiare: ***vor nichts ~*** non indietreggiare di fronte a nulla. **zu|rück_schi|cken** tr. **1** (ri)mandare indietro **2** *(von Briefen)* rispedire indietro.

zu|rück_schie|ben *(schob, geschoben)* **I** tr. **1** spingere (*o* spostare) indietro **2** *(zur Seite schieben)* far scorrere di lato **II** rifl. **sich ~** spostarsi, spingersi indietro.

zu|rück_schla|gen *(schlägt, schlug, geschlagen)* **I** tr. **1** *(Angriff, Feind)* respingere **2** *(Ball)* ribattere **3** *(umschlagen)* rivoltare, tirare giù: ***den Kragen ~*** rivoltare il colletto **4** *(beiseite schieben)* aprire: ***den Vorhang ~*** aprire il sipario; *(aufklappen)* sollevare: ***die Bettdecke ~*** sollevare la coperta **II** intr. **1** (aus. *haben*) restituire il colpo **2** *(von Pendeln, Wellen;* aus. *sein)* tornare indietro **3** (aus. *haben*) ***auf etw. ~*** ripercuotersi su qcs. ◆ ***das Zurückschlagen der Flammen*** ritorno delle fiamme.

zu|rück_schnei|den tr. *(schnitt, geschnitten)* potare. **zu|rück_schnel|len** intr. (aus. *sein*) scattare indietro. **zu|rück_schrau|ben** tr. **1** svitare, allentare **2** FIG. *(Erwartungen)* limitare, ridurre.

zu|rück_schre|cken I tr. intimidire **II** intr. *(schreckt/*ANT. *schrickt, schreckte/*ANT. *schrak, geschreckt;* aus. *sein)* **1** *(zurückscheuen)* indietreggiare, arretrare spaventato **2** ***vor jdm, etw. ~*** avere orrore di qcn., aborrire da qcs.

zu|rück_schrei|ben tr. *(schrieb, geschrieben)* rispondere (per lettera). **zu|rück_schwim|men** intr. *(schwamm, geschwommen;* aus. *sein)* tornare a nuoto. **zu|rück_schwin|gen** intr. *(schwang, geschwungen;* aus. *sein)* oscillare indietro. **zu|rück_se|hen** intr. *(sah, gesehen;* aus. *haben)* volgere lo sguardo indietro. **zu|rück_seh|nen** rifl. ***sich nach etw., zu jdm ~*** avere nostalgia di qcs., qcn.; ***sich nach Spanien, zu ihm ~*** avere nostalgia della Spagna, di lui.

zu|rück_sen|den tr. *(sandte/sendete, gesandt/gesendet)* → **zurückschicken.**

zu|rück_set|zen I tr. **1** rimettere (al proprio posto) **2a** *(nach hinten versetzen)* spostare indietro: ***etw. einen Schritt ~*** spostare qcs. un passo indietro; ***das Auto zwei Meter ~*** spostare l'auto indietro di due metri **b** *(nach hinten setzen)* mettere dietro: ***jdn zwei Reihen ~*** mettere qcn. due file dietro **3** *(benachteiligen)* trascurare **II** rifl. **sich ~ 1** risedersi **2** *(sich nach hinten setzen)* sedersi dietro **III** intr. (aus. *haben*) indietreggiare, andare indietro (con un veicolo) ◆ ***sich zurückgesetzt fühlen*** sentirsi trascurato. **Zu|rück|set|zung** f. *(-,-en)* **1** spostamento *m.* indietro **2** l'essere posposto; *(Kränkung)* torto *m.*, offesa *f.*

zu|rück_sin|ken intr. *(sank, gesunken;* aus. *sein)* ricadere, cadere all'indietro: ***in den Sessel ~*** ricadere nella poltrona. **zu|rück_sol|len** intr. (aus. *haben*) **1** dover tornare **2** COLLOQ. *(zurückgelegt werden sollen)* dover essere riposto. **zu|rück_spie|len** tr. *(Ball)* **1** rimandare, ribattere **2** *(nach hinten)* passare indietro.

zu|rück_sprin|gen intr. *(sprang, gesprungen;* aus. *sein)* **1** saltare all'indietro **2** *(vom Ball)* rimbalzare **3** *(nach hinten versetzt sein)* rientrare, formare una rientranza. **zu|rück|sprin|gend** p.pres. agg. **1** → **zurückspringen 2** rientrante: ***der -e Teil der Fassade*** la parte rientrante della facciata.

zu|rück_ste|cken I tr. **1** *(an seinen Platz)* rimettere a posto: ***etw. in seine Tasche ~*** rimettere qcs. in tasca **2** *(nach hinten versetzen)* spostare, mettere indietro **II** intr. (aus. *haben*) limitarsi, rinunciare, ridurre le pretese: ***bei den Forderungen ~ müssen*** dover ridurre le pretese.

zu|rück_ste|hen intr. *(stand, gestanden;* aus. *haben)* **1** *(weiter hinten stehen)* stare indietro **2** *(nicht gleichwertig sein)* essere inferiore, essere da meno: ***hinter jdm ~*** essere inferiore a qcn. **3a** *(verzichten)* rinunciare, ritirarsi **b** *(verschoben werden)* venire dopo, essere rimandato.

zu|rück_stel|len tr. **1** *(an seinen Platz)* rimettere a posto **2a** *(nach hinten stellen)* spostare (*o* mettere) indietro **b** *(zurückdrehen)* ***die Uhren eine Stunde ~*** mettere gli orologi indietro di un'ora **3** *(Heizung)* abbassare **4** *(zurücklegen)* mettere da parte **5** *(Schüler)* rimandare; MIL. dichiarare rivedibile **6** *(aufschieben)* rinviare **7** far passare in secondo piano: ***seine Interessen, Wünsche ~*** rinunciare ai propri interessi, desideri **8** AUSTR. *(dem Besitzer zurückgeben)* restituire. **Zu|rück|stel|lung** f. *(-,-en)* **1** *(niedrigere Einstellung)* spostamento *m.* indietro; *(von Heizung)* abbassamento *m.* **2** *(Aufschiebung)* rinvio *m.*: ***~ vom Militärdienst*** rinvio del servizio militare **3** *(Verzichtung)* rinuncia *f.*

zu|rück_sto|ßen *(stößt, stieß, gestoßen)* **I** tr. **1a** respingere: ***jdn ~*** respingere qcn. **b** *(nach hinten stoßen)* ributtare, ricacciare **2** *(abstoßen)* disgustare **II** intr. (aus. *sein*) indietreggiare, andare indietro (con un veicolo).

zu|rück_strah|len I tr. *(Strahlen, Licht)* riflettere **II** intr. (aus. *haben*) riflettersi.

zu|rück_strei|chen *(strich, gestrichen)* **I** tr. ***die Haare ~*** tirare indietro i capelli **II** rifl. ***sich (D) die Haare ~*** tirarsi indietro i capelli. **zu|rück_strei|fen** tr. rimboccare, tirare su: ***die Ärmel ~*** tirare su le maniche. **zu|rück_strö|men** intr. (aus. *sein*) rifluire.

zu|rück_stu|fen tr. declassare. **Zu|rück|stu|fung** f. *(-,-en)* declassamento *m.*

zu|rück_stut|zen tr. sfrondare (anche FIG.). **zu|rück_trei|ben** tr. *(trieb, getrieben)* **1** *(Vieh)* ricondurre **2** *(Angreifer)* respingere.

zu|rück_tre|ten intr. *(tritt, trat, getreten;* aus. *sein)* **1a** *(nach hinten gehen)* indietreggiare, retrocedere: ***einen Schritt ~*** fare un passo indietro **b** *(von Wasser)* ***der Fluss war nach wenigen Tagen wieder in sein Bett zurückgetreten*** dopo pochi giorni il fiume era rientrato nel suo letto **2** *(in den Hintergrund treten)* ***hinter etw. (D), einer Sache gegenüber ~*** passare in secondo piano rispetto a qcs. **3** *(vom Amt)* dimettersi, dare le dimissioni: ***die Regierung soll ~*** il governo deve dimettersi **4** *(verzichten)* rinunciare: ***von einem Recht ~*** rinunciare a un diritto **5** *(rückgängig machen)* ***von einem Vertrag ~*** rescindere un contratto; ***von einem Kauf ~*** annullare una vendita ◆ ***bitte ~!*** indietro! fate largo!

zu|rück_tun tr. *(tut, tat, getan)* rimettere a posto, riporre ◆ ***einen Schritt ~*** fare un passo indietro.

Zu|rück|über|set|zung f. *(-,-en)* retroversione *f.*

zu|rück_ver|fol|gen tr. ricostruire: ***eine Entwicklung bis zu ihren Anfängen ~*** ricostruire un'evoluzione risalendo fino ai suoi inizi.

zu|rück_ver|lan|gen I tr. reclamare, ridomandare, rivolere indietro **II** intr. (aus. *haben*) ***nach jdm, nach jds Liebe ~*** avere nostalgia di qcn., dell'amore di qcn.

zu|rück_ver|le|gen tr. **1** spostare nuovamente, rispostare: ***den Wohnsitz nach Wien ~*** rispostare la residenza a Vienna **2** *(nach hinten verlegen)* arretrare: ***die Truppen ~*** arretrare le truppe.

zu|rück_ver|set|zen I tr. **1** *(an seinen Platz)* rimettere **2a** *(auf einen niedrigeren Posten)* fare retrocedere, declassare **b** *(Schüler)* bocciare **3** riportare, far ripensare (al passato): ***jdn in seine Jugend ~*** riportare qcn. alla sua giovinezza **II** rifl. **sich ~** ripensare: ***sich in die alten Zeiten ~*** ritornare col pensiero ai vecchi tempi.

zu|rück_ver|wei|sen intr. *(verwies, verwiesen;* aus. *haben)* rimandare, rinviare: ***einen Gesetzentwurf an einen Parlamentsausschuss ~*** rinviare un progetto di legge a una commissione parlamentare.

zu|rück_wei|chen intr. *(wich, gewichen;* aus. *sein)* **1** retrocedere, indietreggiare: ***vor jdm, etw. ~*** retrocedere davanti a qcn., qcs.; ***vor einem Problem ~*** indietreggiare davanti a un problema **2** *(zurückschrecken)* rifuggire **3** *(abnehmen)* diminuire: ***das Hochwasser weicht zurück*** la marea diminuisce **4** MIL. ripiegare: ***nach Norden ~*** ripiegare verso nord.

zu|rück_wei|sen tr. *(wies, gewiesen)* **1** rimandare: ***an der Grenze zurückgewiesen werden*** essere rimandato al confine **2** *(nach hinten weisen)* indicare (indietro): ***er wies auf mich zurück*** indicò (indietro) verso di me **3a** *(abweisen)* rifiutare, respingere: ***einen Vorschlag, Antrag, eine Forderung ~*** rifiutare una proposta, un'istanza, una richiesta; ***eine Frage ~*** non dare ascolto a una domanda **b** *(sich verwahren gegen)* ***einen Vorwurf entschieden, mit Nachdruck ~*** respingere (*o* ricusare) fermamente, con energia un rimprovero. **Zu|rück|wei|sung** f. *(-,-en)* rifiuto *m.*

zu|rück_wen|den *(wendete/wandte, gewendet/gewandt)* **I** tr. voltare (indietro): ***den Blick ~*** voltare indietro lo sguardo; ***den Kopf ~*** voltare (*o* girare) indietro la testa **II sich ~** voltarsi, girarsi indietro.

zu|rück_wer|fen *(warf, geworfen)* **I** tr. **1a** gettare indietro buttare indietro: ***den Kopf ~*** buttare indietro la testa **b** ***den Ball ~*** rigettare, rilanciare la palla **2** *(spiegeln)* riflettere **3a** *(zurückdrängen)* respingere, ricacciare: ***die Brandung warf den Schwimmer ans Ufer zurück*** la risacca respingeva il nuotatore verso riva **b** MIL. ***den Feind ~*** respingere (indietro) il nemico **4** fare retrocedere, rimandare indietro: ***jdn auf den dritten Platz ~*** far retrocedere qcn. al terzo posto; ***das hat uns um Jahre zurückgeworfen*** ci ha rimandato indietro di anni **II** rifl. **sich ~** lasciarsi cadere, gettarsi, buttarsi: ***er warf sich ins Sofa zurück*** si gettò (*o* lasciò cadere) sul divano.

zu|rück_wir|ken intr. (aus. *haben*) ripercuotersi: ***auf jdn, etw. ~*** ripercuotersi su qcn., qcs.

zu|rück_wol|len *(will, wollte, gewollt)* **I** intr. (aus. *haben*) voler (ri)tornare: ***er will nach Dresden zurück*** vuole tornare a Dresda **II** tr. COLLOQ. rivolere indietro: ***seine Bücher ~*** rivolere indietro i propri libri.

zu|rück_wün|schen I tr. rivolere indietro **II** rifl. ***sich zu jdm, etw. ~*** guardare con nostalgia a qcn., qcs.

zu|rück_zah|len tr. restituire: ***das Darlehen an die Bank ~*** restituire il prestito alla banca ◆ COLLOQ. ***das werde ich ihm ~!*** gliela farò pagare!

zu|rück_zie|hen *(zog, gezogen)* **I** tr. **1a** *(nach hinten ziehen)* tirare indietro: ***den Tisch ~*** tirare indietro il tavolo; ***seine Hand ~*** tirare indietro (*o* ritrarre) la mano **b** *(zur Seite ziehen)* ***den Vorhang ~*** tirare la tenda **2a** *(zurückbeordern)* ritirare: ***einen Botschafter aus einem Land ~*** ritirare un ambasciatore da un paese **b** *(widerrufen)* ***seine Kandidatur, seine Klage ~*** ritirare la propria candidatura, la propria denuncia; ***eine Erlaubnis, einen Auftrag, ein Angebot ~*** ritirare (*o* revocare) un permesso, un ordine, un'offerta **c** *(einziehen)* ***ein Produkt vom Markt ~*** ritirare un prodotto dal mercato **3** riportare, ricondurre: ***der Wunsch nach Ruhe zog ihn immer wieder zum Elternhaus zurück*** il desiderio di tranquillità lo ricondusse sempre di nuovo verso la casa dei genitori **II** rifl. **sich ~ 1a** ritirarsi: ***sich aus der Politik, aufs Land, in sein Zimmer, von der Bühne ~*** ritirarsi dalla politica, in campagna, nella propria stanza, dalle scene; ***sich in sich selbst ~*** ritirarsi (*o* ritrarsi) in se stesso **b** MIL. ***die Truppen haben sich zurückgezogen*** le truppe si sono ritirate **2** *(sich absondern)* isolarsi, allontanarsi: ***sich von den Menschen ~*** isolarsi dagli uomini **III** intr. (aus. *sein*) ritornare: ***nach Venedig ~*** ritornare (ad abitare) a Venezia. **Zu|rück|zie|her** m. *(-s,-)* RAR. marcia *f.* indietro.

Zu|ruf m. *(-[e]s,-e)* **1** grido *m.*: ***anfeuernde -e*** grida di incoraggiamento **2** *(Ruf)* richiamo *m.*, chiamata *f.*: ***der Hund gehorcht auf ~*** il cane ubbidisce al richiamo ◆ ***jdn durch ~ wählen*** eleggere qcn. per acclamazione. **zu_ru|fen** tr. gridare: ***jdm etw. ~*** gridare qcs. a qcn.; ***einen Befehl, einen Gruß, eine Warnung ~*** gridare un ordine, un saluto, un avvertimento.

zu_rüs|ten tr. apparecchiare, allestire. **Zu|rüs|tung** f. *(-,-en)* allestimento *m.*

zur|zeit avv. al momento attualmente.

Zu|sa|ge f. *(-,-n)* **1** *(Zusicherung)* promessa *f.*: ***seine ~ geben*** fare una promessa, dare la propria parola; ***seine ~ geben, etw. zu tun*** promettere di fare qcs. ***seine ~ einhalten*** mantenere una promessa (*o* la propria parola); ***die ~ zur Teilnahme*** la promessa di partecipare; ***keine -n machen*** non fare promesse **2** *(Zustimmung)* accettazione *f.*, assenso *m.*: ***die ~ bestätigen*** dare l'assenso.

zu_sa|gen I tr. promettere, assicurare: ***seine Teilnahme ~*** assicurare la propria partecipazione **II** intr. (aus. *haben*) **1** *(sein Einverständnis erklären)* acconsentire **2** *(annehmen)* accettare: ***einer Einladung ~*** accettare un invito **3** *(gefallen)* piacere: ***dein Vorschlag sagt mir sehr zu*** la tua proposta mi piace molto.

zu|sam|men avv. **1a** *(gemeinsam)* insieme: ***~ mit jdm*** insieme a qcn.; ***~ sein*** stare insieme; *(ein Verhältnis haben)* ***mit jdm ~ sein*** stare con qcn., insieme a qcn.; ***~ arbeiten, musizieren (spielen)*** lavorare, suonare insieme **b** *(gleichzeitig)* ***wir sind ~ angekommen*** siamo arrivati insieme **2** *(insgesamt)* in tutto, in totale, complessivamente: ***es macht ~ 200 Mark aus*** ammonta in tutto a 200 marchi ◆ ***alle ~*** tutti insieme; ***alles ~*** tutto insieme, complessivamente, nel complesso.

Zu|sam|men|ar|beit f. *(-)* collaborazione *f.*, cooperazione *f.*: ***in ~ mit*** in collaborazione con. **zu|sam|men_ar|bei|ten** intr. (aus. *haben*)

collaborare, cooperare: ***auf, in etw. (D) ~*** collaborare a, in qcs.
zu|sam|men_bal|len I tr. **1** appallottolare: ***Papier ~*** appallottolare la carta **2** *(aufhäufen)* ammucchiare: ***Schnee ~*** ammucchiare la neve **II** rifl. **sich ~** ammucchiarsi, addensarsi: ***drohende Wolken ballen sich am Horizont zusammen*** nubi minacciose si addensano all'orizzonte ◆ ***die Faust ~*** stringere il pugno. **Zu|sam|men|bal|lung** f. *(-,-en)* **1** accumulo *m.*, accumulazione *f.* **2** FIG. concentrazione *f.*: ***~ von Macht*** concentrazione di potere.
Zu|sam|men|bau m *(-[e]s,-e)* montaggio *m.*, assemblaggio *m.* **zu|sam|men_bau|en** tr. montare, assemblare.
zu|sam|men_bei|ßen tr. *(biss, gebissen)* stringere, serrare: ***vor Schmerz die Zähne ~*** stringere i denti dal (*o* per il) dolore.
zu|sam|men_bin|den *(band, gebunden)* **I** tr. legare insieme **II** rifl. **sich ~** legarsi (insieme): ***sich das Haar ~*** legarsi i capelli.
zu|sam|men_blei|ben intr. *(blieb, geblieben; aus. sein)* restare (o rimanere) insieme: ***mit jdm ~*** restare insieme a qcn.
zu|sam|men_brau|en COLLOQ. **I** tr. *(Getränk)* fare, preparare **II** rifl. ***sich ~*** prepararsi: ***ein Unwetter braut sich zusammen*** si prepara (*o* si sta preparando) un temporale.
zu|sam|men_bre|chen intr. *(bricht, brach, gebrochen; aus.* sein*)* **1** crollare: ***die Brücke ist zusammengebrochen*** il ponte è crollato; FIG. ***seine Theorie brach zusammen*** la sua teoria crollò; ***vor Müdigkeit ~*** crollare per la stanchezza **2** *(zum Erliegen kommen)* fermarsi, arrestarsi: ***der Verkehr brach zusammen*** il traffico si arrestò ◆ ***nervlich ~*** avere un esaurimento nervoso; ***ohnmächtig ~*** crollare a terra svenuto; ***für ihn brach eine Welt zusammen*** gli è crollato il mondo addosso.
zu|sam|men_brin|gen tr. *(brachte, gebracht)* **1** mettere insieme: ***er kann nicht einmal 200 Mark ~*** non riesce a mettere insieme nemmeno 200 marchi; ***vor Aufregung keine zwei Sätze ~*** non mettere insieme due frasi per l'emozione **2a** *(Kontakte herstellen)* mettere in contatto: ***jd mit jdm ~*** mettere in contatto qcn. con qcn. **b** *(versöhnen)* riconciliare: ***zwei verfeindete Politiker wieder ~*** riconciliare due politici nemici.
Zu|sam|men|bruch m. *(-[e]s,-brüche)* **1** crollo *m.*: ***psychischer, nervlicher ~*** crollo psichico, esaurimento nervoso; ***zum ~ führen*** portare all'esaurimento; ***wirtschaftlicher ~*** crollo (*o* tracollo) finanziario **2a** MED. collasso *m.*: ***er war dem ~ nahe*** era vicino al collasso **b** FIG. ***~ des Verkehrs*** collasso (*o* paralisi) del traffico.
zu|sam|men_drän|gen I tr. ammassare: ***die Menge ~*** ammassare la folla **II** rifl. **sich ~ 1** ammassarsi, accalcarsi, assieparsi **2** FIG. concentrarsi: ***viele Ereignisse drängten sich auf einen kurzen Zeitraum zusammen*** molti avvenimenti si concentrarono in un breve lasso di tempo.
zu|sam|men_dre|hen tr. attorcigliare.
zu|sam|men_drü|cken I tr. **1** pressare, schiacciare **2a** *(aneinander drücken)* comprimere: ***damit der Klebstoff gut wirkt, muss man beide Seiten fest ~*** affinché la colla agisca bene, occorre comprimere saldamente le due pagine **b** FIS. *(verdichten)* ***ein Gas ~*** comprimere un gas **II** rifl. **sich ~** stringersi (l'uno all'altro): ***die Kinder drückten sich im Auto eng zusammen*** nella macchina i bambini si strinsero stretti l'uno all'altro. **zu|sam|men_fah|ren** *(fährt, fuhr, gefahren)* **I** intr. (aus. *sein*) **1** scontrarsi: ***zwei Autos sind zusammengefahren*** due auto si sono scontrate **2** *(zusammenzucken)* trasalire: ***bei einem Geräusch ~*** trasalire per un rumore **II** tr. COLLOQ. *(kaputtfahren)* sfasciare.
Zu|sam|men|fall m. *(-[e]s)* coincidenza *f.* (anche GEOM.). **zu|sam|men_fal|len** intr. *(fällt, fiel, gefallen;* aus. *sein)* **1** crollare **2** *(an Umfang verlieren)* sgonfiarsi: ***das Soufflé fällt zusammen*** il soufflé si sgonfia **3** *(abmagern)* deperire, dimagrire **4a** *(gleichzeitig sich ereignen)* coincidere: ***die beiden Veranstaltungen fallen zusammen*** le due manifestazioni coincidono; ***dieses Jahr fällt mein Geburtstag mit dem Pfingstfest zusammen*** quest'anno il mio compleanno coincide con la pentecoste **b** GEOM. ***die Linien fallen zusammen*** le linee coincidono **5** REGION. AUSTR. *(hinfallen)* cadere, crollare.
zu|sam|men_fal|ten tr. ripiegare: ***eine Zeitung ~*** ripiegare un giornale ◆ ***die Hände ~*** congiungere le mani. **zu|sam|men_fas|sen** tr. **1** riunire: ***die Teilnehmer in, zu Gruppen ~*** riunire i partecipanti in gruppi **2** *(als Resümee formulieren)* riassumere: ***seine Vorschläge kurz ~*** riassumere brevemente le proprie proposte; ***etw. in einem, einen Satz ~*** riassumere qcs. in una frase. **Zu|sam|men|fas|sung** f. *(-,-en)* **1** riunione *f.*: ***die ~ der einzelnen Gruppen*** la riunione dei singoli gruppi **2** *(Resümee)* riassunto *m.*
zu|sam|men_fin|den tr. *(fand, gefunden)* **I** tr. RAR. ritrovare **II** rifl. **sich ~** ritrovarsi: ***sich am Abend zu einer kleinen Feier ~*** ritrovarsi la sera a una festicciola. **zu|sam|men_fli|cken** tr. **1** raffazzonare, cucire insieme; FIG. ***einen Artikel ~*** cucire insieme un articolo **2** COLLOQ. rimettere insieme: ***nach dem Unfall im Krankenhaus zusammengeflickt werden*** essere rimesso insieme in ospedale dopo l'incidente. **zu|sam|men_flie|ßen** intr. *(floss, geflossen;* aus. *sein)* confluire: ***zwei Flüsse fließen hier zusammen*** qui confluiscono due fiumi. **Zu|sam|men|fluss** m. *(-es,-flüsse)* confluenza *f.*
zu|sam|men_fü|gen I tr. **1** *(verbinden)* congiungere, connettere, congegnare: ***zwei Teile ~*** congiungere due pezzi **2** *(zusammensetzen)* inserire, combinare: ***Steine zu einem Mosaik ~*** combinare tessere in un mosaico **II** rifl. **sich ~** combinarsi. **Zu|sam|men|fü|gung** f. *(-,-en)* congiunzione *f.*, commessura *f.* **zu|sam|men_füh|ren** tr. ricongiungere. **Zu|sam|men|füh|rung** f. *(-,-en)* ricongiungimento *m.*
zu|sam|men|ge|fal|tet p.pass. agg. **1** → **zusammenfalten 2** ***mit -en Händen*** a mani giunte.
zu|sam|men_ge|hen intr. *(ging, gegangen;* aus. *sein)* **1** *(sich vereinen)* coalizzarsi, allearsi: ***die beiden Parteien gehen zusammen, um eine Mehrheit zu bilden*** i due partiti si coalizzano, per formare una maggioranza **2** *(zusammenpassen)* andare bene insieme **3** REGION. *(abnehmen)* diminuire, ridursi: ***die Vorräte gehen zusammen*** le provviste diminuiscono **4** REGION. *(schrumpfen)* restringersi, ritirarsi: ***der Pullover ist beim Waschen zusammengegangen*** il pullover si è ristretto lavandolo **5** COLLOQ. *(zusammenlaufen)* incontrarsi: ***die Linien gehen zusammen*** le linee si incontrano.
zu|sam|men_ge|hö|ren intr. (aus. *haben*) **1a** *(eine Einheit bilden)* andare insieme: ***diese drei Dinge gehören zusammen*** queste tre cose vanno insieme **b** *(Menschen)* andare bene insieme; essere fatti l'uno per l'altro **2** *(ein Paar bilden)* essere appaiato: ***die Schuhe gehören nicht zusammen*** le scarpe non sono appaiate. **zu|sam|men|ge|hö|rig** agg. **1** affine **2** *(von einem Paar)* appaiato, accoppiato ◆ ***sich ~ fühlen*** sentirsi uniti. **Zu|sam|men|ge|hö|rig|keit** f. *(-)* affinità *f.*
zu|sam|men|ge|wür|felt p.pass. agg. **1** → **zusammenwürfeln 2** eterogeneo: ***eine -e Gesellschaft*** una compagnia eterogenea. **zu|sam|men_ha|ben** tr. *(hatte, gehabt)* COLLOQ. aver messo insieme, aver racimolato.
Zu|sam|men|halt m. *(-[e]s)* **1** consistenza *f.* **2** *(innere Bindung)* coesione *f.*: ***der enge ~ einer Gruppe, der Familie*** la stretta coesione di un gruppo, della famiglia. **zu|sam|men_hal|ten** *(hält, hielt, gehalten)* **I** tr. **1** tenere insieme: ***eine Herde ~*** tenere insieme un gregge; FIG. ***die Gruppe wird von gemeinsamen Interessen zusammengehalten*** il gruppo è tenuto insieme da interessi comuni **2** *(sparen)* tenere stretto: ***sein Geld gut ~*** tenere ben stretto il proprio denaro **3** *(nebeneinander halten)* tenere vicino: ***zwei Fotos vergleichend ~*** tenere vicine due fotografie confrontandole **II** intr. (aus. *haben*) **1** tenere (*o* stare) insieme: ***die verleimten Teile halten ausgezeichnet zusammen*** i pezzi incollati tengono (*o* stanno insieme) molto bene **2** *(zueinander stehen)* essere (*o* restare) uniti: ***die Freunde halten fest zusammen*** gli amici sono uniti saldamente.
Zu|sam|men|hang m. *(-[e]s,-hänge)* **1** *(innere Verbindung)* relazione *f.*, rapporto *m.*, connessione *f.*, nesso *m.*: ***die inneren, ursächliche Zusammenhänge*** i rapporti interni, nessi causali; ***etw. mit etw. in ~ bringen*** mettere in relazione qcs. con qcs., stabilire un nesso tra qcs. e qcs.; ***mit etw. in, im ~ genannt werden*** essere messo in relazione con qcs.; ***das steht im ~ damit*** è in rapporto (*o* in connessione) con questo; ***ich sehe keinen ~ zwischen...*** non vedo il nesso tra...; ***es besteht kein direkter ~ zwischen diesen Vorfällen*** non esiste alcun rapporto diretto tra questi due avvenimenti **2** *(Kontext)* contesto *m.*: ***einen Satz aus dem ~ reißen, herauslösen*** estrarre, estrapolare una frase dal contesto; ***etw. in einen größeren ~ stellen*** inserire qcs. in un contesto più vasto; ***ohne ~ kann man den Satz nicht verstehen*** senza contesto non si può capire la frase ◆ ***in diesem ~*** a questo proposito; ***im ~ erzählen*** raccontare con ordine, in modo coerente.
zu|sam|men_hän|gen I intr. *(hing, gehangen;* aus. *haben)* **1** *(verbunden sein)* ***mit etw. ~*** essere unito, attaccato a qcs. **2** *(in Beziehung stehen)* ***etw. hängt mit etw. zusammen*** qcs. è in relazione con qcs., dipende da qcs. **II** tr. *(hängte, gehängt)* appendere insieme ◆ ***alles, was damit zusammenhängt*** tutto ciò che questo comporta; FIG. ***wie Kletten ~*** essere attaccatissimi, unitissimi. **zu|sam|men|hän|gend I** p.pres. agg. **1** → **zusammenhängen 2** *(verknüpft)* connesso: ***alle damit -en Fragen*** tutte le questioni connesse a ciò **3** *(ununterbrochen)* continuo **II** avv. coerentemente, ordinatamente.
zu|sam|men|hang(s)|los I agg. sconnesso, incoerente **II** avv. in modo sconnesso, incoerente. **Zu|sam|men|hang(s)|lo|sig|keit** f. *(-)* sconnessione *f.*, incoerenza *f.*
zu|sam|men_hau|en tr. *(haute, gehauen)* COLLOQ. **1** *(zertrüm-*

mern) fare a pezzi **2** *(zusammenschlagen)* picchiare **3** *(kunstlos herstellen)* buttare giù: ***einen Aufsatz ~*** buttare giù un tema.
zu|sam|men‿hef|ten tr. pinzare insieme. **zu|sam|men‿kau|ern** rifl. **sich ~** accoccolarsi, accovacciarsi. **zu|sam|men‿kau|fen** tr. ***etw. ~*** fare incetta di qcs. **zu|sam|men‿keh|ren** tr. REGION. ammucchiare con la scopa, radunare scopando.
zu|sam|men|klapp|bar agg. pieghevole ◆ ***-es Messer*** coltello a serramanico. **zu|sam|men‿klap|pen I** tr. **1** chiudere (piegando), piegare: ***den Campingtisch, Liegestuhl ~*** chiudere il tavolino da campeggio, la sdraio **2** COLLOQ. *(zusammenschlagen)* battere (insieme): ***die Hacken ~*** battere i tacchi **II** intr. (aus. *sein*) crollare: ***vor Erschöpfung ~*** crollare esausto.
zu|sam|men‿kle|ben I tr. incollare insieme, unire incollando **II** intr. (aus. *haben*) essere incollati insieme. **zu|sam|men‿klin|gen** intr. *(klang, geklungen;* aus. *haben)* **1** MUS. fare un accordo **2** FIG. essere in accordo, in armonia. **zu|sam|men‿knei|fen** tr. *(kniff, gekniffen)* stringere, serrare: ***die Lippen ~*** stringere le labbra ◆ ***die Augen ~*** strizzare gli occhi. **zu|sam|men‿knül|len** tr. appallottolare. **zu|sam|men‿knüp|fen** tr. annodare.
zu|sam|men‿kom|men intr. *(kam, gekommen;* aus. *sein)* **1** *(sich versammeln)* riunirsi, radunarsi **2** *(sich treffen)* incontrarsi **3** *(sich gleichzeitig ereignen)* coincidere: ***heute kommt wieder alles zusammen*** oggi capita di nuovo tutto insieme **4** *(sich ansammeln)* raccogliersi: ***es ist einiges an Geschenken, Spenden zusammengekommen*** sono stati raccolti molti doni, state raccolte molte offerte.
zu|sam|men‿kra|chen intr. (aus. *sein*) COLLOQ. **1** crollare (con fracasso) **2** *(zusammenstoßen)* scontrarsi. **zu|sam|men‿kramp|fen** rifl. **sich ~ 1** contrarsi **2** FIG. *(vom Herz)* stringersi. **zu|sam|men‿krat|zen** tr. COLLOQ. racimolare, raggranellare. **zu|sam|men‿krüm|men** rifl. **sich ~** contorcersi.
Zu|sam|men|kunft f. *(-,-künfte)* riunione *f.*, raduno *m.*: ***eine ~ haben, halten*** avere, tenere una riunione; ***für morgen eine ~ verabreden*** concordare una riunione per domani.
zu|sam|men‿läp|pern rifl. **sich ~** COLLOQ. racimolarsi, essere raggranellato poco a poco, accumularsi.
zu|sam|men‿las|sen *(lässt, ließ, gelassen)* **I** intr. (aus. *haben*) lasciare stare insieme, lasciare unito **II** tr. lasciare incontrarsi.
zu|sam|men‿lau|fen intr. *(läuft, lief, gelaufen;* aus. *sein)* **1** *(herbeiströmen)* affluire, accorrere: ***die Leute liefen an der Unfallstelle zusammen*** la gente affluì sul luogo dell'incidente **2** *(ineinander strömen)* confluire **3** *(von Farben)* fondersi **4** *(sich vereinigen)* incontrarsi, convergere: ***an diesem Punkt laufen die Linien zusammen*** le linee convergono in questo punto **5** REGION. *(von Milch)* coagularsi, rapprendersi **6** COLLOQ. *(von Stoffen)* restringersi ◆ ***alle Fäden laufen in seiner Hand zusammen*** tutto passa per le sue mani; ***das Wasser läuft mir im Mund zusammen*** mi viene l'acquolina in bocca. **Zu|sam|men|lau|fen** n. *(-s)* **1** affluenza *f.*, concorso *m.* **2** *(Zusammenfluss)* confluenza *f.* **3** *(von Farben)* fusione *f.* **4** *(Vereinigung)* incontro *m.*, convergenza *f.* **5** *(von Stoffen)* restringimento *m.*
zu|sam|men‿le|ben I intr. (aus. *haben*) convivere **II** rifl. **sich ~** affiatarsi. **Zu|sam|men|le|ben** n. *(-s)* convivenza *f.*
zu|sam|men|leg|bar agg. **1** riunibile, raggruppabile **2** *(zusammenklappbar)* pieghevole. **zu|sam|men‿le|gen I** tr. **1** mettere insieme, riunire, raccogliere **2** *(zusammenfalten)* ripiegare: ***die Kleider, die Zeitung ~*** ripiegare gli abiti, il giornale **3** *(vereinigen)* unire, raggruppare, riunire: ***Schulklassen ~*** raggruppare le classi **4** *(Hände, Arme)* incrociare, intrecciare **5** *(auf denselben Termin festsetzen)* riunire **II** intr. (aus. *haben*) fare una colletta, raccogliere una somma: ***für ein Geburtstagsgeschenk ~*** fare una colletta per un regalo di compleanno. **Zu|sam|men|le|gung** f. *(-,-en)* unione *f.*, raggruppamento *m.*, fusione *f.*: ***die ~ zweier Kurse*** la fusione di due corsi.
zu|sam|men‿le|sen tr. *(liest, las, gelesen)* raccogliere: ***Ähren ~*** raccogliere spighe, spigolare.
zu|sam|men‿lie|gen intr. *(lag, gelegen;* aus. *haben)* essere vicino, adiacente. **zu|sam|men|lie|gend** p.pres. agg. **1** → **zusammenliegen 2** vicino, adiacente.
zu|sam|men‿lü|gen tr. *(log, gelogen)* COLLOQ. raccontare (bugie). **zu|sam|men‿nä|hen** tr. cucire insieme.
zu|sam|men‿neh|men *(nimmt, nahm, genommen)* **I** tr. riunire, raccogliere: ***seine Gedanken, Kräfte ~*** raccogliere le idee, le proprie forze; *(im Ganzen betrachtet)* ***alles zusammengenommen macht es 30 Mark*** in tutto, in totale fa 30 marchi **II** rifl. **sich ~** *(sich beherrschen)* dominarsi, controllarsi.
zu|sam|men‿pa|cken I tr. **1** impacchettare; *(in Koffer)* mettere insieme; ***seine Sachen ~*** raccogliere le proprie cose **2** *(wegräumen)* riporre, mettere via **II** intr. (aus. *haben*) raccogliere le proprie cose, far su baracca e burattini ◆ COLLOQ. ***nach diesem Skandal kann er ~*** dopo questo scandalo può fare le valigie (e andarsene). **zu|sam|men‿pas|sen I** intr. (aus. *haben*) andare, stare bene insieme **II** tr. adattare. **zu|sam|men‿pfer|chen** tr. stipare.
Zu|sam|men|prall m. *(-s,-e)* scontro *m.*, urto *m.*; *(zwischen Schiffen, Flugzeugen)* collisione *f.* **zu|sam|men‿pral|len** intr. (aus. *sein*) scontrarsi, urtarsi, cozzare.
zu|sam|men‿pres|sen tr. stringere: ***die Lippen ~*** stringere le labbra. **zu|sam|men‿raf|fen I** tr. **1** raccogliere alla rinfusa, in fretta **2** SPREG. *(Vermögen, Besitz)* arraffare **3** *(Kleider)* sollevare **II** rifl. **sich ~** COLLOQ. raccogliere le proprie forze. **zu|sam|men‿rau|fen** rifl. **sich ~** COLLOQ. trovare un compromesso, un'intesa. **zu|sam|men‿rech|nen** tr. addizionare, sommare ◆ ***alles zusammengerechnet*** in tutto, in totale. **zu|sam|men‿rei|men** rifl. COLLOQ. ***sich (D) etw. ~*** spiegarsi qcs.: ***ich kann mir das nur so ~*** me lo spiego solo così. **zu|sam|men‿rei|ßen** rifl. *(riss, gerissen)* **sich ~** COLLOQ. dominarsi, controllarsi. **zu|sam|men‿rin|geln** rifl. **sich ~** avvolgersi a spirale.
zu|sam|men|roll|bar agg. avvolgibile. **zu|sam|men‿rol|len I** tr. avvolgere, arrotolare **II** rifl. **sich ~** arrotolarsi.
zu|sam|men‿rot|ten rifl. **sich ~** assembrarsi, radunarsi (minacciosamente). **Zu|sam|men|rot|tung** f. *(-,-en)* assembramento *m.*
zu|sam|men‿rü|cken I tr. accostare, avvicinare **II** intr. (aus. *sein*) stringersi (anche FIG.): ***auf der Bank ~*** stringersi sulla panchina. **zu|sam|men‿ru|fen** tr. *(rief, gerufen)* convocare. **zu|sam|men‿sa|cken** intr. (aus. *sein*) COLLOQ. afflosciarsi. **zu|sam|men‿scha|ren** rifl. ***sich (um jdn) ~*** raggrupparsi (intorno a qcn.). **zu|sam|men‿schar|ren** tr. **1** ammucchiare (raspando) **2** COLLOQ. SPREG. *(zusammenraffen)* arraffare.
Zu|sam|men|schau f. *(-)* sintesi *f.*
zu|sam|men‿schei|ßen tr. *(schiss, geschissen)* VOLG. cazziare. **zu|sam|men‿schie|ben** *(schob, geschoben)* **I** tr. avvicinare spingendo **II** rifl. **sich ~** piegarsi. **zu|sam|men‿schie|ßen** tr. *(schoss, geschossen)* **1** distruggere, abbattere (a colpi di cannone) **2** *(töten)* abbattere.
zu|sam|men‿schla|gen *(schlägt, schlug, geschlagen)* **I** tr. **1** battere: ***die Absätze, Hacken ~*** battere i tacchi **2a** COLLOQ. *(brutal schlagen)* pestare **b** *(zertrümmern)* fracassare **3** *(zusammenfalten)* piegare, chiudere **II** intr. (aus. *sein*) **1** richiudersi: ***die Wellen schlugen über ihm zusammen*** le onde si richiusero sopra di lui **2** FIG. *(von Unheil)* ***über jdm ~*** abbattersi su qcn.
zu|sam|men‿schlie|ßen *(schloss, geschlossen)* **I** tr. attaccare (insieme) **II** rifl. **sich ~** unirsi: ***sich in einem Verein ~*** unirsi in un'associazione. **Zu|sam|men|schluss** m. *(-es,-schlüsse)* unione *f.*, fusione *f.*
zu|sam|men‿schmel|zen *(schmilzt, schmolz, geschmolzen)* **I** tr. fondere (insieme) **II** intr. (aus. *sein*) **1** fondersi **2** FIG. *(von Geld, Vorrat)* consumarsi. **zu|sam|men‿schnei|den** tr. *(schnitt, geschnitten)* CINEM. RAD. TELEV. montare. **zu|sam|men‿schnü|ren** tr. **1** allacciare (insieme) **2** FIG. *(Herz)* stringere ◆ ***die Angst schnürt jdm die Kehle zusammen*** la paura serra la gola a qcn. **zu|sam|men‿schrau|ben** tr. avvitare insieme, unire (*o* fissare) con viti. **zu|sam|men‿schre|cken** intr. *(schreckt/*ANT. *schrickt, schreckte/schrak, geschreckt;* aus. *sein)* trasalire (per lo spavento).
zu|sam|men‿schrei|ben tr. *(schrieb, geschrieben)* **1** scrivere unito, in un'unica parola **2** *(Referat, Rede)* scrivere **3** COLLOQ. SPREG. *(gedankenlos schreiben)* scribacchiare, buttare giù ◆ COLLOQ. ***sich (D) ein Vermögen ~*** guadagnare un patrimonio facendo lo scrittore. **Zu|sam|men|schrei|bung** f. *(-,-en)* lo scrivere unito, in un'unica parola.
zu|sam|men‿schrump|fen intr. (aus. *sein*) **1** *(von Früchten, Haut)* raggrinzirsi **2** *(von Geld, Vorräten)* ridursi, assottigliarsi. **zu|sam|men‿schus|tern** tr. abborracciare. **zu|sam|men‿schwei|ßen** tr. **1** saldare, unire saldando **2** FIG. unire strettamente.
Zu|sam|men|sein n. *(-s)* **1** *(Beisammensein)* lo stare insieme **2** *(Zusammenkunft)* riunione *f.*, incontro *m.*
zu|sam|men‿set|zen I tr. *(zusammenfügen)* mettere insieme, montare: ***eine Maschine, ein Puzzle ~*** montare una macchina, fare un puzzle **II** rifl. **sich ~ 1a** *(sich nebeneinander setzen)* sedersi insieme **b** *(sich treffen)* riunirsi: ***sich zu Verhandlungen ~*** riunirsi per trattare **2** *(bestehen)* ***sich aus etw. ~*** comporsi, essere composto di qcs. **Zu|sam|men|set|zung** f. *(-,-en)* **1** composizione *f.* **2** *(Kompositum)* parola *f.* composta, composto *m.*
zu|sam|men‿sin|ken intr. *(sank, gesunken;* aus. *sein)* **1** crollare **2** *(kraftlos)* accasciarsi **3** *(langsam erlöschen)* spegnersi lentamente. **zu|sam|men‿sit|zen** intr. *(saß, gesessen;* aus. *haben)* **1** *(nebeneinander)* essere (*o* stare) seduti accanto **2** *(gemeinsam)* stare seduti (insieme). **zu|sam|men‿spa|ren** tr. risparmiare, accumulare

(coi risparmi). **zu|sa̲m|men‿sper|ren** tr. rinchiudere insieme. **Zu|sa̲m|men|spiel** n. *(-s)* **1** *(Übereinstimmung)* affiatamento *m.*; *(von Instrumenten)* fusione *f.*, accordo *m.* **2** SPORT gioco *m.* d'insieme **3** *(wechselseitiges Zusammenwirken)* interazione *f.* **zu|sa̲m|men‿spie|len** intr (aus. *haben*) **1** essere affiatati (nel gioco, nella recitazione) **2** *(wechselseitig zusammenwirken)* interagire. **zu|sa̲m|men‿stau|chen** tr. **1** comprimere **2** COLLOQ. *(maßregeln)* ***jdn ~*** dare una strigliata a qcn. **zu|sa̲m|men‿ste|cken I** tr. appuntare, attaccare (con spilli) **II** intr. (aus. *haben*) COLLOQ. stare appiccicati ◆ COLLOQ. ***die Köpfe ~*** confabulare. **zu|sa̲m|men‿ste|hen** intr. *(stand, gestanden;* aus. *haben)* **1** stare insieme: ***in Gruppen ~*** stare in gruppi **2** *(zusammenhalten)* essere, stare uniti. **zu|sa̲m|men‿steh|len** tr. *(stiehlt, stahl, gestohlen)* rubare, accumulare rubando.

zu|sa̲m|men‿stel|len tr. **1** *(nebeneinander stellen)* mettere vicino, accostare **2a** *(anordnen)* mettere insieme, comporre; *(Menü)* combinare; *(Ware)* assortire: ***einen Blumenstrauß ~*** comporre un mazzo di fiori; ***ein abendfüllendes Programm ~*** organizzare un programma che occupa l'intera serata **b** *(gruppieren)* raggruppare, raccogliere: ***alle Daten ~*** raggruppare tutti i dati **c** *(verfassen)* compilare: ***die Liste der Teilnehmer ~*** compilare la lista dei partecipanti ◆ ***etw. zum Vergleich ~*** mettere qcs. a confronto. **Zu|sa̲m|men|stel|lung** f. *(-,-en)* **1** accostamento *m.* **2a** *(Zusammensetzung)* composizione *f.*, combinazione *f.* **b** *(von Waren)* assortimento *m.* **3** *(Gruppierung)* raggruppamento *m.*; *(Sammlung)* raccolta *f.*: ***eine ~ der wichtigsten Ereignisse*** una raccolta degli eventi più importanti **4** *(Verfassung)* compilazione *f.* **5** *(Übersicht)* tavola *f.*, prospetto *m.*

zu|sa̲m|men‿stim|men intr. (aus. *haben*) **1** *(miteinander harmonieren)* accordarsi, essere intonati (tra loro) **2** *(übereinstimmen)* concordare, andare d'accordo: ***die Angaben stimmen nicht zusammen*** i dati non concordano. **zu|sa̲m|men‿stop|fen** tr. stipare, mettere insieme alla rinfusa. **zu|sa̲m|men‿stop|peln** tr. COLLOQ. raffazzonare, mettere insieme raccogliendo qua e là.

Zu|sa̲m|men|stoß m. *(-es,-stöße)* **1** *(Kollision)* scontro *m.*; *(von Schiffen, Flugzeugen)* collisione *f.* **2** COLLOQ. FIG. *(heftige Auseinandersetzung)* scontro *m.*, conflitto *m.* **zu|sa̲m|men‿sto|ßen** intr. *(stößt, stieß, gestoßen;* aus. *sein)* **1a** scontrarsi, entrare in collisione: ***die zwei Autos, Züge sind zusammengestoßen*** le due auto si sono scontrate, i due treni sono entrati in collisione; *(von Köpfen)* cozzare **b** COLLOQ. FIG. scontrarsi, venire a conflitto **2** *(angrenzen, sich berühren)* toccarsi.

zu|sa̲m|men‿strö|men intr. (aus. *sein*) **1** affluire **2** *(ineinander strömen)* confluire. **Zu|sa̲m|men|sturz** m. *(-es)* crollo *m.*, rovina *f.* **zu|sa̲m|men‿stür|zen** intr. (aus. *sein*) crollare, rovinare. **zu|sa̲m|men‿su|chen** tr. raccogliere cercando qua e là. **zu|sa̲m|men‿tra|gen** tr. *(trägt, trug, getragen)* mettere insieme, raccogliere: ***Vorräte für den Winter ~*** raccogliere provviste per l'inverno; ***Material für eine Dokumentation ~*** raccogliere materiale per una documentazione.

zu|sa̲m|men‿tref|fen intr. *(trifft, traf, getroffen;* aus. *sein)* **1** incontrarsi, trovarsi insieme **2** *(gleichzeitig stattfinden)* coincidere, concorrere. **Zu|sa̲m|men|tref|fen** n. *(-s)* **1** incontro *m.* **2** *(gleichzeitiges Geschehen)* coincidenza *f.*, concorso *m.*

zu|sa̲m|men‿trei|ben tr. *(trieb, getrieben)* raccogliere, riunire: ***die Herde, Pferde ~*** raccogliere il gregge, i cavalli.

zu|sa̲m|men‿tre|ten *(tritt, getreten)* **I** tr. COLLOQ. calpestare **II** intr. (aus. *sein*) riunirsi, radunarsi: ***zur Beratung ~*** riunirsi a deliberare. **Zu|sa̲m|men|tritt** m. *(-[e]s,-e)* riunione *f.*, raduno *m.*

zu|sa̲m|men‿trom|meln tr. COLLOQ. chiamare a raccolta. **zu|sa̲m|men‿tun** *(tat, getan)* COLLOQ. **I** tr. mettere insieme, riunire **II** rifl. **sich ~** riunirsi. **zu|sa̲m|men‿wach|sen** intr. *(wächst, wuchs, gewachsen;* aus. *sein)* **1** crescere attaccato, concrescere **2** FIG. unirsi crescendo; ***zu einer Gemeinschaft ~*** formare gradualmente una comunità **3** FIG. *(einander anpassen)* affiatarsi. **zu|sa̲m|men‿we|hen** tr. *(vom Wind)* ammucchiare (spazzando). **zu|sa̲m|men‿wer|fen** tr. *(wirft, warf, geworfen)* **1** gettare insieme **2** ***verschiedene Kriterien, Begriffe ~*** confondere criteri, concetti diversi **3** COLLOQ. *(Geld)* mettere in comune.

zu|sa̲m|men‿wir|ken intr. (aus. *haben*) **1** *(zusammenarbeiten)* cooperare **2** *(vereint wirken)* concorrere. **Zu|sa̲m|men|wir|ken** n. *(-s)* **1** *(Zusammenarbeit)* cooperazione *f.* **2** concorso *m.*

zu|sa̲m|men‿wür|feln tr. mescolare, unire a caso.

zu|sa̲m|men‿zäh|len tr. addizionare, sommare. **Zu|sa̲m|men|zäh|lung** f. *(-,-en)* addizione *f.*, somma *f.*

zu|sa̲m|men‿zie|hen *(zog, gezogen)* **I** tr. **1** *(verkürzen)* accorciare **2** *(enger machen)* restringere, contrarre **3** *(sammeln)* radunare, concentrare: ***Truppen ~*** radunare le truppe **4** *(addieren)* sommare **5** GRAMM. contrarre **II** rifl. **sich ~ 1** *(kleiner, enger werden)* contrarsi, restringersi **2** *(von Gewitter, Unheil)* prepararsi **III** intr. (aus. *sein*) andare ad abitare insieme ◆ ***die Augenbrauen ~*** aggrottare le sopracciglia; ***den Mund ~*** contrarre la bocca. **zu|sa̲m|men|zie|hend** p.pres. agg. **1** → **zusammenziehen 2** ***-es Mittel*** (rimedio *m.*) astringente *m.* **Zu|sa̲m|men|zie|hung** f. *(-,-en)* **1** *(Verkürzung)* accorciamento *m.* **2** *(Verengerung)* restringimento *m.*, contrazione *f.* **3** *(Sammlung)* raduno *m.*, concentrazione *f.*, concentramento *m.* **4** MAT. addizione *f.* **5** GRAMM. contrazione *f.*

zu|sa̲m|men‿zim|mern tr. COLLOQ. → **zusammenschustern.**

zu|sa̲m|men‿zu|cken intr. (aus. *sein*) trasalire.

Zu̲|satz m. *(-es,-sätze)* **1** aggiunta *f.*: ***unter ~ von...*** con l'aggiunta di... **2** *(Ergänzung eines Textes)* supplemento *m.*, appendice *f.*; *(bei Briefen)* poscritto *m.*; *(beim Vertrag, Testament)* codicillo *m.*, corollario *m.* **3** CHIM. additivo *m.* **Zu̲|satz|an|trag** m. *(-[e]s,-anträge)* proposta *f.* supplementare. **Zu̲|satz|be|stim|mung** f. *(-,-en)* disposizione *f.* supplementare, norma *f.* integrativa. **Zu̲|satz|ge|rät** n. *(-[e]s,-e)* adattatore *m.*

zu̲|sätz|lich I agg. aggiuntivo, supplementare, addizionale: ***-e Kosten*** spese aggiuntive (*o* supplementari) **II** avv. ulteriormente, in più, inoltre.

Zu̲|satz|prä|mie f. *(-,-n)* premio *m.* aggiuntivo. **Zu̲|satz|ren|te** f. *(-,-n)* pensione *f.* integrativa. **Zu̲|satz|stoff** m. *(-[e]s,-e)* additivo *m.* **Zu̲|satz|ver|si|che|rung** f. *(-,-en)* assicurazione *f.* aggiuntiva. **Zu̲|satz|zahl** f. *(-,-en)* numero *m.* supplementare.

zu|scha̲n|den avv. ***sich ~ arbeiten*** ammazzarsi di lavoro; *(Fahrzeuge)* ***~ fahren*** rovinare; ***~ gehen*** rovinarsi; *(scheitern)* fallire; ***~ machen*** guastare, rovinare; *(Hoffnungen, Erwartungen)* deludere; ***~ reiten*** sfiancare.

zu̲‿schan|zen tr. COLLOQ. ***jdm etw. ~*** procurare, fare avere qcs. a qcn.

zu̲‿schar|ren tr. coprire (*o* riempire) raspando.

zu̲‿schau|en intr. (aus. *haben*) REGION. → **zusehen.**

Zu̲|schau|er m. *(-s,-)* spettatore *m.*; *(Augenzeuge)* ***unfreiwilliger ~*** spettatore involontario. **Zu̲|schau|e|rin** f. *(-,-nen)* spettatrice *f.* **Zu̲|schau|er|ku|lis|se** f. *(-,-n)* cornice *f.* di pubblico: ***vor einer imposanten ~*** in un'imponente cornice di pubblico. **Zu̲|schau|er|raum** m. *(-[e]s,-räume)* **1** auditorio *m.* **2** *(Zuschauerschaft)* uditorio *m.*, pubblico *m.* **Zu̲|schau|er|tri|bü|ne** f. *(-,-n)* tribuna *f.* del pubblico. **Zu̲|schau|er|zahl** f. *(-,-en)* numero *m.* di, degli spettatori.

zu̲‿schau|feln tr. coprire di terra (a palate).

zu̲‿schi|cken tr. ***jdm etw. ~*** spedire, inviare qcs. a qcn.

zu̲‿schie|ben tr. *(schob, geschoben)* **1** chiudere (spingendo): ***den Riegel, die Schublade ~*** chiudere il chiavistello, il cassetto **2** ***jdm etw. ~*** spingere qcs. verso qcn.; ***jdm den Teller, das Glas ~*** passare il piatto, il bicchiere a qcn. **3** FIG. addossare, attribuire: ***jdm die Schuld, Verantwortung ~*** addossare a qcn. la colpa, la responsabilità.

zu̲‿schie|ßen *(schoss, geschossen)* **I** tr. **1** *(Ball, Blick)* lanciare **2** COLLOQ. contribuire: ***15 000 DM für ein Geschäft ~*** contribuire a un affare con 15 000 DM, dare un contributo di 15 000 DM per un affare **II** intr. (aus. *sein*) ***auf jdn, etw. ~*** lanciarsi, scagliarsi contro (*o* verso) qcn., qcs.

Zu̲|schlag m. *(-[e]s,-schläge)* **1** *(vom Preis)* maggiorazione *f.* (di prezzo), sovrapprezzo *m.* **2** *(Prämie)* aumento *m.*, premio *m.*, indennità *f.* **3** *(Steuer)* soprattassa *f.*, sovrattassa *f.* **4** FERR. supplemento *m.* **5** *(bei Ausschreibungen, Auktionen)* aggiudicazione *f.*: ***den ~ erhalten*** ottenere l'aggiudicazione **6** TECN. *(bei der Bereitung von Beton)* materiale *m.* inerte.

zu̲‿schla|gen *(schlägt, schlug, geschlagen)* **I** tr. **1** chiudere sbattendo, sbattere: ***die Wagentür, das Buch ~*** sbattere la portiera (dell'auto), chiudere con forza il libro **2** *(zunageln)* inchiodare, chiudere inchiodando: ***ein Fass, eine Kiste ~*** inchiodare una botte, una cassa **3** SPORT ***(dem Partner) den Ball ~*** tirare la palla (al compagno) **4a** *(bei Ausschreibungen, Auktionen)* aggiudicare: ***der Stich wurde mit 3000 Mark zugeschlagen*** l'incisione fu aggiudicata a 3000 marchi **b** *(als Auftrag erteilen)* appaltare **5** *(aufschlagen)* aggiungere: ***(zu) dem, auf den Preis noch 5 % ~*** aggiungere al prezzo ancora il 5 % (*o* maggiorare il prezzo del 5 %) **II** intr. **1** (aus. *sein*) chiudersi sbattendo: ***bei Beginn des Gewitters schlug das Fenster zu*** quando scoppiò il temporale la finestra si chiuse sbattendo **2a** *(drauflosschlagen;* aus. *haben)* picchiare, colpire (con forza): ***mit einem Stock ~*** colpire con un bastone **b** FIG. ***das Schicksal hat hart zugeschlagen*** il destino ha colpito duramente **3** *(plötzlich angreifen;* aus. *haben)* attaccare (improvvisamente): ***die Armee schlug überraschend zu*** l'esercito attaccò di sorpresa **4** COLLOQ. *(einen Vorteil nutzen;* aus. *haben)* approfittarne: ***bei diesen Preisen muss man gleich ~*** con questi prezzi bisogna approfittarne subito **5** COLLOQ. *(essen;* aus. *haben)* mangiare.

zu|schlag|frei agg. senza supplemento. **Zu|schlag|kar|te** f. *(-,-n)* biglietto *m.* di supplemento. **zu|schlag|pflich|tig** agg. con supplemento (obbligatorio). **Zu|schlag|stoff** m. *(-[e]s,-e)* materiale *m.* inerte.

zu‿schlei|fen tr. *(schliff, geschliffen)* affilare; *(Steine)* sfaccettare.

zu‿schlie|ßen tr. *(schloss, geschlossen)* chiudere a chiave.

zu‿schmei|ßen tr. *(schmiss, geschmissen)* chiudere sbattendo, sbattere.

zu‿schmie|ren tr. turare, tappare (con colla, stucco).

zu‿schnal|len tr. affibbiare, chiudere con la fibbia: ***einen Riemen ~*** allacciare la fibbia di una cinghia; *(Skistiefel)* chiudere.

zu‿schnap|pen intr. **1** (aus. *sein*) chiudersi a scatto (*o* a molla), scattare **2** *(zubeißen*; aus. *haben)* azzannare.

Zu|schnei|de|kurs m. *(-es,-e)* corso *m.* (*o* scuola *f.*) di taglio. **Zu|schnei|de|mes|ser** n. *(-s,-)* trincetto *m.* **zu‿schnei|den** tr. *(schnitt, geschnitten)* **1** tagliare: ***den Stoff für ein, zu einem Kleid ~*** tagliare la stoffa per un vestito **2** FIG. ***etw. auf jdn, etw. ~*** improntare qcs. a, fare qcs. (su misura, apposta) per qcn., qcs.: ***etw. auf jds Geschmack ~*** fare qcs. per il gusto di qcn. **Zu|schnei|der** m. *(-s,-)* SART. tagliatore *m.* **Zu|schnei|de|tisch** m. *(-[e]s,-e)* tavolo *m.* da taglio.

zu‿schnei|en intr. (aus. *sein*) coprirsi di neve.

Zu|schnitt m. *(-[e]s,-e)* **1** taglio *m.*: ***das Kleid hat einen modernen ~*** il vestito ha un taglio moderno **2** *(Format)* levatura *f.*, statura *f.*: ***ein Mann von diesem ~*** un uomo di questa levatura **3** *(Art und Weise)* stile *m.*

zu‿schnü|ren tr. legare; *(Schuhe)* allacciare ◆ ***jdm die Kehle ~*** strangolare qcn.; FIG. ***die Angst schnürte ihm die Kehle zu*** la paura gli serrò la gola.

zu‿schrau|ben tr. **1** avvitare **2** *(schraubend schließen)* chiudere (avvitando il coperchio): ***das Glas ~*** chiudere il vasetto.

zu‿schrei|ben tr. *(schrieb, geschrieben)* **1** attribuire: ***das Porträt wird Dürer zugeschrieben*** il ritratto è attribuito a Dürer; ***jdm bestimmte Neigungen ~*** attribuire a qcn. determinate attitudini; ***einem Ereignis große Bedeutung ~*** attribuire grande importanza a un avvenimento **2** attribuire, imputare, ascrivere; ***jdm die Schuld, das Verdienst an etw. (D) ~*** attribuire a qcn. la colpa, il merito di qcs. **3** *(zum Konto hinzufügen)* accreditare, assegnare, imputare **4** *(überschreiben)* intestare: ***das Haus dem Sohn ~ lassen*** (far) intestare la casa al figlio **5** COLLOQ. *(dazuschreiben)* aggiungere, scrivere in aggiunta ◆ ***etw. sich (D) selbst ~ müssen*** dover dare la colpa di qcs. a se stessi; ***das hat er sich (D) selbst zuzuschreiben*** è tutta colpa sua.

zu‿schrei|ten intr. *(schritt, geschritten*; aus. *sein)* camminare, marciare, andare (verso): ***auf jdn ~*** andare verso qcn.

Zu|schrift f. *(-,-en)* lettera *f.*; *(auf Anzeigen)* risposta *f.*

zu‿schul|den, ***sich etw. ~ kommen lassen*** rendersi colpevole di qcs.

Zu|schuss m. *(-es,-schüsse)* **1a** contributo *m.* **b** *(Subvention)* sovvenzione *f.* **c** *(Unterstützungszahlung)* sussidio *m.*: ***jdm einen ~ zu etw. geben, gewähren*** dare, garantire a qcn. un sussidio per qcs. **2** TIP. foglio *m.* soprannumerario.

zu‿schus|tern tr. COLLOQ. **1** ***einiges, eine beträchtliche Summe zu etw. ~*** contribuire (*o* partecipare) con qualcosa, con una somma considerevole a qcs. **2** *(zuschanzen)* procurare, far ottenere (di nascosto).

zu‿schüt|ten tr. **1** riempire di terra, interrare **2** COLLOQ. *(Flüssigkeit)* aggiungere (versando), versare.

zu‿se|hen intr. *(sieht, sah, gesehen*; aus. *haben)* **1a** ***jdm, etw. ~*** (stare a) guardare, osservare qcn., qcs.: ***jdm beim Arbeiten, bei der Arbeit ~*** guardare qcn. mentre lavora **b** ***beim Spiel, Rennen ~*** guardare la (*o* assistere alla) partita, corsa **2** *(sich bemühen)* vedere, fare in modo: ***ich werde ~, dass ich bis morgen fertig bin*** vedrò di finire per domani; ***sieh zu, dass nichts passiert!*** fai in modo (*o* bada) che non succeda nulla! ◆ ***sieh zu, wo du bleibst!*** vedi di cavartela da solo! cerca di arrangiarti! ***ruhig ~*** starsene tranquillo, stare a guardare; ***tatenlos ~*** stare a guardare. **Zu|se|hen, *bei genauerem, näherem ~*** a un esame più attento. **zu|se|hends** avv. a vista d'occhio, sensibilmente; *(rasch)* rapidamente. **Zu|se|her** m. *(-s,-)* → **Zuschauer.**

zu‿sen|den tr. *(sandte/*RAR. *sendete, zugesandt/*RAR. *zugesendet)* spedire, inviare. **Zu|sen|dung** f. *(-,-en)* spedizione *f.*, invio *m.*: ***wir bitten Sie um die ~ Ihres Katalogs*** Vi preghiamo di inviarci il Vostro catalogo.

zu‿set|zen I tr. **1** aggiungere: ***dem Teig noch Zucker ~*** aggiungere ancora zucchero all'impasto **2** COLLOQ. *(draufzahlen)* rimetterci, perdere: ***Geld ~*** rimetterci del denaro **II** intr. (aus. *haben)* **1** ***jdm (mit etw.) ~*** assillare qcn. (con qcs.) **2** *(auf jdn eindringen)* incalzare, mettere alle strette: ***dem Feind ~*** incalzare il nemico **3** *(negativ auswirken)* ***jdm ~*** mettere a dura prova qcn.: ***die Krankheit, der Krieg hat ihm zugesetzt*** la malattia, la guerra lo ha messo a dura prova ◆ ***er hatte nichts zuzusetzen*** non aveva più forze.

zu‿si|chern tr. assicurare, garantire. **Zu|si|che|rung** f. *(-,-en)* assicurazione *f.*, garanzia *f.*

Zu|spät|kom|men|de m. e f. *(-n,-n)* ritardatario *m.* (-a *f.*).

zu‿sper|ren tr. REGION. chiudere (a chiave, col catenaccio).

Zu|spiel n. *(-[e]s)* SPORT passaggio *m.* **zu‿spie|len** tr. passare: ***jdm Informationen ~*** passare informazioni a qcn.; SPORT ***jdm den Ball ~*** passare la palla a qcn.

zu‿spit|zen I tr. **1** appuntire **2** *(schwieriger werden lassen)* acuire, inasprire **II** rifl. **sich ~ 1** terminare a punta: ***das Dach des Kirchenturms spitzt sich zu*** il tetto del campanile termina a punta **2a** *(sich verschärfen)* acuirsi, inasprirsi: ***die Lage spitzt sich gefährlich zu*** la situazione si inasprisce pericolosamente **b** ***sich zur Tragödie ~*** culminare in tragedia. **Zu|spit|zung** f. *(-,-en)* **1** l'appuntire **2** *(Verschärfung)* l'acuirsi, inasprimento *m.*

zu‿spre|chen *(spricht, sprach, gesprochen)* **I** tr. **1** infondere, dare, trasmettere (con le parole): ***jdm Mut, Trost ~*** infondere coraggio, dare conforto a qcn. **2a** *(zuerkennen)* attribuire, conferire, assegnare: ***jdm den Sieg ~*** assegnare la vittoria a qcn. **b** *(Kinder)* assegnare **3** *(zuschreiben)* attribuire: ***einem Medikament Wunderwirkung ~*** attribuire effetti miracolosi a una medicina **II** intr. (aus. *haben*) **1** ***jdm freundlich, tröstend ~*** parlare amichevolmente a qcn., avere parole buone, di conforto per, con qcn.; ***jdm gut ~*** tranquillizzare qcn. **2** ***dem Essen, Wein tüchtig, nur mäßig ~*** fare onore, non fare molto onore al pranzo, al vino. **Zu|spre|chung** f. *(-,-en)* concessione *f.*, aggiudicazione *f.*, conferimento *m.*; *(von Kindern)* assegnazione *f.*

zu‿sprin|gen intr. *(sprang, gesprungen*; aus. *sein)* correre (verso), avvicinarsi (saltando): ***plötzlich kam ein Hund auf mich zugesprungen*** improvvisamente un cane si mise a correre verso di me.

Zu|spruch m. *(-[e]s)* **1** parole *f.pl.* (di conforto, di incoraggiamento) **2** *(Zulauf)* affluenza *f.*; *(Besuch)* partecipazione *f.*: ***die Ausstellung, das Lokal hatte, fand großen ~, erfreute sich großen -s*** vi fu una grande affluenza di pubblico alla mostra, il locale era molto frequentato ◆ ***~ finden*** trovare consenso (*o* grande favore), avere successo.

Zu|stand m. *(-[e]s,-stände)* **1** stato *m.*, condizione *f.*, condizioni *f.pl.*: ***gesundheitlicher, körperlicher, seelischer ~*** stato (*o* condizioni) di salute, condizioni fisiche, psichiche; ***die Ware ist in schlechtem, gutem Zustand*** la merce è in cattivo, buono stato; ***im bewusstlosen, wachen ~*** in stato d'incoscienza, di veglia; ***in einem ~ geistiger Verwirrung*** in uno stato confusionale **2** pl. *(Lage)* condizioni *f.pl.*, situazione *f.*, stato *m.* di cose: ***die politischen, wirtschaftlichen Zustände in einem Staat*** le condizioni politiche, economiche di uno stato; ***es herrschen unerträgliche, unhaltbare Zustände*** la situazione è intollerabile, insostenibile **3a** FIS. stato *m.*: ***im festen, flüssigen, gasförmigen ~*** allo stato solido, liquido, gassoso **b** CHIM. ***im freien ~*** allo stato libero, non combinato ◆ COLLOQ. ***Zustände bekommen*** = agitarsi; ***das sind doch keine Zustände!*** così non si può continuare (*o* andare avanti)! ***das sind Zustände wie im alten Rom!*** = son cose da pazzi! è una situazione insostenibile! ***im ~ der Trunkenheit Auto fahren*** guidare (l'auto) in stato di ubriachezza.

zu|stan|de, *etw. ~ bringen* realizzare, attuare qcs.; ***~ kommen*** essere realizzato, attuato. **Zu|stan|de|kom|men** n. *(-s)* realizzazione *f.*, attuazione *f.*; *(Gelingen)* riuscita *f.*

zu|stän|dig agg. competente: ***der -e Richter*** il giudice competente; ***dafür bin ich nicht ~*** questo non è di mia competenza ◆ AUSTR. ***~ nach Wien*** residente a Vienna. **Zu|stän|dig|keit** f. *(-,-en)* competenza *f.*: ***das fällt nicht in meine ~*** questo non rientra nelle (*o* esula dalle) mie competenze. **Zu|stän|dig|keits|be|reich** m. *(-[e]s,-e)* sfera *f.* di competenza. **zu|stän|dig|keits|hal|ber** avv. BUROCR. per competenza.

Zu|stands|än|de|rung f. *(-,-en)* FIS. cambiamento *m.* di stato. **Zu|stands|grö|ße** f. *(-,-n)* FIS. grandezza *f.* di stato. **Zu|stands|pas|siv** n. *(-s)* passivo *m.* perfettivo. **Zu|stands|verb** n. *(-s,-en)* verbo *m.* di stato.

zu|stat|ten, *jdm, etw. ~ kommen* tornare utile (*o* vantaggioso) a qcn., qcs.

zu‿ste|chen tr. *(sticht, stach, gestochen)* colpire, infilzare.

zu‿ste|cken tr. **1** chiudere con spilli **2** *(heimlich geben)* dare di nascosto, far avere.

zu‿ste|hen intr. *(stand, gestanden*; aus. *haben)* spettare: ***dieses Geld, Recht steht mir zu*** questo denaro mi spetta, questo è un mio diritto; ***ein Urteil steht dir nicht zu*** non hai il diritto di giudicare.

zu‿stei|gen intr. *(stieg, gestiegen*; aus. *sein)* salire.

Zu|stell|be|zirk m. *(-[e]s,-e)* distretto *m.* postale. **zu‿stel|len** tr. **1** ingombrare, sbarrare **2** *(durch Post zuschicken)* (far) recapitare, inoltrare **3** DIR. notificare. **Zu|stel|ler** m. *(-s,-)* chi recapita. **Zu|stell|ge|bühr** f. *(-,-en)* tassa *f.* di recapito. **Zu|stel|lung** f. *(-,-en)* **1** recapito *m.*, inoltro *m.* **2** DIR. notificazione *f.*, notifica *f.* **Zu|stel|lungs|ur|kun|de** f. *(-,-n)* DIR. atto *m.* di notificazione, notifica *f.*

zu‿steu|ern **I** tr. **1** dirigere: ***das Schiff dem Hafen ~*** dirigere la nave in porto; ***das Auto auf die Demonstranten ~*** dirigere l'auto verso i dimostranti **2** COLLOQ. *(beisteuern)* ***etw. (zu etw.) ~*** contribuire (*o* partecipare) con qcs., dare qcs. come contributo (per qcs.) **II** intr. (aus. *sein*) **1** dirigersi: ***auf ein Ziel ~*** dirigersi verso una meta **2** FIG. portare, condurre: ***auf eine Krise, einen Krieg ~*** portare a una crisi, a una guerra.

zu‿stim|men intr. (aus. *haben*) **1** ***jdm, etw. ~*** concordare, essere d'accordo con qcn., qcs. **2** *(einwilligen)* acconsentire: ***nach langem Drängen hat er zugestimmt*** dopo lunghe insistenze ha acconsentito **3** *(billigen)* approvare: ***das Parlament hat dem Gesetzentwurf zugestimmt*** il parlamento ha approvato il disegno di legge.

Zu|stim|mung f. *(-,-en)* approvazione *f.*, consenso *m.*: ***jdm seine ~ geben, verweigern, versagen*** dare, negare, rifiutare il consenso a qcn.; ***jds ~ einholen*** ottenere l'approvazione di qcn.; ***vorherige ~*** previo consenso; ***~ finden*** trovare approvazione.

zu‿stop|fen **I** tr. **1** turare, tappare: ***ein Loch ~*** tappare un buco **2** *(stopfen)* rattoppare **II** rifl. ***sich (D) etw. ~*** turarsi, tapparsi qcs.: ***sich die Ohren ~*** tapparsi le orecchie.

zu‿stöp|seln tr. tappare, turare.

zu‿sto|ßen *(stößt, stieß, gestoßen)* **I** tr. **1** sbattere, chiudere con violenza (*o* con un colpo): ***die Tür mit dem Fuß ~*** sbattere la porta con il piede **2** *(einen Stoß ausführen)* colpire: ***mit einem Messer ~*** colpire con un coltello; ***stoß zu!*** colpisci! **II** intr. (aus. *sein*) capitare, succedere, accadere: ***glücklicherweise ist ihm nichts zugestoßen*** fortunatamente non gli è successo niente; ***wenn mir etwas zustößt*** se dovesse succedermi qualcosa.

zu‿stre|ben intr. (aus. *sein*) dirigersi: ***auf den, dem Ausgang ~*** dirigersi all'uscita.

Zu|strom m. *(-[e]s)* afflusso *m.*, affluenza *f.* **zu‿strö|men** intr. (aus. *sein*) affluire: ***die Flüsse strömen dem Meer zu*** i fiumi affluiscono al mare.

zu‿stür|men intr. (aus. *sein*) scagliarsi, avventarsi: ***auf jdn ~*** scagliarsi su (*o* contro) qcn.

zu‿stür|zen intr. (aus. *sein*) gettarsi, buttarsi, precipitarsi: ***auf jdn ~*** buttarsi su qcn.

zu‿stut|zen tr. tagliare (e sistemare): ***die Hecke ~*** sistemare la siepe.

zu|ta|ge avv. ***~ kommen, treten*** venire alla luce; ***etw. ~ bringen, fördern*** portare qcs. alla luce; ***offen, klar ~ liegen*** essere evidente, chiaramente visibile.

Zu|tat f. *(-,-en)* **1** ingrediente *m.*: ***die -en in den Topf schütten*** versare gli ingredienti nella pentola **2** *(Beiwerk)* accessorio *m.*, guarnizione *f.* **3** *(Verzierung)* elemento *m.* (decorativo), decorazione *f.*: ***eine Kirche mit barocken -en*** una chiesa con decorazioni barocche.

zu|teil avv. ***jdm ~ werden*** toccare a qcn.: ***ihm wurde beste Behandlung, ein schweres Los ~*** gli toccò (*o* ricevette) il trattamento migliore, una dura sorte; ***jdm etw. ~ werden lassen*** far ottenere (*o* avere) qcs. a qcn. **zu‿tei|len** tr. **1** assegnare: ***jdm eine Aufgabe ~*** assegnare un compito a qcn. **2** *(austeilen)* distribuire, ripartire: ***die rationierten Lebensmittel ~*** distribuire i generi alimentari razionati. **Zu|tei|lung** f. *(-,-en)* **1** assegnazione *f.* **2** *(Austeilung)* distribuzione *f.* **3** *(Ration)* razione *f.*, parte *f.* **zu|tei|lungs|reif** agg. rimborsabile.

zu|tiefst avv. profondamente: ***ich bedauere ~*** mi rincresce profondamente.

zu‿tra|gen *(trägt, trug, getragen)* **I** tr. **1** portare: ***jdm etw. ~*** portare qcs. a qcn. **2** FIG. *(heimlich mitteilen)* riportare: ***jdm Gerüchte ~*** riportare a qcn. delle voci **II** rifl. **sich ~** avvenire, accadere. **Zu|trä|ger** m. *(-s,-)* SPREG. delatore *m.* **Zu|trä|ge|rei** f. *(-,-en)* chiacchiere *f.pl.*, pettegolezzi *m.pl.* **zu|träg|lich** agg. **1** salutare: ***das Klima ist ihm nicht ~*** il clima non è salutare per lui (*o* non gli giova) **2** *(förderlich)* proficuo, utile. **Zu|träg|lich|keit** f. *(-)* **1** giovamento *m.*, beneficio *m.* **2** *(Heilsamkeit)* salubrità *f.*

zu‿trau|en **I** tr. ***jdm etw. ~*** credere qcn. capace di qcs.; ***jdm nicht viel ~*** non credere qcn. capace di molto; ***jdm einen Mord ~*** credere qcn. capace di un omicidio; ***das hätte ich ihm nie zugetraut!*** non l'avrei mai creduto capace di farlo! **II** rifl. **sich (D) ~** confidare in se stesso; ***sich (D) etw. ~*** ritenersi (*o* credersi) capace di (fare) qcs.: ***traust du dir diese Aufgabe zu?*** ti ritieni capace di svolgere questo compito? ◆ ***ihm ist alles zuzutrauen*** è capace di tutto.

Zu|trau|en n. *(-s)* fiducia *f.*: ***zu jdm ~ haben*** avere fiducia in qcn.; ***jds ~ gewinnen*** conquistarsi la fiducia di qcn.; ***das ~ zu sich selbst verlieren*** perdere la fiducia in se stesso. **zu|trau|lich** **I** agg. **1** fiducioso **2** *(zahm)* docile, mansueto. **II** avv. **1** in modo fiducioso **2** *(von Tieren)* docilmente. **Zu|trau|lich|keit** f. *(-,-en)* **1** docilità *f.* **2** *(von Tieren)* mansuetudine *f.*

zu‿tref|fen intr. *(trifft, traf, getroffen;* aus. *haben)* **1** essere (*o* risultare) vero: ***die Behauptung trifft zu*** l'affermazione risulta vera **2** *(gelten)* valere: ***das trifft auf viele zu*** questo vale per molti **3** *(passend sein)* corrispondere: ***die Beschreibung trifft auf ihn zu*** la descrizione corrisponde a lui. **zu|tref|fend** **I** p.pass. agg. **1** → **zutreffen** **2** adeguato, confacente **II** avv. in modo adeguato, in modo confacente: ***~ antworten*** rispondere in modo adeguato. **Zu|tref|fen|de** n. *(-n)* BUROCR. ***-s ankreuzen*** barrare (*o* segnare con una crocetta) i punti pertinenti, che interessano. **zu|tref|fen|den|falls** avv. BUROCR. in caso affermativo.

zu‿trei|ben *(trieb, getrieben)* **I** tr. sospingere, spingere **II** intr. (aus. *sein*) essere sospinto (*o* spinto): ***auf jdn, etw. ~*** essere spinto verso qcn., qcs.; FIG. ***einer Katastrophe ~*** avvicinarsi, essere portato alla catastrofe.

zu‿tre|ten intr. *(tritt, trat, getreten)* **1** (aus. *sein*) avvicinarsi: ***auf jdn ~*** avvicinarsi a qcn. **2** *(einen Tritt versetzen;* aus. *haben)* dare calci, scalciare.

zu‿trin|ken intr. *(trank, getrunken;* aus. *sein)* ***jdm ~*** brindare a qcn., bere alla salute di qcn.

Zu|tritt m. *(-[e]s)* **1** *(Zugang)* accesso *m.*: ***jdm den ~ zu etw. gewähren, verwehren*** consentire, impedire a qcn. l'accesso a qcs.; ***~ zu etw. haben*** avere accesso a qcs. **2** *(Eintritt)* ingresso *m.*: ***freier ~*** ingresso libero **3** TECN. adduzione *f.*: ***~ von Luft*** adduzione di aria ◆ ***kein ~! (Unbefugten ist der) ~ verboten!*** ingresso vietato, vietato l'accesso (agli estranei)!

zu‿tun *(tut, tat, getan)* **I** tr. **1** *(dazutun)* aggiungere: ***etwas Wein ~*** aggiungere del vino **2** *(verschließen)* chiudere: ***tu den Mund zu!*** chiudi la bocca! COLLOQ. ***die ganze Nacht kein Auge ~ können*** non riuscire a chiudere occhio per tutta la notte **II** rifl. **sich ~** chiudersi: ***das Tor tat sich hinter ihm zu*** il portone si chiuse dietro di lui. **Zu|tun** n. *(-s)* intervento *m.*: ***ohne jds ~*** senza l'intervento di qcn.

zu|un|guns|ten **I** prep. + gen. e ANT. dat., a scapito, a sfavore di: ***~ des Kunden*** a scapito del cliente **II** avv. ***~ von Herrn Müller*** a scapito (*o* sfavore) del signor Müller; ***dem Mieter ~*** a sfavore dell'inquilino.

zu|un|terst avv. in fondo, sotto.

zu‿ver|die|nen tr. COLLOQ. guadagnare in più, in aggiunta. **Zu|ver|dienst** m. *(-[e]s,-e)* guadagno *m.* aggiuntivo.

zu|ver|läs|sig agg. fidato, attendibile, affidabile: ***ein -er Freund*** un amico fidato; ***aus -er Quelle*** da fonte attendiblile; ***eine -e Maschine*** una macchina affidabile. **Zu|ver|läs|sig|keit** f. *(-)* **1** affidabilità *f.* **2** *(von Freunden)* fidatezza *f.* **3** *(Glaubwürdigkeit)* attendibilità *f.* **Zu|ver|läs|sig|keits|prü|fung** f. *(-,-en)*, **Zu|ver|läs|sig|keits|test** m. *(-[e]s,-s* e *-s)* TECN. prova *f.* di affidabilità.

Zu|ver|sicht f. *(-)* fiducia *f.*: ***seine ~ auf jdn setzen*** riporre la propria fiducia in qcn. **zu|ver|sicht|lich** **I** agg. fiducioso: ***sich ~ geben*** mostrarsi fiducioso **II** avv. in modo fiducioso. **Zu|ver|sicht|lich|keit** f. *(-)* fiducia *f.*

zu|viel → **zu.** **Zu|viel** n. *(-s)* troppo *m.* ◆ ***ein ~ an Hass*** un eccesso di odio.

zu|vor avv. prima: ***kurz ~*** poco prima; ***tags, im Jahr ~*** il giorno, l'anno prima. **zu|vor|derst** avv. davanti: ***~ sitzen*** sedere davanti. **zu|vör|derst** avv. ANT. innanzitutto.

zu|vor‿kom|men intr. *(kam, gekommen;* aus. *sein)* **1** precedere: ***jdm ~*** precedere qcn. **2** *(im Voraus handeln)* prevenire: ***er ist meiner Frage zuvorgekommen*** ha prevenuto la mia domanda. **zu|vor|kom|mend** **I** p.pres. agg. **1** → **zuvorkommen** **2** *(höflich)* premuroso, cortese **II** avv. in modo premuroso, cortese. **Zu|vor|kom|men|heit** f. *(-)* premura *f.*, cortesia *f.*

zu|vor‿tun intr. *(tut, tat, getan;* aus. *haben)* impers. ***es jdm an, in etw. ~*** superare qcn. in qcs., primeggiare in qcs. rispetto a qcn.

Zu|wachs m. *(-es, -wächse)* **1** incremento *m.*, aumento *m.*: ***ein ~ an Vermögen*** un incremento del patrimonio; ***~ der Kaufkraft*** aumento del potere d'acquisto; ***Zuwächse von fünf Prozent*** incrementi del cinque per cento **2** *(Wachstum)* crescita *f.*: ***das Kleid ist auf ~ genäht*** il vestito è (stato fatto) per la crescita ◆ SCHERZ. ***die Familie hat ~ bekommen*** la famiglia è cresciuta. **zu‿wach|sen** intr. *(wächst, wuchs, gewachsen;* aus. *sein)* **1** rimarginarsi: ***die Wunde wächst schnell zu*** la ferita si rimargina rapidamente **2** *(mit Pflanzen)* (ri)coprirsi (di vegetazione): ***die Mauer wächst mit Efeu zu*** il muro si ricopre di edera **3** *(zufallen)* toccare, spettare: ***ihm sind neue Aufgaben zugewachsen*** gli sono toccati nuovi

compiti. **Zu|wachs|ra|te** f. *(-,-n)* tasso *m.* di crescita (*o* d'aumento).
Zu|wan|de|rer m. *(-s,-)* immigrato *m.* **zu_wan|dern** intr. (aus. *sein*) immigrare. **Zu|wan|de|rung** f. *(-,-en)* immigrazione *f.* **Zu|wand|rer** → **Zuwanderer.**
zu_wan|ken intr. (aus. *sein*) ***auf jdn, etw. ~*** avvicinarsi barcollando a qcn., qcs.
zu_war|ten intr. (aus. *haben*) stare ad aspettare.
zu|we|ge, *etw. ~ bringen* (riuscire a) ottenere (*o* conseguire) qcs.; ***mit etw. ~ kommen*** venire a capo di qcs.; ***gut, schlecht ~ sein*** essere in buona, cattiva forma.
zu_we|hen I tr. **1** coprire: ***der Sturm hat alles mit Schnee zugeweht*** la tempesta ha coperto tutto di neve **2** soffiare, emettere: ***Luft, Abgase ~*** emettere aria, gas di scarico **II** intr. (aus. *haben, sein*) soffiare: ***der Wind weht auf uns zu*** il vento soffia verso di noi.
zu|wei|len avv. talvolta, a volte.
zu_wei|sen tr. *(wies, gewiesen)* assegnare: ***jdm Arbeit ~*** assegnare del lavoro a qcn. **Zu|wei|sung** f. *(-,-en)* assegnazione *f.*
zu_wen|den *(wendete/wandte, gewendet/gewandt)* **I** tr. **1** voltare, volgere: ***jdm den Rücken ~*** voltare le spalle a qcn. **2** FIG. rivolgere: ***jdm, etw. sein Interesse, seine Aufmerksamkeit, seine Liebe ~*** rivolgere il proprio interesse, la propria attenzione, il proprio amore a qcn., qcs. **3** *(zukommen lassen)* destinare: ***einem Museum seine Kunstschätze ~*** destinare i propri tesori d'arte a un museo **II** rifl. **sich ~ 1** voltarsi, volgersi: ***sich seinem Begleiter ~*** voltarsi verso il proprio accompagnatore; ***seine Blicke wandten sich ihr zu*** i suoi sguardi si volsero verso di lei **2** FIG. rivolgersi: ***sich dem Studium, der Malerei ~*** rivolgersi allo studio, alla pittura. **Zu|wen|dung** f. *(-,-en)* **1** donazione *f.*: ***einem Waisenhaus eine ~ machen*** fare una donazione a un orfanotrofio **2** *(Beachtung)* attenzioni *f.pl.*, cure *f.pl.*: ***Kranke brauchen sehr viel ~*** i malati hanno bisogno di molte attenzioni.
zu|we|nig → **zu. Zu|we|nig** n. *(-s)* penuria *f.*, esiguità *f.*: ***ein ~ an Geld*** penuria di denaro.
zu_wer|fen tr. *(wirft, warf, geworfen)* **1** sbattere, chiudendo: ***die Tür ~*** sbattere la porta **2** *(zuschütten)* riempire (di terra): ***eine Grube ~*** riempire di terra una fossa **3** *(hinwerfen)* gettare, lanciare: ***jdm eine Leine, den Ball ~*** gettare una fune, la palla a qcn.; FIG. ***einen Blick ~*** lanciare uno sguardo ◆ ***eine Kusshand ~*** mandare un bacio con la mano.
zu|wi|der I avv. **1** *(lästig)* fastidioso, sgradevole: ***jdm ~ werden*** diventare fastidioso per qcn. **2** disgustoso, ripugnante; *(von Speisen)* disgustoso, nauseante **3** antipatico: ***er ist mir ~*** mi è antipatico **4** *(ungünstig)* contrario, avverso: ***das Glück ist mir ~*** la fortuna mi è avversa; ***die Umstände waren ~*** le circostanze erano sfavorevoli **II** prep. + dat. contro, contrariamente a: ***allen Voraussichten ~*** contro ogni previsione; ***seinem Versprechen ~*** contrariamente a quanto aveva promesso ◆ ***das ist mir ~*** mi disgusta, mi ripugna.
zu|wi|der_han|deln intr. (aus. *haben*) ***etw. (D) ~*** contravvenire a qcs., trasgredire qcs.: ***einem Gesetz, seiner Pflicht ~*** trasgredire una legge, venir meno al proprio dovere. **Zu|wi|der|han|deln|de** m. e f. *(-n,-n)* contravventore *m.* (-trice *f.*). **Zu|wi|der|hand|lung** f. *(-,-en)* contravvenzione *f.*, trasgressione *f.*: ***die ~ gegen etw.*** la contravvenzione, la trasgressione di qcs.
zu|wi|der_lau|fen intr. *(läuft, lief, gelaufen;* aus. *sein)* ***etw. (D) ~*** andare contro qcs., essere contrario a qcs.
zu_win|ken intr. (aus. *haben*) ***jdm ~*** fare un cenno a qcn.
zu_zah|len tr. pagare in più. **zu_zäh|len** tr. **1** *(dazurechnen)* aggiungere **2** *(zurechnen)* annoverare, ascrivere: ***etw. einem Gebiet, jdn einer literarischen Bewegung ~*** annoverare qcs. in un settore, qcn. in un movimento letterario. **Zu|zah|lung** f. *(-,-en)* pagamento *m.* supplementare.
zu|zei|ten avv. a volte, talvolta.
zu_zie|hen *(zog, gezogen)* **I** tr. **1** chiudere (tirando), tirare: ***die Vorhänge ~*** tirare le tende **2** *(festziehen)* stringere: ***einen Knoten ~*** stringere un nodo **3** *(hinzuziehen)* chiamare (a consulto), consultare: ***einen Arzt, Fachberater (zur Beratung) ~*** chiamare un medico a consulto, consultare un esperto **II** intr. (aus. *sein*) **1** venire da fuori; trasferirsi; immigrare: ***wir sind zugezogen, vom Nachbardorf zugezogen*** veniamo da fuori, ci siamo trasferiti qui dal paese vicino **2** *(sich wohin bewegen)* affluire, muoversi verso: ***dem Norden ~*** muoversi verso nord **III** rifl. ***sich (D) etw. ~*** **1** *(Krankheit)* prendersi, buscarsi **2** *(Zorn, Tadel)* tirarsi addosso, attirarsi ◆ ***es, der Himmel zieht sich zu*** il cielo si rannuvola. **Zu|zie|hung** f. *(-)* consultazione *f.*, consulto *m.* **Zu|zug** m. *(-[e]s,-züge)* **1** immigrazione *f.* (interna): ***der ~ nach Berlin, vom Land*** l'immigrazione a Berlino, dalla campagna **2** *(Zustrom)* afflusso *m.*, affluenza *f.* **Zu|züg|ler** m. *(-s,-)* immigrato *m.*, nuovo arrivato *m.* **zu|züg|lich** prep. + gen. (RAR. + dat.) escluso, più: ***~ der Spesen*** escluse le spese (*o* spese escluse); ***2000 DM ~ der Mehrwertsteuer*** 2000 marchi più IVA; ***~ der Versandkosten*** escluse le spese di spedizione. **Zu|zugs|ge|neh|mi|gung** f. *(-,-en)* = autorizzazione *f.* a stabilire la propria residenza.
zu_zwin|kern intr. (aus. *haben*) ammiccare.
ZVS ⇒ *Zentralstelle für die Vergabe von Studienplätzen* Centro per l'assegnazione di posti di studio.
zwa|cken tr. COLLOQ. **1** *(kneifen)* pizzicare **2** FIG. tormentare.
zwang → **zwingen.**
Zwang m. *(-[e]s, Zwänge)* **1a** costrizione *f.*, coercizione *f.*, coartazione *f.*; *(Druck)* pressione *f.*: ***gesellschaftliche Zwänge*** obblighi sociali; ***aus einem ~ heraus handeln*** agire per costrizione; ***etw. unter ~ tun*** fare qcs. per costrizione; ***Kinder ohne ~ erziehen*** educare i figli senza coercizioni; ***~ auf jdn ausüben*** esercitare una pressione su qcn.; ***allen ~ abwerfen, ablegen*** liberarsi da ogni costrizione **b** *(Gewalt, starker Einfluss)* forza *f.*, violenza *f.*: ***körperlicher, moralischer ~*** violenza fisica, morale; ***aus ~*** per forza **c** *(Drang)* impulso *m.*: ***einem inneren ~ folgen*** seguire un impulso interiore **2a** *(Notwendigkeit)* necessità *f.*: ***wirtschaftliche Zwänge*** necessità economiche; ***der ~ zur Selbstbehauptung*** la necessità di autoaffermazione **b** *(Pflicht)* obbligo *m.*: ***es besteht kein ~ zur Teilnahme*** non è obbligatorio partecipare **3** PSIC. coazione *f.* ◆ ***jdm, etw. ~ antun*** forzare (*o* coartare) qcn., qcs.; ***sich (D) ~ antun, auferlegen*** dominarsi, frenarsi; ***tu dir keinen ~ an*** non fare complimenti; ***ohne ~ sprechen*** parlare liberamente; ***ein Geständnis unter ~ ablegen*** essere costretto a confessare; ***unter dem ~ der Verhältnisse*** costretto dalle circostanze.
zwän|gen I tr. **1** comprimere: ***Bücher in die Tasche ~*** comprimere i libri nella borsa **2** FIG. forzare, costringere, coartare **II** rifl. **1** ***sich durch etw. ~*** passare a fatica attraverso qcs. **2** ***sich in zu enge Jeans ~*** infilarsi a fatica in jeans troppo stretti.
zwang|haft I agg. forzato **II** avv. forzatamente, per forza. **zwang|los I** agg. disinvolto, spontaneo **II** avv. **1** con disinvoltura **2** *(ohne Umstände)* alla buona ◆ ***in -er Folge erscheinen*** essere pubblicato senza periodicità. **Zwang|lo|sig|keit** f. *(-)* disinvoltura *f.*, spontaneità *f.*
Zwangs|an|lei|he f. *(-,-n)* DIR. prestito *m.* forzato (*o* forzoso). **Zwangs|ar|beit** f. *(-)* lavori *m.pl.* forzati: ***zu 6 Jahren ~ verurteilt werden*** essere condannato a 6 anni di lavori forzati. **Zwangs|ar|bei|ter** m. *(-s,-)* forzato *m.* **Zwangs|auf|ent|halt** m. *(-[e]s,-e)* soggiorno *m.* obbligato, *(früher)* confino *m.*, domicilio *m.* coatto. **Zwangs|be|wirt|schaf|tung** f. *(-,-en)* razionamento *m.* (*o* contingentamento *m.*) obbligatorio. **Zwangs|ein|wei|sung** f. *(-,-en)* ricovero *m.* forzato (*o* coatto). **Zwangs|er|näh|rung** f. *(-)* alimentazione *f.* forzata. **Zwangs|er|schei|nun|gen** pl. PSIC. immagini *f.pl.* (*o* idee *f.pl.*) coatte. **Zwangs|geld** n. *(-[e]s,-er)* ammenda *f.* ◆ ***vertraglich vorgesehenes ~*** penalità contrattuale. **Zwangs|hand|lung** f. *(-,-en)* **1** atto *m.* di coercizione (*o* di costrizione) **2** PSIC. azione *f.* coatta. **Zwangs|herr|schaft** f. *(-,-en)* tirannia *f.*, dispotismo *m.* **Zwangs|hy|po|thek** f. *(-,-en)* DIR. ipoteca *f.* giudiziale. **Zwangs|idee** f. *(-,-n)* → **Zwangsvorstellung. Zwangs|ja|cke** f. *(-,-n)* camicia *f.* di forza: ***jdn in die ~ stecken*** mettere la camicia di forza a qcn. ◆ ***jdm eine ~ anlegen*** = costringere qcn. a fare ciò che non vuole. **Zwangs|kurs** m. *(-es,-e)* ECON. cambio *m.* (*o* corso *m.*) forzoso. **Zwangs|la|ge** f. *(-,-n)* situazione *f.* senza vie d'uscita, vicolo *m.* cieco: ***sich in einer ~ befinden, in einer ~ sein*** essere in un vicolo cieco.
zwangs|läu|fig I agg. inevitabile, necessario, obbligatorio **II** avv. inevitabilmente, necessariamente. **Zwangs|läu|fig|keit** f. *(-)* inevitabilità *f.*, obbligatorietà *f.*
Zwangs|li|zenz f. *(-,-en)* licenza *f.* obbligatoria. **zwangs|mä|ßig I** agg. forzato, coatto, forzoso **II** avv. forzatamente, per forza. **Zwangs|maß|nah|me** f. *(-,-n)* misura *f.* coercitiva, provvedimento *m.* di coercizione, sanzione *f.* **Zwangs|mit|tel** n. *(-s,-)* mezzo *m.* coercitivo. **Zwangs|neu|ro|se** f. *(-,-n)* nevrosi *f.* ossessiva. **Zwangs|räu|mung** f. *(-,-en)* sfratto *m.* (forzoso). **Zwangs|re|gu|lie|rung** f. *(-,-en)* ECON. liquidazione *f.* coattiva. **Zwangs|spa|ren** n. *(-s)* risparmio *m.* coattivo (*o* forzato). **Zwangs|ste|ri|li|sa|ti|on** f. *(-,-en)* sterilizzazione *f.* obbligatoria. **zwangs|um|sie|deln** tr. (solo inf. e p.pass.) deportare. **Zwangs|um|tausch** m. *(-es)* ECON. cambio *m.* obbligatorio. **Zwangs|ver|fah|ren** n. *(-s,-)* DIR. procedura *f.* coattiva. **Zwangs|ver|gleich** m. *(-[e]s,-e)* DIR. concordato *m.* forzoso.
zwangs|ver|schi|cken tr. (solo inf. e p.pass.) deportare. **Zwangs|ver|schi|ckung** f. *(-,-en)* deportazione *f.*
Zwangs|ver|si|che|rung f. *(-,-en)* assicurazione *f.* obbligatoria.
zwangs|ver|stei|gern tr. (solo inf. e p.pass.) vendere all'asta giudiziaria. **Zwangs|ver|stei|ge|rung** f. *(-,-en)* asta *f.* giudiziaria, ven-

dita *f.* forzata al pubblico incanto. **Zwangs|ver|tei|di|ger** m. *(-s,-)* difensore *m.* d'ufficio. **Zwangs|ver|wal|tung** f. *(-,-en)* DIR. amministrazione *f.* giudiziaria, sequestro *m.*: ***etw. unter ~ stellen*** mettere qcs. sotto sequestro. **Zwangs|voll|stre|ckung** f. *(-,-en)* DIR. esecuzione *f.* forzata. **zwangs|vor|füh|ren** tr. condurre con la forza (davanti a un pubblico ufficiale). **Zwangs|vor|stel|lung** f. *(-,-en)* ossessione *f.*, idea *f.* fissa (*o* coatta). **zwangs|wei|se** avv. **1** *(erzwungen)* con la forza; DIR. coercitivamente **2** *(zwangsläufig)* inevitabilmente. **Zwangs|wirt|schaft** f. *(-)* economia *f.* controllata.

zwan|zig agg.inv. venti: ***~ Jahre alt sein*** avere vent'anni. **Zwan|zig** f. *(-,-en)* venti *m.* **zwan|zi|ger** agg.inv. **1** venti: ***die ~ Jahre*** gli anni venti **2** ventina *f.* vent'anni *m.pl.*: ***nahe den ~ Jahren sein*** esser vicino ai venti. **Zwan|zi|ger I** m. *(-s,-)* **1** ventenne *m.* **2** *(Wein)* vino *m.* del venti **II** f. *(-,-)* COLLOQ. → **Zwanzigpfennigmarke. Zwan|zi|ge|rin** f. *(-,-nen)* ventenne *f.* **Zwan|zi|ger|jah|re** → **zwanziger. zwan|zig|fach** avv. venti volte tanto. **Zwan|zig|flach** n. *(-[e]s,-e)*, **Zwan|zig|fläch|ner** m. *(-s,-)* icosaedro *m.* **zwan|zig|jäh|rig** agg. di vent'anni; *(von Menschen)* ventenne. **zwan|zig|mal** avv. venti volte. **Zwan|zig|mark|schein** m. *(-[e]s,-e)* banconota *f.* da venti marchi. **Zwan|zig|pfen|nig|mar|ke** f. *(-,-n)* francobollo *m.* da venti pfennig. **zwan|zigs|te** agg. ventesimo. **zwan|zig|tau|send** agg.inv. ventimila.

zwar avv. **1** certamente, sì: ***er spricht ~ Englisch, aber (doch) nicht sehr gut*** parla sì l'inglese (*o* è vero che parla inglese), ma non molto bene **2** ***und ~*** e precisamente: ***er kommt morgen, und ~ um 8 Uhr*** viene domani, e precisamente alle 8.

Zweck m. *(-[e]s,-e)* **1** *(Ziel)* fine *m.*, scopo *m.*: ***politischer, erzieherischer ~*** fine politico, educativo; ***der ~ dieser Übung ist der (liegt darin), dass...*** scopo dell'esercizio è che...; ***einen bestimmten ~ haben, verfolgen, erreichen (erfüllen), verfehlen*** avere, perseguire, raggiungere, non raggiungere un determinato scopo; ***sich einen ~ setzen*** porsi un fine; ***(zu) einem bestimmten ~ dienen*** servire a un determinato scopo; ***zu welchem ~?*** a che scopo? **2** *(Sinn)* senso *m.*: ***was hat das alles für einen ~?*** che senso ha tutto questo? ***es hat keinen ~ mehr, darauf zu hoffen*** non ha più senso sperarci ◆ ***der ~ heiligt die Mittel*** il fine giustifica i mezzi; ***einem guten ~ dienen*** servire una giusta causa.

Zweck|bau m. *(-[e]s,-ten)* costruzione *f.* funzionale. **Zweck|be|stimmt|heit** f. *(-,-en)* finalità *f.* **Zweck|be|stim|mung** f. *(-)* destinazione *f.* (a uno scopo specifico). **Zweck|bin|dung** f. *(-,-en)* ECON. destinazione *f.* vincolata. **Zweck|den|ken** n. *(-s)* utilitarismo *m.*

zweck|dien|lich agg. **1** *(nützlich)* utile: ***-e Hinweise*** informazioni utili **2** *(passend)* adeguato, appropriato: ***ein -es Verfahren*** un procedimento adeguato **3** *(wirksam)* efficace. **Zweck|dien|lich|keit** f. *(-)* **1** *(Nützlichkeit)* utilità *f.* **2** adeguatezza *f.*, appropriatezza *f.* **3** *(Wirksamkeit)* efficacia *f.*

Zwe|cke f. *(-,-n)* **1** REGION. chiodino *m.*, bulletta *f.* **2** ANT. *(Reißzwecke)* puntina *f.* **zwe|cken** tr. REGION. attaccare con puntine.

zweck|ent|frem|den tr. (solo inf. e p.pass.) usare (per uno scopo diverso da quello previsto). **zweck|ent|spre|chend I** agg. adeguato, appropriato **II** avv. adeguatamente. **zweck|frei** agg. e avv. senza fine specifico. **zweck|fremd** agg. destinato a scopi diversi (da quelli previsti). **zweck|ge|bun|den** agg. ECON. a destinazione vincolata. **zweck|ge|mäß** agg. → **zweckentsprechend. zweck|ge|rich|tet** agg. finalizzato (a uno scopo). **zweck|haft** agg. finalizzato (a uno scopo).

zweck|los agg. **1** inutile, vano: ***eine -e Anstrengung*** uno sforzo vano: ***es ist ~, weiter zu warten*** è inutile aspettare ulteriormente **2** *(ohne Absicht)* senza scopo. **Zweck|lo|sig|keit** f. *(-)* inutilità *f.*, vanità *f.*

zweck|mä|ßig I agg. adatto, appropriato, conveniente; *(sinnvoll)* opportuno; *(nützlich)* utile, efficace; *(funktionell)* pratico, funzionale: ***-es Mobiliar*** mobili funzionali; ***ein -es Verhalten*** un comportamento conveniente (*o* opportuno); ***das Zweckmäßigste wäre, noch heute abzufahren*** la cosa più opportuna sarebbe partire già oggi **II** avv. *(durchdacht, vernünftig)* opportunamente; *(nützlich)* utilmente. **zweck|mä|ßi|ger|wei|se** avv. per praticità, opportunamente. **Zweck|mä|ßig|keit** f. *(-,-en)* opportunità *f.*, convenienza *f.*; *(Nützlichkeit)* utilità *f.*; *(praktische Beschaffenheit)* praticità *f.*, funzionalità *f.*

zwecks prep. + gen. per, allo scopo di, al fine di.

Zweck|satz m. *(-es,-sätze)* proposizione *f.* finale. **Zweck|spa|ren** n. *(-s)* risparmio *m.* a investimento vincolato. **Zweck|steu|er** f. *(-,-n)* imposta *f.* con destinazione determinata. **Zweck|stil** m. *(-s)* ARCH. funzionalismo *m.* **Zweck|ver|band** m. *(-[e]s,-verbände)* consorzio *m.* **Zweck|ver|mö|gen** n. *(-s,-)* DIR. patrimonio *m.* di destinazione (*o* allo scopo). **zweck|voll** agg. → **zweckmäßig. zweck|wid|rig** agg. inadeguato, inadatto.

zwei agg. (gen. **zweier**, dat. **zwei/zweien**) **1** due: ***es sind gerade ~ Jahre*** sono due anni giusti; ***es waren ihrer ~, sie waren zu -en*** erano in due; ***sie ist Mutter -er Kinder*** è madre di due bambini; ***in ~ Tagen*** fra due giorni; ***mit der Linie ~ fahren*** prendere il due (tram o bus) **2** *(zwei Uhr)* le due: ***gegen ~ Uhr*** verso le due; ***um ~ (Uhr)*** alle due; ***es war, schlug halb ~*** era, batteva l'una e mezza; ***ein Viertel vor*** (RAR. ***auf), nach ~*** un quarto alle due, le due e un quarto ◆ ***für ~ arbeiten, essen*** lavorare, mangiare per due; ***dazu gehören immer noch ~*** per (fare) questo bisogna essere almeno in due; PROV. ***wenn ~ sich streiten, freut sich der Dritte*** fra i due litiganti il terzo gode. **Zwei** f. *(-,-en)* **1** due *m.*: COLLOQ. ***die ~ nehmen*** prendere il due (tram o bus) **2** SCOL. *(gut)* otto *m.*, buono *m.*: ***eine ~ in Mathematik*** un otto di matematica.

Zwei|ach|ser m. *(-s,-)* autocarro *m.* a due assi. **zwei|ach|sig** agg. a due assi. **Zwei|ak|ter** m. *(-s,-)* dramma *m.* in due atti. **zwei|ak|tig** agg. in due atti. **zwei|ar|mig** agg. a due bracci. **zwei|ato|mig** agg. biatomico. **zwei|bah|nig** agg. **1** a doppio senso di marcia **2** *(zweispurig)* a due corsie, a doppia corsia (di marcia). **zwei|bän|dig** agg. in due volumi. **Zwei|bei|ner** m. *(-s,-)* SCHERZ. bipede *m.* **zwei|bei|nig** agg. **1** a due gambe **2** *(von Menschen, Tieren)* bipede. **zwei|bet|tig** agg. a due letti. **Zwei|bett|zim|mer** n. *(-s,-)* camera *f.* a due letti. **Zwei|blatt** n. *(-[e]s,-blätter)* BOT. listera *f.* **zwei|blätt|rig** agg. **1** a, con due foglie, bifogliato **2** ARCH. bilobato, bilobo. **zwei|bo|gig** agg. ***-es Fenster*** (finestra *f.*) bifora *f.* **Zwei|de|cker** m. *(-s,-)* AER. biplano *m.* **zwei|deu|tig** agg. **1** ambiguo, equivoco **2** *(von Witzen)* a doppio senso, ambiguo. **Zwei|deu|tig|keit** f. *(-,-en)* **1** *(Unklarheit)* ambiguità *f.*, equivocità *f.* **2** *(von Witzen)* doppio senso *m.*, ambiguità *f.* **zwei|di|men|si|o|nal** agg. bidimensionale. **Zwei|drit|tel|mehr|heit** f. *(-,-en)* maggioranza *f.* di, dei due terzi. **zwei|ei|ig** agg. biovulare, dizigotico. **zwei|ein|halb** agg.inv. due e mezzo: ***nach ~ Jahren*** dopo due anni e mezzo.

Zwei|er m. *(-s,-)* **1** due *m.* **2** *(Zweipfennigstück)* (moneta *f.* da) due pfennig *m.* **3** SPORT due *m.* (di punta), imbarcazione *f.* con due rematori: ***~ mit, ohne*** due con, due senza **4** SCOL. otto *m.* **Zwei|er|an|schluss** m. *(-es,-anschlüsse)* duplex *m.* **Zwei|er|be|zie|hung** f. *(-,-en)* rapporto *m.* a due (*o* di coppia). **Zwei|er|bob** m. *(-s,-s)* bob *m.* a due. **zwei|er|lei** agg.inv. di due tipi (*o* specie), due: ***auf ~ Art*** in due modi (diversi) ◆ ***es ist ~, ob..*** sono due cose diverse, se...; ***die Dinge mit ~ Maß messen*** usare due pesi e due misure; ***Sagen und Tun ist ~*** fra il dire e il fare c'è di mezzo il mare; ***Versprechen und Halten ist ~*** un conto è promettere, un altro è mantenere. **Zwei|er|pack** m. *(-s,-e)* confezione *f.* doppia. **Zwei|er|rei|he** f. *(-,-n)* fila *f.* a, per due, fila *f.* doppia: ***sich in ~ aufstellen*** mettersi in fila per due, disporsi in due file. **Zwei|er|takt** m. *(-[e]s)* MUS. misura *f.* binaria.

zwei|fach I agg. doppio, duplice **II** avv. due volte, in due: ***etw. ~ falten*** piegare qcs. in in quattro. **Zwei|fa|che** n. *(-n)* doppio *m.* **Zwei|fa|mi|li|en|haus** n. *(-es,-häuser)* (casa *f.*) bifamiliare *f.* **Zwei|far|ben|druck** m. *(-[e]s)* bicromia *f.* **zwei|far|big** agg. bicolore.

Zwei|fel m. *(-s,-)* dubbio *m.*: ***quälende, unbegründete ~*** dubbi atroci, infondati; ***etw. in ~ stellen, ziehen*** mettere in dubbio qcs.; ***etw. außer ~ stellen*** non mettere in dubbio qcs.; ***keinen ~ in jds Worte setzen*** non mettere in dubbio le (*o* non dubitare delle) parole di qcn.; ***in ~ geraten*** essere colto dal dubbio; ***~ haben, hegen*** avere, nutrire dubbi; ***jdm kommen ~ über etw., jd bekommt ~ an etw. (D), ~ steigen in jdm wegen etw. auf*** a qcn. vengono (*o* sorgono) dubbi su qcs.; ***darüber herrscht kein ~, daran ist kein ~*** su questo non c'è alcun dubbio; ***es untersteht, unterliegt keinem ~, dass...*** è fuor di dubbio che...; ***einen ~ äußern*** manifestare un dubbio; ***jds ~ beseitigen, beheben*** eliminare, dissipare i dubbi di qcn.: ***jdn im ~ lassen*** lasciare qcn. nel dubbio; ***~ bedrängen, plagen jdn*** dubbi opprimono, tormentano qcn.; ***sich mit einem ~ quälen*** essere tormentato da un dubbio; ***die ~ nagen an ihm*** lo rodono i dubbi; ***in jdm keimt (steigt, taucht) ~ auf, bei jdm regt sich ~*** in qcn. nasce (*o* sorge, s'insinua) il dubbio; ***über allen ~, jeden ~ erhaben sein*** essere al di sopra di ogni, di qualsiasi dubbio ◆ ***außer ~ sein, stehen*** essere fuor di dubbio; ***über etw. im ~ sein*** essere in dubbio a proposito di qcs.; *(nicht ganz genau wissen)* non essere certo di qcs., essere in dubbio per qcs.; ***keinen ~ daran lassen, dass...*** non mettere in dubbio che...; ***ohne ~*** senza dubbio, indubbiamente.

Zwei|fel|der|wirt|schaft f. *(-)* rotazione *f.* biennale.

zwei|fel|haft agg. **1** dubbio, incerto, non sicuro: ***es ist ~, ob er kommt*** non è sicuro che venga **2** *(fragwürdig)* dubbio, equivoco; *(verdächtig)* sospetto ◆ ***von -em Ruf sein*** avere una dubbia fama. **zwei|fel|los** agg. senza dubbio, indubbiamente.

zwei|feln intr. (aus. *haben*) ***an etw. (D) ~*** dubitare di qcs.; ***ich zweif-***

le nicht (daran), dass du dazu fähig bist non dubito che tu ne sia capace; ***daran ist nicht zu ~*** non c'è da dubitarne, è fuor di dubbio; ***er zweifelte, ob er auch hingehen sollte*** era in dubbio se andarci anche lui. **zwei|felnd** p.pres. agg. **1** → **zweifeln 2** dubbioso.

Zwei|fels|fall m. *(-[e]s,-fälle)* caso *m.* dubbio. **zwei|fels|frei I** agg. indubbio **II** avv. indubbiamente. **zwei|fels|oh|ne** avv. senza dubbio.

Zwei|fel|sucht f. *(-)* scetticismo *m.*

zwei|flam|mig agg. a due fuochi (*o* fornelli).

Zweif|ler m. *(-s,-)* tipo *m.* dubbioso; *(Skeptiker)* scettico *m.* **zweif|le|risch** agg. dubbioso; *(skeptisch)* scettico.

zwei|flü|ge|lig, zwei|flüg|lig agg. **1** con, a due ali **2** *(von Türen)* a due battenti. **Zwei|fron|ten|krieg** m. *(-[e]s,-e)* guerra *f.* su due fronti. **Zwei|fü|ßer** m. *(-s,-)* bipede *m.*

Zweig m. *(-[e]s,-e)* **1a** ramo *m.*: ***ein stacheliger, trockener (dürrer) ~*** un ramo spinoso, secco **b** FIG. ***der ~ einer Familie*** il ramo di una famiglia **2** *(Gebiet)* ramo *m.*, branca *f.*: ***ein ~ der Sprachwissenschaft*** un ramo della linguistica ◆ ***auf keinen grünen ~ kommen*** = non avere il minimo successo, non riuscire. **Zweig|bahn** f. *(-,-en)* FERR. ramo *m.* secondario, diramazione *f.* **Zweig|be|trieb** m. *(-[e]s,-e)* filiale *f.*, succursale *f.*

zwei|ge|lei|sig → **zweigleisig. zwei|ge|schlech|tig** agg. BOT. bisessuale. **Zwei|ge|schlech|tig|keit** f. *(-)* BOT. bisessualità *f.* **zwei|ge|schos|sig** agg. di, a due piani. **Zwei|ge|spann** n. *(-[e]s,-e)* tiro *m.* a due (cavalli). **zwei|ge|stri|chen** agg. MUS. = trasportato di un'ottava. **zwei|ge|teilt** agg. **1** diviso in due, bipartito; *(von Türen)* a due battenti **2** BOT. bifido.

Zweig|ge|schäft n. *(-[e]s,-e)* filiale *f.*, succursale *f.*

zwei|glei|sig agg. a doppio binario.

Zweig|li|nie f. *(-,-n)* FERR. linea *f.* secondaria, diramazione *f.* **Zweig|nie|der|las|sung** f. *(-,-en)*, **Zweig|stel|le** f. *(-,-n)*, **Zweig|werk** n. *(-[e]s,-e)* filiale *f.*, succursale *f.*

Zwei|hän|der m. *(-s,-)* spadone *m.* **zwei|hän|dig** agg. e avv. con due mani. **zwei|häu|sig** agg. BOT. dioico. **Zwei|häu|sig|keit** f. *(-)* BOT. dioicismo *m.*

Zwei|heit f. *(-)* dualismo *m.*, dualità *f.*

zwei|hen|ke|lig, zwei|henk|lig agg. a, con due manici. **zwei|hö|cke|rig, zwei|höck|rig** agg. a, con due gobbe. **Zwei|hu|fer** m. *(-s,-)* artiodattilo *m.*, fissipede *m.* **zwei|hun|dert** agg.inv. duecento. **Zwei|hun|dert|mark|schein** m. *(-[e]s,-e)* banconota *f.* da duecento marchi.

Zwei|jah|res|plan m. *(-[e]s,-pläne)* piano *m.* biennale. **zwei|jäh|rig** agg. **1** di due anni **2** *(zwei Jahre dauernd)* biennale. **zwei|jähr|lich** agg. biennale.

Zwei|kam|mer|sys|tem n. *(-s,-e)* sistema *m.* bicamerale. **Zwei|kampf** m. *(-[e]s,-kämpfe)* duello *m.* (anche FIG.): ***jdn zum ~ herausfordern*** sfidare qcn. a duello. **zwei|keim|blät|te|rig, zwei|keim|blätt|rig** agg. dicotiledone. **zwei|köp|fig** agg. **1** bicipite: ***ein -er Adler*** un'aquila bicipite **2** *(aus zwei Personen bestehend)* di due persone ◆ ***-er Janus*** Giano bifronte. **Zwei|kreis|brem|se** f. *(-,-n)* freno *m.* a doppio circuito. **Zwei|kreis|sys|tem** n. *(-s,-e)* sistema *m.* a doppio circuito (di frenatura). **Zwei|li|ter|fla|sche** f. *(-,-n)* bottiglia *f.* da due litri.

zwei|mal agg. due volte ◆ ***~ so groß, hoch, lang*** grosso, alto, lungo due volte (*o* il doppio); ***diese Stadt hat ~ so viel Einwohner wie Bonn*** questa città ha il doppio degli abitanti di Bonn. **zwei|ma|lig** agg. ripetuto due volte. **Zwei|mark|stück** n. *(-[e]s,-e)* moneta *f.* da due marchi. **Zwei|mas|ter** m. *(-s,-)* due alberi *m.*

zwei|mo|na|tig agg. **1** di due mesi: ***ein -es Kind*** un bambino di due mesi **2** *(zwei Monate dauernd)* bimestrale, di due mesi. **zwei|mo|nat|lich** agg. bimestrale. **Zwei|mo|nats|schrift** f. *(-,-en)* rivista *f.* bimestrale.

zwei|mo|to|rig agg. bimotore: ***ein -es Flugzeug*** un bimotore. **Zwei|par|tei|en|sys|tem** n. *(-s,-e)* sistema *m.* bipartitico. **Zwei|pfen|nig|stück** n. *(-[e]s,-e)* moneta *f.* da due pfennig.

Zwei|pfund|brot n. *(-[e]s,-e)*, COLLOQ. **Zwei|pfün|der** m. *(-s,-)* pagnotta *f.* da un chilo, da due libbre. **zwei|pfün|dig** agg. di, da un chilo; *(in Großbritannien)* di, da due libbre.

Zwei|pha|sen|strom m. *(-[e]s,-ströme)* corrente *f.* bifase. **zwei|pha|sig** agg. bifase.

Zwei|pol m. *(-s,-e)* bipolo *m.* **zwei|po|lig** agg. bipolare. **Zwei|po|lig|keit** f. *(-)* bipolarità *f.*

Zwei|punkt|gurt m. *(-[e]s,-e)* cintura *f.* (di sicurezza) a due punti. **Zwei|rad** n. *(-[e]s,-räder)* veicolo *m.* a due ruote, COLLOQ. dueruote *f.*; *(Fahrrad)* bicicletta *f.* **zwei|rä|d|rig** agg. a, con due ruote. **Zwei|rei|her** m. *(-s,-)* doppiopetto *m.* **zwei|rei|hig** agg. (a) doppiopetto: ***ein -er Mantel*** un cappotto doppiopetto. **Zwei|ru|de|rer** m. *(-s,-)* STOR. bireme *f.*

zwei|sam agg. RAR. in due soli, a due. **Zwei|sam|keit** f. *(-)* vita *f.* a due.

zwei|schif|fig agg. a due navate. **zwei|schlä|fig, zwei|schläf|rig** agg. a due piazze (*o* posti), matrimoniale. **zwei|schnei|dig** agg. a doppio taglio (anche FIG.): ***ein -es Schwert*** una spada a doppio taglio; FIG. un'arma a doppio taglio. **zwei|sei|tig** agg. **1** bilatero **2** *(bilateral)* bilaterale. **zwei|sil|big** agg. bisillabo. **Zwei|sit|zer** m. *(-s,-)* automobile *f.* biposto, due posti *f.* **zwei|sit|zig** agg. biposto: ***ein -es Flugzeug*** un (aereo) biposto. **zwei|spal|tig** agg. a, di due colonne. **Zwei|spän|ner** m. *(-s,-)* tiro *m.* a due, carrozza *f.* a due cavalli. **zwei|spän|nig** agg. a due cavalli: ***eine -e Kutsche*** una carrozza a due cavalli. **Zwei|spitz** m. *(-es,-e)* bicorno *m.*

zwei|spra|chig I agg. bilingue: ***ein -es Gebiet, Wörterbuch*** una zona, un dizionario bilingue; ***ein -es Schild*** un cartello in due lingue **II** avv. ***~ aufwachsen*** crescere bilingue. **Zwei|spra|chig|keit** f. *(-)* bilinguismo *m.*

zwei|spu|rig agg. **1** a doppio binario **2** *(zweibahnig)* a due corsie, a doppia corsia (di marcia). **Zwei|stär|ken|glas** n. *(-es,-gläser)* lente *f.* bifocale. **zwei|stel|lig** agg. a, di due cifre. **zwei|stim|mig** agg. avv. MUS. a due voci. **zwei|stö|ckig** agg. a, di due piani. **zwei|strah|lig** agg. bireattore. **Zwei|strom|land** n.pr.n. *(-[e]s)* = Mesopotamia *f.* **Zwei|stu|fen|ra|ke|te** f. *(-,-n)* razzo *m.* a due stadi. **zwei|stu|fig** agg. a due stadi. **zwei|stün|dig** agg. di due ore. **zwei|stünd|lich I** agg. che si ripete ogni due ore; ***in -en Abständen*** a intervalli di due ore **II** avv. ogni due ore.

zweit, ***zu ~*** in due.

zwei|tä|gig agg. di due giorni. **zwei|täg|lich** agg. che avviene ogni due giorni. **Zwei|tak|ter** m. *(-s,-)*, **Zwei|takt|mo|tor** m. *(-s,-en)* motore *m.* a due tempi. **zweit|äl|test...** agg. secondo per (*o* in ordine di) anzianità.

zwei|tau|send agg. duemila. **Zwei|tau|send** f. *(-)* duemila *m.* **Zwei|tau|sen|der** m. *(-s,-)* duemila *m.*, montagna *f.* di duemila metri. **zwei|tau|send|jäh|rig** agg. bimillenario.

Zweit|aus|fer|ti|gung f. *(-,-en)* duplicato *m.* **zweit|best...** agg. secondo (per qualità, per bravura). **Zweit|druck** m. *(-s,-e)* ristampa *f.*

zwei|te agg. **1a** secondo: FIG. ***seine ~ Heimat*** la sua seconda patria; ***aus -r Hand*** di seconda mano **b** *(übertrieben)* ***ein -r Paganini*** un secondo (*o* un altro) Paganini **2** *(im Datum)* due: ***am -n März*** il due marzo; ***Bonn, den -n März*** Bonn, due marzo ◆ ***Friedrich der Zweite*** Federico II; ***das ~ Gesicht*** la seconda vista, il terzo occhio; ***der Zweite Weltkrieg*** la seconda guerra mondiale; ***zum Zweiten*** secondo, in secondo luogo. **Zwei|te** m. e f. *(-n,-n)* **1** secondo *m.* (-a *f.*): ***aus dem Rennen als -r hervorgehen*** arrivare secondo nella corsa; ***er ist der ~ von links*** è il secondo da sinistra **2** *(als Monatstag)* due *m.*: ***heute ist der ~*** oggi è il due **3** *(Fahrkarte zweiter Klasse)* biglietto *m.* di seconda classe: ***bitte, einmal -r nach Wien*** un biglietto di seconda per Vienna, per favore.

zwei|tei|len tr. dividere in due. **Zwei|tei|ler** m. *(-s,-)* COLLOQ. due pezzi *m.* **zwei|tei|lig** agg. **1** di (*o* in) due parti, diviso in due parti, bipartito **2** MUS. binario. **Zwei|tei|lung** f. *(-,-en)* divisione *f.* in due parti, bipartizione *f.*

Zwei|te-Klas|se-Wa|gen, Zwei|ter-Klas|se-Wa|gen m. *(-s,-)* vagone *m.* di seconda classe.

Zweit|fahr|zeug n. *(-[e]s,-e)* → **Zweitwagen. Zweit|fri|sur** f. *(-,-en)* EUFEM. = parrucca *f.* **zweit|ge|bo|ren** agg. secondogenito. **zweit|größt...** agg. secondo per (*o* in ordine di) grandezza. **zweit|höchst...** agg. secondo per (*o* in ordine di) altezza. **Zweit|jüngs|te** m. e f. *(-n,-n)* penultimo *m.* (-a *f.*) per età. **zweit|klas|sig** agg. SPREG. di second'ordine, di seconda categoria. **zweit|letzt...** agg. penultimo.

Zwei|tou|ren|(druck)|ma|schi|ne f. *(-,-n)* macchina *f.* da stampa a doppio giro. **zwei|tou|rig** agg. a doppia mandata.

Zweit|pla|cier|te RAR., **Zweit|plat|zier|te** m. e f. *(-n,-n)* secondo (-a) classificato *m.* (-a *f.*). **zweit|ran|gig** agg. **1** di secondaria importanza **2** → **zweitklassig. zweit|schlech|test...** agg. penultimo. **Zweit|schlüs|sel** m. *(-s,-)* seconda chiave *f.* **Zweit|schrift** f. *(-,-en)* duplicato *m.*, copia *f.* **Zweit|stim|me** f. *(-,-n)* seconda votazione *f.* (voto per la lista regionale di un partito).

zwei|tü|rig agg. a due porte.

Zweit|wa|gen m. *(-s,-)* seconda macchina *f.* (*o* auto *f.*). **Zweit|woh|nung** f. *(-,-en)* seconda casa *f.*

Zwei|und|drei|ßigs|tel|no|te f. *(-,-n)* biscroma *f.* **zwei|und|ein|halb** agg.inv. due e mezzo. **Zwei|vier|tel|takt** m. *(-[e]s,-e)* MUS. tempo *m.* di due quarti. **zwei|wer|tig** agg. CHIM. bivalente.

Zwei|zack m. *(-s,-e)* bidente *m.* **zwei|za|ckig** agg. a due punte.

Zwei|zei|ler m. *(-s,-)* distico *m.* **zwei|zei|lig** agg. di due righe.

Zwei|zim|mer|woh|nung f. *(-,-en)* bicamere *m.*, bilocale *m.* **zwei|zü|gig** agg. con due indirizzi, specializzazioni: ***eine -e Schule*** una scuola con due indirizzi. **Zwei|zy|lin|der** m. *(-s,-)* COLLOQ. **1** *(Zwei-*

zylindermotor) due cilindri *m.* **2** *(Fahrzeug)* due cilindri *m.* e *f.* **Zwei|zy|lin|der|mo|tor** m. *(-s,-en)* motore *m.* bicilindrico (*o* a due cilindri). **zwei|zy|lind|rig** agg. a due cilindri.

Zwerch|fell n. *(-s,-e)* ANAT. diaframma *m.* **Zwerch|fell|at|mung** f. *(-)* respirazione *f.* diaframmatica. **zwerch|fell|er|schüt|ternd** agg. **1** ***-es Lachen*** risata convulsa **2** esilarante: ***-e Komik*** comicità esilarante.

Zwerch|haus n. *(-[e]s,-häuser)* abbaino *m.*

Zwerg m. *(-[e]s,-e)* **1** *(in Märchen)* nano *m.*, gnomo *m.* **2** SPREG. *(sehr kleiner Mann)* nano *m.*, nanerottolo *m.* **3** → **Zwergstern.** **zwerg|ar|tig** agg. nano. **Zwerg|baum** m. *(-[e]s,-bäume)* albero *m.* nano. **zwer|gen|haft** agg. nano (anche FIG.). **Zwer|gen|kö|nig** m. *(-[e]s,-e)* re *m.* degli gnomi. **Zwer|gen|volk** n. *(-[e]s)* (popolo *m.* degli) gnomi *m.pl.* **Zwerg|form** f. *(-,-en)* **1** *(von Tieren)* razza *f.* nana **2** *(von Pflanzen)* specie *f.* nana. **zwerg|haft** → **zwergenhaft.** **Zwerg|huhn** n. *(-[e]s,-hühner)* pollo *m.* nano. **Zwerg|hund** m. *(-[e]s,-e)* cane *m.* di razza nana. **zwer|gig** agg. → **zwergenhaft.** **Zwer|gin** f. *(-,-nen)* nana *f.*; SPREG. nanerottola *f.* **Zwerg|kie|fer** f. *(-,-n)* BOT. mugo *m.* **Zwerg|kir|sche** f. *(-,-n)* ciliegio *m.* nano. **Zwerg|männ|chen** n. *(-s,-)* ZOOL. maschio *m.* nano. **Zwerg|maus** f. *(-,-mäuse)* topolino *m.* nano. **Zwerg|pal|me** f. *(-,-n)* palma *f.* nana (*o* da scope, di san Pietro). **Zwerg|pflan|ze** f. *(-,-n)* pianta *f.* nana. **Zwerg|pu|del** m. *(-s,-)* barboncino *m.* **Zwerg|schu|le** f. *(-,-n)* (scuola *f.* con) pluriclasse *f.* **Zwerg|staat** m. *(-[e]s,-en)* staterello *m.* **Zwerg|stern** m. *(-[e]s,-e)* stella *f.* nana. **Zwerg|strauch** m. *(-[e]s,-sträucher)* arbusto *m.* nano. **Zwerg|volk** n. *(-[e]s,-völker)* popolo *m.* di nani; *(Pygmäen)* pigmei *m.pl.* **Zwerg|wuchs** m. *(-es)* nanismo *m.* **zwerg|wüch|sig** agg. nanistico.

Zwet|sche f. *(-,-n)* **1** prugna *f.*, susina *f.* **2** → **Zwetschenbaum.** **Zwet|schen|baum** m. *(-[e]s,-bäume)* prugno *m.*, susino *m.* **Zwet|schen|mus** n. *(-es,-e)* marmellata *f.* di prugne. **Zwet|schen|schnaps** m. *(-es,-schnäpse)*, **Zwet|schen|was|ser** n. *(-s,-wässer)* acquavite *f.* di prugne, prunella *f.* **Zwetsch|ken|knö|del** m. *(-s,-)* AUSTR. INTRAD. (gnocco di patate con una prugna all'interno).

Zwi|ckel m. *(-s,-)* **1** *(Einsatz an Kleidungsstücken)* tassello *m.*; *(am Strumpf)* sprone *m.*; *(am Hemd)* gherone *m.* **2** ARCH. pennacchio *m.* **3** GERG. *(Zweimarkstück)* moneta *f.* da due marchi.

zwi|cken REGION. e AUSTR. **I** tr. e intr. (aus. *haben*) **1** pizzicare, dare un pizzicotto: ***jdm, jdn in die Wange ~*** dare un pizzicotto a qcn., pizzicare qcn. sulla guancia **2** dare fastidio, fare male: ***ihn zwickt der Bauch*** gli fa male la pancia **3** FIG. attanagliare, tormentare, rimordere **4** REGION. *(Fahrkarte)* forare **5** *(mit Klammern befestigen)* pinzare **II** intr. (aus. *haben*) stringere, essere (troppo) stretto. **Zwi|cker** m. *(-s,-)* occhiali *m.pl.* a stringinaso, pincenez *m.* **Zwick|müh|le** f. *(-,-n)* **1** GIOC. mulinello *m.* doppio **2** COLLOQ. *(schwierige Lage)* (bel) pasticcio *m.*, guaio *m.*: ***in einer ~ sein, sitzen*** essere, trovarsi in un bel pasticcio.

Zwie|back m. *(-[e]s,-bäcke* e *-e)* fetta *f.* biscottata.

Zwie|bel f. *(-,-n)* **1** cipolla *f.* **2** *(Spross der Zwiebelpflanzen)* bulbo *m.* **3** COLLOQ. *(Taschenuhr)* cipolla *f.*, cipollone *m.* **4** COLLOQ. *(Haarknoten)* crocchia *f.* **5** → **Zwiebelpflanze 6** → **Zwiebeldach.** **Zwie|bel|dach** n. *(-[e]s,-dächer)* tetto *m.* a bulbo. **Zwie|bel|fisch** m. *(-es,-e)* GERG. TIP. = refuso *m.* **zwie|bel|för|mig** agg. bulboso, bulbiforme. **Zwie|bel|ge|wächs** n. *(-es,-e)* pianta *f.* bulbosa. **Zwie|bel|hau|be** f. *(-,-n)* cupola *f.* a bulbo. **Zwie|bel|ku|chen** m. *(-s,-)* sformato *m.* di cipolle. **Zwie|bel|mar|mor** m. *(-s)* marmo *m.* cipollino. **Zwie|bel|mus|ter** n. *(-s,-)* = decorazione *f.* a motivi floreali stilizzati blu. **zwie|beln** tr. COLLOQ. stuzzicare, tormentare. **Zwie|bel|pflan|ze** f. *(-,-n)* pianta *f.* bulbosa. **Zwie|bel|scha|le** f. *(-,-n)* buccia *f.* di cipolla. **Zwie|bel|sup|pe** f. *(-,-n)* zuppa *f.* di cipolle. **Zwie|bel|turm** m. *(-[e]s,-türme)* campanile *m.* a bulbo.

zwie|fach, zwie|fäl|tig agg. e avv. ANT. → **zweifach.** **zwie|ge|näht** agg. con cucitura doppia. **Zwie|ge|sang** m. *(-[e]s,-gesänge)* canto *m.* a due voci. **Zwie|ge|spräch** n. *(-[e]s,-e)* dialogo *m.* **Zwie|laut** m. *(-[e]s,-e)* dittongo *m.*

Zwie|licht n. *(-[e]s)* penombra *f.* ◆ ***jdn ins ~ bringen*** mettere qcn. in cattiva luce; ***ins ~ geraten*** essere messo in cattiva luce. **zwie|lich|tig** agg. ambiguo, equivoco.

Zwie|na|tur f. *(-)* natura *f.* (*o* qualità *f.*) ambigua.

Zwie|spalt m. *(-[e]s,-e* e *-spälte)* **1** conflitto *m.* (*o* dubbio *m.*) interiore, dilemma *m.*: ***in einen ~ geraten*** entrare in conflitto; ***sich in einem inneren ~ befinden*** avere un dilemma **2** *(Uneinigkeit)* discordia *f.*, contrasto *m.* **zwie|späl|tig** agg. **1** *(von Gefühlen)* conflittuale, contrastante; *(von Natur, Charakter)* contraddittorio **2** *(von Eindrücken)* discordante, discrepante. **Zwie|späl|tig|keit** f. *(-,-en)* **1** *(Widersprüchlichkeit)* conflittualità *f.*, contraddittorietà *f.* **2** discordanza *f.*, discrepanza *f.*

Zwie|spra|che f. *(-,-n)* dialogo *m.*, colloquio *m.*: ***mit jdm ~ halten*** avere un colloquio, dialogare con qcn. **Zwie|tracht** f. *(-)* discordia *f.*, zizzania *f.*: ***~ säen*** seminare zizzania (*o* i semi della discordia). **zwie|träch|tig** agg. discorde, disunito.

Zwilch m. *(-[e]s,-e)* → **Zwillich.** **zwil|chen** agg. di traliccio.

Zwil|le f. *(-,-n)* fionda *f.*

Zwil|lich m. *(-s)* TESS. traliccio *m.*

Zwil|ling m. *(-s,-e)* **1** gemello *m.*, gemella *f.*: ***eineiige, zweieiige -e*** gemelli monozigotici (*o* monovulari, monocoriali), dizigotici (*o* biovulari, bicoriali); ***siamesische -e*** gemelli siamesi **2** pl. ASTR. gemelli *m.pl.*: ***im Zeichen der -e geboren sein*** essere nato nel segno dei gemelli **3** ARM. doppietta *f.*

Zwil|lings|bru|der m. *(-s,-brüder)* fratello *m.* gemello. **Zwil|lings|for|schung** f. *(-,-en)* ricerca *f.* medica condotta sui gemelli. **Zwil|lings|ge|burt** f. *(-,-en)* parto *m.* gemellare. **Zwil|lings|ge|schütz** n. *(-es,-e)* doppietta *f.* **Zwil|lings|ge|schwis|ter** pl. fratelli *m.pl.* gemelli. **Zwil|lings|paar** n. *(-s,-e)* coppia *f.* di gemelli. **Zwil|lings|rei|fen** m. *(-s,-)* pneumatici *m.pl.* accoppiati. **Zwil|lings|schwes|ter** f. *(-,-n)* sorella *f.* gemella.

Zwing|burg f. *(-,-en)* roccaforte *f.*, rocca *f.*

Zwin|ge f. *(-,-n)* **1** morsetto *m.* **2** FAL. sergente *m.* **3** *(am Stock)* puntale *m.*; *(ringförmig)* ghiera *f.*

zwin|gen *(zwang, gezwungen)* **I** tr. **1a** costringere, forzare: ***jdn zu etw. ~*** costringere qcn. a qcs.; ***jdn ~, etw. zu tun*** costringere qcn. a fare qcs. **b** *(nötigen)* costringere, obbligare: ***die Situation zwang uns, rasch zu handeln*** la situazione ci costrinse ad agire in fretta **2** REGION. *(schaffen)* riuscire a fare; ***die Arbeit nicht ~ können*** non venire a capo di un lavoro **II** rifl. **sich ~** (s)forzarsi: ***sich ~, etw. zu essen*** sforzarsi di mangiare qcs.; ***sich zur Heiterkeit ~*** sforzarsi di apparire allegro ◆ ***jdn auf, in die Knie ~*** mettere qcn. in ginocchio; ***jdn ins Joch ~*** soggiogare qcn. **zwin|gend** p.pres. agg. **1** → **zwingen 2** coercitivo, coattivo **3** *(sehr überzeugend)* ***-e Gründe*** motivi plausibili; *(unerlässlich)* ***-e Notwendigkeit*** forza maggiore; *(unwiderlegbar)* ***-e Logik*** logica stringente.

Zwin|ger m. *(-s,-)* **1** serraglio *m.* **2** *(Hundezwinger)* canile *m.* **3** *(Käfig)* gabbia *f.*

Zwing|herr m. *(-n,-en)* despota *m.*, tiranno *m.* **Zwing|herr|schaft** f. *(-,-en)* dispotismo *m.*, tirannia *f.*

Zwing|li|a|ner m. *(-s,-)* zwingliano *m.*, zuingliano *m.*

zwin|ken ANT., **zwin|kern** intr. (aus. *haben*) ammiccare: ***mit den Augen ~*** ammiccare gli occhi.

zwir|beln tr. **1** attorcigliare: ***einen Faden ~*** attorcigliare un filo **2** *(seinen Bart)* arricciarsi: ***seinen Schnurrbart ~*** arricciarsi i baffi.

Zwirn m. *(-[e]s,-e)* filo *m.* da cucire, refe *m.* **zwir|nen** tr. ritorcere. **Zwir|ne|rei** f. *(-,-en)* fabbrica *f.* di filo. **Zwirn|hand|schuh** m. *(-[e]s,-e)* guanto *m.* di filo. **Zwirns|fa|den** m. *(-s,-fäden)* filo *m.* di refe ◆ FIG. ***über einen ~ stolpern*** fallire per un pelo.

zwi|schen prep. + dat e acc. tra, fra: *(lokal)* ***der Abstand ~ den Punkten A und B*** la distanza tra i punti A e B; ***ich setzte mich ~ den Tisch und das Fenster*** mi sedetti tra il tavolo e la finestra; ***das Auto ~ zwei andere parken*** posteggiare l'auto tra altre due; *(temporal)* ***~ dem Aschermittwoch und dem Osterfest liegen 40 Tage*** tra il mercoledì delle ceneri e Pasqua ci sono 40 giorni; ***sein Geburtstag fällt ~ Weihnachten und Neujahr*** il suo compleanno cade tra Natale e Capodanno; *(als Wechselbeziehung)* ***eine Diskussion ~ den Teilnehmern*** una discussione tra i partecipanti; *(als mittlerer Wert einer Skala)* ***eine Farbe ~ Rosa und Rot*** un colore tra il rosa e il rosso; ***ein Preis ~ 100 und 120 Mark*** un prezzo tra i 100 e 120 marchi.

Zwi|schen|akt m. *(-[e]s,-e)* TEATR. intermezzo *m.* **Zwi|schen|akt|mu|sik** f. *(-)* interludio *m.*, intermezzo *m.* (musicale). **Zwi|schen|ap|plaus** m. *(-es,-e)* applauso *m.* a scena aperta. **Zwi|schen|auf|ent|halt** m. *(-[e]s,-e)* sosta *f.*, tappa *f.* intermedia. **Zwi|schen|auf|hei|te|rung** f. *(-,-en)* breve schiarita *f.* **Zwi|schen|aus|lands|ver|kehr** m. *(-[e]s,-e)* traffico *m.* di, in transito. **Zwi|schen|be|mer|kung** f. *(-,-en)* osservazione *f.* (che interrompe). **Zwi|schen|be|richt** m. *(-[e]s,-e)* relazione *f.* provvisoria (*o* interinale). **Zwi|schen|be|scheid** m. *(-[e]s,-e)* risposta *f.* interlocutoria. **zwi|schen|be|trieb|lich** agg. interaziendale. **Zwi|schen|bi|lanz** f. *(-,-en)* bilancio *m.* provvisorio (*o* intermedio). **zwi|schen‿blen|den** tr. CINEM. inserire. **Zwi|schen|blu|tung** f. *(-,-en)* metrorragia *f.* **Zwi|schen|bo|den** m. *(-s,-böden)* doppio fondo *m.* **Zwi|schen|deck** n. *(-[e]s,-e)* interponte *m.* **Zwi|schen|de|cke** f. *(-,-n)* soffitto *m.* intermedio, piano *m.* smorzatore. **Zwi|schen|ding** n. *(-[e]s,-e* e *-er)* COLLOQ. via *f.* di mezzo: ***ein ~ zwischen Wörterbuch und Lexikon*** una via di mezzo tra dizionario ed enciclopedia.

zwi|schen|drein, zwi|schen|drin avv. **1** *(lokal)* in mezzo **2** *(temporal)* frattanto, nel frattempo. **zwi|schen|durch** avv. **1** *(ab und zu)* di tanto in tanto **2** *(in der Zwischenzeit)* frattanto, nel frattempo **3** *(nebenbei)* inoltre, tra l'altro ◆ ***du darfst nicht so viel ~ essen*** non devi mangiare così tanto tra i pasti. **zwi|schen|ein** avv. **1** *(lokal)* in mezzo **2** RAR. *(ab und zu)* di tanto in tanto.

Zwi|schen|eis|zeit f. *(-,-en)* periodo *m.* interglaciale. **zwi|schen|eis|zeit|lich** agg. interglaciale.

Zwi|schen|er|geb|nis n. *(-ses,-se)* risultato *m.* provvisorio. **Zwi|schen|exa|men** n. *(-s,-)* → **Zwischenprüfung.**

Zwi|schen|fall m. *(-[e]s,-fälle)* incidente *m.*: ***es kam zu einem ~*** si verificò un incidente; ***die Veranstaltung verlief ohne Zwischenfälle*** la manifestazione si svolse senza incidenti.

Zwi|schen|far|be f. *(-,-n)* mezzatinta *f.* **zwi|schen‿fi|nan|zie|ren** tr. prefinanziare. **Zwi|schen|fi|nan|zie|rung** f. *(-,-en)* prefinanziamento *m.* **Zwi|schen|form** f. *(-,-en)* forma *f.* intermedia. **Zwi|schen|fra|ge** f. *(-,-n)* domanda *f.* (che interrompe). **Zwi|schen|fut|ter** n. *(-s,-)* controfodera *f.* **Zwi|schen|gas** n. *(-es)* doppietta *f.*: ***~ geben*** fare la doppietta. **Zwi|schen|ge|richt** n. *(-[e]s,-e)* entremets *m.* **Zwi|schen|ge|schoss,** AUSTR. **Zwi|schen|ge|schoß** n. *(-es,-e)* mezzanino *m.*, ammezzato *m.* **Zwi|schen|glied** n. *(-[e]s,-er)* anello *m.* di congiunzione. **Zwi|schen|grö|ße** f. *(-,-n)* taglia *f.*, misura *f.* intermedia.

Zwi|schen|han|del m. *(-s)* commercio *m.* di commissione (*o* transito). **Zwi|schen|händ|ler** m. *(-s,-)* intermediario *m.*

zwi|schen|her RAR., **zwi|schen|hi|nein** SVIZZ. → **zwischendurch.**

Zwi|schen|hirn n. *(-[e]s,-e)* diencefalo *m.* **Zwi|schen|hoch** n. *(-s,-s)* alta pressione *f.* temporanea.

zwi|schen|in|ne → **zwischendrein.**

Zwi|schen|kie|fer, Zwi|schen|kie|fer|kno|chen m. *(-s,-)* (osso *m.*) intermascellare *m.* **zwi|schen|kirch|lich** agg. interconfessionale. **Zwi|schen|kre|dit** m. *(-[e]s,-e)* credito *m.* provvisorio.

Zwi|schen|la|ger n. *(-s,-)* deposito *m.* temporaneo. **zwi|schen‿la|gern** tr. depositare. **Zwi|schen|la|ge|rung** f. *(-,-en)* deposito *m.* temporaneo.

zwi|schen‿lan|den intr. (aus. *sein*) fare scalo: ***auf dem Flug nach Singapur in Bombay ~*** fare scalo a Bombay durante il volo per Singapore. **Zwi|schen|lan|dung** f. *(-,-en)* scalo *m.*

Zwi|schen|lauf m. *(-[e]s,-läufe)* semifinale *f.* **Zwi|schen|lö|sung** f. *(-,-en)* soluzione *f.* provvisoria. **Zwi|schen|mahl|zeit** f. *(-,-en)* spuntino *m.*; *(am Nachmittag)* merenda *f.* **zwi|schen|mensch|lich** agg. interpersonale: ***-e Beziehungen*** rapporti interpersonali. **Zwi|schen|mu|sik** f. *(-)* intermezzo *m.* musicale. **Zwi|schen|pau|se** f. *(-,-n)* intervallo *m.*, break *m.* **Zwi|schen|pro|dukt** n. *(-[e]s,-e)* prodotto *m.* intermedio. **Zwi|schen|prü|fung** f. *(-,-en)* esame *m.* preliminare. **Zwi|schen|raum** m. *(-[e]s,-räume)* **1** spazio *m.*: ***einen Meter ~ lassen*** lasciare un metro di spazio **2** *(Abstand)* distanza *f.* **3** *(zeitlicher Abstand)* intervallo *m.* **Zwi|schen|rech|nung** f. *(-,-en)* calcolo *m.* provvisorio. **Zwi|schen|re|gie|rung** f. *(-,-en)* governo *m.* provvisorio. **Zwi|schen|reich** n. *(-[e]s,-e)* **1** interregno *m.* **2** FIG. limbo *m.*

zwi|schen|rein COLLOQ. → **zwischendurch.**

Zwi|schen|ring m. *(-[e]s,-e)* FOT. anello *m.* distanziatore.

Zwi|schen|ruf m. *(-[e]s,-e)* intervento *m.* **Zwi|schen|ru|fer** m. *(-s,-)* chi interviene.

Zwi|schen|run|de f. *(-,-n)* semifinale *f.* **Zwi|schen|sai|son** f. *(-,-s* e AUSTR. *-en)* mezza stagione *f.* **Zwi|schen|satz** m. *(-es,-sätze)* **1** LING. frase *f.*, proposizione *f.* incidentale **2** MUS. movimento *m.* intermedio. **zwi|schen‿schal|ten** tr. EL. inserire. **Zwi|schen|schein** m. *(-[e]s,-e)* certificato *m.* (azionario) provvisorio, interinale *m.* **Zwi|schen|schicht** f. *(-,-en)* strato *m.* intermedio. **Zwi|schen|spiel** n. *(-[e]s,-e)* MUS. TEATR. interludio *m.*, intermezzo *m.* **Zwi|schen|spurt** m. *(-[e]s,-s* e *-e)* SPORT scatto *m.* **zwi|schen|staat|lich** agg. internazionale. **Zwi|schen|sta|di|um** n. *(-s,-stadien)* stadio *m.* intermedio. **Zwi|schen|sta|ti|on** f. *(-,-en)* fermata *f.* intermedia. **Zwi|schen|stock** m. *(-[e]s,-),* **Zwi|schen|stock|werk** n. *(-[e]s,-e)* mezzanino *m.*, ammezzato *m.* **Zwi|schen|stück** n. *(-[e]s,-e)* **1** pezzo *m.* intermedio **2** TEATR. intermezzo *m.* **Zwi|schen|stu|fe** f. *(-,-n)* livello *m.* intermedio. **Zwi|schen|sum|me** f. *(-,-n)* subtotale *m.*, totale *m.* parziale. **Zwi|schen|stun|de** f. *(-,-n)* ora *f.* libera. **Zwi|schen|text** m. *(-[e]s,-e)* didascalia *f.*, commento *m.* **Zwi|schen|ti|tel** m. *(-s,-)* **1** CINEM. didascalia *f.* **2** TIP. titolo *m.* interno. **Zwi|schen|ton** m. *(-[e]s,-töne)* tinta *f.* intermedia, sfumatura *f.*: ***ein ~ zwischen Blau und Violett*** una tinta intermedia tra il blu e il violetto. **Zwi|schen|trä|ger** m. *(-s,-)* delatore *m.* **Zwi|schen|tür** f. *(-,-en)* porta *f.* di comunicazione. **Zwi|schen|wand** f. *(-,-wände)* parete *f.* divisoria. **Zwi|schen|wir|bel|schei|be** f. *(-,-n)* ANAT. disco *m.* intervertebrale. **Zwi|schen|wirt** m. *(-[e]s,-e)* BOT. MED. ospite *m.* intermedio. **Zwi|schen|zahn|laut** m. *(-[e]s,-e)* LING. (consonante *f.*) interdentale *f.*

Zwi|schen|zei|le f. *(-,-n)* TIP. interlinea *f.* **zwi|schen|zei|lig** agg. interlineare.

Zwi|schen|zeit f. *(-,-en)* tempo *m.* intermedio: SPORT ***eine gute ~ haben, laufen*** avere, riportare un buon tempo intermedio ◆ ***in der ~*** nel frattempo. **zwi|schen|zeit|lich** avv. frattanto, nel frattempo.

Zwi|schen|zell|raum m. *(-[e]s,-räume)* BIOL. spazio *m.* intercellulare. **Zwi|schen|zeug|nis** n. *(-ses,-se)* **1** SCOL. pagella *f.* **2** *(in einem Betrieb)* attestato *m.* di capacità. **Zwi|schen|ziel** n. *(-[e]s,-e)* traguardo *m.*, obiettivo *m.* intermedio. **Zwi|schen|zins** m. *(-es,-en* e *-e)* ECON. interesse *m.* intercalare.

Zwist m. *(-[e]s,-e)* disaccordo *m.*, dissidio *m.*: ***einen ~ mit jdm haben*** avere un dissidio con qcn.; ***einen ~ austragen, beilegen*** risolvere, appianare un dissidio; ***mit jdm in ~ geraten*** entrare in disaccordo con qcn. ◆ ***den alten ~ begraben*** mettere da parte i vecchi rancori. **zwis|tig** agg. ANT. discorde. **Zwis|tig|keit** f. *(-,-en)* diverbio *m.*, litigio *m.*

zwit|schern I intr. (aus. *haben*) cinguettare **II** tr. cantare: ***ein Lied ~*** cantare una canzone ◆ COLLOQ. ***einen ~*** bersi un bicchierino.

Zwit|ter m. *(-s,-)* **1** BIOL. BOT. ermafrodita *m.*, ermafrodito *m.* **2** FIG. ibrido *m.*, incrocio *m.*: ***ein ~ aus A und B*** un incrocio di A e B. **Zwit|ter|bil|dung** f. *(-,-en)* formazione *f.* ibrida. **Zwit|ter|blü|te** f. *(-,-n)* BOT. fiore *m.* ermafrodito. **Zwit|ter|ding** n. *(-[e]s,-er* e *-e)* RAR. ibrido *m.*, incrocio *m.* **Zwit|ter|form** f. *(-,-en)* forma *f.* ibrida. **Zwit|ter|ge|schöpf** n. *(-[e]s,-e)* creatura *f.* ibrida.

zwit|ter|haft agg. ibrido. **Zwit|ter|haf|tig|keit** f. *(-)* → **Zwittrigkeit.**

zwit|te|rig → **zwittrig.**

Zwit|ter|stel|lung f. *(-,-en)* posizione *f.* ambigua. **Zwit|ter|tum** n. *(-s)* → **Zwittrigkeit.** **Zwit|ter|we|sen** n. *(-s)* **1** → **Zwittrigkeit** **2** formazione *f.* ibrida.

zwitt|rig agg. **1** BIOL. BOT. ermafrodito **2** FIG. ambiguo. **Zwitt|rig|keit** f. *(-)* **1** BIOL. BOT. ermafroditismo *m.* **2** FIG. ambiguità *f.*

zwo agg. inv. COLLOQ. due: ***verbinden Sie mich bitte mit der Nummer drei ~ drei sechs*** per favore mi passi il numero tre due tre sei.

zwölf agg.inv. **1** dodici: ***in ~ Tagen*** fra dodici giorni; ***die ~ Apostel*** i dodici apostoli; ***die ~ Monate des Jahres*** i dodici mesi dell'anno; ***mit der Linie ~ fahren*** prendere il dodici (linea del tram o del bus) **2** *(zwölf Uhr)* le dodici: ***gegen ~ Uhr*** verso le dodici; ***um ~*** alle dodici; ***es war halb ~*** erano le undici e mezza; ***ein Viertel vor (***RAR. ***auf), nach ~*** le dodici meno un quarto (*o* un quarto alle dodici), le dodici e un quarto ◆ ***eine Maßnahme fünf vor ~ treffen*** = prendere un provvedimento all'ultimo momento (*o* minuto). **Zwölf** f. *(-,-en)* dodici *m.*; COLLOQ. *(Straßenbahn, Bus)* ***die ~*** il dodici; ***hier hält nur die ~*** qui ferma solo il dodici. **Zwölf|eck** n. *(-[e]s,-e)* dodecagono *m.* **zwölf|eckig** agg. dodecagonale. **Zwöl|fer** m. *(-s,-)* REGION. → **Zwölf.** **zwöl|fer|lei I** agg.inv. dodici... (diversi), di dodici tipi **II** pron. dodici cose *f.pl.* (diverse).

zwölf|fach I agg. di dodici volte **II** avv. dodici volte. **Zwölf|fa|che** n. *(-n)* dodici volte *f.pl.*: ***um das ~ erhöhen*** aumentare qcs. dodici volte tanto (*o* di dodici volte).

Zwölf|fin|ger|darm m. *(-[e]s,-därme)* duodeno *m.* **Zwölf|fin|ger|darm|ge|schwür** n. *(-s,-e)* ulcera *f.* duodenale.

Zwölf|flach n. *(-[e]s,-e),* **Zwölf|fläch|ner** m. *(-s,-)* dodecaedro *m.*

zwölf|hun|dert agg.inv. milleduecento.

zwölf|jäh|rig agg. di dodici anni: ***ein -er Junge*** un ragazzo di dodici anni. **zwölf|jähr|lich I** agg. che avviene (*o* ricorre) ogni dodici anni; ***in -en Abständen*** a intervalli di dodici anni **II** avv. ogni dodici anni.

zwölf|mal avv. dodici volte. **zwölf|ma|lig** agg. di dodici volte.

Zwölf|mei|len|zo|ne f. *(-,-n)* MAR. zona *f.* delle dodici miglia. **zwölf|sil|big** agg. dodecasillabo, di dodici sillabe.

zwölft, ***zu ~*** in dodici.

Zwölf|ta|fel|ge|set|ze pl. leggi *f.pl.* delle dodici tavole.

zwölf|te agg. **1** dodicesimo **2** *(im Datum)* dodici: ***am -n März*** il dodici marzo; ***Bonn, den -n Mai*** Bonn, dodici maggio.

zwölf|tel agg.inv. dodicesimo. **Zwölf|tel** n. *(-s,-)* dodicesimo *m.*, dodicesima parte *f.*

zwölf|tens avv. in dodicesimo luogo, dodicesimo.

Zwölf|ton|mu|sik f. *(-)* musica *f.* dodecafonica. **Zwölf|ton|tech|nik** f. *(-)* dodecafonia *f.*, tecnica *f.* seriale.

Zwölf|zy|lin|der m. *(-s,-)* **1** *(Zwölfzylindermotor)* dodici cilindri *m.* **2** *(Fahrzeug)* dodici cilindri *m.* e *f.* **Zwölf|zy|lin|der|mo|tor** m. *(-s,-en)* motore *m.* a dodici cilindri. **zwölf|zy|lind|rig** agg. a dodici cilindri.

zwo|te agg. COLLOQ. → **zweite.** **zwo|tens** avv. COLLOQ. → **zweitens.**

z. Wv. ⇒ *zur Wiedervorlage* da ripresentare.

z. w. V. ⇒ *zur weiteren Veranlassung* per ulteriori disposizioni.

Zy|an n. *(-s)* cianogeno *m.* **Zy|a|nat** n. *(-[e]s)* cianato *m.*

Zy|a|ne f. *(-,-n)* LETT. ciano *m.*

Zy|a|nid n. *(-s,-e)* cianuro *m.* **Zy|an|ka|li, Zy|an|ka|li|um** n. *(-s)*

cianuro *m.* di potassio.
Zy|a|no|se f. *(-,-n)* cianosi *f.* **zy|a|no|tisch** agg. cianotico.
Zy|a|no|ty|pie f. *(-,-n)* cianotipia *f.*
Zy|gä|ne f. *(-,-n)* zigena *f.*
Zy|go|ma n. *(-s, Zygomata)* zigomo *m.* **zy|go|morph** agg. zigomorfo. **Zy|go|te** f. *(-,-n)* zigote *m.*
Zyk|la|den n.pr.pl. Cicladi *f.pl.*
Zyk|la|me f. *(-,-n)* AUSTR., **Zyk|la|men** n. *(-s,-)* ciclamino *m.*
Zyk|li|ker m. *(-s,-)* poeta *m.* ciclico. **zyk|lisch I** agg. ciclico **II** avv. ciclicamente. **Zyk|lo|i|de** f. *(-,-n)* cicloide *f.*
Zyk|lon m. *(-s,-e)* ciclone *m.* (anche TECN.). **Zyk|lo|ne** f. *(-,-n)* METEOR. ciclone *m.*, area *f.* ciclonica.
Zyk|lop m. *(-en,-en)* ciclope *m.* **Zyk|lo|pen|mau|er** f. *(-,-n)* mura *f.pl.* ciclopiche. **zyk|lo|pisch** agg. ciclopico.
zyk|lo|thym agg. ciclotimico. **Zyk|lo|thy|mie** f. *(-)* ciclotimia *f.*
Zyk|lot|ron n. *(-s,-s* e *-e)* ciclotrone *m.*
Zyk|lus m. *(-, Zyklen)* ciclo *m.* (anche ECON. MED. MAT.) ◆ ***in einem ~ ablaufen*** avere un andamento ciclico.
Zy|lin|der m. *(-s,-)* **1** GEOM. MECC. cilindro *m.* **2** *(Zylinderhut)* cilindro *m.*, tuba *f.*: ***einen ~ tragen*** portare un cilindro **3** *(von Petroleumlampe)* tubo *m.* (di vetro), cartoccio *m.* **Zy|lin|der|block** m. *(-s, -blöcke)* TECN. blocco *m.* cilindri, monoblocco *m.* **zy|lin|der|för|mig** agg. cilindrico, a forma di cilindro. **Zy|lin|der|glas** n. *(-es, -gläser)* lente *f.* cilindrica. **Zy|lin|der|hut** m. *(-[e]s,-hüte)* cappello *m.* a cilindro. **Zy|lin|der|in|halt** m. *(-s,-e)* **1** GEOM. volume *m.* del cilindro **2** TECN. cilindrata *f.* **Zy|lin|der|kopf** m. *(-[e]s,-köpfe)* TECN. testata *f.* **Zy|lin|der|kopf|dich|tung** f. *(-,-en)* guarnizione *f.* della testata. **Zy|lin|der|man|tel** m. *(-s,-mäntel)* GEOM. superficie *f.* laterale. **zy|lind|risch** agg. cilindrico.
Zy|ma|se f. *(-)* zimasi *f.*
Zym|bal → **Zimbal.**
Zy|ne|ge|tik f. *(-)* cinegetica *f.* **zy|ne|ge|tisch** agg. cinegetico.
Zy|ni|ker m. *(-s,-)* cinico *m.* **zy|nisch I** agg. cinico **II** avv. cinicamente. **Zy|nis|mus** m. *(-, Zynismen)* cinismo *m.*
Zy|per|gras n. *(-es,-gräser)* ciperacea *f.* **Zy|pern** n.pr.n. *(-s)* Cipro *m.* **Zyp| rer** m. *(-s,-)* cipriota *m.*
Zyp|res|se f. *(-,-n)* cipresso *m.* **zyp|res|sen** agg. di (legno di) cipresso. **Zyp|res|sen|hain** m. *(-s,-e)* cipresseto *m.*, cipressaia *f.* **Zyp|res|sen|holz** n. *(-es)* legno *m.* di cipresso. **Zyp|res|sen|öl** n. *(-s)* essenza *f.* di cipresso.
Zyp|ri|er m. *(-s,-)*, **Zyp|ri|ot** m. *(-en,-en)* cipriota *m.* **zyp|ri|o|tisch, zyp|risch** agg. cipriota, ANT. LETT. ciprio.
zy|ril|lisch agg. cirillico.
Zys|tal|gie f. *(-)* cistalgia *f.* **Zys|te** f. *(-,-n)* cisti *f.*, ciste *f.* **Zys|tek|to|mie** f. *(-,-n)* cistectomia *f.*
Zys|tin n. *(-s)* cistina *f.* **zys|tisch** agg. cistico. **Zys|ti|tis** f. *(-, Zystitiden)* cistite *f.* **Zys|to|skop** n. *(-s,-e)* cistoscopio *m.* **Zys|to|sko|pie** f. *(-,-n)* cistoscopia *f.*
Zy|to|de f. *(-,-n)* citode *m.* **zy|to|gen** agg. citogeno. **Zy|to|lo|gie** f. *(-)* citologia *f.* **zy|to|lo|gisch** agg. citologico. **Zy|to|plas|ma** n. *(-s, -plasmen)* citoplasma *m.* **Zy|to|so|ma** n. *(-s,-ta)* citosoma *m.*
Zy|to|sta|ti|kum n. *(-s,-statika)* citostatico *m.* **zy|to|sta|tisch** agg. citostatico.
Zy|to|stom n. *(-s,-e)*, **Zy|to|sto|ma** n. *(-s,-ta)* citostoma *m.*
Zz. ⇒ *Zinszahl* numero per il calcolo degli interessi.
z. Z., z. Zt. ⇒ *zur Zeit* al momento.

italiano
tedesco

italienisch
deutsch

A

a, A f. e m.inv. a, A *n.*: **una A maiuscola, una a minuscola** ein großes A, ein kleines a ◆ **non dire né a né ba** keinen Ton sagen; SPORT *(serie A)* **una squadra dell'A** eine Erstligamannschaft; **salire nell'A** in die erste Liga auf‿steigen; **dalla a alla zeta** von A bis Z.

a prep. (artcl. **al**, **allo**, **alla**, **all'**; pl. **ai**, **agli**, **alle**; forma eufonica **ad**) **1** *(complemento di termine: tradotto spesso col dat.)* **dare, dire qcs. a qcn.** jdm etw. geben, sagen; **rivolgersi a qcn.** sich an jdn wenden; **rispondere a un saluto, a una lettera** einen Gruß erwidern, auf einen Brief antworten (*o* einen Brief beantworten) **2a** *(moto a luogo)* nach + dat., zu + dat., in + acc., auf + acc.: **andare a casa, a scuola, alla stazione** nach Hause, in die Schule, zum Bahnhof gehen; **andare al cinema, al mercato, a una festa, allo stadio** ins Kino, auf den Markt, auf ein Fest, ins Stadion gehen; **andare a Roma** nach Rom fahren **b** *(vicino a)* an + acc. **andare alla porta, alla lavagna** an die Tür, an die Tafel gehen; **andare al mare** ans Meer fahren **c** *(con nomi geografici)* nach: **spedire un pacco a Parigi** ein Paket nach Paris schicken **d** *(distanza)* SPORT **lanciare il martello a 50 m** den Hammer 50 m weit schleudern e FIG. **giungere a una decisione, a una soluzione, allo scopo** zu einer Entscheidung, Lösung kommen, seinen Zweck erreichen **3a** *(stato in luogo)* in + dat., auf + dat., zu + dat.: **restare a casa, a letto** zu Hause, im Bett bleiben; **l'ufficio è al terzo piano** das Büro ist im dritten Stock; **a pagina 8** auf Seite 8 **b** *(vicino a)* an + dat.: **essere alla finestra** am Fenster stehen; **stare al sole, al freddo** in der Sonne liegen, in der Kälte stehen **c** *(con nomi geografici)* in + dat.: **abitare a Roma** in Rom wohnen **d** *(rif. a battaglie)* bei + dat.: **Napoleone vinse ad Austerlitz** Napoleon siegte bei Austerlitz **e** *(distanza)* entfernt: **la posta è a cento metri** die Post ist hundert Meter entfernt; **a cinque chilometri da qui** 5 Kilometer von hier (entfernt); **a due passi da casa** wenige Schritte von zu Hause **f** *(presso)* bei + dat., an + dat.: **lavorare all'università, alla FIAT, alla posta** an der Universität, bei FIAT, bei der Post arbeiten **4a** *(temporale)* zu + dat.: **a Natale, Pasqua** (zu) Weihnachten, Ostern; **ai tempi di Dante** zur Zeit Dantes **b** *(rif. a mesi)* in + dat.: **a maggio** im Mai; **a fine maggio** Ende Mai **c** *(rif. a parti della giornata)* an + dat.: **alla sera** am Abend **d** *(rif. a ore)* um: **alle 10, a mezzanotte** um 10 Uhr, um Mitternacht; **a mezzogiorno** am Mittag, zu Mittag **e al lunedì, alla domenica** montags, sonntags **f al tramonto, all'alba** bei Sonnenuntergang, Tagesanbruch **g** *(a distanza di)* **a dieci anni dal grave incidente** zehn Jahre nach dem schweren Unfall; **a un mese di distanza** nach einem Monat **h** *(al momento di; tradotto anche con una secondaria)* bei + dat.: **alla partenza del treno** bei Abfahrt des Zuges; **non trovò nessuno al suo arrivo a casa** er traf niemand an, als er nach Hause kam **5** *(rif. a età)* mit + dat.: **a dieci anni** mit zehn Jahren; **a quell'età si è ancora immaturi** in diesem Alter ist man noch unreif **6** *(rif. a pene)* zu + dat.: **condannare qcn. a morte, a 10 mesi, all'ergastolo** jdn zum Tode, zu zehn Monaten, zu lebenslänglich verurteilen **7** *(prezzo o misura)* zu + dat., für + acc.: **vendere vino a 3000 lire il, al litro** Wein für 3000 Lire pro Liter verkaufen **8** *(vantaggio, svantaggio; spesso tradotto col dativo)* zu + dat., für + acc.: **fare qcs. a favore, ai danni di qcn.** etw. zu jds Gunsten, Schaden tun; **nuocere, far bene alla salute** der Gesundheit schaden, dienen (*o* gut tun) **9** *(fine o scopo)* **andare a passeggio** spazieren gehen; **direttore delle vendite** Verkaufsleiter *m.* **10** *(modo o maniera; spesso tradotto con avverbi)* mit + dat., zu + dat.: **a cavallo, a piedi** zu Pferd, zu Fuß; **ad alta voce** laut; **a grande velocità** mit großer Geschwindigkeit; **lavorare ai ferri** stricken; **un uomo all'antica** ein Mann alter Schule **11** *(con valore strumentale: generalmente tradotto con composti)* **riscaldamento a metano** Gasheizung *f.*; **motore a benzina** Benzinmotor *m.*; **barca a remi, a vela** Ruder-, Segelboot *n.* **12a** *(designazione di una caratteristica: generalmente tradotto con aggettivi o composti)* **letto a due piazze** Doppelbett *n.*; **auto a due posti** zweisitziger Wagen; **edificio a cinque piani** fünfstöckiges Gebäude; **strumento a fiato, a corde** Blas-, Saiteninstrument *n.*; **un contratto a tre mesi, a breve, lungo termine** ein dreimonatiger, kurz-, langfristiger Vertrag; **valigia a doppio fondo** Koffer *m.* mit doppeltem Boden **b** *(somiglianza)* **naso a patata** Kartoffelnase *f.*; **gambe a X** X-Beine **13** *(secondo)* nach + dat.: **a mio parere** meiner Meinung nach; **a suo piacimento** nach (Ihrem) Belieben; **vestire alla moda** sich nach der Mode kleiden **14a** *(con valore distributivo; tradotto con avv. o locuzioni avverbiali)* **a uno a uno, a tre a tre** einer nach dem anderen, immer zu dritt; **a dozzine, centinaia** dutzendweise, zu Hunderten; **a gruppi di dieci** in Zehnergruppen **b** pro: **2000 lire al chilo** 2000 Lire pro Kilo; **100 chilometri all'ora** hundert Kilometer pro Stunde; **due, tre volte al giorno** zweimal, dreimal am Tag **15** MAT. **due alla seconda (al quadrato), alla terza (al cubo)** zwei hoch zwei (*o* im Quadrat), hoch drei; **elevare un numero alla potenza** eine Zahl in die Potenz erheben **16a** *(prima dell'infinito)* zu: **cominciò a piangere** er fing zu weinen an (*o* er fing an zu weinen); *(con alcuni verbi; non tradotto)* **andare a ballare, a nuotare** tanzen, schwimmen gehen; **aiutare qcn. a portare la valigia** jdm den Koffer tragen helfen **b** *(con valore finale)* um... zu: **si sporse a guardare** er lehnte sich hinaus, um zu schauen **c** *(con valore condizionale)* wenn: **a pensarci bene** wenn man es recht überlegt **d** *(con valore causale)* **hai fatto bene a non dire niente** es war gut, dass du nichts gesagt hast **e** *(con valore temporale)* **solo a pensarci sto male** wenn ich nur daran denke, geht es mir schon schlecht **f** *(con valore relativo)* **fui l'ultimo a vederlo** ich war der letzte, der ihn gesehen hat; **è l'unico a saperlo** er ist der Einzige, der es weiß **17** *(seguito da infinito sostantivato)* bei + dat.: **al cessare della musica** beim Aufhören der Musik **18** *(in locuzioni avverbiali)* **a caso** aufs Geratewohl, auf gut Glück; **a stento** mit Mühe; **a poco a poco** nach und nach; **faccia a faccia** von Angesicht zu Angesicht; **alla rinfusa** durcheinander **19** *(con determinati aggettivi, sostantivi, verbi)* **adatto, utile a qcs.** geeignet, nützlich für (o zu) etw.; **capace, disposto a qcs.** fähig, bereit zu etw.; **essere simile, uguale a qcn.** jdm ähnlich, gleich sein; **attitudine a qcs.** Begabung *f.* für etw. ◆ **essere bravo a parole** dem Reden nach tüchtig sein; **a causa di** auf Grund von; **davanti a** vor; **a destra** rechts: **svoltare, guardare a destra** nach rechts ab‿biegen, sehen; **di qui a un anno** in einem Jahr: **al diavolo!** zum Teufel! hol's der Teufel! **a domani!** bis morgen! **dall'oggi al domani** von heute auf morgen; **ad esempio** zum Beispiel; **fino a** bis + acc., bis zu + dat., bis an + acc., bis auf + acc.: **contare fino a dieci** bis zehn zählen; **fino al soffitto, fino a terra** bis zur (*o* an die) Decke, bis zum Boden; **i capelli le arrivano fino alle spalle** die Haare reichen ihr bis auf die Schultern; **di fronte a** vor + dat., gegenüber + dat.; **giocare a carte, a tennis, a calcio** Karten, Tennis, Fußball spielen; **a giorni** in wenigen Tagen; **a primavera inoltrata** im späten Frühling; **intorno a** rund um; **al ladro!** haltet den Dieb! **in mezzo a** inmitten von; **oltre a** außer + dat.; **prendere ad esempio, a modello** als, zum Beispiel, Modell nehmen; **a presto!** bis bald! **(in) quanto a voi...** was euch betrifft...; **a sinistra** links: **svoltare, guardare a sinistra** nach links ab‿biegen, sehen; COLLOQ. **come stiamo a soldi?** wie steht's (*o* geht's) finanziell? **riconoscere qcs. al tatto** etw. beim Berühren erkennen; **sedere a tavola** bei Tisch sitzen; **vicino a qcn., qcs.** neben jdm, etw.; *(moto a luogo)* neben jdn, etw.; **vincere a carte, al lotto** beim Kartenspiel, im Lotto gewinnen.

a. ⇒ *anno* Jahr (J.).

A ⇒ *Autostrada* Autobahn (A).

A. ⇒ *Altezza* Hoheit.

AA.VV. ⇒ *autori vari* verschiedene Autoren.

a|ba|co m. *(-chi)* **1** Abakus *m.* (anche ARCH.) **2** ANT. *(manualetto di aritmetica)* Rechenbuch *n.*

a|ba|des|sa → **badessa. a|ba|di|a** → **badia.**

a|ba|si|a f. Abasie *f.*

a|ba|te m. **1** Abt *m.* **2** *(titolo di sacerdoti)* Abbé *m.* **a|ba|ti|no** m. junger Priester *m.*
abat-jour [aba'ʒu:r] m.inv. **1** Lampenschirm *m.* **2** Nachttischlampe *f.*
a|ba|zi|a → **abbazia.**
ab|bac|chia|men|to m. **1** COLLOQ. Niedergeschlagenheit *f.* **2** *(bacchiamento)* Herunterschlagen *n.*, Abschlagen *n.* **ab|bac|chia|re** *(abbacchio, abbacchi)* **I** tr. **1** COLLOQ. nieder‿drücken, demütigen **2** *(bacchiare)* herunter‿schlagen, ab‿schlagen **II** pronom. **abbacchiarsi** COLLOQ. mutlos werden, den Mut verlieren.
ab|bac|chia|to p.pass. agg. **1** → **abbacchiare 2** COLLOQ. *(avvilito)* geknickt. **ab|bac|chia|tu|ra** f. **1** Abschlagen *n.*, Herunterschlagen *n.* **2** *(periodo dell'abbacchiatura)* = Zeit *f.* der Kastanien-, Nuss-, Olivenernte.
ab|bac|chio m. *(-chi)* REGION. **1** geschlachtetes Lamm *n.* **2** GASTR. INTRAD. römischer Lammbraten.
ab|ba|ci|na|men|to m. Blendung *f.*, Blenden *n.* **ab|ba|ci|na|re** tr. *(abbacino)* **1** blenden: ***far ~ il nemico sconfitto*** den besiegten Gegner blenden lassen **2** FIG. *(ingannare)* verblenden.
ab|ba|co → **abaco.**
ab|ba|des|sa → **badessa. ab|ba|di|a** → **badia.**
ab|ba|glia|men|to m. Blendung *f.* **ab|ba|glian|te I** agg. **1** → **abbagliare 2** *(di luce)* blendend, grell **II** m. Fernlicht *n.* **ab|ba|glia|re** *(abbaglio, abbagli)* **I** tr. **1** blenden **2** FIG. *(ingannare)* blenden, verblenden **II** intr. (aus. *avere*) blenden. **ab|ba|glia|to** p.pass. agg. **1** → **abbagliare 2** geblendet, verblendet ◆ ***restare ~*** geblendet werden.
1.ab|ba|glio m. *(-gli)* **1** → **abbagliamento 2** FIG. *(svista)* Versehen *n.* ◆ ***prendere un ~*** einen Bock schießen.
2.ab|ba|gli|o m. andauerndes, starkes Blenden *n.*
ab|ba|ia|men|to m. Bellen *n.*
ab|ba|ia|re intr. *(abbaio, abbai;* aus. *avere)* **1** bellen **2a** FIG. *(di persona; gridare)* brüllen, schreien **b** anblaffen ◆ ***~ alla luna*** den Mond an‿bellen; PROV. ***can che abbaia non morde*** Hunde, die bellen, beißen nicht. **ab|ba|ia|ta** f. Gebell *n.*
ab|ba|i|no m. Dachgaube *f.*, Dachgaupe *f.*
1.ab|ba|io m. *(-ai)* Bellen *n.*
2.ab|ba|i|o m. *(-ii)* dauerndes Bellen *n.*
ab|ban|do|na|re I tr. **1** verlassen: ***~ la casa, moglie e figli*** das Haus, Frau und Kinder verlassen; ***~ qcn. in difficoltà*** jdn, der in Not ist, verlassen; ***la speranza abbandona qcn.*** die Hoffnung verlässt jdn **2** FIG. *(allontanarsi da)* los‿lassen: ***questo pensiero non mi abbandona*** dieser Gedanke lässt mich nicht los **3** *(lasciare senza protezione o aiuto)* preis‿geben, aus‿liefern, überlassen: ***~ qcn., qcs. al nemico*** jdn, etw. dem Feind preisgeben; ***~ gli edifici al degrado*** die Gebäude dem Verfall preisgeben **4** *(neonati, animali)* aus‿setzen: ***~ un cane in autostrada, un neonato nel cassonetto*** einen Hund auf der Autobahn, ein Neugeborenes in der Mülltonne aussetzen **5** *(lasciare in abbandono)* verwahrlosen lassen: ***~ un giardino*** einen Garten verwahrlosen lassen **6** *(reclinare)* sinken lassen: ***~ il capo sul cuscino*** den Kopf auf das Kissen sinken lassen **7a** *(rinunciare a)* auf‿geben, fallen lassen: ***~ vecchi principi, pregiudizi*** alte Prinzipien, Vorurteile aufgeben; ***~ un progetto*** einen Plan fallen lassen **b** nieder‿legen: ***~ una carica*** ein Amt niederlegen (*o* aufgeben) **8a** *(ritirarsi da)* ***~ un affare*** aus einem Geschäft aus‿steigen **b** *(uscire da)* ***~ il partito*** aus der Partei aus‿treten (*o* aus‿scheiden) **9** *(disfarsi di)* fallen lassen, zurück‿lassen: ***~ la refurtiva*** die Diebesbeute zurücklassen **10** SPORT ***~ (la gara)*** (den Wettkampf) auf‿geben **11** DIR. abandonnieren **II** pronom. **abbandonarsi 1** sich hin‿geben, sich preis‿geben: ***-rsi a qcn., qcs.*** sich jdm, etw. hingeben (*o* preisgeben) **2** *(di sentimenti)* sich über‿lassen: ***-rsi alla disperazione*** sich der Verzweiflung überlassen **3** *(lasciarsi cadere)* sinken: ***-rsi su una poltrona*** in einen Sessel sinken ◆ ***~ un'abitudine*** eine Gewohnheit ab‿legen; ***le forze mi abbandonano*** meine Kräfte lassen nach (die Kräfte verlassen mich); ***~ il mondo*** der Welt entsagen; ***~ la nave*** das Schiff verlassen; ***~ la presa*** los‿lassen; ***~ qcn. a se stesso, alla propria sorte*** jdn sich selbst, seinem Schicksal überlassen; ***~ gli studi*** das Studium auf‿geben.
ab|ban|do|na|to p.pass. agg. **1** → **abbandonare 2a** verlassen: ***una città -a*** eine verlassene Stadt; ***un luogo ~ da Dio*** ein gottverlassenes Nest **b** *(trascurato)* verwahrlost: ***una casa -a*** ein verwahrlostes Haus ◆ ***l'infanzia -a*** Findelkinder *pl.* **ab|ban|do|no** m. **1** Verlassen *n.*: ***~ del tetto coniugale*** Verlassen der ehelichen Wohnung **2** *(stato di abbandono)* Verwahrlosung *f.*; ***un giardino in ~*** ein verwahrloster Garten; ***trovare qcn. in completo stato di ~*** jdn in völlig verwahrlostem Zustand finden; ***lasciare qcs. in ~*** etw. verwahrlosen lassen **3** Aussetzung *f.*: ***~ di un bambino,*** DIR. ***di minore*** Kindesaussetzung *f.* **4** *(cessione)* Preisgabe *f.*, Auslieferung *f.* **5a** *(rinuncia)* Aufgabe *f.* (anche SPORT): ***~ di un progetto*** Aufgabe eines Plans **b** *(di incarichi)* Niederlegung *f.* ◆ ***~ della nave*** Verlassen *n.* des Schiffes; DIR. Abandon *m.* des Schiffes.
ab|bar|ba|glia|men|to m. Blendung *f.* **ab|bar|ba|glia|re** tr. **1** blenden **2** FIG. *(frastornare)* verwirren: ***~ la mente*** den Geist verwirren.
ab|bar|bi|ca|men|to m. Wurzelfassen *n.* **ab|bar|bi|ca|re** *(abbarbico, abbarbichi)* **I** intr. (aus. *avere*) wurzeln **II** pronom. **abbarbicarsi 1** wurzeln, kriechen: ***l'edera si abbarbica al muro*** der Efeu kriecht die Mauer hoch **2** FIG. *(radicarsi)* sich verwurzeln, Wurzeln schlagen: ***-rsi a qcs.*** sich an etw. (A) klammern.
ab|bas|sa|lin|gua m.inv. Zungenspatel *f.*
ab|bas|sa|men|to m. **1** Senken *n.*, Sinken *n.*: ***~ del livello dell'acqua*** Senken des Wasserspiegels **2a** Senkung *f.*, Herabsetzung *f.*: ***~ dei prezzi*** Preissenkung *f.*; ***~ di pressione*** Blutdrucksenkung *f.* **b** *(del terreno)* Absenkung *f.*, Senkung *f.* ◆ ***~ di grado*** Zurückstufung *f.*, Herabsetzung *f.*; ***~ di temperatura*** Temperaturrückgang *m.*; ***~ di voce*** heisere (*o* belegte) Stimme *f.*
ab|bas|sa|re I tr. **1** senken: ***~ lo sguardo, la voce*** den Blick, die Stimme senken; ***~ i prezzi, i costi*** die Preise, die Kosten senken **2a** *(ridurre d'intensità)* niedriger stellen: ***~ il riscaldamento*** die Heizung niedriger stellen **b** *(ridurre d'altezza)* ***~ il seggiolino*** den Hocker niedriger stellen **3** *(portare a un livello più basso)* tiefer legen: ***~ una strada di qualche metro*** eine Straße um einige Meter tiefer legen **4** ***~ (il volume di) qcs.*** etw. leiser stellen **5** *(appendere più in basso)* niedriger hängen: ***~ un quadro*** ein Bild niedriger hängen **6** *(tirare giù)* herunter‿lassen, herab‿lassen: ***~ gli avvolgibili, il sipario*** die Rollläden, den Vorhang herunterlassen; ***~ il finestrino*** das Fenster herunter‿kurbeln **7** *(reclinare)* herunter‿klappen: ***~ il sedile*** den Sitz herunterklappen **8** *(chinare)* neigen, beugen: ***~ il capo in segno di saluto*** den Kopf zum Gruß neigen **9** MUS. vertiefen: ***~ qcs. di un tono*** etw. um einen Ton vertiefen **II** pronom. **abbassarsi 1a** *(diminuire)* sinken, fallen: ***la temperatura, la pressione si abbassa*** die Temperatur, der Blutdruck sinkt **b** sinken, sich senken: ***il terreno si è abbassato*** der Boden hat sich gesenkt (*o* ist gesunken) **2** *(chinarsi)* sich bücken **3a** FIG. ***-rsi a fare qcs.*** sich herab‿lassen, etw. zu tun **b** *(umiliarsi)* sich erniedrigen ◆ ***~ le armi*** die Waffen strecken; ***far ~ la cresta a qcn.*** jdn zusammen‿stauchen; ***~ la cresta*** den Schwanz ein‿ziehen; ***~ i fari*** die Scheinwerfer ab‿blenden; ***~ la guardia*** die Deckung vernachlässigen; FIG. = alle Vorsichtsmaßnahmen außer Acht lassen; ***~ la luce*** das Licht schwächer stellen; ***~ gli occhi*** die Augen nieder‿schlagen; ***~ le orecchie*** die Ohren hängen lassen; GEOM. ***~ la perpendicolare*** die Senkrechte, das Lot fällen; ***~ un primato*** einen Rekord unterbieten; ***~ una siepe*** eine Hecke schneiden; ***abbassa la voce!*** sprich leiser! SCOL. ***~ il voto*** die Note drücken, herab‿setzen.
ab|bas|so I inter. nieder mit...: ***~ il governo!*** nieder mit der Regierung! **II** m.inv. Buhruf *m.* **III** avv. ANT. unten.
ab|ba|stan|za avv. **1** genug: ***avere ~ da mangiare*** genug zu essen haben; ***avere ~ denaro*** genug (*o* genügend) Geld haben **2** *(discretamente)* ziemlich: ***essere ~ giovane, costoso*** ziemlich jung, teuer sein; ***sei soddisfatto? – sì, ~*** bist du zufrieden? – ja, ziemlich ◆ ***averne ~ di qcn., qcs.*** von jdm, etw. genug haben; ***essere ~ forte, grande, vecchio per fare qcs.*** stark, groß, alt genug sein, um etw. zu tun; ***non ne ha mai ~*** er kann nie genug bekommen, kriegen; ***aver ~ per vivere*** genug zum Leben haben.
ab|bat|te|re I tr. **1** ab‿reißen, nieder‿reißen: ***~ una casa, una barriera*** ein Haus abreißen, eine Schranke niederreißen **2a** *(atterrare)* nieder‿schlagen: ***~ qcn. con un pugno*** jdn mit der Faust niederschlagen **b** FIG. *(avvilire)* nieder‿drücken, entmutigen: ***la notizia lo ha abbattuto*** die Nachricht hat ihn niedergedrückt; ***lasciarsi ~*** sich entmutigen lassen **3a** *(animali)* töten **b** *(animali selvatici)* erlegen **c** *(macellare)* schlachten **4** *(alberi)* fällen **5** *(rovesciare)* stürzen: ***~ un regime*** ein Regime stürzen **6** MIL. ab‿schießen: ***~ un aereo*** ein Flugzeug abschießen **II** pronom. **abbattersi 1a** *(cadere)* stürzen, fallen: ***-rsi al suolo*** auf den Boden stürzen **b** *(di fulmine)* ***-rsi su qcs.*** in etw. (A) ein‿schlagen **c** FIG. herein‿brechen: ***una sciagura si abbatté sul paese*** ein Unheil brach über das Land herein **2** *(di fenomeni atmosferici)* nieder‿gehen: ***un temporale si abbatte sulla città*** ein Gewitter geht auf die Stadt nieder **3** FIG. *(avvilirsi)* verzagen, den Mut verlieren.
ab|bat|ti|men|to m. **1** Abreißen *n.*, Niederreißen *n.* **2** *(di alberi)* Fällen *n.* **3a** *(di animali)* Töten *n.* **b** *(di animali selvatici)* Erlegen *n.* **c** *(macellazione)* Schlachten *n.* **4** FIG. *(avvilimento)* Entkräftung *f.*, Niedergeschlagenheit *f.* **5** *(di un aereo)* Abschuss *m.*
ab|bat|tu|ta f. **1** ANT. *(zona di bosco in cui sono stati abbattuti gli alberi)* Hau *m.* **2** *(sbarramento)* Verhau *m.* **ab|bat|tu|to** p.pass. agg. **1** → **abbattere 2** FIG. niedergeschlagen.

ab|ba|zi|a f. Abtei *f.* **ab|ba|zia|le** agg. **1** *(di un'abbazia)* Abtei- **2** *(di abate)* Abts-: ***dignità ~*** Abtswürde *f.*
ab|be|ce|da|rio m. *(-ri)* Abc-Buch *n.*
ab|bel|li|men|to m. **1** Verschönerung *f.* **2** *(ornamento)* Schmuck *m.*, Ausschmückung *f.* **3** MUS. Verzierung *f.*
ab|bel|li|re *(abbellisco, abbellisci)* **I** tr. **1** verschönern, schmücken: ***~ una sala*** einen Saal schmücken **2** FIG. ***~ una storia*** eine Geschichte aus‿schmücken **II** pronom. **abbellirsi** sich heraus‿putzen ◆ ***questa fotografia ti abbellisce*** diese Fotografie schmeichelt dir.
ab|be|ve|rag|gio m. *(-gi)* Tränken *n.* **ab|be|ve|ra|re** *(abbevero)* **I** tr. tränken: ***~ il bestiame*** das Vieh tränken **II** pronom. **abbeverarsi 1** saufen: ***la mandria si abbevera*** die Herde säuft (aus der Tränke) **2** FIG. ***-rsi alle fonti del sapere*** seinen Wissensdurst stillen. **ab|be|ve|ra|ta** f. **1** Tränken *n.* **2** *(abbeveratoio)* Tränke *f.* **ab|be|ve|ra|to|io** m. *(-oi)* Tränke *f.*, Trog *m.*
ab|bi|cì m. Abc(-Buch) *n.* (anche FIG.): ***l'~ dell'informatica*** das Abc der Informatik ◆ ***essere all'~*** in den Anfangsgründen sein.
ab|bien|te I agg. wohlhabend, besitzend **II** m. e f. Wohlhabende *m.* e *f.*, Besitzende *m.* e *f.*
ab|bi|glia|men|to m. Bekleidung *f.*, Kleidung *f.*: ***~ femminile, maschile*** Damen-, Herrenbekleidung *f.*; ***capo d'~*** Kleidungsstück *n.*; ***lavorare nell'~*** in der Bekleidungsbranche arbeiten; ***negozio di ~*** Bekleidungsgeschäft *n.* **ab|bi|glia|re** *(abbiglio, abbigli)* **I** tr. *(vestire)* kleiden, an‿kleiden **II** pronom. **abbigliarsi** sich (sorgfältig) kleiden: ***-rsi per il ballo*** sich für den Ball sorgfältig kleiden.
ab|bi|na|men|to m. Kopplung *f.*, Verbindung *f.* **ab|bi|na|re** tr. **1** (miteinander) verbinden, kombinieren: ***~ blu e bianco*** Blau mit Weiß kombinieren; ***~ le figure alle parole*** die Bilder mit den Wörtern kombinieren **2** *(affiancare)* koppeln: ***~ una terapia farmacologica a una psicologica*** eine medikamentöse Therapie mit einer psychologischen koppeln **3** TESS. ***~ due fili*** dublieren. **ab|bi|na|ta** f. Doppelwette *f.*
ab|bin|do|la|men|to m. Überlistung *f.* **ab|bin|do|la|re** tr. *(abbindolo)* **1** überlisten, umgarnen, ein‿wickeln **2** TESS. auf‿wickeln.
ab|bioc|car|si pronom. *(mi abbiocco, ti abbiocchi)* REGION. einen Müdigkeitsanfall haben. **ab|bioc|co** m. *(-chi)* REGION. Müdigkeitsanfall *m.*
ab|bio|sciar|si pronom. **1** COLLOQ. zusammen‿brechen **2** *(di piante)* welken.
ab|bi|so|gna|re intr. (aus. *avere*) benötigen, brauchen: ***~ di qcs.*** etw. benötigen.
ab|boc|ca|men|to m. **1** Unterredung *f.*, Gespräch *n.* **2** MED. Anastomose *f.* **3** TECN. *(di tubi)* Verbindung *f.*
ab|boc|ca|re *(abbocco, abbocchi)* **I** intr. (aus. *avere*) **1** ***~ (all'amo)*** an‿beißen; FIG. ***finalmente ha abboccato*** endlich hat er angebissen **2** TECN. *(tubi)* ineinander‿passen **II** tr. ineinander passen, zusammen‿fügen **III** pronom. ***abboccarsi (con qcn.)*** (mit jdm) eine Unterredung (*o* ein Gespräch) haben. **ab|boc|ca|to** p.pass. agg. **1** → **abboccare 2** *(di vino)* lieblich.
ab|bo|nac|cia|re *(abbonaccio, abbonacci)* **I** tr. beruhigen **II** pronom. **abbonacciarsi** sich beruhigen, sich besänftigen; *(del vento)* sich legen.
ab|bo|na|men|to m. **1a** Abonnement *n.*: ***~ a qcs.*** Abonnement auf (*o* für) etw.; ***un ~ alla Scala*** ein Abonnement in der (*o* für die) Scala; ***fare l'~ a qcs.*** etw. abonnieren; ***rinnovare l'~ a un giornale*** das Zeitungsabonnement erneuern (*o* verlängern) **b** ***~ in teatro*** Theaterabonnement *n.*, Stammmiete *f.* **2** *(tessera di abbonamento)* Abonnement(s)karte *f.*, Dauerkarte *f.*, Abonnement *n.*; *(per mezzi pubblici)* Zeitkarte *f.*: ***comprare un ~*** eine Zeitkarte lösen **3** RAD. TELEV. *(canone)* Rundfunk- und Fernsehgebühr *f.* ◆ ***~ annuale*** Jahreskarte *f.*, Jahresabonnement *n.*; ***spettacolo in ~*** Abonnement(s)vorstellung *f.*; ***~ mensile*** Monatskarte *f.*; ***~ per la rete*** Netzkarte *f.*; ***~ settimanale*** Wochenkarte *f.*
1.ab|bo|na|re I tr. abonnieren: ***~ qcn. a una rivista*** eine Zeitschrift für jdn abonnieren **II** pronom. ***abbonarsi a qcs.*** etw. abonnieren.
2.ab|bo|na|re → **abbuonare.**
ab|bo|na|to I p.pass. agg. → **abbonare II** m. **1a** Abonnent *m.* **b** *(im Theater)* Stammmieter *m.* **2** TEL. Fernsprechteilnehmer *m.* **3** RAD. TELEV. Rundfunkteilnehmer *m.*, Fernsehteilnehmer *m.* ◆ ***elenco -i*** Fernsprechbuch *n.*, Telefonverzeichnis *n.*, Teilnehmerverzeichnis *n.*; ***essere ~ a qcs.*** auf etw. (A) abonniert sein.
ab|bon|dan|te agg. **1** reichlich: ***porzioni -i*** reichliche Portionen; ***il pullover è ~*** der Pullover ist reichlich **2** *(ricco)* reich, überreich: ***un raccolto ~*** eine reiche Ernte ◆ ***un chilo ~*** ein gutes Kilo; ***un'area ~ di precipitazioni*** ein niederschlagsreiches Gebiet. **ab|bon|dan|te|men|te** avv. reichlich: ***ricompensare ~ qcn.*** jdn reichlich belohnen. **ab|bon|dan|za** f. Überfluss *m.*: ***~ di qcs.*** Überfluss an etw. (D) ◆ ***in ~*** reichlich, in (*o* im) Überfluss, in Hülle und Fülle; ***c'è posto in ~*** es ist reichlich Platz; ***vivere, nuotare nell'~*** im Überfluss leben, schwimmen.
ab|bon|da|re intr. **1** (aus. *essere*) im Überfluss (*o* reichlich) vorhanden sein: ***in questa regione abbondano le piogge, questa regione abbonda di piogge*** dieses Gebiet ist reich an Regenfällen **2** FIG. *(eccedere;* aus. *avere)* ***~ in, di qcs.*** mit etw. übertreiben.
ab|bor|da|bi|le agg. **1** *(sostenibile)* erschwinglich: ***una spesa ~*** eine erschwingliche Ausgabe **2** *(di persona; accessibile)* zugänglich.
ab|bor|dag|gio m. *(-gi)* **1** Entern *n.*, Enterung *f.*: ***andare all'~*** zum Entern an‿setzen **2** FIG. *(approccio)* Annäherungsversuch *m.*: ***tentare l'~ di una ragazza*** bei einem Mädchen einen Annäherungsversuch machen. **ab|bor|da|re** tr. **1** entern **2a** FIG. *(approcciare)* ***~ qcn.*** sich an jdn heran‿machen **b** ***~ una ragazza*** ein Mädchen an‿machen **3** FIG. *(affrontare)* in Angriff nehmen, an‿schneiden: ***~ un argomento spinoso*** ein heikles Thema anschneiden.
ab|bor|rac|cia|men|to m. **1** Pfuscherei *f.*, Stümperei *f.* **2** *(lavoro abborracciato)* Pfuscharbeit *f.* **ab|bor|rac|cia|re** tr. *(abborraccio, abborracci)* verpfuschen, hin‿schludern. **ab|bor|rac|cia|to** p.pass. agg. **1** → **abborracciare 2** verpfuscht, stümperhaft, Pfusch-: ***lavoro ~*** Pfuscharbeit *f.* **ab|bor|rac|cia|to|re** m. Pfuscher *m.* **ab|bor|rac|cia|tu|ra** f. Pfuscherei *f.*, Stümperei *f.*
ab|bor|ri|re → **aborrire.**
ab|bot|to|na|re I tr. knöpfen, zu‿knöpfen: ***~ la giacca*** die Jacke zuknöpfen **II** pronom. **abbottonarsi 1** sich zu‿knöpfen: ***-rsi il cappotto*** sich den Mantel zuknöpfen **2** geknöpft werden: ***la camicetta si abbottona davanti, dietro*** die Bluse wird vorne, hinten geknöpft **3** FIG. COLLOQ. *(mostrarsi riservato)* sich zugeknöpft zeigen. **ab|bot|to|na|to** p.pass. agg. **1** → **abbottonare 2** FIG. COLLOQ. zugeknöpft. **ab|bot|to|na|tu|ra** f. **1** Knopfleiste *f.* **2** *(l'abbottonare)* Zuknöpfen *n.*
1.ab|boz|za|re tr. **1** entwerfen; *(schizzare)* skizzieren: ***~ un quadro, un romanzo*** ein Gemälde skizzieren, einen Roman entwerfen **2** *(fare un disegno preparatorio)* vor‿zeichnen **3** FIG. *(accennare)* an‿deuten: ***~ un sorriso*** ein Lächeln andeuten.
2.ab|boz|za|re intr. (aus. *avere*) COLLOQ. = sich fügen.
ab|boz|za|to p.pass. agg. **1** → **1,2.abbozzare 2** *(in forma di abbozzo)* skizzenhaft. **ab|boz|zo** m. **1** Entwurf *m.*; *(schizzo)* Skizze *f.*, Skizzierung *f.*: ***l'~ di un romanzo*** der Entwurf zu einem Roman; ***fare un ~ di qcs.*** eine Skizze von etw. machen **2** FIG. *(accenno)* Andeutung *f.* **3** BIOL. Embryonalanlage *f.* ◆ ***~ di contratto*** Vertragsentwurf *m.*; ***~ di legge*** Gesetzentwurf *m.*
ab|boz|zo|lar|si pronom. *(mi abbozzolo)* sich ein‿spinnen, verpuppen.
ab|brac|cia|bo|sco m. *(-schi)* Geißblatt *n.*
ab|brac|cia|re *(abbraccio, abbracci)* **I** tr. **1** umarmen **2a** *(comprendere)* umfassen, enthalten: ***~ vasti territori*** weite Gebiete umfassen **b** FIG. *(un lasso di tempo)* umspannen, umfassen **3** FIG. *(scegliere di seguire)* ***~ qcs.*** sich etw. (D) an‿schließen: ***~ un partito, una dottrina*** sich einer Partei, einer Lehre anschließen **II** pronom. **abbracciarsi 1** *(l'un l'altro)* sich (*o* einander) umarmen **2** *(aggrapparsi)* ***-rsi a qcn., qcs.*** sich an jdn, etw. klammern (*o* an‿klammern) ◆ ***~ la causa di qcn.*** für jds Sache ein‿treten; ***~ una fede religiosa*** sich zu einem Glauben bekennen; ***~ una professione*** einen Beruf ergreifen; ***~ qcs. con lo sguardo*** etw. übersehen (*o* überschauen, überblicken); *(come chiusa nelle lettere)* ***ti abbraccio*** alles Liebe.
ab|brac|cio m. *(-ci)* Umarmung *f.*: ***scambiarsi un ~*** sich umarmen ◆ *(come chiusa nelle lettere)* ***un ~*** alles Liebe.
1.ab|bran|ca|re *(abbranco, abbranchi)* **I** tr. **1** *(di animali)* ***~ qcs.*** etw. mit den Krallen packen **2** *(afferrare con forza)* packen, an sich reißen **II** pronom. **abbrancarsi** sich klammern (anche FIG.): ***-rsi a uno scoglio*** sich an einen Felsen klammern.
2.ab|bran|ca|re I tr. zusammen‿treiben: ***~ gli animali*** die Tiere zusammentreiben **II** pronom **abbrancarsi** sich zusammen‿scharen.
ab|bre|via|re *(abbrevio, abbrevi)* **I** tr. kürzen, ab‿kürzen, verkürzen: ***~ un discorso*** eine Rede (ver)kürzen; ***~ un nome*** einen Namen abkürzen **II** pronom. **abbreviarsi** kürzer werden: ***le giornate si abbreviano*** die Tage werden kürzer. **ab|bre|via|ti|vo** agg. abkürzend, Kürzungs-. **ab|bre|via|to** p.pass. agg. **1** → **abbreviare 2** verkürzt, abgekürzt. **ab|bre|via|zio|ne** f. Abkürzung *f.*
ab|bri|va|re I tr. in Fahrt bringen **II** intr. (aus. *avere*) Fahrt auf‿nehmen, aus‿laufen. **ab|bri|vo** m. Fahrt *f.*: ***dare l'~ a qcs.*** etw. in Fahrt bringen ◆ ***prendere l'~*** in Fahrt kommen; FIG. einen Anlauf nehmen, in Schwung kommen.
ab|bron|zan|te I agg. bräunend, Bräunungs-: ***crema ~*** Bräunungscreme *f.* **II** m. Bräunungsmittel *n.* ◆ ***lampada ~*** UV-Lampe *f.*; ***lettino ~*** Sonnenbank *f.* **ab|bron|za|re I** tr. **1** bräunen **2** ARTIG. bron-

zieren **II** intr. (aus. *essere*) braun werden **III** pronom. **abbronzarsi** sich bräunen, braun werden: ***-rsi al sole*** sich in der Sonne bräunen. **ab|bron|za|to** p.pass. agg. **1** → **abbronzare** **2** gebräunt, braun: ***un viso ~*** ein gebräuntes Gesicht; ***essere ~*** braun sein. **ab|bron|za|tu|ra** f. Bräunung *f.* (anche ARTIG.), Bräune *f.*

ab|bru|na|men|to m. **1** Bräunen *n.* **2** *(a lutto)* Umfloren *n.* **ab|bru|na|re** **I** tr. **1** bräunen **2** *(a lutto)* umfloren: ***~ le bandiere*** die Fahnen umfloren **II** pronom. **abbrunarsi** **1** Trauer tragen **2** *(oscurarsi)* dunkel werden. **ab|bru|na|to** p.pass. agg. **1** → **abbrunare** **2** in Trauer ◆ ***bandiera -a*** schwarz umflorte Fahne, Trauerfahne *f.*

ab|bru|ni|re *(abbrunisco, abbrunisci)* tr. **1** *(abbronzare)* bräunen **2** MECC. brunieren.

ab|bru|sto|li|men|to m. Rösten *n.*, Röstung *f.* **ab|bru|sto|li|re** *(abbrustolisco, abbrustolisci)* **I** tr. rösten: ***~ il pane, le castagne*** das Brot, die Kastanien rösten **II** pronom. **abbrustolirsi** sich rösten: ***-rsi al sole*** sich in der Sonne rösten.

ab|bru|ti|men|to m. Verrohung *f.*, Verwilderung *f.* **ab|bru|ti|re** *(abbrutisco, abbrutisci)* **I** tr. verrohen, brutalisieren: ***la prigione lo ha abbrutito*** das Gefängnis hat ihn verroht **II** intr. (aus. *essere*) verrohen, vertieren **III** pronom. **abbrutirsi** verrohen ◆ ***-rsi nell'alcol*** im Alkohol verkommen. **ab|bru|ti|to** p.pass. agg. **1** → **abbrutire** **2** verroht, verkommen: ***~ dalla miseria*** durch Armut verroht.

ab|brut|ti|re *(abbruttisco, abbruttisci)* **I** tr. hässlich machen **II** intr. (aus. *essere*) hässlich werden **III** pronom. **abbruttirsi** **1** sich hässlich machen **2** *(diventare brutto)* hässlich werden.

ab|buf|far|si pronom. sich voll stopfen: ***~ di qcs.*** sich mit etw. voll stopfen. **ab|buf|fa|ta** f. Gelage *n.*

ab|bu|ia|re *(abbuio, abbui)* ANT. **I** tr. **1** ab‿dunkeln, verdunkeln **2** FIG. *(mettere a tacere)* vertuschen, verschleiern **II** intr. (aus. *essere*) dunkel werden, dunkeln **III** pronom. **abbuiarsi** **1** *(del cielo)* dunkel werden, sich verdunkeln **2** FIG. *(di volto, espressione)* sich verfinstern ◆ ***mi si abbuia la vista*** mir wird schwarz vor den Augen.

ab|buo|na|re tr. *(abbuono)* erlassen: ***~ un debito, una pena*** eine Schuld, eine Strafe erlassen. **ab|buo|no** m. **1** Nachlass *m.*, Rabatt *m.*: ***concedere un ~*** einen Rabatt gewähren **2** SPORT Vorgabe *f.* **3** EQUIT. Handicap *n.*

ab|bu|rat|ta|men|to m. **1** Sieben *n.* **2** MED. Battarismus *m.*

ab|bu|rat|ta|re tr. sieben, durch‿sieben: ***~ la farina*** das Mehl sieben.

Ab|ca|sia n.pr.f. Abchasien *n.* **ab|ca|so** **I** agg. abchasisch **II** m. Abchase *m.*

ab|di|ca|re intr. *(abdico, abdichi;* aus. *avere)* **1** ab‿danken: ***il re abdicò*** der König dankte ab **2** *(rinunciare)* ***~ a qcs.*** auf etw. (A) verzichten, etw. (D) entsagen: ***~ al trono, a un diritto*** auf den Thron, auf ein Recht verzichten. **ab|di|ca|ta|rio** agg. *(-ri,-rie)* abdankend: ***re ~*** abgedankter König. **ab|di|ca|zio|ne** f. **1** Abdankung *f.* **2** *(rinuncia)* Verzicht *m.*: ***~ a una carica*** Verzicht auf ein Amt.

ab|du|cen|te agg. abduzierend. **ab|dut|to|re** m. Abduktor *m.* **ab|du|zio|ne** f. Abduktion *f.*

a|be|ce|da|rio → **abbecedario.**

A|be|le n.pr.m. Abel *m.*

a|bel|mo|sco m. *(-schi)* Abelmoschus *m.*

a|ber|ran|te agg. **1** → **aberrare** **2** abweichend: ***un comportamento ~*** ein abweichendes Verhalten. **a|ber|ra|re** intr. *(aberro)* ab‿kommen, ab‿weichen (anche FIG.): ***~ dal giusto*** vom rechten Weg abkommen. **a|ber|ra|zio|ne** f. **1a** Abartigkeit *f.*, Abweichung *f.*: ***~ sessuale*** sexuelle Abartigkeit **b** ***un'~ della fantasia*** ein Auswuchs der Fantasie **2a** ASTR. FIS. Abirrung *f.*, Aberration *f.*: ***~ cromatica*** Farbabweichung *f.*, chromatische Aberration **b** OTT. Aberration *f.*, Abbildungsfehler *m.* **3** MED. Störung *f.*: ***~ mentale*** Geistesstörung *f.*

a|be|ta|ia f. → **abetina.**

a|be|te m. **1** Tanne *f.*, Tannenbaum *m.* **2** *(legno)* Tanne *f.*, Tannenholz *n.* ◆ ***~ bianco*** Weißtanne *f.*; ***~ resinoso*** Harztanne *f.*; ***~ rosso*** Rottanne *f.* **a|be|tel|la** f. Rundholz *n.* **a|be|ti|na** f. Tannenwald *m.*

a|biet|to agg. verworfen, niederträchtig. **a|bie|zio|ne** f. **1** Niederträchtigkeit *f.* **2** *(condizione degradante)* Verkommenheit *f.* ◆ ***cadere nell'~*** verkommen; ***vivere nell'~*** völlig heruntergekommen sein.

a|bi|ge|a|to m. Viehraub *m.* **a|bi|ge|o** m. Viehdieb *m.*

a|bi|le agg. **1a** fähig **b** *(idoneo)* fähig, tauglich: ***~ al servizio militare, al lavoro*** wehr(dienst)tauglich, arbeitsfähig **2** *(bravo)* tüchtig, geschickt, gewandt: ***essere ~ in qcs.*** in etw. (D) geschickt sein; ***un ~ chirurgo*** ein tüchtiger Chirurg; ***un ~ giocoliere*** ein geschickter Jongleur **3** *(accorto)* schlau, gewitzt: ***un'~ manovra*** ein schlauer Schachzug ◆ ***~ negli affari*** geschäftstüchtig.

a|bi|li|tà f.inv. **1** Fähigkeit *f.*: ***~ al lavoro*** Arbeitsfähigkeit *f.* **2** *(bravura)* Geschicklichkeit *f.*, Gewandtheit *f.*; Fertigkeit *f.*: ***richiedere molta ~*** große Gewandtheit fordern (*o* verlangen); ***~ manuale*** Fingerfertigkeit *f.*

a|bi|li|ta|re *(abilito)* **I** tr. **1** befähigen: ***~ qcn. a qcs.*** jdn zu etw. befähigen **2** *(autorizzare)* berechtigen, zu‿lassen: ***~ qcn. alla professione medica*** jdn zur Ausübung des Arztberufes zulassen **II** pronom. **abilitarsi** **1** ***-rsi all'insegnamento*** die Lehrbefähigung erwerben **2** UNIV. sich habilitieren. **a|bi|li|ta|to** **I** p.pass. agg. **1** → **abilitare** **2** berechtigt: ***essere ~ a fare qcs.*** berechtigt sein, etw. zu tun **3** staatlich geprüft: ***un insegnante ~*** ein staatlich geprüfter Lehrer **II** m. Absolvent *m.* **a|bi|li|ta|zio|ne** f. **1** Befähigung *f.*: ***~ all'insegnamento*** Lehrbefähigung *f.* **2** *(specializzazione)* Qualifikation *f.*, Qualifizierung *f.*: ***~ professionale*** berufliche Qualifizierung **3** UNIV. Habilitation *f.*

a|bil|men|te avv. geschickt, gewandt.

a|bis|sa|le agg. **1** abyssisch, Abgrund-, Tiefsee-: ***a profondità -i*** in abyssischen Tiefen; ***fauna ~*** Tiefseefauna *f.* **2** FIG. *(enorme)* grenzenlos, abgrundtief: ***ignoranza ~*** grenzenlose Unwissenheit.

A|bis|si|nia n.pr.f. Abessinien *n.* **a|bis|si|no** **I** agg. abessinisch **II** m. Abessinier *m.*

a|bis|so m. **1** Abgrund *m.*, Tiefe *f.* **2** pl. *(del mare)* Tiefsee *f.* **3a** FIG. *(inferno)* Hölle *f.* **b** *(inferi)* Unterwelt *f.* **4** FIG. *(diversità)* Kluft *f.*, Abgrund *m.*: ***fra noi c'è un ~*** uns trennen Abgründe; ***colmare l'~ tra due culture*** die Kluft zwischen zwei Kulturen überbrücken ◆ ***essere sull'orlo dell'~*** am Rande des Abgrunds stehen; ***-i marini*** Tiefsee *f.*

a|bi|ta|bi|le agg. **1** bewohnbar, Wohn-: ***area ~*** Wohnfläche *f.* **2** *(pronto per essere abitato)* bezugsfertig. **a|bi|ta|bi|li|tà** f. Bewohnbarkeit *f.*

a|bi|ta|co|lo m. **1** AUT. Fahrgastraum *m.* **2** AER. Cockpit *n.*

a|bi|tan|te **I** agg. *(domiciliato)* wohnhaft: ***~ a*** wohnhaft in **II** m. e f. **1** Einwohner *m.* (-in *f.*): ***gli -i di Roma*** die Einwohner von Rom; ***avere, contare 100 000 -i*** 100 000 Einwohner haben, zählen; ***una città di un milione di -i*** eine Stadt mit einer Million Einwohner **2** *(abitatore)* Bewohner *m.* (-in *f.*): ***gli -i di questa casa, dell'isola*** die Bewohner dieses Hauses, der Insel.

a|bi|ta|re *(abito)* **I** tr. bewohnen: ***~ una casa*** ein Haus bewohnen **II** intr. (aus. *avere*) wohnen: ***~ a Parigi, in città, in campagna*** in Paris, in der Stadt, auf dem Land wohnen. **a|bi|ta|ti|vo** agg. Wohn-, Wohnungs-: ***ad uso ~*** zu Wohnzwecken; ***edilizia -a*** Wohnungsbau *m.*

a|bi|ta|to **I** p.pass. agg. **1** → **abitare** **2** bewohnt: ***una casa -a*** ein bewohntes Haus **3** *(popolato)* bevölkert: ***una zona fittamente -a*** ein dicht bevölkertes Gebiet **II** m. **1** Ortschaft *f.*, bewohnter Ort *m.*: ***fuori dall'~*** außerhalb der Ortschaft **2** *(insediamento)* Siedlung *f.*: ***~ urbano, rurale*** städtische, ländliche Siedlung. **a|bi|ta|to|re** m. Bewohner *m.*

a|bi|ta|zio|ne f. **1** Wohnort *m.* **2** *(appartamento)* Wohnung *f.* ◆ DIR. ***diritto d'~*** Wohnrecht *n.*

a|bi|ti|no m. **1** Kleidchen *n.* **2** RELIG. Skapulier *n.*

a|bi|to m. **1** Kleid *n.*; *(solo da uomo)* Anzug *m.*: ***indossare, confezionare, tagliare un ~*** ein Kleid an‿ziehen, an‿fertigen, zu‿schneiden **2** pl. *(abbigliamento)* Kleidung *f.*: ***-i invernali, estivi*** Winter-, Sommerkleidung *f.* **3** *(di un religioso)* Ordenstracht *f.*, Ordenskleid *n.* **4** BIOL. Habitus *m.* ◆ ***abbandonare l'~*** aus dem Priesterstand aus‿treten; ***~ da ballo*** Ballkleid *n.*; ***-i borghesi*** Zivilkleidung *f.*; ***cambiarsi d'~*** sich um‿ziehen; ***~ da, di casa*** Hauskleid *n.*; ***~ da cerimonia*** Festkleid *n.*; ***deporre l'~*** → ***abbandonare l'~***; ANT. ***fare l'~ a qcs.*** sich an etw. (A) gewöhnen; ***~ di gala*** Galakleid *n.*; ***lasciare l'~*** → ***abbandonare l'~***; ***~ da lutto*** Trauerkleid *n.*; ***~ alla marinara*** Matrosenanzug *m.*; ***~ mentale*** Geisteshaltung *f.*; ***~ da mezza stagione*** Übergangskleid *n.*; ***~ a doppio petto*** zweireihiger Anzug; ***~ premaman*** Umstandskleid *n.*; ***prendere l'~*** in den Priesterstand ein‿treten, die Kutte an‿legen; ***~ scuro*** dunkler Anzug; ***~ da sera*** *(da donna)* Abendkleid *n.*; *(da uomo)* Abendanzug *m.*; ***~ da sposa*** Brautkleid *n.*; ***~ talare*** Talar *m.*; ***vestire l'~*** → ***prendere l'~***; PROV. ***l'~ non fa il monaco*** die Kutte macht noch keinen Mönch.

a|bi|tua|le agg. **1** *(solito)* gewohnt, gewöhnlich, üblich: ***nel modo ~*** auf gewohnte Weise **2** *(radicato)* Gewohnheits-, gewohnheitsmäßig: ***delinquente ~*** Gewohnheitsverbrecher *m.* ◆ ***cliente ~*** Stammkunde *m.* **a|bi|tual|men|te** avv. gewöhnlich, üblicherweise.

a|bi|tua|re **I** tr. gewöhnen: ***~ qcn., qcs. a qcs.*** jdn, etw. an etw. (A) gewöhnen **II** pronom. **abituarsi** **1** sich gewöhnen: ***-rsi a fare qcs.*** sich daran gewöhnen, etw. zu tun **2** *(familiarizzare)* sich vertraut machen: ***-rsi a un ambiente, a un'idea*** sich mit einer Umgebung, mit einem Gedanken vertraut machen. **a|bi|tua|to** p.pass. agg.

1 → **abituare 2** ***essere ~ a qcn., qcs.*** mit jdm, etw. vertraut sein, an jdn, etw. gewöhnt sein.
a|bi|tu|di|na|rio I agg. *(-ri,-rie)* Gewohnheits- **II** m. *(-ri)* Gewohnheitsmensch *m.* **a|bi|tu|di|ne** f. **1** Gewohnheit *f.*, Angewohnheit *f.*: ***perdere, prendere un'~*** eine Gewohnheit ab_legen, an_nehmen; ***la forza dell'~*** die Macht der Gewohnheit; ***~ alimentare*** Essgewohnheit *f.*; ***~ di vita*** Lebensgewohneit *f.*; ***per ~*** aus Gewohnheit; **2** *(assuefazione)* Gewöhnung *f.*: ***~ ai narcotici*** Gewöhnung an Narkotika ◆ ***come d'~*** so wie üblich, gewohnheitsmäßig; ***d'~*** üblicherweise, gewöhnlich.
a|bi|tu|ro m. ANT. Hütte *f.*
a|biu|ra f. Abschwörung *f.* **a|biu|ra|re** tr. ab_schwören: ***~ la propria fede*** seinem Glauben abschwören.
Ab|kha|sia → **Abcasia. ab|kha|so** → **abcaso.**
a|bla|ti|vo I agg. Ablativ- **II** m. Ablativ *m.*
a|bla|zio|ne f. Ablation *f.*
a|blu|zio|ne f. **1** Waschung *f.* **2** LIT. Ablution *f.*
ab|ne|ga|zio|ne f. Entsagung *f.*, Opferwille *m.* ◆ ***con ~*** entsagungsvoll; ***spirito di ~*** Opferbereitschaft *f.*
ab|nor|me agg. abnorm. **ab|nor|mi|tà** f.inv. Abnormität *f.*
a|bo|li|re tr. *(abolisco, abolisci)* **1** auf_heben, ab_schaffen, außer Kraft setzen: ***~ la pena di morte*** die Todesstrafe abschaffen **2** *(eliminare)* ab_stellen: ***~ un'abitudine*** eine Angewohnheit abstellen. **a|bo|li|zio|ne** f. Abschaffung *f.*, Aufhebung *f.* **a|bo|li|zio|ni|smo** m. Abolitionismus *m.* **a|bo|li|zio|ni|sta** m. e f. *(-i,-e)* Abolitionist *m.* (-in *f.*).
a|bo|ma|so, a|bo|ma|so m. Labmagen *m.*
a|bo|mi|na|re tr. *(abomino)* verabscheuen. **a|bo|mi|na|zio|ne** f. → **abominio. a|bo|mi|ne|vo|le** agg. verabscheuungswert, widerlich. **a|bo|mi|nio** m. *(-ni)* **1** Verabscheuung *f.* **2** *(cosa abominevole)* Abscheulichkeit *f.*
a|bo|ri|ge|no I agg. eingeboren; ***popolazione -a*** Urbevölkerung *f.* **II** m. Eingeborene *m.*, Ureinwohner *m.*; ***gli -i*** die Urbevölkerung.
a|bor|ri|men|to m. Verabscheuung *f.* **a|bor|ri|re** *(aborrisco/aborro, aborrisci/aborri)* **I** tr. verabscheuen: ***~ la violenza*** die Gewalt verabscheuen **II** intr. (aus. *avere*) ***~ da qcs.*** vor etw. zurück_schrecken. **a|bor|ri|to** p.pass. agg. **1** → **aborrire 2** verhasst: ***un regime ~*** ein verhasstes Regime.
a|bor|ti|re intr. *(abortisco, abortisci)* **1a** *(spontaneamente;* aus. *avere)* eine Fehlgeburt haben, MED. abortieren **b** *(volontariamente)* (ein Kind) ab_treiben **2** ZOOL. verwerfen, verkalben, verlammen **3** FIG. *(fallire;* aus. *essere)* scheitern, misslingen. **a|bor|ti|sta I** agg. **1** *(che pratica l'aborto)* abtreibend: ***medico ~*** abtreibender Arzt **2** *(favorevole all'aborto)* Abtreibungs- **II** m. e f. *(-i,-e)* Befürworter *m.* (-in *f.*) der Abtreibung. **a|bor|ti|to** p.pass. agg. **1** → **abortire 2** gescheitert, misslungen: ***il tentativo è ~*** der Versuch ist gescheitert. **a|bor|ti|vo I** agg. abortiv, Abtreibungs- **II** m. Abortivmittel *n.* **a|bor|to** m. **1a** *(spontaneo)* Fehlgeburt *f.*, MED. Abort *m.* **b** *(provocato)* Abtreibung *f.*: ***procurare un ~*** eine Abtreibung vor_nehmen **2** ZOOL. Verwerfung *f.* **3** *(feto morto)* Fehlgeburt *f.* **4** FIG. *(di persona)* Missgeburt *f.* **5** FIG. *(di tentativi, progetti)* Misslingen *n.*, Scheitern *n.*; ***questo tentativo è stato un ~*** dieser Versuch ist misslungen (*o* gescheitert) ◆ ***~ terapeutico*** Abtreibung aus medizinischen Gründen; ***legge sull'~*** Abtreibungsgesetz *n.*
ab o|vo avv. von Anfang an.
a|bra|ca|da|bra m.inv. Abrakadabra *n.*
a|bra|de|re tr. *(abrasi, abraso)* ab_schaben, ab_kratzen.
a|bra|mi|de m. Blei *m.*
A|bra|mo n.pr.m. Abraham *m.*
a|bra|sio|ne f. **1** *(raschiatura)* Abkratzen *n.*, Ausradierung *f.* **2** GEOL. TECN. Abrasion *f.* **3** MED. *(lesione superficiale)* Abschürfung *f.* **a|bra|si|vo I** agg. Reib-, Scheuer-, Schleif-: ***pietra -a*** Reibstein *m.*; ***polvere -a*** Scheuerpulver *n.*, Schleifpulver *n.* **II** m. Scheuermittel *n.*, Schleifmittel *n.*
a|bro|ga|bi|le agg. aufhebbar, abschaffbar. **a|bro|ga|re** tr. *(abrogo, abroghi)* auf_heben, ab_schaffen, außer Kraft setzen: ***~ una legge*** ein Gesetz aufheben. **a|bro|ga|ti|vo** agg. aufhebend, Aufhebungs-: ***clausola -a*** aufhebende Klausel, Aufhebungsklausel *f.*; ***con efficacia -a*** mit aufhebender Wirkung ◆ ***referendum ~*** = Volksentscheid *m.* über die Aufhebung eines Gesetzes. **a|bro|ga|to|rio** agg. *(-ri,-rie)* → **abrogativo. a|bro|ga|zio|ne** f. Aufhebung *f.*, Abschaffung *f.* **a|bro|ga|zio|ni|sta** m. e f. *(-i,-e)* = Befürworter *m.* (-in *f.*) der Aufhebung eines (bestimmten) Gesetzes.
a|bro|sti|ne m. nördliche Fuchsrebe *f.*
a|bruz|ze|se I agg. abruzzisch **II** m. e f. Abruzzese *m.* (-sin *f.*). **A|bruz|zi** n.pr.m.pl., **A|bruz|zo** n.pr.m. Abruzzen *pl.*
ab|si|da|le agg. ARCH. apsidial. **ab|si|da|to** agg. ARCH. **1** *(provvisto di abside)* mit einer Apsis versehen **2** *(a forma di abside)* apsidial.
1.ab|si|de f. *(-i)* ARCH. Apsis *f.*, Altarnische *f.*
2.ab|si|de m. *(-i)* ASTR. Apside *f.*
a|bu|li|a f. **1** Willensschwäche *f.*, Willenlosigkeit *f.* **2** MED. PSIC. Abulie *f.* **a|bu|li|co** agg. *(-ci,-che)* **1** willenlos **2** MED. PSIC. abulisch.
a|bu|sa|re intr. (aus. *avere*) **1** ***~ di qcn., qcs.*** jdn, etw. missbrauchen; ***~ dei propri diritti, della buona fede di qcn.*** seine Rechte, jds Vertrauen missbrauchen; *(sessualmente)* ***~ di una donna*** eine Frau missbrauchen **2** ESTENS. *(approfittare)* aus_nützen: ***~ della pazienza di qcn.*** jds Geduld ausnützen **3** *(fare uso eccessivo)* ***~ di qcs.*** mit etw. übertreiben: ***~ del cibo*** mit dem Essen übertreiben. **a|bu|sa|to** p.pass. agg. **1** → **abusare 2** *(logorato dall'uso)* abgebraucht, überstrapaziert.
a|bu|si|va|men|te avv. **1** *(illecitamente)* unerlaubt, unbefugt: ***esercitare ~ una professione*** einen Beruf unerlaubt aus_üben **2** schwarz: ***costruire ~ una casa*** ein Haus schwarz bauen. **a|bu|si|vi|smo** m. unerlaubte (*o* ungenehmigte) Tätigkeit *f.*: ***~ edilizio*** ungenehmigte Bautätigkeit *f.*, COLLOQ. Schwarzbau *m.* **a|bu|si|vi|tà** f. Unrechtmäßigkeit *f.*
a|bu|si|vo I agg. unerlaubt, unbefugt, ohne Genehmigung: ***detenzione -a*** unerlaubter Besitz **II** m. **1** *(venditore abusivo)* = Händler *m.* (*o* Verkäufer *m.*) ohne Lizenz, illegaler Händler *m.* **2** *(posteggiatore abusivo)* wilder (*o* illegaler) Parkwächter *m.* ◆ ***copia -a*** Raubkopie *f.*; ***costruzioni -e*** widerrechtliche Bauten, Schwarzbauten *pl.*; ***posteggio ~*** wilder Parkplatz.
a|bu|so m. **1** Missbrauch *m.*: ***fare ~ di qcs.*** Missbrauch mit etw. treiben **2** *(uso eccessivo)* ***fare ~ di qcs.*** mit etw. übertreiben: ***fare ~ del fumo, di termini stranieri*** mit dem Rauchen, mit dem Gebrauch von Fremdwörtern übertreiben ◆ ***~ di alcol*** Alkoholmissbrauch *m.*; ***di autorità*** → ***~ d'ufficio***; ***~ di droga*** Drogenmissbrauch *m.*; ***~ di medicinali*** Medikamentenmissbrauch *m.*; ***~ di potere*** Machtmissbrauch *m.*; ***~ d'ufficio*** Amtsmissbrauch *m.*
a.C. ⇒ *avanti Cristo* vor Christus (v. Chr.).
a|ca|cia f. *(-cie)* Akazie *f.*
A|ca|ia n.pr.f. Achaia *n.* **a|cai|co** agg. *(-ci,-che)* → **acheo.**
a|can|to m. Akanthus *m.* ◆ ARCH. ***foglia d'~*** Akanthusblatt *n.*
a|can|to|ce|fa|lo m. Kratzer *m.* **a|can|tot|te|ri|gi** m.pl. Stachelflosser *pl.*
a|ca|ro m. Milbe *f.* **a|ca|roi|de** f. Akaroidharz *n.*
a|car|po agg. ohne Früchte, fruchtlos.
a|ca|ta|let|ti|co agg. *(-ci,-che)* akatalektisch. **a|cat|to|li|co I** agg. *(-ci,-che)* nichtkatholisch, akatholisch **II** m. *(-ci)* Nichtkatholik *m.*, RAR. Akatholik *m.*
a|cau|le agg. stängellos.
ac|ca m. e f.inv., ***non capire un'~*** nur Bahnhof verstehen; ***non valere un'~*** keinen (*o* nicht einen) Heller wert sein.
ac|cad|de → **accadere.**
ac|ca|de|mia f. **1** Akademie *f.* **2** FIG. *(pura esibizione di stile)* rein akademische Übung *f.*; ***fare dell'~*** akademisieren **3** PITT. Zeichnung *f.* nach der Natur, dem Modell ◆ ***~ di belle arti*** Akademie der (schönen) Künste (*o* Kunsthochschule *f.*, Kunstakademie *f.*); ***~ militare*** Militärakademie *f.*; ***~ navale*** Marineakademie *f.*; ***~ delle scienze*** Akademie der Wissenschaften.
ac|ca|de|mi|ca|men|te avv. akademisch (anche FIG.).
ac|ca|de|mi|co I agg. *(-ci,-che)* **1** akademisch; *(universitario)* Universitäts-, Studien-: ***titolo, corpo ~*** akademischer Titel, akademischer Lehrkörper; ***il quarto d'ora ~*** das akademische Viertel; ***carriera -a*** Universitätslaufbahn *f.*; ***anno ~*** Studienjahr *n.* **2** FIG. ***una discussione puramente -a*** eine rein akademische Diskussion; ***opera (d'arte) -a*** akademisches Kunstwerk; ***in stile ~*** in akademischem Stil **II** m. *(-ci)* Mitglied *n.* einer Akademie, RAR. Akademiker *m.* ◆ ***senato ~*** Senat *m.* **ac|ca|de|mi|smo** m. Akademismus *m.* **ac|ca|de|mi|sta** m. MIL. Kadett *m.*
ac|ca|de|re intr. *(accaddi, accaduto;* aus. *essere)* geschehen, passieren, vor_kommen: ***che cosa è accaduto?*** was ist geschehen (*o* passiert)? ***che cosa ti è accaduto?*** was ist dir passiert? ***può ~ a chiunque*** das kann jedem mal passieren; ***accadde che...*** es geschah, dass...; ***accada quel che accada, qualunque cosa accada*** was auch immer geschehen mag; ***sono cose che accadono*** so etwas kommt vor.
ac|ca|di n.pr.m.pl. Akkaden *pl.* **ac|ca|di|co** *(-ci,-che)* **I** agg. akkadisch **II** m. *(lingua)* Akkadisch(e) *n.*
ac|ca|di|men|to m. Geschehnis *n.*, Vorkommnis *n.* **ac|ca|du|to I** p.pass. → **accadere II** m. Ereignis *n.*, Vorfall *m.*
ac|ca|lap|pia|ca|ni m.inv. Hundefänger *m.* **ac|ca|lap|pia|men|to** m. **1** Fangen *n.*, Einfangen *n.* **2** FIG. *(raggiro)* Betrug *m.*, Überlistung *f.* **ac|ca|lap|pia|re** tr. **1** *(acchiappare)* fangen, ein_fangen

2 FIG. *(raggirare, circuire)* betrügen, herein_legen, umgarnen ◆ SCHERZ. ***~ un uomo*** sich (D) einen Mann angeln (*o* kapern). **ac|ca|lap|pia|to|re** m. **1** Fänger *m.* **2** FIG. Betrüger *m.* **ac|ca|lap|pia|tri|ce** f. Betrügerin *f.*

ac|cal|car|si pronom. sich drängen, sich zusammen_drängen: ***~ in un piccolo spazio*** sich in einem kleinen Raum zusammendrängen.

ac|cal|dar|si pronom. **1** sich erhitzen: ***~ correndo*** sich beim Laufen erhitzen **2** FIG. sich erhitzen, hitzig werden: ***~ in una discussione*** sich bei einer Diskussion erhitzen. **ac|cal|da|to** p.pass. agg. **1** → **accaldarsi** **2** erhitzt: ***un viso ~*** ein erhitztes Gesicht.

ac|ca|lo|ra|men|to m. Ereiferung *f.* **ac|ca|lo|ra|re** **I** tr. echauffieren **II** pronom. **accalorarsi** sich ereifern, sich erhitzen: ***-rsi nel discorso*** sich im Gespräch ereifern; ***-rsi per qcs.*** sich über etw. ereifern. **ac|ca|lo|ra|ta|men|te** avv. hitzig: ***difendere ~ la propria opinione*** seine Meinung hitzig verteidigen. **ac|ca|lo|ra|to** p.pass. agg. **1** → **accalorare** **2** erhitzt, hitzig, erregt: ***una discussione -a*** eine hitzige Debatte.

ac|cam|pa|men|to m. Lager *n.*: ***piantare, levare, smontare un ~*** ein Lager auf_schlagen, ab_brechen, auf_lösen ◆ ***~ militare*** Heerlager *n.*; ***~ di profughi*** Flüchtlingslager *n.*; ***~ di zingari*** Zigeunerlager *n.* **ac|cam|pa|re** **I** tr. **1** lagern: ***~ le truppe*** die Truppen lagern **2** FIG. *(far valere)* erheben, geltend machen: ***~ diritti, pretese su qcn., qcs.*** Rechte, Ansprüche auf jdn, etw. erheben **3** FIG. *(addurre)* an_führen, vor_bringen: ***~ scuse, pretesti*** Ausreden, Vorwände vorbringen **II** pronom. **accamparsi** **1** lagern: ***-rsi in una pianura*** auf einer Ebene lagern **2** FIG. COLLOQ. *(alloggiare provvisoriamente)* kampieren. **ac|cam|pa|to** p.pass. agg. **1** → **accampare** **2** FIG. COLLOQ. ***essere ~*** hausen.

ac|cam|pio|na|re tr. (in Kataster) ein_tragen, registrieren.

ac|ca|ni|men|to m. Verbissenheit *f.*, Erbitterung *f.*: ***combattere con ~*** verbissen kämpfen ◆ ***studiare con ~*** unermüdlich lernen; ***~ terapeutico*** = lebensverlängernde Maßnahmen. **ac|ca|nir|si** pronom. **1** sich erbittern, sich erbosen: ***~ contro qcn. (per qcs.)*** sich gegen jdn (über etw.) erbittern **2** ***~ in qcs.*** sich in etw. verbeißen. **ac|ca|ni|ta|men|te** avv. verbissen, hartnäckig: ***combattere ~ per qcs.*** verbissen um etw. kämpfen. **ac|ca|ni|to** p.pass. agg. **1** → **accanirsi** **2** verbissen, wütend; *(tenace)* hartnäckig: ***lotte -e*** verbissene (*o* harte) Kämpfe; ***un avversario ~*** ein erbitterter Gegner ◆ ***~ fumatore*** starker Raucher, Kettenraucher *m.*; ***lavoratore ~*** arbeitswütiger Mensch, Workaholic *m.*; ***tifoso ~*** begeisterter Anhänger.

ac|can|to **I** avv. daneben, nebenan **II** agg.inv. nebenan: ***nella stanza ~*** im Zimmer nebenan ◆ ***~ a*** *(stato in luogo)* neben + dat., bei + dat.; *(moto a luogo)* neben + acc., zu + dat.; ***uno ~ all'altro*** nebeneinander.

ac|can|to|na|men|to m. **1** Zurückstellung *f.*, Rückstellung *f.* (anche ECON.): ***~ di un progetto*** Rückstellung eines Projekts **2** *(somma accantonata)* Rücklage *f.* **3** MIL. *(alloggiamento di truppe)* Unterkunft *f.*, Einquartierung *f.* **ac|can|to|na|re** tr. **1** beiseite legen, zurück_stellen: ***~ una proposta*** einen Vorschlag zurückstellen **2** ECON. zurück_legen: ***~ una somma*** eine Summe zurücklegen **3** *(truppe)* ein_quartieren.

ac|ca|par|ra|men|to m. **1** Aufkauf *m.*: ***~ di oggetti rari*** Aufkauf von Raritäten **2** Hamstern *n.*, Hamsterkauf *m.*: ***~ di provviste*** Hamstern von Vorräten. **ac|ca|par|ra|re** **I** tr. **1** auf_kaufen **2** *(provviste)* hamstern **3** ESTENS. *(procacciare)* ***~ voti*** Stimmen beschaffen **II** pronom. **accaparrarsi** sich sichern, sich verschaffen, SPREG. sich erschleichen: ***-rsi voti*** sich Stimmen verschaffen; ***-rsi la simpatia di qcn.*** sich jds Sympathie sichern. **ac|ca|par|ra|to|re** m. **1** Aufkäufer *m.* **2** Hamsterer *m.*

ac|ca|pi|glia|men|to m. Handgemenge *n.*, Handgreiflichkeit *f.*

ac|ca|pi|gliar|si pronom. **1** sich an, bei den Haaren packen **2** FIG. *(litigare)* sich in die Haare geraten.

ac|ca|po **I** avv., ***andare ~*** einen Absatz machen; ***~!*** neuer Absatz! **II** m. Absatz *m.*: ***dimenticare un ~*** einen Absatz vergessen.

ac|cap|pa|to|io m. *(-oi)* Bademantel *m.*

ac|cap|po|na|re **I** tr. **1** kapaunen, kapaunisieren **2** *(far rabbrividire)* schaudern lassen (*o* machen) **II** pronom. **accapponarsi**: ***mi si accappona la pelle*** mir läuft eine Gänsehaut über den Rücken, es überläuft mich kalt.

ac|ca|rez|za|re **I** tr. **1** ***~ qcn., qcs.*** jdn, etw. streicheln, über jdn, etw. streichen: ***~ i capelli di qcn.*** jdm über das Haar streichen; ***~ un bambino*** ein Kind streicheln **2** *(sfiorare appena)* streifen, leicht berühren **II** pronom. **accarezzarsi** **1** sich streicheln **2** *(lisciarsi)* ***-rsi la barba*** sich den Bart streichen ◆ ***~ l'idea di fare qcs.*** mit dem Gedanken spielen (*o* sich mit dem Gedanken tragen), etw. zu tun; IRON. ***~ le spalle di qcn.*** jdm die Hucke voll hauen.

ac|car|toc|cia|men|to m. **1** Zusammenrollen *n.* **2** BOT. Kräuselkrankheit *f.* **3** ARCH. *(cartoccio)* Kartusche *f.* **ac|car|toc|cia|re** *(accartoccio, accartocci)* **I** tr. zusammen_rollen: ***~ un foglio di carta*** ein Blatt Papier zusammenrollen **II** pronom. **accartocciarsi** **1** sich zusammen_rollen (anche FIG.) **2** BOT. sich kräuseln.

ac|ca|sa|re **I** tr. verheiraten **II** pronom. **accasarsi** **1** heiraten, sich verheiraten **2** *(mettere su casa)* einen Hausstand gründen.

ac|ca|scia|men|to m. Entmutigung *f.*

ac|ca|scia|re *(accascio, accasci)* **I** tr. **1a** entkräften: ***la malattia lo ha accasciato*** die Krankheit hat ihn entkräftet **b** um_werfen: ***il caldo improvviso mi accascia*** die plötzliche Hitze wirft mich um **2** *(moralmente)* entmutigen **II** pronom. **accasciarsi** **1** hin_sinken, zusammen_sinken, sinken: ***-rsi al suolo*** auf den Boden sinken **2** FIG. *(demoralizzarsi)* verzagen, den Mut verlieren. **ac|ca|scia|to** p.pass. agg. **1** → **accasciare** **2** FIG. *(avvilito)* entmutigt.

ac|ca|ser|ma|men|to m. Kasernierung *f.* **ac|ca|ser|ma|re** tr. kasernieren.

ac|ca|stel|la|re tr. auf_türmen: ***~ le casse*** die Kisten auftürmen.

1.ac|ca|ta|sta|re tr. **1** *(ordinatamente)* schichten, auf_schichten, auf_stapeln **2** *(in disordine)* auf_häufen.

2.ac|ca|ta|sta|re tr. *(registrare al catasto)* katastrieren.

ac|cat|ta|bri|ghe m.inv. ANT. Raufbold *m.*

ac|cat|ta|re tr. ANT. **1** betteln, erbetteln (anche ASSOL.): ***~ qcs.*** um etw. betteln, etw. erbetteln; ***~ pane, denaro*** um Brot, um Geld betteln **2** FIG. ***~ scuse, pretesti*** Ausreden, Vorwände suchen **3** FIG. SPREG. *(procurarsi)* borgen: ***~ idee da altri*** Ideen von anderen borgen.

ac|cat|ti|van|te agg. gewinnend: ***un sorriso ~*** ein gewinnendes Lächeln. **ac|cat|ti|var|si** pronom. sich erwerben, gewinnen: ***~ le simpatie di qcn.*** sich jds Sympathien erwerben.

ac|cat|to m. Betteln *n.*: ***vivere d'~*** vom Betteln leben ◆ ***d'~*** nicht originell, aus zweiter Hand. **ac|cat|to|nag|gio** *(-gi)* m. Gebettel *n.*, Bettelei *f.* ◆ ***vietato l'~*** Betteln verboten. **ac|cat|to|ne** m. Bettler *m.*

ac|ca|val|la|men|to m. Verschränken *n.*, Verschränkung *f.* **ac|ca|val|la|re** **I** tr. **1** verschränken, übereinander schlagen: ***~ le gambe*** die Beine übereinander schlagen **2** SART. ***~ le maglie*** die Maschen verschränkt stricken **II** pronom. **accavallarsi** **1** *(onde, nubi)* sich auf_türmen **2** *(accumularsi)* sich überschlagen, sich überstürzen: ***gli eventi, i pensieri si accavallano*** die Ereignisse, die Gedanken überschlagen sich.

ac|ce|ca|men|to m. Blendung *f.*, Verblendung *f.* (anche FIG.). **ac|ce|can|te** agg. blendend: ***una luce ~*** ein blendendes Licht.

ac|ce|ca|re tr. *(accieco, acciechi; accecai; accecato)* **1a** blind machen, blenden **b** FIG. blind machen, verblenden: ***la passione l'accecava*** die Leidenschaft machte ihn blind **2** TECN. versenken: ***~ una vite*** eine Schraube versenken **3** EDIL. ***~ una finestra*** ein Fenster zu_mauern (*o* verblenden). **ac|ce|ca|to** p.pass. agg. **1** → **accecare** **2** FIG. verblendet, blind: ***~ dall'odio*** blind vor Hass.

ac|ce|de|re intr. (pass.rem. *accessi;* aus. *essere, avere*) **1** *(entrare)* ein_treten, Zugang haben: ***~ a una sala*** in einen Saal eintreten **2a** *(entrare a far parte)* ein_treten, aufgenommen werden: ***~ a qcs.*** in etw. (A) eintreten **b** *(ottenere)* erlangen: ***~ alla carica di presidente*** das Amt des Präsidenten erlangen **3** *(acconsentire a)* ***~ a qcs.*** etw. erfüllen: ***~ alle richieste di qcn.*** jds Forderungen erfüllen.

ac|ce|le|ra|men|to m. Beschleunigung *f.*

ac|ce|le|ra|re *(accelero)* **I** tr. **1** beschleunigen: ***~ il passo, il lavoro, una pratica*** den Schritt, die Arbeit, einen Vorgang beschleunigen **2** *(intensificare)* forcieren, voran_treiben: ***~ la produzione*** die Produktion forcieren **3** FIS. akzelerieren **II** intr. (aus. *avere*) beschleunigen: ***il treno, il pilota accelerò*** der Zug, der Fahrer beschleunigte **III** pronom. **accelerarsi** sich beschleunigen: ***il battito cardiaco si accelerava*** der Herzschlag beschleunigte sich. **ac|ce|le|ra|ta** f., ***dare un'~*** Gas geben. **ac|ce|le|ra|to** **I** p.pass. agg. **1** → **accelerare** **2** beschleunigt: ***moto uniformemente ~*** gleichmäßig beschleunigte Bewegung; ***polso ~*** beschleunigter Puls **II** m. ANT. Personenzug *m.*

ac|ce|le|ra|to|re **I** m. **1a** AUT. Gashebel *m.* **b** *(pedale)* Gaspedal *n.*: ***premere l'~*** aufs Gaspedal treten; ***togliere il piede dall'~*** den Fuß vom Gaspedal nehmen **2** FIS. CHIM. Beschleuniger *m.*, Akzelerator *m.*: ***~ di particelle*** Teilchenbeschleuniger *m.* **3** CINEM. Zeitraffer *m.* **II** agg. Beschleunigungs-. **ac|ce|le|ra|zio|ne** f. Beschleunigung *f.*: ***~ di gravità*** Erdbeschleunigung *f.* **ac|ce|le|ro|me|tro** m. Beschleunigungsmesser *m.*

ac|cen|de|re *(accesi, acceso)* **I** tr. **1** an_zünden: ***~ il fuoco, la sigaretta*** das Feuer, die Zigarette anzünden **2** *(con interruttore)* ein_schalten; COLLOQ. an_machen: ***~ l'apparecchio, la luce, la radio*** das Gerät, das Licht, das Radio einschalten (*o* anmachen) **3**

FIG. *(suscitare)* entfachen; entflammen: ~ ***una polemica*** eine Polemik entfachen; ~ ***l'odio, la passione di qcn.*** jds Hass, jds Leidenschaft entflammen **4** DIR. auf‿nehmen: ~ ***un prestito, un'ipoteca*** ein Darlehen, eine Hypothek aufnehmen **II** pronom. **accendersi** **1** sich ein‿schalten, COLLOQ. an‿gehen: ***la radio non si accende*** das Radio geht nicht an **2** *(infiammarsi)* sich entzünden (anche FIG.) **3** *(ardere)* (sich) entflammen: ***-rsi d'amore*** in Liebe entflammen **4** *(cominciare a splendere)* auf‿leuchten: ***i suoi occhi, le stelle si accendono*** seine Augen, die Sterne leuchten auf ◆ ~ ***un conto*** ein Konto eröffnen; ***hai da ~?*** hast du Feuer? ~ ***la fantasia di qcn.*** jds Phantasie anregen; ~ ***l'interesse*** das Interesse wecken; ***si accese in viso*** sein Gesicht leuchtete.

ac|cen|di|gas m.inv. Gasanzünder *m.* **ac|cen|di|no** m. Feuerzeug *n.*, Anzünder *m.* ◆ ~ ***da tavolo*** Tischfeuerzeug *n.*; ~ ***usa e getta*** Einwegfeuerzeug *n.*, Wegwerffeuerzeug *n.* **ac|cen|di|si|ga|ri** m.inv., **ac|cen|di|si|ga|ro** m.inv. Feuerzeug *n.* **ac|cen|di|to|io** m. *(-toi)* Zündstock *m.* **ac|cen|di|to|re** m. Anzünder *m.*

ac|cen|na|re I intr. (aus. *avere*) **1a** winken: ~ ***con la mano*** mit der Hand winken **b** *(con il capo)* ~ ***di sì*** nicken **2** *(indicare con cenni)* bedeuten: ***mi accennò di entrare*** er bedeutete mir einzutreten **3a** *(fare atto di)* Miene (*o* Anstalten) machen: ***nessuno accennava ad alzarsi*** niemand machte Miene, sich zu erheben **b** *(dare segni di, far presagire di)* scheinen: ***la pioggia non accenna a smettere*** der Regen scheint nicht nachzulassen; ***il tempo accenna a cambiare*** das Wetter scheint umzuschlagen (*o* will umschlagen) **4** FIG. *(trattare brevemente)* ~ ***a qcs.*** etw. streifen **5** *(alludere)* an‿spielen: ***a chi accennavi?*** auf wen spieltest du an? **II** tr. **1** an‿deuten: ~ ***un sorriso, un inchino*** ein Lächeln, eine Verbeugung andeuten **2a** *(abbozzare)* skizzieren: ~ ***un disegno, un testo*** eine Zeichnung, einen Text skizzieren **b** ~ ***un motivo musicale*** eine Melodie anschlagen.

ac|cen|no m. **1** *(rapido cenno)* kurze Erwähnung *f.*: ***fare un rapido ~ a qcs.*** etw. kurz erwähnen **2** *(allusione)* Andeutung *f.*, Anspielung *f.* **3** *(segno)* Anzeichen *n.*, Hinweis *m.*: ***un ~ di ripresa*** ein Anzeichen des Aufschwungs.

ac|cen|sio|ne f. **1a** *(di motori)* Zündung *f.*: ***regolare l'~*** die Zündung ein‿stellen **b** *(di apparecchi elettrici)* Einschalten *n.*, Einschaltung *f.* **2** BANC. Aufnahme *f.*: ~ ***di un credito, di un'ipoteca*** Aufnahme eines Kredits, einer Hypothek ◆ ~ ***anticipata*** Frühzündung *f.*; ***chiave di ~*** Zündschlüssel *m.*; ~ ***elettronica*** elektronische Zündung; ~ ***difettosa*** Fehlzündung *f.*; ~ ***ritardata*** Spätzündung *f.*; ~ ***spontanea*** Selbstzündung *f.*; ***temperatura d'~*** Zündpunkt *m.*

ac|cen|ta|re tr. **1** mit Akzent versehen **2** MUS. betonen. **ac|cen|ta|zio|ne** f. Betonung *f.*, Akzentuierung *f.*

ac|cen|to m. **1** Akzent *m.*, Betonung *f.* (anche FIG.): ***l'~ cade sulla prima sillaba*** die Betonung liegt auf der ersten Silbe; ***avere, recare l'~*** den Akzent, die Betonung tragen; ***mettere, porre l'~ su qcs.*** den Akzent auf etw. legen (anche FIG.) **2** *(cadenza)* Tonfall *m.*, Akzent *m.*: ***parlare con ~ straniero*** mit ausländischem Akzent sprechen **3** *(tono)* Ton *m.*: ***con ~ amaro*** mit bitterem Ton **4** LETT. *(parola)* Ausdruck *m.* **5** MUS. Akzent *m.*, Betonung *f.* ◆ ~ ***acuto*** Akut *m.*; ~ ***circonflesso*** Zirkumflex *m.*; ~ ***grafico*** Betonungszeichen *n.*; ~ ***grave*** Gravis *m.*; ~ ***principale*** Hauptakzent *m.*; ~ ***secondario*** Nebenakzent *m.*; ~ ***tonico*** Ton *m.*

ac|cen|tra|men|to m. Zentralisierung *f.*

ac|cen|tra|re I tr. **1** zentralisieren: ~ ***l'amministrazione*** die Verwaltung zentralisieren **2** *(conglobare)* vereinigen: ~ ***le funzioni nelle mani di qcn.*** die Funktionen in jds Hand vereinigen **3** *(attirare)* lenken, ziehen: ~ ***gli sguardi, l'attenzione su di sé*** alle Blicke, die Aufmerksamkeit auf sich (A) lenken (*o* ziehen) **II** pronom. **accentrarsi** sich konzentrieren. **ac|cen|tra|to|re I** agg. zentralisierend, zentralistisch **II** m. Ämterhäufler *m.*

ac|cen|tua|re I tr. betonen, hervor‿heben (anche FIG.) **II** pronom. **accentuarsi** sich verstärken. **ac|cen|tua|to** p.pass. agg. **1** → **accentuare** **2** betont: ***con -a indifferenza*** mit betonter Gleichgültigkeit. **ac|cen|tua|zio|ne** f. Hervorhebung *f.*, Betonung *f.*

ac|cer|chia|men|to m. Umzing(e)lung *f.*, Einkreisung *f.* (anche MIL.) ◆ ***politica di ~*** Einkreisungspolitik *f.*; ***rompere l'~*** die Umzingelung durchbrechen. **ac|cer|chia|re** tr. *(accerchio, accerchi)* umzingeln, ein‿kreisen.

ac|cer|ta|bi|le agg. erkundbar, feststellbar. **ac|cer|ta|bi|li|tà** f.inv. Feststellbarkeit *f.* **ac|cer|ta|men|to** m. **1** Feststellung *f.*, Vergewisserung *f.*; ~ ***dei danni*** Schadenfeststellung *f.* **2** *(indagine)* Ermittlung *f.*: ~ ***delle generalità*** Personalienermittlung *f.*; ***fare -i su qcn., qcs.*** gegen jdn, etw. ermitteln; ~ ***fiscale*** Steuerermittlungsverfahren *n.*

ac|cer|ta|re I tr. **1** *(verificare)* ermitteln, fest‿stellen **2** ANT. *(assicurare)* versichern **II** pronom. **accertarsi** sich vergewissern, sich überzeugen: ***-rsi di qcs.*** sich etw. (G) vergewissern, sich von etw. überzeugen.

ac|ce|so p.pass. agg. **1** → **accendere** **2** angezündet; *(di dispositivo elettrico)* eingeschaltet, COLLOQ. an: ***la luce è -a*** das Licht brennt, ist eingeschaltet, ist an; ***lasciare la luce -a*** das Licht brennen lassen; ***la candela, la stufa è -a*** die Kerze, der Ofen brennt; ***la sigaretta è -a*** die Zigarette ist angezündet; ***il gas, il fiammifero, il fuoco è ~*** das Gas, das Streichholz, das Feuer ist angezündet; ***il televisore è ~*** der Fernseher ist eingeschaltet (*o* ist an); ***il motore è ~*** der Motor ist an (*o* läuft); ***lasciare il motore ~*** den Motor an‿lassen (*o* laufen lassen) **3** *(di colore)* leuchtend **4** FIG. hitzig: ***un'-a discussione*** ein hitziges Gespräch **5** *(ardente)* entflammt, entbrannt: ~ ***di passione*** von Leidenschaft entflammt **6** *(accalorato)* glühend: ***essere ~ in volto*** ein glühendes Gesicht haben; FIG. ***un ~ sostenitore*** ein glühender Anhänger.

ac|ces|si|bi|le agg. **1** zugänglich (anche FIG.): ***un luogo, una persona ~*** ein zugänglicher Ort, Mensch; *(non segreto)* ***informazioni -i*** zugängliche Informationen **2** *(di prezzo, merce)* erschwinglich **3** *(di vette)* ersteigbar, erreichbar **4** *(comprensibile)* verständlich. **ac|ces|si|bi|li|tà** f.inv. Zugänglichkeit *f.* **ac|ces|sio|ne** f. **1** Akzession *f.*: POL. ~ ***a un trattato*** Akzession zu einem Vertrag **2** BIBLIOT. ***nuove -i*** Neuanschaffungen *pl.*, Neuerwerbungen *pl.*: ***catalogo delle nuove -i*** Katalog *m.* der Neuanschaffungen.

ac|ces|so m. **1** Zugang *m.*, Zutritt *m.* (anche FIG.): ***l'~ a un cantiere, a una professione*** der Zugang zu einer Baustelle, zu einem Beruf; ***avere (libero) ~ a qcs.*** (freien) Zutritt (*o* Zugang) zu etw. haben; ***limitare, regolare l'~ a qcs.*** den Zugang zu etw. begrenzen, reglementieren; ***vietato l'~ ai non addetti*** Zutritt für Unbefugte verboten **2** *(per veicoli)* Zufahrt *f.*; ***strada di ~*** Zufahrtsstraße *f.* **3** MED. Anfall *m.*; ~ ***di febbre*** Fieberanfall *m.* **4** FIG. *(impulso)* Ausbruch *m.*: ***un ~ di collera*** ein Wutausbruch **5** INFORM. Zugriff *m.*: ~ ***casuale, diretto, sequenziale, seriale*** wahlfreier, direkter, sequenzieller, serieller Zugriff; ***avere ~ a un file*** auf eine Datei Zugriff haben ◆ ***dare ~ a qcs.*** auf etw. (A), zu etw. führen; ***divieto di ~*** Eintritt verboten; ~ ***di follia omicida*** Amoklauf *m.*; ***rampa di ~*** Auffahrtsrampe *f.*, Zufahrtsrampe *f.*

ac|ces|so|rio I agg. *(-ri, -rie)* akzessorisch, Neben-: ***aspetto ~*** Nebenaspekt *m.*; ***spese -rie*** Nebenausgaben *pl.*, Nebenkosten *pl.*; ***questioni -rie*** Nebensache *f.*; EDIL. ***locale ~*** Nebenraum *m.* **II** m. *(-ri)* **1** Zubehör *n.*, Zubehörteil *n.*; ***-ri per auto*** Autozubehör *n.* **2** ABBIGL. Accessoire *n.* **3** pl. *(del bagno)* Badezimmerutensilien *pl.* ◆ DIR. ***accordo ~*** Nebenabrede *f.*; ***diritti -ri*** akzessorische Rechte *pl.*; ***pena -a*** Nebenstrafe *f.* **ac|ces|so|ri|sta** m. e f. *(-i, -e)* **1** *(produttore)* Zubehörhersteller *m.* (-in *f.*) **2** *(venditore)* Zubehörhändler *m.* (-in *f.*).

ac|cet|ta f. Axt *f.*, Handbeil *n.*, Hackbeil *n.*: ***a colpi di ~*** mit der Axt ◆ FIG. ***fatto, tagliato con l'~*** *(eseguito grossolanamente)* = grob ausgeführt; *(di persona)* ungehobelt, grobschlächtig, grob.

ac|cet|ta|bi|le agg. annehmbar, akzeptabel. **ac|cet|ta|bi|li|tà** f.inv. Annehmbarkeit *f.*, Akzeptabilität *f.* **ac|cet|ta|bil|men|te** avv. annehmbar.

ac|cet|tan|te m. Akzeptant *m.*, Akzeptor *m.*

ac|cet|ta|re tr. **1a** an‿nehmen, entgegen‿nehmen: ~ ***un dono, un assegno*** ein Geschenk, einen Scheck annehmen; ~ ***l'aiuto, l'invito di qcn.*** jds Hilfe, Einladung annehmen; ~ ***un lavoro, una nomina*** eine Arbeit, eine Berufung annehmen **b** *(approvare, seguire)* an‿nehmen, akzeptieren: ~ ***una domanda, un consiglio*** einen Antrag, Ratschlag annehmen; ~ ***una proposta*** einen Vorschlag annehmen, auf einen Vorschlag ein‿gehen; ~ ***le condizioni, le idee politiche di qcn.*** jds Bedingungen, jds politische Einstellung akzeptieren **c** COMM. DIR. ~ ***un ordine*** eine Bestellung entgegennehmen; ~ ***una tratta*** eine Tratte annehmen; ~ ***qcs. con protesto*** etw. unter Protest annehmen; ~ ***qcs. in via di transazione*** etw. vergleichsweise annehmen **2a** *(accogliere, ammettere)* auf‿nehmen, zu‿lassen: ~ ***qcn. come socio*** jdn als Mitglied aufnehmen; ~ ***ospiti*** Gäste aufnehmen; ~ ***qcn. all'ospedale*** jdn ins Krankenhaus aufnehmen; ~ ***qcn. alla maturità*** jdn zum Abitur zulassen **b** FIG. ~ ***una scommessa, la sfida*** eine Wette annehmen, den Kampf aufnehmen (*o* die Herausforderung annehmen); ~ ***le regole del gioco*** die Spielregeln an‿erkennen **3** *(sopportare)* hin‿nehmen: ~ ***qcs. con calma*** etw. gelassen hinnehmen **4** *(tollerare)* akzeptieren, dulden: ***non ~ gli amici dei figli*** die Freunde der Kinder nicht dulden ◆ ~ ***una scusa*** eine Entschuldigung gelten lassen (*o* annehmen); ***voglia ~ i miei più sentiti ringraziamenti*** haben Sie meinen innigsten Dank.

ac|cet|ta|ta f. Axthieb *m.*, Beilhieb *m.*

ac|cet|ta|zio|ne f. **1** Annahme *f.*, Entgegennahme *f.*: ***l'~ di una do-***

manda, di un dono, di una nomina die Annahme eines Antrags, eines Geschenks, einer Berufung **2** *(ufficio)* Annahme *f.*, Annahmestelle *f.* **3** *(ammissione)* Annahme *f.*, Aufnahme *f.*, Zulassung *f.* **4** BANC. Akzept *n.*, Akzeptation *f.*: ***~ cambiaria, di una cambiale*** Akzept *n.*, Wechselakzept *n.* ◆ ***~ bagagli*** Gepäckannahme *f.*; ***~ bancaria*** Bankakzept *n.*; ***~ condizionata*** Teilakzept *n.*; ***credito d'~*** Akzeptkredit *m.*; ***in caso di mancata ~*** bei Nichtannahme; ***per mancata ~*** mangels Annahme; ***~ in pagamento*** Annahme an Zahlungs statt.

ac|cet|to agg. angenehm, genehm, willkommen: ***essere bene ~ a qcn.*** jdm genehm sein ◆ ***bene, male ~*** hochwillkommen, unwillkommen.

ac|cet|to|re m. FIS. Akzeptor *m.*

ac|ce|zio|ne f. Bedeutung *f.*: ***questa parola ha più -i*** dieses Wort hat mehrere Bedeutungen.

ac|che|ta|re ANT. → **acquietare.**

ac|chiap|pa|ca|ni m.inv. Hundefänger *m.* **ac|chiap|pa|far|fal|le** m.inv. **1** Schmetterlingsnetz *n.*, Schmetterlingskescher *m.*, Kescher *m.* **2** FIG. *(fannullone)* Nichtstuer *m.*, Faulpelz *m.* **ac|chiap|pa|mo|sche** m. e f.inv. **1** Fliegenklatsche *f.*, Klatsche *f.* **2** FIG. *(fannullone)* Tagedieb *m.*, Faulpelz *m.* **3** ZOOL. *(pigliamosche)* Fliegenschnäpper *m.* **ac|chiap|pa|nu|vo|le** m. e f. Träumer *m.* (-in *f.*), Phantast *m.* (-in *f.*).

ac|chiap|pa|re tr. **1** *(prendere, catturare)* schnappen, erwischen, fassen: ***~ un ladro*** einen Dieb fassen; ***~ farfalle*** Schmetterlinge fangen **2** *(afferrare)* fassen, packen: ***~ qcn. per la mano*** jdn an der Hand packen ◆ ***~ qcn. sul fatto*** jdn auf frischer Tat ertappen; ***giocare ad -rsi*** Fangen spielen, sich haschen; ***-rsi una malattia*** sich eine Krankheit zu‿ziehen. **ac|chiap|pa|rel|lo, ac|chiap|pi|no** m.inv. Fangen(spielen) *n.*, Haschen *n.*

ac|chi|to m. *(nel biliardo)* Aussetzen *n.* ◆ FIG. ***di primo ~*** auf Anhieb.

ac|cia|bat|ta|re I intr. (aus. *avere*) umher‿schlurfen, latschen **II** tr. pfuschen, schustern. **ac|cia|bat|ta|to** p.pass. agg. → **acciabattare** ◆ ***lavoro ~*** Schusterei *f.*, Pfuscherei *f.*

ac|ciac|ca|re tr. *(acciacco, acciacchi)* **1** *(comprimere)* zerdrücken, zerquetschen **2** *(ammaccare)* verbeulen **3** FIG. *(infiacchire)* mit‿nehmen. **ac|ciac|ca|to** p.pass. agg. **1** → **acciaccare 2** *(infiacchito)* zerschlagen, mitgenommen, COLLOQ. kaputt. **ac|ciac|ca|tu|ra** f. **1** Quetschung *f.* **2** *(ammaccatura)* Beule *f.* **3** MUS. Vorschlag *m.* **ac|ciac|co** m. *(-chi)* Gebrechen *n.*, Beschwerden *pl.*: ***essere pieno di -chi*** kränkeln; ***gli -chi dell'età*** Altersbeschwerden *pl.*

ac|cia|ia|re tr. verstählen, stählen. **ac|cia|ia|tu|ra** f. Stählen *n.*, Verstählung *f.* **ac|cia|ie|ri|a** f. Stahlwerk *n.*, Stahlfabrik *f.*, Stahlhütte *f.*

ac|cia|io m. *(-ai)* **1** Stahl *m.*; LETT. *(spada)* Stahl *m.*, Schwert *n.* **2** FIG. ***avere nervi d'~*** Nerven aus Stahl haben (*o* Nerven wie Drahtseile haben); ***volontà, muscoli d'~*** stählerner Wille, Muskeln aus Stahl; ***duro come (l')~*** hart wie Stahl, stahlhart ◆ ***~ di affinazione*** Raffinierstahl *m.*; ***costruzione in ~*** Stahlbau *m.*; ***~ da costruzione*** Baustahl *m.*; ***~ dolce*** Flussstahl *m.*; ***fune d'~*** Stahlseil *n.*; ***~ fuso*** Gussstahl *m.*; ***~ grezzo*** Rohstahl *m.*; ***grigio ~*** stahlgrau; ***~ inossidabile*** rostfreier Stahl, Edelstahl *m.*; ***lamiera d'~*** Stahlblech *n.*; ***~ laminato*** Walzstahl *m.*; ***lana d'~*** Stahlwolle *f.*; ***rivestimento in ~*** Stahlmantel *m.*; ***sguardo d'~*** eiskalter Blick; ***tubo d'~*** Stahlrohr *n.*

ac|cia|i(u)o|lo m. Wetzstahl *m.*, Schleifeisen *n.*

ac|ciam|bel|la|re I tr. kringeln, zusammen‿rollen **II** pronom. **acciambellarsi** sich kringeln, sich zusammen‿rollen: ***il gatto si acciambellò davanti al camino*** der Kater rollte sich vor dem Kamin zusammen.

ac|cia|ri|no m. **1** Feuerstahl *m.*, Feuerstein *m.* **2** *(accenditore)* Anzünder *m.* **3** *(della ruota)* Lünse *f.* ◆ ***battere l'~*** Feuer schlagen.

ac|ciar|pa|men|to m. Gestümper *n.*, Stümperei *f.*, Pfuschwerk *n.* **ac|ciar|pa|re** tr. pfuschen, zusammen‿schustern.

ac|ci|dem|po|li inter. FAM. → **accidenti. ac|ci|den|tac|cio** inter. FAM. → **accidenti.**

ac|ci|den|ta|le agg. **1** zufällig **2** FILOS. akzidentell, unwesentlich, nebensächlich **3** MED. akzidentell. **ac|ci|den|ta|li|tà** f.inv. **1** Zufälligkeit *f.* **2** *(di terreno)* Unebenheit *f.*, Holprigkeit *f.* **ac|ci|den|tal|men|te** avv. zufällig. **ac|ci|den|ta|to** agg. **1** *(disuguale)* uneben, holprig: ***un terreno ~*** ein holpriger Boden **2** *(movimentato)* bewegt: ***una vita -a*** ein bewegtes Leben.

ac|ci|den|te m. **1a** *(avvenimento imprevisto, spiacevole)* Vorkommnis *n.*, Vorfall *m.*; *(disgrazia)* Unglücksfall *m.* **b** FIG. *(persona fastidiosa)* Quälgeist *m.*, Plage *f.* **2** MED. Schlag(anfall) *m.* **3** FILOS. Akzidens *n.*, Zufälligkeit *f.* **4** MUS. Vorzeichen *n.*, Akzidens *n.*: ***-i in chiave*** Tonartvorzeichnung *f.* ◆ ***essere un ~*** den Teufel im Leib haben; ***fare un ~ tutto il giorno*** den ganzen Tag rein gar nichts tun; ***a qcn. non interessa un ~ di qcs.*** jd schert sich den Teufel um etw.; ***prendersi un ~*** sich den Tod holen; ***che gli venga un ~*** der Schlag soll ihn treffen.

ac|ci|den|ti, ac|ci|der|ba inter. Donnerwetter ◆ ***~!*** zum Teufel! Teufel noch (ein)mal! Mann! ach du (mein) Schreck! ***~ a lui!*** ihn soll der Schlag treffen (*o* der Teufel holen)! ***dell'~*** verflixt, verdammt: ***una sfortuna dell'~*** ein verdammtes Unglück.

ac|ci|dia f. Trägheit *f.* **ac|ci|dio|so I** agg. träge **II** m. träger Mensch *m.*

ac|ci|gliar|si pronom. *(mi acciglio, ti accigli)* die Stirn runzeln. **ac|ci|glia|to** p.pass. agg. **1** → **accigliarsi 2** mit gerunzelter Stirn; *(scuro in viso)* finster.

ac|cin|ge|re *(accingo, accingi; accinsi; accinto)* **I** tr. LETT. umgürten, umgeben **II** pronom. **accingersi** sich an‿schicken: ***-rsi a qcs.*** an etw. (A) heran‿gehen, sich an etw. machen; ***-rsi a fare un salto*** zu einem Sprung an‿setzen.

ac|ciò, ac|cioc|ché cong. ANT. damit.

ac|ciot|to|la|re tr. **1** *(lastricare con ciottoli)* pflastern **2** *(battere rumorosamente)* ***~ qcs.*** mit etw. klappern, scheppern: ***~ i piatti*** mit dem Geschirr klappern. **ac|ciot|to|la|to I** p.pass. agg. **1** → **acciottolare 2** gepflastert **II** m. Kopfsteinpflaster *n.* **ac|ciot|to|li|o** m. Klappern *n.*, Scheppern *n.*

ac|ci|pic|chia inter. Donnerwetter.

ac|ciuf|fa|re I tr. fassen, packen, schnappen: ***~ un ladro*** einen Dieb schnappen **II** pronom. **acciuffarsi** sich in die Haare geraten, (sich) raufen, sich balgen; ***-rsi con qcn.*** sich mit jdm raufen.

ac|ciu|ga f. *(-ghe)* **1** Sardelle *f.*, Anschovis *f.* **2** FIG. *(persona magra)* Hering *m.*: ***essere (magro come) un'~*** dürr, dünn wie ein Hering sein ◆ ***pasta d'-ghe*** Sardellen-, Anschovispaste *f.*; ***filetto d'~*** Sardellenfilet *n.*; ***stretti come -ghe*** wie die Heringe in der Dose. **ac|ciu|ga|ta** f. Sardellensoße *f.*

ac|cla|ma|re I tr. **1** *(applaudire)* ***~ qcn.*** jdm zu‿jubeln, entgegen‿jubeln **2** *(eleggere)* aus‿rufen, akklamieren: ***~ qcn. presidente*** jdn zum Präsidenten ausrufen **II** intr. (aus. *avere*) ***~ a qcs.*** etw. mit Beifall auf‿nehmen, etw. (D) laut zu‿stimmen. **ac|cla|ma|zio|ne** f. **1** Zuruf *m.*, Beifallruf *m.*; *(plauso)* Zustimmung *f.*, Akklamation *f.* **2** Zuruf *m.*, Akklamation *f.*: ***eleggere qcn. per ~*** jdn durch, per Akklamation wählen.

ac|cli|ma|ta|re I tr. akklimatisieren **II** pronom. **acclimatarsi** sich akklimatisieren. **ac|cli|ma|(ta)|zio|ne** f. Akklimatisation *f.*, Akklimatisierung *f.*

ac|clu|de|re tr. *(acclusi, accluso)* bei‿legen, bei‿fügen. **ac|clu|so** p.pass. agg. **1** → **accludere 2** *(allegato)* beiliegend, BUROCR. anbei, als (*o* in der) Anlage: ***~ alla lettera, qui ~*** beiliegend.

ac|coc|co|lar|si pronom. *(mi accoccolo)* sich (nieder)kauern; *(rannicchiarsi)* sich hocken, sich zusammen‿kauern. **ac|coc|co|la|to** p.pass. agg. **1** → **accoccolarsi 2** ***stare ~*** hocken, kauern.

ac|co|da|re I tr. *(bestie da soma)* aneinander‿koppeln; *(persone)* in einer Reihe auf‿stellen **II** pronom. **accodarsi 1** *(mettersi in coda)* sich an‿stellen; *(auto)* sich stauen **2** ***-rsi a qcn., qcs.*** sich jdm, etw. an‿schließen, mit jdm, etw. mit‿ziehen; SPORT ***-rsi al gruppo*** sich an die Gruppe an‿hängen.

ac|co|glien|te agg. **1** *(ospitale)* gastfreundlich **2** *(di luogo)* gemütlich, behaglich.

ac|co|glien|za f. Aufnahme *f.*, Empfang *m.*: ***avere una buona, calorosa ~ da parte del pubblico*** eine gute, warme Aufnahme beim Publikum finden; ***fare buona ~ a qcn.*** jdm einen freundlichen Empfang bereiten, jdn freundlich empfangen.

ac|co|glie|re tr. *(accolgo, accogli; accolsi; accolto)* **1** auf‿nehmen, empfangen: ***~ qcn. a braccia aperte, un ospite calorosamente*** jdn mit offenen Armen, einen Gast freundlich empfangen **2a** *(accettare)* statt‿geben, genehmigen, bewilligen: ***~ una preghiera, una richiesta, una querela*** einer Bitte, einem Ersuchen, einer Klage stattgeben; ***~ un'istanza, una proposta*** einen Antrag, Vorschlag genehmigen (*o* bewilligen) **b** ***~ qcs. con favore*** etw. begrüßen **3** *(contenere)* fassen, auf‿nehmen: ***lo stadio può ~ fino a 60 000 spettatori*** das Stadion kann bis zu 60 000 Zuschauer aufnehmen. **ac|co|gli|men|to** m. Aufnahme *f.*, Genehmigung *f.*, Bewilligung *f.*: ***~ di un ricorso*** die Genehmigung einer Beschwerde.

ac|co|li|to m. **1** ECCL. Akolyth *m.*, Akoluth *m.* **2** FIG. *(seguace)* Anhänger *m.*

ac|col|la|re I tr. auf‿bürden, auf‿halsen: ***~ troppo lavoro a qcn.*** jdm zuviel Arbeit aufhalsen **II** intr. (aus. *avere*) hoch‿schließen **III** pronom. **accollarsi** übernehmen: ***-rsi le spese, la responsabilità di qcs.*** die Kosten, die Verantwortung für etw. übernehmen; ***-rsi la colpa di qcn.*** jds Schuld auf sich nehmen; ***-rsi le spese per qcn., qcs.*** für jdn, etw. auf‿kommen. **ac|col|la|ta** f. STOR. Akkolade *f.*, Schwertleite *f.*, Ritterschlag *m.* **ac|col|la|ta|rio** m. *(-ri)* DIR.

Übernehmer *m.* **ac|col|la|to** p.pass. agg. **1** → **accollare 2** hochgeschlossen: ***una scarpa -a*** ein hochgeschlossener Schuh; ***un abito ~*** ein hochgeschlossenes Kleid. **ac|col|la|tu|ra** f. Halsausschnitt *m.* **ac|col|lo** m. **1a** Übernahme *f.* **b** DIR. *(di debito)* Schuldübernahme *f.* **2** ARCH. Vorsprung *m.* **ac|col|si** → **accogliere.**

ac|col|ta f. **1** LETT. Versammlung *f.*, Sammlung *f.* **2** SPREG. *(masnada)* Rotte *f.*, Meute *f.*

ac|col|tel|la|men|to m. Verwundung *f.* durch Messerstiche. **ac|col|tel|la|re I** tr. erstechen, nieder‿stechen: ***cercare di ~ qcn.*** jdn zu erstechen versuchen **II** pronom. **accoltellarsi** sich (einander) erstechen, nieder‿stechen. **ac|col|tel|la|to I** p.pass. agg. → **accoltellare II** m. EDIL. Rollschicht *f.* **ac|col|tel|la|to|re** m. Messerstecher *m.*

ac|col|to → **accogliere.**

ac|co|man|dan|te m. COMM. Kommanditist *m.*; ***(socio) ~*** beschränkt haftender Gesellschafter *m.* **ac|co|man|da|ta|rio** m. *(-ri)* Komplementär *m.*, Vollhafter *m.*; ***(socio) ~*** persönlich haftender Gesellschafter *m.* **ac|co|man|di|ta** f., ***società in ~*** Kommanditgesellschaft *f.* ◆ ***società in ~ per azioni*** Kommanditgesellschaft *f.* auf Aktien.

ac|co|mia|ta|re I tr. verabschieden, entlassen **II** pronom. **accomiatarsi** sich verabschieden, Abschied nehmen.

ac|co|mo|da|bi|le agg. ausbesserungsfähig, reparierbar.

ac|co|mo|da|men|to m. **1** Ausbesserung *f.*; *(di guasto)* Reparatur *f.* **2** *(sistemazione)* Anordnung *f.* **3** FIG. *(appianamento)* Schlichtung *f.*; *(accordo)* Vergleich *m.*, Ausgleich *m.*: ***fare un ~*** einen Vergleich schließen; ***accettare un ~*** auf einen Vergleich ein‿gehen; ***venire a un ~*** zu einem Vergleich kommen (*o* sich vergleichen) **4** OTT. Akkomodation *f.* **ac|co|mo|dan|te** agg. entgegenkommend.

ac|co|mo|da|re *(accomodo)* **I** tr. **1a** *(riparare)* aus‿bessern **b** *(guasto)* reparieren **2a** *(riordinare)* (her‿)richten, in Ordnung bringen **b** FIG. *(sistemare)* erledigen, in Ordnung bringen **3** FIG. *(appianare)* bei‿legen, schlichten: ***~ una lite*** einen Streit beilegen **4** OTT. akkomodieren **II** pronom. **accomodarsi 1a** *(mettersi a proprio agio)* es sich bequem machen **b** *(mettersi a sedere)* Platz nehmen: ***prego, si accomodi!*** bitte, nehmen Sie Platz! **c** *(entrare)* ein‿treten: ***si accomodi!*** treten Sie ein! **d** *(servirsi)* sich bedienen **2** *(adattarsi)* sich ab‿finden, sich behelfen **3** *(mettersi d'accordo)* sich einigen ◆ ***fare ~ qcn.*** jdm einen Platz an‿bieten; *(far entrare)* jdn hinein‿begleiten.

ac|co|mo|da|tu|ra f. Ausbesserung *f.*, Reparatur *f.* **ac|co|mo|da|zio|ne** f. OTT. Akkomodation *f.*

ac|com|pa|gna|men|to m. **1** Begleitung *f.* (anche MUS.): ***eseguire l'~ al pianoforte*** die Begleitung am Klavier übernehmen **2** *(corteo, seguito)* Geleit *n.*: ***~ funebre*** Trauergeleit *n.*, Totengeleit *n.* ◆ ***bolla di ~*** Lieferschein *m.*; ***lettera di ~*** Begleitschreiben *n.*; ***musica di ~*** Begleitmusik *f.*, begleitende Musik; ***~ musicale*** Musikbegleitung *f.*; DIR. ***ordine di ~*** Vorführungsbefehl *m.*

ac|com|pa|gna|re I tr. **1** begleiten (anche MUS.): ***~ qcn. a scuola, dal dottore, all'ospedale*** jdn zur Schule, zum Arzt, ins Krankenhaus begleiten; ***~ a casa*** heim‿begleiten, nach Hause begleiten; MUS. ***~ qcn. al pianoforte*** jdn auf dem Klavier begleiten **2a** *(scortare)* ***~ qcn.*** jdn geleiten, jdm das Geleit geben: ***~ qcn. all'estrema dimora*** jdm das letzte Geleit geben **b** FIG. *(seguire)* ***~ qcn. con lo sguardo*** jdm nach‿blicken, jdm mit den Augen folgen **3** *(unire)* bei‿fügen, bei‿legen: ***~ un dono con una lettera*** einem Geschenk einen Brief beifügen **II** pronom. **accompagnarsi 1** einher‿gehen: ***alla febbre si accompagna il mal di testa*** das Fieber geht mit Kopfschmerzen einher **2** MUS. sich begleiten: ***-rsi alla chitarra*** sich auf der Gitarre begleiten **3** *(prendere come compagno)* ***-rsi a, con qcn.*** sich zu jdm gesellen ◆ ***la fortuna lo accompagna*** das Glück ist ihm gewogen; ***~ l'arrosto con un vino rosso*** zum Braten einen Rotwein trinken.

ac|com|pa|gna|to p.pass. agg. **1** → **accompagnare 2** begleitet **3** *(scortato)* geleitet ◆ GASTR. ***carne -a da verdura*** Fleisch mit Gemüsebeilage; PROV. ***meglio soli che male -i*** besser allein als in schlechter Gesellschaft.

ac|com|pa|gna|to|re m. Begleiter *m.* (anche MUS.); *(in un viaggio organizzato)* Reisebegleiter *m.* **ac|com|pa|gna|to|ria** f. Begleitbrief *m.* **ac|com|pa|gna|to|rio** agg. *(-ri,-rie)* Begleit-: ***lettera -a*** Begleitbrief *m.* **ac|com|pa|gna|tri|ce** f. Begleiterin *f.* (anche MUS.); *(in un viaggio organizzato)* Reisebegleiterin *f.* **ac|com|pa|gno** m. BUROCR. Begleitung *f.* ◆ ***d'~*** Begleit-.

ac|co|mu|na|re I tr. **1** *(mettere in comune)* vereinen, vereinigen **2** *(legare)* verbinden, vereinigen: ***le esperienze accomunano*** Erfahrung verbindet; ***ci accomuna lo stesso ideale*** uns verbindet das gleiche Ideal **II** pronom. **accomunarsi** sich vereinen.

ac|con|cia|re I tr. **1** zurecht‿machen: ***~ una sposa*** eine Braut zurechtmachen **2** *(pettinare)* frisieren: ***~ i capelli*** die Haare frisieren **II** pronom. **acconciarsi 1** sich zurecht‿machen: ***-rsi per il ballo*** sich für den Ball zurechtmachen **2** ***-rsi i capelli*** sich die Haare frisieren. **ac|con|cia|to|re** m. Friseur *m.* **ac|con|cia|tu|ra** f. **1** Frisieren *n.* **2** *(tipo di pettinatura)* Frisur *f.* **3** *(ornamento del capo)* Haarschmuck *m.*

ac|con|cio agg. *(-ci,-ce)* geeignet, passend, angebracht: ***il momento ~ per qcs.*** der geeignete Moment für etw.; ***trovare le parole -ce*** die passenden Worte finden; ***in modo ~*** in geeigneter Weise.

ac|con|di|scen|den|te agg. nachgiebig, SPREG. willfährig: ***essere ~ con qcn.*** jdm gegenüber nachgiebig sein. **ac|con|di|scen|de|re** intr. *(accondiscesi, accondisceso;* aus. *avere)* ***~ a qcs.*** in etw. (A) ein‿willigen, etw. (D) willfahren: ***~ a un divorzio*** in eine Scheidung einwilligen; ***~ alle richieste di qcn.*** jds Bitten willfahren.

ac|con|sen|ti|re intr. (aus. *avere*) ***~ a qcs.*** in etw. (A) ein‿willigen, etw. (D) zu‿stimmen, auf etw. (A) ein‿gehen: ***~ ai desideri, alle proposte di qcn.*** auf jds Wünsche, Vorschläge eingehen ◆ PROV. ***chi tace acconsente*** = wer schweigt, stimmt zu.

ac|con|ten|ta|re I tr. zufrieden stellen: ***qcn. è facile, difficile da ~*** jd ist leicht, schwer zufrieden zu stellen **II** pronom. **accontentarsi** sich zufrieden geben, sich begnügen, sich bescheiden: ***-rsi di qcs.*** sich mit etw. zufrieden geben ◆ PROV. ***chi si accontenta gode*** dem Bescheidenen lacht das Glück.

ac|con|to m. Anzahlung *f.*: ***dare (versare), ricevere un ~*** eine Anzahlung leisten, erhalten; ***dare qcs. in, come ~*** etw. an‿zahlen; ***un ~ di un milione, un milione in ~*** ein Million als Anzahlung ◆ ***somma in ~*** Anzahlungssumme *f.*; ***ritenuta d'~*** Steuervorauszahlung *f.*

ac|cop|pa|re tr. um‿legen, kalt‿machen ◆ ***~ qcn. di botte*** jdn vertrimmen.

ac|cop|pia|men|to m. **1** Verbindung *f.* **2** *(di animali)* Paarung *f.*, Begattung *f.*: ***periodo dell'~*** Paarungszeit *f.* **3** MECC. Passung *f.*; *(di due alberi)* Kupp(e)lung *f.*, Kopp(e)lung *f.* (anche EL. FIS.) **4** MUS. Koppel *f.*

ac|cop|pia|re I tr. **1** paaren, verbinden, vereinen: ***~ gentilezza con severità*** Freundlichkeit mit Strenge verbinden; *(abbinare)* ***~ colori*** Farben zusammen‿stellen **2** *(di animali)* paaren, begatten **3** *(aggiogare)* ***~ i buoi*** die Ochsen koppeln (*o* verkoppeln) **4** MECC. passen; *(di due alberi)* kuppeln, koppeln **II** pronom. **accoppiarsi 1** *(unirsi)* sich vereinen, sich paaren **2** *(di animali)* sich paaren, (sich) begatten ◆ ***Dio li fa e poi li accoppia*** Gleich und Gleich gesellt sich gern. **ac|cop|pia|ta** f. SPORT Doppelwette *f.* ◆ FIG. ***~ vincente*** ideale Paarung. **ac|cop|pia|to** p.pass. agg. **1** → **accoppiare 2** gekoppelt, zusammengestellt ◆ ***rima -a*** Paarreim *m.*

ac|co|ra|men|to m. Kummer *m.*, Gram *m.* **ac|co|ra|re I** tr. (tief) betrüben, grämen **II** pronom. **accorarsi** sich (tief) betrüben, sich grämen: ***-rsi per qcs.*** sich über etw. (A) grämen. **ac|co|ra|ta|men|te** avv. betrübt. **ac|co|ra|to** p.pass. agg. **1** → **accorare 2** gramerfüllt: ***parole -e*** gramerfüllte Worte.

ac|cor|cia|bi|le agg. verkürzbar. **ac|cor|cia|men|to** m. Kürzung *f.*, Verkürzung *f.*; *(abbreviazione)* Abkürzung *f.*

ac|cor|cia|re *(accorcio, accorci)* **I** tr. **1** kürzen, verkürzen: ***~ una gonna, i capelli*** einen Rock, die Haare kürzen **2** *(percorso, distanza)* ab‿kürzen, kürzer machen: ***~ la strada*** den Weg abkürzen **II** pronom. **accorciarsi** sich verkürzen, kürzer werden: ***le ombre, le giornate si accorciano*** die Schatten, die Tage werden kürzer ◆ SPORT ***~ le distanze*** den Abstand verkleinern (*o* verringern). **ac|cor|cia|ti|vo I** agg. verkürzend, abkürzend **II** m. Kurzform *f.* **ac|cor|cia|tu|ra** f. → **accorciamento.**

ac|cor|da|bi|le agg. **1** *(concedibile)* ***qcs. è ~*** etw. kann man gewähren, bewilligen **2** MUS. stimmbar.

ac|cor|da|re I tr. **1** *(concedere)* gewähren, ein‿räumen; *(in via ufficiale)* bewilligen: ***~ una proroga a qcn.*** jdm einen Aufschub gewähren; ***~ uno sconto del 10 % sull'importo*** 10 % Skonto auf den Betrag gewähren; ***~ un permesso*** eine Erlaubnis erteilen; ***il parlamento accorda qcs.*** das Parlament bewilligt etw. **2** FIG. entgegen‿bringen: ***~ fiducia a qcn.*** jdm sein Vertrauen entgegenbringen **3** *(mettere d'accordo)* vereinbaren, in Einklang bringen, DIR. akkordieren: ***~ due opposte tendenze*** zwei gegensätzliche Tendenzen in Einklang bringen **4** MUS. stimmen: ***~ una chitarra*** eine Gitarre stimmen; *(uno strumento con altri, più strumenti fra loro)* sich ein‿stimmen: ***i musicisti accordano gli strumenti*** die Musiker stimmen sich ein **5** *(armonizzare)* (aufeinander) ab‿stimmen: ***~ i colori*** die Farben (aufeinander) abstimmen **6** GRAMM. *(concordare)* ***~ il predicato con il soggetto*** das Verb mit dem Subjekt in Übereinstimmung bringen **II** pronom. **accordarsi 1** sich einigen, überein‿kommen, COMM. DIR. sich vergleichen, sich akkordieren: ***-rsi con qcn.*** sich mit jdm einigen; ***-rsi su qcs.*** sich auf, über etw.

(A) einigen: ***si accordarono per...*** sie einigten sich dahin, dass... **2** *(armonizzarsi, concordare)* überein‿stimmen. **ac|cor|da|to|re** m. Stimmer *m.* **ac|cor|da|tu|ra** f. Stimmen *n.*, Einstimmung *f.*

ac|cor|do m. **1** *(concordia, armonia)* Einklang *m.*, Übereinstimmung *f.*: ***essere in ~ con qcn., qcs.*** mit jdm, etw. im Einklang sein (*o* stehen) **2** *(unità di vedute)* Einvernehmen *n.*, Einverständnis *n.*: ***tra loro c'è, regna un pieno ~*** zwischen ihnen besteht, herrscht völliges Einverständnis **3** *(intesa fra persone in lite)* Einigung *f.*: ***venire a un ~*** zu einer Einigung kommen; ***trovare un ~*** eine Einigung finden **4a** *(patto, trattato)* Abkommen *n.*, Abmachung *f.*, Vereinbarung *f.*, Übereinkunft *f.*: ***stare, attenersi agli -i*** die Abmachungen ein‿halten (*o* beachten), sich an die Abmachungen halten; ***prendere -i per qcs.*** Vereinbarungen über etw. (A) treffen; ***violare un ~*** gegen eine Abmachung verstoßen; ***~ fra le parti*** Abkommen zwischen den Parteien **b** POL. Abkommen *n.*: ***~ commerciale, monetario, difensivo*** Handels-, Währungs-, Verteidigungsabkommen *n.*; ***concludere, stipulare un ~ con qcn. (su qcs.)*** ein Abkommen mit jdm (über etw.) schließen, treffen **5** MUS. Akkord *m.*: ***eseguire -i*** Akkorde anschlagen; ***~ maggiore, minore*** Dur-, Mollakkord *m.* **6** *(di colori)* Abstimmung *f.*, Farbabstimmung *f.* **7** GRAMM. *(concordanza)* Übereinstimmung *f.* ◆ ***~ amichevole*** gütliche Einigung; ***vivere d'amore e d'~*** in Frieden und Eintracht miteinander leben; ***andare d'~ (con qcn.)*** sich (mit jdm) vertragen, sich (mit jdm) verstehen; *(avere la stessa opinione)* mit jdm einig sein; ***come d'~*** wie vereinbart, vereinbarungsgemäß; ***di comune ~*** in beiderseitigem (*o* gegenseitigem) Einvernehmen, einvernehmlich; *(unanimemente)* einstimmig, einmütig; ***d'~!*** einverstanden! ***essere d'~ con qcn.*** mit jdm einverstanden sein, einig sein; ***come siete rimasti d'~?*** wie seid ihr verblieben? ***mettersi d'~ (con qcn.)*** sich (mit jdm) einigen, sich (mit jdm) einig werden; ***in perfetto ~*** in bestem (*o* im besten) Einvernehmen; ***un tacito ~*** ein stillschweigendes Einverständnis; ***mettere tutti d'~*** alle unter einen Hut bringen.

ac|cor|ger|si pronom. *(mi accorgo, ti accorgi; mi accorsi; accorto)* ***~ di qcs.*** etw. (be)merken: ***~ delle intenzioni di qcn.*** jds Absichten merken; ***fare qcs. senz'~*** etw. ohne Absicht tun, etw. unabsichtlich machen ◆ ***te ne accorgerai!*** du wirst dich noch umsehen! **ac|cor|gi|men|to** m. **1** *(espediente)* Kunstgriff *m.* **2** *(accortezza)* Umsicht *f.*, Besonnenheit *f.*

ac|cor|pa|men|to m. Zusammenlegung *f.* **ac|cor|pa|re** tr. zusammen‿legen.

ac|cor|re|re intr. *(accorsi; accorso;* aus. *essere)* eilen, her‿eilen, herbei‿eilen: ***~ in aiuto di qcn.*** jdm zu Hilfe eilen.

1.ac|cor|si → **accorgersi.**

2.ac|cor|si → **accorrere.**

ac|cor|so → **accorrere.**

ac|cor|ta|men|te avv. besonnen: ***agire ~*** besonnen handeln. **ac|cor|tez|za** f. **1** Besonnenheit *f.*, Umsicht *f.*: ***agire con ~*** besonnen handeln; ***avere l'~ di fare qcs.*** die Umsicht besitzen, etw. zu tun **2** *(sagacia)* Klugheit *f.* **ac|cor|to** p.pass. agg. **1** → **accorgersi 2** besonnen, bedacht; *(cauto)* vorsichtig, umsichtig **3** *(sagace)* klug, schlau ◆ ***stare ~*** vorsichtig sein, Acht geben; ***fare, rendere ~ qcn. (di qcs.)*** jdn (vor etw.) warnen.

ac|co|sciar|si pronom. *(mi accoscio, ti accosci)* in die Hocke gehen, sich nieder‿kauern. **ac|co|scia|to** p.pass. agg. **1** → **accosciarsi 2** in der Hocke, niedergekauert.

ac|co|sta|bi|le agg. **1** erreichbar **2** *(di persona)* umgänglich, zugänglich.

ac|co|sta|men|to m. **1a** Zusammenstellen *n.* **b** *(di colori)* Nebeneinander *n.*, Zusammenstellung *f.*, Kombinierung *f.*, Kombination *f.* **2** MAR. Anlegen *n.*

ac|co|sta|re I tr. **1a** zusammen‿rücken, aneinander setzen (*o* aneinander stellen), nebeneinander setzen: ***~ due oggetti*** zwei Gegenstände nebeneinander stellen (*o* nebeneinander rücken) **b** ***~ qcs. a qcs.*** etw. an etw. heran‿stellen, heran‿rücken, heran‿führen: ***~ la sedia al tavolo*** den Stuhl an den Tisch rücken; FIG. ***~ qcn. a un problema*** jdn an ein Problem heranführen **2a** *(socchiudere)* an‿lehnen: ***~ la porta*** die Tür anlehnen **b** *(chiudere)* ***~ le tende*** die Vorhänge zu‿ziehen **3** *(per far conoscere)* näher bringen: ***~ qcn. alla pittura, ai classici*** jdm die Malerei, die Klassik näher bringen **4** *(combinare)* kombinieren, zusammen‿stellen: ***~ i colori*** die Farben zusammenstellen **II** intr. (aus. *avere*) MAR. an‿legen **III** pronom. **accostarsi 1** ***-rsi a qcn., qcs.*** sich jdm, etw. nähern (*o* an‿nähern), an jdn, etw. heran‿rücken; FIG. ***-rsi a un'idea, a un partito*** sich einer Idee, einer Partei nähern **2** zusammen‿passen: ***i colori si accostano*** die Farben passen zusammen ◆ ***~ (con l'auto)*** an die Seite fahren; ***-rsi ai sacramenti*** die Sakramente empfangen.

ac|co|sto I avv. daneben **II** agg. ANT. nah ◆ ***~ a*** *(stato in luogo)* neben + dat.; *(moto a luogo)* neben + acc.; ***farsi ~*** sich nähern.

ac|co|to|na|re tr. **1** TESS. auf‿rauen **2** *(imbottire di cotone)* mit Baumwolle polstern, füttern **3** *(cotonare)* tupieren.

ac|count ex|ec|ut|ive [ə'kaunt ig'zɛkjutiv] m.inv. Kontakter *m.*: ***fare l'~*** kontakten.

ac|co|vac|ciar|si pronom. *(mi accovaccio, ti accovacci)* sich kauern, sich nieder‿kauern, sich nieder‿hocken, in die Hocke gehen. **ac|co|vac|cia|to** p.pass. agg. **1** → **accovacciarsi 2** kauernd, Kauer-: ***posizione -a*** Kauerstellung *f.*, Hockstellung *f.*: ***stare ~*** kauern, hocken, in der Hocke sitzen.

ac|coz|za|glia f. Mischmasch *m.*, Sammelsurium *n.* ◆ ***un'~ di gente*** eine bunte Gesellschaft, ein zusammengewürfelter Haufen. **ac|coz|za|men|to** m. **1** Zusammenwürfeln *n.* **2** *(insieme di cose)* bunte Mischung *f.* **ac|coz|za|re** tr. zusammen‿würfeln. **ac|coz|zo** m. → **accozzamento.**

ac|creb|bi → **accrescere.**

ac|cre|di|ta|bi|le agg. akkreditierbar. **ac|cre|di|ta|men|to** m. **1** COMM. BANC. Gutschrift *f.* **2** DIPL. Beglaubigung *f.*, Akkreditiv *n.* **ac|cre|di|ta|re** *(accredito)* **I** tr. **1** COMM. BANC. gut‿schreiben, akkreditieren: ***~ una somma a qcn., sul conto di qcn.*** jdm, auf jds Konto einen Betrag gutschreiben **2** DIPL. akkreditieren, beglaubigen **3** *(avvalorare)* bestätigen: ***~ ufficialmente una notizia*** eine Nachricht offiziell bestätigen **II** pronom. **accreditarsi** sich bestätigen.

ac|cre|di|ta|to I p.pass. agg. **1** → **accreditare 2** akkreditiert: ***un giornalista ~*** ein akkreditierter Journalist **3** *(attendibile, autorevole)* ***da fonti -e*** von gut unterrichteter Seite **II** m. Akkreditierte *m.* **ac|cre|di|to** m. Gutschrift *f.*, Akkreditiv *n.*: ***un ~ su un conto, a favore di qcn.*** eine Gutschrift auf einem Konto, zu jds Gunsten.

ac|cre|sce|re *(accresco, accresci; accrebbi; accresciuto)* **I** tr. **1a** vergrößern, steigern, erhöhen: ***~ il valore di qcs.*** den Wert von etw. steigern; ***~ il proprio capitale, potere*** sein Kapital, seine Macht vergrößern **b** FIG. ***~ l'attenzione*** die Aufmerksamkeit erhöhen **2** *(in quantità)* vermehren **3** *(potenziare)* erhöhen, potenzieren: ***l'alcol accresce il pericolo d'infarto*** Alkohol erhöht (*o* potenziert) die Infarktgefahr **II** pronom. **accrescersi 1** sich vergrößern, sich steigern, zu‿nehmen, wachsen **2** *(in quantità)* sich vermehren, sich erhöhen. **ac|cre|sci|men|to** m. **1** Vergrößerung *f.*, Steigerung *f.*, Zunahme *f.*, Wachstum *n.* **2** *(di quantità)* Vermehrung *f.*, Erhöhung *f.* **3** *(potenziamento)* Potenzierung *f.* **4** BIOL. Wachstum *n.* ◆ MINER. ***~ dei cristalli*** Kristallwachstum *n.* **ac|cre|sci|ti|vo I** agg. vergrößernd, Vergrößerungs-, Steigerungs- **II** m. Vergrößerungsform *f.*

ac|cuc|ciar|si pronom. *(mi accuccio, ti accucci)* **1** (sich) kuschen **2** *(di persone)* sich zusammen‿kauern.

ac|cu|di|re *(accudisco, accudisci)* **I** tr. pflegen, versorgen: ***~ un malato, un bambino*** einen Kranken, ein Kind pflegen **II** intr. (aus. *avere*) ***~ a qcs.*** etw. besorgen, versehen: ***~ alla casa*** den Haushalt besorgen (*o* versehen).

ac|cu|lar|si pronom. sich auf die Hinterbeine setzen.

ac|cul|tu|ra|men|to m. → **acculturazione. ac|cul|tu|ra|re I** tr. akkulturieren **II** pronom. **acculturarsi** sich kulturell an‿passen. **ac|cul|tu|ra|zio|ne** f. Akkulturation *f.*, kulturelle Anpassung *f.*

ac|cu|mu|la|re *(accumulo)* **I** tr. **1** auf‿häufen, an‿häufen; *(raccogliere in quantità)* sammeln, an‿sammeln: ***~ denaro, ricchezze*** Geld, Reichtümer aufhäufen (*o* sammeln); ***lo scoiattolo accumula noci per l'inverno*** das Eichhörnchen sammelt Nüsse für den Winter; FIG. ***~ esperienze*** Erfahrungen sammeln; ***~ debiti*** Schulden anhäufen; ***~ errori su errori*** einen Fehler nach dem andern machen **2** *(ammassare)* horten: ***~ provviste per tempi difficili*** Vorräte für schwere Zeiten horten **II** pronom. **accumularsi 1** sich häufen, sich an‿häufen, sich sammeln: ***sulla mia scrivania si accumula il lavoro*** auf meinem Schreibtisch häuft sich die Arbeit **2** *(von Wolken)* sich auf‿bauen ◆ ***ha accumulato tutta la vita*** er hat das ganze Leben gespart.

ac|cu|mu|la|to|re m. **1** EL. Akkumulator *m.*, Speicher *m.*, Sammler *m.*: ***caricare, scaricare un ~*** einen Akkumulator laden, entladen **2** INFORM. Akkumulator *m.* ◆ ***~ elettrico*** elektrischer Akkumulator; ***~ idraulico*** Druckwasserspeicher *m.*, hydraulischer Speicher, Hydrospeicher *m.*; ***~ termico*** Wärmespeicher *m.* **ac|cu|mu|la|zio|ne** f. **1** Häufung *f.*, Anhäufung *f.*, Sammlung *f.* **2** ECON. GEOL. Akkumulation *f.*: ***~ di capitale*** Kapitalakkumulation *f.* (*o* Kapitalanhäufung *f.*) **3** TECN. Aufspeicherung *f.*, Speicherung *f.* ◆ ***bacino di ~*** Speichersee *m.*; ***~ di calore*** Wärmestau *m.* **ac|cu|mu|lo** m. **1** → **accumulazione 2** *(ammasso)* Haufen *m.*, Anhäufung *f.*: ***un ~ di debiti, lavoro*** ein Haufen Schulden, Arbeit (*o* eine Arbeitsanhäufung) **3** GEOL. Akkumulation *f.*

ac|cu|ra|ta|men|te avv. sorgfältig, genau. **ac|cu|ra|tez|za** f. Sorgfalt *f.*; *(precisione)* Genauigkeit *f.* **ac|cu|ra|to** agg. sorgfältig; *(preciso)* genau.

ac|cu|sa f. **1** Beschuldigung *f.*, Anschuldigung *f.*, Bezichtigung *f.*: ***un'~ falsa, ingiusta, infondata*** eine falsche, ungerechte, grundlose Beschuldigung; ***difendersi da un'~*** sich gegen eine Beschuldigung verteidigen **2** DIR. Anklage *f.*: ***~ di truffa, di omicidio*** Anklage wegen Betrug, Mord; ***essere, mettere sotto ~ per qcs.*** wegen etw. unter Anklage stehen, stellen; ***muovere, formulare un'~ di, per qcs. contro qcn.*** eine Anklage gegen jdn, wegen etw. erheben; ***sostenere, respingere, ritirare un'~*** eine Anklage verfechten (*o* aufrecht‿erhalten), zurück‿weisen, zurück‿nehmen; ***provare, confutare un'~*** eine Anklage beweisen, widerlegen; ***smontare un'~*** eine Anklage Stück für Stück widerlegen; ***prosciogliere qcn. da un'~*** jdn von einer Anklage frei‿sprechen; *(rappresentanza dell'accusa)* ***i testi dell'~*** die Zeugen der Anklage; *(avvocato dell'accusa)* ***l'~ interroga l'imputato*** die Anklage verhört den Zeugen **3** RELIG. Bekenntnis *n.* ◆ ***atto d'~*** Anklageschrift *f.*; FIG. Anklage *f.*: ***questo libro è un atto d'~ contro la violenza sui minori*** dieses Buch ist eine Anklage gegen die Kindesmisshandlungen; ***capo d'~*** Anklagepunkt *m.*; ***~ dei peccati*** Sündenbekenntnis *n.*; ***pubblica ~*** Staatsanwaltschaft *f.*; *(avvocato)* Staatsanwalt *m.*; ***stato d'~*** Anklagezustand *m.*

ac|cu|sa|re I tr. **1a** beschuldigen, bezichtigen: ***~ qcn. di slealtà*** jdn der Unredlichkeit beschuldigen; ***lo accusò di averla tradita*** sie beschuldigte ihn, ihr untreu gewesen zu sein **b** DIR. an‿klagen: ***~ qcn. di corruzione, favoreggiamento*** jdn wegen (*o* der) Korruption, Begünstigung anklagen **c** FIG. ***~ il destino*** das Schicksal an‿klagen **2** *(sentire)* verspüren: ***~ un forte mal di testa*** starke Kopfschmerzen verspüren **3** *(rivelare)* erkennen lassen, zeigen: ***il suo viso accusava stanchezza*** ihr Gesicht zeigte Müdigkeit **4** *(nei giochi di carte)* an‿geben, an‿sagen **II** pronom. **accusarsi 1** *(se stessi)* sich bezichtigen, sich an‿klagen, sich beschuldigen: ***-rsi di una colpa*** sich einer Schuld anklagen **2** *(l'un l'altro)* sich gegenseitig beschuldigen (*o* bezichtigen, an‿klagen) ◆ ***~ il colpo*** = seine Betroffenheit nicht verbergen können; BUROCR. ***~ ricevuta di qcs.*** den Empfang von etw. bestätigen (*o* quittieren).

ac|cu|sa|ti|vo I agg. Akkusativ-: ***la forma -a*** die Akkusativform **II** m. Akkusativ *m.*, Wenfall *m.*: ***all'~*** im Akkusativ.

ac|cu|sa|to I p.pass. agg. **1** → **accusare 2** angeklagt, beschuldigt: ***~ di furto*** des Diebstahls angeklagt **II** m. Angeklagte *m.* **ac|cu|sa|to|re I** agg. anklagend: ***uno sguardo ~*** ein anklagender Blick **II** m. **1** Ankläger *m.* **2** DIR. Anklage *f.*, Anklagevertreter *m.* **ac|cu|sa|to|rio** agg. *(-ri,-rie)* anklagend, Anklage-: ***un discorso ~*** eine anklagende Rede; DIR. ***processo ~*** Anklageprozess *m.*

ace [eɪs] m.inv. SPORT As *n.*: ***fare (un) ~*** ein As schlagen.

a|ce|fa|li|a f. Azephalie *f.* **a|ce|fa|lo I** agg. **1** MED. kopflos, azephal **2** METR. LETT. akephal, akephalisch **II** m. **1** MED. Azephalus *m.*, Azephale *m.* **2** pl. ZOOL. Schädellose *pl.*

a|cel|lu|la|re agg. zellenlos.

a|ce|ra|ia f. → **acereta.**

a|cer|bi|tà f.inv. **1** Säure *f.*, Herbheit *f.* **2** *(immaturità)* Unreife *f.* **a|cer|bo** agg. **1a** sauer, herb: ***un frutto, un sapore ~*** eine saure Frucht, ein herber Geschmack **b** FIG. ***una bellezza -a*** eine herbe Schönheit **2** *(immaturo)* unreif: ***giovani -i*** unreife Jugendliche; ***età -a*** unreifes Alter **3** FIG. *(aspro, doloroso)* hart; *(di dolore)* quälend.

a|ce|re|ta f., **a|ce|re|to** m. Ahornwald *m.* **a|ce|ro** m. **1** Ahorn *m.* **2** *(legno)* Ahorn *m.*

a|cer|ri|mo (superl. di *acre*) erbittert ◆ ***essere ~ nemico di qcn.*** jds Todfeind sein; ***sono -i nemici*** sie sind sich einander Todfeind.

a|ce|scen|te agg. in Säure übergehend. **a|ce|scen|za** f. Übergehen *n.* in Säure, COLLOQ. Stich *m.*

a|ce|ta|bo|lo m. ANAT. Hüftpfanne *f.*

a|ce|ta|to m. Acetat *n.*, Azetat *n.* ◆ ***~ d'alluminio*** essigsaure Tonerde *f.*; ***~ di cellulosa*** Acetylzellulose *f.*, Zelluloseacetat *n.*; ***~ di etile*** Äthylacetat *n.*, Essigäther *m.*; ***~ di ferro*** Eisenschwarz *n.*; ***~ di metile*** Methylacetat *n.*; ***~ di potassio*** essigsaures Kalium *n.*

a|ce|ti|co agg. *(-ci,-che)* essigsauer, essighaltig, Essig-: ***acido ~*** Essigsäure *f.*

a|ce|ti|fi|ca|re tr. *(acetifico, acetifichi)* in Essigsäure verwandeln. **a|ce|ti|fi|ca|zio|ne** f. Essigsäurebildung *f.*

a|ce|til|cel|lu|lo|sa f. Acetylzellulose *f.*, Zelluloseacetat *n.*

a|ce|ti|le m. Acetyl *n.* **a|ce|ti|le|ne** m. Acetylen *n.* ◆ ***bombola di ~*** Acetylenflasche *f.*; ***lampada ad ~*** Acetylenlampe *f.*

a|ce|til|sa|li|ci|li|co agg. *(-ci,-che)* Acetylsalizyl-: ***acido ~*** Acetylsalizylsäure *f.*

a|ce|to m. Essig *m.*: ***~ di vino, di mele*** Weinessig *m.*, Apfelessig *m.*; ***condire qcs. con olio e ~*** etw. mit Öl und Essig an‿machen ◆ ***~ aromatico, aromatizzato*** Kräuteressig *m.*; ***~ balsamico*** Balsamessig *m.*; ***prendere d'~*** sauer werden; ***mettere qcs. sotto ~, sott'~*** etw. in Essig (ein‿)legen; ***verdura sotto ~*** in Essig eingelegtes Gemüse.

a|ce|to|lie|ra f. Ständer *m.* mit Essig- und Ölfläschchen.

a|ce|to|ne m. **1** CHIM. Aceton *n.*, Essiggeist *m.* **2** COSM. Nagellackentferner *m.* ◆ ***il bambino ha l'~*** das Kind riecht nach Aceton. **a|ce|to|ne|mi|a** f. Acetonämie *f.* **a|ce|to|nu|ria** f. Acetonurie *f.*

a|ce|to|sa f. (Großer) Sauerampfer *m.* **a|ce|to|sel|la** f. Sauerklee *m.*, (Kleiner) Sauerampfer *m.* ◆ ***sale di ~*** Kleesalz *n.* **a|ce|to|si|tà** f. Säure *f.*, Essiggeschmack *m.* **a|ce|to|so** agg. nach Essig schmeckend, sauer.

a|che|nio m. *(-ni)* Achäne *f.*

a|che|o I agg. achäisch **II** m. Achäer *m.*, Achaier *m.*

A|che|ron|te n.pr.m. Acheron *m.* **a|che|ron|te|o**, **a|che|ron|ti|co** *(-ci,-che)* agg. LETT. acherontisch.

a|che|ron|zia f. Totenkopf *m.*

A|chil|le n.pr.m. Achilles *m.*: ***~ il piè veloce*** der schnellfüßige Achilles ◆ ***tallone di ~*** Achillesferse *f.*; ***tendine d'~*** Achillessehne *f.*

a|chil|le|a f. Schafgarbe *f.*

a|chi|vo agg. LETT. → **acheo.**

ACI ⇒ *Automobile Club d'Italia* (entspricht ADAC).

a|ci|cli|co agg. *(-ci,-che)* azyklisch.

a|ci|da|men|te avv. mürrisch.

a|ci|di|fi|can|te agg. Säure bildend. **a|ci|di|fi|ca|re** tr. säuern. **a|ci|di|fi|ca|zio|ne** f. Säuerung *f.*, Säurebildung *f.*

a|ci|di|tà f.inv. **1** Säure *f.* **2** *(di stomaco)* Sodbrennen *n.*: ***provocare ~*** Sodbrennen hervor‿rufen **3** CHIM. Acidität *f.*, Säuregehalt *m.* **4** FIG. *(astio)* Gereiztheit *f.*; *(mordacità)* Bissigkeit *f.*

a|ci|do I agg. **1** sauer, Sauer-: ***gusto ~*** saurer Geschmack; **2** CHIM. sauer, säurehaltig, Säure-: ***sale ~*** saures Salz; **3a** FIG. *(astioso)* säuerlich, gereizt; *(invidioso)* missgünstig: ***un sorriso ~*** ein säuerliches Lächeln **b** *(mordace)* bissig: ***una battuta -a*** eine bissige Bemerkung **4** *(di persona)* missmutig, verdrießlich, griesgrämig, säuerlich: ***con l'età è diventato ~*** mit dem Alter ist er griesgrämig (*o* grämlich) geworden; ***sei sempre così ~?*** bist du immer so übellaunig (*o* COLLOQ. grantig)? ***è -a come una vecchia zitella*** sie ist sauertöpfisch wie eine alte Jungfer **II** m. **1** Säure *f.*: CHIM. ***~ debole, forte, corrosivo*** schwache, starke, ätzende Säure; ***l'~ corrode il metallo*** die Säure greift das Metall an **2** GERG. *(droga)* Acid *n.* ◆ ***latte ~*** saure Milch, Sauermilch *f.*; ***panna -a*** saure Sahne *f.*, Sauerrahm *m.*; ***pioggia -a*** saurer Regen; ***reazione -a*** Säurereaktion *f.*; ***avere una reazione -a*** sauer reagieren; ***sapere d'~*** sauer schmecken.

a|ci|do|si f. Acidose *f.* **a|ci|du|lo** agg. **1** säuerlich **2** FIG. stichelnd. **a|ci|du|me** m. **1** Säure *f.* **2** *(gusto acido)* saurer Geschmack *m.*

a|ci|ne|si|a f. Akinesie *f.*

a|ci|ni|for|me agg. beerenförmig. **a|ci|no** m. **1** Beere *f.*: ***un ~ d'uva*** eine Weinbeere **2** ANAT. Drüsenbläschen *n.*

a|clas|si|smo m. Klassenlosigkeit *f.*

ACLI ⇒ *Associazioni Cristiane Lavoratori Italiani* Christlicher Verband der italienischen Arbeiter.

ac|me f. **1** MED. Akme *f.*, Krisis *f.* **2** FIG. Höhepunkt *m.*

ac|ne f. Akne *f.* ◆ ***~ giovanile*** Pubertätsakne *f.*; ***~ rosacea*** Kupferausschlag *m.* **ac|nei|co** agg. *(-ci,-che)* Akne-.

a|con|fes|sio|na|le agg. konfessionslos. **a|con|fes|sio|na|li|tà** f. Konfessionslosigkeit *f.*

a|co|ni|to m. Eisenhut *m.*, Sturmhut *m.*, Akonit *n.*

ac|qua f. **1a** Wasser *n.*: ***~ fredda, calda*** kaltes, warmes Wasser; ***~ alta, bassa*** tiefes, seichtes Wasser; ***un bicchiere, una bottiglia d'~*** ein Glas, eine Flasche Wasser; ***cadere, buttarsi in, nell'~*** ins Wasser fallen, springen; ***calare, mettere in ~*** zu Wasser bringen; ***nuotare sott'~*** unter Wasser schwimmen; ***vivere nell'~*** am, im Wasser leben; COLLOQ. *(pioggia)* ***è venuta giù tanta ~*** es ist eine Menge Wasser heruntergekommen; CHIM. ***~ dura, dolce (o molle)*** hartes, weiches Wasser **b** *(purezza, trasparenza)* ***un diamante della più bell'~*** ein Diamant von reinstem Wasser; FIG. ***un egoista della più bell'~*** ein Egoist reinsten Wassers **2** pl. *(distesa d'acqua)* Gewässer *n.*: ***-e stagnanti*** stehendes Gewässer **3** pl. *(terme)* Heilwasser *n.*, Heilquelle *f.*: ***le -e di Montecatini*** die Heilquellen von Montecatini **4** pl. *(liquido amniotico)* Fruchtwasser *n.*: ***perdere le -e*** das Fruchtwasser verlieren; ***si sono rotte le -e*** die Fruchtblase ist geplatzt **5** *(nei giochi infantili)* kalt: ***~! fuoco!*** kalt! heiß! ◆ TECN. ***~ di alimentazione*** Speisewasser *n.*; ***allacciamento dell'~*** Wasseranschluss *m.*; *(alta marea)* ***~ alta*** Hochwasser *n.*; *(bassa marea)* ***~ bassa*** Niedrigwasser *n.*; ***~ battesimale*** Taufwasser *n.*; ***~ benedetta*** Weihwasser *n.*; ***~ da bere*** Trinkwasser *n.*; ***affogare in un bicchiere d'~*** = wegen jeder Kleinigkeit den Kopf verlieren; ***~ in bocca!*** kein

Wort davon! *bolla d'~* Wasserblase *f.*; *~ borica* Borwasser *n.*; *essere un buco nell'~* ein Schlag ins Wasser sein; *~ di calce* Kalkwasser *n.*; *scoprire l'~ calda* = nichts Neues entdecken; FIG. *calmare le -e* die Wogen glätten; *navigare, essere in cattive -e* sich in einer üblen Lage befinden; FIG. *essere un'~ cheta* ein stilles Wasser sein; *~ di Colonia* kölnisch Wasser, Kölnischwasser *n.*; *conduttura dell'~* Wasserleitung *f.*; *-e continentali* Binnengewässer *n.*; FIG. *navigare contr'~* gegen den Strom schwimmen; *~ corrente* fließendes Wasser; *corso d'~* Wasserlauf *m.*; *corso d'~ navigabile* Wasserstraße *f.*; *fare la cura delle -e* eine Brunnenkur machen, Brunnen trinken; *dare ~ alle piante* den Pflanzen Wasser geben; *depurazione dell'~* Wasseraufbereitung *f.*; *un'~ come dio la manda* ein wolkenbruchartiger Regen, ein Wolkenbruch; *diritto delle -e* Wasserrecht *n.*; *distesa d'~* Wasserfläche *f.*; *~ distillata* destilliertes Wasser; *~ dolce* Süßwasser *n.*, CHIM. weiches Wasser; *pesce d'~ dolce* Süßwasserfisch *m.*; CHIM. *~ dura* hartes Wasser; *durezza dell'~* Wasserhärte *f.*; *~ effervescente* Sprudelwasser *n.*, Sprudel *m.*; *fare ~* *(imbarcare acqua)* lecken, leck sein; *(versare in cattive condizioni)* *la ditta fa ~* = die Firma ist am Untergehen; *(orinare)* Wasser lassen; *(di frutta e verdura)* Wasser ziehen; *~ di fiume* Flusswasser *n.*; *~ di fonte* Brunnenwasser *n.*; *~ freatica (o sotterranea)* Grundwasser *n.*; FIG. *~ fresca* kalter Kaffee; *essere come l'~ e il fuoco* wie Hund und Katze sein; FIG. *gettare ~ sul fuoco* = die Erregung dämpfen; *~ gassata* → *~ effervescente*; *getto d'~* Wasserstrahl *m.*; *giochi d'~* Wasserspiele *pl.*; *rassomigliarsi come due gocce d'~* sich aufs Haar (*o* wie ein Ei dem andern) gleichen; *ha l'~ alla gola* das Wasser steht ihm bis zum Hals; *-e internazionali* internationale Gewässer; FIG. *intorbidare le -e* = Verwirrung stiften; FIG. *lavorare sott'~* im Trüben fischen, Ränke schmieden; *letto ad ~* Wasserbett *n.*; *~ di mare* Meerwasser *n.*; *l'~ va al mare* wo Tauben sind, fliegen Tauben zu; *~ minerale* Mineralwasser *n.*; *~ minerale naturale* stilles Wasser; *~ minerale (non) gassata* Mineralwasser mit (ohne) Kohlensäure; *pestar l'~ nel mortaio* Wasser in ein, mit einem Sieb schöpfen; *portare, tirare l'~ al proprio mulino* sein Schäfchen ins Trockene bringen; *-e navigabili* schiffbares Gewässer; *-e nere* → *acque di scarico*; *~ ossigenata* Wasserstoffperoxid *n.*; *stare a pane e ~* auf Wasser und Brot gesetzt sein; *passare le -e* → *fare la cura delle -e*; COLLOQ. *è ~ passata* das ist Schnee von gestern; FIS. *~ pesante* schweres Wasser; *come un pesce fuor d'~* wie ein Fisch auf dem Trockenen; *~ piovana* Regenwasser *n.*; *pistola ad ~* Wasserpistole *f.*; *deve passare ancora molta ~ sotto i ponti* bis dahin fließt noch viel Wasser den Rhein (*o* den Bach) hinunter; FIG. *portare l'~ al mare* Eulen nach Athen tragen; *~ (non) potabile* (kein) Trinkwasser *n.*; *pozza d'~* Wasserpfütze *f.*; *~ di pozzo* Brunnenwasser *n.*; *prendere l'~* (vom Regen) nass werden; *-e pubbliche* öffentliche Gewässer; *raffreddamento ad ~* Wasserkühlung *f.*; *~ di raffreddamento* Kühlwasser *n.*; *raffreddato ad ~* wassergekühlt; *~ ragia* Terpentin *n.*; *~ regia* Königswasser *n.*; *regime delle -e* Niederschlagsmenge *f.*; *~ di rose* Rosenwasser *n.*; FIG. *all'~ di rose* = oberflächlich; *~ di, del rubinetto* Leitungswasser *n.*; *~ salata* Salzwasser *n.*; *~ salmastra* Brackwasser *n.*; *~ santa* Weihwasser *n.*; *all'~ e sapone* ungeschminkt, natürlich; *~ di scarico, di scolo* Abwasser *n.*; *scroscio d'~* Wasserguss *m.*; *~ di sel(t)z* Selterswasser *n.*; *solubile in ~* wasserlöslich; *~ sorgiva (o di sorgente)* Quellwasser *n.*; *specchio d'~* Wasserspiegel *m.*; *~ da tavola* Tafelwasser *n.*; *-e termali* Heilwasser *n.*; *-e territoriali* Territorialgewässer *n.*, Hoheitsgewässer *n.*; FIG. *~ tinta* Abspülwasser *n.*; *~ tonica* Tonicwater *n.*; *vena d'~* Wasserader *f.*; MED. *versamento d'~ nei polmoni* Wasseransammlung *f.* in den Lungen; *per via d'~ o di terra* zu Wasser oder zu Land; FIG. *mettere ~ nel vino* Wasser in den Wein gießen; *~ viva* Quellwasser *n.*; PROV. *l'~ cheta rovina i ponti* stille Wasser sind (*o* gründen) tief; *ogni ~ va alla china* alles nimmt seinen Lauf; *~ passata non macina più* = Vergangenes soll man ruhen lassen, Geschehenes lässt sich nicht ungeschehen machen.

ac|qua|for|te f. *(acqueforti)* **1** CHIM. Ätzwasser *n.* **2** ART. Ätzung *f.* Radierung *f.* ◆ *incidere con ~* eine Radierung machen. **ac|qua|for|ti|sta** m. e f. *(-i,-e)* Radierer *m.* (-in *f.*).

ac|qua|io m. *(-ai)* Ausguss *m.*, Spülstein *m.*, Spüle *f.*

ac|qua|io|lo **I** agg. Wasser-: *serpe -a* Wasserschlange *f.* **II** m. Wasserträger *m.*, Wasserverkäufer *m.*

ac|qua|ma|ri|na **I** f. *(acquemarine)* Aquamarin *m.* **II** agg.inv. aquamarin.

ac|qua|pla|no m. Wasserski *m.* (Monoski).

ac|qua|ra|gia f. Terpentin *n.*

ac|qua|rel|lo → **acquerello.**

ac|qua|rio m. *(-ri)* **1** *(vasca)* Aquarium *n.*: *pesce d'~* Aquarienfisch *m.* (*o* Zierfisch *m.*) **2** *(edificio)* Aquarium *n.*, Aquarienhaus *n.* **3** ASTROL. → **aquario.**

ac|quar|tie|ra|men|to m. Einquartierung *f.* **ac|quar|tie|ra|re** **I** tr. ein‿quartieren, quartieren **II** pronom. **acquartierarsi** sich ein‿quartieren: *~ in un luogo* sich in einem Ort einquartieren.

ac|qua|san|ta f. Weihwasser *n.* ◆ *essere come il diavolo e l'~* = wie Hund und Katze sein. **ac|qua|san|tie|ra** f. Weihwasserbecken *n.*

ac|qua|scoo|ter [-sk'uter] m. Wasserskooter *m.*

ac|qua|ti|co agg. *(-ci,-che)* aquatisch, Wasser-: *fauna, flora -a* Wasserfauna *f.*, Wasserflora *f.*; *sport, sci ~* Wassersport *m.*, -ski *m.* e *n.*

ac|qua|tin|ta f. *(acquetinte)* Aquatinta *f.*

ac|quat|tar|si pronom. sich ducken.

ac|qua|vi|te f. Schnaps *m.*, Branntwein *m.*

ac|quaz|zo|ne m. Platzregen *m.*

ac|que|dot|to m. **1** Wasserwerk *n.*: *~ municipale* städtisches Wasserwerk **2** STOR. Aquädukt *m.*

ac|que|o agg. Wasser-: *vapore ~* Wasserdampf *m.*

ac|que|rel|la|re tr. aquarellieren.

ac|que|rel|li|sta m. e f. *(-i,-e)* Aquarellist *m.* (-in *f.*), Aquarellmaler *m.* (-in *f.*). **ac|que|rel|lo** m. **1** Aquarell *n.*: *dipingere ad ~* Aquarell malen; *pittura ad ~* Aquarellmalerei *f.*; *un paesaggio ad ~* eine Landschaft in Aquarell; *una raccolta di -i* eine Aquarellsammlung **2** *(colore)* Wasserfarbe *f.*, PITT. Aquarellfarbe *f.*

ac|que|ru|gio|la f. Sprühregen *m.*, Nieselregen *m.*

ac|que|ta|re → **acquietare.**

ac|quet|ta f. **1** Nieselregen *m.* Sprühregen *m.* **2** COLLOQ. *(bevanda diluita con acqua)* Abspülwasser *n.*, Spülwasser *n.*, Brühe *f.*

ac|qui|col|tu|ra f. **1** Aquakultur *f.* **2** Hydrokultur *f.*

ac|quie|scen|te agg. nachgiebig, fügsam. **ac|quie|scen|za** f. Nachgiebigkeit *f.*, Fügsamkeit *f.*

ac|quie|ta|men|to m. Beschwichtigung *f.*, Beruhigung *f.* **ac|quie|ta|re** **I** tr. beruhigen, besänftigen, beschwichtigen: *~ qcn.* jdn beruhigen; *~ l'ira di qcn.* jds Zorn beschwichtigen **II** pronom. **acquietarsi** sich beruhigen, sich besänftigen.

ac|qui|fe|ro agg. Wasser führend ◆ *falda -a* Grundwasser *n.*

ac|qui|ren|te **I** m. e f. Käufer *m.* (-in *f.*), Erwerber *m.* (-in *f.*); COMM. Einkäufer *m.* (-in *f.*): *~ potenziale* Kaufinteressent *m.* **II** agg. Kauf-, Abnehmer-: *paese ~* Abnehmerland *n.*

ac|qui|si|re tr. *(acquisisco, acquisisci)* **1** erwerben: *~ un diritto, conoscenze* ein Recht, Kenntnisse erwerben; *~ la nazionalità italiana* die italienische Staatsangehörigkeit erwerben **2** *(assumere)* an‿nehmen: *~ un'abitudine* eine Gewohnheit annehmen ◆ DIR. *~ agli atti* zu den Akten nehmen. **ac|qui|si|to** p.pass. agg. **1** → **acquisire** **2** erworben: *un diritto ~ col tempo* ein mit der Zeit erworbenes Recht; MED. BIOL. *caratteri -i* erworbene Eigenschaften; *invalidità -a* erworbene Invalidität; *sindrome da immunodeficienza -a* erworbene Schwäche des Immunsystems **3** *(di parente)* angeheiratet: *uno zio ~* ein angeheirateter Onkel. **ac|qui|si|to|re** m. Akquisiteur *m.* **ac|qui|si|zio|ne** f. **1** Erwerb *m.*, Erwerbung *f.*: *~ di conoscenze* Erwerb von Kenntnissen; *l'~ di un riconoscimento* die Erwerbung einer Anerkennung **2** *(conquista)* Errungenschaft *f.*: *le -i della scienza* die Errungenschaften der Wissenschaft.

ac|qui|sta|bi|le agg. käuflich.

ac|qui|sta|re **I** tr. **1a** kaufen: *~ una casa, un vestito* ein Haus, ein Kleid kaufen **b** *(oggetti di valore o merce in grande quantità)* an‿kaufen, ein‿kaufen: *~ azioni* Aktien ankaufen; *~ qcs. al dettaglio (o al minuto), all'ingrosso* etw. en detail, en gros einkaufen; SPORT *~ un calciatore* einen Fußballspieler einkaufen **2** *(biglietti)* lösen: *~ un biglietto di sola andata* eine einfache Fahrkarte lösen **3** FIG. *(acquisire)* erwerben, gewinnen: *~ fama* Ruhm erwerben; FIG. *(guadagnare)* *~ tempo, terreno* Zeit, Boden gewinnen; *~ velocità* an Fahrt gewinnen **II** intr. (aus. *avere*) gewinnen: *~ in bellezza, in sicurezza* an Schönheit, an Sicherheit gewinnen.

ac|qui|sto m. (Ein)kauf *m.*, Erwerb *m.*: *fare -i* Einkäufe machen; *un buon, cattivo ~* ein guter, schlechter Einkauf; *l'~ di un giocatore* der Einkauf eines Spielers; *(Einkaufsabteilung)* *lavorare agli -i* beim (*o* im) Einkauf arbeiten ◆ *andare a fare -i* einkaufen gehen; IRON. *bell'~ hai fatto!* da hast du dir was Schönes eingehandelt; *~ in contanti* Barkauf *m.*; *nuovo ~* Neuerwerb *m.*; *~ d'occasione* Gelegenheitskauf *m.*; *ordine d'~* Kaufauftrag *m.*; *potere d'~* Kaufkraft *f.*; *potere d'~ reale* Realkaufkraft *f.*; *prezzo di ~* Kaufpreis *m.*; *reparto -i* Einkaufsabteilung *f.*

ac|qui|tri|no m. Sumpf *m.*, Morast *m.* **ac|qui|tri|no|so** agg. sumpfig, Sumpf-: *terreno ~* Sumpfboden *m.*

ac|quo|li|na, *far venire a qcn. l'~ in bocca* jdm den Mund wässrig machen; *ho, mi viene l'~ in bocca* mir läuft das Wasser im Mund zusammen.

ac|quo|si|tà f. Wässrigkeit *f.*

ac|quo|so agg. **1** wasserhaltig **2** *(allungato con acqua)* wässrig: ***una minestra, una soluzione -a*** eine wässrige Suppe, Lösung.

a|cre agg. (superl. *acerrimo*) herb, sauer: ***un sapore ~*** ein saurer Geschmack; ***un odore ~*** ein herber Geruch; FIG. scharf, herb: ***parole -i*** scharfe, heftige Worte.

a|cre|di|ne f. Herbheit *f.*, Schärfe *f.* (anche FIG.).

a|cre|men|te avv. herb, bitter.

a|cri|bi|a f. Akribie *f.*: ***con ~*** akribisch.

a|cri|la|to m. Acrylat *n.* **a|cri|li|co** agg. *(-ci,-che)* Acryl- ◆ ***acido ~*** Acrylsäure *f.*; ***colori -ci*** Acrylfarben *pl.*; ***resina -a*** Acrylharz *n.*; ***vetro ~*** Acrylglas *n.*

a|cri|mo|nia f. Bissigkeit *f.*, Groll *m.*: ***rispondere con ~*** bissig antworten. **a|cri|mo|nio|so** agg. bissig, verbittert.

a|cri|ti|ca|men|te avv. unkritisch, kritiklos. **a|cri|ti|co** agg. *(-ci, -che)* unkritisch, kritiklos.

1.a|cro agg. → **acre.**

2.a|cro m. *(misura)* Acre *m.*, Acker *m.*

a|cro|ba|ta m. e f. *(-i,-e)* Akrobat *m.* (-in *f.*); *(funambolo)* Seiltänzer *m.* (-in *f.*). **a|cro|ba|ti|ca** f. Akrobatik *f.*, Artistik *f.* **a|cro|ba|ti|co** agg. *(-ci,-che)* akrobatisch, artistisch ◆ ***esercizio ~*** Akrobatenstück *n.*; ***pattuglia -a*** Kunstflugstaffel *f.*; ***sci ~*** Trickskilaufen *n.*, Skiakrobatik *f.*; ***sci (da sci) ~*** Trickski *m.*; ***volo ~*** Kunstflug *m.* **a|cro|ba|ti|smo** m. Akrobatik *f.*, Artistik *f.* (anche FIG.).

a|cro|ba|zi|a f. Akrobatenstück *n.*, Kunststück *n.*: ***fare -e al trapezio*** Kunststücke am Trapez vorführen; FIG. ***fare -e*** Kunststücke vollführen ◆ ***~ aerea*** Kunstflug *m.*

a|cro|ce|fa|li|a f. Spitzkopf *m.*, MED. Akrozephalie *f.* **a|cro|ce|fa|lo** agg. spitzköpfig.

a|cro|co|ro m. Hochebene *f.*, Plateau *n.*

a|cro|fo|bi|a f. Akrophobie *f.*, Höhenangst *f.*

a|cro|li|to m. Akrolith *m.*

a|cro|ma|ti|co agg. *(-ci, che)* achromatisch: ***lenti -che*** achromatische Linsen. **a|cro|ma|ti|smo** m. Achromatismus *m.* **a|cro|ma|to|psi|a** f. Achromatopsie *f.*, Farbenblindheit *f.*

a|cro|mi|a f. Achromie *f.*

a|cro|mio m. Akromion *n.*, Schulterblattspitze *f.*

a|cro|ni|mo m. Akronym *n.*, Kurzwort *n.*

a|cro|po|li f.inv. Akropolis *f.*

a|cro|sti|co **I** m. *(-ci)* Akrostichon *n.* **II** agg. *(-ci, -che)* akrostichisch.

a|cro|te|rio m. *(-ri)* Akroterion *n.*, Giebelschmuck *m.*

ac|ti|no|mi|ce|te m. Strahlenpilz *m.*

a|cu|i|re *(acuisco, acuisci)* **I** tr. **1** *(aguzzare)* schärfen: ***~ l'ingegno*** den Verstand schärfen **2** *(acutizzare)* verschärfen: ***~ contrasti, tensioni*** Gegensätze, Spannungen verschärfen **II** pronom. **acuirsi** **1** sich verschärfen, zu‿spitzen: ***la crisi si è acuita*** die Krise hat sich verschärft **2** *(di dolore, malattia)* schlimmer (*o* stärker) werden. **a|cui|tà** f. Schärfe *f.* ◆ ***~ visiva*** Sehschärfe *f.*

a|cu|le|a|to **I** agg. stachelig **II** m. Stachelwespe *f.* **a|cu|le|o** m. Stachel *m.*: ***gli -i di un cactus, di un riccio*** die Stacheln eines Kaktus, eines Igels.

a|cu|me m. Scharfsinn *m.*, Scharfblick *m.*: ***una persona di grande ~*** ein Mensch von großem Scharfsinn; ***avere ~ negli affari*** in Geschäftsfragen Scharfsinn beweisen. **a|cu|mi|na|re** tr. spitzen. **a|cu|mi|na|to** p.pass. agg. **1** → **acuminare** **2** spitz, scharf.

a|cu|sti|ca f. Akustik *f.*; *(come materia)* Schalllehre *f.*: ***avere una buona, cattiva ~*** eine gute, schlechte Akustik haben ◆ ***~ architettonica*** Raumakustik *f.*; ***tecnico dell'~*** Akustiker *m.* **a|cu|sti|ca|men|te** avv. akustisch ◆ ***isolato ~*** schalldicht. **a|cu|sti|co** agg. *(-ci, -che)* akustisch ◆ ***apparecchio ~*** Hörgerät *n.*; ***cassa -a*** Stereobox *f.*, Lautsprecherbox *f.*; ***chitarra -a*** akustische Gitarre; ***cornetto ~*** Hörrohr *n.*; ***frequenza -a*** Tonfrequenz *f.*; ***inquinamento ~*** Lärmbelastung *f.*; ***isolamento ~*** Schallschutz *m.*, Schallisolierung *f.*; ***nervo ~*** Gehörnerv *m.*, Hörnerv *m.*; ***pressione -a*** Schalldruck *m.*; ***ricevitore ~*** Schallempfänger *m.*; ***segnale ~*** akustisches Signal; *(di clacson)* Hupsignal *n.*; *(di segreteria telefonica)* Pfeifton *m.*, Piepton *m.*; *(campanello)* Klingelzeichen *n.*; ***vibrazione -a*** Schallschwingung *f.*

a|cu|ta|men|te avv. **1** scharfsinnig **2** *(intensamente)* stark, heftig. **a|cu|tan|go|lo** agg. spitzwink(e)lig.

a|cu|tez|za f. **1** Schärfe *f.* (anche FIG.): ***l'~ della sua analisi*** die Schärfe seiner Analyse **2** *(intensità)* Heftigkeit *f.*: ***l'~ di un desiderio, di un dolore*** die Heftigkeit eines Wunsches, eines Schmerzes ◆ ***~ d'ingegno*** Verstandesschärfe *f.*; ***~ visiva*** Sehschärfe *f.*

a|cu|tiz|za|re **I** tr. verschärfen **II** pronom. **acutizzarsi** **1** *(di malattia)* sich verschlechtern, sich verschlimmern **2** *(acuirsi)* sich verschärfen. **a|cu|tiz|za|zio|ne** f. **1** Zuspitzung *f.* **2** *(di malattia)* Verschlechterung *f.*, Verschlimmerung *f.*

a|cu|to **I** agg. **1a** *(aguzzo)* spitz, scharf: ***uno spigolo ~*** eine scharfe Kante **b** MAT. ***angolo ~*** spitzer Winkel **2** *(di suono)* schrill, grell: ***grida -e*** schrille Schreie **3a** FIG. scharf: ***vista -a*** scharfe Augen; *(penetrante)* ***un odore ~*** ein stechender Geruch; ***un'analisi -a*** eine scharfe Analyse **b** *(perspicace)* scharf, scharfsinnig: ***un intelletto ~*** ein scharfer Verstand; ***osservazioni -e*** scharfsinnige Bemerkungen **4** *(di desiderio)* heftig, brennend **5** MED. LING. akut **6** MUS. hoch: ***registro ~*** hohe Tonlage, Stimmlage **II** m. hoher Ton *m.* ◆ ***un dolore ~*** ein stechender, bohrender Schmerz; ***freddo ~*** beißende Kälte; ***a sesto ~*** spitzbogig; ***arco a sesto ~*** Spitzbogen *m.*

ad prep. → **a.**

a|dac|qua|men|to m. Bewässerung *f.* **a|dac|qua|re** tr. bewässern.

a|da|gia|men|to m. Lagerung *f.*, Bettung *f.*

a|da|gia|re *(adagio, adagi)* **I** tr. hin‿legen, lagern, betten: ***~ un ferito a terra, sul letto*** einen Verletzten auf den Boden, auf ein Bett lagern **II** pronom. **adagiarsi** **1** sich legen, sich hin‿legen, sich betten: ***-rsi sull'erba*** sich ins Gras legen **2** FIG. *(abbandonarsi a)* sich hin‿geben: ***-rsi nel lusso*** sich dem Luxus hingeben. **a|da|gia|to** p.pass. → **adagiare** ◆ ***adagiato nel verde*** mitten im Grünen.

1.a|da|gio **I** avv. **1** langsam, gemächlich: ***avanti, indietro ~*** langsam vorwärts, zurück **2** *(cautamente)* behutsam, vorsichtig **II** m. MUS. Adagio *n.* ◆ ***~!*** nur langsam, sachte, gemach!

2.a|da|gio m. *(-gi)* Sprichwort *n.*, Sinnspruch *m.*: ***un vecchio ~*** ein altes Sprichwort.

a|da|man|ti|no, LETT. **a|da|man|ti|no** agg. **1** diamanten: ***uno splendore ~*** ein diamantener Glanz **2** FIG. *(cristallino)* rein, lauter: ***una coscienza -a*** ein reines Gewissen **3** FIG. *(saldo)* fest, unnachgiebig.

a|da|mi|ti|co agg. *(-ci, -che)* adamitisch, Adams-: ***in costume ~*** im Adamskostüm. **A|da|mo** n.pr.m. Adam *m.*: ***da ~ in qua*** seit Adam und Eva ◆ ***figli d'~*** Menschenkinder *pl.*; ***pomo d'~*** Adamsapfel *m.*

a|dat|ta|bi|le agg. **1** *(di persona)* anpassungsfähig **2** *(di cosa)* ***~ a qcs.*** zu etw. passend. **a|dat|ta|bi|li|tà** f.inv. Anpassungsfähigkeit *f.* **a|dat|ta|men|to** m. **1** Anpassung *f.*, Angleichung *f.*: ***~ all'ambiente*** Anpassung an die Umwelt **2** *(rifacimento)* Bearbeitung *f.*, Adaptation *f.*: ***~ teatrale, cinematografico, radiofonico*** Bühnen-, Film-, Funkbearbeitung *f.*; *(riduzione)* ***~ per pianoforte, per coro*** Klavierbearbeitung *f.*, chorische Bearbeitung **3** PSIC. LING. BIOL. Anpassung *f.*, Adap(ta)tion *f.* **4** FISIOL. *(accomodazione)* Akkommodation *f.* ◆ ***capacità, spirito di ~*** Anpassungsfähigkeit *f.*; ***difficoltà di ~*** Anpassungsschwierigkeit *f.*

a|dat|ta|re **I** tr. **1a** an‿passen, adaptieren: ***~ un abito a qcn.*** jdm einen Anzug anpassen; ***~ i propri progetti alle possibilità finanziarie*** seine Pläne den (*o* an die) finanziellen Möglichkeiten anpassen **b** *(adeguare)* an‿passen, an‿gleichen: ***~ le pensioni al costo della vita in aumento*** die Renten den steigenden Lebenshaltungskosten angleichen **2** *(cambiare)* ab‿stellen, um‿stellen, um‿wandeln: ***~ la produzione al gusto del pubblico*** die Produktion auf den Publikumsgeschmack abstellen **3a** passen, ein‿passen: ***~ un ripiano alla libreria*** ein Brett in das Bücherregal einpassen **b** *(unire, applicare)* ein‿fügen, an‿fügen **4** *(allestire)* ein‿richten: ***~ una stanza per gli ospiti*** ein Zimmer für die Gäste einrichten **5a** bearbeiten, adaptieren: ***~ qcs. per il cinema, il teatro*** etw. für den Film, für die Bühne bearbeiten **b** MUS. arrangieren **II** pronom. **adattarsi** **1** sich an‿passen, sich adaptieren: ***-rsi a qcn., alle circostanze, al proprio ambiente*** sich nach jdm richten, sich den Verhältnissen, seiner Umgebung anpassen **2** *(rassegnarsi)* sich fügen, sich schicken: ***-rsi alla situazione nuova*** sich in die neue Situation fügen; ***-rsi a fare qcs.*** sich darein‿fügen, etw. zu tun **3** *(essere adatto)* passen, sich eignen: ***la lampada non si adatta all'arredamento*** die Lampe passt nicht zur Einrichtung; ***questo colore non ti si adatta*** diese Farbe passt nicht zu dir ◆ ***-rsi ai desideri di qcn.*** sich nach jds Wünschen richten; ***sapersi ~ facilmente*** sich leicht umstellen können; ***-rsi al proprio ruolo*** sich in seine Rolle finden.

a|dat|ta|ti|vo agg. BIOL. adaptiv. **a|dat|ta|to|re** m. Adapter *m.* **a|dat|ti|vo** agg. → **adattativo.**

a|dat|to agg. **1** passend, geeignet: ***un vestito ~ all'occasione*** ein für die Gelegenheit passendes Kleid; ***un libro ~ ai bambini*** ein für Kinder geeignetes Buch; ***cercare le parole -e*** nach den passenden (*o* geeigneten) Worten suchen **2** *(giusto)* günstig, recht: ***al momento ~*** zur rechten Zeit, Stunde; ***scegliere il momento più ~ per qcs.*** den günstigsten Zeitpunkt für etw. wählen **3** *(conveniente, corretto)* schicklich: ***un comportamento ~*** ein schickliches Verhalten, Benehmen ◆ ***essere ~ a, per qcs.*** zu etw. (*o* für etw.) taugen, sich zu etw. eignen; ***non è ~ a fare il giudice*** er eignet sich nicht zum Richter; ***questo non è ~ a lui*** das passt nicht zu ihm; ***metodi poco -i*** wenig probate Methoden; ***~ allo scopo*** zweckmäßig.

ad|de|bi|ta|men|to m. Belastung *f.*

ad|de|bi|ta|re tr. *(addebito)* **1** belasten: ***~ una somma a qcn., sul conto di qcn.*** jdn, jds Konto mit einem Betrag belasten **2** FIG. *(attribuire)* zur Last legen, zu‿schreiben: ***~ il proprio insuccesso a qcn.*** jdm seinen Misserfolg zur Last legen; ***~ la responsabilità di qcs. a qcn.*** jdm die Verantwortung, die Schuld von etw. zuschreiben. **ad|de|bi|to** m. **1** Belastung *f.* **2** FIG. *(accusa)* Beschuldigung *f.*: ***muovere, respingere un ~*** eine Beschuldigung gegen jdn erheben, zurückweisen ◆ ***incarico di ~ (su conto corrente)*** Einzugsermächtigung *f.*; ***nota di ~*** Debetnote *f.*, Lastschrift *f.*

ad|den|da m.pl. Addenda *pl.*, Nachtrag *m.* **ad|den|do** m. Addend *m.*, Summand *m.*

ad|den|sa|men|to m. **1** Verdichtung *f.* **2** *(di nuvole)* Ballung *f.*, Zusammenballung *f.* (anche FIG.). **ad|den|san|te I** agg. **1** verdickend, Verdickungs- **2** *(che condensa)* verdichtend **II** m. Verdickungsmittel *n.* **ad|den|sa|re I** tr. **1** *(ispessire)* ein‿dicken, verdicken **2** *(condensare)* verdichten **II** pronom. **addensarsi 1** *(di nebbia)* sich verdichten **2** *(ispessirsi)* sich verdicken, ein‿dicken **3** *(di nuvole)* sich zusammen‿ballen (anche FIG.) **4** *(di folla)* zusammen‿strömen.

ad|den|ta|re tr. **1** mit den Zähnen packen, beißen: ***~ un panino*** in ein Brötchen hinein‿beißen **2** *(con tenaglie)* mit der Zange packen, kneifen. **ad|den|ta|tu|ra** f. **1** Beißen *n.* **2** *(morso)* Biss *m.*

ad|den|tel|la|re tr. zähnen, verzahnen.

ad|den|tel|la|to I p.pass. agg. **1** → **addentellare 2** verzahnt **II** m. **1** Zähnung *f.*, Verzahnung *f.* **2** FIG. *(connessione)* Anknüpfungspunkt *m.*, Anhaltspunkt *m.*: ***servire da ~*** als Anknüpfungspunkt dienen.

ad|den|tra|re I tr. hinein‿treiben, hinein‿drängen **II** pronom. **addentrarsi 1** *(inoltrarsi)* ein‿dringen: ***-rsi nella foresta*** in den Wald eindringen **2** FIG. ein‿dringen, sich ein‿lassen: ***-rsi in un problema*** in ein Problem eindringen; ***-rsi in una discussione*** sich auf, in eine Diskussion einlassen. **ad|den|tro** avv. innen, drinnen; *(stato in luogo)* im Innern; *(moto a luogo)* ins Innere ◆ ***essere (ben) ~ a, in qcs.*** in etw. eingeweiht sein, sich in (*o* mit) etw. gut auskennen, mit etw. vertraut sein.

ad|de|stra|bi|le agg. *(di animali)* dressierbar.

ad|de|stra|men|to m. **1a** *(di persone)* Ausbildung *f.*, Schulung *f.* **b** *(di soldati)* Drill *m.* **2a** *(di animali)* Abrichtung *f.*, Dressur *f.*, Schulung *f.* **b** *(di cavalli)* Zureiten *n.* ◆ ***~ di apprendista*** Lehrlingsausbildung *f.*; ***~ delle reclute*** Grundausbildung *f.*; ***~ al tiro*** Schießausbildung *f.*; ***~ della truppa*** Truppenausbildung *f.*

ad|de|stra|re I tr. **1a** aus‿bilden, schulen **b** *(soldati)* aus‿bilden, drillen, exerzieren **2a** *(animali)* ab‿richten, dressieren, schulen: ***~ un cane antidroga*** einen Drogenspürhund abrichten **b** *(cavalli)* zu‿reiten **II** pronom. ***addestrarsi in qcs.*** sich in etw. (D) üben, schulen. **ad|de|stra|to|re** m. **1** Ausbilder *m.* **2** *(di animali)* Dresseur *m.*, Abrichter *m.*

ad|det|to I agg. **1** *(competente)* zuständig für; *(assegnato)* tätig, beschäftigt bei **2** *(adibito)* ***~ a qcs.*** zu etw. (*o* für etw.) bestimmt **II** m. **1** *(competente)* ***~ a qcs.*** Zuständige *m.* für etw., Angestellte *m.* bei etw., Sachbearbeiter *m.* für etw.; *(incaricato)* Referent *m.* bei etw. **2** Attaché *m.*: ***~ culturale, militare*** Kultur-, Militärattaché *m.* ◆ ***~ alla contabilità*** Buchhalter *m.*; ***~ alle esportazioni*** Exportkaufmann *m.*; ***impiegato ~ al rilascio dei documenti*** Urkundsbeamter *m.*; ***~ di laboratorio*** Laborant *m.*; ***~ ai lavori*** Insider *m.*, Eingeweihter *m.*; ***vietato l'ingresso ai non -i ai lavori*** Zutritt für Unbefugte verboten; ***~ macchine*** Maschinenmeister *m.*; ***personale ~*** Personal *n.*; ***personale ~ alle pulizie*** Reinigungspersonal *n.*; ***~ stampa*** Pressereferent *m.*, Presseattaché *m.*; ***~ alle vendite*** für den Verkauf zuständig, Verkaufsleiter *m.*

ad|dì avv. ANT., ***Torino, ~ 30 settembre*** Turin, den 30. September.

ad|diac|cio m. *(-ci)* **1** *(recinto per bestiame)* Pferch *m.* **2** *(bivacco)* Lager *n.* ◆ ***dormire all'~*** im Freien übernachten.

ad|die|tro avv. **1** ***tempo ~*** früher; ***anni ~*** vor Jahren **2** ANT. *(di luogo)* zurück.

ad|di|o I inter. **1** leb(e) wohl (*o* leben Sie wohl), adieu **2** FIG. aus, dahin, weg: ***~ vacanze!*** jetzt ist's aus (*o* vorbei) mit dem Urlaub! **II** m. *(-dii)* **1** Lebewohl *n.*, Adieu *n.*: ***dire ~ a qcn.*** jdm Lebewohl sagen **2** *(congedo)* Abschied *m.*: ***dare l'~ a qcn., qcs.*** von jdm, etw. Abschied nehmen ◆ ***bacio, festa d'~*** Abschiedskuss *m.*, Abschiedsfeier *f.*; FIG. ***dire ~ al mondo*** der Welt den Rücken kehren; ***parole d'~*** Abschiedsworte *pl.*; ***puoi dire ~ al tuo viaggio*** deine Reise kannst du vergessen (*o* streichen); FIG. ***dare l'~ alle scene*** sich von der Bühne zurückziehen; SCHERZ. ***~ per sempre*** auf Nimmerwiedersehen; ***serata d'~*** Abschiedsabend *m.*; ***l'ultimo ~*** das letzte Geleit.

ad|di|rit|tu|ra avv. **1** *(perfino)* sogar: ***centinaia o ~ migliaia*** Hunderte, sogar Tausende; ***...e ~ davanti a tutti!*** und gar vor allen Leuten! ***~!*** warum nicht gar! **2** *(davvero)* geradezu, wirklich: ***è ~ incredibile*** es ist geradezu unglaublich **3** ANT. *(direttamente)* geradewegs, direkt; *(senz'altro)* ohne weiteres.

ad|di|riz|za|re tr. ANT. **1** gerade machen, gerade richten **2** FIG. *(correggere)* richten, zurecht‿rücken.

ad|dir|si pronom. *(si addice, si addicono;* imperf. *si addiceva, si addicevano;* congiunt.imperf. *si addicesse, si addicessero)* passen, stehen, sich schicken, sich ziemen: ***questo non ti si addice*** das passt dir nicht, das schickt sich nicht für dich.

ad|di|ta|re tr. **1** deuten, zeigen: ***~ qcs. con un dito*** auf etw. mit dem Finger zeigen **2** FIG. auf‿zeigen, hin‿weisen, zeigen, weisen: ***~ qcn. a mo' di esempio*** jdn als Beispiel hin‿stellen; ***~ qcn. alla pubblica riprovazione*** jdn öffentlich bloß‿stellen.

ad|di|ti|vo m. CHIM. Zusatz *m.*, Zusatzstoff *m.*

ad|di|ve|ni|re intr. *(addivengo, addivieni; addivenni; addivenuto;* aus. *essere)* ***~ a qcs.*** zu etw. gelangen, kommen: ***~ a un accordo*** zu einer Einigung gelangen.

ad|di|zio|na|le I agg. zusätzlich, Zusatz- **II** f. *(tassa)* Zusatzsteuer *f.* **III** m. *(apparecchio telefonico)* Zusatz-, Zweitapparat *m.* ◆ ***guadagno ~*** Mehrverdienst *m.*; ***lente ~*** Vorsatzlinse *f.*; ***premio ~*** Zusatz-, Zuschlagsprämie *f.*; ***quantità ~ (di merce)*** Plus *n.*

ad|di|zio|na|re tr. **1** MAT. addieren, zusammen‿zählen: ***~ due numeri*** zwei Zahlen addieren; ***~ una colonna di cifre*** eine Zahlenkolonne addieren **2** ESTENS. *(aggiungere)* hinzu‿fügen: ***~ qcs. a qcs.*** etw. einer Sache (*o* etw. zu etw.) hinzufügen ◆ ***~ l'acqua di anidride carbonica*** Wasser mit Kohlensäure versetzen. **ad|di|zio|na|tri|ce** f. Addiermaschine *f.* **ad|di|zio|ne** f. MAT. Addition *f.* (anche CHIM.): ***eseguire un'~*** addieren.

ad|dob|ba|re I tr. **1** aus‿schmücken, schmücken: ***~ una stanza*** einen Raum dekorieren; ***~ una chiesa*** eine Kirche ausschmücken; ***~ l'albero di Natale*** den Christbaum schmücken **2** SCHERZ. ***~ qcn.*** jdn (mit Schmuck) behängen **II** pronom. **addobbarsi** SCHERZ. sich (mit Schmuck) behängen.

ad|dob|bo m. **1** Schmuck *m.*, Dekoration *f.*; ***~ festivo*** Festschmuck *m.*; ***-i natalizi*** weihnachtliche Dekoration **2** *(atto dell'addobbare)* Schmücken *n.*, Ausschmücken *n.*, Dekorieren *n.*: ***l'~ di una chiesa*** das Schmücken einer Kirche.

ad|dol|ci|men|to m. **1** Versüßung *f.*, Milderung *f.* (anche FIG.) **2** CHIM. METALL. Enthärtung *f.*

ad|dol|ci|re *(addolcisco, addolcisci)* **I** tr. **1** süßen, versüßen: ***~ con zucchero*** mit Zucker süßen **2** FIG. versüßen, mildern: ***~ una sofferenza, la collera di qcn.*** ein Leiden, jds Zorn mildern; ***~ la pillola a qcn.*** jdm die bittere Pille versüßen **3** CHIM. METALL. enthärten: ***~ l'acqua, l'acciaio*** das Wasser, den Stahl enthärten **II** pronom. **addolcirsi 1** *(del clima)* sich mildern, milder werden **2** FIG. milder (*o* sanfter) werden: ***il suo carattere si è addolcito*** sein Charakter ist sanfter geworden; ***il suo sguardo si addolcì*** sein Blick wurde sanfter.

ad|do|lo|ra|re I tr. **1** ***~ qcn.*** jdm Schmerz zu‿fügen **2** *(rattristare)* betrüben, schmerzen: ***le tue parole mi addolorano*** deine Worte betrüben mich; ***la sua perdita mi addolora*** sein Verlust schmerzt mich **II** pronom. **addolorarsi** bedauern: ***qcn. si addolora per qcs.*** jdm tut es um etw. Leid. **ad|do|lo|ra|ta** f. RELIG. ***l'Addolorata*** die Schmerzensmutter. **ad|do|lo|ra|to** p.pass. agg. **1** → **addolorare 2** schmerzerfüllt, betrübt: ***essere ~ per qcs.*** wegen etw. betrübt sein; ***essere ~ per la morte di qcn.*** um jds Tod trauern.

ad|do|me m. **1** Unterleib *m.*, Abdomen *n.* **2** ZOOL. Hinterleib *m.*

ad|do|me|sti|ca|bi|le agg. **1** zähmbar **2** FIG. bezähmbar.

ad|do|me|sti|ca|re *(addomestico, addomestichi)* **I** tr. **1a** zähmen, bändigen, domestizieren (anche FIG.): ***~ animali selvatici, il carattere di qcn.*** wilde Tiere zähmen, jds Charakter bändigen **b** ab‿richten, dressieren: ***~ i delfini*** Delphine dressieren **2** *(avvezzare)* ***~ a qcs.*** an etw. gewöhnen **3** FIG. *(manipolare, alterare)* fälschen, frisieren: ***~ un bilancio, un risultato*** eine Bilanz, ein Ergebnis frisieren **II** pronom. **addomesticarsi 1** zahm werden **2** ANT. ***-rsi a qcs.*** sich an etw. gewöhnen **3** ANT. ***-rsi in una scienza*** sich mit einer Wissenschaft vertraut machen. **ad|do|me|sti|ca|to** p.pass. agg. **1** → **addomesticare 2** gezähmt **3** FIG. manipuliert, verfälscht.

ad|do|mi|na|le agg. abdominal, Bauch-: ***cavità ~*** Bauchhöhle *f.*; ***dolori -i*** Bauchschmerzen *pl.*; ***muscolo ~*** Bauchmuskel *m.*; ***parete ~*** Bauchdecke *f.*; ***regione ~*** Bauchgegend *f.*

ad|dor|men|ta|re I tr. **1** ein‿schläfern, zum Schlafen bringen: ***fare ~ un bambino*** ein Kind einschläfern, zum Schlafen bringen; FIG. ***~ la coscienza*** das Gewissen einschläfern **2** *(con anestesia)* betäuben, ein‿schläfern: ***~ un nervo*** einen Nerv betäuben; ***~ un malato prima dell'operazione*** einen Kranken vor der Operation einschläfern **II** pronom. **addormentarsi** ein‿schlafen: ***-rsi per la noia, leggendo, su un lavoro*** aus Langeweile, beim Lesen, bei einer Arbeit einschlafen; FIG. *mi si è addormentato un braccio* mir ist ein Arm eingeschlafen ◆ EUFEM. *(sterben) -rsi nel Signore* im Herrn entschlafen. **ad|dor|men|ta|to** p.pass. agg. **1** → **addormentare 2** FIG. *uno scolaro ~* ein schwerfälliger Schüler **3** *(con anestesia)* betäubt, eingeschläfert ◆ *la Bella Addormentata* Dornröschen *n.*; *cadere ~* vor Müdigkeit um‿fallen; *essere mezzo ~* schlaftrunken sein; *rimanere ~* verschlafen sein.

ad|dos|sa|re I tr. **1** rücken: *~ le sedie al muro* die Stühle an die Wand rücken **2** FIG. auf‿bürden, auf‿laden: *~ una colpa, un lavoro, una responsabilità a qcn.* jdm eine Schuld, eine Arbeit, eine Verantwortung aufbürden **II** pronom. **addossarsi 1** *(appoggiarsi)* sich an‿lehnen, stützen **2** *(responsabilità, colpa)* sich auf‿bürden, sich auf‿laden. **ad|dos|sa|to** p.pass. agg. **1** → **addossare 2** angelehnt **3** ARALD. mit dem Rücken einander zugewandt.

ad|dos|so avv., *avere ~ una giacca* eine Jacke an‿haben; *(su di sé) avere ~ grandi responsabilità* große Verantwortung tragen, haben ◆ *~!* auf ihn! *~ a qcn., qcs.* *(molto vicino)* direkt neben jdn, etw.; *avere molti anni ~* viele Jahre auf dem Buckel haben; *avere ~ l'argento vivo* ein richtiges Quecksilber sein; *cadere ~ a qcn.* jdm entgegen‿stürzen; *dare ~ a qcn.* jdm auf den Leib rücken; FIG. auf jdn ein‿hacken, auf jdn los‿gehen; *farsela ~* sich in die Hosen machen; *(avere molta paura)* sich ins Hemd machen; *avere ~ una malattia* eine Krankheit mit sich herum‿schleppen; *mettere le mani ~ a qcn.* jdn befingern; *(picchiare)* gegen jdn handgreiflich werden; *mettersi qcs. ~* etw. an‿ziehen; *avere la morte ~* den Tod in sich haben; *non avere niente ~* nichts an‿haben; *mettere gli occhi ~ a qcn., a qcs.* es auf jdn, etw. abgesehen haben; *ho ancora ~ la paura* die Angst sitzt mir noch in den Knochen; *parlarsi ~* = sich gern reden hören; *avere i riflettori puntati ~* im Scheinwerferlicht stehen; *rovesciarsi ~ qcs.* etw. über sich schütten; *saltare ~ a qcn.* über jdn her‿fallen; *avere ~ la sfortuna* das Pech an sich kleben haben; *sparare ~ a qcn.* auf jdn schießen; FIG. auf jdn los‿gehen; *stare ~ a qcn.* jdm auf den Pelz rücken; *tagliare i panni ~ a qcn.* keinen guten Faden an jdm lassen; *tirare qcs. ~ a qcn.* etw. gegen jdn schleudern; *tirarsi ~ l'ira di qcn.* jds Wut auf sich ziehen; *averli tutti ~* = alle gegen sich haben; *il vestito le sta bene ~* das Kleid steht ihr gut.

ad|dot|to|ra|men|to m. *(in Italien)* Verleihung *f.* der Doktorwürde, Promotion *f.* **ad|dot|to|ra|re I** tr. promovieren, die Doktorwürde verleihen **II** pronom. **addottorarsi** die Doktorwürde erlangen, promovieren: *-rsi in germanistica* in Germanistik promovieren.

ad|dot|tri|na|men|to m. Unterweisen *n.*, Unterweisung *f.* **ad|dot|tri|na|re I** tr. belehren, unterweisen **II** pronom. **addottrinarsi** sich unterweisen. **ad|dot|tri|na|to** p.pass. agg. **1** → **addottrinare 2** gelehrt.

ad|dur|re tr. *(adduco, adduci; addussi; addotto)* **1** an‿führen, vor‿bringen: *~ un motivo, una prova per qcs.* einen Grund, einen Beweis für etw. anführen; *~ qcn., qcs. ad esempio* jdn, etw. als Beispiel anführen; *~ una scusa, un argomento* eine Ausrede, ein Argument vorbringen **2** ANAT. adduzieren. **ad|dut|to|re** m. **1** Zuleitung *f.* **2** ANAT. Adduktor *m.* **ad|du|zio|ne** f. **1** FISIOL. Adduktion *f.* **2** TECN. Zufuhr *f.*, Zuleitung *f.*

A|de n.pr.m. Hades *m.*

a|de|gua|men|to m. Anpassung *f.*, Angleichung *f.*: *l'~ dei salari al costo della vita* die Anpassung der Löhne an die Lebenshaltungskosten. **a|de|gua|re I** tr. an‿passen, an‿gleichen: *~ il proprio insegnamento al livello della classe* seinen Unterricht dem Niveau der Klasse anpassen **II** pronom. **adeguarsi** sich an‿passen: *-rsi alle circostanze, alla mentalità corrente* sich den Umständen, der herrschenden Mentalität anpassen. **a|de|gua|ta|men|te** avv. angemessen, entsprechend. **a|de|gua|tez|za** f. Angemessenheit *f.*

a|de|gua|to p.pass. agg. **1** → **adeguare 2** angemessen, adäquat: *una ricompensa -a* eine angemessene Belohnung; *una punizione -a* eine angemessene Strafe ◆ *~ a* entsprechend + dat., gemäß + dat., -mäßig: *~ alle capacità, alle circostanze* den Fähigkeiten, den Umständen entsprechend; *~ allo scopo* zweckmäßig. **a|de|gua|zio|ne** f. Anpassen *n.*, Anpassung *f.*

A|de|lai|de n.pr.f. Adelheid *f.*

a|dem|pie|re (p.pass. *adempito/adempiuto*) **I** tr. e intr. (aus. *avere*) erfüllen: *~ al proprio dovere, una promessa, un compito difficile* seine Pflicht, ein Versprechen, eine schwierige Aufgabe erfüllen **II** pronom. **adempiersi** sich erfüllen: *la profezia si adempì* die Prophezeiung erfüllte sich. **a|dem|pi|men|to** m. Erfüllung *f.*

a|de|noi|de I agg. adenoid **II** pl. Adenoide *pl.* **a|de|noi|de|o** agg. adenoid. **a|de|no|ma** m. *(-mi)* Adenom *n.* **a|de|no|pa|ti|a** f. Adenopathie *f.* **a|de|no|to|mi|a** f. Adenotomie *f.*

a|dep|to m. Adept *m.*, Anhänger *m.*

a|de|ren|te I agg. **1** haftend **2** *(di indumento)* eng anliegend **3** FIG. *traduzione ~ al testo* wortgetreue Übersetzung; *~ alla realtà* wirklichkeitsnah, lebensnah **II** m. e f. Bekenner *m.* (-in *f.*), Anhänger *m.* (-in *f.*). **a|de|ren|za** f. **1a** Haftung *f.*, Haftfähigkeit *f.*, Adhärenz *f.* **b** FIG. Anhänglichkeit *f.* **2** AUT. Straßenhaftung *f.* **3** MED. Verwachsung *f.* **4** pl. FIG. *(amicizie influenti)* Beziehungen *pl.* ◆ AUT. *coefficiente di ~* Reibungskoeffizient *m.*; *ferrovia ad ~* Reibungsbahn *f.*; *~ alla realtà* Lebensnähe *f.*

a|de|ri|re intr. *(aderisco, aderisci;* aus. *avere)* **1** haften, kleben: *il cerotto non aderisce alla pelle bagnata* das Pflaster haftet nicht auf der feuchten Haut **2** *(di indumenti)* eng an‿liegen **3** FIG. *(accettare)* ein‿willigen, zu‿stimmen: *~ a una proposta* auf einen Vorschlag einwilligen, einem Vorschlag zustimmen **4** *(entrare a fare parte)* bei‿treten: *~ a un partito* einer Partei beitreten **5** *(essere seguace)* an‿hängen: *~ a una corrente politica* einer politischen Richtung anhängen.

a|de|sca|men|to m. Lockung *f.*, Anlockung *f.* ◆ DIR. *~ alla prostituzione* Verführung *f.* zur Unzucht. **a|de|sca|re** tr. *(adesco, adeschi)* **1** ködern **2** FIG. an‿locken, locken: *~ qcn. con una promessa* jdn mit Versprechungen anlocken. **a|de|sca|to|re I** m. Verführer *m.* **II** agg. verführerisch, verlockend: *parole -trici* verlockende Worte.

a|de|sio|ne f. **1** Festhaften *n.*, Haftung *f.* **2** *(consenso, appoggio)* Einwilligung *f.*, Zustimmung *f.*, Unterstützung *f.*: *dare la propria ~ a un progetto* seine Zustimmung zu einem Projekt geben; *~ a un'iniziativa* Unterstützung einer Initiative **3** *(ingresso)* Beitritt *m.*: *~ a un partito, un'organizzazione* Beitritt zu einer Partei, zu einer Organisation **4** FIS. DIR. Adhäsion *f.*: *forza di ~* Adhäsionskraft *f.*; *contratto per ~* Adhäsionsvertrag *m.*

a|de|si|vi|tà f.inv. Haftfähigkeit *f.*

a|de|si|vo I agg. Klebe-, Haft-, adhärent: *nastro, cerotto ~* Klebeband *n.*, Klebeverband *m.*; *strato ~* Haftschicht *f.*; *etichetta -a* Aufkleber *m.* **II** m. **1** *(colla)* Klebstoff *m.*, Klebemittel *n.* **2** *(etichetta)* Aufkleber *m.*: *attaccare un ~ al vetro* auf das Glas einen Aufkleber kleben ◆ *~ universale* Alleskleber *m.*

a|des|so avv. **1** jetzt, nun: *fino a ~* bis jetzt; *da ~ in poi* von nun (*o* jetzt) an; *solo ~* erst jetzt; *~ basta!* jetzt aber Schluß! *proprio ~* gerade jetzt; *e ~?* und nun? *per ~* vorläufig, im Augenblick **2** *(poco fa)* gerade: *l'ho visto ~* ich habe ihn gerade gesehen **3** *(tra poco)* gleich, sofort: *parto ~* ich fahre gleich ab.

ad hoc agg.inv. e avv. **1** ad hoc **2** *(appositamente)* zu diesem Zweck.

ad ho|no|rem agg.inv. e avv. Ehren-: *laurea ~* Ehrendoktor *m.*

a|dia|ba|ti|co agg. *(-ci,-che)* adiabatisch.

a|dia|cen|te agg. **1** *(terreni)* angrenzend, anliegend: *terreno ~* anliegendes Grundstück; *essere ~ a qcs.* an etw. (D) an‿grenzen **2** *(edifici, stanze)* nebeneinander liegend: *due stanze -i* zwei nebeneinander liegende Zimmer; *essere ~* nebeneinander liegen **3** GEOM. *angoli -i* Nebenwinkel *pl.* **a|dia|cen|ze** f.pl. Umgebung *f.*, Nähe *f.*

a|di|bi|re tr. *(adibisco, adibisci)* *~ a qcs.* als (*o* für) etw. bestimmen, vor‿sehen: *~ qcn. a qcs.* jdn für etw. vorsehen; *~ una stanza a ufficio* einen Raum als Büro vorsehen.

A|di|ge n.pr.m. Etsch *f.* ◆ *Alto ~* Südtirol *n.*

ad in|te|rim agg.inv. e avv. Interims-, vorläufig: *governo ~* Interimsregierung *f.*; *presidente ~* vorläufiger Präsident.

a|di|pe m. Fettgewebe *n.*, Fett *n.* **a|di|po|si|tà** f. Fettleibigkeit *f.* **a|di|po|so** agg. fettleibig, Fett-: *tessuto ~* Fettgewebe *n.*; *cellule -e* Fettzellen *pl.*

a|di|rar|si pronom. sich erzürnen, zornig werden: *~ (con qcn.) per qcs.* sich (über jdn) wegen etw. erzürnen. **a|di|ra|to** p.pass. agg. **1** → **adirarsi 2** zornig: *essere ~ con qcn.* auf jdn zornig sein.

a|di|re tr. *(adisco, adisci)* DIR. **1** beschreiten: *~ le vie legali* den Rechtsweg beschreiten **2** *~ un'eredità* ein Erbe an‿treten.

1.a|di|to m. **1** Zugang *m.*, Zutritt *m.*: *avere ~ a, in qcs.* Zugang (*o* Zutritt) zu etw. haben **2** FIG. Anlass *m.*, Grund *m.*: *dare ~ a qcs.* Anlass zu etw. geben.

2.a|di|to m. ARCH. Adyton *n.*

a di|vi|nis agg.inv. e avv. ECCL. von der Weihegewalt: *sospendere ~* von der Weihegewalt suspendieren.

ad li|bi|tum avv. nach Belieben.

a|doc|chia|re tr. *(adocchio, adocchi)* **1a** *(cose)* *~ qcs.* mit etw. liebäugeln **b** *(persone)* *~ qcn.* es auf jdn ab‿sehen **2** *(individuare, scorgere)* erblicken.

a|do|le|scen|te I agg. jugendlich, halbwüchsig **II** m. e f. Jugendliche *m.* e *f.*, Heranwachsende *m.* e *f.*, Halbwüchsige *m.* e *f.* **a|do|le|scen|za** f. Jugend *f.*, Jugendalter *n.* **a|do|le|scen|zia|le** agg. Jugend-.

A|dol|fo n.pr.m. Adolf *m.*

a|dom|bra|men|to m. **1** Beschattung *f.*, Verdunkelung *f.* **2** FIG. *(velato accenno)* Hinweis *m.*, Andeutung *f.*

a|dom|bra|re I tr. **1** LETT. beschatten, verdunkeln (anche FIG.) **2** *(rappresentare velatamente)* an‿deuten, verhüllt zeigen, versinnbildlichen **II** pronom. **adombrarsi 1** *(di cavalli)* scheu werden, scheuen **2** *(di persone)* sich kränken, sich beunruhigen: ***-rsi per un nonnulla*** sich wegen einer Kleinigkeit kränken.

a|do|ne m. Adonis *m.*: ***non essere un ~*** nicht gerade ein Adonis sein. **A|do|ne** n.pr.m. Adonis *m.* **a|do|ni|de** f. Adonis *f.*, Adonisröschen *n.*

a|don|ta|men|to m. Beleidigung *f.*, Schmähung *f.*

a|don|tar|si pronom. ***~ per qcs.*** sich wegen etw. kränken, wegen etw. beleidigt sein.

a|do|pe|ra|bi|le agg. verwendbar.

a|do|pe|ra|re *(adopero)* **I** tr. verwenden, (ge)brauchen, benutzen: ***~ le forbici, un attrezzo*** die Schere, ein Werkzeug gebrauchen **II** pronom. **adoperarsi 1** sich verwenden, sich ein‿setzen: ***-rsi per*** (o ***in favore di) qcn., qcs.*** sich für jdn, etw. verwenden **2** *(sforzarsi)* sich bemühen: ***-rsi per qcs.*** sich um etw. bemühen; ***-rsi per trovare un lavoro*** sich um eine Arbeit bemühen ◆ ***~ il bastone*** den Stock gebrauchen; ***~ il cervello*** das Hirn (ge)brauchen; ***~ le mani*** sich prügeln.

a|do|pra|re ANT. → **adoperare.**

a|do|ra|bi|le agg. anbetungswürdig. **a|do|ran|te** agg. anbetend, betend.

a|do|ra|re tr. **1** an‿beten: ***~ gli dei*** die Götter anbeten **2a** FIG. vergöttern: ***~ i propri figli*** seine Kinder vergöttern **b** *(di cose)* lieben: ***~ la pittura, Mozart, il gelato*** die Malerei, Mozart, Eis lieben.

a|do|ra|to|re m. **1** Anbeter *m.* **b** FIG. SCHERZ. Verehrer *m.*

a|do|ra|zio|ne f. **1** Anbetung *f.*: ***l'~ dei Magi*** die Anbetung der Heiligen Drei Könige **2** FIG. Bewunderung *f.*: ***essere*** (o ***stare) in ~ davanti a qcn., qcs.*** jdn, etw. bewundern.

a|dor|na|re I tr. schmücken, verzieren: ***~ di, con qcs.*** mit etw. schmücken **II** pronom. **adornarsi** sich schmücken. **a|dor|no** agg. geschmückt, verziert: ***un balcone ~ di fiori*** ein mit Blumen geschmückter Balkon.

a|dot|ta|bi|le agg. anwendbar, annehmbar. **a|dot|tan|do** m. DIR. Anzunehmende *m.* **a|dot|tan|te** m. e f. DIR. Annehmende *m.* e *f.*

a|dot|ta|re tr. **1** adoptieren, an‿nehmen: ***~ un bambino*** ein Kind annehmen **2** *(far proprio, assumere)* an‿wenden, an‿nehmen, an‿legen: ***~ una tecnica nuova, una strategia*** eine neue Technik, eine Strategie anwenden; ***~ uno pseudonimo*** ein Pseudonym annehmen; ***~ un criterio severo*** einen strengen Maßstab anlegen **3** *(ricorrere a, prendere)* treffen, ergreifen: ***~ misure contro qcn., qcs.*** Maßnahmen gegen jdn, etw. treffen **4** *(per un corso scolastico)* ***~ un libro di testo*** ein Lehrbuch ein‿führen.

a|dot|ta|to m. DIR. Angenommene *m.*

a|dot|ti|vo agg. Adoptiv-, adoptiert: ***figlio ~*** Adoptivkind *n.*; ***genitori -i*** Adoptiveltern *pl.* **a|do|zio|ne** f. **1** Adoption *f.* **2** Anwendung *f.*, Ergreifung *f.*: ***l'~ di nuove misure*** die Ergreifung neuer Maßnahmen **3** *(per un corso scolastico)* ***~ di un libro di testo*** die Einführung eines Lehrbuchs **4** FIG. ***di ~*** Wahl-: ***patria, città di ~*** Wahlheimat *f.*, Wahlstadt *f.*

ad per|so|nam agg.inv. persönlich, zur Person gehörig.

a|dre|na|li|na f. Adrenalin *n.*: ***scarica di ~*** Adrenalinausstoß *m.*

a|dria|no agg. Hadrians-: ***vallo ~*** Hadrianswall *m.* **A|dria|no** n.pr.m. Hadrian *m.*

a|dria|ti|co agg. *(-ci,-che)* adriatisch, Adria-: ***mare ~*** Adriatisches Meer *n.* ◆ ***riviera -a*** Adria *f.* **A|dria|ti|co** n.pr.m. Adria *f.*: ***sull'~*** an der Adria.

ad|sor|ben|te m. Adsorbens *n.* **ad|sor|bi|men|to** m. Adsorption *f.* **ad|sor|bi|re** tr. *(adsorbisco, adsorbisci)* adsorbieren.

a|dug|gia|re *(aduggio, aduggi)* LETT. **I** tr. **1** beschatten **2** FIG. verdüstern **II** pronom. **aduggiarsi** sich betrüben.

a|du|la|re tr. *(adulo/adulo)* ***~ qcn., qcs.*** jdm, etw. schmeicheln, jdn, etw. umschmeicheln: ***~ la vanità di qcn.*** jds Eitelkeit schmeicheln. **a|du|la|to|re I** agg. *(-ri,-rie)* schmeichelnd, schmeichlerisch **II** m. *(-ri)* Schmeichler *m.* **a|du|la|to|rio** agg. *(-ri,-rie)* schmeichelhaft: ***parole -rie*** schmeichelhafte Worte; ***in tono ~*** in schmeichelhaftem Ton; ***in modo ~*** schmeichelhaft. **a|du|la|zio|ne** f. Schmeicheln *n.*, Schmeichelei *f.*

a|dul|te|ra f. Ehebrecherin *f.*

a|dul|te|ra|bi|le agg. verfälschbar. **a|dul|te|ra|men|to** m. → **adulterazione. a|dul|te|ran|te I** agg. verfälschend **II** m. Verfälschungsmittel *n.* **a|dul|te|ra|re** tr. *(adultero)* verfälschen; *(vino)* panschen: ***~ generi alimentari*** Nahrungsmittel verfälschen. **a|dul|te|ra|to** p.pass. agg. **1** → **adulterare 2a** verfälscht **b** *(di vino)* gepanscht ◆ ***merce -a*** verfälschte Waren. **a|dul|te|ra|zio|ne** f. Fälschung *f.*, Verfälschung *f.*; *(di vino)* Panschen *n.*

a|dul|te|ri|no agg. **1** ehebrecherisch: ***una relazione -a*** ein ehebrecherisches Verhältnis **2** *(illegittimo)* außerehelich. **a|dul|te|rio** m. *(-ri)* Ehebruch *m.*: ***commettere ~*** Ehebruch begehen. **a|dul|te|ro I** agg. ehebrecherisch **II** m. Ehebrecher *m.*

a|dul|to I agg. **1a** erwachsen: ***una persona -a*** ein Erwachsener; ***età -a*** Erwachsenenalter *n.* **b** *(di animali)* ausgewachsen **2a** FIG. *(maturo, progredito)* reif, ausgereift: ***una teoria -a*** eine ausgereifte Theorie **b** ***una scienza -a*** eine voll entwickelte Wissenschaft **II** m. Erwachsene *m.*: ***film per -i*** Film für Erwachsene; ***istruzione per -i*** Erwachsenenbildung *f.*; ***comportarsi da*** (o ***come un) ~*** sich wie ein Erwachsener benehmen.

a|du|nan|za f. Versammlung *f.*: ***indire, tenere, sciogliere un'~*** eine Versammlung ein‿berufen, ab‿halten, auf‿lösen.

a|du|na|re I tr. versammeln, vereinigen **II** pronom. **adunarsi** sich versammeln, zusammen‿kommen: ***-rsi in piazza*** sich auf dem Platz versammeln. **a|du|na|ta** f. **1** MIL. Appell *m.*: ***ordinare, suonare l'~*** zum Appell rufen, blasen **2** *(raduno di massa)* Versammlung *f.*, Zusammenkunft *f.*: ***luogo di ~*** Sammelplatz *m.*

a|dun|co agg. *(-chi,-che)* hakenförmig, Haken-, krumm: ***naso ~*** Hakennase *f.*; ***becco ~*** Krummschnabel *m.*

a|dun|ghia|re tr. *(adunghio, adunghi)* mit den Klauen (*o* Krallen) packen.

a|du|so agg. LETT. gewöhnt: ***~ a qcs.*** an etw. gewöhnt.

a|e|ra|re tr. lüften, durch‿lüften, belüften: ***~ il locale*** den Raum lüften. **a|e|ra|to|re** m. Lüfter *m.*, Ventilator *m.* **a|e|ra|zio|ne** f. Lüftung *f.*, Belüftung *f.*: ***impianto di ~*** Lüftungsanlage *f.* **a|e|re|a|re** → **aerare.**

a|e|re m. LETT. Luft *f.*

1.a|e|re|o m. Flugzeug *n.*: ***prendere, perdere l'~*** das Flugzeug nehmen, verpassen; ***andare in ~*** fliegen; ***viaggiare in ~*** mit dem Flugzeug reisen ◆ ***~ da combattimento*** Kampfflugzeug *n.*; ***~ di linea*** Linienflugzeug *n.*; ***~ da trasporto merci*** Transportflugzeug *n.*; ***~ militare*** Militärflugzeug *n.*; ***~ (da trasporto) passeggeri*** Passagierflugzeug *n.*; ***~ privato*** Privatflugzeug *n.*; ***~ da ricognizione*** Aufklärungsflugzeug *n.*; ***~ da turismo*** Sportflugzeug *n.*

2.a|e|re|o agg. **1** Luft-: ***spazio ~*** Luftraum *m.*; BOT. ***radice -a*** Luftwurzel *f.* **2** *(del volo, della navigazione aerea)* Flug-, Luft-: ***compagnia, linea -a*** Fluggesellschaft *f.*, Fluglinie *f.*; ***biglietto ~*** Flugticket *n.*; ***posta -a, flotta -a*** Luftpost *f.*, Luftflotte *f.*; ***ponte ~*** Luftbrücke *f.*; ***traffico ~*** Luftverkehr *m.* **3** EL. Frei-: ***linea -a*** Freileitung *f.* **4** ANAT. Luft-, Atem-: ***vie -e superiori*** die oberen Atemwege **5** LETT. *(elevato)* luftig: ***su -e cime*** in luftigen Höhen ◆ ***(per) via -a*** per Luftpost.

a|e|ro... → **aero...**

a|e|ri|for|me agg. gasförmig.

a|e|ro|bi|ca f. Aerobic *n.* **a|e|ro|bi|co** agg. *(-ci,-che)* BIOL. aerob ◆ ***ginnastica -a*** Aerobic *n.* **a|e|ro|bio** m. *(-bi)* Aerobier *m.*, Aerobiont *m.* **a|e|ro|bi|o|si** f. Aerobiose *f.*

a|e|ro|ci|ster|na f. Betanker *m.*, Tankflugzeug *n.* **a|e|ro|club** [-'clab] m. Flugsportverein *m.*

a|e|ro|di|na f. Flugkörper *m.*

a|e|ro|di|na|mi|ca f. Aerodynamik *f.*, Strömungslehre *f.* **a|e|ro|di|na|mi|ca|men|te** avv. aerodynamisch. **a|e|ro|di|na|mi|ci|tà** f. Aerodynamik *f.* **a|e|ro|di|na|mi|co** agg. *(-ci,-che)* **1** aerodynamisch **2** stromlinienförmig, Stromlinien-, windschlüpfig: ***linea, vettura -a*** Stromlinienform *f.*, Stromlinienwagen *m.* **3** *(che sfrutta la forza del vento)* Wind-: ***galleria -a*** Windkanal *m.*

a|e|ro|dro|mo, a|e|ro|dro|mo m. Flugplatz *m.*

a|e|ro|fa|gi|a f. Aerophagie *f.*

a|e|ro|fa|ro m. Leuchtfeuer *n.*

a|e|ro|fo|bi|a f. Aerophobie *f.*

a|e|ro|fo|no I m. **1** FIS. Horchgerät *n.* **2** MUS. Aerophon *n.* **II** agg. ***(strumenti) -i*** Aerophone *pl.* **a|e|ro|fo|ro** m. Entlüfter *m.*

a|e|ro|fo|to|gra|fi|a f. Luftaufnahme *f.* **a|e|ro|gi|ro** m. Drehflügelflugzeug *n.*

a|e|ro|gra|fi|a f. Spritzlackierung *f.* **a|e|ro|gra|fo** m. Spritzpistole *f.* ◆ ***pittura all'~*** Spritzmalerei *f.*

a|e|ro|gram|ma m. Luftpostsendung *f.*, Aerogramm *n.* **a|e|ro|li|nea** f. Luftverkehrslinie *f.*, Fluglinie *f.* **a|e|ro|ma|rit|ti|mo** agg. Luftsee-. **a|e|ro|mec|ca|ni|ca** f. Aeromechanik *f.* **a|e|ro|mo|bi|le** m. Luftfahrzeug *n.*

a|e|ro|mo|del|li|smo m. Flugmodellbau *m.* **a|e|ro|mo|del|li|sti|co** agg. *(-ci,-che)* Flugmodell-. **a|e|ro|mo|del|lo** m. Flugmodell *n.*

a|e|ro|nau|ta m. *(-ti)* ANT. Luftschiffer *m.* **a|e|ro|nau|ti|ca** f. Luftfahrt *f.*: ***~ civile*** zivile Luftfahrt *f.*; ***~ militare*** Luftwaffe *f.* **a|e|ro|nau|ti|co** agg. *(-ci,-che)* Luftfahrt-: ***industria -a*** Luftfahrtindustrie *f.* **a|e|ro|na|va|le** agg. Luft- und Flotten-. **a|e|ro|na|ve** f. Luftschiff *m.* **a|e|ro|na|vi|ga|zio|ne** f. Luftschifffahrt *f.*, Flugnavigation *f.*

a|e|ro|pla|no m. Flugzeug *n.*

a|e|ro|por|to m. Flughafen *m.*, Flugplatz *m.*: ***~ civile, militare*** Zivil-, Militärflugplatz *m.*; ***andare, essere all'~*** zum Flughafen fahren, auf dem Flughafen sein; ***atterrare, fare scalo all'~ di Roma*** auf dem Flughafen in Rom landen, zwischen‿landen ◆ COMM. ***franco ~*** frei Flughafen. **a|e|ro|por|tua|le I** agg. Flughafen- **II** m. Flughafenarbeiter *m.*; *(impiegato)* Flughafenangestellte *m.*: ***sciopero degli -i*** Streik des Flughafenpersonals.

a|e|ro|po|sta|le I agg. Luftpost- **II** m. Postflugzeug *n.* **a|e|ro|raz|zo** m. Raketenflugzeug *n.* **a|e|ro|re|at|to|re** m. Düsenflugzeug *n.* **a|e|ro|ri|mes|sa** f. Flugzeughalle *f.* **a|e|ro|sbar|co** m. Luftlandung *f.* **a|e|ro|sca|lo** m. **1** Zwischenlandeflughafen *m.*, Landeplatz *m.* **2** *(per dirigibili)* Luftschiffhafen *m.* **a|e|ro|sci|vo|lan|te** m. Luftkissenfahrzeug *n.* **a|e|ro|sco|pio** m. *(-pi)* Aeroskop *n.* **a|e|ro|si|lu|ran|te** m. Torpedoflugzeug *n.* **a|e|ro|si|lu|ro** m. Lufttorpedo m. **a|e|ro|soc|cor|so** m. Luftrettungsdienst *m.*

a|e|ro|sol m. **1** Aerosol *n.* **2** *(confezione spray)* Sprühdose *f.* **a|e|ro|sol|te|ra|pi|a** f. Aerosoltherapie *f.*

a|e|ro|spa|zia|le agg. Raumfahrt-. **a|e|ro|sta|ti|ca** f. Aerostatik *f.* **a|e|ro|sta|ti|co** agg. *(-ci,-che)* aerostatisch ◆ ***pallone ~*** Freiballon *m.*, Ballon *m.* **a|e|ro|sta|to** m. **1** *(senza motore)* Ballon *m.*, Freiballon *m.* **2** *(con motore)* Luftschiff *n.* **a|e|ro|sta|zio|ne** f. Abfertigungsgebäude *n.*; *(terminal)* Terminal *m.* **a|e|ro|stie|re** m. ANT. Ballonfahrer *m.* **a|e|ro|ta|xi** m.inv. Lufttaxi *n.*, Lufttaxe *f.* **a|e|ro|tec|ni|ca** f. Luftfahrttechnik *f.* **a|e|ro|te|ra|pi|a** f. Aerotherapie *f.* **a|e|ro|ter|mi|co** agg. *(-ci,-che)* Warmluft-: ***impianto ~*** Warmluftanlage *f.* **a|e|ro|trai|na|re** tr. schleppen.

a|e|ro|tra|spor|ta|re tr. ein‿fliegen, in der Luft (*o* mit dem Flugzeug) befördern. **a|e|ro|tra|spor|ta|to** p.pass. agg. **1** → **aerotrasportare 2** luftbefördert. **a|e|ro|tra|spor|to** m. Lufttransport *m.*

a|e|ro|tur|bi|na f. Luftturbine *f.* **a|e|ro|vi|a** f. Luftstraße *f.*

a|fa f. Schwüle *f.*: ***c'è ~*** es ist schwül.

a|fa|si|a f. Aphasie *f.* **a|fa|si|co I** agg. *(-ci,-che)* aphasisch **II** m. *(-ci)* Aphasiker *m.*

a|fe|lio m. *(-li)* Aphel *n.*, Aphelium *n.*, Sonnenferne *f.*

a|fe|re|si f. LING. Aphärese *f.*

af|fa|bi|le agg. liebenswürdig, freundlich; *(socievole)* umgänglich: ***una persona ~*** ein liebenswürdig (*o* umgänglicher) Mensch; ***avere modi -i*** eine liebenswürdige (*o* entgegenkommende) Art haben. **af|fa|bi|li|tà** f.inv. Verträglichkeit *f.*, Freundlichkeit *f.*; *(socievolezza)* Umgänglichkeit *f.*; *(dei modi)* Liebenswürdigkeit *f.* **af|fa|bil|men|te** avv. verträglich, leutselig; umgänglich.

af|fa|bu|la|zio|ne f. **1** Plot *m.*, Handlungsverlauf *m.* **2** *(il narrare)* Erzählen *n.*

af|fac|cen|da|men|to m. Geschäftigkeit *f.*

af|fac|cen|da|re I tr. beschäftigen **II** pronom. **affaccendarsi** sich (sehr) beschäftigen, sich zu schaffen machen, (viel) zu tun haben: ***-rsi nei preparativi per una festa*** mit den Vorbereitungen für ein Fest beschäftigt sein. **af|fac|cen|da|to** p.pass. agg. **1** → **affaccendare 2** viel beschäftigt; ***essere molto ~ in cucina, in giardino*** viel in der Küche, im Garten zu tun haben.

af|fac|cia|re *(affaccio, affacci)* **I** tr. **1** (in der Tür, am Fenster) zeigen **2** *(proporre, sollevare)* auf‿werfen, vor‿bringen, auf‿stellen, vor‿schlagen: ***~ un'ipotesi, una soluzione, un dubbio, pretese*** eine Hypothese aufstellen, eine Lösung vorschlagen, einen Zweifel aufwerfen, Forderungen erheben **II** pronom. **affacciarsi 1a** treten, sich zeigen: ***-rsi alla finestra*** ans Fenster treten, sich am Fenster zeigen **b** *(fare capolino)* blicken: ***il sole si affaccia fra le nuvole*** die Sonne blickt durch die Wolken **2** *(dare)* hinaus‿gehen, blicken: ***la stanza si affaccia sul mare*** das Zimmer geht aufs Meer hinaus **3** *(venire in mente)* ein‿fallen, kommen: ***improvvisamente mi si affacciò (alla mente) il pensiero che...*** plötzlich fiel mir ein, dass... ◆ ***~ il capo dalla porta*** den Kopf durch die Tür stecken; ***affacciarsi alla vita*** ins Leben (hinaus)treten. **af|fac|cia|to** p.pass. agg. **1** → **affacciare 2** gegenüberliegend, gegenüberstehend: ***due case -e (una all'altra)*** zwei gegenüberliegende Häuser.

af|fa|ma|re tr. aus‿hungern. **af|fa|ma|to I** p.pass. agg. **1** → **affamare 2** hungrig **3** FIG. gierig, hungrig: ***~ di potere, gloria, di denaro*** gierig nach Macht (*o* machtgierig, -hungrig), gierig nach Ruhm, geldgierig; ***~ d'affetto*** hungrig nach Zuneigung **II** m. **1** Hungernde *m.* **2** *(chi ha sempre fame)* Hungrige *m.* **af|fa|ma|to|re** m. Aushungerer *m.*, Blutsauger *m.*: ***un ~ del popolo*** = ein Blutsauger.

af|fan|na|re I tr. **1** ***~ qcn.*** jdm Atemnot verursachen **2** *(angustiare)* beunruhigen, ängstigen **II** pronom. **affannarsi 1** sich bemühen, sich an‿strengen: ***-rsi a cercare un lavoro*** sich anstrengen, eine Arbeit zu suchen **2** *(angustiarsi)* sich beunruhigen, sich ängstigen, sich Sorgen machen: ***non affannarti per noi!*** mach dir keine Sorgen um uns!

af|fan|na|to p.pass. agg. **1** → **affannare 2a** *(ansimante)* keuchend: ***respiro ~*** keuchender Atem **b** *(senza fiato)* atemlos; ***arrivò tutto ~*** er kam ganz atemlos an **3** *(agitato)* beunruhigt, beängstigt.

af|fan|no m. **1** Atemnot *f.*, Atembeklemmung *f.*: ***salire le scale mi dà l'~*** das Treppensteigen verursacht mir Atemnot **2** FIG. *(preoccupazione)* Sorge *f.*, Kummer *m.*; *(ansia)* Angst *f.*: ***darsi ~ per qcn., qcs.*** sich Sorgen um jdn, etw. machen; ***essere in ~ per qcn., qcs.*** über jdn, etw. bekümmert sein (*o* um jdn, wegen etw. besorgt sein); ***pieno di -i*** sorgenvoll. **af|fan|no|sa|men|te** avv. **1** keuchend: ***respirare ~*** keuchen, nach Luft schnappen **2** FIG. mühevoll, ängstlich.

af|fan|no|so agg. **1** keuchend: ***respiro ~*** keuchender Atem **2a** *(faticoso)* anstrengend, mühevoll **b** *(frenetico)* hektisch: ***una ricerca -a*** eine hektische Suche **3** *(pieno di affanni)* sorgenvoll, quälend.

af|far|del|la|re tr. (zu einem Bündel) zusammen‿packen, zusammen‿binden ◆ MIL. ***~ lo zaino*** den Tornister packen.

af|fa|re m. **1** Angelegenheit *f.*, Geschäft *n.*: ***sbrigare un ~*** eine Angelegenheit erledigen; ***è un ~ serio*** es ist eine ernsthafte Angelegenheit; ***la guerra è uno sporco ~*** der Krieg ist ein schmutziges Geschäft (*o* eine schmutzige Sache) **2a** Geschäft *n.*: ***fare -i con qcn.*** Geschäfte mit jdm machen; ***avviare, trattare, concludere un ~*** ein Geschäft an‿bahnen, tätigen, ab‿schließen **b** pl. ***essere, entrare in -i con qcn.*** mit jdm im Geschäft sein, ins Geschäft kommen; ***come vanno gli -i?*** wie gehen die Geschäfte? ***gli -i prosperano, ristagnano, vanno male*** die Geschäfte blühen, stocken, gehen schlecht; ***fare loschi -i*** dunkle Geschäfte machen; ***ritirarsi dagli -i*** sich von den Geschäften zurückziehen ***gli -i sono -i!*** Geschäft ist Geschäft! **3** *(caso)* Affäre *f.*, Fall *m.*: ***l'~ Dreyfus*** die Affäre Dreyfus **4** COLLOQ. *(cosa)* Ding *n.*, Sache *f.*; ***un ~ privato*** eine Privatsache; ***un ~ da nulla*** eine Kleinigkeit **5** *(ceto)* Stand *m.*, Rang *m.* ◆ ***bell'~!*** eine schöne Bescherung! eine schöne (*o* dumme) Geschichte! ***bell'~ hai combinato!*** da hast du was Schönes angerichtet! ***brutto ~!*** eine schlimme Geschichte! ***-i di cuore*** Herzensangelegenheiten; ***un uomo, una donna d'-i*** ein Geschäftsmann, eine Geschäftsfrau; ***Ministero degli Affari Esteri*** Außenministerium *n.*; ***-i di famiglia*** Familienangelegenheiten *pl.*; ***sono -i miei!*** das sind meine Angelegenheiten! ***mischiarsi negli -i di qcn.*** sich in jds Angelegenheiten mischen; ***-i d'oro*** Bombengeschäfte *pl.*; ***farsi gli, pensare agli -i propri*** sich um seine eigenen Angelegenheiten (*o* Sachen) kümmern; ***-i di stato*** Staatsangelegenheiten *pl.*; IRON. ***ne ha fatto un ~ di stato*** er hat daraus eine Staatsaktion gemacht; ***(questo) non è affar tuo!*** das geht dich nichts an! ***-i tuoi!*** sieh zu, wie du damit fertig wirst! ***viaggio d'-i*** Geschäftsreise *f.*

af|fa|ri|smo m. Geschäftsinn *m.*, SPREG. Geschäftemacherei *f.* **af|fa|ri|sta** m. e f. Geschäftsmann *m.*, Geschäftsfrau *f.*, SPREG. Geschäftemacher *m.* (-in *f.*). **af|fa|ri|sti|co** agg. *(-ci,-che)* Geschäfts-. **af|fa|ro|ne** m. COLLOQ. Bombengeschäft *n.*

af|fa|sci|nan|te agg. bezaubernd, faszinierend.

af|fa|sci|na|re tr. *(affascino)* **1** *(attrarre)* bezaubern, faszinieren **2a** *(con la magia)* verzaubern, behexen **b** *(con il canto)* betören.

af|fa|stel|la|men|to m. **1** Bündeln *n.* **2a** *(l'ammassare)* Anhäufen *n.* **b** *(ammasso)* Anhäufung *f.* **af|fa|stel|la|re** tr. **1** bündeln **2** *(ammassare confusamente)* an‿häufen (anche FIG.).

af|fa|ti|ca|men|to m. Ermüden *n.*, Ermüdung *f.*, Anstrengung *f.*

af|fa|ti|ca|re *(affatico, affatichi)* **I** tr. ermüden, an‿strengen: ***mi affatica camminare a lungo*** langes Laufen ermüdet mich; ***~ la mente, gli occhi*** den Kopf, die Augen anstrengen **II** pronom. **affaticarsi 1a** ermüden, sich an‿strengen **b** ***-rsi gli occhi, la vista*** seine Augen anstrengen **2** *(adoperarsi)* sich an‿strengen, sich ab‿mühen: ***-rsi per procurarsi da vivere*** sich abmühen, seinen Lebensunterhalt zu beschaffen ◆ ***affaticarsi tutto il giorno*** den ganzen Tag schuften. **af|fa|ti|ca|to** p.pass. agg. **1** → **affaticare 2** *(stanco)* müde, abgearbeitet: ***ha il viso ~*** er hat ein müdes Gesicht.

af|fat|to avv. **1a** *(in frasi negative)* gar nicht, überhaupt nicht: ***non è ~ vero!*** es ist gar nicht wahr! ***questo non mi meraviglia ~*** das verwundert mich überhaupt nicht **b** *(nelle risposte)* gar nicht: ***hai fame? – ~!*** bist du hungrig? – (nein,) gar nicht! (*o* hast du Hunger? – gar keinen!) **2** *(in frasi positive)* ganz (und gar), durchaus, vollkommen: ***una frase ~ priva di senso*** ein ganz (und gar) sinnloser Satz ◆ ***niente ~*** (ganz und) gar nicht.

af|fat|tu|ra|re tr. **1** verzaubern, behexen **2** RAR. *(sofisticare, adulterare)* verfälschen; *(vino)* panschen.

af|fe|ren|te agg. **1** BUROCR. betreffend: ***atti -i un processo*** einen Prozess betreffende Akten **2** ANAT. afferent. **af|fe|ri|re** intr. *(afferi-*

sco, afferisci; aus. *avere)* BUROCR. **~ *a qcs.*** etw. betreffen

af|fer|ma|bi|le agg. **1** behauptbar **2** *(che si può far valere)* vertretbar.

af|fer|ma|re I tr. **1** behaupten: ***affermò di non essere d'accordo*** er behauptete, er wäre damit nicht einverstanden; **~ *il contrario*** das Gegenteil behaupten **2** *(far valere)* geltend machen, vertreten, durch‿setzen: **~ *i propri diritti*** seine Rechte geltend machen **II** pronom. **affermarsi 1** *(imporsi)* sich durch‿setzen **2** *(avere successo)* sich behaupten, sich durch‿setzen: ***-rsi nella professione*** sich im Beruf behaupten ◆ **~ *il falso*** falsch aus‿sagen; **~ *la propria innocenza*** seine Unschuld beteuern. **af|fer|ma|ti|va|men|te** avv. bejahend: ***rispondere* ~** bejahen, mit Ja antworten. **af|fer|ma|ti|vo** agg. bejahend ◆ GRAMM. ***proposizione -a*** Aussagesatz *m.*; ***in caso* ~** bejahendenfalls. **af|fer|ma|to** p.pass. agg. **1** → **affermare 2** *(noto)* anerkannt, bekannt: ***un attore* ~** ein bekannter Schauspieler.

af|fer|ma|zio|ne f. **1** Behauptung *f.* **2** *(risposta positiva)* Bejahung *f.* **3** *(successo)* Erfolg *m.*: ***una grande* ~ *sportiva*** ein großer sportlicher Erfolg.

af|fer|ra|bi|le agg. **1** greifbar **2** *(comprensibile)* erfassbar, begreifbar.

af|fer|ra|re I tr. **1a** ergreifen, packen: **~ *un oggetto*** einen Gegenstand ergreifen; **~ *qcn. per il braccio*** jdn am Arm packen **b** FIG. **~ *un'occasione*** eine Gelegenheit ergreifen **2** *(comprendere)* begreifen, erfassen: **~ *un concetto*** einen Begriff erfassen **II** pronom. ***-rsi a qcn., qcs.*** sich an jdn, etw. klammern, an‿klammern (anche FIG.).

1.af|fet|ta|re tr. in Scheiben schneiden, auf‿schneiden; *(frutti)* in Stücke schneiden.

2.af|fet|ta|re tr. heucheln, vor‿täuschen. **af|fet|ta|ta|men|te** avv. geziert, gekünstelt.

1.af|fet|ta|to I p.pass. agg. **1** → **1.affettare 2** *(a fette)* in Scheiben (geschnitten) **II** m. Aufschnitt *m.* (von Wurst): ***-i misti*** gemischter Aufschnitt.

2.af|fet|ta|to p.pass. agg. **1** → **2.affettare 2** gekünstelt, geziert, affektiert: ***modi -i*** affektierte Art; ***stile* ~** gekünstelter Stil.

af|fet|ta|tri|ce f. Schneidemaschine *f.*, Aufschnittmaschine *f.*

af|fet|ta|tu|ra f. Aufschneiden *n.*, in Scheiben Schneiden *n.*

af|fet|ta|zio|ne f. Geziertheit *f.*, Affektiertheit *f.*

af|fet|ti|va|men|te avv. gefühlsmäßig. **af|fet|ti|vi|tà** f. **1** Gefühlsleben *n.* **2** *(capacità affettiva)* Gefühlsvermögen *n.* **3** PSIC. Affektivität *f.* **af|fet|ti|vo** agg. **1** Gefühls-, gefühlsmäßig: ***carenza -a*** Gefühlsmangel *m.*; ***valore* ~** Gefühlswert *m.* **2** PSIC. affektiv

1.af|fet|to m. **1** Zuneigung *f.*, Liebe *f.*: ***nutrire* ~ *per qcn.*** Zuneigung für jdn empfinden; ***guadagnarsi l'~ di qcn.*** jds Zuneigung gewinnen; **~ *filiale, paterno*** kindliche, väterliche Liebe; ***bisognoso d'~*** liebesbedürftig **2** *(oggetto dell'affetto)* Liebe *f.*: ***la madre era il suo unico* ~** die Mutter war seine einzige Liebe **3** *(sentimento)* Gefühl *n.* ◆ ***con* ~** herzlich; *(nelle lettere)* mit herzlichen Grüßen; ***essere toccato nei propri -i*** gefühlsmäßig betroffen sein.

2.af|fet|to agg. **1** *(da malattia)* leidend: ***essere* ~ *da anemia, da malinconia*** an Blutarmut, an Schwermut leiden **2** ANT. *(colto, preso)* ergriffen: **~ *da stupore*** von Staunen ergriffen.

af|fet|tuo|sa|men|te avv. liebevoll, zärtlich: ***baciare qcn.* ~** jdn zärtlich küssen ◆ *(nelle lettere)* **~ *tuo, vostro Max*** herzlich dein, euer Max. **af|fet|tuo|si|tà** f.inv. **1** Herzlichkeit *f.* **2** *(atto affettuoso)* Zärtlichkeit *f.* **af|fet|tuo|so** agg. liebevoll, zärtlich, lieb: ***essere* ~ *con qcn.*** zu jdm lieb sein; ***parole -e*** liebevolle, zärtliche Worte; ***un bacio* ~** ein zärtlicher Kuss ◆ EUFEM. O IRON. ***un'-a amicizia*** Liebesbande.

af|fe|zio|na|bi|le agg. anhänglich.

af|fe|zio|na|re I tr. **~ *qcn. a qcs.*** jds Zuneigung, jds Interesse für etw. (er)wecken **II** pronom. ***-rsi a qcn., qcs.*** jdn, etw. lieb‿gewinnen, jdn ins Herz schließen, an jdm, etw. hängen: ***-rsi al proprio lavoro*** an seiner Arbeit hängen. **af|fe|zio|na|to** p.pass. agg. **1** → **affezionare 2 ~ *a qcn., qcs.*** an jdm, etw. hängend, jdm, etw. zugetan; *(devoto)* jdm ergeben ◆ *(nelle lettere)* ***il tuo, vostro affezionatissimo Peter*** herzlichst dein, euer Peter; ***un cliente* ~** ein langjähriger, treuer Kunde. **af|fe|zio|ne** f. **1** Zuneigung *f.*, Wohlwollen *n.* **2** *(malattia)* Leiden *n.*, MED. Affektion *f.*: ***soffrire di un'~ ai reni*** ein Nierenleiden haben; **~ *di stomaco*** Magenleiden *n.* ◆ ***prezzo d'~*** Liebhaberpreis *m.*

af|fian|ca|re *(affianco, affianchi)* **I** tr. **1** Seite an Seite stellen; **~ *qcs. a qcs.*** etw. neben etw. stellen **2** *(appoggiare)* **~ *qcn.*** jdm zur Seite stehen, jdn unterstützen **3** MIL. flankieren **II** pronom. ***-rsi a qcn.*** sich an jds Seite stellen; FIG. jdn unterstützen. **af|fian|ca|to** p.pass. agg. **1** → **affiancare 2** *(fianco a fianco)* Seite an Seite (stehend), nebeneinander.

af|fia|ta|men|to m. **1** *(intesa)* Einvernehmen *n.*, Übereinstimmung *f.*, Einklang *m.* **2** *(in gioco, musica, recitazione)* Zusammenspiel *n.*

af|fia|ta|re I tr. **1** *(creare intesa)* miteinander vertraut machen, in Einklang bringen **2** MUS. aufeinander ein‿spielen **II** pronom. **affiatarsi 1** sich miteinander vertraut machen **2** sich aufeinander ein‿spielen. **af|fia|ta|to** p.pass. agg. → **affiatare** ◆ ***essere (ben) -i*** (gut) aufeinander eingespielt sein, miteinander vertraut sein; *(di collaboratori)* (gut) zusammen‿arbeiten; *(in gioco, musica, recitazione)* (gut) zusammen‿spielen.

af|fib|bia|re tr. *(affibbio, affibbi)* **1** *(cintura)* zu‿schnallen; *(sella)* an‿schnallen **2a** FIG. *(appioppare)* auf‿hängen, an‿hängen: **~ *un lavoro faticoso, una partita di merce avariata a qcn.*** jdm eine mühevolle Arbeit aufhängen, jdm eine Lieferung verdorbener Ware anhängen; **~ *un soprannome a qcn.*** jdm einen Spitznamen geben **b** *(colpa, responsabilità)* an‿hängen, zu‿schieben **c** geben, versetzen: **~ *uno schiaffo a qcn.*** jdm eine Ohrfeige versetzen ◆ **~ *un'etichetta a qcn.*** jdn mit einem Etikett versehen, jdn in eine Schublade schieben; **~ *una multa a qcn.*** über jdn eine Geldstrafe verhängen.

af|fi|da|bi|le agg. zuverlässig. **af|fi|da|bi|li|tà** f. Zuverlässigkeit *f.*

af|fi|da|men|to m. **1** Anvertrauen *n.* **2** DIR. Pflege *f.*: ***dare un bambino in* ~** ein Kind in Pflege geben; ***prendere un bambino in* ~** ein Kind in Pflege nehmen ◆ ***bambino in* ~** Pflegekind *n.*, Ziehkind *n.*; ***dare* ~, *non dare alcun* ~** zuverlässig, völlig unzuverlässig sein; ***fare* ~ *su qcn., qcs.*** sich auf jdn, etw. verlassen; ***su di lui non si può fare* ~** auf ihn ist kein Verlass.

af|fi|da|re I tr. **1** an‿vertrauen: **~ *una somma di denaro a qcn.*** jdm eine Geldsumme anvertrauen; **~ *un bambino alle cure di qcn.*** jdm ein Kind zur Pflege anvertrauen; **~ *qcs. in custodia a qcn.*** jdm etw. zur Aufbewahrung geben **2** *(passare)* übergeben: **~ *il caso all'avvocato*** den Fall dem Anwalt übergeben **3** *(assegnare)* betrauen, übertragen: **~ *un compito a qcn.*** jdn mit einer Aufgabe betrauen, jdm eine Aufgabe übertragen **II** pronom. **affidarsi 1** sich an‿vertrauen: ***-rsi a qcn., alla guida di qcn.*** sich jdm, jds Führung anvertrauen **2** sich hin‿geben: ***-rsi alla sorte, a una speranza, alla generosità degli amici*** sich dem Schicksal, einer Hoffnung hingeben, sich auf die Großzügigkeit der Freunde verlassen.

af|fi|da|ti|vo agg. Pflege-, Zieh-: ***genitori -i*** Pflegeeltern *pl.*; ***madre -a*** Ziehmutter *f.* **af|fi|do** m. DIR. → **affidamento.**

af|fie|na|re tr. mit Heu füttern. **af|fie|ni|re** intr. *(affienisce, affieniscono;* aus. *essere)* Heu werden.

af|fie|vo|li|men|to m. Schwächung *f.*, Abschwächung *f.*

af|fie|vo|li|re *(affievolisco, affievolisci)* **I** tr. schwächen, ab‿schwächen **II** pronom. **affievolirsi 1** schwächer werden (anche FIG.) **2** *(di suono)* verklingen **3** *(di speranza)* schwinden.

af|fig|ge|re *(affiggo, affiggi; affissi; affitto)* **I** tr. **1** an‿schlagen: **~ *un manifesto*** ein Plakat anschlagen **2** LETT. *(sguardo)* heften **II** pronom. **affiggersi** sich heften.

af|fi|la|re I tr. **1** schleifen, schärfen: **~ *un coltello, le forbici*** ein Messer, die Schere schleifen **2** *(matita)* spitzen, an‿spitzen **3** *(far dimagrire)* schmal machen: ***la malattia gli ha affilato il viso*** sein Gesicht ist durch die Krankheit spitz, schmal geworden **II** pronom. **affilarsi** *(smagrire)* ab‿magern ◆ **~ *le armi*** die Messer wetzen.

af|fi|la|to p.pass. agg. **1** → **affilare 2** scharf, spitz; ***una spada non -a*** ein stumpfes Schwert; FIG. ***una lingua -a*** eine scharfe (*o* spitze) Zunge **3** *(di naso)* fein, dünn ◆ **~ *come un rasoio*** messerscharf (anche FIG.); ***avere un viso* ~** ein schmales Gesicht haben. **af|fi|la|to|io** m. *(-oi)* Schleifstein *m.* **af|fi|la|tri|ce** f. Schleifmaschine *f.* **af|fi|la|tu|ra** f. Schleifen *n.*, Schliff *m.*, Schärfe *f.*

af|fi|lian|do m. DIR. Anzunehmende *m.* **af|fi|lian|te** m. e f. DIR. Annehmende *m.* e *f.* **af|fi|lia|re** *(affilio, affili)* **I** tr. **1** auf‿nehmen: **~ *qcn. a una società*** jdn in eine Gesellschaft aufnehmen **2** DIR. adoptieren, an‿nehmen **II** pronom. **affiliarsi** bei‿treten: ***-rsi a un partito*** einer Partei beitreten. **af|fi|lia|ta** f. ECON. Tochtergesellschaft *f.* **af|fi|lia|to I** p.pass. agg. **1** → **affiliare 2** angeschlossen: **~ *a una società*** einer Gesellschaft angeschlossen **3** Tochter-, Zweig-: ***azienda -a*** Tochtergesellschaft *f.* **II** m. Mitglied *n.*

af|fi|lia|zio|ne f. **1** Aufnahme *f.*: ***l'~ a un'organizzazione*** die Aufnahme in einer Organisation **2** DIR. Adoption *f.*

af|fi|na|men|to m. **1** Schärfung *f.* (anche FIG.) **2** *(perfezionamento)* Verfeinerung *f.* **3** *(raffinamento)* Affination *f.*

af|fi|na|re I tr. **1a** *(affilare)* spitzen, schärfen **b** FIG. **~ *l'ingegno, l'orecchio*** den Verstand, das Gehör schärfen **2** FIG. *(perfezionare)* verfeinern, kultivieren: **~ *il gusto*** den Geschmack verfeinern **3** *(metalli)* affinieren, frischen **II** pronom. **affinarsi 1** sich schärfen **2** *(perfezionarsi)* sich verfeinern, sich verbessern. **af|fi|na|zio|ne** f. Affination *f.*, Frischen *n.*

af|fin|ché cong. damit: ***spiegaglielo, ~ capisca*** erklär ihm das, damit er es versteht.

1.af|fi|ne I agg. **1** ähnlich, gleichartig, verwandt: ***casi -i*** ähnliche, gleichartige Fälle; ***razze, lingue -i*** verwandte Rassen, Sprachen **2** LETT. o MAT. affin **II** m. e f. angeheiratete Verwandte *m.* e *f.* ◆ ***anime -i*** (wahl)verwandte Seelen; ***di carattere ~*** wesensverwandt; ***essere -i per mentalità*** seelenverwandt sein; ***~ spiritualmente*** geistesverwandt.

2.af|fi|ne cong. ANT. ***~ di...*** um...zu...

af|fi|ni|tà f.inv. **1** Ähnlichkeit *f.*, Gleichartigkeit *f.*, Verwandtschaft *f.* **2** LETT. CHIM. MAT. Affinität *f.* **3** DIR. Verschwägerung *f.* ◆ ***~ elettiva*** Wahlverwandtschaft *f.*

af|fio|chi|men|to m. **1** Dämpfung *f.*, Abschwächung *f.* **2** *(di voce)* Heiserkeit *f.* **af|fio|chi|re** *(affiochisco/affioco, affiochisci/affiochi)* **I** tr. dämpfen, ab‿schwächen **II** pronom. **affiochirsi 1** schwächer (*o* leiser) werden **2** *(di voce)* heiser werden.

af|fio|ra|men|to m. **1** Auftauchen *n.* **2** GEOL. Aufschluss *m.*

af|fio|ra|re intr. (aus. *essere*) **1** *(emergere)* auf‿tauchen: ***~ dal mare, in superficie*** aus dem Meer auftauchen, an die Oberfläche kommen, treten **2** FIG. auf‿tauchen, sich zeigen: ***un sorriso affiorò sul suo volto*** ein Lächeln zeigte sich auf seinem Gesicht; ***un pensiero affiorò nella sua mente*** ein Gedanke stieg in ihm hoch **3** GEOL. zutage treten, an‿stehen.

af|fis|sa|re LETT. **I** tr. heften: ***~ lo sguardo su qcn., qcs.*** den Blick auf jdn, etw. heften; ***~ la mente in qcs.*** den Geist auf etw. richten **II** pronom. **affissarsi** sich heften.

af|fis|si → **affiggere.**

af|fis|sio|ne f. Anschlagen *n.* ◆ ***divieto d'~*** Plakatankleben verboten. **af|fis|so I** p.pass. agg. **1** → **affiggere 2** ***un avviso ~ al muro, in bacheca*** eine an der Mauer, am schwarzen Brett angeschlagene Anzeige **II** m. **1** Anschlag *m.* **2** *(infisso)* Rahmen *m.*, Einfassung *f.* **3** LING. Affix *n.*

af|fit|ta|bi|le agg. zu vermieten. **af|fit|ta|ca|me|re** m. e f.inv. Zimmervermieter *m.* (-in *f.*).

af|fit|ta|re tr. **1** *(dare in affitto)* vermieten; *(terreno)* verpachten: ***affittasi alloggio ammobiliato*** möblierte Wohnung zu vermieten **2** *(prendere in affitto)* mieten; *(terreno)* pachten: ***~ un appartamento, una macchina, un costume*** eine Wohnung mieten, ein Auto, ein Kostüm mieten (*o* leihen).

af|fit|ti|re *(affittisco, affittisci)* **I** tr. dicht machen, verdichten **II** pronom. **affittirsi** dicht werden, sich verdichten.

af|fit|to m. **1** Miete *f.*: ***dare, prendere qcs. in ~*** etw. vermieten, mieten; ***pagare un ~ alto, basso*** eine hohe, niedrige Miete zahlen; ***riscuotere l'~*** die Miete kassieren; ***abitare, vivere in ~*** zur Miete wohnen; ***l'~ scade a fine mese*** die Miete ist zum Monatsende fällig **2** *(di terreno)* Pacht *f.* ◆ ***appartamento in ~*** Mietwohnung *f.*; ***~ arretrato*** Mietrückstand *m.*; ***blocco degli -i*** Mietstopp *m.*; ***canone di ~*** Mietpreis *m.*, Mietbetrag *m.*, REGION. Mietzins *m.*; ***casa d'~*** Mietshaus *n.*; ***contratto d'~*** Mietvertrag *m.*

af|fit|tu|a|rio I m. *(-ri)* Mieter *m.*; *(di terreno)* Pächter *m.* **II** agg. *(-ri,-rie)* Miet-; *(di terreno)* Pacht-.

af|fla|to m. LETT. **1** *(alito)* Odem *m.*, Hauch *m.* **2** *(ispirazione)* Eingebung *f.*, Erleuchtung *f.*: ***~ poetico*** dichterische Eingebung; ***~ religioso*** religiöse Erleuchtung.

af|flig|ge|re *(affliggo, affliggi; afflissi; afflitto)* **I** tr. **1** quälen, plagen: ***un continuo mal di testa lo affligge*** ein ständiger Kopfschmerz quält ihn **2** *(rattristare)* betrüben: ***la notizia l'afflisse*** die Nachricht betrübte sie **II** pronom. ***-rsi per qcs.*** sich mit etw. quälen, sich über etw. betrüben; ***-rsi per la morte di qcn.*** um jds Tod trauern.

af|flit|to I p.pass. agg. **1** → **affliggere 2** gequält: ***essere ~ da una malattia*** an einer Krankheit leiden **3** *(rattristato)* betrübt, kummervoll, niedergeschlagen: ***un'espressione -a*** eine kummervolle Miene; ***essere ~ per qcs.*** betrübt über etw. (A) sein; ***essere ~ per la morte del padre*** wegen Vaters Tod niedergeschlagen sein **II** m. Betrübte *m.*, Niedergeschlagene *m.*: ***consolare gli -i*** die Niedergeschlagenen trösten. **af|fli|zio|ne** f. **1** Betrübnis *f.*, Trübsal *f.*, Niedergeschlagenheit *f.*: ***trovarsi in grave ~*** in tiefer Betrübnis sein **2** *(tribolazione)* Leid *n.*: ***essere provato da molte -i*** von viel Leid heimgesucht sein.

af|flo|scia|re *(affloscio, afflosci)* **I** tr. **1** erschlaffen lassen **2** FIG. *(accasciare)* entkräften **II** pronom. **afflosciarsi 1** *(sgonfiarsi)* erschlaffen, zusammen‿fallen **2** FIG. *(svenire)* zusammen‿sinken, verzagen.

1.af|fluen|te m. Nebenfluss *m.*, Zufluss *m.*

2.af|fluen|te agg. arriviert: ***ceti -i*** arrivierte Schichten; ***società ~*** arrivierte Gesellschaft.

af|fluen|za f. **1** Zufluss *m.* **2** FIG. Zustrom *m.*, Zulauf *m.*: ***grande, scarsa ~ di pubblico a teatro*** großer, geringer Zulauf des Publikums zum Theater ◆ ***~ alle urne*** Wahlbeteiligung *f.*

af|flu|i|re intr. *(affluisco, affluisci;* aus. *essere)* **1** fließen, zu‿fließen, strömen, zu‿strömen (anche FIG.): ***le merci affluiscono sul mercato*** die Waren strömen auf den Markt **2** *(di persone)* herbei‿strömen, zusammen‿strömen.

af|flus|so m. **1** *(di liquidi)* Zufluss *m.*, Zustrom *m.* **2** MED. Andrang *m.*: ***l'~ di sangue al cervello*** der Andrang des Blutes zum Gehirn **3** FIG. *(di persone)* Zustrom *m.*, Zulauf *m.*, Andrang *m.* ◆ ***~ di capitali*** Kapitalzufuhr *f.*; ***~ di capitali all'estero*** Devisenabfluss *m.*

af|fo|ga|men|to m. **1** *(l'affogare)* Ertränken *n.* **2** *(l'affogarsi)* Ertrinken *n.*

af|fo|ga|re *(affogo, affoghi)* **I** tr. ertränken; *(di animali)* ersäufen (anche FIG.): ***~ un insuccesso nell'alcol*** einen Misserfolg im Alkohol ertränken **II** intr. (aus. *essere*) ertrinken **III** pronom. **affogarsi** sich ertränken ◆ ***~ in un bicchier d'acqua*** über einen Strohhalm stolpern; ***~ nei debiti*** bis über die Ohren (*o* tief) in Schulden stecken; ***~ nel lavoro*** sich in die Arbeit vergraben; ***~ nella miseria*** im Elend versinken; ***stare per ~*** dem Ertrinken nahe sein.

af|fo|ga|to I p.pass. agg. → **affogare**; ***morire ~*** ertrinken **II** m. Ertrunkene *m.* ◆ ***~ al caffè*** Eiskaffee *m.*; ***uova -e*** verlorene Eier.

af|fol|la|men|to m. Andrang *m.*, Gedränge *n.*

af|fol|la|re I tr. füllen, überfüllen: ***~ la sala*** den Saal füllen **II** pronom. **affollarsi 1** sich füllen: ***la sala si affollò*** der Saal füllte sich **2** *(accalcarsi)* sich drängen, sich zusammen‿drängen: ***-rsi all'uscita*** sich zum Ausgang drängen **3** FIG. ein‿stürmen: ***i pensieri si affollano nella sua mente*** die Gedanken stürmen auf ihn ein.

af|fol|la|to p.pass. agg. **1** → **affollare 2** *(luogo)* überfüllt, voll: ***gli ospedali sono -i*** die Krankenhäuser sind überfüllt; ***~ di gente*** voll von Menschen ◆ ***gente -a*** zusammengedrängte Leute.

af|fon|da|men|to m. Versenkung *f.*, Versenken *n.*, Sinken *n.*: ***~ di una nave*** Versenkung eines Schiffs. **af|fon|da|mi|ne** m.inv. Minenleger *m.*

af|fon|da|re I tr. **1** versenken: ***~ una nave*** ein Schiff versenken **2a** *(conficcare profondamente)* ein‿rammen: ***~ pali nel terreno*** Pfähle in die Erde einrammen **b** ***~ il coltello in qcs.*** das Messer in etw. (A) rammen **3** *(sprofondare)* vergraben: ***~ le mani nelle tasche*** die Hände in die Taschen vergraben **4** *(di piante)* senken: ***~ le radici nel terreno*** die Wurzeln in den Boden senken **II** intr. (aus. *essere*) versinken, ein‿sinken, unter‿gehen: ***la nave è affondata nel mare del Nord*** das Schiff ist in der Nordsee versunken; ***~ nella sabbia, nella neve*** im Sand, im Schnee versinken ◆ SPORT ***~ il colpo*** einen Schlag versetzen.

1.af|fon|do m. SPORT ginn. Ausfall *m.*

2.af|fon|do ANT. → **a fondo.**

af|fos|sa|men|to m. **1** Begraben *n.* (anche FIG.) **2** *(avvallamento)* Vertiefung *f.*

af|fos|sa|re I tr. **1** *(far fallire)* begraben: ***~ un'iniziativa*** eine Initiative begraben **2** *(incavare)* Furchen graben: ***le ruote dei carri hanno affossato la strada*** die Räder der Fuhrwerke haben (tiefe) Furchen in die Straße gegraben **II** pronom. **affossarsi** hohl werden, sich vertiefen. **af|fos|sa|to|re** m. **1** Grabausheber *m.*, Totengräber *m.* **2** FIG. Vereitler *m.*

af|fran|ca|men|to m. Befreiung *f.*, Freilassung *f.*

af|fran|ca|re *(affranco, affranchi)* **I** tr. **1** befreien (anche FIG.): ***~ uno schiavo*** einen Sklaven befreien; DIR. ***~ un terreno da un onere ipotecario*** ein Grundstück von einer hypothekarischen Belastung befreien **2** *(apporre l'affrancatura)* frankieren **II** pronom. **affrancarsi** sich befreien, sich frei machen (anche FIG.): ***-rsi da pregiudizi*** sich von Vorurteilen frei machen. **af|fran|ca|to** p.pass. agg. **1** → **affrancare 2** frankiert, freigemacht; ***non ~*** unfrankiert. **af|fran|ca|tri|ce** f. Frankiermaschine *f.* **af|fran|ca|tu|ra** f. Frankierung *f.*; ***senza ~*** unfrei.

af|fran|to agg. **1** *(per il dolore)* gebrochen, niedergeschlagen **2** *(per la fatica)* erschöpft, ermattet.

af|fra|tel|la|men|to m. Verbrüderung *f.* **af|fra|tel|la|re I** tr. verbrüdern **II** pronom. **affratellarsi** sich verbrüdern.

af|fre|sca|re tr. *(affresco, affreschi)* mit Fresken bemalen. **af|fre|schi|sta** m. e f. *(-i,-e)* Freskomaler *m.* (-in *f.*). **af|fre|sco** m. *(-schi)* **1a** PITT. *(tecnica)* Freskomalerei *f.* **b** *(dipinto)* Fresko *n.* **2** FIG. Gemälde *n.*

af|fret|ta|re I tr. beschleunigen: ***~ il passo*** den (*o* seinen) Schritt beschleunigen **II** pronom. **affrettarsi** sich beeilen; *(camminare rapidamente)* eilen: ***-rsi nei preparativi*** sich bei den Vorbereitungen beeilen; ***-rsi a fare qcs.*** sich beeilen, etw. zu tun; ***-rsi verso casa*** nach Hause eilen. **af|fret|ta|ta|men|te** avv. hastig. **af|fret|ta|to** p.pass. agg. **1** → **affrettare 2** hastig, übereilt: ***una decisione -a*** eine übereilte Entscheidung; ***passi -i*** hastige Schritte **3** *(svolto* *troppo in fretta)* flüchtig: ***lavoro ~*** flüchtige Arbeit.

af|fri|ca|ta f. Affrikata (*o* Affrikate) *f.*

af|fron|ta|re **I** tr. **1** ***~ qcn., qcs.*** jdm, etw. entgegen‿treten: ***~ un pericolo*** einer Gefahr entgegentreten; ***~ il nemico*** dem Feind entgegentreten **2** FIG. an‿packen, an‿gehen: ***~ difficoltà*** Schwierigkeiten anpacken; ***~ un problema*** ein Problem anpacken; ***~ un argomento*** ein Thema angehen **II** pronom. **affrontarsi** sich gegenüber‿stehen, aneinander geraten (anche SPORT) ◆ ***~ il pubblico*** an die Öffentlichkeit treten; ***~ le spese*** die Kosten auf sich nehmen. **af|fron|ta|to** p.pass. agg. **1** → **affrontare** **2** ARALD. gegenübergestellt.

af|fron|to m. Beleidigung *f.*, Affront *m.*: ***fare un ~ a qcn.*** jdm eine Beleidigung zu‿fügen, jdn beleidigen; ***subire un ~*** beleidigt werden.

af|fu|mi|ca|re tr. *(affumico, affumichi)* **1** verräuchern, mit Rauch schwärzen: ***~ il soffitto, una stanza*** die Decke, ein Zimmer verräuchern **2** GASTR. räuchern: ***~ la carne*** das Fleisch räuchern. **af|fu|mi|ca|to** p.pass. agg. **1** → **affumicare** **2** GASTR. geräuchert, Räucher-: ***pesce ~*** Räucherfisch *m.* **3** *(colorato in bruno)* getönt: ***lenti -e*** getönte Gläser. **af|fu|mi|ca|to|io** m. *(-oi)* Räucherkammer *f.* **af|fu|mi|ca|tu|ra** f. Räucherung *f.*

af|fu|so|la|re tr. *(affusolo)* dünn machen. **af|fu|so|la|to** p.pass. agg. **1** → **affusolare** **2** *(sottile, snello)* schmal: ***mani -e*** schmale Hände.

af|fu|sto m. Lafette *f.*: ***su un ~ di cannone*** auf der Lafette einer Kanone.

Afg(h)a|ni|stan n.pr.m. Afghanistan *n.* **af|g(h)a|no** **I** m. Afghane m. **II** agg. afghanisch.

a|fi|cio|na|do [afisjo'nado] m. *(-s)* = treuer Anhänger *m.*

a|fi|de m. Blattlaus *f.*

a|fil|lo agg. blattlos.

af|nio m. Hafnium *n.*

a|fo|ni|a f. Stimmlosigkeit *f.* **a|fo|no** agg. stimmlos.

a|fo|ri|sma m. Aphorismus *m.* **a|fo|ri|sti|ca|men|te** avv. aphoristisch. **a|fo|ri|sti|co** agg. *(-ci,-che)* aphoristisch.

a for|tio|ri [-ts-] avv. um so mehr.

a|fo|si|tà f. Schwüle *f.* **a|fo|so** agg. schwül.

A|fri|ca n.pr.f. Afrika *n.*: ***~ nera*** Schwarzafrika *n.* **a|fri|can|der** → **afrikander.** **a|fri|ca|ni|sta** m. e f. *(-i,-e)* Afrikanist *m.* (-in *f.*). **a|fri|ca|ni|sti|ca** f. Afrikanistik *f.* **a|fri|ca|no** **I** agg. afrikanisch **II** m. Afrikaner *m.*

a|fri|co m. ANT. = Südwestwind *m.*

a|fri|kaans m.inv. Afrikaans *n.* **a|fri|kan|der** m.inv. Afrikaander *m.*

a|fro agg. GERG. Afro-. **a|fro|a|me|ri|ca|no** **I** agg. afroamerikanisch **II** m. Afroamerikaner *m.* **a|fro|a|sia|ti|co** **I** agg. *(-ci,-che)* afroasiatisch **II** m. *(-ci)* Afroasiat *m.* **a|fro|cu|ba|no** **I** agg. afrokubanisch **II** m. Afrokubaner *m.*

a|fro|di|si|a|co **I** agg. *(-ci,-che)* aphrodisisch **II** m. *(-ci)* Aphrodisiakum *n.* **A|fro|di|te** n.pr.f. Aphrodite *f.*

a|fro|re m. herber, stechender Geruch *m.*

af|ta f. Aphthe *f.*

a|ga|las|si|a, a|ga|lat|ti|a f. Agalaktie *f.*

a|ga|mi|a f. Agamie *f.* **a|ga|mi|ca|men|te** avv. agamisch. **a|ga|mi|co** agg. *(-ci,-che)* agamisch.

a|ga|pe f. Agape *f.*

a|ga|ri|co m. *(-ci)* Blätterpilz *m.*

a|ga|ta f. MINER. Achat *m.* **A|ga|ta** n.pr.f. Agathe *f.*

a|ga|ve f. Agave *f.*

a|ge|mi|na f. Tauschierung *f.* **a|ge|mi|na|tu|ra** f. Tauschierarbeit *f.*

a|gen|da f. Notizkalender *m.*, Kalender *m.*: ***consultare l'~*** im Kalender nach‿schlagen; ***~ degli appuntamenti*** Terminkalender *m.* ◆ ***~ elettronica*** Notebook *n.* **a|gen|di|na** f. Taschenkalender *m.*

a|gen|te m. e f. **1** *(teatrale, diplomatico)* Agent *m.* (-in *f.*) **2** *(di commercio)* Handelsvertreter *m.* (-in *f.*) **3** *(di polizia)* Polizist *m.* (-in *f.*) **4** CHIM. Wirkstoff *m.* **5** GRAMM. Agens *m.*: ***complemento d'~*** Agensangabe *f.* **6** MED. Erreger *m.*: ***~ patogeno*** Krankheitserreger *m.* ◆ ***~ di assicurazione*** Versicherungsagent *m.*; ***-i atmosferici*** Witterungseinflüsse *pl.*; ***~ di cambio*** Börsenmakler *m.*; ***~ di custodia*** Gefängnisaufseher *m.*; ***~ immobiliare*** Immobilienmakler *m.*; ***~ di polizia*** Polizeiagent *m.*; ***~ segreto*** Agent *m.*, Geheimagent *m.*; ***~ di pubblica sicurezza*** Sicherheitsbeamte *m.*; ***~ delle tasse*** Steuerbeamte *m.*; ***~ teatrale*** Theateragent *m.*

a|gen|zi|a f. **1** *(commerciale)* Agentur *f.*, Geschäftsstelle *f.* **2** *(succursale)* Filiale *f.*, Zweigstelle *f.* **3** *(notizia d'agenzia)* Agenturmeldung *f.* ◆ ***~ di cambio*** Wechselstube *f.*; ***~ di collocamento*** Arbeitsvermittlungsbüro *n.*; ***comunicato d'~*** Agenturmeldung *f.*; ***~ di informazioni*** Auskunftei *f.*; *(giornalistica)* Nachrichtenagentur *f.*; ***~ di investigazioni*** Detektivbüro *n.*; ***~ matrimoniale*** Heiratsvermittlungsbüro *n.*; ***notizia d'~*** Agenturmeldung *f.*; ***~ pubblicitaria*** Werbeagentur *f.*; ***~ di stampa*** Nachrichtenagentur *f.*, Presseagentur *f.*; ***~ teatrale*** Theateragentur *f.*; ***~ (di) viaggi*** Reisebüro *n.*

a|ge|vo|la|re *(agevolo)* tr. **1** erleichtern: ***~ il compito a qcn.*** jds Aufgabe erleichtern **2** *(favorire)* begünstigen, unterstützen: ***~ la squadra di casa*** die Heimmannschaft begünstigen. **a|ge|vo|la|to** p.pass. agg. **1** → **agevolare** **2** BANC. *(a basso tasso d'interesse)* zinsgünstig, zinsverbilligt: ***mutuo (a tasso) ~*** zinsverbilligtes Darlehen; ***credito ~*** zinsgünstiger Kredit.

a|ge|vo|la|zio|ne f. Erleichterung *f.*, Vergünstigung *f.*: ***-i fiscali*** Steuererleichterungen *pl.*; ***godere di -i*** Vergünstigungen genießen; ***concedere -i a qcn.*** jdm Vergünstigungen gewähren.

a|ge|vo|le agg. mühelos, leicht. **a|ge|vo|lez|za** f. Mühelosigkeit *f.*, Leichtigkeit *f.* **a|ge|vol|men|te** avv. mühelos.

ag|gan|cia|men|to m. **1** Ankupp(e)lung *f.*, Verkopp(e)lung *f.* **2** MECC. Kupplung (*o* Kopplung) *f.* ◆ ***manovra di ~*** Kopplungsmanöver *n.*; *(di astronavi)* Dockingmanöver *n.*

ag|gan|cia|re *(aggancio, agganci)* **I** tr. **1** an‿hängen, an‿kuppeln (*o* an‿koppeln): ***~ il vagone alla locomotiva*** den Waggon an die Lokomotive anhängen; ***~ una nave spaziale*** ein Raumschiff ankoppeln **2** *(di vestiti)* zu‿haken: ***~ il vestito, la gonna*** das Kleid, den Rock zuhaken **3a** haken, ein‿haken **b** SPORT ***~ l'avversario*** den Gegner haken, legen **4** *(riattaccare il telefono)* (den Hörer) ein‿hängen, auf‿legen **5** FIG. COLLOQ. *(avvicinare e trattenere)* ab‿schleppen: ***~ una ragazza*** ein Mädchen abschleppen **II** pronom. **agganciarsi** **1** sich an‿kuppeln (*o* an‿koppeln), sich an‿hängen **2** SPORT *(nella lotta)* hakeln **3** FIG. COLLOQ. *(far riferimento)* an‿knüpfen: ***-rsi a qcs.*** an etw. anknüpfen. **ag|gan|cio** m. *(-ci)* **1** Ankupp(e)lung *f.* **2** MECC. Kupplung (*o* Kopplung) *f.* **3** FIG. *(appiglio)* Ansatzpunkt *m.* **4** pl. *(aderenze)* Beziehungen *pl.*

ag|geg|gio m. *(-gi)* Ding *n.*, Dings *n.*

ag|get|tan|te agg. ARCH. vorspringend, auskragend. **ag|get|ta|re** intr. (aus. *essere*) ARCH. vor‿springen, aus‿kragen.

ag|get|ti|va|le agg. adjektivisch. **ag|get|ti|va|re** tr. adjektivieren. **ag|get|ti|va|zio|ne** f. **1** Adjektivieren *n.* **2** Adjektivgebrauch *m.*: ***una ricca ~*** ein reicher Adjektivgebrauch.

ag|get|ti|vo m. **1** Adjektiv *n.*, Eigenschaftswort *n.*: ***~ attributivo, predicativo, sostantivato*** attributives, prädikatives, substantiviertes Adjektiv; ***~ verbale*** Verbaladjektiv *n.*; ***sostantivo usato in funzione di ~*** als Adjektiv verwendetes Substantiv **2** *(epiteto)* Schimpfwort *n.*; ***rivolgere a qcn. -i poco simpatici*** = jdn mit unschönen Beiwörtern bedenken ◆ ***~ dimostrativo*** Demonstrativpronomen *n.*; ***gradi dell'~*** Steigerungsstufen *pl.*; ***~ numerale*** Zahlwort *n.*; ***~ possessivo*** Possessivpronomen *n.*

ag|get|to m. **1** Auskragung *f.* **2** *(di rocce)* Vorsprung *m.*; ***fare ~*** aus‿kragen.

ag|ghiac|cian|te agg. grauenhaft, fürchterlich: ***una scena ~*** eine grauenhafte Szene. **ag|ghiac|cia|re** *(agghiaccio, agghiacci)* **I** tr. **1** gefrieren **2** FIG. erstarren lassen: ***~ qcn. con uno sguardo*** jdn mit einem Blick erstarren lassen **II** intr. (aus. *essere*) erstarren: ***a quella vista agghiacciai*** bei diesem Anblick erstarrte ich **III** pronom. **agghiacciarsi** erstarren (anche FIG.).

ag|ghin|da|re **I** tr. heraus‿putzen, auf‿putzen, zurecht‿machen (anche FIG.) **II** pronom. **agghindarsi** sich heraus‿putzen, sich auf‿putzen, sich zurecht‿machen. **ag|ghin|da|to** p.pass. agg. **1** → **agghindare** **2** ***essere tutto ~*** herausgeputzt sein.

ag|gio m. *(-gi)* Aufgeld *n.*, Agio *n.*

ag|gio|ga|re tr. *(aggiogo, aggioghi)* **1** jochen: ***~ i buoi all'aratro*** die Ochsen ins Joch spannen **2** FIG. *(soggiogare)* unterjochen: ***~ qcn. al proprio volere*** jdn seinem Willen unterjochen.

ag|gior|na|men|to m. **1** Aktualisierung *f.*: ***~ dei dati, del programma scolastico*** Aktualisierung der Daten, des Lehrprogrammes **2** *(perfezionamento)* Fortbildung *f.*: ***corso di ~*** Fortbildungskurs *m.* **3** EDIT. ***volume di ~*** Ergänzungsband *m.* **4** *(rinvio)* Vertagung *f.*, Aufschub *m.*: ***~ di una seduta*** Vertagung einer Sitzung.

ag|gior|na|re **I** tr. **1a** aktualisieren: ***~ i dati*** Daten aktualisieren **b** EDIT. neu bearbeiten, auf den neuesten Stand bringen: ***~ un'enciclopedia, un testo*** eine Enzyklopädie, einen Text auf den neuesten Stand bringen (*o* neu bearbeiten) **2** *(adeguare)* an‿gleichen **3** *(informare)* auf dem Laufenden halten **4** *(rinviare)* vertagen **II** pronom. **aggiornarsi** **1a** *(informarsi)* sich auf dem Laufenden halten **b** *(adeguarsi ai tempi)* mit der Zeit gehen **2** *(perfezionarsi)* sich fort‿bilden **3** *(venire rinviato)* sich vertagen: ***il consiglio si aggiorna (al prossimo mese)*** die Versammlung vertagt sich (auf den nächsten Monat).

ag|gior|na|to p.pass. agg. **1** → **aggiornare** **2a** aktualisiert, auf den neuesten Stand gebracht: ***un catalogo ~*** ein auf den neuesten

Stand gebrachter Katalog **b** EDIT. ***edizione -a*** neu bearbeitete Auflage **3** *(di persone)* auf dem Laufenden bleibend: ***essere ~ in questioni economiche*** in Wirtschaftsfragen auf dem Laufenden sein; ***tenersi ~*** sich auf dem Laufenden halten ◆ ***bibliografia continuamente -a*** kumulierte Bibliographie.

ag|gio|tag|gio m. *(-gi)* Kurstreiberei *f.*, Agiotage *f.* **ag|gio|ta|to|re** m. Agioteur *m.*

ag|gi|ra|men|to m. **1** Umgehung *f.* (anche FIG.) **2** MIL. Umfassung *f.*

ag|gi|ra|re I tr. **1** umgehen (anche FIG.): ***~ un ostacolo, una difficoltà, una legge*** ein Hindernis, eine Schwierigkeit, ein Gesetz umgehen **2** MIL. umzingeln, umgehen: ***~ le truppe nemiche*** die feindlichen Truppen umzingeln **II** pronom. **aggirarsi 1** herum‿gehen, herum‿laufen, umher‿gehen: ***-rsi per casa*** im Haus umhergehen **2** *(approssimarsi)* sich belaufen, betragen: ***il deficit si aggira sui cento milioni*** das Defizit beläuft sich (*o* beträgt) auf etwa hundert Millionen.

ag|giu|di|ca|re *(aggiudico, aggiudichi)* **I** tr. **1** vergeben: ***~ un premio*** einen Preis vergeben; ***~ qcs. al migliore offerente*** etw. dem Meistbietenden zu‿schlagen **2** *(attribuire)* zu‿sprechen, zu‿erkennen **II** pronom. ***-rsi qcs.*** etw. erringen, erlangen: ***-rsi una vittoria*** einen Sieg erringen. **ag|giu|di|ca|to** p.pass. → **aggiudicare** ◆ ***uno, due, tre, ~!*** zum ersten, zum zweiten, zum dritten! **ag|giu|di|ca|ta|rio** m. *(-ri)* Erwerber *m.* **ag|giu|di|ca|zio|ne** f. Vergabe *f.*, Zuerteilung *f.*, Zuschlag *m.*, Zuerkennung *f.*

ag|giun|ge|re *(aggiungo, aggiungi; aggiunsi; aggiunto)* **I** tr. hinzu‿fügen, hinzu‿geben: ***~ acqua a una bevanda, un po' di sale alla minestra*** dem Getränk Wasser, der Suppe etwas Salz hinzufügen; ***~ poche parole a un discorso, un poscritto a una lettera*** einer Rede einige Worte, einem Brief ein Postskriptum hinzufügen; ***~ un posto a tavola*** noch ein Gedeck auf‿legen; ***non c'è bisogno di ~ altro*** da gibt es nichts mehr hinzuzufügen **II** pronom. **aggiungersi 1** hinzu‿kommen: ***si aggiunsero ancora altri partecipanti*** andere Teilnehmer kamen noch hinzu **2** *(unirsi)* sich an‿schließen: ***anch'egli si aggiunse alla comitiva*** auch er schloss sich der Reisegesellschaft an ◆ ***non ~ altro!*** schon gut!

ag|giun|ta f. Zusatz *m.*, Zugabe *f.*: ***con l'~ di sale*** unter Zugabe von Salz; ***~ a un testo*** Zusatz zu einem Text, Textzusatz *m.* ◆ ***in ~*** außerdem; ***in ~ a*** zusätzlich zu. **ag|giun|ti|vo** agg. Zusatz-, Ergänzungs-, zusätzlich, ergänzend: ***comma ~*** zusätzlicher Absatz; ***osservazione -a*** ergänzende Bemerkung ◆ ***congiunzioni -e*** nebengeordnete (*o* koordinierende) Konjunktionen; ***senza spese -e*** ohne Mehrkosten. **ag|giun|to I** p.pass. agg. **1** → **aggiungere 2** ***membro ~*** außerordentliches Mitglied **II** m. Adjunkt *m.* ◆ ***fascicolo ~*** Beilage *f.*; ***~ giudiziario*** Gerichtsassessor *m.*; ***~ del sindaco*** Vertreter *m.* des Bürgermeisters; ***valore ~*** Mehrwert *m.*

ag|giu|sta|bi|le agg. reparierbar. **ag|giu|stag|gio** m. *(-gi)* TECN. Adjustierung *f.* **ag|giu|sta|men|to** m. **1** Reparatur *f.* **2** *(accordo)* Einigung *f.*: ***venire a un ~*** zu einer Einigung kommen **3** MIL. ***tiri di ~*** Probeschüsse *pl.*

ag|giu|sta|re I tr. **1** reparieren, in Ordnung bringen, aus‿bessern: ***~ un tetto, un vestito, un apparecchio*** ein Dach, ein Kleid ausbessern, ein Gerät reparieren **2** FIG. *(dare una lezione)* ***ora ti aggiusto io!*** jetzt zeig ich's dir! **II** pronom. **aggiustarsi 1** in Ordnung kommen: ***la cosa si aggiusterà*** die Sache wird wieder in Ordnung kommen **2** *(sistemarsi alla meglio)* sich ein‿richten **3** *(accordarsi)* sich einigen: ***-rsi sul prezzo*** sich über den Preis einigen **4** sich behelfen: ***per oggi mi aggiusto*** für heute behelfe ich mich ◆ ***~ i conti*** die Schulden aus‿gleichen; FIG. eine Rechnung begleichen; ***~ di sale e pepe*** mit Salz und Pfeffer ab‿schmecken; ***~ uno schiaffo a qcn.*** jdm eine Ohrfeige versetzen; MIL. ***~ il tiro*** sich auf etw. (A) ein‿schießen (anche FIG.). **ag|giu|sta|to|re** m. Maschinenschlosser *m.*

ag|glo|me|ra|men|to m. Ballung *f.*, Anhäufung *f.* **ag|glo|me|ran|te I** agg. zusammenballend **II** m. Bindemittel *n.* **ag|glo|me|ra|re** *(agglomero)* **I** tr. an‿häufen, zusammen‿ballen, agglomerieren **II** pronom. **agglomerarsi 1** *(riunirsi)* sich ballen, sich zusammen‿ballen, sich agglomerieren **2** TECN. sintern. **ag|glo|me|ra|to** m. **1** Ballung *f.*; ***~ urbano*** städtisches Ballungszentrum **2** GEOL. Agglomerat *n.* **ag|glo|me|ra|zio|ne** f. Agglomeration *f.*

ag|glu|ti|nan|te I agg. LING. ***lingua ~*** agglutinierende Sprache **II** m. Bindemittel *n.*, Klebemittel *n.* **ag|glu|ti|na|re** *(agglutino)* **I** tr. **1** LING. MED. agglutinieren **2** *(incollare)* kleben, zusammen‿kleben **II** pronom. **agglutinarsi** zusammen‿kleben. **ag|glu|ti|na|zio|ne** f. Agglutination *f.*

ag|go|mi|to|la|re tr. *(aggomitolo)* knäueln, auf‿wickeln.

ag|gra|da|re intr. belieben: ***fa' come meglio ti aggrada*** tu, wie es dir beliebt; ***questo non mi aggrada*** das ist nicht nach meinem Geschmack.

ag|graf|fa|re tr. **1** heften, zusammen‿heften **2** klammern **3** MECC. falzen. **ag|graf|fa|tri|ce** f. Falzmaschine *f.* **ag|graf|fa|tu|ra** f. **1** Verklammerung *f.* **2** MECC. Falz *m.*

ag|gran|chia|re intr. *(aggranchio, aggranchi;* aus. *essere)* erstarren: ***~ per il freddo*** vor Kälte erstarren. **ag|gran|chi|re** *(aggranchisco, aggranchisci)* **I** tr. erstarren lassen, starr machen **II** pronom. **aggranchirsi** erstarren, starr werden.

ag|grap|par|si pronom. sich klammern (anche FIG.), sich fest‿halten: ***~ al braccio di qcn., a una speranza, alla vita*** sich an jds Arm, an eine Hoffnung, ans Leben klammern.

ag|gra|va|men|to m. Verschlimmerung *f.*, Verschlechterung *f.* **ag|gra|van|te I** agg. DIR. erschwerend, strafverschärfend **II** f. Erschwerungsgrund *m.*, erschwerender Umstand *m.*

ag|gra|va|re *(aggravo, aggravi)* **I** tr. **1** verschlechtern, verschlimmern **2** *(inasprire)* verschärfen: ***~ una pena*** eine Strafe verschärfen **3** *(gravare)* belasten (anche FIG.): ***~ la coscienza, lo stomaco*** das Gewissen, den Magen belasten **II** pronom. **aggravarsi 1** sich verschlechtern, sich verschlimmern: ***la malattia si è aggravata*** die Krankheit hat sich verschlechtert **2** *(acuirsi)* sich verschärfen: ***la crisi si aggrava*** die Krise verschärft sich. **ag|gra|va|to** p.pass. agg. **1** → **aggravare 2** DIR. ***furto ~*** schwerer Diebstahl. **ag|gra|vio** m. *(-vi)* **1** Belastung *f.*, Last *f.*: ***~ fiscale*** Steuerlast *f.* **2** *(di punizioni)* Verschärfung *f.*: ***un ~ di pena*** eine Strafverschärfung.

ag|gra|zia|to agg. **1** anmutig, graziös: ***movimenti -i*** anmutige Bewegungen **2** *(garbato)* gefällig, freundlich: ***un fare ~*** ein gefälliges Benehmen.

ag|gre|di|re tr. *(aggredisco, aggredisci)* **1** an‿greifen, an‿fallen: ***~ qcn. alle spalle*** jdn hinterrücks angreifen **2** *(verbalmente)* an‿herrschen, an‿fahren **3** FIG. *(affrontare)* in Angriff nehmen: ***~ un problema*** ein Problem in Angriff nehmen.

ag|gre|ga|bi|le agg. anschließbar.

ag|gre|ga|re *(aggrego, aggreghi)* **I** tr. ein‿gliedern, an‿gliedern: ***~ qcn. a un gruppo*** jdn in eine Gruppe eingliedern; ***~ alcuni comuni*** einige Gemeinden angliedern **II** pronom. **aggregarsi 1** sich an‿schließen: ***-rsi a una spedizione*** sich einer Expedition anschließen **2** CHIM. sich verbinden: ***gli atomi si aggregano*** die Atome verbinden sich. **ag|gre|ga|to** m. **1** Ansammlung *f.*, Anhäufung *f.* **2** Aggregat *n.* **3** *(impiegato)* Aushilfe *f.* **4** MAT. Menge *f.* ◆ ***banca -a*** autorisierte Bank; ***professore ~*** Privatdozent *m.*; ***~ urbano*** städtisches Ballungszentrum. **ag|gre|ga|zio|ne** f. **1** ***centro di ~*** Treffpunkt *m.* **2** CHIM. Aggregation *f.*; ***stato di ~*** Aggregatzustand *m.*

ag|gres|sio|ne f. **1** Überfall *m.*: ***~ contro qcs., qcn.*** Überfall auf etw., jdn; ***compiere, subire un'~*** einen Überfall begehen, erleiden; ***~ a mano armata*** bewaffneter Überfall **2** MIL. PSIC. Aggression *f.*, Angriff *m.* ◆ ***patto di non ~*** Nichtangriffspakt *m.*; ***politica di non ~*** Sicherheitspolitik *f.* **ag|gres|si|va|men|te** avv. aggressiv.

ag|gres|si|vi|tà f.inv. Angriffslust *f.*, Aggressivität *f.*, Aggression *f.*; ***istinto di ~*** Aggressionstrieb *m.* **ag|gres|si|vo I** agg. angriffslustig, angreiferisch, aggressiv: ***un interlocutore ~*** ein angriffslustiger Gesprächspartner; ***un carattere ~*** ein aggressiver Charakter; ***una terapia -a*** eine aggressive Therapie **II** m. Kampfstoff *m.*: ***~ chimico*** chemischer Kampfstoff. **ag|gres|so|re I** agg. angreifend **II** m. Angreifer *m.*, Aggressor *m.*

ag|grin|za|re → **raggrinzare.**

ag|grin|zi|re → **raggrinzire.**

ag|gron|da|to agg. finster, verärgert.

ag|grot|ta|re tr. **1** runzeln: ***~ la fronte*** die Stirn runzeln **2** *(sopracciglia)* zusammen‿ziehen. **ag|grot|ta|to** p.pass. agg. **1** → **aggrottare 2** ***fronte -a*** gerunzelte Stirn.

ag|gro|vi|glia|men|to m. Verwicklung *f.* **ag|gro|vi|glia|re I** tr. verwickeln: ***~ i fili*** die Fäden verwickeln **II** pronom. **aggrovigliarsi** sich verwickeln (anche FIG.). **ag|gro|vi|glia|to** p.pass. agg. **1** → **aggrovigliare 2** verwickelt (anche FIG.).

ag|gru|ma|re I tr. gerinnen lassen **II** pronom. **aggrumarsi** gerinnen.

ag|guan|ta|re tr. **1** packen, ergreifen: ***~ qcn. per un braccio*** jdn am Arm packen **2** MAR. fassen.

ag|gua|to m. Hinterhalt *m.*: ***cadere in un ~*** in einen Hinterhalt geraten (*o* fallen) ◆ ***stare in ~*** auf der Lauer liegen (*o* sitzen), lauern, auf der Hut sein; ***tendere un ~ a qcn.*** jdm eine Falle stellen.

ag|guer|ri|re *(agguerrisco, agguerrisci)* **I** tr. **1** MIL. drillen, exerzieren **2** FIG. *(temprare)* ab‿härten, stählen **II** pronom. ***-rsi contro qcn., qcs.*** sich gegen jdn, etw. ab‿härten (*o* wappnen).

ag|guer|ri|to p.pass. agg. **1** → **agguerrire 2** abgehärtet ◆ ***nemico ~*** geschworener Feind; ***concorrenza -a*** harte Konkurrenz.

a|ghet|to m. **1** Schnürband *n.*, Schnürriemen *m.* **2** *(di scarpe)* Schnürsenkel *m.*

a|ghi|fo|glia f. Nadelbaum *m.* **a|ghi|for|me** agg. nadelförmig.

a|gia|ta|men|te avv. im Wohlstand: ***vivere ~*** im Wohlstand leben.

a|gia|tez|za f. Wohlstand *m.*: ***vivere nell'~*** im Wohlstand leben. **a|gia|to** agg. wohlhabend, vermögend, gut situiert: ***essere di famiglia -a*** aus einer wohlhabenden Familie stammen.

a|gi|bi|le agg. **1** benutzbar **2** *(di abitazione)* bewohnbar **3** *(di strada)* befahrbar, begehbar **4** *(di campo da gioco)* bespielbar ◆ ***dichiarare ~ un edificio*** einen Bau ab‿nehmen.

a|gi|bi|li|tà f.inv. **1a** Benutzbarkeit *f.* **b** BUROCR. Abnahme *f.*: ***richiedere l'~ di un edificio*** die Abnahme eines Gebäudes beantragen **2** *(di abitazione)* Bewohnbarkeit *f.* **3** *(di strada)* Befahrbarkeit *f.*, Begehbarkeit *f.* **4** *(di campo da gioco)* Bespielbarkeit *f.*: ***l'~ del campo*** die Bespielbarkeit des Platzes.

a|gi|le agg. **1** beweglich, flink, behänd(e) **2** gelenkig: ***un corpo ~*** ein gelenkiger Körper **3** *(vivace)* aufgeweckt, rege: ***una mente ~*** ein reger Geist ◆ ***~ come una gazzella*** flink wie ein Wiesel; ***un testo di ~ lettura*** ein leicht lesbarer Text; ***essere ~ di mano*** flinke Hände haben; FIG. lange Finger haben; ***avere un'~ parlantina*** ein flinkes Mundwerk haben.

a|gi|li|tà f.inv. **1** Gelenkigkeit *f.*, Gewandtheit *f.* **2** *(destrezza)* Geschicklichkeit *f.* **3** *(vivacità)* Beweglichkeit *f.*, Aufgewecktheit *f.* ◆ ***~ delle dita*** Fingerfertigkeit *f.*; ***~ espressiva*** Gewandtheit im Ausdruck; ***muoversi con ~*** gelenkig sein. **a|gil|men|te** avv. **1** gewandt, gelenkig **2** *(facilmente)* leicht, mit Leichtigkeit.

a|gio m. *(agi)* **1** *(comodità)* Bequemlichkeit *f.*, Annehmlichkeit *f.* **2** pl. *(benessere)* Wohlstand *m.*: ***vivere negli agi*** im Wohlstand leben **3** MECC. Spielraum *m.*: ***la leva ha poco ~*** der Hebel hat wenig Spielraum ◆ ***aver ~ di fare qcs.*** Gelegenheit haben, etw. zu tun; ***pagate pure con vostro ~*** zahlen Sie, wenn es Ihnen passt; ***mettere qcn. a proprio ~*** jdm seine Befangenheit nehmen; ***mettersi a proprio ~*** es sich (D) gemütlich machen; ***sentirsi a proprio ~*** sich wohl fühlen.

a|gio|gra|fi|a f. **1** Hagiographie *f.* **2** ESTENS. verklärende Biographie *f.* **a|gio|gra|fi|co** agg. *(-ci,-che)* **1** hagiographisch **2** ESTENS. verklärend, legendenhaft. **a|gio|gra|fo** m. Hagiograph *m.*

a|gio|lo|gi|a f. Hagiologie *f.* **a|gio|lo|go** m. *(-gi)* Hagiologe *m.*

AGIP ⇒ *Azienda Generale Italiana Petroli* Allgemeine Italienische Mineralölgesellschaft.

a|gi|re *(agisco, agisci)* **I** intr. (aus. *avere*) **1** handeln: ***~ bene, male*** gut, schlecht handeln **2** *(comportarsi)* sich verhalten **3** *(essere efficace)* wirken: ***il farmaco agisce rapidamente*** das Medikament wirkt schnell **4** DIR. vor‿gehen: ***~ legalmente contro qcn.*** gegen jdn gerichtlich vorgehen **II** tr. PSIC. aus‿agieren ◆ ***modo di ~*** Handlungsweise *f.*

AGIS ⇒ *Associazione Generale Italiana dello Spettacolo* Italienischer Verband für Unterhaltungsveranstaltungen.

a|gi|ta|men|to m. Schütteln *n.*

a|gi|ta|re *(agito)* **I** tr. **1** schütteln **2** *(sventolare)* ***~ qcs.*** etw. schwenken, mit etw. wedeln **3** FIG. *(turbare)* auf‿regen **4** auf‿wiegeln, auf‿rühren: ***~ le masse*** die Massen aufwiegeln **5** LETT. *(discutere)* erörtern: ***~ una questione*** eine Frage erörtern **II** pronom. **agitarsi** **1** sich unruhig bewegen, sich hin und her werfen: ***-rsi nel sonno*** sich im Schlaf hin und her werfen **2** *(di bandiere, fronde)* schwanken, flattern, wehen: ***-rsi al vento*** im Wind schwanken **3** FIG. sich erregen, sich auf‿regen: ***-rsi per qcs.*** sich über etw. (A) erregen; ***-rsi per un nonnulla*** sich wegen jeder Nichtigkeit aufregen **4** *(ribellarsi)* sich erheben ◆ FIG. ***~ le acque*** Staub auf‿wirbeln; ***un pensiero si agitò nella sua mente*** ein Gedanke schwirrte durch seinen Kopf; ***~ il pugno contro qcn.*** die Faust gegen jdn erheben; ***~ prima dell'uso*** vor Gebrauch schütteln. **a|gi|ta|to** **I** p.pass. agg. **1** → **agitare** **2** bewegt (anche MUS.): ***mare ~*** bewegte See **3** *(inquieto)* unruhig, aufgeregt: ***notte -a*** unruhige Nacht **II** m. Tobsüchtige *m.* **a|gi|ta|to|re** m. **1** POL. Agitator *m.*, Aufrührer *m.* **2** MECC. Rührwerk *n.*

a|gi|ta|zio|ne f. **1** Aufregung *f.*, Erregung *f.* **2** POL. Aufruhr *m.*, Agitation *f.* ◆ ***mettere qcn. in ~*** jdn in Unruhe versetzen, beunruhigen; ***mettersi in ~*** sich beunruhigen, sich auf‿regen; ***essere in stato di ~*** im Erregungszustand sein.

a|git-prop m. Agitprop *m.*

a|gli → **a.**

a|glia|ni|co m. *(-ci)* INTRAD. (roter Wein aus Süditalien).

a|glio m. *(agli)* Knoblauch *m.* ◆ ***spicchio d'~*** Knoblauchzehe *f.*; ***testa d'~*** Knoblauchzwiebel *f.*

a|gna|ti|zio agg. *(-zi,-zie)* DIR. agnatisch. **a|gna|to** m. DIR. Agnat *m.* **a|gna|zio|ne** f. Agnation *f.*

a|gnel|li|no m. Lämmchen *n.*, Schäflein *n.* **a|gnel|lo** m. Lamm *n.* (anche FIG.): ***carne, pelliccia d'~*** Lammfleisch *n.*, Lammfell *n.* ◆ ***~ di Dio*** Lamm *n.* Gottes, Gotteslamm *n.*; ***~ pasquale*** Osterlamm *n.*

A|gne|se n.pr.f. Agnes *f.*

a|gni|zio|ne f. Agnition *f.*, Wiedererkennung *f.*

a|gno|ca|sto m. Mönchspfeffer *m.*, Keuschbaum *m.*

a|gno|lot|ti m.pl. INTRAD. (piemontesisches Gericht aus mit Fleisch gefüllten Nudeln).

a|gno|si|a f. Agnosie *f.*

a|gno|sti|ci|smo m. Agnostizismus *m.* **a|gno|sti|co** **I** agg. *(-ci,-che)* agnostisch **II** m. *(-ci)* Agnostiker *m.*

a|go m. *(aghi)* Nadel *f.*: ***infilare un ~*** eine Nadel ein‿fädeln; ***piantarsi un ~ nel dito*** sich mit einer Nadel in den Finger stechen ◆ ***~ della bilancia*** Zeiger *m.*; FIG. ***essere l'~ della bilancia*** das Zünglein an der Waage sein; ***~ della bussola*** Kompassnadel *f.*; ***~ da cucito*** Nähnadel *f.*; ***~ per iniezioni*** Injektionsnadel *f.* (*o* Kanüle *f.*); ***~ magnetico*** Magnetnadel *f.*; ***cercare un ~ in un pagliaio*** eine Stecknadel in einem, im Heuhaufen suchen; ***~ di pino*** Kiefernnadel *f.*; ***~ da ricamo*** Sticknadel *f.*; FERR. ***~ dello scambio*** Weichenzunge *f.*; ***non saper tenere un ~ in mano*** = ungeschickte (*o* zwei linke) Hände haben.

a|go|gna|re tr. e intr. *(agogno, agogni*; aus. *avere)* ersehnen, sehnlichst wünschen, schmachten: ***~ la libertà*** die Freiheit ersehnen; ***~ la gloria*** nach dem Ruhm schmachten.

à go|go [ago'go] avv. e agg.inv. à gogo, in Hülle und Fülle.

a|go|ne m. **1** STOR. Agon *m.* **2** ESTENS. Wettkampf *m.*, Wettstreit *m.* **3** *(arena)* Kampfplatz *m.* ◆ ***scendere nell'~*** zum Kampf an‿treten.

a|go|ni|a f. Agonie *f.*, Todeskampf *m.* ◆ ***essere in ~*** im Sterben liegen, mit dem Tode ringen; ***l'~ dell'attesa*** die ängstliche Erwartung. **a|go|ni|co** agg. *(-ci, -che)* Agonie-, agonisch.

a|go|ni|smo m. Kampfgeist *m.*, Wetteifer *m.* **a|go|ni|sta** **I** m. e f. *(-i,-e)* Agonist *m.* *(-in)*, Wettkämpfer *m.* *(-in)* **II** m. *(-i)* ANAT. *(muscolo)* Agonist *m.* **a|go|ni|sti|ca** f. Agonistik *f.* **a|go|ni|sti|co** agg. *(-ci, -che)* **1** Wettkampf-, wettkämpferisch **2** FIG. kämpferisch, Kampf-; ***spirito ~*** Kampfgeist *m.* ◆ ***sport ~*** Leistungssport *m.*

a|go|niz|zan|te **I** agg. **1** *(di persona, animale)* sterbend **2** *(di situazione)* erlöschend, erkaltend: ***un amore ~*** eine erkaltende Liebe **3** FIG. *(in declino)* untergehend: ***una civiltà ~*** eine untergehende Kultur **II** m. e f. Sterbende *m.* e *f.* ◆ ***essere ~*** im Sterben liegen. **a|go|niz|za|re** intr. (aus. *avere*) **1** im Sterben liegen, mit dem Tod ringen **2** FIG. *(sopravvivere a stento)* dahin‿siechen.

a|go|pun|tu|ra f. Akupuntur *f.*; ***praticare l'~ a qcn.*** jdn akupunktieren.

a|go|rà, a|go|ra f. Agora *f.* **a|go|ra|fo|bi|a** f. PSIC. Agoraphobie *f.*, Platzangst *f.*

a|go|ra|io m. *(-ai)* Nadelbüchse *f.*, Nadelhülse *f.*

a|go|sta|no agg. August-: ***frutti -i*** Augustfrüchte.

a|go|sti|nia|no **I** agg. Augustiner-: ***regola -a*** Augustinerregel *f.* **II** m. Augustiner *m.*

A|go|sti|no n.pr.m. Augustin *m.* ◆ ***~ di Ippona*** Augustinus von Hippo.

a|go|sto m. August *m.*: ***in, ad ~*** im August; ***all'inizio, alla fine di (a fine) ~*** Anfang, Ende August; ***il primo, il due (di) ~*** am ersten, zweiten August.

a|gra|ria f. Agrarwissenschaft *f.* **a|gra|rio** **I** agg. *(-ri,-rie)* landwirtschaftlich, Agrar-, Landwirtschafts- **II** m. *(-ri)* **1** *(proprietario)* Gutsbesitzer *m.* **2** *(esperto)* Agrarfachmann *m.*

a|gre|sta f. INTRAD. (Art von herben italienischen Weintrauben).

a|gre|ste agg. ländlich, Land-, bäuerlich: ***pace ~*** ländliche Stille; ***vita ~*** Landleben *n.*

a|gre|sto **I** agg. → **1.agro** **II** m. Agrest *m.*

a|gret|to **I** agg. säuerlich, herb **II** m. **1** säuerlicher Geschmack *m.*, Säuerlichkeit *f.*, Herbheit *f.* **2** BOT. Gartenkresse *f.* **a|grez|za** f. **1** *(acidità)* Säuerlichkeit *f.*, Herbheit *f.* **2** LETT. *(acredine)* Herbe *f.*, Bitterkeit *f.*

a|gri|co|lo agg. landwirtschaftlich, Land-, Agrar-: ***riforma -a*** Agrarreform *f.* **a|gri|col|to|re** m. Bauer *m.*, Landwirt *m.* **a|gri|col|tu|ra** f. Landwirtschaft *f.*, Ackerbau *m.*: ***praticare l'~*** Landwirtschaft betreiben.

a|gri|fo|glio m. *(-gli)* Stechpalme *f.*, Ilex *f.*

A|gri|gen|to n.pr.f. Agrigent *n.*

a|gri|men|so|re m. Landvermesser *m.*, Vermessungsingenieur *m.* **a|gri|men|su|ra** f. Landvermessung *f.*

a|griot|ta f. Sauerkirsche *f.* **a|griot|to** m. Sauerkirschbaum *m.*, Sauerkirsche *f.*

a|grip|pi|na f. Chaiselongue *f.*

a|gri|tu|ri|smo m. Urlaub *m.* (*o* Ferien *pl.*) auf dem Bauernhof. **a|gri|tu|ri|sti|co** agg. *(-ci,-che)* agritouristisch.

1.a|gro **I** agg. sauer, säuerlich, herb (anche FIG.) **II** m. Säuernis *f.*, Säure *f.*, saurer Geschmack *m.* ◆ ***all'~, in ~*** sauer, Sauer-, sauer eingelegt.

2.agro m. Acker *m.* ◆ ***l'~ Romano*** die Römische Campagna.
a|gro|a|li|men|ta|re agg. Agrar- und Nahrungs-: ***catena ~*** Agrar- und Nahrungskette *f.*
a|gro|dol|ce I agg. süßsauer (anche FIG.) **II** m. süßsaure Soße *f.* ◆ ***maiale in ~*** Schwein süßsauer.
a|gro|in|du|stria f. Agrarindustrie *f.*, Agroindustrie *f.* **a|gro|in|du|stria|le** agg. agrarindustriell, agroindustriell. **a|gro|no|mi|a** f. Agronomie *f.*, Ackerbaukunde *f.* **a|gro|no|mo** m. Agronom *m.*
a|gro|pa|sto|ra|le agg., ***civiltà ~*** Weide- und Ackerbaukultur *f.*
a|gru|me m. **1** *(albero)* Zitruspflanze *f.*, Zitrusgewächs *n.* **2** *(frutto)* Zitrusfrucht *f.*, Agrumen *pl.* **a|gru|me|to** m. Agrumenpflanzung *f.*, Zitruspflanzenanbau *m.* **a|gru|mi|co|lo** agg. Agrumen-: ***produzione -a*** Agrumenproduktion *f.* **a|gru|mi|col|to|re** m. Zitrusfruchtbauer *m.* **a|gru|mi|col|tu|ra** f. Zitrusfruchtkultur *f.*
a|guc|chia|re intr. *(agucchio, agucchi*; aus. *avere)* sticheln.
a|gu|glia f. ITTIOL. Hornhecht *m.*
a|gu|glio|ne m. Matratzennadel *f.*
a|guz|za|re tr. **1** spitzen, zu‿spitzen, an‿spitzen **2** FIG. schärfen: ***~ gli occhi, la vista*** das Auge, den Blick schärfen ◆ ***~ le orecchie*** die Ohren spitzen; ***~ l' ingegno*** erfinderisch machen.
a|guz|zi|no m. **1** STOR. Galeerenaufseher *m.* **2a** *(torturatore)* Folterknecht *m.* **b** FIG. Folterknecht *m.*, Schinder *m.*; *(sul lavoro)* Treiber *m.*
a|guz|zo agg. **1a** spitz: ***uno spuntone ~*** ein spitzer Vorsprung **b** *(affilato)* scharf: ***denti -i*** scharfe Zähne **2** FIG. scharf: ***vista, mente -a*** scharfer Blick, Verstand.
ah inter. ah, oh, ach, ach so, aha: ***~, che bello!*** oh, wie schön! ***~, se fosse qui!*** ach, wäre er da! ◆ ***~ ecco!*** ach so! ***~ già! ~ sì!*** ach ja! ach so!
ahi inter. au, aua: ***~, fa male!*** au, es tut weh!
ahi|mè inter. weh(e), o weh.
1.ai → **a.**
2.ai, *non dire né ~ né bai* keinen Ton sagen.
a|ia f. Tenne *f.* ◆ ***non menare il can per l'~!*** schiebe es nicht auf die lange Bank!
AIDS, Aids ['ɛids, *üblich* 'aids, aidi'ɛsse] m. Aids *n.* ◆ ***malato di ~*** Aidskranke *m.*; *(come aggettivo)* aidskrank.
ai|mè → **ahimè.**
a|io m. *(ai)* STOR. Hofmeister *m.*
a|io|la → **aiuola.**
air-bag [ɛr'beg] m.inv. Airbag *m.*, Luftsack *m.*
a|i|re m. Anstoß *m.*, Antrieb *m.* ◆ ***dare l'~ a qcs.*** etw. in Gang (*o* in Bewegung) setzen; ***prendere l'~*** einen Anlauf nehmen.
ai|ro|ne m. Reiher *m.* ◆ ***~ bianco*** Silberreiher *m.*; ***~ cinerino*** Grau-, Fischreiher *m.*; ***~ rosso*** Purpurreiher *m.*
a|i|ta inter. ANT. ***~!*** (zu) Hilfe!
ai|tan|te agg. stattlich, rüstig: ***un giovane ~*** ein stattlicher Junge.
a|iuo|la f. Beet *n.* ◆ ***vietato calpestare le -e*** Betreten des Rasens verboten.
a|iu|tan|te m. e f. Helfer *m.* (-in *f.*), Assistent *m.* (-in *f.*), Hilfe *f.*: ***prendersi un ~*** sich (D) eine Hilfe nehmen; ***fare da ~ a qcn.*** jdm eine Hilfe sein ◆ MIL. ***~ di campo*** Adjutant *m.*
a|iu|ta|re I tr. **1** ***~ qcn.*** jdm helfen: ***lo aiuto a fare i compiti*** ich helfe ihm, die Aufgaben zu machen; ***~ qcn. a salire in auto, a scendere dall'auto*** jdm ins Auto, aus dem Auto helfen; ***~ qcn. a mettersi il cappotto*** jdm in den Mantel helfen; ***~ qcn. ad attraversare la strada*** jdm über die Straße helfen; *(soccorrere)* ***~ qcn. in difficoltà*** jdm helfen, der in Not ist; ***~ i bisognosi*** den Bedürftigen helfen **2** *(favorire)* erleichtern, fördern: ***la nebbia non aiutava le ricerche dei dispersi*** der Nebel förderte die Suche der Vermissten nicht; ***queste pastiglie aiutano la digestione*** diese Tabletten fördern die Verdauung **II** pronom. **aiutarsi 1** sich helfen: ***il giocatore per segnare si aiutò col braccio*** der Spieler half sich beim Torschuss mit dem Arm; ***camminare aiutandosi col bastone*** mit Hilfe eines Stocks gehen **2** *(l'un l'altro)* sich (D) gegenseitig helfen: ***-rsi fra amici*** sich unter Freunden helfen ◆ PROV. ***aiutati che Dio ti aiuta*** hilf dir selbst, so hilft dir Gott.
a|iu|to m. **1a** Hilfe *f.*: ***dare, prestare ~ a qcn.*** jdm Hilfe geben, leisten; ***chiamare qcn. in ~*** jdn zu Hilfe rufen; ***~!*** (zu) Hilfe! ***venire in ~ di qcn.*** jdm zu Hilfe kommen **b** pl. *(aiuti economici)* Hilfe *f.*: ***-i ai paesi del Terzo Mondo*** Hilfe für die Länder der Dritten Welt **2** *(aiutante)* Hilfe *f.*, Helfer *m.*; *(assistente)* Assistent *m.* ◆ ***~ chirurgo*** Assistenzarzt *m.* in der Chirurgie; ***con l'~ di qcn., qcs.*** mit jds, mit Hilfe von etw.; ***~ cuoco*** Hilfskoch *m.*; ***essere di ~ a qcn.*** jdm behilflich sein; ***posso essere d'~?*** kann ich behilflich sein? ***gridare ~*** um Hilfe rufen; ***~ infermiera*** Schwesternlehrling *m.*; ***invocare ~*** um Hilfe rufen (*o* schreien); ***~ medico*** Assistenzarzt *m.*; ***~ regista*** Regieassistent *m.*; ***ricorrere all'~ di qcn.*** jds Hilfe in Anspruch nehmen.
aiz|za|re tr. **1** hetzen: ***~ i cani contro qcn.*** die Hunde auf jdn hetzen **2** FIG. *(istigare)* auf‿hetzen, auf‿wiegeln. **aiz|za|to|re** m. Hetzer *m.*
A|ja n.pr.f. ***L'~*** Den Haag *n.*: ***vivere, andare all'~*** in Den Haag leben, nach Den Haag fahren.
al → **a.**
a|la f. *(ali)* **1a** Flügel *m.*: ***l'~ di un uccello, aereo, edificio*** der Flügel eines Vogels, Flugzeugs, Gebäudes; ***battere, spiegare le ali*** die Flügel schlagen, aus‿breiten **b** POL. ***l'~ riformista di un partito*** der Reformflügel einer Partei **2** *(di folla)* Spalier *n.*: ***fare ~ (al passaggio di qcn.)*** ein Spalier bilden (für jdn); ***passare fra due ali di folla*** durch das Spalier der Menge schreiten **3** *(tesa)* Krempe *f.* **4a** SPORT Flügel *m.*: ***attaccare sull'~*** über den Flügel angreifen **b** *(giocatore)* Flügelmann *m.*, Flügelstürmer *m.* **5** MIL. Flügel *m.*, Flanke *f.* ◆ ***abbassare le ali*** die Flügel hängen lassen; AER. ***~ battente*** Schlagflügel *m.*; ***in un batter d'~*** im Nu; ***colpo d'~*** Geistesblitz *m.*, Geniestreich *m.*; ***~ destra*** Rechtsaußen *m.*; ***sulle ali della fantasia*** auf den Schwingen der Phantasie; ***avere le ali ai piedi*** Flügel an den Füßen haben; ***la paura gli mise le ali ai piedi*** die Angst beflügelte seine Schritte; AER. ***~ portante*** Tragflügel *m.*; ***prendere qcn. sotto la propria ~ protettrice*** jdn unter seine Fittiche nehmen; ***~ sinistra*** Linksaußen *m.*; ***tarpare le ali a qcn.*** jdm die Flügel beschneiden (*o* stutzen).
a|la|bar|da f. Hellebarde *f.* **a|la|ba|dar|da|to** agg. mit einer Hellebarde bewaffnet ◆ ARALD. ***giglio ~*** Hellebardenlilie *f.* **a|la|bar|die|re** m. Hellebardier *m.*, Hellebardist *m.*
a|la|ba|stri|no agg. **1** alabastern, Alabaster- **2** *(del colore dell'alabastro)* alabasterweiß. **a|la|ba|stro** m. Alabaster *m.*
a|la|cre, a|la|cre agg. **1** eifrig, rege, emsig **2** FIG. *(vivace)* munter, lebhaft, wach: ***~ ingegno*** wacher Geist. **a|la|cre|men|te** avv. eifrig, rege, emsig. **a|la|cri|tà** f. **1** Eifer *m.*, Emsigkeit *f.* **2** FIG. *(vivacità)* Munterkeit *f.*, Lebhaftigkeit *f.*, Wachheit *f.*
A|la|di|no n.pr.m. Aladin *m.* ◆ ***la lampada di ~*** Aladins Wunderlampe *f.*
a|lag|gio m. *(-gi)* MAR. **1** Treidelei *f.*, Treideln *n.* **2** *(a secco)* Slippen *n.* ◆ ***scalo di ~*** Slip *m.*; ***strada di ~*** Treidelpfad *m.*, Treidelweg *m.*, Leinpfad *m.*
a|la|là inter. ***eia, eia ~*** INTRAD. (Hochruf der italienischen Faschisten).
a|la|man|no → **alemanno.**
a|la|ma|ro m. Knebelverschluss *m.*
a|lam|bic|co m. *(-chi)* Destillierkolben *m.*
a|la|no m. Dogge *f.*
1.a|la|re m. Feuerbock *m.*
2.a|la|re agg. Flügel-: ***apertura ~*** Flügelspannweite *f.* ◆ AER. ***superficie ~*** Flügelfläche *f.*, Tragfläche *f.*
3.a|la|re tr. MAR. treideln.
A|la|ri|co n.pr.m. Alarich *m.*
A|la|sca, A|la|ska n.pr.f. Alaska *n.*
a la|te|re agg.inv. ***giudice ~*** Richter *m.* im Nebenamt, Beisitzer *m.*; ***commissario ~*** Beisitzer *m.*
a|la|to agg. **1** geflügelt, beflügelt, Flügel- **2** FIG. *(sublime)* beschwingt, erhaben: ***parole -e*** geflügelte Worte ◆ ***cavallo ~*** Flügelross *n.*; ***elmo ~*** Flügelhut *m.*; ***leone ~*** Flügellöwe *m.*
al|ba f. **1** Morgengrauen *n.*: ***alzarsi all'~*** im Morgengrauen (*o* bei Tagesanbruch) aufstehen; ***fino all'~*** bis zum Morgengrauen; ***dall'~ al tramonto*** von Sonnenauf- bis Sonnenuntergang, von morgens bis abends; ***alle prime luci dell'~*** beim (*o* im) Morgengrauen **2** FIG. Morgenröte *f.*: ***l'~ della civiltà*** die Morgenröte der Kultur **3** LETT. Tagelied *n.* **4** LIT. Albe *f.*, Alba *f.*
al|ba|gi|a f. LETT. Hochmut *m.*, Dünkel *m.*
al|ba|nel|la f. Weih *m.*, Weihe *f.*
al|ba|ne|se I agg. albanisch, Albanien- **II** m. e f. Albaner *m.* (-in *f.*) **III** m. *(lingua)* Albanisch *n.* **Al|ba|ni|a** n.pr.f. Albanien *n.*
al|ba|no agg. Albaner: ***colli -i*** Albaner Berge (*o* Gebirge).
al|ba|tro(s) m. Albatros *m.*
al|beg|gia|re intr. *(albeggia*; aus. *essere)* impers. ***albeggia*** es tagt, es dämmert, LETT. es graut.
al|be|ra|re *(albero)* tr. **1** mit Bäumen bepflanzen **2** MAR. bemasten. **al|be|ra|ta** f. **1** Baumreihe *f.* **2** MAR. Bemastung *f.* **al|be|ra|to** p.pass. agg. **1** → **alberare 2** mit Bäumen bepflanzt (*o* bestanden); *(fiancheggiato da alberi)* von Bäumen umgeben, baumgesäumt ◆ ***un viale ~*** eine Allee. **al|be|ra|tu|ra** f. MAR. Bemastung *f.* **al|be|re|ta** f., **al|be|re|to** m. Gehölz *n.* **al|be|ret|to** m. MAR. Stenge *f.*
al|ber|ga|re *(albergo, alberghi)* **I** tr. **1** beherbergen, auf‿nehmen **2** LETT. *(nutrire)* hegen **II** intr. (aus. *avere*) wohnen (anche FIG.): ***nel***

suo cuore albergano sentimenti ostili in seinem Herz wohnen feindliche Gefühle.

al|ber|ga|to|re m. Hotelbesitzer *m.*, Hotelier *m.*

al|ber|ghie|ro agg. Hotel-: *industria, scuola -a* Hotelgewerbe *n.*, Hotelfachschule *f.*

al|ber|go m. *(-ghi)* **1** Hotel *n.*: *un ~ economico, di prima categoria* ein preiswertes Hotel, ein Hotel der ersten Kategorie; *dormire, pernottare, alloggiare in ~* im Hotel schlafen, übernachten, wohnen; *scendere in un ~* in einem Hotel absteigen; *prenotare una stanza in ~* ein Zimmer im Hotel reservieren (*o* vor‿merken) lassen **2** ANT. *(ospitalità, alloggio)* Unterkunft *f.*, Herberge *f.*: *chiedere a qcn. ~ per la notte* jdn um Herberge für die Nacht bitten; *dare ~ a qcn.* jdm Unterkunft gewähren, jdn beherbergen ◆ *camera d'~* Hotelzimmer *n.*; *~ diurno* Tageshotel *n.*; *~ di lusso* Luxushotel *n.*; *~ a ore* Stundenhotel *n.*; *~ a due, tre, quattro stelle* Zweisterne-, Dreisterne-, Viersternehotel *n.*; *topo d'~* Hoteldieb *m.*

al|be|ro m. **1** Baum *m.*: *un ~ di mele, di pere* ein Apfelbaum, Birnbaum; *~ ornamentale, da frutto* Zier-, Obstbaum *m.*; *piantare, potare, tagliare, sradicare un ~* einen Baum pflanzen, beschneiden, fällen, ausreißen **2** MAR. Mast *m.* **3** TECN. Welle *f.* ◆ MAR. *~ di bompresso* Bugspriet *n.* e *m.*; AUT. *~ del cambio* Getriebewelle *f.*; *~ a camme* Nockenwelle *f.*; *~ cardanico* Kardanwelle *f.*, Gelenkwelle *f.*; *~ della conoscenza* Baum der Erkenntnis; *~ della cuccagna* INTRAD. (mit Preisen behängter, glitschiger Klettermast auf Volksfesten); *~ del differenziale* Differentialachse *f.*; *~ di distribuzione*, *~ a eccentrici* → *~ a camme*; *~ dell'elica* Schraubenwelle *f.*; *~ del freno* Bremswelle *f.*; *~ di alto, basso fusto* hoch-, niedrigstämmiger Baum; MAR. *~ di gabbia* Großtoppmast *m.*; *~ genealogico* Stammbaum *m.*; *~ a gomiti* Kurbelwelle *f.*; *~ della libertà* Freiheitsbaum *m.*; MAR. *~ maestro* Großmast *m.*; *~ di mezzana* Besanmast *m.*, Hintermast *m.*; *~ motore* Antriebswelle *f.*; *~ di Natale* Weihnachtsbaum *m.*, Christbaum *m.*; *nave a un ~, a due, a tre -i* einmastiges, zweimastiges, dreimastiges Schiff (*o* Einmaster *m.*, Zweimaster *m.*, Dreimaster *m.*); *~ dello sterzo* Lenkspindel *f.*; *~ di trasmissione* Antriebswelle *f.*; *~ di trinchetto* Vormast *m.*, Fockmast *m.*

Al|ber|to n.pr.m. Albert *m.*, Albrecht *m.*

al|bi|coc|ca f. *(-che)* Aprikose *f.* ◆ *color ~* aprikosenfarben. **al|bi|coc|co** m. *(-chi)* Aprikose *f.*, Aprikosenbaum *m.*

al|bi|ge|se **I** agg. Albigenser-: *guerre degli -i* Albigenserkriege *pl.* **II** m. e f. Albigenser *m.* (-in *f.*).

al|bi|nag|gio m. *(-gi)* STOR. Heimfall *m.*

al|bi|ni|smo m. Albinismus *m.* **al|bi|no** **I** agg. albinotisch **II** m. Albino *m.*

1.al|bo m. **1** *(quadro per l'affissione)* Anschlagbrett *n.*, schwarzes Brett *n.* **2** *(professionale)* Liste *f.*, Register *n.*: *~ degli avvocati, dei medici* Mitgliederliste der Anwaltskammer, der Ärztekammer **3** *(libro illustrato)* Bilderbuch *n.* ◆ *l'~ d'oro* das Goldene Buch; *~ pretorio* Gerichtstafel *f.*; *~ segnaletico* Verbrecherkartei *f.*

2.al|bo agg. LETT. o BOT. weiß.

al|bo|re m. **1** LETT. *(prime luci dell'alba)* Morgengrauen *n.* **2** pl. FIG. *(inizi)* Morgenrot *n.*, Frühzeit *f.*: *agli -i del Risorgimento* in den Anfängen des Risorgimento; *gli -i della civiltà* die Frühzeit der Zivilisation.

al|bu|gi|ne f. **1** BOT. Echter Mehltau *m.* **2** MED. Leukom *n.*

al|bum m.inv. **1a** Album *n.*: *~ di francobolli, per fotografie* Briefmarkenalbum *n.*, Fotoalbum *n.*; *~ di famiglia* Familienalbum *n.*; *~ di nozze, di matrimonio* Hochzeitsalbum *n.* **b** *~ da disegno, da colorare* Zeichenalbum *n.*, Malbuch *n.* **2** *(di dischi)* Schallplattenalbum *n.*, Plattenalbum *n.*

al|bu|me m. Eiweiß *n.* **al|bu|mi|na** f. Eiweißstoff *m.*, Albumin *n.* **al|bu|mi|no|so** agg. albuminös. **al|bu|mi|nu|ria** f. Albuminurie *f.*

al|bur|no m. Splint *m.*, Splintholz *n.*

al|cai|co agg. *(-ci,-che)* alcäisch, alkäisch: *verso ~* alkäischer Vers.

al|ca|li m.inv. Alkali *n.* **al|ca|li|me|tri|a** f. Alkalimetrie *f.* **al|ca|li|me|tro** m. Alkalimeter *m.* **al|ca|li|ni|tà** f. Alkalinität *f.* **al|ca|li|niz|za|re** tr. alkalisieren. **al|ca|li|no** agg. alkalisch ◆ *sale ~* Alkalisalz *n.*; *metallo ~* Alkalimetall *n.* **al|ca|loi|de** m. Alkaloid *n.* **al|ca|lo|si** f. MED. Alkalose *f.*

al|ce f. Elch *m.*

al|che|chen|gi m.inv. Judenkirsche *f.*

al|che|mi|co agg. *(-ci,-che)* **1** alchimistisch **2** FIG. *(misterioso)* mysteriös, geheimnisvoll.

al|chi|le m. Alkyl *n.*

al|chi|mi|a f. **1** Alchimie *f.* **2** FIG. Kunstgriff *m.*, Intrigenspiel *n.*

al|chi|mil|la f. BOT. Frauenmantel *m.*

al|chi|mi|sta m. e f. *(-i,-e)* Alchimist *m.* (-in *f.*). **al|chi|mi|sti|co** agg. *(-ci,-che)* alchimistisch.

al|cio|na|rio m. *(-ri)* Schwammkoralle *f.*

al|cio|ne m. LETT. Möwe *f.*; *(martin pescatore)* Eisvogel *n.* **al|cio|nio** agg. *(-ni,-nie)* LETT. alcyonisch.

al|col m. *(-li)* Alkohol *m.*: *~ puro* reiner Alkohol; *darsi all'~* dem Alkohol verfallen; *puzzare di ~* nach Alkohol riechen; *(non) reggere l'~* Alkohol (nicht) vertragen ◆ *~ butilico* Butylalkohol *m.*; *~ canforato* Kampferspiritus *m.*; *~ denaturato* denaturierter Alkohol; *effetto dell'~* Alkoholeinfluss *m.*, Alkoholeinwirkung *f.*; *~ etilico* Äthylalkohol *m.*; *~ metilico* Holzgeist *m.*, Methylalkohol *m.* **al|co|le|mi|a** f. Blutalkohol *m.*, Alkoholspiegel *m.* **al|co|li|ci|tà** f. Alkoholgehalt *m.*

al|co|li|co **I** agg. *(-ci,-che)* alkoholisch, alkoholhaltig, Alkohol-: *bevanda -a* alkoholisches Getränk; *tasso ~, gradazione -a* Alkoholgehalt *m.* **II** m. *(-ci)* Spirituose *f.*; pl. Alkoholika *pl.* ◆ *abuso di -ci* Alkoholmissbrauch *m.*; *consumo di -ci* Alkoholverbrauch *m.*; *non ~* alkoholfrei; *poco ~* alkoholarm; *prova del tasso ~* Alkoholprobe *f.* **al|co|li|me|tro** m. Alkoholometer *n.* **al|co|li|smo** m. Alkoholismus *m.* **al|co|li|sta** m. e f. *(-i,-e)* Alkoholiker *m.* (-in *f.*): *(associazione degli) -i anonimi* Anonyme Alkoholiker.

al|co|liz|za|re **I** tr. alkoholisieren **II** pronom. **alcolizzarsi** Alkoholiker werden. **al|co|liz|za|to** **I** p.pass. agg. **1** → **alcolizzare** **2** alkoholsüchtig, alkoholabhängig **II** m. Alkoholiker *m.*: *è un ~* er ist Alkoholiker. **al|co|liz|za|zio|ne** f. Alkoholisierung *f.*

al|cool... → **alcol...**

al|co|va f. Alkoven *m.* ◆ *segreti d'~* Bettgeflüster *n.*

al|cun → **alcuno.**

al|cun|ché pron.indef. LETT. **1** *(qualche cosa)* etwas **2** *(in frasi negative: nulla)* nichts.

al|cu|no **I** agg.indef. **1** pl. einige; *(certi, certuni)* manche: *-i buoni amici* einige gute Freunde (*o* manch guter Freund); *-i giorni fa* vor einigen Tagen **2a** sing. *(in frasi negative)* kein: *non c'è alcun pericolo* es gibt keine Gefahr **b** jeglich, irgendein: *senza alcun dubbio* ohne jeglichen Zweifel **II** pron.indef. **1a** pl. einige, manche, COLLOQ. welche: *-i di voi* einige (*o* manche) von euch; *-i dei tuoi quaderni* manche deiner Hefte; *hai dei libri? – sì, ne ho -i* hast du Bücher dabei? – ja, ich habe welche **b** *(in correlazione con* **altri***)* *-i sono favorevoli, altri contrari* einige (*o* manche) sind dafür, andere (*o* manche) dagegen **2a** sing. *(in frasi negative)* niemand, keiner: *non c'era ~* es war niemand da **b** *(qualcuno)* jemand: *senza che ~ mi notasse* ohne dass mich jemand bemerkte.

al|dei|de f. Aldehyd *m.*

al|di|là m. Jenseits *n.*: *credere nell'~* ans Jenseits glauben.

alé inter. los, vorwärts.

a|lea f. LETT. o DIR. Wagnis *n.*, Risiko *n.*: *correre l'~* das Risiko ein‿gehen.

a|le|a|ti|co m. *(-ci)* INTRAD. (roter Wein von Mittel- und Süditalien).

a|le|a|to|rie|tà f.inv. Zufälligkeit *f.* **a|le|a|to|rio** agg. *(-ri,-rie)* zufällig, aleatorisch: *un progetto ~* ein aleatorisches Projekt; *un contratto ~* ein aleatorischer Vertrag ◆ *tecnica (compositiva) -a* Aleatorik *f.*

a|leg|gia|re intr. (aus. *avere*) **1** *(svolazzare)* flattern **2** FIG. wehen: *il profumo dei fiori aleggiava nella stanza* der Duft der Blumen wehte ins Zimmer; *un sorriso le aleggia sul viso* ein Lächeln huscht über ihr Gesicht; *in questo luogo aleggia un senso di mistero* diesen Ort umweht ein Hauch von Geheimnis.

a|le|man|no **I** agg. alemannisch **II** m. **1** Alemanne *m.* **2** *(dialetto)* Alemannische *n.*

a|le|sag|gio m. *(-gi)* Bohrung *f.* **a|le|sa|re** tr. bohren, aus‿bohren; *(con alesatore)* reiben, aus‿reiben. **a|le|sa|to|io** m. *(-oi)* Reibahle *f.* **a|le|sa|to|re** m. **1** *(operaio)* Bohrer *m.* **2** *(utensile)* Reibahle *f.* **a|le|sa|tri|ce** f. Bohrmaschine *f.* **a|le|sa|tu|ra** f. Ausbohren *n.*; *(con alesatore)* Ausreiben *n.*

A|les|san|dra n.pr.f. Alexandra *f.*

A|les|san|dria n.pr.f. *~ (d'Egitto)* Alexandria *n.*, Alexandrien *n.*

a|les|san|dri|no **I** agg. alexandrinisch **II** m. Alexandriner *m.* (anche METR.). **a|les|san|dri|te** f. Alexandrit *m.*

A|les|san|dro n.pr.m. Alexander *m.* ◆ *~ Magno* Alexander der Große.

A|les|sio n.pr.m. Alexis *m.*

a|let|ta f. **1** Flügelchen *n.* **2** *(pinna)* Flosse *f.* **3** MOT. Rippe *f.*: *-e di raffreddamento* Kühlrippen *pl.* **4** AER. Klappe *f.* **5** *(di occhiali)* Padsteg *m.* **6** *(di filatoio)* Flyerflügel *m.* ◆ AER. *~ laterale* Flossenstummel *m.*; *manica ad ~* Flügelärmel *m.*; *~ del naso* Nasenflügel *m.*; AUT. *~ parasole* Sonnenblende *f.*, Blendschirm *m.*; *radiatore ad -e* Lamellenkühler *m.*; *~ stabilizzatrice* Stabilisierungsflosse *f.*; *vite ad ~* Flügelschraube *f.*

a|let|ta|re tr. mit Rippen versehen. **a|let|ta|tu|ra** f. Verrippung *f.*

a|let|to|ne m. **1** AER. Querruder *n.* **2** AUT. Spoiler *m.*

al|leu|ro|ne m. Aleuron *n.*

A|leu|ti|ne n.pr. f.pl. Aleuten *pl.*

al|fa I m. e f.inv. Alpha *n.*; ***~ privativo*** Alpha privativum **II** agg.inv. Alpha-: ***raggi ~*** Alphastrahlen *pl.* (*o* α-Strahlen); ***emissione di raggi ~*** Alphaemission *f.*; ***particelle ~*** Alphateilchen *pl.* (*o* α-Teilchen) ◆ ***dall'~ all'omega*** von A bis Z.

al|fa|be|ta m. e f. *(-i,-e)* Lese- und Schreibkundige *m.* e *f.* **al|fa|be|ti|ca|men|te** avv. alphabetisch: ***ordinare qcs. ~*** etw. alphabetisch ordnen. **al|fa|be|ti|co** agg. *(-ci,-che)* alphabetisch: ***indice ~*** alphabetisches Inhaltsverzeichnis ◆ ***mettere qcs. in ordine ~*** etw. nach dem Alphabet (*o* alphabetisch) ordnen; ***scrittura -a*** Buchstabenschrift *f.* **al|fa|be|tiz|za|re** tr. alphabetisieren. **al|fa|be|tiz|za|zio|ne** f. Alphabetisierung *f.*: ***campagna di ~*** Alphabetisierungskampagne *f.* **al|fa|be|to** m. Alphabet *n.* ◆ ***~ Morse*** Morsealphabet *n.*, Morseschrift *f.*

al|fa|na f. arabisches Pferd *n.*

al|fa|nu|me|ri|co agg. *(-ci,-che)* alphanumerisch.

1.al|fie|re m. **1** Fähnrich *m.*; *(portabandiera)* Fahnenträger *m.* **2** FIG. *(fautore)* Vorkämpfer *m.*

2.al|fie|re m. *(figura degli scacchi)* Läufer *m.*

al|fi|ne avv. LETT. letztendlich.

Al|fon|so n.pr.m. Alfons *m.*

Al|fre|do n.pr.m. Alfred *m.*

al|ga f. *(-ghe)* Alge *f.*

al|ge|bra f. Algebra *f.* ◆ FIG. ***per me questo è ~*** für mich ist das Chinesisch. **al|ge|bri|ca|men|te** avv. algebraisch. **al|ge|bri|co** agg. *(-ci,-che)* algebraisch: ***espressione, equazione, funzione, somma -a*** algebraischer Ausdruck, algebraische Gleichung, Funktion, Summe.

Al|ge|ri n.pr.f. Algier *n.* **Al|ge|ri|a** n.pr.f. Algerien *n.* **al|ge|ri|no I** agg. algerisch **II** m. Algerier *m.*

al|gi|do agg. LETT. eisig, eiskalt.

al|go|col|tu|ra f. Algenzucht *f.*

al|go|la|gni|a f. Algolagnie *f.*

1.al|go|lo|gi|a f. Algologie *f.*, Algenkunde *f.*

2.al|go|lo|gi|a f. Schmerzforschung *f.*

1.al|go|lo|go m. *(-gi)* Algologe *m.*, Algenforscher *m.*

2.al|go|lo|go m. *(-gi)* Schmerzforscher *m.*

al|gon|chia|no I agg. algonkisch **II** m. Algonkium *n.*

al|gon|chi|no I agg. Algonkin- **II** m. **1** Algonkin *m.* **2** *(lingua)* Algonkin *n.*

al|go|rit|mi|co agg. *(-ci,-che)* algorithmisch. **al|go|rit|mo** m. Algorithmus *m.*

al|go|so agg. algenbedeckt, voll von Algen.

a|li|an|te m. Segelflugzeug *n.* **a|li|an|ti|sta** m. e f. *(-i,-e)* Segelflieger *m.* (-in *f.*).

a|li|as avv. alias, genannt auch, mit anderem Namen.

a|li|bi m. Alibi *n.* (anche ESTENS.): ***avere un ~*** ein Alibi haben, besitzen; ***presentare, trovare un ~*** ein Alibi bei_bringen, finden; ***procurarsi un ~*** sich ein Alibi verschaffen; ***smentire, confermare l'~ di qcn.*** jds Alibi widerlegen, bestätigen.

a|li|ce f. Sardelle *f.*: ***-i sott'olio*** Sardellen in Öl (eingelegt).

A|li|ce n.pr.f. Alice *f.* ◆ ***~ nel paese delle meraviglie*** Alice im Wunderland.

a|lie|na|bi|le agg. DIR. veräußerlich: ***diritto ~*** veräußerliches Recht. **a|lie|na|bi|li|tà** f. DIR. Veräußerlichkeit *f.*

a|lie|nan|te I agg. entfremdend: ***un lavoro ~*** eine entfremdende Arbeit **II** m. e f. DIR. Veräußerer *m.* (Veräußerin *f.*).

a|lie|na|re I tr. **1** DIR. *(vendere)* veräußern: ***~ beni immobili*** unbewegliche Güter veräußern **2a** *(allontanare)* entfremden: ***le sue storie amorose gli alienarono l'elettorato*** seine Liebesgeschichten haben ihm die Wähler abspenstig gemacht, um die Gunst der Wähler gebracht **b** *(togliere)* entziehen: ***il suo comportamento gli alienò il rispetto degli altri*** sein Verhalten hat ihn um den Respekt der anderen gebracht **II** pronom. **alienarsi 1** sich entfremden **2** *(perdere)* sich verscherzen: ***-rsi le simpatie della gente*** sich die Sympathie der Leute verscherzen. **a|lie|na|to I** p.pass. agg. **1** → **alienare 2** entfremdet; DIR. veräußert **II** m. Entfremdete *m.* **a|lie|na|zio|ne** f. **1** DIR. Veräußerung *f.* **2** *(mentale)* Entfremdung *f.* **a|lie|ni|sta** m. e f. *(-i,-e)* Nervenarzt *m.* (-ärztin *f.*).

a|lie|no I agg. **1** *(contrario)* ***essere ~ da qcs.*** etw. (D) abgeneigt sein; *(tenersi lontano)* sich von etw. fern halten **2** LETT. *(altrui)* von andern **II** m. *(extraterrestre)* Alien *m.* e *n.*

a|li|fa|ti|co agg. *(-ci,-che)* aliphatisch, Fett-: ***idrocarburi -ci*** aliphatische Kohlenwasserstoffe; ***serie -a*** Fettreihe *f.*

a|li|ge|ro agg. LETT. beflügelt.

a|li|ghie|ro m. MAR. Bootshaken *m.*

1.a|li|men|ta|re I tr. **1a** ernähren, nähren: ***~ qcn. artificialmente*** jdn künstlich ernähren **b** FIG. nähren, schüren: ***~ l'odio, le speranze di qcn.*** jds Hass, Hoffnungen nähren (*o* schüren); ***~ i sospetti di qcn.*** jds Verdacht erregen, erwecken; ***~ il fuoco*** das Feuer schüren **2** *(energia, combustibile)* speisen, versorgen: ***il walkman è alimentato da due pile*** der Walkman wird aus (*o* von) zwei Batterien gespeist **3** *(rifornire)* beschicken, zu_führen: ***~ un altoforno*** einen Hochofen beschicken **II** pronom. **alimentarsi** sich ernähren, sich nähren: FIG. ***-rsi di speranze*** von Hoffnungen leben.

2.a|li|men|ta|re I agg. **1** Nähr-, Nahrungs-, Ernährungs-: ***sostanza ~*** Nährstoff *m.*; ***catena ~*** Nahrungskette *f.*; ***regime ~*** Ernährungsweise *f.*; ***fabbisogno ~*** Nahrungsbedarf *m.*; ***generi -i*** Nahrungsmittel *pl.* (*o* Lebensmittel *pl.*) **2** *(commestibile)* Speise-: ***grasso ~*** Speisefett *n.* **3** *(di generi alimentari)* Lebensmittel-, Nahrungsmittel-: ***industria ~*** Lebensmittelindustrie *f.* (*o* Nahrungsmittelindustrie *f.*); ***intossicazione ~*** Lebensmittelvergiftung *f.* (*o* Nahrungsmittelvergiftung *f.*) **II** m.pl. Lebensmittel *pl.*: ***negozio di -i*** Lebensmittelgeschäft *n.* **a|li|men|ta|ri|sta** m. e f. *(-i,-e)* **1** *(negoziante)* Lebensmittelhändler *m.* (-in *f.*) **2** *(studioso dell'alimentazione)* Ernährungsfachmann *m.* (-frau *f.*). **a|li|men|ta|to|re** m. EL. Netzgerät *n.*, Netzanschlussgerät *n.*

a|li|men|ta|zio|ne f. **1** Ernährung *f.*, Nahrung *f.*: ***~ vegetale, animale*** pflanzliche, tierische Nahrung; ***scienza dell'~*** Ernährungswissenschaft *f.* **2** *(regime alimentare)* Kost *f.*, Ernährung *f.*: ***una ~ sana, scarsa, varia, ricca di proteine*** eine gesunde, schmale, abwechslungsreiche, eiweißreiche Kost **3** TECN. Speisung *f.*, Versorgung *f.*: ***~ dalla rete*** Versorgung aus dem Netz; ***~ a pile*** Batterieversorgung *f.* **4** *(rifornimento)* Beschickung *f.*, Zuführung *f.* ◆ TECN. ***acqua di ~*** Speisewasser *n.*; TECN. ***aria di ~*** Zuluft *f.*; ***~ a benzina*** Betrieb *m.* mit Benzin; ***~ del carburante*** Kraftstoffzufluss *m.*; EL. ***cavo di ~*** Speisekabel *n.*; ***~ elettrica*** Stromzufuhr *f.*; ***~ forzata*** Zwangsernährung *f.*; EL. ***linea di ~*** Zuleitung *f.*, Speiseleitung *f.*; MED. ***~ di ossigeno*** Sauerstoffzufuhr *f.*; EL. ***~ di riserva*** (o ***di emergenza***) Notstromversorgung *f.* **a|li|men|to** m. **1** Nährmittel *n.*, Nahrungsmittel *n.*, Lebensmittel *n.*: ***-i animali, vegetali, ecologici*** tierische, pflanzliche, ökologische Lebensmittel; ***chimica degli -i*** Lebensmittelchemie *f.* **2** FIG. Kost *f.*, Nahrung *f.*: ***dare ~ a qcs.*** etw. (D) Nahrung geben; ***trarre, trovare ~ da qcs., qcn.*** durch etw., jdn Nahrung erhalten, finden; ***~ dello spirito*** geistige Kost **3** pl. DIR. Unterhalt *m.*, Alimente *pl.*: ***pagare gli -i a qcn.*** jdm Unterhalt leisten, zahlen; ***corrispondere gli -i a qcn.*** jdm Unterhalt gewähren.

a|li|ne|a m.inv. DIR. Absatz *m.*

a|li|quo|ta f. **1** Anteil *m.* **2** ECON. Satz *m.*: ***~ fiscale, d'imposta*** Steuersatz *m.*; ***~ di base*** Richtsatz *m.*; ***~ forfettaria*** Pauschalsatz *m.*; ***~ contributiva*** Beitragssatz *m.*; ***~ doganale*** Zollsatz *m.*; ***~ d'imposta*** Abgabensatz *m.*; ***~ progressiva*** proportionaler Steuersatz.

a|li|sca|fo m. Tragflügelboot *n.*

a|li|se|o I agg. Passat-: ***venti -i*** Passatwinde *pl.* **II** m. Passat *m.*

a|li|ta|re intr. (*alito;* aus. *avere*) **1** hauchen: ***~ sui vetri*** gegen die Scheiben hauchen **2** *(soffiare lievemente)* wehen, fächeln: ***alitava una brezza leggera*** es fächelte eine leichte Brise.

a|li|to m. Hauch *m.*, Atem *m.* (anche FIG.): ***~ cattivo*** unreiner Atem; ***~ di vento*** Windhauch *m.* **a|li|to|si** f. Mundgeruch *m.*

a|li|za|ri|na f. Krappfarbstoff *m.*; ***lacca di ~*** Krapplack *m.*

all. ⇒ *allegato* Anlage (Anl.)

all', al|la → **a.**

al|lac|cia|men|to m. **1** Anschließen *n.*, Anschluss *m.*, Verbindung *f.*: ***~ dell'acqua*** Wasseranschluss *m.*; ***~ elettrico*** elektrischer Anschluss (*o* Elektroanschluss *m.*); ***un ~ a qcs.*** eine Verbindung mit etw.; ***~ del gas*** Gasanschluss *m.*; EL. ***linea di ~*** Anschlussleitung *f.*; ***~ del telefono*** Telefonanschluss *m.*; ***~ telefonico*** (o ***alla linea telefonica***) Fernsprechanschluss *m.*; ***~ alla rete (elettrica)*** Netzanschluss *m.*; EL. TEL. ***~ domestico*** Hausanschluss *m.* **2** MED. Abbindung *f.*

al|lac|cia|re *(allaccio, allacci)* **I** tr. **1** zu_schnüren, schnüren: ***~ le scarpe*** die Schuhe zuschnüren **2** *(con una fibbia)* zu_schnallen: ***~ la cintura*** den Gürtel zuschnallen **3** *(abbottonare)* zu_knöpfen: ***~ un vestito*** ein Kleid zuknöpfen **4** *(stringere rapporti)* knüpfen, an_knüpfen: ***~ relazioni*** Beziehungen anknüpfen **5** *(collegare a una rete)* an_schließen: ***~ un tubo al rubinetto*** einen Schlauch an den Wasserhahn anschließen; ***~ la corrente*** den Strom anschließen **6** MED. ab_binden **II** pronom. **allacciarsi 1** sich (D) schnüren: ***-rsi le scarpe*** sich die Schuhe schnüren **2** *(con una fibbia)* sich (D) an_schnallen: ***-rsi gli sci*** sich die Schi anschnallen ◆ ***~ la cintura di sicurezza*** den Sicherheitsgurt an_legen; ***si prega di ~ le cinture di sicurezza*** bitte, schnallen Sie sich an. **al|lac|cia|to** p.pass. agg. **1** → **allacciare 2** zugeschnürt, zugeschnallt ◆ ***essere ~ alla rete elettrica*** elektrischen Anschluss haben; ***tenere -e le cinture di sicurezza*** den Sicherheitsgurt an_behalten (*o* nicht ab_nehmen).

al|lac|cia|tu|ra f. Verschluss *m.*

al|la|ga|men|to m. Überschwemmung *f.* **al|la|ga|re** *(allago, allaghi)* **I** tr. überschwemmen: ***il fiume ha allagato i campi*** der Fluss hat die Felder überschwemmt **II** pronom. **allagarsi** überschwemmt werden: ***la cantina si è allagata*** der Keller wurde überschwemmt.

Al|lah n.pr.m. Allah *m.*

al|lam|pa|na|to agg. spindeldürr.

al|lap|pa|re tr. *(labbre)* zusammen‿ziehen.

al|lar|ga|men|to m. Erweiterung *f.* (anche FIG.), Verbreiterung *f.*

al|lar|ga|re *(allargo, allarghi)* **I** tr. **1** verbreitern: ***~ una strada*** eine Straße verbreitern **2** *(ampliare)* erweitern, aus‿weiten, weiter machen: ***~ i pantaloni di due centimetri*** die Hose um zwei Zentimeter weiter machen; FIG. ***~ le proprie conoscenze, la propria cerchia di amici*** seine Kenntnisse, seinen Freundeskreis erweitern **3** *(aprire, spiegare)* aus‿breiten, spreizen: ***~ le braccia*** die Arme ausbreiten; ***~ le dita*** die Finger spreizen **4** *(distanziare)* weiter auseinander stellen, weiter auseinander legen **II** intr. (aus. *avere*) aus‿brechen: SPORT ***~ in curva*** in der Kurve ausbrechen **III** pronom. **allargarsi 1** sich verbreitern: ***il passaggio si allarga in questo punto*** der Durchgang verbreitert sich an dieser Stelle **2** *(ampliarsi, dilatarsi)* sich aus‿breiten, sich erweitern (anche FIG.) **3** *(distanziarsi)* auseinander rücken **4** SPORT *(nel calcio)* ***-rsi sulle ali*** über die Flügel kommen ◆ ***~ i cordoni della borsa*** = tiefer in den Beutel greifen; ***~ il cuore a qcn.*** jdm das Herz weiten; ***mi si allargò il cuore*** es wurde mir weit ums Herz; FIG. ***allargarsi nelle spese*** sich mit den Ausgaben übernehmen. **al|lar|ga|to** p.pass. agg. **1** → **allargare 2** verbreitert.

al|lar|ga|tu|bi m.inv. Rohrwalze *f.*

al|lar|ga|tu|ra f. Erweiterung *f.*, Verbreiterung *f.*

al|lar|man|te agg. alarmierend: ***notizie -i*** alarmierende Nachrichten. **al|lar|ma|re I** tr. alarmieren, FIG. beunruhigen: ***la sua telefonata ci allarmò*** sein Anruf alarmierte uns **II** pronom. **allarmarsi** sich beunruhigen: ***-rsi per qcs.*** sich wegen etw. (G) beunruhigen.

al|lar|me m. **1** *(impianto di allarme)* Alarm *m.*: ***inserire, disinserire l'~*** den Alarm ein‿schalten, aus‿schalten; ***far scattare l'~*** den Alarm aus‿lösen; ***sentire l'~*** den Alarm hören **2a** *(condizione di allarme)* Alarm *m.*: ***falso ~*** blinder Alarm; ***dare l'~*** Alarm schlagen; ***~!*** Alarm! **b** FIG. *(apprensione)* ***nessun motivo d'~*** kein Grund zum Alarm (*o* zur Beunruhigung) ◆ ***~ aereo*** Fliegeralarm *m.*; ***campanello d'~*** Alarmglocke *f.* (anche FIG.); ***grido d'~*** Alarmruf *m.*; ***impianto d'~*** Alarmanlage *f.*; ***in ~*** alarmbereit; ***dare il segnale d'~*** das Alarmzeichen (*o* Alarmsignal) geben; ***sirena d'~*** Alarmsirene *f.*; ***mettere una città in stato d'~*** eine Stadt in (den) Alarmzustand versetzen; ***essere in stato d'~*** in (*o* im) Alarmzustand sein; ***tenere in ~*** in Alarmbereitschaft halten.

al|lar|mi|smo m. Panikmache *f.* **al|lar|mi|sta** m. e f. *(-i,-e)* Panikmacher *m.* (-in *f.*) **al|lar|mi|sti|co** agg. *(-ci,-che)* alarmierend.

al|la|sca|re tr. *(allasco, allaschi)* MAR. lockern.

al|la|to avv. ANT. LETT. zur Seite, daneben.

al|lat|ta|men|to m. **1** Stillen *n.* **2** *(di animali)* Säugen *n.*: ***~ materno, artificiale*** Ernährung mit Muttermilch, mit (künstlicher) Milch. **al|lat|ta|re** tr. **1** stillen: ***~ un neonato (al seno)*** einen Säugling stillen **2** *(animali)* säugen.

al|le → **a.**

al|le|an|za f. Bündnis *n.*, Bund *m.*; STOR. Allianz *f.*: ***stringere, sciogliere un'~*** ein Bündnis schließen, lösen ◆ BIBL. ***l'antica, la nuova ~*** der Alte, der Neue Bund; BIBL. ***arca dell'~*** Bundeslade *f.*; ***~ difensiva*** Defensivbündnis *n.*, Verteidigungsbündnis *n.*; ***~ offensiva*** Offensivbündnis *n.*; ***quadruplice ~*** Quadrupelallianz *f.*; STOR. ***la santa ~*** die Heilige Allianz; ***triplice ~*** Tripelallianz *f.*, Dreibund *m.*

al|le|ar|si pronom. sich verbünden, sich vereinigen: ***~ con (o a) qcn., contro qcn.*** sich mit jdm, gegen jdn verbünden. **al|le|a|to I** p.pass. agg. **1** → **allearsi 2** STOR. alliiert **II** m. **1** Verbündete *m.*, Bundesgenosse *m.* **2** pl. STOR. Alliierten *pl.*

1.al|le|ga|re tr. *(allego, alleghi)* an‿führen, vor‿bringen: ***~ una ragione, una prova per qcs.*** einen Grund, einen Beweis für etw. anführen.

2.al|le|ga|re *(allego, alleghi)* **I** tr. **1** bei‿fügen, bei‿legen: ***~ i documenti necessari*** die notwendigen Unterlagen beifügen **2** *(allappare)* zusammen‿ziehen **II** intr. (aus. *avere*) BOT. Frucht an‿setzen.

al|le|ga|to I p.pass. agg. **1** → **1.,2.allegare 2** *(accluso)* beigefügt, beiliegend, anliegend **II** m. Anlage *f.*: ***come, in ~*** als, in der Anlage; ***come da ~*** laut Anlage; ***accludere due -i*** zwei Anlagen bei‿legen.

al|leg|ge|ri|men|to m. **1** Erleichterung *f.* (anche FIG.) **2** *(sgravio)* Entlastung *f.*

al|leg|ge|ri|re *(alleggerisco, alleggerisci)* **I** tr. **1a** erleichtern, leichter machen: ***~ il bagaglio*** das Gepäck erleichtern **b** *(sgravare)* entlasten: ***~ (il lavoro di) qcn.*** jdn entlasten; FIG. ***~ la propria coscienza*** sein Gewissen entlasten (*o* erleichtern) **2** FIG. *(sciogliere la tensione)* lockern, entspannen: ***~ l'atmosfera*** die Stimmung lockern **3** COLLOQ. *(derubare)* ***~ qcn. del portafogli*** jdn um seine Brieftasche erleichtern (*o* leichter machen) **II** pronom. **alleggerirsi 1** sich erleichtern **2** *(di indumenti)* sich leichter kleiden.

al|le|go|ri|a f. Allegorie *f.*; ESTENS. Gleichnis *n.*: ***parlare per -e*** in Gleichnissen reden. **al|le|go|ri|ca|men|te** avv. allegorisch. **al|le|go|ri|co** agg. *(-ci,-che)* allegorisch. **al|le|go|riz|za|re** tr. allegorisieren.

al|le|gra|men|te avv. **1** lustig, fröhlich: ***ridere, giocare ~*** fröhlich lachen, spielen; FIG. ***il fuoco arde ~*** das Feuer brennt lustig **2** *(alla leggera)* leicht: ***prendere la vita ~*** das Leben leicht nehmen. **al|le|gret|to** m. Allegretto *n.* **al|le|grez|za** f. Fröhlichkeit *f.*

al|le|gri|a f. Lustigkeit *f.*, Fröhlichkeit *f.*, Heiterkeit *f.*: ***~ artificiosa, innaturale*** künstliche, gewollte Fröhlichkeit; ***una spensierata ~*** eine unbekümmerte Heiterkeit; ***suscitare l'~ generale*** allgemeine Heiterkeit erregen; *(buon umore)* ***trasmettere a qcn. la propria ~*** jdn mit seiner Fröhlichkeit anstecken ◆ ***mettere ~ a qcn.*** jdn fröhlich stimmen; ***stare in ~*** lustig sein.

al|le|gro I agg. **1** lustig, heiter: ***bambini -i, facce -e*** lustige Kinder, Gesichter; ***una storia -a*** eine heitere Geschichte; ***regna un'atmosfera -a*** es herrscht eine heitere Stimmung **2a** *(gioioso)* fröhlich: ***suonare un'-a melodia*** eine fröhliche Melodie spielen **b** *(di buon umore)* ***essere di umore ~*** in fröhlicher Stimmung sein **c** *(vivace)* ***colori -i*** fröhliche Farben **3** SCHERZ. *(brillo)* angeheitert: ***essere un po' ~*** etwas angeheitert sein **4** *(spensierato)* unbekümmert: ***condurre una vita -a*** ein unbekümmertes Leben führen **5** *(di condotta)* leicht: ***donnina -a*** leichtes Mädchen **6** *(prossimo all'illegalità)* unbekümmert, leichtsinnig: ***contabilità, finanza -a*** unbekümmerte Buchführung, leichtsinnige Finanzführung **II** m. MUS. Allegro *n.* ◆ ***sforzarsi di apparire ~*** sich zur Heiterkeit zwingen; ***carattere ~*** Frohnatur *f.*; ***le -e comari di Windsor*** die lustigen Weiber von Windsor; ***c'è poco da stare -i*** da gibt es nichts zu spaßen; ***la vedova -a*** die lustige Witwe; PROV. ***gente -a il ciel l'aiuta*** dem Fröhlichen hilft Gott. **al|le|gro|ne** m. Spaßvogel *m.*, Stimmungskanone *f.*

al|le|lu|ia I m.inv. Halleluja *n.*: ***intonare un ~*** ein Halleluja an‿stimmen **II** inter. halleluja ◆ FIG. ***cantare ~*** frohlocken.

al|le|na|men|to m. Training *n.*: ***un duro ~*** ein hartes Training; ***~ specifico*** Spezialtraining *n.*; ***interrompere l'~*** das Training ab‿brechen ◆ ***campo di ~*** Übungsplatz *m.*; ***essere fuori ~*** aus der Übung sein; ***essere in ~*** trainiert sein, in Übung sein; ***mantenersi, tenersi in ~*** sich in Übung halten.

al|le|na|re I tr. trainieren: ***~ atleti, una squadra di calcio*** Athleten, eine Fußballmannschaft trainieren; FIG. ***~ la memoria*** sein Gedächtnis trainieren **II** pronom. **allenarsi** (sich) trainieren: ***-rsi in qcs.*** (sich) in etw. (D) trainieren, etw. trainieren; ***-rsi nel salto in alto*** Hochsprung trainieren; ***-rsi duramente per una gara*** für einen Wettkampf hart trainieren. **al|le|na|to** p.pass. agg. **1** → **allenare 2** trainiert: ***avere la memoria -a*** ein trainiertes Gedächtnis haben; ***un atleta ~*** ein trainierter Athlet ◆ ***essere ~ a qcs.*** an etw. (A) gewöhnt sein, in etw. (D) geübt sein. **al|le|na|to|re** m. Trainer *m.*: ***~ di calcio*** Fußballtrainer *m.*; ***~ della nazionale*** Trainer der Nationalmannschaft. **al|le|na|tri|ce** f. Trainerin *f.*

al|len|ta|men|to m. **1** Lockerung *f.* **2** Nachlassen *n.*: ***l'~ della tensione*** das Nachlassen der Spannung.

al|len|ta|re I tr. **1** lockern, lösen: ***~ una vite, la presa, la cravatta*** eine Schraube, den Griff, die Krawatte lockern; FIG. ***~ i legami con qcn., qcs.*** die Bindung zu jdm, etw. lockern; ***~ la disciplina*** die Disziplin lockern; *(diminuire)* ***~ la sorveglianza*** die Überwachung lockern **2** COLLOQ. *(appioppare)* versetzen: ***~ un ceffone a qcn.*** jdm eine Ohrfeige versetzen **II** pronom. **allentarsi 1** sich lockern, locker (*o* lose) werden **2** FIG. *(diminuire, attenuarsi)* sich lockern, nach‿lassen, sich entspannen: ***la tensione politica si è allentata*** die politische Lage hat sich entspannt ◆ ***~ i cordoni della borsa*** den Beutel auf‿machen; ***~ il freno, le redini*** die Zügel lockern (*o* schleifen lassen). **al|len|ta|to** p.pass. agg. **1** → **allentare 2** lose, locker: ***un bottone ~, una cravatta -a*** ein loser Knopf, eine lose Krawatte.

al|ler|ge|ne m. Allergen *n.* **al|ler|ge|ni|co** agg. *(-ci,-che)* Allergie-: ***sostanza -a*** Allergiestoff *m.* **al|ler|gi|a** f. Allergie *f.* (anche FIG.): ***~ a qcs.*** Allergie gegen etw. **al|ler|gi|ca|men|te** avv. allergisch. **al|ler|gi|co I** agg. *(-ci,-che)* allergisch, Allergie-: ***essere ~ a qcs.*** gegen etw. allergisch sein (anche FIG. SCHERZ.) **II** m. *(-ci)* Allergiker *m.* **al|ler|go|lo|gi|a** f. Allergologie *f.* **al|ler|go|lo|go** m. *(-gi)* Allergologe *m.* **al|ler|go|pa|ti|a** allergische Krankheit *f.*, Allergose *f.*

al|ler|ta, all'er|ta inter. Achtung! aufgepasst! ◆ ***in ~*** in Alarmbereitschaft; ***stare ~*** auf der Hut sein, auf_passen. **al|ler|ta|re** tr. in Alarmbereitschaft versetzen: ***~ le truppe*** die Truppen in Alarmbereitschaft versetzen.

al|le|sti|men|to m. **1** Einrichtung *f.*, Ausstattung *f.*: ***~ scenico*** Bühnenausstattung *f.* **2** *(organizzazione)* Veranstaltung *f.*, Aufbau *m.*: ***l'~ di una fiera*** die Veranstaltung einer Messe; *(spettacolo)* ***un ~ televisivo*** eine Veranstaltung des Fernsehens **3** TEATR. CINEM. Inszenierung *f.*: ***~ di un'opera*** Operninszenierung *f.* **4** MAR. MIL. Ausrüstung *f.*

al|le|sti|re tr. *(allestisco, allestisci)* **1** gestalten, aus_statten: ***~ una vetrina*** ein Schaufenster gestalten **2** *(mostre, fiere)* veranstalten, auf_bauen: ***~ una fiera*** eine Messe aufbauen **3** TEATR. CINEM. inszenieren **4** MAR. MIL. aus_rüsten ***~ una spedizione, una nave*** eine Expedition, ein Schiff ausrüsten. **al|le|sti|to|re** m. Organisator *m.*; *(di apparato scenico)* Ausstatter *m.*

al|let|ta|men|to m. Verlockung *f.*, Verführung *f.* **al|let|tan|te** agg. verlockend: ***un'offerta ~*** ein verlockendes Angebot.

1.al|let|ta|re tr. locken, verlocken, verführen: ***~ qcn. a qcs.*** jdn zu etw. verlocken; ***~ qcn. con promesse*** jdn mit Versprechungen locken.

2.al|let|ta|re tr. ans Bett fesseln.

al|let|ta|to p.pass. agg. **1** → **1.,2.allettare** **2** *(costretto a letto)* bettlägerig.

al|le|va|men|to m. **1a** Züchtung *f.*, Zucht *f.*: ***~ di bestiame*** Viehzucht *f.* **b** *(luogo destinato all'allevamento)* Zucht *f.*, Zuchtstätte *f.* **2** *(di bambini)* Aufziehen *n.*, Aufzucht *f.* ◆ ***~ intensivo*** Intensivhaltung *f.*

al|le|va|re tr. **1** züchten **2** *(bambini)* groß_ziehen, auf_ziehen ◆ ***~ una serpe in seno*** eine Schlange am Busen nähren. **al|le|va|to|re** m. Züchter *m.* **al|le|va|tri|ce** f. Züchterin *f.*

al|le|via|men|to m. Linderung *f.*, Erleichterung *f.* **al|le|via|re** tr. lindern, erleichtern: ***~ la pena, il dolore di qcn.*** jds Qual, Schmerz lindern.

al|li|bi|re intr. *(allibisco, allibisci;* aus. *essere)* bestürzt sein, verblüfft sein ◆ ***fare ~ qcn.*** jdn verblüffen. **al|li|bi|to** p.pass. agg. **1** → **allibire** **2** verblüfft, bestürzt, COLLOQ. perplex: ***restare ~ per, di fronte a qcs.*** über etw. verblüfft sein.

al|li|bra|men|to m. Verbuchung *f.*, Buchung *f.* **al|li|bra|re** tr. verbuchen, buchen: COMM. ***~ una partita*** einen Posten verbuchen ◆ ***~ in bilancio*** in der Bilanz aus_weisen. **al|li|bra|to|re** m. Buchmacher *m.*

al|lic|cia|re tr. *(alliccio, allicci)* schränken. **al|lic|cia|tu|ra** f. Schränken *n.*

al|lie|ta|re I tr. erfreuen **II** pronom. **allietarsi** sich freuen.

al|lie|vo m. **1** Schüler *m.* **2** MIL. *(di un'accademia militare)* Kadett *m.* ◆ ***~ ufficiale*** Offiziersanwärter *m.*

al|li|ga|to|re m. Alligator *m.*

al|li|gna|re intr. (aus. *essere, avere*) **1** wachsen, Wurzeln schlagen (*o* gedeihen) **2** FIG. sich ein_bürgern, Fuß fassen.

al|li|nea|men|to m. **1** Aufreihung *f.* **2a** *(adeguamento)* Angleichung *f.*: ***~ monetario, dei prezzi*** Währungsangleichung *f.*, Preisangleichung *f.* **b** Anpassung *f.*: ***~ politico*** politische Anpassung **3** TIP. ***~ a destra, a sinistra*** Rechtsbündigkeit *f.*, Linksbündigkeit *f.*

al|li|ne|a|re *(allineo)* **I** tr. **1** auf_reihen: ***~ libri sullo scaffale*** Bücher im Regal aufreihen; ***~ gli alunni*** die Schüler aufreihen **2** *(pareggiare, adeguare)* an_gleichen, an_passen: ***~ gli stipendi al costo della vita*** die Löhne an die Lebenshaltungskosten angleichen **3** TIP. ***~ un testo a destra, a sinistra*** rechtsbündig, linksbündig schreiben **II** pronom. **allinearsi** **1** sich auf_reihen, sich reihen **2** FIG. *(conformarsi)* sich an_passen, sich richten: ***-rsi a qcn., qcs.*** sich nach jdm, etw. richten: ***-rsi a una direttiva*** sich nach einer Weisung richten. **al|li|ne|a|to** p.pass. agg. **1** → **allineare** **2** POL. linientreu **3** TIP. *(di un testo)* ***~ a destra, a sinistra*** rechtsbündig, linksbündig **4** MIL. in Reih und Glied, in Reihen: ***marciare -i*** in Reih und Glied marschieren.

al|lit|te|ran|te agg. alliterierend. **al|lit|te|ra|zio|ne** f. Alliteration *f.*

al|lo → **a.**

al|lo|ca|re tr. *(alloco, allochi)* ECON. TECN. verteilen.

1.al|lo|ca|zio|ne f. SPORT = Preisgeld *n.*

2.al|lo|ca|zio|ne f. ECON. TECN. INFORM. Verteilung *f.*: ***~ di memoria*** Speicherverteilung *f.*

al|loc|chi|to agg. verblüfft.

al|loc|co m. *(-chi)* **1** Waldkauz *m.* **2** FIG. Dummkopf *m.* ◆ ***rimanere come un ~*** wie ein Ölgötze da_stehen.

al|lo|cu|ti|vo agg. Anrede-: ***pronomi -i*** Anredepronomen *pl.* **al|lo|cu|to|rio** agg. *(-ri,-rie)* → **allocutivo.** **al|lo|cu|zio|ne** f. Allokution *f.*

al|lo|dia|le agg. allodial, Allodial-. **al|lo|dio** m. *(-di)* Allod *n.*

al|lo|do|la f. Lerche *f.*

al|lo|fo|no m. Allophon *n.*

al|lo|ga|mi|a f. Fremdbestäubung *f.*

al|lo|ge|no I agg. fremdstämmig **II** m. Fremde *m.*, Fremdstämmige *m.*

al|log|gia|men|to m. **1a** MIL. Unterkunft *f.*, Einquartierung *f.*: ***provvedere all'~ di qcn.*** für jds Unterkunft sorgen **b** *(alloggio)* Quartier *n.* **2** MECC. Gehäuse *n.*

al|log|gia|re *(alloggio, alloggi)* **I** tr. **1** unter_bringen, beherbergen: ***~ qcn. in un hotel*** jdn in einem Hotel beherbergen; ***~ qcn. in casa propria*** jdn bei sich zu Hause unterbringen **2** MIL. quartieren, ein_quartieren: ***~ le truppe nelle scuole*** die Truppen in Schulen einquartieren **II** intr. (aus. *avere*) **1** sich ein_quartieren, unter_kommen: ***~ presso qcn.*** sich bei jdm einquartieren **2** MECC. lagern ◆ PROV. ***chi tardi arriva male alloggia*** wer nicht kommt zur rechten Zeit, der muss nehmen, was übrigbleibt. **al|log|gia|to** p.pass. agg. **1** → **alloggiare** **2** (ein)quartiert: ***essere ~*** einquartiert (*o* im Quartier) sein.

al|log|gio m. *(-gi)* **1** Unterkunft *f.*, Unterkommen *n.*, Quartier *n.*: ***dare ~ a qcn.*** jdm Unterkunft gewähren; ***trovare ~ presso qcn.*** bei jdm unter_kommen; ***prendere ~*** Quartier nehmen; MIL. ***requisire -gi*** Unterkünfte requirieren **2** *(appartamento)* Wohnung *f.*: ***affittasi -gi*** Wohnungen zu vermieten; ***carenza di -gi*** Wohnungsmangel *m.*; ***mercato degli -gi*** Wohnungsmarkt *m.* **3** MAR. Kabine *f.* ◆ ***~ di servizio*** Dienstwohnung *f.*; ***vitto e ~*** Kost und Logis (*o* Verpflegung und Unterkunft).

al|lo|glot|to I agg. fremdsprachig, anderssprachig: ***popolazioni -e*** fremdsprachige Bevölkerungen **II** m. Fremdsprachige *m.*

al|lon|ta|na|men|to m. **1** Entfernung *f.* **2** FIG. Abwendung *f.* **3** *(estraniamento)* Entfremdung *f.*

al|lon|ta|na|re I tr. **1** entfernen, ab_wenden: ***~ qcn. da un luogo*** jdn aus einem Ort entfernen; ***~ qcn. da scuola, dal proprio incarico*** jdn aus (*o* von) der Schule, aus seinem Amt entfernen; FIG. ***~ da sé un sospetto*** einen Verdacht von sich abwenden; ***~ un pericolo*** eine Gefahrenquelle entfernen **2** *(ispirare avversione)* ab_stoßen: ***un comportamento che allontana*** ein Benehmen, das abstößt **II** pronom. **allontanarsi** **1** sich entfernen, ab_kommen (anche FIG.): ***il treno si allontanò*** der Zug entfernte sich; ***-rsi da un luogo, dal tema*** sich von einem Ort entfernen, vom Thema abkommen; ***-rsi da casa*** sich von zu Hause entfernen; ***-rsi dalla retta via*** vom rechten Pfad abkommen; *(assentarsi)* ***-rsi (per) un momento*** sich einen Augenblick entfernen **2** *(l'un l'altro)* sich voneinander entfernen.

al|lo|pa|ti|a f. Allopathie *f.* **al|lo|pa|ti|co** agg. *(-ci,-che)* allopathisch ◆ ***medico ~*** Allopath *m.*

al|lo|ra I avv. **1** *(in quel momento)* da: ***~ disse...*** da sagte er... **2** *(a quel tempo)* damals **II** cong. **1** *(in tal caso)* dann: ***se la pensi così, ~ nulla ha senso*** wenn du so denkst, dann hat alles keinen Sinn **2** *(quindi)* also, da: ***~, dov'è il problema?*** also, wo liegt das Problem? ***~ non c'è speranza?*** es gibt also keine Hoffnung? **3** *(ebbene)* na, nun, und nun; ***ma dillo, ~!*** nun sag schon! ***e ~, che cosa ti ha detto?*** was hat er dir nun gesagt? **III** agg.inv. damalig: ***l'~ presidente del consiglio*** der damalige Ministerpräsident ◆ ***~ ~*** eben, soeben; ***~ come ~*** so wie die Dinge stehen; ***da ~*** seitdem, seither; ***da ~ in poi*** von da (*o* nun) an, seit jener Zeit; ***fin da ~*** → ***già ~; di ~*** damalig; ***il re di ~*** der damalige König; ***e ~?*** und jetzt? und nun? ***fino ad ~*** bis dahin; ***già ~*** schon damals; ***proprio ~*** gerade jetzt; ***solo ~*** erst dann.

al|lor|ché cong. als.

al|lo|ro m. **1** *(pianta)* Lorbeerbaum *m.*, Lorbeer *m.* **2** *(foglia)* Lorbeer *m.*, Lorbeerblatt *n.*: ***insaporire l'arrosto con l'~*** den Braten mit Lorbeer würzen; FIG. ***~ olimpico, poetico*** olympischer, dichterischer Lorbeer ◆ ***corona d'~*** Lorbeerkranz *m.*; ***raccogliere -i grazie a qcs.*** mit etw. Lorbeeren ernten; ***riposare, dormire sugli -i*** (sich) auf seinen Lorbeeren aus_ruhen.

al|lor|quan|do avv. LETT. → **allorché.**

al|lo|tro|pi|a f. Allotropie *f.* **al|lo|tro|pi|co** agg. *(-ci,-che)* allotropisch. **al|lo|tro|po** m. Allotrop *m.*

al|lu|ce m. große Zehe *f.*

al|lu|ci|nan|te agg. **1** *(sconvolgente, impressionante)* Schrecken erregend; COLLOQ. fürchterlich, grauenhaft **2** RAR. blendend. **al|lu|ci|na|re** tr. *(allucino)* blenden (anche FIG.). **al|lu|ci|na|to I** p.pass. agg. **1** → **allucinare** **2** halluzinativ, halluzinierend: ***uno sguardo ~*** ein halluzinierender Blick **II** m. Halluzinierende *m.* **al|lu|ci|na|to|rio** agg. *(-ri,-rie)* Halluzinations-, halluzinatorisch. **al|lu|ci|na|zio|ne** f. Halluzination *f.* (anche ESTENS.): ***soffrire di -i*** an Halluzinationen leiden; ***avere (delle) -i*** halluzinieren. **al|lu|ci|no|ge|no**

I agg. halluzinogen: ***sostanze -e*** halluzinogene Stoffe **II** m. Halluzinogen *n.*

al|lu|de|re intr. *(allusi, alluso;* aus. *avere)* an‿spielen: ***~ a qcn., qcs.*** auf jdn, etw. anspielen.

al|lu|ma|re tr. CONC. mit Alaun gerben. **al|lu|ma|tu|ra** f. Weißgerberei *f.* **al|lu|me** m. Alaun *m.*; ***~ di rocca*** Alaunstein *m.*

al|lu|mi|na f. Tonerde *f.*

al|lu|mi|na|to m. Aluminat *n.* **al|lu|mi|nio** m. Aluminium *n.*: ***foglio di ~*** Aluminiumfolie *f.*

al|lu|nag|gio m. *(-gi)* Mondlandung *f.*

1.al|lu|na|re intr. (aus. *avere*) auf dem Mond landen.

2.al|lu|na|re tr. MAR. halbmondförmig krümmen.

al|lun|ga f. *(-ghe)* BANC. Allonge *f.* **al|lun|ga|bi|le** agg. **1** verlängerbar **2** *(estensibile)* dehnbar, streckbar **3** *(estraibile)* ausziehbar: ***tavolo ~*** ausziehbarer Tisch, Ausziehtisch *m.* **4** *(di antenna)* ausfahrbar. **al|lun|ga|men|to** m. **1** Verlängerung *f.*: ***l'~ della vita*** die Verlängerung des Lebens **2** *(estensione)* Dehnung *f.*, Streckung *f.*: ***l'~ di un elastico*** die Dehnung eines Gummibands **3** *(di liquidi)* Verdünnung *f.* **4** LING. Dehnung *f.*: ***~ di compensazione*** Ersatzdehnung *f.*

al|lun|ga|re *(allungo, allunghi)* **I** tr. **1a** verlängern, länger machen: ***~ la gonna, le maniche di qualche centimetro*** den Rock, die Ärmel um einige Zentimeter verlängern **b** *(prolungare)* ***~ le vacanze di una settimana*** den Urlaub um eine Woche verlängern **c** SPORT (anche assol.) verlängern, weiter‿geben: ***~ la palla in rete*** den Ball ins Tor verlängern **2** *(tavolo)* aus‿ziehen **3** *(distendere)* strecken, dehnen: ***~ le gambe, le braccia*** die Beine strecken, die Arme dehnen **4** *(per prendere)* strecken, hin‿strecken: ***~ la mano verso qcs., nel cesto*** die Hand nach etw. strecken, in den Korb greifen **5** *(diluire)* verlängern, verdünnen, strecken: ***~ il brodo*** die Brühe verlängern; ***~ qcs. col latte*** etw. mit Milch strecken **6** COLLOQ. *(passare)* rüber‿geben, reichen: ***allungami il pane, per favore*** reich mir das Brot, bitte **7** COLLOQ. *(sferrare)* langen, runter‿langen: ***~ un ceffone a qcn.*** jdm eine langen, eine Ohrfeige verpassen **8** LING. dehnen **II** pronom. **allungarsi 1** sich verlängern, länger werden: ***le giornate, le ombre si allungano*** die Tage, die Schatten werden länger **2** *(distendersi)* sich strecken, sich aus‿strecken, sich dehnen **3** COLLOQ. *(crescere)* wachsen ◆ ***~ il collo*** den Hals recken; FIG. einen langen Hals machen; ***~ le mani*** lange Finger machen, handgreiflich werden; ***~ la mano*** die Hand aus‿strecken; ***~ le orecchie*** die Ohren spitzen; ***~ il passo*** den Schritt beschleunigen, schneller gehen; ***~ la strada*** einen Umweg machen; ***la strada si allunga*** der Weg zieht sich.

al|lun|ga|to p.pass. agg. **1** → **allungare 2** *(disteso)* ausgestreckt, der Länge nach: ***stare ~*** ausgestreckt liegen **3** *(diluito)* verdünnt, dünn. **al|lun|ga|tu|ra** f. Verlängern *n.*, Verlängerung *f.* **al|lun|go** m. *(-ghi)* **1** SPORT Antritt *m.*, Spurt *m.* **2** *(nel calcio)* Vorlage *f.* **3** *(nella scherma: affondo)* Ausfall *m.*

al|lu|pa|to m. COLLOQ. hungrig, ausgehungert.

al|lu|si → **alludere.**

al|lu|sio|ne f. Anspielung *f.*, Andeutung *f.*: ***fare (velate) -i a qcn., qcs.*** (verhüllt) auf jdn, etw. an‿spielen, (verhüllte) Andeutungen über jdn, etw. machen; ***parlare per -i*** in Andeutungen sprechen.

al|lu|si|va|men|te avv. andeutungsweise. **al|lu|si|vi|tà** f. Anspielungscharakter *m.* **al|lu|si|vo** agg. anspielungsreich, voll von Anspielungen, andeutend: ***linguaggio ~*** anspielungsreiche Sprache.

al|lu|vio|na|le agg. alluvial, Schwemm- ◆ ***deposito ~*** Anspülung *f.*, Anlandung *f.*; ***detriti -i*** Schwemmsel *n.*; ***pianura ~*** Schwemmlandebene *f.*; ***terreno ~*** Schwemmland *n.*, Anschwemmung *f.* **al|lu|vio|na|to I** agg. flutgeschädigt, überschwemmt, Überschwemmungs-: ***zona -a*** Überschwemmungsgebiet *n.* **II** m. Flutgeschädigte *m.*; *(vittima di un'alluvione)* Überschwemmungsopfer *n.* **al|lu|vio|ne** f. **1** GEOL. Alluvion *f.*, Anlandung *f.* **2** *(inondazione)* Überschwemmung *f.*

al|ma f. LETT. Seele *f.*

al|ma|nac|ca|re intr. *(almanacco, almanacchi;* aus. *avere)* **1** grübeln, brüten: ***~ su un problema*** über ein (*o* einem) Problem grübeln, über einem Problem brüten **2** *(fantasticare)* phantasieren. **al|ma|nac|ca|to|re** m. **1** Grübler *m.* **2** *(chi fantastica)* Phantast *m.*

al|ma|nac|co m. *(-chi)* Almanach *m.* **al|ma|nac|co|ne** m. Grübler *m.*

al|men|da f. STOR. Allmende *f.*

al|me|no avv. wenigstens, mindestens, zumindest: ***ti ha telefonato ~ quattro volte*** er hat dich mindestens viermal angerufen; ***se ~ scrivesse!*** wenn er wenigstens (*o* wenn er doch nur) schriebe (*o* schreiben würde)! ***dovrebbe ~ scusarsi*** er müsste sich zumindest (*o* wenigstens) entschuldigen.

al|mo agg. LETT. **1** *(che nutre)* lebensspendend **2** *(nobile)* ehrwürdig, edel.

al|no m. Erle *f.* ◆ ***~ nero*** Faulbaum *m.*

a|lo|e m.inv. Aloe *f.*

a|lo|fi|ta f. Halophyt *m.*, Salzpflanze *f.*

a|lo|ge|na|re tr. halogenieren. **a|lo|ge|no I** agg. halogen, Halogen-: ***lampada -a*** Halogenlampe *f.*; ***faro ~*** Halogenscheinwerfer *m.* **II** m. Halogen *n.* **a|lo|ge|nu|ro** m. Halogenid *n.*, Halogenidsalz *n.*

a|lo|gi|co agg. *(-ci,-che)* alogisch.

a|loi|de m. Haloid *n.*

a|lo|ne m. **1** *(di astri)* Hof *m.*, Aureole *f.*, FIS. Halo *m.* **2** FOT. Lichthof *m.* **3** *(di macchia)* Schmutzrand *m.*, Rand *m.*; *(di sudore)* Schweißrand *m.* **4** FIG. Nimbus *m.*, Hauch *m.*: ***circondare qcn. dell'~ di eroe*** jdn mit dem Nimbus eines Helden umgeben; ***circondarsi di un ~ di mistero*** sich mit dem Hauch eines Geheimnisses umgeben.

a|lo|pe|cia f. Haarausfall *m.*

a|lo|sa f. Alse *f.*

al|pa|ca m.inv. Alpaka *n.*: ***lana di ~*** Alpakawolle *f.*

al|pac|ca f. METALL. Alpaka *n.*

al|pe f. **1** LETT. *(montagna)* Gebirge *n.*, Hochgebirge *n.* **2** *(alpeggio)* Alm *f.*, Almweide *f.* **al|peg|gia|re** *(alpeggio, alpeggi)* **I** tr. auf die Alm treiben **II** intr. (aus. *avere*) auf der Alm sein. **al|peg|gio** m. *(-gi)* Alm *f.*, Almweide *f.*

al|pen|stock m.inv. Alpenstock *m.* **al|pe|stre I** agg. Berg-, Gebirgs-, gebirgig: ***paesaggio ~*** Gebirgslandschaft *f.* **II** m. INTRAD. (Kräuterlikör). **alp|horn** m.inv. Alphorn *n.*

Al|pi n.pr.f.pl. Alpen *pl.* **al|pi|gia|no I** agg. Alpen-, älplerisch **II** m. **1** Alpenbewohner *m.* **2** *(montanaro)* Bergbewohner *m.*

al|pi|ni|smo m. Alpinismus *m.*, Bergsport *m.* **al|pi|ni|sta** m. e f. *(-i,-e)* Alpinist *m.* (-in *f.*), Bergsteiger *m.* (-in *f.*). **al|pi|ni|sti|co** agg. *(-ci,-che)* alpinistisch, Berg-: ***incidente ~*** Bergunfall *m.*

al|pi|no I agg. **1** *(delle Alpi)* alpin, Alpen-: ***fauna, flora -a*** alpine Fauna, Flora (*o* Alpenfauna, Alpenflora) **2** ESTENS. *(montano)* Berg-, Gebirgs-: ***rifugio ~*** Berghütte *f.*; ***lago ~*** Bergsee *m.* **II** m. **1** Alpenjäger *m.*, Gebirgsjäger *m.* **2** pl. *(soldati italiani)* Alpini *pl.* ◆ ***catena -a*** Alpenkette *f.*; ***club ~*** Alpenverein *m.*; ***giardino ~*** Alpinum *n.*; ***guida -a*** Alpen-, Bergführer *m.*; ***passo ~*** Alpenpass *m.*; ***soccorso ~*** Bergwacht *f.*; ***traforo ~*** Alpentunnel *m.*; ***valle -a*** Alpental *n.*

al|quan|to I agg.indef. etwas, einige: ***dopo ~ tempo*** nach einiger Zeit **II** pron.indef.pl. manche *pl.*, einige *pl.* **III** avv. *(piuttosto)* ziemlich: ***è ~ invecchiato*** er ist ziemlich gealtert.

Al|sa|zia n.pr.f. Elsass *n.* ◆ ***~-Lorena*** Elsass-Lothringen *n.* **al|sa|zia|no I** agg. elsässisch **II** m. Elsässer *m.*

alt I inter. halt **II** m.inv. Halt *m.*: ***dare, intimare l'~ a qcn.*** jdm Halt gebieten, jdn stoppen.

al|ta fe|del|tà f.inv., ***impianto ad ~*** Hi-Fi-Anlage *f.*

al|ta|le|na f. **1** *(gioco)* Wippen *n.*, Schaukeln *n.*: ***fare l'~*** schaukeln **2** *(attrezzo)* Wippe *f.*; *(sospesa a funi)* Schaukel *f.*: ***spingere l'~*** die Schaukel anstoßen **3** FIG. Auf und Ab *n.*, Schwanken *n.*: ***un'~ di gioie e di dolori, di speranze e delusioni*** ein Auf und Ab von freudigen und schmerzlichen Ereignissen, von Hoffnungen und Enttäuschungen; ***l'~ della vita*** das Auf und Ab des Lebens. **al|ta|le|nan|te** agg. schwankend. **al|ta|le|na|re** intr. (aus. *avere*) schwanken: ***~ tra opposti sentimenti*** zwischen entgegengesetzten Gefühlen (hin und her) schwanken.

al|ta|men|te avv. **1** hoch, hoch-, äußerst: ***essere ~ meravigliato*** äußerst erstaunt sein; ***stimare ~ qcn.*** jdn hoch schätzen; ***~ qualificato*** hoch qualifiziert **2** *(nobilmente)* edel: ***pensare, agire ~*** edel denken, handeln.

al|ta|na f. Altan *m.*

al|ta|re m. Altar *m.*: ***sacrificare qcn. sull'~ di principi antiquati*** jdn auf dem Altar veralterter Prinzipien opfern; ***offrire qcs. all'~*** etw. am Altar als Opfer darbringen ◆ ***accostarsi all'~*** an den Tisch des Herrn treten; ***condurre qcn. all'~*** jdn zum Altar führen; ***~ maggiore*** Hochaltar *m.*, Hauptaltar *m.*; FIG. ***mettere, porre qcn. sugli -i*** jdn in den Himmel heben; FIG. ***levare qcn. all'onore degli -i*** jdn selig sprechen, heilig sprechen; ***il sacramento dell'~*** Altarsakrament *n.*

al|ta|ri|no m. kleiner Altar *m.* ◆ SCHERZ. ***scoprire gli -i*** aus dem Nähkästchen plaudern.

al|te|a f. Althee *f.*, Eibisch *m.*

al|te|ra|bi|le agg. **1** *(deteriorabile)* verderblich **2** FIG. *(irritabile)* reizbar: ***una persona facilmente ~*** ein leicht reizbarer Mensch ◆ ***colori -i*** nicht echte Farben. **al|te|ra|bi|li|tà** f. **1** *(deteriorabilità)* Verderblichkeit *f.* **2** FIG. *(irritabilità)* Reizbarkeit *f.*

al|te|ra|re I tr. *(altero)* **1** verändern: ***la luce artificiale altera i colori***

das künstliche Licht verändert (*o* verfälscht) die Farben **2a** *(falsificare, contraffare)* verstellen, (ver)fälschen: ***~ una firma*** eine Unterschrift fälschen; ***~ una storia*** eine Geschichte verfälschen; ***~ la voce*** die Stimme verstellen **b** entstellen, verdrehen, verfälschen: ***~ i fatti, la verità, una notizia*** die Tatsachen, die Wahrheit verdrehen, eine Nachricht verfälschen **3** FIG. *(irritare)* reizen, erregen: ***far ~ qcn.*** jdn verstimmen, verärgern **4** MUS. alterieren **II** pronom. **alterarsi 1** sich verändern **2** *(deteriorarsi)* verderben **3** *(irritarsi)* sich auf‿regen, sich erregen.

al|te|ra|ta|men|te avv. aufgeregt, verärgert.

al|te|ra|to I p.pass. agg. **1** → **alterare 2** verändert; *(falsificato)* verfälscht **II** m. LING. Verkleinerungs- bzw. Vergrößerungsform *f.* (der Substantive und der Adjektive) ◆ MUS. ***accordi -i*** alterierte Akkorde; ***polso ~*** beschleunigter Puls; ***psichicamente ~*** psychisch verändert; ***essere ~ dal vino*** angetrunken sein; ***voce -a*** verstellte Stimme; *(irritata)* gereizt, erregt.

al|te|ra|zio|ne f. **1** Veränderung *f.* **2a** *(falsificazione, contraffazione)* Fälschung *f.*, Verfälschung *f.* **b** *(di fatti, verità)* Entstellung *f.*, Verdrehung *f.* **3** FIG. *(irritazione)* Aufregung *f.*, Erregung *f.* **4** MUS. MED. Alteration *f.* ◆ ***~ del colore*** Verfärbung *f.*; ***~ del polso*** Pulserhöhung *f.*

al|ter|ca|re intr. *(alterco, alterchi;* aus. *avere)* hadern, sich zanken. **al|ter|ca|zio|ne** f. LETT., **al|ter|co** m. *(-chi)* Zank *m.*, Streit *m.*

al|ter ego m.inv. Alter Ego *n.*

al|te|ri|gia f. Hochmut *m.*, Hoffart *f.*: ***trattare qcn. con ~*** jdn hochmütig behandeln.

al|ter|nan|za f. **1** Wechsel *m.*: ***l'~ del giorno e della (o con la) notte*** der Wechsel von Tag und Nacht **2** LING. Alternation *f.*, Alternanz *f.* **3** AGR. Fruchtwechsel *m.* ◆ ***~ di colori*** Wechselspiel *n.* der Farben; ***~ delle maree*** Gezeitenwechsel *m.*; ***~ vocalica*** Ablaut *m.*

al|ter|na|re I tr. ab‿wechseln, alternieren: ***~ la lettura alla, con la pittura*** abwechselnd lesen und malen; ***~ fogli bianchi e colorati*** weiße und bunte Blätter miteinander abwechseln **II** pronom. **alternarsi** wechseln, (sich) ab‿wechseln, alternieren: ***gioia e dolore si alternano*** Freude und Leid wechseln sich ab; ***-rsi alla guida dell'auto*** sich am Steuer abwechseln; ***la mia vita si alterna tra casa e scuola*** mein Leben spielt sich abwechselnd zwischen Haushalt und Schule ab. **al|ter|na|ta|men|te** avv. abwechselnd, wechselweise.

al|ter|na|ti|va f. **1** *(avvicendamento)* Wechsel *m.* **2** *(scelta possibile)* Alternative *f.*: ***essere posti di fronte a un'~*** vor eine Alternative gestellt sein; ***diverse -e per la soluzione del problema*** verschiedene Alternativen für die Lösung des Problems ◆ ***in ~*** als Ersatz, andernfalls; ***non avere ~*** keine andere Wahl (*o* Möglichkeit) haben.

al|ter|na|ti|va|men|te avv. → **alternatamente.**

al|ter|na|ti|vo I agg. **1** abwechselnd, alternierend; MECC. ***moto ~*** Hin- und Herbewegung *f.* (*o* Hin- und Hergang *m.*, Vor- und Rücklauf *m.*) **2** alternativ, Alternativ-: ***politica -a*** alternative Politik; ***gruppi, ambienti -i*** alternative Gruppen, Szene; ***soluzione -a*** Alternativlösung *f.*; ***movimento ~*** Alternativbewegung *f.*; ***vivere in modo ~*** alternativ leben **II** m. Alternative *m.* ◆ ***cinema ~*** Alternativkino *n.*; ***energia -a*** Alternativenergie *f.*; ***medicina -a*** Alternativmedizin *f.*; ***turismo ~*** Alternativtourismus *m.*

al|ter|na|to p.pass. agg. **1** → **alternare 2** Wechsel-, abwechselnd, alternierend ◆ AGR. ***coltura -a*** Wechselwirtschaft *f.*; EL. ***corrente, tensione -a*** Wechselstrom *m.*, Wechselspannung *f.*; ***versi -i*** alternierende Verse. **al|ter|na|to|re** m. Wechselstromgenerator *m.*, Generator *m.*; *(caricabatterie)* Drehstromlichtmaschine *f.*

al|ter|no agg. **1a** wechselnd, alternierend **b** ESTENS. *(variabile)* wechselnd, wechselhaft: ***con -a fortuna*** mit wechselndem Glück; ***essere di umore ~*** wechselnder Laune sein **2** BOT. wechselständig ◆ ***a giorni, a mesi -i*** jeden zweiten Tag, Monat; ***canto ~*** Wechselgesang *m.* (*o* Rundgesang *m.*); ***turni -i*** Wechselschichten *pl.*

al|te|ro agg. hochmütig, stolz, selbstbewusst: ***sguardo, portamento ~*** stolzer Blick, selbstbewusstes Auftreten.

al|tez|za f. **1a** Höhe *f.* (anche GEOM. ASTR. MUS.): ***a un'~ vertiginosa*** in schwindelnder, schwindelerregender Höhe; ***l'~ misura, è di due metri*** die Höhe beträgt zwei Meter; ***la stanza misura due metri di, in ~*** das Zimmer misst zwei Meter in der Höhe; ***avere un'~ di tre metri*** drei Meter hoch sein; ***estendersi in ~*** sich in die Höhe aus‿dehnen; ***superare qcs. in ~*** etw. an Höhe übertreffen (*o* etw. überragen); ***da dieci metri di ~*** aus zehn Metern Höhe; GEOM. ***determinare, calcolare l'~ di un triangolo*** die Höhe eines Dreiecks bestimmen, berechnen **b** *(quota, altitudine)* ***volare a grande ~*** in großer Höhe fliegen; ***un paese a 500 metri di ~*** ein Dorf auf einer Höhe von 500 Metern (*o* in 500 Metern Höhe); ***essere a 800 metri di ~*** 800 Meter hoch liegen; ***prendere ~*** Höhe gewinnen **2** *(statura)* Größe *f.*, Höhe *f.*, Länge *f.*: ***una persona di notevole ~*** ein Mensch von beachtlicher Größe; ***crescere in ~*** in die Höhe wachsen **3a** *(livello)* Stand *m.*: ***l'~ dell'acqua*** der Wasserstand **b** *(profondità)* Tiefe *f.*: ***l'acqua in quel punto ha un'~ di trenta metri*** an dieser Stelle ist das Wasser dreißig Meter tief **4** *(di stoffa)* Breite *f.*: ***doppia ~*** doppelte Breite **5** *(nobiltà, grandezza)* Erhabenheit *f.*, Hoheit *f.*: ***~ d'animo*** Großmut *m.*, Edelmut *m.* **6** *(titolo)* Hoheit *f.*, Durchlaucht *f.*: ***Altezza Reale*** Königliche Hoheit; ***Sua, Vostra Altezza*** Ihre, Eure Hoheit ◆ ***all'~ del semaforo, di Bonn*** auf der Höhe der Ampel, von Bonn; ***trovarsi alla stessa ~*** in, auf gleicher Höhe liegen; FIG. ***essere all'~ di un compito*** einer Aufgabe gewachsen sein; FIG. ***non sentirsi all'~*** sich nicht auf der Höhe fühlen; FIS. ***~ di caduta*** Fallhöhe *f.*; TIP. ***~ del carattere*** Schrifthöhe *f.*; ***~ idrometrica*** Pegelstand *m.*; ***~ libera*** lichte Höhe; ***~ sul livello del mare*** Höhe über dem Meeresspiegel; ***~ massima*** Maximalhöhe *f.*; ***~ meridiana*** Mittagshöhe *f.*; ***a mezza ~*** halbhoch; TECN. ***~ normale*** Normalhöhe *f.*; ***terzo in ordine di ~*** dritthöchste; ***prossimo in, per ~*** nächsthöhere; ***all'~ delle spalle*** in Schulterhöhe (*o* schulterhoch); *(di capelli)* schulterlang; ***~ del suono*** Tonhöhe *f.*, Tonlage *f.*; ***~ d'uomo*** Mannshöhe *f.*; ***~ della vita*** Taillenhöhe *f.*

al|tez|zo|sa|men|te avv. hochmütig. **al|tez|zo|si|tà** f. Hochmut *m.*, Hochmütigkeit *f.* **al|tez|zo|so** agg. hochmütig.

al|tic|cio agg. *(-ci,-ce)* angetrunken, angeheitert.

al|ti|me|tri|a f. Höhenmessung *f.* **al|ti|me|tri|co** agg. *(-ci,-che)* Höhen-: ***indicazione, curva -a*** Höhenangabe *f.*, Höhenlinie *f.* **al|ti|me|tro** m. Höhenmesser *m.*

al|ti|pia|no → **altopiano.**

al|ti|so|nan|te agg. **1** wohlklingend **2** FIG. *(roboante)* hochtrabend, hochtönend: ***un discorso, un titolo ~*** eine hochtrabende Rede, ein hochtrabender Titel.

Al|tis|si|mo, RELIG. ***l'~*** der Allerhöchste.

al|ti|tu|di|ne f. Höhe *f.*

al|to I agg. (compar. *più alto/superiore*, superl. *altissimo/supremo/sommo)* **1a** hoch: ***un edificio ~ 30 metri*** ein 30 Meter hohes Gebäude; ***erba -a*** hohes Gras; ***soffitto ~*** hohe Decke; ***portare scarpe -e, tacchi -i*** hohe Schuhe, Absätze tragen; ***la neve è -a un metro*** der Schnee liegt einen Meter hoch; ***il sole è ~ in cielo*** die Sonne steht hoch am Himmel **b** *(elevato)* ***tasse -e, prezzi -i*** hohe Steuern, Preise; ***estrarre un numero ~*** eine hohe Nummer ziehen; ***-a velocità*** hohe Geschwindigkeit; ***avere la febbre -a*** hohes Fieber haben **c** *(di rango elevato)* ***un ~ funzionario, ufficiale*** ein hoher Beamter, Offizier; ***le -e cariche dello stato*** die hohen Ämter des Staates; ***avere un'-a opinione di qcn.*** eine hohe Meinung von jdm haben **d** *(nobile)* ***-i ideali*** hohe Ideale **2** *(di persone)* groß: ***il bambino è molto ~ per la sua età*** das Kind ist sehr groß für sein Alter **3** *(largo)* breit: ***una cintura -a*** ein breiter Gürtel **4** *(spesso)* dick: ***una bistecca -a due centimetri*** ein zwei Zentimeter dickes Steak **5** *(profondo)* tief: ***nuotare nell'acqua -a*** im tiefen Wasser schwimmen; FIG. ***essere immerso in -a meditazione*** in tiefer Meditation versunken sein **6a** GEOGR. Ober-, Nord-: ***l'Alta Baviera*** Oberbayern *n.* **b** *(di città, fiumi)* Ober-, obere: ***l'~ Po*** der obere Po; ***Bergamo Alta*** Bergamo Oberstadt **II** m. **1** Höhe *f.* **2** *(parte superiore)* oberer Teil *m.*, Oberteil *m.*, Oben *n.*: ***l'~ e il basso di una cassa*** das Oben und das Unten einer Kiste ◆ ***avere un'-a affluenza di pubblico*** einen großen Zuspruch finden; ***gli -i e i bassi della vita*** die Höhen und Tiefen des Lebens; ***guardare, trattare qcn. dall'~ in basso*** jdn von oben herab an‿sehen, behandeln; ***~! non capovolgere!*** oben! nicht stürzen! ***città -a*** Oberstadt *f.*; ***maglia, maglione a collo ~*** Rollkragenpullover *m.*; ***~ comando*** Oberbefehl *m.*; *(Zuführungsstab)* Oberkommando *n.*; ***dall'~*** von oben; ***guardare dall'~ della torre*** vom Turm hinunter‿blicken; ***con vista dall'~*** mit Blick von oben; ***un ~ esponente del partito;*** ein hoher Parteivertreter; ***-a finanza*** Hochfinanz *f.*; ***-a frequenza*** Hochfrequenz *f.*; ***giorno ~*** helllichter Tag; ***in ~*** hoch: ***saltare in ~*** hoch springen; ***mani in ~!*** Hände hoch! *(sopra, in su)* oben: ***a pagina 3 in ~*** auf Seite 3 oben; ***premere il pulsante in ~*** den oberen Knopf drücken; ***guardare in ~*** nach oben schauen; ***in ~ loco*** an oberster, höherer Stelle; ***essere benvisto in ~ loco*** an höherer Stelle beliebt sein; ***un ~ magistrato*** ein hoher Richter; ***maglia -a, altissima*** Stäbchen *n.*, doppeltes Stäbchen; ***~ mare*** Hochsee *f.*, hohe See *f.*; ***essere in ~ mare*** auf hoher See sein; FIG. = noch weit vom Ziel entfernt sein; ***-a marea*** Flut *f.*; ***~ medioevo*** Frühmittelalter *n.*; ***-a moda*** Haute Couture *f.*; ***-a montagna*** Hochgebirge *n.*; ***-a nobiltà*** Hochadel *m.*, hoher Adel; MUS. ***note -e*** hohe Noten; ***a notte -a*** spätnachts; ***fino a notte -a*** bis in die späte Nacht; ***Pasqua -a*** späte Ostern; ***un ~ prelato*** ein hoher Prälat; METEOR. ***-a pressione*** Hochdruck *m.*; MED. ***pressione -a*** Hochdruck *m.*, hoher Blutdruck; ***venire dai quartieri -i*** aus vornehmem Haus kommen; ***ad -a quota*** in großer Höhe, hoch; SPORT ***salto in ~*** Hochsprung *m.*; ***nelle -e sfere*** → ***in ~ loco***; ***-a società*** Highsociety *f.*; ***-a stagione*** Hochsaison *f.*; ***~ tedesco*** Hochdeutsch(e) *n.*; ***tenere ~ il volume della radio*** das Radio laut laufen lassen; ***tenere ~ il morale, il proprio onore*** die Stimmung hoch‿halten, die Ehre wahren; ***-a tensione*** Hochspannung *f.*; ***andare a testa -a*** mit erhobenem Haupt einher‿gehen; MUS. ***toni -i*** obere Töne; ***~ tradimento*** Hochverrat *m.*; ***-a uniforme*** Paradeuniform *f.*, Galauniform *f.*; ***pantaloni a vita -a*** Hosen mit hoher Taille; ***parlare a voce -a, ad -a voce*** laut sprechen; ***volare ~*** hoch fliegen.

Al|to A|di|ge n.pr.m. Südtirol *n.* **al|to|a|te|si|no I** m. Südtiroler *m.* **II** agg. südtirolerisch, Südtiroler.

al|to|cu|mu|lo m. Altokumulus *m.* **al|to|for|no** m. Hochhofen *m.*

al|to|là inter. ***~!*** halt! wer da?

al|to|lo|ca|to agg. hoch stehend, hoch gestellt. **al|to|par|lan|te** m. Lautsprecher *m.* **al|to|pia|no** m. *(altipiani)* Hochebene *f.*, Hochplateau *n.* **al|to|ri|lie|vo** m. Hochrelief *n.* **al|to|stra|to** m. Altostratus *m.* **al|to-te|de|sco** agg. *(-schi,-sche)* hochdeutsch.

al|tre|sì avv. **1** ebenso, gleichfalls **2** *(anche)* auch.

al|tret|ta|le agg. ANT. ebensolcher.

al|tret|tan|to I agg. ebenso viel: ***ci sono sei cucchiai e -e forchette*** es gibt sechs Löffel und ebenso viele Gabeln **II** pron. **1** ebenso viel, genauso viel: ***ho speso 100 000 lire ieri e -e oggi*** gestern habe ich 100 000 Lire ausgegeben und heute genauso viel **2** *(la stessa cosa)* dasselbe: ***un giorno farà ~ per te*** eines Tages wird er dasselbe für dich tun **III** avv. **1** *(anche)* auch, genauso, ebenso: ***la critica vale ~ per te*** die Kritik gilt genauso für dich **2a** *(nello stesso modo)* ebenso, gleich: ***~ bello, caro, importante*** ebenso (*o* gleich) schön, teuer, wichtig **b** *(con avverbi)* ***~ bene, volentieri, spesso*** ebenso gut, ebenso gern, ebenso oft ◆ ***grazie, ~!*** danke, gleichfalls (*o* ebenfalls)!

al|tri pron.indef.inv. *(qualcuno)* ein anderer, andere, man ◆ ***chi ~ avrebbe potuto farlo (se non lui)?*** wer sonst hätte das tun können (, wenn nicht er)? ***non ~ che lui*** niemand anderer als er.

al|trie|ri avv. ANT. vorgestern.

al|tri|men|ti avv. **1** sonst, andernfalls: ***sbrigati, ~ perdi il treno*** beeile dich, sonst verpasst du den Zug **2** *(in altro modo)* anders: ***non possiamo fare ~*** wir können nicht anders handeln.

al|tro I agg. **1** and(e)re: ***dov'è l'~ guanto?*** wo ist der andere Handschuh? *(opposto)* ***sull'~ lato della strada*** auf der anderen Straßenseite; *(quello di prima)* ***l'~ vestito ti stava meglio*** das andere Kleid stand dir besser; *(nuovo)* ***comprare un'-a radio*** ein anderes Radio kaufen; *(diverso)* ***questa è un'-a questione!*** das ist eine andere Frage! ***non avere -a scelta*** keine andere Wahl haben; ***erano -i tempi*** das waren andere Zeiten **2** *(rimanente)* and(e)re, übrig: ***che ne hai fatto degli -i soldi?*** was hast du mit dem übrigen Geld getan? **3a** *(in più)* noch (ein): ***vorrei un'-a sigaretta*** ich möchte noch eine Zigarette; ***desidera ~ caffè?*** wünschen Sie noch Kaffee? **b** *(ulteriore)* weitere: ***per -e informazioni rivolgiti a lui*** für weitere Auskünfte wende dich an ihn; ***ho visto lui e tre -i amici*** ich habe ihn und drei weitere Freunde getroffen **4** *(secondo, novello)* neu, zweit: ***un ~ Mozart*** ein zweiter (neuer) Mozart; ***un ~ me stesso*** ein zweites Ich **5a** *(scorso)* letzt, vorig: ***l'altr'anno*** letztes Jahr **b** *(non immediatamente passato)* vorletzt **6a** *(prossimo)* nächst, kommend: ***quest'altr'anno, quest'~ mese*** nächstes Jahr, kommenden Monat **b** *(non immediatamente prossimo)* darauf folgend: ***la riunione non è la prossima, ma l'-a settimana ancora*** die Versammlung findet nicht nächste, sondern in der darauf folgenden Woche statt **II** pron.indef. **1** and(e)re: ***questa biro non scrive, dammene un'-a*** dieser Kugelschreiber schreibt nicht, gib mir einen anderen **2** *(rimanente)* and(e)re, übrige **3a** *(in più)* noch einer: ***ho finito la birra: dammene un'-a!*** ich habe das Bier ausgetrunken: gib mir noch eins! **b** *(ulteriore)* weitere: ***ho ricevuto due telegrammi, ne aspetto ancora -i*** ich habe zwei Telegramme erhalten, ich erwarte noch weitere **4a** *(scorso)* letzt, vorig **b** *(prossimo)* nächste **5** *(non immediatamente prossimo)* darauf folgend **6a** *(un'altra persona)* **un altro, un'altra** ein anderer, eine andere: ***un ~ non l'avrebbe fatto*** ein anderer hätte das nicht getan **b** pl. **altri** andere: ***non pensare solo a te, ci sono anche gli -i*** denke nicht nur an dich, die anderen sind auch noch da; ***gli -i verranno domani*** die anderen kommen morgen; ***alcuni erano d'accordo, -i no*** einige waren einverstanden, andere nicht **7a** *(qualcos'altro, altre cose)* and(e)res, etwas anderes: ***pensare ad ~*** an etwas anderes denken; ***ho ben ~ da fare!*** ich habe anderes zu tun! **b** *(in frasi negative)* nichts (anderes, mehr, weiter): ***non ho ~ da aggiungere*** ich habe nichts weiteres hinzuzufügen; ***non ho ~*** ich habe nichts mehr; ***non dissi ~*** ich sagte sonst nichts mehr; ***non voglio sapere ~*** mehr will ich nicht wissen **c** *(in frasi interrogative)* noch (etwas, mehr): ***che ~ posso fare per te?*** was kann ich noch für dich tun? ***hai saputo ~?*** hast du noch mehr erfahren? ◆ ***avanti un ~!*** der Nächste bitte! ***d'~ canto*** andererseits; ***c'è ~?*** gibt's noch etwas? was noch? ***che ~?*** was sonst? ***che ~ vuoi?*** was willst du noch? ***~ che lavorare! qui ci si diverte!*** von wegen arbeiten, hier ist es das reine Vergnügen! ***~ che simpatico, è odioso!*** er ist alles andere als nett, er ist widerwärtig; ***ti piace? – ~ che!*** gefällt es dir? – und ob! *(con domanda negativa)* ***non ho ragione? – ~ che!*** habe ich nicht recht? – aber ja doch! ***asino, bugiardo che non sei ~!*** ein Esel bist du! du bist nur ein Lügner! ***chi ~ (se non lui)?*** wer sonst(, wenn nicht er)? ***chi ~ c'era oltre a te?*** wer außer dir war noch da? ***chiunque ~*** jeder andere; ***dell'~*** noch (etwas); ***ma c'è dell'~!*** doch es kommt noch etwas! ***potrei avere dell'~ tè?*** könnte ich noch Tee haben? ***desidera ~?*** (wünschen Sie) noch etwas? ***diventare un ~, un'-a*** = sich von Grund auf ändern; ***domani l'~*** übermorgen; ***dove ~?*** wo sonst? ***non fare ~ che...*** nichts anderes tun als...; ***non fosse ~ per...*** allein schon, um...; ***fra l'~*** unter anderem; ***l'~ giorno*** vor einigen Tagen; ***un giorno o l'~*** eines Tages, über kurz oder lang; ***da un giorno all'~*** von einem auf den anderen Tag; ***l'~ ieri, ieri l'~*** vorgestern; ***ci mancherebbe ~!*** das fehlte gerade noch! ***in un modo o nell'~*** irgendwie; ***da un momento all'~*** jeden Augenblick; *(improvvisamente)* von heute auf morgen; ***l'~ mondo*** das Jenseits; ***andare all'~ mondo*** das Zeitliche segnen; ***cose dell'~ mondo!*** was du nicht sagst! ***nessun ~*** niemand anderer; ***in nessun ~ luogo*** nirgendwo sonst; ***nient'~*** nichts anderes; ***nient'altro che*** nichts anderes als, nur: ***non ti chiedo nient'~ che questo!*** ich bitte dich nur darum! ***noi -i/-e*** wir (unsererseits); ***se non ~*** wenigstens, zumindest; ***in -e parole*** mit anderen Worten; ***d'-a parte*** andererseits; ***girare qcs., girarsi (voltarsi) dall'-a parte*** etw., sich auf die andere Seite drehen; ***per ~*** übrigens, im übrigen; ***più che ~*** vor allem; ***un ~ po'*** noch ein wenig; ***qualche ~ libro, amico*** noch ein Buch, noch ein Freund; ***in qualche ~ modo, luogo*** (irgendwie) anders (*o* anderswie), (irgendwo) anders (*o* anderswo); *(moto)* anderswohin; ***qualcos'~*** etwas anderes; ***qualcun ~*** jemand anderer; ***questo e ~*** alles das und noch mehr; ***se non ~*** zumindest; ***con questo nuovo taglio sembra un'-a, un ~*** = mit dem neuen Haarschnitt ist sie, er nicht wieder zu erkennen; ***in un senso o nell'~*** so oder so; ***sentirsi un'-a persona (un ~, un'-a)*** sich wie neugeboren fühlen; ***senz'~*** ohne weiteres; ***tra l'~*** unter anderem; ***tutt'~ che...*** alles andere als...; ***tutt'~!*** im Gegenteil! ganz und gar nicht! ***l'un l'~*** einander, gegenseitig; ***gli uni e gli -i*** die einen und die anderen; ***gli uni contro gli -i*** gegeneinander; ***uno dopo l'~*** einer nach dem anderen; ***l'uno e l'~*** beide; ***voi -i/-e*** ihr (eurerseits); ***un'-a volta*** ein anderes Mal, noch einmal; ***ci vuol ~ per...*** es gehört mehr dazu, um...; PROV. ***~ è dire, ~ è fare*** Reden ist das eine, Handeln das andere.

al|tro|ché avv. **1** und ob, und wie: ***sei contento? – ~!*** bist du zufrieden? – und ob! **2** *(a domande negative)* doch: ***non ti piace? – ~!*** gefällt es dir nicht? – doch!

al|tron|de, ***d'~*** übrigens, im Übrigen, andererseits.

al|tro|ve avv. **1** woanders, COLLOQ. anderswo: ***trovarsi ~*** sich anderswo befinden: FIG. ***avere la testa ~*** den Kopf woanders haben **2** *(moto)* anderswohin: ***andare ~*** anderswohin gehen.

al|trui agg.poss.inv. fremd, anderer: ***senza l'aiuto ~*** ohne fremde Hilfe; ***immischiarsi nelle faccende ~*** sich in fremde Angelegenheiten mischen; ***arricchirsi a spese ~*** sich auf Kosten eines anderen bereichern.

al|tru|i|smo m. Selbstlosigkeit *f.*, Altruismus *m.* **al|tru|i|sta I** m. e f. *(-i,-e)* Altruist *m.* (-in *f.*) **II** agg. → **altruistico. al|tru|i|sti|co** agg. *(-ci,-che)* selbstlos, altruistisch.

al|tu|ra f. Höhe *f.*, Erhebung *f.*, Anhöhe *f.*

al|lu|ni|te f. Alaunstein *m.*

al|lun|no m. Schüler *m.*

al|ve|a|re m. **1** Bienenstock *m.* **2** FIG. SPREG. *(casa)* Mietskaserne *f.*

al|ve|o m. Bett. *n.*, Flussbett *n.*

al|ve|o|la|re agg. **1a** ANAT. alveolär **b** MED. Alveolar- **2** LING. alveolar. **al|ve|o|la|to** agg. alveolär. **al|ve|o|lo** m. **1** Alveole *f.* **2** *(celletta del favo)* Zelle *f.*, Wachszelle *f.* ◆ ***~ dentario*** Zahnhöhle *f.*; ***~ polmonare*** Lungenbläschen *n.*

al|vo m. ANAT. Darmkanal *m.*, Alvus *m.*

al|za|ban|die|ra m.inv. Fahnenappell *m.*

al|za|cri|stal|lo m. Fensterheber *m.*: ***-i elettrici*** elektrische Fensterheber.

al|za|ia f. Treidel *m.*, Treidelweg *m.*, Treidelpfad *m.*

al|za|re I tr. **1** heben, erheben: ***~ una cassa pesante*** eine schwere Kiste heben; ***~ la mano, il capo*** die Hand, den Kopf heben; ***~ lo sguardo, la voce*** den Blick, seine Stimme (er)heben **2** *(incrementare)* erhöhen: ***~ i prezzi*** die Preise erhöhen **3a** *(aumentare d'intensità)* höher stellen: ***~ il gas, il riscaldamento*** das Gas stärker auf_drehen, die Heizung höher stellen **b** *(aumentare d'altezza)* ***~ lo sgabello*** den Hocker höher stellen **4a** *(tirare su)* hoch_ziehen; ***~ il sipario*** den Vorhang hochziehen **b** *(veletta)* zurück_schlagen **c** *(bavero)* hoch_schlagen **d** *(sedile dell'auto)* hoch_klappen **5** ***~ (il volume di) qcs.*** etw. lauter stellen (*o* drehen) **6** *(appendere più in alto)* höher hängen **7** *(costruire)* errichten, hoch_ziehen: ***~ una casa, un muro*** ein Haus errichten, eine Mauer hochziehen **8** *(elevare)* erhöhen: ***~ la casa di un piano*** das Haus um ein Stockwerk erhöhen **9a** SPORT ***~ la palla a qcn.*** jdm den Ball stellen **b** assol. *(fare un'alzata)* den Ball stellen (*o* pritschen): ***ha alzato bene*** er hat den Ball gut gestellt **II** pronom. **alzarsi 1** sich heben, sich erheben: ***-rsi dalla sedia*** sich vom Stuhl erheben; ***la nebbia si alza*** der Nebel hebt sich **2** *(levarsi)* auf_kommen: ***si sta alzando un forte vento*** ein starker Wind kommt auf **3** *(dal letto)* auf_stehen: ***-rsi presto*** früh aufstehen **4a** *(aumentare)* sich erhöhen: ***il livello dell'acqua, della vita si è alzato*** der Wasserstand, der Lebensstandard hat sich erhöht **b** *(di febbre, temperatura)* steigen ◆ ***~ il bicchiere per un brindisi*** das Glas zum Anstoßen heben; ***~ una carta*** ab_heben; ***~ le mani, gli occhi al cielo*** die Hände, die Augen zum Himmel (er)heben; ***qcn. alza la cresta*** jdm schwillt der Kamm; ***non ~ un dito*** keinen Handschlag tun; *(stare in ozio)* keinen Finger rühren (*o* krümmen); AUT. ***~ i fari*** die Scheinwerfer auf_blenden; AUT. ***~ il finestrino*** das Autofenster hoch_stellen; *(con la manovella)* hoch_drehen, hoch_kurbeln; ***~ il gomito*** zu tief ins Glas gucken; COLLOQ. ***~ le mani (in segno di resa)*** die Hände hoch_nehmen; ***~ le mani su qcn.*** Hand an jdn legen; SCOL. UNIV. ***l'ultima interrogazione, l'ultimo esame mi ha alzato la media*** die letzte Befragung, Prüfung hat meinen Notendurchschnitt verbessert; ***alzarsi in punta di piedi*** sich auf die Zehenspitzen stellen; ***~ le spalle*** die Achseln (*o* mit den Achseln) zucken; ***~ i tacchi*** Fersengeld geben, ab_zischen; ***alzarsi da terra*** vom Boden aufstehen; MUS. ***~ di un tono*** einen Ton erhöhen; MAR. ***~ le vele*** die Segel hissen; ***alzarsi in volo*** auf_fliegen; *(di aereo)* auf_steigen.

al|za|ta f. **1** Hebung *f.*, Erhebung *f.* **2** *(vassoio a più piani)* Etagere *f.* **3** *(soprammobile da tavola)* Tafelaufsatz *m.* **4** *(di mobile)* Aufsatz *m.* **5** *(di scalino)* Stufenhöhe *f.* **6a** SPORT *(nella pallavolo)* Stellen *n.*: ***fare una bella ~*** den Ball gut stellen **b** *(nel sollevamento pesi)* Hubhöhe *f.* ◆ ***~ d'ingegno*** Geistesblitz *m.*; ***votare per ~ di mano*** durch Handheben (*o* Handzeichen) ab_stimmen; ***~ a scaffale*** Regalaufsatz *m.*; ***votazione per ~ e seduta*** Abstimmung durch Aufstehen und Sitzenbleiben; ***~ di spalle*** Achselzucken *n.*; TECN. ***~ della valvola*** Ventilhub *m.*

al|za|tac|cia f. *(-ce)* COLLOQ. ***fare un'~*** = sehr früh (*o* in aller Herrgottsfrühe) auf_stehen.

al|za|to I p.pass. agg. **1** → **alzare 2** erhoben; *(sveglio)* aufgestanden **II** m. Aufriss *m.* ◆ ***essere ~*** auf sein; ***restare ~*** auf_bleiben. **al|za|to|re** m. SPORT Steller *m.*

al|za|vo|la f. Krickente *f.*

al|zo m. **1** *(di fucile)* Visier *m.* **2** *(di cannone)* Aufsatz *m.*

A.M. ⇒ *Aeronautica Militare* (Italienische) Luftwaffe.

a|ma|bi|le agg. **1** lieblich, liebenswert **2** *(di vino)* lieblich. **a|ma|bi|li|tà** f.inv. Liebenswürdigkeit *f.* **a|ma|bil|men|te** avv. nett: ***chiacchierare ~ (con qcn.)*** sich (mit jdm) angenehm unterhalten.

a|ma|ca f. *(-che)* Hängematte *f.*

a|ma|dri|a|de f. **1** MITOL. Waldnymphe *f.* **2** ZOOL. Mantelpavian *m.*

a|mal|ga|ma m. Amalgam *m.* (anche FIG.).

a|mal|ga|ma|re *(amalgamo)* **I** tr. **1** CHIM. verschmelzen (anche FIG.), amalgamieren: ***~ elementi eterogenei, due civiltà*** verschiedene Elemente, zwei Kulturen miteinander verschmelzen **2** *(impastare)* vermengen: ***~ la farina con l'acqua*** Mehl mit Wasser vermengen **II** pronom. **amalgamarsi** sich verschmelzen, sich verbinden: ***la squadra si è ben amalgamata*** die Mannschaft ist gut zusammengewachsen. **a|mal|ga|ma|zio|ne** f. Amalgamation *f.*

A|ma|lia n.pr.f. Amalie *f.*

a|ma|ni|ta f. Wulstling *m.*; ***~ falloide*** Fliegenpilz *m.*

1.a|man|te I agg. -liebend: ***~ dell'ordine, della pulizia*** ordnungsliebend, reinlichkeitsliebend **II** m. e f. **1** *(innamorato)* Liebhaber *m.*, Geliebte *m.* e *f.*: ***farsi un ~*** sich einen Liebhaber zulegen; ***essere -i*** ein Liebespaar sein **2** FIG. Freund *m.* (-in *f.*), Liebhaber *m.* (-in *f.*): ***~ degli animali, della natura, dell'arte, della musica*** Tierfreund *m.*, Naturfreund *m.*, Kunstfreund *m.*, Musikfreund *m.* **3** LETT. ANT. Buhle *m.* e *f.*

2.a|man|te m. MAR. Jollentau *n.*

a|ma|nuen|se m. **1** Kopist *m.* **2** ESTENS. Schreibgehilfe *m.*, Schreiber *m.*

a|ma|ra|men|te avv. bitter, bitterlich, herb (anche FIG.).

a|ma|ran|to I m. Amarant *m.* **II** agg.inv. amaranten, amarantrot.

a|ma|ra|sca f. *(-sche)* Glaskirsche *f.*, Amarelle *f.*

a|ma|re I tr. **1** lieben: ***~ i propri figli, gli animali*** seine Kinder, Tiere lieben; ***~ la patria, il potere*** das Vaterland, die Macht lieben; ***~ qcn. con grande trasporto, alla follia*** jdn leidenschaftlich, wahnsinnig lieben; ***~ Dio e il prossimo*** Gott und seinen Nächsten lieben; ***questa pianta ama l'ombra*** diese Pflanze liebt den Schatten **2** *(gradire)* lieben, mögen: ***~ la musica, la buona tavola*** Musik, das gute Essen mögen; ANT. ***amerei sapere...*** ich möchte (gern) wissen... **3** ***~ fare qcs.*** etw. gern tun, lieben, etw. zu tun: ***ama stare solo*** er ist gern allein; ***ama leggere, viaggiare*** er liest, reist gern; ***non ama essere contraddetto, criticato*** er mag es nicht, wenn ihm widersprochen wird, wenn er kritisiert wird **II** pronom. **amarsi 1** *(se stesso)* sich lieben **2** *(reciprocamente)* einander lieben ◆ ***farsi ~ da qcn.*** jds Liebe gewinnen.

a|ma|reg|gia|re *(amareggio, amareggi)* **I** tr. verbittern **II** pronom. **amareggiarsi** sich grämen, verbittert werden, sein. **a|ma|reg|gia|to** p.pass. agg. **1** → **amareggiare 2** verbittert, bitter: ***essere ~ per qcs.*** über etw. verbittert sein.

a|ma|re|na f. Sauerkirsche *f.*, Amarelle *f.* **a|ma|re|no** m. Sauerkirsche *f.*, Sauerkirschbaum *m.*

a|ma|ret|to m. INTRAD. **1** (Mandelgebäck) **2** (Mandellikör).

a|ma|rez|za f. **1** Bitterkeit *f.* **2** FIG. Bitterkeit *f.*, Verbitterung *f.*: ***provare un senso di ~*** ein Gefühl der Bitterkeit verspüren; ***dire qcs. con ~*** etw. mit Verbitterung sagen **3** LETT. Bitternis *f.* ◆ ***una vita piena di -e*** ein Leben voller Bitternis.

a|ma|ril|li, a|ma|ril|li|de f. Amaryllis *f.*

a|ma|ro I agg. bitter (anche FIG.): ***gusto ~*** bitterer Geschmack, ***un'-a delusione, verità*** eine bittere Enttäuschung, Wahrheit; ***un sorriso ~*** ein bitteres Lächeln; ***con tono ~*** mit bitterem Ton; ***un'-a sconfitta*** eine herbe Niederlage **II** m. **1** Bitterkeit *f.*: ***l'~ della mandorla*** das Mandelbitter **2** *(digestivo)* Magenbitter *m.* ◆ ***lasciare la bocca -a*** einen bitteren Nachgeschmack hinterlassen (anche FIG.); ***un boccone ~*** eine bittere Pille; ***inghiottire un boccone ~*** in den sauren Apfel beißen; LETT. ***vuotare l'~ calice*** den bitteren Kelch bis zur Neige leeren; ***~ come il fiele*** gallenbitter; ***masticare ~*** → ***inghiottire un boccone ~***. **a|ma|ro|gno|lo I** agg. leicht bitter: ***tono ~*** verbitterter Ton **II** m. ***sapere di ~*** bitter schmecken.

a|mar|ra f. Vertäuung *f.*

a|ma|sio m. *(-si)* Lustknabe *m.*

a|ma|sti|a f. Amastie *f.*

a|ma|teur [ama'tœ:r] m.inv. → **amatore. a|ma|to I** p.pass. agg. **1** → **amare 2** geliebt: ***l'~ figlio*** geliebtes Kind **II** m. Geliebte *m.* ◆ ***l'~ bene*** Geliebte *m.* e *f.* **a|ma|to|re** m. **1** Liebhaber *m.*: ***pezzo, prezzo da ~*** Liebhaberstück *n.*, Liebhaberpreis *m.* **2** SPORT Amateur *m.* **a|ma|to|ria|le** agg. amateurhaft, Amateur-: ***sport ~*** Amateursport *m.*; ***film ~*** Amateurfilm *m.*; ***radiotelefonia ~*** Amateurfunk *m.* **a|ma|to|rio** agg. *(-ri,-rie)* ANT. Liebes-: ***filtro ~*** Liebestrank *m.*; ***poesia -a*** Liebesdichtung *f.*

a|ma|tri|cia|na, all'~ INTRAD. (mit einer Soße aus Speck, Tomaten und Schafskäse).

a|mau|ro|si f. schwarzer Star *m.*

a|maz|zo|ne I f. **1** MITOL. Amazone *f.* **2** *(cavallerizza)* Amazone *f.*, Reiterin *f.* **3** *(abito da cavallerizza)* Reitkleidung *f.*, Reitkostüm *n.* **II** agg. ZOOL. ***formica ~*** Amazonenameise *f.* ◆ ***cavalcare all'~*** im Damensitz reiten; ***Rio delle Amazzoni*** Amazonas *m.*; ***sella da ~*** Damensattel *m.*

am|ba|ge f. Umschweif *m.*: ***rispondere senza -i*** ohne Umschweife antworten.

am|ba|scia f. *(-sce)* Sorge *f.*, Kummer *m.* **am|ba|scia|re** ANT. **I** tr. bekümmern **II** pronom. ***ambasciarsi per qcs.*** sich über etw. bekümmern. **am|ba|scia|ta** f. Botschaft *f.* (anche DIPL.): ***affidare, inviare, portare un'~ a qcn.*** jdm eine Botschaft übergeben, senden, bringen. **am|ba|scia|to|re** m. Botschafter *m.*: ***richiamare un ~*** einen Botschafter abberufen ◆ PROV. ***ambasciator non porta pena*** der Bote geht straffrei aus.

am|bas|so m. Doppelass *n.*

am|be|due I agg.inv. beide: ***~ le sorelle*** die beiden Schwestern **II** pron.inv. beide: ***uscimmo ~ dalla stanza*** wir gingen beide aus dem Zimmer.

am|bia|re intr. (aus. *avere*) im Passgang gehen. **am|bia|to|re** m. Passgänger *m.* **am|bia|tu|ra** f. Passgang *m.*

am|bi|de|stri|smo m. **1** Beidhändigkeit *f.* **2** *(nell'uso dei piedi)* Beidfüßigkeit *f.* **am|bi|de|stro** agg. **1** *(con le mani)* beidhändig, beidarmig **2** SPORT *(con i piedi)* beidfüßig: ***un calciatore ~*** ein beidfüßiger Spieler.

am|bien|ta|le agg. Umwelt-: ***tutela, inquinamento ~*** Umweltschutz *m.*, Umweltverschmutzung *f.*; ***condizioni -i*** Umweltbedingungen *pl.* **am|bien|ta|li|smo** m. Umweltschutz *m.* **am|bien|ta|li|sta** *(-i,-e)* **I** agg. Umweltschutz-, Umwelt-: ***associazione -a*** Verband der Umweltschützer **II** m. e f. Umweltschützer *m.* (-in *f.*).

am|bien|ta|men|to *m.* Eingewöhnung *f.*

am|bien|ta|re I tr. **1** platzieren: ***~ un mobile*** ein Möbelstück platzieren **2** *(animali, piante)* ***fare ~*** ein_gewöhnen **3** *(film, romanzi)* spielen lassen: ***~ l'azione nel passato*** die Handlung in der Vergangenheit spielen lassen **II** pronom. **ambientarsi** sich ein_gewöhnen: ***-rsi in una città, nel nuovo lavoro*** sich in einer Stadt, in der neuen Arbeit eingewöhnen; ***non riuscire ad -rsi*** sich nicht eingewöhnen können. **am|bien|ta|to** p.pass. agg. **1** → **ambientare 2** eingewöhnt ◆ *(di film, romanzi)* ***essere ~*** spielen. **am|bien|ta|zio|ne** f. **1** → **ambientamento 2** TEATR. CINEM. Bühnenausstattung *f.*, Bühnendekoration *f.* **3** *(contesto storico-culturale)* Hintergrund *m.*: ***romanzo di ~ storica*** Roman mit historischem Hintergrund.

am|bien|te m. **1a** Umwelt *f.*, Umgebung *f.*: ***~ naturale, artificiale, culturale*** natürliche, künstliche, kulturelle Umwelt; ***adattarsi a un ~*** sich einer Umgebung anpassen **b** ***~ marino, montano*** Meereswelt *f.*, Bergwelt *f.* **2** *(ambito)* Milieu *n.* (anche BIOL.), Kreis *m.*, Szene *f.*: ***frequentare gli -i più esclusivi*** in den ersten (*o* besten) Kreisen verkehren; ***~ borghese, equivoco*** bürgerliches, fragwürdiges Milieu; ***essere noto nell'~*** in der Szene bekannt sein; ***negli -i politici*** in politischen Kreisen **3** PSIC. SOCIOL. Umfeld *n.* **4** *(stanza)* Raum *m.*: ***-i luminosi*** lichte Räume **5** INFORM. Bereich *m.*: ***in ~ DOS*** im DOS-Bereich ◆ ***-i della cultura*** Kulturszene *f.*; ***danni all'~*** Umweltschäden *pl.*; ***~ di lavoro*** Arbeitsklima *n.*; ***-i della malavita*** Unterwelt *f.*; ***temperatura ~*** Raumtemperatur *f.*, Zimmertemperatur *f.*; ***tutela dell'~*** Umweltschutz *m.*; ***~ universitario*** Universitätsmilieu *n.*

am|bi|ge|ne|re agg. zweigeschlechtlich.

am|bi|gua|men|te avv. doppeldeutig, zweideutig. **am|bi|gui|tà** f.inv. Doppeldeutigkeit *f.*, Zweideutigkeit *f.*, Ambiguität *f.*

am|bi|guo agg. **1** zweideutig, doppeldeutig: ***un discorso ~*** ein zweideutiges Gespräch **2** *(sospetto)* zwielichtig, zweifelhaft: ***un comportamento ~*** ein zwielichtiges Benehmen.

am|bio m. *(-bi)* Passgang *m.*: ***andare d'~*** im Passgang gehen.

am|bi|re *(ambisco, ambisci)* **I** tr. begehren, erstreben: ***~ un premio*** einen Preis erstreben **II** intr. (aus. *avere*) streben: ***~ a un titolo, agli onori*** nach einem Titel, nach Ruhm und Ehre streben.

1.am|bi|to p.pass. agg. **1** → **ambire 2** begehrt, ersehnt: ***un premio molto ~*** ein sehr begehrter Preis.

2.am|bi|to m. Bereich *m.*: ***l'~ della famiglia*** der Bereich der Familie; ***qcs. non rientra nel mio ~, nell'~ dei miei compiti*** etw. fällt nicht in meinen Bereich, in den Bereich meiner Aufgaben ◆ ***nell'~ delle mura domestiche*** innerhalb der eigenen vier Wände.

am|bi|va|len|te agg. ambivalent: ***sentimento ~*** ambivalentes Gefühl. **am|bi|va|len|za** f. Ambivalenz *f.*

am|bi|zio|ne f. Ehrgeiz *m.*, Ehrsucht *f.*, Ambition *f.*: ***avere l'~ di fare qcs.*** den Ehrgeiz haben, etw. zu tun; ***fare qcs. per ~*** etw. aus Ehrgeiz tun; ***non avere -i*** keinen Ehrgeiz haben. **am|bi|zio|sa|men|te** avv. aus Ehrgeiz.

am|bi|zio|so I agg. ehrgeizig, ehrsüchtig: ***una persona -a*** ein ehrgeiziger Mensch; ***un progetto ~*** ein ehrgeiziges Projekt **II** m. Ehrgeizige *m.*, Ehrsüchtige *m.*, SPREG. Streber *m.*

am|bo I agg.inv. beide: ***~ gli occhi*** beide Augen; ***in ~ i casi*** in beiden Fällen **II** m. Doppeltreffer *m.*, Ambe *f.* ◆ ***da ~ le parti*** hüben und drüben.

am|bo|ne m. Ambo *m.*

am|bo|ses|si, am|bo|ses|so agg.inv. beiderlei Geschlechts.

am|bra I f. **1** Bernstein *m.*; ***collana d'~*** Bernsteinkette *f.* **2** *(di colore)* Bernsteinfarbe *f.* **II** agg. ***color ~*** bernsteinfarben ◆ ***~ grigia*** Amber *m.* **am|bra|to** agg. bernsteinfarben: ***vino ~*** bernsteinfarbener Wein.

am|bro|get|ta f. = verglaste Tonfliese *f.*

Am|bro|gio n.pr.m. Ambrosius *m.*

am|bro|sia f. **1** MITOL. BOT. Ambrosia *f.* **2** FIG. Götterspeise *f.*

am|bro|sia|no agg. **1** Ambrosianisch: ***inno, rito ~*** Ambrosianischer Lobgesang, Ritus **2** *(milanese)* Mailänder: ***carnevale ~*** Mailänder Karneval.

am|bu|la|cro m. **1** Wandelgang *m.*, Rundgang *m.* **2** ZOOL. Ambulakrum *n.*

am|bu|lan|te I agg.inv. Wander-, Straßen-: ***commercio, venditore ~*** Straßenhandel *m.*, Straßenhändler *m.*; ***suonatore ~*** Straßenmusikant *m.* **II** m. e f. Straßenhändler *m.* (-in *f.*) ◆ ***biblioteca ~*** Wanderbücherei *f.*; FIG. ***essere una biblioteca ~*** ein wandelndes Lexikon sein; ***cadavere ~*** wandelnder Leichnam.

am|bu|lan|za f. Krankenwagen *m.*, Rettungswagen *m.*, Ambulanz *f.* (anche MIL.): ***chiamare un'~*** einen Krankenwagen rufen.

am|bu|la|to|ria|le agg. ambulant, ambulatorisch: ***intervento ~*** ambulanter Eingriff. **am|bu|la|to|rial|men|te** avv. ambulant: ***curarsi ~*** sich ambulant behandeln lassen. **am|bu|la|to|rio** m. *(-ri)* Praxis *f.*, Sprechzimmer *n.* ◆ ***andare in ~*** in die Sprechstunde gehen; ***~ dentistico*** Zahnarztpraxis *f.*; ***orario di ~*** Sprechstunde *f.*

am|bur|ghe|se I agg. hamburgisch **II** m. e f. Hamburger (-in *f.*).

Am|bur|go n.pr.f. Hamburg *n.*

AME ⇒ *Accordo Monetario Europeo* Europäisches Währungsabkommen (EWA).

a|me|ba f. Wechseltierchen *n.*, Amöbe *f.*

A|me|de|o n.pr.m. Amadeus *m.*

a|men m. Amen *n.* ◆ ***in un ~*** im Nu.

a|me|ni|tà f.inv. **1** Anmut *f.*, Lieblichkeit *f.*: ***l'~ del paesaggio*** die Anmut der Landschaft **2** *(facezia)* Scherz *m.*, spaßhafte Bemerkung *f.* **3** IRON. Unsinn *m.*: ***questa è un'~!*** das ist Unsinn!

a|me|no agg. **1** anmutig, lieblich: ***un luogo ~*** ein lieblicher Ort **2** *(bizzarro)* sonderbar, komisch: ***un tipo ~*** ein komischer Typ **3** *(divertente, allegro)* unterhaltend, Unterhaltungs-, spaßig: ***lettura -a*** Unterhaltungslektüre *f.*

a|me|nor|re|a f. Amenorrhöe *f.*

A|me|ri|ca n.pr.f. Amerika *n.*

a|me|ri|ca|na|ta f., SPREG. ***qcs. è una vera ~*** etw. ist typisch amerikanisch (großspurig).

a|me|ri|ca|ni|smo m. Amerikanismus *m.* **a|me|ri|ca|ni|sta** m. e f. *(-i,-e)* Amerikanist *m.* (-in *f.*). **a|me|ri|ca|ni|sti|ca** f. Amerikanistik *f.* **a|me|ri|ca|niz|za|re I** tr. amerikanisieren **II** pronom. **americanizzarsi** sich amerikanisieren. **a|me|ri|ca|niz|za|zio|ne** f. Amerikanisierung *f.* **a|me|ri|ca|no I** agg. amerikanisch: ***il continente ~*** der amerikanische Kontinent **II** m. **1** Amerikaner *m.* **2** *(lingua)* Amerikanisch(e) *n.*

a|me|ri|cio m. Americium *n.*

a|me|rin|dio I agg. *(-di,-die)* indianisch **II** m. *(-di)* Indianer *m.*

a|me|ti|sta f. Amethyst *m.*

am|fe|ta|mi|na → **anfetamina.**

a|mian|to m. Asbest *m.*, Amiant *m.*; ***tuta d'~*** Asbestanzug *m.*

a|mi|ca f. *(-che)* Freundin *f.* (anche EUFEM.).

a|mi|che|vo|le I agg. **1** *(di, da amico)* freundschaftlich: ***un comportamento ~*** ein freundschaftliches Verhalten; ***gesti, rapporti -i*** freundschaftliche Gesten, Beziehungen; ***in modo ~*** freundschaftlich **2** DIR. gütlich: ***accordo ~*** gütliche Einigung; ***in via ~*** auf gütlichem Wege **3** SPORT Freundschafts- **II** f. SPORT Freundschaftsspiel *n.* **a|mi|che|vo|lez|za** f. Freundschaftlichkeit *f.* **a|mi|che|vol|men|te** avv. freundschaftlich.

a|mi|ci|zia f. **1** Freundschaft *f.*: ***fare, stringere ~ con qcn.*** mit jdm Freundschaft schließen (*o* sich befreunden); ***rompere un'~*** eine Freundschaft auf_kündigen; ***essere in rapporti d'~ con qcn.*** jdm, mit jdm in Freundschaft (*o* freundschaftlich) verbunden sein; ***per ~*** aus Freundschaft **2** pl. *(amici)* ***le mie -e*** meine Freunde ◆ EUFEM. O IRON. ***un'affettuosa ~*** eine Liebesbande; ***legame di ~*** Freundschaftsbund *m.*; ***un'~ particolare*** eine spezielle Freundschaft; ***~ fra popoli*** Völkerfreundschaft *f.*, Freundschaft zwischen Völkern; ***sentimenti d'~*** freundschaftliche Gesinnung *f.*, freundschaftliche Gefühle *pl.*; ***una tenera ~*** → ***un'affettuosa ~***; POL. ***trattato di ~*** Freundschaftsvertrag *m.*; PROV. ***patti chiari ~ lunga*** = klare Abmachungen erhalten die Freundschaft.

a|mi|co I agg. *(-ci,-che)* **1** befreundet: ***essere (molto) ~ di qcn.*** mit jdm (eng) befreundet sein **2** freundschaftlich: ***una parola -a*** ein freundschaftliches Wort **II** m. *(-ci)* Freund *m.*: ***avere un ~*** einen Freund haben (anche EUFEM.); ***avere qcn. per ~*** jdn zum Freund haben; ***diventare -ci, diventare ~ di qcn.*** Freunde werden, jds Freund werden; ***farsi ~ qcn.*** jdn zum Freund gewinnen; ***un mio ~*** ein Freund von mir; ***il mio migliore ~*** mein bester Freund; ***~ intimo*** enger Freund; ***essere fra -ci, grandi -ci*** unter Freunden, dicke Freunde sein; EUFEM. ***il mio ~*** mein Freund; ***ha un nuovo ~*** sie hat einen neuen Freund ◆ ***bell'~!*** du bist mir ein schöner Freund! ***~ del cuore*** Busenfreund *m.*; ***da ~*** freundschaftlich; ***~ di famiglia*** Freund der Familie; ***~ d'infanzia*** Jugendfreund *m.*; ***-ci per la pelle*** = unzertrennliche Freunde; ***~ di scuola*** Schulfreund *m.*; ***un vecchio ~*** ein alter Freund; PROV. ***chi trova un ~ trova un tesoro*** ein treuer Freund ist Goldes wert; ***gli -ci si riconoscono nel momento del bisogno*** Freunde erkennt man in der Not. **a|mi|co|ne** m. dicker Freund *m.*

a|mi|da|ce|o → **amilaceo.**

a|mi|da|tu|ra f. Stärken *n.* **a|mi|do** m. Stärke *f.*; TESS. Wäschestärke *f.*

a|mig|da|la f. **1** ANAT. Mandel *f.*, Tonsille *f.* **2** ARCHEOL. Faustkeil *m.* **a|mig|da|li|te** f. Mandelentzündung *f.*

a|mi|la|ce|o agg. stärkehaltig.

a|mi|la|si f. Amylase *f.*

a|mi|na → **ammina.**
a|mi|no|a|ci|do → **amminoacido.**
a|mi|stà f.inv. LETT. ANT. → **amicizia.**
a|mi|to|si f. Amitose *f.*
am|le|ti|ca|men|te avv. hamletisch. **am|le|ti|co** agg. *(-ci,-che)* hamletisch ◆ ***dubbio ~*** quälender Zweifel. **Am|le|to** n.pr.m. Hamlet *m.*
am|mac|ca|re *(ammacco, ammacchi)* **I** tr. verbeulen, ein_drücken: ***~ il parafango*** den Kotflügel verbeulen **II** pronom. **ammaccarsi 1** sich verbeulen, sich ein_beulen **2** *(di frutta)* gequetscht werden **3** *(prendere una botta)* ***-rsi qcs.*** sich etw. auf_schlagen, sich etw. prellen: ***-rsi il ginocchio*** sich das Knie aufschlagen. **am|mac|ca|to** p.pass. agg. **1** → **ammaccare 2** *(di frutta)* gequetscht **3** *(di parti del corpo)* geprellt, aufgeschlagen ◆ ***essere tutto ~*** völlig zerschlagen sein. **am|mac|ca|tu|ra** f. **1** Beule *f.* **2** *(di frutta)* Druckstelle *f.*
am|ma|e|stra|bi|le agg. **1** belehrbar **2** *(di animali)* abrichtbar, dressierbar. **am|ma|e|stra|men|to** m. **1** Belehrung *f.*, Unterweisung *f.* **2** *(di animali)* Abrichtung *f.*, Dressur *f.* **3** *(precetto)* Lehre *f.*
am|ma|e|stra|re tr. **1** lehren, unterweisen, belehren: ***~ qcn. in qcs.*** jdn etw. lehren, jdn in etw. (D) unterweisen **2** *(animali)* ab_richten, dressieren. **am|ma|e|stra|to** p.pass. agg. **1** → **ammaestrare 2** dressiert, Dressur-: ***cavallo ~*** Dressurpferd *n.* **am|ma|e|stra|to|re** m. Abrichter *m.*; *(domatore)* Dresseur *m.*
am|ma|glia|re tr. *(ammaglio, ammagli; legare con funi)* zu_schnüren, ein_schnüren.
am|mai|na|ban|die|ra m.inv. Flaggeneinholung *f.* **am|mai|na|re** tr. *(ammaino)* ein_holen, ein_ziehen: ***~ le vele*** die Segel einholen; FIG. die Segel streichen.
am|ma|lar|si pronom. krank werden, erkranken: ***~ di qcs.*** an etw. (D) erkranken. **am|ma|la|to I** p.pass. agg. **1** → **ammalarsi 2** krank; ***cadere ~*** erkranken **II** m. Kranke *m.*
am|ma|lian|te agg. bezaubernd, betörend, verführerisch: ***uno sguardo ~*** ein verführerischer Blick. **am|ma|lia|re** tr. *(ammalio, ammali)* **1** behexen **2** FIG. bezaubern, verführen. **am|ma|lia|to|re I** agg. → **ammaliante II** m. Zauberer *m.*, Verführer *m.* **am|ma|lia|tri|ce** f. Zauberin *f.*, Verführerin *f.*
am|man|co m. *(-chi)* Fehlbetrag *m.*, Manko *n.*; *(perdita)* Ausfall *m.*: ***colmare un ~*** einen Fehlbetrag aus_gleichen.
am|ma|net|ta|re tr. **1** ***~ qcn.*** jdm Handschellen an_legen **2** *(arrestare)* verhaften.
am|ma|ni|ca|to agg. gut eingeführt: ***essere ~ con qcn.*** bei jdm gut eingeführt sein.
am|ma|ni|glia|re tr. *(ammaniglio, ammanigli)* MAR. schäkeln. **am|ma|ni|glia|to** p.pass. agg. **1** → **ammanigliare 2** → **ammanicato.**
am|man|na|re tr. in Garben binden.
am|man|ni|re tr. *(ammannisco, ammannisci)* **1** zu_bereiten, vor_bereiten **2** SCHERZ. *(propinare)* auf_tischen.
am|man|si|re *(ammansisco, ammansisci)* **I** tr. **1** zähmen **2** *(persone)* besänftigen, beschwichtigen **II** pronom. **ammansirsi 1** zahm werden **2** *(di persone)* sich besänftigen, sich beruhigen.
am|man|ta|re LETT. **I** tr. **1** mit einem Mantel umhüllen, in einen Mantel hüllen **2** *(ricoprire)* überdecken, ein_hüllen **3** FIG. bemänteln **II** pronom. **ammantarsi 1** sich mit einem Mantel umhüllen, sich in einen Mantel hüllen **2** FIG. *(ostentare fingendo)* ***-rsi di qcs.*** etw. vor_spiegeln, etw. vor_täuschen: ***-rsi di virtù*** Tugend vorspiegeln.
am|ma|rag|gio m. *(-gi)* Wasserlandung *f.*, Wasserung *f.* **am|ma|ra|re** intr. (aus. *avere*) wassern.
am|mar|rag|gio m. *(-gi)* Vertäuung *f.* **am|mar|ra|re** tr. **1** vertäuen **2** ESTENS. verankern.
am|mas|sa|men|to m. **1** Häufung *f.*, Anhäufung *f.*, Ansammlung *f.* **2** MIL. *(di truppe)* Zusammenziehung *f.*, Massierung *f.*
am|mas|sa|re I tr. **1** häufen, auf_häufen, an_sammeln: ***~ legname, ricchezze*** Holz, Reichtümer aufhäufen **2a** *(persone)* zusammen_drängen **b** MIL. zusammen_ziehen, massieren: ***~ le truppe*** die Truppen zusammenziehen **3** *(portare all'ammasso)* speichern: ***~ grano*** Getreide speichern **II** pronom. **ammassarsi 1** sich häufen, sich an_häufen **2** *(affollarsi)* sich drängen, sich sammeln: ***-rsi in piazza*** sich auf dem Platz sammeln.
am|mas|so m. **1** Anhäufung *f.*, Haufen *m.*: ***~ di rovine*** Trümmerhaufen m.; ASTRON. ***~ stellare*** Sternhaufen *m.* **2a** ECON. *(raccolta di prodotti agricoli)* Ablieferung *f.*; ***portare il grano all'~*** Getreide ab_liefern **b** *(luogo di raccolta)* Sammelstelle *f.*
am|ma|tas|sa|re tr. in Stränge auf_wickeln.
am|mat|ti|men|to m. **1a** Verrücktwerden *n.* **b** etwas zum Verrücktwerden **2** *(rompicapo)* Plage *f.* **am|mat|ti|re** intr. *(ammattisco, ammattisci;* aus. *essere)* **1** verrückt werden **2** FIG. *(scervellarsi)* ***~ su qcs.*** sich den Kopf über etw. zerbrechen ◆ ***c'è da ~*** es ist zum Verrücktwerden; ***fare ~ qcn.*** jdn verrückt machen.
am|mat|to|na|re tr. (mit Ziegelsteinen) pflastern. **am|mat|to|na|to I** p.pass. agg. **1** → **ammattonare 2** Ziegelstein- **II** m. Ziegelsteinpflaster *n.*
am|maz|za|caf|fè m.inv. INTRAD. (Gläschen Likör nach dem Essen). **am|maz|za|men|to** m. **1** *(uccisione)* Töten *n.*, Mord *m.* **2** FIG. *(faticaccia)* Plackerei *f.*, Schufterei *f.*
am|maz|za|re I tr. **1** um_bringen, ermorden; *(a colpi, a botte)* tot_schlagen, erschlagen; *(sparando)* tot_schießen, erschießen: ***~ qcn. come un cane*** jdn bestialisch ermorden **2** *(logorare, sfinire)* um_bringen: ***questo lavoro mi ammazza*** diese Arbeit bringt mich um **II** pronom. **ammazzarsi 1** *(suicidarsi)* sich um_bringen **2** *(in un incidente)* um_kommen, ums Leben kommen **3** FIG. ***-rsi di lavoro*** sich tot_arbeiten ◆ ***~ qcn. di botte*** jdn totschlagen; ***~ la noia*** die Langeweile vertreiben; ***~ il tempo*** die Zeit totschlagen.
am|maz|za|set|te m.inv. = Aufschneider *m.* **am|maz|za|to** p.pass. agg. **1** → **ammazzare 2** umgebracht, totgeschlagen ◆ ***morire ~*** getötet, ermordet werden. **am|maz|za|to|io** m. *(-oi)* Schlachthof *m.*, Schlachthaus *n.*
am|men|da f. **1** DIR. Bußgeld *n.*, Geldbuße *f.*, Buße *f.* **2** ESTENS. *(riparazione)* Wiedergutmachung *f.*; ***fare ~ di qcs.*** etw. wieder gutmachen. **am|men|da|men|to** m. AGR. Bodenverbesserung *f.*
am|men|ni|co|lo m. **1** Kleinigkeit *f.* **2** *(pretesto)* Ausflucht *f.*, Vorwand *m.*
am|mes|so I p.pass. agg. **1** → **ammettere 2** zulässig: ***non ~*** unzulässig; ***essere ~ per legge*** rechtlich zulässig sein **II** m. Zugelassene *m.*: ***gli -i al concorso*** die zum Wettbewerb Zugelassenen ◆ ***~ che...*** angenommen, dass...
am|met|te|re tr. *(ammisi, ammesso)* **1a** *(accettare)* zu_lassen: ***~ all'esame*** zur Prüfung zulassen; ***~ come prova*** als Beweis zulassen **b** *(permettere)* zu_lassen, dulden: ***non ammetto indugi*** ich dulde kein Zögern; ***non ~ alcuna proroga*** keinen Aufschub dulden **2** *(riconoscere)* zu_geben: ***~ i propri errori*** die eigenen Fehler zugeben **3** *(accogliere)* auf_nehmen: ***~ qcn. in un'associazione*** jdn in einen Verein aufnehmen **4** *(ricevere)* vor_lassen, ein_treten lassen: ***~ qcn. alla presenza di qcn.*** jdn bei jdm vorlassen **5** *(supporre)* an_nehmen: ***ammettiamo che...*** nehmen wir an, dass... ◆ ***non voler ~ qcs.*** etw. nicht wahrhaben (*o* zugeben) wollen; ***~ un titolo in borsa*** ein Wertpapier kotieren (*o* an der Börse zulassen).
am|mez|za|re tr. **1** *(dimezzare)* halbieren, in zwei Hälften teilen, hälften **2a** *(riempire a metà)* zur Hälfte (*o* halb) füllen **b** *(vuotare a metà)* zur Hälfte (*o* halb) leeren **3** *(compiere a metà)* ***~ un lavoro*** eine Arbeit zur Hälfte aus_führen (*o* halb machen); ***~ un discorso*** eine Rede zur Hälfte halten. **am|mez|za|to I** p.pass. agg. **1** → **ammezzare 2** halb-: ***un bicchiere ~*** ein halb volles (*o* halb leeres) Glas **II** m. Halbgeschoss *n.*, Zwischenstockwerk *n.*, Mezzanin *n.*
am|mez|zi|re *(ammezzisco, ammezzisci)* intr. (aus. *essere*); pronom. **ammezzirsi** überreif werden.
am|mic|ca|men|to m. Zwinkern *n.*, Blinzeln *n.*, Augenzwinkern *n.*
am|mic|can|te agg. augenzwinkernd: ***uno sguardo ~*** ein augenzwinkernder Blick ◆ ***un sorriso ~*** ein komplizenhaftes Lächeln.
am|mic|ca|re intr. *(ammicco, ammicchi;* aus. *avere)* ***~ a qcn.*** jdm zu_zwinkern (*o* zu_blinzeln), jdn an_blinzeln. **am|mic|co** m. *(-chi)* → **ammiccamento.**
am|mi|de f. Amid *n.* **am|mi|di|co** agg. *(-ci,-che)* Amid-.
am|mi|na f. Amin *n.* **am|mi|ni|co** agg. *(-ci,-che)* Amin-.
am|mi|ni|stra|re tr. **1a** verwalten, administrieren: ***~ un'azienda, un comune, un patrimonio*** einen Betrieb, eine Gemeinde, ein Vermögen verwalten **b** *(economizzare)* wirtschaften: ***~ bene il denaro*** mit dem Geld gut wirtschaften **2** *(somministrare)* verabreichen, geben: ***~ un farmaco*** ein Medikament verabreichen **3** RELIG. *(impartire)* spenden: ***~ i sacramenti*** die Sakramente spenden ◆ ***~ la giustizia*** Recht sprechen; ***~ il proprio tempo*** seine Zeit einteilen. **am|mi|ni|stra|ti|va|men|te** avv. verwaltungsmäßig, auf dem Verwaltungsweg. **am|mi|ni|stra|ti|vi|sta** m. e f. *(-i,-e)* Verwaltungsrechtler *m.* (-in *f.*).
am|mi|ni|stra|ti|vo I agg. verwaltungsmäßig, administrativ, Verwaltungs-, Amts-: ***apparato, tribunale, ufficio ~*** Verwaltungsapparat *m.*, -gericht *n.*, -büro *n.*; ***pena, sanzione -a*** Verwaltungsstrafe *f.*; ***spese -e*** Verwaltungsaufwand *m.*; ***atto ~, responsabilità -a*** Amtshandlung *f.*, -haftung *f.* **II** m. Verwaltungsbeamte *m.*, Verwaltungsangestellte *m.* ◆ ***anno ~*** Geschäftsjahr *n.*; ***autonomia -a*** Selbstverwaltung *f.*; ***diritto ~*** Verwaltungsrecht *n.*; ***diritti -i*** Bearbeitungsgebühr *f.*; ***elezioni -e*** Kommunalwahlen *pl.* (*o* Gemeindewahlen *pl.*).
am|mi|ni|stra|to|re m. Verwalter *m.*, Administrator *m.*: ***~ condo-***

miniale Hausverwalter *m.* ◆ ***~ delegato*** Geschäftsführer *m.*; ***~ fiduciario*** Treuhänder *m.*; ***~ giudiziario*** Sequester *m.*, Zwangsverwalter *m.*; ***~ unico*** alleiniger Geschäftsführer.

am|mi|ni|stra|zio|ne f. Verwaltung *f.*, Administration *f.*: ***assumere l'~ di qcs.*** die Verwaltung von etw. übernehmen; ***dare qcs. in ~ a qcn.*** jdm etw. zur Verwaltung (über)geben; *(ufficio amministrativo)* ***lavorare in ~*** in der Verwaltung arbeiten ◆ ***~ centrale*** Zentralverwaltung *f.*; ***~ commissariale*** kommissarische Verwaltung; ***~ comunale*** Stadtverwaltung *f.*; ***consiglio di ~*** *(di enti pubblici)* Verwaltungsrat *m.*; ***~ controllata*** Zwangsverwaltung *f.*; ***~ fallimentare*** Konkursverwaltung *f.*; ***~ fiduciaria*** Treuhand *f.*; ***~ giudiziaria*** → ***~ controllata***; ***~ della giustizia*** Rechtsprechung *f.*, Rechtspflege *f.*; ***~ locale*** Lokalverwaltung *f.*; FIG. ***affari, cose di ordinaria ~*** alltägliche Angelegenheiten; ***pubblica ~, ~ pubblica*** öffentliche Verwaltung; ***~ statale*** staatliche Verwaltung, Staatsverwaltung *f.*

am|mi|no|a|ci|do m. Aminosäure *f.*

am|mi|ra|glia f. Admiralsschiff *n.*, Flaggschiff *n.* (anche FIG.). **am|mi|ra|glia|to** m. **1** *(grado)* Admiralität *f.*, Admiralsrang *m.* **2** *(stato maggiore)* Admiralität *f.*, Admiralsstab *m.* **3** *(uffico)* Admiralitätsgebäude *n.* **am|mi|ra|glio** m. *(-gli)* Admiral *m.*

am|mi|ra|re tr. **1** bewundern: ***~ un dipinto*** ein Gemälde bewundern **2** *(apprezzare)* schätzen: ***~ qcn. per qcs.*** jdn wegen etw. schätzen. **am|mi|ra|to** p.pass. agg. **1** → **ammirare** **2** bewundert: ***una persona -a da tutti*** ein von allen bewunderter Mensch **3** *(meravigliato)* erstaunt, verwundert: ***rimanere ~ di qcs.*** über etw. erstaunt sein; ***uno sguardo ~*** ein erstaunter Blick. **am|mi|ra|to|re** m. **1** Bewunderer *m.*, Fan *m.* **2** *(corteggiatore)* Verehrer *m.*

am|mi|ra|zio|ne f. Bewunderung *f.*: ***nutrire ~ per qcs., qcn.*** etw., jdn bewundern; ***destare l'~ di qcn.*** jds Bewunderung erwecken (*o* hervor‿rufen) ◆ ***degno di ~*** bewundernswert; ***uno sguardo di ~*** ein bewundernder Blick. **am|mi|re|vo|le** agg. bewundernswert, bewunderungswürdig.

am|mis|si|bi|le agg. **1** annehmbar, akzeptabel: ***un'ipotesi ~*** eine annehmbare Hypothese **2** *(lecito)* zulässig, erlaubt: ***non è ~ che...*** es ist nicht zulässig, dass... **am|mis|si|bi|li|tà** f.inv. Annehmbarkeit *f.*

am|mis|sio|ne f. **1** Zulassung *f.*, Aufnahme *f.*: ***esame di ~*** Aufnahme-, Zulassungsprüfung *f.* **2** *(confessione)* Eingeständnis *n.*, Bekenntnis *n.*: ***~ di colpa*** Schuldbekenntnis *n.* ◆ ***~ alla circolazione*** Zulassung eines Fahrzeugs; ***domanda d'~*** Aufnahmegesuch *n.*, Beitrittsgesuch *n.*; ***~ alla quotazione (in borsa)*** Börsenzulassung *f.*, Kotierung *f.*

am|mo|bi|lia|re tr. *(ammobilio, ammobili)* möblieren, ein‿richten. **am|mo|bi|lia|to** p.pass. agg. **1** → **ammobiliare** **2** möbliert: ***camera -a*** möbliertes Zimmer.

am|mo|der|na|men|to m. Modernisierung *f.*, Erneuerung *f.* **am|mo|der|na|re** tr. modernisieren, erneuern.

am|mo|do **I** avv. anständigerweise, anständig: ***fare le cose ~*** anständig handeln **II** agg.inv. anständig, ordentlich: ***una ragazza ~*** ein anständiges Mädchen.

am|mo|glia|re **I** tr. verheiraten **II** pronom. **ammogliarsi** sich (mit einer Frau) verheiraten, (eine Frau) heiraten. **am|mo|glia|to** p.pass. agg. **1** → **ammogliare** **2** (mit einer Frau) verheiratet.

am|mol|la|men|to m. **1** Einweichen *n.* **2** *(il divenire molle)* Feuchtwerden *n.*, Weichwerden *n.*

1.am|mol|la|re **I** tr. ein‿weichen: ***~ il pane nel latte, la biancheria*** das Brot in Milch, die Wäsche einweichen **II** pronom. ***ammollarsi*** weich werden, feucht werden.

2.am|mol|la|re tr. **1** *(allentare)* lockern: ***~ una fune*** ein Seil lockern **2** FIG. *(appioppare)* geben, versetzen: ***~ un ceffone a qcn.*** jdm eine Ohrfeige versetzen.

am|mol|li|men|to m. Erweichung *f.*, Aufweichung *f.*

am|mol|li|re **I** tr. erweichen, auf‿weichen: ***~ il pane con il latte*** das Brot mit Milch aufweichen **II** pronom. **ammollirsi** **1** erweichen, weich werden **2** FIG. *(indebolirsi)* verweichlichen. **am|mol|lo** m. Einweichen *n.*: ***mettere in ~ qcs.*** etw. ein‿weichen; ***lasciare in ~ qcs.*** etw. eingeweicht lassen.

am|mo|ni|a|ca f. Ammoniak *n.* **am|mo|nia|ca|le** agg. ammoniakhaltig, Ammoniak-: ***composto ~*** Ammoniakgemisch *n.*; ***acqua ~*** Ammoniakwasser *n.* **am|mo|ni|a|co** agg. *(-ci,-che)* Ammonium-: ***sale ~*** Ammoniumchlorid *n.*, Salmiak *m.* **am|mo|ni|co** agg. *(-ci, -che)* Ammonium-: ***composto ~*** Ammoniumgemisch *n.*

am|mo|ni|men|to m. **1** Mahnung *f.*, Ermahnung *f.*, Warnung *f.*: ***dare un ~ a qcn.*** jdn (er)mahnen **2** *(rimprovero)* Tadel *m.*, Rüge *f.*

am|mo|nio m. Ammonium *n.* ◆ ***carbonato di ~*** Ammoniumkarbonat *n.*; ***idrossido di ~*** Ammoniumhydroxid *n.*, Salmiakgeist *m.*; ***nitrato di ~*** Ammoniumnitrat *n.*, Ammonsalpeter *m.*; ***sali di ~*** Ammoniumsalze *pl.*, Ammoniaksalze *pl.*; ***solfato di ~*** Ammoniumsulfat *n.*

am|mo|ni|re tr. *(ammonisco, ammonisci)* **1** mahnen, ermahnen **2** *(rimproverare)* zurecht‿weisen, tadeln **3** DIR. SPORT verwarnen: ***~ un giocatore*** einen Spieler verwarnen.

am|mo|ni|te f. Ammonit *m.*, Ammonshorn *n.*

am|mo|ni|to **I** p.pass. agg. **1** → **ammonire** **2** verwarnt: ***giocatore ~*** verwarnter Spieler **II** m. Verwarnte *m.* **am|mo|ni|to|re** m. Mahner *m.* **am|mo|ni|to|rio** agg. *(-ri,-rie)* Mahn-: ***lettera -a*** Mahnbrief *m.* **am|mo|ni|zio|ne** f. **1** → **ammonimento** **2** DIR. SPORT Verwarnung *f.*, Verweis *m.*: ***infliggere un'~ a qcn.*** jdm eine Verwarnung erteilen; ***ricevere un'~*** einen Verweis erhalten.

am|mo|niz|za|zio|ne f. Ammonisation *f.*

1.am|mon|ta|re intr. (aus. *essere*) betragen, sich belaufen: ***~ a un milione*** eine Million betragen ◆ ***~ a qualche centinaio, migliaio*** in die Hunderte, Tausende gehen.

2.am|mon|ta|re m. Betrag *m.*: ***l'~ delle spese*** Unkostenbetrag *m.*, Unkostenhöhe *f.*; ***~ massimo, totale*** Höchst-, Gesamtbetrag *m.*; ***per l'~ di*** im Betrag (*o* in Höhe) von.

am|mon|tic|chia|re **I** tr. häufen, auf‿häufen (anche fig.) **II** pronom. **ammonticchiarsi** sich häufen, sich auf‿häufen (anche FIG.).

am|mor|ba|men|to m. Verpestung *f.*

am|mor|ba|re tr. **1** verpesten, verseuchen, an‿stecken: ***i gas di scarico ammorbano l'aria*** die Abgase verpesten die Luft **2** FIG. *(corrompere)* verderben, korrumpieren: ***~ lo spirito, i pensieri*** den Geist, die Gedanken korrumpieren. **am|mor|ba|to** p.pass. agg. **1** → **ammorbare** **2** verpestet: ***aria -a*** verpestete Luft.

am|mor|bi|den|te **I** agg. weich machend: ***soluzione ~*** weich machende Lösung **II** m. Weichspülmittel *n.*, Weichpulver *n.* **am|mor|bi|di|men|to** m. Erweichung *f.*

am|mor|bi|di|re *(ammorbidisco, ammorbidisci)* **I** tr. **1** weich machen, erweichen **2** FIG. *(mitigare)* mildern: ***~ il carattere di qcn.*** jds Charakter mildern **3** *(sfumare)* ab‿tönen: ***~ i colori, i contorni*** die Farben, die Konturen abtönen **II** pronom. **ammorbidirsi** **1** weich werden, erweichen **2** FIG. *(addolcirsi)* sich mildern, sich besänftigen.

am|mor|sa|re tr. TECN. laschen. **am|mor|sa|tu|ra** f. TECN. Laschung *f.*

am|mor|ta|men|to m. Amortisierung *f.*, Amortisation *f.*, Abschreibung *f.*: ***~ anticipato*** vorzeitige Abschreibung; ***accantonare negli -i, destinare ad -i*** den Abschreibungen zu‿weisen ◆ ***annualità di ~*** jährliche Tilgungsrate; ***criteri di ~*** Abschreibungsrichtlinien *pl.*; ***fondo -i*** Tilgungsfonds *m.*; ***piano di ~*** Tilgungsplan *m.*, Amortisationsplan *m.*; ***quota, rata di ~*** Amortisationsrate *f.*

am|mor|ta|re tr. **1** *(estinguere)* ab‿lösen, tilgen: ***~ un debito*** eine Schuld tilgen **2** ECON. *(ammortizzare)* amortisieren, ab‿schreiben. **am|mor|tiz|za|bi|le** agg. amortisierbar, tilgbar. **am|mor|tiz|za|men|to** m. **1** ECON. → **ammortamento** **2** TECN. → **ammortizzazione.** **am|mor|tiz|za|re** tr. **1** ECON. amortisieren, ab‿schreiben: ***~ gli impianti*** die Anlagen amortisieren **2** TECN. dämpfen: ***~ un urto*** einen Aufprall dämpfen. **am|mor|tiz|za|to|re** m. **1** MECC. Stoßdämpfer *m.* **2** MUS. Dämpfer *m.* ◆ ***-i sociali*** = Sozialmaßnahmen *pl.* **am|mor|tiz|za|zio|ne** f. **1** ECON. → **ammortamento** **2** TECN. Dämpfung *f.*

am|mo|scia|re **I** tr. **1** schlaff machen **2** FIG. langweilen **II** pronom. **ammosciarsi** COLLOQ. **1** erschlaffen **2** FIG. sich langweilen, niedergeschlagen sein. **am|mo|scia|to** p.pass. agg. **1** → **ammosciare** **2** COLLOQ. schlaff, schlapp **3** FIG. niedergeschlagen, deprimiert.

am|mo|sta|re **I** tr. mosten, keltern **II** intr. Most werden. **am|mo|sta|tu|ra** f. Mosten *n.*, Keltern *n.* **am|mo|sta|to|io** m. *(-oi)* Kelter *f.*

am|muc|chia|men|to m. Anhäufung *f.*, Aufhäufung *f.* **am|muc|chia|re** **I** tr. an‿häufen (anche FIG.): ***~ rifiuti, ricchezze*** Abfälle, Reichtümer anhäufen **II** pronom. **ammucchiarsi** sich auf‿häufen (anche FIG.). **am|muc|chia|ta** f. **1** *(mucchio)* Haufen *m.* **2** COLLOQ. Orgie *f.*, Gruppensex *m.*

am|muf|fi|re intr. *(ammuffisco, ammuffisci*; aus. *essere)* **1** schimmeln, verschimmeln **2** FIG. versauern, hocken: ***stare in casa ad ~*** immer zu Hause hocken. **am|muf|fi|to** p.pass. agg. **1** → **ammuffire** **2** schimmelig, verschimmelt **3** FIG. überholt, veraltet: ***idee -e*** überholte Ideen.

am|mu|ti|na|men|to m. Meuterei *f.* **am|mu|ti|nar|si** pronom. meutern. **am|mu|ti|na|to** **I** p.pass. agg. **1** → **ammutinarsi** **2** meuterisch **II** m. Meuterer *m.*

am|mu|to|li|re *(ammutolisco, ammutolisci)* intr. (aus. *essere*) e pronom. **ammutolirsi** verstummen, stumm werden: ***~ dallo spavento*** vor Schreck verstummen. **am|mu|to|li|to** p.pass. agg. **1** → **ammutolire** **2** stumm.

am|ne|si|a f. Amnesie *f.*, Gedächtnisschwund *m.*: ***avere un'~*** an einer Amnesie leiden.

am|nio m.inv. Amnion *n.*, Fruchtblase *f.* **am|nio|cen|te|si** f. Fruchtwasserentnahme *f.*, Amniozentese *f.* **am|nio|sco|pi|a** f. Amnioskopie *f.* **am|nio|ti|co** agg. *(-ci,-che)* Frucht-: ***liquido, sacco ~*** Fruchtwasser *n.*, Fruchtblase *f.*

am|ni|sti|a f. Amnestie *f.*, Straferlass *m.*: ***chiedere, concedere un'~*** eine Amnestie fordern, erlassen; ***beneficiare dell'~*** unter die Amnestie fallen ◆ ***~ per buona condotta*** Straferlass wegen guter Führung; ***decreto d'~*** Amnestieerlass *m.*; ***~ fiscale*** Steueramnestie *f.*; ***~ generale*** Generalamnestie *f.* **am|ni|stia|re** tr. *(amnistio/ amnistio)* amnestieren. **am|ni|stia|to I** p.pass. agg. **1** → **amnistiare 2** amnestiert, begnadigt **II** m. Amnestierte *m.*

a|mo m. Angelhaken *m.*, Angel *f.*: ***avere, prendere un pesce all'~*** einen Fisch an der Angel haben, einen Fisch angeln; ***gettare l'~*** die Angel aus‿werfen; ***abboccare all'~*** an die Angel gehen, an‿beißen (anche FIG.).

a|mo|ra|le I agg. amoralisch **II** m. e f. amoralischer Mensch *m.*

a|mo|ra|li|smo m. Amoralismus *m.* **a|mo|ra|li|tà** f. Amoralität *f.* **a|mo|ral|men|te** avv. amoralisch.

a|mo|raz|zo m. Liebelei *f.*, Techtelmechtel *n.*

a|mo|re m. **1a** Liebe *f.*: ***~ fraterno, filiale*** brüderliche (*o* Bruder-, Geschwisterliebe *f.*), kindliche Liebe; ***~ paterno, materno*** väterliche, mütterliche Liebe (*o* Mutterliebe *f.*); ***~ platonico, fisico, passionale*** platonische, körperliche, leidenschaftliche Liebe; ***~ cristiano*** christliche Liebe; ***l'~ per i genitori, per il proprio marito*** die Liebe zu den Eltern, zu ihrem Mann; ***per ~ (di qcn.)*** aus Liebe (zu jdm); ***dichiarare, confessare il proprio ~ a qcn.*** jdm seine Liebe erklären, gestehen; ***provare ~ per qcn.*** Liebe für jdn empfinden, fühlen; ***ricambiare, rifiutare l'~ di qcn.*** jds Liebe erwidern, zurück‿weisen; ***giurarsi eterno ~*** sich ewige Liebe schwören; ***l'~ si è spento*** die Liebe ist erloschen **b** *(passione, gioia)* ***fare qcs. con ~*** etw. mit Liebe tun; ***l'~ per la musica, per la patria*** die Liebe zur Musik, zur Heimat (*o* Vaterlandsliebe *f.*); ***~ per lo studio*** Freude am Lernen; ***lavorare con ~*** mit Hingabe arbeiten **c** *(persona amata)* ***un mio vecchio ~*** eine alte Liebe von mir; ***il primo ~*** die erste Liebe **2** *(come appellativo)* Liebling *m.*, Liebster *m.* (Liebste *f.*): ***~ mio*** mein Liebster, meine Liebste **3** *(persona, cosa deliziosa)* Schatz *m.*, hübsches Ding *n.*: ***quel bambino è un ~*** dieses Kind ist ein Schatz; ***è un ~ di ragazza!*** was für ein süßes Mädchen! ***che ~ di cappellino!*** was für ein süßes Hütchen! **4** pl. *(relazioni amorose)* Liebschaften *pl.* **5** ZOOL. *(calore)* Brunst *f.*, Brunft *f.* ◆ ***vivere d'~ e d'accordo*** ein Herz und eine Seele sein; ***bisognoso d'~*** liebebedürftig; ***canzone d'~*** Liebeslied *n.*; ***per l'amor del cielo, per l'amor di dio!*** um Gotteswillen! ***~ del denaro*** Geldgier *f.*; ***dichiarazione d'~*** Liebeserklärung *f.*; ***per ~ di esattezza*** genau genommen; ***fare (al)l'~ con qcn.*** Liebe mit jdm machen, mit jdm schlafen; ***un figlio dell'~*** ein Kind der Liebe; ***(non) avere fortuna*** (o ***essere (s)fortunato) in ~*** (kein) Glück in der Liebe haben ***per ~ o per forza*** wohl oder übel, im Guten oder im Bösen; ***~ della gloria*** Ruhmsucht *f.*; ***~ interessato*** Liebe mit Hintergedanken, nur des Geldes wegen; ***lettera d'~*** Liebesbrief *m.*; ***libero ~*** freie Liebe; ***mal d'~*** Liebeskummer *m.*; ***essere malato d'~*** Liebeskummer haben; ***matrimonio d'~*** Liebesheirat *f.*; ***~ mercenario*** käufliche Liebe; ***nido d'~*** Liebesnest *n.*; ***rapporto d'~ (e) odio*** Hassliebe *f.*; ***amor di patria*** Vaterlandsliebe *f.*; ***pazzo d'~*** liebestoll; ***per amor tuo*** dir zuliebe; ***amor proprio*** Eigenliebe *f.*; ***~ del prossimo*** Nächstenliebe *f.*; ***prova d'~*** Liebesbeweis *m.*; ***storia d'~*** Liebesgeschichte *f.*; ***~ a prima vista*** Liebe auf den ersten Blick; ***vivere d'~ e d'aria*** von Luft und Liebe leben; PROV. ***l'~ è cieco*** Liebe macht blind; ***l'~ non è bello se non è litigarello*** was sich liebt, das neckt sich; ***il primo ~ non si scorda mai*** alte Liebe rostet nicht.

A|mo|re m. MITOL. Amor *m.*

a|mo|reg|gia|men|to m. Liebschaft *f.*, Flirt *m.* **a|mo|reg|gia|re** intr. (aus. *avere*) flirten, ANT. liebeln.

a|mo|re|vo|le agg. liebevoll, liebend: ***una madre ~*** eine liebevolle Mutter; ***parole, cure -i*** liebevolle Worte, liebende Fürsorge. **a|mo|re|vo|lez|za** f. Liebenswürdigkeit *f.*, liebevolle Art *f.* **a|mo|re|vol|men|te** avv. liebevoll: ***curare qcn. ~*** jdn liebevoll pflegen.

a|mor|fi|smo m. **1** FIS. CHIM. Amorphismus *m.* **2** LETT. Charakterlosigkeit *f.* **a|mor|fo** agg. **1a** formlos, gestaltlos, amorph **b** FIS. CHIM. amorph **2** FIG. gesichtslos: ***una persona -a*** ein gesichtsloser Mensch.

a|mo|ri|no m. Amorette *f.*

a|mo|ro|sa|men|te avv. liebevoll: ***curare ~ qcn.*** jdn liebevoll pflegen. **a|mo|ro|so I** agg. Liebes-, liebevoll, LETT. o SCHERZ. amourös: ***atto, rapporto ~*** Liebesakt *m.*, Liebesbeziehung *f.*; ***avventura -a*** Liebesabenteuer *n.*; ***pene -e*** Liebeskummer *m.* **II** m. **1** TEATR. Liebhaber *m.* **2** COLLOQ. *(fidanzato)* = fester Freund *m.*

a|mo|vi|bi|le agg. **1** beweglich **2** *(di persona)* versetzbar, absetzbar.

am|pe|lo|psi|de f. Doldenrebe *f.*

am|pe|rag|gio m. *(-gi)* Stromstärke *f.* **am|pè|re** [am'pɛr] m.inv. Ampere *n.* **am|pe|ro|me|tro** m. Amperemeter *n.* **am|pe|ro|ra** m. Amperestunde *f.*

am|pex m.inv. Ampex *f.*: ***registrazione in ~*** Ampexaufnahme *f.*

am|pia|men|te avv. **1** *(estesamente)* weit: ***un termine ~ diffuso*** ein weit verbreiteter Begriff **2** ausführlich: ***spiegare qcs. ~*** etw. ausführlich erklären **3** *(molto)* überaus, höchst: ***siamo ~ soddisfatti*** wir sind höchst zufrieden ◆ ***meritare ~ qcs.*** etw. wohlverdient haben.

am|piez|za f. **1** Weite *f.*, Größe *f.*; *(larghezza)* Breite *f.*; *(spaziosità)* Geräumigkeit *f.*: ***~ di una stanza*** die Weite eines Zimmers **2** FIG. *(abbondanza)* Reichhaltigkeit *f.* **3a** Ausführlichkeit *f.*: ***l'~ di un'analisi*** die Ausführlichkeit einer Analyse **b** *(prolissità)* Weitschweifigkeit *f.* **4** GEOM. FIS. Amplitude *f.*, Weite *f.*: ***~ di un angolo*** die Größe (*o* die Weite) eines Winkels ◆ ***~ di un arco*** Spannweite *f.* eines Bogens; ***~ di vedute*** Weitsicht *f.*, Weitblick *m.*

am|pio agg. *(-pi,-pie;* superl. *amplissimo)* **1a** weit, groß; *(largo)* breit; *(spazioso)* geräumig: ***-pie vallate*** weite Täler; ***-pi spazi*** weite Räume; ***un ~ salone, ingresso*** ein großer Saal, eine breite Einfahrt; ***fare un ~ giro*** einen weiten Umweg machen **b** *(di vestito)* ***pantaloni -pi*** weite Hosen; ***una giacca -a*** eine weite (*o* lose) Jacke **2** FIG. *(abbondante)* reich: ***un'-a scelta*** eine reiche Auswahl; ***disporre di -pi mezzi, di -pie risorse*** über reiche Mittel verfügen **3** *(esauriente)* ausführlich, umfangreich, weitreichend: ***fornire -pie spiegazioni*** ausführliche Erklärungen geben; ***un'-a analisi*** eine ausführliche Analyse; ***-pie conoscenze*** umfangreiche Kenntnisse; ***dare -pie garanzie*** weitreichende Garantien geben ◆ ***tessere un ~ elogio di qcn.*** jdm ein großes Lob spenden, eine lange Lobrede auf jdn halten; ***su un ~ fronte*** auf breiter Front; ***un gesto ~*** eine ausholende Bewegung; ***in -a misura*** reichlich; ***conseguenze di -a portata*** Konsequenzen von großer Tragweite; ***di ~ respiro*** ausführlich, langatmig, weitschweifig; ***presentare le più -pie scuse*** eine umfassende Entschuldigung vor‿bringen; ***nel significato più ~ del termine*** im weitesten Sinne des Wortes; ***essere di -e vedute*** Weitblick besitzen.

am|ples|so m. **1** LETT. *(abbraccio)* Umarmung *f.* **2** *(coito)* Beischlaf *m.*

am|plia|men|to m. **1** Erweiterung *f.* (anche FIG.); *(ingrandimento)* Vergrößerung *f.*; *(allargamento)* Verbreiterung *f.*, Ausdehnung *f.*; *(aumento)* Vermehrung *f.* **2** *(parte aggiunta)* Anbau *m.* ◆ ***lavori di ~*** Ausbauarbeiten *pl.*

am|plia|re I tr. erweitern (anche FIG.); *(ingrandire)* vergrößern; *(allargare)* verbreitern, aus‿dehnen; *(aumentare)* vermehren: ***~ una stanza*** ein Zimmer vergrößern; ***~ il proprio repertorio*** sein Repertoire vergrößern; ***~ le proprie conoscenze, un concetto*** seine Kenntnisse erweitern, einen Begriff ausdehnen; ***~ il proprio giro d'affari*** seinen Umsatz steigern **II** pronom. **ampliarsi** sich erweitern; *(ingrandirsi)* sich vergrößern; *(allargarsi)* sich verbreitern; *(aumentare)* sich vermehren.

am|pli|fi|ca|re tr. *(amplifico, amplifichi)* **1** *(suono)* verstärken **2** FIG. *(esagerare)* übertreiben. **am|pli|fi|ca|to|re** m. Verstärker *m.* **am|pli|fi|ca|zio|ne** f. **1** *(di suono)* Verstärkung *f.* **2** FIG. *(esagerazione)* Übertreibung *f.*

am|plis|si|mo → **ampio.**

am|pol|la f. **1** Flasche *f.*, Fläschchen *n.*: ***l'~ dell'olio, dell'aceto*** die Öl-, Essigflasche **2** ANAT. LIT. Ampulle *f.* **3** TECN. Kolben *m.*, Glaskolben *m.* **am|pol|lie|ra** f. Menage *f.*, Öl- und Essigständer *m.* **am|pol|li|na** f. LIT. Messkännchen *n.*: ***ampolle e -e*** Messgeschirr *n.*

am|pol|lo|sa|men|te avv. schwülstig, geschwollen. **am|pol|lo|si|tà** f. Schwülstigkeit *f.*, Schwulst *m.* **am|pol|lo|so** agg. schwülstig, geschwollen: ***stile ~*** schwülstiger Stil.

am|pu|ta|re tr. *(amputo)* **1** MED. amputieren, ab‿nehmen **2** FIG. *(discorso, scritto)* kürzen. **am|pu|ta|zio|ne** f. **1** MED. Amputation *f.*, Abnahme *f.*: ***~ della gamba*** Beinamputation *f.* **2** FIG. *(di scritti)* Kürzung *f.*

a|mu|le|to m. Amulett *n.*

AN ⇒ *Alleanza Nazionale* (italienische Rechtspartei).

a|na|bat|ti|smo m. Anabaptismus *m.*, Wiedertäufertum *n.* **a|na|bat|ti|sta** m. e f. *(-i,-e)* Anabaptist *m.* (-in *f.*), Wiedertäufer *m.* (-in *f.*).

a|nab|ba|glian|te I agg. blendfrei, Abblend- **II** m. Abblendlicht *n.*: ***accendere, spegnere gli -i*** das Abblendlicht ein‿schalten, aus‿schalten.

a|na|bio|si f. Anabiose *f.*

a|na|bo|li|co agg. *(-ci,-che)* anabol. **a|na|bo|li|smo** m. Anabolis-

mus *m.* **a|na|bo|liz|zan|te I** agg. anabolisch **II** m. Anabolikum *n.*
a|na|car|dio m. *(-di)* Nierenbaum *m.*
a|na|co|lu|to m. Anakoluth *n.* e *m.*
a|na|con|da m.inv. Anakonda *f.*
a|na|co|re|ta m. Anachoret *m.* **a|na|co|re|ti|co** agg. *(-ci,-che)* anachoretisch. **a|na|co|re|ti|smo** m. Anachoretentum *n.*
A|na|cre|on|te n.pr.m. Anakreon *m.* **a|na|cre|on|ti|co** agg. *(-ci, -che)* ankreontisch: ***poeta*** ~ Anakreontiker *m.*
a|na|cro|ni|smo m. Anachronismus *m.* **a|na|cro|ni|sti|ca|men|te** avv. anachronistisch. **a|na|cro|ni|sti|co** agg. *(-ci,-che)* anachronistisch.
a|na|cru|si f.inv. MUS. METR. Auftakt *m.*
a|na|e|ro|bi|co agg. *(-ci,-che)* anaerob. **a|na|e|ro|bio I** agg. *(-bi,-bie)* anaerob **II** m. *(-bi)* Anaerobier *m.*, Anaerobiont *m.* **a|na|e|ro|bio|si** f. Anaerobiose *f.*
a|na|fi|las|si f. Anaphylaxie *f.* **a|na|fi|lat|ti|co** agg. *(-ci,-che)* anaphylaktisch: ***choc*** ~ Allergieschock *m.*
a|na|fo|ra f. Anapher *f.*, Anaphora *f.* **a|na|fo|re|si** f. Elektrophorese *f.* **a|na|fo|ri|co** agg. *(-ci,-che)* anaphorisch.
a|na|go|gi|a f. Anagoge *f.* **a|na|go|gi|co** agg. *(-ci,-che)* anagogisch.
a|na|gra|fe f. **1** *(registro)* Einwohnerverzeichnis *n.*, Personenstandsregister *n.* **2** *(ufficio)* Einwohnermeldeamt *n.*, Standesamt *n.* ◆ ***impiegato dell'~*** Standesbeamte *m.*; ~ ***tributaria*** (zentrale) Steuerkartei *f.* **a|na|gra|fi|ca|men|te** avv. meldeamtlich, standesamtlich. **a|na|gra|fi|co** agg. *(-ci,-che)* meldeamtlich, standesamtlich ◆ ***rilasciare, presentare un certificato*** ~ eine Meldebescheinigung (*o* Personenstandsbescheinigung) aus‿stellen, vor‿legen; ***obbligo di registrazione -a*** Meldepflicht *f.*; ***sistema di registrazione -a*** Meldewesen *n.*; ***ufficio*** ~ Meldeamt *n.*, Meldebehörde *f.*
a|na|gram|ma m. Anagramm *n.* **a|na|gram|ma|re** tr. ein Anagramm bilden.
a|nal|c(o)|o|li|co I agg. *(-ci,-che)* alkoholfrei: ***birra*** ~ alkoholfreies Bier **II** m. *(-ci)* alkoholfreies Getränk *n.*
a|na|le agg. anal, Anal-: ***erotismo*** ~ Analerotik *f.*; ***rapporto*** ~ Analverkehr *m.*
a|na|let|ti|co m. *(-ci)* Stärkungsmittel *n.*
a|nal|fa|be|ta I agg. *(-i,-e)* analphabetisch **II** m. e f. Analphabet *m.* (-in *f.*) (anche ESTENS.). **a|nal|fa|be|ti|smo** m. Analphabetentum *n.*: ***tasso d'~*** Analphabetenquote, -rate *f.*
a|nal|ge|si|co I agg. *(-ci,-che)* schmerzstillend **II** m. *(-ci)* Analgetikum *n.*
a|na|li|si f.inv. **1** Analyse *f.*, Untersuchung *f.*, Zergliederung *f.*, Auswertung *f.*: ~ ***clinica, chimica, stilistica, di un procedimento*** klinische, chemische Untersuchung, Stilanalyse, Zergliederung eines Verfahrens; ***fare un'~*** eine Analyse machen, vornehmen, durchführen; ***sottoporre qcs. ad*** ~ etw. einer Analyse unterziehen; ***dopo un'attenta ~ dei fatti*** nach genauer Analyse der Fakten; PSIC. ***essere in ~ da qcn.*** bei jdm in Analyse sein **2** MAT. Analysis *f.* ◆ ~ ***di bilancio*** Bilanzanalyse *f.*; ~ ***dei costi e dei benefici*** Kosten-Nutzen-Analyse *f.*; ~ ***dei dati*** Datenanalyse *f.*; ~ ***del fabbisogno*** Bedarfsanalyse *f.*; ~ ***grammaticale*** Wortanalyse *f.*, grammatische Analyse *f.*; ~ ***logica*** Satzanalyse *f.*; ~ ***di mercato*** Marktanalyse *f.*; ~ ***del rischio*** Risikoanalyse *f.*; ~ ***del sangue*** Blutuntersuchung *f.*; ~ ***sistemica, dei sistemi*** Systemanalyse *f.*; ~ ***spettrale*** Spektralanalyse *f.*; ~ ***strutturale*** Strukturanalyse *f.*; ~ ***del suono*** Schallanalyse *f.*; ~ ***della tendenza*** Trendermittlung *f.*; ~ ***della composizione del terreno*** Bodenuntersuchung *f.*; ~ ***testuale*** Textanalyse *f.*; ***in ultima*** ~ letzten Endes; ~ ***delle urine*** Urin-, Harnuntersuchung *f.*; ~ ***delle vendite*** Umsatzanalyse *f.*; ~ ***volumetrica*** Maßanalyse *f.*
a|na|li|sta m. e f. *(-i,-e)* **1** CHIM. Laborant *m.* (-in *f.*) **2** PSIC. INFORM. Analytiker *m.* (-in *f.*): ***andare dall'~*** zum Analytiker gehen; ~ ***freudiano*** Freudianer *m.*; INFORM. ~ ***di sistemi*** Systemanalytiker *m.*; ~ ***programmatore*** Programmanalytiker *m.*; ~ ***finanziario*** Wirtschaftsanalytiker *m.* **a|na|li|ti|ca** f. Analytik *f.* **a|na|li|ti|ca|men|te** avv. analytisch. **a|na|li|ti|ci|tà** f. analytischer Charakter *m.* **a|na|li|ti|co** agg. *(-ci,-che)* analytisch: ***filosofia, psicologia, geometria -a*** analytische Philosophie, Psychologie, Geometrie; ***mentalità -a*** analytischer Geist ◆ ***indice*** ~ Sachregister *n.*, Sachverzeichnis *n.*
a|na|liz|za|bi|le agg. **1** analysierbar **2** *(esaminabile)* auswertbar.
a|na|liz|za|re tr. **1** analysieren, untersuchen: ~ ***la situazione*** die Lage analysieren; ~ ***qcs. a fondo, superficialmente*** etw. gründlich, oberflächlich untersuchen; ~ ***qcs. al microscopio*** etw. unter (*o* mit) dem Mikroskop untersuchen; CHIM. ~ ***campioni di minerali*** Mineralproben untersuchen **2** GRAMM. analysieren, zergliedern: ~ ***una frase*** einen Satz zergliedern **3** ELETTRON. ab‿tasten. **a|na|liz|za|to|re** m. **1** *(chi effettua analisi)* Laborant *m.* **2** *(strumento)* Analysator *m.*
a|nal|ler|gi|co agg. *(-ci,-che)* anallergisch. **a|na|lo|ga|men|te** avv. analog: ~ ***a questo caso*** analog (zu) diesem Fall.
a|na|lo|gi|a f. Analogie *f.*: ***per ~ con qcs.*** in Analogie zu etw.; ***tra i due casi sussiste un'~*** zwischen den beiden Fällen besteht eine Analogie; ***ragionare per*** ~ analogisch vorgehen. **a|na|lo|gi|ca|men|te** avv. analogisch.
a|na|lo|gi|co agg. *(-ci,-che)* **1** analogisch: ***procedimento*** ~ analogisches Verfahren **2** INFORM. FIS. analog, Analog-: ***calcolatore*** ~ Analogrechner *m.*; ***segnale*** ~ analoges Signal ◆ LING. ***forma -a*** Analogiebildung *f.* **a|na|lo|go** agg. *(-ghi,-ghe)* analog.
a|nam|ne|si, a|nam|ne|si f.inv. Anamnese *f.*, Vorgeschichte *f.*: ***l'~ di una malattia*** die Krankheitsgeschichte. **a|nam|ne|sti|co** agg. *(-ci,-che)* anamne(s)tisch.
a|na|nas, a|na|nas m.inv. Ananas *f.*
a|na|pe|sto m. Anapäst *m.*
a|nar|chi|a f. Anarchie *f.* (anche FIG.): ***qui regna l'~*** hier herrscht Anarchie. **a|nar|chi|ca|men|te** avv. **1** POL. anarchistisch **2** *(in modo caotico)* anarchisch: ***vivere*** ~ anarchisch leben.
a|nar|chi|co I agg. *(-ci,-che)* **1** POL. anarchistisch: ***idee -che*** anarchistische Ideen **2** *(caotico)* anarchisch **II** m. *(-ci)* Anarchist *m.* **a|nar|chi|smo** m. Anarchismus *m.*: ***aderire all'~*** sich zum Anarchismus bekennen. **a|nar|coi|de I** agg. Anarcho-: ***ambiente*** ~ Anarchoszene *f.* **II** m. Anarcho *m.*
ANAS ⇒ *Azienda Nazionale Autonoma delle Strade* (italienische Straßenverwaltung).
A|na|sta|sio n.pr.m. Anastasius *m.*
a|na|sta|ti|co agg. *(-ci,-che)* anastatisch: ***ristampa -a*** anastatischer Druck.
a|na|stig|ma|ti|co agg. *(-ci,-che)* anastigmatisch; ***obiettivo*** ~ Anastigmat *m.* e *n.*
a|na|sto|mo|si f.inv. Anastomose *f.*
a|na|stro|fe f. Anastrophe *f.*
a|na|te|ma m. *(-i)* **1** Kirchenbann *m.*, Anathem(a) *n.*, Bannfluch *m.*: ***scagliare un*** ~ einen Bannfluch schleudern **2** FIG. Fluch *m.*: ***lanciare un ~ a qcn.*** einen Fluch gegen jdn aus‿stoßen. **a|na|te|ma|tiz|za|re, a|na|te|miz|za|re** tr. anathematisieren.
a|na|ti|de m. Gänsevogel *m.*
a|na|to|ci|smo m. Zinseszins *m.*
A|na|to|lia n.pr.f. Anatolien *n.*
a|na|to|mi|a f. **1** Anatomie *f.*: ~ ***patologica*** pathologische Anatomie; ~ ***animale*** Tieranatomie *f.*; ~ ***vegetale*** Pflanzenanatomie *f.*, Phytotomie *f.*; ***aula di*** ~ Anatomiesaal *m.* **2** *(dissezione)* Sektion *f.*, Sezieren *n.* **3** FIG. Analyse *f.*: ***l'~ di un testo*** die Analyse eines Textes ◆ ***eseguire l'~ di un animale*** ein Tier sezieren. **a|na|to|mi|ca|men|te** avv. anatomisch.
a|na|to|mi|co agg. *(-ci,-che)* **1** anatomisch: ***difetto*** ~ anatomischer Defekt; ***esame*** ~ anatomische Untersuchung **2a** *(modellato per il corpo umano)* körpergerecht: ***sedile*** ~ körpergerechter Sitz **b** *(modellato per il piede)* fußgerecht: ***scarpe -che*** fußgerechte Schuhe; ***plantare*** ~ fußgerechte Einlage *f.* (*o* Schuheinlage) **3** *(per dissezioni)* Sezier-: ***coltello*** ~ Seziermesser *n.*; ***tavolo*** ~ Seziertisch *m.*
a|na|to|mi|sta m. e f. *(-i,-e)* Anatom *m.* (-in *f.*). **a|na|to|miz|za|re** tr. **1** anatomieren **2** FIG. sezieren. **a|na|to|mo|pa|to|lo|go** m. *(-gi)* **1** Spezialist *m.* für pathologische Anatomie **2** *(medico legale)* Gerichtsarzt *m.*
a|na|tra f. Ente *f.*: ***camminare come un'~*** wie eine Ente watscheln ◆ ~ ***arrosto*** Entenbraten *m.*; ~ ***da ingrasso*** Mastente *f.*; ~ ***mandarina*** Mandarinente *f.*; ~ ***maschio*** Enterich *m.*, Erpel *m.*; ~ ***selvatica*** Wildente *f.* **a|na|troc|co|lo** m. Entenküken *n.*, Entchen *n.*: ***brutto*** ~ hässliches Entlein.
an|ca f. *(-che)* **1** Hüfte *f.*: ***dimenare, muovere le -che*** sich in den Hüften wiegen; ***articolazione dell'~*** Hüftgelenk *n.*; ***lussazione dell'~*** Hüft(gelenk)luxation *f.* **2** *(di cavallo)* Hanke *f.*
an|cel|la f. Magd *f.*
an|ce|stra|le agg. **1** Ur-: ***la paura ~ del buio*** die Urangst vor der Dunkelheit **2** *(atavico)* angestammt, atavistisch **3** BIOL. rudimentär.
an|che cong. **1a** auch: ~ ***oggi piove*** auch heute regnet es; ***c'era ~ il mio amico*** mein Freund war auch da; ***sono stato a Bonn e ~ a Berlino*** ich war in Bonn und auch in Berlin; ***anch'io sono stato a Berlino*** auch ich war in Berlin **b** *(altrettanto, parimenti)* ebenfalls, auch: ~ ***lui era malato*** er war ebenfalls krank; *(nelle risposte, come conferma)* – ***Io me ne vado, e Hans? – – Anche – –*** Ich gehe, und Hans? – – Ebenfalls – **c** *(possibilità)* ***potrebbe ~ nevicare*** es könnte auch schneien **2** *(inoltre)* auch, außerdem: ***La prego ~ di inviarmi un prospetto*** auch bitte ich Sie, mir einen Prospekt zu schicken **3** *(persino)* sogar, selbst: ~ ***sua madre lo sa*** selbst seine Mutter

weiß das **4** rafforz. sogar, schon: ***l'ho aspettato ~ troppo*** ich habe schon zu lange auf ihn gewartet **5** *(seguito da comparativo)* noch: ***è ~ più alto di me*** er ist noch größer als ich **6** *(con valore concessivo)* auch (*o* selbst) wenn, wenn auch: ***~ se è tardi, esce ancora*** auch wenn es spät ist, geht er noch aus; ***~ telefonandogli (o a telefonargli), non verrebbe*** auch wenn man ihn anriefe, käme er nicht ◆ ***e se ~ fosse!*** und wenn auch! ***ci mancava ~ questa*** das fehlte gerade noch; ***quand'~*** auch wenn: ***quand'~ fosse vero!*** auch wenn es wahr wäre! ***se ~*** wenn auch; ***~ se*** auch (*o* selbst) wenn; ***non solo... ma ~*** nicht nur... sondern auch; ***ci voleva ~ questa!*** auch das noch!

an|cheg|gian|te agg. wiegend: ***un'andatura ~*** ein wiegender Gang. **an|cheg|gia|re** intr. sich in den Hüften wiegen.

an|chi|lo|sa|re I tr. steif machen **II** pronom. **anchilosarsi** versteifen, steif werden. **an|chi|lo|sa|to** p.pass. agg. **1** → **anchilosare 2** steif, gelenksteif. **an|chi|lo|si, an|chi|lo|si** f.inv. Ankylose *f.*, Gelenkversteifung *f.* **an|chi|lo|sto|ma** m. Hakenwurm *m.*

An|chi|se n.pr.m. Anchises *m.*

an|chor|man ['ɛŋkormɛn] m. *(- e anchormen)* Anchorman *m.*

an|cia f. *(-ce)* MUS. Rohrblatt *n.*, COLLOQ. Zunge *f.*

an|cil|la|re agg. Magd-.

an|co → **anche.**

an|co|na f. Altarbild *n.*

An|co|na n.pr.f. Ancona *n.*

1.an|co|ra f. Anker *m.* (anche ELETTRON. OROL.): ***gettare (o mollare) l'~*** den Anker (aus‿)werfen, vor Anker gehen; ***levare, salpare l'~*** den Anker lichten; ***essere all'~*** vor Anker liegen; ***~ di fortuna*** Notanker *m.*; ***~ flottante, galleggiante*** Treibanker *m.*; FIG. ***~ di salvezza*** Rettungsanker *m.*

2.an|co|ra avv. **1a** noch, immer noch: ***dorme ~*** er schläft noch; ***è ~ troppo presto*** es ist noch zu früh; ***vuoi ~ del vino?*** möchtest du noch Wein? ***~ una domanda?*** noch eine Frage? ***~ oggi*** noch heute; ***ne vuole ~ di più*** er will noch mehr haben; ***arriverà ~?*** wird er noch kommen? **b** *(soltanto)* ***ho ~ 10 marchi*** ich habe noch 10 Mark **c** *(finora; in frasi negative)* ***non è ~ arrivato*** er ist noch nicht angekommen **d** *(seguito da comparativo)* ***è ~ più bello*** das ist noch schöner **2** *(un'altra volta)* noch einmal, nochmals: ***cantare ~ una canzone*** ein Lied noch einmal singen ◆ ***non ~*** noch nicht; ***~ un po'*** noch ein wenig; ***prima ~*** bevor noch.

an|co|rag|gio m. *(-gi)* **1a** Ankern *n.*: ***manovra di ~*** Ankermanöver *n.* **b** *(diritto di)* ***~*** Ankerrecht *n.*; *(tassa)* Ankergebühr *f.*, Ankergeld *n.* **2** *(specchio d'acqua)* Ankerplatz *m.* **3** TECN. Verankerung *f.*

an|co|ra|re *(ancoro)* **I** tr. **1** verankern, vor Anker legen: ***~ una nave in porto*** ein Schiff im Hafen verankern; ***~ qcs. al suolo*** etw. im Boden verankern **2** ECON. koppeln, binden: ***~ il franco al marco*** den Franc an die Mark koppeln (*o* binden) **II** pronom. **ancorarsi 1** ankern, vor Anker gehen **2** FIG. verankern: ***-rsi a qcs.*** in etw. (D) verankern. **an|co|ra|to** p.pass. agg. **1** → **ancorare 2** verankert: ***una nave -a in porto*** ein im Hafen verankertes Schiff ◆ MAR. ***essere ~*** vor Anker liegen (*o* treiben), ankern; FIG. ***essere ~ a qcs.*** in etw. (D) verankert sein.

an|cor|ché cong. + congiunt. obgleich, obwohl, obschon.

An|da|lu|si|a n.pr.f. Andalusien *n.* **an|da|lu|so I** agg. andalusisch **II** m. Andalusier *m.*

an|da|men|to m. **1** Fortgang *m.*, Gang *m.*, Verlauf *m.*, Ablauf *m.*: ***l'~ dei lavori*** der Verlauf der Arbeiten; ***~ ciclico*** zyklischer Verlauf; ***l'~ di una malattia*** der Verlauf einer Krankheit; ***~ della guerra*** Kriegsverlauf *m.*; **2** *(evoluzione, trend)* Gang *m.*, Entwicklung *f.* **3** *(portamento)* Gang *m.* **4** MUS. Tempo *n.* ◆ ***~ degli affari*** Geschäftsgang *m.*, Geschäftsentwicklung *f.*; ***~ della borsa*** Börsengeschehen *n.*; ***~ congiunturale*** Konjunkturverlauf *m.*, Konjunkturentwicklung *f.*; ***~ dell'indice*** Indexbewegung *f.*; ***~ dei negoziati*** Verhandlungsverlauf *m.*; ***~ oscillante*** uneinheitliche Tendenz; ***~ pesante*** rückläufige Tendenz; ***~ dei prezzi*** Preisentwicklung *f.*; ***~ produttivo*** Produktionsgang *m.*; ***~ delle quotazioni*** Kursentwicklung *f.*; ***~ marcato al ribasso*** Kursverfall *m.*; ***~ riflessivo*** → ***~ pesante***; ***~ delle trattative*** → ***~ dei negoziati***; ***~ degli utili*** Ertragsentwicklung *f.*

an|da|na f. Schwaden *m.*

an|dan|te I agg. **1** gängig **2** *(ordinario)* mittelmäßig: ***un prodotto ~*** ein mittelmäßiges Produkt **3** *(corrente)* laufend: ***l'anno ~*** das laufende Jahr **II** m. MUS. Andante *n.*

1.an|da|re I intr. *(vado, vai, va, andiamo, andate, vanno;* fut. *andrò;* congiunt.pres. *vada,* pass. *andassi;* pass.rem. *andai;* imper. *va'/vai;* p.pass. *andato;* aus. *essere)* **1a** gehen: ***~ a piedi*** zu Fuß gehen; ***~ (di corsa)*** laufen; ***~ a casa, a scuola, in ufficio*** nach Hause, zur Schule, ins Büro gehen; ***~ da qcn.*** zu jdm gehen; ***~ in vacanza*** in (*o* auf) Urlaub gehen **b** *(di strade; condurre, portare)* gehen, führen: ***dove va questa strada?*** wohin führt diese Straße? **c** *(con un veicolo)* fahren: ***~ in treno, in macchina*** mit der Bahn, mit dem (*o* im) Auto fahren; ***~ in bicicletta*** Rad fahren; ***~ sugli sci, sui pattini*** Ski fahren (*o* laufen), Rollschuh fahren; *(procedere)* ***~ veloce, diritto*** schnell, geradeaus gehen (*o* fahren); *(di veicolo)* ***il treno va a Roma, a 150 km all'ora*** der Zug fährt nach Rom, 150 km in der Stunde **d** *(in aereo)* fliegen: ***domani andrò a Francoforte (in aereo)*** morgen fliege ich nach Frankfurt **2a** *(di eventi, circostanze; svolgersi)* gehen, laufen, ab‿laufen: ***gli affari vanno bene*** die Geschäfte gehen gut; ***tutto va secondo i piani*** es geht (*o* läuft) alles nach Plan; ***andrà bene*** es wird (schon) gut gehen; ***com'è andata?*** wie ist es gegangen? (*o* wie war's?); ***è andato tutto bene*** es ist alles gut gegangen (*o* abgelaufen) **b** ***va (sempre) meglio, peggio*** es wird, geht (immer) besser, schlimmer **3** *(estendersi)* gehen, laufen: ***la montagna va da est a ovest*** das Gebirge geht von Osten nach Westen **4** *(funzionare)* laufen: ***il motore va a benzina, perfettamente*** der Motor läuft mit Benzin, einwandfrei; ***la radio va a pile*** das Radio läuft mit Batterien; ***l'orologio non va più*** die Uhr läuft nicht mehr **5** COLLOQ. *(vendersi)* gehen, laufen: ***l'articolo va molto bene*** der Artikel geht sehr gut **6** *(andare di moda)* Mode sein: ***quest'anno va il bianco*** dieses Jahr ist Weiß Mode **7** *(calzare, adattarsi)* passen: ***questa giacca non mi va*** diese Jacke passt mir nicht; ***~ a pennello*** wie angegossen passen (*o* sitzen) **8** COLLOQ. *(essere appropriato)* gehen: ***questo esempio non va*** dieses Beispiel geht nicht **9** *(gradire)* recht sein: ***non mi va*** es ist mir nicht recht, es passt mir nicht; ***non mi va di farlo*** mir ist nicht danach; ***se per lei va bene*** wenn es Ihnen recht ist **10** *(andare collocato)* kommen: ***la sedia va in cucina*** der Stuhl kommt in die Küche **11** *(avere buoni, cattivi risultati)* ***~ male, bene a scuola*** schlecht, gut in der Schule sein **12** *(con aggettivi o participi; essere)* sein: ***~ fiero di qcs.*** auf etw. (A) stolz sein; ***~ (o andarci) cauto*** vorsichtig sein; ***~ pazzo per qcn., qcs.*** nach jdm, etw. verrückt sein; ***~ vestito di bianco, di nero*** weiß, schwarz gekleidet sein **13** *(con participi; dover essere)* müssen, dürfen, sollen; sein... zu: ***qcs. va, andrebbe fatto*** etw. muss (*o* soll), sollte getan werden; ***qcs. va studiato a memoria*** etw. muss auswendig gelernt werden, etw. ist auswendig zu lernen **14a** *(con* a *+ inf.)* ***~ a dormire, a mangiare*** schlafen, essen gehen **b** ***~ a prendere, a trovare qcn.*** jdn abholen, besuchen; ***~ ad abitare lontano*** weit weg ziehen **15** *(con il gerundio; anche non tradotto)* ***~ dicendo*** (überall) sagen; ***~ peggiorando*** sich verschlimmern **II** pronom. **andarsene 1** *(andare via)* gehen, fort‿gehen, weg‿gehen: ***vattene!*** geh fort! **2** *(passare)* vorbei‿gehen, vorüber‿gehen: ***il tempo se ne va*** die Zeit geht vorbei; ***l'estate se n'è andata*** der Sommer ist vorüber **3** COLLOQ. *(essere consumato)* drauf‿gehen: ***tutti i miei soldi se ne sono andati*** mein ganzes Geld ist draufgegangen **4** FIG. EUFEM. *(sterben)* dahin‿gehen ◆ ***~ addosso a qcn. (con un veicolo)*** auf jdn drauf‿fahren; ***~ in aereo*** fliegen; ***andiamo!*** los! ***~ avanti*** weiter‿gehen, weiter‿laufen, voran‿gehen, voran‿kommen, fort‿schreiten; ***così non si può ~ avanti*** so kann es nicht weitergehen; ***il lavoro va avanti bene*** die Arbeit geht gut voran; *(continuare a fare)* ***~ avanti con qcs.*** etw. weiter‿machen; *(di orologio)* ***~ avanti*** vor‿gehen; ***va bene*** es geht (mir) gut; *(d'accordo)* gut, okay, einverstanden; ***mi è andata bene*** ich bin noch mal davongekommen, es ist noch mal gut gegangen; ***(mi) andrebbe bene domani*** morgen würde es (mir) gut passen; ***con lei si va in bianco*** bei ihr läuft nichts; ***~ a braccio*** frei sprechen; ***~ a canestro*** einen Korb werfen; ***~ a cavallo*** reiten; ***chi va là?*** wer (ist) da? ***~ in collera*** in Zorn geraten; ***come va?*** wie geht's? wie geht es dir? ***~ con qcn.*** mit jdm gehen; ***~ contro qcn., qcs.*** gegen jdn, etw. an‿gehen; ***~ di corpo*** Stuhlgang haben; ***così non va*** so geht es nicht; ***va da sé che...*** es versteht sich von selbst, dass...; FIG. EUFEM. ***~ dentro*** ins Gefängnis gesteckt werden; ***~ al diavolo*** sich zum Teufel scheren; ***~ a buon fine*** ein gutes Ende nehmen; ***~ a finire*** enden; *(trovarsi, cacciarsi)* ***dove è andata a finire la penna?*** wo ist die Feder geblieben? ***~ a finir male*** ein böses Ende nehmen; ***dove si andrà a finire?*** wohin soll das (noch) führen? ***~ a fondo*** unter‿gehen; VOLG. ***va' a farti fottere*** leck mich am Arsch; ***~ in frantumi*** in Scherben gehen (anche FIG.); ***~ di fretta*** in Eile sein; ***~ in fumo*** sich in Wohlgefallen auf‿lösen; ***~ a fuoco*** brennen, Feuer fangen; ***~ fuori*** aus‿gehen, hinaus‿gehen; ***~ fuori di testa*** die Nerven verlieren; ***~ a genio a qcn.*** jdm liegen; ***~ in giro per la città*** in der Stadt herum‿laufen, durch die Stadt gehen; ***~ giù*** hinunter‿gehen; FIG. *(deperire)* herunter‿kommen; *(di cibi)* ***non ~ giù*** nicht runter‿gehen, hinab‿wollen; FIG. *(non approvare)* nicht verdauen; ***~ al governo*** an die Regierung kommen; ***~ in guerra*** in den Krieg ziehen; ***~ incontro a qcn.*** jdm entgegen‿gehen; *(favorire)* jdm entgegen‿kommen; FIG. ***~ incontro a qcs.*** etw. (D) entgegen‿gehen; ~ ***indietro*** rückwärts gehen; *(di orologi)* nach‿gehen; ***va' all'inferno!*** fahr zur Hölle! ***lasciar(e)*** ~ gehen‿lassen, los‿lassen; ***lasciarsi*** ~ sich gehen lassen; ~ ***a letto con qcn.*** mit jdm ins Bett gehen, mit jdm schlafen; FIG. ~ ***lontano*** es weit bringen; ~ ***per le lunghe*** sich in die Länge ziehen; ***ma andiamo!*** ach was! ***ma va' (là)!*** ach, geh (doch)! TIP. ~ ***in macchina*** → ~ ***in stampa;*** ~ ***per la maggiore*** das Rennen machen; ~ ***a male*** verderben, schlecht werden; ~ ***in malora*** zugrunde gehen; ~ ***per mare*** zur See gehen (*o* fahren); ~ ***(o andarci) di mezzo*** dazwischen‿kommen, dazwischen‿geraten; ~ ***di moda*** Mode sein; ***così va il mondo*** das ist der Gang der Welt; COLLOQ. ~ ***all'altro mondo*** hops‿gehen; ~ ***a monte*** ins Wasser fallen; ***ne va della vita, del mio onore*** es geht ums Leben, um meine Ehre; ~ ***oltre qcs.*** über etw. hinaus‿gehen (anche FIG.); *(esagerare)* über die Stränge schlagen; ~ ***in onda*** gesendet werden, auf Sendung gehen; ~ ***a quel paese*** sich zum Teufel scheren; ~ ***a passeggio*** spazieren gehen; ~ ***in passivo*** → ~ ***in rosso***; ~ ***per (o a) funghi, more*** Pilze suchen, Brombeeren sammeln (*o* in die Brombeeren gehen); ~ ***per i quaranta*** auf die 40 zu‿gehen (*o* gehen); ~ ***perduto (o perso)*** verloren gehen; ~ ***a peso*** nach Gewicht verkauft werden; ~ ***a, in pezzi*** in Stücke gehen; ***può*** ~ es geht an; ~ ***a rete*** ein Tor schießen; ~ ***in rosso*** in die roten Zahlen kommen; ***il progetto è andato a rotoli*** das Projekt ist geplatzt; ~ ***in rovina*** verfallen; FIG. zugrunde gehen (*o* zu Grunde gehen), in die Brüche gehen; ~ ***in scena*** aufgeführt werden, zur Aufführung kommen; ~ ***sul sicuro su qcs.*** in etw. sicher gehen; ***non*** ~ ***(o andarci) per il sottile*** = keine Rücksichten nehmen; ~ ***sotto*** *(immergersi)* unter‿gehen; COLLOQ. → ~ ***in rosso***; ***o la va o la spacca*** es geht auf Biegen und Brechen; ~ ***a spasso*** → ~ ***a passeggio;*** TIP. ~ ***in stampa*** in Druck gehen; ***mi va tutto storto*** mir geht alles schief; ~ ***(o andarsene) per la propria strada*** seines Weges (o seiner Wege) gehen; ~ ***su*** hinauf‿gehen; ~ ***su e giù*** hin und her gehen; SPORT ~ ***al tappeto*** zu Boden gehen; ~ ***a tempo, fuori tempo*** im Takt bleiben, aus dem Takt kommen; ***qcs. mi va di traverso*** ich bekomme etw. in die falsche Kehle (anche FIG.); ***e vada!*** also gut! ***vada per domani*** also gut, morgen; ***per questa volta vada*** für diesmal mag es durchgehen; ***vado e torno*** ich komme gleich; ~ ***via*** fort‿gehen, weg‿gehen; *(sparire)* ***la macchia non va via*** der Fleck geht nicht weg (*o* raus); ~ ***a zonzo*** herum‿bummeln, herum‿schlendern; PROV. ***dimmi con chi vai e ti dirò chi sei*** sag mir, wer deine Freunde sind und ich sage dir, wer du bist; ***chi va piano va sano e va lontano*** wer langsam geht, kommt auch an.

2.an|da|re m. Gehen *n.*: ***un*** ~ ***e venire continuo*** ein dauerndes Kommen und Gehen ◆ ***con l'*** ~ ***del tempo*** im Laufe der Zeit; ***a lungo*** ~ auf (die) Dauer; ***a tutto*** ~ pausenlos, durchweg.

an|da|ta f. Hinweg *m.*; *(con un veicolo)* Hinfahrt *f.*; *(con l'aereo)* Hinflug *m.*: ***all'***~ auf dem Hinweg, auf (*o* bei) der Hinfahrt ◆ ***biglietto di (sola)*** ~ einfache Fahrkarte; ***biglietto di*** ~ ***e ritorno*** Rückfahrkarte *f.*; SPORT ***girone di*** ~ Hinrunde *f.*; ~ ***e ritorno*** Hin- und Rückfahrt (*o* COLLOQ. hin und zurück); ***viaggio di*** ~ Hinreise *f.*

an|da|to p.pass. agg. **1** → **1.andare** **2** vergangen: ***nei tempi -i*** in vergangenen Zeiten **3** COLLOQ. *(rotto, guasto)* kaputt: ***le scarpe sono -e*** die Schuhe sind kaputt (*o* durch) **4** COLLOQ. *(spacciato)* ***essere*** ~ geliefert sein, hin sein. **an|da|tu|ra** f. **1a** Gang *m.*, Gangart *f.*: ***avere un'*** ~ ***svelta*** einen raschen Gang haben **b** *(di cavalli)* Gangart *f.*: ***rompere l'***~ die Gangart ändern **2** SPORT Tempo *n.*: ***tenere una buona*** ~ ein schnelles Tempo halten; ***fare, aumentare l'***~ das Tempo an‿geben, steigern **3** *(di nave)* Fahrt *f.*

an|daz|zo m. Unsitte *f.*; *(sul lavoro)* Schlendrian *m.*: ***prendere un brutto*** ~ eine Unsitte an‿nehmen; ***criticare l'*** ~ ***in ufficio*** den Schlendrian im Büro kritisieren.

An|de n.pr.f.pl. Anden *pl.* **an|di|no** agg. Anden-.

an|di|ri|vie|ni m.inv. Hin und Her *n.*, Kommen und Gehen *n.*

an|di|to m. Gang *m.*, Flur *m.*

An|dor|ra n.pr.f. Andorra *n.* **an|dor|ra|no I** agg. andorranisch **II** m. Andorraner *m.*

An|dre|a n.pr.m. Andreas *m.* ◆ ***croce di sant'***~ Andreaskreuz *n.* **An|dre|i|na** n.pr.f. Andrea *f.*

an|dro|ge|no I agg. Androgen- **II** m. Androgen *n.* **an|dro|gi|ni|a** f. Androgynie *f.*, Zwittrigkeit *f.*, Zwittertum *n.* **an|dro|gi|no I** agg. androgyn, zwittrig **II** m. **1** Zwitter *m.* **2** FIG. Mannweib *n.*

an|droi|de m. e f. Androide *m.* e *f.*

an|dro|lo|gi|a f. Andrologie *f.*, Männerheilkunde *f.* **an|dro|lo|go** m. *(-gi)* Androloge *m.*

An|dro|ma|ca n.pr.f. Andromache *f.*

an|dro|ne m. Eingang *m.*, Hauseingang *m.*

an|dro|pau|sa f. Wechseljahre *pl.* **an|dro|ste|ro|ne** m. Androsteron *n.*

a|ned|do|ti|ca f. Anekdotik *f.* **a|ned|do|ti|co** agg. *(-ci,-che)* anekdotisch, anekdotenhaft. **a|ned|do|to** m. Anekdote *m.*

a|ne|lan|te agg. keuchend. **a|ne|la|re** intr. (aus. *avere*) **1** LETT. *(ansimare)* keuchen **2** FIG. *(aspirare ardentemente)* ~ ***a qcs.*** sich nach etw. (D) verzehren, nach etw. (D) lechzen: ~ ***alla gloria*** nach Ruhm lechzen.

a|ne|la|sti|co agg. *(-ci,-che)* unelastisch.

a|ne|li|to m. LETT. **1** *(respiro affannoso)* Keuchen *n.* **2** FIG. *(ardente desiderio)* Streben *n.*, tiefes Verlangen *n.*: ~ ***di grandezza*** Streben nach Größe.

a|nel|li|de m. Ringelwurm *m.*

a|nel|lo m. **1** Ring *m.* (anche CHIM. ANAT. BOT.): ***portare un*** ~ ***al dito*** einen Ring am Finger (*o* einen Fingerring) tragen; ***infilare, sfilare (togliere) l'***~ den Ring an‿stecken, den Ring vom Finger ab‿streifen (*o* ziehen); ***scambiarsi gli -i*** die Ringe tauschen (*o* wechseln) **2** Glied *m.*: ~ ***di catena*** Kettenglied *m.* **3** GINN. pl. Ringe *pl.*: ***allenarsi agli -i*** an den Ringen üben **4** *(circonvallazione)* Ringstraße *f.*, Ring *m.* **5** SPORT *(circuito della pista di fondo)* Loipe *f.* **6** ZOOL. *(metamero)* Metamere *m.* ◆ ***ad*** ~ ringförmig, ringartig; ***gli -i annuali*** die Jahresringe; ~ ***di congiunzione*** Bindeglied *n.*; ~ ***di fidanzamento*** Verlobungsring *m.*; ~ ***di filiera*** Spinnring *m.*; ~ ***delle mura*** Mauerring *m.*; ***l'***~ ***del Nibelungo*** der Ring des Nibelungen; ***gli -i di Saturno*** die Saturnringe *pl.*

a|ne|mi|a f. Anämie *f.*, Blutarmut *f.*: ~ ***mediterranea*** Mittelmeeranämie *f.* **a|ne|mi|co I** agg. *(-ci,-che)* **1** anämisch, blutarm **2** ESTENS. blutleer: ***un viso*** ~ ein blutleeres Gesicht **II** m. blutarmer Mensch *m.*

a|ne|mo|fi|li|a f. Anemophilie *f.* **a|ne|mo|fi|lo** agg. anemophil.

a|ne|mo|gra|fo m. Anemograph *m.* **a|ne|mo|me|tro** m. Windmesser *m.*, Anemometer *m.*

a|ne|mo|ne m. e RAR. f. Anemone *f.*, Windröschen *n.*

a|ne|ste|si|a f. Anästhesie *f.*, Betäubung *f.*; *(totale)* Narkose *f.*, Vollnarkose *f.*: ***praticare un'*** ~ ***locale*** eine örtliche Betäubung (*o* lokale Anästhesie) ein‿leiten; ***essere sotto l'effetto dell'***~, ***sotto*** ~ in (der) Narkose liegen; ***risvegliarsi dall'***~ aus der Narkose erwachen. **a|ne|ste|sio|lo|gi|a** f. Anästhesiologie *f.* **a|ne|ste|sio|lo|go** m. *(-gi)* Anästhesiologe *m.* **a|ne|ste|si|sta** m. e f. *(-i,-e)* Anästhesist *m.* (-in *f.*), Narkosearzt *m.* (-ärztin *f.*). **a|ne|ste|ti|co I** agg. *(-ci,-che)* anästhetisch, Narkose-, narkotisch **II** m. *(-ci)* Anästhetikum *n.*, Betäubungsmittel *n.* **a|ne|ste|tiz|za|re** tr. anästhe(ti)sieren, betäuben.

a|neu|ri|na f. Aneurin *n.* **a|neu|ri|sma** m. *(-i)* Aneurysma *n.*

an|fe|ta|mi|na f. Amphetamin *n.*

an|fi|bi pl. Amphibien *pl.*, Lurche *pl.* **an|fi|bio I** agg. *(-bi,-bie)* amphibisch, Amphibien-: ***animale*** ~ amphibisches Lebewesen; ***pianta -a*** amphibische Pflanze; ***automezzo, aeroplano*** ~ Amphibienfahrzeug *n.*, Amphibienflugzeug *n.*; ***guerra -a*** amphibischer Krieg; ***unità -bie da combattimento*** amphibische Kampfeinheiten **II** m. *(-bi)* **1** MIL. Amphibienfahrzeug *n.* **2** *(aereo)* Amphibienflugzeug *n.*

an|fi|bo|lo m. Amphibol *m.*, Hornblende *f.*

an|fios|so m. Lanzettfischchen *n.*

an|fi|te|a|tro m. Amphitheater *n.*

an|fi|trio|ne m. Gastgeber *m.*: ***fare da*** ~ Gastgeber spielen. **An|fi|trio|ne** n.pr.m. Amphitryon *m.*

an|fo|ra f. Amphore *f.*

an|frat|to m. Schlucht *f.*, Felsspalte *f.* **an|frat|tu|o|so** agg. zerklüftet.

an|ga|ria|re tr. *(angario, angari)* schikanieren.

an|ge|li|ca f. Engelwurz *f.* **An|ge|li|ca** n.pr.f. Angelika *f.* **an|ge|li|ca|men|te** avv. engelsgleich, engelhaft. **an|ge|li|ca|to** agg. engelhaft: ***donna -a*** engelhafte Frau. **an|ge|li|co** agg. *(-ci,-che)* engelhaft, engelsgleich, Engel-; ***cori -ci*** Engelschöre; ***viso*** ~ Engelsgesicht *n.*; ***voce -a*** Engelsstimme *f.* ◆ REL. ART. ***salutazione -a*** Englischer Gruß.

an|ge|lo m. Engel *m.* (anche FIG.): ***è un*** ~ er, sie ist ein Engel; ~ ***caduto*** gefallener Engel; ~ ***delle tenebre, della morte*** Engel der Finsternis, des Todes ◆ ***l'***~ ***azzurro*** der blaue Engel; ~ ***custode*** Schutzengel *m.*; FIG. SCHERZ. = Polizist *m.*; ***l'***~ ***del focolare*** die Seele des Hauses; ***lunedì dell'***~ Ostermontag *m.*; ***pane degli -i*** = Eucharistie *f.*; ***discutere sul sesso degli -i*** sich um des Kaisers Bart streiten.

an|ghe|ri|a f. Schikane *f.*: ***subire -e*** schikaniert werden.

an|gi|na f. Angina *f.*: ~ ***pectoris*** Angina pectoris.

An|giò n.pr.m. Anjou *n.*: ***i conti d'***~ die Grafen von Anjou; ***gli*** ~ die Anjou.

an|gio|gra|fi|a f. Angiographie *f.* **an|gio|gram|ma** m. Angiogramm *n.*

an|gio|i|no I agg. der Anjou: ***dinastia -a*** Dynastie der Anjou **II** m. Anjou *m.*

an|gio|let|to agg. 1 Eng(e)lein *n.*, Engelchen *n.* 2 IRON. Unschuldsengel *m.* ◆ *non essere un ~* nicht gerade ein Engel sein. **an|gio|lo** m. → **angelo.**

an|gio|lo|gi|a f. Angiologie *f.* **an|gio|lo|go** m. *(-gi)* Angiologe *m.* **an|gio|ma** m. *(-i)* Angiom *n.* **an|gio|pa|ti|a** f. Angiopathie *f.* **an|gio|sper|me** f.pl. Angiospermen *pl.*

an|gi|por|to m. Gasse *f.*

An|gli n.pr.pl. STOR. Angeln *pl.* **an|gli|ca|ne|si|mo, an|gli|ca|ni|smo** m. Anglikanismus *m.* **an|gli|ca|no** I agg. anglikanisch II m. Anglikaner *m.* **an|gli|ci|smo** m. Anglizismus *m.* **an|gli|ciz|za|re** I tr. anglisieren II pronom. **anglicizzarsi** sich anglisieren. **an|gli|co** agg. *(-ci,-che)* anglisch. **an|gli|smo** m. → **anglicismo. an|gli|sta** m. e f. *(-i,-e)* Anglist *m.* (-in *f.*).

an|glo|a|me|ri|ca|no I agg. angloamerikanisch II m. Angloamerikaner *m.* **an|glo|fi|lo** agg. anglophil. **an|glo|fo|bo** agg. anglophob. **an|glo|fo|no** agg. anglophon. **an|glo|ma|ne** m. e f. Anglomane *m.* e *f.* **an|glo|ma|ni|a** f. Anglomanie *f.*

an|glo|nor|man|no I agg. anglonormannisch II m. STOR. Anglonormanne *m.* **an|glo|sas|so|ne** I agg. angelsächsisch; *lingue -i* angelsächsische Sprachen *pl.* II m. e f. Angelsachse *m.*, Angelsächsin *f.* III m. *(lingua)* Angelsächsisch(e) *n.*

An|go|la n.pr.f. Angola *n.* **an|go|la|no** I agg. angolanisch II m. Angolaner *m.*

1.an|go|la|re agg. Winkel-, winkelförmig: *velocità, ferro ~* Winkelgeschwindigkeit *f.*, Winkeleisen *n.* ◆ *pietra ~* Eckstein *m.* (anche FIG.).

2.an|go|la|re tr. *(angolo, angoli)* 1 verkanten 2 SPORT in die Ecke schießen.

an|go|la|to p.pass. agg. 1 → **2.angolare** 2 verkantet ◆ SPORT *tiro ~* = Schuss in die Torecke. **an|go|la|zio|ne** f. 1 FOT. CINEM. Winkelaufnahme *f.* 2 FIG. Blickwinkel *m.* **an|go|lie|ra** f. Eckschrank *m.*

an|go|lo m. 1a GEOM. Winkel *m.*: *formare, misurare un ~* einen Winkel bilden, messen; *~ acuto, ottuso, retto, piatto* spitzer, stumpfer, rechter, gestreckter Winkel; *~ giro* Vollwinkel *m.*; *un ~ di 45°* ein Winkel von 45°; *~ al centro, alla circonferenza* Zentriwinkel *m.*, Peripheriewinkel *m.*; *~ interno, esterno* Innenwinkel *m.*, Außenwinkel *m.* b ESTENS. *(posto, luogo) un ~ tranquillo, pittoresco, remoto* ein stiller (ruhiger), malerischer, verborgener Winkel; *(lato) ~ della bocca* Mundwinkel *m.*; *~ morto* toter Winkel (anche MIL.) 2 *(canto)* Ecke *f.*: *all'~* an der Ecke; *girare l'~* um die Ecke biegen; *(subito) dietro l'~* (gleich) um die Ecke; *l'~ della strada, dell'armadio* Straßen-, Schrankecke *f.*; FIG. *restare, sedere in un ~* in einer Ecke bleiben, sitzen; *cercare in ogni ~* in allen Ecken suchen 3 *(lembo)* Zipfel *m.* ◆ *ad ~* winkelig; SPORT *calcio d'~* Eckball *m.*; *casa d'~* Eckhaus *n.*; *~ cottura* Kochecke *f.*, Kochnische *f.*; *un ~ di natura incontaminata* ein Fleck unberührter Natur; *~ di paradiso* paradiesisches Eckchen; *tavolo d'~* Ecktisch *m.*; *i quattro -i della terra* die vier Himmelsrichtungen; *~ visuale* Sehwinkel *m.*, Gesichtswinkel *m.*, FIG. Gesichtspunkt *m.*

an|go|lo|si|tà f.inv. 1 Eckigkeit *f.* 2 FIG. Sprödheit *f.* **an|go|lo|so** agg. 1 eckig, winkelig, kantig: *un viso ~* ein eckiges Gesicht 2 FIG. spröde.

an|go|ra, d'~ Angora-: *gatto, capra, coniglio d'~* Angorakatze *f.*, Angoraziege *f.*, Angorakaninchen *n.*; *lana d'~* Angorawolle *f.*

an|go|scia f. *(-sce)* 1 Angst *f.*, Furcht *f.*: *~ della morte* Furcht vor dem Tod; *~ mortale* Todesangst *f.*; *procurare ~ a qcn.* jdn ängstigen (*o* in Furcht versetzen); *essere in preda all'~* von Furcht erfasst (*o* gelähmt) sein 2 PSIC. Angst *f.*: *essere in stato di ~* Angstzustände *pl.* haben 3 FILOS. Existenzangst *f.*, Lebensangst *f.* (anche ESTENS.). **an|go|scian|te** agg. beängstigend: *un silenzio ~* eine beängstigende Stille.

an|go|scia|re *(angoscio, angosci)* I tr. ängstigen, in Angst (*o* Furcht) versetzen II pronom. **angosciarsi** sich fürchten, sich ängstigen: *-rsi per qcn., qcs.* sich um jdn, etw. ängstigen. **an|go|scia|to** p.pass. agg. 1 → **angosciare** 2 angsterfüllt, angstvoll: *sguardo ~* angstvoller Blick; *voce -a* angsterfüllte Stimme. **an|go|scio|sa|men|te** avv. voller Angst, voller Furcht: *aggirarsi ~* voller Angst hin und her laufen. **an|go|scio|so** agg. 1 beängstigend, quälend: *un'attesa -a* ein quälendes Warten 2 *(pieno d'angoscia)* angstvoll, angsterfüllt: *parole -e* angstvolle Worte.

an|gue m. Schlange *f.*

an|guil|la f. Aal *m.*: *~ affumicata, marinata* geräucherter, marinierter Aal; *pesca delle -e* Aalfang *m.* ◆ *sgusciare come un'~* sich wie ein Aal winden; *viscido come un'~* glatt wie ein Aal (anche FIG.), aalglatt. **an|guil|lu|li|de** m. Aaltierchen *n.*

an|gu|ria f. Wassermelone *f.*

an|gu|sta|men|te avv. knapp, eng.

an|gu|stia f. 1 Knappheit *f.*, Enge *f.*: *~ di tempo, di spazio* Zeitknappheit *f.*, räumliche Enge 2 *(ansia)* Sorge *f.*: *essere in -e per qcs., qcn.* um etw. (A), jdn in Sorge sein ◆ *trovarsi in -e* = in (finanzieller) Notlage sein. **an|gu|stia|re** *(angustio, angusti)* I tr. quälen, bedrücken II pronom. **angustiarsi** sich quälen: *~ per qcs.* sich mit etw. quälen.

an|gu|sto agg. eng (anche FIG.): *di mente -a* engstirnig.

a|ni|ce m. Anis *m.*: *liquore d'~* Anislikör *m.* **a|ni|ci|no** m. 1 *(biscotto)* Anisbogen *m.* 2 *(confetto)* Anisbonbon *m.*

a|ni|dri|de f. Anhydrid *n.*; *~ carbonica* Kohlendioxid *n.*; *~ solforosa* Schwefeldioxid *n.* **a|ni|dro|bio|si** f. Trockenstarre *f.*

a|ni|li|na f. Anilin *n.*

a|ni|ma f. Seele *f.*: *un'~ sensibile, bella, candida, pura* eine empfindsame, schöne, unschuldige, reine Seele; *-e beate, dannate* selige, verdammte Seelen; *le -e dei morti, del Purgatorio* die Seelen der Verstorbenen, im Fegefeuer; *esalare, rendere l'~* die Seele aus‿hauchen; *purificare, salvare la propria ~* seine Seele läutern, retten; *pregare per l'~ di qcn.* für jds Seele beten; *(abitanti) un paese di poche -e* ein Dorf mit wenigen Seelen; *(parte interna) l'~ del violino* die Seele der Geige; TECN. *l'~ del cavo* die Seele des Kabels ◆ *all'~!* meine Güte! *volersi un bene dell'~* sich heiß und innig lieben; *buon'~* Selige *m.* e *f.*; *suo padre, buon'~* sein seliger Vater; *un'~ buona* ein guter Mensch; *(con) ~ e corpo* mit Leib und Seele; *dannarsi l'~ per qcn., qcs.* sich an jdm, etw. die Zähne aus‿beißen; *-e gemelle* verwandte Seelen; *leggere nell'~ di qcn.* jdm aus der Seele sprechen; *pace dell'~* Seelenfriede *m.*; *essere un'~ in pena* eine gequälte Seele sein; *nel profondo dell'~* aus tiefstem Herzen; *la pubblicità è l'~ del commercio* die Werbung ist das A und O des Handels; *raccomandare l'~ a Dio* seine Seele Gott befehlen; COLLOQ. *rompere l'~ a qcn.* jdm den Nerv töten; *salvezza dell'~* Seelenheil *n.*; *senz'~* seelenlos; COLLOQ. *stare sull'~ a qcn.* = jdm unsympathisch sein; *amare, odiare con tutta l'~* mit ganzer Seele lieben, hassen; *vendere l'~ al diavolo* seine Seele dem Teufel verschreiben; *non si vede ~ viva* man sieht keine Menschenseele; COLLOQ. *vomitare l'~* sich die Seele aus dem Leib kotzen.

a|ni|ma|le I m. Tier *n.*: *~ domestico* Haustier *n.*; *~ feroce, selvatico, allo stato brado* wildes Tier, wildlebendes Tier, Tier in freier Wildbahn; *tenere, allevare, ammaestrare -i* Tiere halten, züchten, dressieren; *dare da mangiare agli -i* die Tiere füttern; FIG. *sei un ~!* du bist ein Tier! II agg. Tier-, tierisch: *regno, specie ~* Tierreich *m.*, Tierart *f.*; *grasso ~* tierisches Fett ◆ *– i da allevamento* Zuchtvieh *n.* (*o* Zuchttiere *pl.*); *-i da cortile* Kleinvieh *n.*; *-i da macello* Schlachtvieh *n.*; *il mondo degli -i* Tierwelt *f.*; *società per la protezione degli -i* = Tierschutzverein *m.*; ESTENS. *~ ragionevole* Mensch *m.*; *~ da soma* Lasttier *n.*; *~ da tiro* Zugtier *n.*

a|ni|ma|le|sco agg. *(-schi,-sche)* 1 tierhaft 2 *(bestiale)* tierisch, animalisch: *istinti -schi* animalische Triebe.

a|ni|ma|let|to m. Tierchen *n.*

a|ni|ma|li|smo m. = Tier- und Artenschutzbewegung *f.* **a|ni|ma|li|sta** m. e f. *(-i,-e)* 1 Tierschützer *m.* (-in *f.*) 2 ART. Tiermaler *m.* (-in *f.*); *(scultore)* Tierbildhauer *m.* (-in *f.*). **a|ni|ma|li|tà** f. tierische Natur *f.*

a|ni|ma|re *(animo)* I tr. 1a beleben, beseelen b *~ il marmo* dem Marmor Leben ein‿hauchen 2 *(vivacizzare)* beleben: *~ la festa, la conversazione* das Fest, die Unterhaltung beleben 3 *(stimolare, incitare)* animieren II pronom. **animarsi** 1 sich beleben, lebhaft werden: *la strada, la conversazione, la serata si animò* die Straße, die Unterhaltung, der Abend belebte sich 2 *(accendersi)* lebhaft werden: *il dibattito si animò* die Debatte wurde lebhaft. **a|ni|ma|ta|men|te** avv. lebhaft, angeregt: *parlare ~* lebhaft sprechen.

a|ni|ma|to p.pass. agg. 1 → **animare** 2 beseelt, lebendig; *esseri -i* Lebewesen 3 *(movimentato)* belebt: *una via -a* eine belebte Straße 4 *(vivace)* lebhaft, angeregt: *una discussione -a* eine lebhafte Diskussion 5 *(mosso)* bewegt, getrieben, beseelt: *essere ~ dalle migliori intenzioni, da buoni sentimenti* von den besten Absichten bewegt sein, von einer guten Gesinnung beseelt sein ◆ *cartoni, disegni -i* Zeichentrickfilme, Trickfilme, Cartoons. **a|ni|ma|to|re** m. Animateur *m.* **a|ni|ma|tri|ce** f. Animateurin *f.*

a|ni|ma|zio|ne f. 1 Anregung *f.*, Lebhaftigkeit *f.* 2 *(movimento)* Treiben *n.*, Betrieb *m.*: *in città c'era molta ~* in der Stadt war großer Betrieb, herrschte lebhaftes Treiben 3 CINEM. Animation *f.*: *film d'~* Animationsfilm *m.*, Zeichentrickfilm *m.* ◆ *~ a, al computer* Computeranimation *f.*

a|ni|mel|le pl. Bries *n.*

a|ni|mi|smo m. Animismus *m.* **a|ni|mi|sta** *(-i,-e)* I m. e f. Animist *m.* (-in *f.*) II agg. animistisch. **a|ni|mi|sti|co** agg. *(-ci,-che)* animistisch.

a|ni|mo m. 1 Gemüt *n.*, Seele *f.*, Geist *m.*: *un ~ candido, sensibile* ein einfältiges, sanftes Gemüt; ***un ~ irrequieto*** ein unruhiger Geist; ***infiammare, eccitare, placare gli -i*** die Gemüter erhitzen, erregen, beruhigen **2** *(coraggio)* Mut *m.*: ***fare ~ a qcn., farsi ~*** jdm, sich (D) Mut machen; ***avere l'~ di fare qcs.*** den Mut haben, etw. zu tun; ***(non) perdersi d'~*** den Mut (nicht) verlieren; ***~, su!*** nur Mut! **3** *(umore)* Mut *m.*, Stimmung *f.*: ***essere di buon ~*** guten Mutes sein **4** *(pensiero)* Gedanken *pl.*: ***essere con l'~ altrove*** mit den Gedanken woanders sein **5** *(cuore)* Herz *n.*: ***le sue parole mi hanno toccato l'~*** seine Worte haben mein Herz berührt; ***aprire il proprio ~ a qcn.*** jdm sein Herz aus‿schütten, sein Innerstes öffnen ◆ ***avere in ~ di fare qcs.*** die Absicht haben, etwas zu tun; ***bontà d'~*** Gutherzigkeit *f.*, Herzensgüte *f.*; ***di buon ~*** gern, mit Vergnügen; ***disposizione d'~*** Gemütsverfassung *f.*, Einstellung *f.*; ***in fondo all'~*** im Grund meines Herzens; ***forza d'~*** Seelenstärke *f.*; ***leggere nell'~ di qcn.*** in jds Gedanken lesen können; ***di mal ~*** ungern, widerstrebend; ***mettersi l'~ in pace*** sich damit ab‿finden; ***serbare qcs. nell'~*** etw. im Herzen bewahren; ***stare con l'~ in sospeso*** in Sorge sein; ***stato d'~*** Gemütsverfassung *f.*, Gemütszustand *m.*, Gemütslage *f.*

a|ni|mo|sa|men|te avv. **1** feindselig **2** LETT. *(coraggiosamente)* kühn, beherzt. **a|ni|mo|si|tà** f. Animosität *f.*, Feindseligkeit *f.*: ***provare ~ verso qcn.*** eine Animosität gegen jdn haben. **a|ni|mo|so** agg. **1** feindselig **2** LETT. *(coraggioso)* kühn, beherzt.

a|ni|mus m. Animus *m.*

a|nio|ne m. Anion *n.*

a|ni|set|ta f. Anisette *m.*, Anislikör *m.*

a|ni|tra → **anatra.**

an|nac|qua|men|to m. **1** Verwässerung *f.*; *(del vino)* Panschen *n.* **2** FIG. Abschwächung *f.* Milderung *f.* **an|nac|qua|re** tr. **1** verwässern, mit Wasser vermischen **2** FIG. *(attenuare)* ab‿schwächen, mildern. **an|nac|qua|to** p.pass. agg. **1** → **annacquare** **2** verwässert: ***vino ~*** verwässerter (*o* gepanschter) Wein **3** *(sbiadito)* verblasst: ***colori -i*** verblasste Farben **4** *(attenuato)* abgeschwächt, kraftlos, verwässert: ***stile ~*** kraftloser Stil. **an|nac|qua|tu|ra** f. **1** Verwässerung *f.* **2** FIG. Abschwächung *f.*, Milderung *f.*

an|naf|fia|men|to m. Sprengen *n.*, Besprengung *f.*; *(con l'annaffiatoio)* Gießen *n.*, Begießung *f.* **an|naf|fia|re** tr. (be)sprengen; *(con l'annaffiatoio)* (be)gießen; FIG. ***~ l'arrosto col vino rosso*** den Braten mit Rotwein begießen. **an|naf|fia|ta** f. **1** Besprengung *f.*; *(con l'innaffiatoio)* Begießung *f.*: ***dare un'~ a qcs.*** etw. (kurz) sprengen, gießen **2** *(leggera pioggia)* leichter Regen *m.*, Nieselregen *m.* **an|naf|fia|to|io** m. *(-oi)* Gießkanne *f.* **an|naf|fia|to|re I** agg. Spreng- **II** m. **1** Sprenger *m.*, Gießer *m.* **2** Sprengwagen *m.*; *(fisso)* Rasensprenger *m.* **an|naf|fia|tri|ce** f. Sprengwagen *m.* **an|naf|fia|tu|ra** f. → **annaffiamento.**

an|na|li pl. Jahrbuch *n.*, Annalen *pl.*; estens. ***entrare, rimanere negli ~*** in die Annalen ein‿gehen. **an|na|li|sta** m. e f. *(-i,-e)* Annalist *m.* (-in *f.*). **an|na|li|sti|ca** f. Annalistik *f.* **an|na|li|sti|co** agg. *(-ci,-che)* annalistisch.

an|na|spa|re I tr. TESS. haspeln, weifen **II** intr. (aus. *avere*) **1** herum‿fuchteln, zappeln; *(gesticolare)* gestikulieren: ***~ nel vuoto*** ins Leere greifen **2** *(affaccendarsi invano)* sich vergeblich ab‿mühen **3** FIG. *(confondersi parlando)* sich verhaspeln ◆ ***~ per stare a galla*** sich mit Mühe über Wasser halten; FIG. = sich anstrengen, um nicht unterzugehen.

an|na|ta f. **1** Jahrgang *m.*, Jahr *n.*: ***una buona, cattiva, abbondante ~*** ein guter, schlechter, reicher Jahrgang; ***di che ~ è questo vino?*** was für ein Jahrgang ist dieser Wein? **2** *(di giornali)* Jahrgang *m.* **3** *(raccolto)* Ernte *f.* **4** *(importo di un anno)* Jahresbetrag *m.* ◆ ***vino d'~*** Jahrgangswein *m.*, AUSTR. Heurige *m.*

an|neb|bia|men|to m. **1** Umneb(e)lung *f.*, Verneb(e)lung *f.* **2** *(l'annebbiarsi)* Nebelbildung *f.*; *(banco di nebbia)* Nebelbank *f.* **3** *(offuscamento)* Umneb(e)lung *f.*, Trübung *f.*: ***~ della vista, della coscienza*** Trübung der Augen, Bewusstseinstrübung *f.*

an|neb|bia|re I tr. **1** umnebeln, vernebeln **2** FIG. *(offuscare)* umnebeln, benebeln, trüben: ***~ i sensi, la vista*** die Sinne, den Blick trüben **II** pronom. **annebbiarsi** **1** neblig werden, nebeln **2** *(offuscarsi)* sich trüben: ***gli si annebbiò la vista*** sein Blick trübte sich. **an|neb|bia|to** p.pass. agg. **1** → **annebbiare** **2** ***vista, mente -a*** getrübter Blick, verwirrter Geist.

an|ne|ga|men|to m. Ertränken *n.*, Ertrinken *n.*: ***morte per ~*** Tod durch Ertrinken. **an|ne|ga|re** *(annego, anneghi)* **I** tr. ertränken **II** intr. (aus. *essere*) **1** ertrinken **2** FIG. *(sprofondare)* unter‿gehen, versinken **III** pronom. **annegarsi** sich ertränken ◆ ***~ i dispiaceri nell'alcol*** seinen Kummer mit Alkohol hinunter‿spülen (*o* im Alkohol ertränken); ***~ in un mare di guai*** = bis zum Hals in Unannehmlichkeiten stecken. **an|ne|ga|to** m. Ertrunkene *m.*

an|ne|ri|men|to m. Schwärzung *f.* **an|ne|ri|re** *(annerisco, annerisci)* **I** tr. schwarz machen, schwärzen **II** pronom. **annerirsi** schwarz werden. **an|ne|ri|to** p.agg. agg. **1** → **annerire** **2** ***~ dal fumo, dalla fuliggine*** rauchgeschwärzt, rußgeschwärzt.

an|nes|sio|ne f. **1** Hinzufügung *f.*, Verbindung *f.* **2** POL. Annexion *f.* ◆ STOR. ***l'~ dell'Austria alla Germania*** der Anschluß Österreichs an Deutschland. **an|nes|sio|ni|smo** m. Annexionismus *m.* **an|nes|sio|ni|sta** *(-i,-e)* **I** m. e f. Annexionist *m.* (-in *f.*) **II** agg. annexionistisch. **an|nes|sio|ni|sti|co** agg. *(-ci,-che)* annexionistisch.

an|nes|so I p.pass. agg. **1** → **annettere** **2** *(adiacente)* anliegend, verbunden, angrenzend, Neben-: ***i terreni -i alla casa*** die an das Haus angrenzenden Grundstücke; ***edificio ~*** Neben-, Seitengebäude *n.*, Anbau *m.* **3** *(allegato)* beiliegend, beigefügt **4** *(connesso)* (da)zugehörig, bezüglich **II** m. ANAT. Adnex *m.*, Anhang *m.*, Annex *m.* ◆ ***clausola -a*** Nebenbestimmung *f.*; ***-i e connessi*** das (ganze) Drum und Dran, Drumherum *n.*

an|net|te|re tr. *(annettei/annessi; annesso)* **1** an‿schließen, an‿bauen: ***~ un garage alla casa*** eine Garage an das Haus anbauen **2** POL. annektieren **3** *(allegare)* bei‿legen **4** *(attribuire)* bei‿legen, bei‿messen: ***~ importanza a qcs.*** etw. (D) Bedeutung beimessen.

An|ni|ba|le n.pr.m. Hannibal *m.*

an|ni|chi|la|re → **annichilire.** **an|ni|chi|la|men|to** → **annichilimento.** **an|ni|chi|la|zio|ne** f. FIS. Zerstrahlung *f.*

an|ni|chi|li|men|to m. **1** Vernichtung *f.*, Zerstörung *f.*: ***l'~ della volontà*** die Zerstörung des Willens **2** LETT. *(abnegazione)* Selbstaufgabe *f.*, Selbsterniedrigung *f.* **an|ni|chi|li|re** *(annichilo/annichilisco, annichili/annichilisci)* **I** tr. **1** vernichten, zerstören **2** *(abbattere)* zu Boden schmettern, nieder‿schmettern: ***la disgrazia lo annichilì*** das Unglück schmetterte ihn zu Boden **II** pronom. **annichilirsi** **1** zunichte werden **2** *(umiliarsi)* sich demütigen, sich (selbst) erniedrigen. **an|ni|chi|li|to** p.pass. agg. **1** → **annichilire** **2** bestürzt: ***sguardo ~*** bestürzter Blick; ***rimanere ~ per qcs.*** wegen etw. bestürzt sein.

an|ni|da|men|to m. **1** Einnisten *n.* **2** MED. Nidation *f.* **an|ni|da|re I** tr. **1** ins Nest setzen **2** FIG. *(accogliere)* beherbergen **II** pronom. **annidarsi** **1** ein Nest bauen **2** *(nascondersi)* sich verbergen **3** *(radicarsi)* sich ein‿nisten, sich fest‿setzen: ***nel suo cuore si annidava l'odio*** Hass setzte sich in seinem Herzen fest.

an|nien|ta|men|to m. Vernichtung *f.* (anche FIG.).

an|nien|ta|re I tr. **1** zunichte machen, vernichten; *(distruggere)* zerstören: ***~ il nemico*** den Feind vernichten **2** FIG. nieder‿schmettern, zerstören: ***il dolore lo annientò*** der Schmerz zerstörte ihn **II** pronom. **annientarsi** sich völlig erniedrigen, sich tief demütigen.

an|nien|ta|to p.pass. agg. **1** → **annientare** **2** zerstört: ***~ dal dolore*** vom Schmerz zerstört.

an|ni|ver|sa|rio m. *(-ri)* **1** Jahrestag *m.*, Anniversar *n.*: ***l'~ della rivoluzione francese*** der Jahrestag der Französischen Revolution; ***l'~ della nascita, della morte di Verdi*** der Jahrestag von Verdis Geburt, Tod; ***festeggiare il 50º ~ di matrimonio*** den 50. Hochzeitstag feiern **2** RAR. *(compleanno)* Geburtstag *m.*

an|no m. **1** Jahr *n.*: ***sono passati molti -i*** viele Jahre sind vergangen; ***nell'~ 1990*** im Jahr(e) 1990; ***nel corso dell'~*** im Jahresverlauf; ***un ~ fa, molti -i fa*** vor einem Jahr, vor vielen Jahren; ***-i fa, -i or sono*** vor Jahren; ***(molti) -i prima, dopo*** (viele) Jahre vorher (*o* zuvor), danach; ***sarà un ~ in aprile*** im April wird es ein Jahr sein; ***fra tre -i*** in drei Jahren; ***entro, in capo a, di qui a un ~*** innerhalb eines Jahres; ***nel giro di un ~*** binnen eines Jahres; ***quest'~*** dieses Jahr; ***l'~ prossimo (venturo), scorso (passato)*** nächstes, letztes (*o* vergangenes, voriges) Jahr, im nächsten, letzten (*o* vergangenen, vorigen) Jahr; ***l'~ corrente, entrante (che viene)*** das laufende, kommende Jahr; ***ogni ~, ogni tre anni*** jedes Jahr, jedes dritte Jahr (*o* alle drei Jahre); ***due, tre volte all'~*** zweimal, dreimal im Jahr (*o* jährlich); ***di ~ in ~*** von Jahr zu Jahr; ***~ dopo ~*** Jahr um Jahr; ***il primo, l'ultimo dell'~*** am ersten, letzten Tag des Jahres; ***l'~ vecchio, nuovo*** das alte, neue Jahr **2a** pl. *(epoca)* Zeit *f.*, Jahre *pl.*: ***gli -i della giovinezza*** die Jugendzeit; ***gli -i del disgelo*** die Zeit (*o* Periode) des Tauwetters **b** ***gli -i venti, sessanta*** die zwanziger, sechziger Jahre **c** ***celebrare i cinquant'-i dalla fine della guerra*** den fünfzigsten Jahrestag des Kriegsendes feiern **3** *(annata)* Jahrgang *m.*, Jahr *n.*: ***è stato un buon ~ per il vino*** es war ein gutes Weinjahr **4a** SCOL. Schuljahr *n.*, Schulklasse *f.*: ***essere all'ultimo ~ (di scuola)*** im letzten Schuljahr sein, in der letzten Schulklasse sein **b** UNIV. Studienjahr *n.*, Jahr *n.*: ***iscriversi al primo ~ d'università*** sich im ersten Jahr an der Universität ein‿schreiben; ***essere al secondo ~ (di università)*** im zweiten Studienjahr sein ◆ ***a trent'-i, quarant'-i*** mit dreißig, vierzig Jahren; ***~ accademico*** Studienjahr *n.*; ***~ amministrativo*** Geschäftsjahr *n.*; ***essere avanti negli -i*** fortgeschrittenen Alters sein; ***avere due, dieci -i*** zwei, zehn (Jahre alt) sein; ***quanti***

-i hai? – ho vent'-i wie alt bist du? – ich bin zwanzig (Jahre alt); ***~ bisestile*** Schaltjahr *n.*; ***buon ~!*** ein gutes Jahr! *(brindisi)* Prosit Neujahr! ***~ commerciale*** Geschäftsjahr *n.*; ***compiere gli -i*** Geburtstag haben; ***oggi compie dieci -i*** heute wird er zehn Jahre alt; ***~ di contribuzione*** Beitragsjahr *n.*; ***correva l'~ 1200*** es war im Jahr 1200; ***~ di costruzione*** Baujahr *n.*; ***quanti -i le dai? – non le do più di 20 -i*** für wie alt hältst du sie? – (ich halte sie) nicht für älter als 20; ***un bimbo di tre -i, un uomo di cinquant'-i*** ein dreijähriges Kind, ein fünfzigjähriger Mann; ***dimostrare meno, più -i*** jünger, älter aus‿sehen; ***~ d'esercizio*** Geschäftsjahr *n.*; ***felice ~ nuovo*** ein glückliches neues Jahr; ***~ finanziario*** Finanzjahr *n.*; ***nel fiore degli -i*** in seinen besten Jahren, in der Blüte des Lebens; ***~ giudiziario*** Gerichtsjahr *n.*; ***nell'~ di grazia*** im Jahr(e) des Heils; ***essere in là con gli -i*** bei Jahren, hoch in den Jahren sein; ***~ liturgico*** Kirchenjahr *n.*; ***~ luce*** Lichtjahr *n.*; ***~ di nascita*** Geburtsjahr *n.*; ***col passar degli -i*** im Lauf der Jahre; ***per ~*** jährlich; ***sentire il peso degli -i*** die Jahre spüren; ***portare bene, male gli -i*** = jünger, älter (als seine Jahre, für sein Alter) aus‿sehen; ***gli -i ruggenti*** die Roaring Twenties; ***~ sabbatico*** Sabbatjahr *n.*; UNIV. Forschungssemester *n.*; ***Anno Santo*** heiliges Jahr; ***~ scolastico*** Schuljahr *n.*; ***~ di servizio*** Dienstjahr *n.*, Berufsjahr *n.*; ***~ siderale, sidereo*** siderisches Jahr (*o* Sternjahr *n.*); ***~ solare*** Kalenderjahr *n.*; ***avere ottant'-i suonati*** = über achtzig Jahre alt sein; ***togliersi gli -i*** = sich um einige Jahre jünger machen.

an|no|da|re **I** tr. **1** knoten, verknoten, verknüpfen: ***~ i capi di una corda*** die Enden einer Schnur miteinander verknüpfen; ***~ il fazzoletto attorno al collo*** das Tuch um den Hals knoten **2** FIG. *(stringere)* an‿knüpfen, knüpfen: ***~ buoni rapporti con qcn.*** gute Beziehungen mit jdm anknüpfen; ***~ un'amicizia con qcn.*** Freundschaft mit jdm schließen **II** pronom. **annodarsi** sich verknoten: ***il filo si è annodato*** der Faden hat sich verknotet ◆ ***~ la cravatta*** (sich) die Krawatte binden (*o* fest‿knüpfen); ***~ le scarpe*** sich die Schuhe zu‿binden. **an|no|da|to** p.pass. agg. → **annodare** ◆ ***~ a mano*** handgeknüpft; ***tappeto ~*** Knüpfteppich *m.* **an|no|da|tu|ra** f. **1** Verknotung *f.*, Verknüpfung *f.* **2** *(nodo)* Knoten *m.*

an|no|ia|re **I** tr. langweilen, COLLOQ. an‿öden: ***~ qcn. (con qcs.)*** jdn (mit etw.) langweilen; ***fare ~ tutti*** bei allen Langeweile hervor‿rufen **II** pronom. **annoiarsi** sich langweilen, Langeweile haben (*o* verspüren): ***-rsi a morte, a una cerimonia*** sich zu Tode, bei einer Feier langweilen; ***a far niente ci si annoia*** wenn man nichts tut, langweilt man sich. **an|no|ia|to** p.pass. agg. **1** → **annoiare** **2** gelangweilt.

an|no|na f. **1** *(viveri)* Lebensmittel *pl.*, Proviant *m.* **2** *(ufficio)* Ernährungsamt *n.* **an|no|na|rio** agg. *(-ri,-rie)* Ernährungs-, Lebensmittel-: ***tessera, carta -a*** Lebensmittelkarte *f.*; ***ufficio ~*** Ernährungsamt *n.*

an|no|si|tà f. Bejahrtheit *f.* **an|no|so** agg. **1** *(vecchio)* bejahrt, alt: ***un albero ~*** ein alter Baum **2** *(che dura da anni)* jahrelang: ***una discussione -a*** eine jahrelange Diskussion; ***una questione -a*** ein seit Jahren bestehendes Problem.

an|no|ta|re tr. **1** *(prendere nota)* notieren, vermerken, auf‿schreiben: ***~ qcs. su un foglio, sull'agenda, in una lista*** etw. auf einen (*o* einem) Zettel, im Kalender, in eine (*o* einer) Liste notieren; ***~ un appuntamento*** einen Termin vor‿merken; ***~ qcs. a margine, in calce*** etw. am Rand notieren (*o* vermerken), unten vermerken **2** *(postillare, corredare di note)* mit Anmerkungen versehen. **an|no|ta|zio|ne** f. **1** *(appunto)* Notiz *f.*, Vermerk *m.*: ***fare un'~ sull'agenda*** eine Notiz im Terminkalender machen **2** *(postilla)* Anmerkung *f.*: ***-i in margine*** Randbemerkungen.

an|not|ta|re intr. impers. (aus. *essere*) Nacht werden.

an|no|ve|ra|re tr. *(annovero)* **1** LETT. *(enumerare)* auf‿zählen: ***~ i meriti di qcn.*** jds Verdienste aufzählen **2a** *(includere)* zählen, rechnen: ***~ qcn. tra i propri amici*** jdn zu seinen Freunden zählen; ***~ qcn. tra i soci*** jdn unter die Mitglieder auf‿nehmen **b** zu‿rechnen, zu‿ordnen: ***~ qcs. in un settore*** etw. einem Gebiet zuordnen.

an|nua|le agg. **1** jährlich, Jahres- **2** *(che dura un anno)* einjährig ◆ ***abbonamento ~*** Jahreskarte *f.*, Jahresabonnement *n.*; BOT. ***anello ~*** Jahresring *m.*; ***celebrazione ~*** Jahresfeier *f.*; ***ferie -i*** Jahresurlaub *m.*; ***media ~*** Jahresdurchschnitt *m.*; ***rapporto, relazione, rendiconto ~*** Jahresbericht *m.*; ***retrospettiva ~*** Jahresrückblick *m.*; ***ricorrenza ~*** Jahrestag *m.*; ***ripartizione ~*** Jahresausschüttung *f.* **an|nual|men|te** avv. jährlich. **an|nua|li|tà** f.inv. **1** Annuität *f.* **2** *(rata annua)* Jahresrate *f.* **3** *(quota annua)* Jahresbeitrag *m.* **4** *(entrata annua)* Jahreseinkommen *n.* **5** *(uscite annue)* jährliche Ausgaben *pl.*

an|nua|rio m. *(-ri)* Jahrbuch *n.*: ***~ di statistica*** statistisches Jahrbuch.

an|nui|re intr. *(annuisco, annuisci;* aus. *avere)* nicken, zu‿stimmen.

an|nul|la|bi|le agg. annullierbar, aufhebbar. **an|nul|la|men|to** m. **1** Annullierung *f.*, Aufhebung *f.* **2** *(scioglimento)* Auflösung *f.* **3** *(disdetta)* Absage *f.* **4** DIR. Nichtigkeitserklärung *f.*, Ungültigkeitserklärung *f.* ◆ ***domanda d'~*** Aufhebungsantrag *m.*; ***~ del matrimonio*** Annullierung *f.* der Ehe, Eheaufhebung *f.*

an|nul|la|re **I** tr. **1** annullieren, auf‿heben: ***~ un effetto*** eine Wirkung aufheben; ***~ i benefici di qcs.*** den Nutzen einer Sache zunichte machen **2** *(cancellare)* streichen: ***~ un appuntamento*** einen Termin streichen; ***~ un ordine, un debito, stanziamenti*** einen Auftrag streichen (*o* zurück‿ziehen, rückgängig machen), eine Schuld streichen (*o* ab‿schreiben), Haushaltsmittel streichen **3** *(sciogliere)* annullieren, lösen, auf‿lösen: ***~ un matrimonio*** eine Ehe auflösen; ***~ un contratto*** einen Vertrag lösen (*o* von einem Vertrag zurück‿treten); ***~ un testamento*** ein Testament auf‿heben **4** *(disdire)* ab‿sagen: ***~ una visita*** einen Besuch absagen **5** DIR. ***~ un'udienza, una sentenza*** eine Verhandlung absagen, ein Urteil aufheben, annullieren **6** *(convalidare)* stempeln, entwerten: ***~ la corrispondenza*** die Post stempeln **II** pronom. **annullarsi** **1** sich auf‿heben **2** FIG. *(umiliarsi)* sich erniedrigen, sich demütigen ◆ ***~ l'avversario*** den Gegner aus‿schalten; MUS. ***~ in chiave*** auf‿lösen; ***~ le elezioni, una gara*** die Wahl, einen Wettbewerb für ungültig erklären.

an|nul|lo m. Abstempelung *f.*, Entwertung *f.*

an|nun|cia|re **I** tr. **1** verkünden, verkündigen, an‿kündigen: ***~ una buona notizia, nuove misure*** eine gute Nachricht, neue Maßnahmen verkünden; ***~ un matrimonio*** eine Hochzeit an‿zeigen; ***~ la propria visita*** seinen Besuch ankündigen (*o* mit‿teilen); ***~ la parola di Dio*** das Wort Gottes verkündigen **2** *(persona)* melden, an‿melden: ***chi devo ~?*** wen darf ich melden? ***entrare senza farsi ~*** ein‿treten, ohne sich anmelden zu lassen **3** RAD. TELEV. an‿sagen: ***~ un programma*** ein Programm ansagen **4** *(preannunciare)* an‿kündigen, an‿zeigen: ***le nuvole annunciano pioggia*** die Wolken kündigen Regen an; ***il barometro annuncia pioggia*** das Barometer steht auf Regen **II** pronom. **annunciarsi** **1** sich an‿melden, sich melden **2** *(preannunciarsi)* sich an‿kündigen ◆ ***~ (gridando)*** aus‿schreien; ***~ il proprio ritorno*** sich zurück‿melden; ***~ (ad alta voce)*** aus‿rufen. **an|nun|cia|to** p.pass. agg. **1** → **annunciare** **2** angekündigt, vorausgesagt: ***un omicidio ~*** ein angekündigter, vorausgesagter Mord. **an|nun|cia|to|re** m. **1** Verkünder *m.* **2** RAD. TELEV. Ansager *m.*, Sprecher *m.* **an|nun|cia|tri|ce** f. RAD. TELEV. Ansagerin *f.*, Sprecherin *f.* **an|nun|cia|zio|ne** f. RELIG. ART. (Mariä) Verkün(di)gung *f.*

an|nun|cio m. *(-ci)* **1a** Verkündung *f.*, Verkündigung *f.*, Meldung *f.*; *(notizia)* Bekanntgabe *f.*, Annonce *f.*: ***dare a qcn. l'~ di qcs.*** jdm etw. mit‿teilen; ***ricevere l'~ di qcs.*** die Anzeige von etw. erhalten; ***l'~ dei risultati elettorali*** die Bekanntgabe des Wahlergebnisses; ***la pubblicazione di un ~*** die Veröffentlichung einer Annonce **b** *(ad alta voce)* Ausrufung *f.* **c** *(esposto in bacheca)* Aushang *m.* **2a** GIORN. Anzeige *f.*, Annonce *f.*: ***mettere un ~ sul giornale*** eine Anzeige in die Zeitung setzen **b** RAD. TELEV. Ansage *f.*: ***trasmettere -ci*** Ansagen durchgeben **3** *(presagio)* Ankündigung *f.*, Anzeichen *n.*, Vorbote *m.* ◆ ***~ agli automobilisti*** Verkehrsmeldung *f.*; ***~ economico*** Kleinanzeige *f.*; ***~ di fidanzamento*** Bekanntgabe *f.* der Verlobung; *(sul giornale)* Verlobungsanzeige *f.*; ***~ di matrimonio*** Heiratsanzeige *f.*, Heiratsannonce *f.*; ***~ di morte*** Todesanzeige *f.*; ***~ di nascita*** Geburtsanzeige *f.*; ***pagina degli -ci*** Anzeigenteil *m.*; ***~ personale*** Kontaktanzeige *f.*; ***~ pubblicitario*** Werbeanzeige *f.*; ***~ radiofonico*** Radiodurchsage *f.*; ***~ di sventura*** Unglücksnachricht *f.*; ***~ di tendenza*** Trendmeldung *f.*; ***~ ufficiale*** offizielle Mitteilung *f.*

an|nun|zia|re → **annunciare.**

An|nun|zia|ta n.pr.f. **1** *(come appellativo)* heilige Jungfrau *f.* **2** *(festa)* (Mariä) Verkünd(ig)ung *f.*

an|nun|zia|to|re → **annunciatore. an|nun|zio** → **annuncio.**

an|nu|o agg. **1** Jahres-: ***fatturato, stipendio ~*** Jahresumsatz *m.*, Jahresgehalt *n.*; ***media -a*** Jahresdurchschnitt *m.* **2** *(che ricorre una volta l'anno)* jährlich **3** *(che dura un anno)* einjährig: ***pianta -a*** einjährige Pflanze.

an|nu|sa|re tr. **1** ***~ qcs.*** an etw. (D) riechen, schnuppern: ***~ un fiore*** an einer Blume riechen **2** *(di animali)* beschnüffeln, beschnuppern **3** FIG. *(intuire)* wittern, spüren ◆ ***~ tabacco*** schnupfen, Schnupftabak nehmen. **an|nu|sa|ta** f. Riechen *n.*, Schnuppern *n.*: ***dare un'~ a qcs.*** an etw. (D) riechen.

an|nu|vo|la|men|to m. **1** Bewölkung *f.* **2** FIG. Verfinsterung *f.* **an|nu|vo|lar|si** pronom. *(si annuvola)* **1** sich bewölken **2** FIG. sich verfinstern, verdüstern: ***il suo volto si era annuvolato*** sein Gesicht hatte sich verfinstert. **an|nu|vo|la|to** p.pass. agg. **1** → **annuvolarsi** **2** FIG. getrübt, verfinstert.

a|no m. After *m.*, MED. Anus *m.*
a|no|di|co agg. *(-ci,-che)* Anoden-: ***batteria -a*** Anodenbatterie *f.*; ***corrente, tensione -a*** Anodenstrom *m.*, -spannung *f.*; ***raggi -ci*** Anodenstrahlen *pl.*
a|no|di|no agg. **1** *(sedativo)* schmerzstillend, lindernd **2** *(insignificante)* unbedeutend.
a|no|diz|za|re tr. eloxieren. **a|no|diz|za|zio|ne** f. Eloxalverfahren *n.*
a|no|do m. Anode *f.*
a|no|fe|le m. Anopheles *f.*, Anophelesmücke *f.*
a|no|ma|li|a f. **1** Abweichung *f.*, Unregelmäßigkeit *f.*, Anomalie *f.* **2** MED. Anomalie *f.* **a|no|ma|lo** agg. **1** abweichend, unregelmäßig, anomal: ***verbi -i*** unregelmäßige Verben **2** MED. anomal.
a|no|ni|ma f. Aktiengesellschaft *f.* **a|no|ni|ma|men|te** avv. anonym. **a|no|ni|ma|to** m. Anonymität *f.*: ***mantenere l'~*** seine Anonymität wahren. **a|no|ni|mi|a** f. → **anonimato.**
a|no|ni|mo I agg. **1** anonym, namenlos: ***una lettera -a*** ein anonymer Brief; ***un autore ~*** ein anonymer Verfasser **2** FIG. bedeutungslos, leer: ***condurre un'esistenza -a*** ein bedeutungsloses Leben führen **II** m. **1** *(autore)* Anonymus *m.* **2** *(opera)* anonymes Werk *n.* ◆ ***società -a*** Aktiengesellschaft *f.*
a|no|res|si|a f. Magersucht *f.*, Anorexie *f.* **a|no|res|si|co I** agg. *(-ci, -che)* magersüchtig **II** m. *(-ci)* Magersüchtige *m.* **a|no|res|siz|zan|te** m. Appetitzügler *m.*, Appetithemmer *m.*
a|nor|ma|le I agg. anormal, abnorm **II** m. e f. anormaler Mensch *m.* **a|nor|ma|li|tà** f.inv. Abnormität *f.*
an|sa f. **1** *(manico)* Henkel *m.*: ***una brocca con ~, con due -e*** ein Henkelkrug *m.* **2** *(di fiume)* Biegung *f.*, Schleife *f.*, Windung *f.* **3** ANAT. Krümmung *f.*, Kurvatur *f.*, Flexur *f.*
ANSA ⇒ *Agenzia nazionale stampa associata* (italienische Presseagentur).
an|san|te agg. → **ansimante. an|sa|re** intr. → **ansimare.**
an|se|a|ti|co agg. *(-ci,-che)* STOR. hanseatisch, Hanse-: ***città -a*** Hansestadt *f.*; ***lega -a*** Hanse *f.*, Hansebund *m.*
An|sel|mo n.pr.m. Anselm *m.*
an|se|ri|for|mi m.pl. Schwimmhäutler *pl.*, Gänsevögel *pl.*
an|se|ri|no agg. gänseartig, Gänse-: ***cute -a*** Gänsehaut *f.*
an|sia f. **1** *(oppressione, angoscia)* Angst *f.*, Beklemmung *f.*; *(inquietudine)* Unruhe *f.*, Sorge *f.*: ***essere, stare in ~ per qcn.*** in Sorge um jdn sein (*o* um jdn bangen); ***mettersi in ~*** in Angst geraten; ***tenere qcn. in ~*** jdn beunruhigen; ***attendere con ~ qcn., qcs.*** auf jdn, etw. gespannt sein, jdn etw. mit Spannung erwarten **2** *(desiderio)* Sehnsucht *f.*, Verlangen *n.* **an|sie|tà** f.inv. Ängstlichkeit *f.*, Bangigkeit *f.*
an|si|man|te agg. keuchend, atemlos. **an|si|ma|re** intr. (aus. *avere*) keuchen, außer Atem sein.
an|sio|ge|no agg. beklemmend, beunruhigend. **an|sio|li|ti|co I** agg. *(-ci,-che)* anxiolytisch **II** m. *(-ci)* Anxiolytikum *n.*, Beruhigungsmittel *n.*
an|sio|sa|men|te avv. **1** ängstlich **2** sehnsüchtig, begierig; *(impazientemente)* ungeduldig: ***desiderare ~ qcn., qcs.*** sich jdn herbei‿sehnen, sich etw. sehnlichst wünschen. **an|sio|so I** agg. **1** ängstlich, bange, besorgt **2** *(desideroso)* sehnsüchtig, begierig; *(impaziente)* ungeduldig: ***essere ~ di conoscere qcs.*** ungeduldig sein, etw. zu erfahren **II** m. **1** ängstlicher Mensch *m.* **2** PSIC. Angstneurotiker *m.* ◆ PSIC. ***stato ~*** Angstzustand *m.*
an|ta f. **1** Tür *f.*, Flügel *m.*: ***a sei, a quattro -e*** sechstürig, viertürig **2** *(imposta)* Fensterflügel *m.*, Fensterladen *m.* **3** ARCH. *(pilastro)* Ante *f.*
an|ta|go|ni|smo m. Antagonismus *m.* **an|ta|go|ni|sta** *(-i,-e)* **I** agg. antagonistisch, gegensätzlich, entgegengesetzt **II** m. e f. **1** Antagonist *m.* (-in *f.*), Gegner *m.* (-in *f.*) **2** *(muscolo)* Antagonist *m.*
an|ta|go|ni|sti|ca|men|te avv. antagonistisch. **an|ta|go|ni|sti|co** agg. *(-ci,-che)* antagonistisch, gegensätzlich, entgegengesetzt.
an|tal|gi|co agg. *(-ci,-che)* schmerzstillend, analgetisch.
an|tar|ti|co agg. *(-ci,-che)* antarktisch: ***emisfero ~*** antarktische Halbinsel *f.* ◆ ***circolo polare ~*** südlicher Polarkreis; ***polo ~*** Südpol *m.* **An|tar|ti|de** n.pr.f. Antarktis *f.*, Südpolargebiet *n.*
an|te|bel|li|co agg. *(-ci,-che)* vorkriegszeitlich, Vorkriegs-.
an|te|ce|den|te I agg. vorhergehend **II** m. **1** Vorhergehende *n.* **2** GRAMM. Beziehungswort *n.* **3** FILOS. Antezedens *n.* **an|te|ce|den|te|men|te** avv. vorhergehend. **an|te|ce|den|za** f., ***in ~*** vorher.
an|te|ces|so|re m. Antezessor *m.*, Vorgänger *m.*
an|te|fat|to m. Vorgeschichte *f.*
an|te|fis|sa f. Stirnziegel *m.*
an|te|guer|ra m.inv. Vorkriegszeit *f.*; ***d'~*** Vorkriegs-, (aus) der Vorkriegszeit.
an|te lit|te|ram agg.inv. ***un pacifista ~*** ein Vorläufer des Pazifismus.
an|te|lu|ca|no agg. LETT. vor dem Morgengrauen.
an|te|na|to m. Vorfahr *m.*, Ahn *m.*: ***culto degli -i*** Ahnenkult *m.*; ***galleria dei ritratti degli -i*** Ahnengalerie *f.*
an|ten|na f. **1** ELETTRON. Antenne *f.*: ***installare un'~*** eine Antenne an‿bringen **2** MAR. Rahe *f.* **3** EDIL. Pfahl *m.* **4** ENTOM. Fühler *m.*, Antenne *f.* ◆ ***~ centralizzata*** Gemeinschaftsantenne *f.*; ***drizzare le -e*** die Fühler aus‿strecken; ***~ parabolica*** Parabolantenne *f.*, COLLOQ. Schüssel *f.*; ***~ radar*** Radarantenne *f.*; ***~ ricevente*** Empfangsantenne *f.*; ***~ satellitare*** Satellitenantenne *f.*; ***~ telescopica*** Teleskopantenne *f.*; ***~ televisiva*** Fernsehantenne *f.* **an|ten|ni|sta** m. e f. *(-i,-e)* Antennentechniker *m.* (-in *f.*).
an|te|por|re I tr. *(antepongo, anteponi; anteposi, anteposto)* **1** voran‿stellen, vor‿setzen: ***~ il soggetto al verbo*** dem Verb das Subjekt voranstellen **2** FIG. vor‿ziehen, über‿ordnen: ***~ il lavoro alla famiglia*** den Beruf der Familie überordnen **II** pronom. **anteporsi** sich vor‿drängen. **an|te|po|si|zio|ne** f. **1** Voranstellung *f.* **2** Überordnung *f.*
an|te|pri|ma f. Voraufführung *f.*: ***assistere a un'~*** bei einer Voraufführung dabei sein ◆ ***sapere qcs. in ~*** etw. im Voraus wissen; ***proiettare un film in ~*** einen Film vorauf‿führen.
an|te|ra f. Staubbeutel *m.*, Anthere *f.*
an|te|rio|re agg. **1** *(nello spazio)* vorder, Vorder-: ***zampe -i*** Vorderbeine *pl.*; ***trazione ~*** Vorderradantrieb *m.* **2** *(nel tempo)* vor, vorig, vorherig, früher: ***un avvenimento ~ alla guerra*** ein Ereignis vor dem Krieg; ***i filosofi -i a Kant*** die Philosophen vor Kant; ***diritto ~*** früheres Recht. **an|te|rio|ri|tà** f. Vorzeitigkeit *f.* **an|te|rior|men|te** avv. vorher, früher.
an|te|si|gna|no m. Vorläufer *m.*, Vorkämpfer *m.*: ***un ~ del naturalismo*** ein Vorläufer des Naturalismus.
an|ti|ab|ba|glian|te I agg. Abblend-, blendfrei: ***dispositivo ~*** Abblendvorrichtung *f.*, Blendschutz *m.* **II** m. AUT. *(faro)* Abblendlicht *n.*: ***accendere, spegnere gli -i*** die Abblendlichter ein‿schalten, aus‿schalten. **an|ti|a|bor|ti|sta** *(-i,-e)* **I** agg. Antiabtreibungs- **II** m. e f. Abtreibungsgegner *m.* (-in *f.*). **an|ti|a|ci|do I** agg. Säure bindend **II** m. Säure bindendes Mittel *n.*, Säure verhütendes Mittel *n.* **an|ti|a|cu|sti|co** agg. *(-ci,-che)* schalldämpfend, schalldämmend: ***materiale ~*** schalldämpfendes Material, Schalldämmstoff *m.* **an|ti|a|de|ren|te** agg. teflonbeschichtet, Teflon-: ***tegame ~*** Teflonpfanne *f.*
an|ti|a|e|rea f. Luftabwehr *f.* **an|ti|a|e|reo** agg. Luftschutz-, Flugabwehr-, Luftabwehr-: ***rifugio ~*** Luftschutzbunker *m.*; ***artiglieria -a*** Flugabwehrartillerie *f.*; ***missile ~*** Flugabwehrrakete *f.*, Luftabwehrrakete *f.*, Flakrakete *f.*
an|ti|al|co|li|co agg. *(-ci,-che)* antialkoholisch. **an|ti|al|co|li|sta** m. e f. *(-i,-e)* Antialkoholiker *m.* (-in *f.*), Alkoholgegner *m.* (-in *f.*). **an|ti|ali|se|o** m. Antipassat *m.* **an|ti|al|ler|ge|ni|co I** agg. *(-ci, -che)* antiallergenisch **II** m. *(-ci)* Antiallergen *n.* **an|ti|al|ler|gi|co I** agg. *(-ci,-che)* antiallergisch **II** m. *(-ci)* Antiallergikum *n.* **an|ti|a|me|ri|ca|ni|smo** m. Antiamerikanismus *m.* **an|ti|a|me|ri|ca|no I** agg. antiamerikanisch **II** m. Antiamerikaner *m.* **an|ti|a|to|mi|co** agg. *(-ci,-che)* **1** Atom-: ***rifugio ~*** Atombunker *m.* **2** *(contro l'uso delle armi atomiche)* Antiatom-: ***manifestazione -a*** Antiatomdemonstration *f.* **an|ti|au|to|ri|ta|rio** agg. *(-ri.-rie)* antiautoritär.
an|ti|bat|te|ri|co I agg. *(-ci,-che)* antibakteriell **II** m. *(-ci)* antibakterielles Mittel *n.* **an|ti|bel|li|ci|sta** m. e f. *(-i,-e)* Kriegsgegner *m.* (-in *f.*). **an|ti|bio|ti|co I** agg. *(-ci,-che)* antibiotisch **II** m. *(-ci)* Antibiotikum *n.* **an|ti|bloc|cag|gio** agg.inv. Antiblockier-: ***sistema ~*** Antiblockiersystem *n.*
an|ti|ca|glia f. **1** *(antichità)* Antiquitäten *pl.* **2** SPREG. Trödel *m.* **3** ESTENS. *(usi e costumi antiquati)* altfränkisches Wesen *n.*
an|ti|ca|men|te avv. **1** einst, ehemals **2** *(nell'antichità)* in der Antike, im Altertum.
an|ti|ca|me|ra f. Vorzimmer *n.*, Antichambre *n.* ◆ ***fare ~*** (im Vorzimmer) warten, antichambrieren; ***far fare ~ a qcn.*** = jdn lange warten lassen; ***non mi passa neppure per l'~ del cervello*** das fällt mir nicht einmal im Traum ein.
an|ti|can|ce|ro|ge|no agg. Krebs bekämpfend, Krebs hemmend. **an|ti|can|cro** agg.inv. Krebs-: ***centro ~*** Krebsforschungszentrum *n.* **an|ti|ca|rie I** agg.inv. Karies hemmend **II** m.inv. Karies vorbeugendes Mittel *n.* **an|ti|car|ro** agg.invar. Panzerabwehr-: ***cannone ~*** Panzerabwehrkanone *f.*, Pak *f.*
an|ti|chi|sta m. e f. *(-i,-e)* Altertumswissenschaftler *m.* (-in *f.*).
an|ti|chi|tà f.inv. **1** Altertümlichkeit *f.*: ***l'~ di un monumento*** die Altertümlichkeit eines Denkmals **2a** *(età antica)* Altertum *n.*: ***~ classica*** klassisches Altertum **b** *(età greco-romana)* Antike *f.* **3** pl. *(oggetti antichi)* Antiquitäten *pl.*, Altertümer *pl.*: ***collezionare ~*** Altertümer sammeln.
an|ti|ci|clo|ne m. Antizyklone *f.*, Hochdruckgebiet *n.* **an|ti|ci|clo|**

ni|co agg. *(-ci,-che)* Hochdruck-: ***zona -a*** Hochdruckzone *f.*

an|ti|ci|pa|re *(anticipo)* tr. **1** *(scadenze)* vor‿verlegen: ***~ la partenza, l'esame di un'ora*** die Abfahrt, die Prüfung um eine Stunde vorverlegen **2** vorweg‿nehmen, antizipieren: ***~ uno stile*** einen Stil vorwegnehmen; ***~ i risultati*** die Ergebnisse vorwegnehmen **3** *(prestare)* aus‿legen, leihen, vor‿schießen: ***~ dei soldi a, per qcn.*** jdm, für jdn Geld vorschießen **4** *(pagare in anticipo)* voraus‿zahlen, im Voraus bezahlen **5** *(precedere)* ***~ qcn. in qcs.*** jdm bei (*o* in) etw. zuvor‿kommen **6** assol. früher kommen: ***quest'anno la primavera anticipa*** dieses Jahr kommt der Frühling früher ◆ ***~ dei finanziamenti*** vor‿finanzieren; ***~ i tempi*** = sich beeilen; FIG. der Zeit voraus sein.

an|ti|ci|pa|ta|men|te avv. vorzeitig, im Voraus: ***rimborsare ~*** vorzeitig zurück‿zahlen; ***pagare ~*** im Voraus zahlen (*o* Vorkasse leisten). **an|ti|ci|pa|to** p.pass. agg. **1** → **anticipare 2** vorzeitig, Voraus-, Vor-: ***pagamento ~*** Vorauszahlung *f.*; ***prestazione, vendita -a*** Vorleistung *f.*, Vorverkauf *m.* **an|ti|ci|pa|to|re** m. Vorläufer *m.* **an|ti|ci|pa|zio|ne** f. **1** Vorwegnahme *f.*, Vorgreifen *n.*: ***l'~ di un pensiero*** die Vorwegnahme eines Gedankens **2** *(di una scadenza)* Vorverlegung *f.* **3** *(pagamento anticipato)* Vorauszahlung *f.* **4** *(previsione)* Voraussage *f.*: ***fare -i*** Voraussagen machen **5** MUS. Antizipation *f.*

an|ti|ci|po m. **1** Anzahlung *f.*, Vorschuss *m.*: ***~ bancario*** Bankvorschuss *m.*; ***chiedere un ~ su qcs.*** um einen Vorschuss auf etw. (A) bitten; ***versare un ~*** eine Anzahlung leisten **2** *(di tempo)* Verfrühung *f.*: ***arrivare con un'ora di ~*** mit einer Verfrühung von einer Stunde an‿kommen **3** MECC. Zündverstellung *f.* ◆ ***giocare d'~*** jdm zuvor‿kommen; ***in ~*** vorzeitig, verfrüht; ***arrivare in ~*** zu früh an‿kommen; ***essere in ~*** zu früh kommen, sein.

an|ti|cle|ri|ca|le I agg. antiklerikal, kirchenfeindlich **II** m. e f. Kirchenfeind *m.* (-in *f.*). **an|ti|cle|ri|ca|li|smo** m. Antiklerikalismus *m.*

an|ti|cli|max m.inv. Antiklimax *f.*

an|ti|co I agg. *(-chi,-che)* **1** alt: ***un'-a leggenda*** eine alte Legende; ***-a nobiltà*** alter Adel **2** *(classico)* alt, antik: ***l'-a Roma*** das antike Rom **3** *(antiquato)* alt, altertümlich: ***mobili in stile ~*** Möbel im altertümlichen Stil **II** m. *(-chi)* **1** *(periodo)* Alte *n.*: ***un insieme di ~ e moderno*** eine Mischung von Altem und Modernem **2** pl. *(popolazioni)* Alten *pl.* ◆ ***all'-a*** altmodisch; ***greco ~*** Altgriechisch *n.*; ***alto tedesco ~*** Althochdeutsch *n.*; ***Antico Testamento*** Altes Testament.

an|ti|co|a|gu|lan|te I agg. blutgerinnungshemmend **II** m. Antikoagulans *n.* **an|ti|co|le|ri|co** agg. *(-ci,-che)* Choleraschutz-, gegen Cholera *f.*: ***vaccinazione -a*** Choleraschutzimpfung *f.* **an|ti|co|lo|nia|li|smo** m. Antikolonialismus *m.* **an|ti|co|mu|ni|smo** m. Antikommunismus *m.* **an|ti|co|mu|ni|sta** *(-i,-e)* **I** agg. antikommunistisch **II** m. e f. Antikommunist *m.* (-in *f.*). **an|ti|con|ce|zio|na|le I** agg. empfängnisverhütend, antikonzeptionell **II** m. Verhütungsmittel *n.*, Antikonzeptivum *n.* ◆ ***pillola ~*** Antibabypille *f.*

an|ti|con|for|mi|smo m. Nonkonformismus *m.* **an|ti|con|for|mi|sta** *(-i,-e)* **I** agg. nonkonformistisch **II** m. e f. Nonkonformist *m.* (-in *f.*). **an|ti|con|for|mi|sti|co** agg. *(-ci,-che)* nonkonformistisch.

an|ti|con|ge|lan|te I agg. frostsicher, frostbeständig **II** m. Frostschutzmittel *n.*, Gefrierschutzmittel *n.* **an|ti|con|giun|tu|ra|le** agg. antizyklisch, konjunkturdämpfend: ***politica (economica) ~*** antizyklische Wirtschaftspolitik *f.* **an|ti|cor|po** m. Antikörper *m.*, Abwehrstoff *m.* **an|ti|co|sti|tu|zio|na|le** agg. verfassungswidrig, verfassungsfeindlich: ***un atto ~*** eine verfassungswidrige Tat. **an|ti|cri|mi|ne** agg.inv. Verbrechensbekämpfungs-, verbrechensbekämpfend: ***squadra ~*** Abteilung *f.* für Verbrechensbekämpfung.

an|ti|cri|stia|no agg. christenfeindlich, antichristlich. **an|ti|cri|sto** m. Antichrist *m.* **an|ti|crit|to|ga|mi|co I** agg. *(-ci,-che)* gegen Pflanzenschädlinge **II** m. *(-ci)* Pflanzenschutzmittel *n.* **an|ti|da|ta|re** tr. zurück‿datieren: ***~ una fattura*** eine Rechnung zurückdatieren. **an|ti|de|mo|cra|ti|co I** agg. *(-ci,-che)* antidemokratisch **II** m. *(-ci)* Antidemokrat *m.* **an|ti|de|pres|si|vo I** agg. antidepressiv **II** m. Antidepressivum *n.* **an|ti|de|to|nan|te I** agg. klopffest, Antiklopf- **II** m. Antiklopfmittel *n.* **an|ti|dia|be|ti|co** m. *(-ci)* Antidiabetikum *n.* **an|ti|di|ar|roi|co I** agg. *(-ci,-che)* antidiarrhöisch **II** m. *(-ci)* Antidiarrhoikum *n.* **an|ti|dif|te|ri|co** agg. *(-ci,-che)* Diphterie-: ***vaccinazione -a*** Diphterieschutzimpfung *f.*; ***siero ~*** Diphterieserum *n.* **an|ti|di|lu|via|no** agg. vorsintflutlich (anche SCHERZ.): ***un'auto -a*** ein vorsintflutliches Auto. **an|ti|di|vo** m. Antistar *m.*

an|ti|di|vor|zi|sta m. e f. *(-i,-e)* Ehescheidungsgegner *m.* (-in *f.*). **an|ti|dog|ma|ti|co I** agg. *(-ci,-che)* antidogmatisch **II** m. *(-ci)* Antidogmatiker *m.* **an|ti|do|lo|ri|fi|co I** agg. *(-ci,-che)* schmerzstillend **II** m. *(-ci)* Schmerzmittel *n.*, schmerzstillendes Mittel *n.* **an|ti|do|ping I** agg.inv. Doping-: ***test ~*** Dopingkontrolle *f.* **II** m.inv. Dopingkontrolle *f.*

an|ti|do|to m. **1** Gegengift *n.*, Gegenmittel *n.*: ***un ~ a qcs.*** ein Gegenmittel für etw. **2** FIG. *(rimedio)* Gegenmittel *n.*, Heilmittel *n.*

an|ti|dro|ga agg.inv. Drogen-: ***cane ~*** Drogenspürhund *m.*; ***squadra ~*** Drogenkommando *n.*, Drogendezernat *n.* **an|ti|e|co|no|mi|co** agg. *(-ci,-che)* unökonomisch: ***un metodo di lavoro ~*** eine unökonomische Arbeitsweise. **an|ti|el|min|ti|co I** agg. *(-ci,-che)* Wurm-: ***cura -a*** Wurmkur *f.* **II** m. *(-ci)* Wurmmittel *n.* **an|ti|e|me|ti|co I** agg. *(-ci,-che)* gegen Erbrechen **II** m. *(-ci)* Antiemetikum *n.* **an|ti|e|mor|ra|gi|co I** agg. *(-ci,-che)* blutstillend **II** m. *(-ci)* Antihämorrhagikum *n.*, blutstillendes Mittel *n.* **an|ti|e|ro|e** m. Antiheld *m.* **an|ti|e|ste|ti|co** agg. *(-ci,-che)* unästhetisch, hässlich. **an|ti|fa|sci|smo** m. Antifaschismus *m.* **an|ti|fa|sci|sta** *(-i,-e)* **I** agg. antifaschistisch **II** m. e f. Antifaschist *m.* (-in *f.*). **an|ti|fe|con|da|ti|vo I** agg. empfängnisverhütend **II** m. Empfängnisverhütungsmittel *n.* **an|ti|fem|mi|ni|sta** *(-i,-e)* **I** agg. antifeministisch **II** m. e f. Frauenrechtsgegner *m.* (-in *f.*). **an|ti|flo|gi|sti|co I** agg. *(-ci,-che)* entzündungshemmend, antiphlogistisch **II** m. *(-ci)* Antiphlogistikum *n.*

an|ti|fo|na f. **1** MUS. Wechselgesang *m.* **2** LIT. Antiphon *f.* **3** Leier *f.*: ***ripetere sempre la stessa ~*** immer die alte Leier wiederholen ◆ ***capire l'~*** = die Anspielung verstehen **an|ti|fo|na|rio** m. LIT. Antiphonar *n.*, Gesang(s)buch *n.* (für die Messe).

an|ti|for|fo|ra agg.inv. schuppenbekämpfend, Antischuppen-: ***shampoo ~*** Antischuppenshampoo(n) *n.*

an|ti|fra|si f. Antiphrase *f.*, Wortfigur *f.* **an|ti|fra|sti|co** agg. *(-ci,-che)* ironisch.

an|ti|fur|to I agg.inv. einbruchsicher, diebstahlsicher **II** m.inv. Einbruch(s)sicherung *f.*, Diebstahlsicherung *f.*, Diebstahlschutz *m.* **an|ti|gas** agg.inv. gassicher, Gas-: ***maschera ~*** Gasmaske *f.*; ***protezione ~*** Gasschutz *m.* **an|ti|ge|lo** agg. e m.inv. → **anticongelante.** **an|ti|ge|ne** m. Antigen *n.* **an|ti|gie|ni|co** agg. *(-ci,-che)* unhygienisch. **an|ti|graf|fio** agg.inv. kratzfest. **an|ti|gran|di|ne** agg.inv. Hagelschutz-: ***cannone ~*** Hagel(schutz)kanone *f.*

An|til|le n.pr.pl. Antillen *pl.*

an|ti|lo|ga|rit|mo m. Antilogarithmus *m.*

an|ti|lo|pe f. Antilope *f.*

an|ti|lu|te|ra|no agg. lutherfeindlich. **an|ti|ma|fia** agg.inv. ***legge ~*** Antimafiagesetz *n.*; ***misure ~*** Maßnahmen gegen die Mafia; ***commissione ~*** Mafia-Untersuchungsausschuss *m.*

an|ti|ma|gne|ti|co agg. *(-ci,-che)* antimagnetisch. **an|ti|ma|te|ria** f. Antimaterie *f.*

1.an|ti|me|ri|dia|no agg. Vormittags-: ***ora -a*** Vormittagsstunde *f.*

2.an|ti|me|ri|dia|no m. Halbmeridian *m.*

an|ti|me|ta|fi|si|co agg. *(-ci,-che)* antimetaphysisch. **an|ti|mi|li|ta|ri|smo** m. Antimilitarismus *m.* **an|ti|mi|li|ta|ri|sta** *(-i,-e)* **I** agg. antimilitaristisch **II** m. e f. Antimilitarist *m.* (-in *f.*). **an|ti|mi|ne** agg.inv. Minensuch-. **an|ti|mis|si|le** agg.inv. Antiraketen-: ***missile ~*** Antiraketenrakete *f.*; ***difesa ~*** Raketenabwehr *f.* **an|ti|mo|nar|chi|co I** agg. *(-ci,- che)* antimonarchisch **II** m. *(-ci)* Antimonarchist *m.*, Monarchiegegner *m.*

an|ti|mo|nio m. Antimon *n.*

an|ti|mo|no|po|li|sti|co agg. *(-ci,-che)* monopolverhindernd, antimonopolistisch. **an|ti|na|zio|na|le** agg. antinational. **an|ti|na|zi|sta** *(-i,-e)* **I** agg. antifaschistisch **II** m. e f. Nazigegner *m.* (-in *f.*), Antifaschist *m.* (-in *f.*). **an|tin|cen|dio** agg.inv. Feuer-, Feuerschutz-, Feuerlösch-: ***allarme ~*** Feuermelder *m.*; ***pompa ~*** Feuerlöschpumpe *f.*, Feuerspritze *f.*; ***impianto ~*** Feuerlöschanlage *f.* **an|ti|neb|bia I** agg.inv. Nebel-: ***faro ~*** Nebelscheinwerfer *m.* **II** m.inv. Nebelscheinwerfer *m.*

an|ti|neu|tri|no m. Antineutrino *n.* **an|ti|neu|tro|ne** m. Antineutron *n.*

an|ti|ne|ve agg.inv.: Schnee-: ***occhiali ~*** Schneebrille *f.* ◆ ***pneumatici ~*** Winterreifen *pl.* **an|ti|ne|vral|gi|co I** agg. *(-ci,-che)* antineuralgisch **II** m. *(-ci)* Antineuralgikum *n.* **an|tin|fiam|ma|to|rio I** agg. *(-ri,-rie)* entzündungshemmend **II** m. *(-ri)* entzündungshemmendes Mittel *n.* **an|tin|fla|ti|vo** agg. antiinflationär, inflationsbekämpfend. **an|tin|fla|zio|ni|sti|co** agg. *(-ci,-che)* → **antinflativo.** **an|tin|fluen|za|le** agg. Grippeschutz-: ***vaccino ~*** Grippeschutzimpfung *f.* **an|tin|for|tu|ni|sti|co** agg. *(-ci,-che)* Unfallverhütungs-: ***misure -che*** Unfallverhütungsmaßnahmen *pl.*

an|ti|no|mi|a f. **1** Antinomie *f.* **2** ESTENS. *(contraddizione)* Widerspruch *m.*

an|tin|qui|na|men|to agg.inv. Umweltschutz-: ***norme ~*** Umweltschutzgesetze.

an|ti|nu|cle|a|re agg. Anti-AKW-, Antiatom-: ***movimento ~*** Antiatombewegung *f.* **an|ti|nu|cle|o** m. Antinukleus *m.* **an|ti|nu|cle|o|ne** m. Antinukleon *n.*

An|tio|chia n.pr.f. Antiochien *n.*
an|ti|o|fi|di|co agg. *(-ci,-che)* gegen Schlangengift, Schlangen-: ***siero*** ~ Schlangenserum *n.*
an|ti|o|pa f. Trauermantel *m.*
an|ti|o|pe|ra|io agg. *(-ai,-aie)* arbeiterfeindlich.
an|ti|o|ra|rio, ***in senso*** ~ entgegen den Uhrzeigersinn.
an|ti|os|si|dan|te I agg. Antioxidations- **II** m. Antioxidationsmittel *n.*
an|ti|pa|pa m. Gegenpapst *m.* **an|ti|pa|pa|le** agg. papstfeindlich. **an|ti|pa|pi|sta** *(-i,-e)* **I** agg. papstfeindlich, antipapistisch **II** m. e f. Papstfeind *m.* (-in *f.*) Antipapist *m.* (-in *f.*).
an|ti|pa|ras|si|ta|rio I agg. *(-ri,-rie)* gegen Schädlinge, schädlingsbekämpfend **II** m. *(-ri)* Schädlingsbekämpfungsmittel *n.* **an|ti|par|la|men|ta|re** agg. antiparlamentarisch.
an|ti|par|ti|cel|la f. Antiteilchen *n.*
an|ti|pa|stie|ra f. = Servierteller *m.* für Vorspeisen. **an|ti|pa|sto** m. Vorspeise *f.*
an|ti|pa|ti|a f. Abneigung *f.*, Antipathie *f.*: ***provare ~ per qcn., qcs.*** Abneigung gegen jdn, etw. empfinden; ***ispirare ~ a qcn.*** jds Antipathie erwecken; ***prendere qcn., qcs. in ~*** gegen jdn, etw. eine Abneigung entwickeln. **an|ti|pa|ti|ca|men|te** avv. unfreundlich.
an|ti|pa|ti|co I agg. *(-ci,-che)* **1** *(di persone)* unsympathisch, unfreundlich: ***essere ~ a qcn.*** jdm unsympathisch sein; ***rendersi ~ a qcn.*** sich bei jdm unbeliebt machen; ***trovare ~ qcn.*** jdn unsympathisch finden **2** *(di cose)* unangenehm: ***un lavoro ~*** eine unangenehme Arbeit **II** m. *(-ci)* unsympathischer Mensch *m.*
an|ti|pa|tri|ot|ti|co agg. *(-ci,-che)* antipatriotisch. **an|ti|pe|da|go|gi|co** agg. *(-ci,-che)* unpädagogisch.
an|ti|pe|ri|stal|si f. Antiperistaltik *f.*
an|ti|pie|ga agg.inv. knitterfrei. **an|ti|pi|re|ti|co I** agg. *(-ci,-che)* fiebersenkend, antipyretisch **II** m. *(-ci)* Antipyretikum *n.* **an|ti|pi|ri|na** f. Antipyrin *n.*
an|ti|po|de m. Antipode *m.* (anche FIG.): ***i due stati sono agli -i*** die zwei Länder sind Antipoden; FIG. ***essere agli -i*** = in einem diametralen Gegensatz zueinander stehen.
an|ti|po|lio I agg.inv. gegen Polio **II** f.inv. Polioimpfung *f.* **an|ti|pol|ve|re** agg.inv. staubdicht.
an|ti|por|ta f. **1** Vortür *f.* **2** ARCH. Torwall *m.*
an|ti|proi|bi|zio|ni|smo m. Antiprohibitionismus *m.*
an|ti|pro|iet|ti|le agg.inv. kugelsicher, schusssicher: ***giubbotto ~*** kugelsichere Weste *f.*; ***vetro ~*** kugelsicheres Glas, COLLOQ. Panzerglas *n.*
an|ti|pro|to|ne m. Antiproton *n.*
an|ti|qua|ria|to m. **1** Antiquitätenhandel *m.* **2** *(di libri)* Antiquariat *n.* ◆ ***collezione d'~*** Antiquitätensammlung *f.*; ***mostra dell'~*** Antiquitätenausstellung *f.*; ***pezzo d'~*** Antiquität *f.*
an|ti|qua|rio I agg. *(-ri,-rie)* antiquarisch, Antiquitäten-: ***commercio ~*** Antiquitätenhandel *m.*; ***bottega -a*** Antiquitätenladen *m.* **II** m. *(-ri)* Antiquar *m.*, Antiquitätenhändler *m.*
an|ti|qua|to agg. veraltet, altmodisch: ***metodi -i*** veraltete Methoden; ***modi -i*** altmodische Umgangsformen.
an|ti|rab|bi|co agg. *(-ci,-che)* gegen Tollwut, Tollwut-: ***siero ~*** Tollwutserum *n.* **an|ti|racket** agg.inv. = gegen das organisierte Verbrechen. **an|ti|ra|dia|zio|ni** agg.inv. strahlungssicher. **an|ti|ra|dar** agg.inv. Antiradar-. **an|ti|re|li|gio|so** agg. religionsfeindlich. **an|ti|reu|ma|ti|co I** agg. *(-ci,-che)* gegen Rheumatismus, Rheuma- **II** m. *(-ci)* Antirheumatikum *n.*, Rheumamittel *n.* **an|ti|ri|fles|so** agg.inv. entspiegelt, blendfrei: ***lenti ~*** entspiegelte Brillengläser; ***vetro ~*** blendfreies Glas. **an|ti|rol|lan|te** agg. → **antirollio. an|ti|rol|li|o** agg.inv. Schlinger-: ***alette ~*** Schlingerflossen *pl.*; ***chiglia, cassa ~*** Schlingerkiel *m.*, Schlingertank *m.*
an|ti|ro|man|zo m. Antiroman *m.*
an|ti|rug|gi|ne I agg.inv. Rostschutz-: ***vernice ~*** Rostschutzfarbe *f.* **II** m.inv. Rostschutzmittel *n.*
an|ti|ru|ghe agg.inv. gegen Falten: ***crema ~*** Creme gegen Faltenbildung. **an|ti|sa|la** f. Vorzimmer *n.* **an|ti|scas|so** agg.inv. einbruchssicher: ***serratura ~*** einbruchssicheres Schloss. **an|ti|scheg|ge** agg.inv. splitterfrei. **an|ti|scio|pe|ro** agg.inv. gegen Streik, streikverhindernd: ***leggi ~*** Gesetze gegen Streik, Antistreikgesetze.
an|ti|sci|vo|lo agg.inv., **an|ti|sdruc|cio|le|vo|le** agg. rutschfest, gleitsicher.
an|ti|se|mi|ta I agg. antisemitisch **II** m. e f. *(-i,-e)* Antisemit *m.* (-in *f.*). **an|ti|se|mi|ti|co** agg. *(-ci,-che)* antisemitisch. **an|ti|se|mi|ti|smo** m. Antisemitismus *m.*
an|ti|se|psi f. Antisepsis *f.*, Antiseptik *f.* **an|ti|set|ti|co I** agg. *(-ci,-che)* antiseptisch **II** m. *(-ci)* Antiseptikum *n.* **an|ti|sie|ro** m. Antiserum *n.* **an|ti|sin|da|ca|le** agg. gewerkschaftsfeindlich: ***comportamento ~*** gewerkschaftsfeindliches Verhalten. **an|ti|si|smi|co** agg. *(-ci,-che)* erdbebensicher. **an|ti|smog** agg.inv. smogverhütend, smogbekämpfend: ***misure ~*** smogbekämpfende Maßnahmen. **an|ti|so|cia|le** agg. asozial. **an|ti|spa|sti|co I** agg. *(-ci,-che)* krampflösend, antispastisch **II** m. *(-ci)* Antispastikum *n.* **an|ti|spor|ti|vo** agg. unsportlich, unfair: ***gesto ~*** unfaire Handlung. **an|ti|sta|mi|ni|co I** agg. *(-ci,-che)* Antihistamin- **II** m. *(-ci)* Antihistaminikum *n.*
an|ti|stan|te agg.inv. gegenüberliegend, Vor-: ***terreno ~*** Vorgelände *n.*; ***il parco ~ alla scuola*** der Park vor (*o* gegenüber) der Schule.
an|ti|sta|ta|le agg. staatsfeindlich.
an|ti|sta|ti|co agg. *(-ci,-che)* antistatisch: ***panno ~*** antistatisches Tuch. **an|ti|sta|tu|ta|rio** agg. *(-ri,-rie)* satzungswidrig.
an|ti|sto|ri|ci|smo m. Antihistorismus *m.* **an|ti|sto|ri|co** agg. *(-ci,-che)* unhistorisch: ***giudizio ~*** unhistorisches Urteil.
an|ti|stro|fe f. Antistrophe *f.* **an|ti|su|do|ri|fe|ro** agg. schweißhemmend. **an|ti|tar|lo I** agg.inv. gegen Holzwurm **II** m.inv. Holzwurmvernichtungsmittel *n.* **an|ti|tar|mi|co I** agg. *(-ci,-che)* mottenecht, Motten- **II** m. *(-ci)* Mottenvernichtungsmittel *n.* **an|ti|tar|ta|ro** agg.inv. gegen Zahnstein: ***dentifricio ~*** Zahnpasta gegen Zahnstein.
an|ti|te|de|sco agg. *(-schi,-sche)* deutschfeindlich.
an|ti|ter|ro|ri|smo I m.inv. Antiterroreinheit *f.* **II** agg.inv. Antiterror-: ***provvedimento ~*** Antiterrormaßnahme *f.* **an|ti|ter|ro|ri|sti|co** agg. *(-ci,-che)* gegen Terrorismus: ***misure -che*** Maßnahmen gegen den Terrorismus.
an|ti|te|si f.inv. Antithese *f.* ◆ ***essere in ~ con qcs.*** etw. (D) antithetisch gegenüber‿stehen; ***idee in ~ tra loro*** = gegensätzliche Ideen.
an|ti|te|ta|ni|ca f. Tetanusschutzimpfung *f.* **an|ti|te|ta|ni|co** agg. *(-ci,-che)* Tetanus-: ***vaccino ~*** Tetanusserum *n.*
an|ti|te|ti|ca|men|te avv. antithetisch. **an|ti|te|ti|co** agg. *(-ci,-che)* antithetisch, gegensätzlich: ***opinioni -che*** gegensätzliche Meinungen. **an|ti|tos|si|co I** agg. *(-ci,-che)* antitoxisch **II** m. *(-ci)* Gegengift *n.* **an|ti|tos|si|na** f. Antitoxin *n.* **an|ti|trust** [-'trʌst] agg.inv. Kartell-: ***legge ~*** Kartellgesetz *n.* **an|ti|tu|ber|co|la|re** agg. gegen Tuberkulose. **an|ti|tu|mo|ra|le I** agg. gegen Tumor, tumorbekämpfend **II** m. Tumorbekämpfungsmittel *n.* **an|ti|uo|mo** agg.inv. ***mina ~*** Antipersonenmine *f.*, Landmine *f.* **an|ti|u|ri|co** agg. *(-ci,-che)* harntreibend. **an|ti|ur|to** agg.inv. stoßfest, stoßsicher: ***orologio ~*** stoßfeste Uhr. **an|ti|va|io|lo|so** agg. gegen Pocken, Pocken-: ***vaccinazione -a*** Pockenimpfung *f.*
an|ti|ve|de|re tr. LETT. voraus‿ahnen.
an|ti|vi|gi|lia f. Tag *m.* vor dem Vorabend.
an|ti|vi|pe|ra I agg.inv. gegen Schlangen, Schlangen- **II** m.inv. Schlangenserum *n.* **an|ti|vi|ra|le** agg. antiviral. **an|ti|vi|rus** agg.inv. **1** antiviral **2** INFORM. virusbekämpfend.
an|to|lo|gi|a f. Auswahlband *m.*, Anthologie *f.* **an|to|lo|gi|ca|men|te** avv. anthologisch. **an|to|lo|gi|co** agg. *(-ci,-che)* anthologisch, Auswahl-: ***raccolta -a*** Auswahlsammlung *f.*
an|to|ni|mi|a f. Antonymie *f.* **an|to|ni|mo I** agg. antonym **II** m. Antonym *n.*
An|to|niet|ta n.pr.f. Antoinette *f.* **An|to|nio** n.pr.m. Anton *m.*
an|to|no|ma|sia f. Antonomasie *f.*; ***per ~*** antonomastisch.
an|tra|ce|ne m. Anthracen (*o* Anthrazen) *n.*
an|tra|ci|te I f. Anthrazit *m.* **II** agg.inv. anthrazit-: ***di colore ~*** anthrazitfarben.
an|tro m. **1** Höhle *f.*: ***l'~ della Sibilla*** die Höhle der Sybille; FIG. SPREG. *(stamberga)* ***vivere in un ~*** in einer Höhle hausen **2** ANAT. Höhlung *f.*
an|tro|pi|co agg. *(-ci,-che)* Anthropo-: ***geografia -a*** Anthropogeographie *f.* **an|tro|po|cen|tri|co** agg. *(-ci,-che)* anthropozentrisch: ***concezione -a*** anthropozentrische Auffassung. **an|tro|po|cen|tri|smo** m. Anthropozentrismus *m.* **an|tro|po|fa|gi|a** f. Anthropophagie *f.* **an|tro|po|fa|go I** agg. *(-gi,-ghe)* Menschen fressend **II** m. *(-gi)* Anthropophage *m.* **an|tro|po|ge|o|gra|fi|a** f. Anthropogeographie *f.* **an|tro|poi|de I** agg. anthropoid **II** m. Anthropoid *m.* **an|tro|po|lo|gi|a** f. Anthropologie *f.* **an|tro|po|lo|gi|ca|men|te** avv. anthropologisch.
an|tro|po|lo|gi|co agg. *(-ci,-che)* anthropologisch. **an|tro|po|me|tri|a** f. Anthropometrie *f.* **an|tro|po|mor|fi|co** agg. *(-ci,-che)* anthropomorphisch: ***raffigurazione -a di una divinità*** anthropomorphische Darstellung einer Gottheit. **an|tro|po|mor|fi|smo** m. Anthropomorphismus *m.* **an|tro|po|mor|fo** agg. anthropomorphisch: ***divinità -e*** anthropomorphische Gottheiten. **an|tro|po|sfe|ra** f. Anthroposphäre *f.* **an|tro|po|so|fi|a** f. Anthroposophie *f.* **an|tro|po|zoi|co** agg. *(-ci,-che)* quartär.
a|nu|la|re I agg. ringförmig, ringartig **II** m. Ringfinger *m.*, Goldfinger *m.* ◆ ***raccordo ~*** Umgehungsstraße *f.*

a|nu|re|si f. → **anuria.**
a|nu|ri m.pl. Froschlurche *pl.*
a|nu|ria f. Harnsperre *f.*
a|nu|ro agg. schwanzlos.
An|ver|sa n.pr.f. Antwerpen *n.*
an|zi cong. **1** im Gegenteil: ***non è antipatico, ~!*** er ist nicht unsympathisch, (ganz) im Gegenteil! ***disturbo? – ~!*** störe ich? – im Gegenteil! **2** *(ma addirittura)* sondern: ***non mi aiuta, ~ mi ostacola*** er hilft mir nicht, er behindert mich sogar **3** *(o meglio)* besser noch: ***è bello, ~ splendido!*** es ist schön, besser noch wunderschön! ◆ ***poc'~*** vorhin.
an|zia|ni|tà f. **1** Betagtheit *f.* **2** *(di servizio)* Dienstalter *n.*, Dienstzeit *f.*: ***scatto di ~*** Dienstaltersstufe *f.* **an|zia|no I** agg. alt, betagt: ***le persone -e*** die alten Leute **II** m. Alte *m.* ◆ ***assistenza agli -i*** Altenpflege *f.*; ***consiglio degli -i*** Ältestenrat *m.*
an|zi|ché cong. **1** *(invece di)* statt... zu, anstatt... zu **2** *(piuttosto che)* lieber (*o* eher)... als: ***preferirei morire ~...*** ich würde eher sterben, als...
an|zi|det|to agg. vorgenannt, oben genannt.
an|zi|tem|po avv. LETT. vorzeitig, vor der Zeit: ***invecchiare ~*** vorzeitig alt werden.
an|zi|tut|to avv. vor allem, zuallererst, zunächst.
a|o|ri|sto m. Aorist *m.*
a|or|ta f. Aorta *f.*, Hauptschlagader *f.* **a|or|ti|co** agg. *(-ci,-che)* Aorten-: ***insufficienza, valvola -a*** Aorteninsuffizienz *f.*, Aortenklappe *f.*
A|o|sta n.pr.f. Aosta *n.*: ***val d'~*** Aostatal *n.*
a|pa|che [a'paʃ] m.inv. Apache *m.*
a|pa|le m. Seidenäffchen *n.*, Pinseläffchen *n.*
a|part|heid [apar'taid] f.inv. Apartheid *f.*
a|par|ti|ti|co agg. *(-ci,-che)* unparteilich.
a|pa|ti|a f. Apathie *f.*, Teilnahmslosigkeit *f.* **a|pa|ti|ca|men|te** avv. apathisch, teilnahmslos. **a|pa|ti|co** agg. *(-ci,-che)* apathisch, teilnahmslos: ***uno sguardo ~*** ein teilnahmsloser Blick.
a|pa|tu|ra f. Schillerfalter *m.*
a|pe f. Biene *f.*: ***allevare -i*** Bienen züchten; ***laborioso come un'~*** fleißig wie eine Biene ◆ SART. ***nido d'~*** Wabenstruktur *f.*, Wabenmuster *n.*; ***~ operaia*** Arbeiterbiene *f.*; ***~ regina*** Bienenkönigin *f.*
a|pe|rio|di|co agg. *(-ci,-che)* aperiodisch.
a|pe|ri|ti|vo m. Aperitif *m.*: ***prendere un ~*** einen Aperitif nehmen.
a|per|ta|men|te avv. offen: ***parlare ~*** offen sprechen; ***ammettere qcs. ~*** etw. offen zu‿geben.
a|per|to I p.pass. agg. **1** → **aprire 2a** offen, geöffnet: ***la porta è -a, i negozi sono -i*** die Tür ist (*o* steht) offen, die Geschäfte sind offen (*o* geöffnet); ***con la finestra -a*** bei offenem Fenster; ***una bottiglia -a*** eine offene Flasche; ***avere, tenere gli occhi -i*** die Augen offen haben, halten; FIG. ***una società -a*** eine offene Gesellschaft **b** *(ampio, senza limiti)* ***in mare ~*** auf offener See **c** *(schietto)* ***un viso, un carattere ~*** ein offenes Gesicht, offener Charakter **d** *(manifesto, evidente)* ***uno scontro ~*** ein offener Kampf; ***~ conflitto*** offener Konflikt **e** *(non concluso)* ***una questione -a*** eine offene Frage **f** *(scoperto)* ***una scarpa -a*** ein offener Schuh **g** LING. ***vocali -e*** offene Vokale **3** *(accessibile)* offen, zugänglich: ***il passo è ~*** der Pass ist offen; ***la partecipazione è -a a tutti*** die Teilnahme ist für alle offen; ***l'ufficio è ~ al pubblico*** das Büro ist der Öffentlichkeit zugänglich **4** *(di ampie vedute)* offen, aufgeschlossen: ***avere una mentalità -a*** geistig aufgeschlossen sein; ***essere ~ a qcs.*** für etw. aufgeschlossen sein **II** m. Freie *n.*: ***all'~*** im Freien; ***giocare, dormire all'~*** im Freien spielen, übernachten ◆ ***all'aria -a*** im Freien, in (*o* an) der frischen Luft; FIG. ***rimanere, restare a bocca -a*** mit offenem Mund da‿stehen, Mund und Augen (*o* Nase) auf‿sperren (*o* auf‿reißen); ***a braccia -e*** mit offenen Armen (anche FIG.); ***la caccia è -a*** die Jagd ist offen (anche FIG.); ***in -a campagna*** auf dem platten Land; MIL. ***in campo ~*** auf freiem Feld; ***cinema all'~*** Freilichtkino *n.*; ***a cuore ~*** reinen Herzens, offenherzig; ***intervento a cuore ~*** Eingriff *m.* am offenen Herzen; ***lasciare ~*** offen lassen; ***una lettera -a*** ein offener Brief; ***essere un libro ~*** ein offenes Buch sein; ***sognare a occhi -i*** mit offenen Augen träumen; ***tenere gli occhi (ben) -i*** die Augen offen halten (*o* wachsam sein); ***sfondare porte -e*** offene Türen ein‿rennen; ***restare ~*** offen bleiben (anche FIG.); ***teatro all'~*** Freilichttheater *n.*; ***tenere ~*** offen halten.
a|per|tu|ra f. **1a** Öffnen *n.*, Öffnung *f.*: ***l'~ di un pacchetto*** das Öffnen eines Pakets; FIG. ***l'~ a sinistra di un partito*** die Öffnung einer Partei nach links **b** Öffnung *f.*, Loch *n.*: ***praticare un'~ nella parete*** ein Loch in die Wand schlagen **2** *(prima apertura)* Eröffnung *f.*: ***l'~ di una nuova filiale, di un conto*** die Eröffnung einer neuen Zweigstelle, eines Kontos; ***l'~ di un negozio, della stagione teatrale*** die Eröffnung eines Geschäfts, der Theatersaison; ***l'~ del testamento*** die Testamentseröffnung **3** *(inizio)* Beginn *m.*, Eröffnung *f.*: ***~ della caccia*** Beginn der Jagdzeit; ***~ delle scuole*** Schulbeginn *m.*; ***l'~ dei lavori (di un congresso)*** der Arbeitsbeginn (einer Tagung); ***l'~ di un dibattito*** die Eröffnung einer Debatte **4** ***~ (mentale)*** Aufgeschlossenheit *f.* **5** FOT. Öffnung *f.* ◆ ***~ alare*** Flügelspannweite *f.*, Spannweite *f.*; ***articolo d'~*** Leitartikel *m.*; ***bilancio d'~*** Eröffnungsbilanz *f.*; ***~ di (un) credito*** Akkreditiv *n.*, Krediteröffnung *f.*; ***discorso d'~*** Eröffnungsansprache *f.*, Eröffnungsrede *f.*; ***orario di ~*** Öffnungszeit *f.*; ***~ delle ostilità*** Ausbruch *m.* der Feindseligkeiten; ***~ delle trattative*** Aufnahme *f.* der Verhandlungen.
A|pi n.pr.m. Apis *m.*
API 1 *Anonima Petroli Italiana* italienische Mineralölverwaltung **2** *Associazione Piccole e Medie Industrie* Verband der kleinen und mittleren Unternehmen.
a|pia|rio m. *(-ri)* Bienenhaus *n.*
a|pi|ca|le agg. apikal. **a|pi|ce** m. **1a** Spitze *f.*, Gipfel *m.*: ANAT. ***~ polmonare*** Lungenspitze *f.* **b** FIG. Gipfel *m.*: ***essere all'~ del potere, del successo*** auf dem Gipfel der Macht, des Erfolgs sein **2** ASTR. LING. Apex *m.*
a|pi|col|to|re m. Bienenzüchter *m.* **a|pi|col|tu|ra** f. Bienenzucht *f.*
a|pi|na f. Bienengift *n.*
a|pi|res|si|a f. Fieberlosigkeit *f.*, Apyrexie *f.* **a|pi|re|ti|co** agg. *(-ci,-che)* fieberfrei.
a|pla|na|ti|co agg. *(-ci,-che)* aplanatisch; ***sistema ~*** Aplanat *m.*
aplomb m.inv. *(disinvoltura)* Aplomb *m.*: ***avere ~*** Aplomb haben.
ap|ne|a f. Atemstillstand *m.*, Apnoe *f.* ◆ ***immergersi in ~*** mit angehaltenem Atem tauchen.
a|po|ca|lis|se f. Apokalypse *f.* (anche FIG.). **a|po|ca|lit|ti|co** agg. *(-ci,-che)* apokalyptisch (anche FIG.).
a|po|co|pa|re tr. apokopieren. **a|po|co|pe** f. Apokope *f.*
a|po|cri|fo I agg. apokryph: ***scritti -i*** apokryphe Schriften; ***vangelo ~*** Apokryph *n.* **II** m. Apokryph *n.*
a|po|dit|ti|co agg. *(-ci,-che)* apodiktisch.
a|po|do agg. fußlos.
a|po|do|si f. Nachsatz *m.*
a|po|fi|si f. Apophyse *f.*, Knochenfortsatz *m.*, Fortsatz *m.*
a|po|fo|ni|a f. Ablaut *m.* **a|po|fo|ni|co** agg. *(-ci,-che)* Ablaut-.
a|pof|teg|ma m. *(-mi)* LETT. Apophthegma *n.*
a|po|ge|o m. **1** Apogäum *n.*, Erdferne *f.* **2** FIG. *(apice)* Gipfel *m.*: ***essere all'~ della fama*** auf dem Gipfel des Ruhms sein.
a|po|li|de I agg. staatenlos **II** m. e f. Staatenlose *m.* e *f.* **a|po|li|di|a** f. Staatenlosigkeit *f.*
a|po|li|ti|ci|tà f. politisches Desinteresse *n.* **a|po|li|ti|co** agg. *(-ci,-che)* apolitisch, unpolitisch.
apol|li|ne|o agg. apollinisch. **a|pol|lo** m. Apoll(o) *m.*: ***essere (bello come) un ~*** schön wie ein Apoll sein. **A|pol|lo** n.pr.m. Apoll *m.*, Apollo *m.*
a|po|lo|ge|ta m. Apologet *m.* **a|po|lo|ge|ti|ca** f. Apologetik *f.* **a|po|lo|ge|ti|co** agg. *(-ci,-che)* apologetisch, Verteidigungs- : ***discorso ~*** Verteidigungsrede *f.* **a|po|lo|gi|a** f. Apologie *f.*: ***fare l'~ di qcs.*** etw. apologisieren; *(scritto apologetico)* ***scrivere un'~*** eine Apologie schreiben. **a|po|lo|giz|za|re** tr. apologisieren. **a|po|lo|go** m. *(-ghi)* Apolog *m.*, Fabel *f.*
a|po|neu|ro|si f.inv. Sehnenhaut *f.*
a|po|ples|si|a f. Apoplexie *f.* **a|po|plet|ti|co I** agg. *(-ci,-che)* apoplektisch, Schlag-: ***colpo ~*** Schlaganfall *m.* **II** m. *(-ci)* Apoplektiker *m.*
a|po|ri|a f. Aporie *f.*
a|po|sta|si|a f. Apostasie *f.*, Abfall *m.*, Abtrünnigkeit *f.* **a|po|sta|ta** m. e f. *(-i,-e)* Apostat *m.* (-in *f.*), Abtrünnige *m.* e *f.* **a|po|sta|ta|re** intr. *(apostato; aus. avere)* ab‿fallen: ***~ dal (proprio) credo religioso*** von seinem Glauben abfallen.
a po|ste|rio|ri agg.inv. e avv. a posteriori.
a|po|sto|la|to m. **1** Apostolat *n.* **2** ESTENS. Mission *f.* **a|po|sto|li|co** agg. *(-ci,-che)* apostolisch: ***benedizione, sedia -a*** apostolischer Segen, Stuhl; ***nunzio ~*** apostolischer Nuntius. **a|po|sto|lo** m. Apostel *m.* (anche ESTENS.): ***~ della libertà*** Freiheitsapostel *m.*
1.a|po|stro|fa|re tr. *(apostrofo)* GRAMM. apostrophieren.
2.a|po|stro|fa|re tr. *(apostrofo)* an‿fahren, an‿herrschen.
a|po|stro|fe f. Apostrophe *f.*
a|po|stro|fo m. Apostroph *m.*, Auslassungszeichen *n.*
a|po|te|ma m. Apothem *n.*
a|po|te|o|si f. **1** Apotheose *f.*, Vergöttlichung *f.* **2** FIG. *(esaltazione)* Verherrlichung *f.*, Apotheose *f.*
ap|pa|ga|bi|le agg. erfüllbar. **ap|pa|ga|men|to** m. Befriedigung *f.*
ap|pa|ga|re *(appago, appaghi)* **I** tr. **1** befriedigen, erfüllen: ***~ un desiderio*** ein Bedürfnis befriedigen **2** *(saziare)* stillen: ***~ la sete*** den

Durst stillen **II** pronom. **appagarsi** sich zufrieden geben: ***-rsi di qcs.*** sich mit etw. zufrieden geben. **ap|pa|ga|to** p.pass. agg. **1** → **appagare** **2** zufrieden: ***sentirsi ~ (di qcs.)*** (mit etw.) zufrieden sein.
ap|pa|ia|re *(appaio, appai)* **I** tr. **1** paaren **2** ANT. *(uguagliare)* vergleichen **II** pronom. **appaiarsi** sich paaren. **ap|pa|ia|to** p.pass. agg. **1** → **appaiare** **2** gepaart, zusammengehörig.
ap|pa|le|sa|re tr. offenbaren.
ap|pal|lot|to|la|re *(appallotolo)* **I** tr. zusammen‿knüllen, zusammen‿ballen: ***~ carta*** Papier zusammenknüllen **II** pronom. **appallottolarsi** sich ein‿rollen, sich zusammen‿rollen.
ap|pal|tan|te **I** agg. auftraggebend **II** m. Auftraggeber *m.*
ap|pal|ta|re tr. **1** *(dare in appalto)* in Auftrag geben, aus‿schreiben, BUROCR. verdingen: ***~ qcs. a una ditta*** einer Firma etw. in Auftrag geben; ***~ lavori*** Bauarbeiten verdingen; ***~ una fornitura di tubi*** eine Lieferung von Rohren ausschreiben **2** *(prendere in appalto)* in Auftrag nehmen. **ap|pal|ta|to|re** **I** agg. auftragnehmend: ***impresa -trice*** auftragnehmendes Unternehmen **II** m. Auftragnehmer *m.* ◆ ***~ d'imposta*** Steuerpächter *m.*
ap|pal|to m. Auftrag *m.*, Ausschreibung *f.*; BUROCR. Verdingung *f.*: ***concedere (dare) l'~ a qcn. (per qcs.)*** den Auftrag an jdn (über etw.) vergeben; ***dare, prendere qcs. in ~*** etw. in Auftrag geben, als Auftrag an‿nehmen; ***prendere, ottenere (vincere) l'~ per qcs.*** den Auftrag über etw. übernehmen, erhalten ◆ ***condizioni d'~*** Ausschreibungsbedingungen; ***contratto d'~*** Verdingungsvertrag *m.*, Submissionsvertrag *m.*; ***gara d'~*** Ausschreibung *f.*, Submission *f.*, BUROCR. Verdingung *f.*
ap|pan|nag|gio m. *(-gi)* **1** Apanage *f.* **2** FIG. *(prerogativa)* Vorrecht *n.*, Merkmal *n.*: ***qcs. è ~ dei ricchi*** etw. ist das Vorrecht der Reichen.
ap|pan|na|men|to m. **1** Beschlagen *n.*, Anlaufen *n.*, Erblinden *n.* **2** FIG. Trübung *f.*: ***~ della vista*** Trübung der Sehkraft.
ap|pan|na|re **I** tr. **1** beschlagen: ***il vapore appanna i vetri*** der Dampf beschlägt die Scheiben **2** *(soffiare sopra)* an‿hauchen: ***~ gli occhiali*** die Brillengläser anhauchen **3** FIG. *(offuscare)* trüben: ***l'ira appanna la ragione*** der Zorn trübt den Verstand **II** pronom. **appannarsi** **1** sich beschlagen, an‿laufen: ***la finestra si appanna*** die Fensterscheibe läuft an **2** *(diventare opaco)* erblinden **3** *(offuscarsi)* sich trüben: ***mi si appanna la vista*** mein Blick trübt sich. **ap|pan|na|to** p.pass. agg. **1** → **appannare** **2** trüb: ***vedere tutto ~*** alles trüb sehen **3** beschlagen: ***vetro ~*** beschlagene Scheibe **4** ***avere i riflessi -i*** = ein geschwächtes Reaktionsvermögen haben.
ap|pa|ra|to m. **1** Apparat *m.* (anche ANAT. FILOL.): ***~ militare*** militärischer Apparat; ***~ digerente, respiratorio*** Verdauungs-, Respirationsapparat *m.* **2** *(addobbi sfarzosi)* Aufwand *m.*: ***un grande ~ di luci*** ein großer Aufwand an Beleuchtung ◆ ***~ amministrativo*** Verwaltungsapparat *m.*; ***~ bellico*** Streitkräfte *pl.*; ***~ critico*** kritischer Apparat; ***~ di forze*** Kräfteaufwand *m.*, Kräfteaufgebot *n.*; ***~ di partito*** Parteiapparat *m.*; ***~ scenico*** Bühnenausstattung *f.*
ap|pa|rec|chia|re *(apparecchio, apparecchi)* tr. **1** decken: ***~ la tavola*** den Tisch decken; ***~ per quattro*** für vier decken; assol. (auf‿) decken: ***non ho ancora apparecchiato*** ich habe noch nicht gedeckt **2** *(preparare)* vor‿bereiten. **ap|pa|rec|chia|to** p.pass. agg. **1** → **apparecchiare** **2** gedeckt: ***una tavola (non) -a*** ein (un)gedeckter Tisch. **ap|pa|rec|chia|tu|ra** f. **1** Vorrichtung *f.*, Apparatur *f.* **2** *(impianto)* Einrichtung *f.*: ***~ elettrica*** elektrische Einrichtung.
ap|pa|rec|chio *(-chi)* m. **1** Apparat *m.*, Gerät *n.*: ***un ~ sensibile, di alta precisione*** ein empfindliches, feinmechanisches Gerät **2** *(telefono)* ***chi è all'~?*** wer ist am Apparat? ***essere chiamato all'~*** am Apparat verlangt werden **3** COLLOQ. *(aereo)* Maschine *f.* **4** Zahnspange *f.*, Regulierung *f.*: ***portare, mettere l'~*** die Zahnspange tragen, ein‿setzen ◆ ***~ fotografico*** Fotoapparat *m.*; ***~ radio*** Radioapparat *m.*, Radiogerät *n.*; ***~ telefonico*** Fernsprechapparat *m.*; ***~ televisivo*** Fernsehapparat *m.*
ap|pa|ren|ta|re **I** tr. **1** verschwägern **2** FIG. verbünden **II** pronom. **apparentarsi** **1** sich verschwägern, ein‿heiraten: ***-rsi con qcn.*** sich mit jdm verschwägern; ***-rsi con una famiglia*** in eine Familie einheiraten **2** FIG. sich verbünden.
ap|pa|ren|te agg. **1** scheinbar, Schein-: ***obiezioni -i*** scheinbare Einwände; ***con sicurezza ~*** mit scheinbarer Sicherheit; ***morte ~*** Scheintod *m.*; ***pace ~*** Scheinfrieden *m.*; ***problema ~*** Scheinproblem *n.* **2** *(evidente)* erkennbar, sichtbar, sichtlich: ***una somiglianza ~*** eine sichtliche Ähnlichkeit; ***senza ragione ~*** ohne erkennbaren Grund ◆ FIS. ***moto ~ (del sole)*** scheinbare Bewegung (der Sonne); ***vento ~*** merkbarer Wind. **ap|pa|ren|te|men|te** avv. scheinbar, anscheinend: ***~ tranquillo*** scheinbar ruhig.
ap|pa|ren|za f. **1** Schein *m.*, Anschein *m.*: ***salvare le -e*** den Schein wahren (*o* retten); ***giudicare dalle -e (o dall'~)*** dem Schein nach urteilen; ***stando all'~*** dem Anschein nach; ***lasciarsi ingannare dalle -e*** sich durch den Schein täuschen lassen; ***l'~ inganna*** der Schein trügt **2** *(esteriorità)* Äußerlichkeit *f.*: ***dare importanza alle -e*** auf Äußerlichkeiten Wert legen **3** *(aspetto)* Aussehen *n.*, Erscheinung *f.*: ***una giovane di bella ~*** ein Mädchen von schöner Erscheinung ◆ ***in ~*** anscheinend, dem Anschein nach.
ap|pa|ri|re intr. *(appaio, appari; apparvi/*ANT. *apparsi; apparso;* aus. *essere)* **1** erscheinen: ***~ all'orizzonte, in sogno, alla porta*** am Horizont, im Traum, in der Tür erscheinen **2** *(di fantasmi)* spuken: ***si dice che qui appaiano i fantasmi*** hier sollen Gespenster spuken, hier soll es spuken **3** *(sembrare)* scheinen: ***appare sano*** er scheint gesund zu sein; ***la questione appare intricata*** die Sache scheint verwickelt zu sein; *(risultare)* ***appare chiaro che...*** es scheint eindeutig (*o* es ist offenkundig), dass... ◆ ***far ~ qcs. per incanto*** etw. herbei‿zaubern; ***~ in pubblico*** sich in der Öffentlichkeit zeigen.
ap|pa|ri|scen|te agg. auffallend, auffällig: ***abiti -i*** auffällige Kleider.
ap|pa|ri|zio|ne f. **1** Erscheinen *n.* **2** *(visione)* Erscheinung *f.*: ***fare la propria ~*** in Erscheinung treten; ***in ordine di ~*** in der Reihenfolge ihres Erscheinens **3** *(fantasma)* Gespenst *n.*: ***vedere un'~*** ein Gespenst sehen ◆ SCHERZ. ***in questa ditta ho fatto (solo) una breve ~*** bei dieser Firma habe ich (nur) eine Gastrolle gegeben; ***l'~ degli spiriti*** Geistererscheinung *f.* **ap|par|so** → **apparire.**
ap|par|ta|men|to m. Wohnung *f.*: ***vendesi, affittasi ~*** Wohnung zu verkaufen, zu vermieten; ***trasferirsi in un ~*** eine Wohnung beziehen; ***andar via da un ~*** aus einer Wohnung ausziehen; ***~ di proprietà (in condominio), in affitto*** Eigentums-, Mietwohnung *f.* ◆ ***vivere in un ~ ammobiliato*** möbliert (*o* in einer möblierten Wohnung) wohnen; SCHERZ. ***ritirarsi nei propri -i*** sich in seine Gemächer zurück‿ziehen.
ap|par|tar|si pronom. sich ab‿sondern, sich zurück‿ziehen: ***~ dagli altri*** sich von den anderen absondern; ***~ con qcn.*** = mit jdm ungestört sein wollen. **ap|par|ta|to** p.pass. agg. **1** → **appartarsi** **2** *(fuori mano)* abgeschieden **3** *(tranquillo)* lauschig: ***un angolo ~*** ein lauschiges Plätzchen.
ap|par|te|nen|te **I** agg. angehörig, zugehörig: ***i terreni -i alla casa*** die zum Haus gehörenden Grundstücke; ***~ all'azienda*** betriebseigen **II** m. e f. Angehörige *m.* e *f.* **ap|par|te|nen|za** f. Zugehörigkeit *f.*: ***~ a un'associazione*** die Zugehörigkeit zu einem Verein; ***~ etnica*** Volkszugehörigkeit *f.*; ***~ a una classe sociale*** Standeszugehörigkeit *f.*; ***~ al, a un partito*** Parteizugehörigkeit *f.*
ap|par|te|ne|re intr. *(appartengo, appartieni; appartenni; appartenuto;* aus. *essere)* **1** gehören: ***~ a qcn., qcs.*** jdm, etw. gehören; ***questo libro mi appartiene*** dieses Buch gehört mir; FIG. ***il suo cuore appartiene a un altro*** ihr Herz gehört einem andern **2** *(far parte)* an‿gehören, gehören: ***~ a un'organizzazione*** einer Organisation angehören; ***~ alla famiglia*** zur Familie gehören; ***la casa appartiene alla sua eredità*** das Haus gehört zu seinem Erbe **3** *(spettare)* zu‿stehen, zu‿kommen: ***non appartiene a te dirlo*** es steht dir nicht zu, das zu sagen.
ap|par|vi → **apparire.**
ap|pas|si|men|to m. Verwelken *n.*, Welken *n.*
ap|pas|sio|nan|te agg. fesselnd, spannend: ***un giallo ~*** ein spannender Krimi. **ap|pas|sio|na|re** **I** tr. begeistern: ***~ qcn. a qcs.*** jdn für etw., zu etw. (D) begeistern **II** pronom. **appassionarsi** sich begeistern: ***-rsi a qcs.*** sich für etw. begeistern. **ap|pas|sio|na|ta|men|te** avv. leidenschaftlich: ***amare qcn. ~*** jdn leidenschaftlich lieben.
ap|pas|sio|na|to **I** p.pass. agg. **1** → **appassionare** **2** leidenschaftlich: ***un amore ~*** eine leidenschaftliche Liebe; ***una discussione -a*** eine leidenschaftliche Diskussion **3** *(entusiasta)* begeistert: ***essere ~ di qcs.*** von etw. begeistert sein; ***uno scalatore ~*** ein begeisterter Bergsteiger **II** m. Liebhaber *m.*, Fan *m.*; ***un ~ di cinema*** ein leidenschaftlicher Kinogänger.
ap|pas|si|re intr. *(appassisco, appassisci;* aus. *essere)* e pronom. **appassirsi** verwelken, welken: ***le piante appassiscono*** die Pflanzen verwelken; FIG. *(sfiorire)* ***la sua bellezza è appassita*** ihre Schönheit ist verwelkt.
ap|peal [ə'pi:l] m.inv. Appeal *m.*
ap|pel|la|bi|le agg. DIR. anfechtbar: ***sentenza ~*** anfechtbares Urteil. **ap|pel|lan|te** **I** agg. → **appellatorio** **II** m. e f. Berufungskläger *m.* (-in *f.*), ANT. Appellant *m.* (-in *f.*). **ap|pel|la|re** **I** tr. **1** benennen **2** DIR. Berufung ein‿legen **II** pronom. **appellarsi** **1** appellieren: ***-rsi a qcn., qcs.*** an jdn, etw. appellieren; ***-rsi alla generosità di qcn.*** an jds Großzügigkeit appellieren; ***-rsi alle maestranze*** an die Belegschaft appellieren **2** DIR. Berufung ein‿legen, appellieren: ***-rsi ai testimoni*** an die Zeugen appellieren; ***-rsi a una sentenza*** gegen

ein Urteil Berufung einlegen; *(ricorrere)* an‿rufen: ***-rsi alla corte*** das Gericht anrufen. **ap|pel|la|ti|vo** I agg. 1 DIR. Berufungs-: ***atto ~*** Berufungsschrift *f.* 2 GRAMM. appellativisch II m. 1 GRAMM. Appellativ *n.* 2 *(epiteto)* Beiname *m.* **ap|pel|la|to|rio** agg. *(-ri,-rie)* Berufungs-. **ap|pel|la|zio|ne** f. 1 Benennung *f.* 2 DIR. Appellation *f.*

ap|pel|lo m. 1a Appell *m.*, Aufruf *m.*: ***mettere un ~ sul giornale*** einen Aufruf in die Zeitung setzen; ***rivolgere un ~ a qcn.*** einen Appell an jdn richten b *(esortazione)* ***fare ~ alla ragione*** einen Appell an die Vernunft richten; ***un ~ alla pace*** ein Appell zum Frieden, ein Friedensappell c MIL. ***presentarsi all'~*** zum Appell an‿treten; ***mancare all'~*** beim Appell fehlen 2 *(richiesta di aiuto)* Hilferuf *m.*: ***gli -i disperati dei feriti*** die verzweifelten Hilferufe der Verletzten 3 UNIV. Prüfungstermin *m.*: ***primo, secondo ~*** erster, zweiter Prüfungstermin 4 DIR. *(ricorso)* Berufung *f.*: ***ricorrere in ~*** in (die) Berufung gehen; ***accogliere l'~*** der Berufung statt‿geben ◆ ***corte d'~*** Berufungsgericht *n.*; ***~ agli elettori*** Wahlaufruf *m.*; SCOL. ***fare l'~ (degli scolari)*** die Schüler auf‿rufen; MIL. ***fare l'~*** den Appell vor‿nehmen; ***fare ~ a tutte le proprie forze*** alle Kräfte aufbieten; ***giudizio senza ~*** Urteil letzter Instanz; ***votazione per ~ nominale*** Abstimmung (*o* Wahl) durch Namensaufruf, namentliche Abstimmung; ***procedimento d'~*** Berufungsverfahren *n.*; ***prova d'~*** letzte Chance; ***rispondere all'~*** dem Aufruf folgen; ***termine per il ricorso in ~*** Berufungsfrist *f.*

ap|pe|na I avv. 1a *(a stento)* kaum: ***cammina ~*** er läuft kaum; ***sa ~ leggere*** er kann kaum lesen b *(poco)* ***lo conosco ~*** ich kenne ihn kaum; ***si muove ~*** er bewegt sich kaum; ***lo senti? ~ ~*** hörst du es? kaum 2 *(da poco)* soeben, eben (erst), gerade: ***è ~ arrivato*** er ist eben erst angekommen; ***mi ero ~ addormentato, quando suonarono*** ich war eben eingeschlafen, als es klingelte; ***era ~ uscito, quando (o che)...*** er war gerade ausgegangen, als (*o* da)...; ***è ~ andato via*** er ist gerade weggegangen 3 *(a malapena)* knapp, gerade (noch): ***il pane basta ~*** das Brot reicht gerade noch; ***arrivò ~ in tempo*** er kam gerade rechtzeitig; ***farcela ~ ~ a fare qcs.*** gerade noch schaffen, etw. zu tun; ***~ sufficiente*** knapp befriedigend 4a *(soltanto; di tempo)* erst: ***sono ~ le sei*** es ist erst sechs Uhr; ***li ho visti ~ ieri*** ich habe sie erst gestern gesehen b knapp: ***~ un'ora fa*** vor knapp einer Stunde 5 *(soltanto; di quantità)* nur, kaum: ***sono ~ 2 km*** es sind nur 2 km II cong. sobald, sowie: ***vieni ~ puoi*** komm, sobald du kannst; ***(non) ~ mi vide, corse via*** sowie er mich sah, lief er weg; ***~ possibile*** sobald wie möglich, baldmöglichst.

ap|pen|de|re tr. *(appesi; appeso)* 1 hängen, auf‿hängen: ***~ un quadro*** ein Bild aufhängen; ***~ un quadro alla parete*** ein Bild an die Wand hängen; ***~ i vestiti nell'armadio*** die Kleider in den Schrank hängen 2 *(riagganciare)* ein‿hängen: ***~ la cornetta*** den Hörer einhängen 3 *(impiccare)* auf‿hängen, erhängen II pronom. **appendersi** sich ein‿hängen: ***-rsi al braccio di qcn.*** sich bei jdm einhängen. **ap|pen|di|a|bi|ti** m.inv. Kleiderständer *m.*

ap|pen|di|ce f. 1 Anhang *m.*, Zusatz *m.*, Appendix *m.*: ***le note si trovano in ~*** die Anmerkungen befinden sich im Anhang 2 *(volume di aggiornamento)* Ergänzungsband *m.* 3 *(nei giornali)* Feuilleton *n.*, Beilage *f.* 4 ANAT. Blinddarm *m.*, Wurmfortsatz *m.*, Appendix *m.* ◆ ***romanzo d'~*** Fortsetzungsroman *m.*, Zeitungsroman *m.* **ap|pen|di|cec|to|mi|a** f. Appendektomie *f.*, Blinddarmoperation *f.* **ap|pen|di|ci|te** f. Blinddarmentzündung *f.*, Appendizitis *f.*: ***essere operato di ~*** am Blinddarm operiert werden. **ap|pen|di|co|la|re** agg. Blinddarm-: ***infiammazione ~*** Blinddarmentzündung *f.*

ap|pen|di|go|n|ne m.inv. Rockbügel *m.*

Ap|pen|ni|no n.pr.m. Apennin *m.* **ap|pen|ni|ni|co** *(-ci,-che)* agg. apenninisch, Apenninen-.

ap|per|ce|zio|ne f. Apperzeption *f.*

ap|pe|san|ti|men|to m. Beschwerung *f.*, Belastung *f.* **ap|pe|san|ti|re** *(appesantisco, appesantisci)* I tr. 1 beschweren, schwer machen 2 FIG. belasten: ***~ la coscienza*** das Gewissen belasten II pronom. **appesantirsi** 1 sich schwer machen, schwer werden 2 *(ingrassare)* zu‿nehmen: ***si è appesantito*** er hat zugenommen.

ap|pe|so p.pass. agg. 1 → **appendere** 2 gehängt, aufgehängt ◆ ***essere ~*** hängen: ***il quadro è ~ storto*** das Bild hängt schief.

ap|pe|sta|re tr. 1 verpesten (anche FIG.): ***i gas di scarico appestano l'aria*** die Abgase verpesten die Luft 2 FIG. *(corrompere)* verderben. **ap|pe|sta|to** I p.pass. agg. 1 → **appestare** 2 *(malato di peste)* pestkrank II m. Pestkranke *m.*

ap|pe|ti|bi|le agg. begehrenswert, attraktiv: ***un'offerta ~*** ein attraktives Angebot. **ap|pe|ti|re** *(appetisco, appetisci)* I tr. begehren, ersehnen II intr. (aus. *essere, avere*) Appetit erregen.

ap|pe|ti|to m. 1 Appetit *m.*: ***buon ~!*** guten Appetit! ***mi è passato l'~*** mir ist der Appetit vergangen; ***avere ~ di qcs.*** auf etw. (A) Appetit haben, bekommen; ***stuzzicare l'~*** den Appetit anregen; ***far venire ~*** Appetit machen; PROV. ***l'~ vien mangiando*** der Appetit kommt beim, mit dem Essen 2 FIG. *(desiderio)* Verlangen *n.*: ***~ sessuale*** sexuelles Verlangen. **ap|pe|ti|to|so** agg. 1 appetitlich (anche FIG.), appetitanregend: ***il dolce sembra molto ~*** der Kuchen sieht sehr appetitlich aus 2 FIG. verlockend, appetitlich: ***una donna -a*** eine appetitliche Frau.

ap|pez|za|men|to m. Grundstück *n.*

ap|pia|na|bi|le agg. ausgleichbar, schlichtbar. **ap|pia|na|men|to** m. 1 Einebnung *f.* 2 FIG. Beilegung *f.*, Ausgleich *m.*: ***l'~ dei contrasti*** der Ausgleich der Gegensätze.

ap|pia|na|re I tr. 1 *(spianare)* ein‿ebnen, ebnen: ***~ una strada*** eine Straße ebnen 2 FIG. *(comporre)* aus‿gleichen, schlichten, bei‿legen: ***~ una lite*** einen Streit schlichten, beilegen; ***~ i conflitti*** die Konflikte ausgleichen II pronom. **appianarsi** sich aus‿gleichen: ***le cose finiranno per -rsi*** am Ende kommt alles ins Lot.

ap|piat|tar|si pronom. sich verstecken: ***~ dietro a un cespuglio*** sich hinter einem Busch verstecken.

ap|piat|ti|men|to m. Abflachung *f.* (anche FIG.), Abplattung *f.*: ***~ delle retribuzioni*** Abflachung der Gehaltskurve, Lohn- und Gehaltsausgleich *m.*

ap|piat|ti|re *(appiattisco, appiattisci)* I tr. ab‿flachen, verflachen, ab‿platten; ***~ gli stipendi*** die Gehaltsunterschiede ein‿ebnen II pronom. **appiattirsi** 1 flach werden, sich platt machen 2a FIG. ab‿flachen, sich verflachen: ***la discussione si è appiattita*** die Unterhaltung ist abgeflacht b ***-rsi contro la parete*** sich gegen die Wand drücken.

ap|piat|ti|to p.pass. agg. 1 → **appiattire** 2 flach, platt: ***starsene ~ al suolo*** platt auf dem Boden liegen.

ap|pic|ca|re tr. *(appicco, appicchi)* REGION. befestigen, an‿heften; *(appendere)* auf‿hängen ◆ ***~ il fuoco a qcs.*** etw. in Brand setzen; ***chi ha appiccato il fuoco?*** wer hat das Feuer gelegt?

ap|pic|ci|ca|re *(appiccico, appiccichi)* I tr. 1 kleben, an‿kleben, an‿heften: ***~ un francobollo alla busta*** eine Briefmarke auf den Umschlag kleben 2 COLLOQ. *(appioppare)* kleben, versetzen: ***~ uno schiaffo a qcn.*** jdm eine kleben 3a *(attribuire)* an‿hängen: ***~ un soprannome, un'etichetta a qcn.*** jdm einen Spitznamen anhängen, jdn mit einem Etikett versehen b *(rifilare)* zu‿schieben, auf‿hängen, an‿hängen II intr. (aus. *avere*) 1 kleben: ***questa colla non appiccica*** dieser Kleister klebt nicht 2 *(essere appiccicoso)* klebrig sein, pappen: ***il miele appiccica*** der Honig ist klebrig III pronom. **appiccicarsi** 1 kleben; *(attaccarsi)* haften: ***questo adesivo non si appiccica*** dieser Aufkleber haftet nicht; ***i vestiti gli si appiccicarono addosso*** die Kleider klebten ihm auf der Haut 2 FIG. *(di persona)* kleben, sich hängen: ***quando quello si appiccica non si stacca più*** wenn der sich an einen hängt, geht er ihm nicht mehr von der Seite. **ap|pic|ci|ca|tic|cio** agg. *(-ci,-ce)* → **appiccicoso.**

ap|pic|ci|ca|to p.pass. agg. 1 → **appiccicare** 2 geklebt, angeheftet ◆ ***restare ~ a qcs.*** an etw. (D) kleben bleiben; *(rimanere attaccato)* an etw. (D) haften; ***stare ~ a qcn., qcs.*** an jdm, etw. kleben; ***stare -i (l'uno all'altro)*** aneinander kleben (*o* COLLOQ. aufeinander hocken. **ap|pic|ci|ca|tu|ra** f. 1 Kleben *n.*, Aufeinanderkleben n., Zusammenkleben *n.* 2 SPREG. *(appendice)* Anhängsel *n.*

ap|pic|ci|co|so agg. 1a klebrig, pappig b ***mani, dita -e*** klebrige Hände, Finger 2 *(di persona)* lästig, aufdringlich: ***un tipo ~*** ein aufdringlicher Typ.

ap|pic|co m. *(-chi)* ALP. Wandabsturz *m.*, Steilwand *f.*

ap|piè, ***~ di*** am Fuß (*o* zu Füßen) von, am (unteren) Ende von; ***~ di pagina*** am Ende der Seite; ***note ~ di pagina*** Fußnoten.

ap|pie|da|re tr. absteigen (*o* absitzen) lassen, zum Absteigen zwingen. **ap|pie|da|to** p.pass. agg. → **appiedare** ◆ ***essere, rimanere ~*** = zu Fuß (*o* ohne Transportmittel) sein, bleiben.

ap|pie|no avv. gänzlich, völlig, vollkommen: ***comprendere ~ qcs.*** etw. vollkommen verstehen.

ap|pi|gio|na|re tr. vermieten.

ap|pi|gliar|si pronom. *(mi appiglio, ti appigli)* 1a sich klammern, sich fest‿halten: ***~ a qcs.*** sich an etw. (A) klammern b FIG. sich halten, sich klammern, greifen, Zuflucht nehmen: ***~ a una scusa, a un pretesto*** zu einer Entschuldigung Zuflucht nehmen, zu einem Vorwand greifen 2 *(di fuoco)* über‿greifen: ***il fuoco si appigliò alle tende*** das Feuer griff auf die Vorhänge über ◆ ***non sapere a che partito ~*** = nicht wissen, was man tun soll. **ap|pi|glio** m. *(-gli)* 1 Halt *m.*: ***perdere l'~*** den Halt verlieren 2 *(pretesto)* Anlass *m.*, Vorwand *m.*; *(motivo)* Grund *m.*: ***dare ~ a qcs.*** Anlass zu etw. bieten; ***cercare un ~ per non studiare*** einen Vorwand suchen, um nicht zu lernen 3 *(cavillo)* Handhabe *f.*: ***~ giuridico, legale*** juristische, gesetzliche Handhabe.

ap|piom|bo I m. Lot *n.*, lotrechter Fall *m.* II avv. lotrecht.

ap|piop|pa|re tr. 1a COLLOQ. *(rifilare)* auf‿hängen, an‿hängen, an‿drehen: ~ ***una banconota falsa, merce avariata a qcn.*** jdm einen falschen Geldschein, verdorbene Ware anhängen **b** ~ ***un ceffone, un calcio a qcn.*** jdm eine knallen (*o* runter‿hauen, scheuern, schmieren), jdm einen Tritt versetzen **c** *(dare come punizione)* verpassen: ~ ***una multa salata, un brutto voto a qcn.*** jdm eine saftige Strafe, eine schlechte Note verpassen **2** COLLOQ. *(accollare)* auf‿brummen, auf‿bürden: ~ ***un lavoro faticoso a qcn.*** jdm eine anstrengende Arbeit aufbrummen **3** COLLOQ. *(affibbiare)* an‿hängen: ~ ***un nomignolo a qcn.*** jdm einen Spitznamen anhängen **4** AGR. mit Pappeln bepflanzen.

ap|pi|so|lar|si pronom. COLLOQ. ein‿nicken: ~ ***sul divano*** auf dem Sofa einnicken.

ap|plau|di|re I tr. **1** ~ ***qcn., qcs.*** jdm, etw. Beifall klatschen, applaudieren, jdn, etw. beklatschen **2** FIG. loben, begrüßen: ~ ***un provvedimento*** eine Maßnahme begrüßen **II** intr. (aus. *avere*) applaudieren, klatschen.

ap|plau|so m. **1** Beifall *m.*, Applaus *m.*: ***fare un ~ a qcn.*** jdm Beifall klatschen; ***ricevere un ~*** Applaus bekommen **2** FIG. Lob *n.*; *(consenso)* Zustimmung *f.* ◆ ~ ***a scena aperta*** Szenenapplaus *m.* **ap|plau|so|me|tro** m. Applausmessgerät *n.*

ap|pli|ca|bi|le agg. anwendbar: ***essere ~ a qcs.*** auf etw. (A) anwendbar sein; ***questa regola non è sempre ~*** diese Regel lässt sich nicht immer anwenden; ***un decreto non ancora ~*** eine noch nicht gültige Verordnung ◆ DIR. ~ ***dal primo settembre*** gültig ab erstem September. **ap|pli|ca|bi|li|tà** f.inv. Anwendbarkeit *f.*

ap|pli|ca|re *(applico, applichi)* **I** tr. **1** *(attaccare, mettere)* an‿bringen, befestigen: ~ ***la guarnizione al rubinetto, a un vasetto da conserva*** die Dichtung am Wasserhahn anbringen (*o* fest‿machen), den Gummiring an einem Weckglas befestigen **2a** *(mettere sopra)* auf‿legen, legen: ~ ***una compressa fredda sulla fronte*** eine kalte Kompresse auf die Stirn legen **b** *(incollando)* kleben, auf‿kleben: ~ ***un cerotto sulla ferita*** ein Pflaster auf die Wunde kleben (*o* legen) **3a** SART. *(attaccare)* ein‿setzen, an‿setzen: ~ ***maniche, toppe*** Ärmel, Flicken einsetzen; ~ ***una guarnizione, dei nastri a un vestito*** ein Kleid mit einem Besatz verzieren, ein Kleid bändern **b** *(cucire sopra)* auf‿nähen, auf‿setzen, applizieren **4** *(stendere)* auf‿tragen: ~ ***una crema sul viso*** eine Creme auf das Gesicht auftragen **5** FIG. *(impegnare)* an‿strengen, gebrauchen: ~ ***la mente a qcs.*** seinen Verstand für etw. gebrauchen, seinen Kopf für etw. anstrengen **6** *(utilizzare in)* an‿wenden: ~ ***una scoperta scientifica all'agricoltura*** eine wissenschaftliche Entdeckung in der Landwirtschaft anwenden **7a** *(mettere in atto)* an‿wenden: ~ ***una legge, un metodo*** ein Gesetz, eine Methode anwenden **b** *(una pena)* verhängen: die Höchststrafe verhängen **8** *(imporre)* auf‿erlegen: ~ ***una tassa*** eine Steuer auferlegen **9** *(adattare)* über‿tragen, um‿setzen: ~ ***la teoria alla pratica*** die Theorie in die Praxis umsetzen **II** pronom. **applicarsi 1** sich widmen: ***-rsi allo studio*** sich dem Studium widmen **2** *(impegnarsi)* sich an‿strengen, sich bemühen, sich ein‿setzen: ***l'allievo è intelligente, ma non si applica*** der Schüler ist intelligent, aber er strengt sich nicht an.

ap|pli|ca|ti|vo agg. Anwendungs-, Applikations-: INFORM. ***programma ~*** Applikationsprogramm *n.*, Anwenderprogramm *n.*

ap|pli|ca|to I p.pass. agg. **1** → **applicare 2** angewandt: ***fisica, matematica -a*** angewandte Physik, Mathematik; ***scienze -e*** angewandte Wissenschaften **II** m. niederer Beamter *m.* (*o* Angestellter *m.*).

ap|pli|ca|zio|ne f. **1** Anbringung *f.*, Befestigung *f.* **2a** *(il mettere sopra)* Auflegen *n.*, Legen *n.* **b** *(incollando)* Kleben *n.*, Aufkleben *n.* **3a** SART. Einsetzen *n.*, Ansetzen *n.* **b** *(di tasche)* Aufnähen *n.*, Aufsetzen *n.*, Applizierung *f.* **c** *(disegni da applicare)* Applizierung *f.* **4** *(lo stendere)* Auftragen *n.* **5** *(utilizzo)* Anwendung *f.* **6a** *(messa in atto)* Anwendung *f.*, Verwendung *f.*: ~ ***di una norma*** die Anwendung einer Norm; ***(non) trovare ~*** (keine) Verwendung finden **b** *(di una pena)* Verhängen *n.* **7** *(imposizione)* Auferlegung *f.* **8** *(l'adattare)* Übertragung *f.* **9** *(impegno)* Anstrengung *f.*, Bemühen *n.*, Einsatz *m.*, Eifer *m.*: ~ ***allo studio*** Eifer im, beim Lernen **10** INFORM. Anwendung *f.* ◆ ***campo di ~*** Anwendungsbereich *m.*; ***modalità, modo di ~*** Anwendungsart *f.*, -weise *f.*; MIL. ***scuola di ~*** Führungsakademie *f.*; ***sfera di ~*** → ***campo di ~***; ***-i tecniche*** Werkunterricht *m.*

ap|pli|que [ap'lik] f.inv. Wandleuchter *m.*

ap|po prep. ANT. in der Nähe von, (nahe) bei.

ap|pog|gia|brac|cio m.inv. Armlehne *f.*

ap|pog|gia|re *(appoggio, appoggi)* **I** tr. **1** legen: ~ ***il capo sul cuscino, sulla spalla di qcn.*** den Kopf auf das Kissen, auf jds Schulter legen **2** *(addossare)* lehnen, an‿lehnen, stellen: ~ ***la bicicletta, la scala al muro*** das Fahrrad, die Leiter an (*o* gegen) die Mauer lehnen **3** *(puntellare)* stützen: ~ ***il mento sulla mano*** das Kinn in (*o* auf) die Hand stützen **4** *(posare)* stellen, legen: ~ ***un libro, una bottiglia sul tavolo*** ein Buch auf den Tisch legen, eine Flasche auf den Tisch stellen **5** *(fondare, basare)* (be)gründen, stützen: ~ ***le proprie tesi su fonti autorevoli*** seine Thesen auf glaubwürdige Quellen stützen **6a** *(sostenere)* befürworten, unterstützen: ~ ***una proposta, una mozione*** einen Vorschlag, einen Antrag befürworten **b** *(favorire)* unter‿stützen, stützen: ~ ***la candidatura di qcn.*** jds Kandidatur unterstützen **II** intr. (aus. *essere*) ruhen: ~ ***su colonne*** auf Säulen ruhen **III** pronom. **appoggiarsi 1** sich lehnen: ***-rsi alla parete*** sich an (*o* gegen) die Wand lehnen **2** FIG. sich stützen: ***-rsi a qcn., qcs.*** sich auf jdn, etw. stützen: ***-rsi agli amici, alla famiglia, a un partito*** sich auf seine Freunde, seine Familie, eine Partei stützen **3a** *(sorreggersi)* sich stützen: ***-rsi su un bastone, sui gomiti*** sich auf einen Stock, auf die Ellenbogen stützen; ***-rsi a qcn. per non cadere*** sich auf jdn stützen (*o* an jdm fest‿halten), um nicht zu stürzen **b** FIG. *(basarsi)* sich stützen: ***-rsi su indizi*** sich auf Indizien stützen ◆ ***-rsi a una banca (per un pagamento)*** über eine Bank zahlen; SPORT ~ ***la palla a qcn.*** jdm den Ball ab‿geben.

ap|pog|gia|te|sta m.inv. Kopfstütze *f.*

ap|pog|gia|to p.pass. agg. → **appoggiare** ◆ ***essere, stare ~*** lehnen, angelehnt sein: ***la scala è -a al muro*** die Leiter lehnt an der Mauer. **ap|pog|gia|tu|ra** f. MUS. Vorschlag *m.*

ap|pog|gio m. *(-gi)* **1** Stütze *f.*, Halt *m.*: ***servire da ~*** als Stütze dienen; ***camminare con l'~ di un bastone*** mit Hilfe eines Stockes gehen **2a** *(sostegno)* Unterstützung *f.*: ***dare, promettere il proprio ~ a qcn.*** jdm seine Unterstützung geben, versprechen; ***poter contare sull'~ di qcn.*** mit jds Unterstützung rechnen können; ***cercare l'~ di qcn.*** nach jds Unterstützung suchen; ***hai tutto il mio ~*** du hast meine volle Unterstützung **b** *(aiuto)* Hilfe *f.*, Stütze *f.*: ***avere un ~ in qcn.*** an jdm eine Stütze haben **c** pl. *(conoscenze)* Beziehungen *pl.*: ***avere -gi influenti*** einflussreiche Beziehungen haben **3** *(caldeggiamento)* Befürwortung *f.* **4** MIL. Rückendeckung *f.*, Verstärkung *f.* ◆ ~ ***aereo*** Luftunterstützung *f.*; ***banca d'~*** Bankverbindung *f.*; ***insegnante d'~*** Unterstützungslehrer *m.*; MIL. ***nave ~*** Mutterschiff *n.*; ***pezza d'~*** Beleg *m.*, Nachweis *m.*; ***piano d'~*** Ablagefläche *f.*, MECC. Unterstützungsebene *f.*; *(in un dispositivo di serraggio)* Auflageebene *f.*; ***piede d'~*** Standbein *n.*; ***punto d'~*** Stützpunkt *m.*

ap|pol|la|iar|si *(mi appollaio, ti appollai)* pronom. **1** sich auf eine Stange (*o* einen Ast) setzen **2** *(accovacciarsi)* sich nieder‿kauern, sich hocken. **ap|pol|la|ia|to** p.pass. agg. **1** → **appollaiarsi 2** ***un paese ~ sulla montagna*** ein hoch auf dem Berg gelegenes Dorf ◆ ***stare ~ su un ramo*** auf einem Ast sitzen.

ap|pon|tag|gio m. *(-gi)* Trägerlandung *f.* **ap|pon|ta|re** intr. (aus. *essere*) auf einem Flugzeugträger landen.

ap|pop|pa|to agg. hinterlastig, achterlastig; *(di aereo)* schwanzlastig.

ap|por|re tr. *(appongo, apponi; apposi; apposto)* **1** setzen: ~ ***la propria firma a qcs.*** seine Unterschrift unter etw. (A) setzen; ~ ***una firma*** eine Unterschrift darunter setzen; ~ ***la propria sigla accanto al testo*** sein Zeichen neben den Text setzen; ***devi ~ la tua sigla (accanto)*** du musst dein Zeichen daneben‿setzen **2a** *(munire di)* ~ ***un timbro, sigillo, visto a qcs.*** etw. mit einem Stempel, Siegel, Sichtvermerk versehen **b** ~ ***un timbro, sigillo*** einen Stempel, ein Siegel auf‿drücken **3** *(aggiungere, inserire)* hinzu‿fügen, ein‿fügen, ein‿setzen: ~ ***una clausola a un contratto*** in einen Vertrag eine Klausel einfügen; ***qui va apposta la data*** hier muss das Datum eingesetzt werden ◆ ~ ***i sigilli alla porta*** Siegel an der Tür an‿bringen.

ap|por|ta|re tr. **1a** vor‿nehmen: ~ ***correzioni, modifiche a qcs.*** Verbesserungen, Abänderungen an etw. (D) vornehmen; ~ ***migliorie a un terreno*** einen Boden meliorieren **b** *(portare con sé)* herbei‿führen: ~ ***un cambiamento*** einen Wechsel herbeiführen **2** *(aggiungere)* ein‿bringen: ~ ***nuovi capitali in un'azienda*** neues Kapital in einen Betrieb einbringen **3** *(recare)* mit sich bringen, erzeugen, verursachen: ~ ***danni, dolore, benessere*** Schäden, Schmerz verursachen, Wohlstand mit sich bringen **4** DIR. *(addurre)* herbei‿bringen. **ap|por|ta|to|re I** m. Überbringer *m.*, Bote *m.*: ~ ***di pace*** Friedensbote *m.* **II** agg. bringend: ***un'invenzione -trice di progresso*** eine Fortschritt bringende Erfindung.

ap|por|to m. **1** Zufuhr *f.*: ~ ***di sangue*** Blutzufuhr **2** ECON. Einlage *f.*: ~ ***di capitale, denaro*** Kapital-, Geldeinlage **3** *(contributo)* Beitrag *m.*: ***dare il proprio ~ a qcs.*** seinen Beitrag zu etw. leisten; ***dare un ~ decisivo a qcs.*** einen entscheidenden Beitrag zu etw. leisten.

ap|po|si|ta|men|te avv. **1** eigens, extra, speziell: ***è venuta ~ da Roma per vederti*** sie ist eigens aus Rom gekommen, um dich zu sehen; ***questo prodotto è pensato ~ per le casalinghe*** dieses Produkt ist speziell für Hausfrauen gedacht **2** *(proprio per questo sco-*

po) genau dafür: ***questo apparecchio è stato creato ~ per questo*** dieses Apparat ist genau dafür geschaffen worden.

ap|po|si|ti|vo agg. appositiv, appositionell.

ap|po|si|to agg. (eigens) dazu bestimmt (*o* dafür vorgesehen): ***usare l'~ contenitore*** den dafür vorgesehenen Behälter benutzen; ***reggersi agli -i sostegni*** sich an den dazu bestimmten Stützen (*o* Griffen) fest_halten; ***c'è una procedura -a in questi casi*** in diesen Fällen gibt es ein eigens dafür vorgesehenes Verfahren; ***aprire la cassetta con l'-a chiavetta*** das Schließfach mit dem dazugehörigen Schlüssel öffnen.

ap|po|si|zio|ne f. Apposition *f.*

ap|po|sta **I** agg.inv. extra, eigen: ***avere un quaderno ~ per gli appunti*** ein eigenes Heft für Notizen haben; ***ci vuole un letto ~ per lei*** für sie ist ein eigenes Bett nötig **II** avv. **1** absichtlich: ***l'hai fatto ~!*** das hast du absichtlich getan! **2** *(appositamente)* eigens, extra **3** *(proprio)* genau: ***questo vestito sembra fatto ~ per te*** dieses Kleid ist wie für dich gemacht ◆ COLLOQ. ***manco a farlo ~*** wie es der Zufall so will.

ap|po|sta|men|to m. **1** Überwachung *f.*: ***l'~ della polizia durò tre settimane*** die polizeiliche Überwachung dauerte drei Wochen **2** *(agguato)* Hinterhalt *m.*: ***mettersi in ~*** sich in den Hinterhalt legen; ***preparare un ~*** einen Hinterhalt legen **3** MIL. Stellung *f.* **4** VENAT. Ansitz *m.*, Anstand *m.*

ap|po|sta|re **I** tr. **1** ***~ qcn., la selvaggina*** jdm, dem Wild auf_lauern **2** *(mettere in appostamento)* Stellung beziehen lassen: ***~ gli agenti intorno alla casa*** die Polizisten um das Haus herum Stellung beziehen lassen **3a** MIL. Stellung nehmen lassen: ***~ i cecchini*** die Heckenschützen Stellung nehmen lassen **b** *(armi)* auf_stellen, in Stellung bringen **II** pronom. **appostarsi** **1a** Stellung beziehen: ***la polizia si appostò di fronte alla banca*** die Polizei bezog Stellung vor der Bank **b** VENAT. sich auf die Lauer legen **2** *(mettersi in agguato)* sich in den Hinterhalt legen **3** MIL. in Stellung gehen.

ap|pren|de|re tr. *(appresi, appreso)* **1** (er)lernen: ***~ (delle) nozioni, un mestiere*** Kenntnisse, ein Handwerk erlernen; ***facile, difficile da ~*** leicht, schwer erlernbar **2** *(venire a sapere)* erfahren: ***~ una notizia dal giornale*** eine Nachricht aus der Zeitung erfahren. **ap|pren|di|men|to** m. Lernen *n.*, Erlernung *f.*: ***avere difficoltà di ~*** Lernschwierigkeiten haben. **ap|pren|di|sta** m. e f. *(-i,-e)* Auszubildende *m.* e *f.*, Lehrling *m.*, Lehrjunge *m.* (-mädchen *n.*) ◆ ***~ stregone*** Zauberlehrling *m.* **ap|pren|di|sta|to** m. **1a** Lehre *f.*, Ausbildung *f.*: ***fare ~ in falegnameria*** seine Ausbildung (*o* Lehre) als Tischler machen **b** *(tirocinio)* Praktikum *n.* **2** *(periodo di addestramento)* Lehrzeit *f.*, Anlernzeit *f.* **3** *(categoria degli apprendisti)* Auszubildende *pl.* ◆ ***esame di ~*** Gesellenprüfung *f.*

ap|pren|sio|ne f. Sorge *f.*, Besorgnis *f.*: ***con ~*** voller Sorge; ***destare ~*** Besorgnis erregen; ***mettere qcn. in ~*** jdn in Sorge versetzen; ***essere in ~ per qcn., qcs.*** um jdn, etw. in Sorge sein. **ap|pren|si|vo** agg. ängstlich: ***un carattere ~*** ein ängstlicher Charakter; ***una madre -a*** eine ängstliche Mutter.

ap|pres|so **I** prep. **1a** *(dietro; spesso tradotto con verbi con prefisso nach-)* nach: ***andare ~ a qcn.*** jdm nach_gehen; ***uno ~ all'altro*** eins nach dem anderen **b** *(con sé)* mit sich, bei sich: ***portarsi ~ qcn., qcs.*** jdn mit_bringen, etw. mit sich führen **2** *(vicino)* bei, neben: ***stare sempre ~ a qcn.*** immer in jds Nähe sein, jdm immer hinterher sein **II** avv. *(dopo)* später **III** agg.inv. **1** *(vicino)* nebenan: ***la casa ~*** das Haus nebenan **2** *(seguente)* folgend: ***il giorno ~*** am folgenden Tag.

ap|pre|sta|re **I** tr. **1** bereit_stellen **2** *(porgere)* leisten: ***~ i primi soccorsi*** erste Hilfe leisten **II** pronom. **apprestarsi** sich an_schicken: ***-rsi a uscire*** sich zum Gehen anschicken.

ap|pret|ta|re tr. appretieren. **ap|pret|ta|tri|ce** f. Appretierer *m.*

ap|pret|ta|tu|ra f. Appretur *f.* **ap|pret|to** m. Appretur *f.*, Glanzstärke *f.*: ***~ impermeabilizzante*** wasserabweisende Appretur.

ap|prez|za|bi|le agg. **1** schätzenswert: ***qualità, comportamento ~*** schätzenswerte Qualität, schätzenswertes (*o* lobenswertes) Verhalten **2** *(rilevante)* bemerkenswert, nennenswert: ***un'~ differenza*** ein nennenswerter Unterschied. **ap|prez|za|bil|men|te** avv. nennenswert. **ap|prez|za|men|to** m. **1** Würdigung *f.*, Wertschätzung *f.* **2** *(valutazione)* Beurteilung *f.*, Bemerkung *f.*: ***fare (pesanti) -i su qcn., qcs.*** (abfällige) Bemerkungen über jdn, etw. machen **3** ECON. *(aumento di valore)* Aufwertung *f.*

ap|prez|za|re tr. **1** schätzen, würdigen: ***~ l'arte, la buona tavola, l'opera di qcn.*** die Kunst, gutes Essen, jds Werk schätzen; ***~ i meriti di qcn.*** jds Verdienste würdigen; ***saper ~ qcs.*** etw. zu schätzen wissen; ***~ qcn. per qcs.*** jdn wegen etw. schätzen; ***~ qcs. in, di qcn.*** etw. an jdm schätzen **2** RAR. *(valutare il prezzo)* schätzen: ***fare ~ una casa*** ein Haus schätzen lassen. **ap|prez|za|to** p.pass. agg. **1** → **apprezzare** **2** geschätzt, anerkannt: ***un medico molto ~*** ein sehr geschätzter Arzt.

ap|proc|cio m. *(-ci)* **1** Annäherungsversuch *m.*: ***tentare un ~*** einen Annäherungsversuch machen **2** *(impostazione)* Ansatz *m.*: ***~ interdisciplinare*** interdisziplinärer Ansatz.

ap|pro|da|re intr. (aus. *essere, avere*) **1** landen: ***~ in un porto, su un'isola*** in einem Hafen, auf einer Insel landen **2** FIG. führen, kommen: ***i suoi sforzi non approdarono a nulla*** seine Bemühungen führten zu nichts (*o* zu keinem Ziel).

ap|pro|do m. **1** Landung *f.* **2** *(scalo)* Landungsplatz *m.*, Anlegeplatz *m.*: ***cercare un ~*** einen Landungsplatz suchen; ***un luogo di facile, difficile ~*** ein einfacher, schwieriger Landungsplatz **3** FIG. *(punto d'arrivo)* Endresultat *n.*

ap|pro|fit|ta|re **I** intr. (aus. *avere*) ***~ di qcs.*** etw. aus_nutzen, wahr_nehmen: ***~ di un'occasione favorevole*** eine günstige Gelegenheit wahrnehmen; ***~ dell'assenza, della distrazione di qcn.*** jds Abwesenheit, Unaufmerksamkeit ausnutzen; ***approfittò del viaggio per andare a trovare l'amico*** während der Reise nahm er die Gelegenheit wahr, seinen Freund zu besuchen; ***approfittane, finché sei in tempo!*** nimm die Gelegenheit wahr, solange noch Zeit ist! **II** pronom. **approfittarsi** **1** ***-rsi di qcs.*** etw. aus_nutzen: ***-rsi della fiducia, del buon cuore di qcn.*** jds Vertrauen, Gutmütigkeit ausnutzen **2** *(abusare)* ***-rsi di una donna*** eine Frau missbrauchen.

ap|pro|fon|di|men|to m. Vertiefung *f.*: ***l'~ di un argomento*** die Vertiefung eines Themas.

ap|pro|fon|di|re *(approfondisco, approfondisci)* **I** tr. **1** vertiefen: ***~ lo scavo di 5 cm*** den Graben um 5 cm vertiefen **2** FIG. vertiefen; *(esaminare con attenzione)* eingehend studieren (*o* prüfen): ***~ le proprie conoscenze, un'amicizia*** seine Kenntnisse, eine Freundschaft vertiefen; ***~ un argomento, una questione*** ein Thema vertiefen, eine Frage eingehend studieren **II** pronom. **approfondirsi** sich vertiefen. **ap|pro|fon|di|ta|men|te** avv. gründlich, eingehend. **ap|pro|fon|di|to** p.pass. agg. **1** → **approfondire** **2** gründlich, eingehend: ***uno studio ~*** eine gründliche Untersuchung.

ap|pron|ta|men|to m. **1** Bereitstellung *f.*, Vorbereitung *f.* **2** MIL. Ausrüstung *f.*, Aufstellung *f.*: ***l'~ di un reparto*** die Ausstattung einer Abteilung. **ap|pron|ta|re** tr. bereit_stellen, vor_bereiten.

ap|pro|pin|quar|si intr. pronom. (aus. *essere*) SCHERZ. o ANT sich an_nähern.

ap|pro|pria|men|to m. Aneignen *n.*, Aneignung *f.*

ap|pro|pria|re **I** tr. an_passen: ***~ l'abito alle circostanze*** die Kleidung den Umständen anpassen **II** pronom. ***appropriarsi di qcs.*** sich (D) etw. an_eignen: ***-rsi (indebitamente) di un bene*** sich (D) ein Gut (widerrechtlich) aneignen; ***-rsi di una cosa altrui*** sich (D) eine fremde Sache aneignen. **ap|pro|pria|ta|men|te** avv. passend, geeignet, treffend. **ap|pro|pria|tez|za** f. **1** Geeignetheit *f.* **2** *(di linguaggio)* Treffsicherheit *f.*

ap|pro|pria|to p.pass. agg. **1** → **appropriare** **2a** passend, geeignet, treffend: ***un'osservazione -a*** eine treffende Beobachtung; ***termini -i*** treffende Worte; ***forma -a*** sachgemäße Form **b** ***~ a qcs.*** etw. (D) entsprechend: ***una reazione -a alla situazione*** eine der Situation entsprechende Reaktion. **ap|pro|pria|zio|ne** f. Aneignung *f.*: ***~ indebita*** widerrechtliche Aneignung; *(di denaro)* Unterschlagung *f.*

ap|pros|si|ma|re *(approssimo)* **I** tr. nähern, an_nähern **II** pronom. **approssimarsi** sich nähern, sich an_nähern (anche FIG.): ***-rsi al vero*** sich der Wahrheit annähern. **ap|pros|si|ma|ti|va|men|te** avv. annähernd, ungefähr, grob: ***calcolare qcs. ~*** etw. grob rechnen.

ap|pros|si|ma|ti|vo agg. **1** annähernd, ungefähr, grob: ***fare un calcolo ~*** eine ungefähre Berechnung an_stellen **2** *(superficiale)* oberflächlich, ungenau: ***un giudizio ~*** ein oberflächliches Urteil. **ap|pros|si|ma|to** p.pass. agg. **1** → **approssimare** **2** approximativ, Näherungs-: ***risultato, valore ~*** approximatives Ergebnis, Näherungswert *m.* **ap|pros|si|ma|zio|ne** f. **1** Annäherung *f.*, Näherungswert *m.* **2** MAT. Approximation *f.* ◆ ***con buona, relativa ~*** ziemlich genau, annähernd; ***per ~*** annähernd, ungefähr, grob.

ap|pro|va|bi|le agg. annehmbar.

ap|pro|va|re tr. **1** billigen, an_nehmen, zu_stimmen: ***~ un progetto, una proposta*** ein Projekt, einen Vorschlag billigen; *(essere d'accordo con)* ***non approvo il suo comportamento*** ich billige sein Benehmen nicht **2** *(ratificare)* an_nehmen, verabschieden: ***~ una legge*** ein Gesetz annehmen (*o* verabschieden) **3** *(autorizzare)* genehmigen, bewilligen: ***~ l'apertura di un locale*** die Eröffnung eines Lokals genehmigen; ***~ il bilancio*** den Haushalt billigen (*o* genehmigen).

ap|pro|va|zio|ne f. **1** Billigung *f.*, Zustimmung *f.*: ***trovare piena ~*** volle Billigung finden; ***dare la propria ~*** seine Zustimmung geben (*o* billigen); ***ottenere l'~ di qcn.*** jds Zustimmung haben **2** *(il ratificare)* DIR. Genehmigung *f.*, Verabschiedung *f.*: ***l'~ di una legge*** die Verabschiedung eines Gesetzes **3** Billigung *f.*, Genehmigung *f.*: ***l'~ del bilancio*** die Billigung (*o* Genehmigung) des Haushalts.

ap|prov|vi|gio|na|men|to m. **1** Versorgung *f.*; MIL. Verproviantierung *f.*, Nachschub *m.* **2** *(provviste)* Vorrat *m.* **ap|prov|vi|gio|na|re** tr. **1** versorgen, bevorraten: ***~ una città*** eine Stadt versorgen; ***~ qcn. di qcs.*** jdn mit etw. bevorraten **2** MIL. verproviantieren **II** pronom. **approvvigionarsi** sich versorgen, sich ein‿decken: ***-rsi di qcs.*** sich mit etw. versorgen.

ap|prua|men|to m. MAR. AER. Kopflastigkeit *f.* **ap|prua|to** agg. MAR. AER. kopflastig.

ap|pun|ta|men|to m. **1** Termin *m.*: ***un ~ d'affari*** ein geschäftlicher Termin; ***avere, fissare, spostare, confermare, disdire un ~ dal medico*** einen Termin beim Arzt haben, fest‿setzen (*o* vereinbaren, aus‿machen), verlegen (*o* verschieben), bestätigen, ab‿sagen **2** *(incontro)* Verabredung *f.*; *(amoroso)* Rendezvouz *n.*: ***avere un ~ con qcn.*** mit jdm eine Verabredung haben, mit jdm verabredet sein; ***darsi ~*** sich verabreden; ***non presentarsi a un ~*** eine Verabredung versäumen ◆ ***casa d'-i*** öffentliches Haus *n.*, Bordell *n.*; ***luogo di, dell'~*** Treffpunkt *m.*; FIG. ***mancare all'~*** = die Chance verpassen (*o* verspielen); ***visite su ~*** Sprechstunde nach Vereinbarung.

1.ap|pun|ta|re tr. **1** → **appuntire 2** *(con fermagli)* an‿stecken, stecken, an‿heften: ***~ un nastro con gli spilli*** ein Band mit Nadeln anstecken; ***~ una spilla alla giacca*** eine Brosche an die Jacke stecken.

2.ap|pun|ta|re tr. notieren, auf‿schreiben: ***~ un indirizzo sull'agenda*** eine Adresse im Notizbuch notieren.

1.ap|pun|ta|to p.pass. agg. **1** → **1.appuntare 2** → **appuntito.**

2.ap|pun|ta|to m. MIL. = Obergefreite *m.* (bei den Karabinieri und den Steuerfahndern).

ap|pun|ti|no avv. sorgfältig: ***fare, eseguire qcs. ~*** etw. sorgfältig machen, aus‿führen ◆ ***cuocere ~*** gar kochen.

ap|pun|ti|re tr. *(appuntisco, appuntisci)* spitzen: ***~ una matita*** einen Bleistift spitzen. **ap|pun|ti|to** p.pass. agg. **1** → **appuntire 2** spitz, spitzig: ***becco, naso ~*** spitzer Schnabel, spitze Nase.

1.ap|pun|to m. **1a** Notiz *f.*: ***farsi un ~ (sull'agenda)*** (im Kalender) eine Notiz machen, sich (D) etw. notieren **b** pl. *(di lezioni)* Aufzeichnungen *pl.*, Notizen *pl.*: ***gli -i di storia, della lezione*** die Geschichtsaufzeichnungen, Vorlesungsaufzeichnungen; ***prendere -i*** sich (D) Notizen machen; ***prestare gli -i a qcn.*** jdm seine Aufzeichnungen geben, leihen **2** FIG. *(biasimo)* Vorwurf *m.*: ***fare, muovere un ~ a qcn. per qcs.*** jdm wegen etw. einen Vorwurf machen, gegen jdn wegen etw. einen Vorwurf erheben ◆ ***blocco per -i*** Notizblock *m.*; ***-i di viaggio*** Reisenotizen *pl.*

2.ap|pun|to avv. gerade(so), genauso, eben(daher): ***le cose stanno ~ così*** die Dinge stehen geradeso; ***cercavo ~ te*** genau dich habe ich gesucht ◆ ***per l'~!*** jawohl, genau! ***è una nuova disposizione? – per l'~*** ist das eine neue Vorschrift? – genau.

ap|pu|ra|bi|le agg. erkundbar. **ap|pu|ra|men|to** m. Ermittlung *f.*, Klärung *f.*: ***~ della verità*** Klärung *f.* der Wahrheit, Wahrheitsermittlung *f.* **ap|pu|ra|re** tr. ermitteln, erkunden, überprüfen: ***~ se una notizia è vera*** überprüfen, ob eine Nachricht wahr ist.

a|pri|bi|le agg. zu öffnen: ***la porta non è ~ dall'esterno*** die Tür ist von draußen nicht zu öffnen ◆ AUT. ***tettuccio ~*** Ausstelldach *n.*; *(scorrevole)* Schiebedach *n.* **a|pri|boc|ca** m.inv. Mundsperreisen *n.* **a|pri|bot|ti|glie** m.inv. Flaschenöffner *m.*

a|pri|co agg. *(-chi)* LETT. sonnig.

a|pri|le m. April *m.*: ***in, ad ~*** im April; ***all'inizio, alla fine di (a fine) ~*** Anfang, Ende April; ***il primo, il due (di) ~*** am ersten, am zweiten April ◆ ***pesce d'~!*** April! April! ***pesce d'~*** Aprilscherz *m.*; ***fare un pesce d'~ a qcn.*** jdn in den April schicken; PROV. ***~ dolce dormire*** = im April schläft man gern.

1.a prio|ri I agg.inv. a priori, apriorisch: ***un giudizio ~*** ein Urteil a priori **II** avv. a priori, von vornherein: ***giudicare qcs., qcn. ~*** etw., jdn a priori verurteilen.

2.a prio|ri m. Apriori *n.*

a|prio|ri|smo m. Apriorismus *m.* **a|pri|o|ri|sti|co** agg. *(-ci,-che)* aprioristisch.

a|pri|pi|sta I m. e f.inv. SPORT Vorläufer *m.* (-in *f.*) **II** m.inv. Planierraupe *f.*, Bulldozer *m.*

a|pri|re *(aprii/apersi; aperto)* **I** tr. **1a** öffnen, auf‿machen: ***~ la porta a qcn.*** jdm die Tür aufmachen; ***~ una bottiglia, una lettera, una valigia*** eine Flasche, einen Brief, einen Koffer öffnen **b** *(con una chiave)* auf‿schließen: ***~ una porta*** eine Tür aufschließen **c** *(scartare)* aus‿packen: ***~ un regalo*** ein Geschenk auspacken **d** *(tirare)* auf‿ziehen: ***~ un cassetto, il sipario*** eine Schublade, den Vorhang aufziehen **e** *(sbottonare)* auf‿knöpfen: ***~ il cappotto*** den Mantel aufknöpfen **f** *(libri)* auf‿schlagen: ***~ il libro a pagina dieci*** das Buch auf Seite zehn aufschlagen **g** *(ombrelli)* auf‿spannen **2** *(allargare)* aus‿breiten: ***~ le braccia, le ali*** die Arme, die Flügel ausbreiten **3a** *(avviare)* eröffnen: ***~ uno studio medico, una scuola*** eine Arztpraxis, eine Schule eröffnen; ***~ un conto in banca*** ein Konto bei der Bank eröffnen **b** *(mettere in atto)* ein‿leiten: ***~ un'inchiesta*** eine Untersuchung einleiten **4** *(dare inizio)* beginnen, an‿fangen, eröffnen: ***~ l'anno scolastico, la seduta*** das Schuljahr, die Sitzung beginnen; ***~ la caccia, le danze*** die Jagdzeit, den Tanz (*o* den Reigen) eröffnen **5** *(rubinetti)* auf‿drehen: ***~ il rubinetto del gas, dell'acqua*** den Gashahn, den Wasserhahn aufdrehen **6** COLLOQ. *(accendere)* an‿machen, an‿stellen: ***~ la radio*** das Radio anstellen **II** intr. (aus. *avere*) **1** auf‿machen, öffnen: ***i negozi aprono alle nove*** die Geschäfte öffnen um 9 Uhr **2** *(a carte, a scacchi)* eröffnen **III** pronom. **aprirsi 1** sich öffnen, auf‿gehen: ***la finestra si apre verso l'esterno*** das Fenster geht nach außen auf **2** *(spaccarsi)* sich spalten: ***la terra si aprì*** die Erde spaltete sich **3** FIG. *(confidarsi)* ***-rsi con qcn.*** sich jdm an‿vertrauen **4** *(rischiararsi)* sich auf‿klären, sich auf‿hellen: ***il cielo si aprì*** der Himmel klärte sich auf **5** *(cominciare)* beginnen, eröffnet werden: ***il dramma si apre con un monologo*** das Schauspiel beginnt mit einem Monolog ◆ ***~ bocca*** den Mund auf‿tun, sprechen; ***non ~ bocca*** kein Wort sagen, den Mund nicht auf‿kriegen; ***apriti cielo!*** da bricht die Welt zusammen! ***~ il fuoco su qcn., qcs.*** das Feuer auf jdn, etw. eröffnen; EDIL. ***~ una finestra, una porta in un muro*** ein Fenster, eine Tür in eine Mauer setzen; ***~ gli occhi*** die Augen öffnen, erwachen; FIG. = vorsichtig sein; ***~ gli occhi a qcn.*** jdm die Augen öffnen; ***~ bene le orecchie*** die Ohren auf‿machen, auf‿sperren; ***~ qcs. al pubblico*** etw. der Öffentlichkeit zugänglich machen.

a|pri|sca|to|le m.inv. Dosenöffner *m.*, Büchsenöffner *m.*

a|pri|to|io m. *(-oi)* Reißwolf *m.*

ap|si|de m. → **2.abside.**

ap|te|ro agg. ENTOM. flügellos: ***insetto ~*** flügelloses Insekt.

a|pua|no I agg. apuanisch: ***Alpi Apuane*** Apuanische Alpen **II** m. Apuaner *m.*

A|pu|lia n.pr.f. Apulien *n.* **a|pu|lo I** agg. apulisch **II** m. Apulier *m.*

a|qua|pla|ning [ækwəˈpleɪnɪŋ; *üblich* akuaˈplaning] m.inv. Aquaplaning *n.*

a|qua|rio ASTROL. Wassermann *m.*: ***essere un ~, dell'~*** (ein) Wassermann sein; ***essere nato nel, sotto il segno dell'~*** im Zeichen des Wassermanns geboren sein.

a|qui|la f. **1** Adler *m.*: ***~ reale*** Königsadler *m.*, Steinadler *m.*; ***~ imperiale*** Kaiseradler *m.*; ARALD. Reichsadler *m.*, Hoheitsadler *m.*; ARALD. ***~ bicipite*** Doppeladler *m.*, zweiköpfiger Adler **2** FIG. Genie *n.*: ***non essere un'~*** kein Genie sein ◆ ***strillare come un'~*** wie am Spieß schreien (*o* brüllen). **a|qui|li|no** agg. Adler-: ***naso ~*** Adlernase *f.*

a|qui|le|gia f. Akelei *f.*

1.a|qui|lo|ne m. **1** *(vento)* Nordwind *m.* **2** ESTENS. Norden *m.*

2.a|qui|lo|ne m. Drachen *m.*: ***costruire un ~*** einen Drachen basteln; ***far volare gli -i*** die Drachen steigen lassen; *(deltaplano)* ***volare con l'~*** mit dem Drachen fliegen.

a|qui|lot|to m. junger Adler *m.*

A|qui|sgra|na n.pr.f. Aachen *n.*

1.a|ra f. *(altare)* Altar *m.* ◆ ***~ sacrificale*** Opferstein *m.*

2.a|ra f. *(misura)* Ar *n.* e *m.*: ***50 -e di terreno*** 50 Ar Land.

3.a|ra f. ORNIT. Ara *m.*

a|ra|be|sca f. *(-sche)* Arabeske *f.* **a|ra|be|sca|re** tr. *(arabesco, arabeschi)* **1** mit Arabesken verzieren **2** ESTENS. *(ornare con ghirigori)* voll‿kritzeln. **a|ra|be|sco** m. *(-schi)* **1** Arabeske *f.*, Maureske *f.* **2** ESTENS. *(ghirigoro)* Schnörkel *m.*

A|ra|bia n.pr.f. Arabien *n.*: ***~ Saudita*** Saudi-Arabien *n.* **a|ra|bi|co** agg. *(-ci,-che)* arabisch ◆ ***gomma -a*** Gummiarabikum *n.*

a|ra|bi|le agg. pflügbar, ackerbar.

a|ra|bi|smo m. Arabismus *m.* **a|ra|bi|sta** m. e f. *(-i,-e)* Arabist *m.* (-in *f.*). **a|ra|biz|za|re I** tr. arabisieren **II** pronom. → **arabizzarsi** sich arabisieren.

a|ra|bo I agg. arabisch: ***numeri -i*** arabische Zahlen **II** m. **1** *(abitante)* Araber *m.* **2** *(lingua)* Arabisch(e) *n.* ◆ ***cavallo ~*** Araber *m.*; FIG. ***per me è ~*** das sind mir (*o* für mich) böhmische Dörfer (*o* das ist Chinesisch für mich); ***-a fenice*** MITOL. Phönix *m.*; FIG. ***parlare ~*** Chinesisch sprechen.

a|ra|chi|de f. Erdnuss *f.* ◆ ***burro d'-i*** Erdnussbutter *f.*; ***olio di -i*** Erdnussöl *n.*

a|rac|ni|di m.pl. Arachniden *pl.*, Arachnoiden *pl.*, Spinnentiere *pl.*

a|rac|noi|de f. Arachnoidea *f.*, Spinnengewebshaut *f.* **a|rac|noi|de|o** agg. arachnoid, spinnenähnlich.
A|ra|go|na n.pr.f. Aragonien *n.* **a|ra|go|ne|se I** agg. aragonisch **II** m. e f. Aragonier *m.* (-in *f.*), Aragonese *m.* (Aragonesin *f.*).
a|ra|go|ni|te f. Aragonit *m.*, Sprudelstein *m.*
a|ra|go|sta I f. Languste *f.* **II** agg.inv. ***rosso ~*** langustenfarben.
a|ral|di|ca f. Wappenkunde *f.*, Heraldik *f.* **a|ral|di|co** agg. *(-ci,-che)* Wappen-, heraldisch: ***figura -a*** Wappenfigur *f.*; ***scudo ~*** Wappenschild *m.* e *n.* **a|ral|di|sta** m. e f. *(-i,-e)* Heraldiker *m.* (-in *f.*). **a|ral|do** m. **1** STOR. Herold *m.* **2** ESTENS. Bote *m.*
a|ra|mai|co I agg. *(-ci,-che)* aramäisch **II** m. *(-ci)* Aramäisch(e) *n.* **a|ra|me|o** m. Aramäer *m.*
a|ran|ce|to m. Orangenhain *m.*
a|ran|cia f. *(-ce)* Orange *f.*, Apfelsine *f.*: ***la stagione delle -ce*** die Orangensaison; ***sbucciare, spremere un'~*** eine Orange schälen, aus‿drücken ◆ ***~ amara*** Pomeranze *f.*, Bitterorange *f.*; ***~ sanguigna*** Blutorange *f.*; ***succo d'~*** Orangensaft *m.* **a|ran|cia|ta** f. Orangeade *f.* **a|ran|cia|to** agg. orange, orangenfarbig: ***rosso ~*** orangerot; ***giallo ~*** orangegelb. **a|ran|cie|ra** f. Orangerie *f.* **a|ran|ci|no** m. INTRAD. (Reiskrokette in Orangenform).
a|ran|cio I m. *(-ci)* **1** *(albero)* Orangenbaum *m.*, Apfelsinenbaum *m.* **2** *(colore)* Orange *n.* **II** agg.inv. *(colore)* orange(n)farben ◆ FIG. ***a quando i fiori d'~?*** = wann ist Hochzeit?
a|ran|cio|ne I agg. (dunkel)orange, orangerot **II** m. **1** *(colore)* Dunkelorange *n.*, Orange *n.* **2** COLLOQ. Hare-Krischna-Jünger *m.* o Bhagwan-Jünger *m.*: ***movimento degli -i*** Hare-Krischna-Bewegung *f.*
a|ra|re tr. pflügen, ackern. **a|ra|ti|vo** agg. pflügbar: ***terreno ~*** pflügbarer Boden, Ackerland *n.*, Pflugland *n.* **a|ra|to** p.pass. agg. **1** → **arare 2** gepflügt, geackert ◆ ***campo ~*** Sturzacker *m.*, Acker *m.* **a|ra|to|re I** agg. Pflug-: ***bue ~*** Pflugochse *m.* **II** m. Pflüger *m.* **a|ra|tri|ce** f. Motorpflug *m.*
a|ra|tro m. Pflug *m.*: ***spingere l'~*** den Pflug führen (*o* hinter dem Pflug gehen) ◆ ***~ a bilanciere*** Kippflug *m.*; ***~ a chiodo*** Hakenpflug *m.*; ***~ a vomere*** Scharpflug *m.*; ***~ a doppio vomere*** doppelschariger Pflug. **a|ra|tu|ra** f. **1** Pflügen *n.*, Ackern *n.* **2** *(periodo)* Pflügzeit *f.*
a|rau|ca|ria f. Araukarie *f.*, Zimmertanne *f.*
a|raz|ze|ri|a f. **1** *(arte)* Gobelinwirkerei *f.* **2** *(luogo)* Gobelinmanufaktur *f.* **a|raz|zie|re** m. *(fabbricante)* Gobelinhersteller *m.* **a|raz|zo** m. Arazzo *m.*, Wandteppich *m.*
ar|bi|trag|gio m. *(-gi)* **1** SPORT Schiedsrichteramt *n.*; *(il modo di arbitrare)* Schiedsrichtern *n.*: ***~ imparziale*** unparteiisches Schiedsrichtern **2** DIR. → **arbitrato 3** ECON. Arbitrage *f.*: ***~ sui tassi d'interesse*** Zinsarbitrage *f.* **ar|bi|tra|le** agg. schiedsrichterlich, Schieds-: ***decisione ~*** Schiedsspruch *m.*; ***procedimento ~*** Schiedsverfahren *n.* **ar|bi|tra|re** tr. *(arbitro)* **1** DIR. schiedsrichtern **2** SPORT schiedsrichtern, (als Schiedsrichter) leiten, pfeifen: ***~ una partita*** ein Spiel leiten, pfeifen.
ar|bi|tra|ria|men|te avv. willkürlich, eigenmächtig: ***stabilire qcs. ~*** etw. willkürlich fest‿legen. **ar|bi|tra|rie|tà** f. Eigenmächtigkeit *f.* **ar|bi|tra|rio** agg. *(-ri,-rie)* arbiträr, willkürlich, Willkür-: ***decisione, scelta -a*** willkürliche Entscheidung, Wahl.
ar|bi|tra|to I p.pass. agg. **1** → **arbitrare 2** geleitet **II** m. **1** DIR. *(procedimento)* Schiedsverfahren *n.* **2** *(sentenza)* Schiedsspruch *m.*, Schiedsurteil *n.*
ar|bi|trio m. **1** *(discrezione)* Gutdünken *n.*, Ermessen *n.*: ***agire secondo il proprio ~*** nach eigenem Gutdünken verfahren; ***ad ~ di qcn.*** nach jds Gutdünken **2** *(dispotismo)* Willkür *f.*: ***dipendere dall'~ di qcn.*** von jds Willkür ab‿hängen **3** *(abuso)* eigenmächtige Handlung *f.*: ***commettere un ~*** eigenmächtig handeln ◆ FILOS. ***libero ~*** freier Wille, Willensfreiheit *f.*; ***prendersi l'~ di fare qcs.*** sich die Freiheit nehmen, etw. zu tun.
ar|bi|tro m. **1a** DIR. Schiedsrichter *m.*, Schlichter *m.* **b** SPORT Schiedsrichter *m.*, Kampfrichter *m.* **2** FIG. Herr *m.*, Gebieter *m.*: ***essere ~ di qcs.*** Herr über etw. (A) sein ◆ ***essere ~ delle proprie azioni*** = sein eigener Herr sein; ***fare da ~*** schiedsrichtern, den Schiedsrichter spielen; ***~ di pugilato*** Ringrichter *m.*
ar|bo|re|o agg. Baum-: ***vegetazione -a*** Baumwuchs *m.* **ar|bo|re|scen|te** agg. baumartig, Baum-. **ar|bo|re|scen|za** f. baumartiger Wuchs *m.* **ar|bo|re|to** m. Arboretum *n.*, Baumgarten *m.* **ar|bo|ri|co|lo** agg. **1** auf Bäumen lebend **2** *(che cresce sugli alberi)* auf Bäumen wachsend. **ar|bo|ri|col|tu|ra** f. Baumzucht *f.* **ar|bo|scel|lo** m. (junges) Bäumchen *n.*
ar|bu|sta|ce|o agg. **1** Strauch-, strauchartig **2** *(formato da arbusti)* strauchig. **ar|bu|sti|vo** agg. strauchartig. **ar|bu|sto** m. Strauch *m.*, Busch *m.*; pl. *(insieme, distesa di arbusti)* Strauchwerk *n.*
ar|ca f. *(-che)* **1** *(sepolcro monumentale)* Sarkophag *m.* **2** *(cassapanca)* Truhe *f.* ◆ BIBL. ***l'~ (di Noè)*** die Arche (Noah); ***l'~ dell'Alleanza*** die Bundeslade.
ar|ca|de I agg. arkadisch **II** m. e f. Arkadier *m.* (-in *f.*). **ar|ca|dia** f. Arkadien *n.*; ***membro (dell'Accademia) dell'~*** Arkadier *m.* **ar|ca|di|co** agg. *(-ci,-che)* **1** arkadisch (anche FIG.): ***un paesaggio ~*** eine arkadische Landschaft **2** FIG. *(lezioso, svenevole)* gekünstelt, manieriert: ***un componimento ~*** ein gekünstelter Text.
ar|cai|ca|men|te avv. archaisch, veraltet. **ar|cai|ci|tà** f. Altertümlichkeit *f.*, Archaik *f.*: ***l'~ di un reperto, di una cultura*** die Altertümlichkeit eines Fundes, die Archaik einer Kultur. **ar|cai|ciz|za|re** → **arcaizzare. ar|cai|co** agg. *(-ci,-che)* archaisch: ***periodo ~, età -a*** archaische Zeit, Archaik *f.* **ar|ca|i|smo** m. Archaismus *m.*: ***usare un ~*** einen Archaismus gebrauchen. **ar|ca|i|sta** m. e f. *(-i,-e)* Archaiker *m.* (-in *f.*). **ar|ca|i|sti|co** agg. *(-ci,-che)* archaistisch. **ar|caiz|zan|te** agg. archaisierend.
ar|can|ge|lo m. Erzengel *m.*
ar|ca|no I agg. geheimnisvoll **II** m. Geheimnis *n.*, Arkanum *n.*: ***svelare l'~*** das Geheimnis lüften.
ar|ca|rec|cio m. *(-ci)* Pfette *f.*
ar|ca|ta f. **1** ARCH. Arkade *f.*, Bogen *m.*: ***~ di ponte*** Brückenbogen **2** ANAT. Bogen *m.*: ***~ sopracciliare, zigomatica*** Augenbrauenbogen, Jochbogen **3** MUS. Bogenstrich *m.*, Strich *m.* **ar|ca|tel|la** f. Zwerggalerie *f.* **ar|cheg|gio** m. *(-gi)* Bogenführung *f.*
ar|che|go|nio m. *(-ni)* Archegonium *n.*
ar|che|o|lo|gi|a f. Archäologie *f.*, Altertumskunde *f.* **ar|che|o|lo|gi|co** agg. *(-ci,-che)* archäologisch: ***reperti -ci*** archäologische Fundstücke. **ar|che|o|lo|go** m. *(-gi)* Archäologe *m.*, Altertumsforscher *m.*
ar|che|o|zoi|co I agg. *(-ci,-che)* ***era -a*** Archäozoikum *n.* **II** m. Archäozoikum *n.*
ar|che|ti|pi|co agg. *(-ci,-che)* archetypisch. **ar|che|ti|po** m. Archetyp *m.*, Archetypus *m.*, Urbild *n.*
ar|chet|to m. **1** MUS. Bogen *m.*: ***l'~ del violino*** der Geigenbogen **2** ARCH. → **arcatella 3** FERR. TECN. Bügel *m.*, Gleitbügel *m.*
ar|chi|a|cu|to agg. ARCH. spitzbogig, Spitzbogen-.
ar|chi|bu|gia|ta f. Hakenbüchsenschuss *m.* **ar|chi|bu|gie|re** m. Arkebusier *m.* **ar|chi|bu|gio** m. *(-gi)* Hakenbüchse *f.*, Arkebuse *f.*
ar|chi|di|o|ce|si → **arcidiocesi.**
ar|chi|man|dri|ta m. *(-i)* Archimandrit *m.*
Ar|chi|me|de n.pr.m. Archimedes *m.* ◆ ***di ~*** archimedisch.
ar|chi|pen|do|lo m. Lot *n.*, Senkblei *n.*
ar|chi|tet|ta|re tr. aus‿denken, an‿zetteln, schmieden: ***~ un piano*** einen Plan ausdenken.
ar|chi|tet|to m. **1** Architekt *m.*: ***fare l'~*** Architekt sein; ***studio di ~*** Architektenbüro *n.* **2** *(ideatore di un piano)* Planer *m.* **ar|chi|tet|to|ni|ca|men|te** avv. architektonisch. **ar|chi|tet|to|ni|co** agg. *(-ci,-che)* architektonisch.
ar|chi|tet|tu|ra f. Architektur *f.*, Architektonik *f.*, Baukunst *f.*: ***~ d'interni*** Innenarchitektur: ***studiare ~*** Architektur studieren; ***~ gotica, barocca*** gotische, barocke Architektur; *(struttura architettonica)* ***l'~ di un tempio, di un romanzo*** die Architektur eines Tempels, eines Romans.
ar|chi|tra|va|to agg. mit Architrav versehen. **ar|chi|tra|ve** f. Architrav *m.*, Sturz *m.*
ar|chi|via|re tr. *(archivio, archivi)* **1** archivieren, in ein Archiv auf‿nehmen: ***~ documenti*** Dokumente archivieren **2** BUROCR. *(mettere agli atti)* ab‿legen, zu den Akten legen **3** DIR. ein‿stellen, nieder‿schlagen: ***~ un procedimento*** ein Verfahren einstellen **4** *(lasciare perdere, abbandonare)* auf‿geben, COLLOQ. fallen lassen: ***~ un progetto*** einen Plan aufgeben. **ar|chi|via|zio|ne** f. **1** Archivierung *f.* **2** DIR. *(di un processo)* Einstellung *f.*
ar|chi|vio m. *(-vi)* **1** Archiv *n.*: ***catalogare, tenere un ~*** ein Archiv an‿legen, führen; ***mettere in (un) ~*** archivieren, in ein Archiv auf‿nehmen **2** INFORM. *(file)* Datei *f.* ◆ ***d'~*** archivalisch, Archiv-: ***documenti d'~*** archivalische Urkunden *pl.*; ***foto, ricerca di ~*** Archivbilder *pl.*, Archivforschung *f.*; ***~ fotografico*** Fotoarchiv *n.*; ***~ di stato*** Staatsarchiv *n.*; ***~ storico*** historisches Archiv. **ar|chi|vi|sta** m. e f. *(-i,-e)* Archivar *m.* (-in *f.*). **ar|chi|vi|sti|ca** f. Archivkunde *f.*, Archivistik *f.* **ar|chi|vi|sti|co** agg. *(-ci,-che)* archivalisch.
ar|chi|vol|to m. Archivolte *f.*
ARCI ⇒ *Associazione Ricreativa Culturale Italiana* Italienischer Freizeit- und Kulturverband.
ar|ci|con|fra|ter|ni|ta f. Erzbruderschaft *f.*
ar|ci|con|ten|to agg. SCHERZ. überglücklich, hoch zufrieden.
ar|ci|dia|co|no m. Archidiakon *m.* **ar|ci|dia|vo|lo** m. Erzteufel *m.*, Oberteufel *m.* **ar|ci|dio|ce|si** f.inv. Erzdiözese *f.*
ar|ci|du|ca m. *(-chi)* Erzherzog *m.* **ar|ci|du|ca|le** agg. erzherzog-

lich. **ar|ci|du|ca|to** m. Erzherzogtum *n.* **ar|ci|du|ches|sa** f. Erzherzogin *f.*

ar|cie|re m. Bogenschütze *m.*, Pfeilschütze *m.*

ar|ci|gno agg. mürrisch, finster: ***volto ~*** mürrisches Gesicht.

ar|cio|ne m. **1** Zwiesel *m.* **2** *(la sella intera)* Sattel *m.*: ***montare, salire in ~*** in den Sattel steigen.

ar|ci|pe|la|go m. *(-ghi)* Archipel *m.*

ar|ci|pre|te m. Erzpriester *m.*

ar|ci|stu|fo agg. COLLOQ. ***essere ~ di qcs. etw.*** völlig satt haben.

ar|ci|ve|sco|va|do, ar|ci|ve|sco|va|to m. Erzbistum *n.* **ar|ci|ve|sco|vi|le** agg. erzbischöflich. **ar|ci|ve|sco|vo** m. Erzbischof *m.*

ar|co m. *(-chi)* **1a** *(arma)* Bogen *m.*: ***tendere l'~*** den Bogen spannen; ***tirare con l'~*** mit dem Bogen schießen **b** ARCH. ***~ gotico*** gotischer Bogen **c** *(archetto)* Bogen *m.*: ***(ap)poggiare l'~ sullo strumento*** den Bogen an‿setzen **2** GEOM. ***(di circonferenza)*** Kreisbogen *m.*, Arkus *m.*: ***descrivere un ~*** einen Kreisbogen beschreiben **3** *(chi suona uno strumento ad arco)* Streicher *m.*: ***gli -chi di un'orchestra*** die Streicher eines Orchesters ◆ ***ad ~*** bogenförmig, Bogen-; ***colpo d'~*** Bogenstrich *m.*; ***concerto per -chi*** Streichkonzert *n.*; ***nell'~ di una vita*** im Laufe eines Lebens; ***nell'~ di trent'anni*** im Zeitraum von dreißig Jahren; ***orchestra d'~*** Streichorchester *n.*; ***quartetto d'-chi*** Streichquartett *n.*; ***~ scenico*** Bühnenrahmen *m.*; ***~ a sesto acuto*** Spitzbogen *m.*; ***~ a tutto sesto*** Rundbogen *m.*; ***~ delle sopracciglia*** Augenbrauenbogen *m.*; ***strumento ad ~*** Streichinstrument *n.*; ***~ di tempo*** Zeitspanne *f.*; ***tiro con l'~*** Bogenschießen *n.*; ***~ di trionfo*** Triumphbogen *m.*; ***~ di violino*** Geigenbogen *m.*; EL. ***~ voltaico*** Lichtbogen *m.*; PROV. ***l'~ troppo teso si spezza*** allzu straff gespannt, zerspringt der Bogen; ***avere molte frecce al proprio ~*** viele Pfeile zu verschießen haben.

ar|co|ba|le|no m. Regenbogen *m.*

ar|co|co|se|can|te f. Arkuskosekans *m.* **ar|co|co|tan|gen|te** f. Arkuskotangens *m.*

ar|co|la|io m. *(-ai)* Spinnrad *n.*

ar|con|te m. Archon(t) *m.*

ar|co|se|can|te f. Arkussekans *m.* **ar|co|se|no** m. Arkussinus *m.* **ar|co|tan|gen|te** f. Arkustangens *m.*

ar|co|so|lio m. *(-li)* Arkosolium *n.*

ar|cua|re *(arcuo)* **I** tr. biegen, krümmen **II** pronom. **arcuarsi** sich biegen, sich krümmen. **ar|cu|a|to** p.pass. agg. **1** → **arcuare 2** krumm: ***gambe -e*** krumme Beine **3** geschwungen: ***sopracciglia ben -e*** schön geschwungene Brauen **4** *(ad arco)* bogenförmig, bogig.

Ar|den|ne n.pr.f.pl. Ardennen *pl.*

ar|den|te agg. **1** brennend: ***sole ~*** brennende Sonne; ***-i passioni*** brennende Leidenschaften; ***un ~ desiderio*** ein brennender Wunsch **2** *(incandescente)* glühend: ***carboni -i*** glühende Kohlen **3a** FIG. brennend, glühend: ***amore ~*** glühende Liebe; ***~ di passione*** vor Leidenschaft glühend **b** *(temperamento, carattere)* feurig ◆ ***camera ~*** Aufbahrungshalle *f.*; ***essere, stare sui carboni -i*** (wie) auf (glühenden) Kohlen sitzen. **ar|den|te|men|te** avv. sehnlich, inbrünstig: ***desiderare ~ qcs.*** etw. sehnlich wünschen.

ar|de|re *(arsi; arso)* **I** tr. **1** verbrennen: ***essere arso vivo, sul rogo*** bei lebendigem Leib, auf dem Scheiterhaufen verbrannt werden **2** *(inaridire)* aus‿dörren **II** intr. (aus. *essere*) **1** brennen: ***la fiamma, il bosco arde*** die Flamme, der Wald brennt **2** *(senza fiamma)* glühen **3** FIG. brennen, glühen: ***~ d'ira, d'amore*** vor Zorn glühen, in Liebe (er)glühen; ***~ dal desiderio di fare qcs.*** darauf brennen, etw. zu tun ◆ ***legna da ~*** Brennholz *n.*

ar|de|sia f. Schiefer *m.* ◆ ***(color) ~*** schieferfarbig; ***tetto di ~*** Schieferdach *n.*

ar|di|glio|ne m. Schnallendorn *m.*, Widerhaken *m.*

ar|di|men|to m. **1** Kühnheit *f.*, Wagemut *m.* **2** *(azione)* kühne Tat *f.* **ar|di|men|to|sa|men|te** avv. kühn, wagemutig. **ar|di|men|to|so** agg. kühn, wagemutig.

1.ar|di|re intr. *(ardisco, ardisci;* aus. *avere)* wagen: ***~ affrontare qcs.*** sich an etw. wagen.

2.ar|di|re m. **1** Verwegenheit *f.*, Kühnheit *f.* **2** *(sfrontatezza, impudenza)* Frechheit *f.*, Dreistigkeit *f.*: ***avere l'~ di fare qcs.*** die Frechheit haben, etw. zu tun. **ar|di|tez|za** f. **1** Kühnheit *f.* **2** *(rischiosità)* Wagnis *n.*

1.ar|di|to p.pass. agg. **1** → **1.ardire 2** *(coraggioso)* tapfer, mutig **3** *(rischioso)* gewagt: ***un'impresa -a*** ein gewagtes Unternehmen **4** FIG. *(originale)* kühn, gewagt: ***un pensiero ~*** ein kühner Gedanke.

2.ar|di|to m. STOR. INTRAD. (Soldat der italienischen Angriffstruppen im Ersten Weltkrieg).

ar|do|re m. **1** Hitze *f.*, Glut *f.* **2** FIG. *(passione)* Glut *f.*, Leidenschaftlichkeit *f.*: ***con ~*** mit Leidenschaft **3** *(fervore)* Hitze *f.*, Eifer *m.*: ***nell'~ della discussione*** in der Hitze der Diskussion; ***lavorare con ~*** mit Eifer arbeiten.

ar|duo agg. **1** *(difficile, faticoso)* schwierig, beschwerlich **2** RAR. *(ripido)* steil.

a|re|a f. **1** *(superficie)* Fläche *f.* (anche GEOM.): ***l'~ del quadrato, del cerchio*** die Quadratfläche, die Kreisfläche **2** *(zona)* Gebiet *n.*, Zone *f.* (anche FIG.): ***~ depressa*** unterentwickeltes Gebiet **3** *(terreno)* Land *n.*, Gelände *n.*: ***~ edificabile, fabbricabile*** Bauland *n.*, Baugelände *n.* **4** SPORT *(di gioco)* Raum *m.*: ***~ della porta, di rigore*** Torraum *m.*, Strafraum *m.* ◆ ***~ di alta pressione*** Hochdruckgebiet *n.*; ***~ di bassa pressione, ~ ciclonica*** Tiefdruckgebiet *n.*, Zyklone *f.*; ***~ coltivabile, coltivata*** Anbaufläche *f.*; ***~ culturale*** Kulturraum *m.*; ***~ depressa*** Notstandsgebiet *n.*; ***~ del dollaro*** Dollarraum *m.*; ***~ espositiva*** Ausstellungsgelände *n.*; ***~ industriale*** Industriegebiet *n.*; ***~ d'influenza*** Einflusszone *f.*; ***~ linguistica*** Sprachgebiet *n.*, Sprachraum *m.*; POL. ***~ moderata*** die gemäßigten Kräfte, Gruppierungen; ***~ di servizio*** Raststätte *f.*, Rastplatz *m.*; ***~ sismica*** Erdbebengebiet *n.*; ***~ della sterlina*** Sterlingblock *m.*; ***~ di sviluppo*** Entwicklungsgebiet *n.*

a|re|a|le I agg. Flächen- **II** m. Areal *n.*

a|re|a|re → **aerare.**

a|re|ca f. *(-che)* Arekapalme *f.*

a|re|li|gio|si|tà f. Religionslosigkeit *f.* **a|re|li|gio|so** agg. religionslos, areligiös.

1.a|re|na f. LETT. *(sabbia)* Sand *m.*

2.a|re|na f. **1** Arena *f.*: ***~ per le corride*** Stierkampfarena **2** FIG. Schauplatz *m.*: ***~ politica, culturale*** politischer Schauplatz, Kulturbetrieb *m.* (*o* Kulturleben *n.*) ◆ ***scendere, entrare nell'~*** in den Ring steigen; ***l'Arena di Verona*** die Arena von Verona.

a|re|na|men|to m. **1** Strandung *f.* **2** FIG. Stockung *f.* **a|re|na|ria** f. **1** *(roccia)* Sandstein *m.*: ***~ screziata*** Buntsandstein; ***~ calcarea*** Kalksandstein **2** *(pianta)* Sandkraut *n.* **a|re|na|rio** agg. *(-ri,-rie)* sandig, Sand-, Strand-: ***pietra -a*** Sandstein *m.*; ***ammofila -a*** Sandhafer, Strandhafer *m.*

a|re|nar|si pronom. (aus. *essere*) **1** auf eine Sandbank (*o* auf Strand) geraten (*o* laufen) **2** FIG. *(bloccarsi)* sich fest‿laufen, stecken bleiben, im Sand verlaufen: ***le trattative si sono arenate*** die Verhandlungen haben sich festgelaufen.

a|ren|ga|rio m. *(-ri)* STOR. Gemeindepalast *m.* **a|ren|go** m. *(-ghi)* STOR. **1** Versammlung *f.* **2** *(luogo)* Versammlungsort *m.*

a|re|ni|co|la f. Pierwurm *m.* **a|re|ni|co|lo** agg. Sand-: ***pianta -a*** Sandpflanze *f.* **a|re|ni|le** m. Sandfläche *f.*, Sandstrand *m.* **a|re|no|so** agg. sandig, sandreich, sandartig.

a|re|o- → **aero-.**

a|re|o|la f. Hof *m.*, Ring *m.*: ***~ mammaria*** Warzenhof *m.* **a|re|o|la|re** agg. ringförmig.

a|re|o|me|tro m. Senkwaage *f.*, Spindel *f.*, Aräometer *n.*

a|re|o|pa|gi|ta m. *(-i)* STOR. Areopagit *m.* **a|re|o|pa|gi|ti|co** agg. *(-ci,-che)* areopagisch. **a|re|o|pa|go, a|re|o|pa|go** m. *(-ghi)* Areopag *m.*

ar|ga|no m. **1** Winde *f.*, Seilwinde *f.*, Wellrad *n.*: ***~ a motore, a mano*** Motorwinde, Handwinde; ***issare qcs. con l'~*** etw. auf‿winden, hoch‿winden **2** MAR. Spill *n.*: ***~ dell'ancora*** Ankerspill.

ar|gen|ta|na f. → **argentone. ar|gen|ta|re** tr. versilbern. **ar|gen|ta|to** p.pass. agg. **1** → **argentare 2** *(colore)* Silber-, silbrig, silbern: ***volpe -a*** Silberfuchs *m.*; ***capelli -i*** Silberhaar *n.*; ***carta -a*** Silberpapier *n.* **ar|gen|ta|to|re** m. Versilberer *m.* **ar|gen|ta|tu|ra** f. Versilberung *f.* **ar|gen|te|o** agg. **1** *(d'argento)* Silber- **2** *(colore)* Silber-, silbrig, silbern, silberfarben: ***capelli -i*** Silberhaar *n.*; ***luce -a*** silbernes Licht; ***un bagliore ~*** ein silbriger Schimmer. **ar|gen|te|ri|a** f. Silberzeug *n.*, Silbergeschirr *n.*: ***lucidare l'~*** das Silberzeug putzen.

ar|gen|tie|re m. **1** Silberschmied *m.* **2** *(commerciante)* Silberwarenhändler *m.* **ar|gen|ti|fe|ro** agg. Silber führend, Silber-: ***filone ~*** Silberader *f.*

Ar|gen|ti|na n.pr.f. Argentinien *n.*

1.ar|gen|ti|no I agg. argentinisch **II** m. **1** Argentinier *m.* **2** *(lingua)* Argentinisch(e) *n.*

2.ar|gen|ti|no agg. **1** silberhell, Silber-: ***una voce -a*** eine silberhelle (*o* glockenhelle) Stimme; ***suono ~*** Silberklang *m.* **2** *(argenteo)* silbern, silbrig, Silber-. **ar|gen|ti|te** f. Silberglanz *m.*, Argentit *m.*

ar|gen|to m. Silber *n.*: ***rivestire qcs. d'~*** etw. versilbern; *(Silbergeschirr)* ***lucidare l'~*** das Silber putzen; SPORT *(Silbermedaille)* ***vincere l'~*** Silber gewinnen ◆ ***capelli d'~*** silbergraue Haare; ***carta d'~*** = Seniorenpass *m.*; ***moneta d'~*** Silbermünze *f.*; ***nozze d'~*** Silberhochzeit *f.*, silberne Hochzeit; ***posate d'~*** Silberbesteck *n.*; ***~ vivo*** Quecksilber *n.*; FIG. ***avere l'~ vivo addosso*** Quecksilber im Leib haben. **ar|gen|to|ne** m. Neusilber *n.*

ar|gil|la f. **1** Lehm *m.*: ***cava di ~*** Lehmgrube *f.* **2** *(creta)* Ton *m.*, Töpferton *m.*: ***~ refrattaria*** Feuerton *m.*, feuerfester Ton; ***modellare, lavorare l'~*** Ton formen, kneten; ***modellare qcs. in ~*** etw. töpfern

◆ **~ scistosa** Schieferton *m.* **ar|gil|la|ceo, ar|gil|lo|so** agg. **1** lehmartig, lehmig, Lehm- **2a** tonartig **b** *(che contiene argilla)* tonhaltig: ***terra -a*** tonhaltige Erde.
ar|gi|na|men|to m. Eindämmung *f.*, Abdämmung *f.* **ar|gi|na|re** tr. **1** ein‿dämmen, ab‿dämmen: ***~ un fiume*** einen Fluss eindämmen **2** FIG. ein‿dämmen, auf‿halten: ***~ la criminalità, le spese pubbliche*** die Kriminalität, die öffentlichen Ausgaben eindämmen. **ar|gi|na|tu|ra** f. → **arginamento. ar|gi|ne** m. Damm *m.* (anche FIG.): ***il fiume rompe gli -i*** der Fluss bricht die Dämme; ***rottura degli -i*** Dammbruch *m.*; FIG. ***mettere, porre un ~ a qcs.*** einen Damm gegen etw. errichten.
ar|gi|vo I agg. argivisch **II** m. Argiver *m.*
ar|go|li|co agg. *(-ci,-che)* argolisch.
ar|go|men|ta|re intr. (aus. *avere*) argumentieren: ***~ pro, contro qcn., qcs.*** für, gegen jdn, etw. argumentieren. **ar|go|men|ta|to|re** m. Beweisführer *m.* **ar|go|men|ta|zio|ne** f. Argumentation *f.*, Beweisführung *f.*: ***un'~ efficace, convincente*** eine überzeugende, wirksame Argumentation.
ar|go|men|to m. **1** *(prova)* Argument *n.*, Beweis *m.*, Beweisgrund *m.*: ***un ~ fondato, valido*** ein begründetes, wirksames Argument; ***-i pro, contro qcs.*** Argumente für, gegen etw.; ***addurre, confutare un ~*** ein Argument vor‿bringen, widerlegen; ***(non) disporre di -i validi*** (nicht) über fundierte Argumente verfügen **2** *(tema)* Thema *n.*, Gegenstand *m.*: ***l'~ di una conversazione*** das Thema eines Gesprächs; ***l'~ in discussione*** das Thema der Diskussion; ***discutere, sollevare, trattare un ~*** über ein Thema diskutieren, ein Thema zur Sprache bringen, behandeln; ***toccare un ~ delicato*** ein heikles Thema an‿sprechen; ***addentrarsi in un ~*** sich mit einem Thema vertraut machen; ***attenersi all'~*** beim Thema bleiben; ***entrare in ~*** zum Thema kommen; ***cambiare ~*** das Thema wechseln; ***tornare sull'~*** auf das Thema zurück‿kommen; ***uscire, esulare dall'~*** vom Thema ab‿kommen; ***dichiarare definitivamente chiuso l'~*** ein Thema für endgültig abgeschlossen erklären, ab‿haken **3** *(contenuto)* Inhalt *m.*, Stoff *m.*: ***un film di ~ storico*** ein Film mit historischem Inhalt **4** MAT. Argument *n.* **5** TEOL. Gottesbeweis *m.* ◆ ***entrare nel vivo dell'~*** auf den Kern der Sache kommen; FIG. ***diventare l'~ del giorno*** Thema des Tages (*o* Tagesthema) werden.
ar|go, ar|gon m. Argon *n.*
ar|go|nau|ta m. *(-i)* **1** Argonaut *m.* **2** ZOOL. Papiernautilus *m.*
ar|got m.inv. Argot *m.* e *n.*, (französische) Gaunersprache *f.*
ar|gu|i|re tr. *(arguisco, arguisci)* entnehmen, schließen: ***dal suo comportamento si può ~ che...*** aus seinem Verhalten kann man den Schluss ziehen, dass...; ***da che cosa lo arguisce?*** woraus schließen Sie das?
ar|gu|ta|men|te avv. scharfsinnig, geistvoll. **ar|gu|tez|za** f. Scharfsinnigkeit *f.* **ar|gu|to** agg. scharfsinnig, geistvoll. **ar|gu|zia** f. **1** Scharfsinn *m.* **2** *(battuta arguta)* Witz *m.*
a|ria f. **1a** Luft *f.*: ***~ fresca, umida, viziata, soffocante*** frische, feuchte, verbrauchte, stickige Luft; ***(sol)levarsi in ~*** sich in die Luft erheben; ***prendere ~*** an die frische Luft gehen **b** *(clima)* ***~ di mare, di montagna*** Seeluft *f.*, Gebirgsluft *f.* (*o* Höhenluft *f.*); ***~ di pioggia, di temporale*** Regenluft *f.*, Gewitterluft *f.* **2** *(vento)* Luft *f.*, Wind *m.*: ***non c'è un filo d'~*** es regt sich kein Lüftchen **3a** FIG. *(espressione)* Miene *f.*: ***avere un'~ seria, accigliata*** eine ernste, finstere Miene machen; ***con ~ di rimprovero*** mit vorwurfsvoller Miene **b** *(aspetto)* Aussehen *n.*: ***avere l'~ stanca, triste*** müde, traurig aus‿sehen; ***aver l'~ di un contadino*** wie ein Bauer aus‿sehen; ***non ha l'~ di poterlo fare*** er sieht nicht so aus, als ob er das tun könnte **4** MUS. *(d'opera)* Arie *f.*; *(motivo)* Weise *f.*, Melodie *f.*, Lied *n.*: ***un'~ popolare, orecchiabile*** eine populäre Melodie, eine Melodie, die ins Ohr geht **5** *(peto)* Luft *f.*, Blähung *f.* ◆ ***andare all'~*** ins Wasser fallen, platzen; ***stare all'~ aperta*** in (*o* an) der frischen Luft (*o* im Freien) sein; ***andare a prendere una boccata d'~*** frische Luft schnappen gehen; ***tira una brutta ~*** hier herrscht dicke Luft; FIG. ***buttare per, all'~ qcs.*** etw. platzen lassen, etw. durcheinander‿werfen, etw. über den Haufen werfen; ***cambiamento d'~*** Luftveränderung *f.*; ***cambiare ~*** lüften; FIG. *(cambiare ambiente)* für Tapetenwechsel sorgen; ***essere campato in ~*** aus der Luft gegriffen sein; ***discorsi campati in ~*** leeres Gerede; ***colpo d'~*** Luftzug *m.*; ***~ condizionata*** Klimaanlage *f.*; ***prendere un colpo d'~*** Zugluft ab‿bekommen; ***corrente d'~*** Luftzug *m.*; TECN. ***cuscinetto d'~*** Luftkissen *n.*; ***darsi delle arie*** sich auf‿spielen, sich wichtig tun; ***darsi ~ d'importanza*** sich wichtig machen; ***si dà -e da grand'uomo*** er spielt den großen Mann; ***densità dell'~*** Luftdichte *f.*; ***~ di famiglia*** Familienähnlichkeit *f.*; ***~ fritta*** schöne Worte und nichts dahinter; ***mandare qcn. a gambe all'~*** = jdn fallen lassen; ***50 km in linea d'~*** 50 km Luftlinie; ***mal d'~*** Luftkrankheit *f.*; ***mi manca l'~*** es ist zum Ersticken; FIG. ***mandare all'~ qcs.*** → ***buttare per, all'~***; ***a mezz'~*** auf halber Höhe; FIG. unvollendet; *(parole, discorsi)* in Andeutungen; FIG. ***essere nell'~*** in der Luft liegen; ***stare a pancia all'~*** auf dem Rücken liegen; FIG. *(oziare)* = faulenzen; ***pirata dell'~*** Luftpirat *m.*; ***far prendere ~ a una stanza*** ein Zimmer lüften; ***presa d'~*** Luftklappe *f.*, Lüftungsklappe *f.*; ***pressione dell'~*** Luftdruck *m.*; ***motore con raffreddamento ad ~*** luftgekühlter Motor; ***raffreddamento ad ~*** Luftkühlung *f.*; ***raffreddare ad ~*** mit Luft kühlen; ***saltare in ~*** in die Luft fliegen; ***far saltare in ~ qcs.*** etw. in die Luft sprengen; ***qui spira un'altra ~*** hier weht ein anderer Wind; FIG. ***~ di tempesta*** dicke Luft; ***essere a tenuta d'~*** luftdicht sein; ***che ~ tira oggi?*** wie stehen die Dinge heute? wie ist die Stimmung heute? AUT. ***tirare l'~*** den Choke ziehen; ***farsi ~ con il ventaglio*** sich Luft zu‿fächeln; ***vivere d'~*** von Luft leben; ***vivere d'~ e d'amore*** von Luft und Liebe leben; ***vuoto d'~*** Luftloch *n.*
a|ria-a|ria agg.inv., ***missile ~*** Luft-Luft-Rakete *f.*
a|ria|ne|si|mo m. **1** RELIG. Arianismus *m.* **2** STOR. Ariertum *n.* **a|ria|niz|za|re** tr. arisieren. **a|ria|niz|za|zio|ne** f. Arisierung *f.*
A|rian|na n.pr.f. Ariadne *f.* ◆ ***filo d'~*** Ariadnefaden *m.*
1.a|ria|no RELIG. **I** agg. arianisch **II** m. Arianer *m.*
2.a|ria|no I agg. *(secondo la concezione razzista)* arisch: ***discendenza, razza -a*** arische Abstammung, Rasse **II** m. Arier *m.*
a|ria-ter|ra agg.inv., ***missile ~*** Luft-Boden-Rakete *f.*
a|ri|da|men|te avv. trocken. **a|ri|di|tà** f.inv. **1** Trockenheit *f.*, Dürre *f.*: ***l'~ del terreno*** die Trockenheit des Bodens; *(di clima)* Trockenheit *f.* **2** FIG. Trockenheit *f.*, Gefühllosigkeit *f.*, Kälte *f.*: ***~ di cuore*** Kaltherzigkeit *f.*
a|ri|do agg. **1** trocken, dürr: ***terra -a*** trockener (*o* ausgedörrter) Boden; ***zona -a*** Trockengebiet *n.*; ***clima ~*** trockenes Klima **2a** FIG. *(senza fantasia)* trocken, nüchtern: ***-e cifre*** nüchterne Zahlen; ***un argomento ~*** ein trockenes Thema **b** *(insensibile)* gefühllos, kalt: ***un uomo ~*** ein gefühlloser Mensch; ***una vita -a di affetti*** ein an Liebe armes Leben.
a|rieg|gia|re tr. **1** lüften, belüften **2** FIG. *(imitare)* nach‿ahmen. **a|rieg|gia|men|to** m. Lüftung *f.*, Belüftung *f.*
a|rie|te m. **1** Schafbock *m.*, Widder *m.* **2** ASTR. ASTROL. Widder *m.*: ***è dell'~, è un ~*** er ist Widder, ein Widder **3** MIL. Mauerbrecher *m.*, Widder *m.*
a|riet|ta f. **1** Lüftchen *n.* **2** MUS. Ariette *f.*, Melodie *f.*: ***canticchiare un'~*** eine Melodie trällern.
a|rin|ga f. *(-ghe)* Hering *m.*: ***~ affumicata*** geräucherter Hering, Bückling *m.*; ***filetto d'~*** Heringsfilet *n.*; ***~ fresca, marinata*** grüner, marinierter Hering; ***~ fritta*** Brathering *m.*; ***~ salata, sotto sale*** Salzhering *m.*, Pökelhering *m.*
a|rio I agg. *(arii, arie)* arisch: ***popolazioni, lingue arie*** arische Völker, Sprachen **II** m. *(arii)* Arier *m.*
a|rio|ni|de m. Wegschnecke *f.*
a|rio|sa|men|te avv. luftig. **a|rio|si|tà** f. Luftigkeit *f.* **a|rio|so** agg. luftig, weit: ***uno spazio ~*** ein weiter Raum.
1.a|ri|sta f. Granne *f.*
2.a|ri|sta f. GASTR. INTRAD. (gebratenes Schweinelendenstück).
a|ri|sto|cra|ti|ca|men|te avv. aristokratisch, vornehm. **a|ri|sto|cra|ti|co I** agg. *(-ci,-che)* **1** aristokratisch: ***una famiglia -a*** eine aristokratische Familie **2** aristokratisch, vornehm: ***modi -ci*** vornehmes Benehmen *n.* **II** m. *(-ci)* Aristokrat *m.* **a|ri|sto|cra|zi|a** f. **1** Aristokratie *f.*, Adelsherrschaft *f.* **2** *(ceto)* Adel *m.*, Aristokratie *f.*: ***l'~ spagnola*** der spanische Adel **3** FIG. Elite *f.*: ***~ della moda*** Modeelite *f.*
a|ri|sto|fa|ne|sco agg. *(-schi, sche)* aristophanisch.
A|ri|sto|te|le n.pr.m. Aristoteles *m.* **a|ri|sto|te|li|co I** agg. *(-ci,-che)* aristotelisch **II** m. *(-ci)* Aristoteliker *m.* **a|ri|sto|te|li|smo** m. Aristotelismus *m.*
a|rit|me|ti|ca f. Arithmetik *f.*, Rechnen *n.* **a|rit|me|ti|ca|men|te** avv. arithmetisch, rechnerisch. **a|rit|me|ti|co** agg. *(-ci,-che)* arithmetisch, rechnerisch: ***calcolo ~*** arithmetische Rechnung; ***media, progressione -a*** aritmetisches Mittel, arithmetische Reihe.
a|rit|mi|a f. **1** Arrhythmie *f.* **2** MED. Arrhythmie *f.*, Herzrhythmusstörung *f.* **a|rit|mi|co** agg. *(-ci,-che)* **1** arrhythmisch: ***verso ~*** arrhythmischer Vers **2** MED. flatternd: ***polso ~*** flatternder Puls.
ar|lec|chi|na|ta f. Harlekinade *f.* **ar|lec|chi|ne|sco** agg. *(-schi, -sche)* harlekinisch. **ar|lec|chi|no** m. Harlekin *m.* (anche FIG.).
ar|ma f. *(-i)* **1a** Waffe *f.*: ***~ convenzionale, atomica, chimica*** konventionelle, atomare, chemische Waffe; ***caricare un'~*** eine Waffe laden; ***puntare un'~ contro qcn.*** eine Waffe auf jdn richten; ***prendere (impugnare), consegnare le -i*** zu den Waffen greifen, die Waffen nieder‿legen; ***abbassare, deporre le -i*** die Waffen strecken (anche FIG.) **b** pl. *(servizio militare)* ***chiamare alle -i*** zu den

Waffen rufen; ***essere, andare sotto le -i*** unter (den) Waffen sein (*o* stehen), ein‿berufen werden **c** FIG. ***la calma è la sua ~ migliore*** die Gelassenheit ist seine stärkste Waffe; ***battere qcn. con le sue stesse -i*** jdn mit seinen eigenen Waffen schlagen **2** *(carabinieri)* ***l'~ (benemerita)*** = die Karabinieri *pl.* ◆ ***affilare le -i*** die Messer wetzen; ***all'-i!*** zu den Waffen! ***l'~ azzurra*** = Luftwaffe *f.*; ***con -i e bagagli*** mit Sack und Pack; ***~ bianca*** Hiebwaffe *f.*, Stichwaffe *f.*; ***chiamata alle -i*** Einberufung *f.*; ***compagno d'-i*** Waffengefährte *m.* (*o* Waffenbruder *m.*); ***~ del delitto*** Mordwaffe *f.*, Mordinstrument *n.*; ***detenzione d'-i*** Waffenbesitz *m.*; ***l'~ di fanteria*** Infanterie *f.*; ***fatto d'-i*** Waffentat *f.*; ***~ da fuoco*** Schusswaffe *f.*; DIR. ***~ impropria*** unechte Waffe; ***levarsi in -i*** sich erheben; ***passare per le -i*** exekutieren, erschießen; ***piazza d'-i*** Exerzierplatz *m.* (anche FIG.); ***porto d'-i*** Waffenschein *m.*; ***presentare le -i*** die Gewehre präsentieren; FIG. ***essere alle prime -i*** ein blutiger Anfänger sein; ***~ da taglio*** Hiebwaffe *f.*; ***~ a doppio taglio*** zweischneidiges Schwert (anche FIG.); ***trafficante d'-i*** Waffenhändler *m.*; ***traffico d'-i*** Waffenhandel *m.*

ar|ma|col|lo, *ad* ~ quer über die Brust.

ar|ma|diet|to m. **1** Schränkchen *n.*: ***~ dei medicinali*** Arzneischränkchen **2** *(degli operai in fabbrica)* Spind *m.*

ar|ma|dil|lo m. Gürteltier *n.*

ar|ma|dio m. *(-di)* Schrank *m.*: ***aprire, chiudere (a chiave) un ~*** einen Schrank öffnen, (ab)schließen; ***prendere qcs. dall'~*** etw. aus dem Schrank nehmen; ***appendere qcs. nell'~*** etw. in den Schrank hängen; FIG. ***essere un ~*** ein Schrank sein ◆ ***~ a chiusura avvolgibile*** Rollschrank *m.*; ***~ a muro*** Wandschrank *m.*; ***~ a specchio*** Spiegelschrank *m.*

ar|ma|iol|lo m. **1** Waffenschmied *m.* **2** MIL. Waffenmeister *m.* **ar|ma|men|ta|rio** m. *(-ri)* Rüstzeug *n.* (anche FIG.): ***~ ideologico*** ideologisches Rüstzeug. **ar|ma|men|to** m. **1a** Bewaffnung *f.*: ***accelerare l'~ delle truppe*** die Bewaffnung der Truppen beschleunigen **b** *(insieme di armi)* Bewaffnung *f.*, Rüstung *f.* **2** *(di nave)* Ausrüstung *f.*, Bestückung *f.* ◆ ***corsa agli -i*** Rüstungswettlauf *m.*; ***industria degli -i*** Rüstungsindustrie *f.*; ***ridurre gli -i*** ab‿rüsten.

Ar|man|do n.pr.m. Hermann *m.*

ar|ma|re I tr. **1** bewaffnen, rüsten: ***~ un esercito*** ein Heer bewaffnen **2** MAR. bestücken, aus‿rüsten: ***~ una nave*** ein Schiff bestücken **3** *(caricare)* laden: ***~ un fucile*** ein Gewehr laden **4** EDIL. *(fortificare)* ein‿rüsten **II** pronom. **armarsi** sich bewaffnen, sich wappnen, sich rüsten (anche FIG.): ***-rsi contro il nemico*** sich gegen den Feind rüsten; ***-rsi di bastone*** sich mit einem Stock bewaffnen; ***-rsi di pazienza*** sich mit Geduld wappnen ◆ ***~ la mano di qcn.*** jdm eine Waffe in die Hand geben (anche FIG.); ***~ qcn. cavaliere*** jdn zum Ritter schlagen.

ar|ma|ta f. **1** *(esercito)* Armee *f.*, Heer *n.* **2** *(grande unità militare)* Armee *f.*: ***la sesta ~*** die sechste Armee **3** MAR. Flotte *f.* ◆ ***~ aerea*** Luftstreitmacht *f.*; ***corpo d'~*** Armeekorps *n.*; STOR. ***l'Invincibile Armata*** die Armada; ***l'Armata Rossa*** die Rote Armee.

ar|ma|to I p.pass. agg. **1 → armare 2** bewaffnet: ***un uomo ~ fino ai denti*** ein bis an die Zähne bewaffneter Mann; ***aggressione -a*** bewaffneter Überfall **3** FIG. *(dotato)* gewappnet: ***~ di buoni propositi*** mit guten Vorsätzen gewappnet **II** m. Bewaffnete *m.*: ***un esercito di diecimila -i*** ein Heer von zehntausend Bewaffneten ◆ ***carro ~*** Panzer *m.*; ***cemento ~*** Stahlbeton *m.*, Eisenbeton *m.*; ***forze -e*** Streitkräfte *pl.*, *(nella Repubblica Federale Tedesca)* Bundeswehr *f.*, STOR. Wehrmacht *f.*; ***rapina a mano -a*** bewaffneter Raubüberfall.

ar|ma|to|re I m. **1** Schiffsausrüster *m.*, Reeder *m.* **2** *(carpentiere)* Zimmermann *m.* **II** agg. Ausrüstungs- ◆ ***società -trice*** Reederei *f.* **ar|ma|to|ria|le** agg. Schiffsausrüstungs- ◆ ***società ~*** Reederei *f.* **ar|ma|tu|ra** f. **1** Rüstung *f.*: ***indossare, portare l'~*** die Rüstung an‿legen, tragen **2** EDIL. Verschalung *f.*, Gerüst *n.*, Armierung *f.* **3** TESS. Bindung *f.*

ar|me f. **1** ARALD. Wappen *n.* **2** ANT. **→ arma.**

ar|meg|gia|re intr. *(armeggio, armeggi*; aus. *avere)* **1** herum‿hantieren, herum‿wirtschaften: ***~ intorno ai fornelli*** am Herd herumhantieren **2** *(brigare)* sich ab‿mühen, COLLOQ. laborieren: ***~ per ottenere qcs.*** sich abmühen, um etw. zu erhalten. **ar|meg|gi|o** m. Herumhantieren *n.*, Herumwirtschaften *n.*, Geschäftigsein *n.* **ar|meg|gio|ne** m. Ränkeschmied *m.*

Ar|me|nia n.pr.f. Armenien *n.* **ar|me|no I** agg. armenisch **II** m. **1** *(abitante)* Armenier *m.* **2** *(lingua)* Armenisch *n.*

ar|men|to m. Herde *f.*

ar|me|ri|a f. **1** Waffenarsenal *n.* **2** *(negozio)* Waffengeschäft *n.* **ar|mie|re** m. Waffenmeister *m.*

ar|mi|ge|ro m. Knappe *m.*

ar|mil|la f. = altrömisches Armband *n.*

Ar|mi|nio n.pr.m. Hermann *m.*

ar|mi|sti|zio m. *(-zi)* Waffenstillstand *m.*: ***stipulare, violare un ~*** einen Waffenstillstand ab‿schließen, brechen (*o* verletzen) ◆ ***condizioni d'~*** Waffenstillstandsbedingungen; ***negoziati d'~*** Waffenstillstandsverhandlungen.

ar|mo m. MAR. Mannschaft *f.*

ar|mo|ni|a f. **1** Einklang *m.*, Harmonie *f.*, Wohlklang *m.*: ***l'~ di una voce, di un organo*** der Wohlklang einer Stimme, einer Orgel; FIG. ***~ di colori, di stile*** Harmonie der Farben, des Stiles; ***essere, agire in ~ con qcn., qcs.*** in Einklang mit jdm, etw. stehen, handeln **2** MUS. Harmonielehre *f.*, Harmonik *f.*: ***studiare ~ al conservatorio*** Harmonielehre am Konservatorium studieren ◆ ***~ delle sfere*** Sphärenharmonie *f.*, Sphärenmusik *f.*; ***vivere in buona ~*** in Frieden und Eintracht leben. **ar|mo|ni|ca** f. *(-che)* Harmonika *f.*: ***~ a bocca*** Mundharmonika *f.* **ar|mo|ni|ca|men|te** avv. harmonisch. **ar|mo|ni|ci** m.pl. MUS. Obertöne *pl.* **ar|mo|ni|co** agg. *(-ci,-che)* harmonisch: ***secondo i principi -i*** nach den Prinzipien der Harmonie; ***una struttura -a*** eine harmonische Struktur ◆ ***cassa -a*** Schallboden *m.*, Resonanzkasten *m.* **ar|mo|nio|sa|men|te** avv. harmonisch. **ar|mo|nio|so** agg. harmonisch: ***voce -a*** harmonische Stimme; ***avere un suono ~*** harmonisch klingen. **ar|mo|nium** m.inv. Harmonium *n.*

ar|mo|niz|za|re I tr. harmonisieren (anche FIG.), harmonisch aufeinander ab‿stimmen, in Einklang bringen **II** intr. (aus. *avere*) harmonieren, zusammen‿passen **III** pronom. **armonizzarsi** harmonieren: ***i colori si armonizzano bene*** die Farben harmonieren gut miteinander. **ar|mo|niz|za|zio|ne** f. Harmonisierung *f.*

ar|ne|se m. **1** Werkzeug *n.*, Gerät *n.*: ***-i del mestiere*** Handwerkszeug *n.* (anche FIG.); ***-i da lavoro*** Arbeitszeug *n.*, Werkzeug *n.* **2** COLLOQ. Ding *n.* ◆ FIG. ***essere bene, male in ~*** = in gutem, schlechtem Zustand sein.

ar|nia f. Bienenstock *m.*

ar|ni|ca f. Arnika *f.*, Wohlverleih *m.*

Ar|nol|do n.pr.m. Arnold *m.*

Ar|nol|fo n.pr.m. Arnulf *m.*

A|rol|do n.pr.m. Harald *m.*

a|ro|ma m. **1** Aroma *n.*: ***l'~ del caffè, del tabacco*** das Kaffearoma, das Tabakaroma **2** GASTR. Würze *f.*, Geschmackszusatz *m.*: ***l'~ di un cibo*** die Würze einer Speise. **a|ro|ma|ti|co** *(-ci,-che)* agg. **1a** aromatisch: ***un tè ~*** ein aromatischer Tee **b** CHIM. ***idrocarburi -ci*** aromatische Kohlenwasserstoffe **2** GASTR. würzig, Würz-, Gewürz-: ***sostanza -a*** Würzstoff *m.*; ***pianta -a*** Gewürzpflanze *f.*; ***erba -a*** Gewürzkraut *n.*; ***vino ~*** Würzwein *m.* **a|ro|ma|tiz|zan|te I** agg. würzend, Würz- **II** m. Geschmackszusatz *m.*, Aromastoff *m.* **a|ro|ma|tiz|za|re** tr. würzen, aromatisieren. **a|ro|ma|tiz|za|to** p.pass. agg. **1 → aromatizzare 2** gewürzt, aromatisiert ◆ ***aceto ~*** Kräuteressig *m.*; ***vino ~*** Kräuterwein *m.* **a|ro|ma|tiz|za|zio|ne** f. Würzung *f.*

A|ron|ne n.pr.m. Aron *m.*, Aaron *m.*

ar|pa f. Harfe *f.*: ***suonare l'~*** (auf der) Harfe spielen; ***pizzicare l'~*** die Harfe zupfen; ***~ a corde doppie*** Doppelharfe *f.* **ar|peg|gia|re** intr. *(arpeggio, arpeggi*; aus. *avere)* arpeggieren: ***~ accordi*** Akkorde arpeggieren. **ar|peg|gia|to** p.pass. agg. **1 → arpeggiare 2** arpeggiert ◆ ***suonare ~*** arpeggio spielen. **ar|peg|gio** m. *(-gi)* Arpeggio *n.*

ar|pe|se m. Eisenklammer *f.*

ar|pi|a f. **1** MITOL. Harpyie *f.* **2** *(persona avara)* Geizhals *m.* **3** *(donna intrattabile)* Hexe *f.*

ar|pi|cor|do m. Clavicembalo *n.*, Spinett *n.*

ar|pio|na|re tr. harpunieren. **ar|pio|ne** m. **1** *(cardine)* Angel *f.*, Zapfen *m.*: ***l'~ della porta*** die Türangel **2** *(nottolino)* Sperrklinke *f.* **3** *(fiocina)* Harpune *f.*: ***lanciare l'~*** die Harpune schleudern ◆ ***~ da ghiaccio*** Eishaken *m.* **ar|pio|ni|smo** m. Gesperre *n.*

ar|pi|sta m. e f. *(-i,-e)* Harfenist *m.* (-in *f.*), Harfenspieler *m.* (-in *f.*).

ar|ra|bat|tar|si pronom. sich ab‿mühen, sich ab‿rackern, laborieren: ***~ intorno a qcs.*** an etw. (D) laborieren; ***si arrabatta per trovare una soluzione*** er müht sich ab, eine Lösung zu finden.

ar|rab|bia|re *(arrabbio, arrabbi)* **I** intr. (aus. *essere*) MED. tollwütig werden **II** pronom. **arrabbiarsi** sich ärgern, böse (*o* zornig) werden: ***-rsi con qcn. per qcs.*** sich über jdn wegen etw. (G) ärgern ◆ ***far ~ qcn. con qcs.*** jdn mit etw. ärgern, bei jdm mit etw. Ärger erregen; ***-rsi da morire*** sich tot‿ärgern.

ar|rab|bia|ta → arrabbiatura.

ar|rab|bia|to p.pass. agg. **1 → arrabbiare 2** *(idrofobo)* tollwütig **3** *(incollerito)* böse, zornig, wütend: ***essere ~ con qcn. per qcs.*** auf jdn (*o* mit jdm) wegen etw. (G) böse sein **4** FIG. *(accanito)* verbissen ◆ GASTR. INTRAD. ***all'-a*** (scharf gewürzt). **ar|rab|bia|tu|ra** f. Ärger *m.*, Verdruss *m.*: ***prendersi un'~ per qcn.*** sich über jdn ärgern.

ar|raf|fa|re tr. raffen, zusammen‿raffen, an sich reißen: ***arraffò i soldi e scappò via*** er riss das Geld an sich und lief weg. **ar|raf|fa|to|re** m. **1** Raffke *m.* **2** *(ladro)* Dieb *m.* **ar|raf|fo|ne** m. Raffzahn *m.*

ar|ram|pi|ca|re *(arrampico, arrampichi)* **I** intr. (aus. *avere*) klettern: ***~ in cordata*** angeseilt auf‿steigen (*o* klettern); ***abbiamo arrampicato per due ore*** wir sind zwei Stunden lang geklettert **II** pronom. **arrampicarsi 1** klettern: ***-rsi su una montagna, sul tetto*** auf einen Berg, das Dach klettern; ***-rsi alla fune*** am Tau klettern **2** *(di piante)* sich ranken, sich hoch‿ranken: ***-rsi intorno (o lungo) qcs.*** sich um etw. (A) ranken, sich an etw. (D) hochranken **3** ESTENS. *(di autoveicoli)* hinauf‿fahren: ***l'auto si arrampicava a fatica*** das Auto quälte sich mühsam hinauf ◆ FIG. ***-rsi sugli specchi*** sich in etw. (A) verrennen, sich aufs Glatteis begeben. **ar|ram|pi|ca|ta** f. Kletterei *f.*, Kletterpartie *f.*: ***fare un'~*** klettern. **ar|ram|pi|ca|to|re** m. **1** Kletterer *m.* **2** FIG. Aufsteiger *m.*: ***~ sociale*** Emporkömmling *m.*

ar|ran|ca|re intr. *(arranco, arranchi*; aus. *avere)* **1** humpeln, hinken **2** *(procedere con fatica)* sich schleppen: ***~ verso la vetta*** sich zum Gipfel schleppen.

ar|ran|gia|men|to m. **1** Vereinbarung *f.* **2** MUS. Arrangement *n.*, Bearbeitung *f.*: ***~ musicale*** Musikarrangement *n.*

ar|ran|gia|re I tr. **1** arrangieren **2** COLLOQ. zurecht‿machen: ***~ la cena*** das Abendessen zurechtmachen **3** MUS. arrangieren, bearbeiten: ***~ un brano musicale*** ein Musikstück arrangieren **4** FIG. IRON. *(conciare per le feste)* es jdm geben, zeigen: ***ti arrangio io!*** ich werd's dir geben! **II** pronom. **arrangiarsi 1** *(darsi da fare)* sich arrangieren, zurecht‿kommen: ***deve -rsi!*** er muss sich arrangieren! **2** *(cavarsela)* durch‿kommen: ***con l'inglese ci si arrangia ovunque*** mit Englisch kommt man überall durch **3** *(industriarsi)* sich (D) zu helfen wissen, sich behelfen: ***-rsi con degli occhiali di riserva*** sich mit einer Ersatzbrille behelfen **4** *(mettersi d'accordo)* sich einigen: ***-rsi fra amici*** sich unter Freunden einigen ◆ ***arrangiati!*** sieh zu, wie du zurechtkommst! **ar|ran|gia|to|re** m. Arrangeur *m.*, Bearbeiter *m.*

ar|ra|pa|to agg. VOLG. fickerig.

ar|re|ca|re tr. *(arreco, arrechi)* **1** bringen **2** FIG. *(causare)* bereiten, an‿richten, zu‿fügen: ***~ gioia a qcn.*** jdm Freude bereiten; ***~ danno*** Schaden anrichten; ***~ dispiacere a qcn.*** jdm Kummer zufügen; ***~ disturbo a qcn.*** jdn stören.

ar|re|da|men|to m. **1** Einrichtung *f.*: ***~ della camera*** Zimmereinrichtung *f.*; ***un ~ sobrio, di buon gusto, raffinato*** eine nüchterne, geschmackvolle, auserlesene Einrichtung **2** *(dotazione)* Ausstattung *f.*: ***l'~ dei locali*** die Ausstattung der Räume **3** *(mobilio)* Mobiliar *n.*: ***tutto l'~ era costituito da un letto e una sedia*** das ganze Mobiliar bestand aus einem Bett und einem Stuhl ◆ ***~ d'interni*** Innenausstattung *f.*, Raumgestaltung *f.*

ar|re|da|re tr. ein‿richten, aus‿statten; ***~ un appartamento*** eine Wohnung einrichten; ***~ la propria casa in modo semplice, con mobili in stile*** seine Wohnung einfach, mit Stilmöbeln einrichten ◆ FIG. SCHERZ. ***far parte dell'~*** zum (lebenden) Inventar gehören. **ar|re|da|to|re** m. Raumgestalter *m.* **ar|re|do** m. Einrichtungsgegenstand *m.*; Ausstattung *f.* ◆ ***-i funebri*** Trauerschmuck *m.*; ***-i sacri*** Kirchengerät *n.*, LIT. Messgeschirr *n.*

ar|rem|bag|gio m. *(-gi)* Enterung *f.*, Entern *n.*: ***all'~*** frei zum Entern ◆ ***andare all'~ di una nave*** ein Schiff entern; FIG. ***buttarsi all'~ di qcs.*** sich auf etw. (A) stürzen, werfen. **ar|rem|ba|re** tr. entern.

ar|ren|der|si pronom. **1** sich ergeben, kapitulieren: ***~ a qcn., qcs.*** sich jdm, etw. (D) ergeben; ***~ alla polizia*** sich der Polizei ergeben; ***~ di fronte a una difficoltà*** vor einer Schwierigkeit kapitulieren **2** *(cedere)* nach‿geben, sich fügen: ***~ all'evidenza dei fatti*** sich den Tatsachen fügen (*o* sich angesichts der Tatsachen geschlagen geben).

ar|ren|de|vo|le agg. nachgiebig, fügsam. **ar|ren|de|vo|lez|za** f. Nachgiebigkeit *f.*, Fügsamkeit *f.*, Biegsamkeit *f.*

ar|re|sta|re I tr. **1** *(fermare)* an‿halten, stoppen, zum Stillstand bringen: ***~ un'automobile*** ein Auto anhalten; FIG. ***~ il passo*** den Schritt anhalten; ***~ il motore, la produzione*** den Motor, die Produktion zum Stillstand bringen; FIG. ***~ l'inflazione*** die Inflation stoppen **2** *(far cessare)* auf‿halten, zum Stehen bringen: ***~ l'avanzata del nemico*** den Vormarsch des Feinds aufhalten **3** *(fermare un flusso)* stillen: ***~ il sangue, un'emorragia*** das Blut, eine Blutung stillen, zum Stehen bringen **4** *(catturare)* verhaften, fest‿nehmen, in Haft nehmen: ***~ qcn. per sospetto omicidio*** jdn wegen Mordverdacht(s) verhaften **II** pronom. **arrestarsi 1** stehen bleiben, an‿halten, zum Stillstand kommen: ***il tempo sembrò -rsi*** die Zeit schien stehenzubleiben; ***l'impianto si arrestò*** die Anlage kam zum Stillstand; ***-rsi di fronte al pericolo*** angesichts der Gefahr stocken **2** *(interrompersi)* stocken. **ar|re|sta|to I** p.pass. agg. **1** → **arrestare 2** angehalten, verhaftet **II** m. Verhaftete *m.*

ar|re|sto m. **1** Stillstand *m.*, Stillung *f.*: ***l'~ di un'emorragia*** die Stillung einer Blutung **2** DIR. Verhaftung *f.*, Festnahme *f.*, Haft *f.*: ***ordinare l'~ di qcn.*** jds Verhaftung veranlassen; ***procedere all'~ di qcn.*** jds Verhaftung vor‿nehmen; ***dichiarare qcn. in ~*** jdn für verhaftet erklären; ***essere in ~*** in Haft sein **3** pl. MIL. Arrest *m.*: ***essere agli -i*** in, im Arrest sitzen **4** TECN. Sperre *f.* ◆ FIG. ***subire una battuta d'~*** ins Stocken geraten; ***~ cardiaco*** Herzstillstand *m.*; ***-i domiciliari*** Hausarrest *m.*; ***mettere qcn. agli -i domiciliari*** jdn unter Hausarrest stellen; ***essere agli -i domiciliari*** unter Hausarrest stehen; ***~ per l'espulsione*** Abschiebungshaft *f.*; ***~ per l'estradizione*** Auslieferungshaft *f.*; ***linea d'~*** Haltelinie *f.*; ***mandato d'~*** Haftbefehl *m.*; ***~ preventivo*** Untersuchungshaft *f.*; ***segnale d'~*** Haltesignal *n.*

ar|re|tra|men|to m. **1** Rückzug *m.* **2** Rückgang *m.*: ***~ delle quotazioni*** Kursverluste *pl.*, Kursabschwächung *f.*

ar|re|tra|re I tr zurück‿ziehen: ***~ le truppe*** die Truppen zurückziehen **II** intr. (aus. *essere*) sich zurück‿ziehen, zurück‿weichen (anche FIG.): ***~ di qualche passo*** einige Schritte zurückweichen; ***~ per la paura, di fronte a una difficoltà*** vor Angst, vor einer Schwierigkeit zurückweichen. **ar|re|tra|tez|za** f. Rückständigkeit *f.* ◆ ***un paese in stato di ~*** ein rückständiges Land.

ar|re|tra|to I p.pass. agg. **1** → **arretrare 2a** *(retrivo)* rückständig: ***idee -e*** rückständige Ideen **b** *(sottosviluppato)* ***una regione -a*** ein rückständiges Gebiet **c** *(non saldato)* ***fatture -e*** rückständige (*o* ausstehende) Rechnungen **3** *(di un giornale)* **II** m. **1** *(ritardo)* Rückstand *m.*: ***essere in ~ con i pagamenti, con il lavoro*** mit den Zahlungen, der Arbeit im Rückstand sein, in Rückstand geraten; ***-i d'imposta*** Steuerrückstände *pl.* **2** *(somma non saldata)* ***riscuotere, pagare gli -i*** die Rückstände (*o* Außenstände) ein‿treiben, bezahlen ◆ ***lavoro ~*** Arbeitsrückstand *m.*; ***numero ~ (di un giornale)*** = alte (*o* bereits erschienene) Nummer *f.*

ar|ri inter. hussa, hussasa, hott.

ar|ric|chi|men|to m. **1** Bereicherung *f.* **2** CHIM. Anreicherung *f.* **3** MIN. Vered(e)lung *f.*

ar|ric|chi|re *(arricchisco, arricchisci)* **I** tr. **1** bereichern (anche FIG.): ***~ le casse dello stato*** die Staatskassen füllen; ***~ il proprio sapere*** sein Wissen bereichern; ***~ di nuovi pezzi una collezione*** eine Sammlung um neue Stücke bereichern **2** CHIM. an‿reichern: ***~ alimenti con vitamine*** Lebensmittel mit Vitaminen anreichern **3** MIN. veredeln **II** pronom. **arricchirsi** sich bereichern: ***-rsi a spese altrui*** sich auf Kosten anderer bereichern. **ar|ric|chi|to I** p.pass. agg. **1** → **arricchire 2** ***sangue ~ di ossigeno*** mit Sauerstoff angereichertes Blut **3** SPREG. neureich: ***gente -a*** neureiche Leute **II** m. Neureiche *m.*, Emporkömmling *m.*

ar|ric|cia|ca|pel|li m.inv. Lockenstab *m.*; *(a forma di forbici)* ***ferro ~*** Brennschere *f.*

ar|ric|cia|re I tr. **1** locken: ***~ i capelli a qcn.*** jdm das Haar locken, in Locken legen **2** *(increspare)* kräuseln, verknittern: ***~ un foglio*** ein Blatt verknittern; ***~ le labbra*** die Lippen kräuseln (*o* schürzen); ***~ il naso per qcs., qcn.*** über etw., jdn die Nase rümpfen **II** pronom. **arricciarsi 1** sich locken: ***-rsi i capelli*** sich sein Haar locken **2** sich kräuseln: ***i suoi capelli si arricciano facilmente*** seine Haare kräuseln sich leicht **3** *(baffi)* auf‿zwirbeln, zwirbeln: ***-rsi i baffi*** seinen Schnurrbart zwirbeln **4** SART. an‿krausen: ***-rsi una gonna*** einen Rock ankrausen. **ar|ric|cia|to I** p.pass. agg. **1** → **arricciare 2** gelockt, gekräuselt **II** m. EDIL. Rauhputz *m.*, Berapp *m.* **ar|ric|cia|tu|ra** f. **1** Kräuselung *f.* **2** EDIL. Rauhputz *m.*, Berapp *m.* **ar|ric|cio|la|re** tr. locken, kräuseln.

ar|ri|de|re intr. lachen, zu‿lächeln: ***la fortuna gli arrise*** das Glück lächelte ihm zu.

Ar|ri|go n.pr.m. Heinrich *m.*

ar|rin|ga f. *(-ghe)* **1** DIR. Plädoyer *n.* **2** *(discorso pubblico)* Volksrede *f.*: ***tenere, pronunciare un'~*** ein Plädoyer halten.

ar|rin|ga|re *(arringo, arringhi)* tr. eine Rede halten: ***~ la folla*** eine Rede an das Volk halten.

ar|ri|schia|re *(arrischio, arrischi)* **I** tr. wagen, riskieren: ***~ la vita*** das Leben riskieren; *(azzardare)* ***~ un tentativo, un giudizio*** einen Versuch, ein Urteil wagen; ***~ un'osservazione*** eine Bemerkung riskieren **II** pronom. **arrischiarsi 1** sich wagen: ***-rsi ad andare in strada*** sich auf die Straße wagen **2** *(arrischiarsi a uscire)* sich wagen, heraus‿wagen: ***non -rsi a uscire di casa*** sich nicht aus dem Haus wagen; ***con questo tempo non mi arrischio a uscire*** bei diesem Wetter wage ich mich nicht hinaus.

ar|ri|schia|to p.pass. agg. **1** → **arrischiare 2** wagemutig, riskant: ***un tentativo ~*** ein riskanter Versuch.

ar|ri|va|re intr. (aus. *essere*) **1a** an‿kommen, kommen: ***~ in Italia, a***

Roma, in città in Italien, in Rom, in der Stadt ankommen; ***~ a casa, a scuola*** zu Hause, in der Schule ankommen (*o* nach Hause, in die Schule kommen); ***~ in auto, in aereo*** mit dem Auto, Flugzeug ankommen; ***~ a cavallo, di corsa, in volo*** angeritten, angelaufen kommen, mit dem Flugzeug kommen; ***~ a destinazione*** am Ziel ankommen; ***è arrivata una lettera*** ein Brief ist angekommen; ***la telefonata arrivò alle 10*** der Anruf kam um 10 Uhr; *(finire)* ***la lettera arrivò nelle mani sbagliate*** der Brief kam in die falschen Hände; FIG. ***il pentimento arrivò troppo tardi*** die Reue kam zu spät; ***dove sei arrivato col tuo lavoro?*** wie weit bist du mit deiner Arbeit (gekommen)? ***a che pagina siamo arrivati?*** bis zu welcher Seite sind wir gekommen? SPORT ***~ al traguardo*** ans Ziel kommen; ***~ primo, ultimo*** als Erster, Letzter ankommen **b** *(provenire)* kommen: ***il treno arriva dalla Francia*** der Zug kommt aus Frankreich; COLLOQ. ***da dove arriva questa maglia?*** woher kommt dieser Pullover? **2** *(andare)* gehen; *(con un mezzo)* fahren: ***ci si può ~ a piedi, in autobus*** man kann dorthin zu Fuß gehen, mit dem Bus fahren **3a** *(riferito a tempo)* kommen: ***finalmente arrivò il giorno in cui...*** endlich kam der Tag, an dem... **b** *(cominciare)* ***è arrivata la primavera*** der Frühling ist gekommen **4** FIG. *(raggiungere qcs.)* ***~ a qcs.*** zu etw. kommen, etw. erreichen: ***~ a un'intesa, a una decisione, allo scopo*** zu einer Einigung, Entscheidung kommen, den Zweck erreichen; ***~ al successo*** zum Erfolg gelangen; ***~ al grado di generale*** es bis zum Rang eines Generals bringen **5a** *(prevenire)* ***a qcn. arriva qcs.*** jd bekommt, erhält etw.: ***mi è arrivato un pacco dalla Germania*** ich habe ein Paket aus Deutschland bekommen (*o* erhalten) **b** ***gli è arrivato un ceffone, un calcio*** er hat eine Ohrfeige, einen Fußtritt bekommen **6** *(estendersi)* reichen: ***il bosco arriva fino al fiume*** der Wald reicht bis zum Fluss **7a** *(raggiungere un certo limite)* reichen, gehen, langen: ***~ fino al soffitto*** bis zur (*o* an die) Decke reichen (*o* gehen); ***la tenda arriva fino a terra*** die Gardine reicht bis zum Boden; ***i capelli le arrivano sulle spalle*** die Haare reichen (*o* gehen) ihr bis auf die Schulter; ***(fin) dove arriva lo sguardo*** so weit das Auge reicht **b** ***posso ~ a un milione, di più non posso offrire*** ich kann bis zu einer Million gehen, mehr kann ich aber nicht anbieten **c** *(nel tempo)* ***~ a novant'anni*** die neunzig erreichen **8a** *(riuscire a raggiungere qcs.)* heran‿kommen, heran‿reichen: ***passami il sale, non ci arrivo*** reich mir das Salz, ich komme nicht heran **b** *(in alto)* hinauf‿reichen: ***non ~ fino allo scaffale più alto*** nicht bis zum höchsten Regal hinaufreichen **9** *(capitare)* geschehen, vor‿fallen, kommen: ***possono ~ ancora delle sorprese*** es können immer noch Überraschungen kommen, es kann immer noch Überraschungen geben **10** *(riuscire)* ***~ a fare qcs.*** etw. können, schaffen: ***~ a superare i 200 km all'ora*** es schaffen, 200 km in der Stunde zu überschreiten; ***arrivi a vedere cosa c'è scritto sul cartello?*** kannst du lesen, was auf dem Schild steht? ***~ a capire qcs.*** etw. verstehen können **11** *(eguagliare qcs.)* heran‿kommen: ***nessuno arriva al suo livello*** an ihn kommt keiner heran; ***il suo stipendio non arriva (nemmeno) al milione*** sein Gehalt kommt nicht (einmal) auf eine Million **12** *(giungere fino al punto di)* so weit gehen, ...: ***è arrivato a mentirle*** er ist so weit gegangen, sie zu belügen; ***~ a umiliarsi pur di...*** sich sogar erniedrigen, nur um... **13** COLLOQ. *(capire)* begreifen, heraus‿finden: ***possibile che non ci arrivi?*** ist es möglich, dass du das nicht begreifst? ***devi arrivarci da solo*** das musst du selbst herausfinden (*o* da musst du selbst drauf‿kommen) **14** *(raggiungere il successo)* hoch‿kommen, weiter‿kommen, arrivieren: ***farebbe tutto pur di ~*** er würde alles tun, um weiterzukommen **15** COLLOQ. *(avere soldi sufficienti)* ***non ci arrivo, puoi prestarmi qualcosa?*** ich habe nicht genug (*o* es reicht nicht), kannst du mir etwas leihen? **16a** *(avvicinare, contattare qcn.)* ***~ a qcn.*** an jdn heran‿kommen **b** *(risalire)* ***la polizia non riuscì mai ad ~ ai mandanti*** der Polizei gelang es nie, die Hintermänner zu entlarven ◆ ***~ in alto*** hoch‿kommen, empor‿kommen; ***non ~ a domani*** den morgigen Tag nicht mehr erleben; ***dove vuoi ~?*** worauf willst du hinaus? ***~ al dunque*** auf den Punkt kommen; ***gli è arrivata un'eredità*** er hat eine Erbschaft gemacht; ***~ a proposito*** wie gerufen kommen ***~ al punto*** auf den Punkt kommen; ***~ al punto di, che*** so weit kommen, dass...; ***a che punto siamo arrivati!*** so weit ist es mit uns gekommen! ***~ a tempo*** zurecht‿kommen, rechtzeitig kommen; PROV. ***chi tardi arriva, male alloggia*** wer nicht kommt zur rechten Zeit, der muss nehmen, was übrig bleibt.

ar|ri|va|to **I** p.pass. agg. **1** → **arrivare** **2** *(affermato)* arriviert, gemacht **II** m. **1** Angekommene *m.*: ***i nuovi -i*** die neu Angekommenen, Neuankömmlinge **2** *(chi ha avuto rapido successo)* Arrivierte *m.*, Emporkömmling *m.* ◆ ***ben ~!*** willkommen! ***fidarsi del primo ~*** dem ersten Besten vertrauen; ***trattare qcn. come fosse l'ultimo ~*** = jdn wie einen Anfänger behandeln.

ar|ri|ve|der|ci **I** inter. auf Wiedersehen: ***~ a presto, a domani*** auf Wiedersehen, bis bald, bis morgen **II** m.inv. Aufwiedersehen *n.* **ar|ri|ve|der|la** inter. auf Wiedersehen.

ar|ri|vi|smo m. Streberei *f.*, Strebertum *n.*; *(sul lavoro)* Karrieremacherei *f.* **ar|ri|vi|sta** m. e f. *(-i,-e)* Streber *m.* (-in *f.*); *(sul lavoro)* Karrieremacher *m.* (-in *f.*).

ar|ri|vo m. **1a** Ankunft *f.*: ***l'~ in albergo, in città, a casa*** die Ankunft im Hotel, in der Stadt, zu Hause; ***l'~ della nave, del treno*** die Ankunft des Schiffes, des Zuges; ***l'~ di un ospite*** die Ankunft eines Gastes; ***al suo ~ non trovò nessuno*** er fand bei seiner Ankunft niemanden vor; ***il treno per Milano è in ~ sul binario 1*** der Zug nach Mailand fährt auf Gleis 1 ein **b** FIG. *(inizio)* ***aspettare l'~ dell'estate*** auf den Beginn des Sommers warten **2a** SPORT ***l'~ dei corridori*** die Ankunft der Läufer **b** *(traguardo)* Ziel *n.* **3** *(ricevimento)* Erhalt *m.*, Empfang *m.*, Eingang *m.*: ***l'~ di un pacchetto, della merce*** der Eingang eines Pakets, der Ware; ***confermare l'~ di qcs.*** den Empfang von etw. bestätigen; ***l'~ di una notizia, di una telefonata*** der Empfang einer Nachricht, eines Anrufs **4** pl. *(merce)* Eingänge *pl.*: ***gli ultimi -i*** die letzten Eingänge ◆ SPORT ***dirittura di ~*** Zielgerade *f.*; ***giorno d'~*** Ankunftstag *m.*; ***posta, merce in ~*** eingehende Post, Ware; ***treni in ~*** einlaufende Züge; ***lingua di ~*** Zielsprache *f.*; ***ora d'~*** Ankunftszeit *f.*; ***punto d'~*** Zielpunkt *m.*

ar|roc|ca|men|to m. → **arrocco** ◆ ***linea di ~*** Verbindungslinie *f.* (parallel zur Front). **ar|roc|ca|re** *(arrocco, arrocchi)* **I** tr. **1** GIOC. rochieren **2** MIL. parallel zur Front bewegen, verschieben **II** pronom. **arroccarsi** MIL. sich verschanzen (anche FIG.). **ar|roc|ca|to** p.pass. agg. **1** → **arroccare** **2** ***un paese ~ sulla montagna*** ein am Berg klebendes Dorf. **ar|roc|co** m. *(-chi)* GIOC. Rochade *f.*

ar|ro|chi|re intr. *(arrochisco, arrochisci*; aus. *essere)* heiser werden. **ar|ro|chi|to** p.pass. agg. **1** → **arrochire** **2** heiser.

ar|ro|gan|te **I** m. e f. arroganter Mensch *m.*: ***è proprio un ~, un'~!*** er, sie ist wirklich arrogant! **II** agg. arrogant, anmaßend, überheblich. **ar|ro|gan|te|men|te** avv. arrogant, anmaßend, überheblich. **ar|ro|gan|za** f. Arroganz *f.*, Anmaßung *f.*, Überheblichkeit *f.*

ar|ro|gar|si pronom. *(mi arrogo, ti arroghi)* ***~ qcs.*** sich (D) etw. an‿maßen, heraus‿nehmen: ***~ un diritto*** sich ein Recht anmaßen, an‿eignen; ***~ il diritto di fare qcs.*** sich (D) das Recht anmaßen, etw. zu tun; ***~ un merito*** ein Verdienst für sich beanspruchen.

ar|ron|za|re tr. REGION. sudeln, zusammen‿schustern.

ar|ros|sa|men|to m. Rötung *f.*: ***~ degli occhi, delle tonsille*** Rötung der Augen, der Mandeln.

ar|ros|sa|re **I** tr. röten: ***~ la pelle*** die Haut röten; ***il tramonto arrossa il cielo*** die untergehende Sonne rötet den Himmel **II** pronom. **arrossarsi** sich röten, rot werden **III** intr. (aus. *essere*) RAR. sich röten, rot werden. **ar|ros|sa|to** p.pass. agg. **1** → **arrossare** **2** gerötet, rot: ***pelle, gola -a*** gerötete Haut, geröteter Hals; ***occhi -i dal pianto*** vom Weinen gerötete Augen.

ar|ros|si|re intr. *(arrossisco, arrossisci*; aus. *essere)* erröten, rot werden: ***~ per qcs., di vergogna*** über etw. (A), vor Scham erröten; ***fare ~ qcn.*** jdn zum Erröten bringen.

ar|ro|sti|men|to m. MIN. Röste *f.*, Röstung *f.* **ar|ro|sti|re** *(arrostisco, arrostisci)* **I** tr. **1a** braten: ***~ qcs. allo spiedo*** etw. am Spieß braten **b** *(castagne, pane)* rösten **2** MIN. rösten **II** intr. (aus. *essere*) braten; *(di castagne)* rösten ◆ FIG. ***~ al sole*** sich in der Sonne rösten, in der Sonne braten.

ar|ro|sto **I** m. Braten *m.*: ***~ di maiale, di manzo*** Schweine-, Rinderbraten *m.* **II** agg.inv. gebraten, Brat-: ***pollo ~*** Brathähnchen *n.*; *(di rosticceria)* Grillhähnchen *n.*; ***patate ~*** Bratkartoffeln; ***castagne ~*** geröstete Kastanien ◆ ***cuocere, fare ~*** braten; *(castagne)* rösten; PROV. ***tanto fumo, poco ~*** viel Stroh, wenig Korn.

ar|ro|ta|re tr. **1a** schleifen, schärfen: ***~ un coltello*** ein Messer schleifen **b** *(unghie, becco)* wetzen **2** *(levigare)* schleifen, polieren, glätten **3** COLLOQ. *(investire)* überfahren: ***per poco non mi arrotava*** viel hat nicht gefehlt und er hätte mich überfahren **4** STOR. *(mettere alla ruota)* rädern ◆ ***~ i denti nel sonno*** im Schlaf mit den Zähnen knirschen; FIG. ***~ la lingua*** mit spitzer Zunge reden; LING. ***~ la r*** das R rollen. **ar|ro|ta|tri|ce** f. Schleifmaschine *f.* **ar|ro|ta|tu|ra** f. **1** Schleifen *n.*, Schärfen *n.* **2** *(levigatura)* Schleifen *n.* **ar|ro|ti|no** m. Schleifer *m.*, Scherenschleifer *m.*

ar|ro|to|la|men|to m. Rollen *n.*, Zusammenrollen *n.*, Einrollen *n.* **ar|ro|to|la|re** *(arrotolo)* **I** tr. **1** rollen, ein‿rollen, zusammen‿rollen: ***~ un foglio, un tappeto*** ein Blatt, einen Teppich einrollen **2** *(rollare)* drehen, rollen: ***~ una sigaretta*** eine Zigarette drehen **II** pronom. **arrotolarsi** sich rollen.

ar|ro|ton|da|men|to m. Abrundung *f.* **ar|ro|ton|da|re** tr. **1** ab‿runden: ***~ uno spigolo*** eine Kante abrunden **2** *(approssimare)* ab‿runden, runden: ***~ un numero per eccesso, per difetto*** eine Zahl nach oben abrunden (*o* eine Zahl auf‿runden), eine Zahl nach

unten abrunden; ~ ***alle mille lire*** auf tausend Lire runden; ***arrotondando fa 50 000 lire*** rund gerechnet macht es 50 000 Lire ◆ FIG. ~ ***lo stipendio*** das Gehalt auf‿bessern.
ar|ro|vel|la|men|to m. **1** Ärger *m.* **2** *(l'affannarsi)* Sichabmühen *n.* **ar|ro|vel|lar|si** pronom. **1** *(arrabbiarsi)* sich ärgern **2** *(affannarsi)* sich ab‿mühen, sich ab‿plagen ◆ ~ ***il cervello*** sich (D) das Gehirn zermartern.
ar|ro|ven|ta|re I tr. **1** zum Glühen bringen, glühend machen: ~ ***un ferro sul fuoco*** ein Eisen im Feuer zum Glühen bringen **2** FIG. erhitzen **II** pronom. **arroventarsi 1** glühend werden **2** FIG. sich erhitzen, hitzig werden: ***la discussione si arroventò*** die Diskussion wurde hitzig. **ar|ro|ven|ta|to** p.pass. agg. **1** → **arroventare 2** glühend: ***un ferro*** ~ ein glühendes Eisen.
ar|ro|ve|scia|re tr. **1** um‿drehen: ~ ***una maglia, una scatola*** einen Pullover, eine Schachtel umdrehen **2** *(rimboccare)* hoch‿krempeln, auf‿krempeln **3** *(lasciar cadere indietro)* zurückfallen lassen: ~ ***il capo*** den Kopf zurückfallen lassen.
ar|ruf|fa|men|to m. Verwirren *n.*, Zerzausen *n.*, Zausen *n.*; *(del pelo)* Sträuben *n.*
ar|ruf|fa|po|po|li, ar|ruf|fa|po|po|lo m. e f.inv. Volksaufwiegler *m.* (-in *f.*).
ar|ruf|fa|re I tr. **1** sträuben: ~ ***il pelo*** das Fell sträuben; ~ ***le piume*** die Federn sträuben (*o* auf‿plustern) **2** *(scompigliare)* verwirren, (zer)zausen **3** FIG. *(confondere)* verwirren, durcheinander‿bringen **II** pronom. **arruffarsi 1** sich sträuben: ***al gatto si arruffò il pelo*** dem Kater sträubte sich das Fell **2** FIG. *(confondersi)* sich verwirren, sich verkomplizieren ◆ ~ ***la matassa*** das Garn verwirren, FIG. = für Wirrwarr sorgen. **ar|ruf|fa|to** p.pass. agg. **1** → **arruffare 2a** zerzaust, Strubbel-, strubbelig: ***testa -a*** Strubbelkopf *m.*; ***capelli -i*** zerzauste (*o* wirre) Haare **b** *(di pelo, piume)* struppig **3** FIG. *(confuso)* verworren.
ar|ruf|fia|na|men|to m. Schmeichelei *f.*, Herumscharwenzelei *f.* **ar|ruf|fia|nar|si** pronom. ~ ***qcn.*** jdm schmeicheln, sich bei jdm ein‿schmeicheln, um jdn herum‿scharwenzeln.
ar|ruf|fo|ne m. **1** Wirrkopf *m.* **2** *(imbroglione)* Schwindler *m.* **3** *(maneggione)* Schieber *m.*
ar|rug|gi|ni|men|to m. Rosten *n.* **ar|rug|gi|ni|re** *(arrugginisco, arrugginisci)* **I** tr. rostig machen, rosten lassen **II** intr. (aus. *essere*) e pronom. **arrugginirsi 1** rosten, verrosten, rostig werden **2** FIG. *(perdere l'esercizio)* rosten, ein‿rosten. **ar|rug|gi|ni|to** p.pass. agg. **1** → **arrugginire 2** eingerostet, rostig (anche FIG.): ***sono un po'*** ~ ich bin etwas eingerostet.
ar|ruo|la|men|to m. **1** MIL. Anwerbung *f.*, Einziehung *f.*, Einberufung *f.*: ~ ***dei volontari*** Anwerbung von Freiwilligen **2** *(l'arruolarsi)* Meldung *f.*: ~ ***volontario*** (freiwillige) Meldung zum Militär.
ar|ruo|la|re I tr. **1** an‿werben, werben, ein‿ziehen, ein‿berufen: ~ ***soldati, volontari*** Soldaten, Freiwillige anwerben; ***è stato arruolato in fanteria*** er wurde zur Infanterie eingezogen **2** MAR. an‿mustern, an‿heuern **II** pronom. **arruolarsi** sich melden: ***-rsi nell'esercito, in marina*** sich bei der Armee, der Marine melden; ***-rsi volontario*** sich freiwillig melden.
ar|se|na|le m. **1** MIL. Schiffswerft *f.* **2a** *(deposito di armi)* Arsenal *n.*, Waffenlager *n.*; *(in passato)* Zeughaus *n.* **b** *(quantità di armi)* Waffenarsenal *n.*: ***la polizia gli ha trovato un ~ in casa*** die Polizei hat bei ihm zu Hause ein Waffenarsenal gefunden **3** *(fabbrica d'armi)* Waffenfabrik *f.*
ar|se|ni|ca|to agg. arsenhaltig, Arsen-. **ar|se|ni|co I** m. Arsen *n.* **II** agg. *(-ci)* Arsen-, arsenhaltig: ***acido*** ~ Arsensäure *f.* **ar|se|nio|so** agg. arsenig.
1.ar|si f. METR. MUS. Arsis *f.*
2.ar|si → **ardere.**
ar|so p.pass. agg. **1** → **ardere 2a** verbrannt, versengt **b** *(inaridito)* ausgedorrt, verdorrt, vertrocknet: ***campi -i per la siccità*** durch die Trockenheit ausgedorrte Felder **3** *(seccato)* ausgetrocknet: ***pelle -a dal sole*** von der Sonne ausgetrocknete Haut **4** FIG. *(secco)* trocken: ***avere la gola -a*** eine trockene Kehle haben.
ar|su|ra f. **1** Hitze *f.*, Glut *f.* **2** *(aridità)* Dürre *f.*, Trockenheit *f.* **3** *(sete)* brennender Durst *m.*, COLLOQ. Brand *m.*: ***sentire una tremenda*** ~ einen schrecklichen Durst haben.
art. ⇒ *articolo* Artikel (Art.).
ar|ta|ta|men|te avv. arglistig. **ar|ta|to** agg. gezwungen, forciert: ***un'interpretazione -a*** eine forcierte Interpretation.
ar|te f. *(-i)* **1a** Kunst *f.*: ~ ***antica, moderna*** antike (*o* alte), moderne Kunst; ***l'~ barocca*** die Kunst des Barocks (*o* die Barockkunst); ***-i figurative*** bildende Künste; ***occuparsi d'~*** sich mit Kunst befassen (*o* beschäftigen); ***promuovere le -i*** die Künste fördern **b** *(capacità, abilità)* ***mostrare le proprie -i*** seine Künste zeigen; ***le -i della seduzione*** die Verführungskünste **2** ANT. *(mestiere)* Handwerk *n.*: ***esercitare un'~*** ein Handwerk aus‿üben **3** STOR. *(corporazione)* Zunft *f.* ◆ ***ad*** ~ absichtlich; ***amante dell'~*** Kunstliebhaber *m.*; ~ ***applicata*** angewandte Kunst; ***le belle -i*** die schönen Künste; ***critica d'~*** Kunstkritik *f.*; ~ ***culinaria*** Kochkunst *f.*; ~ ***drammatica*** Schauspielkunst *f.*, Bühnenkunst *f.*; ***essere figlio d'~*** Künstlerblut haben, ein Musensohn sein; MUS. ***l'~ della fuga*** die Kunst der Fuge; ***galleria d'~*** Kunstgalerie *f.*, Galerie *f.*; ~ ***di governo*** Staatskunst *f.*; ***le sette -i liberali*** die sieben freien Künste; ***-i marziali*** Kampfsportarten; ~ ***medica*** ärztliche Kunst; ***-i e mestieri*** = Zünfte; ~ ***militare*** Kriegskunst *f.*; ***nome d'~*** Künstlername *m.*; ***opera d'~*** Kunstwerk *n.*; ***non avere né ~ né parte*** weder Wissen noch Geld haben; ~ ***della pittura*** Malerei *f.*; ***a regola d'~*** kunstgerecht, nach allen Regeln der Kunst; ***l'~ dello scrivere*** die Kunst des Schreibens; ***stato dell'~*** gegenwärtiger Stand der Technik; ***storia dell'~*** Kunstgeschichte *f.*; PROV. ***impara l'~ e mettila da parte*** gelernt ist gelernt (*o* Handwerk hat goldenen Boden).
ar|te|fat|to agg. gekünstelt, gefälscht.
ar|te|fi|ce m. e f. Urheber *m.* (-in *f.*); *(creatore)* Schöpfer *m.* (-in *f.*): ***l'~ di un delitto*** der Urheber eines Verbrechens ◆ ***essere ~ della propria fortuna*** seines eigenen Glückes Schmied sein.
Ar|te|mi|de n.pr.f. Artemis *f.*
ar|te|mi|sia f. Beifuß *m.*
ar|te|ria f. **1** Arterie *f.*, Schlagader *f.* **2** FIG. Verkehrsader *f.* **ar|te|rio|gra|fi|a** f. Arteriographie *f.* **ar|te|rio|pa|ti|a** f. Arterienerkrankung *f.* **ar|te|rio|scle|ro|si, ar|te|rio|scle|ro|si** f. Arteriosklerose *f.* **ar|te|rio|scle|ro|ti|co I** *(-ci,-che)* agg. arteriosklerotisch **II** m. *(-ci)* **1** Arteriosklerotiker *m.* **2** FIG. COLLOQ. *(rimbambito)* Trottel *m.*
ar|te|rio|so agg. Arterien-, arteriell: ***sangue*** ~ arterielles Blut.
ar|te|sia|no agg. artesisch: ***pozzo*** ~ artesischer Brunnen.
ar|ti|co agg. *(-ci,-che)* arktisch: ***temperature -che*** arktische Temperaturen ◆ ***circolo polare*** ~ nördlicher Polarkreis; ***mar glaciale*** ~ Nordpolarmeer *n.*; ***polo*** ~ Nordpol *m.*
1.ar|ti|co|la|re *(articolo)* **I** tr. **1** bewegen: ~ ***un braccio*** einen Arm bewegen **2** FON. artikulieren **3** *(suddividere)* gliedern: ~ ***un libro in sei capitoli*** ein Buch in sechs Kapitel gliedern **II** pronom. **articolarsi 1** sich bewegen **2** *(dividersi)* sich gliedern: ***il tema si articola in due parti*** der Aufsatz gliedert sich in zwei Teile.
2.ar|ti|co|la|re agg. Gelenk-, Glieder-: ***dolore*** ~ Gliederreißen *n.*, Gliederschmerz *m.*; ***capsula*** ~ Gelenkkapsel *f.*
ar|ti|co|la|ti m.pl. Gliedertiere *pl.*
1.ar|ti|co|la|to p.pass. agg. **1** → **1.articolare 2** TECN. gelenkartig, Gelenk-: ***giunto*** ~ Gelenkkupplung *f.*; ***braccio*** ~ Gelenkarm *m.* **3** FIG. *(ben sviluppato)* gegliedert: ***un tema ben*** ~ ein gut gegliederter Aufsatz ◆ ***sciopero*** ~ Teilstreik *m.*, Schwerpunktstreik *m.*
2.ar|ti|co|la|to agg. GRAMM. mit dem Artikel verschmolzen.
ar|ti|co|la|to|rio agg. *(-ri,-rie)* FON. artikulatorisch. **ar|ti|co|la|zio|ne** f. **1** Gliederung *f.* **2** FON. Artikulation *f.* **3** ANAT. BOT. MECC. Gelenk *n.*
ar|ti|co|li|sta m. e f. *(-i,-e)* Artikelschreiber *m.* (-in *f.*), Journalist *m.* (-in *f.*).
ar|ti|co|lo m. Artikel *m.*: ***gli -i di una legge, di un contratto*** die Artikel eines Gesetzes, eines Vertrags; *(Ware)* ***-i costosi*** teure Artikel; GRAMM. ~ ***determinativo, indeterminativo*** bestimmter, unbestimmter Artikel; GIORN. ***un ~ sul giornale*** ein Artikel in der Zeitung; ***scrivere, stendere un*** ~ einen Artikel schreiben, verfassen ◆ ***-i di cancelleria*** Schreibwaren *pl.*, Bürobedarf *m.*; TEOL. ~ ***di fede*** Glaubensartikel *m.*; ~ ***di fondo*** Leitartikel *m.*; ***-i di prima necessità*** Bedarfsartikel; ***-i sportivi*** Sportartikel *pl.*; ***visto l'~*** nach Einsicht des Artikels.
Ar|ti|de n.pr.f. Arktis *f.*
ar|ti|fi|cia|le agg. **1** künstlich, Kunst-: ***luce*** ~ künstliches Licht (*o* Kunstlicht *n.*); ***intelligenza, lingua*** ~ künstliche Intelligenz, Kunstsprache *f.*; ***inseminazione*** ~ künstliche Befruchtung, Besamung; ***ghiaccio*** ~ Kunsteis *n.*; ***arto, satellite*** ~ Kunstglied *n.*, künstlicher Satellit **2** FIG. *(artificioso)* künstlich, artifiziell ◆ ***fuochi -i*** Feuerwerk *n.*; ***lago*** ~ künstlicher See, Stausee *m.* **ar|ti|fi|cia|li|tà** f.inv. Künstlichkeit *f.* **ar|ti|fi|cial|men|te** avv. künstlich.
ar|ti|fi|cie|re m. Feuerwerker *m.*
ar|ti|fi|cio m. *(-ci)* **1** Kunstgriff *m.*, Finesse *f.*: ***ricorrere a un*** ~ einen Kunstgriff an‿wenden **2** FIG. *(ricercatezza)* Feinheit *f.*, Gesuchtheit *f.* **3** *(dispositivo esplosivo)* Zünder *m.* ◆ ***fuochi d'~*** Feuerwerk *n.*; ***gli -ci della magia*** die Tricks der Zauberei.
ar|ti|fi|cio|sa|men|te avv. künstlich, artifiziell. **ar|ti|fi|cio|si|tà** f.inv. Künstlichkeit *f.*, Künstelei *f.* **ar|ti|fi|cio|so** agg. künstlich, artifiziell: ***allegria -a*** künstliche Fröhlichkeit.
ar|ti|fi|zio → **artificio.**
ar|ti|gia|na|le agg. handwerklich, Handwerks-: ***produzione*** ~ hand-

werkliche Produktion. **ar|ti|gia|nal|men|te** avv. handwerklich. **ar|ti|gia|na|to** m. **1** Handwerk *n.* **2** *(gli artigiani)* Handwerkerschaft *f.*, Handwerkerstand *m.* ◆ **~ artistico** Kunstgewerbe *n.*, Kunsthandwerk *n.*; ***mostra dell'~*** Handwerksausstellung *f.*

ar|ti|gia|no I m. Handwerker *m.* **II** agg. Handwerks-, handwerklich: ***azienda -a*** Handwerksbetrieb *m.*

ar|ti|glia|re tr. *(artiglio, artigli)* **1** mit den Krallen packen **2** *(ferire)* mit den Krallen verletzen. **ar|ti|glia|to** p.pass. agg. **1** → **artigliare 2** mit Krallen versehen.

ar|ti|glie|re m. Artillerist *m.* **ar|ti|glie|ri|a** f. Artillerie *f.*: ***~ pesante, leggera*** schwere, leichte Artillerie; ***~ da campagna*** Feldartillerie *f.*; ***pezzo d'~*** Geschütz *n.*

ar|ti|glio m. *(-gli)* Kralle *f.*, Klaue *f.* ◆ ***tirare fuori, sfoderare, mostrare gli -i*** die Krallen zeigen.

ar|ti|o|da|t|ti|lo m. Paarhufer *m.*

ar|ti|sta m. e f. *(-i,-e)* **1** Künstler *m.* (-in *f.*): ***essere un ~ nato*** ein geborener Künstler sein; FIG. ***essere un ~ in qcs.*** ein Künstler in etw. (D) sein **2** *(nel circo, nel varietà)* Artist *m.* (-in *f.*) ◆ ***circolo di -i*** Künstlerkreis *m.* **ar|ti|sti|ci|tà** f. Kunstcharakter *m.*, Kunstgehalt *m.* **ar|ti|sti|co** agg. *(-ci,-che)* künstlerisch, Kunst-: ***educazione -a*** Kunsterziehung *f.*; ***oggetto, patrimonio ~*** Kunstgegenstand *m.*, Kunstschatz *m.*; TEATR. ***direzione -a*** künstlerische Leitung *f.*

ar|to m. Glied *n.*, Extremität *f.*, Gliedmaße *f.*: ***gli -i superiori, inferiori*** die oberen, unteren Gliedmaßen.

ar|tral|gi|a f. Gelenkschmerz *m.* **ar|tri|te** f. Gelenkentzündung *f.*, Arthritis *f.* **ar|tri|ti|co I** agg. *(-ci,-che)* arthritisch, Gelenk-: ***dolori -ci*** Gelenkschmerzen **II** m. *(-ci)* Arthritiker *m.* **ar|tri|ti|smo** m. Arthritismus *m.* **ar|tro|lo|gi|a** f. Arthrologie *f.* **ar|tro|pa|ti|a** f. Gelenkerkrankung *f.*, Arthropatie *f.*

ar|tro|po|di m.pl. Gliederfüßer *pl.*, Arthropoden *pl.*

ar|tro|si f. Arthrose *f.*

artt. ⇒ COMM. *articoli* Artikel (Art.).

Ar|tù n.pr.m. Artus *m.*, Arthur *m.*: ***re ~*** König Artus.

Ar|tu|ro n.pr.m. Art(h)ur *m.*

a|ru|spi|ce m. Haruspex *m.*

ar|vi|co|la f. Schermaus *f.*

ar|zi|go|go|la|re intr. *(arzigogolo;* aus. *avere)* ***~ su qcs.*** etw. aus‿tüfteln, grübeln. **ar|zi|go|go|la|to** p.pass. agg. **1** → **arzigogolare 2** *(complicato, cavilloso)* spitzfindig: ***un'osservazione -a*** eine spitzfindige Bemerkung. **ar|zi|go|go|lo** m. **1** Grübelei *f.* **2** *(cavillo)* Spitzfindkeit *f.*

ar|zil|lo agg. rüstig, rege: ***una vecchietta -a*** eine rüstige alte Dame.

A.S. ⇒ **1** *Altezza Serenissima* Durchlaucht **2** *Allievo Sottufficiale* Unteroffizieranwärter.

a|sbe|sto m. Asbest *m.*

A|sbur|go n.pr.m. Habsburger *m.* ◆ ***la casa d'~*** das Haus Habsburg. **a|sbur|gi|co** agg. *(-ci,-che)* habsburgisch, Habsburger-: ***l'impero ~*** das Habsburgerreich.

a|sca|ri|de m. Spulwurm *m.*, Askaris *f.*

a|sca|ro m. Askari *m.*

a|scel|la f. **1** ANAT. Achsel *f.*, Achselhöhle *f.* **2** BOT. Blattachsel *f.* **a|scel|la|re** agg. **1** Achsel-: ***ghiandola, cavo ~*** Achseldrüse *f.*, Achselhöhle *f.* **2** BOT. achselständig.

a|scen|den|te I agg. **1** *(verso l'alto)* Aufwärts-: ***moto ~*** Aufwärtsbewegung *f.* **2** MUS. FON. ansteigend: ***scala ~*** ansteigende Tonleiter **3** aufsteigend: ***parentela in linea ~*** Verwandtschaft in aufsteigender Linie **II** m. **1** Einfluss *m.*: ***esercitare un, avere (un) forte ~ su qcn.*** auf jdn starken Einfluss aus‿üben **2** ASTROL. Aszendent *m.*: ***Bilancia con ~ Ariete*** Waage mit Aszendent Widder **3** *(genitore)* Aszendent *m.* ◆ ASTR. ***moto ~ di un astro*** Aufgang eines Gestirns. **a|scen|den|za** f. **1** Aszendenz *f.*, Herkunft *f.* **2** FIG. *(modello artistico o culturale)* Prägung *f.*

a|scen|de|re intr. *(ascesi, asceso;* aus. *essere)* LETT. **1** ***~ a qcs.*** zu etw. auf‿steigen, etw. besteigen: ***~ ai sommi onori, al trono*** zu großen Ehren aufsteigen, den Thron besteigen **2** RELIG. ***~ al cielo*** zum Himmel auf‿fahren. **a|scen|sio|na|le** agg. **1** FIS. ***spinta ~*** Auftrieb *m.* **2** METEOR. ***corrente ~*** Konvektion *f.* **a|scen|sio|ne** f. **1** ALP. Aufstieg *m.*, Besteigung *f.*; ***compiere un'~ sul Cervino*** das Matterhorn besteigen **2** RELIG. Himmelfahrt *f.*

a|scen|so|re m. Aufzug *m.*, Fahrstuhl *m.*: ***prendere, chiamare l'~*** den Aufzug nehmen, rufen; ***salire in, con l'~*** mit dem Aufzug fahren. **a|scen|so|ri|sta** m. e f. *(-i,-e)* Fahrstuhlführer *m.* (-in *f.*), Liftboy *m.*

a|sce|sa f. **1a** *(salita)* Aufstieg *m.* **b** ***~ al trono*** Thronbesteigung *f.* **2** *(crescita, aumento)* Wachstum *n.*; ***una popolarità in ~*** eine wachsende Popularität.

a|sce|si f. Askese (*o* Aszese) *f.*: ***praticare l'~*** Askese üben.

a|sces|so m. Abszess *m.*

a|sce|ta m. e f. *(-i,-e)* Asket *m.* (-in *f.*) (anche FIG.). **a|sce|ti|ca|men|te** avv. asketisch. **a|sce|ti|co** agg. *(-ci,-che)* asketisch: ***vita -a*** asketisches Leben. **a|sce|ti|smo** m. Askese *f.*

a|scia f. *(asce)* Axt *f.*, Beil *n.*: ***~ di pietra*** Steinaxt *f.* ◆ ***fatto con l'~*** ungeschliffen, grobschlächtig; ***sotterrare, dissotterrare l'~ di guerra*** das Kriegsbeil begraben, aus‿graben; ***maestro d'~*** Schiffszimmermann *m.*

a|sci|dia|ce|o m. Seescheide *f.*

a|sci|dio m. *(-di)* Schlauchblatt *n.*

a|sciol|ve|re m.inv. ANT. Frühstück *n.*

a|scis|sa f. Abszisse *f.*

a|sci|te f. Bauchwassersucht *f.*, Aszites *m.*

a|sciu|ga|bian|che|ri|a m.inv. **1** *(stenditoio)* Wäscheständer *m.* **2** *(asciugatrice)* Wäschetrockner *m.* **a|sciu|ga|ca|pel|li** m.inv. Föhn *m.*, Haartrockner *m.* **a|sciu|ga|ma|no** m. *(-ni)* Handtuch *n.*: ***un ~ pulito*** ein frisches Handtuch ◆ ***~ da bagno*** Badetuch *n.*; ***~ di spugna*** Frottiertuch *n.*

a|sciu|gan|te agg. Lösch-: ***carta ~*** Löschpapier *n.*; ***tampone ~*** Löscher *m.*, Löschwiege *f.*

a|sciu|ga|re *(asciugo, asciughi)* **I** tr. **1a** trocknen: ***il sole asciuga il terreno*** die Sonne trocknet den Boden **b** *(seccare)* aus‿trocknen: ***il vento asciuga la pelle*** der Wind trocknet die Haut aus **2a** *(con uno strofinaccio)* ab‿trocknen, trocken‿reiben: ***~ le stoviglie, le mani*** das Geschirr, die Hände abtrocknen **b** *(con il fon)* föhnen **3** *(detergere)* ab‿wischen: ***~ le lacrime a qcn.*** jdm die Tränen abwischen **II** intr. (aus. *essere*) trocknen: ***la vernice asciuga subito*** der Lack trocknet sofort **III** pronom. **asciugarsi 1a** sich (A) ab‿trocknen: ***-rsi con l'asciugamano*** sich mit dem Handtuch abtrocknen **b** FIG. *(dimagrire)* Fettpolster ab‿bauen, ab‿magern **2** sich (D) trocknen: ***-rsi le mani, la fronte*** sich die Hände, die Stirn trocknen **3** *(diventare asciutto)* trocknen: ***la biancheria si asciuga al vento*** die Wäsche trocknet im Wind ◆ FIG. ***~ una bottiglia*** eine Flasche aus‿trinken (*o* leer‿machen); ***-rsi al sole*** sich von der Sonne trocknen lassen; ***stendere qcs. ad ~*** etw. zum Trocknen auf‿hängen (*o* legen). **a|sciu|ga|to|io** m. *(-toi)* *(essicatoio)* Trockner *m.*, Trockenapparat *m.* **a|sciu|ga|to|re** m. Händetrockner *m.* **a|sciu|ga|tri|ce** f. *(asciugabiancheria)* Wäschetrockner *m.* **a|sciu|ga|tu|ra** f. Trocknen *n.*

a|sciut|ta f., VETER. ***essere in ~*** trocken‿stehen. **a|sciut|ta|men|te** avv. trocken, lakonisch. **a|sciut|tez|za** f. Trockenheit *f.*, Dürre *f.* (anche FIG.).

a|sciut|to I agg. **1** trocken: ***abiti -i*** trockene Kleider; ***clima ~*** trockenes Klima; ***avere la bocca -a*** einen trockenen Mund haben **2** *(di vino)* trocken, herb **3** *(magro)* hager, drahtig: ***un fisico ~*** ein drahtiger Körper **4** FIG. *(laconico)* trocken, wortkarg: ***risposta -a*** eine trockene Antwort; ***con tono ~*** in trockenem Ton **5** FIG. *(brusco)* zurückhaltend: ***una persona dai modi -i*** eine Person mit zurückhaltenden Umgangsformen **II** m. Trockene *n.*: ***camminare sull'~*** im Trockenen gehen ◆ FIG. ***essere, rimanere all'~*** auf dem Trockenen sitzen; FIG. ***restare a bocca -a*** leer aus‿gehen, das Nachsehen haben; ***pasta -a*** → **pastasciutta.**

a|sco m. *(aschi)* Askus *m.*

a|scol|ta|re tr. **1** hören, an‿hören, zu‿hören: ***~ qcn., qcs.*** jdn, etw. hören (*o* anhören), jdm, etw. zuhören; ***~ la radio, musica*** Radio, Musik hören **2** assol. hören, zu‿hören: ***ascolta!*** hör mal zu! **3a** *(origliare)* horchen, mit‿hören, lauschen (anche assol.): ***~ attraverso la parete*** an der Wand horchen **b** *(sentire casualmente)* mit‿hören **4** *(dare retta)* hören: ***~ qcn., il consiglio di qcn.*** auf jdn, jds Rat hören **5** *(assistere a)* hören: ***~ le lezioni, una messa*** die Vorlesungen, eine Messe hören **6** *(esaudire)* erhören: ***Dio ha ascoltato la sua preghiera*** Gott hat sein Gebet erhört **7** MED. *(auscultare)* auskultieren, ab‿horchen ◆ ***farsi ~*** sich (D) Gehör verschaffen; SCHERZ. ***il nemico ti ascolta!*** Vorsicht! Feind hört mit!

a|scol|ta|to p.pass. agg. **1** → **ascoltare 2** gehört: ***un disco molto ~*** eine viel gehörte Schallplatte ◆ ***chiedere di essere ~*** um Gehör bitten. **a|scol|ta|to|re** m. **1** Hörer *m.*, Zuhörer *m.* **2** pl. *(pubblico)* Zuhörerschaft *f.* **a|scol|ta|zio|ne** f. Auskultation *f.*

a|scol|to m. **1** Hören *n.*, Zuhören *n.* **2** *(ricezione)* Empfang *m.*: ***mettersi, essere, rimanere all'~*** auf Empfang gehen, sein, bleiben ◆ ***cabina di ~*** Abhörkabine *f.*; ***dare ~ a qcn., qcs.*** auf jdn, etw. hören; ***indice di ~*** Einschaltquote *f.*; ***prestare ~*** Gehör schenken; ***stare in ~*** horchen, lauschen; ***(non) trovare ~*** (kein) Gehör finden.

a|sco|mi|ce|ti m.pl. Askomyzeten *pl.*, Schlauchpilze *pl.*

a|scon|de|re tr. *(ascosi; ascoso)* verbergen, verheimlichen.

a|scor|bi|co agg. *(-ci,-che)* Askorbin-: ***acido ~*** Askorbinsäure *f.*

a|sco|so agg. verborgen, geheim.

a|scri|ve|re tr. *(ascrissi; ascritto)* **1** *(annoverare)* zählen: **~ *qcn. tra i soci*** jdn zu den Mitgliedern zählen **2** *(attribuire)* zu‿schreiben: ***~ il merito di qcs. a qcn.*** jdm das Verdienst an etw. (D) zuschreiben.

ASE ⇒ *Agenzia di Stampa Europea* Europäische Presse-Agentur (EPA).

a|sel|lo m. Assel *f.*

a|sep|si f. **1** *(procedimento)* Aseptik *f.* **2** *(condizione)* Asepsis *f.*, Keimfreiheit *f.*

a|ses|sua|le agg. ungeschlechtlich: ***riproduzione ~*** ungeschlechtliche Vermehrung. **a|ses|sua|to** agg. **1** geschlechtslos, asexuell: ***organismi -i*** geschlechtslose Organismen **2** FIG. undifferenziert.

a|set|ti|ca|men|te avv. **1** aseptisch, keimfrei **2** FIG. kühl, unpersönlich. **a|set|ti|co** agg. *(-ci,-che)* **1** *(sterilizzato)* aseptisch, keimfrei **2** FIG. kühl, unpersönlich: ***stile ~*** unpersönlicher Stil.

a|sfal|ta|re tr. asphaltieren. **a|sfal|ta|to** p.pass. agg. **1** → **asfaltare** **2** Asphalt-: ***strada -a*** Asphaltstraße *f.* **a|sfal|ta|to|re** m. Asphaltierer *m.* **a|sfal|ta|tri|ce** f. Straßenteermaschine *f.* **a|sfal|ta|tu|ra** f. **1** Asphaltieren *n.* **2** *(copertura)* Asphaltdecke *f.* **a|sfal|ti|co** agg. *(-ci,-che)* asphaltisch. **a|sfal|ti|sta** m. → **asfaltatore.** **a|sfal|to** m. **1** Asphalt *m.* **2** ESTENS. *(strada)* Straße *f.*: ***scivolare sull'~ bagnato*** auf der nassen Straße aus‿rutschen ◆ ***i morti sull'~*** die Verkehrsopfer.

a|sfis|si|a f. Erstickung *f.* ◆ ***morire d'~*** an Erstickung sterben (*o* ersticken); ***morte per ~*** Erstickungstod *m.* **a|sfis|si|an|te** agg. **1** erstickend: ***fa un caldo ~*** es ist erstickend heiß **2** FIG. belästigend, aufdringlich: ***una persona ~*** ein aufdringlicher Mensch.

a|sfis|sia|re I tr. **1** ersticken: ***il fumo lo asfissiava*** der Rauch erstickte ihn **2** FIG. belästigen, COLLOQ. an‿öden: ***~ qcn. con domande insistenti*** jdn mit eindringlichen Fragen belästigen **II** intr. (aus. *essere*) **1** ersticken: ***~ per il caldo*** vor Hitze ersticken **2** FIG. sich erdrückt fühlen ◆ ***non mi ~!*** = sei nicht so aufdringlich!

a|sfit|ti|co agg. *(-ci,-che)* **1** asphyktisch **2** FIG. leblos: ***ambiente culturale ~*** ein lebloser Kulturkreis.

a|sfo|de|lo m. Asphodelus *m.*, Asphodill *m.*, Affodill *m.*

a|shke|na|zi|ta m. e f. *(-i,-e)* Aschkenasim *pl.*

A|sia n.pr.f. Asien *n.*; ***~ minore*** Kleinasien *n.*

a|sia|go m. INTRAD. (Schnittkäse aus dem Veneto).

a|sia|ne|si|mo m. Asianismus *m.* **a|sia|ti|co I** agg. *(-ci,-che)* asiatisch **II** m. *(-ci)* Asiat *m.*

a|si|lo m. **1** DIR. Asyl *n.*: ***~ politico*** politisches Asyl; ***chiedere ~*** um Asyl bitten, BUROCR. Asyl beantragen; ***concedere ~*** Asyl gewähren **2** *(ricovero)* Asyl *n.*, Obdach *n.*: ***cercare ~ presso qcn.*** bei jdm Obdach suchen; ***dare ~ a qcn.*** jdm Obdach gewähren **3** *(scuola materna)* Kindergarten *m.* ◆ ***diritto d'~*** Asylrecht *n.*; ***~ nido*** Kinderkrippe *f.*, Säuglingskrippe *f.*; ***~ notturno*** Obdachlosenheim *n.*, Obdachlosenasyl *n.*; ***richiesta d'~*** Asylantrag *m.*

a|sim|me|tri|a f. Asymmetrie *f.* **a|sim|me|tri|ci|tà** f.inv. Asymmetrie *f.* **a|sim|me|tri|co** agg. *(-ci,-che)* asymmetrisch, unsymmetrisch.

a|si|na f. Eselin *f.*, Eselstute *f.* ◆ ***latte d'~*** Eselsmilch *f.* **a|si|nag|gi|ne** f. → **asinità.** **a|si|na|io** m. *(-ai)* Eseltreiber *m.* **a|si|na|ta** f.inv. Eselei *f.*, Dummheit *f.*

a|sin|cro|ni|smo m. Asynchronismus *m.* **a|sin|cro|no** agg. asynchron.

a|sin|de|to m. Asyndeton *n.*

a|si|ne|ri|a f. → **asinata.** **a|si|ne|sco** agg. *(-schi,-sche)* eselig, eselhaft. **a|si|ni|no** agg. eselartig, Esels-: ***orecchie -e*** Eselsohren ◆ ***tosse -a*** Keuchhusten *m.* **a|si|ni|tà** f.inv. Eselei *f.*

a|si|no m. **1** ZOOL. Esel *m.*: ***cavalcare un ~*** auf einem Esel reiten **2** FIG. Esel *m.*, Dummkopf *m.*: ***fare l'~*** sich wie ein Esel benehmen; ***dare dell'~ a qcn.*** jdn einen Dummkopf schelten, jdn einen Esel heißen ◆ ***fare come l'~ di Buridano*** wie Buridans Esel da‿stehen; ***un ~ calzato e vestito*** ein Esel, wie er im Buche steht (*o* ein ausgemachter Esel); ***carico come un ~*** bepackt (*o* beladen) sein wie ein Esel; FIG. ***qui casca l'~*** da liegt der Hase im Pfeffer; FIG. ***legare l'~ dove vuole il padrone*** die Fahne nach dem Wind hängen (*o* drehen); ***pezzo d'~*** Esel *m.*; ARCH. ***arco a schiena d'~*** Eselsrücken *m.*; ***credere che un ~ voli*** = alles glauben (*o* leichtgläubig sein); PROV. ***meglio un ~ vivo che un dottore morto*** besser ein gesunder Esel als ein krankes Ross.

a|sin|tat|ti|co agg. *(-ci,-che)* ohne Syntax.

a|sin|to|ma|ti|co agg. *(-ci,-che)* asymptomatisch.

a|sin|to|to m. Asymptote *f.*

a|si|smi|co agg. *(-ci,-che)* erdbebensicher.

a|si|ste|ma|ti|co agg. *(-ci,-che)* unsystematisch.

a|sma f. Asthma *n.*: ***soffrire d'~*** an Asthma leiden; ***~ bronchiale, cardiaca*** Bronchial-, Herzasthma *n.*; ***attacco d'~*** Asthmaanfall *m.* **a|sma|ti|co I** agg. *(-ci,-che)* asthmatisch **II** m. *(-ci)* Asthmatiker *m.*

a|so|cia|le I agg. asozial **II** m. e f. Asoziale *m.* e *f.* **a|so|cia|li|tà** f. Asozialität *f.*

a|so|la f. **1** TESS. Knopfloch *n.*, Knopfschlitz *m.* **2** *(occhiello)* Öse *f.*

a|spa|ra|gia|ia f. Spargelbeet *n.* **a|spa|ra|gi|na** f. **1** BOT. wilder Spargel *m.* **2** CHIM. Asparagin *n.* **a|spa|ra|go** m. *(-gi)* Spargel *m.*: ***punta d'~*** Spargelspitze *f.*; ***zuppa d'~*** Spargelsuppe *f.*

a|spa|to|io m. *(-oi)* Haspel *f.*, Weife *f.* **a|spa|tu|ra** f. Haspeln *n.*, Weifen *n.*

a|spe|ci|fi|co agg. *(-ci,-che)* unspezifisch.

a|sper|ge|re tr. *(aspergo, aspergi; aspersi; asperso)* besprengen: ***~ qcn., qcs. d'acqua benedetta*** jdn, etw. mit Weihwasser besprengen.

a|sper|gil|lo m. Aspergillus *m.*, Kolbenschimmel *m.*, Gießkannenschimmel *m.*

a|spe|ri|tà f.inv. **1** Unebenheit *f.*: ***le ~ del terreno*** die Unebenheiten des Bodens **2** FIG. Widrigkeit *f.*: ***le ~ della vita*** die Widrigkeiten des Lebens.

a|spe|ri|mo → **aspro.**

a|sper|sio|ne f. **1** Besprengung *f.*, Besprengen *n.* **2** LIT. Aspersion *f.* **a|sper|so|rio** m. *(-ri)* Aspergill *n.*, Weihwasserwedel *m.*

a|spe|ru|la f. Waldmeister *m.*, Maikraut *n.*

a|spet|ta|re I tr. **1** ***~ qcn., qcs.*** auf jdn, etw. warten, jdn, etw. erwarten **2** assol. warten: ***~ invano, a lungo*** vergeblich, lange warten; ***aspetta!*** warte mal! **II** pronom. ***aspettarsi qcs. da qcn., qcs.*** (sich) etw. von jdm, etw. erwarten: ***mi aspetto molto da te, da questo colloquio*** ich erwarte (mir) viel von dir, von diesem Gespräch; ***c'è da ~ che...*** es ist (*o* steht) zu erwarten, dass...; ***~ il peggio*** mit dem Schlimmsten rechnen ◆ ***~ un bambino*** ein Kind erwarten; ***farsi ~*** auf sich warten lassen; ***~ qcn. al varco*** jdm auf‿lauern, jdn ab‿passen; PROV. ***chi la fa l'aspetti*** wie du mir, so ich dir.

a|spet|ta|ti|va f. **1** Erwartung *f.*: ***deludere, soddisfare, superare le -e*** die Erwartungen enttäuschen, erfüllen, übertreffen; ***rispondere alle -e*** den Erwartungen entsprechen; ***contro ogni ~*** gegen (*o* wider) alle Erwartung **2** BUROCR. Beurlaubung *f.*: ***mettere in ~*** beurlauben. **a|spet|ta|zio|ne** f. **1** LETT. Harren *n.* **2** *(aspettativa)* Erwartung *f.*

1.a|spet|to m. **1a** Aussehen *n.*, Äußere *n.*: ***avere un bell'~, un ~ trasandato*** gut, ungepflegt aus‿sehen; ***giudicare qcn., qcs. dall'~*** jdn, etw. nach seinem Äußeren beurteilen; ***di bell'~*** gut aussehend; ***d'~ giovanile*** jugendlich aussehend; ***avere l'~ di un contadino*** wie ein Bauer aus‿sehen **b** *(espressione)* Miene *f.*: ***assumere un ~ preoccupato*** eine besorgte Miene auf‿setzen **2** *(punto di vista)* Hinsicht *f.*, Aspekt *m.*: ***l'~ positivo, negativo di una proposta*** der positive, negative Aspekt eines Vorschlags; ***sotto l'~ giuridico*** unter juristischem Aspekt; ***sotto tutti gli -i*** in jeder Hinsicht.

2.a|spet|to m. ***sala d'~*** *(di stazione)* Wartesaal *m.*; *(di un medico)* Wartezimmer *n.*

a|spi|de m. Aspisviper *f.*

a|spi|ran|te I agg. Saug-, saugend: ***pompa, cappa ~*** Saugpumpe *f.*, Saugkappe *f.* **II** m. e f. Anwärter *m.* (-in *f.*), Aspirant *m.* (-in *f.*): ***~ a una carica*** Anwärter auf (*o* Bewerber um) ein Amt; ***~ al trono*** Thronanwärter *m.* **a|spi|ra|pol|ve|re** m.inv. Staubsauger *m.*

a|spi|ra|re I tr. **1a** ein‿atmen **b** *(con apparecchi)* ein‿saugen, ab‿saugen, auf‿saugen: ***~ il fumo da una stanza*** den Rauch aus einem Raum absaugen **2** FON. aspirieren **II** intr. (aus. *avere*) ***~ a qcs.*** etw. an‿streben, nach etw. streben: ***~ alla fama*** nach Ruhm streben. **a|spi|ra|ta** f. Aspirata *f.* **a|spi|ra|to|re** m. **1** Absauganlage *f.* **2** MED. Aspirator *m.* **a|spi|ra|zio|ne** f. **1** Absaugen *n.* **2** *(ambizione)* Streben *n.*, Bestrebung *f.*: ***~ alla libertà*** Streben nach Freiheit; ***nutrire (delle) -i*** Bestrebungen haben **3** FON. Aspiration *f.*

a|spi|ri|na f. Aspirin® *n.*: ***prendere un'~*** ein Aspirin nehmen.

a|spo m. Haspel *f.* (anche AGR.).

a|spor|ta|bi|le agg. entfernbar. **a|spor|ta|re** tr. entfernen, fort‿bringen, fort‿tragen: ***~ un tumore*** eine Geschwulst entfernen. **a|spor|ta|zio|ne** f. Entfernung *f.*: MED. ***~ di un tessuto*** Gewebeentfernung *f.*; ***~ chirurgica*** chirurgische Entfernung. **a|spor|to** m. Entfernung *f.*: ***~ di materiali*** Entfernung von Materialien ◆ ***pizza da ~*** Pizza zum Mitnehmen.

a|spra|men|te avv. herb.

a|sprez|za f. **1a** Herbe *f.*, Herbheit *f.*: ***l'~ del vino*** die Herbheit des Weines **b** FIG. Härte *f.*, Herbe *f.*: ***l'~ di una critica*** die Herbe einer Kritik; ***l'~ dei suoi rimproveri*** die Härte seiner Vorwürfe **2** FIG. *(di carattere)* Sprödigkeit *f.* **3** *(ruvidezza)* Rauheit *f.*: ***~ di un terreno, dell'inverno*** die Rauheit eines Geländes, des Winters. **a|spri|gno** agg. säuerlich, herb: ***uva -a*** säuerliche Trauben.

a|spro agg. (superl. *asprissimo/asperrimo*) **1a** herb, sauer: ***il limone è ~*** die Zitrone ist sauer **b** FIG. herb, hart: ***parole -e*** herbe Worte **2** *(rigido)* rau: ***un clima ~*** ein raues Klima; ***l'~ paesaggio montano***

die raue Gebirgslandschaft **3** *(accanito)* erbittert: ***un'-a contesa*** ein erbitterter Streit **4** *(difficoltoso)* hart, beschwerlich: ***l'~ cammino della virtù*** der beschwerliche Weg zur Tugend **5** FON. rau.

ass. ⇒ *associazione* Verein (V).

as|sag|gia|re tr. *(assaggio, assaggi)* kosten, schmecken, probieren: ***~ il dolce*** die Süßspeise kosten; ***dare qcs. da ~ a qcn.*** jdm etw. zu kosten geben ◆ FIG. ***~ appena la cena*** das Abendessen kaum an‿rühren; ***~ i pugni di qcn.*** = Prügel bekommen. **as|sag|gia|to|re** m. *(di cibi)* Lebensmittelprüfer *m.*; *(di vini)* Weinprüfer *m.*

as|sag|gio m. *(-gi)* **1** Kostprobe *f.*: ***dare in ~ qcs. a qcn.*** jdm eine Kostprobe von etw. geben **2** FIG. Kostprobe *f.*, Vorgeschmack *m.*: ***avere un ~ di qcs.*** einen Vorgeschmack von etw. bekommen.

as|sai I avv. **1** *(abbastanza)* genug **2** *(molto)* sehr; *(con comparativi e verbi)* viel: ***è ~ interessante*** es ist sehr interessant; ***~ meglio*** viel besser **II** agg.inv. viel: ***c'era ~ rumore*** es gab viel Lärm ◆ ***m'importa ~*** mir liegt viel daran.

as|sa|le m. Achse *f.*

as|sa|li|re tr. *(assalgo, assali)* **1a** überfallen, her‿fallen, an‿fallen: ***~ qcn. alle spalle, per la strada*** jdn hinterrücks, auf der Straße überfallen; ***assalì la sua vittima*** er fiel über sein Opfer her **b** FIG. überfallen, her‿fallen, bestürmen: ***~ qcn. con male parole, con domande*** jdn mit bösen Worten überfallen, mit Fragen bestürmen **2** FIG. *(di pensieri, sentimenti)* überkommen, auf‿steigen: ***la noia mi assale*** Langeweile überkommt mich; ***lo assalì un dubbio*** ein Zweifel stieg in ihm auf (*o* überkam ihn) **3** *(di malattia)* befallen. **as|sa|li|to|re** m. Angreifer *m.*: ***resistere agli -i*** den Angreifern widerstehen.

As|sa|lon|ne n.pr.m. Absalon *m.*

as|sal|ta|re tr. stürmen, überfallen: ***~ la postazione nemica*** die feindliche Stellung stürmen; ***~ una banca*** eine Bank überfallen; FIG. ***~ i negozi*** die Geschäfte stürmen. **as|sal|ta|to|re** m. Angreifer *m.*

as|sal|to m. **1** Überfall *m.*, Sturm *m.*, Ansturm *m.*; Angriff *m.*: ***~ alla diligenza*** Überfall auf die Postkutsche; ***prendere d'~ qcs.*** etw. im Sturm nehmen; FIG. ***l'~ dei compratori*** der Ansturm der Käufer; ***prendere d'~ un attore*** sich auf einen Schauspieler stürzen **2** SPORT *(nella scherma)* Attacke *f.* ◆ ***all'~!*** zum Angriff! ***reparto d'~*** Sturmabteilung *f.*; ***squadra d'~*** Rollkommando *n.*; ***truppe d'~*** Sturmtruppen *pl.*

as|sa|po|ra|men|to m. Kosten *n.*, Schmecken *n.* **as|sa|po|ra|re** tr. **1** kosten, schmecken, probieren **2** FIG. aus‿kosten: ***~ la vittoria, il trionfo*** den Sieg, den Triumph auskosten.

as|sas|si|na|re tr. **1** ermorden **2** FIG. *(rovinare, sciupare)* verunstalten, verschandeln. **as|sas|si|nio** m. *(-ii)* Mord *m.*, Ermordung *f.*, Mordtat *f.* **as|sas|si|no I** m. **1** Mörder *m.* **2** FIG. *(chi arreca danni gravi)* Missetäter *m.* **II** agg. **1** mörderisch, Mörder-: ***mano -a*** Mörderhand *f.* **2** *(criminale)* kriminell **3** FIG. *(seducente)* verführerisch: ***sguardo ~*** verführerischer Blick.

as|sa|ta|na|to agg. **1** besessen **2** FIG. *(sovreccitato sessualmente)* aufgegeilt, geil.

1.as|se f. *(-i)* Brett *n.*: ***tagliare, segare -i*** Bretter schneiden, sägen ◆ SPORT ***~ di equilibrio*** Schwebebalken *m.*, Schwebebaum *m.*; ***~ per lavare*** Waschbrett *n.*; ***~ da stiro*** Bügelbrett *n.*

2.as|se m. *(-i)* MAT. GEOGR. MECC. STOR. Achse *f.*: ***~ di un cilindro*** Achse eines Zylinders ◆ MECC. ***a due, tre -i*** zweiachsig, dreiachsig; ***~ anteriore*** Vorderachse *f.*; ***~ delle ascisse*** Abszissenachse *f.*; ***-i cartesiani*** Koordinatenachsen *pl.*; ***~ celeste*** Himmelsachse *f.*; ***~ delle ordinate*** Ordinatenachse *f.*; ***~ posteriore*** Hinterachse *f.*; STOR. ***l'~ Roma-Berlino*** die Achse Berlin-Rom; ***~ di rotazione*** Drehachse *f.*, Rotationsachse *f.*; ***~ di simmetria*** Symmetrieachse *f.*; ***~ stradale*** Verkehrsachse *f.*; ***~ terrestre*** Erdachse *f.*; ***~ (delle) x*** x-Achse *f.*; ***~ (delle) y*** y-Achse *f.*

3.as|se m. **1** DIR. ***~ ereditario*** Erbmasse *f.*, Nachlassmasse *f.* **2** STOR. NUMISM. As *m.*

as|se|con|da|re tr. **1** *(favorire, aiutare)* unterstützen, begünstigen: ***~ un'iniziativa*** eine Initiative unterstützen **2** *(esaudire)* ***~ qcs.*** etw. (D) nach‿kommen: ***~ una richiesta*** einer Forderung nachkommen.

as|se|dian|te I agg. belagernd, Belagerungs- **II** m. e f. Belagerer *m.* (-in *f.*). **as|se|dia|re** tr. *(assedio, assedi)* **1** belagern; ESTENS. ***i fans assediano l'attore*** die Fans belagern den Schauspieler **2** *(importunare)* bedrängen, bestürmen: ***~ qcn. di domande*** jdn mit Fragen bestürmen. **as|se|dia|to I** p.pass. agg. **1** → **assediare 2** belagert: ***una fortezza -a*** eine belagerte Festung **II** m. Belagerte *m.*

as|se|dio m. *(-di)* **1** Belagerung *f.*: ***cingere d'~*** belagern; ***porre l'~ a una città*** eine Stadt belagern; ***levare l'~*** die Belagerung auf‿heben; ***proclamare lo stato d'~*** den Belagerungszustand aus‿rufen **2** FIG. Bestürmung *f.*, Bedrängung *f.*

as|se|gna|men|to m., ***fare ~ su qcn., qcs.*** sich auf jdn, etw. verlassen, auf jdn, etw. rechnen.

as|se|gna|re tr. **1a** zu‿teilen, an‿weisen, zu‿weisen: ***~ un posto a qcn.*** jdm einen Platz anweisen; ***~ una rendita a qcn.*** jdm eine Rente zuteilen; *(affidare)* ***~ un compito, un incarico a qcn.*** jdm eine Aufgabe zuweisen, jdm einen Auftrag erteilen **b** *(destinare)* zu‿teilen: ***~ qcn. a un gruppo di lavoro*** jdn einer Arbeitsgruppe zuteilen **2** *(per decisione ufficiale)* zu‿sprechen: ***il tribunale gli assegnò l'eredità*** das Gericht sprach ihm das Erbe zu **3** SCOL. auf‿geben: ***~ il compito a casa*** die Hausaufgabe aufgeben **4** *(conferire)* vergeben, erteilen: ***~ una borsa di studio, un premio, un ruolo a qcn.*** an jdn ein Stipendium, einen Preis, eine Rolle vergeben; ***~ una punizione*** eine Strafe erteilen **5** DIR. ***~ d'ufficio*** bei‿ordnen.

as|se|gna|ta|rio m. *(-ri)* Empfänger *m.* **as|se|gna|ti** m.pl. STOR. Assignaten *pl.*

as|se|gna|zio|ne f. **1** Zuteilung *f.*, Anweisung *f.*, Zuweisung *f.* **2** *(conferimento)* Vergabe *f.*, Besetzung *f.* **3** DIR. Beiordnung *f.*

as|se|gno m. **1** Scheck *m.*: ***riempire, emettere, bloccare, incassare, riscuotere un ~*** einen Scheck aus‿füllen, aus‿stellen, sperren, ein‿ziehen, ein‿lösen; ***firmare, girare un ~*** einen Scheck unterschreiben, girieren; ***pagare con ~,*** COMM. ***a mezzo ~*** mit Scheck bezahlen; ***un ~ di 100 DM*** ein Scheck über 100 DM **2** *(somma assegnata)* Zulage *f.* ◆ ***~ bancario*** Bankscheck *m.*; ***~ in bianco*** Blankoscheck *m.*; ***~ circolare*** Barscheck *m.*; ***-i familiari*** Familienzulage *f.*, Kindergeld *n.*; ***libretto di, degli -i*** Scheckheft *n.*, Scheckbuch *n.*; ***~ al portatore*** Überbringerscheck *m.*; ***~ postale*** Post(bar)scheck *m.*; ***~ scoperto*** ungedeckter Scheck; ***~ di studio*** Studienbeihilfe *f.*; ***~ trasferibile*** indossabler Scheck.

as|sem|blag|gio m. *(-gi)* Zusammenbau *m.*, Zusammensetzung *f.*, Montage *f.* **as|sem|bla|re** tr. zusammen‿bauen, zusammen‿setzen, montieren: ***~ pezzi meccanici*** mechanische Teile montieren. **as|sem|bla|to|re** m. Montierer *m.*

as|sem|ble|a f. Versammlung *f.*: ***indire (convocare), tenere, sciogliere un'~*** eine Versammlung ein‿berufen, ab‿halten, auf‿lösen; ***intervenire in un'~*** in einer Versammlung das Wort ergreifen; ***~ consultiva, deliberante*** beratende, beschließende Versammlung; ***~ straordinaria*** außerordentliche Versammlung ◆ ***~ degli azionisti*** Aktionärsversammlung *f.*; ***~ dei cittadini*** Bürgerversammlung *f.*; ***~ conventuale*** Konvent *m.*; ***~ costitutiva*** Gründungsversammlung *f.*; ***~ generale*** Haupt-, Generalversammlung *f.*; ***~ legislativa*** gesetzgebende Versammlung *f.*, Legislative *f.*; ***~ nazionale*** Nationalversammlung *f.*; ***~ plenaria*** Plenarversammlung *f.*, POL. Plenum *n.*; ***~ sindacale*** Gewerkschaftsversammlung *f.*; ***~ dei soci*** Mitgliederversammlung *f.* **as|sem|ble|a|re** agg. Versammlungs-: ***decisione, maggioranza ~*** Versammlungsbeschluss *m.*, Versammlungsmehrheit *f.* **as|sem|ble|a|ri|smo** m. Basisdemokratie *f.*

as|sem|bra|men|to m. Auflauf *m.*, Ansammlung *f.*: ***disperdere un ~*** einen Auflauf zerstreuen; ***un ~ di curiosi, di persone*** eine Ansammlung Neugieriger, ein Menschenauflauf. **as|sem|brar|si** pronom. sich versammeln, sich an‿sammeln.

as|sen|na|ta|men|te avv. vernünftig, besonnen, klugerweise. **as|sen|na|tez|za** f. Vernünftigkeit *f.*, Klugheit *f.*, Besonnenheit *f.*: ***dare prova di ~*** Besonnenheit beweisen. **as|sen|na|to** agg. vernünftig, klug, besonnen: ***un ragazzo ~*** ein kluger Junge; ***un discorso ~*** eine vernünftige Rede; ***una scelta -a*** eine kluge Wahl.

as|sen|so m. Einverständnis *n.*, Zustimmung *f.*, Einwilligung *f.*: ***dare, negare l'~ a qcn. a qcs.*** jdm seine Zustimmung zu etw. geben, verweigern; ***fare un cenno, un sorriso di ~*** zustimmend nicken, lächeln.

as|sen|tar|si pronom. weg‿gehen, fern‿bleiben, fehlen: ***~ per un momento*** einen Augenblick weggehen; ***~ dalla scuola*** der Schule fernbleiben, in der Schule fehlen.

as|sen|te I agg. abwesend: ***essere ~*** abwesend (*o* weg, fort) sein, fehlen **2** FIG. *(svagato, soprappensiero)* abwesend, entrückt: ***con lo sguardo ~*** mit abwesendem (*o* leerem) Blick **II** m. e f. Abwesende *m.* e *f.*: ***i presenti e gli -i*** die Anwesenden und die Abwesenden ◆ ***~ ingiustificato*** unentschuldigt abwesend.

as|sen|te|i|smo m. **1** (gewohnheitsmäßiges) Fernbleiben *n.*, Abwesenheit *f.* **2** *(nel lavoro)* Blaumachen *n.*, Krankfeiern *n.*, Drückebergerei *f.* **3** STOR. Absentismus *m.* **as|sen|te|i|sta** *(-i,-e)* **I** agg. drückebergerisch **II** m. e f. jd, der krankfeiert, Drückeberger *m.* (-in *f.*). **as|sen|te|i|sti|co** agg. drückebergerisch.

as|sen|ti|re intr. *(assento; aus. avere)* zu‿stimmen, bei‿stimmen, ein‿willigen: ***~ a una richiesta, a una proposta*** einer Forderung, einem Vorschlag zustimmen (*o* in einen Vorschlag einwilligen); ***~ con un cenno del capo*** zustimmend nicken.

as|sen|za f. 1 Abwesenheit *f.*, Fehlen *n.*, Fernbleiben *n.*: **~ giustificata, ingiustificata** entschuldigtes, unentschuldigtes Fehlen; **giustificare la propria ~** seine Abwesenheit entschuldigen; **in sua ~** ohne sein Beisein; **~ per malattia** Abwesenheit wegen Krankheit; **brillare per ~** durch Abwesenheit glänzen 2 *(mancanza)* Mangel *m.*: **~ di qcs.** Mangel an etw. (D); **~ di luce, di dolore, di peso** Lichtmangel *m.*, Schmerzlosigkeit *f.*, Schwerelosigkeit *f.* ◆ **~ dal lavoro, dalla scuola** Arbeitsversäumnis *n.*, Schulversäumnis *n.*; **fare un'~ a scuola** in der Schule fehlen; **in ~ di qcs.** mangels einer Sache; **ore di ~** versäumte Stunden.

as|sen|zien|te agg. zustimmend, beistimmend: **~ tua madre** wenn deine Mutter zustimmt (*o* mit Zustimmung deiner Mutter).

as|sen|zio m. 1 Wermut *m.* 2 *(liquore)* Wermut *m.*, Absinth *m.* 3 FIG. *(amarezza)* Bitterkeit *f.*: **amaro come l'~** gallenbitter.

as|se|ri|re tr. *(asserisco, asserisci)* behaupten, versichern, beteuern: **asserisce di non saperne nulla** er behauptet, nichts davon zu wissen; **~ di avere visto qcn.** behaupten, jdn gesehen zu haben.

as|ser|ra|gliar|si pronom. *(mi asserraglio, ti asserragli)* **~ in qcs.** sich in etw. (D) verbarrikadieren.

as|ser|ti|vo agg. bejahend, behauptend; FILOS. assertorisch. **as|ser|to** m. → **asserzione. as|ser|to|re** m. Befürworter *m.*, Verfechter *m.* **as|ser|to|rio** agg. FILOS. assertorisch.

as|ser|vi|men|to m. Versklavung *f.*, Knechtung *f.* (anche FIG.). **as|ser|vi|re** tr. *(asservisco, asservisci)* versklaven, knechten, knuten (anche FIG.).

as|ser|zio|ne f. Behauptung *f.*, Beteuerung *f.*: **fare un'~** eine Behauptung auf‿stellen.

as|ses|so|ra|to m. Referat *n.*: **~alla cultura** Kulturreferat. **as|ses|so|re** m. Referent *m.*: **~ all'edilizia, all'ambiente** Bau-, Umweltreferent.

as|se|sta|men|to m. 1 Regelung *f.*, Ordnung *f.* 2 *(del terreno)* Setzung *f.* ◆ **scosse di ~** Nachbeben *n.*

as|se|sta|re I tr. 1 *(mettere in ordine)* ordnen, in Ordnung bringen, zurecht‿legen: **~ il carico sulle spalle** die Last auf dem Rücken zurechtrücken; **~ il bilancio di un'azienda** die Bilanz eines Betriebs aus‿gleichen 2 *(regolare con cura)* ein‿stellen: **~ la mira** das Ziel einstellen 3 *(sferrare)* versetzen, verabfolgen: **~ un colpo a qcn.** jdm einen Hieb (*o* Stoß) versetzen (anche FIG.); **~ uno schiaffo, un calcio a qcn.** jdm eine Ohrfeige, einen Fußtritt verabreichen II pronom. **assestarsi** 1 *(di terreno)* sich setzen 2 *(sistemarsi in una casa)* sich ein‿richten 3 *(regolare le proprie faccende)* seine persönlichen Angelegenheiten in Ordnung bringen. **as|se|sta|ta** f. **dare un'~ alla casa** das Haus in Ordnung bringen. **as|se|sta|to** p.pass. agg. 1 → **assestare** 2 **il colpo è ben ~** der Hieb sitzt gut 3 *(sistemato)* geordnet, geregelt.

as|se|ta|re tr. durstig machen. **as|se|ta|to** I p.pass. agg. 1 → **assetare** 2 durstig (anche FIG.): **~ di sangue, di vendetta** blutdürstig, rachedurstig (*o* rachedürstend); **~ di sapere** wissensdurstig 3 *(di terreno)* ausgetrocknet II m. Durstige *m.*, Dürstende *m.*

as|set|ta|re I tr. 1 ordnen, in Ordnung bringen 2 AER. MAR. trimmen II pronom. **assettarsi** sich zurecht‿machen.

as|set|to m. 1a *(sistemazione)* Ordnung *f.*: **mettere, tenere in ~ qcs.** etw. in Ordnung bringen, halten b *(ordinamento, struttura)* **l'~ economico di un ente** die wirtschaftliche Ordnung einer Einrichtung 2 *(equipaggiamento)* Ausrüstung *f.*: **in ~ di combattimento, guerra** in Kampfausrüstung, in Kriegsausrüstung 3 AER. MAR. Trimmung *f.*

as|se|ve|ra|men|to m. Beteuerung *f.*, Versicherung *f.*, Beeidigung *f.* **as|se|ve|ra|re** tr. beteuern, versichern, beeid(ig)en: **~ una traduzione** eine Übersetzung beeidigen. **as|se|ve|ra|ti|vo** agg. beteuernd, versichernd: **con tono ~** in beteuerndem Ton.

As|sia n.pr.f. Hessen *n.*

as|sia|le agg. axial, Achsen-, Achs-: **carico ~** Achslast *f.*; **distanza ~** Achsabstand *m.*; **simmetria ~** Achsensymmetrie *f.*

as|sia|no I agg. hessisch II m. 1 Hesse *m.* 2 *(dialetto)* Hessisch(e) *n.*

as|si|bi|la|re tr. assibilieren. **as|si|bi|la|zio|ne** f. Assibilation *f.*

as|si|cel|la f. Brettchen *n.*, Latte *f.*, Diele *f.*

as|si|cu|ra|bi|le agg. versicherbar. **as|si|cu|ran|te** m. DIR. Versicherungsnehmer *m.*

as|si|cu|ra|re I tr. 1 *(garantire)* sichern, sicher‿stellen, gewährleisten: **~ un futuro ai propri figli** seinen Söhnen die Zukunft sichern 2 *(fissare)* sichern, ab‿sichern, befestigen; *(con ganci)* an‿haken; *(con corde)* an‿binden 3 *(affermare)* zu‿sagen, versichern, beteuern: **te lo posso ~** das kann ich dir versichern; **~ a qcn. che...** jdm versichern, dass... 4 *(con polizza)* versichern: **~ qcs. contro gli incendi, per 100 000 marchi** etw. gegen Feuer, mit 100 000 DM versichern II pronom. **assicurarsi** 1 *(accertarsi)* sich versichern, sich überzeugen, sich vergewissern 2 *(con polizza)* sich versichern: **-rsi contro gli infortuni** sich gegen Unfall versichern 3 *(farsi riservare)* **-rsi qcs.** sich (D) etw. zurück‿legen lassen ◆ **~ con polizza casco** kasko‿versichern; **~ qcn. alla giustizia** jdn verhaften lassen; **~ oltre il valore** über‿versichern; **~ per un valore inferiore** unter‿versichern. **as|si|cu|ra|ta** f. Wertbrief *m.*

as|si|cu|ra|ti|vo agg. Versicherungs-: **agente ~** Versicherungsagent *m.*, Versicherungsvertreter *m.*; **polizza -a** Versicherungspolice *f.*; **copertura, quota -a** Versicherungsschutz *m.*, Versicherungsbeitrag *m.*; **premio, contributo ~** Versicherungsprämie *f.*, Versicherungsleistung *f.*; **diritto ~** Versicherungsrecht *n.*

as|si|cu|ra|to I p.pass. agg. 1 → **assicurare** 2 versichert, Versicherungs-: **capitale, valore ~** Versicherungssumme *f.*, Versicherungswert *m.* II m. Versicherungsnehmer *m.*; Versicherte *m.* **as|si|cu|ra|to|re** m. Versicherungskaufmann *m.* ◆ **ente ~** Versicherungsträger *m.*; **società -trice** Versicherungsgesellschaft *f.*

as|si|cu|ra|zio|ne f. 1a Versicherung *f.*: **un'~ contro gli incendi, contro gli infortuni, in caso di morte** eine Versicherung gegen Feuer, gegen Unfall, auf den Todesfall; **~ a favore di terzi, per conto terzi** Versicherung zugunsten Dritter (*o* für fremde Rechnung, Fremdversicherung); **stipulare, contrarre un'~ per un milione** eine Versicherung auf eine Million ab‿schließen; **dare disdetta di un'~** eine Versicherung kündigen b pl. Versicherungswesen *n.* 2 *(garanzia)* Gewährleistung *f.*: **dare l'~ che...** Gewähr leisten, dass... 3 *(affermazione)* Versicherung *f.*, Zusage *f.*, Beteuerung *f.* 4 *(il fissare)* Sichern *n.*, Befestigen *n.* ◆ **~ aerea** Luftversicherung *f.*; **~ antincendio** Brandversicherung *f.*; **~ autoveicoli** Kraftfahrzeugversicherung *f.*, Kfz-Versicherung *f.*; **certificato di ~** Versicherungsschein *m.*; **~ contro i danni** Schadensversicherung *f.*; **durata dell'~** Versicherungsdauer *f.*; **~ contro il furto, contro il furto con scasso** Diebstahlversicherung *f.*, Einbruchsdiebstahlversicherung *f.*; **~ marittima** Seeschadensversicherung *f.*; **~ di beni mobili** Fährnisversicherung *f.*; **~ obbligatoria** Pflichtversicherung *f.*; **~ pensionistica** Rentenversicherung *f.*; **~ contro la responsabilità civile** Haftpflichtversicherung *f.*; **~ sanitaria** Krankenversicherung *f.*; **società di -i** Versicherungsgesellschaft *f.*; **~ terzi trasportati** Autoinsassenversicherung *f.*; **~ per la vecchiaia** Altersversicherung *f.*; **~ sulla vita** Lebensversicherung *f.*

as|si|de|ra|men|to m. Erfrierung *f.*: **morte per ~** Erfrierungstod *m.* **as|si|de|ra|re** intr. (aus. *essere*), **as|si|de|rar|si** pronom. erfrieren. **as|si|de|ra|to** p.pass. agg. 1 → **assiderare** 2 erfroren, erstarrt: **morire ~** erfrieren.

as|si|der|si pronom. *(mi assisi; assiso)* LETT. sich nieder‿lassen.

as|si|dua|men|te avv. beharrlich, ausdauernd, ständig. **as|si|dui|tà** f. 1 Beharrlichkeit *f.*, Ausdauer *f.*, Beständigkeit *f.* 2 *(frequenza abituale)* regelmäßiger Besuch *m.* 3 *(zelo)* Fleiß *m.*, Eifer *m.*

as|si|duo I agg. 1 beharrlich, ausdauernd, andauernd; *(instancabile)* unermüdlich: **cure -e** unermüdliche Pflege 2 *(abituale)* ständig, beständig: **un ~ frequentatore della famiglia** ein ständiger Besucher der Familie; **un cliente ~ del locale** ein Stammgast des Lokals 3 *(zelante)* fleißig, eifrig II m. ständiger Besucher *m.*; *(di locale)* Stammgast *m.*

as|sie|me I avv. 1 zusammen: **~ a qcn., qcs.** zusammen mit jdm, etw. 2 *(allo stesso tempo)* zugleich II m. 1 Gesamtheit *f.* 2 TEATR. SPORT Ensemble *n.* ◆ **gioco d'~** Ensemblespiel *n.*; **mettere ~** zusammen‿setzen; *(risparmiare)* beiseite legen.

as|sie|pa|men|to m. Gedränge *n.*, Auflauf *m.*, Ansammlung *f.*

as|sie|pa|re I tr. 1 *(affollare)* überfüllen 2 LETT. *(circondare con siepi)* mit einer Hecke umschließen II pronom. **assieparsi** sich zusammen‿drängen. **as|sie|pa|to** p.pass. agg. 1 → **assiepare** 2 *(di persone)* zusammengedrängt, dicht gedrängt 3 *(di luoghi)* überfüllt, umdrängt.

as|sil|lan|te agg. 1 *(di persona)* aufdringlich, belästigend 2 quälend, plagend: **una preoccupazione, un problema ~** eine quälende Sorge, ein brennendes Problem. **as|sil|la|re** I tr. quälen, plagen: **essere assillato dai dubbi** sich mit Zweifeln quälen; **~ qcn. con continue domande** jdn mit ständigen Fragen quälen, bedrängen; **~ qcn. con le proprie chiacchiere** auf jdn ein‿reden II pronom. **assillarsi** sich quälen. **as|sil|lo** m. 1 ZOOL. Bremse *f.*, Stechfliege *f.* 2 FIG. *(pensiero continuo)* quälende Sorge *f.*

as|si|mi|la|bi|le agg. assimilierbar. **as|si|mi|la|bi|li|tà** f. Assimilierbarkeit *f.* **as|si|mi|la|re** tr. 1 assimilieren, verarbeiten, auf‿nehmen (anche FIG.): **~ il cibo** die Nahrung assimilieren; **~ esperienze** Erlebnisse verarbeiten; **~ un concetto** einen Gedanken assimilieren, in sich aufnehmen (*o* sich einen Gedanken an‿eignen) 2 *(rendere, considerare simile)* assimilieren, gleich‿stellen. **as|si|mi|la|to** p.pass. agg. 1 → **assimilare** 2 assimiliert (anche FIG.). **as|si|mi|la|to|re** agg. assimilatorisch.

as|si|mi|la|zio|ne f. 1 Assimilation *f.*, Assimilierung *f.*, Verarbeitung *f.*, Aufnahme *f.* (anche FIG.): ***l'~ di un'idea*** die Aufnahme einer Idee **2** *(il rendere simile)* Assimilation *f.*, Assimilierung *f.*, Gleichstellung *f.*

as|sio|lo m. Zwergohreule *f.*

as|sio|ma m. Axiom *n.* **as|sio|ma|ti|co** agg. *(-ci,-che)* axiomatisch.

As|si|ria n.pr.f. Assyrien *n.* **as|si|ro I** agg. assyrisch **II** m. **1** *(abitante)* Assyrer *m.* **2** *(lingua)* Assyrisch(e) *n.* **as|si|ro|ba|bi|lo|ne|se I** agg. assyrisch-babylonisch **II** m. e f. Assyrobabylonier *m.* (-in *f.*).

as|si|se f.pl. **1** Assisen *pl.*, Schwurgericht *n.* **2** FIG. *(assemblea)* Versammlung *f.*

as|si|si, as|si|so → **assidersi.**

as|sist m.inv. Vorlage *f.*

as|si|sten|ta|to m. **1** *(posto da assistente)* Assistentenstelle *f.* **2** *(durata)* Assistentenzeit *f.*

as|si|sten|te m. e f. **1** Assistent *m.* (-in *f.*) **2** Helfer *m.* (-in *f.*), Gehilfe *m.* (-hilfin *f.*), Hilfskraft *f.* ◆ ***~ di bordo*** → ***~ di volo***; ***~ farmacista*** Apothekenhelfer *m.* (-in *f.*); ***~ geriatrico (-a)*** Altenpfleger *m.* (-in *f.*); ***~ di laboratorio*** Laborant *m.* (-in *f.*); ***~ ai lavori*** Arbeitsaufseher *m.* (-in *f.*); ***~ legale*** Beistand *m.*; ***medico ~*** Assistenzarzt *m.*; ***~ di studio medico*** Arzthelferin *f.*; ***~ in uno studio notarile*** Notariatsgehilfe *m.* (-hilfin *f.*); ***~ di sala operatoria*** Operationsschwester *f.*; ***~ ospedaliero (-a)*** Krankenpfleger *m.* (-in *f.*); ***~ alla regia*** Regieassistent *m.* (-in *f.*); ***~ sociale*** Sozialarbeiter *m.* (-in *f.*), Fürsorger *m.* (-in *f.*), Streetworker *m.*; ***~ sociale per i minori*** Jugendpfleger *m.* (-in *f.*); ***~ del suono*** Tontechniker *m.* (-in *f.*); ***~ universitario (-a)*** Universitätsassistent *m.* (-in *f.*); ***~ di volo*** Flugbegleiter *m.* (-in *f.*).

as|si|sten|za f. **1** *(soccorso)* Hilfe *f.*, Beistand *m.*: ***con l'~ di qcn.*** mit jds Hilfe; ***dare, prestare ~ a qcn.*** jdm Beistand leisten, gewähren **2** *(cure)* Pflege *f.*, Betreuung *f.*, Fürsorge *f.*: ***fare ~ a un ammalato*** einen Kranken pflegen; ***~ medica, pediatrica*** ärztliche Betreuung, Kinderbetreuung **3** *(beneficenza)* Fürsorge *f.*: ***~ pubblica*** öffentliche Fürsorge **4** *(vigilanza)* Aufsicht *f.* **5** TECN. Wartung *f.* ◆ ***~ alla clientela*** Dienst *m.* am Kunden, Kundendienst *m.*; ***~ domiciliare*** Hausbetreuung *f.*; ***~ finanziaria*** Kapitalhilfe *f.*; ***fondo di ~*** Hilfsfonds *m.*; ***~ legale*** Rechtsbeistand *m.*; ***opera di ~*** Hilfswerk *n.*; ***~ alla regia*** Regieassistenz *f.*; ***~ sanitaria*** Gesundheitswesen *n.*; ***~ sociale*** Sozialhilfe *f.*; ***~ tecnica*** Kundendienst *m.*

as|si|sten|zia|le agg. fürsorgerisch, Fürsorge-, Sozial-, Hilfs-: ***ente ~*** Pflegeamt *n.*, Sozialamt *n.*; ***opere -i*** Wohlfahrtspflege *f.*, Hilfswerke *pl.*; ***stato ~*** Wohlfahrtsstaat *m.*; ***sussidio ~ pubblico*** Fürsorgeunterstützung *f.* **as|si|sten|zia|li|smo** m. (Ausnutzung *f.* des) Sozialhilfesystem(s) *n.*

as|si|ste|re *(assisto, assistei/assistetti, assistito)* **I** intr. (aus. *avere*) bei‿wohnen, anwesend sein, zugegen sein: ***~ a una riunione*** einer Sitzung beiwohnen, bei einer Sitzung anwesend (*o* zugegen) sein; ***~ a un concerto*** ein Konzert besuchen; *(guardare)* ***~ alla partita di calcio*** das Fußballspiel ansehen **II** tr. **1** *(aiutare)* ***~ qcn. (in qcs.)*** jdm bei‿stehen, jdm (bei etw.) helfen, jdm bei etw. assistieren; ***che dio mi assista!*** Gott stehe mir bei! **2** *(curare)* pflegen, betreuen, versorgen ◆ ***~ il chirurgo*** dem Chirurgen assistieren.

as|si|sti|to I p.pass. agg. **1** → **assistere 2** *(aiutato)* geholfen, assistiert **II** m. **1** Unterstützte *m.* **2** *(dal servizio sanitario)* Betreute *m.* **3** ***~ della previdenza sociale*** Sozialhilfeempfänger *m.*

as|si|to m. **1** *(pavimento)* Dielenboden *m.* **2** *(tramezza)* Bretterwand *f.*

1.as|so m. **1** *(nelle carte da gioco)* Ass *n.*: ***~ di cuori, fiori, quadri, picche*** Herzass, Kreuzass (*o* Treffass), Karoass, Pikass (*o* Schippenass) *n.*; ***~ di briscola*** Trumpfass *n.*; ***giocare un ~*** ein Ass aus‿spielen; FIG. ***avere un ~ nella manica*** einen Trumpf in der Hand haben **2** FIG. *(campione)* Ass *n.*, Kanone *f.*, Crack *m.*: ***essere un ~ in matematica, nel proprio campo*** ein Ass in Mathematik, auf seinem Gebiet eine Kanone sein; ***un ~ dello sport, del tennis, del volante*** eine Sportskanone, ein Tenniscrack, ein Meisterfahrer.

2.as|so, ***piantare in ~ qcn.*** jdn im Stich lassen, sitzen lassen (*o* hängen lassen).

as|so|cia|bi|le agg. vereinbar.

as|so|cia|re *(associo, associ)* **I** tr. **1** *(ammettere come socio)* als Mitglied (*o* Teilhaber) auf‿nehmen **2** *(riunire)* vereinigen, zusammen‿tun: ***~ le proprie forze a quelle di qcn. altro*** seine Kräfte mit denen eines anderen vereinigen; ***~ i capitali*** die Kapitale vereinigen **3** *(mettere in relazione)* assoziieren: ***~ due idee*** zwei Gedanken assoziieren; ***~ una parola a un'immagine*** ein Wort mit einem Bild assoziieren **II** pronom. **associarsi 1** Mitglied (*o* Teilhaber) werden: ***-rsi a un circolo*** Mitglied von, in einem Club werden (*o* einem Club bei‿treten) **2** *(unirsi in società)* sich verbinden, sich vereinigen, sich zusammen‿schließen: ***-rsi a un'impresa*** sich an einem Unternehmen beteiligen **3** FIG. *(partecipare)* ***-rsi a qcs.*** an etw. (D) teil‿nehmen (*o* teil‿haben), etw. teilen: ***mi associo al vostro dolore*** ich nehme an eurer Trauer teil **4** FIG. *(condividere)* sich an‿schließen: ***-rsi a una decisione*** sich einer Entscheidung anschließen.

as|so|cia|ti|vo agg. assoziativ. **as|so|cia|to I** p.pass. agg. **1** → **associare 2** vereinigt, assoziiert **II** m. **1** *(membro)* Mitglied *n.* **2** *(socio)* Gesellschafter *m.* **3** UNIV. ***professore ~*** außerordentlicher Professor.

as|so|cia|zio|ne f. **1** *(l'associare, l'associarsi)* Vereinigung *f.*, Verbindung *f.* **2** Verein *m.*, Vereinigung *f.*, Verband *m.*, Verbindung *f.*: ***~ commerciale, culturale, sportiva*** geschäftliche Verbindung, kultureller Verein, Sportverein *m.* (*o* Sportverband *m.*); ***~ registrata, non registrata, riconosciuta, illegale*** eingetragener, nichteingetragener, genehmigter, verbotener Verein; ***~ di interesse collettivo*** gemeinnütziger Verein; ***fondare un'~*** einen Verein gründen; ***appartenere a un'~*** einem Verein angehören; ***entrare a far parte di un'~*** einem Verein bei‿treten (*o* in einen Verein ein‿treten) **3** COMM. *(società)* Gesellschaft *f.*, Handelsgesellschaft *f.* **4** FIG. Assoziation *f.*, Zuordnung *f.*, Verknüpfung *f.*: ***suscitare -i*** Assoziationen erwecken; ***~ di idee*** Ideenassoziation *f.*, Gedankenverbindung *f.*, Gedankenassoziation *f.* ◆ ***~ di agricoltori*** Bauernverband *m.*; ***~ benefica (di beneficenza)*** Wohltätigkeitsverein *m.*; ***~ centrale*** Zentralverband *m.*, Spitzenverband *m.*; ***~ per il commercio e per l'industria*** Schutzverband *m.* für Handel und Gewerbe; ***~ per la difesa del consumatore*** Verbraucherverband *m.*; ***~ a, per delinquere*** kriminelle Vereinigung *f.*; ***diritto di ~*** Koalitionsrecht *n.*; ***~ ginnica*** Turnverein *m.*; ***libertà di ~*** Vereinigungsfreiheit *f.* (*o* Assoziations-, Koalitionsfreiheit *f.*); ***~ locale*** Ortsverein *m.*; ***~ operaia*** Arbeiterverein *m.*; ***~ professionale*** Fachverband *m.*, Berufsgenossenschaft *f.*; ***~ segreta*** Geheimbund *m.*; ***~ sindacale*** Gewerkschaftsbund *m.*; ***~ studentesca*** Studentenverbindung *f.* (*o* Korporation *f.*, Korps *n.*).

as|so|cia|zio|ni|smo m. Vereinswesen *n.*

as|so|da|men|to m. **1** *(consolidamento)* Festigung *f.*, Härtung *f.* **2** *(accertamento)* Feststellung *f.* **as|so|da|re** tr. **1** RAR. härten, hart machen; *(consolidare)* festigen **2** *(accertare)* fest‿stellen: ***~ la verità*** die Wahrheit feststellen. **as|so|da|to** p.pass. agg. **1** → **assodare 2** *(accertato)* gefestigt ◆ ***è ~ che...*** es steht fest, dass...

as|sog|get|ta|bi|le agg. unterwerfbar. **as|sog|get|ta|men|to** m. **1** Unterwerfung *f.*, Unterjochung *f.* **2** *(sottomissione)* Unterwerfung *f.*, Unterordnung *f.* **as|sog|get|ta|re I** tr. **1** *(soggiogare)* unterwerfen, unterjochen: ***~ un popolo*** ein Volk unterwerfen **2** *(sottomettere)* unterwerfen: ***~ qcn. alla propria volontà*** jdn seinem Willen unterwerfen **II** pronom. **assoggettarsi** sich unterwerfen, sich unter‿ordnen: ***-rsi alla volontà di qcn.*** sich jds Willen unterwerfen ◆ ***~ qcs. a imposta*** etw. besteuern.

as|so|la|to agg. sonnig.

as|sol|da|re tr. **1** MIL. *(arruolare)* in Sold nehmen, an‿werben (anche ESTENS.) **2** SPREG. *(sicari, spie)* dingen.

as|so|lo m.inv. Solo *n.*: ***cantare, suonare un ~*** ein Solo singen, spielen.

as|sol|si, as|sol|to → **assolvere.**

as|so|lu|ta|men|te avv. **1a** absolut, unbedingt, durchaus: ***devo ~ andare*** ich muss unbedingt gehen **b** *(affatto)* ***non lo voglio ~*** das will ich absolut nicht **2** *(del tutto)* absolut, überhaupt, ganz, völlig: ***è ~ impossibile*** das ist völlig unmöglich **3** *(in frasi negative)* gar, überhaupt: ***non è ~ vero*** das ist gar nicht wahr. **as|so|lu|tez|za** f. Absolutheit *f.*

as|so|lu|ti|smo m. Absolutismus *m.* **as|so|lu|ti|sta** *(-i,-e)* **I** agg. absolutistisch **II** m. e f. Absolutist *m.* (-in *f.*). **as|so|lu|ti|sti|co** agg. *(-ci,-che)* absolutistisch.

as|so|lu|tiz|za|re tr. verabsolutieren: ***~ un'affermazione*** eine Behauptung verabsolutieren. **as|so|lu|tiz|za|zio|ne** f. Verabsolutierung *f.*

as|so|lu|to I agg. **1** absolut (anche GRAMM. MAT.): ***monarchia, maggioranza -a*** absolute Monarchie, Mehrheit; ***padrone ~*** absoluter (*o* unbeschränkter, eigenmächtiger) Herrscher; ***il nulla ~*** das absolute Nichts **2** *(completo)* absolut, unbedingt: ***silenzio ~*** absolute Ruhe; ***-a fiducia*** unbedingtes Vertrauen; ***con -a certezza*** mit absoluter Gewissheit **II** m. Absolute *n.* ◆ ***è il migliore in ~*** er ist mit Abstand der Beste; ***nel modo più ~*** auf gar keinen Fall, ganz entschieden; ***orecchio ~*** absolutes Gehör; ***potere ~*** absolute Macht, unumschränkte Vollmacht; ***un principiante ~*** ein blutiger Anfänger; ***~ riposo*** strenge Bettruhe; ***superlativo ~*** absoluter Superlativ; ***uso ~ di un verbo*** = Intransitiv *n.*; ***vincitore ~*** Gesamtsieger *m.*

as|so|lu|to|rio agg. *(-ri,-rie)* freisprechend: ***sentenza -a*** Freispruch *m.* **as|so|lu|zio|ne** f. **1** DIR. Freispruch *m.*, Freisprechung *f.*: ***emettere una sentenza di ~*** auf Freispruch erkennen; ***la sentenza è di ~*** das Urteil lautet auf Freispruch **2** RELIG. Lossprechung *f.*, Absolution *f.*: ***dare l'~ a qcn.*** jdm die Absolution erteilen.

as|sol|ve|re tr. *(assolvei/assolvetti/assolsi; assolto)* **1** DIR. frei_sprechen: ***~ qcn. per mancanza di prove*** jdn aus Mangel an Beweisen freisprechen; ***~ qcn. dall'accusa di tradimento*** jdn von der Anklage des Verrats freisprechen **2** RELIG. los_sprechen, frei_sprechen (anche ESTENS.): ***~ qcn. da ogni responsabilità*** jdn von jeder Verantwortung freisprechen **3** *(adempiere)* absolvieren: ***~ un compito, il servizio militare*** eine Aufgabe, den Militärdienst absolvieren; ***~ i propri doveri*** seinen Pflichten nach_kommen. **as|sol|vi|men|to** m. Absolvierung *f.*

as|so|mi|glia|re *(assomiglio, assomigli)* **I** intr. (aus. *avere*) ***~ a qcn., qcs.*** jdm, etw. ähnlich sehen, ähneln, gleich_sehen; nach jdm schlagen, jdm nach_schlagen, jdm gleichen **II** pronom. **assomigliarsi** sich (D) ähneln, sich ähnlich sehen, einander ähneln ◆ ***-rsi come due gocce d'acqua*** sich aufs Haar (*o* wie ein Ei dem andern) gleichen.

as|som|ma|re **I** intr. (aus. *essere*) sich belaufen, betragen: ***il debito assomma a due milioni*** die Schuld beläuft sich auf zwei Millionen **II** tr. ***~ qcs. in sé*** etw. in sich vereinigen **III** pronom. **assommarsi** sich vereinigen, vereint sein: ***in lui si assommano le migliori qualità*** in ihm vereinigen sich die besten Eigenschaften.

as|so|nan|za f. Assonanz *f.*

as|son|na|to agg. schläfrig, verschlafen: ***avere un'aria -a*** eine schläfrige Miene machen, schläfrig aus_sehen.

as|so|no|me|tri|a f. Axonometrie *f.*

as|so|pi|men|to m. **1** Schläfrigkeit *f.* **2** *(sonnolenza)* Schlummer *m.* **as|so|pi|re** *(assopisco, assopisci)* **I** tr. **1** ein_dämmern, ein_schläfern **2** FIG. *(lenire)* lindern, beruhigen **II** pronom. **assopirsi 1** ein_schlummern, in Schlummer sinken **2** FIG. *(placarsi)* sich beruhigen.

as|sor|ben|te **I** agg. **1** aufsaugend, absorbierend; saugfähig: ***potere ~*** Saugfähigkeit *f.* **2** BIOL. MED. resorptionsfähig **3** CHIM. FIS. absorbierend **II** m. **1** ***~ (igienico)*** Monatsbinde *f.* **2a** CHIM. FIS. *(sostanza)* Absorbens *n.* **b** *(apparecchiatura)* Absorber *m.* ◆ ***carta ~*** Löschpapier *n.*, Saugpapier *n.*; ***~ (igienico) interno*** Tampon *m.*

as|sor|bi|men|to m. **1** Aufsaugung *f.*, Absorption *f.*, Aufnahme *f.* **2** *(inglobamento)* Einverleibung *f.* **3** BIOL. MED. Resorption *f.* **4** CHIM. FIS. Absorption *f.*: ***~ del suono*** Schallabsorption *f.*

as|sor|bi|re tr. **1a** auf_saugen, saugen, absorbieren: ***~ umidità*** Feuchtigkeit aufsaugen **b** FIG. in Anspruch nehmen, auf_saugen: ***il lavoro lo assorbe completamente*** die Arbeit nimmt ihn völlig in Anspruch **2** *(inglobare, incorporare)* ein_verleiben: ***~ numerose aziende*** zahlreiche Betriebe einverleiben **3** *(accogliere)* auf_nehmen: ***il mercato del lavoro assorbe ancora lavoratori*** der Arbeitsmarkt nimmt noch Arbeitskräfte auf **4** BIOL. MED. resorbieren **5** CHIM. FIS. absorbieren.

as|sor|da|men|to m. Betäubung *f.* **as|sor|dan|te** agg. ohrenbetäubend, betäubend: ***rumore ~*** ohrenbetäubender Lärm. **as|sor|da|re** tr. **1** taub machen **2** *(stordire)* betäuben **3** *(attutire)* dämpfen, ab_schwächen.

as|sor|ti|men|to m. Sortiment *n.*, Auswahl *f.*: ***un grande ~ di qcs.*** eine große Auswahl an (*o* von) etw.

as|sor|ti|re tr. *(assortisco, assortisci)* **1** sortieren: ***~ gli abiti secondo la misura*** Kleider nach Größen sortieren **2** *(abbinare)* zusammen_stellen: ***~ bene le tinte*** die Farben gut zusammenstellen **3** COMM. *(rifornire)* assortieren.

as|sor|ti|to p.pass. agg. **1** → **assortire 2** assortiert, zusammengestellt: ***merce -a*** assortierte Waren **3** *(misto)* gemischt: ***cioccolatini -i*** gemischte Pralinen; ***frutta -a*** gemischtes Obst **4** *(abbinato)* passend, zusammenpassend: ***una coppia ben -a*** ein gut zusammenpassendes Paar.

as|sor|to agg. versunken, vertieft: ***essere ~ nei pensieri*** in Gedanken versunken sein.

as|sot|ti|glia|men|to m. **1** Verdünnung *f.*, Verdünnen *n.* **2** Verminderung *f.*, Verringerung *f.*

as|sot|ti|glia|re *(assottiglio, assottigli)* **I** tr. **1** dünner (*o* schmaler) machen **2** *(diminuire, ridurre)* schmälern, mindern, verringern: ***~ le scorte*** die Vorräte schmälern **3** *(rendere perspicace)* schärfen: ***~ l'ingegno*** den Verstand schärfen **II** pronom. **assottigliarsi 1** *(dimagrire)* schmal werden **2** *(ridursi)* schrumpfen: ***il capitale si assottiglia*** das Kapital schrumpft **3** *(rastremare)* sich verjüngen: ***la colonna si assottiglia (verso l'alto)*** die Säule verjüngt sich (nach oben).

ASST ⇒ *Azienda di Stato per i Servizi Telefonici* Staatliche Telefongesellschaft.

as|sue|fa|re *(assuefaccio, assuefai; assuefeci; assuefatto)* **I** tr. ***~ qcn. a qcs.*** jdn an etw. (A) gewöhnen **II** pronom. ***assuefarsi a qcs.*** sich (D) etw. angewöhnen, sich an etw. (A) gewöhnen. **as|sue|fa|zio|ne** f. **1** Angewöhnung *f.*, Gewöhnung *f.*; *(dipendenza)* Abhängigkeit *f.*: ***~ ai narcotici*** Gewöhnung an Betäubungsmittel.

as|su|me|re *(assunsi; assunto)* **I** tr. **1a** an_nehmen: ***~ le sembianze di qcn.*** jds Aussehen annehmen; ***~ grosse proporzioni*** große Ausmaße annehmen **b** an_nehmen, ein_nehmen: ***~ un atteggiamento*** eine Haltung einnehmen **2** *(prendere su di sé)* übernehmen: ***~ un incarico, il comando, il potere*** einen Auftrag, das Steuer, die Macht übernehmen; ***~ la difesa*** die Verteidigung übernehmen **3** *(prendere alle proprie dipendenze)* ein_stellen, an_stellen, übernehmen: ***~ nuovi impiegati*** neue Angestellte einstellen; ***~ qcn. in prova*** jdn zur Probe anstellen **4** MED. *(ingerire)* ein_nehmen: ***~ medicinali*** Arzneimittel einnehmen **5** *(ammettere come ipotesi)* an_nehmen **6** *(elevare)* erheben **7** RELIG. *(ascendere)* auf_nehmen **II** pronom. **assumersi** übernehmen, auf sich (A) nehmen: ***-rsi la responsabilità (di qcs.)*** die Verantwortung (für etw.) auf sich nehmen ◆ ***~ importanza*** an Bedeutung gewinnen; ***~ informazioni (su qcn., qcs.)*** Erkundigungen (über jdn, etw.) ein_ziehen (*o* über jdn, etw. Auskünfte ein_holen).

As|sun|ta n.pr.f. **1** RELIG. *(Vergine Maria)* Heilige Jungfrau *f.* **2** ***(festa dell') ~*** Mariä Himmelfahrt *f.*

as|sun|to **I** p.pass. agg. **1** → **assumere 2** angenommen **3** *(alle proprie dipendenze)* angestellt, eingestellt **II** m. **1** Angestellte *m.*, Eingestellte *m.*: ***il nuovo ~*** der neue Angestellte **2** *(tesi)* These *f.*, Annahme *f.*: ***dimostrare un ~*** eine These beweisen.

as|sun|zio|ne f. **1** Übernahme *f.*, Aufnahme *f.*: ***~ di una carica, del potere*** die Übernahme eines Amts, Machtübernahme *f.*; ***~ di prove*** Beweisaufnahme *f.* **2** *(di cibi)* Aufnahme *f.*, Einnahme *f.* **3** *(di nuovi dipendenti)* Anstellung *f.*, Einstellung *f.* **4** *(elevazione)* Erhebung *f.*: ***~ al trono*** Erhebung auf den Thron **5a** RELIG. ***~ di Maria*** Mariä Himmelfahrt *f.*: ***festa dell'~ di Maria*** Mariä Himmelfahrt *f.* **b** PITT. Assumtion *f.* ◆ ***blocco delle -i*** Einstellungssperre *f.*, Einstellungsstopp *m.*; ***contratto di ~*** Anstellungsvertrag *m.*; ***domanda di ~*** Bewerbungsschreiben *n.*, Bewerbung *f.*

as|sur|di|tà f.inv. Sinnlosigkeit *f.*, Absurdität *f.*; *(nonsenso)* Unsinn *m.*, Widersinnigkeit *f.* **as|sur|do** **I** agg. widersinnig, absurd: ***comportamento ~, situazione -a*** absurde Haltung, Situation; *(esagerato)* ***richieste -e*** absurde Forderungen; *(infondato)* ***un sospetto ~*** ein absurder Verdacht; ***è, trovo ~ che...*** es ist, ich finde es absurd, dass... **II** m. Widersinn *m.*, Absurdität *f.* ◆ ***arrivare all'~ di...*** soweit gehen, dass...; ***dimostrazione per ~*** paradoxe Beweisführung; ***ipotesi per ~*** Fiktion *f.*; ***teatro dell'~*** absurdes Theater.

as|sur|ge|re intr. *(assurgo, assurgi; assursi; assurto;* aus. *essere)* empor_steigen: ***~ alle più alte dignità*** zu den höchsten Würden emporsteigen.

a|sta f. **1a** Stange *f.*, Stab *m.*; *(manico)* Schaft *m.*: ***~ della tenda*** Vorhangstange *f.*; ***l'~ del giavellotto*** der Speerschaft **b** SPORT Stabhochsprungstab *m.*, Stab *m.*: ***salto con l'~*** Stabhochsprung *m.*; *(come disciplina)* Stabhochsprung *m.* **c** *(del compasso)* Schenkel *m.* **2** *(vendita pubblica)* Auktion *f.*, Versteigerung *f.*: ***mettere, essere messo all'~*** versteigern, unter den Hammer bringen, kommen **3** *(lancia)* Lanze *f.*, Speer *m.* ◆ ***avviso d'~*** Auktionsankündigung *f.*; ***~ della bandiera*** Flaggenmast *m.*, Fahnenmast *m.*, Fahnenstange *f.*; ***~ giudiziaria*** Zwangsversteigerung *f.*; ***~ graduata*** Messstab *m.*; ***~ di livello dell'olio*** Ölmessstab *m.*; ***a mezz'~*** auf halbmast; ***~ degli occhiali*** Brillenbügel *m.*

a|sta|co m. *(-ci)* Steinkrebs *m.*, Flusskrebs *m.*

a|stan|te m. e f. Anwesende *m.* e *f.*

a|stan|te|ri|a f. Aufnahmezimmer *n.* (im Krankenhaus).

1.a|sta|to m. Astat *n.*, Astatin *n.*

2.a|sta|to m. *(soldato antico)* Lanzenträger *m.*

a|ste|mio **I** agg. *(-mi, -mie)* abstinent **II** m. *(-mi)* Abstinenzler *m.*

a|ste|ner|si pronom. *(mi astenni; astenuto)* **1** sich enthalten: ***~ dal voto*** sich der Stimme enthalten **2** *(evitare)* meiden, vermeiden: ***~ dall'alcol*** Alkohol meiden; ***~ dal fare qcs.*** vermeiden, etw. zu tun.

a|ste|ni|a f. Asthenie *f.* **a|ste|ni|co** **I** agg. *(-ci, -che)* asthenisch **II** m. *(-ci)* Astheniker *m.*

a|sten|sio|ne f. Enthaltung *f.*: ***~ dal voto*** Stimmenthaltung *f.* **a|sten|sio|ni|smo** m. Stimmenthaltung *f.* **a|sten|sio|ni|sta** m. e f. *(-i, -e)* wer sich der Stimme enthält. **a|sten|sio|ni|sti|co** agg. *(-ci, -che)* ***politica -a*** Politik der Enthaltung. **a|ste|nu|to** **I** p.pass. agg. **1** → **astenersi 2** enthalten **II** m. wer sich der Stimme enthalten hat; ***10 -i*** zehn Enthaltungen.

a|ster m. Aster *f.*

a|ster|ge|re tr. *(astersi; asterso)* LETT. ab_trocknen, ab_wischen.

a|ste|ri|sco m. *(-schi)* Asteriskus *m.*

a|ste|roi|de m. Asteroid *m.*

a|stic|cio|la f. **1** kleine Stange *f.* **2** *(della penna)* Federhalter *m.*

a|sti|ce m. Hummer *m.*

a|sti|cel|la f. **1** Stäbchen *n.* **2** SPORT *(del salto in alto)* Sprunglatte *f.*, Latte *f.*

a|stig|ma|ti|co I agg. *(-ci,-che)* astigmatisch **II** m. *(-ci)* Astigmatiker *m.* **a|stig|ma|ti|smo** m. Astigmatismus *m.*

a|sti|le m. LETT. Schaft *m.*: ***~ della lancia*** Speerschaft *m.*

a|sti|nen|te agg. abstinent, enthaltsam.

a|sti|nen|za f. Abstinenz *f.*, Enthaltsamkeit *f.*: ***fare ~*** Abstinenz üben; ***giorno di ~ (dalle carni)*** Abstinenztag *m.* ◆ ***crisi di ~*** Entziehungserscheinung *f.*, Entzugserscheinung *f.*

a|stio m. *(-sti)* Groll *m.*: ***nutrire ~ verso, contro qcn.*** Groll auf jdn haben, gegen jdn hegen. **a|stio|si|tà** f. Groll *m.* **a|stio|so** agg. grollend.

a|sti|sta m. e f. *(-i,-e)* Stabhochspringer *m.* (-in *f.*).

a|sto|re m. Hühnerhabicht *m.*, Habicht *m.*

a|stra|can → **astrakan.**

a|stra|ga|lo m. Astragal *m.*

a|stra|kan, a|stra|kan m. Astrachan *m.*

a|stra|le agg. astral, Astral-, Stern-.

a|strar|re *(astraggo, astrai; astrassi; astratto)* **I** tr. **1** abstrahieren: ***~ concetti da qcs.*** aus etw. Begriffe abstrahieren; ***~ l'universale dal particolare*** das Allgemeine von dem Besonderen abstrahieren **2** *(distogliere)* entfernen, ab‿sondern: ***~ la mente da qcs.*** sich von etw. entfernen **II** intr. (aus. *avere*) ***~ da qcs.*** von etw. ab‿sehen, abstrahieren **III** pronom. **astrarsi** sich gedanklich ab‿sondern. **a|strat|ta|men|te** avv. abstrakt. **a|strat|tez|za** f. Abstraktheit *f.* **a|strat|ti|smo** m. abstrakte Kunst *f.* **a|strat|ti|sta** m. e f. *(-i,-e)* abstrakter Künstler *m.* (abstrakte -in *f.*). **a|strat|to** p.pass. agg. **1** → **astrarre 2** abstrakt: ***concetti -i*** abstrakte Begriffe; ***pittura -a*** abstrakte Malerei ◆ FILOS. ***concetto ~*** Abstraktum *n.*; ***in ~*** abstrakt.

a|stra|zio|ne f. Abstrahierung *f.*, Abstraktion *f.*: ***fare ~ da qcs.*** von etw. abstrahieren; *(prescindere)* von etw. ab‿sehen.

a|strin|gen|te I agg. adstringierend **II** m. **1** Adstringens *n.*, adstringierendes Mittel *n.* **a|strin|ge|re** *(astringo, astringi; astrinsi; astretto)* tr. MED. adstringieren.

a|stro m. **1** Gestirn *n.*, Stern *m.* **2** FIG. Stern *m.*, Star *m.*: ***un ~ nascente della musica*** ein aufsteigender Stern in der Musik ◆ BOT. ***~ della Cina*** Aster *f.*; FIG. ***consultare, leggere gli -i*** die Sterne befragen, in den Sternen lesen.

a|stro|fi|co agg. *(-ci,-che)* astrophisch.

a|stro|fi|si|ca f. Astrophysik *f.* **a|stro|fi|si|co I** m. *(-ci)* Astrophysiker *m.* **II** agg. *(-ci,-che)* die Astrophysik betreffend, astrophysikalisch. **a|stro|fo|to|gra|fi|a** f. Astrofotografie *f.* **a|stro|gra|fo** m. Astrograph *m.* **a|stro|la|bio** m. Astrolabium *n.*

a|stro|lo|ga f. Astrologin *f.* **a|stro|lo|gi|a** f. Astrologie *f.*, Sterndeutung *f.* **a|stro|lo|gi|co** agg. *(-ci,-che)* astrologisch. **a|stro|lo|go** m. *(-gi)* Astrologe *m.*, Sterndeuter *m.*

a|stro|nau|ta m. e f. *(-i,-e)* Astronaut *m.* (-in *f.*), Raumfahrer *m.* (-in *f.*), Weltraumfahrer *m.* (-in *f.*). **a|stro|nau|ti|ca** f. Astronautik *f.*, Raumfahrt *f.*, Weltraumfahrt *f.* **a|stro|nau|ti|co** agg. *(-ci, -che)* astronautisch.

a|stro|na|ve f. Raumschiff *n.*, Weltraumschiff *n.*

a|stro|no|mi|a f. Astronomie *f.*, Sternkunde *f.* **a|stro|no|mi|co** agg. *(-ci,-che)* **1** astronomisch, Stern-: ***osservatorio ~*** Sternwarte *f.* **2** FIG. *(esagerato)* astronomisch: ***prezzi -ci*** astronomische Preise. **a|stro|no|mo** m. Astronom *m.*, Sternforscher *m.*, Sternkundige *m.*

a|stru|sag|gi|ne f. RAR. → **astrusità. a|stru|sa|men|te** avv. abstrus. **a|stru|se|ri|a** f. → **astrusità.**

a|stru|si|tà f.inv. **1** abstruser Charakter *m.*, abstruse Art *f.*, Abstrusität *f.*; *(incomprensibilità)* Unverständlichkeit *f.*: ***l'~ delle sue parole*** der abstruse Charakter seiner Worte **2** *(cosa astrusa)* abstruses Zeug *n.*: ***dire ~*** abstruses Zeug daher‿reden. **a|stru|so** agg. abstrus; *(incomprensibile)* unverständlich: ***concetti, ragionamenti -i*** unverständliche Begriffe, abstruse Überlegungen.

a|stuc|cio m. *(-ci)* **1** Etui *n.*, Futteral *n.*: ***l'~ degli occhiali*** das Brillenetui **2** *(scatola)* Kasten *m.*: ***l'~ del compasso, del violino*** der Zirkel-, Geigenkasten **3** *(portapenne)* Federmäppchen *n.*

a|stu|ria|no I agg. asturisch **II** m. Asturier *m.* **A|stu|rie** n.pr.pl. Asturien *pl.*

a|stu|ta|men|te avv. listig, schlau, listiger-, schlauerweise. **a|stu|to** agg. listig, schlau: ***un tipo ~*** ein listiger Typ; ***una mossa -a*** ein schlauer Zug. **a|stu|zia** f. **1** Listigkeit *f.*, Schlauheit *f.*, List *f.*: ***agire, giocare d'~*** mit List (*o* listig) vorgehen **2** *(idea, azione astuta)* List *f.*, Trick *m.*: ***conoscere tutte le -e*** jeden Trick kennen.

AT ⇒ **1** *Antico Testamento* Altes Testament **2** *Alta Tensione* Hochspannung.

a|ta|ras|si|a f. Ataraxie *f.*

a|tas|si|a f. Koordinationsstörung *f.*

a|ta|vi|ca|men|te avv. atavistisch. **a|ta|vi|co** agg. *(-ci,-che)* atavistisch. **a|ta|vi|smo** m. Atavismus *m.*

a|te|i|smo m. Atheismus *m.* **a|te|i|sta** m. e f. *(-i,-e)* → **ateo. a|te|i|sti|co** agg. *(-ci,-che)* atheistisch.

a|te|le m. Klammeraffe *m.*

ate|lier m.inv. Atelier *n.*

a|te|ma|ti|co agg. *(-ci,-che)* athematisch.

a|tem|po|ra|le agg. zeitlos, jenseits der Zeitlichkeit.

A|te|na n.pr.f. Athene *f.* **A|te|ne** n.pr.f. Athen *n.* **a|te|ne|o** m. **1** *(tempio di Atena)* Athenäum *n.* **2** *(università)* Universität *f.* **a|te|nie|se I** m. e f. Athener *m.* (-in *f.*) **II** agg. athenisch.

a|te|o I m. Atheist *m.* **II** agg. atheistisch.

a|ter|mi|co agg. *(-ci,-che)* atherman, adiabatisch ◆ ***vetro ~*** Isolierglas *n.*

a|te|si|no I m. Einwohner *m.* des Etschtals, Etschtaler *m.* **II** agg. aus dem Etschtal, Etsch-.

a|ti|pi|ci|tà f.inv. atypische Beschaffenheit *f.*, atypische Eigenschaft *f.* **a|ti|pi|co** agg. *(-ci,-che)* atypisch.

a|tlan|te m. **1** Atlas *m.* (anche ANAT.): ***~ geografico, linguistico, storico*** Erdkunde-, Sprach-, Geschichtsatlas *m.* **2** ARCH. Atlant *m.*

A|tlan|te n.pr.m. Atlas *m.*

a|tlan|ti|co agg. *(-ci,-che)* atlantisch, Atlantik- ◆ ***l'oceano Atlantico*** der Atlantische Ozean; STOR. ***patto ~*** Atlantikpakt *m.* **A|tlan|ti|co** n.pr.m. Atlantik *m.* ◆ ***d'oltre ~*** transatlantisch.

A|tlan|ti|de n.pr.f. Atlantis *n.*

a|tlan|ti|smo m. = nordatlantische Bündnispolitik *f.*

a|tle|ta m. e f. *(-i,-e)* Athlet *m.* (-in *f.*), Wettkämpfer *m.* (-in *f.*). **a|tle|ti|ca** f. Athletik *f.*: ***praticare l'~*** Athletik betreiben; ***~ leggera, pesante*** Leicht-, Schwerathletik. **a|tle|ti|ca|men|te** avv. athletisch. **a|tle|ti|co** agg. *(-ci,-che)* athletisch: ***una grande prestazione -a*** eine große athletische Leistung; ***avere un fisico ~*** athletisch gebaut sein. **a|tle|ti|smo** m. Athletik *f.*

at|mo|sfe|ra f. **1** Atmosphäre *f.*, Lufthülle *f.*: ***l'~ terrestre*** die Erdatmosphäre **2** FIG. Stimmung *f.*, Atmosphäre *f.*: ***l'~ di un romanzo, di un'epoca*** die Stimmung eines Romans, einer Epoche; ***un'~ allegra, rilassata, soffocante*** eine heitere, ausgelassene, drückende Stimmung; ***regna un'~ natalizia*** es herrscht Weihnachtsstimmung; ***l'~ è carica di tensione*** die Stimmung ist gespannt; ***rallegrare, vivacizzare, rovinare l'~*** die Stimmung heben, beleben, verderben **3** FIS. Atmosphäre *f.*

at|mo|sfe|ri|co agg. *(-ci,-che)* **1** atmosphärisch, Atmosphären-, Luft-: ***pressione -a*** Atmosphärendruck *m.*, Luftdruck *m.* **2** Witterungs-, Wetter-: ***condizioni -che*** Witterungsverhältnisse *pl.*, Wetterlage *f.*; ***agenti -ci*** Witterungseinflüsse *pl.*

a|tol|lo m. Atoll *n.*

a|to|mi|ca f. Atombombe *f.* **a|to|mi|co** agg. *(-ci,-che)* atomar, Atom-: ***la struttura -a della materia*** die atomare Struktur der Materie; ***energia, centrale -a*** Atomkraft *f.* (*o* Atomenergie *f.*, Kernkraft *f.*), Atomkraftwerk *n.*; ***bomba, arma, guerra -a*** Atombombe *f.*, Atomwaffe *f.* (*o* atomare Waffe *f.*), Atomkrieg *m.*; ***l'era -a*** atomares Zeitalter, Atomzeitalter *n.*

a|to|mi|smo m. Atomismus *m.* **a|to|mi|sta I** agg. atomistisch **II** m. e f. Atomist *m.* (-in *f.*). **a|to|mi|sti|co** agg. *(-ci,-che)* atomistisch.

a|to|miz|za|re tr. atomisieren, zerstäuben.

a|to|mo m. Atom *n.*: ***la scissione dell'~*** die Atomspaltung.

a|to|na|le agg. atonal. **a|to|na|li|tà** f. Atonalität *f.*

a|to|ni|a f. **1** MED. Atonie *f.* **2** LING. Unbetontheit *f.* **a|to|ni|co** agg. *(-ci,-che)* MED. atonisch. **a|to|no** agg. LING. unbetont: ***sillaba -a*** unbetonte Silbe.

a|tos|si|co agg. *(-ci,-che)* atoxisch, ungiftig.

atout [a'tu] m.inv. Atout *n.* e *m.*

a|tra|bi|le f. schwarze Galle *f.* **a|tra|bi|lia|re** agg. melancholisch.

a|tre|pli|ce f. Melde *f.*

a|tria|le agg. MED. Vorhof-. **a|trio** m. *(atri)* **1** Halle *f.*, Vorhalle *f.*, Vorraum *m.*: ***l'~ dell'albergo, della stazione*** die Hotel-, Bahnhofshalle **2** *(di una casa)* Diele *f.*, Vorzimmer *n.* **3** ANAT. ARCH. Vorhof *m.*, Atrium *n.* **4** ARCHEOL. Atrium *n.*

a|tro agg. LETT. **1** finster, düster **2** *(spaventoso)* unheilvoll.

a|tro|ce agg. **1** grauenhaft, schrecklich: ***un delitto ~*** ein grauenhaftes Verbrechen **2a** *(crudele)* grausam: ***una ~ vendetta*** eine grausame Rache **b** *(straziante)* ***dolori, dubbi -i*** grausame Schmerzen, quälende Zweifel **3** FIG. COLLOQ. *(grande)* grausam, schrecklich: ***un caldo, una fame ~*** eine grausame Hitze, ein schrecklicher Hunger.

a|tro|ce|men|te avv. **1** grauenhaft, schrecklich, entsetzlich **2** *(crudelmente)* grausam **3** *(in modo straziante)* grausam.

a|tro|ci|tà f.inv. **1** Schrecklichkeit *f.* **2** *(crudeltà)* Grausamkeit *f.*: ***l'~ di una pena*** die Grausamkeit einer Strafe **3** *(atto atroce)* Greueltat *f.*: ***le ~ della guerra*** die Greueltaten des Krieges; ***commettere delle ~*** Greueltaten begehen.

a|tro|fi|a f. Atrophie *f.* **a|tro|fi|co** agg. *(-ci,-che)* atrophisch. **a|tro|fiz|za|re I** tr. schrumpfen lassen (anche FIG.) **II** pronom. **atrofizzarsi 1** atrophieren **2** FIG. *(perdere le capacità)* schrumpfen.

a|tro|pa f. Tollkirsche *f.*

a|tro|pi|na f. Atropin *n.*

a|tro|po m. Totenkopf *m.*

at|tac|ca|bi|le agg. **1** (an)klebbar **2** angreifbar, anfechtbar (anche FIG.).

at|tac|ca|bot|to|ni m. e f.inv. aufdringlicher Mensch *m.*; *(chiacchierone)* Schwätzer *m.* (-in *f.*) **at|tac|ca|bri|ghe** m. e f.inv. Raufbold *m.*, Streithammel *m.*, Zänker *m.* (-in *f.*).

at|tac|ca|men|to m. Verbundenheit *f.*, Anhänglichkeit *f.*, Ergebenheit *f.*, Treue *f.*: ***~ al dovere, alla famiglia*** Pflichtergebenheit *f.*, Familienverbundenheit *f.* (*o* Familiensinn *m.*).

at|tac|can|te m. Angreifer *m.*, Stürmer *m.*: ***marcare un ~*** einen Stürmer decken.

at|tac|ca|pan|ni m.inv. **1** *(a stelo)* Kleiderständer *m.*: ***appendere il cappotto all'~*** den Mantel an den Kleiderständer hängen **2** *(a parete)* Kleiderhaken *m.*

at|tac|ca|re *(attacco, attacchi)* **I** tr. **1** befestigen, an‿bringen, fest‿machen: ***~ un cartello alla porta*** ein Schild an der Tür befestigen (*o* anbringen) **2a** *(incollare)* kleben, an‿kleben: ***~ un francobollo alla busta*** eine Briefmarke auf den Umschlag kleben **b** *(incollare insieme)* an‿kleben, zusammen‿kleben: ***~ i pezzi di un vaso rotto*** die Stücke einer zerbrochenen Vase zusammenkleben **3a** *(affiggere, appendere)* an‿hängen, hängen: ***~ un quadro alla parete*** ein Bild an die Wand hängen **b** *(col martello)* nageln **4a** *(cucire)* nähen, an‿setzen, an‿nähen: ***~ un bottone alla camicia*** einen Knopf an das Hemd nähen **b** *(cucire insieme)* zusammen‿nähen **5** *(agganciare)* (ver)koppeln, an‿koppeln, hängen: ***~ i vagoni al treno*** die Waggons an die Lokomotive koppeln (*o* hängen) **6** *(animali da tiro)* spannen, schirren: ***~ i cavalli alla carrozza*** die Pferde an, vor die Kutsche spannen **7a** *(legare)* an‿binden, binden: ***~ la fune a un ramo*** das Seil an einen Ast binden **b** *(legare insieme)* zusammen‿binden **8** *(con una catena)* schließen, fest‿machen: ***~ la bici a un palo*** das Fahrrad an einen Pfahl schließen **9** *(collegare elettricamente)* ein‿stecken, an‿stecken: ***~ il ferro da stiro*** das Bügeleisen einstecken **10** *(trasmettere)* an‿stecken: ***~ il raffreddore, l'influenza a qcn.*** jdn mit einem Schnupfen, einer Grippe anstecken; ***mi ha attaccato il vizio del fumo*** er hat mich mit dem Rauchen angesteckt **11** MUS. ein‿setzen: ***l'orchestra attaccò un valzer*** das Orchester setzte mit einem Walzer ein **12a** *(assalire)* an‿greifen: ***~ il nemico, una fortezza*** den Feind, eine Festung angreifen; ***~ qcn. alle spalle*** jdn im Rücken angreifen; assol. ***~ all'alba*** im Morgengrauen angreifen **b** SPORT assol. an‿greifen, offensiv spielen: ***la squadra attaccò per tutta la partita*** die Mannschaft spielte während des ganzen Spiels offensiv **c** *(contestare)* ***~ le opinioni di qcn., la politica del governo*** jds Meinungen, die Politik der Regierung angreifen **13** *(di animale)* an‿fallen: ***il cane lo attaccò*** der Hund fiel ihn an **14a** *(colpire)* befallen, an‿greifen: ***la malattia ha attaccato i centri nervosi*** die Krankheit hat die Nervenzentren befallen **b** *(intaccare)* befallen: ***i parassiti attaccano solo queste piante*** die Schädlinge befallen nur diese Pflanzen **15** *(corrodere)* an‿greifen, zerfressen **II** intr. (aus. *avere*) **1** kleben: ***la colla non attacca*** der Kleber klebt nicht **2a** *(attecchire)* an‿wachsen, fest‿wachsen **b** COLLOQ. sich durch‿setzen, sich verbreiten, Fuß fassen: ***questa moda ha attaccato subito*** diese Mode hat sich sofort durchgesetzt **3** COLLOQ. *(funzionare)* funktionieren: ***(con me) non attacca!*** das funktioniert bei mir nicht! **4a** *(iniziare)* an‿setzen, an‿fangen: ***quando attacca a parlare, non la finisce più*** wenn er einmal anfängt zu sprechen, hört er nicht mehr auf **b** MUS. ein‿setzen: ***~ in ritardo*** zu spät einsetzen **c** COLLOQ. *(iniziare a lavorare)* zu arbeiten anfangen: ***a che ora attacchi domani?*** wann fängst du morgen zu arbeiten an? **III** pronom. **attaccarsi 1a** kleben, an‿kleben: ***l'etichetta si attacca male*** das Etikett klebt (*o* haftet) schlecht **b** *(incollarsi insieme)* zusammen‿kleben, aneinander kleben: ***le pagine si sono attaccate*** die Seiten kleben zusammen **2a** *(rimanere attaccato)* fest‿kleben, an‿kleben, kleben: ***il fango si attacca alle scarpe*** der Schlamm klebt an den Schuhen **b** *(al fondo della pentola)* an‿setzen, an‿brennen: ***il riso, l'arrosto si attacca*** der Reis setzt an, der Braten brennt an **3a** *(aggrapparsi, tenersi)* sich an‿klammern, sich halten, sich fest‿halten: ***attaccati a me, così non cadi!*** halt dich an mir fest, dann fällst du nicht! **b** FIG. ***-rsi alla vita*** sich ans Leben klammern **4** *(crescere attaccato)* fest‿wachsen, an‿wachsen **5** *(affezionarsi)* sich hängen: ***-rsi a qcn.*** sich an jdn hängen ◆ ***~ battaglia*** den Kampf beginnen; COLLOQ. ***-rsi alla bottiglia*** zur Flasche greifen, an der Flasche hängen; ***~ bottone con qcn.*** jdn an‿quasseln, an‿quatschen (*o* jdn mit Geschwätz auf‿halten); ***attaccar briga con qcn.*** mit jdm Streit an‿fangen; ***~ discorso (con qcn.)*** (mit jdm) ein Gespräch an‿knüpfen, jdn in ein Gespräch verwickeln; ***attaccar lite con qcn.*** → ***attaccar briga con qcn.***; ***-rsi qcs. all'orecchio*** sich (D) etw. hinter die Ohren schreiben; ALP. ***~ una parete*** in eine Wand ein‿steigen; ***il bambino si attacca al petto della madre*** das Kind saugt fest an der Brust seiner Mutter; ***-rsi a un pretesto*** einen Vorwand suchen; SPORT ***~ la salita*** das Steilstück (*o* die Steigung) in Angriff nehmen; ***-rsi al telefono*** sich ans Telefon hängen; ***attaccati al tram!*** steckt dir das an den Hut! ***-rsi a tutto*** sich an alles klammern.

at|tac|ca|tic|cio agg. *(-ci,-ce)* **1** klebrig, pappig **2** FIG. *(di persona)* lästig, aufdringlich.

at|tac|ca|to p.pass. agg. **1** → **attaccare 2** *(affezionato)* ***essere ~ a qcn., qcs.*** an jdm, etw. hängen; ***essere ~ al denaro*** am Geld hängen, kleben **3** *(ligio)* ergeben, treu, getreu; ***essere ~ al dovere*** pflichtbewusst sein ◆ ***scrivere ~*** zusammen‿schreiben.

at|tac|ca|tu|ra f. Ansatz *m.*, Verbindungsstelle *f.*: ***l'~ dei capelli*** der Haaransatz.

at|tac|chi|no m. Plakatankleber *m.*

at|tac|co m. *(-chi)* **1** Angriff *m.*, Attacke *f.* (anche FIG.): ***gli -chi della critica, della stampa*** die Angriffe der Kritik, der Presse; ***sferrare un ~ (contro qcn.)*** (jdn) an‿greifen, attackieren; ***andare, passare all'~*** an‿greifen, zum Angriff über‿gehen; ***all'~!*** zum Angriff! ***respingere un ~*** einem Angriff ab‿weisen; ***difendersi da un ~*** sich vor einem, gegen einen Angriff verteidigen; ***resistere a un ~*** einem Angriff stand‿halten; ***subire un ~*** angegriffen werden **2** SPORT Angriff *m.*; *(offensiva)* Offensive *f.*: ***essere forte in ~, avere un forte ~*** stark im Angriff sein; ***giocare in ~*** in der Offensive spielen; ***passare all'~*** in die, zur Offensive über‿gehen **3** *(accesso)* Anfall *m.*: ***avere un ~ d'isteria, di collera*** einen Anfall von Hysterie, Zorn bekommen **4** *(inizio)* Ansatz *m.*, Anfang *m.*, Beginn *m.*: ***dopo un ~ pacato il suo discorso si vivacizzò*** nach einem ruhigen Beginn wurde seine Rede lebhafter **5** MUS. TEATR. Einsatz *m.* **6** *(tiro)* Gespann *n.* ***un ~ a due*** ein Zweigespann **7** *(giuntura)* Ansatz *m.*, Verbindungsstelle *f.* **8** EL. Anschluss *m.* **9** *(degli sci)* Bindung *f.*, Skibindung *f.* **10** ALP. Einstieg *m.* ◆ ***~ aereo*** Luftangriff *m.*; ***~ cardiaco, di cuore*** Herzanfall *m.*; ***~ di febbre*** Fieberanfall *m.*; ***~ a morsetto*** Klemmanschluss *m.*; ***~ simulato*** Scheinangriff *m.*; ***~ di sorpresa*** Überraschungsangriff *m.*; ***~ a spina*** Stecker *m.*; ***~ di tosse*** Hustenanfall *m.*

at|ta|ché [ata'ʃe] m.inv. Attaché *m.*

at|ta|gliar|si pronom. *(attaglio, attagli)* zugeschnitten sein: ***qcs. si attaglia a qcn., qcs.*** etw. ist auf jdn, etw. geschnitten.

at|ta|na|glia|re tr. *(attanaglio, attanagli)* **1** *(stringere con tenaglie)* mit Zangen fassen **2** *(afferrare)* fest‿halten: ***~ qcn. per un braccio*** jdn am Arm festhalten **3** FIG. *(tormentare)* peinigen: ***essere attanagliato dal dolore, dai rimorsi*** vom Schmerz, von Gewissensbissen gepeinigt sein.

at|tar|dar|si pronom. verweilen, sich auf‿halten: ***~ in ufficio*** im Büro verweilen ◆ ***~ a ...*** spät dran sein... **at|tar|da|to** p.pass. agg. **1** → **attardarsi 2** FIG. *(anacronistico)* veraltet, anachronistisch: ***posizioni -e*** veraltete Einstellungen.

at|tec|chi|men|to m. **1** BOT. Wurzeln schlagen *n.*, Verwurzelung *f.*, Anwachsen *n.* **2** FIG. *(diffusione)* Verbreitung *f.* **at|tec|chi|re** intr. *(attecchisco, attecchisci;* aus. *avere)* **1** BOT. Wurzeln schlagen, verwurzeln, an‿wachsen **2** FIG. Fuß fassen, sich durch‿setzen: ***la sua idea ha attecchito*** seine Idee hat sich durchgesetzt.

at|te|dia|re tr. → **tediare.**

at|teg|gia|men|to m. **1** Haltung *f.*, Verhalten *n.*: ***assumere un ~ minaccioso*** eine drohende Haltung ein‿nehmen; ***mutare ~ nei confronti di qcn.*** sein Verhalten jdm gegenüber (*o* gegen jdn) ändern **2** *(presa di posizione)* Einstellung *f.*, Stellung *f.*: ***avere un ~ critico, positivo verso qcs., qcn.*** eine kritische, positive Einstellung zu etw., jdm haben.

at|teg|gia|re I tr. machen: ***~ il viso a sorpresa*** ein verwundertes Gesicht machen **II** pronom. **atteggiarsi 1** sich gebärden, sich auf‿spielen: ***-rsi a martire*** sich als Märtyrer aufspielen **2** assol. *(posare)* sich wichtig tun (*o* haben): ***non fa che -rsi*** er tut sich nur wichtig. **at|teg|gia|to** p.pass. agg. **1** → **atteggiare 2** gemacht, aufgespielt ◆ ***un viso ~ a compassione, a sorpresa*** ein mitleidiges, verwundertes Gesicht.

at|tem|pa|to agg. betagt, bejahrt.
at|ten|da|men|to m. 1 *(attendarsi)* Zelten *n.* 2 *(accampamento)* Zeltlager *n.* **at|ten|dar|si** pronom. zelten, Zelte auf‿schlagen.
at|ten|den|te m. Offiziersbursche *m.*, Offiziersdiener *m.*
at|ten|de|re *(attesi; atteso)* I tr. 1 **~ qcs., qcn.** auf jdn, etw. warten, jdn, etw. erwarten 2 assol. warten: ***attenda, prego!*** warten Sie, bitte! II intr. (aus. *avere*) 1 *(dedicarsi)* sich widmen, nach‿gehen: ***~ al proprio lavoro*** seiner Arbeit nachgehen 2 *(avere cura)* sich kümmern, besorgen: ***~ ai bambini, alla casa*** sich um die Kinder, um den Haushalt kümmern III pronom. ***attendersi qcs.*** (sich) etw. erwarten, mit etw. rechnen: ***-rsi dei buoni risultati da qcn., da qcs.*** (sich) gute Ergebnisse von jdm, etw. erwarten.
at|ten|di|bi|le agg. glaubwürdig, zuverlässig: ***un testimone ~*** ein zuverlässiger Zeuge; ***da fonti -i*** aus zuverlässigen Quellen. **at|ten|di|bi|li|tà** f. Glaubwürdigkeit *f.*, Zuverlässigkeit *f.*
at|te|ne|re *(attengo, attieni; attenni; attenuto)* I intr. (aus. *essere*) betreffen: ***per quanto attiene al lavoro*** was die Arbeit betrifft II pronom. **attenersi** befolgen, sich halten: ***-rsi ai fatti*** sich an die Tatsachen halten; ***-rsi a un ordine*** einen Befehl befolgen.
at|ten|ta|men|te avv. 1 *(con attenzione)* aufmerksam, wachsam: ***ascoltare ~*** aufmerksam zu‿hören 2 *(con cura)* sorgfältig, vorsichtig: ***eseguire qcs. ~*** etw. sorgfältig aus‿führen.
at|ten|ta|re intr. (aus. *avere*) 1 ein Attentat (*o* einen Anschlag) verüben: ***~ alla vita di qcn.*** ein Attentat auf jdn verüben 2 *(mettere in pericolo)* gefährden: ***~ all'onore di qcn.*** jds Ehre gefährden ◆ ***~ alla propria vita*** Hand an sich legen.
at|ten|ta|to m. 1 Attentat *n.*, Anschlag *m.*: ***compiere, sventare un ~ (contro qcn.)*** ein Attentat (auf jdn) verüben (*o* begehen), vereiteln; ***rivendicare un ~*** sich zu einem Attentat bekennen; ***cadere vittima di un ~*** einem Attentat zum Opfer fallen 2 FIG. Anschlag *m.*: ***~ alla libertà*** Anschlag auf die Freiheit ◆ ***~ dinamitardo*** Sprengstoffattentat *n.*, Bombenattentat *n.*; ***~ terroristico*** Terroranschlag *m.* **at|ten|ta|to|re** m. Attentäter *m.*
at|ten|ti I inter. 1 Achtung! Vorsicht!: ***~ al cane!*** Vorsicht, bissiger Hund! 2 MIL. stillgestanden! II m. MIL. Habtachtstellung *f.*: ***dare l'~ a qcn.*** jdn still‿stehen lassen; ***stare, mettersi sull'~*** stramm‿stehen, still‿stehen ◆ FIG. ***mettere sull'~ qcn.*** jdn stramm‿stehen lassen.
at|ten|to agg. 1 *(vigile)* aufmerksam, wach: ***uno sguardo ~*** ein wacher Blick 2 *(accurato)* sorgfältig, gewissenhaft: ***una lettura -a*** eine sorgfältige Lektüre; ***dopo ~ esame*** nach sorgfältiger Prüfung ◆ ***~!*** pass auf! ***~ a te!*** gib auf dich Acht! (*o* pass auf dich auf!); *(come minaccia)* pass auf! ***essere ~ a qcs.*** bei der Sache sein; ***stare ~ a qcn., qcs.*** auf jdn, etw. auf‿passen; ***(non) stare ~ a scuola*** in der Schule (nicht) auf‿passen.
at|te|nua|men|to m. 1 Milderung *f.*, Linderung *f.* 2 *(lo smorzare)* Abschwächung *f.* **at|te|nuan|te** I agg. mildernd, lindernd: ***circostanze -i*** mildernde Umstände II f. Milderungsgrund *m.*: ***concedere delle -i*** Milderungsgründe gewähren; ***considerare qcs. un'~*** etw. als Milderungsgrund berücksichtigen.
at|te|nua|re I tr. 1 dämpfen, ab‿schwächen: ***~ la voce, un urto*** die Stimme, einen Aufprall dämpfen 2 *(mitigare)* mildern, dämpfen: ***~ l'ira, l'entusiasmo di qcn.*** jds Zorn, Begeisterung dämpfen 3 *(ridurre)* mildern: ***~ una pena, il dolore*** eine Strafe, den Schmerz mildern II pronom. **attenuarsi** sich ab‿schwächen, sich mildern, schwächer werden: ***il rumore si attenuò*** der Lärm wurde schwächer. **at|te|nu|a|zio|ne** f. 1 *(smorzamento)* Dämpfung *f.*, Abschwächung *f.*: ***~ dei rumori, dei colori*** Geräusch-, Farbdämpfung *f.* 2 *(riduzione)* Milderung *f.*: ***~ di una pena*** Strafmilderung *f.*
at|ten|zio|ne I f. 1 Aufmerksamkeit *f.*: ***rivolgere l'~ a qcn., qcs.*** die Aufmerksamkeit auf jdn, etw. richten; ***attirare, richiamare l'~ di qcn. su qcn., qcs.*** jdn auf jdn, etw. hin‿weisen (*o* aufmerksam machen) 2 *(considerazione)* Beachtung *f.*: ***meritare ~*** Beachtung verdienen 3 *(cura)* Sorgfalt *f.*, Sorgfältigkeit *f.*: ***mettere ~ nel fare qcs.*** Sorgfalt auf etw. (A) verwenden; ***maneggiare qcs. con ~*** etw. mit Sorgfalt handhaben 4 pl. *(premure)* Aufmerksamkeit *f.*: ***colmare qcn. di -i*** jdn mit Aufmerksamkeiten überhäufen ◆ ***~!*** Achtung! (*o* Vorsicht!); COMM. ***alla cortese ~ di*** zu Händen von; ***degno di ~*** beachtenswert.
at|te|ri|ge m. Kiwi *m.*
at|te|ro agg. → **aptero.**
at|ter|rag|gio m. *(-gi)* 1 AER. Landung *f.* 2 GINN. Aufsprung *m.* ◆ ***~ cieco*** Blindlandung *f.*; ***~ di fortuna*** Notlandung *f.*; ***compiere un ~ di fortuna*** not‿landen; ***pista di ~*** Landebahn *f.* (*o* Landepiste *f.*); ***~ strumentale → ~ cieco.***
at|ter|ra|men|to m. 1 SPORT Niederschlagen *n.* 2 *(di albero)* Fällen *n.* 3 *(di costruzione)* Abriss *m.*
at|ter|ra|re I tr. 1 nieder‿schmettern, zu Boden schlagen (*o* strecken), nieder‿werfen (anche SPORT): ***~ qcn. con un pugno*** jdn mit einem Faustschlag niederschmettern; ***~ l'avversario*** den Gegner zu Boden strecken 2 *(di albero)* fällen 3 *(di costruzione)* ab‿reißen II intr. (aus. *avere, essere*) 1 AER. landen, auf‿setzen, nieder‿gehen: ***~ a Parigi, sulla pista*** in Paris landen, auf der Piste aufsetzen 2 SPORT auf‿kommen, landen: ***l'acrobata atterò sulla rete*** der Akrobat landete im Netz.
at|ter|ri|re *(atterrisco, atterrisci)* I tr. erschrecken, entsetzen: ***~ qcn. con minacce*** jdn mit (*o* durch) Drohungen erschrecken II intr. (aus. *essere*) erschrecken, sich entsetzen: ***~ alla vista di qcn.*** sich vor (*o* bei) jds Anblick entsetzen. **at|ter|ri|to** p.pass. agg. 1 → **atterrire** 2 entsetzt: ***essere ~ da qcs.*** über etw. entsetzt sein 3 erschrocken: ***sguardo ~*** erschrockener Blick.
at|te|sa f. 1 *(l'attendere)* Warten *n.* 2 *(tempo di attesa)* Wartezeit *f.*: ***lunga, breve ~*** lange, kurze Wartezeit 3 pl. *(aspettativa)* Erwartung *f.*: ***deludere, soddisfare, superare le -e*** die Erwartungen enttäuschen, erfüllen, übersteigen 4 TECN. *(stand-by)* Bereitschaft *f.*, Stand-by *n.* ◆ COMM. ***in ~ di una risposta*** in Erwartung einer Antwort; ***lista di ~*** Warteliste *f.*; ***sala di ~ (di stazione o aeroporto)*** Wartesaal *m.*; ***sala di ~ (di studio medico)*** Wartezimmer *n.*
at|te|so p.pass. agg. 1 → **attendere** 2 ersehnt, erwartet: ***è giunto il momento tanto ~*** der heiß ersehnte Augenblick ist gekommen; ***l'~ ritorno di qcn.*** die ersehnte Rückkehr von jdm ◆ ***-e le circostanze*** in Anbetracht der Umstände; ***-i i precedenti*** in Anbetracht des Vorhergenden; ***~ che*** in Anbetracht der Tatsache, dass...
1.at|te|sta|re tr. 1 *(testimoniare)* bezeugen: ***~ una verità*** eine Wahrheit bezeugen 2 *(dimostrare)* beweisen: ***~ l'innocenza, la colpevolezza di qcn.*** jds Unschuld, Schuld beweisen 3 *(documentare)* bescheinigen, bezeugen, bestätigen: ***~ una donazione*** eine Schenkung bescheinigen; ***~ la durata di un contratto*** die Dauer eines Vertrags bestätigen.
2.at|te|sta|re I tr. 1 an der Stirnseite (*o* frontal) aneinander fügen (*o* zusammen‿fügen): ***~ due travi*** zwei Balken frontal aneinander fügen 2 MIL. auf‿stellen: ***~ le truppe*** die Truppen aufstellen II pronom. **attestarsi** MIL. Front machen (anche FIG.): ***-rsi lungo una linea*** auf einer Linie Front machen.
1.at|te|sta|to m. 1 Bescheinigung *f.*, Zeugnis *n.*, Attest *n.*: ***richiedere, rilasciare, presentare un ~*** eine Bescheinigung verlangen, aus‿stellen, vor‿legen 2 FIG. *(dimostrazione)* Beweis *m.*, Zeichen *n.*: ***un ~ della sua generosità*** ein Zeichen seiner Großzügigkeit ◆ ***~ di buona condotta*** Leumundszeugnis *n.*, Führungszeugnis *n.*; ***~ di frequenza*** Abgangszeugnis *n.*; ***~ di servizio*** Arbeitszeugnis *n.*
2.at|te|sta|to p.pass. agg. 1 → **1.,2.attestare** 2 *(documentato)* nachweisbar, bezeugt: ***una parola -a*** ein nachweisbares Wort.
at|te|sta|zio|ne f. 1 *(testimonianza)* Bezeugung *f.*, Aussage *f.*: ***~ giurata*** eine eidliche Aussage 2 *(certificazione)* Bescheinigung *f.*, Zeugnis *n.*, Attest *n.*: ***farsi rilasciare un'~*** sich ein Attest ausstellen lassen 3 FIG. *(dimostrazione)* Beweis *m.*, Zeichen *n.*, Bekundung *f.*: ***dare a qcn. un'~ di fiducia*** jdm einen Beweis seines Vertrauens geben 4 Beleg *m.*: ***le ~ di una parola*** die Wortbelege.
at|tic|cia|to agg. untersetzt, korpulent.
at|ti|ci|smo m. Attizismus *m.*
1.at|ti|co I agg. *(-ci,-che)* attisch II m. *(-ci)* attischer Dialekt *m.*
2.at|ti|co m. *(-ci)* 1 *(appartamento)* Penthouse *n.*, SVIZZ. Attikawohnung *f.* 2 ARCH. Attika *f.*
at|ti|guo agg. angrenzend, Neben-: ***stanza -a*** Nebenzimmer *n.*, Nebenraum *m.* ◆ ***essere ~ a qcs.*** neben etw. (D) liegen, an etw. (A) stoßen.
At|ti|la n.pr.m. Attila *m.*, Etzel *m.*
at|til|la|to agg. eng anliegend: ***un vestito ~*** ein eng anliegendes Kleid.
at|ti|mi|no m. COLLOQ. kleiner Augenblick *m.*: ***attenda un ~, prego!*** warten Sie einen kleinen Augenblick, bitte! ◆ ***un ~ più corto, veloce*** ein bisschen kürzer, schneller.
at|ti|mo m. Augenblick *m.*: ***~ fuggente*** flüchtiger Augenblick; ***aspettare un ~*** einen Augenblick warten; ***per un ~*** einen Augenblick lang; ***un ~ prego!*** einen Augenblick bitte! ◆ ***in un ~*** im Nu; ***seguire qcn., qcs. ~ per ~*** jdn, etw. in jedem Augenblick verfolgen.
at|ti|nen|te agg. betreffend, gehörend, zusammenhängend: ***la regola ~ a un gioco*** die ein Spiel betreffende Regel; ***domande -i all'argomento*** mit dem Thema zusammenhängende Fragen ◆ ***essere ~ a qcs.*** etw. betreffen, sich auf etw. (A) beziehen.
at|ti|nen|za f. 1 Zusammenhang *m.*, Beziehung *f.*, Bezug *m.*: ***avere ~ con qcs.*** mit etw. in Zusammenhang stehen 2 *(annessi)* Zubehör *n.*: ***vendere un'officina con tutte le sue -e*** eine Werkstatt mit allem Zubehör verkaufen.
at|tin|ge|re tr. *(attingo, attingi; attinsi; attinto)* 1 schöpfen: ***~ acqua***

alla fonte Wasser aus dem Brunnen schöpfen **2** FIG. *(trarre)* schöpfen, beziehen, entnehmen: ***~ denaro dalla cassa*** aus der Kasse Geld entnehmen; ***~ a piene mani*** aus dem Vollen schöpfen **3** FIG. *(utilizzare)* zurück‿greifen: ***~ ai propri risparmi*** auf seine Ersparnisse zurückgreifen.

at|ti|nia f. Aktinie *f.*, Seeanemone *f.*

at|ti|ni|co agg. *(-ci,-che)* aktinisch: ***sorgenti -che*** aktinische Heilquellen. **at|ti|nio** m. Aktinium *n.*, Actinium *n.*

at|ti|no|me|tri|a f. Aktinometrie *f.* **at|ti|no|me|tro** m. Aktinometer *n.*

at|ti|no|mi|ce|te → **actinomicete.**

at|tin|si, at|tin|to → **attingere.**

at|ti|ra|re tr. **1** an‿ziehen, ziehen: ***la calamita attira il ferro*** der Magnet zieht das Eisen an **2** FIG. *(attrarre)* ziehen, an‿ziehen, an‿locken: ***questa ragazza mi attira*** dieses Mädchen zieht mich an; ***~ l'attenzione su di sè*** die Aufmerksamkeit auf sich ziehen **3** FIG. *(allettare)* reizen, verlocken: ***questa proposta mi attira*** dieser Vorschlag reizt mich. **at|ti|ra|to** p.pass. agg. **1** → **attirare 2** angezogen, angelockt: FIG. ***sentirsi ~ da qcn., qcs.*** sich von jdm, etw. angezogen fühlen.

at|ti|tu|di|na|le agg. Befähigungs-, Eignungs-: ***esame, test ~*** Eignungsprüfung *f.*, Eignungstest *m.* **at|ti|tu|di|ne** f. Anlage *f.*, Begabung *f.*, Eignung *f.*, Veranlagung *f.*, Geschick *n.*: ***~ musicale, per la musica*** Anlage zur Musik, musikalische Veranlagung; ***avere, rivelare ~ per il bricolage*** geschickt im Basteln sein, Geschick im Basteln zeigen.

at|ti|va|men|te avv. aktiv: ***partecipare ~*** aktiv beteiligt sein; ***occuparsi ~ di politica*** aktive Politik betreiben, politisch aktiv sein; ***l'allievo partecipa ~ alle lezioni*** der Schüler meldet sich häufig.

at|ti|va|re tr. **1** *(mettere in funzione)* betätigen, in Betrieb (*o* in Gang) setzen **2** aktivieren, fördern: ***~ una nuova produzione*** eine neue Produktion fördern **3** *(ordigno)* scharf machen **4** CHIM. FIS. aktivieren. **at|ti|va|zio|ne** f. Aktivierung *f.*, Förderung *f.*

at|ti|vi|smo m. Aktivismus *m.* **at|ti|vi|sta** m. e f. *(-i,-e)* Aktivist *m.* (-in *f.*). **at|ti|vi|sti|co** agg. *(-ci,-che)* aktivistisch.

at|ti|vi|tà f.inv. **1** Tätigkeit *f.*, Aktivität *f.*: ***~ cardiaca, respiratoria*** Herztätigkeit *f.*, Atemtätigkeit *f.*; ***il vulcano è entrato in ~*** der Vulkan ist tätig (geworden); ***~ politica*** politische Aktivität **2** *(operosità)* Aktivität *f.*, Geschäftigkeit *f.*, Betriebsamkeit *f.* **3** *(lavoro, occupazione)* Tätigkeit *f.*, Beschäftigung *f.*, Betätigung *f.*: ***~ professionale, commerciale*** berufliche, kommerzielle (*o* gewerbliche) Tätigkeit; ***~ speculativa*** spekulative Betätigung; ***esercitare un'~*** eine Beschäftigung aus‿üben; ***svolgere una brillante ~*** eine erfolgreiche Tätigkeit aus‿üben; ***che ~ svolgi?*** welcher Beschäftigung gehst du nach? **4** *(di azienda)* Betrieb *m.*: ***essere in piena ~*** auf Hochbetrieb laufen, voll beschäftigt sein; ***interrompere l'~*** den Betrieb ein‿stellen; ***~ continua*** Dauerbetrieb *m.*; ***mantenere qcs. in ~*** etw. in Gang halten **5** ECON. Aktiva *pl.*: ***le ~ e le passività*** die Aktiva und Passiva; ***~ di esercizio*** Gewerbetätigkeit ◆ ***~ bancaria*** Bankbetrieb *m.*, Bankwesen *n.*; ***~ concertistica*** Konzerttätigkeit *f.*; ***~ culturali*** Kulturbetrieb *m.*; ***~ didattica*** Lehrtätigkeit *f.*, Lehrbetrieb *m.*; ***~ fittizia*** Scheinbeschäftigung *f.*; ***~ lavorativa*** Erwerbstätigkeit *f.*; ***~ mentale*** geistige Betätigung *f.*; ***essere nel pieno dell'~ professionale*** im Erwerbsleben stehen; ***~ secondaria*** Nebentätigkeit *f.*, Nebenerwerb *m.*; ***in ~ di servizio*** im Dienst; ***~ sovversiva*** Umtriebe *pl.*; ***~ stagionale*** Saisongeschäft *n.*

at|ti|vo **I** agg. **1** *(operante, operoso)* tätig, aktiv: ***una persona, una vita -a*** ein tätiger (*o* rühriger) Mensch, ein aktives Leben; ***partecipazione, collaborazione -a*** tätige Anteilnahme, Mitarbeit; ***la popolazione -a*** die werktätige Bevölkerung; ***un vulcano ~, in fase -a*** ein tätiger Vulkan; ***uno stabilimento ~*** ein Werk in Betrieb; ***commercio ~*** lebhafter Handel **2** *(con funzione specifica)* wirksam: ***principi -i*** Wirkstoffe **3** GRAMM. aktiv: ***verbo di forma -a*** aktives Verb **4** ECON. aktiv, Aktiv-: ***bilancio, credito, saldo ~*** Aktivbilanz *f.*, -forderung *f.*, -saldo *m.* **II** m. **1** ECON. Aktivbestand *m.*: ***registrare qcs. all'~*** etw. auf der Aktivseite auf‿führen **2** GRAMM. Aktiv *n.*: ***un verbo in forma -a*** ein Verb im Aktiv **3** *(attivisti)* Aktiva *pl.*, Aktiv *n.* ◆ ***segnare qcs. all'~ di qcn.*** jdm etw. zugute halten; FIG. ***avere qcs. al proprio ~*** etw. auf seinem Konto verbuchen; ***chiudere in ~*** mit Gewinn ab‿schließen, schwarze Zahlen schreiben; ***elettorato ~*** aktives Wahlrecht; ***lessico ~*** aktiver Wortschatz; ***prendere parte -a a, in un'impresa*** an einem Unternehmen aktiv beteiligt sein; ***un soldato in servizio ~*** ein Soldat im Dienst; ***vendita in ~*** Verkauf mit Gewinn.

at|tiz|za|re tr. schüren (anche FIG.): ***~ il fuoco, la brace*** das Feuer, die Glut schüren; ***~ l'odio, l'invidia, le passioni di qcn.*** jds Hass, Neid, Leidenschaften schüren. **at|tiz|za|to|io** m. *(-oi)* Schüreisen *n.*, Schürhaken *m.*, Feuerhaken *m.*

1.at|to m. **1a** *(azione)* Akt *m.*, Tat *f.*, Handlung *f.*: ***~ creativo*** Schöpfungsakt *m.*; ***~ di violenza, di forza*** Gewalttat *f.*, Kraftakt *m.* (*o* Gewaltakt *m.*); ***~ arbitrario, di volontà*** Willkür-, Willensakt *m.*; ***~ amoroso, sessuale, della procreazione*** Liebes-, Geschlechts-, Zeugungsakt *m.*; ***compiere un ~ terroristico, vandalico*** einen Terrorakt begehen, Vandalismus betreiben; ***commettere un ~ intenzionale, disperato*** eine bewusste Handlung, eine Verzweiflungstat begehen **b** *(gesto, segno)* Akt *m.*, Bezeigung *f.*: ***~ di clemenza, di cortesia*** Gnadenakt *m.*, Höflichkeitsbezeigung *f.*; ***un ~ simbolico*** ein symbolischer Akt; ***un ~ di umanità*** ein Akt der Menschlichkeit **2a** *(documento)* Akt *m.*, Urkunde *f.*: ***~ notarile*** notarisch beglaubigte Urkunde; ***~ di matrimonio, di nascita, di morte*** Heirats-, Geburts-, Sterbeurkunde *f.*; ***~ amministrativo, giuridico, di vendita*** Verwaltungsakt *m.*, Rechtsgeschäft *n.* (*o* Rechtshandlung *f.*), Kaufvertrag *m.*; ***archiviare, redigere, leggere un ~*** einen Akt archivieren, auf‿setzen, verlesen; ***~ di accusa*** Anklageschrift *f.*, FIG. Anklage *f.*; ***~ d'ufficio*** Amtshandlung *f.* **b** ***gli -i processuali, di un processo*** die Prozessakten; ***iniziare un ~ giudiziario*** eine Gerichtsakte (*o* gerichtliche Handlung) vor‿nehmen; ***mettere qcs. agli -i*** etw. zu den Akten legen **3** TEATR. Akt *m.*: ***una tragedia in cinque -i*** eine Tragödie in fünf Akten; ***un dramma in un ~*** ein einaktiges Schauspiel ◆ ***all'~ della firma*** bei der Unterschrift; ***all'~ pratico*** in der Praxis, bei der Ausführung; BIBL. ***Atti degli Apostoli*** Apostelgeschichte *f.*; ***gli -i di un congresso*** die Kongressmaterialien; ***dare ~ a qcn. di qcs.*** jdm etw. bezeugen; ***essere in ~*** statt‿finden; ***falso in ~ pubblico*** Urkundenfälschung *f.*; ***fare l'~ di...*** sich an‿schicken; RELIG. ***~ di fede*** Glaubensbekenntnis *n.*: ***fare ~ di fede*** seinen Glauben bekennen; ***~ finale*** (anche FIG.) Schlussakt *m.*; ***mettere, porre in ~ qcs.*** etw. in die Tat um‿setzen (*o* etw. wahr machen); ***in ~ di sfida*** mit herausfordernder Haltung; ***nell'~ di...*** in dem Augenblick, als...; ***commettere -i osceni*** Unzucht treiben; ***prendere ~ di qcs.*** von etw. Kenntnis nehmen, etw. zur Kenntnis nehmen; ***preso ~ dei documenti*** nach Kenntnisnahme der Akten; ***fare ~ di presenza*** seine Aufwartung machen; TEATR. ***~ unico*** Einakter *m.*

2.at|to agg. ***~ a qcs.*** zu etw. (D) fähig, geeignet: ***un mezzo ~ allo scopo*** ein für diesen Zweck geeignetes Mittel; ***~ alla navigazione*** seetüchtig (*o* seefähig, seefest); ***~ al combattimento*** einsatzfähig; ***~ a deliberare*** beschlussfähig; ***rendere qcn., qcs. ~ a qcs.*** jdn, etw. zu etw. befähigen.

at|to|ni|to agg. entgeistert.

at|tor|ci|glia|men|to m. Aufwickeln *n.*, Aufwicklung *f.* **at|tor|ci|glia|re** *(attorciglio, attorcigli)* **I** tr. wickeln, auf‿wickeln, ringeln **II** pronom. **attorcigliarsi** sich ringeln, sich verwickeln: ***-rsi attorno a qcs.*** sich um etw. wickeln ◆ ***~, -rsi i baffi*** den Schnurrbart zwirbeln.

at|to|re m. **1** Schauspieler *m.*: ***fare l'~*** Schauspieler sein; ***essere un buon, cattivo, brillante ~*** ein guter, schlechter, glänzender Schauspieler sein; ***un ~ provetto*** ein meisterhafter Schauspieler; ***voler diventare ~*** zum Film (*o* zum Theater) wollen **2** FIG. *(protagonista)* handelnde Person *f.*, Mitwirkende *m.* **3** DIR. Kläger *m.*: ***presentarsi in giudizio come ~*** als Kläger auf‿treten ◆ ***~ cinematografico*** Filmschauspieler *m.*; ***~ comico*** Komiker *m.*; ***attor giovane*** jugendliche Hauptperson *f.*, Rolle *f.* des jungen Mannes; ***~ protagonista*** Hauptdarsteller *m.*, Hauptperson *f.*; ***~ non protagonista*** Nebendarsteller *m.*; ***oscar per il miglior ~ non protagonista*** Oscar für die beste Nebenrolle; ***~ teatrale, di teatro*** Theaterschauspieler *m.*, Bühnenkünstler *m.*; ***~ televisivo*** Fernsehschauspieler *m.*; ***~ tragico*** Tragöde *m.*

at|tor|nia|re *(attornio, attorni)* **I** tr. umringen, umgeben **II** pronom. **attorniarsi** sich umgeben: ***-rsi di amici*** sich mit Freunden umgeben.

at|tor|no avv., ***qui ~*** hierherum; ***tutt'~*** ringsherum, rundherum, ringsum ◆ ***~ a qcn., qcs.*** um jdn, etw. (herum); ***sedere ~ a un tavolo*** um einen Tisch herum sitzen; ***correre ~ a qcs.*** etw. umlaufen, um etw. herum‿laufen; ***andare ~*** sich herum‿treiben; ***avere qcn. sempre ~*** jdn ständig um sich haben; ***darsi d'~ per qcs.*** sich um etw. bemühen; ***girare ~ a un problema*** sich um ein Problem herum‿drücken; ***guardarsi ~*** um sich schauen, sich um‿sehen, sich um‿schauen; FIG. sich um‿tun; ***guardarsi ~ in cerca di un lavoro, di una buona occasione*** sich nach einer Arbeit um‿schauen, nach einer guten Gelegenheit Ausschau halten; ***levarsi qcn., qcs. d'~*** sich (D) jdn, etw. vom Hals schaffen.

at|tor|to → **attorcere.**

at|to|ru|co|lo m. SPREG. = mittelmäßiger Schauspieler *m.*

at|tos|si|ca|re tr. ANT. → **intossicare.**

at|trac|ca|re *(attracco, attracchi)* **I** tr. fest‿machen: ***~ una nave alla banchina*** ein Schiff am Kai festmachen **II** intr. (aus. *essere*)

fest‿machen, an‿legen: ***~ al molo*** an der Hafenmole festmachen.
at|trac|co m. *(-chi)* **1** Anlegen *n.* **2** *(luogo)* Anlegeplatz *m.*
at|tra|en|te agg. attraktiv, anziehend, verlockend: ***una donna, un'offerta ~*** eine attraktive Frau, ein attraktives Angebot.
at|trar|re *(attraggo, attrai; attrassi; attratto)* **I** tr. **1** an‿ziehen **2** *(allettare)* an‿ziehen, verlocken; *(affascinare)* reizen, fesseln: ***~ molti visitatori*** viele Besucher anziehen; ***quell'uomo mi attrae molto*** dieser Mann zieht mich sehr an **II** pronom. **attrarsi** sich (*o* einander) an‿ziehen (anche FIG.): ***i poli opposti si attraggono*** ungleiche Pole ziehen sich an.
at|trat|ti|va f. **1** *(fascino)* Anziehungskraft *f.*, Reiz *m.*: ***acquistare, perdere ~*** an Anziehungskraft gewinnen, verlieren; ***esercitare una forte ~ su qcn.*** eine starke Anziehungskraft auf jdn aus‿üben **2a** pl. *(cose attraenti)* Attraktionen *pl.* **b** *(di un luogo)* Sehenswürdigkeiten *pl.* ◆ ***mancanza di ~*** Reizlosigkeit *f.*; ***privo di ~*** reizlos.
at|tra|ver|sa|men|to m. **1** *(l'attraversare)* Überqueren *n.*, Überquerung *f.*, Durchquerung *f.* **2** Übergang *m.*: ***~ pedonale*** Fußgängerübergang *m.*, Fußgängerüberweg *m.*
at|tra|ver|sa|re tr. **1a** überqueren, durchqueren; *(con un veicolo)* durchfahren; *(a cavallo)* durchreiten; *(volando)* überfliegen; *(scorrendo)* durchfließen; *(percorrendo)* durchziehen **b** FIG. schießen, gehen: ***un pensiero gli attraversò la mente*** ein Gedanke ging (*o* schoss) ihm durch den Kopf **2** *(trafiggere)* durchbohren **3** FIG. *(periodo)* durch‿machen: ***~ un periodo difficile*** eine schwere Zeit durchmachen ◆ ***~ il confine*** die Grenze überschreiten; ***~ di corsa*** durchlaufen; ***~ furtivamente*** durch‿schleichen; ***~ a nuoto*** durchschwimmen; ***vietato ~ i binari*** Überschreiten der Gleise verboten.
at|tra|ver|so **I** avv. **1** *(trasversalmente)* querüber, querdurch **2** FIG. *(di traverso)* schief **II** prep. **1** *(moto per luogo)* durch + acc. **2** *(mezzo)* mittels + gen., durch + acc. **3** *(tempo)* durch + acc.: ***~ i secoli*** durch die Jahrhunderte hindurch.
at|tra|zio|ne f. **1a** FIS. Anziehung *f.*: ***~ magnetica, fisica*** magnetische, körperliche Anziehung; ***centro, punto di ~*** Anziehungspunkt *m.*; ***forza di ~*** Anziehungskraft *f.*; ***~ gravitazionale*** Massenanziehung *f.* **b** FIG. Anziehung *f.*, Anziehungskraft *f.*, Zugkraft *f.*: ***esercitare una forte ~ su qcn.*** eine starke Anziehung auf jdn aus‿üben; ***provare ~ per qcn.*** von jdm angezogen sein **2** *(numero sensazionale)* Attraktion *f.*: ***~ principale*** Glanznummer *f.*; ***~ per turisti*** Touristenattraktion *f.*
at|trez|za|men|to m. Ausrüstung *f.*, Ausstattung *f.* **at|trez|za|re** **I** tr. aus‿rüsten, aus‿statten, ein‿richten (anche ESTENS.): ***~ un laboratorio, una nave*** ein Laboratorium, ein Schiff ausrüsten **II** pronom. **attrezzarsi** sich aus‿rüsten.
at|trez|za|tu|ra f. **1** Ausrüstung *f.*, Ausstattung *f.*: ***~ sportiva*** Sportausrüstung *f.*; ***~ da sub*** Taucherausrüstung *f.* **2** *(attrezzi)* Werkzeug *n.*, Gerät *n.*, Ausrüstung *f.*: ***~ da immersione*** Tauchgerät *n.*; ***~ per (le operazioni di) carico e scarico*** Ladeeinrichtung *f.* **at|trez|ze|ri|a** f. TEATR. Fundus *m.* **at|trez|zi|sta** m. e f. *(-i,-e)* Geräteturner *m.* (-in *f.*) **at|trez|zi|sti|ca** f. Geräteturnen *n.*
at|trez|zo m. **1** Gerät *n.*, Werkzeug *n.*: ***-i del falegname, del muratore, del meccanico*** Schreiner-, Maurer-, Mechanikerwerkzeug **2** SPORT Turngerät *n.*: ***esercizio agli -i*** Geräteübung *f.* **3** pl. TEATR. Requisiten *pl.* ◆ ***-i agricoli*** Ackergeräte; ***-i da cucina*** Küchengeräte; ***-i per giardinaggio*** Gartengeräte.
at|tri|bu|i|bi|le agg. zuschreibbar.
at|tri|bu|i|re *(attribuisco, attribuisci)* **I** tr. **1** zu‿schreiben: ***~ il merito di qcs. a qcn.*** jdm das Verdienst an etw. (D) zuschreiben; ***~ erroneamente un quadro a Botticelli*** ein Bild fälschlich Botticelli zuschreiben; *(addossare)* ***~ la colpa, la responsabilità a qcn.*** jdm die Schuld, die Verantwortung zuschreiben **2** *(ascrivere)* bei‿messen, bei‿legen: ***~ importanza, significato, valore a qcn., qcs.*** jdm, etw. Wichtigkeit, Bedeutung, Wert beimessen **3** *(conferire)* zu‿erkennen: ***~ un premio a qcn.*** jdm einen Preis zuerkennen **4** *(imputare)* beschuldigen: ***mi attribuisce tutti i difetti possibili*** er beschuldigt mich aller möglichen Fehler **II** pronom. **attribuirsi** sich (D) zu‿schreiben, sich an‿maßen.
at|tri|bu|ti|vo agg. attributiv.
at|tri|bu|to m. **1a** Merkmal *n.*, Attribut *n.*: ***la libertà di parola è un ~ della democrazia*** die Redefreiheit ist ein Merkmal der Demokratie **b** *(simbolo)* ***la bilancia è un ~ della Giustizia*** die Waage ist ein Attribut der Justitia **c** *(carattere sessuale)* ***-i maschili e femminili*** männliche und weibliche Attribute **2** GRAMM. Attribut *n.*, Beifügung *f.*: ***l'~ di un sostantivo*** das Attribut eines Substantivs.
at|tri|bu|zio|ne f. **1** *(conferimento)* Zuerkennung *f.*: ***l'~ di un premio*** die Zuerkennung eines Preises **2** pl. *(mansioni)* Kompetenzbereich *m.*, Aufgabenbereich *m.* ◆ ***opera di incerta ~*** Werk eines unbekannten Autors; ***l'~ di un'opera a un artista*** die Zuschreibung eines Werkes an einen Künstler.
at|tri|ce **I** f. **1** Schauspielerin *f.*: ***voler diventare ~*** zum Film (*o* zum Theater) wollen; FIG. ***~ consumata*** eine erfahrene Schauspielerin **2** DIR. Klägerin *f.* **II** agg. DIR. klagend: ***parte ~*** klagende Partei, klagender Teil ◆ ***~ cinematografica*** Filmschauspielerin *f.*; ***~ comica*** Komikerin *f.*; ***~ protagonista*** Hauptdarstellerin *f.*; ***~ non protagonista*** Nebendarstellerin *f.*; ***oscar per la migliore ~ non protagonista*** Oscar für die beste Nebenrolle; ***~ teatrale*** Theaterschauspielerin *f.*; ***~ televisiva*** Fernsehschauspielerin *f.*
at|tri|to m. FIS. Reibung *f.* (anche FIG.): ***superficie di ~*** Reibungsfläche *f.*; ***forza di ~*** Reibungskraft *f.*; FIG. ***c'è dell'~ tra loro*** es gibt Reibung (*o* Reibereien) zwischen ihnen ◆ MECC. ***~ radente*** Schiebewiderstand *m.*; ***~ volvente*** Wälzreibung *f.*
at|trup|pa|re **I** tr. zusammen‿drängen: ***~ la folla*** die Menge zusammendrängen **II** pronom. **attrupparsi** zusammen‿laufen, sich zusammen‿rotten.
at|tua|bi|le agg. durchführbar, praktikabel: ***un progetto difficilmente ~*** ein schwer durchführbares Projekt; ***una proposta ~*** ein praktikabler Vorschlag. **at|tua|bi|li|tà** f. Durchführbarkeit *f.*
at|tua|le agg. **1** *(presente)* jetzig, gegenwärtig, derzeitig: ***al momento ~*** zum jetzigen Zeitpunkt; ***allo stato ~*** beim jetzigen Stand; ECON. ***cambio ~*** gegenwärtiger (*o* jetziger) Kurs **2a** *(odierno)* aktuell, zeitgemäß: ***problemi, avvenimenti -i*** aktuelle Probleme, Ereignisse; ***un tema ~*** ein zeitgemäßes Thema **b** *(sempre valido)* ***i classici sono sempre -i*** die Klassiker sind immer aktuell **c** FILOS. TEOL. aktuell. **at|tua|li|smo** m. FILOS. Aktualismus *m.*
at|tua|li|tà f.inv. Aktualität *f.*: ***il film è di straordinaria ~*** der Film ist von außerordentlicher Aktualität; ***perdere di (o la propria) ~*** an Aktualität verlieren; ***diventare d'~*** an Aktualität gewinnen ◆ ***film di ~*** aktueller Film; ***di grande ~*** hochaktuell, COLLOQ. brandaktuell; ***notizie d'~*** neueste Nachrichten; TELEV. ***programma d'~*** Magazin *n.*; ***rivista d'~*** Nachrichtenmagazin *n.*; ***settimanale d'~*** Wochenmagazin *n.*; ***tornare di ~*** wieder aktuell werden.
at|tua|liz|za|re tr. aktualisieren. **at|tua|liz|za|zio|ne** f. Aktualisierung *f.* **at|tual|men|te** avv. **1** gegenwärtig, derzeit **2** *(al momento)* zur Zeit, augenblicklich.
at|tua|re **I** tr. verwirklichen durch‿führen, aus‿führen: ***~ un progetto*** ein Projekt verwirklichen; ***~ una riforma*** eine Reform durchführen; ***~ una decisione*** einen Beschluss ausführen **II** pronom. **attuarsi** sich verwirklichen, sich erfüllen.
at|tua|ria|le agg. Versicherungs-: ***matematica ~*** Versicherungsmathematik *f.* **at|tua|rio** m. *(-ri)* Versicherungsmathematiker *m.*, Aktuar *m.*
at|tua|ti|vo agg. BUROCR. ausführend, in Kraft setzend.
at|tua|zio|ne f. **1** Verwirklichung *f.* **2** *(esecuzione)* Ausführung *f.*, Durchführung *f.*: ***norma di ~*** Ausführungsbestimmung *f.* ◆ ***di difficile ~*** schwer ausführbar.
at|tu|ti|men|to m. Dämpfung *f.*, Milderung *f.* **at|tu|ti|re** tr. **1** ab‿schwächen, dämpfen, ab‿mildern, ab‿dämpfen: ***~ la caduta*** den Sturz abmildern (*o* ab‿fangen); ***~ un urto*** einen Aufprall dämpfen; *(suoni)* ***i doppi vetri attutiscono il rumore*** die Doppelfenster dämpfen den Lärm **2** *(mitigare)* mildern: ***~ un dolore*** einen Schmerz mildern **II** pronom. **attutirsi** sich mildern, nach‿lassen.
au|da|ce **I** agg. **1a** *(coraggioso)* kühn, verwegen: ***un ~ alpinista*** ein kühner Bergsteiger **b** *(arrischiato)* kühn, wagemutig: ***una domanda ~*** eine kühne Frage; ***un progetto ~*** ein kühnes (*o* riskantes) Projekt **2** *(provocante)* gewagt: ***una scollatura ~*** ein gewagtes Dekolleté; **3** *(salace)* unverschämt, frech: ***storielle -i*** freche Witze **II** m. e f. Kühne *m.* e *f.* ◆ ***la fortuna aiuta gli -i*** wer wagt, gewinnt. **au|da|ce|men|te** avv. kühn, mutig. **au|da|cia** f. **1** Kühnheit: ***l'~ di un pensiero, di un progetto*** die Kühnheit eines Gedankens, Plans **2** *(temerarietà)* Gewagtheit *f.*, Verwegenheit *f.* **3** *(sfrontatezza)* Frechheit *f.*, Unverschämtheit *f.*: ***ha avuto l'~ di insultarmi*** er besaß die Frechheit, mich zu beschimpfen.
au|di|ence ['ɔdjens] f.inv. Einschaltquote *f.*
au|di|fo|no m. Audiphon *n.*
au|dio **I** m.inv. Ton *m.*, Audion *n.* **II** agg.inv. Ton-: ***tecnico ~*** Tontechniker *m.*; ***supporto ~*** Tonträger *m.* **au|dio|cas|set|ta** f. Audiokassette *f.* **au|dio|gram|ma** m. Audiogramm *n.* **au|dio|le|so** **I** agg. hörbehindert, hörgeschädigt **II** m. Hörbehinderte *m.* **au|dio|me|tri|a** f. Audiometrie *f.* **au|dio|me|tri|co** agg. *(-ci,-che)* audiometrisch. **au|dio|me|tro** m. Audiometer *n.* **au|dio|vi|si|vo** **I** agg. audiovisuell: ***sussidi -i*** audiovisuelle Hilfsmittel **II** m. audiovisuelles Medium *n.*
au|di|to|rio m. *(-ri)* Auditorium *n.*
au|di|zio|ne f. **1** Hören *n.* **2** TEATR. CINEM. *(di canto)* Vorsingen *n.*, Vorspiel *n.*; *(di recitazione)* Vorsprechen *n.*, Vorspiel *n.*; *(di danza)* Vortanzen *n.*: ***oggi ci sono le -i*** heute ist Vorsingen (*o* Vortanzen

o Vorsprechen) **3** DIR. Anhörung *f.*, Gehör *n.*: **~ in tribunale** rechtliches Gehör ◆ **fare un'~ per una parte** für eine Rolle vor‿sprechen; **~ musicale** musikalische Vorführung.

au|ge, essere, tornare in ~ auf dem Höhepunkt (*o* Gipfel) sein, auf den Höhepunkt zurück‿kehren.

au|gel|lo m. LETT. Vogel *m.*

Au|gia n.pr.m. Augias *m.*: **le stalle di ~** der Augiasstall; **ripulire le stalle d'~** den Augiasstall aus‿misten.

au|gna|tu|ra f. Gehrung *f.*

au|gu|ra|bi|le agg. wünschenswert: **è ~ che...** es ist zu wünschen, dass... **au|gu|ra|le** agg. Glückwunsch-: **discorso, saluto ~** Glückwunschrede *f.*, Glückwunschadresse *f.*

au|gu|ra|re (*auguro*) **I** tr. **1** wünschen: **~ il buon giorno, la buona notte a qcn.** jdm guten Tag, gute Nacht wünschen; **~ buona fortuna, ogni bene, una pronta guarigione** viel Glück, alles Gute, baldige Genesung wünschen; **~ qcs. di cuore a qcn.** jdm etw. von Herzen wünschen; **~ buon Natale, buon anno** frohe, fröhliche Weihnachten, ein gutes neues Jahr wünschen; **~ la morte, un accidente a qcn.** jdm den Tod, die Pest an den Hals wünschen **2** gratulieren: **~ buon compleanno a qcn.** jdm zum Geburtstag gratulieren **II** intr. (aus. *avere*) wahrsagen **III** pronom. **augurarsi** sich (D) wünschen, wünschen, hoffen: **-rsi di cuore qcs.** sich etw. von Herzen wünschen; **c'è da -rsi che...** es ist (*o* bleibt) zu wünschen, dass...; **mi auguro di riuscirci** ich hoffe, das zu schaffen.

au|gu|re m. Augur *m.*

au|gu|rio m. (*-ri*) **1** (*voto augurale*) Wunsch *m.*, Glückwunsch *m.*: **con i migliori -ri di buon onomastico** mit den besten Wünschen zum (*o* für deinen) Namenstag; **tanti -ri!** viel Glück! herzliche Glückwünsche! **sinceri -ri di buon compleanno** herzlichsten Glückwunsch zum Geburtstag; **fare, mandare, porgere gli -ri a qcn.** jdm seine Glückwünsche aus‿sprechen, senden, dar‿bringen; **fare gli -ri di Natale, di buon anno** frohe Weihnachten, ein gutes neues Jahr wünschen; **fare gli -ri di buon compleanno a qcn.** jdm zum Geburtstag gratulieren; **-ri di buon anno** Neujahrswünsche; **biglietto d'-ri** Glückwunschkarte *f.*; **telegramma d'-ri** Glückwunschtelegramm *n.* **2** (*auspicio*) Vorbedeutung *f.*, Vorzeichen *n.*: **di buon, di cattivo ~** von guter, schlechter Vorbedeutung (*o* mit gutem, schlechtem Vorzeichen).

Au|gu|sta n.pr.f. **I** Auguste *f.* **II** (*città della Baviera*) Augsburg *n.* ◆ STOR. **pace di ~** Augsburger Religionsfriede; **confessione di ~** Augsburgische Konfession. **au|gu|ste|o** agg. augusteisch: **età -a** augusteisches Zeitalter. **au|gu|sto** agg. LETT. **1** (*di persone*) erlaucht **2** (*di cose*) hehr, erhaben. **Au|gu|sto** n.pr.m. August *m.*

au|la f. **1** Klassenzimmer *n.*, Klasse *f.*: **entrare in ~** die Klasse betreten; **~ scolastica** Schulzimmer *n.*; **~ di disegno, di musica** Zeichen-, Musiksaal *m.* **2** UNIV. Hörsaal *m.*; **~ magna** Auditorium maximum *n.* **3** DIR. Saal *m.*: **~ di tribunale** Gerichtssaal *m.*; **far sgomberare l'~** den Saal räumen lassen; **silenzio in ~!** Ruhe im Saal.

au|len|te agg. LETT. duftend, wohlriechend.

au|li|co agg. (*-ci,-che*) **1** (*di corte*) höfisch, Hof-: **poeta ~** Hofdichter *m.*; **consigliere ~** Hofrat *m.* **2** (*illustre*) erhaben, gehoben: **lingua -a** erhabene Sprache; **stile ~** gehobener Stil.

Au|li|de n.pr.f. Aulis *n.*

au|men|ta|bi|le agg. erhöhbar, steigerbar.

au|men|ta|re I tr. **1** steigern, erhöhen: **~ la velocità, la produzione, le vendite del 40 per cento** die Geschwindigkeit, die Produktion, den Verkauf um 40 Prozent steigern; **~ gli affitti, i salari** die Mieten, die Löhne erhöhen **2** (*accrescere*) vermehren, verstärken, vergrößern: **~ il proprio patrimonio** seinen Besitz vermehren; **~ il gruppo di tre persone** die Gruppe um drei Personen verstärken; **~ il numero dei partecipanti** die Teilnehmerzahl vergrößern (*o* erhöhen) **3** SART. zu‿nehmen: **~ il numero delle maglie** Maschen zunehmen **II** intr. (aus. *essere*) **1** zu‿nehmen: **~ di peso** an Gewicht zunehmen; **il vento aumenta di intensità** der Wind nimmt an Stärke zu; **la popolazione è aumentata del 3 per cento** die Bevölkerung hat um 3 Prozent zugenommen **2** (*salire*) steigen: **~ di prezzo, di valore** im Preis, im Wert steigen; **i prezzi sono aumentati** die Preise sind gestiegen **3** (*crescere*) sich vermehren: **il numero degli incidenti aumenta ogni anno** die Zahl der Unfälle vermehrt sich jedes Jahr **4** (*intensificarsi*) sich steigern: **la paura, la tensione aumenta** die Angst, Spannung steigert sich. **au|men|ti|sta** m. e f. (*-i,-e*) Preistreiber *m.* (-in *f.*)

au|men|to m. **1** Erhöhung *f.*, Steigerung *f.*: **l'~ delle tasse** die Steuererhöhung; **~ salariale, di stipendio** Lohnerhöhung *f.*, Gehaltserhöhung *f.*; **chiedere l'~ di stipendio** um eine Gehaltserhöhung bitten; **~ dei prezzi** Preissteigerung *f.*, Preiserhöhung *f.*; **~ delle spese** Kostensteigerung *f.* **2** (*incremento*) Zunahme *f.*, Vermehrung *f.*: **l'~ del traffico, della popolazione** die Zunahme des Verkehrs, die Bevölkerungszunahme *f.*; **~ di peso** Gewichtszunahme *f.* **3** LING. Augment *n.* ◆ **~ di capitale** Kapitalerhöhung *f.*; **~ del costo della vita** Steigerung der Lebenshaltungskosten; **in ~** steigend, zunehmend; **essere in ~** steigen, zu‿nehmen: **i prezzi sono in continuo ~** die Preise steigen unablässig; **il vento è in ~** der Wind nimmt zu; **~ della temperatura** Temperaturanstieg *m.*

au|ra f. **1** (*alito*) Hauch *m.*, Lufthauch *m.* **2** FIG. Hauch *m.*, Anhauch *m.*, Aura *f.*: **essere avvolti da un'~ di mistero** von einem Hauch des Unheimlichen umgeben sein.

au|re|lia f. ZOOL. Ohrenqualle *f.*

Au|re|lia n.pr.f. Aurelie *f.*

au|re|o agg. **1** golden, Gold- **2** FIG. (*prezioso*) golden: **un consiglio ~** ein goldener Rat; (*eccellente*) **periodo ~** goldenes Zeitalter **3** ECON. Gold-: **copertura -a** Golddeckung *f.*; **parità -a** Goldparität *f.*; **riserva -a** Goldbestand *m.*, Goldreserve *f.*; **sistema ~** Goldstandard *m.*; **valuta -a** Goldwährung *f.*; **sganciare il dollaro dalla base -a** den Dollar vom Gold ab‿koppeln.

au|re|o|la f. Heiligenschein *m.*, Aureole *f.*; FIG. **circondarsi di un'~ di santità** sich mit einem Heiligenschein umgeben.

au|re|o|mi|ci|na f. Aureomyzin *n.*

au|ri|co|la f. **1** ANAT. Herzohr *n.* **2** BOT. Aurikel *f.*

au|ri|co|la|re I agg. Ohr(en)-; MED. aurikular, aurikulär: ANAT. **padiglione ~** Ohrmuschel *f.*; RELIG. **confessione ~** Ohrenbeichte *f.*; DIR. **testimone ~** Ohrenzeuge *m.* **II** m. Ohrhörer *m.*, Kopfhörer *m.*

au|ri|fe|ro agg. **1** (*che contiene oro*) goldhaltig **2** Gold führend, Gold-: **un fiume ~** ein Gold führender Fluss; **filone ~** Goldader *f.*; **miniera -a** Goldbergwerk *n.*

au|ri|ga m. (*-ghi*) **1** Auriga *m.*, Wagenlenker *m.* **2** ASTR. Fuhrmann *m.*

au|ro|ra f. **1** Morgenrot *n.*, Morgenröte *f.* (anche FIG.) **2** ENTOM. Aurorafalter *m.* ◆ **~ boreale, australe, polare** Nordlicht *n.*, Südlicht *n.*, Polarlicht *n.* **au|ro|ra|le** agg. **1** wie Morgenrot glänzend **2** FIG. anfänglich.

au|scul|ta|re tr. ab‿horchen, auskultieren: **~ il petto** die Brust abhorchen. **au|scul|ta|zio|ne** f. Abhorchen *n.*, Auskultation *f.*

au|si|lia|re I agg. Hilfs-: **verbo ~** Hilfsverb *n.* **II** m. GRAMM. Hilfsverb *n.* **III** m. e f. (*collaboratore*) Aushilfe *f.*, Helfer *m.* (-in *f.*). **au|si|lia|ria** f. **1** Schwesternhelferin *f.* **2** MIL. Krankenschwester *f.* im Lazarett.

au|si|lia|rio I agg. (*-ri,-rie*) Hilfs-: **truppe -rie** Hilfstruppe *f.*; **servizio ~** Hilfsdienst *m.* (*o* Wehrersatzdienst *m.*); **motore ~** Hilfsmotor *m.* **II** m. (*-ri*) **1** Helfer *m.* (-in *f.*) **2** MED. Stationshilfe *f.* **3** MIL. Offizier *m.* der Reserve ◆ **infermiera -a** Schwesternhelferin *f.*; INFORM. **memoria -a** Reservespeicher *m.*; **personale ~** Aushilfspersonal *n.*

au|si|lio m. (*-li*) Hilfe *f.*, Zuhilfenahme *f.*: **senza, con l'~ di qcn., qcs.** ohne, mit jds, etw. (G) Hilfe (*o* ohne, unter Zuhilfenahme von jdm, etw.); **essere d'~ a qcn.** jdm behilflich sein.

au|spi|ca|bi|le agg. erstrebenswert, wünschenswert.

au|spi|ca|re tr. (*auspico, auspichi*) **~ qcs.** etw. herbei‿wünschen, erhoffen, auf etw. hoffen: **~ la fine di qcs.** das Ende von etw. herbeiwünschen; **~ la riuscita di qcs.** auf das Gelingen von etw. hoffen.

au|spi|ce m. **1** STOR. Augur *m.* **2** FIG. (*promotore, patrono*) Schirmherr *m.*, Förderer *m.*

au|spi|cio m. (*-ci*) **1** STOR. Auspizium *n.*, Vogelschau *f.*: **trarre gli -ci** Auspizien machen **2** (*segno premonitore*) Vorbedeutung *f.*, Vorzeichen *n.*: **essere di buon ~** ein gutes Vorzeichen sein; **sotto buoni, i migliori -ci** unter einem guten Vorzeichen (*o* Zeichen, Stern), unter den besten Vorzeichen **3** (*patrocinio*) Auspizien *pl.*, Schirmherrschaft *f.*: **sotto gli -ci di qcn.** unter jds Auspizien.

au|ste|ri|tà f. **1** Strenge *f.*; (*morale*) Sittenstrenge *f.* **2** ECON. Sparmaßnahmen *pl.*, (wirtschaftliche) Einschränkung *f.*

au|ste|ro agg. **1** streng, hart: **disciplina -a** harte Disziplin **2** (*grave*) gravitätisch, würdevoll: **un volto ~** ein würdevolles Gesicht **3** (*sobrio*) karg, enthaltsam, schlicht: **condurre una vita -a** ein enthaltsames Leben führen; **arredamento ~** karge Einrichtung; **un edificio ~** ein schlichtes Gebäude.

au|stra|le agg. südlich, Süd-: **emisfero ~** südliche Halbkugel.

Au|stra|lia n.pr.f. Australien *n.* **au|stra|lia|no I** agg. australisch **II** m. Australier *m.* **au|stra|loi|de I** agg. australoid **II** m. e f. Australoide *m.* e *f.* **au|stra|lo|pi|te|co** m. (*-chi*) Australopithecus *m.*

Au|stria n.pr.f. Österreich *n.*; **~ – Ungheria** Österreich-Ungarn. **au|stria|can|te** m. STOR. INTRAD. (italienischer Österreichfreund im 19. Jh.). **au|stri|a|co I** agg. (*-ci,-che*) österreichisch **II** m. (*-ci*) Österreicher *m.*

au|stro m. LETT. **1** Südwind *m.* **2** *(meridione)* Süden *m.*
au|stro|un|ga|ri|co agg. *(-ci,-che)* österreichisch-ungarisch; ***l'impero ~*** Österreich-Ungarn *n.*
au|tar|chi|a f. ECON. DIR. Autarkie *f.* **au|tar|chi|co** agg. *(-ci,-che)* ECON. DIR. autark, autarkisch: ***uno stato ~*** ein autarker Staat; ***prodotti -ci*** autarkische Produkte; ***ente ~*** autarke Einrichtung.
aut aut m.inv. Entweder-Oder *n.* ◆ ***porre un ~ a qcn.*** jdn vor eine Alternative stellen.
au|ten|ti|ca f. *(-che)* Beglaubigung *f.*, Legalisierung *f.* **au|ten|ti|ca|re** tr. *(autentico, autentichi)* **1** BUROCR. beglaubigen, legalisieren, authentisieren, authentifizieren: ***~ una firma*** eine Unterschrift beglaubigen **2** *(opere d'arte)* für authentisch erklären. **au|ten|ti|ca|to** p.pass. agg. **1** → **autenticare** **2** beglaubigt, authentisiert: ***copia -a*** beglaubigte Abschrift *f.* **au|ten|ti|ca|zio|ne** f. BUROCR. Beglaubigung *f.*, Legalisation *f.*
au|ten|ti|ci|tà f. **1** Echtheit *f.*, Authentizität *f.*
au|ten|ti|co agg. *(-ci,-che)* **1a** echt, authentisch: ***documento ~*** authentisches Dokument; ***la firma è -a*** die Unterschrift ist echt **b** *(genuino, schietto)* echt: ***un'amicizia -a*** eine echte Freundschaft **2** *(originale)* original: ***-a seta cinese*** original chinesische Seide; ***mobili -ci inglesi*** original englische Möbel **3a** *(vero e proprio)* richtig, recht: ***un'-a porcheria*** eine richtige Schweinerei **b** *(tipico)* richtig, typisch **c** *(vero)* wirklich: ***un ~ imbecille*** ein wirklicher Dummkopf.
au|tie|re m. MIL. Fahrer *m.*
au|ti|smo m. Autismus *m.*
1.au|ti|sta m. e f. *(-i,-e)* Fahrer *m.* (-in *f.*), Chauffeur *m.* (-feuse *f.*).
2.au|ti|sta m. e f. *(-i,-e)* PSIC. Autist *m.* (-in *f.*). **au|ti|sti|co** agg. *(-ci, -che)* autistisch.
au|to f.inv. Auto *n.*, Wagen *m.*: ***guidare l'~*** das Auto fahren; ***andare in ~*** mit dem (*o* im) Auto fahren; ***salire in, scendere dall'~*** in das, aus dem Auto steigen; ***prendere l'~*** das Auto nehmen; ***(andare a) prendere l'~ dal garage*** das Auto aus der Garage holen ◆ ***~ civetta*** Zivilstreifenwagen *m.*; ***~ da corsa*** Rennwagen *m.*; ***gas (per) ~*** Autogas *n.*; ***~ pubblica*** Taxi *n.*
au|to|ab|bron|zan|te I agg. selbstbräunend **II** m. Selbstbräunungsmittel *n.* **au|to|ac|cen|sio|ne** f. Selbstzündung *f.*
au|to|ac|ces|so|ri m.pl. Autozubehör *n.*: ***negozio di ~*** Autozubehörgeschäft *n.*
au|to|ac|cu|sa f. Selbstanklage *f.* **au|to|a|de|si|vo I** agg. selbstklebend, selbsthaftend, Selbstklebe-: ***nastro ~*** Selbstklebeband *n.* **II** m. Aufkleber *m.*: ***attaccare un ~ sul vetro*** einen Aufkleber auf die Scheibe kleben. **au|to|af|fer|ma|zio|ne** f. Selbstbehauptung *f.*, Selbstbestätigung *f.* **au|to|af|fon|dar|si** pronom. sich selbst versenken.
au|to|am|bu|lan|za f. Krankenwagen *m.*, Rettungswagen *m.* **au|to|a|na|li|si** f.inv. Selbstanalyse *f.* **au|to|an|nien|ta|men|to** m. Selbstvernichtung *f.* **au|to|ar|ti|co|la|to** m. Sattelschlepper *m.* **au|to|as|sol|ver|si** pronom. sich (selbst) frei‿sprechen.
au|to|bio|gra|fi|a f. Autobiographie *f.* **au|to|bio|gra|fi|co** agg. *(-ci,-che)* autobiographisch. **au|to|bio|gra|fi|smo** m. autobiographischer Charakter *m.*, autobiographische Prägung *f.*
au|to|blin|da, au|to|blin|da|ta f. → **autoblindo. au|to|blin|da|to** agg. Panzer-, gepanzert. **au|to|blin|do** m.inv. Panzerspähwagen *m.*
au|to|bloc|can|te agg. selbstsperrend. **au|to|bom|ba** f. Autobombe *f.*: ***collocare, piazzare un'~ di fronte a una banca*** eine Autobombe vor einer Bank plazieren. **au|to|bot|te** f. Tankwagen *m.*, Tankfahrzeug *n.*
au|to|bus m.inv. Autobus *m.*, Bus *m.*: ***prendere, perdere l'~*** den Bus nehmen, verpassen; ***andare in, con l'~*** mit dem Bus fahren; ***~ di linea*** Linienbus *m.*; FIG. ***perdere l'~*** die Gelegenheit verpassen. **au|to|car|ro** m. Lastkraftwagen *m.*, Lastwagen *m.*, Lastauto *n.*
au|to|cen|su|ra f. Selbstzensur *f.* **au|to|cin|go|la|to** m. Kettenfahrzeug *n.* **au|to|ci|ster|na** f. Tankfahrzeug *n.*, Tankwagen *m.* **au|to|cla|ve** f. Druckkessel *m.* **au|to|co|lon|na** f. (militärische) Wagenkolonne *f.*
au|to|com|bu|stio|ne f. Selbstentzündung *f.* **au|to|com|mi|se|ra|zio|ne** f. Selbstbemitleidung *f.* **au|to|com|pia|ci|men|to** m. Selbstgefälligkeit *f.* **au|to|con|ser|va|zio|ne** f. Selbsterhaltung *f.*: ***istinto di ~*** Selbsterhaltungstrieb *m.* **au|to|con|su|mo** m. Selbstverbrauch *m.* **au|to|con|trol|lo** m. Selbstbeherrschung *f.*, Selbstkontrolle *f.*: ***(non) avere ~*** keine Selbstbeherrschung haben; ***mantenere l'~*** die Selbstbeherrschung bewahren.
au|to|cor|rie|ra f. Autobus *m.*, Bus *m.*
au|to|co|scien|te agg. seiner selbst bewusst. **au|to|co|scien|za** f. **1** FILOS. Selbstbewusstsein *n.* **2** PSIC. Selbsterfahrung *f.*
au|to|cra|te m. e f. Selbstherrscher *m.* (-in *f.*), Autokrat *m.* (-in *f.*).
au|to|cra|ti|co agg. *(-ci,-che)* selbstherrlich, autokratisch. **au|to|cra|zi|a** f. Selbstherrlichkeit *f.*, Autokratie *f.*
au|to|cri|ti|ca f. Selbstkritik *f.*: ***fare ~*** Selbstkritik üben. **au|to|cri|ti|co** agg. *(-ci,-che)* selbstkritisch.
au|to|cto|no I agg. autochthon: ***popolazione -a*** autochthone Bevölkerung; GEOL. ***roccia -a*** autochthones Gestein **II** m. Alteingesessene *m.*
au|to|da|fé m.inv. Autodafé *n.* **au|to|de|ci|sio|ne** f. Selbstbestimmung *f.* **au|to|de|nun|cia** f. *(-ce)* Selbstanzeige *f.* **au|to|de|pu|ra|zio|ne** f. Selbstreinigung *f.* **au|to|de|ter|mi|na|zio|ne** f. Selbstbestimmung *f.*: ***diritto all'~ dei popoli*** Selbstbestimmungsrecht der Völker.
au|to|di|dat|ta m. e f. *(-i,-e)* Autodidakt *m.* (-in *f.*). **au|to|di|dat|ti|co** agg. *(-ci,-che)* autodidaktisch.
au|to|di|fe|sa f. **1** Selbstverteidigung *f.* **2** DIR. Selbsthilfe *f.* **au|to|di|sci|pli|na** f. Selbstdisziplin *f.*, Selbstzucht *f.*
au|to|di|strut|ti|vo agg. selbstzerstörerisch. **au|to|di|stru|zio|ne** f. Selbstzerstörung *f.*
au|to|dro|mo m. Autodrom *n.*, Autorennbahn *f.*
au|to|e|du|ca|zio|ne f. Selbsterziehung *f.* **au|to|e|mo|te|ra|pi|a** f. Eigenblutbehandlung *f.* **au|to|e|ro|ti|smo** m. Selbstbefriedigung *f.* **au|to|e|sal|ta|zio|ne** f. Selbstlob *n.*, Eigenlob *n.*, Selbstverherrlichung *f.* **au|to|fe|con|da|zio|ne** f. Selbstbefruchtung *f.*
au|to|fer|ro|tran|via|rio agg. *(-ri,-rie)*, ***sistema ~*** = System der öffentlichen Verkehrsmittel. **au|to|fer|ro|tran|vie|ri** m.pl. = Mitarbeiter *pl.* der öffentlichen Verkehrsmittel.
au|tof|fi|ci|na f. Autowerkstatt *f.*
au|to|fi|let|tan|te agg. selbstschneidend: ***vite ~*** selbstschneidende Schraube.
au|to|fi|lo|tran|via|rio agg. *(-ri,-rie)*, ***rete -a*** = städtisches Verkehrsnetz *n.*
au|to|fi|nan|zia|men|to m. Selbstfinanzierung *f.*, Eigenfinanzierung *f.* **au|to|fo|cus** m.inv. *(dispositivo)* Autofokus *m.*
au|to|fur|go|ne m. Lieferwagen *m.*, Kastenwagen *m.*
au|to|ge|ne|si f. Selbstentstehung *f.* **au|to|ge|no** agg. autogen, Autogen-: ***training ~*** autogenes Training; ***saldatura -a*** Autogenschweißung *f.*
au|to|ge|stio|ne f. Selbstverwaltung *f.* **au|to|gol** m.inv. Eigentor *n.*, Selbsttor *n.* (anche FIG.): ***fare (un) ~*** ein Eigentor schießen. **au|to|go|ver|no** m. **1** Selbstregierung *f.* **2** *(di un ente)* Selbstverwaltung *f.*
au|to|gra|fa|to agg. handsigniert. **au|to|gra|fi|a** f. Umdruck *m.* **au|to|gra|fo I** agg. selbst geschrieben, eigenhändig (geschrieben), autographisch: ***firma, lettera -a*** eigenhändige Unterschrift, selbst geschriebener Brief **II** m. **1** *(testo)* Autograph *n.* **2** *(firma)* Autogramm *n.*: ***chiedere l'~ a qcn.*** jdn um ein Autogramm bitten.
au|to|grill m.inv. Autobahnraststätte *f.*, Raststätte *f.* **au|to|grù** f.inv. Kranwagen *m.*
au|to|gui|da|to agg. selbst gesteuert. **au|to|im|mu|ne** agg. autoimmun. **au|to|in|cen|sa|men|to** m. Selbstbeweihräucherung *f.* **au|to|in|du|zio|ne** f. Selbstinduktion *f.* **au|to|in|gan|no** m. Selbstbetrug *m.* **au|to|ip|no|si** f. Selbsthypnose *f.*, Autohypnose *f.* **au|to|i|ro|ni|a** f. Selbstironie *f.*
au|to|la|vag|gio m. *(-gi)* Autowaschanlage *f.*, Waschanlage *f.*
au|to|le|sio|ni|smo m. Selbstverstümmelung *f.* **au|to|le|sio|ni|sta** m. e f. *(-i,-e)* jd, der sich selbst verstümmelt. **au|to|le|sio|ni|sti|co** agg. *(-ci,-che)* Selbstverstümmelungs-.
au|to|let|ti|ga f. *(-ghe)* → **autoambulanza.**
au|to|li|mi|ta|zio|ne f. Selbstbeschränkung *f.*
au|to|li|ne|a f. Autobuslinie *f.*
au|to|li|si f. Autolyse *f.* **au|to|lu|bri|fi|can|te** agg. selbstschmierend.
au|to|ma m. *(-i)* Roboter *m.*, Automat *m.* ◆ ***come un ~*** wie aufgezogen. **au|to|ma|ti|ca** f. Automatik *f.* **au|to|ma|ti|ca|men|te** avv. automatisch, selbsttätig: ***funzionare ~*** automatisch funktionieren. **au|to|ma|ti|ci|tà** f. Automatik *f.*, Selbsttätigkeit *f.*
au|to|ma|ti|co I agg. *(-ci,-che)* **1** automatisch, selbsttätig, Auto-, Selbst-: ***ricerca -a*** automatische Suche; ***a chiusura -a*** selbstschließend; ***pilota ~*** Autopilot *m.*; ***fucile ~*** Selbstladegewehr *n.*; ***pistola -a*** Selbstladepistole *f.*; FIG. ***movimento ~*** automatische Bewegung **2** Automatik-: ***cambio ~*** Automatikgetriebe *n.* **II** m. *(-ci)* ***(bottone) ~*** Druckknopf *m.* ◆ ***distributore ~*** Automat *m.*; ***in ~*** automatisch. **au|to|ma|ti|smo** m. Automatismus *m.*, Automatik *f.* **au|to|ma|tiz|za|re** tr. automatisieren. **au|to|ma|tiz|za|zio|ne** f. Automatisierung *f.* **au|to|ma|zio|ne** f. Automation *f.*
au|to|me|di|ca|zio|ne f. Selbstmedikation *f.*
au|to|mez|zo m. Kraftfahrzeug *n.*
au|to|mo|bil|club m.inv. Automobilklub *m.* **au|to|mo|bi|le** f. Automobil *n.*, Auto *n.*, Wagen *m.*: ***~ sportiva, da corsa*** Sportwa-

gen *m.*, Rennauto *n.* (*o* Rennwagen *m.*); ***guidare l'~*** Auto fahren ◆ ***industria dell'~*** Auto(mobil)industrie *f.*; ***salone dell'~*** Automobilsalon *m.*, Automobilausstellung *f.* **au|to|mo|bi|li|na** f. **1** *(modellino)* Spielzeugauto *n.* **2** *(di autopista)* (kleines) Auto *n.* **3** *(auto a pedali)* Tretauto *n.* **4** *(dell'autoscontro)* Autoskooter *m.* **5** *(nelle giostre)* Karussellauto *n.*

au|to|mo|bi|li|smo m. **1** Kraftfahrwesen *n.* **2** SPORT Rennsport *m.*, Autosport *m.* **au|to|mo|bi|li|sta** m. e f. *(-i,-e)* Autofahrer *m.* (-in *f.*), Fahrer *m.* (-in *f.*) ◆ SCHERZ. SPREG. ***~ della domenica*** Sonntagsfahrer *m.* (-in *f.*). **au|to|mo|bi|li|sti|co** agg. *(-ci,-che)* Automobil-, Auto-: ***industria -a*** Auto(mobil)industrie *f.*; ***gara -a*** Autorennen *n.* ◆ ***targa -a*** polizeiliches (*o* amtliches) Kennzeichen.

au|to|mo|del|li|smo m. **1** Automodellbau *m.* **2** *(collezione)* Automodellsammeln *n.* **au|to|mo|del|li|sta** m. e f. *(-i,-e)* **1** *(costruttore)* Automodellbauer *m.* (-in *f.*) **2** *(collezionista)* Automodellsammler *m.* (-in *f.*).

au|to|mo|tri|ce f. Triebwagen *m.*

au|to|mu|ti|la|zio|ne f. Selbstverstümmelung *f.*

au|to|no|leg|gia|to|re m. Autoverleiher *m.* **au|to|no|leg|gio** m. *(-gi)* Autoverleih *m.*

au|to|no|ma|men|te avv. selbstständig, autonom.

au|to|no|mi|a f. **1a** Autonomie *f.*, Unabhängigkeit *f.*: ***l'~ di uno stato, di una regione*** die Autonomie eines Staates, einer Region **b** *(libertà di azione)* Selbstständigkeit *f.*: ***godere di una certa ~*** eine gewisse Selbstständigkeit genießen **c** *(indipendenza finanziaria)* (finanzielle) Unabhängigkeit *f.*: ***con i loro due stipendi hanno una certa ~*** mit ihren beiden Gehältern sind sie finanziell ziemlich unabhängig **2** *(di mezzi di trasporto)* Aktionsradius *m.*, Reichweite *f.*: ***l'aereo ha un'~ di sei ore*** das Flugzeug hat eine Reichweite von sechs Stunden ◆ ***~ amministrativa*** Selbstverwaltung *f.*; ***~ contrattuale*** Vertragsautonomie *f.*; ***Autonomia Operaia*** INTRAD. (außerparlamentarische linkspolitische Bewegung); ***~ tariffaria*** Tarifautonomie *f.*; ***~ di volo*** Flugbereich *m.*

au|to|no|mi|smo m. **1** Autonomiebestrebung *f.* **2** *(movimento)* Autonomiebewegung *f.* **au|to|no|mi|sta** m. e f. *(-i,-e)* Autonomist *m.* (-in *f.*). **au|to|no|mi|sti|co** agg. *(-ci,-che)* Autonomie-, autonomisch.

au|to|no|mo I agg. **1** selbstständig, unabhängig, autonom: ***lavoro ~*** selbstständige Arbeit; ***sindacati -i*** unabhängige Gewerkschaften **2** POL. autonom: ***regione -a*** autonome Region **II** m. **1** = Mitglied *n.* einer unabhängigen Gewerkschaft **2a** *(membro di Autonomia Operaia)* = Anhänger *m.* der Autonomia Operaia **b** *(estremista di sinistra)* = Linksextremist *m.* ◆ ***azienda -a*** Eigenbetrieb *m.*; ***azienda -a di soggiorno e turismo*** Fremdenverkehrsverein *m.*; ***ente ~*** selbstständige Körperschaft; ***lavoratore ~*** Selbstständige *m.*, Freischaffende *m.*; ***movimenti -i*** Eigenbewegungen; ***riscaldamento ~*** wohnungseigene Heizung.

au|to|os|ser|va|zio|ne f. Selbstbeobachtung *f.* **au|to|pal|pa|zio|ne** f. MED. Selbstabtasten *n.*

au|to|par|cheg|gio m. *(-gi)* Autoparkplatz *m.* **au|to|par|co** m. *(-chi)* Fuhrpark *m.*, Fahrzeugpark *m.* **au|to|pat|tu|glia** f. Streifenwagen *m.* **au|to|pi|lo|ta** m. Autopilot *m.* **au|to|pi|sta** f. **1** Fahrzeugpiste *f.*, Piste *f.* **2** *(nei parchi divertimento)* Skooterbahn *f.* **3** *(giocattolo)* Autorennbahn *f.*

au|to|pla|sti|ca f. CHIR. Autoplastik *f.*

au|to|pom|pa f. Löschfahrzeug *n.* **au|to|por|to** m. Zollparkplatz *m.*

au|to|pro|pul|sio|ne f. Eigenantrieb *m.*

au|to|psi|a f. Autopsie *f.*, Obduktion *f.*: ***eseguire, fare un'~*** eine Obduktion durch‿führen. ***eseguire l'~ su, di un cadavere*** eine Leiche obduzieren. **au|top|ti|co** agg. *(-ci,-che)* Obduktions-, Sektions-: ***referto ~*** Obduktionsbefund *m.*

au|to|pu|len|te agg. selbstreinigend.

au|to|pull|man m.inv. Reisebus *m.*, Autobus *m.*

au|to|pu|ni|ti|vo agg. Selbstbestrafungs-, selbst bestrafend. **au|to|pu|ni|zio|ne** f. Selbstbestrafung *f.*

au|to|ra|dio f.inv. **1** Autoradio *n.*: ***montare un'~*** ein Autoradio ein‿bauen **2** *(autopattuglia)* Streifenwagen *m.* **au|to|ra|du|no** m. Sternfahrt *f.*

au|to|re m. **1** Urheber *m.*, Täter *m.*: ***il presunto ~ di un delitto*** der mutmaßliche Täter eines Verbrechens; ***l'~ di uno scherzo*** der Urheber eines Scherzes **2a** *(di film, canzoni, opere d'arte)* Autor *m.* **b** *(di testi)* Autor *m.*, Verfasser *m.* ◆ ***diritti d'~*** Urheberrechte *pl.*, Autorenrechte *pl.*; ***film d'~*** Autorenfilm *m.*

au|to|re|a|liz|za|zio|ne f. Selbstverwirklichung *f.*

au|to|re|go|la|men|ta|zio|ne f. Selbstreglementierung *f.* **au|to|re|go|lan|te, au|to|re|go|la|to|re** agg. selbstregelnd.

au|to|re|spi|ra|to|re m. automatisches Atmungsgerät *n.* **au|to|re|te** f. → **autogol.**

au|to|re|vo|le agg. **1** maßgeblich, maßgebend: ***un giudizio, parere ~*** ein maßgebendes Urteil, eine maßgebliche Meinung; ***sapere qcs. da fonte ~*** etw. von maßgebender Seite wissen **2** *(di persone)* maßgebend; *(stimato)* angesehen, einflussreich: ***personaggi -i*** maßgebende Persönlichkeiten; ***uno scrittore ~*** ein angesehener Schriftsteller. **au|to|re|vo|lez|za** f. **1** Maßgeblichkeit *f.* **2** *(di persone)* Maßgeblichkeit *f.*, Ansehen *n.*

au|to|ri|mes|sa f. Autogarage *f.* **au|to|ri|pa|ra|zio|ne** f. Autoreparatur *f.*

au|to|ri|tà f.inv. **1a** Autorität *f.*, Gewalt *f.*, Macht *f.*: ***l'~ dello Stato*** die Autorität des Staates; ***l'~ paterna, ecclesiastica*** die väterliche, kirchliche Autorität; ***avere l'~ di fare qcs.*** die Macht haben, etw. zu tun; ***far valere la propria ~*** seine Autorität geltend machen; ***per l'~ che mi è conferita...*** kraft der mir übertragenen (*o* verliehenen) Gewalt (*o* Autorität)... **b** AMM. Amtsgewalt *f.*: ***esercitare l'~*** die Amtsgewalt aus‿üben **2** *(istituzioni, funzionari pubblici)* Behörde *f.*, Behörden *pl.*: ***l'~ civile, centrale, scolastica*** Zivil-, Zentral-, Schulbehörde; ***~ cittadine, statali, locali*** städtische, staatliche, örtliche Behörden; ***le ~ competenti*** die kompetenten (*o* zuständigen) Behörden **3** *(persona autorevole)* Autorität *f.*: ***essere un'~ in un campo*** eine Autorität auf einem Gebiet sein **4** *(credito)* Ansehen *n.*, Autorität *f.*: ***godere (di) grande ~*** großes Ansehen (*o* große Autorität) genießen ◆ ***abuso d'~*** Amtsmissbrauch *m.*; ***agire d'~*** eigenmächtig handeln; ***decidere, imporre qcs. d'~*** etw. kraft seines Amtes (*o* seiner Autorität) durch‿setzen, entscheiden; ***principio d'~*** Autoritätsprinzip *n.*

au|to|ri|ta|rio agg. *(-ri,-rie)* autoritär, herrisch: ***assumere un atteggiamento, un tono ~*** eine autoritäre Haltung ein‿nehmen, einen herrischen (*o* gebieterischen) Ton an‿nehmen ◆ ***Stato ~*** Führerstaat, Obrigkeitsstaat *m.* **au|to|ri|ta|ri|smo** m. Autoritarismus *m.*

au|to|ri|trat|to m. Selbstbildnis *n.*

au|to|riz|za|re tr. **1a** genehmigen, bewilligen: ***~ l'apertura di un locale, una manifestazione*** die Eröffnung eines Lokals, eine Demonstration genehmigen **b** *(permettere)* erlauben **2** *(delegare)* bevollmächtigen, ermächtigen: ***~ qcn. a concludere un contratto*** jdn zum Abschluss eines Vertrages ermächtigen **3** *(dare il diritto a)* berechtigen (anche FIG.): assol. ***il passaporto autorizza a passare il confine*** der Pass berechtigt zum Grenzübertritt; ***cosa (chi) ti autorizza a trattarlo così male?*** was berechtigt dich, ihn so schlecht zu behandeln? **4** *(giustificare)* rechtfertigen, berechtigen: ***ciò autorizza a pensare che...*** das berechtigt zu denken, dass...

au|to|riz|za|to p.pass. agg. **1** → **autorizzare 2** berechtigt, erlaubt ◆ ***officina -a*** Vertragswerkstatt *f.*; ***persona non -a*** unbefugte Person, Unbefugte *m.* e *f.*; ***riproduzione non -a*** unerlaubter Nachdruck; ***traduzione -a*** autorisierte Übersetzung.

au|to|riz|za|zio|ne f. **1a** Genehmigung *f.*, Bewilligung *f.*: ***chiedere, ottenere, dare, negare un'~*** eine Genehmigung ein‿holen, erhalten, erteilen, verweigern **b** *(permesso)* Erlaubnis *f.* **2** *(delega)* Bevollmächtigung *f.*, Ermächtigung *f.* **3** *(il dare il diritto)* Berechtigung *f.* ◆ ***~ all'esportazione*** Ausfuhrgenehmigung *f.*; ***~ giudiziaria*** gerichtliche Ermächtigung; DIR. ***~ a procedere*** Genehmigung zur Einleitung eines Verfahrens; ***~ speciale*** Sondergenehmigung *f.*; ***~ di stampa*** Druckerlaubnis *f.*

au|to|sa|lo|ne m. Auto(mobil)salon *m.*

au|to|scat|to m. Selbstauslöser *m.*

au|to|scon|tro m. Autoskooter *m.* **au|to|scuo|la** f. Fahrschule *f.* **au|to|ser|vi|zio** m. *(-zi)* öffentlicher Autobusverkehr *m.* **au|to|si|lo** m. Park(hoch)haus *n.* **au|to|sno|da|to** m. Gelenkfahrzeug *n.* **au|to|soc|cor|so** m. **1** Abschleppwagen *m.* **2** *(soccorso stradale)* Pannenhilfe *f.*, Abschleppdienst *m.* **au|to|sta|zio|ne** f., Omnibusbahnhof *m.*, Autobusbahnhof *m.* **2** *(stazione di servizio)* Autowerkstatt *f.*

au|to|sti|ma f. Selbstachtung *f.*, Selbstwertgefühl *n.*

au|to|stop m.inv. Autostopp *m.*: ***fare l'~*** trampen, Autostopp machen; ***viaggiare in ~*** per Anhalter fahren, reisen; ***andare a Parigi in ~*** per Anhalter nach Paris fahren. **au|to|stop|pi|smo** m. Trampen *n.* **au|to|stop|pi|sta** m. e f. *(-i,-e)* Anhalter *m.* (-in *f.*): ***prendere a bordo un ~*** einen Anhalter mit‿nehmen.

au|to|stra|da f. Autobahn *f.*: ***imboccare (prendere) l'~, immettersi sull'~*** auf die Autobahn (auf)fahren; ***viaggiare sull'~, in ~*** auf der Autobahn fahren; ***lasciare l'~, uscire dall'~*** von der Autobahn ab‿fahren; ***entrata, uscita dell'~*** Autobahnauffahrt *f.*, -ausfahrt *f.* ◆ ***~ informatica*** Datenautobahn *f.* **au|to|stra|da|le** agg. Autobahn-: ***raccordo, svincolo (snodo) ~*** Autobahnzubringer *m.*, -kreuz *n.*; ***casello ~*** Autobahnzahlstelle *f.*, AUSTR. Mautstelle *f.*, ; ***rete ~*** Autobahnnetz *n.*

au|to|suf|fi|cien|te agg. selbstgenügsam; *(indipendente)* unabhän-

gig ◆ **un anziano non ~** ein pflegebedürftiger alter Mensch.
au|to|suf|fi|cien|za f. Selbstgenügsamkeit *f.*; *(indipendenza)* Unabhängigkeit *f.* **au|to|sug|ge|stio|ne** f. Autosuggestion *f.* **au|to|tas|sa|zio|ne** f. Selbstbesteuerung *f.*
au|to|te|la|io m. *(-ai)* Fahrgestell *n.*, Chassis *n.*
au|to|ti|pi|a f. Autotypie *f.*, Rasterätzung *f.* **au|to|tos|si|na** f. Autotoxin *n.*
au|to|tra|spor|ta|re tr. mit Lastkraftwagen transportieren. **au|to|tra|spor|ta|to|re** m. **1** Lastkraftwagenfahrer *m.* **2** *(imprenditore)* Lasttransportunternehmer *m.* **au|to|tra|spor|to** m. **1** Lastwagentransport *m.* **2** pl. Lastwagenverkehr *m.*
au|to|tra|zio|ne f., **gasolio per ~** Dieselkraftstoff *m.* **au|to|tre|no** m. Lastzug *m.*, Sattelzug *m.*
au|to|tro|fo agg. autotroph.
au|to|ve|i|co|lo m. Kraftfahrzeug *n.* **au|to|vet|tu|ra** f. Kraftwagen *m.*, Personenkraftwagen *m.*
au|tri|ce f. **1** *(di atto, delitto)* Urheberin *f.*, Täterin *f.* **2a** *(di film, canzoni, opere d'arte)* Autorin *f.* **b** *(di testi)* Autorin *f.*, Verfasserin *f.*
au|tun|na|le agg. herbstlich, Herbst-: **colori -i** Herbstfarben. **au|tun|no** m. Herbst *m.*: **arriva l'~** es wird Herbst, der Herbst kommt; **d'~, in ~** im Herbst; **in pieno ~** mitten im Herbst; **durante l'~** über den Herbst (*o* den Herbst über), während des Herbstes; **all'inizio, alla fine dell'~** am Herbstanfang, am Herbstende; FIG. **l'~ della vita** der Herbst des Lebens.
a|va f. Urahne *f.*, Ahne *f.*
a|val|lan|te m. e f. Wechselbürge *m.* **a|val|la|re** tr. **1** avalieren: **~ una cambiale** einen Wechsel avalieren (*o* für einen Wechsel bürgen) **2** FIG. *(confermare)* bestätigen: **~ un'ipotesi** eine Vermutung bestätigen. **a|val|lo** m. Aval *m.*, Wechselbürgschaft *f.*
a|vam|brac|cio m. *(-ci)* Unterarm *m.* **a|vam|por|to** m. Vorhafen *m.* **a|vam|po|sto** m. Vorposten *m.*, vorgeschobener Posten *m.*: **agli -i** auf Vorposten.
a|va|na m.inv. **1** *(sigaro)* Havanna *f.* **2** *(tabacco)* Havanna *m.* ◆ **sigaro ~** Havannazigarre *f.* ◆ **(color) ~** havannafarben.
A|va|na n.pr.f. **l'~** Havanna n.: **all'~** in Havanna.
a|van|ca|ri|ca, ad ~ mit Vorderladung ◆ **fucile ad ~** Vorderlader *m.*
avan|ce [a'vã:s] f. *(-s)* Avance *f.*: **fare delle -s a qcn.** jdm Avancen machen.
a|van|cor|po m. EDIL. Vorbau *m.*
a|van|guar|dia f. **1** MIL. Vorhut *f.*, Avantgarde *f.* **2** Avantgarde *f.* ◆ **essere all'~** seiner Zeit voraus sein, bahnbrechend sein; **d'~** avantgardistisch. **a|van|guar|di|smo** m. Avantgardismus *m.* **a|van|guar|di|sta** m. e f. Avantgardist m. (-in *f.*). **a|van|guar|di|sti|co** agg. *(-ci,-che)* avantgardistisch.
a|van|sco|per|ta f. MIL. Aufklärung *f.*, Erkundung *f.*: **andare in ~** auf‿klären, auf Erkundung ziehen. **a|van|spet|ta|co|lo** m. INTRAD. (Variétévorstellung in der ersten Hälfte des 19. Jahrhunderts vor einer Filmvorführung).
a|van|ti I avv. **1a** *(nello spazio: stato)* vorn(e), voran, voraus: **stava seduto due file (più) ~** er saß zwei Reihen weiter vorne; **il municipio è un po' più ~** das Rathaus ist noch etwas weiter; **il più veloce era molto più ~ rispetto agli altri** der Schnellste war den anderen weit voraus **b** *(moto)* nach vorn(e), vorwärts, näher, voran: **fare un passo (in) ~** einen Schritt vorwärts machen; **vieni più ~** komm näher; **spostarsi ~ con la sedia** mit dem Stuhl näher rücken (*o* vor‿rücken) **2a** *(nel tempo)* voraus: **negli studi è un anno ~** mit seinem Studium ist er ein Jahr voraus; **essere ~ nel, col lavoro** mit der Arbeit voraus sein **b** *(poi)* **ne riparleremo più ~** wir sprechen später noch einmal darüber **c** *(in funzione di aggettivo, posposto)* vorher: **la sera ~** am Abend vorher **II** inter. **1** herein: **permesso? – ~!** darf ich? – herein! **~, si accomodi!** herein, treten Sie ein! **~ il prossimo!** der Nächste, bitte! **2** *(dai)* los, geh: **~, non è il caso di prendersela!** geh', das ist doch kein Grund, sich zu ärgern! **~, sbrigati!** los, beeil dich! **~, smettila!** geh lass das! **III** prep. vor RAR. **~ la casa** vor dem Haus; *(prima di)* **~ Pasqua** vor Ostern; **avant'ieri** vorgestern; **~ Cristo** vor Christus **IV** m.inv. SPORT Stürmer *m.*, Angreifer *m.* ◆ ANT. **~ a** vor; **andare ~** nach vorne gehen; *(precedere)* voraus‿gehen, voran‿gehen: **vai ~, poi ti raggiungo** geh voraus, ich komm dann nach; *(continuare)* weiter‿gehen, weiter‿laufen: **così non si può andare ~!** so kann es nicht weitergehen! *(durare)* dauern: **da quant'è che va ~ questa storia?** wie lange dauert die Sache schon? wie lange geht das schon? *(fare progressi)* voran‿gehen, voran‿kommen, fort‿schreiten; **andare ~ con qcs.** etw. weiter‿machen; **essere ~ negli anni** fortgeschrittenen Alters sein; ANT. **~ che, di** bevor; **farsi ~** vor‿treten; FIG. sich durch‿setzen; **guardare ~** nach vorne sehen; **sporgersi, piegarsi in ~** sich vor‿beugen; **un balzo in ~** ein Sprung nach vorne; **di qui in ~** von hier ab; *(temporale)* von nun an; SPORT **giocare in ~** im Angriff spielen; **la squadra è forte in ~** die Mannschaft ist stark im Angriff; **d'ora in ~** von jetzt an, ab jetzt; **da allora in ~** seit damals; **~ e indietro** hin und her, auf und ab; **mandare ~ il bagaglio** das Gepäck vor‿schicken; **mandare ~ la famiglia, un'azienda, un lavoro** für den Unterhalt der Familie sorgen, einen Betrieb leiten, eine Arbeit weiter‿bringen; **mandare ~ la baracca** den Laden schmeißen; FIG. **mettere le mani ~** = sich ab‿sichern; MIL. **~, marsch!** vorwärts, marsch! **l'orologio è, va ~** die Uhr geht vor; **mettere ~ l'orologio** die Uhr vor‿stellen; **passare ~ a qcn.** jdn überholen: **tirare ~** sich durch‿schlagen, sich durch‿bringen, sein Leben fristen; MAR. **~ tutta!** mit Volldampf voraus! volle Fahrt (*o* Kraft) voraus! **venga ~!** kommen Sie näher! *(entri!)* treten Sie ein!
a|van|tie|ri avv. vorgestern.
a|van|tre|no m. **1** Vorderachse *f.* **2** MIL. Protze *f.*
a|van|za|men|to m. **1** *(progresso)* Fortkommen *n.*, Fortschreiten *n.*, Fortschritt *m.*: **l'~ dei lavori** der Fortgang der Arbeiten; **l'~ della tecnologia** der technologische Fortschritt **2** *(promozione)* Aufstieg *m.*, Beförderung *f.*: **~ di grado** Höherstufung *f.*; **avere un ~ (di carriera)** befördert werden; **~ per anzianità** Beförderung nach Dienstalter ◆ MIN. **fronte di ~** Streb *m.*; *(di registrazione)* **~ rapido** Vorlauf *m.*
1.a|van|za|re I intr. (aus. *essere*) **1** vor‿rücken, vorwärts‿kommen, vorwärts‿gehen, vorwärts‿fahren, vorwärts‿schreiten: **~ di qualche passo, attraverso la sala** um einige Schritte vorwärtskommen, durch den Saal vorwärtsgehen; **~ verso la vetta** zum Gipfel vor‿stoßen; **la squadra è avanzata al terzo posto** die Mannschaft ist auf den dritten Platz vorgerückt; **far ~ l'esercito** die Armee vorrücken lassen; **il nemico avanza** der Feind geht, rückt vor **2** *(progredire)* voran‿kommen, fort‿schreiten: **~ negli studi, nella carriera** in seinem Studium, mit der Karriere vorankommen; **~ di grado** höher‿rücken **II** tr. **1a** vor‿rücken, nach vorn versetzen: **~ i paletti di un recinto** die Zaunpflöcke nach vorn versetzen; **~ una pedina** einen Stein vorrücken **b** *(superare)* überholen **c** MIL. **~ una postazione** eine Stellung vor‿verlegen **2** *(promuovere)* befördern: **~ qcn. di grado** jdn höherstufen **3** *(presentare)* vor‿bringen, vor‿legen; *(inoltrare)* ein‿reichen; *(sollevare)* auf‿werfen: **~ un'idea, una questione** eine Idee vorbringen, eine Frage aufwerfen; **~ delle scuse** Entschuldigungen vorbringen; **~ pretese su qcn., qcs.** Ansprüche an jdn, etw. stellen **4** *(superare)* übertreffen: **~ qcn. per intelligenza** jdn an Intelligenz übertreffen **III** pronom. **avanzarsi** sich nähern, heran‿rücken, näher kommen: **si avanza la notte, la primavera** die Nacht rückt heran, der Frühling kommt näher ◆ **~ negli anni, nell'età** an Jahren zu‿nehmen; **con l'~ degli anni** mit zunehmendem Alter.
2.a|van|za|re I tr. **1** übrig lassen: **~ del pane** Brot übrig lassen **2** *(essere creditore)* gut‿haben: **avanzo cinquemila lire da lui** ich habe bei ihm fünftausend Lire gut **II** intr. (aus. *essere*) **1a** *(restare)* übrig bleiben: **avanza un po' di minestra?** ist noch etwas Suppe übrig? **se mi avanza un po' di tempo, ci andrò** wenn mir etwas Zeit bleibt, werde ich hin gehen **b** *(essere in eccedenza)* reichlich vorhanden sein: **questa stoffa basta e avanza** dieser Stoff ist mehr als genug; **ce n'è e ne avanza** davon gibt es mehr als genug **2** MAT. als Rest bleiben.
a|van|za|ta f. Vorrücken *n.*, Vormarsch *m.*, Vorstoß *m.*: **l'~ nemica** der feindliche Vorstoß; **l'~ di una nuova moda, dei partiti di centro** das Aufkommen einer neuen Mode, das Vordringen der Zentrumsparteien.
1.a|van|za|to p.pass. agg. **1** → **1.avanzare 2a** *(in avanti)* vorgerückt, vorgeschoben, fortgeschritten: **postazioni -e** vorgeschobene Posten; **distaccamento ~** Vorausabteilung *f.*; SPORT **terzino ~** vorgezogener Verteidiger **b** FIG. **in età -a** im vorgerückten (*o* in fortgeschrittenem) Alter; **a notte -a** spät in der Nacht **3** *(progredito)* fortgeschritten: **uno stadio ~ della malattia** ein fortgeschrittenes Krankheitsstadium; **un corso ~** ein Kurs für Fortgeschrittene; **idee -e** fortschrittliche Ideen; **tecnologia -a** fortschrittliche Technologie.
2.a|van|za|to p.pass. agg. **1** → **2.avanzare 2** übrig, übrig geblieben: **cibo ~** übrig gebliebenes Essen.
a|van|zo m. **1a** Rest *m.*, Überrest *m.*, Überbleibsel *n.*: **un ~ di torta, di formaggio** ein Rest Torte, Käse; **averne d'~** davon übrig haben; **essercene d'~** davon übrig sein **b -i archeologici** archäologische Reste **c lasciare solo gli -i** nur Abfälle übrig lassen **2** MAT. *(resto)* Rest *m.* **3a** COMM. *(giacenza)* Rest *m.* **b** ECON. *(eccedenza)* Überschuss *m.*: **~ di cassa** Kassenüberschuss *m.*; **~ di bilancio, della bilancia commerciale** Bilanzüberschuss *m.*, Außenhandelsüberschuss *m.* ◆ **~ di forza, di galera** Galgenvogel *m.*, Knastbruder *m.*; **~ utile degli anni precedenti** Gewinnvortrag der Vorjahre.

a|va|rac|cio m. *(-ci)* Geizhals *m.*, Geizkragen *m.* **a|va|ra|men|te** avv. geizig.

a|va|ri|a f. **1** *(di nave, di motore)* Havarie *f.*, Schaden *m.*: ***essere in ~*** havariert sein; ***nave in ~*** havariertes Schiff, Havarist *m.*; ***avere, subire un'~*** Havarie haben, erleiden (*o* havarieren); ***riparare un'~ al motore*** eine Havarie am Motor beheben **2** *(di merce)* Verfall *m.* ◆ ***liquidare un'~*** dispachieren; ***liquidazione d'~*** Dispache *f.*; ***protesto d'~*** Seeprotest *m.* **a|va|ria|re** *(avario)* **I** tr. beschädigen, havarieren **II** pronom. **avariarsi** verderben.

a|va|ria|to p.pass. agg. **1** → **avariare 2** *(di nave, di motore)* seebeschädigt, wrack **3** wrack, verdorben: ***merce -a*** verdorbene Ware.

a|va|ri|zia f. Geiz *m.* ◆ SCHERZ. ***crepi l'~!*** zum Teufel mit dem Sparen! **a|va|ro I** agg. **1** geizig **2** ESTENS. geizig, karg: ***essere ~ di qcs.*** mit etw. karg sein (*o* kargen, geizen); ***essere ~ di lodi*** mit Lob sparen, mit Anerkennung geizen; ***~ di parole*** wortkarg; ***il tempo è ~*** = die Zeit ist immer knapp **II** m. Geizkragen *m.*, Geizhals *m.*

a|ve f.inv. Ave *n.*

a|ve|li|gne|se m. Haflinger *m.*

a|vel|la|na f. Haselnuss *f.* **a|vel|la|no** m. Haselnussstrauch *m.*

a|vel|lo m. LETT. Grab *n.*, Gruft *f.*

a|ve|ma|ri|a f. *(-rie)* Ave-Maria *n.*: ***recitare tre -rie*** drei Ave-Maria(s) beten; ***suonare l'~*** das Ave-Maria läuten; ***rintocchi dell'~*** Ave-Maria-Läuten *n.*

a|ve|na f. Hafer *m.*: ***fiocchi d'~*** Haferflocken *pl.*; ***farina, pappa d'~*** Hafermehl *n.*, Haferbrei *m.*

a|ven|te, *~ diritto* Anspruchsberechtigte *m.*; ***~ diritto al (di) voto*** Stimmberechtigte *m.*; ***~ diritto alla pensione*** Pensionsberechtigte *m.*

1.a|ve|re *(ho, hai, ha, abbiamo, avete, hanno;* fut. *avrò;* pass.rem. *ebbi, avesti, ebbe, avemmo, aveste, ebbero;* congiunt. pres. *abbia, abbiamo, abbiate, abbiano;* congiunt. pass. *avessi;* condiz. *avrei;* imper. *abbi, abbiate;* p.pass. *avuto)* **I** tr. **1a** *(possedere)* haben: ***~ molti libri*** viele Bücher haben; ***~ coraggio*** Mut haben; ***~ gli occhi azzurri*** blaue Augen haben; ***~ una lunga esperienza*** eine lange Erfahrung haben; ***~ mal di testa*** Kopfschmerzen haben; ***~ moglie e figli*** Frau und Kinder haben; ***~ una settimana di vacanze*** eine Woche Urlaub haben **b** *(oggetto con predicato)* ***ho uno zio medico*** ich habe einen Onkel, der Arzt ist; ***ho mia madre ammalata*** meine Mutter ist krank **c** *(titolo di studio)* ***ho un diploma*** ich habe ein Diplom; ***ha la laurea in medicina*** er ist Mediziner, Doktor der Medizin; *(dover fare)* ***ho un esame*** ich habe eine Prüfung **d** *(tenere)* ***~ qcs. in mano, in tasca*** etw. in der Hand, in der Tasche haben **e** *(comprendere)* ***Roma ha tre milioni di abitanti*** Rom hat drei Millionen Einwohner **2** *(rif. all'età)* ***~ vent'anni*** zwanzig Jahre alt sein **3** *(indossare)* an‿haben: ***~ un vestito elegante*** ein elegantes Kleid anhaben **4a** *(ottenere, ricevere)* bekommen: ***~ un premio*** einen Preis bekommen; ***~ notizie da qcn.*** Nachrichten von jdm bekommen; ***ha avuto due anni*** er hat zwei Jahre bekommen **b** *(acquistare)* ***ha avuto quel tappeto per poco*** er hat diesen Teppich billig bekommen **c** *(mettere al mondo)* ***ha avuto una bambina*** sie hat ein Mädchen bekommen **5** *(con **da** + inf.; dovere)* haben zu, müssen; *(occorrere)* brauchen: ***ho da fare*** ich habe zu tun; ***ho da lavorare*** ich muss arbeiten; ***non hai che da dirlo*** du brauchst es nur zu sagen **6** *(con **da** + inf.; possibilità)* haben: ***ha poco da vivere*** er hat wenig zum Leben; ***non ~ da mangiare*** nichts zu essen haben **7** *(con **a** + inf.)* ***ebbe ad ammalarsi*** er wurde krank **II** intr. **1** *(come ausiliare)* haben, sein: ***ho mangiato*** ich habe gegessen; ***ho camminato*** ich bin gelaufen; ***ho voluto saperlo subito*** ich habe es sofort wissen wollen **2** impers. LETT. ***v'ha*** es gibt; ***non v'ha dubbio, motivo*** es gibt keinen Zweifel, Grund ◆ ***~ in animo di fare qcs.*** die Absicht haben, etw. zu tun; ***avercela con qcn.*** auf jdn, mit jdm böse sein; ***averne per un pezzo*** für einige Zeit mit etw. zu tun haben; ***aversela a male*** es übel nehmen; ***ho caldo*** mir ist heiß; ***chi più ne ha più ne metta*** = noch ist kein Ende abzusehen; ***chi ha avuto ha avuto*** = damit ist die Sache erledigt, abgemacht; ***~ qcs. con sé*** etw. bei sich haben; ***aver preso con sé*** etw. mit‿haben; ***~ qcs. contro qcn.*** etw. gegen jdn haben; ***che cos'hai?*** was hast du? was fehlt dir? ***~ a cuore qcs.*** sich (A) etw. (G) an‿nehmen; ***~ qcn. dalla sua*** jdn auf seiner Seite haben; ***~ molto di qcn.*** viel von jdm haben; ***~ a che dire con qcn.*** mit jdm streiten; ***non ~ a che fare (a che vedere) con qcn., qcs.*** nichts mit jdm, etw. zu tun haben; ***ho freddo*** mir ist kalt; ***~ luogo*** statt‿finden; ***~ a, in mente*** sich erinnern; ***cos'hai in mente?*** was hast du im Sinn? ***~ mezzi*** wohlhabend sein; ***~ i nervi*** nervös sein; ***~ in odio qcn., qcs.*** jdn, etw. hassen; ***aver parte in qcs.*** an etw. teil‿haben, beteiligt sein; ***~ qcs. in programma*** etw. vor‿haben; ***quanti ne abbiamo oggi?*** den Wievielten haben wir heute? ***~ ragione*** Recht haben; ***~ qcs. per la testa*** etw. im Sinn haben; ***~ torto*** Unrecht haben; ***~ urgenza*** es eilig haben.

2.a|ve|re m. **1** Vermögen *n.*, Gut *n.*: ***essere attaccato ai propri -i*** an seinem Vermögen hängen **2** *(credito)* Guthaben *n.*: ***a quanto ammonta il mio ~?*** wie viel beträgt (*o* wie hoch ist) mein Guthaben? **3** COMM. ***il dare e l'~*** das Soll und das Haben.

a|ver|no m. LETT. Unterwelt *f.*

a|ver|ro|i|smo m. Averroismus *m.* **a|ver|ro|i|sta** m. e f. *(-i,-e)* Averroist *m.* (-in *f.*).

a|ve|sti|co I agg. *(-ci,-che)* LETT. awestisch **II** m. Awestische *n.*

a|via|rio I agg. *(-ri,-rie)* Vogel-: ***peste -a*** Hühnerpest *f.* **II** m. *(-ri)* Vogelhaus *n.*, Voliere *f.*

a|via|to|re m. Flieger *m.* **a|via|to|rio** agg. *(-ri,-rie)* Flugzeug-, Flug-, Flieger-. **a|via|zio|ne** f. **1** Luftfahrt *f.*: ***~ civile*** Zivilluftfahrt *f.* **2** ***~ militare*** Luftwaffe *f.*

a|vi|co|lo agg. Hühner-, Geflügel-: ***azienda -a*** Hühnerfarm *f.*, Geflügelfarm *f.* **a|vi|col|to|re** m. Vogelzüchter *m.*, Geflügelzüchter *m.* **a|vi|col|tu|ra** f. Vogelzucht *f.*, Geflügelzucht *f.*

a|vi|da|men|te avv. gierig.

a|vi|di|tà f. **1** Gier *f.*, Sucht *f.*: ***con ~*** gierig **2** *(cupidigia)* Habgier *f.* **3** *(voracità)* Gier *f.*, Gefräßigkeit *f.* ◆ ***~ di denaro*** Geldgier *f.*; ***~ di guadagno, di lucro*** Gewinnsucht *f.*, Raffgier *f.*, Profitgier *f.*; ***~ di sapere*** Wissbegier(de) *f.*

a|vi|do agg. **1** gierig, begierig, süchtig, lüstern: ***essere ~ di qcs.*** auf etw. (A) gierig, nach etw. (D) gierig (*o* süchtig) sein **2** *(di denaro)* habgierig **3** *(vorace)* gierig ◆ ***~ di bottino*** beutegierig; ***~ di denaro*** geldgierig; ***~ di gloria*** ruhmsüchtig; ***~ di letture*** lesehungrig; ***~ di lodi*** lobgierig; ***~ di lucro*** gewinnsüchtig; ***~ di onori*** ehrbegierig; ***~ di piaceri*** genusssüchtig; ***~ di potere*** herrschsüchtig; ***~ di sangue*** blutrünstig; ***~ di sapere*** wissensbegierig.

a|vie|re m. MIL. Flieger *m.*

a|vi|fau|na f. Ornis *f.*, Vogelwelt *f.*

a|vio|get|to m. Düsenflugzeug *n.*, Strahlflugzeug *n.* **a|vio|lan|cio** m. *(-ci)* Fallschirmabwurf *m.* **a|vio|li|nea** f. Fluglinie *f.* **a|vio|ni|ca** f. Flugelektronik *f.* **a|vio|ra|du|no** m. Flugschau *f.* **a|vio|ri|mes|sa** f. Flugzeughalle *f.*, Flughalle *f.* **a|vio|sbar|co** m. *(-chi)* Luftlandung *f.*

a|vio|tra|spor|ta|re tr. auf dem Luftweg befördern. **a|vio|tra|spor|ta|to** p.pass. agg. **1** → **aviotrasportare 2** Luftlande-: ***reparto ~*** Luftlandetruppe *f.* **a|vio|tra|spor|to** m. Lufttransport *m.*

AVIS ⇒ *Associazione Volontari Italiani del Sangue* Verein der freiwilligen Blutspender Italiens.

a|vi|ta|mi|no|si f. Avitaminose *f.*

a|vi|to agg. Ahnen-, ererbt. **a|vo** m. Ahn *m.*, Vorfahr *m.*

a|vo|ca|do m.inv. Avocado *f.*, Avocato *f.*

a|vo|ca|re *(avoco, avochi)* tr. **1** DIR. an sich ziehen, für sich in Anspruch nehmen: ***~ a sé una procedura, il giudizio*** ein Gerichtsverfahren an sich ziehen **2** *(confiscare)* beschlagnahmen, konfiszieren. **a|vo|ca|zio|ne** f. **1** DIR. Übernahme *f.* **2** *(confisca)* Beschlagnahme *f.*, Konfiszierung *f.*

a|vo|rio I m. *(-ri)* **1a** *(sostanza)* Elfenbein *n.*: ***di, in ~*** aus Elfenbein **b** *(oggetto)* Elfenbeinarbeit *f.*: ***-ri bizantini*** byzantinische Elfenbeinarbeiten **2** *(colore)* Elfenbeinfarbe *f.* **II** agg.inv. **1** *(di avorio)* elfenbeinern, Elfenbein- **2** *(di colore)* elfenbeinfarben ◆ ***intagliatore d'~*** Elfenbeinschnitzer *m.*; ***pelle d'~*** mattweiße Haut; FIG. ***chiudersi in una torre d'~*** sich in einen (*o* einem) Elfenbeinturm einschließen.

a|vul|sio|ne f. Extraktion *f.*, Herausziehen *n.*: ***~ di un dente*** Zahnextraktion. **a|vul|si|vo** agg. Schnalz-: ***fonema ~*** Schnalzlaut *m.* **a|vul|so** agg. herausgerissen, losgelöst, isoliert: ***~ dal proprio ambiente*** aus der gewohnten Umgebung herausgerissen; ***una frase -a dal contesto*** ein aus dem Kontext herausgerissener Satz ◆ ***~ dalla realtà*** wirklichkeitsfremd.

av|va|ler|si pronom. *(mi avvalgo, ti avvali; mi avvalsi; avvalso)* ***~ di qcs.*** sich (A) etw. (G) bedienen, von etw. Gebrauch machen: ***~ di un diritto*** von einem Recht Gebrauch machen.

av|val|la|men|to m. Vertiefung *f.*, Mulde *f.* **av|val|lar|si** pronom. sich senken, ab‿sinken: ***il terreno si avvalla*** der Boden senkt sich. **av|val|la|to** p.pass. agg. **1** → **avvallarsi 2** eingesunken: ***pavimento ~*** eingesunkener Fußboden.

av|va|lo|ra|men|to m. Bekräftigung *f.*, Bestätigung *f.* **av|va|lo|ra|re I** tr. bekräftigen, bestätigen: ***~ un sospetto, una tesi*** einen Verdacht, eine These bekräftigen **II** pronom. **avvalorarsi** sich bestätigen, an Wert gewinnen: ***la tua ipotesi si avvalora sempre più*** deine Vermutung bestätigt sich immer mehr.

av|val|so → **avvalersi.**

av|vam|pa|re intr. (aus. *essere*) **1** lodern, auf‿lodern **2** ESTENS. glühen, erglühen: ***al tramonto il cielo avvampa*** der Himmel glüht in der untergehenden Sonne **3** FIG. *(arrossire)* erröten, glühend rot werden: ***~ per la vergogna*** vor Scham erröten **4** FIG. *(accen-*

dersi) entbrennen: ~ ***d'ira*** in Zorn entbrennen.
av|van|tag|gia|re I tr. **1** begünstigen, bevorteilen **2** *(migliorare)* fördern: ~ ***l'agricoltura*** die Landwirtschaft fördern **II** pronom. **avvantaggiarsi 1** Vorteil (*o* Nutzen) ziehen: ***-rsi di una situazione, di un'opportunità*** aus einer Situation, Gelegenheit Vorteil ziehen **2a** *(guadagnare tempo)* Zeit gewinnen **b** *(guadagnare spazio)* einen Vorsprung gewinnen **3** *(prevalere)* ***-rsi su qcn.*** jdm gegenüber im Vorteil sein.
av|ve|der|si pronom. *(mi avvedo, ti avvedi; mi avvidi; avveduto)* ~ ***di qcs.*** etw. (A) bemerken, wahr‿nehmen. **av|ve|du|ta|men|te** avv. umsichtig, besonnen: ***agire*** ~ umsichtig handeln. **av|ve|du|tez|za** f. Umsicht *f.*, Besonnenheit *f.* **av|ve|du|to** p.pass. agg. **1** → **avvedersi 2** umsichtig, besonnen: ***un uomo*** ~ ein besonnener Mensch.
av|ve|le|na|men|to m. **1** Vergiftung *f.*: ~ ***da funghi*** Pilzvergiftung *f.* **2** *(omicidio)* Giftmord *m.*, Vergiftung *f.* ◆ ***sintomo di*** ~ Vergiftungserscheinung *f.*
av|ve|le|na|re I tr. **1** vergiften **2** *(rendere irrespirabile)* verpesten: ~ ***l'aria*** die Luft verpesten **3** FIG. vergiften, vergällen: ~ ***la vita a qcn.*** jdm das Leben vergällen **II** pronom. ***avvelenarsi con qcs.*** sich mit etw. vergiften. **av|ve|le|na|to** p.pass. agg. **1** → **avvelenare 2** *(velenoso)* giftig ◆ FIG. ***avere il dente ~ con qcn.*** einen richtigen Pik auf jdn haben; ***morire*** ~ durch Gift sterben. **av|ve|le|na|to|re** m. Vergifter *m.*, Giftmischer *m.*; *(omicida)* Giftmörder *m.*: ***gli erbicidi sono tra i più pericolosi -i dei terreni agricoli*** die Unkrautvertilgungsmittel gehören zu den gefährlichsten Vergiftern der landwirtschaftlichen Böden.
av|ve|nen|te agg. attraktiv, anziehend: ***una donna*** ~ eine attraktive Frau. **av|ve|nen|za** f. Attraktivität *f.*, Schönheit *f.*
av|ve|ni|men|to m. **1** Ereignis *n.*, Vorfall *m.*: ~ ***storico, significativo*** historisches, bedeutendes Ereignis **2** *(evento importante)* Ereignis *n.*: ***il concerto è stato un*** ~ das Konzert war ein Ereignis; ***l'~ del giorno*** das Tagesereignis; ***il corso degli -i*** der Lauf der Ereignisse ◆ ***privo di -i*** ereignislos; ***ricco di -i*** ereignisreich.
1.av|ve|ni|re *(avvengo, avvieni; avvenni; avvenuto)* intr. (aus. *essere)* **1** geschehen, passieren: ***è avvenuta una disgrazia*** ein Unglück ist passiert; ***come spesso avviene*** wie es oft geschieht **2** *(essere effettuato)* erfolgen, ein‿treten: ***la consegna avviene in contrassegno*** die Lieferung erfolgt gegen Nachnahme; ***l'esecuzione avvenne subito*** die Hinrichtung erfolgte sofort ◆ ***avvenga quel che vuole*** komme, was da will.
2.av|ve|ni|re I agg.inv. künftig, kommend: ***gli anni*** ~ die kommenden Jahre **II** m.inv. Zukunft *f.*: ***(non) avere un ~ sicuro*** (k)eine sichere Zukunft haben; ***in*** ~ in Zukunft, zukünftig, künftig; ***per l'~*** für die Zukunft.
av|ve|ni|ri|smo m. Zukunftsglaube *m.* **av|ve|ni|ri|sti|co** agg. *(-ci, -che)* zukunftsorientiert, zukunftsweisend, futuristisch: ***edificio*** ~ futuristisches Gebäude.
av|ven|ta|re I tr. **1** LETT. schleudern: ~ ***un sasso contro qcn., qcs.*** einen Stein gegen jdn, etw. schleudern **2** FIG. sich (D) an‿maßen: ~ ***giudizi*** sich Urteile anmaßen **II** pronom. ***avventarsi su qcn., qcs.*** sich auf jdn, etw. stürzen. **av|ven|ta|tez|za** f. **1** *(di una persona)* Unbesonnenheit *f.*, Leichtsinnigkeit *f.* **2** *(di un atto)* Voreiligkeit *f.* **av|ven|ta|to** p.pass. agg. **1** → **avventare 2** *(di persone)* leichtsinnig, unbesonnen **3** *(di azione)* überstürzt, voreilig: ***una decisione -a*** ein voreiliger Entschluss. **av|ven|ta|ta|men|te** avv. leichtsinnig, übereilt, unüberlegt: ***agire*** ~ leichtsinnig handeln.
av|ven|ti|sta *(-i,-e)* **I** agg. adventistisch **II** m. e f. Adventist *m.* (-in *f.*).
av|ven|ti|zio I agg. *(-zi, -zie)* **1** *(non residente)* nicht ansässig: ***popolazione -a*** nicht ansässige Bevölkerung **2** *(provvisorio)* Aushilfs-: ***lavoro, personale*** ~ Aushilfsarbeit *f.*, Aushilfspersonal *n.* **II** m. *(-zi)* Aushilfe *f.*, Aushilfskraft *f.* ◆ ***clienti -zi*** Laufkundschaft *f.*
av|ven|to m. **1** Anbruch *m.*: ***l'~ di una nuova era*** der Anbruch einer neuen Ära **2** *(ascesa)* Besteigung *f.*, Erhebung *f.*: ~ ***al trono*** Thronbesteigung *f.*; ~ ***al pontificato*** Erhebung zum Pontificat **3** RELIG. Advent *m.*, Adventszeit *f.*
av|ven|to|re m. Kunde *m.*; *(di locale pubblico)* Gast *m.*
av|ven|tu|ra f. **1** Abenteuer *n.* (anche ESTENS.): ***andare (partire) in cerca di -e*** abenteuern, auf Abenteuer aus‿gehen (*o* aus‿ziehen); ***imbarcarsi in un'~*** sich auf ein Abenteuer ein‿lassen, sich in ein Abenteuer stürzen **2** *(amore fugace)* Liebesabenteuer *n.*, Liebesaffäre *f.*, Abenteuer *n.*: ***avere un'~ con qcn.*** eine Liebesaffäre mit jdm haben ◆ ***film d'-e*** Abenteuerfilm *m.*; ANT. ***per*** ~ zufällig; ***romanzo d'-e*** Abenteuerroman *m.*; ***spirito d'~*** Abenteuergeist *m.*, Abenteuerlichkeit *f.*
av|ven|tu|rar|si pronom. sich wagen (anche FIG.): ~ ***per strada, nel bosco, in mare aperto*** sich auf die Straße, in den Wald, aufs offene Meer wagen; ~ ***in qcs.*** sich an etw. (A) wagen, sich auf etw. (A) ein‿lassen.
av|ven|tu|rie|ro m. **1** Abenteurer *m.*, Glücksritter *m.* **2** *(truffatore)* Hochstapler *m.*
av|ven|tu|ri|smo m. Politik *f.* des Risikos. **av|ven|tu|ri|sti|co** *(-ci, -che)* agg. riskant, gewagt: ***politica -a*** riskante Politik.
av|ven|tu|ro|sa|men|te avv. abenteuerlich. **av|ven|tu|ro|so** agg. **1** abenteuerlich: ***un viaggio*** ~ eine abenteuerliche Reise **2** *(amante dell'avventura)* abenteuerlustig: ***un giovane*** ~ ein abenteuerlustiger junger Mann.
av|ve|ra|men|to m. Bewahrheitung *f.*, Erfüllung *f.* **av|ve|ra|re I** tr. verwirklichen, realisieren: ~ ***un progetto*** einen Plan verwirklichen **II** pronom. **avverarsi** sich erfüllen, sich bewahrheiten, ein‿treffen: ***la sua profezia si è avverata*** seine Prophezeiung hat sich erfüllt.
av|ver|bia|le agg. adverbial, Adverbial-, Umstands-: ***locuzione*** ~ Adverbialbestimmung *f.*, Umstandsangabe *f.* **av|ver|bio** m. *(-bi)* Adverb *n.*, Umstandswort *n.*: ~ ***di luogo, di tempo, di modo*** Lokal-, Temporal-, Modaladverb *n.*
av|ver|sa|re tr. **1** ~ ***qcn., qcs.*** jdn, etw. bekämpfen, an‿feinden **2** *(ostacolare)* behindern, entgegen‿treten: ~ ***il progetto di qcn.*** jds Plan entgegentreten.
av|ver|sa|rio I agg. *(-ri, -rie)* **1** gegnerisch: ***la squadra -a*** die gegnerische Mannschaft **2** *(nemico)* feindlich: ***truppe -rie*** feindliche Truppen **II** m. *(-ri)* Gegner *m.*; pl. *(gruppo avversario)* Gegenpartei *f.*: ***battere (sconfiggere), eliminare, ingannare l'~*** den Gegner besiegen (*o* schlagen), aus‿schalten, überlisten ◆ DIR. ***parte -a*** Gegenpartei *f.*, Gegenseite *f.*
av|ver|sa|ti|vo agg. adversativ: ***congiunzione -a*** adversative Konjunktion.
av|ver|sio|ne f. **1** Abneigung *f.*: ***nutrire, provare ~ per, verso qcn., qcs.*** gegen jdn, etw. Abneigung hegen, vor jdm, etw. Abneigung empfinden; ***suscitare ~ in qcn.*** in (*o* bei) jdm Abneigung erregen (*o* wecken) **2** *(ripugnanza)* Abscheu *f.*, Widerwille *m.*: ~ ***per la trippa*** Widerwille gegen Kutteln.
av|ver|si|tà f.inv. **1** Ungunst *f.*: ***l'~ del tempo*** die Ungunst des Wetters **2** pl. *(contrarietà)* Widrigkeit *f.*: ***sopportare le ~ della vita*** die Widrigkeiten des Lebens ertragen.
1.av|ver|so agg. **1** ungünstig: ***tempo*** ~ ungünstiges Wetter **2** *(infausto)* widrig: ***destino*** ~ widriges Schicksal ◆ DIR. ***parte -a*** Gegenpartei *f.*, Gegenseite *f.*
2.av|ver|so prep. ANT. BUROCR. gegen + acc.
av|ver|ten|za f. **1** Aufmerksamkeit *f.*, Vorsicht *f.*: ***usare ~ nel fare qcs.*** etw. mit Vorsicht (*o* vorsichtig) tun **2** *(avvertimento)* Hinweis *m.*, Warnung *f.*: ***fornire un'utile*** ~ einen nützlichen Hinweis geben **3** *(prefazione)* Vorbemerkung *f.* **4** pl. *(istruzioni per l'uso)* Anweisung *f.*: ***leggere attentamente le -e*** die Gebrauchsanweisung aufmerksam durch‿lesen; ***seguire le -e*** die Anweisungen befolgen ◆ ***avere l'~ di fare qcs.*** etw. vorsichtigerweise, klugerweise tun.
av|ver|ti|bi|le agg. wahrnehmbar, spürbar: ***un imbarazzo chiaramente*** ~ eine deutlich wahrnehmbare Verlegenheit; ***un terremoto appena*** ~ ein kaum spürbares Erdbeben. **av|ver|ti|men|to** m. **1** Benachrichtigung *f.* **2** *(consiglio)* Hinweis *m.*: ***dare, ricevere un*** ~ einen Hinweis geben, erhalten **3** *(intimidazione)* Warnung *f.*, Abschreckung *f.* ◆ ***in segno di*** ~ zur Abschreckung, zur Warnung.
av|ver|ti|re tr. **1** benachrichtigen: ~ ***qcn. di qcs.*** jdn von etw. benachrichtigen **2** *(richiamare l'attenzione)* hin‿weisen, warnen: ~ ***qcn. di un pericolo*** jdn vor einer Gefahr warnen, jdn auf eine Gefahr hinweisen; ~ ***con un gesto*** durch ein Zeichen warnen **3** *(mettere in guardia)* warnen: ***ti avverto!*** ich warne dich! **4** *(percepire)* spüren, fühlen: ~ ***dolore, disagio*** Schmerz, Unbehagen spüren.
av|ver|ti|to p.pass. agg. **1** → **avvertire 2** *(accorto)* umsichtig, besonnen: ***un uomo*** ~ ein besonnener Mann.
av|vez|za|re I tr. gewöhnen: ~ ***qcn. a qcs.*** jdn an etw. (A) gewöhnen **II** pronom. ***-rsi a qcn., qcs.*** sich an jdn, etw. gewöhnen. **av|vez|zo** agg. gewohnt, gewöhnt: ***essere ~ a qcs.*** etw. (A) gewohnt sein (*o* an etw. gewöhnt sein).
av|vi|a|men|to m. **1** Einführung *f.*, Anleitung *f.*: ~ ***allo studio della filosofia*** Einführung in die Philosophie **2** TECN. *(messa in funzione)* Start *m.*, Inbetriebsetzung *f.* **3** TECN. *(dispositivo)* Anlasser *m.*, Starter *m.* ◆ TECN. ***dispositivo di ~ automatico*** Startautomatik *f.*; ECON. ***capitale d'~*** Anfangskapital *n.*; ***codice d'~ postale*** Postleitzahl *f.*; TECN. ***interruttore d'~*** Anlassschalter *m.*; ***manovella di ~*** Anlasskurbel *f.*, Andrehkurbel *f.*; ***motorino di ~*** Anlassermotor *m.*; ~ ***professionale*** berufliche Ausbildung; ECON. ***spese d'~*** Anlaufkosten *pl.*; ECON. ***valore d'~*** Geschäftswert *m.*, Betriebswert *m.*

av|via|re I tr. 1a *(incominciare)* ein‿leiten, an‿bahnen, starten: ~ ***trattative diplomatiche*** diplomatische Verhandlungen einleiten; ~ ***una campagna pubblicitaria*** eine Werbekampagne starten; ~ ***un affare*** ein Geschäft anbahnen b ~ ***un'impresa commerciale*** ein Handelsgeschäft auf‿bauen 2 *(mettere su una via)* leiten, führen: ~ ***i passeggeri all'uscita*** die Passagiere zum Ausgang führen 3 FIG. *(indirizzare)* an‿leiten, ein‿führen: ~ ***a qcs.*** zu etw. anleiten, in etw. (A) einführen; ~ ***qcn. a una professione*** jdn in einen Beruf einweisen 4 *(mettere in moto)* an‿lassen, an‿werfen: ~ ***il motore*** den Motor anlassen 5 *(nei lavori a maglia)* an‿schlagen II pronom. **avviarsi** 1 sich auf den Weg machen; *(di, con un mezzo)* an‿fahren: ***il treno si avviò lentamente*** der Zug fuhr langsam an 2 *(dirigersi)* zu‿streben, sich zu‿bewegen: ***-rsi verso l'uscita*** auf den Ausgang zu‿streben 3 *(mettersi in moto)* an‿laufen, starten 4 FIG. *(stare per)* im Begriff sein: ***si avvia a diventare un buon musicista*** er ist im Begriff, ein guter Musiker zu werden.

av|via|to p.pass. agg. 1 → **avviare** 2 gut gehend: ***un'azienda ben -a, uno studio ben ~*** ein gut gehender Betrieb, eine gut gehende Praxis; ***essere ben ~*** gut im Zug(e) sein.

av|vi|cen|da|men|to m. 1 Abwechslung *f.*, Wechsel *m.*: ~ ***delle stagioni, delle colture*** Wechsel der Jahreszeiten, Fruchtwechsel *m.*; POL. ~ ***al governo*** Regierungswechsel *m.* 2 EUFEM. *(sostituzione)* Ablösung *f.*

av|vi|cen|da|re I tr. ab‿wechseln II pronom. **avvicendarsi** 1 (sich) ab‿wechseln: ***-rsi (con qcn.) nel turno di guardia*** sich (A) mit jdm bei der Nachtwache abwechseln 2 *(susseguirsi, succedersi)* aufeinander folgen: ***le stagioni si avvicendano*** die Jahreszeiten folgen aufeinander; ***nella squadra si avvicendarono molti allenatori*** in der Mannschaft folgten viele Trainer aufeinander. **av|vi|cen|da|to** p.pass. agg. 1 → **avvicendare** 2 *(alternato)* Wechsel-: ***turno ~*** Wechselschicht *f.*

av|vi|ci|na|bi|le agg. zugänglich. **av|vi|ci|na|men|to** m. 1 Annäherung *f.* 2 AER. Anflug *m.*, Approach *m.*

av|vi|ci|na|re I tr. 1 *(mettere vicino, più vicino)* nähern, heran‿rücken, näher heran‿stellen: ~ ***la sedia al tavolo*** den Stuhl an den Tisch heranrücken 2 *(farsi vicino)* ~ ***qcn.*** sich jdm nähern 3 *(far conoscere)* näher bringen: ~ ***qcn. alla musica classica*** jdm die klassische Musik näher bringen II pronom. **avvicinarsi** 1 sich nähern, näher kommen, näher treten, sich an‿nähern: ***-rsi alla porta*** sich der Tür nähern; ***si avvicini!*** treten Sie näher! ***-rsi alla meta, alla fine*** sich dem Ziel, dem Ende nähern 2 *(essere vicino)* sich nähern: ***Natale si avvicina*** Weihnachten nähert sich (*o* es geht auf Weihnachten zu); ***-rsi ai cinquanta*** sich den fünfzig nähern, auf die fünfzig zu‿gehen 3 *(stringere rapporti più stretti)* sich näher kommen 4a *(andar vicino)* nahe kommen: ***-rsi alla verità*** der Wahrheit nahe kommen b FIG. *(essere simile)* sich an‿nähern, nahe kommen: ***queste copie si avvicinano molto all'originale*** diese Kopien kommen dem Original sehr nahe.

av|vi|len|te agg. entmutigend, demütigend: ***risultati -i*** entmutigende Ergebnisse. **av|vi|li|men|to** m. 1 Herabwürdigung *f.* 2 *(scoraggiamento)* Entmutigung *f.*, Demütigung *f.* **av|vi|li|re** *(avvilisco, avvilisci)* I tr. 1 *(svilire)* herab‿würdigen 2 *(scoraggiare)* entmutigen, demütigen II pronom. **avvilirsi** sich demütigen. **av|vi|li|to** p.pass. agg. 1 → **avvilire** 2 entmutigt, gedemütigt: ***sentirsi ~*** sich entmutigt fühlen.

av|vi|lup|pa|re I tr. 1 ein‿wickeln, wickeln, ein‿hüllen: ~ ***un bambino in una coperta*** ein Kind in eine Decke wickeln 2 *(aggrovigliare)* verwickeln II pronom. **avvilupparsi** 1 sich ein‿wickeln, sich wickeln, sich ein‿hüllen: ***-rsi in un mantello*** sich in einen Mantel wickeln 2 *(aggrovigliarsi)* sich verwickeln.

av|vi|naz|za|to I agg. betrunken, SPREG. versoffen II m. Betrunkene *m.*

av|vin|cen|te agg. spannend, fesselnd: ***un romanzo ~*** ein spannender Roman. **av|vin|ce|re** tr. *(avvinsi; avvinto)* 1 fesseln, an‿ziehen 2 LETT. *(stringere)* umschlingen.

av|vin|ghia|re *(avvinghio, avvinghi)* I tr. umklammern, umschlingen: II pronom. **avvinghiarsi** sich klammern: ***-rsi a qcs.*** sich an etw. (A) klammern; ***il bambino si avvinghiò al collo della madre*** das Kind klammerte sich an den Hals der Mutter.

av|vi|o m. *(-ii)* Einleitung *f.*, Anbahnung *f.*, Start *m.*: ~ ***di una ricerca, di trattative*** Einleitung einer Untersuchung, von Verhandlungen; ***l'~ di una nuova impresa*** der Start eines neuen Unternehmens ◆ ***dare l'~ a qcs.*** etw. in Gang bringen (*o* setzen), ins Rollen bringen; ***prendere l'~*** in Fahrt (*o* Schwung) kommen, ins Rollen kommen.

av|vi|sa|glia f. 1 *(primo sintomo)* Anzeichen *n.*: ***le prime -e di un temporale*** die ersten Anzeichen eines Gewitters 2 *(scaramuccia)* Vorgefecht *n.*

av|vi|sa|re tr. 1 *(informare)* benachrichtigen, verständigen: ~ ***qcn. del mio arrivo*** jdn von meiner Ankunft benachrichtigen; ~ ***la polizia*** die Polizei verständigen 2 *(ammonire)* ermahnen, warnen, verwarnen: ~ ***qcn. del pericolo*** jdn vor der Gefahr warnen; ~ ***qcn. di stare attento*** jdn ermahnen, aufmerksam zu sein.

av|vi|sa|to p.pass. agg. 1 → **avvisare** 2 *(informato)* benachrichtigt, verständigt 2 *(ammonito)* gewarnt, ermahnt, verwarnt ◆ PROV. ***uomo ~ mezzo salvato*** wer gewarnt ist, ist schon halb gerettet.

av|vi|sa|to|re m. 1 *(chi avvisa)* Warner *m.*, Ermahner *m.* 2 *(dispositivo)* Warnanlage *f.*: ~ ***elettrico*** elektrische Warnanlage *f.* ◆ ~ ***acustico*** Hupe *f.*; ~ ***d'incendio*** Feuermelder *m.*

av|vi|so m. 1 Benachrichtigung *f.*, Bekanntmachung *f.*; *(annuncio)* Meldung *f.*: ***dare ~ di qcs.*** von etw. benachrichtigen, Nachricht von etw. geben; ~ ***al pubblico*** öffentliche Bekanntmachung; ~ ***a tutti gli studenti*** Bekanntmachung für alle Schüler; ***previo ~*** nach vorheriger Benachrichtigung 2 DIR. BUROCR. *(notifica)* Anzeige *f.*: ***ricevere un ~*** eine Anzeige erhalten; ***omesso ~*** unterbliebene Anzeige 3 *(comunicato scritto e appeso)* Anschlag *m.*, Aushang *m.*: ***rendere noto qcs. con un ~*** etw. durch Anschlag bekannt machen 4 *(avvertimento)* Warnung *f.*: ***servire di ~ a qcn.*** jdm als (*o* zur) Warnung dienen; ***mettere qcn. sull'~*** jdn warnen 5 *(opinione)* Ansicht *f.*, Erachten *n.*: ***a mio ~*** meines Erachtens, meiner Ansicht (*o* Meinung) nach; ***essere dell' ~ che...*** der Ansicht sein, dass... ◆ ~ ***d'addebito*** Belastungsanzeige *f.*, Lastschriftanzeige *f.*; ~ ***d'asta*** Auktionsankündigung *f.*; ~ ***di chiamata*** = Meldung *f.* eines dritten Gesprächsteilnehmers; ~ ***di convocazione*** = Einberufung *f.* zu einer Versammlung; ~ ***economico*** Kleinanzeige *f.*; ~ ***elettorale*** Wahlbenachrichtigung *f.*; DIR. ~ ***di garanzia*** Ermittlungsbescheid *m.*; ***fino a nuovo ~*** bis auf weiteres (*o* bis auf Widerruf); ~ ***di pagamento*** Zahlungsaufforderung *f.*; ~ ***di protesto*** Protestanzeige *f.*; ~ ***di ricevimento*** Empfangsbescheinigung *f.*; ~ ***di sfratto*** Räumungsbefehl *m.*; ~ ***di sinistro*** Schadensmeldung *f.*; ~ ***di spedizione*** Versandanzeige *f.*; ***stare sull'~*** auf der Hut sein.

av|vi|sta|men|to m. Sichtung *f.* **av|vi|sta|re** tr. sichten, erblicken: ~ ***qcs. all'orizzonte*** etw. am Horizont sichten.

av|vi|ta|men|to m. 1 Verschraubung *f.* 2 SPORT Schraube *f.*: ***compiere un ~*** eine Schraube machen 3a AER. Trudeln *n.*; ***precipitare in ~*** ab‿trudeln b *(per acrobazia)* Schraube *f.*, Rolle *f.* ◆ SPORT ***salto con ~*** Schraubensalto *m.*, Drehsprung *m.*

av|vi|ta|re I tr. 1 schrauben, verschrauben, an‿schrauben: ~ ***qcs. su un apparecchio*** etw. auf ein Gerät schrauben 2 ~ ***una lampadina*** eine Glühbirne ein‿schrauben (*o* ein‿drehen) II pronom. **avvitarsi** 1 GINN. schrauben 2a *(di aerei)* ab‿trudeln b *(per acrobazia)* eine Rolle machen.

1.av|vi|ta|to p.pass. agg. 1 → **avvitare** 2 verschraubt.

2.av|vi|ta|to agg. *(attillato)* eng anliegend, tailliert.

av|vi|ta|tri|ce f. Schrauber *m.*

av|vi|tic|chia|re *(avviticchio, avviticchi)* I tr. umschlingen, umklammern II pronom. **avviticchiarsi** sich empor‿ranken, (sich) ranken: ***l'edera si avviticchia al recinto*** der Efeu rankt sich am Zaun empor (*o* in die Höhe).

av|vi|va|re tr. 1 beleben, an‿regen: ~ ***una discussione*** eine Diskussion beleben; ~ ***l'atmosfera*** die Stimmung anregen 2 *(riattizzare)* ~ ***il fuoco*** das Feuer wieder entfachen.

av|viz|zi|men|to m. Welken *n.*, Verwelken *n.* **av|viz|zi|re** *(avvizzisco, avvizzisci)* I intr. (aus. *essere*) welken, verwelken II tr. verwelken lassen: ***il sole avvizzisce le piante*** die Sonne lässt die Pflanzen verwelken. **av|viz|zi|to** p.pass. agg. 1 → **avvizzire** 2 *(vizzo)* welk: ***una foglia -a*** ein welkes Blatt; ***pelle -a*** welke Haut.

av|vo|ca|te|sco agg. *(-schi,-sche)* SPREG. Advokaten-: ***cavilli -schi*** Advokatenkniffe. **av|vo|ca|tes|sa** f. Rechtsanwältin *f.*, Anwältin *f.*

av|vo|ca|to m. Rechtsanwalt *m.*, Anwalt *m.*: ***fare l'~*** Anwalt sein; ***rivolgersi a un ~*** sich an einen Rechtsanwalt wenden; ***nominare, consultare un ~*** einen Anwalt bestellen, befragen; ***farsi rappresentare da un ~*** sich durch einen Anwalt vertreten lassen ◆ ***andare per -i*** = den Rechtsweg beschreiten; ~ ***delle cause perse*** = jd, der auf verlorenem Posten kämpft; ***fare l'~ del diavolo*** den Advocatus Diaboli spielen; ~ ***difensore*** Strafverteidiger *m.*, Verteidiger *m.*; ***ordine degli -i*** Rechtsanwaltskammer *f.*, Anwaltskammer *f.*, Anwaltschaft *f.*; ***radiare dall'ordine degli -i*** aus der Anwaltskammer aus‿schließen; ***studio d'~*** Rechtsanwalt(s)büro *n.*, Anwaltsbüro *n.*; ~ ***d'ufficio*** Amtsverteidiger *m.* **av|vo|ca|tu|ra** f. 1 Anwaltschaft *f.*: ***i principi della libera ~*** die Prinzipien der freien Anwaltschaft 2 *(professione)* Rechtsanwaltsberuf *m.*: ***esercitare l'~*** den Rechtsanwaltsberuf aus‿üben 3 *(insieme degli avvocati)* Anwaltschaft *f.*, Rechtsanwaltschaft *f.*: ***l'~ di una città*** die Anwaltschaft einer Stadt ◆ ***Avvocatura dello Stato*** Staatsanwaltschaft *f.*

av|vol|gen|te agg. 1 einhüllend, umhüllend (anche FIG.) 2 Schalen-: ***poltrona, sedile*** ~ Schalensessel *m.*, Schalensitz *m.* 3 *(che aggira)* Umgehungs-: ***manovra*** ~ Umgehungsmanöver *n.*
av|vol|ge|re *(avvolgo, avvolgi; avvolsi; avvolto)* I tr. 1 *(arrotolare)* wickeln, ein‿wickeln, auf‿wickeln: ~ ***un pacchetto in carta da regalo*** ein Päckchen in Geschenkpapier einwickeln; ~ ***il filo sul rocchetto*** Garn auf die Spule wickeln 2a *(avviluppare)* hüllen, ein‿hüllen, verhüllen: ~ ***qcn. in una coperta*** jdn in eine Decke hüllen b *(ricoprire)* umhüllen, ein‿hüllen: ***la nebbia avvolge la città*** der Nebel umhüllt die Stadt 3 FIG. hüllen, umfangen: ***il silenzio ci avvolge*** die Stille umfängt uns; ~ ***qcs. nel mistero*** etw. in (mysteriöses) Dunkel hüllen II pronom. **avvolgersi** 1 *(arrotolarsi)* sich zusammen‿rollen 2 *(avvilupparsi)* sich hüllen, sich ein‿hüllen.
av|vol|gi|bi|le I agg. zusammenrollbar, einrollbar; Roll-: ***tenda*** ~ Rollvorhang *m.* II m. Rollladen *m.*: ***tirare su (alzare), tirare giù gli -i*** die Rollläden hinauf‿ziehen, herunter‿lassen. **av|vol|gi|men|to** m. 1a Aufwickeln *n.*, Aufwicklung *f.*, Umwick(e)lung *f.* b EL. Wick(e)lung *f.* 2 MIL. Umfassung *f.* **av|vol|gi|to|re** I agg. Wickel-, Roll- II m. CINEM. Aufroller *m.* **av|vol|gi|tri|ce** f. Wickelmaschine *f.*
av|vol|to|io m. *(-oi)* 1 Geier *m.* 2 FIG. Aasgeier *m.*
av|vol|to|la|re *(avvoltolo)* I tr. ein‿wickeln II pronom. **avvoltolarsi** 1 *(avvilupparsi)* sich ein‿wickeln 2 *(rotolarsi)* sich wälzen, sich herum‿wälzen.
Az. ⇒ *Azioni* Aktien.
a|za|le|a f. Azalee *f.*
A|zer|bai|gian n.pr.m. Aserbaidschan *n.*, Aserbeidschan *n.*
a|zien|da f. Betrieb *m.*; *(impresa)* Unternehmen *n.*: ***aprire, chiudere, gestire, dirigere, rilevare, liquidare un'***~ einen Betrieb eröffnen, stilllegen, führen, leiten, übernehmen, ab‿wickeln; ***piccola, media, grande*** ~ Klein-, Mittel-, Großbetrieb *m.*; ***l'~ è chiusa in, ad agosto*** im August ist Betriebsruhe (*o* Betriebsurlaub); ***gestione dell'***~ Betriebsführung *f.*, Unternehmensleitung *f.* ◆ ~ ***agricola*** landwirtschaftlicher Betrieb *m.*; ~ ***autonoma*** Eigenbetrieb *m.*; ~ ***commerciale*** Handelsbetrieb *m.*, Handelsunternehmen *n.*; ***dirigente d'***~ Unternehmensleiter *m.*, leitender Angestellter *m.*; ~ ***elettrica*** Energieversorgungsunternehmen *n.*; ~ ***(a conduzione) familiare*** Familienbetrieb *m.*; ~ ***industriale*** Industriebetrieb *m.*; ~ ***privata*** Privatbetrieb *m.*; ***segretaria d'***~ Betriebssekretärin *f.*, Geschäftssekretärin *f.*; ~ ***(autonoma) di soggiorno (e turismo)*** Verkehrsverein *m.*; ~ ***di stato*** Staatsbetrieb *m.*, staatliches Unternehmen; ~ ***di trasporti*** Transportunternehmen *n.*
a|zien|da|le agg. betrieblich, Betriebs-: ***regolamento*** ~ Betriebsordnung *f.*; ***mensa*** ~ Betriebskantine *f.*; ***economia, amministrazione*** ~ Betriebswirtschaft *f.* (*o* Betriebswirtschaftslehre *f.*), Betriebsverwaltung *f.* **a|zien|da|li|sta** m. e f. *(-i,-e)* Betriebswirt *m.* (-in *f.*).
a|zi|mo → **azzimo.**
a|zi|mut m. Azimut *m.* e *n.* **a|zi|mu|ta|le** agg. Azimutal-: ***cerchio*** ~ Azimutalkreis *m.*
a|zio|na|bi|le agg. ***un meccanismo ~ elettricamente*** ein elektrisch zu betätigender (*o* in Gang setzbarer) Mechanismus. **a|zio|na|men|to** m. 1 Betätigung *f.* 2 MECC. *(comando)* Antrieb *m.*, Betreibung *f.*: ~ ***a mano, a pedale*** Hand-, Tretantrieb *m.*
a|zio|na|re tr. 1 betätigen, in Gang setzen: ~ ***l'allarme, il freno, un segnale*** Alarm aus‿lösen, die Bremse, ein Signal betätigen; MECC. ~ ***una leva*** einen Hebel betätigen 2 *(far funzionare)* betreiben: ~ ***qcs. con la corrente elettrica*** etw. elektrisch betreiben 3 *(muovere)* an‿treiben: ***il motore aziona due macchine*** der Motor treibt zwei Maschinen an.
a|zio|na|ria|to m. Aktionäre *pl.*, Aktienbesitzer *pl.*: ***l'~ della FIAT*** die Aktionäre von FIAT ◆ ***piccolo*** ~ Kleinaktionäre *pl.*, Volksaktionäre *pl.* **a|zio|na|rio** m. *(-ri,-rie)* Aktien-: ***capitale, mercato, pacchetto*** ~ Aktienkapital *n.*, -markt *m.*, -paket *n.*; ***portafoglio*** ~ Aktienportefeuille *n.*
a|zio|na|to p.pass. agg. 1 → **azionare** 2 betätigt, betrieben ◆ ~ ***a distanza*** fernbetätigt, ferngesteuert; ~ ***a mano*** handbetätigt, handbetrieben.
1.a|zio|ne f. 1 *(atto)* Tat *f.*, Handlung *f.*: ***compiere una buona ~, un'~ malvagia*** eine gute Tat vollbringen, eine böse Tat begehen; ***rispondere delle proprie -i*** für seine Taten ein‿stehen; ***non hai il coraggio delle tue -i!*** du hast nicht den Mut, dich zu deinen Taten zu bekennen! 2 *(attività)* Tätigkeit *f.*, Aktion *f.*: ***essere sempre in*** ~ immer tätig sein, immer in Tätigkeit (*o* in Aktion) sein; ***passare all'~, entrare in*** ~ zur Tat schreiten, in Aktion treten 3 *(funzione)* Gang *m.*, Betrieb *m.*: ***la macchina è in*** ~ die Maschine ist in Gang (*o* in Betrieb); ***mettere in*** ~ in Gang (*o* Betrieb) setzen 4 *(di dramma, film, romanzo)* Handlung *f.*: ***unità d'***~ Einheit der Handlung 5 *(ritmo incalzante)* Action *f.*: ***una scena piena d'***~ eine Szene mit viel Action; ***un film d'***~ ein Actionfilm 6 CINEM. ~! Aufnahme! 7 *(effetto)* Wirkung *f.*, Einfluss *m.*: ***un veleno ad ~ immediata*** ein sofort wirkendes Gift; ***essere sotto l'~ di un sedativo*** unter der Wirkung eines Beruhigungsmittels stehen 8 DIR. Verfahren *n.*, Klage *f.*: ***intentare un'~ legale contro qcn.*** ein Verfahren gegen jdn ein‿leiten, eine Klage gegen jdn erheben; ~ ***civile, penale*** Zivilklage *f.*, strafrechtliche Klage *f.* 9 MIL. Aktion *f.*, Handlung *f.*: ***-i militari, di guerra*** militärische Aktionen, Kampfhandlungen; ***un'~ offensiva, difensiva*** eine Angriffs-, Verteidigungsaktion; ***-i aeree, navali*** Kampfhandlungen in der Luft, zur See 10a SPORT Aktion *f.*: ***un'~ di attacco*** eine Angriffsaktion; ***un'~ personale*** eine Einzelaktion; ***segnare su*** ~ ein Tor heraus‿spielen b *(combinazione di gioco)* Kombination *f.*, Spielzüge *pl.*: ***una bella ~ (di gioco)*** eine schöne Kombination 11 FIS. MECC. Wirkung *f.*: ~ ***frenante*** Hemmwirkung ◆ ***campo d'***~ Wirkungsfeld *n.*, Tätigkeitsbereich *m.*; ~ ***diplomatica*** diplomatischer Schritt; ***libertà d'***~ Handlungsfreiheit *f.*; ***raggio d'***~ Aktionsradius *m.* (anche FIG.); ***sfera d'***~ Wirkungskreis *m.*; ***essere un uomo d'***~ ein Mann der Tat sein; ***verbi d'***~ Tätigkeitsverben.
2.a|zio|ne f. ECON. Aktie *f.*: ***sottoscrivere, emettere -i*** Aktien zeichnen (*o* beziehen), aus‿geben; ***quotare un'~ a 50 000 lire*** eine Aktie mit 50 000 Lire notieren; ***le -i salgono, sono in rialzo, in ribasso*** die Aktien steigen, ziehen an, fallen; ***a quanto sono le -i Olivetti?*** wie stehen die Olivetti-Aktien? ◆ ~ ***senza diritto di voto*** stimmrechtlose Aktie; ~ ***gratuita*** Bonusaktie *f.*, Wertberichtigungsaktie *f.*; ***-i nominative*** Namensaktien; ***-i ordinarie*** Stammaktien, gewöhnliche Aktien; ***-i al portatore*** Inhaberaktien; ***-i privilegiate*** Vorzugsaktien; ***-i quotate in borsa*** an der Börse kotierte (*o* notierte) Aktien; ***società per -i*** Aktiengesellschaft *f.*; ***società in accomandita per -i*** Kommanditgesellschaft *f.* auf Aktien.
a|zio|ni|sta m. e f. *(-i,-e)* Aktionär *m.* (-in *f.*) ◆ ***assemblea degli -i*** Aktionärsversammlung *f.*; ***lettera agli -i*** Aktionärsbrief *m.*; ~ ***di maggioranza*** Hauptaktionär *m.*; ***piccolo*** ~ Kleinaktionär *m.*
a|zoi|co m. Azoikum *n.*
a|zo|ta|to agg. stickstoffhaltig, Stickstoff-.
a|zo|te|mi|a f. Azotämie *f.*
a|zo|to m. Stickstoff *m.*
az|te|co I agg. *(-chi,-che)* Azteken-, aztekisch: ***l'impero*** ~ das Aztekenreich II m. *(-chi)* 1 Azteke *m.* 2 *(lingua)* Aztekische *n.*
az|za f. Streitaxt *f.*
az|zan|na|re I tr. schnappen, zu‿schnappen, beißen: ~ ***la preda*** die Beute schnappen; ***il cane gli azzannò una gamba*** der Hund biss ihm, ihn in ein Bein II pronom. **azzannarsi** 1 sich beißen 2 FIG. *(scontrarsi violentemente)* sich zerfleischen, sich verbeißen: ***lasciò che si azzannassero fra di loro*** er sah zu, wie sie sich ineinander verbissen.
az|zar|da|re I tr. wagen, riskieren: ~ ***una domanda, una proposta*** eine Frage, einen Vorschlag wagen; ~ ***un cambiamento*** eine Änderung riskieren II pronom. **azzardarsi** (sich) wagen, sich unterstehen: ***non mi azzarderei mai a farlo*** ich würde nie wagen, das zu tun; ***non si azzarda più a uscire di casa*** er wagt sich nicht mehr aus dem Haus; ***azzardati solo a farlo e te la vedrai con me!*** untersteh (*o* trau) dich nur, das zu machen, dann wirst du es mit mir zu tun bekommen! ***non ti ~ a contraddirmi!*** untersteh dich, mir zu widersprechen! **az|zar|da|to** p.pass. agg. 1 → **azzardare** 2 gewagt, riskant: ***un affare, giudizio*** ~ ein gewagtes Geschäft, Urteil.
az|zar|do m. Wagnis *n.*, Risiko *n.*: ***è stato un ~ viaggiare con la neve*** bei Schnee war die Reise ein Wagnis ◆ ***giocare d'***~ Hasard spielen; ***gioco, giocatore d'***~ Glücksspiel *n.* (*o* Hasardspiel *n.*), Hasardeur *m.* **az|zar|do|so** agg. 1 gewagt, riskant 2 *(di persona)* wagemutig, waghalsig.
az|zec|ca|gar|bu|gli m.inv. SPREG. Winkeladvokat *m.*, Rechtsverdreher *m.*
az|zec|ca|re tr. *(azzecco, azzecchi)* 1 treffen: ~ ***il bersaglio*** das Ziel treffen 2a FIG. *(indovinare)* erraten: ~ ***una risposta*** eine Antwort erraten b erwischen: ~ ***il momento giusto*** den richtigen Augenblick erwischen; ~ ***una mossa*** den richtigen Zug tun ◆ COLLOQ. ***non ci azzecca mai!*** er kommt nie drauf! COLLOQ. ***non ne azzecca mai una!*** = er macht immer alles falsch! er haut immer daneben!
az|zec|ca|to p.pass. agg. 1 → **azzeccare** 2a richtig, passend: ***una risposta -a*** eine richtige Antwort b *(efficace)* wirkungsvoll: ***uno slogan pubblicitario*** ~ ein wirkungsvoller Werbespruch ◆ ***un'idea -a!*** das ist die Idee!
az|ze|ra|men|to m. Nullstellung *f.*; TECN. Rückstellung *f.* **az|ze|ra|re** tr. 1 auf Null stellen: ~ ***il contachilometri*** den Kilometer-

zähler auf Null stellen **2** *(annullare)* streichen.

az|zi|ma f. ungesäuertes Brot *n.*, Matze *f.*, Matzen *m.*

az|zi|ma|re I tr. heraus‿putzen **II** pronom. **azzimarsi** sich heraus‿putzen. **az|zi|ma|to** p.pass. agg. **1** → **azzimare 2** herausgeputzt, SPREG. geschniegelt.

az|zi|mo agg. ***pane*** ~ ungesäuertes Brot *n.*, Matze *f.*, Matzen *m.*

az|zit|ta|re, az|zit|ti|re I tr. zum Schweigen bringen **II** intr. (aus. *essere*) e pronom. **azzittirsi** verstummen, still werden.

az|zop|pa|men|to m. Hinken *n.*, Lahmen *n.* **az|zop|pa|re I** tr. lahm machen, am (*o* an einem) Bein verletzen; ***ha azzoppato il cavallo (cavalcandolo)*** er hat das Pferd lahm geritten; ~ ***un cane*** einen Hund an einem Bein verletzen **II** pronom. **azzopparsi** lahm werden. **az|zop|pa|to** p.pass. agg. **1** → **azzoppare 2** *(zoppo)* lahm.

az|zop|pi|re → **azzoppare.**

Az|zor|re n.pr.f.pl., ***le (isole)*** ~ die Azoren *pl.* ◆ ***l'anticiclone delle*** ~ Azorenhoch *n.*

az|zuf|far|si pronom. (sich) raufen, sich balgen.

az|zur|ra|to agg. blau getönt: ***lenti -e*** blau getönte Brillengläser; ***vetri -i*** blau getönte Scheiben. **az|zur|ri|no I** agg. bläulich, blassblau, bleu **II** m. **1** Bleu *n.* **2** SPORT ***gli -i*** = die Spieler des Unter-21-Teams.

az|zur|ro I agg. **1** blau, hellblau: ***occhi -i*** blaue Augen; ***mare*** ~ blaues Meer **2** SPORT ***la squadra -a*** = die italienische Nationalmannschaft; ***il giocatore*** ~ = der Spieler der italienischen Nationalmannschaft **II** m. **1** Blau(e) *n.*, Bläue *f.*: ***l'~ del cielo*** das Blau des Himmels **2** SPORT = Athlet *m.* der italienischen Nationalmannschaft ◆ ***l'angelo*** ~ der blaue Engel; ***balenottera -a*** Blauwal *m.*; ***principe*** ~ Märchenprinz *m.*; ***volpe -a*** Blaufuchs *m.* **az|zur|ro|gno|lo** agg. bläulich, blassblau.

B

b, B f. e m.inv. b, B *n.*: ***una B maiuscola, una b minuscola*** ein großes B, ein kleines b ◆ SPORT *(serie B)* ***una squadra della B*** eine Zweitligamannschaft; ***salire nella B*** in die zweite Liga auf‿steigen.
ba|bà m.inv. INTRAD. (Hefeteiggebäck mit Rum).
ba|bau m.inv. INFANT. Butzemann *m.*
bab|be|o I m. Tölpel *m.*, Toffel *m.*, Knallkopf *m.* **II** agg. tölpelhaft, einfältig.
bab|bi|no m. REGION. Papachen *n.*, Papchen *n.*, Papilein *n.*
bab|bio|ne m. REGION. Einfaltspinsel *m.*, IRON. Weihnachtsmann *m.*
bab|bo m. Vati *m.*, Papa *m.* ◆ ***Babbo Natale*** Weihnachtsmann *m.*; REGION. ***a ~ morto*** = bei Erbschaft.
bab|buc|cia f. *(-ce)* **1** Babusche *f.* **2** *(per neonati)* Babyschuh *m.*
bab|bu|i|no m. **1** Pavian *m.* **2** FIG. *(sciocco)* Affe *m.*, Kamel *n.*
ba|be|le f. **1** *(di linguaggi)* Babel *n.*: ***New York è una ~*** New York ist ein Babel **2** FIG. → **babilonia. Ba|be|le** n.pr.f. Babel *n.* ◆ ***la torre di ~*** der Turm zu Babel (*o* der babylonische Turm). **ba|be|li|co** agg. *(-ci,-che)* LETT. babylonisch (anche FIG.): ***confusione -a*** babylonische Sprachverwirrung.
ba|bi|lo|ne|se I agg. babylonisch: ***cattività ~*** babylonische Gefangenschaft **II** m. e f. Babylonier *m.* (-in *f.*) **III** m. *(lingua)* Babylonisch(e) *n.* **ba|bi|lo|nia** f. (heilloses) Durcheinander *n.*: ***nella ~ generale*** im allgemeinen Durcheinander. **Ba|bi|lo|nia** n.pr.f. Babylon *n.*, Babylonien *n.* **ba|bi|lo|ni|co** agg. *(-ci,-che)* **1** → **babilonese 2** FIG. *(fastoso e corrotto)* = wie am Hof des Sultans.
ba|bi|rus|sa m.inv. Babirussa *m.*, Hirscheber *m.*
ba|bor|do m. Backbord *n.* ◆ ***a ~*** backbord(s).
ba|by ['beɪbɪ, *üblich* 'bɛbi] **I** m. e f. inv. **1** Baby *n.* **2** SPORT *(pista di sci)* Übungshang *m.* **II** agg.inv. ***moda ~*** Babymode *f.* **ba|by-doll** [-'dɔl] m.inv. Baby-Doll *n.* **ba|by-sit|ter** [-'sɪtə, *üblich* -'sitter] f.inv. e RAR. m.inv. Babysitter *m.*: ***fare il, la ~*** babysitten.
ba|ca|re *(baco, bachi)* **I** tr. RAR. *(guastare)* verderben **II** pronom. **bacarsi** wurmstichig werden. **ba|ca|to** p.pass. agg. **1** → **bacare 2a** wurmstichig, wurmig: ***la mela è -a*** der Apfel ist wurmstichig **b** FIG. ***avere una mente -a*** einen Stich (*o* Hieb) haben.
bac|ca f. *(-che)* Beere *f.*
bac|ca|là m.inv. **1** Klippfisch *m.* **2a** FIG. Stockfisch *m.* **b** *(persona allampanata)* Hopfenstange *f.*
bac|ca|lau|re|a|to m. **1a** Bakkalaureat *n.* **b** *(persona)* Bakkalaureus *m.* **2** *(in Inghilterra)* Bachelor *m.*
bac|ca|na|le m. Bacchanal *n.*
bac|ca|no m. Lärm *m.*, Radau *m.*: ***fare un ~ infernale*** einen Höllenlärm machen.
bac|can|te f. Bacchantin *f.* (anche ESTENS.).
bac|ca|rà m. Bakkarat *n.*, Baccara *n.*
bac|cel|lie|ra|to m. Bakkalaureat *n.*; *(in Inghilterra)* Bachelor *m.* **bac|ce|lie|re** m. Bakkalaureus *m.*
bac|cel|lo m. **1** Hülse *f.*, Schote *f.* **2** ARCH. Eierstab *m.* **3** REGION. *(sciocco)* Schote *m.*, Schafskopf *m.*
bac|chet|ta f. **1** Stab *m.*, Rute *f.*; *(bastone)* Stock *m.*: ***una ~ di legno*** ein hölzerner Stab **2a** MUS. Stock *m.*; *(da direttore d'orchestra)* Taktstock *m.*, Dirigentenstab *m.* **b** *(di tamburo)* Trommelstock *m.* **c** *(dell'archetto)* Stange *f.* **3** *(per indicare)* Zeigestock *m.*, Stock *m.* **4** *(per mangiare)* Essstäbchen *n.*, Stäbchen *n.* **5** MIL. ANT. *(per caricare armi)* Ladestock *m.* ◆ ***comandare qcn. a ~*** jdn herum‿kommandieren, jdn nach seiner Pfeife tanzen lassen; ***~ magica*** Zauberstab *m.*; FIG. ***non ho mica la ~ magica!*** ich kann doch nicht zaubern! ***~ da rabdomante*** Wünschelrute *f.* **bac|chet|ta|re** tr. mit der Rute (*o* dem Stock) schlagen. **bac|chet|ta|ta** f. Stockhieb *m.*, Stockschlag *m.*: ***prendersi una ~ sulle dita*** mit dem Stock eins über die Finger bekommen.
bac|chet|to m. großer Stock *m.*; ***il ~ della frusta*** Peitschengriff *m.* **bac|chet|to|ne** m. SPREG. **1** *(baciapile)* Betbruder *m.*, Frömmler *m.*, Mucker *m.* **2** *(puritano)* Moralprediger *m.*, Sittenprediger *m.*, Tugendwächter *m.*, Sittenrichter *m.*
bac|chia|re tr. *(bacchio, bacchi)* ab‿schlagen, herunter‿schlagen: ***~ noci, olive*** Nüsse, Oliven abschlagen. **bac|chia|ta** f. Abschlag *m.* **bac|chia|tu|ra** f. Abschlagen *n.*, Herunterschlagen *n.*: ***il tempo della ~*** die Zeit des Abschlagens.
bac|chi|co agg. *(-ci,-che)* Bacchus-, bacchisch: ***festa -a*** Bacchusfest *n.*
bac|chio m. *(-chi)* Stange *f.* (zum Abschlagen).
Bac|co n.pr.m. Bacchus *m.* ◆ ***corpo di ~! per ~!*** potztausend! zum Donnerwetter! ***essere dedito a ~*** (dem) Bacchus huldigen; PROV. ***~, tabacco e Venere riducon l'uomo in cenere*** Wein, Weib und Gesang sind des Mannes Untergang.
ba|cet|to m. Küsschen *n.*
ba|che|ca f. *(-che)* **1** *(vetrina)* Aushängekasten *m.*, Schaukasten *m.*: ***esporre qcs. in ~*** etw. im Schaukasten aus‿hängen **2** *(tabella appesa al muro)* schwarzes Brett *n.*, Schautafel *f.*, Anschlagbrett *n.*: ***affiggere una comunicazione in ~*** einen Anschlag am schwarzen Brett machen.
ba|che|li|te f. Bakelit *n.*
ba|che|roz|zo m. REGION. Schabe *f.*, Käfer *m.*
ba|chi|col|to|re m. Seidenraupenzüchter *m.* **ba|chi|col|tu|ra** f. Seidenraupenzucht *f.*
ba|cia|ma|no m. *(-ni)* Handkuss *m.*: ***fare il ~ a una signora*** einer Dame einen Handkuss geben. **ba|cia|pi|le** m.inv. e f.inv. Frömmler *m.* (-in *f.*), Betbruder *m.* (Betschwester *f.*).
ba|cia|re *(bacio, baci)* **I** tr. **1** küssen: ***~ qcn. sulla fronte, sulla bocca, sulla guancia*** jdn auf die Stirn, auf den Mund, auf die Wange küssen **2** assol. ***~ bene*** gut küssen **II** pronom. **baciarsi** sich (einander) küssen ◆ ***essere baciato dalla fortuna*** ein Glückskind sein, viel Glück haben; *(formula di saluto)* ***bacio le mani!*** küss die Hand! ***baciare la polvere*** im Staub kriechen. **ba|cia|to** p.pass. agg. **1** → **baciare 2** METR. gepaart: ***rime -e*** gepaarte Reime (*o* Paarreime *pl.*).
ba|ci|le m. **1** Becken *n.*, Sammelbecken *n.* **2** ARCH. Echinus *m.*
ba|cil|la|re agg. bazillär. **ba|cil|li|for|me** agg. bazilliform.
ba|cil|lo m. Bazillus *m.*, Stäbchenbakterium *n.*: ***inattivare un ~*** einen Bazillus inaktivieren; ***il ~ del colera, della difterite, tubercolare*** der Cholera-, Diphtherie-, Tuberkelbazillus; ***portatore di -i*** Bazillenträger *m.* **ba|cil|lo|si** f. bazilläre Erkrankung *f.*
ba|ci|nel|la f. **1** Schüssel *f.*, Waschschüssel *f.* **2** MED. FOT. Schale *f.* **ba|ci|net|to** m. Nierenbecken *n.*
1.ba|ci|no m. **1** Becken *n.*, Schale *f.* **2** GEOGR. Becken *n.*, Gebiet *n.*; *(conca)* Talkessel *m.*, Kessel *m.* **3** ANAT. Becken *n.*: ***frattura del ~*** Beckenbruch *m.* **4** MAR. Dock *n.*: ***~ di carenaggio, a secco*** Trockendock *n.*; ***~ galleggiante*** Schwimmdock *n.*; ***essere in ~*** docken; ***mettere una nave in ~*** ein Schiff docken ◆ ***~ carbonifero*** Kohlenbecken *n.*; ***~ collettore*** Sammelbecken *n.*; ***~ di depurazione*** Klärbecken *n.*; ***~ fluviale*** Flussbecken *n.*; ***~ idrico*** Staubecken *n.*, Stausee *m.*; ***~ idrografico, imbrifero*** Einzugsgebiet *n.*; ***~ industriale*** Industriegebiet *n.*; ***~ del Mediterraneo*** Mittelmeergebiet *n.*; ***~ di nevaio*** Firnbecken *n.*, Firnfeld *n.*; ***~ di raccolta*** Speicherbecken *n.*, Sammelbecken *n.*; ***~ della Ruhr*** Ruhrgebiet *n.*; ***~ di smorzamento*** Sturzbett *n.*; ***~ di utenza*** Einzugsbereich *m.*
2.ba|ci|no m. Küsschen *n.*
1.ba|cio m. *(-ci)* Kuss *m.*: ***dare un ~ a qcn.*** jdm einen Kuss geben; ***un ~ appassionato, affettuoso*** ein leidenschaftlicher, herzlicher Kuss; ***imprimere, stampare un ~ sulla bocca a qcn.*** jdm einen Kuss auf den Mund drücken; ***scambiarsi -ci*** Küsse aus‿tauschen ◆ ***-i e abbracci*** → ***saluti e -ci***; ***~ di addio*** Abschiedskuss *m.*; ***al ~*** pikobello; ***~ di Giuda*** Judaskuss *m.*; ***mangiare qcn. di -ci*** jdn ab‿küssen; ***mandare -ci con la mano*** Kusshände werfen; ***~ della buona notte*** Gutenachtkuss *m.*; ***~ di pace*** Friedenskuss *m.*; *(come formula di saluto)* ***saluti e -ci*** Gruß und Kuss.
2.ba|ci|o, a ~ nach Norden gelegen.
ba|cio|ne m. dicker Kuss *m.*

back|gam|mon [bæk'gæmən] m. Backgammon *n.*

back|ground ['bækgraund; *üblich* beg'graund] m. Background *m.*

back|up [bæk'ʌp] m. Back-up *n.*, Sicherungskopie *f.*

ba|co m. *(-chi)* **1** Made *f.*, Raupe *f.* **2** *(da seta)* Seidenraupe *f.*, Seidenwurm *m.* **3** FIG. *(tarlo)* ***lo rode il, è roso dal ~ dell'invidia*** der Neid frisst (*o* nagt) an ihm.

ba|con ['bɛkon] m.inv. Speck *m.*: ***uova al ~*** Eier mit Speck.

ba|cuc|co agg. *(-chi,-che)* vertrottelt, trottelig: ***un vecchio ~*** ein trotteliger Alter.

ba|da, ***tenere a ~*** hin‿halten; *(trattenere)* auf‿halten; ***tenere a ~ qcn. con la pistola*** jdn mit der Pistole in Schach halten.

ba|da|re I intr. (aus. *avere*) **1a** *(avere cura)* ***~ a qcn. qcs.*** sich um jdn, etw. kümmern, auf jdn, etw. auf‿passen, achten: ***~ ai bambini, ai propri affari*** auf die Kinder aufpassen, sich um seine Geschäfte kümmern **b** *(curarsi)* ***non ci bado*** ich kümmere mich nicht darum; ***nessuno gli badava*** niemand kümmerte sich um ihn; ***non ~ al caldo, al freddo*** ANT. nicht der Hitze, Kälte achten **2** *(fare attenzione)* ***~ a qcs.*** auf etw. (A) Acht geben, achten, auf‿passen; ***bada di non cadere!*** gib Acht, dass du nicht fällst; ***~ alla propria salute, alla segnaletica*** auf seine Gesundheit, auf die Beschilderung achten; ***bada a quello che fai, che dici!*** pass auf, was du tust, was du sagst! ***non ~ al prezzo*** nicht auf den Preis achten (*o* schauen) **3** *(con significato attenuato, reso da particelle rafforzative)* ***bada di essere puntuale!*** sei bloß pünktlich! ***bada di non dirglielo!*** sag ihm das ja nicht! **II** tr. hüten, beaufsichtigen: ***~ il gregge*** die Herde hüten ◆ ***bada bene!*** nimm dich in Acht! ***~ alla casa*** den Haushalt führen; ***bada ai fatti tuoi*** kümmere dich um deine eigenen Angelegenheiten; ***~ soltanto al lavoro*** nur an die Arbeit denken; ***non sapere ~ a se stesso*** nicht allein zurecht‿kommen; ***non ~ a spese*** keine Kosten (*o* Ausgaben) scheuen.

ba|des|sa f. **1** Äbtissin *f.* **2** SCHERZ. *(matrona)* üppige (*o* beleibte) Frau *f.* ◆ ***madre ~*** Äbtissin; FIG. ***fare la ~*** sich auf‿spielen.

ba|di|a f. Abtei *f.* ◆ PROV. ***casa mia, casa mia, per piccina che tu sia, tu mi sembri una ~*** eigener Herd ist Goldes wert.

ba|di|lan|te m. Erdarbeiter *m.* **ba|di|la|ta** f. **1** Schaufel *f.*: ***due -e di terra*** zwei Schaufeln Erde **2** *(colpo)* Schaufelhieb *m.* **ba|di|le** m. Schaufel *f.*, Schippe *f.*

baf|fet|ti m.pl. Schnurrbärtchen *n.*

baf|fo m. **1** pl. Schnurrbart *m.*: ***un paio di -i*** ein Schnurrbart; ***portare i -i*** (einen) Schnurrbart tragen; ***farsi crescere i -i*** sich (D) einen Schnurrbart wachsen lassen; ***arricciarsi i -i*** seinen Schnurrbart zwirbeln **2** pl. ZOOL. *(degli animali)* Schnurrhaare *pl.*, Spürhaare *pl.* **3** FIG. *(sbaffo)* Klecks *m.*, Fleck *m.*: ***un ~ d'inchiostro*** ein Tintenfleck *m.*, ein Tintenklecks *m.* **4** MAR. Bugwelle *f.*, Kielwasserschaum *m.* ◆ FIG. ***coi -i*** ausgezeichnet, exzellent; ***farsene un ~ (di qcs.)*** auf etw. (A) pfeifen, jdm Wurst (*o* egal) sein; ***leccarsi i -i*** sich (D) die Lippen lecken; ***ridere, ridersela sotto i -i*** schmunzeln, sich (D) ins Fäustchen lachen. **baf|fo|ne** m. **1** pl. Schnauzbart *m.*: ***avere un bel paio di -i*** einen großen Schnauzbart haben **2** SCHERZ. *(uomo baffuto)* Schnauzbart *m.*, Schnauzer *m.* **baf|fu|to** agg. schnurrbärtig, schnauzbärtig.

ba|ga|glia|io m. *(-ai)* **1a** Kofferraum *m.*: ***aprire, chiudere il ~*** den Kofferraum auf‿klappen (*o* öffnen), zu‿klappen (*o* schließen); ***il cofano del ~*** die Heckklappe **b** *(della nave)* Gepäckraum *m.* **c** *(della carrozza)* Kutschkasten *m.* **2** FERR. *(carro merci)* Gepäckwagen *m.*, Packwagen *m.* **3** *(deposito bagagli)* Gepäckaufbewahrung *f.*

ba|ga|glio m. *(-gli)* **1a** Gepäck *n.*: ***~ leggero, pesante*** leichtes, schweres Gepäck; ***fare, disfare i -gli*** die Koffer packen (*o* ein‿packen), aus‿packen; ***spedire, sistemare, alleggerire i -gli*** das Gepäck auf‿geben, verstauen, erleichtern (*o* reduzieren); ***consegnare il ~ al check-in*** das Gepäck ein‿checken **b** *(collo)* Gepäckstück *n.*: ***tre -gli*** drei Gepäckstücke **2** FIG. Schatz *m.*, -gut *n.*: ***~ culturale, di idee, di esperienze*** Bildungsgut, Gedankengut, Erfahrungsschatz; ***possedere un vasto ~ culturale*** über eine umfassende Bildung verfügen ◆ ***con armi e -gli*** mit Sack und Pack; ***deposito -gli*** Gepäckaufbewahrung *f.*; ***~ eccedente*** Übergepäck *n.*; ***~ in franchigia*** Freigepäck *n.*; ***~ a mano*** Handgepäck *n.*; ***~ passeggeri, ~ al seguito*** Passagiergut *n.*; ***~ in spalla!*** Gepäck aufnehmen!

ba|ga|ri|nag|gio m. *(-gi)* = illegaler Verkauf *m.* von Eintrittskarten: ***fare ~*** Eintrittskarten zu überhöhtem Preis verkaufen. **ba|ga|ri|no** m. = illegaler Verkäufer *m.* von Eintrittskarten.

ba|gar|re [ba'ga:r] f.inv. **1** Gerangel *n.*, Getümmel *n.*, Tumult *m.* **2** SPORT Rempelei *f.*

ba|ga|scia f. *(-sce)* VOLG. Hure *f.*, Dirne *f.*

ba|gas|sa f. Bagasse *f.*

ba|ga|tel|la, ba|gat|tel|la f. Bagatelle *f.* (anche MUS.).

bag|gia|na|ta f. Unsinn *m.*, dummes Zeug *n.*: ***non dire -e!*** red kein dummes Zeug! **bag|gia|no I** agg. dumm, einfältig **II** m. Einfaltspinsel *m.*, Dummkopf *m.*

ba|glio m. *(-gli)* MAR. Deckplanke *f.*

ba|glio|re m. **1** Schimmer *m.*, Leuchten *n.*, Schein *m.*: ***il ~ del fuoco, del crepuscolo*** der Feuerschein, Dämmerschein; ***il ~ dei fulmini*** das Leuchten der Blitze **2** FIG. *(accenno)* Schimmer *m.*, Hauch *m.*: ***il ~ di un sorriso*** der Schimmer eines Lächelns ◆ METEOR. ***-i di calore*** Wetterleuchten *pl.*; ***i primi, gli ultimi -i di una civiltà*** die Morgenröte, der letzte Schimmer einer Zivilisation; ELETTRON. ***scarica a ~*** Glimmentladung *f.*

ba|gna|cau|da f. INTRAD. (piemontesische Soße aus Öl, Knoblauch und Sardellen).

ba|gnan|te m. e f. **1** Badende *m.* e *f.* **2** *(di impianto sportivo, termale)* Badegast *m.*

ba|gna|re I tr. **1a** befeuchten, benetzen: ***la rugiada bagna l'erba*** der Tau benetzt das Gras **b** *(inumidire)* an‿feuchten, befeuchten, ein‿sprengen: ***~ la biancheria (stirando)*** die Wäsche einsprengen **2** *(bagnare completamente)* durchnässen: ***la pioggia ci ha bagnato*** der Regen hat uns durchnässt **3a** *(immergere)* tauchen, ein‿tauchen: ***~ le mani nell'acqua*** die Hände ins Wasser tauchen **b** *(inzuppare)* ein‿weichen: ***~ il pane nel latte*** das Brot in Milch einweichen **4** *(innaffiare)* gießen, wässern **5** *(scorrere attraverso)* ***~ qcs.*** durch etw. fließen: ***il Po bagna Torino*** der Po fließt durch Turin **6a** *(lambire)* bespülen: ***le onde bagnano il molo*** die Wellen bespülen die Mole **b** *(intorno)* umspülen: ***l'Italia è bagnata da tre mari*** Italien wird von drei Meeren umspült; **7** COLLOQ. *(festeggiare bevendo)* begießen: ***~ l'auto nuova, un successo*** das neue Auto, einen Erfolg begießen **II** pronom. **bagnarsi 1** nass werden **2** *(fare il bagno)* baden: ***-rsi nel fiume*** im Fluss baden **3a** ***-rsi i piedi*** nasse Füße bekommen; ***mi sono bagnato i capelli, i vestiti*** meine Haare, Kleider sind nass geworden **b** *(inumidirsi)* ***~ le labbra*** sich (D) die Lippen an‿feuchten (*o* befeuchten) ◆ ***-rsi il becco, la gola*** sich (D) die Kehle an‿feuchten (*o* schmieren); ***~ di lacrime qcs.*** etw. nass weinen; ***~ il letto*** das Bett ein‿nässen (*o* nässen), ins Bett machen; ***-rsi di sudore*** schweißnass werden, sich (A) nass schwitzen.

ba|gna|ro|la f. **1** REGION. *(tinozza)* Badewanne *f.* **2a** SCHERZ. *(vecchia barca)* Eimer *m.* **b** *(vecchia auto)* Klapperkiste *f.*

ba|gna|sciu|ga m.inv. **1** *(di uno scafo)* Wasserlinie *f.* **2** *(battigia)* Strandlinie *f.*

ba|gna|ta f. **1** *(il bagnare)* Nassmachen *n.*, Begießen *n.*: ***dare una ~ ai fiori*** die Blumen gießen **2** *(il bagnarsi)* Nasswerden *n.*: ***prendersi una ~*** ordentlich nass werden.

ba|gna|to I p.pass. agg. **1** → **bagnare 2** nass: ***piedi -i, scarpe -e*** nasse Füße, Schuhe; ***neve -a*** nasser Schnee; ***~ di sudore*** schweißgebadet, schweißnass **II** m. nasser Boden *m.*, Nässe *f.*: AUT. ***aderenza delle ruote sul ~*** Straßenhaftung der Reifen bei Nässe ◆ ***~ fradicio*** tropfend (*o* triefend) nass; ***~ fino alle ossa*** nass (*o* durchnässt) bis auf die Haut; ***piove sul ~*** ein Unglück kommt selten allein; *(in senso positivo)* Geld kommt zu Geld; ***~ come un pulcino*** nass wie eine Katze (*o* pudelnass). **ba|gna|tu|ra** f. **1a** Befeuchtung *f.*, Befeuchten *n.* **b** *(innaffiatura)* Begießen *n.* **2** *(bagno)* Bad *n.*: ***fare delle -e*** Bäder nehmen. **ba|gni|no** m. Bademeister *m.*

ba|gno m. **1a** Bad *n.*: ***fare un ~*** ein Bad nehmen; ***fare il ~ (a qcn.)*** (jdn) baden; ***far scorrere l'acqua per il ~*** ein Bad einlaufen lassen; ***immergersi in un ~ caldo*** in ein heißes Bad steigen **b** *(stanza)* Bad *n.*, Badezimmer *n.*: ***pulire il ~*** das Bad putzen; ***camera con ~*** Zimmer mit Bad **2** *(gabinetto)* Toilette *f.*: ***andare al ~*** auf die (*o* zur) Toilette gehen **3a** pl. *(stabilimento balneare)* Bad *n.*, Badeort *m.*, Strandbad *n.* **b** *(terme)* Badeort *m.*, Kurort *m.* ◆ ***mettere a ~ qcs.*** etw. ein‿weichen; ***~ all'aperto*** Freibad *n.*; ***calzoncini da ~*** Badehose *f.*; ***~ di colore (o di tintura)*** Färbebad *n.*; ***costume da ~*** Badeanzug *m.*; *(da uomo)* Badehose *f.*; ***~ curativo*** Heilbad *n.*; METALL. ***~ di decapaggio*** Beizbad *n.*; ***~ di fango*** Schlammbad *n.*, Fangobad *n.*; CHIM. ***~ di fissaggio*** Fixierbad *n.*; ***~ di luce*** Lichtbad *n.*; ***~ di mare*** Seebad *n.*, Meerbad *n.*; ***~ penale*** = Zuchthaus *n.*; ***-i pubblici*** öffentliche Bäder; ***~ di sabbia*** Sandbad *n.*; ***sali da ~*** Badesalz *n.*; FIG. ***~ di sangue*** Blutbad *n.*; ***~ di sole*** Sonnenbad *n.*; ***fare un ~ di sole*** ein Sonnenbad nehmen; ***la stagione dei -i*** Badesaison *f.*, Badezeit *f.*; ***essere in un ~ di sudore*** schweißgebadet (*o* schweißnass) sein; FOT. ***~ di sviluppo*** Entwicklerbad *n.*; TECN. ***~ di tempra*** Härtebad *n.*, Abschreckbad *n.*; ***~ termale*** Thermalbad *n.*; ***~ turco*** türkisches Bad; ***~ di vapore*** Dampfbad *n.*; ***vasca da ~*** Badewanne *f.*

ba|gno|lo m. **1** Löschgrube *f.*, Kalkgrube *f.* **2** *(impacco)* Umschlag *m.*, Packung *f.*

ba|gno|ma|ri|a m.inv., ***a ~*** im Wasserbad: ***cuocere, riscaldare qcs.***

a ~ etw. im Wasserbad kochen, erhitzen; ***mettere qcs. a ~*** etw. ins Wasserbad stellen. **ba|gno|schiu|ma** m.inv. Schaumbad *n.*

ba|gor|do m. Schwelgerei *f.*, Prasserei *f.*, Schlemmerei *f.*: ***fare -i, darsi ai -i*** schwelgen, prassen, in Saus und Braus leben.

bah inter. pah: ***~, fa' un po'quello che vuoi!*** pah, mach was du willst!

1.ba|ia f. Bucht *f.*, Bai *f.*; *(insenatura)* Meerbusen *m.*

2.ba|ia f. ANT. **1** *(scherzo)* Scherz *m.*, Spaß *m.*: ***dare la ~ a qcn.*** jdn zum Besten halten (*o* haben) **2** *(sciocchezza)* Lappalie *f.*, Bagatelle *f.*

ba|ia|de|ra f. Bajadere *f.*

bai|lam|me m. **1** Chaos *n.*, Getümmel *n.* **2** *(baccano)* Krach *m.*, Höllenlärm *m.*

bai|lo m. ANT. → **balivo.**

ba|io *(bai)* **I** agg. rotbraun **2** m. *(cavallo baio)* Fuchs *m.*, Braune *m.*

ba|io|net|ta f. **1** Bajonett *n.*, Seitengewehr *n.*: ***inastare la ~*** das Bajonett auf‿pflanzen; ***mettere la ~ in canna*** das Bajonett aufs Gewehr stecken; ***combattere con la ~*** bajonettieren; ***abbassare la ~*** das Bajonett fällen **2** FIG. *(soldato)* Soldat *m.* ◆ ***assalto alla ~*** Bajonettangriff *m.*; TECN. ***innesto a ~*** Bajonettverbindung *f.*, Bajonettverschluss *m.*; ***portalampada a ~*** Bajonettfassung *f.* **ba|io|net|ta|ta** f. Bajonettstoß *m.*, Bajonettstich *m.*

bai|ta f. Berghütte *f.*, Almhütte *f.*

ba|ke|li|te f. → **bachelite.**

ba|la|lai|ca, ba|la|lai|ka f. Balalaika *f.*

ba|la|ni|te f. Eichelentzündung *f.*, Balanitis *f.*

Ba|la|ton n.pr.m. ***lago ~*** Plattensee *m.*

ba|la|u|sta f. Granatapfel *m.*

ba|la|u|stra f., **ba|lau|stra|ta** f. Balustrade *f.*, Geländer *n.*

ba|lau|stri|no m. Stechzirkel *m.*

ba|la|u|stro m. Baluster *m.*, Docke *f.*

bal|bet|ta|men|to m. **1** Stottern *n.*, Stammeln *n.* **2** *(balbettio)* Gestotter *n.* **bal|bet|ta|re I** intr. (aus. *avere*) **1a** stottern, stammeln: ***~ per l'emozione*** vor Aufregung stottern **b** stammeln **2** *(di bambini)* lallen **II** tr. **1** stammeln, stottern: ***~ una scusa*** eine Entschuldigung stammeln **2** *(di bambini)* lallen: ***~ le prime parole*** die ersten Worte lallen ◆ ***~ un po' di italiano*** etwas Italienisch radebrechen. **bal|bet|ti|o** m. Gestammel *n.*, Gestotter *n.*, Stotterei *f.* **bal|bu|ti|re** intr. → **balbettare.**

bal|bu|zie f.inv. Stottern *n.*, Stammeln *n.* **bal|bu|zien|te I** agg. stotternd, stammelnd, stotterig **II** m. e f. Stotterer *m.* (Stotterin *f.*): ***essere ~*** stottern.

Bal|ca|ni n.pr.m.pl. Balkan *m.* **bal|ca|ni|co** agg. *(-ci,-che)* balkanisch, Balkan- ◆ ***guerre -che*** Balkankriege *pl.*; ***penisola -a*** Balkanhalbinsel *f.*; ***questione -a*** Balkanfrage *f.*; ***regione -a*** Balkan *m.*, Balkangebiet *n.* **bal|ca|niz|za|re** tr. balkanisieren. **bal|ca|niz|za|zio|ne** f. Balkanisierung *f.*

bal|co|na|ta f. **1** *(in edifici)* langer Balkon *m.* **2** *(in teatri e cinema)* Balkon *m.*: ***prendere un posto in ~*** Balkon nehmen (*o* sitzen). **bal|con|ci|no** m. **1** kleiner Balkon *m.* **2** *(reggiseno)* Bügel-BH *m.* **bal|co|ne** m. Balkon *m.*: ***affacciarsi al ~, andare sul ~*** auf den Balkon treten.

bal|dac|chi|no m. **1** Baldachin *m.* **2** *(trasportabile)* Baldachin *m.*, Traghimmel *m.* ◆ ***~ del letto*** Betthimmel *m.*; ***letto a ~*** Himmelbett *n.*; ***~ del trono*** Thronhimmel *m.*

bal|dan|za f. Übermut *m.*, Überheblichkeit *f.*, Schneidigkeit *f.*: ***essere pieno di ~*** übermütig sein. **bal|dan|zo|sa|men|te** avv. schneidig, sehr selbstsicher. **bal|dan|zo|so** agg. anmaßend, forsch, schneidig ◆ ***con passo ~*** mit festem Schritt.

Bal|das|sa|re, Bal|das|sar|re n.pr.m. Balthasar *m.*

bal|do agg. selbstsicher, kühn: ***un ~ giovane*** ein kühner Bursche.

bal|do|ria f. Trubel *m.*, Ausgelassenheit *f.* ◆ ***fare ~*** auf die Pauke hauen, es hoch her‿gehen lassen, COLLOQ. einen drauf‿machen; ***fare ~ tutta la notte*** die ganze Nacht durch‿feiern.

Bal|do|vi|no n.pr.m. Balduin *m.*

bal|drac|ca f. *(-che)* → **bagascia.**

Ba|le|a|ri n.pr.f.pl., ***le (isole) ~*** die Balearen *pl.*

ba|le|na f. **1** Wal *m.*, Walfisch *m.* **2** COLLOQ. *(grassona)* Tonne *f.* ◆ ***la ~ bianca*** der Weißwal; ***caccia alla ~*** Walfang *m.*; ***grasso di ~*** Walspeck *m.*; ***olio di ~*** Walfischtran *m.*; ***stecca di ~*** Fischbein *n.*

ba|le|na|men|to m. **1** Blitzen *n.*, Aufblitzen *n.*, Aufleuchten *n.* **2** *(improvvisa apparizione)* Aufleuchten *n.*

ba|le|na|re intr. **1** impers. (aus. *avere*) ***balena*** es blitzt **2** *(splendere, brillare,* aus. *avere)* blinken, blitzen, leuchten: ***gli balenavano gli occhi per la gioia*** seine Augen leuchteten vor Freude **3** *(apparire;* aus. *essere)* blitzen, auf‿leuchten, auf‿blitzen: ***l'ira balenò dai suoi occhi*** Wut loderte in seinen Augen auf; ***mi balenò un sospetto, un'idea*** ein Verdacht, eine Idee durchfuhr mich (*o* schoss mir durch den Kopf) ◆ ***~ a secco*** wetterleuchten.

ba|le|nie|ra f. Walfangschiff *n.* **ba|le|nie|re** m. Walfänger *m.* **ba|le|nie|ro** agg. Walfang-: ***flotta -a*** Walfangflotte *f.*

ba|le|ni|o m. **1** *(di lampi)* Blitzen *n.*; *(in lontananza)* Wetterleuchten *n.* **2** *(luccichio)* Aufblitzen *n.*, Aufleuchten *n.*

ba|le|no m. **1** *(lampo)* Blitz *m.*; *(in lontananza)* Wetterleuchten *n.* **2** *(luce improvvisa)* Aufleuchten *n.* ◆ ***in un ~*** blitzschnell, im Nu (*o* im, in einem Husch); ***diffondersi in un ~*** sich wie ein Lauffeuer verbreiten.

ba|le|not|te|ra f. Finnwal *m.* ◆ ***~ azzurra*** Blauwal *m.*; ***~ rostrata*** Zwergwal *m.* **ba|le|not|te|ro, ba|le|not|to** m. junger Wal *m.*

ba|le|ra f. REGION. **1** Tanzlokal *n.*, Tanzdiele *f.* **2** *(all'aperto)* Tanzboden *m.*

ba|le|stra f. **1** ARM. Armbrust *f.*, Schnäpper *m.* **2** MECC. Blattfeder *f.* **3** TIP. Setzschiff *n.* **ba|le|strie|re** m. Armbrustschütze *m.*

ba|le|struc|cio m. *(-ci)* Mehlschwalbe *f.*

1.ba|lia f. Amme *f.*, Säugamme *f.*: ***essere a ~*** von einer Amme ernährt werden; ***dare (mettere), tenere un bambino a ~*** ein Kind einer Amme in Pflege geben (*o* zur Amme geben), ein Kind nähren ◆ ***~ asciutta*** Kindermädchen *n.*; ***non avere bisogno della ~*** keinen Vormund (*o* kein Kindermädchen) brauchen; FIG. ***far(e) da ~ a qcn.*** jds Kindermädchen sein; ***spilla da ~*** Sicherheitsnadel *f.*

2.ba|li|a f. **1** ANT. Gewalt *f.*, Herrschaft *f.* **2** STOR. Sondergericht *n.* ◆ ***essere in ~ di qcn., qcs.*** jdm, etw. ausgeliefert (*o* preisgegeben) sein; ***essere in ~ delle onde, delle proprie passioni, degli eventi*** den Wellen ausgeliefert sein, seinen Leidenschaften frönen, unter dem Bann der Ereignisse stehen; ***essere in ~ di se stesso*** sich selbst (D) überlassen sein; ***lasciare qcn. in ~ della sorte, del nemico*** jdn seinem Schicksal überlassen, dem Feind aus‿liefern.

ba|lia|ti|co m. *(-ci)* **1** *(allattamento)* Ammendienst *m.* **2** *(salario)* Ammenlohn *m.*

ba|li|la m.inv. STOR. INTRAD. (Mitglied der faschistischen Jugendorganisation).

ba|li|ne|se I agg. balinesisch, aus Bali **II** m. e f. Balier *m.* (-in *f.*), Balinese *m.* (Balinesin *f.*).

ba|li|pe|dio m. *(-di)* Schießplatz *m.*

ba|li|sta f. STOR. Balliste *f.* **ba|li|sti|ca** f. Ballistik *f.* **ba|li|sti|co** agg. *(-ci,-che)* ballistisch.

ba|li|sti|te f. Ballistit *m.*

ba|li|vo m. STOR. Vogt *m.*, Landvogt *m.*

1.ba|lla f. Ballen *m.*: ***una ~ di fieno*** ein Ballen Heu, Heuballen *m.*; *(involto)* ***una ~ di stoffa, di pelli*** ein Ballen Stoff, Leder; ***~ di cotone*** Baumwollballen *m.*; ***in -e*** ballenweise.

2.ba|lla f. **1** COLLOQ. Märchen *n.*, Schmarren *m.*, Mist *m.*: ***contare, raccontare -e*** Märchen erzählen; ***sparare -e*** Mist verzapfen **2** pl. REGION. *(testicoli)* Eier *pl.* ◆ ***(tutte) -e!*** Unsinn! Quatsch! ***rompere le -e*** auf den Wecker gehen.

bal|la|bi|le I agg. Tanz-: ***disco ~*** Tanzplatte *f.*; ***questo pezzo è ~*** dieses Stück ist gut zum Tanzen **II** m. Tanzlied *n.*, Tanzstück *n.*: ***suonare un ~*** ein Tanzlied spielen.

bal|la|re I intr. (aus. *avere*) **1a** tanzen: ***andare a ~*** tanzen gehen; ***~ con qcn.*** mit jdm tanzen; ***(non) saper ~*** (nicht) tanzen können **b** *(rollare)* ***la barca balla sulle onde*** das Boot tanzt auf den Wellen **c** FIG. *(oscillare)* ***le immagini mi ballano davanti agli occhi*** die Bilder tanzen vor meinen Augen **2** *(traballare)* wackeln: ***gli balla un dente*** ihm wackelt ein Zahn; ***il tavolo balla*** der Tisch wackelt **3** *(agitarsi)* zappeln **4** *(cascare)* schlottern: ***la giacca gli, il vestito le balla addosso*** die Jacke schlottert ihm am Körper, das Kleid schlottert ihr um den Körper **5** *(sfarfallare)* flimmern: ***l'immagine (televisiva) balla molto*** das Fernsehbild flimmert stark **II** tr. tanzen: ***~ un valzer*** einen Walzer tanzen ◆ ***~ sulla corda*** auf dem Seil tanzen; ***invitare qcn. a ~*** jdn zum Tanz(en) auf‿fordern, bitten; ***ora si balla*** jetzt wird's brenzlig, kritisch; ***stancarsi ballando*** sich müde tanzen; ***~ il tip-tap*** steppen; ***vuole ~?*** darf ich bitten? PROV. ***quando il gatto non c'è i topi ballano*** wenn die Katze aus dem Haus ist, tanzen die Mäuse (auf dem Tisch); ***quando si è in ballo si deve ~*** wer A sagt, muss auch B sagen.

bal|last ['bæləst] m.inv. FERR. Beschotterung *f.*, Schotterdecke *f.*

bal|la|ta f. **1** LETT. Ballade *f.* **2** MUS. Tanzlied *n.*

1.bal|la|to|io m. *(-oi)* **1** *(pianerottolo)* Treppenabsatz *m.* **2** *(balcone sul cortile)* Balkon *m.*, Innenbalkon *m.* **3** *(in fortificazioni)* Galerie *f.* **4** ALP. *(cengia sporgente)* Kanzel *m.*

2.bal|la|to|io m. *(-oi)* Sitzstange *f.*

bal|le|ri|na f. **1** Tänzerin *f.* **2** *(classica)* Ballerina *f.*, Balletttänzerin *f.* **3a** *(scarpetta da ballo)* Ballettschuh *m.*, Tanzschuh *m.* **b** ESTENS. *(scarpa bassa)* Ballerina *f.* **4** ZOOL. Bachstelze *f.* ◆ ***~ di fila*** Gruppentänzerin *f.*; ***prima ~*** erste Solotänzerin *f.*, Primaballerina *f.*;

~ *di, del varietà* Revuetänzerin *f.*, COLLOQ. Hupfdohle *f.* **bal|le|ri|no I** m. **1** Tänzer *m.* **2** *(classico)* Balletttänzer *m.* **II** agg. **1** tanzend **2** *(non ben fissato)* wackelig.

bal|let|ti|sti|co agg. *(-ci,-che)* tänzerisch, Ballett-: ***stagione -a*** Ballettsaison *f.* **bal|let|to** m. Ballett *n.*; *(corpo di ballo)* Ballettkorps *n.*: ***andare al ~*** zum Ballett gehen ◆ ***~ sulle punte*** Spitzentanz *m.*; ***-i rosa*** = Orgie mit minderjährigen Mädchen; ***-i verdi*** = homosexuelle Orgie mit minderjährigen Jungen.

bal|li|sta m. e f. COLLOQ. Flunkerer *m.* (Flunkerin *f.*), Aufschneider *m.* (-in *f.*).

bal|lo m. **1** Ball *m.*: ***dare un ~*** einen Ball geben (*o* veranstalten); ***andare a un ~*** einen Ball besuchen (*o* auf einen Ball gehen) **2** *(danza)* Tanz *m.*: ***~ campestre*** ländlicher Tanz; ***andare al ~*** zum Tanz gehen **3** FIG. *(sobbalzi)* Rüttelei *f.*: ***viaggiare su quella strada era un ~ continuo*** die Fahrt auf dieser Straße war eine einzige Rüttelei ◆ ***carnet di ~*** Tanzkarte *f.*; ***~ di carnevale*** Fastnachtsball *m.*, Faschingsball *m.*; ***~ sulla corda*** Seiltanz *m.*; ***corpo di ~*** Ballettkorps *n.*; ***corso di ~*** Tanzkurs(us) *m.*; ***~ di corte*** Hofball *m.*; ***costume da ~*** Ballkleid *n.*; ***~ delle debuttanti*** Debütantenball *m.*; FIG. ***entrare in ~*** ins Spiel kommen; ***qcn. entra in ~*** jd kommt dazwischen; *(si parla di qcn.)* es kommt die Rede auf jdn; FIG. ***essere in ~*** auf dem Spiel stehen; ***festa da ~*** Tanzfest *n.*; ***fare un giro di ~*** eine Runde tanzen; ***lezione di ~*** Tanzstunde *f.*; ***locale da ~*** Tanzbar *f.*, Tanzlokal *n.*; ***maestro di ~*** Tanzlehrer *m.*, Tanzmeister *m.*; ***~ in maschera, ~ mascherato*** Maskenball *m.*, Kostümball *m.*; ***musica da ~*** Tanzmusik *f.*; ***suonare musica da ~*** zum Tanz auf‿spielen; ***permette questo ~?*** gestatten Sie? darf ich bitten? ***pista da ~*** Tanzboden *m.*, Tanzfläche *f.*; ***sala da ~*** Tanzlokal *n.*; ***scuola di ~*** Tanzschule *f.*; FIG. ***tirare in ~ qcs.*** etw. vor‿bringen (*o* aufs Tapet bringen); ***tirare in ~ qcn.*** = jdn in einen Streit hinein‿ziehen; MED. ***~ di san Vito*** Veitstanz *m.*; FIG. ***avere il ~ di san Vito*** den Veitstanz haben; PROV. ***quando si è in ~ si deve ballare*** wer A sagt, muss auch B sagen.

bal|lon|zo|la|re intr. *(ballonzolo*; aus. *avere)* **1** herum‿hopsen, herum‿hüpfen **2** *(muoversi sussultando)* wippen, auf- und nieder‿gehen.

bal|lot|ta f. gekochte Kastanie *f.*

bal|lot|tag|gio m. *(-gi)* **1** Stichwahl *f.*, Stichentscheid *m.*: ***mettere in ~*** durch Stichwahl entscheiden **2** STOR. Ballotage *f.* **3** SPORT *(spareggio)* Stichkampf *m.*, Entscheidungskampf *m.*, Entscheidungsspiel *n.* ◆ ***entrare in ~*** in die engere Wahl kommen. **bal|lot|ta|re** tr. **1** durch Stichwahl ab‿stimmen, im zweiten Wahlgang wählen **2** STOR. ballotieren **3** LETT. → **sballottare.**

bal|ne|a|bi|le agg. Bade-: ***acque -i*** Badegewässer *pl.*, zum Baden geeignete Gewässer. **bal|ne|a|re** agg. Bade-: ***località, stabilimento, stagione ~*** Badeort *m.* (*o* Seebadeort *m.*), Strandbad *n.* (*o* Badeanstalt *f.*), Badesaison *f.* ◆ FIG. ***governo ~*** Übergangsregierung *f.* **bal|ne|a|zio|ne** f. Baden *n.* ◆ ***divieto di ~*** Badeverbot *n.*; ***periodo di ~*** Badesaison *f.* **bal|ne|o|te|ra|pi|a** f. Badekur *f.*, Balneotherapie *f.* **bal|ne|o|te|ra|pi|co** agg. *(-ci,-che)* Badekur-, balneotherapeutisch.

ba|loc|ca|men|to m. **1** Vergnügen *n.*, Unterhaltung *f.* **2** *(il perdere tempo)* Bummelei *f.*, Trödelei *f.* **ba|loc|ca|re** *(balocco, balocchi)* **I** tr. unterhalten, belustigen **II** pronom. **baloccarsi 1** *(divertirsi)* sich vergnügen **2** *(ciondolare, perdere tempo)* bummeln, trödeln. **ba|loc|co** m. *(-chi)* **1** Spielzeug *n.* **2** *(passatempo)* Zeitvertreib *m.* ◆ ***il paese dei -chi*** das Schlaraffenland.

ba|lor|dag|gi|ne f. **1** Tölpelhaftigkeit *f.* **2** *(sciocchezza)* Tölpelei *f.* **ba|lor|da|men|te** avv. dummerweise, blöderweise. **ba|lor|do I** agg. **1** *(sciocco)* dumm, töricht, dämlich **2** *(stordito)* betäubt **3** *(senza senso)* unsinnig, blöd: ***una situazione -a*** eine blöde Situation **II** m. **1** Dummkopf *m.*, Tölpel *m.* **2** *(malvivente di mezza tacca)* Gauner *m.*, krummer Typ *m.* ◆ ***idea -a*** Schnapsidee *f.*

bal|sa f. Balsabaum *m.*

bal|sa|mi|co agg. *(-ci,-che)* Balsam-, balsamisch: ***aceto ~*** Balsamessig *m.*; ***aria -a*** balsamische Luft; ***oli -ci*** balsamische Öle ◆ ***pomata -a*** Balsam *m.*, Heilsalbe *f.* **bal|sa|mi|na** f. Balsamine *f.* **bal|sa|mo** m. Balsam *m.* (anche FIG.).

bal|te|o m. **1** Tragegurt *m.*, Tragriemen *m.* **2** STOR. Wehrgehänge *n.*

bal|ti|co agg. *(-ci,-che)* baltisch, Ostsee-: ***costa -a*** Ostseeküste *f.*; ***lingue -che*** baltische Sprachen ◆ ***mar Baltico*** Ostsee *f.*; ***paesi -ci*** Baltische Staaten. **Bal|ti|co** n.pr.m. Ostsee *f.*

ba|luar|do m. Schutzwall *m.*, Bollwerk *n.* (anche FIG.).

ba|lu|ba m.inv. **1** Baluba *m.* **2** REGION. SCHERZ. Primitivling *m.*

ba|lu|gi|na|re intr. *(balugino*; aus. *essere)* **1** auf‿blitzen, auf‿leuchten, auf‿flackern **2** FIG. auf‿leuchten, durchzucken: ***gli baluginò un'idea*** ein Gedanke durchzuckte ihn. **ba|lu|gi|ni|o** m. Aufleuchten *n.*, Blitzen *n.*

bal|za f. **1** Steilhang *m.*, Absturz *m.* **2** SART. Falbel *f.*, Volant *m.*, Rüsche *f.*: ***gonna a -e*** Rüschenrock *m.* (*o* Volantrock *m.*) **3** *(zoccolo)* Sockel *m.*, Fußleiste *f.*

bal|za|na f. **1** *(del cavallo)* Strumpf *m.*, weißer Streifen *m.* **2** SART. Falbel *f.* **bal|za|no** agg. **1** *(di cavallo)* weiß gestreift **2** FIG. *(bizzarro)* außergewöhnlich, sonderbar ◆ ***idea -a*** Schnapsidee *f.*, Spinnerei *f.*

bal|za|re intr. (aus. *essere*) **1a** springen, schnellen: ***~ in piedi*** auf‿springen, hoch‿schnellen; ***~ sul treno*** auf den Zug auf‿springen; ***~ dalla sedia*** vom Stuhl hoch‿schnellen, hoch‿springen; ***~ sul tavolo, giù dal tavolo*** auf den Tisch, vom Tisch springen; ***~ (in) avanti, indietro*** vor‿schnellen, zurück‿schnellen; ***~ fuori dalla finestra*** aus dem Fenster springen **b** *(con uno slancio)* sich schwingen: ***~ sul cavallo, in sella*** sich aufs Pferd, in den Sattel schwingen; ***~ di ramo in ramo*** von Ast zu Ast hüpfen, springen **2** FIG. klopfen, schlagen: ***il cuore gli balzò in petto dalla gioia*** das Herz klopfte ihm vor Freude; ***le balzò il cuore in gola*** das Herz schlug ihr bis zum Hals ◆ ***~ addosso a qcn.*** sich auf jdn stürzen, auf jdn drauf‿springen; ***~ agli occhi a qcn.*** jdm auf‿fallen, ins Auge springen; ***~ in primo piano*** in den Vordergrund treten; SPORT ***~ in testa*** in Führung gehen.

bal|zel|la|re intr. (aus. *essere, avere*) hüpfen. **bal|zel|lo** m. Hupfer *m.*, Hüpfer *m.* ◆ ***procedere a -i*** sich hüpfend fort‿bewegen. **bal|zel|lo|ni** avv. ***(a) ~*** hüpfend, springend.

1.bal|zo m. **1a** Sprung *m.*, Satz *m.*: ***fare un ~*** einen Sprung machen; ***fare un ~ in avanti, indietro, di lato*** einen Sprung nach vorne, zurück, zur Seite machen; ***ebbe un ~ al cuore*** sein Herz machte einen Sprung; ***in un ~*** mit einem Satz **b** GINN. *(da un attrezzo)* Abschwung *m.* **2** FIG. Sprung *m.* (nach vorn): ***un ~ nella carriera*** ein Sprung in der Karriere **3** *(sobbalzo)* Ruck *m.* ◆ ***a -i*** in Sprüngen, hüpfend; ***i prezzi hanno avuto un considerevole ~ in avanti*** die Preise sind beträchtlich in die Höhe geschnellt; ***prendere, cogliere la palla al ~*** die Gelegenheit beim Schopf(e) packen, fassen; ***superare qcs. d'un ~*** etw. in einem Anlauf schaffen.

2.bal|zo m. → **balza.**

bam|ba|gia f. *(-gie)* **1** Baumwollabfall *m.*, Watte *f.* **2** BOT. Katzenpfötchen *n.* ◆ ***tenere qcn. nella ~*** jdn in Watte packen; ***stare, vivere nella ~*** unter einer Glasglocke leben. **bam|ba|gi|no** agg. baumwollen, Baumwoll-; ***tela -a*** Kattun *m.* **bam|ba|gio|so** agg. **1** wattig **2** *(contenente bambagia)* baumwollen, Baumwoll-, watteweich.

bam|bi|na f. **1** (kleines) Mädchen *n.*, Kind *n.*: ***una ~ di tre anni*** ein dreijähriges Mädchen; ***ha avuto una -a*** sie hat ein Mädchen (*o* eine Tochter) bekommen; ***non è più una ~*** sie ist kein Kind mehr **2** VEZZ. *(rivolto a donne)* ***~ (mia)!*** Kindchen! **bam|bi|nag|gi|ne** f. Kinderei *f.* **bam|bi|na|ia** f. Kindermädchen *n.*, Kinderfrau *f.* **bam|bi|na|ta** f. Kinderei *f.*, Kinderstreich *m.* **bam|bi|neg|gia|re** intr. *(bambineggio, bambineggi*; aus. *avere)* kindisch sein.

bam|bi|nel|lo m. kleines Kind *n.*, Kindchen *n.* ◆ RELIG. ***il Bambinello*** Jesuskind *n.*, Christkind *n.* **bam|bi|ne|sca|men|te** avv. kindisch. **bam|bi|ne|sco** agg. *(-schi,-sche)* kindisch: ***un'idea -a*** eine kindische Idee.

bam|bi|no I m. **1a** Kind *n.*: ***aspettare un ~*** ein Kind erwarten; ***è in attesa di un, sta per avere, ha avuto un ~*** sie bekommt, kriegt ein Kind, sie hat ein Kind bekommen; ***un ~ di 3 anni*** ein dreijähriges Kind; ***allattare, cambiare il ~*** das Kind stillen, trocken‿legen; ***-i in età scolare*** Kinder im schulpflichtigen Alter **b** FIG. Kind *n.*, Kindskopf *m.*: ***essere ancora un ~*** noch ein Kind sein; ***non fare il ~!*** sei doch nicht so kindisch! **2** *(maschio)* Junge *m.*: ***ha avuto un ~*** sie hat einen Jungen bekommen; ***-i e bambine*** Jungen und Mädchen **II** agg. **1** kindlich, naiv: ***un viso (da) ~*** ein kindliches Gesicht; ***un re ~*** ein zum König gekröntes Kind, Kindkönig **2** *(giovane, recente)* jung ◆ ***adottare un ~*** jdn an Kindes statt an‿nehmen; ***da ~, fin da ~*** von Kind auf, von Kindesbeinen an; ***il Bambin Gesù, Gesù Bambino*** das Jesuskind, Jesusknabe *m.*; ***per me è un gioco da -i!*** das ist (doch) ein Kinderspiel für mich! ***il ~ che c'è in noi*** das Kind in uns; ***innocente come un ~*** unschuldig wie ein neugeborenes Kind; ***~ prodigio*** Wunderkind *n.*; ***lo sanno anche i -i!*** das weiß doch jedes Kind! ***coppia senza -i*** kinderloses Ehepaar; PROV. ***buttare via il ~ con l'acqua sporca*** das Kind mit dem Bade aus‿schütten.

bam|bi|no|ne m. **1** großes, kräftiges Kind *n.* **2** SCHERZ. *(adulto ingenuo)* Kindskopf *m.*

bam|boc|cia|ta f. Kinderei *f.* **bam|boc|cio** m. *(-ci)* **1** *(bimbo grassoccio)* Pummelchen *n.*, Dickerchen *n.* **2** *(babbeo)* Trottel *m.*, Tollpatsch *m.*: ***ehi, ~!*** du, Trottel! ***fare la figura del ~*** einen Trottel ab‿geben **3** *(fantoccio)* Puppe *f.*

bam|bo|la f. Puppe *f.* (anche FIG.): ***~ di pezza, ~ parlante*** Stoffpuppe *f.*, Sprechpuppe *f.*; ***giocare con le -e*** mit Puppen spielen; ***sembrare una ~*** wie eine Puppe aus‿sehen; COLLOQ. ***che ~!*** tolle Puppe! ◆ SPORT GERG. ***andare in ~*** = die Übersicht verlieren; ***casa, casetta delle -e*** Puppenhaus *n.*, -stube *f.*; *(opera di Ibsen)* ***Casa di ~*** Nora oder Ein Puppenheim; ***visino da ~*** Puppengesicht *n.*

bam|bo|leg|gia|men|to m. Geziere *n.* **bam|bo|leg|gia|re** intr. *(bamboleggio, bamboleggi*; aus. *avere)* **1** *(comportarsi da bambino)* sich kindisch benehmen **2** *(avere atteggiamenti sdolcinati)* sich zieren, sich affektiert benehmen.

bam|bo|li|na f. Püppchen *n.* (anche FIG.). **bam|bo|lot|to** m. **1** Puppe *f.*, Babypuppe *f.* (männlichen Geschlechts) **2** *(bambino paffutello)* Dickerchen *n.*, Pummelchen *n.*

bam|bù m.inv. **1** Bambus *m.* **2** *(canna di bambù)* Bambusrohr *n.* ◆ STOR. ***cortina di ~*** Bambusvorhang *m.* **bam|bu|sa|ia** f. Bambuspflanzung *f.*

ba|na|le agg. **1a** *(ovvio)* banal, trivial: ***osservazioni, idee, scuse -i*** banale Bemerkungen, Ideen, Entschuldigungen; ***una conversazione ~*** eine banale Konversation; ***rendere qcs. ~*** etw. banalisieren **b** *(ordinario)* banal, alltäglich: ***una storia ~*** eine banale Geschichte **c** *(senza personalità)* banal: ***un tipo ~*** ein banaler Mensch **2** *(di poco conto)* banal, geringfügig, profan: ***un errore, incidente, contrattempo ~*** ein geringfügiger Fehler, Unfall, ein banaler Zwischenfall; ***avere delle -i preoccupazioni*** geringfügige Sorgen haben **3** *(comune, semplice)* banal, (ganz) gewöhnlich: ***un ~ mal di testa, raffreddore*** ganz gewöhnliche Kopfschmerzen, eine banale Erkältung; ***una ~ coincidenza*** ein dummer Zufall ◆ ***cadere nel ~*** ins Banale verfallen, banal werden; ***in modo ~*** banal.

ba|na|li|tà f.inv. Banalität *f.*: ***la ~ delle sue osservazioni*** die Banalität seiner Bemerkungen; ***essere di una ~ incredibile*** unglaublich banal sein; *(cosa banale)* ***dire ~*** Banalitäten sagen ◆ ***cadere nella ~*** ins Banale verfallen, banal werden.

ba|na|liz|za|re tr. **1** banalisieren **2** FERR. in Wechselbetrieb nehmen. **ba|na|liz|za|zio|ne** f. **1** Banalisierung *f.* **2** FERR. Benutzung *f.* im Wechselbetrieb.

ba|nal|men|te avv. banal.

ba|na|na f. **1** Banane *f.*: ***sbucciare una ~*** eine Banane ab‿schälen, schälen; ***scivolare su una buccia di ~*** auf einer Bananenschale aus‿rutschen **2** *(pettinatura)* Haartolle *f.*, Tolle *f.* **3** EL. Bananenstecker *m.*, Stöpsel *m.* ◆ ***casco di -e*** Bananenbüschel *n.*; ***repubblica delle -e*** Bananenrepublik *f.* **ba|na|ne|to** m. Bananenplantage *f.* **ba|na|nie|ra** f. Bananendampfer *m.* **ba|na|nie|ro** agg. Bananen-: ***nave -a*** Bananendampfer *m.* **ba|na|no** m. Bananenbaum *m.*

ban|ca f. *(-che)* **1a** Bank *f.*: ***andare in ~*** auf die Bank gehen; ***tenere il proprio denaro in ~*** sein Geld auf der Bank haben; ***avere un conto, un deposito in ~*** ein Konto bei der Bank, ein Guthaben auf der Bank haben; ***depositare, versare denaro in ~*** Geld auf der Bank ein‿zahlen; ***ritirare, prelevare denaro dalla ~*** Geld von der Bank holen, ab‿heben; ***rapinare, assaltare una ~*** eine Bank überfallen **b** MED. ***~ degli occhi, degli organi, del sangue, del seme*** Augen-, Organ-, Blut-, Samenbank *f.* **2** pl. *(sistema bancario)* Bankwesen *n.* ◆ ***~ d'affari*** Geschäftsbank *f.*; ***biglietto di ~*** Banknote *f.*; ***~ centrale*** Zentralbank *f.*; ***~ commerciale*** Kommerzbank *f.*; ***~ di credito*** Kreditbank *f.*, Kreditinstitut *n.*; INFORM. ***~ dati*** Datenbank *f.*, Informationsbank *f.*: ***consultare, interrogare una ~ dati*** eine Datenbank ab‿fragen; ***~ di deposito*** Depositenbank *f.*; ***direttore di ~*** Bankdirektor *m.*; ***~ di emissione*** Notenbank *f.*, Emissionsbank *f.*; ***~ di giro*** Girobank *f.*; ***impiegato di ~*** Bankangestellte *m.*; ***a mezzo ~*** per Bank; ***~ mondiale*** Weltbank *f.*; ***~ nazionale*** Nationalbank *f.*; ***operazione di ~*** Bankgeschäft *n.*; ***operazioni di ~*** Bankverkehr *m.*; ***~ popolare*** Volksbank *f.*; ***~ privata*** Privatbank *f.*; ***rapina in ~*** Bankraub *m.*; ***rapinatore di -che*** Bankräuber *m.*; ***~ di sconto*** Diskontbank *f.*, Wechselbank *f.*; ***~ di stato*** Staatsbank *f.*; ***~ universale*** Universalbank *f.*

ban|ca|bi|le agg. bankfähig.

ban|ca|le m. **1** Bank *f.* **2** TECN. Bett *n.*: ***~ da, del tornio*** Drehbankbett *n.*

ban|ca|rel|la f. Stand *m.*, Verkaufsstand *m.*: ***~ di frutta, di libri*** Obst-, Bücherstand *m.*; ***~ al, del mercato*** Marktstand *m.* ◆ ***vendere a una ~*** hökern, an einem Stand verkaufen. **ban|ca|rel|li|sta** m. e f. *(-i,-e)* Verkäufer *m.* (-in *f.*) an einem Verkaufsstand.

ban|ca|rio I agg. *(-ri,-rie)* Bank-: ***assegno ~*** Bankscheck *m.*; ***bonifico ~*** Banküberweisung *f.*; ***cambiale -a*** Bankwechsel *m.*; ***commissione -a*** Bankspesen *pl.*; ***conto ~*** Bankkonto *n.*; ***credito, fido ~*** Bankkredit *m.*; ***garanzia -a*** Bankgarantie *f.*; ***interesse ~*** Bankzins *m.*; ***istituto ~*** Bankhaus *n.*, Bankanstalt *f.*; ***mandato ~*** Bankanweisung *f.*; ***mutuo ~*** Bankdarlehen *n.*, Bankkredit *m.*; ***operazione -a*** Bankgeschäft *n.*; ***segreto ~*** Bankgeheimnis *n.*; ***sistema ~*** Bankwesen *n.*; ***spese -rie*** Bankgebühren *pl.*; ***tecnica -a*** Bankbetriebslehre *f.* **II** m. Bankangestellte *m.*, Bankbeamte *m.*, COLLOQ. Banker *m.*

ban|ca|rot|ta f. Bankrott *m.*: ***fare, dichiarare ~*** Bankrott machen (*o* Bankrott gehen), Bankrott an‿melden (*o* erklären); ***~ fraudolenta, semplice*** betrügerischer, einfacher Bankrott. **ban|ca|rot|tie|re** m. Bankrotteur *m.*

ban|chet|ta|re intr. (aus. *avere*) tafeln; ESTENS. *(viel essen)* schmausen, schlemmen.

1.ban|chet|to m. Bankett *n.*, Festmahl *n.*, Festessen *n.*: ***dare un ~ in onore di qcn.*** ein Bankett zu jds Ehren geben; ESTENS. ***fare un lauto ~*** ein großes Festmahl veranstalten ◆ ***~ degli dei*** Göttermahl *n.*; ***~ funebre*** Totenmahl *n.*; ***~ nuziale*** Hochzeitsmahl *n.*; ***~ d'onore*** Ehrenfestmahl *n.*

2.ban|chet|to m. *(bancarella)* Stand *m.*; *(chioschetto)* Bude *f.*: ***~ del mercato, del pesce*** Markt-, Fischstand *m.*

ban|chie|re m. Bankier *m.*, Bankinhaber *m.*, Bankbesitzer *m.*

ban|chi|na f. **1** FERR. Bahnsteig *m.*: ***sulla ~*** auf dem Bahnsteig **2** *(del porto)* Kai *m.*; Bollwerk *n.*: ***attraccare alla ~*** am Kai an‿legen (*o* fest‿machen) **3** *(di strada)* Bankett *n.*, Straßenbankett *n.*: ***~ non transitabile*** nicht befahrbares Bankett **4** *(terrapieno)* Damm *m.*, Erdwall *m.* **5** *(in fortificazioni)* Berme *f.* ◆ ***~ di carico*** Ladebühne *f.*, Laderampe *f.*; MAR. Ladeplatz *m.*; ***franco ~*** frei Kai, ab Kai; ***~ di scarico*** Entladerampe *f.*

ban|chi|sa f. Packeis *n.*

ban|co m. *(-chi)* **1** Bank *f.*, Sitzbank *f.*: ***-chi di scuola, di chiesa*** Schulbänke *pl.*, Kirchenbänke (*o* Betbänke) *pl.*; ***il ~ dei deputati, dei ministri*** die Abgeordneten-, Ministerbank; DIR. ***il ~ della giuria, degli imputati, dei testimoni*** die Schöffenbank (*o* Geschworenenbank), Anklagebank, Zeugenbank **2** *(di negozio)* Ladentisch *m.* **3** *(di bar)* Theke *f.*: ***servire, consumare al ~*** an der Theke bedienen, verzehren; ***caffè al ~*** Kaffee an der Theke **4** *(bancarella)* Stand *m.*; *(chiuso)* Bude *f.* **5** TECN. Bank *f.*, Werkbank *f.*: ***~ da falegname*** Hobelbank *f.* **6** *(ammasso di elementi naturali)* Bank *f.*: ***~ di coralli, di ostriche*** Korallenbank *f.* (*o* Korallenriff *n.*), Austernbank *f.*; ***-chi di nebbia*** Nebelbänke *pl.*; ***un ~ di nuvole, di sabbia*** eine Wolken-, Sandbank **7** *(di pesci)* Schwarm *m.*: ***un ~ di sardine*** ein Sardinenschwarm **8** GEOL. Bank *f.*, Schicht *f.* **9a** *(nei giochi d'azzardo)* Bank *f.*: ***avere, tenere il ~*** die Bank halten **b** *(chi tiene il banco)* Bankhalter *m.*, Bank *f.*: ***il ~ vince*** die Bank gewinnt ◆ ***~ di cambio*** Wechselbank *f.*; ***~ di comando*** Steuerpult *n.*, Schaltpult *n.*; ***compagno di ~*** Banknachbar *m.*; ***farmaci da ~*** rezeptfreie (*o* frei verkäufliche) Arzneimittel; ***~ di, da lavoro*** Arbeitstisch *m.*, Werkbank *f.*; ***~ del Lotto*** Lottoannahmestelle *f.*; ***~ di mescita*** Schanktisch *m.*; ***~ dei pegni*** Pfandhaus *n.*, Leihhaus *n.*; ***prodotti da ~*** → ***farmaci da ~***; ***~ di prova*** Prüfstand *m.*; FIG. Bewährungsprobe *f.*; TECN. ***prova al ~*** Prüfstandversuch *m.*; TECN. ***fare una prova al ~ di qcs.*** etw. auf dem Prüfstand erproben; GIOC. ***far saltare il ~*** die Bank sprengen (anche FIG.); ***scaldare il ~*** die Schulbank ohne Erfolg drücken; FIG. ***passare, vendere qcs. sotto ~*** etw. unter der Hand weiter‿geben, verkaufen; ***tenere ~*** das große Wort führen.

ban|co|mat m.inv. **1** Bankautomat *m.*, Geldausgabeautomat *m.*: ***ritirare, prelevare denaro al, dal ~*** am Bankautomaten Geld ziehen, ab‿heben **2** *(tessera)* = Scheckkarte *f.*: ***pagare con il ~*** mit der Scheckkarte bezahlen.

ban|co|ne m. **1** Werktisch *m.*, Arbeitstisch *m.* **2a** *(di vendita)* Ladentisch *m.* **b** *(di bar)* Theke *f.*, Tresen *m.* **c** *(di biglietteria, banca)* Schalter *m.* **ban|co|ni|sta** m. e f. *(-i,-e)* **1** Verkäufer *m.* (-in *f.*) **2** *(al bar)* Barmann *m.*, Barkeeper *m.* (Barfrau *f.*).

ban|co|no|ta f. Geldschein *m.*, Banknote *f.*: ***una ~ da mille (lire)*** ein Tausendlireschein; ***una ~ falsa*** eine gefälschte Banknote. **ban|co|po|sta** m.inv. Postbank *f.*

band [bænd] f.inv. Band *f.*

1.ban|da f. **1a** Bande *f.*: ***una ~ di gangster, di ladri*** eine Gangster-, Diebesbande **b** *(cricca)* Gruppe *f.*, Clique *f.*, Rotte *f.*, Bande *f.*: ***una ~ di amici*** eine Clique von Freunden **c** *(di partigiani)* Trupp *m.*, Schar *f.* **2** *(musicale)* Musikkapelle *f.*, Kapelle *f.*: ***~ militare, municipale*** Militär-, Stadtkapelle *f.*

2.ban|da f. **1** *(striscia)* Streifen *m.*, Band *n.* **2** ARALD. Balken *m.* **3** FIS. *(di frequenza)* Band *n.* ◆ ***~ magnetica*** Magnetstreifen *m.*; ***~ di oscillazione dei corsi valutari*** Schwankungsbreite *f.* der Währungskurse; ***~ perforata*** Lochstreifen *m.*; ***~ sonora*** Tonspur *f.*

3.ban|da f. **1** LETT. *(lato)* Seite *f.*: ***da tutte le -e, da ogni ~*** von allen Seiten; ***mettere da ~*** beiseite tun **2** MAR. Schiffsseite *f.*, Schiffswand *f.* **3** *(battente)* Flügel *m.* ◆ ***da queste -e*** in dieser Gegend; ***da ~ a ~*** durch und durch.

4.ban|da f. *(lamiera)* Blech *n.*: ***~ stagnata*** verzinktes Blech.

ban|deau [bɑ̃'do] m.inv. Band *n.*, Stirnband *n.*

ban|de|la f. **1** Blechstreifen *m.*, Bandstreifen *m.* **2** *(di porta)* Band *n.*, Beschlag *m.*, Scharnierstreifen *m.* **3** *(di tavolo)* Verlängerung *f.*

ban|de|ruo|la f. **1a** Wetterfahne *f.*, Windfahne *f.* **b** *(bandierina)* Fähnchen *n.* **c** MAR. Wimpel *m.* **2** FIG. *(persona volubile)* Wetterfahne *f.*: ***essere una ~*** sich wie eine Wetterfahne drehen.

ban|die|ra f. **1** Fahne *f.*, Flagge *f.*; ***~ di partenza, di segnalazione*** Startflagge *f.*, Signalflagge (*o* Winkerflagge) *f.*; ***issare, sventolare, ammainare la ~*** die Fahne hissen, schwenken, ein‿holen; ***le -e sventolano*** die Fahnen flattern, wehen; ***giurare sulla ~*** den Schwur auf die Fahne leisten, den Fahneneid schwören **2** *(simbolo)* Zeichen *n.*, Sinnbild *n.*: ***la ~ della libertà*** das Sinnbild der Freiheit **3** *(personaggio di spicco)* Galionsfigur *f.*: ***è la ~ del suo partito*** er ist die Galionsfigur seiner Partei ◆ ***~ abbrunata*** schwarz umflorte Fahne, Trauerfahne *f.*; ***tenere alta la ~*** die Fahne hoch‿halten; ***asta della ~*** Flaggenmast *m.*, Fahnenstange *f.*; MAR. Flaggenstock *m.*; ***battere ~ britannica*** unter britischer Fahne fahren, britische Flagge führen; ***benedizione delle -e*** Fahnenweihe *f.*; ***~ bianca*** Friedensfahne *f.*; FIG. ***alzare ~ bianca*** die weiße Fahne hissen; ***cambiare ~*** in ein anderes Lager über‿wechseln; ***compagnia di ~*** = staatliche Fluggesellschaft; ***gol della ~*** Ehrentor *n.*, Ehrentreffer *m.*; ***~ a mezz'asta*** Fahne auf halbmast; ***pennone della ~*** → ***asta della ~***; ***~ rossa*** rote Fahne; ***salutare con la ~*** die Flagge dippen; ***saluto con (la) ~*** Flaggengruß *m.*; ***spirito di ~*** Zugehörigkeitsgefühl *n.*, Korpsgeist *m.*; ***verde ~*** = Dunkelgrün *n.* (wie das Grün der Nationalflagge).

ban|die|ri|na f. **1** Fähnchen *n.*, Fähnlein *n.* **2a** SPORT Eckfahne *f.*; ***tiro dalla ~*** = Eckball *m.* **b** *(del guardalinee)* Handfahne *f.*, Fahne *f.*: ***alzare la ~*** die Fahne heben.

ban|di|re tr. *(bandisco, bandisci)* **1** aus‿schreiben: ***~ un concorso, una gara d'appalto*** einen Wettbewerb, eine Submission ausschreiben **2** FIG. *(sbandierare)* aus‿posaunen: ***~ un segreto ai quattro venti*** ein Geheimnis in alle vier Himmelsrichtungen ausposaunen **3a** *(esiliare)* verbannen (anche FIG.): ***~ qcn. dal proprio paese*** jdn aus seinem Vaterland verbannen; ***~ dal cuore, dai ricordi*** aus dem Herzen, aus der Erinnerung verbannen **b** *(eliminare)* weg‿lassen, verbannen: ***~ il sale dalla dieta*** das Salz aus der Diät verbannen **4** STOR. *(mettere all'indice)* auf den Index setzen: ***~ un libro*** ein Buch auf den Index setzen **5** FIG. *(mettere da parte)* beiseite lassen: ***~ le formalità*** die Förmlichkeiten beiseite lassen ◆ ***~ una crociata*** zum Kreuzzug auf‿rufen.

ban|di|sta m. e f. *(-i,-e)* Musikant *m.* (-in *f.*). **ban|di|sti|co** agg. *(-ci, -che)* ***corpo ~*** Kapelle *f.*; ***musica -a*** Blasmusik *f.*

ban|di|ta f. Schonrevier *n.*, Schonung *f.*, Jagdhege *f.*

ban|di|te|sco agg. *(-schi,-sche)* verbrecherisch, kriminell: ***comportamento ~*** kriminelles Verhalten. **ban|di|ti|smo** m. Banditentum *n.* **ban|di|to I** p.pass. agg. **1** → **bandire 2** ***corte -a*** offenes Haus **II** m. Bandit *m.*: ***essere assaliti dai -i*** von Banditen überfallen werden **2** STOR. *(esiliato)* Verbannte *m.*, Geächtete *m.*

ban|di|to|re m. **1** STOR. Ausrufer *m.* **2** *(di aste)* Auktionator *m.*, Versteigerer *m.* **3** FIG. *(promotore)* Verkünder *m.*: ***farsi ~ di qcs.*** etw. verkünden, zum Verkünder von etw. werden.

ban|do m. **1** *(pubblica notificazione)* Ausschreibung *f.*: ***pubblicare un ~ di concorso*** eine Wettbewerbsausschreibung veröffentlichen; ***~ di concorso per posti vacanti*** Stellenausschreibung *f.* **2a** STOR. *(esilio)* Verbannung *f.*, Ächtung *f.*; ***mettere al ~*** verbannen **b** *(espulsione)* Ausweisung *f.*, Acht *f.* ◆ ***~ alle chiacchiere, ciance*** zur Sache! ***~ ai complimenti!*** keine Komplimente bitte! ***~ giudiziario*** gerichtliches Aufgebot; ***~ militare*** Einberufung *f.*; *(ordinanza)* Militärverordnung *f.*; ***~ agli scherzi!*** Scherz (*o* Spaß) beiseite.

ban|do|la f. Bandola *f.*, Bandura *f.*

ban|do|lie|ra f. Wehrgehänge *n.*, Schulterriemen *m.*

ban|do|lo m. Fadenende *n.* ◆ FIG. ***cercare il ~ (della matassa)*** des Rätsels Lösung suchen; FIG. ***perdere il ~*** den Faden verlieren.

bang [bæŋ, *üblich* baŋ] **I** inter. peng, knall **II** m.inv. Knall *m.* ◆ AER. ***~ sonico*** Überschallknall *m.*

ban|gio, ban|jo ['bændʒoʊ, *üblich* 'bɛndʒo] m.inv. Banjo *n.*

ban|tu, ban|tù I agg.inv. Bantu-, bantuisch **II** m. e f. Bantu *m.* e *f.* **III** m. *(lingua)* Bantu *n.*, Bantusprache *f.*

ba|o|bab m.inv. Baobab *m.*, Affenbrotbaum *m.*

1.bar m.inv. **1a** Café *n.* **b** *(con dehors)* Straßencafé *n.* **c** *(in albergo)* Bar *f.* **2** *(mobile bar)* Hausbar *f.*

2.bar m.inv. Bar *n.*

ba|ra f. **1** Sarg *m.*: ***mettere, comporre qcn. nella ~*** jdn in den Sarg legen, jdn ein‿sargen; ***chiudere, sotterrare la ~*** den Sarg schließen, ins Grab senken **2** *(barella)* Bahre *f.* ◆ ***avere un piede nella ~*** mit einem Fuß im Grab(e) stehen.

ba|ra|ca|no → **barracano.**

ba|rac|ca f. *(-che)* **1** Baracke *f.*, Verschlag *m.*: ***sistemare i profughi nelle -che*** die Flüchtlinge in den Baracken unter‿bringen **2** *(per attrezzi)* Schuppen *m.* **3** FIG. SPREG. *(catapecchia)* Bude *f.*, Bruchbude *f.* **4** *(impresa disorganizzata)* Saftladen *m.*, Misswirtschaft *f.* **5** SPREG. *(apparecchio mal funzionante)* Krücke *f.*, Kasten *m.*: ***spegni quella ~!*** schalt den Kasten aus! **6** *(trabiccolo)* Mühle *f.*, Klappergestell *n.*, Klapperkiste *f.*: ***quest'auto è proprio una ~*** dieses Auto ist wirklich eine Klapperkiste ◆ FIG. ***piantare ~ e burattini*** den (ganzen) Kram hin‿schmeißen (*o* hin‿werfen); REGION. ***far ~*** auf die Pauke hauen, einen drauf‿machen; ***mandare avanti la ~*** den Laden schmeißen; FIG. ***salvare la ~*** die Karre aus dem Dreck ziehen; ***tirare avanti la ~*** → ***mandare avanti la ~***. **ba|rac|ca|men|to** m. Barackenlager *n.* **ba|rac|ca|to** m. COLLOQ. Barackenbewohner *m.*, Barackler *m.*

ba|rac|chi|no m. **1** (kleine) Berghütte *f.* **2** RAD. CB-Funkgerät *n.* **3** COLLOQ. *(chiosco)* Kiosk *m.*, Bude *f.* **4** REGION. *(gavetta)* Henkelmann *m.*

ba|rac|co|ne m. **1** *(al luna park)* Bude *f.*: ***~ da fiera*** Jahrmarktsbude *f.*, Schaubude *f.*; ***~ del tiro a segno*** Schießbude *f.* **2** FIG. *(impresa disorganizzata)* Saftladen *m.* ◆ FIG. ***fenomeno da ~*** Schießbudenfigur *f.*

ba|rac|co|po|li f.inv. Bidonville *f.*, Barackenvorstadt *f.*

ba|ra|on|da f. **1** Tohuwabohu *n.*, Wirrwarr *m.*, Gewirr *n.*: ***~ di voci*** Wirrwarr von Stimmen, Stimmengewirr *n.* **2** *(trambusto)* Trubel *m.*, COLLOQ. Remmidemmi *n.*: ***lanciarsi nella ~*** sich (A) in den Trubel stürzen **3** *(tumulto)* Getümmel *n.*

ba|ra|re intr. (aus. *avere*) **1** falsch spielen; COLLOQ. *(fregare)* schummeln, mogeln: ***~ (giocando) a carte*** beim Kartenspiel mogeln **2** FIG. *(ingannare)* betrügen, hintergehen: ***~ in amore*** jdn hintergehen.

ba|ra|tro m. Abgrund *m.* (anche FIG.): ***precipitare nel ~*** in den Abgrund stürzen (anche FIG.); ***il ~ del vizio, della passione*** der Abgrund des Lasters, der Leidenschaft.

ba|rat|ta|re tr. **1** ein‿tauschen, tauschen; ECON. barattieren: ***~ uova con pane*** Eier gegen (*o* für) Brot eintauschen **2** FIG. *(scambiare)* wechseln, tauschen: ***~ due parole*** ein paar Worte wechseln ◆ ***~ le carte in mano a qcn.*** jdm die Worte im Munde (her)umdrehen. **ba|rat|to** m. Tauschhandel *m.*, Tausch *m.*, Eintausch *m.*; ECON. Baratt *m.*: ***praticare il ~*** barattieren.

ba|rat|to|lo m. **1** Büchse *f.*, Dose *f.*: ***~ da conserva, di latta*** Konservendose *f.*, Blechdose *f.* **2** *(di vetro)* Glas *n.*: ***un ~ di marmellata, da marmellata*** ein Glas Marmelade, ein Marmeladenglas.

1.bar|ba f. **1** Bart *m.*: ***una ~ rada, folta, incolta, ispida*** ein schütterer, dichter, ungepflegter, struppiger (*o* stachliger) Bart; ***avere, portare la ~*** einen Bart tragen; ***farsi crescere la ~*** sich einen Bart wachsen (*o* stehen) lassen; ***tagliare la ~ a qcn.*** jdm den Bart schneiden (*o* ab‿schneiden); ***tagliarsi la ~*** sich den Bart schneiden (*o* ab‿schneiden); ***farsi la ~*** sich rasieren; ***~ del caprone*** Ziegenbart *m.*, Bocksbart *m.* **2** BOT. Wurzelfaser *f.*; *(radice)* Wurzel *f.* ◆ ***averne una ~ di qcs.*** etw. bis obenhin satt haben; BOT. ***~ di becco*** Bocksbart *m.*; FIG. ***servire qcn. di ~ e capelli*** jdn übel zu‿richten (*o* jdm übel mit‿spielen); ***~ alla cappuccina*** Vollbart *m.*; COLLOQ. ***che ~!*** so was Ödes! (*o* wie langweilig!); ***crema da ~*** Rasiercreme *f.*; ***crescita della ~*** Bartwuchs *m.*; ***essere una ~*** langweilig (*o* öde) sein; ***un uomo con la ~ grigia*** ein Graubart *m.*; ***in ~ a qcn., a qcs.*** jdm, etw. zum Trotz; ***farla in ~ a qcn.*** jdn herein‿legen (*o* übers Ohr hauen); ***lametta da ~*** Rasierklinge *f.*; ***lisciarsi la ~*** sich über den Bart streichen; ***lozione da ~*** Rasierwasser *n.*; ***mettere le -e*** Wurzeln schlagen (anche FIG.); ***pennello da ~*** Rasierpinsel *m.*; ***prima ~*** Flaumbart *m.*; COLLOQ. ***~ a punta*** Spitzbart *m.*; ***sapone da ~*** Rasierseife *f.*; ***schiuma da ~*** Rasierschaum *m.*; ***un uomo senza ~*** ein bartloser Mann, ein Mann ohne Bart; ***far venire la ~*** → ***essere una ~***.

2.bar|ba m.inv. REGION. Onkel *m.*

bar|ba|bie|to|la f. rote Rübe *f.*, rote Bete *f.* ◆ ***~ da foraggio*** Runkelrübe *f.*, Futterrübe *f.*; ***~ da zucchero*** Zuckerrübe *f.*; ***zucchero di ~*** Rübenzucker *m.*

Bar|ba|blù n.pr.m. Blaubart *m.*

bar|ba|ca|ne m. **1** Strebemauer *f.*; *(fortificazione)* Barbakane *m.* e *f.* **2** *(foro di scolo)* Abflussloch *n.*, Abflussrinne *f.*

bar|ba|for|te m. Meerrettich *m.*, Kren *m.*

bar|ba|gian|ni m.inv. **1** Schleiereule *f.* **2** FIG. Trottel *m.*, Tropf *m.*, Tölpel *m.*

1.bar|ba|glio m. *(-gli)* **1** Blendung *f.*, Blenden *n.* **2** *(luce abbagliante)* blendender Schein *m.*

2.bar|ba|gli|o m. Blinken *n.*

bar|ba|ra|men|te avv. barbarisch: ***uccidere ~ qcn.*** jdn barbarisch töten.

bar|ba|re intr. (aus. *avere*) Wurzeln schlagen.

1.bar|ba|re|sco I agg. *(-schi,-sche)* berberisch, maurisch: ***corsari -schi*** maurische Korsaren **II** m. *(-schi)* **1** Berber *m.* **2** *(cavallo)* Berberpferd *n.*

2.bar|ba|re|sco m. INTRAD. (geschätzter piemontesischer Rotwein).

bar|ba|ri|ci|no I agg. aus (*o* von) Barbagia (eine Gegend Sardiniens) **II** m. Einwohner *m.* der Barbagia.

bar|ba|ri|co agg. *(-ci,-che)* barbarisch (anche FIG.): ***usanze -che*** barbarische Sitten ◆ ***invasioni -che*** = Völkerwanderung *f.* **bar|ba|rie** f.inv. Barbarei *f.*: ***un atto di ~*** ein Akt der Barbarei; ***le ~ della guerra*** die Barbareien des Kriegs. **bar|ba|ri|smo** m. Barbarismus *m.*

bar|ba|ro I agg. **1** STOR. Barbaren-, barbarisch: ***un re ~*** ein Barbarenkönig **2** ESTENS. *(incivile)* barbarisch, unzivilisiert: ***comportamento ~*** barbarisches Benehmen **3** FIG. *(crudele)* barbarisch, grausam: ***un ~ delitto*** ein barbarisches Verbrechen **II** m. Barbar *m.*

Bar|ba|ros|sa n.pr.m. Rotbart *m.* ◆ STOR. ***Federico ~, il ~*** Friedrich Barbarossa, Kaiser Rotbart.

bar|bas|so m. Königskerze *f.*

bar|ba|to p.pass. agg. **1** → **barbare** **2** verwurzelt **3** LETT. *(barbuto)* bärtig.

bar|baz|za|le m. Kandarenkette *f.*, Kinnkette *f.*

bar|be|cue ['bɑ:bɪkju:, *üblich* barbe'ky] m.inv. Barbecue *n.*

bar|be|ra m. e f. inv. INTRAD. (piemontesischer Rotwein).

bar|be|ro m. Berberpferd *n.*

bar|bet|ta f. **1** Bärtchen *n.*; *(pizzo)* Kinnbart *m.* **2** *(ciuffo di peli)* Büschel *n.* **3** MAR. Fangleine *f.* **bar|bie|re** m. Friseur *m.*, Herrenfriseur *m.* **bar|bie|ri|a** f. REGION. Barbierladen *m.* **bar|bi|fi|ca|re** intr. *(barbifico, barbifichi;* aus. *avere)* verwurzeln.

bar|bi|glio m. *(-gli)* **1** Widerhaken *m.* **2** *(di pesci)* Bartel *f.*

bar|bi|no agg. COLLOQ. **1** kleinlich, engherzig: ***gente -a*** kleinliche Leute **2** *(duro da tollerare)* unerträglich: ***lavoro ~*** unerträgliche Arbeit ◆ ***fare una figura -a*** sich blamieren, eine klägliche Figur ab‿geben; ***che figura -a!*** so eine Blamage!

bar|bio m. *(-bi)* Barbe *f.*

bar|bi|tu|ri|co I agg. *(-ci,-che)* Barbitur-: ***acido ~*** Barbitursäure *f.* **II** m. *(-ci)* Barbiturat *n.* **bar|bi|tu|ri|smo** m. Barbituratvergiftung *f.*

bar|bo → **barbio.**

bar|bo|gio I agg. *(-gi,-gie* e *-ge)* **1** altersschwach **2** ESTENS. *(brontolone)* mürrisch **II** m. *(-gi)* mürrischer Alter *m.*

bar|bon|ci|no m. Pudel *m.*: ***~ nano*** Zwergpudel *m.*

bar|bo|ne m. **1** Vollbart *m.*, SCHERZ. Matratze *f.* **2** *(uomo barbuto)* bärtiger Mann *m.*, SCHERZ. Biber *m.* **3** *(accattone)* Landstreicher *m.*, Stadtstreicher *m.* **4** *(cane)* Pudel *m.*

bar|bo|so agg. COLLOQ. ledern, langweilig.

bar|boz|za f. **1** *(dell'armatura)* Kinnreff *n.*

bar|bu|ta f. Sturmhaube *f.*

bar|bu|to agg. bärtig: ***un uomo ~*** ein bärtiger Mann.

1.bar|ca f. *(-che)* **1** Boot *n.*, Kahn *m.*: ***~ a motore, a remi, a vela*** Motor-, Ruder-, Segelboot *n.*; ***andare in ~*** Boot (*o* Kahn) fahren; ***andare in ~ a vela, a remi*** segeln, mit dem Ruderboot fahren; ***la ~ è ormeggiata al pontile*** das Boot liegt am Steg (vor Anker); ***calare, mettere in acqua la ~*** das Boot aus‿setzen, zu Wasser lassen; ***la ~ si è rovesciata*** das Boot ist gekentert **2** COLLOQ. *(grossa scarpa)* Elbkahn *m.*, Kahn *m.* ◆ FIG. ***andare in ~*** völlig durcheinander sein; ***~ da pesca, da diporto, da salvataggio*** Fischer-, Sport-, Rettungsboot *n.*; ***la ~ fa acqua da tutte le parti*** das Boot ist leck; FIG. es knistert, kracht im Gebälk; ***gita in ~*** Kahnfahrt *f.*; ***mandare avanti la ~*** den Laden schmeißen (*o* über Wasser halten); ***ponte di -che*** Pontonbrücke *f.*, Schiffsbrücke *f.*; SART. ***scollo a ~*** Bootsausschnitt *m.*; ***tutti sono nella stessa ~*** alle sitzen in einem (*o* im gleichen) Boot; ***tirare i remi in ~*** die Ruder ein‿ziehen; FIG. die Segel streichen.

2.bar|ca f. *(-che)* **1** Heuhaufen *m.*, Getreidehaufen *m.* **2** FIG. *(mucchio)* Heu *n.*, Haufen *m.*: ***avere una ~ di soldi*** einen Haufen (*o* haufenweise) Geld haben, Geld wie Heu haben.

bar|cac|cia f. *(-ce)* **1** Barkasse *f.* **2** TEATR. *(palco)* Proszeniumsloge *f.* **bar|ca|io|lo** m. **1** Bootsführer *m.*, Fährmann *m.* **2** *(chi noleggia barche)* Bootsverleiher *m.*

bar|ca|me|nar|si pronom. (sich) lavieren: ***~ per uscire da una situazione difficile*** sich aus einer verwickelten Lage lavieren; ***~ nella vita*** sich im Leben durch‿lavieren.

bar|ca|riz|zo m. MAR. Fallreep *n.* **bar|ca|ro|la** f. MUS. Barkarole *f.* **bar|ca|ta** f. **1** Bootsladung *f.*, Schiffsladung *f.* **2** FIG. *(gran quantità)* Schwung *m.*, Haufen *m.*

bar|ches|sa f. Schuppen *m.*

bar|chet|ta f. **1** Bötchen *n.*, Barke *f.* **2** *(contenitore per alimenti)* Schälchen *n.*, Körbchen *n.* **3** *(giocattolo)* Schiffchen *n.* ◆ SART. ***scollo a ~*** Bootsausschnitt *m.* **bar|chet|to** m. **1** *(barca da palude)* Jagdboot *n.* **2** *(veliero)* = Zweimaster *m.* für den Fischfang (in der Adria). **bar|chi|no** m. MIL. Sturmboot *n.*

bar|co m. *(-chi)* großes Boot *n.*

bar|col|la|men|to m. Getaumel *n.*, Schwanken *n.*, Wanken *n.* (anche FIG.). **bar|col|lan|te** agg. taumelig, schwankend, wankend (anche FIG.): ***un'andatura ~*** ein schwankender Gang. **bar|col|la|re** intr. (aus. *avere*) taumeln, schwanken, wanken (anche FIG.): ***~ come un ubriaco, per la stanchezza*** wie ein Betrunkener wanken, vor Erschöpfung taumeln; ***il suo potere cominciò a ~*** seine Macht begann zu wanken. **bar|col|li|o** m. Getaumel *n.* **bar|col|lo|ni** avv. taumelnd, schwankend.

1.bar|co|ne m. **1** Lastkahn *m.*, Schleppkahn *m.* **2** *(per formare ponti)* Ponton *m.*: ***ponte di -i*** Pontonbrücke *f.*

2.bar|co|ne m. großer Heuhaufen *m.*, REGION. Hocke *f.*

bar|da f. **1** Rossharnisch *m.* **2** *(sella)* Sattel *m.* **bar|da|na** f. große Klette *f.*

bar|da|re I tr. **1** auf‿zäumen, ein‿schirren, an‿schirren: ***~ il cavallo*** das Pferd aufzäumen, dem Pferd den Zaum an‿legen **2** ESTENS. *(adornare)* heraus‿putzen **II** rifl. **bardarsi** sich auf‿takeln. **bar|da|tu|ra** f. **1** Aufzäumen *n.*, Anschirren *n.* **2** *(finimenti)* Geschirr *n.*, Zaumzeug *n.* **3** FIG. SCHERZ. *(abbigliamento)* Aufmachung *f.*: ***~ sadomaso*** sadomasochistische Aufmachung.

bar|di|glio m. = Marmor *m.* mit graubrauner Tönung.

bar|di|to I agg. Barden- **II** m. Bardiet *n.* **bar|do** m. Barde *m.*

bar|do|li|no m. INTRAD. (Veroneser Rotwein).

bar|dos|so, ANT. ***a ~*** ohne Sattel: ***cavalcare a ~*** ohne Sattel reiten.

bar|dot|to m. Maulesel *m.*

ba|rel|la f. **1** Tragbahre *f.*; *(per il trasporto di feriti)* Krankenbahre *f.*, Bahre *f.*: ***portare qcn. in ~*** jdn auf einer Bahre tragen **2** *(per il trasporto di materiali)* Traggestell *n.* **ba|rel|la|re I** tr. auf einer Bahre (*o* einem Traggestell) fort‿tragen **II** intr. (aus. *avere*) → **barcollare.** **ba|rel|lie|re** m. Träger *m.*, Krankenträger *m.*

ba|re|na f. Sandbank *f.*

ba|re|na|tri|ce f. Ausbohrmaschine *f.* **ba|re|na|tu|ra** f. Bohrung *f.*, Ausbohrung *f.* **ba|re|no** m. Bohrstange *f.*

ba|re|se I agg. aus Bari **II** m. e f. Barese *m.* (Baresin *f.*).

ba|re|ste|si|a f. Druckempfindlichkeit *f.*

bar|gel|lo m. STOR. **1** = Polizeihauptmann *m.* **2** *(palazzo)* Stadtgefängnis *n.*

bar|gi|glio m. *(-gli)* **1** Lappen *m.*, Kehllappen *m.* **2** ITTIOL. Bartel *f.* **bar|gi|gliu|to** agg. mit Lappen ausgestattet.

ba|ri|a f. Mikrobar *n.*

ba|ri|cen|tri|co agg. *(-ci,-che)* baryzentrisch. **ba|ri|cen|tro** m. Baryzentrum *n.*, Schwerpunkt *m.*

1.ba|ri|co agg. *(-ci,-che)* **1** *(relativo alla pressione)* barisch **2** *(relativo al peso)* Schwer- ◆ ***indice ~*** Gewicht-Längen-Index.

2.ba|ri|co agg. *(-ci,-che)* Barium-.

ba|ri|la|io m. *(-ai)* Böttcher *m.*, Fassbinder *m.*

ba|ri|le m. **1a** Tonne *f.*, Fass *n.*: ***un ~ di birra*** ein Fass Bier; ***un ~ da birra*** ein Bierfass **b** FIG. ***è (grasso come) un ~*** er ist (dick wie) eine Tonne **2** *(unità di misura)* Barrel *n.*: ***il petrolio è aumentato di un dollaro al ~*** das Erdöl ist um einen Dollar pro Barrel teurer geworden ◆ ***a -i*** tonnenweise; ***un ~ di petrolio, di polvere (da sparo)*** ein Ölfass, ein Pulverfass; ***dormire su un ~ di polvere*** auf einem Pulverfass sitzen; ***raschiare il fondo del ~*** = das Letzte heraus‿holen, die letzten Ressourcen aus‿schöpfen. **ba|ri|let|to** m. **1** Fässchen *n.*, Fässlein *n.* **2** *(di orologio)* Federgehäuse *n.* **3** *(di apparecchi ottici)* ***~ dell'obbiettivo*** Objektivgehäuse *n.* **ba|ri|lot|to** m. **1** Fässchen *n.* **2** FIG. *(persona piccola e grassa)* Dickerchen *n.*, wandelndes Tönnchen *n.* **3** *(centro del bersaglio)* Schwarze *n.*: ***far ~*** ins Schwarze treffen.

ba|ri|me|tri|a f. Barymetrik *f.*

ba|rio m. Barium *n.*

ba|rio|ne m. Baryon *n.*

ba|ri|sfe|ra f. Barysphäre *f.*

ba|ri|sta m. e f. *(-i,-e)* **1** Barmann *m.* (Barfrau *f.*) **2** *(padrone)* Barbesitzer *m.* (-in *f.*).

ba|ri|te f. Baryt *m.*: ***~ caustica*** Ätzbaryt *m.* **ba|ri|ti|na** f. Baryt *m.*, Bariumsulfat *n.*

ba|ri|to|na|le agg. Bariton-, baritonal: ***voce ~*** Baritonstimme *f.*

ba|ri|to|ne|si f. Barytonese *f.*

ba|ri|to|no m. **1** Bariton *m.*, Baryton *n.*: ***cantare la parte del, da ~*** den Bariton singen; ***~ drammatico*** Bassbariton *m.* **2** *(cantante)* Bariton *m.*, Baritonist *m.*

bar|lu|me m. Schimmer *m.*, Glimmer *m.*: FIG. ***un ~ di speranza*** ein Hoffnungsschimmer.

bar|man ['bɑːmən, *üblich* 'barman] m.inv. Barmann *m.*
bar|na|bi|ta m. Barnabit *m.*
ba|ro m. **1** Falschspieler *m.*; *(alle carte)* Mogler *m.*, Zinker *m.* **2** ESTENS. *(imbroglione)* Betrüger *m.*
ba|roc|cheg|gian|te agg. barockartig. **ba|roc|chet|to** m. Spätbarock *n.* e *m.* **ba|roc|chi|smo** m. Barockstil *m.* **ba|roc|co I** m. Barock *n.* e *m.* **II** agg. *(-chi,-che)* barock, Barock- (anche FIG.): ***arte, chiesa, musica -a*** Barockkunst *f.*, Barockkirche *f.*, Barockmusik *f.*; ***stile, periodo ~*** Barockstil *m.*, Barockzeit *f.*
ba|ro|gra|fo m. Barograph *m.*, Luftdruckschreiber *m.*
ba|ro|lo m. INTRAD. (geschätzter piemontesischer Rotwein).
ba|ro|me|tri|co agg. *(-ci,-che)* barometrisch, Barometer-: ***colonna -a*** Barometersäule *f.*; ***minimo, massimo ~*** barometrisches Minimum, Maximum. **ba|ro|me|tro** m. Barometer *n.*, Luftdruckmesser *m.*: ***il ~ sale, si abbassa (scende), segna pioggia, bel tempo*** das Barometer steigt, fällt, steht auf Regen, zeigt schönes Wetter an; FIG. ***la borsa è un ~ della congiuntura economica*** die Börse ist ein Konjunkturbarometer ◆ ***~ ad ago*** Zeigerbarometer *n.*
ba|ro|nag|gio m. *(-gi)* → **baronato. ba|ro|na|le** agg. freiherrlich, Barons-: ***titolo ~*** Baronstitel *m.* **ba|ro|na|to** m. Baronat *n.*
ba|ro|ne m. **1** Baron *m.*, Freiherr *m.*: ***conferire a qcn. il titolo di ~*** jdn baronisieren **2a** FIG. *(personaggio potente)* Baron *m.*, Magnat *m.*: ***un ~ dell'industria, della finanza*** ein Industriebaron, ein Magnat der Hochfinanz; ***i -i della medicina*** die Spitzen der Medizin **b** *(cattedratico)* Institutskaiser *m.* **ba|ro|ne|sco** agg. *(-schi, -sche)* LETT. SPREG. freiherrlich, schurkisch. **ba|ro|nes|sa** f. Baronin *f.*, Freifrau *f.* **ba|ro|nes|si|na** f. Baroness *f.*, Baronesse *f.* **ba|ro|net|to** m. Baronet *m.* **ba|ro|ni|a** f. **1** Baronie *f.* **2** FIG. SPREG. Klüngelwirtschaft *f.*
bar|ra f. **1** *(sbarra, stanga)* Stange *f.*, Stab *m.* **2a** *(barriera)* Schranke *f.*: ***abbassare, chiudere, sollevare le -e del passaggio a livello*** die Schranken des Bahnübergangs herunter‿lassen, schließen, hoch‿ziehen (öffnen); *(nei tribunali)* ***stare, andare alla ~*** vor den Schranken des Gerichts stehen, vor die Schranken des Gerichts treten **b** *(di confine)* Grenzbaum *m.*, Schlagbaum *m.* **3** *(banco di detriti)* Barre *f.*, Sandbank *f.* **4** *(di metallo)* Barren *m.*: ***una ~ d'oro*** ein Goldbarren **5** *(del timone)* Pinne *f.*, Ruderpinne *f.*: ***prendere, lasciare la ~*** die Pinne in die Hand nehmen, los‿lassen **6a** *(segno grafico)* Strich *m.*: ***~ verticale, diagonale*** senkrechter, diagonaler Strich **b** MUS. Taktstrich *m.*: ***doppia ~*** doppelter Taktstrich **7a** *(di cavallo)* Lade *f.* **b** *(verga del morso)* Kandare *f.* ◆ ***~ di accoppiamento*** Spurstange *f.*, Lenkverbindungsstange *f.*; ***~ collettrice*** Sammelschiene *f.*; AER. ***~ di comando*** Knüppel *m.*, Steuerknüppel *m.*; NUCL. ***~ (di) combustibile*** Brennstab *m.*; ***~ di ferro*** Eisenstange *f.*, Eisen *n.*; ***~ rotativa*** Drehstab *m.*; ***~ di sicurezza*** MAR. Überrollbügel *m.*; ***~ spaziatrice*** Leertaste *f.*; ***~ di traino*** Abschleppstange *f.*; ***~ di trazione*** Zugstange *f.*
bar|ra|cu|da m.inv. Barrakuda *m.*
bar|ra|ge [ba'raʒ] m.inv. SPORT Stichkampf *m.*, Stechen *n.*
bar|ra|mi|na f. Bohrstange *f.*, Brecheisen *n.*
bar|ran|co m. *(-chi)* Barranco *m.*
bar|ra|re tr. streichen, durch‿streichen: ***~ ciò che non interessa*** Unzutreffendes bitte streichen. **bar|ra|to** p.pass. agg. **1** → **barrare 2** ***assegno ~*** Verrechnungsscheck *m.*
bar|ri|ca|die|ro I agg. extremistisch, revolutionär: ***atteggiamento ~*** extremistische Einstellung **II** m. SPREG. Radikalinski *m.*
bar|ri|ca|re *(barrico, barrichi)* **I** tr. verbarrikadieren, COLLOQ. verramme(l)n: ***~ una strada*** eine Straße verbarrikadieren **II** pronom. **barricarsi 1** sich verbarrikadieren **2a** *(chiudersi)* sich ein‿schließen: ***-rsi in casa*** sich in der Wohnung einschließen **b** FIG. ***-rsi dietro un assoluto silenzio*** sich in absolutes Schweigen hüllen. **bar|ri|ca|ta** f. Barrikade *f.*, Straßensperre *f.*: ***fare, erigere -e*** Barrikaden bauen, errichten; FIG. ***fare le -e*** auf die Barrikaden gehen (*o* steigen) ◆ ***essere dall'altra parte della ~*** der Gegenpartei an‿gehören.
bar|rie|ra f. **1a** *(sbarramento)* Barriere *f.*, Schranke *f.*, Sperre *f.*: ***erigere, costruire, rimuovere -e*** Sperren errichten, bauen, weg‿räumen **b** *(trave)* Schlagbaum *m.* **c** *(di passaggio a livello)* Bahnschranke *f.* **2** FIG. Schranke *f.*: ***-e sociali*** soziale, gesellschaftliche Schranken; ***oltrepassare (rompere), abbattere (superare) le -e*** die Schranken durch‿brechen, überwinden; ***erigere -e fra sé e gli altri*** zwischen sich und den anderen Schranken errichten **3a** SPORT *(nel calcio)* Riegel *m.*: ***fare ~ davanti all'area di rigore*** einen Riegel um den Strafraum bilden **b** *(muro)* Mauer *f.* ◆ ***~ antirumore*** Lärmschutzwall *m.*; ***~ boschiva*** Waldgürtel *m.*, Schutzwald *m.*, Bannwald *m.*; ***~ commerciale*** Handelsschranke *f.*; ***~ di confine*** Grenzbaum *m.*, Schlagbaum *m.*; ***~ corallina*** Korallenriff *n.*; ***~ doganale*** Zollschranke *f.*; ***~ fotoelettrica*** Lichtschranke *f.*; ***~ di fuoco*** Sperrfeuer *n.*; ***~ linguistica*** Sprachbarriere *f.*; ***passaggio a livello senza ~*** unbeschrankter Bahnübergang; ***~ di protezione*** Leitplanke *f.*; ***~ di sbarramento*** Absperrung *f.*; ***~ del suono*** Schallmauer *f.*
bar|ri|re intr. (aus. *avere*) trompeten, schreien. **bar|ri|to** m. **1** Elefantenschrei *m.* **2** ESTENS. Gebrüll *n.*
bar|roc|cia|io m. *(-ai)* Fuhrmann *m.*, Fuhrknecht *m.* (anche FIG.). **bar|roc|ci|no** m. Gig *n.* **bar|roc|cio** m. *(-ci)* Karren *m.*
Bar|to|lo n.pr.m. Barthel *m.* **Bar|to|lo|me|o** n.pr.m. Bartholomäus *m.* ◆ STOR. ***notte di san ~*** Bartholomäusnacht *f.*
ba|ruf|fa f. Schlägerei *f.*, Rauferei *f.* ◆ ***da noi c'è di nuovo ~*** bei uns gibt es schon wieder Streit; ***far ~*** raufen, sich balgen. **ba|ruf|fa|re** intr. (aus. *avere*) raufen, zanken.
bar|zel|let|ta f. **1** Witz *m.* (anche FIG.): ***una ~ indecente, sporca*** ein unanständiger, dreckiger (*o* schmutziger) Witz; ***una ~ pulita, spinta*** ein stubenreiner, gesalzener Witz; ***una ~ a doppio senso*** ein zweideutiger Witz; ***raccontare -e*** Witze erzählen; ***non capire una ~*** die Pointe eines Witzes nicht verstehen; ***ridere per una ~*** über einen Witz lachen; FIG. *(bazzecola)* ***non è una ~!*** das ist kein Witz! **2** MUS. Barzelletta *f.* ◆ ***mettere qcn. in ~*** jdn ins Lächerliche ziehen; ***personaggio da ~*** Witzfigur *f.*; ***~ politica*** Flüsterwitz *m.* (in totalitären Regimen); ***prendere qcs. in ~*** etw. nicht ernst nehmen.
ba|sa|le agg. Grund-, basal, Basal- ◆ ***metabolismo ~*** Grundumsatz *m.*; ***temperatura ~*** Basaltemperatur *f.*
ba|sal|ti|co agg. *(-ci,-che)* basaltisch, basaltig, Basalt-: ***tufo ~*** Basalttuff *m.* **ba|sal|to** m. Basalt *m.* ◆ ***di ~*** basalten.
ba|sa|men|to m. **1** Fundament *n.*, Unterbau *m.* **2** *(zoccolo, piedistallo)* Sockel *m.* **3** *(di motore)* Motorgehäuse *n.*, Kurbelgehäuse *n.* **4** TECN. *(piattaforma)* Bett *n.*, Schabotte *f.*
ba|sa|re I tr. gründen, stützen: ***~ qcs. sull'esperienza personale*** etw. auf persönliche Erfahrung gründen; ***~ l'accusa su una testimonianza*** die Anklage auf eine Zeugenaussage stützen **II** pronom. ***-rsi su qcs.*** auf etw. (A) fußen, sich auf etw. (A) stützen: ***-rsi sui più moderni risultati scientifici*** sich auf die neuesten Forschungsergebnisse stützen.
ba|sco *(-chi,-che)* **I** agg. baskisch **II** m. **1** *(abitante)* Baske *m.* **2** *(lingua)* Baskisch(e) *n.* **3** *(berretto)* Baskenmütze *f.* ◆ ***paesi -chi*** Baskenland *n.*; ***palla -a*** Pelota *f.*
ba|scu|la f. Tafelwaage *f.* **ba|scu|lan|te** agg. Schwing-: ***serranda ~*** Schwingtor *n.*
ba|se I f. **1a** Basis *f.*, Fundament *n.*, Unterbau *m.*: ***costruire, porre qcs. su solide -i*** etw. auf einem festen Fundament bauen, auf feste Fundamente stellen; ***avere una ~ solida*** auf einem festen Fundament ruhen **b** *(piedistallo, sostegno)* Basis *f.*, Fuß *m.*, Sockel *m.*; *(supporto)* Untersatz *m.*: ***la ~ di una lampada, colonna, statua*** der Fuß einer Lampe, Säule, der Sockel einer Statue **2** *(fondo)* Basis *f.*, Boden *m.*; *(di torta)* Tortenboden *m.*; *(di trucco)* Grundierung *f.* **3a** *(fondamento, principio)* Basis *f.*, Grund *m.*, Grundlage *f.*: ***su ~ legale*** auf gesetzlicher Grundlage; ***porre qcs. su nuove -i*** etw. auf eine neue Grundlage stellen; ***porre le -i di un accordo*** die Grundlagen für eine Einigung schaffen; ***gettare le -i di, per qcs.*** den Grund zu etw. legen **b** pl. *(principi essenziali)* Grundbegriff *m.* **c** *(basi culturali)* Grundlage *f.*: ***essere privo di -i*** jeder Grundlage entbehren **d** *(origine)* Ursprung *m.*, Grundelement *n.*: ***l'acqua è la ~ della vita*** das Wasser ist die Grundlage des Lebens **4a** *(unità di un'organizzazione)* Grundeinheit *f.* **b** *(gruppo di base)* Basis *f.*, Basisgruppe *f.* **5** MIL. Basis *f.*, Stützpunkt *m.* **6a** GEOM. *(linea)* Grundlinie *f.* **b** *(superficie)* Grundfläche *f.* **c** MAT. *(di una potenza)* Basis *f.*, Grundzahl *f.* **7** CHIM. Base *f.* **8** *(nel baseball)* Mal *n.* **II** agg.inv. Grund-: ***paga ~*** Grundlohn *m.*, Ecklohn *m.*; ***stipendio ~*** Grundgehalt *n.*; ***valore ~*** Grundwert *m.* ◆ ***piatto a ~ di pasta*** Nudelgericht *n.*; ***cura a ~ di erbe*** Kräuterkur *f.*; ***~ aerea*** Luftstützpunkt *m.*, Flugstützpunkt *m.*; ***aliquota ~*** Richtsatz *m.*; ***essere alla ~ di qcs.*** etw. (D) zugrunde liegen; ***~ aurea*** Goldstandard *m.*, Goldbasis *f.*; ECON. ***~ del cambio*** Basiskurs *m.*; ***campo ~*** Ausgangslager *n.*, Basislager *n.*; ***concetto di ~*** Fundamentalbegriff *m.*; ***conoscenze di ~*** Basiswissen *n.*; ***corso di ~*** Grundkurs *m.*; ***~ cranica*** Schädelbasis *f.*; ***elemento ~*** grundlegender Faktor *m.*; ***~ imponibile*** Bemessungsgrundlage *f.*; ***in ~ a*** aufgrund von, anhand von; ***in ~ alla propria esperienza*** aus eigener Erfahrung; ***procedere in ~ a uno schema*** nach einem Schema vorgehen; ***industria ~*** Grundstoffindustrie *f.*; ***su ~ industriale*** industriell; ***~ di lancio*** Abschussbasis *f.*; ***materiale ~*** Ausgangsmaterial *n.*; ***~ militare*** Militärstützpunkt *m.* Militärbasis *f.*; ***~ missilistica*** Raketenbasis *f.*; ***~ monetaria*** Goldmenge *f.*; ***~ navale*** Marinestützpunkt *m.*, Flottenstation *f.*; ***~ negoziale*** Geschäftsgrundlage *f.*; ***~ numerica*** Grundzahl *f.*; ***~ operativa*** Operationsbasis *f.*; ***~ di paragone*** Vergleichsgrundlage *f.*; ***~ di partenza*** Ausgangsbasis *f.*; ***~ produttiva*** Produktionsbasis *f.*; ***ricerca di ~*** Grundlagenforschung *f.*; ***rientrare alla ~***

zum Ausgangspunkt zurück‿kehren; *sulla ~ di → in ~ a*; *vocabolario di ~* Grundwortschatz *m.*

base|ball ['beɪsbɔ:l, *üblich* 'bɛzbol] m.inv. Baseball *m.*

ba|set|te f.pl. Koteletten *pl.* **ba|set|to|ne** m. **1** pl. lange Koteletten *pl.* **2** SCHERZ. *(uomo con basettoni)* = Mann *m.* mit langen Koteletten.

basic ['beɪsɪk, *üblich* 'bɛzik] m.inv. BASIC *n.*

ba|si|ci|tà f. Basizität *f.* **ba|si|co** agg. *(-ci,-che)* **1** CHIM. basisch: *sale ~* basisches Salz; *reazione -a* basische Reaktion; *avere una reazione -a* basisch reagieren **2** *(elementare)* Grund-: *l'inglese ~* das Grundenglisch.

ba|si|fi|ca|re tr. *(basifico, basifichi)* basisch machen, mit einer Base versetzen.

ba|si|la|re agg. **1** grundlegend, grundsätzlich, Grund-: *principi -i* Grundprinzipien *pl.* **2** BOT. grundständig.

Ba|si|le|a n.pr.f. Basel *n.*

ba|si|lia|no I m. Basilianer *m.* **II** agg. Basilianer-, basilianisch.

ba|si|li|ca f. *(-che)* ARCH. Basilika *f.*: *una ~ paleocristiana* eine frühchristliche Basilika ◆ *la ~ di san Pietro* die Peterskirche. **ba|si|li|ca|le** agg. basilikal.

ba|si|li|co m. *(-chi)* Basilikum *n.*, Basilienkraut *n.*

ba|si|li|sco m. *(-schi)* Basilisk *m.* ◆ *sguardo di ~* Basiliskenblick *m.*

Ba|si|lio n.pr.m. Basilius *m.*

ba|si|re intr. *(basisco, basisci*; aus. *essere)* LETT. einen Schwächeanfall bekommen, in Ohnmacht fallen.

ba|si|sta m. GERG. = Organisator *m.* von Einbrüchen.

ba|si|to p.pass. agg. **1** → **basire 2** *(sbalordito)* betroffen, bestürzt: *rimanere ~* bestürzt sein.

ba|sket ['bɑ:skɪt, *üblich* 'basket] m.inv. Basketball *m.*: *giocare a ~* Basketball spielen; *squadra di ~* Basketballmannschaft *f.*

ba|so|la f. → **basolo.**

ba|so|la|to m. Pflaster *n.*, Pflasterung *f.* **ba|so|la|tu|ra** f. Pflastern *n.* **ba|so|lo** m. Pflasterstein *m.*

bas|sa f. Tiefebene *f.*: *la ~ padana* die Poebene.

bas|sa|men|te avv. niederträchtig: *comportarsi ~* sich niederträchtig verhalten.

bas|sez|za f. **1** Kleinheit *f.*, Kleinwuchs *m.* **2a** FIG. *(meschinità, viltà)* Niedrigkeit *f.*, Niederträchtigkeit *f.*; *~ d'animo* niederträchtige Gesinnung **b** *(azione meschina)* Gemeinheit *f.*, Niedertracht *f.*: *commettere una ~* eine Gemeinheit begehen; *essere capace di qualunque ~* zu jeder Niedertracht fähig sein.

bas|so I agg. (compar. *più basso/inferiore*; superl. *bassissimo/infimo*) **1a** niedrig: *livello, soffitto ~* niedriges Niveau, niedrige Decke; *scarpe con tacchi -i* Schuhe mit niedrigen Absätzen; *avere la fronte -a* eine niedrige Stirn haben; *il sole è già ~* die Sonne steht schon niedrig (*o* tief); *numeri -i* niedrige Nummern; *-a velocità* niedrige Geschwindigkeit **b** *(non caro, conveniente)* *affitti, prezzi -i* niedrige Mieten, Preise **c** *(scarso, esiguo)* *stipendi, voti -i* niedrige Löhne, niedrige Noten **d** *(poco profondo)* *qui l'acqua è -a* hier ist das Wasser niedrig (*o* nicht tief) **2** *(di persona)* klein: *di -a statura* von kleiner Gestalt; *un tipo ~ e grasso* ein kleiner, dicker Typ **3** FIG. SPREG. *(vile, abbietto)* niederträchtig, niedrig: *-e insinuazioni, -i scopi* niederträchtige Unterstellungen, Zwecke; *-i istinti* niedrige Instinkte **4** *(umile, inferiore)* nieder: *ceti -i* niedere Schichten; *il ~ clero* die niedere Geistlichkeit; *di -a condizione* niedrigen Standes **5** *(di voce)* leise: *a -a voce* mit leiser Stimme; *parlare a voce -a* leise sprechen **6** MUS. tief: *un tono ~* ein tiefer Ton **7** GEOGR. Nieder-, Unter-: *il ~ Reno* der Niederrhein; *la bassa Italia* Unteritalien *n.*; *Bergamo Bassa* Bergamo Unterstadt **8** *(tardo)* Spät-: *~ Medioevo* Spätmittelalter *n.* **II** avv. niedrig, tief: *mirare ~* tief schießen; *volare ~* niedrig (*o* tief) fliegen **III** m. **1** unterer Teil *m.*: *il ~ della pagina* der untere Teil der Seite **2a** MUS. Bass *m.*: *chiave di ~* Bassschlüssel *m.* **b** *(cantante)* Bass *m.*, Bassist *m.* **c** *(strumento)* *(chitarra) ~* Bassgitarre *f.*, Bass *m.* **3** INTRAD. (heruntergekommene Erdgeschosswohnung in Neapel) ◆ *gli alti e i -i della vita* die Höhen und Tiefen (*o* COLLOQ. das Auf und Ab) des Lebens; *procedere ad alti e -i* Schwankungen unterliegen; *dal ~ verso l'alto* von unten nach oben; *guardare qcn. dall'alto in ~* jdn von oben herab betrachten; *cadere in ~* tief fallen (*o* sinken), verkommen; *Camera Bassa* Unterhaus *n.*; GIOC. *carta -a* niedrige Karte; *città -a* Unterstadt *f.*; *colpo ~* SPORT Schlag *m.* unter die Gürtellinie (anche FIG.); MUS. *~ continuo* Generalbass *m.*; *da ~* unten: *scendere da ~* nach unten gehen; FIG. *cominciare dal ~* von unten an‿fangen; *-a frequenza* Niederfrequenz *f.*; *in ~* unten: *in ~ a destra* unten rechts; *guardare in ~* nach unten schauen; FIG. *di -a lega* minderwertig, schlecht; *luce -a* schwaches Licht; *maglia -a* feste Masche; *fare man -a di qcs.* bei etw. ganz schön ab‿räumen; *-a marea* Ebbe *f.*; *avere il morale ~* schlechter Stimmung sein; *nuvole -e* tiefe Wolken; *a occhi -i* mit niedergeschlagenen Augen; *Paesi Bassi* Niederlande *pl.*; *quest'anno pasqua è -a* dieses Jahr fällt Ostern früh; MED. *pressione -a* Unterdruck *m.*, niedriger Blutdruck; METEOR. *-a pressione* Tiefdruck *m.*; TECN. Niederdruck *m.*; *punto ~* → *maglia -a*; *a -a quota* tief, niedrig; *Bassa Sassonia* Niedersachsen *n.*; *scarpe -e* flache Schuhe; *-a stagione* Nebensaison *f.*; LING. *~ tedesco* Niederdeutsch(e) *n.*; *temperature -e* niedrige (*o* tiefe) Temperaturen; *a testa -a* mit hängendem Kopf; *~ ventre* Unterleib *m.*

bas|so|fon|do m. *(bassifondi)* **1** Flach *n.*, Untiefe *f.* **2** pl. FIG. Unterwelt *f.*, Halbweltviertel *n.*, Halbwelt *f.*: *frequentare i bassifondi* in der Unterwelt verkehren ◆ *provenire dai bassifondi* aus der Gosse kommen.

bas|so|pia|no m. *(-i e bassipiani)* Tiefland *n.*, Tiefebene *f.*, Niederung *f.*

bas|so|ri|lie|vo m. Basrelief *n.*, Flachrelief *n.*; *figure in ~* Basrelieffiguren *pl.*

bas|so-te|de|sco agg. *(-schi,-sche)* niederdeutsch.

bas|sot|to I m. Dackel *m.* **II** agg. klein, kurz; *(tracagnotto)* untersetzt.

bas|so|tu|ba f. Basstuba *f.*

bas|so|ven|tre m. Unterleib *m.*, Unterbauch *m.*

bas|su|ra f. Niederung *f.*

1.ba|sta inter. Schluss, genug, COLLOQ. basta: *~ (così)!* Schluss (damit)! genug davon! *grazie, ~ così!* genug so, danke! *adesso, ora ~!* jetzt Schluss! *~ con questi scherzi!* Schluss mit diesen Scherzen! *punto e ~!* Schluss, aus! Punktum!

2.ba|sta f. SART. **1** Heftstich *m.* **2** *(orlo alto)* Umschlag *m.*, breiter Saum *m.*

ba|stan|te agg. genügend, ausreichend. **ba|stan|te|men|te** avv. genügend, ausreichend.

ba|star|da|ta f. Schurkerei *f.*, Hundsfötterei *f.*

ba|star|do I agg. **1** *(illegittimo)* unehelich: *un figlio ~* ein unehelicher Sohn, ein Bastard **2** *(di animali, piante)* nicht reinrassig, hybrid **3** *(non autentico)* falsch, unecht **II** m. Bastard *m.* (anche BIOL.): *~!* du Bastard! ◆ *arma -a* Hybridwaffe *f.*; TIP. *caratteri -i* Bastardschrift *f.*; *lima -a* Schruppfeile *f.*

ba|sta|re intr. (aus. *essere*) **1** *(essere sufficiente)* reichen, aus‿reichen: *la stoffa basta per un vestito* der Stoff reicht für ein (*o* zu einem) Kleid; *il pane basta per tutti* das Brot reicht für alle; *il denaro (non) mi basta* das Geld reicht mir (nicht) **2** impers. *basta* es ist genug, es reicht; *mi basta* es genügt mir; *non basta* es genügt nicht; *basta che tu gli scriva* du brauchst ihm nur zu schreiben (*o* es genügt, wenn du ihm schreibst); *basta chiedere* du brauchst nur zu fragen; *basta poco per andare d'accordo* es braucht nur wenig, um miteinander auszukommen; *basta guardare per capire* man muss nur hinschauen, um zu verstehen; ◆ *basti dire che...* es genügt zu erwähnen, dass...; *basti pensare che...* man denke nur, dass...; *come se non bastasse* als ob das nicht schon genug wäre; *far ~ qcs.* mit etw. aus‿kommen, reichen; *non mi bastano le forze* das geht über meine Kräfte; *quanto basta* wie nötig ist; *~ a se stesso* sich selbst genügen.

ba|ste|vo|le agg. ausreichend, genügend.

1.ba|stia f. → **2.basta.**

2.ba|sti|a f. ANT. Bastei *f.*, Bollwerk *n.*

ba|stian con|tra|rio m. *(-ri)* Querkopf *m.*, Neinsager *m.*

Ba|sti|glia n.pr.f. Bastille *f.*: *la presa della ~* der Sturm auf die Bastille.

ba|sti|men|to m. **1** Frachtschiff *n.*, Frachter *m.*: *un ~ carico di carbone* ein mit Kohle beladener Frachter **2** *(carico)* Schiffsladung *f.* ◆ *~ a vapore* Dampfschiff *n.*; *~ a vela* Segelschiff *n.*

ba|stio|ne m. **1** Bastei *f.*, Bastion *m.*, Bollwerk *n.* **2** FIG. Bollwerk *n.*, Schutzwall *m.* **ba|stio|na|to** agg. befestigt.

ba|sto m. Packsattel *m.*: *mettere il ~ a un asino* einem Esel den Packsattel auf‿legen ◆ PROV. *battere il ~ invece dell'asino* den Sack schlägt man, den Esel meint man.

ba|sto|na|re I tr. **1** prügeln, schlagen, verprügeln: *~ qcn. di santa ragione* jdn ordentlich verprügeln, jdn durch‿prügeln **2** FIG. *(maltrattare)* verreißen **II** pronom. **bastonarsi** sich verprügeln. **ba|sto|na|ta** f. **1** Stockschlag *m.*, Stockhieb *m.*; *dare una ~ a qcn.* jdm einen Stockhieb versetzen; *prendere qcn. a -e* jdn mit dem Stock schlagen **2** FIG. *(batosta)* Schlappe *f.*, Schlag *m.* **ba|sto|na|to** p.pass. agg. → **bastonare** ◆ *essere come un cane ~* wie ein geprügelter Hund, wie ein begossener Pudel da‿stehen. **ba|sto|na|tu|ra** f. Verprügeln *n.*, Schlagen *n.*

ba|ston|cel|lo m. **1** *(forma di pane)* Stangenbrot *n.* **2** ANAT. Stäbchen *n.* **ba|ston|ci|no** m. **1a** Stöckchen *n.*; Stäbchen *n.*: *~ di ovatta* Wattestäbchen *n.* **b** Stange *f.*: *~ di liquirizia* Lakritz(en)stange *f.*

2 SPORT *(testimone)* Staffelstab *m.* **3** *(da sci)* Skistock *m.* **4** EDIL. Astragal *m.*, Rundstab *m.* **5** ANAT. Stäbchen *n.* ◆ *~ di pesce* Fischstäbchen *n.*

ba|sto|ne m. **1a** Stock *m.* **b** *(da passeggio)* Spazierstock *m.* **c** *(da montagna)* Alpenstock *m.*, Bergstock *m.* **2** SPORT Schläger *m.*: *~ da golf, da hockey* Golfschläger *m.*, Hockeyschläger *m.* **3** FIG. Stütze *f.*: *sei il ~ della mia vecchiaia* du bist die Stütze meines Alters **4** pl. GIOC. INTRAD. (italienische Spielkartenfarbe) **5** *(sfilatino)* Baguette *f.* **6** TIP. Grotesk *f.* ◆ *~ animato* Dolchstab *m.*; *assaggiare il ~* den Prügel zu schmecken bekommen; *governare con il ~ e la carota* mit Zuckerbrot und Peitsche regieren; *~ per ciechi* Blindenstock *m.*; *prendere qcn. a colpi di ~* jdn verprügeln; *~ del comando* Kommandostab *m.*, Befehlsgewalt *f.*; *~ di maresciallo* Marschall(s)stab *m.*; *~ pastorale* Bischofsstab *m.* Hirtenstab *m.*, Krummstab *m.*; *~ del pellegrino* Pilgerstab *m.*; *mettere i -i fra le ruote a qcn.* jdm einen Knüppel zwischen die Beine werfen.

ba|tac|chia|re tr. *(batacchio, batacchi)* **1** mit dem Schwengel (*o* Türklopfer) schlagen **2** → **bastonare. ba|tac|chio** m. *(-chi)* **1** *(di campana)* Glockenschwengel *m.*, Klöppel *m.* **2** → **bacchio 3** *(battiporta)* Türklopfer *m.*

ba|ta|ta f. Batate *f.*, Süßkartoffel *f.*

ba|ta|vo, ba|ta|vo I agg. batavisch **II** m. Bataver *m.*

ba|tik m.inv. Batik *m.* e *f.*

ba|ti|me|tro m. Bathymeter *n.* **ba|ti|sca|fo** m. Bathyskaph *m.* **ba|ti|sfe|ra** f. Bathysphäre *f.*

ba|ti|sta f. Batist *m.*

ba|toc|chio m. *(-chi)* **1a** großer Stock *m.* **b** *(per ciechi)* Blindenstock *m.* **2** *(battaglio)* Glockenschwengel *m.*, Klöppel *m.*

ba|to|me|tro m. Bathometer *n.*

ba|to|sta f. **1** *(colpo, percossa)* Schlag *m.* **2** FIG. Schlappe *f.*, Schlag *m.*: *infliggere una ~ a qcn.* jdm eine Schlappe bei‿bringen, zu‿fügen; *subire, prendersi una ~* eine Schlappe erleiden, ein‿stecken **3** *(rovescio economico)* Rückschlag *m.*

bat|ta|ge [ba'ta:ʒ] m.inv. Werbekampagne *f.*, Werbefeldzug *m.*, SPREG. Reklamerummel *m.*: *un gran ~ pubblicitario* eine groß angelegte Werbekampagne.

bat|ta|glia f. **1a** Schlacht *f.*: *~ aerea, navale* Luftschlacht *f.*, Seeschlacht *f.*; *~ campale* Feldschlacht *f.*; *vincere, perdere una ~* eine Schlacht gewinnen, verlieren; *dar ~ (a qcn.)* (jdm) eine Schlacht liefern **b** FIG. Schlacht *f.*, Kampf *m.*: *~ elettorale* Wahlkampf *m.*; *~ politica* politischer Kampf **2** PITT. Schlachtengemälde *n.* ◆ *campo di ~* Schlachtfeld *n.* (anche FIG.); *sembra un campo di ~* hier sieht es aus wie auf einem Schlachtfeld; FIG. *cavallo di ~* Bravourstück *n.*, Glanznummer *f.*; *scarpe, abiti da ~* Strapazierschuhe *pl.*, Strapazierkleidung *f.*; GIOC. *~ navale* Schiffeversenken *n.*; *nome di ~* Tarnname *m.* **bat|ta|glia|re** intr. (aus. *avere*) kämpfen, streiten (anche FIG.): *~ per qcs.* für etw. kämpfen. **bat|ta|glie|ro** agg. kämpferisch (anche FIG.).

bat|ta|glio m. *(-gli)* **1** Klöppel *m.*, Schwengel *m.* **2** *(battiporta)* Türklopfer *m.*

bat|ta|glio|la f. MAR. Reling *f.*

bat|ta|glio|ne m. Bataillon *n.*

bat|ta|na f. Paddelboot *n.*

bat|tel|lie|re m. Fährmann *m.*

bat|tel|lo m. Boot *n.*, Kahn *m.* ◆ *~ da pesca* Fischerboot *n.*; *~ postale* Postschiff *n.*; *~ di salvataggio* Rettungsboot *n.*;*~ a vapore* Dampfboot *n.*, Dampfer *m.*

bat|ten|te I agg. prasselnd: *pioggia ~* prasselnder (*o* heftiger) Regen **II** m. **1** Flügel *m.*: *~ della porta, della finestra* Türflügel *m.*, Fensterflügel *m.* **2** *(battacchio)* Türklopfer *m.*, Hammer *m.* **3** *(di telaio)* Weblade *f.*, Lade *f.* **4** TESS. *(patta)* Patte *f.* **5** IDR. Gefälle *n.* **6** MAR. Süll *m.* e *n.* ◆ *una nave ~ bandiera italiana* ein Schiff unter italienischer Flagge FIG. *chiudere i -i* den Laden dicht machen; *rispondere a tamburo ~* wie aus der Pistole geschossen antworten.

1.bat|te|re I tr. **1a** schlagen, klopfen: *~ i tappeti* die Teppiche klopfen (*o* aus‿klopfen); *~ la carne* Fleisch klopfen; *~ un chiodo col martello* einen Nagel mit dem Hammer ein‿schlagen; *~ il pugno sul tavolo* mit der Faust auf den Tisch schlagen **b** *(vincere, superare)* *~ il nemico, gli avversari 3 a 0* den Feind, die Gegner 3 zu 0 schlagen; *~ un record* einen Rekord brechen; *in matematica nessuno lo batte* in Mathematik schlägt ihn keiner; *~ la concorrenza* die Konkurrenz schlagen **c** *(suonare, scandire)* *~ le ore* die Stunden schlagen; *~ il tempo* den Takt schlagen (*o* klopfen, stampfen) **2** *(urtare)* *~ la testa contro il muro* mit dem Kopf gegen die Wand stoßen; assol. *~ contro lo spigolo del tavolo* sich an der Tischkante stoßen **3** *(picchiare)* prügeln, schlagen **4a** *(percorrere)* befahren; *(a piedi)* begehen, beschreiten: FIG. *~ nuove strade* neue Wege beschreiten **b** *(perlustrare)* aus‿kundschaften, durchstreifen: *~ (a tappeto) la città, un territorio* die Stadt, ein Gelände durchstreifen **5** *(aprire)* *~ un sentiero* einen Pfad treten (*o* trampeln); *~ la pista* die Piste präparieren **6** *(dattiloscrivere)* tippen: *~ una lettera* einen Brief tippen **7** SPORT *(tirare)* schießen: *~ un calcio di rigore* einen Elfmeter schießen **8** TECN. *(lavorare a caldo)* *~ il ferro* das Eisen schmieden **9** *(trebbiare)* dreschen: *~ il grano* das Getreide dreschen **10** *(bacchiare)* ab‿schlagen **II** intr. (aus. *avere*) **1a** klopfen, schlagen, pochen: *~ sulla spalla di qcn., alla porta* jdm auf die Schulter, an die Tür klopfen; *gocce di pioggia battevano contro il vetro* Regentropfen schlugen gegen die Scheibe; *le onde battono sulla riva* die Wellen schlagen ans Ufer **b** *(pulsare)* *il cuore, il polso batte* das Herz klopft, der Puls schlägt **2** *(di sole)* stechen **3** *(insistere)* *~ su qcs.* immer wieder auf etw. (A) zurück‿kommen, auf etw. (D) bestehen **4** *(prostituirsi)* auf den Strich gehen **5** SPORT *(effettuare la battuta)* auf‿schlagen **III** pronom. **battersi 1** sich schlagen, kämpfen: *-rsi per i propri ideali* für seine Ideale kämpfen **2** *(in duello)* sich duellieren: *-rsi con qcn.* sich mit jdm duellieren **3** *(percuotersi)* *-rsi il petto* sich an die Brust schlagen ◆ *~ bandiera italiana* unter italienischer Fahne fahren (*o* die italienische Flagge führen); COLLOQ. *battersela* aus‿kratzen, aus‿kneifen; *non saper dove ~ il capo* nicht mehr ein und aus wissen; *~ cassa da qcn.* bei jdm um Geld an‿klopfen, jdn zur Kasse bitten; *senza batter(e) ciglio* ohne mit der Wimper zu zucken; *~ un colpo* einen Schlag geben; *far ~ il cuore a qcn.* jdm das Herz höher schlagen lassen; *mi battono i denti* mir klappern die Zähne; *-rsi a duello con qcn.* sich mit jdm duellieren; *~ il ferro finché è caldo* das Eisen schmieden, solange es heiß ist; *~ la fiacca* eine ruhige Kugel schieben; *~ la grancassa* die Reklametrommel rühren (*o* schlagen); *~ a macchina* tippen; *~ le mani* klatschen; *~ le mani a qcn.* jdm applaudieren; *~ il marciapiede* auf den Strich (*o* auf die Straße) gehen; *~ moneta* Geld schlagen; *il motore batte in testa* der Motor klopft, nagelt; *~ il naso in qcn., qcs.* auf jdn, etw. stoßen; *~ i piedi* mit den Füßen stampfen; *~ qcn. ai punti* jdn nach Punkten schlagen, jdn aus‿punkten; *batti e ribatti* wiederholt, immer wieder; *~ la ritirata* zum Rückzug blasen; *~ in ritirata* → *battersela*; *~ i tacchi* die Hacken zusammen‿schlagen; FIG. COLLOQ. Fersengeld geben, die Beine unter die Arme nehmen; *~ sempre sullo stesso tasto* immer in dieselbe Kerbe hauen (*o* schlagen); *non saper dove ~ la testa* → *non saper dove ~ il capo*; PROV. *la lingua batte dove il dente duole* wem das Herz voll ist, dem geht der Mund über.

2.bat|te|re m. **1** Schlagen *n.* **2** MUS. Taktschlagen *n.*: *tempo in ~* schwerer (*o* betonter) Taktteil ◆ *in un batter d'occhio* im Nu, mit einem Paukenschlag, im Handumdrehen.

bat|te|ri|a f. **1a** EL. Batterie *f.*: *caricare la ~* die Batterie auf‿laden; *una ~ carica, scarica* eine volle (*o* aufgeladene), leere Batterie; *la ~ si è scaricata* die Batterie hat sich entladen **2** MIL. *una ~ di artiglieria* eine Batterie der Artillerie **3** MUS. Batterie *f.*, Schlagzeug *n.* **4** *(insieme di oggetti)* Satz *m.*, COLLOQ. Batterie *f.*: *~ da cucina* Satz *m.* Kochtöpfe **5** SPORT *(eliminatorie)* Vorrunde *f.*, Qualifikationsrunde *f.* **6** *(in orologi)* Schlagwerk *n.* ◆ *accensione a ~* Batteriezündung *f.*; *alimentato a ~* batteriebetrieben; *~ da campagna* Feldbatterie *f.*; *~ contraerea* Fliegerabwehrbatterie *f.*; *pollo di ~* Batteriehuhn *n.*; FIG. *scoprire le proprie -e* seine Karten auf‿decken; *~ a secco* Trockenbatterie *f.*; *~ solare* Sonnenbatterie *f.*, Solarbatterie *f.*

bat|te|ri|ci|da I agg. bakterizid, Bakterien tötend **II** m. Bakterizid *n.* **bat|te|ri|co** agg. *(-ci,-che)* bakteriell, Bakterien- ◆ *coltura -a* Bakterienkultur *f.*; *flora -a* Bakterienflora *f.* **bat|te|rio** m. *(-ri)* Bakterie *f.*: *prendersi un'infezione da -ri* sich mit Bakterien infizieren. **bat|te|rio|fa|go** m. *(-gi)* Bakteriophage *m.*, Bakterienfresser *m.*

bat|te|rio|lo|gi|a f. Bakteriologie *f.*, Bakterienkunde *f.* **bat|te|rio|lo|gi|co** agg. *(-ci,-che)* bakteriologisch, Bakterien- ◆ *guerra -a* Bakterienkrieg *m.* **bat|te|rio|lo|go** m. *(-gi)* Bakteriologe *m.*

bat|te|rio|si f. Fettfleckenkrankheit *f.*, Bakteriose *f.* **bat|te|rio|te|ra|pi|a** *f.* Bakteriotherapie *f.*

bat|te|ri|sta m. e f. *(-i,-e)* Schlagzeuger *m.* (-in *f.*).

bat|te|si|ma|le agg. Tauf-: *cero, cappella, fonte ~* Taufkerze *f.*, Taufkapelle *f.*, Taufbecken *n.* (*o* Taufstein *m.*).

bat|te|si|mo m. Taufe *f.* (anche FIG.): *ricevere il ~* die Taufe empfangen; *amministrare il ~ a qcn.* jdm die Taufe spenden, an jdm die Taufe vollziehen; FIG. *tenere qcn., qcs. a ~* jdn über die Taufe halten, etw. aus der Taufe heben ◆ FIG. *il ~ dell'aria* der erste Flug; *~ in articulo mortis* Nottaufe *f.*; *certificato di ~* Taufschein *m.*; *~ del fuoco* Feuertaufe *f.*; *~ per immersione* Immersionstaufe *f.*; *~ di una nave* Schiffstaufe *f.*; *nome di ~* Taufname *m.*; *madrina, padrino di ~* Taufpatin *f.*, Taufpate *m.*

bat|tez|zan|do m. Täufling *m.* **bat|tez|zan|te** m. Täufer *m.*

bat|tez|za|re **I** tr. taufen (anche FIG.): **~ *un bambino con il nome di Michael, con il nome del nonno*** ein Kind auf den Namen Michael, nach seinem Großvater taufen; **~ *una nave, un cane*** ein Schiff, einen Hund taufen; SCHERZ. **~ *il vino*** den Wein taufen **II** pronom. **battezzarsi** (aus. *essere*) sich taufen lassen (anche FIG.).

bat|tez|za|to m. Getaufte *m.* ◆ ***registro dei -i*** Taufregister *n.*, Taufbuch *n.* **bat|tez|za|to|io** m. *(-oi)* Taufbecken *n.*, ANT. Taufbrunnen *m.* **bat|tez|za|to|re** m. → **battezzante.**

bat|ti|ba|le|no, ***in un ~*** im (*o* in einem) Nu, im Handumdrehen.

bat|ti|bec|ca|re intr. *(battibecco, battibecchi;* aus. *avere)* sich herum‿zanken, zanken. **bat|ti|bec|co** m. *(-chi)* Wortgefecht *n.*, Wortstreit *m.*, Schlagabtausch *m.*

bat|ti|car|ne m.inv. Fleischklopfer *m.* **bat|ti|co|da** f.inv. Bachstelze *f.* **bat|ti|cu|lo** m. **1** *(dell'armatura)* Beinharnisch *m.* **2** *(falda)* Rockschoß *m.*

bat|ti|cuo|re m. Herzklopfen *n.*: ***mi è venuto il ~ per l'agitazione*** ich habe vor lauter Aufregung Herzklopfen bekommen (*o* mir klopft das Herz vor Aufregung); ***far venire il ~ a qcn.*** jdm Herzklopfen verursachen; FIG. ***col ~*** mit fliegendem Puls.

bat|ti|fal|ce m.inv. Dengelamboss *m.* **bat|ti|fiac|ca** m. e f. inv. Müßiggänger *m.* (-in *f.*), Nichtstuer *m.* (-in *f.*).

bat|ti|gia f. *(-gie)* → **bagnasciuga.**

bat|ti|la|na m.inv. STOR. Wollschläger *m.*, Wollkämmer *m.* **bat|ti|lar|do** m.inv. Hackbrett *n.* **bat|ti|la|stra** m.inv. Metallschläger *m.*, Plattenschläger *m.* **bat|ti|lo|ro** m.inv. STOR. Goldschläger *m.*

bat|ti|ma|ni, bat|ti|ma|no m.inv. Händeklatschen *n.* ◆ ***accogliere qcn. con un ~*** jdm Beifall klatschen.

bat|ti|men|to m. **1** RAR. *(il battere)* Schlagen *n.*; *(palpitazione)* Klopfen *n.* **2** FIS. Schwebung *f.* **3** MECC. Klopfen *n.*

bat|ti|pa|lo m. Ramme *f.*, Rammmaschine *f.* **bat|ti|pan|ni** m.inv. Teppichklopfer *m.* **bat|ti|pi|sta** m.inv. **1** Vorläufer *m.* **2** *(mezzo battipista)* Pistenwalze *f.*, Schneeraupe *f.* **bat|ti|por|ta** m.inv. **1** Doppeltür *f.* **2** *(battacchio)* Türklopfer *m.* **bat|ti|ra|me** m.inv. **1** Kupferschmied *m.* **2** *(officina)* Kupferschmiede *f.* **bat|ti|sco|pa** m.inv. Fußleiste *f.*, Sockelleiste *f.*

bat|ti|sta **I** m. Baptist *m.* **II** agg. Baptisten-: ***chiesa ~*** Baptistenkirche *f.* ◆ ***Giovanni il Battista*** Johannes der Täufer.

bat|ti|ste|ro m. **1** Baptisterium *n.*, Taufkirche *f.* **2** *(cappella)* Taufkapelle *f.* **3** ANT. *(fonte)* Taufbecken *n.*, Taufstein *m.*

bat|ti|stra|da m.inv. **1a** Vorreiter *m.*, Wegbereiter *m.*, Schrittmacher *m.* **b** SPORT Schrittmacher *m.* **2** *(di pneumatici)* Reifenlauffläche *f.*, Profil *n.*: ***il ~ è consumato*** das Profil ist abgefahren. **bat|ti|tac|co** m. *(-chi)* Stoßborte *f.* **bat|ti|tap|pe|ti** m.inv., **bat|ti|tap|pe|to** m. Klopfsauger *m.*, Teppichkehrmaschine *f.*

bat|ti|to m. **1a** *(del cuore)* Schlag *m.*, Klopfen *n.* **b** *(pulsazione)* Pulsschlag *m.*: ***pochi -i al minuto*** wenige Pulsschläge pro Minute; ***il polso ha un ~ irregolare*** der Puls schlägt unregelmäßig **2** *(di motore)* Klopfen *n.* **3** *(di orologio)* Ticken *n.* ◆ ***~ d'ala*** Flügelschlag *m.*; ***~ cardiaco*** Herzschlag *m.*; ***~ di ciglia*** Wimpernzucken *n.*; FIG. ***in un ~ di ciglia*** im Nu, im Handumdrehen; ***il ~ della pioggia sul tetto*** das Prasseln des Regens auf dem Dach.

bat|ti|to|io m. *(-oi)* **1** *(battente)* Türleiste *f.* **2** *(lista di cornice)* Rahmeninnenseite *f.* **3** *(per la battitura del cotone)* Reißwolf *m.*, Wollbrecher *m.* ◆ ***~ cardatore*** Krempelwolf *m.*

bat|ti|to|re m. **1** Schläger *m.*, Klopfer *m.*; *(del grano)* Drescher *m.* **2** SPORT Schläger *m.*, Aufschläger *m.* **3** *(banditore)* Auktionator *m.* **4** *(di caccia)* Treiber *m.* ◆ ***~ libero*** Außenseiter *m.*, bunter Hund.

bat|ti|tu|ra f. **1a** Schlagen *n.* **b** *(di tappeti)* Klopfen *n.* **2** *(trebbiatura)* Dreschen *n.* **3** *(scrittura a macchina)* Tippen *n.* ◆ ***errore di ~*** Tippfehler *m.*

bat|to|la f. **1** LIT. VENAT. Klapper *f.* **2** EDIL. Stampfe *f.*, Stampfer *m.*

bat|to|na f. REGION. Nutte *f.*, Strichmädchen *n.*

bat|tu|ta f. **1** Schlagen *n.* **2** *(colpo)* Schlag *m.*: ***ricevere una ~ sul capo*** einen Schlag auf den Kopf bekommen **3** *(in dattilografia)* Anschlag *m.*: ***scrivere 200 -e al minuto*** 200 Anschläge in der Minute schreiben; ***fissare la lunghezza della riga a 60 -e*** die Zeilenlänge auf 60 Anschläge ein‿stellen; ***una cartella di 2000 -e*** eine Schreibmaschinenseite mit 2000 Anschlägen **4** MUS. Takt *m.*: ***una pausa di 2 -e*** eine Pause von 2 Takten; ***entrare all'ottava ~*** beim achten Takt ein‿setzen **5** TEATR. Stichwort *n.*; *(d'inizio)* Einsatz *m.*: ***porgere, dare la ~ a qcn.*** jdm das Stichwort geben; ***dimenticare la ~*** den Einsatz (*o* das Stichwort) vergessen **6** *(frase spiritosa)* Witz *m.*, witzige Bemerkung *f.*; *(arguzia)* witziger Einfall *m.*: ***-e grossolane, pesanti, spiritose*** ordinäre, deftige, geistreiche Witze; ***fare una ~*** eine witzige Bemerkung machen **7** VENAT. Treiben *n.*: ***~ di caccia*** Treibjagd *f.* **8** *(di polizia)* Großfahndung *f.* **9a** SPORT *(servizio)* Aufschlag *m.*: ***una ~ molto potente*** ein glasharter Aufschlag; ***Becker alla ~*** Aufschlag (für) Becker **b** *(nel nuoto)* Anschlag *m.* ◆ ***~ d'arresto*** Stillstand *m.*, Unterbrechung *f.*; MUS. Pause *f.*; ***subire una ~ d'arresto*** ins Stocken geraten; FIG. ***non perdere una ~*** nichts (*o* kein Wörtchen) überhören; FIG. ***in poche -e*** in wenigen Sätzen; ***alle prime -e*** am Anfang; ***avere la ~ pronta*** schlagfertig sein, nicht auf den Mund gefallen sein; ***~ di spirito*** geistreiche Bemerkung; ***essere alle ultime -e*** in den letzten Zügen liegen.

bat|tu|to **I** p.pass. agg. **1** → **1.battere 2a** *(frequentato)* begangen: ***un sentiero molto ~*** ein viel begangener Weg **b** *(da veicoli)* befahren: ***una strada -a*** eine befahrene Straße **3** FIG. *(sconfitto)* geschlagen: ***dichiararsi ~*** sich geschlagen geben **II** m. *(pavimentazione)* Estrich *m.* ◆ ***ferro ~*** Schmiedeeisen *n.*; ***neve -a*** gestampfter Schnee; GASTR. ***preparare un ~ di cipolla e prezzemolo*** Zwiebeln und Petersilie fein hacken; ***a spron ~*** Hals über Kopf, in (*o* mit) Windeseile; ***in terra -a*** unbefestigt, Schotter-; *(nel tennis)* ***(campo in) terra -a*** Aschenplatz *m.*

ba|tuf|fo|lo m. **1** Bausch *m.*: ***~ di cotone*** Wattebausch *m.* **2a** FIG. *(bambino)* Pummelchen *n.* **b** *(animaletto)* Kuscheltier *n.*: ***questo micino è proprio un bel ~*** dieses Kätzchen ist ein wahres Kuscheltier.

bau **I** inter. wau: ***fare ~, ~*** wau, wau machen **II** m. Wauwau *m.*

ba|u|le m. **1** Koffer *m.*: ***~ da viaggio*** Kabinenkoffer *m.*; ***~ (ad) armadio*** Schrankkoffer *m.*; ***fare, disfare i -i*** die Koffer ein‿packen, aus‿packen **2** AUT. Kofferraum *m.* **bau|let|to** m. **1** kleiner Koffer *m.* **2** *(beauty case)* Kosmetikkoffer *m.* **3** *(per motocicli)* Gepäcktasche *f.*

ba|ut|ta f. **1** INTRAD. (venezianisches Maskenkostüm) **2** *(maschera)* Gesichtsmaske *f.*, Larve *f.*

bau|xi|te f. Bauxit *m.*

ba|va f. **1a** Schleim *m.*, Geifer *m.*: ***fare la ~*** geifern **b** *(di molluschi)* Schleim *m.*: ***secernere ~*** Schleim ab‿sondern **2** *(in bachicoltura)* Spinnfaden *m.* **3** METALL. *(sbavatura)* Grat *m.* ◆ FIG. ***avere la ~ alla bocca*** vor Wut schäumen; FIG. ***perdere le -e per qcn.*** auf jdn scharf sein; ***~ di vento*** Windhauch *m.*

ba|va|gli|no m. Lätzchen *n.*: ***mettere, togliere il ~ a un bambino*** einem Kind das Lätzchen um‿binden, ab‿nehmen. **ba|va|glio** m. *(-gli)* Knebel *m.* ◆ FIG. ***mettere il ~ a qcn.*** jdm einen Maulkorb an‿legen (*o* um‿binden), jdn nicht frei reden (*o* sprechen) lassen. **ba|va|glio|lo, ba|va|gliuo|lo** m. LETT. → **bavaglino.**

ba|va|re|se **I** agg. bay(e)risch **II** m. e f. Bayer *m.* (-in *f.*) **III** m. *(dialetto)* Bayrisch(e) *n.* **IV** f. **1** INTRAD. (cremige Süßspeise aus Sahne, Milch, Eiern und Zucker) **2** INTRAD. (Getränk aus Milch und Schokolade oder Tee, mit Eidotter, Zucker und Likör).

ba|ve|ro m. Kragen *m.*: ***~ del cappotto*** Mantelkragen *m.*; ***~ di pelliccia*** Pelzkragen *m.*; ***alzare il ~*** den Kragen hoch‿schlagen; ***prendere qcn. per il ~*** jdn am Kragen packen; FIG. sich über jdn lustig machen.

ba|vet|ta f. **1** → **bavaglino 2** METALL. *(sbavatura)* Grat *m.* **3** AUT. Spritzschutz *m.* **4** pl. INTRAD. (feine Bandnudel).

Ba|vie|ra n.pr.f. Bayern *n.*

ba|vo|so agg. geifernd, sabbernd.

ba|zar m.inv. **1** Basar *m.*, Bazar *m.* **2** *(negozio)* Tante-Emma-Laden *m.*, Gemischtwarenhandlung *f.* **3** *(luogo disordinato)* Tohuwabohu *n.*

ba|zoo|ka [bə'zuːkə; *üblich* bad'dzuka] m.inv. Bazooka *f.*

1.baz|za f. **1** vorspringendes Kinn *n.* **2** ESTENS. *(mento)* Kinn *n.*

2.baz|za f. **1** Dusel *m.*, Glück *n.*: ***che ~!*** so ein Glück! **2** *(nel gioco delle carte)* Stich *m.*

baz|ze|co|la f. Lappalie *f.*; *(inezia)* Kleinigkeit *f.*: ***sono solo -e*** es sind nur Lappalien; ***costa una ~*** es kostet eine Kleinigkeit.

baz|zi|ca f. INTRAD. **1** (italienisches Kartenspiel) **2** (Art Billardspiel).

baz|zi|ca|re *(bazzico, bazzichi)* COLLOQ. **I** tr. ***~ qcn., un luogo*** mit jdm, an einem Ort verkehren **II** intr. (aus. *avere*) verkehren: ***in questo locale bazzicano molti malavitosi*** in diesem Lokal verkehren viele Unterweltler ◆ ***~ cattive compagnie*** = einen schlechten Umgang haben.

baz|zot|to agg. **1** weichgekocht: ***uovo ~*** weichgekochtes Ei **2** FIG. *(incerto)* unsicher **3** *(di tempo meteorologico)* unbeständig.

bè inter. → **bee.**

be' inter. → **beh.**

be|ar|si pronom. ***~ di, in qcs.*** in etw. (D) schwelgen.

beat [biːt] **I** agg.inv. Beat-: ***gruppo ~*** Beatgruppe *f.*; ***musica ~*** Beatmusik *f.*, Beat *m.* **II** m. e f. inv. Beatnik *m.* (anche ESTENS.).

be|a|ta|men|te avv. **1** selig **2** ESTENS. seelenruhig.

be|a|ti|fi|ca|re tr. *(beatifico, beatifichi)* **1** RELIG. selig sprechen, beatifizieren **2** *(allietare)* selig machen, beseligen. **be|a|ti|fi|ca|zio|ne** f. Seligsprechung *f.*, Beatifikation *f.*: ***processo di ~*** Seligsprechungs-

prozess *m.* **be|a|ti|fi|co** agg. *(-ci,-che)* selig machend, beseligend.
be|a|ti|tu|di|ne f. **1** RELIG. Seligkeit *f.*: ***la ~ celeste*** die himmlische Seligkeit; ***raggiungere l'eterna ~*** die ewige Seligkeit erlangen, gewinnen **2** BIBL. Seligpreisung *f.*: ***le otto -i*** die acht Seligpreisungen **3** ESTENS. *(felicità)* Glückseligkeit *f.*: ***vivere in ~*** in Glückseligkeit schwelgen.
be|a|to I agg. **1** glücklich, glückselig, beglückt: ***giorni -i*** glückliche Tage; ***vivere ~ e contento*** glücklich und zufrieden leben **2** RELIG. selig: ***il ~ Pier Giorgio Frassati*** der selige Pier Giorgio Frassati **II** m. Selige *m.* ◆ ***le anime -e*** die Seligen; ***~ chi...*** wohl dem, der...; SCHERZ. ***~ tra le donne*** Hahn im Korb; ***-a gioventù!*** glücklich, wer noch jung ist! IRON. ***-a ignoranza!*** selig sind die Armen im Geiste! ***~ lui!*** der Glückliche! ***di -a memoria*** seligen Angedenkens; BIBL. ***-i i poveri in spirito, perché di essi è il Regno dei cieli*** selig sind, die da geistlich arm sind, denn ihrer ist das Himmelreich; ***~ te!*** du Glücklicher! ***la Beata Vergine*** die Heilige Jungfrau.
Be|a|tri|ce n.pr.f. Beatrix *f.*
beau|ty-case ['bju:ti'keis] m.inv. Kosmetikkoffer *m.*
be|bè m.inv. Baby *n.*
bec|cac|cia f. *(-ce)* **1** Schnepfe *f.*, Waldschnepfe *f.* **2** *(beccaccia di mare)* Austernfischer *m.* **bec|cac|ci|no** m. Bekassine *f.*, Sumpfschnepfe *f.*
bec|ca|fi|co m. *(-chi)* Grasmücke *f.*
bec|ca|io m. *(-ai)* REGION. Fleischer *m.*, Metzger *m.*
bec|ca|mor|ti, bec|ca|mor|to m.inv. SPREG. Totengräber *m.*
bec|ca|re *(becco, becchi)* **I** tr. **1** picken, auf‿picken: ***~ il grano*** das Korn aufpicken **2** *(colpire con il becco)* hacken, picken: ***il pappagallo gli becca il dito*** der Papagei hackt (*o* pickt) nach seinem Finger **3** FIG. COLLOQ. *(sorprendere)* erwischen, ertappen: ***~ qcn. a rubare, a copiare*** jdn beim Stehlen, Abschreiben erwischen; ***non farti ~!*** lass dich nicht erwischen! ***~ qcn. con le mani nel sacco*** (*o* ***sul fatto***) jdn auf frischer Tat ertappen **II** pronom. **beccarsi 1** sich gegenseitig hacken **2** FIG. COLLOQ. *(punzecchiarsi)* sich zanken **3** *(ricevere)* kriegen: ***-rsi una sberla, una multa*** eine Ohrfeige, eine Strafe kriegen **4** *(prendersi)* sich (D) holen, sich (D) zu‿ziehen: ***-rsi una malattia*** sich eine Krankheit holen ◆ ***non mi becchi più!*** das nächste Mal ohne mich! ***beccati questa!*** da hast (*o* siehst) du es! **bec|ca|ta** f. **1** *(colpo di becco)* Schnabelhieb *m.* **2** *(quantità)* Schnabelvoll *m.* **3** FIG. *(battuta pungente)* gehässige Bemerkung *f.*
bec|ca|tel|lo m. **1** ARCH. Kragstein *m.* **2** *(gancio dell'attaccapanni)* Haken *m.*
bec|ca|to|io m. *(-oi)* Futternäpfchen *n.*
bec|cheg|gia|re intr. *(beccheggio, beccheggi;* aus. *avere)* stampfen. **bec|cheg|gio** m. *(-gi)* Stampfen *n.*
bec|che|ri|a f. REGION. Fleischerei *f.*, Metzgerei *f.*
bec|chi|me m. **1** Vogelfutter *n.* **2** *(per pollame)* Hühnerfutter *n.*
bec|chi|no m. Totengräber *m.*, Leichenbestatter *m.*
1.bec|co m. *(-chi)* **1** Schnabel *m.*: ***~ a punta, adunco*** spitzer, krummer Schnabel; ***spalancare, affilare il ~*** den Schnabel auf‿reißen (*o* auf‿sperren), wetzen **2** COLLOQ. *(bocca)* Schnabel *m.*, Maul *n.*, Mund *m.*: ***(non) aprire il ~*** den Schnabel (nicht) auf‿machen (*o* auf‿tun); ***tenere il ~ chiuso*** den Mund halten; ***chiudere il ~ a qcn.*** jdm das Maul stopfen **3** *(beccuccio)* Tülle *f.*, Schnabel *m.*: ***scheggiare il ~ della teiera*** die Tülle der Teekanne an‿schlagen **4** TECN. *(bruciatore)* Brenner *m.*: ***~ di Bunsen*** Bunsenbrenner *m.* **5** MUS. Mundstück *n.* ◆ ***lasciare, restare a ~ asciutto*** mit leeren Händen aus‿gehen lassen, aus‿gehen; ***bagnarsi il ~*** sich (D) die Nase begießen, ein Gläschen trinken; ***chiudi il ~!*** halt die Klappe! ***flauto a ~*** Schnabelflöte *f.*, Blockflöte *f.*; ***a forma di ~*** schnabelförmig; ***mettere (il) ~ in qcs.*** in etw. (A) die Nase stecken (*o* seinen Senf dazu‿geben); ***~ d'oca*** Haarklammer *f.*; ***non avere il ~ di un quattrino*** keinen roten Heller haben (*o* besitzen).
2.bec|co m. *(-chi)* **1** Ziegenbock *m.* **2** FIG. COLLOQ. *(marito tradito)* Hahnrei *m.*
bec|co|fru|so|ne m. Seidenschwanz *m.*
bec|cuc|cio m. *(-ci)* **1** Schnabel *m.*, Tülle *f.*: ***il ~ di un bricco*** die Tülle einer Kanne **2** *(per capelli)* Haarklammer *f.*
be|ce|rag|gi|ne f. REGION. Rüpelhaftigkeit *f.* **be|ce|ro** m. REGION. **I** agg. rüpelhaft, ordinär **II** m. Rüpel *m.*
bé|cha|mel [beʃa'mɛl] → **besciamella.**
be|cher m.inv. Becherglas *n.*, Kochbecher *m.*
be|da|no m. Lochbeitel *m.*
be|du|i|no I agg. beduinisch **II** m. **1** Beduine *m.* **2** FIG. armer Teufel *m.*: ***sembrare un ~*** wie ein armer Teufel aus‿sehen.
bee inter. **1** *(di pecora)* mäh: ***fare ~*** mäh machen **2** *(di capra)* meck: ***fare ~*** meckern.
be|fa|na f. **1** Dreikönigsfest *n.* **2** INTRAD. (in der italienischen Volkstradition alte Frau, die Kindern in der Nacht vor dem Dreikönigsfest Geschenke bringt) **3** COLLOQ. *(donna brutta)* Schreckschraube *f.*
bef|fa f. **1** Spott *m.*: ***farsi -e di qcn.*** jdn zum Narren halten, seinen Spott mit jdm treiben, sich über jdn lustig machen; ***(subire) oltre al danno anche la ~*** zum Schaden auch noch den Spott haben **2** *(scherzo)* Streich *m.*: ***fare una ~ a qcn.*** jdm einen Streich spielen ◆ ***che ~!*** was für ein Hohn! ***è una vera ~*** das ist der reinste Hohn.
bef|far|da|men|te avv. spöttisch, höhnisch: ***sorridere ~*** spöttisch lächeln. **bef|far|do** agg. spöttisch, höhnisch: ***parole -e*** spöttische Worte; ***un uomo ~*** ein spöttischer Mensch.
bef|fa|re I tr. verspotten, verhöhnen **II** pronom. **beffarsi 1** ***-rsi di qcn., qcs.*** sich über jdn, etw. lustig machen **2** *(ignorare)* missachten: ***-rsi delle leggi*** das Gesetz missachten.
bef|feg|gia|men|to m. Spötterei *f.* **bef|feg|gia|re** tr. *(beffeggio, beffeggi)* verspotten, hänseln, aus‿lachen. **bef|feg|gia|to|re** m. Spötter *m.*
be|ga f. *(-ghe)* **1** Streit *m.*, Zank *m.*: ***una ~ tra innamorati*** ein Streit zwischen Verliebten; ***avere delle -ghe con qcn.*** Zank mit jdm haben **2** *(grana, noia)* Schererei *f.*: ***cacciarsi in una bella ~*** ziemliche, schöne Scherereien haben, bekommen.
be|ghi|na f. **1** RELIG. Begine *f.* **2** *(bigotta)* Betschwester *f.*, Frömmlerin *f.*
be|gli → **bello.**
be|go|nia f. Begonie *f.*, Schiefblatt *n.*
beh inter. ja, na, tja, soso: ***~, sa...*** ja, wissen Sie...; ***va ~*** na ja; ***~, questa è fatta!*** na, das wäre erledigt! ***~, e adesso?*** so, und nun? ***~?*** also?
be|ha|vio|ri|smo m. Behaviorismus *m.* **be|ha|vio|ri|sti|co** agg. *(-ci,-che)* behavioristisch.
bei → **bello.**
beige [bɛZ] **I** m.inv. Beige *n.* **II** agg.inv. beige.
bel → **bello.**
be|la|re intr. (aus. *avere*) **1** *(di pecore)* blöken **2** *(di capre)* meckern **3** FIG. meckern, jammern. **be|la|to** m. **1** *(di pecore)* Blöken *n.* **2** *(di capre)* Meckern *n.* **3** FIG. Meckern *n.*, Gejammer *n.*
bel|ga *(-gi,-ghe)* **I** agg. belgisch **II** m. e f. Belgier *m.* (-in *f.*) ◆ ***insalata ~*** Chicorée *f.* **Bel|gio** n.pr.m. Belgien *n.*
Bel|gra|do n.pr.f. Belgrad *n.*
bel|la f. **1a** Schöne *f.*, Schönheit *f.*: ***la ~ del paese*** die Dorfschönheit **b** COLLOQ. *(innamorata)* Schöne *f.*, Freundin *f.* **c** ***~ mia*** meine Liebe **2** *(bella copia)* Reinschrift *f.*, COLLOQ. Schönschrift *f.*: ***(ri)copiare in ~*** ins Reine schreiben; ***quaderno di ~*** Reinschriftheft *n.* **3** SPORT GIOC. *(partita decisiva)* Entscheidungsspiel *n.*: ***fare, giocare la ~*** ein Entscheidungsspiel machen, aus‿tragen ◆ ***La ~ addormentata nel bosco*** Dornröschen; BOT. ***~ di giorno*** dreifarbige Winde; BOT. ***~ di notte*** Schweizerhose *f.*; *(prostituta)* Schöne *f.* der Nacht; ***ne sentirai delle -e!*** da wirst du was zu hören bekommen! dir wird noch Hören und Sehen vergehen! ***se ne sentono delle -e sul tuo conto*** von dir hört man schöne Sachen; ***ne vedremo delle -e!*** das kann ja nett (*o* heiter) werden! da werden wir was Schönes erleben!
bel|la|do|n|na f. *(belledonne)* Tollkirsche *f.*
bel|la|men|te avv. **1** (ganz) schön, hübsch, artig: ***sono stato ~ imbrogliato*** man hat mich ganz schön hereingelegt; ***fu messo ~ alla porta*** er wurde sanft vor die Tür gesetzt **2a** *(comodamente, tranquillamente)* ruhig: ***starsene ~ sdraiato*** seelenruhig daliegen **b** *(spensieratamente)* unbekümmert, sorglos: ***spassarsela ~*** es sich unbekümmert gutgehen lassen.
bel|let|to m. Schminke *f.*: ***mettere, togliere il ~*** die Schminke auf‿tragen, entfernen; ***darsi il ~*** sich schminken.
bel|let|tri|sti|ca f. Belletristik *f.* **bel|let|tri|sti|co** agg. *(-ci,-che)* belletristisch.
bel|lez|za f. Schönheit *f.*: ***una ~ classica*** eine klassische Schönheit; ***~ fisica*** körperliche Schönheit; ***godere delle -e della natura*** die Schönheit der Natur genießen; ***incantare qcn. con la propria ~*** jdn durch seine Schönheit bezaubern; *(luogo bello)* ***conoscere le -e del luogo*** die Schönheiten des Ortes kennen lernen; IRON. ***non è quel che si dice una ~*** er ist nicht gerade eine Schönheit ◆ ***centro di ~*** Schönheitsfarm *f.*; ***che ~!*** wie schön! ***cresce che è una ~*** er entwickelt sich prächtig; ***concorso di ~*** Schönheitswettbewerb *m.*; ***cura di, della ~*** Schönheitskur *f.*, Schönheitspflege *f.*; ***finire, chiudere in ~*** glanzvoll enden; ***istituto di ~*** Schönheitssalon *m.*; *(centro di bellezza)* Schönheitsfarm *f.*; IRON. ***costa, possiede la ~ di...*** es kostet, er besitzt die Kleinigkeit von...; ***prodotto di ~*** Schönheitsmittel *n.*; ***reginetta di ~*** Schönheitskönigin *f.*; ***salone di ~*** Schönheitssalon *m.*
bel|li|ci|smo m. Kriegspolitik *f.*, Kriegshetze *f.* **bel|li|ci|sta I** agg. *(-i,-e)* kriegerisch **II** m. *(-i)* Kriegsbefürworter *m.*, Kriegshetzer *m.*

bel|li|ci|sti|co agg. *(-ci,-che)* → **bellicista.**
bel|li|co agg. *(-ci,-che)* kriegerisch, Kriegs-: ***evento ~*** kriegerisches Ereignis, Kriegsereignis *n.*; ***in seguito a eventi -ci*** infolge der Kriegsereignisse; ***industria -a*** Rüstungsindustrie *f.*; ***materiale ~*** Kriegsmaterial *n.*; ***sforzo ~*** kriegerische Anstrengung.
bel|li|co|sa|men|te avv. kriegerisch. **bel|li|co|si|tà** f. Streitbarkeit *f.* **bel|li|co|so** agg. kriegerisch, kampflustig, streitbar: ***un popolo, un aspetto ~*** ein kriegerisches Volk, Aussehen; ***un carattere ~*** ein streitbarer Charakter.
bel|li|ge|ran|te agg. Krieg führend. **bel|li|ge|ran|za** f. Kriegsbeteiligung *f.* ◆ ***stato di ~*** Kriegszustand *m.*, Kriegsführung *f.*
bel|lim|bu|sto m. Geck *m.*, Affe *m.*, Fatzke *m.* ◆ ***da ~*** geckenhaft, stutzerhaft; ***atteggiamenti da ~*** Geckerei *f.*
1.bel|lo agg. (**bello, bel, bella, bell'**; pl. **begli, bei, belle**; der Gebrauch der verschiedenen Formen entspricht den Regeln des bestimmten Artikels *il, lo, la*) **1a** schön: ***un bel bambino, una -a ragazza, un ~ zaino*** ein schönes Kind, ein schönes Mädchen, ein schöner Rucksack; ***bei capelli, begli occhi, -e scarpe*** schöne Haare, schöne Augen, schöne Schuhe; ***sono vestiti -i, bei vestiti*** das sind schöne Kleider; ***sarebbe ~ che, se...*** es wäre schön, wenn...; ***non si può dire che sia ~*** man kann wirklich nicht sagen, dass er eine Schönheit ist, COLLOQ. schön ist was anderes **b** *(considerevole)* ***una -a età*** ein beträchtliches Alter; ***una -a sommetta*** ein schönes Sümmchen **c** IRON. ***sei proprio un bell'amico, un bel tipo!*** du bist mir ein schöner (*o* sauberer) Freund, ein schöner (rechter) Kerl! ***bell'affare, -a roba!*** das ist ja eine schöne Bescherung, Geschichte! ***prendersi un bel raffreddore*** sich (D) eine schöne Erkältung holen **2** *(buono)* gut: ***hai fatto un bel lavoro*** du hast eine gute Arbeit gemacht **3** *(grande)* gut, groß: ***un bel pezzo di torta*** ein großes Stück Torte; ***fare dei bei progressi*** gute Fortschritte machen **4** *(con valore rafforzativo)* ***un bel no*** ein entschiedenes Nein; ***non ti dico un bel niente*** ich sage dir überhaupt nichts; ***nel bel mezzo di qcs.*** mitten in etw.; ***ha un bel dire*** Sie haben gut reden ◆ ***accademia di -e arti*** Akademie der Schönen Künste; ***bel ~*** in aller Ruhe; ***una bugia bell'e buona*** eine ausgemachte Lüge; ***ci vuole del ~ e del buono*** es braucht alle Redekünste; ***che ~!*** wie schön! ***ci vuole un bel coraggio*** dazu braucht man allerdings richtigen Mut; IRON. da muss man ganz schön unverschämt sein; *(come saluto)* ***tante -e cose*** alles Gute; ***dirne delle -e*** Schauermärchen erzählen; ***farsi ~*** sich schön machen; FIG. ***farsi ~ di qcs.*** sich mit etw. brüsten; ***l'hai fatta proprio -a!*** da hast du was Schönes angerichtet! ***bell'e fatto*** schon erledigt; ***ha bell'e finito*** schon fertig; ***essere bell'e finito*** fix und fertig sein; ***un bel giorno*** eines schönen (*o* guten) Tages; ***le -e lettere*** die schöne Literatur; ***alla bell'e meglio*** so gut es geht; ***il bel mondo*** die bessere Gesellschaft; *(con tono di sorpresa, irritazione)* ***oh -a!*** nein wirklich? was soll das?; SPREG. ***-e parole*** schöne Worte, Wortgeklingel *n.*; ***a -a posta*** absichtlich; ***scamparla -a*** glücklich davon‿kommen; ***di -e speranze*** aussichtsreich; ***-o spirito*** Schöngeist *m.*; ***i bei tempi passati*** die gute alte Zeit; ***è troppo ~ per essere vero*** das ist zu schön, um wahr zu sein; ***darsi alla -a vita*** das süße Leben genießen; PROV. ***non è ~ quel che è ~, ma è ~ quel che piace*** = schön ist, was gefällt.
2.bel|lo m. **1a** Schöne *n.*: ***il ~ è che...*** das Schöne dabei ist, dass...; ***che cosa fai di ~?*** was machst du Schönes? ***adesso viene il ~*** nun kommt das Schönste **b** *(tempo metereologico)* ***mettersi al ~*** schön (*o* besser) werden **2a** *(bell'uomo)* schöner Mann *m.*, IRON. Schönling *m.* **b** *(innamorato)* Liebling *m.*, Geliebte *m.* ◆ ***ci è voluto del ~ e del buono*** = es hat einige Mühe gekostet; ***sul più ~*** mitten drin, im schönsten Augenblick; ***il ~ deve ancora venire*** nun kommt das Schönste; IRON. das dicke Ende kommt noch.
bel|loc|chio m. *(-chi)* MINER. Katzenauge *n.*
bel|loc|cio agg. *(-ci,-ce)* hübsch, apart. **bel|lo|na** f. SCHERZ. Schönheit *f.*
bel|lo|spi|ri|to m. *(beglispiriti)* Schöngeist *m.*
bel|lu|i|no agg. LETT. **1** bestialisch **2** FIG. unmenschlich.
bel|pa|e|se m.inv. INTRAD. (milder Butterkäse).
bel|tà f.inv. LETT. Schöne *f.*
be|lu|ga m.inv. Beluga *f.*, Weißwal *m.*
bel|va f. **1** Raubtier *n.*, Untier *n.*: ***dare qcs. in pasto alle -e*** den Raubtieren etw. zum Fraß vor‿werfen **2** FIG. Untier *n.*, Unmensch *m.*
bel|ve|de|re m. *(-ri e -)* **1** Aussichtspunkt *m.*; *(torre)* Aussichtsturm *m.* **2** MAR. Kreuzbramsegel *n.* ◆ ***carrozza ~*** Aussichtswagen *m.*
bel|ze|bù m.inv. Beelzebub *m.* **Bel|ze|bù** n.pr.m. Beelzebub *m.*
be|mol|le m. B *n.*, Erniedrigungszeichen *n.*: ***doppio ~*** Doppel-b; ***si ~ minore, maggiore*** b-Moll *n.*, B-Dur *n.*; ***mi ~*** Es *n.*; ***la ~*** As *n.*
be|nac|cet|to agg. LETT. willkommen.
be|na|ma|to → **beneamato.**
be|nar|ri|va|to I agg. willkommen: ***~ nella nostra casa*** willkommen bei uns zu Hause **II** m. Willkommen *n.*, Willkommensgruß *m.*: ***dare il ~ a qcn.*** jdn willkommen heißen.
ben|ché cong. obwohl, obgleich, obschon: ***~ lo desideri, non vi può partecipare*** obwohl er möchte, kann er nicht daran teilnehmen; ***~ lo sappia,...*** obwohl er das weiß,... ◆ ***non avere il ~ minimo sospetto*** nicht den mindesten (*o* leisesten) Verdacht haben.
ben|da f. Binde *f.*: ***~ al braccio, elastica, di garza*** Arm-, Elastik-, Mullbinde *f.*; ***avere una ~ davanti agli occhi*** eine Binde vor (*o* über) den Augen tragen, haben ◆ FIG. ***avere una ~ davanti agli occhi*** mit Blindheit geschlagen sein; ***a qcn. cade la ~ dagli occhi*** jdm fällt es wie Schuppen von den Augen; ***togliere, strappare la ~ dagli occhi a qcn.*** jdm die Augen öffnen. **ben|dag|gio** m. *(-gi)* Verband *m.*, Bandage *f.*
ben|da|re I tr. verbinden, bandagieren: ***~ la testa, il braccio a qcn.*** jdm den Kopf verbinden, jdm den Arm bandagieren; ***~ gli occhi a qcn.*** jdm die Augen verbinden **II** pronom. **bendarsi** sich verbinden, sich zu‿binden. **ben|da|to** p.pass. agg. → **bendare** ◆ ***ad occhi -i*** blind. **ben|da|tu|ra** f. **1** Verbinden *n.* **2** *(fasciatura)* Bandage *f.*, Verband *m.*
ben|di|spo|sto agg. wohlgesinnt, wohlgeneigt, gewogen: ***essere ~ verso qcn.*** jdm wohlgesinnt, gewogen sein; ***essere ~ a fare qcs.*** gewogen sein, etw. zu tun.
1.be|ne I avv. (compar. **meglio**; superl. **benissimo/ottimamente**) **1a** *(in modo giusto)* gut, richtig: ***comportarsi ~*** sich gut (*o* richtig) benehmen; ***hai capito ~?*** hast du richtig verstanden? ***far ~ ad andare*** gut daran tun zu gehen **b** *(in modo soddisfacente, piacevole)* gut: ***mangiare ~*** gut essen; ***come stai? – ~, grazie*** wie geht es dir? – danke, gut; ***(non) sto ~*** es geht mir (nicht) gut; ***stare poco ~*** sich nicht wohl fühlen; ***il negozio va ~*** das Geschäft geht gut; ***passare ~ le vacanze*** die Ferien gut verbringen; ***il vestito nuovo ti sta ~*** das neue Kleid steht dir gut; ***questi orecchini stanno ~ col tuo vestito*** diese Ohrringe passen gut zu deinem Kleid **2a** RAFFORZ. ganz, voll ***ne sei ben sicuro?*** bist du dessen ganz sicher? ***si tratta di ben altro*** es geht um etwas ganz anderes; ***l'ha pagato ben sei milioni*** er hat ganze sechs Millionen dafür bezahlt; ***ben due ore*** zwei volle Stunden **b** sehr: ***è ben difficile che...*** es ist sehr schwierig, dass...; ***ben volentieri*** sehr gern; ***ben presto*** sehr bald; ***ben poco*** ziemlich wenig **3** *(pleonastico)* sicher, recht, wohl, doch, ja: ***dovrà ben arrivare!*** er wird wohl kommen! ***vorrei ben vedere!*** das fehlte gerade noch! ***lo credo ~*** das glaube ich wohl; ***se ben ricordo*** wenn ich mich recht erinnere; ***sai ~ che...*** du weißt doch, dass...; ***lo sai ~!*** du weißt es wohl! **4** *(in espressioni esclamative)* gut, prima, in Ordnung: ***~, basta così*** gut, das reicht; ***sta ~, a domani*** gut, bis morgen; ***~, bravo*** prima, bravo! ***allora, va ~!*** also, gut! ***sta ~!*** schon gut! ***tutto ~*** alles in Ordnung **II** agg.inv. vornehm: ***la gente ~*** die vornehme Welt, die gute Gesellschaft; ***un locale ~*** ein vornehmes Lokal ◆ ***gli è andata ~*** er hat Glück gehabt; ***ben ~*** gründlich, ordentlich, richtig; ***~ o male*** wohl oder übel; ***di ~ in meglio*** immer besser; ***ben pagato*** gut bezahlt; ***parlare ~ di qcn.*** von jdm Gutes sagen; ***una persona per ~*** ein anständiger Mensch; ***portare ~*** Glück bringen; ***presentarsi ~*** = einen guten Eindruck machen; ***promettere ~*** viel versprechend sein; ***rendere ~ per male*** Böses mit Gutem vergelten; ***ti sta ~, ben ti sta!*** das geschieht dir recht! ***star ~ (a soldi)*** gut bei Kasse sein; ***ben venga!*** so soll es recht sein! ***venir ~*** gelingen; PROV. ***tutto è ~ quel che finisce ~*** Ende gut, alles gut; ***presto e ~ raro avviene*** schnell und gut verträgt sich schlecht.
2.be|ne m. **1** Gute *n.*: ***augurare ogni ~*** alles Gute wünschen; ***fare del ~*** Gutes tun; ***voler ~ a qcn.*** jdn lieben, lieb haben; ***volersi ~*** sich lieben **2** *(beneficio)* Gute *n.*, Wohl *n.*, Beste *n.*: ***è per il tuo ~*** das ist (nur) zu deinem Besten; ***lo dico per il tuo ~*** ich sage es zu deinem Besten; ***fa ~ alla salute*** es ist gut für die Gesundheit; ***fai ~ a dirglielo*** du tust gut daran, es ihm zu sagen; ***fu un ~ che venissi*** es war ein Glück, dass du kamst **3** *(avere, possedimento)* Gut *n.*: ***-i mobili, immobili*** bewegliche Güter, unbewegliche Güter (*o* Immobilien *pl.*); ***-i temporali, terreni, spirituali*** zeitliche, irdische, geistige Güter ◆ ***il mio amato ~*** mein Schatz; ***il ~ comune*** das Gemeinwohl; ***-i di consumo*** Konsumgüter; ***-i demaniali*** Domänen *pl.*, Domänialgüter *pl.*; ***ogni ben di Dio*** alles, was das Herz begehrt; ***c'era ogni ben di Dio*** alles war in (*o* im) Überfluss vorhanden; ***-i di famiglia*** Familienbesitz *m.*; ***a fin di ~*** in guter Absicht; *(a scopo caritativo)* für einen guten Zweck; ***al di là del ~ e del male*** jenseits von gut und böse; ***nel ~ e nel male*** im Guten wie im Bösen; ***opere di ~*** gute Werke; ***-i rifugio*** wertbeständige Güter; ***il sommo ~*** das höchste Gut; PROV. ***chi fa ~, ha ~*** wer Gutes tut, wird Gutes ernten;

il ~ trova ~ das Gute kommt zum Guten.
be|ne|a|ma|to agg. ANT. viel geliebt.
Be|ne|det|ta n.pr.f. Benedikta *f.*
be|ne|det|ti|no I agg. Benediktiner-: ***convento ~*** Benediktinerkloster *n.*; ***ordine ~*** Benediktinerorden *m.*; ***regola -a*** Benediktinerregel *f.* **II** m. **1** RELIG. Benediktiner *m.* **2** GASTR. Benediktiner(likör) *m.*
be|ne|det|to p.pass. agg. **1** → **benedire 2** gesegnet (anche FIG.): ***essere ~ dalla sorte*** mit Glücksgütern gesegnet sein **3** *(consacrato)* geweiht, Weih-: ***terra -a*** geweihte Erde; ***acqua -a*** Weihwasser *n.* **4** *(sacro)* heilig: ***la Vergine -a*** die Gebenedeite, die Heilige Jungfrau **5** IRON. ***~ ragazzo!*** mein lieber Junge! **6** COLLOQ. EUFEM. verdammt: ***-i soldi!*** das gute Geld! verdammtes Geld! ◆ ***~ sia il Signore*** gelobt sei der Herr; ***-a fra le donne*** gebenedeit unter den Frauen.
Be|ne|det|to n.pr.m. Benedikt *m.* ◆ PROV. ***san ~ ogni, la rondine sotto il tetto*** zu Mariä Verkündigung kommen die Schwalben wieder.
be|ne|di|cen|te agg. segnend.
be|ne|di|re tr. *(benedico, benedici;* imperf. *benedicevo/benedivo;* p.rem. *benedissi/benedii;* p.pass. *benedetto)* **1** segnen (anche FIG.), ein‿segnen: ***dio ti benedica!*** Gott segne dich! ***~ un matrimonio, una nuova chiesa*** eine Ehe, eine neue Kirche segnen; ***~ il pane e il vino*** Brot und Wein segnen; FIG. ***benedico il giorno in cui...*** ich segne den Tag, an dem... **2** *(consacrare)* weihen: ***~ le candele, l'acqua*** die Kerzen, das Wasser weihen **3** FIG. *(ricordare con gratitudine)* loben: ***~ qcn. per qcs.*** jdn für, wegen etw. loben ◆ COLLOQ. ***andare a farsi ~*** zum Teufel gehen; *(rompersi)* ***essere andato a farsi ~*** zum Teufel sein; ***il vaso è andato a farsi ~*** die Vase ist zum Teufel (gegangen); *(saltare)* ***il progetto è andato a farsi ~*** = der Plan ist ins Wasser gefallen; ***mandare qcn. a farsi ~*** = jdn zum Teufel schicken.
be|ne|di|zio|ne f. Segen *m.* (anche FIG.), Segnung *f.*: ***la ~ paterna, papale, apostolica*** der väterliche, päpstliche, apostolische Segen; ***dare, impartire la ~ a qcn.*** jdm den Segen geben, erteilen (*o* spenden); ***ricevere la ~*** den Segen erhalten, bekommen; *(consenso)* ***dare la propria ~ a qcs.*** seinen Segen zu etw. geben; ***hai la mia ~!*** meinen Segen hast du! *(fortuna)* ***è una vera ~!*** das ist ein wahrer (*o* reiner) Segen ◆ ***~ della bandiera*** Fahnenweihe *f.*; ***~ dei figli*** Kindersegen *m.*; ***il matrimonio ebbe la ~ dei figli*** die Ehe war mit Kindern gesegnet; ***~ serale*** Abendsegen *m.*; ***ultima ~*** Aussegnung *f.*; ***impartire l'ultima ~ a qcn.*** jdn aus‿segnen.
be|ne|du|ca|to agg. wohlerzogen.
be|ne|fat|to|re m. Wohltäter *m.*: ***un ~ dell'umanità*** ein Wohltäter der Menschheit. **be|ne|fat|tri|ce** f. Wohltäterin *f.*
be|ne|fi|ca|men|te avv. wohltuend. **be|ne|fi|ca|re** tr. *(benefico, benefichi)* **1** Wohltaten erweisen, wohl tun **2** *(fare beneficenza)* wohltätig sein.
be|ne|fi|cen|za f. Wohltätigkeit *f.*; ***ballo di ~*** Wohltätigkeitsball *m.*; ***concerto di ~*** Wohltätigkeits-, Benefizkonzert *n.*; ***vendita di ~*** Wohltätigkeitsbasar *m.*; ***spettacolo di ~*** Wohltätigkeitsveranstaltung *f.*; ***fare della ~*** Wohltaten erweisen, wohltätig sein; ***devolvere il ricavato di uno spettacolo in ~*** den Erlös einer Veranstaltung spenden. **be|ne|fi|cia|re** intr. *(beneficio, benefici;* aus. *avere)* genießen: ***~ di qcs.*** etw. genießen, DIR. in den Genuss etw. (G), von etw. kommen; ***~ di una riduzione*** eine Ermäßigung genießen, bekommen; ***~ di un'amnistia*** unter eine Amnestie fallen.
be|ne|fi|cia|rio I agg. *(-ri, -rie)* Empfänger-: ***paese ~*** Empfängerland *n.*; ***ente ~*** Begünstigte *m.*, Bezugsberechtigte *m.* **II** m. *(-ri)* **1** Empfänger *m.*, Bedachte *m.*: ***~ di un sussidio*** Unterstützungsempfänger *m.*; ***~ di un sussidio sociale*** Fürsorgeempfänger *m.*; ***~ di una pensione*** Rentenempfänger *m.* **2** COMM. ***~ di cambiale*** Remittent *m.*, Wechselnehmer *m.*; ***~ di un assegno*** Schecknehmer *m.*; ***~ del bonifico*** Überweisungsempfänger *m.*; ***~ di un credito*** Kreditnehmer *m.* **3** DIR. *(di un legato)* Bedachte *m.* **4** ECCL. Benefiziar *m.*, Benefiziat *m.*
be|ne|fi|cio m. *(-ci)* **1** Vorteil *m.*, Nutzen *m.*: ***trarre, ricavare ~ da qcs.*** aus etw. Vorteil ziehen, heraus‿schlagen, heraus‿holen **2** *(giovamento)* Zuträglichkeit *f.* **3** ECCL. STOR. Pfründe *f.*, Benefizium *n.* ◆ ECON. ***analisi costi- -ci*** Kosten-Nutzen-Analyse *f.*; DIR. ***~ di inventario*** Inventarrecht *n.*; ESTENS. ***con ~ di inventario*** mit, unter Vorbehalt; ***-ci di legge*** Rechtswohltat *f.*, Rechtsvergünstigung *f.*; ***per ~ di legge*** kraft Gesetz(es); ***tornare a ~ di qcn.*** zu jds Vorteil geraten.
be|ne|fi|co agg. *(-ci, -che;* superl. *beneficentissimo)* **1** wohltuend: ***un calore, effetto ~*** eine wohltuende Wärme, Wirkung; ***esercitare un effetto ~ su qcn.*** wohltuend auf jdn wirken **2** *(di beneficenza)* wohltätig, Wohltätigkeits-: ***a scopi -ci*** für wohltätige Zwecke; ***associazione -a*** Wohltätigkeitsverein *m.*
be|ne|fit m. Vergünstigung *f.*, Leistung *f.*: ***fringe -s*** zusätzliche Leistungen.
Be|ne|lux n.pr.m. Beneluxstaaten *pl.*
be|ne|me|ren|za f. Verdienst n.; ***attestato di ~*** Ehrenurkunde *f.*
be|ne|me|ri|ta f. ***la ~*** = die Karabinieri *pl.* **be|ne|me|ri|to** agg. verdient, verdienstvoll: ***una persona -a*** eine verdienstvolle Person: ***rendersi ~ di qcs.*** sich um etw. verdient machen, sich (D) um etw. Verdienste erwerben.
be|ne|pla|ci|to m. Einwilligung *f.*
be|nes|se|re m. **1** Wohl *n.*, Wohlergehen *n.*: ***il ~ fisico*** das Wohlbefinden, das körperliche Wohl; ***senso di ~*** Wohlgefühl *n.*, Wohlsein *n.* **2** *(agiatezza)* Wohlstand *m.*: ***vivere nel ~*** im Wohlstand leben; ***società del ~*** Wohlstandsgesellschaft *f.*; ***figlio del ~*** Wohlstandsbürger *m.*; ***malattia del ~*** Zivilisationskrankheit *f.*
be|ne|stan|te I agg. wohlhabend, begütert, vermögend: ***essere di famiglia ~*** aus einer wohlhabenden Familie stammen **II** m. e f. besser Gestellte *m.* e *f.*, Wohlhabende *m.* e *f.*
be|ne|sta|re m.inv. Einverständnis *n.*, BUROCR. Einverständniserklärung *f.*; *(approvazione)* Billigung *f.*, Genehmigung *f.*: ***dare il proprio ~ a qcn., qcs.*** jdm, zu etw. sein Einverständnis, seine Einwilligung geben.
Be|ne|ven|to n.pr.f. Benevent *n.*
be|ne|vo|len|te agg. LETT. → **benevolo.**
be|ne|vo|len|za f. **1** Wohlwollen *n.*, Gewogenheit *f.*: ***godere della ~ di qcn.*** jds Wohlwollen genießen; ***ottenere la ~ di qcn. (per qcs.)*** jds Gewogenheit (für etw.) gewinnen; ***trattare qcn. con ~*** jdn mit Wohlwollen behandeln **2** *(indulgenza)* Gunst *f.*: ***dimostrazione di ~*** Gunstbezeigung *f.* ◆ ***conquistarsi la ~ di qcn. (per qcs.)*** sich (D) jdn (für etw.) geneigt machen.
be|ne|vol|men|te avv. wohlwollend, gütig: ***porsi ~ nei confronti di qcn., qcs.*** jdm, etw. wohlwollend gegenüber‿stehen; ***sorridere ~*** wohlwollend lächeln. **be|ne|vo|lo** agg. **1** wohlwollend, wohlmeinend: ***un consiglio ~*** ein wohlmeinender Rat **2** *(disponibile)* geneigt, gütig: ***trovare ~ ascolto in qcn.*** bei jdm ein geneigtes Ohr finden; ***mostrarsi ~ verso qcn.*** sich gütig gegen jdn zeigen **3** *(indulgente)* mild, gnädig.
ben|fat|to agg. wohlgeformt, wohlgestaltet.
ben|ga|la m. **1** *(fuoco d'artificio)* bengalisches Feuer *n.* **2** *(razzo illuminante)* Leuchtrakete *f.* **Ben|ga|la** n.pr.m. Bengalen *n.* **ben|ga|le|se I** agg. bengalisch **II** m. e f. Bengale *m.* (Bengalin *f.*) **III** m. *(lingua)* Bengali *n.* **ben|ga|li** m. Bengali *n.*
ben|ga|li|no m. Prachtfink *m.*
ben|go|di m. ***(paese di) ~*** Schlaraffenland *n.*
be|nia|mi|no m. **1** Liebling *m.*: ***~ del pubblico*** Publikumsliebling *m.* **2** *(figlio prediletto)* Lieblingskind *n.*, Schoßkind *n.*
Be|nia|mi|no n.pr.m. Benjamin *m.*
be|ni|gna|men|te avv. wohlwollend, gütig: ***trattare ~ qcn.*** jdn wohlwollend behandeln. **be|ni|gni|tà** f. **1** Güte *f.*, Wohlwollen *n.*: ***guardare qcn. con ~*** jdn mit Wohlwollen betrachten **2** *(di una malattia)* Gutartigkeit *f.* **3** *(clemenza)* Milde *f.*: ***la ~ del clima*** die Milde des Klimas. **be|ni|gno** agg. **1** wohlwollend, gütig **2** *(clemente)* mild: ***un giudizio ~*** ein mildes Urteil **3** *(indulgente)* geneigt: ***~ lettore!*** geneigter Leser! **4** MED. gutartig: ***un tumore ~*** ein gutartiger Tumor, eine gutartige Geschwulst.
be|nin|for|ma|to I agg. gut unterrichtet: ***da fonte -a*** von gut unterrichteter Seite **II** m. Informierte *m.*
be|ni|no avv. **1** recht gut: ***suonare ~*** recht gut spielen **2** *(a fondo)* gründlich: ***un lavoro eseguito per ~*** eine gründlich ausgeführte Arbeit; ***fare le cose per ~*** = Nägel mit Köpfen machen.
be|nin|ten|zio|na|to agg. gut gesinnt, wohlgesinnt: ***essere ~ verso qcn.*** jdm (*o* RAR. gegen jdn) gut gesinnt sein.
be|nin|te|so avv. wohlverstanden, wohlgemerkt, selbstverständlich: ***~, la cosa rimane tra noi*** wohlgemerkt, die Sache bleibt unter uns ◆ ***~ che...*** vorausgesetzt, dass...; ***domani andiamo al cinema, ~ che io abbia tempo*** morgen gehen wir ins Kino, vorausgesetzt, dass ich Zeit habe.
ben|na f. Greifer *m.* ◆ ***escavatore a ~ prensile*** Greifbagger *m.*; ***escavatore a ~ trascinata*** Schrapper *m.*
ben|na|to agg. **1** *(beneducato)* wohlerzogen **2** *(nobile)* wohlgeboren.
ben|pen|san|te I agg. **1** rechtschaffen **2** SPREG. spießig **II** m. e f. **1** rechtschaffener Mensch *m.* **2** SPREG. Spießer *m.* (-in *f.*).
ben|por|tan|te agg. rüstig.
ben|ser|vi|to, *dare il ~ a qcn.* jdm den Laufpass geben; ***ricevere il ~*** den Laufpass bekommen, erhalten.
ben|sì cong. **1** sondern: ***non era in ufficio, ~ a casa*** er war nicht im Büro, sondern zu Hause **2** *(certamente)* zwar, ja.

bèn|thos → **bentos.**
ben|tor|na|to I agg. willkommen: ~ ***a casa!*** herzlich willkommen zu Hause! II m. Willkommen *n.*
ben|tos m. Benthos *n.*
ben|ve|nu|to I agg. willkommen: ***un ospite*** ~ ein willkommener Gast; ~***!*** (herzlich) willkommen! ~ ***tra noi!*** willkommen bei uns! II m. 1 Willkommene *m.* 2 *(saluto)* Willkommen *n.*: ***saluto di*** ~ Willkommensgruß *m.*; ***brindisi di*** ~ Willkommenstrunk *m.* ◆ ***dare il*** ~ ***a qcn.*** jdn willkommen heißen; ***dare un cordiale*** ~ ***a qcn.*** jdm ein herzliches Willkommen bereiten; ***essere il*** ~ ***in un luogo*** an einem Ort willkommen sein; ***Lei è sempre il*** ~ Sie sind jederzeit willkommen.
ben|vi|sto agg. gern gesehen.
ben|vo|le|re tr. ***farsi*** ~ ***da qcn.*** sich beliebt bei jdm machen; ***prendere a*** ~ ***qcn.*** jdn lieb gewinnen.
ben|vo|lu|to p.pass. agg. 1 → **benvolere** 2 beliebt: ***essere*** ~ ***da tutti*** bei allen beliebt sein; ***un maestro*** ~ ein beliebter Lehrer.
ben|ze|ne m. Benzol *n.* **ben|ze|ni|co** agg. *(-ci,-che)* Benzol-.
ben|zo|e m. Benzoe *f.* **ben|zoi|co** agg. *(-ci,-che)* Benzoe-: ***acido*** ~ Benzoesäure *f.*
ben|zi|na f. Benzin *n.*: ~ ***normale*** Normalbenzin *n.*; ~ ***super*** Superbenzin *n.*; ~ ***senza piombo*** bleifreies Benzin ◆ ***andare a*** ~ mit Benzin fahren; ***buono*** ~ Benzingutschein *m.*; ***distributore di*** ~ Tankstelle *f.*; ***fare (il pieno di)*** ~ (voll) tanken; ***motore a*** ~ Benzinmotor *m.*; ***prezzo della*** ~ Benzinpreis *m.*; ***serbatoio della*** ~ Benzintank *m.*; ~ ***verde*** bleifreies Benzin.
ben|zi|na|io m. *(-ai)* 1 Tankwart *m.* 2 ESTENS. *(distributore)* Tankstelle *f.*: ***andare dal*** ~ zur Tankstelle fahren.
ben|zo|lo m. Benzol *n.*
be|o|ne m. SPREG. Saufbold *m.*, Säufer *m.*, Schlucker *m.*
be|o|ta I agg. dumm, idiotisch, blöd II m. e f. 1 *(abitante della Beozia)* Böotier *m.* (-in *f.*) 2 SPREG. Holzkopf *m.*, Idiot *m.*
be|o|ti|co agg. *(-ci,-che)* böotisch.
Be|o|zia n.pr.f. Böotien *n.*
Bep|pe n.pr.m. Sepp *m.*
be|qua|dro m. Auflösungszeichen *n.*
ber|be|ro I agg. Berber-, berberisch: ***cavallo*** ~ Berberpferd *n.*; ***lingua -a*** Berbersprache II m. Berber *m.*
ber|cia|re intr. *(bercio, berci;* aus. *avere)* REGION. brüllen, grölen.
1.be|re *(bevo, bevi; bevvi/*ANT. *bevetti; bevuto)* I tr. 1 trinken (anche assol.): ~ ***vino, birra*** Wein, Bier trinken; ~ ***una tazza di caffè, un sorso d'acqua*** eine Tasse Kaffee, einen Schluck Wasser trinken; ~ ***un uovo*** ein Ei aus‿trinken; ~ ***alla bottiglia, a collo*** aus der Flasche trinken; COLLOQ. ***questo vino si lascia*** ~ dieser Wein lässt sich trinken; *(brindare)* ~ ***alla salute di qcn.*** auf jds Gesundheit (*o* Wohl) trinken 2 *(di animali)* saufen, trinken 3 FIG. *(assorbire)* auf‿saugen: ***il terreno beve la pioggia*** der Boden saugt den Regen auf 4 *(credere a)* ***questa non la bevo!*** das lass ich mir nicht aufbinden! II intr. (aus. *avere*) 1 *(bere alcolici)* trinken: ~ ***per dimenticare*** trinken, um zu vergessen; ***ha cominciato a*** ~ er hat angefangen zu trinken; ***ha smesso di*** ~ er hat mit dem Trinken aufgehört, er trinkt nicht mehr 2 *(nuotando)* Wasser schlucken 3 COLLOQ. *(consumare)* schlucken, saufen, fressen: ***questo motore beve molto*** dieser Motor schluckt (*o* säuft) viel III pronom. ***bersi*** 1 sich trinken: ***questo vino si beve bene*** dieser Wein trinkt sich gut 2 trinken ***-rsi una birra, un bicchiere di latte*** ein Bier, ein Glas Milch trinken 3 COLLOQ. *(credere a)* ***-rsi qcs.*** sich (D) etw. auf‿binden lassen (*o* weis‿machen lassen): ***si beve tutto quello che gli si dice*** er lässt sich alles aufbinden, was man ihm sagt ◆ ***è facile come*** ~ ***un bicchier d'acqua*** = das ist kinderleicht; ~ ***qualche bicchierino di troppo*** ein Glas über den Durst trinken; ***dare, versare da*** ~ ***a qcn.*** jdm zu trinken geben, jdm ein‿schenken; ***dare da*** ~ ***agli animali*** die Tiere tränken; BIBL. ***dare da*** ~ ***agli assetati*** den Dürstenden zu trinken geben; ***offrire, pagare da*** ~ ***a qcn.*** jdm einen aus‿geben; ***darla a*** ~ ***a qcn.*** jdm einen Bären auf‿binden; ~ ***a garganella*** = aus der Flasche trinken, ohne sie an den Mund zu setzen; ~ ***sopra un dispiacere*** = einen Kummer im Alkohol ertränken; ~ ***come una spugna*** wie ein Loch saufen; PROV. ***o*** ~ ***o affogare*** friss Vogel oder stirb.
2.be|re m. Trinken *n.*, Trunk *m.*: ***darsi al*** ~ sich dem Trunk ergeben; ***perdere il vizio del*** ~ sich (D) das Trinken abgewöhnen.
ber|ga|ma|sco I agg. *(-schi,-sche)* bergamaskisch, bergamask, aus Bergamo II m. 1 *(-schi)* Bergamaske *m.*, Einwohner *m.* von Bergamo 2 *(dialetto)* bergamaskischer Dialekt *m.* ◆ *(cane)* ***pastore*** ~ INTRAD. (bergamasker Schäferhund).
Ber|ga|ma|sco n.pr.m. Gegend *f.* um Bergamo.
ber|ga|mot|ta f. Bergamotte *f.* **ber|ga|mot|to** m. Bergamotte *f.*
be|ri be|ri, be|ri|be|ri m. Beriberi *f.*
be|ril|lio m. Beryllium *n.* **be|ril|lo** m. Beryll *m.*
1.ber|li|na f. 1 *(carrozza)* Berline *f.* 2 *(auto)* Limousine *f.*
2.ber|li|na f. STOR. Pranger *m.*: ***mettere qcn. alla*** ~ jdn an den Pranger stellen (anche FIG.); ***essere messo alla*** ~ an den Pranger gestellt werden (anche FIG.).
ber|li|ne|se I agg. berlinerisch, Berliner II m. e f. Berliner *m.* (-in *f.*).
Ber|li|no n.pr.f. Berlin *n.*; STOR. ~ ***Est, Ovest*** Ost-, Westberlin ◆ ***festival (del cinema) di*** ~ Berlinale *f.*
ber|ma f. Berme *f.*
ber|mu|da m.pl. Bermudashorts *pl.*, Bermudas *pl.* **Ber|mu|de** n.pr.f.pl. Bermudas *pl.* ◆ ***isole*** ~ Bermudainseln *pl.*; ***triangolo delle*** ~ Bermudadreieck *n.*
Ber|na n.pr.f. Bern *n.*
ber|nar|di|no m. Bernhardiner *m.*: ***ordine dei -i*** Bernhardinerorden *m.* **Ber|nar|do** n.pr.m. Bernhard *m.* ◆ ***(cane) san*** ~ Bernhardiner(hund) *m.*; ZOOL. ~ ***l'eremita*** Einsiedlerkrebs *m.*; ***Gran san*** ~ Großer St. Bernhard; ***Piccolo san*** ~ Kleiner St. Bernhard.
ber|ne|se I agg. Berner II m. e f. Berner *m.* (-in *f.*).
ber|noc|co|lo m. 1 Beule *f.*: ***avere un*** ~ ***in testa*** eine Beule am Kopf haben; ***farsi un*** ~ sich (D) eine Beule stoßen 2 FIG. *(disposizione naturale)* Neigung *f.*, Veranlagung *f.*: ***avere il*** ~ ***della matematica, dell'inventore*** Neigung zur Mathematik, Erfindergeist haben; ***avere il*** ~ ***degli affari*** Geschäftssinn, eine Nase für Geschäfte haben. **ber|noc|co|lu|to** agg. voller Beulen, verbeult.
ber|ret|ta f. Mütze *f.*; *(cuffia)* Kappe *f.*, Haube *f.*: ~ ***da notte*** Schlafmütze *f.*, Nachthaube *f.* ◆ ~ ***da prete*** Birett *n.*; BOT. Pfaffenhütchen *n.*, -mütze *f.* **ber|ret|ti|no** m. Mützchen *n.*
ber|ret|to m. 1 Mütze *f.*: ***un*** ~ ***di lana, di pelliccia*** eine Woll-, Fellmütze; ***portare, mettere, togliere un*** ~ eine Mütze tragen, auf‿setzen, ab‿nehmen 2 *(cuffia)* Kappe *f.* ◆ ~ ***da buffone*** Narren-, Schellenkappe *f.*; ~ ***goliardico*** Studentenmütze *f.*; ~ ***da marinaio*** Matrosenmütze, Tellermütze (*o* -kappe *f.*); ~ ***da notte*** Schlafmütze *f.*, Nachthaube *f.*; ~ ***a sonagli*** Schellenkappe *f.*; ~ ***a, con visiera*** Schirmmütze *f.*
ber|sa|glia|re tr. *(bersaglio, bersagli)* 1a MIL. unter Beschuss nehmen: ~ ***il nemico, le postazioni nemiche*** den Feind, die feindlichen Stellungen unter Beschuss nehmen **b** ESTENS. ~ ***qcn. di palle di neve, di pugni*** jdn mit Schneebällen bewerfen, auf jdn mit Fäusten ein‿schlagen 2a FIG. ~ ***qcn. di critiche*** jdn zur Zielscheibe seiner Kritik machen; ~ ***qcn. di scherzi*** jdn zum Opfer seiner Scherze machen **b** *(prendere di mira)* ***essere bersagliato dalla critica, dalla sfortuna*** im Kreuzfeuer der Kritik stehen, vom Pech verfolgt werden.
ber|sa|glie|ra, ***alla*** ~ = energisch; *(con slancio)* mit Schwung, schwungvoll. **ber|sa|glie|re** m. 1 INTRAD. (Angehöriger einer Scharfschützentruppe) 2 FIG. SCHERZ. *(tipo energico)* = Draufgänger *m.* ◆ ***cappello da*** ~ Bersaglierihut *m.*; ***con passo da*** ~ im Laufschritt. **ber|sa|glie|re|sco** agg. *(-schi,-sche)* 1 schnell: ***passo*** ~ schneller Schritt, Laufschritt *m.* 2 *(spavaldo)* draufgängerisch.
ber|sa|glio m. *(-gli)* 1a Ziel *n.*: ~ ***fisso, mobile*** unbewegliches, bewegliches Ziel; ***colpire, mancare il*** ~ das Ziel treffen, verfehlen **b** *(a cerchi)* Zielscheibe *f.*, Schießscheibe *f.*, Scheibe *f.*: ***mirare, sparare al*** ~ die Zielscheibe an‿visieren, auf die (*o* nach der) Scheibe schießen 2 FIG. Zielscheibe *f.*: ***essere il*** ~ ***di qcn.*** die Zielscheibe von jdm sein; ***fare da*** ~ Zielscheibe sein ◆ ***tiro al*** ~ Scheibenschießen *n.*
1.ber|ta f. ORNIT. (Schwarzschnabel-) Sturmvogel *m.*, Sturmtaucher *m.*
2.ber|ta f. MECC. Pfahlramme *f.*, Ramme *f.*, Rammbär *m.*
Ber|ta n.pr.f. Bert(h)a *f.* ◆ ***ai tempi che*** ~ ***filava*** zu Olims Zeiten, Anno Tobak.
Ber|tol|do n.pr.m. Berthold *m.*
ber|tuc|cia f. *(-ce)* Magot *m.*
be|scia|mel|la f. Béchamelsoße *f.*
Bes|sa|ra|bia n.pr.f. Bessarabien *n.*
be|stem|mia f. 1 Gotteslästerung *f.*, Lästerung *f.*, Fluch *m.*: ***dire -e*** fluchen 2 FIG. *(sproposito)* Unsinn *m.*: ***non dire -e!*** red keinen Unsinn! **be|stem|mia|re** *(bestemmio, bestemmi)* I intr. (aus. *avere*) fluchen: ~ ***come un turco*** wie ein Bierkutscher fluchen; ~ ***contro qcn., qcs.*** auf jdn, etw. fluchen II tr. verfluchen ◆ FIG. ***(ma) non*** ~***!*** red keinen Unsinn! **be|stem|mia|to|re** m. Gotteslästerer *m.*, Flucher *m.*
be|stia f. 1a Tier *n.*: ***-e da soma, da tiro*** Saumtiere (*o* Lasttiere), Zugtiere; ~ ***feroce*** wildes Tier, Bestie *f.* **b** *(bestiame)* Vieh *n.*: ***portare le -e all'abbeverata*** das Vieh zur Tränke führen 2 *(insetto, parassita)* Ungeziefer *n.*: ***la verdura è piena di -e*** das Gemüse ist voller Ungeziefer 3a *(persona ignorante)* Esel *m.*, Mistvieh *n.*: ~ ***che sei!*** du Biest! Mistvieh! **b** *(persona rozza e violenta)* Un-

tier *n.*, Tier *n.*, Bestie *f.*: ***suo marito è una ~*** ihr Mann ist ein Untier; ***quello non è un uomo, è una ~*** das ist kein Mensch, sondern eine Bestie ◆ ***la fame, la guerra è una brutta ~*** Hunger, Krieg ist eine schlimme Sache (*o* etwas Schreckliches); ***lavorare, sudare come una ~*** wie ein Pferd arbeiten, wie ein Affe schwitzen; ***si avventò su di lei come una ~*** er stürzte sich auf sie wie ein wild gewordener Stier; ***vivere ammassati come -e*** eingepfercht wie Schlachtvieh leben; ***andare, montare in ~*** in Rage kommen (*o* geraten), aus der Haut fahren; ***mandare in ~, far montare in ~ qcn.*** jdn in Rage bringen, auf die Palme bringen; ***la matematica è la sua ~ nera*** Mathematik ist sein Schreckgespenst; ***una ~ rara*** ein seltener Vogel.

be|stiac|cia f. *(-ce)* SPREG. Mistvieh *n.*, Biest *n.*, REGION. Viech *n.*

be|stia|le agg. **1** tierisch, viehisch (anche ESTENS.): ***istinto ~*** tierischer Instinkt; ***violenza ~*** tierische Gewalt **2** COLLOQ. *(molto intenso)* bestialisch, Mords-, entsetzlich: ***un freddo ~*** eine bestialische Kälte, eine Mordskälte; ***una fame, fifa ~*** ein Mordshunger, Mordsbammel; ***divertimento ~*** Mordsspaß *m.*; ***stanchezza ~*** entsetzliche Müdigkeit. **be|stia|li|tà** f.inv. **1** Bestialität *f.* **2** *(grossa sciocchezza)* Blödsinn *m.*: ***fare ~*** Blödsinn machen; ***non dire ~!*** red keinen Blödsinn! **be|stial|men|te** avv. wie ein Tier, tierisch, viehisch, bestialisch.

be|stia|me m. Vieh *n.*, Rindvieh *n.*, Tiere *pl.*: ***allevare, marchiare, sorvegliare il ~*** Vieh züchten, zeichnen, hüten; ***~ da latte, da macello*** Milch-, Schlachtvieh; ***~ grosso, minuto*** Groß-, Kleinvieh; ***40 capi di ~*** 40 Stück Vieh; ***il ~ pascola sul prato*** das Vieh grast auf der Weide ◆ ***allevamento del ~*** Viehhaltung *f.*, Viehzucht *f.*; ***capo di ~*** Stück *n.* Vieh; ***carro ~*** Viehwaggon *m.*; ***commercio del ~*** Viehhandel *m.*

1.be|stia|rio m. *(-ri)* Tierbuch *n.*, Bestiarium *n.*

2.be|stia|rio m. *(-ri)* STOR. *(nell'antica Roma)* Bestiarier *m.*

be|stio|la f. Tierchen *n.* **be|stio|ne** m. **1** Riesentier *n.* **2** FIG. Muskelprotz *m.*

best|sel|ler m.inv. Bestseller *m.*

be|ta m.inv. Beta *n.*: ***raggi ~*** Betastrahlen *pl.* **be|ta|bloc|can|te** m. Beta(rezeptoren)blocker *m.*

be|ta|tro|ne m. Betatron *n.*

be|tel m. **1** Betel *m.* **2a** BOT. *(pianta rampicante)* Betelpfeffer *m.* **b** *(tipo di palma)* Betelpalme *f.*, Arekapalme *f.* ◆ ***noce di ~*** Arekanuss *f.*

Be|tlem|me n.pr.f. Bethlehem *n.*

be|ton m.inv. Beton *m.* **be|to|nag|gio** m. Betonierung *f.*

be|to|ni|ca → **bettonica.**

be|to|nie|ra f. Betonmischmaschine *f.*

1.bet|to|la f. Spelunke *f.*, Kaschemme *f.*, Schnapsbude *f.* ◆ ***da ~*** unflätig, pöbelhaft.

2.bet|to|la f. *(chiatta)* Lastkahn *m.* **bet|to|li|na** f. Lastkahn *m.*

be|tul|la f. **1** Birke *f.*: ***olio di ~*** Birkenöl *n.* **2** *(legno)* Birke *f.*, Birkenholz *n.*

beu|ta f. Kolben *m.*

be|van|da f. Getränk *n.*: ***~ calda, alcolica, analcolica*** heißes, alkoholisches, alkoholfreies Getränk. **be|ve|rag|gio** m. *(-gi)* **1** *(beverone)* Viehtrank *m.*, Kleiewasser *n.* **2** SPREG. *(intruglio)* Gebräu *n.*, Gesöff *n.* **be|ve|ri|no** m. Trinknäpfchen *n.*, Wassernäpfchen *n.* **be|ve|ro|ne** m. **1** Viehtrank *m.* **2** SPREG. *(intruglio abbondante)* Gebräu *n.*, Gesöff *n.* **be|vet|ti** → **bere. be|vi|bi|le** agg. trinkbar. **be|vi|bi|li|tà** f. Trinkbarkeit *f.* **be|vic|chia|re** tr. *(bevicchio, bevicchi)* **1** *(bere di tanto in tanto)* nippen **2** *(bere abitualmente alcolici)* bechern, picheln. **be|vi|to|re** m. Trinker *m.*: ***un forte ~*** ein starker Trinker. **be|vu|ta** f. **1a** Trinken *n.*; ***fare una bella ~*** ganz schön (*o* ordentlich) trinken; ***facciamoci una ~!*** trinken wir was zusammen! **b** *(nuotando)* ***fare una ~*** Wasser schlucken **2** *(bicchierata)* Umtrunk *m.*: ***invitare qcn. a una ~*** jdn zu einem Umtrunk ein‿laden. **be|vu|to** p.pass. agg. **1** → **bere 2** COLLOQ. *(brillo)* ***è un po' ~*** er ist ein wenig angeheitert. **bev|vi** → **bere.**

B.F. ⇒ *bassa frequenza* Niederfrequenz (NF).

bi f. e m.inv. b, B *n.*

B.I. ⇒ *Banca d'Italia* Italienische Staatsbank.

biac|ca f. Weiß *n.*: ***~ di piombo*** Bleiweiß *n.*

biac|co m. *(-chi)* Bachennatter *f.*

bia|da f. Hafer *m.*, Futtergetreide *n.*: ***dare la ~ ai cavalli*** den Pferden Hafer geben. **bia|da|re** tr. Hafer verfüttern.

bian|ca f. *(-che)* **1** TESS. Bleiche *f.*, Bleichen *n.* **2** TIP. Vorderseite *f.*

Bian|ca|ne|ve n.pr.f. Schneewittchen *n.*: ***~ e i sette nani*** Schneewittchen und die sieben Zwerge.

bian|ca|stro agg. weißlich.

bian|cheg|gian|te agg. weiß leuchtend, weiß schimmernd. **bian|cheg|gia|re** *(biancheggio, biancheggi)* **I** intr. (aus. *avere*) LETT. weiß leuchten (*o* schimmern) **II** tr. weißen: ***~ le pareti*** die Wände weißen.

bian|che|ri|a f. **1** Wäsche *f.*, Weißwäsche *f.*: ***~ umida, asciutta*** Nass-, Trockenwäsche *f.*; ***indossare ~ pulita*** frische Wäsche an‿ziehen; ***~ fresca di bucato*** frisch gewaschene Wäsche; ***cambiare la ~*** die Wäsche wechseln; ***mettere in ammollo la ~*** die Wäsche ein‿weichen; ***stendere la ~ ad asciugare*** die Wäsche zum Trocknen auf‿hängen; ***ritirare la ~ stesa*** die Wäsche ab‿nehmen; ***ordinare la ~ nell'armadio*** die Wäsche in den Schrank sortieren **2** *(articoli di biancheria)* Wäsche *f.*, Weißwaren *pl.*: ***negozio di ~*** Wäschegeschäft *n.* ◆ ***capo di ~*** Wäschestück *n.*; ***cesta per la, della ~*** Wäschekorb *m.*; ***~ colorata*** Buntwäsche *f.*; ***~ da donna, da uomo*** Damen-, Herrenunterwäsche *f.*; ***~ delicata*** Feinwäsche *f.*; ***~ intima*** Unterwäsche *f.*, Unter(be)kleidung *f.*, Leibwäsche *f.*; ***~ da letto*** Bettwäsche *f.*; ***~ di lino*** Lein(en)zeug *n.*; ***~ da tavola*** Tischwäsche *f.*

bian|che|ri|sta f. Weißnäherin *f.*

bian|chet|to m. **1** *(belletto)* Schminkweiß *n.* **2** *(sbiancante)* Bleichmittel *n.* **3** *(correttore)* Korrekturflüssigkeit *f.* **bian|chez|za** f. Weiß *n.*, Weiße *f.* **bian|chic|cio** agg. *(-ci,-ce)* weißlich. **bian|chi|re** tr. *(bianchisco, bianchisci)* **1** TECN. *(sbiancare)* bleichen **2** *(metalli preziosi)* polieren.

bian|co I agg. *(-chi,-che)* **1** weiß: ***una camicia -a*** ein weißes Hemd; ***capelli -chi*** weiße Haare; ***la razza -a*** die weiße Rasse; ***~ come la neve*** schneeweiß **2** *(pulito)* rein **3** *(non scritto)* unbeschrieben, weiß: ***pagine -che*** unbeschriebene Seiten **4** *(pallido)* blass, bleich: ***diventare ~ per lo spavento*** vor Schreck weiß werden, erbleichen; ***~ come un morto, un lenzuolo*** totenbleich, kreidebleich; ***~ come un cencio*** weiß wie die Wand **II** m. *(-chi)* **1a** Weiß *n.*: ***abbinare il blu al ~*** Blau mit Weiß kombinieren; ***sposarsi in ~*** in Weiß heiraten **b** *(giocatore che ha i pezzi bianchi)* ***il ~ dà scacco*** Weiß bietet Schach **2** *(parte bianca)* Weiße *n.*: ***il ~ degli occhi, dell'uovo*** das Weiße im Auge, das Eiweiß **3** *(uomo di pelle bianca)* Weiße *m.* **4** *(vino bianco)* Weiße *m.*: ***bere un ~*** einen Weißen trinken **5** TIP. Blockade *f.* ◆ ***andare in ~*** einen Reinfall erleben; *(in un approccio amoroso)* ***con lei si va in ~*** bei ihr läuft nichts; ***carne -a*** helles Fleisch *n.*; ***dare carta -a a qcn.*** = jdm uneingeschränkte Vollmacht geben; ***la Casa Bianca*** das Weiße Haus; ***dare il ~ a qcs.*** etw. weißen, (weiß) tünchen; ***dare una mano, la seconda mano di ~ al muro*** die Wand weißen, nach‿weißen; ***vestito di ~*** weiß gekleidet; ***consegnare il compito in ~*** ein leeres Blatt ab‿geben; ***lasciare in ~ una data*** ein Datum offen lassen; BANC. BUROCR. *(non scritto)* ***assegno in ~*** Blankoscheck *m.*; ***firmare in ~*** blanko unterschreiben, eine Blankounterschrift leisten; ***girata in ~*** offenes Giro *n.*; ***procura in ~*** Blankovollmacht *f.*; ***foglio, modulo in ~*** Blankett *n.*; GASTR. ***in ~*** = nur mit Öl oder Butter zubereitet; ***matrimonio ~*** nicht vollzogene Ehe; ***Monte Bianco*** Montblanc *m.*; ***in ~ e nero*** schwarzweiß, Schwarzweiß-: ***film, fotografia in ~ e nero*** Schwarzweißfilm *m.*, Schwarzweißaufnahme *f.* (*o* -fotografie *f.*); ***mettere qcs. nero su ~*** etw. schriftlich geben, schwarz auf weiß geben; ***far vedere a qcn. (il) nero per (il) ~*** jdm ein X für ein U vor‿machen; ***dire oggi ~ e domani nero*** einmal hü und einmal hott sagen; ***passare la notte in ~*** eine schlaflose (*o* durchwachte) Nacht verbringen; ***oro ~*** Weißgold *n.*; ***orso ~*** Eisbär *m.*; ***pane ~*** Weißbrot *n.*; ***di punto in ~*** mir nichts, dir nichts (*o* aus heiterem Himmel, plötzlich); ***essere ~ e rosso, avere una faccia -a e rossa*** wie Milch und Blut (*o* kerngesund) aus‿sehen; ***~ sporco*** Rohweiß *n.*; ***tasto ~*** Korrekturtaste *f.*; ***uva -a*** weiße Trauben *m.pl.*; ***vedova -a*** Strohwitwe *f.*; ***vino ~*** Weißwein *m.*; ***voce -a*** Knabenstimme *f.*

bian|co-ar|gen|te|o, bian|co|ar|gen|te|o agg. silberweiß.

bian|co|man|gia|re m.inv. INTRAD. (Pudding aus Milch oder Mandelmilch, Mehl und Zucker).

bian|co|ne m. Schlangenadler *m.*

bian|co|ne|ro I agg. von Juventus Turin: ***i giocatori -i*** die Fußballspieler von Juventus Turin; ***la squadra -a*** = die Fußballmannschaft Juventus Turin **II** m. Fußballspieler *m.* von Juventus Turin.

bian|co|re m. (leuchtendes) Weiß *n.*

bian|co|se|gno m. Blankowechsel *m.* **bian|co|spi|no** m. Weißdorn *m.*, Hagedorn *m.* **bian|co|ve|sti|to** agg. LETT. weiß gekleidet.

bian|cu|me m. **1** *(insieme di cose bianche)* Weiß *n.*, Weißzeug *n.* **2** *(biancore)* leuchtendes Weiß *n.*

bia|sci|ca|men|to m. **1** (geräuschvolles) Kauen *n.*, Schmatzen *n.* **2** FIG. Nuscheln *n.* **bia|sci|ca|re** tr. *(biascico, biascichi)* **1** schmatzend kauen **2** FIG. *(parole)* nuscheln, murmeln.

bia|si|ma|re tr. *(biasimo)* tadeln, rügen: ***~ qcn. per il suo comportamento*** jdn für sein Benehmen, wegen seines Benehmens tadeln, rügen; ***non è da ~*** es ist nicht tadelnswert (*o* nicht zu tadeln). **bia|si|ma|to|re** m. Tadler *m.*, Rüger *m.* **bia|si|me|vo|le** agg. tadelnswert, tadelnswürdig. **bia|si|me|vol|men|te** avv. tadelnswert.

bia|si|mo m. Tadel *m.*, Rüge *f.*, Verweis *m.*: ***degno di ~*** tadelnswürdig; ***parole di ~*** tadelnde Worte; ***in tono di ~*** in rügendem Ton.
bi|as|si|co agg. *(-ci,-che)* zweiachsig.
bi|a|to|mi|co agg. *(-ci,-che)* zweiatomig.
bi|au|ri|co|la|re agg. biaurikular.
Bib|bia f. Bibel *f.* (anche FIG.): ***detto, passo della ~*** Bibelspruch *m.*, Bibelstelle *f.*; FIG. ***la ~ dei cinefili*** die Bibel der Kinoliebhaber.
bi|be|ron m.inv. Milchflasche *f.*, Babyflasche *f.*, Flasche *f.*: ***poppare latte dal ~*** Milch aus der Flasche saugen; ***dare il ~ al bambino*** dem Kind die Flasche geben.
bi|bi|ta f. Getränk *n.*: ***~ ghiacciata*** Eisgetränk *n.*; ***~ dissetante*** Erfrischungsgetränk *n.*
bi|bli|ca|men|te avv. biblisch. **bi|bli|co** agg. *(-ci,-che)* biblisch, Bibel-: ***esegesi -a*** Bibelauslegung *f.* ◆ SCHERZ. ***in senso ~*** = sexuell.
bi|blio|fi|li|a f. Bibliophilie *f.* **bi|blio|fi|lo** m. Bibliophile *m.*, Bücherliebhaber *m.* **bi|blio|gra|fi|a** f. Bibliographie *f.*, Schriftenverzeichnis *n.*: ***~ essenziale*** Auswahlbibliographie *f.* **bi|blio|gra|fi|co** agg. *(-ci,-che)* bibliographisch. **bi|blio|gra|fo** m. Bibliograph *m.* **bi|blio|lo|gi|a** f. Bücherkunde *f.* **bi|blio|lo|gi|co** agg. *(-ci,-che)* bücherkundlich. **bi|blio|lo|go** m. *(-gi)* Bücherkundler *m.* **bi|blio|ma|ne** m. e f. Bibliomane *m.* e *f.*, Büchernarr *m.* (-närrin *f.*). **bi|blio|ma|ni|a** f. Bibliomanie *f.*
bi|blio|te|ca f. *(-che)* **1** Bibliothek *f.*, Bücherei *f.*: ***andare in ~*** in die Bibliothek gehen; ***prendere in prestito (dei) libri in ~*** Bücher aus der Bibliothek entleihen; ***consultare (dei) libri in ~*** Bücher in der Bibliothek nach‿schlagen; ***la ~ è aperta a tutti*** die Bibliothek steht allen offen **2** *(collezione di libri)* Büchersammlung *f.*, Bibliothek *f.* **3** INFORM. Datenbibliothek *f.* ◆ FIG. ***essere una ~ ambulante*** ein wandelndes Lexikon sein; ***~ circolante*** Leihbücherei *f.*, Buchverleih *m.*; ***~ civica*** Stadtbibliothek *f.*; ***~ musicale*** Musikbibliothek *f.*; ***~ nazionale*** Nationalbibliothek *f.*; ***~ scolastica*** Schulbibliothek *f.*; ***~ specializzata*** Fachbibliothek *f.*; COLLOQ. ***topo di ~*** Bücherwurm *m.*
bi|blio|te|ca|rio m. *(-ri)* Bibliothekar *m.* **bi|blio|te|co|no|mi|a** f. Bibliothekswissenschaft *f.*
bi|bli|sta m. e f. *(-i,-e)* Bibelforscher *m.* (-in *f.*), Bibelkundige *m.* e *f.* **bi|bli|sti|ca** f. Bibelforschung *f.*, Bibelkunde *f.*
bi|ca f. *(-che)* **1** Hocke *f.* **2** ESTENS. Stapel *m.*, Haufen *m.*
bi|ca|me|ra|le agg. Zweikammer-: ***sistema ~*** Zweikammersystem *n.* **bi|ca|me|ra|li|smo** m. Zweikammersystem *n.*
bi|ca|me|re m.inv. Zweizimmerwohnung *f.*
bi|car|bo|na|to m. Bikarbonat *n.*: ***~ di potassio, di sodio*** Kaliumbikarbonat *n.*, Natron *n.*
bic|chie|ra|ta f. **1** *(quantità)* ***una ~*** ein (ganzes) Glas **2** *(bevuta)* Umtrunk *m.*: ***fare una ~*** einen Umtrunk halten; ***~ d'addio*** Abschiedstrunk *m.*
bic|chie|re m. Glas *n.*: ***un ~ da vino, da acqua, da birra*** ein Weinglas, Wasserglas, Bierglas; ***~ di cristallo*** Kristallglas *n.*; ***alzare i -i*** die Gläser (er)heben; *(contenuto)* ***un ~ di vino, d'acqua*** ein Glas Wein, Wasser; ***invitare qcn. a bere un ~*** jdn zu einem Glas (Wein) ein‿laden; ***vuoi un altro ~?*** möchtest du noch ein Glas? ◆ ***affogare in un bicchier d'acqua*** über einen Strohhalm stolpern; ***bere un ~ di troppo*** ein Glas über den Durst trinken, zu tief ins Glas gucken, schauen; ***~ di carta*** Pappbecher *m.*; ***~ da cognac*** Schwenker *m.*, Kognakschwenker *m.*; ***~ per i dadi*** Würfelbecher *m.*; ***farsi un ~*** einen heben, einen trinken; ***fondo di ~*** = falscher Schmuckstein; ***~ graduato*** Messbecher *m.*; ***perdersi in un bicchier d'acqua*** → ***affogare in un bicchier d'acqua***; ***una tempesta in un bicchier d'acqua*** ein Sturm im Wasserglas.
bic|chie|ri|no m. Gläschen *n.*, Glas *n.*: ***~ da liquore, da acquavite*** Likör-, Schnapsglas *n.*; ***~ (d'acquavite)*** Schnäpschen *n.*; ***bere, farsi un ~*** einen trinken.
bi|ce|fa|lo agg. zweiköpfig, doppelköpfig.
bi|cen|te|na|rio m. *(-ri)* zweihundertster Jahrestag *m.*; ***festa del ~*** Zweihundertjahrfeier *f.*
bi|ci f.inv. COLLOQ. (accorc. *bicicletta*) Rad *n.*: ***andare in ~*** Rad fahren.
bi|ci|clet|ta f. Fahrrad *n.*, Rad *n.*: ***~ da uomo, da donna, da turismo, da corsa*** Herren-, Damenfahrrad *n.*, Tourenrad *n.*, Rennrad *n.*; ***in ~*** mit dem Rad; ***andare in ~*** Fahrrad fahren, Rad fahren; ***scendere, cadere dalla ~*** vom Rad steigen (*o* ab‿steigen), fallen; ***salire sulla ~*** auf das Rad steigen (*o* auf‿steigen); ***saltare sulla ~*** sich aufs Fahrrad schwingen; ***giro, gita in ~*** Fahrradtour *f.*, Radwanderung *f.* **bi|ci|clo** m. Hochrad *n.*
bi|ci|lin|dri|co agg. *(-ci,-che)* zweizylindrisch, Zweizylinder-: ***motore ~*** Zweizylindermotor, Doppelkolbenmotor *m.*
bi|ci|pi|te I m. Bizeps *m.*: ***gonfiare i -i*** die Bizepse an‿spannen **II** agg. zweiköpfig, doppelköpfig: ***aquila ~*** zweiköpfiger Adler, Doppeladler *m.*
bi|coc|ca f. *(-che)* Bruchbude *f.*
bi|co|lo|re agg. zweifarbig.
bi|con|ca|vo agg. bikonkav.
bi|co|ni|co agg. *(-ci,-che)* Doppelkonus-: ***antenna -a*** Doppelkonusantenne *f.*
bi|con|ves|so agg. bikonvex.
bi|cor|ne agg. **1** zweihörnig **2** *(a due punte)* zweispitzig.
bi|cor|nia f. Hörneramboss *m.*, Sperrhorn *n.*
bi|cor|no m. Zweispitz *m.*
bi|cro|ma|ti|co agg. *(-ci,-che)* dichromatisch.
bi|cro|ma|to m. Bichromat *n.*: ***~ di potassio*** Kaliumbichromat *n.*
bi|cro|mi|a f. Bichromie *f.*, Zweifarbendruck *m.*
bi|cu|spi|da|le, bi|cu|spi|de agg. zweispitzig, doppelspitzig.
bi|dè m.inv. Bidet *n.*: ***lavarsi al, farsi il ~*** das Bidet benutzen.
bi|del|lo m. Schuldiener *m.*, Pedell *m.*
bi|den|te m. **1** zweizackige (*o* zweizinkige) Hacke *f.*, REGION. Karst *m.* **2** *(forcone)* Zweizack *m.*
bi|di|men|sio|na|le agg. zweidimensional.
bi|di|re|zio|na|le agg. **1** zweiseitig gerichtet: ***antenna ~*** zweiseitig gerichtete Antenne **2** INFORM. bidirektional: ***trasmissione dati ~*** bidirektionale Datenübertragung; ***stampante ~*** Zweirichtungsdrucker *m.*
bi|do|na|re tr. COLLOQ. beschummeln, herein‿legen.
bi|do|na|ta f. COLLOQ. **1** *(imbroglio)* Schwindel *m.*, Betrug *m.* **2** *(prodotto scadente)* Reinfall *m.*: ***questo film è una vera ~*** dieser Film ist ein glatter Reinfall.
bi|don|ci|no m. Kanister *m.* **bi|do|ne** m. **1** Tonne *f.*: ***riempire un ~ di olio, di benzina*** eine Tonne mit Öl, Benzin füllen; ***~ dell'immondizia*** Mülltonne *f.* **2** COLLOQ. *(imbroglio)* Schwindel *m.*, Betrug *m.* ◆ ***essere un ~*** dick wie eine Tonne sein; ***fare un ~ a qcn.*** jdn sitzen lassen, *(imbrogliare)* jdn herein‿legen; ***~ del latte*** Milchkanne *f.*; ***prendersi un ~*** reingelegt werden; ***tirare un ~ a qcn.*** → ***fare un ~ a qcn.***
bi|don|vil|le [bidɔ̃'vil] f.inv. Bidonville *n.*, Elendsviertel *n.*
bie|ca|men|te avv. scheel, schräg: ***guardare qcn., qcs. ~*** jdn, etw. scheel an‿sehen. **bie|co** agg. *(-chi,-che)* **1** scheel: ***sguardo ~*** scheeler Blick **2** FIG. *(malvagio)* hinterlistig, tückisch: ***animo ~*** tückische Seele ◆ ***con occhi -chi*** scheeläugig; ***con sguardo ~*** scheel blickend.
bi|e|li|ca agg.inv. zweipropellerig, mit zwei Propellern: ***motore ~*** Motor mit zwei Propellern.
biel|la f. Pleuel *m.*, Pleuelstange *f.*
Bie|lo|rus|sia n.pr.f. Weißrussland *n.* **bie|lo|rus|so I** agg. weißrussisch **II** m. **1** *(abitante)* Weißrusse *m.* **2** *(lingua)* Weißrussisch(e) *n.*
bi|en|na|le I agg. **1** Zweijahres-, zweijährig: ***corso ~*** zweijähriger Kurs **2** *(ogni due anni)* zweijährlich: ***fiera ~*** zweijährliche Messe **II** f. ***la Biennale di Venezia*** die Biennale von Venedig.
bi|en|nio m. *(-ni)* **1** Biennium *n.*, Zeitraum *m.* von zwei Jahren **2** *(corso di studi)* Zweijahreskurs *m.*, zweijähriger Studiengang *m.*
bie|ta f. → **bietola. bie|ti|co|lo** agg. Zuckerrüben-. **bie|ti|col|to|re** m. Zuckerrübenanbauer *m.* **bie|ti|col|tu|ra** f. Zuckerrübenanbau *m.* **bie|to|la** f. Mangold *m.* **bie|to|lo|ne** m. **1** BOT. Gartenmelde *f.* **2** COLLOQ. Dummkopf *m.*, Holzkopf *m.*
biet|ta f. **1a** *(chiavetta)* Keil *m.* **b** *(per mobili)* Keil *m.*, Unterlage *f.* **2** MUS. *(nasetto)* Frosch *m.* ◆ MECC. ***~ trasversale*** Splint *m.*
bi|fa|mi|lia|re agg. Zweifamilien-: ***casa ~*** Zweifamilienhaus *n.*
bi|fa|se agg.inv. zweiphasig, Zweiphasen-: ***sistema ~*** Zweiphasensystem *n.*; ***corrente ~*** Zweiphasenstrom *m.*
bif|fa f. TOPOGR. Absteckpfahl *m.*, Jalon *m.*, Bake *f.*
1.bif|fa|re tr. ab‿stecken: ***~ un'area fabbricabile*** einen Baugrund abstecken.
2.bif|fa|re tr. **1** durch‿kreuzen: ***~ gli errori*** die Fehler durchkreuzen **2** ESTENS. *(cancellare)* streichen.
bi|fi|do agg. **1** gespalten: ***lingua -a*** gespaltene Zunge (anche FIG.) **2** MED. Spalt-: ***spina -a*** Spaltwirbel *m.*; ***piede ~*** Spaltfuß *m.*
bi|fi|la|re agg. *(a due fili)* zweifädig, zweidrähtig, bifilar.
bi|fo|ca|le agg. bifokal, Bifokal-: ***lente ~*** Bifokalglas *n.*; ***occhiali -i*** Bifokalbrille *f.*
bi|fol|co m. *(-chi)* **1** AGR. Ackersmann *m.*, Ochsenknecht *m.* **2** FIG. Flegel *m.*: ***avere maniere da ~*** sich wie ein Flegel benehmen.
bi|fo|ra I agg.f. zweibogig **II** f. zweibogiges Fenster *n.*
bi|for|ca|re *(biforco, biforchi)* **I** tr. zweiteilen **II** pronom. **biforcarsi** sich gabeln: ***la strada si biforca*** die Straße gabelt sich. **bi|for|ca|to** p.pass. agg. **1** → **biforcare 2** gabelförmig. **bi|for|ca|tu|ra** f. Gabel *f.*, Gabelung *f.*: ***~ di un ramo*** Astgabel *f.* **bi|for|ca|zio|ne** f. Gabelung *f.*, Abzweigung *f.*: ***la ~ di un sentiero*** die Gabelung eines Weges ◆ ***punto di ~*** Abzweigstelle *f.* **bi|for|cu|to** agg. gabelförmig ◆ ***lingua -a*** gespaltene Zunge (anche FIG.).

bi|for|me agg. doppelgestaltig, zweigestaltig.

bi|fron|te agg. **1** doppelgesichtig, janusköpfig (anche FIG.): ***comportamento ~*** doppelgesichtiges Benehmen **2** *(in enigmistica)* von vorne und hinten (gleich) lesbar: ***parola ~*** von vorne und hinten (gleich) lesbares Wort ◆ ***Giano ~*** Januskopf *m.*

big m. e f. inv. Größe *f.*: ***i ~ dell'alta finanza*** die Größen der Hochfinanz ◆ ***i ~ della canzone*** die Schlagerstars.

bi|ga f. *(-ghe)* Biga *f.*, Zweigespann *n.*

bi|ga|mi|a f. Bigamie *f.*, Doppelehe *f.*: ***vivere in ~*** in Bigamie leben. **bi|ga|mo I** agg. bigamistisch **II** m. Bigamist *m.*

bi|gat|to m. Seidenraupe *f.*

big bang ['bɪg 'bæŋ, *üblich* big 'bɛŋg] m.inv. Urknall *m.*

bi|ge|mi|no agg. Zwillings-: ***parto ~*** Zwillingsgeburt *f.*

bi|ghel|lo|na|re intr. (aus. *avere*) bummeln, schlendern: ***~ per la città*** durch die Stadt bummeln. **bi|ghel|lo|ne** m. Bummler *m.*, Schlenderer *m.*; *(perdigiorno)* Tagedieb *m.*, Nichtstuer *m.* **bi|ghel|lo|ni** avv. ***andare ~*** herum‿bummeln, flanieren.

bi|gia|re tr. *(bigio, bigi)* REGION. ***~ la scuola*** die Schule schwänzen.

bi|gi|no m. REGION. **1** *(traduttore)* Übersetzungshilfe *f.* **2** = Kurzfassung *f.* eines Unterrichtsstoffes.

bi|gio I agg. *(-gi, -gie e -ge)* **1** grau, aschgrau **2** FIG. trübe: ***tempo ~*** trübes Wetter **II** m. *(-gi)* Grau *n.*, Aschgrau *n.*

bi|giot|te|ri|a f. **1** Bijouterie *f.*, Modeschmuck *m.*: ***portare della ~*** Modeschmuck tragen **2** *(negozio)* Modeschmuckgeschäft *n.*

bi|glia → **bilia.**

bi|gliar|do → **biliardo.**

bi|gliet|ta|io m. *(-ai)* **1** *(di stazione)* Fahrkartenverkäufer *m.*; *(su mezzi di trasporto)* Schaffner *m.* **2** *(di botteghino)* Kartenverkäufer *m.*, Eintrittskartenverkäufer *m.* **bi|gliet|te|ri|a** f. **1** *(di biglietti di viaggio)* Fahrkartenschalter *m.* **2** *(di biglietti d'ingresso)* Kasse *f.*: ***~ del cinema, del teatro*** Kinokasse *f.*, Theaterkasse *f.* ◆ ***~ aerea*** Flugkartenverkauf *m.*; ***~ automatica*** Automatenschalter *m.*, Fahrkartenautomat *m.*; ***~ ferroviaria*** Eisenbahnfahrkartenverkauf *m.*

bi|gliet|to m. **1** Karte *f.*: ***scrivere, inviare, ricevere un ~ d'auguri*** eine Glückwunschkarte schreiben, schicken, bekommen **2** *(di ingresso)* Eintrittskarte *f.*, Karte *f.*: ***fare, acquistare un ~*** eine Karte kaufen; ***i -i sono esauriti*** die Karten sind ausverkauft **3a** *(di viaggio)* Fahrkarte *f.*, Fahrschein *m.*, Karte *f.*: ***fare, acquistare il ~*** die Fahrkarte lösen (*o* kaufen); ***obliterare (vidimare), bucare il ~*** den Fahrschein entwerten, knipsen; ***un ~ per Roma*** eine Fahrkarte nach Rom **b** *(di aereo)* Flugschein *m.*, Ticket *n.*: ***~ aperto*** offenes Ticket **4** *(foglietto)* Zettel *m.*: ***prendere nota di qcs. su un ~*** sich (D) etw. auf einem Zettel notieren; ***lasciare un ~ a qcn.*** jdm (*o* für jdn) eine Nachricht auf einem Zettel hinterlassen **5** *(della lotteria)* Los *n.*, Lotterielos *n.*: ***~ vincente*** Gewinnlos *n.* **6** *(banconota)* Geldschein *m.*, Schein *m.*, Banknote *f.*: ***un ~ da diecimila*** ein Zehntausendlireschein *m.*; ***~ di grosso taglio*** großer Geldschein ◆ ***~ di sola andata*** einfache Fahrkarte; ***~ di andata e ritorno*** (Hin- und) Rückfahrkarte *f.*; ***~ di condoglianze*** Beileidskarte *f.*; ***~ d'invito*** Einladungskarte *f.*; ***~ omaggio*** Freikarte *f.*, Ehrenkarte *f.*; ***~ da visita*** Visitenkarte *f.*

bi|gliet|to|ne m. COLLOQ. großer Geldschein *m.*, großes Geld *n.* ◆ ***guadagnare dei bei -i*** eine Stange Geld verdienen, das große Geld machen.

bi|gnè m.inv. INTRAD. (mit Creme gefülltes, oft glasiertes kleines Gebäck).

bi|gno|nia f. Bignonie *f.*

bi|go|di|no m. Lockenwickler *m.*: ***avere i -i in testa*** Lockenwickler auf dem Kopf haben ◆ ***mettere i -i*** die Haare auf‿drehen.

bi|gon|cia f. *(-ce)* Bütte *f.*

bi|gon|cio m. *(-ci)* Butte *f.*

bi|got|te|ri|a f. Bigotterie *f.*, Frömmelei *f.*, Scheinheiligkeit *f.* **bi|got|ti|smo** m. Bigotterie *f.* **bi|got|to** SPREG. **I** agg. bigott, frömmelnd, scheinheilig **II** m. Betbruder *m.*, Frömmler *m.*, Scheinheilige *m.* ◆ ***fare il ~*** frömmeln.

bi|jou [bi'ʒu] m.inv. **1** Bijou *n.* e *m.*, Kleinod *n.*, Schmuckstück *n.* **2** FIG. Juwel *n.*: ***essere un vero ~*** ein Juwel sein.

bi|ki|ni m.inv. Bikini *m.*: ***indossare un ~*** einen Bikini an‿haben (*o* an‿ziehen, tragen).

bi|la|bia|le I agg. bilabial: ***suono ~*** bilabialer Laut **II** f. Bilabial *m.*

bi|la|ma agg.inv. Doppelklingen-: ***rasoio ~*** Doppelklingen-Rasierer *m.*

bi|lan|cia f. *(-ce)* **1a** Waage *f.*: ***~ automatica, elettronica*** automatische Waage *f.* (*o* Schnellwaage *f.*), elektronische Waage; ***mettere qcs. sulla ~*** etw. auf die Waage legen; ***pesare qcs. sulla, con la ~*** etw. auf, mit der Waage wiegen; ***registrare, tarare una ~*** eine Waage justieren, aus‿tarieren **b** ASTROL. Waage *f.*: ***essere una, della ~*** (eine) Waage sein; ***essere nato nel, sotto il segno della ~*** im Zeichen der Waage geboren sein **2** ECON. Bilanz *f.*: ***~ commerciale, dei pagamenti, delle partite correnti, valutaria*** Handels-, Zahlungs-, Leistungs-, Devisenbilanz *f.* **3** PESC. Senknetz *n.* ◆ FIG. ***essere l'ago della ~*** das Zünglein an der Waage sein; CHIM. ***~ da analisi*** Analysenwaage *f.*; ***~ a bilico*** Tafelwaage *f.*; ***~ centesimale*** Zentesimalwaage *f.*; ***~ da cucina*** Küchenwaage *f.*; TECN. ***~ idrostatica*** Wasserwaage *f.*, Richtwaage *f.*, Setzwaage *f.*; ***~ a molla*** Federwaage *f.*; FIG. ***pesare tutto con la ~ dell'orafo*** alles auf die Goldwaage legen; ***~ pediatrica*** Babywaage *f.*, Säuglingswaage *f.*; FIG. ***far pendere la ~ (da una parte)*** den Ausschlag geben; ***~ pesalettere*** Briefwaage *f.*; ***~ pesapersone*** Personenwaage *f.*; ***~ a piatti*** Balkenwaage *f.*; ***piatto della ~*** Waagschale *f.*; TECN. ***~ di precisione*** Feinwaage *f.*, Präzisionswaage *f.*; ***~ romana*** Laufgewichtswaage *f.*; TECN. ***~ di titolazione*** Garnwaage *f.*; TECN. FIS. ***~ di torsione*** Torsionswaage *f.*, Drehwaage *f.*

bi|lan|cia|men|to m. **1** Ausgleich *m.*: ***~ del peso di un carico*** Ladungsgewichtsausgleich *m.* **2** ECON. *(pareggio)* Ausgleichung *f.*, Bilanzierung *f.* **3** *(in stereofonia)* Balance *f.* **4** MECC. Auswuchtung *f.*

bi|lan|cia|re *(bilancio, bilanci)* **I** tr. **1** aus‿balancieren, balancieren: ***~ un peso*** ein Gewicht ausbalancieren **2** *(compensare)* aus‿gleichen, wett‿machen: ***~ lo scarso talento con lo zelo*** mangelnde Begabung durch Fleiß wettmachen **3** ECON. *(pareggiare)* aus‿gleichen, bilanzieren **4** MECC. *(equilibrare)* aus‿wuchten **II** pronom. **bilanciarsi 1** balancieren, sich aus‿balancieren **2** *(equivalersi)* sich aus‿gleichen, sich die Waage halten: ***i pro e i contro si bilanciano*** Vor- und Nachteile halten sich die Waage. **bi|lan|cia|to** p.pass. agg. **1** → **bilanciare 2** ausgewogen: ***dieta -a*** ausgewogene Diät. **bi|lan|cia|tu|ra** f. Auswuchtung *f.*: ***~ delle ruote*** Auswuchtung der Reifen.

bi|lan|cie|re m. **1** MECC. Schwinghebel *m.*, Kipphebel *m.* **2** *(dell'orologio)* Unruh *f.* **3** *(di funambolo)* Balancierstange *f.* **4** *(conio per monete)* Prägestock *m.* **5a** SPORT *(attrezzo)* Scheibenhantel *f.* **b** SPORT *(posizione)* Waage *f.*

bi|lan|ci|no m. **1a** Feinwaage *f.* **b** *(da farmacista)* Apothekerwaage *f.* **c** *(da orafo)* Goldwaage *f.* **2** *(di carri)* Ortscheit *n.* **3** *(cavallo di rinforzo)* Vorspannpferd *n.* **4** *(dello sci nautico)* Hantel *f.* ◆ FIG. ***pesare qcs. col ~*** etw. auf die Goldwaage legen.

bi|lan|cio m. *(-ci)* **1a** Bilanz *f.*: ***~ (in) attivo, (in) passivo, in pareggio*** aktive, passive, ausgeglichene Bilanz; ***compilare (redigere), revisionare, falsificare un ~*** eine Bilanz auf‿stellen, prüfen, fälschen; ***il ~ non quadra*** die Bilanz stimmt nicht; ***far quadrare un ~*** eine Bilanz aus‿gleichen; ***chiudere il ~ in pareggio*** die Bilanz ausgeglichen (*o* im Ausgleich) ab‿schließen **b** *(dello stato, di enti pubblici)* Haushalt *m.*, Etat *m.*: ***~ pubblico, straordinario*** öffentlicher, außerordentlicher Haushalt; ***presentare, discutere, votare, approvare il ~*** den Haushalt vor‿legen, beraten, verabschieden, billigen (*o* genehmigen); ***colmare un buco in ~*** ein Loch im Haushalt schließen; ***fare dei tagli al ~*** Abstriche am Etat vor‿nehmen **2a** FIG. Bilanz *f.*: ***fare il ~ della propria vita*** Bilanz ziehen, die Summe seines Lebens ziehen; ***il ~ dei feriti, delle vittime è molto alto*** die Bilanz der Verletzten, der Opfer ist sehr hoch **b** ***mettere in ~ l'eventualità di un insuccesso*** einen möglichen Misserfolg in Rechnung stellen ◆ ***~ di apertura*** Eröffnungsbilanz *f.*; ***~ di chiusura*** Schlussbilanz *f.*; ***commissione del, per il ~*** Haushaltsausschuss *m.*; ***~ consolidato*** konsolidierte Bilanz, Konzernbilanz *f.*; ***~ consuntivo*** Schlussbilanz *f.*, Endabrechnung *f.*; ***~ deficitario*** Verlustabschluss *m.*, Defizithaushalt *m.*; ***~ economico*** Handelsbilanz *f.*; ***~ energetico*** Energiehaushalt *m.*; ***~ d'esercizio*** Betriebsbilanz *f.*, Jahresbilanz *f.*; ***falso in ~*** Bilanzfälschung *f.*; ***~ familiare*** Familienhaushalt *m.*, Familienetat *m.*: ***gravare sul ~ familiare*** den Familienhaushalt belasten; ***fuori ~*** außerplanmäßig; FISIOL. ***~ idrico*** Wasserhaushalt *m.*; ***iscrizione in ~*** Bilanzansatz *m.*, Bilanzausweis *m.*, Bilanzierung *f.*; ***ministero, ministro del ~*** Haushaltsministerium *n.*, -minister *m.*; ***~ ordinario*** ordentlicher Haushalt; ***posta del, di ~*** Bilanzposten *m.*; ***~ preventivo, di previsione*** Haushaltsplan *m.*, Eventualhaushalt *m.*; ***previsione di ~*** Haushalts-, Etatansatz *m.*, Haushaltsentwurf *m.*; ***revisione di, del ~*** Bilanzprüfung *f.*; ***~ di risanamento*** Sanierungsbilanz *f.*; ***~ a saldi*** Saldenbilanz *f.*; ***~ dello stato*** Staatshaushalt *m.*; ***~ termico*** Wärmehaushalt *m.*; ***~ di verifica*** Rohbilanz *f.*; ***voce di ~*** Bilanzposten *m.*

bi|la|te|ra|le agg. **1a** bilateral, zweiseitig: ***accordo ~*** bilaterales Abkommen; BIOL. ***simmetria ~*** zweiseitige Symmetrie **b** *(reciproco)* gegenseitig **2** MED. doppelseitig. **bi|la|te|ra|li|smo** m. POL. Bilateralismus *m.* **bi|la|te|ra|li|tà** f. Zweiseitigkeit *f.*, Bilateralismus *m.* **bi|la|te|ral|men|te** avv. bilateral, zweiseitig; *(reciprocamente)* gegenseitig. **bi|la|te|ro** agg. GEOM. zweiseitig.

bi|le f. Galle *f.*: ***ha avuto un travaso di ~*** ihm ist die Galle aufgestoßen; ihm ist die Galle hochgekommen, übergelaufen (anche FIG.); ***essere, diventare verde dalla ~*** = grün vor Ärger sein, werden; ***rodersi dalla ~*** = vor Wut platzen; *(d'invidia)* vor Neid platzen, bersten.

bi|lia f. **1** Murmel *f.*: ***giocare a -e*** Murmeln spielen **2a** *(del biliardo)* Billardkugel *f.*, Kugel *f.* **b** ESTENS. *(buca)* Billardloch *n.*, Loch *n.*

bi|liar|di|no m. **1** kleines Billard *n.* **2** *(flipper)* Flipper *m.* ◆ ***~ elettrico*** Flipper *m.* **bi|liar|do** m. **1** Billard *n.*: ***giocare (una partita) a ~*** (eine Partie) Billard spielen **2** COLLOQ. *(sala da biliardo)* Billardlokal *n.* ◆ ***palla da ~*** Billardkugel *f.*; ***sala da ~*** Billardlokal *n.*; ***stecca da ~*** Billardstock *m.*

bi|lia|re agg. Gallen-: ***vie, calcoli -i*** Gallenwege, -steine *pl.*

bi|li|co m. *(-chi)* *(della bilancia)* Zapfen *m.* ◆ ***battente, finestra a ~*** Schwingflügel *m.*, Klappfenster *n.*; ***altalena, stadera a ~*** Wippe *f.*, Brückenwaage *f.*; ***essere in ~*** auf der Kippe stehen; ***essere in ~ fra la vita e la morte*** zwischen Leben und Tod schweben; ***tenersi in ~*** die Balance halten, sich im Gleichgewicht halten.

bi|lin|gue I agg. **1** *(scritto in due lingue)* zweisprachig, bilinguisch **2** *(che parla due lingue, in cui si parlano due lingue)* zweisprachig, bilingual **II** m. e f. zweisprachiger Mensch *m.*, jemand, der zwei Sprachen spricht ◆ ***dizionario ~*** zweisprachiges Wörterbuch. **bi|lin|gui|smo** m. Zweisprachigkeit *f.*, Bilingu(al)ismus *m.*

bi|lio|ne m. Billion *f.*

bi|lio|so agg. jähzornig, reizbar.

bi|li|ru|bi|na f. Bilirubin *n.*

bi|lo|ba|to, bi|lo|bo agg. **1** BOT. zweilappig **2** ARCH. zweiblättrig. **bi|lo|ca|le** m. Zweizimmerwohnung *f.* **bi|ma|no** agg. zweihändig, mit zwei Händen.

bim|ba f. (kleines) Mädchen *n.*

bim|bo m. (kleines) Kind *n.*, (kleiner) Junge *m.*

bi|men|si|le agg. halbmonatlich, vierzehntägig.

bi|me|stra|le agg. **1** zweimonatlich, Zweimonats-: ***scadenza ~*** zweimonatliche Fälligkeit *f.*; ***rivista ~*** Zweimonatsschrift *f.* **2** *(che dura due mesi)* zweimonatig. **bi|me|stral|men|te** avv. zweimonatlich. **bi|me|stre** m. zwei Monate *pl.*, ANT. Bimester *n.*

bi|me|tal|li|co agg. *(-ci,-che)* Bimetall-. **bi|me|tal|li|smo** m. Doppelwährung *f.*, Bimetallismus *m.* **bi|me|tal|lo** m. Bimetall *n.*

bi|mil|le|na|rio I agg. *(-ri,-rie)* zweitausendjährig **II** m. *(-ri)* Zweitausendjahrfeier *f.*

bi|mo|to|re I agg. zweimotorig **II** m. zweimotoriges Flugzeug *n.*

1.bi|na|rio m. *(-ri)* Gleis *n.*: ***i -ri del tram, del treno*** die Straßenbahn-, Eisenbahngleise; ***il treno arriva al ~ 6*** der Zug läuft (*o* fährt) auf Gleis 6 ein; ***da che ~ parte il treno per Roma?*** von welchem Gleis fährt der Zug nach Rom ab? ◆ ***a un ~, a due -ri*** eingleisig, zweigleisig; ***~ d'arrivo*** Ankunftsgleis *n.*, Einfahrgleis *n.*; ***vietato attraversare i -ri*** Überschreiten der Gleise verboten; ***~ di carico*** Ladegleis *n.*; ***~ doppio*** Doppelgleis *n.*; ***~ di manovra*** Rangiergleis *n.*; ***~ morto*** totes Gleis, Abstellgleis *n.*: FIG. ***essere su un ~ morto*** in eine Sackgasse geraten sein; ***~ di partenza*** Abfahrtsgleis *n.*; FIG. ***rientrare nei -ri*** wieder ins rechte Gleis kommen; ***~ unico*** Einzelgleis *n.*; ***uscire dai -ri*** aus den Schienen springen, entgleisen; FIG. aus dem Gleis kommen; ***uscire dai -ri della legalità*** vom Weg der Legalität ab‿kommen.

2.bi|na|rio agg. **1** *(-ri,-rie)* binär, binar(isch), Binär-: CHIM. ***composto ~*** binare Verbindung; MAT. ***sistema ~*** binares System, Binärsystem *n.* (*o* Dualsystem *n.*); ***numeri -ri*** binäre Ziffern, Binärziffern *pl.*; ***numerazione -a*** binäre Numerierung; INFORM. ***codice ~*** binärer Code, Binärcode *m.* **2a** MUS. zweiteilig **b** ***misura -a*** Zweiertakt *m.*

bi|na|to agg. **1** Doppel-, Zwillings-: MIL. ***torre -a*** Doppelturm *m.* **2** TESS. dubliert. **bi|na|tu|ra** f. TESS. Dublierung *f.*, Dublieren *n.*

bin|da f. Schraubenwinde *f.*, Schraubenbock *m.*

bin|do|lo m. **1** IDR. Tretwerk *n.* **2a** *(arcolaio)* Wollwickler *m.* **b** *(aspo)* Haspel *f.*, Garnhaspel *f.* **3** FIG. *(imbroglio)* Betrug *m.*, Schwindel *m.*, Gaunerei *f.*

bi|no agg. LETT. doppelt, zweifach.

bi|no|co|lo m. Fernglas *n.*: ***guardare col ~*** durch das Fernglas schauen ◆ ***~ da campo*** Feldstecher *m.*; ***~ da teatro*** Opernglas *n.* **bi|no|cu|la|re** agg. binokular.

bi|no|mia|le agg. binomial, binomisch. **bi|no|mio I** agg. *(-mi,-mie)* binomisch **II** m. *(-mi)* **1** Binom *n.* **2** FIG. *(coppia)* Paar *n.*, Kombination *f.*: ***un ~ vincente*** ein erfolgreiches Paar.

bio|a|gri|col|tu|ra f. biodynamische Landwirtschaft *f.*

bio|bi|blio|gra|fi|co agg. *(-ci,-che)* biobibliographisch.

bio|ca|ta|liz|za|to|re m. Biokatalysator *m.*

bio|co|lo m. **1** Flocke *f.*: ***~ di lana, di neve*** Woll-, Schneeflocke **2** *(della candela)* = heruntergelaufenes Wachs *n.*

bio|ce|no|si f. Biozönose f. **bio|chi|mi|ca** f. Biochemie *f.* **bio|chi|mi|co I** agg. *(-ci,-che)* biochemisch **II** m. *(-ci)* Biochemiker *m.* **bio|cli|ma|to|lo|gi|a** f. Bioklimatologie *f.*, Bioklimatik *f.*

bi|o|cu|la|re agg. → **binoculare.**

bio|de|gra|da|bi|le agg. biologisch abbaubar. **bio|de|gra|da|bi|li|tà** f. biologische Abbaubarkeit *f.* **bio|de|gra|da|zio|ne** f. biologischer Abbau *m.*

bio|di|na|mi|co agg. *(-ci,-che)* biodynamisch, biologisch-dynamisch.

bio|do m. Igelkolben *m.*

bio|e|let|tri|ci|tà f. Bioelektrizität *f.* **bio|e|let|tri|co** agg. *(-ci,-che)* bioelektrisch. **bio|e|ner|ge|ti|co** agg. *(-ci,-che)* bioenergetisch. **bio|e|ner|gi|a** f. Bioenergie *f.* **bio|e|ti|ca** f. Bioethik *f.* **bio|fi|si|ca** f. Biophysik *f.* **bio|fi|si|co I** agg. *(-ci,-che)* biophysisch **II** m. *(-ci)* Biophysiker *m.* **bio|gas** m.inv. Biogas *n.*

bio|ge|ne|si f. Biogenese *f.* **bio|ge|ne|ti|ca** f. Evolutionstheorie *f.* **bio|ge|ne|ti|co** agg. *(-ci,-che)* biogenetisch.

bio|geo|gra|fi|a f. Biogeographie *f.*

bio|gra|fi|a f. Biographie *f.* **bio|gra|fi|co** agg. *(-ci,-che)* biographisch. **bio|gra|fo** m. Biograph *m.*

bio|in|ge|gne|ri|a f. Bioingenieurwesen *n.* **bio|li|si** f. Biolyse *f.* **bio|li|ti|co** agg. *(-ci,-che)* biolytisch.

bio|lo|ga f. *(-ghe)* Biologin *f.* **bio|lo|gi|a** f. Biologie *f.* **bio|lo|gi|ca|men|te** avv. biologisch. **bio|lo|gi|co** agg. *(-ci,-che)* biologisch, Bio-: ***coltura -a*** Biokultur *f.*; ***prodotti -ci*** biologische Produkte; ***fossa -a*** biologische Kläranlage *f.*; ***guerra -a*** biologische Kriegsführung *f.* **bio|lo|go** m. *(-gi)* Biologe *m.*

bio|lu|mi|ne|scen|za f. Biolumineszenz *f.* **bio|mal|to** m. Biomalz *n.*

bio|ma m. Biom *n.*

bio|mas|sa f. Biomasse *f.* **bio|mec|ca|ni|ca** f. Biomechanik *f.* **bio|me|te|o|ro|lo|gi|a** f. Biometeorologie *f.* **bio|me|tri|a** f. Biometrie *f.*, Biometrik *f.*

bion|da f. **1** Blondine *f.*, Blonde *f.* **2** COLLOQ. *(birra chiara)* Blonde *n.* e *f.*, blondes Bier *n.* **3** GERG. *(sigaretta)* Blonde *f.* **bion|da|stro** agg. strohblond.

bion|deg|gia|re intr. *(biondeggio, biondeggi*; aus. *avere)* LETT. gelb sein; *(diventare biondo)* gelb werden.

bion|del|la f. Tausendgüldenkraut *n.*, Fieberkraut *n.* **bion|dic|cio** agg. *(-ci,-ce)* ins Blonde gehend.

bion|di|na f. blondes Mädchen *n.*, Blondine *f.*: ***una bella ~*** eine hübsche Blondine. **bion|di|no** m. blonder Junge *m.*: ***un bel ~*** ein hübscher Blondschopf.

bion|do I agg. blond: ***capelli -i*** blonde Haare; ***una bambina -a*** ein blondes Mädchen **II** m. **1** Blonde *m.* **2** *(colore)* Blond *n.* ◆ ***~ cenere*** Aschblond *n.*; *(agg.)* aschblond; ***~ oro*** Goldblond *n.*; *(agg.)* goldblond; ***~ ossigenato*** blondiert; ***~ platino*** Platinblond *n.*, Weißblond *n.*; *(agg.)* platinblond, weißblond. **bion|do|na** f. COLLOQ. blondes Gift *n.*

bi|o|ni|ca f. Bionik *f.* **bi|o|ni|co** agg. *(-ci,-che)* bionisch.

bio|no|mi|a f. Bionomie *f.* **bio|psi|a** f. Biopsie *f.* **bio|rit|mo** m. Biorhythmus *m.* **bio|sa|tel|li|te** m. Biosatellit *m.* **bio|sco|pi|a** f. Bioskopie *f.* **bio|sfe|ra** f. Biosphäre *f.* **bio|sin|te|si** f. Biosynthese *f.*

bi|os|si|do m. Dioxid *n.*, Dioxyd *n.*: ***~ di zolfo, di carbonio*** Schwefel-, Kohlendioxid *n.*

bio|stra|ti|gra|fi|a f. Biostratigraphie *f.* **bio|tec|ni|ca** f. Biotechnik *f.* **bio|tec|no|lo|gi|a** f. Biotechnologie *f.* **bio|te|ra|pi|a** f. Biotherapie *f.*

bio|ti|co m. *(-ci,-che)* agg. biotisch. **bio|ti|na** f. Biotin *n.* **bio|ti|po** m. Biotypus *m.* **bio|ti|po|lo|gi|a** f. Charakterkunde *f.*

bio|ti|te f. Biotit *m.*

bio|to|po m. Biotop *m.* e *n.*

bi|o|vu|la|re agg. zweieiig.

bi|par|ti|re *(bipartisco, bipartisci)* **I** tr. zweiteilen, halbieren **II** pronom. **bipartirsi** sich (in zwei Teile) teilen.

bi|par|ti|ti|co agg. *(-ci,-che)* Zweiparteien-: ***governo, sistema ~*** Zweiparteienregierung *f.*, -system *n.* **bi|par|ti|ti|smo** m. Zweiparteiensystem *n.*

1.bi|par|ti|to p.pass. agg. **1** → **bipartire 2** zweiteilig, zweigeteilt, halbiert.

2.bi|par|ti|to m. Zweiparteienregierung *f.*

bi|par|ti|zio|ne f. Zweiteilung *f.*, Halbierung *f.*

bi|pe|de I agg. zweibeinig **II** m. Bipede *m.*, Zweifüßer *m.*; SCHERZ. *(uomo)* Zweibeiner *m.*

bi|pen|na|to agg. BOT. doppelgefedert. **bi|pen|ne** f. Doppelaxt *f.*

bi|pla|no m. Doppeldecker *m.*

bi|po|la|re agg. zweipolig, doppelpolig, bipolar: ***spina ~*** zweipoliger Stecker; ***conduttore ~*** Doppeladerleitung *f.* **bi|po|la|ri|smo** m. Zweipoligkeit *f.*, bipolares System *n.* **bi|po|la|ri|tà** f.inv. Zweipo-

ligkeit *f.*, Bipolarität *f.* **bi|po|lo** m. Zweipol *m.*, Doppelpol *m.*
bi|po|sto I agg.inv. zweisitzig: ***un aereo ~*** ein zweisitziges Flugzeug **II** m. e f. inv. Zweisitzer *m.*
bir|ba f. Bengel *m.*, Spitzbube *m.* **bir|bac|cio|ne** m. → **birbante. bir|ban|tag|gi|ne** f. → **birbanteria. bir|ban|te** m. **1** *(imbroglione)* Gauner *m.*, Schurke *m.* **2** SCHERZ. *(briccone)* Schlingel *m.*, Strolch *m.*, Bengel *m.* **bir|ban|te|ri|a** f. **1** Durchtriebenheit *f.* **2** *(azione da birbante)* Schelmerei *f.*, Schelmenstreich *m.* **bir|bo** m. ANT. → **birbante. bir|bo|nac|cio** m. *(-ci)* Erzhalunke *m.* **bir|bo|nag|gi|ne** f. → **birboneria. bir|bo|na|ta** f. Gaunerstück *n.*, Halunkenstreich *m.*, Schelmerei *f.*
bir|bo|ne I m. **1** Gauner *m.*, Schurke *m.* **2** SCHERZ. Schelm *m.*, Schlingel *m.*, Halunke *m.* **II** agg. schelmisch: ***tiro ~*** Schelmenstreich *m.*, Schurkenstreich *m.*; ***giocare un tiro ~ a qcn.*** jdm einen Streich spielen. **bir|bo|ne|ri|a** f. Gaunerei *f.*, Schelmerei *f.*
bi|re|at|to|re I agg. zweistrahlig **II** m. zweistrahliges Flugzeug *n.*
bi|re|me f. STOR. Zweiruderer *m.*, Bireme *f.*
bi|ri|chi|na|ta f. Spitzbüberei *f.*, Schelmerei *f.* **bi|ri|chi|no** m. **I** agg. schelmisch, spitzbübisch: ***occhi -i*** spitzbübische Augen **II** m. Spitzbube *m.*, Bengel *m.*
bi|ri|fran|gen|za f. Doppelbrechung *f.*
bi|ri|gna|o m.inv. Gespreiztheit *f.*: ***parlare con il ~*** gespreizt (*o* gekünstelt) reden.
bi|ril|lo m. Kegel *m.*: ***disporre i -i*** die Kegel auf‿stellen; ***far cadere i -i*** die Kegel um‿werfen ◆ ***giocare a -i*** kegeln; ***giocatore di -i*** Kegler *m.*; ***gioco dei -i*** Kegelschieben *n.*, Kegelspiel *n.*; ***partita a -i*** Kegelpartie *f.*; ***fare una partita a -i*** kegeln.
bir|ma|no I agg. birmanisch **II** m. **1** *(abitante)* Birmane *m.* **2** *(lingua)* Birmanisch *n.*
bi|ro f.inv. COLLOQ. Kuli *m.*: ***la ~ scrive (in) rosso*** der Kuli schreibt rot ◆ ***penna ~*** Kuli *m.*
bi|roc|cio m. *(-ci)* ANT. Rollwagen *m.*
bir|ra f. Bier *n.*: ***~ chiara, scura*** helles, dunkles Bier; ***ordinare una ~ grande, piccola*** ein großes, kleines Bier bestellen; ***un bicchiere di ~*** ein Glas Bier; ***vendere, fabbricare (o fare la) ~*** Bier aus‿schenken, brauen; ***andare a bere una ~*** ein Bier trinken gehen; COLLOQ. ***andare a farsi una ~*** auf ein Bier gehen ◆ ***~ in bottiglia*** Flaschenbier *n.*; ***bottiglia di ~*** Bierflasche *f.*; ***fabbrica di ~*** Bierbrauerei *f.*; ***fabbricante di ~*** Bierbrauer *m.*; FIG. ***farci la ~ con qcs.*** = mit etw. nichts an‿fangen können; ***lattina di ~*** Bierdose *f.*; ***lievito di ~*** Bierhefe *f.*; ***~ al, di malto*** Malzbier *n.*; ***~ (a) doppio malto*** Doppelmalzbier *n.*; ***~ alla spina*** Bier vom Fass; COLLOQ. ***andare a tutta ~*** volles Rohr, volle Pulle fahren. **bir|ra|io** m. *(-ai)* **1** *(produttore)* Bierbrauer *m.* **2** *(venditore)* Bierverleger *m.*
bir|ra|rio agg. *(-ri,-rie)* Bier-, Brau-: ***industria -a*** Brauindustrie *f.*
bir|re|ri|a f. Bierlokal *n.*, Bierkeller *m.*, Bierstube *f.*, COLLOQ. Kneipe *f.*; ***~ all'aperto*** Biergarten *m.*
bir|ro m. ANT. Konstabler *m.*
bis I inter. ~! da capo! **II** m.inv. Zugabe *f.*: ***concedere un ~*** eine Zugabe geben **III** agg.inv. Sonder-, zusätzlich: ***treno ~*** Sonderzug *m.* ***fare il ~ di qcs.*** etw. wiederholen; *(di cibo)* von etw. noch einmal nehmen.
bi|sac|cia f. *(-ce)* Satteltasche *f.*, Quersack *m.*
bi|san|te m. Byzantiner *m.* **Bi|san|zio** n.pr.m. Byzanz *n.*
bi|sar|ca f. *(-che)* Autotransporter *m.*
bi|sa|vo m. → **bisavolo. bi|sa|vo|la** f. **1** Urgroßmutter *f.* **2** ESTENS. *(antenata)* Vorfahrin *f.* **bi|sa|vo|lo** m. **1** Urgroßvater *m.* **2** ESTENS. *(antenato)* Vorfahr(e) *m.*
bi|sbe|ti|co agg. *(-ci,-che)* zickig, launisch, launenhaft ◆ ***La -a domata*** Der Widerspenstigen Zähmung.
bi|sbi|glia|men|to m. → **2.bisbiglio. bi|sbi|glia|re** *(bisbiglio, bisbigli)* **I** intr. (aus. *avere*) **1** flüstern, wispern **2** *(sparlare)* tuscheln: ***~ alle spalle di qcn.*** hinter jds Rücken tuscheln **II** tr. flüstern, tuscheln, wispern: ***~ qcs. all'orecchio di qcn.*** jdm etw. ins Ohr flüstern; ***~ qcs. a qcn.*** jdm etw. zu‿flüstern.
1.bi|sbi|glio m. *(-gli)* **1** Flüstern *n.*, Wispern *n.* **2** *(pettegolezzo)* Getuschel *n.*, Tuschelei *f.*
2.bi|sbi|gli|o m. Geflüster *n.*, Getuschel *n.*
bi|sboc|cia f. *(-ce)* COLLOQ. Sumpferei *f.*: ***fare ~*** versumpfen, durch‿sumpfen. **bi|sboc|cia|re** intr. *(bisboccio, bisbocci;* aus. *avere)* versumpfen, durch‿sumpfen.
bi|sca f. *(-sche)* Spielhölle *f.*; ***~ clandestina*** illegale Spielbank *f.*
Bi|sca|glia n.pr.f. Biscaya *f.*: ***golfo di ~*** (Golf *m.* von) Biskaya *f.* **bi|sca|gli|na** f. Jakobsleiter *f.*, Sturmleiter *f.*
bi|scaz|zie|re m. Betreiber *m.* einer Spielhölle.
bi|sche|ra|ta f. REGION. Mist *m.*: ***dire, fare -e*** Mist reden, bauen. **bi|sche|ro** m. **1** MUS. Wirbel *m.* **2** REGION. VOLG. *(pene)* Pimmel *m.* **3** FIG. SPREG. *(babbeo)* Idiot *m.*, Blödmann *m.*
bi|scia f. *(-sce)* (ungiftige) Schlange *f.* ◆ ***~ d'acqua*** Wasserschlange *f.*; ***~ dal collare*** Ringelnatter *f.*
bi|scot|ta|re tr. rösten. **bi|scot|ta|to** p.pass. agg. → **biscottare** ◆ ***fette -e*** Zwieback *m.* **bi|scot|te|ri|a** f. **1** → **biscottificio 2** *(assortimento)* Gebäck *n.*, Backwerk *n.* **bi|scot|tie|ra** f. Keksdose *f.* **bi|scot|ti|fi|cio** m. *(-ci)* Keksfabrik *f.*
bi|scot|ti|no m. **1** Keks *m.* e *n.* **2** MECC. Lasche *f.*
bi|scot|to m. Keks *m.* e *n.*, Plätzchen *n.*: ***una scatola di -i*** eine Schachtel Kekse; ***inzuppare i -i nel tè*** die Kekse in den Tee ein‿tauchen ◆ ***~ al burro*** Butterkeks *m.*; ***~ per cani*** Hundekuchen *m.*; ***-i da tè*** Teegebäck *n.*
bi|scro|ma f. Zweiunddreißigstelnote *f.*
bis|cuit [bis'kųi] m. **1** Biskuit *m.* e *n.*, Biskuitporzellan *n.* **2** GASTR. Halbgefrorene *n.*
bi|sdruc|cio|lo agg. auf der viertletzten Silbe betont.
bi|se|can|te f. Winkelhalbierende *f.*
bi|se|go|lo m. Pichholz *n.*
bi|sel|la|re tr. ab‿schrägen, ab‿kanten. **bi|sel|lo** m. Abschrägung *f.*, Abkantung *f.*
bi|sen|so m. zweideutiges Wort *n.*
bi|ses|sua|le I agg. **1** bisexuell **2** BOT. bisexuell, zweigeschlechtig **II** m. e f. Bisexuelle *m.* e *f.* **bi|ses|sua|li|tà** f. **1** Bisexualität *f.* **2** BOT. Bisexualität *f.*, Zweigeschlechtigkeit *f.* **bi|ses|sua|to** agg. **1** bisexuell **2** BOT. bisexuell, Zwitter-, zwitt(e)rig.
bi|se|sti|le agg. Schalt-: ***anno ~*** Schaltjahr *n.* **bi|se|sto** m. Schalttag *m.*
bi|set|ti|ma|na|le agg. zweimal wöchentlich. **bi|set|ti|ma|nal|men|te** avv. zweimal wöchentlich, zweimal in der Woche.
bi|set|tri|ce f. Winkelhalbierende *f.*
bi|sex I agg.inv. COLLOQ. bi **II** m. e f. inv. Bisexuelle *m.* e *f.*
bi|se|zio|ne f. Winkelhalbierung *f.*
bi|sil|la|bi|co agg. *(-ci,-che)* zweisilbig. **bi|sil|la|bo I** agg. zweisilbig **II** m. zweisilbiges Wort *n.*
bi|slac|che|ri|a f. Verschrobenheit *f.*, Absonderlichkeit *f.* **bi|slac|co** agg. *(-chi,-che)* verschroben, absonderlich: ***idee -che*** verschrobene Ansichten.
bi|slun|go agg. *(-ghi,-ghe)* länglich.
Bi|smarck, GASTR. ***(alla) ~*** mit Spiegelei.
bi|smu|to m. Wismut *n.*
bi|sni|po|te m. e f. **1** *(di bisnonno)* Urenkel *m.* (-in *f.*), Großenkel *m.* (-in *f.*) **2** *(di prozio)* Großneffe *m.* (Großnichte *f.*).
bi|snon|na f. Urgroßmutter *f.* **bi|snon|no** m. Urgroßvater *m.*
bi|so|gna f. ANT. **1** *(faccenda)* Geschäft *n.*, Angelegenheit *f.* **2** *(necessità)* Notwendigkeit *f.*
bi|so|gna|re intr. (aus. *essere*) **1a** impers. müssen, sollen: ***bisogna che tu vada*** du musst gehen; ***bisogna che tu lo faccia*** du musst es tun; ***bisogna che tu parli con lui*** du musst mit ihm sprechen; *(essere opportuno, convenire)* ***bisognerebbe telefonargli*** man sollte (*o* müsste) ihn anrufen; ***bisognerebbe che tu ci pensassi*** du solltest darüber nachdenken; *(in forme retoriche)* ***bisogna sentirlo quando è arrabbiato!*** du musst ihn mal hören, wenn er wütend ist! ***bisogna vedere come cammina veloce!*** man muss sich ansehen, wie schnell er läuft! **b** *(in divieti)* dürfen: ***non bisogna rubare*** man darf nicht stehlen **2** ANT. benötigen, brauchen: ***a qcn. bisogna qcs.*** jd benötigt etw.; ***mi bisogna il tuo aiuto*** ich benötige deine Hilfe.
bi|so|gne|vo|le agg. **1** nötig, notwendig **2** *(bisognoso)* bedürftig.
bi|so|gni|no m. COLLOQ. Geschäft *n.*, Geschäftchen *n.*: ***fare un ~*** sein Geschäft verrichten (*o* erledigen, machen).
bi|so|gno m. **1** Bedarf *m.*: ***avere ~ di qcs.*** etw. brauchen, benötigen, Bedarf an etw. (D) haben, etw. (G) bedürfen; ***di che cosa hai ~?*** was brauchst du? ***non ho ~ di nulla*** ich brauche nichts; ***avere ~ di qcs. per vivere*** etw. zum Leben brauchen; ***non ho avuto ~ di aspettare*** ich habe nicht (zu) warten brauchen, ich musste nicht warten; ***non hai neanche ~ di dirlo*** du brauchst das nicht extra zu sagen; ***questo non ha ~ di alcuna spiegazione*** das bedarf keiner Erklärung **2** *(esigenza, desiderio)* Bedürfnis *n.*: ***~ di tranquillità*** Bedürfnis nach Ruhe; ***sentire un impellente, scarso, grande ~ di qcs.*** ein dringendes, geringes, großes Bedürfnis nach etw. verspüren; ***sento il ~ di fare qcs.*** es ist mir ein Bedürfnis, etw. zu tun; ***provvedere a un ~*** einem Bedürfnis ab‿helfen **3** *(necessità, difficoltà)* Not *f.*: ***aiutare qcn. nel momento del ~*** jdm in der Stunde der Not helfen **4** *(necessità fisiologica)* Notdurft *f.*: ***fare i propri -i*** seine Notdurft verrichten ◆ ***in caso di ~*** bei Bedarf, im Notfall; ***esserci ~ di fare qcs.*** nötig (*o* notwendig) sein, etw. zu tun; ***di quanto tempo c'è ~?*** wie lange braucht man (dazu)? wie viel Zeit ist dazu nötig? ***c'è urgente ~ del medico*** der Arzt wird dringend benötigt; ***essere nel ~*** in Not sein; ***per ~*** aus Not; ***secondo il ~*** nach Bedarf; ***spinto dal ~*** der Not gehorchend; PROV. ***il ~ aguzza l'in-***

gegno Not macht erfinderisch; ***il ~ insegna a pregare*** Not lehrt beten; ***il ~ non conosce legge*** Not kennt kein Gebot.

bi|so|gno|so **I** agg. bedürftig, notleidend: ***una famiglia -a*** eine bedürftige Familie; ***essere ~ di qcs.*** etw. (G) bedürftig sein; ***~ di cure, di affetto, di aiuto*** pflege-, liebe-, hilfsbedürftig; ***~ di riposo, di protezione, di conforto*** ruhe-, schutz-, trostbedürftig **II** m. Bedürftige *m.*, Notleidende *m.*: ***aiutare i -i*** den Bedürftigen helfen.

bi|son|te m. **1** *(europeo)* Wisent *m.* **2** *(americano)* Bison *m.*

bis|sa|re tr. = noch einmal vor‿tragen.

bis|so m. **1** TESS. Seeseide *f.*, Muschelseide *f.* **2** ZOOL. Byssus *m.*

bi|stec|ca f. *(-che)* Steak *n.*, Beefsteak *n.*: ***farsi una ~*** sich (D) ein Steak braten; ***una ~ al sangue, ben cotta*** ein blutiges, gut durchgebratenes Steak ◆ ***~ alla Bismarck*** = Beefsteak *n.* mit Spiegelei; ***~ ai ferri*** gegrilltes Steak; ***~ alla fiorentina*** = Rumpsteak *n.* auf Holzkohle gegrillt; ***~ con l'osso*** Kotelett *n.* **bi|stec|chie|ra** f. **1** Grillpfanne *f.* **2** *(elettrica)* Grillgerät *n.*, Grillrost *m.*

bi|stic|cia|re *(bisticcio, bisticci)* intr. (aus. *avere*) e pronom. **bisticciarsi** COLLOQ. streiten, (sich) zanken: ***~ con qcn. per qcs.*** mit jdm um etw. streiten, sich mit jdm um etw. zanken; *(reciproco)* ***bisticciano continuamente*** sie liegen ständig im Streit. **bi|stic|cio** m. *(-ci)* COLLOQ. Streiterei *f.*, Zank *m.*; ***è stato solo un ~*** es war nur eine kleine Streiterei; ***continui -ci*** ständige Streitereien.

bi|stor|ta f. Schlangenwurzel *f.*, Natterwurz *f.*

bi|stra|to agg. mit Bister geschminkt.

bi|strat|ta|re tr. **1** *(maltrattare)* misshandeln, schlecht behandeln **2** *(usare male)* unsachgemäß behandeln: ***~ uno strumento delicato*** ein empfindliches Gerät unsachgemäß behandeln.

bi|stro m. Bister *m.* e *n.*

bi|strò, **bi|strot** m.inv. Bistro *n.*

bi|stu|ri m.inv. Skalpell *n.*, Messer *n.*

bi|sun|to agg. speckig, schmierig, verschmutzt: ***lenzuola -e*** verschmutzte Leintücher ◆ ***unto e ~*** vor Dreck starrend.

bit m.inv. Bit *n.*

bi|to|na|le agg. bitonal ◆ ***trombe -i*** Zweiklanghupen *pl.* **bi|to|na|li|tà** f. Bitonalität *f.*

bi|tor|zo|lo m. Höcker *m.*, REGION. Knubbel *m.*; *(bernoccolo)* Beule *f.*; *(foruncolo)* Pickel *m.* **bi|tor|zo|lu|to** agg. **1** knollig, REGION. knubbelig, voller Auswüchse, Höcker-: ***naso ~*** knollige Nase *f.*, Kartoffelnase *f.* **2** *(di piante)* knorrig.

bit|ta f. Poller *m.*

bit|ter m.inv. INTRAD. (Aperitiv mit leicht bitterem Geschmack).

bi|tu|ma|re tr. bituminieren. **bi|tu|ma|tri|ce** f. Asphaltmaschine *f.* **bi|tu|ma|tu|ra** f. Bituminierung *f.* **bi|tu|me** m. Bitumen *n.* **bi|tu|mi|na|re** tr. *(bitumino)* → **bitumare.** **bi|tu|mi|no|so** agg. bituminös, bitumig ◆ ***carbone ~*** Pechkohle *f.*; ***vernice -a*** Asphaltlack *m.*

bi|u|ni|vo|ca|men|te avv. eineindeutig. **bi|u|ni|vo|ci|tà** f. Eineindeutigkeit *f.* **bi|u|ni|vo|co** agg. *(-ci,-che)* eineindeutig: ***corrispondenza -a*** eineindeutige (*o* objektive) Abbildung.

bi|vac|ca|re intr. *(bivacco, bivacchi*; aus. *avere)* **1** biwakieren **2** ESTENS. *(sistemarsi alla meglio)* kampieren. **bi|vac|co** m. *(-chi)* **1** Biwak *n.*, Nachtlager *n.* **2** ESTENS. *(sistemazione provvisoria)* Behelfsunterkunft *f.*

bi|va|len|te agg. bivalent, zweiwertig. **bi|va|len|za** f. Bivalenz *f.*, Zweiwertigkeit *f.*

bi|val|ve agg. ZOOL. zweischalig. **bi|val|vi** m.pl. Muscheln *pl.*

bi|vio m. *(-vi)* **1a** Gabelung *f.*, Straßengabelung *f.*, Abzweigung *f.*: ***al prossimo ~ svolta a destra*** biege bei der nächsten Straßengabelung nach rechts ab; ***fra 100 metri dovremmo trovare un ~*** nach 100 Metern müssten wir eine Abzweigung finden **b** FIG. Scheideweg *m.*: ***trovarsi a un ~*** am Scheideweg stehen **2** FERR. Abzweigstelle *f.*

bi|zan|ti|ni|smo m. **1** Byzantinismus *m.* **2** FIG. Spitzfindigkeit *f.*, Haarspalterei *f.* **bi|zan|ti|no** **I** agg. **1** byzantinisch **2** FIG. spitzfindig, haarspalterisch **II** m. Byzantiner *m.*

biz|za f. Schrulle *f.*, Laune *f.* ◆ ***fare le -e*** bocken, Geschichten (*o* Zicken) machen; *(funzionare irregolarmente)* ***l'auto, il motore fa le -e*** das Auto, der Motor bockt (*o* hat [seine] Mucken).

biz|zar|ri|a f. Seltsamkeit *f.*, Wunderlichkeit *f.*, Bizarrerie *f.* **biz|zar|ro** agg. **1** seltsam, komisch, sonderbar, bizarr: ***un tipo ~*** ein komischer Typ; ***idee -e*** seltsame Ideen **2** *(bizzoso)* scheuend.

biz|zef|fe, ***a ~*** in Hülle und Fülle.

biz|zo|so agg. **1** bockig; *(capriccioso)* launenhaft, eigensinnig **2** *(di cavallo)* scheuend.

bla bla m.inv. Blabla *n.*

black|out ['blækaʊt, *üblich* ble'kaut] m.inv. Blackout *m.* e *n.* (anche FIG.).

blan|da|men|te avv. **1** leicht, schwach **2** *(lievemente)* mild **3** *(in modo tenue)* sanft.

blan|di|re tr. *(blandisco, blandisci)* LETT. **1** ***~ qcn., qcs.*** jdm, etw. schmeicheln, jdn, etw. um‿schmeicheln **2** *(trattare amorevolmente)* liebkosen **3** *(lenire)* lindern. **blan|di|zie** f.pl. LETT. **1** Schmeicheleien *pl.* **2** *(carezze)* Liebkosungen *pl.*

blan|do agg. **1** leicht, schwach: ***un ~ calmante*** ein leichtes Beruhigungsmittel; ***un effetto, rimedio ~*** eine schwache Wirkung, ein schwaches Mittel **2** *(lieve)* mild: ***una -a punizione*** eine milde Strafe **3** *(tenue)* sanft, schwach: ***una luce -a*** ein sanftes Licht **4** RAR. *(dolce)* sanft: ***una voce -a*** eine sanfte (*o* weiche) Stimme.

bla|sé agg.inv. blasiert.

bla|sfe|mo **I** agg. gotteslästerlich, lästerlich, LETT. blasphemisch: ***discorsi -i*** lästerliche Reden **II** m. Gotteslästerer *m.*, Blasphemist *m.*

bla|so|na|re tr. blasonieren. **bla|so|na|to** **I** p.pass. agg. **1** → **blasonare** **2** wappenführend, adelig: ***una famiglia -a*** eine adelige Familie; ***un nome ~*** ein adeliger Name **3** ESTENS. ***una squadra -a*** eine preisgekrönte Mannschaft **II** m. Adelige *m.* **bla|so|ne** m. **1** Blason *m.*, Wappen *n.* **2** ESTENS. *(nobiltà di nascita)* adelige Abstammung *f.* (*o* Herkunft *f.*): ***ostentare il proprio ~*** die adelige Abstammung hervor‿kehren **3** *(araldica)* Wappenkunde *f.*, Heraldik *f.*

bla|sto|ma m. Blastom *n.*

bla|stu|la f. Blastula *f.*

bla|te|ra|re intr. *(blatero*; aus. *avere)* SPREG. schwatzen, quasseln ◆ ***cosa vai blaterando?*** was erzählst du da für ein Zeug?

blat|ta f. Schabe *f.*, Kakerlak *m.*

bla|zer ['bleɪzə] m.inv. Blazer *m.*

blé agg. e m. → **blu.**

ble|fa|ri|te f. Lidentzündung *f.*, Blepharitis *f.*

blen|da f. MIN. Blende *f.*, Zinkblende *f.*

ble|nor|rag|gi|a f., **ble|nor|re|a** f. Blennorrhöe *f.*, Eiterfluss *m.*

ble|si|tà f. Lispeln *n.* **ble|so** agg. lispelnd: ***essere ~, avere la pronuncia -a*** lispeln, mit der Zunge an‿stoßen.

bleu [blø] agg. e m. → **blu.**

blin|da f. Schutzpanzer *m.* **blin|dag|gio** m. *(-gi)* Panzerung *f.* **blin|da|re** tr. panzern. **blin|da|to** **I** p.pass. agg. **1** → **blindare** **2** gepanzert, Panzer-: ***auto, porta -a*** gepanzertes Auto, Panzertür *f.*; ***vetri -i*** Panzerscheiben *pl.* **II** m. MIL. Panzerwagen *m.* ◆ ***camera -a*** Stahlkammer *f.*, Tresorraum *m.*; MIL. ***reparto ~*** gepanzerte Abteilung. **blin|da|tu|ra** f. → **blindaggio.** **blin|do** m. MIL. Panzerspähwagen *m.*

blin|ker m.inv. Warnblinkanlage *f.*

bli|ster m.inv. Blister *m.*

blitz m.inv. Blitzaktion *f.*, Blitzangriff *m.*: ***fare un ~*** eine Blitzaktion durch‿führen (anche FIG.).

bloc|cag|gio m. *(-gi)* Blockierung *f.*, Sperrung *f.*, Blockung *f.* ◆ ***a ~ automatico*** selbstspannend; ***dado di ~*** Gegenmutter *f.*; ***dispositivo di ~*** Klemmvorrichtung *f.*; ***dispositivo di ~ ruote*** Parkkralle *f.*; ***vite di ~*** Spannschraube *f.* **bloc|ca|por|te** m.inv. Zentralverriegelung *f.*

bloc|ca|re *(blocco, blocchi)* **I** tr. **1a** *(fermare)* stoppen, (plötzlich) an‿halten: ***~ le macchine, un'auto, il traffico, il nemico*** die Maschinen, ein Auto, den Verkehr, den Feind stoppen; ***~ i pagamenti, la produzione*** die Zahlungen einstellen, die Produktion stoppen **b** ECON. *(mantenere inalterato)* ***~ i prezzi, gli affitti*** die Preise, die Mieten stoppen **2a** *(immobilizzare)* fest‿klemmen: ***~ un pezzo nella morsa*** ein Werkstück im Schraubstock festklemmen **b** MED. ruhig stellen: ***~ un'articolazione con l'ingessatura*** ein Gelenk mit einem Gipsverband ruhig stellen **3a** *(trattenere)* fest‿halten: ***la polizia ha bloccato un sospetto*** die Polizei hat einen Verdächtigen festgehalten **b** *(im Gespräch)* auf‿halten: ***~ qcn. per più di un'ora*** jdn über eine Stunde aufhalten **4a** *(paralizzare)* lähmen: ***~ il respiro*** den Atem lähmen **b** FIG. ***~ l'intera città*** die ganze Stadt lahm legen **5** *(serrare)* an‿ziehen, fest‿ziehen: ***~ una vite*** eine Schraube festziehen **6** *(chiudere con blocchi, ostruire)* blockieren, sperren, versperren: ***la polizia bloccò tutte le strade, le uscite*** die Polizei sperrte alle Straßen, blockierte alle Ausgänge; ***~ il passaggio*** den Durchgang blockieren; ***la frana blocca la strada*** der Erdrutsch blockiert die Straße **7** *(isolare)* isolieren: ***l'alluvione ha bloccato molti paesi*** die Überschwemmung hat viele Dörfer isoliert **8** BANC. sperren: ***~ un assegno, un conto*** einen Scheck, ein Konto sperren **9a** SPORT *(parare)* blocken, ab‿fangen: ***~ la palla a terra, al volo*** den Ball auf dem Boden, im Flug abfangen **b** *(nella lotta)* fixieren; ***~ a terra l'avversario*** den Gegner am Boden fixieren **10** PSIC. *(inibire)* blockieren **II** pronom. **bloccarsi** **1a** *(incepparsi, fermarsi)* aus‿fallen, stehen bleiben: ***l'auto, la macchina si è bloccata*** das Auto ist stehen geblieben, die Maschine ist ausgefallen **b** ***l'ascensore si è bloccato, la porta si è bloccata*** der Aufzug ist stecken geblieben, die Tür klemmt **2** *(in-*

castrarsi) stecken bleiben: ***la chiave si è bloccata nella serratura*** der Schlüssel ist im Schloss stecken geblieben **3** *(arrestarsi)* stoppen, an‿halten, stocken: ***se la produzione si blocca ci sarà la crisi*** wenn die Produktion stockt, kommt es zur Krise; ***si blocca davanti alla più piccola difficoltà*** bei der geringsten Schwierigkeit weiß er nicht mehr weiter **4** *(interrompersi)* stocken: ***stava parlando, quando improvvisamente si bloccò*** mitten im Sprechen stockte er plötzlich **5** PSIC. blockiert sein: ***quando lo vedo mi blocco*** wenn ich ihn sehe, bin ich blockiert **6** TECN. blockieren: ***i freni si bloccano*** die Bremsen blockieren ◆ ***la birra gelata mi ha bloccato la digestione*** das kalte Bier ist mir auf den Magen geschlagen.

bloc|ca|ster|zo m. Lenkradschloss *n.*

bloc|ca|to p.pass. agg. **1** → **bloccare** **2** versperrt, blockiert, Sperr-: ***porte -e*** versperrte Türe; ***strade -e dalla neve*** vom Schnee blockierte Straßen; ***zona -a*** Sperrgebiet *n.* **3a** ECON. eingefroren: ***affitti, prezzi -i*** eingefrorene Mieten, Preise **b** BANC. ***conto, credito ~*** Sperrkonto *n.*, gesperrtes Guthaben **4** PSIC. *(inibito)* verklemmt ◆ ***essere ~ in casa (dalla neve)*** (wegen des Schnees) zu Hause fest‿sitzen; ***rimanere ~ in ascensore, nel traffico, nel fango*** im Aufzug, im Verkehr, im Schlamm stecken bleiben; *(incastrarsi)* ***rimanere ~ nella serratura*** im Schloss fest‿stecken.

bloc|chet|to m. **1** (kleiner) Block *m.*, Blöckchen *n.* **2** *(di fogli, biglietti)* Block *m.*, Heft *n.*: ***il ~ delle ricevute*** der Quittungsblock; ***~ di, degli assegni*** Scheckheft *n.*, Scheckbuch *n.*

1.bloc|co m. *(-chi)* **1a** Block *m.*: ***un ~ di ghiaccio, di granito*** ein Eis-, Granitblock **b** *(insieme)* ***un ~ di abitazioni*** ein Wohnblock **c** *(unione)* ***~ di potenze*** Machtblock *m.*; ***unirsi in un ~*** sich zu einem Block zusammen‿schließen, einen Block bilden **2a** *(di fogli)* Block *m.*: ***un ~ da disegno*** ein Zeichenblock; ***staccare un foglio dal ~*** ein Blatt vom Block ab‿reißen **b** *(block-notes)* Notizblock *m.*, Schreibblock *m.*, Block *m.*: ***scrivere gli appunti su un ~*** Notizen auf einen Block schreiben ◆ ***~ cilindri*** Zylinderblock *m.*; ***in ~*** im Ganzen, pauschal, in Bausch und Bogen; ***comprare, vendere in ~*** en bloc (*o* im ganzen) kaufen, verkaufen; ***~ motore*** Motorblock *m.*; ***~ orientale*** Ostblock *m.*; SPORT ***~ di partenza*** Startblock *m.*; ***partenza dai -chi*** Tiefstart *m.*

2.bloc|co m. *(-chi)* **1a** Sperre *f.*, Sperrung *f.*, Block *m.*: ***~ stradale*** Straßensperre *f.*; ***passare, forzare (rompere) il ~*** die Sperre passieren, durchbrechen; ***mettere, togliere un ~*** eine Sperre errichten, entfernen **b** MIL. Blockade *f.*: ***~ navale*** Seeblockade *f.*; ***forzare il ~*** die Blockade brechen **2** *(ostruzione)* Versperrung *f.* **3** ECON. Stopp *m.*: ***il ~ delle assunzioni, dei salari, degli affitti, dei prezzi*** der Einstellungsstopp (*o* die Einstellungssperre), Lohn-, Miet-, Preisstopp; ***~ della produzione*** Produktionsstopp *m.* **4** MED. Versagen *n.*, Block *m.*: ***~ cardiaco, renale*** Herzblock *m.*, Nierenversagen *n.*; ***~ circolatorio*** Kreislaufversagen *n.*; ***~ intestinale*** Darmverschluss *m.* **5** PSIC. *(inibizione)* Verklemmtheit *f.* **6** *(di memoria)* Gedächtnislücke *f.* ◆ ***~ continentale*** Kontinentalsperre *f.*; ***~ economico*** Handelsblockade *f.*; ***posto di ~*** Absperrung *f.*, Sperre *f.*

bloc-no|tes, block-no|tes [blok'nɔtes] m.inv. Notizblock *m.*, Schreibblock *m.*

blu **I** agg.inv. blau **II** m.inv. Blau *n.*: ***vestire di ~*** sich in Blau kleiden; ***colorare qcs. di ~*** etw. blau an‿malen ◆ ***~ d'anilina*** Anilinblau *n.*; ***caschi ~*** Blauhelme *pl.*; ***~ cobalto*** kobaltblau; ***il ~ cobalto*** das Kobaltblau; ***~ elettrico*** blitzblau; ***il ~ elettrico*** das Blitzblau; COLLOQ. ***avere una fifa ~*** = Todesangst haben; ***~ di metilene*** Methylenblau *n.*; ***~ notte*** nachtblau; ***il ~ notte*** das Nachtblau; ***~ oltremare*** ultramarin; ***il ~ oltremare*** das Ultramarin; ***~ di Prussia*** preußischblau; ***il ~ di Prussia*** das Preußischblau; ***essere di, avere sangue ~*** blaues Blut haben. **blua|stro** agg. bläulich.

blu|cer|chia|to **I** agg. von Sampdoria Genua: ***i giocatori -i*** die Fußballspieler von Sampdoria Genua; ***squadra -a*** = die Fußballmannschaft Sampdoria Genua **II** m. Fußballspieler *m.* von Sampdoria Genua.

blue-jeans [blu'dʒins] m.pl. Bluejeans *pl.*, Blue Jeans *pl.*: ***un paio di ~ stinti*** ein Paar verwaschene Bluejeans.

blues [blu:z] **I** m. Blues *m.* **II** agg.inv. Blues-: ***cantante ~*** Bluessänger *m.*

bluff [blʌf; *üblich* blœf, blɛf, bluf] m.inv. Bluff *m.*: ***è tutto un ~!*** das ist alles ein Bluff! ***fare un ~*** bluffen. **bluf|fa|re** [bluf'fare, blœf'fare, blɛf'fare] intr. (aus. *avere*) bluffen: ***sta bluffando!*** er blufft! **bluf|fa|to|re** m. Bluffer *m.*

blu|sa f. **1** Bluse *f.* **2** *(blusotto)* Kittel *m.* **blu|sot|to** m. Kittel *m.*

1.bo|a m.inv. **1** ZOOL. Boa *f.*, Abgottschlange *f.* **2** ABBIGL. Boa *f.*: ***~ di struzzo*** Federboa *f.*

2.bo|a f. Boje *f.*: ***~ d'ormeggio*** Festmacheboje *f.*, Ankerboje *f.* ◆ ***~ acustica*** Nebelboje *f.*; SPORT ***giro di ~*** Wende *f.* an der Boje; FIG. Wende *f.*; ***~ luminosa*** Leuchtboje *f.*

bo|a|rio agg. *(-ri,-rie)* Rinder-: ***mercato ~*** Rindermarkt *m.*

bo|a|to m. **1** Donnern *n.*, Knall *m.*: ***il ~ di un'esplosione, di un vulcano in eruzione, di una valanga*** der Knall einer Explosion, das Getöse eines ausbrechenden Vulkans, das Donnern einer Lawine **2** *(della folla)* Aufschrei *m.*: ***al gol dell'attaccante si levò il ~ della curva*** beim Torschuss des Stürmers ging ein Aufschrei durch die Stadionkurve.

bob m.inv. Bob *m.*: ***~ a due, a quattro*** Zweierbob *m.*, Viererbob *m.*; ***pista da ~*** Bobbahn *f.*; ***gara, corsa di ~*** Bobrennen *n.*; ***andare in ~*** Bob fahren. **bob|bi|sta** m. e f. *(-i,-e)* Bobfahrer *m.* (-in *f.*).

bo|bi|na f. **1** Spule *f.*, Rolle *f.*: ***avvolgere qcs. su una ~*** etw. auf eine Spule wickeln; ***una ~ di filo*** eine Spule Garn (*o* eine Garnspule) **2** EL. Spule *f.*, Stromspule *f.*: ***~ di induttanza, di arresto*** Drosselspule *f.* **3** CINEM. FOT. Spule *f.*: ***una ~ di pellicola*** eine Filmspule **4** TIP. *(di carta)* Papierrolle *f.* ◆ TECN. ***~ di accensione*** Zündspule *f.*; ***~ per cavi*** Kabeltrommel *f.*; TESS. ***~ portafilo*** Fadenrolle *f.* **bo|bi|na|tri|ce** f. Wickelmaschine *f.*, Spulmaschine *f.*

boc|ca f. *(-che)* **1a** Mund *m.*: ***una ~ grande, sensuale, sdentata*** ein großer, sinnlicher, zahnloser Mund; ***aprire, spalancare, chiudere, storcere la ~*** den Mund öffnen (*o* auf‿machen), auf‿reißen, schließen, verziehen; ***asciugar(si), pulir(si) la ~*** (sich [D]) den Mund ab‿wischen; ***riempirsi la ~ di qcs.*** sich (D) den Mund mit etw. voll‿stopfen; ***con la ~, a ~ aperta, piena*** mit offenem, vollem Mund; ***baciare qcn. sulla ~*** jdn auf den Mund küssen; ***mettere qcs. in ~*** etw. in den Mund stecken; ***portare qcs. alla ~*** etw. zum Mund führen **b** *(di animale)* Maul *n.* **2** FIG. *(sapore)* Geschmack *m.*: ***avere la ~ amara, impastata*** einen bitteren Geschmack (im Mund), einen pelzigen Mund haben **3** ESTENS. *(apertura)* Öffnung *f.*: ***la ~ di un sacco, di un vaso, di un recipiente*** die Öffnung eines Sackes, einer Vase, eines Gefäßes **4** ARM. Mündung *f.*: ***la ~ del cannone*** die Mündung der Kanone ◆ ***acqua in ~!*** kein Wort davon! METALL. ***~ d'altoforno*** Gicht *f.*; FIG. ***restare, rimanere a ~ aperta*** mit offenem Mund da‿stehen, Mund und Augen (*o* Nase) auf‿sperren, auf‿reißen; FIG. ***non aprire ~*** kein Wort sagen, den Mund nicht auf‿kriegen; FIG. ***restare, rimanere a ~ asciutta*** leer aus‿gehen, das Nachsehen haben; ***le Bocche di Bonifacio*** die Meerenge von Bonifacio; ***essere di ~ buona*** nicht wählerisch (*o* heikel) sein (anche FIG.); FIG. ***cavare di ~ qcs. a qcn.*** jdm etw. aus der Nase ziehen; FIG. ***non chiudere mai ~*** jds Mund steht nicht (*o* nie) still; ***chiudere la ~ a qcn.*** jdm den Mund stopfen; FIG. ***tenere la ~ chiusa*** den Mund halten; FIG. ***cucire la ~ a qcn.*** jdm den Mund stopfen; *(uccidere qcn.)* ***gli hanno cucito la ~ per sempre*** sie haben ihm endgültig den Mund gestopft; ***di ~ in ~*** von Mund zu Mund; FIG. ***fare la ~ a qcs.*** sich an etw. (A) gewöhnen; ***~ da fuoco*** Geschütz *n.*; SPREG. ***~ inutile*** unnützer Fresser; BOT. ***~ di leone*** Löwenmaul *n.*; BOT. ***~ di lupo*** Immenblatt *n.*; ***in ~ al lupo!*** Hals- und Beinbruch! ***mettere delle parole in ~ a qcn.*** jdm Worte in den Mund legen; ***metter ~ in qcs.*** sich in etw. (A) ein‿mischen; ***prendere qcs. per ~*** etw. oral ein‿nehmen; FIG. ***per ~ di qcn.*** durch jdn anderen; ***respirazione ~ a ~*** Mund-zu-Mund-Beatmung *f.*; ***sciogliersi in ~*** auf der Zunge zergehen; ***avere molte -e da sfamare*** viele (hungrige) Mäuler (*o* Münder) zu stopfen haben; ***farsi sfuggire qcs. di ~*** sich (D) etw. entschlüpfen lassen; ANAT. ***~ dello stomaco*** Magenmund *m.*, Mageneingang *m.*; ***essere sulla ~ di tutti*** in aller Munde sein; ***tappare la ~ a qcn.*** → ***chiudere la ~ a qcn.***; ***togliere le parole di ~ a qcn.*** jdm das Wort aus dem Mund nehmen; FIG. ***togliersi il pane di ~ per qcn.*** sich (D) etw. für jdn vom Mund ab‿sparen; ***essere la ~ della verità*** die Wahrheit in Person sein; ***~ del vulcano*** = Krater *m.*; PROV. ***il mattino ha l'oro in ~*** Morgenstund hat Gold im Mund.

boc|cac|ce|sco agg. *(-schi,-sche)* **1** von Boccaccio: ***lo stile ~*** der Stil Boccaccios (*o* von Boccaccio) **2** ESTENS. *(salace)* schlüpfrig, pikant, frivol: ***linguaggio ~*** frivole Redeweise; ***una vicenda -a*** eine pikante Angelegenheit.

boc|cac|cia f. *(-ce)* **1** SPREG. Schnauze *f.*, Maul *n.*: ***chiudi quella ~!*** halt die Schnauze! **2** *(smorfia)* Grimasse *f.*, Fratze *f.*: ***fare le -ce*** Grimassen schneiden (*o* ziehen) **3** FIG. *(persona maldicente)* Lästermaul *n.*, Schandmaul *n.*

boc|ca|glio m. *(-gli)* **1** TECN. Düse *f.* **2** *(del respiratore)* Mundstück *n.*, Schnorchel *m.*

1.boc|ca|le agg. Mund-: ***parte, cavità ~*** Mundpartie *f.*, Mundhöhle *f.*

2.boc|ca|le m. **1** Trinkkrug *m.*; *(da birra)* Bierkrug *m.*, Maßkrug *m.* **2** *(con coperchio)* Humpen *m.*, Deckelkrug *m.*

boc|ca|por|to m. Schiffsluke *f.*, Luke *f.*: ***aprire, chiudere i -i*** die Luken öffnen, dicht‿machen; ***~ di carico*** Ladeluke *f.*

boc|ca|sce|na m. e f. inv. Bühnenrahmen *m.*, Bühnenöffnung *f.*

boc|ca|ta f. **1** Mund *m.* voll; *(sorsata)* Schluck *m.*, Zug *m.* **2** *(di fumo)* Zug *m.*: ***aspirare una ~ da una sigaretta, da una pipa*** einen Zug aus einer Zigarette, aus der Pfeife nehmen (*o* tun) ◆ ***prendere una ~ d'aria (fresca)*** frische Luft schnappen; FIG. ***una ~ d'ossigeno*** eine Finanzspritze.

boc|cet|ta f. **1** Fläschchen *n.*, Flakon *m.* e *n.*: ***~ di profumo*** Parfümfläschchen *n.*; ***~ dei sali*** Riechfläschchen *n.* **2** *(nel biliardo)* Stoßball *m.*, Stoßkugel *f.* ◆ ***~ (con) contagocce*** Tropffläschchen *n.*, Guttiole *f.*

boc|cheg|gian|te agg. **1** nach Luft schnappend: ***un pesce ~*** ein nach Luft schnappender Fisch **2** ESTENS. *(agonizzante)* sterbend **3** FIG. krisengeschüttelt: ***un'economia ~*** eine krisengeschüttelte Wirtschaft. **boc|cheg|gia|re** intr. *(boccheggio, boccheggi*; aus. *avere)* **1** nach Luft schnappen (anche FIG.): ***~ per il caldo*** vor Hitze nach Luft schnappen **2** ESTENS. *(agonizzare)* im Sterben liegen, in den letzten Zügen liegen.

boc|chet|ta f. **1** (kleine) Öffnung *f.*: ***la ~ di un serbatoio*** die Öffnung eines Behälters **2** *(di strumenti a fiato)* Mundstück *n.* **3** ALP. *(valico)* Scharte *f.* ◆ ***~ dell'innaffiatoio*** Gießkannenbrause *f.*; ***~ stradale*** Gully *m.* e *n.*; TECN. ***~ di ventilazione*** Lüftungsdüse *f.*

boc|chet|to|ne m. **1** Einfüllstutzen *m.*, Einlaufstutzen *m.* **2** TECN. *(giunto)* Stutzen *m.*

boc|chi|no m. **1** MUS. Mundstück *n.*: ***~ a doppia ancia*** Mundstück mit Doppelrohrblatt **2** *(per sigarette)* Zigarettenspitze *f.*; *(per sigari)* Zigarrenspitze *f.* ◆ ***~ della pipa*** Pfeifenmundstück *n.*

boc|cia f. *(-ce)* **1** *(recipiente)* Karaffe *f.* **2** *(palla)* Kugel *f.* **3** pl. *(gioco)* Boccia *n.* e *f.*: ***giocare a, alle -ce*** Boccia spielen ◆ ***~ da bowling*** Bowlingkugel *f.*; ***campo da -ce*** Bocciaplatz *m.*; FIG. ***a -ce ferme*** wenn die Wogen geglättet sind; ***giocatore di -ce*** Bocciaspieler *m.*; ***partita a -ce*** Bocciaspiel *n.*; ***fare una partita a -ce*** Boccia spielen; CHIM. ***~ di vetro*** Glaskolben *m.*

boc|ciar|da f. TECN. Kraushammer *m.*, Stockhammer *m.*

boc|cia|re tr. *(boccio, bocci)* **1** ab‿lehnen: ***~ un disegno di legge, una proposta*** einen Gesetzentwurf, einen Vorschlag ablehnen **2** *(a scuola, a un esame)* durch‿fallen lassen: ***~ qcn. all'esame di guida*** jdn bei der Fahrprüfung durchfallen lassen **3** *(nel gioco delle bocce)* treffen. **boc|cia|to I** p.pass. agg. **1** → **bocciare 2a** *(a un esame)* ***essere, rimanere ~*** durch‿fallen **b** *(a scuola)* ***essere, rimanere ~*** sitzen bleiben, hängen bleiben **II** m. **1** *(a un esame)* Durchgefallene *m.* **2** *(a scuola)* Sitzenbleiber *m.* **boc|cia|tu|ra** f. **1** Ablehnung *f.*: ***la ~ di una legge*** die Ablehnung eines Gesetzes **2** *(a un esame, a scuola)* Durchfallen *n.*, Sitzenbleiben *n.*: ***rischiare, evitare la ~*** das Sitzenbleiben riskieren, vermeiden.

boc|ci|no m. Zielkugel *f.*

boc|cio m. *(-ci)* Knospe *f.* ◆ ***in ~*** noch nicht erblüht (anche FIG.).

boc|cio|dro|mo m. Bocciaspielplatz *m.*, Bocciaanlage *f.*

boc|cio|fi|lo I agg. Boccia-: ***società -a*** Bocciaklub *m.* **II** m. Bocciaspieler *m.*

boc|cio|lo m. Blütenknospe *f.*, Knospe *f.*: ***mettere i -i*** Knospen an‿setzen; ***~ di rosa*** Rosenknospe *f.*

boc|co|la f. **1** MECC. EL. Buchse *f.* **2** FERR. Achsbuchse *f.*, Achslager *n.* **3** *(borchia)* Niete *f.*

boc|co|lo m. Locke *f.*, Korkenzieherlocke *f.*

boc|con|ci|no m. **1** Häppchen *n.*, Leckerbissen *m.* **2** FIG. SCHERZ. knuspriges Mädchen *n.* **3** pl. GASTR. *(spezzatino)* Gulasch *n.*: ***-i di vitello*** Kalbsgulasch *n.* **4** *(mozzarella)* INTRAD. (kleines Bällchen Mozzarellakäse) ◆ ***a -i*** in mundgerechten Stückchen (*o* Häppchen).

boc|co|ne m. **1** Bissen *m.*, Happen *m.*: ***un ~ di pane*** ein Bissen Brot; ***inghiottire un ~*** einen Bissen herunter‿schlucken **2** ESTENS. *(cibo appetitoso)* Leckerbissen *m.*: ***un ~ prelibato*** ein auserlesener Leckerbissen ◆ ***a -i*** bissenweise; FIG. ***un ~ amaro*** eine bittere Pille; FIG. ***contare i -i in bocca a qcn.*** jdm die Bissen im Mund ab‿zählen; FIG. ***col ~ in gola*** gleich nach dem Essen; FIG. ***levarsi il ~ di bocca per qcn.*** sich (D) für jdn jeden (*o* den letzten) Bissen vom Mund(e) ab‿sparen; COLLOQ. ***mandare giù un ~*** schnell einen Bissen hinunter‿schlingen (*o* hinunter‿würgen); FIG. ***mangiare un ~*** etw. (*o* einen Happen) essen; ***mangiare qcs. in un (sol) ~*** etw. in einem Bissen essen; FIG. ***quello me lo mangio in un ~!*** den stecke ich doch (leicht) in die Tasche! ***prendersi i -i migliori*** sich (D) die Rosinen aus dem Kuchen picken; ***parlare col ~ in bocca*** mit vollem Mund sprechen; ***a pezzi e -i*** stückweise; FIG. ***togliersi il ~ di bocca per qcn.*** → ***levarsi il ~ di bocca per qcn.***

boc|co|ni avv. bäuchlings, auf dem Bauch: ***dormire, stare ~*** bäuchlings schlafen, liegen.

bod|y m.inv. Body *m.*, Bodysuit *m.*

bod|y buil|ding [-bıldıŋ] m.inv. Bodybuilding *n.*: ***praticare, fare ~*** Bodybuilding treiben.

Bo|e|mia n.pr.f. Böhmen *n.* ◆ ***cristallo di ~*** böhmisches Kristall. **bo|e|mo I** agg. böhmisch **II** m. Böhme *m.*

bo|e|ro I agg. Buren-, burisch: ***guerra -a*** Burenkrieg *m.* **II** m. **1** Bure *m.* **2** INTRAD. (Praline mit Likörkirsche).

bo|fon|chia|re *(bofonchio, bofonchi)* **I** tr. brummen: ***bofonchiò una scusa e se ne andò*** er brummte eine Entschuldigung und ging weg **II** intr. (aus. *avere*) murren, brummen.

boh inter. hm: ***vieni anche tu? – ~, non lo so ancora*** kommst du auch mit? – hm, ich weiß es noch nicht.

bo|hè|me [bo'ɛm] f.inv. Boheme *f.* **bo|hé|mien** [boe'mjɛ̃] m.inv. Bohemien *m.*

bo|ia I m.inv. **1** Henker *m.*, Scharfrichter *m.*: ***morire per mano del ~*** durch Henkershand sterben; ***scure del ~*** Henkersbeil *n.* **2** ESTENS. *(uomo crudele)* Verbrecher *m.*, Gauner *m.* **II** agg.inv. COLLOQ. verdammt, Wahnsinns-: ***un freddo ~*** eine Wahnsinnskälte; ***fa un caldo ~*** es ist verdammt heiß; COLLOQ. ***~ (d'un) mondo!*** verdammte Welt!

bo|iac|ca f. *(-che)* dünnflüssiger Zement *m.*

bo|ia|ro m. Bojar *m.*

bo|ia|ta f. COLLOQ. Schmarren *m.*, Schund *m.*: ***questo film è proprio una (gran) ~*** dieser Film ist ein richtiger Schund; ***non dire -e!*** red keinen Schmarren!

boi|cot|tag|gio m. *(-gi)* Boykott *m.*: ***colpire qcn., qcs. con un ~*** jdn, etw. mit Boykott belegen, den Boykott über jdn, etw. verhängen; ***praticare un ~*** einen Boykott aus‿üben. **boi|cot|ta|re** tr. boykottieren (anche ESTENS.): ***~ le importazioni dal Giappone, una manifestazione, un'iniziativa*** die Einfuhren aus Japan, eine Veranstaltung, eine Initiative boykottieren.

boi|de m. Riesenschlange *f.*

boil|er m.inv. Boiler *m.*, Warmwasserbereiter *m.*

boi|se|rie [bwaz'ri] f.inv. Holzverkleidung *f.*, Holztäfelung *f.*

bo|le|ro m. **1** MUS. Bolero *m.* **2** *(corpetto)* Bolero *m.*, Bolerojäckchen *n.*

bo|le|to m. Röhrenpilz *m.*, Röhrling *m.*: ***~ dei castagni*** Maronenpilz *m.* ◆ ***~ edule*** Steinpilz *m.*; ***~ malefico*** Satanspilz *m.*

bol|gia f. *(-ge)* Höllengraben *m.* ◆ COLLOQ. ***questo posto è una ~*** hier ist die Hölle los.

bo|li|de m. **1** ASTR. Bolid *m.* **2** ESTENS. *(macchina da corsa)* Bolid(e) *m.* **3** COLLOQ. *(persona obesa)* Koloss *m.* ◆ ***passare, arrivare come un ~*** wie ein Blitz vorbei‿schießen, kommen.

bo|li|na f. *(fune)* Buleine *f.* ◆ ***andare, navigare di ~*** hart am Wind segeln, kreuzen.

Bo|li|via n.pr.f. Bolivien *n.* **bo|li|via|no I** agg. bolivianisch **II** m. Bolivianer *m.*

1.bol|la f. **1** Blase *f.*: ***~ d'aria, di sapone*** Luft-, Seifenblase *f.*; ***una ~ si forma, scoppia*** eine Blase bildet sich, platzt **2** *(vescica)* Wasserblase *f.*, Blase *f.*: ***mi sono venute le -e ai piedi*** ich habe Blasen an den Füßen bekommen **3** *(livella)* Wasserwaage *f.* ◆ ***finire, risolversi in una ~ di sapone*** sich in nichts auf‿lösen.

2.bol|la f. **1** Bulle *f.*: ***~ papale*** päpstliche Bulle *f.*; ***~ di scomunica*** Bannbulle *f.*; ***la Bolla d'Oro*** die Goldene Bulle **2** COMM. Schein *m.*: ***~ di accompagnamento, di spedizione*** Lieferschein *m.*; ***~ doganale*** Zollschein *m.*; ***~ doganale d'esportazione*** Ausfuhrbescheinigung *f.*

bol|la|re tr. **1** stempeln, ab‿stempeln: ***~ un documento, una lettera, il passaporto*** eine Urkunde, einen Brief, den Pass stempeln; ***~ il cartellino*** die Stechkarte stempeln **2** FIG. ab‿stempeln, stempeln, brandmarken: ***~ qcn. come ladro, traditore*** jdn zum Dieb, Verräter ab‿stempeln (*o* als Dieb, Verräter brandmarken); ***~ qcn. d'infamia, con un marchio d'infamia*** jdn mit Schande bedecken, mit einem Schandmal versehen ◆ ***~ a fuoco un animale*** einem Tier ein Brandzeichen ein‿brennen.

bol|la|to p.pass. agg. → **bollare** ◆ ***carta -a*** Stempelpapier *n.*; ***fissato ~*** Schlussbrief *m.*, Schlussnote *f.*; ***essere ~ d'infamia*** mit Schande gebrandmarkt (*o* gezeichnet) sein; ***valore ~*** Wertzeichen *n.* **bol|la|tu|ra** f. Abstempelung *f.*, Stempelung *f.*

bol|len|te agg. **1** kochend, kochend heiß: ***acqua, brodo ~*** kochendes Wasser, kochend heiße Brühe **2** ESTENS. *(molto caldo)* glühend, heiß: ***sei ~!*** du bist ganz heiß! ***hai la fronte ~!*** dein Stirn glüht! ◆ ***passare la patata ~ a qcn.*** jdm den schwarzen Peter zu‿schieben (*o* zu‿spielen); ***placare i -i spiriti*** die erhitzten Gemüter beruhigen.

bol|let|ta f. **1** Schein *m.*: ***~ di carico, scarico*** Lade-, Abladeschein *m.* **2** *(fattura)* Rechnung *f.*: ***ricevere, pagare la ~ del gas, della luce, del telefono*** die Gas-, Strom-, Telefonrechnung erhalten, bezahlen ◆ ***essere in ~*** blank (*o* pleite, abgebrannt) sein. **bol|let|ta|rio** m. *(-ri)* Quittungsblock *m.*

bol|let|ti|no m. **1** Bericht *m.*: ***~ di borsa, di guerra*** Börsen-, Kriegsbericht *m.*; ~ ***medico*** Krankenbericht *m.*; ~ ***meteorologico, della neve*** Wetter-, Schneebericht *m.* **2** *(bolla)* Schein *m.*: ~ ***di consegna*** Lieferschein *m.*; ~ ***di ordinazione*** Bestellschein *m.* **3** *(periodico)* Bulletin *n.* ◆ ~ ***ufficiale*** Amtsblatt *n.*; ~ ***di versamento*** Zahlkarte *f.*

bol|li|ci|na f. Bläschen *n.* ◆ ***acqua con le -e*** Sprudelwasser *n.*

bol|li|lat|te m.inv. Milchtopf *m.*

bol|li|no m. **1** Marke *f.*; *(su tessere associative)* Beitragsmarke *f.* **2** *(su tessere di concorsi a premi)* Sammelpunkt *m.* ◆ ~ ***di garanzia*** Garantieschein *m.*

bol|li|re I tr. kochen: ~ ***il riso in molta acqua*** Reis in viel Wasser kochen **II** intr. (aus. *avere*) **1** kochen, sieden: ***l'acqua bolle a 100°*** Wasser siedet bei 100°; ***le patate bollono nella pentola*** die Kartoffeln kochen im Topf; ESTENS. ***la pentola bolle sul gas*** der Topf steht auf der Flamme **2** FIG. *(fermentare)* gären: ***il mosto bolle nei tini*** der Most gärt in den Bottichen **3a** FIG. ***avere il sangue che bolle*** = feuriges Blut haben; ***gli bolle il sangue*** es kocht in ihm **b** *(fremere)* kochen: ~ ***di rabbia, di sdegno*** vor Wut, Entrüstung kochen **4** COLLOQ. *(morire di caldo)* vor Hitze um‿kommen: ***qui si bolle*** hier kommt man vor Hitze um ◆ ***far*** ~ zum Kochen bringen, kochen; *(per sterilizzare)* aus‿kochen, ab‿kochen; ***che cosa bolle in pentola?*** was wird hier ausgekocht? was geht hier vor?

bol|li|ta f. Kochen *n.*, Aufkochen *n.*: ***dare una rapida ~ al latte*** die Milch kurz auf‿kochen. **bol|li|to I** p.pass. agg. **1** → **bollire 2** gekocht, gesotten **II** m. **1** gekochtes Rindfleisch *n.* (*o* Fleisch *n.*), AUSTR. Tafelspitz *m.* **2** *(taglio di carne)* Fleisch *n.* zum Kochen, Kochfleisch *n.*, Suppenfleisch *n.*: ***comprare un bel pezzo di*** ~ ein schönes Stück Fleisch zum Kochen kaufen. **bol|li|to|re** m. **1** Kessel *m.*, Wasserkessel *m.*: ***il ~ fischia*** der Wasserkessel pfeift **2** *(pentolino)* Topf *m.*: ***il ~ per il latte*** der Milchtopf. **bol|li|tu|ra** f. **1** Kochen *n.*, Sieden *n.* **2** *(durata)* Siedezeit *f.*

bol|lo m. **1** Stempel *m.*: ~ ***postale*** Poststempel *m.*; ***mettere un ~ su un documento*** eine Urkunde stempeln **2** *(marca, francobollo)* Marke *f.* **3a** *(tassa di circolazione)* Kraftfahrzeugsteuer *f.*; *(di ciclomotore)* Motorradsteuer *f.* **b** *(tagliando)* Zahlungsbeleg *m.*: ***esporre il ~ (dell'auto)*** den Zahlungsbeleg (am Wagen) sichtbar an‿bringen **4** COLLOQ. *(livido)* blauer Fleck *m.*: ***avere le gambe piene di -i*** die Beine voller blauer Flecken haben ◆ ***carta da*** ~ Stempelpapier *n.*; ~ ***di circolazione*** Kraftfahrzeugsteuer *f.*; ~ ***a data*** Datumsstempel *m.*; ***esente da*** ~ stempelfrei; ***imposta di*** ~ Markensteuer *f.*; ~ ***lineare*** Langstempel *m.*; ***marca da*** ~ Gebührenmarke *f.*, Steuermarke *f.*, Stempelmarke *f.*; ***soggetto a*** ~ steuermarkenpflichtig; ***spese di*** ~ Stempelgebühren *pl.*

bol|lo|re m. **1** Kochen *n.*, Sieden *n.*, Wallen *n.*: ***portare a*** ~ zum Kochen (*o* Sieden, Wallen) bringen; ***essere a*** ~ kochen, sieden; ***alzare il*** ~ auf‿kochen lassen **2** *(calura)* (brütende) Hitze *f.*: ***che ~ qua dentro!*** was für eine Hitze hier drinnen! **3** pl. *(istinti)* Hitze *f.*, Ungestüm *n.*: ***i -i della giovinezza*** jugendliches Ungestüm; ***calmare i -i di qcn.*** jds Ungestüm besänftigen.

bol|lo|so agg. blasig.

bo|lo m. Bolus *m.*

bo|lo|gne|se I agg. von Bologna, bolognesisch **II** m. e f. Bologneser *m.* (-in *f.*) ◆ ***alla*** ~ INTRAD. (mit Fleisch-Tomatensauce).

bol|sag|gi|ne f. **1** VETER. Dämpfigkeit *f.* **2** FIG. *(fiacchezza)* Schlaffheit *f.*

bol|sce|vi|co I agg. *(-chi,-che)* bolschewikisch, bolschewistisch **II** m. *(-chi)* Bolschewik *m.* **bol|sce|vi|smo** m. Bolschewismus *m.*

bol|so agg. **1a** VETER. dämpfig **b** *(di persone)* kurzatmig **2** FIG. *(fiacco)* schlaff.

Bol|za|no n.pr.f. Bozen *n.*

bol|zo|ne m. **1** Bolz *m.*, Bolzen *m.* **2** *(punzone)* Punze *f.*

bo|ma f. Großbaum *m.*

1.bom|ba f. **1** Bombe *f.*: ***mettere (piazzare), innescare, far esplodere, disinnescare una*** ~ eine Bombe legen, zünden, explodieren lassen, entschärfen; ***lanciare una ~ (su qcs.)*** eine Bombe (auf etw. [A]) ab‿werfen, werfen; ***una ~ esplode, colpisce una casa*** eine Bombe explodiert, trifft ein Haus **2a** FIG. Bombe *f.*: ***questa notizia è una vera ~!*** diese Nachricht ist eine wahre Bombe! **b** *(scandalo)* Bombe *f.*, Skandal *m.*: ***è scoppiata la ~ dei finanziamenti illeciti ai partiti*** die Bombe der illegalen Parteienfinanzierungen ist geplatzt; ***innescare una*** ~ einen Skandal aus‿lösen **c** *(notizia sensazionale)* Bombennachricht *f.*: ***la sua confessione fu una ~ per tutti*** sein Geständnis war für alle eine Bombennachricht **3a** COLLOQ. *(cibo pesante, calorico)* Bombe *f.*: ***questa torta è una vera ~!*** diese Torte ist eine echte Bombe! **b** *(liquore molto forte)* ***questa grappa è una ~!*** dieser Schnaps wirft dich um! **4** SPORT GERG. *(sostanza stimolante)* Aufputschmittel *n.* **5** GASTR. (kleiner) gefüllter Krapfen *m.* **6** GEOL. ~ ***vulcanica*** Auswurfmasse *f.* ◆ ~ ***A***, ~ ***atomica*** A-Bombe *f.*, Atombombe *f.*; ~ ***al cobalto*** Kobaltbombe *f.*; ~ ***dirompente*** Spreng-, Splitterbombe *f.*; ~ ***al fosforo*** Phosphorbombe *f.*; ~ ***fumogena*** Rauch-, Nebelbombe *f.*; ~ ***H, all'idrogeno*** H-Bombe *f.*, Wasserstoffbombe *f.*; ~ ***illuminante*** Leuchtbombe *f.*; ~ ***incendiaria*** Brandbombe *f.*; ~ ***lacrimogena*** Tränengasbombe *f.*; ~ ***a mano*** Handgranate *f.*; ~ ***molotov*** Molotowcocktail *m.*; ~ ***al napalm*** Napalmbombe *f.*; ~ ***N***, ~ ***al neutrone*** N-Bombe *f.*, Neutronenbombe *f.*; ~ ***a orologeria*** Zeitbombe *f.*; ~ ***al plastico*** Plastikbombe *f.*; ~ ***di profondità*** Wasserbombe *f.*; ***a prova di*** ~ bombensicher, bombenfest; *(molto resistente)* hieb- und stichfest; ~ ***a tempo*** Zeitbombe *f.*

2.bom|ba, ***tornare a*** ~ zur Sache zurück‿kommen.

bom|bag|gio m. *(-gi)* TECN. Bombage *f.*

bom|bar|da f. MIL. MUS. Bombarde *f.*

bom|bar|da|men|to m. **1** Bombardierung *f.*, Beschuss *m.*: ~ ***d'artiglieria, aereo, navale*** Artilleriebeschuss *m.*, Bombenangriff *m.*, Beschuss *m.* durch Schiffsartillerie; ***morire sotto i -i*** während der Bombenangriffe um‿kommen **2a** FIG. ***essere sottoposto ai continui -i della critica, della pubblicità*** dem ständigen Beschuss der Kritik ausgesetzt sein, ständig von der Werbung bombardiert werden **b** *(sequela)* Hagel *m.*: ***un ~ di pugni, di domande*** ein Hagel von Faustschlägen, Fragen **3** FIS. Beschuss *m.* ◆ ~ ***a tappeto*** Flächenbombardierung *f.*, Bombenteppich *m.*

bom|bar|da|re tr. **1a** bombardieren: ~ ***una città, le postazioni nemiche*** eine Stadt, die feindlichen Stellungen bombardieren **b** FIG. ~ ***qcn. di domande*** jdn mit Fragen bombardieren; ***essere bombardati dalla pubblicità*** von der Werbung bombardiert werden **2** FIS. beschießen. **bom|bar|die|re** m. **1** Bombenflugzeug *n.*, Bomber *m.* **2** ENTOM. Bombardierkäfer *m.*

bom|bar|di|no m. kleines Bombardon *n.* **bom|bar|do|ne** m. Bombardon *n.*

bom|ba|re tr. bombieren, wölben.

bom|ba|ro|lo m. COLLOQ. Bombenleger *m.*

bom|ba|to p.pass. agg. **1** → **bombare 2** bombiert, gewölbt: ***avere una forma -a*** eine gewölbte Form haben. **bom|ba|tu|ra** f. Bombierung *f.*, Wölbung *f.*

bom|ber m.inv. SPORT Torjäger *m.*, Scharfschütze *m.*

bom|bet|ta f. Melone *f.*

bom|bi|ce m. Spinner *m.*: ~ ***del gelso*** Maulbeer(seiden)spinner *m.*; ~ ***dei pini, della quercia*** Kiefer-, Ringelspinner *m.*

bom|bo m. ENTOM. Hummel *f.*

bom|bo|la f. **1** Stahlflasche *f.*, Flasche *f.*: ***una ~ di gas, di ossigeno, di aria compressa*** eine Gas-, Sauerstoff-, Pressluftflasche; pl. *(respiratore)* ***immergersi con le -e (di ossigeno)*** mit dem Sauerstoffgerät hinuntertauchen **2** → **bomboletta. bom|bo|let|ta** f. Sprühdose *f.*, Spraydose *f.*

bom|bo|lo m. Dickerchen *n.*

bom|bo|lo|ne m. INTRAD. (gefülltes und fritiertes Gebäckstück).

bom|bo|lot|ti m.pl. INTRAD. (Art Suppennudeln).

bom|bo|nie|ra f. Bonbonniere *f.*

bom|pres|so m. Bugspriet *n.* e *m.*

bo|nac|cia f. *(-ce)* **1** Windstille *f.*, Flaute *f.* **2a** FIG. *(calma)* Ruhe *f.*, Stille *f.*: ***in famiglia è tornata la*** ~ in die Familie ist Ruhe eingekehrt **b** *(stasi)* Flaute *f.*, Stillstand *m.*: ***un periodo di ~ per gli affari*** eine geschäftliche Flaute.

bo|nac|cio|ne m. gutmütige Seele *f.*

bo|na|e|ren|se I agg. von Buenos Aires **II** m. e f. Einwohner *m.* (-in *f.*) von Buenos Aires.

bo|na|par|ti|smo m. Bonapartismus *m.*

bo|na|ria|men|te avv. gutmütig. **bo|na|rie|tà** f. Gutmütigkeit *f.* **bo|na|rio** agg. *(-ri,-rie)* gutmütig.

bon|bon [bɔn'bɔn] m.inv. Bonbon *m.* e AUSTR. *n.*

Bo|ni|fa|cio n.pr.m. Bonifatius *m.*

bo|ni|fi|ca f. *(-che)* **1** Urbarmachung *f.*; *(prosciugamento)* Entsumpfung *f.*, Trockenlegung *f.* **2** *(di campi minati)* Entminung *f.* **bo|ni|fi|ca|re** tr. *(bonifico, bonifichi)* **1** urbar machen, entsumpfen; *(prosciugare)* trocken‿legen: ~ ***un terreno, una palude*** ein Land urbar machen, ein Moor trockenlegen **2** *(sminare)* entminen **3** FIG. *(risanare)* säubern: ~ ***un quartiere dalla malavita*** ein Viertel von Verbrechern säubern **4** *(abbuonare)* ab‿streichen **5** BANC. *(fare un bonifico di)* gut‿schreiben, überweisen: ~ ***una somma a favore di qcn.*** jdm eine Summe gutschreiben (*o* überweisen) **6** METALL. vergüten. **bo|ni|fi|ca|to|re** m. **1** Initiator *m.* der Urbarmachung **2** *(sminatore)* Minenräumer *m.*

bo|ni|fi|co m. *(-ci)* **1** Überweisung *f.*: ***eseguire, ordinare un*** ~ eine Überweisung durch‿führen, in Auftrag geben; ***pagamento a mezzo*** ~ Bezahlung durch (*o* per) Überweisung **2** *(abbuono)* Vergütung *f.*, Preisnachlass *m.* ◆ ***ordine di*** ~ Überweisungsauftrag *m.*

bo|no|mi|a f. Bonhomie *f.*, Gutmütigkeit *f.*
bon|sai m.inv. **1** Bonsai *n.* **2** *(pianta)* Bonsai *m.*
bon|tà f. **1** Güte *f.*, Gutheit *f.*, Gutmütigkeit *f.*: ***un uomo di grande, d'infinita ~*** ein Mensch von unendlicher Güte; ***essere la ~ in persona*** die Güte selbst sein; ***~ del carattere*** Gutmütigkeit des Charakters **2** *(qualità)* Güte *f.*, Qualität *f.*: ***la ~ di un prodotto*** die Güte eines Produkts **3** *(buon sapore)* Wohlgeschmack *m.* ◆ ***abbia la ~ di...*** haben Sie die Güte,...; ***~ d'animo*** Gutherzigkeit *f.*, Herzensgüte *f.*; ***che ~!*** das ist aber gut! ***~ sua!*** sehr gütig!
bo|nus m.inv. Bonus *m.*, Sondervergütung *f.* **bo|nus ma|lus** m.inv. Schadenfreiheitsrabatt *m.*
bon|zo m. Bonze *m.*
book|mak|er ['bʊkmeɪkə, *üblich* buk'meker] m.inv. Buchmacher *m.*
boom [bu:m] m.inv. Boom *m.*: ***~ dell'informatica*** Boom im Informatikbereich ◆ ***gli anni del ~*** die Jahre des Wirtschaftswunders; ***~ demografico*** Babyboom *m.*; ***~ dell'edilizia*** Bauboom *m.*; ***~ sonico*** Überschallknall *m.*
boo|mer|ang ['bu:məræŋ, *üblich* 'bumerang] **I** m.inv. Bumerang *m.* (anche FIG.): ***lanciare un ~*** einen Bumerang schleudern; ***rivelarsi un ~*** sich als Bumerang erweisen **II** agg.inv. ***effetto ~*** Bumerangeffekt *m.*; ***avere un effetto ~*** sich als Bumerang erweisen.
bo|ra f. Bora *f.*
bo|ra|ce m. Borax *m.* **bo|ra|ci|fe|ro** agg. borhaltig, Bor-. **bo|ra|to** m. Borat *n.*
bo|ras|so m. Palmyrapalme *f.*
Bor|bo|ne n.pr.m. Bourbon *m.* **bor|bo|ni|co** **I** agg. *(-ci,-che)* **1** bourbonisch **2** FIG. *(reazionario)* reaktionär **II** m. *(-ci)* Anhänger *m.* der Bourbonen.
bor|bo|rig|mo m. Kollern *n.*, Borborygmus *m.*
bor|bot|ta|men|to m. Murmeln *n.*, Brummen *n.* **bor|bot|ta|re** tr. e intr. (aus. *avere*) murmeln, brumme(l)n: ***~ qcs. tra sé e sé*** etw. vor sich hin (*o* in seinen Bart) murmeln. **bor|bot|ti|o** m. Gemurmel *n.*, Gebrumm(e) *n.* **bor|bot|to|ne** m. Brummbär *m.*, Brummbart *m.*
bor|chia f. **1** Niete *f.* **2** *(chiodo da tappezziere)* Polsternagel *m.* **bor|chia|to** agg. mit Nieten versehen (*o* verziert).
bor|da|re tr. **1a** säumen, ein‿säumen, bordieren: ***~ una gonna*** einen Rock säumen; ***~ una tenda*** einen Vorhang um‿säumen **b** *(delimitare)* ein‿fassen: ***~ un'aiuola*** ein Beet einfassen **2** MAR. aus‿breiten **3** TECN. bördeln, rändern: ***~ una lamiera*** ein Blech bördeln.
bor|da|ta f. **1** MIL. Breitseite *f.*: ***sparare una ~ contro qcn., qcs.*** eine Breitseite auf jdn, etw. ab‿feuern **2** FIG. *(raffica)* Kanonade *f.*; ***una ~ di fischi, di improperi*** ein Pfeifkonzert, eine Kanonade von Schimpfwörtern **3** MAR. Schlag *m.* **4** SPORT *(tiro violento)* Bombe *f.*
bor|da|to p.pass. agg. **1** → **bordare** **2** eingefasst, umrandet: ***~ di rosso*** rot umrandet. **bor|da|tu|ra** f. **1** Umrandung *f.*, Einfassung *f.* **2** TECN. Bördelung *f.*, Bördeln *n.* **3** MAR. *(fasciame)* Schiffshaut *f.*
bor|deaux [bor'do] **I** m.inv. **1** *(vino)* Bordeaux *m.*, Bordeauxwein *m.* **2** *(colore)* Bordeaux *n.* **II** agg.inv. bordeaux, bordeaux-: ***rosso ~*** bordeauxrot. **Bor|deaux** n.pr.f. Bordeaux *n.*
bor|deg|gia|re intr. *(bordeggio, bordeggi;* aus. *avere)* **1** kreuzen, an‿kreuzen **2** FIG. *(destreggiarsi)* (sich) lavieren, sich durch‿lavieren. **bor|deg|gio** m. *(-gi)* Kreuzen *n.*
bor|del|lo m. **1** Bordell *n.* **2** FIG. SPREG. *(luogo di corruzione)* Lasterhöhle *f.*, Sündenpfuhl *m.* **3** COLLOQ. *(chiasso, confusione)* Durcheinander *n.*: ***che ~!*** was für ein Durcheinander! ***fare ~*** Krach machen.
bor|de|reau [-ro:], **bor|de|rò** m. Bordereau *m.* e *n.*, Bordero *m.* e *n.*
bor|di|no m. **1** Rändchen *n.*, schmale Einfassung *f.* **2** FERR. Spurkranz *m.*
bor|do m. **1** MAR. AER. Bord *m.*: ***salire a ~*** an Bord gehen; ***prendere a ~ qcn.*** jdn an Bord nehmen, jdn übernehmen; ***essere (trovarsi) a ~ della nave, di un aereo*** an Bord des Schiffes, eines Flugzeugs sein, sitzen **2** *(margine)* Rand *m.*: ***~ della piscina, della vasca, della strada*** Becken-, Wannen-, Straßenrand *m.*; ***ai -i del bosco*** am Waldrand; *(di una pagina)* ***scrivere qcs. sul ~*** etw. an den Rand schreiben **3** *(spigolo)* Kante *f.*: ***~ del tavolo, della sedia*** Tisch-, Stuhlkante *f.* **4** SART. *(orlo)* Rand *m.*, Saum *m.*: ***con ~ ricamato*** mit besticktem Rand; ***cucire un ~ a qcs.*** einen Saum an etw. (A) nähen ◆ ***nave d'alto ~*** Hochseeschiff *n.*; ***gente d'alto ~*** hoch gestellte (*o* angesehene) Personen; ***prostituta d'alto ~*** Edelnutte *f.*; ***a ~ dell'auto*** im Wagen; ***diario di ~*** Logbuch *n.*, Bordbuch *n.*; ***documenti di ~*** Schiffspapiere *pl.*; ***entro ~*** binnenbords; ***franco (a) ~*** ab Bord, frei an Bord; ***fuori ~*** außenbords; ***giornale di ~*** Schiffsjournal *n.*; ***libro di ~ → diario di ~***; ***medico di ~*** Schiffsarzt *m.*; ***personale di ~*** Bordpersonal *n.*; ***servizio di ~*** Borddienst *m.*; ***virare di ~*** wenden; FIG. jdm aus dem Weg gehen.
bor|dò → **bordeaux.**
bor|do|le|se **I** agg. aus Bordeaux, Bordeaux-; ***bottiglia ~*** Bordeauxflasche *f.* **II** m. e f. Bordelese *m.* (-in *f.*).
bor|do|ne m. Bordun *m.*: ***tenere (fare) ~*** die Bassstimme halten ◆ ***tenere ~ a qcn.*** = jdm Vorschub leisten.
bor|du|ra f. **1** Einfassung *f.*: ***~ del sentiero*** Wegeinfassung *f.* **2** SART. Bordüre *f.*, Borte *f.* ◆ ***aiuola di ~*** Randbeet *n.*
bo|re|a m. Boreas *m.* **bo|re|a|le** agg. boreal, nördlich, Nord-: ***aurora ~*** Nordlicht *n.*
bor|ga|ta f. **1** kleine Ortschaft *f.*, Flecken *m.* **2** = Vorortviertel *n.* in Rom. **bor|ga|ta|ro** m. REGION. = Bewohner *m.* eines Vorortviertels (in Rom).
bor|ghe|se **I** agg. **1** bürgerlich, Bürger-: ***classe, società ~*** bürgerliche Klasse, Gesellschaft; ***venire da una famiglia ~*** aus einer bürgerlichen Familie stammen; ***mentalità ~*** bürgerliches Denken; ***piccolo ~*** kleinbürgerlich; ***pregiudizi -i*** bürgerliche Vorurteile; TEATR. ***il dramma ~*** das bürgerliche Trauerspiel **2** *(civile)* Zivil-: ***abiti -i*** Zivilkleidung *f.*; ***in ~*** in Zivil **II** m. e f. Bürgerliche *m.* e *f.*, Bürger *m.*: ***piccolo ~*** Kleinbürger *m.*
bor|ghe|si|a f. Bürgertum *n.*, bürgerliche Klasse *f.*: ***appartenere alla ~*** zum Bürgertum gehören; ***piccola, alta ~*** Klein-, Großbürgertum *n.*; ***media ~*** Mittelstand *m.* **bor|ghe|si|smo** m. Bürgerlichkeit *f.* **bor|ghe|suc|cio** m. *(-ci)* Spießbürger *m.*, Spießer *m.*
bor|go m. *(-ghi)* **1** Ortschaft *f.*, Flecken *m.* **2** *(quartiere)* Vorstadtviertel *n.*
bor|go|gna m.inv. Burgunder *m.*, Burgunderwein *m.* **Bor|go|gna** n.pr.f. Burgund *n.* **bor|go|gno|ne** **I** agg. burgundisch, Burgunder-: ***bottiglia -a*** Burgunderflasche *f.* **II** m. Burgunder *m.*
bor|go|ma|stro m. Bürgermeister *m.*
bo|ria f. Hochmut *m.*, Aufgeblasenheit *f.*, Dünkelhaftigkeit *f.*; ***essere pieno di ~*** hochmütig (*o* aufgeblasen) sein.
bo|ri|co agg. *(-ci,-che)* Bor-: ***acqua -a*** Borwasser *n.*; ***acido ~*** Borsäure *f.*
bo|rio|sa|men|te avv. hochmütig, dünkelhaft. **bo|rio|si|tà** f. Hochmütigkeit *f.*, Dünkelhaftigkeit *f.* **bo|rio|so** agg. hochmütig, aufgeblasen, dünkelhaft.
Bor|ne|o n.pr.m. Borneo *n.*
bo|ro m. Bor *n.* **bo|ro|tal|co** m. Puder *m.*, Talkumpuder *m.*
bor|ra f. **1** Füllmaterial *n.* **2** ESTENS. *(cosa scadente)* Ballast *m.*
bor|rac|cia f. *(-ce)* Feldflasche *f.*
bor|rac|ci|na f. Moos *n.*
bor|ra|gi|ne f. Borretsch *m.*, Borrago *m.*
bor|ro m. **1** Gießbach *m.* **2** *(fosso di scolo)* Entwässerungskanal *m.*
1.bor|sa f. **1** Tasche *f.*, Tragetasche *f.*: ***portare la ~*** die Tasche tragen; ***~ di pelle, di cuoio*** Ledertasche *f.* **2** SPORT Börse *f.*: ***una ~ di due milioni di dollari*** eine Börse von zwei Millionen Dollar **3** COLLOQ. *(occhiaia)* Sack *m.*, Tränensack *m.*: ***avere le -e sotto gli occhi*** Säcke, Tränensäcke unter den Augen haben **4** ZOOL. *(marsupio)* Beutel *m.* ◆ ***~ dell'acqua calda*** Wärmflasche *f.*; ***aprire la ~*** den Beutel auf‿machen; ***sciogliere (allentare), stringere (chiudere) i cordoni della ~*** tief in den Beutel greifen, den Beutel fest‿halten (*o* zu‿halten); ***~ del ghiaccio*** Eisbeutel *m.*; ***metter mano alla ~*** tief in die Tasche (*o* in den Beutel) greifen; ***avere la ~ piena*** einen dicken (*o* großen) Beutel haben; ***~ di plastica*** Plastiktüte *f.*, Plastiktragetasche *f.*; ANAT. ***~ sinoviale*** Schleimbeutel *m.*; ***~ della spesa*** Einkaufstasche *f.*; ***tenere stretta la ~*** den Beutel fest‿halten (*o* zu‿halten); ***~ di studio*** Stipendium *n.*; ***~ a tracolla*** Umhängetasche *f.*; ***~ da viaggio*** Reisetasche *f.*; ***o la ~ o la vita!*** Geld oder Leben! ***avere la ~ vuota*** einen leeren Beutel haben.
2.bor|sa f. ECON. Börse *f.*: ***~ fiacca, attiva*** flaue, lebhafte Börse; ***la ~ tende al ribasso, al rialzo*** die Börsentendenz ist fallend, steigend; ***giocare in ~*** an der Börse spekulieren; *(edificio)* ***la ~ di New York*** die Börse von New York ◆ ***agente di ~*** Börsenmakler *m.*, Börsenagent *m.*; ***andamento della ~*** Börsengeschehen *n.*; ***apertura della ~*** Börsenbeginn *m.*; ***chiusura della ~*** Börsenschluss *m.*; ***contrattazione di ~ → operazione di ~***; ***crollo della ~*** Börsensturz *m.*, Börsenkrach *m.*; ***listino di ~*** Kurszettel *m.*; ***~ merci*** Warenbörse *f.*, Produktbörse *f.*; ***~ nera*** Schwarzhandel *m.*; ***operatore di ~ → agente di ~***; ***operazione di, in ~*** Börsengeschäft *n.*; ***quotato in ~*** an der Börse kotiert (*o* quotiert), notiert: ***azione quotata in ~*** an der Börse notierte Aktie; ***società quotata in ~*** Börsengesellschaft *f.*; ***titolo quotato in ~*** Börsenpapier *n.*; ***quotazione di, in ~*** Börsennotierung *f.*; *(di valuta)* Kursnotierung *f.*; ***rialzo in ~*** Hausse *f.*; ***ribasso in ~*** Baisse *f.*; ***speculazione in ~*** Börsenspekulation *f.*; ***tendenza della ~*** Börsentendenz *f.*; ***trattato in ~*** an der Börse gehandelt; ***~ valori*** Effektenbörse *f.*, Wertpapierbörse *f.*
bor|sa|io|lo m. → **borseggiatore.**

bor|sa|ne|ra f. Schwarzhandel *m.* **bor|sa|ne|ri|sta** m. e f. *(-i,-e)* Schwarzhändler *m.* (-in *f.*).

bor|sa|ta f. **1** Tasche *f.*: ***una ~ di mele*** eine Tasche Äpfel **2** *(colpo dato con una borsetta)* Schlag *m.* mit der Tasche.

bor|seg|gia|re tr. *(borseggio, borseggi)* ***~ qcn.*** jdm die Handtasche (*o* Tasche) stehlen. **bor|seg|gia|to|re** m. Taschendieb *m.* ◆ ***attenzione ai -i*** vor Taschendieben wird gewarnt. **bor|seg|gio** m. *(-gi)* Taschendiebstahl *m.*

bor|sel|li|no m. Geldbeutel *m.*, Portemonnaie *n.* **bor|sel|lo** m. Herren(hand)tasche *f.* **bor|set|ta** f. Handtasche *f.*, Täschchen *n.*: ***~ da sera, da teatro*** Abendtäschchen *n.* **bor|set|to** m. → **borsello.**

bor|si|no m. ECON. Nachbörse *f.*

1.bor|si|sta m. e f. *(-i,-e)* ECON. Börsenspekulant *m.* (-in *f.*).

2.bor|si|sta m. e f. *(-i,-e)* Stipendiat *m.* (-in *f.*).

bor|si|sti|co agg. *(-ci,-che)* Börsen-: ***andamento, indice ~*** Börsengeschehen *n.*, Börsenindex *m.*; ***operazioni -che*** Börsengeschäfte *pl.*; ***seduta -a*** Börsensitzung *f.*

bor|si|te f. Schleimbeutelentzündung *f.*

bo|sca|glia f. **1** Gehölz *n.* **2** *(macchia di arbusti)* Dickicht *n.* **bo|sca|io|lo** m. **1** Holzfäller *m.* **2** *(guardaboschi)* Förster *m.* **bo|sche|rec|cio** agg. *(-ci,-ce)* Wald-: ***ninfa -a*** Waldnymphe *f.* **bo|schet|to** m. Wäldchen *n.*, Waldstück *n.* **bo|schi|vo** agg. waldig, Wald-: ***terreno ~*** Waldland *n.*; ***area, radura -a*** Waldgebiet *n.*, Waldlichtung *f.*

bo|sci|ma|no I agg. Buschmann-, buschmännisch **II** m. Buschmann *m.*

bo|sco m. *(-schi)* Wald *m.*: ***un ~ fitto, luminoso*** ein dichter, lichter Wald; ***per -schi e campi*** durch Wald und Feld; ***~ di conifere, di castagni, di querce*** Nadel-, Kastanien-, Eichenwald *m.* ◆ ***~ ceduo*** Nutzwald *m.*; ***nel fitto del ~*** im Dunkel des Waldes; ***frutti di ~*** Waldbeeren *pl.*; ***~ di alto fusto*** Hochwald *m.*; ***ai margini del ~*** am Waldrand; ***~ misto*** Mischwald *m.*; ***moria dei -chi*** Waldsterben *n.*; ***nel profondo del ~*** im tiefen Wald; ***terreno a ~*** Waldboden *m.*; ***essere uccel di ~*** = unauffindbar sein. **bo|sco|si|tà** f.inv. Bewaldung *f.* **bo|sco|so** agg. waldig, waldreich, bewaldet, Wald-: ***regione -a*** Waldgebiet *n.*; ***steppa -a*** Waldsteppe *f.*

Bo|sfo|ro n.pr.m. Bosporus *m.*

Bo|snia n.pr.f. Bosnien *n.* **bo|sni|a|co I** agg. *(-ci,-che)* bosnisch **II** m. *(-ci)* Bosnier *m.*, Bosniake *m.*

bo|so|ne m. Boson *n.*

boss m.inv. Boss *m.*

bos|so m. **1** Buchs *m.*, Buchsbaum *m.* **2** *(legno)* Buchsbaumholz *n.*

bos|so|lo m. **1** Wahlurne *f.* **2** *(bussolotto dei dadi)* Würfelbecher *m.*, Knobelbecher *m.* **3** *(per le elemosine)* Sammelbüchse *f.*, Almosenbüchse *f.* **4** *(del proiettile)* Hülse *f.*, Patronenhülse *f.*: ***espellere il ~*** die Patronenhülse aus‿werfen **5** TECN. Hülse *f.*

bo|sto|nia|no I agg. von Boston, Boston- **II** m. Bostoner *m.*

bo|stri|co m. *(-chi)* Borkenkäfer *m.*, Holzbrüter *m.*

BOT ⇒ *Buoni Ordinari del Tesoro* ordentliche Schatzanweisungen.

bo|ta|ni|ca f. Botanik *f.* **bo|ta|ni|co I** agg. *(-ci,-che)* botanisch: ***orto ~*** botanischer Garten **II** m. *(-ci)* Botaniker *m.*

bo|to|cu|do m. Botokude *m.*

bo|to|la f. **1** Falltür *f.* **2** TEATR. Versenkung *f.*

bo|to|lo m. Mops *m.* (anche FIG.).

bo|tri|chio m. *(-chi)* Mondraute *f.*

bo|trio|te|ra|pi|a f. Traubenkur *f.*

bot|ta f. **1a** *(colpo)* Schlag *m.*, Stoß *m.*: ***una ~ dolorosa*** ein schmerzhafter Schlag; ***dare una ~ in testa a qcn.*** jdm einen Schlag auf den Kopf versetzen, jdm auf den Kopf hauen; ***prendere una ~ contro uno spigolo*** gegen eine Kante stoßen **b** *(contusione)* Beule *f.*; *(livido)* blauer Fleck *m.*: ***avere una ~ sul braccio*** einen blauen Fleck am Arm haben **2** pl. Prügel *pl.*, Hiebe *pl.*, Haue *pl.*: ***prendere, dare (un sacco di) -e*** (eine Tracht) Prügel bekommen, geben; ***minacciare qcn. di -e*** jdm mit Prügeln drohen; ***adesso sono -e!*** gleich gibt (*o* setzt) es Hiebe **3** FIG. COLLOQ. *(batosta, mazzata)* Schlag *m.*, Schlappe *f.*: ***il licenziamento è stato una bella ~ per lui*** die Entlassung war ein schwerer Schlag für ihn **4** *(rumore)* Krach *m.*; *(esplosione)* Knall *m.* **5** FIG. *(frecciata, stoccata)* Hieb *m.*: ***dirigere, assestare una ~ a qcn.*** jdm einen Hieb versetzen **6** *(nella scherma)* Stoß *m.*, Stich *m.* ◆ ***prendere una bella ~*** einen heftigen Schlag versetzt bekommen, erhalten (anche FIG.); ***a ~ calda*** auf der Stelle; ***fare a -e (con qcn.)*** sich (mit jdm) prügeln, hauen; ***fare nero di -e qcn.*** jdn grün und blau schlagen; ***dare -e da orbi*** blindlings drauflos‿schlagen; ***prendere a -e qcn.*** jdn prügeln, hauen; ***prendersi a -e*** sich prügeln, sich raufen; ***fare a ~ e risposta*** sich (D) einen Schlagabtausch (*o* ein Wortgefecht) liefern.

bot|ta|io m. *(-ai)* Böttcher *m.*, Fassbinder *m.*; REGION. Binder *m.*: ***mastro ~*** Böttchermeister *m.* **bot|ta|me** m. Fässer *pl.*

bot|ta|rel|la f. leichter Schlag *m.*

bot|ta|tri|ce f. Aalquappe *f.*, Quappe *f.*, Aalraupe *f.*, Rutte *f.*

bot|te f. **1** Fass *n.*: ***una ~ di rovere*** ein Eichenfass; ***una ~ di vino, una ~ da vino*** ein Fass Wein, ein Weinfass; ***spillare birra da una ~*** Bier aus einem Fass zapfen; ***mettere cerchi alla ~*** Reifen um das Fass legen (*o* schlagen) **2** *(barile)* Tonne *f.*, Fass *n.* (anche FIG.): ***essere (grasso come) una ~*** (dick wie) eine Tonne (*o* ein Fass) sein ◆ ***dare un colpo al cerchio e uno alla ~*** = bei niemandem an‿ecken wollen, es allen recht machen wollen; ***essere in una ~ di ferro*** sicher wie in Abrahams Schoß sitzen (*o* sein), fest im Sattel sitzen; ***volere la ~ piena e la moglie ubriaca*** = alles haben wollen; ARCH. ***volta a ~*** Tonnengewölbe *n.*; PROV. ***nelle -i piccole sta il vino buono*** klein aber fein; ***la ~ dà il vino che ha*** an den Früchten erkennt man den Baum.

bot|te|ga f. *(-ghe)* **1** Laden *m.*, Geschäft *n.*: ***la ~ del panettiere*** der Bäckerladen (*o* die Bäckerei) **2** *(laboratorio)* Werkstatt *f.*, Werkstätte *f.* **3** SCHERZ. *(dei pantaloni)* Hosenladen *m.*, Hosenschlitz *m.*: ***avere la ~ aperta*** den Laden auf‿haben ◆ ***andare, essere a ~*** in die Lehre gehen (*o* kommen), Lehrling in einer Werkstatt sein; ***mandare (o mettere) qcn. a ~ (da qcn.)*** jdn (zu jdm) in die Lehre geben; LETT. ***la ~ del caffè*** das Kaffeehaus; ***essere casa e ~*** nur die Familie und die Arbeit im Sinn haben; ***chiudere ~*** dicht‿machen (anche FIG.); ***fare ~ di qcs.*** mit etw. Schacher treiben; ***metter su ~*** einen Laden auf‿machen; ***opera di ~*** Werkstattarbeit *f.*; ***essere uscio e ~*** → ***essere casa e ~***. **bot|te|ga|io I** m. *(-ai)* Krämer *m.* (anche SPREG.) **II** agg. Krämer-: ***spirito ~*** Krämergeist *m.*; ***mentalità -a*** Krämermentalität *f.*

bot|te|ghi|no m. **1a** Kasse *f.*, Kartenschalter *m.* **b** *(del teatro)* Theaterkasse *f.* **2** *(del lotto)* Lottoannahmestelle *f.* ◆ ***lo spettacolo è stato un successo al ~*** der Kartenverkauf war ein Erfolg.

bot|ti|cel|la f. **1** Fässchen *n.* **2** *(in Rom)* Droschke *f.*

bot|ti|cel|lia|no agg. von Botticelli; ***un profilo ~*** ein Botticelliprofil.

bot|ti|glia f. Flasche *f.*: ***una ~ di vetro, di plastica*** eine Glas-, Plastikflasche; ***una ~ di vino, una ~ da vino*** eine Flasche Wein, eine Weinflasche; ***una ~ di bordeaux, di borgogna*** eine Flasche Bordeaux, Burgunder; ***una ~ da un litro, da due litri*** eine Ein-, Zweiliterflasche; ***stappare (o sturare), tappare (o turare) una ~*** eine Flasche entkorken, verkorken; ***scolar(si) una ~*** eine Flasche leer machen; ***bere (d)alla ~*** aus der Flasche trinken ◆ COLLOQ. ***attaccarsi alla ~*** zur Flasche greifen, an der Flasche hängen; ***~ bordolese*** Bordeauxflasche *f.*; ***~ borgognona*** Burgunderflasche *f.*; COLLOQ. ***tirare il collo a una ~*** einer Flasche den Hals brechen; ***fondi di ~*** Weinstein *m.*, Bodensatz *m.*; ***latte, birra in ~*** Milch, Bier in Flaschen (*o* Flaschenmilch *f.*, Flaschenbier *n.*); FIS. ***~ di Leyda*** Leidener Flasche; ***~ Molotov*** Molotowcocktail *m.*; ***~ sciampagnotta*** Schaumweinflasche *f.*; ***verde ~*** flaschengrün. **bot|ti|glia|ta** f. Schlag *m.* mit der Flasche. **bot|ti|glie|re** m. **1** Kellermeister *m.* **2** *(mobiletto)* Flaschengestell *n.* **bot|ti|glie|ri|a** f. **1** Wein- und Spirituosenhandlung *f.* **2** *(parte della cantina per vini pregiati)* = Abteilung *f.* für Spitzenweine. **bot|ti|glio|ne** m. Zweiliterflasche *f.*

1.bot|ti|no m. Beute *f.*: ***fare un buon, un magro ~*** eine fette, magere Beute machen; ***andare in cerca di ~*** auf Beute aus‿gehen; ***~ di guerra*** Kriegsbeute *f.*; *(refurtiva)* Diebesbeute *f.*, Diebesgut *n.*

2.bot|ti|no m. **1** Senkgrube *f.*; *(fogna)* Kloake *f.* **2** *(liquame)* Jauche *f.*

bot|to m. **1** *(esplosione)* Knall *m.*: ***ci fu un ~*** es tat (*o* gab) einen Knall **2a** *(petardo)* Knallkörper *m.* **b** pl. REGION. *(fuochi d'artificio)* Geknalle *n.*, Geballer(e) *n.*, Knallerei *f.* ◆ ***di ~*** Knall und (*o* auf) Fall, mit einem Schlag, schlagartig; ***in un ~*** in einem Nu.

bot|ton|ci|no m. **1** Knöpfchen *n.* **2** *(bocciolo)* Knöspchen *n.*

bot|to|ne m. **1a** Knopf *m.*: ***attaccare, cucire un ~*** einen Knopf an‿nähen; ***abbottonare, sbottonare un ~*** einen Knopf zu‿knöpfen, auf‿knöpfen; ***si è staccato un ~*** ein Knopf ist abgegangen; ***un ~ foderato*** ein bezogener Knopf **b** *(pulsante)* ***premere un ~*** (auf) einen Knopf drücken **2** *(di spada; fioretto)* Knopf *m.* **3** *(bocciolo)* Knospe *f.* ◆ FIG. ***attaccare un ~ a qcn., attaccare ~ con qcn.*** jdn mit Geschwätz auf‿halten, jdn an‿quasseln, an‿quatschen; SART. ***~ automatico*** Druckknopf *m.*; ***~ d'avviamento*** Startknopf *m.*; ***~ da camicia*** Hemdenknopf *m.*; ***~ del campanello*** Klingelknopf *m.*; ***fila di -i*** Knopfreihe *f.*; ***~ d'oro*** Goldknopf *m.*; BOT. Trollblume *f.*, Dotterblume *f.*; ***~ d'osso*** Hornknopf *m.*; ***~ a pressione*** → ***~ automatico***; FIG. ***stanza dei -i*** Schaltzentrale *f.*, Kommandozentrale *f.*; FIG. ***non valere un ~*** keinen Pfennig wert sein. **bot|to|nie|ra** f. **1** Knopfreihe *f.* **2** *(occhiello)* Knopfloch *n.* **3** *(pulsantiera)* Schaltbrett *n.* ◆ ***~ del campanello*** Klingeltafel *f.* **bot|to|nie|ro** agg. Knopf-: ***industria -a*** Knopfindustrie *f.* **bot|to|ni|fi|cio** m. *(-ci)* Knopffabrik *f.*

bo|tu|li|no m. Botulin *n.* **bo|tu|li|smo** m. Botulismus *m.*

bou|clé [bu-] m.inv. Bouclé *m.* ◆ ***lana ~*** Bouclewolle *f.*; ***tappeto, tessuto ~*** Bouclé *m.*
bou|doir [bu'dwaːr] m.inv. Boudoir *n.*
bou|le [bul] f.inv. **1** *(per l'acqua calda)* Wärmflasche *f.* **2** *(per il ghiaccio)* Eisbeutel *m.*
bou|le|vard [bul'vaːr] m.inv. Boulevard *m.*
bou|quet [bu'kɛ] m.inv. Bouquet *n.*, Bukett *n.* (anche ENOL.): ***un ~ pieno*** ein volles Bukett.
bou|ta|de [bu'tad] f.inv. geistreiche Äußerung *f.*, Scharfsinnigkeit *f.*, Pointe *f.*
bou|ti|que [bu'tik] f.inv. Boutique *f.*
bo|va|ro m. **1** Kuhhirt(e) *m.* **2** SPREG. *(zoticone)* Rüpel *m.*, Lümmel *m.* **bo|ve** m. LETT. ANT. → **bue.**
bo|vin|do m. Erker *m.*
bo|vi|no I m. Rind *n.*: ***i -i*** die Rinder, das Rindvieh **II** agg. Ochsen-, Rind-: ***carne -a*** Rindfleisch *n.* ◆ ***allevamento di -i*** Rinderzucht *f.*; FIG. ***intelligenza -a*** Stumpfsinnigkeit *f.*; ***~ da latte*** Milchkuh *f.*; FIG. ***occhi -i*** Glotzaugen *pl.*
bowl|ing ['boulɪŋ, *üblich* 'buliŋ(g)] m. **1** Bowling *n.*: ***andare a giocare a ~*** Bowling spielen gehen; ***pista da ~*** Bowlingbahn *f.* **2** *(locale)* Bowlinghalle *f.*
box m.inv. **1** *(stand)* Stand *m.* **2** *(di autodromi, scuderie)* Box *f.*: ***fermarsi ai ~*** an die Boxen fahren; ***sosta ai ~*** Halt an den Boxen; ***condurre i cavalli ai ~*** die Pferde in die Boxen führen **3** *(piccolo garage)* Garage *f.*: ***mettere l'auto nel ~*** das Auto in die Garage stellen **4** *(per bambini)* Laufstall *m.*, Laufgitter *n.*
bo|xa|re intr. (aus. *avere*) boxen. **bo|xe** [bɔks] f.inv. Boxen *n.* ◆ ***tirare di ~*** boxen.
1.bo|xer m.inv. *(cane)* Boxer *m.*
2.bo|xer m.pl. *(calzoncini)* Boxershorts *pl.*
bo|xeur [bɔk'sœːr] m.inv. Boxer *m.*
boy [bɔɪ] m.inv. **1** *(ballerino di rivista)* Revuetänzer *m.* **2** *(inserviente d'albergo)* Boy *m.*, Laufbursche *m.* **3** SPORT GERG. Balljunge *m.* **boy-scout** [-skaʊt] m.inv. Pfadfinder *m.*, Boy-Scout *m.*
boz|za f. **1** *(prova di stampa)* Fahne *f.*, Korrekturabzug *m.*, Korrekturfahne *f.*: ***rivedere, correggere le -e*** Fahnen lesen, korrigieren; ***le prime, seconde ~*** die ersten, zweiten Fahnen **2** *(abbozzo)* Entwurf *m.*, Skizze *f.* **3** ARCH. *(bugna)* Bossenquader *m.*, Rustikaquader *m.* **4** COLLOQ. *(bernoccolo)* Beule *f.*, Höcker *m.* **5** MAR. Stopper *m.*, Stoppseil *n.* ◆ ***~ di contratto*** Vertragsentwurf *m.*; ***correzione di -e*** Fahnenkorrektur *f.*; ***~ impaginata*** umbrochener Abzug; ***-e di stampa*** Fahnenabzüge *pl.*, Druckfahnen *pl.*
boz|za|to m. Bossenwerk *n.*
boz|zet|ti|smo m. = Kunst *f.* der Skizze. **boz|zet|ti|sta** m. e f. *(-i,-e)* **1** Skizzenschreiber *m.* (-in *f.*) **2** *(disegnatore pubblicitario)* Entwurfszeichner *m.* (-in *f.*). **boz|zet|ti|sti|co** agg. *(-ci,-che)* skizzenhaft. **boz|zet|to** m. **1** *(disegno)* Entwurf *m.*, Skizze *f.*: ***fare un ~*** eine Skizze entwerfen **2** *(breve racconto)* Skizze *f.*
boz|zi|ma f. **1** TESS. Schlichte *f.* **2a** *(pastone per i polli)* = Kleiefutter *n.* für Hühner **b** FIG. *(miscuglio)* Mischmasch *m.*, Gemisch *n.*
boz|zo m. **1** *(pozzanghera)* Pfütze *f.* **2** *(bernoccolo)* Beule *f.*, Höcker *m.* **3** ARCH. Bossenquader *m.*
boz|zo|lo m. **1** Kokon *m.* **2a** *(nodo nei filati)* Knoten *m.* **b** *(grumo)* Klümpchen *n.* ◆ ***uscire dal ~*** sich entpuppen (anche FIG.); ***rinchiudersi nel (proprio) ~*** sich verpuppen (*o* ein‿spinnen); FIG. sich (von der Außenwelt) ab‿kapseln.
boz|zo|lo|so, boz|zo|lu|to agg. **1** *(grumoso)* klumpig, voller Klumpen **2** *(nodoso)* knotig, voller Knoten.
BR ⇒ *Brigate rosse* Rote Brigaden.
Bra|ban|te n.pr.m. Brabant *n.*
bra|ca f. *(-che)* ANT. **1** Hosenbein *n.* **2** *(calzoni)* pl. Hosen *pl.* **3** *(imbracatura)* Schlinge *f.* ◆ FIG. COLLOQ. ***calare, calarsi le -che*** die Hosen runter‿lassen, klein bei‿geben; ***a qcn. cascano le -che*** jdm fällt das Herz in die Hose; FIG. COLLOQ. ***rimanere in -che di tela*** an den Bettelstab kommen. **bra|ca|lo|ne** m. Schlamper *m.*
brac|ca|re tr. *(bracco, bracchi)* VENAT. hetzen (anche FIG.). **brac|ca|ta** f. Hetzjagd *f.*
brac|cet|to, ***andare a ~ (con qcn.)*** (mit jdm) Arm in Arm (*o* eingehakt) gehen; FIG. sich gut mit jdm verstehen, gut zusammen‿passen; ***prendere a ~*** sich bei jdm ein‿haken (*o* ein‿hängen).
brac|chet|to m. Beagle *m.*
brac|cia → **braccio.**
brac|cia|le m. **1** *(braccialetto)* Armband *n.*, Armreif *m.* **2** *(di armatura)* Armschiene *f.*, Armstück *n.* **3** *(fascia distintiva)* Armbinde *f.*: ***il ~ della croce rossa*** die Armbinde des Roten Kreuzes; ***infilarsi il ~*** sich (D) die Armbinde über‿streifen **4** *(salvagente)* Schwimmflügel *m.*: ***mettersi i -i*** sich (D) die Schwimmflügel über die Arme streifen. **brac|cia|let|to** m. Armband *n.*: ***il ~ dell'orologio*** das Uhr(arm)band.
brac|cian|ta|to m. **1** Tagelöhnertum *m.* **2** *(braccianti)* Tagelöhner *pl.* **brac|cian|te** m. e f. Tagelöhner *m.* (-in *f.*). **brac|cian|ti|le** agg. Tagelöhner-: ***lavoro ~*** Tagelöhnerarbeit *f.*
brac|cia|re tr. *(braccio, bracci)* brassen.
brac|cia|ta f. **1** Arm *m.* voll: ***una ~ di rami secchi*** ein Arm voll Reisig **2** *(nel nuoto)* Stoß *m.*, Zug *m.*: ***a -e vigorose*** mit kräftigen Stößen; ***con due -e*** mit zwei Zügen; ***fare un paio di -e*** ein paar Stöße schwimmen ◆ ***a -e*** haufenweise, in Mengen.
brac|cio m. *(-ci* m.pl. e *-cia* f.pl.*)* **1a** (pl. *-cia*) Arm *m.*: ***distendere, piegare le -cia*** die Arme aus‿strecken (*o* strecken), beugen (*o* an‿winkeln); ***agitare le -cia*** mit den Armen fuchteln (*o* gestikulieren); ***prendere qcn. per un ~*** jdn am (*o* beim) Arm fassen; ***dare, offrire il ~ a qcn.*** jdm den Arm reichen, bieten; GINN. ***-cia in alto! su le -cia!*** Arme hoch! ***a -cia conserte*** mit verschränkten Armen; FIG. ***allargare, aprire le -cia*** die Arme aus‿breiten; ***trasportare a -cia*** auf den Armen tragen; ***portare qcs. sotto il ~*** etw. unter dem Arm tragen **b** MED. *(dalla spalla al gomito)* Oberarm *m.* **2** pl. *(mano d'opera;* pl. *-cia)* Arbeitskraft *f.*, Arbeitskräfte *pl.*: ***carenza di -cia*** Mangel an Arbeitskräften **3** (pl. *-ci*) Arm *m.*: ***i -ci di un candelabro*** die Arme eines Leuchters; ***il fiume si divide in due -ci*** der Fluss teilt sich in zwei Arme **4** MECC. (pl. *-ci*) Arm *m.*, Ausleger *m.*: ***~ meccanico*** mechanischer Arm; ***il ~ dell'escavatore, della gru*** der Bagger-, Kranarm; ***~ girevole*** Schwenkausleger *m.*, Dreharm *m.*; ***~ snodato*** Gelenkarm *m.* **5** ARCH. (pl. *-ci*) Flügel *m.* **6** FIS. (pl. *-ci*) Arm *m.*, Hebelarm *m.*; ***~ di forza*** Kraftarm *m.* **7** *(unità di misura;* pl. *-cia)* Elle *f.* **8** MAR. (pl. *-cia*) Brasse *f.* ◆ ***parlare, recitare a ~*** frei reden, aus dem Stegreif spielen; ***tenere un discorso a ~*** eine Rede aus dem Stegreif halten; ***alzare le -cia*** die Arme heben; *(per rassegnazione)* = resignieren; ***alzare le -cia al cielo (per invocare Dio)*** die Hände zum Himmel erheben; ***ricevere, accogliere qcn., qcs. a -cia aperte*** jdn, etw. mit offenen Armen empfangen, auf‿nehmen; ***~ della bilancia*** Waagebalken *m.*; ***cadere fra le -cia di qcn.*** in jds Arme fallen; ***far cadere le -cia*** den Mut sinken lassen; ***mi cadono, cascano le -cia*** ich gebe auf; ***buttare, gettare le -cia al collo a qcn.*** jdm um den Hals fallen; ***avere un ~ al collo*** einen Arm in der Binde tragen; FIG. ***essere il ~ destro di qcn.*** jds rechte Hand sein; ***a due -ci*** zweiarmig; STOR. ***~ ecclesiastico*** kirchliche Gewalt *f.*; ***~ di ferro*** Armdrücken *n.*; FIG. *(testa a testa)* Kraftprobe *f.*; ***Braccio di Ferro*** Popeye *m.*; ***gettarsi nelle, fra le -cia di qcn.*** sich jdm in die Arme werfen; ***in ~*** auf dem, den Arm; ***prendere, tenere in ~ un bambino*** ein Kind auf den Arm nehmen, auf dem Arm halten; *(in grembo)* ein Kind auf den Schoß nehmen, auf dem Schoß halten; ***avere, tenere, portare in ~*** auf dem Arm haben, halten, tragen; ***incrociare le -cia*** die Arme kreuzen (*o* verschränken); FIG. die Hände in den Schoß legen; *(scioperare)* streiken; ***avere le -cia legate*** an Händen und Füßen gebunden sein; ***il ~ della legge*** der Arm (*o* die Hand) des Gesetzes; ***un ~ di mare*** ein Meeresarm; ***il ~ e la mente*** = der Planende und der Ausführende; ***essere fra le -cia di Morfeo*** in Morpheus' Armen ruhen, liegen; ***~ della morte*** Todestrakt *m.*; ***il ~ del remo*** der Ruderarm; ***~ secolare*** weltliche Gewalt; ***tenere, portare sotto ~ qcs.*** etw. unter dem Arm halten, tragen; ***prendere qcn. sotto ~*** sich bei jdm ein‿hängen; ***stringere qcn. fra le -cia*** jdn in die Arme schließen; ***tendere le -cia a qcn.*** = jdm seine Hilfe an‿bieten; ***un ~ di terra*** eine Landzunge.
brac|cio|lo m. **1** Armlehne *f.*, Lehne *f.*: ***i -i della poltrona*** die Sessellehnen **2** *(mancorrente)* Handlauf *m.* ◆ ***sedia a -i*** Armstuhl *m.*
brac|co m. *(-chi)* **1** Bracke *m.* **2** FIG. *(poliziotto)* Spürhund *m.* **brac|co|nag|gio** m. *(-gi)* Wilddieberei *f.*, Wilderei *f.* **brac|co|nie|re** m. Wilddieb *m.*, Wilderer *m.*
bra|ce f. Glut *f.*: ***attizzare la ~*** die Glut an‿fachen (*o* schüren) ◆ GASTR. ***cuocere, fare qcs. alla ~*** etw. auf dem Holzkohlengrill (*o* auf dem Rost) braten; ***carne alla ~*** Fleisch vom Holzkohlengrill (*o* vom Grill); ***farsi di ~*** feuerrot werden; ***cadere dalla padella nella ~*** vom Regen in die Traufe kommen; ***rosso come la ~*** glühend rot, feuerrot; FIG. ***soffiare sulla ~*** Öl ins Feuer gießen, das Feuer schüren.
bra|chet|ta f. **1** Höschen *n.* **2** *(mutandine)* Schlüpfer *m.* **3** *(apertura dei pantaloni)* Hosenschlitz *m.*
bra|chet|to m. INTRAD. (piemontesischer Rotwein).
bra|chia|le agg. brachial. **bra|chial|gi|a** f. Brachialgie *f.* **bra|chi|car|di|a** → **bradicardia. bra|chi|ce|fa|li|a** f. Brachyzephalie *f.*, Kurzköpfigkeit *f.* **bra|chi|ce|fa|lo I** agg. brachyzephal, kurzköpfig **II** m. Brachyzephale *m.*
bra|chio|po|de m. Brachiopode *m.*, Armfüßer *m.*
bra|chiu|ro m. Krabbe *f.*
bra|cia f. ANT. → **brace. bra|cie|re** m. Kohlenbecken *n.*
bra|cio|la f. Kotelett *n.*: ***~ di maiale*** Schweinekotelett *n.*

bra|di|car|di|a f. Bradykardie *f.*
bra|di|po m. Faultier *n.*, Dreifingerfaultier *n.*
bra|di|si|smo m. bradyseismische Erdbewegung *f.* **bra|di|si|smi|co** agg. *(-ci,-che)* bradyseismisch.
bra|do agg. wild lebend, ungezähmt, frei lebend: ***cavallo ~*** Wildpferd *n.* ◆ *(di animali)* ***vivere allo stato ~*** wild leben.
bra|ga f. *(-ghe)* **1** → **braca** **2** *(raccordo)* Kreuzstück *n.*, Gabelrohr *n.*, Verbindungsrohr *n.* **bra|ghet|ta** → **brachetta.**
bra|goz|zo m. INTRAD. (Art von kleinem Segler).
brah|ma|ne|si|mo → **bramanesimo. brah|ma|ni|co** → **bramanico. brah|ma|ni|smo** → **bramanesimo. brah|ma|no** → **bramano.**
brail|le [braj] **I** m. Brailleschrift *f.*: ***imparare, leggere il ~*** die Brailleschrift lernen, lesen **II** agg.inv. Braille-: ***scrittura ~*** Brailleschrift *f.*
brain-trust ['breın trʌst] m.inv. Expertengremium *n.*, Brain-Trust *m.*
bra|ma f. Gier *f.*, Begier(de) *f.*, Sucht *f.*; *(desiderio)* Sehnsucht *f.*: ***~ di potere, di gloria*** Machtgier *f.*, Ruhmsucht *f.*; ***~ di vendetta*** Rachgier *f.* (*o* Rachsucht *f.*); ***~ di sapere*** Wissbegier(de) *f.*
bra|ma|ne|si|mo m. Brahma(n)ismus *m.* **bra|ma|ni|co** agg. *(-ci, -che)* brahmanisch. **bra|ma|ni|smo** → **bramanesimo. bra|ma|no** m. Brahmane *m.*
bra|ma|re tr. ***~ qcn., qcs.*** jdn, etw. begehren, nach jdm, etw. schmachten, lechzen.
bra|mi|ni|co → **bramanico. bra|mi|no** → **bramano.**
bra|mi|re intr. *(bramisco, bramisci;* aus. *avere)* **1a** röhren: ***i cervi bramiscono*** die Hirsche röhren **b** *(di orso)* brummen **2** FIG. *(urlare)* brüllen. **bra|mi|to I** p.pass. → **bramire II** m. **1a** Röhren *n.* **b** *(d'orso)* Brummen *n.* **2** *(urlo selvaggio)* Brüllen *n.*
bra|mo|si|a f. LETT. Begierde *f.*, Begehren *n.*, Gier *f.*; *(desiderio)* Sehnsucht *f.*: ***~ di potere, di onori*** Machtgier *f.*, Ehrsucht *f.* **bra|mo|so** agg. begierig; *(avido)* gierig: ***essere ~ di qcs.*** nach (*o* auf) etw. (be)gierig sein; ***~ di gloria, di sapere, di vendetta*** ruhmbegierig, wissbegierig, rachgierig; ***sguardi, occhi -i*** gierige Blicke, Augen.
bran|ca f. *(-che)* **1a** Pfote *f.*, Klaue *f.*; *(di uccelli, felini)* Kralle *f.*; *(di grossi animali)* Pranke *f.*, Tatze *f.* **b** ANT. *(chela)* Schere *f.* **2** pl. FIG. *(mani)* Klauen *pl.*, Hände *pl.*: ***cadere nelle -che di qcn.*** in jds Klauen geraten **3** *(di utensili)* Backe *f.*, Klaue *f.*; *(di forbici)* Schenkel *m.* **4a** *(ramo)* Ast *m.* **b** FIG. Zweig *m.*, Gebiet *n.*, ECON. Branche *f.*: ***una ~ della medicina, dell'industria, del commercio, della medicina*** ein Zweig der Medizin, ein Industriezweig (*o* eine Industriebranche), ein Handelszweig (*o* eine Handelsbranche).
bran|ca|rel|la f. Legel *m.* e *n.*
bran|ca|ta f. **1** Handvoll *f.* **2** RAR. Pfotenhieb *m.*; *(di animali feroci)* Prankenhieb *m.*, Hieb *m.* mit der Tatze **3** RAR. → **branco.**
bran|chia f. Kieme *f.*, Branchie *f.*: ***respirare con le -e*** durch die Kiemen atmen. **bran|chia|le** agg. Kiemen-: ***respirazione ~*** Kiemenatmung *f.*; ***lamella, fessura ~*** Kiemenblättchen *n.*, Kiemenspalte *f.* **bran|chia|to** m. Kiemenatmer *m.*, Branchiat *m.*
bran|chio|po|de m. Blattfüßer *m.*
bran|ci|ca|re *(brancico, brancichi)* REGION. **I** tr. betatschen, begrapschen **II** intr. (aus. *avere*) tappen: ***~ nel buio*** im Dunkeln tappen.
bran|co m. *(-chi)* **1a** Rudel *n.*: ***un ~ di gazzelle*** ein Rudel Gazellen; ***i lupi cacciano, vivono in ~, a -chi*** Wölfe jagen, leben im Rudel (*o* in Rudeln) **b** *(di elefanti, pecore)* Herde *f.* **c** *(di pesci, uccelli)* Schwarm *m.* **2** SPREG. *(di persone)* Bande *f.*, Haufen *m.*, Rotte *f.*: ***un ~ di fannulloni, di mocciosi*** eine Bande Faulenzer, Rotzbuben; FIG. ***siete un ~ di pecoroni!*** ihr seid eine Hammelherde! ◆ FIG. ***emergere dal ~*** aus der Gruppe heraus‿ragen; ***muoversi, viaggiare in ~*** sich in Rudeln bewegen, in Gruppen reisen; FIG. ***rientrare nel ~*** in die Herde zurück‿kehren; FIG. ***seguire il ~*** der Herde folgen (*o* mit der Herde laufen).
bran|co|la|men|to m. Tappen *n.*, Herumtappen *n.*, Tapsen *n.* **bran|co|la|re** intr. *(brancolo, brancoli;* aus. *avere)* tappen, herum‿tappen, tapsen: FIG. ***~ nel buio, nell'incertezza*** im Dunkeln (*o* Finstern) tappen, in völliger Ungewissheit sein.
bran|da f. **1a** Liege *f.* **b** MIL. Feldbett *n.* **2** MAR. Hängematte *f.*
bran|de|bur|ghe|se I agg. brandenburgisch, Brandenburger: ***i concerti -i*** die Brandenburgischen Konzerte **II** m. Brandenburger *m.* **Bran|de|bur|go I** n.pr.m. Brandenburg *n.* **II** n.pr.f. *(città)* Brandenburg *n.* ◆ ***la porta di ~*** das Brandenburger Tor.
bran|deg|gia|re tr. *(brandeggio, brandeggi)* schwenken. **bran|deg|gio** m. *(-gi)* Schwenken *n.*
bran|del|lo m. **1** Fetzen *m.*; *(pezzo)* Stück *n.* (anche FIG.): ***un ~ di pelle, di stoffa*** ein Fetzen Haut, Stoff; ***ridurre, fare a -i qcs.*** etw. in Fetzen (zer)reißen; ***cadere a -i, essere ridotto a -i*** in Fetzen gehen; FIG. ***-i di un discorso*** Gesprächsfetzen **2** FIG. *(briciolo)* Spur *f.*, Funke *m.*
bran|di|na f. **1** Liege *f.*: ***~ pieghevole*** Klappliege *f.* **2** MIL. Feldbett *n.*
bran|di|re tr. *(brandisco, brandisci)* **1** zücken: ***~ un'arma, un coltello*** eine Waffe, ein Messer zücken **2** ESTENS. schwingen, schwenken: ***~ un bastone*** einen Stock schwingen.
bran|do m. LETT. Schwert *n.*
bran|dy ['brændi] m.inv. Brandy *m.*, Weinbrand *m.*
bra|no m. **1** Stück *n.*; *(brandello)* Fetzen *m.*: ***-i di carne, di stoffa*** Fleischfetzen, Stofffetzen *pl.*; LETT. ***fare, ridurre a -i*** zerfleischen; *(lacerare)* in Fetzen reißen, zerreißen; FIG. ***cadere a -i*** in Fetzen gehen, in Stücke zerfallen **2a** *(passo)* Stelle *f.*, Passage *f.*, Stück *n.*, Abschnitt *m.*: ***~ di lettura*** Lesestück *n.*; ***leggere un ~ di una lettera*** eine Stelle aus einem Brief vor‿lesen **b** MUS. Musikstück *n.*, Stelle *f.*: ***una raccolta di -i musicali, operistici*** eine Sammlung von Musikstücken, Opernausschnitten.
bran|zi|no m. REGION. Seebarsch *m.*
bra|sa|re tr. **1** GASTR. schmoren **2** METALL. löten, verlöten. **bra|sa|to I** p.pass. agg. **1** → **brasare** **2** GASTR. geschmort, Schmor-: ***carne -a*** Schmorbraten *m.* **3** METALL. gelötet, Löt-: ***~ a forte, a dolce*** hartgelötet, weichgelötet; ***giunto ~*** Lötfuge *f.* **II** m. Schmorbraten *m.*
bra|sa|tu|ra f. METALL. Löten *n.*: ***~ dolce, forte*** Weich-, Hartlöten *n.*
bra|si|le m. **1** *(legno)* Brasilholz *n.* **2** *(tabacco)* Brasil *m.* **Bra|si|le** n.pr.m. Brasilien *n.* **bra|si|li|a|na** f. Brasilianerin *f.* **bra|si|li|a|no I** m. Brasilianer *m.* **II** agg. brasilianisch.
bras|si|ca f. *(-che)* BOT. Kohl *m.*
Bra|ti|sla|va n.pr.f. Preßburg *n.*, Bratislava *n.*
brat|te|a f. *(-ee)* BOT. Deckblatt *n.*, Braktee *f.* **brat|te|o|la** f. Brakteole *f.*, Vorblatt *n.*
brat|to m. Wricken *n.*, Wrigge(l)n *n.*; ***remo da ~*** Wrickriemen *m.*
bra|vac|cio m. *(-ci)* **1** → **bravo** **2** *(smargiasso)* Prahlhans *m.*, Aufschneider *m.*
bra|va|men|te avv. **1** gut, tüchtig **2** *(con coraggio)* tapfer **3** *(risolutamente)* beherzt, entschlossen, entschieden.
bra|va|ta f. **1** gewagtes (*o* verrücktes) Unternehmen *n.*, Wagestück *n.*: ***pagò cara la sua ~*** er bezahlte sein Wagestück teuer; IRON. ***è stata proprio una bella ~!*** das war eine ausgesprochene Glanznummer! **2** *(smargiassata)* Prahlerei *f.*, Aufschneiderei *f.*
bra|vi|no agg. ziemlich (*o* recht) tüchtig.
bra|vo I agg. **1a** gut: ***un ~ insegnante, tennista*** ein guter Lehrer, Tennisspieler; *(capace)* tüchtig, fähig: ***un ~ impiegato, medico*** ein tüchtiger Beamter, Arzt; *(manualmente)* geschickt: ***un ~ falegname, pittore*** ein geschickter Tischler, Maler **b** SCOL. ***essere ~ in latino, in matematica*** gut in Latein, Mathematik sein **c** ***essere ~ a (fare) qcs.*** etw. gut (machen) können: ***sono ~ a giocare a calcio, a cucinare*** ich kann gut Fußball spielen, ich kann gut kochen; ***sono stato ~?*** hab' ich das gut gemacht? **2a** *(onesto)* ehrlich, rechtschaffen, redlich: ***un brav'uomo*** ein ehrlicher Mann **b** *(perbene)* anständig: ***una -a ragazza*** ein anständiges Mädchen **c** *(ubbidiente, buono)* artig, brav, lieb: ***un ~ bambino*** ein artiges (*o* braves) Kind **3** LETT. *(prode)* tapfer, ANT. brav **4** *(rafforzativo)* gut, tüchtig, schön: ***avrà i suoi -i motivi*** er wird seine guten Gründe haben; ***ebbe la sua -a ricompensa*** er bekam seinen verdienten Lohn; ***ora ti fai i tuoi -i compiti*** mach jetzt schön deine Hausaufgaben **II** inter. bravo: ***gridare "~!"*** bravo rufen **III** m. STOR. = Scherge *m.* im Dienst eines italienischen Adligen (im 17. Jahrhundert) ◆ ***~, e adesso?*** bravo, und nun? ***alla -a*** flott; ***chi ci capisce qcs. è ~!*** = das versteht kein Mensch! ***da ~*** auf, los; ***su, da ~, vieni qua*** sei schön artig und komm her; ***fare il ~*** artig (*o* brav, lieb) sein; ***~ fesso!*** schön blöd! ***~ furbo!*** sehr schlau! ***notte -a*** tolle Nacht; ***stare ~*** artig (*o* brav, lieb) sein.
bra|vu|ra f. **1a** Tüchtigkeit *f.*, Können *n.*: ***mettere alla prova la propria ~*** sein Können unter Beweis stellen **b** *(manuale)* Geschicklichkeit *f.* **2** *(virtuosismo)* Bravour *f.*: ***pezzo di ~*** Bravourstück *n.*, Glanz-, Meisterleistung *f.*; ***quel pianista è di una ~ incredibile*** der Pianist spielt mit unglaublicher Bravour.
break [brɛk] m.inv. **1a** Pause *f.*; *(interruzione)* Unterbrechung *f.*: ***fare un ~*** eine Pause machen **b** *(pubblicitario)* Unterbrechung *f.*, Intermezzo *n.* **2** SPORT Break *m.* e *n.*
1.brec|cia f. *(-ce)* **1a** Bresche *f.*: ***aprire, fare una ~ nel muro*** eine Bresche in die Mauer schlagen **b** FIG. ***fare ~ nel cuore di qcn.*** = jdn für sich ein‿nehmen **2** MIL. Durchbruch *m.*, Bresche *f.*: ***la ~ di Porta Pia*** die Bresche an der Porta Pia ◆ ***essere, rimanere sulla ~*** in vorderster Linie stehen, bleiben; ***morire sulla ~*** = in Erfüllung seiner Pflicht sterben.
2.brec|cia f. *(-ce)* **1** Schotter *m.* **2** GEOL. Breccie *f.*, Brekzie *f.* **brec|cia|me** m. Schotter *m.* **brec|cio|li|no** m. Splitt *m.*
brech|tia|no agg. brechtsche: ***il teatro, il dramma ~*** das brechtsche Theater.

bre|fo|tro|fio m. *(-fi)* Kinderheim *n.*, ANT. Findelhaus *n.*
breit|schwanz ['braitʃvants] m.inv. Breitschwanz *m.*
Bre|ma n.pr.f. Bremen *n.*
Bren|ne|ro n.pr.m. Brenner *m.* ◆ ***il passo del ~*** der Brennerpass.
bren|ta f. REGION. Kufe *f.*, Tragkufe *f.*
bren|to|lo, bren|to|lo m. Besenheide *f.*, Heidekraut *n.*
bre|sa|o|la f. INTRAD. (gesalzenes luftgetrocknetes Rindfleisch aus Veltlin).
Bre|sla|via n.pr.f. Breslau *n.*
Bres|sa|no|ne n.pr.f. Brixen *n.*
Bre|ta|gna n.pr.f. Bretagne *f.* ◆ ***Gran ~*** Großbritannien *n.*
bre|tel|la f. **1** pl. Hosenträger *pl.* **2** *(spallina)* Träger *m.* **3** *(raccordo stradale)* Zubringerstraße *f.*, Verbindungsstraße *f.* **4** *(traversa dei binari)* Schwelle *f.*
bre|to|ne, bret|to|ne I agg. bretonisch **II** m. e f. Bretone *m.* (-in *f.*) **III** m. *(lingua)* bretonische Sprache *f.* ◆ ***ciclo ~*** bretonischer Sagenkreis.
1.bre|ve I agg. **1a** *(nello spazio)* kurz: ***un ~ tratto, tragitto*** eine kurze Strecke **b** *(nel tempo)* ***una ~ visita, vacanza*** ein kurzer Besuch, Urlaub; ***di ~ durata*** von kurzer Dauer; ***in ~ tempo*** in kurzer Zeit; ***per ~ tempo*** (für) kurze Zeit; ***dopo ~ tempo*** nach kurzer Zeit **c** *(conciso)* ***una ~ spiegazione, risposta*** eine kurze Erklärung, Antwort; ***-i parole*** knappe Worte, ein paar Worte **2** METR. kurz: ***una sillaba, vocale ~*** eine kurze Silbe, ein kurzer Vokal **II** f. *(-i)* **1** MUS. Brevis *f.* **2a** METR. *(sillaba)* kurze Silbe *f.* **b** *(vocale)* kurzer Vokal *m.* **3** GIORN. *(breve notizia)* Kurznachricht *f.* ◆ ***essere ~*** sich kurz fassen; ***falla ~!*** mach's kurz! ***per farla ~*** kurz und gut, um es kurz zu machen, kurzum; ***fra, tra ~*** binnen kurzem, in Kürze, bald, gleich; ***in ~*** kurz, knapp; ***per dirla in ~*** kurz gesagt; ***a ~ scadenza*** kurzfristig.
2.bre|ve m. ECCL. Breve *n.*
bre|ve|men|te avv. kurz: ***trattenersi ~*** sich kurz auf‿halten; ***raccontare ~ la vicenda*** das Geschehene kurz erzählen, berichten.
bre|vet|ta|bi|le agg. patentierbar, patentfähig. **bre|vet|ta|re** tr. **1** patentieren: ***~ un'invenzione*** eine Erfindung patentieren **2** *(dotare di brevetto)* ***~ un pilota*** einem Piloten den Pilotenschein (*o* Flugschein) aus‿stellen. **bre|vet|ta|to** p.pass. agg. **1** → **brevettare 2** patentiert.
bre|vet|to m. **1** *(d'invenzione)* Patent *n.*: ***rilasciare un ~*** ein Patent erteilen; ***depositare, ottenere un ~*** ein Patent an‿melden, erlangen **2** *(permesso di guida)* ***prendere il ~ da pilota*** den Pilotenschein machen ◆ ***~ aeronautico*** Flugschein *m.*; ***consulente -i*** Patentanwalt *m.*; ***domanda di ~*** Patentanmeldung *f.*; ***~ d'invenzione*** Erfindungspatent *n.*; ***~ da pilota*** Flug-, Pilotenschein *m.*; ***titolare di ~*** Patentinhaber *m.*; ***ufficio -i*** Patentamt *n.*
bre|via|rio m. *(-ri)* **1** Brevier *n.* **2** FIG. *(testo molto consultato)* Bibel *f.*
bre|vi|li|ne|o agg. untersetzt.
bre|vi|tà f. Kürze *f.*: ***la ~ della vita*** die Kürze des Lebens; *(concisione)* ***la ~ della sua lettera*** die Kürze seines Briefes ◆ ***per ~*** um es kurz zu machen.
brez|za f. Brise *f.*, Lüftchen *n.*: ***soffia una ~ leggera*** es weht eine leichte Brise ◆ ***~ di mare, marina*** Seewind *m.*; ***~ mattutina*** Morgenluft *f.*; ***~ di monte*** Bergwind *m.*; ***~ di terra*** Landwind *m.* **brez|zo|li|na** f. Lüftchen *n.*
bric-à-brac m.inv. Trödel *m.*, Kram *m.*, Ramsch *m.*
bric|chet|ta f. Brikett *n.*
bric|chet|to m. Kännchen *n.* **bric|co** m. *(-chi)* Kanne *f.*: ***un ~ di porcellana*** eine Kanne aus Porzellan; ***~ del caffè*** Kaffeekanne *f.*
bric|co|nac|cio m. *(-ci)* Erzhalunke *m.* **bric|co|na|ta** f. **1** Gaunerei *f.*, Halunkenstreich *m.* **2** SCHERZ. *(birbonata)* Schelmerei *f.*, Halunkenstreich *m.* **bric|con|cel|lo** m. Schlingel *m.*, Schelm *m.* **bric|co|ne I** m. **1** *(furfante)* Gauner *m.*, Schurke *m.*, Halunke *m.* **2** SCHERZ. *(birba)* Schelm *m.*, Schlingel *m.*, Halunke *m.* **II** agg. schurkisch, schelmisch. **bric|co|ne|ri|a** f. → **bricconata. bric|co|ne|sco** agg. *(-schi,-sche)* schurkisch, schelmisch.
bri|cio|la f. **1a** *(di pane)* Krümel *m.*, Krume *f.* **b** Überbleibsel *n.*: ***le -e di un'eredità, di un patrimonio*** die Überbleibsel einer Erbschaft, eines Vermögens **2** FIG. *(briciolo)* Spur *f.*, Funke *m.*: ***non avere una ~ d'intelligenza*** keine Spur Intelligenz haben ◆ ***mandare, ridurre in -e qcs.*** etw. zertrümmern; ***andare in -e*** zerbröckeln, kaputt‿gehen. **bri|cio|li|na** f. Krümelchen *n.*, Krümchen *n.*
bri|cio|lo m. **1** Bisschen *n.*, kleines Stück *n.* **2** FIG. Funke *m.*, Spur *f.*: ***manca un ~ di sale*** es fehlt eine Prise Salz; ***un ~ di speranza*** ein Funke Hoffnung.
bri|co|la|ge [briko'laʒ] m.inv. Basteln *n.*, Bastelarbeit *f.*, Heimwerkerei *f.*
bridge [brɪdZ] m.inv. Bridge *n.*: ***giocare a ~*** Bridge spielen; ***partita, torneo di ~*** Bridgepartie *f.*, Bridgeturnier *n.* **brid|gi|sta** m. e f. *(-i,-e)* Bridgespieler *m.* (-in *f.*).
bri|ga f. *(-ghe)* **1** *(seccatura)* Unannehmlichkeit *f.*, Schererei *f.* **2** *(lite)* Händel *pl.*, Streit *m.*, Zank *m.*: ***attaccar ~ con qcn.*** mit jdm Streit an‿fangen; ***attaccar ~ su qcs.*** in Zank um, über etw. geraten ◆ ***darsi, prendersi la ~ di fare qcs.*** sich Mühe geben, sich die Mühe machen, etw. zu tun.
Bri|ga n.pr.f. Brig *n.*
bri|ga|die|re m. INTRAD. (Unteroffizier der Karabinieri).
bri|gan|tag|gio m. STOR. Brigantentum *n.* **bri|gan|te** m. **1a** Räuber *m.*, Bandit *m.*, Straßenräuber *m.* **b** STOR. *(in Italia)* Brigant *m.* **2** FIG. skrupelloser Mensch *m.*, Gauner *m.* **3** SCHERZ. *(discolo)* Schelm *m.*, Schlingel *m.* ◆ ***covo di -i*** Räuberhöhle *f.* **bri|gan|te|sco** agg. *(-schi,-sche)* räuberisch, Räuber-.
bri|gan|ti|no m. Brigg *f.*, Brigantine *f.*
bri|ga|re intr. *(brigo, brighi*; aus. *avere)* sich (eifrig) bemühen, (eifrig) bemüht sein: ***~ per (ottenere) qcs.*** sich um etw. bemühen, sich nach etw. um‿tun.
bri|ga|ta f. **1** Runde *f.*, Gesellschaft *f.*: ***un'allegra ~*** eine lustige Gesellschaft; ***una ~ di amici*** eine Freundesrunde **2** MIL. Brigade *f.*: ***generale, comandante di ~*** Brigadegeneral *m.*, Brigadekommandant *m.* ◆ ***~ aerea*** Geschwader *n.*; ***essere della ~*** zur Gesellschaft gehören, mit von der Partie sein; STOR. ***le -e internazionali*** die Internationalen Brigaden; ***-e partigiane*** Partisanenbrigaden *pl.*; ***-e rosse*** Rote Brigaden; PROV. ***poca ~, vita beata*** je kleiner die Runde, desto vergnügter die Stimmung.
bri|ga|ti|sta m. e f. *(-i,-e)* Angehörige *m.* e *f.* der Roten Brigaden.
Bri|gi|da n.pr.f. Brigitte *f.*
bri|gi|di|no m. **1** INTRAD. (Gebäck mit Anisgeschmack) **2** *(coccarda)* Kokarde *f.*
bri|glia f. **1a** Zügel *m.*, Zaum *m.* (anche FIG.): ***mettere, togliere le -e al cavallo*** dem Pferd die Zügel an‿legen, ab‿nehmen; ***allentare, tirare le -e*** die Zügel lockern, an‿ziehen (anche FIG.) **b** ESTENS. *(per bambini)* Laufgurt *m.*, Laufgeschirr *n.* **2a** MECC. Mitnehmer *m.*, Drehherz *n.* **b** *(flangia)* Flansch *m.* **3** IDR. Sperre *f.* **4** *(muro per trattenere terreni franosi)* Böschungsmauer *f.* **5** MAR. Stag *n.* ◆ ***dar la ~ sul collo, lasciare le -e sul collo*** freien Lauf lassen; ***prendere in mano le -e*** die Zügel in die Hand nehmen; ***a ~ sciolta*** mit schleifenden Zügeln; FIG. zügellos; ***tenere in ~ qcn.*** jdn an die Kandare nehmen.
bril|la|men|to m. **1** Glänzen *n.* **2** *(di mine)* Sprengung *f.* **bril|lan|tan|te** m. Klarspülmittel *n.* **bril|lan|ta|re** tr. **1** schneiden, schleifen, facettieren **2** *(ornare con brillantini)* mit Brillanten besetzen **3** *(lucidare)* polieren **4** *(confetti, dolci)* glasieren. **bril|lan|ta|tu|ra** f. **1** Schneiden *n.*, Schleifen *n.*, Facettieren *n.* **2** *(di dolci)* Glasieren *n.*
bril|lan|te I agg. **1a** glänzend, leuchtend, strahlend: ***una luce ~*** ein glänzendes Licht: ***occhi -i*** glänzende Augen **b** *(vivace)* ***colori -i*** glänzende Farben; ***rosso, verde ~*** leuchtendes Rot, Grün **2a** FIG. *(fortunato, felice)* glänzend, brillant: ***una carriera, un futuro ~*** eine glänzende (*o* brillante) Karriere, Zukunft **b** *(splendido)* ***un'idea, una prestazione ~*** eine glänzende Idee, Leistung **c** *(vivace, spiritoso)* brillant, geistreich, temperamentvoll: ***un uomo ~*** ein brillanter Mann **II** m. Brillant *m.*: ***un anello, una spilla di -i*** ein Brillantring, eine Brillantbrosche (*o* ein brillantener Ring, eine brillantene Brosche) ◆ ***acqua ~*** Tonic *n.*; ***~ artificiale, chimico*** Glasfluss *m.*; ***un attore ~*** Filmkomiker *m.*; ***una commedia, un film ~*** Filmkomödie *f.*; ***un motore ~*** ein temperamentvoller Motor. **bril|lan|te|men|te** avv. glänzend: ***superare ~ un esame*** eine Prüfung glänzend bestehen. **bril|lan|tez|za** f. Glanz *m.*
1.bril|lan|ti|na f. Brillantine *f.*, Pomade *f.*: ***mettere la ~ sui capelli*** Brillantine in die Haare schmieren.
2.bril|lan|ti|na f. Briza *f.*, kleines Zittergras *n.*
1.bril|lan|ti|no m. glänzender Stoff *m.*
2.bril|lan|ti|no m. kleinkarätiger Brillant *m.*
bril|lan|za f. FIS. Leuchtdichte *f.*
bril|la|re I intr. (aus. *avere*) **1a** glänzen; *(scintillare)* leuchten, strahlen: ***le stelle brillano in cielo*** die Sterne glänzen am Himmel; ***i suoi occhi brillano di gioia*** ihre Augen leuchten (*o* glänzen) vor Freude; ***un lampo d'odio brilla negli occhi di qcn.*** jds Augen funkeln vor Hass **b** FIG. *(distinguersi)* glänzen: ***~ per la propria abilità, intelligenza*** durch sein Können, seine Intelligenz glänzen; IRON. ***non brilla certo d'iniziativa!*** durch Initiative glänzt er bestimmt nicht! ***~ per l'assenza*** durch Abwesenheit glänzen **2** explodieren: ***far ~ una mina*** eine Mine explodieren lassen **II** tr. **1** *(mine)* zünden **2** *(riso)* polieren, schälen ◆ ***~ di luce propria*** aus sich selbst leuchten; FIG. = mit seinen Leistungen glänzen; ***~ di luce riflessa*** im reflektierten Licht (eines Sterns) leuchten; FIG. sich mit frem-

den Federn schmücken. **bril|la|to** p.pass. agg. → **brillare** ◆ ***riso ~*** polierter Reis.

bril|la|to|io m. *(-toi)* **1** Poliermaschine *f.*, Glanzmaschine *f.* **2** *(stabilimento)* Polierbetrieb *m.* **bril|la|to|re** m. Sprengmeister *m.* **bril|la|tu|ra** f. Polieren *n.*, Schälen *n.*

bril|li|o m. LETT. Schimmern *n.*

bril|lo I agg. beschwipst, beschickert **II** m. BOT. Purpurweide *f.*, Steinweide *f.*

bri|na f. Reif *m.*, Raureif *m.*: ***è caduta la ~*** es ist Reif gefallen; ***i prati sono coperti di ~*** die Wiesen sind mit Reif bedeckt; ***~ mattutina*** Frühreif *m.* **bri|na|re I** tr. bereifen: ***il gelo ha brinato gli alberi*** der Frost hat die Bäume bereift **II** intr. (aus. *essere*, COLLOQ. *avere*) impers. ***stanotte è brinato*** heute Nacht hat es gereift. **bri|na|ta** f. **1** Reifbildung *f.* **2** *(brina)* Reif *m.*, Raureif *m.*

brin|da|re intr. (aus. *avere*) an‿stoßen: ***~ a qcs.*** auf etw. (A) anstoßen: ***~ alla salute di qcn.*** auf jds Wohl anstoßen.

brin|del|lo m. → **brandello.** **brin|del|lo|ne** m. Schlamp(er) *m.*

brin|di|si m.inv. Trinkspruch *m.*, Toast *m.*, Prosit *n.*: ***fare un ~ a qcn., qcs.*** einen Toast auf jdn, etw. aus‿bringen; ***fare un ~*** an‿stoßen.

bri|no|so agg. LETT. bereift.

bri|o m. Schwung *m.*, Spritzigkeit *f.*: ***una musica piena di ~*** eine schwungvolle Musik; ***dare ~ a qcs.*** etw. (D) Schwung geben; ***una persona piena di ~*** ein lebhafter Mensch.

brio|che [bri'ɔʃ] f.inv. Brioche *f.*

brio|fi|ta f. Moos *n.*, Moospflanze *f.*, Bryophyt *m.*

brio|nia f. Zaunrübe *f.*

brio|sa|men|te avv. lebhaft; spritzig, sprühend.

brio|scia f. *(-sce)* → **brioche.**

brio|si|tà f. Schwung *m.*, Lebhaftigkeit *f.*, Spritzigkeit *f.*

brio|so agg. sprühend, sprudelnd, spritzig: ***un tipo, uno stile ~*** ein lebhafter Typ, Stil; ***un temperamento ~*** ein sprühendes Temperament; ***un motore ~*** ein spritziger Motor; ***vino ~*** spritziger Wein.

brio|zoi m.pl. Bryozoen *pl.*

bri|sco|la f. **1** GIOC. Briskola *f.* **2** Trumpf *m.*, Atout *m.* e *n.*: ***giocare una ~*** einen Trumpf (aus)spielen; ***un asso, una carta di ~*** ein Trumpfass, eine Trumpfkarte; ***vincere qcn. con una ~*** jdn übertrumpfen; ***prendere la carta di qcn. con una ~*** jds Karte übertrumpfen; ***fare ~*** stechen **3** pl. COLLOQ. *(botte)* Prügel *pl.* ◆ ***essere l'asso di ~*** = die wichtigste Person sein; ***valere quanto il due di ~*** keinen roten Heller wert sein.

bri|tan|ni|co I agg. *(-ci,-che)* britisch, STOR. britannisch: ***le isole -che*** die Britischen Inseln; ***l'impero ~*** das Britische Imperium **II** m. *(-ci)* Brite *m.* **bri|tan|no I** m. STOR. Brite *m.* **II** agg. STOR. britannisch.

bri|vi|do m. **1a** Schauder *m.*, Schauer *m.*: ***~ di freddo*** Kälteschauder *m.*, Frösteln *n.*; ***avere i -i di freddo*** frösteln; ***far venire i -i*** Schauder erregen; ***mi vengono i -i solo a pensarci*** es überläuft mich eiskalt, wenn ich nur daran denke; ***un ~ lo colse*** ein Schauder ergriff ihn; ***un ~ di paura le corse lungo la schiena*** ein Angstschauer lief ihr, rieselte ihr über den Rücken **b** *(di febbre)* Schüttelfrost *m.*; ***ho i -i*** ich habe Schüttelfrost **2** FIG. *(emozione forte)* ***un ~ di piacere*** ein prickelndes Vergnügen; *(ebbrezza)* ***il ~ dell'altezza, della velocità*** Höhenrausch *m.*, Geschwindigkeitsrausch *m.* ◆ ***storie del ~*** Gruselgeschichten *pl.*

briz|zo|la|to agg. **1** (grau) meliert, angegraut: ***capelli -i*** grau melierte Haare; ***un uomo ~*** ein grau melierter Herr **2** *(screziato)* gesprenkelt, gescheckt.

1.broc|ca f. *(-che)* Krug *m.*, Kanne *f.*: ***una ~ (piena) d'acqua, di vino*** ein Krug (voll) Wasser, Wein; ***~ per il latte*** Milchkrug *m.*

2.broc|ca f. *(-che)* *(bulletta)* Täcks *m.*, Schuhnagel *m.*

broc|ca|to m. **1** Brokat *m.* **2** ESTENS. *(abito)* Brokatkleid *n.*

broc|co m. *(-chi)* **1** Dornenzweig *m.*; *(rametto)* Reis *n.* **2** *(umbone)* Buckel *m.* e *f.* **3** TESS. Noppe *f.* **4** SPREG. *(ronzino)* Klepper *m.* **5** FIG. *(persona incapace)* Niete *f.*, Flasche *f.*: ***essere un ~ nello sport*** im Sport eine Niete sein.

broc|co|let|to m. Grün *n.* der Kohlrübe. **broc|co|lo** m. **1** pl. Brokkoli *pl.* **2** FIG. *(sciocco)* Dummkopf *m.*, Kohlkopf *m.*

bro|chu|re [brɔ'ʃy:r] f.inv. Broschüre *f.*

bro|da f. **1** Kochwasser *n.*, Brühe *f.* **2** SPREG. *(sbobba)* Brühe *f.*, Gebräu *n.* **bro|da|glia** f. **1** Wassersuppe *f.*, Brühe *f.* **2** SPREG. *(di caffè)* Abwaschwasser *n.* **3** FIG. SPREG. *(di discorso)* Geschwafel *n.*, Gewäsch *n.* **bro|det|to** m. GASTR. **1** INTRAD. (Brühe mit Ei und Zitronensaft) **2** *(zuppa di pesce)* Fischsuppe *f.*

bro|do m. **1** Brühe *f.*; *(di carne)* Bouillon *f.*, Fleischbrühe *f.*: ***allungare, diluire il ~*** die Brühe verlängern; ***~ lungo, ristretto*** dünne, kräftige Brühe (*o* Kraftbrühe *f.*); ***~ di pollo, vegetale (di verdura)*** Hühner-, Gemüsebrühe *f.* **2** *(minestra)* Suppe *f.*, Brühe *f.* mit Einlage: ***pastina, riso in ~*** Nudel-, Reissuppe *f.* ◆ BIOL. ***~ di coltura*** Nährbrühe *f.*, Nährlösung *f.*; ***lasciare cuocere qcn. nel proprio ~*** jdn im eigenen Saft schmoren lassen; FIG. ***tutto fa ~*** Kleinvieh macht auch Mist; ***andare in ~ di giuggiole*** aus dem Häuschen geraten (*o* fahren); BIOL. ***~ primordiale*** Ursuppe *f.*; ***verdure per il ~*** Suppengrün *n.* **bro|do|so** agg. dünnflüssig: ***zuppa -a*** dünnflüssige Suppe *f.*

bro|gliac|cio m. *(-ci)* **1** Schmierheft *n.*, Kladde *f.* **2** COMM. *(prima nota)* Kladde *f.*, Diarium *n.*

bro|glia|re intr. *(broglio, brogli;* aus. *avere)* Ränke schmieden. **bro|glio** m. *(-gli)* Machenschaft *f.*, Umtriebe *pl.*; *(broglio elettorale)* Wahlmanipulation *f.*

bro|ker m.inv. *(di assicurazioni)* Broker *m.*, Makler *m.*; *(di borsa)* Broker *m.*, Börsenmakler *m.* **bro|ke|rag|gio** m. *(-gi)* Vermittlung *f.* von Börsengeschäften.

bro|ma|to I agg. Brom-, bromhaltig **II** m. Bromat *n.*

bro|ma|to|lo|gi|a f. Nahrungsmittelchemie *f.*, Lebensmittelchemie *f.*

bro|me|lia|ce|e f.pl. Bromeliazeen *pl.*

bro|mi|co agg. *(-ci,-che)* Brom-: ***acido ~*** Bromsäure *f.* **bro|mi|smo** m. Bromismus *m.* **bro|mo** m. Brom *n.* **bro|mu|ro** m. Bromid *n.* ◆ ***~ d'argento*** Bromsilber *n.*, Silberbromid *n.*; ***~ di potassio*** Kaliumbromid *n.*; ***~ di sodio*** Natriumbromid *n.*

bron|chia|le agg. bronchial-: ***asma, catarro ~*** Bronchialasthma *n.*, Bronchialkatarrh *m.* **bron|chi|ec|ta|si|a, bron|chi|et|ta|si|a** f. Bronchiektasie *f.*, Bronchialerweiterung *f.* **bron|chi|o|lo** m. Bronchiole *f.* **bron|chi|te** f. Bronchitis *f.*: ***~ acuta, cronica*** akute, chronische Bronchitis; ***~ asmatica*** Bronchialasthma *n.* **bron|chi|ti|co I** agg. *(-ci,-che)* bronchitisch **II** m. *(-ci)* Bronchitiker *m.*

bron|cio m. *(-ci)* Schmollmund *m.*, Flunsch *m.*: ***fare il ~*** einen Schmollmund machen (*o* ziehen) ◆ ***tenere il ~ a qcn.*** mit jdm schmollen.

1.bron|co m. *(-chi)* Bronchie *f.*

2.bron|co m. *(-chi)* **1** LETT. *(ramo nodoso)* knorriger Baumast *m.* **2** *(nelle corna dei cervi)* Stange *f.*

bron|co|gra|fi|a f. Bronchographie *f.* **bron|co|pol|mo|na|re** agg. bronchopulmonal-: ***malattie -i*** bronchopulmonale Krankheiten; ***infiammazione ~*** Bronchopneumonie *f.* **bron|co|pol|mo|ni|te** f. Bronchopneumonie *f.*, Lungenentzündung *f.* **bron|cor|ra|gi|a** f. Bronchialblutung *f.* **bron|co|sco|pi|a** f. Bronchoskopie *f.* **bron|co|sco|pio** m. *(-pi)* Bronchoskop *n.* **bron|co|to|mi|a** f. Bronchotomie *f.*

bron|to|la|men|to m. Brummen *n.*, Murren *n.* **bron|to|la|re** *(brontolo)* **I** intr. (aus. *avere*) **1** murren, meckern: ***~ contro qcn., per qcs.*** über jdn, über etw. meckern; ***~ per (a causa di) qcs. contro qcn.*** über jdn wegen etw. murren **2** *(di tuono)* rollen, grollen **3** *(di stomaco)* knurren, rumoren **II** tr. brummen, murmeln: ***~ qcs. fra i denti, tra sé e sé*** etw. in seinen Bart, vor sich hin murmeln. **bron|to|li|o** m. **1** Gebrumm(e) *n.*, Gemurre *n.*, Gemeckere *n.* **2** *(di tuono)* Grollen *n.*, Rollen *n.* **3** *(di stomaco)* Knurren *n.* **bron|to|lo|ne** COLLOQ. **I** agg. mürrisch: ***un marito ~*** ein mürrischer Ehemann **II** m. Brummbär *m.*, Brummbart *m.*; *(bisbetico)* Meckerer *m.*

bron|to|sau|ro m. Brontosaurier *m.*, Brontosaurus *m.*

bron|za|re tr. bronzieren: ***~ un oggetto in metallo*** einen Metallgegenstand bronzieren. **bron|za|to** p.pass. agg. **1** → **bronzare 2** bronzebeschichtet **3** *(di color bronzo)* bronzen, bronzefarbig. **bron|za|tri|ce** f. Bronziermaschine *f.* **bron|za|tu|ra** f. **1** Bronzieren *n.*, Bronzierung *f.*: ***~ elettrolitica*** galvanisches Bronzieren **2** *(strato di bronzo)* Bronzeschicht *f.*

bron|ze|o agg. **1** bronzen, bronzeartig, Bronze-: ***statua -a*** Bronzestatue *f.* **2a** *(di color bronzo)* bronzen, bronzefarbig, bronzefarben **b** *(abbronzato)* gebräunt, bronzefarben: ***pelle -a*** bronzefarbene Haut. **bron|zet|to** m. Bronzefigur *f.*, Bronze *f.* **bron|zi|na** f. MECC. Bronzelager *n.*

bron|zo m. **1** Bronze *f.*: ***fondere il ~*** Bronze gießen; ***~ per campane*** Glockenbronze *f.* (*o* Glockenspeise *f.*); ***un ~ di epoca romana*** eine römische Bronze; ***di, in ~*** Bronze-, bronzen **2** SPORT *(medaglia)* Bronze *f.*, Bronzemedaille *f.*: ***vincere il ~*** Bronze gewinnen ◆ ***età del ~*** Bronzezeit *f.*; FIG. ***avere una faccia di ~*** ein unverschämter Lümmel, frech wie Oskar sein; ***medaglia di ~*** Bronzemedaille *f.*; LETT. ***i sacri -i*** = die Glocken.

bros|su|ra f. Broschüre *f.* ◆ ***in ~*** broschiert.

bru|ca|re tr. *(bruco, bruchi)* **1** ab‿weiden: ***~ l'erba*** das Gras abweiden **2** assol. grasen, äsen: ***i caprioli brucano*** die Rehe äsen.

bru|cel|la f. Brucella *f.* **bru|cel|lo|si** f. Brucellose *f.*

bru|ciac|chia|re *(bruciacchio, bruciacchi)* **I** tr. **1** versengen, an‿sengen: ***~ la camicia (stirando)*** das Hemd (beim Bügeln) ansengen **2** *(strinare pollame)* ab‿sengen, flämmen: ***~ un pollo spenna-***

to ein gerupftes Huhn absengen **II** pronom. **bruciacchiarsi 1** sich (D) versengen, sich (D) an‿sengen: ***-rsi i capelli, il vestito*** sich die Haare, das Kleid versengen **2** *(di cibi)* verbrutzeln: ***la carne si è bruciacchiata*** das Fleisch ist verbrutzelt. **bru|ciac|chia|tu|ra** f. **1** Versengung *f.* **2** *(segno)* Brandmal *n.*, Brandstelle *f.*

bru|cian|te agg. **1** *(acceso)* heiß, glühend: ***una passione ~*** eine glühende Leidenschaft **2** FIG. *(offensivo)* verletzend, beleidigend: ***parole -i*** verletzende Worte **3** FIG. *(fulmineo)* blitzschnell, kräftig: ***una partenza ~*** ein blitzschneller Start; SPORT ***uno scatto ~*** ein kräftiger Antritt.

bru|cia|pe|lo, a ~ 1 aus nächster Nähe: ***sparare a qcn. a ~*** auf jdn aus nächster Nähe schießen **2** FIG. *(all'improvviso)* unvermittelt, plötzlich: ***fare una domanda a ~*** unvermittelt eine Frage stellen.

bru|cia|re *(brucio, bruci)* **I** tr. **1** verbrennen: ***~ sterpaglie, rifiuti*** Reisig, Müll verbrennen; ***~ qcn. sul rogo*** jdn auf dem Scheiterhaufen verbrennen **2** *(combustibili)* verbrennen, verfeuern, verheizen: ***~ legna, carbone*** Holz, Kohle verfeuern **3** *(ridurre in cenere)* nieder‿brennen, ab‿brennen: ***~ un edificio, un paese*** ein Gebäude, ein Dorf niederbrennen **4** *(cibi)* verbrennen lassen: ***(far) ~ l'arrosto*** den Braten verbrennen lassen **5** *(bruciacchiare)* versengen, an‿sengen: ***~ il vestito con la sigaretta*** das Kleid mit der Zigarette versengen **6** *(cauterizzare)* verätzen, aus‿brennen: ***~ una verruca*** eine Warze ausbrennen **7** *(consumare)* verbrauchen, verbrennen: ***~ energia elettrica*** Strom verbrauchen **8** *(metabolizzare)* verbrennen: ***~ zucchero, grassi*** Zucker, Fett verbrennen **9** *(irritare)* beizen, reizen: ***il fumo mi brucia gli occhi*** der Rauch reizt meine Augen **10** *(di cibi piccanti)* brennen: ***il pepe mi brucia la lingua*** der Pfeffer brennt mir auf der Zunge **11** *(inaridire)* versengen **12** FIG. *(compromettere)* verspielen: ***~ una carriera*** eine Karriere verspielen **II** intr. (aus. *essere*) **1** brennen, verbrennen: ***la legna, il bosco brucia*** das Holz, der Wald brennt; ***~ lentamente*** sparsam brennen **2** *(morire bruciato)* verbrennen: ***~ vivo, tra le fiamme*** bei lebendigem Leibe, in den Flammen verbrennen **3** *(ridursi in cenere)* nieder‿brennen, ab‿brennen **4** *(di cibi)* brennen, heiß sein: ***la minestra brucia*** die Suppe ist heiß **5** *(del sole)* brennen, sengen, glühen **6** *(essere febbricitante)* glühen: ***~ per la, dalla febbre*** vor Fieber glühen **7** *(essere irritato)* brennen: ***mi bruciano gli occhi (per la stanchezza)*** mir brennen die Augen (vor Müdigkeit) **8** FIG. *(fremere)* ***~ di, dalla curiosità*** vor Neugier brennen; ***~ dal desiderio di fare qcs.*** darauf brennen, etw. zu tun **9** FIG. wurmen: ***la sconfitta gli brucia molto*** die Niederlage wurmt ihn sehr **III** pronom. **bruciarsi 1** sich verbrennen: ***-rsi vivo*** sich bei lebendigem Leibe verbrennen **2a** *(scottarsi)* sich verbrennen: ***-rsi col ferro da stiro*** sich am Bügeleisen verbrennen **b** *(con liquido caldo)* sich verbrühen **3** *(di cibi)* verbrennen: ***la torta si è bruciata*** der Kuchen ist verbrannt **4** *(fulminarsi)* durch‿brennen: ***la lampadina si è bruciata*** die Glühbirne ist durchgebrannt **5** FIG. *(fallire)* ***-rsi finanziariamente, politicamente*** sich finanziell, politisch zugrunde richten **6** FIG. *(sprecare)* verpassen, verspielen: ***-rsi un'occasione*** eine Gelegenheit verpassen ◆ FIG. ***-rsi le ali*** sich (D) die Finger verbrennen; FIG. ***~ gli avversari*** die Gegner ab‿hängen; ***~ le cervella a qcn.*** jdm eine Kugel durch den Kopf jagen; ***~ di desiderio (per qcn.)*** sich vor Verlangen (nach jdm) verzehren; ***~ senza fiamma*** schwelen, verschwelen; ***~ di rabbia*** vor Wut (*o* Zorn) kochen; FIG. ***~ le tappe, i tempi*** eine Blitzkarriere machen. **bru|cia|tic|cio I** agg. *(-ci,-ce)* verbrutzelt: ***cipolle -ce*** verbrutzelte Zwiebeln **II** m. Angebrannte *n.*: ***odore, gusto di ~*** Geruch, Geschmack von Angebranntem; ***puzzare, sapere di ~*** angebrannt riechen, schmecken.

bru|cia|ta f. geröstete Kastanie *f.*

bru|cia|to I p.pass. agg. **1** → **bruciare 2** *(fallito)* ruiniert: ***come politico è ~*** als Politiker ist er ruiniert **3** *(abbronzatissimo)* dunkelbraun, sonnenverbrannt **II** m. **1** Angebrannte *n.* **2** *(odor di bruciato)* Brandgeruch *m.* ◆ ***gioventù -a*** die Halbstarken; ***odore, puzza di ~*** Brandgeruch *m.*; ***sentire puzza di ~*** verbrannt riechen; FIG. den Braten riechen; FIG. ***fare terra -a (intorno a sé)*** eine Politik der verbrannten Erde betreiben.

bru|cia|to|re m. Brenner *m.*: ***~ a gas, a nafta, a basso consumo*** Gas-, Öl-, Sparbrenner *m.*; ***pulire il ~*** den Brenner reinigen. **bru|cia|tu|ra** f. **1** Verbrennung *f.* **2** *(scottatura)* Brandwunde *f.*; *(da liquido caldo)* Verbrühung *f.*: ***avere, riportare -e su tutto il corpo*** Brandwunden am ganzen Körper haben, davon‿tragen **3** *(segno)* Brandmal *n.*; *(su materiali)* Brandfleck *m.*

bru|cio|re m. **1** Brennen *n.*: ***il ~ di una ferita*** das Brennen einer Wunde; ***~ di, allo stomaco*** Sodbrennen *n.*; ***~ agli occhi*** brennende Augen **2** FIG. *(amarezza)* (brennender) Schmerz *m.*: ***il ~ di una sconfitta*** der brennende Schmerz einer Niederlage.

bru|co m. *(-chi)* Raupe *f.*

bru|fo|lo m. Pickel *m.*: ***schiacciare i -i*** die Pickel aus‿drücken. **bru|fo|lo|so** agg. pick(e)lig: ***un viso ~*** ein pickeliges Gesicht.

bru|ghie|ra f. Heide *f.*, Heideland *n.*

bru|go m. *(-ghi)* Heidekraut *n.*

bru|go|la f. TECN. Inbusschlüssel *m.*

bru|li|ca|me m. Gewimmel *n.* **bru|li|can|te** agg. wimmelnd: ***una piazza ~ di persone*** ein von Menschen wimmelnder Platz. **bru|li|ca|re** intr. *(brulico, brulichi;* aus. *avere)* wimmeln: ***~ di formiche, di gente*** von Ameisen, von Leuten wimmeln; FIG. ***il libro brulica di refusi*** das Buch wimmelt (*o* im Buch wimmelt es) von Druckfehlern. **bru|li|chi|o** m. Gewimmel *n.*

bru|llo agg. kahl, nackt: ***un terreno ~*** ein kahler Boden.

brum inter. töff.

1.bru|ma f. Nebel *m.*

2.bru|ma f. ZOOL. Pfahlwurm *m.*

brum|brum f.inv. INFANT. *(auto, moto)* Töfftöff *n.*

bru|mo|so agg. neb(e)lig, dunstig: ***una giornata -a*** ein nebeliger Tag.

bru|na f. braunhaarige Frau *f.*, *(ragazza)* braunhaariges Mädchen *n.*: ***una bella ~*** ein schönes braunhaariges Mädchen. **bru|na|stro** agg. bräunlich.

bru|nel|la f. Braunelle *f.*, Brunelle *f.*

bru|nel|lo m. INTRAD. (hochwertiger toskanischer Rotwein).

bru|net|ta f. Brünette *f.*: ***una bella ~*** eine hübsche Brünette.

Bru|ni|co n.pr.m. Bruneck *n.*

Bru|nil|de n.pr.f. Brunhild *f.*, Brunhilde *f.*

bru|ni|re tr. *(brunisco, brunisci)* **1** METALL. brünieren **2** ESTENS. *(scurire)* tönen: ***~ un vetro*** eine Glasscheibe tönen. **bru|ni|to** p.pass. agg. **1** → **brunire 2** *(abbronzato)* gebräunt: ***una pelle -a*** eine gebräunte Haut. **bru|ni|tu|ra** f. Brünieren *n.*

bru|no I agg. **1** braun, brünett: ***capelli -i*** braune Haare; ***~ di capelli, di carnagione*** braunhaarig, dunkelhäutig **2** *(di persone)* braunhaarig: ***una ragazza -a*** ein braunhaariges Mädchen **II** m. **1** braunhaariger Mann *m.*, *(ragazzo)* braunhaariger Junge *m.*: ***un bel ~*** ein schöner braunhaariger Junge **2** *(colore)* Braun *n.*

Bruns|wick n.pr.m. Braunschweig *n.*

bru|sca f. *(-sche)* Kardätsche *f.* **bru|sca|re** tr. *(brusco, bruschi)* kardätschen.

bru|sca|men|te avv. **1** brüsk, barsch, schroff: ***trattare qcn. ~*** jdn schroff behandeln; ***rispondere ~*** barsch antworten **2** *(improvvisamente)* jäh, abrupt, ruckartig, heftig.

bru|schet|ta f. INTRAD. (geröstete Weißbrotscheibe mit Knoblauch, Öl und Tomatenmark).

bru|schi|no m. Scheuerbürste *f.*

bru|sco agg. *(-schi,-sche)* **1** herb: ***un vino ~*** ein herber Wein **2** *(burbero, scortese)* brüsk, barsch, schroff: ***un tipo ~*** ein barscher Typ; ***modi -schi*** schroffe Art und Weise **3** *(improvviso)* ruckartig, heftig, plötzlich: ***una -a frenata*** eine heftige Bremsung; ***un ~ risveglio*** ein plötzliches Erwachen.

bru|sco|li|no m. **1** *(di polvere)* Stäubchen *n.* **2** REGION. → **brustolino. bru|sco|lo** m. **1** *(granello di polvere)* Stäubchen *n.*, Körnchen *n.* **2** *(residuo)* Spänchen *n.* ◆ ***ho un ~ nell'occhio*** ich habe etwas im Auge; FIG. ***essere un ~ in un occhio a qcn.*** jdm ein Dorn im Auge sein.

bru|si|o m. Geräusch *n.*, Rauschen *n.*: *(di voci)* Stimmengewirr *n.*, Gemurmel *n.*; ***nella stanza si levò un grande ~*** ein hörbares Raunen ging durch das Zimmer; ***smettetela con questo ~!*** Ruhe jetzt!

bru|sto|li|no m. INTRAD. (gerösteter Kürbiskern).

brut [bryt] **I** agg.inv. brut: ***spumante ~*** Brut *m.* **II** m.inv. Brut *m.*

bru|ta|le agg. **1** brutal, bestialisch: ***~ violenza, ferocia*** brutale Gewalt, Grausamkeit; ***un assassinio, un tipo ~*** ein brutaler Mord, Typ; ***istinti -i*** bestialische (*o* rohe) Triebe **2** ESTENS. brutal, roh, schonungslos: ***con ~ sincerità*** mit schonungsloser Offenheit; ***essere ~ con qcn., trattare qcn. in modo ~*** roh zu jdm sein, jdn brutal behandeln. **bru|ta|li|tà** f.inv. **1** Brutalität *f.*, Bestialität *f.*: ***un atto di estrema ~*** eine Tat von äußerster Brutalität **2** *(atto efferato)* Brutalität *f.*, Rohheit *f.*: ***la ~ dei rapitori*** die Brutalität der Entführer; ***commettere ~*** Rohheiten begehen **3** *(indelicatezza)* Brutalität *f.*, Schonungslosigkeit *f.*: ***trattare qcn. con ~*** jdn mit Schonungslosigkeit behandeln. **bru|ta|liz|za|re** tr. **1** brutal, roh behandeln; *(maltrattare)* misshandeln **2** *(violentare)* vergewaltigen. **bru|tal|men|te** avv. **1** brutal, bestialisch **2** ESTENS. brutal, schonungslos: ***dire ~ la verità a qcn.*** jdm schonungslos die Wahrheit sagen.

bru|to I agg. **1** brutal, roh; *(bestiale)* bestialisch: ***forza -a*** rohe Gewalt **2** *(inanimato)* träge: ***materia -a*** träge Masse **3** *(lordo)* brutto, Roh- **II** m. **1** Rohling *m.*, Unmensch *m.*, Bestie *f.* **2** *(maniaco sessuale)* Sexualtäter *m.*

Bru|to n.pr.m. Brutus *m.*

brut|ta f. Konzept *n.* ◆ ***scrivere qcs. in ~*** etw. ins Unreine schreiben; ***quaderno di ~*** Schmierheft *n.*, Kladde *f.*

brut|tez|za f. **1** Hässlichkeit *f.*: ***~ ripugnante*** abstoßende Hässlichkeit **2** *(bruttura)* hässliche Seite *f.*: ***le -e della vita*** die hässlichen Seiten des Lebens. **brut|ti|no** agg. ziemlich (*o* recht) hässlich; *(di donna)* nicht hübsch.

brut|to **I** agg. **1** hässlich: ***un ragazzo, un quadro ~*** ein hässlicher Junge, ein hässliches Bild; ***una -a città*** eine hässliche Stadt; ***una -a voce*** eine hässliche Stimme **2** *(rif. alla qualità)* schlecht: ***un ~ film, libro*** ein schlechter Film, ein schlechtes Buch **3a** *(spiacevole)* schlimm, schlecht: ***-e esperienze, notizie*** schlimme (*o* schlechte) Erfahrungen, Nachrichten; ***-i ricordi*** schlimme (*o* schlechte) Erinnerungen; ***una -a faccenda*** eine schlimme Angelegenheit; ***avere -e conseguenze*** schlimme (*o* üble) Folgen haben **b** *(difficile, duro)* ***una -a situazione*** eine schlimme (*o* ungute) Situation; ***-i tempi*** schlimme Zeiten; ***avere una -a giornata*** einen schlechten Tag haben; ***il licenziamento fu un ~ colpo per lui*** die Entlassung war ein schlimmer (*o* böser) Schlag für ihn **4** *(cattivo, riprovevole)* böse, schlimm: ***un ~ vizio*** ein schlimmes, böses Laster; ***una -a azione, abitudine*** eine schlimme Tat, eine schlimme (*o* schlechte) Angewohnheit; ***giocare un ~ tiro a qcn.*** jdm einen bösen (*o* schlimmen) Streich spielen **5a** *(del tempo)* schlecht: ***oggi c'è ~ tempo*** heute ist schlechtes Wetter **b** ***il cielo è ~*** der Himmel schaut bedrohlich aus (*o* verspricht Schlimmes) **c** *(del mare)* stürmisch: ***oggi il mare è ~*** heute ist stürmisches Meer **6** *(grave)* schlimm: ***ha una -a bronchite*** er hat eine schlimme Bronchitis; ***una -a ferita*** eine schlimme Verletzung **7** *(preposto a insulti; spesso non tradotto)* blöd: ***~ stupido!*** Blödmann! VOLG. ***~ stronzo! ~ porco!*** blödes Arschloch! du, Schwein! ***~ bugiardo!*** gemeiner Lügner! **II** m. **1** Hässliche *n.* **2** *(lato spiacevole, difficile)* Schlimme *n.*, Schlechte *n.*: ***il ~ (della faccenda) è che...*** das Schlimme (an der Sache) ist, dass... **3** *(uomo brutto)* hässlicher Mann *m.*, *(ragazzo)* hässlicher Junge *m.*; ***è un ~ che piace*** er ist von jener Hässlichkeit, die gefällt ◆ ***alle -e*** schlimmstenfalls, im schlimmsten Fall; ***il ~ anatroccolo*** das hässliche Entlein; ***tira una -a aria*** hier ist dicke Luft; ***fare una -a caduta*** bös(e) fallen; ***un ~ ceffo*** eine (üble) Visage; ***avere una -a cera*** = schlecht aus‿sehen; ***con le -e*** ohne Umstände (*o* Umschweife); ***-a copia*** Konzept *n.*; ***ha di ~ che...*** sein Fehler (*o* Nachteil) ist, dass...; *(di cosa)* der Nachteil daran ist, dass...; ***fa ~*** es ist schlechtes Wetter; ***fare una -a figura*** sich blamieren; ***fare una -a fine*** ein schlimmes Ende nehmen; ***guardare (di) ~ qcn.*** jdn böse an‿schauen; ***fare -i incontri*** = unter die Räuber fallen; EUFEM. ***avere un ~ male*** eine schlimme Krankheit haben; ***capitare in un ~ momento*** in einem unpassenden Augenblick kommen, ungelegen kommen; ***ho un ~ presentimento*** mir schwant Böses; ***passare un ~ quarto d'ora*** schlimme Minuten durch‿machen; ***gli ha fatto passare un ~ quarto d'ora!*** er hat ihn ganz schön zusammengestaucht (*o* heruntergemacht)! ***~ segno!*** schlechtes Zeichen! ***fare un ~ sogno*** einen bösen Traum haben; ***la -a stagione*** = die schlechte Jahreszeit; ***vedersela -a*** schlimm dran sein, in Schwierigkeiten sein; ***il tempo volge al ~*** das Wetter verschlechtert sich; ***prendere un ~ voto*** eine schlechte Note bekommen.

brut|tu|ra f. **1** Hässlichkeit *f.*, Scheußlichkeit *f.*, hässliche Seite *f.*: ***le -e della vita*** die hässlichen Seiten des Lebens **2** *(azione riprovevole)* Schandtat *f.*, Scheußlichkeit *f.* **3** *(sconcezza)* Schmutz *m.*, Widerlichkeit *f.*

Bru|xel|les n.pr.f. Brüssel *n.*

BT ⇒ *bassa tensione* Niederspannung.

btg. ⇒ *battaglione* Bataillon (Bat.).

BTP ⇒ *Buoni del Tesoro Poliennali* Schatzanweisungen mit mehrjähriger Laufzeit.

BU ⇒ *Bollettino Ufficiale* Amtliches Anzeigeblatt.

bu|a f. INFANT. ***avere, farsi la ~*** ein Wehwehchen haben, sich (D) weh tun; ***hai la ~ al pancino?*** tut (dir) das Bäuchlein weh?

buag|gi|ne f. Dummheit *f.*, Dämlichkeit *f.*, Trottelhaftigkeit *f.*

1.bub|bo|la f. **1** *(bugia)* Märchen *n.*, Lüge *f.*: ***non raccontare -e!*** erzähl keine Märchen! **2** *(inezia)* Bagatelle *f.*, Kleinigkeit *f.*

2.bub|bo|la f. BOT. ***~ maggiore*** Parasolpilz *m.*

bub|bo|lo m. Schelle *f.*

bub|bo|ne m. **1** MED. (eitrige) Beule *f.*, Bubo *m.*: ***i -i della peste*** die Pestbeulen **2** FIG. Eiterbeule *f.*: ***il ~ della corruzione*** die Eiterbeule der Korruption. **bub|bo|ni|co** agg. *(-ci,-che)* Beulen-: ***peste -a*** Beulenpest *f.*

bu|ca f. *(-che)* **1** Loch *n.*: ***scavare una ~ nel terreno*** ein Loch in die Erde graben **2** *(nel manto stradale)* Schlagloch *n.*: ***una strada piena di -che*** eine Straße voller Schlaglöcher **3** *(del biliardo)* Billardloch *n.*, Loch *n.*: ***mandare la palla in ~*** den Ball ins Loch schlagen **4** *(nel golf)* Zielloch *n.*, Loch *n.*: ***fare 18 -che*** 18 Löcher spielen **5** *(avvallamento del terreno)* Vertiefung *f.*, Senkung *f.* ◆ ***~ delle lettere*** Briefeinwurf *m.*; *(cassetta delle lettere)* Briefkasten *m.*; SCOL. GERG. ***ora ~*** Freistunde *f.*; ***la ~ del suggeritore*** der Souffleurkasten.

bu|ca|ne|ve m.inv. Schneeglöckchen *n.*

bu|ca|nie|re m. Bukanier *m.*

bu|ca|re *(buco, buchi)* **I** tr. **1a** ein Loch machen: ***~ una parete, una lamiera*** ein Loch in eine Wand, ein Blech machen; ***~ le calze*** ein Loch in die Strümpfe machen **b** ***ho bucato una gomma*** ich habe einen Platten (*o* eine Reifenpanne); ***gli hanno bucato una gomma*** man hat ihm ein Loch in den Reifen gestochen **c** ***le tarme bucano la lana*** die Motten fressen Löcher in die Wolle **2** *(perforare)* lochen: ***~ i biglietti*** die Fahrkarten lochen **3** *(fare più buchi in, a)* durchlöchern **II** pronom. **bucarsi** **1** ein Loch bekommen, Löcher bekommen: ***il guanto si è bucato*** der Handschuh hat ein Loch bekommen **2** *(pungersi)* sich stechen: ***-rsi con un ago*** sich mit einer Nadel stechen; ***-rsi un dito*** sich in den Finger stechen **3** GERG. *(drogarsi con eroina)* fixen, spritzen.

Bu|ca|rest n.pr.f. Bukarest *n.*

bu|ca|ti|ni m.pl. INTRAD. (spaghettiartige Teigwaren in Röhrchenform).

1.bu|ca|to m. Wäsche *f.*: ***lavare, stendere, ritirare il ~*** die Wäsche waschen, auf‿hängen, von der Leine nehmen; ***mettere il ~ in lavatrice*** die Wäsche in die Maschine stecken; ***il ~ è steso sul filo*** die Wäsche hängt auf der Leine ◆ ***~ colorato*** Buntwäsche *f.*; ***fare il ~*** waschen; FIG. ***fare il ~ in famiglia*** die schmutzige Wäsche zu Hause waschen; ***fresco di ~*** frisch gewaschen; ***~ a mano*** Handwäsche *f.*; ***molletta da ~*** Wäscheklammer *f.*

2.bu|ca|to p.pass. agg. **1** → **bucare** **2** ***avere le scarpe -e, i calzini -i*** ein Loch (*o* Löcher) in den Schuhen, Strümpfen haben **3** *(di oggetti gonfiati)* ***essere ~*** ein Loch haben; ***la ruota è -a*** der Reifen hat ein Loch **4** *(con fuoriuscita di liquidi)* leck: ***il serbatoio è ~*** der Tank ist leck ◆ ***ha le mani -e*** das Geld rinnt ihm durch die Finger; ***non valere un soldo ~*** keinen Heller (*o* Dreier) wert sein.

bu|ca|tu|ra f. **1** Durchbohren *n.*, Durchlöchern *n.* **2** *(di ruota)* Reifenpanne *f.* **2** *(puntura)* Stich *m.*

buc|ca|le agg. ANAT. ZOOL. Mund-.

buc|cet|ta f. Schälchen *n.*

buc|che|ro m. **1** Bucchero *m.* **2** *(vaso)* Buccherovase *f.*

buc|cia f. *(-ce)* **1a** Schale *f.*: ***la ~ della pera, del mandarino, della patata*** die Birnen-, Mandarinen-, Kartoffelschale; ***levare la ~ a qcs.*** etw. schälen; ***mangiare qcs. con la ~*** etw. mit der Schale essen **b** *(baccello)* Hülse *f.* **2a** *(di formaggio)* Rinde *f.* **b** *(di salume)* Haut *f.*, Darm *m.*, REGION. Pelle *f.* **3** *(muta)* Haut *f.* ◆ ***pelle a ~ d'arancia*** Orangenhaut *f.*; ***dalla ~ sottile, spessa*** dünn-, dickschalig; FIG. ***avere la ~ dura*** ein dickes Fell haben; ***rivedere le -ce a qcn.*** jdm auf die Finger schauen; ***scivolare su una ~ di banana*** auf einer Bananenschale aus‿rutschen (anche FIG.).

buc|ci|na f. **1** *(antico strumento)* Buc(c)ina *f.* **2** *(conchiglia)* Muschel *f.* des Tritonshorns (*o* der Trompetenschnecke). **buc|ci|no** f. Tritonshorn *n.*, Trompetenschnecke *f.*

buc|co|la f. **1** Ohrring *m.* **2** *(ricciolo)* Haarlocke *f.*, Locke *f.*

Bu|ce|fa|lo n.pr.m. Bukephalos *m.*, Bukephalas *m.* **bu|ce|fa|lo** m. SCHERZ. Klepper *m.*, Gaul *m.*, Mähre *f.*

bu|che|rel|la|re tr. durchlöchern, zerlöchern. **bu|che|rel|la|to** p.pass. agg. **1** → **bucherellare** **2** durchlöchert, löch(e)rig.

bu|chi|no m. Löchlein *n.*

bu|co m. *(-chi)* **1a** Loch *n.*: ***avere un ~ nella scarpa, nel dente*** ein Loch im Schuh, Zahn haben; ***fare un ~ nella parete*** ein Loch in die Wand schlagen (*o* bohren); ***i topi hanno fatto -chi nel legno*** die Mäuse haben Löcher ins Holz genagt; ***farsi un ~ ai pantaloni*** sich (D) ein Loch in die Hose reißen; ***rammendare un ~ nella calza*** ein Loch im Strumpf stopfen **b** *(passivo)* ***un ~ da 3 miliardi*** ein Loch von 3 Milliarden; ***colmare un ~ in bilancio*** ein Loch im Haushalt füllen **2** *(imboccatura delle mani)* Armloch *n.* **3** *(falla in un serbatoio)* Leck *n.*, Loch *n.* **4** *(spazio vuoto, vuoto)* Lücke *f.*: ***lasciare un ~*** eine Lücke lassen **5** COLLOQ. *(tempo libero da impegni)* ***ho un ~ dalle 10 alle 10.30*** zwischen 10 und 10.30 bin ich frei **6a** COLLOQ. *(abitazione piccola, squallida)* Loch *n.*: ***vivere in un ~*** in einem Loch hausen **b** *(paesucolo)* Nest *n.*: ***questo paese è proprio un ~!*** dieses Dorf ist wirklich ein Nest! **7** GERG. *(iniezione di eroina)* Schuss *m.*, Fix *m.*, Druck *m.*: ***farsi un ~*** sich (D) einen Schuss setzen, drücken ◆ ***fare un ~ nell'acqua*** einen Reinfall erleben; ***essere un ~ nell'acqua*** ein Schlag ins Wasser sein; VOLG. ***~ del culo*** Arschloch *n.*; ***formaggio con i -chi*** = Emmentaler Käse *m.*; ***-chi del naso*** Nasenlöcher *pl.*; ***~ nero*** schwarzes Loch; ***farsi il ~ alle orecchie*** sich (D) Löcher (in die Ohren) stechen lassen; ***~ nell'ozono*** Ozonloch *n.*; ***stare nel proprio ~, non uscire dal proprio ~*** nicht vor die Tür gehen, kommen; ***non cavare un ragno da un ~***

auf keinen grünen Zweig kommen; ***guardare attraverso il, dal ~ della serratura*** durchs Schlüsselloch sehen, gucken; FIG. ***avere un ~ allo stomaco*** ein Loch im Bauch haben; ***tappare un ~*** eine Lücke füllen; *(pagare un debito)* Schulden bezahlen, ein Loch stopfen; ***cercare in tutti i -chi*** überall suchen; PROV. ***non tutte le ciambelle riescono col ~*** nicht jeder Schuss ist ein Treffer.

bu|co|li|ca f. *(-che)* Bukolik *f.* **bu|co|li|co** agg. *(-ci,-che)* bukolisch: ***poesia -a*** bukolische Poesie *f.*; ***poeta ~*** Bukoliker *m.*

Bu|co|vi|na n.pr.f. Bukowina *f.*

bud|di|smo m. Buddhismus *m.* **bud|di|sta** *(-i,-e)* **I** agg. buddhistisch: ***religione ~*** buddhistische Religion *f.*; ***monaco ~*** buddhistischer Mönch *m.* **II** m. e f. Buddhist *m.* (-in *f.*). **bud|di|sti|co** agg. *(-ci,-che)* buddhistisch.

bu|del|lo m. *(-i* m.pl. e *-a* f.pl.*)* **1a** (pl. *-a)* Darm *m.*, Gedärm *n.*: ***corda di ~*** Darmsaite *f.* **b** pl. COLLOQ. *(pancia)* Bauch *m.*: ***riempirsi le -a*** sich (D) den Bauch voll schlagen **2** *(tubo lungo e stretto;* pl. *-i)* Schlauch *m.*: ***~ di gomma*** Gummischlauch *m.* **3** *(viuzza buia;* pl. *-i)* Gasse *f.* ◆ ***mi sento torcere le -a (per la paura)*** mir dreht sich (vor Angst) der Magen um.

bud|get ['bʌʒɪt, *üblich* 'badʒet] m.inv. **1** *(bilancio)* Budget *n.*, Haushaltsplan *m.*: ***redigere un ~*** ein Budget auf‿stellen **2** *(somma da spendere)* Budget *n.*: ***stanziare, fissare un ~ di...*** ein Budget von... veranschlagen. **bud|ge|ta|rio** agg. *(-ri,-rie)* budgetär.

bu|di|no m. Pudding *m.*: ***~ al cioccolato, alla vaniglia*** Schokoladen-, Vanillepudding *m.*; ***forma per ~*** Puddingform *f.*

bu|e m. *(buoi)* Ochse *m.* (anche FIG. COLLOQ.): ***aggiogare i buoi*** die Ochsen ins Joch spannen ◆ ***carne di ~*** Ochsenfleisch *n.*; ***lavorare, mangiare come un ~*** ochsen, wie ein Scheunendrescher fressen; ***~ muschiato*** Moschusochse *m.*; ***occhio di ~*** Ochsenauge *n.*; GASTR. Spiegelei *n.*; TEATR. Spotlight *n.*; PROV. ***mettere il carro davanti ai buoi*** die Ochsen hinter den Pflug (*o* den Pflug vor die Ochsen) spannen; ***chiudere la stalla quando i buoi sono scappati*** den Brunnen ab‿decken, wenn das Kind schon hineingefallen ist; ***non legare la bocca al ~ che trebbia*** du sollst dem Ochsen, der da drischt, nicht das Maul verbinden.

bu|fa|la f. **1** ZOOL. Büffelkuh *f.* **2** GERG. *(notizia infondata)* Zeitungsente *f.*, Ente *f.* **3** SCHERZ. *(errore madornale)* Riesendummheit *f.* **4** SCHERZ. *(imbroglio)* Schwindel *m.* ◆ ***mozzarella di ~*** Büffelmozzarella *f.* **bu|fa|lo** m. Büffel *m.*: ***una mandria di -i*** eine Büffelherde ◆ ***mangiare come un ~*** wie ein Scheunendrescher fressen.

bu|fe|ra f. **1** Sturm *m.*: ***la ~ si scatena, infuria, si placa*** der Sturm bricht los, tobt, legt sich; ***~ di neve*** Schneesturm *m.* **2** FIG. Gewitter *n.*, Sturm *m.*: ***una ~ in famiglia*** ein häusliches Gewitter; ***la ~ della guerra*** das Kriegsgewitter.

buf|fa f. **1** ARM. Helmsturz *m.*, Visier *n.* **2** *(cappuccio)* Kapuze *f.*

buf|fè, buf|fet [by'fɛ, *üblich* buf'fe] m.inv. Büfett *n.*: ***~ freddo*** kaltes Büfett.

1.buf|fet|te|ri|a f. Büfett *n.*

2.buf|fet|te|ri|a f. MIL. Lederzeug *n.*

buf|fet|to m. Klaps *m.*; *(sul naso)* Nasenstüber *m.*: ***dare un ~ (sulla guancia) a qcn.*** jdm einen Klaps (auf die Wange) geben.

1.buf|fo I agg. komisch, drollig; *(strano)* seltsam: ***una storia -a*** eine komische Geschichte; ***faccia -a*** komisches Gesicht; ***un ~ cappellino*** ein komisches Hütchen **II** m. **1** TEATR. MUS. Buffo *m.* **2** Komische *n.*, Seltsame *n.*, LETT. Drolerie *f.*: ***il ~ della situazione*** das Komische der Situation ◆ MUS. ***opera -a*** komische Oper, Opera buffa *f.*; ***basso ~*** Bassbuffo *m.*

2.buf|fo m. **1** *(folata)* Bö *f.*, Windbö *f.* **2** *(sbuffo di fumo, vapore)* Stoß *m.*

buf|fo|nag|gi|ne f., **buf|fo|na|ta** f. Dummheit *f.*, Narrenposse *f.*, Albernheit *f.*: ***fare -e*** Dummheiten machen.

buf|fo|ne m. **1** *(giullare)* Narr *m.*: ***~ di corte*** Hofnarr *m.* **2** *(chi fa ridere)* Hanswurst *m.*, Spaßvogel *m.*, Possenreißer *m.*; ***fare il ~*** den Hanswurst spielen. **buf|fo|ne|ri|a** f. Possenhaftigkeit *f.* **buf|fo|ne|sco** agg. *(-schi, -sche)* närrisch, albern, possenhaft.

buf|tal|mi|a f. Buphtalmie *f.* **buf|tal|mo** m. **1** MED. Buphtalmus *m.* **2** BOT. Ochsenauge *n.*

bu|gan|vil|le|a f. Bougainvillea *f.*

bug|ge|ra|re tr. *(buggero)* COLLOQ. beschwindeln, beschummeln. **bug|ge|ra|tu|ra** f. Schwindelei *f.*, Schummelei *f.*

1.bu|gi|a f. **1** Lüge *f.*: ***una grossa, pietosa ~*** eine dicke, fromme Lüge; ***-e bell'e buone*** glatte Lügen; ***dire -e*** lügen; ***è una ~!*** das ist gelogen! **2** FAM. *(macchietta sull'unghia)* Nagelfleck *m.* ◆ PROV. ***le -e hanno le gambe corte*** Lügen haben kurze Beine.

2.bu|gi|a f. Kerzenleuchter *m.*

3.bu|gi|a f. INTRAD. (norditalienische Bezeichnung für ein Karnevalsgebäck).

bu|giar|dag|gi|ne f. Lügenhaftigkeit *f.*, Verlogenheit *f.* **bu|giar|di|no** m. COLLOQ. Waschzettel *m.*

bu|giar|do I agg. **1** verlogen, lügnerisch: ***una ragazza -a*** ein lügnerisches Mädchen **2** *(falso)* lügenhaft, unwahr: ***promesse -e*** lügenhafte Versprechungen **II** m. Lügner *m.*: ***dare del ~ a qcn.*** jdn einen Lügner schimpfen ◆ PROV. ***chi per ~ è conosciuto, anche quando dice il ver non è creduto*** wer einmal lügt, dem glaubt man nicht, und wenn er auch die Wahrheit spricht.

bu|gi|gat|to|lo m. **1** *(ripostiglio, stanzino)* Abstellraum *m.*, Kabuff *n.* **2** *(stanza angusta)* Loch *n.*, Verschlag *m.*: ***vivere in un ~*** in einem Loch hausen.

bu|glio|lo m. **1** MAR. Pütz(e) *f.* **2** *(in carcere)* Kübel *m.*

bu|gna f. **1** ARCH. Bossenquader *m.* **2** MAR. Gat(t) *n.* **bu|gna|to** m. Bossenwerk *n.* **bu|gna|re** tr. bossieren.

bu|gno m. Bienenstock *m.*

bu|io I agg. *(bui,-e)* **1a** dunkel, finster: ***una strada -a*** eine dunkle Straße; ***fa, diventa ~*** es wird dunkel (*o* finster), es dunkelt; ***essere immerso nel ~*** im Dunkeln liegen (anche FIG.) **b** FIG. *(accigliato)* finster: ***farsi, essere ~ in volto*** ein finsteres Gesicht machen, haben **2** *(incerto, preoccupante)* düster, schlecht: ***un avvenire ~*** eine düstere Zukunft; ***tempi bui*** schlechte Zeiten **II** m. Dunkel *n.*; *(oscurità)* Finsternis *f.*, Dunkelheit *f.*: ***al ~*** im Dunkeln, FIG. in Dunkelheit ◆ FIG. ***brancolare nel ~*** im Dunkeln tappen; ***il cielo è ~*** der Himmel ist grau in grau; ***~ pesto*** stockdunkel (*o* stockfinster); ***fare un salto nel ~*** einen Sprung ins Ungewisse tun; ***tenere qcn. al ~ di qcs.*** jdn über etw. im Dunklen lassen.

bul|ba|re agg. bulbär, Bulbär-. **bul|bi|fe|ro** agg. zwiebeltragend, Knollen tragend. **bul|bi|for|me** agg. zwiebelförmig, knollenförmig. **bul|bil|lo** m. Brutzwiebel *f.*

bul|bo m. **1** BOT. Zwiebel *f.*, Knolle *f.*: ***~ di tulipano*** Tulpenzwiebel *f.* **2** *(di lampadina)* Glaskolben *m.* **3** ANAT. Bulbus *m.* ◆ ***cupola a ~*** Zwiebelhaube *f.*; ***~ dentale*** Zahnmark *n.*; ***a forma di ~*** zwiebelförmig, knollenförmig; ***~ oculare*** Augapfel *m.*; ***~ pilifero*** Haarzwiebel *f.* **bul|bo|so** agg. Zwiebel-: ***pianta -a*** Zwiebelpflanze *f.*

Bul|ga|ri|a n.pr.f. Bulgarien *n.* **bul|ga|ro I** agg. bulgarisch **II** m. **1** Bulgare *m.* **2** *(lingua)* Bulgarisch(e) *n.*

bu|li|mi|a f. Bulimie *f.*, Fresssucht *f.*

bu|li|na|re tr. stechen. **bu|li|na|to|re** m. Stecher *m.* **bu|li|na|tu|ra** f. Stich *m.*, Kupferstich *m.* **bu|li|no** m. *(per metallo)* Grabstichel *m.*; *(per legno)* Konturenstichel *m.*

bull|dog ['bʊldɒg, *üblich* bul'dɔg] m.inv. Buldogge *f.*

bull|do|zer ['bʊldoʊzə, *üblich* bul'dɔddzer] m.inv. **1** Bulldozer *m.*, Planierraupe *f.* **2** FIG. *(persona energica e senza riguardi)* = jd, der über Leichen geht.

bul|let|ta f. **1** Zwecke *f.* **2** *(in tappezzeria)* Tapeziernagel *m.*, Polsternagel *m.* **3** *(per le scarpe)* Schuhnagel *m.* **bul|let|ta|re** tr. mit Zwecken, mit Polsternägeln befestigen; *(come decorazione)* mit Polsternägeln verzieren.

bul|lo m. COLLOQ. **1** *(teppista)* Halbstarke *m.*, Rabauke *m.* **2** *(spaccone)* Angeber *m.*, Großmaul *n.*; ***fare il ~*** an‿geben, prahlen.

bul|lo|na|re tr. verbolzen. **bul|lo|ne** m. Bolzen *m.*, Schraube *f.*: ***stringere, allentare un ~*** eine Schraube an‿ziehen, lockern; ***fissare qcs. con -i*** etw. mit Bolzen befestigen.

bum inter. bum(s), rums: ***fare ~*** bum machen.

bu|me|rang → **boomerang.**

bun|ga|low ['bʌŋgəloʊ, 'bungalo] m.inv. Bungalow *m.*

bun|ker m.inv. Bunker *m.* (anche SPORT): ***rifugiarsi in un ~*** sich in einen Bunker flüchten; ***~ antiatomico*** Atombunker *m.*

buoi → **bue.**

buon → **1.buono.**

buo|na|fe|de f. guter Glaube *m.*: ***agire in ~*** im guten (*o* in gutem) Glauben handeln; ***in perfetta ~*** in bester Absicht, mit bestem Gewissen.

buo|na|ni|ma I f. Selige *m.* e *f.*: ***la ~ di suo marito, di sua moglie*** ihr Seliger, seine Selige; ***la ~ di mio zio*** mein seliger Onkel **II** agg.inv. selig: ***mia nonna ~*** meine Großmutter selig.

buo|na|not|te I inter. gute Nacht **II** f. gute Nacht *f.*: ***dare, augurare la ~ a qcn.*** jdm gute Nacht sagen, wünschen ◆ ***e ~! ~ (ai) suonatori!*** na, dann gute Nacht!

buo|na|se|ra I inter. guten Abend **II** f. guter Abend *m.*: ***dare, augurare la ~ a qcn.*** jdm guten Abend sagen, einen guten (*o* schönen) Abend wünschen.

buon|co|stu|me f. Sittendezernat *n.*, Sittenpolizei *f.*

buon|dì, buon|gior|no I inter. guten Morgen, guten Tag, REGION. grüß Gott **II** m. guter Morgen *m.*, guter Tag *m.*: ***dare, augurare il ~ a qcn.*** jdm guten Morgen sagen, (einen) guten Morgen wünschen ◆ PROV. ***il ~ si vede dal mattino*** was ein Häkchen werden will, krümmt sich beizeiten.

buon|gra|do, *di* ~ gern.
buon|gu|sta|io m. *(-ai)* Feinschmecker *m.*, Gourmet *m.* **buon|gu|sto** m. **1** (guter) Geschmack *m.*: ***una persona di ~*** ein Mensch mit gutem Geschmack; ***avere ~*** (guten) Geschmack haben; ***vestirsi con ~*** sich geschmackvoll kleiden **2** *(tatto)* Taktgefühl *n.*, Feinfühligkeit *f.*: ***avere il ~ di (non) fare qcs.*** die Feinfühligkeit haben, etw. (nicht) zu tun.
1.buo|no I agg. (**buono, buon, buona, buon'**: der Gebrauch der verschiedenen Formen des Singulars entspricht den Regeln des unbestimmten Artikels *un, uno, una*; compar. *più buono/migliore;* superl. *buonissimo/ottimo*) **1a** gut: ***una -a azione*** eine gute Tat; ***avere buon cuore*** ein gutes Herz haben; ***-a volontà*** guter Wille; ***per un buon fine*** für einen guten Zweck **b** *(mite, bonario)* ***un uomo ~*** ein guter Mensch **c** *(gentile, affettuoso)* ***un suo buon amico*** ein guter Freund von ihm; ***essere ~ con qcn.*** zu jdm, mit jdm gut sein; ***essere in -i rapporti con qcn.*** mit jdm gut stehen; ***sia così ~ da portarmi il giornale*** seien Sie so gut, und bringen Sie mir die Zeitung **d** *(di buona qualità)* ***un buon vino*** ein guter Wein **e** *(elegante)* ***l'abito, il salotto ~*** der gute Anzug, die gute Stube **f** *(salutare)* ***aria -a*** gute Luft **g** COLLOQ. *(fresco)* ***la carne non è più -a*** das Fleisch ist nicht mehr gut; ***il latte è ancora ~*** die Milch ist noch gut **h** *(capace)* ***un buon medico, cuoco, scolaro*** ein guter Arzt, Koch, Schüler **i** *(utile, efficace)* ***un buon rimedio per, contro il raffreddore*** ein gutes Mittel für, gegen Schnupfen; ***è una -a idea*** das ist eine gute Idee **j** *(vantaggioso)* ***un buon affare, prezzo*** ein gutes Geschäft, ein guter Preis **k** *(rispettabile)* ***di -a famiglia*** aus gutem Hause; ***avere una -a reputazione*** einen guten Ruf haben **2** *(tranquillo, calmo)* brav, artig, still: ***stai ~*** sei brav **3** *(gradevole)* gut, angenehm: ***un buon profumo*** ein angenehmer Duft; ***avere un buon odore, sapore*** gut riechen, schmecken **4** COLLOQ. *(commestibile)* essbar, genießbar: ***questi funghi non sono -i*** diese Pilze sind ungenießbar **5a** *(valido)* gültig: ***il biglietto non è ~*** die Fahrkarte ist nicht gültig; ***denaro non ~*** falsches, ungültiges Geld **b** FIG. gut: ***non è un buon motivo per rifiutare*** das ist kein (guter) Grund abzusagen; ***ho le mie -e ragioni*** ich habe gute, triftige Gründe **6** *(in frasi di augurio)* ***buon appetito!*** guten Appetit! ***buon giorno! buon dì!*** guten Morgen! guten Tag! ***-a sera!*** guten Abend! ***-a notte!*** gute Nacht! ***-a fortuna!*** viel Glück! ***buon divertimento!*** viel Spaß! ***buon viaggio!*** gute Reise! ***buon Natale!*** frohe Weihnachten! **7a** rafforz. *(almeno)* gut: ***un'ora -a*** eine gute Stunde; ***una -a metà*** gut die Hälfte **b** *(grande)* groß, ordentlich: ***un buon numero di...*** eine große, ordentliche Menge von...; ***una -a dose*** eine ordentliche Portion; ***per -a parte*** zum großen Teil **II** m. **1** *(persona buona)* Gute *m.*, guter Mensch *m.* **2** *(cosa buona, lato buono)* Gute *n.*: ***qualcosa di ~*** etwas Gutes; ***ha di ~ che...*** das Gute an ihm ist, dass...; ***c'è del ~ in lui*** in ihm ist etwas Gutes **3** SCOL. ***dare, prendere (un) ~ in matematica*** „gut" in Mathematik geben, bekommen ◆ ***(non) essere ~ a fare qcs.*** etw. (nicht) können, zu etw. (nicht) imstande sein; ***sei ~ solo a criticare*** du kannst bloß kritisieren; ***alla -a*** zwanglos, formlos, anspruchslos, ohne Umstände; ***lavorare alla -a*** ungenau arbeiten; ***con le -e*** im Guten, auf gütlichem Wege; ***prendere qcn. con le -e*** jdm gut zu‿reden; ***con le -e o con le cattive*** wenn nicht im Guten, dann im Bösen; ***a ogni buon conto*** wie auch immer, sicherheitshalber; ***buon costume*** → **buoncostume**; ***un buon diavolo*** → ***un buon uomo***; ***Dio ce la mandi -a!*** Gott steh uns bei! ***il buon Dio*** der liebe Gott; ***dio ~!*** lieber Gott! ***a buon diritto*** mit vollem Recht, mit Fug und Recht; ***in -a fede*** im guten Glauben; ***andare a buon fine*** gut enden; ***avere un buon gioco*** gute Karten haben; FIG. ***avere buon gioco*** leichtes Spiel haben; ***di buon grado*** gern; ***buon gusto*** → **buongusto**; ***di -a lena*** eifrig; ***essere in -e mani*** in guten Händen sein; ***-e maniere*** gutes Benehmen, guter Ton; ***a buon mercato*** billig, preiswert; ***avere buon naso*** gewitzt, schlau sein; ***è -a norma...*** man sollte..., es gehört sich, dass...; ***essere ~ a nulla*** zu nichts taugen, zu nichts nutz(e) sein, zu nichts zu gebrauchen sein; ***un ~ a nulla*** ein Nichtsnutz, Taugenichts; ***di buon occhio*** wohlwollend; ***buon'ora*** → **buonora**; ***essere ~ come il pane*** herzensgut, ein guter Patsch sein; ***di buon passo*** zügig; ***buon per te, che...*** gut (schön) für dich, dass...; ***un poco di ~*** ein schwerer Junge; ***buon pro ti faccia!*** wohl bekomm's! ***essere a buon punto (con qcs.)*** (mit etw.) gut vorangekommen sein, ein gutes Stück (von etwas) hinter sich haben; IRON. ***questa è -a!*** das gibt's ja nicht! ***buon senso*** → **buonsenso**; ***la -a società*** die feine Gesellschaft; ***in ~ stato*** in gutem Zustand; ***-a stella*** guter (*o* glücklicher) Stern, Glücksstern *m.*; ***buon tempo*** → **buontempo**; ***tenersi ~ qcn.*** sich jdn warm halten; ***tre volte ~*** viel zu gut; ***troppo ~!*** das ist zu nett! ***buon umore*** → **buonumore**; ***buon uomo*** → **buonuomo**; ***fare buon viso a cattivo gioco*** gute Miene zum bösen Spiel machen; ***una -a volta*** endlich einmal; ***posso parlare anch'io una -a volta?*** darf ich auch mal sprechen (*o* was sagen)? ***smettila una -a volta!*** hör schon auf! ***sta' zitto una -a volta!*** sei doch mal still!
2.buo|no m. Bon *m.*, Gutschein *m.*: ***riscuotere un ~*** einen Gutschein ein‿lösen ◆ ***~ d'acquisto*** Bezugsschein *m.*; ***~ di cassa*** Kassenbon *m.*, Kassenschein *m.*, Kassenzettel *m.*; ***~ pasto*** Essen(s)-marke *f.*; ***~ ordinario del Tesoro*** Schatzanweisung *f.*
buo|no|ra, *di* ~ früh(zeitig), in aller Frühe; ***alla ~!*** nun gerade! endlich! **buon|sen|so** m. gesunder Menschenverstand *m.*: ***essere una persona di ~*** jd mit gesundem Menschenverstand sein. **buon|tem|po, *darsi al* ~** sich (D) einen schönen Tag machen. **buon|tem|po|ne** m. Spaßvogel *m.*, lustiger Gesell *m.* **buo|nu|mo|re** m. gute Laune *f.*: ***conservare, perdere il ~*** die gute Laune behalten, verlieren; ***essere di ~*** guter Laune (*o* Dinge) sein, gut gelaunt sein. **buo|nuo|mo** m. guter Kerl *m.* ◆ ***senta, ~!*** hören Sie, guter Mann! **buo|nu|sci|ta** f. **1** *(liquidazione)* Abfindung *f.* **2** *(di affittuario)* Ablösesumme *f.*
bu|rat|ti|na|io m. *(-ai)* **1** Puppenspieler *m.* **2** FIG. Drahtzieher *m.* **bu|rat|ti|na|ta** f. Narrheit *f.*, Albernheit *f.* **bu|rat|ti|ne|sco** agg. *(-schi,-sche)* lächerlich, albern.
bu|rat|ti|no m. Handpuppe *f.*, Kasperlpuppe *f.*, Puppe *f.*, Hampelmann *m.* (anche FIG.): ***teatro dei -i*** Puppentheater *n.*; ***fare di qcn. un ~*** jdn zum Hampelmann machen, einen Hampelmann aus jdm machen; ***essere un ~ nelle mani di qcn.*** Wachs in jds Händen sein ◆ ***piantare baracca e -i*** den (ganzen) Kram hin‿werfen, hin‿schmeißen.
bu|rat|to m. Mehlsieb *n.*
bur|ban|za f. Hochmut *m.* **bur|ban|zo|sa|men|te** avv. hochmütig. **bur|ban|zo|so** agg. hochmütig.
bur|be|ra|men|te avv. mürrisch, raubeinig. **bur|be|ro I** agg. mürrisch, schnauzig, raubeinig, griesgrämig **II** m. Brummbär *m.*, Griesgram *m.*, Raubein *m.*
bur|chiel|lo m. REGION. Ruderboot *n.*, Kahn *m.*
bu|re f. Pflugbaum *m.*
bu|reau [by'ro, *üblich* bu'ro] m.inv. Rezeption *f.*, Empfangsbüro *n.*
bu|ret|ta f. Bürette *f.*
bur|gra|vio m. *(-vi)* Burggraf *m.*
Bur|gun|dia n.pr.f. Burgund *n.* **bur|gun|do I** agg. burgundisch **II** m. Burgunde *m.*, Burgunder *m.*
bu|ria|na f. REGION. **1** Gewitterschauer *m.* **2** *(trambusto)* Krawall *m.*, Rummel *m.*
Bu|ri|da|no, *fare come l'asino di* ~ wie Buridans Esel da‿stehen.
bu|ri|no REGION. **I** agg. ungeschlacht, grob, roh **II** m. Grobian *m.*, Rohling *m.*
bur|la f. **1** Spaß *m.*, Scherz *m.*, Fopperei *f.*, Ulk *m.*: ***da ~*** lächerlich; ***fare qcs. per ~*** etw. aus Spaß tun; ***mettere qcn., qcs. in ~*** jdn, etw. ins Lächerliche ziehen **2** *(inezia)* Lappalie *f.* ◆ ***personaggio da ~*** Witzfigur *f.*
bur|lan|da f. Schlempe *f.*
bur|la|re I tr. foppen, verulken, verspotten **II** pronom. ***burlarsi di qcn.*** über jdn spotten, sich über jdn lustig machen. **bur|la|to|re** m. Spötter *m.*, Spaßvogel *m.* **bur|le|sca** f. MUS. Burleske *n.* **bur|le|sca|men|te** avv. scherzhaft. **bur|le|sco I** agg. *(-schi,-sche)* **1** Scherz-, scherzhaft: ***discorso ~*** Scherzrede *f.*; ***un carattere ~*** ein spaßiger Charakter **2** LETT. burlesk **II** m. Spaßige *n.*; ***cadere nel ~*** lächerlich werden. **bur|lesque** [bəː'lesk] m.inv. TEATR. Burleske *n.* **bur|let|ta** f. Spaß *m.*, Scherz *m.*; ***mettere qcn., qcs. in ~*** jdn, etw. ins Lächerliche ziehen. **bur|lo|ne** m. Witzbold *m.*, Spaßvogel *m.*
bu|ro|cra|te m. e f. Bürokrat *m.* (-in *f.*). **bu|ro|cra|te|se** m. SCHERZ. = Sprache *f.* der Bürokratie, Juristenjargon *n.* **bu|ro|cra|ti|ca|men|te** avv. bürokratisch. **bu|ro|cra|ti|co** agg. *(-ci,-che)* bürokratisch. **bu|ro|cra|ti|smo** m. Bürokratismus *m.* **bu|ro|cra|tiz|za|re I** tr. bürokratisieren **II** pronom. **burocratizzarsi** verbürokratisieren. **bu|ro|cra|tiz|za|zio|ne** f. Bürokratisierung *f.*, Verbürokratisierung *f.* **bu|ro|cra|zi|a** f. Bürokratie *f.* (anche FIG.).
bu|ro|ti|ca f. = Automatisierung *f.* der Büroarbeit.
bur|ra|sca f. *(-sche)* Sturm *m.*: ***mare in ~*** stürmische See; ***c'è ~*** es stürmt; ***la ~ si scatena, infuria, si placa*** der Sturm bricht los, tobt (wütet), legt sich ◆ ***c'è aria di ~*** das Barometer steht auf Sturm; ***oggi c'è (aria di) ~ in famiglia*** heute ist, herrscht dicke Luft in der Familie. **bur|ra|sco|sa|men|te** avv. stürmisch (anche FIG.). **bur|ra|sco|so** agg. stürmisch (anche FIG.): ***tempi -i*** stürmische Zeiten; ***un dibattito ~*** eine stürmische, erregte Debatte.
bur|rie|ra f. Butterdose *f.* **bur|ri|fi|ca|re** tr. *(burrifico, burrifichi)* zu Butter machen, schlagen. **bur|ri|fi|ca|zio|ne** f. Butterherstellung *f.* **bur|ri|fi|cio** m. *(-ci)* Molkerei *f.*
bur|ri|no m. INTRAD. (birnenförmiger Käse mit Butter im Kern).
bur|ro m. Butter *f.*: ***spalmare di ~ qcs.*** etw. mit Butter bestreichen; ***spalmare ~ sul pane*** Butter aufs Brot streichen, schmieren ◆

biscotto al ~ Butterkeks *m.*; ***riso al*** ~ Butterreis *m.*; ***fare il*** ~ buttern; COLLOQ. ***non sei mica fatto di ~!*** = du bist doch nicht aus Zucker! COLLOQ. ***avere le mani di*** ~ = alles fallen lassen, nichts fest‿halten können; ***morbido come il*** ~ butterweich; ***pane e*** ~ Butterbrot *n.*; ***riccioli di*** ~ Butterröllchen *n.*; ***stampo per*** ~ Butterform *f.*

bur|ro|ne m. Abgrund *m.*, Schlucht *f.*: ***sull'orlo del*** ~ am Abgrund; ***cadere in un*** ~ in eine Schlucht stürzen.

bur|ro|so agg. **1** *(ricco di burro)* butterhaltig, butterig **2** *(morbido)* butterweich.

bus m.inv. Bus *m.*: ***prendere il, andare in*** ~ den Bus nehmen, mit dem Bus fahren.

bu|sca|re COLLOQ. **I** tr. *(busco, buschi)* kriegen **II** pronom. ***-rsi qcs.*** sich (D) etw. holen, zu‿ziehen, etw. kriegen: ***mi sono buscata l'influenza*** ich habe mir die Grippe geholt; ***-rsi un malanno*** sich (D) eine Krankheit ein‿fangen ◆ ***buscarle, buscarne (di santa ragione)*** ein paar kriegen, Schläge (Prügel) kriegen.

bu|sche|ra|re tr. *(buschero, buscheri)* REGION. betrügen.

bu|sil|lis m.inv. COLLOQ. = Schwierigkeit *f.*, Problem *n.* ◆ ***qui sta il*** ~ da liegt der Hase im Pfeffer.

busi|ness ['bɪznɪs] m.inv. Business *n.* **busi|ness class** ['bɪznɪs 'class] f.inv. Business Class *f.*

bus|sa|re intr. (aus. *avere*) klopfen, an‿klopfen, pochen: ~ ***alla porta, da qcn.*** an die Tür klopfen, gegen die Tür pochen, bei jdm klopfen; ***bussano*** es klopft, es pocht ◆ ~ ***a quattrini*** um Geld an‿pumpen. **bus|sa|ta** f. Anklopfen *n.*, Klopfen *n.*, Pochen *n.* **bus|sa|ti|na** f. leises Klopfen *n.*

1.bus|so|la f. Kompass *m.*: ~ ***magnetica*** Magnetkompass *m.*; ~ ***giroscopica*** Kreiselkompass *m.*; ***guardare la*** ~ auf den Kompass schauen; ***orientarsi consultando la*** ~ sich nach dem Kompass richten; ***ago della*** ~ Kompassnadel *f.* ◆ FIG. ***perdere la*** ~ außer Fassung geraten; ***procedere senza*** ~ dem Zufall nach (*o* der Nase nach) vor‿gehen.

2.bus|so|la f. **1** *(portantina)* Sänfte *f.*, Tragsessel *m.* **2** *(paravento all'interno della porta)* Windfang *m.* **3** *(urna elettorale)* Wahlurne *f.* **4** *(cassetta per le elemosine)* Sammelbüchse *f.*

bus|so|lot|to m. Würfelbecher *m.*, Knobelbecher *m.*

bu|sta f. **1** Umschlag *m.*: ~ ***da lettera*** Briefumschlag *m.*; ***infilare una lettera nella*** ~ einen Brief in den Umschlag stecken; ***chiudere la*** ~ den Umschlag verschließen; ***la ~ reca il timbro del 5 maggio*** der Umschlag trägt den Stempel vom 5. Mai; ***incollare un francobollo sulla*** ~ eine Briefmarke auf den Umschlag kleben **2** *(custodia)* Hülle *f.* **3a** *(copertina del disco)* Schallplattenhülle *f.*, Plattenhülle *f.* **b** *(custodia interna del disco)* Plattentasche *f.* **4** *(custodia per documenti)* Mappe *f.* **5** *(astuccio)* Etui *n.*: ***riporre gli occhiali nella*** ~ die Brille ins Etui legen (*o* stecken) **6** *(sacchetto)* Tüte *f.* **7** *(pochette)* Unterarmtasche *f.* ◆ ~ ***a, con finestra*** Fensterbriefumschlag *m.*; ~ ***paga*** Lohntüte *f.*; ***in ~ a parte*** mit getrennter Post; ~ ***preaffrancata*** Freiumschlag *m.* **bu|sta|rel|la** f. Schmiergeld *n.*, Bestechungsgeld *n.*: ***dare, ricevere, intascare una*** ~ Schmiergeld geben, kriegen, ein‿stecken. **bu|sti|na** f. **1** kleiner Umschlag *m.* **2** *(sacchettino)* Tütchen *n.*, Päckchen *n.*: ***una ~ di zucchero*** ein Tütchen Zucker; ***una ~ di lievito*** ein Päckchen Backpulver **3** *(del tè)* Beutel *m.*: ~ ***di tè*** Teebeutel *m.* **4** *(berretto)* Käppi *n.*, COLLOQ. Schiffchen *n.*

bu|sti|no m. **1** *(corsetto)* Mieder *n.*: ***allacciare il*** ~ das Mieder schnüren **2** SART. Oberteil *n.*: ~ ***a nido d'ape*** gesmoktes Oberteil.

bu|sto m. **1** ANAT. Rumpf *m.*, Oberkörper *m.*: ***ruotare, flettere, stirare il*** ~ den Rumpf drehen, beugen, strecken; ***tenere il ~ eretto, curvo*** den Oberkörper aufrecht, krumm halten; ***flessione, rotazione del*** ~ Rumpfbeuge *f.*, Rumpfkreisen *n.* **2** SCULT. Büste *f.*: ~ ***in gesso*** Gipsbüste *f.*; ***il calco di un*** ~ der Abguss einer Büste **3a** *(corsetto)* Mieder *n.* **b** MED. Korsett *n.*: ~ ***ortopedico*** Stützkorsett *n.* ◆ ***fotografia a mezzo*** ~ Brustbild *n.*, Halbbild *n.*

bu|ta|no m. Butan *n.*: ***gas*** ~ Butangas *n.*

bu|ti|li|co agg. *(-ci,-che)* Butyl-: ***alcol*** ~ Butylalkohol *m.*

bu|tir|ri|co agg. *(-ci,-che)* Butter-: ***pera -a*** Butterbirne *f.* **bu|tir|ro** **I** m. REGION. Butter *f.* **II** agg. Butter-.

but|ta|fuo|ri m.inv. **1** Rausschmeißer *m.* **2** MAR. Ausleger *m.*

but|ta|re **I** tr. **1** werfen, COLLOQ. hauen: ~ ***qcn. a terra, in acqua*** jdn auf den Boden, ins Wasser werfen; ~ ***qcs. nell'immondizia*** etw. auf, in den Müll werfen; ~ ***qcs. a qcn.*** jdm etw. hin‿werfen, zu‿werfen **2** *(spingere giù)* hinunter‿stürzen, stürzen, stoßen: ~ ***qcn. da un ponte, nel precipizio*** jdn von einer Brücke, in den Abgrund (hinunter)stürzen **3** *(allontanare, espellere)* werfen, COLLOQ. schmeißen: ~ ***qcn. fuori da scuola, dalla camera*** jdn aus, von der Schule, aus dem Zimmer werfen **4** assol. *(germogliare)* aus‿keimen, an‿setzen: ***le patate buttano*** die Kartoffeln keimen aus; ~ ***bene*** gut ansetzen **II** intr. (aus. *avere*) sich wenden, werden: ***l'inverno butta male*** der Winter wird hart; ***la situazione butta al peggio*** die Lage wendet sich zum Schlechten **III** pronom. **buttarsi** **1a** sich werfen, sich stürzen: ***-rsi sul letto, sulla poltrona*** sich aufs Bett, in den Sessel werfen (*o* hauen); ***-rsi sotto il treno*** sich vor den Zug werfen; ***-rsi nel fiume*** sich in den Fluss stürzen **b** ESTENS. ***-rsi al collo, ai piedi di qcn.*** sich jdm an den Hals, zu Füßen werfen; ***-rsi in ginocchio*** sich auf die Knie werfen **c** FIG. *(dedicarsi intensamente)* ***-rsi in un'attività*** sich auf eine Tätigkeit werfen; ***-rsi nel lavoro, nella vita notturna*** sich in die Arbeit, ins Nachtleben stürzen **d** *(indossare)* ***-rsi un cappotto sulle spalle*** sich einen Mantel über die Schultern werfen **2** *(osare)* wagen, riskieren: ***mi butto!*** ich wag's! ich riskier's! ***non pensarci, buttati!*** denk nicht groß (*o* lang) darüber nach, mach's einfach! **3** *(sfociare)* münden: ***il Po si butta nell'Adriatico*** der Po mündet in die Adria ◆ ~, ***-rsi addosso qcs.*** etw. um‿werfen, sich (D) etw. um‿werfen: ~ ***una coperta addosso a qcn.*** jdm eine Decke um‿werfen; ***-rsi addosso a qcn.*** sich auf jdn stürzen, über jdn her‿fallen; ~ ***all'aria qcs.*** etw. durcheinander werfen, etw. über den Haufen werfen (anche FIG.); ~ ***qcs. in faccia a qcn.*** jdm etw. ins Gesicht schleudern; ~ ***fuori qcn.*** jdn hinaus‿werfen; ~ ***qcn. fuori di casa*** jdn aus dem Haus werfen; ~ ***fuori qcn. da una ditta*** jdn aus einer Firma hinauswerfen; *(scialacquare)* ~ ***il denaro (fuori) dalla finestra*** das Geld zum Fenster hinaus‿werfen; *(emettere)* aus‿stoßen, hinaus‿blasen: ~ ***fuori il fumo*** den Rauch ausstoßen; *(rovesciare)* ~ ***giù un vaso, una sedia*** eine Vase, einen Stuhl um‿werfen; *(spingere)* ~ ***giù qcs. dal tetto*** etw. vom Dach hinunter‿werfen; ~ ***qcn. giù dalla scala*** jdn von der Leiter stoßen; *(abbattere)* ***il vento ha buttato giù un albero*** der Wind hat einen Baum umgerissen; *(demolire)* ~ ***giù un edificio*** ein Gebäude ab‿reißen; *(ingoiare)* ~ ***giù una pastiglia (con l'acqua)*** eine Tablette (mit Wasser) hinunter‿schlucken; *(trangugiare)* ~ ***giù un bicchiere di whisky*** ein Glas Whiskey kippen; *(immergere)* ~ ***giù la pasta*** die Nudeln ins Wasser werfen; *(abbozzare)* ~ ***giù un tema*** einem Aufsatz (kurz) entwerfen, SPREG. zusammen‿hauen, zusammen‿schreiben; *(avvilire)* ***il licenziamento l'ha buttato giù*** die Entlassung hat ihn umgeworfen; *(tollerare)* ~ ***giù un offesa*** eine Beleidigung weg‿stecken; *(giocare)* ~ ***giù una carta*** eine Karte aus‿spielen; *(gettarsi)* ***-rsi giù dal balcone*** sich vom Balkon (hinunter‿)stürzen; FIG. *(avvilirsi)* den Mut verlieren; ~ ***indietro*** zurück‿werfen: ~ ***indietro la testa*** den Kopf zurück‿werfen; ~ ***qcn. giù dal letto*** jdn aus dem Bett werfen (*o* schmeißen); ~ ***a mare qcs.*** (anche FIG.) etw. über Bord werfen; ***-rsi nella mischia*** sich ins Gewühl stürzen; ~ ***l'occhio*** schauen; ~ ***uno sguardo su qcs.*** einen Blick auf etw. (A) werfen, in etw. (A) hinein‿werfen; ~ ***alle spalle tutte le preoccupazioni*** alle Sorgen hinter sich werfen; ***-rsi su qcn.*** auf jdn zu‿stürzen; ~ ***al vento il proprio patrimonio*** sein Vermögen zum Schornstein hinaus‿jagen; ~ ***via qcs., -rsi via*** etw. weg‿werfen, sich weg‿werfen: ~ ***via il proprio tempo, il proprio denaro, la roba vecchia*** seine Zeit, sein Geld verschleudern, den alten Krempel weg‿werfen; ***non ti ~ via così!*** wirf dich nicht so weg! PROV. ~ ***le perle ai porci*** Perlen vor die Säue werfen; ~ ***via il bambino con l'acqua sporca*** das Kind mit dem Bad(e) aus‿schütten.

but|ta|ta f. **1** *(il germogliare)* Sprießen *n.*, Ausschlagen *n.* **2** *(germoglio)* Spross *m.*, Trieb *m.*

but|te|ra|re tr. mit Pockennarben bedecken. **but|te|ra|to** p.pass. agg. **1** → **butterare** **2** pockennarbig, pockig.

1.but|te|ro m. Pockennarbe *f.*

2.but|te|ro m. INTRAD. (berittener Viehhüter in den Maremmen).

buy|er ['baɪə] m.inv. Facheinkäufer *m.*

buz|zo m. COLLOQ. Bauch *m.* ◆ ***mettersi di ~ buono a fare qcs.*** mit Elan (*o* Schwung) an etw. (A) heran‿gehen.

buz|zur|ro m. Grobian *m.*, Flegel *m.*

by-pass ['baɪpɑːs, *üblich* bai'pas] m.inv. **1** MED. Bypass *m.* **2** EL. Überbrückung *f.*, Nebenleitung *f.* **3** IDR. Umleitung *f.*, Nebenleitung *f.* **by|pas|sa|re** [bai-] tr. **1** EL. über‿brücken **2** IDR. um‿leiten **3** FIG. umgehen: ~ ***una difficoltà*** eine Schwierigkeit umgehen.

byte [baɪt] m.inv. Byte *n.*

C

c, C f. e m.inv. c, C *n.*: ***una C maiuscola, una c minuscola*** ein großes C, ein kleines c ◆ SPORT *(serie C)* ***una squadra della C*** eine Drittligamannschaft; ***salire, scendere nella C*** in die dritte Liga auf‿steigen, ab‿steigen.

ca. ⇒ *circa* ungefähr (ca.).

c.a. ⇒ **1** *corrente anno* dieses Jahr (d. J.) **2** *corrente alternata* Wechselstrom **3** *alla cortese attenzione* zu Händen (z. H.).

CAB ⇒ *codice di avviamento bancario* Bankleitzahl (BLZ).

ca|ba|la f. **1** RELIG. Kabbala *f.* **2** FIG. Kabale *f.* **3** *(arte divinatoria)* Hellseherei *f.*

ca|ba|let|ta f. Cabaletta *f.* **ca|ba|li|sta** m. e f. *(-i,-e)* **1** RELIG. Kabbalist *m.* (-in *f.*) **2** *(indovino)* Hellseher *m.* (-in *f.*). **ca|ba|li|sti|co** agg. *(-ci,-che)* kabbalistisch.

ca|ba|ret [kaba'rɛ] m.inv. Kabarett *n.*, Cabaret *n.*, Kleinkunst(bühne) *f.*: ***andare al ~*** ins Kabarett gehen; ***gestore di ~*** Kabarettier *m.*; ***canzone da ~*** Chanson *n.* **ca|ba|ret|ti|sta** m. e f. *(-i,-e)* Kabarettist *m.* (-in *f.*). **ca|ba|ret|ti|sti|co** agg. *(-ci,-che)* kabarettistisch.

ca|ber|net [kabɛr'nɛ] m.inv. Cabernet *m.*

Ca|bi|lia n.pr.f. Kabylien *n.*

ca|bi|na f. **1** Kabine *f.* ***le -e di una nave*** die Kabinen eines Schiffes; ***-e di prima classe*** Kabinen erster Klasse; ***prendere una ~ su una nave*** eine Schiffskabine nehmen **2** *(dell'ascensore)* Fahrkorb *m.*, Fahrstuhl *m.*: ***la ~ (non) è al piano*** der Fahrkorb befindet sich (nicht) auf dem Stockwerk **3** *(di funivia)* Kabine *f.* **4** *(telefonica)* Telefonzelle *f.*: ***telefonare da una ~*** von einer Telefonzelle aus an‿rufen ◆ FERR. ***~ di blocco*** Stellwerk *n.*; RAD. ***~ di controllo*** Abhörkabine *f.*; ***~ da, della doccia*** Duschkabine *f.*; ***~ elettorale*** Wahlkabine *f.*; ***~ di guida*** Führerstand *m.*, Führerhaus *n.*; CINEM. ***operatore di ~*** Vorführer *m.*; AER. ***~ di pilotaggio*** Cockpit *n.*, Pilotenkanzel *f.*; ***~ pressurizzata*** Überdruck-, Druckkabine *f.*; CINEM. ***~ di proiezione*** Vorführkabine *f.*; ***~ di prova*** Ankleidekabine *f.*; ***~ di regia*** Regieraum *m.*; RAD. ***~ di registrazione*** Aufnahmeraum *m.*; ***~ sonora*** Tonkabine *f.*; ***~ telefonica*** Telefonzelle *f.*, Fernsprechzelle *f.*; EL. ***~ di trasformazione*** Transformator(en)häuschen *n.*

ca|bi|na|to I agg. mit Kajüten versehen, Kajüt-: ***barca -a*** Kajütboot *n.* **II** m. Kajütboot *n.* **ca|bi|no|vi|a** f. Kabinenbahn *f.*

ca|blag|gio m. *(-gi)* Verkabelung *f.* **ca|bla|re** tr. **1** → **cablografare** **2** EL. verdrahten, verkabeln. **ca|blo|gra|fa|re** tr. kabeln: ***~ qcs. in America*** etw. nach Amerika kabeln. **ca|blo|gra|fi|co** agg. *(-ci,-che)* Kabel-: ***servizio ~*** Kabeldienst *m.* **ca|blo|gram|ma** m. Kabelbericht *m.*

ca|bo|tag|gio m. *(-gi)* Küstenschifffahrt *f.*, Kabotage *f.*; ***piroscafo da ~*** Küstendampfer *m.*; ***(essere) di grande, piccolo ~*** eine große, kleine Fahrt machen; FIG. anspruchsvoll, anspruchslos sein. **ca|bo|ta|re** intr. (aus. *avere*) kabotieren. **ca|bo|tie|re** m. Küstenfahrer *m.* **ca|bo|tie|ro** agg. Küsten-: ***nave -a*** Küstenfahrzeug *n.*

ca|bra|re I intr. (aus. *avere*) hoch‿ziehen **II** tr. hoch‿ziehen: ***~ l'aereo*** das Flugzeug hochziehen. **ca|bra|ta** f. Steilflug *m.*

ca|brio f.inv. Kabrio *n.*, Cabrio *n.*

ca|brio|let m.inv. Kabriolett *n.*, Cabriolet *n.*

ca|ca|o m. Kakao *m.*: ***piantare, raccogliere ~*** Kakao an‿bauen, ernten ◆ ***burro di ~*** Kakaobutter *f.*; ***burro ~ (per le labbra)*** Fettstift *m.*; ***grano di ~*** Kakaobohne *f.*; ***pianta di ~*** Kakaobaum *m.*; ***piantagione di ~*** Kakaoplantage *f.*; ***~ in polvere*** Kakaopulver *n.*; ***~ solubile*** löslicher Kakao.

ca|ca|dub|bi m.inv. COLLOQ. Angsthase *m.*

ca|ca|re *(caco, cachi)* VOLG. **I** intr. (aus. *avere*) kacken, scheißen: FIG. ***va' a ~!*** verpiss dich! **II** tr. scheißen: FIG. ***non ~ qcn.*** auf jdn keinen Furz geben ◆ ***-rsi addosso*** sich voll scheißen; ***~ il cazzo*** auf den Sack gehen; FIG. ***mandare a ~ qcn.*** = jdn zum Teufel schicken; FIG. ***-rsi sotto dalla paura*** vor Angst in die Hosen scheißen (*o* machen).

ca|ca|rel|la f. COLLOQ. **1** Dünnpfiff *m.*, Dünnschiss *m.*, Scheißerei *f.*: ***avere la ~*** die Scheißerei haben **2** FIG. *(paura)* Schiss *m.*: FIG. ***avere la ~*** Schiss kriegen (*o* haben).

ca|ca|sen|no m.inv. COLLOQ. Klugscheißer *m.* **ca|ca|sot|to** m.inv. COLLOQ. Schisser *m.*, Hosenscheißer *m.* **ca|ca|ta** f. VOLG. **1** Scheißen *n.* **2** *(feci)* Scheiße *f.* **3** FIG. Scheiß *m.*, Scheiße *f.*: ***quel film è una gran ~*** der Film ist ein großer Scheiß.

ca|ca|to|a, ca|ca|tu|a m.inv. Kakadu *m.*

cac|ca f. COLLOQ. Kacke *f.*: ***sporcar(si) di ~*** (sich) voll scheißen, sich an‿scheißen; ***~ di gatto, di cane*** Katzendreck *m.*, Hundekot *m.* ◆ FAM. ***fare la ~*** groß machen, INFANT. Aa machen; ***pestare una ~*** in Scheiße treten.

1.cac|chio m. *(-chi)* BOT. Geiz *m.*

2.cac|chio m. *(-chi)* → **cazzo.**

cac|chio|ni m.pl. Bruten *pl.*

1.cac|cia f. *(-ce)* Jagd *f.*, Fang *m.*: ***andare a ~*** auf die Jagd gehen, jagen gehen; ***essere a ~*** auf der Jagd sein; ***iniziare la ~*** die Jagd auf‿nehmen; ***~ alla lepre*** Jagd auf Hasen (*o* Hasenjagd *f.*); ***la ~ è aperta*** die Jagd beginnt (*o* ist offen), Jagd frei; ***la ~ è chiusa*** die Jagd ist geschlossen; FIG. ***dare la ~ a qcn., qcs.*** jdn, etw. jagen, jdm, etw. nach‿jagen; ***essere a ~ di qcs.*** auf der Jagd nach etw. sein; ***andare a ~ di denaro, di un lavoro, di gloria*** nach Geld, nach einer Arbeit, nach Ruhm jagen; ***andare a ~ (di donne)*** auf Weiberfang gehen: ***andare a ~ di uomini, di clienti*** auf Männerfang, Kundenfang aus‿gehen ◆ MIL. ***aereo da ~*** Jagdflugzeug *n.*; ***battuta di ~*** Treibjagd *f.*; ***cane da ~*** Jagdhund *m.*; ***corno da ~*** Jagdhorn *n.*; ***divieto di ~*** Jagdverbot *n.*; ***~ all'errore*** Fehlersuche *f.*; ***~ di frodo*** Wilderei *f.*; ***fucile da ~*** Jagdgewehr *n.*; ***~ grossa*** hohe Jagd, Großwildjagd *f.*; ***incidente di ~*** Jagdunfall *m.*; ***licenza di ~*** Jagdschein *m.*; MIL. ***pilota da ~*** Jagdflieger *m.*; ***riserva di ~*** Jagdgehege *n.*, Jagdrevier *n.*; MIL. ***squadriglia da ~*** Jagdstaffel *f.*; ***stagione della ~*** Jagdzeit *f.*, Jagdsaison *f.*; ***~ alle streghe*** Hexenjagd *f.* (anche FIG.); ***~ subacquea*** Unterwasserjagd *f.*; ***tenuta da ~*** Jagdanzug *m.*; ***~ al tesoro*** Schnitzeljagd *f.*; ***~ all'uomo*** Verfolgungsjagd *f.*; ***zona di ~*** Jagdgrund *m.*

2.cac|cia m.inv. **1** Jagdflugzeug *n.*, COLLOQ. Jäger *m.* **2** *(cacciatorpediniere)* Torpedoboot(s)zerstörer *m.*

cac|cia|bom|bar|die|re m. Jagdbomber *m.* **cac|cia|feb|bre** m.inv. Fieberkraut *n.*, Tausendgüldenkraut *n.*

cac|cia|gio|ne f. **1** *(bottino di caccia)* Jagdbeute *f.* **2** GASTR. Wild *n.*, Wildbret *n.*: ***cucinare, mangiare la ~*** Wild zu‿bereiten, essen ◆ ***zona ricca di ~*** wildreiches Gebiet.

cac|cia|mi|ne m.inv. Minenräumboot *n.* **cac|cia|pie|tre** m.inv. Schienenräumer *m.*, Gleisräumer *m.*, Räumer *m.*

cac|cia|re *(caccio, cacci)* **I** tr. **1** jagen: ***~ selvaggina*** Wild jagen; assol. ***~ con arco e frecce*** mit Pfeil und Bogen jagen **2** *(scacciare)* jagen, hinaus‿jagen, verjagen, vertreiben: ***~ qcn. di casa*** jdn aus dem Haus jagen; ***il vento caccia le nubi*** der Wind jagt die Wolken; FIG. ***~ la malinconia, i tristi pensieri*** die Melancholie, traurige Gedanken vertreiben **3** COLLOQ. *(infilare)* stecken, hinein‿stecken: ***~ le mani in tasca*** die Hände in die Taschen stecken; ***~ la roba in valigia*** seine Sachen in den Koffer stecken **4** COLLOQ. *(ficcare, coinvolgere)* hinein‿bringen, bringen, hinein‿reiten: ***~ qcn. in una situazione difficile*** jdn in eine schwierige Lage bringen **5** *(emettere)* aus‿stoßen: ***~ un urlo*** einen Schrei ausstoßen **6a** COLLOQ. *(tirare fuori)* heraus‿ziehen, heraus‿rücken: ***~ i soldi*** das Geld herausrücken **b** ***~ la lingua*** die Zunge heraus‿strecken **II** pronom. **cacciarsi** COLLOQ. **1** sich bringen, sich ein‿brocken: ***-rsi in un pasticcio*** sich eine schöne Suppe einbrocken **2** *(andare a finire)* stecken, ab‿bleiben: ***dove si sono cacciati i miei occhiali?*** wo steckt nur meine Brille? ***dove si è cacciato?*** wo ist er abgeblieben? ◆ ***~ di frodo*** wildern; ***~ fuori*** hinaus‿jagen; ***-rsi in testa qcs.*** sich (D) etw. in den Kopf setzen; ***~ via*** verjagen, vertreiben.

cac|cia|som|mer|gi|bi|li m.inv. Unterseebootjäger *m.*

cac|cia|ta f. Vertreibung *f.*: ***la ~ del tiranno*** die Vertreibung des Tyrannen; BIBL. ***la ~ dal paradiso terrestre*** die Vertreibung aus dem Paradies.

cac|cia|to|ra, ***alla ~*** **1** GASTR. nach Jägerart **2** SART. Jäger-. **cac|cia|to|re** m. Jäger *m.* (anche FIG.) ◆ ***-i delle Alpi*** Alpenjäger *pl.*; ***~ di dote*** Mitgiftjäger *m.*; ***~ di frodo*** Wilderer *m.*; ***-i di teste*** Kopfjäger *m.* **cac|cia|to|ri|no** m. INTRAD. (kleine Salami nach Jägerart).
cac|cia|tor|pe|di|nie|re m.inv. Torpedoboot(s)zerstörer *m.*
cac|cia|tri|ce f. Jägerin *f.* ◆ ***Diana ~*** die Jägerin Diana.
cac|cia|vi|te m. *(- e -i)* Schraubenzieher *m.*, Schraubendreher *m.*
cac|co|la f. COLLOQ. **1** Popel *m.* **2** *(von Tieren)* Kotkügelchen *n.*
cache-col [kaʃ'col] m.inv. Schalkrawatte *f.*
ca|che|mi|re [kaʃ'miːr] m.inv. **1** *(lana)* Kaschmirwolle *f.* **2** *(tessuto)* Kaschmir *m.*
ca|che-pot [kaʃ'po] m.inv. Übertopf *m.*
ca|ches|si|a f. Kachexie *f.*
ca|chet [ka'ʃɛ] m.inv. **1a** FARM. Kapsel *f.* **b** COLLOQ. Schmerztablette *f.* **2** *(per capelli)* Haartönung *f.*; ***fare un ~*** die Haare tönen **3** *(prestazione professionale)* Honorar *n.*; *(di artisti)* Gage *f.*: ***lavorare a ~*** gegen Honorar, Gage arbeiten; ***pagare a ~*** mit Honorar bezahlen; ***esigere una somma enorme come ~*** eine riesige Summe als Honorar, als Gage verlangen.
1.ca|chi m.inv. **1** Kakibaum *m.* **2** *(frutto)* Kakipflaume *f.*
2.ca|chi **I** agg.inv. k(h)akifarben, k(h)akifarbig, k(h)akibraun, K(h)aki-: ***divisa ~*** khakifarbene Uniform; ***giacca ~*** Khakijacke *f.* **II** m. K(h)aki *n.*
ca|chin|no m. LETT. Hohngelächter *n.*
ca|cia|ra f. REGION. Radau *m.* **ca|cia|ro|ne** m. REGION. Radaumacher *m.*
ca|cic|co m. *(-chi)* Kazike *m.*
ca|cio m. *(-ci)* REGION. Käse *m.* ◆ ***essere (alto come) un soldo di ~*** ein Dreikäsehoch sein; ***essere come il ~ sui maccheroni*** = wie gerufen kommen. **ca|cio|ca|val|lo** m. INTRAD. (birnenförmiger Hartkäse aus Süditalien). **ca|cio|t|ta** f. INTRAD. (Weichkäse aus Kuh- oder Schafsmilch).
ca|co|fo|ni|a f. Kakophonie *f.* **ca|co|fo|ni|ca|men|te** avv. kakophonisch. **ca|co|fo|ni|co** agg. *(-ci,-che)* kakophonisch.
ca|co|lo|gi|a f. Verballhornung *f.*
cac|ta|ce|e f.pl. Kaktusgewächse *pl.* **cac|tus** m.inv. Kaktus *m.*, Kaktee *f.*
ca|cu|mi|na|le agg. FON. zerebral, retroflex.
cad. ⇒ *cadauno, caduno* das (*o* pro) Stück.
ca|da|u|no agg. e pron. indef.inv. das (*o* pro) Stück, je, jeder: ***questi prodotti costano 10 marchi ~*** diese Produkte kosten 10 DM pro Stück.
ca|da|ve|re m. Leiche *f.*, Leichnam *m.*, Kadaver *m.*: ***rimuovere il ~*** die Leiche entfernen ◆ ***un ~ ambulante*** ein lebendiger (*o* wandelnder) Leichnam; ***pallido come un ~*** leichenblass, totenblass, bleich wie der Tod; ***prima deve passare sul mio ~!*** nur über meine Leiche! **ca|da|ve|ri|co** agg. *(-ci,-che)* Leichen-, Toten-: ***rigidità -a*** Leichenstarre *f.*, Totenstarre *f.*; ***pallore ~*** Leichenblässe *f.*, Totenblässe *f.* (anche FIG.). **ca|da|ve|ri|na** f. Kadaverin *f.*
ca|den|te agg. **1** hinfällig, gebrechlich: ***un vecchio ~*** ein gebrechlicher Alter **2** *(di edifici)* baufällig **3** *(cascante)* Hänge-: ***guance, seni -i*** Hängebacken *pl.*, Hängebusen *m.* ◆ ***stella ~*** Sternschnuppe *f.*
ca|den|za f. **1** Tonfall *m.*, Kadenz *f.*: ***avere una ~ marcata*** einen markanten Tonfall haben **2** *(ritmo del passo)* Takt *m.*, Schritt *m.*; *(della marcia)* Gleichschritt *m.*: ***tenere, perdere la ~*** im Gleichschritt gehen, aus dem Gleichschritt kommen; ***cambiare ~*** Takt wechseln; MIL. ***~!*** im Gleichschritt, marsch! ***marciare in ~*** im Gleichschritt marschieren **3a** MUS. Kadenz *f.* **b** METR. Reimfall *m.*, Kadenz *f.* **4** SPORT *(nel canottaggio)* Schlagzahl *f.* **5** CINEM. Bildfrequenz *f.* ◆ ***a, con ~ bimestrale, trimestrale, settimanale*** zweimonatlich, dreimonatlich, wöchentlich. **ca|den|za|re** **I** tr. skandieren: ***~ il passo*** gleichmäßig Schritt halten **II** intr. (aus. *avere*) kadenzieren. **ca|den|za|to** p.pass. agg. **1** → **cadenzare** **2** gleichmäßig, Gleich-: ***passo ~*** Gleichschritt *m.*
ca|de|re intr. *(caddi, caduto;* aus. *essere)* **1a** fallen: ***~ a, per terra*** zu Boden fallen, hin‿fallen, hin‿stürzen; ***~ in acqua, nel vuoto, sul morbido*** ins Wasser, ins Leere, weich fallen; ***~ lungo disteso*** der Länge nach hinfallen; ***~ dalla bicicletta, dal letto*** vom Rad, aus dem Bett fallen; ***battere il naso cadendo*** auf die Nase fallen; ***a qcn. cade qcs. di mano*** jdm fällt etw. aus der Hand; ***la pera cade dall'albero*** die Birne fällt vom Baum; ***cade la pioggia, la neve*** es fällt Regen, Schnee; ***~ ai piedi di qcn.*** jdm zu Füßen fallen; ***~ (a terra) morto, svenuto*** tot, ohnmächtig um‿fallen **b** FIG. *(morire)* ***~ in guerra, al fronte, in battaglia*** im Krieg, an der Front, in der Schlacht fallen **c** *(capitolare)* ***la città è caduta dopo sei mesi*** die Stadt ist nach sechs Monaten gefallen **d** FIG. *(finire, cessare)* ***questi pregiudizi non cadranno mai*** diese Vorurteile werden nie fallen **e** *(ricadere)* ***i capelli le cadono sulle spalle*** die Haare fallen ihr auf die Schultern **2** FIG. fallen, geraten: ***~ in un sonno profondo*** in tiefen Schlaf fallen; ***~ in disgrazia (presso qcn.)*** (bei jdm) in Ungnade fallen; ***~ vittima di qcs.*** etw. (D) zum Opfer fallen; ***~ in tentazione, in contraddizione*** in Versuchung, in Widerspruch geraten; ***~ nell'oblio, in miseria*** in Vergessenheit, ins Elend geraten; ***~ prigioniero*** in Gefangenschaft geraten **3** *(di capelli, denti)* aus‿fallen: ***gli cadono i capelli*** die Haare fallen ihm aus; ***al bambino è caduto un dente*** dem Kind ist ein Zahn ausgefallen **4a** *(precipitare)* hinunter‿fallen, stürzen: ***~ dalle scale*** die Treppe hinunterfallen; ***~ da cavallo, dalla finestra*** vom Pferd, aus dem Fenster stürzen; ***le rocce cadono a picco sul mare*** die Felsen stürzen steil ins Meer (*o* fallen steil zum Meer ab) **b** *(di aerei)* ab‿stürzen **5** *(di fulmini)* ein‿schlagen: ***il fulmine è caduto su una casa*** der Blitz hat in ein Haus eingeschlagen **6** *(di edifici ecc.; crollare)* ein‿stürzen, zusammen‿stürzen: ***il tetto è caduto*** das Dach ist eingestürzt **7** FIG. *(essere rovesciato)* stürzen: ***il governo è caduto*** die Regierung ist gestürzt **8** *(venire meno)* fallen lassen: ***far ~ l'accusa*** die Anklage fallen lassen **9** *(del vento; placarsi)* sich legen, nach‿lassen **10a** FIG. *(appuntarsi)* ***~ su qcn., qcs.*** auf jdn, etw. fallen: ***il suo sguardo cadde su di lei*** sein Blick fiel auf sie; ***il sospetto, la scelta cade su qcn.*** der Verdacht, die Wahl fällt auf jdn **b** *(di festività, ricorrenze)* ***quest'anno Natale cade di lunedì*** dieses Jahr fällt Weihnachten auf einen Montag **11** *(collocarsi)* liegen: ***l'accento cade sulla prima sillaba*** die Betonung liegt auf der ersten Silbe **12** *(andare a finire, a riguardare)* kommen: ***il discorso cade su qcn., qcs.*** die Rede kommt auf jdn, etw. **13** *(diventare)* werden: ***~ nel banale, nel ridicolo*** banal, lächerlich werden **14** *(fallire)* fallen, durch‿fallen: ***~ all'esame*** durch die Prüfung fallen (*o* bei der Prüfung durchfallen) ◆ ***~ addormentato*** vor Müdigkeit um‿fallen; ***far ~ qcs. dall'alto*** = etw. mit Herablassung gewähren; ***~ ammalato*** krank werden, erkranken; ***~ in basso*** tief fallen (*o* sinken), verkommen; FIG. *(di abiti)* ***quest'abito cade bene*** dieses Kleid fällt (*o* sitzt) gut; ***~ fra le braccia di qcn.*** in jds Arme (*o* jdm in die Arme) fallen; ***far ~ le braccia*** den Mut sinken lassen; ***non cade mica dal cielo*** das fällt nicht einfach vom Himmel; ***~ in disuso*** außer Gebrauch kommen; ***~ in un errore*** einem Irrtum verfallen; ***~ giù*** herunter‿fallen, hinunter‿stürzen; ***~ nelle grinfie di qcn.*** jdm in die Klauen geraten; ***lasciar ~*** fallen lassen: FIG. ***lasciar ~ un'osservazione*** eine Bemerkung fallen lassen; *(abbandonare)* ***lasciar ~ una proposta*** einen Vorschlag fallen lassen; ***lasciarsi ~ sulla poltrona*** sich in den Sessel fallen lassen; TEL. ***è caduta la linea*** die Leitung ist tot, wir sind unterbrochen worden; ***~ male*** böse fallen; FIG. an den Falschen geraten; ***~ nelle mani di, in mano a qcn.*** jdm in die Hände (*o* in jds Hände) fallen; ***~ nel nulla*** sich in Nichts auf‿lösen; ***~ dalle nuvole*** aus allen Wolken fallen; ***a qcn. è caduto l'occhio su qcs.*** jds Blick ist auf etw. (A) gefallen; ***~ dalla padella nella brace*** vom, aus dem Regen in die Traufe kommen; ***~ a pezzi*** in Stücke fallen, zerbrechen; ***~ in piedi*** auf die Füße fallen (anche FIG.); ***~ a proposito*** wie gerufen kommen; ***~ in rovina*** zerfallen; ***~ in trappola*** in die Falle gehen.
ca|det|to **I** agg. **1** nachgeboren: ***figlio ~*** nachgeborener Sohn *m.* **2** *(collaterale)* Seiten-: ***ramo ~*** Seitenlinie *f.* **II** m. MIL. Kadett *m.*, MAR. Seekadett *m.* ◆ ***i -i di Guascogna*** die Kadetten aus der Gascogne; SPORT ***campionato ~*** Meisterschaft der 2. Liga.
ca|di|to|ia f. Pechnase *f.*
cad|mia|re tr. kadmieren, verkadmen. **cad|mia|tu|ra** f. Kadmieren *n.* **cad|mio** m. Kadmium *n.*, Cadmium *n.*
Cad|mo n.pr.m. Kadmos *m.*
ca|du|ce|o, ca|du|ce|o m. Merkurstab *m.*
ca|du|ci|fo|glio agg. *(-gli,-glie)* Laub abwerfend, Laub-: ***albero ~*** Laubbaum *m.*
ca|du|ci|tà f. LETT. Vergänglichkeit *f.*: ***la ~ della vita, delle cose terrene*** die Vergänglichkeit des Lebens, der irdischen Dinge.
ca|du|co agg. *(-chi,-che)* **1a** BOT. ***foglie -che*** (fallendes) Laub *n.*; ***albero a foglie -che*** Laubbaum *m.* **b** ZOOL. ***corna -che*** Abwurfgeweih *n.*, Abwurfgehörn *n.* **c** ***denti -chi*** Milchzähne *pl.* **2** LETT. *(effimero)* vergänglich ◆ COLLOQ. ***mal ~*** Fallsucht *f.*
ca|du|no → **cadauno.**
ca|du|ta f. **1** Fallen *n.*, Fall *m.*: ***la ~ delle foglie, della neve*** das Fallen der Blätter, des Schnees; ***fare una brutta ~*** böse fallen **b** *(sconfitta, resa)* ***la ~ di una città assediata*** der Fall einer belagerten Stadt **2a** Sturz *m.*, Fall *m.*: ***~ da cavallo, dal tetto*** Sturz vom Pferd, vom Dach; ***attutire la ~*** den Sturz (*o* den Fall) dämpfen **b** *(di aereo)* Absturz *m.* **c** *(di fulmine)* Einschlag *m.* **3** *(perdita)* Ausfall *m.*: ***la ~ dei denti, dei capelli*** der Ausfall der Zähne, der Haarausfall **4** *(dislivello di corso d'acqua)* Höhe *f.*: ***la cascata ha una ~ di 50 m*** der Wasserfall ist 50 Meter hoch **5a** FIG. *(rovina)* Verfall *m.*, Un-

tergang *m.*, Zerfall *m.*: ***la ~ dell'Impero romano*** der Untergang des Römischen Reichs **b** *(fine di un potere, di un regime)* Sturz *m.*: ***la ~ di Robespierre*** der Sturz von Robespierre; ***la ~ della monarchia, del governo, del fascismo*** der Sturz der Monarchie, der Regierung, das Ende des Faschismus **6** *(il venire meno)* Zusammenbruch *m.*: ***la ~ degli ideali*** der Zusammenbruch der Ideale **7** ECON. Fall *m.*, Sturz *m.*: ***la ~ delle azioni, del dollaro, dei prezzi*** der Fall der Aktien, der Sturz des Dollars, der Preissturz **8** LING. Schwund *m.*: ***la ~ di una consonante, vocale*** der Schwund eines Konsonanten, Vokals (*o* der Konsonanten-, Vokalschwund) ◆ FIS. ***~ libera*** freier Fall; ***(attenzione,) ~ massi!*** (Vorsicht,) Steinschlag! STOR. ***la ~ del muro*** der Fall der Mauer, der Mauerfall; ***~ di pressione*** Druckabfall *m.*; ***~ di tensione*** Spannungsabfall *m.*; ***~ di tono*** Niveauverlust *m.*; ***velocità di ~*** Fallgeschwindigkeit *f.*

ca|du|to I p.pass. agg. **1** → **cadere 2** ***i soldati -i in guerra*** die im Krieg gefallenen Soldaten **II** m. Gefallene *m.*, Kriegsgefallene *m.*, Kriegstote *m.*: ***i -i della prima guerra mondiale*** die Gefallenen des Ersten Weltkrieges ◆ ***monumento ai -i*** Gefallenendenkmal *n.*, Kriegerdenkmal *n.*

caf|fè I m.inv. **1** Kaffee *m.*: ***~ tostato, macinato*** gerösteter, gemahlener Kaffee; ***~ in grani, da macinare*** Bohnenkaffee *m.*; ***~ di cicoria, d'orzo*** Zichorien-, Malzkaffee *m.*; *(bevanda)* ***~ forte, ristretto, lungo*** starker, sehr starker, dünner Kaffee; ***~ decaffeinato, solubile*** koffeinfreier (*o* entkoffeinierter), löslicher Kaffee; ***~ espresso*** Espresso *m.*; ***~ macchiato, corretto*** Kaffee mit ein wenig Milch, mit Schuss; ***bere il ~ nero, senza zucchero*** den Kaffee schwarz, ohne Zucker trinken; ***fare il ~*** Kaffee kochen, machen; ***una tazza di ~*** eine Tasse Kaffee; ***invitare qcn. a prendere il ~*** jdn zum Kaffee ein‿laden; *(tazza di caffè)* ***un ~, per favore!*** einen Kaffee, bitte! ***ordinare, bere un ~*** einen Kaffee bestellen, trinken; ***offrire un ~ a qcn.*** jdm eine Tasse Kaffee an‿bieten **2** *(locale)* Café *n.* **II** agg.inv. kaffeebraun ◆ ***casa del ~*** Kaffeehaus *n.*, Café *n.*; ***chiacchiere da ~*** Kaffeeklatsch *m.*, Kaffeegeplauder *n.*; ***chicco di ~*** Kaffeebohne *f.*; ***color ~*** kaffeebraun; ***~ concerto*** Konzertcafé *n.*; ***cucchiaino, tazzina, servizio da ~*** Kaffeelöffel *m.*, -tasse *f.*, -service *n.*; ***~ danzante*** Tanzcafé *n.*; ***macchina del ~*** Kaffeemaschine *f.*; ***macinino da ~*** Kaffeemühle *f.*; ***piantagione di ~*** Kaffeeplantage *f.*; ***~ alla turca, turco*** türkischer Kaffee. **caf|fe|i|na** f. Koffein *n.*: ***con, senza ~*** koffeinhaltig, koffeinfrei. **caf|fe|i|smo** m. Koffeinvergiftung *f.* **caf|fe(l)|lat|te I** m.inv. Milchkaffee *m.* **II** agg.inv. milchkaffeefarben, hellbraun ◆ ***pelle color ~*** hellbraune Haut *f.*

caf|fet|ta|no m. Kaftan *m.*

caf|fet|te|ri|a f. **1** INTRAD. (Getränke- und Kuchenkarte in einem Café) **2** *(locale)* Café *n.*, Kaffeehaus *n.*

caf|fet|tie|ra f. **1** Kaffeemaschine *f.* **2** *(bricco)* Kaffeekanne *f.* **caf|fet|tie|re** m. ANT. Cafetier *m.*

ca|fo|nag|gi|ne f. **1** Rüpelei *f.*: ***è stato di una ~ incredibile*** er war unglaublich rüpelhaft **2** → **cafonata. ca|fo|na|ta** f. Rüpelei *f.*, Flegelei *f.*: ***è stata proprio una ~ (da parte sua)!*** es war wirklich rüpelhaft (von ihm)! **ca|fo|ne I** m. **1** REGION. Bauer *m.* **2** ESTENS. *(zotico)* Bauer *m.*, Rüpel *m.*, Flegel *m.*, Stiesel *m.*: ***comportarsi da ~*** sich wie ein Bauer benehmen; ***Lei è proprio un ~!*** Sie sind wirklich ein Rüpel (*o* ein Flegel)! **II** agg. flegelhaft, ungeschliffen: ***gente -a*** ungeschliffene Leute. **ca|fo|ne|ri|a** f. → **cafonaggine. ca|fo|ne|sco** agg. *(-schi,-sche)* flegelhaft, ungehobelt, plump.

ca|fro I m. Kaffer *m.* **II** agg. ***bufalo ~*** Kaffernbüffel *m.*

ca|ga|re REGION. → **cacare. ca|ga|ta** REGION. → **cacata.**

ca|gio|na|re tr. verursachen, bei‿bringen, bereiten: ***~ dolore, amarezza a qcn.*** jdm Schmerz, Bitternis bereiten. **ca|gio|ne** f. LETT. Ursache *f.*, Grund *m.*: ***essere ~ di sventura per qcn.*** die Ursache von jds Unglück sein.

ca|gio|ne|vo|le agg. schwach, anfällig, labil: ***una salute ~*** eine schwache, anfällige Gesundheit ◆ ***essere ~ di salute*** anfällig sein, eine zarte Gesundheit haben. **ca|gio|ne|vo|lez|za** f. Anfälligkeit *f.*, (gesundheitliche) Labilität *f.*

ca|glia|re intr. *(caglio, cagli*; aus. *essere)* gerinnen, stocken.

ca|glia|ri|ta|no I agg. von Cagliari **II** m. Einwohner *m.* von Cagliari.

ca|glia|ta f. Teig *m.* **ca|glia|to** p.pass. agg. **1** → **cagliare 2** ***latte ~*** geronnene Milch. **ca|glia|tu|ra** f. Gerinnung *f.* **ca|glio** m. *(-gli)* **1** Lab *n.* **2** BOT. Labkraut *n.* **3** ZOOL. Labmagen *m.*

ca|gna f. **1** Hündin *f.* **2** SPREG. *(donnaccia)* Flittchen *n.* **ca|gnac|cio** m. *(-ci)* **1** SPREG. Köter *m.* **2** ITTIOL. Schildzahnhai *m.* **ca|gna|ra** f. **1** RAR. Gebell *n.* **2** COLLOQ. Radau *m.*, Krach *m.*: ***fare ~*** Radau machen. **ca|gne|sco** agg. *(-schi,-sche)* hündisch ◆ ***guardare qcn. in ~*** = jdn feindselig an‿sehen. **ca|gnet|to, ca|gno|li|no** m. Hündchen *n.*, junger Hund *m.*

CAI ⇒ *Club Alpino Italiano* Italienischer Alpenverein.

ca|ic|co m. *(-chi)* Kaik *m.*

Ca|ien|na n.pr.f. Cayenne *n.* ◆ ***pepe di ~*** Cayennepfeffer *m.*

Cai|fa n.pr.m. Kaiphas *m.*

cai|ma|no m. Kaiman *m.*

ca|i|no m. ***essere un ~*** eine Kainsseele haben. **Ca|i|no** n.pr.m. Kain *m.* ◆ ***il marchio di ~*** das Kainsmal.

ca|io, ***tizio, ~ e sempronio*** Hinz und Kunz, Krethi und Plethi. **Ca|io** n.pr.m. Cajus *n.*

Cai|ro n.pr.m. Kairo *n.*: ***al ~*** in Kairo. **cai|ro|ta I** agg. von Kairo, Kairoer **II** m. e f. Kairoer *m.* (-in *f.*).

ca|la f. Bucht *f.*

ca|la|bre|se I agg. kalabrisch **II** m. e f. Kalabrier *m.* (-in *f.*), Kalabrese *m.* (Kalabresin *f.*) **III** m. *(dialetto)* Kalabresische *n.* **Ca|la|bria** n.pr.f. Kalabrien *n.* **ca|la|bro** agg. kalabrisch.

ca|la|bro|ne m. **1** Hornisse *f.* **2** FIG. = lästiger, aufdringlicher Mensch *m.*

ca|la|fa|tag|gio m. *(-gi)* Kalfaterung *f.*, Abdichtung *f.* **ca|la|fa|ta|re** tr. kalfatern, ab‿dichten. **ca|la|fa|tu|ra** f. → **calafataggio.**

ca|la|ma|io m. *(-ai)* Tintenfass *n.*: ***intingere la penna nel ~*** die Feder ins Tintenfass tauchen.

ca|la|ma|ret|to m. kleiner Kalmar *m.*, Zwergkalamar *m.* **ca|la|ma|ro** m. Kalmar *m.*

ca|la|mi|na f. **1** MIN. Galmei *m.* **2** TECN. Zunder *m.*

ca|la|mi|ta f. Magnet *m.* (anche FIG.).

ca|la|mi|tà f.inv. **1** Unheil *n.*, Katastrophe *f.*, Kalamität *f.*: ***~ naturali*** Naturkatastrophen *pl.*; ***trovarsi in una situazione di ~*** sich in Kalamitäten befinden **2** FIG. *(persona, cosa insopportabile)* Plage *f.*, COLLOQ. Nervensäge *f.* **3** FIG. SCHERZ. *(chi è molto maldestro)* Unglücksrabe *m.*, Pechvogel *m.*: ***tuo fratello è una vera ~*** dein Bruder ist ein richtiger Unglücksrabe!

ca|la|mi|ta|re tr. **1** magnetisieren **2** FIG. *(attirare)* (magnetisch) an‿ziehen, auf sich ziehen: ***~ l'attenzione*** die Aufmerksamkeit auf sich ziehen. **ca|la|mi|ta|to** p.pass. agg. **1** → **calamitare 2** magnetisiert, Magnet-: ***ago ~*** Magnetnadel *f.*

ca|la|mi|to|so agg. LETT. unheilvoll, unheildrohend: ***tempi -i*** unheildrohende Zeiten.

ca|la|mo m. **1** ZOOL. Kiel *m.*, Spule *f.* **2a** BOT. Rohr *n.* **b** *(stelo)* Halm *m.* **3** STOR. *(canna per scrivere)* Schreibrohr *n.*; *(penna)* Federkiel *m.* ◆ ***~ aromatico*** Kalmus *m.*

ca|lan|chi|vo agg. Karren-: ***campo ~*** Karrenfeld *n.* **ca|lan|co** m. *(-chi)* GEOL. Schratte *f.*, Karre *f.*

1.ca|lan|dra f. ENTOM. ***~ del grano, granaria*** Kornkäfer *m.*, Wiebel *m.*

2.ca|lan|dra f. **1** TECN. Kalander *m.* Satinierkalander *m.* **2** *(nelle auto)* Kühlerhaube *f.*, Kühlergrill *m.* **ca|lan|dra|re** tr. kalandern, kalandrieren, laminieren. **ca|lan|dra|to** p.pass. agg. **1** → **calandrare 2** ***carta -a, non -a*** hochsatiniertes, ungeglättetes Papier. **ca|lan|dra|tu|ra** m. Kalandern *n.*, Kalandrieren *n.* **ca|lan|dri|no** m. TECN. Schmiege *f.*

ca|lan|te agg. **1** sinkend, abnehmend, fallend **2** ASTR. abnehmend: ***luna ~*** abnehmender Mond; ***essere in fase ~*** ab‿nehmen; FIG. auf dem absteigenden Ast sein.

ca|lap|pio m. *(-pi)* Schlinge *f.*, Dohne *f.*

ca|la|pran|zi m.inv. Speisenaufzug *m.*

1.ca|la|re I tr. **1a** herab‿lassen, senken: ***~ il secchio nel pozzo*** den Eimer in den Brunnen herablassen; ***~ la bara nella fossa*** den Sarg ins Grab senken; ***~ il sipario, il ponte levatoio*** den Vorhang, die Fallbrücke herablassen **b** *(ammainare)* ein‿holen, nieder‿holen: ***~ le vele*** die Segel einholen **2a** *(in acqua)* aus‿setzen, ins Wasser (hinab‿)senken: ***~ la scialuppa*** die Schaluppe aussetzen **b** *(gettare)* ***~ le reti (in mare)*** die Netze aus‿werfen **3** *(abbassare)* senken: ***~ i prezzi*** die Preise senken **4** *(nei giochi di carte)* ab‿heben: ***~ un asso*** ein Ass abheben **5** *(calcare)* ziehen: ***~ la visiera sulla fronte*** den Schirm in die Stirn ziehen **II** intr. (aus. *essere*) **1a** sinken, sich senken, fallen: ***cala la nebbia, il sipario, il sole*** der Nebel fällt, der Vorhang senkt sich, die Sonne sinkt **b** ESTENS. *(sopraggiungere)* (her)ein‿brechen, ein‿fallen: ***cala la notte*** die Nacht bricht (her)ein **2a** *(discendere)* hinab‿steigen, herunter‿kommen: ***~ a valle*** ins Tal hinabsteigen **b** *(invadere)* ***i barbari calarono in Italia*** die Barbaren fielen in Italien ein **3** *(diminuire)* ab‿nehmen, ab‿sinken, sinken, fallen: ***la febbre cala*** das Fieber sinkt; ***i prezzi, i titoli, le vendite calano*** die Preise, die Wertpapiere fallen, die Verkäufe gehen zurück; ***è calato il livello dell'acqua*** der Wasserstand ist gesunken; ***~ nel proprio rendimento*** in seinen Leistungen nach‿lassen; **4** *(rif. a peso)* ab‿nehmen: ***~ di tre chili a settimana*** drei Kilo pro Woche abnehmen; ***~ di peso*** an Gewicht abnehmen **5** *(decadere)* sinken: ***~ nella considerazione di qcn.*** in jds Achtung sinken **6** MUS. sinken **III** pronom. **calarsi 1a** sich herab_lassen, sich herunter_lassen; ***-rsi (con una corda) dalla finestra, dal tetto*** sich vom Fenster, Dach (an einem Seil) herablassen **b** ALP. herunter_lassen; *(a corda doppia)* sich ab_seilen **2** *(immedesimarsi)* sich hinein_versetzen: ***-rsi in una parte*** sich in eine Rolle hineinversetzen ◆ COLLOQ. ***~ le braghe*** die Hosen runter_lassen; ***farsi ~ (giù) con una corda*** sich an einem Seil herunterlassen; ***~ una maglia*** eine Masche abnehmen; ***~ di tono*** im Ton sinken; FIG. sich verschlechtern, im Niveau sinken; ***gli è calata la voce*** seine Stimme ist heiser geworden.

2.ca|la|re m. **1a** Sinken *n.* **b** ***al ~ del sole*** bei Sonnenuntergang **2** *(il sopraggiungere)* Einbruch *m.*: ***al ~ della notte, delle tenebre*** bei Einbruch der Nacht, der Dunkelheit.

ca|la|ta f. **1** Sinken *n.* **2** *(invasione)* Einfall *m.*: ***la ~ dei barbari*** der Einfall der Barbaren (*o* der Germanen) **3** ALP. Abseilen *n.*

ca|la|to|ia f. herausklappbare Platte *f.*

ca|la|ver|na f. **1** Reif *m.* **2** MAR. Belederung *f.*

ca|la|zio m. *(-zi)* MED. Hagelkorn *n.*, Chalazion *n.*

cal|ca f. Gedränge *n.*, Andrang *m.*: ***fendere la ~*** sich durch das Gedränge einen Weg bahnen ◆ ***fare ~*** sich drängen.

cal|ca|gno m. *(-gni,-gna)* **1a** ANAT. (pl. *-gni*) Ferse *f.*, REGION. Hacke *f.* **b** *(osso)* Fersenbein *n.* **2** FIG. (pl. *-gna*) Ferse *f.*, REGION. Hacke *f.*, Sohle *f.*: ***mettersi, stare alle -gna di qcn.*** sich an jds Fersen, sich jdm an die Fersen hängen (*o* heften), jdm auf den Fersen sein; ***avere qcn. alle -gna*** jdn auf den Fersen haben; ***mettere la polizia alle -gna di qcn.*** jdm die Polizei auf den Hals schicken.

cal|ca|ra f. Kalkofen *m.*

1.cal|ca|re tr. *(calco, calchi)* **1** stampfen: ***~ l'uva, la terra con i piedi*** die Weintrauben, die Erde mit den Füßen stampfen **2** ESTENS. *(percorrere a piedi)* ***~ qcs.*** auf etw. (D) gehen, etw. (A) begehen **3** COLLOQ. *(premere)* drücken: ***~ un berretto in testa a qcn.*** jdm eine Mütze auf den Kopf drücken **4** *(accentuare)* betonen, hervor_heben: ***~ una parola, i toni*** ein Wort, einzelne Töne betonen **5** *(ricalcare)* durch_pausen: ***~ un disegno*** eine Zeichnung durchpausen ◆ FIG. ***~ la mano*** zu weit gehen; FIG. ***~ le orme di qcn.*** in jds Fußstapfen treten; ***~ le scene*** auf den Brettern (*o* auf der Bühne) stehen.

2.cal|ca|re m. Kalkstein *m.* ◆ ***~ conchilifero*** Muschelkalk *m.* **cal|ca|re|o** agg. kalkhaltig, kalkig, Kalk-: ***acqua -a*** kalkhaltiges Wasser; ***deposito, terreno ~*** Kalkablagerung *f.*, Kalkboden *m.*; ***roccia -a*** Kalkfels *m.*

cal|ca|to|io m. *(-oi)* **1** Pausstift *m.*, Fahrstift *m.* **2** MIN. Walkstock *m.*, Walkbrett *n.* **3** MIL. Ladestock *m.*

1.cal|ce f. Kalk *m.*: ***spegnere, cuocere la ~*** den Kalk löschen, brennen ◆ MED. ***acqua di ~*** Kalkwasser *n.*; ***~ idraulica*** Wasserkalk *m.*; ***latte di ~*** Kalkmilch *f.*; ***~ spenta*** Löschkalk *m.*; ***tinta a ~*** Kalktünche *f.*; ***tinteggiare a ~*** tünchen; ***~ viva*** Branntkalk *m.*, Ätzkalk *m.*

2.cal|ce BUROCR. ***in ~*** am unteren Rand, unten (auf der Seite).

cal|ce|do|nio m. *(-ni)* Chalzedon *n.*

cal|ce|mi|a f. Kalziumspiegel *m.*

cal|ce|o|la|ria f. Kalzeolarie *f.*, Pantoffelblume *f.*

cal|ce|struz|zo m. Beton *m.*: ***gettare, impastare ~*** Beton gießen, mischen; ***rivestire, ricoprire di ~ una parete*** eine Wand betonieren; ***~ battuto, compresso*** Stampfbeton *m.*; ***~ centrifugato*** Schleuderbeton *m.*

cal|cet|to m. **1** → **calcio-balilla** **2** SPORT Hallenfußball *m.*

cal|cia|re *(calcio, calci)* **I** tr. **1** treten: ***~ qcn., qcs.*** jdn, etw. treten **2** SPORT schießen, kicken, treten: ***~ (la palla) in porta, in rete*** den Ball ins Tor schießen **II** intr. (aus. *avere*) **1** treten: ***~ contro la porta*** gegen die Tür treten **2** *(di animali)* aus_schlagen, treten. **cal|cia|to|re** m. Fußballspieler *m.*, COLLOQ. Fußballer *m.*, Kicker *m.*: ***un ~ ambidestro*** ein beidfüßiger Fußballspieler; ***ingaggiare, comprare, vendere un ~*** einen Fußballspieler verpflichten, kaufen, verkaufen.

cal|ci|fi|ca|re *(calcifico, calcifichi)* **I** tr. verkalken lassen: ***l'acqua dura calcifica le tubature*** hartes Wasser lässt die Rohrleitungen verkalken **II** pronom. **calcificarsi** MED. verkalken: ***le sue arterie si sono calcificate*** seine Arterien sind verkalkt. **cal|ci|fi|ca|zio|ne** f. Kalkablagerung *f.*, Verkalkung *f.*

cal|ci|na f. **1** Kalkmörtel *m.* **2** ESTENS. *(calce spenta)* Löschkalk *m.* **cal|ci|nac|cio** m. *(-ci)* **1** Putzbrocken *m.*, Putzstück *n.* **2** pl. *(rovine)* Bauschutt *m.* **cal|ci|na|io** m. *(-ai)* **1** EDIL. Kalkgrube *f.* **2** *(in conceria)* Äscher *m.* **3** *(operaio)* Kalklöscher *m.* **cal|ci|na|re** tr. **1** CHIM. kalzinieren **2** *(in conceria)* äschern **3** AGR. kalken: ***~ il terreno*** den Boden kalken. **cal|ci|na|tu|ra** f. **1** *(in conceria)* Äschern *n.* **2** AGR. Kalken *n.* **cal|ci|na|zio|ne** f. Kalzinierung *f.*, Kalzination *f.* ◆ ***forno di ~*** Brennofen *m.*

cal|cin|cu|lo m.inv. COLLOQ. Kettenkarussell *n.*

1.cal|cio m. *(-ci)* **1** Tritt *m.*, Fußtritt *m.*; *(di animale)* Hufschlag *m.*, Huftritt *m.*: ***dare, ricevere un ~*** einen Tritt geben (*o* versetzen), bekommen; ***prendere a -i qcn., qcs.*** jdm, etw. Fußtritte aus_teilen (*o* jdn, etw. treten); ***un ~ negli stinchi, nel sedere*** ein Tritt an (*o* gegen) das Scheinbein, in den Hintern **2** SPORT *(gioco)* Fußball *m.*: ***giocare a ~*** Fußball spielen ◆ ***~ d'angolo*** Eckstoß *m.*, Eckball *m.*; ***campionato di ~*** Fußballmeisterschaft *f.*; ***campo di ~*** Fußballplatz *m.*; ***~ femminile*** Damen-, Frauenfußball *m.*; FIG. ***dare un ~ alla fortuna*** sein Glück mit Füßen treten; ***giocatore di ~*** Fußballspieler *m.*; ***~ d'inizio*** Anstoß *m.*; ***partita di ~*** Fußballspiel *n.*; FIG. COLLOQ. ***dare un ~ al passato*** = die Vergangenheit hinter sich lassen, mit der Vergangenheit ab_schließen; ***~ piazzato*** *(nel rugby)* Platztritt *m.*; *(nel calcio)* platzierter Schuss; ***~ di punizione*** Freistoß *m.*; ***~ di rigore*** Strafstoß *m.*, Elfmeter *m.*; ***~ di rinvio*** Abstoß *m.*; ***squadra di ~*** Fußballmannschaft *f.*, Fußballelf *f.*; *(di animali)* ***tirare -i*** aus_schlagen; ***torneo di ~*** Fußballturnier *n.*

2.cal|cio m. *(-ci)* ARM. **1** Kolben *m.*, Gewehrkolben *m.* **2a** ESTENS. *(impugnatura)* Griff *m.*; Knauf *m.*: ***~ della pistola*** Pistolenknauf *m.* **b** *(manico)* Schaft *m.*: ***~ della lancia*** Lanzenschaft *m.*

3.cal|cio m. CHIM. Kalzium *n.* ◆ ***bicarbonato di ~*** Kalziumbikarbonat *n.*; ***carbonato di ~*** Kalziumkarbonat *n.*, kohlensaures Kalzium; ***carenza di ~*** Kalkmangel *m.*; ***cloruro di ~*** Kalziumchlorid *n.*; ***fosfato di ~*** Kalziumphosphat *n.*

cal|cio-ba|lil|la m.inv. Tischfußballspiel *n.* **cal|cio-mer|ca|to** m.inv. Transfermarkt *m.*

cal|ci|sti|ca|men|te avv. in fußballerischer Hinsicht. **cal|ci|sti|co** agg. *(-ci,-che)* Fußball-: ***incontro, torneo ~*** Fußballspiel *n.*, Fußballturnier *n.*

cal|ci|te f. Kalzit *m.*, Kalkspat *m.*

cal|co m. *(-chi)* **1** Abdruck *m.*: ***~ in cera, in gesso*** Wachs-, Gipsabdruck *m.*; ***eseguire un ~ di qcs. nel gesso*** etw. (A) in Gips ab_drücken, einen Gipsabdruck von etw. an_fertigen **2** ESTENS. *(copia)* Abguss *m.*: ***il ~ di un busto*** der Abguss einer Büste **3** *(ricalco)* Pause *f.* **4** TIP. Abzug *m.*, Abdruck *m.* **5** LING. Lehnbildung *f.*; ***~ formale, morfologico*** Lehnübersetzung *f.*; ***~ semantico*** Lehnbedeutung *f.*

cal|co|gra|fi|a f. Kupferstich *m.*, Chalkographie *f.* **cal|co|gra|fi|co** agg. *(-ci,-che)* chalkographisch ◆ ***matrice -a*** Gravüre *f.*, Gravur *f.* **cal|co|gra|fo** m. Kupferstecher *m.*, Chalkograph *m.*

cal|co|la|bi|le agg. berechenbar, kalkulierbar.

cal|co|la|re tr. *(calcolo)* **1** berechnen, errechnen, aus_rechnen: ***~ una superficie, una distanza, un'aliquota*** eine Fläche, eine Entfernung, einen Anteil berechnen; ***~ l'area di un triangolo*** die Fläche eines Dreiecks ausrechnen **2** assol. *(contare)* rechnen: ***~ per iscritto, a mente*** schriftlich, im Kopf rechnen (*o* kopfrechnen) **3** *(preventivare)* rechnen, veranschlagen; COMM. kalkulieren: ***~ due ore di viaggio*** für die Fahrt zwei Stunden rechnen; ***~ una spesa, un costo di sei milioni*** die Kosten mit sechs Millionen veranschlagen **4** *(includere)* zählen: ***~ tra i presenti*** zu den Anwesenden zählen **5** FIG. *(contare su)* kalkulieren, rechnen: ***calcolo che...*** ich rechne damit, dass... (*o* ich kalkuliere, dass ...) ◆ MAT. ***~ un integrale*** integrieren; MAT. ***~ il logaritmo*** logarithmieren; ***~ a occhio e croce*** über den Daumen peilen.

cal|co|la|to|re **I** agg. **1** *(di strumenti)* Rechen-: TECN. ***regolo ~*** Rechenschieber *m.*, Rechenstab *m.* **2** FIG. berechnend: ***una mente -trice*** ein berechnender Kopf **II** m. **1** *(calcolatrice)* Rechner *m.*, Rechenmaschine *f.*; *(elettronico)* Computer *m.*, Elektronenrechner *m.*: ***accendere, spegnere il ~*** den Computer an_schalten, aus_schalten **2** *(persona)* Rechner *m.*, Kalkulator *m.*: ***un freddo ~*** ein nüchterner, kühler Rechner. **cal|co|la|tri|ce** f. Rechner *m.*: ***~ tascabile, da tavolo*** Taschenrechner *m.*, Tischrechner *m.*

1.cal|co|lo m. **1a** Berechnung *f.*, Rechnung *f.* (anche FIG.): ***un ~ facile, difficile*** eine einfache, schwere Rechnung; ***~ dei costi*** Berechnung der Kosten, Kostenrechnung *f.*; ***~ del perimetro*** Berechnung des Umfangs, Umfangsberechnung *f.*; ***eseguire, fare dei -i*** Berechnungen an_stellen **b** *(conto approssimativo)* Überschlag *m.*: ***eseguire, fare un ~ (approssimativo) di qcs.*** etw. überschlagen, überrechnen **2** MAT. *(metodo teorico)* Kalkül *m.* **3a** *(valutazione)* Veranschlagung *f.*, Schätzung *f.* **b** COMM. *(preventivo)* Voranschlag *m.*, Kalkulation *f.* ◆ ***~ attuariale*** Versicherungsrechnung *f.*; INFORM. ***centro di ~*** Rechenzentrum *n.*; FIG. ***agire con ~*** → ***agire per ~***; ***fare i -i*** rechnen; ***~ infinitesimale*** Infinitesimalrechnung *f.*; ***~ integrale*** Integralrechnung *f.*; ***far male i -i*** sich verrechnen, sich verkalkulieren; FIG. ***agire per ~*** etw. aus Berechnung tun; ***~ delle probabilità*** Wahrscheinlichkeitsrechnung *f.*; ***rifare i -i*** nach_rechnen; ***sbagliare i -i*** → ***far male i -i***; ***secondo i miei -i*** nach meinen Berechnungen; ***~ vettoriale*** Vektorrechnung *f.*;

2.cal|co|lo m. MED. Stein *m.*, Konkrement *n.*: ***~ renale, biliare*** Nierenstein *m.*, Gallenstein *m.*; ***espellere un ~ renale*** einen Nieren-

stein aus‿scheiden. **cal|co|lo|si** f. MED. Steinleiden *n.*: *~ renale* Nierensteinleiden *n.*
cal|co|ma|ni|a f. Abziehbild *n.*
cal|co|pi|ri|te f. Kupferkies *m.* **cal|co|si|na** f. Kupferglanz *m.* **cal|co|ti|pi|a** f. Kupferdruck *m.*
Cal|cut|ta n.pr.f. Kalkutta *n.*
cal|da|ia f. **1** Kessel *m.* **2** TECN. Kessel *m.*, Heizkessel *m.*: *~ a gas, a vapore* Gaskessel *m.*; Dampfkessel *m.* **3** *(locale)* Kesselraum *m.*
cal|dal|les|sa f. gekochte Kastanie *f.*
cal|da|men|te avv. **1** wärmstens: ***raccomandare ~ qcn., qcs.*** jdn, etw. wärmstens empfehlen **2** *(cordialmente)* herzlich: ***accogliere qcn. ~*** jdn herzlich empfangen. **cal|da|na** f. **1** Hitzewallung *f.*: ***avere le -e*** fliegende Hitze haben **2** FIG. Zorn(es)ausbruch *m.*
cal|dar|ro|sta f. geröstete Kastanie *f.* **cal|dar|ro|sta|io** m. *(-ai)* Maroniverkäufer *m.*, Kastanienröster *m.*
Cal|de|a n.pr.f. Chaldäa *n.*
cal|deg|gia|re tr. *(caldeggio, caldeggi)* befürworten, unterstützen: ***~ una proposta, la promozione di qcn.*** einen Antrag, jds Beförderung befürworten.
cal|de|o I agg. chaldäisch **II** m. Chaldäer *m.*
cal|de|ra|io m. *(-ai)* Kesselschmied *m.* **cal|de|ro|ne** **1** (großer) Kessel *m.* **2** FIG. Sammelsurium *n.*, Mischmasch *m.* ◆ FIG. ***mettere tutto in un, nello stesso ~*** alles in einen Topf werfen.
cal|do I agg. **1a** warm; *(molto caldo)* heiß: ***acqua -a*** warmes Wasser; ***clima ~*** warmes Klima; ***nella stagione -a*** in der heißen Jahreszeit **b** warm (anche FIG.): ***una coperta -a*** eine warme Decke; ***un pasto ~*** eine warme Mahlzeit; ***una luce, una voce -a*** ein warmes Licht, eine warme Stimme; ***colori -i*** warme Farben **c** *(di bevande)* heiß: ***un tè, un caffè ~*** ein heißer Tee, Kaffee **2** FIG. *(caloroso)* herzlich, warmherzig: ***un ~ abbraccio*** eine herzliche Umarmung; ***riservare una -a accoglienza a qcn.*** jdm einen herzlichen Empfang bereiten **3** FIG. *(focoso)* heißblütig, feurig: ***un uomo ~*** ein heißblütiger Mann **4** FIG. *(recente)* brandneu: ***una notizia -a, -a*** eine brandneue Nachricht **5** FIG. *(critico)* Krisen-: ***le aree -e del mondo*** die Krisengebiete in der Welt; ***un periodo ~*** eine Krisenzeit **II** m. **1** Wärme *f.*; *(caldo intenso)* Hitze *f.*: ***un ~ soffocante, umido*** eine drückende, feuchte Hitze; ***patire, soffrire (per) il ~*** unter der (*o* durch die) Hitze leiden **2** FIG. *(ardore)* Eifer *m.* ◆ ***a ~*** im ersten Moment; ***fare un bagno ~*** ein heißes Bad nehmen; COLLOQ. ***~ boia*** Bullenhitze *f.*; ***fa un ~ boia*** es ist verdammt heiß; ***fare una doccia -a*** heiß duschen; ***fa ~*** es ist warm, es ist heiß; FIG. ***non mi fa né ~ né freddo*** das lässt mich völlig kalt; ***qcn. ha ~*** jdm ist (es) warm; COLLOQ. ***~ infernale*** brütende Hitze, Affenhitze *f.*; ***piangere, versare -e lacrime*** heiße Tränen weinen, vergießen; TECN. ***lavorazione a ~*** Warmbearbeitung *f.*; ***mettere in ~ qcs.*** etw. warm stellen; ***ondata di ~*** Hitzewelle *f.*; ***prendersela -a per qcn., qcs.*** sich für jdn, etw. ein‿setzen; ***qualcosa di ~*** etw. Warmes; ***animale a sangue ~*** Warmblüter *m.*; FIG. ***avere il sangue ~*** heißblütig sein; ***qcn. sente ~*** → ***qcn. ha ~***; ***stare al ~*** im Warmen bleiben, sitzen; ***telefono ~*** heißer Draht; ***tenere ~*** warm halten, wärmen; ***tenere al, in ~ qcs.*** etw. warm halten; FIG. ***tenersi in ~ qcn., qcs.*** sich (D) jdn, etw. warm halten; FIG. ***testa -a*** Hitzkopf *m.*
cal|du|ra f. → **calura.**
Ca|le|do|nia n.pr.f. Kaledonien *n.* ◆ ***Nuova ~*** Neukaledonien *n.* **ca|le|do|nia|no I** agg. kaledonisch: ***periodo ~*** kaledonische Ära **II** m. GEOL. Kaledonier *m.*
ca|lei|do|sco|pi|co agg. *(-ci,-che)* kaleidoskopisch: FIG. ***effetto ~*** kaleidoskopischer Effekt. **ca|lei|do|sco|pio** m. *(-pi)* Kaleidoskop *n.*: ESTENS. ***un ~ di impressioni*** ein Kaleidoskop von Eindrücken.
ca|lem|bour [kalã'bu:r] m.inv. Kalauer *m.*, ANT. Calembour(g) *m.*
ca|len|da|riet|to m. Taschenkalender *m.*
ca|len|da|rio m. *(-ri)* Kalender *m.*: ***un ~ perpetuo*** ein immerwährender Kalender; ***staccare un foglio dal ~*** den Kalender ab‿reißen; ***segnare una scadenza sul ~*** eine Frist im Kalender notieren; *(programma)* ***~ delle manifestazioni, delle lezioni*** Veranstaltungskalender *m.*, Vorlesungsprogramm *n.* ◆ ***~ d'Avvento*** Adventskalender *m.*; ***~ a blocco*** Kalenderblock *m.*; ***~ calcistico*** Fußballspielplan *m.*; ***foglio del ~*** Kalenderblatt *n.*; ***~ a fogli staccabili*** Abreißkalender *m.*; ***il ~ giuliano*** der Julianische Kalender; ***il ~ gregoriano*** der Gregorianische Kalender; ***~ di lavoro*** Arbeitsplan *m.*; ***~ liturgico*** Kirchenkalender *m.*; ***~ da parete*** Wandkalender *m.*; ***~ scolastico*** Schulkalender *m.*; ***~ sportivo*** Spielkalender *m.*; ***~ da tavolo*** Umlegekalender *m.* **ca|len|da|ri|sti|co** agg. *(-ci,-che)* kalendarisch. **ca|len|de** f.pl. **1** Kalenden *pl.* **2** FIG. ***~ greche*** Nimmerleinstag *m.*; FIG. ***rimandare qcs. alle ~ greche*** etw. auf den (bis zum) Nimmerleinstag verschieben. **ca|len|di|mag|gio** m. STOR. INTRAD. (Maifest in Florenz).

ca|len|do|la, ca|len|du|la f. Ringelblume *f.*
ca|le|pi|no m. **1** *(vecchio librone)* dicker Schinken *m.* (*o* Wälzer *m.*) **2** *(taccuino)* Notizbuch *n.*
ca|le|re intr. impers. gelegen sein: ***questo non mi cale*** daran ist mir nicht gelegen, das kümmert mich nicht ◆ ***tenere, mettere qcs. in non cale*** etw. unbeachtet lassen, sich um etw. (A) nicht kümmern.
ca|les|se m. Kalesche *f.*, Einspänner *m.* **ca|les|si|no** m. Buggy *m.*
ca|let|ta f. Nut *f.*, Zapfen *m.* **ca|let|ta|re I** tr. verzahnen, verzapfen, verkeilen, ab‿binden **II** intr. (aus. *avere*) zusammen‿passen, sich zusammen‿fügen. **ca|let|ta|tu|ra** f. Verzapfung *f.*, Verkeilung *f.*, Verzahnung *f.*, Abbindung *f.*
ca|li|bra|re tr. **1** kalibrieren, eichen (anche FIG.): ***~ uno strumento*** ein Gerät kalibrieren; ***~ un test psicologico*** einen psychologischen Test eichen **2** FIG. genau messen, ab‿wägen: ***~ le proprie parole*** seine Worte abwägen. **ca|li|bra|to** p.pass. agg. **1** → **calibrare** **2** *(tagliato su misura)* ***taglie -e*** Sondergrößen *pl.* **3** *(ponderato)* ausgewogen: ***un discorso ~*** eine ausgewogene Rede. **ca|li|bra|to|re** m. Kalibermaß *n.* **ca|li|bra|tu|ra** f. **1** Kalibrierung *f.*, Eichung *f.* **2** FIG. Einstellung *f.*, Abwägung *f.*
ca|li|bro m. **1** TECN. Lehre *f.*, Kaliber *n.*: ***~ a corsoio*** Schieb-, Schublehre *f.*; ***~ per fori*** Lochlehre *f.*; ***~ ad anello*** Kalibermaß *n.*; ***~ a tampone*** Lehr-, Kaliberdorn *m.* **2** ARM. Kaliber *n.*: ***un'arma di piccolo, grosso ~*** eine Waffe kleinen, großen Kalibers (*o* eine klein-, großkalibrige Waffe) **3** FIG. *(valore)* Kaliber *n.*, Rang *m.*: ***essere dello stesso ~*** gleichen Kalibers sein; ***un poeta del ~ di Hölderlin*** ein Dichter vom Rang Hölderlins.
ca|li|can|to m. Gewürzstrauch *m.*
1.ca|li|ce m. **1** Kelch *m.*, Kelchglas *n.*, Tulpe *f.*: ***un ~ di cristallo*** ein Kristallkelch, Kristallglas **2** LIT. Messkelch *m.*, Messgefäß *n.* ◆ ***a ~*** kelchförmig, becherförmig; FIG. ***bere, allontanare da sé l'amaro ~*** den bitteren Kelch leeren, vorüber‿gehen lassen; ***levare i -i*** an‿stoßen, die Gläser erheben; LETT. ***~ del piacere*** Freudenbecher *m.*; ***~ da spumante*** Sektkelch *m.*
2.ca|li|ce m. BOT. Blütenkelch *m.*, Becher *m.*
ca|li|cò m. Kaliko *m.*
ca|li|da|rio m. *(-ri)* Kaldarium *n.*
ca|lif|fa|to m. Kalifat *n.* **ca|lif|fo** m. **1** Kalif *m.* **2** SCHERZ *(donnaiolo)* Don Juan *m.*
Ca|li|for|nia n.pr.f. Kalifornien *n.*: ***golfo di ~*** Golf *m.* von Kalifornien. **ca|li|for|nia|no I** agg. kalifornisch **II** m. Kalifornier *m.*
ca|li|for|nio m. Californium *n.*, Kalifornium *n.*
ca|li|gi|ne f. Dunstschleier *m.*, Diesigkeit *f.* **ca|li|gi|no|so** agg. **1** dunstig, diesig **2** FIG. dunkel, düster.
Ca|li|go|la n.pr.m. Caligula *m.*
Ca|lip|so n.pr.f. Kalypso *f.*
cal|la f. Calla *f.*, Kalla *f.*
cal|le I *f.* INTRAD. (Gasse in Venedig) **II** *m.* LETT. Pfad *m.*
call-girl [kɔ:l'gə:l] f.inv. Callgirl *n.*
cal|li|di|tà f. LETT. Schlauheit *f.*, List *f.* **cal|li|do** agg. schlau, listig.
cal|li|fu|go I agg. *(-ghi,-ghe)* hornhauterweichend **II** m. *(-ghi)* hornhauterweichendes Mittel *n.*
cal|li|gra|fi|a f. **1** Schönschreiben *n.*, Kalligraphie *f.*: ***quaderno di ~*** Schönschreibheft *n.*; ***esercizio di ~*** Schönschreibübung *f.* **2** ESTENS. IMPR. *(grafia)* Handschrift *f.*: ***avere una bella, brutta ~*** eine schöne, schlechte Handschrift haben; ***scrivere in bella ~*** schön‿schreiben, kalligraphisch schreiben. **cal|li|gra|fi|co** agg. *(-ci,-che)* **1** kalligraphisch **2** *(rif. alla scrittura)* Schrift-: TIP. ***carattere ~*** Schrifttype *f.*; DIR. ***perizia -a*** Schriftgutachten *n.* **3** LETT. geziert: ***stile, scrittore ~*** gezierter Stil *m.*, die Form betonender Autor *m.* **cal|li|gra|fo** m. **1** Schönschreiber *m.* Kalligraph *m.* **2** *(insegnante di calligrafia)* Schönschreiblehrer *m.* ◆ DIR. ***perito ~*** Schriftsachverständige *m.* **cal|li|gram|ma** m. LETT. Figurengedicht *n.*
cal|lio|ni|mo m. ITTIOL. Leierfisch *m.*
Cal|li|o|pe n.pr.f. Kalliope *f.*
cal|li|sta m. e f. *(-i,-e)* Fußpfleger *m.* (-in *f.*).
Cal|li|sto n.pr.m. Kallixtus *m.*
cal|li|tri|ce f. Seidenäffchen *n.*, Pinseläffchen *n.*
cal|lo m. **1a** *(delle mani)* Schwiele *f.*, Hornhaut *f.*: ***avere, farsi venire i -i alle mani*** Schwielen an den Händen haben, bekommen **b** *(dei piedi)* Hühnerauge *n.*, Hornhaut *f.*: FIG. ***pestare i -i a qcn.*** jdm auf die Zehen treten **c** ***~ osseo*** Kallus *m.* **2** BOT. Kallus *m.* **3** ZOOL. Kastanie *f.* ◆ ***fare il ~ a qcs.*** = sich an etw. (A) gewöhnen.
cal|lo|si|tà f.inv. Schwiele *f.*, Hornhautverhärtung *f.* **cal|lo|so** agg. **1** schwielig, hornig, verhornt: ***mani -e*** schwielige Hände **2** BOT. kallös ◆ ANAT. ***corpo ~*** Balken *m.*
cal|ma f. **1** Ruhe *f.*: ***mantenere, perdere la ~*** die Ruhe bewahren (*o* behalten), verlieren; ***non avere un attimo di ~*** keinen Moment Ruhe haben; ***una ~ imperturbabile*** eine unerschütterliche Ruhe;

la ~ della campagna die ländliche Ruhe; ***gli manca la ~ necessaria*** ihm fehlt es an der nötigen Ruhe **2** *(quiete)* Stille *f.*: ***la ~ del mare*** die Stille des Meeres **3** *(comodo, agio)* Gelassenheit *f.*, Gemütlichkeit *f.*, Bequemlichkeit *f.*: ***in tutta ~*** in aller Gemütlichkeit **4** METEOR. Flaute *f.*, Windstille *f.*, Kalme *f.*: ***zona delle -e*** Kalmenzone *f.*; ***zona delle -e tropicali*** Rossbreiten *pl.* ◆ ***con ~!*** immer mit der Ruhe! ***fare qcs. con ~ olimpica*** etw. mit stoischer (*o* unerschütterlicher) Ruhe tun; ***essere la ~ in persona*** die Ruhe selbst sein; ***prendersela con ~*** sich (D) Zeit lassen, COLLOQ. die Ruhe weg haben; ***~ e sangue freddo!*** ruhig Blut!

cal|man|te I agg. **1** beruhigend, besänftigend: ***avere un effetto ~ su qcs., qcn.*** auf etw., jdn beruhigend wirken **2** *(analgesico)* schmerzlindernd **II** m. Beruhigungsmittel *n.*

cal|ma|re I tr. **1** beruhigen, besänftigen: ***~ i nervi*** die Nerven beruhigen; ***~ l'ira di qcn.*** jds Zorn besänftigen; ***~ gli animi*** die Gemüter beruhigen **2** *(alleviare)* lindern, stillen: ***~ la tosse*** den Husten stillen **II** pronom. **calmarsi 1** sich beruhigen, sich besänftigen, COLLOQ. sich ab‿regen: ***calmati!*** beruhige dich! COLLOQ. reg dich ab! **2** *(attenuarsi)* sich besänftigen, sich legen, nach‿lassen: ***il vento si è calmato*** der Wind hat sich gelegt; ***il dolore si è calmato*** der Schmerz hat nachgelassen ◆ ***~ le acque*** die Wogen glätten.

cal|mie|ra|men|to m. Festsetzung *f.* von Höchstpreisen, Preisstopp *m.* **cal|mie|ra|re** tr. ***~ qcs.*** den Höchstpreis von etw. (amtlich) fest‿setzen. **cal|mie|ra|to|re** agg. preisdämpfend. **cal|mie|re** m. ***prezzo di ~*** (behördlich festgesetzter) Höchstpreis *m.*

cal|mo agg. ruhig, still: ***mare ~*** ruhige See; ***l'aria è -a*** die Luft ist still; ***un tipo ~*** ein ruhiger Typ; ***ma sta' ~!*** bleib doch ruhig! ***mantenersi ~*** sich ruhig verhalten; ***restare ~*** ruhig (*o* gelassen) bleiben.

cal|muc|co m. *(-chi)* Kalmück(e) *m.*

ca|lo m. **1** Abnahme *f.*, Abfall *m.*: ***~ di peso*** Gewichtsabnahme *f.*; ***~ demografico*** Bevölkerungsabnahme *f.*; ***~ del rendimento*** Leistungsabfall *m.* **2** *(flessione)* Rückgang *m.*: ***~ delle importazioni*** Rückgang des Imports, Importrückgang; ***~ delle nascite*** Geburtenrückgang *m.*; ***~ dei prezzi*** Preisrückgang *m.* (*o* Preissenkung *f.*); ***~ dell'occupazione*** Beschäftigungsrückgang *m.*; ***~ della temperatura*** Temperaturrückgang *m.* **3** *(peggioramento)* Verschlechterung *f.*: ***~ della vista*** Verschlechterung der Sehkraft **4** FIG. *(perdita)* Verlust *m.*: ***~ di popolarità*** Popularitätsverlust *m.*

ca|lo|re m. **1a** Wärme *f.*: ***irradiare ~*** Wärme aus‿strahlen; ***~ specifico*** spezifische Wärme; ***fonte di ~*** Wärmequelle *f.*; ***il ~ del fuoco*** die Wärme des Feuers **b** FIG. ***il ~ della famiglia*** die Nestwärme **2** *(calura)* Hitze *f.*: ***~ opprimente, soffocante*** drückende, brütende Hitze; ***colpo di ~*** Hitzschlag *m.*; ***vampata di ~*** fliegende Hitze, Hitzewallung *f.* **3** ZOOL. Hitze *f.*, Brunst *f.*, Läufigkeit *f.* ◆ ***difendere qcs. con ~*** etw. aus ganzem Herzen verteidigen; ***nel ~ della discussione*** in der Hitze der Diskussion; ZOOL. ***essere, andare in ~*** hitzig (heiß, brünstig, läufig) sein, werden; ***resistente al ~*** wärmebeständig, hitzebeständig; ***resistenza al ~*** Wärme-, Hitzebeständigkeit *f.*; ***~ del sole*** Sonnenwärme *f.*; ***~ terrestre*** Erdwärme *f.*

ca|lo|ri|a f. Kalorie *f.*: ***consumo di -e*** Kalorienverbrauch *m.* **ca|lo|ri|co** agg. *(-ci,-che)* **1** FIS. kalorisch **2** MED. Kalorien-: ***fabbisogno ~*** Kalorienbedarf *m.*; ***contenuto ~*** Kaloriengehalt *m.*; ***a basso, alto contenuto ~*** kalorienarm, kalorienreich.

ca|lo|ri|fe|ro m. Heizkörper *m.* **ca|lo|ri|fi|co** agg. *(-ci,-che)* Heiz-: ***potere ~*** Heizwert *m.*, Heizkraft *f.* **ca|lo|ri|me|tri|a** f. Kalorimetrie *f.* **ca|lo|ri|me|tri|co** agg. *(-ci,-che)* kalorimetrisch. **ca|lo|ri|me|tro** m. Kalorimeter *n.* **ca|lo|riz|za|re** tr. kalorisieren.

ca|lo|ro|sa|men|te avv. **1** herzlich, warmherzig: ***accogliere un ospite ~*** einen Gast herzlich empfangen; ***ringraziare qcn. ~*** jdm herzlich danken **2** *(con entusiasmo)* lebhaft: ***applaudire qcn. ~*** jdm lebhaft applaudieren. **ca|lo|ro|si|tà** f. Wärme *f.*, Warmherzigkeit *f.* **ca|lo|ro|so** agg. **1** *(di cibi, bevande)* wärmend **2** *(che soffre il caldo)* hitzeempfindlich **3a** FIG. herzlich, warm(herzig): ***una -a stretta di mano*** ein warmer Händedruck; ***un'accoglienza -a*** ein herzlicher Empfang **b** *(pieno di entusiasmo)* lebhaft: ***un ~ applauso*** ein lebhafter Applaus.

ca|lo|so|ma m. Puppenräuber *m.*

ca|lot|ta f. **1** GEOM. ARCH. MED. Kalotte *f.* **2** MECC. Kappe *f.*: ***~ dello spinterogeno*** Verteilerkappe *f.*; ***~ di protezione*** Schutzkappe *f.* **3** *(papalina)* Kalotte *f.*, Scheitelkäppchen *n.* ◆ ***~ cranica*** Schädeldecke *f.*, Schädeldach *n.*; ***~ polare*** Eiskappe *f.* ***~ sferica*** Kugelhaube *f.*

cal|pe|sta|men|to m. Treten *n.*, Betreten *n.*

cal|pe|sta|re tr. ***~ qcs.*** auf etw. (A) (mit Füßen) treten, etw. betreten, (zer)trampeln; FIG. ***~ qcn., i sentimenti, la dignità di qcn.*** jdn, jds Gefühle, Würde mit Füßen treten; ***~ i diritti dei più deboli*** die Rechte der Schwächsten mit Füßen treten ◆ ***vietato ~ le aiuole*** Betreten des Rasens verboten. **cal|pe|sti|o** m. *(-ii)* Getrampel *n.*, Getrappel *n.*, Gestampf(e) *n.*

cal|ta f. BOT. Schmirgel *m.*, Dotterblume *f.*, Butterblume *f.*

ca|lu|gi|ne, ca|lug|gi|ne f. Flaum *m.*: ***~ bionda*** blonder Flaum; BOT. ***la ~ di una foglia*** der Flaum eines Blattes.

ca|lu|met [kaly'mɛ] m.inv. Kalumet *n.*: ***~ della pace*** Friedenspfeife *f.*: ***fumare il ~ con qcn.*** mit jdm die Friedenspfeife rauchen.

ca|lun|nia f. Verleumdung *f.*: ***diffondere -e contro qcn.*** gegen jdn Verleumdungen verbreiten. **ca|lun|nia|re** tr. verleumden: ***~ qcn. per invidia*** jdn aus Neid verleumden. **ca|lun|nia|to|re** m. Verleumder *m.* **ca|lun|nio|so** agg. verleumderisch.

ca|lu|ra f. Hitze *f.*: ***~ estiva*** Sommerhitze *f.*; ***~ di mezzogiorno*** Mittagshitze *f.*

Cal|va|rio n.pr.m. Kalvarienberg *m.* **cal|va|rio** m. *(-ri)* FIG. Leidensweg *m.*, Martyrium *n.*: ***il suo viaggio è stato un vero ~*** seine Reise war ein wahres Martyrium.

cal|vi|ni|smo m. Kalvinismus *m.* **cal|vi|ni|sta** *(-i,-e)* **I** agg. kalvinisch **II** m. e f. Kalvinist *m.* (-in *f.*). **cal|vi|ni|sti|co** agg. *(-ci,-che)* kalvinistisch, calvinistisch. **Cal|vi|no** n.pr.m. Calvin *m.*

cal|vi|zie f. Kahlköpfigkeit *f.*, Kahlheit *f.*: ***~ incipiente*** beginnende Kahlköpfigkeit.

cal|vo I agg. kahl, kahlköpfig, glatzköpfig: ***una testa -a*** ein kahler Kopf; ***essere, diventare ~*** kahl sein, werden (*o* eine Glatze haben, bekommen); ***fronte -a*** Stirnglatze *f.*; ESTENS. ***(senza vegetazione) la cima -a del monte*** die kahle Bergkuppe **II** m. Kahlkopf *m.*, Glatzkopf *m.* ◆ STOR. ***Carlo il Calvo*** Karl der Kahle.

cal|za f. **1** Strumpf *m.*; *(calzino)* Socke *f.*: ***-e setificate, coprenti, autoreggenti*** seidene, blickdichte, halterlose Strümpfe; ***~ elastica, contenitiva*** Gummistrumpf *m.*, Stütz-, Kompressionsstrumpf *m.*; ***-e a rete*** Netzstrümpfe; ***mettere (infilare), togliere (sfilare), rammendare le -e*** die Strümpfe an‿ziehen, aus‿ziehen, stopfen; ***avere un buco, una smagliatura nella ~*** ein Loch, eine Laufmasche im Strumpf haben; ***senza -e*** ohne Strümpfe **2** *(di rapinatori)* Strumpfmaske *f.*: ***avere il viso coperto da una ~*** eine Strumpfmaske tragen ◆ ***la ~ della Befana*** = der Strumpf, in dem die Befana Geschenke bringt; ***fare la ~*** stricken; ***ferri da ~*** Stricknadeln *pl.*

cal|za|ma|glia f. *(calzemaglie)* Strumpfhose *f.*

cal|zan|te I agg. **1** passend, gut sitzend: ***scarpe -i*** gut sitzende Schuhe **2** FIG. *(appropriato)* passend, treffend: ***un esempio ~*** ein treffendes Beispiel **II** m. → **calzascarpe.**

1.cal|za|re I tr. **1** an‿ziehen; *(portare)* tragen: ***~ gli stivali*** die Stiefel anziehen; ***calzava un paio di scarpe marroni*** er trug ein braunes Paar Schuhe **2** *(fornire di calzature)* beschuhen **II** intr. **1** (aus. *avere*) passen: ***queste scarpe gli calzano perfettamente*** diese Schuhe passen ihm ganz genau **2** FIG. (aus. *essere*) passen, treffen, zu‿treffen ◆ ***~ a pennello, come un guanto*** wie angegossen passen.

2.cal|za|re m. LETT. Fußbekleidung *f.* ◆ ***~ a punta*** Schnabelschuh *m.*

cal|za|scar|pe m.inv. Schuhanzieher *m.*

cal|za|to p.pass. agg. → **1.calzare** ◆ ***un asino ~ e vestito*** ein Esel wie er im Buche steht, ein ausgemachter Esel.

cal|za|to|ia f. **1** *(cuneo d'arresto)* Hemmschuh *m.*, Bremskeil *m.*, Bremsklotz *m.* **2** Schemel *m.* **cal|za|to|io** m. *(-oi)* Schuhanzieher *m.*, Schuhlöffel *m.*; *(per stivali)* Stiefelanzieher *m.*

cal|za|tu|ra f. Schuhwerk *n.*, Schuhzeug *n.*: ***negozio di -e*** Schuhgeschäft *n.*; ***industria delle -e*** Schuhindustrie *f.* **cal|za|tu|rie|re** m. Schuhfabrikant *m.* **cal|za|tu|rie|ro I** agg. Schuh-: ***produzione, industria -a*** Schuherzeugung *f.*, Schuhindustrie *f.* **II** m. Arbeiter *m.* in einer Schuhfabrik. **cal|za|tu|ri|fi|cio** m. *(-ci)* Schuhfabrik *f.*

cal|ze|rot|to m. (lange) Socke *f.*: ***~ di lana*** Wollsocke *f.* **cal|zet|ta** f. Söckchen *n.* ◆ ***essere una mezza ~*** ein kleines Würstchen sein. **cal|zet|te|ri|a** f. **1** *(calzificio)* Strumpfwirkerei *f.* **2** *(negozio)* Strumpfwarengeschäft *n.* **3** *(calze)* Strumpfwaren *pl.* **cal|zet|ti|no** m. Söckchen *n.* **cal|zet|to|ne** m. Kniestrumpf *m.*, Sportstrumpf *m.* **cal|zi|fi|cio** m. *(-ci)* Strumpffabrik *f.*, Strumpfwirkerei *f.* **cal|zi|no** m. Socke *f.*: ***~ lungo, corto*** Langsocke, Kurzsocke; ***rammendare i -i*** die Socken stopfen.

cal|zo|la|io m. *(-ai)* Schuhmacher *m.*, Schuster *m.* **cal|zo|le|ri|a** f. Schuhmacherei *f.*, Schusterwerkstatt *f.*

cal|zon|ci|ni m.pl. Höschen *n.*, (kurze) Hose *f.*, Shorts *pl.*: ***~ sportivi, da ginnastica, da tennis, da bagno*** Sportshorts *pl.*, Turn-, Tennis-, Badehose *f.*

cal|zo|ne m. **1** Hose *f.*: ***-i lunghi, stretti, di lana*** lange, enge, wollene Hosen; ***un paio di -i*** ein Paar Hosen; ***infilarsi i -i*** in die Hose schlüpfen, steigen **2** INTRAD. (gefüllte Pizzateigtasche) ◆ ***-i alla cavallerizza*** Reithose *f.*; FIG. ***portare i -i*** die Hosen an‿haben; ***-i alla zuava*** Pumphose *f.*, Kniebundhose *f.*

ca|mal|do|le|se I agg. Kamaldulenser- **II** m. Kamaldulensermönch *m.*

ca|ma|le|on|te m. Chamäleon *n.* (anche FIG.). **ca|ma|le|on|ti|co** agg. *(-ci,-che)* chamäleonartig (anche FIG.). **ca|ma|le|on|ti|smo** m. Wankelmut *m.*

ca|mal|lo m. INTRAD. (Hafenarbeiter in Genua).

cam|bia|bi|le agg. wechselbar, auswechselbar.

cam|bia|di|schi m.inv. Plattenwechsler *m.*

cam|bia|le f. Wechsel *m.*, ANT. Wechselbrief *m.*: ***pagare con una ~*** mit (einem) Wechsel bezahlen; ***girare una ~ (a beneficio di qcn.)*** einen Wechsel (auf, an jdn) übertragen, girieren; ***protestare una ~*** einen Wechsel mit Protest belegen; ***emettere (rilasciare), negoziare, pagare (onorare), presentare, firmare, ritirare una ~*** einen Wechsel aus‿stellen, begeben, ein‿lösen (honorieren), vor‿legen, unterschreiben, zurück‿rufen; ***-i in scadenza*** fällige Wechsel; ***~ a breve, a lunga scadenza*** kurzfristiger (kurzer), langfristiger Wechsel ◆ ***avallare una ~*** eine Wechselbürgschaft leisten; ***~ bancaria*** Bankwechsel *m.*; ***~ di comodo*** Kellerwechsel *m.*; ***creditore di ~*** Wechselgläubiger *m.*; ***~ domiciliata*** Domizilwechsel *m.*; ***~ domiciliata presso di noi*** bei uns zahlbar gestellter Wechsel; ***falso in -i*** Wechselfälschung *f.*; ***~ di favore*** Gefälligkeitswechsel *m.*, Gefälligkeitsakzept *n.*; ***~ non onorata*** geplatzter Wechsel; ***~ propria*** Eigenwechsel *m.*; ***~ protestata*** protestierter Wechsel; ***~ allo sconto*** Diskontwechsel *m.*; ***~ a vista*** Sichtwechsel *m.*

cam|bia|men|to m. Änderung *f.*; *(trasformazione)* Veränderung *f.*; *(cambio)* Wechsel *m.*, Wandel *m.*: ***-i imprevisti*** unvorhergesehene Änderungen; ***~ in bene, in male*** Änderung zum Guten, zum Schlechten; ***~ di vita*** Änderung der Lebensweise; ***approvare i -i*** den Änderungen zu‿stimmen; ***fare un ~*** eine Veränderung vor‿nehmen; ***tutto è soggetto a ~*** alles ist dem Wandel unterworfen; ***amare il ~*** den Wechsel lieben; ***-i sociali*** gesellschaftliche Veränderungen ◆ ***~ d'aria*** Luftveränderung *f.*; ***~ di direzione*** Richtungsänderung *f.*, Richtungswechsel *m.*; ***~ di governo*** Regierungswechsel *m.*; ***~ d'indirizzo*** Adressenänderung *f.*; ***~ di nome*** Namensänderung *f.*; ***~ di rotta*** Kurswechsel *m.*, Kursänderung *f.*; ***salvo -i*** Änderungen vorbehalten; ***~ di scena*** Szenenwechsel *m.*; ***~ di stagione*** Wechsel der Jahreszeiten; ***~ di tempo*** Wetterumschlag *m.*, Wetterwechsel *m.*; ***sensibile ai -i del tempo*** wetterfühlig; ***essere soggetto a -i d'umore*** Stimmungen unterworfen sein.

cam|bia|mo|ne|te m. e f.inv. ANT. → **cambiavalute.**

cam|bia|re *(cambio, cambi)* **I** tr. **1** ändern, wechseln: ***~ le gomme a un'automobile*** an einem Auto die Reifen wechseln; ***~ direzione, opinione, programma*** die Richtung, die Ansicht, das Programm ändern; ***~ vestito, posto, argomento (discorso)*** ein anderes Kleid an‿ziehen, den Platz, das Thema wechseln; ***~ medico*** den Arzt wechseln; ***~ rotta*** den Kurs ändern; ***~ vita*** seine Lebensweise ändern **2** *(trasformare)* verändern, verwandeln: ***voler ~ il mondo, qcn.*** die Welt, jdn verändern wollen **3** *(denaro)* wechseln, um‿tauschen: ***~ una banconota da cento marchi*** einen Hundertmarkschein wechseln; ***~ dei soldi alla frontiera*** an der Grenze Geld wechseln; ***~ dei marchi in pesetas*** Mark gegen Peseten wechseln, Mark in Peseten um‿tauschen; assol. ***scusi, ha da ~?*** Entschuldigung, können Sie wechseln? **4** *(scambiare, barattare)* tauschen, um‿tauschen: ***~ il proprio appartamento con uno più grande*** seine Wohnung gegen eine größere tauschen; ***~ la merce*** die Ware umtauschen **II** intr. (aus. *essere*) **1** wechseln, sich ändern, sich wandeln: ***il tempo cambia*** das Wetter wechselt, ändert sich; ***i tempi sono cambiati*** die Zeiten haben sich geändert **2** *(trasformarsi)* sich verändern: ***sei cambiato in meglio, in peggio*** du hast dich zu deinem Vorteil, Nachteil verändert **3** *(scambiare)* ***~ con qcn.*** mit jdm tauschen **4** MOT. *(marcia)* schalten, um‿schalten **III** pronom. **cambiarsi 1** *(d'abito)* sich um‿ziehen, sich um‿kleiden **2** *(trasformarsi)* sich verwandeln **3** *(scambiarsi)* tauschen: ***non mi cambierei con nessuno*** ich würde mit niemandem tauschen ◆ ***~ aria*** lüften; FIG. für Tapetenwechsel sorgen; ***~ aspetto*** anders aus‿sehen; FIG. ***la cosa cambia aspetto*** das ändert die Sache; ***~ un bambino*** ein Baby trocken‿legen; SPORT ***~ campo*** die Seiten wechseln; ***~ le carte in tavola*** den Spieß um‿drehen; ***~ casa*** um‿ziehen; ***~ città*** in eine andere Stadt ziehen, über‿siedeln; ***~ colore*** sich verfärben (anche FIG.); ***~ idea*** seine Meinung ändern, es sich anders überlegen; ***far ~ idea a qcn.*** jdn um‿stimmen; ***~ le lenzuola*** das Bett frisch beziehen; ***~ la marcia*** schalten, um‿schalten; FIG. *(aumentare il ritmo)* einen Gang zu‿legen; ***~ l'olio*** Öl wechseln; ***~ modo di pensare*** um‿denken; ***~ posto a qcs.*** etw. um‿stellen; ***~ strada*** einen anderen Weg ein‿schlagen; ***tanto per ~*** zur Abwechslung; ***~ treno*** um‿steigen.

cam|bia|rio agg. *(-ri,-rie)* Wechsel-: ***credito, debito, protesto ~*** Wechselkredit *m.*, Wechselschuld *f.*, Wechselprotest *m.*; ***tassa -a*** Wechselsteuer *f.*; ***avallo ~*** Wechselbürgschaft *f.*

cam|bia|va|lu|te m.inv. **1** Geldwechsler *m.* **2** *(luogo)* Wechselstube *f.* ◆ ***~ automatico*** Geldwechselautomat *m.*

cam|bio m. *(-bi)* **1** Wechsel *m.*, Tausch *m.*: ***dare, prendere qcs. in ~*** etw. in Tausch geben, nehmen; ***fare un buon, un cattivo ~*** einen guten, schlechten Tausch machen; SPORT ***il ~ di un giocatore, di campo*** der Wechsel eines Spielers, der Wechsel der Seiten (*o* Seitenwechsel) **2** ECON. *(corso dei cambi)* Wechsel *m.*, Wechselkurs *m.*: ***~ ufficiale, libero, differenziato*** amtlicher, freier, gestaffelter Wechselkurs; ***~ fisso, flessibile*** fester, flexibler Wechselkurs **3** MOT. ***~ (di velocità)*** Wechselgetriebe *n.*: ***~ a cloche, al volante, a cinque marce, automatico*** Knüppelschaltung *f.*, Lenkradschaltung *f.*, Fünfganggetriebe *n.*, Automatikgetriebe *n.* ◆ ***~ della borsa*** Börsenkurs *m.*; ***corso del ~*** Devisenkurs *m.*; ***dare il ~ a qcn.*** jdn ab‿lösen; ***darsi il ~*** sich ab‿lösen, sich ab‿wechseln; ***dare qcs. in ~ di qcs.*** etw. gegen etw. tauschen, ein‿tauschen; ***fare (a) ~ di qcs.*** etw. aus‿tauschen; ***~ forzoso*** Zwangskurs *m.*; ***~ della guardia*** Wachablösung *f.* (anche FIG.); ***dare il ~ alla guardia*** die Wache ab‿lösen; ***in ~ di qcs.*** (an)statt etw. (G), anstelle etw. (G), dafür; ***~ obbligatorio*** Zwangsumtausch *m.*; ***operazione di ~*** Wechselgeschäft *n.*; ***oscillazione del ~*** Wechselkursschwankung *f.*; ***~ alla pari*** Parikurs *m.*; ***stabilità del ~*** Währungsstabilität *f.*; ***ufficio di ~*** Wechselstelle *f.*, Wechselstube *f.*

cam|bi|sta m. e f. *(-i,-e)* ECON. Devisenhändler *m.* (-in *f.*), Geldwechsler *m.* (-in *f.*).

Cam|bo|gia n.pr.f. Kambodscha *n.* **cam|bo|gia|no I** agg. kambodschanisch **II** m. **1** *(abitante)* Kambodschaner *m.* **2** *(lingua)* Kambodschanisch(e) *n.*

cam|bret|ta f. Krampe *f.*

cam|brì m.inv. Kambrik *m.*, Kammertuch *n.*

cam|bria|no, cam|bri|co I agg. *(-ci,-che)* kambrisch **II** m. Kambrium *n.*

cam|bu|sa f. Kombüse *f.* **cam|bu|sie|re** m. Schiffskoch *m.*

Cam|ciat|ca n.pr.f. Kamtschatka *n.*

ca|me|lia f. Kamelie *f.* ◆ ***la signora delle -e*** die Kameliendame.

ca|mem|bert [kamã'bɛ:] m.inv. Camembert *m.*

ca|me|ra f. **1a** Zimmer *n.*: ***~ da letto, da pranzo, dei bambini, degli ospiti*** Schlaf-, Ess- (*o* Speise-), Kinder-, Gästezimmer *n.*; ***~ doppia, singola, matrimoniale*** Doppel-, Einzel-, Doppelbettzimmer *n.*; ***~ a un letto, a due letti*** Einbett-, Zweibettzimmer *n.*; ***~ con bagno*** Zimmer mit Bad; ***affittare, prenotare, prendere una ~*** ein Zimmer mieten, buchen, nehmen; ***rifare le -e*** die Zimmer machen; ***non avere -e libere*** kein Zimmer frei haben **b** *(mobilia)* Zimmereinrichtung *f.*, Zimmer *n.* **2** POL. Kammer *f.*, Haus *n.*: ***~ dei deputati*** Abgeordnetenhaus *n.* ◆ ***Camera Alta*** Oberhaus *n.*; ***appartamento di tre, di quattro -e*** Dreizimmer-, Vierzimmerwohnung *f.*; ***~ ardente*** Aufbahrungshalle *f.*; ***~ d'aria*** Schlauch *m.*, Luftschlauch *m.*; ***Camera Bassa*** Unterhaus *n.*; ***~ blindata*** Stahlkammer *f.*, Tresorraum *m.*; ***~ di combustione*** Brennkammer *f.*; ***~ di commercio*** Handelskammer *f.*; ECON. ***~ di compensazione*** Clearinghaus *n.*, Abrechnungsstelle *f.*, Ausgleichsstelle *f.*; ***~ di compressione, di decompressione*** Verdichtungsraum *m.*, Dekompressionskammer *f.*; ***~ a gas*** Gaskammer *f.*; ***~ del lavoro*** Arbeiterkammer *f.*; ***musica da ~*** Kammermusik *f.*; ***~ operatoria*** Operationssaal *m.*; ***orchestra da ~*** Kammerorchester *n.*; ***~ oscura*** Dunkelkammer *f.*; ***~ di scoppio*** → ***~ di combustione***; ***~ di tortura*** Folterkammer *f.*; ***veste da ~*** Morgenrock *m.*; *(da uomo)* Hausrock *m.*

ca|me|ra|le agg. ANT. Kammer-, Staats-: ***beni -i*** Staatsgüter. **ca|me|ra|li|smo** m. ANT. Kameralistik *f.*, Kameralia *pl.* **ca|me|ra|li|sta** m. ANT. Kameralist *m.* **ca|me|ra|li|sti|co** agg. *(-ci,-che)* ANT. kameralistisch.

ca|me|ra|man m.inv. (anche pl. *cameramen*) Kameramann *m.*

ca|me|ra-sog|gior|no m. Wohnschlafzimmer *n.*

1.ca|me|ra|ta f. **1** Schlafsaal *m.*, Stube *f.*: ***compagno di ~*** Stubenkamerad *m.* **2** *(corsia di ospedale)* Krankensaal *m.*

2.ca|me|ra|ta m. e f. *(-i,-e)* **1** Kamerad *m.* (-in *f.*) **2** STOR. INTRAD. (Parteigenosse im Faschismus).

ca|me|ra|te|sco agg. *(-schi,-sche)* kameradschaftlich, Kameradschaft-: ***spirito ~*** Kameradschaftssinn *m.*, Kameradschaftsgeist *m.* **ca|me|ra|ti|smo** m. Kameradschaft *f.*; SPREG. Kameraderie *f.* ◆ ***spirito di ~*** Kameradschaftsgeist *m.*

ca|me|rie|ra f. **1a** *(in un locale)* Kellnerin *f.*, Serviererin *f.* **b** *(come appellativo)* Fräulein *n.*: ***~, una birra!*** Fräulein, ein Bier bitte! **2** *(in albergo)* Zimmermädchen *n.* **3** *(domestica)* Hausangestellte *f.*, Dienstmädchen *n.* **ca|me|rie|re** m. **1a** *(in un locale)* Kellner *m.*, Ober *m.*: ***chiamare il ~*** nach dem Kellner rufen **b** *(come appellativo)* Ober *m.*: ***~, un caffè!*** Herr Ober, einen Kaffee bitte! **2** *(in un albergo)* Zimmerkellner *m.* **3** *(domestico)* Hausangestellte *m.*, Diener *m.*

ca|me|ri|no m. 1 TEATR. Garderobe *f.*, Künstlerzimmer *n.* 2 MIL. MAR. Kajüte *f.*
ca|me|ri|sta f. ANT. Kammerjungfer *f.*, Zofe *f.*
ca|me|ri|sti|co agg. *(-ci,-che)* kammermusikalisch.
ca|mer|len|go m. *(-ghi)* 1 STOR. Kämmerer *m.* 2 ECCL. Kardinalvikar *m.*
Ca|me|run n.pr.m. Kamerun *n.* **ca|me|ru|ne|se** I agg. kamerunisch II m. e f. Kameruner *m.* (-in *f.*).
ca|mi|ce m. *(-ci)* 1 Kittel *m.*: ~ ***da lavoro, del dottore*** Arbeits-, Arztkittel *m.*; ***indossare il*** ~ den Kittel über‿ziehen 2 LIT. *(alba)* Messhemd *n.*
ca|mi|ce|ri|a f. 1 *(fabbrica)* Hemdenfabrik *f.* 2 *(negozio)* Hemdengeschäft *n.* **ca|mi|cet|ta** f. Bluse *f.*: ***abbottonare, sbottonare la*** ~ die Bluse zu‿knöpfen, auf‿knöpfen; ***una*** ~ ***scollata, senza maniche, ricamata*** eine ausgeschnittene, ärmellose, bestickte Bluse; ~ ***di mussola, di seta*** Musselin-, Seidenbluse *f.*
ca|mi|cia f. *(-cie)* 1 *(da uomo)* Hemd *n.*, Oberhemd *n.*; *(da donna)* Hemdbluse *f.*, Bluse *f.*: ~ ***a maniche lunghe, corte*** langärmeliges, kurzärmeliges Hemd; ***lavare, stirare -cie*** Hemden waschen, bügeln; ***mettere (mettersi), indossare, togliersi la*** ~ das Hemd an‿ziehen, tragen, aus‿ziehen; ***infilarsi la*** ~ ***nei pantaloni*** das Hemd in die Hose stecken; ~ ***di cotone, di seta*** baumwollenes Oberhemd (*o* Baumwollhemd *n.*), Seidenhemd *n.*; ~ ***a quadri, a righe, a fiori*** kariertes, gestreiftes, geblümtes Hemd 2 TECN. EDIL. Mantel *m.*: ***la*** ~ ***di un tubo*** der Mantel einer Röhre; ~ ***di raffreddamento*** Kühlmantel *m.* 3 BUROCR. *(cartellina per documenti)* Aktenmappe *f.*, Umschlag *m.* ◆ ***-cie brune*** Braunhemden *pl.*; ***essere culo e*** ~ ***con qcn.*** wie (die) Kletten aneinander hängen (*o* zusammen‿halten); ***dare via anche la*** ~ sein letztes Hemd her‿geben, sich das letzte Hemd vom Leib reißen; ~ ***di forza*** Zwangsjacke *f.*; ***giocarsi la*** ~ das letzte Hemd verspielen; ***lasciare qcn. in*** ~ jdn bis aufs Hemd aus‿ziehen, aus‿plündern; ***in maniche di*** ~ in Hemdsärmeln, hemdsärmelig (anche FIG.); ***essere nato con la*** ~ ein Sonntagskind (*o* ein Glückspilz) sein; ~ ***nere*** Schwarzhemden *pl.*; ~ ***da notte*** Nachthemd *n.*; ***ridursi in*** ~ = bettelarm werden; ***-cie rosse*** = Garibaldiner *pl.*; ***sudare sette -cie*** sich im Schweiße seines Angesichts ab‿mühen; ***stoffa per -cie*** Hemdenstoff *m.*; ***uova in*** ~ verlorene Eier.
ca|mi|cia|ia f. Hemdennäherin *f.* **ca|mi|cia|io** m. *(-ai)* Hemdenmacher *m.* **ca|mi|cio|la** f. 1 Unterhemd *n.* 2 *(camicia estiva)* kurzärmeliges Hemd *n.* **ca|mi|ciot|to** m. 1 *(camicia estiva)* kurzärmeliges Hemd *n.* 2 *(camice da lavoro)* Arbeitskittel *m.*
Ca|mil|la n.pr.f. Camilla *f.*, Kamilla *f.*
ca|mil|lia|no m. Kamillianer *m.*
Ca|mil|lo n.pr.m. Camillo *m.*, Kamillo *m.*
ca|mi|net|to m. Kamin *m.*: ***sedere davanti al*** ~ am, vor dem Kamin sitzen; ***arnesi per il*** ~ Geräte für das Kaminfeuer.
ca|mi|no m. 1 Kamin *m.* (anche ALP.): ***accendere il*** ~ Feuer im Kamin machen 2 *(canna fumaria)* Schornstein *m.* (anche FERR.): ***il*** ~ ***fuma*** der Schornstein raucht; ***i -i di una fabbrica*** die Schornsteine einer Fabrik 3 GEOL. Schlot *m.*
ca|mion m.inv. LKW *m.*, Lastauto *n.*, Lastwagen *m.* **ca|mio|na|le** agg. für Lastkraftwagen befahrbar. **ca|mion|ci|no** m. Lieferwagen *m.* **ca|mio|net|ta** f. Mannschaftswagen *m.* **ca|mio|ni|sta** m. e f. *(-i,-e)* Lastkraftwagenfahrer *m.* (-in *f.*), LKW-Fahrer *m.* (-in *f.*).
ca|mi|sac|cio m. *(-ci)* Matrosenbluse *f.*
ca|mi|ta m. e f. *(-i,-e)* Hamit *m.* (-in *f.*), Hamite *m.* **ca|mi|ti|co** I agg. *(-ci,-che)* hamitisch, Hamiten-: ***lingue -che*** hamitische Sprachen II m. Hamitisch(e) *n.*
cam|ma f. Nocken *m.*: ***albero a -e*** Nockenwelle *f.*
cam|mel|la|to agg. auf Kamelen befördert. **cam|mel|lie|re** m. Kamelführer *m.*, Kameltreiber *m.* **cam|mel|lo** I m. 1 Kamel *n.*, Trampeltier *n.* 2 *(tessuto)* Kamelhaar *n.*: ***coperta, cappotto di*** ~ Kamelhaardecke *f.*, Kamelhaarmantel *m.* II agg.inv. ***(color)*** ~ kamelhaarfarben ◆ PROV. ***è più facile che un*** ~ ***passi per la cruna di un ago...*** eher geht ein Kamel durchs Nadelöhr... **cam|mel|lot|to** m. Kamelott *m.*
cam|me|o m. Kamee *f.*
cam|mi|na|men|to m. MIL. Laufgraben *m.*
cam|mi|na|re intr. (aus. *avere*) 1 gehen, laufen: ~ ***diritto, con il bastone*** aufrecht, am Stock gehen; ~ ***a piedi nudi, a quattro zampe*** barfuß, auf allen vieren gehen; ~ ***lentamente, velocemente, in fila indiana*** langsam, schnell, im Gänsemarsch gehen; ***imparare a*** ~ laufen lernen; ***ho camminato per tre ore*** ich bin drei Stunden gelaufen 2a COLLOQ. *(di veicoli; procedere velocemente)* laufen: ***questa macchina non cammina*** dieses Auto läuft nicht b *(funzionare)* gehen, laufen: ***l'orologio non cammina più*** die Uhr geht nicht mehr 3 *(fare passeggiate)* wandern: ~ ***in montagna*** im Gebirge wandern ◆ ***cammina!*** los, beeil dich! ***cammina cammina...*** nachdem sie lange gelaufen waren...; ~ ***sui trampoli*** Stelzen laufen, auf Stelzen gehen; FIG. wie auf Stelzen gehen; FIG. ~ ***sulle uova*** wie auf Eiern gehen.
cam|mi|na|ta f. 1a *(passeggiata)* Spaziergang *m.*, Gang *m.*: ***fare una*** ~ ***nel parco*** einen Spaziergang durch den Park machen b *(escursione a piedi)* Fußwanderung *f.*, Wanderung *f.*: ***fare una*** ~ ***in montagna*** eine Wanderung im Gebirge machen, im Gebirge wandern 2 *(passo, andatura)* Gangart *f.*, Gang *m.* **cam|mi|na|to|re** m. Geher *m.*; Wanderer *m.* ◆ ***essere un buon, cattivo*** ~ gut, schlecht zu Fuß sein.
cam|mi|no m. 1 Weg *m.*; *(a piedi)* Fußweg *m.*: ***dopo un lungo*** ~ nach einem weiten Weg; ***mettersi in*** ~ sich auf den Weg machen; ***essere in*** ~ auf dem Weg (*o* unterwegs) sein; ***proseguire il*** ~ seinen Weg fort‿setzen; ***un'ora di*** ~ eine Stunde Fußweg 2 *(corso)* Lauf *m.*: ***il*** ~ ***del sole, di un fiume*** der Lauf der Sonne, eines Flusses 3 FIG. *(condotta morale)* Pfad *m.*, Weg *m.*: ***il retto*** ~ der rechte Pfad; ***deviare dal retto*** ~ vom Pfad der Tugend ab‿weichen 4 FIG. *(il procedere)* Weg *m.*, Lauf *m.* ◆ ***il*** ~ ***della civiltà*** der Fortschritt der Zivilisation; ***cammin facendo*** unterwegs; MIL. ~ ***di ronda*** Wehrgang *m.*; FIG. ~ ***della vita*** Lebensweg *m.*
ca|mo|la f. REGION. Motte *f.* **ca|mo|la|to** agg. REGION. mottenzerfressen.
ca|mo|mil|la f. 1 BOT. Kamille *f.* 2 *(bevanda)* Kamillentee *m.*
ca|mor|ra f. Kamorra *f.* **ca|mor|ri|sta** m. e f. *(-i,-e)* Kamorrist *m.* (-in *f.*). **ca|mor|ri|sti|co** agg. *(-ci,-che)* Kamorra-.
ca|mo|scio m. *(-sci)* 1 Gämse *f.*; *(maschio)* Gämsbock *m.* 2a *(pelle di camoscio)* Gämsleder *n.* b ESTENS. *(pelle scamosciata)* Wildleder *n.*, Chamoisleder *n.*: ***guanti di*** ~ Wildlederhandschuhe *pl.*
cam|pa|gna f. 1 Land *n.*: ***una*** ~ ***fertile*** ein fruchtbares Land; ***vivere, andare in*** ~ auf dem Land leben, aufs Land gehen; ***in aperta*** ~ auf dem platten Land 2 MIL. Feldzug *m.*: ***la*** ~ ***di Russia*** der Russlandfeldzug; ***partecipare a una*** ~ einen Feldzug mit‿machen 3 FIG. Kampagne *f.*: ***condurre una*** ~ ***contro qcs.*** eine Kampagne gegen etw. führen ◆ ***casa di*** ~ Landhaus *n.*; ***di, della*** ~ ländlich, Land-; ~ ***diffamatoria*** Rufmordkampagne *f.*; ~ ***elettorale*** Wahlkampf *m.*; STOR. ~ ***d'Egitto*** Ägyptische Expedition; ***esodo dalle -e*** Landflucht *f.*; ***gente di*** ~ Leute vom Land; ***gita in*** ~ Landpartie *f.*; ~ ***d'informazione*** Aufklärungskampagne *f.*; ~ ***pubblicitaria*** Werbekampagne *f.*, Werbefeldzug *m.*; ~ ***scandalistica*** Verleumdungskampagne *f.*; ~ ***di stampa*** Pressekampagne *f.*; ***strada di*** ~ Landweg *m.*; ***vita di*** ~ Landleben *n.*
cam|pa|gno|lo I agg. 1 ländlich, Land- 2 SPREG. bäurisch II m. 1 Landbewohner *m.* 2 SPREG. Bauer *m.*: ***comportarsi come un*** ~ sich wie ein Bauer benehmen ◆ ***mangiare alla -a*** rustikal essen.
cam|pa|le agg. 1 Feld-: ***battaglia*** ~ Feldschlacht *f.* 2 FIG. ***giornata*** ~ Großkampftag *m.*
cam|pa|na f. 1 Glocke *f.*: ***suonare le -e*** die Glocken läuten (*o* ziehen); ***la*** ~ ***suona, suona a martello (a stormo),*** die Glocke läutet, läutet Sturm; ***le -e suonano a morto, a festa*** die Glocken läuten zu Grabe, zum Fest; ***i rintocchi della*** ~ die Glockenschläge 2 *(come protezione)* Schutzglocke *f.*, Glocke *f.* 3 *(contenitore per la raccolta vetro)* Altglasbehälter *m.*, Altglascontainer *m.* 4 GIOC. *(settimana)* ***giocare a*** ~ Himmel und Hölle spielen ◆ ***a*** ~ Glocken-, glockenförmig; ***gonna, pantaloni a*** ~ Glockenrock *m.*, Hosen mit Schlag; ***sentire (anche) l'altra*** ~ = (auch) eine andere Meinung hören; ***batacchio della*** ~ Glockenklöppel *m.*, Glockenschwengel *m.*; ~ ***a morto*** Sterbeglocke (*o* Totenglocke) *f.*; ~ ***pneumatica*** Taucherglocke *f.*; ***sordo come una*** ~ stocktaub; ***stare in*** ~ auf der Hut sein; ***essere stonato come una*** ~ = falsch singen; ~ ***a stormo*** Sturmglocke *f.*; ***sentire tutte le -e*** = beide Parteien hören; ~ ***di vetro*** Glasglocke *f.*; FIG. ***mettere qcn., vivere sotto una*** ~ ***di vetro*** jdn unter eine Glasglocke tun, unter einer Glasglocke leben.
cam|pa|nac|cio m. *(-ci)* Kuhglocke *f.* **cam|pa|na|rio** agg. *(-ri,-rie)* Glocken-: ***torre -a*** Glockenturm *m.*; ***cella -a*** Glockenstuhl *m.*, Glockenstube *f.* **cam|pa|na|ro** m. Glöckner *m.* **cam|pa|nel|la** f. 1 Klingel *f.*, Glocke *f.*: ***la*** ~ ***della scuola*** die Schulglocke 2 BOT. Glockenblume *f.* **cam|pa|nel|li|no** m. Glöckchen *n.*
cam|pa|nel|lo m. 1 Klingel *f.*: ***suonare il*** ~ auf die Klingel drücken (*o* klingeln, schellen); ~ ***elettrico*** elektrische Klingel 2 *(della bicicletta)* Fahrradklingel *f.* 3 MUS. pl. Glockenspiel *n.* ◆ ~ ***d'allarme*** Alarmglocke *f.* (anche FIG.); ~ ***da messa*** Altarklingel *f.*
Cam|pa|nia n.pr.f. Kampanien *n.*
cam|pa|ni|for|me agg. glockenförmig. **cam|pa|ni|le** m. 1 Turm *m.*, Glockenturm *m.*: ~ ***della chiesa*** Kirchturm *m.* 2 SPORT ***(tiro a)*** ~ Kerze *f.* ◆ ~ ***a bulbo*** Zwiebelturm *m.*; ***orologio del*** ~ Turmuhr *f.*, Kirchturmuhr *f.*; ***rivalità di*** ~ Rivalität aus Lokalpatriotismus. **cam|pa|ni|li|smo** m. Lokalpatriotismus *m.* **cam|pa|ni|li|sta** I

agg. → **campanilistico** **II** m. e f. *(-i,-e)* Lokalpatriot *m.* (-in *f.*). **cam|pa|ni|li|sti|co** agg. *(-ci,-che)* lokalpatriotisch.

cam|pa|no **I** agg. aus Kampanien **II** m. Kampanier *m.*

cam|pa|no|ne m. große Glocke *f.* **cam|pa|nu|la** f. Glockenblume *f.*

1.cam|pa|re intr. (aus. *essere*) COLLOQ. leben, sich durch‿bringen, sich durch‿schlagen: **~ del proprio lavoro** von seiner Arbeit leben ◆ **tirare a ~** sich durchs Leben schlagen (*o* sein Leben fristen).

2.cam|pa|re tr. hervor‿heben.

cam|pa|ta f. EDIL. Spannweite *f.*; *(di arco)* Bogenweite *f.*

cam|pa|to p.pass. agg. → **2.campare** ◆ **un'affermazione -a in aria** eine aus der Luft gegriffene Behauptung; **un progetto ~ in aria** ein Projekt ohne Hand und Fuß.

cam|peg|gia|re intr. *(campeggio, campeggi;* aus. *avere)* **1** zelten, kampieren, campen **2a** *(risaltare)* sich ab‿heben, hervor‿stechen, hervor‿treten: **una croce blu campeggia su sfondo bianco** ein blaues Kreuz hebt sich vom weißen Hintergrund ab **b** *(essere in primo piano)* im Vordergrund stehen: **nel romanzo campeggia la figura del padre** im Roman steht die Figur des Vaters im Vordergrund.

cam|peg|gia|to|re m. Zeltreisende *m.*, Zeltler *m.* **cam|peg|gio** m. *(-gi)* **1** Zelten *n.*, Camping *n.*; **fare, praticare il ~** zelten, campen **2** *(camping)* Zeltplatz *m.*, Campingplatz *m.*; Zeltlager *n.*: **un ~ ben attrezzato** ein gut ausgerüsteter Campingplatz; **andare in ~** ins Zeltlager fahren ◆ **tavolino, tenda, fornellino da ~** Campingtisch *m.*, -zelt *n.*, -kocher *m.*; **fare ~ libero** wild zelten.

cam|per m.inv. Wohnmobil *n.*

cam|pe|stre agg. Feld-, Land-: **fiori -i** Feldblumen *pl.*; **vita ~** Leben auf dem Land ◆ **corsa ~** Geländelauf *m.*, Querfeldeinlauf *m.*; **guardia ~** Feldhüter *m.*, Flurschütz *m.*

cam|pet|to m. **1** (kleines) Feld *n.*, (kleiner) Spielplatz *m.*: **un ~ di calcio** ein kleiner Fußballplatz; eine Fußballwiese **2** *(per sciatori)* (kleiner) Skihügel *m.*

cam|pic|chia|re intr. (aus. *avere*) sich durch‿schlagen.

Cam|pi|do|glio n.pr.m. Kapitol *n.*

cam|piel|lo m. INTRAD. (kleiner Platz in Venedig).

cam|pie|re, cam|pie|ro m. REGION. Feldhüter *m.* (in Sizilien).

cam|ping ['kæmpɪŋ] m.inv. Zeltplatz *m.*, Campingplatz *m.*

cam|pio|na|men|to m. **1** → **campionatura** **2** STATIST. Sample *n.* **cam|pio|na|re** tr. **~ qcs.** eine Stichprobe bei etw. machen, Proben aus etw. nehmen.

cam|pio|na|rio **I** m. *(-ri)* **1a** Musterkollektion *f.*, Kollektion *f.*: **un ~ di orologi, di scarpe** eine Uhren-, Schuhkollektion **b** *(catalogo)* Musterbuch *n.*: **un ~ di stoffe** ein Musterbuch von Stoffen, ein Stoffmusterbuch **c** *(foglio singolo)* Musterkarte *f.*, Karte *f.*: **un ~ di colori** eine Farb(muster)karte **2** FIG. **l'India è un ~ di razze** Indien ist ein Sammelbecken von Rassen **II** agg. *(-ri,-rie)* Muster-: **fiera -a** Mustermesse *f.* ◆ **valigetta del ~** Musterkoffer *m.*

cam|pio|na|to m. **1** Meisterschaft *f.*: **disputare, vincere un ~** eine Meisterschaft aus‿tragen, gewinnen; **~ di calcio, di scacchi** Fußball-, Schachmeisterschaft *f.*; **~ mondiale, europeo** Welt-, Europameisterschaft *f.*; **~ giovanile, juniores** Jugend-, Juniorenmeisterschaft *f.* **2** Liga *f.*: **~ regionale** Regionalliga *f.* ◆ **~ di serie A, di serie B** 1., 2. Liga; **partita, gara di ~** Meisterschaftsspiel *n.*, -kampf *m.*

cam|pio|na|to|re **I** m. **1** Probe(n)entnehmer *m.*, Prüfer *m.* **2** *(macchina)* Probenentnahmegerät *n.* **II** agg. TECN. **sonda -trice** Kernbohrer *m.* **cam|pio|na|tu|ra** f. Stichprobenentnahme *f.*, Musterentnahme *f.*

cam|pion|ci|no m. Probepackung *f.*, Pröbchen *n.*: **un ~ di profumo, di crema** eine Parfum-, Cremeprobepackung.

cam|pio|ne **I** m. **1** SPORT GIOC. Meister *m.*, Sieger *m.*, Champion *m.*: **~ europeo, nazionale, olimpico** Europa-, Landesmeister *m.*, Olympiasieger *m.*; **~ mondiale di nuoto, di scacchi** Weltmeister im Schwimmen, Schachweltmeister *m.*; **~ in carica, ~ uscente** amtierender Meister (*o* Titelinhaber *m.*), Titelverlierer *m.*; ESTENS. **è un vero ~ a carte** er ist ein wahrer Meister im Kartenspiel **2** *(fuoriclasse)* Champion *m.*, Spitzensportler *m.*, Spitzenspieler *m.*: **un noto ~ di basket, di calcio** ein bekannter Basketball-, Fußballchampion **3a** ANT. Recke *m.*, Kämpe *m.*: **il ~ della regina, del re** der Recke (*o* der Reiter) der Königin, des Königs **b** ESTENS. *(difensore)* Verteidiger *m.*, Kämpfer *m.*, Streiter *m.*: **un ~ della fede, della libertà** ein Glaubensstreiter, Freiheitskämpfer **4** *(modello)* Modell *n.*, Muster *n.*: **un ~ di diplomazia, di stupidità** ein Muster an Diplomatie, an Dummheit; **un ~ di virtù** ein Tugendheld **5** COMM. Muster *n.*, Probe *f.*: **differire dal ~** vom Muster ab‿weichen; **acquistare, vendere, produrre su ~** nach Muster kaufen, verkaufen, her‿stellen; **~ senza valore** Muster ohne Wert; **~ gratuito, omaggio** Gratisprobe *f.* (nicht zum Verkauf zugelassen); **~ di prova** Probemuster *n.*, -sendung *f.* **6** MED. MIN. TECN. Probe *f.*: **un ~ di urina, di feci** eine Urin-, Harnprobe, eine Stuhlprobe; **prelevare un ~ di sangue, d'acqua, di minerale** eine Blut-, Wasser-, Mineralprobe entnehmen **7** STATIST. Sample *n.*: **un ~ di 100 individui** ein Sample von 100 Personen; **~ rappresentativo** repräsentative Stichprobe, Sample *n.* **II** agg.inv. **1** Sieger-: **squadra, atleta ~** Siegermannschaft *f.*, -athlet *m.* **2** STATIST. **indagine, analisi ~** Stichprobenuntersuchung *f.* ◆ **conforme al ~** mustergetreu; **controllo (qualità) a ~** Stichprobe *f.*; SPORT **coppa dei -i** Champions League *f.*, Pokal *m.* der Landesmeister; CINEM. TEATR. **~ d'incassi** Renner *m.*; **~ delle vendite** Verkaufshit *m.*

cam|pio|nes|sa f. Meisterin *f.*: **la ~ italiana di salto in alto** die italienische Meisterin im Hochsprung.

cam|pio|nis|si|mo m. SPORT **1** Ausnahmeerscheinung *f.* **2** *(campione del mondo)* Weltbeste *m.*

cam|pi|re tr. *(campisco, campisci)* PITT. grundieren.

cam|po m. **1a** Feld *n.*, Acker *m.*: **un ~ di grano, di papaveri, di patate** ein Korn-, Mohnfeld, ein Kartoffelacker; **coltivare, arare, seminare, concimare, irrigare un ~** einen Acker bestellen, pflügen, säen, düngen, bewässern; **lavorare nei -i** auf dem Feld arbeiten **b** pl. *(campagna)* Felder *pl.*, Land *n.*: **la vita dei -i** das Leben auf dem Land **2a** SPORT Platz *m.*: **giocare sul proprio ~** auf eigenem Platz spielen; **~ da tennis, da calcio, da golf** Tennis-, Fußball-, Golfplatz *m.* **b** *(campo di gioco)* Feld *n.*: **venire espulso dal ~** vom Feld (*o* Platz) verwiesen werden; **mandare in ~ qcn.** jdn ins Feld schicken; **dominare il, essere padrone del ~** das Feld beherrschen **3** *(di sci)* Abfahrt *f.* **4** MIL. Feld *n.*: **combattere in ~ aperto** auf offenem Feld kämpfen; **tenere il ~** das Feld behaupten; **cadere sul ~** = in der Schlacht fallen **5** *(accampamento)* Lager *n.*: **piantare, levare il ~** das Lager auf‿schlagen, ab‿brechen; **un ~ di nomadi, di profughi** ein Zigeuner-, Flüchtlingslager **6a** *(sfondo)* Grund *m.*: **una croce blu in ~ rosso** ein blaues Kreuz auf rotem Grund **b** ARALD. Feld *n.* **7** *(ambito)* Feld *n.*, Gebiet *n.*, Bereich *m.*: **in ~ artistico, nel ~ dell'arte** auf künstlerischem Gebiet, im Bereich der Kunst; **~ di applicazione, d'azione, di ricerca** Anwendungsbereich *m.*, Tätigkeitsfeld (*o* Aktionsfeld) *n.*, Forschungsgebiet *n.*; **essere un'autorità nel proprio ~** eine Autorität auf seinem Gebiet sein; **questo non è il mio ~** das ist nicht mein Fach **8** EL. FIS. OTT. Feld *n.*: **~ elettrico, magnetico** elektrisches Feld, Magnetfeld *n.*; **~ gravitazionale** Gravitationsfeld *n.*; **~ visivo** Blick-, Gesichtsfeld *n.* **9** MIN. Feld *n.*, Vorkommen *n.*: **~ aurifero, diamantifero** Gold-, Diamantenfeld *n.* **10** CINEM. Bildfeld *n.*: **~ corto, lungo** kleines, großes Bildfeld ◆ **abbandonare il ~** das Feld räumen (anche FIG.); MIL. **~ d'addestramento** Trainingslager *n.*, Ausbildungslager *n.*; MIL. **aiutante di ~** Adjutant *m.*; **combattere in ~ aperto** auf freiem Felde kämpfen; **~ d'atterraggio** Landeplatz *m.*; **~ d'aviazione** Flugplatz *m.*; **~ di battaglia** Schlachtfeld *n.*; FIG. **sembra un ~ di battaglia** hier sieht es wie auf einem Schlachtfeld (*o* wie nach einer Schlacht) aus; SPORT **cambiare ~** die Seiten wechseln: **cambio del ~** Seitenwechsel *m.*; **cedere il ~** das Feld räumen; **cedere il campo a qcn.** jdm das Feld überlassen; **chiamare in ~ qcn.** jdn auf den Plan rufen; **~ di concentramento** Konzentrationslager *n.*; MIL. **cucina, ospedale da ~** Feldküche *f.*, Feldlazarett *n.*; **entrare in ~** ins Feld kommen, ein‿laufen; FIG. auf den Plan treten; **fiore di ~** Wiesen-, Feldblume *f.*; **~ di fortuna** Notlandeplatz *m.*; CINEM. **fuori ~** off; **voce fuori ~** Off-Stimme *f.*; **~ di gioco** Spielfeld *n.*; **~ d'immagine** Bildfläche *f.*; **~ impraticabile** unbespielbarer Platz; *(di calcio)* unbespielbares Feld; **~ d'internamento** Internierungslager *n.*; **lasciare il ~ a qcn.** jdm das Feld überlassen; **~ di lavoro** Arbeitslager *n.*; **avere ~ libero** freie Hand haben; SPORT **metà ~** Spielfeldhälfte *f.*, Hälfte *f.*; **mettere in ~** MIL. SPORT ins Feld schicken (anche FIG.): **~ minato** Minenfeld *n.*; FIG. gefährliches Terrain; FIG. **passare nel ~ nemico** zum Feind über‿gehen; **rimanere padrone del ~** das Feld behaupten, sich behaupten; **~ petrolifero** Erdölfeld *n.*; **~ di prigionia** Gefangenenlager *n.*; **~ di raccolta (terremotati, alluvionati)** Auffanglager *n.*, Sammellager *n.* (für Erdbeben-, Überschwemmungsopfer); **~ regolamentare** reguläres Spielfeld; SPORT **scelta del ~** Seitenwahl *f.*; **scendere in ~** SPORT → **entrare in ~**; MIL. SPORT *(scontrarsi)* gegeneinander an‿treten; FIG. **scendere in ~ a favore di qcn.** sich für jdn ein‿setzen; **~ semantico** Sinnbezirk *m.*, Wortfeld *n.*; **~ sportivo** Sportplatz *m.*; **~ di sterminio** Vernichtungslager *n.*; **essere decorato sul ~** auf dem Feld dekoriert (*o* ausgezeichnet) werden; **~ di tiro** Schussfeld *n.*; SPORT **giocare a tutto ~** auf dem ganzen Platz (*o* Feld) spielen; **~ di volo** Flugplatz *m.*, Flugfeld *n.*

cam|po|rel|la, REGION. **andare in ~** = sich unter freiem Himmel lieben.

cam|po|san|to m. Friedhof *m.*: **andare al ~** auf den Friedhof gehen; FIG. = sterben; **mandare qcn. al ~** = jdn um‿bringen.

cam|pus m.inv. Campus *m.*, Universitätsgelände *n.*
ca|muf|fa|men|to m. **1** Verkleidung *f.*, Vermummung *f.* **2** FIG. Verschleierung *f.*, Tarnung *f.* **ca|muf|fa|re** tr. **1** verkleiden, vermummen **2** FIG. verschleiern, tarnen: **~ *le proprie intenzioni, la verità*** seine Absichten, die Wahrheit verschleiern **II** pronom. **camuffarsi** **1** sich verkleiden, sich vermummen, sich tarnen: ***-rsi da pierrot*** sich als Pierrot verkleiden **2** FIG. sich tarnen, sich aus‿geben: ***-rsi da galantuomo*** sich als Gentleman ausgeben.
ca|mu|no I agg. von Val Camonica **II** m. Bewohner *m.* des Val Camonica.
ca|mu|so agg. platt, stumpf: ***naso ~*** Platt-, Stumpfnase *f.*
Ca|na n.pr.f. Kana *n.*: ***le nozze di ~*** die Hochzeit zu Kana.
Ca|na|an n.pr.f. Kanaan *n.*
Ca|na|da n.pr.m. Kanada *n.* **ca|na|de|se I** agg. kanadisch **II** m. e f. Kanadier *m.* (-in *f.*) **III** f. **1** *(tenda)* Hauszelt *n.* **2** *(canoa)* Kanadier *m.*
ca|na|glia f. **1** Schuft *m.*, Schurke *m.*, Kanaille *f.* **2** *(gentaglia)* Gesindel *n.*, Gelichter *n.* ◆ SCHERZ. ***una simpatica ~*** ein sympathischer Schwerenöter. **ca|na|glia|ta** f. Schuftigkeit *f.*, Schweinerei *f.* **ca|na|glie|sco** agg. *(-schi,-sche)* schurkisch.
ca|na|le m. **1a** Kanal *m.*: ***costruire, scavare un ~*** einen Kanal an‿legen, graben; ***una rete di -i*** ein Netz von Kanälen **b** *(braccio di mare)* Kanal *m.*, Meeresarm *m.* **2** FIG. *(via, tramite)* Kanal *m.*, Weg *m.*: ***i -i diplomatici*** die diplomatischen Kanäle; ***i -i d'informazione, di vendita*** die Informations-, Verkaufskanäle **3** RAD. TELEV. Kanal *m.*, Programm *n.*, Sender *m.*: ***~ televisivo, radiofonico*** Fernsehkanal *m.*, Radioprogramm *n.*; ***ricevere un ~*** einen Kanal empfangen; ***sintonizzare la radio su un ~*** das Radio auf einen Sender ein‿stellen; ***cambiare ~*** auf einen anderen Kanal (*o* Sender), auf ein anderes Programm um‿schalten; ***sul primo ~*** auf dem ersten Kanal, im ersten Programm **4** EL. TEL. Leitung *f.* **5** ANAT. Kanal *m.*, Gang *m.*: ***~ digerente, uditivo*** Verdauungskanal *m.*, Gehörgang *m.* ◆ ***~ a chiuse*** Schleusenkanal *m.*; METALL. ***~ di colata*** Abstichrinne *f.*, Einguss *m.*; COMM. ***~ di distribuzione*** Absatzweg *m.*; ***~ di drenaggio*** Entwässerungskanal *m.*, Drän *m.*; ***~ di irrigazione*** Bewässerungskanal *m.*; ***~ della Manica*** Ärmelkanal *m.*; ***~ navigabile*** Schifffahrtskanal *m.*; ***~ di Panama*** Panamakanal *m.*; ***~ di scarico, di scolo*** Abwasser-, Abzugskanal *m.*; ***~ di Suez*** Sueskanal *m.*
ca|na|let|to m. **1** Kanälchen *n.* **2** *(di scolo)* Rinne *f.*
ca|na|liz|za|re tr. kanalisieren (anche FIG.). **ca|na|liz|za|zio|ne** f. **1** Kanalisierung *f.*, Kanalisation *f.* **2** *(per gas, elettricità)* Leitungssystem *n.* ◆ AUT. ***corsia di ~*** Richtungsfahrbahn *f.*
ca|na|lo|ne m. ALP. Couloir *m.* e *n.*, Rinne *f.*: ***~ ghiacciato*** Eisrinne *f.*
ca|na|ne|o I agg. kana(a)näisch, kana(a)nitisch **II** m. Kana(a)niter *m.*
ca|na|pa f. Hanf *m.* ◆ ***seme, tela, filo di ~*** Hanfsamen *m.*, -leinen *n.*, -garn *n.*; ***~ indiana*** Indischer Hanf; ***~ di Manila*** Manilahanf *m.*
ca|na|pè m.inv. Kanapee *n.*
ca|na|pi|co|lo agg. Hanfanbau-, Hanf-: ***produzione -a*** Hanfproduktion *f.* **ca|na|pi|col|tu|ra** f. Hanfanbau *m.* **ca|na|pie|ro** agg. Hanf-: ***industria -a*** Hanfindustrie *f.* **ca|na|pi|fi|cio** m. *(-ci)* Hanfspinnerei *f.* **ca|na|pi|no I** agg. **1** hanfen, Hanf-: ***tela -a*** Hanfleinen *n.* **2** *(colore)* hanffarben **II** m. Hanfbreche *f.*
ca|na|po m. Hanfseil *n.*
ca|nard [ka'na:r] m.inv. Zeitungsente *f.*, Ente *f.*
Ca|na|rie n.pr.f.pl. Kanaren *pl.*
ca|na|ri|no m. Kanarienvogel *m.* ◆ ***giallo ~*** Kanariengelb *n.*; *(aggettivo)* kanariengelb; ***mangiare come un ~*** wie ein Spatz essen.
ca|na|rio I agg. *(-ri,-rie)* kanarisch **II** m. *(-ri)* Kanarier *m.* ◆ ***isole Canarie*** Kanarische Inseln.
ca|na|sta f. Canasta *n.*: ***giocare a ~*** Canasta spielen.
ca|na|to m. Khanat *n.*
1.can|can m.inv. Cancan *m.*
2.can|can m. *(chiasso)* Lärm *m.*
can|cel|la|bi|le agg. **1a** streichbar, löschbar **b** *(audio-, videocassetta, file)* löschbar, auslöschbar **2** *(estinguibile)* tilgbar.
can|cel|la|re I tr. **1a** streichen, aus‿streichen: ***~ un passo dal testo*** einen Absatz im Text streichen; ***~ dei nomi, dei dati da una lista*** Namen, Daten aus einer Liste streichen, aus‿tragen; COMM. ***~ un ordine*** einen Auftrag streichen; ***~ la parte che non interessa*** Nichtzutreffendes bitte streichen **b** *(con la gomma)* etw. radieren, aus‿radieren **c** löschen, aus‿löschen: ***~ la lavagna, ~ qcs. dalla lavagna*** die Tafel, etw. auf, von der Tafel löschen, wischen; ***~ un nastro, una cassetta, un file*** ein Tonband, eine Kassette, eine Datei löschen **d** FIG. streichen, löschen, aus‿löschen: ***~ il ricordo di qcn., qcs.*** die Erinnerung an jdm, etw. auslöschen; ***~ qcn., qcs. dalla memoria*** jdn, etw. aus dem Gedächtnis streichen; ***non si può ~ il passato*** man kann die Vergangenheit nicht auslöschen **e** FIG. ***~ un volo, un treno*** einen Flug streichen, einen Zug ausfallen lassen **2a** *(disdire)* ab‿sagen: ***~ un appuntamento*** einen Termin absagen **b** *(prenotazione)* stornieren **3a** *(estinguere)* tilgen, streichen: ***~ un debito*** eine Schuld tilgen **b** DIR. ***~ una condanna*** eine Strafe tilgen **4** *(far scomparire)* verwischen, beseitigen: ***~ tutte le tracce*** alle Spuren verwischen **II** pronom. **cancellarsi** *(scomparire)* sich verwischen, verblassen.
can|cel|la|ta f. Gitter *n.*, Gatter *n.*: ***chiudere, recintare qcs. con una ~*** etw. ein‿gittern, vergattern.
can|cel|la|tu|ra f. **1** Streichung *f.* **2** *(punto cancellato)* ausradierte, durchgestrichene Stelle *f.* **can|cel|la|zio|ne** f. **1** Streichen *n.*, Streichung *f.*; *(con la gomma)* Ausradierung *f.*; *(di registrazione)* Löschung *f.*: ***apportare -i in un testo*** Streichungen in einem Text vor‿nehmen **2** COMM. Streichung *f.*, Stornierung *f.*: ***la ~ di un ordine*** die Stornierung eines Auftrags, der Widerruf einer Bestellung **3** *(estinzione)* Tilgung *f.*: ***~ di un debito*** Schuldtilgung *f.*; ***~ di una pena*** Straftilgung *f.*, Straferlass *m.*
can|cel|le|re|sco agg. *(-schi,-sche)* Kanzlei-: ***stile ~*** Kanzleistil *m.* **can|cel|le|ri|a** f. **1a** Kanzleramt *n.* **b** Kanzlei *f.*, Gerichtskanzlei *f.* (anche STOR.) **2** *(materiale per scrivere)* Schreibwaren *pl.*, Bürobedarf *m.* **can|cel|lie|ra|to** m. Kanzleiamt *n.*, Kanzleramt *n.*
can|cel|lie|re m. **1** Kanzler *m.*: ***~ federale*** Bundeskanzler *m.*; ***~ dello scacchiere*** Schatzkanzler *m.* **2** *(funzionario)* Urkundsbeamte *m.*: ***~ di tribunale*** Gerichtsschreiber *m.*
can|cel|li|no m. **1** Tafelschwamm *m.* **2** *(pennarello correttore)* Tintenlöscher *m.*
can|cel|lo m. Gittertor *n.*, Gittertür *f.*: ***aprire, chiudere il ~*** das Tor öffnen, schließen.
can|ce|riz|zar|si pronom. in Krebs aus‿arten. **can|ce|riz|za|zio|ne** f. Krebsbildung *f.* **can|ce|ro|ge|no I** agg. Krebs erregend, Krebs erzeugend, kanzerogen **II** m. kanzerogener Stoff *m.* **can|ce|ro|lo|go** m. *(-gi)* Kanzerologe *m.* **can|ce|ro|lo|gi|a** f. Kanzerologie *f.* **can|ce|ro|so** agg. krebsartig, kanzerös.
can|cre|na f. Brand *m.*, Wundbrand *m.*, Gangrän *n.*: ***andare in ~*** gangräneszieren; ***~ ossea*** Knochenbrand *m.* **can|cre|no|so** agg. brandig, gangränös: ***ulcera -a*** Brandgeschwür *n.*
can|cro m. **1a** Krebs *m.*: ***avere il ~*** Krebs haben; ***essere malato, morire di ~*** an Krebs leiden, sterben **b** ASTROL. ***essere del, un ~*** (ein) Krebs sein; ***essere nato sotto il, nel segno del ~*** im Zeichen des Krebses geboren sein **c** FIG. Übel *n.*, Plage *f.* **2** ANT. *(granchio)* Krebs *m.*, Krabbe *f.* ◆ ***~ al fegato, della pelle, ai polmoni*** Leber-, Haut-, Lungenkrebs *m.*; ***malato di ~*** krebskrank; ***~ alla mammella*** Mammakarzinom *n.*; ***ricerca sul ~*** Krebsforschung *f.*; ***~ allo stomaco*** Magenkrebs *m.*; ***tropico del ~*** Wendekreis *m.* des Krebses.
can|deg|gian|te agg. Bleichmittel *n.* **can|deg|gia|re** tr. bleichen, blauen. **can|deg|gi|na** f. Bleichlauge *f.*, Chlorbleiche *f.* **can|deg|gio** m. *(-gi)* Bleichen *n.*: ***bagno di ~*** Bleichflotte *f.*, Flotte *f.*
can|de|la f. **1** Kerze *f.*: ***accendere, spegnere una ~*** eine Kerze an‿zünden (an‿stecken), aus‿blasen (löschen); ***accendere una ~ a un santo*** einem Heiligen eine Kerze stiften, an‿zünden; GINN. ***fare la ~*** die Kerze machen **2** MOT. Kerze *f.*, Zündkerze *f.*: ***-e sporche*** verschmutzte Kerzen; ***cambiare le -e*** die Kerzen aus‿wechseln **3** FIS. Candela *f.* ◆ ***chiave per -e*** Kerzenschlüssel *m.*; ***illuminazione a -e*** Kerzenbeleuchtung *f.*; ***a lume di ~*** bei Kerzenlicht, bei Kerzenschein; ***moccolo di ~*** Kerzenstummel *m.*; ***avere la ~ al naso*** eine Rotzglocke haben; ***pinza per -e*** Kerzenhalter *m.*; FIG. ***reggere la ~ a qcn.*** bei jdm die Anstandsdame, den Anstandswauwau spielen; SPORT ***fare un tiro a ~*** eine Kerze schießen; ***il gioco non vale la ~*** = das ist nicht der Mühe wert.
can|de|la|bro m. Kandelaber *m.*, Armleuchter *m.* **can|de|la|io** m. *(-ai)* Kerzengießer *m.*, Kerzenzieher *m.* **can|de|let|ta** f. FARM. Zäpfchen *n.* **can|de|lie|re** m. **1** Kerzenleuchter *m.*, Kerzenständer *m.* **2** MAR. Stütze *f.* **can|de|li|na** f. Kerzchen *n.*, Wachsstock *m.*, Lichtchen *n.*: ***spegnere le -e*** die Kerzen aus‿blasen.
Can|de|lo|ra f. Mariä Lichtmess *f.*
can|de|lot|to m. Kerze *f.*, Patrone *f.*: ***~ di dinamite, fumogeno*** Dynamitkerze *f.*, Nebelkerze *f.* (*o* Rauchpatrone *f.*); ***~ lacrimogeno*** Tränengaspatrone *f.*
can|di|da|men|te avv. einfältig, naiverweise, unschuldig; *(con schiettezza)* treu, treuherzig.
can|di|da|re *(candido, candidi)* **I** tr. jdn als Kandidaten auf‿stellen **II** pronom. **candidarsi** sich bewerben, kandidieren: ***-rsi per una carica, a un posto*** für ein Amt kandidieren, sich um einen Posten bewerben.
can|di|da|to m. Kandidat *m.*; *(a un concorso)* Bewerber *m.*: ***presentare qcn. come ~ a un'elezione*** jdn als Wahlkandidaten auf‿stellen; ***scegliere, esaminare un ~*** einen Kandidaten aus‿wählen, prüfen ◆ ***~ alla cancelleria, a una cattedra*** Kanzlerkandidat *m.*,

Lehramtskandidat *m.*; ~ ***concorrente*** Gegenkandidat *m.*; ~ ***alle elezioni, a un esame, all'esame di maturità*** Wahlkandidat *m.*, Prüfungskandidat *m.*, Abiturient *m.*; ~ ***di lista*** Listenkandidat *m.*; ~ ***alla presidenza*** Präsidentschaftskandidat *m.*; ~ ***al suicidio*** Selbstmordkandidat *m.* **can|di|da|tu|ra** f. Kandidatur *f.*; *(a un concorso)* Bewerbung *f.*: ***presentare, ritirare la propria*** ~ seine Kandidatur an‿melden, zurück‿ziehen.

can|did ca|me|ra ['kændid 'kæmərə] f.inv. versteckte Kamera *f.*

can|di|do agg. **1** schneeweiß, weiß **2** *(innocente, puro)* unschuldig, rein; *(semplice)* naiv; *(schietto)* treuherzig: ***anima -a*** reine, unschuldige Seele.

can|di|re tr. kandieren. **can|di|to I** p.pass. agg. **1** → **candire 2** kandiert, Kandis-: ***frutta -e*** kandierte Früchte; ***zucchero*** ~ Kandiszucker *m.* **II** m. kandierte Frucht *f.*

can|do|re m. **1** Weiße *f.* **2** *(innocenza, purezza)* Unschuld *f.*, Reinheit *f.*; *(semplicità)* Naivität *f.*; *(schiettezza)* Treuherzigkeit *f.*

ca|ne I m. **1a** Hund *m.*: ***un ~ randagio*** ein streunender Hund; ***il ~ abbaia, ringhia*** der Hund bellt, knurrt; ***aizzare, sguinzagliare i -i contro qcn.*** die Hunde auf jdn hetzen; ***portare il ~ al guinzaglio*** den Hund an der Leine führen **b** FIG. ***quel ~ traditore*** dieser Hund von einem Verräter; ***quell'attore è un*** ~ er ist ein hundsmiserabler Schauspieler; ***nemmeno (neanche) un*** ~ kein Schwein **2** ARM. Hahn *m.*: ***alzare il*** ~ den Hahn spannen **II** agg.inv. rafforz. SPREG. Hunde-: ***fa un freddo*** ~ es ist hundekalt; ***avere un freddo*** ~ wie ein junger Hund frieren, hundserbärmlich frieren; ***fare un male*** ~ hundsgemein, höllisch weh tun; ***mondo ~!*** VOLG. Scheißwelt! ◆ ~ ***antidroga*** Drogenspürhund *m.*; ***attenti al ~!*** Vorsicht, bissiger Hund; ~ ***barbone*** Pudel *m.*; ~ ***da caccia*** Jagdhund *m.*; ~ ***da cerca*** Suchhund *m.*; ***cibo per -i*** Hundefutter *n.*; ~ ***(guida) per ciechi*** Blindenhund *m.*; FIG. ***è un ~ che si morde la coda*** da beißt sich der Hund in den Schwanz; ***trattare qcn. come un*** ~ jdn wie einen Hund behandeln; ***lavorare come un*** ~ wie ein Pferd arbeiten; ***seguire qcn. come un*** ~ jdm wie ein Hund folgen; ***solo come un*** ~ mutterseelenallein; ***starsene lì, andarsene come un ~ bastonato*** wie ein begossener Pudel da‿stehen, ab‿ziehen; ***corsa di -i*** Hunderennen *n.*; ***da -i*** unter aller Sau, hundemäßig; ***mangiare da -i*** hundsmiserabel essen; ***sto da -i*** mir ist hundeelend, mir geht's hundserbärmlich (hundsmiserabel); ***tempo da -i*** Hundewetter *n.*; ***vita da -i*** Hundeleben *n.*; ~ ***domestico*** Haushund *m.*; ~ ***da ferma*** Vorstehhund *m.*; VOLG. ***figlio d'un*** ~ Hundesohn *m.*; ***essere come ~ e gatto*** wie Hund und Katze sein; ~ ***da guardia*** Wachhund *m.*, Schutzhund *m.*; ~ ***guida (per ciechi)*** Blindenhund *m.*; ~ ***da leva*** Stöberhund *m.*; ~ ***lupo*** Wolfshund *m.*; ASTR. ***Cane maggiore*** Großer Hund *m.*; ***non menare il can per l'aia*** schiebe es nicht auf die lange Bank! ASTR. ***Cane minore*** Kleiner Hund *m.*; ~ ***da pagliaio*** Hofhund *m.*; ~ ***(da) pastore*** Schäferhund *m.*, Hirtenhund *m.*; ~ ***da penna*** Hühnerhund *m.*; ***pensione per i -i*** Hundepension *f.*; ~ ***poliziotto*** Polizeihund *m.*; ***porco ~!*** verdammt noch mal! ~ ***della prateria*** Präriewolf *m.*; FIG. ***raddrizzare le gambe ai -i*** einen Mohren weiß waschen wollen; ~ ***di razza*** Rassehund *m.*; ~ ***da riporto*** Apportierhund *m.*; ~ ***da salotto*** Schoßhund *m.*; FIG. ~ ***sciolto*** Einzelgänger *m.*; ~ ***da seguito*** Spürhund *m.*, Hetzhund *m.*; ~ ***da slitta*** Schlittenhund *m.*, Polarhund *m.*; ~ ***da valanga, da valanghe*** Lawinensuchhund *m.*; PROV. ***can che abbaia non morde*** Hunde, die (viel) bellen, beißen nicht; ~ ***non mangia*** ~ eine Krähe hackt der andern kein Auge aus; ***non svegliare il can che dorme*** schlafende Hunde soll man nicht wecken; ~ ***scottato dall'acqua calda ha paura dell'acqua fredda*** gebranntes Kind scheut das Feuer.

ca|ne|a f. **1** Gebell *n.* **2** ESTENS. *(muta)* Meute *f.* **3** FIG. Hetze *f.*

ca|ne|der|lo m. REGION. INTRAD. (Art Knödel).

ca|ne|fo|ra f. Kanephore *f.*

ca|ne|stra f. großer Korb *m.* **ca|ne|stra|io** m. *(-ai)* Korbmacher *m.*, Korbflechter *m.* **ca|ne|stra|ta** f. Korb *m.*: ***una ~ di mele*** ein Korb voll Äpfel. **ca|ne|stri|no** m. Körbchen *n.* **ca|ne|stro** m. Korb *m.* (anche SPORT): ***intrecciare -i*** Körbe flechten; ***un ~ pieno di uova*** ein Korb voll, voller Eier; SPORT ***tirare a*** ~ auf den Korb werfen; ***fare, realizzare un*** ~ einen Korb schießen, erzielen; ***tiro a*** ~ Korbwurf *m.*

can|fo|ra f. Kampfer *m.* **can|fo|ra|to** agg. Kampfer-: ***olio*** ~ Kampferöl *n.*; ***alcol*** ~ Kampferspiritus *m.* **can|fo|ri|co** agg. *(-ci,-che)* Kampfer-: ***acido*** ~ Kampfersäure *f.* **can|fo|ro** m. Kampferbaum *m.*

can|gia|men|to m. ANT. Schillern *n.*, Changieren *n.* **can|gia|re** intr. (aus. *essere*) ANT. schillern, changieren. **can|gian|te** agg. schillernd: ***colore*** ~ schillernde Farbe; ***un rosso*** ~ ein schillerndes Rot.

can|gu|ro m. Känguru *n.*

ca|ni|co|la f. **1** Hundsstern *m.* **2** *(giorni della canicola)* Hundstage *pl.* **ca|ni|co|la|re** agg. Hunds-: ***giorni -i*** Hundstage *pl.*

ca|ni|di pl. Hundeartige *pl.*, Kaniden *pl.*

ca|ni|le m. **1** *(cuccia)* Hundehütte *f.*, Hütte *f.* **2** *(recinto)* Hundezwinger *m.*, Zwinger *m.* ◆ ~ ***municipale*** städtisches Tierheim *n.*, Tierasyl *n.* (für Hunde).

ca|ni|no I agg. **1** Hunde-, Hunds-: ***razza*** ~ Hunderasse *f.*; ***mostra -a*** Hundeausstellung *f.* **2** ***dente*** ~ Eckzahn *m.* **II** m. **1** Eckzahn *m.* **2** ZOOL. Hakenzahn *m.*, Raffzahn *m.* ◆ ***rosa -a*** Hundsrose *f.*; COLLOQ. ***tosse -a*** Keuchhusten *m.*

ca|ni|stro m. Kanister *m.*

ca|ni|zie f.inv. **1** Ergrauen *n.* **2** *(capigliatura bianca)* weißes Haar *n.* **3** *(vecchiaia)* Greisenalter *n.*

ca|niz|za f. → **canea.**

can|na f. **1** Rohr *n.*; *(canne, canneto)* Schilf *n.*, Schilfgras *n.*, Röhricht *n.*: ***le -e si piegano al vento*** das Schilf biegt sich im Wind; FIG. ***essere come una ~ al vento*** wie ein Rohr im Wind schwanken **2** *(da pesca)* Angel *f.*, Angelrute *f.*, Rute *f.*: ***pescare con la*** ~ angeln; ***pescatore (con la ~)*** Angler *m.*; ***pesca con la*** ~ Angelfischerei *f.* **3** *(bastone da passeggio)* Spazierstock *m.*, Stock *m.* **4** *(tubo)* Rohr *n.*, Stange *f.*; *(della bicicletta)* Fahrradstange *f.*: ***in*** ~ auf der Fahrradstange **5** *(di arma da fuoco)* Rohr *n.*, Lauf *m.* **6** MUS. Pfeife *f.*; pl. *(dell'organo)* Pfeifenwerk *n.* **7** GERG. Joint *m.*: ***farsi una*** ~ sich einen Joint drehen; *(fumare)* einen Joint rauchen ◆ MUS. ~ ***ad anima*** Labialpfeife *f.*, Lippenpfeife *f.*; ~ ***di bambù*** Bambusrohr *n.*; ***bere a*** ~ aus der Flasche trinken; ~ ***di cannone*** Geschützrohr *n.*, Kanonenrohr *n.*; ***coperto di -e*** schilfig; ***a due -e*** doppelläufig; ~ ***di fucile*** Gewehrlauf *m.*; ***fucile a doppia*** ~ Doppelbüchse *f.*; ***fucile a ~ corta*** Stutzen *m.*; ~ ***fumaria*** Rauchabzug *m.*; ~ ***d'India*** Peddigrohr *n.*; MUS. ~ ***a lingua*** Zungenpfeife *f.*; ~ ***d'organo*** Orgelpfeife *f.*; ~ ***palustre*** Teichrohr *n.*, Ried *n.*; ***povero in*** ~ bettelarm, arm wie eine Kirchenmaus; ***tetto di -e*** Schilfdach *n.*; ***tremare come una*** ~ wie Espenlaub zittern; ~ ***da zucchero*** Zuckerrohr *n.*

can|na|bis f.inv. Cannabis *m.*

can|na|re tr. GERG. SCOL. **1** verhauen, daneben‿hauen: ~ ***un esercizio*** eine Übung verhauen **2** *(bocciare)* durch‿fallen lassen: ***essere cannato in pieno*** mit Glanz und Gloria durch‿fallen.

Can|ne n.pr.f. Kannä *n.*: ***la battaglia, la sconfitta di*** ~ die Schlacht, die Niederlage bei Kannä.

1.can|nel|la f. **1** Röhrchen *n.* **2** *(della botte)* Zapfen *m.*, Hahn *m.*

2.can|nel|la f. **1** Zimt *m.*, Kaneel *m.* **2** *(albero)* Zimtbaum *m.* ◆ ***bastoncino di*** ~ Zimtstange *f.*; ***mela*** ~ Zimtapfel *m.*

can|nel|li|no m. **1** = Bohnenart *f.* **2** kleines Röhrchen *n.*

can|nel|lo m. **1** Röhrchen *n.* (anche TECN.) **2** *(della pipa)* Pfeifenrohr *n.* **3** *(della penna)* Federhalter *m.*, Halter *m.* **4** MED. Kanüle *f.* ◆ ~ ***ferruminatorio*** Lötrohr *n.*; ~ ***ossiacetilenico*** Acetylbrenner *m.*, Acetylblasrohr *n.*; ~ ***ossidrico*** Sauerstoffgebläse *n.*, Schneidbrenner *m.*, Schweißbrenner *m.*; TECN. ***prova al*** ~ Lötrohranalyse *f.*

can|nel|lo|ni m.pl. Cannelloni *pl.*

can|ne|to m. Röhricht *n.*, Rohr *n.*, Schilf *n.*

can|ni|ba|le m. **1** Kannibale *m.*, Menschenfresser *m.* **2** FIG. Kannibale *m.* **can|ni|ba|le|sco** agg. *(-schi,-sche)* kannibalisch. **can|ni|ba|li|smo** m. Kannibalismus *m.* (anche BIOL. FIG.).

can|nic|cia|ta f. Unterschlupf *m.* aus Rohrgeflecht. **can|nic|cio** m. *(-ci)* Rohrgeflecht *n.*

can|noc|chia|le m. Fernrohr *n.*: ***guardare nel*** ~ durchs Fernrohr schauen; ***puntare il ~ verso qcs.*** das Fernrohr auf etw. richten ◆ ***fucile a*** ~ Gewehr mit Zielfernrohr; ~ ***di mira, di puntamento*** Zielfernrohr *n.*, Visierfernrohr *n.*

can|no|lo m. INTRAD. (Cremerolle).

can|no|na|ta f. **1a** Kanonenschlag *m.*, Kanonenschuss *m.*: ***sparare una*** ~ einen Kanonenschuss ab‿feuern **b** *(rimbombo)* Kanonendonner *m.* **2** FIG. COLLOQ. *(cosa formidabile)* Bombe *f.*, Hammer *m.*, Wucht *f.* **3** GERG. SPORT Bombe *f.*, Bombenschuss *m.*: ***tirare una ~ in porta*** eine Bombe ins Tor schießen ◆ ***non si sveglia neanche con le -e, non lo svegliano neanche le -e*** ihn weckt nicht einmal ein Kanonenschuss auf.

can|no|nau m. INTRAD. (Rotwein aus Sardinien).

can|non|ci|no m. **1** MIL. kleine Kanone *f.* **2** GASTR. INTRAD. → **cannolo.**

can|no|ne m. **1a** Kanone *f.*: ***caricare, puntare il*** ~ die Kanone laden, richten; ***fare fuoco col*** ~ die Kanone ab‿feuern; ***la bocca di un*** ~ der Schlund einer Kanone; ~ ***di piccolo, grosso calibro*** klein-, großkalibrige Kanone **b** FIG. COLLOQ. Kanone *f.*, Ass *n.*: ***essere un ~ nel proprio campo*** auf seinem Gebiet eine Kanone sein **2** *(oggetto cilindrico, tubo)* Rohr *n.*: ~ ***della stufa*** Ofenrohr *n.* ◆ ~ ***antiaereo*** Fliegerabwehrkanone *f.*, Flugabwehrkanone *f.*; ~ ***anticarro*** Panzerabwehrkanone *f.*, Pak *f.*; ***canna del*** ~ Kanonenrohr *n.*, Geschützrohr *n.*; ***carne da*** ~ Kanonenfutter *n.*; ***colpo di*** ~ Kanonen-

schlag *m.*, Kanonenschuss *m.*; ***donna*** ~ Riesendame *f.*; ~ ***elettronico*** Elektronenkanone *f.*; ~ ***da neve*** Schneekanone *f.*; ***palla di*** ~ Kanonenkugel *f.*; ~ ***sparaneve*** → ~ ***da neve.***
can|no|neg|gia|men|to m. Kanonade *f.* **can|no|neg|gia|re** *(cannoneggio, cannoneggi)* **I** tr. unter Kanonenbeschuss nehmen **II** intr. (aus. *avere*) Kanonen ab‿feuern. **can|no|nie|ra** f. **1** Kanonenboot *n.* **2** *(apertura)* Geschützpforte *f.*, Schießscharte *f.* **can|no|nie|re** m. **1** MIL. Kanonier *m.* **2** SPORT Kanonier *m.*, Torjäger *m.*
can|nuc|cia f. *(-ce)* **1** *(per bere)* Trinkhalm *m.*, Strohhalm *m.* **2** *(canna sottile)* Röhrchen *n.* **3** *(cannello della pipa)* Rohr *n.*, Pfeifenrohr *n.*
can|nu|la f. Kanüle *f.*, Röhrchen *n.*
ca|no|a f. Kanu *n.*; *(nel canottaggio)* Ruderboot *n.*; ***(sport della)*** ~ Kanusport *m.* ◆ ~ ***canadese*** Kanadier *m.* **ca|no|i|smo** m. Kanusport *m.* **ca|no|i|sta** m. e f. *(-i,-e)* Kanute *m.* (Kanutin *f.*), Kanufahrer *m.* (-in *f.*).
ca|no|ne m. **1a** MUS. RELIG. LIT. ART. Kanon *m.*: ***cantare un*** ~ einen Kanon singen **b** ~ ***di proporzione*** Kanon *m.* (der Proportion) **2** *(norma)* Kanon *m.*, Maßstab *m.*, Richtschnur *f.*: ***-i educativi*** erzieherische Maßstäbe **3a** *(tassa)* Gebühr *f.*: ***pagare il*** ~ die Gebühr entrichten **b** *(di radio e televisione)* Rundfunk- und Fernsehgebühr *f.* **c** *(del telefono)* Telefongrundgebühr *f.* ◆ ~ ***d'affitto*** Mietbetrag *m.*; ***equo*** ~ = gesetzlich geregelter Mietbetrag; ***secondo i -i*** gemäß den Vorschriften; ~ ***del telefono*** Telefongebühr *n.*
ca|no|ni|ca f. *(-che)* Pfarrhaus *n.* **ca|no|ni|ca|le** agg. **1** Domherren- **2** FIG. SCHERZ. *(pacioso, tranquillo)* friedlich. **ca|no|ni|ca|men|te** avv. kanonisch. **ca|no|ni|ca|to** m. **1** Kanonikat *n.* **2** FIG. SCHERZ. *(sinecura)* Pfründe *f.* **ca|no|ni|ches|sa** f. Kanonisse *f.*, Kanonissin *f.*
1.ca|no|ni|co agg. *(-ci,-che)* RELIG. ART. kanonisch: ***libri -ci*** kanonische Bücher; ***diritto*** ~ kanonisches Recht, Kirchenrecht *n.*; ***modello*** ~ kanonisches Modell; *(conforme alla norma)* ***un procedimento*** ~ ein kanonisches Verfahren ◆ ***ora -a*** Stundengebet *n.*, Hora *f.*; FIG. ***all'ora -a*** zur gewohnten Stunde; DIR. ***impedimento*** ~ Ehehindernis *n.*
2.ca|no|ni|co m. *(-ci)* Kanoniker *m.*, Kanonikus *m.*
ca|no|ni|sta m. e f. *(-i,-e)* Kanonist *m.* (-in *f.*).
ca|no|niz|za|re tr. **1** kanonisieren, heilig sprechen **2** *(sancire)* sanktionieren. **ca|no|niz|za|zio|ne** f. **1** Kanonisation *f.*, Kanonisierung *f.*, Heiligsprechung *f.* **2** *(sanzione ufficiale)* Sanktionierung *f.*
ca|no|po m. Kanope *f.*
ca|no|ro agg. **1a** Sing-: ***uccello*** ~ Singvogel *m.* **b** gesanglich: ***dote -a*** gesangliche Begabung **2** *(modulato)* singend, wohlklingend **3** *(di musica leggera)* Schlager-: ***manifestazione -a*** Schlagerfestival *n.*; ***concorso*** ~ Schlagerwettbewerb *m.*
Ca|nos|sa n.pr.f. Kanossa *f.* ◆ ***andare a*** ~ nach Kanossa gehen, den Gang nach Kanossa an‿treten.
ca|not|tag|gio m. Rudersport *m.*; ***fare*** ~ rudern.
ca|not|tie|ra f. Hemd *n.*, Unterhemd *n.*; ~ ***a rete*** Netzhemd *n.*
ca|not|tie|re m. Ruderer *m.*; ***società -i*** Ruderverein *m.*
ca|not|to m. Schlauchboot *n.*; ~ ***di salvataggio*** Rettungsboot *n.*
ca|no|vac|cio m. *(-ci)* **1** Geschirrtuch *n.*, Trockentuch *n.*, Küchen(hand)tuch *n.* **2** TESS. Kanevas *m.* **3** TEATR. Kanevas *m.*; ***recitare su*** ~ aus dem Stegreif spielen.
can|ta|bi|le I agg. kantabel, singbar **II** m. Kantabile *m.* **can|ta|bi|li|tà** f. Singbarkeit *f.*
Can|ta|bri n.pr.pl. Kantabrer *m.* **Can|ta|bria** n.pr.f. Kantabrien *n.* **can|ta|bri|co** agg. *(-ci,-che)* kantabrisch.
can|tam|ban|co m. *(-chi)* Bänkelsänger *m.*
can|tan|te m. e f. Sänger *m.* (-in *f.*): ~ ***lirico*** Opernsänger *m.*; ~ ***di musica leggera*** Schlagersänger *m.*; ~ ***pop*** Popsänger *m.*
1.can|ta|re I intr. (aus. *avere*) **1** singen: ~ ***a prima vista, a orecchio, seguendo lo spartito*** vom Blatt, nach dem Gehör, nach Noten singen; *(fare il cantante)* ~ ***da soprano, da tenore*** Sopran, Tenor singen **2** *(di uccelli)* singen: ***l'usignolo canta*** die Nachtigall singt (*o* schlägt); *(di gallo)* krähen; *(di grillo)* zirpen **3** FIG. COLLOQ. *(parlare sotto interrogatorio)* singen, aus‿packen: ***il complice ha cantato*** der Komplize hat gesungen; ***far*** ~ ***qcn.*** jdn zum Singen bringen **II** tr. **1** singen: ~ ***una canzone, un'aria*** ein Lied, eine Arie singen **2** *(celebrare in versi)* ~ ***qcn.*** jdn besingen ◆ ***cantarle chiare a qcn.*** jdm die Meinung geigen, jdm die Meinung klipp und klar sagen; ***il contratto canta chiaro*** der Vertrag ist eindeutig; ~ ***le lodi di qcn.*** ein Loblied auf jdn singen; FIG. ***sapere qcs. cantando*** etw. aus dem Effeff können; ~ ***vittoria*** = siegessicher sein; PROV. ***canta che ti passa*** = mit Musik geht alles besser; ***carta canta*** Papier lügt nicht.
2.can|ta|re m. **1** Singen *n.*, Besingen *n.* **2** LETT. Gesang *m.*, Lied *n.* ◆ ***fino al cantar del gallo*** bis die Hähne krähen.
can|ta|ri|de f. Weichkäfer *m.*, Kantharide *m.*
can|ta|ro m. Kantharos *m.*
can|ta|sto|rie m.inv. Bänkelsänger *m.* **can|ta|ta** f. **1** COLLOQ. ***farsi una (bella)*** ~ einen Lied an‿stimmen **2** MUS. Kantate *f.*
can|ta|to p.pass. agg. **1** → **cantare 2** Gesang(s)-, Vokal-: ***brano*** ~ Gesangsstück *n.*, Vokalstück *n.* ◆ LIT. ***messa -a*** Hochamt *n.* **can|tau|to|re** m. Liedermacher *m.*
can|ter m.inv. Kanter *m.*
can|te|ra|no m. Kommode *f.*
can|te|rel|la|re intr. (aus. *avere*) e tr. → **canticchiare.**
can|te|ri|no agg. **1** Sing-: ***uccello*** ~ Singvogel *m.* **2** *(che ama cantare)* sangesfreudig, sangesfroh ◆ ***grillo*** ~ zirpende Grille.
can|ti|ca f. *(-che)* **1** LIT. Gesang *m.*, Lobgesang *m.* **2** LETT. INTRAD. (jeder der drei Hauptteile der Göttlichen Komödie).
can|tic|chia|re *(canticchio, canticchi)* **I** intr. (aus. *avere*) ~ ***(fra sé e sé)*** trällern, vor sich hin singen; *(a bocca chiusa)* summen **II** tr. ~ ***un motivetto*** ein Liedchen trällern.
can|ti|co m. *(-ci)* Gesang *m.*: ~ ***di lode*** Lobgesang *m.*, Loblied *n.* ◆ BIBL. ~ ***dei -ci*** Hohelied *n.*, hohes Lied.
can|tie|re m. **1** MAR. AER. Werft *m.*: ~ ***navale*** Schiffswerft *m.* **2** EDIL. Baustelle *f.*, Bauplatz *m.*, COLLOQ. Bau *m.*: ***lavorare in*** ~ auf dem Bau arbeiten **3** MIN. ~ ***(di abbattimento)*** Abbau *m.* ◆ ***avere qcs. in*** ~ etw. in Vorbereitung haben (*o* an etw. [D] arbeiten); ***essere in*** ~ in Vorbereitung sein; BUROCR. ~ ***di lavoro*** = ABM-Stelle *f.*; ***mettere qcs. in*** ~ etw. in Angriff nehmen. **can|tie|ri|sti|ca** f. **1** MAR. AER. Schiffs-, Flugzeugbau *m.* **2** EDIL. Bauindustrie *f.* **can|tie|ri|sti|co** agg. *(-ci,-che)* **1** MAR. AER. Werft- **2** EDIL. Bau-.
can|ti|le|na f. **1** MUS. Kantilene *f.* **2a** *(filastrocca)* Singsang *m.* **b** *(ninnananna)* Wiegenlied *n.* **3** *(intonazione)* Geleiere *n.*; leiernder Tonfall *m.* **4** FIG. *(lagna)* Leier *f.*, Gejammer *n.*: ***sempre la stessa*** ~ immer die alte Leier. **can|ti|le|nan|te** agg. Leier-: ***cadenza*** ~ Leierton *m.* **can|ti|le|na|re** intr. (aus. *avere*) leiern.
can|ti|na f. **1** Keller *m.*; *(per vini)* Weinkeller *m.*: ***una*** ~ ***umida, buia*** ein feuchter, dunkler Keller; ***prendere una bottiglia in*** ~ eine Flasche aus dem Keller holen; ***andare, scendere in*** ~ in den Keller gehen, runter‿gehen; ***avere una*** ~ ***ben fornita*** einen guten Keller haben **2** *(bottiglieria)* Kellerei *f.* ◆ ~ ***sociale*** Winzergenossenschaft *f.* **can|ti|nie|re** m. **1** Kellermeister *m.* **2** *(vinaio)* Weinhändler *m.*
1.can|to m. **1a** Gesang *m.*, Singen *n.*: ***studiare*** ~ Gesang studieren; ***prendere lezioni di*** ~ Gesangsunterricht nehmen **b** Gesang *m.*, Lied *n.*: ***un*** ~ ***melodioso*** ein wohlklingender Gesang; ***-i sacri*** geistliche Lieder; ~ ***gregoriano*** Gregorianischer Gesang **c** LETT. ***un*** ~ ***dell'Iliade*** ein Gesang der Ilias **2** *(di uccelli)* Gesang *m.*; *(del grillo)* Zirpen *n.*; *(del gallo)* Krähen *n.* ◆ ***bel*** ~ Belkanto, Belcanto *m.*; ***il*** ~ ***del cigno*** der Schwanengesang; ***al*** ~ ***del gallo*** beim ersten Hahnenschrei; ***lezione di*** ~ Gesang(s)unterricht *m.*; ***maestro di*** ~ Gesang(s)lehrer *m.*; ~ ***popolare*** Volkslied *n.*
2.can|to m. **1** Ecke *f.*, Winkel *m.*: ***mettere qcs. in un*** ~ etw. in die Ecke stellen; ***mettersi in un*** ~ sich in eine Ecke stellen **2** *(parte)* Seite *f.* ◆ ***d'altro*** ~ andererseits, auf der anderen Seite; ***dal*** ~ ***mio*** meinerseits, was mich betrifft.
can|to|na|le agg. kantonal, Kantonal-, Kantons-: ***consiglio, governo*** ~ Kantonsrat *m.*, Kantonsregierung *f.*
can|to|na|ta f. Straßenecke *f.* ◆ ***prendere una*** ~ einen Bock schießen.
1.can|to|ne m. Ecke *f.* ◆ GIOC. ***i quattro -i*** Bäumchen, wechsle dich!
2.can|to|ne m. Kanton *m.* ◆ ***lago dei Quattro Cantoni*** Vierwaldstätter See *m.*; ***Canton Ticino*** Tessin *n.*
can|to|nie|ra f. **1** Eckschrank *m.*; *(mensola)* Eckbrett *n.* **2** ***(casa)*** ~ Straßenwärterhaus *n.*; FERR. Bahnwärterhaus *n.* **can|to|nie|re** m. Straßenwärter *m.*; FERR. Streckenwärter *m.*
can|to|re m. **1** LETT. Sänger *m.* **2** *(di coro)* Chorsänger *m.* **3** FIG. *(poeta)* Sänger *m.*, Dichter *m.*: ***il*** ~ ***dell'Odissea*** der Dichter der Odyssee ◆ STOR. ***i maestri -i*** die Meistersinger. **can|to|ri|a** f. Chor *m.*
can|tra f. TECN. Gatter *n.*
can|tuc|cio m. *(-ci)* **1** Eckchen *n.*, Winkel *m.* **2** *(luogo appartato)* Winkel *m.* **3** REGION. *(pezzetto di pane)* Kanten *m.* **4** INTRAD. (toskanischer trockener Keks) ◆ ***(re)stare in un*** ~ abseits stehen.
ca|nu|to agg. **1** weiß: ***capelli -i*** weißes Haar **2** *(persona)* weißhaarig: ***un uomo*** ~ ein weißhaariger Mann, ESTENS. ein alter Mann.
Ca|nu|to n.pr.m. Knut *m.*
can|yon ['kænjən] m.inv. Cañon *m.*
can|zo|nac|cia f. *(-ce)* Gassenhauer *m.*
can|zo|na|re tr. foppen, necken, hänseln, auf‿ziehen: ~ ***qcn. (per qcs.)*** jdn (mit etw.) necken ◆ ***farsi, lasciarsi*** ~ sich necken lassen. **can|zo|na|to|re I** m. Spötter *m.*, Fopper *n.* **II** agg. neckisch. **can|zo|na|to|rio** agg. *(-ri,-rie)* spöttisch, mokant: ***sorriso*** ~ mokantes

Lächeln; ***parole -rie*** spöttische Worte. **can|zo|na|tu|ra** f. Spötterei *f.*, Spöttelei *f.*, Fopperei *f.* ◆ ***diventare oggetto di (una) ~*** zum Gespött werden.

can|zon|ci|na f. Liedchen *n.*

can|zo|ne f. **1** Lied *n.*: ***cantare, canticchiare, comporre, intonare una ~*** ein Lied singen, vor sich hin summen, komponieren, an‿stimmen; ***suonare una ~ con la chitarra*** ein Lied auf der Gitarre spielen **2** LETT. Kanzone *f.* ◆ ***~ d'amore*** Liebeslied *n.*; ***~ per bambini*** Kinderlied *n.*; ***festival della ~*** Schlagerfestival *n.*; ***~ di gesta*** Chanson *f.* de geste; ***~ popolare*** Volkslied *n.*; ***~ di protesta*** Protestsong *m.*; ***~ sdolcinata*** Schnulze *f.*; ***è sempre la solita ~*** das ist immer das alte Lied (*o* die alte Leier); ***~ di successo*** Schlager *m.*, Hit *m.* **can|zo|net|ta** f. **1** Schlager *m.* **2** LETT. Kanzonette *f.* ◆ ***autore di -e*** Schlagertexter *m.* **can|zo|net|ti|sta** m. e f. *(-i,-e)* Schlagersänger *m.* (-in *f.*). **can|zo|net|ti|sti|co** agg. *(-ci,-che)* Schlager-.

can|zo|nie|re m. **1** LETT. Gedichtsammlung *f.*, Liederbuch *n.* **2** Schlagersammlung *f.*

ca|o|li|no m. Kaolin *m.*, Kaolinerde *f.*

ca|os m. **1** Chaos *n.* **2** FIG. *(disordine)* Chaos *n.*, Durcheinander *n.*: ***qui regna il ~*** hier herrscht das Chaos; ***mettere ordine al, nel ~*** Ordnung in das Chaos bringen; ***creare, provocare ~*** Chaos aus‿lösen (veranstalten), herauf‿beschwören ◆ ***teoria del ~*** Chaostheorie *f.*; ***~ del traffico*** Verkehrschaos *n.* **ca|o|ti|co** agg. *(-ci,-che)* chaotisch: ***traffico ~*** chaotischer Verkehr.

CAP ⇒ *Codice di Avviamento Postale* Postleitzahl (PLZ).

cap. ⇒ **1** *capitolo* Kapitel (Kap.) **2** *capitano* Hauptmann (Hptm.), Kapitän (Kap.).

ca|pa|ce agg. **1a** fähig: ***essere ~ di fare qcs.*** fähig sein, etw. zu tun; ***non ne sono ~*** dazu bin ich nicht fähig; ***credere, ritenere qcn. ~ di qcs.*** jdm etw. zu‿trauen, jdn etw. (G) für fähig halten; **b** *(abile)* befähigt, fähig, tüchtig: ***un insegnante, un medico ~*** ein tüchtiger Lehrer, Arzt **2** *(atto a contenere)* fassend: ***una sala ~ di duecento persone*** ein zweihundert Personen fassender Saal **3** *(capiente)* geräumig, groß: ***un teatro, una borsa, un serbatoio ~*** ein geräumiges Theater, eine große Tasche, ein großer Tank ◆ DIR. ***~ di agire*** handlungsfähig; DIR. ***~ giuridicamente*** rechtsfähig; DIR. ***~ di intendere e di volere*** zurechnungsfähig; ***essere ~ di tutto*** zu allem fähig sein.

ca|pa|ci|tà f.inv. **1** Fähigkeit *f.*: ***~ artistiche*** künstlerische Fähigkeiten; ***avere la ~ di fare qcs.*** die Fähigkeit haben, etw. zu tun; ***sfruttare le ~ di qcn. per qcs.*** jds Fähigkeiten für etw. ein‿setzen; ***dubitare delle proprie ~*** an den eigenen Fähigkeiten zweifeln **2a** *(di un contenitore)* Fassungsvermögen *n.*, Kapazität *f.*: ***la ~ di una tanica*** das Fassungsvermögen eines Kanisters; ***una ~ di 5 litri*** eine Kapazität von 5 Litern; ***misurare la ~ di qcs.*** die Kapazität von etw. (D) messen **b** *(di un luogo)* Fassungsvermögen *n.*: ***la ~ di un cinema, di uno stadio*** das Fassungsvermögen eines Kinos, Stadions **3** FIS. Kapazität *f.*: ***la ~ di un accumulatore, condensatore*** die Kapazität eines Akkumulators, Kondensators ◆ DIR. ***~ di agire*** Handlungsfähigkeit *f.*; ECON. ***~ contributiva*** Steuerkraft *f.*; FIS. ***~ elettrica*** Kapazität *f.*; ECON. ***~ fiscale*** → ***~ contributiva***; DIR. ***~ giuridica*** Rechtsfähigkeit *f.*; DIR. ***~ di intendere e di volere*** Zurechnungsfähigkeit *f.*; INFORM. ***~ di memoria*** Speicherkapazität *f.*; ***misura di ~*** Hohlmaß *n.*; ECON. ***~ produttiva*** Kapazität *f.*, Produktionskapazität *f.*; ***~ di recupero*** Aufholvermögen *n.*; FIS. ***~ termica*** Wärmekapazität *f.*

ca|pa|ci|ta|re *(capacito)* **I** tr. ***~ qcn. di qcs.*** jdn von etw. überzeugen **II** pronom. **capacitarsi** fassen: ***non -rsi della morte di qcn.*** jds Verlust nicht fassen.

ca|pan|na f. Hütte *f.*: ***~ di paglia*** Strohhütte *f.* ◆ ***due cuori e una ~*** = für zwei Verliebte ist Raum in der kleinsten Hütte; RELIG. ***festa delle -e*** Laubhüttenfest *n.*; ***pancia mia fatti ~!*** = jetzt möchte ich einen Magen wie ein Scheunendrescher haben! ***tetto a ~*** Satteldach *n.*, Giebeldach *n.*

ca|pan|nel|lo m. Ansammlung *f.*, Personengruppe *f.*, Gruppe *f.*: ***un ~ di curiosi*** eine Ansammlung Neugieriger ◆ ***fare ~ intorno a qcn.*** eine Gruppe um jdn bilden.

ca|pan|no m. Verschlag *m.* ◆ ***~ degli attrezzi*** Geräteschuppen *m.*; ***~ di caccia*** Jagdhütte *f.* **ca|pan|no|ne** m. **1** Schuppen *m.* **2** *(di fabbrica)* Lagerhalle *f.*, Halle *f.* **3** *(per aerei)* Hangar *m.*

ca|par|bie|tà f. Eigensinn *m.*, Störrischkeit *f.* **ca|par|bio** agg. *(-bi, -bie)* hartnäckig, eigensinnig, störrisch: ***temperamento ~*** ein eigensinniges Temperament ◆ ***con -a volontà*** mit unbeugsamem Willen.

ca|par|ra f. **1** Anzahlung *f.*: ***versare, richiedere una ~*** eine Anzahlung leisten, verlangen **2** FIG. *(pegno)* Pfand *n.*

ca|pa|ta f. COLLOQ. **1** Stoß *m.* mit dem Kopf: ***dare una ~ contro qcs.*** mit dem Kopf gegen etw. stoßen **2** → **capatina.** **ca|pa|ti|na** f. COLLOQ. Stippvisite *f.*: ***fare una ~ da qcn.*** bei jdm eine Stippvisite machen.

ca|pec|chio m. *(-chi)* Werg *n.*

ca|peg|gia|re tr. *(capeggio, capeggi)* an‿führen; MIL. befehligen: ***~ una rivolta*** einen Aufstand anführen.

ca|pel|li|ni m.pl. = Fadennudeln *pl.*

ca|pel|lo m. Haar *n.*: ***-i neri, lunghi*** schwarzes, langes Haar; ***-i crespi, folti, lisci, sfibrati, radi*** krauses, dichtes, glattes, strapaziertes, schütteres Haar; ***pettinar(si), ravviar(si), tinger(si),*** COLLOQ. ***far(si) i -i*** (sich) die Haare kämmen, zurecht‿machen, färben, richten; ***passarsi una mano nei -i*** sich (mit der Hand) durch die Haare fahren; ***farsi tagliare i -i*** sich die Haare schneiden lassen; ***avere, portare i -i sciolti, raccolti*** die Haare offen (*o* gelöst), hochgesteckt (*o* aufgesteckt) tragen ◆ GASTR. ***-i d'angelo*** = Fadennudeln *f.pl.*; ***mi fai venire i -i bianchi*** deinetwegen bekomme ich noch graue Haare; ***caduta dei -i*** Haarausfall *m.*; ***ciocca di -i*** Haarbüschel *n.*; ***avere un diavolo per ~*** fuchsteufelswild sein; ***lacca per -i*** Haarlack *m.*; ***mettersi le mani nei -i*** sich (D) die Haare raufen; ***per un ~*** um ein Haar; ***qcn. perde i -i*** jdm fallen (*o* gehen) die Haare aus; ***prendersi per i -i*** sich (D) in die Haare geraten; ***a qcn. si rizzano i -i (in testa)*** jdm stehen die Haare zu Berge, jdm sträuben sich die Haare; ***averne fin sopra i -i di qcn., qcs.*** von jdm, etw. die Nase (gestrichen) voll haben; ***spaccare il ~ in quattro*** Haare spalten, Haarspalterei betreiben; ***-i a spazzola*** Bürstenschnitt *m.*, Bürstenfrisur *f.*; ***spazzola per -i*** Haarbürste *f.*; ***strapparsi i -i*** → ***mettersi le mani nei -i***; ***taglio di -i*** Haarschnitt *m.*; ***tirare qcn. per i -i*** = jdn zwingen; ***tirare qcs. per i -i*** etw. an, bei den Haaren herbei‿ziehen; ***non torcere un ~ a qcn.*** jdm kein Haar krümmen; ***con i -i al vento*** mit im Wind fliegenden Haaren; ***avere i -i (tagliati) a zero*** eine Glatze haben.

ca|pel|lo|ne **I** agg. langhaarig, langmähnig **II** m. **1** Langhaarige *m.* **2** SPREG. Gammler *m.* **ca|pel|lu|to** agg. behaart, haarig ◆ ***cuoio ~*** Kopfhaut *f.*, Haarboden *m.*

ca|pel|ve|ne|re m. Venushaar *n.*, Frauenhaar *n.*

ca|pe|stro **I** m. **1** Strang *m.*, Strick *m.*: ***condannare qcn. al ~*** jdn zum Tode durch den Strang verurteilen **2** *(cavezza)* Halfter *m.* e *n.* **II** agg.inv. halsabschneiderisch: ***contratto ~*** halsabschneiderischer Vertrag.

ca|pe|tin|gio **I** agg. *(-gi,-ge)* kapetingisch: ***la dinastia -a*** die kapetingische Dynastie (*o* die Dynastie der Kapetinger) **II** m. *(-gi)* Kapetinger *m.*

ca|pez|za|le m. **1** Keilkissen *n.*, Kopfkeil *m.* **2** ESTENS. Krankenbett *n.*: ***accorrere, essere al ~ di qcn.*** zu jds Krankenbett eilen, an jds Krankenbett sitzen.

ca|pez|zo|lo m. **1** Brustwarze *f.* **2** *(di mammiferi)* Zitze *f.*

ca|pi|ba|ra m.inv. Wasserschwein *n.*

ca|pi|do|glio → **capodoglio.**

ca|pien|te agg. geräumig, groß: ***un magazzino, una valigia, una sala ~*** ein geräumiges Lager, ein großer Koffer, ein großer Saal.

ca|pien|za f. Fassungsvermögen *n.*, Fassungsraum *m.*: ***una ~ di trenta persone*** ein Fassungsvermögen von dreißig Personen; ***~ massima*** maximales Fassungsvermögen.

ca|pi|glia|tu|ra f. Haar *n.*, Kopfhaar *n.*: ***avere una folta ~*** dichtes Haar haben; ***una ~ fluente*** eine Haarpracht.

ca|pil|la|re **I** agg. **1** haarfein, kapillar, Kapillar-: ***vaso ~*** Kapillargefäß *n.* **2** FIG. *(fitto)* engmaschig, intensiv: ***propaganda, rete di distribuzione ~*** intensive Propaganda, engmaschiges Vertriebsnetz **II** m. Kapillare *f.*, Haargefäß *n.* **ca|pil|la|ri|tà** f. **1** FIG. Engmaschigkeit *f.* **2** FIS. Kapillarität *f.* **ca|pil|lar|men|te** avv. engmaschig.

ca|pi|ne|ra f. Schwarzplättchen *n.*, Mönchsgrasmücke *f.*

ca|pin|te|sta m.inv. **1** SPREG. Anführer *m.*, Rädelsführer *m.*: ***il ~ di una banda*** der Rädelsführer einer Bande **2** SPORT Tabellenführer *m.*

ca|pi|re *(capisco, capisci)* **I** tr. verstehen, begreifen (anche assol.); COLLOQ. kapieren: ***~ facilmente, con difficoltà*** leicht, langsam begreifen; ***~ qcs., qcn. (al volo)*** etw., jdn (rasch) verstehen; ***far ~ qcs. a qcn.*** jdm etw. zu verstehen geben; ***nessuno mi capisce!*** keiner versteht mich! ***se ho ben capito*** wenn ich (es) recht (*o* richtig) verstehe **II** pronom. **capirsi** sich verstehen, sich begreifen ◆ ***~ l'antifona*** = die Anspielung verstehen; ***~ una cosa per l'altra*** etw. miss‿verstehen (*o* falsch verstehen); ***farsi ~*** sich verständlich machen; ***non ~ niente, nulla di qcs.*** aus einer Sache nicht klug (*o* schlau) werden; ***si capisce!*** versteht sich! (*o* selbstverständlich!).

1.ca|pi|ta|le agg. **1** Todes-: ***pena, sentenza ~*** Todesstrafe *f.*, Todesurteil *n.*; ***condannare alla pena ~*** zur Todesstrafe verurteilen, auf Todesstrafe erkennen **2** FIG. wesentlich, grundlegend: ***essere di importanza ~*** von grundlegender Bedeutung sein ◆ RELIG. ***i sette peccati, vizi -i*** die sieben Hauptsünden.

2.ca|pi|ta|le f. Hauptstadt *f.* (anche ESTENS.).

3.ca|pi|ta|le m. **1a** Kapital *n.*; *(patrimonio)* Vermögen *n.*: **investire, aumentare, incrementare il ~** das Kapital an‿legen, erhöhen, auf‿stocken; **investire -i in qcs.** Kapital in etw. (A) investieren, stecken; **intaccare il proprio ~** sein Kapital an‿greifen; **apporto, conferimento di nuovi -i** Aufbringung, Einlage neuer Kapitalien **b** *(capitalisti)* **il ~ e il lavoro** das Kapital und die Arbeit **2** ESTENS. *(somma ingente)* Vermögen *n.*: **costare un ~** ein Vermögen kosten ◆ **afflusso di -i** Kapitalzufuhr *f.*; **ammortamento del ~** Kapitaltilgung *f.*; **annacquamento del ~** Kapitalverwässerung *f.*; **~ attivo** Aktivbestand *m.*; **aumento di ~** Kapitalerhöhung *f.*; **~ azionario** Aktienkapital *n.*; **~ circolante** umlaufendes Kapital, Umlaufvermögen *n.*; **concentrazione di -i** Kapitalverflechtung *f.*; **conto (di) ~** Kapitalkonto *n.*; **~ di costituzione** Gründungskapital *n.*; **~ d'esercizio** Betriebskapital *n.*; **esportazione di -i** Kapitalexport *m.*, Kapitalausfuhr *f.*; **fare ~ di qcs.** Kapital aus etw. schlagen; **~ fisso** festes, stehendes Kapital; **~ di fondazione** Gründungskapital *n.*; **fuga di -i (all'estero)** Kapitalflucht *f.* (ins Ausland), Kapitalabwanderung *f.*; **~ iniziale** Anfangs-, Startkapital *n.*; **~ di liquidazione** Liquidationsmasse *f.*; **~ liquido** flüssiges Kapital; **maggioranza del ~** Kapitalmehrheit *f.*: **detenere la maggioranza di ~** am Kapital mehrheitlich beteiligt sein; **~ mobile** mobiles, bewegliches Kapital; **movimento di ~, -i** Kapitalbewegung *f.*, Kapitalverkehr *m.*; **~ nominale** Nominalkapital *n.*; **partecipazione al ~** Kapitalbeteiligung *f.*; **~ privato** Privatkapital *n.*; **quota di ~** Kapitalanteil *m.*; **reddito da ~** Kapitalertrag *m.*; **~ sociale** Grundkapital *n.*, Stammkapital *n.*; **società di -i** Kapitalgesellschaft *f.*; **~ straniero** Auslandskapital *n.*; **~ umano** Humankapital *n.*; **~ versato, non versato** eingezahltes, ausstehendes (*o* nicht eingezahltes) Kapital.

ca|pi|ta|li|smo m. Kapitalismus *m.* **ca|pi|ta|li|sta** *(-i,-e)* **I** m. e f. Kapitalist *m.* (-in *f.*) **II** agg. kapitalistisch. **ca|pi|ta|li|sti|co** agg. *(-ci,-che)* kapitalistisch.

ca|pi|ta|liz|za|bi|le agg. kapitalisierbar. **ca|pi|ta|liz|za|re** tr. kapitalisieren: **~ gli interessi** die Zinsen kapitalisieren. **ca|pi|ta|liz|za|zio|ne** f. Kapitalisierung *f.*, Kapitalisation *f.*

ca|pi|ta|na|re tr. **1a** (als Kapitän) leiten, führen, an‿führen **b** SPORT **~ una squadra** Kapitän einer Mannschaft sein **2** ESTENS. *(capeggiare)* an‿führen: **~ una rivolta** eine Revolte anführen.

ca|pi|ta|ne|ri|a f. **~ di porto** Hafenamt *n.*

ca|pi|ta|no m. **1a** MIL. Hauptmann *m.*: **sotto il comando di un ~** unter der Führung eines Hauptmanns **b** MAR. Kapitän *m.* **2** SPORT Kapitän *m.*, Spielführer *m.*: **il ~ della nazionale, della squadra** der Kapitän der Nationalelf, der Mannschaftsführer; **avere la fascia di ~** die Binde des Mannschaftskapitäns tragen ◆ **~ di corvetta** Korvettenkapitän *m.*; **~ di fregata** Fregattenkapitän *m.*; FIG. **~ d'industria** Industriekapitän *m.*, Wirtschaftskapitän *m.*, Wirtschaftsführer *m.*; **~ di lungo corso** Kapitän auf großer Fahrt; **~ medico** Stabsarzt *m.*; **~ pilota** Flugkapitän *m.*, Chefpilot *m.*; STOR. **~ del popolo** Volkstribun *m.*; **~ in seconda** Kapitänleutnant *m.*; **~ di vascello** Kapitän zur See; STOR. **~ di ventura** Kondottiere *m.*

ca|pi|ta|re intr. (*capito;* aus. *essere*) **1a** *(venire)* kommen: **se capiti a Torino,...** wenn du nach Turin kommst,...; **capiti in un brutto momento** du kommst in einem unglücklichen (*o* ungelegenen, unpassenden) Moment (*o* Augenblick) **b** *(giungere per caso)* geraten, kommen: **~ nelle mani di qcn.** jdm in die Hände geraten, fallen **c** *(finire)* hinein‿geraten, hin‿geraten: **ma dove sono capitato?** wo bin ich bloß hingeraten? **2** *(presentarsi)* sich bieten: **mi è capitato un buon affare** mir hat sich ein gutes Geschäft geboten; **se capiterà l'occasione verremo a trovarti** bei Gelegenheit kommen wir dich besuchen **3** *(succedere)* passieren, vor‿fallen, widerfahren: **gli è capitata una disgrazia** ihm ist ein Unglück widerfahren; **proprio a me doveva ~?** ausgerechnet mir musste das passieren? **son cose che capitano!** so was kann passieren! **capitano tutte a me!** mir passiert aber auch alles! immer trifft's mich! impers. **a volte capita di, che...** manchmal passiert es, dass...; **non capita tutti i giorni di avere così fortuna** nicht alle Tage hat man so viel Glück ◆ **~ bene** es gut, glücklich treffen; **~ fra capo e collo a qcn.** jdn völlig unvorbereitet, unversehens treffen, unerwartet geschehen; *(di persona)* jdm ins Haus platzen; **come capita** wie es kommt; **dove capita** irgendwo; *(moto)* irgendwohin; **~ a fagiolo** COLLOQ. → **~ a proposito**; **il primo che capita** der erste Beste; **alla prima occasione che capita** bei der erstbesten Gelegenheit; **~ a proposito** gerade recht kommen; **quando capita** bei Gelegenheit; **se ti capita di sentirlo,...** solltest du ihn hören,...

ca|pi|tel|lo m. **1** ARCH. Kapitell *n.*: **~ dorico, ionico, corinzio** dorisches, ionisches, korinthisches Kapitell; **~ composito** Kompositkapitell *n.* **2** TIP. Kapital *n.*, Kaptal *n.*, Kaptalband *n.*

1.ca|pi|to|la|re intr. (*capitolo*; aus. *essere*) kapitulieren, sich ergeben (anche FIG.): **~ di fronte a qcs.** vor etw. (D) kapitulieren.

2.ca|pi|to|la|re agg. RELIG. Kapitel-: **sala ~** Kapitelsaal *m.*

3.ca|pi|to|la|re m. STOR. Kapitularien *pl.*

ca|pi|to|la|to I p.pass. → **capitolare II** m. DIR. Vertragsmodalitäten *pl.*, Modalitäten *pl.* ◆ **~ d'appalto** Submissionsbedingungen *pl.*, Leistungsverzeichnis *n.*; **~ di prova** Beweisaufnahme *f.*

ca|pi|to|la|zio|ne f. Kapitulation *f.*

ca|pi|to|li|no agg. **1** Kapitol-, kapitolinisch **2** ESTENS. *(romano)* römisch, von Rom ◆ **città -a** = Rom *n.*; **colle ~** Kapitol *n.*; **lupa -a** Kapitolinische Wölfin; **Museo Capitolino** Kapitolinisches Museum.

ca|pi|to|lo m. **1** Kapitel *n.* (anche FIG.): **il terzo ~, il ~ conclusivo del libro** das dritte Kapitel, das Schlusskapitel des Buches; **il testo è diviso in 15 -i** der Text ist in 15 Kapitel gegliedert; **scrivere un importante ~ di storia** ein wichtiges Kapitel der Geschichte schreiben **2** *(paragrafo)* Kapitel *n.*, Abschnitt *m.* **3a** ECCL. Kapitel *n.*: **il ~ di una collegiata** das Kapitel eines Stifts, das Stiftskapitel **b** *(sala capitolare)* Kapitelsaal *m.* ◆ **~ del bilancio** Haushaltskapitel *n.*; DIR. **~ di prova** Beweiskapitel *n.*; ECCL. **~ generale** Generalkapitel *n.*; **~ di spesa** Ausgabenkapitel *n.*, Ausgabentitel *m.*; **non avere, avere voce in ~** nichts, etwas mitzureden haben.

ca|pi|tom|bo|la|re intr. (aus. *essere*) COLLOQ. purzeln. **ca|pi|tom|bo|lo** m. COLLOQ. Sturz *m.*, Purzeln *n.*, Purzelbaum *m.* ◆ **fare un ~** purzeln, kopfüber fallen.

ca|pi|to|ne m. INTRAD. (fetter weiblicher Aal).

ca|po I m. **1** Haupt *n.*, Kopf *m.*: **a ~ scoperto, chino** entblößten Hauptes (*o* mit entblößtem Haupt), mit geneigtem, gesenktem Kopf; **scuotere il ~** den Kopf schütteln; **fare un cenno, annuire con il ~** mit dem Kopf winken, nicken; **posare il ~ sul cuscino** den Kopf aufs Kissen legen **2a** *(persona con funzioni di comando o mansioni direttive)* Chef *m.*, Leiter *m.*, BUROCR. Vorsteher *m.*: **il ~ di un reparto, di un partito** der Leiter einer Abteilung, einer Partei; SCHERZ. **arrivò il gran ~ in persona** es kam der Chef höchstpersönlich **b** ESTENS. *(chi guida, comanda)* Kopf *m.*, Führer *m.*: **il ~ dei rivoltosi, di una banda, di un'organizzazione criminale** der Kopf der Aufständischen, einer Bande, einer kriminellen Organisation; **il ~ della famiglia** das Familienoberhaupt **c** Häuptling *m.*: **il ~ di una tribù** der Häuptling (*o* Führer) eines Stammes; **d** COLLOQ. Chef *m.*, Mensch *m.*: **ehi, ~, hai da accendere?** hallo, Chef, hast du Feuer? **3a** *(singolo elemento)* Stück *n.* **b** *(di abbigliamento)* Kleidungsstück *n.*, Bekleidungsstück *n.*, Stück *n.*: **un ~ in lana, in seta** ein wollenes, seidenes Kleidungsstück **4** *(di bestiame)* Stück *n.* Vieh: **una mandria di 200 -i** eine Herde mit 200 Stück Vieh **5a** *(estremità)* Ende *n.*: **il ~ di una fune** das Ende eines Seils **b** *(inizio)* Anfangsstück *n.*, Anfang *m.*: **il ~ di un gomitolo** der Anfang eines Knäuels **6** *(estremità tondeggiante)* Kopf *m.*: **il ~ di un chiodo** der Kopf eines Nagels **7** *(promontorio)* Kap *n.*: **doppiare un ~** ein Kap umschiffen **II** agg.inv. Chef-, Haupt-, leitend ◆ **a ~ del letto** am Kopfende des Bettes; **essere a ~ di un'impresa, di un partito, di un esercito, di una banda** ein Unternehmen leiten, eine Partei, ein Heer führen, eine Bande an‿führen; **mettere qcn. a ~ di qcs.** jdn an die Spitze von etw. setzen; **andare a ~** einen Absatz machen; **punto, a ~!** Punkt, (neuer) Absatz! FIG. **abbassare il ~** → **chinare il ~**; **~ di abbigliamento** Kleidungsstück *n.*, Bekleidungsstück *n.*; DIR. **~ d'accusa** Anklagepunkt *m.*; **~ d'aglio** Knoblauchzwiebel *f.*, Knoblauchknolle *f.*; **da un ~ all'altro della città, del mondo** von einem Ende n. der Stadt, Welt zum anderen; **all'altro ~ del filo, del telefono** am anderen Ende des Drahtes, des Telefons; FIG. **alzare il ~** sich auf‿lehnen; ANT. **~ d'anno** Neujahr *n.*; FIG. **a ~ basso (chino)** gesenkten Hauptes, mit gesenktem Haupt; **~ di bestiame** Stück *n.* Vieh; **~ di biancheria** Wäschestück *n.*; **~ di Buona Speranza** Kap *n.* der Guten Hoffnung; **cospargersi il ~ di cenere** sich (D) Asche aufs Haupt streuen (anche FIG.); FIG. **chinare il ~** sich beugen, fügen; **non avere né ~ né coda** weder Hand noch Fuß haben; **capitare fra ~ e collo a qcn.** jdn völlig unvorbereitet, unversehens treffen, unerwartet geschehen; *(di persona)* jdm ins Haus platzen; **comandante in ~** Oberbefehlshaber *m.*; **~ comitiva** Reiseleiter *m.*; **ricominciare da ~** einen neuen Anfang machen (anche FIG.); **siamo da ~!** jetzt sind wir so weit wie vorher! ANT. **dare al ~** zu Kopf steigen; **~ delegazione** Delegationsleiter *m.*; **lana a due -i** doppelfadige Wolle; **fare ~ a qcn., qcs.** von jdm, etw. ab‿hängen; *(fare riferimento)* sich an jdn, etw. wenden; **da ~ a fondo** von Anfang bis Ende, von vorne bis hinten; **frullare per il ~** → **passare per il ~**; **~ del governo** Regierungschef *m.*; **~ Horn** Kap Hoorn *n.*; DIR. **~ d'imputazione** → **~ d'accusa**; **in ~ alla pagina** am Beginn der Seite; **in ~ a un anno, a un mese** innerhalb eines Jahres, eines Monats; **~ indiano** Indianerhäuptling *m.*; **ingegnere ~** Chefingenieur *m.*, leitender Ingenieur; **ispettore ~** Hauptinspekteur *m.*; **dare una lavata di ~ a qcn.** jdm den Kopf waschen; **pren-**

dersi una lavata di ~ den Kopf gewaschen bekommen; ANT. ***levarsi qcs. dal ~*** sich (D) etw. aus dem Kopf schlagen; ***mal di ~*** Kopfschmerzen *pl.*; ***mettersi in ~ una cosa*** sich (D) etw. in den Kopf setzen; ***~ su misura*** Maßkonfektion *f.*; ***essere, andare in ~ al mondo*** am Ende der Welt sein, bis ans Ende der Welt gehen; ***~ Nord*** Nordkap *n.*; ***al ~ opposto*** am entgegengesetzten Ende; ***passare per il ~*** durch den Kopf gehen; ***~ del personale*** Personalleiter *m.*; ***da ~ a piedi*** von Kopf bis Fuß, von oben bis unten; ***piegare il ~*** → ***chinare il ~***; ***~ della polizia*** Polizeichef *m.*; ***~ primo*** erstens; ***redattore ~*** Chefredakteur *m.*; ***rompersi il ~ su qcs.*** sich (D) den Kopf über etw. zerbrechen; ***~ secondo*** zweitens; ***per sommi -i*** in groben Zügen; ***~ dello stato*** Staatschef *m.*; ***~ di Stato Maggiore*** Generalstabschef *m.*; ***avere la stoffa del ~*** Führungstalent besitzen; ***~ storico*** Gründer *m.*, Vater *m.*; ***venire a ~ di qcs.*** mit etw. klar‿kommen, zurecht‿kommen; ***venire a ~ di un problema*** mit einem Problem fertig werden; ***~ di vestiario*** → ***~ di abbigliamento***; PROV. ***cosa fatta ~ ha*** = was geschehen ist, ist geschehen; ***fasciarsi il ~ prima di rompersela*** sich um ungelegte Eier kümmern.

ca|po|ban|da m. *(capibanda)* **1a** Bandenführer *m.* **b** SCHERZ. Anführer *m.*, treibende Kraft *f.* **2** MUS. Kapellmeister *m.* **ca|po|bar|ca** m. *(capibarca)* Bootsmann *m.* **ca|po|ba|sto|ne** m. *(capibastone)* INTRAD. (im Sprachgebrauch der Mafia Unterführer in einem bestimmten Gebiet). **ca|po|bran|co** m. *(capibranco)* Leittier *n.* **ca|po|ca|me|rie|re** m. *(capicameriere)* Oberkellner *m.* **ca|po|can|no|nie|re** m. *(capicannonieri)* SPORT Torschützenkönig *m.* **ca|po|can|tie|re** m. *(capicantiere)* Bauführer *m.*, Bauleiter *m.*

ca|poc|chia f. Kopf *m.*: ***la ~ del fiammifero, dello spillo*** der Streichholz-, Stecknadelkopf.

1.ca|poc|cia m. *(-cia* e *-ci)* **1** ANT. Familienoberhaupt *n.* (einer Bauernfamilie) **2** *(sorvegliante)* Aufseher *m.*, Vorarbeiter *m.* **3** SCHERZ. *(capo)* Chef *m.*, Boss *m.*

2.ca|poc|cia f. *(-ce)* REGION. Kopf *m.*

ca|poc|cia|ta f. COLLOQ. ***dare una ~ contro qcs.*** mit dem Kopf gegen etw. stoßen; ***prendere una ~*** sich (D) den Kopf an‿stoßen.

ca|poc|cio|ne m. REGION. **1** großer Kopf *m.*, dicker Kopf *m.* **2a** *(testone, chi capisce poco)* Dickkopf *m.*, Holzkopf *m.* **b** SCHERZ. *(persona intelligente)* kluger Kopf *m.*, COLLOQ. Intelligenzbestie *f.* **3** *(personaggio influente)* hohes Tier *n.*

ca|po|clas|se m. *(capiclasse)* e f.inv. Klassensprecher *m.* (-in *f.*).

ca|po|col|lo m. *(capicolli)* INTRAD. (Schweinewurst aus Mittel- und Süditalien).

ca|po|co|mi|co m. *(capocomici)* = Leiter *m.* einer Schauspieltruppe. **ca|po|co|mi|ti|va** m. *(capicomitiva)* Reiseleiter *m.* (-in *f.*). **ca|po|cor|da** m. Kabelschuh *m.*, Schuh *m.* **ca|po|cor|da|ta** m. *(capicordata)* e f.inv. Seilschaftsführer *m.* (-in *f.*). **ca|po|cro|na|ca** m. *(capicronaca)* Leitartikel *m.* (des Lokalteils). **ca|po|cro|ni|sta** m. *(capicronisti)* e f. *(capocroniste)* Hauptberichterstatter *m.* (-in *f.*), leitender Nachrichtenredakteur *m.* (leitende -in *f.*) **ca|po|cuo|co** m. *(capocuochi, capicuochi)* Küchenchef *m.*, Chefkoch *m.*

ca|po|dan|no m. *(capodanni)* Neujahr *n.*: ***a ~*** zu Neujahr; ***passare il ~ in montagna*** Neujahr in den Bergen verbringen.

ca|po|di|mon|te agg.inv. von, aus Capodimonte, Capodimonte-: ***porcellana ~*** Capodimonte-Porzellan *n.*

ca|po|di|vi|sio|ne m. *(capidivisione)* Ressortleiter *m.*

ca|po|do|glio m. *(-gli)* Pottwal *m.*

ca|po|do|pe|ra m. *(capidopera)* ANT. → **capolavoro.**

ca|po|fa|mi|glia m. *(capifamiglia)* e f.inv. Familienoberhaupt *n.* **ca|pof|fi|ci|na** m. *(capiofficina)* e f.inv. Werkmeister *m.* (-in *f.*). **ca|po|fi|la** m. *(capifila)* e f.inv. **1** Spitze *f.* **2** *(maggiore esponente)* Hauptvertreter *m.* (-in *f.*) **3** MIL. Flügelmann *m.*

ca|po|fit|to, ***a ~*** kopfüber; FIG. ***buttarsi a ~ nel lavoro*** sich kopfüber in die Arbeit stürzen.

ca|po|ga|bi|net|to m. *(capigabinetto)* e f.inv. Kabinettschef *m.* (-in *f.*), Kabinettsvorsteher *m.* (-in *f.*).

ca|po|gi|ro m. Schwindel *m.*: ***soffrire di -i*** unter Schwindel leiden; ***essere colto da un ~*** einen Schwindelanfall bekommen; ***far venire, dare, provocare il ~ a qcn.*** jdn schwindlig machen; ***qcn. ha il ~*** jdm schwindelt, ist schwindlig ◆ ***cifre da ~*** Schwindel erregende Zahlen; ***una bellezza da ~*** eine atemberaubende Schönheit.

ca|po|grup|po I m. *(capigruppo)* e f.inv. **1** Gruppenführer *m.* (-in *f.*), Gruppenleiter *m.* (-in *f.*) **2** POL. *(parlamentare)* Fraktionsvorsitzende *m.* e *f.* **II** f.inv. ECON. Konzernspitze *f.*

ca|po|in|fer|mie|ra f. Oberschwester *f.*

ca|po|la|vo|ro m. **1** Meisterwerk *n.* **2** FIG. Meisterstück *n.*: ***un ~ di diplomazia*** ein Meisterstück an Diplomatie, ein Kabinettstück der Diplomatie; ***questo compito è un ~ di ignoranza*** diese Hausarbeit ist ein Meisterstück an Unwissenheit **3** *(di apprendisti)* Gesellenstück *n.*, Meisterstück *n.*

ca|po|let|te|ra m. *(capilettera)* TIP. Initiale *f.*

ca|po|li|ne|a m. *(capilinea)* **1** Endstation *f.* (anche FIG.): ***scendere, arrivare al ~*** an der Endstation aus‿steigen, an‿kommen; ***il governo è ormai (arrivato) al ~*** die Regierung ist am Ende.

ca|po|li|no m. BOT. Blütenköpfchen *n.*, Köpfchen *n.*, Körbchen *n.* ◆ ***fare ~*** hervor‿blicken, hervor‿lugen, hervor‿gucken: ***fare ~ dalla finestra, dalla porta*** aus dem Fenster, der Tür lugen; FIG. ***il sole fa ~ fra le nuvole*** die Sonne schaut hinter den Wolken hervor.

ca|po|li|sta m. *(capilista)* e f.inv. **1** Listenführer *m.* (-in *f.*) **2** POL. Spitzenkandidat *m.* **3** SPORT Tabellenführer *m.* (-in *f.*).

ca|po|luo|go m. *(-ghi)* Hauptstadt *f.*: ***~ di provincia, di un Land*** Provinz-, Landeshauptstadt *f.*; ***~ di distretto*** Kreis-, Bezirksstadt *f.*

ca|po|mac|chi|ni|sta m. e f. *(-i,-e)* **1** Maschinenmeister *m.* (-in *f.*) **2** MAR. Maschinist *m.* **ca|po|ma|fia** m. *(capimafia)* Maf(f)iaboss *m.* **ca|po|ma|stro** m. *(capimastri* e *capomastri)* Maurermeister *m.*, Maurerpolier *m.* **ca|po|mo|vi|men|to** m. *(capimovimento)* e f.inv. FERR. Fahrdienstleiter *m.*

ca|po|nag|gi|ne f. Verbohrtheit *f.*, Dickköpfigkeit *f.*, Eigensinnigkeit *f.*

ca|po|na|ta f. INTRAD. (sizilianisches Gericht aus Auberginen).

ca|po|of|fi|ci|na → **capofficina. ca|po|par|ti|to** m. *(capipartito)* e f.inv. Parteiführer *m.* (-in *f.*). **ca|po|pat|tu|glia** m. *(capipattuglia)* e f.inv. Streifenführer *m.* (-in *f.*), Patrouillenführer *m.* (-in *f.*). **ca|po|pez|zo** m. *(capipezzo)* MIL. Geschützführer *m.* **ca|po|po|po|lo** m. *(capipopolo)* e f.inv. Volksführer *m.* (-in *f.*). **ca|po|po|sto** m. *(capiposto)* Wachhabende *m.*

ca|po|ra|la|to m. INTRAD. (illegale Beschaffung unterbezahlter, landwirtschaftlicher Arbeitskräfte).

ca|po|ra|le m. **1** Gefreite *m.* **2** REGION. *(caposquadra)* Vorarbeiter *m.* **ca|po|ra|le|sco** agg. *(-schi,-sche)* **1** Gefreite- **2** FIG. feldwebelhaft. **ca|po|ral|mag|gio|re** m. MIL. Obergefreite *m.*, Hauptgefreite *m.*

ca|po|re|dat|to|re m. *(capiredattori)* Chefredakteur *m.* **ca|po|re|dat|tri|ce** f. Chefredakteurin *f.* **ca|po|re|par|to** m. *(capireparto)* e f.inv. Abteilungsleiter *m.* (-in *f.*).

ca|po|ret|to f. *(disfatta)* = Waterloo *n.*

ca|po|ri|o|ne m. SPREG. Rädelsführer *m.*, Anführer *m.* **ca|po|ros|so** m. Stieglitz *m.* **ca|po|sa|la** m. *(capisala)* e f.inv. **1** Saalaufsicht *f.*, Saalaufseher *m.* (-in *f.*) **2** *(d'ospedale)* Stationspfleger *m.* (-schwester *f.*).

ca|po|sal|do m. *(capisaldi)* **1** TOPOGR. Fixpunkt *m.* **2** MIL. Bollwerk *n.* **3** FIG. Angelpunkt *m.*, Eckpfeiler *m.*

ca|po|scuo|la m. *(capiscuola)* e f.inv. Begründer *m.* (-in *f.*) **ca|po|ser|vi|zio** m. *(capiservizio)* e f.inv. **1** Abteilungsleiter *m.* (-in *f.*) **2** *(di giornali, agenzie d'informazioni)* Ressortleiter *m.* (-in *f.*), Schriftleiter *m.* (-in *f.*).

ca|po|se|zio|ne m. *(capisezione)* e f.inv. Ressortleiter *m.* (-in *f.*), Abteilungsleiter *m.* (-in *f.*), Referatsleiter *m.* (-in *f.*). **ca|po|squa|dra** m. *(capisquadra)* e f.inv. **1** Vorarbeiter *m.* (-in *f.*), Werkmeister *m.* (-in *f.*) **2** GINN. Mannschaftsführer *m.* (-in *f.*) **3** MIL. Zugführer *m.* **ca|po|sta|zio|ne** m. *(capistazione)* e f.inv. Bahnhofsvorsteher *m.* (-in *f.*).

ca|po|sti|pi|te m. e f. *(-i)* Stammvater *m.* (Stammmutter *f.*), Altvater *m.* (Altmutter *f.*), Urvater *m.* (Urmutter *f.*) (anche FIG.). **ca|po|stor|no** m. Drehkrankheit *f.* **ca|po|ta|sto** m. *(capotasti)* Sattel *m.*, Kapodaster *m.* **ca|po|ta|vo|la**, ***sedere, stare a ~*** am Kopf des Tisches (*o* am oberen Tischende) sitzen, auf dem Ehrenplatz sitzen.

ca|po|te [ka'pɔt] f.inv. Klappverdeck *n.*, Verdeck *n.*: ***aprire, chiudere la ~*** das Verdeck auf‿machen, zu‿machen. **ca|po|tor|to** m.inv. Wendehals *m.* **ca|po|tre|no** m. *(capitreno* e *capotreni)* e f.inv. Zugführer *m.* (-in *f.*). **ca|po|tri|bù** m. e f. *(capitribù)* Stammeshäuptling *m.*, Stammesführer *m.* (-in *f.*).

ca|pot|ta → **capote.**

ca|pot|ta|men|to m. Überschlagen *n.* **ca|pot|ta|re** intr. (aus. *avere*) sich überschlagen: ***l'auto ha capottato*** das Auto hat sich überschlagen.

ca|po|uf|fi|cio m. *(capiufficio)* e f.inv. Chef *m.* (-in *f.*), Büroleiter *m.* (-in *f.*). **ca|po|vac|ca|io** m. *(capivaccai)* Aasgeier *m.*

Ca|po Ver|de n.pr.m. Kap Verde *n.* ◆ ***isole di ~*** kapverdische Inseln, Kapverden *pl.* **ca|po|ver|dia|no I** agg. kapverdisch **II** m. Kapverdier *m.*

ca|po|ver|so m. **1** Absatz *m.*, Abschnitt *m.*: ***fare un ~*** einen Absatz machen; TIP. ***far rientrare un ~*** einen Absatz ein‿ziehen **2** DIR. Absatz *m.*

ca|po|vol|ge|re *(capovolgo, capovolgi; capovolsi; capovolto)* **I** tr. **1** stürzen, um‿kippen, auf den Kopf stellen: ***non ~!*** bitte nicht stürzen! ***~ un contenitore*** einen Behälter umkippen **2** FIG. um‿kehren, um‿stürzen: ~ ***i piani di qcn.*** jds Pläne umstürzen **II** pronom. **capovolgersi** um‿stürzen, um‿kippen, sich um‿kehren; ***ci siamo capovolti con la barca*** wir sind mit dem Boot gekentert; ***il vaso si è capovolto*** die Vase ist umgekippt; FIG. ***la situazione si è capovolta*** die Situation hat sich umgekehrt.

ca|po|vol|gi|men|to m. **1a** Umstülpung *f.* **b** *(di imbarcazione)* Kentern *n.* **2** FIG. Umsturz *m.*, Umkehr *f.*, Umwälzung *f.*: ***un ~ politico*** ein politischer Umsturz ◆ FIG. ***~ di fronte*** Frontwechsel *m.*

cap|pa f. **1** *(mantello)* Cape *n.*: ***un'ampia ~*** ein weites Cape **2** FIG. Glocke *f.*: ***una ~ di nebbia, di fumo, di smog*** eine Nebel-, Rauch-, Dunstglocke **3** *(di un focolare)* Dunstabzug *m.*; ***~ di aspirazione*** Entlüftungshaube *f.*, Saugkappe *f.*; ***~ del camino*** Rauchfang *m.* **4** MAR. *(telo impermeabile)* Segeltuchdecke *f.* ◆ MAR. ***navigare alla ~*** vor dem Wind liegen; ***sotto la ~ del cielo*** unter dem Himmelsgewölbe; FIG. ***~ di piombo*** bleierne Schwere *f.*; MAR. ***vela di ~*** Sturmsegel *n.*

Cap|pa|do|cia n.pr.f. Kappadozien *n.*

1.cap|pel|la f. Kapelle *f.* ◆ ***~ battesimale*** Taufkapelle *f.*; ***~ di corte*** Hofkapelle *f.*; ***~ laterale*** Seitenkapelle *f.*; MUS. ***maestro di ~*** Kapellmeister *m.*; ***~ privata*** Hauskapelle *f.*; ***~ Sistina*** Sixtinische Kapelle.

2.cap|pel|la f. **1** *(di fungo)* Hut *m.* **2** MIL. GERG. Rekrut *m.* **3** COLLOQ. *(grosso errore)* ***farsi, prendere una ~*** einen Bock schießen.

cap|pel|la|io m. *(-ai)* **1** *(fabbricante)* Hutmacher *m.* **2** *(rivenditore)* Hutverkäufer *m.*

cap|pel|la|no m. Kaplan *m.*, Pfarrhelfer *m.*; *(del carcere)* Gefängnisgeistliche *m.*; ***~ militare*** Militärgeistliche *m.*

cap|pel|la|ta f. **1** Klaps *m.* mit dem Hut **2** COLLOQ. *(fregatura)* Reinfall *m.*: ***prendere una ~*** einen Bock schießen **3** *(grande quantità)* Haufen *m.*: ***una ~ di soldi*** ein Haufen Geld.

cap|pel|le|ri|a f. Hutgeschäft *n.* **cap|pel|let|to** m. **1** *(cappuccio)* Hut *m.* **2** *(della calza)* Strumpfspitze *f.*, Zehenteil *m.* **3** pl. GASTR. INTRAD. (kleine mit Fleisch gefüllte Nudeln). **cap|pel|lie|ra** f. Hutschachtel *f.* **cap|pel|li|fi|cio** m. *(-ci)* Hutfabrik *f.* **cap|pel|li|na** f. Sonnenhut *m.* **cap|pel|li|no** m. Hütchen *n.*, Hütlein *n.*: ***un ~ appariscente, civettuolo*** ein kesses, kokettes Hütlein.

cap|pel|lo m. **1a** Hut *m.*: ***mettersi, levarsi il ~*** den Hut auf‿setzen, ab‿nehmen; ***un ~ a tesa larga*** ein Hut mit breiter Krempe; ***tenere il ~ in testa*** den Hut auf‿behalten; ***mettersi il ~ in testa*** den Hut auf den Kopf setzen; ***portare la mano al ~ (in segno di saluto)*** die Hand (zum Gruß) an den Hut legen; ***far apparire una colomba, un coniglio dal ~*** eine Taube, ein Kaninchen aus dem Hut zaubern **b** ESTENS. ***il ~ di un fungo*** der Hut eines Pilzes **2** *(capocchia di chiodo)* Nagelkopf *m.* **3** *(premessa)* Vorspann *m.*: ***il ~ di un articolo*** der Vorspann eines Artikels **4** *(copertura, protezione)* Schutzhaube *f.*, Haube *f.* ◆ ***calarsi il ~ sugli occhi*** den Hut ins Gesicht drücken, ziehen; ***~ cardinalizio*** Kardinalshut *m.*; ***appendere il ~ al chiodo*** sich ins fertige Nest setzen; ***~ a cilindro*** Zylinder *m.*; ***~ da cuoco*** Kochmütze *f.*; ***~ di feltro*** Filzhut *m.*; ***~ di paglia di Firenze*** Florentinerhut *m.*; ***~ floscio*** Schlapphut *m.*; ***giù il ~!*** Hut ab! FIG. ***levarsi il ~ davanti a qcn.*** vor jdm den Hut ziehen; ***~ di paglia*** Strohhut *m.*; ***~ da signora*** Damenhut *m.*; ***~ a sporta*** Schute *f.*; ***tanto di ~ (davanti a lui)*** Hut ab (vor ihm); ***tesa del ~*** Hutkrempe *f.*; ***portare il ~ sulle ventitré*** = den Hut schief tragen.

cap|pe|ro m. **1** Kaper *f.*: ***salsa di -i*** Kapernsoße *f.* **2** *(pianta)* Kapernstrauch *m.* **3** pl. ESCL. ***-i!*** Donnerwetter!

cap|pio m. *(-pi)* **1** Schlinge *f.*, Schlaufe *f.*: ***fare, stringere un ~*** eine Schlinge machen, knüpfen; FIG. ***mettere il ~ al collo a qcn.*** jdm die Schlinge um den Hals legen; FIG. ***avere il ~ al collo*** das Messer an der Kehle sitzen haben **2** *(capestro)* Strang *m.*

cap|po|na|re tr. kappen. **cap|po|ne** m. **1** Kapphahn *m.*, Kapaun *m.* **2** ITTIOL. Knurrhahn *m.*

cap|pot|ta → **capote.**

cap|pot|ta|tu|ra f. Haube *f.*

cap|pot|ti|no m. Mäntelchen *n.*

1.cap|pot|to m. Mantel *m.*: ***un ~ leggero, foderato*** ein leichter, gefütterter Mantel; ***portare il ~ sbottonato*** den Mantel offen tragen; ***mettere, togliere il ~*** den Mantel an‿ziehen, ab‿legen; ***aiutare qcn. a mettere, togliere il ~*** jdm in den, aus dem Mantel helfen.

2.cap|pot|to m. GIOC. SPORT, ***fare ~ a qcn.*** jdn matsch machen.

cap|puc|cet|to m. Käppchen *n.* ◆ ***Cappuccetto Rosso*** Rotkäppchen *n.*

cap|puc|ci|na f. BOT. Kopfsalat *m.*

1.cap|puc|ci|no I agg. Kapuziner-: ***frate ~*** Kapuzinermönch *m.* **II** m. Kapuziner *m.*: ***ordine dei ~*** Kapuzinerorden *m.* ◆ ***barba da ~*** Vollbart *m.*

2.cap|puc|ci|no m. *(bevanda)* Cappuccino *m.*

cap|puc|cio m. *(-ci)* **1** Kapuze *f.*: ***~ sbottonabile*** abknöpfbare Kapuze **2a** *(di penna)* Kappe f. **b** TECN. Kappe *f.*, Haube *f.*: ***~ di protezione*** Schutzkappe *f.*; ***il ~ di una candela*** der Stecker einer Zündkerze **c** VENAT. *(per falconi)* Haube *f.* **3** COLLOQ. GASTR. Cappuccino *m.*

ca|pra f. **1** Ziege *f.*: ***~ d'angora*** Angoraziege *f.*; ***formaggio di ~*** Ziegenkäse *m.* **2** TECN. Bock *m.* ◆ FIG. ***salvare ~ e cavoli*** = zwei gegensätzliche Interessen unter einen Hut bringen. **ca|pra|io** m. *(-ai)* Ziegenhirt *m.*

ca|pre|se I agg. aus Capri **II** m. e f. Capreser *m.* (-in *f.*) **III** f. GASTR. INTRAD. (Salat aus Tomaten, Oliven und Mozzarella).

ca|pret|ta f. Zicke *f.* **ca|pret|ti|no** m. Zickelchen *n.*, Zicklein *n.* **ca|pret|to** m. **1** Zicklein *n.*: GASTR. ***~ al forno*** gebratenes Zicklein **2** *(in conceria)* Ziegenleder *n.*

ca|pria|ta f. Dachstuhl *m.*, Hängewerk *n.*: ***doppia ~*** doppeltes Hängewerk.

ca|pric|cio m. *(-ci)* **1a** Laune *f.*, Schrulle *f.*: ***è solo un suo ~*** das ist nur so eine Laune von ihm; ***levarsi, togliersi i -ci*** sich seine Launen ab‿gewöhnen: ***far passare a qcn. la voglia di fare i -ci*** jdm seine Launen aus‿treiben **b** *(instabilità)* Laune *f.*, Kapriole *f.*: ***i -ci del tempo, della fortuna*** die Launen des Wetters, des Glücks **2** *(flirt)* Liebelei *f.* **3** *(bizzarria)* Überspanntheit *f.*, Außergewöhnlichkeit *f.*, Extravaganz *f.* **4** MUS. Kapriccio *n.*, Capriccio *n.* ◆ ***assecondare i propri -ci*** = seinem Affen Zucker geben; ***qcn. fa i -ci*** jd ist bockig (*o* trotzig); ***levare i -ci a qcn.*** jdm die Grillen aus‿treiben. **ca|pric|cio|sa|men|te** avv. **1** launisch **2** *(in modo bizzarro)* extravagant, ausgefallen. **ca|pric|cio|si|tà** f. Launenhaftigkeit *f.*

ca|pric|cio|so agg. **1** launenhaft, launisch, kapriziös: ***un bambino ~*** ein launisches (kapriziöses) Kind; ***tempo ~*** launenhafte Witterung; ***un mese ~*** ein launischer Monat **2** *(bizzarro)* extravagant, ausgefallen ◆ GASTR. INTRAD. ***insalata -a*** (Salat aus klein geschnittenen Mixpickles mit Mayonnaise).

ca|pri|cor|no m. ZOOL. ASTROL. Steinbock *m.*: ***essere del*** (*o* ***un) ~*** (ein) Steinbock sein; ***essere nato nel, sotto il segno del ~*** im Zeichen des Steinbocks geboren sein; GEOG. ***Tropico del Capricorno*** Wendekreis *m.* des Steinbocks.

ca|pri|fo|glio m. *(-gli)* Geißblatt *n.*

ca|pri|mul|go m. *(-gi)* Ziegenmelker *m.*

ca|pri|ni m.pl. ZOOL. Ziegenartige *pl.*

ca|pri|no I agg. Ziegen-: ***latte ~*** Ziegenmilch *f.*; ***barba -a*** Ziegenbart *m.* **II** m. **1** *(odore)* Ziegengestank *m.* **2** *(concime)* Ziegenmist *m.* **3** GASTR. Ziegenkäse *m.* ◆ ***una questione di lana -a*** ein Streit um des Kaisers Bart; ***piede ~*** Pferdefuß *m.*; ***salice ~*** Salweide *f.*

1.ca|prio|la f. **1** Purzelbaum *m.*: ***fare una ~*** einen Purzelbaum machen, schlagen **2a** SPORT *(nella ginnastica)* Rolle *f.*: ***eseguire una ~ in avanti, all'indietro*** eine Rolle vorwärts, rückwärts machen **b** *(nei tuffi)* Salto *m.* **c** *(nella danza, nell'equitazione)* Kapriole *f.*

2.ca|prio|la f. ZOOL. Rehgeiß *f.*

1.ca|prio|lo m. Reh *n.*

2.ca|prio|lo agg. BOT. ***erba -a*** Quecke *f.*

ca|pro m. Bock *m.*, Ziegenbock *m.* ◆ ***essere il, fare di qcn. il ~ espiatorio*** den Sündenbock spielen (*o* als Sündenbock her‿halten), jdn zum Sündenbock machen. **ca|pro|ne** m. **1** Ziegenbock *m.*, Bock *m.* **2** FIG. SPREG. Schlamper *m.*

ca|prug|gi|ne f. Kimme *f.*

cap|su|la f. **1** Kapsel *f.* (anche BOT.) **2** *(dentaria)* Krone *f.*: ***~ di porcellana*** Porzellankrone *f.* **3** *(detonatore)* Zündkapsel *f.*, Zündhütchen *n.* **4** CHIM. Schale *f.* ◆ ***~ articolare*** Gelenkkapsel *f.*; ***~ dentaria*** Zahnkrone *f.*; ***~ spaziale*** Weltraumkapsel *f.* **cap|su|la|re** agg. Kapsel-.

cap|ta|re tr. **1** auf‿fangen, empfangen: ***~ segnali*** Signale auffangen; ***~ una trasmissione*** eine Sendung empfangen **2** FIG. *(intuire)* spüren, erfassen: ***~ l'imbarazzo di qcn.*** jds Verlegenheit spüren **3** *(cercare di ottenere)* ***~ qcs.*** = etw. zu erlangen suchen, um etw. buhlen. **cap|ta|zio|ne** f. DIR. ***~ (di eredità)*** Erbschleicherei *f.*

ca|puf|fi|cio → **capoufficio.**

cap|zio|sa|men|te avv. verfänglich; *(in modo cavilloso)* spitzfindig. **cap|zio|si|tà** f. Verfänglichkeit *f.*; Spitzfindigkeit *f.* **cap|zio|so** agg. verfänglich; *(cavilloso)* spitzfindig: ***un argomento ~*** ein verfängliches Argument; ***domanda -a*** Fangfrage *f.*; ***un ragionamento ~*** eine spitzfindige Überlegung.

CAR ⇒ *Centro addestramento Reclute* Ausbildungszentrum für Rekruten.

ca|ra|bat|to|la f. **1** pl. Kram *m.*, Plunder *m.*: ***raccogliere le proprie -e*** seinen Kram zusammen‿packen **2** *(inezia)* Kleinigkeit *f.*

ca|ra|bi|de m. Laufkäfer *m.*

ca|ra|bi|na f. Karabiner *m.*

ca|ra|bi|nie|re m. **1** Karabiniere *m.* **2** STOR. Karabinier *m.* **3** FIG.

SPREG. *(di una donna)* Feldwebel *m.*

ca|ra|cal m.inv. Karakal *m.*

ca|ra|ci|ni|de m. Salmler *m.*

ca|ra|col|la|re intr. (aus. *avere*) **1** ein Pferd tummeln **2** COLLOQ. *(trotterellare)* sich herum‿tummeln. **ca|ra|col|lo** m. Tummeln *n.*

ca|ra|cul m.inv. Karakulschaf *n.*

ca|ra|drio m. *(-dri)* Schnepfenvogel *m.*

ca|raf|fa f. Karaffe *f.*: ***una ~ d'acqua*** eine Karaffe Wasser.

Ca|rai|bi N.pl.m. Karibik *f.*: ***mare dei ~*** Karibisches Meer *n.* **ca|ra|i|bi|co** → **caribico. ca|rai|bo** → **caribo.**

ca|ram|ba I inter. Mensch **II** m.inv. GERG. = Karabiniere *m.*

1.ca|ram|bo|la f. BOT. Karambole *f.*

2.ca|ram|bo|la f. **1** Karambolage *f.*; ***fare ~*** eine Karambolage aus‿führen, karambolieren; *(scontro di auto)* ***una ~ nella nebbia*** eine Karambolage im Nebel **2** *(gioco)* Karambole *f.*: ***giocare a ~*** Karambole spielen. **ca|ram|bo|la|re** intr. *(carambolo;* aus. *avere)* karambolieren (anche ESTENS.).

ca|ra|mel|la f. Bonbon *m.* e *n.*: ***~ di frutta, alla menta*** Frucht-, Pfefferminzbonbon *m.* e *n.* ◆ ***~ mou*** Karamellbonbon *m.* e *n.*, Karamelle *f.* **ca|ra|mel|la|io** m. *(-ai)* Bonbonverkäufer *m.*

ca|ra|mel|la|re I tr. karamellisieren: ***~ lo zucchero, la frutta*** Zucker, Früchte karamellisieren **II** pronom. **caramellarsi** karamellieren. **ca|ra|mel|la|to** p.pass. agg. **1** → **caramellare 2** Karamell-: ***zucchero ~*** Karamellzucker *m.* **ca|ra|mel|lo** m. Karamell *m.* **ca|ra|mel|lo|so** agg. süßlich: ***con un tono ~*** mit süßlichem Ton.

ca|ra|men|te avv. herzlich.

ca|ram|pa|na f. SPREG. Schlampe *f.*

ca|ra|pa|ce m. ZOOL. **1** Rückenschild *m.* **2** *(di crostacei)* Schale *f.*

ca|ras|sio m. *(-si)* Karausche *f.*, Breitling *m.*

ca|ra|ta|re tr. nach Karaten ab‿wägen.

ca|ra|tel|lo m. Fässchen *n.*

ca|ra|to m. **1a** Karat *n.*; ***un diamante da un ~, da molti -i*** ein einkarätiger, hochkarätiger Diamant **b** *(per l'oro)* Karat *n.*, Goldgewicht *n.*; ***oro a 24 -i*** 24karätiges Gold **2** ESTENS. Anteil *m.*

ca|rat|te|re m. **1a** Charakter *m.*: ***avere un ~ forte, debole, dolce, un brutto ~*** einen starken, schwachen, sanften, schlechten Charakter haben; ***qcs. dà l'impronta al ~, forma il ~*** etw. prägt, formt den Charakter; *(personalità)* ***avere, mostrare, dar prova di ~*** Charakter haben, zeigen, beweisen; ***una persona di ~*** ein Mensch von, mit Charakter, ein charaktervoller Mensch; ***mancare di ~*** charakterlos sein **b** *(natura)* Art *f.*, Wesen *n.*, Wesensart *f.*: ***(non) è nel suo ~*** das ist (nicht) seine Art, es liegt (nicht) in seiner Art; ***qcs. (non) corrisponde al suo ~*** etw. entspricht (nicht) seinem Wesen **2a** pl. *(scrittura)* Schrift *f.*: ***-i sillabici, alfabetici*** Silben-, Buchstabenschrift *f.*; ***-i ideografici*** (o ***pittografici)*** Bilderschrift *f.*; ***-i gotici, cirillici, latini*** gotische, kyrillische, lateinische Schrift **b** *(segno grafico)* Schriftzeichen *n.* **3a** TIP. ***~ (tipografico, di stampa)*** Drucktype *f.*, Letter *f.*: ***-i mobili*** bewegliche Lettern **b** *(segno grafico)* Druckbuchstabe *m.*, Letter *f.*; ***-i di stampa*** Druckschrift *f.* **4** INFORM. Zeichen *n.*: ***-i alfanumerici*** alphanumerische Zeichen **5a** *(tipo, qualità)* Inhalt *m.*, Charakter *m.*: ***il ~ benigno, maligno di una malattia*** der gutartige, bösartige Charakter einer Krankheit; ***un'analisi di ~ storico*** eine Analyse geschichtlichen Inhalts; ***un documento di ~ riservato*** ein Dokument vertraulichen Inhalts **b** *(non tradotto)* ***osservazioni di ~ generale*** allgemeine Bemerkungen; ***visita di ~ ufficiale*** offizieller Besuch; UNIV. ***una ricerca a ~ interdisciplinare*** eine interdisziplinäre Forschung **6** *(caratteristica)* Eigenart *f.*, Merkmal *n.*: ***i -i della poesia romantica*** die Merkmale der romantischen Dichtung **7** BIOL. Merkmal *n.*: ***~ dominante, recessivo*** dominantes, rezessives Merkmal; ***-i ereditari, acquisiti*** Erbmerkmale, (*o* Erbeigenschaften), erworbene Eigenschaften **8** LETT. Typus *m.* ◆ ***commedia di ~*** Charakterdrama *n.*, Typenkomödie *f.*; TIP. ***~ corsivo*** Kursivschrift *f.*, Kursive *f.*; ***debole di ~*** charakterschwach; ***di ~ fermo*** charakterfest; TIP. ***fonderia di -i*** Schriftgießerei *f.*; ***essere in ~ con qcs.*** zu etw. passen; ***incompatibilità di ~*** Unvereinbarkeit *f.* der Charaktere; ***~ neretto*** Fettdruck *m.*; ***senza ~*** charakterlos; TIP. ***~ tondo*** Antiqua *f.*; ***tratto del ~*** Charakterzug *m.*

ca|rat|te|ria|le I agg. **1** *(del carattere)* charakterlich, Charakter-: ***studio ~*** Charakterstudie *f.* **2** PSIC. verhaltensgestört: ***bambini -i*** verhaltensgestörte Kinder **II** m. Verhaltensgestörte *m.* e *f.* **ca|rat|te|rial|men|te** avv. charakterlich.

ca|rat|te|ri|no m. = schwieriger Charakter *m.*

ca|rat|te|ri|sta m. e f. *(-i,-e)* Charakterdarsteller *m.* (-in *f.*), Charakter(schau)spieler *m.* (-in *f.*) ◆ ***ruolo di ~*** Charakterrolle *f.*

ca|rat|te|ri|sti|ca f. *(-che)* **1** Eigenschaft *f.*, Eigenart *f.*, Eigenheit *f.* **2** *(tratto distintivo)* Merkmal *n.*, Kennzeichen *n.* **3** MAT. Kennziffer *f.*

ca|rat|te|ri|sti|co agg. *(-ci,-che)* **1** Charakter-, charakteristisch, kennzeichnend, Kenn-: ***tratto ~*** Charakterzug *m.*; ***~ di qcn., qcs.*** charakteristisch (*o* bezeichnend, kennzeichnend) für jdn, etw.; ***curva -a*** Kennlinie *f.* **2** *(tipico di un luogo)* typisch: ***costume, piatto ~*** typische Tracht, typisches Gericht **3** *(particolare)* eigen, eigenartig: ***stile ~*** (ganz) eigener Stil.

ca|rat|te|riz|zan|te agg. bezeichnend: ***un tratto ~ la sua personalità*** ein bezeichnender Charakterzug ◆ ***materia ~ il corso di laurea*** Schwerpunktstudienfach *n.*

ca|rat|te|riz|za|re I tr. charakterisieren, kennzeichnen: ***questo comportamento caratterizza la sua natura*** dieses Verhalten kennzeichnet sein Wesen; ***qcs. caratterizza lo stile di qcn.*** etw. charakterisiert jds Stil; ***~ un personaggio di un romanzo*** eine Romanfigur charakterisieren **II** pronom. **caratterizzarsi** sich kennzeichnen.

ca|rat|te|riz|za|zio|ne f. Charakterisierung *f.*, Kennzeichnung *f.*

ca|rat|te|ro|lo|gi|a f. Charakterologie *f.* **ca|rat|te|ro|lo|gi|co** agg. *(-ci,-che)* charakterologisch.

ca|ra|tu|ra f. **1** Karatmessung *f.* **2** FIG. *(valore)* Format *n.*: ***un artista di ~ mondiale*** ein Künstler von internationalem Format (*o* Weltformat) **3a** ECON. Anteil *m.* **b** *(nella proprietà di una nave)* Part *m.*

ca|ra|van m.inv. Caravan *m.*, Wohnwagen *m.*, Campingwagen *m.*

ca|ra|van|ser|ra|glio m. *(-gli)* **1** Karawanserei *f.* **2** COLLOQ. *(luogo caotico)* Wirrwarr *m.*, wüstes Durcheinander *n.*

ca|ra|vel|la f. Karavelle *f.*

car|bo|chi|mi|ca f. Kohlechemie *f.* **car|bo|ci|cli|co** agg. *(-ci,-che)* karbozyklisch. **car|boi|dra|to** m. Kohlenhydrat *n.*

car|bo|na|ia f. **1** Köhlerei *f.* **2a** *(deposito)* Kohlenkeller *m.* **b** *(sulle navi)* Kohlenbunker *m.* **3** *(catasta di legno)* Kohlenmeiler *m.* **car|bo|na|io** m. *(-ai)* **1** Köhler *m.* **2** *(sulle navi)* Kohlentrimmer *m.* **car|bo|na|men|to** m. Kohlenübernahme *f.*, Bunkern *n.*

car|bo|na|ra INTRAD. ***spaghetti alla ~*** (Spaghetti mit Speck und rohen Eiern). **car|bo|na|ro I** agg. der Karbonari; ***moti -i*** Umtriebe der Karbonari **II** m. Karbonaro *m.*

car|bo|na|ta f. INTRAD. (gepökeltes Schweinefleisch vom Holzkohlengrill).

car|bo|na|ta|zio|ne f. Karbonisation *f.*, Karbonisieren *n.* **car|bo|na|to** m. Karbonat (*o* Carbonat) *n.*: ***~ di ammonio*** Ammoniumkarbonat *n.*; ***~ di calcio*** kohlensaures Kalzium (*o* Kalziumkarbonat *n.*); ***~ di sodio*** kohlensaures Natron (*o* Natriumkarbonat *n.*).

car|bon|chio m. *(-chi)* **1** MED. Karbunkel *m.* **2** AGR. Getreidebrand *m.*

car|bon|ci|no m. **1** Kohle *f.*, Zeichenkohle *f.*, Kohlestift *m.* **2** ***(disegno a)*** ~ Kohlezeichnung *f.*

car|bo|ne m. Kohle *f.*: ***estrarre ~*** Kohle ab‿bauen (*o* fördern); ***riscaldare a ~*** mit Kohle heizen ◆ ***centrale, impianto, stufa a ~*** Kohlekraftwerk *n.*, Kohlenfeuerung *f.*, Kohle(n)ofen *m.*; ***essere (stare) sui -i ardenti*** (wie) auf (glühenden) Kohlen sitzen; ***~ attivo*** Aktivkohle *f.*; ***~ bianco*** weiße Kohle; ***carta ~*** Kohlepapier *n.*; ***carbon coke*** Koks *m.*; ***carbon fossile*** Steinkohle *f.*; ***~ grasso*** Fettkohle *f.*; ***~ magro*** Magerkohle *f.*; ***nero come il ~*** kohlrabenschwarz; ***~ di storta*** Retortenkohle *f.* **car|bo|nel|la** f. Holzkohle *f.* ◆ SPORT ***pista di ~*** Aschenbahn *f.*

car|bo|ne|ri|a f. STOR. INTRAD. (Geheimbund der Karbonari).

car|bo|ni|co agg. *(-ci,-che)* **1** karbonisch, Kohlen-: ***anidride -a*** Kohlendioxid, -oxid *n.*; ***acido ~*** Kohlensäure *f.* **2** *(contenente acido carbonico)* kohlensauer. **car|bo|nie|ro** agg., ***industria -a*** Kohlenbergbau *m.* **car|bo|ni|fe|ro I** agg. **1** Kohle führend, Kohle(n)-: ***bacino, distretto ~*** Kohlenbecken *n.*, Kohle(n)revier *n.* **2** GEOL. Steinkohle(n)- **II** m. GEOL. Karbon *n.*, Steinkohle(n)zeit *f.* **car|bo|ni|le** m. **1** Kohlenbunker *m.*, Kohlenraum *m.* **2** CHIM. Karbonyl *n.*

car|bo|nio m. Kohlenstoff *m.* ◆ ***(mon)ossido di ~*** Kohlen(mon)oxid *n.*; ***biossido di ~*** Kohlendioxid *n.*; ***metodo del ~-14*** Radiokarbonmethode *f.* **car|bo|nio|so** agg. kohlenartig.

car|bo|ni|te f. Karbonit *n.*

car|bo|niz|za|re I tr. **1** verkohlen **2** ESTENS. *(bruciare completamente)* verbrennen lassen: ***~ l'arrosto*** den Braten verbrennen lassen **II** pronom. **carbonizzarsi 1** verkohlen **2** ESTENS. verbrennen. **car|bo|niz|za|to** p.pass. agg. → **carbonizzare** ◆ ***morire ~*** verbrennen. **car|bo|niz|za|zio|ne** f. **1** Verkohlung *f.*; *(di legno)* Holzverkohlung *f.* **2** MED. Karbonisation *f.*

car|bu|ran|te m. Treibstoff *m.*, Kraftstoff *m.*: ***~ solido, liquido, gassoso*** fester, flüssiger, gasförmiger Treibstoff; ***consumare il ~*** Kraftstoff verbrauchen; ***rifornirsi di ~*** auf‿tanken, tanken.

car|bu|ra|re I tr. **1** vergasen **2** CHIM. karburieren **3** *(metalli)* auf‿kohlen: ***~ il ferro*** das Eisen aufkohlen **II** intr. (aus. *avere*) **1** verbrennen: ***il motore carbura bene, male*** der Motor verbrennt gut, schlecht **2** FIG. COLLOQ. in Form sein, fit sein: ***oggi non carburo*** heute bin ich nicht fit.

car|bu|ra|to|re m. Vergaser *m.* **car|bu|ra|zio|ne** f. **1** Vergasung *f.*; ***motore a ~*** Vergasermotor *m.* **2** *(di metalli)* Aufkohlung *f.*
car|bu|ro m. Karbid (*o* Carbid) *n.* ◆ ***~ di calcio*** Kalziumkarbid *n.*
car|ca|me m. LETT. **1** Tiergerippe *n.*, Tierskelett *n.* **2** *(di nave)* Schiffsgerippe *n.*
car|cas|sa f. **1** Tiergerippe *n.*; GASTR. Karkasse *f.* **2** FIG. *(persona magra, sfinita)* Gerippe *n.* **3** *(di macchine e apparecchi)* Gehäuse *n.* **4** SPREG. *(di veicoli)* Klapperkiste *f.*, Kiste *f.*, Kasten *m.*
car|ce|ra|re tr. *(carcero, carceri)* inhaftieren, ANT. ein‿kerkern. **car|ce|ra|rio** agg. *(-ri,-rie)* Gefängnis-: ***guardia -a*** Gefängnisaufseher *m.*; ***regime ~*** Gefängnisordnung *f.* **car|ce|ra|to I** p.pass. agg. ANT. → **carcerare II** m. Gefangene *m.*, Sträfling *m.* **car|ce|ra|zio|ne** f. **1** Inhaftierung *f.*, ANT. Einkerkerung *f.* **2** *(prigionia)* Haft *f.*, Gefangenschaft *f.* ◆ ***ordine di ~*** Haftbefehl *m.*; ***~ preventiva*** Untersuchungshaft *f.*
car|ce|re m. *(le carceri* f.pl.*)* **1** Gefängnis *n.*, Kerker *m.*: ***andare in ~*** ins Gefängnis kommen; ***mettere qcn. in ~*** jdn ins Gefängnis stecken **2** *(pena)* Freiheitsstrafe *f.*: ***essere condannato a 10 anni di ~ duro*** zu 10 Jahren schwerem Kerker verurteilt werden ◆ ***-i giudiziarie*** Untersuchungsgefängnis *n.*; ***~ militare*** Militärgefängnis *n.*; ***~ minorile*** Jugendstrafanstalt *f.*; ***~ preventivo*** Untersuchungshaft *f.*; ***~ di massima sicurezza*** Hochsicherheitsgefängnis *n.*; ***~ speciale*** Sondergefängnis *n.* **car|ce|rie|re** m. Gefangenenaufseher *m.*, ANT. Kerkermeister *m.*
car|ci|no|ma m. Karzinom *n.*, Krebsgeschwulst *f.*: ***~ mammario*** Mammakarzinom *n.* **car|ci|no|ma|to|so** agg. karzinomatös, Krebs-: ***tumore ~*** Krebsgeschwulst *f.* **car|ci|no|si** f. Karzinose *f.*
car|cio|fa|ia f. Artischockenfeld *n.* **car|cio|fo** m. Artischocke *f.*: ***fondo, cuore di ~*** Artischockenboden *m.*, Artischockenherz *n.*
Card. ⇒ *cardinale* Kardinal (Kard.).
car|da f. Karde *f.*
car|da|mi|ne f. Schaumkraut *n.*
car|da|mo|mo m. Kardamom *m.* e *n.*
car|da|ni|co agg. *(-ci,-che)* kardanisch, Kardan-: ***sospensione -a*** kardanische Aufhängung; ***giunto, albero ~*** Kardangelenk *n.*, Kardanwelle *f.*; ***trasmissione -a*** Kardanantrieb *m.* **car|da|no, car|da|no** m. Kardan *m.*
car|da|re tr. kratzen, krempeln, karden, kämmen: ***~ la lana*** Wolle kratzen. **car|da|to|re** m. Wollkämmer *m.* **car|da|tri|ce** f. Karde *f.*, Krempel *f.* **car|da|tu|ra** f. Krempeln *n.*, Karden *n.*, Kämmen *n.*: ***~ della lana*** Wollkämmerei *f.*
car|del|li|no m. Stieglitz *m.*
car|di|a|co agg. *(-ci,-che)* Herz-, Kardio-, kardial: ***attacco, arresto ~*** Herzanfall *m.*, Herzstillstand *m.*; ***morte per arresto ~*** Herztod *m.*; ***funzione, attività -a*** Herzfunktion *f.*, Herztätigkeit *f.*; ***battito ~*** Herzschlag *m.*; ***disturbi -ci*** Herzbeschwerden *pl.*; ***collasso, infarto ~*** Herzkollaps *m.* (Herzversagen *n.*), Herzinfarkt *m.*; ***malformazione, insufficienza -a*** Herzanomalie *f.*, Herzinsuffizienz *f.* (Herzschwäche *f.*); ***massaggio ~*** Herzmassage *f.*; ***valvola -a*** Herzklappe *f.* **car|di|al|gi|a** f. Kardialgie *f.*
car|di|as m.inv. Mageneingang *m.*
car|di|gan m.inv. Cardigan *m.*
car|di|na|la|to m. Kardinalswürde *f.*
1.car|di|na|le agg. hauptsächlich, Grund-, Haupt- ◆ ***numeri -i*** Kardinalzahlen *pl.*, Kardinalia *pl.*, Grundzahlen *pl.*; ***punti -i*** Kardinalpunkte *pl.*, Himmelsrichtungen *pl.*; ***virtù -i*** Kardinaltugenden *pl.*
2.car|di|na|le m. ORNIT. Kardinal *m.*
3.car|di|na|le m. Kardinal *m.* ◆ ***~ vicario*** Kardinalvikar *m.*; ***color ~, rosso ~*** Purpurrot *n.* **car|di|na|li|zio** agg. *(-zi,-zie)* Kardinals-: ***cappello ~*** Kardinalshut *m.*; ***insegne -zie*** Kardinalsinsignien.
car|di|ne m. **1** Angel *f.*, Haspe *f.* **2** FIG. Angelpunkt *m.*
car|dio|chi|rur|gi|a f. Herzchirurgie *f.* **car|dio|chi|rur|gi|co** agg. *(-ci,-che)* herzchirurgisch. **car|dio|chi|rur|go** m. *(-ghi)* Herzchirurg *m.*
car|dio|ci|ne|ti|co I agg. *(-ci,-che)* herzstärkend **II** m. *(-ci)* herzstärkendes Mittel *n.* **car|dio|cir|co|la|to|rio** agg. *(-ri,-rie)* Herz-Kreislauf-: ***malattia -a*** Herz-Kreislauf-Erkrankung *f.* **car|dio|di|la|ta|zio|ne, car|dio|ec|ta|si|a** f. Herzerweiterung *f.* **car|dio|gra|fi|a** f. Kardiographie *f.* **car|dio|gra|fo** m. Kardiograph *m.* **car|dio|gram|ma** m. *(-mi)* Kardiogramm *n.* **car|dioi|de** f. Herzkurve *f.* **car|dio|li|si** f. Kardiolyse *f.* **car|dio|lo|gi|a** f. Kardiologie *f.* **car|dio|lo|gi|co** agg. *(-ci,-che)* kardiologisch. **car|dio|lo|go** m. *(-gi)* Kardiologe *m.*, Herzspezialist *m.* **car|dio|ne|vro|si** f. Herzneurose *f.* **car|dio|pal|ma, car|dio|pal|mo** m. Herzklopfen *n.* **car|dio|pa|ti|a** f. Herzkrankheit *f.*, Herzleiden *n.*, Kardiopathie *f.* **car|dio|pa|ti|co I** agg. *(-ci,-che)* herzkrank **II** m. *(-ci)* Herzkranke *m.*, Herzpatient *m.* **car|dio|pol|mo|na|re** agg. kardiopulmonal. **car|dio|spa|smo** m. Kardiospasmus *m.* **car|dio|sti|mo|lan|te, car|dio|to|ni|co I** agg. *(-ci,-che)* herzstärkend, herzwirksam **II** m. *(-ci)* Herzmittel *n.*, Kardiakum *n.* **car|dio|va|sco|la|re** agg. kardiovaskulär.
car|di|te f. Karditis *f.*, Herzentzündung *f.*
car|do m. **1** BOT. Karde *f.*, Distel *f.*, Kardendistel *f.* **2** TESS. Krempel *f.*, Karde *f.*; *(pettine da lana)* Wollkamm *m.* ◆ ***~ asinino*** Kratzdistel *f.*; ***~ selvatico*** Felddistel *f.*; ***vanessa del ~*** Distelfalter *m.*
Ca|re|lia n.pr.f. Karelien *n.* **ca|re|lia|no I** agg. karelisch **II** m. Karelier *m.*
ca|re|na f. **1** Kiel *m.*: ***~ piatta*** Flachkiel *m.* **2** BOT. Schiffchen *n.* ◆ ***curvatura della ~*** Kimm *f.* **ca|re|nag|gio** m. *(-gi)* Kielholen *n.* ◆ ***bacino di ~*** Trockendock n., Dock *n.*; ***operaio di bacino di ~*** Docker *m.* **ca|re|na|re** tr. kielholen. **ca|re|na|ti** m.pl. Karinaten *pl.* **ca|re|na|to** p.pass. agg. **1** → **carenare 2** keilförmig **3** BOT. gekielt **4** AER. verkleidet ◆ ***arco ~*** Kielbogen *m.*; ***petto ~*** Hühnerbrust *f.* **ca|re|na|tu|ra** f. AER. Verkleidung *f.*
ca|ren|te agg. mangelnd, -arm: ***~ di qcs.*** an etw. (D) mangelnd; ***~ di ferro*** eisenarm. **ca|ren|za** f. Mangel *m.*; MED. BUROCR. Karenz *f.*: ***~ di personale*** Mangel an Personal, Personalmangel *m.*; ***c'è ~ di materie prime, di manodopera*** es besteht Mangel an Rohstoffen, an Arbeitskräften; ***il lavoro ha alcune -e*** die Arbeit hat einige Schwächen ◆ ***~ affettiva*** Liebesentzug *m.*, Gefühlsmangel *m.*; ***~ alimentare*** Nahrungsmangel *m.*; ***~ di alloggi*** Wohnungsmangel *m.*; ***~ insulinica*** Insulinmangel *m.*; ***~ di ossigeno*** Sauerstoffarmut *f.*; ***~ proteica*** Eiweißmangel *m.*; ***~ vitaminica*** Vitaminmangel *m.*
ca|re|sti|a f. **1** Hungersnot *f.* **2** ESTENS. Not *f.*, Mangel *m.*
ca|rez|za f. Streicheln *n.*, Liebkosung *f.*: ***fare una ~ a qcn.*** jdn streicheln.
Ca|rez|za, *lago di ~* Karer See *m.*
ca|rez|za|re I tr. streicheln, streichen, liebkosen: ***~ la mano a qcn.*** jdm die Hand streicheln; ***~ qcn. sui capelli, ~ i capelli a qcn.*** jdm übers Haar streichen; ***il vento le carezzava il viso*** der Wind strich ihr übers Gesicht **II** pronom. **carezzarsi** sich streichen: ***-rsi la barba*** sich über den Bart, sich (D) den Bart streichen. **ca|rez|ze|vo|le** agg. schmeichelnd: ***musica ~*** schmeichelnde Musik. **ca|rez|ze|vol|men|te** avv. schmeichelnd.
car|go m.inv. **1** MAR. Frachtschiff *n.*, Frachter *m.* **2** AER. Transportflugzeug *n.*
Ca|ria n.pr.f. Karien *n.*
ca|ria|mi|de m. Schlangenstorch *m.*
ca|ria|re I tr. ***~ i denti*** die Zähne an‿greifen, Zahnkaries verursachen **II** pronom. **cariarsi** faulen, kariös werden, Karies bekommen.
ca|ria|ti|de f. **1** Karyatide *f.* **2a** FIG. Säulenheilige *m.*, COLLOQ. SPREG. Ölgötze *m.* **b** *(persona dalle idee sorpassate)* ***essere una vecchia ~*** ein überlebter Typ sein.
ca|ria|to p.pass. agg. **1** → **cariare 2** kariös, ANT. faul.
ca|ri|bi|co agg. *(-ci,-che)* karibisch. **ca|ri|bo I** agg. → **caribico II** m. Karibe *m.*
ca|ri|bù m. Karibu *m.* e *n.*
ca|ri|ca f. *(-che)* **1** *(ufficio)* Amt *n.*: ***un'alta ~*** ein hohes Amt; ***~ vacante*** unbesetztes Amt; ***~ di ministro*** Ministeramt *n.*; ***assumere, rivestire, lasciare una ~*** ein Amt an‿treten, bekleiden, nieder‿legen; ***esercitare, ricoprire una, essere in ~*** ein Amt aus‿üben, inne‿haben; ***candidarsi a, per una ~*** für ein Amt kandidieren, sich um ein Amt bewerben; ***destituire qcn. dalla sua ~*** jdn seines Amtes entheben **2a** TECN. EL. Ladung *f.*: ***una ~ di dinamite*** eine Ladung Dynamit; ***~ elettrica*** elektrische Ladung; ***una ~ negativa, positiva*** eine negative, positive Ladung **b** FIG. ***avere una ~ affettiva, umana*** ein herzliches Wesen, eine menschliche Art haben; ***un testo con una forte ~ drammatica*** ein Text mit einer starken dramatischen Wirkung **3** *(meccanismo)* Laufwerk *n.* **4** MIL. SPORT Attacke *f.*, Angriff *m.*: ***suonare la ~*** zum Angriff blasen; ***(alla) ~!*** Attacke! ◆ ***~ alla baionetta*** Bajonettangriff *m.*; ***~ di cavalleria*** Kavallerieangriff *m.*; ***dare la ~ all'orologio*** die Uhr auf‿ziehen; FIG. ***dare la ~ a qcn.*** jdn auf‿bauen, jdn in Schwung bringen; ***~ detonante, esplosiva*** Zündladung *f.*, Sprengladung *f.* (*o* Sprengsatz *m.*); ***il direttore in ~*** der amtierende Direktor; ***dare una ~ di legnate a qcn.*** jdm eine Tracht Prügel verabreichen; ***~ onorifica*** Ehrenamt *n.*; ***a passo di ~*** im Sturmschritt; ***(ri)tornare alla ~*** erneut an‿greifen; FIG. es noch einmal versuchen, noch einen Versuch starten.
ca|ri|ca(b)|bas|so m. MAR. Niederholer *m.*
ca|ri|ca|bat|te|ri|a m.inv. Ladegerät *n.*
ca|ri|ca|bi|le agg. belastbar. **ca|ri|ca|bi|li|tà** f. Belastbarkeit *f.*
ca|ri|ca|fo|rag|gi m.inv. Heulader *m.*
ca|ri|ca|men|to m. **1** Verladung *f.*, Laden *n.*, Befrachtung *f.* **2** METALL. ***il ~ dei forni*** die Charge der Öfen **3** BANC. ***~ del conto*** Be-

lasten des Kontos **4** INFORM. **~ di dati, di un programma** Laden von Daten, eines Programms ◆ MAR. **albero di ~** Ladebaum *m.*; *(nelle armi da fuoco)* **camera di ~** Patronenkammer *f.*, Patronenlager *n.*; **~ massimo** Auslastung *f.*; **piano di ~** Laderampe *f.*, FERR. Ladeplatz *m.*; **piattaforma di ~** Ladebühne *f.*; MIN. **stazione di ~** Füllort *m.*

ca|ri|ca|re *(carico, carichi)* **I** tr. **1a** laden, beladen, verladen (anche assol.): **~ la valigia in macchina, il sacco in spalla** den Koffer in den Wagen, den Sack auf die Schulter laden; **~ la merce su un camion, in un vagone ferroviario** die Ware auf einen Laster, in einen Güterwaggon laden; **essere fermo a ~** zum Laden bereit‿stehen; **aver caricato al massimo** voll beladen sein **b** *(gravare)* **~ lo scaffale di libri** Bücher in das Regal stellen **c** COLLOQ. **~ qcn. (in macchina)** jdn (im Auto) mit‿nehmen **2** COMM. *(addebitare)* belasten: **~ un importo sul conto** das Konto mit einem Betrag belasten **3a** FIG. überhäufen: **~ qcn. di regali** jdn mit Geschenken überhäufen; **~ qcn. di insulti** jdn mit Vorwürfen überhäufen **b** belasten: **~ qcn. di responsabilità** jdm Verantwortung auf‿bürden **4** MIL. SPORT attackieren, an‿greifen (anche assol.): **~ il nemico, l'avversario** den Feind attackieren, den Gegner an‿greifen **5** *(caratterizzare esagerando)* karikieren: **~ un personaggio** eine Person karikieren; **~ le tinte** überzeichnen **6a** ARM. laden: **~ un fucile** ein Gewehr laden **b ~ la macchina fotografica** die Kamera laden **c** INFORM. **~ un programma** ein Programm laden **II** pronom. **caricarsi 1** sich beladen, sich belasten, sich auf‿bürden (anche FIG.): **-rsi di pacchi, di lavoro** sich mit Paketen beladen, sich (D) Arbeit auf‿laden; **-rsi di una grande responsabilità** sich eine große Verantwortung aufbürden; **-rsi di debiti** sich (D) Schulden auf‿halsen; **-rsi di gioielli** sich mit Schmuck beladen; **-rsi lo stomaco** sich den Magen überladen **2** EL. sich auf‿laden **3** *(concentrarsi)* **-rsi per qcs.** sich auf etw. ein‿stellen ◆ **~ la dose** das Maß voll machen; **~ la pipa, la stufa** die Pfeife stopfen, den Ofen nach‿füllen; **~ la sveglia** den Wecker auf‿ziehen.

ca|ri|ca|to p.pass. agg. **1** → **caricare 2** überladen; *(affettato)* affektiert: **uno stile ~** ein überladener Stil; **modi -i** affektiertes Getue.

ca|ri|ca|to|re I m. **1** Ladearbeiter *m.*, Verlader *m.* **2** FOT. Filmkassette *f.*, Magazin *n.* **3** *(di un'arma)* Magazin *n.*, Patronenkammer *f.*; *(di mitragliatrice)* **~ a nastro** Ladestreifen *m.* **4** *(attrezzatura per carico e scarico)* Ladeeinrichtung *f.* **II** agg. Lade-: **piano, ponte ~** Laderampe *f.*, Ladebrücke *f.* **ca|ri|ca|tri|ce** f. Lademaschine *f.*, Lader *m.*

ca|ri|ca|tu|ra f. Karikatur *f.* (anche FIG.): **fare la ~ di qcn., qcs.** jdn, etw. karikieren. **ca|ri|ca|tu|ra|le** agg. karikaturistisch, karikaturesk, karikativ. **ca|ri|ca|tu|ral|men|te** avv. karikaturistisch. **ca|ri|ca|tu|ra|re** tr. karikieren. **ca|ri|ca|tu|ri|sta** m. e f. Karikaturist *m.* (-in *f.*), Karikaturenzeichner *m.* (-in *f.*).

ca|ri|ca|zio|ne f. MAR. Ladung *f.*, Laden *n.*, Verladen *n.*

ca|ri|ce f. Segge *f.*, Riedgras *n.*, Sauergras *n.*

1.ca|ri|co agg. *(-chi,-che)* **1a** beladen: **~ di pacchi** mit Paketen beladen; **un vagone ~ di merci** ein mit Waren beladener Waggon; **uno scaffale ~ di libri** ein mit Büchern beladenes Regal **b ~ di frutti** voller Früchte, mit Früchten behangen **c** FIG. *(oberato)* überladen: **~ di lavoro** mit Arbeit überladen **2a** *(di armi da fuoco)* geladen: **un fucile ~** ein geladenes Gewehr **b** *(di orologi)* aufgezogen **3** *(intenso)* **giallo ~** kräftig gelb **4** *(di caffè, tè)* stark **5** *(sovraeccitato)* überdreht ◆ **~ di colpe** schuldbeladen; **~ di debiti** hoch verschuldet, überschuldet; **~ di gloria** mit Ruhm bedeckt.

2.ca|ri|co m. *(-chi)* **1a** *(caricamento)* Ladung *f.*, Verladung *f.* **b** Ladung *f.*, Last *f.*, Fracht *f.*: **un ~ di legname** eine Ladung Holz; **trasportare -chi** Lasten befördern; **spostare -chi con una gru** Lasten mit einem Kran versetzen, bewegen **2** COMM. Lasten *pl.*: **andare, essere a ~ di qcn.** zu jds Lasten gehen, sein, auf jds Rechnung gehen; **spedizione a ~ del committente** Lieferung zu Lasten des Bestellers; **spese a ~ del destinatario** Kosten zu Lasten des Empfängers **3** *(peso)* Last *f.*: **un ~ leggero, pesante** eine leichte, schwere Last; FIG. **il ~ della responsabilità** die Last der Verantwortung **4** EL. Last *f.* ◆ **avere qcn. a ~** für jdn unterhaltspflichtig sein, für jdn sorgen müssen; **vivere a ~ di qcn.** von jdm unterhalten werden, auf jds Kosten leben; **completamento del ~** Beiladung *f.*; **farsi ~ di qcn., qcs.** sich um jdn, etw. kümmern, sich (D) etw. auf‿bürden; **farsi ~ delle spese** die Kosten tragen, übernehmen; **farsi ~ di qcs. al posto di un collega** etw. anstelle eines, für einen Kollegen übernehmen; **~ fiscale** Steuerlast *f.*, steuerliche Belastung *f.*; **un ~ di legnate** eine Tracht Prügel; **~ limite** Grenzbelastung *f.*; **~ massimo** Höchstbelastung *f.*; EL. Spitzenlast *f.*; **~ massimo consentito** höchstzulässige Ladung; **nave da ~** Frachtschiff *n.*; **processo a ~ di qcn.** Prozess gegen jdn; **pronto per il ~** ladebereit; **prove, testimone a ~** Belastungsmaterial *n.*, Belastungszeuge *m.*; **~ e scarico** Ein- und Ausladen; COMM. Eingang und Ausgang; **~ utile** Nutzlast *f.*

Ca|rid|di n.pr.f. Charybdis *f.*: **tra Scilla e ~** zwischen Szylla und Charybdis.

ca|rie f.inv. **1** MED. Karies *f.*: **~ dentaria** Zahnkaries *f.*, Zahnfäule *f.*; **~ ossea** Knochenkaries *f.*, Knochenfraß *m.* **2** BOT. Kernfäule *f.*, Baumfraß *m.*: **~ secca** Trockenfäule *f.*; **~ del legno** Holzfäule *f.*

ca|ril|lon [kari'jõ] m.inv. **1** Glockenspiel *n.* **2** *(scatola armonica)* Spieldose *f.*

ca|ri|no agg. **1** hübsch, nett: **un regalo, un vestito ~** ein nettes Geschenk, Kleid; **una ragazza -a** ein hübsches Mädchen; **che ~!** wie hübsch! **2** *(gentile)* lieb, nett: **è ~ da parte sua** das ist lieb (*o* nett) von ihm; **essere ~ con qcn.** zu jdm lieb sein.

Ca|rin|zia n.pr.f. Kärnten *n.* **ca|rin|zia|no I** agg. kärntnerisch **II** m. Kärnt(e)ner *m.*

ca|rio|ca I m. e f.inv. **1** Einwohner *m.* (-in *f.*) von Rio **2** ESTENS. Brasilianer *m.* (-in *f.*) **II** f. *(danza)* Carioca *f.*

ca|rio|ci|ne|si f.inv. Zellkernteilung *f.*, Karyokinese *f.*

ca|rio|fil|la|ce|e f.pl. Nelkengewächse *pl.* **ca|rio|fil|la|ta** f. Nelkenwurz *f.*

ca|rio|ga|mi|a f. Zellkernverschmelzung *f.*, Karyogamie *f.*

ca|rio|ge|ne|si f. Zellteilung *f.*: **riprodursi per ~** sich durch Zellteilung fort‿pflanzen. **ca|rio|ge|no** agg. kariogen.

ca|rio|lo|gi|a f. Karyologie *f.*

ca|rios|si|de f. Karyopse *f.*

ca|ri|sma m. RELIG. Charisma *n.*; FIG. **avere, possedere ~** Charisma haben, besitzen. **ca|ri|sma|ti|co** agg. *(-ci,-che)* charismatisch: **leader, capo ~** charismatischer Führer.

ca|ri|tà f. **1a** RELIG. Liebe *f.*: **fede, speranza e ~** Glaube, Hoffnung und Liebe **b** ESTENS. Nächstenliebe *f.*: **opere di ~** Werke der Nächstenliebe (*o* Liebe) **2** *(misericordia)* Barmherzigkeit *f.* **3** *(elemosina)* Almosen *n.*: **fare la ~ a qcn.** jdm ein Almosen geben; **ricevere la ~** ein Almosen bekommen; **chiedere la ~** um Almosen bitten **4** *(favore)* Gefallen *m.*: **fammi la ~ di spegnere la sigaretta!** tu mir den Gefallen und drück die Zigarette aus! ◆ **fare la ~ pelosa** = eigennützige Nächstenliebe üben; **per ~!** um Gottes willen! **per ~, sta' un po' zitto** um Himmels willen, sei mal still; **vivere di ~** von Almosen, vom Betteln leben; PROV. **la prima ~ comincia da se stessi** jeder ist sich selbst der Nächste.

ca|ri|ta|te|vo|le agg. **1** barmherzig, mildtätig: **un atto ~** eine barmherzige Tat **2** *(benefico)* wohltätig. **ca|ri|ta|te|vo|lez|za** f. ANT. Milde *f.* **ca|ri|ta|te|vol|men|te** avv. **1** barmherzig, mildtätig **2** *(in modo benefico)* wohltätig. **ca|ri|ta|ti|vo** agg. karitativ: **un'associazione -a** ein karitativer Verein.

Ca|ri|ti n.pr.f.pl. MITOL. Chariten *pl.*

Car|la n.pr.f. Karla *f.* **Car|let|to** n.pr.m. Karlchen *n.*

car|li|na f. BOT. Silberdistel *f.*

car|lin|ga f. AER. Rumpf *m.*

1.car|li|no m. *(cane)* Mops *m.*

2.car|li|no m. NUMISM. Karolin *m.*, Karlin *m.*

car|li|sta STOR. *(-i,-e)* **I** agg. karlistisch, Karlist-: **guerre -e** Karlistenkriege **II** m. e f. Karlist *m.* (-in *f.*).

Car|lo n.pr.m. Karl *m.*: **~ il Calvo** Karl der Kahle; **~ Magno** Karl der Große; **~ il Temerario** Karl der Kühne.

Car|lo|man|no n.pr.m. Karlmann *m.*

car|lo|na, COLLOQ. **alla ~** schlud(e)rig, schlampig; **un lavoro fatto alla ~** eine Schluderarbeit; **fare le cose alla ~** schludern.

Car|lot|ta n.pr.f. Charlotte *f.*

car|me m. **1** *(componimento poetico greco-latino)* Karmen *n.*, Carmen *n.* **2** *(poesia solenne)* Festgedicht *n.*, Gelegenheitsgedicht *n.*, Lied *n.*

car|me|li|ta|no I agg. Karmeliter-: **ordine ~** Karmeliterorden *m.* **II** m. Karmeliter *m.*, Karmelit *m.*: **~ scalzo** Unbeschuhter Karmeliter.

car|mi|ni|co agg. *(-ci,-che)* Karmin-: **acido ~** Karminsäure *f.*

car|mi|nio I m. *(-ni)* Karmin *n.* **II** agg. karmin-: **rosso ~** karminrot.

car|na|gio|ne f. Teint *m.*, Hautfarbe *f.*: **una ~ scura, chiara** eine dunkle, helle Hautfarbe; **avere una ~ delicata** einen zarten Teint haben.

car|na|io m. *(-ai)* **1** Gemetzel *n.*, Massaker *n.*: **fare un ~** ein Massaker veranstalten **2** SPREG. *(folla)* Menschenmasse *f.*, Getümmel *n.*, Fleischbank *f.*: **la spiaggia è un ~** der Strand ist eine einzige Fleischbank.

car|na|le agg. **1** fleischlich, körperlich, Fleisches-: **piacere ~** Fleischeslust *f.*; **desideri -i** fleischliche Begierden; **amore ~** körperliche Liebe **2** *(della stessa famiglia)* leiblich: **fratelli, figli -i** leibliche Geschwister, Kinder ◆ **violenza ~** Vergewaltigung *f.*, Notzucht *f.*; **commettere violenza ~ su qcn.** Notzucht an jdm bege-

hen. **car|na|li|tà** f. Fleischeslust *f.*, Sinnlichkeit *f.* **car|nal|men|te** avv. fleischlich.
car|na|scia|le ANT. → **carnevale. car|na|scia|le|sco** agg. *(-schi, -sche)* karnevalesk, Karnevals-, Faschings-: ***canto ~*** Fastnachtsgedicht *n.*
car|na|u|ba f. Karnaubawachs *n.*
car|ne f. **1** Fleisch *n.* (anche FIG.): ***~ magra, cruda*** mageres, rohes, Fleisch; ***~ bianca, rossa*** weißes, rotes Fleisch; FIG. ***le tentazioni della ~*** die Versuchungen des Fleisches **2** *(polpa)* Fruchtfleisch *n.* ◆ ***~ affumicata*** Rauchfleisch *n.*; ***alimentazione a base di ~*** Fleischnahrung *f.*; ***~ bovina*** Rindfleisch *n.*; SPREG. ***~ da cannone*** Kanonenfutter *n.*; ***~ di cavallo*** → ***~ equina***; ***color ~*** Fleischfarbe *f.*; *(aggettivo)* fleischfarben; ***~ congelata*** Gefrierfleisch *n.*; ***~ equina*** Pferdefleisch *n.*; BIBL. ***farsi ~*** Fleisch werden; FIG. ***mettere, avere troppa ~ al fuoco*** sich (D) zuviel auf einmal vor‿nehmen, zu viele Eisen im Feuer haben; ***essere bene in ~*** gut genährt (*o* beleibt) sein; ***~ macellata*** Schlachtfleisch *n.*; SPREG. ***~ da macello*** → ***~ da cannone***; ***~ macinata*** → ***~ tritata***; ***~ di maiale*** → ***~ suina***; ***~ di manzo*** → ***~ bovina***; ***mortificare la ~*** sich kasteien; ***in ~ e ossa*** leibhaftig; ***non essere né ~ né pesce*** weder Fisch noch Fleisch sein; ***piacere della ~*** Fleischeslust *f.*, fleischliche Lust; ***~ di pollo*** Hühnerfleisch *n.*; ***~ della propria ~*** eigen Fleisch und Blut; RELIG. ***la resurrezione della ~*** die Auferstehung des Fleisches; ***~ salata*** Pökelfleisch *n.*, Salzfleisch *n.*; ***~ in scatola*** Dosenfleisch *n.*, Fleischkonserve *f.*; ***lo spirito è forte ma la ~ è debole*** der Geist ist willig, aber das Fleisch ist schwach; ***~ suina*** Schweinefleisch *n.*; ***~ tritata*** Hackfleisch *n.*; ***trafficante di ~ umana*** Menschenhändler *m.*; ***~ di vitello*** Kalbfleisch *n.*
car|ne|a|de m. = unbekannte Größe *f.*
car|ne|fi|ce m. **1** *(boia)* Henker *m.* **2** FIG. Peiniger *m.*: ***rapporto vittima ~*** Opfer-Täter-Beziehung. **car|ne|fi|ci|na** f. Gemetzel *n.*, Blutbad *n.*, Massaker *n.*: ***fare una ~*** ein Gemetzel veranstalten.
car|ne|o agg. Fleisch-, fleischlich: ***alimentazione (a base) -a*** Ernährung *f.* auf fleischlicher Grundlage.
car|net [kar'nɛ] m.inv. **1** Heft *n.*, Notizbuch *n.*: ***~ di biglietti*** Fahrscheinheft *n.*; ***~ di assegni*** Scheckheft *n.*; ***~ di ballo*** Tanzkarte *f.* **2** COMM. Auftragsbestand *m.*
car|ne|va|la|ta f. **1** Karnevalstreiben *n.*, Faschingsvergnügen *n.* **2** *(gazzarra)* Spektakel *m.*, Radau *m.* **3** *(pagliacciata)* Harlekinade *f.*, Farce *f.*
car|ne|va|le m. Karneval *m.*, Fastnacht *f.*, REGION. Fasching *m.*: ***festeggiare il ~*** Karneval feiern; ***partecipare al ~*** auf den Karneval gehen; ***andare al ~ di Rio*** zum Karneval nach Rio fahren; ***il ~ di Viareggio*** der Karneval von Viareggio; ***costume, maschera di ~*** Karnevalskostüm *n.*; ***re del ~*** Karnevalsprinz *m.*; ***reginetta del ~*** Karnevalsprinzessin *f.*; ***corteo, sfilata di ~*** Karnevalsumzug *m.*; ***ballo, veglione di ~*** Fastnachtsball *m.*, Faschingsball *m.* ◆ PROV. ***a ~ ogni scherzo vale*** = im Karneval ist alles erlaubt. **car|ne|va|le|sco** agg. *(-schi,-sche)* Karnevals-, REGION. Faschings-: ***carro ~*** Karnevalswagen *m.*; ***corteo ~*** Karnevalsumzug *m.*
Car|nia n.pr.f. Karn *n.*
car|nic|cio m. *(-ci)* Aasseite *f.*, Fleischseite *f.* **car|ni|ci|no I** agg. fleischfarbig, inkarnat **II** m. Fleischfarbe *f.*, Inkarnat *n.*
car|ni|co agg. *(-ci,-che)* karnisch: ***Alpi Carniche*** Karnische Alpen *pl.*; GEOL. ***il piano ~*** die karnische Stufe.
car|nie|re m. **1** Jagdtasche *f.* **2** ESTENS. *(bottino di prede)* Jagdbeute *f.*
car|ni|vo|ro I agg. Fleisch fressend: ***animali -i*** Fleisch fressende Tiere; ***pianta -a*** Fleisch fressende Pflanze, Karnivore *f.* **II** m. Fleischfresser *m.*: ***l'ordine dei -i*** die Ordnung der Fleischfresser.
car|no|si|tà f.inv. **1** Fleischigkeit *f.* **2** MED. Fleischwucherung *f.*, wildes Fleisch *n.* **3** *(morbidezza)* Weichheit *f.*, Zartheit *f.* **car|no|so** agg. **1** fleischig: ***un frutto ~*** eine fleischige Frucht **2** *(turgido)* üppig, voll: ***labbra -e*** volle Lippen.
1.ca|ro I agg. **1a** lieb, LETT. teuer: ***un ~ amico*** ein lieber Freund; ***una -a persona*** ein lieber Mensch; ***è un ~ ricordo di mia madre*** das ist ein teures Andenken an meine Mutter; ***essere ~ a qcn.*** jdm lieb sein **b** *(nelle lettere)* ***~ Michele*** (mein) lieber Michele(!); ***-a signora Randi*** liebe Frau Randi; ***tanti -i saluti*** viele liebe Grüße **c** *(importante, prezioso)* ***se ti è -a la vita...*** wenn dir dein Leben lieb ist... **2** *(gentile)* lieb, nett: ***è stata molto -a con me*** sie war sehr lieb zu mir **3** *(gradito)* beliebt: ***un insegnante ~ ai suoi alunni*** ein bei seinen Schülern beliebter Lehrer **4** *(costoso)* teuer: ***merci -e*** teure Waren; ***affitti -i*** teure Mieten; ***un negozio, un locale ~*** ein teures Geschäft, Lokal **II** avv. teuer: ***costare ~*** teuer sein, teures Geld kosten; ***pagare ~ qcs.*** etw. teuer bezahlen; FIG. ***ha pagato ~ il suo coraggio*** er hat seinen Mut teuer bezahlt **III** m. Liebe *m.*: ***i miei -i*** meine Lieben ◆ ***aver ~ qcn.*** jdn gern haben; FIG. ***ti costerà -a!*** → ***la pagherai -a!*** ***~ estinto*** Selige *m.*; ***~ mio!*** mein lieber Mann! ***la pagherai -a!*** das wird dir (*o* dich) teuer zu stehen kommen! ***farla pagare -a a qcn.*** es jdm ein‿tränken; ***pagarla -a*** es teuer bezahlen; ***vendere -a la pelle*** seine Haut (*o* sein Leben) so teuer wie möglich verkaufen; ***acquistare qcs. a ~ prezzo*** etw. für teures Geld erwerben, kaufen; ***una vittoria ottenuta a ~ prezzo*** ein teuer erkaufter Sieg; ***tenere ~ qcs.*** etw. in Ehren halten; ***tenersi ~ qcn.*** sich (D) jdn warm halten.
2.ca|ro m. Teuerung *f.*, Verteuerung *f.*: ***il ~ (degli) alloggi*** die Mietverteuerung *f.*, Wohnungsverteuerung *f.*
ca|ro|gna f. **1** *(di animale)* Aas *n.* **2** FIG. SPREG. Aas *n.*, Luder *n.*: ***che ~!*** so ein Aas! **ca|ro|gna|ta** f. COLLOQ. Niederträchtigkeit *f.*, Gemeinheit *f.*, Hinterfotzigkeit *f.* **ca|ro|gne|sca|men|te** avv. COLLOQ. hundsgemein. **ca|ro|gne|sco** agg. *(-schi,-sche)* COLLOQ. hundsgemein, hinterfotzig: ***azione -a*** hundsgemeine Tat.
ca|ro|la f. Carole *f.* ◆ ***intrecciar -e*** = Reigen tanzen.
Ca|ro|li|na n.pr.f. Karoline *f.*
Ca|ro|li|ne n.pr.f.pl. Karolinen *pl.*
ca|ro|lin|gio I agg. *(-gi,-ge)* karolingisch: ***arte -a*** karolingische Kunst; ***ciclo ~*** karolingischer Sagenkreis **II** m. *(-gi)* Karolinger *m.*
ca|ron|co|la ANT. → **caruncola.**
Ca|ron|te n.pr.m. Charon *m.*
ca|ro|sel|lo m. **1** STOR. Turnier *m.*, Karussell *n.* **2** ESTENS. ***un ~ di jeep della polizia*** eine Fahrvorführung der Polizeijeeps **3** *(parata)* Parade *f.* **4** *(giostra)* Karussell *n.* **5** FIG. Wirbel *m.*
ca|ro|ta I f. **1** Karotte *f.*, Möhre *f.*: ***succo di ~*** Karottensaft *m.*, Möhrensaft *m.*; ***grattugiare le -e*** Karotten reiben, schaben; ***rosicchiare una ~*** an einer Möhre nagen **2** MIN. Bohrprobe *f.* **II** agg.inv. karotten-: ***giallo ~*** karottengelb; ***color ~*** karottenfarbig ◆ ***con il bastone e la ~*** mit Zuckerbrot und Peitsche; FIG. ***pel di ~*** Fuchs *m.*
ca|ro|tag|gio m. *(-gi)* Kernbohrung *f.*
ca|ro|te|ne m. Karotin *n.*
ca|ro|ti|de f. Karotis *f.*, Halsschlagader *f.* **ca|ro|ti|de|o** agg. Karotis-.
ca|ro|va|na f. Karawane *f.* (anche FIG.): ***una ~ di mercanti*** eine Handelskarawane; ***una ~ di turisti*** eine Karawane von Touristen ◆ ***~ di auto*** Autokolonne *f.* **ca|ro|va|nie|ra** f. Karawanenstraße *f.* **ca|ro|va|nie|re** m. Karawanenführer *m.* **ca|ro|va|nie|ro** agg. Karawanen-: ***commercio ~*** Karawanenhandel *m.*
ca|ro|vi|ta m.inv. Teuerung *f.*: ***indennità di ~*** Teuerungszuschlag *m.*
car|pa f. Karpfen *m.*: ***~ a specchi*** Spiegelkarpfen *m.*
car|pac|cio m. INTRAD. (dünn geschnittenes rohes Fleisch, angemacht mit Öl, Zitrone und geraspeltem Parmesan).
car|pa|ti|co agg. *(-ci,-che)* karpatisch.
car|pel|lo m. BOT. Fruchtblatt *n.*, Karpell *n.*
car|pen|te|ri|a f. **1** Zimmer(er)handwerk *n.*: ***lavoro di ~*** Zimmer(er)arbeit *f.*; ***eseguire lavori di ~*** zimmern; ***esecuzione di lavori di ~*** Zimmerung *f.*; ***~ in acciaio*** Stahlbau *m.* **2** *(officina)* Zimmerwerkstatt *f.* **car|pen|tie|re** m. **1** Zimmermann *m.*, Zimmerer *m.*: ***capo ~*** Zimmermeister *m.*; ***lavorante ~*** Zimmergeselle *m.* **2** MIN. Zimmerling *m.*
car|pia|to agg. Hecht-: ***salto, tuffo ~*** Hechtsprung *m.*
car|pi|col|tu|ra f. Karpfenzucht *f.*
car|pi|ne, car|pi|no m. Hagebuche *f.*, Hainbuche *f.*
car|pio|ne m. ZOOL. Gardaseeforelle *f.* ◆ ***in ~*** INTRAD. (in einer Essig-Zwiebel-Marinade).
car|pi|re tr. *(carpisco, carpisci)* **1** heraus‿locken, ab‿luchsen, entlocken: ***~ qcs. a qcn.*** etw. aus jdm herauslocken; ***~ un segreto a qcn.*** jdm ein Geheimnis entlocken **2** *(strappare)* reißen: ***~ di mano*** aus der Hand reißen.
car|po m. Handwurzel *f.*
car|po|cap|sa f. Apfelwickler *m.*
car|po|lo|gi|a f. Karpologie *f.* **car|po|lo|gi|co** agg. *(-ci,-che)* karpologisch.
car|po|ni avv. auf allen vieren: ***andare, camminare ~*** auf allen vieren gehen, kriechen.
car|ra|bi|le agg. befahrbar ◆ *(nella segnaletica)* ***passo ~*** Einfahrt freihalten! **car|ra|do|re** m. REGION. Stellmacher *m.*
car|ra|io I agg. *(-ai,-ie)* ***porta -a*** Toreinfahrt *f.*; ***passo ~*** Einfahrt *f.* **II** m. *(-ai)* Stellmacher *m.*, Wagenbauer *m.*, Radmacher *m.*
Car|ra|ra n.pr.f. Karrara *n.*, Carrara *n.* ◆ ***marmo di ~*** carrarischer Marmor.
car|ra|rec|cia f. *(-ce)* Karrenweg *m.*
car|ra|re|se I agg. karrarisch, carrarisch **II** m. e f. Einwohner *m.* (-in *f.*) von Karrara.
car|ra|ta f. Wagenladung *f.*, Fuhre *f.*, Fuder *n.*: ***una ~ di legna*** eine Fuhre Holz ◆ FIG. ***a -e*** fuderweise, haufenweise.
car|reg|gia|bi|le I agg. befahrbar **II** f. Fahrstraße *f.* **car|reg|gia|ta** f. **1a** Fahrbahn *f.*: ***strada a due -e, a doppia ~*** zweispurige Fahr-

bahn b FIG. (retta via) Gleis n., Bahn f.: ***uscire di ~*** aus dem Gleis kommen; ***stare in ~*** im Gleis (o im Geleise) sein; ***far uscire qcn. di ~*** jdn aus dem Gleis (o aus der Bahn) bringen; ***rimettersi in ~*** wieder ins (rechte) Gleis kommen 2 (solco delle ruote) Wagenspur f. 3 (distanza fra ruote) Spurweite f. **car|reg|gio** m. (-gi) 1 Wagentransport m. 2 (seguito di carri) Karrenreihe f. 3 MIN. Grubenförderung f., Schachtförderung f.; ***galleria di ~*** Förderstrecke f.

car|rel|la|ta f. 1 CINEM. TELEV. Kamerafahrt f., Fahraufnahme f., Schwenk m.: ***fare una ~ sul pubblico*** einen Schwenk auf das Publikum machen 2 FIG. (rapida esposizione) (kurzer) Überblick m.: ***una ~ di notizie*** ein Nachrichtenüberblick. **car|rel|li|sta** m. e f. (-i,-e) 1 = Verkäufer m. (-in f.) am fahrbaren Stand 2 CINEM. TELEV. Schwenker m. (-in f.).

car|rel|lo m. 1a Wagen m. b (della spesa) Einkaufswagen m.: ***spingere il ~*** den Einkaufswagen schieben; ***riempire il ~ di roba*** den Einkaufswagen voll laden c (portabagagli) Gepäckkarren m., Kofferkuli m. d (portavivande) Servierwagen m., Teewagen m.: (al ristorante) ***il ~ dei dolci, dei formaggi*** der Wagen mit den Nachspeisen, mit dem Käse 2a FERR. Draisine f. b (di vagoni, tram) Drehgestell n. 3 MIN. Förderwagen m. 4 (della macchina da scrivere) Schlitten m., Wagen m. 5 AER. Fahrwerk n.: ***abbassare, ritirare il ~*** das Fahrwerk ausfahren, einziehen 6 CINEM. TELEV. Kamerawagen m. 7 SPORT (sedile della canoa) Bootsanhänger m., Anhänger m. ◆ ***dolci, formaggi al ~*** Nachspeisen (o Desserts), Käse vom Wagen; ***~ del bar*** Minibar f.; ***~ elettrico*** Elektrokarren m.; ***~ elevatore*** Hubstapler m.; (a forche frontali) Gabelstapler m., Stapler m.; ***~ di, della gru*** Laufkatze f.; CINEM. TELEV. ***~ a gru*** Kamerakran m.; ***~ della spesa*** Einkaufswagen m.; ***~ da tè*** Teewagen m.; ***~ della teleferica*** Laufwerk n.; FERR. ***~ trasbordatore*** Schiebebühne f.; ***~ trasportatore*** Förderwagen m.

car|ret|ta f. 1 Karre f., Karren m. 2a SPREG. (vecchia auto) Karre f., Kiste f., Mühle f.: ***una vecchia ~*** eine alte Kiste b (vecchia nave) Kiste f. ◆ FIG. ***tirare la ~*** = sich ab‿plagen, sich ab‿strampeln. **car|ret|ta|ta** f. Fuhre f. ◆ ***a -e*** fuderweise, haufenweise.

car|ret|tie|re m. Fuhrmann m., Fuhrknecht m. ◆ ***bestemmiare come un ~*** wie ein Fuhrkutscher fluchen; ***avere modi da ~*** Kutschermanieren haben. **car|ret|ti|no** m. (kleine) Karre f. **car|ret|to** m. Karre f., Wägelchen n.; (a mano) Handwagen m.

car|riag|gi pl. Tross m.

car|rie|ra f. 1 Karriere f., Laufbahn f.: ***~ forense, militare, scientifica, universitaria, diplomatica*** forensische, militärische, wissenschaftliche Laufbahn, Universitäts-, Diplomatenlaufbahn; ***fare ~*** Karriere machen; ***possibilità, prospettive di ~*** Karrieremöglichkeiten, -aussichten; ***intraprendere una brillante ~*** eine glänzende Laufbahn ein‿schlagen 2 EQUIT. Karriere f. ◆ ***andare di (gran) ~*** schnell laufen, rennen; EQUIT. ***di gran ~*** in voller Karriere; ***donna in ~*** Karrierefrau f.; ***ufficiale di ~*** Berufsoffizier m. **car|rie|ri|smo** m. Karrierismus m., Karrieremacherei f. **car|rie|ri|sta** m. e f. (-i,-e) Karrierist m. (-in f.), Karrieremacher m. (-in f.). **car|rie|ri|sti|co** agg. (-ci,-che) karrieristisch.

car|rio|la f. Schubkarre f., Schubkarren m.: ***una ~ di sabbia*** eine Schubkarre voll Sand ◆ GINN. ***fare la ~*** Schubkarre machen, fahren.

car|ri|sta I agg. Panzer-: ***reparto ~*** Panzerabteilung f. II m. Panzerfahrer m.

car|ro m. 1 Wagen m.; (carretto) Karren m.: ***attaccare i cavalli al ~, staccare i cavalli dal ~*** die Pferde an den Wagen spannen, vom Wagen ab‿spannen; ***tirare il ~*** den Wagen ziehen 2 (carico di un carro) Fuhre f., Wagenladung f., Fuder n.: ***un ~ di legna*** eine Fuhre Holz ◆ ***~ allegorico*** Karnevalswagen m.; ***~ anfibio*** Amphibienfahrzeug n.; ***~ armato*** Panzer m.; ***~ attrezzi*** Abschleppwagen m.; ***~ bestiame*** Viehwaggon m.; ***~ botte*** → ***~ cisterna***; ***mettere il ~ davanti ai buoi*** die Ochsen hinter den Pflug (o den Pflug vor die Ochsen) spannen; ***~ cisterna*** Kesselwagen m., Tankwagen m.; ***~ coperto*** Planwagen m.; STOR. ***~ falcato*** Sichelwagen m.; ***~ ferroviario*** Eisenbahnwagen m., Waggon m.; ***un ~ di, da fieno*** ein Heuwagen; (carrata di fieno) Heufuhre f.; ***~ frigorifero*** Kühlwagen m.; ***~ funebre*** Leichenwagen m.; ASTR. ***il Gran Carro*** der Große Wagen; STOR. ***~ da guerra*** Kampfwagen m., Streitwagen m.; ***~ merci*** Güterwagen m.; MIL. ***~ munizioni*** Munitionswagen m.; ASTR. ***il Piccolo Carro*** der Kleine Wagen; ***essere l'ultima ruota del ~*** das fünfte Rad am Wagen sein; ***~ di Tespi*** Thespiskarren m.; ***~ trionfale*** Triumphwagen m.

car|roc|cio m. (-ci) INTRAD. 1 STOR. (im Mittelalter, Fahnenwagen italienischer Städte) 2 POL. (Bezeichnung für die Partei Lega Nord).

car|ro|pon|te m. Laufkran m.

car|roz|za f. 1 Kutsche f., Wagen m.: ***salire in ~*** in die Kutsche steigen; ***viaggiare in ~*** mit der Kutsche fahren; ***attaccare il cavallo alla ~*** das Pferd an die Kutsche (o an den Wagen) spannen; ***~ a due, quattro cavalli*** zwei-, vierspännige Kutsche (o Zwei-, Vierspänner m.) 2 FERR. Waggon m., Wagen m.: ***~ di prima, seconda classe*** Wagen erster, zweiter Klasse (o Erster-Klasse-Wagen, Zweiter-Klasse-Wagen); ***staccare le ultime -e (del treno)*** die letzten Wagen ab‿hängen ◆ ***~ (con) cuccette*** Liegewagen m.; FERR. ***~ diretta*** Kurswagen m.; ***~ ferroviaria*** Eisenbahnwagen m.; ***(signori,) in ~!*** alles einsteigen, bitte! ***~ letto*** Schlafwagen m.; GASTR. ***mozzarella in ~*** INTRAD. (Mozzarella zwischen zwei Brotscheiben, der paniert und ausgebacken wird); ***~ passeggeri*** Personenwagen m.; ***~ di piazza*** Droschke f.; ***~ postale*** Postwagen m.; ***~ ristorante*** Speisewagen m.

car|roz|za|bi|le agg. befahrbar: ***strada ~*** befahrbare Straße, Fahrstraße f.

car|roz|za|io m. (-ai) Wagenbauer m.

car|roz|za|re tr. karossieren. **car|roz|za|to** p.pass. agg. 1 → **carrozzare** 2 COLLOQ. ***una ragazza ben -a*** = ein Mädchen mit üppigen Formen, ein kurvenreiches Mädchen.

car|roz|zel|la f. 1 Kutsche f., Droschke f.: ***fare un giro in ~*** mit der Kutsche herum‿fahren 2 (sedia a rotelle) Rollstuhl m.: ***essere costretto su una ~*** auf den Rollstuhl angewiesen sein, an den Rollstuhl gebunden sein 3 → **carrozzina.**

car|roz|ze|ri|a f. 1 Karosserie f.: ***disegnare la ~ di un'auto*** die Karosserie eines Autos entwerfen; ***ammaccare, rigare la ~*** eine Beule, einen Kratzer in (o an) der Karosserie machen; ***danni alla ~*** Blechschaden m. 2 (fabbrica) Karosseriebau m. 3 (officina) Karosseriewerkstatt f., Werkstatt f. 4 COLLOQ. (di donna formosa) = Kurven pl.: ***che ~!*** was für Kurven! ◆ ***~ portante*** selbsttragende Karrosserie. **car|roz|zie|re** m. 1 (costruttore) Karosseriebauer m. 2 (riparatore) Karosseriemechaniker m.; ***portare l'auto dal ~*** das Auto in die Werkstatt bringen.

car|roz|zi|na f. Kinderwagen m., Wagen m.: ***spingere la ~*** den Kinderwagen schieben. **car|roz|zi|no** m. 1 Kutsche f. 2 → **Kinderwagen** 3 (sidecar) Beiwagen m. **car|roz|zo|ne** m. 1 Zirkuswagen m., Wohnwagen m. 2 FIG. SPREG. (ente pubblico inefficiente e clientelare) = abgewirtschafteter Staatsbetrieb m.

car|ru|ba f. Johannisbrot n., Karube f. **car|ru|bo** m. Johannisbrotbaum m.

car|ru|co|la f. Laufrolle f., Rolle f.: ***la corda scorre sulla ~*** das Seil läuft über die Rolle ◆ ***pozzo a ~*** Ziehbrunnen m.

car|rug|gio m. (-gi) INTRAD. (enge Gasse in Ligurien).

car|si|co agg. (-ci,-che) Karst-, karstig: ***terreno, paesaggio ~*** Karstboden m., -landschaft f. **car|si|smo** m. Karsterscheinungen pl.

Car|so n.pr.m. Karst m.

car|ta f. 1a Papier n.: ***un foglio, un pezzo di ~*** ein Blatt, ein Stück Papier; ***fazzoletti, tovaglioli, fiori di ~*** Papiertaschentücher, -servietten, -blumen; ***stampare qcs. su ~*** etw. auf Papier drucken b pl. (scritti) ***mettere in ordine le proprie -e*** seine Papiere in Ordnung bringen; ***frugare fra le -e di qcn.*** in jds Papieren kramen 2a pl. (documenti) Papiere pl.: ***chiedere le -e a qcn.*** jdn nach seinen Papieren fragen, jds Papiere verlangen b (per matrimonio) Heiratsunterlagen pl.: ***preparare, fare le -e per sposarsi*** die Heiratsunterlagen bei‿bringen, vor‿bereiten c (atti processuali) Unterlagen pl.: ***il giudice studia le -e*** der Richter prüft die Unterlagen 3 (dichiarazione programmatica) Charta f., Urkunde f., Konvention f.: ***la ~ delle Nazioni Unite*** die Charta der Vereinten Nationen; ***la ~ dei diritti dell'uomo*** die Konvention der Menschenrechte 4 (cartina, pianta) Landkarte f., Karte f.; (di città) Stadtplan m.: ***una ~ d'Italia, di Torino*** eine Karte von Italien, ein Stadtplan von Turin; ***il paese non è indicato sulla ~*** das Dorf ist auf der Karte nicht eingezeichnet 5 (da gioco) Karte f., Spielkarte f.: ***una ~ di cuori, quadri, fiori, picche*** ein Herz, Karo, Kreuz, Pik; ***un mazzo di -e*** ein Kartenspiel; ***pescare, scartare, giocare una ~*** eine Karte ziehen, ab‿legen, spielen (o aus‿spielen); ***alzare, prendere una ~*** ab‿heben, eine Karte nehmen; ***mescolare, dare le -e*** die Karten mischen, geben; ***giocare a -e*** Karten spielen; ***segnare, truccare le -e*** die Karten zinken 6 (menu) Speisekarte f., Liste f.: ***la ~ dei vini*** die Weinkarte; ***mangiare, ordinare alla ~*** nach der Speisekarte (o à la carte) essen, bestellen 7 GERG. (banconota da 1000 lire) ***mi è costato 100 -e*** = das hat mich einen Hunderter gekostet ◆ ***~ aeronautica*** Fliegerkarte f.; ***~ annonaria*** Lebensmittelkarte f.; ***~ d'argento*** = Seniorenpass m.; ***~ assegni*** Scheckkarte f.; ***~ assorbente*** Löschpapier n., Fließpapier n.; ***~ astronomica*** Sternkarte f., astronomische Karte; ***~ automobilistica*** Autokarte f.; ***avere ~ bianca*** freie Hand haben; ***dare ~ bianca a qcn.*** = jdm uneingeschränkte Vollmacht geben; ***~ bibbia*** Dünndruckpapier n.; ***~ bollata, da bollo*** Stempelpapier n.; ***~ calandrata*** hochsatiniertes Papier; ***~ canta***

= Papier lügt nicht; ~ carbone Kohlepapier n.; ~ di circolazione Kraftfahrzeugschein m.; ~ copiativa Kopierpapier n., Blaupapier n.; ~ costituzionale Verfassungsurkunde f.; ~ di credito Kreditkarte f.; ~ crespata Krepppapier n.; ~ da disegno Zeichenpapier n.; ~ ecologica Umweltschutzpapier n.; fare -e false per... = alles tun, um...; fare le -e die Karten mischen und aus_teilen; fare le -e a qcn. → leggere le -e a qcn.; ~ fotosensibile Fotopapier n.; -e francesi französische Karten; ~ geografica Landkarte f.; giocare (tutte) le proprie -e alle seinen Karten aus_spielen; giocare una buona ~ einen Trumpf aus_spielen; -e da gioco Spielkarten pl.; ~ di, da giornale Zeitungspapier n.; ~ d'identità Ausweis m., Personalausweis m.; ~ igienica Klosettpapier n., Toilettenpapier n.; ~ d'imbarco Bordkarte f.; ~ India Dünndruckpapier n.; ~ intestata (mit der Adresse) bedrucktes Briefpapier n.; (di aziende) Briefpapier n. mit Firmenkopf; ~ legale → ~ bollata; leggere le -e a qcn. jdm die Karten lesen; legge le -e er legt die Karten; ~ da lettere Briefpapier n.; ~ libera stempelfreies, ungestempeltes Papier; FOT. ~ lucida Hochglanzpapier n.; ~ a lucido Seidenpapier n.; ~ da macero Altpapier n., Makulatur f.; ~ a mano Büttenpapier n.; mettere qcs. su ~ etw. zu Papier bringen; ~ millimetrata Millimeterpapier n., Diagrammpapier n.; ~ moneta Papiergeld n.; ~ moschicida Fliegenpapier n., Fliegenfänger m.; ~ da musica Notenpapier n.; ~ muta stumme Karte; ~ nautica Navigationskarte f., Seekarte f.; ~ oleata Ölpapier n., Butterbrotpapier n.; FOT. ~ opaca mattes Papier; ~ da pacchi Packpapier n.; ~ da parati Tapete f.; ~ patinata Kunstdruckpapier n.; prendere ~ e penna Papier und Stift nehmen; ~ pergamena Pergamentpapier n., Pergamin n.; SPORT peso ~ Papiergewicht n.; ~ protocollo Kanzleipapier n.; raccolta ~ Altpapiersammlung f.; ~ (da) regalo Geschenkpapier n.; FIG. ha le -e in regola per fare una brillante carriera er hat das Zeug zu einer brillianten Karriere; la ditta ha le -e in regola per portare a termine il progetto die Firma hat alle Voraussetzungen, um das Projekt fertig zu stellen; ~ riciclata Recyclingpapier n.; ~ di riso Reispapier n.; ~ satinata Satinpapier n.; giocare a -e scoperte mit offenen Karten spielen; FIG. scoprire le proprie -e seine Karten auf_decken; ~ semplice → ~ libera; ~ smerigliata Schleifpapier n., Schmirgelpapier n.; ~ stagnola Stanniolpapier n., Zinnfolie f.; ~ da stampa Druckpapier n.; ~ stampata = Presse f.; ~ per stampe a colori Farbpapier n.; ~ straccia Altpapier n., Makulatur f.; ~ stradale Straßenkarte f.; essere, esistere solo sulla ~ nur auf dem Papier stehen, existieren; sulla ~ è più forte dell'avversario nach der Papierform ist er stärker als sein Gegner; sulla ~ il piano è perfetto auf dem Papier ist das Projekt perfekt; FIG. mettere, cambiare le -e in tavola Farbe bekennen, den Spieß um_drehen; ~ telefonica Telefonkarte f.; ~ tematica angewandte Karte; tigre di ~ Papiertiger m.; ~ topografica topographische Karte, Geländekarte f.; giocare, tentare l'ultima ~ seinen letzten Trumpf spielen, alles auf eine Karte setzen; ~ velina Pauspapier n.; ~ verde grüne Versicherungskarte; FERR. Juniorenpass m.; ~ vergata geripptes Papier; ~ vergatina Durchschlagpapier n.; ~ vetrata Glaspapier n., Sandpapier n., Schleifpapier n.; (color) ~ da zucchero = (Art von) Hellblau n.

car|ta|car|bo|ne f. (cartecarbone) Kohlepapier n.

car|tac|cia f. (-ce) Altpapier n.

car|ta|ce|o agg. papieren, Papier-: moneta -a Papiergeld n.

Car|ta|gi|ne n.pr.f. Karthago n. **car|ta|gi|ne|se** I agg. karthagisch II m. e f. Karthager m. (-in f.).

car|ta|io m. (-ai) 1a Papierhersteller m. b (venditore) Papierhändler m. 2a (fabbricante di carte da gioco) Spielkartenhersteller m. b (venditore) Spielkartenverkäufer m.

car|ta|mo|del|lo m. (cartamodelli) Schnittmuster n., Schnittmusterbogen m. **car|ta|mo|ne|ta** f. (cartemonete) Papiergeld n. **car|ta|pe|co|ra** f. (cartapecore) Pergament n. (aus Tierfell) ◆ faccia di ~ verrunzeltes Gesicht. **car|ta|pe|sta** f. (cartapeste, cartepeste) Papiermaché n., Pappmaché n. ◆ FIG. eroe di ~ = Papiertiger m.; uomo di ~ Schwächling m., Waschlappen m.

car|ta|rio agg. (-ri,-rie) Papier-: industria -a Papierindustrie f.

car|ta|strac|cia f. (cartestracce) Altpapier n., Makulatur f. ◆ FIG. questo romanzo è ~ dieser Roman ist zum Wegschmeißen.

car|ta|ta f. Tüte f.: una ~ di caramelle, di ciliegie eine Tüte voll (mit) Bonbons, Kirschen.

car|ta|ve|tra|re tr. schmirgeln, ab_schmirgeln.

car|teg|gia|tu|ra f. Schmirgeln n., Abschmirgeln n.

car|teg|gio m. (-gi) Briefwechsel m., Korrespondenz f.: avere, tenere un ~ con qcn. mit jdm im Briefwechsel stehen (o einen Briefwechsel führen); il ~ Machiavelli-Guicciardini der Briefwechsel zwischen Machiavelli und Guicciardini.

car|tel|la f. 1 Karte f., Schein m.: ~ della tombola, di uno schedario Lottoschein m., Karteikarte f. 2 (pagina scritta) Seite f.: ~ dattiloscritta Schreibmaschinenseite f.; un articolo di otto -e ein achtseitiger Artikel 3 (custodia) Mappe f., Sammelmappe f.: ~ portadocumenti Aktenmappe f. 4a (borsa) Mappe f., Aktentasche f.: portare la ~ sotto il braccio die Mappe unter dem Arm tragen b (dello scolaro) Schulmappe f.; (con spallacci) Schulranzen m., Ranzen m. ◆ ~ clinica Krankenblatt n.; FIN. ~ di credito fondiario Hypothekenpfandbrief m.; ~ delle imposte Steuerbescheid m.; ~ della lotteria Lotterielos n.; ~ personale Personalakte f.; ~ delle tasse → ~ delle imposte. **car|tel|let|ta** f. Mappe f., Sammelmappe f.

car|tel|li|no m. 1 Schild(chen) n.: ~ del prezzo Preisschild n.; ~ nominativo Namensschild n. 2 AMM. (di presenza) Stechkarte f.: timbrare il ~ die Stechkarte stempeln 3 (scheda) Karteikarte f.: ~ segnaletico Blatt n. aus der Verbrecherkarteikarte 4 SPORT Vertrag m.: firmare il ~ den Vertrag unterschreiben ◆ SPORT il ~ giallo die gelbe Karte; SPORT il ~ rosso die rote Karte.

car|tel|li|sta m. e f. (-i,-e) ECON. Kartellmitglied n.

1.car|tel|lo m. 1 Schild n.; (manifesto) Plakat n.: affiggere, appendere i -i die Schilder aus_hängen; ~ stradale Verkehrsschild n. 2 (insegna di negozio) Ladenschild n. ◆ essere un cantante di ~ ein berühmter Sänger (o ein Sänger von Rang und Namen) sein; ANT. ~ di sfida Forderung f.

2.car|tel|lo m. 1 ECON. Kartell n.: costituire, formare un ~ ein Kartell bilden; il ~ interbancario Bankenkartell n. 2 POL. (alleanza) Bündnis n., Kartell n.: il ~ delle sinistre das Bündnis der Linken.

car|tel|lo|ne m. 1 Spielplan m.: ~ teatrale Theaterspielplan m.; essere, mettere in ~ auf dem Spielplan stehen, auf den Spielplan setzen 2 (manifesto) Plakat n.: attaccare, affiggere i -i Plakate an_kleben; ~ pubblicitario Werbeplakat n. ◆ TEATR. tenere il ~ = ein Publikumserfolg sein. **car|tel|lo|ni|sta** m. e f. (-i,-e) Plakatmaler m. (-in f.). **car|tel|lo|ni|sti|ca** f. Plakatmalerei f.

car|ter ['kɑ:tə, üblich 'karter] m.inv. 1 Kurbelgehäuse n.; (coppa dell'olio) Ölwanne f. 2 (copricatena) Kettenschutz m.

car|te|sia|no agg. kartesisch, kartesianisch: coordinate -e kartesianische Koordinaten. **Car|te|sio** n.pr.m. Cartesius m., Descartes m.

car|te|va|lo|ri f.pl. ECON. Wertpapiere pl.

car|tie|ra f. Papierfabrik f.

car|ti|glio m. (-gli) ART. Schriftrolle f., Buchrolle f.

car|ti|la|gi|ne f. Knorpel m. **car|ti|la|gi|ne|o, car|ti|la|gi|no|so** agg. knorp(e)lig: tessuto ~ knorp(e)liges Gewebe.

car|ti|na f. 1 (geografica) Landkarte f., Karte f.; (piantina di città) Stadtplan m.: aprire, consultare la ~ die Karte auf_schlagen, in der Karte nach_sehen; ~ pieghevole, muta Faltkarte f., stumme Karte 2 (bustina) Briefchen n., Tütchen n. 3 (di sigaretta) Zigarettenpapier n. ◆ ~ di aghi Nadelbrief m.; ~ al, di tornasole CHIM. Lackmuspapier n.; FIG. = Prüfstein m.

car|toc|cia|ta f. Tüte f.: una ~ di castagne eine Tüte (voll) Kastanien. **car|toc|cio** m. (-ci) 1 Tüte f.: piegare qcs. a (forma di) ~ etw. zu einer Tüte falten 2 BOT. Lieschen n. 3 ARM. Kartusche f. ◆ GASTR. al ~ in Folie.

car|to|gra|fi|a f. Kartographie f. **car|to|gra|fi|ca|men|te** avv. kartographisch: rappresentare ~ kartographisch dar_stellen, kartographieren. **car|to|gra|fi|co** agg. (-ci,-che) kartographisch: rilevamenti -ci kartographische Aufnahmen. **car|to|gra|fo** m. Kartograph m.

car|to|gram|ma m. Kartogramm n.

car|to|la|io m. (-ai) Schreibwarenhändler m., Papierwarenhändler m. **car|to|le|ri|a** f. Schreibwarengeschäft n., Papierwarengeschäft n. **car|to|li|bre|ri|a** f. Buch- und Schreibwarenhandlung f.

car|to|li|na f. 1 Karte f.: ~ illustrata, postale Ansichts-, Postkarte f.; scrivere, spedire una ~ a qcn. jdm (o an jdn) eine Karte schreiben, schicken 2 REGION. (cartellino) Stechkarte f.: bollare, timbrare la ~ die Stechkarte stempeln ◆ MIL. ~ precetto, rosa Einberufungsbefehl m.

car|to|man|te m. e f. Kartenleger m. (-in f.). **car|to|man|zi|a** f. Kartomantie f., Kartenlegen n.

car|to|nag|gio m. (-gi) Kartonage f. **car|to|na|re** tr. kartonieren. **car|to|na|to** I p.pass. agg. 1 → cartonare 2 Papp-, kartoniert: copertina, rilegatura -a Pappeinband m. (o kartonierter Einband), Pappband m. II m. Kartonage f.

car|ton|ci|no m. 1 Karton m. 2 Karte f., Briefkarte f.: ~ d'auguri Glückwunschkarte f. **car|to|ne** m. 1 Pappe f., Karton m.: ~ rigido steife Pappe f.; rilegato in ~ in Pappe gebunden 2 (imballaggio) Karton m., Pappschachtel f.: imballare della merce in -i Ware in Kartons verpacken; un ~ di vini ein Karton Wein 3 PITT. Karton m. 4 (animato) Zeichentrickfilm m.: guardare i -i, un ~ einen Zeichentrickfilm an‿sehen **5** COLLOQ. *(cazzotto)* Faustschlag *m.*: ***appioppare, mollare un ~ a qcn.*** jdm einen Faustschlag versetzen ◆ ~ **animato** Zeichentrickfilm *m.*, Trickfilm *m.*, Cartoon *n.* e *m.*; ~ **catramato** Teerpappe *f.*, Dachpappe *f.*; ***~ da imballaggio*** Verpackungskarton *m.*; ~ **ondulato** Wellpappe *f.*

car|ton|fel|tro m. Filzpappe *f.* **car|ton|ges|so** m. Gipspappe *f.*

car|to|ni|sta m. e f. *(-i,-e)* Trickfilmzeichner *m.* (-in *f.*).

car|toon [kɑ:'tu:n] m.inv. Zeichentrickfilm *m.* **car|toon|ist** [kɑ:'tu:nɪst] → **cartonista.**

car|to|te|ca f. *(-che)* **1** Landkartensammlung *f.* **2** RAR. *(schedario)* Kartei *f.*, Karteikasten *m.*

car|to|tec|ni|ca f. Papierverarbeitung *f.* **car|to|tec|ni|co I** agg. *(-ci,-che)* Papier verarbeitend: ***industria -a*** Papier verarbeitende Industrie **II** m. *(-ci)* Beschäftigter *m.* in der Papier verarbeitenden Industrie.

car|tuc|cia f. *(-ce)* **1** *(di arma)* Patrone *f.*; *(artiglieria pesante)* Kartusche *f.*: ***~ a salve*** Platzpatrone *f.*, blinde Patrone; ***~ a pallini*** Schrotpatrone *f.* **2** *(di inchiostro)* Patrone *f.*, Tintenpatrone *f.*: ***inserire una ~ nella penna*** eine Patrone in den Füller ein‿legen **3** MECC. *(ricambio)* Einsatz *m.*: ***~ filtrante*** Filtereinsatz *m.* **4** INFORM. Magnetbandspeicher *m.* ◆ COLLOQ. ***essere una mezza ~*** eine halbe Portion sein; ***~ dell'olio*** Ölfilter *m.*; FIG. ***sparare l'ultima ~*** die letzte Karte aus‿spielen. **car|tuc|cie|ra** f. Patronengurt *m.*; *(giberna)* Patronentasche *f.*

car|tu|la|rio m. *(-ri)* STOR. Kopialbuch *n.*

ca|run|co|la f. Karunkel *f.*

ca|ru|so m. REGION. INTRAD. (junger sizilianischer Schwefelgrubenarbeiter).

car|vi m. Kümmel *m.*

ca|sa f. **1a** Haus *n.*; *(appartamento)* Wohnung *f.*: ***una ~ spaziosa, disabitata, a cinque piani*** ein geräumiges, unbewohntes, fünfstöckiges Haus; ***costruire, demolire, abitare (in), arredare una ~*** ein Haus bauen, ab‿reißen, bewohnen, ein‿richten; ***prendere in affitto, dare in affitto, comprare, vendere una ~*** ein Haus mieten, vermieten, kaufen, verkaufen; ***cercare ~*** eine Wohnung suchen; ***entrare in ~*** das Haus betreten; ***andare, ritornare a ~*** nach Hause gehen, zurück‿kehren; ***uscire di ~*** aus‿gehen, aus dem Hause gehen; ***essere a (in), fuori ~*** zu, außer Hause sein; ***il padrone, la padrona di ~*** der Herr, die Dame des Hauses **b** *(dimora)* Heim *n.*: ***una ~ accogliente*** ein gemütliches Heim; ***una ~ propria*** ein eigenes Heim **2** *(famiglia)* Haus *n.*, Familie *f.*: ***una ~ ospitale*** ein gastliches Haus; ***scrivere a ~*** nach Hause (*o* an die Familie) schreiben **3** *(dinastia)* Haus *n.*, Dynastie *f.*: ***~ imperiale, reale*** kaiserliches, königliches Haus; ***~ d'Asburgo*** Haus Habsburg **4** COMM. Haus *n.*, Handelshaus *n.*, Firma *f.*: ***avere la merce in ~*** die Ware im Haus haben **5** ASTROL. Haus *n.* **6** GIOC. *(casella)* Feld *n.* ◆ ***a ~ mia*** bei mir (zu Hause); FIG. meiner Ansicht nach; ***~ in affitto*** Mietshaus *n.*, Mietwohnung *f.*; ***~ albergo*** Apartmenthaus *n.*; ***~ di appuntamenti*** öffentliches Haus *n.*, Bordell *n.*; ***~ di bambola*** Puppenhaus *n.* (anche FIG.); SPORT ***~ base*** Schlagmal *n.*; ***la Casa Bianca*** das Weiße Haus; ***cambiare ~*** um‿ziehen; ***~ di campagna*** Landhaus *n.*; ***essere (tutta) ~ e chiesa*** (nur) Kinder, Küche, Kirche sein; ***chiudersi in ~*** sich zu Hause vergraben; ***~ chiusa*** Freudenhaus *n.*; ***~ circondariale*** Strafanstalt *f.*; ***~ di cura*** Heilanstalt *f.*; *(privata)* Privatklinik *f.*; ***essere di ~ da qcn., in un luogo*** bei jdm, in einem Ort wie zu Hause sein; FIG. ***abitare, stare a ~ del diavolo*** am Ende der Welt wohnen; ***~ di Dio*** Gotteshaus *n.*; ***~ discografica*** Schallplattenfirma *f.*, Plattenlabel *n.*; CINEM. ***~ di distribuzione*** Filmverleih *m.*; ***donna di ~*** Hausfrau *f.*; ***~ editrice*** Verlag *m.*, Verlagshaus *n.*, Verlagsanstalt *f.*; ***~ farmaceutica*** Pharmaunternehmen *n.*; ***fatto in ~*** hausgemacht; SPORT ***vincere fuori ~*** auswärts gewinnen; ***~ da gioco*** Spielkasino *n.*, Spielbank *f.*; ***avere un cuore grande come una ~*** = in seinem Herzen ist Platz für alle; SPORT ***giocare in ~*** vor eigenem Publikum (*o* zu Hause) spielen; ***~ madre*** COMM. Stammhaus *n.*, Mutterhaus *n.*; RELIG. Mutterhaus *n.*; ***mandare avanti la ~*** den Haushalt führen; ***metter su ~ (con qcn.)*** (mit jdm) einen Hausstand gründen; ***~ di moda*** Modehaus *n.*; ***fare gli onori di ~*** die Honneurs machen; ***~ di pena*** → ***~ circondariale***; ***~ di piacere*** → ***~ chiusa***; ***~ popolare*** Sozialwohnung *f.*; ***~ del popolo*** = Gewerkschaftshaus *n.*; CINEM. ***~ di produzione*** Filmgesellschaft *f.*; ***pronto, ~ Bianchi?*** hallo, ist da Bianchi? ***~ di proprietà*** Eigenheim *n.*; ***in ~ sua ciascuno è re*** zu Hause ist jeder sein eigener Herr; ***~ di ringhiera*** INTRAD. (Wohnhaus mit über einen gemeinsamen Balkon zugänglichen Wohnungen); ***~ di riposo per anziani*** Altenheim *n.*; ***~ a schiera*** Reihenhaus *n.*; ***seconda ~*** Zweitwohnung *f.*; ***sentirsi (come) a ~ propria*** sich wie zu Hause fühlen; ***la ~ del Signore*** das Haus des Herrn; ***~ dello studente*** Studentenheim *n.*; ***~ di tolleranza*** → ***~ chiusa***; PROV. ***~ dolce ~*** daheim ist daheim; ***~ mia, ~ mia, per piccina che tu sia, tu mi sembri una badia*** eigener Herd ist Goldes wert.

ca|sac|ca f. *(-che)* **1** Kasack *m.* **2** MIL. Uniformjacke *f.*, Soldatenrock *m.* **3** SPORT Jacke *f.*: ***~ della tuta, del fantino*** Trainingsjacke *f.*, Jockeijacke *f.* ◆ FIG. ***mutare, voltare ~*** sein Mäntelchen nach dem Wind hängen (*o* kehren, drehen).

ca|sac|cio, a ~ drauflos-, aufs Geratewohl: ***andare, parlare, sparare a ~*** drauflos‿gehen (*o* aufs Geratewohl gehen), drauflos‿reden, drauflos‿schießen.

ca|sa|le m. **1** Weiler *m.*, Gehöft *n.* **2** *(casolare)* Bauernhaus *n.*

ca|sa|lin|ga f. *(-ghe)* Hausfrau *f.* **ca|sa|lin|go I** agg. *(-ghi,-ghe)* häuslich, Haus-: ***lavori -ghi*** Hausarbeit *f.* **II** m. *(-ghi)* **1** Hausmann *m.* **2** pl. *(articoli)* Haushaltswaren *pl.*, Haushalt(s)artikel *m.*: ***negozio di -ghi*** Haushaltswarengeschäft *n.* ◆ GASTR. ***alla -a*** bürgerlich, nach Hausfrauenart; ***cucina -a*** bürgerliche Küche; SPORT ***incontro ~*** Heimspiel *n.*; SPORT ***sconfitta -a*** Heimniederlage *f.*; ***fare vita -a*** die Häuslichkeit lieben; SPORT ***vittoria -a*** Heimsieg *m.*

ca|sa|mat|ta f. *(casematte)* Kasematte *f.*

ca|sa|men|to m. **1** Wohnblock *m.*, Wohnhaus *n.* **2** ESTENS. *(persone)* Hausgemeinschaft *f.*

ca|sa|no|va m.inv. Casanova *m.*, Frauenheld *m.*

ca|sa|rec|cio → **casereccio.**

ca|sa|ro m. REGION. Käser *m.*

ca|sa|ta f. Geschlecht *n.*, Haus *n.*: ***appartenere a un'antica ~*** aus einem alten Geschlecht kommen. **ca|sa|to** m. **1** ANT. Familienname *m.*, Nachname *m.* **2** → **casata.**

cas|ba f. Kasba(h) *f.* (anche SPREG.).

ca|sca|me m. **1** Abfall *m.*: ***-i di cotone, seta*** Baumwoll-, Seidenabfälle *pl.* **2** FIG. Machwerk *n.*: ***i -i della pittura astrattista*** die Machwerke der abstrakten Malerei.

ca|sca|mor|to m. Süßholzraspler *m.*: ***fare il ~*** Süßholz raspeln.

ca|scan|te agg. schlaff, Hänge-: ***seno ~*** Hängebrust *f.*, Hängebusen *m.*; ***guance -i*** Hängebacken *pl.*

ca|sca|re intr. *(casco, caschi;* aus. *essere)* **1** fallen, hin‿fallen: ***~ dalle scale*** die Treppe herunter‿fallen **2** FIG. *(crollare)* um‿fallen: ***~ dalla stanchezza, dal sonno*** zum Umfallen müde sein (*o* vor Müdigkeit umfallen) ◆ ***qui casca l'asino*** da liegt der Hase im Pfeffer; ***~ bene*** an den Richtigen geraten; ***far ~ le braccia*** den Mut sinken lassen; ***cascarci (in pieno)*** herein‿fallen, rein‿fallen: ***ci sei cascato!*** du bist reingefallen! ***~ male*** an den Falschen geraten; ***caschi, cascasse il mondo*** selbst wenn die Welt untergehen sollte; ***non casca il mondo*** davon geht die Welt nicht unter; ***~ dalle nuvole*** aus allen Wolken fallen; ***~ a pezzi*** zerbrechen, auseinander fallen.

ca|sca|ta f. **1a** GEOGR. Wasserfall *m.*: ***-e del Niagara, -e Vittoria*** Niagarafälle, Victoriafälle **b** ***~ (artificiale)*** künstlicher Wasserfall *m.*, Kaskade *f.* **2** TECN. EL. Kaskade *f.* ◆ ***collegamento in ~*** Kaskadenschaltung *f.*, Kaskade *f.*; FIG. ***in ~*** überstürzt.

ca|sca|to|re m. Kaskadeur *m.*, Stuntman *m.*

ca|scer → **kasher.**

ca|schet|to m. Pagenkopf *m.*, Pagenfrisur *f.*: ***portare i capelli a ~*** einen Pagenkopf tragen.

ca|sci|na f. **1** Bauernhof *m.* **2** *(con produzione di latticini)* Molkerei *f.*, Käserei *f.* **ca|sci|na|io** m. *(-ai)* Käser *m.* **ca|sci|na|le** m. **1** Bauerngut *n.*, Bauernhof *m.* **2** → **casolare.**

ca|sciu|bo m. Kaschube *m.*

1.ca|sco m. *(-schi)* **1** Sturzhelm *m.*, Schutzhelm *m.*, Helm *m.*: ***mettersi, togliersi il ~*** den Sturzhelm auf‿setzen, ab‿setzen (*o* ab‿nehmen) **2** *(da parrucchiere)* Trockenhaube *f.*, Haube *f.*: ***stare sotto il ~*** unter der Haube sitzen **3** SPORT ***~ protettivo, di protezione*** Kopfschutz *m.*, Schutzhelm *m.* ◆ ***~ di banane*** Bananenbüschel *n.*; ***-schi blu*** Blauhelme *pl.*; ***~ coloniale*** Tropenhelm *m.*

2.ca|sco agg.inv. Kasko-: ***assicurazione, polizza ~*** Kaskoversicherung *f.*

ca|se|a|rio agg. *(-ri,-rie)* Molkerei-, Käse-: ***prodotti -ri*** Molkereiprodukte *pl.*; ***industria -a*** Käseindustrie *f.*

ca|seg|gia|to m. **1** *(edificio)* Wohngebäude *n.*, Wohnhaus *n.* **2** *(insieme di case)* Wohnblock *m.*

ca|sei|fi|ca|zio|ne f. Verkäsung *f.* (anche MED.), Käseherstellung *f.*; ***sottoporre a ~*** verkäsen. **ca|sei|fi|cio** m. *(-ci)* Molkerei *f.*, Käserei *f.* **ca|se|i|na** f. Kasein *f.*

ca|sel|la f. **1** *(scomparto)* Fach *n.*; *(in un armadio)* Schrankfach *n.* **2** *(riquadro)* Kästchen *n.*: ***apporre una crocetta sulla ~*** das Kästchen an‿kreuzen; ***le -e di un cruciverba*** die Kästchen eines Kreuzworträtsels **3** *(di scacchiera, giochi da tavolo)* Feld *n.*: ***~ bianca, nera*** weißes, schwarzes Feld; ***muovere, avanzare di due -e*** zwei Felder verrücken, vor‿rücken ◆ ***~ postale*** Post(schließ)fach *n.*, Schließfach *n.*

ca|sel|lan|te m. e f. 1 Bahnwärter m. (-in f.), Schrankenwärter m. (-in f.) 2 *(in un'autostrada)* Kassierer m. (-in f.) an der Autobahnzahlstelle.

ca|sel|la|rio m. *(-ri)* 1 *(mobile)* Aktenschrank m. 2 *(schedario)* Kartei f. ◆ ~ giudiziale, giudiziario, penale Strafregister n.; ~ postale Postschließfächer pl.

ca|sel|lo m. 1 Bahnwärterhaus n. 2 ~ autostradale Autobahnzahlstelle f., AUSTR. Mautstelle f.

ca|se|o|so agg. käsig, Käse-.

ca|se|rec|cio agg. *(-ci,-ce)* 1 nach Hausmacherart, nach Hausfrauenart 2 *(nostrano)* einheimisch, heimisch: usanze -ce heimische Sitten ◆ pane ~ Bauernbrot n., Landbrot n.

ca|ser|ma f. Kaserne f.: alloggiare in ~ kasernieren; rientrare in ~ in die Kaserne zurück_kehren; linguaggio da ~ Kasernenhofton m. **ca|ser|mag|gio** m. *(-gi)* Kasernenausrüstung f. **ca|ser|mo|ne** m. Mietskaserne f., SPREG. Kasten m.

ca|set|ta f. kleines Haus n. ◆ tenda a ~ Bungalowzelt n.

cash|mere → **cachemire.**

ca|si|glia|no m. REGION. Mitbewohner m., Mitmieter m.

Ca|si|mi|ro n.pr.m. Kasimir m.

ca|si|na|ro m. REGION. → **casinista. ca|si|ni|sta** m. e f. *(-i,-e)* Chaot m. (-in f.).

ca|si|no m. 1 ANT. Landhaus n. 2 COLLOQ. *(postribolo)* Puff m. e n., Bordell n.: andare al ~ ins Puff gehen 3a FIG. COLLOQ. *(chiasso, confusione)* Radau m., Krach m.: fare ~ Krach machen b *(scenata)* Krach m.: fare ~ per qcs. wegen etw. Krach schlagen 4 *(pasticcio)* Schlamassel m., Patsche f.: è un bel ~ das ist ein schöner Schlamassel; finire in un bel ~ = in eine Patsche geraten 5 COLLOQ. *(mucchio, sacco)* Haufen m.; un ~ di soldi ein Schweinegeld; un ~ di volte zigmal 6 ANT. *(circolo)* Kasino n. ◆ ~ di caccia Jagdhof m.; che ~! was für ein Saustall! *(in una situazione difficile)* so ein Mist! COLLOQ. mi piace un ~ das gefällt mir wahnsinnig.

ca|si|nò m.inv. Spielkasino n.

ca|si|sta m. Kasuist m. **ca|si|sti|ca** f. *(-che)* DIR. MED. TEOL. Kasuistik f.: fare una ~ eine Kasuistik auf_stellen. **ca|si|sti|co** agg. *(-ci, -che)* kasuistisch.

ca|so m. 1 *(circostanza fortuita)* Zufall m.: un ~ strano, fortunato, disgraziato ein merkwürdiger, glücklicher, unglückseliger Zufall; è stato un puro ~ che... es war ein reiner (o purer) Zufall, dass...; non è un ~ che... es ist kein Zufall, dass...; *(sorte)* il ~ volle che... der Zufall wollte (es), dass...; il ~ ci venne in aiuto der Zufall kam uns zu Hilfe; un capriccio del ~ eine Laune des Zufalls; non lasciare nulla, affidarsi al ~ nichts dem Zufall überlassen, sich dem Zufall überlassen 2a *(evento)* Fall m.: qui i -i sono due hier gibt es zwei Möglichkeiten; non è questo il ~ das ist nicht der Fall; un ~ imprevisto ein unvorhergesehener Fall; *(ipotesi)* poniamo (mettiamo) il ~ che... nehmen wir den Fall an (o gesetzt den ~), dass... b DIR. indagare su un ~ einen Fall untersuchen; il ~ Rossi contro Bianchi der Fall Rossi gegen Bianchi c MED. ~ clinico klinischer Fall; un ~ grave, di colera ein schwerer Fall, ein Fall von Cholera; un tipico ~ di follia ein typischer Fall von Wahnsinn 3 LING. Kasus m., Fall m.: -i retti, obliqui unabhängige, abhängige Fälle; ~ nominativo Nominativ m. (o erster Fall); il sistema dei -i das Kasussystem ◆ a ~ aufs Geratewohl, auf gut Glück; in ~ affermativo bejahendenfalls; fare al ~ di qcn. jds Fall sein: non fa al ~ mio das ist nicht mein Fall; in ~ contrario im gegenteiligen Fall, widrigenfalls, andernfalls; ~ di coscienza Gewissensfrage f., Gewissenssache f.; IRON. si dà il ~ che... es ist zufällig der Fall, dass...; le precauzioni del ~ die nötige Vorsorge; ~ disperato hoffnungsloser Fall (anche FIG. SCHERZ.); in ~ diverso ander(e)nfalls; è il ~ che... es wäre angebracht..., man sollte...; non è il ~ di... es ist nicht nötig (o notwendig), dass...; *(non è opportuno)* non è il ~ es ist nicht angebracht; era (proprio) il ~? war das (wirklich) nötig? ~ eccezionale Ausnahmefall m.; nel ~ estremo im äußersten Fall; far ~ a qcn., qcs., farci ~ auf jdn, etw. achten, etw. (be)merken; non farci ~! mach dir nichts daraus! ~ fortuito Zufall m.; guarda ~ wie's der Zufall will; in ~ di morte, necessità (bisogno) im Todesfall, im Notfall; ~ limite Grenzfall m.; ~ mai gegebenenfalls; un ~ da manuale ein exemplarischer Fall; nel migliore dei -i im besten Fall, bestenfalls; nel ~ (in cui, che)... für den Fall (o im Fall, falls), dass...; in nessun ~ auf keinen Fall, keinesfalls; in ogni ~ auf jeden Fall; ~ patologico Krankheitsfall m., pathologischer Fall; FIG. SCHERZ. unverbesserlicher Mensch; nel peggiore dei -i im schlimmsten Fall, schlimmstenfalls; per ~ durch Zufall, zufällig; hai per ~...? hast du zufällig...? ~ per ~ von Fall zu Fall, fallweise; in ~ di pioggia bei Regen; i -i propri die eigenen Angelegenheiten; a seconda dei -i, secondo il ~ von Fall zu Fall; non mi sembra (che sia) il ~ es scheint mir nicht der Fall; si dà il ~ che... es kommt vor (o es geschieht) dass...; nel ~ specifico im vorliegenden Fall; in tal ~ in diesem Fall; in tutti i -i auf jeden Fall; i -i della vita die Begebenheiten, die Vorkommnisse.

ca|so|la|re m. (abgelegenes) Landhaus n.

ca|so|mai cong. falls, im Falle, dass...

ca|sot|to m. 1 Bretterhäuschen n. 2 *(capanno)* Strandkabine f. 3a FIG. COLLOQ. *(chiasso, confusione)* Krach m., Radau m.: far ~ Krach machen b *(pasticcio)* Schlamassel m.

Ca|spio, mar ~ Kaspisches Meer, Kaspisee m. **ca|spi|co** agg. *(-ci, -che)* kaspisch: depressione -a kaspische Senke.

ca|spi|ta inter. au Backe, Donnerwetter.

cas|sa f. 1 Kiste f., Kasten m.: una ~ di legno eine Holzkiste; una ~ di libri eine Kiste Bücher; spedire una ~ eine Kiste versenden; imballare qcs. in -e etw. in Kisten (o kistenweise) verpacken 2a *(sportello)* Kasse f.: pagare, stare in coda alla ~ an der Kasse bezahlen, an_stehen; vada, passi (pure) alla ~ gehen Sie zur Kasse; stare alla ~ an der Kasse sitzen; non avere denaro in ~ kein Geld in der Kasse haben; la ~ è chiusa die Kasse ist geschlossen b *(denaro)* tenere la ~ die Kasse führen; fare ~ comune gemeinsame Kasse führen, machen c *(registratore di cassa)* battere qcs. alla ~ etw. in die Kasse tippen d *(scomparto)* mettere il denaro in ~ das Geld in die Kasse legen 3 *(acustica)* Mono-, Stereobox f., Lautsprecherbox f. 4 *(di carrozza)* Wagenkasten m. 5 *(dell'orologio)* Uhrgehäuse n., Gehäuse n., Uhrenkasten m. 6 TIP. Setzkasten m. ◆ ~ acustica Stereobox f., Lautsprecherbox f.; ammanco di ~ Fehlbetrag m.; ~ ammortamenti Tilgungsfonds m.; ~ d'aria Luftschleuse f.; ~ armonica Schallboden m., Resonanzkasten m.; ~ automatica prelievi Geld(ausgabe)automat m., Bargeldautomat m.; battere ~ da qcn. jdn zur Kasse bitten, bei jdm um Geld an_klopfen; chiusura di ~ Kassenabschluss m.; ~ continua Nachttresor m.; fondo (di) ~ Kassenbestand m.; ~ da imballaggio Packkiste f.; ~ integrazione = Kurzarbeitergeldkasse f.; libro di ~ Kassenbuch n.; ~ malattia Krankenkasse f.; ~ per il Mezzogiorno = Investitionshilfe für Süditalien; ~ da morto Sarg m.; movimento di ~ Kassenverkehr m., Kassenumsatz m.; ~ mutua → ~ malattia; ~ dell'orologio Uhrgehäuse n.; *(di orologi a muro)* Uhrenkasten m.; pronta ~ (per) Kasse, gegen Kasse, gegen bar: pagamento pronta ~ Kassazahlung f.; registratore di ~ Registrierkasse f.; ~ di risonanza → ~ armonica; ~ di risparmio Sparkasse f.; ~ rurale Raiffeisenbank f.; sportello di ~ Kassenschalter m.; -e dello stato Staatskasse f.; ARCH. tomba a ~ Kistengrab n.; ANAT. ~ toracica Brustkorb m., Brustkasten m.; verifica di ~ Kassenrevision f., Kassenprüfung f.

cas|sa|for|ma f. *(casseforme)* Schalung f.; montare le casseforme ein_schalen.

cas|sa|for|te f. *(casseforti)* Tresor m., Geldschrank m., Safe m. e n.; *(di grosse dimensioni)* Panzerschrank m.: scassinare una ~ einen Tresor auf_knacken, knacken; mettere, chiudere qcs. in ~ etw. in den Safe legen, etw. im Safe verschließen.

cas|sa|in|te|gra|to m. = Kurzarbeiter m.

Cas|san|dra n.pr.f. Kassandra f. **cas|san|dra** f. Kassandra f.

cas|sa|pan|ca f. *(-che, cassepanche)* Truhe f.

cas|sa|re tr. 1 *(cancellare)* streichen, aus_streichen: ~ una frase einen Satz streichen 2 DIR. kassieren, auf_heben: ~ una sentenza ein Urteil kassieren.

cas|sa|ta f. 1 *(gelato)* Cassata f. 2 ~ siciliana INTRAD. (sizilianischer Kuchen gefüllt mit Quark, kandierten Früchten und Schokolade).

cas|sa|zio|ne f. Kassation f., Kassierung f., Aufhebung f.: la ~ di una sentenza die Kassation eines Urteils ◆ ricorso in ~ Revision f., SVIZZ. Kassationsbeschwerde f.; Corte di Cassazione Revisionsgericht n., SVIZZ. Kassationshof m.

cas|se|ro m. 1 MAR. Aufbaudeck n., Hütte f. 2 EDIL. → **cassaforma.**

cas|se|ruo|la f. Kasserolle f.

cas|set|ta f. 1 Kasten m., Kiste f.: una ~ di mele eine Kiste Äpfel; *(di bottiglie)* una ~ di birra ein Kasten Bier 2 *(per il deposito)* Schließfach n.: ~ per il deposito bagagli Schließfach zur Gepäckaufbewahrung 3 *(nelle carrozze)* Kutsch(er)bock m., Bock m.: stare, sedere a ~ auf dem Kutschbock sitzen 4a *(nastro audio)* Kassette f.: una ~ vergine eine unbespielte Kassette; un lato della ~ eine Seite der Kassette; registrare, incidere qcs. su ~ etw. auf Kassette auf_nehmen; cancellare una ~ eine Kassette löschen b *(video)* Videokassette f., Video n.: vedere una ~ eine Videokassette an_schauen; film in, su ~ Film auf Video 5 TIP. Kasten m.: ~ dei caratteri, dei numeri Setz-, Ziffer(n)kasten m. 6 *(piccola cassa)* Kistchen n. ◆ ~ degli attrezzi Werkzeugkasten m.; ~ audio Musikkassette f.; IDR. ~ di cacciata Spülkasten m.; ~ del cucito Nähkasten m.; EL. ~ di distribuzione Verteilerkasten m.; ~ delle elemosine → ~ per le offerte; fare ~ ein Kassenmagnet sein; film di ~ Reißer m.; ~ per le, delle lettere Kasten m., Briefkasten m.;

nella ~ delle lettere c'è qcs. etw. steckt im Briefkasten; *~ per le offerte* Opferstock *m.*, Sammelbüchse *f.*; *pane a, in ~* Kastenbrot *n.*; *~ pirata* Raub- kopie *f.*; *~ della posta* Postfach *n.*; *registratore a -e* Kassettengerät *n.*, Kassettenrecorder *m.*; *~ di sicurezza* Banksafe *m.*, Tresorfach *n.*, Schließfach *n.*; *~ di pronto soccorso* Verband(s)kasten *m.*; *spettacolo di ~* Kassenschlager *m.*; *successo di ~* Kassenerfolg *m.*

cas|set|tie|ra f. Kommode *f.*

cas|set|ti|na f. Kistchen *n.*

cas|set|to m. Schublade *f.*, Schubfach *n.*, Schubkasten *m.*: *mettere, chiudere qcs. in un ~* etw. in eine Schublade legen, ein‿schließen; *prendere qcs. dal ~* etw. aus der Schublade holen; FIG. *avere qcs. nel ~* etw. in der Schublade haben ◆ *un sogno nel ~* = ein heimlicher Wunschtraum.

cas|set|to|ne m. **1** Kommode *f.*, Wäschekommode *f.* **2** ARCH. Kassette *f.*; *soffitto a -i* Kassettendecke *f.*; *rivestire a -i* kassettieren.

cas|sia f. Kassiabaum *m.*

cas|sie|re m. Kassierer *m.*, Kassenführer *m.*, AUSTR. Inkassant *m.*

cas|sin|te|gra|to → **cassaintegrato.**

Cas|sio|pe|a n.pr.f. Kassiopeia *f.*

cas|so|ne m. **1** Kasten *m.*, große Kiste *f.* **2** EDIL. Senkkasten *m.*, Caisson *m.* **3** *(cassapanca)* Truhe *f.* **4** *(per piante, fiori)* Glaskasten *m.* **5** ANT. *(contenitore)* Pritsche *f.*, Aufbau *m.* ◆ *autocarro a ~* Pritschenwagen *m.*; *autocarro a ~ ribaltabile* Kippwagen *m.*, Hinterkipper *m.*, Selbstentlader *m.*; *carro a ~* Kastenwagen *m.*; *malattia dei -i* Caissonkrankheit *f.*

cas|so|net|to m. Müllcontainer *m.*

cast m.inv. CINEM. TEATR. Besetzung *f.*

ca|sta f. Kaste *f.* (anche SPREG.): *le -e indiane* die indischen Kasten; *la ~ dei medici* die Kaste der Ärzte ◆ *fuori ~* Paria *m.* e *f.*; *orgoglio di ~* Standesdünkel *m.*; *sistema di -e* Kastenwesen *n.*; *spirito di ~* Kastengeist *m.*

ca|sta|gna f. Kastanie *f.* (anche ZOOL.): *-e arrosto, bollite* geröstete, gekochte Kastanien; *arrostire le ~* Kastanien rösten ◆ *cavare, levare, togliere le -e dal fuoco a, per qcn.* für jdn die Kastanien aus dem Feuer holen; *~ d'India* Rosskastanie *f.*; *prendere qcn. in ~* jdn ertappen. **ca|sta|gnac|cio** m. *(-ci)* INTRAD. (Kastanienkuchen). **ca|sta|gne|to** m. Kastanienwald *m.*

ca|sta|gnet|ta f. **1** Kastagnette *f.* **2** *(schiocco)* Fingerschnalzer *m.*

ca|sta|gno m. **1** Kastanienbaum *m.*, Kastanie *f.* **2** *(legno)* Kastanienholz *n.*

ca|sta|gno|la f. **1** Knallerbse *f.* **2** pl. INTRAD. (kleine Krapfen).

ca|stal|de|ri|a f. Schlossvogtei *f.* **ca|stal|do** m. Schlossvogt *m.*, Schlossverwalter *m.*

ca|sta|lio agg. *(-li,-lie)* LETT. kastalisch ◆ *la fonte -a* die Kastalische Quelle; *le dee -e* die kastalischen Göttinnen, die Musen.

ca|sta|men|te avv. keusch: *vivere ~* keusch leben.

ca|sta|no agg. kastanienbraun ◆ *capelli, occhi -i* braunes Haar, braune Augen.

ca|stel|la|na f. Schlossfrau *f.*, Burgfrau *f.* **ca|stel|la|ni|a** f. Schlossvogtei *f.* **ca|stel|la|no** m. Schlossherr *m.*, Burgherr *m.*

ca|stel|la|tu|ra f. Tragstütze *f.*

ca|stel|let|to m. **1** Schlösschen *n.* **2** MIN. *~ di estrazione* Fördergerüst *n.* **3** EDIL. *(impalcatura)* Gerüst *n.*

ca|stel|lo m. **1a** *(rocca)* Burg *f.*, Festung *f.* **b** Schloss *n.*: *i -i della Loira* die Schlösser der Loire **2** TESS. Schloss *n.* **3** MAR. *~ (di prua)* Back *f.* **4** STOR. MAR. Kastell *n.*: *~ di poppa, di prua* Achterkastell, Vorderkastell *n.* **5** TECN. Gerüst *n.*, Turm *m.* ◆ *fare -i in aria* Luftschlösser bauen; *~ di carte* Kartenhaus *n.*; FIG. *crollare come un ~ di carte* wie ein Kartenhaus zusammen‿brechen; *letto a ~* Stockbett *n.*, Etagenbett *n.*; *~ di sabbia* Sandburg *f.*

ca|sti|ga|mat|ti m.inv. COLLOQ. Peitschenschwinger *m.*

ca|sti|ga|re tr. *(castigo, castighi)* züchtigen, strafen, bestrafen.

ca|sti|ga|tez|za f. Züchtigkeit *f.*, Sittsamkeit *f.* **ca|sti|ga|to** p.pass. agg. **1** → **castigare** **2** züchtig, sittsam: *condurre una vita -a* einen sittsamen Lebenswandel führen **3** *(di stile, linguaggio)* korrekt, gepflegt.

ca|sti|ga|to|re I agg. Straf- **II** m. **1** Bestrafer *m.* **2** *~ dei costumi* Sittenrichter *m.*

Ca|sti|glia n.pr.f. Kastilien *n.* **ca|sti|glia|no I** agg. kastilisch **II** m. **1** Kastilier *m.* **2** *(lingua)* Kastilisch(e) *n.*

ca|sti|go m. *(-ghi)* Strafe *f.*, Strafgericht *n.*; *(il castigare)* Bestrafung *f.*, Züchtigung *f.*: *un ~ esemplare, immeritato* eine exemplarische, unverdiente Strafe; *minacciare, infliggere un ~ a qcn.* jdm eine Strafe an‿drohen, auf‿erlegen (*o* ein Strafgericht über jdn ab‿halten); *avere un ~* eine Strafe bekommen; *dare a qcn. un piccolo, severo ~* jdn leicht, streng bestrafen; *per ~* zur Strafe (dafür) ◆ *delitto e ~* Verbrechen und Strafe; *è un (vero) ~ di Dio!* das ist eine (wahre) Strafe Gottes! *~ divino* Gottesgericht *n.*; FAM. *essere in ~* in der Ecke stehen; *mettere in ~ un bambino* ein Kind in die Ecke stellen; *~ per i peccati* Sündenlohn *m.*; SCOL. *stare in ~* brummen müssen.

ca|sting ['kɑstɪŋ] m.inv. Rollenbesetzung *f.*

ca|sti|tà f. Keuschheit *f.*: *fare voto di ~* das Keuschheitsgelübde ab‿legen; *cintura di ~* Keuschheitsgürtel *m.*

ca|sti|zo m. Kastize *m.*

ca|sto agg. **1** keusch: *una fanciulla -a* ein keusches Mädchen **2** *(puro)* rein, unschuldig: *un amore ~* eine reine Liebe **3** *(semplice)* rein, einfach: *uno stile ~* ein unverstellter Stil.

ca|sto|ne m. Fassung *f.*, Einfassung *f.*

Ca|sto|re n.pr.m. Kastor *m.*

ca|sto|re|o m. Bibergeil *n.*, Castoreum *n.* **ca|sto|ri|no** m. Biberratte *f.*, Nutria *f.*: *(pelliccia di) ~* Nutriapelz *m.*, Nutria *f.*

ca|sto|ro m. Biber *m.*: *(pelliccia di) ~* Biberpelz *m.*, Biber *m.* ◆ *denti da ~* Mäusezähne *pl.*

ca|stra|re tr. kastrieren, verschneiden. **ca|stra|to I** p.pass. agg. **1** → **castrare** **2** kastriert, verschnitten **II** m. **1** *(evirato)* Kastrat *m.*, Verschnittene *m.* **2** *(montone)* Hammel *m.*: *carne, arrosto, cosciotto di ~* Hammelfleisch *n.*, Hammelbraten *m.*, Hammelschlegel *m.* **3** *(cavallo)* Wallach *m.* **ca|stra|tu|ra** f. Kastrierung *f.*, Verschneidung *f.* **ca|stra|zio|ne** f. Kastrierung *f.*, Kastration *f.* ◆ PSIC. *ansia, complesso di ~* Kastrationsangst *f.*, Kastrationskomplex *m.*

ca|stren|se agg. Feld-, Lager-.

ca|stri|smo m. Fidelismus *m.*, Castrismus *m.*

ca|stro|ne m. **1** Hammel *m.*; *(puledro)* Wallach *m.* **2** COLLOQ. *(stupido)* Hammel *m.*, Schafskopf *m.* **ca|stro|ne|ri|a** f. Riesendummheit *f.*, Quatsch *m.*: *non dire -e!* red keinen Quatsch!

ca|sual ['kɛƷuəl, *üblich* 'kasual] agg.inv. e avv. sportlich, salopp; *abbigliamento, moda ~* Freizeitkleidung *f.*, Freizeitmode *f.*; *vestire ~* sich sportlich kleiden.

ca|sua|le agg. zufällig, beiläufig: *un incontro, un'osservazione ~* eine zufällige Begegnung, eine beiläufige Bemerkung; *non è ~ che...* es ist kein Zufall, dass... ◆ INFORM. *accesso ~* wahlfreier Zugriff *m.*; *conoscenza ~* Zufallsbekanntschaft *f.*; MAT. *grandezza ~* Zufallsgröße *f.*; *risultato ~* Zufallsergebnis *n.*; *scoperta ~* Zufallsfund *m.*; STATIST. *selezione ~* Zufallsauswahl *f.* **ca|sua|li|tà** f. Zufälligkeit *f.*, Beiläufigkeit *f.*: *che ~!* so ein Zufall! **ca|sual|men|te** avv. zufällig, zufälligerweise: *incontrare qcn. ~* jdn zufällig treffen.

ca|sua|rio m. *(-ri)* Kasuar *m.*

ca|sua|ri|na f. Kasuarina *f.*, Kasuarine *f.*

ca|su|la f. LIT. Messgewand *n.*, Kasel *f.*

ca|su|po|la f. Hütte *f.*, Kate *f.*: *vivere in una ~* in einer Hütte hausen.

cat. ⇒ **1** *catalogo* Katalog (Kat.) **2** *categoria* Kategorie (Kat.).

ca|ta|ba|ti|co agg. *(-ci,-che)* katabatisch: *vento ~* katabatischer Wind *m.*, Fallwind *m.*

ca|ta|bo|li|a f. Katabolie *f.* **ca|ta|bo|li|co** agg. *(-ci,-che)* katabol. **ca|ta|bo|li|smo** m. Katabolismus *m.*

ca|ta|cli|sma m. **1** Kataklysmus *m.*, Naturkatastrophe *f.*, Elementarereignis *n.* **2** FIG. Umbruch *m.*, Umwälzung *f.*

ca|ta|com|ba f. Katakombe *f.* **ca|ta|com|ba|le** agg. Katakomben-: *pitture -i* Katakombenmalereien.

ca|ta|cre|si, ca|ta|cre|si f. Katachrese *f.*, Katachresis *f.*

ca|ta|diot|tro m. Rückstrahler *m.*, Katzenauge *n.*

ca|ta|fal|co m. *(-chi)* Katafalk *m.*, Totenbahre *f.*

ca|ta|fa|scio, *a ~* drunter und drüber: *tutto va a ~* alles geht zugrunde, in die Brüche.

ca|ta|fo|re|si f. Kataphorese *f.*

ca|ta|la|no I agg. katalanisch, katalonisch **II** m. **1** Katalane *m.*, ANT. Katalonier *m.* **2** *(lingua)* Katalanisch(e) *n.*

ca|ta|les|si, ca|ta|les|si|a f. **1** MED. Katalepsie *f.* **2** METR. Katalexe *f.*, Katalexis *f.* **ca|ta|les|si|co** agg. *(-ci,-che)* kataleptisch. **ca|ta|let|ti|co** agg. *(-ci,-che)* katalektisch.

ca|ta|let|to m. ANT. **1** *(barella)* Krankenbahre *f.*, Tragbahre *f.* **2** *(bara)* Totenbahre *f.*, Bahre *f.*

ca|ta|li|si f. Katalyse *f.* **ca|ta|li|ti|co** agg. *(-ci,-che)* katalytisch ◆ *automobile con marmitta -a* Katalysatorauto *n.*; COLLOQ. *auto, marmitta -a* Kat *m.* **ca|ta|liz|za|re** tr. katalysieren. **ca|ta|liz|za|to** p.pass. agg. **1** → **catalizzare** **2** *auto -a* Katalysatorauto *n.*, COLLOQ. Kat *m.* **ca|ta|liz|za|to|re I** agg. katalysierend **II** m. Katalysator *m.* **ca|ta|liz|za|zio|ne** f. **1** FIS. CHIM. Katalyse *f.* **2** Katalysieren *n.*

ca|ta|lo|ga|bi|le agg. katalogisierbar. **ca|ta|lo|ga|re** tr. *(catalogo, cataloghi)* **1** katalogisieren **2** *(elencare)* auf‿zählen. **ca|ta|lo|ga|to|re** m. Katalogbearbeiter *m.* **ca|ta|lo|ga|zio|ne** f. Katalogisierung *f.*

Ca|ta|lo|gna n.pr.f. Katalunien *n.*

ca|ta|lo|go m. *(-ghi)* Katalog *m.*: ***~ alfabetico*** alphabetischer Katalog; ***consultare il ~*** im Katalog nach‿schlagen; ***inserire qcs. in un ~*** etw. in einen Katalog auf‿nehmen; ***ordinare qcs. da ~*** etw. aus dem Katalog bestellen ◆ ***~ per autori*** Verfasserkatalog *m.*; ***~ generale*** Gesamtkatalog *m.*, Gesamtverzeichnis *n.*; ***~ per materie*** Sachkatalog *m.*; ***~ della, di una mostra*** Ausstellungskatalog *m.*; ***numero di ~*** Katalognummer *f.*; ***prezzo di ~*** Katalogpreis *m.*; ***~ di vendita per corrispondenza*** Versandhauskatalog *m.*

ca|tal|pa f. Katalpa *f.*, Katalpe *f.*, Trompetenbaum *m.*

ca|ta|ma|ra|no m. Katamaran *m.*

ca|ta|pec|chia f. Hütte *f.*, Bruchbude *f.*: ***vivere in una ~*** in einer Bruchbude hausen.

ca|ta|pla|sma m. **1** MED. Kataplasma *n.* **2** FIG. SCHERZ. *(di persona)* lästiger, wehleidiger Mensch *m.*

ca|ta|ples|si|a f. Kataplexie *f.* **ca|ta|plet|ti|co** agg. *(-ci,-che)* kataplektisch.

ca|ta|pul|ta f. Katapult *n.* e *m.* **ca|ta|pul|ta|re I** tr. katapultieren **II** pronom. **catapultarsi** sich katapultieren. **ca|ta|pul|ta|to** p.pass. agg. **1** → **catapultare** **2** Katapult-: ***decollo, volo ~*** Katapultstart *m.*, Katapultflug *m.*

ca|ta|rat|ta f. → **cateratta.**

ca|ta|ri|fran|gen|te I agg. das Licht reflektierend: ***gemma ~*** Katzenauge *n.* **II** m. Rückstrahler *m.*, Katzenauge *n.* **ca|ta|ri|fran|gen|za** f. Rückstrahlung *f.*

ca|ta|ri|smo m. katharische Ketzerei *f.* **ca|ta|ro I** agg. katharisch **II** m. Katharer *m.*

ca|tar|ra|le agg. katarrhalisch. **ca|tar|ri|na** f. Schmalnase *f.* **ca|tar|ro** m. Katarr(h) *m.*: ***~ bronchiale*** Bronchialkatarrh *m.* **ca|tar|ro|so** agg. mit Katarr(h) behaftet, COLLOQ. voller Katarr(h).

ca|tar|si f. **1** Läuterung *f.*, Reinigung *f.* **2** LETT. PSIC. Katharsis *f.* **ca|tar|ti|co** agg. *(-ci,-che)* kathartisch.

ca|ta|sta f. Stapel *m.*, Stoß *m.*: ***una ~ di legna, di libri*** ein Holzstoß, Bücherstapel, ein Stapel Holz, Bücher; ***fare una ~ di qcs.*** etw. stapeln.

ca|ta|sta|le agg. Kataster-: ***estratto ~*** Katasterauszug *m.*; ***mappa ~*** Katasterkarte *f.*; ***rendita ~*** Katasterertrag *m.*; ***tassa ~*** Katastersteuer *f.*; ***valore ~*** Katasterwert *m.*

ca|ta|sta|si f. Katastase *f.*, Katastasis *f.*

ca|ta|sto m. Kataster *m.* e *n.*: ***registrare al ~*** katastrieren; ***ufficio del ~*** Katasteramt *n.*

ca|ta|stro|fe f. Katastrophe *f.*: ***provocare, evitare una ~*** eine Katastrophe herbei‿führen, verhindern; ***una ~ colpisce una città*** eine Katastrophe trifft eine Stadt ◆ ***in caso di ~*** im Katastrophenfall; ***allarme, intervento in caso di ~*** Katastrophenalarm *m.*, Katastropheneinsatz *m.*; ***~ naturale*** Naturkatastrophe *f.*; ***teoria delle -i*** Katastrophentheorie *f.* **ca|ta|stro|fi|co** agg. *(-ci,-che)* **1** katastrophal, verhängnisvoll **2** *(distruttivo)* vernichtend. **ca|ta|stro|fi|smo** m. Katastrophentheorie *f.*

ca|ta|to|ni|a f. Katatonie *f.* **ca|ta|to|ni|co** agg. *(-ci,-che)* katatonisch.

catch [kætʃ] m.inv. catch *n.*; ***praticare il ~*** catchen.

ca|te|che|si f. Katechese *f.* **ca|te|che|ta** m. e f. *(-i,-e)* Katechet *m.* (-in *f.*). **ca|te|che|ti|ca** f. Katechetik *f.* **ca|te|chi|smo** m. **1** Katechese *f.* **2** *(libro)* Katechismus *m.* **3** ESTENS. Indoktrination *f.* **ca|te|chi|sta** m. e f. *(-i,-e)* Katechet *m.* (-in *f.*). **ca|te|chi|sti|co** agg. *(-ci,-che)* **1** katechetisch **2** ESTENS. doktrinär: ***insegnamento ~*** doktrinärer Unterricht. **ca|te|chiz|za|re** tr. **1** katechisieren **2** ESTENS. indoktrinieren.

ca|te|cu|me|na|to m. Katechumenat *n.* e *m.* **ca|te|cu|me|no** m. Katechumene *m.*

ca|te|go|ri|a f. **1** Kategorie *f.* (anche FILOS.): ***appartenere a, rientrare in una determinata ~*** zu einer bestimmten Kategorie gehören, unter eine bestimmte Kategorie fallen; ***~ di pensiero*** Denkkategorie *f.* **2a** Klasse *f.*: ***avere la patente di ~ B*** Führerschein Klasse II haben **b** *(di merce)* Handelsklasse *f.*, Güteklasse *f.*: ***uova di ~ A*** Eier Handelsklasse A **3a** SPORT Spielklasse *f.*, Klasse *f.*: ***~ juniores, seniores*** Klasse der Junioren, der Senioren (*o* Seniorenklasse *f.*); ***passare alla ~ superiore*** in die nächste Klasse auf‿steigen **b** *(nel pugilato)* ***~ (di peso)*** Gewichtsklasse *f.* **4** *(professionale)* Stand *m.*: ***~ degli avvocati, dei medici*** Berufsstand der Rechtsanwälte, Ärztestand *m.* ◆ ***associazione di ~*** Berufsverband *m.*, Berufsorganisation *f.*; ***contratto di ~*** Tarifvertrag *m.* einer Berufsgruppe; ***~ contributiva*** Beitragsklasse *f.*; ***~ grammaticale*** Wortart *f.*; ***~ di prezzo*** Preisklasse *f.*; ***di prima ~*** erstklassig; ***~ professionale*** Berufsstand *m.*, Berufsgruppe *f.*; ***rappresentanza di ~*** Standesvertretung *f.*; ***~ salariale, dei salariati*** Tarifgruppe *f.*, Lohngruppe *f.*; ***di seconda ~*** zweitklassig; ***sindacato di ~*** Berufsverband *m.* **ca|te|go|ria|le** agg. kategorial.

ca|te|go|ri|ca|men|te avv. kategorisch: ***rifiutare qcs. ~*** etw. kategorisch ab‿lehnen. **ca|te|go|ri|ci|tà** f. kategorischer Charakter *m.*, Unbedingtheit *f.* **ca|te|go|ri|co** agg. *(-ci,-che)* kategorisch, entschieden: ***imperativo ~*** kategorischer Imperativ; ***giudizio ~*** kategorisches Urteil; ***rifiuto, ordine ~*** entschiedene Ablehnung, kategorischer Befehl. **ca|te|go|riz|za|re** tr. kategorisieren.

ca|te|na f. **1a** Kette *f.* (anche CHIM.): ***legare il cane alla ~*** den Hund an die Kette legen; ***mettere qcn. in -e*** jdn in Ketten legen; ***liberare qcn. dalle -e*** jdn los‿ketten; ***mettere la ~ alla porta*** die Kette an der Tür vor‿legen; ***~ della bicicletta*** Fahrradkette *f.* **b** *(di persone)* ***formare una ~*** eine Kette bilden **c** *(gruppo di imprese o aziende)* ***~ di negozi, di alberghi*** Ladenkette *f.*, Hotelkette *f.* **d** *(successione)* ***una ~ di eventi*** eine Kette von Ereignissen; ***incidenti a ~*** Serienunfälle *pl.* **2** FIG. *(legame)* Kette *f.*, Fessel *f.*: ***rompere, spezzare le -e*** die Ketten sprengen, zerreißen; ***liberarsi dalle -e*** sich aus (*o* von) den Fesseln befreien **3** *(da neve)* Schneekette *f.*: ***mettere, togliere le -e*** die Schneeketten auf‿ziehen, ab‿nehmen **4** EDIL. Anker *m.*, Balken *m.* **5** GEOGR. *(di montagne)* Bergkette *f.* **6** INFORM. Kette *f.* ◆ ***~ alimentare*** Nahrungskette *f.*; MECC. ***~ di distribuzione*** Kettenantrieb *m.*; *(di un prodotto)* Vertriebsnetz *n.*; ***~ del freddo*** Gefrierkette *f.*, Kühlkette *f.*; ***~ di montaggio*** Fließband *n.*; ***~ montuosa*** Bergkette *f.*; ***~ da neve*** Schneekette *f.*; ***reazione a ~*** Kettenreaktion *f.*; ***~ di Sant'Antonio*** Kettenbrief *m.*; MECC. ***trasmissione a ~*** Kettenantrieb *m.*; ***~ umana*** Menschenkette *f.*

ca|te|nac|cio m. *(-ci)* **1** Riegel *m.*: ***mettere il ~ alla porta*** den Riegel an der Tür vor‿legen (*o* vor‿schieben); ***~ della porta*** Türriegel *m.*; ***chiudere col ~*** verriegeln, zu‿riegeln; ***levare il ~*** entriegeln **2** SPORT Catenaccio *m.*; ***fare (il) ~*** mauern.

ca|te|na|ria f. Seillinie *f.*

ca|te|nel|la f. **1** *(piccola catena)* Kettchen *n.* **2** *(all'uncinetto)* Luftmasche *f.* **3** *(nel ricamo)* ***punto (a) ~*** Kettenstich *m.*

ca|te|ni|na f. Kettchen *n.*, Halskette *f.*: ***una ~ d'oro*** eine goldene Halskette; ***portare una ~ al collo*** ein Kettchen um den Hals tragen.

ca|te|rat|ta f. **1** *(chiusa)* Schleuse *f.*: ***aprire (alzare), chiudere (abbassare) le -e*** die Schleusen öffnen, schließen; FIG. ***si aprirono le -e del cielo*** die Schleusen des Himmels öffneten sich **2** *(in un fiume)* Stromschnelle *f.*, Katarakt *m.* **3** MED. (grauer) Star *m.*, Katarakt(a) *f.*: ***operare qcn. di ~*** jdn am grauen Star operieren.

Ca|te|ri|na n.pr.f. Katherine (*o* Katharine) *f.*, Kathrin *f.*, Kät(h)chen *n.*

ca|ter|va f. Haufen *m.*, Menge *f.*: ***una ~ di gente*** ein Haufen Leute.

ca|te|te|re m. Katheter *m.* **ca|te|te|riz|za|re** tr. katheterisieren.

ca|te|to m. Kathete *f.*: ***i -i di un triangolo rettangolo*** die Katheten eines rechtwinkligen Dreiecks.

ca|ti|nel|la f. Waschschüssel *f.* ◆ ***piove a -e*** es gießt wie aus, mit Eimern (*o* Kannen, Schleusen), es regnet in Strömen; PROV. ***cielo a pecorelle, acqua a -e*** = auf Schäfchenwolken folgt Regen. **ca|ti|no** m. **1** Schüssel *f.*, Becken *n.*: ***un ~ d'acqua*** eine Schüssel Wasser **2** ARCH. Halbkuppel *f.* **3** GEOGR. *(depressione del terreno)* Mulde *f.*

ca|tio|ne m. Kation *n.* **ca|to|di|co** agg. *(-ci,-che)* kathodisch, Kathoden-: ***raggio ~*** Kathodenstrahl *m.* ◆ TELEV. ***tubo ~*** Bildröhre *f.*

ca|to|do m. Kathode f.

Ca|to|ne n.pr.m. Cato *m.* **ca|to|nia|no** agg. **1** katonisch **2** FIG. unerbittlich, sittenstreng.

ca|tor|cio m. *(-ci)* SCHERZ. **1** *(di auto)* Karre *f.*, Klapperkiste *f.*, Rostlaube *f.* **2** *(di persone)* = kränklicher Mensch *m.*

ca|tot|tri|co agg. *(-ci,-che)* Spiegel-: ***telescopio ~*** Spiegelfernrohr *n.*

ca|tra|ma|re tr. teeren, mit Teer bestreichen: ***~ una strada*** eine Straße teeren. **ca|tra|ma|to** p.pass. agg. **1** → **teeren** **2** Teer-, teerig: ***cartone ~*** Teerpappe *f.* **ca|tra|ma|tri|ce** f. Teermaschine *f.* **ca|tra|ma|tu|ra** f. Teerung *f.*, Teeren *n.* **ca|tra|me** m. Teer *m.* **ca|tra|mo|so** agg. teerhaltig, teerig.

cat|te|dra f. **1** Katheder *m.* e *n.*, Pult *n.*: ***andare alla ~*** ans, hinter das Pult treten **2a** *(insegnamento)* Lehrstuhl *m.*; *(all'università)* Professur *f.*, Dozentur *f.*: ***una ~ vacante*** ein vakanter Lehrstuhl; ***avere, ottenere (vincere) una ~ ~*** einen Lehrstuhl inne‿haben, erhalten; ***essere titolare della ~ di storia*** den Lehrstuhl für Geschichte inne‿haben **b** *(ufficio)* Lehramt *n.* **3** *(seggio)* Stuhl *m.*: ***~ vescovile*** bischöflicher Stuhl ◆ ***concorso a -e*** Bewerbungsprüfung für einen Lehrstuhl; ***montare, salire in ~*** dozieren; ***la ~ di (San) Pietro*** der Stuhl Petri.

cat|te|dra|le I agg. **1** Dom-: ***canonico ~*** Domherr *m.*, Stiftsherr *m.*; ***chiesa ~*** Dom *m.* **2** ***vetro ~*** Kathedralglas *n.* **II** f. Kathedrale *f.*, Dom *m.*: ***una ~ gotica*** eine gotische Kathedrale ◆ ***una ~ nel deserto*** = eine Kathedrale in der Wüste.

cat|te|dra|ti|ca|men|te avv. SPREG. dozierend, lehrhaft. **cat|te|dra|ti|co I** agg. *(-ci,-che)* **1** professoral **2** FIG. SPREG. dozierend: ***in tono ~*** in dozierendem Ton (*o* im Kanzelton) **II** m. *(-ci)* Lehrstuhlinhaber *m.*, Professor *m.*

cat|ti|var|si pronom. ANT. für sich gewinnen, sich erwerben.

cat|ti|ve|ria f. Bosheit *f.*, Boshaftigkeit *f.*, Schlechtigkeit *f.*: ***fare qcs. per pura ~*** etw. aus reiner (*o* lauter) Bosheit tun; *(espressione, azione)* ***dire -e a qcn.*** jdm Bosheiten sagen; ***fare delle -e a qcn.*** zu jdm böse sein; ***con ~*** böse.

cat|ti|vi|tà f. Gefangenschaft *f.*: ***tenere animali in ~*** Tiere in Gefangenschaft halten ◆ ***~ babilonese*** babylonische Gefangenschaft.

cat|ti|vo I agg. (compar. *più cattivo/peggiore;* superl. *cattivissimo/pessimo*) **1** *(malvagio, maligno)* böse, boshaft: ***essere ~ con qcn.*** zu jdm böse sein; ***un'azione -a*** eine böse Tat; ***con intenzione -a*** in boshafter (*o* böser) Absicht; ***un ~ soggetto*** ein übles Subjekt **2a** *(brutto)* schlecht: ***in ~ stato*** in schlechtem Zustand; ***una -a abitudine*** eine schlechte Angewohnheit; ***non è una -a idea*** (das ist) keine schlechte Idee; ***dare il ~ esempio*** ein schlechtes Beispiel geben; ***-i pensieri*** schlechte (*o* schlimme) Gedanken; ***-e maniere*** schlechtes Benehmen **b** *(sfavorevole)* ***fare una -a impressione*** einen schlechten Eindruck machen; ***avere una -a opinione di qcn.*** von jdm eine schlechte Meinung haben; ***avere una -a fama*** einen schlechten (*o* üblen) Ruf haben; ***la -a stagione*** die schlechte Jahreszeit **c** *(svantaggioso)* ***fare un ~ affare*** ein schlechtes Geschäft machen **d** *(scorretto)* ***parlare un ~ inglese*** schlechtes Englisch sprechen **e** *(incapace)* ***un ~ scolaro, operaio, insegnante*** ein schlechter Schüler, Arbeiter, Lehrer **f** *(di cattiva qualità, scadente)* ***-a merce*** schlechte Ware; ***il cibo è ~*** das Essen schmeckt schlecht; ***un vino ~*** ein schlechter Wein **g** COLLOQ. *(guasto)* ***il latte è ~*** die Milch ist schlecht **3a** *(spiacevole)* schlecht, übel, schlimm: ***-e notizie*** schlechte Nachrichten; ***un ~ segno*** ein schlechtes Zeichen **b** *(sgradevole)* schlecht, übel: ***un ~ odore, sapore (gusto)*** ein übler Geruch, Geschmack; ***avere un ~ odore, sapore*** schlecht (*o* übel) riechen, schmecken **4** *(disubbidiente)* ungezogen, unartig: ***bambini -i*** ungezogene Kinder **II** m. Böse *m.*, böser Mensch *m.* ◆ ***alito ~*** unreiner Atem; ***-a amministrazione*** Misswirtschaft *f.*; ***con le buone o con le -e*** wenn nicht im Guten, dann im Bösen; ***-e compagnie*** schlechter Umgang; ***-a digestione*** schlechte Verdauung; ***fare il ~*** böse sein; ***in -a fede*** böswillig; ***~ funzionamento*** mangelhaftes Funktionieren; ***-a gestione*** Missmanagement *n.*; ***fare buon viso a ~ gioco*** gute Miene zum bösen Spiel machen; ***di ~ gusto*** geschmacklos; ***finire in -e mani*** in schlechte Hände geraten; ***fare la parte del ~*** die Rolle des Böses übernehmen; ***di -a qualità*** schlecht, minderwertig; ***essere in -i rapporti con qcn.*** mit jdm schlecht stehen; ***-a sorte*** Unglück *n.*; ***nella buona e nella -a sorte*** in guten und schlechten Zeiten; ***essere nato sotto una -a stella*** unter keinem günstigen Stern geboren sein; ***essere sulla -a strada*** auf Abwegen sein; ***la strega -a*** die böse Hexe; ***~ tempo*** schlechtes Wetter (*o* Schlechtwetter *n.*); ***~ umore*** schlechte Laune, Missmut *m.*; ***essere di ~ umore*** schlechte Laune haben (*o* schlechter Laune sein), missmutig sein.

cat|to|li|ce|si|mo m. **1** Katholizismus *m.* **2** *(insieme dei cattolici)* (Gesamtheit *f.* der) Katholiken *m.pl.* **cat|to|li|ci|tà** f. **1** Katholizität *f.* **2** *(insieme dei cattolici)* (Gesamtheit *f.* der) Katholiken *m.pl.* **cat|to|li|ciz|za|re** tr. katholisieren.

cat|to|li|co I agg. *(-ci,-che)* katholisch: ***la chiesa, religione -a*** die katholische Kirche, Religion; ***stampa -a*** katholische Presse; ***~ romano*** römisch-katholisch **II** m. *(-ci)* Katholik *m.*

cat|tu|ra f. **1a** Ergreifung *f.*, Gefangennahme *f.* **b** *(di animali)* Fang *m.* **2** FIS. Einfang *m.* **3** MAR. Aufbringung *f.*, Kapern *n.* ◆ ***mandato, ordine di ~*** Haftbefehl *m.*

cat|tu|ra|re tr. **1a** ergreifen, fangen; *(fare prigioniero)* gefangen nehmen **b** *(animali)* fangen, ein‿fangen **2** FIS. ein‿fangen: ***~ radiazioni*** Strahlungen einfangen; FIG. ***~ immagini (con la telecamera)*** Bilder (mit der Kamera) einfangen **3** FIG. *(attirare, conquistare)* auf sich ziehen, fesseln: ***~ l'attenzione degli ascoltatori*** die Aufmerksamkeit der Hörer auf sich ziehen; ***uno sguardo che cattura*** ein fesselnder Blick **4** MAR. auf‿bringen.

Ca|tul|lo n.pr.m. Catullus *m.*

cau|ca|si|co I agg. *(-ci,-che)* kaukasisch **II** m. *(-ci)* Kaukasier *m.* **Cau|ca|sia** n.pr.f. Kaukasien *n.* **Cau|ca|so** n.pr.m. Kaukasus *m.*

cauc|ciù m.inv. Kautschuk *m.*; ***albero del ~*** Kautschukbaum *m.*

cau|da|le agg. Schwanz-, kaudal: ***pinna ~*** Schwanzflosse *f.* **cau|da|ti** m.pl. Schwanzlurche *pl.*, Molche *pl.* **cau|da|to** agg. geschwänzt, geschweift.

cau|di|no agg. ***forche -e*** kaudinisches Joch.

cau|le m. Stengel *m.* **cau|li|flo|ro** agg. kauliflor.

cau|ri m. Kauri *m.* e *f.*

cau|sa f. **1** Ursache *f.*; *(motivo)* Grund *m.*: ***la ~ della malattia, di un incidente*** die Ursache der Krankheit, eines Unfalls; ***~ ed effetto*** Ursache und Wirkung; ***(ri)cercare, trovare, chiarire, stabilire la ~ di qcs.*** den Grund zu, für etw. erforschen, finden, erklären, fest‿stellen; ***essere ~ di qcs.*** die Ursache für etw. sein, etw. verursachen (*o* bewirken) **2** DIR. *(controversia)* Rechtssache *f.*, Prozess *m.*, Klage *f.*: ***vincere, perdere una ~*** einen Prozess gewinnen, verlieren; ***fare, muovere ~ a, contro qcn.*** gegen jdn einen Prozess anhängig machen, gegen jdn prozessieren; ***intentare una ~ contro qcn.*** einen Prozess gegen jdn an‿strengen, ein‿leiten; ***una ~ pendente*** eine anhängige, schwebende Sache; ***nella ~ Rossi contro Bianchi*** in Sachen Rossi gegen Bianchi; ***discutere una ~*** eine Rechtssache erörtern **3a** FIG. *(ideale)* Sache *f.*: ***lottare per una ~ giusta*** für eine gerechte Sache kämpfen; ***la ~ della libertà*** die Sache der Freiheit **b** *(diritti)* ***la ~ degli oppressi*** die Sache der Unterdrückten; ***abbracciare, sposare la ~ di qcn., qcs.*** für jds Sache, für die Sache von etw. ein‿treten; ***difendere, tradire la ~ di qcn.*** jds Sache vertreten (*o* verteidigen), verraten ◆ ***a ~ di qcs.*** wegen, aufgrund, auf Grund etw. (G); ***a ~ mia, tua*** meinetwegen, deinetwegen; ***chiamare in ~ qcn.*** jdn hinzu‿ziehen, auf den Plan rufen; ***~ civile*** Zivilsache *f.*; ***con cognizione di ~*** in Kenntnis der Umstände; ***complemento di ~*** Kausalangabe *f.*; ***fare ~ comune (con qcn.)*** (mit jdm) gemeinsame Sache machen; ***~ efficiente*** Wirkungsursache *f.*; ***complemento di ~ efficiente*** Agens *n.*; ***~ finale*** Endursache *f.*; ***per ~ di forza maggiore*** wegen höherer Gewalt; ***parte in ~*** Prozessbeteiligte *m.* e *f.*, Prozesspartei *f.*; FIG. ***essere parte in ~*** der Betroffene sein; ***~ penale*** Strafsache *f.*; ***perorare una ~*** eine Sache vertreten; ***una ~ persa*** eine verlorene Sache; FILOS. ***~ prima*** Urgrund *m.*; ***per ~ propria*** in eigener Sache; PROV. ***chi è ~ del suo mal pianga se stesso*** = wer schuld am eigenen Leid ist, muss sich selbst beweinen.

cau|sa|le I agg. ursächlich, kausal, Kausal-: ***nesso ~*** ursächlicher (*o* kausaler) Zusammenhang, Kausalnexus *m.*; GRAMM. ***congiunzione ~*** kausale Konjunktion, Kausalkonjunktion *f.*; ***proposizione ~*** Kausalsatz *m.* **II** f. **1** BUROCR. ***~ di, del versamento*** Zahlungszweck *m.* **2** GRAMM. Kausalsatz *m.* **cau|sa|li|tà** f. Ursächlichkeit *f.*, Kausalität *f.* ◆ ***rapporto di ~*** Kausalbeziehung *f.*; ***principio di ~*** Kausalprinzip *n.* **cau|sal|men|te** avv. ursächlich.

cau|sa|re tr. verursachen, bewirken: ***~ danni*** Schaden verursachen.

cau|sa|ti|vo agg. kausativ, Kausativ-, Veranlassungs-; ***verbo ~*** Kausativ *n.*, Veranlassungsverb *n.*

cau|si|di|co m. *(-ci)* **1** ANT. Winkeladvokat *m.* **2** SPREG. = Haarspalter *m.*

cau|sti|ci|tà f. **1** ätzende Wirkung *f.* **2** FIG. Schärfe *f.*, Bissigkeit *f.* **cau|sti|ca** f. Kaustik *f.* **cau|sti|co I** agg. *(-ci,-che)* kaustisch, ätzend, Ätz-: ***soda -a*** Ätznatron *n.*, kaustische (*o* kaustisches) Soda; FIG. ***una battuta -a*** ein kaustischer (*o* beißender) Witz **II** m. *(-ci)* Kaustikum *n.*, Ätzmittel *n.*

cau|ta|men|te avv. vorsichtig, behutsam, umsichtig.

cau|te|la f. **1** Vorsicht *f.*, Umsicht *f.*: ***agire con ~*** vorsichtig handeln (*o* Vorsicht üben); ***con la dovuta, con estrema ~*** mit der gebotenen, mit äußerster Vorsicht **2** pl. *(precauzioni)* Vorsorge *f.*: ***prendere le -e necessarie*** die nötige Vorsorge treffen.

1.cau|te|la|re agg. Vorsichts-: ***provvedimenti -i*** Vorsichtsmaßnahmen *pl.* ◆ DIR. ***custodia ~*** Untersuchungshaft *f.*

2.cau|te|la|re I tr. wahren, schützen: ***~ gl'interessi di qcn.*** jds Interesse wahren **II** pronom. ***-rsi contro qcn., qcs.*** sich gegen jdn, etw. (*o* vor jdm, etw.) sichern, sich vor jdm, etw. vor‿sehen.

cau|te|la|ti|vo agg. Vorsichts-: ***misura -a*** Vorsichtsmaßnahme *f.*, Vorsichtsmaßregel *f.*

cau|te|rio m. *(-ri)* Kauter *m.*, Kauterium *n.* **cau|te|riz|za|re** tr. kauterisieren, ätzen: ***~ una ferita*** eine Wunde kauterisieren. **cau|te|riz|za|zio|ne** f. Kauterisation *f.*, Ätzung *f.*

cau|to agg. vorsichtig, behutsam, umsichtig: ***andar, andarci ~*** vorsichtig vor‿gehen, Vorsicht üben; ***~ riserbo*** vorsichtige Zurückhaltung.

cau|zio|na|le agg. Kautions- ◆ ***deposito ~*** Pfandhinterlegung *f.*; ***ipoteca ~*** Sicherungshypothek *f.*

cau|zio|ne f. Kaution *f.*, Bürgschaft *f.*, Pfand *n.*: ***pagare, versare, depositare una ~*** eine Kaution zahlen, stellen (*o* leisten), hinter‿legen; ***dover pagare tre mesi d'affitto come ~*** drei Monatsmieten Kaution zahlen müssen; ***su ~*** gegen Hinterlegung einer Kaution; ***essere liberato su ~*** gegen Zahlung einer Kaution freikommen; ***rilascio su ~*** Freilassung gegen Kaution ◆ ***~ doganale*** Zollbürgschaft *f.*; ***restituzione di una ~*** Pfandrückgabe *f.*

Cav. ⇒ *Cavaliere* (Träger eines Verdienstordens).

ca|va f. Grube *f.*, Bruch *m.*: ***~ di ghiaia, d'argilla*** Kies-, Lehmgrube *f.*; ***~ di marmo, di pietra*** Marmor-, Steinbruch *m.*

ca|va|chio|di m.inv. Nageleisen *n.*, Geißfuß *m.*

ca|va|den|ti m. SCHERZ. o SPREG. Zahnklempner *m.*

ca|val|ca|re *(cavalco, cavalchi)* **I** tr. **1** reiten: ***~ un cavallo*** ein Pferd reiten, auf einem Pferd reiten **2a** ESTENS. *(stare a cavalcioni)* reiten **b** ***il ponte cavalca il fiume*** die Brücke überspannt den Fluss **c** FIG. ***~ una crisi, una situazione*** eine Krise, Situation zu meistern versuchen **II** intr. (aus. *avere*) reiten: ***~ al galoppo, al passo, al trotto, all'amazzone*** im Galopp, im Schritt, im Trab, im Damensitz reiten; ***~ senza sella, a bisdosso, a bardosso*** ohne Sattel reiten ◆ FIG. ***~ la tigre*** = etw. fast Unmögliches bewältigen.

ca|val|ca|ta f. Ritt *m.*, Spazierritt *m.*, Ausritt *m.*: ***una ~ in campagna*** ein Geländeritt *m.*

ca|val|ca|tu|ra f. Reittier *n.*

ca|val|ca|vi|a m.inv. Überführung *f.*, Übergang *m.*; *(su ferrovia)* Eisenbahnüberführung *f.*; *(su strada)* Straßenüberführung *f.*

ca|val|cio|ni, ***a ~*** rittlings; ***il bambino sta a ~ sulle sue ginocchia*** das Kind reitet auf seinen Knien; ***posizione (a) ~*** Reitsitz *m.*

ca|va|lie|ra|to m. Ritterwürde *f.*, Ritterschaft *f.*

ca|va|lie|re m. **1** Reiter *m.* **2** STOR. Ritter *m.*: ***fare, creare, armare qcn. ~*** jdn zum Ritter schlagen **3a** *(uomo galante)* Kavalier *m.*: ***fare il ~*** den Kavalier spielen **b** ANT. o SCHERZ. *(accompagnatore)* Kavalier *m.* **c** *(nel ballo)* Herr *m.* **4** *(onorificenza)* Cavaliere *m.* **5** *(della bilancia)* Reiter *m.* ◆ ***i quattro -i dell'Apocalisse*** die Apokalyptischen Reiter; ***di, da ~*** reiterlich; *(cortese)* ritterlich; ***~ errante*** fahrender Ritter; ***~ dell'ordine della giarrettiera*** Ritter des Hosenbandordens; ***~ d'industria*** Hochstapler *m.*; ***un ~ senza macchia e senza paura*** ein Ritter ohne Furcht und Tadel; ***~ di Malta*** Malteserritter *m.*; ***senza ~*** reiterlos; ***cavalier servente*** Cicisbeo *m.* (im 18. Jh.); ***i -i della Tavola Rotonda*** König Artus' Tafelrunde *f.*; ***~ teutonico*** Deutschordensritter *m.*; ***~ di ventura*** → ***~ errante***.

ca|va|lie|ri|no m. **1** *(della bilancia)* Reiter *m.*, Laufgewicht *n.* **2** *(dello schedario)* Kartenreiter *m.*, Reiter *m.*

ca|va|lla f. Stute *f.* **ca|val|la|io** m. *(-ai)* **1** Pferdehirt *m.* **2** *(mercante)* Pferdehändler *m.* **ca|val|leg|ge|ro** m. Soldat *m.* der leichten Kavallerie.

ca|val|le|re|sca|men|te avv. ritterlich (anche FIG.). **ca|val|le|re|sco** agg. *(-schi,-sche)* **1** ritterlich, Ritter-: ***ideali -schi*** ritterliche Ideale; ***poesia -a*** Ritterdichtung *f.*; ***poema ~*** Ritterepos *n.*; ***dramma ~*** Ritterdrama *n.*; ***romanzo ~*** Ritterroman *m.*; ***ordine ~*** Ritterorden *m.*; ***epoca -a*** Ritterzeit *f.* **2** *(da gentiluomo)* kavalier(s)-mäßig, ritterlich: ***contegno ~*** ritterliches Benehmen.

ca|val|le|ri|a f. **1** Kavallerie *f.*, Reiterei *f.*: ***~ leggera, pesante*** leichte, schwere Kavallerie; ***essere in ~*** bei der Kavallerie sein **2** *(istituzione feudale)* Rittertum *n.*, Ritterwesen *n.* **3** *(modi cortesi e galanti)* Ritterlichkeit *f.* ◆ ***attacco di ~*** Reiterangriff *m.*; ***carica di ~*** Kavallerieangriff *m.*; ***reggimento di ~*** Kavallerieregiment *n.*, Reiterregiment *n.*; ***soldato di ~*** Kavallerist *m.*; ***squadrone di ~*** Kavallerieschwadron *f.*

ca|val|le|riz|za f. Reitbahn *f.* ◆ ***~ spagnola*** spanische Reitschule. **ca|val|le|riz|zo** m. **1** Reiter *m.*; *(acrobata)* Kunstreiter *m.* **2** *(maestro di equitazione)* Reitlehrer *m.* ◆ ***calzoni alla -a*** Reithose *f.*; ***stivali da ~*** Reitstiefel *pl.*; ***tenuta da ~*** Reitdress *m.*

ca|val|let|ta f. **1** Heuschrecke *f.*, Grashüpfer *m.*: ***uno sciame di -e*** ein Heuschreckenschwarm *m.* **2** FIG. Gierhals *m.*; ***siete peggio delle -e!*** ihr seid schlimmer als eine Heuschreckenplage!

ca|val|let|to m. **1** Bock *m.*: ***~ per segare*** Sägebock *m.* **2** *(da pittore)* Staffelei *f.*, Malstaffel *f.* **3** FOT. CINEM. Stativ *n.* **4** *(di funivie, sciovie)* Stützpfeiler *m.* **5** STOR. Folterbank *f.* ◆ ***~ ribaltabile*** Kippständer *m.*

ca|val|li|na f. **1** junge Stute *f.* **2** GINN. Bock *m.*: ***salto della ~*** Bockspringen *n.*, Bocksprung *m.* ◆ ***correre la -a*** in Saus und Braus leben.

ca|val|li|no **I** agg. Pferde-: ***mosca, sanguisuga -a*** Pferdebremse *f.* (*o* Pferdefliege *f.*), Pferdeegel *m.*; FIG. ***faccia, dentatura -a*** Pferdegesicht *n.*, Pferdegebiss *n.* **II** m. **1** Pferdchen *n.*, Rösschen *n.* **2** *(cavallo a dondolo)* Schaukelpferd *n.* ◆ COLLOQ. ***tosse -a*** Keuchhusten *m.*

ca|val|lo m. **1** Pferd *n.* (anche GINN.): ***~ da corsa, sella, tiro*** Renn-, Reit-, Zugpferd *n.*; ***il ~ va al passo, trotta, galoppa*** das Pferd geht, trabt, galoppiert; ***andare, montare a ~*** reiten (*o* ein Pferd zu‿reiten), sich aufs Pferd schwingen (*o* aufs Pferd steigen); ***allevare, tenere -i*** Pferde züchten, halten; ***abbeverare, strigliare, sellare i -i*** die Pferde tränken, striegeln, satteln; ***attaccare, staccare i -i*** Pferde an‿spannen, aus‿spannen; ***aiutare qcn. a salire a ~*** jdm aufs Pferd helfen; ***cadere da ~*** vom Pferd stürzen; ***azzoppare il ~*** das Pferd lahm reiten; ***sfiancare il ~*** das Pferd müde, zuschanden reiten; GINN. ***saltare il ~*** übers Pferd springen; ***esercitarsi al ~*** am Pferd turnen; ***esercizi al ~*** Übungen am Pferd **2** *(di scacchi)* Springer *m.*, Pferd *n.*, Rössel *n.* **3** *(nei tarocchi)* Kaval *m.* **4** *(di pantaloni)* Schritt *m.* **5** *(cavallo vapore)* Pferdestärke *f.*, Pferdekraft *f.*: ***un motore da 50 -i*** ein Motor mit 50 Pferdestärken ◆ ***a ~ di*** *(a cavalcioni)* rittlings auf; ***a ~ del secolo*** um die Jahrhundertwende; FIG. ***~ di battaglia*** Stärke *f.*; *(di artista)* Glanznummer *f.*, Bravourstück *n.*; ***~ bianco*** Schimmel *m.*; ***coda del ~*** Pferdeschwanz *m.*, Pferdeschweif *m.*; *(acconciatura)* ***coda di ~*** Pferdeschwanz *m.*; BOT. *(equiseto)* Schachtelhalm *m.*; ***dose, febbre da ~*** = starke Dosis *f.*, hohes Fieber *n.*; ***~ a dondolo*** Schaukelpferd *n.*; FIG. ***essere a ~*** über den Berg sein; ***ferro di ~*** Hufeisen *n.*; ***andare col caval di San Francesco*** auf Schusters Rappen reisen; ***~ di Frisia*** spanischer Reiter *m.*; ***~ pezzato*** Rappschimmel *m.*; ***puntare sul ~ perdente*** aufs falsche Pferd setzen; FIG. ***~ di razza*** Koryphäe *f.*, Spezialist *m.* (auf seinem Gebiet); ***~ sauro*** Fuchs *m.*; ***~ di Troia*** Trojanisches Pferd; FIG. Danaergeschenk *n.*; ***~ vapore*** Pferdestärke *f.*; PROV. ***a caval donato non si guarda in bocca*** einem geschenkten Gaul schaut man nicht ins Maul; ***campa caval che l'erba cresce*** = da kannst du lange warten.

ca|val|lo|na f. SCHERZ. Walküre *f.*, Trampel *m.*

ca|val|lo|ne m. **1** Brecher *m.*, Sturzsee *f.*, Roller *m.* **2** SCHERZ. *(persona irruente, sgraziata)* = grobschlächtiger Mensch *m.*, Elefant *m.* im Porzellanladen.

ca|val|luc|cio m. *(-ci)* **1** Pferdchen *n.* **2** ***~ marino*** Seepferd *n.*, Seepferdchen *n.* **3** ***~ di legno*** Steckenpferd *n.* ◆ ***farsi portare a ~*** auf jds Schultern reiten; ***portare qcn. a ~*** jdn Huckepack tragen.

ca|va|pie|tre m.inv. Steinbrucharbeiter *m.*, Steinbrecher *m.*

ca|va|re **I** tr. **1a** *(estrarre)* heraus‿holen, heraus‿nehmen, heraus‿ziehen **b** *(patate)* heraus‿hacken **c** *(dente)* ziehen, reißen **d** *(marmo, pietra)* heraus‿brechen, heraus‿hauen **e** *(liquidi)* ab‿zapfen **2** *(levare)* ab‿nehmen, weg‿nehmen **II** pronom. **cavarsi** **1** sich heraus‿ziehen **2** *(indumenti)* aus‿ziehen **3** ab‿nehmen: ***-rsi il cappello*** den Hut abnehmen **4** **cavarsela** davon‿kommen, sich behelfen: ***-rsela a buon mercato, con un bello spavento*** glimpflich, mit dem Schrecken davonkommen; ***-rsela con 1500 DM al mese*** mit 1500 DM im Monat durchkommen; ***-rsela per il rotto della cuffia*** mit einem blauen Auge davonkommen; ***saper -rsela da solo*** sich (D) allein zu helfen wissen; ***come te la cavi con l'inglese?*** wie steht's mit deinem Englisch? wie kommst du mit Englisch zurecht? ◆ ***-rsi d'impaccio*** sich aus der Klemme ziehen; ***~ gli occhi a qcn.*** jdm die Augen aus‿kratzen; FIG. ***-rsi gli occhi*** sich (D) die Augen verderben; ***farsi ~ le parole di bocca*** sich (D) jedes Wort aus der Nase ziehen lassen; ***~ le parole di bocca a qcn.*** jdm jedes Wort aus der Nase ziehen; ***non riuscire a ~ una parola di bocca a qcn.*** aus jdm kein Wort heraus‿bekommen; ***cavar sangue da una rapa*** = etwas Unmögliches erreichen wollen; ***~ (il) sangue a qcn.*** jdm Blut ab‿ziehen; ***-rsi la voglia (di qcs.)*** seine Lust (auf etw.) befriedigen.

ca|vas|so m. ANT. Kawa *m.*, Kawasse *m.*

ca|va|sti|va|li m.inv. Stiefelknecht *m.*

ca|va|ta f. **1** Herausziehen *n.* **2** MUS. *(negli strumenti a corde)* Tonqualität *f.* ◆ ***~ di sangue*** Aderlass *m.*

ca|va|tap|pi m.inv. Korkenzieher *m.* ◆ ***riccioli a ~*** Korkenzieherlocken *pl.*; ***codino a ~*** Ringelschwänzchen *n.*

ca|va|ti|na f. MUS. Kavatine *f.*

ca|va|to|re m. Schürfer *m.*, Grubenarbeiter *m.*

ca|va|tu|rac|cio|li m.inv. → **cavatappi.**

ca|ve|a f. Zuschauerraum *m.*

ca|veau [ka'vo] m.inv. Tresorraum *m.*

ca|ve|da|no m. Döbel *m.*

ca|ve|dio m. *(-di)* **1** Innenhof *m.* **2** ARCHEOL. Atrium *n.*

ca|ver|na f. **1** Höhle *f.* **2** GEOL. MED. Kaverne *f.* **3** FIG. Loch *n.*: ***vivere in una ~*** in einem Loch hausen; ***avere una bocca (grande) come una ~*** einen Mund wie ein Scheunentor haben ◆ ***uomo delle -e*** Höhlenmensch *m.*

ca|ver|ni|co|lo **I** agg. Höhlen- **II** m. Höhlenmensch *m.*; FIG. Eigenbrötler *m.*

ca|ver|no|si|tà f.inv. **1** Hohlheit *f.* **2** MED. Hohlraum *m.* **ca|ver|no|so** agg. **1** reich an Höhlen **2** *(simile a caverna)* höhlenartig **3** FIG. *(cupo)* hohl, tief: ***una voce -a*** eine hohle Stimme **4** GEOL. MED. kavernös ◆ ANAT. ***corpo ~*** Schwellkörper *m.*

ca|vet|to m. Litze *f.*; ***~ di derivazione*** Ableitungsdraht *m.*

ca|vez|za f. Halfter *m.* e *n.*, Pferdeleine *f.*: ***mettere, togliere la ~ a un cavallo*** ein Pferd an‿halftern, ab‿halftern ◆ ***mettere la ~ al collo di qcn.*** jdn an die Leine legen.

ca|via f. **1** Versuchstier *n.* **2** Meerschweinchen *n.* **3** FIG. Versuchskaninchen *n.*: ***fare da ~ (per qcs.)*** das Versuchskaninchen (für etw.) spielen; ***usare qcn. come ~*** jdn als Versuchskaninchen benutzen.

ca|via|le m. Kaviar *m.*
ca|vic|chio m. *(-chi)* **1** Pflock *m.* **2** *(piantatoio)* Setzholz *n.*, Pflanzholz *n.*
ca|vi|glia f. **1** *(malleolo)* Knöchel *m.*, Fußknöchel *m.*; *(collo del piede)* Fessel *f.*: ***avere una ~ gonfia*** einen geschwollenen Knöchel haben; ***storcersi, fratturarsi la ~*** mit dem Fuß um‿knicken, sich den Knöchel verstauchen; *(di abito)* ***arrivare alle -e*** knöchellang sein **2** *(tassello)* Dübel *m.* **3** MAR. *(di cavi)* Dorn *m.*; *(di timone)* Steuergriff *m.* ◆ GINN. ***presa alla ~*** Fußfessel *f.* **ca|vi|glie|ra** f. **1** Fußgelenkbandage *f.*, Knöchelstützverband *m.* **2** MAR. Nagelbank *f.* **ca|vi|glie|re** m. MUS. Wirbelkasten *m.*
ca|vil|la|re intr. (aus. *avere*) deuteln: ***~ su qcs.*** an etw. deuteln; ***su questo non stiamo a ~*** daran gibt es nichts zu deuteln; ***~ sul significato delle parole*** Worte klauben. **ca|vil|la|to|re** m. Haarspalter *m.*, Rabulist *m.*, Wortklauber *m.*
ca|vil|lo m. Deutelei *f.*, Spitzfindigkeit *f.*, Haarspalterei *f.*: ***cercare -i*** Spitzfindigkeiten suchen; ***trovare un ~ legale*** einen juristischen Kniff finden. **ca|vil|lo|sa|men|te** avv. spitzfindig. **ca|vil|lo|si|tà** f.inv. Rabulistik *f.*, Spitzfindigkeit *f.*, Wortklauberei *f.* **ca|vil|lo|so** agg. haarspalterisch, rabulistisch, spitzfindig: ***persona -a*** Haarspalter *m.*; ***discorso ~*** Haarspalterei *f.*
ca|vi|tà f.inv. **1** Höhlung *f.*, Aushöhlung *f.* **2** *(parte cava)* Höhle *f.*, Hohlraum *m.*, Kammer *f.*, MED. Kavität *f.*: ***~ addominale, ascellare*** Bauchhöhle *f.*, Achselgrube *f.* (*o* Achselhöhle *f.*); ***~ cranica, dentaria, orale*** Schädel-, Zahn-, Mundhöhle *f.*; ***~ oculare, toracica, pelvica*** Augen-, Brust-, Beckenhöhle *f.*; ***~ rinofaringea*** Nasen-Rachen-Raum *m.*
ca|vi|ta|zio|ne f. TECN. Kavitation *f.*
1.ca|vo I agg. hohl, Hohl-: ***forma -a*** Hohlform *f.*; ***vena -a*** Hohlvene *f.* **II** m. Höhle *f.* (anche ANAT.): ***nel ~ della mano*** in der hohlen Hand; ***~ orale*** Mundhöhle *f.*
2.ca|vo m. **1** *(grossa fune)* Tau *n.*, Seil *n.*, Trosse *f.* **2** *(metallico)* Kabel *n.*: ***~ bipolare, tripolare*** zweiadriges, dreiadriges Kabel; ***collegare, posare un ~*** ein Kabel an‿schließen, verlegen ◆ ***~ d'acciaio*** Stahltrosse *f.*; ***~ coassiale*** Koaxialkabel *n.*; ***~ elettrico*** Stromkabel *n.*; ***~ in fibra ottica, di vetro*** Glasfaserkabel *n.*; ***~ sotterraneo, sottomarino*** Erdkabel *n.*, Seekabel *n.*; ***~ telefonico*** Fernsprechkabel *n.*; ***collegamento TV via ~*** Kabelanschluss *m.*; ***televisione via ~*** Kabelfernsehen *n.*; ***ricevere la TV via ~*** verkabelt sein.
ca|vo|la|ia f. **1** *(farfalla)* Kohlweißling *m.* **2** *(campo)* Kohlacker *m.*, Kohlfeld *n.*
ca|vo|la|ta f. **1** Kohlsuppe *f.* **2** COLLOQ. *(stupidaggine)* Kohl *m.*, Unsinn *m.*: ***non dire -e!*** rede doch keinen Unsinn!
ca|vol|fio|re m. Blumenkohl *m.*
ca|vo|li|no m. ***~ di Bruxelles*** Kohlsprosse *f.*, Rosenkohl *m.*
ca|vo|lo m. **1** Kohl *m.*, REGION. e AUSTR. Kraut *n.* **2** pl. *(casi, fatti)* Angelegenheiten *pl.*: ***farsi i -i propri*** sich um seine eigenen Angelegenheiten kümmern; ***pensare ai -i propri*** an seine eigenen Probleme, Sachen denken **3** INTER. *~!* verdammt! du meine Güte! ◆ ***~ bianco*** Weißkohl *m.*; ***~ di Bruxelles*** Rosenkohl *m.*; ***non ne capisce un ~*** er versteht einen Schmarren davon; ***~ cappuccio*** Kappes *m.*; ***~ cinese*** Chinakohl *m.*; COLLOQ. ***col ~!*** von wegen! ***col ~ che lo faccio!*** den Teufel werde ich tun! ***~ crespo*** Braunkohl *m.*; ***non fare un ~*** keinen Strich tun, machen; ***non me ne importa un ~*** das ist mir Wurst, darum schere ich mich den Teufel; ***involtino di ~*** Kohlroulade *f.*; ***c'entra come i -i a merenda*** das passt wie die Faust aufs Auge; ***(non) sono -i miei*** das ist (nicht) mein Bier; ***~ rapa*** Rübenkohl *m.*, Kohlrabi *m.*; ***~ riscaldato*** aufgewärmter Kohl; ***~ rosso*** Rotkohl *m.*, Rotkraut *n.*; COLLOQ. ***testa di ~*** Kohlkopf *m.*; ***non valere un ~*** nicht die Bohne wert sein; ***varietà di ~*** Kohlart *f.*; ***~ verde*** Grünkohl *m.*
caz|za f. **1** METALL. Tiegel *m.* **2** *(mestolo)* Schöpflöffel *m.*
caz|za|re tr. MAR. an‿holen, straffen.
caz|za|ta f. VOLG. Scheißdreck *m.*, Scheiß *m.*, Furz *m.*: ***non dire, fare -e!*** rede, mach keinen Scheiß! ***che ~!*** so ein Scheiß! ***per ogni ~ viene da me di corsa*** mit jedem Scheiß kommt er zu mir gelaufen; ***fare di una ~ un caso di stato*** aus einem Furz einen Donnerschlag machen.
caz|zeg|gia|re intr. (*cazzeggio, cazzeggi*; aus. *avere*) VOLG. **1** *(dire stupidaggini)* blödeln **2** *(gingillarsi)* = seine Zeit mit Unsinn verplempern.
caz|zia|to|ne m. COLLOQ. Standpauke *f.*, Anschiss *m.*: ***fare un ~ a qcn.*** jdm eine Standpauke halten.
caz|zo m. VOLG. **1** Schwanz *m.* **2** *(nulla, niente)* Furz *m.*: ***non ho fatto un ~ tutto il giorno*** ich habe den ganzen Tag keinen Furz getan **3** *(con uso interiettivo)* *~!* Scheiße! Mist! ◆ ***cacare il ~*** auf den Sack gehen; ***non ne capisci un ~!*** du verstehst einen Dreck davon! ***col ~! col ~ che lo faccio!*** einen Scheiß werde ich tun! ***ma che ~ fai?*** was für einen Scheiß machst du da? ***fatti i -i tuoi!*** kümmere dich um deinen eigenen Scheiß! ***non me ne frega un ~*** das ist mir scheißegal; ***che ~ te ne frega?*** was geht das dich an, du Arsch? ***(e) grazie al ~!*** wen nimmt's wunder? ***(qui) sono -i (amari, acidi)!*** jd steckt (bis zum Hals) in der Scheiße; ***stare sul ~ a qcn.*** jdm auf den Sack fallen; ***testa di ~*** Arsch *m.*, Arschloch *n.*; ***che ~ vuoi?*** was willst du, du Arsch?
caz|zo|ne m. VOLG. Arsch *m.*
caz|zot|ta|re → **scazzottare. caz|zot|ta|ta** → **scazzottata. caz|zot|ta|tu|ra** → **scazzottatura. caz|zot|to** m. COLLOQ. Faustschlag *m.* ◆ ***fare a -i con qcn.*** sich mit jdm schlagen (*o* prügeln).
caz|zuo|la f. Kelle *f.*, Maurerkelle *f.*
CB ⇒ *Banda Cittadina* CB-Funk.
cc ⇒ *centimetro cubo* Kubikzentimeter (ccm).
CC ⇒ **1** *Carabinieri* Karabinieri **2** *Carta Costituzionale* Verfassung (Verf.) **3** *Codice Civile* Bürgerliches Gesetzbuch (BGB) **4** *Codice di Commercio* Handelsgesetzbuch (HGB) **5** *Corte Costituzionale* Verfassungsgericht (VfG) **7** *Corte di Cassazione* Bundesgerichtshof (BGH) **8** *Corte dei Conti* Rechnungshof (RH).
c.c. ⇒ **1** COMM. *conto corrente* Girokonto (GK) **2** EL. *corrente continua* Gleichstrom (Glstr.).
c/c ⇒ *conto corrente* Girokonto (GK).
CCI ⇒ *Camera di Commercio Internazionale* Internationale Handelskammer (IHK).
CCIAA ⇒ *Camera di Commercio, Industria, Artigianato e Agricoltura* Kammer für Handel, Industrie, Handwerk und Landwirtschaft.
c.c.p. ⇒ *conto corrente postale* Postgirokonto (PGK).
CCT ⇒ *Certificato di Credito del Tesoro* Schatzanweisung.
CD m.inv. CD *f.*, CD-Platte *f.*: ***lettore (di) ~*** CD-Player *m.*
Cda *Consiglio di Amministrazione* Verwaltungsrat (Verw.-R., VerwR); *(di azienda privata)* Vorstand (Vorst.).
Cd'A ⇒ **1** *Corte d'Appello* Oberlandesgericht (OLG) **2** *Corte d'Assise* Schwurgericht.
CdF ⇒ *Consiglio di Fabbrica* Betriebsrat (BR).
CdL ⇒ *Camera del Lavoro* Arbeiterkammer.
Cd-Rom, CD-ROM m. CD-ROM *f.*: ***unità, drive per ~*** CD-ROM-Laufwerk *n.*
CdS ⇒ **1** *Codice della Strada* Straßenverkehrsordnung (StVO) **2** *Consiglio di Sicurezza* Sicherheitsrat **3** *Consiglio di Stato* Staatsrat (StR).
CDU ⇒ *Classificazione Decimale Universale* Universelle Dezimalklassifikation (DK).
ce I pron.pers. uns: ***~ l'ha dato*** er hat es uns gegeben; *(enclitico)* ***diccelo!*** sag es uns! ***parlacene!*** erzähl uns davon; *(con verbi pronominali)* ***~ ne siamo accorti troppo tardi*** wir haben es zu spät bemerkt; ***~ ne siamo andati via*** wir sind fortgegangen; ***~ l'abbiamo fatta*** wir haben es geschafft **II** avv. hier, da, dabei: ***non ~ l'ho trovato*** ich habe ihn da nicht gefunden; *(anche non tradotto)* ***~ l'hai una biro?*** hast du einen Kuli? ***non ~ ne sono*** es gibt keine; ***~ ne sono ancora?*** gibt es noch welche? sind noch welche da?
CE ⇒ **1** *Comunità Europea* Europäische Gemeinschaft (EG) **2** *Consiglio d'Europa* Europarat (ER) **3** *Comitato Esecutivo* Exekutivkomitee (Ex.-Kom.).
CEA ⇒ *Commissariato per l'Energia Atomica* Kommissariat für Atomenergie.
1.ce|ca f. *(-che)* ITTIOL. Glasaal *m.*
2.ce|ca f. *(-che)* Tschechin *f.*
CECA ⇒ *Comunità Europea del Carbone e dell'Acciaio* Europäische Gemeinschaft für Kohle und Stahl (EGKS).
cec|chi|no m. Heckenschütze *m.*
ce|ce m. **1** Kichererbse *f.* **2** ESTENS. *(escrescenza)* Warze *f.*
Ce|ce|nia n.pr.f. Tschetschenien *n.*
ce|ci|dio m. *(-di)* Zezidie *f.*, Pflanzengalle *f.*
Ce|ci|lia n.pr.f. Cäcilie *f.*; ***Santa ~*** die Heilige Cäcilia (*o* Cäcilie).
ce|ci|tà f. **1** Blindheit *f.* **2** FIG. Verblendung *f.*
ce|co I agg. *(-chi, -che)* tschechisch: ***Repubblica -a*** Tschechische Republik *f.*, Tschechien *n.*, Tschechei *f.* **II** m. *(-chi)* **1** Tscheche *m.* **2** *(lingua)* Tschechische *n.* **Ce|co|slo|vac|chia, Ce|co|slo|vac|chia** f. STOR. Tschechoslowakei *f.* **ce|co|slo|vac|co I** agg. *(-chi, -che)* STOR. tschechoslowakisch **II** m. *(-chi)* Tschechoslowake *m.*
ce|den|te m. DIR. Zedent *m.*
ce|de|re *(cedei/cedetti; ceduto)* **I** intr. (aus. *avere*) **1a** nach‿geben: ***~ alle insistenze, alle lusinghe di qcn.*** jds Drängen, Verlockungen nachgeben; ***~ alle proprie passioni, ai propri impulsi*** seinen Leidenschaften, Trieben nachgeben; ***non cede mai*** er gibt nie nach **b** *(piegarsi)* ***le gambe gli cedettero*** seine Beine gaben nach **c** ECON.

i prezzi, le quotazioni cedono die Preise, Kurse geben nach **2** *(arrendersi)* weichen, zurück‿weichen: ***~ alla violenza*** der Gewalt weichen; ***~ al nemico*** vor dem Feind zurückweichen **3** *(rompersi, non reggere)* ein‿stürzen, zusammen‿brechen: ***il tetto ha ceduto*** das Dach ist eingestürzt; ***l'argine ha ceduto*** der Deich ist gebrochen **4** *(allentarsi)* sich aus‿weiten: ***l'elastico ha ceduto*** das Gummiband hat sich ausgeweitet **5** *(strapparsi)* auf‿platzen, platzen: ***la cucitura ha ceduto*** die Naht ist geplatzt **6** *(mollare)* ***non ~*** hart bleiben **II** tr. **1** *(vendere)* überlassen, ab‿treten: ***~ qcs. a qcn.*** jdm etw. abtreten; ***gli ho ceduto la mia auto*** ich habe ihm mein Auto überlassen **2** *(lasciare)* ab‿treten: ***~ il proprio posto a qcn.*** jdm seinen Platz abtreten **3** DIR. *(alienare)* veräußern, auf‿lassen, ab‿geben: ***~ i diritti (d'autore)*** die Rechte (die Urheberrechte) abgeben (*o* ab‿treten); ***~ un terreno*** ein Grundstück auflassen **4** SPORT *(passare)* ab‿geben: ***~ la palla*** den Ball abgeben ◆ ***~ le armi*** die Waffen strecken; FIG. ***~ il campo*** das Feld räumen; ***~ il campo a qcn.*** jdm das Feld überlassen; ***~ qcs. per un piatto di lenticchie*** etw. für ein Linsengericht her‿geben; ***non ~ nemmeno di un palmo*** keine Handbreit weichen; ***~ il passo a qcn.*** jdm den Vortritt lassen, jdm Durchlass gewähren; FIG. ***~ terreno*** (an) Boden verlieren.

ce|de|vo|le agg. nachgiebig (anche FIG.): ***un terreno ~*** ein nachgiebiger (*o* weicher) Boden; FIG. ***un carattere ~*** ein nachgiebiger Charakter. **ce|de|vo|lez|za** f. Nachgiebigkeit *f.* (anche FIG.).

ce|di|bi|le agg. übertragbar: ***biglietto non ~*** nicht übertragbare Fahrkarte; DIR. ***diritto ~*** abtretbares Recht. **ce|di|bi|li|tà** f. Übertragbarkeit *f.*

ce|di|glia f. Cedille *f.*

ce|di|men|to m. **1** Nachlassen *n.* (anche FIG.): ***~ fisico*** Nachlassen der Kräfte; ***il ~ della vista*** das Nachlassen der Sehkraft; ***mostrare i primi segni di ~*** die ersten Zeichen von Schwäche zeigen **2** *(avvallamento)* Senkung *f.*, Einsenkung *f.*: ***un ~ del terreno*** eine Senkung des Bodens, eine Bodensenkung **3** ECON. Nachgeben *n.* ◆ ***~ dei cambi*** Kursverlust *m.*; ***~ della quota*** Kursabschwächung *f.*; TECN. ***~ strutturale*** Materialverschleiß *m.*

ce|do|la f. Schein *m.*, Coupon *m.*, Talon *m.* (anche ECON.): ***~ degli interessi*** Zinsschein *m.*; ***~ di dividendo*** Dividendenschein *m.*; ***~ di ammortamento*** Amortisationsschein *m.*; ***incassare una ~*** einen Schein abtrennen. **ce|do|la|re** agg. Kupon-: ***imposta ~*** Kuponsteuer *f.*

ce|do|li|no m. COLLOQ. Gehaltsabrechnung *f.*, Lohnzettel *m.*

ce|dra|ta f. INTRAD. **1** (Getränk aus Zitronatzitronensirup) **2** (sizilianischer Kuchen mit Zitronat). **ce|dra|to** agg. Zitronen-: ***erba -a*** Zitronenmelisse *f.* **ce|dri|na** f. Zitronenkraut *n.*

1.ce|dro m. **1** Zitronatzitronenbaum *m.* **2** *(frutto)* Zitronatzitrone *f.*; ***olio di ~*** Zitrusöl *n.*; ***~ candito*** Zitronat *n.*

2.ce|dro m. *(conifera)* Zeder *f.*: ***~ del Libano*** Libanonzeder *f.*

ce|dro|ne, gallo ~ Auerhahn *m.*

ce|duo agg. abholzbar: ***bosco ~*** Niederwald *m.*

CEE ⇒ *Comunità Economica Europea* Europäische Wirtschaftsgemeinschaft (EWG).

CEEA ⇒ *Comunità Europea dell'Energia Atomica* Europäische Atom(energie)gemeinschaft (Euratom).

ce|fa|lan|te|ra f. Waldvögelein *n.*

ce|fa|le|a f. Kopfschmerz *m.*, Cephalgia *f.* **ce|fa|li|co** agg. *(-ci,-che)* Kopf-: ***vena -a*** Kopfader *f.*; ***presentazione -a*** Kopflage *f.*; ***indice ~*** Schädelindex *m.*

ce|fa|lo m. ITTIOL. Meeräsche *f.*

ce|fa|lo|cor|da|to m. Lanzettfisch *m.* **ce|fa|lo|e|ma|to|ma** m. Kephalhämatom *n.* **ce|fa|lo|po|de** m. Kopffüßer *m.*, Zephalopode *m.* **ce|fa|lo|ra|chi|dia|no** agg. zerebrospinal. **ce|fa|lo|to|ra|ce** m. ZOOL. Kopfbruststück *n.*

cef|fo m. **1** Schnauze *f.*, Maul *n.* **2** SPREG. *(faccia)* Fratze *f.* **3** COLLOQ. Halunke *m.*: ***un brutto ~*** ein Galgengesicht, ein übler Typ.

cef|fo|ne m. Ohrfeige *f.*, COLLOQ. Watsche(n) *f.*: ***prendersi un ~*** sich (D) eine Ohrfeige ein‿fangen; ***dare, assestare un sonoro ~ a qcn.*** jdm eine schallende Ohrfeige geben, verabreichen; ***allungare, appioppare, mollare un ~ a qcn.*** jdm eine langen, schmieren, kleben (*o* runter‿hauen); ***prendere a -i qcn.*** jdn ohrfeigen, COLLOQ. watschen.

CEI ⇒ *Conferenza Episcopale Italiana* Italienische Bischofskonferenz.

Ce|ka f. Tscheka *f.*

ce|ko → **ceco.**

ce|la|re I tr. verbergen, verhehlen: ***~ a qcn. i propri sentimenti*** jdm seine Gefühle verhehlen; ***ci ha celato la sua vera opionione*** er hat uns seine wahre Meinung verheimlicht **II** pronom. **celarsi** sich verbergen, sich verstecken: ***-rsi dietro qcs.*** sich hinter etw. (D) verbergen; ***quale intenzione si cela?*** welche Absicht verbirgt sich (*o* steckt) dahinter?

ce|la|ta f. Sturmhaube *f.*

ce|la|to p.pass. agg. **1** → **celare 2** verhohlen: ***invidia mal -a*** unverhohlener Neid.

ce|le|bran|te m. e f. Zelebrant *m.* (-in *f.*).

ce|le|bra|re tr. *(celebro)* **1** *(commemorare)* feiern, begehen: ***~ solennemente il compleanno*** den Geburtstag feierlich begehen; ***~ il cinquantesimo anniversario*** den fünfzigsten Jahrestag begehen; ***~ una ricorrenza*** einen Jahrestag feiern **2a** ESTENS. ab‿halten, halten: ***~ una funzione religiosa, una messa*** eine Andacht, Gottesdienst (*o* die Messe) halten; ***~ le nozze in forma privata*** Hochzeit im privaten Kreis halten; ***~ un matrimonio civile, religioso*** sich standesamtlich, kirchlich trauen lassen **b** DIR. ***~ un processo*** einen Prozess veranstalten, führen **3** *(esaltare)* rühmen, preisen: ***~ il coraggio, l'intelligenza di*** qcn. jds Mut, Intelligenz rühmen; ***~ le gesta eroiche di qcn.*** jds Heldentaten rühmen. **ce|le|bra|ti|vo** agg. Fest-, Feier-: ***scritto ~*** Festschrift *f.*; ***manifestazione -a*** Feierstunde *f.*

ce|le|bra|to p.pass. agg. **1** → **celebrare 2** berühmt: ***un poeta molto ~*** ein sehr berühmter Dichter.

ce|le|bra|zio|ne f. **1** Feier *f.*, Begehung *f.*: ***~ della vittoria*** Siegesfeier *f.*; ***la ~ di un eroe, di una festa*** die Feier eines Helden, eines Festes; ***~ per il centenario*** Hundertjahrfeier *f.* **2** LIT. Feier *f.*, Abhaltung *f.*: ***la ~ della messa*** die Feier des Gottesdienstes, der Messe; ***la ~ di un matrimonio in chiesa*** die kirchliche Trauung; ***la ~ di un matrimonio civile*** die standesamtliche Trauung (*o* die Ziviltrauung) **3** DIR. *(di un processo)* Durchführung *f.*, Führung *f.*

ce|le|bre agg. (superl. *celeberrimo*) berühmt, bekannt: ***un poeta molto ~*** ein sehr berühmter Dichter ◆ ***detto ~*** Ausspruch *m.*

ce|le|bri|tà f.inv. **1** Ruhm *m.*, Berühmtheit *f.*: ***essere al culmine della ~*** auf dem Gipfel des Ruhms sein; ***giungere alla ~*** Berühmtheit erlangen; ***raggiungere il culmine della ~*** den Gipfel des Ruhms erreichen **2** *(persona celebre)* Berühmtheit *f.*: ***una ~ di fama internazionale*** eine Weltberühmtheit.

ce|len|te|ra|to m. Hohltier *n.*, Zölenterat *m.*

ce|le|re I agg. (superl. *celerissimo/celerrimo*) schnell, Eil-: ***posta ~*** Eilpost *f.*: ***spedire qcs. per posta ~*** etw. mit Eilpost senden **II** f. = Einsatzkommando *n.* der Polizei.

ce|le|ri|no m. COLLOQ. *(agente di polizia)* = Angehöriger eines Einsatzkommandos der Polizei.

ce|le|ri|tà f. Geschwindigkeit *f.*, Schnelligkeit *f.*

ce|le|sta f. Celesta *f.*

ce|le|ste I agg. **1** *(del cielo)* Himmels-: ***corpo ~*** Himmelskörper *m.* **2** *(divino)* himmlisch: ***la beatitudine, la grazia ~*** die himmlische Seligkeit, Gnade; ***il Padre ~*** der himmlische Vater **3** *(azzurro)* himmelblau **II** m. **1** Himmelsblau *n.*, Bläue *f.* **2** pl. MITOL. Himmlischen *pl.* ◆ ***fenomeno ~*** Himmelserscheinung *f.*; ***il ~ impero*** das Reich der Mitte; ASTRON. ***meridiano ~*** Mittagskreis *m.*; ***la patria ~*** die ewige Heimat; ***volta ~*** Himmelsgewölbe *n.*, Himmelskuppel *f.*

ce|le|stia|le agg. himmlisch (anche FIG.): ***una musica, una pazienza ~*** eine himmlische Musik, Geduld; ***una pace ~*** eine göttliche Ruhe.

ce|le|sti|na f. MINER. Zölestin *m.*

ce|le|sti|no I agg. hellblau **II** m. Hellblau *n.*

ce|let|to m. TEATR. Soffitte *f.*

ce|lia f. LETT. Spaß *m.*: ***dire, fare qcs. per ~*** etw. aus Spaß (*o* Witz) sagen, tun; ***mettere in ~ qcn.*** sich über jdn lustig machen; ***fuor di ~*** Spaß beiseite. **ce|lia|re** intr. (aus. *avere*) scherzen, spaßen.

ce|li|ba|ta|rio m. *(-ri)* Junggeselle *m.*, Ledige *m.* **ce|li|ba|to** m. **1** Ehelosigkeit *f.* **2** RELIG. Zölibat *n.*: ***vivere in ~*** im Zölibat leben; ***obbligo di ~*** Zölibatszwang *m.* **ce|li|be I** agg. ledig, ehelos: ***rimanere ~*** ledig bleiben **II** m. Ledige *m.*

ce|li|do|nia f. Schöllkraut *n.*, Schellkraut *n.*, Schellwurz *f.*

cel|la f. **1a** Zelle *f.*: ***chiudere, sbattere qcn. in ~*** jdn in eine Zelle ein‿schließen, werfen; ***riportare qcn. nella sua ~*** jdn in seine Zelle zurück‿bringen; ***la ~ dei monaci, dei prigionieri*** die Zelle der Mönche, der Gefangenen **b** *(di un alveare)* ***la ~ di un favo*** die Zelle einer Wabe **c** EL. ***la ~ di una batteria*** die Zelle einer Batterie **2** ARCHEOL. Zella *f.*, Cella *f.* ◆ ***~ campanaria*** Glockenstube *f.*, Glockenstuhl *m.*; ***~ conventuale*** Klosterzelle *f.*, Klause *f.*; ***~ elettrolitica*** Elektrolysezelle *f.*; ***~ frigorifera*** Kühlraum *m.*; ***~ di isolamento*** Isolierzelle *f.*; INFORM. ***~ di memoria*** Speicherzelle *f.*; ***~ della morte*** Todeszelle *f.*; ***~ di rigore*** Strafzelle *f.*, Arrestzelle *f.*; ***~ singola*** Einzelzelle *f.*; ***~ solare*** Solarzelle *f.* **cel|let|ta** f. Zelle *f.*

cel|lo|fan m. Zellophan *n.*, Cellophan *n.*: ***avvolgere qcs. nel ~*** etw. in Zellophan ein‿wickeln. **cel|lo|fa|na|re** tr. ein‿schweißen.

cel|lu|la f. **1a** Zelle *f.*: ***-e vive, morte*** lebende, tote Zellen; ***le -e si rigenerano*** die Zellen erneuern sich **b** POL. ***-e comuniste*** kommunistische Zellen 2 AER. Tragwerk *n.* ◆ ~ ***cancerosa*** Krebszelle *f.*; ~ ***cerebrale*** Gehirnzelle *f.*; ~ ***figlia*** Tochterzelle *f.*; ~ ***fotoelettrica*** Photozelle *f.*, Photoelement *n.*; ~ ***fotoelettrica al selenio*** Selenzelle *f.*; ~ ***nervosa*** Nervenzelle *f.*; ~ ***pigmentale*** Pigmentkörper *m.*; ~ ***tumorale*** Tumorzelle *f.*

cel|lu|la|re I agg. zellular, zellulär, zellig, Zell-: ***patologia*** ~ Zellularpathologie *f.*; ***terapia*** ~ Zellulartherapie *f.* II m. 1 *(furgone)* Polizeiwagen *m.* zum Gefangenentransport; COLLOQ. grüne Minna *f.* 2 *(telefonino)* Mobiltelefon *n.*, COLLOQ. Handy *n.* ◆ ***formazione*** ~ Zellbildung *f.*; ***membrana*** ~ Zellmembran *f.*; ***metabolismo*** ~ Zellstoffwechsel *m.*; ***nucleo*** ~ Zellkern *m.*; ***parete*** ~ Zellwand *f.*; ***respirazione*** ~ Zellatmung *f.*; ***riproduzione*** ~ Zellvermehrung *f.*; ***scissione*** ~ Zellteilung *f.*; ***struttura*** ~ Zellbau *m.*; ***tessuto*** ~ Zellgewebe *n.*

cel|lu|li|te f. Zellulitis *f.*, Orangenhaut *f.*

cel|lu|loi|de f. Zelluloid *n.* ◆ FIG. ***il mondo della*** ~ die Filmwelt.

cel|lu|lo|sa f. Zellulose *f.* **cel|lu|lo|so** agg. 1 zellig, Zell(en)-: ***tessuto ~ delle ossa*** zelliges Knochengewebe 2 *(spugnoso)* schwammig: ***materiale*** ~ schwammiges Material.

ce|lo|ma m. Zölom *n.*

cel|ti pl. Kelten *pl.* **cel|ti|co** I agg. *(-ci,-che)* keltisch: ***lingue -che*** keltische Sprachen II m. Keltisch(e) *n.*

cem|ba|li|sta m. e f. *(-i,-e)* Cembalist *m.* (*-in* f.). **cem|ba|lo** m. Cembalo *n.*: ***suonare il*** ~ Cembalo spielen.

cem|bro m. Zirbelkiefer *f.*, Zirbel *f.*

ce|men|tan|te EDIL. I agg. Binde-: ***capacità*** ~ Bindestärke *f.* II m. Bindemittel *n.*, Bindebaustein *m.*

ce|men|ta|re I tr. 1 EDIL. zementieren; *(rivestire di cemento)* aus‿zementieren 2 METALL. auf‿kohlen, zementieren: ~ ***l'acciaio*** den Stahl aufkohlen 3 FIG. festigen, zementieren: ~ ***un'amicizia*** eine Freundschaft festigen; ~ ***rapporti politici*** politische Verhältnisse zementieren II pronom. **cementarsi** 1 fest werden, hart werden 2 FIG. sich festigen. **ce|men|ta|zio|ne** f. 1 EDIL. Zementierung *f.* 2 METALL. Zementierung *f.*, Zementation *f.*, Aufkohlung *f.* 3 FIG. Zementierung *f.*, Festigung *f.* **ce|men|tie|ro** I agg. → **cementizio** II m. Zementarbeiter *m.*

ce|men|ti|fi|ca|re tr. *(cementifico, cementifichi)* zu‿betonieren, verbauen: ~ ***un'area verde*** eine Grünfläche zubetonieren. **ce|men|ti|fi|ca|zio|ne** f. Zubetonieren *n.*, Verbauen *n.*

ce|men|ti|fi|cio m. *(-ci)* Zementfabrik *f.*, Zementwerk *n.* **ce|men|ti|te** f. Zementit *m.* **ce|men|ti|zio** agg. *(-zi,-zie)* zementen, Zement-: ***industria -a*** Zementindustrie *f.*

ce|men|to m. 1 Zement *m.* (anche MED.): ~ ***a presa rapida*** schnell bindender Zement; ***preparare il*** ~ den Zement an‿rühren 2 FIG. verbindendes Element *n.*: ***il ~ dell'amicizia, dell'amore*** das verbindende Element in der Freundschaft, der Liebe ◆ ~ ***armato*** Eisenbeton *m.*, Stahlbeton *m.*; ~ ***idraulico*** Wasserzement *m.*

ce|na f. Abendessen *n.*: ***una lauta*** ~ ein üppiges Abendessen; ~ ***a lume di candela*** Abendessen bei Kerzenlicht; ***prima di, dopo*** ~ vor, nach dem Abendessen; ***preparare, servire, saltare la*** ~ das Abendessen vor‿bereiten, servieren, aus‿fallen lassen; ***andare a ~ (fuori)*** zum Abendessen gehen; ***essere a ~ da qcn.*** bei jdm zu Abend essen ◆ RELIG. ~ ***eucaristica*** Abendmahl *n.*; ~ ***in piedi*** Stehempfang *m.*; RELIG. ***l'Ultima Cena*** das Letzte Abendmahl.

ce|na|co|lo m. 1 ART. RELIG. Abendmahl *n.*: ***il ~ di Leonardo*** das Abendmahl von Leonardo 2 FIG. Künstler-, Intellektuellentreffpunkt *m.*; *(cerchia)* Künstler-, Intellektuellenkreis *m.*

ce|na|re intr. (aus. *avere*) zu Abend essen; *(consumare la cena)* das Abendessen ein‿nehmen: ~ ***a casa, al ristorante*** zu Hause, im Restaurant zu Abend essen.

cen|cia|io m. *(-ai)*, **cen|cia|io|lo** m. Lumpensammler *m.*

cen|cio m. *(-ci)* 1 Lumpen *m.*, Lappen *m.* 2 *(vestito logoro)* Lumpen *m.*: ***andare in giro coperto di -ci*** in Lumpen herum‿laufen 3 GASTR. INTRAD. (toskanische Bezeichnung für ein Karnevalsgebäck) ◆ ***bianco come un*** ~ weiß wie die Wand; ***cappello a*** ~ Schlapphut *m.*; ***pallido come un*** ~ kreidebleich; FIG. ***ridursi (a) un*** ~ (total) kaputt sein.

cen|cio|so I agg. zerlumpt: ***bambini, abiti -i*** zerlumpte Kinder, Kleider II m. zerlumpter Mensch *m.*

ce|ne|rac|cio m. *(-ci)* 1 Laugenasche *f.* 2 *(canovaccio)* Laugentuch *n.*

ce|ne|re I f. 1 Asche *f.*: ***andare, ridursi in*** ~ zu Asche verbrennen; ***ridurre in ~ qcs.*** etw. in (Schutt und) Asche legen (anche FIG.) 2 pl. *(resti mortali)* Asche *f.*, Staub *m.*: ***risorgere dalle -i*** aus der Asche auferstehen; ***spargere le -i al vento*** die Asche im Wind verstreuen II agg.inv. asch(en)farbig, asch-: ***biondo*** ~ aschblond (*o* aschig); ***grigio*** ~ aschgrau ◆ FIG. ***cospargersi il capo di*** ~ sich (D) Asche aufs Haupt streuen; FIG. ***covare sotto la*** ~ unter der Asche schwelen; ***mercoledì del(le) Ceneri*** Aschermittwoch *m.* **ce|ne|ren|to|la** f. FIG. Aschenputtel *n.*, Aschenbrödel *n.* **Ce|ne|ren|to|la** n.pr.f. Aschenputtel *n.*, Aschenbrödel *n.*

ce|ne|ri|no agg. aschgrau ◆ ***airone*** ~ Graureiher *m.*, Fischreiher *m.*

ce|ne|ro|gno|lo agg. aschgrau, aschfahl.

ce|net|ta f. Abendessen *n.*: ~ ***a lume di candela*** Abendessen bei Kerzenlicht.

cen|gia f. *(-ge)* Felsband *n.*

cen|na|mel|la f. Schalmei *f.*

cen|no m. 1 Zeichen *n.*, Wink *m.*: ***un breve, chiaro*** ~ ein kurzer, deutlicher Wink; ***al primo*** ~ auf den ersten Wink; ***comunicare a -i*** sich mit Zeichen verständigen; ***fare ~ di sì, no*** mit einem Zeichen bejahen, verneinen; ***fare (un) ~ col capo, con gli occhi*** mit dem Kopf, mit den Augen winken 2 *(riferimento)* Hinweis *m.*, Andeutung *f.* 3 FIG. *(manifestazione)* Anzeichen *n.*: ***dare -i di stanchezza*** Anzeichen von Müdigkeit zeigen; ***i primi -i di rivolta*** die ersten Anzeichen des Aufstands ◆ ***far(e) ~ a qcs.*** etw. an‿deuten; ***chiamare qcn. con un*** ~ jdn zu sich winken, jdn herbei‿winken; ***fare ~ di qcs.*** etw. erwähnen; ~ ***d'intesa*** Zeichen des Einverständnisses; ~ ***di riscontro*** Empfangsbestätigung *f.*; ***fare un ~ di saluto a qcn.*** jdm zu‿winken; ***non dare ~ di vita*** kein Lebenszeichen geben.

ce|no|bio m. *(-bi)* 1 Zönobium *n.*, Kloster *n.* 2 BIOL. Zönobium *n.*

ce|no|bi|ta m. 1 Zönobit *m.* 2 FIG. Einsiedler *m.*, Sonderling *m.*

ce|no|bi|ti|co agg. *(-ci,-che)* zönobitisch.

ce|no|ne m. ~ ***(di Capodanno)*** Silvesteressen *n.*; ~ ***di Natale*** Weihnachtsmahl *n.*, Weihnachtsessen *n.*

ce|no|si f. Biozönose *f.*

ce|no|ta|fio m. *(-fi)* Kenotaph *n.*, Zenotaph *n.*

ce|no|zoi|co I agg. *(-ci,-che)* tertiär II m. Tertiär *n.*

cen|si|men|to m. Zählung *f.*: ***fare un*** ~ eine Zählung durch‿führen; ~ ***della popolazione*** Volkszählung *f.*, Zensus *m.*

cen|si|re tr. *(censisco, censisci)* 1 eine Zählung vor‿nehmen (*o* durch‿führen): ~ ***la popolazione italiana*** die Zählung der italienischen Bevölkerung durchführen 2 AMM. *(registrare)* ins Grundbuch ein‿tragen: ~ ***un immobile*** eine Liegenschaft ins Grundbuch eintragen.

CENSIS ⇒ *Centro Studi Investimenti Sociali* Forschungszentrum für soziale Investitionen.

cen|so m. 1 Vermögen *n.* (anche ESTENS.) 2 STOR. Zensus *m.* ◆ STOR. ~ ***fondiario*** Grundzins *m.*; ***persona di alto*** ~ hoch gestellte Persönlichkeit.

cen|so|ra|to m. STOR. Zensorenamt *n.* **cen|so|re** m. 1 Zensor *m.* (anche STOR.) 2 FIG. Sittenrichter *m.* **cen|so|rio** agg. *(-ri,-rie)* 1 zensorisch, Zensur-: ***atto*** ~ Zensurakt *m.* 2 FIG. sittenrichterlich: ***severità -a*** sittenrichterliche Strenge.

cen|sua|rio I agg. *(-ri,-rie)* 1 steuerpflichtig: ***beni -ri*** steuerpflichtiges Vermögen 2 STOR. *(nel medioevo)* Zins-: ***obbligo*** ~ Zinspflicht *f.* II m. *(-ri)* 1 Steuerpflichtige *m.* 2 STOR. *(nel medioevo)* Zinsbauer *m.*

cen|su|ra f. 1 Zensur *f.* (anche STOR.): ~ ***preventiva, cinematografica*** Vor-, Filmzensur *f.*; ***i tagli della*** ~ die Schnitte der Zensur; ***sottoporre qcs. a*** ~ etw. (A) der Zensur unterwerfen; ***passare, superare la*** ~ durch die Zensur gehen, kommen 2 FIG. strenge, harte Kritik 3 DIR. *(sanzione)* Verweis *m.*, Rüge *f.* **cen|su|ra|bi|le** agg. zensierbar. **cen|su|ra|re** tr. 1 zensieren: ~ ***un film, una lettera*** einen Film, einen Brief zensieren 2 FIG. *(biasimare)* rügen: ~ ***un comportamento*** ein Verhalten rügen.

cen|tau|ro m. 1 MITOL. Kentaur *m.*, Zentaur *m.* 2 *(motociclista)* Motorradrennfahrer *m.*

cen|tel|li|na|re tr. *(centellino)* 1 nippen: ~ ***il vino, un liquore*** am Wein, an einem Likör nippen 2 ESTENS. *(gustarsi)* aus‿kosten 3 FIG. sparsam (*o* kleinweis) dosieren, sparsam (*o* kleinweis) verbrauchen: ~ ***le forze*** die Kräfte sparsam dosieren; ~ ***il proprio denaro*** sein Geld kleinweis verbrauchen.

cen|te|na|rio I agg. *(-ri,-rie)* 1a hundertjährig: ***un vecchio*** ~ ein hundertjähriger (alter) Mann b *(secolare)* jahrhundertealt: ***una quercia -a*** eine jahrhundertealte Eiche 2 *(che ricorre ogni cento anni)* Hundertjahr-: ***celebrazione -a*** Hundertjahrfeier *f.* II m. *(-ri)* 1 *(persona)* Hundertjährige *m.* 2 *(anniversario)* Hundertjahrfeier *f.*, Zentenarium *n.*: ***il terzo ~ della nascita*** das dritte Zentenarium der Geburt. **cen|ten|na|le** agg. 1 hundertjährig: ***un'istituzione*** ~ eine hundertjährige Einrichtung 2 *(che ricorre ogni cento anni)* Hundertjahr-. **cen|ten|ne** m. e f. Hundertjährige *m.* e *f.*

cen|ten|nio m. *(-ni)* Jahrhundert *n.*

cen|ter|be m.inv. Kräuterlikör *m.*

cen|te|si|ma|le agg. Zentesimal-, zentesimal, hundertteilig: ***scala, gradazione*** ~ Zentesimaleinteilung *f.* ◆ ***grado*** ~ Hundertstelgrad *m.*; ***frazione*** ~ Hundertstelbruch *m.*

cen|te|si|mo I agg. hundertste **II** m. **1** Hundertste *m.* **2** *(frazione)* Hundertstel *n.*, hundertster Teil *m.* **3** *(moneta)* Centesimo *m.* **4** ESTENS. COLLOQ. Pfennig *m.*, Heller *m.*: ***non avere (più) un ~*** keinen Pfennig (*o* roten Heller) (mehr) haben (*o* besitzen); ***badare, guardare al ~*** jeden Pfennig (dreimal) um_drehen, auf den Pfennig sehen; ***fino all'ultimo ~*** bis auf den letzten Pfennig, auf Heller und Pfennig; ***non valere un ~*** keinen Pfennig wert sein.
cen|tia|ra f. Zentiar *m.* e *n.*
cen|ti|fo|glia I agg. hundertblättrig: ***rosa ~*** hundertblättrige Rose, Zentifolie *f.* **II** f. Zentifolie *f.*
cen|ti|gra|do agg. Celsius, Celsius-: ***scala -a*** Celsiusskala *f.*; ***grado ~*** Grad *m.* Celsius.
cen|ti|gram|mo m. Zentigramm *n.*
cen|ti|li|tro m. Zentiliter *m.* e *n.*
cen|ti|me|tra|to agg. Zentimeter-: ***righello ~*** Zentimeterlineal *n.*, Zentimeterstab *m.* **cen|ti|me|tro** m. **1** Zentimeter *m.*: ***~ cubo, quadrato*** Kubik-, Quadratzentimeter *m.* **2** *(nastro)* Zentimetermaß *n.* ◆ FIG. ***al ~*** zentimetergenau.
cen|ti|na f. **1** EDIL. Lehrbogen *m.* **2** AER. Rippe *f.*
cen|ti|na|io m. (*-a* f.pl.) **1** Hundert *n.*, etwa hundert: ***-a di persone*** Hunderte von Menschen; ***un ~ di bambini*** etwa hundert Kinder; ***ammontare a qualche ~, essere nell'ordine delle -a*** in die Hunderte gehen **2** pl. MAT. Hunderter *m.*: ***unità, decine, -a*** Einer, Zehner, Hunderter ◆ ***a -a*** zu Hunderten; ***-a e -a*** Hunderte und Aberhunderte.
cen|ti|na|re tr. *(centino)* wölben: ***~ un soffitto*** eine Decke wölben. **cen|ti|na|tu|ra** f. **1** Wölbung *f.* **2** *(insieme di centine)* Lehrgerüst *n.*
cen|ti|sta → **centometrista.**
cen|to I agg.inv. hundert, einhundert: ***~ persone*** hundert Personen; ***correre i ~ metri*** die hundert Meter laufen **II** m. Hundert *f.*: ***contare fino a(l) ~*** bis hundert zählen ◆ ***andare, viaggiare a(i) ~ all'ora*** im Hundertkilometertempo fahren; ***banconota da ~ (marchi)*** Hundertmarkschein *m.*; COLLOQ. Hunderter *m.*; ***~ di questi giorni!*** lauter glückliche Tage! ***(un) ~ lire, una moneta da ~ (lire)*** ein Hundertlirestück; ***per ~*** Prozent *n.*: ***il cinque per ~ di sconto*** fünf Prozent Rabatt; ***al ~ per ~*** hundertprozentig; ***una persona, una cosa su ~*** eine Person, eine Sache von hundert; ***scommettere ~ contro, a uno*** hundert zu eins wetten; ***~ volte*** hundertmal.
cen|toc|chi → **centonchio.**
cen|to|fo|glie m.inv. Schafgarbe *f.*, Sumpfgarbe *f.*
cen|to|me|tri|sta m. e f. *(-i,-e)* Hundertmeterläufer *m.* (-in *f.*).
cen|to|mi|la agg.inv. hunderttausend ◆ ***un ~ (lire), una banconota da ~ lire*** ein Hunderttausendlireschein.
cen|ton|chio m. *(-chi)* Vogelmiere *f.*, Hühnerdarm *m.*
cen|to|ne m. **1** LETT. Cento *m.* **2** SPREG. Klitterung *f.*
cen|to|pel|le m.inv. Blättermagen *m.*
cen|to|pie|di m.inv. Hundertfüßer *m.*
cen|to|tre|di|ci m. = (italienische) Notrufnummer *f.* (113).
cen|tra|fri|ca|no agg. zentralafrikanisch ◆ ***Repubblica Centrafricana*** Zentralafrikanische Republik.
cen|trag|gio m. *(-gi)* Zentrierung *f.*
cen|tra|le I agg. **1** *(nel mezzo)* mittlere: ***aprire la finestra ~*** das mittlere Fenster öffnen **2** *(principale)* Haupt-: ***sede ~*** Hauptniederlassung *f.*, -sitz *m.*, -geschäftsstelle *f.* **3** FIG. zentral, Zentral-, Haupt-: ***la figura ~ di un romanzo*** die zentrale Figur (*o* die Hauptfigur) eines Romans; ***il punto, problema, tema ~*** der Kernpunkt, das Zentralproblem, das Hauptthema **4** *(del centro della città)* im Zentrum, zentral gelegen: ***una strada, zona ~*** eine Straße, ein Gebiet im Zentrum; ***l'appartamento si trova in una posizione ~*** die Wohnung liegt zentral **5** GEOGR. Mittel-, Zentral-: ***Italia, Europa ~*** Mittelitalien *n.*, Mitteleuropa *n.*; ***America ~*** Zentralamerika *n.* **II** f. **1a** Zentrale *f.*: ***la ~ di una banca*** die Zentrale einer Bank **b** ***la ~ telefonica, dei telefoni*** Telefonzentrale *f.* **2** EL. Werk *n.*, Kraftwerk *n.*: ***~ elettrica, idrica, termica*** Elektrizitätswerk *n.*, Wasserwerk *n.*, Heizwerk *n.*; ***~ idroelettrica, termoelettrica*** Wasserkraftwerk *n.* (*o* hydroelektrisches Kraftwerk), Wärmekraftwerk *n.* (*o* Heizkraftwerk *n.*); ***~ atomica, nucleare*** Atomkraftwerk *n.*, Kernkraftwerk *n.* ◆ ***antenna ~*** Gemeinschaftsantenne *f.*; ***autorità ~*** zentrale Behörde, Zentralbehörde *f.*; ***banca ~*** Zentralbank *f.*, Zentralnotenbank *f.*; ***comitato ~*** Zentralkomitee *n.*; ***governo ~*** Zentralregierung *f.*; STOR. ***imperi -i*** Mittelmächte *pl.*; ***~ del latte*** Milchhof *m.*; ARCH. ***navata ~*** Hauptschiff *n.*, Mittelschiff *n.*; ***~ operativa*** Einsatzstelle *f.*; ***~ di polizia*** Hauptwache *f.*; ***posta ~*** Hauptpostamt *n.*; ***potere ~*** Zentralgewalt *f.*; ***riscaldamento ~*** Zentralheizung *f.*; ***sistema nervoso ~*** Zentralnervensystem *n.*; ***stazione ~*** Hauptbahnhof *m.*; INFORM. ***unità ~*** Zentraleinheit *f.*
cen|tra|li|na f. **1** Station *f.*: ***~ per il rilevamento dell'inquinamento atmosferico*** Messstation für Luftverschmutzung **2** *(scatola comandi)* Steuerung *f.*, Steuergerät *n.*: ***la ~ del sistema di allarme*** die Steuerung der Warnanlage **3** *(centrale periferica)* Verteilerkasten *m.*
cen|tra|li|ni|sta m. e f. *(-i,-e)* Telefonist *m.* (-in *f.*).
cen|tra|li|no m. **1** Fernsprechvermittlung *f.*, Amt *n.* **2** *(privato)* Telefonzentrale *f.*, Vermittlung *f.*: ***chiamare il ~*** die Telefonzentrale an_rufen; ***mi passi il ~*** geben Sie mir die Vermittlung; ***lavorare al ~*** in der Telefonzentrale arbeiten; ***numero del ~*** Nummer des Hauptanschlusses.
cen|tra|li|smo m. Zentralismus *m.* **cen|tra|li|tà** f. Zentralität *f.*
cen|tra|liz|za|re tr. zentralisieren. **cen|tra|liz|za|to** p.pass. agg. **1** → **centralizzare 2** Zentral-: ***riscaldamento ~*** Zentralheizung *f.*; AUT. ***chiusura -a*** Zentralverriegelung *f.* **cen|tra|liz|za|zio|ne** f. Zentralisierung *f.*, Zentralisation *f.*
cen|tral|men|te avv. zentral.
cen|tra|me|ri|ca|no agg. zentralamerikanisch.
cen|tra|re tr. **1** treffen: ***~ il bersaglio*** das Ziel treffen; ***~ in pieno qcn. (con qcs.)*** jdn (mit etw.) voll treffen **2a** FIG. *(cogliere esattamente)* erfassen: ***~ una questione, un problema*** eine Frage, ein Problem erfassen **b** TEATR. ***~ un personaggio*** eine Rolle gut treffen **3a** TECN. zentrieren: ***~ una ruota*** ein Rad zentrieren **b** *(equilibrare)* aus_wuchten **4** SPORT ***~ (il pallone)*** den Ball in die Mitte spielen (*o* geben) ◆ ***~ un obiettivo*** ein Ziel treffen; FIG. ein Ziel erreichen. **cen|tra|to** p.pass. agg. **1** → **centrare 2a** getroffen **b** *(assestato)* ***un pugno ben ~*** ein gut gezielter Faustschlag **3** *(pertinente)* gut getroffen, treffend: ***un'osservazione -a*** eine treffende Beobachtung.
cen|trat|tac|co m. *(-chi)* → **centravanti.**
cen|tra|tu|ra f. MECC. Zentrierung *f.*
cen|tra|van|ti m.inv. SPORT Mittelstürmer *m.*
cen|treu|ro|pe|o → **centroeuropeo.**
cen|tri|co agg. *(-ci,-che)* zentrisch.
cen|tri|fu|ga f. *(-ghe)* **1** Zentrifuge *f.*, Schleuder *f.* **2** *(della lavatrice)* Wäscheschleuder *f.*, Trockenschleuder *f.* **3** *(per succhi)* Entsafter *m.* **cen|tri|fu|ga|re** tr. *(centrifugo, centrifughi)* zentrifugieren, schleudern. **cen|tri|fu|ga|to I** p.pass. agg. **1** → **centrifugare 2** Schleuder-: ***miele ~*** Schleuderhonig *m.*; ***calcestruzzo ~*** Schleuderbeton *m.* **II** m. Saft *m.* aus der Obstzentrifuge: ***~ di mela, di carota*** Apfel-, Karottensaft *m.* **cen|tri|fu|ga|zio|ne** f. Zentrifugierung *f.*, Schleudern *n.*
cen|tri|fu|go agg. *(-ghi,-ghe)* zentrifugal, Zentrifugal- ◆ ***forza -a*** Zentrifugalkraft *f.*, Fliehkraft *f.*, Schwungkraft *f.*; ***pompa -a*** Zentrifugalpumpe *f.*, Kreiselpumpe *f.*
cen|tri|no m. Häkeldeckchen *n.*, Spitzendeckchen *n.*
cen|trio|lo m. Zentriol *n.*
cen|tri|pe|to agg. zentripetal, Zentripetal-: ***forza -a*** Zentripetalkraft *f.*
cen|tri|smo m. = nach der politischen Mitte strebende Haltung *f.* **cen|tri|sta** *(-i,-e)* **I** agg. = nach der politischen Mitte strebend (*o* ausgerichtet) **II** m. e f. = nach der politischen Mitte Strebende *m.* e *f.*
cen|tro m. **1** Mitte *f.*, Mittelpunkt *m.*: ***il ~ del cerchio, della terra*** der Mittelpunkt des Kreises, der Erde; ***il ~ del bersaglio*** der Mittelpunkt der Scheibe, das Schwarze; ***il ~ (della) strada*** die Straßenmitte **2** *(colpo centrato)* Treffer *m.*: ***fare 8 -i su 10*** auf 10 Versuche 8 Treffer erzielen **3a** FIG. Mittelpunkt *m.*: ***essere al ~ dell'attenzione, dell'interesse*** im Mittelpunkt der Aufmerksamkeit, des Interesses stehen; ***lei è al ~ dei suoi pensieri*** alle seine Gedanken drehen sich um sie; ***trovarsi al ~ di uno scandalo, di una polemica, di una discussione*** im Mittelpunkt eines Skandals, einer Polemik, einer Diskussion sein **b** *(punto fondamentale)* Kern *m.*, Kernpunkt *m.*: ***il ~ di un problema, di una questione*** der Kern eines Problems, einer Frage **4** POL. Mitte *f.*: ***una coalizione, un partito, una politica di ~*** eine Koalition, Partei, Politik der Mitte; ***il ~ si schiera con la destra*** das Zentrum verbindet sich mit der Rechten **5** *(della città)* Zentrum *n.*: ***abitare, andare in ~*** im Zentrum wohnen, ins Zentrum gehen **6** *(aggregato urbano)* Zentrum *n.*, Ortschaft *f.*, Ort *m.*: ***trasferirsi in un piccolo ~*** in eine kleine Ortschaft ziehen; ***un ~ densamente popolato*** ein dicht besiedelter Ort **7** GEOGR. ***~ Europa*** Mitteleuropa *n.*; ***~ Italia*** Mittelitalien *n.*; ***~ America*** Zentralamerika *n.* ◆ ***~ abitato*** (geschlossene) Ortschaft *f.*; ***~ di accoglienza*** Sammellager *n.*; MIL. ***~ addestramento reclute*** Ausbildungszentrum *n.* für Rekruten; ***~ agricolo*** landwirtschaftliches Zentrum; ***~ d'attrazione*** Anziehungspunkt *m.*; ***~ balneare*** Badeort *m.*; ***~ di calcolo*** Rechenzentrum *n.*; SPORT ***essere a ~ classifica*** im Mittelfeld liegen; ***~ commerciale*** Einkaufszentrum *n.*; ***~ culturale*** *(città)* kulturelles Zentrum; *(istituto)* Kulturhaus *n.*; ***~ diagnostico*** Diagnosezentrum *n.*; ***~ dialisi*** Dialysezent-

rum *n.*; ~ **direzionale** Geschäftszentrum *n.*; ~ **elaborazione dati** Datenverarbeitungszentrum *n.*; **fare** ~ ins Schwarze treffen (anche FIG.); *(avere successo)* einen Treffer landen; ~ **di gravità** Schwerpunkt *m.*; ~ **industriale** Industriezentrum *n.*; ~ **meccanografico** elektromechanisches Rechenzentrum *n.*; ~ **nervoso** Nervenkern *m.*; ~ **nucleare** Atomzentrum *n.*; SPORT **palla al ~** Anstoß *m.* (nach einem Tor); ~ **della parola** Sprachzentrum *n.*; SPORT **passaggio al ~** Hereingabe *f.*; **-i di potere** Machtzentren *pl.*; TELEV. ~ **di produzione** Produktionsstätte *f.*; ~ **profughi** Flüchtlingslager *n.*; **essere nel proprio ~** in seinem Element sein, sich wohl fühlen; ~ **di raccolta** Sammelstelle *f.*; *(di profughi)* Auffanglager *n.*; ~ **di reclutamento** Musterungsstelle *f.*; ~ **residenziale** Wohngebiet *n.*; ~ **(di) rianimazione** Reanimationszentrum *n.*; ~ **(di) ricerca** Forschungszentrum *n.*; ~ **ricreativo** Freizeitzentrum *n.*; ~ **di rifornimento** Versorgungszentrum *n.*; ~ **sismico** Erdbebenzentrum *n.*; ~ **sportivo** Sportzentrum *n.*; ~ **storico** Altstadt *f.*; ~ **(di) studi** Studienzentrum *n.*; ~ **termale** Kurort *m.*; ~ **turistico** Ferienort *m.*; ~ **urbano** urbanes Zentrum; ~ **visivo** Sehzentrum *n.*

cen|tro|a|fri|ca|no → **centrafricano. cen|tro|a|me|ri|ca|no** → **centramericano. cen|tro|at|tac|co** → **centravanti.**

cen|tro|cam|pi|sta m. e f. *(-i,-e)* Mittelfeldspieler *m.* (-in *f.*). **cen|tro|cam|po** m. Mittelfeld *n.*: **a ~** im Mittelfeld; *(centrocampisti)* **un forte ~** ein starkes Mittelfeld. **cen|troc|ci|den|ta|le** agg. Westmittel-: **Europa ~** Westmitteleuropa *n.* **cen|tro|de|stra, cen|tro-de|stra** m.inv. **(coalizione di) ~** Mitte-rechts-Koalition *f.* **cen|tro|eu|ro|pe|o** agg. mitteleuropäisch. **cen|tro|me|dia|no** m. Mittelläufer *m.*

cen|tro-oc|ci|den|ta|le → **centroccidentale. cen|tro-o|rien|ta|le** → **centrorientale.**

cen|tro|pa|gi|na m.inv. GIORN. = Artikel *m.* in der Mitte der Seite.

cen|tro|rien|ta|le agg. Ostmittel-: **l'Europa ~** Ostmitteleuropa *n.*

cen|tro|si|ni|stra, cen|tro-si|ni|stra m.inv. **(coalizione di) ~** Mitte-links-Koalition *f.* **cen|tro|sfe|ra** f. Zentralkörperchen *n.* **cen|tro|ta|vo|la** m. *(centritavola)* Tafelaufsatz *m.*; *(centrino)* Zierdeckchen *n.*

cen|tum|vi|ro m. Zentumvir *m.*

cen|tu|pli|ca|re tr. *(centuplico, centuplichi)* **1** hundertfach vergrößern, verhundertfachen **2** *(accrescere fortemente)* vervielfältigen, verstärken: ~ **gli sforzi** seine Anstrengungen verstärken. **cen|tu|plo I** agg. hundertfach **II** m. Hundertfache *n.*

cen|tu|ria f. STOR. **1** Hundertschaft *f.* (der römischen Bürger) **2** MIL. Zenturie *f.* **cen|tu|ria|to** m. Zenturiat-: **comizi -i** Zenturiatkomitien. **cen|tu|rio|ne** m. Zenturio *m.*

ce|nu|ro m. Quesenbandwurm *m.*, Quese *f.*, Drehwurm *m.* **ce|nu|ro|si** f. Drehkrankheit *f.*

cep|pa|ia f. **1** Kahlschlag *m.* **2** *(parte dell'albero)* Wurzelstock *m.*, Baumstumpf *m.*

cep|po m. **1** Wurzelstock *m.*; *(di albero tagliato)* Baumstumpf *m.* **2** *(ciocco)* Holzklotz *m.*, Holzkloben *m.* **3** *(del macellaio)* Hackblock *m.*, Hackklotz *m.* **4** *(del patibolo)* Richtblock *m.*: **posare la testa sul ~** den Kopf auf den Richtblock legen **5a** FIG. *(discendenza, stirpe)* Stamm *m.*, Ursprung *m.*: **una popolazione del ~ germanico** eine Bevölkerung germanischen Ursprungs **b ~ linguistico** Sprachstamm *m.* **c** LETT. *(capostipite)* Stammvater *m.* **6a** pl. *(dei prigionieri)* Stock *m.*: **mettere qcn. ai -i** jdn in den Stock legen; **essere (messo) ai -i** im Stock sitzen **b** FIG. **liberarsi dai -i, spezzare i -i** die Fesseln sprengen, sich aus der Knechtschaft befreien **7** *(cassetta delle elemosine)* Opferstock *m.*, Stock *m.* **8** *(dell'ancora)* Ankerstock *m.* **9** *(dell'aratro)* Pflugsterz *m.* **10** *(della campana)* Glockenstuhl *m.* **11** TECN. *(del freno)* Bremsklotz *m.*, Radschuh *m.* ◆ ~ **batterico** Bakterienstamm *m.*; REGION. **fare il ~** = Weihnachten feiern; REGION. **festa del ~** = Weihnachten *n.*; **freno a -i** Backenbremse *f.*; ~ **di Natale** = Holzklotz, der traditionell zu Weihnachten verbrannt wird.

1.ce|ra f. Wachs *n.*: **candele di ~** Kerzen aus Wachs, Wachskerzen; ~ **animale, vegetale** Tier-, Pflanzenwachs *n.*; **colare, modellare, sciogliere la ~** Wachs gießen, kneten, schmelzen; **dare la ~ (al pavimento), passare la ~ (sul pavimento)** den Boden wachsen (*o* bohnern) ◆ ~ **d'api** Bienenwachs *n.*; ~ **per auto** Polierwachs *n.*; ~ **per mobili** Möbelpolitur *f.*; **museo delle -e** Wachsfigurenkabinett *n.*; ~ **da, per pavimenti** Bohnerwachs *n.*; ~ **da scarpe** Schuhwichse *f.*, Schuhcreme *f.*

2.ce|ra, **avere una brutta (cattiva), bella (buona) ~** = schlecht, schön (*o* gut) aus‿sehen.

ce|ra|lac|ca f. *(-che)* Siegellack *m.*, Siegelwachs *n.*

ce|ram|bi|ce m. Bockkäfer *m.*, Holzbock *m.*

ce|ra|mi|ca f. *(-che)* **1** Keramik *f.*: **un vaso di ~** eine Vase aus Keramik; **un'antica ~** eine antike Keramik **2** *(impasto)* Ton *m.*, Steingut *n.* **3** *(arte e tecnica)* Töpferkunst *f.*, Töpferhandwerk *n.* ◆ **seguire un corso di ~** einen Töpferkurs besuchen. **ce|ra|mi|co** agg. *(-ci,-che)* keramisch, Keramik-: **prodotti -ci** Keramikerzeugnisse *pl.* **ce|ra|mi|sta** m. e f. *(-i,-e)* Keramiker *m.* (-in *f.*).

ce|ra|ste m. Hornviper *f.*

ce|ra|ta f. **1** Öljacke *f.* **2** *(tela cerata)* Wachstuch *n.*, Gummiunterlage *f.* **ce|ra|to I** agg. Wachs-: **tavoletta -a** Wachstafel *f.*; *(impermeabilizzato)* **tela -a** Wachstuch *n.*, Öltuch *n.* **II** m. FARM. Zerat *n.*

ce|ra|to|fil|lo m. Hornblatt *n.*

cer|be|ro m. Zerberus *m.* **Cer|be|ro** n.pr.m. Zerberus *m.*

cer|bia|t|to m. Hirschkalb *n.*, Kalb *n.*

cer|bot|ta|na f. Blasrohr *n.*: **soffiare nella ~** ins Blasrohr pusten.

cer|ca f. **1** Suche *f.*: **andare in ~ di qcn., qcs.** auf die Suche nach jdm, etw. gehen; **essere in ~ di qcn., qcs.** auf der Suche nach jdm, etw. sein **2** *(questua)* Sammeln *n.*, Einsammeln *n.*: **andare alla ~** = Almosen sammeln, betteln gehen **3** VENAT. Aufspüren *n.* ◆ **andare in ~ di avventure, di fortuna, di guai** auf Abenteuer aus‿gehen, sein Glück versuchen, sich (D) Ärger auf‿halsen wollen (*o* sich in die Nesseln setzen wollen).

cer|ca|fa|se m.inv. Phasenprüfer *m.* **cer|ca|mi|ne** m.inv. Minensuchgerät *n.* **cer|ca|per|so|ne** m.inv. **1** *(sistema)* Personensuchanlage *f.* **2** *(ricevitore)* Piepser *m.* **cer|ca|po|li** m.inv. Polprüfer *m.*

cer|ca|re *(cerco, cerchi)* **I** tr. ~ **qcn., qcs.** jdn, etw. suchen, nach jdm, etw. suchen; ~ **conchiglie, funghi** Muscheln, Pilze suchen; ~ **qcs. nella borsa** etw. in der Tasche suchen; ~ **qcs. nell'elenco telefonico, su una cartina, sul dizionario** etw. im Telefonbuch, auf einer Karte suchen, etw. im Lexikon nach‿schlagen; **va' a cercarlo!** geh ihn suchen! ~ **un impiego, un appartamento** eine Stelle, eine Wohnung suchen; ~ **moglie, marito** eine Frau, einen Mann suchen; ~ **il colpevole, le prove** nach dem Schuldigen, nach Beweisen suchen; ~ **una via d'uscita** einen Ausweg suchen; ~ **le parole adatte** nach den passenden Worten suchen; ~ **consolazione, protezione presso qcn., in qcs.** Trost, Schutz bei jdm, in etw. (D) suchen; ~ **la gloria, il successo** nach Ruhm, Erfolg aus sein; ~ **il proprio tornaconto** auf seinen eigenen Vorteil aus sein; COLLOQ. **che vai cercando?** was hast du (hier, bei mir) zu suchen? COLLOQ. **se l'è proprio cercata!** er hat es darauf angelegt! er ist selbst schuld daran! **II** intr. (aus. *avere*) **1** versuchen, suchen: ~ **di fuggire** zu fliehen versuchen; ~ **di capire, di sapere qcs.** etw. zu verstehen, zu erfahren suchen; ~ **di imbrogliare qcn.** jdn zu betrügen versuchen; **cosa cerchi di dimostrare?** was möchtest du beweisen? **2** *(vedere di)* machen, zu‿sehen, zu‿schauen: **cerca di non arrivare tardi!** mach, dass du nicht zu spät kommst! **cercherò di finire per domani** ich werde zusehen, dass ich bis morgen fertig bin; **cerca di non farti più vedere!** schau (zu), dass du dich nicht mehr blicken lässt! **cerca di sbrigarti!** schau zu, dass du dich schickst! mach schnell! ◆ ~ **un ago in un pagliaio** eine Stecknadel in einem, im Heuhaufen suchen; ~ **casa** Wohnung suchen; **cercasi appartamento, cameriere** Wohnung, Kellner gesucht; **chi cerca?** wen wünschen Sie? ~ **da mangiare, da bere** sich (D) etwas zum Essen, zum Trinken suchen; ~ **da dormire** sich (D) etw. zum Schlafen suchen; ~ **il dialogo** das Gespräch suchen; **cercar fortuna** sein Glück suchen; COLLOQ. ~ **grane, guai** Streit suchen; ~ **qcs. con il lanternino** etw. mit der Laterne (*o* mit der Lupe) suchen; ~ **la lite con qcn.** Streit mit jdm suchen; ~ **la morte** den Tod suchen; ~ **qcn. con gli occhi** nach jdm aus‿sehen; ~ **l'oro** nach Gold suchen (*o* graben); ~ **il pelo nell'uovo** nach einem Haar in der Suppe suchen; ~ **qcs. per mare e per terra** etw. überall suchen; *(telefonare)* **mi ha cercato qualcuno?** hat mich jemand angerufen (*o* am Telefon verlangt)? ~ **rogne** → ~ **grane**; ~ **scampo in qcs.** sein Heil in etw. (D) suchen; **non ~ scuse!** such keine Ausreden! PROV. **chi cerca trova** wer sucht, der findet.

cer|ca|to|re m. **1** Sucher *m.*, Gräber *m.*: ~ **d'oro** Goldgräber *m.*, Goldsucher *m.*; ~ **di tesori, di sorgenti** Schatzsucher *m.* (*o* -gräber *m.*), Wünschelrutengänger *m.*; ~ **di funghi** Pilzsammler *m.* **2** RELIG. **(frate) ~** Bettelmönch *m.*

cer|chia f. **1** Ring *m.*: ~ **di mura, di montagne** Mauerring *m.*, Gebirgskette *f.* **2** *(rif. a persone)* Kreis *m.*, Runde *f.*: **una ~ di amici, colleghi** ein Freundes-, Kollegenkreis; **una ~ di conoscenze** ein Bekanntenkreis; ~ **familiare** Familienkreis *m.*, häuslicher Kreis; **una ristretta ~** ein enger Kreis **3** FIG. *(ambito)* Bereich *m.*: **allargare la ~ dei propri affari** seinen Geschäftsbereich aus‿dehnen (*o* erweitern).

cer|chia|re tr. *(cerchio, cerchi)* **1** um‿geben: ~ **la città di mura** die Stadt mit Mauern umgeben **2** *(botti)* (be)reifen, TECN. ab‿binden **3** *(ruote)* felgen ◆ ANT. ~ **d'assedio** umzingeln. **cer|chia|to** p.pass. agg. **1** → **cerchiare 2 occhi -i** dunkel umränderte Augen. **cer|chia|tu|ra** f. **1** Bereifen *n.* **2** *(cerchi di una botte)* Bereifung *f.*

cer|chiet|to m. **1** kleiner Ring *m.*, Ringelchen *n.*, Ringlein *n.* **2** *(per capelli)* Reifen *m.*, Haarreif *m.*: ***mettersi, togliersi il ~*** den Reifen ins Haar stecken, aus dem Haar nehmen.

cer|chio m. *(-chi)* **1** Kreis *m.*: ***tracciare un ~ con il compasso*** mit dem Zirkel einen Kreis ziehen; ***danzare, sedere in ~*** im Kreis sitzen, tanzen; ***disporsi in ~*** sich im Kreis aufstellen; ***stare in ~ intorno a qcn., qcs.*** im Kreis um jdn, etw. stehen; ***formare un ~*** einen Kreis bilden **2a** *(anello)* Ring *m.*: ***un ~ di metallo*** ein metallener Ring **b** *(più grosso)* Reifen *m.*: ***i -chi della botte*** die Reifen des Fasses, die Fassreifen; GINN. ***fare un esercizio col ~*** eine Übung mit dem Reifen machen; ***saltare attraverso il ~, il ~ di fuoco*** durch den Reifen, Feuerreifen springen **3** pl. *(orecchini)* Ohrringe *pl.*, Creolen *pl.* **4** FIG. Kreis *m.*, Ring *m.*: ***un ~ di luce, di folla*** ein Lichtkreis, ein Menschenring **5** *(cerchione di ruota)* Felge *f.*, Radfelge *f.* ◆ BOT. ***-chi annuali*** Jahresringe; ***~ azimutale*** Azimutalkreis *m.*; FIG. ***il ~ si chiude*** der Kreis schließt sich; ***dare un colpo al ~ e uno alla botte*** = bei niemandem an_ecken wollen, es sich mit niemandem verderben wollen; ***fare ~ intorno a qcn.*** einen Kreis um jdn schließen; FIG. sich schützend vor jdn stellen, jdn ab_schirmen; ***-chi in lega (leggera)*** Leichtmetallfelgen *pl.*; ***~ massimo*** Großkreis *m.*; ***~ meridiano*** Meridiankreis *m.*; ***~ osculatore*** Krümmungskreis *m.*; ***quadratura del ~*** Quadratur *f.* des Kreises (*o* des Zirkels); ***il ~ si stringe (intorno all'assassino)*** der Kreis (um den Mörder) schließt sich, die Schlinge (um den Mörder) zieht sich zu; ***avere un ~ alla testa*** = Kopfschmerzen haben; ***~ zenitale*** Scheitelkreis *m.*

cer|chio|ne m. Felge *f.*: ***i -i delle ruote*** die Radfelgen.

cer|ci|ne m. BOT. Narbenwulst *m.*

cer|co|pi|te|co m. *(-ci,-chi)* Meerkatze *f.*

ce|re|a|le I m. Getreide *n.* **II** agg. Getreide- ◆ ***biscotti ai -i*** Mehrkornkekse *pl.*; ***farina di -i*** Getreidemehl *n.*; ***fiocchi di -i*** Getreideflocken *pl.* **ce|re|a|li|co|lo** agg. Getreide-. **ce|re|a|li|col|tu|ra** f. Getreide(an)bau *m.*

ce|re|bra|le agg. **1** Hirn-, Gehirn-, zerebral: ***corteccia ~*** Hirn-, Gehirnrinde *f.*; ***commozione, emorragia, lesione ~*** Gehirnerschütterung *f.*, Hirnblutung *f.* (*o* Gehirnblutung *f.*), Hirnverletzung *f.* **2** FIG. *(intellettualistico)* verkopft, überintellektuell: ***un film, uno scrittore troppo ~*** ein zu verkopfter Film, Schriftsteller **3** LING. zerebral, Zerebral-. **ce|re|bra|li|smo** m., **ce|re|bra|li|tà** f. Verkopftsein n., Intellektualismus *m.*

ce|re|bro|le|so I agg. hirngeschädigt **II** m. Hirngeschädigte *m.* **ce|re|bro|pa|ti|a** f. Gehirnkrankheit *f.*, Gehirnleiden *n.* **ce|re|bro|spi|na|le** agg. zerebrospinal.

ce|re|o agg. **1** wächsern, Wachs- **2** *(della consistenza della cera)* wachsartig **3** *(pallidissimo)* wachsbleich, wächsern.

Ce|re|re n.pr.f. Ceres *f.*

ce|re|ri|a f. **1** Wachszieherei *f.* **2** *(negozio)* Wachshandlung *f.*

ce|ret|ta f. **1** Enthaarungswachs *n.*: ***farsi la ~ alle gambe*** sich (D) die Beine (mit Wachs) enthaaren **2** *(cera per scarpe)* Schuhwichse *f.*, Schuhcreme *f.*

cer|fo|glio m. *(-gli)* Kerbel *m.*, Kerbelkraut *n.*

ce|ri|fe|ro agg. Wachs bildend, Wachs erzeugend.

ce|ri|mo|nia f. **1** Zeremonie *f.*, Feier *f.*, Feierlichkeit *f.*: ***partecipare, presenziare a una ~*** an einer Feier teil_nehmen; ***~ nuziale, funebre*** Hochzeits-, Trauerfeier *f.*; ***la ~ dell'incoronazione*** die Krönungsfeierlichkeiten; ***~ inaugurale*** Eröffnungsfeierlichkeit *f.*, Einweihungsfeier *f.*; ***una ~ solenne*** ein feierlicher Akt **2** pl. *(complimenti)* Umstände *pl.*: ***non fare tante -e!*** mach nicht so viele Umstände! ◆ ***abito da ~*** Festkleid *n.*; ***maestro di ~*** Zeremonienmeister *m.*; ***senza tante, troppe -e*** ohne große Umstände.

ce|ri|mo|nia|le I agg. zeremoniell **II** m. **1** Zeremoniell *n.*: ***~ di corte*** höfisches Zeremoniell; ***attenersi al (rispettare), seguire il ~*** sich an das Zeremoniell halten, das Zeremoniell befolgen **2** *(libro)* Zeremonienbuch *n.* **ce|ri|mo|nie|re** m. Zeremonienmeister *m.* **ce|ri|mo|nio|si|tà** f. Förmlichkeit *f.*, Umständlichkeit *f.* **ce|ri|mo|nio|so** agg. zeremoniell, zeremoniös; *(formale)* förmlich: ***un comportamento ~*** ein zeremonielles Benehmen ◆ ***non fare tanto il ~!*** sei doch nicht so förmlich!

ce|ri|no m. Wachsstreichholz *n.*

ce|rio m. Cer *n.*, Zer *n.*, Zerium *n.*

cer|ne|re tr. **1** *(discernere)* unterscheiden: ***~ il buono dal cattivo*** das Gute vom Schlechten unterscheiden **2** ANT. *(vedere con chiarezza)* deutlich sehen.

cer|nia f. Zackenbarsch *m.*

cer|nie|ra f. **1** *(chiusura lampo)* Reißverschluss *m.*: ***la ~ dei pantaloni, della valigia*** der Hosenreißverschluss, der Reißverschluss des Koffers; ***aprire, chiudere una ~*** einen Reißverschluss öffnen, schließen; ***hai la ~ aperta*** du hast den Reißverschluss offen **2** MECC. Scharnier *n.* **3** FIG. Verbindung *f.*, Zusammenhalt *m.* ◆ ***a ~*** aufklappbar; ***articolazione a ~*** Scharniergelenk *n.*; ***coperchio a ~*** Klappe *f.*; ***fare da ~*** = vermitteln; ***~ lampo*** Reißverschluss *m.*

cer|ni|ta f. Auslese *f.*, Auswahl *f.*, Sortierung *f.*; *(secondo la qualità)* Güteeinteilung *f.*; *(secondo le categorie)* Klassensortierung *f.*: ***fare una ~ di qcs.*** etw. aus_lesen, sortieren. **cer|ni|tri|ce** f. Sortiermaschine *f.*

ce|ro m. (große) Kerze *f.*, Altarkerze *f.*: ***accendere un ~ a un santo*** einem Heiligen eine Kerze stiften ◆ ***~ pasquale*** Osterkerze *f.*

ce|ro|gra|fi|a f. Zerographie *f.*, Wachsgravierung *f.* **ce|ro|gra|fo** m. Zerograph *m.*

ce|ro|ne m. Schminke *f.*: ***mettersi, togliersi il ~*** sich schminken, ab_schminken.

ce|ro|pla|sti|ca f. Keroplastik *f.*, Wachsbild *n.*

ce|ro|so agg. **1** wachshaltig, Wachs- **2** *(simile alla cera)* wachsartig.

ce|rot|to m. Pflaster *n.*, Heftpflaster *n.*: ***mettere un ~ sulla ferita, sul braccio*** ein Pflaster auf die Wunde, auf den Arm kleben; ***togliere il ~*** das Pflaster ab_ziehen.

cer|re|to m. Zerreichenwald *m.* **cer|ro** m. Zerreiche *f.*

cer|ta|me m. LETT. **1** ANT. Strauß *m.* **2** *(gara letteraria)* literarischer Wettstreit *m.*, ANT. Sängerwettstreit *m.*

cer|ta|men|te avv. gewiss, sicher: ***~ non verrà*** sicher kommt er nicht (*o* er kommt bestimmt nicht); ***avrai ~ fame*** du bist sicher hungrig: ***hai letto il libro? – (sì,) ~!*** hast du das Buch gelesen? – (ja,) sicher! ◆ ***ma ~!*** aber gewiss! ***~ no!*** gewiss nicht!

cer|tez|za f. Gewissheit *f.*, Bestimmtheit *f.*; *(sicurezza)* Sicherheit *f.*: ***avere la ~ di qcs.*** Gewissheit über etw. haben; ***sapere qcs. con assoluta ~*** etw. mit absoluter Gewissheit (*o* Bestimmtheit) wissen; ***diventare una ~*** zur Gewissheit werden ◆ ***~ del diritto*** Rechtssicherheit *f.*; ***con ~ matematica*** mit mathematischer Sicherheit; ***non avere più -e nella vita*** nichts Sicheres mehr im Leben haben.

cer|ti|fi|ca|re tr. *(certifico, certifichi)* bescheinigen, beurkunden, bestätigen.

cer|ti|fi|ca|to m. Bescheinigung *f.*, Urkunde *f.*, Zeugnis *n.*: ***rilasciare, presentare un ~*** eine Bescheinigung aus_stellen, vor_legen; ***allegare un ~ a qcs.*** etw. (D) eine Bescheinigung bei_fügen ◆ ***~ di buona condotta*** Führungs-, Leumundszeugnis *n.*; ***~ di collaudo*** Abnahmebescheinigung *f.*; ***copia di ~*** Zeugnisabschrift *f.*; ***~ elettorale*** Wahlschein *m.*; ***~ di garanzia*** Garantieschein *m.*; ***~ di lavoro*** Arbeitsbescheinigung *f.*; ***~ medico*** ärztliches Zeugnis (*o* Attest); ***~ di morte*** Sterbeurkunde *f.*, Totenschein *m.*; ***~ di nascita*** Geburtsurkunde *f.*; ***~ di origine*** Ursprungszeugnis *n.*; ***~ penale*** Strafregisterauszug *m.*; ***~ di residenza*** Aufenthaltsbescheinigung *f.*, Meldezettel *m.*; ***~ del tesoro*** Schatzbrief *m.*

cer|ti|fi|ca|zio|ne f. Beurkundung *f.*, Bestätigung *f.*, Beglaubigung *f.*: ***~ notarile*** notarielle Beurkundung; ***~ di un documento*** Beglaubigung eines Schriftstücks.

1.cer|to I agg. sicher, gewiss: ***una notizia, prova -a*** eine sichere Nachricht, ein sicherer Beweis; ***una vittoria -a*** ein sicherer Sieg; *(efficace)* ***un rimedio ~*** ein sicheres Mittel; ***essere ~ di qcs.*** etw. (G) sicher (*o* gewiss) sein; ***ne sono ~*** ich bin sicher; ***ero ~ di conoscerlo*** ich war mir sicher, ihn zu kennen; ***è ~ che verrà*** es ist sicher, dass er kommt **II** avv. gewiss, sicher, bestimmt: ***se non sta bene, ~ non verrà*** wenn es ihm nicht gut geht, kommt er sicher nicht; ***non avrei ~ immaginato che avrebbe reagito così*** ich habe bestimmt nicht daran gedacht, dass er so reagieren würde; ***la conosci? – ~!*** kennst du sie? – sicher! ***non vieni? – ~ che vengo!*** kommst du nicht? – sicher komme ich! ***~ (che) è una situazione difficile*** sicher ist das eine schwierige Situation; ***~ (che) hai una bella faccia tosta, hai un bel coraggio!*** du bist wirklich unverschämt! du traust dich wirklich etwas! ◆ ***essere cosa -a*** eine ausgemachte Sache sein, feststehen: ***di ~*** sicher, gewiss; ***abbandonare, lasciare il ~ per l'incerto*** sich auf unsicheren Boden begeben; ***ti piace? – ~, ma...*** gefällt es dir? – ja sicher, aber...; ***non ti sei divertito? – ~, ma...*** hast du dich nicht amüsiert? – doch, aber...; ***ma ~!*** aber gewiss! ***ma ~ che ti aiuto!*** aber sicher helfe ich dir! ***no di ~! ~ che no!*** gewiss nicht! bestimmt nicht! ***sapere qcs. per ~*** etw. ganz sicher wissen; ***dare qcs. per ~*** etw. als sicher voraus_setzen; ***tenere qcs. per ~*** = etw. (G) sicher sein; ***~, però ...*** → ***~, ma...***; ***~ che sì!*** ja, gewiss!

2.cer|to I agg.indef. **1** gewiß, bestimmt: ***una -a somiglianza*** eine gewisse Ähnlichkeit; ***sotto un ~ aspetto*** unter einem bestimmten Aspekt; ***per un ~ periodo*** für eine gewisse Zeit; ***in un ~ modo, senso*** in einer bestimmten Weise, in einem gewissen Sinn **2** pl. *(alcuni)* einige, ein paar: ***devo sbrigare -e faccende*** ich muss einige Sachen erledigen; ***sono uscito con -i miei amici*** ich bin mit ein paar meiner Freunde ausgegangen **3** *(tale)* gewiss: ***un ~ signor Bianchi*** ein gewisser Herr Bianchi **4a** *(di tal genere)* ***non sopporto -e prepotenze*** eine gewisse (*o* bestimmte) Art von Wichtigtuerei ertrage ich nicht; ***ho -i piedi a forza di camminare!*** ich hab' vielleicht Füße vom Laufen! ***ho fatto -i sogni stanotte!*** ich hab' vielleicht Träume gehabt heute nacht! ***ha detto -e cose su di lui!*** er hat Sachen über ihn gesagt! **b** *(con valore spregiativo)* ***non sopporto -a gente, -i discorsi!*** solche Leute, Gespräche ertrage ich nicht! **5** *(discreto)* ziemlich: ***avere un ~ appetito*** einen ziemlichen Hunger haben; ***godere di un ~ prestigio*** ein ziemliches Ansehen genießen; ***mostrare una -a intelligenza*** eine ziemliche Intelligenz zeigen; ***danni di una -a entità*** Schaden von einem ziemlichen Ausmaß **II** pron.indef. pl. **certi** manche, einige: ***-i son d'accordo, altri no*** manche sind damit einverstanden, andere nicht ◆ ***un signore di una -a età*** ein älterer Herr; ***un ~ non so che*** ein gewisses Etwas; ***un ~ qual piacere*** ein gewisses Vergnügen; ***in ~ qual modo*** einigermaßen.

cer|to|sa f. **1** Kartause *f.*; *(in Italia)* Certosa *f.* **2** GASTR. INTRAD. (Art milder Weichkäse).

cer|to|si|no I m. **1** Kartäuser *m.*, Kartäusermönch *m.* **2** *(liquore)* Kartäuserlikör *m.* **3** GASTR. INTRAD. (dem Certosa ähnlicher Weichkäse aus der Lombardei) **II** agg. Kartäuser-: ***monaco ~*** Kartäusermönch *m.* ◆ ***lavoro da ~*** Pusselarbeit *f.*; ***ordine dei -i*** Kartäuserorden *m.*; ***pazienza -a, da ~*** Engelsgeduld *f.*

cer|tu|ni I agg.indef. pl. gewisse, manche **II** pron.indef. pl. manche, einige.

ce|ru|le|o agg. LETT. himmelblau.

ce|ru|me m. Ohrenschmalz *n.*

ce|ru|si|co m. *(-ci,* rar. *-chi)* ANT. Wundarzt *m.*

cer|vel|la|ta f. Zervelatwurst *f.* **cer|vel|let|to** m. Kleinhirn *n.* **cer|vel|li|no** m. **1** kleines Gehirn *n.*, Kinderverstand *m.* **2** *(persona poco assennata)* Luftikus *m.*

cer|vel|lo m. *(-i* m.pl. e *-a* f.pl.*)* **1** (pl. *-i*) Gehirn *n.* **2a** FIG. *(senno)* Hirn *n.*, Verstand *m.*: ***avere molto, poco ~*** viel, wenig Verstand haben: ***cos'hai al posto del ~?*** was hast du nur in deinem Hirn drin? ***una persona senza ~*** ein Mensch ohne Verstand **b** *(testa)* Kopf *m.*: ***usa il ~!*** gebrauche deinen Kopf! ***pensare col proprio ~*** mit seinem eigenen Kopf denken **3** GASTR. (pl. *-a*) Hirn *n.*, Kalbshirn *n.*: ***-a fritte*** fritiertes Kalbshirn **4a** *(mente*; pl. *-i)* Kopf *m.*, Geist *m.*: ***un ~ fino*** ein kluger Kopf **b** *(mente direttiva)* Kopf *m.*: ***è il ~ della banda*** er ist der Kopf der Bande ◆ ***non avere il ~ a posto*** nicht ganz richtig im Kopf sein; ***ti sei bevuto il ~?*** bist du völlig übergeschnappt? ***bruciare le -a a qcn.*** jdm eine Kugel durch den Kopf jagen; ***~ elettronico*** Elektronen(ge)hirn *n.*; ***fuga dei -i*** Abwanderung von Wissenschaftlern, Braindrain *m.*; ***mi fuma il ~*** mir raucht der Schädel; ***avere un ~ di gallina*** ein Spatzen(ge)hirn haben; ***lambiccarsi il ~*** sich (D) das Gehirn zermartern (*o* zergrübeln); ***lavaggio del ~*** Gehirnwäsche *f.*; ***fare il lavaggio del ~ a qcn.*** jdn einer Gehirnwäsche unterziehen; ***avere il ~ in fondo ai piedi*** = sein Gehirn ausschalten; ***far saltare le -a a qcn.*** → ***bruciare le -a qcn.***; ***farsi saltare le -a*** sich (D) eine Kugel durch den Kopf jagen; ***avere segatura al posto del ~*** Stroh (*o* Gips, Häcksel) an Stelle des Gehirns haben; ***ti ha dato di volta il ~?*** bist du übergeschnappt? PROV. ***scarpe grosse, ~ fino*** = ungehobelt (*o* ungebildet), aber klug. **cer|vel|lo|ne** m. **1** = genialischer Mensch *m.*, Genie *n.*: ***è un vero ~!*** er ist ein wahres Genie! **2** SCHERZ. *(cervello elettronico)* = Elektronen(ge)hirn *n.* **cer|vel|lo|ti|co** agg. *(-ci, -che)* = zu kompliziert: ***un ragionamento ~*** ein zu komplizierter Gedankengang.

cer|vi|ca|le agg. **1** Hals-, zervikal: ***nervo, vertebra ~*** Halsnerv *m.*, Halswirbel *m.* (*o* Nackenwirbel *n.*); ***artrosi ~*** Halswirbelsyndrom *n.* **2** *(relativo all'utero)* Zervix, zervikal: ***muco ~*** Zervixschleim *m.* ◆ COLLOQ. ***soffrire di, avere la ~*** am Halswirbelsyndrom leiden.

cer|vi|ce f. **1** LETT. Nacken *m.* **2** ANAT. Zervix *f.*

cer|vi|di m.pl. Hirsche *pl.*

cer|vi|no agg. **1** Hirsch- **2** *(di pellami)* hirschlederartig.

Cer|vi|no n.pr.m. Matterhorn *n.*

cer|vo m. Hirsch *m.* ◆ ***~ volante*** Hirschkäfer *m.*; *(aquilone)* Drachen *m.*

Ce|sa|re I n.pr.m. Cäsar *m.*; STOR. ***Giulio ~*** Julius Cäsar **II** m. *(imperatore)* Cäsar *m.*, Kaiser *m.*: ***i dodici cesari*** die zwölf Cäsaren ◆ ***date a ~ quel che è di ~ e a Dio quel che è di Dio*** gebt dem Kaiser, was des Kaisers ist, und Gott, was Gottes ist.

1.ce|sa|re|o agg. **1** STOR. cäsarisch **2** LETT. cäsarisch, kaiserlich: ***poeta ~*** Hofdichter *m.*, Dichter *m.* am kaiserlichen Hof.

2.ce|sa|re|o agg. MED. Kaiser-: ***taglio ~*** Kaiserschnitt *m.*

ce|sa|ri|smo m. Cäsarismus *m.*, Cäsarentum *n.* **ce|sa|ro|pa|pi|smo** m. Cäsaropapismus *m.* **ce|sa|ro|pa|pi|sta I** m. Cäsaropapist *m.* **II** agg. cäsaropapistisch.

ce|sel|la|re tr. **1** ziselieren **2** FIG. aus‿feilen: ***~ versi*** Verse ausfeilen.

ce|sel|la|to p.pass. agg. **1** → **cesellare 2** ***argento ~*** ziseliertes Silber **3** FIG. ***versi -i*** ausgefeilte Verse. **ce|sel|la|to|re** m. Ziseleur *m.*, Ziselierer *m.* **ce|sel|la|tu|ra** f. Ziselierung *f.* **ce|sel|lo** m. **1** Ziselierarbeit *f.* **2** *(bulino)* Grabstichel *m.*; *(a più punte)* Punze *f.* ◆ ***lavorare di ~*** ziselieren.

ce|se|na f. Wacholderdrossel *f.*, Krammetsvogel *m.*

ce|sio m. Zäsium *n.*

ce|so|ia f. **1** Schere *f.*: ***~ per lamiera*** Blechschere *f.*; ***~ tagliatubi*** Rohrschere *f.* **2** pl. Gartenschere *f.*, Baumschere *f.*: ***-e tagliaerba*** Rasenschere *f.*; ***-e da siepe*** Heckenschere *f.*

ce|spi|te m. **1** Einnahmequelle *f.*: ***~ di reddito, guadagno*** Ertragsquelle *f.*, Verdienstquelle *f.* **2** LETT. *(cespo)* Blätterbüschel *n.*

ce|spo m. Blätterbüschel *n.*, Schopf *m.*: ***un ~ d'insalata*** ein Kopf Salat, ein Salatkopf.

ce|spu|glio m. *(-gli)* **1** Busch *m.*, Strauch *m.*; pl. Gebüsch *n.* **2** FIG. SCHERZ. *(folto ciuffo)* Haarbüschel *n.* **ce|spu|glio|so** agg. **1** strauchig, bebuscht **2** FIG. buschig: ***sopracciglia -e*** buschige Augenbrauen.

ces|sa|re I intr. (aus. *essere, avere*) auf‿hören: ***è cessato di piovere*** es hat aufgehört zu regnen; ***ha cessato di lavorare, di vivere*** er hat aufgehört zu arbeiten, zu leben **II** tr. ein‿stellen, auf‿hören: ***~ il fuoco, le ostilità*** das Feuer, die Feindseligkeiten einstellen; ***~ il lavoro*** mit der Arbeit aufhören. **ces|sa|te** m., ***~ il fuoco*** Feuereinstellung *f.* **ces|sa|zio|ne** f. **1** Aufhören *n.*, Beendigung *f.* **2** *(sospensione)* Einstellung *f.*: ***~ dei pagamenti*** Zahlungseinstellung *f.* **3** COMM. Aufgabe *f.*: ***~ di attività*** Geschäftsaufgabe *f.*

ces|si|na|re tr. düngen. **ces|si|no** m. natürlicher Dung *m.*, Naturdünger *m.*

ces|sio|na|rio m. *(-ri)* Übernehmer *m.*, Zessionar *m.*: ***~ di un appalto*** Pachtübernehmer *m.* ◆ ***creditore ~*** übernehmender Gläubiger. **ces|sio|ne** f. **1** Abtretung *f.*, Übertragung *f.* **2** DIR. Auflassung *f.*, Überlassung *f.*, Zession *f.* ◆ ***atto di ~*** Abtretungsurkunde *f.*, Übertragungsurkunde *f.*; ***concordato con ~ di beni*** Liquidationsvergleich *m.*; ***contratto di ~*** Abtretungsvertrag *m.*; EQUIT. ***~ alla gamba*** Seitengang *m.*; ***~ a titolo di garanzia*** Sicherungsübereignung *f.*, Sicherungsabtretung *f.*; ***~ scritta*** Verschreibung *f.*

ces|so m. COLLOQ. **1** Klo *n.* **2a** FIG. *(luogo sporco, malsano)* Saustall m. **b** *(di persona)* das Letzte: ***quella donna è un ~*** diese Frau ist das Letzte **c** *(cosa brutta, malfatta)* Scheiß *m.*: ***quel film è un ~*** der Film ist ein Scheiß, ein Mist.

ce|sta f. **1** Korb *m.*: ***intrecciare -e*** Körbe flechten; *(contenuto)* ***una ~ (piena) di arance*** ein Korb (voller) Orangen **2** AER. Korb *m.*, Gondel *f.* **3** TEATR. Requisitenkorb *m.* ◆ ***~ per il pane*** Brotkorb *m.*; ***~ portabiancheria*** Wäschepuff *m.*, Puff *m.*; ***~ della, per la spesa*** Einkaufskorb *m.* **ce|sta|io** m. *(-ai)* Korbmacher *m.*, Flechter *m.* **ce|stel|lo** m. **1** Körbchen *n.* **2** *(nelle lavatrici)* Trommel *f.*

ce|sti|na|re tr. **1** in den Papierkorb werfen **2** FIG. *(rifiutare)* ab‿lehnen; ***~ un articolo*** einen Artikel in den Papierkorb befördern.

ce|sti|no m. Korb *m.*, Körbchen *n.*; *(della carta)* Papierkorb *m.*: ***gettare qcs. nel ~*** etw. in den Papierkorb werfen; COLLOQ. ***finire nel ~*** in den Papierkorb fliegen, im Papierkorb enden ◆ ***~ della carta*** Papierkorb *m.*; ***~ della frutta*** Obstkorb *m.*; ***~ da lavoro*** Nähkörbchen *n.*; ***~ del pane*** Brotkorb *m.*; ***~ da picnic*** Picknickkorb *m.*; ***~ dei rifiuti*** Abfallkorb *m.*; ***~ da viaggio*** Proviantkorb *m.*, Lunchpaket *n.* **ce|sti|sta** m. e f. *(-i,-e)* Korbballspieler *m.* (-in *f.*).

1.ce|sto m. Korb *m.* ◆ ***~ regalo*** Präsent-, Geschenkkorb *m.*

2.ce|sto m. → **cespo.**

3.ce|sto m. STOR. Fausthandschuh *m.*

ce|sto|de m. Riemenwurm *m.*

ce|su|ra f. **1** METR. MUS. Zäsur *f.* **2** FIG. Zäsur *f.*, Einschnitt *m.*

ce|ta|ce|o m. Wal *m.*, Walfisch *m.*

ce|ti|na f. Walrat *m.* e *n.*

ce|to m. Stand *m.*, Schicht *f.*: ***i -i superiori, inferiori della società*** die oberen, niederen Gesellschaftsschichten ◆ ***~ medio*** Mittelschicht *f.*, Mittelstand *m.*; ***~ operaio*** Arbeiterklasse *f.*

ce|to|nia f. Rosenkäfer *m.*, Goldkäfer *m.*

ce|tra f. **1** ANT. Kithara *f.* **2** Zither *f.*

ce|tran|go|lo m. Bitterorange *f.*, Pomeranze *f.*

ce|trio|li|no m. Gürkchen *n.* **ce|trio|lo** m. **1** Gurke *f.* **2** FIG. *(uomo sciocco)* Dummkopf *m.* ◆ ***~ di mare*** Seegurke *f.*; ***~ in salamoia*** Salzgurke *f.*; ***~ sott'aceto*** Essiggurke *f.*, Gewürzgurke *f.*

cf., cfr. ⇒ *confer, confronta* vergleiche (vgl.).

CFS ⇒ *Corpo Forestale dello Stato* Staatliche Forstverwaltung.

CG ⇒ *Console Generale* Generalkonsul.

CGE ⇒ *Compagnia Generale di Elettricità* Allgemeine Elektrizitätsgesellschaft.

CGIL ⇒ *Confederazione Generale Italiana del Lavoro* Allgemeiner italienischer Gewerkschaftsbund.

cha-cha-cha [-'tʃa] m. Cha-Cha-Cha *m.*
cha|dor [tʃa'dɔr] m.inv. Tschador *m.*, Schador *m.*
cha|let [ʃa'lɛ] m.inv. Chalet *n.*
cham|pa|gne [ʃã'paɲ] **I** m. Champagner *m.*, Champagnerwein *m.* **II** agg.inv. champagner ◆ ***coppa da ~*** Champagnerglas *n.*; ***color ~*** Champagnerfarbe *f.*
cham|pi|gnon [ʃã:pɪ'njɔ̃] m.inv. Champignon *m.*
chan|ce ['ʃã:sə] f.inv. Chance *f.*: ***avere ancora un'ultima ~*** noch eine letzte Chance haben; ***non avere ~ con qcn.*** bei jdm keine Chance haben; ***offrire una ~ a qcn.*** jdm eine Chance bieten; ***sfruttare, sprecare una ~*** eine Chance aus‿nutzen, versäumen (verspielen).
chan|til|ly [ʃanti'ji] **I** agg.inv. **1** ***pizzo ~*** Chantillyspitze *f.* **2** ***crema ~*** Schlagsahne *f.* **II** m.inv. Chantillyspitze *f.* **III** f.inv. Schlagsahne *f.*
char|les|ton ['tʃɑ:lstən] m.inv. Charleston *m.*
char|lot|te [ʃar'lɔtə] f.inv. GASTR. Charlotte *f.*
char|me ['ʃarm] m.inv. Charme *m.*
char|ter ['tʃa:tə] **I** m.inv. **1** *(volo)* Charterflug *m.*: ***prenotare un ~*** einen Charterflug buchen **2** *(aereo)* Charterflugzeug *n.* **II** agg.inv. Charter-: ***volo ~*** Charterflug *m.*; ***compagnia di viaggi ~*** Chartergesellschaft *f.*
char|treu|se [ʃar'trøzə] f.inv. Kartäuserlikör *m.*, Chartreuse *m.*
chas|si|di|smo m. Chassidismus *m.* **chas|si|di|co** agg. *(-ci,-che)* chassidisch.
châs|sis [ʃa'si:] m.inv. **1** Chassis *n.*, Fahrgestell *n.* **2** FOT. Kassette *f.* **3** *(per pizze cinematografiche)* Filmspulenhülle *f.*
chauf|feur [ʃo'fœr] m.inv. Chauffeur *m.*
1.che I pron.rel. **1a** der, die, das: ***il signore ~ ha cercato ieri è partito*** der Herr, den Sie gestern gesucht haben, ist abgefahren; ***la lettera ~ ho scritto ieri è già stata spedita*** der Brief, den ich gestern geschrieben habe, ist schon abgeschickt worden **b** ***ciò ~, cosa ~, il ~*** was: ***ciò ~ ho letto è molto interessante*** was ich gelesen habe, ist sehr interessant; ***tutto ciò ~ mi riguarda*** alles, was mich betrifft; ***arrivò a casa improvvisamente, cosa ~ non mi aspettavo*** er kam plötzlich nach Hause, was ich nicht erwartet hatte; *(was si fonde con le preposizioni:* womit, worauf, wovon, worüber...*)* ***mi ha ringraziato, il ~ mi ha fatto molto piacere*** er hat sich bei mir bedankt, worüber ich mich sehr gefreut habe **2** COLLOQ. *(in cui)* an dem, an der, in dem, in der, als: ***l'estate ~ ci siamo conosciuti*** der Sommer, in dem wir uns kennen gelernt haben **3** *(con avverbi di luogo, di tempo)* hier, dort, da: ***è qui ~ si rilasciano i passaporti?*** werden hier die Pässe ausgestellt? ***è là ~ abita mia sorella*** dort wohnt meine Schwester; ***è da lì ~ viene quest'usanza*** daher kommt diese Sitte; ***fu allora ~ ti scrissi*** damals schrieb ich dir **II** pron.interr. **1a** *(che cosa)* was: ***~ c'è?*** was ist los? ***~ c'è di nuovo?*** was gibt es Neues? ***dimmi ~ hai*** sag mir, was mit dir los ist; ***~ ne dici?*** was sagst du dazu? COLLOQ. ***~ è questo?*** was ist denn das? ***~ altro?*** was noch? ***~ si fa?*** was machen wir? ***e ~ ne so?*** was weiß ich? ***~ vuoi?*** was willst du? **b** *(con verbi che reggono preposizioni)* ***a ~ pensi?*** woran denkst du? COLLOQ. an was denkst du? ***di ~ si tratta?*** worum geht es? COLLOQ. um was geht's? ***di ~ parli?*** wovon sprichst du? **2a** *(quale)* welcher, welche, welches: ***a ~ pagina?*** auf welcher Seite? ***di ~ colore?*** welche Farbe? ***dimmi ~ treno prendi*** sag mir, welchen Zug du nimmst **b** *(di che genere)* was für ein, was für eine: ***~ libro è?*** was für ein Buch ist das? ***non so ~ idee abbia in testa*** ich weiß nicht, was für Ideen er im Kopf hat; ***~ (razza di) gente conosci?*** was für Leute kennst du nur? **3** *(in frasi esclamative)* was, was für ein, wie: ***ma ~ dici!*** was du nicht sagst! ***ma ~ mi tocca sentire!*** was muss ich da hören! ***è il mio unico amico, ma ~ amico*** er ist mein einziger Freund, und was für einer! ***sono i miei unici amici, ma ~ amici!*** sie sind meine einzigen Freunde, und was für welche! ***~ tempaccio!*** was für ein Wetter! ***~ strano!*** wie komisch! ***~ vecchio ~ è!*** wie alt er ist! **III** pron.indef. etwas: ***aveva un ~ di strano*** er hatte etwas Komisches an sich; ***un certo non so ~*** ein gewisses Etwas; ***si crede un gran ~*** er glaubt, etwas Besonderes zu sein; ***non ho fatto un gran ~*** ich habe nicht besonders viel getan ◆ ***non avere (nulla, niente) a ~ fare*** nichts zu tun haben; ***chissà ~*** wer weiß was; ***colui ~*** wer; ***ha di ~ lamentarsi*** es gibt vieles, worüber er sich beschweren könnte; ***ha di ~ vivere*** er hat genug zum Leben; ***non c'è di ~!*** nichts zu danken! ***~ è ~ non è*** auf einmal; ***~ lavoro fa?*** was macht er beruflich? was ist er von Beruf? ***abita in non so ~ città*** er wohnt in ich weiß nicht welcher Stadt.
2.che cong. **1** *(dichiarativa)* dass: ***so ~ è vero*** ich weiß, dass es wahr ist; ***ci ha fatto piacere ~ tu ci abbia fatto visita*** es hat uns gefreut, dass du uns besucht hast; ***conto ~ tu venga*** ich rechne auf dein Kommen; ***speriamo (~) arrivi presto*** wir hoffen, dass er bald kommt (*o* wir hoffen, er kommt bald) **2** *(consecutiva)* so..., dass: ***parlagli in modo ~ capisca*** sprich mit ihm so, dass er versteht; ***la musica era così forte, ~ tutti i vicini si lamentarono*** die Musik war so laut, dass sich alle Nachbarn darüber beschwerten **3** *(causale)* weil, denn: ***copriti, ~ fa freddo*** zieh dich warm an, denn es ist kalt **4** *(finale)* dass, damit: ***stai attento ~ non cada*** gib acht, dass er nicht fällt; ***corri, ~ non arrivi tardi!*** lauf, dass du nicht zu spät kommst; ***~ non s'abbia a dire ~...*** damit es nicht etwa heißt, dass... **5a** *(temporale)* dass: ***sono tre anni ~ vive qui*** es sind schon drei Jahre, dass er hier lebt; ***dopo ~*** nachdem; ***prima ~*** bevor **b** *(finché)* bis: ***aspetto ~ parta*** ich warte, bis er abfährt **c** *(quando, non appena)* als, sobald: ***passata ~ fu la tempesta*** als der Sturm vorbei war **6** *(comparativa)* als: ***è andata meglio ~ non credessi*** es ging besser, als ich gedacht hatte **7** *(eccettuativa)* nichts als, nur: ***non fa ~ piangere*** er tut nichts als weinen (*o* er weint nur); ***non pensa ~ a lui*** sie denkt nur an ihn **8** *(imperativa, ottativa)* dass: ***~ Dio abbia misericordia!*** dass Gott erbarm! ***~ vada pure!*** mag er nur gehen! (*o* er soll nur gehen!); ***~ venga!*** er soll kommen! ***~ non se ne parli più!*** Schluss damit! **9** *(limitativa)* soweit, soviel; so weit, so viel: ***studio più ~ posso*** ich lerne so viel ich kann; ***non ~ io sappia*** nicht dass ich wüsste; ***non ha chiamato nessuno, ~ io sappia*** soweit ich weiß, hat niemand angerufen **10** *(correlativo)* ob, LETT. sei es: ***~ venga o no (~ venga o ~ non venga)*** ob er nun kommt, oder nicht (*o* ob er nicht kommt); ***sia ~..., sia ~...*** sei es dass..., oder dass... **11** *(interrogativa)* vielleicht, ob: ***~ mi sia ingannato?*** ob ich mich getäuscht habe? ***~ siano già andati via?*** sind sie etwa schon weg? **12** *(secondo termine di paragone nei comparativi)* als, denn: ***è più diligente ~ dotato*** er ist mehr fleißig als begabt; ***spende più di quello ~ guadagna*** er gibt mehr aus, als er verdient; ***è più sano ~ da bambino, ~ quando era bambino*** er ist heute gesünder, als er es in seiner Kinderzeit war ◆ ***a meno ~*** es sei denn, dass; ***nel caso ~*** falls; ***il giorno ~*** an dem Tage, da; ***non ~*** nicht dass, nicht als ob: ***non ~ sia difficile...*** nicht dass es schwer wäre...; ***non ~ non fosse contento, ma...*** nicht dass er nicht zufrieden wäre, aber...; ***nonostante ~*** obwohl; ***a patto ~*** unter der Bedingung dass, angenommen dass; ***sono più ~ certo*** ich bin mehr als sicher; ***posto ~*** gesetzt den Fall, dass; ***salvo ~*** → ***tranne ~***; ***sempre ~*** vorausgesetzt dass; ***senza ~*** ohne dass; ***tutto è accaduto senza ~ me ne accorgessi*** alles das ist passiert, ohne dass ich etwas gemerkt habe; ***tranne ~*** außer dass, außer wenn; ***una volta ~ te l'ho detto...*** wenn ich es dir schon gesagt habe...; ***ogni volta ~*** jedesmal, wenn.
ché cong. LETT. **1** *(causale)* weil, da **2** *(finale)* damit, um...zu.
chec|ca f. *(-che)* SPREG. Tunte *f.*, Schwuchtel *f.*
chec|ché pron.rel.indef.inv. was auch immer: ***~ tu dica*** was auch immer du sagst. **chec|ches|si|a** pron.indef.inv. LETT. was auch immer; *(in frasi negative)* nichts.
check-in [tʃɛk 'ɪn] m.inv. Check-in *m.*: ***fare il ~*** ein‿checken.
check-up [tʃɛk 'ʌp] m.inv. MED. TECN. Check-up *m.*: ***fare un ~*** einen Check-up machen.
chef [ʃɛf] m.inv. Chefkoch *m.*
che|la f. *(di crostacei)* Schere *f.*
chel|le|ri|na f. ANT. Kellnerin *f.*
che|mio|lu|mi|ne|scen|za f. Chemilumineszenz *f.* **che|mio|sin|te|si** f. Chemosynthese *f.* **che|mio|te|ra|peu|ti|co** → **chemioterapico. che|mio|te|ra|pi|a** f. Chemotherapie *f.* **che|mio|te|ra|pi|co I** agg. *(-ci,-che)* chemotherapeutisch **II** m. *(-ci)* Chemotherapeutikum *n.* **che|mio|tro|pi|smo** m. Chemotropismus *m.*
che|mi|sier [ʃəmi'zje] m.inv. Hemdblusenkleid *n.*
che|no|po|dio m. *(-di)* Gänsefuß *m.*
Che|o|pe n.pr.m. Cheops *m.*; ***la piramide di ~*** die Cheopspyramide.
che|pì m.inv. Käppi *n.*
che|que [ʃɛk] m.inv. Scheck *m.*
che|ra|ti|na f. Keratin *n.*, Hornstoff *m.* **che|ra|ti|niz|zar|si** pronom. verhornen. **che|ra|ti|niz|za|zio|ne** f. Verhornung *f.* **che|ra|ti|te** f. Keratitis *f.*, Hornhautentzündung *f.* **che|ra|to|ma** m. Keratom *n.* **che|ra|to|pla|sti|ca** f. Keratoplastik *f.* **che|ra|to|sco|pio** m. *(-pi)* Keratoskop *n.* **che|ra|to|si** f. Keratose *f.*
che|rig|ma m. Kerygma *n.*
cher|mes m.inv. Kermes *m.*
cher|mi|si → **cremisi.**
che|ro|se|ne m. Kerosin *n.*
che|ru|bi|co agg. *(-ci,-che)* cherubinisch, engelgleich. **che|ru|bi|no** m. **1** Cherub *m.* **2** FIG. *(creatura angelica)* Engel *m.*, ätherische Gestalt *f.*
che|ster ['tʃɛstə] m.inv. Chesterkäse *m.*
che|ta|re I tr. beruhigen, stillen **II** pronom. **chetarsi** sich beruhigen.
che|ti|chel|la, ***alla ~*** heimlich, in aller Stille.
che|to agg. ruhig, still ◆ ***acqua -a*** stilles Wasser; PROV. ***l'acqua -a rompe i ponti*** stille Wasser sind, gründen tief.

che|to|gna|to m. Pfeilwurm *m.*
che|to|ne m. Keton *n.*
che|viot ['tʃɛviɔt] m.inv. Cheviot *m.*
che|vreau [ʃə'vro] m.inv. Chevreau *n.*, Chevreauleder *n.*
chew|ing-gum ['tʃu:ɪŋ gʌm] m.inv. Kaugummi *m.* e *n.*: ***masticare ~*** Kaugummi kauen.
CHF ⇒ *franco svizzero* Franken (sfr, svizz. sFr.).
chi I pron.rel. **1** wer: ***~ è ammalato, deve restare a casa*** wer krank ist, muss zu Hause bleiben; ***a ~ non piace...*** wem das nicht gefällt...; ***~ sa qualcosa deve dirlo*** wer etwas weiß, soll es sagen; ***lo chiederò a ~ verrà per primo*** ich werde den fragen, der zuerst kommt **2** *(nella lingua scritta)* derjenige, der: ***~ intende partecipare, deve...*** diejenigen, die teilnehmen wollen, müssen... **II** pron.rel.indef. **1** *(qualcuno che)* jemand, der; einer, der: ***ho trovato ~ può farlo*** ich habe jemand(en) gefunden, der es machen kann **2** *(nessuno che)* keiner, der; niemand, der: ***non trova ~ lo possa aiutare*** er findet keinen, der ihm helfen kann; ***non c'è ~ gli creda*** es gibt niemand(en), der ihm glaubt; ***non fidarti di ~ non conosci*** traue niemand(em), den du nicht kennst **3** *(chiunque)* wer: ***dallo a ~ vuoi*** gib es, wem du willst **III** pron.interr. wer: ***~ è?*** wer ist das? *(alla porta)* wer ist da? ***~ è stato?*** wer ist es gewesen? ***~ è la più bella?*** wer ist die Schönste? ***dimmi ~ viene*** sag mir, wer kommt; ***di ~ ti ricordi?*** an wen erinnerst du dich? ***a ~ hai regalato il libro?*** wem hast du das Buch geschenkt? ***~ hai visto?*** wen hast du gesehen? ***di ~ hai paura?*** vor wem hast du Angst? ***con ~ esci?*** mit wem gehst du aus? *(in domande retoriche)* ***~ altri può averlo fatto, se non tu?*** wer anders als du kann das getan haben? *(in frasi esclamative)* ***~ l'avrebbe detto!*** wer hätte das gesagt! ◆ ***~... ~...*** der eine... der andere...: ***~ legge, ~ dorme*** die einen lesen, die anderen schlafen; ***~ altri? ~ altro (se non lui)?*** wer sonst? (wenn nicht er); ***chissà ~*** wunder wer; ***a ~ lo dici!*** wem sagst du das (*o* das brauchst du mir nicht zu sagen)! ***~ mi dice che...?*** woher soll ich wissen, dass...? ***~ me lo fa fare?*** warum sollte ich das tun (*o* wie komme ich dazu)? ***~ sarà mai?*** wer könnte das sein? ***non so ~*** irgend jemand, (*o* COLLOQ. irgendwer); ***~ lo sa*** wer weiß; ***si salvi ~ può!*** rette sich, wer kann! ***senti ~ parla!*** gerade du musst reden! ***(toh) ~ si vede!*** ja, wen sieht man denn da!
chiac|chie|ra f. **1** Plauderei *f.*; pl. Schwatz *m.*: ***fare (scambiare) due, quattro -e con qcn.*** einen kleinen Schwatz mit jdm halten, mit jdm plaudern **2** *(discorso futile)* Geschwätz *n.*: ***perdersi in -e*** sich mit Geschwätz auf‿halten; ***sono solo -e!*** das ist alles blödes Geschwätz! ***basta con le -e!*** Schluss mit dem Geschwätz! **3** *(maldicenza)* Klatsch *m.*, Gerede *n.*: ***non dare retta alle -e della gente*** nichts auf das Gerede der Leute geben **4** *(parlantina)* Schwatzhaftigkeit *f.*, Geschwätzigkeit *f.* **5** GASTR. INTRAD. (mittelitalienische Bezeichnung für ein Karnevalsgebäck).
chiac|chie|ra|re intr. *(chiacchiero; aus. avere)* **1** plaudern, schwatzen: ***~ con qcn. (di, su qcs.)*** mit jdm (von, über etw.) schwatzen **2** *(spettegolare)* klatschen, reden: ***la gente chiacchiera*** es wird viel geredet. **chiac|chie|ra|ta** f. Plauderei *f.*, Schwatz *m.*: ***fare una ~*** sich mit jdm unterhalten (*o* mit jdm plaudern). **chiac|chie|ra|ti|na** f. Schwätzchen *n.* **chiac|chie|ra|to** p. pass. agg. **1** → **chiacchierare 2** ***è una persona (molto) -a*** über ihn (*o* sie) wird viel geredet. **chiac|chie|ric|cio** m. *(-ci)* Geschwätz *n.*, Gemurmel *n.* **chiac|chie|ri|o** m. *(-ii)* → **chiacchiericcio. chiac|chie|ro|na** f. Schwatzbase *f.*, Klatschbase *f.* **chiac|chie|ro|ne I** agg. geschwätzig, gesprächig **II** m. **1** Plaud(e)rer *m.* **2** SPREG. Schwätzer *m.*
chia|ma f. Aufruf *m.*; ***fare la ~*** namentlich auf‿rufen.
chia|ma|re I tr. **1a** rufen: ***~ qcn.*** nach jdm (*o* jdn) rufen; ***~ la mamma*** nach der Mutter rufen; ***~ un medico, un taxi*** einen Arzt, ein Taxi rufen; ***~ qcn. in aiuto, in soccorso*** jdn zu Hilfe rufen; ***affari mi chiamano a Roma*** Geschäfte rufen mich nach Rom; *(chiedere, gridare)* ***~ aiuto*** um (*o* nach) Hilfe rufen **b** *(via radio)* rufen: ***Nord chiama Sud*** Nord ruft Süd **2** *(telefonare)* rufen, an‿rufen: ***~ qcn. al (numero) 7512*** jdn unter der Nummer 7512 anrufen; ***~ il numero 181*** die Nummer 181 anrufen; ***~ la polizia*** die Polizei anrufen **3a** *(dare un nome, denominare)* nennen, benennen: ***come lo volete ~?*** wie wollt ihr ihn nennen? ***~ il figlio come il nonno*** den Sohn nach seinem Großvater benennen; ***fu chiamato Marco*** er wurde Mark genannt **b** *(con un nome, un titolo)* nennen, rufen: ***tutti lo chiamano dottore*** alle nennen ihn Doktor; ***i suoi genitori la chiamano Rina*** ihre Eltern nennen sie Rina **4** *(definire)* nennen, heißen: ***questa la chiami puntualità?*** das nennst du Pünktlichkeit? **5** *(designare)* berufen, ernennen: ***~ qcn. alla presidenza*** jdn zum Vorsitzenden berufen; ***~ qcn. a ricoprire una cattedra*** jdn auf einen Lehrstuhl berufen **II** pronom. **chiamarsi 1a** *(aver nome)* heißen: ***come ti chiami?*** wie heißt du? ***mi chiamo Andrea*** ich heiße Andreas **b** sich nennen: ***il ristorante si chiama...*** das Restaurant nennt sich... **2** *(essere)* nennen: ***questo si chiama coraggio!*** das nenne ich Mut! ***questo si chiama lavorare!*** das heißt arbeiten! **3** *(dirsi, considerarsi)* sich nennen **4** *(dichiararsi)* sich geben: ***-rsi vinto*** sich geschlagen geben ◆ ***andare a ~ qcn.*** jdn holen; ***~ (qcn.) alle armi*** (jdn) zu den Waffen rufen; GIOC. ***~ una carta*** eine Karte aufrufen; ***~ in causa qcn.*** jdn hinzu‿ziehen; ***~ qcn. con un cenno*** jdn zu sich winken, jdn herbei‿winken; ***~ le cose con il loro nome*** die Dinge bei ihrem Namen (*o* beim richtigen Namen) nennen; ***il dovere (mi) chiama*** die Pflicht ruft (mich); FIG. ***-rsi fuori*** = mit etw. nichts mehr zu tun haben (wollen); ***~ qcn. in giudizio*** jdn vor Gericht laden (*o* rufen); ***mandare a ~ qcn.*** jdn rufen lassen; ***~ qcn. per nome*** jdn bei, mit seinem Vornamen nennen; ***~ a raccolta*** zusammen‿trommeln; FIG. *(riunire per un'emergenza)* auf den Plan rufen; TEATR. ***~ alla ribalta*** heraus‿rufen; ***~ qcn. a sè*** jdn zu sich rufen, jdn ab‿rufen; ***~ qcn. al telefono*** jdn an‿rufen; ***~ qcn. a testimone*** als (*o* zum) Zeugen anrufen.
chia|ma|ta f. **1a** Ruf *m.*: ***~ alle armi*** Ruf zu den Waffen, Einberufung *f.*; *(invito)* ***ricevere una ~ all'università*** einen Ruf an die Universität bekommen (*o* erhalten) **b** *(alla ribalta)* Hervorruf *m.*; ***l'attore ebbe molte -e*** der Schauspieler wurde mehrmals herausgerufen **2** *(telefonica)* Anruf *m.*, Telefonanruf *m.*, Gespräch *n.*: ***ricevere, rispondere a una ~*** einen Anruf erhalten, beantworten; ***prendere, passare una ~*** ein Gespräch an‿nehmen, weiter‿leiten **3** *(vocazione)* Berufung *f.*: ***~ al sacerdozio*** Berufung zum Priester; ***rispondere alla ~*** die Berufung an‿nehmen **4** TIPOGR. *(richiamo)* Verweis *m.* ◆ ***~ a carico del destinatario*** R-Gespräch *n.*; ***~ di correo*** Anklage *f.* als Mitschuldiger; ***~ d'emergenza*** Notruf *m.*; ***~ in giudizio*** Vorladung *f.*; ***~ via radio*** Funkruf *m.*
chia|ma|to p.pass. agg. **1** → **chiamare 2** berufen: ***sentirsi ~ a qcs.*** sich zu etw. berufen fühlen ◆ ***molti sono i -i, ma pochi gli eletti*** viele sind berufen, aber wenige sind auserwählt.
chian|ti m. Chianti *m.* **chian|ti|gia|no I** agg. aus dem Chianti, Chianti- **II** m. Bewohner *m.* des Chianti.
chiap|pa f. COLLOQ. Pobacke *f.*
chia|ra f. **1** Eiweiß *n.*: ***montare le -e a neve*** die Eiweiße zu Schnee schlagen **2** COLLOQ. *(birra)* Helle *n.*: ***una (piccola) ~, per favore!*** ein (kleines) Helles, bitte!
Chia|ra n.pr.f. Klara *f.*
chia|ra|men|te avv. **1** klar, deutlich: ***vedere ~*** klar sehen; ***un confine ~ visibile*** eine deutlich sichtbare Grenze; ***pronunciare ~*** deutlich aus‿sprechen, sprechen; ***ricordarsi ~ di qcn., qcs.*** sich an jdn, etw. deutlich erinnern **2** FIG. *(apertamente)* offen: ***parlare ~ a qcn.*** mit jdm offen reden **3** *(evidentemente)* offensichtlich, eindeutig.
chia|ra|ta f. Eischnee *m.*
chia|ret|to m. Klarett *m.*
chia|rez|za f. **1** *(limpidezza)* Klarheit *f.*: ***la ~ del cielo, dell'acqua*** die Klarheit des Himmels, des Wassers **2** FIG. *(comprensibilità)* Klarheit *f.*, Verständlichkeit *f.*, Deutlichkeit *f.*: ***la ~ di un testo, di una spiegazione*** die Verständlichkeit eines Textes, die Klarheit einer Erklärung ◆ ***su qcs. c'è, non c'è ~*** über etw. besteht Klarheit, Unklarheit; ***con ~*** klar, deutlich: ***esprimere qcs. con ~*** etw. klar aus‿sprechen; ***con la massima, con estrema ~*** äußerst deutlich; ***fare ~*** Klarheit schaffen; ***~ di idee*** klare Gedanken.
chia|ri|fi|ca|re tr. *(chiarifico, chiarifichi)* **1** klären: ***~ un liquido*** eine Flüssigkeit klären **2** FIG. klären, ab‿klären: ***~ un concetto*** einen Begriff klären. **chia|ri|fi|ca|to|re I** agg. klärend: ***parole -trici*** klärende Worte **II** m. **1** Klärapparat *m.* **2** *(recipiente)* Klärbecken *n.* **chia|ri|fi|ca|zio|ne** f. **1** Klärung *f.*: ***~ delle acque di scarico*** Klärung der Abwässer; ***impianto di ~*** Kläranlage *f.* **2** *(chiarimento)* Klärung *f.*, Abklärung *f.*
chia|ri|men|to m. **1** Klärung *f.*, Klarstellung *f.*: ***il ~ di una questione*** die Klärung einer Frage **2** *(spiegazione)* Erklärung *f.*, Aufklärung *f.*: ***esigere, fornire un ~*** eine Erklärung fordern, ab‿geben; ***chiedere -i a qcn. su qcs.*** von jdm Aufklärung über etw. (A) verlangen; ***giungere a un ~*** zu einer Klärung kommen.
chia|ri|na f. Clarino *n.*
chia|ri|re *(chiarisco, chiarisci)* **I** tr. **1** klären, verdeutlichen, COLLOQ. klar‿machen: ***~ la questione*** die Frage klären; ***~ il proprio punto di vista*** seinen Standpunkt verdeutlichen **2** *(spiegare)* erklären: ***~ a qcn. un concetto difficile*** jdm einen schwierigen Begriff erklären **3** *(far luce su)* auf‿klären: ***~ un dubbio, un equivoco*** einen Zweifel, ein Missverständnis aufklären; ***le circostanze del delitto sono state chiarite*** die Umstände des Verbrechens wurden aufgeklärt **4** *(mettere in chiaro)* klar‿stellen, klar‿legen: ***~ la propria posizione*** seine Position (*o* Rolle) klarstellen **5** *(definire)* fest‿legen: ***~ i termini di un accordo*** die Punkte einer Vereinbarung festlegen **II** pronom. **chiarirsi 1** sich klären, klar werden: ***la faccenda si è chiarita*** die Sache hat sich geklärt **2** ***-rsi (di) qcs.*** sich (D) über

etw. Klarheit verschaffen **3** *(darsi spiegazioni)* ***-rsi con qcn.*** mit jdm ins Reine kommen, sich aus‿sprechen ◆ ***-rsi le idee*** seine Gedanken ordnen.

chia|ris|si|mo agg. sehr verehrt; ***~ professore*** sehr verehrter Herr Professor. **chia|ri|tà** f. LETT. Klarheit *f.*, Helligkeit *f.*, Helle *f.*

chia|ro I agg. **1a** *(luminoso)* hell: ***un giorno ~*** ein heller Tag **b** *(limpido)* ***acqua -a*** klares Wasser; ***un cielo ~*** ein klarer Himmel; ***la notte è -a*** die Nacht ist klar **2a** *(di colore, suono)* hell: ***colori, capelli, occhi -i*** helle Farben, Haare, Augen **b** LING. hell: ***una vocale -a*** ein heller Vokal **3** *(netto)* klar, eindeutig: ***un ~ rifiuto*** eine eindeutige Absage **4a** *(comprensibile, distinto)* klar, deutlich, verständlich: ***una scrittura -a*** eine deutliche Schrift; ***un caso ~*** ein klarer Fall; ***pronuncia -a*** deutliche Aussprache; ***spiegare qcs. in modo molto ~*** etw. sehr verständlich erklären **b** FIG. ***idee -e*** klare Gedanken; ***intenzioni, allusioni -e*** deutliche Absichten, Anspielungen **5** *(esplicito)* klar, offen: ***essere ~ con qcn.*** mit jdm offen sein; ***rapporti -i*** klare Verhältnisse **6** *(evidente, palese)* klar, offensichtlich: ***un ~ errore*** ein offensichtlicher Irrtum; ***è ~ che...*** es ist klar (*o* offensichtlich), dass... **II** avv. **1** klar, deutlich: ***scrivere ~*** deutlich schreiben **2** *(con franchezza)* offen: ***parlare ~*** offen reden; ***parliamoci ~*** reden wir offen miteinander **III** m. Helle *f.*, Schein *m.*: ***si fa già ~*** es wird schon hell; ***al ~ di luna*** bei Mondschein ◆ ***biondo ~*** hellblond; ***birra ~*** helles Bier, Helles *n.*; ***cantarle -e a qcn.*** jdm die Meinung geigen, jdm klipp und klar die Meinung sagen; ***di carnagione -a*** hellhäutig; ***castano ~*** hellbraun; *(fare giorno)* ***diventare ~*** hell werden; ***ma è ~!*** das ist (doch ganz) klar! ***di -a fama*** von großem Ruf; ***giallo ~*** hellgelb; ***dire qcs. a -e lettere*** etw. klar und deutlich sagen; ***mettere in ~ le cose*** klare Verhältnisse schaffen; ***dagli, con gli occhi -i*** helläugig; ***rendere ~*** klar‿machen, klären; ***risultare ~*** klar werden; ***rosso ~*** hellrot; ***~ come il sole*** sonnenklar; ***~ e tondo*** klar und deutlich (*o* klar und offen, kurz und klar); ***tutto ~?*** (ist) alles klar? ***vedere, vederci ~ (in qcs.)*** (in Bezug auf etw. [A]) klar sehen; ***verde ~*** hellgrün; ***vestirsi di ~*** sich hell kleiden.

chia|ro|re m. Schimmer *m.*, Schein *m.*: ***al ~ di una candela, della luna*** beim Schimmer einer Kerze, beim Schein des Mondes (*o* bei Mondschein); ***~ di una lampada, delle stelle*** Lampenschein *m.*, Sternenschein *m.*

chia|ro|scu|ra|le agg. Helldunkel-: ***effetti -i*** Helldunkeleffekte. **chia|ro|scu|ra|re** tr. **1** mit Helldunkeleffekten versehen **2** FIG. Kontrast geben. **chia|ro|scu|ro** m. **1** Helldunkel *n.* **2** FIG. Kontrast *m.*; *(alternanza)* Auf und Ab *n.*, Wechselfälle *pl.* ◆ ***pittura a ~*** Helldunkelmalerei *f.*

chia|ro|veg|gen|te I agg. **1** hellseherisch **2** FIG. hellsichtig, scharf blickend **II** m. e f. Hellseher *m.* (-in *f.*). **chia|ro|veg|gen|za** f. **1** Hellseherei *f.* **2** FIG. Hellsichtigkeit *f.*, Scharfblick *m.*

chia|smo m. Chiasmus *m.*

chias|sa|ta f. **1** *(schiamazzo)* Krach *m.*, Lärm *m.* **2** *(scenata)* Krach *m.*, Szene *f.*, Theater *n.*: ***fare una ~*** Theater (*o* eine Szene) machen.

chias|si|le m. Fensterrahmen *m.*

chias|so m. **1** Lärm *m.*, Krach *m.*: ***fare un ~ infernale*** einen Höllenlärm machen **2** FIG. ***fare ~*** Aufsehen erregen. **chias|so|ne I** m. Krakeeler *m.*, Polterer *m.* **II** agg. laut, lärmend. **chias|so|sa|men|te** avv. laut, polternd. **chias|so|si|tà** f. Lärmen *n.* **chias|so|so** agg. **1** *(rumoroso)* laut, lärmend, polternd: ***una strada, una persona -a*** eine laute Straße, eine lärmende Person; ***una musica -a*** eine lärmende Musik **2** *(sgargiante)* laut, grell, knallig: ***colori -i*** grelle, laute Farben.

chia|sti|co agg. *(-ci,-che)* chiastisch.

chiat|ta f. Schleppkahn *m.*, Lastkahn *m.*, Schute *f.*

chia|vac|cio m. *(-ci)* Riegel *m.*

chia|var|da f. Anker *m.*, Bolzen *m.* **chia|var|da|re** tr. → **inchiavardare.**

chia|va|re tr. VOLG. vögeln, rammeln. **chia|va|ta** f. VOLG. Vögelei *f.*, Rammelei *f.*

chia|ve I f. **1a** Schlüssel *m.*: ***consegnare a qcn. le -i della città*** jdm die Schlüssel der Stadt übergeben; ***infilare la ~ nella serratura*** den Schlüssel ins Schloss stecken; ***girare la ~ nella toppa, togliere la ~ dalla toppa*** den Schlüssel um‿drehen, ab‿ziehen; ***dare due giri di ~*** den Schlüssel zweimal herum‿drehen **b** FIG. ***la ~ del successo, di un mistero*** der Schlüssel zum Erfolg, zu einem Geheimnis; ***qui c'è la ~ per risolvere il problema*** hierin liegt der Schlüssel zur Lösung des Problems; *(cifrario)* Chiffreschlüssel *m.*, Schlüssel *m.*: ***decifrare qcs. seguendo una ~*** etw. mit, nach einem Schlüssel entziffern; ***la ~ di un libro di esercizi*** der Schlüssel zu einem Übungsbuch **c** TECN. ***~ (per dadi)*** Schlüssel *m.*, Schraubenschlüssel *m.*; *(per dare la carica)* Schlüssel *m.* **d** MUS. ***~ di violino, di basso*** Violin-, Bassschlüssel *m.* **2** METR. Übergangsvers *m.* **II** agg.inv. Schlüssel-: ***esperienza ~*** Schlüsselerlebnis *n.*; ***domanda ~*** Schlüsselfrage *f.*; ***personaggio ~*** Schlüsselfigur *f.*; ***posizione ~*** Schlüsselstellung *f.*, -position *f.*; ***testo, parola ~*** Schlüsseltext *m.*, Schlüsselwort *n.*; ***un settore ~ dell'economia*** ein Schlüsselsektor der Wirtschaft ◆ ***a ~*** Schlüssel-: ***racconto, romanzo a ~*** Schlüsselerzählung *f.*, Schlüsselroman *m.*; ***~ di accensione*** Zündschlüssel *m.*; ***~ di accesso*** Zugang *m.*, INFORM. Code *m.*, Kode *m.*; ***~ di accordatura, per accordare*** Stimmschlüssel *m.*; ***le -i di casa*** die Hausschlüssel, Wohnungsschlüssel; ***chiudere a ~*** ab‿schließen, verschließen; ***~ femmina*** Hohlschlüssel *m.*; ***in ~ politica*** unter politischem Aspekt, Gesichtspunkt, in politischer Hinsicht; ***~ inglese*** Engländer *m.*; ***~ di lettura*** Schlüssel *m.*; ***prezzo -i in mano*** schlüsselfertiger Preis; ***~ maschio*** Einsteckschlüssel *m.*; ***mazzo di -i*** Schlüsselbund *m.*; ***mettere qcn., qcs. sotto ~*** jdn ein‿sperren, etw. verschließen; ***tenere qcs. sotto ~*** etw. unter Verschluss halten; ***~ universale*** Hauptschlüssel *m.*; ARCH. ***~ di volta*** (anche FIG.) Schlussstein *m.*, Scheitelstein *m.*

chia|vet|ta f. **1** Schlüsselchen *n.* **2** MECC. Keil *m.* ◆ ***~ d'accensione*** Zündschlüssel *m.*

chia|vi|ca f. *(-che)* Dole *f.* ◆ ***ratto delle -che*** Wanderratte *f.*

chia|vi|na f. Schlüsselchen *n.*

chia|vi|stel|lo m. Riegel *m.*, Schieber *m.*, Schnapper *m.*: ***aprire, chiudere qcs. con il ~*** etw. auf‿riegeln (*o* auf‿schieben), verriegeln (*o* ab‿riegeln).

chiaz|za f. **1** Fleck *m.*, Flecken *m.*; *(di colore, di inchiostro)* Klecks *m.* **2** *(sulla pelle)* Fleck *m.*, Hautfleck *m.* ◆ ***a -e*** gefleckt, fleckig; ***~ di petrolio*** Ölteppich *m.*; ***~ di sudore*** Schweißfleck *m.*

chiaz|za|re I tr. beflecken, besprenkeln; *(con colore, inchiostro)* beklecksen **II** pronom. **chiazzarsi 1** fleckig werden **2** *(con colore, inchiostro)* sich beklecksen. **chiaz|za|to** p.pass. agg. **1** → **chiazzare 2** *(a macchie)* fleckig.

chic [ʃik] agg.inv. chic, schick.

chi|ca|ne [ʃi'kan] f.inv. Schikane *f.*

chic|ca f. *(-che)* **1** *(caramella)* Bonbon *m.* e *n.* **2** FIG. *(rarità)* Kostbarkeit *f.*, Schmuckstück *n.*: ***una ~ letteraria*** eine literarische Kostbarkeit.

chic|che|ra f. ANT. Schüsselchen *n.*

chic|ches|si|a pron.indef.inv. m. e f. **1** *(chiunque)* wer auch immer **2** *(nessuno; in frasi negative)* gar niemand.

chic|chi|ri|chì I inter. kikeriki: ***fare ~*** kikeriki machen **II** m.inv. Kikeriki *n.*

chic|co m. *(-chi)* **1** Korn *n.*: ***~ di riso, di grano*** Reiskorn *n.*, Weizenkorn *n.* **2** *(di caffè)* Bohne *f.*; *(d'uva)* Traube *f.*, Beere *f.* ◆ ***~ di grandine*** Hagelkorn *n.*, REGION. Schlosse *f.*; ***i -chi del rosario*** die Rosenkranzperlen.

chie|de|re *(chiesi; chiesto)* **I** tr. **1** *(per sapere)* fragen: ***~ qcs.*** nach etw. fragen; ***~ qcs. a qcn.*** jdn etw. fragen; ***~ l'ora*** nach der Uhrzeit fragen; ***~ notizie di qcn.*** sich nach jdm erkundigen **2a** *(per ottenere)* bitten, erbitten: ***~ qcs.*** um etw. bitten, etw. erbitten; ***~ un'informazione, un piacere a qcn.*** jdn um eine Auskunft, einen Gefallen bitten; ***~ perdono, permesso, scusa*** um Verzeihung, Erlaubnis, Entschuldigung bitten **b** assol. *(elemosinare)* ***vergognarsi di dover ~*** sich schämen, betteln zu müssen **3** *(richiedere, pretendere)* verlangen, erfordern: ***~ una spiegazione*** eine Erklärung verlangen; ***questo compito chiede molta fatica*** diese Aufgabe erfordert viele Mühe; ***~ troppo*** zu viel verlangen; ***~ un prezzo ragionevole*** einen vernünftigen Preis verlangen **II** intr. (aus. *avere*) ***~ a qcn. di qcn., qcs.*** jdn nach jdm, etw. fragen, sich bei jdm nach jdm, etw. erkundigen ◆ ***chiedete e vi sarà dato*** bittet, so wird euch gegeben; ***~ la mano di una ragazza*** um die Hand eines Mädchens an‿halten (*o* bitten); ***non poter ~ di meglio che...*** sich nichts Besseres wünschen können, als...; ***non ~ altro che*** lediglich verlangen; ***~ la parola*** sich zu Wort melden; ***potresti ~ per piacere?*** könntest du bitte fragen? ***te lo chiedo per, puoi stare zitto?*** ich bitte dich, sei still; ***~ qcs. in prestito*** sich (D) etw. aus‿leihen.

chie|ri|ca f. *(-che)* **1** Tonsur *f.* **2** SCHERZ. Haarkranz *m.* **chie|ri|ca|to** m. **1** Priesterstand *m.* **2** *(clero)* Geistlichen *pl.* **chie|ri|chet|to** m. Ministrant *m.*, Messdiener *m.*, ANT. Messknabe *m.*

chie|ri|co m. *(-ci)* **1** *(ecclesiastico)* Kleriker *m.*, Geistliche *m.* **2** *(assistente nelle funzioni liturgiche)* Messdiener *m.*, Ministrant *m.* **3** *(seminarista)* Seminarist *m.* ◆ ***~ regolare, secolare*** Regulargeistliche *m.* (*o* Ordensgeistliche *m.*), Säkularkleriker *m.*; STOR. ***-ci vaganti*** fahrende Schüler, Vaganten; ***poesia dei -ci vaganti*** Vagantendichtung *f.*

chie|sa f. Kirche *f.*: ***andare in ~*** in die Kirche gehen; ***~ romanica, gotica*** romanische, gotische Kirche; *(istituzione)* ***~ anglicana, cattolica, evangelica (protestante), riformata, ortodossa*** anglikanische, katholische, evangelische, reformierte, orthodoxe Kirche ◆

consacrazione* di una ~** Kirchweihe *f.*; ***di ~ fromm, gläubig; ***dottore della*** ~ Kirchenlehrer *m.*; ***dottrina della*** ~ Kirchenlehre *f.*; ~ ***militante*** streitende Kirche; ***padre della*** ~ Kirchenvater *m.*; ~ ***parrocchiale*** Pfarrkirche *f.*; ***principe della*** ~ Kirchenfürst *m.*; ~ ***purgante*** läuternde Kirche; STOR. ~ ***del silenzio*** Kirche im Untergrund; ***stato della*** ~ Kirchenstaat *m.* **chie|sa|sti|co** agg. *(-ci, -che)* **1** kirchlich, Kirchen- **2** SPREG. *(pretesco)* klerikal, geistlich.

chie|set|ta f. Kirchlein *n.*

chie|si → **chiedere. chie|sto** → **chiedere.**

chie|suo|la f. MAR. Kompasshäuschen *n.*

chi|fel m.inv. Kipfe(r)l *n.*

chif|fon [ʃi'fɔ̃] m.inv. Chiffon *m.*

chi|glia f. Kiel *m.* ◆ ~ ***a pinna, di deriva*** Flosse *f.*, Schwanzflosse *f.*; ***imbarcazione a*** ~ Soling *f.*; ***linea di*** ~ Kiellinie *f.*; ***per*** ~ längsschiffs; ~ ***piatta*** Flachkiel *m.*; ~ ***di rollio (antirollio, antirollante)*** Schlingerkiel *m.*; ***a*** ~ ***in su*** kieloben.

chi|gnon [ʃi'ɲɔ̃] m.inv. Chignon *m.*

chi|lia|smo m. Chiliasmus *m.* **chi|lia|sta** m. Chiliast *m.*

chi|li|fi|ca|re *(chilifico, chilifichi)* **I** tr. in Milchsaft verwandeln **II** intr. (aus. *avere*) Milchsaft bilden. **chi|li|fi|ca|zio|ne** f. Milchsaftbildung *f.*

1.chi|lo m. Kilo *n.*: ***tre -i, mezzo ~ di pane*** drei Kilo, ein halbes Kilo Brot; ***pesare 60 -i*** 60 Kilo wiegen.

2.chi|lo m. BIOL. Milchsaft *m.*, Chylus *m.*

chi|lo|ca|lo|ri|a f. Kilo(gramm)kalorie *f.* **chi|lo|ci|clo** m. Kilohertz *n.* **chi|lo|gram|me|tro** m. Kilogrammeter *n.* **chi|lo|gram|mo** m. Kilogramm *m.* **chi|lo|hertz** m. Kilohertz *n.* **chi|lo|li|tro** m. Kiloliter *m.* **chi|lo|me|trag|gio** m. *(-gi)* Kilometrierung *f.*, Kilometerstand *m.* **chi|lo|me|tra|re** tr. kilometrieren.

chi|lo|me|tri|co agg. *(-ci,-che)* **1** kilometrisch, Kilometer-: ***cippo*** ~ Kilometerstein *m.*, Kilometermarke *f.*; ***tariffa -a*** Kilometertarif *m.* **2** *(distanza di chilometri)* kilometerweit: ***sentire qcs. a una distanza -a*** etw. kilometerweit hören **3** SCHERZ. *(lunghissimo)* kilometerlang: ***una coda -a*** eine kilometerlange Schlange.

chi|lo|me|tro m. Kilometer *m.*: ***distare 20 -i*** 20 Kilometer entfernt sein; ***una coda lunga 5 -i*** eine Autoschlange von 5 Kilometer(n) Länge; ***viaggiare a 100 -i orari*** 100 Kilometer pro Stunde fahren; ***il luogo dell'incidente è al ~ 120*** die Unfallstelle befindet sich bei Kilometer 120 ◆ ***di -i*** → ***lungo -i***; COLLOQ. ***divoratore di -i*** Kilometerfresser *m.*; ***indennità per -i*** Kilometergeld *n.*; ***lungo -i*** kilometerlang; ***per -i*** kilometerweit; ~ ***quadrato*** Quadratkilometer *m.*

chi|lo|ton, chi|lo|to|ne m. Kilotonne *f.* **chi|lo|volt** m.inv. Kilovolt *n.* **chi|lo|volt|am|pere** m. Kilovoltampère *n.* **chi|lo|watt** m. Kilowatt *n.* **chi|lo|wat|to|ra** m.inv. Kilowattstunde *f.*

chi|me|ra f. **1** Chimäre *f.* (anche BOT.): ***inseguire una*** ~ einer Chimäre nach‿jagen **2** ITTIOL. Seekatze *f.* **Chi|me|ra** n.pr.f. Chimära *f.* **chi|me|ri|co** agg. *(-ci,-che)* chimärisch.

chi|mi|ca f. Chemie *f.*: ~ ***applicata, organica, inorganica, farmaceutica*** angewandte, organische, anorganische, pharmazeutische Chemie. **chi|mi|ca|men|te** avv. chemisch.

chi|mi|co I agg. *(-ci,-che)* chemisch, Chemie-: ***l'industria -a*** die chemische Industrie; ***concime*** ~ Chemiedünger *m.*; ***stabilimento*** ~ Chemiewerk *n.*; ***armi -che*** chemische Waffen **II** m. *(-ci)* Chemiker *m.* ◆ ***ingegnere*** ~ Chemotechniker *m.*; ***ingegneria -a*** Chemotechnik *f.*; ***prodotto*** ~ Chemikalie *f.* **chi|mi|fi|ca|re** tr. *(chimifica)* in Chymus verwandeln. **chi|mi|smo** m. Chemismus *m.*

chi|mo m. Speisebrei *m.*, Chymus *m.*

chi|mo|no m.inv. **1** Kimono *m.* **2** SPORT *(da karatè)* Karateanzug *m.*, *(da judo)* Judoanzug *m.* ◆ ***manica a*** ~ Kimonoärmel *m.*

1.chi|na f. Abhang *m.*, Hang *m.*: ~ ***boscosa*** bewaldeter Hang ◆ ***essere sulla ~ degli anni*** im reiferen Alter sein; FIG. ***mettersi su una brutta*** ~ auf die schiefe Bahn geraten (*o* kommen); ***risalire la*** ~ den Hang hinauf‿steigen; FIG. wieder nach oben kommen.

2.chi|na f. **1** BOT. Chinarindenbaum *m.* **2** INTRAD. (Magenbitter aus Chinarinde).

3.chi|na m. **1** Tusche *f.*: ***disegnare a*** ~ tuschen, mit Tusche zeichnen **2** *(disegno)* Tuschzeichnung *f.* ◆ ***inchiostro di*** ~ Tusche *f.*

chi|na|re I tr. **1** neigen, senken, beugen: ~ ***il capo, la testa*** das Haupt, den Kopf neigen; FIG. sich fügen, beugen **2** *(abbassare)* senken: ~ ***lo sguardo, gli occhi*** den Blick, die Augen senken **II** pronom. **chinarsi** sich bücken, sich neigen, sich beugen: ***-rsi su qcn., qcs.*** sich über jdn, etw. neigen, sich nach jdm, etw. bücken; ***-rsi in avanti*** sich nach vorn(e) neigen.

1.chi|na|to p.pass. agg. **1** → **chinare 2** *(incurvato)* gebückt: ***in posizione -a*** in gebückter Haltung.

2.chi|na|to agg. chinarindenhaltig: ***vino*** ~ chinarindenhaltiger Wein.

chin|ca|glie|ri|a f. Nippfigur *f.*; pl. *(insieme di oggettini)* Nippsachen *pl.*, Nippes *pl.*

chi|ne|sio|lo|gi|a f. Kinesiologie *f.*, Bewegungslehre *f.* **chi|ne|si|te|ra|pi|a** f. Kinesiotherapie *f.*, Bewegungstherapie *f.* **chi|ne|si|te|ra|pi|co** agg. *(-ci,-che)* kinesiotherapeutisch, bewegungstherapeutisch: ***trattamento*** ~ kinesiotherapeutische Behandlung.

chi|ne|to|si f. Kinetose *f.*, Reisekrankheit *f.*

chi|ni|na f. Chinin *n.* **chi|ni|no** m. Chininpräparat *n.*

chi|no agg. gebeugt, gebückt, geneigt: ***stare ~ sui libri*** über die Bücher gebeugt sein ◆ FIG. ***a capo*** ~ mit gesenktem, geneigtem Kopf.

chi|not|to m. **1** BOT. Bitterorange *f.*, Pomeranze *f.* **2** INTRAD. (Limonade aus Bitterorangen).

chintz [tʃɪnts] m.inv. Chintz *m.*, Zitz *m.*

chioc|cia f. *(-ce)* Glucke *f.*, Gluckhenne *f.* (anche FIG.) **chioc|cia|re** intr. (aus. *avere*) **1** glucken **2** *(covare)* brüten **3** FIG. *(stare accoccolato)* hocken, kauern. **chioc|cio** agg. *(-ci,-ce)* rau, heiser: ***voce -a*** heisere Stimme.

chioc|cio|la f. Schnecke *f.* ◆ ***scala a*** ~ Wendeltreppe *f.*

chioc|co|la|re intr. (*chioccolo;* aus. *avere*) **1** schlagen: ***i fringuelli chioccolano*** die Finken schlagen **2** *(fischiare con il chioccolo)* auf der Lockpfeife pfeifen **3** *(gorgogliare)* gluckern: ***l'acqua chioccola nella fontana*** das Wasser gluckert im Brunnen. **chioc|co|li|o** m. *(-ii)* **1** *(di uccelli)* Schlagen *n.* **2** *(gorgoglio)* Glucksen *n.*, Gluckern *n.* **chioc|co|lo** m. **1** Schlag *m.* **2** *(fischietto)* Lockpfeife *f.* **3** *(gorgoglio)* Glucksen *n.*, Gluckern *n.*

chio|da|me m. Nägel *pl.* **chio|da|re** tr. **1** benageln: ~ ***le scarpe*** die Schuhe benageln **2** *(inchiodare)* nageln, nieten **3** ALP. Haken ein‿schlagen. **chio|da|to** p.pass. agg. **1** → **chiodare 2** Nagel-, benagelt: ***scarponi -i*** benagelte Bergschuhe; ***scarpe -e*** Nagelschuhe *pl.*; SPORT Spikes *pl.* ◆ ***pneumatico*** ~ Spikereifen *m.* **chio|da|tri|ce** f. Nietmaschine *f.*, Nieter *m.* **chio|da|tu|ra** f. Nietung *f.* **chio|de|ri|a** f. **1** Nagelschmiede *f.* **2** → **chiodame. chio|di|no** m. **1** BOT. Hallimasch *m.* **2** *(piccolo chiodo)* Nägelchen *n.*, Näglein *n.*

chio|do m. **1** Nagel *m.*: ***piantare, togliere, piegare un*** ~ einen Nagel ein‿schlagen, heraus‿ziehen, krumm schlagen **2** *(antiscivolo)* Spike *m.* **3** ALP. Haken *m.*: ~ ***da ghiaccio, da roccia*** Eis-, Felshaken *m.* **4** MED. Pin *m.*, Nagel *m.* **5** *(giubbotto)* = Art Nietenlederjacke *f.* ◆ FIG. ***attaccare qcs. al*** ~ etw. an den Nagel hängen; ~ ***ad espansione*** Spreizniete *f.*, Expansionsnagel *m.*, ALP. Bohrhaken *m.*, Expansionshaken *m.*; ***essere (magro come) un*** ~ spindeldürr sein; FIG. ***avere un ~ fisso*** eine fixe Idee haben; BOT. ~ ***di garofano*** Gewürznelke *f.*; ***letto di -i*** Nagelbrett *n.*; COLLOQ. ***roba da -i!*** so ein Wahnsinn! PROV. ~ ***scaccia*** ~ ein Keil treibt den anderen.

chiog|giot|to I agg. von (*o* aus) Chioggia **II** m. Einwohner *m.* von Chioggia.

chio|ma f. **1** Haar *n.*: ***una ~ folta, fluente*** dichtes, wallendes Haar **2** *(criniera)* Mähne *f.* (anche SCHERZ.): ***scuotere le -e*** die Mähne schütteln; ***con le -e al vento*** mit fliegender Mähne **3** BOT. Baumkrone *f.*, Krone *f.* **4** ASTR. Koma *f.*, Schweif *m.* ◆ SCHERZ. ***fluenti -e*** Haarpracht *f.* **chio|ma|to** agg. **1** behaart **2** belaubt, laubig ◆ FIG. ***stella -a*** Schweifstern *m.*, Komet *m.*

chio|sa f. Glosse *f.*: ***fare una*** ~ eine Glosse verfassen, schreiben. **chio|sa|re** tr. glossieren: ~ ***un testo*** einen Text glossieren. **chio|sa|to|re** m. Glossenschreiber *m.*

chio|sco m. *(-schi)* **1a** Kiosk *m.*, Bude *f.*: ***comprare qcs. al*** ~ etw. am Kiosk kaufen; ~ ***di, dei giornali*** Zeitungskiosk *m.* **b** *(dei gelati)* Eisstand *m.*, Eisbude *f.* **c** *(delle bibite)* Getränkestand *m.*, Getränkebude *f.* **2** *(pergolato)* Laube *f.*

chio|stra f. LETT. **1** Kreis *m.*, Rund *n.*, Reihe *f.*: ***la ~ delle Alpi*** das Alpenrund; ***la ~ dei denti*** Zahnreihe *f.* **2** *(recinto)* Gehege *n.*

chio|stro m. **1** ARCH. Kreuzgang *m.* **2a** *(convento)* Kloster *n.* **b** FIG. *(vita monastica)* Klosterleben *n.*: ***lasciare il*** ~ das Klosterleben auf‿geben **3** LETT. Klause *f.*

chiot|to agg. COLLOQ. mäuschenstill: ***starsene ~, ~*** sich mäuschenstill verhalten.

chioz|zot|to agg. ANT. → **chioggiotto.**

chip [tʃɪp] m.inv. Chip *m.*

chips [tʃɪps] f.pl. Chips *pl.*

chir|ghi|so I agg. kirgisisch **II** m. **1** *(abitante)* Kirgise *m.* **2** *(lingua)* kirgisische Sprache *f.*, Kirgisisch *n.*

chi|ro|gra|fa|rio I *(-ri,-rie)* agg. chirographisch, handschriftlich **II** m. *(-ri)* Buchgläubige *m.* ◆ ***debito*** ~ Buchschuld *f.*, Buchforderung *f.* **chi|ro|gra|fo** m. **1** Handschrift *f.* **2** DIR. handschriftliche Urkunde *f.*

chi|ro|man|te m. e f. Handleser *m.* (-in *f.*), Chiromant *m.* (-in *f.*) **chi|ro|man|ti|co** agg. *(-ci,-che)* chiromantisch. **chi|ro|man|zi|a** f. Handlesekunst *f.*, Chiromantie *f.*

chi|ro|pra|ti|ca f. Chiropraktik *f.* **chi|ro|pra|ti|co** m. *(-ci,-che)* Chiropraktiker *m.* **chi|ro|te|ra|pi|a** f. → **chiropratica.**

chi|rot|te|ro m. Flattertier *n.*

chi|rur|gi|a f. *(-gie)* Chirurgie *f.*: ***essere specializzato in ~*** Facharzt für Chirurgie sein; *(reparto)* ***ricoverare qcn. in ~*** jdn in die Chirurgie ein_liefern; ***essere ricoverato in ~*** auf der Chirurgie liegen ◆ ***~ estetica*** Schönheitschirurgie *f.*; ***~ plastica*** plastische Chirurgie; ***~ d'urgenza*** Unfallchirurgie *f.*

chi|rur|gi|ca|men|te avv. chirurgisch, operativ: ***asportare qcs. ~*** etw. chirurgisch entfernen.

chi|rur|gi|co agg. *(-ci,-che)* **1** chirurgisch, operativ: ***intervento ~*** chirurgischer Eingriff **2** *(di chirurgia)* chirurgisch: ***strumenti -ci*** chirurgische Instrumente; ***reparto ~*** chirurgische Abteilung ◆ ***sala -a*** Operationssaal *m.*

chi|rur|go m. *(-ghi* e *-gi)* Chirurg *m.*, Operateur *m.*: ***un abile ~*** ein fähiger Chirurg; ***assistere il ~*** beim Chirurg(en) instrumentieren.

chis|sà avv. **1** wer weiß: ***~ chi è*** wer weiß, wer das ist; ***~ dove, quando, se*** wer weiß, wo, wann, ob **2** *(può darsi)* möglicherweise: ***~ che non venga domani*** möglicherweise kommt er morgen **3** *(nelle risposte)* vielleicht, wer weiß: ***ritorni domani? – ~!*** bist du morgen zurück? – vielleicht! ◆ ***si crede ~ chi*** er hält sich für Gott weiß wen.

chi|tar|ra f. MUS. Gitarre *f.*: ***~ elettrica*** elektrische Gitarre; ***accordare, suonare la ~*** die Gitarre stimmen, spielen ◆ ***spaghetti alla ~*** INTRAD. (Art hausgemachte Spaghetti). **chi|tar|ri|sta** m. e f. *(-i,-e)* Gitarrenspieler *m.* (-in *f.*), Gitarrist *m.* (-in *f.*).

chi|ti|na f. Chitin *n.* **chi|ti|no|so** agg. chitinig, chitinös.

chi|to|ne m. Chiton *m.*

chiu|de|re *(chiusi, chiuso)* **I** tr. **1a** schließen, zu_machen: ***~ una finestra, una valigia, una bottiglia*** ein Fenster, einen Koffer, eine Flasche schließen; ***~ la bocca, gli occhi*** den Mund, die Augen zumachen **b** *(tirando)* zu_ziehen: ***~ le tende, il sipario*** die Gardinen, den Vorhang zuziehen **c** *(sbattendo)* zu_klappen, zu_schlagen: ***~ il bagagliaio*** den Kofferraum zuklappen **d** *(girando)* zu_drehen: ***~ il rubinetto, il riscaldamento*** den Hahn, die Heizung zudrehen **e** *(ripiegando)* zusammen_klappen: ***~ la sdraio*** den Liegestuhl zusammenklappen **f** *(abbottonando)* schließen, zu_knöpfen, zu_machen: ***~ il cappotto*** den Mantel zuknöpfen **2** *(sbarrare)* sperren, versperren: ***~ una strada al traffico, i confini*** eine Straße für den Verkehr, die Grenzen sperren **3a** *(rinchiudere)* ein_schließen, ein_sperren: ***~ qcn. in, dentro (a) una stanza*** jdn in ein(em) Zimmer einschließen **b** *(tenere sotto chiave)* verschließen: ***~ i gioielli in cassaforte*** den Schmuck im Tresor verschließen **4** *(sospendere l'erogazione)* ab_stellen, ab_drehen: ***~ il gas, l'acqua*** das Gas, Wasser abstellen **5** *(sospendere un'attività)* schließen, still_legen: ***~ una fabbrica, un negozio*** eine Fabrik, ein Geschäft schließen **6** *(terminare)* beschließen, beenden: ***~ un discorso, una lettera con i saluti*** eine Rede, einen Brief mit Grüßen beenden **7a** COMM. ab_schließen: ***~ i conti*** die Konten abschließen **b** *(estinguere)* auf_lösen: ***~ un conto*** ein Konto auflösen **8** INFORM. schließen: ***~ un file*** eine Datei schließen **9** *(nel gioco delle carte)* ab_legen **II** intr. (aus. *avere*) **1a** schließen: ***la finestra non chiude bene*** das Fenster schließt nicht richtig **b** schließen, zu_machen: ***i negozi chiudono alle otto*** die Geschäfte machen um acht Uhr zu **2a** COMM. ab_schließen: ***~ in attivo, in passivo*** mit Gewinn, mit Verlust abschließen **b** ***~ con qcn., qcs.*** mit jdm, etw. ab_schließen: ***~ con il passato*** mit der Vergangenheit abschließen; ***con te ho chiuso*** mit dir habe ich abgeschlossen **III** pronom. **chiudersi 1** sich schließen: ***la porta si chiude*** die Tür schließt sich **2** *(ritirarsi)* sich zurück_ziehen (anche FIG.): ***-rsi in convento, in se stesso*** sich ins Kloster, in sich selbst zurückziehen **3** ESTENS. *(rimarginarsi)* sich schließen, zu_heilen: ***la ferita si è chiusa subito*** die Wunde ist sofort zugeheilt **4** FIG. *(annuvolarsi)* sich beziehen, sich zu_ziehen: ***il cielo si sta chiudendo*** der Himmel bezieht sich **5** COLLOQ. *(schiacciarsi)* sich (D) klemmen: ***-rsi un dito nella portiera*** sich einen Finger in der Tür klemmen ◆ ***~ in bellezza*** glanzvoll ab_schließen (*o* enden); FIG. ***~ la bocca*** den Mund halten; FIG. ***~ la bocca a qcn.*** jdm den Mund stopfen; ***qcn. non chiude mai bocca*** jds Mund steht nicht (*o* nie) still; FIG. ***~ bottega*** den Laden dicht_machen; ***~ qcn. in carcere*** jdn ins Gefängnis sperren; ***il cerchio si chiude*** der Kreis schließt sich; ***~ a chiave*** ab_schließen, verschließen; ***~ col chiavistello*** verriegeln; FOT. ***~ il diaframma*** ab_blenden; FIG. ***~ la porta in faccia a qcn.*** jdm die Tür vor der Nase zu_schlagen; ***~ fuori*** aus_sperren; FIG. aus_schließen; ***~ a doppia mandata*** den Schlüssel zweimal um_drehen; ***~ gli occhi (per sempre)*** seine Augen (für immer) schließen; ***~ gli occhi a un morto*** einem Toten die Augen zu_drücken; ***~ un occhio su qcs.*** bei etw. ein Auge zu_drücken; ***non ~ occhio*** kein Auge zu_tun (*o* zu_machen); ***~ tra parentesi*** ein_klammern, etw. in Klammern setzen; ***~ il pugno*** die Faust ballen.

chiu|di|let|te|ra m.inv. Briefaufkleber *m.*

chiu|di|por|ta m.inv. Türschließer *m.*

chi|un|que I pron.indef. jeder, jedermann: ***~ altro*** jeder andere; ***~ può sbagliare*** jeder kann sich irren; ***~ lo sa*** das weiß (doch) jeder; ***~ di noi*** jeder von uns **II** pron.rel.indef. wer; jeder, der; wer auch immer: ***~ sia*** wer auch immer es sein mag; ***~ lo desideri, può...*** jeder, der möchte, kann...; ***~ suoni alla porta, non aprire!*** wer auch immer klingelt, mach' nicht auf!

chiur|la|re intr. (aus. *avere*) pfeifen. **chiur|lo** m. Brachvogel *m.*

chiu|sa f. **1** IDR. Schleuse *f.*: ***aprire, chiudere una ~*** eine Schleuse öffnen, schließen; ***entrare in, uscire da una ~*** in eine Schleuse ein_fahren, aus einer Schleuse heraus_fahren **2** GEOL. Klause *f.*, Talenge *f.* **3** *(recinto)* Einfriedung *f.* **4a** *(conclusione)* Schluss *m.*: ***la ~ di un romanzo*** der Schluss eines Romans **b** *(di una lettera)* Schluss *m.*, Schlussformel *f.* ◆ ***canale a -e*** Schleusenkanal *m.*

chiu|si → **chiudere.**

chiu|si|no m. Gullydeckel *m.*

chiu|so I p.pass. agg. **1** → **chiudere 2a** geschlossen, COLLOQ. zu: ***la porta è -a*** die Tür ist geschlossen (*o* zu); *(di negozi)* ***lunedì ~*** montags geschlossen; ***~ per lutto, per ferie*** wegen Trauerfall, Urlaub geschlossen **b** *(ristretto)* ***società -a*** geschlossene Gesellschaft; ***un ambiente, circolo ~*** ein geschlossener Kreis **c** FON. ***vocali, sillabe -e*** geschlossene Vokale, Silben; ***avere una pronuncia -a*** eine geschlossene Aussprache haben **d** *(accollato)* hochgeschlossen, geschlossen: ***abito ~*** hochgeschlossenes Kleid; ***scarpe -e*** geschlossene Schuhe **3** *(riservato, introverso)* verschlossen: ***un ragazzo, un carattere ~*** ein verschlossener Junge, Charakter **4** *(concluso)* erledigt, abgeschlossen: ***la faccenda è -a*** die Angelegenheit ist erledigt; ***il caso è ~*** der Fall ist abgeschlossen; FIG. ***un capitolo ~*** ein abgeschlossenes Kapitel **II** m. ***al ~*** drinnen; ***tenere le piante al ~*** die Pflanzen drinnen halten; ***al, nel ~ di una stanza*** innerhalb eines Zimmers ◆ ***tenere la bocca -a*** den Mund halten; ***spedire in busta -a*** in geschlossenem Umschlag verschicken; ***casa -a*** Freudenhaus *n.*; ***circolo ~*** geschlossene Gesellschaft *f.*; FIG. Teufelskreis *m.*; ***economia -a*** Naturalwirtschaft *f.*; ***mare ~*** Binnenmeer *n.*; ***mentalità -a*** engstirnige Denkweise; ***naso ~*** verstopfte Nase, COLLOQ. zue Nase; ***numero ~*** Numerus clausus *m.*; ***a occhi -i*** im Schlaf; ***odore di ~*** abgestandene Luft; ***-a parentesi*** Klammer zu; ***a porte -e*** unter Ausschluss des Publikums; ***rimanere ~*** zu_bleiben, geschlossen bleiben; ***comprare a scatola -a*** die Katze im Sack kaufen; COLLOQ. ***starsene ~ in casa*** zu Hause bleiben; ***tenere ~ qcs.*** etw. zu_halten, zu_lassen, geschlossen lassen.

chiu|su|ra f. **1** Abschluss *m.*, Schließung *f.*: ***la ~ dei conti*** der Abschluss der Konten **2a** *(termine)* Schluss *m.*, Ende *n.*: ***a ~ della manifestazione*** am Ende der Veranstaltung; ***~ della scuola*** Schulschluss *m.* **b** *(di negozi)* Ladenschluss *m.*, Geschäftsschluss *m.*: ***~ anticipata*** vorzeitiger Ladenschluss **3a** *(sistema di chiusura)* Verschluss *m.*, Abschluss *m.*: ***~ automatica, ermetica*** automatischer, hermetischer Verschluss, hermetische Abdichtung **b** ***~ (a scatto)*** Schnappschloss *n.*, Schloss *n.*: ***la ~ della borsetta*** das Schloss der Handtasche **4** *(cessazione di attività)* Stilllegung *f.*, Schließung *f.*: ***la ~ di una ditta*** die Schließung einer Firma ◆ ***a ~ automatica*** selbstschließend; ***bilancio di ~*** Schlussbilanz *f.*, Jahresabschluss *m.*; ***~ della borsa*** Börsenschluss *m.*; ***~ di cassa*** Kassenabschluss *m.*; ***~ centralizzata*** Zentralverriegelung *f.*; ***~ con chiavistello*** Abrieg(e)lung *f.*; ***~ a combinazione*** Zahlenschloss *n.*; ***discorso di ~*** Schlussrede *f.*; ***giorno di ~*** Ruhetag *m.*; ***~ lampo*** Reißverschluss *m.*; ***~ mentale*** Engstirnigkeit *f.*; ***orario di ~*** *(di un negozio)* Ladenschlusszeit *f.*; *(di un'azienda)* Betriebsschluss *m.*; ***quotazione di ~*** Schlussnotierung *f.*; ***~ di sicurezza (per gioielli)*** Sicherheitsverschluss *m.*

choc → **shock.**

1.ci I pron.pers.pl. **1** *(complemento oggetto)* uns: ***~ ha invitato*** er hat uns eingeladen; *(enclitico)* ***veniteci a trovare*** kommt uns besuchen; ***non disturbarci*** stör uns nicht **2** *(complemento di termine)* uns: ***~ ha dato qcs.*** er hat uns etw. gegeben; *(enclitico)* ***dicci la verità*** sag uns die Wahrheit **3** *(con verbi pronominali)* ***in montagna ~ vestiamo pesante*** im Gebirge ziehen wir uns warm an; ***di questo non ~ occupiamo*** darum kümmern wir uns nicht; ***qui ~ annoiamo*** hier langweilen wir uns; ***~ amiamo moltissimo*** wir lieben uns (einander) sehr; COLLOQ. ***la mia amica ed io ~ scriviamo spesso*** meine Freundin und ich schreiben uns oft; *(enclitico)* ***diciamoci tutto*** sagen wir uns alles **II** pron. dimostr. **1** *(riferito a cosa; a ciò, di ciò...)* daran, darauf, darüber, davon...: ***non ~ penso mai*** daran denke ich nie; ***non ~ capisco niente*** daraus werde ich nicht klug; ***non ~ credo*** daran glaube ich nicht; ***non c'entro niente*** damit habe ich nichts zu tun; ***non ~ si riesce*** das klappt nicht; *(enclitico)* ***puoi contarci*** du kannst darauf zählen **2** COLLOQ. *(riferito a persone; con lui, con lei, con loro)* ***~ ho fatto un viaggio (insieme)*** mit ihm habe ich eine Reise gemacht **3** *(pleonastico)* ***a me non ~ pensi?*** an mich denkst du nicht? ***con te non ~ parlo più!*** mit dir rede ich nicht mehr! **III** avv. **1a** *(di luogo; qui)* hier: ***abito in campagna e ~ sto volentieri*** ich wohne auf dem Land und lebe gern hier; ***vieni, ~ si diverte!*** komm mit, wir werden Spaß haben! **b** *(di luogo; là, lì)* dort: ***non ~ trovai nessuno*** dort traf ich niemanden an; ***~ si può andare a piedi*** bis dorthin kann man zu Fuß gehen; ***~ passo tutti i giorni*** da komme ich jeden Tag vorbei; ***~ andrò domani*** ich werde morgen hin‿gehen; ***ti ~ devo portare?*** soll ich dich hin‿bringen? ***~ vieni anche tu?*** kommst du auch hin? kommst du mit? **2** *(pleonastico)* ***qui ~ abito da un pezzo*** ich wohne hier seit langem; ***senza occhiali non ~ vedo*** ohne Brille sehe ich nichts **3a** *(con il verbo essere)* ***c'è, ~ sono*** es gibt: ***là c'è un teatro*** dort gibt es ein Theater; ***cosa c'è di nuovo, a pranzo?*** was gibt's Neues, zum Mittagessen? **b** *(essere presente)* ***esserci*** da sein: ***ieri c'erano tutti*** gestern waren alle da; ***chi c'è?*** wer ist da? ***non c'è più latte*** es ist keine Milch mehr da ◆ ***non c'è che dire!*** das muss man sagen! ***eccoci!*** da sind wir also! ***quanto ~ si mette?*** wie lange braucht man (dazu)? ***non c'è niente da fare*** da kann man nichts machen; ***~ siamo!*** da sind wir also! FIG. *(giungere al risultato)* jetzt geht's los; ***in questa bottiglia ~ sta un litro di vino*** in diese Flasche geht ein Liter Wein (hinein); COLLOQ. EUFEM. ***~ sta*** bei dem (*o* der) läuft was; ***(io) ~ sto*** ich bin dabei, dafür bin ich zu haben; ***c'era una volta...*** es war einmal...; ***~ vuole molto tempo, ~ vogliono due ore*** dazu braucht man viel Zeit, zwei Stunden; ***~ vuole un bel coraggio!*** dazu gehört ganz schön Mut!

2.ci f. e m.inv. c, C *n.*

cia|bat|ta f. **1** Pantoffel *m.*, Schlappen *m.* **2** *(scarpa vecchia e larga)* Latschen *m.*, Schlappschuh *m.* **3** SPREG. *(di persona)* alte Schachtel *f.* **4** *(supporto per presa multipla)* Mehrfachstecker *m.* **cia|bat|ta|re** intr. (aus. *avere*) schlurfen, latschen, schlappen: ***~ per casa*** durch das Haus latschen. **cia|bat|ta|ta** f. = Hieb *m.* mit einem Pantoffel.

cia|bat|ti|no m. Schuster *m.*, Flickschuster *m.* **cia|bat|to|ne** m. SPREG. **1** Latsch *m.* **2** FIG. *(arruffone)* Stümper *m.*, Pfuscher *m.*

ciac I inter. klatsch, patsch: ***cic ~*** klitsch klatsch, pitsch patsch: ***fare cic ~*** platschen, planschen **II** m.inv. Klappe *f.* ◆ ***~, si gira!*** Klappe! **ciac|che|te** inter. schwapp, schwaps, schwipp schwapp.

ciac|co|na f. Chaconne *f.*

Ciad n.pr.m. ***il ~*** der Tschad. **cia|dia|no I** m. Tschader *m.* **II** agg. tschadisch.

ciaf inter. **1** *(rumore di caduta)* platsch **2** *(rumore di uno schiaffo)* patsch.

ciak → **ciac.**

cial|da f. Oblate *f.* (anche FARM.). **cial|do|ne** m. Sahnewaffel *f.*

cial|tro|na|ta f. Schurkerei *f.*, Lumperei *f.*, Halunkenstreich *m.* **cial|tro|ne** m. **1** Schurke *m.*, Lump *m.*, Halunke *m.* **2** *(persona sciatta)* Schlamper *m.* **cial|tro|ne|ri|a** f. **1** Schurkerei *f.*, Lumperei *f.* **2** *(sciatteria)* Schlampigkeit *f.*

ciam|bel|la f. **1** GASTR. Kranzkuchen *m.*; *(piccola)* Kringel *m.* **2** ***~ (di salvataggio)*** Rettungsring *m.* **3** EQUIT. Piaffe *f.* ◆ PROV. ***non tutte le -e riescono col buco*** nicht jeder Schuss ist ein Treffer.

ciam|bel|la|no m. Kammerherr *m.*, Kämmerer *m.*

ciam|pi|ca|re intr. *(ciampico, ciampichi;* aus. *avere)* REGION. torkeln, straucheln. **ciam|pi|co|ne** m. REGION. Strauchler *m.*

cia|na|to m. Zyanat *n.*

cian|chet|ta f. REGION. ***fare (la) ~*** ein Bein stellen.

cian|cia f. *(-ce)* **1** Geschwätz *n.*, Gerede *n.*; Schwafelei *f.* **2** *(pettegolezzo)* Tratsch *m.* **cian|cia|re** intr. *(ciancio, cianci;* aus. *avere)* **1** schwatzen, schwafeln **2** *(spettegolare)* tratschen.

cian|ci|ca|re I intr. *(ciancico, ciancichi;* aus. *avere)* **1** *(pronunciare male)* stottern, stammeln **2** *(masticare con difficoltà)* mühsam kauen **II** tr. REGION. verknittern.

cian|fri|no m. Stemmeisen *n.*, Stemmmeißel *m.*

cian|fru|sa|glie f.pl. Krimskrams *m.*, Firlefanz *m.*

cian|got|ta|re intr. (aus. *avere*) **1** lallen: ***il bimbo ciangotta*** das Baby lallt **2** → **cianciare 3** *(cinguettare)* zwitschern.

cia|ni|dri|co agg. *(-ci,-che)* Blau-: ***acido ~*** Blausäure *f.*

1.cia|no m. BOT. Zyane *f.*

2.cia|no m. CHIM. Zyan *n.*

3.cia|no f.inv. accorc. → **cianografica.**

cia|no|ge|no m. Zyan *n.*

cia|no|gra|fi|a f. Zyanotypie *f.* **cia|no|gra|fi|ca** f. *(-che)* Zyanotypie *f.*, Blaupause *f.* **cia|no|gra|fi|co** agg. *(-ci,-che)* Blaupaus-: ***processo ~*** Blaupausverfahren *n.*; ***carta -a*** Blaupauspapier *n.*

cia|no|si f. Zyanose *f.*, Blausucht *f.* **cia|no|ti|co** agg. *(-ci,-che)* zyanotisch.

cia|no|ti|pi|a f. Zyanotypie *f.*

cia|nu|ra|zio|ne f. Zyanlaugung *f.* **cia|nu|ro** m. Zyanid *n.*

cia|o inter. **1** *(incontrandosi)* hallo, AUSTR. servus **2** *(di commiato)* tschüs ◆ INFANT. ***fare ~ (~) con la mano*** winke, winke machen.

ciap|po|la f. Ziseliermeißel *m.*

cia|ra|mel|la f. Schalmei *f.*

ciar|da f. Csárdás *m.*

ciar|la f. **1** → **ciancia 2** *(parlantina)* Schwatzhaftigkeit *f.*, Geschwätzigkeit *f.* **ciar|la|re** intr. (aus. *avere*) → **cianciare.**

ciar|la|ta|na|ta f. Scharlatanerie *f.*, Schwindel *m.* **ciar|la|ta|ne|ri|a** f. **1** Scharlatanerie *f.* **2** *(di un falso medico)* Quacksalberei *f.*, Kurpfuscherei *f.* **3** → **ciarlatanata. ciar|la|ta|ne|sco** agg. *(-schi, -sche)* **1** quacksalberisch **2** *(da imbonitore)* marktschreierisch. **ciar|la|ta|ni|smo** f. Scharlatanismus *m.* **ciar|la|ta|no** m. **1a** Scharlatan *m.* **b** *(imbonitore)* Marktschreier *m.* **2** *(falso medico, guaritore)* Quacksalber *m.*, Kurpfuscher *m.*

ciar|lie|ro agg. geschwätzig, schwatzhaft, schwätzerisch, redselig. **ciar|lo|ne I** agg. geschwätzig, schwatzhaft **II** m. Schwätzer *m.*

ciar|pa|me m. Kram *m.*, Plunder *m.*, Gerümpel *n.*

cia|sche|du|no RAR. → **ciascuno.**

cia|scu|no I agg.indef. jeder: ***~ studente*** jeder Student; ***ciascun membro dell'associazione*** jedes Mitglied des Vereins **II** pron. indef. **1** *(ognuno)* jeder: ***~ di noi*** jeder von uns; ***diede loro un regalo ~*** er gab jedem von ihnen ein Geschenk; ***~ ha le sue debolezze*** jeder hat seine Schwächen; ***a ~ il suo*** jedem das Seine **2** *(distributivo)* jeder (Einzelne), je: ***gli armadi sono larghi un metro ~*** die Schränke sind je einen Meter breit; ***ciascun caso*** jeder einzelne Fall; ***gli è stato inviato un esemplare di ciascun libro*** je ein Exemplar aller Bücher wurde ihm zugesandt.

cia|te|a|ce|a f. Baumfarn *m.*

ci|ba|re I tr. ernähren, nähren **II** pronom. **cibarsi** sich ernähren, sich nähren: ***-rsi di carne, di verdura, di piccoli mammiferi, di plancton*** sich von Fleisch, Gemüse, kleinen Säugetieren, Plankton ernähren; FIG. ***-rsi di illusioni*** sich Illusionen hin‿geben.

ci|ba|ria f. ***le -e*** die Nahrungsmittel, Lebensmittel.

Ci|be|le n.pr.f. Kybele *f.*

ci|ber|ne|ti|ca f. Kybernetik *f.* **ci|ber|ne|ti|co I** agg. *(-ci,-che)* kybernetisch **II** m. *(-ci)* Kybernetiker *m.* **ci|ber|spa|zio** m. *(-zi)* Cyberspace *m.*

ci|bo m. **1** Speise *f.*, Nahrung *f.*, Essen *n.*: ***-i e bevande*** Speisen und Getränke; ***-i nutrienti, indigesti, facilmente digeribili*** nahrhafte (*o* gehaltreiche), unverdauliche, leicht verträgliche Speisen; ***rifiutare il ~*** die Nahrung verweigern; ***il ~ è buono, cattivo*** das Essen schmeckt gut, schlecht; ***non toccare ~*** das Essen nicht an‿rühren; ***buttarsi sul ~*** sich auf das Essen stürzen **2** FIG. Kost *f.*, Nahrung *f.*: ***~ dello spirito*** geistige Kost; ***~ per la mente*** Nahrung für den Geist **3** *(mangime)* Futter *n.*: ***~ per animali*** Viehfutter *n.*; ***~ per cani, gatti*** Hunde-, Katzenfutter *n.* ◆ ***assunzione di ~*** Nahrungsaufnahme *f.*; ***-i conservati*** Konserven *pl.*; ***-i precotti*** vorgekochte Speisen, Fertiggerichte *pl.*; ***-i pronti*** tafelfertige Gerichte *pl.*; ***resti di ~*** Speisereste *pl.*; ***-i in scatola*** Dosengerichte *pl.*; ***-i solidi*** feste Nahrung *f.*; ***-i surgelati*** Tiefkühlkost *f.*

ci|bo|rio m. *(-ri)* Ziborium *n.*

cic inter. klitsch: ***~ ciac*** klitsch klatsch, plitsch platsch: ***fare ~ ciac*** platschen, patschen.

ci|ca|la f. **1** Zikade *f.*; ***fare come la ~*** = sorglos leben; ***la ~ e la formica*** die Grille und die Ameise **2** *(dell'ancora)* Ankerring *m.*

ci|ca|la|re intr. (aus. *avere*) gackeln, kakeln, sabbeln. **ci|ca|lec|cio** m. *(-ci)* Geschwatze *n.*, Geschnatter *n.*, Schnatterei *f.*, Plapperei *f.*

ci|ca|li|no m. Piepser *m.*, Summer *m.*: ***il ~ suona*** der Piepser piepst.

ci|ca|lo|ne m. Schwätzer *m.*

ci|ca|tri|ce f. Narbe *f.* (anche FIG.): ***la ferita non ha lasciato -i*** die Wunde hat keine Narben hinterlassen; ***gli è rimasta una ~*** er hat eine Narbe zurück‿behalten; ***la sua gamba era coperta di -i*** sein Bein war mit Narben bedeckt; ***la ~ gli deturpa il viso*** die Narbe verunstaltet sein Gesicht; ***sfigurato da una ~*** von einer Narbe entstellt.

ci|ca|tri|co|la f. Keimscheibe *f.*, Bildungsplasma *n.*

ci|ca|tri|zia|le agg. Narben-: ***tessuto ~*** Narbengewebe *n.* **ci|ca|triz|zan|te I** agg. vernarbend, Wund-: ***pomata ~*** Wundsalbe *f.*; ***polvere ~*** Wundpulver *n.* **II** m. Wundheilmittel *n.* **ci|ca|triz|za|re I** tr. vernarben lassen **II** pronom. **cicatrizzarsi** vernarben. **ci|ca|triz|za|zio|ne** f. Vernarbung *f.*, Narbenbildung *f.*

1.cic|ca f. *(-che)* Kippe *f.*, Stummel *m.*: ***buttare una ~ in terra*** eine Kippe auf den Boden werfen; ***spegnere la ~*** die Kippe aus‿drücken ◆ INFANT. ***fare ~ ~ a qcn.*** jdm Rübchen schaben; ***non valere una ~*** nicht einen Deut wert sein.

2.cic|ca f. *(-che)* REGION. *(gomma da masticare)* Kaugummi *m.* e *n.*

cic|chet|to m. Gläschen *n.*: ***farsi, bersi un ~*** einen kippen, sich einen genehmigen.

cic|cia f. COLLOQ. **1** Fleisch *n.* **2** SCHERZ. Fett *n.*, Fleisch *n.*: ***mettere su ~*** Fett an‿setzen; ***mandare giù la ~*** ab‿specken. **cic|cio|lo** m. Griebe *f.* **cic|cio|ne I** m. SCHERZ. Dicker *m.* **2** SPREG. Fettkloß *m.* **II** agg. mollig, pummelig. **cic|ciot|tel|lo I** agg. pummelig **II** m. Dickerchen *n.*, Pummelchen *n.* **cic|ciot|to I** agg. dick, feist **II** m. *(escrescenza carnosa)* Fleischgewächs *n.* **cic|ciu|to** agg. pummelig, mollig.

ci|cer|bi|ta f. Gänsedistel *f.*

ci|cer|chia f. Platterbse *f.*

ci|ce|ro|ne m. SCHERZ. Cicerone *m.*: ***fare da ~*** den Cicerone spielen. **Ci|ce|ro|ne** n.pr.m. Cicero *m.* **ci|ce|ro|nia|no** agg. ciceronisch, ciceronianisch.

ci|cin|de|li|de m. Sandlaufkäfer m.

ci|ci|sbe|o m. **1** *(cavalier servente)* Cicisbeo *m.* **2** *(damerino)* Schönling *m.*, Laffe *m.*

ci|cla|bi|le agg. Fahrrad-: ***pista, corsia ~*** Fahrradweg *m.*, Rad(fahr)weg *m.*

Ci|cla|di n.pr.f.pl. Kykladen *pl.*, Zykladen *pl.*

ci|cla|mi|no m. **I** Alpenveilchen *n.*, Zyklamen *n.* **II** agg. zyklamfarben, zyklamrot.

ci|cli|ca|men|te avv. zyklisch. **ci|cli|ci|tà** f. zyklischer Ablauf *m.* **ci|cli|co** agg. *(-ci,-che)* **1** zyklisch, Zyklus-: ***fasi -che*** zyklische Phasen; ***avere un andamento ~*** in einem Zyklus ab‿laufen **2** *(circolare)* Kreis-, kreisförmig: ***processo ~*** Kreisprozess *m.*; ***poeta ~*** Zykliker *m.*

ci|cli|smo m. Rad(fahr)sport *m.* **ci|cli|sta** m. e f. *(-i,-e)* **1** Radfahrer *m.* (-in *f.*), Radler *m.* (-in *f.*) **2** SPORT Radrennfahrer *m.* (-in *f.*) **3** REGION. *(venditore)* Fahrradmechaniker *m.* **ci|cli|sti|co** agg. *(-ci,-che)* Fahrrad-, Rad-: ***gara, corsa -a*** Radrennen *n.*

1.ci|clo m. **1** Zyklus *m.* (anche ECON. MED. MAT.): ***il ~ delle stagioni*** der Zyklus der Jahreszeiten; ***~ storico*** historischer Zyklus **2** *(serie)* Zyklus *m.*, Reihe *f.*: ***un ~ di storie*** ein Zyklus von Geschichten; ***un ~ di concerti*** ein Konzertzyklus **3** BIOL. CHIM. Kreislauf *m.*: ***il ~ della vita*** der Kreislauf des Lebens; ***~ biologico*** biologischer Kreislauf **4** *(mestruazioni)* Zyklus *m.*, Regel *f.*, Periode *f.*; ***avere il ~*** die Regel haben **5** TECN. Takt *m.*: ***produrre 50 pezzi in ogni ~*** 50 Stück pro Takt fertigen ◆ METEOR. ***~ dell'acqua*** Wasserkreislauf *m.*; ***~ bretone, carolingio*** bretonischer, karolingischer Sagenkreis *m.*; AGR. ***~ colturale*** Umtrieb *m.*; ***~ di conferenze*** Vortragsreihe *f.*; ***~ congiunturale*** Konjunkturzyklus *m.*; ***~ delicato (o per capi delicati)*** Schonwaschgang *m.*; ***~ di lavaggio*** Waschgang *m.*; ***~ di lavorazione*** Arbeitsablauf *m.*; ***~ di leggende*** Sagenkreis *m.*; ***~ di lezioni*** Vorlesungsreihe *f.*; ***~ di Lieder*** Liederzyklus *m.*; ***~ lunare*** Mondzyklus *m.*; ***motore a ~ Otto*** Ottomotor *m.*; ***~ ovulatorio*** Ovulationszyklus *m.*; ***~ produttivo*** Produktionsablauf *m.*; ***interruzione del ~ produttivo*** Produktions-, Arbeitsausfall *m.*; MUS. ***~ delle quinte*** Quintenzirkel *m.*; ***~ sessuale*** Sexualzyklus *m.*; ***~ solare*** Sonnenzyklus *m.*, Sonnenzirkel *m.*; ***~ sonno-veglia*** Schlaf-wach-Rhythmus *m.*; ***~ di studi*** Studienabschnitt *m.*; TECN. ***tempo ~*** Taktzeit *f.*; TECN. ***~ a due tempi*** Zweitaktverfahren *n.*; ***~ di trasmissioni*** Sendereihe *f.*; ***~ vitale*** Lebenszyklus *m.*

2.ci|clo m. Rad *n.*: ***-i e motocicli*** Räder und Motorräder.

ci|clo|cam|pe|stre I agg. querfeldein **II** f. Querfeldeinrennen *n.* **ci|clo|cross** m.inv. Querfeldeinrennen *n.*

ci|cloi|de f. Zykloide *f.*, Radkurve *f.*

ci|clo|mo|to|re m. Motorfahrrad *n.*, Moped *n.*

ci|clo|ne m. **1** Zyklon *m.*, Wirbelsturm *m.*: ***un ~ ha investito la regione*** ein Zyklon hat das Land verwüstet **2** FIG. *(persona esuberante)* Wirbelwind *m.*: ***è un vero e proprio ~*** sie ist ein richtiger Wirbelwind **3** TECN. Zyklon *m.* ◆ FIG. ***essere, trovarsi nell'occhio del ~*** im Kreuzfeuer stehen. **ci|clo|ni|co** agg. *(-ci,-che)* Tiefdruck-: ***area -a*** Tiefdruckgebiet *n.*, Zyklone *f.*

ci|clo|pe m. Zyklop *m.*, Kyklop *m.* **ci|clo|pi|a** f. Zyklopie *f.* **ci|clo|pi|co** agg. *(-ci,-che)* zyklopisch, kyklopisch, Zyklopen- (anche ESTENS.): ***mura -che*** Zyklopenmauer *pl.* **ci|clo|pi|smo** m. → **ciclopia.**

ci|clo|pi|sta f. Fahrradweg *m.*, Rad(fahr)weg *m.*

ci|clo|sti|la|re tr. hektographieren. **ci|clo|sti|la|to I** agg. **1** → **ciclostilare 2** hektographiert: ***volantino ~*** hektographiertes Flugblatt **II** m. Hektographie *f.* **ci|clo|sti|la|tu|ra** f. Hektographie *f.* **ci|clo|sti|le** m. Hektograph *m.*

ci|clo|ti|mi|a f. Zyklothymie *f.*

ci|clo|sto|mo m. Rundmaul *n.*, Zyklostome *m.*

ci|clo|ti|mi|co agg. *(-ci,-che)* zyklothym.

ci|clo|tro|ne m. Zyklotron *n.*

ci|clot|te|ro m. Seehase *m.*

ci|clo|tu|ri|smo m. Fahrradtourismus *m.* **ci|clo|tu|ri|sta** m. e f. *(-i,-e)* Fahrradtourist *m.* (-in *f.*).

ci|co|gna f. **1** Storch *m.*: FIG. ***da loro è arrivata la ~*** zu ihnen ist der Storch (*o* Klapperstorch) gekommen; FIG. ***aspetta la ~*** = der Storch hat sie ins Bein gebissen **2** EDIL. *(di una grondaia)* Rinnenbügel *m.* **3** *(di una campana)* Glockenbalken *m.*

ci|co|ria f. Wegwarte *f.*, Zichorie *f.*: ***caffè di ~*** Zichorienkaffee *m.*; ***~ belga*** Chicorée *f.* e *m.*

ci|cu|ta f. Schierling *m.*: ***~ minore*** Hundspetersilie *f.*, Gleiße *f.*; ***coppa di ~*** Schierlingsbecher *m.*; ***bere, prendere la ~*** den Schierlingsbecher trinken (*o* leeren), nehmen.

cie|ca|men|te avv. blind, blindlings: ***obbedire ~ a qcn.*** jdm blind gehorchen; ***fidarsi ~ di qcn.*** jdm blind vertrauen.

cie|co I agg. *(-chi,-che)* **1a** blind: ***essere ~ da un occhio*** auf einem Auge blind sein **b** FIG. ***l'amore rende -chi*** Liebe macht blind; ***essere ~ di rabbia, di gelosia*** blind vor Wut, Eifersucht sein; ***il ~ destino*** das blinde Schicksal **c** *(smisurato)* ***odio, furore ~*** blinder Hass, Zorn; ***passione -a*** blinde Leidenschaft **d** *(incondizionato)* ***obbedienza -a*** blinder Gehorsam **2** *(privo di finestre)* fensterlos: ***un bagno ~*** ein fensterloses Bad **3** *(senza visibilità)* unübersichtlich: ***curva -a*** unübersichtliche Kurve **II** m. **1** Blinde *m.*: ***lo vede anche un ~*** das sieht selbst ein Blinder (mit dem Krückstock) **2** ANAT. Blinddarm *m.* ◆ ***alla -a*** blindlings. blind: ***procedere alla -a*** blindlings vor‿gehen; ***picchiare, sparare alla -a*** blind drauflos‿schlagen, drauflos‿schießen; ***arco ~*** Blendbogen *m.*; AER. ***atterraggio ~*** Blindlandung *f.*; ***bastone per -chi*** Blindenstock *m.*; ***cane (guida) per -chi*** Blindenhund *m.*; ***diventare ~*** erblinden, blind werden; ***finestra ~*** Blendfenster *n.*; ***guida di un ~*** Blindenführer *m.*; ANAT. ***intestino ~*** Blinddarm *m.*; ***istituto per -chi*** Blindenheim *n.*, Blindenanstalt *f.*; ***lanterna -a*** Blendlaterne *f.*; ***giocare a mosca -a*** Blindekuh spielen; ***~ nato*** blind geboren; MIN. ***pozzo ~*** Blindschacht *m.*; ***scrittura per -chi*** Blindenschrift *f.*; ***essere ~ come una talpa*** blind wie ein Maulwurf sein; ***vicolo ~*** Sackgasse *f.*; FIG. ***finire, trovarsi in un vicolo ~*** in eine Sackgasse geraten; AER. ***volo ~*** Blindflug *m.*; PROV. ***la fortuna è -a*** = das Glück ist unberechenbar; ***nel paese dei -chi l'orbo è re*** unter den Blinden ist der Einäugige König.

cie|lo m. **1a** Himmel *m.*: ***~ sereno, coperto, senza nubi*** heiterer, bedeckter, wolkenloser Himmel **b** RELIG. *(paradiso)* ***andare in ~*** in den Himmel kommen **c** *(regione)* ***sotto il ~ di Grecia*** unter griechischem Himmel **2** AER. Luftraum *m.*: ***volare nel, sul ~ di Roma*** über Rom fliegen **3** *(clima)* Klima *n.* **4** ESTENS. *(parte superiore)* Dach *n.*, Verdeck *n.*: ***il ~ di una vettura*** das Dach eines Wagens ◆ ***per amor del ~!*** um (des) Himmels willen! ***dormire a ~ aperto*** unter freiem Himmel schlafen; MIN. ***a ~ aperto*** über Tage; MIN. ***coltivazione a ~ aperto*** Tagebau *m.*; ***apriti ~!*** da bricht die Welt zusammen; ***blu ~*** Himmelsblau *n.*; FIG. ***qcs. non cade dal ~*** etw. fällt nicht (einfach) vom Himmel; ***cascasse il ~*** und wenn die Welt zusammenbricht; LETT. ***si sono aperte le cateratte del ~*** die Schleusen des Himmels haben sich geöffnet; ***dono del ~*** Himmelsgabe *f.*; ***come un fulmine a ciel sereno*** wie ein Blitz aus heiterem Himmel; ***grazie al ~, sia lodato il ~*** dem Himmel sei Dank; ***oh, ~!*** gerechter (*o* gütiger) Himmel! FIG. ***qcs. non piove dal ~*** → ***qcs. non cade dal ~***; RELIG. ***re del ~*** Himmelsfürst *m.*; RELIG. ***regina dei -i*** Himmelskönigin *f.*; ***il regno dei -i*** das himmlische Reich, das Himmelreich; ***lo sa il ~!*** das weiß der Himmel ***santo ~!*** (ach,) du lieber Himmel! ***è scritto nel ~*** das steht in den Sternen geschrieben; ***essere al settimo ~*** im sieb(en)ten Himmel sein; ***portare qcn. al settimo ~*** jdn in den Himmel heben; ***non stare né in ~ né in terra*** weder Hand noch Fuß haben; ***~ stellato*** Sternenhimmel *m.*; ***il ~ mi sia testimone*** der Himmel sei mein Zeuge; FIG. ***toccare il ~ con un dito*** den Himmel offen sehen; ***voglia il ~*** gebe Gott; PROV. ***~ a pecorelle, acqua a catinelle*** = auf Schäfchenwolken folgt Regen; ***cuor contento il ciel l'aiuta*** dem Glücklichen schlägt keine Stunde.

ci|fo|si f. Rückenrundung *f.*, MED. Kyphose *f.*

ci|fra f. **1a** Ziffer *f.*, Zahl *f.*: ***-e romane, arabe*** römische, arabische Ziffern (*o* Zahlzeichen); ***un numero di sei -e*** eine Zahl mit sechs Ziffern (*o* eine sechsstellige Zahl); ***scrivere un numero in -e*** eine Zahl in Ziffern schreiben **b** ESTENS. Zahl *f.*: ***arrotondare una ~ per difetto, per eccesso*** eine Zahl ab‿runden, auf‿runden; ***fare ~ tonda*** eine runde Zahl machen **2** *(somma di denaro)* Summe *f.*, Preis *m.*: ***pagare una bella ~*** eine hübsche Summe bezahlen; ***una ~ astronomica*** ein astronomischer Preis **3** *(monogramma)* Monogramm *n.*: ***ricamare una ~ su un fazzoletto*** ein Monogramm in ein Taschentuch sticken **4** *(codice)* Chiffre *f.*: ***in ~*** in Chiffre, Schlüssel-; ***parola in ~*** Schlüsselwort *n.* **5** LETT. *(tratto stilistico)* Stilelement *n.* ◆ ***a una ~, a due, a tre -e*** einstellig, zweistellig, dreistellig; ~ ***di una combinazione*** Schlüsselzahl *f.*; ~ ***luminosa*** Leuchtziffer *f.*; ~ ***record*** Rekordzahl *f.*

ci|fra|re tr. **1** *(ricamare)* mit einem Monogramm versehen **2** *(messaggio, testo)* chiffrieren. **ci|fra|rio** m. *(-ri)* Chiffreschlüssel *m.*, Kode *m.*, Code *m.* **ci|fra|to** p.pass. agg. **1** → **cifrare** **2** chiffriert, verschlüsselt (anche FIG.): ***scrittura -a*** Chiffreschrift *f.* **ci|fra|tu|ra** f. Verschlüsselung *f.*, Chiffrierung *f.*: ***sistema di ~*** Chiffrierverfahren *n.*

ci|glia|to agg. Wimper-.

ci|glio m. *(ciglia* e *cigli)* **1a** (pl. *ciglia*) Wimper *f.*, Augenwimper *f.*: ***avere le -a lunghe, finte*** lange, künstliche Wimpern haben; ***sbattere le -a*** mit den Wimpern klimpern **b** ESTENS. *(sopracciglio)* Augenbraue *f.*, Braue *f.*: ***aggrottare, alzare le -a*** die Brauen zusammen‿ziehen, heben **2** (pl. *cigli*) Rand *m.*: ***camminare sul ~ della strada*** am Straßenrand gehen; ***sul ~ del precipizio*** am Rand des Abgrunds; ~ ***di un argine, di una scogliera*** Deichkrone *f.*, Klippenrand *m.* ◆ ***a ~ asciutto*** = ohne zu weinen; ***senza battere ~*** ohne mit der Wimper zu zucken, ohne eine Miene zu verziehen; ***in un batter di ~*** im Nu, im Handumdrehen; ***-a vibratili*** Flimmerzellen *pl.*

ci|glio|ne m. *(di precipizio)* Rand *m.*

ci|gno m. Schwan *m.* ◆ FIG. ***canto del ~*** Schwanengesang *m.*

ci|go|la|re intr. *(cigolo, cigoli; aus. avere)* quietschen, kreischen. **ci|go|li|o** m. Quietschen *n.*, Kreischen *n.*, Quietscher *m.*

Ci|le n.pr.m. Chile *n.*

ci|lec|ca, ***far(e) ~*** daneben‿schießen, vorbei‿schießen; FIG. versagen.

ci|le|no I agg. chilenisch **II** m. Chilene *m.*

ci|le|stri|no agg. LETT. himmelblau, hellblau.

ci|lia|re agg. Wimper-, ziliar. **ci|lia|to** m. Wimpertierchen *n.*

ci|li|cio m. *(-ci)* **1** Büßerstrick *m.*, Bußgürtel *m.* **2** FIG. Qual *f.*, Geißel *f.*

ci|lie|gia f. *(-gie* e *-ge)* Kirsche *f.*: ***raccogliere, snocciolare, mettere in conserva le -gie*** Kirschen pflücken, entsteinen, ein‿machen ◆ ***~ duracina*** Knorpelkirsche *f.*; ***marmellata di -gie*** Kirsch(en)marmelade *f.*; ***rosso ~*** kirschrot; ***succo di ~*** Kirschsaft *m.*; ***una ~ tira l'altra*** (anche FIG.) das eine zieht das andere nach sich. **ci|lie|gi|na** f. kandierte Kirsche *f.* ◆ ***questa è la ~ sulla torta*** das ist die Krone des Ganzen.

ci|lie|gio m. *(-gi)* **1** Kirsch(en)baum *m.*, Kirsche *f.* **2** *(legno)* Kirschholz *n.* ◆ ***fiore di ~, fioritura di -gi*** Kirschblüte *f.*

ci|lin|dra|re tr. TECN. walzen; *(spianare)* glätten.

ci|lin|dra|ta f. **1** MECC. Hubraum *m.*, Zylinderinhalt *m.*, Klasse *f.*: ***un'auto di grossa, media ~*** ein Wagen der gehobenen, mittleren Klasse **2** ESTENS. *(veicolo)* ***le medie, piccole -e*** die Mittelklassewagen, die Kleinwagen.

ci|lin|dra|to|io m. *(-oi)* TECN. Walzmaschine *f.* **ci|lin|dra|tu|ra** f. Walzen *n.*

ci|lin|dret|to m. Bremszylinder *m.* **ci|lin|dri|co** agg. *(-ci,-che)* zylindrisch, zylinderförmig.

ci|lin|dro m. **1** GEOM. MOT. Zylinder *m.*: ***motore a sei, a dodici -i*** Sechszylinder-, Zwölfzylindermotor *m.*; ***un sei -i in linea*** ein Sechszylinderreihenmotor *m.*; ***un dodici -i a V*** ein Zwölfzylinder-V-Motor **2** *(cappello)* Zylinder *m.*, Zylinderhut *m.*: ***portare un ~*** einen Zylinder tragen **3** TECN. Walze *f.*, Rolle *f.*; *(tamburo)* Trommel *f.* ◆ ***blocco -i*** Zylinderblock *m.*; ***frantoio a -i*** Quetschwalzwerk *n.*; ***~ graduato*** Messzylinder *m.*, Messglas *n.*; ***~ inchiostratore*** Farbwalze *f.*; ***~ a pressione*** Druckzylinder *m.*

ci|ma f. **1** Spitze *f.* (anche FIG.): ***la squadra è salita in ~ alla classifica*** die Mannschaft ist an die Tabellenspitze vorgestoßen **2** *(vetta)* Gipfel *m.*, Berggipfel *m.*: ***avanzare, arrampicarsi (inerpicarsi) verso la ~*** zum Gipfel vor‿stoßen, den Gipfel erklimmen; ***raggiungere la, salire sulla ~*** den Gipfel erreichen, besteigen **3** *(di albero)* Baumwipfel *m.*, Wipfel *m.* **4** COLLOQ. *(genio)* Held *m.*, Licht *n.*, Leuchte *f.*: ***non essere una ~*** kein großes Licht, keine große Leuchte sein; ***non è una ~ in latino*** er ist keine Leuchte in Latein **5a** MAR. *(di albero)* Topp *m.*; *(fune)* Tau *n.*, Seil *n.* **b** Tauende *n.*: ***gettare le -e*** die Taue los‿machen, lösen **6** BOT. Spross *m.*: ***~ di rapa*** Rübenspross *m.* **7** GASTR. INTRAD. (Kalbfleisch mit Füllung, typisch für Genua) ◆ ***~ arrotondata*** Kulm *m.* e *n.*; ***da ~ a fondo*** von oben bis unten, von vorn bis hinten, durch und durch; ***in ~*** zuoberst, oben; ***in ~ alle scale, alla lista*** oben auf der Treppe, oben(an) auf der Liste; ***avere qcn., qcs. in ~ ai propri pensieri*** = an jdn, etw. zuerst denken.

ci|ma|re tr. **1** stutzen, köpfen **2** BOT. beschneiden.

ci|ma|sa f. Kyma *n.*, Kymation *f.*

ci|ma|tu|ra f. **1** Stutzen *n.*, Köpfen *n.* **2** BOT. Beschneiden *n.*

cim|ba|lon m. Zimbal *n.*

cim|bro I agg. zimbrisch **II** m. Zimber *m.*, Kimber *m.*

cim|bro|lo m. Zirbelkiefer *f.*

ci|me|lio m. *(-li)* Zimelie *f.*, Zimelium *n.*

ci|men|ta|re I tr. ANT. **1** wagen, aufs Spiel setzen **2** *(provocare)* heraus‿fordern, auf‿reizen **II** pronom. **cimentarsi 1 *-rsi con qcn.*** sich mit jdm messen **2** *(arrischiarsi)* ***-rsi in qcs.*** sich in, an etw. (D) versuchen: ***-rsi nella pittura, all'organo*** sich in der Malerei, auf der Orgel versuchen. **ci|men|to** m. ANT. Wagnis *n.* ◆ ***mettere a ~*** auf die Probe stellen.

ci|mi|ce f. **1** Wanze *f.* **2** *(microspia)* Abhörwanze *f.* **ci|mi|cia|io** m. *(-ai)* **1** Wanzennest *n.* **2** ESTENS. *(abitazione lurida)* Dreckloch *n.*, Wanzenburg *f.* **ci|mi|cio|so** agg. voller Wanzen.

ci|mie|ro m. **1** Zimier *n.*, Helmschmuck *m.*; ARALD. Helmzier *f.* **2** LETT. *(elmo)* Helm *m.*

ci|mi|nie|ra f. Schornstein *m.*: ***la ~ di una fabbrica, di una nave*** ein Fabrik-, Schiffsschornstein *m.* ◆ ***fumare come una ~*** wie ein Schlot rauchen, qualmen.

ci|mi|te|ria|le agg. **1** Friedhofs-: ***pace ~*** Friedhofsruhe *f.* **2** FIG. *(tetro, lugubre)* düster, schaurig. **ci|mi|te|ro** m. **1** Friedhof *m.*: ***andare al ~*** auf den Friedhof gehen; ***essere sepolto, riposare nel ~*** auf dem Friedhof liegen, ruhen; ***~ di guerra, dei caduti*** Soldaten-, Heldenfriedhof (*o* Ehrenfriedhof) *m.*; COLLOQ. ***~ delle auto*** Autofriedhof *m.* **2** FIG. *(luogo deserto e triste)* ausgestorbener Ort *m.*: ***la città è un ~*** die Stadt ist wie ausgestorben.

ci|mo|sa f. Webkante *f.*, Leiste *f.*, Egge *f.*

ci|mur|ro m. Hundestaupe *f.*, Staupe *f.*, Druse *f.*

Ci|na n.pr.f. China *n.*

ci|na|bro m. Zinnober *m.* ◆ ***rosso ~*** zinnoberrot.

cin|cia f. *(-ce)* Meise *f.*, Tannenmeise *f.* **cin|cial|le|gra** f. Kohlmeise *f.*, Finkmeise *f.* **cin|cia|rel|la** f. Blaumeise *f.*

cin|cil|là m.inv. **1** Chinchilla *f.* **2** *(pelliccia)* Chinchilla *n.*

cin|cin, cin cin inter. Prost, Prosit ◆ ***fare ~*** an‿stoßen, sich zu‿prosten.

cin|ci|schia|men|to m. **1** Schnipselei *f.*, Schnippelei *f.* **2** *(lo spiegazzare)* Zerknittern *n.* **3** COLLOQ. Trödelei *f.*, Bummelei *f.* **cin|ci|schia|re** *(cincischio, cincischi)* **I** tr. **1** *(tagliuzzare)* schnipseln, schnippeln **2** *(spiegazzare)* zerknittern **3** *(parole)* stammeln, stottern **II** intr. (aus. *avere*) COLLOQ. trödeln, bummeln.

ci|ne m.inv. COLLOQ. (accorc. *cinema*) Kino *n.* ◆ ***fare ~*** Theater machen.

ci|ne|a|ma|to|re m. Filmamateur *m.* **ci|ne|a|sta** m. e f. *(-i,-e)* Filmer *m.* (-in *f.*), Cineast *m.* (-in *f.*). **ci|ne|ca|me|ra** f. Filmkamera *f.* **ci|ne|club** [-klɛb] m.inv. Filmklub *m.*

ci|ne|do m. Lustknabe *m.*

ci|ne|fi|li|a f. Kinobegeisterung *f.* **ci|ne|fi|lo** m. Kinoliebhaber *m.*, Filmfan *m.*, Cineast *m.* **ci|ne|fo|rum** m.inv. Filmforum *n.*

ci|ne|ge|ti|ca f. Zynegetik *f.* **ci|ne|ge|ti|co** agg. *(-ci,-che)* zynegetisch.

ci|ne|gior|na|le m. Wochenschau *f.*

ci|ne|ma m. **1** Film *m.*, Kino *n.*: ***voler entrare nel mondo del ~*** zum Film wollen **2** *(locale)* Kino *n.*: ***andare al ~*** ins Kino gehen; ***invitare qcn. al ~*** jdn ins Kino ein‿laden; ***cosa danno al ~?*** was gibt's (*o* was läuft) im Kino? ◆ ***~ all'aperto*** Freilichtkino *n.*; ***biglietto del ~*** Kinokarte *f.*; ***cassa del ~*** Kinokasse *f.*; ***~ d'essai*** Programmkino *n.*; ***film per il ~*** Kinofilm *m.*; ***~ muto*** Stummfilm *m.*; ***~ sonoro*** Tonfilm *m.*; ***stella del ~*** Filmstar *m.*

ci|ne|ma|sco|pe m.inv. Cinemascope *n.*

ci|ne|ma|te|a|tro m. Filmtheater *n.*

ci|ne|ma|ti|ca f. Kinematik *f.* **ci|ne|ma|ti|co** agg. *(-ci,-che)* kinematisch.

ci|ne|ma|to|gra|fa|re tr. filmen. **ci|ne|ma|to|gra|fa|ro** m. SPREG. Filmemacher *m.* **ci|ne|ma|to|gra|fi|a** f. Kinematographie *f.*, Filmwissenschaft *f.* **ci|ne|ma|to|gra|fi|ca|men|te** avv. kinematographisch, filmisch.

ci|ne|ma|to|gra|fi|co agg. *(-ci,-che)* kinematographisch, Kino-, Film- ◆ ***attore ~*** Filmschauspieler *m.*; ***concorso ~*** Filmwettbewerb *m.*; ***critico ~*** Filmkritiker *m.*; ***distribuzione -a*** Filmverleih *m.*, Filmvertrieb *m.*; ***festival ~*** Filmfestival *n.*; ***industria -a*** Filmindustrie *f.*; ***pellicola -a*** Filmstreifen *m.*; ***premio ~*** Filmpreis *m.*; ***produttore ~*** Filmproduzent *m.*; ***proiezione -a*** Kinovorführung *f.*; ***rassegna -a*** Filmzyklus *m.*; ***ripresa -a*** Filmaufnahme *f.*; ***rivista -a*** Filmmagazin *n.*; ***spettacolo ~*** Kinovorstellung *f.*; ***studio ~*** Filmatelier *n.*, Filmstudio *n.*; ***successo ~*** Kinoerfolg *m.*; ***tecnica -a*** Filmtechnik *f.* **ci|ne|ma|to|gra|fo** m. Kinematograph *m.* **ci|ne|ope|ra|to|re** m. Kameramann *m.*, Filmer *m.* **ci|ne|pre|sa** f. Filmkamera *f.*

ci|ne|ra|ria f. BOT. Zineraria *f.*, Zinerarie *f.*

ci|ne|ra|rio agg. *(-ri,-rie)* Aschen-: ***urna -a*** Aschenkrug *m.* **ci|ne|**

re|o agg. **1** *(grigio cenere)* aschenfarben, aschenfarbig **2** *(molto pallido)* aschbleich.
ci|ne|sco|pio m. *(-pi)* Bildröhre *f.*
ci|ne|se I agg. chinesisch, China-, Chinesen-: ***tè ~*** chinesischer Tee; ***porcellana ~*** Chinaporzellan *n.*; ***quartiere ~*** Chinesenviertel *n.* **II** m. e f. Chinese *m.* (Chinesin *f.*) **III** m. *(lingua)* Chinesisch(e) *n.* ◆ ***alla ~*** chinesisch, auf chinesische Art; ***la muraglia ~*** die Chinesische Mauer; ***ombre -i*** Schattenspiel *n.*; ***Repubblica popolare ~*** Volksrepublik *f.* China. **ci|ne|se|ri|a** f. **1** Chinoiserie *f.* **2** *(cerimoniosità)* Förmlichkeit *f.*
ci|ne|si|ca f. Kinesik *f.*
ci|ne|sio|lo|gi|a → **chinesiologia.**
ci|ne|si|te|ra|pi|a → **chinesiterapia.**
ci|ne|ste|si|a f. Kinästhesie *f.* **ci|ne|ste|si|co, ci|ne|ste|ti|co** agg. *(-ci,-che)* kinästhetisch.
ci|ne|te|ca f. *(-che)* **1** Kinemathek *f.*, Filmothek *f.* **2** *(club di cinefili)* Filmklub *m.* ◆ ***un film da ~*** = ein Film, der Geschichte macht.
ci|ne|ti|ca f. Kinetik *f.* **ci|ne|ti|co** agg. *(-ci,-che)* kinetisch, Bewegungs-: ***energia -a*** kinetische Energie, Bewegungsenergie *f.* ◆ ***arte -a*** kinetische Kunst, Kinetik *f.*
ci|ne|to|sco|pio m. *(-pi)* Kinetoskop *n.*
ci|ne|to|si → **chinetosi.**
cin|ge|re *(cingo, cingi; cinsi; cinto)* tr. **1a** umgeben, umschließen, umfassen: ***~ una città di mura*** die Stadt mit Mauern umgeben; ***~ il giardino con una siepe*** den Garten mit einer Hecke umfassen **b** umschlingen: ***una ghirlanda le cingeva il capo*** eine Girlande umschlang ihr Haupt **2** *(abbracciare)* umfassen, umarmen: ***~ la vita di qcn.*** jds Taille umfassen; ***~ le spalle di qcn. con un braccio*** jdm den Arm um die Schultern legen **3** *(legare intorno)* um‿binden, um‿hängen; *(avvolgere)* umhüllen: ***~ una fascia intorno alla vita di qcn.*** jdm ein Tuch um die Taille binden; ***~ il manto reale*** sich (D) den Königsmantel umhängen ◆ ***~ d'alloro*** mit Lorbeer bekränzen; ***~ le armi*** zu den Waffen greifen; ***~ d'assedio*** belagern; ***~ le braccia al collo di qcn.*** sich jdm an den Hals hängen; ***~ la corona*** die Krone auf‿setzen; ***~ la spada*** sich (D) das Schwert um‿gürten; FIG. zu den Waffen greifen; ***~ la spada a qcn.*** jdn mit dem Schwert umgürten; FIG. jdn zum Ritter schlagen.
cin|ghia f. **1a** Riemen *m.*, Gurt *m.*: ***le -e della sella, dello zaino*** die Riemen des Sattels, des Rucksacks; ***legare qcs. con -e*** etw. mit Riemen binden (*o* fest‿binden); ***allentare, stringere una ~*** einen Riemen (*o* Gurt) weiter, enger schnallen **b** *(dei pantaloni)* Gürtel *m.* **2** MECC. Riemen *m.* ◆ FIG. ***stringere, tirare la ~*** den Gürtel (*o* den Riemen) enger schnallen; ***~ trapezoidale*** Keilriemen *m.*; ***~ di trasmissione*** Treibriemen *m.*, Transmissionsriemen *m.*; ***usare la ~ con qcn.*** jdn mit dem Gürtel schlagen.
cin|ghia|le m. **1** Wildschwein *n.* **2** *(pelle)* Wildschweinleder *n.* ◆ ***caccia al ~*** Sauhatz *f.*; ***femmina del ~*** Wildsau *f.*, Bache *f.* **cin|ghia|let|to** m. Frischling *m.*
cin|ghia|re tr. *(cinghio, cinghi)* ***~ la sella, il cavallo*** den Sattel fest‿binden, dem Pferd den Sattel fest‿binden.
cin|ghia|ta f. Schlag *m.* mit dem Riemen, Riemenschlag *m.*: ***prendere qcn. a -e*** jdn mit dem Riemen schlagen.
cin|ghiet|ta f., **cin|ghiet|to** m. Riemchen *n.* ◆ ***~ dell'orologio*** Uhr(arm)band *n.*
cin|go|la|to I agg. Raupen-, Ketten-: ***escavatore, mezzo ~*** Raupenbagger *m.*, Raupenfahrzeug *n.* (*o* Kettenfahrzeug *n.*) **II** m. Raupenfahrzeug *n.*, Kettenfahrzeug *n.* **cin|go|lo** m. **1** Raupenkette *f.*, Raupe *f.* **2** LIT. Zingulum *n.*
cin|guet|ta|men|to m. RAR. → **cinguettio.**
cin|guet|ta|re intr. (aus. *avere*) **1** zwitschern **2** FIG. *(chiacchierare)* schwatzen, plappern. **cin|guet|ti|o** m. **1** Zwitschern *n.*, Gezwitscher *n.* **2** FIG. *(chiacchierio)* Schwatzen *n.*, Geschwätz *n.*, Geplapper *n.*
ci|ni|ca|men|te avv. zynisch. **ci|ni|co** *(-ci,-che)* **I** agg. zynisch **II** m. **1** Zyniker *m.* **2** FILOS. Kyniker *m.*, Zyniker *m.*
ci|ni|glia f. Chenille *f.*, Chenillegarn *n.* ◆ ***un copriletto di ~*** eine Tagesdecke aus Chenille.
ci|ni|pe|de m. Gallwespe *f.*, Eichengallwespe *f.*
ci|ni|smo m. **1** Zynismus *m.* **2** FILOS. Kynismus *m.*, Zynismus *m.*
cin|nam|mo|mo m. Zimtbaum *m.*
ci|no|ce|fa|lo I agg. hundsköpfig, Hundskopf- **II** m. ZOOL. **1** hundsköpfiger Affe *m.* **2** Pelzflatterer *m.* **ci|no|dro|mo** m. Hunderennbahn *f.* **ci|no|fi|li|a** f. Hundeliebhaberei *f.* **ci|no|fi|lo I** agg. hundefreundlich, Hundefreunde-: ***associazione -a*** Verband *m.* der Hundefreunde **II** m. Hundefreund *m.* ◆ ***unità -a della polizia*** Hundestaffel *f.* **ci|no|fo|bi|a** f. Hundephobie *f.*
ci|no|lo|gi|a f. Kynologie *f.* **ci|no|lo|go** m. *(-gi)* Kynologe *m.*
cin|quan|ta I agg.inv. fünfzig: ***~ giorni, pagine*** fünfzig Tage, Seiten; ***avere cinquant'anni*** fünfzig Jahre alt sein **II** m. **1a** Fünfzig *f.*: *(al lotto)* ***è uscito il ~*** es wurde die Fünfzig gezogen **b** *(linea del bus, del tram)* ***prendere il ~*** die Fünfzig nehmen **2** pl. *(cinquant'anni)* fünfzig *f.*: ***avvicinarsi ai ~*** auf die fünfzig zu‿gehen; ***aver superato i ~*** die fünfzig überschritten haben, über fünfzig sein; ***essere vicino ai ~*** an die fünfzig sein **3** *(il 1950)* das Jahr 1950: ***è del ~, è nato nel ~*** er ist 50 geboren; ***questo fatto risale al ~*** dieses Ereignis geht auf das Jahr 1950 zurück ◆ ***gli anni ~*** die fünfziger Jahre; ***di cinquant'anni*** fünfzigjährig; ***cinquant'anni di matrimonio*** fünfzig Jahre Ehe; *(di persone)* ***essere del ~, '50*** 50 geboren sein; *(di prodotti, vini)* Jahrgang 50 sein; *(di film, canzoni)* aus dem Jahr 1950 sein; ***un ~ lire, una moneta da ~ lire*** ein Fünfziglirestück; ***~ volte*** fünfzigmal.
cin|quan|ta|mi|la agg.inv. fünfzigtausend ◆ ***un ~ (lire), una banconota da ~ lire*** ein Fünfzigtausendlireschein.
cin|quan|te|na|rio I agg. *(-ri,-rie)* fünfzigjährig **II** m. *(-ri)* **1** ***il ~ della fondazione della ditta*** das fünfzigjährige Bestehen der Firma; ***oggi ricorre il ~ della morte di...*** heute jährt sich der 50. Todestag von... **2** *(celebrazione)* Fünfzigjahrfeier *f.*, fünfzigjähriges Jubiläum *n.* **cin|quan|ten|na|le I** agg. **1** fünfzigjährig **2** *(che ricorre ogni cinquant'anni)* fünfzigjährlich **II** m. → **cinquantenario. cin|quan|ten|ne I** agg. fünfzigjährig **II** m. e f. Fünfzigjährige *m.* e *f.* **cin|quan|ten|nio** m. *(-ni)* fünfzig Jahre *pl.* **cin|quan|te|si|mo I** agg. fünfzigste **II** m. **1** Fünfzigste *m.* **2** *(frazione)* Fünfzigstel *n.*
cin|quan|ti|na f. **1** ***una ~ di persone, di pagine*** etwa fünfzig Personen, Seiten **2** *(età)* ***essere sulla ~*** um (*o* an) die fünfzig sein; ***aver superato la ~*** die fünfzig überschritten haben.
cin|que I agg.inv. fünf: ***le ~ dita della mano*** die fünf Finger der Hand; ***i ~ sensi*** die fünf Sinne; ***avere ~ anni*** fünf Jahre alt sein; ***fra ~ giorni*** in fünf Tagen; *(posposto)* ***a pagina ~*** auf Seite fünf **II** m. **1a** Fünf *f.*: ***puntare sul ~*** auf die Fünf setzen; ***fare un ~ (con i dadi)*** eine Fünf würfeln **b** *(tram, bus)* ***prendere il ~*** die Fünf nehmen **c** *(carta)* ***il ~ di cuori, di picche*** die Herzfünf, Pikfünf; ***scartare un ~*** eine Fünf ab‿legen **d** *(voto)* ***prendere un ~ in matematica*** eine Fünf in Mathematik bekommen **2** *(giorno del mese)* Fünfte *m.*: ***oggi è il ~*** heute ist der Fünfte; ***il ~ del mese*** am Fünften des Monats; ***il ~ (di) maggio*** am fünften Mai **III** f.pl. fünf Uhr *f.*, fünf: ***alle ~*** um fünf (Uhr); ***sono le ~, le ~ e mezzo*** es ist fünf Uhr, halb sechs; ***un quarto alle ~ (le ~ meno un quarto), le ~ e un quarto*** (ein) Viertel vor, nach fünf ◆ ***di ~ anni*** fünfjährig; ***in ~*** zu fünft; ***un ~ lire, una moneta da ~ lire*** ein Fünflirestück; ***di ~ mesi*** Fünfmonats-, fünfmonatig; ***a, di ~ piani*** fünfstöckig; ***~ volte*** fünfmal.
cin|que|cen|te|sco agg. *(-schi,-sche)* aus dem sechzehnten Jahrhundert. **cin|que|cen|ti|na** f. = Ausgabe *f.* aus dem 16. Jahrhundert (*o* des 16. Jahrhunderts). **cin|que|cen|ti|sta** m. e f. *(-i,-e)* **1** ART. Cinquecentist *m.* (-in *f.*) **2** *(studioso)* Spezialist *m.* (-in *f.*) für das 16. Jahrhundert. **cin|que|cen|to I** agg.inv. fünfhundert **II** m. Fünfhundert *f.* **III** f. AUT. FIAT-Fünfhunderter *m.*; *(nuovo modello)* FIAT-Cinquecento *m.* ◆ ***un ~ (lire), una moneta da ~ lire*** ein Fünfhundertlirestück. **Cin|que|cen|to** m. **1** sechzehntes Jahrhundert *n.*: ***nel ~*** im 16. Jahrhundert **2** *(nell'arte italiana)* Cinquecento *n.*
cin|que|mi|la I agg.inv. fünftausend **II** m. **1** ALP. Fünftausender *m.* **2** pl. SPORT fünftausend Meter *pl.*: ***correre i ~*** die fünftausend Meter laufen; ***gara dei ~ (metri)*** Fünftausendmeterlauf *m.* **3** COLLOQ. *(banconota)* Fünftausendlireschein *m.* ◆ ***un ~ (lire), una banconota da ~ lire*** ein Fünftausendlireschein.
cin|quen|nio → **quinquennio.**
cin|qui|na f. **1** Fünfer *m.*: ***fare una ~ al lotto*** einen Fünfer im Lotto haben **2** MIL. Fünftagesold *m.* **3** TEATR. Fünftagegage *f.*
cin|si → **cingere.**
cin|ta f. **1** Gürtel *m.*; *(di mura)* Ringmauer *f.*; *(di fortificazioni)* Befestigungsgürtel *m.* **2** *(cintura)* Gürtel *m.*: ***la ~ dei pantaloni*** der Hosengürtel ◆ STOR. ***~ daziaria*** Zollgrenze *f.*; ***muro di ~*** Umfassungsmauer *f.*, Einfriedungsmauer *f.* **cin|ta|re** tr. umgeben, ein‿zäunen, ein‿frieden.
1.cin|to → **cingere**
2.cin|to m. LETT. Gürtel *m.* ◆ ***~ erniario*** Bruchband *n.*; ***~ di Venere*** Venusgürtel *m.*
cin|to|la f. **1** Gürtel *m.*: ***stringere la ~*** den Gürtel enger schnallen **2a** *(vita)* Taille *f.*: ***dalla ~ in su*** von der Taille aufwärts **b** Gürtellinie *f.*: SPORT ***sono vietati i colpi sotto la ~*** Schläge unter die Gürtellinie sind verboten **c** SART. Bund *m.* ◆ ***starsene con le mani alla ~*** die Hände in den Schoß legen, auf der faulen Haut liegen.
cin|tu|ra f. **1** Gürtel *m.*: ***una ~ di pelle*** ein Ledergürtel; ***la ~ dell'accappatoio, dei pantaloni*** der Gürtel des Bademantels, der Hose (*o* der Hosengürtel); ***stringere, annodare la ~*** den Gürtel enger schnallen, zu‿binden **2** *(giro di vita)* Gürtellinie *f.*, Taille *f.* **3** *(zo-*

na circostante una grande città) Gürtel *m.*, Umkreis *m.*: ***la ~ industriale di Milano*** der Industriegürtel von Mailand; ***un comune della ~ di Torino*** ein Gemeinde aus dem Umkreis von Turin **4** ARCH. Gurt *m.* **5a** SPORT ***essere ~ verde, nera (di judo)*** den grünen, schwarzen Gürtel tragen **b** *(mossa della lotta)* Gürtelgriff *m.* **c** ***colpi sotto la ~*** Schläge unter die Gürtellinie ◆ ***~ di castità*** Keuschheitsgürtel *m.*; ***~ di salvataggio*** Rettungsgürtel *m.*, Schwimmgürtel *m.*; ***~ scapolare*** Schultergürtel *m.*; ***~ di sicurezza*** Sicherheitsgurt *m.*, Anschnallgurt *m.*: ***allacciare la ~, le -e (di sicurezza)*** sich an‿schnallen, sich an‿gurten; ***obbligo delle -e di sicurezza*** Anschnallpflicht *f.* **cin|tu|ra|re** tr. SPORT **1** *(nel calcio)* halten **2** *(nella lotta)* ***~ qcn.*** bei jdm einen Gürtelgriff an‿wenden. **cin|tu|ra|to** p.pass. → **cinturare** ◆ ***(pneumatico) ~*** Gürtelreifen *m.*

cin|tu|ri|no m. (kleines) Band *n.*, (kleiner) Riemen *m.*; SART. Bund *m.*: ***~ dell'orologio*** Uhr(arm)band *n.*; ***~ delle scarpe*** Schuhriemen *m.* **cin|tu|ro|ne** m. **1** MIL. Koppel *n.* **2** *(dei cowboys)* Pistolengürtel *m.*, Gurt *m.*

cinz m. Chintz *m.*, Zitz *m.*

CIO ⇒ *Comitato Internazionale Olimpico* Internationales Olympisches Komitee (IOK).

ciò pron.dimostr. **1** das, dies: ***~ è molto strano*** das ist sehr seltsam; ***tutto ~ era previsto*** das war alles vorgesehen; ***non abbiamo parlato di ~*** wir haben nicht davon gesprochen; ***da ~ si può capire che...*** daraus versteht sich, dass... **2** ***~ che...*** (das), was...; ***era ~ che intendevi?*** war es das, was du meintest? ***fa' ~ che credi*** mach, was du glaubst; ***hai tutto ~ che ti occorre?*** hast du alles, was du brauchst? ***rifletti su ~ che ti ho detto*** denk darüber nach, was ich dir gesagt habe; ***nulla di ~ che pensi è vero*** nichts von dem, was du denkst, ist wahr; ***il testo è difficile e, ~ che è peggio, noioso*** der Text ist schwer und, was noch schlimmer ist, er ist langweilig ◆ *(a tal fine)* ***a ~*** dafür, dazu, hierzu; *(acciocché)* ***a ~ che*** damit; ***e con ~?*** und nun? *(nonostante tutto)* ***con tutto ~*** trotz alledem; ***niente di tutto ~*** nichts von all(e)dem; ***~ nondimeno, nonostante*** dessen ungeachtet, dennoch; ***oltre a ~*** außerdem, überdies, zudem; *(perciò)* ***per ~*** für das, dafür.

cioc|ca f. *(-che)* Strähne *f.*, Büschel *n.*: ***una ~ di capelli*** eine Haarsträhne ◆ ***a -che*** büschelweise, strähnig: ***perde i capelli a -che*** die Haare fallen ihm büschelweise aus.

cioc|co m. *(-chi)* Holzklotz *m.*, Klotz *m.*, Holzblock *m.* ◆ ***rimanere come un ~*** wie angewurzelt stehen bleiben.

cioc|co|la|ta f. **1** → **cioccolato 2** *(bevanda)* Schokolade *f.*, Kakao *m.*: ***una tazza di ~*** eine Tasse Schokolade (*o* Kakao); ***fare, bere una ~ calda*** eine heiße Schokolade (*o* einen heißen Kakao) machen, trinken. **cioc|co|la|ta|io** m. *(-ai)* **1** Schokoladenfabrikant *m.* **2** *(rivenditore)* Schokoladenverkäufer *m.* ◆ REGION. ***fare una figura da ~*** = sich lächerlich machen, sich blamieren. **cioc|co|la|tie|ra** f. Kakaokanne *f.* **cioc|co|la|ti|no** m. Praline *f.*: ***-i assortiti*** gemischte Pralinen; ***-i al liquore, alle nocciole*** Likör-, Nusspralinen.

cioc|co|la|to m. Schokolade *f.*: ***~ amaro, fondente*** Bitterschokolade *f.*; *(per la preparazione di dolci)* Blockschokolade *f.*; ***~ bianco, al latte*** weiße Schokolade, Milchschokolade; ***una tavoletta di ~*** eine Tafel Schokolade, eine Schokolade(n)tafel; ***budino, gelato, torta al ~*** Schokolade(n)pudding *m.*, -eis *n.*, -torte *f.* ◆ ***color ~*** schokolade(n)braun, -farben, -farbig.

cio|cia f. *(-cie)* REGION. INTRAD. (in der Ciociaria gebräuchliche Sandale). **cio|cia|ro I** agg. aus, von der Ciociaria **II** m. Einwohner *m.* der Ciociaria.

cio|è avv. **1** das heißt, nämlich, also, und zwar: ***arriva il 6, ~ lunedì*** er kommt am 6., das heißt (also) am Montag; ***tutta la famiglia, ~ padre, madre e figli*** die ganze Familie, nämlich Vater, Mutter und Kinder **2** *(anzi)* beziehungsweise; *(o meglio)* oder besser (gesagt), vielmehr: ***siamo in tre, ~ quattro, col bambino*** wir sind zu dritt, beziehungsweise zu viert, mit dem Kind; ***ti vengo a trovare, ~ ti telefono*** ich komme zu dir, vielmehr, ich rufe dich an.

ciom|po m. STOR. INTRAD. (florentinischer Wolltucharbeiter im Mittelalter) ◆ ***il tumulto dei Ciompi*** der Aufstand der Ciompi.

cion|ca|re tr. *(cionco, cionchi)* REGION. hinunter‿gießen, saufen. **cion|co** agg. *(-chi,-che)* REGION. **1** abgehackt, abgetrennt **2** *(debole)* schlaff, schlottrig.

cion|do|la|men|to m. **1** Baumeln *n.* **2** *(il bighellonare)* Herumlungern *n.*, Gammeln *n.* **cion|do|la|re I** tr. ***~ le braccia, la testa*** die Arme schlenkern (*o* mit den Armen schlackern), den Kopf hängen lassen **II** intr. (aus. *avere*) **1** baumeln; *(pendere)* hängen **2** *barcollare)* schwanken, taumeln **3** *(bighellonare)* trödeln, herum‿gammeln. **cion|do|lo** m. Anhänger *m.* **cion|do|lo|ne** m. Trödler *m.*; *(fannullone)* Faulenzer *m.* **cion|do|lo|ni** avv. schlenkernd, baumelnd: ***con le gambe ~*** mit baumelnden Beinen ◆ ***andare ~*** trödeln, herum‿gammeln.

cio|non|di|me|no, cio|no|no|stan|te avv. dennoch, dessen ungeachtet: ***perse il treno, ~ arrivò puntuale*** er verpasste den Zug, dennoch kam er pünktlich.

cio|to|la f. **1** Schüssel *f.*, Schale *f.*: ***~ di legno*** Holzschale *f.*; ***una ~ di latte*** eine Schale Milch **2** *(per animali domestici)* Fressnapf *m.*

ciot|to|la|ta f. Steinwurf *m.* **ciot|to|la|to** m. Kopfsteinpflaster *n.* **ciot|to|lo** m. **1** Kiesel *m.*, Kieselstein *m.* **2** ESTENS. Stein *m.* **ciot|to|lo|so** agg. steinig.

1.cip I inter. piep: ***fare ~, ~*** piepen (*o* piep, piep machen) **II** m. Piep *m.*

2.cip m.inv. *(nel poker)* Chip *m.*

CIP ⇒ *Comitato Interministeriale Prezzi* Interministerielle Preiskommission.

CIPE ⇒ *Comitato Interministeriale per la Programmazione Economica* Interministerielle Kommission für Wirtschaftsplanung.

ci|pe|ra|ce|a f., **ci|pe|ro** m. Zypergras *n.*

ci|pi|glio m. *(-gli)* **1** Stirnrunzeln *n.* **2** *(espressione)* finstere Miene *f.*: ***guardare qcn. con ~*** jdn finster an‿sehen.

ci|pol|la f. **1** BOT. Zwiebel *f.*: ***sbucciare (mondare), rosolare, soffriggere le -e*** die Zwiebeln schälen, an‿braten, rösten **2** ESTENS. *(dell'annaffiatoio)* Brause *f.* **3** COLLOQ. ANT. *(orologio da taschino)* Zwiebel *f.* **4** COLLOQ. *(acconciatura)* Zwiebel *f.* ◆ ***mangiare pane e ~*** = Brot und Margarine essen; ***zuppa di -e*** Zwiebelsuppe *f.* **ci|pol|li|na I** f. Silberzwiebel *f.*, Perlzwiebel *f.* **II** agg. ***erba ~*** Schnittlauch *m.* **ci|pol|li|no I** agg. Zwiebel-: ***marmo ~*** Zwiebelmarmor *m.* **II** m. Zwiebelmarmor *m.*, Cipollin(o) *m.* **ci|pol|lo|ne** m. **1** große Zwiebel *f.* **2** COLLOQ. *(orologio)* Zwiebel *f.*, Kartoffel *f.*

cip|po m. Säulenstumpf *m.* ◆ ***~ di confine*** Grenzstein *m.*; ***~ funerario, sepolcrale*** Grabstein *m.*, Grabsäule *f.*

ci|pre|a f. Porzellanschnecke *f.*

ci|pres|sa|ia f., **ci|pres|se|to** m. Zypressenhain *m.* **ci|pres|so** m. **1** *(albero)* Zypresse *f.* **2** *(legno)* Zypressenholz *n.*

ci|pria f. Puder *m.*: ***darsi la ~*** sich pudern, Puder auf‿tragen; ***~ compatta*** Kompaktpuder *m.*

Ci|pria|no n.pr.m. Cyprianus *m.*, Zyprian *m.*

ci|pri|ni|de m. Karpfenfisch *m.* **ci|pri|no|don|ti|de** m. Kärpfling *m.*, Zahnkarpfen *m.*

ci|pri|pe|dio m. *(-di)* Frauenschuh *m.*

Ci|pro n.pr.m. Zypern *n.* **ci|pri|o|ta I** agg. zypriotisch, zyprisch **II** m. e f. *(-i,-e)* Zyprer *m.* (-in *f.*).

cir|ca I prep. über + acc., von + dat.; BUROCR. betreffs + gen., bezüglich + gen.: ***~ la nostra questione*** betreffs unserer Angelegenheit (*o* was unsere Angelegenheit betrifft); ***non so nulla ~ quel fatto*** ich weiß nichts darüber (*o* davon) **II** avv. zirka, etwa, ungefähr, um: ***costare ~ 500 DM*** etwa 500 DM kosten; ***avere ~ 20 anni*** ungefähr 20 Jahre alt sein **III** m. ECON. Zirkaauftrag *m.*

Cir|cas|sia n.pr.f. Tscherkessien *n.*, Zirkassien *n.* **cir|cas|so I** agg. tscherkessisch **II** m. Tscherkesse *m.*, Zirkassier *m.*

Cir|ce 1 n.pr.f. Kirke *f.* **2** f. *(seduttrice)* Circe *f.*

cir|cen|se agg. zirzensisch, Zirkus-: ***spettacolo ~*** Zirkusvorstellung *f.*; STOR. ***giochi -i*** zirzensische Spiele.

cir|co m. *(-chi)* Zirkus *m.* (anche STOR.): ***andare al ~*** in den Zirkus gehen; ***lavorare nel ~*** beim Zirkus arbeiten (*o* sein) ◆ ***~ ambulante*** Wanderzirkus *m.*; ***artista di ~*** Zirkusartist *m.*; ***~ equestre*** → ***~ ambulante***; GEOL. ***~ glaciale*** Kar *n.*

cir|co|lan|te I agg. umlaufend, kursierend, zirkulierend: ***moneta (denaro), capitale ~*** umlaufendes Geld, Kapital; ***secondo le voci -i su di lui*** den über ihn kursierenden Gerüchten nach **II** m. ECON. Geldumlauf *m.* ◆ ***biblioteca ~*** Leihbibliothek *f.*, Leihbücherei *f.*

1.cir|co|la|re I agg. **1** kreisförmig, Kreis-: ***linea, moto ~*** Kreislinie *f.*, Kreisbewegung *f.* **2** GEOM. Kreis-: ***settore ~*** Kreisausschnitt *m.* **II** f. **1** *(lettera)* Rundschreiben *n.*, Rundbrief *m.*, Zirkular *n.* **2** *(linea di tram o bus)* Ringbahn *f.*, -bus *m.*: ***~ destra, sinistra*** rechte, linke Ringbahn ◆ BANC. ***assegno ~*** Barscheck *m.*; ***edificio a pianta ~*** Rundbau *m.*; SPORT ***pista ~*** Rundstrecke *f.*; ***sega ~*** Kreissäge *f.*

2.cir|co|la|re intr. *(circolo; aus. essere/avere)* **1** kreisen, zirkulieren: ***il sangue circola nelle vene*** das Blut kreist in den Adern; ***far ~ aria*** Luft zirkulieren lassen **2a** ESTENS. verkehren: ***l'autobus non circola di domenica*** der Bus verkehrt sonntags nicht **b** *(di pedoni)* gehen: ***in centro si circola solo a piedi*** im Zentrum geht man nur zu Fuß **3** *(passare di mano in mano)* herum‿gehen, herum‿geben, herum‿reichen: ***far ~ una rivista*** eine Zeitschrift herumgehen lassen **4** *(essere in circolazione)* zirkulieren, kursieren, im Umlauf sein: ***in città circola molta droga*** in der Stadt ist viel Rauschgift im Umlauf **5** FIG. *(diffondersi)* (herum)um‿gehen, kursieren: ***circola voce che...*** es geht das Gerücht um, dass... ◆ ***~!*** weiter‿gehen! *(per veicoli)* weiter‿fahren! ***far ~ aria*** lüften.

cir|co|la|ri|tà f. **1** Kreisförmigkeit *f.* **2** *(andamento circolare)* Kreisbewegung *f.*, Kreislauf *m.*

cir|co|la|to|rio agg. *(-ri,-rie)* Kreislauf-: ***disturbo ~*** Kreislaufstörung *f.*; ***apparato ~*** Kreislauf *m.*, Blutkreislauf *m.*

cir|co|la|zio|ne f. **1** Umlauf *m.* (anche FIG.): ***essere in ~*** in (*o* im) Umlauf sein; ***mettere in ~ qcs.*** etw. in Umlauf bringen, setzen **2** *(traffico)* Verkehr *m.*: ***intralciare (ostacolare), regolare, deviare la ~*** den Verkehr behindern, regeln, um‿leiten **3** ANAT. Kreislauf *m.*, Zirkulation *f.*: ***~ sanguigna*** Blutkreislauf *m.*; ***stimolare la ~*** den Kreislauf an‿regen; ***avere problemi di ~*** Kreislaufstörungen haben ◆ ***~ aerea*** Luftverkehr *m.*, Flugverkehr *m.*; ***~ dell'aria*** Luftströmung *f.*; ***~ di capitale*** Kapitalverkehr *m.*; ***carta di ~*** Kraftfahrzeugschein *m.*, Fahrzeugbrief *m.*; ***~ a destra*** Rechtsverkehr *m.*; ***divieto di ~*** Fahrverbot *n.*; MED. ***~ extracardiaca*** extrakardiale Zirkulation; ECON. ***principio di libera ~*** Freizügigkeitsprinzip *n.*; ***libretto di ~*** → ***carta di ~***; ***~ delle merci*** Warenverkehr *m.*; ***~ monetaria*** Geldumlauf *m.*; ***norme di ~*** Verkehrsregeln *pl*; ***ritirare qcs. dalla ~*** → ***togliere qcs. dalla ~***; ***~ a sinistra*** Linksverkehr *m.*; COLLOQ. ***sparire dalla ~*** verschwinden, ab‿tauchen; ***~ stradale*** Straßenverkehr *m.*; ***tassa di ~*** Kraftfahrzeugsteuer *f.*; ***togliere qcs. dalla ~*** etw. aus dem Verkehr (*o* Umlauf) ziehen; FIG. ***togliere qcn. dalla ~*** jdn um‿legen, jdn um die Ecke bringen.

cir|co|lo m. **1** Kreis *m.*: ***tracciare, disegnare un ~*** einen Kreis ziehen, zeichnen; ***disporsi in ~ intorno a qcn.*** um jdn einen Kreis bilden, schließen **2** ANAT. Kreislauf *m.*, Blutkreislauf *m.*: ***entrare in ~*** in den Blutkreislauf gehen **3a** *(associazione)* Klub *m.*, Zirkel *m.*, Verein *m.*: ***fondare un ~*** einen Klub gründen; ***entrare a far parte di un ~*** einem Verein bei‿treten, in einen Verein ein‿treten **b** *(luogo)* Klub *m.*, Klubhaus *n.*: ***andare al ~*** in den Klub gehen, den Klub besuchen; ***frequentare un ~*** in einem Klub verkehren; ***incontrarsi al ~*** sich im Klub treffen **4** *(ambiente)* Kreis *m.*, Milieu *n.*: ***-i politici, militari*** politische, militärische Kreise **5** BUROCR. *(circoscrizione)* Bezirk *m.*: ***~ didattico*** Grundschulbezirk *m.* ◆ ***~ culturale*** Kulturverein *m.*; GEOGR. ***~ equatoriale*** Äquator *m.*; GEOGR. ***~ polare*** Polarkreis *m.*; ***~ sportivo*** Sportklub *m.*, Sportverein *m.*; ***~ ufficiali*** Offizierskasino *n.*; FIG. ***~ vizioso*** Teufelskreis *m.*

cir|con|ci|de|re tr. *(circoncisi; circonciso)* beschneiden. **cir|con|ci|sio|ne** f. Beschneidung *f.*, Zirkumzision *f.* **cir|con|ci|so I** p.pass. agg. **1** → **circoncidere 2** beschnitten **II** m. Beschnittene *m.*

cir|con|da|re I tr. **1** ein‿schließen, umschließen: ***un muro circonda il parco*** eine Mauer umschließt den Park **2** MIL. *(accerchiare)* umzingeln, umstellen, ein‿kreisen: ***~ il nemico, un edificio*** den Feind, ein Gebäude umzingeln **3** *(attorniare)* umringen: ***una folla di curiosi circondava la diva*** eine Menge von Neugierigen umringte die Diva **4** FIG. umgeben: ***~ di attenzioni qcn.*** jdn mit Aufmerksamkeiten umgeben **II** pronom. **circondarsi** sich umgeben (anche FIG.): ***-rsi di amici*** sich mit Freunden umgeben.

cir|con|da|ria|le agg. BUROCR. Bezirk-: ***ufficio ~*** Bezirksamt *n.* ◆ ***casa ~*** Gefängnis *n.*, Strafanstalt *f.* **cir|con|da|rio** m. *(-ri)* **1** Bezirk *m.*: ***~ amministrativo*** Verwaltungsbezirk *m.*, Kreis *m.*; ***~ del tribunale*** Landgerichtsbezirk *m.* **2** ESTENS. *(dintorni)* Umgebung *f.*, Umkreis *m.*: ***abitare nel ~*** im Umkreis wohnen.

cir|con|du|r|re tr. *(circonduco, circonduci; circondussi; circondotto)* **1** kreisen: ***~ le braccia*** die Arme kreisen **2** RAR. *(condurre intorno)* herum‿führen. **cir|con|du|zio|ne** f. Kreisen *n.*: ***la ~ delle braccia*** das Armkreisen *n.*

cir|con|fe|ren|za f. **1** GEOM. Kreisumfang *m.*, Peripherie *f.*; *(cerchio)* Kreis *m.*: ***tracciare, descrivere una ~ con il compasso*** einen Kreis mit dem Zirkel schlagen, beschreiben; ***calcolare la ~*** den Kreisumfang berechnen; ***la ~ misura 3 metri*** der Kreis misst 3 Meter **2a** ESTENS. Umfang *m.*: ***~ terrestre*** Erdumfang *m.* **b** SART. *(larghezza)* Umfang *m.*, Weite *f.*: ***~ toracica*** Brustumfang *m.*; ***~ (dei) fianchi, (della) vita*** Hüft-, Taillenumfang *m.* (*o* Bundweite *f.*); ***misurare la ~ (del) seno*** den Brustumfang messen ◆ ***angolo alla ~*** Peripheriewinkel *m.*; ***calcolo della ~*** Umfangsberechnung *f.*; ***~ circoscritta*** Umkreis *m.*; ***~ inscritta*** Inkreis *m.*

cir|con|fles|so p.pass. agg. **1** → **circonflettere 2** LING. ***accento ~*** Zirkumflex *m.* **3** *(arcuato)* krumm: ***una linea -a*** eine krumme Linie. **cir|con|flet|te|re** tr. **1** LING. zirkumflektieren **2** *(incurvare)* krümmen.

cir|con|fon|de|re tr. *(circonfusi; circonfuso)* LETT. überfluten. **cir|con|fu|so** p.pass. agg. **1** → **circonfondere 2** überflutet: ***il suo volto è ~ di luce*** ihr Antlitz ist von Licht überflutet.

cir|con|lo|cu|zio|ne f. Umschreibung *f.*, Periphrase *f.*

cir|con|val|la|zio|ne f. **1** *(strada)* Umgehungsstraße *f.* **2** *(linea fortificata)* Umwallung *f.* ◆ ***linea di ~*** Ringbahn *f.*

cir|con|ven|zio|ne f. **1** RAR. Überlistung *f.*, Hintergehung *f.* **2** DIR. ***~ di incapace*** Täuschung *f.* eines Unzurechnungsfähigen.

cir|con|vi|ci|no agg. umliegend: ***i paesi -i*** die umliegenden Dörfer.

cir|con|vo|lu|zio|ne f. Windung *f.* (anche MED.): ***~ cerebrale*** Hirnwindung *f.*

cir|co|scrit|to p.pass. agg. **1** → **circoscrivere 2** GEOM. Tangenten-: ***quadrilatero ~*** Tangentenviereck *n.* **3** FIG. umgrenzt: ***un ambito di competenze ben ~*** ein klar umgrenzter Aufgabenbereich; ***un fenomeno ancora ~*** ein noch begrenztes Phänomen.

cir|co|scri|ve|re tr. *(circoscrissi; circoscritto)* **1** GEOM. umschreiben: ***~ una circonferenza a un poligono*** ein Vieleck mit einem Kreis umschreiben **2a** ESTENS. *(delimitare)* beschränken, ein‿grenzen (anche FIG.): ***~ un concetto*** ein Konzept eingrenzen (*o* beschränken) **b** *(arginare)* ein‿dämmen (anche FIG.): ***~ un incendio*** einen Brand eindämmen. **cir|co|scri|vi|bi|le** agg. umschreibbar. **cir|co|scri|zio|na|le** agg. Kreis-, Bezirk-: ***ufficio ~*** Kreisamt *n.*

cir|co|scri|zio|ne f. **1** Einschränkung *f.*, Beschränkung *f.* **2** BUROCR. Bezirk *m.*, Kreis *m.*: ***~ amministrativa*** Verwaltungsbezirk *m.*; ***~ elettorale*** Wahlkreis *m.*, Stimmbezirk *m.*; ***~ comunale, giudiziaria*** Stadt- (*o* Gemeinde-), Gerichtsbezirk *m.*; ***~ di quartiere*** Stadtbezirk *m.*

cir|co|spet|to agg. umsichtig, bedächtig: ***comportamento ~*** umsichtiges Verhalten; ***parole -e*** bedächtige Worte. **cir|co|spe|zio|ne** f. Umsicht *f.*, Umsichtigkeit *f.*, Bedächtigkeit *f.*: ***agire, procedere con ~*** mit Umsicht handeln, vor‿gehen.

cir|co|stan|te agg. **1** *(cose)* umliegend: ***la zona ~*** das umliegende Gebiet **2** *(persone)* umstehend: ***le persone -i*** die umstehenden Leute.

cir|co|stan|za f. **1** Umstand *m.*, Gegebenheit *f.*: ***~ favorevole, avversa*** günstiger, widriger Umstand; DIR. ***~ aggravante, attenuante*** straferschwerender, mildernder Umstand **2** *(occasione)* Anlass *m.*, Gelegenheit *f.*: ***triste, lieta ~*** trauriger, freudiger Anlass ◆ ***atteggiamento di ~*** angemessenes Verhalten; ***un complesso di -e*** eine Reihe von Umständen; ***-e concomitanti*** Begleitumstände *pl.*; ***date le -e*** unter diesen (*o* den gegebenen) Umständen; ***frase di ~*** Höflichkeitsfloskel *f.*; ***parole di ~*** angemessene Worte; DIR. ***~ di reato*** Tatumstand *m.*; ***secondo le -e*** den Umständen nach; ***in tali -e*** unter solchen Umständen; ***visita di ~*** Höflichkeitsbesuch *m.*

cir|co|stan|zia|le agg. Umstands-: GRAMM. ***complemento ~*** Umstandsbestimmung *f.*, Umstandsangabe *f.*

cir|co|stan|zia|re tr. *(circostanzio, circostanzi)* ausführlich berichten, eingehend schildern: ***~ un fatto*** eine Tatsache ausführlich berichten. **cir|co|stan|zia|ta|men|te** avv. ausführlich, eingehend: ***descrivere ~*** ausführlich beschreiben. **cir|co|stan|zia|to** agg. ausführlich, eingehend: ***rapporto ~*** ausführlicher Bericht.

cir|cu|i|re tr. *(circuisco, circuisci)* FIG. umgarnen, umstricken: ***~ qcn. con belle parole*** jdn mit schönen Worten umgarnen.

cir|cui|to m. **1** SPORT Rundstrecke *f.*, Runde *f.*, Ring *m.*: ***un ~ di 15 km*** eine 15 km lange Rundstrecke; ***il ~ di Monza*** der Ring von Monza **2** EL. Kreis *m.*: ***~ elettrico, oscillante*** Stromkreis *m.*, Schwingkreis *m.*; ***aprire, chiudere il ~*** den Kreis öffnen, schließen **3** EL. ELETTRON. Schaltung *f.*: ***~ integrato, stampato*** integrierte, gedruckte Schaltung **4** TECN. *(sistema)* Kreislauf *m.*: ***installare un ~*** einen Kreislauf installieren (*o* ein‿richten) ◆ ***~ chiuso*** Ruhestromkreis *m.*; ***impianto televisivo a ~ chiuso*** Fernseh-, Videoüberwachungsanlage *f.*; ***~ cinematografico*** Filmvertrieb *m.*; ***corto ~*** Kurzschluss *m.*, Kurze *m.*; ***andare in corto ~*** einen Kurzschluss haben; ***mandare in corto ~*** kurz‿schließen; COMM. ***~ di distribuzione*** Verteilernetz *n.*, Vertriebsnetz *n.*; ELETTRON. ***~ logico*** Schaltkreis *m.*; ***~ monetario*** Kapitalkreislauf *m.*; ***~ di prova*** Probestrecke *f.*; TECN. ***~ di raffreddamento*** Kühlsystem *n.*; COMM. ***~ di vendita*** → ***~ di distribuzione.***

cir|cum|lu|na|re agg. Mond-: ***orbita ~*** Mondorbit *m.*, Mondumlaufbahn *f.*

cir|cum|na|vi|ga|re tr. umsegeln, umschiffen: ***~ un'isola*** eine Insel umsegeln. **cir|cum|na|vi|ga|zio|ne** f. Umseg(e)lung *f.*, Umschiffung *f.*: ***~ del globo, della terra*** Welt-, Erdumseg(e)lung *f.*

cir|cum|po|la|re agg. zirkumpolar, Zirkumpolar-: ***stella ~*** Zirkumpolarstern *m.*

ci|ril|li|co agg. *(-ci,-che)* kyrillisch (*o* cyrillisch, zyrillisch): ***caratteri -ci, alfabeto ~*** kyrillische Schrift (*o* Kyrilliza *f.*). **Ci|ril|lo** n.pr.m. Kyrill (*o* Cyrill) *m.*

ci|rio|la f. INTRAD. (längliches Brot aus der Gegend um Rom).

Ci|ro n.pr.m. Kyros *m.*

cir|ri|for|me agg. **1** METEOR. Zirrus- **2** BOT. rankenartig. **cir|ri|pe|de** m. Rankenfüßer *m.* **cir|ro** m. **1** METEOR. Zirrus *m.*, Zirruswolke *f.*, Federwolke *f.* **2** BOT. Ranke *f.* **3** ZOOL. Zirrus *m.* **cir|ro|cu|**

mu|lo m. Zirrokumulus *m.*, Lämmerwolke *f.*
cir|ro|si f. Zirrhose *f.*: ***~ epatica*** Leberzirrhose *f.*, Leberschrumpfung *f.*
cir|ro|so agg. **1** METEOR. mit Zirren bedeckt, voller Zirruswolken **2** BOT. rankenartig. **cir|ro|stra|to** m. Zirrostratus *m.*
cir|ro|ti|co agg. *(-ci,-che)* zirrhotisch.
CISAL ⇒ *Confederazione Italiana Sindacati Autonomi dei Lavoratori* Verband der autonomen Arbeitergewerkschaften Italiens.
ci|sal|pi|no agg. zisalpin(isch).
CISL ⇒ *Confederazione Italiana Sindacati Lavoratori* Italienischer Arbeitergewerkschaftsbund.
CISNAL ⇒ ϕ. *Confederazione Italiana Sindacati Nazionali dei Lavoratori* Verband der Nationalen Italienischen Arbeitergewerkschaften.
ci|spa f. Augensekret *n.*, COLLOQ. Augenbutter *f.*
cis|pa|da|no agg. diesseits des Po (liegend).
ci|spo|so agg. **1** Trief-: ***occhio ~*** Triefauge *n.* **2** ESTENS. *(dagli occhi cisposi)* triefäugig: ***un vecchio ~*** ein triefäugiger Alter.
cis|soi|de f. Zissoide *f.*
ci|sta f. Zista *f.*, Ziste *f.* **ci|stal|gi|a** f. Zistalgie *f.* **ci|ste** → **cisti. ci|stec|to|mi|a** f. Zystektomie *f.*
ci|ste|rc(i)en|se I agg. Zisterzienser-: ***ordine ~*** Zisterzienserorden *m.* **II** m. Zisterzienser *m.*
ci|ster|na f. **1** Zisterne *f.* **2** ESTENS. *(grande serbatoio)* Tank *m.*, Behälter *m.*; ***~ dell'acqua*** Wassertank *m.* ◆ ***auto ~*** Tankfahrzeug *n.*, Tankwagen *m.*; ***nave ~*** Tanker *m.*; ***vagone ~*** Kesselwagen *m.*, Behälterwagen *m.*
ci|sti f. MED. ZOOL. Zyste *f.* **ci|sti|cer|co** m. *(-chi)* Finne *f.* **ci|sti|co** agg. *(-ci,-che)* Zysten-, zystisch: ***tumore ~*** zystischer Tumor. **ci|sti|fel|le|a** f. Gallenblase *f.* **ci|sti|te** f. Zystitis *f.*, Blasenentzündung *f.*
ci|sto m. Zistrose *f.*
ci|sto|sco|pi|a f. Blasenspiegelung *f.* **ci|sto|sco|pio** m. *(-pi)* Blasenspiegel *m.*
CIT ⇒ *Compagnia Italiana Turismo* Italienische Gesellschaft für Fremdenverkehr.
ci|ta|bi|le agg. **1** DIR. klagbar **2** *(testo)* zitierbar **3** *(come esempio)* anführbar. **ci|tan|te I** agg. vorladend, zitierend **II** m. e f. Vorladende *m.* e *f.*
ci|ta|re tr. **1a** DIR. vor‿laden, laden, zitieren: ***~ qcn. in tribunale (in giudizio), come testimone*** jdn vor Gericht (*o* gerichtlich), als Zeuge vorladen **b** *(denunciare)* verklagen, klagen, belangen: ***~ qcn. per danni*** jdn auf Schadenersatz verklagen **2** *(riportare)* zitieren: ***~ un passo da un libro*** eine Stelle aus einem Buch zitieren; ***~ le fonti*** die Quellen zitieren; ***~ a memoria, testualmente*** aus dem Gedächtnis, wörtlich zitieren; ***~ il proprio maestro, uno scrittore*** seinen Lehrer, einen Schriftsteller zitieren **3** *(menzionare)* an‿führen: ***~ un esempio, nomi, date*** ein Beispiel, Namen, Daten anführen; ***è citato ad esempio*** er wird als Beispiel angeführt (*o* er gilt als Beispiel).
ci|ta|re|do m. Kitharöde *m.* **ci|ta|ri|sta** m. e f. *(-i,-e)* Kitharöde *m.* (-ödin *f.*).
ci|ta|to p.pass. agg. → **citare** ◆ ***al luogo ~*** am angeführtem Ort, loco citato; ***non ~*** unerwähnt; ***passo ~*** Belegstelle *f.*, Zitat *n.*; ***sopra ~*** oben erwähnt.
ci|ta|zio|ne f. **1a** DIR. Vorladung *f.*, Ladung *f.*, Zitierung *f.*: ***~ in giudizio*** gerichtliche Vorladung, Vorladung vor Gericht; ***inviare una ~ a qcn., ricevere una ~*** jdm eine Vorladung schicken, eine Vorladung erhalten **b** *(denuncia)* Klage *f.* **2a** Zitierung *f.*, Zitation *f.*, Nennung *f.*: ***la ~ del titolo*** die Zitierung des Titels **b** *(passo citato)* Zitat *n.*, Zitation *f.*, Anführung *f.*: ***un testo pieno di -i*** ein Text voller Zitate; ***fare molte -i dalla Bibbia*** viele Zitate aus der Bibel an‿führen **3** *(menzione)* Erwähnung *f.*: ***~ al merito*** lobende Erwähnung.
Ci|te|re|a n.pr.f. Kythera *n.*
ci|te|rio|re agg. STOR. diesseitig.
ci|ti|so m. **1** Geißklee *m.* **2** Goldregen *m.*
ci|to|de m. Zytode *f.*
ci|to|fo|na|re intr. *(citofono;* aus. *avere)* durch die Sprechanlage sprechen. **ci|to|fo|no** m. Sprechanlage *f.*: ***parlare (con qcn.) al ~*** (mit jdm) durch die Sprechanlage sprechen.
ci|to|lo|gi|a f. Zytologie *f.*, Zellenlehre *f.* **ci|to|lo|gi|co** agg. *(-ci, -che)* **1** zytologisch **2** *(cellulare)* Zell-, Zellen-. **ci|to|pla|sma** m. Zytoplasma *n.*, Zellplasma *n.* **ci|to|pla|sma|ti|co** agg. *(-ci,-che)* Zytoplasma-: ***membrana -a*** Zytoplasmamembran *f.* **ci|to|so|ma** m. Zytosoma *n.* **ci|to|sta|ti|co I** agg. *(-ci,-che)* zytostatisch **II** m. *(-ci)* Zytostatikum *n.* **ci|to|sto|ma** m. Zytostom(a) *n.*
ci|tra|to m. Zitrat (*o* Citrat) *n.* **ci|tri|co** agg. *(-ci,-che)* **1** Zitronen-: ***acido ~*** Zitronensäure *f.* **2** *(contenente acido citrico)* zitronensauer. **ci|tri|na** f. Zitrin *n.* **ci|tri|no I** agg. LETT. zitronengelb **II** m. **1** Zitronengelb *n.* **2** MINER. Zitrin *m.*
ci|tro|nel|la f. Zitronellgras *n.*
ci|trul|lag|gi|ne f. Dummheit *f.* **ci|trul|lo** m. Dummkopf *m.*, Dummbart *m.*
cit|tà f.inv. Stadt *f.*: ***la ~ di Roma*** die Stadt Rom; ***piccola, grande ~*** Klein-, Großstadt *f.*; ***la gente di ~*** die Leute aus der Stadt; ***vivere, abitare in, fuori ~*** in der, außerhalb der Stadt leben, wohnen; ***visitare una ~ (straniera)*** eine (fremde) Stadt besuchen; ***far visitare la ~ a qcn.*** jdn durch die Stadt führen; ***andare in ~*** in die Stadt gehen; *(insieme dei cittadini)* ***tutta la ~ ne parla*** die ganze Stadt spricht davon ◆ ***~ alta*** Oberstadt *f.*; ***~ aperta*** offene Stadt; ***~ d'arte*** Kunststadt *f.*; ***Città del Capo*** Kapstadt *f.*; ***centro ~*** Zentrum *n.*, Stadtzentrum *n.*; ***la ~ dei Cesari*** = Rom; ***cuore della ~*** Stadtkern *m.*; ***la ~ di Dio*** das Gottesreich; ***~ dormitorio*** Schlafstadt *f.*; ***la ~ eterna*** die Ewige Stadt; ***~ franca*** Zollfreigebiet *n.*; ***~ industriale*** Industriestadt *f.*; ***~ giardino*** Gartenstadt *f.*; ***la ~ del Giglio*** = Florenz; ***la ~ della Laguna*** die Lagunenstadt Venedig; ***la ~ della Lanterna*** = Genua; ***~ libera*** freie Reichsstadt; ***la ~ della Madonnina*** = Mailand; ***la ~ della Mole*** = Turin; ***~ natale*** Heimatstadt *f.*; ***palazzo di ~*** Stadthaus *n.*; ***pianta della ~*** Stadtplan *m.*; ***~ di provincia*** Provinzstadt *f.*; ***~ dei ragazzi*** Kinderdorf *n.*; ***la ~ santa*** die Heilige Stadt; ***la ~ del Santo*** = Padua; ***~ satellite*** Satellitenstadt *f.*, Trabantenstadt *f.*; ***~ stato*** Stadtstaat *m.*; ***~ universitaria*** *(sede di università)* Universitätsstadt *f.*; *(grande complesso universitario)* Universitätsviertel *n.*; ***Città del Vaticano*** Vatikanstadt *f.*; ***~ vecchia*** Altstadt *f.*; ***visita della ~*** Stadt(rund)fahrt *f.*, Stadtführung *f.*; ***vita di ~*** Stadtleben *n.*
cit|ta|del|la f. **1** Zitadelle *f.* **2** FIG. Hochburg *f.* **cit|ta|di|na** f. **1** *(piccola città)* Städtchen *n.*, Kleinstadt *f.* **2a** *(abitante di una città)* Stadtbewohnerin *f.*, Städterin *f.* **b** *(di uno stato)* Bürgerin *f.*, Staatsangehörige *f.*
cit|ta|di|nan|za f. **1** *(insieme dei cittadini)* Stadtbevölkerung *f.*: ***rivolgersi alla ~*** sich an die Stadtbevölkerung wenden **2** *(di uno stato)* Bürgerschaft *f.*: ***la ~ è chiamata al voto*** die Bürgerschaft ist zur Wahl aufgerufen **3** DIR. Staatsangehörigkeit *f.*, Staatsbürgerschaft *f.*: ***assumere, prendere la ~ italiana*** die italienische Staatsangehörigkeit an‿nehmen; ***conferire (dare) la ~ a qcn.*** jdm die Staatsangehörigkeit verleihen; ***avere la ~ italiana*** die italienische Staatsangehörigkeit besitzen; ***privare qcn. della ~*** jdn aus‿bürgern, jdm die Staatsangehörigkeit entziehen ◆ ***diritto di ~*** Heimatrecht *n.*; ***doppia ~*** Doppelstaatsbürgerschaft *f.* (*o* doppelte Staatsangehörigkeit); ***~ onoraria*** Ehrenbürgerschaft *f.*
cit|ta|di|ne|sco agg. *(-chi,-che)* ANT. → **cittadino.**
cit|ta|di|no I agg. städtisch, Stadt-: ***traffico ~*** städtischer Verkehr, Stadtverkehr *m.*; ***centro ~*** Stadtinnere *n.*, Stadtzentrum *n.*; ***le autorità -e*** die städtischen Behörden; ***abitudini -e*** städtische Gewohnheiten; ***vie -e*** Straßen der Stadt **II** m. **1** *(abitante di una città)* Stadtbewohner *m.*, Städter *m.*; pl. *(cittadinanza)* Stadtbevölkerung *f.* **2** *(di uno stato)* Bürger *m.*: ***i -i di uno stato*** die Bürger eines Staats; ***diritti e doveri dei -i*** Rechte und Pflichten der Bürger; ***~ con diritto di voto*** wahlberechtigter Bürger **3** DIR. Staatsangehörige *m.*, Staatsbürger *m.*: ***essere ~ francese*** französischer Staatsangehöriger sein ◆ SCHERZ. ***libero ~*** freier Staatsbürger; ***~ del mondo*** Weltbürger *m.*; ***~ onorario*** Ehrenbürger *m.*; ***primo ~*** = Bürgermeister *m.*; ***privato ~*** Bürger *m.* **cit|tà-sta|to** m. Stadtstaat *m.*
ci|ty ['sɪti] f.inv. City *f.*
ciu|c|ca f. *(-che)* REGION. ***prendersi una (bella) ~*** sich einen, sich ordentlich an‿trinken.
ciuc|cia|re *(ciuccio, ciucci)* FAM. **I** tr. **1** lutschen, nuckeln: ***~ una caramella*** ein Bonbon lutschen **2** *(di neonati)* saugen: ***~ il latte*** Milch saugen **II** intr. (aus. *avere*) saugen **III** pronom. ***-rsi qcs.*** an etw. (D) nuckeln: ***-rsi il dito*** am Daumen lutschen.
1.ciuc|cio m. *(-ci)* Schnuller *m.*, Lutscher *m.*: ***mettere il ~ a un bambino*** einem Kind den Schnuller in den Mund stecken.
2.ciuc|cio m. *(-ci)* REGION. Esel *m.* (anche FIG. SPREG.).
ciuc|ciot|to m. → **1.ciuccio.**
ciu|co m. *(-chi)* Esel *m.*
ciuf inter. tuff: ***fare ~ ~*** tuff, tuff machen.
ciuf|fo m. **1a** Schopf *m.*, Büschel *n.*: ***~ di capelli, di peli*** Haarbüschel *n.* **b** *(cespo)* Büschel *n.*: ***un ~ d'erba*** ein Büschel Gras, ein Grasbüschel *m.* **2** ZOOL. *(di piume)* Haube *f.*, Schopf *m.*, Zotte (*o* Zottel) *f.*
ciuf|fo|lot|to m. Gimpel *m.* ◆ ***~ scarlatto*** Blutfink *m.*
ciur|la|re intr. (aus. *avere*) COLLOQ. ***~ nel manico*** = sich drücken.
ciur|ma f. **1** MAR. Schiffsbesatzung *f.*, Mannschaft *f.* **2** FIG. SPREG. → **ciurmaglia. ciur|ma|do|re** → **ciurmatore. ciur|ma|glia** f.

Pack *n.*, Gesindel *n.* **ciur|ma|to|re** m. Schwindler *m.*

ci|vet|ta f. **1** Kauz *m.*: ***l'urlo della ~*** der Schrei des Käuzchens **2** FIG. *(donna leggera)* kokette Frau *f.*; ***fare la ~*** kokettieren **3** *(manifesto all'esterno delle edicole)* Zeitungsreklame *f.* ◆ ***auto ~*** Zivilstreifenwagen *m.* **ci|vet|ta|re** intr. (aus. *avere*) kokettieren: ***~ con un collega*** mit einem Kollegen kokettieren. **ci|vet|te|ri|a** f. Koketterie *f.* **ci|vet|to|ne** m. Geck *m.* **ci|vet|tuo|lo** agg. kokett: ***uno sguardo ~*** ein koketter Blick.

ci|vi|co agg. *(-ci,-che)* **1** Bürger-, Staatsbürger-, staatsbürgerlich: ***dovere ~*** Staatsbürgerpflicht *f.*; ***azione -a*** Bürgeraktion *f.* **2** *(relativo alla città)* städtisch, Stadt-: ***biblioteca -a*** Stadtbibliothek *f.*; ***museo ~*** Stadtmuseum *n.* ◆ ***difensore ~*** Ombudsmann *m.* (-frau *f.*); ***educazione -a*** Staatsbürgerkunde *f.*, Sozialkunde *f.*; ***numero ~*** Hausnummer *f.*; ***senso ~*** Gemeinsinn *m.*

ci|vi|le I agg. **1** zivil, Zivil-: ***abiti -i*** Zivilkleidung *f.*; ***autorità ~*** Zivilbehörde *f.*; ***popolazione ~*** Zivilbevölkerung *f.*; ***servizio ~*** Zivildienst *m.*; ***vita ~*** Zivilleben *n.*; ***tribunale, processo, causa, diritto ~*** Zivilgericht *n.*, Zivilprozess *m.* (*o* Zivilverfahren *n.*), Zivilsache *f.*, Zivilrecht *n.*; ***codice di procedura ~*** Zivilprozessordnung *f.*; ***protezione ~*** Zivilschutz *m.*; ***coraggio ~*** Zivilcourage *f.* **2** *(del cittadino)* bürgerlich, Bürger-: ***i diritti -i*** die bürgerlichen Rechte, das Bürgerrecht **3a** FIG. *(educato, cortese)* zivilisiert, gesittet: ***una persona, un comportamento ~*** ein gesitteter Mensch, ein gesittetes Benehmen; ***vivere in un ambiente ~*** in einer zivilisierten Umgebung leben **b** *(civilizzato)* zivilisiert, Kultur-: ***popolo ~*** Kulturvolk *n.*; ***società ~*** zivilisierte Gesellschaft **II** m. Zivilist *m.*, Zivilperson *f.* ◆ ***codice ~*** Bürgerliches Gesetzbuch; ***festa ~*** staatlicher Feiertag; ***guerra ~*** Bürgerkrieg *m.*; ***impegno ~*** sozialpolitisches Engagement; ***ingegneria ~*** Ingenieurbau *m.*, Bauingenieurwesen *n.*; ***matrimonio ~*** standesamtliche Trauung; ***morte ~*** Entmündigung *f.*; DIR. ***parte ~*** Privatkläger *m.* (*o* Nebenkläger *m.*); ***stato ~*** Familienstand *m.*, Personenstand *m.*

ci|vi|li|sta m. e f. *(-i,-e)* Zivilrechtler *m.* (-in *f.*). **ci|vi|li|sti|co** agg. *(-ci,-che)* zivilrechtlich.

ci|vi|liz|za|re tr. zivilisieren. **ci|vi|liz|za|to** p.pass. agg. **1** → **civilizzare 2** zivilisiert: ***paesi -i*** zivilisierte Länder. **ci|vi|liz|za|to|re I** agg. zivilisierend **II** m. = wer die Zivilisation bringt. **ci|vi|liz|za|zio|ne** f. **1** Zivilisierung *f.* **2** *(civiltà)* Zivilisation *f.*

ci|vil|men|te avv. zivil, gesittet, anständig: ***trattare qcn. ~*** jdn anständig behandeln ◆ ***sposarsi ~*** standesamtlich heiraten.

ci|vil|tà f.inv. **1** Kultur *f.*: ***~ arcaica, progredita*** Früh-, Hochkultur *f.*; ***la ~ occidentale, greca antica*** die abendländische, altgriechische Kultur; ***la culla della ~*** die Wiege der Kultur; ***portare la ~ in un paese*** ein Land der Kultur erschließen **2** *(civilizzazione)* Zivilisation *f.*: ***la ~ moderna*** die moderne Zivilisation; ***avere un alto, basso grado di ~*** eine hohe, niedrige Zivilisation haben **3** *(buona creanza)* Gesittung *f.* ◆ ***~ industriale*** Industriegesellschaft *f.*; ***~ megalitica*** Megalithkultur *f.*

ci|vi|smo m. Gemeinsinn *m.*, Bürgersinn *m.*

CL ⇒ *Comunione e Liberazione* (katholische politische Bewegung).

clac inter. klapp; *(tac)* klack; *(clic)* schnapp.

clac|chi|sta m. e f. *(-i,-e)* Claqueur *m.* (-in *f.*), Klatscher *m.* (-in *f.*).

cla|cson m.inv. Hupe *f.*: ***suonare il ~*** hupen. **clac|so|na|re** intr. (aus. *avere*) COLLOQ. hupen.

cla|do|ce|ro m. Kladozere *f.*

cla|do|dio m. *(-di)* Kladodie *f.*

cla|mi|de f. STOR. Chlamys *f.*

cla|mi|do|mo|na|de f. Schneealge *f.*

cla|mo|re m. **1** Lärm *m.*, Rummel *m.* **2** *(scalpore)* Aufsehen *n.*, Eklat *m.*, Wirbel *m.*: ***sollevare grande ~*** großes Aufsehen erregen. **cla|mo|ro|sa|men|te** avv. **1** *(fragorosamente)* laut, geräuschvoll **2** eklatant; ***essere ~ battuto*** SPORT GERG. eine Packung bekommen. **cla|mo|ro|so** agg. **1** *(fragoroso)* laut, geräuschvoll: ***~ applauso*** rauschender, stürmischer Beifall **2** *(sensazionale)* Aufsehen erregend, eklatant: ***una -a sconfitta*** eine eklatante Niederlage.

clan m.inv. **1** Clan *m.*, Klan *m.*, Sippe *f.* **2** ESTENS. Clan *m.*, Clique *f.*

clan|de|sti|na|men|te avv. heimlich; *(illegalmente)* illegal: ***passare il confine ~*** illegal über die Grenze gehen; ***lavorare ~*** illegal arbeiten. **clan|de|sti|ni|tà** f. **1** Heimlichkeit *f.*; *(illegalità)* Illegalität *f.* **2** POL. Untergrund *m.*: ***darsi alla ~*** in den Untergrund gehen; ***vivere in ~*** im Untergrund leben.

clan|de|sti|no I agg. heimlich; *(illegale)* illegal, schwarz: ***immigrazione -a*** illegale Einwanderung; ***bisca -a*** illegale Spielbank; ***mercato ~*** Schwarzmarkt *m.* **II** m. **1** *(passeggero clandestino)* blinder Passagier *m.* **2** *(immigrato)* illegaler Einwanderer *m.* ◆ ***movimento ~*** Untergrundbewegung *f.*; ***organizzazione -a*** Untergrundorganisation *f.*; ***traffico ~*** Schleichhandel *m.*

clan|go|re m. LETT. Schall *m.*, Klang *m.*

clap inter. klapp; *(di mani)* klatsch.

cla|que [klak] f.inv. Claque *f.*

Cla|ra n.pr.f. Klara *f.*

cla|ri|net|ti|sta m. e f. *(-i,-e)* Klarinettist *m.* (-in *f.*). **cla|ri|net|to** m. Klarinette *f.*: ***suonare il ~*** Klarinette spielen. **cla|ri|ni|sta** m. → **clarinettista. cla|ri|no** m. **1** Clarino *n.* **2** → **clarinetto.**

cla|ris|sa f. Klarisse *f.*, Klarissin *f.*: ***ordine delle -e*** Klarissenorden *m.*

Cla|ris|sa n.pr.f. Klarissa *f.*

clas|se f. **1a** *(scolastica)* Klasse *f.*: ***frequentare, ripetere, saltare una ~*** eine Klasse besuchen, wiederholen, überspringen; ***che ~ fai?*** in welche Klasse gehst du? *(alunni)* ***portare una ~ alla maturità*** eine Klasse zum Abitur führen; ***~ mista*** gemischte Klasse; *(aula)* ***entrare in, uscire dalla ~*** die Klasse (*o* das Schul-, Klassenzimmer) betreten, verlassen **b** *(sociale)* ***la ~ lavoratrice, dominante, capitalistica*** die arbeitende, herrschende, kapitalistische Klasse **c** *(di mezzi di trasporto)* ***scompartimento di seconda ~*** Abteil zweiter Klasse; ***viaggiare in prima ~*** erster Klasse fahren **d** BOT. ZOOL. ***la ~ dei vertebrati*** die Klasse der Wirbeltiere **2** FIG. *(qualità)* Klasse *f.*, Güte *f.*: ***essere di prima, seconda ~*** erster, zweiter Klasse sein; ***merce di prima ~*** Ware erster Güte **3** MIL. *(leva)* Jahrgang *m.* **4** *(stile)* Stil *m.*: ***una donna di ~*** eine Frau mit Stil; ***avere ~*** Stil haben ◆ ***compagno di ~*** Klassenkamerad *m.*; ***compito in ~*** Klassenarbeit *f.*; ***coscienza di ~*** Klassenbewusstsein *n.*; ***differenza di ~*** Klassenunterschied *m.*; ***~ dirigente*** Führungsschicht *f.*; MAT. ***~ di equivalenza*** Gleichungsgrad *m.*; ***lotta di ~*** Klassenkampf *m.*; ***~ medica*** Ärztestand *m.*, -schaft *f.*; ***nemico di ~*** Klassenfeind *m.*; ***~ politica*** Politiker *pl.*; ***-i popolari*** niedere Gesellschaftsschichten *pl.*; ***primo della ~*** Klassenerste *m.*; ***rappresentante di ~*** Klassensprecher *m.*; ***registro di ~*** Klassenbuch *n.*; ***~ di retribuzione*** Gehaltsklasse *f.*; ***società senza -i*** klassenlose Gesellschaft; ***~ turistica*** Touristenklasse *f.*

clas|se|ma m. Klassem *n.*

clas|si|ca f. *(-che)* Traditionsveranstaltung *f.* **clas|si|ca|men|te** avv. klassisch. **clas|si|cheg|gian|te** agg. klassizistisch, die Klassiker nachahmend. **clas|si|ci|smo** m. Klassizismus *m.* **clas|si|ci|sta** m. e f. *(-i,-e)* **1** Vertreter *m.* (-in *f.*) des Klassizismus **2** *(studioso)* Kenner *m.* (-in *f.*) der Klassik. **clas|si|ci|sti|co** agg. *(-ci,-che)* klassizistisch. **clas|si|ci|tà** f. **1** Klassizität *f.* **2** *(antichità classica)* Klassik *f.*

clas|si|co I agg. *(-ci,-che)* **1a** klassisch: ***filologia, musica -a*** klassische Philologie, Musik; ***danza -a*** klassisches Ballett **b** *(tipico)* ***un esempio ~*** ein klassisches Beispiel **c** *(tradizionale)* ***la -a divisione dei ruoli*** die klassische Rollenverteilung **2** SCOL. humanistisch: ***studi -ci*** humanistische Studien **II** m. *(-ci)* Klassiker *m.* ◆ ***liceo ~*** humanistisches Gymnasium.

clas|si|fi|ca f. *(-che)* **1** SPORT Tabelle *f.*, Rangliste *f.*: ***essere in testa, in vetta alla ~*** an der Tabellenspitze stehen, liegen; ***essere a fondo ~*** am Tabellenende stehen, liegen; ***piazzarsi a centro ~*** einen Platz im Mittelfeld belegen **2** BUROCR. Wertung *f.*, Einstufung *f.*: ***~ generale*** Gesamtwertung *f.*; ***~ a punti*** Punktwertung *f.* ◆ ***posto in ~*** Tabellenplatz *m.*; ***primo in ~*** Tabellenerste *m.*; ***situazione della ~*** Tabellenstand *m.*; ***ultimo in ~*** Tabellenletzte *m.* **clas|si|fi|ca|bi|le** agg. klassifizierbar.

clas|si|fi|ca|re *(classifico, classifichi)* **I** tr. **1** ein‿teilen, ordnen, klassieren, klassifizieren: ***~ qcs. secondo il tipo*** etw. nach Typen einteilen; ***~ le piante secondo le specie*** die Pflanzen nach Arten klassifizieren; ***~ qcs. in ordine alfabetico*** etw. alphabetisch ordnen **2** SCOL. zensieren, (mit einer Note) bewerten **II** pronom. **classificarsi** sich platzieren, sich qualifizieren: ***-rsi primo, al secondo posto, per la finale*** der Erste sein, auf den zweiten Platz, in die Endrunde kommen (*o* sich für die Endrunde qualifizieren); ***-rsi bene*** gut ab‿schneiden ◆ ***~ francobolli*** Briefmarken sortieren. **clas|si|fi|ca|to|re** m. Ordner *m.*, Registrator *m.* **clas|si|fi|ca|zio|ne** f. **1** Klassierung *f.*, Klassifizierung *f.*, Klassifikation *f.* **2** *(valutazione)* Bewertung *f.*

clas|si|smo m. **1** Klassentheorie *f.* **2** *(difesa degli interessi di classe)* Verteidigung *f.* der Klasseninteressen. **clas|si|sta** *(-i,-e)* **I** agg. Klassen-: ***società ~*** Klassengesellschaft *f.*; ***stato ~*** Klassenstaat *m.* **II** m. Verteidiger *m.* (-in *f.*) der Klasseninteressen. **clas|si|sti|co** agg. *(-ci,-che)* Klassen-: ***mentalità -a*** Klassendenken *n.*

cla|sti|co agg. *(-ci,-che)* klastisch ◆ ***roccia -a*** Trümmergestein *n.*

clau|di|can|te agg. hinkend (anche FIG.): ***un'andatura ~*** ein hinkender Gang. **clau|di|ca|re** intr. *(claudico, claudichi;* aus. *avere)* hinken (anche FIG.).

clau|ne|sco agg. *(-schi,-sche)* clownesk, possenhaft.

clau|so|la f. Klausel *f.* (anche MUS. RET.): ***introdurre una ~ in un con-***

tratto eine Klausel in einen Vertrag ein‿fügen; ***con la ~ che...*** unter der Bedingung dass... ◆ ***~ arbitrale, compromissoria*** Schiedsklausel *f.*; ***~ contrattuale*** Vertragsbestimmung *f.*, Vertragsklausel *f.*; ***~ di recesso*** Rücktrittsklausel *f.*; ***~ restrittiva*** Einschränkungsklausel *f.*, einschränkende Klausel; ***~ di riserva*** Vorbehaltsklausel *f.*, salvatorische Klausel *f.*; ***~ di salvaguardia*** Schutzklausel *f.*, aufhebende Klausel; ***~ transitoria*** Übergangsklausel *f.*; ***~ valutaria*** Valutaklausel *f.*

clau|stra|le agg. klösterlich, Kloster-: ***vita ~*** Klosterleben *n.*

clau|stro|fi|li|a f. Klaustrophilie *f.* **clau|stro|fo|bi|a** f. Klaustrophobie *f.*

clau|su|ra f. Klausur *f.*: ***entrare in ~*** in Klausur gehen; *(zona del convento)* ***non poter accedere alla ~*** keinen Zutritt zur Klausur haben ◆ ***suora di ~*** Klausurschwester *f.*

cla|va f. Keule *f.* **cla|va|ria|ce|e** pl. Keulenpilze *pl.*

cla|vet|ta f. Keule *f.*: ***esercizi con la ~*** Keulengymnastik *f.*

cla|vi|cem|ba|li|sta m. e f. *(-i,-e)* Cembalist *m.* (-in *f.*). **cla|vi|cem|ba|li|sti|co** agg. *(-ci,-che)* cembalistisch. **cla|vi|cem|ba|lo** m. Cembalo *n.*

cla|vi|co|la f. Schlüsselbein *n.*, MED. Klavikula *f.*: ***frattura della ~*** Schlüsselbeinbruch *m.* **cla|vi|co|la|re** agg. klavikular.

cla|vi|cor|do m. Klavichord *n.*

cla|vo m. STOR. Clavus *m.*, Purpurstreifen *m.*

cla|xon → **clacson.**

clea|ring ['kli:rıŋ] m.inv. Clearing *n.*: ***operazioni di ~*** Clearingverkehr *m.*

clei|sto|ga|mi|a f. Kleistogamie *f.* **clei|sto|ga|mo** agg. kleistogam.

cle|ma|ti|de f. Klematis *f.*

cle|men|te agg. **1** gnädig, nachsichtig, mild: ***un sovrano ~*** ein gnädiger Herrscher; ***parole -i*** milde Worte; ***essere ~ con, verso qcn.*** zu jdm gnädig sein **2** *(di clima o stagione)* mild.

Cle|men|te n.pr.m. Klemens *m.*, Clemens *m.*

cle|men|ti|na f. Klementine *f.*

cle|men|za f. **1** Gnade *f.*, Schonung *f.*, Nachsicht *f.*, Milde *f.*: ***chiedere, implorare ~*** um Schonung bitten, flehen; ***usare ~*** Milde walten lassen **2** *(di clima o stagione)* Milde *f.* ◆ DIR. ***provvedimento di ~*** Gnadenerlass *m.*, Gnadenakt *m.*

Cle|o|pa|tra n.pr.f. Kleopatra *f.*

clep|to|ma|ne I agg. kleptomanisch **II** m. e f. Kleptomane *m.* (Kleptomanin *f.*). **clep|to|ma|ni|a** f. Kleptomanie *f.*

cler|gy|man ['klɛrdZimɛn] m.inv. Priesteranzug *m.*

cle|ri|ca|le I agg. **1** *(del clero)* klerikal **2** *(favorevole al clero)* klerikal, klerikalistisch **II** m. e f. Klerikale *m.* e *f.* **cle|ri|ca|li|smo** m. Klerikalismus *m.* **cle|ri|ca|to** m. **1** Priesterstand *m.* **2** ESTENS. → **clero. cle|ro** m. Klerus *m.*, Geistlichkeit *f.*, Priesterschaft *f.*: ***alto, basso ~*** hohe, niedere Geistlichkeit; ***~ regolare*** Ordensgeistlichkeit *f.*; ***~ secolare*** Weltgeistlichkeit *f.*, Säkularklerus *m.*

cles|si|dra f. Sanduhr *f.*: ***girare la ~*** die Sanduhr um‿drehen; *(ad acqua)* Wasseruhr *f.*

clic I inter. klick **II** m. Klick *m.* **clic|ca|re** intr. *(clicco, clicchi)* klicken, an‿klicken: ***~ sull'icona col mouse*** mit der Maus auf das Icon klicken.

cli|ché [kli'ʃe] m.inv. Klischee *n.* (anche FIG.).

clien|te m. e f. **1** Kunde *m.* (Kundin *f.*): ***un affezionato, vecchio, buon ~*** ein treuer, alter, guter Kunde; ***servire i -i*** die Kunden bedienen; ***attirare, perdere -i*** Kunden werben, verlieren **2** *(di albergo, ristorante)* Gast *m.* **3** *(di professionista)* Kunde *m.* (-Kundin *f.*), Klient *m.* (-in *f.*) **4** *(di medico)* Patient *m.* (-in *f.*) ◆ ***un ~ abituale, fisso*** ein Stammkunde *m.*, Stammgast *m.*, (*o* Dauerkunde *m.*, Dauergast *m.*); ***il ~ ha sempre ragione*** bei uns (o hier) ist der Kunde König; ***servizio di assistenza ai -i*** Kundendienst *m.*

clien|te|la f. **1** Kundschaft *f.* **2** *(di locale)* Publikum *n.* **3** *(di professionista)* Klientel *f.* **4** STOR. Klientel *f.* **5** SPREG. Klientel *f.*, Anhängerschaft *f.*: ***le -e politiche*** die politischen Klientele ◆ ***~ abituale*** Stammkundschaft *f.*; ***~ fissa*** fester Kundenstamm *m.*; ***~ di passaggio*** Laufkundschaft *f.*; ***avere una vasta ~*** großen, starken Zulauf haben.

clien|te|la|re agg. Protektions-: ***politica ~*** Protektionspolitik *f.* **clien|te|li|smo** m. Protektionswirtschaft *f.*, Ämterpatronage *f.*

cli|ma m. **1** Klima *n.*: ***un ~ temperato (mite, dolce), umido, secco, rigido*** ein mildes, feuchtes, trockenes, raues Klima **2** FIG. Klima *n.*, Atmosphäre *f.*, Stimmung *f.*: ***il ~ politico*** das politische Klima; ***il ~ di un'epoca*** die Stimmung einer Epoche; ***~ di cordialità, di terrore*** herzliche Atmosphäre, Atmosphäre von Angst und Schrecken ◆ ***cambiamento di ~*** Klimawechsel *m.*; ***~ continentale*** Kontinentalklima *n.*; ***~ marittimo*** Meeresklima *n.*, Seeklima *n.*; ***~ tropicale*** Tropenklima *n.*

cli|ma|te|ri|co agg. *(-ci,-che)* klimakterisch: ***una donna in fase -a*** eine Frau im Klimakterium. **cli|ma|te|rio** m. Klimakterium *n.*, MED. Klimax *f.*

cli|ma|ti|ca|men|te avv. klimatisch. **cli|ma|ti|co** agg. *(-ci,-che)* klimatisch, Klima-: ***variazione -a*** Klimaänderung *f.* ◆ ***stazione -a*** Luftkurort *m.*

cli|ma|tiz|za|re tr. klimatisieren. **cli|ma|tiz|za|to|re** m. Klimaanlage *f.* **cli|ma|tiz|za|zio|ne** f. Klimatisierung *f.*

cli|ma|to|gra|fi|a f. Klimatographie *f.* **cli|ma|to|lo|gi|a** f. Klimatologie *f.*, Klimakunde *f.*, Klimageographie *f.* **cli|ma|to|lo|gi|co** agg. *(-ci,-che)* klimatologisch. **cli|ma|to|lo|go** m. *(-gi)* Klimatologe *m.*

cli|max m.inv. Klimax *f.*

clinch [klıntʃ] m.inv. SPORT Umklammerung *f.*, Clinch *m.*

cli|ni|ca f. *(-che)* Klinik *f.*: ***~ chirurgica, medica*** chirurgische, medizinische Klinik; ***essere ricoverato in una ~*** in einer Klinik liegen; ***~ privata*** Privatklinik *f.* **cli|ni|ca|men|te** avv. klinisch: ***~ morto*** klinisch tot. **cli|ni|co I** agg. *(-ci,-che)* klinisch: ***sintomi -ci*** klinische Symptome; ***caso ~*** klinischer Fall **II** m. *(-ci)* Kliniker *m.*

clin|ker m.inv. Klinker *m.*: ***costruzione in ~*** Klinkerbau *m.*

cli|no|me|tro m. Neigungsmesser *m.*

1.clip f.inv. **1** *(fermaglio per fogli)* Büroklammer *f.* **2** *(orecchino)* Klipp *m.*, Klips *m.*: ***orecchino a ~*** Ohrklipp *m.* **3** *(fermaglio della penna)* Klipp *m.*, Klemme *f.*

2.clip m. e f.inv. *(videoclip)* Clip *m.*

clips f.inv. Heftklammer *f.*, Klipp *m.*

cli|scè → **cliché.**

cli|sma m. Klysma *n.*

cli|ste|re m. Klistier *n.*, Einlauf *m.*: ***fare un ~ a qcn.*** jdm einen Einlauf machen, jdm ein Klistier geben; ***siringa per ~*** Klistierspritze *f.*

cli|to|ri|de f. e m. Klitoris f. **cli|to|ri|de|o** agg. klitoral.

cli|via f. Klivie *f.*

cli|vo m. LETT. **1** *(pendio)* Hang *m.* **2** *(collinetta)* Hügelchen *n.*

cli|zia f. LETT. Heliotrop *n.*, Sonnenwende *f.*

CLN ⇒ *Comitato di Liberazione Nazionale* Nationales Befreiungskomitee (während der Resistenza).

clo|a|ca f. **1** Kloake *f.* (anche ZOOL.) **2** FIG. Sumpf *m.*

clo|che [klɔʃ] f.inv. **1** AER. Steuerknüppel *m.*, Knüppel *m.*: ***tirare, spingere la ~*** den Steuerknüppel nach hinten ziehen, nach vorn drücken **2** AUT. Schaltknüppel *m.*: ***cambio a ~*** Knüppelschaltung *f.* **3** *(cappello)* Glocke *f.*

clo|na|re tr. klonen, klonieren. **clo|na|zio|ne** f. Klonierung *f.*, Genklonierung *f.* **clo|ne** m. **1** BIOL. Klon *m.* **2** *(copia)* Kopie *f.* **clo|ni|co** agg. *(-ci,-che)* klonisch. **clo|no** m. Klonus *m.*

clop, clop|pe|te inter. trapp.

clo|rac|ne f. Chlorakne *f.*

clo|ra|lio m. *(-li)* Chloral *n.*

clo|ra|to I m. Chlorat *n.*: ***~ di potassio*** Kaliumchlorat *n.* **II** agg. gechlort, chloriert: ***acqua -a*** gechlortes Wasser, COLLOQ. Chlorwasser *n.* **clo|ra|zio|ne** f. Chlorung *f.* **clo|ri|co** agg. *(-ci,-che)* chlorig, Chlor-: ***acido ~*** Chlorsäure *f.* **clo|ri|dra|to** m. Chlorit *n.* **clo|ri|dri|co** agg. *(-ci,-che)* Chlorwasser-: ***acido ~*** Chlorwasserstoff *m.*, Salzsäure *f.* **clo|ri|te** f. MIN. Chlorit *m.*

clo|ri|to m. Chlorit *n.* **clo|ro** m. Chlor *n.*: ***sterilizzare con ~*** chloren; ***composto di ~*** Chlorverbindung *f.*; ***contenente ~*** chlorhaltig.

clo|ro|fi|ce|a f. Grünalge *f.*

clo|ro|fil|la f. Chlorophyll *n.*, Blattgrün *n.* **clo|ro|fil|lia|no** agg. Chlorophyll-: ***fotosintesi -a*** Chlorophyllphotosyntese *f.*

clo|ro|for|mio m. Chloroform *n.* **clo|ro|for|miz|za|re** tr. chloroformieren.

clo|ro|pi|de m. Halmfliege *f.*

clo|ro|si f. **1** MED. Bleichsucht *f.*, Chlorose *f.* **2** BOT. Chlorose *f.* **clo|ro|so** agg. chlorig. **clo|ro|ti|co** agg. *(-ci,-che)* **1** MED. bleichsüchtig **2** BOT. von Chlorose befallen.

clo|ru|ra|re tr. chlorieren. **clo|ru|ra|zio|ne** f. Chlorierung *f.*

clo|ru|ro m. Chlorid *n.* ◆ ***~ di ammonio*** Salmiak *m.* e *n.*; ***~ d'argento*** Silberchlorid *n.*; ***~ di calce*** Chlorkalk *m.*; ***~ di calcio*** Kalziumchlorid *n.*; ***~ di ferro*** Eisenchlorid *n.*; ***~ di magnesio*** Magnesiumchlorid *n.*; ***~ di potassio*** Kaliumchlorid *n.*; ***~ di sodio*** Natriumchlorid *n.*; ***~ di zinco*** Zinkchlorid *n.*

clou [klu] m.inv. Clou *m.*, Glanzpunkt *m.*: ***il ~ della serata*** der Clou des Abends.

clown ['klaun] m.inv. Clown *m.*, Spaßmacher *m.*: ***travestirsi da ~*** sich als Clown verkleiden. **clow|ne|sco** agg. *(-schi,-sche)* clownesk, possenhaft.

club [klʌb; *üblich* klab, klub] m. **1** Klub *m.*, Club *m.*, Verein *m.*: ***fondare un ~ culturale*** einen Kulturverein gründen **2** *(locale)* Klub *m.*, Klubhaus *n.*: ***mangiare al ~*** im Klub essen ◆ ***~ alpino*** Alpenverein *m.*; ***~ di fans*** Fanklub *m.*; ***~ del libro*** Buchgemeinschaft *f.*; ***~ sportivo*** Sportklub *m.*

clu|nia|cen|se I m. Kluniazenser *m.* **II** agg. kluniazensisch.
c.m. ⇒ *corrente mese* laufenden Monats (l. M.).
cmq ⇒ *centimetro quadrato* Quadratzentimeter (qcm).
cni|da|ri m.pl. Nesseltiere *pl.*
Cni|do n.pr.f. Knidos *n.*
Cnos|so n.pr.f. Knossos *n.*
CNR ⇒ *Consiglio Nazionale delle Ricerche* Staatlicher (italienischer) Forschungsrat.
co' ANT. → **coi.**
co|a|bi|tan|te m. e f. Mitbewohner *m.* (-in *f.*). **co|a|bi|ta|re** intr. (aus. *avere*) zusammen wohnen. **co|a|bi|ta|to|re** m. → **coabitante.** **co|a|bi|ta|zio|ne** f. Zusammenwohnen *n.*, Wohngemeinschaft *f.*
co|a|cer|vo m. **1** Anhäufung *f.*, Häufung *f.*, Gemisch *n.* **2** BUROCR. Häufung *f.*, Anhäufung *f.*: ***il ~ degli interessi*** die Anhäufung von Zinsen, die Überlagerung von Interessen.
coach [koutʃ] m.inv. Coach *m.*
co|a|diu|to|re m. **1** Gehilfe *m.* **2** *(sostituto)* Stellvertreter *m.* **3** ECCL. Koadjutor *m.*, Hilfsgeistliche *m.*
co|a|diu|van|te I m. **1** *(aiutante)* Gehilfe *m.* **2** *(farmaco)* ***somministrato come ~ nella terapia renale*** zur Unterstützung der Nierentherapie verabreicht **II** agg. Hilfs-. **co|a|diu|va|re** tr. ***~ qcn.*** jdm helfen, bei jdm mit‿helfen.
co|a|gu|la|bi|le agg. gerinnungsfähig, gerinnbar. **co|a|gu|la|bi|li|tà** f. Gerinnungsfähigkeit *f.* **co|a|gu|la|men|to** m. RAR. → **coagulazione.** **co|a|gu|lan|te I** agg. Gerinnungs- **II** m. Koagulans *n.* **co|a|gu|la|re I** tr. gerinnen lassen, koagulieren lassen **II** intr. (aus. *essere*) e pronom. **coagularsi 1** gerinnen, koagulieren **2** FIG. sich verdichten. **co|a|gu|la|zio|ne** f. Gerinnung *f.*, Koagulation *f.*: ***~ del sangue*** Blutgerinnung *f.* **co|a|gu|lo** m. **1** *(coagulazione)* Gerinnung *f.*, Koagulation *f.* **2** Gerinnsel *n.*, Koagulat *n.*, Koagulum *n.*: ***~ di sangue*** Blutgerinnsel *n.*
co|a|le|scen|za f. FIS. Koaleszenz *f.*
co|a|li|zio|ne f. Koalition *f.*, Bündnis *n.*: ***formare, sciogliere una ~*** eine Koalition bilden, auf‿lösen; ***entrare in una ~*** eine Koalition ein‿gehen; ***unirsi in un'ampia ~*** sich in einer großen Koalition zusammen‿schließen; STOR. ***le -i antinapoleoniche*** die antinapoleonischen Koalitionen; STOR. ***la grande ~*** die Große Koalition ◆ ***~ di centro-sinistra*** Mitte-links-Bündnis *n.*; ***~ di destra*** Rechtskoalition *f.*; ***~ di governo*** Regierungskoalition *f.*, Regierungsbündnis *n.*; ***governo di ~*** Koalitionsregierung *f.*; ***partito di ~*** Koalitionspartei *f.*, Koalitionär *m.*; ***~ di sinistra*** Linkskoalition *f.*
co|a|liz|za|re I tr. verbinden, vereinen: ***ha coalizzato tutti contro le mie proposte*** er hat sie alle gegen meine Vorschläge vereint **II** pronom. **coalizzarsi** sich verbünden, koalieren, koalisieren: ***-rsi con, contro qcn.*** sich mit jdm, gegen jdn verbünden.
co|a|na f. Choane *f.*
co|ar|ta|re tr. zwingen, nötigen: ***~ qcn., qcs.*** jdn zwingen, etw. erzwingen, jdm, etw. Zwang an‿tun. **co|ar|ta|zio|ne** f. **1** Zwang *m.*, Nötigung *f.* **2** MED. Stenose *f.*, Koarktation *f.*: ***~ dell'aorta*** Aortenisthmusstenose *f.*
co|as|sia|le agg. koaxial, Koaxial-, gleichachsig: ***cavo ~*** Koaxialkabel *n.*
co|as|si|cu|ra|zio|ne f. Mitversicherung *f.*
co|at|ti|vo agg. zwingend, Zwangs- (anche DIR.): ECON. ***liquidazione -a*** Zwangsregulierung *f.*; ***procedura -a*** Zwangsverfahren *n.*; ***risparmio ~*** Zwangssparen *n.*, Investivlohn *m.*
co|at|to I agg. zwangsmäßig, Zwangs- **II** m. **1** zu Zwangsaufenthalt Verurteilter *m.* **2** GERG. = eine Randgruppenexistenz führender Jugendlicher ◆ PSIC. ***azione -a*** Zwangshandlung *f.*; DIR. ***domicilio ~*** Zwangsaufenthalt *m.*; PSIC. ***idea -a*** Zwangsvorstellung *f.*; ***ricovero ~*** Zwangseinweisung *f.*
co|at|to|re m. DIR. Mitkläger *m.*
co|au|to|re m. Mitverfasser *m.*, Koautor *m.*
co|a|zio|ne f. Zwang *m.*: PSIC. ***~ a ripetere*** Wiederholungszwang *m.*
co|bal|ti|co agg. *(-ci, -che)* Kobalt-: ***ossido ~*** Kobaltoxyd *n.* **co|bal|ti|te** f. Kobaltglanz *m.* **co|bal|to** m. CHIM. Kobalt *n.* ◆ ***blu ~*** Kobaltblau *n.*; *(aggettivo)* kobaltblau; ***bomba al ~*** MIL. Kobaltbombe *f.*, MED. Kobaltkanone *f.*; ***lega di ~*** Kobaltlegierung *f.*; ***vetro al ~*** Kobaltglas *n.* **co|bal|to|te|ra|pi|a** f. Kobaltbestrahlung *f.*
co|bel|li|ge|ran|te agg. mit Krieg führend: ***stato, paese ~*** mit Krieg führender Staat. **co|bel|li|ge|ran|za** f. Kriegsbeteiligung *f.*
co|bi|te m. ITTIOL. Schmerle *f.*, Steinbeißer *m.*; ***~ di stagno*** Schlammbeißer *m.*
Co|blen|za n.pr.f. Koblenz *n.*
co|bo m. Riedantilope *f.*; ***~ defassa*** Hirschantilope *f.*
co|bol|do m. Kobold *m.*
co|bra m. Kobra *f.*; ***~ reale*** Königskobra *f.*; ***~ dagli occhiali*** Brillenschlange *f.*
co|ca f. **1** BOT. Koka *f.*; ***pianta di ~*** Kokastrauch *m.* **2** COLLOQ. *(cocaina)* Koks *m.*: ***una pista di ~*** eine Bahn Koks; ***tirare (di) ~*** Koks ziehen; ***farsi di ~*** koksen **3** COLLOQ. *(coca-cola)* Cola *n.* e *f.*, Coke *n.*
co|ca-co|la f. Coca-Cola *n.* e *f.*
co|ca|i|na f. Kokain *n.*: ***sniffare ~*** Kokain schnupfen. **co|cai|ni|smo** m. Kokainismus *m.* **co|cai|no|ma|ne** m. e f. Kokainsüchtige *m.* e *f.*, GERG. Kokser *m.* (Kokse *f.*). **co|cai|no|ma|ni|a** f. Kokainsucht *f.*, Kokainismus *m.*
1.coc|ca f. *(-che)* **1** *(di freccia)* Kerbe *f.*, Nocke *f.* **2** *(angolo, estremità)* Zipfel *m.*: ***~ del lenzuolo*** Bettzipfel *m.*; ***~ del grembiule*** Schürzenzipfel *m.* **3** MAR. Kogge *f.*: ***~ anseatica*** Hansekogge *f.*
2.coc|ca f. *(-che)* VEZZ. Pusselchen *n.*
coc|car|da f. Kokarde *f.*
coc|chie|re m. Kutscher *m.* **coc|chio** m. *(-chi)* **1** Kutsche *f.* **2** STOR. ***~ da corsa*** Rennwagen *m.*
coc|chiu|me m. **1** Spundloch *n.* **2** *(tappo)* Spundverschluss *m.*
coc|cia f. *(-ce)* **1** *(buccia)* Schale *f.* **2** *(del fioretto)* Glocke *f.* **3** REGION. Schädel *m.*: ***avere la ~ dura*** einen harten Schädel haben.
coc|ci|de m. Kokzidie *f.*, Schildlaus *f.* **coc|ci|dio|si** f. Kokzidiose *f.*
coc|ci|ge, coc|ci|ge m. Steißbein *n.*, Steiß *m.* **coc|ci|ge|o** agg. Steißbein-.
coc|ci|nel|la f. Marienkäfer *m.*, Siebenpunkt *m.*
coc|ci|ni|glia f. **1** ENTOM. Koschenille *f.*, Koschenille(schild)laus *f.* **2** *(colore)* Koschenille *f.*
coc|cio m. *(-ci)* **1a** Ton *m.*, Steingut *n.*: ***vaso, pentola di ~*** Tonvase *f.*, Tontopf *m.* **b** ESTENS. *(oggetto di coccio)* Tonware *f.* **2a** *(frantume)* Scherbe *f.*: ***i -ci del piatto*** die Tellerscherben; ***raccogliere i -ci di vetro*** die Glasscherben auf‿lesen **b** ARCHEOL. ***ordinare i -ci di uno scavo*** die Scherben einer Ausgrabung ordnen.
coc|ciu|tag|gi|ne f. Starrsinn *m.*, Verbohrtheit *f.*, Bockigkeit *f.*
coc|ciu|ta|men|te avv. starrsinnig, stur. **coc|ciu|to** agg. verbohrt, stur, bockig: ***essere ~ come un mulo*** stur wie ein Esel sein.
1.coc|co m. *(-chi)* **1** Kokospalme *f.* **2** *(frutto)* Kokosnuss *f.* ◆ ***albero di ~*** Kokospalme *f.*; ***fibra di ~*** Kokosfaser *f.*; ***grasso di ~*** Kokosfett *n.*; ***latte di ~*** Kokosmilch *f.*; ***noce di ~*** Kokosnuss *f.*; ***olio di ~*** Kokosöl *n.*
2.coc|co m. *(-chi)* BOT. Kaiserling *m.*
3.coc|co m. *(-chi)* COLLOQ. Liebling *m.*, Schätzchen *n.*; ***~ di mamma*** Schoßkind *n.*, Mammas Liebling, SPREG. Muttersöhnchen *n.*; ***~ mio*** mein Schätzchen.
4.coc|co m. *(-chi)* BIOL. Kokke *m.*, Kokkus *m.*
coc|co|dè inter. gack: ***fare ~*** gackern.
coc|co|dril|lo m. **1** Krokodil *n.*: FIG. ***versare, piangere lacrime di ~*** Krokodilstränen vergießen, weinen **2** *(pelle)* Krokodilleder *n.*, Kroko *n.*: ***una borsetta di ~*** ein Krokodilledertäschchen *n.* **3** GERG. GIORN. (vorsorglich) verfasster Nachruf *m.* **4** FERR. Straßenroller *m.*
1.coc|co|la f. BOT. Beere *f.*; ***~ di ginepro*** Wacholderbeere *f.*; ***~ della rosa canina*** Hagebutte *f.*
2.coc|co|la f. COLLOQ. Liebkosung *f.*: ***fare le -e a qcn.*** jdn liebkosen; SCHERZ. ***razione di -e*** Streicheleinheit *f.* **coc|co|la|re** tr. COLLOQ. liebkosen, streicheln, hätscheln.
coc|co|li|te m. Kokkolith *m.*
1.coc|co|lo|ne m. **1** COLLOQ. Schmuser *m.* **2** Hätschelkind *n.*
2.coc|co|lo|ne m. REGION. Schlaganfall *m.*
coc|co|lo|ni, *stare -i* in der Hocke sitzen.
co|cen|te agg. **1** brennend, glühendheiß: ***sotto il sole ~*** unter brennender (*o* sengender) Sonne; ***asfalto ~*** glühend heißer Asphalt **2** FIG. brennend, stechend: ***una ~ passione*** eine brennende Leidenschaft; ***un dolore ~*** ein stechender (*o* wütender) Schmerz; ***una ferita ~*** eine tief gehende Verletzung; ***una delusione ~*** eine herbe (*o* bittere) Enttäuschung.
Co|cin|ci|na n.pr.f. Kotschinchina *n.*
Co|ci|to n.pr.m. Kozytus *m.*, Kokytus *m.*
co|cker m. Cockerspaniel *m.*
cock|tail ['kɔktel, kɔkteil] m.inv. Cocktail *m.*: ***fare, preparare un ~*** einen Cocktail mixen; ***abito da ~*** Cocktailkleid *n.*; ***~ di gamberetti*** Krabbencocktail *m.*; ***~ di astici*** Hummercocktail *m.*; *(ricevimento)* ***andare, essere invitato a un ~*** auf einen Cocktail gehen, eingeladen sein. **cock|tail-par|ty** [-'parti] m.inv. Cocktailparty *f.*
co|cle|a f. ANAT. TECN. Schnecke *f.*
co|clea|ria f. Löffelkraut *n.*
co|co|me|ra|io m. *(-ai)* **1** Wassermelonenverkäufer *m.* **2** *(campo di cocomeri)* Wassermelonenpflanzung *f.* **co|co|me|ro** m. Wassermelone *f.*
co|co|ri|ta f. Wellensittich *m.*
co|cot|te f.inv. Kokotte *f.*
co|cuz|za f. REGION. **1** Kürbis *m.* **2** SCHERZ. *(testa)* Birne *f.*, Kürbis *m.*

3 pl. *(soldi)* Eier *pl.*
co|cuz|zo|lo m. **1** *(del capo)* Scheitel *m.*, Wirbel *m.* **2a** *(di monte)* Bergspitze *f.*, Gipfel *m.* **b** *(del cappello)* Kopf *m.*
co|da f. **1** Schwanz *m.*, Schweif *m.*: ***una ~ lunga, folta*** ein langer, buschiger Schwanz; ***la ~ del gatto, di un pesce*** der Schwanz der Katze, eines Fisches; ***~ del cavallo*** Pferdeschweif *m.*, Pferdeschwanz *m.*; ***agitare la ~*** mit dem Schwanz wedeln; ***mozzare la ~*** den Schwanz kupieren; FIG. ESTENS. ***la ~ della processione*** der Schwanz (*o* das Ende) des Festzugs **2** *(acconciatura)* Pferdeschwanz *m.*, Schwanz *m.*: ***avere, portare la ~*** Pferdeschwanz tragen **3** ASTRON. Schweif *m.*, Schwanz *m.*: ***la ~ di una cometa*** der Kometenschweif **4** *(fila di persone, auto...)* Schlange *f.*: ***stare in ~, fare la ~*** Schlange stehen (*o* sich an‿stellen); ***mettersi in ~*** sich in die Schlange ein‿reihen; ***alla posta, sull'autostrada si è formata una lunga ~*** auf der Post, auf der Autobahn hat sich eine lange Schlange gebildet; ***una ~ di 5 km*** eine Autoschlange von 5 km **5a** ABBIGL. Rockschoß *m.*: ***un frac con -e corte*** ein Frack mit kurzen Rockschößen **b** *(in abiti femminili)* Schleppe *f.* **6** *(di aerei, auto)* Heck *n.* **7** MUS. Koda, Coda *f.* **8** GASTR. Ochsenschwanz *m.* **9** ANAT. *(appendice)* Anhang *m.* ◆ ***essere senza capo né ~*** weder Hand noch Fuß haben; ***~ di cavallo*** BOT. *(equiseto)* Schachtelhalm *m.*; FIG. ***colpo di ~*** = letztes Aufbäumen; ***fanalino di ~*** Rücklicht *n.*; FIG. Schlusslicht *n.*; SPORT rote Laterne; *(di auto)* ***~ filante*** Fließheck *n.*; ***andarsene con la ~ tra le gambe*** mit eingezogenem Schwanz ab‿ziehen; ***in ~*** zuhinterst; FERR. ***in ~ (al treno)*** am Ende des Zuges; ***è un gatto che si morde la ~*** da beißt sich die Katze in den Schwanz; ***guardare con la ~ dell'occhio*** aus den Augenwinkeln betrachten; ***avere la ~ di paglia*** = ein schlechtes Gewissen haben; *(essere suscettibile)* leicht beleidigt sein; ***pianoforte a ~, a mezza ~*** Flügel *m.*, Stutzflügel *m.*; ***~ di rondine*** Schwalbenschwanz *m.* (anche ABBIGL.); TECN. Schwalbenschwanzverbindung *f.*; ***~ di rospo*** Anglerfisch *m.*, Angler *m.*; INFORM. ***~ di stampa*** Warteschlange *f.*; PROV. ***il diavolo ci ha messo la ~*** hier hat der Teufel seine Hand im Spiel; ***nella ~ sta il veleno*** das dicke Ende kommt noch.
co|dar|di|a f. **1** Feigheit *f.* **2** *(azione)* feige Tat *f.* **co|dar|do I** agg. feig: ***un soldato ~*** ein feiger Soldat **II** m. Feigling *m.*
co|daz|zo m. Schwanz *m.*, Schwarm *m.*: ***un ~ di ammiratori*** ein Schwarm von Verehrern.
Cod.Civ. ⇒ *Codice Civile* Bürgerliches Gesetzbuch (BGB).
Cod.Comm. ⇒ *Codice di Commercio* Handelsgesetzbuch (HGB).
Cod.Dir.Can. ⇒ *Codice di Diritto Canonico* Kirchenrecht.
co|de|i|na f. Kodein *n.*, Codein *n.*
co|de|sto agg. e pron. dimostr. ANT., REGION. o BUROCR. der, die, das; dieser, diese, dieses.
co|det|ta f. Schmitze *f.*, Peitschenschmitze *f.*
co|di|bu|gno|lo m. Schwanzmeise *f.*
co|di|ce m. **1** Kodex (*o* Codex) *m.*: ***un ~ del XII secolo*** ein Kodex aus dem 12. Jahrhundert; ***~ autografo, miniato*** autographischer, illuminierter Kodex **2a** DIR. STOR. Kodex *m.*, Gesetz(es)sammlung *f.*: ***il ~ di Hammurabi*** Hammurapi-Gesetzsammlung **b** ESTENS. Gesetz *n.*: ***rispettare, violare, infrangere il ~*** das Gesetz beachten, verletzen, gegen das Gesetz verstoßen **c** *(volume)* Gesetzbuch *n.* **3** INFORM. LING. Kode *m.*, Code *m.*: ***tradurre in un determinato ~*** in einen bestimmten Kode übertragen; ***~ alfanumerico, binario*** alphanumerischer Kode, Binärkode *m.* (*o* binärer Code) **4** FIG. ESTENS. *(insieme di norme non scritte)* Kodex *m.*: ***~ cavalleresco*** ritterlicher Kodex **5** *(scrittura cifrata)* Geheimschrift *f.*: ***decifrare un ~*** eine Geheimschrift entschlüsseln (*o* entziffern) ◆ ***~ amministrativo*** Verwaltungsvorschriften *pl.*; ***~ di avviamento postale*** Postleitzahl *f.*; ***~ bancario*** Bankleitzahl *f.*; ***~ a barre*** Strichkode *m.*; ***~ civile*** Bürgerliches Gesetzbuch; ***~ di procedura civile*** Zivilprozessordnung *f.*; ***~ cliente*** Kundennummer *f.*; ***~ di commercio*** Handelsgesetzbuch *n.*; ***~ di comportamento*** Verhaltenskodex *m.*; ***~ fiscale*** Steuernummer *f.*; ***~ genetico*** Erbanlagen *pl.*, Erbgut *n.*; ***scrittura, messaggio in ~*** verschlüsselte (*o* kodierte, chiffrierte) Schrift, Nachricht; ***~ morale*** Sitten-, Moralkodex *m.*; ***~ Morse*** Morsealphabet *n.*; ***nome in ~*** Deckname *m.*, Tarnname *m.*; ***numero di ~ postale*** → ***~ di avviamento postale***; ***~ d'onore*** Ehrenkodex *m.*; ***~ penale*** Strafgesetzbuch *n.*; ***~ di procedura penale*** Strafprozessordnung *f.*; ***~ segreto*** Geheimnummer *f.*; ***~ della strada*** Straßenverkehrsordnung *f.*, Verkehrsordnung *f.*
co|di|cil|lo m. **1** Kodizill *n.* **2** ESTENS. *(postilla)* Zusatz *m.*
co|di|co|lo|gi|a f. Handschriftenkunde *f.*
co|di|fi|ca f. *(-che)* **1** DIR. Kodifikation *f.* **2** INFORM. Kodierung *f.* **co|di|fi|ca|re** tr. *(codifico, codifichi)* **1** DIR. kodifizieren: ***~ il diritto amministrativo*** das Verwaltungsrecht kodifizieren **2** INFORM. kodieren, verschlüsseln **3** ESTENS. zur Regel machen: ***~ una consuetudine*** eine Gewohnheit zur Regel machen. **co|di|fi|ca|to** p.pass. agg. **1** → **codificare 2** kodifiziert: ***norme -e*** kodifizierte Normen. **co|di|fi|ca|to|re** m. **1** Verfasser *m.* eines Gesetzbuches **2** INFORM. Kodierer *m.*, Codierer *m.* **co|di|fi|ca|zio|ne** f. **1** DIR. Kodifizierung *f.* **2** INFORM. Kodierung *f.*, Verschlüsselung *f.*
co|di|ni|smo m., Rückständigkeit *f.* **co|di|no I** m. **1** *(da bambina o maschile)* Schwänzchen *n.*, Zöpfchen *n.* **2** *(nel Settecento)* Zopf *m.* **3** FIG. = Reaktionär *m.* **II** agg. zopfig.
co|di|ros|so m. Rotschwänzchen *n.*
co|do|lo m. Schaft *m.*; *(di lima, coltello ...)* Angel *f.*
co|dio|ne → **codrione.**
Cod.Pen. ⇒ *Codice Penale* Strafgesetzbuch (StGB).
Cod.Proc.Civ. ⇒ *Codice di Procedura Civile* Zivilprozessordnung (ZPO).
Cod.Proc.Pen. ⇒ *Codice di Procedura Penale* Strafprozessordnung (StPO).
co|drio|ne m. Bürzel *m.*, Sterz *m.*
co|e|di|to|re m. Mitherausgeber *m.* **co|e|di|zio|ne** f. gemeinschaftliche Herausgabe *f.* (*o* Edition *f.*).
co|e|du|ca|ti|vo agg. koedukativ. **co|e|du|ca|zio|ne** f. Koedukation *f.*
coeff. ⇒ *coefficiente* Koeffizient (Koeff.). **co|ef|fi|cien|te** m. Koeffizient *m.*: ***~ di attrito, di dilatazione*** Reibungs-, Ausdehnungskoeffizient *m.* (*o* Dehnungskoeffizient *m.*).
co|er|ci|bi|le agg. **1** bezwingbar **2** FIS. komprimierbar, verdichtbar. **co|er|ci|ti|vo** agg. zwingend, Zwangs-: ***misure -e*** Zwangsmaßnahmen *pl.* **co|er|ci|zio|ne** f. Nötigung *f.*, Zwang *m.*
co|e|re|de m. e f. Miterbe *m.* (-in *f.*).
co|e|ren|te agg. **1** zusammenhängend; ***essere ~ con qcs.*** mit etw. zusammenhängen **2a** FIG. *(di atteggiamento, comportamento)* konsequent, folgerichtig: ***un comportamento ~*** ein konsequentes Verhalten **b** *(logico)* folgerichtig: ***un'argomentazione ~*** eine folgerichtige Argumentation **3** FIS. kohärent. **co|e|ren|te|men|te** avv. konsequent: ***comportarsi ~*** sich konsequent verhalten ◆ ***~ a qcs.*** in Übereinstimmung mit etw., gemäß etw. (D).
co|e|ren|za f. **1** Zusammenhang *m.*: ***la ~ di un testo*** der Zusammenhang eines Textes **2a** FIG. Folgerichtigkeit *f.*: ***la ~ di un comportamento*** die Folgerichtigkeit eines Verhaltens; ***una persona di grande ~*** ein sehr konsequenter Mensch **b** *(logicità)* Folgerichtigkeit *f.* **3** FIS. Kohärenz *f.* ◆ ***privo di ~*** zusammenhang(s)los.
co|e|sio|ne f. **1** Kohäsion *f.*; ***forza di ~*** Kohäsionskraft *f.* **2** FIG. Zusammenhalt *m.*: ***una salda ~ di gruppo*** ein fester Gruppenzusammenhalt **3** *(coerenza)* Zusammenhang *m.*: ***un testo privo di ~*** ein zusammenhangloser Text.
co|e|si|sten|te agg. nebeneinander bestehend, koexistent, koexistierend. **co|e|si|sten|za** f. Koexistenz *f.*, Nebeneinanderbestehen *n.*: POL. ***una ~ pacifica*** eine friedliche Koexistenz. **co|e|si|ste|re** intr. (aus. *essere*) koexistieren, nebeneinander (*o* miteinander) bestehen; ***~ accanto a, con qcs.*** neben etw. (D) existieren; ***nel nostro paese coesistono realtà sociali differenti*** in unserem Land bestehen verschiedene soziale Wirklichkeiten nebeneinander.
co|e|si|vo agg. kohäsiv. **co|e|so** agg. ehern, fest.
co|e|ta|ne|o I agg. gleichalt(e)rig: ***essere ~ di qcn.*** mit jdm gleichaltrig sein **II** m. Altersgenosse *m.*
co|e|vo agg. **1** zeitgleich **2** *(di persona)* zeitgenössisch: ***autori -i*** zeitgenössische Autoren.
co|fa|net|to m. **1** Kästchen *n.*; *(per gioielli)* Schmuckkästchen *n.* **2** *(per libri, dischi)* Schuber *m.*, Kassette *f.*: ***edizione in ~*** Ausgabe im Schuber.
co|fa|no 1 *(di auto)* Motorhaube *f.*, Haube *f.* **2** *(cassa)* Truhe *f.*, Kasten *m.* **3** MIL. ANT. *(cassa per munizioni)* Protzkasten *m.*
cof|fa f. Mastkorb *m.*
co|fir|ma|ta|rio I agg. *(-ri,-rie)* mitunterzeichnend **II** m. *(-ri)* Mitunterzeichner *m.*: ***i -ri di un accordo*** die Mitunterzeichner eines Vertrags. **co|fon|da|to|re** m. Mitbegründer *m.*
co|gen|te agg. Zwangs-, zwingend.
co|ge|sti|re tr. mit‿bestimmen. **co|ge|stio|ne** f. Mitbestimmung *f.*: ***~ aziendale*** betriebliche Mitbestimmung.
co|gi|ta|bon|do agg. LETT. nachdenklich. **co|gi|ta|re** tr. e intr. *(cogito; aus. avere)* LETT. o SCHERZ. nach‿sinnen. **co|gi|ta|ti|vo** agg. Denk-. **co|gi|ta|zio|ne** f. LETT. o SCHERZ. Nachsinnen *n.*
co|gli → **con.**
co|glie|re tr. *(colgo, cogli; colsi; colto)* **1** pflücken, ab‿pflücken: ***~ fiori, mirtilli*** Blumen, Heidelbeeren pflücken **2** ESTENS. überfallen: ***lo spavento lo ha colto*** der Schreck überfiel ihn; ***essere colto da stanchezza, dal sonno*** von Müdigkeit, vom Schlaf überfallen werden **3** *(sorprendere)* überraschen: ***essere colto dalla pioggia*** vom Regen überrascht werden **4** FIG. *(capire, afferrare)* begreifen,

erfassen: ~ ***il significato di qcs.*** den Sinn von etw. erfassen ◆ ~ ***qcn. sul fatto, in flagrante*** jdn auf frischer Tat ertappen (*o* erwischen); ***la morte lo colse*** der Tod ereilte ihn; ~ ***l'occasione*** die Gelegenheit ergreifen; ~ ***nel segno*** ins Schwarze treffen; ~ ***qcn. di sorpresa*** jdn überraschen, überrumpeln; ~ ***al volo qcs.*** etw. beim Schopf(e) fassen (*o* ergreifen); *(capire velocemente)* etw. sofort begreifen.

co|glio|na|ta f. VOLG. Scheiß *m.*, Scheiße *f.*: ***che ~!*** so ein Scheiß! **co|glio|ne** m. VOLG. **1** Sack *m.*, Ei *n.*: ***dare un calcio nei -i a qcn.*** jdm in die Eier treten; FIG. ***rompere i -i a qcn.*** jdm auf die Eier (*o* auf den Sack) gehen **2** *(persona sciocca)* Arsch *m.*: ***fare la figura del ~*** wie ein Arsch da‿stehen ◆ ***levarsi dai -i*** ab‿zischen. **co|glio|ne|ri|a** f. → **coglionata.**

co|gli|to|re m. Pflücker *m.*

co|gnac, co|gnac m.inv. Cognac *m.*

co|gna|ta f. Schwägerin *f.* **co|gna|to** m. Schwager *m.*

co|gni|ti|vi|smo m. kognitivistische Psychologie *f.* **co|gni|ti|vo** agg. kognitiv, erkenntnismäßig.

co|gni|to agg. LETT. bekannt.

co|gni|zio|ne f. **1** LETT. Erkenntnis *f.* **2** *(nozione)* Kenntnis *f.*, Wissen *n.*: ***avere vaste -i*** umfassende Kenntnisse haben **3** DIR. *(competenza)* Zuständigkeit *f.* ◆ ***con, senza ~ di causa*** in, ohne Kenntnis der Umstände (anche FIG.).

co|gno|me m. Nachname *m.*, Familienname *m.*: ***nome e ~*** Vor- und Nachname; ***come si chiama di ~?*** wie heißt er mit Nachnamen? ◆ ~ ***doppio*** Doppelname *m.*; FIG. ***fare nomi e -i*** Ross und Reiter nennen; ~ ***da nubile, da ragazza*** Mädchenname *m.*; ~ ***da sposata*** Ehename *m.*

co|gua|ro m. Kuguar *m.*

coi → **con.**

coi|ben|ta|re tr. dämmen, isolieren. **coi|ben|ta|zio|ne** f. Dämmung. *f.*, Isolierung *f.* **coi|ben|te I** agg. Dämm-, isolierend: ***materiale ~*** Dämmstoff *m.* **II** m. Dämmstoff *m.* ◆ ~ ***termico*** Wärmedämmstoff *m.* **coi|ben|za** f. Isolierfähigkeit *f.*

coif|feur [kwaf'fɛ:r] m.inv. Friseur *m.*

co|im|pu|ta|to m. Mitangeklagte *m.*

co|in|ci|den|te agg. **1** zusammenfallend, koinzident **2** GEOM. deckungsgleich ◆ ***treno ~*** Anschlusszug *m.*

co|in|ci|den|za f. **1** Zusammenfall *m.*, Zusammentreffen *n.*: ***una ~ fortunata*** ein glückliches Zusammentreffen **2a** *(treno)* Anschlusszug *m.*, COLLOQ. Anschluss *m.*: ***avere la ~ (dopo un'ora) per Roma*** (in einer Stunde) den Anschluss nach Rom haben; ***(riuscire a) prendere, perdere la ~*** den Anschluss erreichen, verpassen **b** *(aereo)* Anschlussflug *m.*, Anschluss *m.* **3** FIG. *(consonanza)* Übereinstimmung *f.*

co|in|ci|de|re intr. *(coincisi, coinciso;* aus. *avere)* **1** zusammen‿fallen, zusammen‿treffen, koinzidieren: ***i due eventi coincisero*** die zwei Ereignisse fielen zusammen **2** FIG. überein‿stimmen, sich decken: ***i due testi coincidono*** die zwei Texte stimmen überein; ***le tue idee coincidono con le mie*** deine Ideen decken sich mit (den) meinen.

coi|nè f.inv. Koine *f.*

co|in|qui|li|no m. Mitbewohner *m.*

co|in|te|res|sa|re tr. ECON. teilhaben lassen, beteiligen: ~ ***qcn. in qcs.*** jdn an etw. (D) teilhaben lassen, beteiligen. **co|in|te|res|sa|to** m. ECON. Teilhaber *m.* **co|in|te|res|sen|za** f. ECON. Teilhaberschaft *f.*: ~ ***in qcs.*** Teilhaberschaft an etw. (D).

co|in|vol|gen|te agg. mitreißend, ergreifend: ***un film, una musica ~*** ein ergreifender Film, eine mitreißende Musik.

co|in|vol|ge|re tr. **1** verwickeln, involvieren, hinein‿ziehen: ~ ***qcn. in uno scandalo, in loschi affari*** jdn in einen Skandal, in dunkle Geschäfte verwickeln **2** *(interessare)* betreffen, in Mitleidenschaft ziehen: ***il fallimento ha coinvolto molte persone*** der Konkurs hat viele Leute in Mitleidenschaft gezogen **3** *(far partecipare)* mit ein‿beziehen, (direkt) teilnehmen lassen: ~ ***gli spettatori nella rappresentazione*** die Zuschauer in die Vorführung mit einbeziehen, an der Aufführung direkt teilnehmen lassen **4** *(emotivamente)* ergreifen; *(commuovere)* berühren: ***questa storia lo ha coinvolto molto*** diese Geschichte hat ihn sehr berührt; ***è una musica che coinvolge*** es ist eine ergreifende Musik.

co|in|vol|gi|men|to m. **1** Verwicklung *f.*, Beteiligung *f.* **2** *(emotivo)* Betroffenheit *f.*, Ergriffenheit *f.*: ***vi fu un forte ~ da parte sua*** er seinerseits fühlte sich zutiefst ergriffen.

co|in|vol|to p.pass. agg. **1** → **coinvolgere 2** verwickelt, beteiligt, betroffen: ***le auto -e nell'incidente*** die in den Unfall verwickelten Autos; ***le persone -e nello scandalo, direttamente -e nella faccenda*** die in den Skandal Verwickelten, die von der Angelegenheit direkt Betroffenen **3** *(emotivamente)* ergriffen, betroffen: ***essere molto ~ in qcs.*** von etw. sehr betroffen (*o* gepackt) sein; ***sei troppo ~ per valutare obiettivamente la situazione*** du bist zu betroffen, um die Lage objektiv zu beurteilen ◆ ***rimanere ~ in un incidente, in uno scandalo*** in einen Unfall, Skandal verwickelt werden.

coi|to m. Koitus *m.*, Coitus *m.*, Beischlaf *m.* ◆ ~ ***interrotto*** Coitus interruptus *m.*, COLLOQ. Interruptus *m.*

co|ke [kɔk, kouk] m.inv. ***(carbone)*** ~ Koks *m.* ◆ ~ ***di lignite*** Kaumazit *m.*, Grude *f.*; ~ ***metallurgico*** Hüttenkoks *m.* **co|ke|fa|zio|ne** f. → **cokificazione. co|ke|ri|a** f. Kokerei *f.* **co|ki|fi|ca|re** tr. verkoken. **co|ki|fi|ca|zio|ne** f. Verkokung *f.*, Kokerei *f.*

1.col → **con.**

2.col → **3.colle.**

col. ⇒ **1** *colonnello* Oberst (Ob.) **2** TIP. *colonna* Spalte (Sp.).

co|la f. Kolabaum *m.*, Kolastrauch *m.* ◆ ***noce di ~*** Kolanuss *f.*

co|là avv. LETT. **1** dort **2** *(moto a luogo)* dorthin.

co|la|bro|do m.inv. Durchschlag *m.*, Sieb *n.* ◆ ***ridurre qcn., qcs. come un ~*** jdn, etw. wie ein Sieb durchlöchern.

co|lag|giù avv. ANT. → **laggiù.**

co|la|go|go I agg. *(-ghi,-ghe)* gallentreibend **II** m. *(-ghi)* gallentreibendes Mittel *n.*, Cholagogum *n.*

co|lan|gio|gra|fi|a f. Cholangiopankreatographie *f.*

co|la|pa|sta m.inv. Abtropfsieb *n.* (für Nudeln), Nudelsieb *n.*

co|la|re I tr. **1** durch‿seihen, seihen: ~ ***il brodo, il tè*** die Suppe, den Tee durchseihen **2** *(scolare)* ab‿gießen, ab‿schütten: ~ ***la pasta, la verdura*** die Nudeln, das Gemüse abgießen **3** METALL. gießen: ~ ***l'oro in stampi*** Gold in Formen gießen; ~ ***una statua in bronzo*** eine Statue in Bronze gießen **4a** *(perdere liquido)* ***la ferita cola sangue*** aus der Wunde tropft Blut **b** assol. triefen, laufen: ***ho il naso che cola*** meine Nase trieft (*o* läuft) **II** intr. **1** (aus. *essere*) tropfen, rinnen: ***il sangue cola dal naso*** Blut tropft aus der Nase; ***la cera cola dalla candela*** das Wachs tropft von der Kerze **2** *(filtrare*; aus. *essere)* tropfen, dringen: ***l'acqua cola dal tetto*** das Wasser dringt durch das Dach **3** *(scorrere*; aus. *essere)* laufen, fließen: ***il sudore gli colava dalla fronte*** der Schweiß lief ihm von der Stirn; ***le lacrime colavano sul suo viso*** die Tränen liefen ihm über das Gesicht **4** *(perdere liquido*; aus. *avere)* undicht sein: ***il catino cola*** die Schüssel ist undicht **5** GASTR. (aus. *essere*) aus‿ braten: ***dal pollo è colato molto grasso*** aus dem Hähnchen ist viel Fett ausgebraten (*o* das Hühnchen hat viel Fett abgesondert) ◆ ***mi cola il naso*** mir tropft (*o* läuft) die Nase; ~ ***a picco*** unter‿gehen, sinken; ~ ***a picco una nave*** ein Schiff versenken.

co|la|scio|ne m. MUS. INTRAD. (alte süditalienische Lautenart).

co|las|sù avv. ANT. → **lassù.**

co|la|ta f. **1** GEOL. Strom *m.*: ~ ***lavica*** Lavastrom *m.* **2** METALL. Guss *m.*: ***una ~ di ghisa*** ein Eisenguss ◆ ***una ~ di cemento*** eine Schüttung Beton; ~ ***centrifuga*** Schleuderguss *m.*; ***foro di ~*** Eingussloch *n.*; *(di spillatura)* Stichloch *n.* **co|la|tic|cio** m. *(-ci)* **1** Abgetropfte *n.*, abgetropftes Wachs *n.* **2** *(liquame)* Jauche *f.* **co|la|to** p.pass. agg. **1** → **colare 2** METALL. gegossen, Guss- ◆ ***prendere qcs. per oro ~*** etw. für bare Münze nehmen. **co|la|to|io** m. *(-oi)* ALP. Rinne *f.*: ~ ***di neve*** Schneerinne *f.* **co|la|to|re** m. Metallgießer *m.*

co|la|tu|ra f. **1a** Durchseihen *n.*, Durchsieben *n.* **b** *(materia colata)* Durchgeseihte *n.* **2** *(colaticcio)* Abgetropfte *n.*; ~ ***di candela*** abgetropftes Wachs.

co|la|zio|ne f. **1** Frühstück *n.*: ***preparare la ~*** das Frühstück bereiten; ***fare ~*** frühstücken, Frühstück machen; ***mangiare qcs. a ~*** etw. zum Frühstück essen; ***portare la ~ a letto, in camera a qcn.*** jdm das Frühstück ans Bett, aufs Zimmer bringen **2** *(di mezzogiorno)* Mittagessen *n.* ◆ ***compresa la ~*** Frühstück inbegriffen; ~ ***di lavoro*** Arbeitsessen *n.*; ***prima ~*** Frühstück *n.*; ~ ***al sacco*** Lunchpaket *n.*; ***seconda ~*** Mittagessen *n.*

col|bac|co m. *(-chi)* Kalpak *m.*

col|chi|co m. *(-ci)* Herbstzeitlose *f.*

Col|chi|de n.pr.f. Kolchis *n.*

col|cho|zia|no → **colcosiano. col|cos** m. Kolchos *m.* e *n.*, Kolchose *f.* **col|co|sia|no** m. Kolchosbauer *m.*

Col|di|ret|ti f. (accorc. *[Confederazione Nazionale dei]* Coltivatori Diretti) = Verband *m.* selbständiger Landwirte.

co|le|ci|sti f. Gallenblase *f.* **co|le|ci|sti|te** f. Gallenblasenentzündung *f.* **co|le|ci|sto|gra|fi|a** f. Cholezystographie *f.*

co|le|do|co m. *(-chi)* Gallengang *m.*, Magen-Darm-Kanal *m.*

co|lei pron.dimostr. f. **1** ANT. die (da), diese (da) **2** LETT. ~ ***che*** diejenige: ***conosco bene ~ che ha fatto questo*** ich kenne diejenige gut, die das getan hat; ***donerò una rosa a ~ che danzerà con me*** derjenigen, die mit mir tanzt, werde ich eine Rose schenken.

co|le|ot|te|ro m. Koleoptere *f.*, Käfer *m.*

co|le|ra m. Cholera *f.* ◆ ***epidemia di ~*** Choleraepidemie *f.* **co|le|ri|**

co I agg. *(-ci,-che)* Cholera-: ***febbre -a*** Cholerafieber *n.* **II** m. Cholerakranke *m.* **co|le|ro|so I** agg. cholerakrank **II** m. Cholerakranke *m.*

co|le|ste|ri|na f. → **colesterolo. co|le|ste|ro|le|mi|a** f. Cholesterinspiegel *m.* **co|le|ste|ro|lo** m. Cholesterin *f.* ◆ ***avere il ~ alto*** einen hohen Cholesterinwert haben.

colf f.inv. (accorc. *collaboratrice familiare*) Haushaltshilfe *f.*

co|li|ba|cil|lo m., **co|li|bat|te|rio** m. *(-ri)* Kolibakterie *f.*

co|li|brì m.inv. Kolibri *m.*

co|li|ca f. *(-che)* Kolik *f.*: ***~ biliare, epatica, intestinale, renale*** Gallen-, Leber-, Darm-, Nierenkolik *f.*

co|li|no m. (kleines) Sieb *n.*; *(per il tè)* Teesieb *n.*

co|li|te f. Dickdarmentzündung *f.*, Kolitis *f.*

1.col|la f. Klebstoff *m.*, COLLOQ. Kleber *m.*; *(per legno, stoffa)* Leim *m.*; *(d'amido)* Kleister *m.*: ***una ~ densa, liquida*** ein dicker, flüssiger Klebstoff; ***attaccare qcs. con la ~*** etw. mit Leim fest‿kleben; ***spalmare (applicare) la ~ su qcs., spalmare qcs. di ~*** Klebstoff auf etw. (A) auf‿tragen, etw. mit Klebstoff bestreichen; ***far, lasciar asciugare la ~*** den Klebstoff trocknen lassen ◆ ***~ d'amido*** Stärkekleister *m.*, Kleister *m.*; ***barattolo di, della ~*** Leim-, Kleistertopf *m.*; ***~ da falegname*** Holzleim *m.*; ***~ di farina*** Mehlkleister *m.*; ***~ a freddo*** Kaltleim *m.*; ***~ di pesce*** Fischleim *m.*; GASTR. Gelatine *f.*; ***~ di resina*** Harzleim *m.*; ***~ in stick*** Klebestift *m.*; ***~ da tappezziere*** Tapetenkleister *m.*; ***tinta a ~*** Leimfarbe *f.*; ***~ universale*** Alleskleber *m.*

2.col|la → **con.**

col|la|bo|ra|re intr. (*collaboro;* aus. *avere*) **1** mit‿arbeiten, mit‿wirken: ***~ a un progetto, alla realizzazione di un'opera*** an einem Projekt, an der Ausführung eines Werkes mitarbeiten; ***~ alla buona riuscita di qcs.*** am Erfolg von etw. mitwirken; ***~ a un giornale*** bei einer Zeitung mitarbeiten; ***~ alle indagini*** bei den Nachforschungen mitarbeiten; ***si rifiuta di ~*** er weigert sich mitzuarbeiten **2a** *(lavorare insieme)* zusammen‿arbeiten: ***le due ditte collaborano da anni*** beide Firmen arbeiten seit Jahren zusammen **b** ***~ con la giustizia, con la polizia*** mit der Justiz, der Polizei zusammenarbeiten (*o* kollaborieren) **3** *(con l'invasore)* kollaborieren.

col|la|bo|ra|ti|vo agg. kooperativ.

col|la|bo|ra|to|re m. Mitarbeiter *m.*, Mitwirkende *m.*: ***un ~ fidato*** ein treuer Mitarbeiter; ***i nostri più stretti -i*** unsere engsten Mitarbeiter ◆ ***~ esterno*** freier Mitarbeiter; ***~ della, di giustizia*** Kollaborateur *m.* der Justiz; ***~ scientifico*** wissenschaftlicher Berater *m.* **col|la|bo|ra|tri|ce** f. Mitarbeiterin *f.*, Mitwirkende *f.* ◆ ***~ domestica, familiare*** Hauswirtschaftsgehilfin *f.* (*o* Haushaltshilfe *f.*).

col|la|bo|ra|zio|ne f. **1** Mitarbeit *f.*: ***una ~ continuativa, temporanea*** eine dauerhafte, zeitlich begrenzte Mitarbeit; ***offrire la propria ~ a qcn.*** jdm seine Mitarbeit an‿bieten; ***avvalersi della ~ di qcn.*** sich jds Mitarbeit bedienen; ***svolgere una ~ presso un giornale*** eine Mitarbeitertätigkeit bei einer Zeitung aus‿üben **2** *(lavoro comune)* Zusammenarbeit *f.*; *(cooperazione)* Kooperation *f.*: ***~ economica*** wirtschaftliche Zusammenarbeit; ***una ~ in campo culturale*** eine Kooperation auf kulturellem Gebiet **3** *(aiuto)* Hilfe *f.*: ***ho bisogno della tua ~*** ich brauche deine Hilfe ◆ ***con la ~ di...*** unter Mitwirkung von...; ***~ esterna*** freie Mitarbeit; ***in ~ con...*** in Zusammenarbeit (*o* Gemeinschaft) mit... **col|la|bo|ra|zio|ni|smo** m. Kollaboration *f.* **col|la|bo|ra|zio|ni|sta** m. e f. Kollaborateur *m.* (-in *f.*).

col|la|ge [kɔ'la:ʒ] m.inv. **1** Collage *f.* **2** FIG. Sammelsurium *n.*, Anhäufung *f.*, Aneinanderreihung *f.*

col|la|ge|ne, col|la|ge|no I agg. kollagen **II** m. Kollagen *n.*

col|la|na f. **1a** Halskette *f.*, Kette *f.*: ***una ~ d'argento, di corallo*** eine Kette aus Silber, eine Korallenkette; ***mettersi, portare, togliersi una ~*** eine Kette um‿legen, tragen, ab‿legen (*o* ab‿nehmen) **b** ESTENS. ***una ~ di fiori*** eine Blumengirlande **2** EDIT. Bücherreihe *f.*, Reihe *f.*: ***una ~ di classici, di tascabili*** eine Klassiker-, Taschenbuchreihe.

col|lant [kol'lan] m.inv. Strumpfhose *f.*: ***~ di seta*** Seidenstrumpfhose; ***~ velati, coprenti*** Feinstrumpfhosen, blickdichte Strumpfhose.

col|lan|te I agg. klebend, Klebe- **II** m. Klebemittel *n.*, Klebstoff *m.*

col|la|re m. **1** Halsband *n.*: ***mettere il ~ al cane*** dem Hund das Halsband an‿legen (*o* um‿legen) **2** ECCL. Kollar *n.* **3a** *(ampio colletto)* Kragen *m.*: ***~ di ermellino*** Hermelinkragen *m.* **b** ANT. *(gorgiera)* Kröse *f.*, Halskrause *f.* **4a** ANT. *(monile)* Ordenskette *f.* **b** ESTENS. *(persona)* Ordensträger *m.* **5** ZOOL. Halsring *m.*, Kragen *m.* ◆ ***biscia dal ~*** Ringelnatter *f.*; ***~ di gesso*** Gipskrawatte *f.*, Krawatte *f.*; ANT. ***~ di ferro*** Halseisen *m.*; ***orso dal ~*** Kragenbär *m.*; ***tortora dal ~*** Türkentaube *f.* **col|la|ri|no** m. **1** (kleines) Halsband *n.* **2** ECCL. Kollar *n.* **3** ARCH. Säulenhals *m.*

col|las|sa|re I tr. ***~ qcn.*** bei jdm einen Kollaps herbei‿führen **II** intr. (aus. *avere, essere*) **1** kollabieren (anche ASTR.) **2** FIG. (völlig) zusammen‿brechen. **col|las|sa|to** p.pass. agg. **1** → **collassare 2 *l'economia è -a*** die Wirtschaft ist völlig zusammengebrochen.

col|las|so m. **1** Kollaps *m.*: ***avere, subire un ~*** einen Kollaps bekommen, erleiden; ***essere vicino al ~*** dem Kollaps nahe sein; ***provocare un ~ a qcn.*** bei jdm einen Kollaps herbei‿führen **2** FIG. Zusammenbruch *m.*: ***il ~ del traffico*** der Zusammenbruch des Verkehrs; ***l'economia è sull'orlo del ~*** die Wirtschaft ist am Rand des Zusammenbruchs ◆ ***~ cardiaco*** Herzkollaps *m.*, Herzversagen *n.*; ***~ circolatorio*** Kreislaufkollaps *m.*; ***~ nervoso*** Nervenzusammenbruch *m.*; ***~ polmonare*** Lungenversagen *n.*

col|la|te|ra|le I agg. **1** Neben-, Seiten-, seitlich **2** ANAT. BOT. kollateral **II** m. e f. Verwandte *m.* e *f.* einer Seitenlinie, ANT. Kollateralverwandte *m.* e *f.* ◆ ***effetti -i*** Nebenwirkungen *pl.*; DIR. ***linea ~*** Nebenlinie *f.*, Seitenlinie *f.*

col|lau|da|bi|le agg. prüfbar. **col|lau|da|re** tr. **1** prüfen, testen; *(per controllo esterno)* ab‿nehmen: ***~ un impianto, materiale, motore, veicolo*** eine Anlage, ein Material prüfen, einen Motor, ein Fahrzeug testen; ***~ un edificio*** ein Gebäude abnehmen **2** FIG. erproben, auf die Probe stellen: ***~ un'amicizia*** eine Freundschaft auf die Probe stellen.

col|lau|da|to p.pass. agg. **1** → **collaudare 2** erprobt, bewährt: ***un metodo ben ~*** eine bewährte Methode **3 *una coppia, un'unione ben -a*** ein gut aufeinander eingespieltes Paar, eine bewährte Beziehung (*o* Bindung). **col|lau|da|to|re** m. Prüfer *m.* ◆ ***pilota ~*** Testfahrer *m.*; AER. Testpilot *m.*, Einflieger *m.*

col|lau|do m. **1** Abnahme *f.*, Test *m.*, Prüfung *f.* **2** = (staatliche) technische Kontrolle *f.*: ***portare l'auto al ~*** das Auto zur technischen Kontrolle bringen; ***passare il ~*** durch die technische Kontrolle kommen **3** DIR. Abnahme *f.* ◆ ***certificato di ~*** Abnahmebescheinigung *f.*; ***pista di ~*** Teststrecke *f.*; ***prova di ~*** Abnahmeprüfung *f.*; ***volo di ~*** Testflug *m.*

col|la|zio|na|re tr. kollationieren. **col|la|zio|ne** f. Kollation *f.*

1.col|le → **con.**

2.col|le m. Hügel *m.*: ***i sette -i di Roma*** die sieben Hügel Roms.

3.col|le m. Pass *m.*

col|le|ga m. e f. *(-ghi,-ghe)* Kollege *m.* (Kollegin *f.*): ***un mio ex ~*** ein früherer Kollege von mir.

col|le|ga|men|to m. **1** Verbindung *f.*: ***ristabilire i -i con le isole*** die Verbindungen zu den Inseln wieder auf‿nehmen **2** TECN. Anschluss *m.*, Schaltung *f.* **3** RAD. TELEV. Schaltung *f.*: ***chiudere, interrompere il ~*** ab‿schalten, die Schaltung unterbrechen; ***in ~ diretto con, da Parigi trasmettiamo...*** wir sind direkt mit Paris verbunden und senden... **4** *(connessione)* Zusammenhang *m.*, Verbindung *f.*: ***esiste uno stretto ~ fra la sua scomparsa e l'omicidio*** zwischen dem Mord und seinem Verschwinden besteht ein enger Zusammenhang; ***indagare sui -i fra la mafia e la politica*** die Verbindungen zwischen Mafia und Politik untersuchen ◆ ***~ aereo*** Flugverbindung *f.*; ***agente di ~*** Kontaktmann *m.*; ***~ autostradale*** Autobahnverbindung *f.*; ***~ in cascata*** Kaskadenschaltung *f.*, Kaskade *f.*; ***~ ferroviario*** Zugverbindung *f.*, Eisenbahnverbindung *f.*; ***linea di ~*** Verbindungslinie *f.*; ***~ in parallelo*** Parallelschaltung *f.*, Neben(einander)schaltung *f.*; ***~ a ponte*** Brückenschaltung *f.*; ***~ postale*** Postverbindung *f.*; ***~ radio, radiofonico*** Funkverbindung *f.*; ***~ in rete*** Vernetzung *f.*; ***~ in serie*** Serienschaltung *f.*, Reihenschaltung *f.*; ***strada di ~*** Verbindungsstraße *f.*; ***~ telefonico*** *(linea)* telefonische Verbindung; *(impianto)* Telefonanschluss *m.*; ***~ televisivo*** Fernsehverbindung *f.*; ***~ a terra*** Erdung *f.*; ***ufficiale di ~*** Verbindungsoffizier *m.*; ***~ via satellite*** Verbindung *f.* via Satellit.

col|le|gan|za f. **1** Kollegialität *f.* **2** LETT. *(connessione)* Verbindung *f.*

col|le|ga|re *(collego, colleghi)* **I** tr. **1** verbinden: ***~ due città mediante un'autostrada*** zwei Städte mit einer Autobahn verbinden; ***un ponte collega le due isole*** eine Brücke verbindet die beiden Inseln **2a** TECN. schließen, an‿schließen: ***~ un cavo*** ein Kabel anschließen; ***~ qcs. alla batteria, al circuito elettrico*** etw. an die Batterie, an den Stromkreis anschließen; ***~ due fili elettrici*** zwei elektrische Drähte miteinander verbinden **b** *(allacciare)* ein‿stöpseln, ein‿stecken: ***~ il telefono*** das Telefon einstöpseln **3a** FIG. *(associare)* verknüpfen: ***~ il nome di qcn. a qcs.*** jds Namen mit etw. verknüpfen **b** *(connettere)* in Zusammenhang bringen, verbinden: ***~ qcs. a un delitto*** etw. mit einem Verbrechen in Zusammenhang bringen; ***~ due fatti*** zwei Tatsachen miteinander verbinden **II** pronom. **collegarsi 1** sich in Verbindung setzen: ***-rsi telefonicamente con qcn.*** sich mit jdm telefonisch in Verbindung setzen **2** RAD. TELEV. schalten, um‿schalten: ***-rsi in diretta con lo stadio*** direkt ins Stadion umschalten; ***ci colleghiamo con Milano, con il nostro corrispondente da Londra*** wir schalten nach Mailand, zu unserem Londoner Korrespondenten (um) **3a** FIG. *(allacciarsi)* an‿knüpfen: ***-rsi a quanto detto in precedenza*** an das vorher Gesagte anknüpfen **b** *(essere in connessione)* ***i due concetti non si collegano*** die beiden Begriffe lassen sich nicht miteinander vereinen ◆ ***~ in parallelo*** parallel schalten, nebeneinander schalten; ***~ in rete*** vernetzen; ***~ in serie*** hintereinander schalten; ***-rsi via satellite*** sich via Satellit in Verbindung setzen. **col|le|ga|to** p.pass. agg. **1** → **collegare 2** verbunden: RAD. TELEV. ***siamo -i con lo stadio di Torino*** wir sind mit dem Turiner Stadion verbunden **3** *(connesso)* verbunden, verknüpft: ***... e i problemi ad esso -i*** ... und die damit verbundenen Probleme ◆ ***aziende -e alla FIAT*** an FIAT gebundene Betriebe; ***strettamente ~*** eng verbunden.

col|le|gia|le I agg. **1** kollegial, gemeinschaftlich: ***decisione ~*** kollegialer Beschluss **2** *(di, da convitto)* Internats-: ***vita ~*** Internatsleben *n.* **II** m. e f. Internatsschüler *m.* (-in *f.*), Internatszögling *m.* ◆ ***arrossire come una ~*** wie ein Schulmädchen erröten; ***timido come un ~*** schüchtern wie ein Schuljunge; ***organo ~*** Kollegium *n.*, Gremium *n.* **col|le|gia|li|tà** f. Kollegialität *f.* **col|le|gial|men|te** avv. kollegial, gemeinschaftlich. **col|le|gia|ta** f. **1** *(chiesa)* Stiftskirche *f.* **2** *(capitolo)* Stiftskapitel *n.* **col|le|gia|to** agg., ***chiesa -a*** Stiftskirche *f.*

col|le|gio m. *(-gi)* **1** Kollegium *n.*: ***~ degli avvocati, dei medici*** Kollegium der Rechtsanwälte, Ärztekollegium **2** *(convitto)* Internat *n.* ◆ ***~ elettorale*** Wahlkreis *m.*, Wahlbezirk *m.*; *(complesso degli elettori)* Wählerschaft *f.*; ***sacro ~*** Kardinalskollegium *n.*; ***~ sindacale*** Rechnungsprüferkollegium *n.*

col|len|chi|ma m. Kollenchym *n.*

col|le|ra f. Wut *f.*, Zorn *m.*: ***andare in ~*** in Wut, Zorn kommen (*o* geraten); ***montare in ~*** sich in Wut hinein‿steigern; ***essere in ~ con qcn.*** Wut auf jdn haben; ***far andare in ~ qcn.*** jdn in Wut bringen. **col|le|ri|ca|men|te** avv. jähzornig, aufbrausend. **col|le|ri|co I** agg. *(-ci,-che)* aufbrausend, jähzornig, cholerisch: ***avere un temperamento ~*** ein aufbrausendes Wesen haben **II** m. *(-ci)* Choleriker *m.*, Jähzorniger *m.*

col|let|ta f. **1** Sammlung *f.*, Geldsammlung *f.*: ***fare una ~ per qcn.*** eine Sammlung für jdn durchführen, für jdn sammeln **2** LIT. Kollekte *f.*

col|let|ta|me m. Stückgut *n.*, Sammelgut *n.*: ***trasporto a ~*** Sammelladung *f.*

col|let|ti|va f. Kollektivschau *f.*

col|let|ti|vi|smo m. Kollektivismus *m.* **col|let|ti|vi|sta** *(-i,-e)* **I** agg. kollektivistisch, Kollektiv-: ***economia -a*** Kollektivwirtschaft *f.* **II** m. e f. Kollektivist *m.* (-in *f.*). **col|let|ti|vi|sti|co** agg. *(-ci,-che)* kollektivistisch.

col|let|ti|vi|tà f. Gemeinschaft *f.*, Allgemeinheit *f.*: ***agire nell'interesse della ~*** im Interesse der Gemeinschaft handeln. **col|let|ti|viz|za|re** tr. kollektivieren, vergesellschaften. **col|let|ti|viz|za|zio|ne** f. Kollektivierung *f.*

col|let|ti|va|men|te avv. in kollektiver Weise. **col|let|ti|vo I** agg. kollektiv, Kollektiv-, gemeinschaftlich: ***coscienza, colpa -a*** Kollektivbewusstsein *n.*, Kollektivschuld *f.*; ***lavoro, contratto ~*** Kollektivarbeit *f.*, Kollektivvertrag *m.* **II** m. SOCIOL. POL. Kollektiv *n.* ◆ ***biglietto ~*** Sammelfahrkarte *f.*; GRAMM. ***nome ~*** Kollektivum *n.*, Sammelbezeichnung *f.*

col|let|to m. **1** Kragen *m.*: ***il ~ è troppo stretto*** der Kragen ist mir zu eng; ***portare il ~ aperto*** den Kragen offen tragen; ***abbottonare, sbottonare il ~*** den Kragen zu‿knöpfen, auf‿knöpfen; ***inamidare i -i*** die Kragen stärken **2** BOT. Wurzelhals *m.* **3** ANAT. Zahnhals *m.* ◆ ***-i bianchi*** = die Angestellten; ***-i blu*** = die Fabrikarbeiter; ***bottone del ~*** Kragenknopf *m.*; ***~ della camicia*** Hemdkragen *m.*; ***~ alla marinara*** Matrosenkragen *m.*; ***misura del ~*** Kragennummer *f.*, Kragenweite *f.*; ***~ di pelliccia*** Pelzkragen *m.*, Kollier *n.*

col|let|to|re I agg. Sammel-, -sammler: ***binario ~*** Sammelgleis *n.*; ***sbarra, conduttura collettrice*** Sammelschiene *f.*, Sammelleitung *f.*; ***anello ~*** Schleifring *m.* **II** m. **1** Sammelkanal *m.* **2** EL. FIS. Kollektor *m.*: ***~ solare*** Sonnenkollektor *m.* ◆ ***~ delle imposte*** Steuereinnehmer *m.*

col|le|zio|na|re tr. sammeln (anche FIG.): ***~ francobolli, libri antichi*** Briefmarken, alte Bücher sammeln; FIG. ***~ vittorie*** Siege sammeln. **col|le|zio|ne** f. **1** Sammlung *f.*, Kollektion *f.*: ***una ~ di monete*** eine Sammlung von Münzen; ***realizzare, mettere insieme, mettere all'asta una ~*** eine Sammlung an‿legen, zusammen‿tragen, versteigern **2** *(collana editoriale)* Reihe *f.* **3** *(di moda)* Kollektion *f.*: ***presentare la nuova ~ primavera-estate*** die neue Frühjahrs-Sommer-Kollektion vor‿führen.

col|le|zio|ni|smo m. Sammeln *n.*: ***passione per il ~*** Sammelleidenschaft *f.*

col|le|zio|ni|sta m. e f. *(-i,-e)* Sammler *m.* (-in *f.*): ***~ di francobolli*** Briefmarkensammler *m.* **col|le|zio|ni|sti|co** agg. *(-ci,-che)* Sammel-: ***mania -a*** Sammeltrieb *m.*, Sammelwut *f.*

col|li|de|re intr. *(collisi; colliso;* aus. *avere)* zusammen‿stoßen, kollidieren: ***~ con qcs.*** mit etw. kollidieren.

col|lie ['kɔlli] m.inv. Collie *m.*

col|lier [kɔ'lje:] m.inv. Kollier *n.*, Halskette *f.*

col|li|ma|re intr. (aus. *avere*) überein‿stimmen, sich decken: ***le loro opinioni collimano*** ihre Ansichten stimmen überein. **col|li|ma|zio|ne** f. OTT. Kollimation *f.*

col|li|na f. Hügel *m.* ◆ ***su per la ~*** hügelan, hügelauf. **col|li|na|re** agg. hüg(e)lig, Hügel-: ***zona ~*** Hügelland *n.* **col|li|net|ta** f. (kleiner) Hügel *m.*: ***una ~ di sabbia*** ein Sandhügel. **col|li|no|so** agg. hüg(e)lig, Hügel-: ***terreno ~*** Hügelgelände *n.*

col|li|rio m. *(-ri)* Augenwasser *n.*

col|li|sio|ne f. **1** Zusammenstoß *m.*, Zusammenprall *m.*, Kollision *f.* **2** *(conflitto, contrasto)* Konflikt *m.*, Widerstreit *m.*, Gegensatz *m.* ◆ ***entrare in ~ con qcs.*** mit etw. in Kollision kommen, mit etw. kollidieren.

1.col|lo m. **1a** Hals *m.*: ***portare un fazzoletto intorno al ~*** ein Tuch um den Hals tragen; ***avere una collana al ~*** eine Kette um den Hals haben; ***storcersi il ~*** sich den Hals verrenken; ***buttare le braccia al, gettarsi al ~ di qcn.*** jdm um den Hals fallen, sich jdm an den Hals werfen **b** ESTENS. ***il ~ di una bottiglia*** der Flaschenhals; COLLOQ. ***tirare il ~ a una bottiglia*** einer Flasche den Hals brechen **2** *(colletto)* Kragen *m.* **3** MECC. ***~ d'oca*** Kurbelwelle *f.*; *(di tubi)* Schwanenhals *m.* ◆ ***allungare il ~*** den Hals recken; FIG. einen langen Hals machen; ***~ alto*** Rollkragen *m.*; ***maglia, maglione a ~ alto*** Rollkragenpullover *m.*; ***avere, portare un braccio al ~*** einen Arm in der Binde tragen; ***arrivare tra capo e ~ (a casa di qcn.)*** jdm ins Haus platzen, schneien, geschneit kommen; ***fino al ~*** bis an den, zum Hals: ***essere indebitato fino al ~*** bis zum Hals (*o* bis über die Ohren) in Schulden stecken; ***portare qcn. in ~*** jdn auf dem Arm tragen; ***prendere qcn. per il ~*** jdn am Kragen packen; ***~ del piede*** Spann *m.*, Fußspann *m.*; ***rischiare, rompersi il ~, l'osso del ~*** seinen Hals riskieren, sich (D) den Hals (*o* das Genick) brechen; ***a rotta di ~*** Hals über Kopf; ***~ della scarpa*** Schuhschaft *m.*, Schaft *m.*; ***~ taurino*** Stiernacken *m.*, COLLOQ. Specknacken *m.*; ***tirare il ~ a un pollo*** einem Huhn den Hals umdrehen; ***~ dell'utero*** Gebärmutterhals *m.*

2.col|lo m. Frachtstück *n.*, Kollo *n.* ◆ ***deposito dei -i a mano*** Gepäckaufbewahrung *f.*

3.col|lo → **con.**

col|lo|ca|bi|le agg. **1** aufstellbar **2** *(vendibile)* verkäuflich.

col|lo|ca|men|to m. **1a** Stellung *f.*, Aufstellung *f.* **b** *(orizzontalmente)* Legen *n.* **2** *(sistemazione)* Anordnung *f.*, Unterbringung *f.*, Postierung *f.* **3** *(impiego)* Anstellung *f.*, Stelle *f.*, Posten *m.* **4** *(ufficio di collocamento)* Arbeitsamt *n.*: ***andare, iscriversi al ~*** zum Arbeitsamt gehen, sich beim Arbeitsamt melden **5a** COMM. *(vendita)* Absatz *m.*, Verkauf *m.*, Placement *n.* **b** ECON. *(di capitali)* Placement *n.*, Anlage *f.* ◆ ***agenzia di ~*** Stellenvermittlung *f.*, Stellennachweis *m.*; ***iscriversi nelle liste di ~*** = sich arbeitslos melden, sich beim Arbeitsamt (als Arbeitssuchender) melden; ***~ a riposo*** Versetzung in den Ruhestand, Verrentung *f.*; ***ufficio di ~*** Arbeitsamt *n.*, Arbeitsnachweisstelle *f.*

col|lo|ca|re *(colloco, collochi)* **I** tr. **1a** *(verticalmente)* stellen: ***~ un vaso di fiori al centro del tavolo*** eine Blumenvase in die Mitte des Tisches stellen **b** *(orizzontalmente)* legen: ***~ il violino nel suo astuccio*** die Geige in den Kasten legen **c** *(disporre)* auf‿stellen, postieren: ***~ sentinelle a tutte le entrate*** Wachtposten vor jedem Eingang aufstellen **d** FIG. ***l'opera lo colloca tra i maggiori artisti del suo tempo*** mit diesem Werk reiht er sich unter die bedeutendsten Künstler seiner Zeit ein **2** *(impiegare)* an‿stellen, unter‿bringen: ***~ qcn. in prova*** jdn zur Probe anstellen; ***~ qcn. presso una ditta*** jdn bei einer Firma unterbringen **3a** COMM. *(vendere)* ab‿setzen, platzieren, verkaufen: ***è un prodotto difficile da ~*** das ist ein schwer absetzbares Produkt **b** ECON. *(investire)* an‿legen, platzieren **II** pronom. **collocarsi 1** sich stellen, sich auf‿stellen **2** *(impiegarsi)* sich (D) eine Position verschaffen: ***-rsi in un buon posto*** sich eine gute Position verschaffen ◆ ***~ qcn. a riposo, in pensione*** jdn in den Ruhestand versetzen.

col|lo|ca|to|re m. LING. Kollokator *m.*

col|lo|ca|zio|ne f. **1a** *(posizione)* Stellung *f.*, Aufstellung *f.*, Anordnung *f.*: ***cambiare la ~ dei mobili*** die Aufstellung der Möbelstücke ändern **b** *(in biblioteca)* Standort *m.*; *(dati che designano la collocazione)* Signatur *f.* **c** FIG. Einstellung *f.*: ***qual è la tua ~ politica?*** was ist deine politische Einstellung? **2** LING. Kollokation *f.*

col|lo|dio m. Kollodium *n.* **col|loi|da|le** agg. kolloidal, kolloid, Kolloid-: ***reazione ~*** Kolloidreaktion *f.* **col|loi|de** m. Kolloid *n.*: ***chimica dei -i*** Kolloidchemie *f.*

col|lo|quia|le agg. umgangssprachlich, LING. kolloquial: ***linguaggio ~*** Umgangssprache *f.* **col|lo|quia|li|smo** m. LING. Kolloquialismus *m.* **col|lo|quia|li|tà** f., ***la ~ di uno stile*** ein umgangssprachlicher Stil. **col|lo|quial|men|te** avv. umgangssprachlich. **col|lo|quia|re** intr. (aus. *avere*) reden, sich unterhalten: ***~ con qcn.*** sich mit jdm unterhalten.

col|lo|quio m. *(-qui)* **1** Besprechung *f.*, Unterredung *f.*, Aussprache *f.*: ***fissare, avere un ~*** eine Besprechung an‿beraumen, haben **2** *(intervista, dialogo)* Gespräch *n.*: ***essere a ~ con qcn. su qcs.*** ein Gespräch mit jdm über etw. führen **3** UNIV. Kolloquium *n.*, mündliche Prüfung *f.* **4** *(conversazione amichevole)* Plauderei *f.*, Unterhaltung *f.* ◆ ***~ preliminare*** Vorgespräch *n.*; ***~ telefonico*** Telefongespräch *n.*

col|lo|si|tà f. Klebrigkeit *f.* **col|lo|so** agg. leimig; *(appiccicoso)* klebrig: ***diventare ~*** klebrig werden, verkleben.

col|lo|tor|to m. *(collitorti* e *colli torti)* Betbruder *m.*, Frömmler *m.*, Scheinheiliger *m.*

col|lot|to|la f. **1** Nacken *m.*, Genick *n.* **2** *(di cavallo)* Kamm *m.* ◆ ***afferrare, prendere qcn. per la ~*** jdn am Kragen kriegen, packen, beim Kragen nehmen.

col|lu|sio|ne f. Kollusion *f.*, heimliches Einverständnis *n.*: ***essere accusato di ~ con la mafia*** wegen geheimer Verabredung mit der Mafia angeklagt sein. **col|lu|si|vo** agg. heimlich verabredet, heimlich einverstanden. **col|lu|so** agg. ***essere ~ con qcn., con qcs.*** mit jdm unter einer Decke stecken, in etw. verwickelt sein.

col|lu|to|rio m. *(-ri)* Gurgelmittel *n.*, Mundwasser *n.*

col|lut|ta|re intr. (aus. *avere*) raufen. **col|lut|ta|zio|ne** f. **1** Rauferei *f.*, Handgemenge *n.*: ***una violenta ~*** eine wilde Rauferei; ***entrare in ~ con qcn.*** sich mit jdm in die Haare geraten, handgemein werden **2** FIG. *(disputa)* Wortstreit *m.*, Zank *m.*

col|lu|vie f.inv. **1** LETT. Strom *m.*, Anhäufung *f.* von Unrat **2** SPREG. Ansammlung *f.*

col|ma f. (äußerste) Fluthöhe *f.*

col|ma|bi|le agg. erfüllbar, überbrückbar: ***le differenze sono -i*** die Unterschiede sind überbrückbar.

col|ma|re I tr. **1a** (voll) füllen, auf‿füllen: ***~ un bicchiere di birra*** ein Glas randvoll mit Bier füllen **b** *(di terra)* auf‿füllen, zu‿schütten **c** *(palude)* auf‿schlämmen, trocken‿legen **d** FIG. ***~ una lacuna, un vuoto legislativo*** eine Lücke, eine Gesetzeslücke aus‿füllen **2** FIG. *(riempire)* erfüllen: ***la notizia mi colmò di gioia*** die Nachricht erfüllte mich mit Freude **3** FIG. *(coprire)* überhäufen: ***~ qcn. di gentilezze, di onori*** jdn mit Liebenswürdigkeiten, mit Ehren überhäufen **II** pronom. **colmarsi** sich füllen: ***gli occhi le si colmarono di lacrime*** ihre Augen füllten sich mit Tränen ◆ ***~ un disavanzo*** einen Fehlbetrag aus‿gleichen, decken; ***~ la misura*** das Maß voll machen; FIG. *(ne ho abbastanza)* ***hai colmato la misura!*** du hast das Maß überschritten! **col|ma|ta** f. **1** Auflandung *f.*, Aufladung *f.* **2** *(terreno colmato)* Verfüllboden *m.* **3** *(banco di sabbia)* Sandbank *f.* **col|ma|tu|ra** f. Ausfüllung *f.*, Auffüllung *f.*, Nachfüllung *f.*

1.col|mo m. **1a** *(cima)* Gipfel *m.*, Spitze *f.* **b** FIG. Höhepunkt *m.*, Gipfel *m.*, Krone *f.*: ***il ~ della felicità, della sfacciataggine*** der Gipfel des Glücks, die Krone der Frechheit; ***raggiungere il ~ di qcs.*** etw. (D) die Krone auf‿setzen **2** EDIL. First *m.*: ***trave, tegola di ~*** Firstbalken *m.*, Firstziegel *m.* ◆ ***questo è il ~ (dei colmi)!*** das setzt allem die Krone auf, das ist (doch) die Höhe! ***essere al ~*** den Höhepunkt erreichen; ***essere al ~ della gioia, della disperazione*** hocherfreut sein, in äußerster Verzweiflung sein; ***per ~ di sventura*** zu allem (*o* zum größten) Unglück.

2.col|mo agg. **1** voll, (bis zum Rande) gefüllt, randvoll: ***il bicchiere è ~ d'acqua*** das Glas ist bis zum Rande mit Wasser gefüllt **2** FIG. voll, erfüllt ◆ ***la misura è -a!*** das Maß ist voll!

co|lo|fo|ne m. Kolophon *m.*, Impressum *n.* **co|lo|fo|nia** f. Geigenharz *n.* **co|lo|fo|nio** m. Kolophonium *n.*

co|lom|ba f. **1a** Taube *f.*: ***~ della pace*** Friedenstaube *f.*; ***tirar fuori una ~ dal cappello*** eine Taube aus dem Hut zaubern **b** FIG. ***i falchi e le -e di un partito*** die Falken und Tauben einer Partei; **2** FIG. Lamm *n.*: ***mite come una ~*** sanft wie ein Lamm **3** GASTR. INTRAD. (typischer Osterkuchen in Form einer Taube). **co|lom|bac|cio** m. *(-ci)* Ringeltaube *f.* **co|lom|ba|ia** f. Taubenschlag *m.* **co|lom|ba|rio** m. *(-ri)* ARCH. Kolumbarium *n.*, Urnenhalle *f.* **co|lom|bel|la** f. Täubchen *n.* (anche FIG.).

Co|lom|bia n.pr.f. Kolumbien *n.* **co|lom|bia|no I** agg. kolumbianisch, kolumbisch **II** m. Kolumbianer *m.*, Kolumbier *m.*

co|lom|bi|col|to|re m. Taubenzüchter *m.* **co|lom|bi|col|tu|ra** f. Taubenzucht *f.*

co|lom|bi|na f. BOT. ***~ commestibile*** Speisetäubling *m.*; ***~ non commestibile*** Speitäubling *m.*, Speiteufel *m.*

Co|lom|bi|na n.pr.f. Kolombine *f.*, Kolumbine *f.*

co|lom|bo m. Taube *f.*: ***i -i tubano*** die Tauben gurren, girren; FIG. ***tubare come due -i*** wie zwei Tauben turteln ◆ ***~ domestico*** Haustaube *f.*, Tümmler *m.*; ***~ maschio*** Tauber *m.*, Täuber *m.*, Täuberich *m.*; ***~ torraiolo*** Felsentaube *f.*; ***~ viaggiatore*** Brieftaube *f.*

Co|lom|bo n.pr.m. Kolumbus *m.*; ***l'uovo di ~*** das Ei des Kolumbus.

co|lon m.inv. **1** ANAT. Grimmdarm *m.*, Kolon *n.* **2** METR. Kolon *n.*

co|lo|na|to m. STOR. Kolonat *m.* e *n.*

1.co|lo|nia f. **1a** *(possedimento)* Kolonie *f.*: ***un'ex ~ francese*** eine ehemalige französische Kolonie **b** *(gruppo di residenti)* ***la ~ magrebina di Torino*** die maghrebinische Kolonie in Turin **2** BIOL. Kolonie *f.*, Volk *n.*: ***una ~ di insetti*** eine Insektenkolonie;; ***una ~ di cellule*** eine Zellkolonie **3** *(di vacanza)* Ferienkolonie *f.*, Ferienlager *n.*: ***andare in ~*** ins Ferienlager fahren ◆ ***~ agricola*** Bauernsiedlung *f.*; ***~ di api*** Bienenvolk *n.*; ***~ per bambini*** Kinderferienheim *n.*; STOR. ***~ della Corona*** Kronkolonie *f.*; ***~ operaia*** Arbeitersiedlung *f.*; ***~ penale*** Strafkolonie *f.*; ***~ scolastica*** Schullandheim *n.*

2.co|lo|nia f. *(acqua di Colonia)* kölnisch Wasser *n.*, Kölnischwasser *n.*

3.co|lo|ni|a f. DIR. Pacht *f.*: ***dare a ~*** in Pacht geben, verpachten.

Co|lo|nia n.pr.f. Köln *n.* ◆ ***acqua di ~*** kölnisch Wasser, Kölnischwasser *n.*; ***il duomo di ~*** der Kölner Dom.

co|lo|nia|le I agg. kolonial, Kolonial- (anche BIOL.): ***i possedimenti -i*** die kolonialen Besitzungen **II** m.pl. Kolonialwaren *pl.* ◆ ***generi -i*** Kolonialwaren *pl.*; ***guerra ~*** Kolonialkrieg *m.*; ***impero ~*** Kolonialreich *n.*; ***periodo ~*** Kolonialzeit *f.*; ***politica ~*** Kolonialpolitik *f.*; ***potenza ~*** Kolonialmacht *f.*; ***stile ~*** Kolonialstil *m.*; ***territorio ~*** Kolonialgebiet *n.*; ***truppe -i*** Kolonialtruppen *pl.* **co|lo|nia|li|smo** m. Kolonialismus *m.* **co|lo|nia|li|sta** m. e f. *(-i,-e)* Kolonialist *m.* (-in *f.*). **co|lo|nia|li|sti|co** agg. *(-ci,-che)* kolonialistisch. **co|lo|ni|co** agg. *(-ci,-che)* Bauern-: ***casa -a*** Bauernhaus *n.*

co|lo|niz|za|bi|le agg. kolonisierbar. **co|lo|niz|za|re** tr. besiedeln, kolonisieren: ***~ una regione disabitata*** ein unbewohntes Gebiet besiedeln. **co|lo|niz|za|to|re I** agg. kolonisatorisch **II** m. Besiedler *m.*, Kolonisator *m.* **co|lo|niz|za|zio|ne** f. Besied(e)lung *f.*, Kolonisierung *f.*, Kolonialisierung *f.*, Kolonisation *f.*

co|lon|na f. **1** Säule *f.*: ***una ~ dorica, ionica, corinzia*** eine dorische, ionische, korinthische Säule; ***sostenuto da -e*** von Säulen getragen, gestützt; ***poggiare su -e*** auf Säulen ruhen **2a** ESTENS. Kolonne *f.*, Säule *f.*: ***una ~ di numeri*** eine Zahlenkolonne; ***una ~ di fuoco*** eine Feuersäule **b** GIOC. ***la ~ vincente*** der richtige Tip **3** FIG. tragende Säule *f.*, Stütze *f.*: ***essere la ~ della società*** die tragende Säule der Gesellschaft sein **4** *(fila)* Kolonne *f.*, Kette *f.*: ***una ~ di vetture, di carri armati*** eine Wagen-, Panzerkolonne; ***una ~ di soldati*** eine Militärkolonne; ***la ~ fece una conversione*** die Kolonne schwenkte um; ***viaggiare in ~*** (in) Kolonne fahren; ***disporsi in (una) ~*** sich zu einer Kolonne formieren; ***marciare in ~*** in Kolonnen (*o* im Zug) marschieren **5** TIP. INFORM. Spalte *f.*, Kolumne *f.*: ***l'articolo è lungo una ~*** der Artikel ist eine Spalte lang; ***riempire le -e di un giornale*** die Spalten einer Zeitung füllen ◆ GIORN. ***un titolo a una ~, a due, tre -e*** ein einspaltiger, zweispaltiger, dreispaltiger Titel; ***~ d'acqua*** Wassersäule *f.*; ***~ per affissioni*** Anschlagsäule *f.*, Litfaßsäule *f.*; METEOR. ***~ d'aria*** Luftsäule *f.*; ***~ barometrica*** Barometersäule *f.*; ***base della ~*** Säulenfuß *m.*; ***~ di distillazione*** Kolonnenapparat *m.*; ***le -e d'Ercole*** die Säulen des Herkules; ***~ di fumo*** Rauchsäule *f.*; ***fusto della ~*** Säulenschaft *m.*; STOR. ***~ d'infamia, infame*** Schandpfahl *m.*; ***~ di mercurio*** Quecksilbersäule *f.*; ***~ della peste*** Pestsäule *f.*; ***~ portante*** tragende Säule; ***la quinta ~*** die fünfte Kolonne; ***~ sonora*** Tonspur *f.*, *(musiche di un film)* Filmmusik *f.*; ***sorpasso di una ~*** Kolonnenspringen *n.*; TIP. ***~ di stampa*** Druckspalte *f.*; ***tamburo della ~*** Säulentrommel *f.*; ***la ~ traiana*** die Trajanssäule *f.*; ***~ trionfale*** Siegessäule *f.*; ***~ vertebrale*** Wirbelsäule *f.*, Rückgrat *n.*: ***deviazione della ~ vertebrale*** Rückgratverkrümmung *f.*; ***~ della vittoria*** → ***~ trionfale.*** **co|lon|na|re** agg. säulenförmig, Säulen-. **co|lon|na|to I** agg. Säulen-: ***portico ~*** Säulenhalle *f.*; ***basilica -a*** Säulenbasilika *f.* **II** m. Säulengang *m.*, Kolonnade *f.*

co|lon|nel|lo m. Oberst *m.*: ***~ medico*** Oberstarzt *m.*; ***tenente ~*** Oberstleutnant *m.*

co|lon|ni|na f. **1** Säulchen *n.*, Säule *f.*: ***~ di soccorso*** Notrufsäule *f.*, Rufsäule *f.*; AUT. ***~ dell'aria compressa*** Luftsäule *f.*; ***~ di mercurio*** Quecksilbersäule *f.* **2** *(del distributore di benzina)* Tanksäule *f.*, Zapfsäule *f.* **co|lon|ni|no** m. **1** *(balaustro)* Baluster *m.*, Docke *f.* **2** TIP. schmale Spalte *f.*, Kolumne *f.* **3** GIORN. Kurzartikel *m.*, Kolumne *f.*

co|lo|no m. **1** STOR. Kolone *m.*, Pächter *m.* **2** LETT. Bauer *m.* **3** *(abitante di una colonia)* Siedler *m.*, Ansiedler *m.*, Kolonist *m.*

co|lo|phon m.inv. → **colofone.**

co|lo|ran|te I agg. Farb-, Färbe-: *sostanza ~* Farbstoff *m.* II m. Farbstoff *m.*, Färbemittel *n.* ◆ *industria dei -i* Farbenindustrie *f.*; *~ naturale* Naturfarbstoff *m.*; *senza -i* ungefärbt, ohne Farbstoff; *~ vegetale* Pflanzenfarbstoff *m.*

co|lo|ra|re I tr. 1 färben: *~ qcs. di blu* etw. blau färben 2 *(dipingere)* aus‿malen: *~ un disegno* eine Zeichnung ausmalen 3 FIG. aus‿schmücken: *~ un racconto di battute spiritose* eine Geschichte mit geistreichen Bemerkungen ausschmücken II pronom. **colorarsi** sich färben: *il cielo si colora di rosso* der Himmel färbt sich rot; FIG. *un racconto che si colora di malinconia* eine Erzählung mit einem Anstrich von Melancholie ◆ *album da ~* Malbuch *n.*

co|lo|ra|to p.pass. agg. 1 → **colorare** 2 farbig, bunt, Bunt-, Farb-: *carta -a* buntes Papier, Buntpapier *n.*; *figure -e* bunte Bilder; *matita -a* Buntstift *m.*, Farbstift *m.*; *mina -a* Farbmine *f.*; *capi -i* Buntwäsche *f.*; FOT. *filtro ~* Farbfilter *m.* ◆ *~ a mano* handkoloriert.

co|lo|ra|tu|ra f. 1 → **colorazione** 2 MUS. Koloratur *f.*, Fioritur *f.*: *soprano (di) ~* Koloratursopran *m.*

co|lo|ra|zio|ne f. Färbung *f.* (anche FIG.): *~ nera* Schwarzfärbung *f.*; FIG. *~ dialettale* Dialektfärbung *f.*

co|lo|re m. 1a Farbe *f.*: *un ~ caldo, freddo, scuro, chiaro* eine warme, kalte, dunkle, helle Farbe; *-i forti, stridenti, sgargianti* kräftige, schreiende, grelle Farben; *accordare i -i tra loro* die Farben aufeinander ab‿stimmen; *a -i vivaci* in lebhaften Farben; *essere di ~ rosso, blu* von roter, blauer Farbe sein; *verde è il ~ della speranza* Grün ist die Farbe der Hoffnung b *(vernice) mescolare i -i* Farben mischen c *(colorito) riprendere ~* wieder Farbe bekommen; *il suo viso perse improvvisamente tutto il suo ~* sein Gesicht verlor plötzlich alle Farbe; FIG. *cambiare ~* die Farbe wechseln d GIOC. *carte di uguale ~* Karten gleicher Farbe; *rispondere al ~* Farbe bedienen, bekennen; *fare ~* einen Flush, eine Farbflöte haben 2 *(tendenza)* Couleur *f.*, Gesinnung *f.*: *politici di diverso ~* Politiker verschiedener Couleur; *~ politico* politische Gesinnung 3 *(vivacità, espressività)* Farbigkeit *f.*: *una prosa ricca di ~* eine Prosa voller Farbigkeit; *dare ~ a un discorso* eine Rede farbig gestalten 4 *(atmosfera)* Kolorit *n.*: *il ~ di una città* das Kolorit einer Stadt 5 pl. *(colori nazionali)* Farben *pl.* 6 *(timbro di un suono)* Klangfarbe *f.*, Kolorit *n.* ◆ *a -i* in Farbe, bunt, Farb-, Bunt-; *-i acrilici* Acrylfarben *pl.*; *i -i dell'arcobaleno* die Regenbogenfarben; *campionario dei -i* Farbkarte *f.*; *cartolina a -i* farbige Ansichtskarte *f.*; *cassetta dei -i* Farbkasten *m.*; *combinarne di tutti i -i* → *farne di tutti i -i*; *~ complementare* Komplementärfarbe *f.*, Ergänzungsfarbe *f.*; *contrasto di ~* Farbkontrast *m.*; FOT. *determinazione del ~* Farbabstimmung *f.*; *di ~* farbig: *un americano di ~* ein farbiger Amerikaner; *uomo, donna di ~* Farbige *m.*, *f.*; COLLOQ. *dirne di tutti i -i a qcn.* jdm die Meinung geigen; *diventare di tutti i -i* rot werden; *farne di tutti i -i* es bunt treiben; *film a ~* Farbfilm *m.*; *~ fondamentale* Primärfarbe *f.*; *foto, fotografia a -i* Farbfoto *n.* (Farbaufnahme *f.*), Farbfotografie *f.*; *gamma di -i* Farbskala *f.*; *litografia a -i* Farblithographie *f.*; *~ locale* Lokalkolorit *n.*; *macchia di ~* Farbfleck *m.*, Farbklecks *m.*; *mancanza di ~* Farblosigkeit *f.*; *mano di ~* Anstrich *m.*; *prima mano di ~* Grundanstrich *m.*; *dare una mano di ~ a una parete* eine Wand streichen, an‿streichen; *portare i -i nazionali* die Nationalfarben vertreten; *~ a olio* Ölfarbe *f.*; *~ della pelle* Hautfarbe *f.*; *percezione dei -i* Farbensinn *m.*; *portare i -i di un paese* die Farben eines Landes vertreten; *privo di ~* farblos; *prova di ~* Farbenprobe *f.*; colloq. *questi -i fanno a pugni* diese Farben beißen sich; OTT. *punto di ~* Farbpunkt *m.*; *senso del ~* Farbensinn *m.*; *sfumatura di ~* Farbnuance *f.*; OTT. *solido dei -i* Farbkörper *m.*; *stampa a -i* Farbdruck *m.*, Buntdruck *m.*; *stampare qcs. a ~* etw. in Farbe (*o* farbig) drucken; *dello stesso ~* gleichfarbig; *televisione a ~* Farbfernsehen *n.*; *televisore a -i* Farbfernsehgerät *n.*, COLLOQ. Farbfernseher *m.*; *~ a tempera* Temperafarbe *f.*; *teoria dei -i* Farbenlehre *f.*; *tubetto di ~* Farbtube *f.*

co|lo|ri|fi|cio m. *(-ci)* 1 Farbenfabrik *f.* 2 *(negozio)* Farbengeschäft *n.*

co|lo|ri|me|tri|a f. Kolorimetrie *f.* **co|lo|ri|me|tri|co** agg. *(-ci,-che)* kolorimetrisch. **co|lo|ri|me|tro** m. Kolorimeter *n.*

co|lo|ri|re *(colorisco, colorisci)* I tr. 1 FIG. aus‿schmücken: *~ un racconto* eine Erzählung ausschmücken 2 PITT. MUS. kolorieren II pronom. **colorirsi** Farbe bekommen: *si colorì in volto* ihr Gesicht bekam Farbe.

co|lo|ri|smo m. Kolorismus *m.* **co|lo|ri|sta** m. e f. *(-i,-e)* Kolorist *m.* (-in *f.*). **co|lo|ri|sti|co** agg. *(-ci,-che)* Farb-, farblich, koloristisch: *effetto ~* Farbeffekt *m.*

co|lo|ri|to I agg. 1 *(di viso)* rosig 2 FIG. farbig: *una descrizione -a* eine farbige Schilderung; *espressione -a* farbiger Ausdruck II m. Farbe *f.*, Gesichtsfarbe *f.*: *avere un ~ sano, malsano* eine gesunde, ungesunde Gesichtsfarbe haben; *avere un bel ~* eine gute Farbe haben; *perdere il ~* die Farbe verlieren; *riacquistare un bel ~* wieder Farbe bekommen.

co|lo|ri|tu|ra f. 1 Färbung *f.* 2 *(tendenza)* Couleur *f.*, Gesinnung *f.* 3 MUS. Koloratur *f.*

co|lo|ro pron.dimostr.pl. diejenigen, COLLOQ. die: *~ che (i quali) desiderano dire qualcosa, sono pregati di chiedere la parola* diejenigen, die etwas zu sagen wünschen, mögen sich bitte zu Wort melden; *ho bisogno dell'aiuto di ~ che (i quali) hanno già esperienza* ich brauche die Hilfe derjenigen, die schon Erfahrung haben; *grazie a ~ che (i quali) hanno accolto l'invito* Dank denen (*o* denjenigen), die der Einladung nachgekommen sind.

co|lo|sco|pio m. *(-pi)* Koloskop *n.*

co|los|sal m.inv. Kolossalfilm *m.*

co|los|sa|le agg. 1 kolossal, riesig, Riesen- (anche FIG.): *una statua, cupola ~* eine kolossale Statue, riesige Kuppel; *un errore ~* ein kolossaler Irrtum, Fehler; *successo ~* Riesenerfolg *m.* 2 *(grossolano)* grob: *una svista ~* ein grobes Versehen.

Co|los|se|o m. Kolosseum *n.*

co|los|so m. 1 Koloss *m.*: *il ~ di Rodi* der Koloss von Rhodos; FIG. *è proprio un ~* er ist ein richtiger Koloss 2 FIG. Riese *m.*, Größe *f.*: *un ~ della letteratura* eine Größe der Literatur; *questo gruppo industriale è un ~ del mercato mondiale* dieser Konzern ist ein Riese auf dem Weltmarkt; *un ~ di vetro e cemento* ein Riese aus Glas und Beton ◆ COLLOQ. *(grande impresa industriale) unione di due -i* Elefantenhochzeit *f.*

co|lo|stro m. Kolostralmilch *f.*, Kolostrum *n.*, Vormilch *f.*

col|pa f. Schuld *f.* (anche PSIC. DIR.): *riconoscere, ammettere, confessare, negare, scontare la propria ~* seine Schuld ein‿sehen, zu‿geben, gestehen (*o* ein‿gestehen), leugnen (*o* ab‿streiten), sühnen (*o* büßen); *una ~ grave, lieve* eine schwere, leichte Schuld; *avere la ~ di qcs.* die Schuld an etw. (D) haben, tragen; *dare a qcn. la ~ di qcs.* jdm schuld an etw. (D), die Schuld für etw. geben; *attribuire a qcn. la ~ di qcs.* jdm die Schuld an etw. (D) zu‿schreiben; *la ~ è di qcn., ricade su qcn.* die Schuld liegt bei jdm (*o* trifft jdn), fällt auf jdn; *macchiarsi di una ~* sich (D) etwas zuschulden kommen lassen; *scagionarsi da una ~* sich von einer Schuld rein waschen; *di chi è la ~?* wer ist schuld? *è ~ mia* das ist meine Schuld, ich bin schuld (daran); *prendersi, assumersi la ~* die Schuld auf sich (A) nehmen; *addossare la ~ a qcn.* jdm eine Schuld auf‿bürden; *scaricare la ~ su qcn.* die Schuld auf jdn ab‿wälzen, schieben; *non sentirsi in ~* sich keiner Schuld bewusst sein; *sentirsi in ~* sich schuldig fühlen; *essere in ~* schuld sein ◆ *ammissione di ~* Schuldbekenntnis *n.*; *attribuzione di ~* Schuldzuweisung *f.*; *complesso di ~* Schuldkomplex *m.*; *consapevole della propria ~* schuldbewusst; *oppresso da una ~* schuldbeladen; *per ~ di qcn., qcs.* wegen jds, etw. (G) Schuld; *per ~ mia, tua* meinetwegen, deinetwegen; durch mein, dein eigenes Verschulden; *presunzione di ~* Schuldvermutung *f.*; *privo di -e* schuldfrei; *senso di ~* Schuldgefühl *n.*; *far venire sensi di ~ a qcn.* bei jdm Schuldgefühle erwecken; *essere tormentato, perseguitato dai sensi di ~* von Schuldgefühlen geplagt, verfolgt werden; *senza ~* schuldlos.

col|pac|cio m. *(-ci)* Treffer *m.*, Volltreffer *m.*

col|pe|vo|le I agg. 1 schuldig, schuld: *~ di furto, di omicidio, di tradimento* des Diebstahls, Totschlags, Verrats schuldig; *essere ~ di qcs.* schuld an etw. (D) sein; *dichiarare qcn. ~* jdn für schuldig erklären; *rendersi ~ di qcs.* sich (D) etw. (G) schuldig machen, sich (D) etw. (A) zuschulden kommen lassen; *rendersi ~ nei confronti di qcn.* an jdm schuldig werden; *dichiararsi, professarsi ~* sich schuldig bekennen; *sentirsi (in qualche modo) ~* sich (irgendwie) schuldig fühlen 2 schuldhaft: *azione -e* schuldhafte Handlung II m. e f. Schuldige *m.* e *f.*, Täter *m.* (-in *f.*): *individuare il ~* den Täter ermitteln.

col|pe|vo|lez|za f. Schuld *f.*: *provare la ~ di qcn.* jds Schuld beweisen; *ci sono nuovi indizi della sua ~* es gibt neue Indizien für seine Schuld ◆ *dimostrazione di ~* Schuldnachweis *m.*; *prova di ~* Schuldbeweis *m.*; *verdetto di ~* Schuldspruch *m.*

col|pe|vo|li|sta m. e f. *(-i,-e)* Überzeugte *m.* e *f.* von der Schuld eines Angeklagten. **col|pe|vo|liz|za|re** tr. 1 *(accusare) ~ qcn. di qcs.* jdm Schuld an etw. (D) geben 2 *(far sentire colpevole) ~ qcn. per qcs.* bei jdm für etw. Schuldgefühle (er)wecken. **col|pe|vol|men|te** avv. schuldhaft.

col|pi|re *(colpisco, colpisci)* I tr. 1 schlagen: *~ qcn. con un bastone* jdn mit einem Stock schlagen 2a *(centrare)* treffen (anche assol.): *~ il bersaglio, una lepre* das Ziel, einen Hasen treffen; *~ giusto, con precisione* gut, genau treffen b *(ferire)* treffen, verletzen (anche FIG.): *~ a morte qcn.* jdn tödlich treffen; *~ qcn. alla testa, alle spalle* jdn am Kopf, in den Rücken treffen; *~ qcn. con un colpo di pistola* jdn mit einem Pistolenschuss treffen; *~ qcn. nell'orgoglio* jdn in seinem Stolz treffen c *(danneggiare)* treffen, schaden: **~ gli interessi di qcn.** jds Interessen schaden **d** *(impressionare)* treffen, berühren: **la sua morte mi ha colpito profondamente** sein Tod hat mich tief getroffen **3** *(affliggere)* befallen, heim‿suchen: **la siccità colpì il paese** die Dürre suchte das Land heim; **l'influenza colpisce soprattutto i bambini** die Grippe befällt hauptsächlich Kinder **4** *(fare colpo)* auf‿fallen, wirken: **~ qcn. con la propria bellezza** jdm mit seiner Schönheit auffallen, auf jdn mit seiner Schönheit wirken **5** *(punire)* bestrafen: **~ gli evasori fiscali** die Steuerhinterzieher bestrafen **II** intr. (aus. *avere*) zu‿schlagen, zu‿hauen: **la mafia ha colpito ancora** die Mafia hat wieder zugeschlagen ◆ **~ basso** SPORT tief schlagen; FIG. unter die Gürtellinie schlagen; FIG. **~ al cuore** einen Stich ins Herz geben; **~ in pieno (con arma da fuoco)** voll treffen; SPORT **~ di rimessa** kontern; FIG. **~ nel segno** ins Schwarze treffen; **~ di striscio** streifen; SPORT **~ di testa** köpfen; FIG. **~ qcn. nel vivo** jdn empfindlich (*o* an seiner schwachen Stelle) treffen.

col|pi|te f. Scheidenentzündung *f.*, Kolpitis *f.*

col|po m. **1a** Schlag *m.*, Hieb *m.*; *(di oggetto appuntito)* Stich *m.*: **un ~ alla testa, al petto** ein Schlag auf den Kopf, vor die Brust; **~ di bastone, di spada, di coltello** Stockschlag *m.*, Schwerthieb *m.* (*o* Schwertstreich *m.*), Messerstich *m.*; **assestare, sferrare, vibrare un ~ a qcn.** jdm einen Stoß versetzen; **schivare, parare un ~** einem Schlag aus‿weichen, einen Schlag ab‿wehren (*o* parieren) **b** *(urto)* Stoß *m.*, Schlag *m.*: **un ~ violento, mortale** ein heftiger, tödlicher Schlag **c** FIG. *(dispiacere)* Schlag *m.*: **essere un duro ~** ein harter Schlag sein; **riprendersi da un brutto ~** sich von einem schweren Schlag erholen **d** COLLOQ. *(apoplettico)* Schlag *m.* (anche FIG.): **avere, superare un ~** einen Schlag bekommen (*o* haben), überstehen; **a qcn. è preso, venuto un ~** jd ist vom Schlag getroffen worden; FIG. jd ist wie vom Schlag getroffen (*o* gerührt) **2** *(sparo)* Schuss *m.*: **~ di pistola, di fucile** Pistolen-, Gewehrschuss *m.*; **sparare, tirare tre -i in aria** drei Schuss (*o* Schüsse) in die Luft feuern (*o* schießen), ab‿geben; **far partire un ~** einen Schuss fallen (*o* los‿gehen) lassen, ab‿feuern; **avere un ~ in canna** einen Schuss im Magazin haben; FIG. eine Karte in der Hinterhand haben; **sentire, udire un ~** einen Schlag hören **3** *(su un pedale)* Tritt *m.*: **un ~ di acceleratore, di freno** ein Tritt auf das Gaspedal, auf die Bremse **4** *(rapina)* Coup *m.*: **un ~ in banca, alla posta** ein Bankcoup, ein Postcoup; **organizzare, attuare, sventare un ~** einen Coup planen, starten (*o* landen), vereiteln ◆ MED. **~ apoplettico** Schlaganfall *m.*, Gehirnschlag *m.*, Apoplexie *f.*; **prendere un ~ d'aria** Zugluft *f.* ab‿bekommen; **~ basso** SPORT Tiefschlag *m.*; FIG. ein Schlag unter die Gürtellinie; **~ di calore** Hitzschlag *m.*; FIG. **~ di coda** = letztes Aufbäumen *n.*; **(tutto) di (un) ~** mit einem Schlag; **senza esclusione di -i** = mit allen Mitteln; COLLOQ. **fare ~ su qcn.** auf jdn Eindruck machen; *(di eventi, notizie)* **fare ~** ein‿schlagen; **senza ~ ferire** ohne Blutvergießen *f.*; **~ di fortuna** Glücksfall *m.*; **prendere un ~ di freddo allo stomaco** sich (D) den Magen erkälten; FIG. **~ di fulmine** Liebe *f.* auf den ersten Blick; **~ giornalistico** Scoop *m.*; **~ di grazia** Gnadenschuss *m.*, Gnadenstoß *m.*; FIG. Todesstoß *m.*; **(tutto) in un ~, in un ~ solo** auf einen Schlag; **~ da maestro** Meisterstück *n.*; MIL. **~ di mano** Handstreich *m.*; **~ di mare** Seebär *m.*; **~ d'occhio** Blick *m.*; **a ~ d'occhio** auf den ersten Blick; **~ di pedale** Pedaldrehung *f.* (*o* Tritt *m.* auf das Pedal); **~ di pennello** Pinselstrich *m.*; **perdere -i** *(di motore)* aus‿setzen; FIG. nach‿lassen; FIG. **a qcn. prende un ~** jdn trifft (*o* rührt) der Schlag; **al primo ~** auf (den ersten) Anhieb; **~ di remo** Ruderschlag *m.*; **~ a salve** blinder Schuss; **~ di scena** Knalleffekt *m.*; **andare a ~ sicuro** ganz sicher gehen; **~ di sole** Sonnenstich *m.*; COSMET. **-i di sole** helle Strähnchen; **avere un ~ di sonno** jdm fallen die Augen zu; FIG. **dare un ~ di spugna a qcs.** einen Strich unter die Sache ziehen; **~ di stato** Staatsstreich *m.*; *(militare)* Militärputsch *m.*; COLLOQ. **~ della strega** Hexenschuss *m.*; FIG. **ribattere ~ su ~** Schlag auf Schlag antworten; **sul ~** auf der Stelle; SPORT **~ di tacco** Hackentrick *m.*; **~ di telefono** Anruf *m.*; **dare un ~ di telefono a qcn.** jdn kurz an‿rufen; **tentare il ~** es versuchen; **~ di testa** SPORT Kopfball *m.*; FIG. Kurzschlusshandlung *f.*; **~ di tosse** Hustenanfall *m.*; **(che) ti venga, ti venisse un ~!** der Schlag soll dich treffen! **~ di vento** Windstoß *m.*; FIG. **a qcn. viene un ~ → a qcn. prende un ~.**

col|pop|to|si f. Scheidenvorfall *m.* **col|po|sco|pi|a** f. Kolposkopie *f.*

col|po|so agg. fahrlässig: **omicidio ~** fahrlässige Tötung.

col|tel|lac|cio m. *(-ci)* Schlachtermesser *n.* **col|tel|la|me** m. Messersatz *m.* **col|tel|la|ta** f. **1** Messerstich *m.*, Stich *m.*: **tirare, dare una ~ a qcn.** jdm einen Messerstich versetzen **2** FIG. Schlag *m.*: **questa notizia è una vera ~ per me** diese Nachricht ist ein richtiger Schlag für mich ◆ **finire a -e** in eine Messerstecherei aus‿arten; FIG. **~ alla, nella schiena** Dolchstoß *m.* **col|tel|le|ri|a** f. **1 → coltellame 2** *(fabbrica)* Messerfabrik *f.* **3** *(negozio)* Messerhandlung *f.* **col|tel|lie|ra** f. Messerkasten *m.*; *(astuccio)* Messerfutteral *n.* **col|tel|li|na|io** m. *(-ai)* **1** *(fabbricante)* Messerschmied *m.* **2** *(commerciante)* Messerhändler *m.*

col|tel|lo m. **1** Messer *n.*: **un ~ affilato, non affilato, appuntito** ein scharfes, stumpfes, spitzes Messer; **affilare un ~** ein Messer schärfen, schleifen, wetzen; **questo ~ taglia bene** dieses Messer schneidet gut; **tagliare qcs. con il ~** etw. mit dem Messer (zer)schneiden, ab‿schneiden (anche FIG.); **piantare un ~ nella schiena a qcn.** jdm ein Messer in den Rücken stoßen; **puntare a qcn. il ~ alla gola** jdm das Messer an die Kehle setzen (anche FIG.) **2** TECN. Schneide *f.*: **~ della bilancia** Waageschneide *f.* ◆ **a ~** hochkant; **~ anatomico** Seziermesser *n.*; **~ dell'aratro** Sech *n.*, Pflugmesser *n.*; **~ da caccia** Jagdmesser *n.*, Weidmesser *n.*; **~ da caccia a doppio taglio** Hirschfänger *m.*; **~ chirurgico** Skalpell *n.*; **~ da cucina** Küchenmesser *n.*; **di ~ → a ~**; **lanciatore di ~** Messerwerfer *m.*; FIG. **lotta a(l) ~** Kampf bis aufs Messer; **~ da macellaio** Fleischermesser *n.*; FIG. **avere il ~ dalla parte del manico** das Heft in der Hand haben (*o* behalten), am längeren Hebel sitzen; **~ multiuso** (Schweizer) Taschenmesser *n.*; **~ da pane** Brotmesser *n.*; FIG. **rigirare il ~ nella piaga** Salz auf (*o* in) die Wunde streuen; **~ a scatto** Schnappmesser *n.*; **~ a serramanico** Klappmesser *n.*, Schnappmesser *n.*

col|ti|va|bi|le agg. anbaufähig, Anbau-: **superficie ~** Anbaufläche *f.* ◆ **rendere ~** urbar machen; **terreno ~** Ackerboden *m.*

col|ti|va|re I tr. **1** bebauen, bestellen: **~ un campo (a pomodori)** ein Feld (mit Tomaten) bebauen; **~ la terra** den Boden bestellen **2** *(prodotti agricoli)* an‿bauen, an‿pflanzen: **~ grano, patate** Weizen, Kartoffeln anbauen **3** *(produrre artificialmente)* züchten: **~ funghi, perle, piante** Pilze, Perlen, Pflanzen züchten **4** MIN. *(giacimento)* ab‿bauen **5** FIG. *(praticare)* treiben, pflegen: **~ le arti e le scienze** die Künste und Wissenschaften pflegen **6** *(sviluppare)* pflegen, kultivieren: **~ un'amicizia** eine Freundschaft pflegen **II** pronom. **coltivarsi** COLLOQ. sich bilden, kultivieren.

col|ti|va|to I p.pass. agg. **1 → coltivare 2** bebaut, bestellt: **un terreno ~ a patate** ein mit Kartoffeln bebauter Acker **3** *(prodotto artificialmente)* gezüchtet, Zucht-: **perla -a** Zuchtperle *f.* **II** m. Ackerland *n.* **col|ti|va|to|re** m. **1** Bauer *m.*, Landwirt *m.* **2** *(produttore)* Züchter *m.*: **~ di rose** Rosenzüchter *m.* ◆ **~ diretto** Direkterzeuger *m.*

col|ti|va|zio|ne f. **1** Bebauung *f.*, Bestellung *f.*, Bewirtschaftung *f.*: **~ di un campo** Feldbestellung *f.* **2** *(di prodotti agricoli)* Anbau *m.*: **~ del, di tabacco** Tabakbau *m.* **3** *(produzione artificiale)* Zucht *f.*, Züchtung *f.*: **~ delle rose** Rosenzucht *f.* ◆ AGR. **~ estensiva** extensive Bewirtschaftung *f.*; MIN. **~ a giorno** Tagebau *m.*; AGR. **~ intensiva** Intensivanbau *m.*; MIN. **~ in sotterraneo** Tiefbau *m.*

col|ti|vo I agg. **1** *(coltivato)* bebaut, bestellt **2** *(coltivabile)* Anbau-, anbaufähig **II** m. Ackerland *n.*

1.col|to agg. **1** gebildet: **una persona -a** ein gebildeter Mensch **2** *(forbito)* gehoben: **lingua -a** gehobene Sprache ◆ **molto ~** hochgebildet.

2.col|to → cogliere.

col|tra|re tr. pflügen, ackern. **col|tra|tu|ra** f. **1** Pflügen *n.*, Ackern *n.* **2** *(periodo)* Pflügezeit *f.*

col|tre f. **1** Bettdecke *f.*, Decke *f.*: **stare sotto le -i** unter der Decke bleiben **2** FIG. Decke *f.*: **una spessa ~ di neve, di nuvole** eine dichte Schnee-, Wolkendecke **3** *(drappo funebre)* Leichentuch *n.*, Bahrtuch *n.*

col|tro m. **1** Sech *n.*, Kolter *n.*, Pflugmesser *n.* **2** ESTENS. Pflug *m.*

col|tro|ne m. Steppdecke *f.*; REGION. Kolter *m.* e *f.*

col|tu|ra f. **1** Anbau *m.*, Kultur *f.*: **mettere un terreno a ~** ein Stück Land in Kultur nehmen **2** *(allevamento)* Zucht *f.*: **la ~ dei bachi da seta** Seidenraupenzucht *f.* **3** BIOL. Kultur *f.*: **allevare una ~** eine Kultur an‿legen; **~ batterica, batteriologica** Bakterienkultur *f.*, bakteriologische Kultur ◆ **~ a filari** Reihenkultur *f.*; **rotazione di, delle -e** Fruchtwechselwirtschaft *f.*; **~ della vite** Weinbau *m.*; BIOL. **~ in vitro** Kultur unter Glas. **col|tu|ra|le** agg. Kultur-: **terreno ~** Kulturboden *m.* ◆ **ciclo ~** Umtrieb *m.*

co|lu|bri|di pl. Nattern *pl.*

co|lu|bri|na f. MIL. Feldschlange *f.*

co|lu|bro m. Natter *f.*: **~ d'Esculapio** Äskulapnatter *f.*; **~ liscio** Schlingnatter *f.*

co|lui pron.dimostr. m. derjenige, COLLOQ. der: **~ che lo desidera può andare** derjenige, der will, darf gehen; **conosci ~ che ti sostituirà?** kennst du den (*o* denjenigen), der dich vertreten wird? **fidati di ~ che ti è amico** vertraue demjenigen, der dein Freund ist.

co|lu|mel|la f. Kolumella *f.*

co|lum|nist ['kɒləmnɪst, *üblich* 'kɔlumnist] m. e f. inv. Kolumnist *m.* (-in *f.*).

co|lu|ro m. Kolure *f.*: ~ ***equinoziale, solstiziale*** Äquinoktial-Kolure *f.*, Solstizial-Kolure *f.*

col|za f. Raps *m.* ◆ ***campo di*** ~ Rapsfeld *n.*; ***olio di*** ~ Rapsöl *n.*

co|ma f. Koma *n.*: ~ ***profondo, reversibile, irreversibile*** schweres (*o* tiefes), reversibles, irreversibles Koma; ***uscire dal, entrare in*** ~ aus dem Koma erwachen, ins Koma fallen; ***essere in*** ~ im Koma liegen; FIG. SCHERZ. todmüde sein.

co|man|che [ko'mantʃe] m.inv. Komantsche *m.*

co|man|da|men|to m. Gebot *n.*: ***i dieci -i*** die Zehn Gebote.

co|man|dan|te m. **1** MIL. *(di fortezza, caserma)* Kommandant *m.*; *(di un grosso reparto)* Kommandeur *m.*, Befehlshaber *m.* **2** MAR. AER. Kommandant *m.* **3** *(capo)* Führer *m.* ◆ ~ ***in capo*** Oberbefehlshaber *m.*; ~ ***di plotone*** Zugführer *m.*; ~ ***in seconda*** erster Offizier.

co|man|da|re I tr. **1** befehlen: ~ ***qcs. a qcn.*** jdm etw. befehlen; ~ ***a qcn. di fare qcs.*** jdm befehlen, etw. zu tun **2** *(esercitare il comando)* kommandieren, befehligen, führen: ~ ***le truppe, una flotta*** Truppen, eine Flotte kommandieren **3** ESTENS. *(imporre)* gebieten: ***la situazione ci comanda prudenza, di tacere*** die Lage gebietet uns Vorsicht, zu schweigen **4** MECC. *(azionare)* steuern, EL. schalten; *(apparecchi)* bedienen: ~ ***un impianto*** eine Anlage steuern **5** BUROCR. *(destinare)* beordern; MIL. abkommandieren **II** intr. (aus. *avere*) befehlen, kommandieren: ***gli piace*** ~ er kommandiert gern ◆ ANT. ***il signore comanda?*** der Herr befehlen? ***comandi!*** bitte! MIL. zu Befehl! ~ ***qcn. a bacchetta*** jdn herum‿kommandieren, jdn nach seiner Pfeife tanzen lassen; ANT. ***come comanda*** wie Sie befehlen; ***come Dio comanda*** wie es sich gehört; ~ ***a distanza*** fern‿steuern; *(apparecchi)* fern‿bedienen. **co|man|da|to** p.pass. agg. **1** → **comandare 2** RELIG. geboten: ***feste -e*** allgemeine, gebotene Feiertage **3** BUROCR. beordert, abgeordnet; MIL. abkommandiert: ***un soldato ~ al fronte*** ein an die Front abkommandierter Soldat ◆ ~ ***a distanza*** ferngesteuert; fernbedient.

co|man|do m. **1** Befehl *m.*, Kommando *n.*: ***dare, eseguire un*** ~ einen Befehl geben, befolgen; ***obbedire a un*** ~ einem Befehl gehorchen; *(autorità, potere)* ***esercitare il*** ~ das Kommando führen; ***essere al ~ dell'esercito*** das Heer befehligen; ***essere ai -i di qcn.*** unter jds Befehl stehen; ***prendere (assumere), avere il ~ di qcs.*** das Kommando über etw. übernehmen, haben; ***avere il ~ su qcn., qcs.*** den Befehl über jdn, etw. haben, über jdn, etw. befehlen; ***affidare a qcn. il ~ di qcs.*** jdm das Kommando von etw. übertragen **2a** MIL. *(comandante e collaboratori)* Kommando *n.*: ~ ***militare*** Militärkommando *n.*; ***decisione del*** ~ Entscheidung des Kommandos **b** ESTENS. *(sede)* Kommandantur *f.*: ***al*** ~ auf, in der Kommandantur **3a** TECN. *(azionamento)* Steuerung *f.*; *(di apparecchi)* Bedienung *f.*: ~ ***automatico*** vollautomatische Steuerung **b** pl. *(organi di comando)* Bedienung *f.* **4** INFORM. Befehl *m.*: ***dare un*** ~ einen Befehl geben **5** SPORT Führung *f.*: ~ ***della classifica*** Tabellenführung *f.*; ***essere al*** ~ in Führung liegen **6** BUROCR. Beorderung *f.* ◆ ***bastone del*** ~ Befehlsgewalt *f.*, Kommandostab *m.*; ***centrale di*** ~ Kontrollzentrum *n.*; ~ ***a distanza*** Fernbedienung *f.*, Fernsteuerung *f.*; ***doppi -i*** Doppelsteuerung *f.*; ***leva di*** ~ Bedienungshebel *m.*, Schalthebel *m.*; ~ ***manuale*** Handantrieb *m.*, Handsteuerung *f.*; ***pannello dei -i*** Armaturenbrett *n.*, Schaltbrett *n.*; ***posizione di*** ~ Schaltstelle *f.*; ***avere una posizione di*** ~ in führender (*o* leitender) Position sein; ***posto di*** ~ Kommandostand *m.*, Kommandostelle *f.*; ***quadro -i*** Steuerpult *n.*, Steuertafel *f.*; EL. Schaltpult *n.*; ~ ***remoto*** → ~ ***a distanza***; ***su*** ~ auf Befehl (*o* Kommando); ~ ***supremo*** Oberbefehl *m.*, Oberkommando *n.*; ***tono di*** ~ Befehlston *m.*

co|ma|re f. **1** REGION. *(madrina)* Patin *f.*, Pate *f.*, Patentante *f.* **2** COLLOQ. *(vicina di casa)* = Nachbarin *f.*, Bekannte *f.* **3** *(donna pettegola)* Klatschbase *f.* ◆ ***le allegre -i di Windsor*** die lustigen Weiber von Windsor; ***Comare Cicogna*** Meister Adebar.

co|ma|sco I agg. *(-schi,-sche)* aus Como **II** m. *(-schi)* Einwohner *m.* von Como.

co|ma|to|so agg. komatös: ***stato*** ~ komatöser Zustand.

com|ba|cia|re intr. *(combacio, combaci;* aus. *avere)* **1** (genau) ineinander passen **2** FIG. *(coincidere)* miteinander überein‿stimmen.

com|bat|ten|te I agg. Kampf-, kämpfend: ***unità, truppa*** ~ Kampfeinheit *f.*, Kampftruppe *f.* **II** m. e f. **1** Kämpfer *m.* (-in *f.*): ***un valoroso*** ~ ein tapferer Kämpfer; SPORT ***il suo avversario è un*** ~ sein Gegenspieler ist ein Kämpfer **2** ESTENS. Kämpfer *m.* (-in *f.*), Streiter *m.* (-in *f.*): ***un ~ per, contro qcs.*** ein Kämpfer für, gegen etw. **III** m. ZOOL. Kampfläufer *m.* ◆ ~ ***in prima linea*** Frontkämpfer *m.*

com|bat|ten|ti|smo m. = nationalistische Bewegung *f.* der ehemaligen Frontkämpfer (des 1.Weltkriegs in Italiens). **com|bat|ten|ti|sti|co** agg. *(-ci,-che)* kampf-. kämpferisch ◆ ***associazione -a*** Bund ehemaliger Frontkämpfer.

com|bat|te|re I intr. (aus. *avere*) **1** *(in guerra)* kämpfen: ~ ***con (contro) qcn.*** mit jdm (*o* gegen jdn) kämpfen; ~ ***in prima linea*** an vorderster Front kämpfen; SPORT ~ ***per la vittoria*** um den Sieg kämpfen **2** ESTENS. kämpfen, streiten: ~ ***per, contro qcs.*** für, gegen etw. kämpfen **II** tr. **1** kämpfen, bekämpfen (anche ESTENS.): ~ ***una battaglia*** eine Schlacht kämpfen; ~ ***il nemico*** den Feind bekämpfen; ~ ***i pregiudizi, l'ingiustizia, una malattia*** die Vorurteile, das Unrecht, eine Krankheit bekämpfen **2** *(contrastare)* an‿kämpfen: ~ ***il sonno, l'inflazione*** gegen den Schlaf, die Inflation ankämpfen **III** pronom. **combattersi** gegeneinander kämpfen, sich bekämpfen ◆ FIG. ~ ***contro i mulini a vento*** gegen den (*o* mit) Windmühlen, gegen Windmühlenflügel (*o* mit Windmühlenflügeln) kämpfen; ~ ***ad armi pari*** mit gleichen Mitteln kämpfen; ~ ***una battaglia persa*** auf verlorenem Posten kämpfen; ***senza*** ~ kampflos.

com|bat|ti|men|to m. **1** Kampf *m.*, Gefecht *n.*: ***violenti -i*** heftige Kämpfe; ***battere, vincere qcn. in*** ~ jdn im Kampf besiegen; ***morire in*** ~ im Kampf sterben **2** SPORT *(pugilato, lotta)* Kampf *m.*, Ringkampf *m.*; *(scherma)* Gefecht *n.* ◆ ~ ***aereo*** Luftgefecht *n.*, Luftkampf *m.*; ***mettere qcn. fuori*** ~ jdn außer Gefecht setzen; ***gallo da*** ~ Kampfhahn *m.*; ***ai posti di ~!*** klar zum Gefecht! ***sport di*** ~ Kampfsport *m.*; ***zona di*** ~ Kampfgebiet *n.* **com|bat|ti|vi|tà** f. Kampfgeist *m.*, Kampflust *f.* **com|bat|ti|vo** agg. kämpferisch, kampflustig; SPORT kampfbetont.

com|bat|tu|to p.pass. agg. **1** → **combattere 2** SPORT umkämpft: ***un match molto*** ~ ein heiß umkämpftes Match **3** FIG. *(incerto)* unschlüssig; ***essere ~ fra due alternative*** zwischen zwei Alternativen hin und her gerissen sein **4** *(travagliato)* gequält: ***essere ~ da qcs.*** von etw. gequält sein.

com|bi|na|bi|le agg. **1** kombinierbar, zusammenstellbar **2** CHIM. verbindend.

com|bi|na|re I tr. **1** zusammen‿stellen; *(armonizzare)* kombinieren: ~ ***colori, abiti*** Farben, Kleidungsstücke (miteinander) kombinieren **2** ESTENS. *(mettere d'accordo)* vereinen, vereinigen: ~ ***la bellezza con la funzionalità*** Schönheit mit Funktionalität vereinen **3** *(fissare)* vereinbaren: ***ti ho combinato un incontro con il direttore*** ich habe für dich einen Termin beim Direktor vereinbart **4** *(concludere)* ab‿schließen; *(concertare)* ab‿karten **5** COLLOQ. *(fare)* an‿richten, an‿stellen: ***che cosa, che guaio hai combinato!*** was hast du da angestellt! ***ne ha combinata una (grossa)*** sie hat was (Schönes) angestellt **6** CHIM. verbinden **II** pronom. **combinarsi 1** zusammen‿passen; sich kombinieren **2** *(congiungersi)* sich zusammen‿fügen **3** CHIM. sich verbinden ◆ ***combinarne di tutti i colori*** es bunt treiben; ~ ***un matrimonio*** eine Ehe vermitteln, stiften; ***non ~ nulla*** nichts zustande bringen; COLLOQ. ***combiniamo per domani!*** machen wir was für Morgen aus!

com|bi|na|ta f. Kombination *f.*: ~ ***nordica*** nordische Kombination.

com|bi|na|to p.pass. agg. **1** → **combinare 2** abgekartet: ***una partita -a*** ein abgekartetes Spiel; ***l'affare è*** ~ die Sache ist abgekartet **3** CHIM. gebunden; ***non*** ~ in freiem Zustand ◆ SPORT ***azione -a*** Kombination *f.*; ***matrimonio*** ~ (von Dritten) gestiftete Heirat; ***come sei ~?*** wie siehst du denn aus? **com|bi|na|to|re** agg. ***disco*** ~ Nummernscheibe *f.*, Wählscheibe *f.* **com|bi|na|to|rio** agg. *(-ri,-rie)* kombinatorisch ◆ ***calcolo*** ~ Kombinatorik *f.*

com|bi|na|zio|ne f. **1** Kombination *f.*, Zusammenstellung *f.*: ***una ~ di parole, di numeri*** eine Kombination von Wörtern, Zahlen; ***una bella ~ di colori*** eine schöne Farbzusammenstellung; ***la ~ della cassaforte*** die Zahlenkombination des Tresors **2** *(caso, coincidenza)* Zufall *m.*; ***per*** ~ zufällig **3** CHIM. Verbindung *f.*: ~ ***chimica*** chemische Verbindung **4** SART. Wäschegarnitur *f.*, Kombination *f.* **5** *(tuta)* Kombination *f.* ◆ ***serratura con*** ~ Kombinationsschloss *m.*

com|bi|ne [kɔ̃'bin] f.inv. SPORT = verbotene Abmachung *f.* (über den Ausgang eines Rennens, Kampfes).

com|bric|co|la f. Bande *f.*, Clique *f.* (anche SCHERZ.).

com|bu|ren|te I agg. verbrennungsfördernd **II** m. Verbrennungsmittel *n.*

com|bu|sti|bi|le I m. Brennstoff *m.* **II** agg. kombustibel, (ver)brennbar, Brenn-, Heiz-: ***materiale*** ~ Brennmaterial *n.*, Heizmaterial *n.*, Heizstoff *m.*; ***gas, olio*** ~ Brenngas *n.* (*o* Heizgas *n.*), Brennöl *n.* (*o* Heizöl *n.*) ◆ ~ ***nucleare*** Kernbrennstoff *m.*, Brennstoff *m.*; ***rifornire di*** ~ tanken; ~ ***solido*** Festbrennstoff *m.* **com|bu|sti|bi|li|tà** f. Brennbarkeit *f.*, Verbrennbarkeit *f.*

com|bu|stio|ne f. Verbrennung *f.* ◆ ***camera di*** ~ Brennkammer *f.*; ~ ***a gas*** Gasfeuerung *f.*; ~ ***lenta*** Schwelbrand *m.*; ***motore a ~ interna*** Verbrennungsmotor *m.*; ~ ***a nafta*** Ölfeuerung *f.*; ~ ***nucleare*** Abbrand *m.*; ***residuo di*** ~ Verbrennungsrückstand *m.*

com|bu|sto agg. verbrannt ◆ ***gas*** ~ Rauchgas *n.* **com|bu|sto|re** m. Brennkammer *f.*

com|but|ta f. ***essere in ~ con qcn.*** mit jdm unter einer Decke stecken; ***mettersi in ~, fare ~ con qcn.*** mit jdm einen Klüngel bilden, sich mit jdm zusammen‿tun.

co|me I avv. **1a** *(interrogativo)* wie: ***~ ti chiami?*** wie heißt du? ***~ stai?*** wie geht es dir? ***com'è il tempo?*** wie ist das Wetter? **b** *(nelle interrogative indirette)* ***non so ~ dirtelo*** ich weiß nicht, wie ich es dir sagen soll; ***mi domando ~ abbia fatto*** ich frage mich, wie er das gemacht hat **2** *(in frasi esclamative)* wie: ***com'è bello!*** wie schön! ***~ mi dispiace!*** wie leid mir das tut! ***~ vorrei che tu fossi qui!*** wie sehr ich mir wünschte, du wärest hier! **3a** *(relativo: nel modo in cui)* wie: ***faccio ~ vuoi*** ich mache es, wie du willst; ***scrive ~ ha imparato*** er schreibt, wie er es gelernt hat **b** *(in quale modo)* ***ci spiegò ~ funziona*** er erklärte uns, wie es funktioniert **c** *(con preposizioni)* ***stando a ~ qcs. si è svolto...*** so, wie sich etw. abgespielt hat...; ***da ~ ti comporti...*** so, wie du dich benimmst... **4** *(in qualità di)* als: ***noto ~ attore*** als Schauspieler bekannt; ***~ amico, ti consiglio...*** als Freund rate ich dir... **5a** *(comparativo)* wie: ***~ me, te, lui*** wie ich, du, er; ***muto ~ un pesce*** stumm wie ein Fisch; ***piangere ~ un bambino*** wie ein Kind weinen; ***è andata (proprio) ~ avevo immaginato*** es ist (genau) so gekommen, wie ich es mir vorgestellt habe **b** *(nel comparativo di uguaglianza)* so... wie: ***è alto ~ te*** er ist so groß wie du; ***la mia auto è veloce ~ la tua*** mein Auto ist so schnell wie dein(e)s **c** *(quale)* wie: ***un uomo ~ lui*** ein Mann, wie er; ***ricco com'è*** reich wie er ist; ***un paese ~ l'Italia*** ein Land wie Italien; ***in un posto ~ questo*** an einem Ort wie diesem; ***alcuni animali, ~ i cani...*** einige Tiere, wie die Hunde... **d** MAT. *(nelle proporzioni)* wie: ***x sta a 2 ~...*** x verhält sich zu zwei wie... **6** *(con il predicativo dell'oggetto)* als: ***prendere qcs. ~ un'offesa*** etw. als Beleidigung empfinden **7** *(per così dire)* wie: ***essere ~ paralizzato per lo spavento*** vor Schreck wie gelähmt sein **II** cong. **1** *(temporale: non appena)* wie, als, sobald: ***~ entrai in casa, vidi il ladro*** wie ich ins Haus kam, sah ich den Dieb; ***~ lo seppe mi telefonò*** wie (*o* als) er es erfuhr, rief er mich an **2** *(dichiarativo)* wie: ***mi raccontò ~ dovette andarsene subito*** er erzählte mir, wie er sofort hatte weggehen müssen; ***avvertii ~ la tensione stesse, stava salendo*** ich spürte, wie die Spannung stieg **3a** *(quasi che)* als ob: ***ascoltala ~ fosse tua madre*** hör ihr zu, als wäre sie deine Mutter **b** ***~ se*** als ob, als: ***si comporta ~ se non avesse denaro*** er führt sich auf, als hätte er kein Geld (*o* als ob er kein Geld hätte) **4** *(man mano)* wie, sobald: ***~ arrivavamo, ci assegnava la stanza*** wie wir ankamen, teilte er uns das Zimmer zu **5** *(nelle proposizioni incidentali)* wie: ***~ (già) detto*** wie (schon) gesagt; ***~ tutti sanno*** wie jeder weiß **III** m. Wie *n.*: ***il ~, il dove e il quando*** das Wie, Wo und Wann ◆ ***~ (hai detto)?*** wie bitte? ***così... ~*** so... wie; COMM. ***~ da*** laut (D), gemäß (D); ***~ d'accordo*** wie vereinbart; ***~ non detto*** vergiss es (*o* schon gut!); ***di ~*** als; ***com'è che...?*** wie kommt es, dass...? ***ma ~!*** wie denn! ***~ mai?*** wieso, warum; ***com'è ~ non è*** unversehens; ***bello ~ non mai*** so schön wie nie; ***~ niente*** wie nichts; ***~ no!*** aber sicher! natürlich! ***oggi ~ oggi*** heutzutage; ***~ pure*** sowie; ***qualcosa ~...*** so etwas wie...; ***~ lo sai?*** woher weißt du das? ***secondo ~*** je nachdem; ***~ segue*** wie folgt; ***~ sempre*** wie gehabt; ***~ al solito*** wie üblich, wie gewöhnlich; ***~ sopra*** wie oben; ***~ tale*** als solcher; ***com'è vero che vivo*** so wahr ich lebe.

co|mec|ché cong. + congiunt. ANT. obwohl. **co|mec|ches|si|a** avv. ANT. wie dem auch sei.

COMECON ⇒ STOR. *Consiglio di mutua assistenza economica* Rat für gegenseitige Wirtschaftshilfe (RGW).

co|me|do|ne m. Mitesser *m.*

co|me|ta f. Komet *m.*: ***la coda di una ~*** der Schweif eines Komets.

com|fort ['kʌmfət, *üblich* 'kɔnfort] m.inv. Komfort *m.*: ***offrire ogni ~*** allen Komfort bieten; ***dotato di tutti i ~*** mit allem Komfort ausgestattet.

co|mi|ca f. *(-che)* Stummfilmsketch *m.* **co|mi|ca|men|te** avv. komisch. **co|mi|ci|tà** f. Komik *f.*: ***~ involontaria*** unfreiwillige Komik. **co|mi|co I** agg. *(-ci,-che)* **1** *(buffo)* komisch, ulkig, drollig: ***un film ~*** ein komischer Film; ***un personaggio, un ruolo ~*** eine komische Figur; ***il lato ~ di una situazione*** die komische Seite einer Situation **2** *(di commedie)* Komödien-: ***scrittore, attore ~*** Komödienschreiber *m.*, Komödienschauspieler *m.* **II** m. *(-ci)* **1** Komische *n.*: ***il ~ è che...*** das Komische dabei ist, dass... **2** *(attore comico)* Komiker *m.*, Humorist *m.*, Spaßmacher *m.* ◆ ***opera ~*** komische Oper *f.*

co|mi|gno|lo m. **1** Schornstein *m.* **2** *(colmo)* First *m.*

co|min|cia|re *(comincio, cominci)* **I** tr. ***~ qcs.*** mit etw. an‿fangen, etw. (*o* mit etw.) beginnen; ***~ un viaggio, la vacanza*** eine Reise, den Urlaub beginnen (*o* an‿treten); ***~ a fare qcs.*** beginnen, etw. zu tun; ***~ a parlare*** zu reden beginnen; ***comincia a piovere*** es beginnt zu regnen **II** intr. **1** *(avere inizio;* aus. *essere)* an‿fangen, beginnen: ***la lezione comincia alle otto*** der Unterricht beginnt um acht; IRON. ***si comincia bene!*** das fängt ja gut an! *(di luogo)* ***di qui comincia un sentiero*** hier beginnt ein Weg **2** *(dare inizio;* aus. *avere)* an‿fangen, beginnen: ***~ col dire...*** damit anfangen, dass man sagt... ◆ ***a ~ da...*** von... an (*o* ab); ***a ~ da oggi*** ab heute; ***~ una bottiglia di vino*** eine Flasche Wein an‿brechen; ***per ~*** zunächst, zuerst; PROV. ***chi ben comincia è a metà dell'opera*** frisch gewagt ist halb gewonnen.

co|mi|no m. → **cumino.**

Com|intern n.pr. m. STOR. Komintern *f.*

co|mi|ta|le agg. gräflich, Grafen-: ***corona ~*** Grafenkrone *f.*; ***dignità ~*** Grafenwürde *f.*

co|mi|ta|to m. Ausschuss *m.*, Komitee *n.*, Kollegium *n.*, Gremium *n.*: ***un ~ consultivo, ristretto, allargato*** ein beratender, begrenzter, erweiterter Ausschuss; ***fondare un ~ per, contro qcs.*** ein Komitee für, gegen etw. gründen; ***una decisione del ~*** ein Beschluss des Kollegiums ◆ ***~ direttivo di borsa*** Börsenvorstand *m.*; ***~ centrale*** Zentralkomitee *n.*; ***~ civico*** Bürgerausschuss *m.*; ***~ direttivo*** Leitungsgremium *n.*, leitender Ausschuss *m.*; ***~ elettorale*** Wahlausschuss *m.*; ***~ esecutivo*** Exekutivausschuss *m.*; ***~ fondatore*** Gründungsausschuss *m.*; ***~ olimpico*** Olympisches Komitee *n.*; ***~ di partito*** Parteiausschuss *m.*; ***~ di controllo dei prezzi*** Preisüberwachungsausschuss *m.*; STOR. ***~ di salute pubblica*** Wohlfahrtsausschuss *m.*; ***~ di sciopero*** Streikkomitee *n.*; ***~ scolastico*** = Schulpflegschaft *f.*

co|mi|ti|va f. Gruppe *f.*; *(per gita, viaggio)* Reisegesellschaft *f.*, Reisegruppe *f.*: ***viaggio in ~*** Gesellschaftsreise *f.*, Gruppenreise *f.*; ***sconti per -e*** Gruppenrabatt *m.*, Gruppenermäßigung *f.*

co|mi|zian|te m. wer eine Versammlung abhält. **co|mi|zio** m. *(-zi)* **1** Versammlung *f.*: ***~ elettorale*** Wahlversammlung *f.*; ***partecipare a un ~*** an einer Versammlung teil‿nehmen; ***tenere un ~*** eine Versammlung ab‿halten **2** STOR. Komitium *n.* **3** FIG. *(discorso acceso)* übertrieben pathetischer Vortrag *m.*, Volksrede *f.*

Comm. ⇒ **1** *commendatore* Komtur **2** *commissario* Kommissar.

com|ma m. **1** DIR. Absatz *m.*, Ziffer *f.* **2** MUS. METR. Komma *n.*

com|man|do m. Kommando *n.*: ***-i militari*** militärische Kommandos; *(gruppo armato)* ***~ terroristico, suicida*** Terrorkommando *n.*, Selbstmordkommando *n.*

com|me|dia f. **1** Komödie *f.*, Lustspiel *n.*: ***rappresentare una ~*** eine Komödie auf‿führen; ***andare a una ~*** in eine Komödie gehen **2** FIG. *(finzione)* Komödie *f.*, Theater *n.*, Mache *f.*: ***fare la ~*** Komödie spielen; ***non fare la ~!*** mach kein Theater! ***era tutta una ~!*** das war alles nur Theater! ◆ ***~ dell'arte*** Commedia dell'arte; CINEM. ***~ brillante*** Filmkomödie *f.*; ***~ di carattere*** Charakterdrama *n.*, LETT. Typenkomödie *f.*; ***~ d'intreccio*** Intrigenstück *n.*; ***~ musicale*** Musical *n.*; ***~ pastorale*** Schäferspiel *n.*; ***~ popolare*** Volksstück *n.*; ***~ a soggetto*** Stegreifkomödie *f.*

com|me|dian|te m. e f. Komödiant *m.* (-in *f.*); FIG. ***essere un vecchio ~*** ein alter Komödiant (*o* Spiegelfechter) sein. **com|me|dio|gra|fo** m. Komödiendichter *m.*, Lustspieldichter *m.* **com|me|dio|la** f. leichtes Lustspiel *n.*, Komödchen *n.*

com|me|mo|ra|re tr. ***~ qcn., qcs.*** jds, etw. gedenken: ***~ i defunti*** der Toten gedenken. **com|me|mo|ra|ti|vo** agg. Gedenk-: ***monumento ~*** Gedenkstätte *f.*; ***targa, lapide -a*** Gedenktafel *f.* (*o* Gedenkplatte *f.*), Gedenkstein *m.*; ***giornata -a*** Gedenktag *m.* **com|me|mo|ra|zio|ne** f. Gedenkfeier *f.*: ***la ~ dei caduti*** die Gedenkfeier für die gefallenen Soldaten.

com|men|da f. **1** STOR. ECCL. Kommende *f.* **2** *(onorificenza)* Komturtitel *m.*

com|men|da|re tr. **1** LETT. *(lodare)* loben **2** ANT. empfehlen. **com|men|da|ti|zia** f. Empfehlungsschreiben *n.* **com|men|da|ti|zio** agg. *(-zi,-zie)* empfehlend, Empfehlungs-: ***lettera -a*** Empfehlungsschreiben *n.*

com|men|da|to|re m. **1** INTRAD. (Ehrentitel eine Stufe über dem Cavaliere) **2** STOR. Komtur *m.*

com|men|de|vo|le agg. LETT. lobenswert.

com|men|sa|le m. e f. Tischgast *m.*, Tischgenosse *m.* (-in *f.*), SCHERZ. Mitesser *m.* (-in *f.*).

com|men|sa|li|smo m. Kommensalismus *m.*

com|men|su|ra|bi|le agg. kommensurabel, vergleichbar: ***grandezze, valori -i*** kommensurable Größen, Werte. **com|men|su|ra|bi|li|tà** f. Kommensurabilität *f.* **com|men|su|ra|re** tr. LETT. vergleichen.

com|men|ta|re tr. **1** erläutern, kommentieren, erklären, aus‿legen: ***~ una legge nuova, le notizie*** ein neues Gesetz, die Nachrichten kommentieren **2** *(giudicare)* beurteilen. **com|men|ta|rio** m. *(-ri)* Kommentar *m.*: ***un ~ della bibbia*** ein Kommentar zur Bibel, ein Bibelkommentar. **com|men|ta|to|re** m. Kommentator *m.*, Ausleger *m.*: ***un ~ politico*** ein politischer Kommentator; ***~ radiofonico*** Rundfunkkommentator *m.*

com|men|to m. **1** *(esposizione critica)* Erläuterung *f.*, Kommentar *m.*: ***un ~ politico*** ein politischer Kommentar; *(insieme di note, glosse)* ***un ~ della Divina Commedia*** ein Kommentar zur Göttlichen Komödie **2** *(giudizio)* Beurteilung *f.*, Kommentar *m.*: ***la decisione ha suscitato molti -i*** die Entscheidung hat viele Kommentare hervorgerufen **3** INFORM. Kommentar *m.* ◆ ***~ musicale*** Filmmusik *f.*, Begleitmusik *f.*; IRON. ***nessun ~!*** Kommentar überflüssig!

com|mer|cia|bi|le agg. verkäuflich, marktfähig, handelsfähig: ***titolo ~*** börsengängiges Papier. **com|mer|cia|bi|li|tà** f. Verkäuflichkeit *f.*

com|mer|cia|le agg. **1** Handels-, kommerziell, kaufmännisch: ***attività ~*** kommerzielle Tätigkeit (*o* Handelsgewerbe *n.*); ***lettera ~*** Handelsbrief *m.*; ***operazione ~*** Handelsgeschäft *n.*; ***nome, marchio ~*** Handelsname *m.*, Handelsmarke *f.*; ***codice, diritto ~*** Handelsgesetzbuch *n.*, Handelsrecht *n.* **2** SPREG. kommerziell: ***un film ~*** ein kommerzieller Film ◆ ***quartiere ~*** Geschäftsviertel *n.*; ***televisione ~*** Kommerzfernsehen *n.* **com|mer|cia|li|sta** m. e f. *(-i,-e)* **1** kaufmännischer Berater *m.*, Diplomkaufmann *m.* (-frau *f.*); *(in materia fiscale)* Steuerberater *m.* **2** *(avvocato)* Berater *m.* in Handelssachen, Handelsrechtsexperte *m.*

com|mer|cia|liz|za|re tr. vermarkten, kommerzialisieren: ***~ lo sport, l'arte*** Sport, Kunst kommerzialisieren. **com|mer|cia|liz|za|zio|ne** f. Vermarktung *f.*, Kommerzialisierung *f.*

com|mer|cial|men|te avv. kommerziell.

com|mer|cian|te m. e f. Händler *m.* (-in *f.*), Kaufmann *m.* (-frau *f.*), Geschäftsmann *m.* (-frau *f.*): ***un ~ in stoffe*** ein Stoffhändler ◆ ***~ ambulante*** Straßenhändler *m.*; ***~ all'ingrosso, al minuto*** Großhändler *m.*, Kleinhändler *m.*

com|mer|cia|re *(commercio, commerci)* **I** intr. (aus. *avere*) handeln, Handel (be)treiben: ***~ con l'estero*** Handel mit dem Ausland betreiben; ***~ in stoffe, pellami*** in Stoffen, mit Lederwaren handeln **II** tr. ***~ qcs.*** in, mit etw. handeln.

com|mer|cio m. *(-ci)* Handel *m.*, Geschäftsverkehr *m.*; SPREG. Kommerz *m.*: ***~ in, di qcs.*** Handel in, mit etw.; ***esercitare il ~*** Handel (be)treiben; ***entrare, essere messo in ~*** in den Handel kommen; ***essere in, fuori ~*** im Handel, nicht mehr im Handel sein; ***mettere qcs. in, togliere qcs. dal ~*** etw. in den Handel bringen, aus dem Handel ziehen; ***avviare un fiorente ~ di qcs.*** einen schwunghaften Handel mit etw. an_fangen ◆ ***agente di ~*** Handelsvertreter *m.*; ***~ all'ingrosso, al minuto (al dettaglio)*** Großhandel *m.*, Kleinhandel (*o* Einzelhandel) *m.*; ***~ d'esportazione*** Ausfuhrhandel *m.*, Exporthandel *m.*; ***~ estero*** Außenhandel *m.*; SPREG. ***far ~ di qcs.*** etw. verkaufen; ***prodotto fuori ~*** unverkäufliche, nicht (mehr) im Handel erhältliche Ware; ***~ d'importazione*** Einfuhrhandel *m.*, Importhandel *m.*; ***~ interno*** Binnenhandel *m.*, Inlandshandel *m.*; ***~ marittimo*** Seehandel *m.*; ***essere nel ~*** im Handel tätig sein.

1.com|mes|sa f. Verkäuferin *f.*, COLLOQ. Ladenmädchen *n.*

2.com|mes|sa f. Auftrag *m.*, Bestellung *f.*: ***fare una ~ di merce*** eine Ware in Auftrag geben; ***su ~*** auf Bestellung.

1.com|mes|so m. **1** Verkäufer *m.*, Handlungsgehilfe *m.* **2** *(impiegato subalterno)* Bote *m.*, Bürodiener *m.*, Amtsdiener *m.* ◆ ***~ viaggiatore*** Handelsreisende *m.*

2.com|mes|so → **commettere.**

com|mes|su|ra f. Fuge *f.*, Zusammenfügung *f.*: ***rifinire le -e di un muro*** eine Mauer fugen.

com|me|sti|bi|le I agg. genießbar, essbar, Speise-: ***funghi -i*** Speisepilze; ***pesce ~*** Speisefisch *m.*; ***non ~*** ungenießbar **II** m.pl. Lebensmittel *pl.*, Esswaren *pl.* **com|me|sti|bi|li|tà** f. Essbarkeit *f.*

com|met|te|re *(commisi, commesso)* **I** tr. **1** begehen, verüben: ***~ un reato, un'ingiustizia*** eine Straftat, ein Unrecht begehen; ***~ un errore, una pazzia*** einen Irrtum, eine Verrücktheit begehen; ***~ un delitto, un omicidio*** ein Verbrechen, einen Mord begehen (*o* verüben) **2** TECN. *(congiungere facendo combaciare)* fugen, verbinden: ***~ a maschio e femmina*** spunden; ***~ l'armatura di un tetto*** den Dachstuhl ab_binden **3** ANT. *(affidare, commissionare)* bestellen, in Auftrag geben **II** intr. (aus. *essere*) zueinander passen ◆ ***~ adulterio*** Ehebruch begehen; ***~ atti osceni*** Unzucht treiben; ***~ tradimento*** Verrat üben, begehen.

com|met|ti|tu|ra f. **1** Fugung *f.*, Zusammenfügung *f.*; *(calettatura)* Abbindung *f.*; *(a maschio e femmina)* Spundung *f.* **2** *(punto di unione)* Fuge *f.*

com|mia|to m. **1** Abschied *m.*, Verabschiedung *f.*: ***dare ~ a qcn.*** jdn entlassen; ***prendere ~ da qcn.*** von jdm Abschied nehmen **2** *(saluto)* Abschied *m.*, Abschiedsgruß *m.*: ***fare un discorso di ~*** eine Abschiedsrede halten **3** METR. Schlussstrophe *f.* ◆ ***formula di ~*** Abschiedsformel *f.*; ***visita di ~*** Abschiedsbesuch *m.*

com|mi|li|to|ne m. Kamerad *m.*, Waffenbruder *m.*; *(in guerra)* Kriegskamerad *m.*, Kampfgenosse *m.*

com|mi|na|re tr. DIR. an_drohen: ***~ una pena a qcn.*** jdm eine Strafe androhen. **com|mi|na|to|ria** f. DIR. Strafandrohung *f.* **com|mi|na|to|rio** agg. *(-ri,-rie)* DIR. eine Strafe androhend. **com|mi|na|zio|ne** f. DIR. Androhung *f.*: ***~ di una pena*** Strafandrohung *f.*

com|mi|nu|to agg. Splitter-: ***frattura -a*** Splitterbruch *m.* **com|mi|nu|zio|ne** f. Splitterbruch *m.*

com|mi|se|ra|bi|le agg. bemitleidenswert, bedauernswert, bejammernswert. **com|mi|se|ra|re** *(commisero)* **I** tr. bemitleiden, bedauern **II** pronom. **commiserarsi** sich bemitleiden, sich bedauern: ***smettila di commiserarti!*** hör auf, dich zu bemitleiden! **com|mi|se|ra|zio|ne** f. Bedauern *n.*, Bemitleidung *f.* **com|mi|se|re|vo|le** agg. → **commiserabile.**

com|mis|sa|ria|le agg. kommissarisch, Kommissariats-, Kommissar-. **com|mis|sa|ria|men|to** m. Einsetzung *f.* eines Kommissars. **com|mis|sa|ria|re** tr. einem Kommissar übergeben. **com|mis|sa|ria|to** m. Kommissariat *n.* ◆ ***~ di polizia, di pubblica sicurezza*** Polizeikommissar *m.*

com|mis|sa|rio m. *(-ri)* **1** Kommissar *m.*, Beauftragte *m.* **2** *(membro di una commissione)* Ausschussmitglied *n.*, Kommissionsmitglied *n.* **3** *(di polizia)* Kommissar *m.*: ***il ~ Maigret*** Kommissar Maigret ◆ ***~ a latere*** Beisitzer *m.*; MAR. ***~ di bordo*** Zahlmeister *m.*; ***~ d'esame*** Mitglied *n.* einer Prüfungskommission; ***~ giudiziale*** Vergleichsverwalter *m.*; ***~ politico*** politischer Kommissar, Politkommissar *m.*; ***~ di polizia, di pubblica sicurezza*** Polizeikommissar *m.*; SPORT ***~ tecnico*** = Trainer *m.* (Teamchef *m.*) der Nationalmannschaft.

com|mis|sio|na|re tr. bestellen, in Auftrag geben: ***~ una partita di merce*** eine Warenpartie bestellen; ***~ un lavoro, un quadro a qcn.*** eine Arbeit, ein Bild in Auftrag geben. **com|mis|sio|na|rio I** agg. *(-ri,-rie)* Kommissions-: ***azienda -a*** Kommissionsunternehmen *n.* **II** m. *(-ri)* **1** Kommissionär *m.* **2** *(chi riceve commissioni)* Auftragnehmer *m.*

com|mis|sio|ne f. **1** Auftrag *f.*, Kommission *f.*: ***affidare una ~ a qcn.*** jdm einen Auftrag erteilen **2** *(ordinazione)* Auftrag *m.*, Bestellung *f.*, Order *f.* **3** *(provvigione)* Provision *f.*: ***percepire una ~*** eine Provision beziehen **4** pl. BANC. Bankspesen *pl.* **5** *(acquisto, incombenza di vario tipo)* Besorgung *f.*: ***fare -i in centro*** Besorgungen im Zentrum machen **6** *(gruppo di persone)* Ausschuss *m.*, Kommission *f.*, Gremium *n.*; *(comitato)* Kollegium *n.*: ***~ internazionale*** internationaler Ausschuss; ***nominare, sciogliere, presiedere una ~*** einen Ausschuss ein_setzen, auf_lösen, einem Ausschuss vor_sitzen ◆ ***~ per il bilancio*** Haushaltsausschuss *m.*; ***~ di controllo*** Kontrollkommission *f.*, Überwachungskommission *f.*; ***~ d'esame, esaminatrice*** Prüfungsausschuss *m.*, Prüfungskommission *f.*; ***~ finanziaria*** Finanzausschuss *m.*; ***~ governativa*** Regierungsausschuss *m.*; ***~ d'inchiesta*** Untersuchungsausschuss *m.*, Ermittlungsausschuss *m.*; ***~ interna*** Betriebsrat *m.*; ***libro delle -i*** Auftragsbuch *n.*; ***membro di una, della ~*** Ausschuss-, Kommissionsmitglied *n.*; ***~ parlamentare*** Parlamentsausschuss *m.*, parlamentarischer Ausschuss *m.*; ***presidente di una, della ~*** Ausschussvorsitzende *m.*; ***rapporto della ~*** Ausschuss-, Kommissionsbericht *m.*; ***su ~*** auf Bestellung, im Auftrag; ***assassinio su ~*** Mord auf Bestellung; ***opera su ~*** Auftragsarbeit *f.*; ***~ tariffaria*** Tarifkommission *f.*; ***~ tributaria*** Steuerausschuss *m.*

com|mi|stio|ne f. LETT. Vermischung *f.* **com|mi|sto** agg. LETT. vermischt, vermengt.

com|mi|su|ra|re tr. bemessen, an_passen: ***~ la punizione alla colpa, gli sforzi alle esigenze*** die Strafe nach der Schuld bemessen. **com|mi|su|ra|to** p.pass. agg. **1** → **commisurare 2** angemessen, angepasst; *(corrispondente)* entsprechend; ***lo sforzo non è ~ alle sue possibilità*** die Anstrengung übersteigt seine Möglichkeiten. **com|mi|su|ra|zio|ne** f. Bemessung *f.*, Anpassung *f.*, Angleichung *f.*; *(paragone)* Vergleich *m.*

com|mit|ten|te m. Kommittent *m.*, Auftraggeber *m.*

com|mo|do|ro m. Kommodore *m.*

com|mo|rien|za f. DIR. gleichzeitiges Sterben *n.*, gleichzeitiger Tod *m.*

com|mos|so p.pass. agg. **1** → **commuovere 2** gerührt, bewegt, ergriffen, betroffen: ***essere profondamente ~ per qcs.*** von etw. tief gerührt sein; ***parlare con voce -a*** mit bewegter Stimme sprechen.

com|mo|ven|te agg. ergreifend, rührend, bewegend: ***una storia, una scena, un film ~*** eine ergreifende Geschichte, Szene, ein ergreifender Film.

com|mo|zio|ne f. **1** Rührung *f.*, Ergriffenheit *f.*, Betroffenheit *f.*: ***sincera, profonda ~*** aufrichtige, tiefe Ergriffenheit; ***destare, susci-***

tare ~ Rührung erwecken; ***(non) nascondere la propria ~*** seine Ergriffenheit (nicht) verbergen; ***essere sopraffatto dalla ~*** von Rührung überwältigt werden; ***lo prese la ~, fu preso dalla ~*** Rührung ergriff ihn; ***piangere dalla, per la ~*** vor Rührung weinen **2** MED. Erschütterung *f.*: ***~ cerebrale*** Gehirnerschütterung *f.*

com|muo|ve|re *(commossi, commosso)* **I** tr. rühren, bewegen, ergreifen: ***~ qcn. fino alle lacrime*** jdn zu Tränen rühren; ***non è il tipo da lasciarsi ~*** so jemand kennt kein Mitleid **II** pronom. **commuoversi** gerührt sein: ***-rsi per qcs.*** wegen etw. gerührt sein; ***si commuove sempre a vedere un film d'amore*** sie ist immer gerührt, wenn sie einen Liebesfilm sieht.

com|mu|ta|bi|le agg. **1** vertauschbar, auswechselbar; *(intercambiabile)* austauschbar **2** DIR. umwandelbar, abänderbar, kommutabel **3** EL. umschaltbar. **com|mu|ta|bi|li|tà** f. **1** Vertauschbarkeit *f.*, Auswechselbarkeit *f.*; *(intercambiabilità)* Austauschbarkeit *f.* **2** DIR. Umwandelbarkeit *f.*, Abänderbarkeit *f.*

com|mu|ta|re **I** tr. **1** vertauschen, aus‿wechseln, aus‿tauschen **2** DIR. um‿wandeln, ab‿ändern: ***~ una pena*** eine Strafe umwandeln **3** EL. um‿schalten, kommutieren **4** MAT. LING. kommutatieren.

com|mu|ta|ti|vi|tà f. Kommutativität *f.* **com|mu|ta|ti|vo** agg. MAT. LING. kommutativ, Kommutativ- ◆ ***proprietà -a*** Kommutativgesetz *n.*; *(commutatività)* kommutative Eigenschaft, Kommutativität *f.*

com|mu|ta|to|re m. Umschalter *m.*, Wechselschalter *m.*, Kommutator *m.* **com|mu|ta|tri|ce** f. rotierender Umformer *m.*

com|mu|ta|zio|ne f. **1** Vertauschung *f.*, Austausch *m.* **2** DIR. Umwandlung *f.*, Abänderung *f.*: ***~ della pena*** Strafumwandlung *f.* **3** EL. Umschaltung *f.*, Kommutierung *f.* **4** MAT. LING. Kommutation *f.*, Kommutierung *f.* ◆ ***circuito di ~*** Schaltkreis *m.*; ***leva di ~*** Umschalthebel *m.*

Co|mo, ***il lago di ~*** der Comer See.

co|mò m.inv. Kommode *f.*

co|mo|da f. Nachtstuhl *m.*

co|mo|dac|cio m. *(-ci)* COLLOQ. ***fare il proprio ~, i -ci propri*** der eigenen Bequemlichkeit leben.

co|mo|da|men|te avv. bequem, mit Behagen: ***starsene ~ seduto in poltrona*** bequem im Sessel sitzen; *(con agio)* ***puoi pagare ~ a fine mese*** du kannst bequem am Monatsende bezahlen; ***posso prendere ~ il treno delle 11*** ich kann den 11-Uhr-Zug bequem (*o* gut) erreichen.

co|mo|da|ta|rio m. *(-ri)* DIR. Darlehensempfänger *m.*, Entleiher *m.* **co|mo|da|to** m. DIR. ***~ (gratuito)*** (unentgeltliches) Darlehen *n.*

co|mo|di|no m. Nachttisch *m.*, Nachtschränkchen *n.*

co|mo|di|tà f.inv. Bequemlichkeit *f.*, Komfort *m.*: ***la ~ di un letto, di una sedia*** die Bequemlichkeit eines Bettes, eines Stuhles; ***essere abituato alle ~*** an Bequemlichkeiten gewöhnt sein; ***l'albergo offre tutte le ~*** das Hotel bietet allen Komfort ◆ ***con tutta ~*** in aller Ruhe.

co|mo|do **I** agg. **1** bequem: ***una poltrona -a*** ein bequemer Sessel; ***scarpe -e, abiti -i*** bequeme Schuhe, Kleider; ***sei, stai ~?*** sitzt du bequem? ***fare una vita -a*** ein bequemes Leben führen; ***pagare in -e rate mensili*** in bequemen Raten monatlich ab‿zahlen; ***(è) ~ vivere alle spalle degli altri!*** es ist bequem, auf Kosten anderer zu leben! **2** *(accogliente)* behaglich, wohnlich, komfortabel: ***una casa -a*** ein behagliches Haus **3** *(buono, favorevole)* günstig: ***avere un orario (di lavoro) ~*** eine günstige Arbeitszeit haben; ***un treno ~*** ein günstiger Zug; ***la strada più -a per il centro è questa*** das ist der günstigste Weg ins Zentrum **4** ***mi è ~ passare per il centro*** es passt mir gut, wenn wir durch die Innenstadt gehen; ***sarebbe più ~ se ci vedessimo alle 10*** es wäre besser (*o* einfacher), wenn wir uns um 10 Uhr sehen würden **5** *(che ama gli agi)* geruhsam, bequem: ***è un tipo ~*** er ist ein bequemer Kerl **II** m. Bequemlichkeit *f.* ◆ ***con ~*** in (aller) Ruhe, ohne Eile; ***fa' con ~, non ho fretta*** lass dir Zeit, ich hab's nicht eilig; ***fare ~*** gelegen kommen, passen; ***mi farebbe ~ un'auto, qualche soldo in più*** ich bräuchte ein Auto, etwas mehr Geld; ***mi farebbe proprio ~ se...*** es wäre mir gerade recht, wenn...; ***ti farebbe ~, eh!*** das könnte dir so passen! ***mettersi ~*** es sich (D) bequem (*o* gemütlich) machen; *(mettere abiti più comodi)* etwas Bequemes an‿ziehen; ***prego, stia ~!*** bitte, behalten Sie Platz! bitte, bleiben Sie sitzen! ***prendersela -a*** sich (D) kein Bein aus‿reißen; ***fare i propri -i, il proprio ~*** der eigenen Bequemlichkeit leben, tun, was einem passt (*o* gefällt); ***badare al proprio ~*** auf seinen eigenen Vorteil bedacht sein; ***riuscire ~*** → ***tornare ~***; ***società di ~*** Briefkastenfirma *f.*, Scheinfirma *f.*; ***soluzione di ~*** Verlegenheitslösung *f.*; ***tornare ~*** jdm gelegen kommen, passend sein; ***troppo ~ ora venire a chiedere scusa!*** das wäre allzu einfach, wenn du jetzt um Entschuldigung bittest! **co|mo|do|ne** m. SCHERZ. Faulenzer *m.*

Co|mo|re n.pr.pl. Komoren *pl.*

com|pact disc, **com|pact disk** ['kɒmpækt dɪsk, *üblich* 'kɔmpakt'dɪsk] m. Compact Disk *f.*, Kompaktschallplatte *f.* ◆ ***lettore di ~*** CD-Player *m.*

com|pa|e|sa|na m. Landsmännin *f.* **com|pa|e|sa|no** m. Landsmann *m.*

com|pa|gi|ne f. **1** Gefüge *n.*: ***la ~ dello Stato*** das Staatsgefüge **2** SPORT = Mannschaft *f.*: ***la ~ italiana*** die italienische Mannschaft.

com|pa|gna f. **1** Kameradin *f.*: ***~ di giochi, di classe, di scuola*** Spiel-, Klassen-, Schulkameradin *f.* **2a** *(in una coppia)* Lebensgefährtin *f.*, Freundin *f.*, Partnerin *f.*: ***fu sua fedele ~ per molti anni*** sie war lange Jahre seine treue Freundin (*o* Partnerin) **b** *(di giochi)* Spielpartnerin *f.* **3** *(in un paio di oggetti)* ***ho perso la ~ di questa scarpa*** ich habe den zweiten Schuh verloren **4** POL. Genossin *f.* ◆ ***~ di banco*** Banknachbarin *f.*; ***~ di camera*** Zimmergenossin *f.*; ***~ di cella*** Zellengenossin *f.*; ***~ di lotta*** Kampfgenossin *f.*, Mitkämpferin *f.*; ***~ di partito*** Parteifreundin *f.*; SPORT ***~ di squadra*** Mitspielerin *f.*; ***~ di viaggio*** Mitreisende *f.*, Mitfahrerin *f.*

com|pa|gni|a f. **1a** Gesellschaft *f.*, Umgang *m.*: ***fare, tenere ~ a qcn.*** jdm Gesellschaft leisten; ***farsi buona ~*** sich gegenseitig (gute) Gesellschaft leisten; ***cercare, evitare la ~ di qcn.*** jds Gesellschaft suchen, jds Umgang meiden; ***non gradire la ~ di qcn.*** jds Gesellschaft nicht schätzen; ***essere in piacevole ~*** sich in angenehmer Gesellschaft befinden: *(rif. a persona)* ***non è una ~ molto piacevole, una ~ adatta a te*** er ist keine angenehme Gesellschaft, er ist kein Umgang für dich **b** *(gruppo di persone)* Gesellschaft *f.*, Runde *f.*, Gruppe *f.*: ***un'allegra ~*** eine lustige Gesellschaft (*o* Runde); ***una ~ di amici, di gente noiosa*** eine Gruppe von Freunden, von langweiligen Leuten; ***frequentare la solita ~*** mit den üblichen Freunden verkehren **c** pl. Umgang *m.*, Gesellschaft *f.*: ***le cattive -e lo hanno rovinato*** der schlechte Umgang hat ihn verdorben; ***frequentare cattive -e*** einen schlechten Umgang haben **2** *(teatrale, di ballo)* Truppe *f.*, Ensemble *n.*: ***mettere su una nuova ~*** ein neues Ensemble gründen **3** *(assicurativa)* Versicherungsgesellschaft *f.*: ***la ~ risarcì tutto il danno*** die Versicherungsgesellschaft kam für den gesamten Schaden auf **4** *(aerea)* Fluggesellschaft *f.*, Luftfahrtgesellschaft *f.*: ***con quale ~ voli?*** mit welcher Fluggesellschaft fliegst du? **5** *(di navigazione)* Schifffahrtsgesellschaft *f.* **6** MIL. Kompanie *f.*: ***comandare una ~*** eine Kompanie befehlen ◆ ***~ aerea*** Fluggesellschaft *f.*, Luftfahrtgesellschaft *f.*; ***~ assicurativa, di assicurazioni*** Versicherungsgesellschaft *f.*; ***~ di ballo*** Ballettruppe *f.*; ***~ di bandiera*** = staatliche Fluggesellschaft; ***...e ~ bella*** ...und so weiter; ***dama di ~*** Gesellschafterin *f.*, Anstandsdame *f.*; ***~ di danza*** Balletttruppe *f.*; ***essere di ~*** gesellig sein; ***essere di poca ~, non essere di ~*** nicht sehr gesellig, ungesellig sein; ***essere in dolce ~*** = in weiblicher Begleitung sein; ***Compagnia di Gesù*** Gesellschaft *f.* Jesu; ***essere, arrivare in ~ di qcn.*** in jds Gesellschaft sein, in jds Begleitung kommen; ***mi piace mangiare e bere in ~*** ich esse und trinke gerne in Gesellschaft; ***trascorrere una serata in ~*** einen geselligen Abend verbringen; ***restò solo, in ~ dei suoi pensieri*** er blieb allein mit seinen Gedanken; ***Compagnia delle Indie Occidentali, Orientali*** Westindische, Ostindische Kompanie; ***~ di navigazione*** Schifffahrtsgesellschaft *f.*; ***~ di navigazione aerea*** → ***~ aerea***; ***~ teatrale*** Theatertruppe *f.*, Schauspielertruppe *f.*; STOR. ***~ di ventura*** Söldnertruppe *f.*

com|pa|gno m. **1** Kamerad *m.*: ***~ di giochi, di classe, di scuola*** Spielkamerad *m.* (*o* Spielgefährte *m.*), Klassen-, Schulkamerad *m.*; **2a** *(in una coppia)* Lebensgefährte *m.*, Freund *m.*, Partner *m.*: ***vive da molti anni col suo ~*** sie lebt seit vielen Jahren mit ihrem Freund (*o* Partner) **b** *(di gioco)* Spielpartner *m.*; ***nel torneo di bridge avrò lui come ~*** er ist mein Spielpartner im Bridgeturnier **c** SPORT ***~ di, nel doppio*** Doppelpartner *m.* **3** *(in un paio di oggetti)* ***non trovo il ~ di questo guanto*** ich finde den zweiten Handschuh nicht **4** POL. Genosse *m.* ◆ ***~ d'armi*** Waffengefährte *m.* (*o* Waffenbruder *m.*); ***~ di banco*** Banknachbar *m.*; ***~ di camera*** Zimmergenosse *m.*, Schlafgenosse *m.*; ***~ di cella*** Zellengenosse *m.*; ***ditta Bianchi e -i*** Firma Bianchi und Partner; ***~ di lotta*** Kampfgenosse *m.*, Mitkämpfer *m.*; ***~ di partito*** Parteifreund *m.*; SPORT ***~ di squadra*** Mitspieler *m.*; ***~ di sventura*** Leidensgenosse *m.*; ***~ di viaggio*** Mitreisende *m.*, Mitfahrer *m.*

com|pa|gno|ne m. COLLOQ. gesellige Frohnatur *f.*, Gesellschaftslöwe *m.*, COLLOQ. Stimmungskanone *f.*

com|pa|na|ti|co m. *(-ci)* Brotbelag *m.* ◆ ***pane e ~*** Brot mit Belag.

com|pa|ra|bi|le agg. vergleichbar, komparabel: ***~ con qcs.*** mit etw. vergleichbar. **com|pa|ra|re** tr. vergleichen: ***~ qcs. con qcs.*** etw. mit etw. vergleichen.

com|pa|ra|ti|co m. Patenschaft *f.*

com|pa|ra|ti|sta m. e f. *(-i,-e)* Komparatist *m.* (-in *f.*). **com|pa|ra|**

ti|sti|ca f. Komparatistik *f.* **com|pa|ra|ti|sti|co** agg. *(-ci,-che)* komparatistisch. **com|pa|ra|ti|va|men|te** avv. vergleichsweise ◆ ***~ con qcs.*** im Vergleich zu, mit etw.

com|pa|ra|ti|vo I agg. **1** GRAMM. Vergleichs-, Komparativ-, Steigerungs-: ***proposizione -a*** Vergleichs-, Komparativsatz *m.*; ***grado ~*** Steigerungsstufe *f.* **2** LING. vergleichend, komparativ: ***metodo ~*** komparative Methode **II** m. Komparativ *m.*, Höherstufe *f.*, Mehrstufe *f.*: ***formare il ~ di un aggettivo*** den Komparativ eines Adjektivs bilden ◆ ***forma del ~*** Steigerungsform *f.*, Vergleichsform *f.*; ***~ di maggioranza*** Aufwärtssteigerung *f.*; ***~ di minoranza*** Abwärtssteigerung *f.*

com|pa|ra|to p.pass. agg. **1** → **comparare 2** vergleichend: ***linguistica, anatomia -a*** vergleichende Sprachwissenschaft, Anatomie; ***letterature -e*** vergleichende Literaturwissenschaften. **com|pa|ra|to|re** m. Komparator *m.*

com|pa|ra|zio|ne f. **1** Vergleich *m.*: ***stabilire una ~ tra due cose*** einen Vergleich zwischen zwei Dingen an‿stellen **2** GRAMM. Steigerung *f.*, Komparation *f.*: ***~ dell'aggettivo*** Steigerung des Adjektivs; ***formare i gradi di ~ di un aggettivo*** ein Adjektiv steigern (*o* die Vergleichsformen eines Adjektives bilden); ***grado di ~*** Steigerungsstufe *f.*

com|pa|re m. **1** REGION. *(padrino)* Pate *m.*, Patenonkel *m.* **2** SPREG. o SCHERZ. *(complice)* Kumpan *m.*, Helfershelfer *m.* ◆ ***~ di matrimonio*** = Trauzeuge *m.*; ***Compare Orso*** Meister Petz.

com|pa|ren|te m. e f. DIR. Erschienene *m.* e *f.*

com|pa|ri|re intr. *(comparisco/compaio, comparisci/compari; comparvi/comparsi* o *comparii, comparso;* aus. *essere)* **1** erscheinen; *(presentarsi)* auf‿treten, in Erscheinung treten: ***~ all'orizzonte, a una festa*** am Horizont, zu einem Fest erscheinen; ***~ sulla scena*** auf der Bildfläche erscheinen; ***~ in pubblico*** in der Öffentlichkeit auf‿treten; DIR. ***~ in giudizio (come teste)*** (als Zeuge) vor Gericht erscheinen **2** *(figurare)* erscheinen: ***~ in un elenco*** in (*o* auf) einer Liste erscheinen **3** *(spuntare all'improvviso)* auf‿tauchen **4** assol. *(mettersi in mostra)* sich dar‿stellen, sich zeigen **5** *(ricorrere)* begegnen: ***quest'idea compare anche in altri autori*** dieser Idee begegnet man auch bei anderen Autoren ◆ ***non comparirmi più davanti!*** tritt (*o* komm) mir nicht mehr unter die Augen!

com|pa|ri|zio|ne f. DIR. Erscheinen *n.*; ***ordine, mandato di ~*** Vorladung *f.*

com|par|sa f. **1** Erscheinen *n.*, Auftreten *n.*; *(in scena)* Auftritt *m.*: ***la ~ dei sintomi della malattia*** das Auftreten der Krankheitssymptome **2a** TEATR. CINEM. Statist *m.* (-in *f.*), Komparse *m.* (Komparsin *f.*): ***fare la ~ in teatro, in un film*** im Theater statieren, in einem Film als Komparse auf‿treten **b** pl. *(insieme delle comparse)* Komparserie *f.* **c** FIG. COLLOQ. Statist *m.*: ***fare da ~*** nur Statist sein **3** DIR. Schriftsatz *m.* ◆ ***fare una ~*** sich sehen lassen. **com|par|sa|ta** f. GERG. CINEM. Komparsenrolle *f.*

com|par|si, com|par|so → **comparire.**

com|par|te|ci|pa|re intr. *(compartecipo;* aus. *avere)* teil‿haben, sich beteiligen: ***~ a qcs.*** an etw. (D) teilhaben: ***~ agli utili*** am Gewinn teilhaben. **com|par|te|ci|pa|zio|ne** f. Teilhaberschaft *f.*, Teilhabe *f.*, Beteiligung *f.*: ***~ a qcs.*** Teilhaberschaft an etw. (D); ***~ agli utili*** Gewinnbeteiligung *f.* **com|par|te|ci|pe I** m. e f. Mitbeteiligte *m.* e *f.*, ECON. Teilhaber *m.* (-in *f.*): ***~ in un'impresa*** Teilhaber an einem Unternehmen **II** agg. mitbeteiligt, beteiligt: ***~ di qcs.*** an etw. (D) mitbeteiligt.

com|par|ti|men|ta|le agg. Bezirks-: ***ufficio ~*** Bezirksamt *n.* **com|par|ti|men|ta|zio|ne** f. **1** Abteilung *f.*; Fächerung *f.* **2** MAR. Abschottung *f.*

com|par|ti|men|to m. **1** AMM. Bezirk *m.* **2a** *(settore)* Abteilung *f.* **b** FERR. *(scompartimento)* Abteil *n.* **3** *(scomparto di scaffale)* Fach *n.* ◆ MAR. ***~ stagno*** (wasserdichter) Schott *m.*; ***essere a -i stagni*** abgeschottet sein; FIG. ***-i stagni*** = nicht miteinander kommunizierende Bereiche; ***ragionare a -i stagni*** eingleisig denken.

com|par|ti|re tr. *(compartisco/comparto, compartisci/comparti)* LETT. ein‿teilen.

com|par|to m. **1a** *(scomparto)* Fach *n.*: ***i -i di uno scaffale*** die Fächer eines Regals; ***~ del ghiaccio*** Eisfach *n.* **b** *(ripartizione)* Fächerung *f.* **2** ECON. *(settore di attività)* Branche *f.* **3** *(in urbanistica)* ***~ edificatorio*** = Baugelände *n.*, Bauplatz *m.*

com|pas|sa|to agg. beherrscht; gemessen: ***modi -i*** beherrschtes Benehmen.

com|pas|sio|na|re tr. e intr. (aus. *avere*) LETT. bemitleiden, bedauern.

com|pas|sio|ne f. Mitgefühl *n.*, Mitleid *n.*: ***avere ~ di qcn., qcs.*** für jdn, etw. Mitgefühl haben, mit jdm mit‿leiden; ***provare ~ per qcn.*** Mitleid mit jdm fühlen (*o* empfinden); ***fare ~ a qcn.*** jds Mitleid erregen; ***suscitare, destare ~ in qcn.*** bei jdm Mitleid hervor‿rufen; ***per ~*** aus Mitleid; ***muovere qcn. a ~*** bei jdm Mitleid erwecken; ***essere pieno di ~*** mitleidsvoll sein ◆ FIG. *(essere pietoso, brutto)* ***fare ~*** in einem erbärmlichen Zustand sein.

com|pas|sio|ne|vo|le agg. **1** mitleidig **2** *(che suscita compassione)* bemitleidenswert, bedauernswert, Mitleid erregend: ***una scena ~*** eine Mitleid erregende Szene. **com|pas|sio|ne|vol|men|te** avv. Mitleid erregend, mitleidsvoll.

com|pas|so m. **1** Zirkel *m.*: ***le aste del ~*** die Schenkel des Zirkels; ***aprire il ~*** den Zirkel öffnen; ***tracciare un cerchio con il ~*** einen Kreis mit dem Zirkel ziehen, schlagen; ***misurare con il ~*** ab‿zirkeln, aus‿zirkeln **2** MAR. AER. *(bussola)* Kompass *m.* ◆ AUT. ***vetro a ~*** Klappfenster *n.*

com|pa|ti|bi|le agg. **1a** vereinbar, verträglich: ***~ con qcs.*** mit etw. vereinbar **b** MED. verträglich, kompatibel **2** INFORM. kompatibel **3** RAR. *(perdonabile)* verzeihlich. **com|pa|ti|bi|li|tà** f. **1a** Vereinbarkeit *f.*, Verträglichkeit *f.* **b** MED. Verträglichkeit *f.*, Kompatibilität *f.* **2** INFORM. Kompatibilität *f.* **com|pa|ti|bil|men|te** avv. ***~ con qcs.*** soweit es mit etw. vereinbar ist.

com|pa|ti|men|to m. Mitleid *n.*, Bedauern *n.* (anche IRON. SPREG.); ***guardare qcn. con un'aria di ~*** jdn mitleidig an‿schauen.

com|pa|ti|re tr. *(compatisco, compatisci)* **1** bemitleiden, bedauern: ***farsi ~ da qcn.*** sich von jdm bedauern lassen; ***~ qcn. per qcs.*** jdn wegen etw. bemitleiden **2** *(perdonare)* nach‿sehen, verzeihen, entschuldigen: ***~ gli errori di qcn.*** jds Fehler verzeihen.

com|pa|trio|ta m. e f. *(-i,-e)* Landsmann *m.* (-männin *f.*).

com|pa|tro|no m. Mitpatron *m.*

com|pat|ta|men|to m. Verdichtung *f.* **com|pat|ta|re** tr. **1** verdichten **2** FIG. *(consolidare)* festigen. **com|pat|ta|zio|ne** f. → **compattamento.**

com|pat|tez|za f. **1** Kompaktheit *f.* **2** Geschlossenheit *f.*: ***la ~ di un partito*** die Geschlossenheit einer Partei **3** TESS. Dichte *f.*, Dichtigkeit *f.*: ***~ della trama*** Fadendichte *f.*

com|pat|to I agg. **1** kompakt, fest: ***massa -a*** kompakte Masse; ***terreno ~*** fester (*o* kompakter) Boden **2** FIG. *(unanime, concorde)* geschlossen, einig: ***votare -i per qcn.*** geschlossen für jdn stimmen; ***formare un gruppo ~*** eine geschlossene Gruppe bilden **3** *(fitto)* dicht: ***una folla -a*** eine dichte Menge **4** TECN. *(di metalli)* ***a grana -a*** dicht, feinkörnig **II** m. *(impianto hi-fi)* HiFi-Turm *m.*

com|pen|dia|re tr. *(compendio, compendi)* kurz dar‿stellen; *(riassumere)* eine Kurzfassung her‿stellen, zusammen‿fassen: ***~ un'opera storica*** eine Kurzfassung eines geschichtlichen Werkes herstellen. **com|pen|dia|to|re** m. Verfasser *m.* von Auszügen.

com|pen|dio m. *(-di)* **1** Grundriss *m.*, Auszug *m.*, Kompendium *n.*: ***un ~ di storia della letteratura*** ein Grundriss der Literaturgeschichte **2** *(riassunto)* Zusammenfassung *f.*, Kurzfassung *f.* ◆ ***in ~*** im Grundriss, kurz gefasst. **com|pen|dio|si|tà** f. Gedrängtheit *f.*

com|pen|dio|so agg. gedrängt, kurz gefasst: ***stile ~*** gedrängter Stil.

com|pe|ne|tra|bi|le agg. durchdringbar, durchdringlich, durchlässig. **com|pe|ne|tra|bi|li|tà** f. Durchdringbarkeit *f.*, Durchlässigkeit *f.* **com|pe|ne|tra|re** *(compenetro)* **I** tr. durchdringen (anche FIG.) **II** pronom. **compenetrarsi 1** sich (gegenseitig) durchdringen: ***le due sostanze non si compenetrano*** die zwei Substanzen durchdringen sich nicht **2** FIG. *(immedesimarsi del tutto)* sich hinein‿versetzen: ***-rsi in una situazione*** sich in eine Lage hineinversetzen. **com|pe|ne|tra|zio|ne** f. Durchdringung *f.* (anche FIG.).

com|pen|sa|re I tr. **1** *(bilanciare)* aus‿gleichen, wett‿machen, kompensieren: ***~ la mancanza d'affetto con il cibo*** den Mangel an Liebe mit Essen kompensieren; ***~ lo scarso talento con l'impegno*** die mangelnde Begabung durch (*o* mit) Fleiß wettmachen **2a** *(retribuire)* entlohnen: ***~ lo straordinario, la prestazione di qcn.*** Überstunden, jds Leistung entlohnen **b** BANC. ECON. (gegeneinander) auf‿rechnen, verrechnen: ***~ debiti e crediti (reciproci)*** Forderungen (gegeneinander) aufrechnen **3** *(risarcire)* entschädigen, vergüten: ***~ qcn. di qcs.*** jdn für etw. entschädigen; FIG. ***questa gioia mi compensa di tutti gli sforzi*** diese Freude entschädigt mich für alle Anstrengungen **4** *(ricompensare)* belohnen: ***~ la fedeltà di qcn.*** jds Treue belohnen **5** RAD. ELETTRON. trimmen **6** SPORT FIS. PSIC. kompensieren **II** pronom. **compensarsi** sich aus‿gleichen: ***vantaggi e svantaggi si compensano*** Vor- und Nachteile gleichen sich aus.

com|pen|sa|ti|vo agg. **1** ausgleichend, kompensatorisch, Ausgleichs-: ***dazio ~*** Ausgleichszoll *m.*; ***pena -a*** ausgleichende Strafe **2** BANC. ECON. Verrechnungs-. **com|pen|sa|to I** p.pass. agg. **1** → **compensare 2** ECON. kompensiert, Ausgleichs- **3** ***legno ~*** Sperrholz *n.* **II** m. Sperrholz *n.*; ***foglio di ~*** Sperrholzplatte *f.* **com|pen|sa|to|re I** agg. ausgleichend, kompensierend **II** m. **1** RAD. ELETTRON. Trimmerkondensator *m.*, Trimmer *m.* **2** OTT. MECC. Kom-

pensator *m.* ◆ FOT. ***bagno*** ~ Kompensationsbad *n.* **com|pen|sa|to|rio** agg. *(-ri,-rie)* kompensatorisch, ausgleichend.
com|pen|sa|zio|ne f. **1** Ausgleich *m.*, Ausgleichung *f.*, Kompensierung *f.* **2** DIR. *(annullamento di crediti e debiti)* Aufrechnung *f.* **3** BANC. ECON. Abrechnung *f.*, Verrechnung *f.*, Clearing *n.* **4** SPORT FIS. PSIC. Kompensation *f.* ◆ ***affare di*** ~ Kompensationsgeschäft *n.*; ECON. ***camera di*** ~ Clearinghaus *n.*, Abrechnungsstelle *f.*, Ausgleichsstelle *f.*; ***prezzo di*** ~ Verrechnungspreis *m.*
com|pen|so m. **1** Ausgleich *m.* **2a** *(retribuzione)* Vergütung *f.*, Entgelt *n.*: ***come, per*** ~ als Vergütung; ***dietro*** ~ gegen Entgelt **b** Honorar *n.*: ~ ***all'ora, a riga*** Stunden-, Zeilenhonorar *n.* **3** *(ricompensa)* Belohnung *f.*: ***un*** ~ ***di un milione per qcs.*** eine Belohnung von einer Million für etw. **4** *(indennizzo)* Entschädigung *f.* **5** MED. Kompensation *f.* ◆ ~ ***forfettario*** Pauschallohn *m.*; *(in cambio)* ***in*** ~ dafür.
com|pe|ra f. Einkauf *m.*, Kauf *m.*: ***far -e*** Einkäufe machen, erledigen; ***andare a far (le) -e*** ein‿kaufen gehen. **com|pe|ra|re** → **comprare.**
com|pe|ten|te I agg. **1** kompetent, sachkundig, sachverständig: ***un consulente*** ~ ein sachkundiger Berater; ***essere*** ~ ***in un settore*** auf einem Gebiet kompetent (*o* bewandert) sein **2** DIR. BUROCR. zuständig, kompetent: ***l'ente, il tribunale (il foro)*** ~ das zuständige Amt, Gericht; ***essere*** ~ ***per, riguardo a qcs.*** für etw. zuständig sein **II** m. e f. Sachkundige *m.* e *f.*; *(esperto)* Sachverständige *m.* e *f.*
com|pe|ten|za f. **1** *(conoscenza)* Sachverstand *m.*, Kompetenz *f.*: ***avere grande*** ~ ***in un campo, in fatto di economia*** eine große Kompetenz auf einem Gebiet, in Fragen der Wirtschaft haben **2** DIR. BUROCR. Zuständigkeit *f.*, Kompetenz *f.*: ***(non) rientra nelle nostre -e*** das fällt (nicht) in unsere Zuständigkeit; ***ciò non è di*** ~ ***di quest'ufficio*** dafür ist dieses Amt nicht zuständig **3** pl. *(onorario)* Gebühr *f.*, Honorar *n.* ◆ ***conflitto di -e*** Kompetenzstreit *m.*, Kompetenzstreitigkeit *f.*, Kompetenzkonflikt *m.*; ***per*** ~ zuständigkeitshalber; ***sfera di*** ~ Zuständigkeitsbereich *m.*
com|pe|te|re intr. (pass.rem. *competei/competetti*) **1a** *(gareggiare)* wetteifern, konkurrieren: ~ ***con qcn. per qcs.*** mit jdm um etw. wetteifern **b** COMM. konkurrieren **2a** *(spettare)* zu‿stehen, zu‿kommen, gebühren: ***non compete a te giudicare*** ein Urteil darüber steht dir nicht zu; ***questa controversia compete al tribunale*** für diesen Streitfall ist das Gericht zuständig **b** *(spettare, essere dovuto)* ***questo è quanto ti compete per il tuo lavoro*** das ist alles, was dir für diese Arbeit zusteht ◆ ***non poter*** ~ ***con qcn.*** nicht gegen jdn auf‿kommen können, sich mit jdm nicht messen können.
com|pe|ti|ti|va|men|te avv. wettbewerbsfähig. **com|pe|ti|ti|vi|tà** f. **1** *(nello sport)* Leistungsstärke *f.* **2** *(concorrenzialità)* Konkurrenzfähigkeit *f.* **com|pe|ti|ti|vo** agg. **1** Leistungs-, Wett-; *(di sportivi)* leistungsstark: ***atleta, sport*** ~ Leistungssportler *m.*, Leistungssport *m.*; ***spirito*** ~ Wetteifer *m.* **2** *(concorrenziale)* konkurrenzfähig, wettbewerbsfähig. **com|pe|ti|to|re** m. Konkurrent *m.*, Mitbewerber *m.*; *(rivale)* Nebenbuhler *m.*
com|pe|ti|zio|ne f. **1** Wettstreit *m.*, Wettbewerb *m.*, Konkurrenz *f.*: ***entrare in*** ~ ***con qcn.*** mit jdm in Wettstreit treten **2** *(gara sportiva)* Wettkampf *m.* ◆ ~ ***individuale*** Einzelkampf *m.*; ***vettura da*** ~ Rennwagen *m.*
com|pia|cen|te agg. gefällig, entgegenkommend, willfährig: ***un impiegato*** ~ ein zu Gefälligkeiten bereiter Angestellter ◆ ***una ragazza*** ~ ein leichtes Mädchen. **com|pia|cen|za** f. **1** Gefälligkeit *f.*, Entgegenkommen *n.*, Willfährigkeit *f.*: ***fare qcs. per*** ~ etw. aus Gefälligkeit tun **2** *(compiacimento)* Wohlgefallen *n.*, Befriedigung *f.* ◆ ***avere la*** ~ ***di fare qcs.*** die Güte haben, etw. zu tun.
com|pia|ce|re *(compiaccio, compiaci; compiacqui; compiaciuto)* **I** tr. befriedigen, zufrieden‿stellen **II** intr. (aus. *avere*) gefällig sein, entgegen‿kommen **III** pronom. **compiacersi 1** ***-rsi di qcs.*** an etw. (D) Gefallen haben, finden, sich über etw. freuen; ***-rsi degli scandali*** sich an Skandalen hoch‿ziehen **2** *(congratularsi)* beglückwünschen, gratulieren: ***-rsi con qcn. per la sua fortuna*** jdm zu seinem Glück gratulieren.
com|pia|ci|men|to m. Wohlgefallen *n.*, Genugtuung *f.*, Glückwunsch *m.*: ***guardare qcs. con evidente*** ~ etw. mit offensichtlichem Wohlgefallen betrachten ◆ ~ ***di sé*** Selbstgefälligkeit *f.*
com|pia|ciu|to p.pass. agg. **1** → **compiacere 2** wohlgefällig, zufrieden, befriedigt: ***uno sguardo*** ~ ein wohlgefälliger Blick ◆ ~ ***di sé*** selbstgefällig; ***sorriso*** ~ zufriedenes Schmunzeln *n.* **com|piac|qui** → **compiacere.**
com|pian|ge|re *(compiango, compiangi; compiansi; compianto)* **I** tr. bedauern, bemitleiden, betrauern **II** pronom. **compiangersi 1** sich selbst bemitleiden **2** LETT. *(dolersi)* bedauern, sich beklagen ◆ ***essere da*** ~ beweinenswert, zu bedauern sein. **com|pian|to I** p.pass. agg. **1** → **compiangere 2** *(defunto)* betrauert, verstorben **II** m. **1** Trauer *f.* **2** *(componimento poetico)* Klagelied *n.*
com|pie|re *(compio; compii/*ANT. *compiei; compiuto)* **I** tr. **1a** verrichten, tun: ~ ***un'impresa, una buona azione*** ein Unternehmen durchführen, eine gute Tat tun; ~ ***miracoli*** Wunder wirken **b** *(adempiere)* erfüllen, nach‿kommen: ~ ***il proprio dovere*** seine Pflicht erfüllen, seiner Pflicht nachkommen **c** *(commettere)* begehen, verüben: ~ ***un delitto*** ein Verbrechen begehen **2a** *(portare a termine)* vollenden, vollbringen, vollziehen **b** *(studi)* ab‿solvieren **II** pronom. **compiersi 1** sich vollenden, sich vollziehen **2** *(avverarsi)* sich erfüllen, ein‿treffen ◆ ~ ***gli anni il ventiquattro ottobre*** Geburtstag am vierundzwanzigsten Oktober haben; ~ ***trent'anni*** dreißig Jahre alt werden.
com|pie|ta f. Komplet *f.*
com|pi|la|re tr. **1** zusammen‿stellen, verfassen, kompilieren; *(elenco, bilancio)* auf‿stellen **2** *(riempire)* aus‿füllen: ~ ***moduli, questionari*** Formulare, Fragebogen ausfüllen; *(assegno)* aus‿schreiben.
com|pi|la|tion [kompi'lɛʃon] f.inv. Sampler *m.*
com|pi|la|ti|vo agg. kompilatorisch; ***lavoro*** ~ Kompilation *f.* **com|pi|la|to|re** m. **1** Kompilator *m.* **2** INFORM. Kompilierer *m*, Übersetzungsprogramm *n.* **com|pi|la|to|rio** agg. *(-ri,-rie)* kompilatorisch.
com|pi|la|zio|ne f. **1** Zusammenstellung *f.*, Verfassung *f.*, Kompilierung *f.*; *(di elenco, bilancio)* Aufstellung *f.* **2** *(di moduli, questionari)* Ausfüllung *f.*; *(di assegno)* Ausschreibung *f.* **3** *(testo compilato)* Kompilation *f.*, Sammelwerk *n.*
com|pi|men|to m. **1** Verrichtung *f.*; *(esecuzione)* Ausführung *f.*, Durchführung *f.* **2** *(adempimento, l'avverarsi)* Erfüllung *f.* **3a** *(termine)* Vollendung *f.*, Vollbringung *f.*: ***portare qcs. a*** ~ etw. vollenden, zu Ende führen; ***al*** ~ ***del ventesimo anno di età*** mit Vollendung des zwanzigsten Lebensjahrs **b** *(di studi)* Absolvierung *f.*
com|pi|re tr. *(compisco, compisci)* → **compiere.**
com|pi|ta|men|te avv. höflich, artig.
com|pi|ta|re tr. *(compito)* buchstabieren. **com|pi|ta|zio|ne** f. Buchstabierung *f.*
com|pi|tez|za f. Höflichkeit *f.*
1.com|pi|to agg. höflich, artig: ***una persona -a*** ein höflicher Mensch.
2.com|pi|to m. **1a** Aufgabe *f.*, Auftrag *m.*: ***assegnare un*** ~ ***a qcn.*** jdm eine Aufgabe zu‿teilen, jdm einen Auftrag erteilen; ***assolvere il*** ~ die Aufgabe lösen, erfüllen **b** *(dovere)* Aufgabe *f.*, Pflicht *f.*: ***essere all'altezza del proprio*** ~ seiner Aufgabe gewachsen sein; ***questo è*** ~ ***mio*** das ist meine Aufgabe; ***avere il*** ~ ***di insegnare*** die Aufgabe haben zu lehren, zu unterrichten **2** SCOL. *(a casa)* Hausaufgabe *f.*, Aufgabe *f.*; *(in classe)* Arbeit *f.*: ~ ***scritto, di tedesco, di matematica*** schriftliche Aufgabe, Deutschaufgabe *f.*, Mathematikaufgabe *f.*; *(in classe)* schriftliche Arbeit, Deutscharbeit *f.*, Mathearbeit *f.*; ***assegnare i -i, qcs. per*** ~ die Aufgaben geben, etw. auf‿geben; ***fare, correggere i -i*** die Aufgaben machen, korrigieren; ***avere i -i da fare*** Aufgaben auf‿haben ◆ ~ ***a, per casa*** Hausaufgabe *f.*; ~ ***in classe*** Klassenarbeit *f.*; ~ ***di scuola*** Schulaufgabe *f.*
com|piu|ta|men|te avv. vollständig, völlig, gänzlich. **com|piu|tez|za** f. Vollendung *f.*, Abgeschlossenheit *f.*, Vollkommenheit *f.*
com|piu|to p.pass. agg. **1** → **compiere 2** vollendet, abgeschlossen, vollkommen: ***un'opera, un'azione -a*** ein vollendetes Werk, eine abgeschlossene Handlung ◆ ***avere vent'anni non ancora -i*** sein zwanzigstes Lebensjahr noch nicht vollendet haben; ***mettere qcn. di fronte al fatto*** ~ jdn vor vollendete Tatsachen stellen; ***una frase di senso*** ~ ein in sich abgeschlossener, sinnvoller Satz.
com|pla|na|re agg. komplanar. **com|pla|na|ri|tà** f. Komplanation *f.*
com|ple|an|no m. Geburtstag *m.*: ***festeggiare un*** ~ einen Geburtstag feiern; ***fare gli auguri di, augurare buon*** ~ ***a qcn.*** jdm alles Gute zum Geburtstag wünschen, jdm zum Geburtstag gratulieren; ***buon*** ~! alles Gute zum Geburtstag! ***tanti, sinceri auguri di buon*** ~ herzliche Glückwünsche zum Geburtstag; ***domani è il suo*** ~ morgen ist sein Geburtstag; ***quand'è il tuo*** ~? wann hast du Geburtstag? ◆ ***festa di*** ~ Geburtstagsfeier *f.*; ***regalo di*** ~ Geburtstagsgeschenk *n.*; ***torta di*** ~ Geburtstagskuchen *m.*, -torte *f.*
com|ple|men|ta|re I agg. **1** ergänzend, komplementär, Zusatz-: ***essere -i*** sich ergänzen **2** *(secondario)* nebensächlich, Neben-: ***materia*** ~ Nebenfach *n.* **II** m. UNIV. Prüfung *f.* in einem Nebenfach ◆ ***angoli -i*** Komplementwinkel, Ergänzungswinkel *pl.*; ***colori -i*** Komplementärfarben, Ergänzungsfarben *pl.*; ***corso*** ~ Begleitkurs *m.*; ***foglio*** ~ Kraftfahrzeugbrief *m.*; ***imposta*** ~ Ergänzungsabgabe *f.*, -steuer *f.* **com|ple|men|ta|ri|tà** f. Komplementarität *f.*
com|ple|men|tar|men|te avv. komplementär.

com|ple|men|to m. 1 *(completamento)* Ergänzung *f.*, Vervollständigung *f.*: ***a ~ di qcs.*** zur Ergänzung von etw. 2 MIL. Ersatz *m.*: ***ufficiale di ~*** Offizier auf Zeit 3 GRAMM. Satzergänzung *f.*, Umstandsbestimmung *f.*: ***~ predicativo del soggetto, dell'oggetto*** Gleichsetzungsakkusativ *m.*, Gleichsetzungsnominativ *m.*; ***~ diretto, oggetto*** direktes Objekt, Akkusativobjekt *n.*; ***~ di causa, di termine, di modo, di moto, di luogo, di tempo*** Kausalangabe *f.*, Dativobjekt *n.*, Artangabe *f.*, Richtungsangabe *f.*, Ortsbestimmung *f.*, Zeitbestimmung *f.* (*o* Temporalbestimmung *f.*).

com|ples|sa|to I agg. komplexbeladen II m. komplexbeladener Mensch.

com|ples|sio|ne f. Körperbau *m.*, Körperbeschaffenheit *f.*, Konstitution *f.*: ***di ~ debole, gracile, robusta*** von schwachem, zartem, kräftigem Körperbau.

com|ples|si|tà f.inv. Komplexität *f.*, Vielschichtigkeit *f.*

com|ples|si|va|men|te avv. insgesamt, im Ganzen. **com|ples|si|vo** agg. gesamt, Gesamt-: ***importo, valore, voto ~*** Gesamtbetrag *m.*, Gesamtwert *m.*, Gesamtnote *f.*; ***vincita -a*** Gesamtgewinn *m.*

com|ples|so I agg. 1 komplex, umfassend: ***una molecola -a*** ein komplexes Molekül 2 *(complicato)* komplex, verwickelt: ***un problema ~*** ein komplexes Problem II m. 1a *(insieme)* Gesamtheit *f.*, Komplex *m.*, Reihe *f.*: ***un ~ di questioni, di circostanze*** ein Fragenkomplex *m.*, eine Reihe von Umständen; ***esaminare un ~ di dati*** eine Reihe von Daten untersuchen b *(insieme di edifici)* ***~ ospedaliero*** Krankenhauskomplex *m.*; ***~ scolastico*** Schulzentrum *n.* c *(organismo industriale)* Konzern *m.*: ***un grosso ~ chimico*** ein großer Chemiekonzern 2 MUS. Gruppe *f.*, Band *f.* 3 PSIC. Komplex *m.*: ***avere il ~ della statura*** den Komplex der Größe haben; ***soffrire di -i*** an Komplexen leiden; ***essere pieno di -i*** voller Komplexe sein, stecken 4 CHIM. Komplex *m.*, Komplexverbindung *f.*: ***~ vitaminico*** Vitaminkomplex *m.* ◆ ***~ di colpa*** Schuldkomplex *m.*; ***~ di edipo*** Ödipuskomplex *m.*; ***~ d'inferiorità*** Minderwertigkeitskomplex *m.*; ***in, nel ~*** *(in tutto)* insgesamt, im Ganzen; *(in generale)* im Großen und Ganzen.

com|ple|ta|men|te avv. völlig, ganz, vollständig. **com|ple|ta|men|to** m. Ergänzung *f.*, Vervollständigung *f.*, Fertigstellung *f.*, Komplettierung *f.*: ***il ~ di una collana*** die Komplettierung einer Schriftenreihe; ***il ~ di un'autostrada*** die Fertigstellung einer Autobahn.

com|ple|ta|re I tr. ergänzen, vervollständigen, fertig‿stellen, komplettieren: ***~ una raccolta, una collezione*** eine Sammlung vervollständigen; ***~ la costruzione di un edificio*** ein Gebäude fertig stellen II pronom. **completarsi** sich ergänzen, sich vervollständigen.

com|ple|tez|za f. Vollständigkeit *f.* **com|ple|ti|vo** agg. ergänzend, Ergänzungs-, komplettiv: ***proposizione -a*** Ergänzungssatz *m.*

com|ple|to I agg. 1 vollständig, komplett: ***una collezione -a*** eine komplette (*o* vollständige) Sammlung; ***un equipaggiamento ~*** eine komplette Ausrüstung; ***indirizzo ~*** vollständige Adresse; ***un quadro ~ della situazione*** ein Gesamtbild der Situation; ***l'opera -a di uno scrittore*** das Gesamtwerk eines Schriftstellers 2 *(pieno)* voll besetzt, voll, vollzählig, besetzt: ***l'autobus, l'albergo, il teatro è ~*** der Bus, das Hotel ist voll (besetzt), das Theater ist ausverkauft 3 *(totale)* völlig, vollkommen, gänzlich: ***fiducia -a*** völliges Vertrauen; ***buio ~*** vollkommene Dunkelheit 4 *(di persona)* vollkommen: ***un atleta ~*** ein vielseitiger Sportler II m. 1 *(abito maschile)* Anzug *m.*; *(da donna)* Komplet *n.*, Kostüm *n.* 2 *(accessori)* Satz *m.*, Set *n.*, Zubehör *n.*; *(equipaggiamento)* komplette Ausrüstung *f.* 3 EQUIT. Vielseitigkeitsprüfung *f.* ◆ ***oggi siamo al (gran) ~*** heute sind wir vollzählig; ***la commissione è riunita al ~*** die Kommission ist vollzählig versammelt; ***pasto ~*** Menü *n.*; ***pensione -a*** Vollpension *f.*

com|pli|ca|re *(complico, complichi)* I tr. komplizieren, verwickeln, erschweren II pronom. **complicarsi** 1 sich komplizieren, kompliziert (*o* schwierig) werden, sich verwickeln: ***-rsi la vita*** sich (D) das Leben schwer machen 2 MED. Komplikationen ergeben. **com|pli|ca|tez|za** f. Kompliziertheit *f.* **com|pli|ca|to** p.pass. agg. 1 → **complicare** 2 *(di cosa)* kompliziert, verwickelt, schwierig 3 *(di persona)* kompliziert.

com|pli|ca|zio|ne f. 1 Komplikation *f.*, Verwicklung *f.*: ***creare -i*** Schwierigkeiten bereiten; ***subentrano -i*** Komplikationen treten ein, entstehen 2 MED. Komplikation *f.* ◆ ***senza (tante) -i*** unkompliziert.

com|pli|ce m. e f. 1 Komplize *m.* (Komplizin *f.*), Mittäter *m.* (-in *f.*), Mitschuldige *m.* e *f.*, Helfershelfer *m.* (-in *f.*): ***coprire un ~*** einen Komplizen decken; ***essere ~ di un delitto*** mitschuldig an einer Straftat sein 2 ESTENS. Mittäter *m.* (-in *f.*), Beteiligte *m.* e *f.*: ***essere ~ di uno scherzo*** an einem Scherz mitbeteiligt sein ◆ ***fare da ~ a qcn.*** jdm Handlangerdienste leisten, Handlangerdienste für jdn tun; ***farsi ~ di qcn.*** jdm Beihilfe leisten; ***~ in un complotto, in un'evasione*** Mitverschwörer *m.*, Fluchthelfer *m.*; ***rendersi ~ di qcs.*** an etw. mitschuldig werden, bei etw. zum Komplizen werden; ***uno sguardo ~*** ein verschwörerischer Blick.

com|pli|ci|tà f. Komplizenschaft *f.*, Mittäterschaft *f.*, Handlangerdienst *m.*

com|pli|men|ta|re I tr. RAR. gratulieren, beglückwünschen II pronom. **complimentarsi** beglückwünschen, gratulieren: ***-rsi vivamente con qcn. per qcs.*** jdn zu etw. herzlich beglückwünschen (*o* gratulieren).

com|pli|men|to m. 1 Kompliment *n.*: ***un ~ gentile, spiritoso, esagerato*** ein nettes, geistreiches, übertriebenes Kompliment; ***fare un ~ a qcn. per qcs.*** jdm für etw. (A) ein Kompliment machen, aus‿sprechen; ***ricevere -i*** Komplimente bekommen; ***coprire qcn. di -i*** jdn mit Komplimenten überschütten; ***-i!*** gratuliere! ***i miei -i allo chef*** mein Kompliment dem Küchenchef; ***andare a caccia di -i*** auf Komplimente aus‿sein 2 pl. *(convenevoli, cerimonie)* Umstände *pl.*: ***niente -i!*** nur keine Umstände! ***senza tanti -i*** ohne viel Umstände; ***fare tanti -i con qcn.*** viel Umstände mit jdm machen; ***non fare -i!*** tu dir keinen Zwang an! **com|pli|men|to|sa|men|te** avv. in übertriebener Weise. **com|pli|men|to|so** agg. (übertrieben) zuvorkommend: ***persona -a*** (übertrieben) zuvorkommender Mensch *m.*; ***parole -e*** Schmeicheleien *pl.*

com|plot|ta|re I intr. (aus. *avere*) 1 sich verschwören, ein Komplott schmieden: ***~ (con qcn.) contro qcn., qcs.*** sich (mit jdm) gegen jdn, etw. verschwören; FIG. ***~ alle spalle di qcn.*** ein Komplott gegen jdn schmieden 2 SCHERZ. tuscheln, heimlich reden II tr. an‿zetteln, COLLOQ. aus‿hecken: ***ma che cosa state complottando?*** was heckt ihr denn aus?

com|plot|to m. Komplott *n.*, Verschwörung *f.*: ***scoprire, sventare un ~*** ein Komplott auf‿decken, vereiteln; ***ordire, tramare un ~ contro qcn.*** ein Komplott gegen jdn schmieden, an‿zetteln; ***prendere parte a, far parte di un ~*** an einem Komplott beteiligt sein; ***sventare un ~*** ein Komplott vereiteln ◆ ***complice in un ~*** Mitverschwörer *m.*

com|plu|vio m. *(-vi)* 1 EDIL. Dachkehle *f.*, Kehle *f.* 2 ARCH. STOR. Kompluvium *n.*

com|po|nen|te I agg. bildend II m. e RAR. f. 1 *(membro)* Mitglied *n.*: ***~ della, di una commissione*** Ausschussmitglied *n.*; ***i -i della famiglia*** die Familienmitglieder; ***i -i di una squadra*** die Mitglieder einer Mannschaft 2 *(elemento costitutivo)* Komponente *f.*, Bestandteil *m.*: ***-i gassosi, organici*** gasförmige, organische Komponenten; ***i -i chimici di una sostanza*** die chemischen Komponenten eines Stoffes; ***-i essenziali*** wesentliche Bestandteile; ***ridurre qcs. ai suoi (o alle sue) -i*** etw. auf seine Bestandteile (*o* Komponenten) reduzieren 3 TECN. Bauelement *n.*, Bestandteil *m.*, Teil *m.*: ***~ elettronico*** elektronisches Bauelement; ***-i per auto*** Autoteile *pl.* III f. Komponente *f.*, Baustein *m.*: ***la ~ storica, politica*** die historische, politische Komponente; ***una ~ della nostra cultura*** ein Baustein unserer Kultur ◆ ***~ patrimoniale*** Vermögensbestandteil *m.*, Vermögenswert *m.*; ***~ del prezzo*** Preisbestandteil *m.*; ***~ principale*** Hauptbestandteil *m.* **com|po|nen|ti|sti|ca** f. Bauteilproduktion *f.*; ***~ elettronica*** Erzeugung *f.* elektronischer Bauteile.

com|po|ni|bi|le agg. Anbau-, Einbau- ◆ ***armadio ~*** Anbauschrank *m.*, Kombischrank *m.*; ***cucina ~*** Anbauküche *f.*, Einbauküche *f.*; ***mobile ~*** Anbaumöbel *n.*; ***parete di mobili -i*** Schrankwand *f.*

com|po|ni|men|to m. 1 *(tema scolastico)* Aufsatz *m.*, Schulaufsatz *m.* 2 *(letterario)* Werk *n.* 3 MUS. Komposition *f.*; ***~ musicale*** Musikstück *n.* 4 DIR. Schlichtung *f.*, Beilegung *f.*; ***il ~ di una vertenza*** die Beilegung einer Streitsache.

com|por|re tr. *(compongo, componi; composi; composto)* 1 *(costituire, formare)* zusammen‿stellen, zusammen‿setzen, bilden: ***~ la giuria, una delegazione*** die Jury bilden, eine Delegation zusammenstellen; ***~ un mazzo di fiori*** einen Blumenstrauß zusammenstellen 2 *(poetare)* dichten, schmieden: ***~ versi*** Verse dichten (*o* schmieden) 3 *(scrivere)* verfassen, schreiben 4 MUS. komponieren (anche assol.): ***~ un'opera, l'accompagnamento*** eine Oper, die Begleitung komponieren 5 DIR. *(conciliare)* bei‿legen, schlichten: ***~ una lite*** einen Streit beilegen 6 *(mettere in ordine)* richten: ***~ i capelli*** die Haare in Ordnung bringen 7 *(per un funerale)* auf‿bahren: ***~ una salma*** eine Leiche aufbahren 8 TEL. wählen: ***~ un numero*** eine Nummer wählen 9 TIP. setzen II pronom. **comporsi** 1 sich richten: ***-rsi gli abiti*** sich (D) die Kleidung richten 2 *(mettersi composto)* Haltung an‿nehmen, sich ordentlich hin‿setzen: ***componiti!*** setz dich ordentlich hin! 3 *(essere costituito)* sich zusammen‿setzen, bestehen: ***la commissione si compone di cinque***

membri der Ausschuss besteht aus fünf Mitgliedern.

com|por|ta|men|ta|le agg. Verhaltens-: ***modello*** **~** Verhaltensmuster *n.*; ***disturbo, anomalia*** **~** Verhaltensstörung *f.* **com|por|ta|men|ti|smo** m. Behaviorismus *m.* **com|por|ta|men|ti|sti|co** agg. *(-ci,-che)* behavioristisch.

com|por|ta|men|to m. **1** Verhalten *n.*, Benehmen *n.*: ***un ~ formale, informale*** ein förmliches, ungezwungenes Benehmen; ***un ~ sconveniente, riprovevole*** ein unpassendes, tadelnswertes Benehmen; ***~ umano, animale*** menschliches, tierisches Verhalten; ***(non) capire, (non) sapersi spiegare il ~ di qcn.*** jds Verhalten (nicht) verstehen, sich (nicht) erklären können **2** ESTENS. Verhalten *n.*: ***il ~ di un corpo in assenza di gravità*** das Verhalten eines Körpers bei Schwerelosigkeit; ***il ~ di un gas*** das Verhalten eines Gases ◆ ***psicologia del ~*** Verhaltenspsychologie *f.*; ***~ su strada*** Fahrverhalten *n.*; ***terapia del ~*** Verhaltenstherapie *f.*

com|por|ta|re **I** tr. **1** *(implicare)* ***~ qcs.*** mit etw. verbunden sein, etw. mit sich bringen, ein‿schließen: ***~ molti rischi*** viele Risiken einschließen; ***~ grosse spese*** mit großen Kosten verbunden sein **2** *(determinare)* bedingen, mit sich bringen: ***il suo zelo comportò un rapido avanzamento del lavoro*** sein Eifer bedingte (*o* bewirkte) ein rasches Voranschreiten der Arbeit **3** LETT. *(tollerare)* dulden, ertragen **II** pronom. **comportarsi** **1** sich verhalten, sich benehmen: ***~ bene, male, correttamente, in modo infantile, in modo impossibile nei confronti di qcn.*** sich gut, schlecht, korrekt, kindisch, unmöglich gegen jdn (*o* jdm gegenüber) benehmen; ***-rsi da, come un idiota*** sich wie ein Idiot auf‿führen; ***comportati come si deve!*** benimm dich, wie es sich gehört! **2** *(rif. a cose)* sich verhalten: ***come si comporta questo materiale alle alte temperature?*** wie verhält sich dieses Material bei hohen Temperaturen? ◆ ***comportati bene!*** sei brav! bleib sauber! ***(non) sapersi ~*** sich (nicht) benehmen können, sich (nicht) zu benehmen wissen.

com|por|to m. **1** BUROCR. Frist *f.*, Aufschub *m.* **2** FERR. Wartezeit *f.*

com|po|si|ta f. BOT. Komposite *f.*, Korbblütler *m.* **com|po|si|ti|vo** agg. kompositorisch, zusammensetzend; ***tecnica -a*** Tonsatz *m.*, Kompositionstechnik *f.*

com|po|si|to agg. **1** zusammengesetzt, mehrteilig **2** ARCH. Komposit-: ***capitello ~*** Kompositkapitell *n.*; ***ordine ~*** Kompositordnung *f.*; ***materiale ~*** Verbundwerkstoff *m.*

com|po|si|to|io m. *(-oi)* Winkelhaken *m.*

com|po|si|to|re m. **1** *(di musica)* Komponist *m.* **2** TIP. Setzer *m.*: ***~ a mano, a macchina*** Hand-, Maschinensetzer *m.* **com|po|si|tri|ce** f. TIP. Setzmaschine *f.*

com|po|si|zio|ne f. **1** Zusammensetzung *f.*, Zusammenstellung *f.*: ***la ~ di una lista*** die Zusammenstellung einer Liste; ***la ~ del consiglio direttivo*** die Zusammensetzung des Vorstandes **2a** MUS. Komposition *f.*: ***una cattedra di ~*** ein Lehrstuhl für Komposition; ***studiare ~*** Komposition (*o* Kompositionslehre) studieren **b** ART. ***una ~ di acciaio e vetro*** eine Komposition aus Stahl und Glas **3** *(di un testo)* Abfassung *f.* **4** *(tema scolastico)* Aufsatz *m.* **5a** *(struttura)* Zusammensetzung *f.*, Aufbau *m.*: ***la ~ di una frase*** der Aufbau eines Satzes **b** CHIM. ***la ~ chimica di un preparato*** die chemische Zusammensetzung eines Präparates **6** DIR. Beilegung *f.*, Schlichtung *f.*: ***la ~ di una lite*** die Beilegung eines Streits **7** TIP. Satz *m.*, Setzen *n.*; *(testo composto)* Schriftsatz *m.*: ***~ su due colonne*** zweispaltiger Satz; ***andare, essere in ~*** in (den) Satz gehen, im Satz sein ◆ TIP. ***errore di ~*** Setzfehler *m.*, Satzfehler *m.*; ***~ floreale*** Blumenarrangement *n.*, Blumenkomposition *f.*; TIP. ***luce di ~*** Satzspiegel *m.*; TIP. ***~ a macchina*** Maschinensatz *m.*; TIP. ***~ a mano*** Handsatz *m.*; ***~ musicale*** Musikwerk *n.*, Musikstück *n.*; ***~ poetica*** Dichtung *f.*; TIP. ***pronto per la ~*** satzfertig.

com|post m.inv. Kompost *m.* **com|po|sta** f. **1** *(di frutta)* Kompott *n.* **2** AGR. Kompost *m.*, Komposterde *f.* **com|po|stag|gio** m. *(-gi)* Kompostierung *f.*

com|po|sta|men|te avv. gesetzt, gemessen, mit Anstand. **com|po|stez|za** f. **1** Anstand *m.*: ***agire, sedere con ~*** sich anständig benehmen, anständig sitzen **2** FIG. *(di carattere)* Gemessenheit *f.*, Gesetztheit *f.*

com|po|stie|ra f. Kompottschale *f.*

com|po|sto **I** p.pass. agg. **1** → **comporre** **2** *(costituito)* zusammengesetzt, bestehend: ***~ da due parti*** aus zwei Teilen zusammengesetzt (*o* bestehend) **3** *(in ordine)* geordnet: ***capelli, abiti -i*** geordnetes Haar, geordnete Kleider **4** *(decoroso, educato)* gesittet, anständig: ***un atteggiamento ~*** ein anständiges Betragen; ***sedere ~ a tavola*** gesittet am, bei Tisch sitzen; ***stai ~!*** sitz bitte ordentlich; FIG. ***un volto ~ a cordoglio*** eine Trauermiene **5** LING. zusammengesetzt: ***parola -a, tempo ~*** zusammengesetztes Wort, Tempus **6** BOT. geteilt: ***foglie -e*** geteilte Blätter **II** m. **1** Zusammensetzung *f.*, Mischung *f.* **2** CHIM. Verbindung *f.*: ***ottenere, formare un ~*** eine Verbindung erhalten, bilden; ***~ azotato*** Stickstoffverbindung *f.*; ***~ di cloro*** Chlorverbindung *f.* **3** LING. Zusammensetzung *f.*, Kompositum *n.* ◆ ***colore ~*** Mischfarbe *f.*; CHIM. ***~ di coordinazione*** Komplexverbindung *f.*; ***essere ~ di, da qcs.*** aus etw. bestehen; ***frutto ~*** Sammelfrucht *f.*; ECON. ***interesse ~*** Zinseszins *m.*

com|pra|bi|le agg. käuflich (anche FIG.).

com|pra|re **1a** kaufen, ein‿kaufen: ***~ un armadio, un libro*** einen Schrank, ein Buch kaufen; ***~ al mercato, in un negozio*** auf dem Markt, in einem Geschäft einkaufen; ***~ a un'asta*** auf einer Versteigerung kaufen; ***~ su catalogo, su campione*** nach Katalog, Muster kaufen; ***~ a rate, a credito*** auf Raten (*o* Abzahlung), auf Kredit kaufen; ***~ qcs. in contanti, a buon mercato*** etw. bar, billig kaufen; ***~ qcs. di seconda mano*** etw. aus zweiter Hand kaufen; ***compra tutto alla Standa*** er kauft alles bei Standa; ***~ qcs. a un prezzo elevato*** etw. für viel, teures Geld kaufen **b** *(oggetti di valore o merce in grande quantità)* an‿kaufen, ein‿kaufen: ***~ azioni*** Aktien ankaufen; ***~ qcs. al dettaglio (o al minuto), all'ingrosso*** etw. en détail (*o* im Detail), en gros einkaufen; SPORT ***~ un giocatore*** einen Spieler einkaufen **c** *(corrompere)* kaufen, (sich) erkaufen: ***~ un testimone*** einen Zeugen kaufen; ***~ voti*** Wählerstimmen (er)kaufen; ***~ il silenzio di qcn.*** jds Schweigen erkaufen **2** *(biglietti)* lösen: ***~ un biglietto di andata e ritorno*** eine Rückfahrkarte lösen.

com|pra|to|re m. Käufer *m.*, COMM. Einkäufer *m.*: ***un ~ attento*** ein aufmerksamer Käufer.

com|pra|ven|di|ta f. An- und Verkauf *m.*; ***contratto di ~*** Kaufvertrag *m.*

com|pren|de|re *(compresi; compreso)* **I** tr. **1a** umfassen, enthalten: ***l'opera comprende dodici volumi*** das Werk umfasst zwölf Bände **b** *(un lasso di tempo)* umspannen, umfassen **2** *(includere)* ein‿beziehen, ein‿kalkulieren, ein‿berechnen: ***~ nel conto*** in die Rechnung mit einbeziehen; ***~ nel prezzo le spese di imballaggio*** die Verpackungskosten in den Preis (mit) einberechnen **3a** *(con l'intelletto)* begreifen, verstehen, erfassen: ***non ~ il significato di una parola*** den Sinn eines Wortes nicht verstehen, begreifen; ***~ un problema, un compito di aritmetica, un concetto*** ein Problem erfassen, eine Rechenaufgabe begreifen, einen Begriff verstehen **b** *(con il sentimento)* ***~ le ragioni, l'atteggiamento di qcn.*** jds Beweggründe, Betragen verstehen; ***~ un amico, la sofferenza di qcn.*** einen Freund, jds Leid verstehen; ***riesci a ~ ciò che provo?*** kannst du verstehen, was ich fühle? **II** pronom. **comprendersi** sich verstehen: ***quei due si comprendono bene*** die beiden verstehen sich gut ◆ ***capacità di ~*** Auffassungsgabe *f.*; ***incapacità di ~*** Verständnislosigkeit *f.*

com|pren|do|nio m. SCHERZ. Grütze *f.*, Grips *m.* ◆ ***essere duro di ~*** schwer von Begriff, begriffsstutzig sein; COLLOQ. eine lange Leitung haben; ***non avere un briciolo di ~*** kein Fünkchen Verstand haben.

com|pren|si|bi|le agg. verständlich, begreiflich: ***parole appena -i*** kaum verständliche Worte; ***rendere ~ qcs. a qcn.*** jdm etw. begreiflich machen; ***poco ~*** wenig verständlich; *(giustificabile)* ***la sua reazione, il suo imbarazzo è ~*** seine Reaktion, seine Verlegenheit ist verständlich ◆ ***facilmente ~*** leicht verständlich; ***in modo ~*** verständlich: ***illustrare, descrivere formulare qcs. in modo ~*** etw. verständlich dar‿stellen, beschreiben, aus‿drücken; ***~ a tutti*** allgemein verständlich. **com|pren|si|bi|li|tà** f. Verständlichkeit *f.* **com|pren|si|bil|men|te** avv. verständlicherweise, begreiflicherweise: ***essere ~ preoccupato*** verständlicherweise besorgt sein.

com|pren|sio|ne f. **1** Verständnis *n.*, Verstehen *n.*, Erfassung *f.*: ***la ~ di un testo*** die Erfassung (*o* das Verständnis) eines Textes; ***per una migliore ~*** zum besseren Verständnis **2** *(indulgenza)* Verständnis *n.*, Einsicht *f.*: ***mostrare ~ a qcn.*** jdm Verständnis zeigen; ***avere (piena) ~ per qcn., qcs.*** für jdn, etw. (volles) Verständnis haben; COMM. ***confidiamo nella Vostra ~*** wir bitten um (Ihr) Verständnis; ***non trovare ~*** kein Verständnis finden; ***abbiate ~!*** haben Sie doch Einsicht! ◆ ***di facile ~*** leicht verständlich; ***avere facilità di ~*** eine leichte Auffassungsgabe haben; ***(esercizio di) ~ orale*** Hörverständnis *n.*; ***pieno di ~*** einsichtsvoll, verständnisvoll; ***~ tra i popoli*** Völkerverständigung *f.*; ***privo di ~*** einsichtslos, verständnislos; ***(esercizio di) ~ di un testo*** (Übung zum) Leseverständnis *n.*

com|pren|si|va|men|te avv. **1** *(con comprensione)* verständlich, verständnisvoll **2** *(con inclusione)* einschließlich. **com|pren|si|vo** agg. **1** verständnisvoll, einfühlsam: ***mostrarsi ~ nei confronti di qcn.*** sich jdm gegenüber verständnisvoll zeigen **2** COMM. einschließlich, inklusive: ***~ di qcs.*** einschließlich, inklusive etw. (G); ***~ di IVA*** einschließlich Mehrwertsteuer; ***il prezzo ~ di affrancatura*** der Preis inklusive Porto.

com|pren|so|rio m. *(-ri)* Gebiet *n.*, Bezirk *m.*
com|pre|sen|te agg. mit anwesend. **com|pre|sen|za** f. **1** Mitanwesenheit *f.* **2** LING. Kopräsenz *f.*
com|pre|so p.pass. agg. → **1 comprendere 2** *(incluso)* inbegriffen, (mit) einbegriffen, einschließlich, inklusive: ***il supplemento è ~ nel prezzo*** der Zuschlag ist im Preis inbegriffen (*o* mit einbegriffen); ***tutta la proprietà -i libri e opere d'arte*** aller Besitz einschließlich Büchern und Kunstwerken; ***servizio ~*** inklusive (*o* mit) Bedienung; ***bevande -e, -a la prima colazione*** Getränke, Frühstück inbegriffen; ***affrancatura -a*** inklusive Porto **3** *(capito)* verstanden: ***non sentirsi ~*** sich nicht verstanden (*o* unverstanden) fühlen **4a** LETT. *(di sentimenti)* ergriffen: ***~ di pietà, di meraviglia*** von Mitleid, Verwunderung ergriffen **b** *(intento)* vertieft, durchdrungen, erfüllt: ***è tutto ~ dei suoi pensieri, del suo lavoro*** er ist ganz in seine Gedanken, in seine Arbeit vertieft ◆ ***fino a... ~*** bis... einschließlich, inklusive: ***fino a pagina 25 -a*** bis Seite 25 einschließlich; ***fino al 2 maggio ~*** bis zum 2. Mai einschließlich, bis einschließlich 2. Mai; ***ivi ~*** darin inbegriffen; ***non ~*** ausschließlich, exklusive: ***non -e le spese*** die Unkosten nicht inbegriffen; ***tutto ~*** alles inbegriffen; ***viaggio tutto ~*** Pauschalreise *f.*
com|pres|sa f. **1** Tablette *f.*: ***~ effervescente*** Brausetablette *f.*; ***~ contro, per il mal di testa*** Kopfschmerztablette *f.*; ***prendere una ~*** eine Tablette ein‿nehmen; ***sciogliere una ~ in acqua*** eine Tablette in Wasser auf‿lösen **2** *(impacco)* Kompresse *f.*, Umschlag *m.*: ***applicare a qcn. una ~ fredda sulla fronte*** jdm eine kalte Kompresse auf die Stirn legen.
com|pres|si|bi|le → **comprimibile. com|pres|si|bi|li|tà** → **comprimibilità.**
com|pres|sio|ne f. **1a** Zusammendrücken *n.*, Druck *m.* **b** *(schiacciamento)* Zusammenpressen *n.*, Stauchen *n.* **2a** FIS. Komprimierung *f.*, Kompression *f.*, Verdichtung *f.* **b** MED. Kompression *f.* ◆ ***carico di ~*** Druckbelastung *f.*; ***forza di ~*** Druckkraft *f.*; ***resistente alla ~*** druckfest; ***stampare per ~*** pressen.
com|pres|so p.pass. agg. **1** → **comprimere 2** FIS. komprimiert, verdichtet: ***gas ~*** komprimiertes Gas **3** FIG. *(represso)* unterdrückt: ***un desiderio ~*** ein unterdrückter Wunsch ◆ ***aria -a*** Pressluft *f.*, Druckluft *f.*; ***calcestruzzo ~*** Stampfbeton *m.*
com|pres|so|re I agg. verdichtend, komprimierend **II** m. **1** Kompressor *m.*, Verdichter *m.*: ***~ centrifugo, volumetrico*** Kreiselverdichter *m.*, volumetrischer Kompressor **2** *(stradale)* Walze *f.*, Straßenwalze *f.* **3** *(sovralimentatore)* Gebläse *n.* ◆ ***rullo ~*** Walze *f.*, Straßenwalze *f.*; FIG. ***essere (come) un rullo ~*** wie ein Panzer sein.
com|pri|ma|rio m. *(-ri)* TEATR. tragende Nebenrolle *f.* (anche ESTENS.): ***avere un ruolo da ~*** eine tragende Nebenrolle spielen.
com|pri|me|re tr. *(compressi; compresso)* **1a** (zusammen)‿drücken, zusammen‿pressen: ***~ le labbra*** die Lippen zusammenpressen; ***~ le auto da demolire*** die Schrottautos zusammenpressen **b** *(costipare)* fest‿stampfen, zusammen‿pressen: ***~ il terreno*** die Erde feststampfen **2** FIS. komprimieren, verdichten: ***~ l'aria, un gas*** die Luft verdichten, ein Gas komprimieren **3** FIG. *(contenere)* drücken: ***~ i prezzi, i costi*** die Preise, die Kosten drücken **4** FIG. *(reprimere)* unterdrücken, bezähmen: ***~ un sentimento, le lacrime*** ein Gefühl, die Tränen unterdrücken. **com|pri|mi|bi|le** agg. **1** komprimierbar, zusammendrückbar **2** FIS. kompressibel, verdichtbar: ***gas ~*** verdichtbares Gas. **com|pri|mi|bi|li|tà** f. Zusammendrückbarkeit *f.*, Verdichtbarkeit *f.*, Kompressibilität *f.*
1.com|pro|mes|so m. **1a** Kompromiss *m.*, Interessenausgleich *m.*: ***la politica del ~*** die Politik des Interessenausgleiches; ***arrivare, giungere a un ~*** zu einem Kompromiss kommen; ***fare un ~ con qcn.*** mit jdm einen Kompromiss schließen (*o* machen); ***accettare, raggiungere un ~*** einen Kompromiss akzeptieren, erreichen; ***scendere, venire a -i*** auf Kompromisse ein‿gehen, Kompromisse aus‿handeln **b** *(via di mezzo)* Kompromiss *m.*, Mittelding *n.*: ***un ~ tra avanguardia e tradizione*** ein Kompromiss zwischen Avantgarde und Tradition **2** DIR. *(patto arbitrale)* Schiedsvertrag *m.*, Schiedsabkommen *n.* **3** DIR. *(contratto preliminare)* Vorvertrag *m.* ◆ ***soluzione di ~*** Kompromisslösung *f.*; PSIC. Kompromissbildung *f.*; POL. ***~ storico*** historischer Kompromiss.
2.com|pro|mes|so p.pass. agg. **1** → **compromettere 2** verfahren, geschädigt: ***una situazione gravemente -a*** eine völlig verfahrene Lage; ***una salute -a*** eine geschädigte Gesundheit.
com|pro|met|ten|te agg. kompromittierend: ***dichiarazioni, foto -i*** kompromittierende Äußerungen, Photos.
com|pro|met|te|re *(compromisi; compromesso)* **I** tr. **1** gefährden: ***~ il successo di un'impresa, la propria reputazione*** den Erfolg eines Unternehmens, seinen Ruf gefährden **2** *(screditare)* kompromittieren, bloß‿stellen: ***~ qcn.*** jdn kompromittieren **II** pronom. **compromettersi 1** sich kompromittieren, sich bloß‿stellen: ***-rsi con dichiarazioni avventate*** sich durch unüberlegte (*o* mit unüberlegten) Äußerungen kompromittieren **2** *(impegnarsi)* sich verpflichten.
com|pro|mis|sio|ne f. **1** Kompromittieren *n.* **2** *(compromesso)* Kompromiss *m.* **com|pro|mis|so|rio** agg. *(-ri,-rie)* DIR. schiedsgerichtlich, Schieds-: ***clausola -a*** Schiedsklausel *f.*
com|pro|prie|tà f. DIR. Mitbesitz *m.*, Miteigentum *n.*: ***avere, possedere qcs. in ~*** an etw. (D) Mitbesitz haben. **com|pro|prie|ta|rio** m. *(-ri)* DIR. Mitbesitzer *m.*, Miteigentümer *m.*: ***essere ~ di qcs.*** Miteigentümer von etw. sein.
com|pro|va f. Bestätigung *f.*, Nachweis *m.*: ***a, in ~*** zur Bestätigung. **com|pro|va|bi|le** agg. nachweisbar: ***si tratta di un fatto ~*** es handelt sich um eine nachweisbare Tatsache. **com|pro|va|re** tr. bestätigen, nach‿weisen, untermauern: ***~ un sospetto*** eine Vermutung bestätigen, ***~ scientificamente*** wissenschaftlich untermauern.
com|pul|sa|re tr. **1** DIR. vor Gericht ziehen **2** *(consultare)* nach‿schlagen: ***~ un dizionario*** in einem Wörterbuch nachschlagen. **com|pul|sio|ne** f. PSIC. Zwangshandlung *f.*
com|pun|to agg. **1** reumütig, reuig, zerknirscht: ***assumere un atteggiamento ~*** Reue zeigen **2** *(ipocrita)* (aufgesetzt) reuevoll: ***con aria -a*** mit aufgesetzter Reue (*o* Reue heuchelnd). **com|pun|zio|ne** f. **1** *(pentimento)* Reue *f.*, Zerknirschtheit *f.* **2** SPREG. *(falsità)* aufgesetzte Reue *f.*
com|pur|ga|to|re m. Eideshelfer *m.*
com|pu|ta|bi|le agg. berechenbar, kalkulierbar.
com|pu|ta|re tr. *(computo)* **1** berechnen, kalkulieren: ***~ costi, interessi*** Kosten, Zinsen berechnen **2** *(addebitare)* an‿rechnen, auf‿rechnen, berechnen: ***~ qcs. a qcn.*** jdm etw. (A) anrechnen. **com|pu|ta|zio|na|le** agg. Computer-: ***linguistica ~*** Computerlinguistik *f.* **com|pu|ta|zio|ne** f. → **computo.**
com|pu|ter [kəm'pjuter˙ *üblich* kom'pjuter] m.inv. Computer *m.*, Komputer *m.*: ***programmare un ~*** einen Computer programmieren; ***inserire, immagazzinare (dei) dati in un ~*** in einen Computer Daten ein‿geben, einen Computer mit Daten füttern ◆ ***~ di bordo*** Bordcomputer *m.*; ***personal ~*** Personalcomputer *m.*; ***~ portatile*** Laptop *m.* **com|pu|te|ri|sti|co** agg. *(-ci,-che)* Computer-: ***industria -a*** Computerindustrie *f.* **com|pu|te|riz|za|re** tr. computerisieren. **com|pu|te|riz|za|to** p.pass. agg. **1** → **computerizzare 2** Computer-, computerisiert: ***procedimento ~*** computerisiertes Verfahren; ***diagnostica -a*** Computerdiagnostik *f.*; ***tomografia assiale -a*** Computertomographie *f.* **3** *(controllato da un computer)* computergesteuert: ***sistema di controllo ~*** computergesteuertes Kontrollsystem. **com|pu|te|riz|za|zio|ne** f. Computerisierung *f.*
com|pu|ter mu|sic [kəm'pjuter 'mju:zɪk; *üblich* kom'pjuter 'mju:zɪk] f.inv. Computermusik *f.*
com|pu|ti|sta m. e f. *(-i,-e)* Buchhalter *m.* (-in *f.*). **com|pu|ti|ste|ri|a** f. Buchhaltung *f.*, Buchführung *f.* **com|pu|to** m. **1** Berechnung *f.* **2** *(addebito)* Anrechnung *f.*, Aufrechnung *f.* **3** *(conteggio)* Verrechnung *f.*: ***fare il ~ delle ore straordinarie*** die Überstunden verrechnen.
co|mu|na|le agg. **1** kommunal, Kommunal-, Gemeinde-: ***amministrazione ~*** Gemeindeverwaltung *f.*; ***tassa, imposta ~*** Gemeindesteuer *f.*; ***elezioni -i*** Kommunalwahl *f.*; ***impiegato ~*** Gemeindebeamte *m.*, Gemeindeangestellte *m.* **2** STOR. die (italienischen) Stadtstaaten betreffend: ***l' età ~*** die Zeit der (italienischen) Stadtstaaten ◆ ***palazzo ~*** Rathaus *n.*
co|mu|nan|za f. Gemeinsamkeit *f.*, Gemeinschaft *f.*: ***~ dei beni*** Gütergemeinschaft *f.*; ***vivere in ~*** in Gemeinschaft leben.
co|mu|nar|do m. STOR. Kommunarde *m.*
1.co|mu|ne agg. **1** gemeinsam, gemeinschaftlich: ***un amico ~*** ein gemeinsamer Freund; ***interessi -i*** gemeinschaftliche Interessen **2** *(generale)* allgemein, gemein: ***l'opinione ~*** die allgemeine Meinung **3** *(ordinario)* gemein, gewöhnlich: ***gente ~*** gewöhnliche Leute; ***nella vita ~*** im gewöhnlichen Leben **4** *(collettivo)* Gemein-: ***lingua, bene ~*** Gemeinsprache *f.*, Gemeinwohl *n.* **5** *(corrente)* geläufig: ***un modo di dire ~*** eine geläufige Redensart ◆ ***di ~ accordo*** in beiderseitigem (*o* gegenseitigem) Einvernehmen, einvernehmlich; *(unanimamente)* einstimmig, einmütig; ***fare cassa ~*** gemeinsame Kasse machen (*o* führen); ***far(e) causa ~ (con qcn.)*** (mit jdm) gemeinsame Sache machen; ***~ denominatore*** MAT. Hauptnenner *m.*, Generalnenner *m.*; ESTENS. gemeinsamer Nenner *m.*; MAT. ***massimo ~ divisore*** größter gemeinsamer Teiler; ***fossa ~*** Massengrab *n.*, Sammelgrab *n.*; ***fuori del ~*** außerordentlich, außergewöhnlich; ***in ~*** gemeinsam: ***avere qcs. in ~ (con qcn.)*** (mit jdm) etw. gemeinsam haben; ***di ~ intesa*** → ***di ~ accordo***; FIG. ***luogo ~*** Gemeinplatz *m.*, Klischeewort *n.*; ***il Mercato Comune Europeo*** der Gemeinsame Markt; MAT. ***minimo ~ multiplo*** kleinstes ge-

meinsames Vielfaches; GRAMM. ***nome*** ~ Gattungsname *m.*; FIG. ***patrimonio*** ~ Allgemeinbesitz *m.*; ***uomo*** ~ Durchschnittsmensch *m.*, Alltagsmensch *m.*; ***diventare di uso*** ~ sich ein‿bürgern; PROV. ***mal ~ mezzo gaudio*** geteiltes Leid ist halbes Leid.

2.co|mu|ne I m. **1a** AMM. Kommune *f.*: ***amministrare, sovvenzionare i -i*** Kommunen verwalten, unterstützen **b** *(paese)* Gemeinde *f.*; *(città)* Stadt *f.*: ***un ~ di campagna*** eine ländliche Gemeinde, eine Landgemeinde; ***il ~ di Torino*** die Stadt Turin **c** *(uffici)* Gemeinde *f.*; *(edificio)* Rathaus *n.*: ***recarsi, andare in ~*** zum, aufs Rathaus gehen **2** STOR. Stadtstaat *m.*: ***l'età (medievale) dei -i*** die (mittelalterliche) Zeit der Stadtstaaten **II** f. Kommune *f.*, Wohngemeinschaft *f.*: ***fondare una ~*** eine Kommune gründen; ***vivere in una ~*** in einer Wohngemeinschaft leben ◆ POL. ***Camera dei Comuni*** Unterhaus *n.*; STOR. ***la Comune di Parigi*** Pariser Kommune *f.*; ***sposarsi in ~*** standesamtlich heiraten.

co|mu|nel|la f. **1** COLLOQ. ***fare ~ (con qcn.)*** zusammen‿glucken, sich (mit jdm) zusammen‿tun **2** *(passe-partout)* Hauptschlüssel *m.*, Generalschlüssel *m.*

co|mu|ne|men|te avv. allgemein: ***essere ~ noto*** allgemein bekannt sein; ***~ si dice che...*** man sagt allgemein, dass...

co|mu|ni|ca|bi|le agg. mitteilbar, vermittelbar. **co|mu|ni|ca|bi|li|tà** f. Mitteilbarkeit *f.*, Vermittelbarkeit *f.*

co|mu|ni|can|do m. **1** Kommunikant *m.* **2** *(di prima comunione)* Erstkommunikant *m.*, Kommunionkind *n.*

co|mu|ni|can|te agg. Verbindungs-, miteinander kommunizierend: ***porta ~*** Verbindungstür *f.*; ***locali -i*** miteinander kommunizierende Räume ◆ FIS. ***vasi -i*** kommunizierende Röhren.

co|mu|ni|ca|re *(comunico, comunichi)* **I** tr. **1** mit‿teilen; *(via etere)* durch‿sagen: ***~ qcs. a qcn. a voce, per telefono*** jdm etw. mündlich, telefonisch mitteilen **2** *(rendere noto)* bekannt machen, bekannt geben; *(ufficialmente)* verlautbaren: ***~ i risultati elettorali*** die Wahlergebnisse bekannt geben **3** *(trasmettere)* übertragen (anche TECN.): ***~ a qcn. il proprio entusiasmo*** seine Begeisterung auf jdn übertragen; ***l'albero motore comunica il moto alle ruote*** die Antriebswelle überträgt die Bewegung auf die Räder **4** RELIG. ***~ qcn.*** die Kommunion an jdn aus‿teilen **II** intr. (aus. *avere*) **1** verbunden sein, Verbindung haben: ***~ con l'esterno*** eine Verbindung nach außen haben; ***la cucina comunica con il soggiorno*** die Küche ist mit dem Wohnzimmer verbunden **2** *(dialogare)* sich verständigen, kommunizieren: ***~ (con qcn.) a gesti, in tedesco*** sich (mit jdm) durch Gesten, auf Deutsch verständigen **3** ESTENS. *(aprirsi)* ***~ con qcn.*** sich jdm an‿vertrauen, sich jdm offenbaren **III** pronom. **comunicarsi** **1** RELIG. kommunizieren **2** *(diffondersi)* sich verbreiten, sich aus‿breiten: ***il panico si comunica agli, tra gli spettatori*** Panik breitet sich unter den Zuschauern aus.

co|mu|ni|ca|ti|va f. **1** Mitteilsamkeit *f.*: ***avere molta ~*** sehr mitteilsam sein **2** *(capacità di comunicazione)* Kommunikationsfähigkeit *f.* (anche PSIC.). **co|mu|ni|ca|ti|vo** agg. **1** kommunikativ, Kommunikations-: ***metodo didattico ~*** kommunikative Lehrmethode; LING. ***processo ~*** Kommunikationsprozess *m.* **2** *(espansivo)* mitteilsam, kommunikativ, gesprächig: ***una persona -a*** eine mitteilsame Person **3** *(contagioso)* übertragbar, ansteckend: ***una risata -a*** ein ansteckendes Lachen ◆ ***poco ~*** kontaktarm, kontaktschwach.

co|mu|ni|ca|to m. Meldung *f.*, BUROCR. Kommuniqué *n.*: ***~ ufficiale*** amtliche Meldung; ***diramare un ~*** ein Kommuniqué heraus‿geben; ***trasmettere, diffondere un ~ alla radio, alla televisione*** eine Meldung über (*o* durch) das Radio, im Fernsehen verbreiten ◆ ***~ d'agenzia*** Agenturmeldung *f.*; ***~ commerciale*** Werbespot *m.*, Spot *m.*; ***~ stampa*** Pressemeldung *f.*; ***~ straordinario*** Sondermeldung *f.*

co|mu|ni|ca|zio|ne f. **1** Mitteilung *f.*, Meldung *f.*: ***~ riservata*** vertrauliche Mitteilung; ***ricevere, inoltrare una ~*** eine Mitteilung erhalten, weiter‿geben; ***fare una ~ (a qcn.)*** (jdm) eine Mitteilung machen **2** *(telefonata)* Gespräch *n.*, Anruf *m.*: ***~ di servizio, urgente*** dienstliches, dringendes Gespräch; ***~ interurbana*** Ferngespräch *n.*; ***farsi passare la ~ in camera*** sich das Gespräch auf das Zimmer legen lassen **3** *(collegamento)* Verbindung *f.*: ***-i ferroviarie, stradali, telefoniche*** Eisenbahn-, Straßen-, Telefonverbindungen *pl.*; ***interrompere le -i*** die Verbindungen unterbrechen; ***essere, mettersi in ~ con qcn.*** mit jdm in Verbindung sein (*o* stehen), sich mit jdm in Verbindung setzen **4** LING. *(il comunicare)* Kommunikation *f.*: ***~ verbale, diretta, indiretta*** verbale, direkte, indirekte Kommunikation ◆ DIR. ***~ giudiziaria*** Ermittlungsbescheid *m.*; ***linee di ~*** → ***vie di ~***; ***mezzi di ~*** Verkehrsmittel *pl.*; ***mezzi di ~ (di massa)*** Massenkommunikationsmittel *pl.*, Medien *pl.*; ***scienza delle -i*** Kommunikationswissenschaften *pl.*; ***vie di ~*** Verkehrswege *pl.*

comu|nio|ne f. **1** Gemeinschaft *f.*: ***~ di interessi*** Interessengemeinschaft *f.* **2** RELIG. Kommunion *f.* (anche ESTENS.): ***fare (ricevere), amministrare la ~*** die Kommunion empfangen, aus‿teilen; ***andare a fare la ~*** zur Kommunion gehen; ***prima ~*** Erstkommunion *f.* ◆ DIR. ***~ dei beni*** Gütergemeinschaft *f.*; RELIG. ***la ~ dei Santi*** die Gemeinschaft der Heiligen.

co|mu|ni|smo m. Kommunismus *m.* **co|mu|ni|sta** *(-i,-e)* **I** agg. kommunistisch: ***partito ~*** kommunistische Partei **II** m. e f. Kommunist *m.* (-in *f.*).

co|mu|ni|tà f.inv. **1** Gemeinschaft *f.*: ***inserirsi in una ~*** sich in eine Gemeinschaft ein‿gliedern; ***agire nell'interesse della ~*** im Interesse der Gemeinschaft handeln; ***essere utile alla ~*** der Gemeinschaft dienen **2** Gemeinde *f.*: ***la ~ ebraica, italiana di New York*** die jüdische, italienische Gemeinde von New York **3** *(per fini sociali)* Wohngemeinschaft *f.*: ***una ~ per handicappati, tossicodipendenti*** eine Wohngemeinschaft für Behinderte, Rauschgiftabhängige ◆ ***~ alloggio*** Wohngemeinschaft *f.*; ***Comunità Economica Europea*** Europäische Wirtschaftsgemeinschaft; ***Comunità Europea*** Europäische Gemeinschaft; ***Comunità Europea dell'Energia Atomica*** Europäische Gemeinschaft für Atomenergie; ***la ~ internazionale*** die internationale Staatengemeinschaft; ***~ linguistica*** Sprachgemeinschaft *f.*; ***~ montana*** = Verband *m.* von Gebirgsgemeinden; ***~ parrocchiale*** Pfarrgemeinde *f.*, Kirchengemeinde *f.*; ***~ religiosa*** Religionsgemeinde *f.*, Glaubensgemeinde *f.*; ***la ~ scientifica*** die wissenschaftliche Welt; ***Comunità di Stati Indipendenti*** Gemeinschaft Unabhängiger Staaten; ***~ terapeutica*** therapeutische Wohngemeinschaft.

co|mu|ni|ta|rio agg. *(-ri,-rie)* **1** Gemeinschafts-: ***spirito ~*** Gemeinschaftsgeist *m.*; ***vita -a*** Gemeinschaftsleben *n.* **2** *(della CEE)* EU-, Euro-: ***diritto, bilancio ~*** EU-Recht n., EU-Haushalt *m.*; ***norme -rie*** Euronormen *pl.*

co|mun|que **I** avv. **1** jedenfalls, auf jeden Fall, ohnehin, sowieso: ***che mi aiuti o no, lo farò ~*** ob du mir hilfst oder nicht, ich mach es sowieso; ***devo ~ andare in città*** ich muss sowieso in die Stadt fahren; ***io, ~, non sono d'accordo*** ich bin jedenfalls nicht damit einverstanden; ***cerca ~ di venire anche tu*** versuch auch du auf alle Fälle zu kommen **2** *(con senso conclusivo)* letzlich, immerhin: ***questo ~ vuol dire che...*** das will letzlich heißen, dass... **II** cong. **1** ganz gleich, wie auch immer, egal: ***~ vada, sono contento di avere partecipato*** ganz gleich wie es ausgeht, ich bin froh, dabei gewesen zu sein; ***~ stiano le cose, bisogna fare qualcosa*** egal wie die Dinge stehen, man muss etwas tun **2** *(tuttavia)* dennoch, jedoch: ***non approvo i suoi metodi, ~ non mi opporrò*** ich stimme seinen Methoden nicht zu, dennoch will ich mich nicht widersetzen; ***ho un po' di febbre, ~ uscirò lo stesso*** obwohl ich etwas Fieber habe, gehe ich aus.

con prep. (anche artcl. **col, collo, colla, coll'**; pl. **coi, cogli, colle**) **1a** *(compagnia e unione)* mit + dat.: ***posso andare ~ loro?*** darf ich mit ihnen gehen? ***giocare a carte ~ qcn.*** mit jdm Karten spielen; ***il Signore sia ~ voi!*** Gott sei mit euch! ***uscire ~ l'ombrello, ~ l'impermeabile*** mit dem Regenschirm, Regenmantel aus‿gehen; ***è arrivato ~ molti bagagli*** er ist mit viel Gepäck angekommen; ***oggi il giornale è uscito ~ un inserto*** heute ist die Zeitung mit einer Beilage erschienen; ***gelato, fragole ~ panna*** Eis, Erdbeeren mit Schlagsahne **b** *(presso)* bei + dat.: ***abitare ~ i genitori*** bei den Eltern wohnen; ***non ho denaro ~ me*** ich habe kein Geld bei mir **2a** *(relazione)* mit + dat.: ***trattare ~ un cliente*** mit einem Kunden verhandeln; ***sposarsi ~ qcn.*** sich mit jdm verheiraten; ***avere un appuntamento ~ qcn.*** eine Verabredung mit jdm haben; ***conversare, litigare ~ qcn.*** sich mit jdm unterhalten, mit jdm streiten; ***non voglio avere più niente a che fare ~ lui!*** ich will mit ihm nichts mehr zu tun haben! ***pasta col sugo*** Nudeln mit Soße **b** *(contro)* ***lottare, combattere ~ qcn.*** mit jdm, gegen jdn kämpfen **c** *(nei confronti di)* zu + dat., gegenüber + dat., gegen + acc.: ***essere gentile, cattivo ~ qcn.*** nett, böse zu jdm sein **3a** *(mezzo, strumento)* ***scrivere ~ la penna*** mit dem Füller schreiben; ***mangiare ~ le mani*** mit den Fingern essen; ***arrivare col treno*** mit dem Zug an‿kommen **b** *(con indicazione di materia)* aus + dat.: ***il vino si fa ~ l'uva*** der Wein wird aus Trauben gemacht **4a** *(modo; spesso tradotto con avverbio)* mit + dat.: ***parlare ~ ammirazione, disprezzo di qcn.*** von jdm mit Bewunderung, verächtlich sprechen; ***agire ~ calma, freddezza*** mit Ruhe, eiskalt handeln; ***~ gli occhi chiusi*** mit geschlossenen Augen; ***salutare qcn. ~ un leggero cenno del capo*** jdn mit einem leichten Nicken grüßen **b** *(con genitivo o possessivo)* zu + dat.: ***~ mio rincrescimento*** zu meinem Bedauern; ***~ mia grande gioia*** zu meiner großen Freude **c** unter + dat: ***~ la premessa di...*** unter der Voraussetzung, dass...; ***sparì ~ il pretesto di...*** er verschwand unter dem Vorwand...; ***essere noto col nome di ...*** unter dem Namen... bekannt sein **d** bei + dat.: ***dormire ~ la finestra***

aperta bei offenem Fenster schlafen **5** *(qualità; spesso tradotto con aggettivi o sostantivi)* mit + dat.: ***un uomo ~ i baffi*** ein Mann mit Schnurrbart; ***villa ~ piscina, casa ~ giardino*** Villa mit Schwimmbad, Haus mit Garten; ***una camera ~ vista sul mare*** ein Zimmer mit Meeresblick; ***scarpe col tacco alto, ~ i tacchi a spillo*** Schuhe mit hohen Absätzen, Stöckelschuhe *pl.* **6** *(causa)* bei + dat., wegen + gen.: ***~ questo rumore non si riesce a dormire*** bei diesem Lärm kann man nicht schlafen; ***~ questo freddo dovresti vestirti di più*** bei dieser Kälte solltest du dich wärmer an‿ziehen; ***col peso della neve il tetto è crollato*** das Dach ist unter dem Gewicht des Schnees eingestürzt; ***~ i tempi che corrono c'è poco da stare allegri*** in der heutigen Zeit gibt es wenig zu lachen; COLLOQ. ***~ la fame che ho mangerei anche un bue*** bei dem Hunger, den ich habe, könnte ich einen Ochsen verschlingen **7** *(paragone)* mit + dat.: ***confrontare una traduzione ~ il testo originale*** eine Übersetzung mit dem Originaltext vergleichen **8** *(circostanza, tempo)* bei + dat, mit + dat.: ***col brutto, col bel tempo*** bei schlechtem, schönem Wetter; ***viaggiare ~ la pioggia*** bei Regen fahren; ***essere a letto ~ la febbre*** mit Fieber im Bett liegen; ***alzarsi col sole*** bei Sonnenaufgang auf‿stehen; ***~ l'autunno le rondini se ne vanno*** im Herbst ziehen die Schwalben fort; ***~ gli anni, ~ il passar degli anni la cosa fu dimenticata*** mit den Jahren wurde die Sache vergessen; ***~ il 21 marzo comincia la primavera*** am 21. März fängt der Frühling an **9** *(limitazione)* mit + dat.: ***come va ~ il lavoro?*** wie geht's mit der Arbeit? ***essere indietro ~ gli esami*** mit den Prüfungen zurück sein; ***essere a posto ~ la coscienza*** ein gutes (*o* ruhiges) Gewissen haben **10** COLLOQ. *(concessivo, avversativo)* trotz + gen., bei + dat.: ***~ tutti i guai che ha riesce ancora a scherzare*** trotz all seines Ärgers kann er immer noch scherzen; ***~ tanti posti che c'erano, proprio qui dovevamo venire?*** bei all den (vielen) Plätzen, die es gibt, mussten wir ausgerechnet hierher kommen? ***(pur) ~ tutti i suoi difetti, non è affatto tirchio*** bei allen seinen Fehlern, ist er überhaupt nicht knauserig; ***~ quello che guadagna pretende di fare la bella vita*** er glaubt mit dem, was er verdient, sich ein schönes Leben machen zu können; ***~ tutto il rispetto credo che lei abbia torto*** bei allem Respekt, glaube ich, dass sie Unrecht hat **11** rafforz. *(prima di avv. o prep.)* ***una donna ~ in braccio un bambino, ~ un bambino in braccio*** eine Frau mit einem Kind im Arm; ***una casa ~ dietro il bosco*** ein Haus mit dem Wald dahinter **12** *(seguito dall'infinito sostantivato)* ***col fare ciò ti danneggi*** damit schadest du dir; ***~ il leggere s'impara molto*** durch Lesen lernt man viel; ***cominciò col dire che...*** er begann, indem er sagte, dass...; ***finì ~ l'ammettere il proprio torto*** schließlich gab er seinen Fehler zu; ***finirai ~ lo stancarti!*** am Ende wirst du völlig erschöpft sein! ◆ ***~ tutto il cuore*** von ganzem Herzen; SPORT ***due ~*** Zweier *m.* mit Steuermann; ***e ~ ciò?*** na und? ***insieme ~*** zusammen mit; ***~ permesso!*** mit Ihrer Erlaubnis! wenn Sie erlauben! ***col Suo permesso andrei a casa*** wenn Sie erlauben (*o* einverstanden sind), würde ich gerne nach Hause gehen; ***vieni anche tu? – ~ piacere!*** kommst du mit? – ja gern! SPORT ***quattro ~*** Vierer *m.* mit Steuermann; ***~ tutto che*** obwohl, wenn auch.

co|na|ti|vo agg. LING. ***funzione -a*** konative Funktion. **co|na|to** m. Anstrengung *f.*; *(tentativo)* Versuch *m.* ◆ ***~ di vomito*** Brechreiz *m.*

con|ca f. *(-che)* **1** = Becken *n.* (aus gebranntem Ton) **2** *(anfora di rame)* Kupferkrug *m.* **3** *(bacino naturale o artificiale)* Becken *n.*: ***una ~ d'acqua*** ein Wasserbecken **4a** GEOGR. Kessel *m.*, Talkessel *m.*, Mulde *f.* **b** ESTENS. Talmulde *f.* ◆ ***~ absidale*** Koncha *f.*, Konche *f.*; ***~ di navigazione*** Schleuse *f.*

con|ca|te|na|men|to m. Verkettung *f.* **con|ca|te|na|re I** tr. verketten **II** pronom. **concatenarsi** sich verketten. **con|ca|te|na|zio|ne** f. Verkettung *f.*

con|cau|sa f. Mitursache *f.*

con|ca|vi|tà f.inv. Konkavität *f.* **con|ca|vo** agg. konkav, Konkav-, hohl: ***lenti -e*** Konkavlinsen *pl.*; ***specchio ~*** Konkavspiegel *m.*, Hohlspiegel *m.*

con|ce|de|re *(concessi/concedei/concedetti, concesso)* **I** tr. **1a** gewähren: ***~ un credito, un prestito a qcn.*** jdm einen Kredit, ein Darlehen gewähren (*o* bewilligen); ***~ uno sconto a qcn.*** jdm einen Rabatt gewähren; ***~ una proroga, una tregua a qcn.*** jdm einen Aufschub, eine Schonfrist gewähren; ***~ un appuntamento*** eine Verabredung gewähren; ***gli ha concesso la mano di sua figlia*** er hat ihm die Hand seiner Tochter gewährt; DIR. ***~ una riduzione della pena, l'amnistia*** einen Straferlass gewähren, die Amnestie erlassen; SPORT ***~ un calcio di rigore*** einen Elfmeter gewähren (*o* geben) **b** geben: ***~ un'intervista, un bis*** ein Interview, eine Zugabe geben **c** erteilen: ***~ un brevetto, una licenza, un permesso a qcn.*** jdm ein Patent, eine Lizenz, eine Erlaubnis erteilen **d** schenken: ***~ a qcn. la propria fiducia, il proprio tempo*** jdm sein Vertrauen, seine Zeit schenken **e** bewilligen: ***~ un aumento di stipendio a qcn.*** jdm eine Gehaltserhöhung bewilligen **2** *(permettere)* erlauben: ***non gli fu concesso di vedere i figli*** ihm wurde nicht erlaubt, seine Kinder zu sehen **3a** *(ammettere)* an‿nehmen: ***concediamo pure che sia vero...*** nehmen wir ruhig an, dass es wahr ist... **b** *(riconoscere)* ***io posso anche aver esagerato -questo te lo concedo- ma lui comunque ha torto*** ich gebe zu, dass ich vielleicht etwas übertrieben habe, aber er hat jedenfalls Unrecht **II** pronom. **concedersi 1a** sich hin‿geben: ***si è concessa a lui*** sie hat sich ihm hingegeben; ***si concede a tutti*** sie ist für jeden zu haben **b** ***non si concede mai ai fotografi, ai giornalisti*** er lässt sich nie fotografieren, interviewen **2a** ***-rsi qcs.*** sich (D) etw. erlauben, genehmigen, etw. gönnen; ***-rsi una breve pausa, un attimo di riposo*** sich eine kurze Pause, eine Ruhepause gönnen; ***-rsi un bicchierino, qualche piccolo piacere*** sich ein Gläschen Wein, manche kleine Freude erlauben **b** *(permettersi qcs.)* sich (D) etw. leisten, gestatten: ***possiamo concederci questo lusso*** wir können uns diesen Luxus leisten ◆ ***mi concede questo ballo?*** Gestatten Sie? Darf ich bitten?

con|ce|le|bran|te m. Konzelebrant *m.* **con|ce|le|bra|re** tr. *(concelebro)* konzelebrieren. **con|ce|le|bra|zio|ne** f. Konzelebration *f.*

con|cen|tra|men|to m. Konzentration *f.*, Ansammlung *f.*: ***~ di truppe, di capitali*** Truppen-, Kapitalkonzentration *f.* ◆ ***campo di ~*** Konzentrationslager *n.*

con|cen|tra|re I tr. **1** konzentrieren, zusammen‿ballen: ***~ le truppe in una zona*** die Truppen in einem Gebiet konzentrieren **2a** FIG. konzentrieren: ***~ i propri pensieri, la propria attenzione su qcs.*** seine Gedanken, seine Aufmerksamkeit auf etw. (A) konzentrieren; ***~ le proprie forze in un'impresa*** seine ganzen Kräfte auf ein Unternehmen konzentrieren **b** ***~ i voti su un candidato*** die Stimmen auf einen Kandidaten kumulieren **3** *(condensare)* verdichten **4** CHIM. konzentrieren, an‿reichern **II** pronom. **concentrarsi 1** *(convergere)* sich konzentrieren, sich an‿reichern **2** *(mentalmente)* sich konzentrieren, sich sammeln: ***-rsi su un problema*** sich auf ein Problem konzentrieren; ***con questo rumore non riesco a concentrarmi*** bei diesem Lärm kann ich mich nicht konzentrieren.

con|cen|tra|to I p.pass. agg. **1** → **concentrare 2a** konzentriert: ***la ricchezza del paese è -a nelle grandi città del nord*** der Reichtum des Landes konzentriert sich auf die Großstädte im Norden **b** FIG. ***avere la mente -a su qcs.*** mit seinen Gedanken auf etw. (A) konzentriert sein **II** m. **1** CHIM. Konzentrat *n.* **2** FIG. Ansammlung *f.*, Anhäufung *f.*, Zusammenballung *f.*; ***il suo discorso è un ~ di stupidità*** seine Rede ist geballter Unsinn ◆ ***estratto ~ di carne*** Fleischextrakt *m.*; ***fuoco ~*** Punktfeuer *n.*; ***pomodoro ~, ~ di pomodoro*** Tomatenmark *n.*

con|cen|tra|zio|ne f. **1** Konzentration *f.*, Ansammlung *f.*: ***~ di capitali, di potere, di truppe*** Kapital-, Macht-, Truppenkonzentration *f.*; ECON. ***~ orizzontale, verticale*** horizontale, vertikale Konzentration **2** *(raccoglimento)* Konzentration *f.*, Sammlung *f.*: ***perdere la ~*** die Konzentration verlieren; ***questo lavoro richiede molta ~*** diese Arbeit erfordert viel Konzentration; ***capacità, mancanza di ~*** Konzentrationsfähigkeit *f.*, -mangel *m.* **3** POL. Zusammenschluss *m.*: ***~ di partiti*** Parteienzusammenschluss *m.* **4** CHIM. Konzentrierung *f.*: ***una soluzione ad alta, a bassa ~*** eine hoch, schwach konzentrierte Lösung ◆ ***regione ad alta ~ (di popolazione)*** Ballungsraum *m.*; ***~ delle testate*** Pressekonzentration *f.*

con|cen|tri|ci|tà f. Konzentrizität *f.* **con|cen|tri|co** agg. *(-ci,-che)* konzentrisch.

con|ce|pi|bi|le agg. **1** denkbar, vorstellbar **2** *(ammissibile)* akzeptierbar, annehmbar: ***non è ~ un simile comportamento*** ein solches Verhalten ist nicht akzeptierbar.

con|ce|pi|men|to m. **1** Empfängnis *f.*, Konzeption *f.*: ***il ~ di un figlio*** die Empfängnis eines Kindes **2** FIG. Konzeption *f.*, Geburt *f.*, Entwurf *m.*: ***il ~ di un'idea, di un piano*** die Geburt einer Idee, der Entwurf eines Plans.

con|ce|pi|re tr. *(concepisco, concepisci)* **1** empfangen, konzipieren: ***~ un figlio*** ein Kind empfangen **2** FIG. *(ideare, progettare)* konzipieren, (sich) aus‿denken: ***~ un piano, un programma, un romanzo, un'idea*** einen Plan, ein Programm, einen Roman konzipieren, eine Idee entwickeln **3** *(provare)* fühlen: ***~ affetto, ammirazione per qcn.*** Zuneigung, Bewunderung für jdn fühlen (*o* entwickeln); ***~ un sospetto, una speranza*** Verdacht, Hoffnung schöpfen **4** *(comprendere)* begreifen, erfassen: ***non concepisco il suo modo di fare*** ich begreife seine Handlungsweise nicht **5** *(intendere)* verstehen, sehen: ***~ l'arte come una missione*** die Kunst als eine Mission verstehen; ***il suo modo di ~ la vita è piuttosto originale*** seine Art, das Leben zu sehen, ist ziemlich originell **6** *(immaginare)* sich vor‿stellen: ***non riesco neanche a ~ una vigliaccata del genere!*** ich kann mir eine solche Gemeinheit nicht einmal vorstellen!

con|ce|ri|a f. Gerberei *f.*

con|cer|nen|te agg. betreffend. **con|cer|ne|re** tr. betreffen, an‿gehen, an‿belangen: ***questa cosa non ti concerne*** diese Sache betrifft dich nicht; ***si interessa di astrologia e tutto ciò che la concerne*** er interessiert sich für Astrologie und alles, was damit zusammenhängt; ***per quanto mi concerne non ne so niente*** was mich betrifft (*o* angeht), ich weiß davon nichts.

con|cer|tan|te agg. konzertant: ***sinfonia ~*** konzertante Sinfonie. **con|cer|ta|re** tr. **1** ein‿studieren: ***~ una sinfonia*** eine Sinfonie einstudieren **2** FIG. *(ordire)* ab‿stimmen, verabreden. **con|cer|ta|to I** p.pass. agg. **1** → **concertare 2** konzertiert: ***un'azione -a*** eine konzertierte Aktion **3** MUS. ***aria -a*** Konzertarie *f.* **II** m. Concertato *n.* **con|cer|ta|to|re** agg. e m. ***(maestro) ~*** Korrepetitor *m.*, Repetitor *m.* **con|cer|ta|zio|ne** f. Einstudierung *f.*

con|cer|ti|no m. Concertino *n.* **con|cer|ti|smo** m. Konzertpraxis *f.*, Konzertkomposition *f.* **con|cer|ti|sta** m. e f. *(-i,-e)* Solist *m.* (-in *f.*). **con|cer|ti|sti|co** agg. *(-ci,-che)* Konzert-: ***stagione, attività -a*** Konzertsaison *f.*, Konzerttätigkeit *f.*

con|cer|to m. Konzert *n.*: ***dare un ~*** ein Konzert geben, konzertieren; ***al ~*** im Konzert; ***andare a un ~*** in ein Konzert gehen, ein Konzert besuchen; ***un ~ a favore di qcn.*** ein Konzert zugunsten jds; ***comporre, eseguire, ascoltare un ~*** ein Konzert komponieren, auf‿führen, an‿hören; ***un ~ per pianoforte e orchestra*** ein Klavierkonzert *n.*; ***~ per chitarra, violino*** Gitarren-, Violinkonzert *n.*; FIG. ***un ~ di colori*** ein Konzert von Farben; SCHERZ. ***un ~ di clacson*** ein Hupkonzert ◆ ***~ di beneficienza*** Benefizkonzert *n.*, Wohltätigkeitskonzert *n.*; ***biglietto per il ~*** Konzertkarte *f.*; ***di ~*** einig, im Einverständnis; ***~ jazz*** Jazzkonzert *n.*; ***~ in piazza*** Platzkonzert *n.*; ***~ rock*** Rockkonzert *n.*; ***sala da -i*** Konzertsaal *m.*; ***~ sinfonico*** Sinfoniekonzert *n.*; ***~ solistico*** Solistenkonzert *n.*

con|ces|si → **concedere.**

con|ces|sio|na|rio I agg. *(-ri,-rie)* Konzessions- **II** m. *(-ri)* **1** BUROCR. Konzessionsinhaber *m.*, Konzessionär *m.* **2** *(di auto)* Vertragshändler *m.*

con|ces|sio|ne f. **1** Gewährung *f.*, Bewilligung *f.*: ***~ di uno sconto, di (un) prestito*** Gewährung eines Rabatts, eines Darlehens; ***~ di credito*** Kreditbewilligung *f.*; ***~ di asilo*** Asylgewährung *f.* **2** DIR. BUROCR. *(autorizzazione)* Konzession *f.*: ***ottenere, accordare una ~ (per qcs.)*** eine Konzession (für etw.) erwerben, erteilen; ***togliere a qcn. la ~*** jdm die Konzession entziehen **3** ESTENS. Zugeständnis *n.*, Konzession *f.*: ***fare -i a qcn., a qcs.*** jdm, an etw. (A) Zugeständnisse machen **4** *(conferimento)* Verleihung *f.*: ***la ~ della cittadinanza onoraria*** die Verleihung der Ehrenbürgerschaft ◆ ***~ d'appalto*** Submission *f.*; ***~ edilizia*** Baugenehmigung *f.*; ***~ governativa*** staatliche Genehmigung.

con|ces|si|va f. Konzessivsatz *m.* **con|ces|si|vo** agg. konzessiv: ***frase, proposizione -a*** Konzessivsatz *m.*

con|ces|so p.pass. → **concedere** ◆ ***ammesso e non ~ che...*** angenommen, dass...

con|ces|so|re m. Spender *m.*

con|cet|ti|smo m. Konzeptismus *m.*

con|cet|to m. **1** Begriff *m.*, Konzept *n.*: ***un ~ filosofico, difficile*** ein philosophischer, schwieriger Begriff; ***esprimere, afferrare, capire un ~*** einen Begriff aus‿drücken, erfassen, verstehen; ***~ di stato*** Staatsbegriff *m.*, Staatsgedanke *m.*; ***~ di libertà*** Freiheitsbegriff *m.*, Freiheitsgedanke *m.* **2** *(concezione)* Begriff *m.*, Auffassung *f.*: ***un nuovo ~ di democrazia*** ein neuer Demokratiebegriff; ***un rigido ~ del dovere*** eine strenge Pflichtauffassung **3** *(opinione)* Begriff *m.*, Vorstellung *f.*, Meinung *f.*: ***farsi un ~ (sbagliato) di qcs.*** sich (D) einen (falschen) Begriff von etw. machen; ***avere un alto ~ di sé*** eine hohe Meinung von sich haben, sich (D) viel ein‿bilden **4** *(nella letteratura barocca)* Concepto *m.* ◆ ***~ fondamentale*** Grundbegriff *m.*, Grundgedanke *m.*; ***~ generale*** Allgemeinbegriff *m.*; ***~ giuridico*** Rechtsbegriff *m.*; ***impiegato di ~*** Beamter (*o* Angestellter) des mittleren Dienstes; ***lavoro di ~*** = Büroarbeit *f.*; ***~ morale*** Moralbegriff *m.*; ***~ specialistico*** Fachbegriff *m.*

con|cet|to|si|tà f. Überspitztheit *f.* **con|cet|to|so** agg. **1** schwülstig: ***stile ~*** schwülstiger Stil **2** SPREG. überspitzt: ***un'esposizione -a*** eine überspitzte Formulierung.

con|cet|tua|le agg. **1** begrifflich, begriffsmäßig: ***chiarezza ~*** begriffliche Klarheit **2** *(logico)* gedanklich, Gedanken-, Denk-: ***modello ~*** Denkmodell *n.*; ***salto ~*** Gedankensprung *m.* ◆ ***arte ~*** Konzeptkunst *f.* **con|cet|tual|men|te** avv. begrifflich.

con|ce|zio|na|le agg. konzeptionell.

con|ce|zio|ne f. Auffassung *f.*, Konzeption *f.*: ***la ~ materialistica*** die materialistische Auffassung; ***~ della vita, del diritto*** Lebensauffassung *f.*, Rechtsauffassung *f.*; ***la moderna ~ del lavoro*** die moderne Arbeitsauffassung ◆ ***Immacolata Concezione*** Unbefleckte Empfängnis; ***~ del mondo*** Weltanschauung *f.*

con|chi|glia f. **1** Muschel *f.*, Muschelschale *f.*: ***raccogliere -e*** Muscheln sammeln; ***a forma di ~*** muschelförmig, muschelig **2** ARCH. Muschelwerk *n.* **3** TECN. Kokille *f.* **4** pl. GASTR. INTRAD. (Muschelnudeln). **con|chi|li|fe|ro** agg. muschelreich. **con|chi|li|for|me** agg. muschelförmig, muschelig, konchiform.

con|chiu|de|re → **concludere.**

con|cia f. *(-ce)* **1** Gerben *n.*, Gerbung *f.* **2** *(di tabacco, sementi...)* Beize *f.* **3** → **conceria 4** → **conciante** ◆ ***~ al cromo*** Chromgerbung *f.*; ***~ al tannino*** Tanninbeize *f.*, Lohgerbung *f.*

con|cia|broc|che m.inv. Pfannenflicker *m.*, Pfannenschmied *m.*

con|cian|te I agg. Gerb- **II** m. Gerbstoff *m.* **con|cia|pel|li** m.inv. Lohgerber *m.*, Gerber *m.*

con|cia|re *(concio, conci)* **I** tr. **1** gerben: ***~ la pelle*** Leder gerben **2** *(tabacco, sementi...)* beizen **3** FIG. COLLOQ. *(ridurre male)* zu‿richten: ***~ male qcn.*** jdn übel zurichten **II** pronom. **conciarsi 1** sich (übel) zu‿richten **2** *(vestirsi male)* sich zusammen‿richten: ***come ti sei conciato!*** wie hast du dich zusammengerichtet! ◆ ***~ alla scorza*** lohen, mit der Lohe gerben; ***~ qcn. per le feste*** jdm das Fell (*o* die Schwarte) gerben.

con|cia|rio I agg. *(-ri,-rie)* Gerb- **II** m. *(-ri)* Gerber *m.* **con|cia|to|re** m. Gerber *m.* **con|cia|tu|ra** f. **1** Gerben *n.*, Gerbung *f.* **2** *(di tabacco)* Beize *f.*

con|ci|lia|bi|le agg. vereinbar: ***essere (difficilmente) ~ con qcs.*** mit etw. (schwerlich) vereinbar sein.

con|ci|lia|bo|lo m. = heimliche Zusammenkunft *f.*

con|ci|lian|te agg. versöhnend, versöhnlich: ***parlare in tono ~*** in versöhnlichem Ton sprechen.

1.con|ci|lia|re *(concilio, concili)* **I** tr. **1** vereinbaren, in Einklang bringen: ***~ impegni diversi*** verschiedene Verpflichtungen miteinander vereinbaren; ***~ il lavoro con lo sport*** seine Arbeit mit dem Sport in Einklang bringen **2** *(riconciliare)* versöhnen: ***~ gli avversari*** die Gegner versöhnen **3** *(favorire)* ***~ il sonno, l'appetito*** einschläfernd, appetitanregend wirken **4** BUROCR. ***~ una contravvenzione*** ein Strafmandat (gleich) bezahlen **II** pronom. **conciliarsi 1** *(riconciliarsi)* sich versöhnen **2** *(adattarsi, corrispondere)* in, im Einklang stehen: ***le tue scelte non si conciliano con le tue parole*** deine Entscheidungen stehen mit deinen Worten nicht im Einklang **3** *(cattivarsi)* gewinnen: ***-rsi il favore di qcn.*** jds Gunst gewinnen.

2.con|ci|lia|re agg. Konzil(s)-.

con|ci|lia|ri|smo m. Konziliarismus *m.*

con|ci|lia|ti|vo agg. versöhnend. **con|ci|lia|to|re I** agg. versöhnend, versöhnlich **II** m. Vermittler *m.*, Schlichter *m.* ◆ ***giudice ~*** Sühnerichter *m.*, Schiedsrichter *m.* **con|ci|lia|to|rio** agg. *(-ri,-rie)* versöhnend, versöhnlich. **con|ci|lia|zio|ne** f. **1** Versöhnung *f.* **2** DIR. Vergleich *m.*: ***~ fra le due parti*** Vergleich zwischen den beiden Parteien ◆ ***procedura di ~*** Sühneverfahren *n.*

con|ci|lio m. *(-li)* Konzil *n.* ◆ ***il Concilio di Nicea*** das Nizäische Konzil; ***il Concilio di Trento*** das Tridentinische (*o* Trienter) Konzil; ***il Concilio Vaticano II*** das 2. Vatikanische Konzil.

con|ci|ma|ia f. Dunggrube *f.* **con|ci|ma|re** tr. düngen; *(con letame)* misten. **con|ci|ma|zio|ne** f. Düngung *f.* **con|ci|me** m. Dünger *m.*, Düngemittel *n.*: ***~ naturale, chimico, artificiale*** Natur-, Chemie-, Kunstdünger *m.*; ***~ liquido*** Flüssigdünger *m.*; ***somministrare ~ a una pianta*** einer Pflanze Dünger geben.

1.con|cio m. *(-ci)* Werkstein *m.*, Quaderstein *m.*, Quader *m.* ◆ ***~ in chiave*** Schlussstein *m.*

2.con|cio agg. *(-ci,-ce)* **1** gegerbt **2** REGION. *(malconcio)* schlimm zugerichtet.

con|cio|na|re intr. (aus. *avere*) = eine Ansprache halten. **con|cio|ne** f. **1** Ansprache *f.* **2** IRON. Predigt *f.*, Sermon *m.*: ***tenere (una) ~*** eine Predigt halten.

con|cios|sia|co|sa|ché cong. + congiunt. ANT. **1** weshalb, weil **2** *(sebbene)* obwohl.

con|ci|sa|men|te avv. bündig, kurz und bündig. **con|ci|sio|ne** f. Bündigkeit *f.*; ***con grande ~*** kurz und bündig.

con|ci|so agg. bündig, gedrängt, knapp; RET. konzis: ***un'esposizione -a dei fatti*** ein bündiger Bericht über die Ereignisse; ***stile ~*** konziser Stil.

con|ci|sto|ria|le agg. konsistorial. **con|ci|sto|ro** m. Konsistorium *n.*; ***membro del ~*** Konsistorialrat *m.*

con|ci|ta|re tr. *(concito)* LETT. erregen, auf‿regen. **con|ci|ta|ta|men|te** avv. erregt, aufgeregt. **con|ci|ta|to** p.pass. agg. **1** → **concitare 2** erregt, aufgeregt: ***animo ~*** erregtes Gemüt; ***parole -e*** aufgeregte Worte. **con|ci|ta|zio|ne** f. Erregung *f.*, Aufregung *f.*

con|cit|ta|di|no m. Mitbürger *m.*

con|cla|ma|re tr. aus‿rufen. **con|cla|ma|to** p.pass. agg. **1** → **con-**

clamare **2a** *(evidente)* unbestritten **b** MED. manifest: ***sintomatologia -a*** manifeste Symptomatologie.

con|cla|ve m. Konklave *n.*: ***essere (riuniti) in ~*** zum Konklave versammelt sein.

con|clu|den|te agg. **1** schlüssig, schlagend, konkludent: ***un'argomentazione, una risposta ~*** eine schlüssige Argumentation, Antwort **2** *(di persona)* ***essere poco ~*** wenig zustande bringen.

con|clu|de|re *(concludo, concludi; conclusi; concluso)* **I** tr. **1** ab‿schließen: ***~ un affare, una trattativa*** ein Geschäft, eine Verhandlung abschließen **2** *(terminare)* schließen, beenden: ***~ un discorso, una lettera con i saluti*** eine Rede, einen Brief mit Grüßen schließen **3** *(compiere)* schaffen: ***oggi ho concluso poco, non ho concluso nulla*** heute habe ich wenig, nichts geschafft **4** *(dedurre)* schließen, schlussfolgern: ***ho concluso che ha ragione*** ich bin zu dem Schluss gekommen, dass er Recht hat; ***da ciò si conclude che...*** daraus schließt man, dass... **II** pronom. **concludersi** schließen, enden, aus‿gehen: ***il processo si concluse con una condanna*** der Prozess endete mit einer Verurteilung ◆ ***senza aver concluso nulla*** unverrichteter Dinge.

con|clu|sio|ne f. **1** Schluss *m.*, Abschluss *m.*, Ende *n.*: ***alla ~ di una riunione*** am Ende einer Sitzung; ***portare qcs. a ~*** etw. zum Abschluss bringen; ***trovare una ~*** einen Abschluss finden **2** *(deduzione, conseguenza)* Schlussfolge *f.*, Schlussfolgerung *f.*, Schluss *m.*, Konklusion *f.*: ***una ~ logica*** eine logische Schlussfolgerung; ***trarre le proprie -i da qcs.*** aus etw. seine Schlüsse ziehen; ***arrivare, giungere alla ~ che...*** zu dem Schluss kommen, dass... **3** pl. DIR. Schlussanträge *pl.* ◆ ***in ~*** zum Schluss, schließlich.

con|clu|si|vo agg. abschließend, Schluss-, End-, endgültig, konklusiv: ***fase -a*** Schlussphase *f.*; ***considerazioni -e*** Schlussbemerkungen *pl.*

con|clu|so p.pass. agg. **1** → **concludere** **2** abgeschlossen, festgesetzt, entschieden: ***non c'è nulla di ~*** es steht noch nichts fest, es ist noch nichts entschieden ◆ ***considerare ~ qcs.*** einen Schlusspunkt unter, hinter etw. setzen (*o* einen Schlussstrich unter etw. ziehen).

con|coi|de I agg. muschelförmig **II** f. Konchoide *f.*, Muschellinie *f.*

con|co|mi|tan|te agg. begleitend, gleichzeitig, Begleit-: ***fenomeno, circostanza ~*** Begleiterscheinung *f.*, Begleitumstand *m.* **con|co|mi|tan|za** f. gemeinsames Vorkommen *n.*, Mitwirkung *f.*: ***in ~ con qcs.*** als Begleiterscheinung von etw.

con|cor|dan|te agg. übereinstimmend, konkordant. **con|cor|dan|za** f. **1** Übereinstimmung *f.*, Konkordanz *f.*: ***~ di opinioni*** Übereinstimmung der Meinungen **2** GRAMM. Übereinstimmung *f.*, Konkordanz *f.*, Kongruenz *f.*: ***~ verbale*** Verbalkonkordanz *f.*

con|cor|da|re I tr. **1** in Übereinstimmung (*o* in Einklang) bringen **2a** *(stabilire d'accordo)* verabreden, vereinbaren, ab‿machen: ***~ il prezzo, un programma*** den Preis, ein Programm vereinbaren **b** *(negoziare)* aus‿handeln: ***~ la pace*** den Frieden aushandeln **3** GRAMM. in Kongruenz bringen: ***~ l'aggettivo col sostantivo*** das Adjektiv mit dem Substantiv in Kongruenz bringen **II** intr. (aus. *avere*) **1** überein‿stimmen, zusammen‿stimmen, zu‿stimmen: ***~ con qcn. su qcs.*** mit jdm in etw. übereinstimmen, einig gehen, jdm in etw. zustimmen **2** GRAMM. überein‿stimmen, kongruieren: ***~ con il soggetto*** mit dem Subjekt übereinstimmen; ***~ in numero e caso*** in Numerus und Kasus übereinstimmen.

con|cor|da|ta|rio agg. *(-ri,-rie)* **1** DIR. Vergleichs-: ***creditore, debitore ~*** Vergleichsgläubiger *m.*, Vergleichsschuldner *m.* **2** STOR. RELIG. Konkordats-.

con|cor|da|to I p.pass. agg. **1** → **concordare** **2** verabredet, abgemacht **II** m. **1** DIR. Vergleich *m.*: ***procedura di ~*** Vergleichsverfahren *n.* **2** STOR. Konkordat *n.*

con|cor|de agg. **1** einstimmig, einhellig: ***un giudizio ~*** ein einstimmiges Urteil **2** übereinstimmend, einig, konkordant: ***opinioni -i*** übereinstimmende (*o* einmütige Meinungen); ***essere ~ con qcn. su qcs.*** mit jdm in etw. (D), über etw. (A) einig sein. **con|cor|de|men|te** avv. übereinstimmend, einhellig, einträchtig.

con|cor|dia f. Übereinstimmung *f.*, Eintracht *f.*, Einigkeit *f.*: ***regna una completa ~*** es herrscht volle Einigkeit.

con|cor|ren|te I agg. **1** konkurrierend, Konkurrenz-: ***una ditta ~*** ein Konkurrenzbetrieb (*o* Konkurrenzunternehmen) **2** *(concomitante)* mitwirkend, zusammentreffend, zusammenfallend: ***cause, circostanze -i*** mitwirkende Ursachen, Begleitumstände **3** GEOM. *(convergente)* konvergent **II** m. e f. Konkurrent *m.* (-in *f.*); *(a un concorso)* Mitbewerber *m.* (-in *f.*), Kandidat *m.* (-in *f.*); *(a una gara)* Wettkämpfer *m.* (-in *f.*): ***un ~ temibile*** ein ernst zu nehmender Konkurrent; ***~ a un posto*** Bewerber um eine Stelle; ***affrontare un ~*** sich einem Konkurrenten stellen; ***eliminare un ~*** einen Konkurrenten beseitigen ◆ ***~ a una gara d'appalto*** Submittent *m.*

con|cor|ren|za f. Konkurrenz *f.*, Wettbewerb *m.*: ***~ sleale*** unlauterer Wettbewerb; ***fare ~ a qcn. (con qcs.)*** jdm (mit etw.) Konkurrenz machen; ***farsi ~*** konkurrieren; ***mettersi, entrare in ~ con qcn.*** mit jdm in Wettbewerb treten; ***battere, sbaragliare la ~*** die Konkurrenz schlagen, aus‿schalten; ***andare dalla, passare alla ~*** zur Konkurrenz gehen, ab‿wandern; ***portare via clienti alla ~*** der Konkurrenz Kunden abspenstig machen; ***reggere il confronto con la ~*** den Vergleich mit der Konkurrenz bestehen; ***prezzo che non teme la ~*** konkurrenzloser Preis.

con|cor|ren|zia|le agg. konkurrenzfähig, wettbewerbsfähig, Konkurrenz-: ***prezzi -i*** Kampfpreise. **con|cor|ren|zia|li|tà** f. Konkurrenzfähigkeit *f.*, Wettbewerbsfähigkeit *f.*

con|cor|re|re intr. *(concorro, concorri; concorsi; concorso;* aus. *avere)* **1** sich bewerben, konkurrieren: ***~ per un posto, a un premio*** sich um eine Stelle, einen Preis bewerben; ***~ con qcn. per qcs.*** mit jdm um etw. konkurrieren **2a** *(convenire)* zusammen‿laufen, herbei‿strömen **b** MAT. *(convergere)* zusammen‿laufen, konvergieren **3** FIG. *(cooperare)* bei‿tragen, mit‿wirken, zusammen‿treffen, zusammen‿wirken: ***~ a qcs.*** zu etw. beitragen, an etw. mitwirken, zusammenwirken; ***in questo processo concorrono diversi fattori*** an diesem Prozess wirken verschiedene Faktoren mit; ***a questo concorrono motivi personali*** dabei spielen persönliche Gründe mit ◆ ***~ per un titolo*** um einen Titel kämpfen.

con|cor|si → **concorrere.**

1.con|cor|so m. **1** Wettbewerb *m.*, Konkurrenz *f.*; SPORT Wettkampf *m.*: ***bandire, indire un ~*** einen Wettbewerb aus‿schreiben; ***partecipare a un ~*** an einem Wettbewerb teil‿nehmen; ***essere ammesso a un ~*** zu einem Wettbewerb zugelassen werden **2** *(affluenza)* Zusammenlaufen *n.*, Zusammenströmen *n.*: ***un grande ~ di persone*** ein großer Menschenauflauf **3** FIG. Mitwirkung *f.*, Zusammentreffen *n.*, Zusammenwirken *n.* **4** DIR. Beihilfe *f.*: ***condannare qcn. per ~ in truffa*** jdn wegen Beihilfe zum Betrug verurteilen ◆ ***~ di ballo*** Tanzturnier *n.*; ***bando di ~*** Wettbewerbsausschreibung *f.*; ***~ di bellezza*** Schönheitswettbewerb *m.*; ***~ di colpa*** Mitverschulden *n.*; ***condizioni di ~*** Wettbewerbsbedingungen *pl.*; ***fuori ~*** außer Konkurrenz; ***~ ippico*** Reitturnier *n.*; ***partecipante a un ~*** Wettbewerbsteilnehmer *m.* (-in *f.*); ***~ a premi*** Preisaufgabe *f.*, Preisausschreiben *n.*; ***~ di reati*** Realkonkurrenz *f.*; ***~ ideale di reati*** Idealkonkurrenz *f.*; ***~ di reato*** Tatbeteiligung *f.*; ***~ alle spese*** Kostenbeteiligung *f.*

2.con|cor|so → **concorrere.**

con|cor|sua|le agg. **1** Wettbewerbs-: ***iter ~*** Wettbewerbsverfahren *n.* **2** DIR. Gemein-: ***il fallimento è un procedimento ~*** der Konkurs ist ein Gemeinverfahren.

con|cre|scen|za f. Verwachsung *f.* **con|cre|sce|re** intr. *(concresco, concresci; concrebbi; concresciuto;* aus. *essere)* RAR. zusammen‿wachsen.

con|cre|ta|men|te avv. konkret, real: ***sperimentare qcs. ~*** etw. konkret erproben. **con|cre|ta|re** → **concretizzare.** **con|cre|tez|za** f. Konkretheit *f.*, Gegenständlichkeit *f.* **con|cre|tiz|za|re I** tr. **1** *(dare corpo a)* Gestalt geben: ***~ un'idea*** einer Idee Gestalt geben **2** *(realizzare)* konkretisieren, verwirklichen: ***~ un progetto*** einen Plan konkretisieren **II** pronom. **concretizzarsi** **1** *(prendere corpo)* Gestalt an‿nehmen **2** *(realizzarsi)* sich konkretisieren, sich verwirklichen. **con|cre|tiz|za|zio|ne** f. Konkretisierung *f.*, Verwirklichung *f.*, Konkretion *f.*

con|cre|to I agg. konkret, wirklich, greifbar: ***fatto ~*** konkreter Fall; ***realtà -a*** konkrete Wirklichkeit; *(realizzabile)* ***un esempio, un progetto ~*** ein konkretes Beispiel, ein konkreter Plan **II** m. Konkrete *n.*, Dingliche *n.* ◆ ***veniamo al ~!*** kommen wir zur Sache! ***arte -a*** konkrete Kunst; ***in ~*** konkret, in Wirklichkeit; ***musica -a*** konkrete Musik; ***nome ~*** Konkretum *n.*; ***persona -a*** Realist *m.*, praktischer Mensch; ***poesia ~*** konkrete Poesie *f.*

con|cre|zio|ne f. MED. GEOL. Konkretion *f.*

con|cu|bi|na f. Konkubine *f.* (anche SPREG.). **con|cu|bi|nag|gio** m. *(-gi)*, **con|cu|bi|na|to** m. Konkubinat *n.*: ***vivere in ~*** im Konkubinat leben.

con|cu|bi|to m. ANT. o LETT. Beilager *m.*

con|cul|ca|re tr. *(conculco, conculchi)* LETT. verletzen, unterdrücken: ***~ i diritti di qcn.*** jds Rechte verletzen.

con|cu|pi|re tr. *(concupisco, concupisci)* begehren. **con|cu|pi|scen|te** agg. begierig. **con|cu|pi|scen|za** f. Konkupiszenz *f.*, Begier(de) *f.*

con|cus|sio|na|rio m. *(-ri)* = wer Amtsmissbrauch begeht. **con|cus|sio|ne** f. Amtsmissbrauch *m.* **con|cus|so** agg. (durch Amtsmissbrauch) erpresst. **con|cus|so|re** m. → **concussionario.**

con|dan|na f. **1a** Verurteilung *f.*; *(sentenza)* Urteil *n.*; *(pena)* Strafe *f.* **b** RELIG. Verdammnis *f.* **2** FIG. *(biasimo)* Missbilligung *f.*, Verdammen *n.*, Verwerfen *n.* ◆ ***~ a morte*** Todesurteil *n.* (anche FIG.).

con|dan|na|bi|le agg. strafbar, verwerflich. **con|dan|na|re** tr. **1** verurteilen (anche FIG.): **~ *qcn. alla pena detentiva, a morte*** jdn zu einer Haftstrafe, zum Tode verurteilen; **~ *qcn. all'ergastolo, in contumacia*** jdn zu lebenslänglicher Haft, in Abwesenheit verurteilen; FIG. **~ *qcn. al silenzio, all'inattività*** jdn zum Schweigen, zum Nichtstun verurteilen **2** RELIG. verdammen. **con|dan|na|to I** p.pass. agg. **1** → **condannare 2** FIG. *(inguaribile)* unheilbar krank **II** m. Verurteilte *m.*, Verdammte *m.*

con|de|bi|to|re m. Mitschuldner *m.*

con|den|sa f. Kondenswasser *n.* **con|den|sa|bi|le** agg. **1** kondensierbar **2** FIG. zusammenfassbar. **con|den|sa|men|to** m. Verdichtung *f.*, Kondensierung *f.*

con|den|sa|re I tr. **1** verdichten, kondensieren **2** FIG. *(sintetizzare)* zusammen‿fassen **3** FIS. kondensieren, verflüssigen **II** pronom. **condensarsi 1** sich verdichten, kondensieren **2** FIS. kondensieren, sich verflüssigen. **con|den|sa|to I** p.pass. agg. → **condensare II** m. **1** FIS. Kondensat *n.* **2** FIG. *(concentrato)* Konzentrat *n.*; *(di libro)* Auszug *m.*, Zusammenfassung *f.* ◆ ***latte* ~** Kondensmilch *f.*, Dosenmilch *f.*

con|den|sa|to|re m. **1** TECN. Kondensator *m.*: ***la capacità di un* ~** die Kapazität eines Kondensators **2** OTT. Kondensor *m.* ◆ **~ *a carta*** Papierkondensator *m.*; **~ *a piastre*** Plattenkondensator *m.*; **~ *di vapore*** Dampfkondensator *m.*; **~ *variabile*** Drehkondensator *m.*

con|den|sa|zio|ne f. **1** Verdichtung *f.*, Kondensation *f.*, Kondensierung *f.* (anche FIS. CHIM.): ***la ~ del vapore acqueo*** die Kondensation von Wasserdampf **2** PSIC. Verdichtung *f.* ◆ ***acqua di* ~** Kondenswasser *n.*; ***calore di* ~** Kondensationswärme *f.*; ***prodotto di* ~** Kondensat *n.*; ***punto di* ~** Kondensationspunkt *m.*; AER. ***scia di* ~** Kondensstreifen *m.*

con|di|lo m. Gelenkkopf *m.*

con|di|lo|ma m. Kondylom *n.*, Feigwarze *f.*

con|di|men|to m. **1a** Soße *f.*: **~ *dell'insalata*** Salatsoße *f.*, Dressing *n.* **b** *(spezie)* Würze *f.*, Würzstoff *m.*: ***un ~ piccante*** eine scharfe Würze **2** FIG. Würze *f.*, Pep *m.* ◆ ***il miglior ~ è l'appetito*** Hunger ist der beste Koch.

con|di|re tr. *(condisco, condisci)* **1** an‿machen: **~ *l'insalata con olio e aceto*** den Salat mit Öl und Essig anmachen **2a** *(con spezie)* würzen: **~ *una pietanza con sale e pepe*** ein Gericht mit Salz und Pfeffer würzen **b** FIG. würzen, auf‿pepen, Pep geben: **~ *un discorso di, con battute di spirito*** einer Rede mit geistreichen Anspielungen Pep geben **3** *(con burro)* ab‿schmälzen: **~ *la pasta col burro*** die Nudeln abschmälzen.

con|di|ret|to|re m. Mitleiter *m.*

con|di|scen|den|te agg. **1** nachgiebig: ***essere ~ verso qcn.*** gegenüber jdm nachgiebig sein **2** *(indulgente)* nachsichtig. **con|di|scen|den|za** f. **1** Nachgiebigkeit *f.* **2** *(indulgenza)* Nachsicht *f.*: ***trattare qcn. con* ~** jdn mit Nachsicht behandeln, mit jdm Nachsicht haben, üben.

con|di|scen|de|re intr. *(condiscesi, condisceso;* aus. *avere)* **~ *a qcs.*** in etw. (A) ein‿willigen, etw. (D) entgegen‿kommen, willfahren; **~ *a un desiderio*** einem Wunsch entgegenkommen, in ein Verlangen einwilligen: **~ *alle richieste di qcn.*** jds Forderungen willfahren.

con|di|sce|po|lo m. Mitschüler *m.*

con|di|to p.pass. agg. **1** → **condire 2** gewürzt (anche FIG.): ***una minestra -a in modo piccante*** eine scharf gewürzte Suppe.

con|di|vi|de|re tr. *(condivisi, condiviso)* teilen, vertreten: **~ *l'opinione, il punto di vista di qcn.*** jds Meinung, Standpunkt teilen; **~ *il modo di vedere qcs.*** die Anschauung von etw. teilen; **~ *molte cose con qcn.*** mancherlei mit jdm teilen; **~ *una tesi, un'idea*** eine These, eine Idee vertreten; *(di sentimenti)* teilen, mit‿empfinden, mit‿fühlen, nach‿empfinden: **~ *gioie e dolori*** Freud und Leid teilen ◆ **~ *con qcn. gli alti e i bassi della vita*** mit jdm durch dick und dünn gehen. **con|di|vi|si|bi|le** agg. nachvollziehbar, vertretbar: ***una decisione* ~** eine nachvollziehbare Entscheidung; ***un'opinione* ~** eine vertretbare Meinung. **con|di|vi|sio|ne** f. **1** *(di beni, risorse)* Teilen *n.* **2** *(di sentimenti)* Nachempfindung *f.*

con|di|zio|na|le I agg. **1** bedingend, konditional, Bedingungs-: ***proposizione* ~** konditionaler Satz, Bedingungssatz *m.*; ***congiunzioni -i*** bedingende (*o* konditionale) Konjunktionen **2** DIR. bedingt, zur Bewährung **II** m. GRAMM. Konditional(is) *m.*, RAR. Bedingungsform *f.* **III** f. DIR. Bewährung *f.*: ***condannare qcn. a un anno di prigione con, senza la* ~** jdn zu einem Jahr Gefängnis mit, ohne Bewährung verurteilen; ***sospendere una pena in* ~** eine Strafe zur Bewährung aus‿setzen ◆ ***condanna con la* ~** bedingte Verurteilung *f.*; GRAMM. ***modo* ~** Konditional *m.*; ***sentenza* ~** Vorbehaltsurteil *n.*; ***sospensione ~ della pena*** bedingter Straferlass, Strafaussetzung *f.* zur Bewährung.

con|di|zio|na|men|to m. **1** Bedingen *n.*, Bedingtheit *f.*: ***i ~ storici, sociali*** die historische, soziale Bedingtheit **2** PSIC. Konditionierung *f.*: ***rifiutare ogni* ~** jegliche Konditionierung verweigern **3** TECN. Klimatisierung *f.* ◆ ***studio del ~ ambientale*** Milieuforschung *f.*; ***impianto di ~ (dell'aria)*** Klimaanlage *f.*; ***tecnica di ~ (dell'aria)*** Klimatechnik *f.*

con|di|zio|na|re I tr. **1** *(vincolare)* abhängig machen: **~ *una scelta a qcs.*** eine Wahl von etw. abhängig machen **2** *(determinare)* bedingen: ***l'uno condiziona l'altro*** das eine bedingt das andere **3** PSIC. konditionieren **4** TECN. *(l'aria)* klimatisieren: **~ *l'aria in un ambiente*** einen Raum klimatisieren **5** *(imballare)* verpacken **II** pronom. ***condizionarsi a vicenda*** sich gegenseitig bedingen.

con|di|zio|na|to p.pass. agg. **1** → **condizionare 2a** bedingt, -bedingt: **~ *dal tempo*** zeitbedingt; **~ *dall'ambiente*** umweltbedingt **b** DIR. ***libertà -a*** bedingte Freiheit **3** PSIC. ***riflesso* ~** bedingter (*o* konditionierter) Reflex ◆ ***aria -a*** Klimaanlage *f.*

con|di|zio|na|to|re m. **~ *(d'aria)*** Klimaanlage *f.*, Airconditioner *m.*

con|di|zio|na|tu|ra f. TECN. Konditionierung *f.*

con|di|zio|ne f. **1a** Bedingung *f.*: ***-i (s)favorevoli, (in)accettabili*** (un)günstige, (un)annehmbare Bedingungen; ***quali sono le tue -i?*** wie lauten deine Bedingungen? ***imporre, porre, dettare -i a qcn.*** jdm Bedingungen auf‿erlegen, stellen, diktieren; ***porre qcs. come* ~** etw. zur Bedingung machen; ***respingere, accettare le -i di qcn.*** jds Bedingungen ab‿lehnen, an‿nehmen (*o* akzeptieren); *(presupposto)* ***creare le -i per qcs.*** die Bedingungen für etw. schaffen; ***sono venute a mancare le -i*** die Bedingungen sind weggefallen **b** MAT. **~ *necessaria, sufficiente*** notwendige, hinreichende Bedingung; ***soddisfare una* ~** eine Bedingung erfüllen **c** pl. *(modalità)* Bedingungen *pl.*, Konditionen *pl.*: ***le -i di un contratto*** die Bedingungen eines Vertrages; ***-i bancarie*** bankmäßige Konditionen **2** *(situazione)* Zustand *m.*, Lage *f.*: ***le -i politiche, economiche di uno stato*** die politische, wirtschaftliche Lage eines Staates **3** pl. *(di salute)* Zustand *m.*, Verfassung *f.*, Kondition *f.*: ***-i fisiche, psichiche*** körperlicher, seelischer Zustand; ***-i di salute*** gesundheitliche Verfassung, Gesundheitszustand *m.*; ***essere in buone, cattive -i di salute*** in gutem, schlechtem Gesundheitszustand sein, in einer guten, schlechten (körperlichen) Verfassung sein; ***le sue -i di salute sono critiche*** sein Gesundheitszustand ist kritisch; ***le -i del malato sono buone*** die Kondition des Kranken ist gut **4** *(sociale, finanziaria)* Verhältnisse *pl.*, Lage *f.*: ***trovarsi in buone, cattive -i finanziarie*** sich in guten, schlechten finanziellen Verhältnissen befinden; ***vivere in misere -i*** in ärmlichen Verhältnissen leben **5** *(ceto)* Stand *m.*: ***sposarsi con qcn. di ~ inferiore*** unter seinem Stand heiraten; ***persone di bassa* ~** Personen niedriger, bescheidener Herkunft ◆ ***a ~ che...*** unter der Bedingung (*o* Voraussetzung), dass...; ***partiamo oggi, a ~ che tu sia d'accordo*** wir fahren heute, sofern es dir recht ist; ***solo a determinate -i*** nur unter bestimmten Bedingungen; **~ *d'acquisto*** Bezugsbedingung *f.*; ***-i ambientali*** Umweltbedingungen *pl.*; ***-i di ammissione*** Aufnahmebedingungen *pl.*; ***assenza di -i*** Bedingungslosigkeit *f.*; ***-i di assunzione*** Bedingungen (*o* Voraussetzungen) für die Anstellung; SPORT ***-i del campo*** Platzverhältnisse *pl.*; ***-i di consegna*** Lieferbedingungen *pl.*; ***-i contrattuali*** Vertragsbedingungen *pl.*; ***una famiglia di -i agiate, modeste*** eine gut, schlecht gestellte Familie; **~ *di dipendenza*** Abhängigkeitsverhältnis *n.*; **~ *essenziale*** Grundbedingung *f.*; **~ *giuridica*** Rechtsstellung *f.*; **~ *ideale*** Idealzustand *m.*; ***essere in ~ di fare qcs.*** in der Lage (*o* imstande) sein, etw. zu tun; ***mettere qcn. in ~ di fare qcs.*** jdm in die Lage versetzen, etw. zu tun; **~ *di incertezza*** Schwebezustand *m.*; ***-i di lavoro*** Arbeitsbedingungen *pl.*; ***-i di luce*** Lichtverhältnisse; ***-i meteorologiche*** Wetterlage *f.*, Witterungsverhältnisse; ***le -i del momento*** die gegenwärtigen Verhältnisse; **~ *naturale*** Naturzustand *m.*; **~ *di pace*** Friedensbedingung *f.*; ***-i di pagamento*** Zahlungsbedingungen *pl.*; **~ *permanente*** Dauerzustand *m.*; **~ *preliminare*** Vorbedingung *f.*; ***resa senza -i*** bedingungslose Übergabe; **~ *delle strade*** Straßenzustand *m.*; ***-i del suolo*** Bodenverhältnisse *pl.*; ***-i di vendita*** Verkaufsbedingungen *pl.*; ***-i di visibilità*** Sichtverhältnisse *pl.*; ***-i di vita*** Lebensbedingungen, Lebensumstände *pl.*; AER. ***-i di volo*** Flugwetter *n.*

con|do|glian|ze f.pl. Beileid *n.*, Teilnahme *f.*: **~ *vivissime*** aufrichtiges Beileid; ***sentite* ~** herzliche Teilnahme; ***porgere, fare a qcn. le (proprie) ~ (per la morte di un parente)*** jdm (zum Tode eines Verwandten) kondolieren, seine Anteilnahme (*o* sein Beileid) aus‿drücken, aus‿sprechen, bekunden ◆ ***biglietto di* ~** Beileidskarte *f.*; ***lettera di* ~** Kondolenzbrief *m.*; ***registro delle firme di* ~** Kondolenzbuch *n.*; ***visita di* ~** Beileidsbesuch *m.*

con|do|ler|si pronom. *(mi condolgo, ti conduoli; mi condolsi; condoluto)* **1** mit‿fühlen: **~ *con qcn., di (per) qcs.*** mit jdm in etw. mitfühlen **2** LETT. *(rammaricarsi)* bedauern.

con|dom m.inv. Kondom *n.* e *m.*

con|do|mi|nia|le m. Haus-: ***regolamento*** **~** Hausordnung *f.*

con|do|mi|nio m. *(-ni)* **1** Mehrfamilienhaus *n.*: ***abitare in un ~*** in einem Mehrfamilienhaus wohnen; ***amministrare un ~*** ein Mehrfamilienhaus (*o* Wohnhaus) verwalten **2** DIR. Miteigentum *n.*, Mitbesitz *m.* **3** POL. *(governo di diversi paesi)* Kondominium *n.* ◆ ***assemblea di ~*** Eigentümerversammlung *f.*; ***regolamento di ~*** Hausordnung *f.* **con|do|mi|no** m. Miteigentümer *m.*, Mitbesitzer *m.*, Hausbewohner *m.*

con|do|na|bi|le agg. **1** erlässlich **2** *(perdonabile)* verzeihlich. **con|do|na|re** tr. **1** erlassen: ***~ una pena, un debito a qcn.*** jdm eine Strafe, einen Schuld erlassen **2** LETT. *(perdonare)* verzeihen, nach‿sehen. **con|do|no** m. Erlass *m.*; ***chiedere il ~ di una pena*** Straferlass beantragen ◆ ***~ edilizio*** = (Art) Amnestie für Bausünder; ***~ fiscale*** = (Art) Amnestie für Steuersünder.

con|dor m.inv. Kondor *m.*

con|dot|ta f. **1a** Benehmen *n.*, Verhalten *n.*, Betragen *n.*: ***una ~ esemplare, irreprensibile*** ein mustergültiges, tadelloses Benehmen; ***una ~ ineccepibile, insolente*** ein einwandfreies, unverschämtes Betragen **b** *(conduzione)* Führung *f.*: ***~ di gioco*** Spielführung *f.*; ***~ degli affari*** Geschäftsführung *f.* **c** DIR. ***buona ~*** gute Führung; ***essere rilasciato per buona ~*** wegen guter Führung entlassen werden **2** SCOL. Betragen *n.*: ***avere nove in ~*** = in Betragen eine Eins haben **3** TECN. *(tubazione)* Leitung *f.*: ***~ dell'acqua, del gas*** Wasserleitung *f.*, Gasleitung *f.* **4a** MED. = Amtsarztstelle *f.*, Gemeindearztstelle *f.*, Bezirksarztstelle *f.* **b** ESTENS. *(zona)* Arztbezirk *m.* ◆ ***certificato di buona ~*** Führungszeugnis *n.*, Leumundszeugnis *n.*; IDR. ***~ forzata*** Druckleitung *f.*; ***linea di ~*** Richtschnur *f.*; ***regola di ~*** Verhaltensregel *f.*; MIN. ***~ di ventilazione*** Lutte *f.*; ***~ di vita*** Lebensführung *f.*, Lebenswandel *m.*; SCOL. ***voto di ~*** Betragensnote *f.*

con|dot|tie|ro m. **1** STOR. Feldherr *m.*, Heerführer *m.* **2** LETT. *(capo di un popolo)* Führer *m.*

1.con|dot|to p.pass. agg. → **condurre** ◆ ***medico ~*** = Amtsarzt *m.*, Kreisarzt *m.*

2.con|dot|to m. **1** TECN. Leitung *f.*, Zuleitung *f.* **2** ANAT. Gang *m.*, Leiter *m.* ◆ ***~ del fumo*** Rauchabzug *m.*; ***~ intestinale*** Darmtrakt *m.*; ***~ lacrimale*** Tränennasengang *m.*; ***~ spermatico*** Samenleiter *m.*; ***~ uditivo*** Gehörgang *m.*

con|du|cen|te m. e f. **1** Führer *m.* (-in *f.*), Fahrer *m.* (-in *f.*); *(di un'auto)* Autofahrer *m.* (-in *f.*) **2** DIR *(locatario)* Mieter *m.* (-in *f.*) ◆ ***~ d'autobus*** Busfahrer *m.*; ***~ di autoveicolo*** Kraftwagenführer *m.*; ***posto del ~*** Fahrersitz *m.*, Führersitz *m.*; ***senza ~*** führerlos; ***~ del, di taxi*** Taxifahrer *m.*

con|du|ci|bi|le agg. **1** leitbar, führbar **2** FIS. leitfähig. **con|du|ci|bi|li|tà** f. Leitfähigkeit *f.*, Leitvermögen *n.*: ***~ elettrica*** elektrische Leitfähigkeit; ***~ termica*** Wärmeleitfähigkeit *f.*; ***grado di ~ termica*** Wärmeleitzahl *f.*

con|dur|re *(conduco, conduci;* fut. *condurrò;* pass.rem. *condussi;* p.pass. *condotto)* **I** tr. **1a** führen: ***~ qcn. per mano*** jdn an der Hand führen; ***~ la sposa all'altare*** die Braut zum Altar führen; ***~ qcn. alla stazione, in ospedale, a casa*** jdn zum Bahnhof, ins Krankenhaus, nach Hause bringen (*o* begleiten) **b** *(accompagnare in automobile)* fahren: ***~ i bambini a scuola*** die Kinder zur Schule fahren; *(mandrie, bestiame)* ***~ la mandria, il gregge al pascolo*** das Vieh, die Herde auf die Weide führen (*o* treiben) **c** *(dentro)* herein‿führen: ***~ qcn. nella stanza*** jdn ins Zimmer hereinführen **d** *(vicino)* heran‿führen: ***~ qcn. vicino alla riva*** jdn an das Ufer heranführen **e** *(capeggiare)* an‿führen: ***~ una spedizione*** eine Expedition anführen **f** FIG. ***~ un paese alla guerra, nel caos*** ein Land in den Krieg, ins Chaos führen; ***~ qcn., qcs. alla catastrofe, alla rovina*** jdn, etw. ins Unheil, in den Ruin führen **g** *(trascorrere)* ***~ una vita monotona, tranquilla*** ein eintöniges, ruhiges Leben führen **h** SPORT *(essere in vantaggio)* ***~ la corsa*** beim Rennen führen; assol. ***la squadra conduce per 1 a 0*** die Mannschaft führt mit 1 zu 0 **2a** *(guidare)* führen, fahren: ***~ un treno, un camion*** einen Zug, einen LKW fahren **b** *(imbarcazioni)* steuern: ***~ una barca nel porto*** ein Boot in den Hafen steuern **3** *(gestire)* leiten, führen: ***~ un negozio, un'impresa*** ein Geschäft, einen Betrieb führen (*o* leiten) **4a** *(trasportare)* führen, leiten: ***le tubazioni conducono metano*** die Rohrleitungen führen Erdgas **b** FIS. TECN. leiten: ***i metalli conducono bene energia elettrica, calore*** Metalle leiten den Strom, die Wärme gut **5** GEOM. *(tracciare)* ziehen, zeichnen: ***~ una linea*** eine Linie ziehen; ***~ una perpendicolare a una retta*** eine Senkrechte auf eine Gerade fällen **II** intr. (aus. *avere*) **1** führen: ***dove conduce questa strada?*** wohin führt diese Straße? ***questa strada conduce al villaggio, al mare*** diese Straße führt zum Dorf, ans Meer **2** *(fuori)* heraus‿führen: ***il sentiero conduce fuori dal paese*** der Weg führt aus dem Dorf heraus **3** *(dentro)* hinein‿führen, hin‿führen: ***questa strada conduce in città, all'aeroporto*** diese Straße führt in die Stadt hinein, zum Flughafen hin **4** *(verso)* zu‿führen: ***la via conduce alla piazza del mercato*** der Weg führt zum Marktplatz **III** pronom. **condursi** sich führen, sich verhalten, sich benehmen: ***-rsi bene, male*** sich gut, schlecht führen ◆ ***~ il cane a passeggio*** den Hund aus‿führen; ***~ a buon fine qcs.*** etw. zu einem glücklichen Ende führen; ***questo ci condurrebbe troppo lontano*** das würde uns zu weit führen; ***~ qcn. sulla pista giusta*** jdn auf die richtige Spur bringen; ***~ in porto qcs.*** etw. über die Bühne bringen; ***~ qcn. al suicidio*** jdn zum Selbstmord treiben; ***~ a termine qcs.*** etw. zum Abschluss bringen; ***~ le trattative*** die Verhandlungen führen (*o* leiten); ***~ qcn. sulla retta via*** jdn auf den rechten Weg bringen; ***~ qcn., qcs. alla vittoria*** jdn, etw. zum Sieg führen.

con|dut|tan|za f. Leitwert *m.* **con|dut|ti|vi|tà** f. → **conducibilità**. **con|dut|ti|vo** agg. leitend, leitfähig.

con|dut|to|re I agg. **1** leitend, Leit-: ***il pensiero ~*** der leitende (*o* führende) Gedanke (*o* Leitgedanke *m.*); ***principio ~*** Leitsatz *m.*, Leitstern *m.*; ***il principio ~ di un'epoca*** der Leitstern einer Epoche **2** FIS. EL. leitend, leitfähig, Leitungs-: ***filo ~*** Leitungsdraht *m.* **II** m. **1a** Führer *m.*, Fahrer *m.* **b** FERR. Zugführer *m.*; *(controllore)* Schaffner *m.* **2** EL. FIS. Leiter *m.*, Leitung *f.*, Konduktor *m.*: ***un buon, cattivo ~*** ein guter, schlechter Leiter (*o* Nichtleiter *m.*) **3** TELEV. Moderator *m.*: ***il ~ di un talk show, di uno spettacolo, del telegiornale*** der Talkmaster, Showmaster, Nachrichtensprecher *m.* **4a** *(gestore)* Pächter *m.* **b** *(locatario)* Mieter *m.*, Pachtnehmer *m.* ◆ ***~ bifilare, bipolare*** Doppeladerleitung *f.*; FIG. ***il filo ~ (di qcs.)*** der rote Faden (von etw.); ***motivo ~*** Leitmotiv *n.*; ***~ neutro*** Nullleiter *m.*; ***~ positivo*** Plusleitung *f.*; ***~ termico*** Wärmeleiter *m.*; ***~ di terra*** Erdungsleitung *f.*, Erdung *f.*

con|dut|tu|ra f. Leitung *f.* ◆ ***~ dell'acqua*** Wasserleitung *f.*; ***~ di allacciamento*** Anschlussleitung *f.*; ***~ collettrice*** Sammelleitung *f.*; ***~ elettrica*** Stromleitung *f.*; ***~ del gas*** Gasleitung *f.*; ***~ verticale*** Steigleitung *f.*

con|du|zio|ne f. **1** Führung *f.*, Leitung *f.*: ***la ~ di un'azienda, di un processo*** die Führung eines Betriebes, eines Prozesses; ***la ~ della casa*** die Haushaltsführung; ***la ~ di un affare, di una trattativa*** die Führung eines Geschäfts, einer Verhandlung **2** *(locazione)* Pachtung *f.*: ***dare qcs. in ~*** etw. in Pacht geben, etw. verpachten **3** RAD. TELEV. Moderation *f.*: ***la ~ di un programma, del telegiornale*** die Moderation eines Programms, der Nachrichten **4** FIS. Leitung *f.*: ***~ elettrica, termica*** Strom-, Wärmeleitung *f.* ◆ ***azienda a ~ familiare*** Familienbetrieb *m.*

co|ne|sta|bi|le m. Konstabler *m.*

con|fa|bu|la|re intr. (aus. *avere*) tuscheln: ***cosa avete voi due da ~?*** was habt ihr beiden da zu tuscheln? **con|fa|bu|la|zio|ne** f. **1** Getuschel *n.*, Geflüster *n.* **2** PSIC. Konfabulation *f.*

con|fa|cen|te agg. **1** passend, entsprechend; *(adatto)* geeignet: ***un incarico ~ alle proprie capacità*** eine seinen Fähigkeiten entsprechende Aufgabe **2** *(che giova)* günstig: ***un clima ~ agli asmatici*** ein für Asthmatiker günstiges Klima.

Con|fa|gri|col|tu|ra f. (accorc. *Confederazione [Generale]* dell'Agricoltura [Italiana]) = Allgemeiner Verband *m.* der italienischen Landwirtschaft.

Con|fa|pi f. (accorc. *Confederazione [Nazionale]* della Piccola Industria) = Verband *m.* der kleinen Industriebetriebe.

con|far|si pronom. *(si confà, si confanno;* imperf. *si confaceva;* congiunt.pres. *si confaccia,* pass. *si confacesse)* **1** ***~ a qcn., qcs.*** für jdn, etw. passen, jdm, etw. an‿stehen (*o* ziemen), sich für jdn, etw. schicken: ***certi modi di fare non si confanno a una signora*** gewisse Verhaltensweisen schicken sich nicht für eine Dame; ***il suo vestito non si confaceva all'occasione*** sein Anzug passte nicht für diese Gelegenheit **2** *(giovare)* gut tun, gut sein: ***l'aria di mare non mi si confà*** Meerluft tut mir nicht gut (*o* ist nicht gut für mich).

Con|far|ti|gia|na|to f. (accorc. *Confederazione [Generale]* dell'Artigianato [Italiano]) = Allgemeiner Verband *m.* der italienischen Handwerker.

Conf|com|mer|cio f. (accorc. *Confederazione [Generale]* del Commercio) = Allgemeiner Verband *m.* des italienischen Handels.

con|fe|de|ra|le agg. **1** Verband-: ***rappresentanti -i*** Verbandsvertreter *pl.* **2** *(di stati confederati)* Bundes-, bündisch, Bündnis-; *(in Svizzera)* eidgenössisch: ***ordinamento ~*** Bundesverfassung *f.* ◆ ***sindacati -i*** vereinigte Gewerkschaften.

con|fe|de|ra|re *(confedero)* **I** tr. zusammen‿schließen, vereinigen **II** pronom. **confederarsi 1** sich zusammen‿schließen, (sich) konföderieren: ***-rsi con qcs.*** sich mit etw. zusammenschließen **2** ESTENS. *(allearsi)* sich verbünden. **con|fe|de|ra|ti|vo** agg. Bündnis-, bündisch, Bundes-: ***patto ~*** Bundespakt *m.*

con|fe|de|ra|to **I** p.pass. agg. **1** → **confederare** **2** verbündet, konföderiert **II** m. **1** Verbündete *m.* **2** pl. STOR. Konföderierten *pl.* ◆ STOR. ***Stati Confederati*** Konföderierte Staaten.

con|fe|de|ra|zio|ne f. **1** Bund *m.*, Konföderation *f.*: ***una ~ di stati*** ein Staatenbund **2** *(unione di persone o enti)* Bund *m.*, Verband *m.*: ***~ sindacale*** Gewerkschaftsbund *m.*; ***Confederazione Generale dell'Industria*** Verband der (italienischen) Industrie ◆ ***Confederazione Elvetica, Svizzera*** Schweizerische Eidgenossenschaft *f.*, Schweizer Bund *m.*; ***~ renana*** Rheinbund *m.*

Con|fe|di|li|zia f. (accorc. *Confederazione [Italiana della Proprietà]* Edilizia) = Verband *m.* des italienischen Bauwesens.

con|fe|ren|za f. **1** *(riunione)* Konferenz *f.*: ***la ~ internazionale sui diritti dell'uomo sarà tenuta a Bruxelles*** die internationale Konferenz über die Menschenrechte findet in Brüssel statt; ***la ~ sul disarmo, sulla pace*** die Abrüstungs-, Friedenskonferenz; ***alla ~ si è parlato di...*** auf der Tagung sprach man über... **2** *(discorso pubblico)* Vortrag *m.*: ***tenere una ~ su qcs.*** einen Vortrag über etw. halten; ***andare a una ~*** in einen (*o* zu einem) Vortrag gehen, einen Vortrag besuchen ◆ ***ciclo di -e*** Vortragsreihe *f.*; ***~ episcopale*** Bischofskonferenz *f.*; ***sala delle -e*** Konferenzsaal *m.*, Vortragsraum *m.*; ***~ stampa*** Pressekonferenz *f.*: ***convocare, tenere una ~ stampa*** eine Pressekonferenz ein_berufen, ab_halten; ***~ al vertice*** Gipfelkonferenz *f.* **con|fe|ren|zie|re** m. Vortragende *m.*, Redner *m.*

con|fe|ri|men|to m. **1** Übertragung *f.*, Erteilung *f.*, Vergabe *f.* **2** *(di titoli)* Verleihung *f.* **3** *(di premi)* Verleihung *f.*, Zuerkennung *f.* **4** ECON. *(apporto in un'azienda)* Einlage *f.* ◆ ***~ di (pieni) poteri*** Bevollmächtigung *f.*

con|fe|ri|re *(conferisco, conferisci)* **I** tr. **1** erteilen, übertragen, vergeben: ***~ una carica, pieni poteri a qcn.*** jdm ein Amt übertragen, eine Vollmacht erteilen **2** verleihen: ***~ a qcn. la cittadinanza, un titolo*** jdm die Staatsangehörigkeit, einen Titel verleihen; ***per i poteri che mi sono conferiti dallo Stato...*** kraft der mir vom Staat verliehenen Gewalt... **3** *(aggiudicare)* zu_erkennen, zu_sprechen: ***~ un premio a qcn.*** jdm einen Preis zuerkennen, jdn mit einem Preis aus_zeichnen **4** geben, verleihen: ***l'abito le conferiva un aspetto elegante*** das Kleid verlieh ihr ein elegantes Aussehen; ***le folte sopracciglia gli conferiscono un'aria truce*** seine dichten Brauen geben ihm ein finsteres Aussehen **5** *(apportare)* ein_bringen: ***~ fondi in una cassa comune, capitali in un'impresa*** Gelder in eine gemeinsame Kasse, Kapitalien in ein Unternehmen einbringen **II** intr. (aus. *avere*) ***~ con qcn.*** sich mit jdm besprechen, mit jdm konferieren, mit jdm Rücksprache halten: ***~ col proprio avvocato*** sich mit seinem Anwalt besprechen; ***devo ~ con lui prima di prendere una decisione*** bevor ich mich entscheide, muss ich erst mit ihm Rücksprache halten ◆ ***~ grano all'ammasso*** Getreide ab_liefern.

con|fer|ma f. **1a** Bestätigung *f.*: ***dare, chiedere ~ di qcs.*** etw. bestätigen, um Bestätigung für etw. bitten **b** ***la ~ dell'allenatore*** die (erneute) Bestätigung des Mannschaftstrainers **c** *(lettera di conferma)* ***è arrivata la ~*** die Bestätigung ist eingetroffen **d** *(riscontro)* ***avere bisogno di -e*** Bestätigung brauchen **e** DIR. ***la ~ di una sentenza*** die Bestätigung eines Urteils **2** *(rafforzamento, dimostrazione)* Bestätigung *f.*, Bestärkung *f.*, Bekräftigung *f.*: ***la ~ di un sospetto*** die Bestätigung eines Verdachts; ***trovare ~ in qcs.*** Bestätigung (*o* Bestärkung) in etw. (D) finden ◆ ***a ~ di*** zur Bestätigung von: ***a ~ di quanto detto...*** zur Bestätigung des eben Gesagten...; ***lettera di ~*** Bestätigungsschreiben *n.* ***~ d'ordine*** Auftragsbestätigung *f.*; ***il giovane cantante è ormai una ~*** = der junge Sänger hat sich erfolgreich durchgesetzt, hat seinen Erfolg bestätigt.

con|fer|ma|re **I** tr. **1a** bestätigen: ***~ un ordine, un appuntamento, una prenotazione*** eine Bestellung, eine Verabredung, eine Reservierung bestätigen **b** ***~ qcn. in una carica*** jdn in einem Amt bestätigen **c** DIR. ***~ una sentenza*** ein Urteil bestätigen **2** *(rafforzare, dimostrare)* bestätigen, bestärken: ***questo conferma i miei sospetti, la mia teoria*** das bestätigt meinen Verdacht, meine Theorie; ***~ l'alibi di qcn.*** jds Alibi bestätigen **3** *(ripetere, rinnovare)* bestätigen, bekräftigen: ***confermo tutto ciò che ho detto*** ich bestätige alles, was ich gesagt habe **4** ECCL. RAR. konfirmieren **II** pronom. **confermarsi** sich bestätigen: ***le mie previsioni si stanno confermando*** meine Vorahnungen bestätigen sich ◆ ***la squadra si è confermata campione del mondo*** die Mannschaft hat ihren Weltmeistertitel erfolgreich verteidigt.

con|fer|ma|zio|ne f. **1** LETT. Bestätigung *f.* **2** LIT. Firmung *f.*; *(nella chiesa evangelica)* Konfirmation *f.*

Con|fe|ser|cen|ti f. (accorc. *Confederazione degli Esercenti [Attività Commerciali e Turistiche]*) = Verband *m.* des italienischen Handels und Tourismus.

con|fes|sa|re *(confesso)* **I** tr. **1a** gestehen (anche ASSOL.): ***~ un delitto*** ein Verbrechen gestehen; ***l'assassino ha confessato*** der Mörder hat gestanden **b** ESTENS. *(ammettere)* (ein_)gestehen, zu_geben: ***~ il proprio amore a qcn.*** jdm seine Liebe gestehen; ***~ il proprio imbarazzo*** seine Verlegenheit zugeben; ***devo ~ la mia ignoranza in proposito*** ich muss meine Unwissenheit in diesem Punkt eingestehen; ***confesso di essermene dimenticato*** ich gestehe, dass ich es vergessen habe **2a** RELIG. bekennen, beichten: ***~ i propri peccati*** seine Sünden bekennen **b** ***~ qcn.*** jdm die Beichte ab_nehmen **II** pronom. **confessarsi** **1** beichten **2** ESTENS. *(confidarsi)* sich an_vertrauen: ***-rsi con qcn.*** sich jdm anvertrauen.

con|fes|sio|na|le **I** agg. **1** konfessionell, Konfessions-, Bekenntnis-: ***scuola ~*** Konfessions-, Bekenntnisschule *f.* **2** *(rif. alla confessione)* Beicht-: ***segreto ~*** Beichtgeheimnis *n.* **II** m. Beichtstuhl *m.* **con|fes|sio|na|li|smo** m. Konfessionalismus *m.*

con|fes|sio|ne f. **1** Geständnis *n.*, Bekenntnis *n.*: ***rendere piena ~ di qcs.*** ein volles Geständnis über etw. ab_legen; ***ritrattare, estorcere una ~*** ein Geständnis widerrufen, erpressen (*o* erzwingen) **2** *(confidenza)* Geständnis *n.*: ***devo farti una ~*** ich muss dir ein Geständnis machen **3** RELIG. Beichte *f.*: ***ascoltare, ricevere (raccogliere) la ~ di qcn.*** jdm die Beichte ab_nehmen; ***il segreto della ~*** das Beichtgeheimnis **4** *(culto professato)* Konfession *f.*: ***la ~ cattolica*** die katholische Konfession **5** pl. LETT. Bekenntnisse *pl.*

con|fes|so agg. geständig: ***essere reo ~*** geständig sein. **con|fes|so|re** m. **1** Beichtvater *m.* **2** *(santo)* Bekenner *m.* ◆ ***~ della fede*** Glaubensbekenner *m.*

con|fet|te|ri|a f. **1** Konfekt *n.*, Zuckerwerk *n.* **2** *(negozio)* Süßwarengeschäft *n.*, SVIZZ. Confiserie *f.* **con|fet|tie|ra** f. Bonbonniere *f.*

con|fet|to m. **1** INTRAD. (Zuckermandeln für Hochzeiten, Taufen...) **2** FARM. Dragée *n.* ◆ FIG. ***mangiare i -i*** = jds Hochzeit feiern; ***a quando i -i?*** = wann ist die Hochzeit? ***rosa ~*** Bonbonrosa *n.*; *(aggettivo)* bonbonrosa, bonbonfarbig.

con|fet|tu|ra f. Konfitüre *f.*: ***~ di fragole, di albicocche*** Erdbeer-, Aprikosenkonfitüre *f.*

con|fe|zio|na|men|to m. Verpackung *f.*, Abpackung *f.* ◆ ***data di ~*** Verpackungsdatum *n.*, Abpackdatum *n.*

con|fe|zio|na|re tr. **1a** an_fertigen, schneidern: ***~ abiti su misura*** Kleider nach Maß anfertigen **b** *(in serie)* konfektionieren **2** *(preparare per il trasporto, la vendita)* verpacken, ein_packen: ***~ un prodotto*** ein Produkt verpacken.

con|fe|zio|na|to p.pass. agg. **1** → **confezionare** **2** Konfektions-: ***abiti -i*** Konfektionskleidung (*o* Kleider von der Stange) **3** *(di merce)* verpackt: ***i sigari sono -i in scatole da dieci pezzi*** die Zigarren sind in Schachteln zu zehn Stück verpackt ◆ ***dolce ~*** industriell hergestellter Kuchen; ***gelato ~*** industriell hergestelltes Eis, Industrieeis *n.*; ***~ su misura*** maßgeschneidert.

con|fe|zio|ne f. **1a** Anfertigung *f.*; *(in serie)* Konfektionierung *f.* **b** pl. Konfektion *f.*: ***-i per uomo, signora*** Herren-, Damenkonfektion *f.* **2** *(il preparare per il trasporto, la vendita)* Verpacken *n.* **3** *(involucro del prodotto, pacco)* Verpackung *f.*, Packung *f.*: ***la data di scadenza è scritta sulla ~*** das Verfallsdatum steht auf der Verpackung; ***una ~ di biscotti, di detersivo, di tè*** eine Packung Kekse, Waschmittel, Tee; ***una ~ di profumo*** ein Flakon Parfüm; ***una ~ da sei, da dieci*** eine Sechser-, Zehnerpackung ◆ ***~ famiglia*** Familienpackung *f.*, Großpackung *f.*; ***~ (di) lusso*** Luxuspackung *f.*, -ausführung *f.*; ***~ su misura*** Maßkonfektion *f.*; ***~ multipla*** Sammelpackung *f.*; ***~ regalo*** Geschenkpackung *f.*; ***~ risparmio*** Sparpackung *f.*, Haushaltspackung *f.*; ***~ sottovuoto*** Vakuumverpackung *f.*

con|fic|ca|re *(conficco, conficchi)* **I** tr. **1a** hinein_schlagen, schlagen, hinein_stoßen, stoßen: ***~ un chiodo nel legno*** einen Nagel ins Holz schlagen **b** rammen: ***~ un palo nel terreno*** einen Pfahl ins Erdreich rammen **c** *(con le dita)* hinein_drücken: ***~ una puntina da disegno in qcs.*** eine Reißzwecke in etw. (A) hineindrücken **2** *(affondare)* krallen: ***~ le unghie nel braccio di qcn.*** die Nägel in jds Arm krallen **3** *(armi)* stoßen: ***~ un pugnale nel petto di qcn.*** jdm einen Dolch in die Brust stoßen **II** pronom. **conficcarsi** **1** ein_dringen, stecken bleiben: ***la pallottola si conficcò nella parete*** die Kugel ist in die Wand eingedrungen; ***mi si è conficcata una spina nel dito*** ein Dorn ist im Finger stecken geblieben **2a** ***-rsi qcs.*** sich (D) etw. ein_treten, ein_ziehen: ***-rsi una scheggia nel piede*** sich (D) einen Splitter in den Fuß eintreten **b** *(volontariamente)* ***-rsi un coltello fra le costole*** sich (D) ein Messer zwischen die Rippen stoßen **3** FIG. *(imprimersi)* sich ein_prägen: ***-rsi nella memoria di qcn.*** sich in jds Gedächtnis einprägen. **con|fic|ca|to** p.pass. agg. **1** → **conficcare** **2** ***essere ~ in qcs.*** in etw. (D) stecken: ***la pallottola è -a nel polmone*** die Kugel steckt in der

Lunge ◆ ***rimanere ~*** stecken bleiben.

con|fi|da|re I tr. an‿vertrauen, offenbaren: ***~ un segreto a qcn.*** jdm ein Geheimnis anvertrauen; ***~ la propria pena a qcn.*** jdm seinen Kummer offenbaren **II** intr. (aus. *avere*) ***~ in qcn., qcs.*** auf jdn, etw. vertrauen (*o* bauen), sich auf jdn, etw. verlassen: ***~ in Dio, nel talento di qcn.*** auf Gott vertrauen, auf jds Talent bauen; ***~ nell'aiuto, nell'esperienza di qcn.*** sich auf jds Hilfe, Erfahrung verlassen; ***confido che verrà*** ich verlasse mich darauf, dass er kommt **III** pronom. ***confidarsi con qcn.*** sich jdm an‿vertrauen, jdn ins Vertrauen ziehen ◆ COMM. ***confidiamo nella Vs. comprensione*** wir bitten um Ihr Verständnis; COMM. ***confidando in una Vs. pronta risposta...*** in Erwartung Ihrer baldigen Antwort... **con|fi|den|te** m. e f. **1** Vertraute *m.* e *f.* **2** *(informatore)* Spitzel *m.*: ***è un, una ~ della polizia*** er, sie ist ein Polizeispitzel.

con|fi|den|za f. **1a** Vertrauen *n.*: ***fare una ~ a qcn.*** jdm etwas an‿vertrauen; ***lasciarsi andare a -e*** sich in Vertraulichkeiten ein‿lassen **b** *(familiarità)* Vertraulichkeit *f.*, Vertrautheit *f.*, vertraulicher Umgang *m.*: ***essere in grande ~ con qcn.*** mit jdm sehr vertraulichen Umgang haben; ***fra di loro si è creata una certa ~*** zwischen den beiden hat sich ein vertraulicher Umgang eingestellt; ***dare ~ a qcn.*** jdm (ver)trauen; ***avere ~ con qcn.*** mit jdm vertraulichen Umgang haben; ESTENS. ***non avere ~ con l'acqua*** mit dem Wasser nicht vertraut sein **2** pl. *(libertà)* Vertraulichkeiten *pl.*, Freiheiten *pl.*: ***prendersi delle -e con qcn.*** sich (D) gegen jdn Vertraulichkeiten heraus‿nehmen ◆ ***detto in ~*** im Vertrauen gesagt; ***farsi le -e*** sich (D) seine kleinen Geheimnisse an‿vertrauen; ***~ per ~*** Vertrauen gegen Vertrauen; ***prendere ~ con qcn., qcs.*** sich mit jdm, etw. vertraut machen; ***in tutta ~*** in aller Vertraulichkeit. **con|fi|den|zia|le** agg. vertraulich: ***assumere un tono ~*** einen vertraulichen Ton an‿schlagen; ***strettamente ~*** streng vertraulich; ***in via strettamente ~*** auf streng vertraulichem Weg. **con|fi|den|zial|men|te** avv. vertraulich.

con|fig|ge|re *(configgo, configgi; confissi; confitto)* LETT. → **conficcare.**

con|fi|gu|ra|re I tr. gestalten, konfigurieren **II** pronom. **configurarsi** sich gestalten (anche ESTENS.): ***il caso si configura interessante*** der Fall gestaltet sich interessant. **con|fi|gu|ra|zio|ne** f. **1** Konfiguration *f.*: ***~ planetaria, chimica*** planetarische, chemische Konfiguration; ***~ del cranio*** Konfiguration des Schädels; INFORM. ***~ di un computer*** Konfiguration eines Computers **2** *(forma)* Gestaltung *f.*, Gestalt *f.*: ***dare, assumere una ~*** eine Gestalt geben (*o* verleihen), an‿nehmen (*o* gewinnen) **3** *(conformazione)* Beschaffenheit *f.*: ***~ del terreno*** Bodenbeschaffenheit *f.* ◆ INFORM. ***diagramma di ~*** Konfigurationsdiagramm *n.*

con|fi|nan|te I agg. **1** benachbart, Nachbar-: ***stato, giardino ~*** Nachbarland *n.*, Nachbargarten *m.* **2** *(adiacente)* angrenzend: ***stanza ~*** angrenzendes Zimmer **II** m. e f. Nachbar *m.* (-in *f.*).

con|fi|na|re I intr. (aus. *avere*) grenzen (anche FIG.): ***l'Italia confina con la Francia*** Italien grenzt an Frankreich **II** tr. verbannen (anche FIG.): ***~ qcn. su (di) un'isola, in provincia*** jdn auf eine Insel, in die Provinz verbannen **III** pronom. **confinarsi** sich zurück‿ziehen, sich isolieren: ***-rsi in casa*** sich ins Haus zurückziehen.

con|fi|na|rio agg. *(-ri,-rie)* Grenz-: ***polizia, zona -a*** Grenzpolizei *f.*, Grenzgebiet *n.* **con|fi|na|to I** p.pass. → **confinare II** m. Verbannte *m.*: ***~ politico*** politisch Verbannter ◆ ***essere ~ a letto*** ans Bett gefesselt sein.

Con|fin|du|stria f. (accorc. *Confederazione [generale]* dell'industria [italiana]) = Allgemeiner Verband *m.* der italienischen Industrieunternehmen.

con|fi|ne m. **1** Grenze *f.*: ***~ geografico, politico*** geographische, politische Grenze; ***al ~ con la Germania*** an der Grenze mit (*o* zu) Deutschland; ***tracciare i -i*** die Grenzen ziehen; ***varcare, passare, raggiungere il ~*** die Grenze überschreiten, passieren, erreichen; ***aprire, chiudere i -i*** die Grenzen öffnen, schließen; ***andare, passare oltre ~*** über die Grenze gehen (*o* fahren); ***il ~ passa attraverso il bosco*** die Grenze verläuft durch den Wald; FIG. ***il ~ tra il bene e il male*** die Grenze zwischen Gut und Böse **2** *(cippo)* Grenzstein *m.*: ***collocare i -i*** die Grenzsteine setzen ◆ ***città di ~*** Grenzstadt *f.*; ***linea di ~*** Grenzlinie *f.*; FIG. ***ai -i del mondo*** am Ende der Welt; ***posto di ~*** Grenzort *m.*; ***senza -i*** grenzenlos; ***~ di stato*** Staatsgrenze *f.*

con|fi|no m. Verbannung *f.*: ***mandare qcn. al ~*** jdn in die Verbannung schicken.

con|fi|sca f. *(-sche)* Beschlagnahme *f.*, Einziehung *f.*, Konfiskation *f.*: ***~ dei beni*** Vermögensbeschlagnahme *f.*; ***disporre, operare la ~ di qcs.*** die Beschlagnahme von etw. an‿ordnen ◆ ***dichiarazione di ~*** Verfall(s)erklärung *f.*; ***provvedimento di ~*** Einziehungsbescheid *m.* **con|fi|sca|bi|le** agg. einziehbar, konfiszierbar.

con|fi|sca|re tr. *(confisco, confischi)* **1** beschlagnahmen, ein‿ziehen, konfiszieren: ***~ il patrimonio di qcn.*** jds Vermögen einziehen **2** ESTENS. *(sequestrare)* beschlagnahmen.

con|fla|gra|zio|ne f. **1** LETT. *(incendio)* explosionsartiger Brand *m.* **2** FIG. *(scoppio di un conflitto)* Ausbruch *m.*: ***~ bellica*** Kriegsausbruch *m.*

con|flit|to m. **1** Konflikt *m.*; *(guerra)* Krieg *m.*: ***~ armato, atomico*** bewaffneter, atomarer Konflikt; ***evitare un ~*** einem Konflikt aus‿weichen; ***intervenire in un ~*** in einen Konflikt ein‿greifen **2a** FIG. *(contrasto)* Konflikt *m.*, Widerstreit *m.*: ***~ insanabile, politico*** unlösbarer, politischer Konflikt; ***scatenare, risolvere (sanare), appianare un ~*** einen Konflikt aus‿lösen, aus‿tragen, aus‿gleichen; ***entrare, essere in ~ con qcn., qcs.*** in Konflikt mit jdm, etw. geraten (*o* kommen), liegen **b** PSIC. Konflikt *m.*: ***~ interiore*** innerer Konflikt ◆ ***~ di classe*** Klassenkampf *m.*; ***~ di competenza*** Kompetenzstreit *m.*, Kompetenzstreitigkeit *f.*, Kompetenzkonflikt *m.*; ***~ di coscienza*** Gewissensnot *f.*; ***~ a fuoco*** Schusswechsel *m.*; ***~ di interessi*** Interessenkonflikt *m.*; ***~ mondiale*** Weltkrieg *m.*; ***privo di -i*** konfliktfrei, konfliktlos.

con|flit|tua|le agg. Konflikt-: ***situazione ~*** Konfliktsituation *f.* ◆ ***profondamente ~*** konfliktgeladen; ***rapporto ~*** Spannungsverhältnis *n.* **con|flit|tua|li|tà** f.inv. **1** Konfliktsituation *f.*, Konflikt *m.*: ***~ salariale*** Lohnkonflikt *m.* **2** *(dissidio interiore)* Zwiespältigkeit *f.*

con|fluen|te m. Nebenfluss *m.* **con|fluen|za** f. **1** *(il confluire)* Zusammenlaufen *n.*, Zusammenfließen *n.* **2a** *(punto di incontro)* Einmündung *f.* **b** *(di corsi d'acqua)* Zusammenfluss *m.*, Einmündung *f.*, Konfluenz *f.*: ***alla ~ dei due fiumi*** am Zusammenfluss der beiden Flüsse; ***la ~ del Meno col Reno*** die Einmündung des Mains in den Rhein **3** FIG. *(convergenza)* Zusammentreffen *n.*: ***~ di opinioni*** das Zusammentreffen der Meinungen (*o* Übereinstimmung *f.*).

con|flu|i|re intr. *(confluisco, confluisci;* aus. *avere, essere)* **1a** zusammen‿laufen, zusammen‿fließen: ***qui confluiscono tre fiumi*** hier fließen drei Flüsse zusammen **b** *(sfociare)* münden: ***la Dora confluisce nel Po*** die Dora mündet in den Po **2** FIG. ein‿gehen, verschmelzen, zusammen‿fließen: ***nel suo romanzo confluiscono elementi stilistici diversi*** in seinem Roman fließen verschiedene Stilelemente zusammen.

con|fo|ca|le agg. konfokal: ***lenti -i*** konfokale Linsen, Konfokalgläser *pl.*

con|fon|de|re *(confusi, confuso)* **I** tr. **1** verwechseln: ***~ due cose (tra loro)*** zwei Dinge (miteinander) verwechseln; ***~ i nomi*** die Namen verwechseln; ***l'ho confuso con suo fratello*** ich habe ihn mit seinem Bruder verwechselt **2a** *(mescolare)* durcheinander bringen, vermengen: ***~ i fogli, le pagine*** die Blätter, die Seiten durcheinander bringen **b** FIG. *(turbare)* verwirren, durcheinander bringen, irre‿machen: ***la tua domanda lo ha confuso*** deine Frage hat ihn verwirrt; ***non farti ~ da lui*** lass dich von ihm nicht irremachen **II** pronom. **confondersi 1** sich mischen, sich mengen: ***-rsi tra la gente*** sich unter die Leute mengen **2** *(turbarsi)* sich verwirren, in Verwirrung geraten **3** *(sbagliarsi)* sich irren **4** *(svanire)* verschwimmen, sich verlieren: ***le montagne si confondono nella nebbia*** die Berge verschwimmen im Dunst ◆ ***~ le idee a qcn.*** jdn aus dem Lot (*o* Takt) bringen. **con|fon|di|bi|le** agg. verwechselbar.

con|for|ma|bi|le agg. anpassbar, formbar, gestaltbar.

con|for|ma|re I tr. **1** formen, gestalten; TECN. verformen: ***~ l'acciaio*** den Stahl verformen **2** *(adeguare)* an‿passen: ***~ le proprie azioni alle circostanze*** seine Handlungen den Umständen anpassen **II** pronom. **conformarsi** sich richten, sich an‿passen: ***-rsi alle convenzioni, ai regolamenti*** sich den Konventionen anpassen, sich nach den Vorschriften richten. **con|for|ma|to** p.pass. agg. **1** → **conformare 2** *(strutturato)* gebaut: ***un corpo ben ~*** ein gut gebauter Körper ◆ ***taglie -e*** Sondergrößen *pl.*, Übergrößen *pl.*

con|for|ma|zio|ne f. **1** Beschaffenheit *f.*: ***~ del terreno*** Bodenbeschaffenheit *f.* **2** *(forma)* Gestaltung *f.*, Gestalt *f.*, Form *f.*: ***~ del cranio*** Schädelform *f.*

con|for|me agg. **1** getreu, entsprechend: ***un comportamento ~ ai propri principi*** ein seinen Grundsätzen getreues Benehmen; ***~ all'originale, al campione*** original-, mustergetreu **2** *(adeguata)* gemäß: ***essere ~ a qcn., qcs.*** jdm, etw. gemäß sein; ***una posizione ~ alle sue capacità*** eine seinen Fähigkeiten gemäße Stellung; ***~ al contratto, al vero*** vertrags-, wahrheitsgemäß ◆ ***non ~*** ungemäß; ***in modo ~ a qcs.*** etw. (D) gemäß (*o* entsprechend). **con|for|me|men|te** avv. gemäß, entsprechend: ***agire ~ alle disposizioni vigenti*** den gültigen Vorschriften gemäß handeln; ***~ all'articolo 1 della costituzione*** gemäß Artikel 1 der Verfassung.

con|for|mi|smo m. Konformismus *m.* **con|for|mi|sta** *(-i,-e)* **I** agg. konformistisch **II** m. e f. Konformist *m.* (-in *f.*). **con|for|mi|sti|**

co agg. *(-ci,-che)* konformistisch.
con|for|mi|tà f.inv. **1** Übereinstimmung *f.*, Richtigkeit *f.*: ***la ~ di un documento*** die Übereinstimmung einer Urkunde; ***verificare la ~ di una richiesta*** einen Antrag auf seine Richtigkeit prüfen **2** *(concordanza)* Übereinstimmung *f.*, Konformität *f.*: ***~ di opinioni*** Übereinstimmung der Ansichten; ***agire in ~ con qcn.*** in Übereinstimmung mit jdm handeln ◆ ***in ~ di, a qcs.*** etw. (D) gemäß (*o* entsprechend), in Übereinstimmung mit etw.
con|for|tan|te agg. tröstend, tröstlich, trostreich: ***notizia ~*** tröstliche Nachricht; ***parole -i*** tröstende Worte; ***è ~ sapere che...*** es ist tröstlich zu wissen, dass...
con|for|ta|re I tr. **1** trösten: ***~ qcn. per la perdita di un congiunto, nella sua sofferenza*** jdn über den Verlust eines Verwandten, in seinem Leid trösten; ***le tue parole lo confortano*** deine Worte trösten ihn **2** FIG. *(avvalorare)* bekräftigen, bestärken: ***~ una tesi con delle prove*** eine These mit Beweisen stützen **II** pronom. **confortarsi** sich trösten: ***-rsi con qcs.*** sich mit etw. trösten. **con|for|ta|to|re** m. Tröster *m.*
con|for|te|vo|le agg. **1** → **confortante** **2** *(comodo)* bequem: ***una sedia molto ~*** ein sehr bequemer Sessel **3** komfortabel: ***un albergo, una stanza ~*** ein komfortables Hotel, Zimmer.
con|for|to m. **1** Trost *m.*: ***dare, portare, infondere, recare ~ a qcn.*** jdm Trost geben, bringen, zu‿sprechen, spenden; ***essere di ~ a qcn.*** jdm ein Trost sein; ***cercare, trovare ~ in qcn., qcs.*** bei jdm, in etw. (D) Trost suchen, finden; ***trarre ~ da qcs.*** aus etw. Trost schöpfen **2** *(sostegno)* Bekräftigung *f.*, Bestärkung *f.*, Stützung *f.*: ***portare prove a ~ di una tesi*** Beweise zur Stützung einer These erbringen **3** pl. *(comodità)* Komfort *m.*: ***una casa dotata di tutti i -i*** ein mit allem Komfort ausgestattetes Haus ◆ ***gli estremi -i*** → ***i -i religiosi; generi di ~*** Genussmittel *pl.*; ***parole di ~*** Trostworte *pl.*; ***i -i religiosi*** die Tröstungen der Kirche.
con|fra|tel|lo m. Ordensbruder *m.*, Mitbruder *m.* **con|fra|ter|ni|ta** f. Bruderschaft *f.*
con|fron|ta|bi|le agg. vergleichbar.
con|fron|ta|re I tr. **1** *(comparare)* vergleichen, gegenüber‿stellen: ***~ una copia con l'originale*** eine Kopie mit dem Original vergleichen **2** *(esaminare)* prüfen, einsehen **3** *(mettere a confronto)* DIR. konfrontieren: ***l'imputato viene fatto ~ con il testimone*** der Angeklagte wird mit dem Zeugen konfrontiert **II** pronom. **confrontarsi** **1** *(misurarsi, discutere)* sich auseinander setzen, (heftig) debattieren: ***-rsi con i propri avversari politici*** sich mit seinen politischen Gegnern auseinander setzen; ***i partiti si sono confrontati sul nuovo disegno di legge*** die Parteien haben den neuen Gesetzentwurf heftig debattiert **2** *(misurarsi)* gegeneinander antreten: ***i due pugili si confronteranno stasera*** die beiden Boxer werden heute Abend gegeneinander antreten.
con|fron|to m. **1** Vergleich *m.*: ***fare, operare un ~ tra cose diverse*** einen Vergleich zwischen verschiedenen Dingen an‿stellen (*o* ziehen); ***mettere a ~ qcs. con qcs.*** etw. mit etw. vergleichen; ***(non) reggere il ~ con qcn., qcs.*** mit jdm, etw. den, keinen Vergleich aus‿halten; ***non temere -i*** keinen Vergleich scheuen **2a** DIR. Gegenüberstellung *f.*, Konfrontation *f.*: ***un ~ fra testimoni in tribunale*** eine Zeugengegenüberstellung vor Gericht; ***porre a ~ il testimone con l'imputato*** den Zeugen mit dem Angeklagten konfrontieren **b** FIG. *(faccia a faccia)* Auseinandersetzung *f.*, Konfrontation *f.*: ***un ~ fra leader politici*** eine Konfrontation zwischen politischen Führern **3** SPORT *(match)* Wettkampf *m.*, Treffen *n.*; ***~ diretto*** Aufeinandertreffen *n.* ◆ ***~ all'americana*** Gegenüberstellung *f.*; ***non c'è ~!*** (das ist) kein Vergleich! ***in ~*** im Vergleich, vergleichsweise; ***in ~ a*** im Vergleich zu (*o* mit); ***nei -i di qcn.*** jdm gegenüber; ***senza -i*** unvergleichlich (besser).
con|fu|cia|ne|si|mo m. Konfuzianismus *m.* **con|fu|cia|no I** agg. konfuzianisch **II** m. Konfuzianer *m.* **Con|fu|cio** n.pr.m. Konfuzius *m.*
con|fu|sa|men|te avv. verworren, konfus: ***raccontare ~ i fatti*** die Tatsachen konfus erzählen.
con|fu|sio|na|le agg., ***stato ~*** Zustand *m.* geistiger Verwirrung: ***essere in stato ~*** sich im Zustand geistiger Verwirrung befinden. **con|fu|sio|na|rio I** agg. *(-ri,-rie)* wirrköpfig, chaotisch **II** m. *(-ri)* Wirrkopf *m.*, Chaot *m.* **con|fu|sio|ne** f. **1a** *(caos)* Wirrwarr *m.*, Verwirrung *f.*, Durcheinander *n.*: ***nella ~ generale*** in dem allgemeinen Durcheinander; ***c'è, regna una grande ~*** es gibt, herrscht eine große Verwirrung (*o* Konfusion); ***che ~!*** was für ein Durcheinander! ***fare una gran ~*** eine große Verwirrung stiften (*o* ein großes Chaos an‿richten) **b** *(insieme disordinato)* Wirrwarr *m.*, Durcheinander *n.*: ***una ~ di persone, di voci*** ein Wirrwarr von Menschen, ein Stimmengewirr **2** *(imbarazzo, turbamento)* Verwirrung *f.*: ***mettere, mandare qcn. in ~*** jdn in Verwirrung bringen **3** *(scambio)* Verwechslung *f.*: ***~ di nomi*** Namensverwechslung *f.*; ***far ~ fra due cose*** zwei Dinge durcheinander bringen, miteinander verwechseln ◆ ***~ delle lingue*** Sprachverwirrung *f.*; ***~ mentale*** geistige Verwirrung *f.*, Verwirrtheit *f.*; ***ho una gran ~ in testa*** mir ist ganz wirr im Kopf. **con|fu|sio|ni|smo** m. = Neigung *f.* zur Verwirrung, zum Chaos. **con|fu|sio|ni|sta** m. e f. *(-i,-e)* Wirrkopf *m.*
con|fu|so p.pass. agg. **1** → **confondere** **2** *(non chiaro, vago)* verworren, wirr: ***una situazione -a*** eine verworrene Lage; ***avere le idee -e*** wirre Ideen haben; ***ricordi -i*** verworrene Erinnerungen **3** *(mescolato)* gemischt: ***restare ~ tra la folla*** unter der Menge sein **4** FIG. *(di persona)* verwirrt, konfus, verlegen ◆ ***un mucchio ~ di carte, di libri*** ein wildes Durcheinander von Papier, ein ungeordneter Haufen Bücher.
con|fu|ta|bi|le agg. widerlegbar. **con|fu|ta|re** tr. *(confuto)* widerlegen: ***~ un'ipotesi*** eine Hypothese widerlegen. **con|fu|ta|ti|vo** agg. widerlegend; ***argomento ~*** Argument zur Widerlegung. **con|fu|ta|to|re I** agg. widerlegend **II** m. Widerleger *m.* **con|fu|ta|to|rio** agg. *(-ri,-rie)* → **confutativo.** **con|fu|ta|zio|ne** f. Widerlegung *f.*: ***una ~ stringente*** eine stichhaltige Widerlegung.
con|ge|da|re I tr. **1** verabschieden: ***~ un ospite*** einen Gast verabschieden **2** MIL. verabschieden, entlassen: ***~ un soldato*** einen Soldaten entlassen **II** pronom. **congedarsi** **1** sich verabschieden: ***-rsi da qcn.*** sich von jdm verabschieden **2** MIL. entlassen werden: ***si congeda (dal servizio militare) il 6 gennaio*** am 6. Januar wird er (aus dem Militärdienst) entlassen. **con|ge|da|to I** p.pass. agg. **1** → **congedare** **2** MIL. ausgedient, verabschiedet **II** m. ausgedienter Soldat *m.*
con|ge|do m. **1** Abschied *m.*, Verabschiedung *f.*: ***prendere ~ da qcn.*** von jdm Abschied nehmen **2a** MIL. Entlassung *f.*: ***andare in ~*** entlassen werden **b** *(foglio di congedo)* Entlassungspapiere *pl.* **3** AMM. *(aspettativa)* Beurlaubung *f.*, Urlaub *m.*: ***mettere (collocare) qcn. in ~*** jdn beurlauben **4** LETT. *(commiato)* Schlussstrophe *f.* ◆ UNIV. ***anno di ~*** Forschungssemester *n.*, Sabbatjahr *n.*; ***~ illimitato*** unbegrenzter Urlaub; MIL. ***in ~*** (aus)gedient, verabschiedet; UNIV. ***professore in ~*** Professor im, auf Forschungsurlaub; ***~ per maternità*** Mutterschaftsurlaub *m.*; ***~ matrimoniale*** Heiratsurlaub *m.*; MIL. ***richiesta di ~*** Abschiedsgesuch *m.*; ***~ straordinario*** Sonderurlaub *m.*
con|ge|gna|re tr. **1** zusammen‿fügen, zusammen‿bauen **2** FIG. *(ideare)* aus‿denken. **con|ge|gno** m. **1** Mechanismus *m.*; *(dispositivo)* Vorrichtung *f.*: ***un ~ complicato, delicato*** ein komplizierter, empfindlicher Mechanismus **2** ESTENS. *(aggeggio)* Gerät *n.*
con|ge|la|men|to m. **1** Gefrieren *n.*, Einfrieren *n.*: ***il ~ dei salari*** das Einfrieren der Löhne **2** MED. Erfrierung *f.* ◆ ***punto di ~*** Gefrierpunkt *m.*; ***temperatura di ~*** Gefriertemperatur *f.*
con|ge|la|re I tr. **1** *(alimenti)* ein‿frieren, TECN. frosten: ***~ verdure*** Gemüse einfrieren **2** FIG. *(bloccare)* ein‿frieren, auf Eis legen: ***~ le trattative, i prezzi*** die Verhandlungen, Preise einfrieren; ***~ un'iniziativa*** eine Initiative auf Eis legen **3** erfrieren lassen: ***il freddo polare le congelò le mani*** die Eiseskälte ließ ihre Hände erfrieren **II** pronom. **congelarsi** **1** *(di un liquido)* gefrieren: ***l'acqua si congela a 0°*** das Wasser gefriert bei 0° **2** *(assiderare)* erfrieren: ***mi si sono congelate le dita*** mir sind die Finger erfroren (*o* ich habe mir die Finger erfroren) **3** ESTENS. *(avere molto freddo)* frieren, ab‿frieren: ***là fuori ti congelerai*** da draußen wirst du ganz schön frieren. **con|ge|la|to** p.pass. agg. **1** → **congelare** **2** Gefrier-: ***carne, verdura -a*** Gefrierfleisch *n.*, Gefriergemüse *n.* **3** ECON. eingefroren: ***conto ~*** eingefrorenes Konto. **con|ge|la|to|re I** agg. Gefrier-: ***impianto ~*** Gefrieranlage *f.* **II** m. **1** *(apparecchio autonomo)* Gefrierschrank *m.*, Tiefkühlschrank *m.*; *(a pozzo)* Gefriertruhe *f.*, Tiefkühltruhe *f.* **2** *(freezer)* Gefrierfach *n.*, Tiefkühlfach *n.* **con|ge|la|zio|ne** f. → **congelamento.**
con|ge|ne|re agg. gleichartig.
con|ge|nia|le agg. dem Wesen entsprechend: ***qcs. mi è ~*** etw. entspricht meinem Wesen. **con|ge|nia|li|tà** f.inv. Kongenialität *f.*, wesensmäßige Entsprechung *f.*
con|ge|ni|to agg. angeboren, kongenital: ***malattia -a*** angeborene Krankheit.
con|ge|rie f.inv. **1** Haufen *m.*, Masse *f.* **2** ESTENS. Anhäufung *f.*: ***una ~ di errori*** eine Anhäufung von Fehlern.
con|ge|stio|na|re I tr. **1** MED. ***~ un organo*** einen Blutandrang in einem Organ bewirken **2** *(intasare)* verstopfen: ***~ le strade*** die Straßen verstopfen **II** pronom. **congestionarsi** **1** MED. einen Blutandrang haben **2** *(del traffico)* sich stauen. **con|ge|stio|na|to** p.pass. agg. **1** → **congestionare** **2a** blutunterlaufen: ***ginocchio ~*** blutunterlaufenes Knie **b** gerötet: ***un viso ~*** ein gerötetes Gesicht **3** *(di strade)* verstopft ◆ ***traffico ~*** Verkehrsstockung *f.* **con|ge|**

stio|ne f. **1** MED. Blutandrang *m.*, Kongestion *f.* **2** *(del traffico)* Verkehrsstau *m.*, Verkehrsstockung *f.* **con|ge|sti|zio** agg. *(-zi, -zie)* kongestiv.

con|get|tu|ra f. **1** Mutmaßung *f.*, Vermutung *f.*: ***fare -e (intorno a, su qcn., qcs.)*** Mutmaßungen (über jdn, etw.) an‿stellen; ***basarsi su -e*** auf Vermutungen beruhen **2** FILOL. Konjektur *f.* **con|get|tu|ra|bi|le** agg. vermutbar. **con|get|tu|ra|le** agg. **1** mutmaßlich, vermutlich **2** FILOL. konjektural. **con|get|tu|ral|men|te** avv. mutmaßlich, vermutlich. **con|get|tu|ra|re** tr. **1** vermuten (anche assol.), mutmaßen: ***non (lo) so, posso solo congetturarlo*** ich weiß es nicht, ich kann es nur vermuten **2** FILOL. konjizieren.

con|giun|ge|re *(congiungo, congiungi; congiunsi; congiunto)* **I** tr. **1** verbinden, vereinigen: ***una linea congiunge due punti*** eine Linie verbindet zwei Punkte **2** *(connettere)* aneinander fügen, zusammen‿fügen **II** pronom. **congiungersi** sich verbinden, sich vereinigen: ***-rsi sessualmente*** sich geschlechtlich vereinigen; ***-rsi in matrimonio (con qcn.)*** sich (mit jdm) ehelich verbinden ◆ ***~ le mani (in preghiera)*** die Hände (zum Gebet) falten. **con|giun|gi|men|to** m. **1** *(legame)* Verbindung *f.*; Vereinigung *f.* **2** *(sessuale)* Koitus *m.*

con|giun|ta|men|te avv. in Verbindung, gemeinsam; ***~ a, con qcn., qcs.*** in Verbindung mit jdm, etw.

con|giun|ti|va f. Bindehaut *f.*, Konjunktiva *f.* **con|giun|ti|va|le** agg. Bindehaut-. **con|giun|ti|vi|te** f. Bindehautentzündung *f.*, Konjunktivitis *f.*

con|giun|ti|vo **I** agg. **1** verbindend, Binde- **2** GRAMM. konjunktivisch, Konjunktiv-; ***modo ~*** Konjunktiv *m.* **3** DIR. ***testamento ~*** gemeinschaftliches Testament **II** m. Konjunktiv *m.*: ***il verbo è al ~*** das Verb steht im Konjunktiv; ***mettere un verbo al ~*** ein Verb in den Konjunktiv setzen; ***~ presente, imperfetto*** Konjunktiv Präsens, Imperfekt ◆ ***~ esortativo*** Kohortativ *m.*

con|giun|to **I** p.pass. agg. **1** → **congiungere** **2** BUROCR. gemeinsam: ***dichiarazione -a*** gemeinsame Erklärung **3** ASTROL. *(in congiunzione)* in Konjunktion stehend: ***pianeti -i*** in Konjunktion stehende Planeten **II** m. Anverwandte *m.*, Angehörige *m.*, Familienangehörige *m.*

con|giun|tu|ra f. **1a** ECON. Konjunktur *f.* (anche ESTENS.): ***la ~ attuale*** die gegenwärtige Konjunktur; ***~ favorevole, sfavorevole*** steigende, rückläufige Konjunktur; ***accelerare, frenare la ~*** die Konjunktur an‿kurbeln, dämpfen; ***sfruttare la ~*** die Konjunktur aus‿nutzen **b** *(sfavorevole)* ***superare la ~*** die schlechte Konjunkturlage überwinden **2** ANAT. *(giuntura)* Gelenk *n.* **3** TECN. *(giunzione)* Gelenk *n.*, Verbindungsstelle *f.* ◆ ***~ alta*** Hochkonjunktur *f.*; ***bassa ~*** konjunkturelles Tief; ***ristagno della ~*** Konjunkturdämpfung *f.*

con|giun|tu|ra|le agg. **1** Konjunktur-, konjunkturell: ***situazione ~*** konjunkturelle Lage; ***ripresa, fluttuazione ~*** Konjunkturaufschwung *m.*, Konjunkurschwankung *f.*; ***ciclo, indice ~*** Konjunkturzyklus *m.*, Konjunkturbarometer *n.*; ***politica ~*** Konjunkturpolitik *f.* **2** *(di politica congiunturale)* konjunkturpolitisch: ***misure -i*** konjunkturpolitische Maßnahmen.

con|giun|zio|ne f. **1** Verbindung *f.* **2** GRAMM. Konjunktion *f.*, Bindewort *n.*: ***~ coordinante (o coordinativa), subordinante*** nebenordnende, unterordnende Konjunktion; ***collegare due frasi con una ~*** zwei Sätze durch eine Konjunktion verbinden **3** ASTR. Konjunktion *f.*: ***~ astrale*** Sternkonjunktion *f.*; ***essere in ~*** in Konjunktion stehen ◆ ***anello di ~*** Bindeglied *n.*, Zwischenglied *n.*

con|giu|ra f. Verschwörung *f.*: ***ordire, tramare una ~ contro qcn.*** eine Verschwörung gegen jdn an‿zetteln; ***sventare una ~*** eine Verschwörung vereiteln (*o* hinter‿treiben) ◆ ***~ di palazzo*** Palastrevolution *f.*; ***~ del silenzio*** = (verabredetes) Totschweigen *n.*

con|giu|ra|re intr. (aus. *avere*) sich verschwören: ***~ contro qcn., qcs.*** sich gegen jdn, etw. verschwören; FIG. ***tutto congiura (contro di me)*** alles hat sich (gegen mich) verschworen. **con|giu|ra|to** **I** p.pass. → **congiurare** **II** m. Verschwörer *m.*, Verschworene *m.*

con|glo|ba|men|to m. **1** Anhäufung *f.*, Häufung *f.* **2** Zusammenrechnung *f.* **con|glo|ba|re** tr **1** an‿häufen, häufen **2** ECON. *(computare insieme)* zusammen‿rechnen, ein‿beziehen.

con|glo|me|ra|re *(conglomero)* **I** tr. ballen, zusammen‿ballen **II** pronom. **conglomerarsi** sich zusammen‿ballen. **con|glo|me|ra|ta** f. Mischkonzern *m.* **con|glo|me|ra|to** **I** p.pass. → **conglomerare** **II** m. **1** Konglomerat *n.* (anche GEOL.): ***~ etnico*** ethnisches Konglomerat **2** EDIL. Bindemittel *n.* **con|glo|me|ra|zio|ne** f. **1** Zusammenballung *f.* **2** *(agglomerato)* Ballungsgebiet *n.*: ***~ urbana*** städtisches Ballungsgebiet.

con|glu|ti|na|re *(conglutino)* **I** tr. **1** konglutinieren, verkleben, zusammen‿ballen **2** ESTENS. *(unire saldamente)* = fest verbinden **II** pronom. **conglutinarsi** sich zusammen‿ballen, sich verkleben.

Con|go n.pr.m. Kongo *m.*; *(fiume)* Kongo *m.* **con|go|le|se** **I** agg. kongolesisch **II** m. e f. Kongolese *m.* (-lesin *f.*).

con|gra|tu|lar|si pronom. *(mi congratulo)* ***~ con qcn. (per qcs.)*** jdn (zu etw.) beglückwünschen, jdm (zu etw.) gratulieren.

con|gra|tu|la|zio|ne f. Beglückwünschung *f.*, Glückwunsch *m.*, Gratulation *f.*: ***fare le -i a qcn. (per qcs.)*** jdm (zu etw.) seine Glückwünsche aus‿sprechen, jdm (zu etw.) gratulieren ◆ ***(le mie) -i!*** (ich) gratuliere!

con|gre|ga f. *(-ghe)* **1** *(congregazione)* Kongregation *f.* **2** SPREG. *(gruppo)* Bande *f.*, Clique *f.* **con|gre|ga|re** *(congrego, congreghi)* **I** tr. versammeln, vereinigen **II** pronom. **congregarsi** sich versammeln. **con|gre|ga|zio|na|li|smo** m. Kongregationalismus *m.* **con|gre|ga|zio|na|li|sta** *(-i,-e)* **I** agg. kongregationalistisch **II** m. e f. Kongregationalist *m.* (-in *f.*). **con|gre|ga|zio|ne** f. **1** RELIG. Kongregation *f.* **2** Versammlung *f.* **con|gre|ga|zio|ni|sta** m. *(-i,-e)* Kongregationist *m.* (-in *f.*).

con|gres|si|sta m. e f. *(-sti,-ste)* Kongressteilnehmer *m.* (-in *f.*), Tagungsteilnehmer *m.* (-in *f.*).

con|gres|so m. **1** Kongress *m.*, Tagung *f.*: ***un ~ medico, di medici*** ein Ärztekongress; ***parlare a un ~*** auf einem Kongress sprechen; ***andare, partecipare a un ~*** zu einem, auf einen Kongress fahren, an einem Kongress teil‿nehmen; ***organizzare un ~ su un tema*** eine Tagung über ein, zu einem Thema veranstalten **2** STOR. POL. Kongress *m.* ◆ ***~ di partito*** Parteitag *m.*; ***sala (dei) -i*** Kongresshalle *f.*, Kongresssaal *m.*; ***sede del ~*** Tagungsort *m.*; ***il ~ di Vienna*** der Wiener Kongress.

con|gres|sua|le agg. Kongress-, Tagungs-: ***lavori -i*** Tagung *f.*; *(contributi)* Tagungsbeiträge; ***atti -i*** Kongressakten.

con|grua|men|te avv. angemessen.

con|gruen|te agg. **1** übereinstimmend: ***conclusioni -i con le premesse*** mit den Voraussetzungen übereinstimmende Schlussfolgerungen **2** GEOM. kongruent, deckungsgleich. **con|gruen|za** f. **1** Übereinstimmung *f.* **2** GEOM. Kongruenz *f.*, Deckungsgleichheit *f.*: ***teorema della ~*** Kongruenzsatz *m.*

con|grui|tà f. Übereinstimmung *f.*, Kongruenz *f.* **con|gruo** agg. **1** angemessen: ***un ~ guadagno*** ein angemessener Verdienst **2** → **congruente.**

con|gua|glia|re tr. *(conguaglio, conguagli)* aus‿gleichen. **con|gua|glio** m. *(-gli)* **1** Ausgleich *m.*: ***fare un ~*** einen Ausgleich schaffen **2** *(somma)* Ausgleich *m.*, Ausgleichssumme *f.*: ***~ salariale*** Lohnausgleich *m.*

CONI ⇒ *Comitato Olimpico Nazionale Italiano* Italienisches Nationales Olympisches Komitee.

co|nia|re tr. *(conio, coni)* prägen (anche FIG.): ***~ una moneta, una nuova parola*** eine Münze, ein neues Wort prägen. **co|nia|to|re** m. **1** Präger *m.* **2** FIG. Erfinder *m.*, Trendsetter *m.* **co|nia|tu|ra, co|nia|zio|ne** f. Prägung *f.* (anche FIG.): ***~ di monete*** Münzprägung *f.*

co|ni|ca f. *(-che)* Kegelschnitt *m.* **co|ni|co** agg. *(-ci,-che)* kegelförmig, keg(e)lig, konisch.

co|ni|dio m. *(-di)* Konidie *f.*

co|ni|fe|ra f. Nadelbaum *m.*, Nadelholz *n.*, Konifere *f.* ◆ ***bosco di -e*** Nadelwald *m.*

co|ni|glia|ia f., **co|ni|glie|ra** f. Kaninchenstall *m.* **co|ni|glie|sco** agg. *(-schi,-sche)* Kaninchen-. **co|ni|gliet|ta** f., ***le -e di Playboy*** die Playboy-Häschen.

co|ni|glio m. *(-gli)* **1** Kaninchen *n.*: ***riprodursi come i -i*** sich wie die Kaninchen vermehren **2** *(pelliccia)* Kaninchenfell *n.*, Kanin *n.* **3** FIG. Angsthase *m.*, Hasenfuß *m.* ◆ ***allevamento di -i*** Kaninchenzucht *f.*; ***~ maschio*** Rammler *m.*; ***tana di ~*** Kaninchenbau *m.*

co|nio m. *(-ni)* **1** *(punzone)* Prägestempel *m.*, Prägeeisen *n.* **2** *(matrice)* Prägeform *f.* **3** *(coniatura)* Prägung *f.* (anche FIG.) **4** FIG. SPREG. *(specie)* Schlag *m.*, Art *f.*: ***di basso ~*** von niedrigem Niveau, Ausschuss ◆ ***moneta di nuovo ~*** Münze neuer Prägung, neu geprägte Münze; ***vocaboli di nuovo ~*** neu geprägte Wörter, sprachliche Neuschöpfungen.

co|niu|ga|bi|le agg. konjugierbar.

co|niu|ga|le agg. ehelich, Ehe-: ***crisi ~*** Ehekrise *f.*; ***amore ~*** eheliche Liebe; ***vita ~*** Eheleben *n.*

co|niu|ga|re *(coniugo, coniughi)* **I** tr. **1** konjugieren: ***~ un verbo al futuro*** ein Verb im Futur konjugieren (*o* ins Futur setzen) **2** FIG. *(unire)* verbinden **II** pronom. **coniugarsi** **1** konjugiert werden **2** FIG. *(unirsi)* sich verbinden **3** RAR. *(sposarsi)* heiraten. **co|niu|ga|to** **I** p.pass. agg. **1** → **coniugare** **2** *(sposato)* verehelicht, verheiratet: ***~ con qcn.*** mit jdm verehelicht **3** GEOM. CHIM. konjugiert **II** m. Verheiratete *m.* ◆ ***non ~*** unverehelicht, unverheiratet.

co|niu|ga|zio|ne f. GRAMM. BIOL. Konjugation *f.* ◆ ***verbi che seguono la ~ debole, forte*** schwach, stark konjugierte Verben.

co|niu|ge **I** m. e f. Ehepartner *m.*, Ehegatte *m.* (-gattin *f.*) **II** pl. Eheleute *pl.*, Ehepaar *n.*: ***i -i Rossi*** das Ehepaar (BUROCR. die Eheleute) Rossi; ***una giovane, anziana coppia di -i*** ein junges, altes Ehepaar.

con|na|tu|ra|le agg. angeboren, wesenseigen. **con|na|tu|ra|to** agg. wie angeboren, eingefleischt: ***vizio ~*** tief verwurzeltes Laster.

con|na|zio|na|le I agg. aus demselben Land **II** m. e f. Landsmann *m.* (-männin *f.*).

con|nes|si → **connettere.**

con|nes|sio|ne f. **1** Verbindung *f.* **2** FIG. *(relazione)* Verbindung *f.*, Zusammenhang *m.*, Verknüpfung *f.*; DIR. Konnex *m.*: ***mettere qcs. in ~ con qcs.*** etw. mit etw. in Zusammenhang bringen; ***essere in ~ con qcs.*** im Zusammenhang mit etw. stehen; ***non esiste alcuna ~ diretta tra questi avvenimenti*** es besteht kein direkter Zusammenhang zwischen diesen Vorfällen **3** EL. Anschluss *m.* **4** GRAMM. Konnexion *f.*, Zusammenhang *m.*: ***~ causale*** Kausalzusammenhang *m.* ◆ ***~ tra le cose*** Sachzusammenhang *m.*; ***punto di ~*** Anknüpfungspunkt *m.* **con|nes|so I** p.pass. agg. **1** → **connettere 2** *(in relazione)* eng verbunden, zusammenhängend: ***strettamente ~ con qcs.*** eng verbunden mit etw. **II** m.pl., COLLOQ. ***(tutti) gli annessi e -i*** das ganze Drumherum, das (ganze) Drum und Dran.

con|net|te|re *(connettei/connessi; connesso)* **I** tr. **1** zusammen‿fügen, aneinander fügen, verbinden; *(incastrare)* ein‿fügen: ***~ due pezzi, due cavi*** zwei Teile zusammenfügen, zwei Kabel verbinden **2** assol. *(ragionare)* Gedanken verknüpfen: ***non sono più in grado di, non riesco più a ~*** ich packe es nicht mehr **II** pronom. **connettersi** verbunden sein, in Zusammenhang stehen, zusammen‿hängen. **con|net|ti|vo I** agg. Binde-: BIOL. ***tessuto ~*** Bindegewebe *n.* **II** m. **1** Bindeglied *n.* **2** BIOL. Bindegewebe *n.* **3** GRAMM. Bindewort *n.* **con|net|to|re** m. Verbinder *m.*

con|ni|ven|te I agg. konnivent **II** m. e f. Mitwisser *m.* (-in *f.*). **con|ni|ven|za** f. Konnivenz *f.*, Mitwisserschaft *f.*

con|no|ta|re tr. kennzeichnen. **con|no|ta|ti|vo** agg. konnotativ: ***significato ~*** konnotative Bedeutung *f.*, Konnotat *n.* **con|no|ta|to** m. **1** Kennzeichen *n.*, Merkmal *n.* **2** pl. *(personali)* Personenbeschreibung *f.*, Personalbeschreibung *f.* ◆ COLLOQ. ***cambiare i -i a qcn.*** = jdn tüchtig verhauen. **con|no|ta|zio|ne** f. **1** Kennzeichnung *f.* **2** LING. Konnotation *f.*

con|nu|bio m. *(-bi)* LETT. **1** Ehebund *m.* **2** *(unione, accordo)* Vereinigung *f.*

co|no m. **1a** Kegel *m.*, Konus *m.*: ***un ~ obliquo*** ein schiefer Kegel **b** Kegel *m.*: ***il ~ del vulcano*** der Vulkankegel **2** *(gelato)* Tüte *f.* **3** BOT. Samenzapfen *m.*, Zapfen *m.* **4** ANAT. Zapfen *m.* ◆ ***a (forma di) ~*** kegelförmig, keg(e)lig; ***~ di deiezione*** Schuttkegel *m.*; ***~ dentato*** Kegelrad *n.*; ***~ gelato*** Eistüte *f.*; ***~ di luce, luminoso*** Lichtkegel *m.*; ***~ d'ombra terrestre*** Erdschatten *m.*; ***~ del riflettore*** Scheinwerferkegel *m.*; ***superficie del ~*** Kegelmantel *m.*; ***tronco di ~*** Kegelstumpf *m.*; ***volume del ~*** Kegelvolumen *n.*

co|noc|chia f. *(-chie)* **1** *(rocca)* Spinnrocken *m.*, Rocken *m.*, Kunkel *f.* **2** *(avvolto alla rocca)* Flachs *m.*, Wolle *f.* (auf dem Rocken).

co|noi|da|le agg. konoidal, konoidalförmig. **co|noi|de** m. e f. **1** Konoid *n.* **2** GEOL. Schüttkegel *m.*

co|no|pe|o m. Schleier *m.* (zur Bedeckung des Tabernakels oder des Ziboriums).

co|no|scen|te m. e f. Bekannte *m.* e *f.*

co|no|scen|za f. **1** *(il sapere, scienza)* Erkenntnis *f.* **2** *(cognizione, nozione)* Kenntnis *f.*: ***avere -e limitate in, di qcs.*** beschränkte Kenntnisse von etw. haben; ***avere buone -e di inglese, una buona ~ del francese*** gute Englischkenntnisse, eine gute Kenntnis der französischen Sprache haben; ***prendere ~ di qcs.*** von etw. Kenntnis nehmen; ***venire (giungere) a ~ di qcs.*** von etw. Kenntnis erhalten (*o* etw. erfahren); ***portare qcs. a ~ di qcn.*** jdm etw. zur Kenntnis geben (*o* jdm etw. bekannt geben); BUROCR. ***per ~*** zur Kenntnisnahme; ***essere a ~ di qcs.*** über etw. unterrichtet sein, über etw. Bescheid wissen, von etw. wissen **3a** *(di una persona)* Bekanntschaft *f.*: ***fare la ~ di qcn.*** jds Bekanntschaft machen, jdn kennen lernen; ***sono lieto di fare la Sua ~*** es freut mich, Ihre Bekanntschaft zu machen (*o* Sie kennen zu lernen); ***far fare a qcn. la ~ di qcn.*** jdn mit jdm bekannt machen **b** *(la persona sconosciuta)* Bekannte *m.* e *f.*, Bekanntschaft *f.*: ***una persona di mia ~*** eine mir bekannte Person; ***è una mia vecchia ~*** er ist ein alter Bekannter von mir; ***avere molte -e*** zahlreiche Bekannte haben **4** *(coscienza)* Bewusstsein *n.*: ***perdere, riacquistare ~*** das Bewusstsein verlieren, wieder zu Bewusstsein kommen; ***privo di ~*** bewusstlos.

co|no|sce|re *(conosco, conosci; conobbi; conosciuto)* **I** tr. **1a** kennen; *(sperimentare)* erfahren, kennen lernen: ***~ la fame, l'amore, l'amicizia*** den Hunger, die Liebe, die Freundschaft kennen lernen: ***conosco tuo padre, questo libro*** ich kenne deinen Vater, dieses Buch ist mir bekannt; ***~ qcn. di fama, di persona, di vista*** jdn dem Namen nach (*o* vom Hörensagen), persönlich, vom Sehen her kennen **b** FILOS. erkennen **c** BIBL. *(avere rapporti carnali)* erkennen **d** *(prendere in considerazione)* ***non ~ ostacoli*** keine Hindernisse kennen; *(concedersi)* ***non conosce tregua*** er gönnt sich keine Ruhe **2** *(fare la conoscenza)* kennen lernen: ***~ qcn. a una festa*** jdn während, auf einer Party kennen lernen **3a** *(sapere)* können, beherrschen: ***~ l'inglese*** Englisch können; ***~ il proprio mestiere*** sein Handwerk verstehen (*o* beherrschen) **b** *(essere pratico)* wissen, sich aus‿kennen: ***~ la strada*** den Weg kennen; ***~ Vienna*** sich in Wien auskennen **4** *(riconoscere)* erkennen: ***~ qcn. dall'andatura, dalla voce*** jdn am Gang, an der Stimme erkennen **II** pronom. **conoscersi** sich kennen; *(reciprocamente)* einander kennen ◆ ***far ~ qcs. a qcn.*** jdn mit etw. vertraut (*o* bekannt) machen; ***far ~ qcn. a qcn.*** jdn mit jdm bekannt machen; ***farsi ~*** sich zu erkennen geben; *(diventare noto)* sich einen Namen machen, sich bekannt machen; ***~ qcs. per filo e per segno*** etw. in- und auswendig kennen; ***~ a fondo qcn., qcs.*** jdn, etw. sehr gut kennen; SCHERZ. ***ti conosco, mascherina*** Freundchen, ich kenne dich; ***~ il mondo*** die Welt kennen; ***~ mezzo mondo*** die halbe Welt kennen; SCHERZ. ***conosco i miei polli*** ich kenne meine Pappenheimer; ***~ vita, morte e miracoli di qcn.*** = jds Leben in allen Einzelheiten kennen.

co|no|sci|bi|le I agg. erkennbar **II** m. Erkennbare *n.* **co|no|sci|ti|vo** agg. Erkenntnis-: ***facoltà -e*** Erkenntnisfähigkeit *f.* ◆ ***indagine -a*** Tatsachenerhebung *f.*

co|no|sci|to|re m. Kenner *m.*: ***un profondo ~ di arte moderna*** ein gründlicher Kenner der modernen Kunst; ***un buon ~ di vini*** ein großer Weinkenner.

co|no|sciu|to p.pass. agg. **1** → **conoscere 2** *(noto)* bekannt, berühmt: ***~ in tutto il mondo*** weltbekannt; ***un artista poco ~*** ein wenig (*o* kaum) bekannter Künstler.

con|qui|bus m.inv. SCHERZ. Nervus rerum *m.*: ***non avere il ~*** keinen Nervus rerum haben.

con|qui|sta f. **1a** Eroberung *f.*: ***la ~ del potere*** die Eroberung der Macht; ***la ~ dello spazio*** die Weltraumeroberung; FIG. ***fare -e*** Eroberungen machen; FIG. ***la sua nuova, ultima ~*** seine neue, letzte Eroberung **b** MIL. *(espugnazione)* Eroberung *f.*, Einnahme *f.* **2** FIG. *(risultato)* Errungenschaft *f.*: ***le -e della tecnica*** die Errungenschaften der Technik **3** *(scalata)* Bezwingung *f.*: ***la ~ del K2*** die Bezwingung des K2 ◆ ***andare alla ~ di qcs.*** zur Eroberung von etw. schreiten; ***guerra di ~*** Eroberungskrieg *m.*; ***sete di -e*** Eroberungssucht *f.*; ***terra di ~*** erobertes Land.

con|qui|sta|re I tr. **1** erobern (anche FIG.): ***~ lo spazio, il successo, una donna, il cuore di un uomo*** den Weltraum, den Erfolg, eine Frau, das Herz eines Mannes erobern **2** MIL. *(espugnare)* ein‿nehmen, erobern: ***~ una roccaforte*** eine Festung erobern **3** *(accattivarsi)* ein‿nehmen, gewinnen: ***~ tutti con la propria simpatia*** mit seinem sympathischen Wesen alle für sich einnehmen **4** *(scalare)* bezwingen: ***~ la vetta*** den Gipfel bezwingen **II** pronom. **conquistarsi** sich (D) erobern, gewinnen: ***-rsi la stima di qcn.*** sich jds Achtung gewinnen; ***-rsi l'amicizia di qcn.*** jdn zum Freund gewinnen.

con|qui|sta|to|re I m. **1** Eroberer *m.*: ***i -i del mondo*** Welteroberer *pl.* **2** FIG. *(rubacuori)* Herzensbrecher *m.*, Ladykiller *m.* **II** agg. erobernd, Eroberer-: ***popoli -i*** Eroberervölker *pl.*

con|sa|cra|re I tr. **1a** weihen, heiligen, konsekrieren: ***~ una chiesa*** eine Kirche weihen; ***~ qcn. sacerdote*** jdn zum Priester weihen **b** LIT. konsekrieren, verwandeln: ***~ il pane e il vino*** Brot und Wein konsekrieren **2** FIG. *(dedicare)* weihen, widmen: ***~ la propria vita al lavoro*** sein Leben der Arbeit widmen **3** *(proclamare)* proklamieren, würdigen: ***~ qcn. poeta dell'anno*** jdn zum Dichter des Jahres proklamieren **4** *(legittimare)* an‿erkennen, legitimieren: ***~ un diritto attraverso l'uso*** ein Recht durch Gewohnheit anerkennen **II** pronom. **consacrarsi 1** sich weihen: ***-rsi a Dio*** sich Gott weihen **2** FIG. *(dedicarsi)* sich verschreiben, sich hin‿geben: ***-rsi allo studio*** sich dem Studium verschreiben.

con|sa|cra|zio|ne f. **1** Weihe *f.*, Konsekration *f.*: ***~ di una chiesa, di un vescovo*** Kirchweihe *f.*, Bischofskonsekration *f.* **2** LIT. *(eucaristica)* Konsekration *f.*: ***~ dell'ostia*** Konsekration der Hostie ◆ ***cerimonia di ~*** Weiheakt *m.*

con|san|gui|nei|tà f.inv. Blutsverwandtschaft *f.* **con|san|gui|ne|o I** agg. blutsverwandt **II** m. Blutsverwandte *m.* ◆ ***matrimonio tra -i*** Verwandtenehe *f.*

con|sa|pe|vo|le agg. **1** bewusst: ***un uomo ~*** ein bewusster Mensch; ***essere, diventare (pienamente) ~ di qcs.*** sich (D) etw. (G) (ganz) bewusst sein, werden **2** *(intenzionale)* wissentlich, bewusst: ***una scelta ~*** eine ganz bewusste Wahl ◆ ***rendere qcn. ~ di qcs.*** jdm etw. bewusst machen. **con|sa|pe|vo|lez|za** f. Bewusstsein *n.*: ***fare***

qcs. con (piena) ~ etw. mit (vollem) Bewusstsein tun; ***agire nella ~ dei propri diritti*** im Bewusstsein seiner Rechte handeln ◆ ***avere (la) ~ della propria forza*** sich seiner Kraft bewusst sein. **con|sa|pe|vol|men|te** avv. **1** bewusst: ***vivere, fare qcs. ~*** etw. bewusst erleben, tun **2** *(intenzionalmente)* wissentlich, bewusst: ***ingannare qcn. ~*** jdn wissentlich hintergehen.

con|scia|men|te avv. bewusst, mit Bewusstsein: ***agire ~*** mit Bewusstsein handeln. **con|scio I** agg. *(-sci,-sce)* bewusst: ***essere ~ di qcs.*** sich (D) etw. (G) bewusst sein **II** m. Bewusste *n.*

con|se|cu|ti|va|men|te avv. hintereinander, lang: ***parlare per due ore ~*** zwei Stunden lang sprechen.

con|se|cu|ti|vo agg. **1** hintereinander, nacheinander: ***per tre giorni -i*** drei Tage hintereinander; ***dieci volte -e*** zehnmal hintereinander **2** GRAMM. TECN. Konsekutiv-, konsekutiv: ***congiunzione, proposizione -a*** konsekutive Konjunktion, Konsekutivsatz *m.*; ***traduzione -a*** Konsekutivdolmetschen *n.* ◆ ***angoli -i*** Nebenwinkel *pl.*

con|se|gna f. **1** Abgabe *f.*: ***la ~ dei compiti in classe*** die Abgabe der Klassenarbeiten; ***dietro ~ del tagliando*** gegen Abgabe des Coupons **2** COMM. Lieferung *f.*, Auslieferung *f.*: ***pronta, ritardata ~*** sofortige, verspätete Lieferung; ***effettuare (fare), sollecitare una ~*** liefern, eine Lieferung an‿mahnen; ***la ~ avviene, viene effettuata in giornata*** die Lieferung erfolgt im Laufe des Tages **3** *(custodia)* Aufbewahrung *f.*, Verwahrung *f.*: ***dare, prendere, avere qcn., qcs. in ~*** jdn, etw. in Verwahrung geben, nehmen, haben **4** MIL. *(ordine)* Befehl *m.*: ***osservare, violare una ~*** einen Befehl befolgen, verweigern **5** MIL. *(punizione)* Ausgangssperre *f.*: ***essere in ~*** Ausgangssperre haben; ***avere tre giorni di ~*** drei Tage Ausgangssperre haben ◆ ***pagabile alla ~*** zahlbar bei Lieferung; COMM. ***bolla di ~*** Lieferschein *m.*; COMM. ***condizioni di ~*** Lieferbedingungen *pl.*; ***dare le -e a qcn.*** jdm (*o* an jdn) sein Amt übergeben; ***~ a domicilio*** Lieferung frei (*o* ins) Haus; ***mancata ~*** Nichtlieferung *f.*; ***passare le -e a qcn.*** → ***dare le -e a qcn.***; ***prendere le -e*** ein Amt übernehmen; ***pronto per la ~*** lieferbereit; ***termine di ~*** Liefertermin *m.*, Lieferfrist *f.*; ***~ a termine*** Lieferung auf Zeit.

con|se|gna|re I tr. **1** ab‿geben; *(nelle mani)* aus‿händigen, ein‿händigen: ***~ una lettera, le chiavi*** einen Brief, die Schlüssel abgeben **2** COMM. liefern, ab‿liefern: ***~ la merce a mezzo spedizioniere*** die Ware durch einen Spediteur liefern **3** *(dare in consegna)* übergeben: ***~ qcs. a qcn.*** jdm (*o* an jdn) etw. übergeben; ***~ la città al nemico*** die Stadt an den Feind übergeben; ***~ qcn. alla giustizia*** jdn der Gerechtigkeit übergeben **4** MIL. ***~ qcn.*** Ausgangssperre über jdn verhängen **II** pronom. **consegnarsi** sich stellen, sich aus‿liefern: ***-rsi alla polizia*** sich der Polizei stellen ◆ ***~ le armi*** die Waffen nieder‿legen; MIL. ***~ la truppa*** Ausgangssperre über die Truppe verhängen. **con|se|gna|ta|rio** m. *(-ri)* Empfänger *m.*, Konsignatar *m.* **con|se|gna|to** p.pass. agg. → **consegnare** ◆ MIL. ***essere ~*** Ausgangssperre haben.

con|se|guen|te agg. **1** sich ergebend, folgend: ***i danni -i all'incidente*** die sich aus dem Unfall ergebenden Schäden; ***l'inflazione e il ~ aumento dei prezzi*** die Inflation und die daraus folgende Preissteigerung **2** *(coerente)* folgerichtig, schlüssig, konsequent: ***deduzione ~*** konsequente Folgerung. **con|se|guen|te|men|te** avv. **1** *(di conseguenza)* infolgedessen, folglich **2** *(coerentemente)* konsequent(erweise), folgerichtig.

con|se|guen|za f. **1** Folge *f.*, Konsequenz *f.*, Auswirkung *f.*: ***~ logica, spiacevole, inevitabile*** logische, unangenehme, unvermeidliche Folge; ***le -e di una guerra, di una malattia*** die Auswirkungen eines Krieges, einer Krankheit; ***avere, riportare (delle) gravi -e*** schlimme Folgen haben, nach sich ziehen; ***avere qcs. come ~*** etw. zur Folge haben; ***prevedere, accettare, subire le -e (di qcs.)*** die Folgen (von etw.) ab‿sehen, auf sich nehmen, tragen **2** *(conclusione)* Folgerung *f.*, Konsequenz *f.*: ***trarre le -e da qcs.*** aus etw. die Konsequenzen ziehen ◆ ***di ~*** daher; ***in ~ di ciò*** deshalb, infolgedessen; ***in ~ di qcs.*** infolge etw. (G); ***senza -e*** folgenlos.

con|se|gui|bi|le agg. erlangbar, erzielbar, erreichbar: ***un risultato facilmente ~*** ein leicht erzielbares Ergebnis.

con|se|gui|men|to m. **1** Erlangung *f.*, Erzielung *f.*, Erwerb *m.*: ***~ di un guadagno, di un titolo, della laurea*** Erzielung eines Gewinns, Erlangung eines Titels, Erwerb des Diploms **2** *(raggiungimento)* Erreichung *f.*: ***al ~ della maggiore età*** bei Erreichung der Mündigkeit.

con|se|gui|re I tr. erlangen, erzielen, erreichen: ***~ un successo, un titolo di studio*** einen Erfolg erzielen, einen Schulabschluss erlangen **II** intr. (aus. *essere*) folgen: ***a una causa consegue un effetto*** einer Ursache folgt eine Wirkung; ***ne consegue che...*** daraus folgt, dass...

con|sen|so m. **1** Zustimmung *f.*, Einwilligung *f.*: ***~ unanime*** einhellige Zustimmung; ***dare, rifiutare, negare il proprio ~ a qcn., qcs.*** jdm, etw. (*o* zu etw.) seine Zustimmung geben, verweigern, versagen **2** *(giudizio favorevole)* Anklang *m.*, Zuspruch *m.*: ***incontrare, trovare un vasto, largo ~ di pubblico*** beim Publikum großen Anklang finden **3** *(accordo)* Einverständnis *n.*, Einvernehmen *n.*: ***mutuo, tacito ~*** gegenseitiges (*o* beiderseitiges), stillschweigendes Einverständnis. **con|sen|sua|le** agg. einvernehmlich: ***separazione ~*** einvernehmliche Trennung. **con|sen|sual|men|te** avv. einvernehmlich, in beiderseitigem Einverständnis: ***separarsi ~*** sich in beiderseitigem Einverständnis trennen.

con|sen|ta|ne|o agg. angemessen, entsprechend.

con|sen|ti|re I tr. erlauben, gestatten: ***se le circostanze lo consentono*** wenn die Umstände es erlauben; ***~ a qcn. l'accesso a qcs.*** jdm den Zutritt zu etw. gestatten; ***mi consenta di parlare!*** erlauben Sie, dass ich etwas sage! **II** intr (aus. *avere*) **1** zu‿stimmen, bei‿pflichten: ***~ con una decisione*** einer Entscheidung zustimmen; ***~ con qcn. su qcs.*** jdm in etw. zustimmen **2** *(accondiscendere)* ein‿willigen, zu‿stimmen: ***~ a un desiderio, al divorzio*** einem Wunsch zustimmen, in die Scheidung einwilligen. **con|sen|ti|to** p.pass. agg. **1** → **consentire 2** zulässig: ***velocità massima -a*** zulässige Höchstgeschwindigkeit. **con|sen|zien|te** agg. zustimmend ◆ ***essere ~ a qcs.*** etw. (D) zu‿stimmen, in etw. (A) ein‿willigen.

con|se|quen|zia|le agg. folgerichtig, konsequent: ***una decisione ~*** eine konsequente Entscheidung. **con|se|quen|zia|li|tà** f.inv. Folgerichtigkeit *f.*, Konsequenz *f.*

con|ser|to agg. ***a braccia -e*** mit verschränkten Armen.

1.con|ser|va f. Eingemachte *n.*, Eingeweckte *n.*, Konserve *f.*: ***~ di frutta*** Obstkonserve *f.* ◆ ***~ alimentare*** Lebensmittelkonserve *f.*; ***frutta in ~*** eingemachtes Obst; ***mettere in ~ qcs.*** etw. ein‿machen (*o* ein‿wecken); ***~ di pomodoro*** Tomatenmark *n.*

2.con|ser|va f. ***di ~*** im Verband; FIG. in Übereinstimmung: ***andare, navigare di ~*** im Verband fahren; ***procedere, decidere di ~*** gut miteinander aus‿kommen, übereinstimmend entscheiden.

con|ser|va|bi|le agg. haltbar. **con|ser|van|te** m. Konservierungsmittel *n.*: ***non contiene -i*** enthält keine Konservierungsmittel; ***senza -i*** ohne Konservierungsmittel.

con|ser|va|re I tr. **1a** konservieren, ein‿machen: ***~ funghi sott'olio*** Pilze in Öl konservieren **b** auf‿bewahren: ***~ qcs. in frigo*** etw. im Kühlschrank aufbewahren; ***~ in luogo asciutto, al fresco*** trocken aufbewahren (*o* vor Feuchtigkeit schützen), kühl lagern **2a** *(mantenere)* bewahren, behalten: ***~ la calma, il buon umore*** Ruhe bewahren, gute Laune behalten; ***~ la mente lucida*** einen klaren Kopf bewahren; ***~ l'innocenza*** die Unschuld bewahren; ***~ un aspetto giovanile*** ein jugendliches Aussehen bewahren; ***~ intatta la memoria*** sein Gedächtnis behalten **b** ***~ il proprio posto*** seinen Platz behaupten **3** *(tenere, serbare)* auf‿heben, auf‿bewahren: ***~ una foto per ricordo*** ein Foto zur Erinnerung aufheben; ***conserva ancora tutte le sue lettere*** er bewahrt noch alle ihre Briefe auf; ***~ lo scontrino*** den Kassenzettel aufbewahren **4** *(custodire)* verwahren: ***~ un documento*** ein Dokument (sicher) verwahren **II** pronom. **conservarsi** sich halten: ***la carne si conserva due giorni*** das Fleisch hält sich zwei Tage; ***l'affresco si è conservato bene*** das Fresko ist gut erhalten; *(mantenersi in forze, in salute)* ***si è conservato bene, nonostante l'età*** trotz seines Alters hat er sich gut gehalten ◆ ***Dio ti conservi sempre così!*** Gott erhalte dich stets so, wie du bist!

con|ser|va|ti|vo agg. konservativ. **con|ser|va|to** p.pass. agg. **1** → **conservare 2** erhalten: ***ben ~*** gut erhalten, wohl erhalten **3** konserviert: ***cibi, alimenti -i*** konservierte Speisen, Lebensmittel *pl.* ◆ MED. ***plasma, sangue ~*** Blut-, Plasmakonserve *f.*

con|ser|va|to|re I agg. **1** konservativ: ***una politica -trice*** eine konservative Politik; ***un atteggiamento ~*** eine konservative Haltung; ***la stampa -trice*** die konservative Presse **2** *(che conserva)* erhaltend, bewahrend, konservierend **II** m. **1** Konservative *m.*: ***i -i hanno vinto le elezioni*** die Konservativen haben die Wahlen gewonnen **2** *(di opere d'arte)* Konservator *m.* **con|ser|va|to|ri|a** f. Grundbuchamt *n.*

con|ser|va|to|rio m. *(-ri)* Konservatorium *n.*, Musikhochschule *f.*: ***studiare, andare al ~*** am Konservatorium studieren, ans Konservatorium gehen; ***frequentare il ~*** das Konservatorium besuchen.

con|ser|va|to|ri|smo m. Konservatismus *m.*, Konservativismus *m.*

con|ser|va|zio|ne f. **1a** Konservierung *f.*: ***~ delle carni*** Fleischkonservierung *f.* **b** MED. ***~ di un organo*** Organkonservierung *f.* **2** Erhaltung *f.*: ***la ~ di un'opera d'arte*** die Erhaltung eines Kunstwerks **3** *(conservatorismo)* Konservatismus *m.*, Konservativismus *m.* **4** BIOL. Selbsterhaltung *f.* ◆ ***data di ~*** Haltbarkeitsdatum *n.*; ***istinto di ~*** Erhaltungstrieb *m.*, Selbsterhaltungstrieb *m.*; ***alimenti a lunga ~*** lang haltbare Lebensmittel; ***latte a lunga ~*** haltbare Milch, H-Milch *f.*; ***procedimento di ~*** Konservierungsverfahren *n.*; ~ ***della specie*** Arterhaltung *f.*; ***stato di*** ~ Erhaltungszustand *m.*

con|ser|vie|ro agg. Konserven-: ***industria -a*** Konservenindustrie *f.* **con|ser|vi|fi|cio** m. *(-ci)* Konservenfabrik *f.*

con|ses|so m. **1** Versammlung *f.*: ***un ~ di avvocati, di scienziati*** eine Versammlung von Anwälten, Wissenschaftlern **2** FIG. Vereinigung *f.*: ~ ***di popoli*** Völkervereinigung *f.*

con|si|de|ra|bi|le agg. ANT. → **considerevole.**

con|si|de|ra|re *(considero)* **I** tr. **1** betrachten, bedenken, überlegen; *(esaminare)* erwägen: ***~ qcs. da una certa prospettiva*** etw. aus einer bestimmten Perspektive betrachten; ***~ la situazione, i pro e i contro*** die Lage, das Pro und Kontra bedenken; ***bisogna ~ che...*** man muss bedenken, dass... **2a** *(tener conto di)* betrachten, in Betracht ziehen, beachten: ***non ~ una proposta*** einen Vorschlag nicht in Betracht ziehen **b** ***considera che la distanza è grande*** denk daran, dass die Entfernung groß ist **3** *(ritenere)* betrachten, halten, an‿sehen: ***~ qcs. (come) necessario, vantaggioso*** etw. als notwendig, vorteilhaft betrachten; ***~ qcn. un amico*** jdn als Freund betrachten, für einen Freund halten; ***essere considerato una persona seria, un esperto*** als seriös, als Experte angesehen werden (*o* gelten); ***lo considero un successo, un fallimento, un onore*** ich betrachte es als einen Erfolg, eine Niederlage, eine Ehre **4** *(stimare)* achten, schätzen: ***è molto considerato da tutti*** er wird von allen sehr geschätzt **5** *(contemplare)* vor‿sehen: ***la legge non considera questa possibilità*** das Gesetz sieht diese Möglichkeit nicht vor **6** *(guardare con attenzione)* betrachten: ***considerò a lungo il quadro, poi se ne andò*** er betrachtete das Bild lange, dann ging er **II** pronom. ***considerarsi molto intelligente, un eroe*** sich für sehr klug halten, sich als Held betrachten; ***puoi considerarti fortunato se sei ancora vivo*** du kannst von Glück sagen, dass du noch lebst ◆ *(in considerazione di)* ***considerando, considerato...*** in Anbetracht + gen., angesichts + gen.: ***considerando (considerate) le sue condizioni, il paziente sta bene*** dem Patienten geht es den Umständen entsprechend gut; ***considerati i fatti...*** angesichts der Tatsachen...; ***considerata la sua età, è molto in gamba*** in Anbetracht seines Alters ist er sehr auf Draht; ***considerando (considerato) che...*** in Anbetracht dessen, dass...; ***tutto considerato*** alles in allem. **con|si|de|ra|to** p.pass. agg. **1** → **considerare 2** *(stimato)* angesehen, geschätzt.

con|si|de|ra|zio|ne f. **1** *(stima)* Achtung *f.*, Ansehen *n.*: ***tenere qcn. in grande ~, avere grande ~ per qcn.*** jdn hoch achten, große Achtung vor jdm haben; ***godere di scarsa ~*** in geringem Ansehen stehen; ***scadere nella ~ di qcn.*** in jds Achtung sinken; ***ottenere la ~ di qcn.*** jds Achtung gewinnen **2** *(riflessione)* Überlegung *f.*: ***l'argomento merita una ~*** das Thema ist einer Überlegung wert; ***dopo attente -i*** nach reiflicher Überlegung **3** *(osservazione)* Betrachtung *f.*, Überlegung *f.*: ***fare alcune -i su qcs.*** einige Betrachtungen über etw. (A) an‿stellen **4** *(riguardo)* Berücksichtigung *f.*, Rücksicht *f.*: ***non avere alcuna ~ per la propria salute*** keine Rücksicht auf seine Gesundheit nehmen **5** *(avvedutezza)* Überlegung *f.*, Bedacht *m.*, Besonnenheit *f.*: ***agire con ~*** mit Bedacht handeln ◆ ***essere degno di ~*** Beachtung verdienen, einer Überlegung wert sein; ***in ~ di*** in Anbetracht + gen., angesichts + gen., unter Berücksichtigung + gen.; ***prendere in ~ qcn., qcs.*** jdn, etw. in Betracht (*o* Erwägung) ziehen; ***non prendere in ~ qcn., qcs.*** jdn, etw. außer Betracht (*o* außer Acht) lassen; ***non essere preso in ~*** außer Betracht bleiben, nicht in Betracht kommen.

con|si|de|re|vo|le agg. beträchtlich, erheblich: ***una somma ~*** eine beträchtliche Summe; ***un ~ ritardo*** eine erhebliche Verspätung; ***un numero ~ di spettatori*** eine beträchtliche Anzahl von Zuschauern; ***danni -i*** beträchtliche Schäden. **con|si|de|re|vol|men|te** avv. beträchtlich, erheblich.

con|si|glia|bi|le agg. ratsam: ***non è ~ uscire da soli la notte*** es ist nicht ratsam, nachts allein auszugehen.

con|si|glia|re *(consiglio, consigli)* **I** tr. **1** ***~ qcs. a qcn.*** jdm (zu) etw. raten: ***~ a qcn. la calma, la prudenza*** jdm zur Ruhe, Vorsicht raten; ***che cosa mi consigli?*** wozu (*o* was) rätst du mir? ***gli consigliarono di rivolgersi alla polizia*** man riet ihm, sich an die Polizei zu wenden; ***ti consiglio di non farti più vedere!*** ich rate dir, lass dich hier nicht mehr blicken! ***non te lo consiglio!*** ich rate dir davon ab! ***il medico gli ha consigliato assoluto riposo, queste pillole*** der Arzt hat ihm zu absoluter Ruhe, zu diesen Tabletten geraten **2** *(raccomandare)* empfehlen: ***~ un albergo, un prodotto, un parrucchiere a qcn.*** jdm ein Hotel, ein Produkt, einen Friseur empfehlen **3** *(fornire di consigli)* beraten: ***~ bene, male qcn.*** jdn gut, schlecht beraten; ***farsi ~ da qcn.*** sich von jdm beraten lassen **4** ANT. *(indurre)* zu‿raten, verleiten: ***~ qcn. al male*** jdn zum Bösen verleiten **II** pronom. **consigliarsi** sich besprechen, sich beraten: ***-rsi col proprio avvocato*** sich mit seinem Anwalt besprechen.

con|si|glie|re m. **1** Ratgeber *m.*, Berater *m.* **b** FIG.: ***l'odio è un cattivo ~*** Hass ist ein schlechter Ratgeber **2a** POL. Rat *m.* **b** *(donna)* Rätin *f.* ◆ ***~ d'ambasciata*** Botschaftsrat *m.*; ***~ d'amministrazione*** *(di ente pubblico)* Mitglied *n.* des Verwaltungsrats *(di azienda privata)* Vorstandsmitglied *n.*; ***~ comunale*** Gemeinde-, Stadtrat *m.* (-rätin *f.*); ***~ di corte*** Hofrat *m.*; ***~ delegato*** geschäftsführendes Verwaltungsratsmitglied *n.*; ***~ di legazione*** Legations-, Gesandtschaftsrat *m.*; ***~ provinciale*** Provinzialrat *m.* (-rätin *f.*); ***~ regionale*** Regionalratsabgeordnete *m.* e *f.*; ***~ segreto*** Geheimrat *m.*; ***~ di stato*** Staatsrat *m.*

con|si|glio m. *(-gli)* **1a** Rat *m.*, Ratschlag *m.*: ***dare un ~ a qcn.*** jdm einen Rat geben, erteilen; ***seguire un ~*** einen Rat befolgen, einem Rat folgen; ***ascoltare i -gli di qcn.*** auf jds Ratschläge hören; ***chiedere ~ a qcn.*** jdn um Rat bitten (*o* fragen); ***non accettare -gli da nessuno*** von niemandem einen Rat(schlag) an‿nehmen; ***non mi sembra di aver chiesto il tuo ~!*** ich wüsste nicht, dass ich dich um deinen Rat gefragt hätte! **b** *(parere professionale)* ***seguire il ~ del medico, del commercialista*** den Rat seines Arztes, Steuerberaters befolgen **2** *(raccomandazione)* Empfehlung *f.* **3** *(assemblea)* Rat *m.*: ***adunare, convocare, eleggere, sciogliere il ~*** den Rat versammeln, ein‿berufen, wählen, auf‿lösen; ***riunirsi in ~*** sich versammeln **4** *(riunione, colloquio)* Rat *m.*, Beratung *f.*: ***tenere ~*** Rat halten; ***riunirsi in ~*** zur Beratung zusammen‿treten **5** LETT. *(parere)* Meinung *f.*: ***mutar ~*** seine Meinung ändern ◆ ***~ d'amministrazione*** *(di ente pubblico)* Verwaltungsrat *m.*; *(di azienda privata)* Vorstand *m.*; SCOL. ***~ di classe*** Klassenkonferenz *f.*; ***~ comunale*** Gemeinderat *m.*, Stadtrat *m.*, Stadtparlament *n.*; ***dietro ~*** → ***su ~***; ***Consiglio d'Europa*** Europarat *m.*; ***~ di fabbrica*** Betriebsrat *m.*; UNIV. ***~ di facoltà*** Fakultäts-, Fachbereichsrat *m.*; ***~ di famiglia*** Familienrat *m.*; ***~ di guerra*** Kriegsrat *m.*; SCOL. ***~ d'istituto*** Schulpflegschaft *f.*; ***Consiglio Superiore della Magistratura*** Oberster Justizrat *m.* (Selbstverwaltungsorgan der Richterschaft); ***ridurre a miglior ~*** zur Vernunft bringen; ***~ dei ministri*** Ministerrat *m.*, Kabinett *n.*; ***venire a più miti -gli*** = ein‿lenken, nach‿geben, leisere Töne an‿schlagen; ***presidente del ~ (dei ministri)*** Ministerpräsident *m.*; ***~ provinciale*** Provinzrat *m.*; ***~ regionale*** Regionalrat; ***sala del ~*** Ratssaal *m.*; ***~ di sicurezza*** Sicherheitsrat *m.*; ***~ di Stato*** Staatsrat *m.*; ***su ~ di qcn.*** auf jds Rat hin; ***su ~ del medico*** auf Anraten des Arztes; PROV. ***la notte porta ~*** kommt Zeit, kommt Rat.

con|si|lia|re agg. Rats-: ***sala ~*** Ratssaal *m.* ◆ ***democrazia ~*** Rätedemokratie *f.*

con|si|mi|le agg. LETT. ähnlich, derartig.

con|si|sten|te agg. **1** bestehend: ***un appartamento ~ in, di due stanze*** eine Zwei-Zimmer-Wohnung **2** *(resistente)* widerstandsfähig, strapazierbar: ***un tessuto ~*** ein strapazierbarer Stoff **3** *(compatto)* fest, dick: ***rendere ~ un impasto*** zu einem festen (*o* geschmeidigen) Teig verarbeiten **4** *(rilevante)* beträchtlich, erheblich: ***una somma ~*** eine beträchtliche Summe **5** *(valido, fondato)* fundiert, stichhaltig, gültig: ***una prova ~*** ein stichhaltiger Beweis; ***un ragionamento poco ~*** eine schwache Argumentation.

con|si|sten|za f. **1** Konsistenz *f.*, Beschaffenheit *f.*: ***la ~ di un materiale, di una stoffa*** die Beschaffenheit eines Materials, die Konsistenz eines Stoffes; ***la crema ha una ~ densa, liquida*** die Creme hat eine dicke, flüssige Konsistenz **2** *(compattezza)* Festigkeit *f.*: ***di un terreno*** die Festigkeit eines Bodens **3** *(entità)* Umfang *m.*, Größenordnung *f.*: ***una somma, un ordine di una certa ~*** ein Betrag, eine Bestellung in einer nicht unerheblichen Größenordnung **4** *(fondatezza)* Begründung *f.*, geistiger Tiefgang *m.*: ***idee senza ~*** Ansichten ohne geistigen Tiefgang ◆ ***~ di cassa*** Barbestand *m.*

con|si|ste|re intr. (pass.rem. *consistei/consistetti*; p.pass. *consistito*; aus. *essere*) **1** ***~ in qcs.*** in etw. (D) bestehen, liegen: ***in che cosa consiste la differenza*** worin besteht der Unterschied? ***il problema consiste nel fatto che...*** das Problem liegt darin, dass... **2** *(essere composto, constare)* bestehen: ***la casa consiste in, di tre stanze*** das Haus besteht aus drei Zimmern; ***l'opera consiste in tre volumi*** das Werk besteht aus drei Bänden.

CONSOB ⇒ *Commissione per il Controllo delle Società e delle Borse* Kontrollkommission für Aktiengesellschaften und Börsen.

con|so|cia|re *(consocio, consoci)* **I** tr. zusammen‿schließen **II** pronom. **consociarsi** sich zusammen‿schließen. **con|so|cia|ta** f. Tochterfirma *f.*, Tochtergesellschaft *f.* **con|so|cia|ti|vi|smo** m. POL. = stillschweigender Kompromiss zwischen Mehrheit und Opposition. **con|so|cia|to** **I** p.pass. agg. **1** → **consociare** **2** angeschlossen **3** *(dello stesso gruppo aziendale)* zusammengeschlossen **II** m. Sozius *m.*, Teilhaber *m.* **con|so|cia|zio|ne** f. **1** Zusammenschluss *m.* **2** → **consociativismo** **3** AGR. Mischkultur *f.*, Gemenge *n.* **con|so|cio** m. *(-ci)* Gesellschafter *m.*

con|so|lan|te agg. tröstlich, trostbringend, tröstend: ***notizie -i*** tröstliche Nachrichten; ***è ~ sapere che...*** es ist tröstlich zu wissen, dass...; ESTENS. *(piacevole)* ***una situazione, un risultato poco ~*** eine wenig tröstliche Lage, ein wenig tröstliches Ergebnis.

1.con|so|la|re I tr. **1** trösten: ***~ qcn. di, per qcs.*** jdn über etw. trösten; ***mi consola il fatto di non essere solo*** mich tröstet, dass ich nicht allein bin **2** *(alleviare)* mildern: ***~ il dolore di qcn.*** jds Schmerz mildern **3** *(rallegrare)* auf‿muntern, COLLOQ. auf‿bauen: ***l'unica cosa che mi consola è che presto ci rivedremo*** das einzige, was mich aufmuntert (*o* aufbaut) ist, dass wir uns bald wiedersehen **II** pronom. **consolarsi** sich trösten: ***-rsi di una perdita, di una sconfitta*** sich über einen Verlust, eine Niederlage trösten; ***-rsi al pensiero che...*** sich mit dem Gedanken trösten, dass...; IRON. ***la vedova si è consolata presto*** die Witwe hat sich rasch getröstet ◆ rafforz. ***ha un'espressione da scemo che consola!*** der sieht total bescheuert aus!

2.con|so|la|re agg. konsularisch, Konsular-: ***agente, diritto ~*** Konsularagent *m.*, -recht *n.*; ***corpo ~*** konsularisches Korps ◆ *(nell'antica Roma)* ***vie -i*** = nach römischen Konsuln benannte Reichsstraßen.

1.con|so|la|to p.pass. agg. **1** → **consolare 2** getröstet.

2.con|so|la|to m. Konsulat *n.*: ***durante il ~ di Caio Mario*** während des Konsulats von Gaius Marius; ***il ~ di Danimarca a Milano*** das dänische Konsulat in Mailand.

con|so|la|to|re I agg. tröstlich, trostbringend, Trost-: ***parole -trici*** tröstliche Worte, Trostworte **II** m. Tröster *m.* **con|so|la|to|rio** agg. *(-ri,-rie)* trostbringend, Trost-.

con|so|la|zio|ne f. Trost *m.*: ***qcs. mi è di ~*** etw. ist jdm ein Trost; ***cercare, trovare ~ in qcn., qcs.*** in etw. (D), bei jdm Trost suchen, finden; ***dare ~ a qcn.*** jdm Trost spenden; ***una magra ~*** ein magerer (*o* schwacher) Trost; ***sei la mia (unica) ~*** du bist mein einziger Trost ◆ ***premio di ~*** Trostpreis *m.*

1.con|so|le m. DIPL. STOR. Konsul *m.* ◆ ***~ generale*** Generalkonsul *m.*; ***~ onorario*** Ehrenkonsul *m.*; STOR. ***primo ~*** erster Konsul.

2.con|so|le [kɔ̃'sɔl] f.inv. **1** *(mobile)* Konsole *f.* **2** *(dell'organo)* Spieltisch *m.* **3** EL. ELETTRON. Schaltpult *n.*, Steuerpult *n.*

con|so|li|da f. Beinwell *m.*

con|so|li|da|men|to m. **1** Festigung *f.*, Befestigung *f.* (anche FIG.): ***il ~ di un'amicizia, del potere*** die Festigung einer Freundschaft, der Macht **2** ECON. Konsolidation *f.*, Konsolidierung *f.* **con|so|li|da|re** *(consolido)* **I** tr. **1** festigen, befestigen: ***~ il terreno*** den Boden befestigen; MIL. ***~ una posizione*** eine Stellung befestigen; FIG. ***~ la propria fama, posizione, un'amicizia*** seinen Ruhm, seine Stellung, eine Freundschaft festigen **2** ECON. konsolidieren: ***~ un debito*** eine Schuld konsolidieren **II** pronom. **consolidarsi 1** fest werden, sich festigen **2** FIG. sich festigen, sich befestigen: ***il mercato interno si è consolidato*** der Binnenmarkt hat sich gefestigt. **con|so|li|da|to** p.pass. agg. **1** → **consolidare 2** gefestigt, fundiert: ***un sapere ~*** ein fundiertes Wissen **3** ECON. konsolidiert: ***debito, bilancio ~*** konsolidierte Schuld, Bilanz.

con|sol|le f.inv. → **2.console**.

con|som|mé m.inv. Consommé *f.* e *n.*

con|so|nan|te I agg. konsonant: ***suoni -i*** konsonante Klänge **II** f. Mitlaut *m.*, Konsonant *m.*: ***~ sonora, sorda*** stimmhafter, stimmloser Konsonant. **con|so|nan|ti|co** agg. *(-ci,-che)* konsonantisch, Konsonanten- ◆ ***rotazione -a*** Lautverschiebung *f.* **con|so|nan|ti|smo** m. Konsonantismus *m.* **con|so|nan|za** f. **1** MUS. Konsonanz *f.* **2** METR. Gleichklang *m.* von Konsonanten **3** FIG. *(armonia)* Einklang *m.*, Gleichklang *m.*; *(concordia)* Einverständnis *n.*: ***trovarsi in (perfetta) ~ con qcn.*** sich mit jdm im Einklang befinden; ***~ di pensieri*** gedankliches Einverständnis.

con|so|no agg. ***~ a qcs.*** mit etw. übereinstimmend, etw. (D) gemäß.

con|so|rel|la f. **1** Mitschwester *f.*, Ordensschwester *f.* **2** COMM. ***(ditta) ~*** Schwesterfirma *f.*

con|sor|te m. e f. Gemahl *m.* (-in *f.*) ◆ ***principe ~*** Prinzgemahl *m.*

con|sor|te|ri|a f. **1** STOR. Sippenbündnis *n.* **2** FIG. SPREG. Klüngel *m.*, Clique *f.*

con|sor|ti|le, con|sor|zia|le agg. Konsortial-, Genossenschafts-, genossenschaftlich. **con|sor|zia|re** *(consorzio, consorzi)* **I** tr. zusammen‿schließen, zu einer Genossenschaft vereinigen **II** pronom. **consorziarsi** sich zusammen‿schließen. **con|sor|zia|to** p.pass. agg. **1** → **consorziare 2** Konsortial-: ***banca -a*** Konsortialbank *f.*

con|sor|zio m. *(-zi)* **1** Konsortium *n.*, Genossenschaft *f.*: ***formare, fondare un ~*** ein Konsortium bilden, gründen; ***~ agrario*** landwirtschaftliche Genossenschaft; ***~ edile*** Baugenossenschaft *f.*; ***~ di banche*** Bankenkonsortium *n.* **2** *(gruppo)* Konsorte *m.* ◆ ***membro di un ~*** Konsortialmitglied *n.*, Konsorte *m.*; LETT. ***il ~ umano*** die menschliche Gemeinschaft.

con|sta|re intr. (aus. *essere*) **1** bestehen: ***~ di due parti*** aus zwei Teilen bestehen **2** *(risultare)* bekannt sein: ***non mi consta che...*** es ist mir nicht bekannt, dass... ◆ ***per quanto, a quanto mi consta*** meines Wissens (*o* soweit ich unterrichtet bin).

con|sta|ta|bi|le agg. feststellbar.

con|sta|ta|re tr. *(constato/constato)* fest‿stellen: ***si constatò che...*** man stellte fest, dass... **con|sta|ta|zio|ne** f. Feststellung *f.*: ***fare una semplice (mera) ~*** eine bloße Feststellung machen (wollen) ◆ DIR. ***~ amichevole*** gütliche Einigung *f.*

con|sue|to agg. üblich, gewohnt, gewöhnlich: ***all'ora -a*** zur gewohnten Zeit; ***nel modo ~*** in gewohnter Weise ◆ ***come di ~*** wie gewöhnlich, gewohnheitsgemäß; ***di ~*** üblicherweise; ***più del ~*** mehr als gewöhnlich. **con|sue|tu|di|na|rio I** agg. *(-ri,-rie)* Gewohnheits-: ***diritto ~*** Gewohnheitsrecht *n.* **II** m. *(-ri)* Gewohnheitsmensch *m.*

con|sue|tu|di|ne f. **1** Gewohnheit *f.*: ***avere la ~ di fare qcs.*** gewöhnt sein, etw. zu tun; ***da noi è ~ darsi la mano*** bei uns gibt man sich gewöhnlich die Hand; ***qcs. è diventato una ~ per qcn.*** etw. ist jdm zur Gewohnheit geworden **2** *(costume, usanza)* Brauch *m.*, Gebrauch *m.*: ***un'antica ~*** ein alter Brauch; ***rispettare le -i di un popolo*** die Gebräuche eines Volkes respektieren **3** *(dimestichezza)* Vertrautheit *f.*; ***avere ~ con qcs.*** mit etw. vertraut sein.

con|su|len|te m. e f. Berater *m.* (-in *f.*); ***essere ~ di qcn.*** jdm beratend zur Seite stehen; ***~ tecnico*** technischer Berater ◆ ***~ aziendale*** Betriebs-, Unternehmensberater *m.*; ***~ finanziario*** Finanzberater *m.*; ***~ fiscale*** Steuerberater *m.*; ***~ legale*** Rechtsberater *m.*; ***~ matrimoniale*** Eheberater *m.*; ***~ patrimoniale*** Vermögensberater *m.*; ***~ tributario*** → ***~ fiscale***. **con|su|len|za** f. Beratung *f.*: ***intraprendere, svolgere un'attività di ~*** eine beratende Tätigkeit auf‿nehmen, aus‿üben ◆ ***contratto di ~*** Beratervertrag *m.*; ***~ specialistica*** Fachberatung *f.*

con|sul|ta f. Beraterstab *m.*; *(riunione)* beratende Versammlung *f.*

con|sul|ta|bi|le agg. einsehbar, zugänglich.

con|sul|ta|re I tr. **1** *(interpellare)* zu Rate ziehen, (zur Beratung) hinzu‿ziehen, konsultieren: ***~ un medico, un esperto*** einen Arzt, einen Experten konsultieren **2a** ***~ qcs.*** in etw. (D) nach‿sehen, nach‿schlagen, etw. nach‿schlagen: ***~ il dizionario, un catalogo*** im Wörterbuch, in einem Katalog nachschlagen **b** *(esaminare)* ein‿sehen: ***~ gli atti*** die Akten einsehen **3** *(interrogare)* befragen: ***~ l'oracolo, le carte*** das Orakel, die Karten befragen **4** INFORM. ab‿fragen: ***~ la banca dati*** die Datenbank abfragen **II** pronom. **consultarsi 1** sich beraten, beratschlagen: ***-rsi con qcn. su qcs.*** mit jdm (über) etw. beratschlagen.

con|sul|ta|zio|ne f. **1** Konsultation *f.*, Beratung *f.*, Hinzuziehung *f.*: ***rivolgersi a un esperto per una ~*** einen Fachmann zur Beratung heran‿ziehen; ***~ medica*** ärztliche Beratung **2** ESTENS. *(visita medica)* Untersuchung *f.* **3** pl. POL. Beratungen *pl.* ◆ ***biblioteca di ~*** Präsenzbibliothek *f.*; ***dizionario di facile ~*** benutzerfreundliches Wörterbuch; ***di frequente ~*** für den Handgebrauch; ***opera di ~*** Nachschlagewerk *n.*; ***~ popolare*** Volksbefragung *f.*; ***sala di ~*** Lesesaal *m.* **con|sul|ti|vo** agg. beratend, Beratungs-, konsultativ: ***voto ~*** beratende Stimme; ***assemblea -a*** beratende Versammlung; ***organo ~*** Beratungsorgan *n.*

con|sul|to m. **1** Konsultation *f.*, Beratung *f.*: ***riunirsi a ~*** sich zur Beratung zusammen‿finden; ***tenere un ~*** eine Beratung ab‿halten **2** *(di medici)* Konsilium *n.*, ärztliche Visite *f.* **3** *(colloquio consultivo)* Beratungsgespräch *n.* **con|sul|to|rio** m. *(-ri)* Beratungsstelle *f.*; ***~ familiare*** Familienberatungsstelle *f.*

con|su|ma|bi|le agg. verbrauchbar, konsumierbar.

con|su|ma|re I tr. **1a** verbrauchen, konsumieren: ***~ molto caffè*** viel Kaffee konsumieren; ***~ benzina, corrente*** Benzin, Strom verbrauchen; ***~ tutte le provviste*** alle Vorräte verbrauchen; FIG. ***~ tutte le proprie energie*** alle seine Energien verbrauchen **b** *(esaurire del tutto)* auf‿brauchen **2a** *(logorare)* ab‿nutzen, verbrauchen, verschleißen: ***~ i freni*** die Bremsen abnutzen **b** *(camminando)* ab‿laufen, ab‿treten: ***~ i tacchi*** die Absätze ablaufen; ***il tappeto è consumato*** der Teppich ist abgetreten **c** *(per sfregamento)* ab‿wetzen; *(sedie, poltrone)* durch‿sitzen: ***~ il colletto di una camicia*** den Hemdenkragen abwetzen **d** *(pneumatici)* ab‿fahren **3** FIG. auf‿zehren: ***la malattia lo sta consumando*** die Krankheit zehrt ihn auf **4** *(trascorrere)* verbringen: ***~ il tempo*** die Zeit verbringen **5** *(cibi e bevande)* verzehren (anche assol.), ein‿nehmen: ***~ il pasto di mezzogiorno al ristorante*** das Mittagessen im Restaurant einnehmen **II** pronom. **consumarsi 1** sich verbrauchen **2a** *(logorare)* sich ab‿nutzen, sich verbrauchen, (sich) verschleißen: ***i pantaloni si sono consumati in fretta*** die Hose waren schnell verschlissen **b** *(bruciando)* herunter‿brennen: ***la candela si è consu-***

mata die Kerze ist heruntergebrannt **c** *(camminando)* sich ab‿laufen **d** *(di sedie, poltrone)* sich durch‿sitzen: ***il divano si è già consumato*** das Sofa ist schon durchgesessen **e** *(pneumatici)* sich ab‿fahren **3** FIG. vergehen: ***-rsi nel dolore*** vor Schmerzen vergehen ◆ ***~ d'amore (per qcn.)*** sich vor Liebe (zu jdm) verzehren; ***~ un delitto*** ein Verbrechen begehen; ***~ il matrimonio*** die Ehe vollziehen; ***da consumarsi preferibilmente entro il...*** mindestens haltbar bis...; ***~ un sacrificio*** ein Opfer dar‿bringen.

con|su|ma|to p.pass. agg. **1** → **consumare 2** erfahren: ***un giocatore ~*** ein erfahrener, COLLOQ. abgezockter Spieler.

con|su|ma|to|re m. Verbraucher *m.*, Konsument *m.*: ***dal produttore al ~*** vom Erzeuger zum Verbraucher; ***~ finale, ultimo ~*** Endverbraucher *m.*, Letztverbraucher *m.*; ***~ medio*** (Otto) Normalverbraucher *m.* ◆ ***difesa del ~*** Verbraucherschutz *m.*; ***prezzo al ~*** Verbraucherpreis *m.*; ***unione (dei) -i*** Verbraucherverband *m.*

con|su|ma|zio|ne f. **1** *(di cibi e bevande in un locale)* Verzehr *m.*: ***il biglietto include la ~*** der Verzehr ist im Preis inbegriffen; ***~ obbligatoria*** Verzehrzwang *m.*; ***pagare la ~ in discoteca*** die Getränke in der Diskothek bezahlen **2** RAR. *(consumo)* Verbrauch *m.* ◆ ***~ di un delitto*** Begehen *n.* eines Verbrechens; ***~ del matrimonio*** Vollzug *m.* der Ehe; BIBL. ***fino alla ~ dei secoli*** bis zum Jüngsten Tage.

con|su|mi|smo m. Konsumdenken *n.*, Konsumverhalten *n.* **con|su|mi|sta** m. e f. *(-i,-e)* Konsument *m.* (-in *f.*). **con|su|mi|sti|co** agg. *(-ci,-che)* Konsum-: ***società -a*** Konsumgesellschaft *f.*

con|su|mo m. **1** Verbrauch *m.*, Konsum *m.*: ***~ ridotto, elevato di qcs.*** eingeschränkter (*o* beschränkter), hoher Verbrauch an, von etw.; ***fare un gran ~ di qcs.*** einen großen Verbrauch an etw. (D) haben; ***ridurre, aumentare il ~*** den Verbrauch senken, steigern; ***un basso, forte ~ di alcol, di sigarette*** ein niedriger, starker Alkohol-, Zigarettenkonsum; ECON. ***incentivare i -i*** den Konsum an‿kurbeln **2** *(logorio)* Verschleiß *m.*, Abnutzung *f.* ◆ ***~ di alcolici*** Alkoholkonsum *m.*; ***articolo di ~*** Gebrauchsartikel *m.*; ***articolo di largo ~*** Massenartikel *m.*; ***aumento del ~*** Mehrverbrauch *m.*; ***bene di ~*** Verbrauchsgut *n.*, Konsumgut *n.*, Bedarfsgut *n.*, Gebrauchsgut *n.*; ***~ di carburante*** Kraftstoffverbrauch *m.*; ***beni di ~ durevole*** langlebige Konsumgüter; ***elettronica di ~*** Unterhaltungselektronik *f.*; ***~ giornaliero*** Tagesverbrauch *m.*; ***~ immediato*** Sofortverbrauch *m.*; ***imposta sul ~*** Verbrauch(s)steuer *f.*; ***letteratura di ~*** Trivialliteratur *f.*; ***maggior ~*** → ***aumento del ~***; ***materiali di ~*** = Büromaterial *n.*; ***~ personale*** Eigenverbrauch *m.*; ***~ pro capite*** Pro-Kopf-Verbrauch *m.*; ***società dei -i*** Konsumgesellschaft *f.*; FIG. ***a proprio uso e ~*** für den Hausgebrauch.

con|sun|ti|vo I agg. Schluss-: ***relazione -a*** Schlussbericht *m.*; ***bilancio ~*** Schlussbilanz *f.*, Endabrechnung *f.* **II** m. **1** Abschlussrechnung *f.* **2** FIG. Bilanz *f.*

con|sun|to agg. **1** abgenutzt, verbraucht, schäbig: ***un tappeto ~*** ein abgetretener Teppich; ***abiti -i*** schäbige Kleidung **2** *(emaciato)* abgezehrt: ***un viso ~*** ein hageres Gesicht.

con|sun|zio|ne f. **1** Auszehrung *f.*, MED. Konsumtion *f.*; VETER. Darre *f.* **2** FIG. Demoralisierung *f.*, Zerrüttung *f.* ◆ ***febbre di ~*** zehrendes Fieber.

con|suo|ce|ra f. Mutter *f.* des Schwiegersohns (*o* der Schwiegertochter). **con|suo|ce|ro** m. Vater *m.* des Schwiegersohns (*o* der Schwiegertochter) ◆ ***i miei -i*** die Schwiegereltern meines Sohns (*o* meiner Tochter).

con|su|stan|zia|le agg. wesensgleich. **con|su|stan|zia|zio|ne** f. Konsubstantiation *f.*

con|ta f. **1** *(conteggio)* Auszählung *f.*, Zählung *f.*: ***la ~ dei voti*** die Auszählung der Stimmen **2** *(nei giochi infantili)* Abzählreim *m.*, Abzählvers *m.*: ***fare la ~*** ab‿zählen.

con|ta|bal|le m. e f. inv. COLLOQ. Lügenmaul *n.*

con|ta|bi|le I agg. Buchungs-, Buch-, Rechnungs-: ***documento ~*** Buchungsunterlage *f.* **II** m. e f. Buchhalter *m.* (-in *f.*), Rechnungsführer *m.* (-in *f.*): ***~ addetto alle paghe*** Lohnbuchhalter *m.* ◆ ***credito ~*** Buchkredit *m.*, Buchforderung *f.*; ***debito ~*** Buchschuld *f.*; ***errore ~*** Buchungsfehler *m.*; ***gestione ~*** Rechnungsführung *f.*; ***libro ~*** Geschäftsbuch *n.*, Rechnungsbuch *n.*; ***macchina ~*** Buchungsmaschine *f.*; ***di natura ~*** buchungstechnisch; ***operazione ~*** Buchungsvorgang *m.*; ***perito ~*** Büchersachverständige *m.*; ***revisore ~*** Bücherrevisor *m.*; ***scrittura ~*** Buchung *f.*; ***utile ~*** Buchgewinn *m.*; ***valore ~*** Buchwert *m.*, Buchungswert *m.*; ***valore ~ residuo*** Restbuchwert *m.*, Restbuchungswert *m.* **con|ta|bi|li|tà** f. **1** Buchhaltung *f.*, Buchführung *f.*, Rechnungsführung *f.* **2** *(ufficio)* Buchhaltung *f.* ◆ ***~ finanziaria*** Finanzbuchhaltung *f.*; ***~ a partita semplice, doppia*** einfache, doppelte Buchführung; ***~ salariale*** Lohnbuchhaltung *f.*; ***tenere la ~ di qcs.*** über etw. (A) Buch führen. **con|ta|bi|liz|za|re** tr. buchen, verbuchen. **con|ta|bi|liz|za|zio|ne** f. Buchung *f.*

con|ta|chi|lo|me|tri m.inv. Kilometerzähler *m.*: ***~ totale, parziale*** Gesamt-, Tageskilometerzähler *m.*

con|ta|di|na f. Bäuerin *f.* **con|ta|di|nel|la** f. Bauernmädchen *n.* **con|ta|di|nel|lo** m. Bäuerlein *n.*, Bauernjunge *m.* **con|ta|di|ne|sco** agg. *(-schi,-sche)* **1** bäuerlich, ländlich **2** SPREG. bäurisch: ***un comportamento ~*** ein bäurisches Benehmen, IRON. rustikale Umgangsformen.

con|ta|di|no I m. Bauer *m.* (anche SPREG.), *(agricoltore)* Landwirt *m.*: ***villaggio di -i*** Bauerndorf *n.*, bäuerliches Dorf **II** agg. bäuerlich, Bauern-: ***famiglia -a*** Bauernfamilie *f.*; ***tradizione -a*** bäuerliche Tradition ◆ ***ceto ~*** Bauernstand *m.*; ***comunità -a*** Bauernschaft *f.*; ***detto ~*** Bauernregel *f.*; STOR. ***guerra dei -i*** Bauernkrieg *m.*; PROV. ***~, scarpe grosse e cervello fino*** ungehobelt (*o* ungebildet), aber klug. **con|ta|di|not|ta** f. Landpomeranze *f.* **con|ta|do** m. **1** Umland *n.* **2** *(popolazione)* Bevölkerung *f.* des Umlandes.

con|ta|fi|li m.inv. Fadenzähler *m.* **con|ta|fo|to|gram|mi** m.inv. Bildzähler *m.* **con|ta|frot|to|le** m. e f. inv. COLLOQ. Märchenonkel *m.* (Märchentante *f.*).

con|ta|gia|re *(contagio, contagi)* **I** tr. an‿stecken (anche FIG.): ***~ qcn. (con una malattia)*** jdn (mit einer Krankheit) anstecken; FIG. ***~ qcn. col proprio riso*** jdn mit seinem Lachen anstecken **II** pronom. **contagiarsi** sich an‿stecken: ***-rsi da qcn.*** sich bei jdm anstecken.

con|ta|gio m. *(-gi)* Ansteckung *f.*: ***prevenzione dal ~*** Schutz vor, gegen Ansteckung. **con|ta|gio|si|tà** f. Übertragbarkeit *f.* **con|ta|gio|so** agg. ansteckend, übertragbar: ***una malattia -a*** eine ansteckende Krankheit; ***essere ~*** ansteckend wirken; ***non ~*** nicht übertragbar; FIG. ***una risata -a*** ein ansteckendes Lachen; ***uno sbadiglio ~*** ein ansteckendes Gähnen.

con|ta|gi|ri m.inv. Drehzahlmesser *m.*, Tourenzähler *m.* **con|ta|goc|ce** m.inv. Tropfenzähler *m.*; ***boccettino ~*** Tropfflasche *f.*; FIG. ***col ~*** tropfenweise, tröpfchenweise.

con|tai|ner [kən'teɪnə, *üblich* kon'teiner] m.inv. Container *m.*, Behälter *m.*, Transportbehälter *m.*: ***scalo (per) ~*** Containerhafen *m.*

con|ta|mi|nan|te agg. verunreinigend, verseuchend: ***sostanze -i*** verunreinigende Substanzen. **con|ta|mi|na|re I** tr. **1** verseuchen, verunreinigen, kontaminieren: ***~ l'acqua, l'aria*** das Wasser, die Luft verseuchen **2** *(con radiazioni)* verstrahlen: ***~ una zona*** ein Gebiet verstrahlen **3** FIG. verderben **4** LING. kontaminieren. **con|ta|mi|na|to** p.pass. agg. **1** → **contaminare 2** verseucht, Seuchen-: ***~ da radiazioni*** strahlenverseucht; ***zona -a*** Seuchengebiet *n.*

con|ta|mi|na|zio|ne f. **1** Verunreinigung *f.*, Verseuchung *f.*, Kontamination *f.*: ***la ~ delle acque freatiche*** die Verseuchung des Grundwassers; ***~ radioattiva*** Verstrahlung *f.*, radioaktive Verseuchung **2** FIG. Verderbtheit *f.* **3** LING. Kontamination *f.* ◆ ***~ degli alimenti*** Nahrungsmittelverseuchung *f.*; ***~ ambientale*** Umweltverschmutzung *f.*; ***pericolo di ~ radioattiva*** Strahlengefährdung *f.*

con|ta|mi|nu|ti m.inv. Eieruhr *f.*

con|tan|te I agg. bar, Bar-: ***denaro, moneta ~*** Bargeld *n.* **II** m. Bargeld *n.* ◆ ***anticipo in ~, in -i*** Barvorschuss *m.*; ***~ in cassa*** Barguthaben *n.*; ***corso -i*** Kassakurs *m.*; ***dietro -i*** gegen bar; ***pagare in -i*** (in) bar (be)zahlen; ***mercato per -i*** Kassamarkt *m.*; ***~ netto*** netto Kasse *f.*; ***non in -i, senza -i*** bargeldlos; ***operazione per -i*** Kassageschäft *n.*; ***pagamento in -i*** Barzahlung *f.*, Zahlung *f.* in bar; ***consegna solo dietro pagamento in -i*** Lieferung nur gegen Barzahlung (*o* gegen bar); ***sconto per -i*** Kassenskonto *m.* e *n.*, Barzahlungsrabatt *m.*; ***somma in -i*** Barbetrag *m.*; ***vendita per -i*** Barverkauf *m.*

con|ta|pas|si m.inv. Schrittmesser *m.*, Wegmesser *m.*

con|ta|re I tr. **1a** zählen: ***~ i partecipanti, il denaro*** die Teilnehmer, das Geld zählen; ***~ i giorni, le ore che mancano a qcs.*** die Tage, die Stunden bis zu etw. zählen **b** *(annoverare)* zählen, rechnen: ***tra i suoi avi conta due papi*** er zählt zwei Päpste zu seinen Vorfahren **c** *(comprendere)* ***la città conta un milione di abitanti*** die Stadt zählt eine Million Einwohner **2** *(mettere in conto)* berechnen, mit‿zählen: ***non ~ a qcn. le spese di viaggio*** jdm die Fahrtkosten nicht berechnen **3** *(considerare)* dazu‿rechnen: ***se si conta inoltre quanto tempo ha impiegato, allora...*** wenn man noch dazurechnet, wie viel Zeit er dafür gebraucht hat, dann... **4** *(proporsi)* rechnen, sich vor‿nehmen: ***~ di fare qcs.*** sich vornehmen (*o* den Entschluss fassen), etw. zu tun **5** COLLOQ. *(dire, raccontare)* erzählen: ***contarla grossa*** auf‿schneiden; ***contala giusta!*** bleib bei der Wahrheit! **II** intr. (aus. *avere*) **1a** zählen, rechnen: ***sa già ~*** er kann schon zählen; ***conto fino a tre*** ich zähle bis drei; ***imparare a ~*** rechnen lernen **b** *(fare affidamento)* ***~ su qcn., qcs.*** auf jdn, etw. zählen; ***conto su di te, sul tuo aiuto*** ich zähle auf dich, auf deine Hilfe; ***una persona su cui si può ~*** ein Mensch, auf den man zählen kann (*o* mit dem man rechnen kann) **2** *(valere)* zählen: ***l'asso conta più del re*** das Ass zählt mehr als der König; ***il goal non conta*** das Tor zählt nicht **3** *(essere importante)* zählen, wert sein, bedeuten: ***~ poco, molto per qcn.*** wenig, viel für jdn zählen, jdm wenig, viel wert sein; ***non ~ nulla*** nicht zählen, nichts zu melden haben; ***il denaro conta poco per lui*** Geld bedeutet ihm wenig; ***gente che conta*** Leute, die zählen **III** pronom. **contarsi** gehen: ***le vittime della catastrofe si contavano a centinaia*** die Opfer der Katastrophe gingen in die Hunderte ◆ ***~ balle*** Märchen erzählen; ***~ un sacco di balle a qcn.*** jdm die Hucke voll lügen; FIG. ***~ i bocconi a qcn.*** jdm die Bissen im Mund ab‿zählen; ***dover ~ il centesimo*** mit jedem Pfennig rechnen müssen, jeden Pfennig (dreimal) umdrehen müssen; ***~ (il denaro) davanti a qcn.*** jdm (das Geld) vor‿zählen; ***~ qcs. sulle dita (di una mano)*** etw. an den Fingern (einer Hand) ab‿zählen, her‿zählen; ***~ a mente*** kopf‿rechnen; FIG. ***~ le pecore*** Schäfchen zählen; ***sbagliare a ~*** sich verzählen, falsch zählen; ***senza ~ che..*** . ohne in Betracht zu ziehen (*o* zu berücksichtigen), dass...; ***senza ~ qcs.*** ungerechnet etw. (G); ***senza ~ le spese di trasporto*** ungerechnet der Frachtkosten (*o* die Frachtkosten ungerechnet).

con|ta|scat|ti m.inv. Gebührenanzeiger *m.*, Gebührenzähler *m.* **con|ta|sto|rie** m. e f. inv. Lügenmaul *n.*

con|ta|to p.pass. agg. **1** → **contare** **2** *(di denaro)* abgezählt: ***avere il denaro ~*** abgezähltes Geld haben **3** *(di tempo)* knapp bemessen: ***tempo ~*** knapp bemessene Zeit; ***qcn., qcs. ha i giorni -i, le ore -e*** die Tage, die Stunden von jdm, etw. sind gezählt; ***avere i minuti -i*** es eilig haben.

con|ta|to|re m. **1** Zähler *m.*: ***leggere il ~*** den Zähler ab‿lesen; ***~ dell'acqua, del gas, della luce*** Wasser-, Gas-, Stromzähler *m.* **2** *(impianto)* Zählwerk *n.* ◆ ***cassetta del ~*** Zählerhäuschen *n.*; ***~ elettrico*** Stromzähler *m.*; ***~ Geiger*** Geigerzähler *m.*, Zählrohr *n.*; ***~ a quadrante*** Zähluhr *f.*; ***~ secondario*** Zwischenzähler *m.*; ***~ termico*** Wärmezähler *m.*

con|tat|ta|re tr. **1** ***~ qcn. a questo numero telefonico, a questo indirizzo*** sich mit jdm unter dieser Telefonnummer, Adresse in Verbindung setzen **2** COMM. ***~ nuovi clienti*** neue Kunden kontakten, kontaktieren.

con|tat|to m. **1a** Kontakt *m.*, Verbindung *f.*, Berührung *f.*: ***-i d'affari*** geschäftliche Kontakte; ***essere, mettere a ~ con qcs.*** mit etw. Kontakt haben, her‿stellen; ***evitare il ~ con la pelle*** nicht mit der Haut in Berührung kommen lassen; ***al minimo ~*** bei der kleinsten Berührung **b** FIG. ***entrare, essere, rimanere (tenersi), stare, venire in ~ con qcn., qcs.*** mit jdm, etw. in Kontakt (*o* Verbindung) treten, sein, bleiben, stehen, kommen; ***prendere, avere, tenere -i con qcn., qcs.*** mit jdm, etw. Kontakt auf‿nehmen, haben, halten; ***perdere i -i con qcn., qcs.*** den Kontakt zu jdm, etw. verlieren; ***mettere in ~*** in Verbindung setzen; ***mettersi in ~ con qcn.*** sich mit jdm in Verbindung setzen; ***non riuscire a stabilire un ~ con qcn.*** zu jdm keinen Kontakt bekommen, finden **2** TEL. Verbindung *f.* **3** EL. Kontakt *m.*: ***(non) fare ~*** (keinen) Kontakt haben; ***stabilire il ~*** den Kontakt her‿stellen; ***togliere il ~*** aus‿schalten, den Kontakt unterbrechen ◆ FOT. ***copia a ~*** Kontaktabzug *m.*; ***~ difettoso*** Wackelkontakt *m.*; PSIC. ***difficoltà di ~*** Kontaktschwierigkeiten *pl.*; PSIC. ***fobia del ~*** Berührungsangst *f.*; ***infezione per ~*** Kontaktinfektion *f.*; ***insetticida a ~*** Berührungsgift *n.*; ***lavorare a ~ con i bambini*** mit Kindern arbeiten; ***lente a ~*** Kontaktlinse *f.*; ***presa di ~*** Kontaktaufnahme *f.*, Kontaktnahme *f.*; ***punto di ~*** Berührungsstelle *f.* (anche FIG.); ***~ radio*** Funkverbindung *f.*, Funkkontakt *m.*; ***~ scorrevole*** Schieber *m.*; EL. ***~ a spazzola*** Bürstenkontakt *m.*; EL. ***spina di ~*** Kontaktstecker *m.*; ***~ a spina*** Steckkontakt *m.*; ELETTRON. ***~ strisciante*** Schleifkontakt *m.*; EL. ***~ di terra*** Schutzkontakt *m.*

con|tat|to|lo|gi|a f. = Handhabung der Kontaktlinsen. **con|tat|to|lo|go** m. *(-gi)* Kontaktlinsenspezialist *m.*

con|te m. Graf *m.* **con|te|a** f. **1** Grafschaft *f.*: ***franca ~*** Freigrafschaft *f.* **2** *(titolo)* Grafentitel *m.*

con|teg|gia|re *(conteggio, conteggi)* **I** tr. *(addebitare)* **1** an‿rechnen, in Rechnung stellen: ***~ a qcn. le telefonate*** jdm die Telefongespräche in Rechnung stellen **2** *(calcolare)* berechnen **II** intr. (aus. *avere*) rechnen, zählen. **con|teg|gio** m. *(-gi)* **1** Anrechnung *f.* **2** *(calcolo)* Berechnung *f.*, Zählung *f.* ◆ ***~ finale*** Abrechnung *f.*, Schlussrechnung *f.*; ***~ alla rovescia*** Countdown *m.* e *n.*

con|te|gno m. **1** *(condotta)* Verhalten *n.*, Benehmen *n.*: ***un ~ corretto, ineccepibile*** ein korrektes, tadelloses Benehmen **2** *(atteggiamento dignitoso)* Haltung *f.*: ***darsi, assumere un ~*** Haltung an‿nehmen; ***avere ~*** Haltung bewahren. **con|te|gno|sa|men|te** avv. zurückhaltend; *(dignitosamente)* würdig. **con|te|gno|si|tà** f. Zurückhaltung *f.*; *(dignità)* Würdigkeit *f.* **con|te|gno|so** agg. zurückhaltend; *(dignitoso)* würdig.

con|tem|pe|ra|re tr. *(contempero)* **1** *(adattare)* aneinander an‿gleichen, an‿passen, in Einklang bringen **2** *(mitigare)* aus‿gleichen, mildern: ***~ la severità con la bonomia*** die Strenge durch Gutmütigkeit mildern.

con|tem|pla|re tr. **1a** betrachten, beschauen: ***~ un'opera d'arte*** ein Kunstwerk betrachten **b** RELIG. kontemplieren: ***~ qcs.*** über etw. kontemplieren (*o* sich in etw. [A] vertiefen) **2** *(prevedere)* berücksichtigen, vor‿sehen: ***~ qcs. in un piano*** etw. ein‿planen. **con|tem|pla|ti|vo** **I** agg. beschaulich, besinnlich, kontemplativ: ***vita -a*** kontemplatives Leben **II** m. kontemplativer Mensch *m.* **con|tem|pla|to|re** m. Betrachter *m.*, Beschauer *m.*; *(contemplativo)* kontemplativer Mensch *m.*

con|tem|pla|zio|ne f. Betrachtung *f.*; RELIG. Kontemplation *f.*: ***essere immerso nella ~ di qcs.*** in die Betrachtung von etw. versunken sein; ***stare in ~*** in Betrachtung versunken sein.

con|tem|po, ***nel ~*** gleichzeitig, zugleich. **con|tem|po|ra|ne|a|men|te** avv. gleichzeitig, zeitgleich. **con|tem|po|ra|nei|tà** f. **1** Gleichzeitigkeit *f.*, Gegenwärtigkeit *f.* **2** *(l'essere coevo)* Zeitgenössische *n.* **con|tem|po|ra|ne|o** **I** agg. **1** gleichzeitig, zeitgleich **2** *(coevo)* zeitgenössisch, gegenwärtig, kontemporär: ***letteratura -a*** zeitgenössische Literatur **II** m. Zeitgenosse *m.* ◆ ***storia ~*** Zeitgeschichte *f.*

con|ten|den|te **I** p.pres. agg. **1** → **contendere** **2** streitend, rivalisierend: ***le parti -i in un processo*** die streitenden Parteien in einem Prozess **II** m. e f. Rivale *m.* (Rivalin *f.*), Gegner *m.* (-in *f.*).

con|ten|de|re *(contendo; contesi; conteso)* **I** tr. streitig machen: ***~ qcs. a qcn.*** jdm etw. streitig machen **II** intr. (aus. *avere*) streiten, kämpfen: ***~ per, contro qcs.*** für, gegen etw. streiten **III** pronom. **contendersi** streiten, rivalisieren: ***-rsi l'eredità*** um das Erbe streiten ◆ ***oggetto del ~*** Streitgegenstand *m.*, Streitobjekt *n.*

con|te|nen|te **I** agg. enthaltend, -haltig: ***una cassa ~ bicchieri*** eine Gläser enthaltende Kiste, eine Kiste mit Gläsern; ***~ caffeina*** koffeinhaltig **II** m. Behälter *m.*

con|te|ne|re *(contengo, contieni; contenni; contenuto)* **I** tr. **1** enthalten: ***la bottiglia contiene acqua minerale*** die Flasche enthält Mineralwasser; FIG. ***il discorso contiene gravi accuse*** die Rede enthält schwere Anschuldigungen **2** *(avere una capienza)* fassen: ***la sala contiene 1000 persone*** der Saal fasst 1000 Menschen **3a** FIG. *(frenare)* bändigen, zurück‿halten, nieder‿halten: ***~ la propria ira*** seinen Zorn bändigen; ***~ le lacrime*** die Tränen zurückhalten **b** *(limitare)* ein‿schränken, beschränken, drosseln: ***~ le spese, le importazioni*** die Ausgaben, die Importe einschränken **II** pronom. **contenersi** **1** sich beherrschen, sich bezähmen: ***cercare di -rsi*** versuchen, sich zu beherrschen; ***non riesco a contenermi*** ich kann mich nicht beherrschen **2** *(limitarsi)* sich ein‿schränken.

con|te|ni|men|to m. Einschränkung *f.*, Eindämmung *f.*: ***~ dei consumi*** Einschränkung des Verbrauchs ◆ ***~ dei costi*** Kostendämpfung *f.*; ***~ dell'inflazione*** Inflationseindämmung *f.*; ***politica di ~*** Eindämmungspolitik *f.*

con|te|ni|to|re m. **1** Behälter *m.* **2** TELEV. = mehrstündiges Rahmenprogramm *n.* **con|ten|ni** → **contenere.**

con|ten|ta|bi|le agg. befriedigbar. **con|ten|ta|men|to** m. Befriedigung *f.*: ***di facile ~*** leicht zu befriedigen. **con|ten|ta|re** **I** tr. befriedigen, zufrieden stellen **II** pronom. ***contentarsi di qcs.*** sich mit etw. zufrieden geben, begnügen ◆ PROV. ***chi si contenta gode*** Zufriedenheit macht glücklich. **con|ten|tez|za** f. Zufriedenheit *f.*, Freude *f.*: ***provare ~ per qcs.*** mit etw. zufrieden sein, Zufriedenheit über etw. verspüren.

con|ten|ti|no m. Trostpflaster *n.*

1.con|ten|to agg. **1** *(soddisfatto)* ***essere ~ di qcn., qcs.*** mit jdm, etw. zufrieden sein **2** *(allegro)* froh, fröhlich: ***essere ~ per qcs.*** über, um etw. froh sein; ***un viso ~*** ein fröhliches Gesicht ◆ ***cuor ~*** fröhlicher Mensch; ***fare ~ qcn.*** jdn zufrieden stellen; ***~ come una pasqua*** = höchst zufrieden.

2.con|ten|to m. LETT. Zufriedenheit *f.*, Freude *f.*

con|te|nu|ti|smo m. Gehaltsästhetik *f.*, inhaltsbezogene Kritik *f.* **con|te|nu|ti|sti|ca|men|te** avv. inhaltlich. **con|te|nu|ti|sti|co** agg. *(-ci,-che)* inhaltlich, stofflich: ***valore ~*** inhaltlicher Wert; ***dal punto di vista ~*** inhaltlich gesehen.

1.con|te|nu|to m. Inhalt *m.*, Gehalt *m.*: ***il ~ di un pacco, di un romanzo*** der Inhalt eines Pakets, eines Romans; ***un libro di ~ politico*** ein Buch mit politischem Inhalt; ***il ~ religioso di un'opera d'arte*** der religiöse Gehalt eines Kunstwerks; ***forma e ~*** Form und Inhalt ◆ ***~ calorico*** Kaloriengehalt *m.*; ***~ di carne*** Fleischeinwaage *f.*; ***~ energetico*** Energiegehalt *m.*; ***~ di frutta*** Fruchteinwaage *f.*; ***~ di grassi*** Fettgehalt *m.*; ***~ metallico*** Metallhaltigkeit *f.*; ***~ di nicotina*** Nikotingehalt *m.*; ***~ nutritivo*** Nährstoffgehalt *m.*; ***~ di piom-***

bo Bleigehalt *m.*; ~ **proteico** Eiweißgehalt *m.*; ~ **di un serbatoio** Tankfüllung *f.*; ~ **vitaminico** Vitamingehalt *m.*

2.con|te|nu|to p.pass. agg. **1** → **contenere 2a** *(controllato, sobrio)* verhalten, maßvoll: **gioia -a** verhaltene Freude **b** *(limitato)* mäßig: **spese -e** mäßige Ausgaben.

con|ten|zio|ne f. **1** *(immobilizzazione)* Ruhigstellung *f.* **2** MED. Stützung *f.*: ~ **delle fratture** Stützung der Brüche ◆ **camicia di** ~ Zwangsjacke *f.*

con|ten|zio|so I agg. streitig, Streit-: **procedimento** ~ streitiges Verfahren, Streitverfahren *n.* **II** m. **1a** DIR. streitige Gerichtsbarkeit *f.*: ~ **amministrativo, tributario** Verwaltungsgerichtsbarkeit *f.*, Finanzgerichtsbarkeit *f.* **b** *(materia contenziosa)* Streitsache *f.* **2** ESTENS. Kontroverse *f.*: **aprire un** ~ eine Kontroverse eröffnen.

con|te|ri|e f.pl. Glasperlen *pl.* (für Ketten, Stickereien).

con|ter|ra|ne|o I agg. aus demselben Land, Ort (kommend) **II** m. Landsmann *m.* (Landsmännin *f.*).

con|te|sa f. **1** Streit *m.*, Auseinandersetzung *f.*: **venire a** ~ in Streit geraten; ~ **giudiziaria** Streitsache *f.*; **oggetto di** ~ Streitgegenstand *m.* **2** *(gara)* Wettkampf *m.*, Wettstreit *m.*

con|te|so p.pass. agg. **1** → **contendere 2** *(combattuto)* umkämpft: **una partita molto -a** ein heiß umkämpftes, hart umkämpftes Spiel **3** *(desiderato)* begehrt, angestrebt.

con|tes|sa f. Gräfin *f.* **con|tes|si|na** f. Komtesse *f.*, Komtess *f.*

con|te|sta|bi|le agg. bestreitbar, angreifbar; *(impugnabile)* anfechtbar.

con|te|sta|re tr. **1a** ~ **qcn., qcs.** gegen jdn, etw. protestieren, sich gegen jdn, etw. auf‿lehnen: ~ **la società, il sistema** gegen die Gesellschaft, das System protestieren **b** *(attaccare)* an‿greifen: ~ **il punto di vista di un altro** den Standpunkt eines anderen angreifen **2a** *(negare)* bestreiten, ab‿streiten, beanstanden: ~ **a qcn. il diritto a qcs.** jdm das Recht auf etw. (A) bestreiten; ~ **a qcn. la paternità di un'opera** jds Autorschaft bestreiten; ~ **a qcn. la partecipazione a qcs.** jdm die Beteiligung an etw. (D) abstreiten; ~ **la qualità di una merce** die Qualität einer Ware beanstanden **b** *(impugnare)* an‿fechten: ~ **una sentenza** ein Urteil anfechten **3** DIR. *(notificare formalmente)* mit‿teilen, zu‿stellen: ~ **un'ammonizione a qcn.** jdm eine Verwarnung zustellen. **con|te|sta|ta|rio I** agg. *(-ri, -rie)* Protest-: **atteggiamento** ~ Protestverhalten *n.* **II** m. *(-ri)* Protestler *m.* **con|te|sta|to|re** m. Protestler *m.*

con|te|sta|zio|ne f. **1a** *(critica, protesta)* Protest *m.*, Auflehnung *f.* **b** *(movimento)* Protestbewegung *f.*: **la** ~ **giovanile, studentesca** die Protestbewegung der Jugendlichen, der Studenten **2a** *(confutazione, obiezione)* Bestreiten *n.*, Abstreiten *n.*, Beanstandung *f.*: **muovere una** ~ **a qcn.** eine Beanstandung jdm gegenüber erheben; **rispondere alle -i di qcn.** auf jds Beschwerden antworten **b** *(l'impugnare)* Anfechtung *f.*: ~ **dalla legittimità** Anfechtung der Rechtmäßigkeit **3** DIR. *(notifica)* Mitteilung *f.*, Zustellung *f.*: ~ **di reato, di una multa** Anklagebescheid *m.*, Bußgeldbescheid *m.*

con|te|sti|mo|ne m. e f. Mitzeuge *m.* (-zeugin *f.*).

con|te|sto m. Zusammenhang *m.*, Kontext *m.*: **estrarre, estrapolare una parola dal** ~ ein Wort aus dem Zusammenhang reißen, heraus‿lösen; **il significato si desume dal** ~ die Bedeutung erschließt sich aus dem Kontext; **comprendere una parola in base al** ~ ein Wort aus dem Kontext verstehen; **nel** ~ **di qcs.** im Kontext von etw.; **il** ~ **storico, politico** der geschichtliche, politische Kontext.

con|te|stua|le agg. **1** LING. kontextual, kontextuell **2** BUROCR. DIR. gleichzeitig, unmittelbar darauf folgend: **atto, firma** ~ unmittelbar darauf folgende Handlung, gleichzeitige Unterschrift. **con|te|stua|li|tà** f.inv. **1** Zugehörigkeit *f.* zum gleichen Kontext **2** *(contemporaneità)* Gleichzeitigkeit *f.*

con|te|stua|liz|za|re tr. in den jeweiligen Kontext ein‿fügen. **con|te|stual|men|te** avv. **1** kontextuell **2** BUROCR. DIR. gleichzeitig, unmittelbar danach.

con|ti|gui|tà f. Angrenzen *n.*, Nähe *f.* **con|ti|guo** agg. anstoßend, angrenzend.

con|ti|nen|ta|le I agg. kontinental, Kontinental-: **zoccolo, piattaforma** ~ Kontinentalsockel *m.*, -platte *f.*; **clima** ~ Kontinentalklima *n.* **II** m. e f. Festlandbewohner *m.* (-in *f.*) ◆ STOR. **blocco** ~ Kontinentalsperre *f.*; **Europa** ~ Kontinentaleuropa *n.*; STOR. **potenza** ~ Kontinentalmacht *f.*

con|ti|nen|te m. Kontinent *m.*: **il** ~ **nero** der Schwarze Kontinent; **vecchio, nuovo** ~ alter, neuer Kontinent; **deriva dei -i** Kontinentaldrift *f.* (*o* Kontinentalverschiebung *f.*); *(terraferma, rispetto alle isole)* **vado sul** ~ ich gehe auf den Kontinent.

con|ti|nen|za f. Mäßigkeit *f.*, Enthaltsamkeit *f.*

con|tin|gen|ta|men|to m. ECON. Kontingentierung *f.* **con|tin|gen|ta|re** tr. kontingentieren.

1.con|tin|gen|te agg. **1** *(fortuito)* zufällig; *(incidentale)* unvorhergesehen: **fattori, situazioni -i** unvorhergesehene Faktoren, Situationen **2** FILOS. kontingent.

2.con|tin|gen|te m. Kontingent *n.* (anche MIL.).

con|tin|gen|za f. **1** *(circostanza)* zufälliger Umstand *m.* **2** FILOS. Kontingenz *f.* **3** ECON. **indennità di** ~ Teuerungszulage *f.*

con|ti|nua|men|te avv. **1** dauernd, anhaltend, andauernd, ständig: **piove** ~ es regnet (an)dauernd; **interrompere** ~ **qcn.** jdn ständig unterbrechen; **disturbare** ~ **la lezione** ständig (*o* fortgesetzt) den Unterricht stören **2** *(in modo continuo)* ununterbrochen.

con|ti|nua|re I tr. fort‿setzen, fort‿führen: ~ **l'attività del padre** die Tätigkeit des Vaters fortführen; **continuiamo la conversazione più tardi** setzen wir das Gespräch später fort **II** intr. (aus. *avere* riferito a persona, *essere, avere* riferito a cosa) **1** *(proseguire)* weiter‿gehen, weiter‿fahren, fort‿gehen, fort‿fahren: ~ **con qcs.** mit etw., in etw. (D) fortfahren; **così non può** ~ so kann es nicht weitergehen (*o* fortgehen); **la strada non continua più** der Weg geht nicht mehr weiter **2** *(perdurare)* fort‿dauern, an‿dauern, an‿halten: **la tempesta continuò tutta la notte** der Sturm dauerte die ganze Nacht an; **se continua il maltempo...** wenn das schlechte Wetter anhält... ◆ **continua** *(nei racconti a puntate)* Fortsetzung folgt; **continua (a parlare)!** sprich (nur) weiter! *(nei discorsi diretti)* **...– continuò –...** ...– fuhr er fort –...; ~ **a fare qcs.** etw. weiter‿machen; ~ **a lavorare** weiter‿arbeiten; **continua a, da pagina 50** Fortsetzung auf, von Seite 50; ~ **sulla, per la propria strada** seinen Weg fortsetzen; **la vita continua** das Leben geht weiter. **con|ti|nua|ta|men|te** avv. fortlaufend, fortwährend. **con|ti|nua|ti|va|men|te** avv. anhaltend. **con|ti|nua|ti|vo** agg. anhaltend, Dauer-: **avere un'attività -a** eine Dauerbeschäftigung haben. **con|ti|nua|to** p.pass. agg. **1** → **continuare 2** durchgehend: **orario** ~ durchgehende Öffnungszeit. **con|ti|nua|to|re** m. Fortführer *m.*

con|ti|nua|zio|ne f. **1** Fortführung *f.*, Fortsetzung *f.*: **la** ~ **di un'attività** die Fortführung einer Tätigkeit **2** *(seguito)* Fortsetzung *f.*: **la** ~ **di un romanzo** die Fortsetzung eines Romans ◆ **in** ~ dauernd, ständig. **con|ti|nui|tà** f. **1** Stetigkeit *f.*, Kontinuität *f.*: **la** ~ **dello sviluppo** die Stetigkeit (in) einer Entwicklung **2** *(regolarità, costanza)* Beständigkeit *f.*: **garantire una certa** ~ eine gewisse Beständigkeit gewährleisten; **con** ~ beständig ◆ **senza soluzione di** ~ = ohne Unterbrechung.

con|ti|nuo I agg. **1a** ständig, stetig: **litigi, cambiamenti -i** ständiger Streit, ständige Änderungen; **essere in -a evoluzione** in stetiger (*o* steter) Entwicklung sein **b** MAT. stetig: **funzione -a** stetige Funktion **2** *(ininterrotto)* ununterbrochen, beständig: **produzione -a** beständige Produktion **3** *(che perdura)* anhaltend, fortdauernd, andauernd: **rumore** ~ anhaltender Lärm **II** m. Kontinuum *n.* ◆ MUS. **basso** ~ Generalbass *m.*; **corrente -a** Gleichstrom *m.*; **di** ~ dauernd, permanent. **con|ti|nuum** m. Kontinuum *n.*: **un** ~ **spaziale, temporale** ein räumliches, zeitliches Kontinuum.

con|ti|to|la|re m. e f. Mitinhaber *m.* (-in *f.*).

1.con|to m. **1a** *(calcolo)* Rechnung *f.*: **un** ~ **facile, difficile** eine leichte, schwere Rechnung; **il** ~ **è giusto, torna** die Rechnung stimmt, geht auf; **sbagliare il** ~ falsch rechnen; **fare un** ~**, i -i** eine Rechnung machen, rechnen; **rifare i -i** nach‿rechnen **b** *(contabilità)* **tenere i -i** Rechnung führen **c** *(nota spese)* **presentare, mandare il** ~ **a qcn.** jdm die Rechnung vor‿legen, schicken; **saldare, pagare il** ~ die Rechnung begleichen, bezahlen; **chiedere il** ~ um die Rechnung bitten, die Rechnung verlangen; **il** ~**, per favore!** die Rechnung, bitte! **un** ~ **salato** eine gesalzene Rechnung; **il** ~ **ammonta a un milione** die Rechnung beläuft sich auf, beträgt eine Million **2** ECON. Konto *n.*: **aprire, avere un** ~ **in (una) banca, presso una banca** bei einer Bank ein Konto eröffnen, haben; **chiudere, bloccare un** ~ ein Konto auf‿lösen (*o* löschen, schließen), sperren; **gestire un** ~ **(a qcn.)** (für jdn) ein Konto führen; **versare denaro su un** ~ Geld auf ein Konto ein‿zahlen; **prelevare (denaro) da un** ~ von einem Konto Geld ab‿heben; ~ **scoperto** überzogenes Konto ◆ **fare i -i addosso a qcn.** → **fare i -i in tasca a qcn.**; **questo è un altro** ~ das ist ein Kapitel für sich; **per un** ~**... per l'altro** einerseits... andererseits; FIG. **avere un** ~ **aperto con qcn.** mit jdm eine Rechnung zu begleichen haben; ~ **approssimativo** Überschlag *m.*; **fare un** ~ **approssimativo** überschlagen, überrechnen; FIG. **fare bene i propri -i** gut (im Voraus) kalkulieren; **a ogni buon** ~ sicherheitshalber, wie auch immer; ~ **capitale** Kapitalkonto *n.*; **chiedere** ~ **di qcs. a qcn.** von jdm über etw. (A) Rechenschaft verlangen (*o* fordern); **chiudere il** ~ **con qcn.** mit jdm ab‿schließen (*o* Schluss machen); **chiusura del** ~ Kontoabschluss *m.*; ~ **corrente bancario** Bankkonto *n.*; ~ **corrente (postale)** Postgirokonto *n.*, Postscheckkonto *n.*; **corte dei -i** Rechnungshof *m.*; ***tenere da ~ qcs.*** etw. schonen, etw. auf‿bewahren; ***far di ~*** rechnen; ***~ economico*** Gewinn-und-Verlust-Rechnung *f.*; ***estratto ~*** Kontoauszug *m.*; FIG. ***fare i -i con qcn.*** mit jdm ab‿rechnen; ***fai, fa' ~ che...*** geh davon aus, dass...; *(supponi)* angenommen, dass...: ***fa' ~ di essere a casa tua*** tu, als wärst du zu Hause; ***fare ~ su qcn., qcs.*** auf jdn, etw. bauen; ***a -i fatti*** nach reiflicher Überlegung; ***in fin dei -i*** letzten Endes, nachgerade; ***tenere in gran ~ qcn., qcs.*** jdn, etw. hoch achten, hoch schätzen; ***libro dei -i*** Rechnungsbuch *n.*; ***fare male i -i*** sich verrechnen, sich verkalkulieren (anche FIG.); ANT. ***non mette ~ fare qcs.*** es lohnt der Mühe nicht, etw. zu tun; ***mettere qcs. sul ~ di qcn.*** etw. auf jds Rechnung setzen (*o* schreiben), jdm etw. in Rechnung stellen; ***far mettere in ~*** an‿schreiben lassen; FIG. ***mettere qcs. in ~*** → ***tenere ~ di qcs.***; ***per ~ mio*** ich für meine Person (*o* meinen Teil), meinetwegen; ***movimento di ~*** Kontobewegung *f.*; ***numero di ~*** Kontonummer *f.*; ***fare i -i senza l'oste*** die Rechnung ohne den Wirt machen; ***per ~ di qcn.*** in jds Namen, seitens jds; ***tenere qcn., qcs. in poco ~*** jdn, etw. gering achten, gering schätzen; ***una cosa di poco ~*** eine unbedeutende Sache; COMM. ***per proprio ~*** auf eigene Rechnung; ***mettersi per ~ proprio*** sich selbstständig machen; ***stare per ~ proprio*** für sich bleiben; ***regolamento di -i*** Abrechnung *f.*; FIG. ***regolare i -i con qcn.*** mit jdm ab‿rechnen, Abrechnung halten; ***rendere ~ a qcn. di qcs.*** jdm über etw. (A), von etw. Rechenschaft geben (*o* ab‿legen); ***rendersi ~ di qcs.*** sich (D) etw. (G) bewusst werden; ***resa dei -i*** Rechenschaftslegung *f.*; ***~ alla rovescia*** Countdown *m.* e *n.*; FIG. ***saldare un vecchio ~ (con qcn.)*** (mit jdm) eine alte Rechnung begleichen; ***sul ~ di qcn.*** über jdn, von jdm; ***fare i -i in tasca a qcn.*** jdm alles nach‿rechnen; ***tenere ~ di qcs.*** etw. in Rechnung ziehen (*o* stellen), etw. (D) Rechnung tragen; ***senza tenere ~ che...*** ohne Berücksichtigung von...; ***tenuto ~ che...*** unter Berücksichtigung von...; ***merce in ~ (di) terzi*** Waren für (*o* auf) Rechnung eines Dritten; ***titolare di (un) ~*** Kontoinhaber *m.*; FIG. ***i -i (non) tornano*** die Rechnung stimmt (nicht), geht (nicht) auf.

2.con|to m. ANT. Erzählung *f.*

con|tor|ce|re *(contorco, contorci; contorsi, contorto)* **I** tr. verdrehen, verrenken **II** pronom. **contorcersi** sich verrenken ◆ ***-rsi dal dolore*** sich vor Schmerzen winden (*o* krümmen); ***-rsi dalle risa*** sich krumm‿lachen, sich krumm- und schieflachen. **con|tor|ci|men|to** m. Verdrehung *f.*, Verrenkung *f.*

con|tor|na|re I tr. **1** umgeben, umranden: ***~ la casa di una siepe*** das Haus mit einer Hecke umgeben **2** FIG. *(circondare)* umgeben **II** pronom. **contornarsi** sich umgeben: ***-rsi di intriganti*** sich mit Intriganten umgeben.

con|tor|no m. **1** Umrandung *f.*, Rand *m.* **2** *(profilo)* Kontur *f.*, Umriss *m.*, Umrisslinie *f.*: ***-i sfocati, nitidi, precisi*** verschwommene, scharfe, feste Konturen; ***tracciare, ripassare i -i*** die Umrisse zeichnen, nach‿zeichnen **3** GASTR. Beilage *f.*: ***di, per, come ~*** als Beilage; ***~ di verdure*** Gemüsebeilage *f.* **4** NUMISM. Münzrand *m.* ◆ ***con ~ di qcs.*** mit etw.; FIG. ***fare da ~*** nur Statist (*o* Statisten) sein.

con|tor|sio|ne f. **1** Verrenkung *f.*, Verdrehung *f.*: ***le -i di un acrobata*** die Verrenkungen eines Akrobaten; ***fare delle -i*** (einige) Verrenkungen machen **2** FIG. *(tortuosità)* gewundene Gedankengänge *pl.* **con|tor|sio|ni|smo** m. Kontorsionismus *m.* **con|tor|sio|ni|sta** m. e f. *(-i,-e)* Schlangenmensch *m.*, Kontorsionist *m.* (-in *f.*).

con|tor|to p.pass. agg. **1** → **contorcere** **2** *(storto, deformato)* krüpp(e)lig, verkrüppelt: ***alberi, rami -i*** krüpplige Bäume, Äste **3** FIG. *(tortuoso)* gewunden, geschraubt: ***ragionamento, stile ~*** gewundener Gedankengang, geschraubter Stil.

con|trab|ban|da|re tr. **1** schmuggeln; *(importare)* herein‿schmuggeln, hinein‿schmuggeln; *(esportare)* heraus‿schmuggeln: ***~ armi, sigarette*** Waffen, Zigaretten schmuggeln **2** *(fare apparire)* aus‿geben: ***~ un insuccesso per un successo*** einen Misserfolg als Erfolg ausgeben.

con|trab|ban|die|re I m. Schmuggler *m.* **II** agg. Schmuggler-: ***nave -a*** Schmugglerschiff *n.*

con|trab|ban|do m. **1** Schmuggel *m.*: ***praticare il ~*** Schmuggel treiben, schmuggeln; ***importare, esportare di ~*** herein‿schmuggeln, heraus‿schmuggeln; ***~ di sigarette, di valuta*** Zigarettenschmuggel *m.*, Devisenschmuggel *m.* ◆ FIG. ***fare qcs. di ~*** etw. heimlich tun; ***merce di ~*** Schmuggelware *f.*; ***sigarette di ~*** geschmuggelte Zigaretten.

con|trab|bas|si|sta m. e f. *(-i,-e)* Kontrabassist *m.* (-in *f.*). **con|trab|bas|so** m. Kontrabass *m.*

con|trac|cam|bia|re tr. *(contraccambio, contraccambi)* **1** erwidern, vergelten: ***~ un favore, un saluto, l'amore di qcn.*** einen Gefallen, einen Gruß, jds Liebe erwidern **2** *(ricompensare)* sich revanchieren: ***~ qcs.*** sich für etw. revanchieren; ***non ho ancora contraccambiato il loro invito*** ich habe mich für ihre Einladung noch nicht revanchiert; ***come posso ~?*** wie kann ich mich revanchieren? **con|trac|cam|bio** m. *(-bi)* Erwiderung *f.*, Vergeltung *f.* ◆ ***in ~*** dafür; ***rendere il ~*** Gleiches mit Gleichem vergelten.

con|trac|cet|ti|vo I agg. empfängnisverhütend, Verhütungs-, MED. kontrazeptiv **II** m. Verhütungsmittel *n.*, Kontrazeptiv(um) *n.*: ***~ maschile, femminile*** Verhütungsmittel für Männer, Frauen. **con|trac|ce|zio|ne** f. Empfängnisverhütung *f.*, Schwangerschaftsverhütung *f.*, Verhütung *f.*, MED. Kontrazeption *f.*; ***metodi di ~*** Methoden der Empfängnisverhütung.

con|trac|col|po m. **1** Gegenschlag *m.*, Gegenstoß *m.*, Rückschlag *m.*: ***un violento ~*** ein kräftiger Gegenschlag **2** FIG. Rückwirkung *f.*, Rückschlag *m.*: ***subire un ~*** einen Rückschlag erleiden, erleben **3** *(rinculo)* Rückstoß *m.*, Kolbenhieb *m.*

con|trac|cu|sa → **controaccusa.**

con|tra|da f. **1** ANT. o REGION. *(rione)* Stadtviertel *n.*, Viertel *n.* **2** REGION. INTRAD. (Straße in toskanischen Ortschaften) **3** LETT. *(regione)* Gegend *f.*

con|trad|dan|za f. Kontertanz *m.*

con|trad|di|re *(contraddico, contraddici; contraddissi; contraddetto)* **I** tr. **1** ***~ qcn., qcs.*** jdm, etw. widersprechen: ***~ un'affermazione, i fatti*** einer Aussage, den Tatsachen widersprechen **2** *(essere in contrasto)* ***~ qcs.*** etw. (D) widersprechen, etw. (D) widerstreiten: ***il suo modo d'agire contraddice la sua indole*** sein Verhalten widerspricht (ganz) seinem Wesen **II** intr. (aus. *avere*) ***~ a qcs.*** etw. (D) widersprechen, etw. (D) widerstreiten: ***qcs. contraddice a un principio, a una norma*** etw. widerspricht einem Prinzip, einer Norm **III** pronom. **contraddirsi** sich (D) widersprechen: ***ti contraddici di continuo*** du widersprichst dir ständig selbst; ***i testimoni si contraddicono (a vicenda)*** die Zeugen widersprechen sich (untereinander).

con|trad|di|stin|gue|re *(contraddistinsi; contraddistinto)* **I** tr. kennzeichnen, charakterisieren; *(di persona)* aus‿zeichnen: ***i veloci cambiamenti contraddistinguono la nostra epoca*** die raschen Veränderungen kennzeichnen unser Zeitalter; ***l'eleganza lo contraddistingue*** ihn zeichnet Eleganz aus **II** pronom. **contraddistinguersi** sich aus‿zeichnen, sich unterscheiden: ***-rsi per qcs.*** sich durch etw. auszeichnen.

con|trad|dit|to|ria|men|te avv. widersprüchlich ◆ ***~ con qcs.*** in Widerspruch zu etw. **con|trad|dit|to|rie|tà** f.inv. Widersprüchlichkeit *f.* **con|trad|dit|to|rio I** agg. *(-ri,-rie)* **1** sich (*o* einander) widersprechend, widersprüchlich: ***notizie, affermazioni -rie*** sich widersprechende Nachrichten, Aussagen; ***comportamento ~*** widersprüchliches Verhalten **2** FILOS. LOG. kontradiktorisch, widersprüchlich **II** m. *(-ri)* Streitgespräch *n.*, Disput *m.*

con|trad|di|zio|ne f. **1** Widerspruch *m.*, Gegensatz *m.*: ***un'apparente, insanabile ~*** ein scheinbarer, unlösbarer Widerspruch; ***la ~ sta nel fatto che...*** der Widerspruch liegt darin, dass...; ***cadere in ~*** sich in Widersprüche verwickeln, sich in Widersprüchen verfangen; ***essere in ~ con qcs.*** in Widerspruch (*o* im Gegensatz) zu etw. stehen, sein; ***essere colto in ~*** bei einem Widerspruch ertappt werden **2** FILOS. Widerspruch *m.*, Kontradiktion *f.* ◆ ***pieno di -i*** widerspruchsvoll; ***principio di ~*** Kontradiktionsprinzip *n.*; ***spirito di ~*** Widerspruchsgeist *m.*; ***una ~ in termini*** ein Widerspruch in sich.

con|trad|do|te → **controdote.**

con|tra|en|te I agg. vertragsschließend, Vertrags- **II** m. e f. Vertragspartner *m.* (-in *f.*), Vertragspartei *f.*

con|tra|e|re|a f. Flugabwehrartillerie *f.*, Flakartillerie *f.*, Flak *f.* **con|tra|e|re|o** agg. Flugabwehr-, Flak-: ***missile ~*** Flugabwehrrakete *f.*; ***artiglieria -a*** Flugabwehrartillerie *f.* ◆ ***difesa -a*** Flug(zeug)abwehr *f.*, Fliegerabwehr *f.*

con|traf|fa|re tr. *(contraffaccio, contraffai; contraffeci; contraffatto)* **1** *(falsificare)* fälschen, verfälschen: ***~ la firma di qcn.*** jds Unterschrift fälschen; ***~ banconote, documenti*** Banknoten, Urkunden fälschen; ***~ le Lacoste*** Lacoste-Hemden illegal kopieren **2** *(alterare)* verstellen: ***~ la voce*** seine Stimme verstellen. **con|traf|fat|to** p.pass. agg. **1** → **contraffare** **2** gefälscht, verfälscht, falsch: ***banconote -e*** gefälschte Banknoten; ***firma -a*** gefälschte Unterschrift **3** ***con voce -a*** mit verstellter Stimme. **con|traf|fat|to|re** m. Fälscher *m.*; ***~ di monete*** Geldfälscher *m.* **con|traf|fat|tu|ra** f. MUS. Kontrafaktur *f.* **con|traf|fa|zio|ne** f. **1** *(falsificazione, falso)* Fälschung *f.*, Verfälschung *f.* **2** *(alterazione)* Verstellung *f.*

con|traf|for|te m. **1** ARCH. Strebepfeiler *m.*; *(insieme di speroni)* Strebewerk *n.* **2** *(per porte e finestre)* Eisenstange *f.* (zur Sicherung von Türen und Fenstern) **3** *(di montagna)* Ausläufer *m.*, Sporn *m.*

con|tra|i|bi|le agg. **1** abschließbar, eingehbar: ***un patto ~*** ein abschließbarer Vertrag **2** aufnehmbar: ***un prestito ~*** ein aufnehmbares Darlehen.

con|tral|ta|re m. **1** Gegenaltar *m.* **2** FIG. Gegensatz *m.*: ***fare da ~ a***

qcn., qcs. der Gegensatz von jdm, etw. sein.

con|tral|ti|sta m. Altist *m.* **con|tral|to** m. **1** Alt *m.*, Altistin *f.*; *(voce bianca)* Knabenalt *m.* **2** *(registro)* Alt *m.*, Altstimme *f.* ◆ ***flauto ~*** Altflöte *f.*; ***sassofono ~*** Altsaxophon *n.*

con|tram|mi|ra|glio m. *(-gli)* Konteradmiral *m.*

con|trap|pas|so m. Vergeltung *f.*, Talion *f.*

con|trap|pel|lo m. zweiter Appell *m.*

con|trap|pe|sa|re I tr. **1** auf‿wiegen **2** FIG. *(soppesare)* ab‿wägen: ***~ il pro e il contro*** das Pro und Kontra abwägen **II** pronom. **contrappesarsi** sich gegenseitig auf‿wiegen, sich aus‿gleichen, sich auf‿heben. **con|trap|pe|so** m. Gegengewicht *n.* (anche FIG.): ***fare da ~ a qcs.*** das Gegengewicht zu etw. sein.

con|trap|por|re *(contrappongo, contrapponi; contrapposi; contrapposto)* **I** tr. **1** entgegen‿setzen, entgegen‿stellen **2** FIG. *(opporre)* entgegen‿setzen, gegenüber‿stellen: ***~ la persuasione alla forza*** Überzeugung an die Stelle der Gewalt setzen; *(confrontare)* ***~ due esempi*** zwei Beispiele gegenüberstellen **II** pronom. **contrapporsi** sich entgegen‿stellen, sich widersetzen: ***-rsi a qcn., a qcs.*** sich jdm, etw. widersetzen.

con|trap|po|si|zio|ne f. **1** Entgegensetzung *f.*, Entgegenstellung *f.* **2a** FIG. Gegenüberstellung *f.*, Vergleich *m.*: ***una ~ tra due persone, tra due concetti*** eine Gegenüberstellung zweier Personen, zweier Begriffe **b** Gegensätzlichkeit *f.*, Gegensatz *m.*, Kontraposition *f.*: ***essere in ~ con qcn.*** im Gegensatz zu jdm sein. **con|trap|po|sto I** p.pass. agg. **1** → **contrapporre 2** FIG. *(opposto)* gegensätzlich **II** m. Gegensatz *m.*, Kontrapunkt *m.*

con|trap|pun|ta|re tr. kontrapunktieren. **con|trap|pun|ti|sta** m. Kontrapunktiker *m.* **con|trap|pun|ti|sti|co** agg. *(-ci,-che)* kontrapunktisch, Kontrapunkt-: ***stile ~*** Kontrapunktstil *m.*; ***composizione -a*** kontrapunktische Komposition. **con|trap|pun|to** m. Kontrapunkt *m.* (anche ESTENS.); *(tecnica)* Kontrapunktik *f.*

con|tra|re tr. **1** GIOC. ***~ qcn.*** jdm Kontra an‿sagen **2** *(nel pugilato; colpire d'incontro)* kontern **3** *(nel calcio; attaccare in contropiede)* einen Konterangriff starten.

con|tra|ria|men|te avv. ***~ a*** im Gegensatz zu, zuwider + dat., wider + acc., entgegen + dat.: ***~ a ogni previsione*** entgegen aller Voraussicht; ***~ a ciò*** dementgegen; ***~ alle regole*** regelwidrig.

con|tra|ria|re tr. **1** *(irritare)* verärgern **2** *(ostacolare)* behindern, durchkreuzen, an‿stoßen. **con|tra|ria|to** p.pass. agg. **1** → **contrariare 2** verärgert, ärgerlich.

con|tra|rie|tà f.inv. **1** *(disapprovazione)* Missbilligung *f.*, Abneigung *f.*: ***esprimere la propria ~ a una proposta*** seine Missbilligung eines Vorschlags äußern; ***provare ~ per qcs.*** etw. missbilligen **2** pl. *(avversità)* Widrigkeiten *pl.*, Unannehmlichkeiten *pl.*: ***le ~ della vita*** die Widrigkeiten des Lebens; ***un viaggio pieno di ~*** eine Reise voller Unannehmlichkeiten.

con|tra|rio I agg. *(-ri,-rie)* **1** gegensätzlich, entgegengesetzt, gegenteilig **2** *(sfavorevole)* ungünstig, widrig **II** m. *(-ri)* **1** Gegenteil *n.*: ***convincersi del ~*** sich vom Gegenteil überzeugen **2** *(opposto)* Gegensatz *m.*: ***il ~ di 'lungo' è 'corto'*** der Gegensatz von 'lang' ist 'kurz'; ***sinonimi e -i*** Synonyme und Antonyme ◆ ***al ~*** *(alla rovescia, capovolto)* falsch herum; *(in senso contrario)* andersherum; ***al ~ di qcs.*** im Gegensatz zu etw.; *(invece)* dagegen, im Gegenteil; ***io, al ~ di lui, sono molto pigro*** ich, im Gegensatz zu ihm, bin sehr faul; ***non ti piace, vero? – no, al ~! mi piace molto*** es gefällt dir nicht, nicht wahr? – doch, im Gegenteil, es gefällt mir sehr gut; ***(tutto) al ~*** (ganz) im Gegenteil; ***in caso ~*** im gegenteiligen Fall, widrigenfalls, andernfalls; BUROCR. ***salvo caso ~*** entgegengesetztenfalls; ***corrente -a*** Gegenstrom *m.*; ***essere ~*** dagegen sein; ***~ alla legge*** gesetzwidrig; ***non avere niente, nulla in ~*** nichts dagegen haben; ***essere di parere ~*** entgegengesetzter Meinung sein; ***vento ~*** Gegenwind *m.*, widriger Wind *m.*; ***voto ~*** Gegenstimme *f.*

con|trar|re *(contraggo, contrai; contrassi; contratto)* **I** tr. **1** *(stipulare)* ab‿schließen, schließen, ein‿gehen: ***~ un patto*** einen Pakt schließen; ***~ matrimonio*** die Ehe eingehen, schließen; ***~ un'assicurazione*** eine Versicherung abschließen **2a** *(prendere su di sé)* auf‿nehmen, ein‿gehen: ***~ un mutuo*** ein Darlehen aufnehmen; ***~ un debito*** Schulden aufnehmen **b** an‿nehmen, sich zu‿ziehen: ***~ un'abitudine, un vizio*** eine Gewohnheit, eine schlechte Angewohnheit annehmen; ***~ un'infezione*** sich (D) eine Infektion zuziehen **3** zusammen‿ziehen, verziehen: ***~ i muscoli, la bocca*** die Muskeln an‿spannen, den Mund verziehen **4** *(ridurre)* beschränken, ein‿schränken **II** pronom. **contrarsi** sich zusammen‿ziehen (anche LING.), kontrahieren; *(in smorfie)* sich verziehen, sich verzerren.

con|tras|se|gna|re tr. aus‿zeichnen, kennzeichnen: ***~ la merce*** die Ware auszeichnen. **con|tras|se|gna|to** p.pass. agg. **1** → **contrassegnare 2** FIG. ***~ da qcs.*** durch etw. gekennzeichnet: ***un comportamento ~ da timidezza*** ein durch Schüchternheit gekennzeichnetes Benehmen.

1.con|tras|se|gno m. Zeichen *n.*, Kennzeichen *n.*, Merkmal *n.*

2.con|tras|se|gno avv. COMM. ***il pagamento avviene ~*** (die) Zahlung erfolgt gegen Nachnahme.

con|tras|si → **contrarre.**

con|tra|sta|bi|le agg. bestreitbar.

con|tra|stan|te agg. gegensätzlich, widerstreitend, entgegengesetzt: ***ricordi -i*** gegensätzliche Erinnerungen; ***con sentimenti -i*** mit gemischten (*o* einander widerstreitenden) Gefühlen; ***hanno opinioni -i*** sie sind gegenteiliger Meinung ◆ ***colori -i*** Kontrastfarben *pl.*

con|tra|sta|re I intr. (aus. *avere*) **1** kontrastieren, einen Kontrast zu etw. bilden: ***il colore della cravatta contrasta con la camicia*** die Krawattenfarbe steht im Kontrast zum Hemd **2** in Widerspruch stehen, einen Gegensatz bilden: ***le loro opinioni contrastano*** ihre Meinungen stehen in Widerspruch zueinander **II** tr. **1a** behindern, entgegen‿wirken: ***~ un progetto*** einen Plan behindern, einem Plan entgegenwirken **b** ***non voglio contrastarlo*** ich will ihn nicht behindern, ihm nicht im Wege stehen **2** ***~ l'avanzata nemica*** sich dem feindlichen Vormarsch entgegen‿stellen. **con|tra|sta|to** p.pass. agg. **1** → **contrastare 2** umstritten, hart erkämpft: ***una vittoria -a*** ein hart erkämpfter Sieg **3** FOT. ***un'immagine fortemente -a*** ein Bild mit starken Kontrasten ◆ ***molto, poco ~*** kontrastreich, kontrastarm. **con|tra|sti|vo** agg. LING. kontrastiv: ***grammatica -a*** kontrastive Grammatik.

con|tra|sto m. **1** Gegensatz *m.*, Kontrast *m.*: ***un violento ~ di colori*** ein starker Farbkontrast; ***un ~ di opinioni*** ein Gegensatz der Meinungen; ***essere in ~ con qcn., qcs.*** in, im Gegensatz zu jdm, etw. stehen, sein; ***superare molti -i*** viele Gegensätze überwinden; ***appianamento dei -i*** Ausgleich der Gegensätze; ***acuire i -i*** die Gegensätze verschärfen; ***~ superabili, insanabili*** überbrückbare, unversöhnliche Gegensätze **2** *(litigio)* Streit *m.*, Streitigkeit *f.*, Auseinandersetzung *f.* **3** *(di un'immagine, di uno schermo)* Kontrast *m.*: ***regolare il ~*** den Kontrast regulieren **4** SPORT *(tackle)* Pressschlag *m.* **5** INTRAD. (italienische Variante des mittelalterlichen Streitgedichts) ◆ MED. ***mezzo di ~*** Kontrastmittel *n.*, Kontrastbrei *m.*

con|trat|ta|bi|le agg. verhandelbar, verhandlungsfähig.

con|trat|tac|ca|re tr. *(contrattacco, contrattacchi)* einen Gegenangriff (*o* Gegenschlag) führen. **con|trat|tac|co** m. *(-chi)* Gegenangriff *m.*, Gegenschlag *m.* (anche FIG.): ***muovere al ~*** zum Gegenschlag aus‿holen; ***passare al ~*** zum Gegenangriff über‿gehen.

con|trat|ta|re I tr. aus‿handeln: ***~ un acquisto, il prezzo*** einen Kauf, den Preis aushandeln **II** intr. (aus. *avere*) handeln, verhandeln, feilschen: ***~ sul prezzo*** um den Preis handeln, feilschen, über den Preis verhandeln. **con|trat|ta|zio|ne** f. Verhandlung *f.*, Geschäft *n.*; *(in borsa)* Parkett *n.* ◆ ***~ autonoma*** Tarifautonomie *f.*; ***~ allo scoperto*** Blankogeschäft *n.*; ***~ a termine*** Termingeschäft *n.*

con|trat|tem|po m. Zwischenfall *m.*, Missgeschick *n.*: ***ho avuto un ~*** mir ist etwas dazwischen gekommen.

con|trat|ti|le agg. kontraktil. **con|trat|ti|li|tà** f. Kontraktilität *f.*: ***la ~ di un muscolo*** die Kontraktilität eines Muskels.

con|trat|ti|sta m. e f. *(-i,-e)* **1** Angestellte *m.* e *f.* mit Zeitvertrag **2** UNIV. Wissenschaftler *m.* (-in *f.*) mit Zeitvertrag.

1.con|trat|to m. Vertrag *m.*, Kontrakt *m.*: ***un ~ di tre anni, di sei mesi*** ein Vertrag auf drei Jahre, ein sechsmonatiger Vertrag; ***un ~ regolare*** ein ordentlicher Vertrag; ***un ~ a breve, a lungo termine*** ein kurzfristiger, langfristiger Vertrag; ***attenersi al ~*** sich an den Vertrag halten; ***disdire, impugnare un ~*** einen Vertrag kündigen, an‿fechten; ***rompere, annullare, rescindere un ~*** einen Vertrag brechen, lösen, von einem Vertrag zurück‿treten; ***stipulare, firmare un ~*** einen Vertrag ab‿schließen (*o* schließen, ein‿gehen), unterschreiben; ***il ~ vale (per) due anni*** der Vertrag läuft auf zwei Jahre ◆ ***~ d'affitto*** Mietvertrag *m.*, Mietkontrakt *m.*; ***~ collettivo di lavoro*** Tarifvertrag *m.*, Manteltarifvertrag *m.*; ***come da ~*** laut Vertrag, vertragsgemäß; ***~ di compravendita*** Kaufvertrag *m.*; ***non conforme ai termini del ~*** vertragswidrig; ***~ di matrimonio*** Ehevertrag *m.*, Ehekontrakt *m.*; ***~ d'opera*** Werkvertrag *m.*; ***per ~*** laut Vertrag, vertragsgemäß; ***prolungamento del ~*** Vertragsverlängerung *f.*; ***rispetto del ~*** Vertragstreue *f.*; ***rottura del ~*** Vertragsbruch *m.*; ***senza ~*** vertraglos, ohne Vertrag; ***~ sociale*** Gesellschaftsvertrag *m.*; ***stipulazione di un, del ~*** Vertragsabschluss *m.*; ***~ a tempo indeterminato, determinato (a termine)*** unbefristeter Vertrag *m.*, Zeitvertrag *m.*; ***~ tipo*** Mustervertrag *m.*; ***~ di vendita*** Verkaufsvertrag *m.*; ***vincolante per ~*** vertragsgebunden; ***violazione del ~*** Vertragsverletzung *f.*

2.con|trat|to p.pass. agg. **1** → **contrarre 2** *(deformato)* verzogen, verkniffen: ***un viso ~ dal dolore*** ein schmerzverzogenes Gesicht **3** MED. kontrahiert: ***muscolo ~*** kontrahierter Muskel.

con|trat|tua|le agg. **1** COMM. vertraglich, Vertrags-: ***accordi, obblighi -i*** vertragliche Vereinbarungen, Verpflichtungen; ***inadempienza, clausola ~*** Vertragswidrigkeit *f.*, Vertragsklausel *f.* (*o* Vertragsbestimmung *f.*) **2** *(salariale)* Tarif-: ***negoziazione (trattativa), controversia ~*** Tarifverhandlung *f.*, Tarifkonflikt *m.* ◆ ***forza ~*** = Stärke *f.* (*o* Durchsetzungsvermögen *n.*) in vertraglichen Verhandlungen; ***rinnovo ~*** Tarifvertragserneuerung *f.*; ***tariffa ~*** Tarif *m.* **con|trat|tua|li|smo** m. Vertragslehre *f.* **con|trat|tual|men|te** avv. vertraglich: ***essere vincolato a qcs. ~*** zu etw. vertraglich verpflichtet sein, vertraglich gebunden sein.

con|trat|tu|ra f. Kontraktur *f.*

con|trav|ve|le|no m. Gegengift *n.*, Antidot *n.*

con|trav|ve|ni|re intr. (*contravvengo, contravvieni; contravvenni; contravvenuto*; aus. *avere*) verstoßen, zuwider‿handeln, übertreten: ***~ a una legge*** gegen ein Gesetz verstoßen, ein Gesetz übertreten. **con|trav|ven|to|re** m. Zuwiderhandelnde *m.* ◆ ***~ al codice della strada*** Verkehrssünder *m.*; ***~ alla legge*** Gesetzesbrecher *m.*, Rechtsbrecher *m.*

con|trav|ven|zio|ne f. **1** *(violazione)* Verstoß *m.*, Zuwiderhandlung *f.*, Übertretung *f.*: ***~ della legge*** Gesetzesübertretung *f.* **2** DIR. *(multa)* Strafmandat *n.*, gebührenpflichtige Verwarnung *f.*, Geldstrafe *f.*: ***elevare, ricevere una ~ per divieto di sosta*** ein Strafmandat für falsches Parken aus‿stellen, bekommen; ***pagare, conciliare una ~*** eine Geldstrafe zahlen, begleichen ◆ ***dichiarare qcn. in ~*** jdn einer Gesetzesübertretung für schuldig erklären; ***essere in ~*** einer Gesetzesübertretung schuldig sein.

con|tra|zio|ne f. **1a** MED. Zusammenziehung *f.*, Kontraktion *f.*: ***~ muscolare*** Muskelkontraktion *f.* **b** *(uterina)* Kontraktion *f.*, Wehe *f.*: ***avere (forti) -i*** (starke) Kontraktionen haben **c** LING. Kontraktion *f.* **2** *(riduzione)* Rückgang *m.*, Verringerung *f.*: ***~ delle vendite*** Verkaufsrückgang *m.* **3** *(assunzione)* Eingehen *n.*, Aufnahme *f.*: ***la ~ di un debito*** die Aufnahme von Schulden.

con|tri|buen|te I agg. beitragend **II** m. e f. Steuerzahler *m.* (-in *f.*), Steuerpflichtige *m.* e *f.*: ***a carico del ~*** auf Kosten des Steuerzahlers. **con|tri|bu|i|re** intr. (*contribuisco, contribuisci*; aus. *avere*) bei‿tragen, mit‿wirken: ***~ alla riuscita di una festa, alla copertura delle spese*** am Gelingen eines Festes mitwirken, zur Deckung der Kosten beitragen. **con|tri|bu|ti|vo** agg. Beitrags-: ***fascia, categoria -a*** Beitragsklasse *f.*; ***obbligo ~*** Beitragspflicht *f.*

con|tri|bu|to m. **1** Beitrag *m.*: ***~ in denaro*** Geldbeitrag *m.*; ***dare, recare (fornire), offrire il proprio ~ (a, per qcs.)*** seinen Beitrag (zu etw.) geben, bringen, leisten **2** pl. *(versamenti)* Abgaben *pl.*, Beiträge *pl.*: ***-i sociali*** Sozialabgaben *pl.*; ***versare, pagare, riscuotere i -i*** die Abgaben entrichten, zahlen, erheben **3** *(sovvenzione)* Zuschuss *m.*: ***-i alle esportazioni*** Exportzuschüsse *pl.* **con|tri|bu|zio|ne** f. **1** Beitragen *n.* **2** *(contributo)* Beitragsleistung *f.*

con|tri|sta|re I tr. betrüben: ***~ qcn. con una brutta notizia*** jdn mit einer schlechten Nachricht betrüben **II** pronom. **contristarsi** sich betrüben: ***-rsi di, per qcs.*** sich über etw. betrüben.

con|tri|to agg. **1** zerknirscht: ***fare una faccia -a*** ein zerknirschtes Gesicht machen **2** RELIG. *(penitente)* bußfertig: ***peccatore ~*** bußfertiger Sünder. **con|tri|zio|ne** f. **1** Zerknirschtheit *f.*, Zerknirschung *f.* **2** RELIG. *(penitenza)* Bußfertigkeit *f.*: ***fare atto di ~*** seine Bußfertigkeit bekunden.

con|tro I prep. **1** *(in contrasto con, in opposizione a)* gegen + acc., wider + acc.: ***combattere, protestare ~ qcn., qcs.*** gegen jdn, etw. kämpfen, protestieren; ***agire, andare ~ le regole*** wider die Regeln handeln, gegen die Regeln verstoßen; ***non ho nulla ~ di te*** ich habe nichts gegen dich; ***giocare uno ~ tre*** einer gegen drei spielen; ***stagliarsi ~ il cielo*** sich gegen den Himmel ab‿zeichnen; ***un rimedio ~ il mal di testa*** ein Mittel gegen Kopfschmerzen; ***la partita Italia ~ Germania*** das Spiel Italien gegen Deutschland **2a** *(moto a luogo)* gegen + acc., an + acc.; *(su)* auf + acc., nach + dat.: ***spingere il tavolo ~ la parete*** den Tisch an die Wand schieben; ***avanzare, marciare ~ il nemico*** gegen den Feind vor‿rücken, marschieren; ***sbattere la testa ~ lo spigolo della porta*** mit dem Kopf an die Türkante stoßen; ***puntare un'arma, il dito ~ qcn.*** mit einer Waffe nach jdm (*o* auf jdn) zielen (*o* eine Waffe auf jdn richten), mit dem Finger auf jdn zeigen **b** *(stato in luogo)* gegen + acc., an + dat.: ***la scala è appoggiata ~ l'albero*** die Leiter lehnt am Baum **3** *(in direzione opposta a)* gegen + acc.: ***navigare ~ vento*** gegen den Wind segeln; ***nuotare ~ corrente*** gegen die Strömung (*o* den Strom) schwimmen (*o* an‿schwimmen) **4** *(con verbi che indicano difesa, protezione)* vor + dat., gegen + acc.: ***tutelarsi ~ un rischio*** sich vor einem Risiko schützen; ***mettere in guardia qcn. ~ qcn., qcs.*** jdn vor jdm, etw. warnen **5** *(in cambio di)* gegen: ***consegna ~ assegno, ricevuta, pagamento*** Lieferung gegen Scheck, Quittung, Bezahlung; ***cambiare dollari ~ lire*** Dollars gegen Lire ein‿tauschen **II** avv. dagegen: ***votare, essere ~*** dagegen stimmen, sein **III** m. Kontra *n.*: ***valutare il pro e il ~*** das Pro und das Kontra ab‿wägen ◆ ***l'uno ~ l'altro*** gegeneinander; ***dare ~ a qcn.*** jdm Kontra geben, jdm widersprechen; ***di ~*** gegenüber; ***~ mano*** → **contromano**; ***~ natura*** naturwidrig; ***per ~*** hingegen, dagegen; ***scommettere due ~ uno*** zwei zu eins wetten; ***~ voglia*** widerwillig.

con|tro|ac|cu|sa f. Gegenklage *f.*: ***muovere una ~*** eine Gegenklage erheben.

con|tro|a|li|se|o m. Antipassat *m.*

con|tro|bat|te|re tr. **1** zurück‿schlagen: ***~ l'offensiva nemica*** den feindlichen Angriff zurückschlagen **2** FIG. *(confutare)* widerlegen, bestreiten: ***~ una tesi, un'accusa*** eine These, eine Anklage widerlegen **3** assol. *(replicare)* entgegnen, erwidern.

con|tro|bi|lan|cia|re I tr. aus‿gleichen, auf‿wiegen, aus‿balancieren (anche FIG.): ***~ qcs. con qcs.*** etw. durch (*o* mit) etw. ausgleichen; ***i vantaggi controbilanciano gli svantaggi*** die Vorteile wiegen die Nachteile auf **II** pronom. **controbilanciarsi** sich (D) die Waage halten, sich (A) aus‿gleichen: ***i pro e i contro si controbilanciano*** das Pro und das Kontra halten sich die Waage.

con|tro|cam|po m. Gegenbildaufnahme *f.*, Gegenfeldaufnahme *f.*

con|tro|can|to m. Gegengesang *m.* **con|tro|car|ro** agg.inv. Panzerabwehr-: ***cannone, mina ~*** Panzerabwehrkanone *f.* (*o* Pak *f.*), Panzerabwehrmine *f.* **con|tro|cas|sa** f. Gehäuse *n.*; *(dell'orologio)* Uhrgehäuse *n.* **con|tro|chia|ve** f. **1** zweiter Schlüssel *m.* **2** *(chiave falsa)* Nachschlüssel *m.* **con|tro|co|per|ti|na** f. Buchrückseite *f.*

con|tro|cor|ren|te I f. Gegenstrom *m.*, Gegenströmung *f.* **II** avv. **1** stromaufwärts, gegen den Strom: ***nuotare ~*** stromaufwärts schwimmen; FIG. ***andare ~*** gegen (*o* wider) den Strom schwimmen **III** agg.inv. **1** gegenstromig, gegenströmig: ***flusso ~*** Gegenströmung *f.* **2** FIG. *(alternativo)* gegen den Strom schwimmend, unkonventionell: ***assumere un atteggiamento ~*** eine unkonventionelle Haltung ein‿nehmen.

con|tro|cri|ti|ca f. *(-che)* Antikritik *f.*, Gegenkritik *f.* **con|tro|cul|tu|ra** f. Gegenkultur *f.* **con|tro|cur|va** f. Gegenkurve *f.*, Gegenkrümmung *f.* **con|tro|da|do** m. Gegenmutter *f.*, Kontermutter *f.*

con|tro|da|ta f. **1** *(data aggiunta)* Gegendatum *n.* **2** *(data di registrazione)* Eingangsdatum *n.* **con|tro|da|ta|re** tr. **1** *(aggiungere una controdata)* ***~ qcs.*** etw. mit einem Gegendatum versehen **2** *(registrare una controdata)* ***~ qcs.*** etw. mit einem Eingangsdatum versehen.

con|tro|di|chia|ra|zio|ne f. Gegenerklärung *f.* **con|tro|do|man|da** f. Gegenfrage *f.*, Rückfrage *f.* **con|tro|do|te** f. Gegenvermächtnis *n.*, Wittum *n.* **con|tro|e|sem|pio** m. *(-pi)* Gegenbeispiel *n.* **con|tro|e|so|do** m. Rückfluss *m.* **con|tro|fa|got|to** m. Kontrafagott *n.*

con|trof|fen|si|va f. Gegenoffensive *f.*, Gegenangriff *m.*, Gegenschlag *m.* (anche FIG.): ***passare alla ~*** zum Gegenschlag über‿gehen; ***condurre, guidare una ~*** einen Gegenangriff führen. **con|trof|fen|si|vo** agg. Gegenangriffs-.

con|trof|fer|ta f. Gegenangebot *n.* **con|tro|fi|gu|ra** f. **1** CINEM. Double *n.*: ***fare, essere la ~ di qcn.*** jdn doubeln; ***lavorare come ~*** doubeln **2** ESTENS. *(sosia)* Double *n.*, Doppelgänger *m.* **con|tro|fi|let|to** m. Lendenstück *n.* **con|tro|fioc|co** m. *(-chi)* Fock *f.*, Außenklüver *m.*

con|tro|fir|ma f. Gegenzeichnung *f.*, Gegenunterschrift *f.*: ***apporre una ~ su qcs.*** eine Gegenzeichnung unter etw. (A) setzen. **con|tro|fir|ma|re** tr. gegen‿zeichnen: ***~ un contratto*** einen Vertrag gegenzeichnen.

con|tro|fo|de|ra f. Zwischenfutter *n.* **con|tro|fuo|co** m. *(-chi)* Gegenfeuer *n.* **con|tro|ga|ran|te** m. Gegenbürge *m.*, Rückbürge *m.* **con|tro|ga|ran|zi|a** f. Rückbürgschaft *f.* **con|tro|gi|rel|lo** m. Oberschale *f.*

con|tro|in|di|ca|to agg. **1** MED. kontraindiziert **2** ESTENS. *(inadatto)* ungeeignet: ***una lettura -a per dei bambini*** ein für Kinder ungeeignetes Buch. **con|tro|in|di|ca|zio|ne** f. Gegenanzeige *f.*, Kontraindikation *f.*: ***presentare, avere -i*** Kontraindikationen haben. **con|tro|in|for|ma|zio|ne** f. alternative Berichterstattung *f.* **con|tro|in|ter|ro|ga|to|rio** m. *(-ri)* Kreuzverhör *n.*

con|trol|la|bi|le agg. kontrollierbar, nachprüfbar: ***un alibi facilmente ~*** ein leicht nachprüfbares Alibi.

con|trol|la|re I tr. **1** kontrollieren, überprüfen: ***~ i documenti di qcn.*** jds Papiere kontrollieren; ***~ la funzionalità di un apparecchio*** eine Anlage auf Funktionstüchtigkeit überprüfen **2** *(sorvegliare)* kontrollieren, überwachen: ***~ il traffico*** den Verkehr überwachen; ***~ il proprio peso*** sein Gewicht kontrollieren **3a** *(dominare)* kontrollieren, beherrschen: ~ ***il mercato immobiliare*** den Immobilienmarkt kontrollieren **b** *(tenere a freno)* beherrschen, zurück‿halten: ~ ***i nervi, le proprie emozioni*** seinen Zorn, seine Gefühle beherrschen **II** pronom. **controllarsi** sich beherrschen, sich zurück‿halten: ***riuscire a*** ~ sich beherrschen können, sich zu beherrschen wissen; ~ ***nel bere*** sich beim Trinken zurückhalten ◆ SPORT ~ ***l'avversario*** den gegnerischen Spieler decken; SPORT ~ ***la palla*** im Ballbesitz bleiben; eine gute Ballführung haben. **con|trol|la|to** p.pass. agg. **1** → **controllare 2** kontrolliert, gesteuert: ***sviluppo*** ~ gesteuerte Entwicklung **3** *(misurato)* maßvoll, abgemessen: ***essere*** ~ ***in tutto*** in allem maßvoll sein ◆ DIR. ***amministrazione -a*** Zwangsverwaltung *f.*; ***società*** ~ Tochtergesellschaft *f.*

con|trol|ler **I** m.inv. **1** TECN. Kontroller *m.*, Steuerschalter *m.* **2** INFORM. Schnittstelle *f.*, Interface *n.* **II** m. e f.inv. ECON. Controller *m.* (-in *f.*).

con|trol|lo m. **1a** Kontrolle *f.*, Überprüfung *f.*: ~ ***accurato, rigoroso*** gründliche, strenge Kontrolle; ***eseguire dei, intensificare i -i*** Kontrollen durch‿führen, verschärfen; ***sottoporre qcn., qcs. a un*** ~ jdn, etw. einer Überprüfung unterziehen; ***essere soggetto a severi -i*** strengen Kontrollen unterliegen; ***passare il*** ~ durch die Kontrolle kommen **b** *(sorveglianza)* Kontrolle *f.*, Überwachung *f.*, Aufsicht *f.*: ***tenere, avere, mettere qcs. sotto*** ~ etw. unter Kontrolle halten, haben, stellen; ***essere, stare sotto*** ~ ***(medico)*** unter (ärztlicher) Aufsicht stehen; ***esercitare uno stretto*** ~ ***su qcn., qcs.*** eine strenge Kontrolle über jdn, etw. aus‿üben; ***sfuggire, sottrarsi al*** ~ außer Kontrolle geraten, sich der Kontrolle entziehen **c** *(dominio)* Kontrolle *f.*, Beherrschung *f.*: ~ ***di sé*** Selbstbeherrschung *f.*; ***perdere il*** ~ ***(di sé), di qcs.*** die Kontrolle über sich, über etw. verlieren; ***assumere (prendere), avere il*** ~ ***di qcs.*** die Kontrolle über etw. (A) übernehmen, haben; MIL. ***acquisire il (pieno)*** ~ ***di una regione*** die (völlige) Kontrolle über ein Gebiet erlangen **2a** TECN. *(regolazione)* Regulierung *f.*: ~ ***della sintonia*** Regulierung der Einstellung **b** *(dispositivo)* Regler *m.*: ***il*** ~ ***del volume è difettoso*** der Lautstärkeregler ist defekt ◆ ~ ***degli armamenti*** Rüstungskontrolle *f.*; ***essere fuori*** ~ außer Kontrolle sein; ~ ***di gestione*** Betriebsprüfung *f.*; ~ ***delle nascite*** Geburtenkontrolle *f.*; ~ ***numerico di macchine utensili*** numerische Steuerung von Werkzeugmaschinen; SPORT ***avere un buon*** ~ ***di palla*** eine gute Ballbeherrschung *f.* haben; ~ ***passaporti*** Passkontrolle *f.*; ECON. ~ ***dei prezzi*** Preisüberwachung *f.*, Preiskontrolle *f.*; ~ ***di qualità, qualitativo*** Qualitätskontrolle *f.*; ~ ***radar*** Radarkontrolle *f.*; ***torre di*** ~ Kontrollturm *m.*, Tower *m.*; ***è tutto sotto*** ~***!*** es ist alles in Ordnung! INFORM. ***unità di*** ~ Steuerwerk *n.*, Leitwerk *n.*; ***visita di*** ~ Kontrolluntersuchung *f.*

con|trol|lo|re m. **1** Kontrolleur *m.* **2** *(su treni, mezzi pubblici)* Schaffner *m.*, Fahrkartenkontrolleur *m.* **3** TECN. Steuerung *f.* ◆ ~ ***di volo*** Fluglotse *m.*, Flugleiter *m.*

con|tro|lu|ce **I** f. **1** Gegenlicht *n.* **2** *(ripresa)* Gegenlichtaufnahme *f.* **II** avv. ***(in)*** ~ im Gegenlicht, gegen das Licht: ***guardare, tenere qcs. in*** ~ etw. gegen das Licht sehen, halten; ***essere, trovarsi in*** ~ sich im Gegenlicht befinden; ***fotografia in*** ~ Gegenlichtaufnahme *f.*

con|tro|ma|no avv. ***essere, andare (in)*** ~ auf der falschen Straßenseite sein, fahren. **con|tro|ma|no|vra** f. **1** MIL. Gegenmanöver *n.* **2** FIG. Gegenschlag *m.*, Gegenstoß *m.* **con|tro|mar|ca** f. *(-che)* **1** Kontrollmarke *f.*; *(biglietto)* Kontrollschein *m.* **2** *(del guardaroba)* Garderobenmarke *f.* **3** *(per rientrare in un locale)* Gegenbillet *n.* **con|tro|mar|cia** f. **1** MIL. Gegenmarsch *m.* **2** *(retromarcia)* Rückwärtsgang *m.* **con|tro|mi|na** f. Kontermine *f.* **con|tro|mi|su|ra** f. Gegenmaßnahme *f.*: ***adottare, prendere delle efficaci -e*** wirksame Gegenmaßnahmen treffen, ergreifen. **con|tro|mos|sa** f. Gegenzug *m.* (anche FIG.). **con|tro|par|te** f. **1** Verhandlungspartner *m.*, Gegenpart *m.* **2** DIR. Gegenpartei *f.*, Prozessgegner *m.* **3** TEATR. Gegenrolle *f.* **con|tro|par|ti|ta** f. **1** Gegenposten *m.* **2** FIG. *(contraccambio)* Gegenleistung *f.*: ***chiedere qcs. in, come*** ~ etw. als Gegenleistung verlangen. **con|tro|pe|da|le** m. Rücktritt *m.*, Rücktrittbremse *f.*

con|tro|pe|lo, ***accarezzare, spazzolare*** ~ gegen den Strich streicheln, bürsten ◆ ***fare il*** ~ ***a qcn.*** jdn gegen den Strich rasieren; FIG. ***fare il pelo e il*** ~ ***a qcn.*** kein gutes Haar an jdm lassen; ***prendere qcn. di*** ~ jdn gegen den Strich kämmen. **con|tro|pen|den|za** f. Gegenneigung *f.*, Gegenhang *m.* **con|tro|pe|ri|zia** f. Gegengutachten *n.*

con|tro|pie|de m. SPORT **1** Gegenzug *m.*: ***in*** ~ im Gegenzug **2** *(azione di contropiede)* Gegenangriff *m.*: ***fare, prendere un gol in*** ~ mit dem Gegenangriff ein Tor erzielen, bekommen ◆ FIG. ***prendere qcn. in*** ~ = jdm zuvor‿kommen; *(sorprendere)* jdn überraschen, überrumpeln. **con|tro|por|ta** f. Vortür *f.*; *(come riparo)* Windfangtür *f.* **con|tro|po|te|re** m. Gegenmacht *f.* **con|tro|pres|sio|ne** f. FIS. Gegendruck *m.*

con|tro|pro|du|cen|te agg. entgegenwirkend, kontraproduktiv, nicht produktiv: ***una decisione, un atteggiamento*** ~ eine kontraproduktive Entscheidung, Haltung; ***è*** ~ ***stare qui a discutere*** hier zu diskutieren führt zu nichts. **con|tro|pro|get|to** m. Gegenplan *m.*, Gegenentwurf *m.* **con|tro|pro|po|sta** f. Gegenvorschlag *m.* **con|tro|pro|va** f. **1** DIR. Gegenbeweis *m.* **2** Gegenprobe *f.*: ***fare la*** ~ ***di qcs.*** zu etw. die Gegenprobe machen **3** *(votazione)* Gegenwahl *f.* **con|tro|pun|ta** f. TECN. Reitstockspitze *f.*; *(con supporto)* Reitstock *m.* ◆ ~ ***girevole*** mitlaufende Reitstockspitze.

con|tro|que|re|la f. Gegenklage *f.*, Widerklage *f.* **con|tro|que|re|lan|te** m. e f. Widerkläger *m.* (-in *f.*), Gegenkläger *m.* (-in *f.*). **con|tro|que|re|la|re** tr. ~ ***qcn.*** Gegenklage gegen jdn erheben.

con|tro|ran|da f. Gaffeltoppsegel *n.* **con|tro|re|at|ti|vo,** RAD. ***accoppiamento*** ~ Rückkopp(e)lung *f.*

con|tro|ra f. REGION. = früher Nachmittag *m.* (besonders im Sommer).

con|tror|di|ne m. Gegenbefehl *m.*: ***dare un*** ~ einen Gegenbefehl geben ◆ MIL. ~! Kommando zurück! **con|tro|re|la|to|re** m. UNIV. Gegenreferent *m.* (beim Promotionsverfahren). **con|tro|re|la|zio|ne** f. Gegenbericht *m.* **con|tro|ri|cor|so** m. Gegenantrag *m.*

con|tro|ri|for|ma f. STOR. Gegenreformation *f.* **con|tro|ri|for|mi|sta** **I** m. e f. *(-i,-e)* Anhänger *m.* (-in *f.*) der Gegenreformation **II** agg. → **controriformistico. con|tro|ri|for|mi|sti|co** agg. *(-ci,-che)* die Gegenreformation betreffend **2** ESTENS. reformfeindlich: ***un atteggiamento*** ~ eine reformfeindliche Haltung.

con|tro|ri|vo|lu|zio|na|rio **I** agg. *(-ri,-rie)* gegenrevolutionär, konterrevolutionär **II** m. *(-ri)* Konterrevolutionär *m.* **con|tro|ri|vo|lu|zio|ne** f. Gegenrevolution *f.*

con|tro|scar|pa f. Kontereskarpe *f.*, Gegenböschung *f.* **con|tro|sen|so** m. Widersinn *m.*; *(contraddizione)* Widerspruch *m.*: ***questo testo è pieno di -i*** dieser Text ist voller Widersprüche; ***quello che stai dicendo è un*** ~ was du sagst, ist widersinnig. **con|tro|ser|ra|tu|ra** f. zweites Schloss *n.* **con|tro|sof|fit|to** m. blinde Decke *f.*, Zwischendecke *f.* **con|tro|spal|li|na** f. Achselklappe *f.*, Schulterklappe *f.* **con|tro|spio|nag|gio** m. *(-gi)* Gegenspionage *f.*, Spionageabwehr *f.*: ***fare*** ~ Gegenspionage treiben; ***lavorare per il, essere del*** ~ für die Spionageabwehr arbeiten, von der Spionageabwehr sein; ***agente del*** ~ Agent der Spionageabwehr. **con|tro|stal|li|a** f. **1** Überliegezeit *f.*: ***essere in*** ~ über‿liegen **2** *(indennizzo)* Liegegebühren *pl.*, Liegegeld *n.*

con|tro|stam|po m. Patrize *f.* **con|tro|ster|za|re** intr. (aus. *avere*) gegen‿lenken, gegen‿steuern. **con|tro|ster|za|ta** f. Gegenlenkung *f.*, Gegensteuerung *f.* **con|tro|tem|po** **I** m. MUS. Gegentakt *m.* **II** avv. im Gegentempo, im Gegenrhythmus ◆ SPORT ***cogliere l'avversario (in)*** ~ den Gegner auf dem falschen Bein erwischen. **con|tro|ten|den|za** f. Gegentendenz *f.* **con|tro|va|lo|re** m. Gegenwert *m.*

con|tro|ve|le|no → **contravveleno.**

con|tro|ven|ta|re tr. verspannen. **con|tro|ven|to** **I** m. EDIL. Verspannung *f.* **II** avv. gegen den Wind: ***navigare*** ~ gegen den Wind segeln ◆ FIG. ***andare*** ~ gegen den Strom schwimmen.

con|tro|ver|sia f. **1a** Streit *m.*, Streitigkeit *f.*, Differenz *f.*: ***è sorta una*** ~ ***su questo argomento*** über dieses Thema ist ein Streit entstanden **b** *(caso)* Streitfall *m.*: ***risolvere, comporre una*** ~ einen Streitfall lösen **c** DIR. Streit *m.*, Streitfrage *f.*: ***una*** ~ ***in materia di lavoro*** eine arbeitsrechtliche Streitfrage **2** RET. Debatte *f.* ◆ ~ ***sindacale*** gewerkschaftliche Auseinandersetzung.

con|tro|ver|so agg. strittig, umstritten, kontrovers, Streit-: ***una questione, tesi -a*** eine strittige Frage (*o* Streitfrage), umstrittene These; ***un punto*** ~ ein strittiger Punkt, Streitpunkt. **con|tro|ver|ti|bi|le** agg. RAR. bestreitbar ◆ ***diritto non*** ~ unbestreitbares Recht.

con|tro|vo|glia avv. widerwillig, widerstrebend, mit Widerwillen: ***fare qcs.*** ~ etw. widerwillig tun.

con|tu|ma|ce DIR. **I** agg. abwesend, säumig **II** m. e f. Abwesende *m.* e *f.* **con|tu|ma|cia** f. DIR. Abwesenheit *f.*, Säumnis *f.*: ***condannare qcn. in*** ~ jdn in Abwesenheit verurteilen ◆ ***dichiarazione di*** ~ Abwesenheitserklärung *f.*; ***giudizio in*** ~ Versäumnisurteil *n.*; ***procedimento in*** ~ Abwesenheitsverfahren *n.*, Kontumazialverfahren *n.* **con|tu|ma|cia|le** agg. DIR. Abwesenheits-, Kontumazial-, Versäumnis-: ***giudizio*** ~ Versäumnisurteil *n.* ◆ ***ospedale*** ~ Quarantänestation *f.*

con|tu|me|lia f. LETT. Beschimpfung *f.*, Schmähung *f.*: ***coprire qcn. di -e*** jdn mit Schmähungen überhäufen.

con|tun|den|te agg. stumpf: ***corpo*** ~ stumpfer Gegenstand. **con|tun|der|si** pronom. *(mi contusi, contuso)* RAR. ~ ***una spalla*** sich (D) die Schulter prellen.

con|tur|ban|te agg. aufwühlend, aufregend, verwirrend: ***una bellezza, uno sguardo*** ~ eine aufregende Schönheit, ein verwirrender Blick; ***una persona*** ~ ein aufregender Mensch. **con|tur|ba|re** **I** tr. auf‿wühlen, verwirren, tief beunruhigen **II** pronom. **conturbarsi** sich zutiefst beunruhigen.

con|tu|sio|ne f. Prellung *f.*, Quetschung *f.*, MED. Kontusion *f.*: ***riportare, procurarsi -i*** Prellungen erleiden; ***procurarsi una ~ alla spalla*** sich (D) eine Prellung an der Schulter zu‿ziehen.

con|tu|so I p.pass. agg. **1** → **contundere 2** gequetscht, geprellt **II** m. = Leichtverletzte *m.*: ***due feriti e sei -i*** zwei Verletzte und sechs Leichtverletzte.

co|nur|ba|zio|ne f. Konurbation *f.*

con|va|le|scen|te I agg. rekonvaleszent, genesend: ***fu, restò a lungo*** ~ er war, blieb lange Zeit rekonvaleszent **II** m. e f. Genesende *m.* e *f.*, Rekonvaleszent *m.* (-in *f.*).

con|va|le|scen|za f. **1** Konvaleszenz *f.*, Rekonvaleszenz *f.*; *(guarigione)* Genesung *f.*: ***essere, entrare in*** ~ im Stadium der Genesung sein, sich auf dem Wege der Besserung befinden; ***uscire dalla*** ~ die Rekonvaleszenzphase überwunden haben, genesen sein; *(periodo di convalescenza)* ***trascorrere la ~ al mare*** seine Rekonvaleszenz am Meer verbringen **2** DIR. Konvaleszenz *f.* ◆ MIL. ***licenza di*** ~ Genesungsurlaub *m.*; ***periodo di*** ~ Genesungszeit *f.* **con|va|le|scen|zia|rio** m. *(-ri)* Genesungsheim *n.*, Nachsorgeklinik *f.*

con|va|li|da f. **1a** Beglaubigung *f.*, Gültigkeitserklärung *f.* **b** SPORT Bestätigung *f.*: ***la ~ di un gol, di un punto*** die Bestätigung eines Tors, Punktes **2** *(obliterazione)* Entwertung *f.*, Abstempeln *n.* **3** *(rafforzamento)* Bestärkung *f.*, Bekräftigung *f.*; *(conferma)* Bestätigung *f.*

con|va|li|da|re tr. *(convalido)* **1a** BUROCR. beglaubigen, für gültig erklären, bestätigen: ~ ***un atto, una nomina, una sentenza*** ein Schriftstück beglaubigen, ein Amt bestätigen, ein Urteil bestätigen (*o* für gültig erklären) **b** ESTENS. ~ ***un gol*** ein Tor für gültig erklären **2** *(obliterare)* entwerten, abstempeln: ~ ***il biglietto*** die Fahrkarte entwerten **3** *(rafforzare)* bestärken, bekräftigen; *(confermare)* bestätigen: ~ ***un dubbio, un sospetto*** einen Zweifel bestätigen, einen Verdacht bekräftigen (*o* bestätigen).

con|val|le f. LETT. **1** (breites) Tal *n.* **2** *(valle laterale)* Nebental *n.*

con|ve|gni|sta m. e f. *(-i,-e)* Tagungsteilnehmer *m.* (-in *f.*).

con|ve|gno m. **1** Tagung *f.*, Symposium *n.*: ***un ~ di scienziati, di economisti*** eine Tagung von Wissenschaftlern, Wirtschaftlern; ***organizzare un ~ su un tema*** eine Tagung über ein (*o* zu einem) Thema veranstalten; ***partecipare, intervenire a un ~ sul Romanticismo*** an einer Tagung über die Romantik teil‿nehmen; ***invitare qcn. a un*** ~ jdn zu einer Tagung ein‿laden **2** LETT. *(appuntamento)* Verabredung *f.*, Rendezvous *n.*, Tete-a-tete *n.*: ***un ~ segreto, notturno*** ein heimliches, nächtliches Rendezvous ◆ ~ ***amoroso*** Schäferstündchen *n.*, Stelldichein *n.*; ***darsi*** ~ zusammen‿treffen; *(darsi appuntamento)* sich verabreden; ***sala -i*** Tagungssaal *m.*, -raum *m.*

con|ve|ne|vo|li m.pl. Umstände *pl.*, Höflichkeiten *pl.*: ***fare i ~ con, a qcn.*** jdm Höflichkeiten erweisen; ***scambiarsi*** ~ Höflichkeiten aus‿tauschen; ***bando ai ~! niente ~!*** nur keine Umstände!

con|ve|nien|te agg. **1** *(vantaggioso)* günstig: ***un'offerta*** ~ ein günstiges Angebot; ***un affare*** ~ ein günstiges Geschäft; ***prezzi -i*** günstige Preise **2** *(poco costoso)* preisgünstig, billig: ***merce*** ~ preisgünstige Ware **3** *(adatto)* passend, angezeigt, angemessen: ***parole -i all'occasione*** für die Gelegenheit passende Worte, den Umständen angemessene Worte; ***vestire in modo*** ~ sich angemessen kleiden. **con|ve|nien|te|men|te** avv. **1** *(vantaggiosamente)* günstig **2** *(in modo adatto)* passend, zweckmäßig, angezeigt, angemessen.

con|ve|nien|za f. **1** Vorteil *m.*: ***la ~ di un affare*** der Vorteil eines Geschäfts **2a** *(di prezzo)* Preisgünstigkeit *f.*, Preisvorteil *m.*: ***la ~ di una merce*** die Preisgünstigkeit einer Ware **b** *(economicità)* Wirtschaftlichkeit *f.* **3** *(opportunità)* Angemessenheit *f.*, Zweckmäßigkeit *f.*; *(utilità)* Nützlichkeit *f.*: ***valutare la ~ (o meno) di un intervento militare*** die Nützlichkeit eines militärischen Eingreifens ab‿wägen **4** *(tornaconto, interesse)* Interesse *n.*, Nutzen *m.*: ***fare qcs. per*** ~ etw. aus Eigennutz tun **5** pl. *(norme di comportamento)* Anstandsregeln *pl.*, (allgemeine) Form *f.*, Sitten *pl.*: ***rispettare le -e*** die Form beachten, die allgemeinen Sitten respektieren **6** *(concordanza, equilibrio)* Übereinstimmung *f.* ◆ ***matrimonio di*** ~ Vernunftehe *f.*; ***visita di*** ~ Höflichkeitsbesuch *m.*

con|ve|ni|re *(convengo, convieni; convenni; convenuto)* **I** intr. **1** *(riunirsi;* aus. *essere)* zusammen‿kommen, sich versammeln **2a** *(concordare;* aus. *avere)* ~ ***con qcn. su qcs.*** mit jdm in etw. (D) überein‿stimmen, sich mit jdm über etw. einigen; *(accordarsi)* mit jdm überein‿kommen; ***ne convengo con Lei*** darin stimme ich mit Ihnen überein, damit bin ich einverstanden **b** *(ammettere)* zu‿geben, gestehen, LETT. ein‿räumen **3** *(essere vantaggioso;* aus. *essere)* günstig sein, sich lohnen: ***questo prezzo, quest'offerta conviene*** dieser Preis ist günstig, dieses Angebot lohnt sich **4a** impers. *(è opportuno;* aus. *essere)* ***conviene*** es ist besser: ***conviene partire oggi*** es ist besser, heute abzufahren; ***che cosa mi conviene fare?*** was soll ich tun? **b** *(è vantaggioso)* es lohnt sich, es liegt näher: ***conviene comprare la verdura al mercato*** es lohnt sich, das Gemüse auf dem Markt zu kaufen; ***ci conviene andare a casa, piuttosto che aspettare ancora qui*** es ist besser für uns, nach Hause zu gehen als noch länger hier zu warten; ***non ci conviene tentare di ripararlo*** es ist nicht der Mühe wert, das (noch) zu reparieren; ***dire cose del genere non conviene*** so etwas sagt man besser nicht **c** *(è necessario)* es ist nötig, man muss **II** tr. **1** *(concordare)* vereinbaren, ab‿machen: ~ ***il prezzo*** den Preis vereinbaren **2** DIR. *(citare in giudizio)* gerichtlich verklagen, vorladen **III** pronom. **convenirsi** sich ziemen, sich gehören: ***comportati come si conviene!*** benimm dich, wie es sich gehört! ◆ ***prezzo da -rsi*** Preis nach Vereinbarung.

con|ven|ti|co|la f. Konventikel *n.*

con|ven|to m. Kloster *n.*, Konvent *m.*: ***fondare un*** ~ ein Kloster stiften, gründen; ***entrare in*** ~ ins Kloster gehen; ~ ***benedettino, domenicano, di suore*** Benediktiner-, Dominikaner-, Nonnenkloster *n.* ◆ ***accontentarsi di, prendere, mangiare quel che passa il*** ~ kleine, kleinere Brötchen backen (müssen).

con|ven|tua|le I agg. klösterlich, Kloster-: ***proprietà*** ~ Klostergut *n.* **II** m. e f. Konventuale *m.* e *f.* ◆ ***assemblea*** ~ Konvent *m.*; ***capitolo*** ~ Ordenskapitel *n.*

con|ve|nu|to I p.pass. agg. **1** → **convenire 2** verabredet, vereinbart: ***il giorno, nel luogo*** ~ am verabredeten Tag, Ort **3** ausgemacht: ***prezzo*** ~ ausgemachter Preis **II** m. **1** Abmachung *f.*, Übereinkommen *n.* **2** DIR. Beklagte *m.*, beklagter Teil *m.* ◆ ***come*** ~ vereinbarungsgemäß; ***resta ~ che...*** es bleibt dabei, dass...; ***nel termine*** ~ termingemäß, termingerecht.

con|ven|zio|na|le agg. **1** konventionell: ***segni -i*** konventionelle Zeichen **2** *(tradizionali)* herkömmlich, konventionell: ***ruoli, metodi*** ~ konventionelle Rollen, Methoden **3** *(formali)* förmlich, formelhaft: ***frasi -i*** förmliche Redensarten ◆ ***armi -i*** konventionelle Waffen; ***non*** ~ unkonventionell. **con|ven|zio|na|li|smo** m. Konformismus *m.*, Konventionstreue *f.* **con|ven|zio|na|li|tà** f. Konventionalität *f.*, Formelhaftigkeit *f.* **con|ven|zio|nal|men|te** avv. konventionell.

con|ven|zio|na|re I tr. vereinbaren, ab‿sprechen, ab‿machen: ~ ***le tariffe, i prezzi*** die Tarife aus‿handeln, die Preise absprechen (*o* vereinbaren) **II** pronom. **convenzionarsi** überein‿kommen, Abmachungen treffen: ***-rsi con un ente*** mit einer Anstalt eine Abmachung treffen (*o* aus‿handeln). **con|ven|zio|na|to** p.pass. agg. **1** → **convenzionare 2** vertragsgebunden: ***prezzi -i*** vertragsgebundene Preise ◆ ***una clinica -a*** eine mit einer Krankenkasse vertraglich gebundene Klinik; ***ospedale*** ~ Vertragskrankenhaus *n.*

con|ven|zio|ne f. **1a** Abkommen *n.*, Vertrag *m.*, Konvention *f.*: ***stipulare una ~ sui prezzi*** ein Preisabkommen treffen **b** *(accordo)* Vereinbarung *f.*, Übereinkunft *f.*, Konvention *f.*: ***stipulare una ~ con un ente*** eine Vereinbarung mit einer Anstalt treffen **2** *(consuetudine)* Konvention *f.*: ***attenersi alle, rompere le -i sociali*** die gesellschaftlichen Konventionen ein‿halten, brechen; ***essere legato alle -i*** an Konventionen gebunden sein ◆ ***la ~ dell'Aja*** die Haager Konvention; ~ ***commerciale*** Handelsabkommen *n.*; ***la ~ di Ginevra*** die Genfer Konvention; ~ ***linguistica*** Sprachregelung *f.*; ***per*** ~ aus (reiner) Konvention, aufgrund einer (ungeschriebenen) Konvention.

con|ver|gen|te agg. konvergent, übereinstimmend, sich überschneidend: ***rette -i*** konvergente Geraden; FIG. ***interessi -i*** konvergente, sich überschneidende Interessen ◆ ***lente*** ~ Sammellinse *f.*; ***traffico*** ~ Zielverkehr *m.*

con|ver|gen|za f. **1** Konvergenz *f.*, Übereinstimmung *f.*: ~ ***di opinioni, di interessi*** Konvergenz der Meinungen, der Interessen **2** AUT. Vorspur *f.*, Spur *f.*: ***mettere a punto la*** ~ die Spur ein‿stellen.

con|ver|ge|re intr. *(convergo, convergi; conversi, convergesti;* RAR. *converso;* aus. *essere)* **1** zusammen‿laufen, konvergieren: ***le linee convergono in questo punto*** an diesem Punkt laufen die Linien zusammen **2** FIG. überein‿stimmen, konvergieren, sich überschneiden: ***le nostre aspirazioni convergono*** unsere Bestrebungen konvergieren, überschneiden sich; ***far ~ gli sforzi verso un unico scopo*** die Anstrengungen auf ein einziges Ziel aus‿richten.

1.con|ver|sa f. Laienschwester *f.*

2.con|ver|sa f. EDIL. Kehle *f.*, Dachkehle *f.*

con|ver|sa|re intr. (aus. *avere*) sich unterhalten, plaudern: ~ ***con un amico, del più e del meno*** sich mit einem Freund über dieses und jenes unterhalten. **con|ver|sa|to|re** m. Unterhalter *m.*, Gesellschafter *m.*: ***un brillante*** ~ ein brillanter Gesprächspartner. **con|ver|sa|zio|ne** f. **1** Unterhaltung *f.*, Plauderei *f.*, Gespräch *n.*, Konversation *f.*: ***fare ~*** sich unterhalten, plaudern; ***sostenere una ~*** ein Gespräch, eine Konversation führen **2** TEL. RAD. TELEV. Gespräch *n.*: ***avere una lunga ~ con qcn.*** ein langes Gespräch mit jdm haben; TEL. ***annullare la ~*** das Gespräch streichen ◆ ***durata della ~*** Sprechzeit *f.*; ***esercizio di ~*** Konversationsübung *f.*; ***manuale di ~*** Konversationslexikon *n.*; SCOL. ***ora di ~*** Konversationsstunde *f.*; ***uomo di piacevole ~*** angenehmer Unterhalter, Gesprächspartner *m.*; ***~ radiofonica*** Radiogespräch *n.*; ***~ telefonica*** Telefongespräch *n.*; ***tono della ~*** Gesprächston *m.*

con|ver|se|vo|le agg. LETT. gesellig, umgänglich.

con|ver|si → **convergere.**

con|ver|sio|ne f. **1a** Bekehrung *f.*, Konversion *f.* **b** *(a una confessione)* Übertritt *m.*, Konfessionswechsel *m.*, Glaubenswechsel *m.*: ***la ~ al cristianesimo*** der Übertritt zum Christentum **2** *(trasformazione)* Verwandlung *f.*, Umwandlung *f.*: ***la ~ dell'acqua in vapore*** die Umwandlung von Wasser in Dampf; ***la ~ di energia meccanica in elettricità*** die Umwandlung mechanischer Energie in Elektrizität **3** *(svolta)* Wendung *f.*: ***~ a U, a destra*** Wenden, Wendung nach rechts **4** ECON. Umtausch *m.*, Tausch *m.*, Umrechnung *f.*: ***la ~ di lire in franchi*** der Umtausch von Lire in Franken **5** INFORM. Übersetzung *f.*, Übertragung *f.*: ***la ~ di un file di testo in ASCII*** die Übertragung einer Textdatei in den ASCII-Code ◆ ***~ di, del debito*** Schuldumwandlung *f.*; ***~ di rotta*** Kursänderung *f.*, Kurswechsel *m.*, Schwenkung *f.* (anche FIG.).

1.con|ver|so m. Laienbruder *m.*

2.con|ver|so, ***per ~*** umgekehrt.

con|ver|ti|bi|le agg. **1** umwandelbar, Wandel-, umtauschbar, konvertierbar: ***valuta non ~*** nicht konvertierbare Währung; ***prestito ~*** Wandelanleihe *f.*; ***obbligazione ~*** Wandelschuldverschreibung *f.* **2** ***vettura ~*** Auto mit Klappverdeck. **con|ver|ti|bi|li|tà** f. Umwandelbarkeit *f.*, Umtauschbarkeit *f.*, Konvertierbarkeit *f.*

con|ver|ti|re *(converto, converti; convertii; convertito)* **I** tr. **1** bekehren: ***~ qcn. al cristianesimo, alle proprie idee*** jdn zum Christentum, zu seiner Lebensauffassung bekehren **2** *(trasformare)* verwandeln, um‿wandeln: ***~ l'energia in calore*** Energie in Wärme um‿setzen; ***~ l'acqua in vapore*** Wasser in Dampf umwandeln; ***~ la produzione di un'industria*** die Produktion einer Industrie um‿stellen **3** ECON. um‿setzen, um‿tauschen, um‿rechnen: ***~ i titoli in denaro*** Wertpapiere (in Geld) umsetzen; ***~ franchi in lire*** Franken in Lire umtauschen **4** INFORM. übersetzen, übertragen: ***~ un file di testo in ASCII*** eine Textdatei in den ASCII-Code übertragen **II** pronom. **convertirsi 1** sich bekehren, konvertieren: ***-rsi (dal cristianesimo) all'islamismo*** (vom Christentum) zum Islam konvertieren (*o* übertreten); ***-rsi a un nuovo stile di vita*** sich zu einem neuen Lebenswandel bekehren **2** *(trasformarsi)* sich verwandeln, sich um‿wandeln.

con|ver|ti|to I p.pass. agg. → **convertire II** m. Bekehrte *m.*, Konvertit *m.* ◆ ***ebreo ~ (al cristianesimo)*** Judenchrist *m.*; ***pagano ~ (al cristianesimo)*** Heidenchrist *m.* **con|ver|ti|to|re** m. **1** Bekehrer *m.* **2** TECN. Umsetzer *m.* **3** METALL. Konverter *m.* ◆ ***~ Bessemer*** Bessemerbirne *f.*; ***~ di corrente*** Stromrichter *m.*; ***~ di frequenza*** Frequenzwandler *m.*; ***~ Thomas*** Thomasbirne *f.*

con|ves|si|tà f.inv. Bauchung *f.*, Konvexität *f.* **con|ves|so** agg. bauchig, gewölbt, konvex, Konvex-: ***lente -a*** Konvexlinse *f.*; ***specchio ~*** Konvexspiegel *m.* ◆ ***angolo ~*** stumpfer Winkel.

con|vet|ti|vo agg. konvektiv: ***moto ~*** Konvektivbewegung *f.* **con|vet|to|re** m. Konvektor *m.* **con|ve|zio|ne** f. Konvektion *f.*: ***corrente di ~*** Konvektionsstrom *m.*

con|vin|cen|te agg. überzeugend, schlagend: ***una prova ~*** ein schlagender Beweis.

con|vin|ce|re *(convinco, convinci; convinsi; convinto)* **I** tr. überzeugen: ***~ qcn. di qcs.*** jdn von etw. überzeugen; ***i tuoi argomenti non mi convincono*** deine Argumente überzeugen mich nicht; ***lo convinse a partire*** er überzeugte ihn abzufahren; *(a parole)* ***si lasciò ~*** er ließ sich überreden **II** pronom. **convincersi** sich überzeugen, ein‿sehen: ***-rsi di qcs.*** sich von etw. überzeugen; ***-rsi del proprio errore*** seinen Irrtum einsehen. **con|vin|ci|men|to** m. **1** Überzeugung *f.* **2** Zureden *n.*: ***dopo una lunga opera di ~*** nach langem Zureden.

con|vin|si → **convincere.**

con|vin|to p.pass. agg. **1** → **convincere 2** überzeugt: ***essere fermamente ~ che...*** fest davon überzeugt sein, dass...; ***essere ~ di qcs.*** von etw. überzeugt sein; ***un cattolico ~*** ein überzeugter Katholik.

con|vin|zio|ne f. Überzeugung *f.*: ***una ~ irremovibile*** eine starre Überzeugung; ***fare qcs. con ~, per intima ~*** etw. mit Überzeugung, aus innerer Überzeugung tun; ***giungere alla ~ che...*** zu der Überzeugung kommen, gelangen, dass...; ***-i politiche, religiose*** politische, religiöse Überzeugungen; ***attenersi a una ~*** an einer Überzeugung fest‿halten; ***fare opera di ~ su qcn.*** Überzeugungsarbeit bei jdm leisten.

con|vis|si → **convivere. con|vis|su|to** → **convivere.**

con|vi|ta|re tr. ANT. zu Gast(e) laden (*o* bitten). **con|vi|ta|to I** p.pass. agg. **1** → **convitare 2** eingeladen **II** m. Besucher *m.*, Gast *m.*

con|vi|to m. Gastmahl *n.*, Festmahl *n.*

con|vit|to m. Internat *n.* **con|vit|to|re** m. Internatsschüler *m.*

con|vi|ven|te m. e f. **1** Zusammenlebende *m.* e *f.* **2** *(coabitante)* Mitbewohner *m.* (-in *f.*). **con|vi|ven|za** f. **1a** Zusammenleben *n.*: ***la ~ in collegio*** das Zusammenleben im Internat; ESTENS. ***la ~ umana*** das menschliche Zusammenleben **b** *(tra partner non sposati)* Zusammenleben *n.* ohne Trauschein **2** *(coabitazione)* Zusammenwohnen *n.*: ***le difficoltà della ~ con i genitori*** die Schwierigkeiten des Zusammenwohnens mit den Eltern.

con|vi|ve|re intr. *(convissi, convissuto;* aus. *avere)* **1** zusammen‿leben: ***convive da molto tempo con un uomo*** sie lebt seit langem mit einem Mann zusammen **2** *(coabitare)* zusammen‿wohnen: ***~ con i genitori*** mit den Eltern zusammenwohnen **3** FIG. *(coesistere)* wohnen: ***in qcn. convivono sentimenti contrastanti*** in jdm wohnen widerstreitende Gefühle.

con|vi|via|le agg. Tisch-, Tafel-: ***discorso ~*** Tischrede *f.*; ***musica ~*** Tafelmusik *f.* **con|vi|vio** m. *(-vi)* ANT. LETT. Konvivium *n.*, Gastmahl *n.*

con|vo|ca|re tr. *(convoco, convochi)* **1** zu sich rufen, *(più persone)* zusammenrufen; ***~ qcn. urgentemente per un colloquio*** jdn dringlich zu einer Besprechung rufen **2** AMM. POL. ein‿berufen: ***~ il parlamento, il consiglio*** das Parlament, den Rat einberufen.

con|vo|ca|zio|ne f. Einberufung *f.*: ***~ di un'assemblea*** Einberufung einer Versammlung; ***in prima, in seconda ~*** in erster, zweiter Einberufung.

con|vo|glia|re tr. *(convoglio, convogli)* **1** leiten, hinein‿leiten: ***~ l'acqua in un canale*** das Wasser in einen Kanal leiten; ***~ il traffico verso la circonvallazione*** den Verkehr über die Umgehungsstraße leiten **2** FIG. kanalisieren, richten: ***~ tutti gli sforzi in qcs., in una direzione*** alle Anstrengungen auf etw. (A), in eine Richtung richten **3a** *(trasportare)* befördern: ***~ le merci al magazzino*** Waren ins Lager befördern **b** *(di acque)* mit‿führen: ***il fiume convogliava detriti*** der Fluss führte Geröll mit. **con|vo|glia|to|re** m. Förderwerk *n.*

con|vo|glio m. *(-gli)* **1** *(di navi)* Konvoi *m.*, Geleitzug *m.*: ***viaggiare in ~*** im, unter Konvoi fahren **2** *(di veicoli, persone)* Kolonne *f.*: ***formare un ~*** eine Kolonne bilden; ***viaggiare in ~*** in (einer) Kolonne fahren; ***un ~ di prigionieri*** eine Kolonne von Gefangenen; ***un ~ di carri armati*** eine Panzerkolonne ◆ ***~ ferroviario*** Eisenbahnzug *m.*

con|vo|la|re intr. (aus. *essere*), ***~ a (giuste) nozze*** in den Hafen der Ehe ein‿laufen; ***~ a (giuste) nozze con qcn.*** mit jdm im Hafen der Ehe landen.

con|vol|vo|lo m. BOT. Winde *f.*

con|vul|sa|men|te avv. krampfhaft, krampfartig, konvulsiv(isch).

con|vul|sio|ne f. **1** Krampf *m.*, Konvulsion *f.*: ***avere le -i, essere colto dalle -i*** von Krämpfen befallen (*o* ergriffen) werden; ***-i epilettiche*** epileptische Krämpfe; ESTENS. ***una ~ di riso, di pianto*** ein Lach-, Weinkrampf. **con|vul|si|va|men|te** avv. krampfhaft, krampfartig, konvulsivisch. **con|vul|si|vo** agg. krampfhaft, krampfartig, Krampf-, konvulsiv(isch): ***crisi -a*** Krampfanfall *m.*

con|vul|so agg. **1** krampfhaft, krampfartig, Krampf-, konvulsiv: ***moto ~*** krampfhafte Zuckung; ***tosse -a*** Krampfhusten *m.* **2** *(scomposto, disordinato)* verworren, wirr: ***stile ~*** wirrer Stil **3** *(febbrile)* hektisch, fieberhaft: ***un'attività -a*** eine hektische Tätigkeit ◆ ***riso, pianto ~*** Lach-, Weinkrampf *m.*; ***tremito ~*** Schüttelfrost *m.*

coo|lie ['ku:lɪ] m.inv. Kuli *m.*

co|o|ne|sta|re tr. LETT. beschönigen.

coop. ⇒ *cooperativa* Genossenschaft (Gen.).

co|o|pe|ran|te m. e f. Entwicklungshelfer *m.* (-in *f.*).

co|o|pe|ra|re intr. *(coopero;* aus. *avere)* zusammen‿arbeiten, zusammen‿wirken, ECON. kooperieren; *(contribuire)* mit‿wirken: ***~ in un settore*** auf einem Sektor kooperieren; ***~ con qcn. a un progetto*** bei einem Projekt mit jdm zusammenwirken (*o* zusammenarbeiten); ***~ al successo dell'impresa*** an dem Erfolg des Unternehmens mitwirken. **co|o|pe|ra|ti|va** f. Genossenschaft *f.*: ***fondare una ~*** eine Genossenschaft gründen; ***costituirsi in ~*** sich zu, in einer Genossenschaft zusammen‿schließen ◆ ***~ agricola*** landwirtschaftliche Genossenschaft; ***~ artigiana*** Handwerkergenossenschaft *f.*; ***~ di consumo*** Konsumgenossenschaft *f.*; ***~ edilizia*** Baugenossenschaft *f.* **co|o|pe|ra|ti|vi|smo** m. Genossenschaftswesen *n.* **co|o|pe|ra|ti|vi|sti|co** agg. *(-ci,-che)* genossenschaftlich, kooperativ. **co|o|pe|ra|ti|vo** agg. genossenschaftlich, kooperativ; ***società -a*** Genossenschaft *f.* **co|o|pe|ra|to|re** m. **1** Mitwirkende *m.* **2** *(membro di una cooperativa)* Genossenschaftler *m.*

co|o|pe|ra|zio|ne f. Zusammenarbeit *f.*, Mitwirkung *f.*, ECON. Kooperation *f.*: **~ *economica fra stati*** wirtschaftliche Kooperation zwischen Staaten ◆ **~ *per lo sviluppo*** Entwicklungsdienst *m.*

co|op|ta|re tr. kooptieren: **~ *qcn. in un'associazione*** jdn in einen Verein kooptieren. **co|op|ta|zio|ne** f. Kooptation *f.*, Kooption *f.*

co|or|di|na|men|to m. Koordinierung *f.*, Koordination *f.*, Abstimmung *f.*: ***mancanza di*** **~** Mangel an Koordinierung, mangelnde Koordination. **co|or|di|nan|te** agg. nebenordnend, beiordnend: ***congiunzione*** **~** nebenordnende Konjunktion.

co|or|di|na|re *(coordino)* **I** tr. **1** koordinieren, aufeinander abstimmen: **~ *l'équipe*** das Team koordinieren; **~ *tutti gli sforzi per uno scopo comune*** alle Bemühungen um ein gemeinsames Ziel aufeinander abstimmen; **~ *i movimenti*** die Bewegungen koordinieren **2** GRAMM. neben‿ordnen, bei‿ordnen, koordinieren **II** pronom. **coordinarsi** GINN. SPORT sich sammeln: ***-rsi per eseguire l'esercizio*** sich sammeln, um eine Übung auszuführen ◆ **~ *le idee*** seine Gedanken ordnen, sammeln.

co|or|di|na|ta f. **1** MAT. GEOGR. Koordinate *f.*: ***le -e di un punto*** die Koordinaten eines Punktes **2** GRAMM. beigeordneter Satz *m.* ◆ ***asse delle -e*** Koordinatenachse *f.*; ***-e cartesiane*** kartesi(ani)sche Koordinaten; **~ *geografiche*** geographische Koordinaten; ***-e polari*** Polarkoordinaten *pl.*; ***sistema di -e*** Koordinatensystem *n.*

co|or|di|na|ti|vo agg. → **coordinante.**

co|or|di|na|to **I** p.pass. agg. **1** → **coordinare** **2** *(armonizzato)* abgestimmt: ***tende -e*** farblich abgestimmte Vorhänge **3** MAT. Koordinaten-: ***sistema*** **~** Koordinatensystem *n.*; ***assi -i*** Koordinaten *pl.* **4** GRAMM. beigeordnet: ***proposizione -a*** beigeordneter Satz **II** m. ABBIGL. Kombination *f.*, Set *n.* **co|or|di|na|to|re** **I** agg. Koordinations-, koordinierend **II** m. Koordinator *m.* **co|or|di|na|zio|ne** f. **1a** Koordination *f.* (anche CHIM. FISIOL.): **~ *di attività, di movimenti*** Koordination von Tätigkeiten, Bewegungen; ***difficoltà di*** **~** Koordinationsstörung *f.* **b** SPORT Koordinationsfähigkeit *f.*: ***avere una buona, cattiva*** **~** eine gute, schlechte Koordinationsfähigkeit haben **2** GRAMM. Nebenordnung *f.*, Beiordnung *f.*, Koordination *f.*

co|or|te f. Kohorte *f.*

co|pa|le f. e m. **1a** Kopal *m.*, Kopalharz *n.* **b** *(vernice)* Kopallack *m.* **2** *(pelle per calzature)* Lackleder *n.*

co|pe|co m. *(-chi)* Kopeke *f.*

Co|pe|na|ghen n.pr.f. Kopenhagen *n.*

co|pe|po|de m. Hüpferling *m.*, Kopepode *m.*

co|per|chio m. *(-chi)* Deckel *m.*: ***mettere, togliere, sollevare il*** **~** den Deckel auf‿legen, ab‿nehmen, hoch‿heben; **~ *a vite*** Schraubdeckel *m.*

co|per|ni|ca|ne|si|mo, co|per|ni|ca|ni|smo m. Kopernikanismus *m.* **co|per|ni|ca|no** agg. kopernikanisch: ***il sistema*** **~** das kopernikanische Weltbild; FIG. ***qcs. è una rivoluzione -a*** etw. ist eine kopernikanische Wende. **Co|per|ni|co** n.pr.m. Kopernikus *m.*

co|per|ta f. **1** Decke *f.*; *(per il letto)* Bettdecke *f.*: **~ *di lana, imbottita*** Woll-, Steppdecke *f.*; ***una*** **~** ***morbida, calda*** eine weiche, warme Decke; ***mettersi, infilarsi sotto le -e*** unter die Decke kriechen; ***starsene sotto le -e*** = im Bett bleiben; ***avvolgersi in una*** **~** sich in eine Decke wickeln **2** MAR. Deck *n.*: ***in, sotto*** **~** auf, unter Deck; ***equipaggio in*** **~*!*** alle Mann an Deck! ***equipaggio di*** **~** Deckmannschaft *f.*; ***ufficiale di*** **~** Deckoffizier *m.*

co|per|ta|men|te avv. versteckt, unterschwellig.

co|per|ti|na f. **1** Einband *m.*, Deckel *m.*; *(di libri)* Buchdeckel *m.*, Bucheinband *m.*: ***una*** **~** ***di, in pelle*** ein lederner Einband, ein Ledereinband; **~ *di rivista*** Zeitschrifteneinband *m.*; **~ *rigida, flessibile*** Hard-Cover-Einband *m.*, Paperback-Einband *m.*; ***in*** **~** auf dem Einband **2** *(di dischi)* Hülle *f.*, Schallplattenhülle *f.* **3** ESTENS. *(foderina)* Umschlag *m.* ◆ ***prezzo di*** **~** Ordinärpreis *m.*; ***ragazza*** **~** Covergirl *n.*

1.co|per|to p.pass. agg. **1** → **coprire** **2a** bedeckt: ***a capo*** **~** mit bedecktem Kopf **b** *(ricoperto)* **~ *di cicatrici*** mit Narben bedeckt, narbig; **~ *di muffa*** mit Schimmel bedeckt (*o* überzogen), schimmelig; **~ *di neve, di polvere*** schneebedeckt, staubbedeckt; FIG. **~ *di gloria, d'infamia*** ruhmbedeckt, schmachbedeckt (*o* schmachbeladen, schandbedeckt) **3** *(con un tetto)* gedeckt, überdacht: ***una terrazza -a*** eine überdachte Terrasse **4** ECON. gedeckt: ***un assegno*** **~** ein gedeckter Scheck; ***rischio*** **~** gedecktes Risiko **5** *(nuvoloso)* bedeckt, verhangen: ***cielo*** **~** bedeckter Himmel **6** *(ricoperto di vegetazione)* bewachsen: **~ *di viti*** mit Wein bewachsen; **~ *di edera*** efeubewachsen **7** *(vestito) angezogen*: ***essere ben*** **~** warm (*o* gut) angezogen sein **8** *(velato)* versteckt, unterschwellig: ***minacce -e*** versteckte Drohungen **9** *(assicurato)* gedeckt: **~ *contro un danno*** für einen Schaden gedeckt ◆ ***stare al*** **~** unter‿stehen; ***mettersi al*** **~** sich unter‿stellen; *(fuori tiro)* aus dem Schussfeld gehen; SPORT ***giocare al*** **~** in der Halle spielen; ***campo (da tennis)*** **~** überdachter Tennisplatz; ***carta -a*** zugedeckte (*o* verdeckte) Karte; ***essere*** **~** ***di debiti*** mit Schulden überladen sein; ***mercato*** **~** Markthalle *f.*; **~ *di nuvole*** wolkenverhangen; ***piscina -a*** Hallen(schwimm)-bad *n.*, Schwimmhalle *f.*; ***somma -a*** Deckungssumme *f.*; **~ *di vegetazione*** bewachsen; ***con il volto*** **~** mit verhülltem Gesicht.

2.co|per|to m. Gedeck *n.*: ***due -i*** ein Gedeck für zwei Personen.

co|per|to|ne m. **1** *(telone)* Plane *f.*: **~ *di autocarro*** Wagenplane *f.* **2** *(di pneumatico)* Decke *f.*, Mantel *m.*, Reifendecke *f.*, Reifenmantel *m.*

co|per|tu|ra f. **1** Deckung *f.* (anche FIG.), Decke *f.*, Bedeckung *f.*: ***una*** **~** ***di paglia, di tegole*** eine Strohdeckung, eine Dachziegeldeckung; STRAD. **~ *di calcestruzzo*** Betondecke *f.* **2** *(rivestimento)* Deckung *f.*, Umkleidung *f.*, Verkleidung *f.* **3** FIG. *(mascheramento)* Tarnung *f.*, Deckmantel *m.*: ***servire da*** **~** ***a traffici illeciti*** zur Tarnung illegaler Geschäfte dienen **4** EDIL. Deckung *f.*, Dach *n.*: **~ *di ardesia*** Schieferdach *n.* **5** ECON. Deckung *f.*, Abdeckung *f.*: ***mancanza di*** **~** mangelnde Deckung; ***come*** **~** ***di qcs.*** als, zur Deckung von etw.; ***contribuire alla*** **~** ***delle spese*** zur Deckung der Kosten beitragen; ***l'assegno è senza*** **~** der Scheck ist ohne Deckung; ***l'assicurazione si assume la totale*** **~** ***del danno*** die Versicherung übernimmt die volle Deckung des Schadens **6** GASTR. Überzug *m.*: ***una*** **~** ***di cioccolato*** ein Überzug aus Schokolade **7** MIL. *(difesa, protezione)* Tarnung *f.*, Schutz *m.*: ***manovra di*** **~** Tarnmanöver *n.*; ***azione di*** **~** Tarnaktion *f.* ◆ **~ *aerea*** Luftdeckung *f.*; MED. **~ *antibiotica*** antibiotischer Schutz; **~ *assicurativa*** Versicherungsschutz *m.*; ECON. **~ *aurea*** Golddeckung *f.*; ***capitale di*** **~** Deckungskapital *n.*; **~ *del fabbisogno*** Bedarfsdeckung *f.*; ***fondi di*** **~** Deckungsmittel *pl.*; MIL. ***fuoco di*** **~** Feuerschutz *m.*; SPORT ***gioco di*** **~** Deckungsspiel *n.*; ***indirizzo di*** **~** Deckanschrift *f.*; COMM. **~ *insufficiente*** Unterdeckung *f.*: ***lettera di*** **~** Deckungszusage *f.*; ***margine di*** **~** Deckungsgrenze *f.*; ***piastra di*** **~** Abdeckplatte *f.*; **~ *radio*** Funkreichweite *f.*; **~ *delle spese*** Kostendeckung *f.*; ARCH. **~ *a volta*** Überwölbung *f.*

1.co|pia f. **1** Kopie *f.*: ***la*** **~** ***di un dipinto, di una chiave*** die Kopie eines Gemäldes, eines Schlüssels; ***la*** **~** ***di una statua*** die Kopie (*o* Nachbildung) einer Statue **2a** *(di documenti)* Kopie *f.*, Abschrift *f.*: ***fare la*** **~** ***di un certificato*** die Kopie eines Zeugnisses (*o* eine Zeugnisabschrift) an‿fertigen, her‿stellen; **~ *autenticata*** beglaubigte Abschrift (*o* Kopie); ***una*** **~** ***fedele, conforme*** eine gleichlautende Abschrift; ***la*** **~** ***è conforme all'originale*** die Abschrift entspricht dem Original **b** BUROCR. *(stesura)* Ausfertigung *f.*: ***inviare la domanda in duplice*** **~** die Bewerbung in zweifacher Ausfertigung schicken **3** ESTENS. Kopie *f.*, Abbild *n.*: ***è la*** **~** ***esatta di suo padre*** er ist ganz der Vater; ***essere solo una pallida*** **~** ***di qcn., qcs.*** nur eine blasse (*o* billige) Kopie (*o* ein Abklatsch) jds, etw. sein **4** *(con carta copiativa)* Pause *f.*: ***fare la*** **~** ***di un disegno*** die Pause einer Zeichnung an‿fertigen (*o* eine Zeichnung ab‿pausen) **5** *(di dattiloscritto)* Durchschlag *m.* **6** FOT. Abzug *m.*: ***far stampare tre -e di una foto*** drei Abzüge eines Fotos machen (*o* her‿stellen) lassen **7** TIP. Exemplar *n.*: ***stampare 5000 -e di un libro*** von einem Buch 5000 Exemplare drucken; ***raggiungere una tiratura di 20 000 -e*** eine Auflage von 20 000 Exemplaren erreichen ◆ **~ *d'archivio*** Archivexemplar *n.*; INFORM. **~ *di back-up*** Sicherungskopie *f.*; ***bella, brutta*** **~** Reinschrift *f.*, Konzept *n.*; ***scrivere qcs. in bella, brutta*** **~** etw. ins Reine, Unreine schreiben; **~ *carbone*** Durchschlag *m.*; **~ *a colori*** Farbabzug *m.*; ***per*** **~** ***conforme*** für die Richtigkeit der Abschrift; FOT. **~ *a contatto*** Kontaktabzug *m.*; **~ *con dedica*** Dedikationsexemplar *n.*, Widmungsexemplar *n.*; **~ *microfotografica*** Mikrokopie *f.*; **~ *omaggio*** Freiexemplar *n.*; **~ *pirata*** Raubkopie *f.*; EDIT. **~ *in visione*** Probeexemplar *n.*, Ansichtsexemplar *n.*

2.co|pia f. LETT. Menge *f.*, Fülle *f.*: ***in gran*** **~** in Hülle und Fülle, in (*o* im) Überfluss.

co|pia|re tr. *(copio, copi)* **1** *(trascrivere)* ab‿schreiben: **~ *una lettera, un passo da un libro*** einen Brief, eine Stelle aus einem Buch abschreiben **2** *(duplicare)* kopieren: **~ *un documento, una videocassetta*** eine Urkunde, eine Videokassette kopieren **3** *(imitare)* kopieren, nach‿ahmen: **~ *il modo di parlare di qcn.*** jds Sprechweise nachahmen **4a** *(riprodurre)* ab‿bilden **b** *(disegni)* ab‿zeichnen, nach‿zeichnen **c** *(dipinti)* ab‿bilden, ab‿malen, nach‿malen **5** *(ricalcare)* pausen, ab‿pausen **6** SCOL. ab‿schreiben, ab‿sehen, COLLOQ. spicken: **~ *da un compagno*** von einem Mitschüler abschreiben; **~ *in un compito in classe*** bei einer Klassenarbeit spicken; ***beccare qcn. a*** **~** jdn beim Abschreiben erwischen; **~ *in fretta e furia il compito da qcn.*** von jdm die Aufgabe ab‿hauen ◆ **~ *in bella*** ins Reine schreiben; **~ *a macchina*** ab‿tippen; **~ *dal vero*** naturgetreu nach‿bilden. **co|pia|ti|vo** agg. Kopier-: ***carta***

-a Kopierpapier *n.*; ***matita -a*** Kopierstift *m.* **co|pia|tri|ce** f. Kopiergerät *n.*, Kopierer *m.* **co|pia|tu|ra** f. **1** Abschreiben *n.*, Kopieren *n.* **2** *(a macchina)* Abtippen *n.* **3** *(brano copiato)* Plagiat *n.*, Imitation *f.*

co|pi|glia f. Splint *m.*

co|pi|lo|ta m. e f. *(-i,-e)* Kopilot *m.* (-in *f.*).

1.co|pio|ne m. **1** TEATR. Regiebuch *n.*: ***prova di lettura del ~*** Leseprobe *f.* **2** CINEM. Drehbuch *n.*, Skript *n.* ◆ COLLOQ. ***come da ~*** = wie vorgesehen.

2.co|pio|ne m. **1** COLLOQ. *(imitatore)* Nachahmer *m.*, Nachäffer *m.* **2** SCOL. Abschreiber *m.*

co|pio|sa|men|te avv. reichlich, in Fülle, in Menge. **co|pio|si|tà** f. Fülle *f.* **co|pio|so** agg. reichlich, ansehnlich.

co|pi|sta m. e f. *(-i,-e)* Kopist *m.* (-in *f.*), Abschreiber *m.* (-in *f.*). **co|pi|ste|ri|a** f. Copyshop *m.*

1.cop|pa f. **1a** Becher *m.*, Kelch *m.*, Trinkschale *f.*: ***una ~ di spumante*** eine Schale Sekt; ***una ~ da spumante*** eine Sektschale *f.*; ***~ di cristallo*** Kristallschale *f.*; ***~ di gelato*** Eisbecher *m.* **b** *(per la frutta)* Schale *f.* **2a** *(trofeo)* Pokal *m.*: ***una ~ d'oro*** ein goldener Pokal; ***vincere una ~*** einen Pokal gewinnen, sich (D) einen Pokal holen **b** *(gara)* Pokal *m.*, Cup *m.*: ***disputare una ~*** einen Pokal aus‿tragen; ***essere eliminato dalla ~*** im Pokal aus‿scheiden **3** TECN. Wanne *f.* **4** pl. GIOC. INTRAD. (italienische Spielkartenfarbe) ◆ ***Coppa America*** America's Cup *m.*; ***~ della bilancia*** Waagschale *f.*; ***Coppa (dei) Campioni*** Champions League *f.*, Pokal *m.* der Landesmeister; ***~ challenge*** Wanderpokal *m.*; ***Coppa delle Coppe*** Europapokal *m.* der Pokalsieger; AUT. ***~ coprimozzo*** Radkappe *f.*; ***Coppa Davis*** Daviscup *m.*, Davispokal *m.*; ***detentore della ~*** Pokalverteidiger *m.*; ***finale di ~*** Pokalendspiel *n.*; ***a forma di ~*** schalenförmig; ***~ europea*** Europapokal *m.*; ***~ Italia*** Italienischer Fußballpokal; ***~ del mondo*** Weltcup *m.*; ***~ dell'olio*** Ölwanne *f.*; ***partita di ~*** Pokalspiel *n.*; ***~ del reggiseno*** Cup *m.*, Körbchen *n.*; MAR. ***stare alla ~*** bei‿liegen; ***torneo di ~*** Pokalwettbewerb *m.*; ***~ UEFA*** UEFA-Pokal *m.*; ***vincitore della, di ~*** Pokalsieger *m.*

2.cop|pa f. GASTR. **1** *(taglio di carne)* Kamm *m.*, Schweinekamm *m.*, Nackenstück *n.* **2** INTRAD. (Wurst aus dem Nackenstück vom Schwein oder Rind).

cop|pa|le → **copale.**

cop|pel|la f. METALL. Kapelle *f.*, Kupelle *f.* **cop|pel|la|re** tr. kupellieren. **cop|pel|la|zio|ne** f. Kupellation *n.*

cop|pet|ta f. **1** Schälchen *n.* **2** MED. Schröpfkopf *m.* ◆ LIT. ***~ offertoriale*** Hostienschale *f.*

cop|pia f. **1a** Paar *n.*: ***~ di genitori, di gemelli*** Eltern-, Zwillingspaar *n.*; ***una ~ di animali, di buoi*** ein Tierpaar, ein Ochsenpaar; ***disporsi a -e*** sich in (*o* zu) Paaren auf‿stellen **b** *(di fidanzati, coniugi)* ***una ~ mal assortita, di ferro*** ein ungleiches, unzertrennliches (*o* verschworenes) Paar; ***una ~ senza figli*** ein kinderloses Paar (*o* Ehepaar); ***fare, formare una bella ~*** ein schönes Paar bilden; ***fare ~ fissa*** ein festes Paar sein; ***fare ~ fissa con qcn.*** mit jdm unzertrennlich sein; FIG. ***viaggiare sempre in ~*** = unzertrennlich sein **c** FIS. ***~ di forze*** Kräftepaar *n.* **2** MUS. Paar *n.*, Duo *n.* **3** GIOC. zwei: ***una ~ di dieci*** zwei Zehner **4** MECC. *(momento torcente)* Drehmoment *n.* ◆ ***a -e*** zu Paaren, paarweise; ***~ di amanti*** → ***~ di innamorati***; ***~ di coniugi*** Ehepaar *n.*, Eheleute *pl.*; FIS. ***conversione di -e*** Paarvernichtung *f.*; ***~ di innamorati*** Liebespaar *n.*; ***~ massima*** Höchstdrehmoment *n.*; ***~ motrice*** Antriebsdrehmoment *n.*; ***pattinaggio a -e*** Paarlauf *m.*; FIS. ***produzione di -e*** Paarerzeugung *f.*, Paarbildung *f.*; ***rapporto di ~*** Partnerbeziehung *f.*, Zweierbeziehung *f.*; ***~ di sposi*** Brautpaar *n.*, Hochzeitspaar *n.*; ***una ~ di sposi novelli*** ein frisch gebackenes Ehepaar; ***~ termoelettrica*** Thermoelement *n.*

cop|pie|re m. Mundschenk *m.*, Schenk *m.*

cop|piet|ta f. Pärchen *n.*, Liebespärchen *n.*

cop|pi|glia → **copiglia.**

cop|po m. **1** Ölkrug *m.* **2** *(tegola)* Dachpfanne *f.*, Pfanne *f.*

cop|po|la f. REGION. INTRAD. (typische sizilianische Mütze).

co|pra f. Kopra *f.*

co|pren|te agg. deckend, Deck-: ***colore, vernice ~*** Deckfarbe *f.*; ***fondotinta ~*** gut deckendes Make-up.

co|pri|ca|po m. Kopfbedeckung *f.* **co|pri|caf|fet|tie|ra** m.inv. Kaffeemütze *f.*, Kaffeewärmer *m.* **co|pri|ca|te|na** m.inv. Kettenschutz *m.*

co|pri|co|stu|me m.inv. Strandkleid *n.* **co|pri|di|va|no** m.inv. Schonbezug *m.*, Schabracke *f.* **co|pri|for|mag|gio** m.inv. Käseglocke *f.*

co|pri|fuo|co m.inv. Ausgangssperre *f.*: ***imporre, ordinare il ~*** Ausgangssperre verhängen. **co|pri|giun|to** m. Lasche *f.*: ***~ di fissaggio*** Heftlasche *f.* **co|pri|let|to** m.inv. Tagesdecke *f.*, Bettdecke *f.*: ***togliere il ~ dal letto*** die Tagesdecke vom Bett ab‿nehmen; ***mettere il ~ sul letto*** die Tagesdecke über das Bett breiten. **co|pri|moz|zo** m.inv. → **copriruota. co|pri|piu|mi|no** m.inv. Bettbezug *m.*, Couvert *n.* **co|pri|pol|tro|na** m.inv. → **copridivano.**

co|pri|re *(coprii/copersi; coperto)* **I** tr. **1a** decken, bedecken: ***~ il tavolo con una tovaglia*** den Tisch mit einer Tischdecke bedecken; ***~ il tetto di tegole*** das Dach mit Ziegeln decken; ***~ una casa*** ein Haus decken (*o* überdachen) **b** assol. decken: ***la tinta non copre bene*** die Farbe deckt nicht gut **c** *(chiudere)* zu‿decken: ***~ la pentola con un coperchio*** den Topf mit einem Deckel zudecken **d** FIG. ***~ qcn. di qcs.*** jdn mit etw. bedecken, zudecken; ***~ qcn. di baci*** jdn mit Küssen bedecken; ***~ qcn. di rimproveri, di insulti*** jdn mit Vorwürfen, Schimpfwörtern überhäufen **e** *(colmare)* überhäufen: ***~ qcn. di onori, di regali*** jdn mit Ehren, Geschenken überhäufen **2** *(riparare contro il freddo)* zu‿decken: ***~ bene un bambino*** ein Kind gut zudecken, warm an‿ziehen; ***~ qcn. con una coperta*** jdn mit einer Decke zudecken **3a** ECON. decken: ***~ il fabbisogno, la domanda, un deficit*** den Bedarf, die Nachfrage, ein Defizit decken; ***l'assicurazione copre il danno*** die Versicherung deckt den Schaden **b** *(nascondere)* ***~ un complice, un crimine*** einen Komplizen, ein Verbrechen decken; ***~ la fuga di qcn.*** jds Flucht decken **c** *(nascondere alla vista)* verdecken: ***~ la vista a qcn.*** jdm die Sicht nehmen, verdecken **d** GIOC. *(negli scacchi)* ***tre pedoni coprono la regina*** drei Bauern decken die Königin **e** ALLEV. *(montare)* decken **4a** *(difendere)* decken, zu‿decken: ***~ le spalle a qcn.*** jdm den Rücken decken **b** MIL. ***~ le postazioni con il fuoco di artiglieria*** die Stellungen mit Artilleriefeuer zudecken; ***~ la ritirata*** den Rückzug decken **5** *(occupare, esercitare)* bekleiden, inne‿haben: ***~ una carica, un posto influente*** ein Amt, eine einflussreiche Stellung bekleiden, innehaben **6** *(rivestire)* verkleiden: ***~ di legno una parete*** eine Wand mit Holz verkleiden **7** FIG. *(ricoprire)* überziehen, überfliegen: ***un lieve rossore le coprì il viso*** eine leichte Röte überzog ihr Gesicht **8** *(avvolgere, ammantare)* umhüllen: ***la nebbia copre la città*** der Nebel umhüllt die Stadt **9** *(percorrere)* zurück‿legen: ***~ una distanza, un tratto*** eine Entfernung, eine Strecke zurücklegen **10** *(suoni, rumori)* übertönen: ***il coro coprì il solista*** der Chor übertönte den Solisten **II** pronom. **coprirsi 1** *(parti del corpo)* bedecken, sich bedecken: ***-rsi il viso con le mani*** (sich) das Gesicht mit den Händen bedecken; ***-rsi il capo*** (sich) den Kopf bedecken **2a** *(ricoprirsi)* sich bedecken, sich überziehen: ***il cielo si copre di nuvole*** der Himmel bedeckt (*o* überzieht) sich mit Wolken **b** FIG. ***-rsi di gloria*** sich mit Ruhm bedecken **3** SPORT sich decken: ***il pugile non si è coperto bene*** der Boxer hat sich nicht gut gedeckt **4** *(con vestiti)* sich ein‿packen: ***-rsi bene*** sich warm an‿ziehen, sich gut, warm einpacken ◆ ***-rsi di foglie*** sich belauben; ***-rsi di muffa*** verschimmeln; ***-rsi di muschio*** sich bemoosen; ***-rsi di neve*** verschneien, zu‿schneien; ***-rsi di ruggine*** verrosten; ***-rsi di umidità*** sich beschlagen; ***-rsi di verde*** sich begrünen.

co|pri|ruo|ta m.inv. Radkappe *f.* **co|pri|te|ie|ra** m.inv. Teehaube *f.*, Teewärmer *m.* **co|pri|tet|to** m.inv. Dachdecker *m.* **co|pri|to|re** m. ZOOL. Springer *m.* **co|pri|uo|va** m.inv. Eierwärmer *m.* **co|pri|vi|van|de** m.inv. Speiseglocke *f.*

co|pro|ces|so|re m. Coprozessor *m.*, Koprozessor *m.*

co|pro|dur|re tr. *(coproduco, coproduci)* koproduzieren. **co|pro|dut|to|re** m. Koproduzent *m.* **co|pro|du|zio|ne** f. Koproduktion *f.*, Gemeinschaftsproduktion *f.*: ***una ~ italo-francese*** eine italienisch-französische Koprodution.

co|pro|fa|gi|a f. Koprophagie *f.* **co|pro|fa|go I** agg. *(-gi,-ghe)* koprophag **II** m. *(-gi)* Koprophage *m.* **co|pro|fi|li|a** f. Koprophilie *f.* **co|pro|la|li|a** f. Koprolalie *f.* **co|pro|li|to** m. Koprolith *m.* **co|pro|lo|gi|a** f. Skatologie *f.*

co|pro|ma m. Koprom *n.*

co|pro|sta|si f. Stuhlverhaltung *f.*

cop|to I agg. koptisch **II** m. **1** Kopte *m.* **2** *(lingua)* Koptisch(e) *n.*

co|pu|la f. **1** → **copulazione 2** GRAMM. Kopula *f.*, Satzband *n.* **co|pu|la|re** ANT. **I** tr. **1** paaren, vereinigen **2** *(unire in matrimonio)* kopulieren **II** pronom. **copularsi** sich vereinigen. **co|pu|la|ti|vo** agg. GRAMM. kopulativ, verbindend: ***congiunzione -a*** kopulative Konjunktion. **co|pu|la|to|re** agg. Zeugungs-: ***organo ~*** Zeugungsorgan *n.* **co|pu|la|zio|ne** f. LETT. Beischlaf *m.*, Vereinigung *f.*, Kopulation *f.*

copy m.inv. COLLOQ. accorc. → **copywriter. copy|right** ['kɒpɪraɪt] m.inv. Copyright *n.* **copy|writer** ['ɒpɪraɪtə] m.inv. Texter *m.*, Werbetexter *m.*

co|que [kɔk], ***uovo alla ~*** weiches (*o* weich gekochtes) Ei *n.*; ***cuocere un uovo alla ~*** ein weiches Ei kochen.

co|ra|ci|de m. Racke *f.* **co|ra|coi|de** m. Rabenbein *n.*

co|rag|gio I m. **1** Mut *m.*: ***farsi, prendere, mostrare ~*** Mut bekommen, fassen, zeigen (*o* beweisen); ***avere il ~ di dire qcs.*** den Mut haben, etw. zu sagen; ***non ne hai il ~!*** dazu fehlt dir der Mut! ***trovare il ~ per, di fare qcs.*** den Mut auf‿bringen, etw. zu tun; ***fare, dare, infondere ~ a qcn.*** jdm Mut machen, geben, ein‿flößen (*o* zu‿sprechen); ***farsi ~ a vicenda*** sich (D) gegenseitig Mut machen; ***perdersi di, perdere ~*** den Mut verlieren **2** *(sfrontatezza)* Unverschämtheit *f.*, Frechheit *f.*, Mut *m.*: ***ha avuto il ~ di negare*** er hat die Unverschämtheit besessen, es abzustreiten; ***ci vuole un bel ~ a comportarsi così!*** man muss ganz schön unverschämt sein, um sich so zu benehmen! ***ha ancora il ~ di parlare!*** er wagt es tatsächlich noch (*o* er besitzt die Frechheit), den Mund aufzumachen! ***avresti anche il ~ di lamentarti!*** hast du sogar noch den Mut (*o* du bist auch noch so unverschämt), dich zu beklagen! ***con che ~ ti presenti dopo quello che è successo?*** nach allem, was passiert ist, wagst du es, hier aufzutauchen? **II** inter. **1** Kopf hoch, nur Mut, keine Angst: ***~, le cose si sistemeranno!*** Kopf hoch, es wird schon alles in Ordnung kommen! ***~, andrà tutto bene!*** keine Angst, es wird schon alles gut gehen! ***~, la vita continua!*** Kopf hoch, das Leben geht weiter! **2** *(avanti, forza)* los: ***~, andiamo!*** los, gehen wir! ***~, tocca a te!*** los, du bist dran! ◆ ***avere il ~ delle proprie azioni, opinioni*** den Mut haben, zu seinen Taten, seiner Meinung zu stehen; ***~ civile*** Zivilcourage *f.*; ***una buona dose di ~*** eine gute (*o* tüchtige) Portion Mut; ***~ da leoni*** Löwenmut *m.*; ***Madre Coraggio*** Mutter Courage; ***prendere il ~ a due mani*** = all seinen Mut zusammen‿nehmen; ***prova di ~*** Mutprobe *f.*; *(come minaccia)* ***provaci, se ne hai il ~!*** versuch's, wenn du dich traust! ***su, ~!*** nur Mut!

co|rag|gio|sa|men|te avv. mutig. **co|rag|gio|so** agg. mutig: ***un gesto ~*** eine mutige Tat; ***una persona -a*** ein mutiger (*o* tapfer) Mensch; ***una decisione -a*** eine mutige Entscheidung.

co|ra|le I agg. **1** Chor-, chorisch: ***musica, canto ~*** Chormusik *f.*, Chorgesang *m.* **2a** FIG. vielstimmig: ***un romanzo ~*** ein vielstimmiger Roman **b** SPORT ***un gioco, un'azione ~*** ein von allen getragenes Spiel, eine gemeinsame Aktion **3** FIG. einstimmig, einhellig: ***una protesta ~*** ein einstimmiger Protest **II** m. **1** MUS. Choral *m.*: ***i -i di Bach*** die Choräle von Bach **2** LIT. *(libro corale)* Choralbuch *n.* **III** f. Gesang(s)verein *m.*, Sängerbund *m.*; *(coro)* Chor *m.* ◆ LIT. ***libro ~*** Choralbuch *n.*; ***società ~*** Gesang(s)verein *m.*, Sängerbund *m.* **co|ra|li|tà** f. Chorcharakter *m.*, Vielstimmigkeit *f.*: ***la ~ dei "Malavoglia" di Verga*** die Vielstimmigkeit der „Malavoglia" von Verga.

co|ral|li|fe|ro agg. Korallen-, korallen. **co|ral|li|no** agg. **1** Korallen-: ***isola, barriera ~*** Koralleninsel *f.*, Korallenriff *n.*; ***banchi -i*** Korallenbänke **2** LETT. *(color corallo)* korallenfarben, korallen, korallenrot. **co|ral|lo** m. **1** Korallentier *n.*, Koralle *f.*: ***pescare -i*** Korallen fischen **2** *(sostanza)* Koralle *f.*: ***una collana di ~*** eine Kette aus Korallen, eine Korallenkette ◆ ***banco di -i*** Korallenbank *f.*; ***color ~*** korallenfarben, korallen; LETT. ***labbra di ~*** Korallenmund *m.*; ***pescatore di -i*** Korallenfischer *m.*; ***rosso ~*** Korallenrot *n.*; *(aggettivo)* korallenrot.

co|ral|men|te avv. im Chor, einstimmig.

co|ra|me m. (bearbeitetes) Leder *n.* **co|ra|mel|la** f. Abziehriemen *m.*, ANT. Streichriemen *m.*

co|ram po|pu|lo avv. coram publico.

co|ra|ni|co agg. *(-ci,-che)* koranisch, Koran-: ***la legge -a*** die Koranvorschriften. **Co|ra|no** m. Koran *m.*

co|ra|ta f. Geschling(e) *n.*: ***~ di vitello*** Kalbsgeschlinge *n.* **co|ra|tel|la** f. Geschling(e) *n.* (von Kleintieren).

co|raz|za f. **1** STOR. Panzer *m.*, Harnisch *m.* **2** SPORT Brustschutz *m.* **3** ZOOL. Panzer *m.* **4** *(di navi, mezzi corazzati)* Panzerung *f.* **5** FIG. *(difesa)* Selbstschutz *m.*, Abwehr *f.*; *(scorza)* Schale *f.*: ***il suo cinismo è solo una ~*** sein Zynismus ist nur Selbstschutz; ***dietro quella ~ si nasconde un cuore generoso*** unter dieser harten Schale verbirgt sich ein weiches Herz.

co|raz|za|re I tr. **1** panzern **2** FIG. *(proteggere)* ab‿schirmen **II** pronom. **corazzarsi** sich panzern, sich abschirmen: ***-rsi contro il mondo esterno*** sich gegen die Außenwelt panzern. **co|raz|za|ta** f. Panzerschiff *n.*, Panzerkreuzer *m.* ◆ ***la ~ Potemkin*** Panzerkreuzer Potemkin.

co|raz|za|to p.pass. agg. **1** → **corazzare 2** Panzer-, gepanzert: ***reparto ~*** Panzerabteilung *f.*; ***unità, divisioni, truppe -e*** Panzerverbände *pl.*, -divisionen *pl.*, -truppen *pl.*; ***mezzo ~*** Panzerfahrzeug *n.* **3** FIG. *(ben protetto, difeso)* gewappnet: ***essere ~ contro le avversità*** gegen Widrigkeiten gewappnet sein.

co|raz|zie|re m. **1** STOR. Kürassier *m.* **2** INTRAD. (Karabiniere aus der Ehrengarde des italienischen Staatspräsidenten).

cor|ba f. (großer) Korb *m.*

cor|beil|le [kor'bεj] f.inv. **1** *(di fiori)* Blumengesteck *n.* **2** *(recinto della grida)* Börsenring *m.*

cor|bel|la|re tr. **1** foppen, veralbern, verspotten **2** *(imbrogliare)* überlisten, hintergehen.

cor|bel|le|ri|a f. Dummheit *f.*, Unsinn *m.*, Unfug *m.*: ***dire, fare -e*** Dummheiten (*o* Unsinn, Unfug) reden, machen.

cor|bel|lo m. Korb *m.*

cor|bez|zo|li inter. potz Blitz! Donnerwetter!

cor|bez|zo|lo m. Erdbeerbaum *m.*

cor|co|ro m. Jute *f.*

cor|da f. **1a** Seil *n.*, Strang *m.*, Strick *m.*: ***annodare, tendere, tirare una ~*** ein Seil knoten, spannen, ziehen; ***la ~ si spezza, si rompe*** das Seil reißt; ***legare qcn. con una ~ a un albero*** jdn mit einem Seil (*o* Strick) an einen Baum binden; ***ballare, camminare sulla ~*** seil‿tanzen, auf dem Seil balancieren **b** *(più sottile)* Schnur *f.*, Leine *f.*: ***stendere il bucato su una ~*** die Wäsche auf eine Leine hängen **2** *(di strumenti, racchette da tennis)* Saite *f.*: ***le -e dell'arpa, del violino*** die Saiten der Harfe, Geige (*o* die Harfen-, Geigensaiten); ***cambiare una ~ alla chitarra, alla racchetta*** eine Gitarren-, Schlägersaite wechseln **3** *(dell'arco)* Bogensehne *f.*, Sehne *f.* (anche GEOM.): ***tendere la ~ (dell'arco)*** die Sehne spannen, straffen; ***tracciare una ~*** eine Sehne zeichnen **4** GINN. Klettertau *n.*, Kletterseil *n.*, Seil *n.*: ***arrampicarsi sulla ~*** am Seil klettern, hoch‿klettern **5** ALP. Kletterseil *n.*, Seil *n.* **6** BIOL. Chorda *f.* **7** *(degli orologi a muro)* Kette *f.* **8** pl. *(del ring)* Ringseile *pl.*, Seile *pl.* ◆ ***stringere, mettere qcn. alle -e*** SPORT jdn in die Seile drängen; FIG. jdn in die Enge treiben; ***essere (messo) alle -e*** in den Seilen hängen (anche FIG.); ***~ di budello*** Darmsaite *f.*; ***~ di canapa*** Hanfseil *n.*; FIG. ***mettere la ~ al collo a qcn.*** jdm die Schlinge um den Hals legen; ***avere la ~ al collo*** den Hals, Kopf in der Schlinge haben; ***dare ~ a qcn.*** jdn an der langen Leine führen; *(dare confidenza, ascoltare)* auf jdn ein‿gehen: ***non dargli troppa ~, se no non te ne liberi più!*** geh nicht zu sehr auf ihn ein, sonst wirst du ihn nicht mehr los! ALP. ***calarsi a ~ doppia*** sich ab‿seilen; ***~ dorsale*** Rückensaite *f.*, Chorda *f.*; ***essere giù di ~*** niedergeschlagen, geknickt sein; ***~ metallica*** Drahtseil *n.*; ***dare ~ all'orologio*** die Uhr auf‿ziehen; ***~ del, da sacco*** Sackschnur *f.*; ***~ per saltare*** Sprungseil *n.*; ***saltare la ~*** über das Seil springen, seil‿springen; ***salto della ~*** Seilspringen *n.*; ***scala di ~*** Strickleiter *f.*; ***scarpe di ~*** Bastschuhe *pl.*; ***strumento a ~*** Saiten-, Streichinstrument *n.*; FIG. ***essere, stare sulla ~*** = auf etw. (A) angespannt warten; ***tenere, lasciare, far ballare qcn. sulla ~*** jdn zappeln lassen, auf die Folter spannen; FIG. ***tagliare la ~*** sich ab‿seilen, die Flatter machen, sich aus dem Staub machen; ***essere teso come la ~ di un violino*** zum Zerreißen gespannt sein; FIG. ***tirare (tendere) troppo la ~*** den Bogen überspannen; ***non tirare troppo la ~!*** treib es nicht zum Äußersten! ***toccare una ~ sensibile*** eine empfindliche Seite berühren; *(punto dolente)* einen wunden Punkt berühren; ***toccare la ~ giusta con qcn.*** = bei jdm den richtigen Ton finden; ***toccare le -e del sentimento*** jds gefühlsmäßige Seite treffen; ***~ vocale*** Stimmband *n.*; PROV. ***non si parla di ~ in casa dell'impiccato*** im Hause des Gehängten spricht man nicht vom Strick; ***la ~ troppo tesa si spezza*** = man soll den Bogen nicht überspannen.

cor|da|io m. *(-ai)* Seiler *m.* **cor|da|me** m. **1** pl. Seilerwaren *pl.*: ***fabbrica di ~*** Seilfabrik *f.* **2** MAR. Tauwerk *n.*

cor|da|ta f. **1** Seilschaft *f.*: ***una ~ di alpinisti*** eine Seilschaft von Bergsteigern **2** ESTENS. ***una ~ di finanzieri tenta la scalata di un colosso della chimica*** eine Gruppe von Finanziers versucht die Übernahme (*o* das Take-over) eines Chemiekolosses ◆ ***andare in ~*** am Seil gehen; ***arrampicare in ~*** angeseilt klettern; ***essere in ~*** angeseilt sein; ***legarsi in ~*** sich an‿seilen; ***primo di ~*** Seilschaftsführer *m.*; ***salire in ~*** angeseilt auf‿steigen.

cor|da|ti pl. Chordaten *pl.*, Chordatiere *pl.*

cor|da|tri|ce f. Maschine *f.* zur Seilherstellung. **cor|da|tu|ra** f. Seilschlagen *n.* **cor|de|ri|a** f. Seilerei *f.*

1.cor|dia|le agg. **1** herzlich, warmherzig; *(amichevole)* freundlich: ***un viso ~*** ein freundliches Gesicht; ***parole -i*** herzliche Worte; ***avere modi -i*** eine herzliche Art haben; ***è un tipo molto ~*** er ist ein sehr warmherziger (*o* freundlicher) Mensch; ***essere ~ con qcn.*** zu jdm herzlich sein; ***una ~ amicizia*** eine herzliche Freundschaft **2** *(profondo)* tief: ***una ~ avversione*** eine tiefe Abneigung ◆ ***-i saluti*** mit herzlichen (*o* freundlichen) Grüßen.

2.cor|dia|le m. = stärkendes, stark alkoholisches Getränk *n.*

cor|dia|li|tà f.inv. **1** Herzlichkeit *f.*, Warmherzigkeit *f.*; Freundlichkeit *f.*: ***trattare qcn. con ~*** jdm mit Herzlichkeit begegnen **2** pl. *(saluti cordiali)* herzliche Grüße *pl.*: ***tante ~ alla Sua famiglia*** viele herzliche Grüße an Ihre Familie.

cor|dial|men|te avv. **1** herzlich, warmherzig; *(amichevolmente)* freundlich: ***trattare qcn. ~*** zu jdm herzlich sein **2** *(profondamente)* aus tiefstem Herzen, zutiefst: ***si detestano ~*** sie hassen sich aus

tiefstem Herzen; ***mi è ~ antipatico*** er ist mir zutiefst unsympathisch. **cor|dia|lo|ne** m. COLLOQ. = sehr freundlicher (*o* liebenswürdiger) Mensch *m.*
cor|di|cel|la f. Schnürchen *n.*, Schnur *f.*
cor|die|ra f. MUS. Saitenhalter *m.*
cor|di|glie|ra f. Kordillere *f.* ◆ ***la ~ delle Ande*** die Kordilleren, die Anden.
cor|di|glio m. *(-gli)* **1** LIT. Zingulum *n.* **2** *(del saio dei monaci)* Strickgürtel *m.*, Gürtelschnur *f.*
cor|di|lu|ri|di pl. Kotfliegen *pl.*
cor|di|no m. **1** Schnur *f.*: ***legare qcs. con un ~*** eine Schnur um etw. binden, etw. schnüren **2** ALP. Reepschnur *f.*
1.cor|di|te f. Kordit *m.*
2.cor|di|te f. MED. Stimmbandentzündung *f.*, Chorditis *f.*
cor|do|fo|no I m. Chordophon *n.* **II** agg. Saiten-.
cor|do|glio m. *(-gli)* Trauer *f.*: ***esprimere a qcn. il proprio ~*** jdm sein Beileid ausdrücken; ***partecipare al ~ di qcn.*** an jds Trauer Anteil nehmen.
cor|do|lo m. **1** *(della strada)* = feste Fahrbahnbegrenzung *f.* **2** EDIL. Betonring *m.* **3** *(degli argini)* Dammstufe *f.*
cor|do|na|re tr. **1** um‿randen, mit einer Absperrung um‿geben **2** TECN. rillen. **cor|do|na|ta** f. **1** Stufenrampe *f.* **2** *(di aiuola)* Beetumrandung *f.*, Beetrand *m.* **cor|do|na|to** p.pass. agg. **1** → **cordonare 2** gerippt, Ripp-: ***tessuto ~*** Rippstoff *m.* **cor|do|na|tu|ra** f. **1** Rille *f.* **2** Schnürverzierung *f.*
cor|don|ci|no m. Schnürchen *n.*, Schnur *f.*, Kordel *f.*
cor|do|ne m. **1** Schnur *f.*: ***il ~ della tenda, del campanello*** die Vorhang-, Klingelschnur **2** *(del saio)* Strickgürtel *m.*, Gürtelschnur *f.* **3** *(del marciapiede)* Randstein *m.*, Bordstein *m.* **4** *(dell'aiuola)* Beetumrandung *f.* **5** ARCH. Bordstein *m.* **6** FIG. *(di persone)* Kordon *m.*, Absperrkette *f.*, Kette *f.*, Sperrgürtel *m.*: ***formare un ~*** einen Kordon, eine Kette bilden; ***un ~ di poliziotti tratteneva la folla*** eine Kette von Polizisten hielt die Menge zurück **7** AGR. Schnurbaum *m.*, Kordon *m.* **8** ARALD. Kordon *m.* ◆ FIG. ***non allentare i -i della borsa*** den Daumen auf den Beutel halten; ***~ elettrico*** elektrisches Kabel, elektrischer Draht; ***~ litoraneo*** Nehrung *f.*; ***~ ombelicale*** Nabelschnur *f.*, Nabelstrang *m.*: ***tagliare il ~ ombelicale al neonato*** dem Neugeborenen die Nabelschnur durch‿trennen (*o* ab‿binden), das Neugeborene ab‿nabeln; FIG. ***tagliare il ~ ombelicale*** sich ab‿nabeln; ***~ di saldatura*** Schweißnaht *f.*; ***~ sanitario*** Cordon sanitaire *m.*; ***~ di sbarramento*** Sperrgürtel *m.*, Absperrkette *f.*
cor|do|net|to m. Kordonettseide *f.*, Zwirnseide *f.*
cor|do|va|no I agg. von, aus Cordoba **II** m. **1** Einwohner *m.* von Cordoba **2** *(cuoio)* Korduanleder *n.*
co|re m. LETT. o REGION. Herz *n.*
co|re|a, co|re|a f. Chorea *f.*, Veitstanz *m.*
Co|re|a n.pr.f. Korea *n.* ◆ ***guerra di ~*** Koreakrieg *m.*; ***~ del nord*** Nordkorea *n.*; ***stretto di ~*** Koreastraße *f.*; ***~ del sud*** Südkorea *n.* **co|re|a|no I** agg. koreanisch **II** m. **1** *(abitante)* Koreaner *m.* **2** *(lingua)* Koreanisch(e) *n.* ◆ ***colletto alla -a*** schmaler Stehkragen *m.*
co|re|go|ne, co|re|go|no m. Felchen *m.*, Renke *f.*, Renken *m.*: ***~ azzurro*** Blaufelchen *m.*, Rheinanke *f.*
co|rei|co agg. *(-ci,-che)* **1** LETT. tänzerisch, Tanz- **2** MED. veitstanzartig, Veitstanz-.
co|re|o|gra|fi|a f. **1** Choreographie *f.* **2** ESTENS. Zusammenspiel *n.*, Schauspiel *n.* **co|re|o|gra|fi|ca|men|te** avv. choreographisch. **co|re|o|gra|fi|co** agg. *(-ci,-che)* **1** choreographisch **2** ESTENS. *(fastoso, spettacolare)* prunkvoll, imposant, grandios: ***un grande spettacolo ~*** ein Ausstattungsstück. **co|re|o|gra|fo** m. Choreograph *m.*
co|ret|to m. Singkreis *m.*
co|reu|ta m. e f. *(-i,-e)* **1** STOR. Choreut *m.* **2** *(corista)* Chorsänger *m.* (-in *f.*). **co|reu|ti|ca** f. Tanzkunst *f.*
co|ria|ce|o agg. **1** ledern, led(e)rig, lederartig (anche ESTENS.): ***pelle -a*** lederne Haut **2** FIG. *(forte, resistente)* dickfellig.
co|riam|bo m. Choriambus *m.*
co|rian|do|lo m. **1** BOT. Koriander *m.* **2** pl. *(di carnevale)* Konfetti *n.*, AUSTR. Koriandoli *n.*
co|ri|ban|te m. Korybant *m.* **co|ri|ban|ti|co** agg. *(-ci,-che)* korybantisch.
co|ri|ca|re *(corico, corichi)* **I** tr. **1** nieder‿legen, legen, betten: ***~ qcn. (a letto)*** jdn ins Bett legen, jdn niederlegen; *(distendere sul letto)* jdn aufs Bett legen **2** ESTENS. *(mettere in orizzontale)* legen, hin‿legen **II** pronom. **coricarsi** sich hin‿legen, sich nieder‿legen; *(mettersi a letto)* sich ins Bett legen: ***-rsi sul divano*** sich auf das, dem Sofa niederlegen; ***vado a coricarmi*** ich gehe mich hinlegen. **co|ri|ca|to** p.pass. agg. **1** → **coricare 2** liegend.
co|ri|da|le m. e f. Lerchensporn *m.*
co|ri|fe|o m. **1** Koryphäe *m.* **2** FIG. *(capo)* = tonangebende, führende Gestalt *f.*, Persönlichkeit *f.*
co|rim|bo m. Doldentraube *f.*: ***~ composto*** Doldenrispe *f.*
co|rin|do|ne m. Korund *m.*
co|rin|zio I agg. *(-zi,-zie)* korinthisch: ***colonne -zie*** korinthische Säulen **II** m. *(-zi)* **1** Korinther *m.* **2** *(stile)* korinthischer Baustil *m.* ◆ ***lettere ai -zi*** Korintherbriefe *pl.*
co|rion m.inv. Chorion *n.*
co|ri|sta I m. e f. *(-i,-e)* **1** Chorsänger *m.* (-in *f.*), Chorist *m.* (-in *f.*) **2** *(direttore)* Chorleiter *m.* (-in *f.*), Kantor *m.* (-in *f.*) **II** m. *(diapason)* Stimmgabel *f.*, Diapason *m.* e *f.*
cor|mo m. Kormus *m.* **cor|mo|fi|ta** f. Sprosspflanze *f.*
cor|mo|ra|no m. Kormoran *m.*
cor|na → **corno.**
cor|nac|chia f. **1** Krähe *f.* **2a** FIG. *(pettegola)* Klatschbase *f.*: ***una vecchia ~*** eine alte Klatschbase **b** *(iettatore)* Unglücksrabe *f.*
cor|na|mu|sa f. Dudelsack *m.*, Dudelsackpfeife *f.*
cor|na|ta f. Hörnerstoß *m.* **cor|na|tu|ra** f. Gehörn *n.*; *(di cervi)* Geweih *n.*
cor|ne|a f. Hornhaut *f.*, Cornea *f.*: ***trapianto della ~*** Corneatransplantation *f.* **cor|ne|a|le** agg. Hornhaut- ◆ ***lenti -i*** Haftgläser *pl.*, Haftschalen *pl.* **cor|nei|fi|car|si** pronom. verhornen. **cor|nei|fi|ca|zio|ne** f. Verhornung *f.* **cor|ne|o** agg. hornig, hörnern, Horn-: ***tessuto ~*** horniges Gewebe; ***strato ~*** Hornschicht *f.*
cor|ner m.inv. Eckball *m.*, Eckstoß *m.*: ***battere un ~*** einen Eckball ausführen, schlagen; FIG. ***salvarsi in ~*** im letzten Moment die Kurve kriegen, mit einem blauen Auge davon‿kommen.
cor|net|ta f. **1** Kornett *n.* **2** *(suonatore)* Kornettbläser *m.* **3** REGION. *(ricevitore del telefono)* Hörer *m.* **cor|net|ti|sta** m. e f. *(-i,-e)* Kornettbläser *m.* (-in *f.*).
cor|net|to m. **1** Hörnchen *n.*, Amuletthörnchen *n.* **2** *(brioche a mezzaluna)* Hörnchen *n.* **3** STOR. Posthorn *n.* ◆ ***~ acustico*** Hörrohr *n.*
cor|ni|ce f. **1a** Rahmen *m.*, Einrahmung *f.*, Einfassung *f.*: ***~ per quadri*** Bilderrahmen; ***mettere un quadro nella, in ~*** ein Bild ein‿rahmen; ***togliere un quadro dalla ~*** ein Bild aus dem Rahmen nehmen **b** FIG. Rahmen *m.*, Umrahmung *f.*: ***fare da ~ a qcs.*** einen Rahmen für etw. ab‿geben; ***avere una ~ musicale*** musikalisch umrahmt sein; ***nella solenne, fastosa ~ di piazza S. Marco*** in dem prachtvollen Rahmen des Markusplatzes **c** LETT. ***la ~ delle "Mille e una notte"*** die Rahmenerzählung von „Tausendundeiner Nacht" **2** ARCH. ALP. Gesims *n.* ◆ ***legge ~*** Rahmengesetz *n.*; ***~ di neve*** Wechte *f.*, Schneewechte *f.*; ***~ di pubblico*** Zuschauerkulisse *f.*; ***racconto a ~*** Rahmennovelle *f.*; ***racconto (che fa da) ~*** Rahmenerzählung *f.* **cor|ni|cet|ta** f. Rähmchen *n.* **cor|ni|cia|io** m. *(-ai)* **1** Rahmenhersteller *m.* **2** *(venditore)* Rahmenverkäufer *m.* **cor|ni|ci|na** f. → **cornicetta. cor|ni|cio|ne** m. Kranzgesims *n.*, Gesims *n.*, Sims *n.* ◆ ***~ innevato*** Schneewechte *f.*
cor|ni|co I agg. *(-ci,-che)* kornisch **II** m. Kornisch(e) *n.*
cor|ni|fi|ca|re tr. *(cornifico, cornifichi)* SCHERZ. hörnen.
cor|nio|la f. **1** Kornelkirsche *f.*, Kornelle *f.* **2** MIN. Karneol *m.* **cor|nio|lo** m. Hartriegel *m.*, Kornelkirsche *f.*
cor|ni|sta m. e f. *(-i,-e)* Hornist *m.* (-in *f.*).
cor|no m. *(-i* m.pl. e *-a* f.pl.*)* **1a** (pl. *-a*) Horn *n.*: ***le -a del toro, del cervo*** die Hörner des Stiers, das Geweih des Hirsches **b** ESTENS. ***le -a della lumaca*** die Schneckenfühler (*o* Fühlhörner der Schnecke) **c** ***un bottone, un pettine di ~*** ein Knopf, ein Kamm aus Horn (*o* ein Hornknopf, ein Hornkamm) **d** *(oggetto a forma di corno;* pl. *-i)* Horn *n.*; *(amuleto)* Amulettnorn *n.* **2** MUS. Horn *n.*, Hifthorn *n.*: ***suonare il ~*** das Horn blasen; ***fare risuonare il ~*** das Horn ertönen lassen **3** COLLOQ. *(niente)* gar nichts: ***non capire un ~*** rein gar nichts, VOLG. einen Dreck davon verstehen; ***un ~!*** überhaupt nicht! ◆ ***~ dell'abbondanza*** Füllhorn *n.*; ***il Corno d'Africa*** das Horn von Afrika; ***~ da caccia*** Jagdhorn *n.*, Waldhorn *n.*; MUS. ***~ a chiavi*** Klappenhorn *n.*; ***dire (peste e) -a di qcn.*** kein gutes Haar an jdm lassen; ***~ dogale*** Dogenmütze *f.*; *(per scaramanzia)* ***fare le -a*** = dreimal auf Holz klopfen; *(tradire)* ***fare le -a alla moglie*** = die Ehefrau betrügen; ***fare le -a al marito*** dem Ehemann Hörner auf‿setzen; ***~ inglese*** Englischhorn *n.*; ***i -i della luna*** die Spitzen der Mondsichel; ***il ~ magico*** das Wunderhorn; ***mettere le -a a qcn.*** → ***fare le -a a qcn.***; ***~ di nebbia*** Nebelhorn *n.*; ***Corno d'Oro*** Goldenes Horn; ***~ del, da postiglione*** Posthorn *n.*; FIG. ***prendere il toro per le -a*** den Stier bei den Hörnern fassen, packen; ***rompere le -a a qcn.*** = jdn verprügeln; *(umiliare)* jdn demütigen; ***rompersi le -a*** sich den Kopf ein‿rennen; ***~ da scarpe*** Schuhlöffel *m.*; ***avere qcn. sulle -a*** jdn (bis oben hin) satt haben.
Cor|no|va|glia n.pr.f. Cornwall *n.*
cor|nu|co|pia f. Füllhorn *n.*

cor|nu|to I agg. 1 gehörnt, Horn-: ***animale ~*** Horntier *n.*, Hornvieh *n.* 2 FIG. *(tradito)* betrogen; *(per uomini)* gehörnt II m. Gehörnte *m.*; *(uomo tradito)* Hahnrei *m.*, Hirsch *m.*: ***fare ~ qcn.*** jdn zum Hahnrei machen.

co|ro m. 1a Chor *m.*: ***cantare in un ~*** in einem Chor singen; ***un'opera per ~ e orchestra*** ein Werk für Chor und Orchester; ***un adattamento per ~*** eine chorische Bearbeitung; ***il ~ nella tragedia antica*** der Chor in der antiken Tragödie b ESTENS. ***cantare in ~ una canzone*** ein Lied im Chor, gemeinsam singen; ***fare un ~*** gemeinsam singen; ***si levò un ~ di proteste*** ein Protestchor erhob sich; ***rispondere in ~*** im Chor antworten 2 *(di animali)* Chor *m.*, Konzert *n.* 3a ARCH. *(di teatro antico, di chiesa)* Chor *m.* b *(insieme degli stalli)* Chorgestühl *n.* ◆ ***-i angelici*** Engelschöre *pl.*; ***~ di voci bianche*** Knabenchor *m.*; ***~ femminile*** Frauenchor *m.*; ***maestro del ~*** Chorleiter *m.*; ***~ maschile*** Männerchor *m.*; ***stallo da ~*** Chorstuhl *m.*

co|ro|gra|fi|a f. Chorographie *f.* **co|ro|gra|fi|co** agg. *(-ci,-che)* chorographisch.

co|roi|de f. Aderhaut *f.*, Chorioidea *f.* **co|roi|de|o** agg. Ader-: ***plesso ~*** Adergeflecht *n.* **co|roi|di|te** f. Aderhautentzündung *f.*

co|rol|la f. Korolla *f.*, Korolle *f.*, Krone *f.* ◆ ***~ papilionacea*** Schmetterlingsblüte *f.*; ***~ tubulosa*** Röhrenblüte *f.*

co|rol|la|rio m. *(-ri)* 1 Korollar *n.*, Korollarium *n.* 2 ESTENS. *(aggiunta)* Zusatz *m.*: ***aggiungere un ~*** einen Zusatz hinzu‿fügen.

co|ro|na f. 1a Krone *f.*: ***una ~ a nove punte, tempestata di rubini*** eine neunzackige, mit Rubinen besetzte Krone; ***mettere, cingere la ~ a qcn.*** jdm die Krone auf‿setzen; ***portare una ~*** eine Krone tragen b ESTENS. *(regno)* ***aspirare alla, perdere, deporre la ~*** nach der Krone streben, die Krone verlieren, nieder‿legen c ESTENS. *(casa regnante)* ***la Corona inglese*** die englische Krone; ***essere al servizio della Corona*** im Dienst der Krone stehen 2 *(ghirlanda)* Kranz *m.*: ***intrecciare -e di fiori*** Blumenkränze winden; ***deporre una ~ (di fiori) sul, al monumento ai caduti*** einen Kranz am Gefallenendenkmal nieder‿legen 3 FIG. *(cerchio)* Kreis *m.*, Ring *m.*, Kranz *m.*: ***far ~ intorno a qcn., qcs.*** einen Kreis um jdn, etw. bilden; *(circondare)* jdn umringen; ***disporsi a ~*** sich im Kreis auf‿stellen; ***la ~ delle mura*** der Mauerring; ***una ~ di colli*** ein Hügelkranz 4 *(moneta)* Krone *f.*: ***~ svedese*** Schwedische Krone 5 ASTR. Hof *m.*, Aureole *f.* 6 MUS. Fermate *f.* ◆ ***~ d'alloro*** Lorbeerkranz *m.*; ***i beni della Corona*** die Krongüter; GEOM. ***~ circolare*** Kreisring *m.*; ***~ comitale*** Grafenkrone *f.*; MECC. ***dado a ~*** Kronenmutter *f.*; ***~ dentaria, del dente*** Zahnkrone *f.*; ***~ dentata*** Kronrad *n.*; ***discorso della Corona*** Thronrede *f.*; STOR. ***~ ferrea*** Eiserne Krone; ***~ funebre*** Totenkranz *m.*; ***gioielli della Corona*** Kronjuwelen *pl.*; ***~ imperiale*** Kaiserkrone *f.*; MECC. ***punta a ~*** Kronenbohrer *m.*; ***~ del rosario*** Rosenkranz *m.*; ***~ di spine*** Dornenkrone *f.*; ***tappo a ~*** Kronenkorken *m.*, Kronenverschluss *m.*; ***tesoro della Corona*** Kronschatz *m.*; ***~ della vittoria*** Siegeskranz *m.*

co|ro|na|men|to m. 1 FIG. Krönung *f.*, Vollendung *f.*: ***il ~ di una carriera artistica*** die Krönung einer künstlerischen Laufbahn 2 ARCH. Bekrönung *f.*, Krone *f.*: ***~ di un muro*** Mauerkrone *f.* 3 *(di nave)* Heckreling *f.*

co|ro|na|re tr. 1a krönen, bekrönen: ***~ d'alloro qcn.*** jdn mit Lorbeer bekrönen b *(circondare)* krönen, umgeben: ***la torre è coronata di merli*** der Turm ist von Zinnen gekrönt 3 FIG. *(realizzare)* verwirklichen: ***~ un sogno*** einen Traum verwirklichen.

co|ro|na|ria f. Koronargefäß *n.*, Kranzgefäß *n.*, Herzkranzgefäß *n.* **co|ro|na|ri|co** agg. *(-ci,-che)* koronar, Koronar-: ***insufficienza -a*** Koronarinsuffizienz *f.*; ***unità -a*** = Intensivstation für Herzerkrankungen. **co|ro|na|rio** agg. *(-ri,-rie)* Koronar-, Kranz-: ***arteria -a*** Koronararterie *f.*

co|ro|na|to p.pass. agg. 1 → **coronare** 2 gekrönt: ***una testa -a*** ein gekröntes Haupt ◆ ***~ dal successo*** erfolggekrönt.

co|ron|ci|na f. 1 *(piccola corona)* Krönchen *n.* 2 *(piccola ghirlanda)* Kränzchen *n.* 3 *(del rosario)* Rosenkranz *m.*

cor|pac|ciu|to agg. beleibt, korpulent, *(panciuto)* dickbäuchig: ***un uomo ~*** ein beleibter Mann.

cor|pet|to m. 1 → **corpino** 2 *(panciotto)* Weste *f.* 3 *(camiciola)* Leibchen *n.* **cor|pi|no** m. Mieder *n.*

cor|po m. 1 Körper *m.*, Leib *m.*: ***il ~ umano*** der menschliche Körper; ***il ~ e la mente*** der Körper und der Geist; ***un ~ atletico, sano, robusto*** ein athletischer, gesunder, kräftiger Körper; ***avere cura del, curare il proprio ~*** seinen Körper pflegen; ***avere un bel ~*** einen schönen Körper haben 2a *(oggetto)* Körper *m.*: ***~ contundente*** stumpfer Körper b CHIM. ***un ~ gassoso, organico, inorganico*** ein gasförmiger, organischer, anorganischer Körper c MAT. ***~ concavo, convesso*** konkaver, konvexer Körper 3 *(parte principale)* Hauptteil *m.* (anche FIG.): ***il ~ di un discorso*** der Hauptteil einer Rede 4 *(di strumenti a corda)* Korpus *n.*, Klangkörper *m.*: ***il ~ di un violino*** das Korpus einer Geige 5 *(unità militare)* Truppe *f.*: ***il ~ dei paracadutisti, degli alpini*** die Fallschirmtruppe, die Truppe der Alpenjäger; ***~ speciale*** Spezialtruppe *f.* 6 *(corpus)* Sammlung *f.*; LETT. Korpus *n.*: ***un ~ di leggi*** eine Gesetzessammlung 7 *(cadavere)* Leiche *f.*, Leichnam *m.*: ***seppellire i -i*** die Leichen begraben 8 *(tipografico)* Schriftgrad *m.*: ***il testo è in ~ minore, maggiore*** der Text ist in kleinem, großem Schriftgrad; ***essere stampato in ~ 9*** in Neunpunkteschrift gedruckt sein ◆ ***lottare ~ a ~*** Mann gegen Mann kämpfen; ***un (combattimento) ~ a ~*** Nahkampf *m.* (anche ESTENS.); ***andare di ~*** Stuhlgang haben; ***anima e ~*** mit Leib und Seele; ***~ d'armata*** Armeekorps *n.*; ***~ di Bacco!*** Donnerwetter! ***~ di ballo*** Balletttruppe *f.*, Corps de ballet *n.*; ANAT. ***~ calloso*** Balken *m.*; ***~ celeste*** Himmelskörper *m.*; LIT. ***il ~ di Cristo*** der Leib Christi (*o* des Herrn); ***dare ~ a qcs.*** etw. (D) Gestalt geben (*o* verleihen); ***avere il diavolo in ~*** den Teufel im Leib haben; ***~ diplomatico*** diplomatisches Korps; ***~ di un edificio*** Baukörper *m.*; ***~ elettorale*** Wählerschaft *f.*; ***~ estraneo*** Fremdkörper *m.*; ***~ di fabbrica*** Fabrikkörper *m.*; STOR. ***~ franco*** Freikorps *n.*; ***guardia del ~*** Leibwache *f.*; *(persona)* Leibwächter *m.*; ***~ di guardia*** Wachmannschaft *f.*; ***~ insegnante*** Lehrkörper *m.*; ***esercizio a ~ libero*** Freiübung *f.*; ***linguaggio del ~*** Körpersprache *f.*; ***~ luteo*** Gelbkörper *m.*; FOT. ***~ macchina*** Gehäuse *n.*; ***~ medico*** Ärzteschaft *f.*; COLLOQ. ***mettere qcs. in ~*** etw. zu sich nehmen; ***~ di mille balene, bombe!*** → ***~ di Bacco!*** RELIG. ***~ mistico (di Cristo)*** mystischer Leib Christi, Corpus Christi mysticum *n.*; MAR. ***~ morto*** Bajonanker *m.*; ***a ~ morto*** kopfüber (anche FIG.); ***~ della nave*** Schiffsrumpf *m.*, Schiffskörper *m.*; MAT. ***~ numerico*** Zahlenkörper *m.*, Körper *m.*; ***parte del ~*** Körperteil *m.*; FIG. ***passare sul ~ di qcn.*** über jds Leiche gehen; ***i piaceri del ~*** die fleischlichen Lüste; ***pittura a ~*** = Malerei mit pastosem Auftrag; ***prendere ~*** Gestalt an‿nehmen (*o* gewinnen); DIR. ***~ del reato*** Beweisstück *n.*, Corpus delicti *n.* (anche FIG.); ***~ di spedizione*** Korps *n.*; ***spirito di ~*** Korpsgeist *m.*; ***vendita a ~*** Verkauf *m.* in Bausch und Bogen; ***~ vitreo*** Glaskörper *m.*

1.cor|po|ra|le agg. leiblich, körperlich, Leibes-: ***bisogni -i*** leibliche Bedürfnisse; ***pena ~*** Körperstrafe *f.*, ANT. Leibesstrafe *f.*

2.cor|po|ra|le m. LIT. Korporale *n.*

cor|po|ra|li|tà f. Körperlichkeit *f.*, Leiblichkeit *f.*

cor|po|ra|ti|vi|smo m. Korporativismus *m.* **cor|po|ra|ti|vi|sti|co** agg. *(-ci,-che)* korporativ: ***dottrina -a*** korporative Lehre. **cor|po|ra|ti|vo** agg. korporativ, körperschaftlich: ***rivendicazioni -e*** körperschaftliche Forderungen.

cor|po|ra|tu|ra f. Körperbau *m.*: ***essere di ~ robusta, gracile*** einen kräftigen, zarten Körperbau haben.

cor|po|ra|zio|ne f. 1a STOR. Zunft *f.*: ***la ~ dei mercanti*** die Zunft der Händler; ***le -i medievali*** die mittelalterlichen Zünfte b ESTENS. SPREG. *(categoria privilegiata)* Zunft *f.*: ***la ~ dei medici, degli avvocati*** die Zunft der Ärzte, der Anwälte 2 *(durante il fascismo)* = staatliches Organ der faschistischen Periode 3 DIR. *(associazione)* Körperschaft *f.*

cor|po|rei|tà f. Körperlichkeit *f.* **cor|po|re|o** agg. 1 Körper-: ***peso ~*** Körpergewicht *n.*; ***temperatura -a*** Körpertemperatur *f.* 2 *(materiale)* körperhaft, körperlich: ***sostanze -e e incorporee*** körperhafte und körperlose Substanzen.

cor|po|si|tà f. Dichte *f.*, Körper *m.*: ***dare più ~ a un colore*** einer Farbe Körper geben; ***~ di un vino*** Körper eines Weins. **cor|po|so** agg. 1 satt, voll: ***tinte -e*** satte Farben 2 *(di vino)* körperreich, vollmundig.

cor|pu|len|to agg. 1 → **corpacciuto** 2 FIG. *(grossolano)* kräftig, stark: ***espressioni -e*** kräftige Ausdrücke. **cor|pu|len|za** f. Körperfülle *f.*, Korpulenz *f.*, Beleibtheit *f.*

cor|pus m.inv. 1 LING. Korpus *n.* 2 *(raccolta)* Sammlung *f.*: ***un ~ di opere latine*** eine Sammlung lateinischer Werke; ***un ~ di leggi*** eine Gesetzessammlung.

cor|pu|sco|la|re agg. korpuskular, Korpuskular-: FIS. ***teoria ~*** Korpuskulartheorie *f.* **cor|pu|sco|lo** m. 1 Körperchen *n.* 2 FIS. Korpuskel *n.* e *f.*

Cor|pus Do|mi|ni m. Fronleichnam *m.* ◆ ***festa del ~*** Fronleichnamsfest *n.*; ***processione del ~*** Fronleichnamsprozession *f.*

cor|ra|di|ca|le agg. LING. mit gleicher Wurzel, mit gleichem Ursprung.

Cor|ra|di|no n.pr.m. Konradin *m.*: ***~ di Svevia*** Konradin von Schwaben. **Cor|ra|do** n.pr.m. Konrad *m.*

cor|ra|sio|ne f. Korrasion *f.*

cor|re|da|re tr. aus‿statten, versehen: ***~ di libri una biblioteca*** eine Bibliothek mit Büchern ausstatten; ***~ una domanda dei documenti necessari*** die Bewerbung mit den notwendigen Unterlagen versehen. **cor|re|da|to** p.pass. agg. 1 → **corredare** 2 versehen: ***un***

testo ~ di note ein mit Anmerkungen versehener Text. **cor|re|di|no** m. Babyausstattung *f.*, Säuglingsausstattung *f.*: *fare, preparare il ~* die Babyausstattung besorgen, zusammen‿stellen.

cor|re|do m. **1** *(della sposa)* Aussteuer *f.*: *fare, preparare il ~ a qcn.* jdm die Aussteuer besorgen, zusammen‿stellen; ESTENS. jdn aus‿steuern **2** *(attrezzatura)* Ausstattung *f.*, Ausrüstung *f.*: *un ~ di utensili da lavoro* eine Ausstattung von Werkzeugen **3** FIG. *(bagaglio)* Schatz *m.*, Fundus *m.*, Apparat *m.*: *un vasto ~ di cognizioni scientifiche* ein umfassender Schatz an wissenschaftlichen Kenntnissen; *un ampio ~ di note* ein umfassender Anmerkungsapparat ◆ BIOL. *~ cromosomico* Chromosomensatz *m.*; *~ funebre* Leichenausstattung *f.*; *~ del, per il neonato* Babyausstattung *f.*, Säuglingsausstattung *f.*; *~ nuziale* Aussteuer *f.*, Brautausstattung *f.*

cor|reg|ge|re *(correggo, correggi; corressi; corretto)* **I** tr. **1a** korrigieren, verbessern, berichtigen: *~ un tema, un errore* einen Aufsatz, einen Fehler verbessern; *~ la pronuncia di qcn.* jds Aussprache korrigieren **b** *(attenuare)* korrigieren, berichtigen: *~ un difetto fisico, un difetto della vista* einen Haltungsschaden, einen Sehfehler korrigieren **2** *(modificare)* korrigieren, ändern: *~ la rotta* den Kurs korrigieren; *~ le proprie abitudini alimentari* seine Ernährungsgewohnheiten ändern **3** *(redarguire)* zurecht‿weisen: *~ qcn. per, a causa di qcs.* jdn wegen etw. zurechtweisen **4** *(aggiungere)* bei‿geben, bei‿mischen: *~ il caffè con la grappa* dem Kaffee etwas Schnaps beigeben **II** pronom. **correggersi 1** sich verbessern, sich korrigieren: *...mi correggo* ...ich verbessere mich **2** *(migliorarsi)* sich bessern: *cercare di -rsi* sich zu bessern versuchen ◆ *~ bozze* Korrektur (*o* Korrekturfahnen) lesen; *correggetemi se sbaglio* korrigieren Sie mich, wenn ich etwas Falsches sage; *~ il tiro* sich ein‿schießen; FIG. seine Absichten präzisieren.

cor|reg|gia f. *(-ge)* Riemen *m.*

cor|re|gio|na|le I agg. aus derselben Region, aus demselben Gebiet **II** m. e f. Landsmann *m.* (-männin *f.*).

cor|rei|tà f. Mitschuld *f.*

cor|re|la|re tr. in eine Korrelation bringen: *~ due proposizioni* zwei Sätze miteinander (*o* zueinander) in Korrelation bringen. **cor|re|la|ti|vo** agg. korrelativ, wechselseitig ◆ GRAMM. *aggettivo, avverbio, pronome ~* Korrelat *n.* **cor|re|la|to** p.pass. agg. **1** → **correlare 2** korrelativ, wechselseitig: *due fenomeni -i* zwei wechselseitige Phänomene ◆ *essere ~ a qcs.* mit etw. korrelieren. **cor|re|la|to|re** m. Korreferent *m.* **cor|re|la|zio|ne** f. Korrelation *f.*, Wechselbeziehung *f.*: *la ~ tra domanda e offerta* die Korrelation zwischen Nachfrage und Angebot; *le due proposte sono in stretta ~ tra loro* die zwei Vorschläge stehen in enger Wechselbeziehung miteinander (*o* zueinander); *mettere qcs. in ~ con qcs.* etw. in Korrelation mit (*o* zu) etw. bringen.

cor|re|li|gio|na|rio I agg. *(-ri,-rie)* glaubensgemeinschaftlich, derselben Religion angehörend **II** m. *(-ri)* Glaubensgenosse *m.*

1.cor|ren|te agg. **1** fließend: *acqua ~ calda e fredda* fließendes warmes und kaltes Wasser **2** *(in corso)* laufend: *anno, mese ~* laufendes Jahr, laufender Monat **3** *(in uso)* gültig, im Umlauf: *denaro, moneta ~* im Umlauf befindliches Geld, gültige Währung **4** *(consueto)* geläufig, üblich, gewöhnlich: *un'espressione ~* geläufiger Ausdruck; *prezzi -i* handelsübliche Preise ◆ *essere al ~ di qcs.* über etw. auf dem Laufenden sein (*o* bleiben); *tenere qcn., tenersi al ~ di qcn.* jdn, sich über etw. auf dem Laufenden halten; *mettere qcn. al ~ di qcs.* jdn über etw. unterrichten, jdn von etw. in Kenntnis setzen; *conto ~ bancario* Bankkonto *n.*; *conto ~ (postale)* Postgirokonto *n.*; *directory ~* laufendes Verzeichnis *n.* (*o* Directory *n.*); *in modo ~* fließend, flüssig; FIG. *prendere qcs. per moneta ~* etw. für bare Münze nehmen; *opinione ~* landläufige Meinung.

2.cor|ren|te f. **1a** Strömung *f.*, Strom *m.*: *una ~ impetuosa* eine reißende Strömung; *la ~ del fiume* die Strömung des Flusses; *risalire la ~ (a nuoto)* stromaufwärts schwimmen; *la ~ ci porta al largo* der Strom treibt uns auf das offene Meer **b** EL. Strom *m.*: *~ elettrica* elektrischer Strom; *attaccare, staccare la ~* den Strom ein‿schalten, aus‿schalten; *è andata via la ~, manca la ~* der Strom ist ausgefallen; *la ~ è tornata* es fließt wieder Strom **2** *(d'aria)* Luftzug *m.*, Zug *m.*: *essere in (mezzo alla) ~* im Zug stehen; *c'è ~* es zieht **3** FIG. *(movimento, tendenza)* Strömung *f.*, Richtung *f.*: *una ~ letteraria, artistica* eine literarische Strömung, eine Kunstrichtung; *rappresentare una ~ politica* eine politische Richtung vertreten **4** FIG. *(ala di partito)* Flügel *m.*: *un partito con varie -i* eine Partei mit verschiedenen Flügeln ◆ *~ alternata* Wechselstrom *m.*; *~ d'aria* Luftzug *m.*; *~ atmosferica* Luftstrom *m.*; *~ bifase* Zweiphasenstrom *m.*; *consumo di ~* Stromverbrauch *m.*; *~ continua* Gleichstrom *m.*; *contro ~* gegen die Strömung (*o* den Strom), flussauf(wärts); *andare contro ~* gegen, wider den Strom schwimmen (anche FIG.); *convertitore di ~* Stromrichter *m.*; *generatore di ~* Stromerzeuger *m.*; *~ del golfo* Golfstrom *m.*; *interruttore di ~* Stromunterbrecher *m.*; *~ di lava* Lavastrom *m.*; *mancanza di ~* Stromausfall *m.*; *~ marina* Meeresströmung *f.*; *~ migratoria* Migrationsbewegung *f.*; *~ monofase* Einphasenstrom *m.*; *~ di pensiero* Denkrichtung *f.*; *presa di ~* Steckdose *f.*; *secondo la ~* stromab(wärts), flussab(wärts); FIG. *seguire la ~* mit dem Strom schwimmen; *~ ad alta, bassa tensione* Starkstrom *m.*, Schwachstrom *m.*; *~ di traffico* Verkehrsfluss *m.*; *farsi trascinare dalla ~* sich vom Strom mit‿reißen lassen.

3.cor|ren|te m. EDIL. ARCH. Gurt *m.*

cor|ren|te|men|te avv. **1** allgemein, durchgängig **2** *(speditamente)* fließend, geläufig: *parlare ~ l'inglese* fließend Englisch sprechen.

cor|ren|ti|sta m. e f. *(-i,-e)* Kontoinhaber *m.* (-in *f.*), Girokontoinhaber *m.* (-in *f.*); *~ postale* Postscheckkunde *m.* (-kundin *f.*).

cor|re|o m. Mitschuldige *m.*: *chiamata di ~* Anklage als Mitschuldiger.

cor|re|re *(corsi, corso)* **I** intr. **1** (aus. *essere, avere*) laufen, rennen; *ha corso per l'intero tratto* er ist die ganze Strecke gerannt; *sono corso alla stazione* ich bin zum Bahnhof gelaufen; *~ avanti e indietro* hin und her laufen; *il campione del mondo corre in quarta corsia* der Weltmeister läuft auf Bahn vier **2** *(con veicoli;* aus. *essere, avere)* (schnell) fahren: *~ a, ai duecento all'ora* zweihundert Kilometer in der Stunde fahren **3** SPORT *(gareggiare nella corsa;* aus. *avere)* starten: *~ per una squadra, per l'Italia* für eine Mannschaft, für Italien starten **4** *(affrettarsi, precipitarsi;* aus. *essere)* laufen, eilen, sich beeilen: *~ da qcn., a casa* zu jdm, nach Hause laufen (*o* eilen); *~ alla fermata dell'autobus* zur Autobushaltestelle laufen; *~ a fare qcs.* sich beeilen, etw. zu tun; *sono corso a chiamarlo* ich bin gelaufen, um ihn zu holen; *(accorrere) ~ in aiuto di qcn.* jdm zu Hilfe eilen **5** *(prolungarsi, estendersi)* (ver)laufen, zu‿laufen, entlang‿laufen: *la strada corre lungo il fiume* die Straße verläuft längs des Flusses; *il balcone corre lungo la casa* der Balkon läuft am Haus entlang; *le linee corrono parallele* die Linien verlaufen parallel **6** FIG. *(percorrere;* aus. *essere)* laufen: *un brivido mi corse lungo la schiena* es lief mir eiskalt über den Rücken; *un mormorio corse tra la folla* ein Raunen ging durch die Menge **7** *(scorrere, fluire;* aus. *essere)* fließen: *il sangue corre nelle vene* das Blut fließt durch die Adern **8** *(intercorrere)* auseinander sein: *tra i due fratelli corrono due anni* die Geschwister sind zwei Jahre auseinander **9** *(dirigersi con moto repentino) ~ a qcs.* nach etw. (D) greifen: *la mano gli corse subito alla pistola* er griff sofort nach seiner Pistole **II** tr. SPORT **1** laufen: *~ i 100 m (in dieci secondi)* die 100 m (in zehn Sekunden) laufen **2** *(disputare)* teil‿nehmen: *~ la maratona* am Marathonlauf teilnehmen ◆ *correva l'anno...* es war im Jahr...; *~ in bicicletta* Radsport treiben; *~ di bocca in bocca* von Mund zu Mund gehen; *~ la cavallina* in Saus und Braus leben; *ce ne corre!* das ist ein (großer) Unterschied! *~ alle conclusioni* voreilige Schlüsse ziehen; *~ dietro a qcn.* jdm nach‿laufen, hinterher‿laufen; FIG. *~ dietro a una donna* hinter einer Frau her‿sein; *~ come il fulmine* wie der Blitz rennen; *~ fuori* hinaus‿laufen; *~ al galoppo* im Galopp laufen; *~ incontro a qcn.* jdm entgegen‿laufen, auf jdn zu‿laufen; *lasciar ~* laufen lassen; *~ come una lepre* wie ein Wiesel rennen; *mettersi a ~* zu laufen beginnen; ANT. *~ il mondo* in der Welt herum‿kommen (*o* umher‿reisen); ANT. *mi corre l'obbligo...* ich fühle mich verpflichtet...; *~ a perdifiato* beim Laufen außer Atem kommen; *non ~ (alcun) pericolo* nicht gefährdet sein; *~ ai ripari* Abhilfe schaffen; *~ un rischio* ein Risiko ein‿gehen; *~ il rischio di...* Gefahr laufen, zu...; *tra due persone non corre buon sangue* zwei Personen haben keinen guten Draht zueinander; *senza ~* langsam; *con i tempi che corrono!* in der heutigen Zeit; *il tempo corre* die Zeit vergeht schnell; *~ come il vento* wie ein Wirbelwind laufen; *~ via* fort‿laufen, weg‿laufen, davon‿laufen; *corre voce, corrono voci che...* es geht das Gerücht um, dass... (*o* es heißt, dass...).

cor|re|spon|sa|bi|le agg. mitverantwortlich: *essere ~ di qcs.* für etw. mitverantwortlich sein. **cor|re|spon|sa|bi|li|tà** f. Mitverantwortlichkeit *f.*, Mitverantwortung *f.*: *avere la ~ di qcs.* die Mitverantwortung für etw. tragen.

cor|re|spon|sio|ne f. **1** *(versamento)* Entrichtung *f.*, Auszahlung *f.*: *la ~ dello stipendio* die Entrichtung des Gehalts **2** *(di affetti)* Erwiderung *f.*

cor|res|si → **correggere.**

cor|ret|ta|men|te avv. **1** korrekt, richtig: *rispondere ~* korrekt antworten; *pronunciare ~ una parola* ein Wort korrekt aus‿sprechen; *scrivere ~* richtig schreiben **2** korrekt, korrekterweise: *comportarsi ~ con qcn.* sich jdm gegenüber korrekt verhalten.

cor|ret|tez|za f. **1** Korrektheit *f.*, Anständigkeit *f.*: *~ nei confronti di*

qcn. Korrektheit jdm gegenüber; ***~ di modi*** korrektes Benehmen; ***dimostrare grande ~*** sich als sehr korrekt erweisen **2** *(linguistica)* Sprachrichtigkeit *f.*; ***esprimersi con ~*** sich sprachrichtig (*o* sprachlich korrekt) aus‿drücken **3** SPORT *(osservanza delle regole)* Fairness *f.* ◆ ***mancanza di ~*** Unkorrektheit *f.*

cor|ret|ti|vo **I** agg. korrigierend, verbessernd: ***intervento ~*** korrigierender Eingriff; ***misura -a*** korrigierende Maßnahme **II** m. **1** Korrektiv *n.*: ***cercare un ~ a qcs.*** ein Korrektiv gegen etw. suchen; ***essere, costituire un ~*** als Korrektiv wirken **2** FARM. Korrigens *n.* ◆ ***ginnastica -a*** Ausgleichsgymnastik *f.*

cor|ret|to p.pass. agg. **1** → **correggere** **2** *(privo di errori, esatto)* korrekt, richtig: ***la pronuncia -a di un termine*** die richtige Aussprache eines Wortes; ***in (un) inglese ~*** in korrektem Englisch; ***una traduzione -a*** eine richtige Übersetzung **3a** *(ineccepibile)* korrekt, fair: ***comportamento ~, modi -i*** korrektes Benehmen; ***politicamente ~*** politisch korrekt **b** SPORT fair: ***uno scontro, un giocatore ~*** ein fairer Wettkampf, Spieler ◆ ***caffè ~*** Kaffee mit Schuss. **cor|ret|to|re** m. **1** *(di bozze)* Korrektor *m.* **2** *(liquido)* Korrekturflüssigkeit *f.*; *(penna)* Korrekturstift *m.* **3** COSMET. Korrekturstift *m.* ◆ ***~ di bozze*** Korrektor *m.* **cor|re|zio|na|le** **I** agg. Besserungs- **II** m. Besserungsanstalt *f.*

cor|re|zio|ne f. **1a** Verbesserung *f.*, Berichtigung *f.*, Korrektur *f.*: ***la ~ dei compiti*** die Verbesserung der Schulaufgaben **b** *(segno)* Korrektur *f.*: ***una pagina piena di -i*** eine Seite voller Korrekturen **2** *(rettifica)* Änderung *f.*, Korrektur *f.*: ***apportare alcune -i in, a qcs.*** einige Änderungen in, an etw. vornehmen **3** *(della vista)* Ausgleich *m.* ◆ ***~ di bozze*** Fahnenkorrektur *f.*, Korrektur *f.*: ***fare la ~ delle bozze*** Korrektur lesen; ***casa di ~*** Besserungsanstalt *f.*; FOT. ACUST. ***~ della distorsione*** Entzerrung *f.*; DIR. ***mezzo di ~*** Zuchtmittel *n.*; ***~ di rotta*** Kurskorrektur *f.* (anche FIG.); ***segno di ~*** Korrekturzeichen *n.*

cor|ri|da f. Stierkampf *m.*, Corrida *f.*

cor|ri|do|io m. *(-oi)* **1** Flur *m.*, Gang *m.*, Korridor *m.*: ***in ~*** auf dem, im Flur; ***attraversare il ~*** durch den Flur gehen **2** *(striscia di territorio)* Korridor *m.* **3** *(in un vagone)* Gang *m.* **4** SPORT *(nel campo da tennis)* Korridor *m.* **5** AER. Schneise *f.*: ***~ di decollo, di atterraggio*** Ausflug-, Einflugschneise *f.* ◆ ***~ aereo*** Luftkorridor *m.*; STOR. ***~ autostradale*** Transitstraße *f.*; STOR. ***~ di Danzica, polacco*** Danziger Korridor; ***voci di ~*** = Gerüchte *pl.*

cor|ri|do|re m. **1** Läufer *m.* **2** *(in auto, moto, bicicletta)* Rennfahrer *m.* ◆ ***cavallo ~*** Rennpferd *n.*, Renner *m.*; ***uccello ~*** Laufvogel *m.*

cor|rie|ra f. **1** Überlandbus *m.* **2** *(diligenza)* Postkutsche *f.*, Postwagen *m.*

cor|rie|re m. **1a** STOR. Kurier *m.*, Bote *m.*: ***~ diplomatico*** diplomatischer Kurier **b** *(trasportatore, ditta trasportatrice)* Kurier *m.*: ***spedire qcs. con, tramite ~*** etw. mit, durch Kurier senden, schicken **2** BUROCR. Post *f.* ◆ ***~ espresso*** Eilbote *m.*; ***servizio di ~*** Kurierdienst *m.*; ***a volta di ~*** postwendend.

cor|ri|ma|no m. Handlauf *m.*: ***tenersi al ~*** sich am Handlauf fest‿halten.

cor|ri|spet|ti|vo **I** agg. entsprechend, korrespektiv **II** m. Gegenleistung *f.*; *(compenso)* Vergütung *f.*: ***dare un ~ in denaro a qcn.*** jdm eine Vergütung zahlen.

cor|ri|spon|den|te **I** agg. **1** entsprechend, korrespondierend: ***il termine tedesco ~ all'inglese "love" è "Liebe"*** „Liebe" ist das entsprechende deutsche Wort für den englischen Ausdruck „love" **2** ***socio ~*** korrespondierendes Mitglied **3** *(commisurato)* angemessen: ***una ricompensa ~ alle attese*** eine den Erwartungen angemessene Bezahlung **II** m. e f. **1** Briefpartner *m.* (-in *f.*) **2** GIORN. Korrespondent *m.* (-in *f.*), Berichterstatter *m.* (-in *f.*): ***il nostro ~ a Mosca*** unser Korrespondent in Moskau; ***~ di guerra, al fronte*** Kriegsberichterstatter *m.* (*o* Kriegskorrespondent *m.*); ***~ all'estero*** Auslandskorrespondent *m.*

cor|ri|spon|den|za f. **1** *(concordanza)* Entsprechung *f.*, Übereinstimmung *f.*: ***tra le tue parole e i fatti non c'è (alcuna) ~*** zwischen deinen Worten und Taten besteht keine Übereinstimmung **2** *(epistolare)* Korrespondenz *f.*, Briefwechsel *m.*: ***essere, entrare in ~ con qcn.*** mit jdm in Korrespondenz stehen, treten; COMM. ***sbrigare (evadere), inoltrare la ~*** die Korrespondenz erledigen, weiter‿leiten **3** *(reciprocità di affetti)* Erwiderung *f.*; ***trovare ~*** erwidert werden **4** GIORN. Korrespondentenbericht *m.*: ***una ~ da Tokyo*** ein Korrespondentenbericht aus Tokyo **5** MAT. Abbildung *f.*: ***~ biunivoca*** eineindeutige Abbildung ◆ ***~ commerciale*** Handelskorrespondenz *f.*; ***corso per ~*** Fernkurs *m.*; ***in ~ di qcs.*** an etw. (D): ***l'edicola si trova in ~ dell'incrocio*** der Zeitungskiosk befindet sich an der Kreuzung; ***~ inevasa*** Briefschuld *f.*; ***~ privata*** Privatkorrespondenz *f.*; ***scuola per ~*** Fernstudium *n.*; ***ufficio di ~*** Korrespondenzbüro *n.*; ***vendita per ~*** Versandhandel *m.*, Versandgeschäft *n.*; ***voto per ~*** Briefwahl *f.*

cor|ri|spon|de|re *(corrispondo, corrispondi; corrisposi; corrisposto)* **I** intr. (aus. *avere*) **1a** überein‿stimmen, entsprechen, gleichen, korrespondieren: ***la copia corrisponde all'originale*** die Kopie stimmt mit dem Original überein; ***~ a verità, al vero*** der Wahrheit entsprechen; ***~ alle nostre aspettative, esigenze*** unsere Erwartungen erfüllen, unseren Anforderungen genügen (*o* unseren Erwartungen, Anforderungen entsprechen); ***le nostre opinioni corrispondono nei punti più importanti*** unsere Meinungen korrespondieren in den wichtigsten Punkten **b** passen, treffen: ***la descrizione corrisponde a lui*** die Beschreibung passt auf ihn, trifft auf ihn (zu) **2** *(per lettera)* korrespondieren: ***~ con qcn. in francese*** mit jdm auf, in Französisch korrespondieren **3** *(ricambiare)* erwidern: ***~ all'amore di qcn.*** jds Liebe erwidern, jdn wieder‿lieben **II** tr. **1** aus‿schütten, aus‿(be)zahlen, gewähren: ***~ un importo, un onorario, gli utili, gli alimenti*** einen Betrag, ein Honorar ausbezahlen, den Gewinn ausschütten, Unterhalt gewähren **2** *(ricambiare)* erwidern: ***il suo amore non era corrisposto*** seine Liebe wurde nicht erwidert.

cor|ri|spo|si → **corrispondere.**

cor|ri|spo|sto p.pass. agg. **1** → **corrispondere** **2** erwidert: ***un amore (non) ~*** eine (nicht) erwiderte Liebe **3** *(pagato)* bezahlt.

cor|ri|vi|tà f. **1** *(avventatezza)* Voreiligkeit *f.*, Leichtfertigkeit *f.* **2** *(condiscendenza)* Gefälligkeit *f.*, (übertriebenes) Entgegenkommen *n.*

cor|ri|vo agg. **1** *(avventato)* voreilig, leichtfertig **2** *(condiscendente)* gefällig, (übertrieben) entgegenkommend.

cor|ro|bo|ran|te **I** agg. stärkend, kräftigend: ***un esercizio ~*** eine kräftigende Übung; ***una bevanda ~*** ein stärkendes Getränk **II** m. Stärkungsmittel *n.*, Tonikum *n.* **cor|ro|bo|ra|re** **I** tr. **1** stärken, kräftigen **2** FIG. *(confermare)* bekräftigen, erhärten: ***~ una tesi con nuove argomentazioni*** eine These durch neue Argumente erhärten **II** pronom. **corroborarsi** sich stärken, sich kräftigen, sich erfrischen.

cor|ro|de|re *(corrosi; corroso)* **I** tr. **1a** zerfressen, korrodieren: ***la ruggine corrode il ferro*** der Rost zerfrisst das Eisen (*o* der Rost nagt, frisst am Eisen) **b** *(di acidi)* ätzen, verätzen, beizen **2** FIG. zerfressen: ***la gelosia lo corrode*** die Eifersucht zerfrisst ihn **II** pronom. **corrodersi** korrodieren, in Korrosion übergehen; *(di acidi)* sich zersetzen.

cor|rom|pe|re *(corruppi; corrotto)* **I** tr. **1a** *(guastare)* verderben; *(contaminare)* verseuchen: ***~ gli alimenti, l'aria*** Nahrungsmittel verderben, die Luft verseuchen **b** *(moralmente)* verderben, korrumpieren: ***~ la gioventù*** die Jugend verderben; ***non farsi ~*** sich nicht korrumpieren lassen **2** *(con denaro)* bestechen: ***~ un testimone, un funzionario*** einen Zeugen, einen Beamten bestechen **II** pronom. **corrompersi** **1** *(putrefarsi)* sich zersetzen **2** verderben. **cor|rom|pi|men|to** m. ANT. Verderbtheit *f.*, Verseuchung *f.*

cor|ro|si → **corrodere.**

cor|ro|sio|ne f. Zersetzung *f.*, Korrosion *f.*; *(con acidi)* Ätzung *f.*, Verätzung *f.*, Beizen *n.*: ***essere soggetto a ~*** der Korrosion ausgesetzt sein ◆ ***resistente alla ~*** korrosionsbeständig, korrosionsfest; ***resistenza alla ~*** Korrosionsbeständigkeit *f.*; ***~ da ruggine*** Rostfraß *m.*; ***subire la ~ del tempo*** dem Zahn der Zeit anheim‿fallen. **cor|ro|si|vi|tà** f. Ätzkraft *f.*, Korrosions-, Zersetzungskraft *f.*

cor|ro|si|vo **I** agg. **1a** korrosiv, zersetzend, Korrosions-: ***azione -a*** korrosive Wirkung **b** *(di acidi)* ätzend, beizend, Ätz-: ***acido ~*** ätzende Säure **2** FIG. ätzend, beißend, scharf: ***ironia -a*** beißende Ironie **II** m. Korrosionsmittel *n.*, Ätzmittel *n.*, Beizmittel *n.*

cor|ro|so p.pass. agg. **1** → **corrodere** **2** zerfressen, verätzt: ***~ dall'acido, dalla ruggine*** durch Säure verätzt, von Rost zerfressen.

cor|rot|to p.pass. agg. **1** → **corrompere** **2** korrumpiert, korrupt: ***un politico ~*** ein korrupter Politiker **3** ***un passo ~*** eine verdorbene Textstelle.

cor|ruc|cia|re *(corruccio, corrucci)* **I** tr. ärgern, verdrießen **II** pronom. **corrucciarsi** sich ärgern, zornig werden: ***il suo sguardo si corrucciò improvvisamente*** sein Blick verfinsterte sich plötzlich; ***a quelle parole si corrucciò*** bei diesen Worten wurde er ärgerlich (*o* zornig). **cor|ruc|cia|to** p.pass. agg. **1** → **corrucciare** **2** ärgerlich, verdrießlich; ***uno sguardo ~*** ein finsterer Blick; ***un volto ~*** ein verdrießliches Gesicht. **cor|ruc|cio** m. *(-ci)* Verdruss *m.*, Missmut *m.*, Ärger *m.*

cor|ru|ga|men|to m. **1** Runzeln *n.* **2** GEOL. Faltung *f.*, Faltenbildung *f.* **cor|ru|ga|re** *(corrugo, corrughi)* **I** tr. runzeln: ***~ la fronte*** die Stirn runzeln, in Falten ziehen (*o* legen) **II** pronom. **corrugarsi** **1** sich runzeln **2** GEOL. sich falten. **cor|ru|ga|to** p.pass. agg. **1** → **corrugare** **2** runz(e)lig, gerunzelt: ***fronte -a*** gerunzelte Stirn.

cor|rup|pi → **corrompere.**

cor|ru|sco agg. *(-schi,-sche)* LETT. funkelnd, leuchtend.

cor|rut|te|la f. Verderbtheit *f.* **cor|rut|ti|bi|le** agg. **1** *(deperibile)* verderblich, verweslich: **merce ~** verderbliche Ware; **materia ~** verwesliche Materie **2** FIG. bestechlich, käuflich, LETT. feil: **un funzionario ~** ein bestechlicher Beamter. **cor|rut|ti|bi|li|tà** f. **1** *(deperibilità)* Verderblichkeit *f.*, Verweslichkeit *f.* **2** *(di persona)* Bestechlichkeit *f.*, Käuflichkeit *f.* **cor|rut|ti|vo** agg. **1** verderbend **2** *(che corrompe con denaro)* bestechend.

cor|rut|to|re I agg. → **corruttivo II** m. **1** Verderber *m.* **2** *(con denaro)* Bestecher *m.* **3** *(seduttore)* Verführer *m.*

cor|ru|zio|ne f. **1** *(decomposizione)* Verwesung *f.*, Zersetzung *f.*: **la ~ della carne** die Verwesung des Fleisches **2a** *(depravazione)* Verdorbenheit *f.*, Entsittlichung *f.* **b** *(seduzione)* Verführung *f.*: **~ di minorenni** Verführung Minderjähriger **3** *(con denaro)* Bestechung *f.*, Korruption *f.*: **~ attiva, passiva** aktive, passive Bestechung; **accusare qcn. di ~** jdn der Korruption beschuldigen; **condannare qcn. per ~** jdn wegen Korruption verurteilen **4** FIG. *(di una lingua)* Entartung *f.* ◆ **~ morale, dei costumi** Sittenverderbnis *f.*; **~ di pubblico ufficiale** Beamtenbestechung *f.*

cor|sa f. **1a** Lauf *m.*, Laufen *n.*: **fare una ~** laufen *(o* rennen); **andare di ~** (schnell) laufen; **andare via di ~** (schnell) weg‿laufen; **venire di ~** angelaufen, angerannt kommen; **fare due chilometri di ~** zwei Kilometer laufen; **una ~ di chilometri e chilometri** ein kilometerweiter Lauf; **essere sfinito per la ~** vom Laufen erschöpft sein **b** FIG. **essere di ~** in Eile sein, es eilig haben; **fare le cose di ~** alles in Eile *(o* eilig) machen; **fare una ~ dal fornaio** kurz zum Bäcker laufen; **essere in ~ per qcs.** im Wettstreit um etw. sein, um etw. konkurrieren **2** ESTENS. *(di veicoli, di mezzi pubblici)* Fahrt *f.*: **in ~** während der Fahrt; **pagare la ~ del taxi** die Taxifahrt bezahlen; **perdere l'ultima ~ (del treno)** den letzten Zug versäumen; **quand'è la prossima ~ (dell'autobus)?** wann fährt der nächste Bus? **3a** SPORT Rennen *n.*, Wettrennen *n.*: **disputare una ~** einen Wettkampf aus‿tragen; **partecipare a una ~ ciclistica** an einem Radrennen teil‿nehmen; **andare alle -e (dei cavalli)** zum Pferderennen gehen **b** *(a piedi)* Lauf *m.*, Wettlauf *m.* **4** MECC. Hub *m.* ◆ **~ agli armamenti** Rüstungswettlauf *m.*; **partecipare alla ~ agli armamenti** am Wettrüsten teil‿nehmen; **~ automobilistica** Autorennen *n.*; **~ campestre** Geländelauf *m.*, Querfeldeinlauf *m.*; **~ di, dei cani** Hunderennen *n.*; **~ di, dei cavalli** Pferderennen *n.*; **~ ciclistica** Radrennen *n.*; **~ a cronometro** Zeitrennen *n.*, Zeitfahren *n.*; **automobile, bicicletta da ~** Rennwagen *m.*, Rennrad *n.*; **~ al galoppo** Galopprennen *n.*; **gara di ~** Wettlauf *m.*; **~ a ostacoli** Hindernislauf *m.*; EQUIT. Hindernisrennen *n.*; **a passo di ~** im Laufschritt; **~ su pista** Bahnrennen *n.*; **~ di resistenza** Dauerlauf *m.*; **~ nei sacchi** Sackhüpfen *n.*; **~ a staffetta** Staffellauf *m.*; **~ su strada** Straßenrennen *n.*; **~ a tappe** Etappenrennen *n.*; FIG. **una ~ contro il tempo** ein Wettlauf mit der Zeit; **~ al trotto** Trabrennen *n.*

cor|sa|let|to m. Korselett *n.*: **portare un ~** ein Korselett tragen.

cor|sa|ro I m. Korsar *m.*, Freibeuter *m.*: **il Corsaro nero** der Schwarze Korsar **II** agg. Kaper-: **nave -a** Kaperschiff *n.* **cor|seg|gia|re** tr. kapern.

cor|set|te|ri|a f. Miederwaren *pl.*; **(fabbrica di) ~** Miederwarenfabrik *f.*; **(negozio di) ~** Miederwarengeschäft *n.*

cor|set|to m. **1** Korsett *n.*, Mieder *n.*, Schnürmieder *n.*: **portare un ~** ein Korsett tragen; **stringersi in un ~** sich in ein Korsett zwängen, sich ein‿schnüren **2** MED. Korsett *n.*, Stützkorsett *n.*

cor|si → **correre.**

cor|si|a f. **1a** *(della carreggiata)* Fahrspur *f.*, Fahrbahn *f.*, Bahn *f.*: **spostarsi sulla, immettersi nella ~ di destra** sich rechts ein‿ordnen; **cambiare ~** die Fahrspur wechseln **b** SPORT *(di pista, piscina)* Bahn *f.*: **correre sulla, in ~ 4** auf Bahn 4 laufen **2** *(negli ospedali)* Krankensaal *m.* **3** *(passaggio)* Gang *m.*, Mittelgang *m.* ◆ **a una ~, a due, a tre -e** einspurig, zweispurig (zweibahnig), dreispurig (dreibahnig); **cambio di ~** Spurwechsel *m.*; **~ di canalizzazione** Richtungsfahrbahn *f.*; **~ di emergenza** Seitenstreifen *m.*, Standspur *f.*; **~ interna** Innenbahn *f.*; **~ per veicoli lenti** Kriechspur *f.*; **~ con obbligo di svolta** Abbiegespur *f.*; **~ opposta** Gegenfahrbahn *f.*; **invadere la ~ opposta** auf die Gegenfahrbahn geraten; **~ per svoltare a sinistra** Linksabbiegerspur *f.*; **~ di sorpasso** Überholspur *f.*

Cor|si|ca n.pr.f. Korsika *n.*

cor|sie|ro m. LETT. Ross *n.*

cor|si|sta m. e f. *(-i,-e)* Kursteilnehmer *m.* (-in *f.*).

cor|si|vi|sta m. e f. *(-i,-e)* Kommentator *m.* (-in *f.*).

cor|si|vo I agg. kursiv: **stampare in ~** kursiv *(o* in Kursivschrift) drucken **II** m. **1** *(scrittura)* Schreibschrift *f.*, Schrägschrift *f.* **2** TIP. Kursive *f.*, Kursivdruck *m.*, Kursivschrift *f.* **3** GIORN. Kommentar *m.*

1.cor|so m. **1** Lauf *m.*: **il ~ dell'Adige** der Lauf der Etsch; **il ~ superiore, inferiore del fiume** der obere, untere Flusslauf; **il ~ superiore, inferiore del Reno** der Ober-, Unterlauf des Rheins; **seguire il ~ del torrente** dem Lauf des Baches folgen **2** *(andamento, svolgimento)* Lauf *m.*, Gang *m.*, Kurs *m.*: **il ~ degli eventi** der Gang der Ereignisse; **nel ~ dell'anno, dei secoli, della vita, della discussione** im Lauf(e) des Jahres, der Jahrhunderte, des Lebens, des Gesprächs; **fare il proprio ~** seinen Lauf nehmen; **seguire il proprio ~** seinen Gang gehen; POL. *(indirizzo)* **prendere, seguire un nuovo ~ (politico)** einen neuen (politischen) Kurs ein‿schlagen, steuern *(o* segeln); BUROCR. **il ~ regolare di una pratica** der reguläre Aktenlauf **3** *(decorso)* Verlauf *m.*, Ablauf *m.*: **il ~ di una malattia** der Verlauf einer Krankheit **4a** SCOL. Kurs(us) *m.*, Lehrgang *m.*: **un ~ per principianti, avanzato** ein Kurs für Anfänger, für Fortgeschrittene; **un ~ di danza, di cucina, di lingua, di nuoto** ein Tanz-, Koch-, Sprach-, Schwimmkurs; **un ~ di tedesco** ein Deutschkurs; **un ~ di tre mesi** ein dreimonatiger Kurs; **tenere, frequentare un ~** einen Kurs ab‿halten, besuchen; **iscriversi a un ~** einen Kurs belegen, sich in einen Kurs ein‿schreiben; **partecipare a un ~** an einem Kurs teil‿nehmen **b** UNIV. Kurs *m.*, Vorlesung *f.*, Kolleg *n.*: **un ~ sull'illuminismo** eine Vorlesung über die Aufklärung **5** ECON. Kurs *m.*: **il ~ del dollaro** der Dollarkurs **6** STRAD. *(via)* Hauptstraße *f.*, Prachtstraße *f.*; *(viale alberato)* Allee *f.* **7** *(sfilata)* Zug *m.*, Umzug *m.*, Korso *m.*: **un ~ mascherato** ein Maskenumzug **8** ASTR. Bahn *f.*, Laufbahn *f.*: **il ~ degli astri** die Laufbahn *(o* der Lauf) der Gestirne **9** MED. ANT. Kreislauf *m.*: **il ~ del sangue** der Blutkreislauf ◆ **~ d'acqua** Wasserlauf *m.*; ECON. **andamento dei -i** Kursentwicklung *f.*; **~ azionario** Aktienkurs *m.*; **~ dei cambi** Wechselkurs *m.*, Umrechnungskurs *m.*, Devisenkurs *m.*; ECON. **~ di chiusura** Schlusskurs *m.*; ECON. **~ a contanti** Kassakurs *m.*; **~ per corrispondenza** Fernkurs *m.*; **dare ~ a un'istanza, a una causa di divorzio** einem Gesuch, einer Scheidungsklage statt‿geben; **dare a qcs. il suo giusto ~** etw. in die richtige Bahn lenken; **dare libero ~ a qcs.** etw. (D) freien Lauf lassen; SCOL. **~ elementare** Grundkurs *m.*; ECON. **~ di emissione** Emissionskurs *m.*; SCOL. **~ estivo** Sommerkurs *m.*, Ferienkurs *m.*; ECON. **~ fisso** fester Kurs; ECON. **flessione dei -i** Kursrückgang *m.*; ECON. **fluttuazione dei -i** Kursschwankung *f.*; **~ di formazione** Ausbildungslehrgang *m.*, Schulungskurs *m.*; ECON. **~ forzoso** Zwangskurs *m.*; ECON. **mettere una moneta fuori ~** Geld außer Kurs setzen; UNIV. **studente fuori ~** Langzeitstudent *m.*; **in ~** im Gang(e): **l'indagine è ancora in ~** die Untersuchung ist noch im Gange; *(corrente)* laufend: **l'anno in ~** das laufende Jahr; TIP. **essere in ~ di stampa** in Druck sein; ECON. **mettere una moneta in ~** Geld in Kurs *(o* Umlauf) setzen; **~ inferiore** GEOGR. *(di fiume)* Unterlauf *m.*, unterer Lauf; SCOL. Grundstufe *f.*; **~ intensivo** Intensivkurs *m.*; **~ introduttivo** Einführungskurs *m.*; **lavori in ~** Baustelle *f.*; ECON. **~ legale** gesetzlicher Kurs; **capitano di lungo ~** Kapitän auf großer Fahrt **~ dell'oro** Goldkurs *m.*; ECON. **~ alla pari** Parikurs *m.*; **~ di perfezionamento** Fortbildungskurs *m.*; **~ propedeutico** Vorbereitungskurs *m.*; **~ semestrale** Halbjahreskurs *m.*; **~ serale** Abendkurs *m.*; **~ di sopravvivenza** Überlebenstraining *n.*; **~ di sostegno** Stützkurs *m.*, Nachhilfekurs *m.*; **~ di studi** Studiengang *m.*: **intraprendere un ~ di studi** ein Studium aufnehmen; **~ superiore** GEOGR. *(di fiume)* Oberlauf *m.*, oberer Lauf; SCOL. Oberstufe *f.*; **~ universitario** Universitätskurs(us) *m.*; ECON. **valore di ~** Kurswert *m.*; ECON. **~ variabile** schwankender Kurs; ECON. **variazione del ~** Kursänderung *f.*

2.cor|so I agg. korsisch **II** m. Korse *m.*

3.cor|so → **correre.**

cor|so|io I agg. RAR. laufend, gleitend **II** m. *(-oi)* TECN. Führungsschlitten *m.*, Schieber *m.*; **calibro a ~** Schieb-, Schublehre *f.*; EL. **reostato a ~** Schiebwiderstand *m.*

cor|te f. **1a** Hof *m.*: **la ~ del re** der Königshof; **alla ~ di Carlo Magno** am Hofe Karls des Großen; **~ di re Artù** der Hof Königs Artus; **frequentare la ~** am Hof verkehren; **essere introdotto a ~** bei Hofe eingeführt werden **b** *(corteggiamento)* FIG. **fare la ~ a qcn.** jdm den Hof machen **c** ANT. *(cortile)* Hof *m.* **2** DIR. Gericht *n.*: **la ~ si ritira (per deliberare)** das Gericht zieht sich (zur Beratung) zurück; **entra la ~** das Gericht erscheint; **signori della ~!** Hohes Gericht! **oltraggio alla ~** Ungebühr *f.* vor Gericht ◆ **~ amministrativa** Verwaltungsgericht *n.*; **~ d'appello** Berufungsgericht *n.*, RFT Oberlandesgericht *n.*; **~ d'arbitrato** Schiedsgerichtshof *m.*; **~ d'assise** Schwurgerichtshof *m.*, AUSTR. Geschworenengericht *n.*; **ballo di ~** Hofball *m.*; **buffone di ~** Hofnarr *m.*; **carica a, di ~** Hofamt *n.*; **~ di cassazione** Kassationshof *m.*, Revisionsgericht *n.*; **consigliere di ~** Hofrat *m.*; **~ dei conti** Rechnungshof *m.*; **~ costituzionale** Verfassungsgericht *n.*; RFT **~ costituzionale federale** Bundesverfassungsgericht *n.*; **dama di ~** Hofdame *f.*; **~ federale** Bundesgerichtshof *m.*; **funzionario di ~** Hofbeamte *m.*; **~ di giustizia** Gerichtshof *m.*; *alta ~ di giustizia* hoher Gerichtshof; *~ imperiale* kaiserlicher Hof; *~ marziale* Standgericht *n.*, Kriegsgericht *n.*: *mandare qcn. davanti alla ~ marziale* jdn vor das Kriegsgericht bringen, stellen; *nobiltà di ~* Hofadel *m.*; *~ d'onore* Ehrengericht *n.*; *poeta di ~* Hofdichter *m.*; *presidente della ~* Gerichtspräsident *m.*; *~ principesca* Fürstenhof *m.*; *servizio a ~* Hofdienst *m.*; *~ suprema* oberster Gerichtshof; *teatro di ~* Hoftheater *n.*

cor|tec|cia f. *(-ce)* **1a** BOT. Rinde *f.*: *la ~ dell'albero* die Baumrinde; *togliere la ~ a un tronco* die Rinde von einem Stamm ab‿schälen; *incidere il proprio nome nella ~* seinen Namen in die Rinde ritzen; *~ di china* Chinarinde *f.* **b** FIG. äußere Erscheinung *f.*, Schale *f.*: *sotto una ~ ruvida si nasconde un cuore d'oro* = in einer rauen Schale steckt oft ein weicher Kern **2** ANAT. Rinde *f.*, Kortex *m.*: *~ cerebrale* Hirn-, Gehirnrinde *f.*; *~ surrenale* Nebennierenrinde *f.*

cor|teg|gia|men|to m. **1** Umwerben *n.*, Werbung *f.*, Hof *m.* **2** ZOOL. Balz *f.* **cor|teg|gia|re** tr. *(corteggio, corteggi)* **1** umwerben (anche ESTENS.) **2** ZOOL. balzen. **cor|teg|gia|to|re** m. Verehrer *m.*: *ha un nuovo ~* sie hat einen neuen Verehrer.

cor|te|o m. **1** Umzug *m.*, Zug *m.*: *un ~ di dimostranti, di maschere* ein Demonstrantenzug, Maskenumzug; *~ di carnevale* Karnevals-, Faschingszug *m.*; *la testa, la coda di un ~* der Kopf, der Schwanz eines Zuges; *aprire (o guidare), chiudere, formare un ~* einen Zug an‿führen, beenden, bilden; *il ~ passa in questa strada* der Zug führt durch diese Straße **2** *(fila)* Kolonne *f.*: *un ~ di auto* eine Wagenkolonne *f.* ◆ *~ funebre* Trauerzug *m.*, Trauergeleit *n.*, Leichenzug *m.*; *~ nuziale* Hochzeitszug *m.*; *~ trionfale* Triumphzug *m.*

cor|te|se agg. **1** höflich, gefällig: *una risposta ~* eine höfliche Antwort; *parlare a qcn. con tono ~* in höflichem Ton mit jdm reden; *mostrarsi ~ nei confronti di qcn.* sich jdm gegenüber zuvorkommend zeigen; *essere ~ con qcn.* sich höflich gegen jdn (*o* jdm gegenüber) benehmen **2** LETT. höfisch: *poesia, epica ~* höfische Dichtung, Epik ◆ *amor ~* Minne *f.*; COMM. *alla ~ attenzione del sig. Ferri* zu Händen Herrn Ferri. **cor|te|se|men|te** avv. höflich.

cor|te|si|a f. **1** Höflichkeit *f.*, Gefälligkeit *f.*: *con grande ~* in aller Höflichkeit; *riempire qcn. di -e* jdm Gefälligkeiten erweisen; *scambiarsi -e* Höflichkeiten aus‿tauschen; *fare qcs. per pura ~* etw. aus reiner Gefälligkeit tun **2** *(atto di gentilezza)* Güte *f.*: *mi farebbe la ~ di aiutarmi?* wären Sie so nett (*o* freundlich), mir zu helfen? **3** *(piacere)* Gefallen *m.*: *fammi la ~ di stare zitto!* tu mir den Gefallen und sei still! ◆ *atto di ~* Höflichkeitsbezeigung *f.*; *forma di ~* Höflichkeitsform *f.*; *formula di ~* Höflichkeitsformel *f.*; *attenda, per ~!* warten Sie bitte! *fare qcs. per ~* etw. aus Höflichkeit tun; *visita di ~* Anstandsbesuch *m.*, Höflichkeitsbesuch *m.*; *fare a qcn. una visita di ~* jdm einen Anstandsbesuch ab‿statten.

cor|ti|ca|le agg. kortikal. **cor|ti|co|ste|roi|de** m. Kortikosteroid *n.* **cor|ti|co|ste|ro|ne** m. Kortikosteron *n.* **cor|ti|co|sur|re|na|le** agg. *ghiandola ~* Nebennierenrinde *f.*

cor|ti|gia|na f. **1** Hofdame *f.* **2** FIG. *(prostituta)* Kurtisane *f.* **cor|ti|gia|ne|ri|a** f. **1** Höflingsmanier *f.* **2** ESTENS. Heuchelei *f.*, Scheinheiligkeit *f.* **cor|ti|gia|ne|sco** agg. *(-schi,-sche)* schranzenhaft, schmeichlerisch, schleimig. **cor|ti|gia|no I** agg. höfisch, Hof- **II** m. **1** Höfling *m.* **2** SPREG. Schleimer *m.*

cor|ti|le m. Hof *m.*: *giocare in ~* auf dem, im Hof spielen; *l'alloggio dà sul ~* die Wohnung geht auf den Hof; *una finestra sul ~* ein Fenster zum Hof ◆ *animali da ~* Kleinvieh *n.*; *~ esterno* Außenhof *m.*; *~ interno* Innenhof *m.*, Hinterhof *m.*; *~ a lucernario* Lichthof *m.*, Lichtschacht *m.*

cor|ti|na f. **1** Vorhang *m.*: *la ~ del letto* der Bettvorhang **2** *(di nebbia, fumo)* Schleier *m.* (anche FIG.), Schwaden *m.*, Wand *f.*: *~ di nebbia, di fumo* Nebelschleier *m.*, Rauchschwaden *m.*; *una ~ di nubi* eine Wolkenwand; FIG. *sollevare la ~ di mistero* den Schleier des Geheimnisses lüften ◆ MIL. *~ fumogena* Einneb(e)lung *f.*; STOR. *la ~ di ferro, di bambù* der Eiserne Vorhang, der Bambusvorhang. **cor|ti|nag|gio** m. *(-gi)* Bettvorhänge *m.pl.*, Baldachin *m.*

cor|ti|so|ne m. Kortison *n.* **cor|ti|so|ni|co** agg. *(-ci,-che)* Kortison-.

cor|to I agg. **1** kurz: *maniche, gonne -e* kurze Ärmel, Röcke; *avere i capelli -i* kurzes Haar haben; *(breve) qual è la strada più -a?* was ist der kürzeste Weg? *il giorno più ~ dell'anno* der kürzeste Tag des Jahres **2** FIG. *(scarso)* knapp, gering **II** m. COLLOQ. *(corto circuito)* Kurze *m.*, Kurzschluss *m.*: *andare in ~* einen Kurzen haben ◆ *essere a ~ (di denaro)* knapp (bei Kasse) sein, (um Geld) verlegen sein, sich in einer Geldverlegenheit befinden; *essere a ~ di qcs.* mit etw. knapp sein; *alle -e* → *falla -a!*; *andare per le -e* sich kurz fassen; *tagliare, tenere i capelli -i* die Haare kurz schneiden, tragen; *essere ~ di cervello* = beschränkt sein; *il cappotto le è diventato troppo ~* der Mantel ist ihr zu kurz geraten; *falla -a!* mach's kurz; *per farla -a* kurz und gut, um es kurz zu machen; *essere ai ferri -i con qcn.* mit jdm über(s) Kreuz sein, stehen; *avere il fiato ~* einen kurzen Atem haben, kurz atmen; *avere la memoria -a* ein kurzes Gedächtnis haben; *onde -e* Kurzwellen *pl.*; *a onde -e* kurzwellig; *si porta di nuovo il ~* man trägt wieder kurz; *settimana -a* Kurzwoche *f.*; COLLOQ. *taglia ~!* mach's kurz! *tagliar ~ con qcn., qcs.* mit jdm, etw. kurzen Prozess machen; *tenere qcn. a ~ (di denaro)* jdn kurz halten; *~ di udito* schwerhörig; *~ di vista* kurzsichtig.

cor|to|cir|cui|ta|re tr. *(cortocircuito)* kurz‿schließen. **cor|to|cir|cui|to** m. Kurzschluss *m.* (anche FIG.): *provocare un ~* einen Kurzschluss verursachen, hervor‿rufen; *andare in ~* einen Kurzschluss haben, bekommen.

cor|to|me|trag|gio m. *(-gi)* Kurzfilm *m.*

cor|vè, cor|vée f.inv. **1** STOR. Fron *f.*, Fronarbeit *f.*, Frondienst *m.* **2** MIL. Sonderkommando *n.*: *essere di ~* zu einem Sonderkommando abgestellt sein **3** SCHERZ. *(duro lavoro)* Fron *f.*

1.cor|vet|ta f. EQUIT. Kurbette *f.*

2.cor|vet|ta f. MAR. Korvette *f.*: *capitano di ~* Korvettenkapitän *m.*

cor|vi|de m. Rabenvogel *m.*

cor|vi|no agg. **1** RAR. Raben- **2** *(nero)* rabenschwarz, kohlrabenschwarz: *capelli -i* rabenschwarzes Haar.

cor|vo m. **1** Rabe *m.*: *nero come un ~* schwarz wie ein Rabe, rabenschwarz **2** FIG. *(iettatore)* Unke *f.* **3** MAR. STOR. Enterhaken *m.* ◆ *~ comune* Saatkrähe *f.*; *~ del malaugurio* Schwarzseher *m.*, Unke *f.*; *fare il ~ del malaugurio* unken.

co|sa I f. **1a** Ding *n.*: *-e reali, astratte, visibili* wirkliche, abstrakte, sichtbare Dinge; *vedere le -e in modo positivo* die Dinge positiv sehen; *prendere le -e come vengono* die Dinge nehmen, wie sie sind; *dimentica facilmente le -e* er vergisst (Dinge) leicht; *non sono -e che mi riguardano* das sind Dinge, die mich nichts an‿gehen **b** etwas; *(con negazione)* nichts: *queste non sono -e da bambini, sono -e da grandi* das ist nichts für Kinder, das ist etwas für Erwachsene; *sono -e da principianti* das ist etwas für Anfänger **c** *~ nuova, saggia* Neuheit *f.*, Weisheit *f.*; *la ~ principale* die Hauptsache **d** *interessarsi alle -e della politica, dell'economia* sich für Politik, Wirtschaft interessieren **2a** *(oggetto materiale)* Sache *f.*, Ding *n.*: *raccogliere le proprie -e* seine Sachen zusammen‿packen, zusammen‿suchen; *spargere le proprie -e per tutta la casa* seine Sachen im ganzen Haus verstreuen; *cos'è quella ~ lì per terra?* was ist das da auf dem Boden? **b** *(cibo)* Sache *f.*: *ci sono tante -e buone al buffet* es gibt so viele leckere Sachen am Buffet; *mangiare sempre le stesse -e* immer das gleiche essen **3** *(opera)* Sache *f.*, Werk *n.*: *ha scritto -e molto interessanti* er hat viele interessante Sachen geschrieben; *le -e più belle di Chagall* die schönsten Werke von Chagall **4** *(con valore pleonastico; spesso non tradotto) questa salsa è una ~ deliziosa* diese Sauce ist köstlich (*o* etwas Köstliches); *quello che dici è una ~ molto grave, interessante* was du da sagst, ist schlimm, interessant **5a** *(faccenda)* Sache *f.*, Angelegenheit *f.*: *questa è una ~ seria* das ist eine ernste Sache; *mi occuperò io della ~* ich werde mich um die Sache kümmern **b** pl. Dinge *pl.*, Sache *f.*; *(situazione)* Lage *f.*: *le -e si complicano* die Lage wird komplizierter; *vorrei sapere come stanno veramente le -e* ich möchte wissen, wie die Dinge wirklich stehen; *aggiustare, mettere a posto le -e* die Sache wieder in Ordnung bringen **6a** *(evento, fatto)* Ding *n.*, Sache *f.*: *qui succedono -e strane* hier passieren merkwürdige Dinge; *le -e sono andate così* die Sache ist so gelaufen, hat sich so abgespielt; *stanno per accadere grandi -e* es wird viel passieren, geschehen **b** *(argomento, soggetto) stiamo parlando di due -e diverse* wir sprechen von zwei verschiedenen Dingen; *la ~ m'interessa* die Sache interessiert mich; *la ~ (non) mi giunge, mi è nuova* die Sache ist mir (nicht) neu **7a** *(atto, azione)* Sache *f.*: *questa è la prima ~ da fare* das ist das Erste, was zu tun ist; *voglio fare le -e a modo mio* ich will die Sachen auf meine Art regeln **b** *(discorso, parola) si sentono certe -e sul suo conto!* man hört gewisse Sachen über ihn! *non dire -e di cui potresti pentirti!* sag nichts, was du bereuen könntest! **c** *(causa, motivo) si agita per -e di nessuna importanza* er regt sich über unwichtige Sachen auf; *sono -e per cui vale la pena vivere* das ist etwas, wofür es sich lohnt zu leben **8** *(seguito da proposizione relativa; spesso non tradotto)* Sache *f.*, etwas: *una ~ di cui si parla molto* eine Sache, über die man viel redet; *se c'è una ~ che non sopporto è l'ipocrisia* wenn ich etwas nicht ertrage, dann ist es Heuchelei; *disse la prima ~ che le venne in mente* er sagte das Erste, was ihm in den Sinn kam; *la ~ peggiore che potesse capitare* das Schlimmste, was passieren konnte **9** COLLOQ. *(rif. indefinitamente a persone di sesso femminile)* Dings *f.*: *ho incontrato ~... Cristina!* ich habe Dings getroffen... Christina! **10** pl. EUFEM. *(mestruazioni)* Tage *pl.*: *oggi mi sono venute le mie -e* heute habe ich meine

Tage bekommen **II** pron.interr. *(che)* ~ was: cos'è questo? was ist das? ~ intendi dire? was meinst du damit? wie meinst du das? non sapere ~ fare, dire nicht wissen, was man tun, sagen soll; ~? non ho capito... potresti parlare più forte? was? ich habe nichts verstanden... könntest du lauter sprechen? *(con i verbi che reggono preposizioni)* a ~ pensi? woran denkst du? di ~ parli? wovon sprichst du? di ~ si tratta? worum geht es? *(nelle frasi esclamative)* ~ mi tocca fare! was kommt auf mich zu! ma ~ dici! was du nicht sagst! ~ non farebbe per lei! was würde er nicht alles für sie tun! **III** avv.interr. COLLOQ. wie viel, was: ~ costa questa borsa? wie viel kostet diese Tasche? ◆ alcune -e einiges, etwas: ho ancora alcune -e da dire ich habe noch einiges zu sagen; alcune -e non mi piacciono einiges (*o* einzelnes) gefällt mir nicht; dire alcune -e interessanti, importanti einige interessante, wichtige Dinge sagen; un'altra ~ noch etwas; *(una cosa diversa)* etwas anderes; una ~ o l'altra das eine oder das andere; tra una ~ e l'altra ho speso un patrimonio so nach und nach habe ich ein Vermögen ausgegeben; capire, dire una ~ per un'altra sich verhören, sich versprechen; gran brutta ~ la miseria Armut ist eine sehr schlimme Sache! buone -e! alles Gute! *(tanti saluti)* viele Grüße! (sono) -e che capitano! so was kann passieren! so etwas kommt vor! essere ~ certa eine ausgemachte Sache sein, fest stehen; certe -e non si fanno solche Dinge macht man nicht; ho saputo certe -e su di lui! ich habe da Dinge über ihn gehört! chiamare le -e col loro nome die Dinge bei ihrem (*o* beim richtigen) Namen nennen; mettere le -e in chiaro klare Verhältnisse schaffen; chissà ~ andrà a dire in giro wer weiß, was er weitererzählen wird; credersi chissà (che) ~ sich für Gott weiß wen halten; danni a, alle -e Sachschaden *m.*; ~ diavolo vuoi? was zum Teufel willst du? ~ diavolo hai combinato? was zum Teufel hast du da getan? dimmi (un po') una ~ sag mal; è ~ fatta es ist erledigt; arrivare a -e fatte kommen, wenn alles erledigt (*o* getan) ist; fra le altre -e unter anderem; una ~ del genere so etwas; DIR. ~ giudicata rechtskräftig entschiedene Sache; non è (poi) una gran ~ das ist nicht viel, das ist nichts Besonderes; fare le -e in grande (stile) die Dinge in großem Stil machen; per la ~ in sé um der Sache willen; la ~ in sé non è importante die Sache an sich ist unwichtig; -e da matti → -e da pazzi; la ~ migliore sarebbe... das Beste wäre...; molte -e viel, vieles: sapere molte -e viel wissen; avere molte -e da fare viel zu tun haben; molte -e buone, interessanti viel Gutes, Interessantes; -e dell'altro mondo! = unglaublich! così vanno le -e del mondo das ist der Lauf der Welt; da ~ nasce ~ = eins kommt zum anderen (*o* eins zieht das andere nach); è nella natura delle -e das liegt in der Natur der Dinge; per necessità di -e notgedrungen, gezwungenermaßen; nessuna ~ nichts; per nessuna ~ al mondo für nichts auf der Welt; REGION. non è ~! = es ist unmöglich! das kommt überhaupt nicht in Frage! Cosa Nostra Cosa Nostra *f.*; -e da nulla unwichtige Dinge, Kleinigkeiten; è stata una ~ da nulla das war eine Kleinigkeit; ogni ~ jedes Ding, jede Sache, alles; rimettere ogni ~ al suo posto alles auf seinen Platz zurück‿stellen; lo zio gli lasciò ogni ~ sein Onkel hat ihm alles vererbt; più di ogni (altra) ~, sopra ogni (altra) ~ mehr als alles; -e da pazzi! = unglaublich! è poca ~ das ist nichts; -e da poco → -e da nulla; per prima ~ zuerst, als Erstes, vor allem; la ~ pubblica = der öffentliche Bereich; la qual ~ was; per la qual ~ weshalb, weswegen; qualche ~ etwas; dammi qualche ~ da bere gib mir was zum Trinken; il guadagno è modesto, ma è già qualche ~ der Verdienst ist zwar bescheiden, aber wenigstens etwas; mettere da parte qualche ~ etwas auf die Seite legen; qualsiasi, qualunque ~ alles Mögliche; farebbe qualsiasi ~ per te für dich würde er alles Mögliche machen; chiedimi qualunque altra ~, ma non questo! du kannst alles von mir verlangen, aber das nicht! qualsiasi ~ succeda... was auch immer geschieht...: questa ~ diese Sache, das; è una ~ da ridere das ist ein Kinderspiel; sai una ~? weißt du was? senti (un po') una ~ hör mal zu; servire a, per molte -e vielseitig verwendbar sein; la sola ~ das einzige; stando così le -e... nach Lage der Dinge...; stato di -e Zustand *m.*: questo stato di -e non è più accettabile dieser Zustand ist nicht mehr tragbar; migliorare lo stato delle -e die Lage verbessern; la stessa ~ das gleiche; tante (buone) -e! alles Gute! tante buone -e alla sua signora! alles Gute für Ihre Frau! essere attaccato alle -e terrene an den irdischen Dingen hängen; essere tutt'altra, tutta un'altra ~ eine ganz andere Sache sein, etwas völlig anderes sein; tutt'e due le -e beides; non è ~ da tutti das können nicht alle; non è ~ da tutti i giorni das ist eine nicht alltägliche Sache; le -e (gli) vanno bene, male es läuft gut, schlecht für ihn; ~ vuoi che me ne importi! was geht mich das an! ~ vuoi che me ne faccia! was soll ich damit machen? ~ vuoi che ti dica! was soll ich dazu sagen? ~ vuoi, sono ragazzi! was willst du, Jungen sind eben so!

co|sà, così e ~ so und so.

co|sac|co I agg. *(-chi,-che)* Kosaken- **II** m. *(-chi)* Kosak *m.*

co|sca f. *(-sche)* = Clan *m.*: -sche mafiose Mafiaclans.

co|scia f. *(-sce)* **1** ANAT. Oberschenkel *m.*, Schenkel *m.* **2** *(di animale)* Schenkel *m.*, REGION. Schlegel *m.*: -sce di pollo, di rana Hühnerschenkel (*o* -schlegel), Froschschenkel: ~ di capretto, di tacchino Zicklein-, Putenschenkel *m.* (*o* Putenschlegel *m.*) **3** *(taglio di carne bovina)* Keule *f.*: fettine di ~ = dünne Scheiben aus der Keule; mezzo chilo di ~ = halbes Kilo Fleisch aus der Keule **4** EDIL. Brückenwiderlager *n.*, Widerlager *n.* ◆ stivali a mezza ~ Halbstiefel *pl.*; COLLOQ. mostrare le -sce viel Bein zeigen; pantaloni larghi, stretti di ~ weit, eng sitzende Hosen. **co|scia|le** m. **1** Beinharnisch *m.* **2** SPORT VENAT. Beinschütz *m.*, Beinpanzer *m.*

co|scien|te agg. bewusst: essere ~ dei propri difetti, limiti, delle proprie capacità sich (D) seiner Fehler, Grenzen, Fähigkeiten bewusst sein; diventare ~ di qcs. sich (D) etw. (G) bewusst werden; rendere qcn. ~ del pericolo jdm die Gefahr bewusst machen; *(ponderato)* una decisione ~ eine bewusste Entscheidung ◆ MED. non essere ~ bewusstlos sein, im bewusstlosem Zustand; essere di nuovo ~ wieder zu Bewusstsein gekommen sein. **co|scien|te|men|te** avv. bewusst.

co|scien|za f. **1** Gewissen *n.*: avere, sentirsi la ~ a posto, tranquilla, pulita, sporca ein gutes, ruhiges, reines, schlechtes Gewissen haben; alleggerirsi (liberarsi) la ~, tranquillizzare la propria ~ sich (D) sein Gewissen erleichtern, sein Gewissen beruhigen; avere qcn., qcs. sulla ~ jdn, etw. auf dem Gewissen haben; gli rimorde la ~ er hat Gewissensbisse: qcs. pesa, grava sulla ~ di qcn. etw. belastet jds Gewissen; togliersi un peso dalla ~ sein Gewissen entlasten; ascoltare la voce della propria ~ der Stimme seines Gewissens folgen; far tacere la propria ~ sein Gewissen zum Schweigen bringen; appellarsi, fare appello alla ~ di qcn. an jds Gewissen appellieren; mettersi una mano sulla ~ mit sich ins Gericht gehen **2a** *(consapevolezza)* Bewusstsein *n.*: avere (la) ~ dei propri limiti, delle proprie capacità sich (D) seiner Grenzen, Fähigkeiten bewusst sein; prendere ~ di un problema sich eines Problems bewusst werden; una ~ storica, politica ein geschichtliches Bewusstsein (*o* Geschichtsbewusstsein), ein politisches Bewusstsein **b** *(sensi)* perdere, riprendere (riacquistare) ~ das Bewusstsein verlieren, wieder‿erlangen **c** PSIC. scissione della ~ Bewusstseinsspaltung *f.* **3** *(coscienziosità)* Gewissenhaftigkeit *f.*: lavorare con ~ gewissenhaft arbeiten ◆ caso di ~ Gewissenssache *f.*, Gewissensfrage *f.*; ~ civica bürgerliches Bewusstsein; ~ civile Bürgersinn *m.*; ~ di classe Klassenbewusstsein *n.*; ~ collettiva Kollektivbewusstsein *n.*; con ~ → secondo ~; con la ~ di essere nel giusto mit dem Bewusstsein, im Recht zu sein; esame di ~ Gewissenserforschung *f.*, Gewissensprüfung *f.*; fare un esame di ~ sein Gewissen erforschen, prüfen; flusso di ~ Bewusstseinsstrom *m.*; in ~ mit gutem Gewissen; in tutta ~ non me la sento di giudicarlo ehrlich gesagt glaube ich nicht, ihn beurteilen zu können; ~ nazionale Nationalbewusstsein *n.*; obiettore di ~ Wehrdienstverweigerer *m.*, Kriegsdienstverweigerer *m.*; obiezione di ~ Wehrdienstverweigerung *f.*, Kriegsdienstverweigerung *f.*; presa di ~ Bewusstwerdung *f.*; questione di ~ Gewissensfrage *f.*; rimorso di ~ Gewissensbiss *m.*; ~ di sé Selbstbewusstsein *n.*; scrupolo di ~ Gewissensskrupel *m.*; agire, decidere secondo ~ nach dem Gewissen (*o* gewissenhaft) handeln, entscheiden; ~ sociale soziales Gewissen.

co|scien|zio|sa|men|te avv. gewissenhaft. **co|scien|zio|si|tà** f. Gewissenhaftigkeit *f.* **co|scien|zio|so** agg. gewissenhaft: un insegnante, un medico ~ ein gewissenhafter Lehrer, Arzt; un lavoro ~ eine gewissenhafte Arbeit.

co|scio m. *(-sci)* Keule *f.* **co|sciot|to** m. Keule *f.*, REGION. Schlegel *m.*: ~ di agnello, di montone Lammkeule *f.*, Hammelschlegel *m.* (*o* -keule *f.*).

co|scrit|to I agg. einberufen **II** m. Rekrut *m.* ◆ padri -i Senatsväter *pl.* **co|scri|vi|bi|le** agg. wehrpflichtig. **co|scri|zio|ne** f. Einberufung *f.*, Rekrutierung *f.* ◆ ~ obbligatoria Wehrpflicht *f.*; ~ volontaria freiwilliger Militärdienst.

co|se|can|te f. Kosekans *m.*

co|se|no m. Kosinus *m.*

co|set|ta, co|set|ti|na f. (kleine) Sache *f.*, Ding *n.*, Dingelchen *n.*, Kleinigkeit *f.*: ti ho comprato una ~ ich habe dir eine Kleinigkeit gekauft; avrei un paio di -e da chiederti ich muss dich mal ein paar Dinge fragen; è una ~ da nulla es ist eine Kleinigkeit.

co|sì I avv. **1** so, auf diese Weise: la racchetta va tenuta ~ den Schläger muss man so halten; le cose stanno ~ die Sache verhält sich so; non puoi trattarlo ~! du kannst ihn nicht so behandeln! ~ non va so geht es nicht; chi ti ha ridotto ~? wer hat dich so zugerichtet? mi dispiace, io son fatto ~! es tut mir leid, so bin ich nun einmal!

~ ci è stato riferito so wurde berichtet; più di ~ non ho potuto fare mehr als das konnte ich nicht tun; meglio, peggio di ~ non poteva andare besser, schlechter als so konnte es nicht gehen (o aus‿gehen); è alto ~ er ist so groß; aveva una guancia gonfia ~ er hatte so eine dicke Backe 2a (pure, anche) auch, genauso, ebenso: lui è un bugiardo, e ~ tu er ist ein Märchenerzähler, aber du genauso b rafforz. punirò te e ~ pure lui ich werde dich bestrafen und ihn auch 3 (talmente, a tal punto) so: una persona ~ buona! so ein guter Mensch! è ~ giovane! er ist so jung! quel film è ~ noioso! der Film ist so langweilig! è già ~ tardi? ist es schon so spät? non l'avevo mai visto ~ arrabbiato so wütend hatte ich ihn noch nie gesehen 4 (tale quantità) perché ne prendi solo ~? warum nimmst du nur so wenig? più di ~ non posso dartene mehr als das kann ich dir nicht geben II agg.inv. so ein, ein solcher: anch'io ho una borsa ~ ich habe auch so eine Tasche; quanto può costare un'auto ~? wie viel könnte solch ein Wagen kosten? di gente ~ non ci si può fidare solchen Leuten kann man nicht trauen III cong. 1 (quindi, perciò) deshalb, daher, so: ha fatto tardi, ~ non è potuto venire er war spät dran und konnte deshalb nicht kommen; mi annoiavo, (e) ~ me ne sono andato ich langweilte mich, daher bin ich gegangen 2 (in questo modo) auf diese Weise, so: finse di essere occupato, e ~ non dovette parlarle er tat so, als wäre er beschäftigt, auf diese Weise brauchte er nicht mit ihr zu reden 3 (dunque) also, so: ~ hai deciso di partire! also hast du dich entschieden zu fahren! e ~ vai già a scuola! du gehst also schon zur Schule! 4 (in proposizioni comparative o modali) ~... come so... wie: non è ~ intelligente come il fratello er ist nicht so klug wie sein Bruder; lasciare tutto ~ com'è alles so lassen, wie es ist; non è ~ come me l'ero immaginato es ist nicht so, wie ich es mir vorgestellt hatte 5a (in proposizioni consecutive) ~... che, ~... da so ... dass: era ~ stanco che non si reggeva in piedi (da non reggersi in piedi) er war so müde, dass er sich nicht auf den Beinen halten konnte; non sarai ~ stupido da crederle! du wirst doch nicht so dumm sein, ihr zu glauben! b ~ che so dass: parla più forte, ~ che possa sentirti sprich lauter, so dass ich dich hören kann 6 (sebbene) so: ~ intelligente, eppure ~ ingenuo! so intelligent und doch so naiv! ~ ambizioso, e ancora non è riuscito a ottenere ciò che vuole! er ist so ehrgeizig und trotzdem hat er noch nicht erreicht, was er will 7 (desiderativo) wenn, so, doch: ~ fosse! wenn es so wäre! ◆ ah, è ~? ach, so ist das? grazie, basta ~! genug so, danke! basta ~! non ne voglio più sapere! Schluss jetzt! (o es reicht! genug davon!) ich will nichts mehr davon wissen! (va) bene ~! gut so! recht so! ~ cosà so so; ~ e cosà so und so; così così so so: COLLOQ. è un libro ~ ~ das Buch ist so lala; è cambiato da ~ a ~ = er hat sich völlig verändert; ~ dicendo se ne andò nachdem er das gesagt hatte, ging er; per ~ dire sozusagen; se ~ si può dire wenn ich so sagen darf; ~ facendo... auf diese Weise...; meglio ~! besser so! ~ va il mondo das ist der Lauf der Welt (o der Dinge); per ~ so; proprio ~! genau so! recht so! ~ pure so auch...; ~ sia! so sei es! e ~ via und so weiter.

co|sid|det|to agg. so genannt: la -a buona società die so genannte feine Gesellschaft.

co|sif|fat|to agg. ANT. solcherart, so beschaffen.

co|si|na f. COLLOQ. 1 Dinglein n., Dingelchen n. 2 (personcina graziosa) niedliches Ding n. **co|si|no** m. COLLOQ. 1 Dinglein n., Dingelchen n. 2 (ragazzino) kleines Bürschchen n., Dreikäsehoch m.

co|sme|si, co|sme|ti|ca f. Kosmetik f., Schönheitspflege f.: istituto di ~ Schönheitssalon m. **co|sme|ti|co** I agg. (-ci,-che) kosmetisch, Schönheits-: prodotto ~ kosmetisches Mittel, Schönheitsmittel n. II m. (-ci) Kosmetikum n., Schönheitsmittel n.: industria dei -ci Kosmetikindustrie f. **co|sme|ti|sta** m. e f. (-i,-e) Kosmetiker m. (-in f.).

co|smi|ca|men|te avv. kosmisch. **co|smi|co** agg. (-ci,-che) 1 kosmisch, Weltall-, Weltraum-: raggi -ci kosmische Strahlen 2 FIG. (universale) kosmisch, Welt-: dolore ~ Weltschmerz m. **co|smo** m. Weltall n., Weltraum m., Kosmos m.

co|smo|dro|mo m. Kosmodrom n.

co|smo|go|ni|a f. Kosmogonie f. **co|smo|go|ni|co** agg. (-ci,-che) kosmogonisch: mito ~ Weltentstehungsmythos m.

co|smo|gra|fi|a f. Kosmographie f. **co|smo|gra|fi|co** agg. (-ci,-che) kosmographisch. **co|smo|gra|fo** m. Kosmograph m.

co|smo|lo|gi|a f. Kosmologie f. **co|smo|lo|gi|co** agg. (-ci,-che) kosmologisch.

co|smo|nau|ta m. e f. (-i,-e) Weltraumfahrer m. (-in f.), Kosmonaut m. (-in f.). **co|smo|nau|ti|ca** f. Weltraumfahrt f., Kosmonautik f. **co|smo|nau|ti|co** agg. (-ci,-che) kosmonautisch. **co|smo|na|ve** f. Raumschiff n.

co|smo|po|li|ta (-i,-e) I agg. kosmopolitisch, Welt-: New York è una città ~ New York ist eine Weltstadt II m. e f. Weltbürger m. (-in f.), Kosmopolit m. (-in f.). **co|smo|po|li|ti|co** agg. (-ci,-che) weltbürgerlich, kosmopolitisch. **co|smo|po|li|ti|smo** m. Weltbürgertum n., Kosmopolitismus m.

co|smo|tro|ne m. Kosmotron n.

co|so m. COLLOQ. 1 (di cosa) Dings(da) n., Dings(bums) n.: dammi quel ~ là! gib mir mal das Dingsbums da! 2 (di persona) Dings(da) m. e f., Dings(bums) m. e f.: ~, come si chiama? wie heißt der Dingsda? hai visto ~, non mi viene il nome? hast du den Dingsda, mir fällt der Name nicht ein, gesehen?

co|spar|ge|re (cospargo, cospargi; cosparsi; cosparso) I tr. 1 streuen, bestreuen, über‿streuen: ~ il dolce di zucchero Zucker auf den Kuchen streuen (o den Kuchen mit Zucker überstreuen); ~ la teglia di farina die Backform mit Mehl aus‿streuen; ~ le strade di sale die Straßen (mit Salz) streuen; ~ l'aiuola di concime Dünger auf das Beet streuen 2 (versare) beschütten, übergießen II pronom. cospargersi di qcs. sich mit etw. überschütten, bedecken; -rsi il capo di cenere sich (D) Asche aufs Haupt streuen (anche FIG.) ◆ ~ qcs. di pece etw. mit Pech bestreichen; -rsi di talco sich (mit Talkpuder) ein‿pudern.

co|spar|so p.pass. agg. 1 → cospargere 2 besät, bedeckt: un prato ~ di fiori eine mit Blumen dicht besäte Wiese; un viso ~ di sudore ein schweißbedecktes Gesicht.

co|spet|to m., al ~ di qcn., qcs. in Gegenwart von jdm, etw., angesichts jds, etw.: al ~ di Dio im Angesicht Gottes; essere portato al ~ del re dem König vorgeführt werden.

co|spi|cui|tà f. Beträchtlichkeit f., Beachtlichkeit f.

co|spi|cuo agg. beachtlich, beträchtlich: un patrimonio ~ ein beachtliches Vermögen.

co|spi|ra|re intr. (aus. avere) 1 sich verschwören, konspirieren: ~ con qcn. contro qcn., qcs. sich mit jdm gegen jdn, etw. verschwören (o mit jdm, gegen jdn, etw. konspirieren) 2 (concorrere a danneggiare) sich verschwören, sich verbünden: tutto sembrava aver cospirato contro di lui alles schien sich gegen ihn verschworen (o verbündet) zu haben. **co|spi|ra|ti|vo** agg. konspirativ: attività -e konspirative Tätigkeiten. **co|spi|ra|to|re** m. Verschworene m., Verschwörer m., Konspirant m.: aria da ~ Verschwörermiene f. **co|spi|ra|to|rio** agg. (-ri,-rie) verschwörerisch. **co|spi|ra|zio|ne** f. Verschwörung f., Konspiration f.: ordire una ~ eine Verschwörung an‿zetteln.

cos|si|de m. ENTOM. Holzbohrer m.

co|sta f. 1 Küste f.: una ~ alta, bassa eine steile, flache Küste; una località sulla ~ ein Ort an der Küste; navigare lungo (la) ~ an der Küste entlang‿fahren; tenersi sotto ~ sich an der Küste halten 2 (di monte) Hang m., Steilhang m. 3 ANAT. (costola) Rippe f. 4 (di libro) Buchrücken m., Rücken m. 5 (di foglia) Blattrippe f., Rippe f. 6 (di tessuto) Rippe f. 7 (di nave) Rippe f., Schiffsrippe f. ◆ abitanti della ~ Küstenbewohner pl.; Costa d'Avorio Elfenbeinküste f.; Costa Azzurra Côte d'Azur f., französische Riviera; a mezza ~ auf halber Höhe; ~ occidentale, orientale Westküste f., Ostküste f.; ~ rocciosa Felsenküste f.; ~ sabbiosa Sandküste f.; velluto a -e Kordsamt m., Cordsamt m.

co|stà avv. LETT. e REGION. 1 (stato in luogo) dort 2 (moto a luogo) dorthin, dahin. **co|stag|giù** avv. ANT. 1 (stato in luogo) dort unten 2 (moto a luogo) dort hinunter.

co|sta|le agg. Rippen-, MED. kostal: vertebre -i Rippenwirbel pl.

co|stan|te I agg. 1 konstant, ständig, beständig: una grandezza, temperatura ~ eine konstante Größe, Temperatur 2 (perseverante, tenace) beständig: essere ~ in qcs. in etw. beständig sein II f. Konstante f. (anche FIG.). **co|stan|te|men|te** avv. ständig, konstant, andauernd: lamentarsi ~ sich ständig beschweren.

co|stan|ti|nia|no agg. konstantinisch ◆ la donazione Costantiniana die Konstantinische Schenkung. **Co|stan|ti|no** n.pr.m. Konstantin m. (anche STOR.) ◆ l'arco di ~ Konstantinsbogen m. **Co|stan|ti|no|po|li** n.pr.f. Konstantinopel n.

co|stan|za f. 1 (perseveranza) Beständigkeit f.: fare qcs. con ~ etw. mit Beständigkeit tun 2 (invariabilità) Konstanz f.: la ~ delle leggi naturali die Konstanz der Naturgesetze.

Co|stan|za n.pr.f. 1 Konstanze f. 2 (città) Konstanz n. ◆ concilio di ~ Konstanzer Konzil; lago di ~ Bodensee m. **Co|stan|zo** n.pr.m. Konstanz m.

co|sta|re intr. (aus. essere) 1 kosten (anche FIG.): ~ molto, poco, troppo viel, wenig, zu viel kosten; quanto costa? wie viel kostet das? mi costa molta fatica, molto tempo das kostet mich viel Mühe, Zeit; questo gli può ~ la vita, il posto das kann ihn das Leben, die Stellung kosten; non ti costa niente aiutarlo es kostet dich nichts, ihm zu helfen 2 (avere un costo elevato) teuer sein: oggi la vita costa heutzutage ist das Leben teuer ◆ ~ caro teuer sein, teures Geld kosten; FIG. *ti costerà cara!* das soll dir, dich teuer zu stehen kommen! *non costa un'esagerazione* das kostet nicht die Welt; *costa una fortuna, un occhio della testa* das kostet ein Heidengeld; *costi quel che costi* koste es (*o* es koste), was es wolle.

Co|sta|ri|ca n.pr.f. Costa Rica *n.*, Kostarika *n.* **co|sta|ri|ca|no I** agg. kostarikanisch, costa-ricanisch **II** m. Costa-Ricaner *m.*, Kostarikaner *m.*

co|stas|sù avv. ANT. **1** *(stato in luogo)* dort oben **2** *(moto a luogo)* dort hinauf.

co|sta|ta f. Rippenstück *n.*: *~ di vitello, di manzo* Kalbssteak *n.*, Rumpsteak *n.*

co|sta|to m. Brustkorb *m.*

co|steg|gia|re tr. *(costeggio, costeggi)* **1** entlang‿fahren; *(a piedi)* entlang‿gehen: *~ un'isola* eine, an einer Insel entlangfahren; *~ il bosco* am Waldrand entlanggehen **2** *(fiancheggiare)* entlang‿führen, vorbei‿führen: *la strada costeggia il fiume* der Weg führt den Fluss entlang, am Fluss vorbei.

co|stei → **costui.**

co|stel|la|re tr. bestreuen, übersäen. **co|stel|la|to** p.pass. agg. **1** → **costellare 2** übersät, bedeckt: *un prato ~ di fiori* eine mit Blumen übersäte Wiese; *il cielo ~ di stelle* der bestirnte Himmel. **co|stel|la|zio|ne** f. **1** Sternbild *n.*, Konstellation *f.* **2** FIG. Konstellation *f.*, Kreis *m.*

co|ster|na|re tr. bestürzen, nieder‿schlagen. **co|ster|na|to** agg. bestürzt, niedergeschlagen, konsterniert: *essere veramente ~ per l'accaduto* sehr bestürzt sein, über das was geschehen ist. **co|ster|na|zio|ne** f. Bestürzung *f.*, Bestürztheit *f.*, Niedergeschlagenheit *f.*

co|stì avv. LETT. e REGION. **1** *(stato in luogo)* dort **2** *(moto a luogo)* dorthin.

co|stie|ra f. **1** steile Küste *f.* **2** ESTENS. Küste *f.*, Küstengebiet *n.*: *la ~ amalfitana* die Amalfiküste **3** *(di monte)* Steilhang *m.*, Hang *m.*

co|stie|ro agg. Küsten-: *guardia -a* Küstenwacht *f.*; *navigazione, pesca -a* Küstenfischerei *f.*; *zona, città, fascia -a* Küstengebiet *n.*, Küstenstadt *f.*, Küstenstreifen *m.* (*o* Küstenstrich *m.*).

co|sti|pa|men|to m. → **costipazione. co|sti|pa|re I** tr. **1** *(comprimere il terreno)* stampfen, fest‿stampfen **2** *(intestino, naso)* verstopfen, MED. obstipieren **II** pronom. **costiparsi** verstopft sein. **co|sti|pa|to** p.pass. agg. **1** → **costipare 2** *(di intestino, naso)* verstopft. **co|sti|pa|to|re** m. Bodenwalze *f.*, Stampfmaschine *f.* **co|sti|pa|zio|ne** f. Verstopfung *f.*, MED. Obstipation *f.*, Konstipation *f.*

co|sti|tuen|te I agg. **1** → **costituire 2** konstituierend, verfassunggebend **II** m. **1** Bestandteil *m.* **2** *(membro di assemblea costituente)* = Mitglied *n.* einer verfassunggebenden Versammlung **3** LING. *(sintattico)* Konstituente *f.* **III** f. verfassunggebende Versammlung *f.* ◆ *fatto ~ reato* strafbarer Tatbestand.

co|sti|tu|i|re *(costituisco, costituisci)* **I** tr. **1** gründen, errichten: *~ una società, un partito, una fabbrica* eine Gesellschaft, eine Partei gründen, eine Fabrik errichten **2** *(formare)* bilden, formieren, konstituieren: *~ un'associazione, un gruppo di lavoro* einen Verein, eine Arbeitsgruppe konstituieren, bilden; *il fiume costituisce il confine* der Fluss bildet die Grenze; *~ un'eccezione* eine Ausnahme bilden **3** *(essere)* schaffen: *~ un precedente* einen Präzedenzfall schaffen **4** *(rappresentare)* dar‿stellen, repräsentieren: *~ una pesante sconfitta* eine schwere Niederlage darstellen **5** *(nominare)* ernennen: *~ qcn. proprio erede* jdn zu seinem Erben ein‿setzen **II** pronom. **costituirsi 1** sich bilden, sich konstituieren: *si è costituito il governo* die Regierung hat sich konstituiert **2** *(organizzarsi)* sich zusammen‿schließen: *-rsi in un gruppo autonomo* sich zu einer autonomen Gruppe zusammenschließen **3** sich stellen: *-rsi alla polizia, in giudizio* sich (bei) der Polizei, dem Gericht stellen **4** DIR. *-rsi parte civile* als Privatkläger (*o* Nebenkläger) auf‿treten, Privatklage (*o* Nebenklage) erheben ◆ *~ reato* strafbar sein.

co|sti|tu|i|to p.pass. agg. **1** → **costituire 2** *(formato)* bestehend: *l'appartamento è ~ da tre stanze* die Wohnung besteht aus drei Zimmern **3** *(istituzionale)* gesetzlich, gesetzmäßig: *autorità -a, potere ~* gesetzliche Autorität, Gewalt.

co|sti|tu|ti|vo agg. bestimmend, grundlegend, konstitutiv.

co|sti|tu|zio|na|le agg. **1** verfassungsmäßig, Verfassungs-, konstitutionell: *monarchia ~* konstitutionelle Monarchie; *diritto ~* Verfassungsrecht *n.*; *carta ~* Verfassung *f.*; *corte ~* Verfassungsgericht *n.* **2** konstitutionell: *malattie -i* konstitutionelle Krankheiten. **co|sti|tu|zio|na|li|smo** m. POL. Konstitutionalismus *m.* **co|sti|tu|zio|na|li|sta** m. e f. *(-i, -e)* Verfassungsrechtler *m.* (-in *f.*). **co|sti|tu|zio|na|li|sti|co** agg. *(-ci, -che)* **1** konstitutionalistisch **2** MED. konstitutionell, Konstitutions-. **co|sti|tu|zio|na|li|tà** f. Verfassungsmäßigkeit *f.* **co|sti|tu|zio|nal|men|te** avv. konstitutionell.

co|sti|tu|zio|ne f. **1** Gründung *f.*, Errichtung *f.*: *la ~ di una società* die Gründung einer Gesellschaft **2a** *(formazione)* Bildung *f.*, Formierung *f.*, Konstituierung *f.*: *la ~ di un'associazione* die Konstituierung eines Vereins **b** GEOL. Formation *f.* **3** *(composizione, struttura)* Gefüge *n.*, Struktur *f.*; MED. Konstitution *f.*: *essere di ~ sana, robusta, debole* von gesunder, kräftiger, schwacher Konstitution sein **4** DIR. Verfassung *f.*, Konstitution *f.*: *una ~ democratica* eine demokratische Verfassung; *in base alla ~* auf Grund der Verfassung; *concedere, promulgare, abrogare, modificare la ~* die Verfassung gewähren, erlassen, außer Kraft setzen, ändern; *giurare sulla ~* auf die Verfassung schwören; *violare la ~* gegen die Verfassung verstoßen ◆ *certificato di sana e robusta ~* Gesundheitsattest *n.*; *fedele alla ~* verfassungstreu; *~ fisica* Konstitution *f.*, körperliche Verfassung; DIR. *~ in giudizio* Einlassung *f.*; *tutela della ~* Verfassungsschutz *m.*; *violazione della ~* Verfassungsbruch *m.*

co|sto m. **1** Preis *m.*: *il ~ della merce, delle materie prime* der Preis der Ware, der Rohstoffe; *~ dell'energia elettrica* Strompreis *m.*; *il ~ per, di un pernottamento* der Preis für eine, einer Übernachtung **2** pl. *(spese)* Kosten *pl.*, Unkosten *pl.*: *contenere, limitare, ridurre i -i* die Kosten dämpfen, begrenzen, senken; *-i crescenti* (an)steigende Kosten; *-i fissi, variabili* fixe Kosten (*o* Fixkosten), variable Kosten ◆ *a ~ di...* auf die Gefahr hin, dass...; *andamento dei -i* Kostenentwicklung *f.*; ECON. *a basso ~* kostengünstig; *merce a basso ~* Billigware *f.*; *calcolo dei -i* Kostenberechnung *f.*; *contenimento dei -i* Kostendämpfung *f.*; *~ del denaro* Geldkosten *pl.*; *-i di esercizio* Betriebskosten *pl.*, Geschäftskosten *pl.*; *-i di gestione* Betriebskosten *pl.*; *~ del lavoro* Lohnkosten *pl.*; *a nessun ~* um keinen Preis; *a ogni, a qualunque ~* um jeden Preis; *prezzo di ~* Selbstkostenpreis *m.*, Kostenpreis *m.*; *-i di produzione* Produktionskosten *pl.*, Herstellungskosten *pl.*; *riduzione dei -i* Kostensenkung *f.*; *vendere qcs. sotto ~* etw. unter(m) Preis verkaufen; *a tutti i -i* → *a ogni ~*; *~ unitario* Stückkosten *pl.*; *~ della vita* Lebenshaltungskosten *pl.*; *a ~ della vita* unter Einsatz des Lebens; *a ~ zero* zum Nulltarif *m.*

co|sto|la f. **1** Rippe *f.* (anche BOT. ARCH.): *incrinarsi, rompersi una ~* sich (D) eine Rippe an‿brechen, brechen **2** *(dorso)* Rücken *m.*: *la ~ di un libro, di un coltello* der Buchrücken, der Messerrücken **3** *(di un'imbarcazione)* Schiffsrippe *f.* ◆ *stare, mettersi alle -e di qcn.* hinter jdm her sein; *avere qcn. alle -e* jdn auf den Fersen haben; *gli si contano le -e* man kann bei ihm die Rippen zählen; *frattura della ~* Rippenbruch *m.*

co|sto|la|tu|ra f. **1** Rippen *pl.* **2** ARCH. Rippenwerk *n.*

co|sto|let|ta f. Rippchen *n.*, Kotelett *n.*: *~ d'agnello* Lammkotelett *n.*; *~ di maiale* Schweinerippchen *n.*

co|sto|lo|ne m. **1** ARCH. Rippe *f.*, Gewölberippe *f.* **2** *(di montagna)* Bergrücken *m.* **co|sto|ne** m. Grat *m.*, Gebirgskamm *m.*

co|sto|ro → **costui.**

co|sto|so agg. teuer (anche FIG.): *un abito ~* ein teures Kleid; *una rinuncia -a* ein teurer Verzicht.

co|stret|to p.pass. → **costringere** ◆ *vedersi ~ a fare qcs.* gezwungen sein, etw. zu tun; *sentirsi ~ in un ruolo scomodo* sich in eine unangenehme Rolle gedrängt (*o* gezwängt) fühlen.

co|strin|ge|re *(costringo, costringi; constrinsi; costretto)* **I** tr. **1** zwingen: *~ qcn. a qcs.* jdn zu etw. zwingen; *~ qcn. a fare qcs.* jdn zwingen, etw. zu tun; *la situazione ci costrinse ad agire in fretta* die Situation zwang uns, rasch zu handeln **2a** FIG. zwängen, hinein‿zwängen, hinein‿drängen: *~ qcs. in un sistema, in uno schema* etw. in ein System, in ein Schema hineinzwängen (*o* hinein‿pressen); *~ qcn. in un ruolo* jdn in eine Rolle hineindrängen **b** LETT. *(comprimere)* zwängen, hinein‿zwängen **II** pronom. *-rsi a qcs.* sich zu etw. zwingen, sich (D) etw. ab‿zwingen ◆ *~ qcn. a letto* jdn zwingen, im Bett zu bleiben; *~ qcn. sotto un giogo* jdn unter ein Joch zwingen.

co|strit|ti|vo agg. zwingend, Zwangs-: *metodi -i* Zwangsmethoden ◆ LING. *consonante -a* Reibelaut *m.*

co|stri|zio|ne f. Zwang *m.*: *agire per ~* aus (einem) Zwang handeln; *imporre -i a qcn.* jdm Zwänge auf‿erlegen ◆ *atto di ~* Zwangshandlung *f.*; *~ morale* Gewissenszwang *m.*; *~ religiosa* Glaubenszwang *m.*

co|stru|i|re *(costruisco, costruisci)* **I** tr. **1a** bauen, erbauen, konstruieren, auf‿bauen: *~ case, strade, ponti* Häuser, Straßen, Brücken bauen; *~ un aquilone, violini* einen Drachen, Geigen bauen; GRAMM. *~ (correttamente) una frase* einen Satz (richtig) konstruieren **b** FIG. auf‿bauen, konstruieren: *~ un'accusa su deboli indizi* aus schwachen Indizien eine Anklage konstruieren (*o* eine Anklage auf schwachen Indizien aufbauen); *~ l'azione di un romanzo* die Handlung eines Romans aufbauen (*o* konstruieren); *~ qcs. sulla sabbia* etw. auf Sand bauen **c** TECN. bauen, zusammen‿bauen: ~ ***automobili*** Autos bauen; ~ ***una radio*** ein Radio zusammenbauen **2** *(fondare, creare)* auf‿bauen, schaffen: ~ ***una teoria*** eine Theorie aufbauen (*o* konstruieren); ~ ***un mondo migliore*** eine bessere Welt schaffen **3** GEOM. konstruieren, errichten: ~ ***un triangolo*** ein Dreieck konstruieren **II** pronom. **costruirsi 1** ***-rsi qcs.*** sich (D) etw. bauen: ***-rsi uno scaffale, una casa*** sich ein Regal, ein Haus bauen **2a** *(fondarsi)* sich auf‿bauen, beruhen: ***il nostro rapporto si costruisce sulla fiducia reciproca*** unser Verhältnis beruht auf gegenseitigem Vertrauen **b** FIG. *(crearsi)* sich (D) auf‿bauen, sich schaffen: ***-rsi una nuova vita*** sich eine neue Existenz aufbauen; ***-rsi un'immagine*** sich ein Image aufbauen.

co|stru|i|to p.pass. agg. **1** → **costruire 2** *(strutturato)* aufgebaut: ***una difesa ben -a*** eine gut aufgebaute Verteidigungsrede **3** SPREG. *(artificioso)* konstruiert, aufgesetzt, gekünstelt: ***un atteggiamento (troppo)*** ~ ein (allzu) gekünsteltes Verhalten **4** COLLOQ. verbaut: ***una costiera molto -a*** eine sehr verbaute Küste.

co|strut|ti|vi|smo m. Konstruktivismus *m.* **co|strut|ti|vi|sta I** agg. konstruktivistisch **II** m. *(-i)* Konstruktivist *m.* **co|strut|ti|vo** agg. **1** konstruktiv, Bau-: ***sistema*** ~ Bauweise *f.* **2** FIG. konstruktiv: ***una critica -a*** eine konstruktive Kritik.

1.co|strut|to m. **1** Wortfügung *f.*, Fügung *f.* **2** *(coerenza, senso)* Zusammenhang *m.*; ***discorsi privi di*** ~ zusammenhangslose Reden **3** *(utilità)* Zweck *m.*; ***senza*** ~ zwecklos.

2.co|strut|to p.pass. ANT. → **costruire.**

co|strut|to|re I m. Konstrukteur *m.*; *(edile)* Bauherr *m.* **II** agg. Bau-: ***ditta, impresa -trice*** Baufirma *f.*, Bauunternehmen *n.*

co|stru|zio|ne f. **1a** Bau *m.*, Konstruktion *f.*: ***essere in*** ~ im (*o* in) Bau sein **b** *(edificio)* Bau *m.*, Konstruktion *f.*, Bauwerk *n.*: ~ ***in pietra, in acciaio, in mattoni*** Stein-, Stahl-, Ziegelbau *m.* **2a** GRAMM. GEOM. Konstruktion *f.*: ***la*** ~ ***della frase*** Satzkonstruktion *f.*; ***cambiare la*** ~ die Konstruktion ändern **b** ESTENS. ***la*** ~ ***di un sistema filosofico*** die Konstruktion eines philosophischen Systems **3** GIOC. ***(gioco di) -i*** Baukasten *m.* ◆ ***materiale, legname, pietra da*** ~ Baumaterial *n.* (*o* Baustoff *m.*), Bauholz *n.*, Baustein *m.*; ***difetto di*** ~ Konstruktionsfehler *m.*; ***fase di*** ~ Bauabschnitt *m.*; ~ ***della frase*** Satzbau *m.*; ~ ***di macchine*** Maschinenbau *m.*

co|stui pron.dimostr.m. (f. **costei**, pl. **costoro**) dieser.

co|stu|man|za f. ANT. Sitte *f.* **co|stu|ma|to** agg. ANT. sittsam, wohlerzogen: ***un giovane*** ~ ein wohlerzogener Junge; ***maniere -e*** sittsames Benehmen. **co|stu|ma|tez|za** f. Sittsamkeit *f.*

co|stu|me m. **1a** Sitte *f.*: ***gli usi e -i di un popolo*** die Sitten und Gebräuche eines Volkes; ***-i rozzi, severi*** rohe, strenge Sitten; *(norma morale)* ***l'imbarbarimento, la mollezza dei -i*** die Verrohung, Verweichlichung der Sitten; ***i -i di un paese*** die Landessitten; *(maniere)* ***una persona di buoni (sani), cattivi -i*** ein Mensch von, mit guten, schlechten Manieren **b** *(consuetudine)* Gewohnheit *f.*: ***è mio ~...*** es ist meine Gewohnheit..., gewöhnlich... **2** *(abito tradizionale)* Tracht *f.*: ***-i tirolesi*** Tiroler Trachten; ***in*** ~ in Tracht **3a** *(abito storico)* Kostüm *n.*: ***un*** ~ ***del 700*** ein Kostüm aus dem 18. Jahrhundert; ***indossare un*** ~ ***medievale*** ein mittelalterliches Kostüm tragen **b** TEATR. CINEM. ***disegnare, realizzare, noleggiare -i*** Kostüme entwerfen, her‿stellen, verleihen; ***scene e -i*** Bühnenbilder und Kostüme; ***recita, prova in*** ~ Aufführung mit (*o* in) Kostümen, Probe mit Kostümen (*o* Kostümprobe *f.*) **c** *(carnevalesco)* Kostüm *n.*, Maskenkostüm *n.*: ***comparire in*** ~ ***a una festa*** auf einem Fest in Kostüm erscheinen; ~ ***da indiano, da pirata*** Indianerkostüm *n.*, Piratenkostüm *n.* **4** *(da bagno)* Badeanzug *m.*; *(da uomo)* Badehose *f.*: ***un*** ~ ***intero, due pezzi*** ein einteiliger, zweiteiliger Badeanzug; ***mettere, togliere, cambiare il*** ~ den Badeanzug an‿ziehen, aus‿ziehen, wechseln ◆ ***in*** ~ ***adamitico*** im Adamskostüm; ***articolo di*** ~ = Artikel über gesellschaftliche Trends; ~ ***da bagno*** Badeanzug *m.*; *(da uomo)* Badehose *f.*; ***ballo in*** ~ Kostümball *m.*; ***buon*** ~ Sittendezernat *n.*, Sittenpolizei *f.*, COLLOQ. Sitte *f.*; ~ ***di carnevale*** Karnevals-, Faschingskostüm *n.*; ***castigatore di*** ~ Sittenrichter *m.*; ***commedia di*** ~ Sittenstück *n.*; ***donna di facili -i*** leichtes Mädchen; ***fatto, fenomeno di*** ~ = allgemeiner, gesellschaftlicher Trend; ***festa in*** ~ Kostümfest *n.*; ***film in*** ~ Kostümfilm *m.*; ***mal*** ~ Unsitte *f.*; ~ ***nazionale*** Volks-, Nationaltracht *f.*; ~ ***olimpionico*** Schwimmanzug *m.*; ~ ***regionale*** Landestracht *f.*; ***romanzo di*** ~ Gesellschaftsroman *m.*; ***-i di scena*** Kostümierung *f.*, Kostüme *pl.*; ***storia dei -i*** Sittengeschichte *f.*; ***storia del*** ~ Kostümgeschichte *f.* **co|stu|mi|sta** m. e f. *(-i,-e)* Kostümbildner *m.* (-in *f.*).

co|stu|ra f. aufgenähte Naht *f.*, Ziernaht *f.*

co|ta|le agg. ANT. derartig.

co|tan|gen|te f. Kotangens *m.*

co|tan|to ANT. **I** agg. so viel **II** avv. so sehr.

co|te f. Wetzstein *m.*, Schleifstein *m.*

co|te|chi|no m. INTRAD. (Kochwurst aus Schweinefleisch).

co|ten|na f. Schwarte *f.*, Speckschwarte *f.* **co|ten|no|so** agg. schwartig.

co|te|sto ANT. → **codesto.**

cotg ⇒ *cotangente* Kotangens (cot, cotg, ctg).

co|ti|ca f. *(-che)* **1** REGION. → **cotenna 2** AGR. ~ ***(erbosa)*** Grasnarbe *f.*

co|ti|le|do|ne m. Keimblatt *n.*, Kotuledone *f.*

co|til|lon [koti'jɔ̃] m.inv. **1** = Präsent *n.* bei Tanzveranstaltungen **2** MUS. Kotillon *m.*

co|to|gna f. Quittenapfel *m.*, Quitte *f.* **co|to|gna|ta** f. Quittenbrot *n.* **co|to|gno** m. Quittenbaum *m.*, Quitte *f.*

co|to|let|ta f. Kotelett *n.*; *(senza osso)* Schnitzel *n.*: ***una*** ~ ***impanata*** ein paniertes Kotelett; ~ ***di maiale*** Schweinekotelett *n.* ◆ ~ ***alla milanese*** Mailänder Schnitzel *n.*

co|to|na|re I tr. **1** *(capelli)* toupieren **2** CHIM. kotonisieren **II** pronom. ***cotonarsi i capelli*** sich die Haare toupieren. **co|to|na|to I** p.pass. agg. **1** → **cotonare 2** ***capelli -i*** (hoch)toupiertes Haar **II** m. Baumwollgewebe *n.* **co|to|na|tu|ra** f. Toupieren *n.*

co|to|ne m. **1** Baumwolle *f.*: ***coltivare, raccogliere*** ~ Baumwolle an‿bauen, pflücken; *(tessuto)* ***camicia di*** ~ baumwollenes Hemd, Baumwollhemd *n.*; *(filato)* ***un gomitolo di*** ~ ein Baumwollknäuel **2** *(ovatta)* Watte *f.*: ***mettersi del*** ~ ***nelle orecchie*** sich Watte in die Ohren stopfen ◆ ***batuffolo di*** ~ Wattebausch *m.*; ***filato di*** ~ Baumwollgarn *n.*; ~ ***idrofilo*** Verbandwatte *f.*; ***pianta di, del*** ~ Baumwollpflanze *f.*; ***piantagione di*** ~ Baumwollplantage *f.*; ***tessuto di*** ~ Baumwollgewebe *n.*

co|to|ni|col|tu|ra f. Baumwollanbau *m.* **co|to|nie|re** m. **1** *(industriale del cotone)* = Besitzer *m.* einer Baumwollfabrik **2** *(operaio)* Baumwollspinner *m.* **co|to|nie|ro** agg. Baumwoll-: ***industria -a*** Baumwollindustrie *f.* **co|to|ni|fi|cio** m. *(-ci)* Baumwollspinnerei *f.* **co|to|ni|na** f. Kattun *m.* **co|to|niz|za|re** tr. kotonisieren. **co|to|niz|za|zio|ne** f. Kotonisierung *f.* **co|to|no|so** agg. **1** baumwollen **2** *(simile al cotone)* baumwollartig **3** *(coperto di peluria)* flaumig, flaumhaarig.

1.cot|ta f. **1** Ankochen *n.*; *(arrostendo)* Anbraten *n.*: ***dare una*** ~ ***a qcs.*** etw. an‿kochen, an‿braten **2** FIG. *(innamoramento)* Verliebtheit *f.*, Verknalltsein *n.*: ***la prima*** ~ die erste Verliebtheit; ***prendersi una*** ~ ***(per qcn.)*** sich (in jdn) verknallen **3** SPORT Zusammenbruch *m.* ◆ FIG. ***un furbo, furfante di tre -e*** ein ausgekochter Gauner.

2.cot|ta f. **1** LIT. Chorhemd *n.* **2** STOR. *(tunica)* Schlupfrock *m.* **3** *(armatura)* Maschenpanzer *m.*, Panzerhemd *n.*, Kettenhemd *n.*

cot|tage ['kɛtedZ] m.inv. Cottage *n.*

cot|ti|mi|sta m. e f. *(-i,-e)* Akkordarbeiter *m.* (-in *f.*), Stückarbeiter *m.* (-in *f.*). **cot|ti|mo** m. Akkord *m.*: ***lavorare, pagare a*** ~ im Akkord arbeiten, nach Akkord bezahlen; ***lavoro a*** ~ Akkordarbeit *f.* (*o* Stückarbeit *f.*); ***paga, salario a*** ~ Akkordlohn *m.* (*o* Stücklohn *m.*).

cot|to I p.pass. agg. **1** → **cuocere 2** *(cucinato)* (gar) gekocht: ***carne -a*** gekochtes Fleisch; ***prosciutto*** ~ gekochter Schinken **3** ESTENS. *(bruciato)* verbrannt: ***avere la pelle -a (dal sole)*** eine verbrannte (sonnenverbrannte) Haut haben **4** FIG. *(innamorato)* verknallt: ***essere*** ~ ***di qcn.*** in jdn verknallt sein **5** COLLOQ. *(sfinito)* fix und fertig **II** m. Terrakottafliese *f.*: ~ ***fiorentino*** florentinische Terrakottafliese; ***pavimento in, di*** ~ Fußboden aus Terrakottafliesen ◆ FIG. ***dirne di -e e di crude a qcn.*** jdm die Meinung geigen; FIG. ***combinarne, farne di -e e di crude*** es bunt treiben; ***panna -a*** INTRAD. (Art Sahnepudding); ***poco*** ~ teigig, halbgar; ~ ***a puntino*** gar gekocht; ***salame*** ~ Kochsalami *f.*; ~ ***e stracotto*** zerkocht.

cot|tu|ra f. **1** Kochen *n.*; *(in forno)* Backen *n.*: ~ ***a vapore*** Dampfkochen *n.* **2** *(durata)* Kochzeit *f.*, Garzeit *f.*: ~ ***di un'ora*** einstündige Kochzeit **3** TECN. *(di materiali)* Brand *m.*, Brennen *n.*: ***la*** ~ ***della creta, delle tegole*** das Brennen von Ton, der Brand von Ziegeln ◆ ***angolo*** ~ Kochecke *f.*, Kochnische *f.*; ***dare una breve*** ~ ***a qcs.*** etw. kurz auf‿kochen (*o* kochen); TECN. ***forno di*** ~ Brennofen *m.*; ~ ***a fuoco lento*** Köcheln *n.*; ***portare a*** ~ garen; ***raggiungere il punto di*** ~ → ***venire a*** ~; ***tempo di*** ~ Garzeit *f.*; ***venire a*** ~ gar sein (*o* werden).

co|tur|ni|ce f. Steinhuhn *n.*, Berghuhn *n.*

co|tur|no m. Kothurn *m.*

cou|lis|se [ku'lis] f.inv. **1** TECN. Auskehlung *f.* **2a** TEATR. *(quinta scorrevole)* Kulisse *f.* **b** ECON. *(in borsa)* Kulisse *f.* **3** *(di strumenti a fiato)* Zug *m.*, Stange *f.* **4** SART. Tunnelgurt *m.*, Tunnelgürtel *m.* ◆ ***porta a*** ~ Schiebetür *f.*

count down ['kaʊntdaʊn] m.inv. Countdown *m.* e *n.*: ***è iniziato, partito il*** ~ der Countdown läuft.

cou|pé [ku'pe] m.inv. Coupé *n.*, Sportcoupé *n.*

cou|pon [ku'pɔ̃] m.inv. Coupon *m.*, Kupon *m.*

co|u|ten|te m. e f. Mitbenutzer *m.* (-in *f.*).

cou|tu|rier [kuty'rje] m.inv. Couturier *m.*
co|va f. Brut *f.*, Brüten *n.*: ~ ***artificiale*** künstliche Brut; ***essere in*** ~ in der Brut sein ◆ ***durata della*** ~ Brutdauer *f.*; ***luogo di*** ~ Brutstätte *f.*, Brutplatz *m.*; ***periodo di, della*** ~ Brutzeit *f.*
co|va|len|te agg. kovalent, Kovalenz-. **co|va|len|za** f. kovalente Bindung *f.*, Kovalenz *f.*
co|va|re I tr. **1a** aus‿brüten: ~ ***le uova*** die Eier ausbrüten; FIG. ~ ***una malattia*** eine Krankheit ausbrüten **b** assol. aus‿brüten, brüten: ***la chioccia cova, sta covando*** die Henne brütet **2** FIG. *(sorvegliare)* hegen: ~ ***i propri averi, i propri figli*** seine Güter, seine Kinder hegen **II** intr. (aus. *avere*) schwelen, glimmen (anche FIG.): ***il fuoco covava ancora sotto la cenere*** das Feuer glimmte noch unter der Asche; ***l'odio cova in lui*** Hass schwelt in ihm ◆ ***cominciare a*** ~ an‿brüten; ***qui gatta ci cova*** das geht nicht mit rechten Dingen zu; ~ ***qcn., qcs. con gli occhi*** jdn, etw. gierig an‿sehen; ~ ***vendetta*** auf Rache sinnen. **co|va|ta** f. **1** Brut *f.*: ***allevare, eliminare una*** ~ eine Brut auf‿ziehen, aus‿rotten **2** *(le uova)* Gelege *n.*: ***una*** ~ ***di 5 uova*** ein Gelege von 5 Eiern **3** ETNOL. Couvade *f.*, Männerkindbett *n.* **co|va|tu|ra** f. → **cova.**
co|ver ['kʌvə] m.inv. Cover *n.* **co|ver girl** ['kʌvə gəːl] f.inv. Covergirl *n.*
co|vi|le m. **1** Höhle *f.*, Bau *m.* **2** FIG. *(giaciglio)* Höhle *f.*
co|vo m. **1** Höhle *f.*, Bau *m.*; *(nido)* Nest *n.*: ***il*** ~ ***della volpe*** der Fuchsbau **2** FIG. *(rifugio segreto)* Nest *n.*, Höhle *f.*: ~ ***di briganti, di ladri*** Räuberhöhle *f.*, Diebesnest *n.* ◆ ~ ***di vipere*** Schlangennest *n.*; FIG. Natterngezücht *n.*, Natternbrut *f.*
co|vo|ne m. Garbe *f.*: ~ ***di fieno*** Heugarbe *f.*; ***legare -i*** Garben binden.
cow boy ['kaʊbɔɪ, *üblich* kau'bɔi] m.inv. Cowboy *m.*: ***giocare a*** ~ ***e indiani*** Cowboy und Indianer spielen ◆ ***cappello da*** ~ Cowboyhut *m.*; ***stivali da*** ~ Cowboystiefel *pl.*
co|xal|gi|a f. *(-gie)* Koxalgie *f.* **co|xi|te** f. Koxitis *f.*
co|yo|te m.inv. Coyote *m.*, Kojote *m.*, Präriewolf *m.*
Co|zie, *(Alpi)* ~ Cottische Alpen *pl.*
coz|za f. **1** Miesmuschel *f.*, Pfahlmuschel *f.*: GASTR. ***-e gratinate*** gratinierte Miesmuscheln **2** FIG. SPREG. *(racchia)* = hässliches Mädchen *n.*
coz|za|re I intr. (aus. *avere*) **1** *(incornare)* (mit den Hörnern) stoßen **2a** ESTENS. *(urtare)* stoßen, prallen: ~ ***contro qcn., qcs.*** an, gegen jdn, etw. prallen **b** *(scontrarsi)* zusammen‿prallen, zusammen‿stoßen, aufeinander prallen: ***le due auto hanno cozzato frontalmente*** die beiden Autos sind frontal zusammengestoßen **3** FIG. *(essere in contrasto)* im Widerspruch stehen, widersprechen; *(reciprocamente)* aufeinander prallen: ~ ***con la realtà*** im Widerspruch zur Wirklichkeit stehen; ***le nostre opinioni cozzano tra loro*** unsere Meinungen prallen aufeinander **II** tr. stoßen: ~ ***il capo contro il muro*** den (*o* mit dem) Kopf gegen die Mauer stoßen **III** pronom. **cozzarsi 1** *(incornarsi)* sich (mit den Hörnern) stoßen **2** RAR. *(scontrarsi)* zusammen‿prallen, zusammen‿stoßen, aufeinander prallen. **coz|zo** m. **1** *(cornata)* Hörnerstoß *m.* **2a** ESTENS. *(urto)* Anprall *m.*, Aufprall *m.* **b** *(scontro)* Zusammenstoß *m.*
c.p. ⇒ *cartolina postale* Postkarte.
CP ⇒ **1** *Casella Postale* Postfach (Pf) **2** *Codice Penale* Strafgesetzbuch (StGB).
CPC ⇒ *Codice di Procedura Civile* Zivilprozessordnung (ZPO).
CPP ⇒ *Codice di Procedura Penale* Strafprozessordnung (StPO).
CRAL ⇒ *Circolo Ricreativo Assistenziale Lavoratori* Arbeiterverein für Freizeitgestaltung und Wohlfahrt.
crac I inter. knack: ***fare*** ~ krachen, knacksen **II** m.inv. **1** *(il rumore)* Krachen *n.*, Knacksen *n.* **2** ECON. *(crollo)* Zusammenbruch *m.*, Ruin *m.*: ***andare incontro a un*** ~ ***(finanziario)*** dem (finanziellen) Ruin entgegen‿gehen ◆ ***il*** ~ ***della borsa*** Börsencrack *m.*
crack [kræk, *üblich* krak] m.inv. *(droga)* Crack *m.*
cracker ['krækə, *üblich* 'kreker] m.inv. Cracker *m.*, Kräcker *m.*
crack|ing ['krækɪŋ] m.inv. Krackverfahren *n.*: ***sottoporre a*** ~ kracken.
Cra|co|via n.pr.f. Krakau *f.*
cra cra I inter. **1** *(di rane)* quak: ***fare*** ~ quaken **2** *(di corvi)* ***fare*** ~ krächzen **II** m.inv. **1** *(di rane)* Quacken *n.* **2** *(di corvi)* Krächzen *n.*, Gekrächze *n.*: ***il*** ~ ***dei corvi*** das Krah der Krähen.
cra|fen m.inv. Krapfen *m.*
cram|po m. Krampf *m.*: ~ ***muscolare*** Muskelkrampf *m.*; ~ ***allo stomaco, al polpaccio*** Magenkrampf *m.*, Wadenkrampf *m.*; ***mi è venuto un*** ~ ich habe einen Krampf bekommen; ***il calciatore ha i -i alla gamba*** der Fußballspieler hat Krämpfe im Bein.
cra|nia|le agg. → **cranico. cra|ni|co** agg. *(-ci,-che)* Schädel-: ***frattura -a*** Schädelbruch *m.*, Schädelfraktur *f.* ◆ ***scatola -a*** Schädel *m.*, Gehirnschale *f.* **cra|nio** m. *(-ni)* **1** Schädel *m.*, Kranium *n.* **2** ESTENS. *(testa)* Schädel *m.*: ***sfondare il*** ~ ***a qcn.*** jdm den Schädel ein‿schlagen; FIG. ***avere il*** ~ ***duro*** einen dicken (*o* harten) Schädel haben ◆ COLLOQ. ***a*** ~ pro (Kopf und) Nase; FIG. ***spaccarsi il*** ~ ***su qcs.*** sich den Schädel (*o* Kopf) über etw. zermartern. **cra|nio|le|so I** agg. schädelverletzt **II** m. Schädelverletzte *m.* **cra|nio|lo|gi|a** f. *(-gie)* Schädellehre *f.*, Kraniologie *f.* **cra|nio|me|tri|a** f. Schädelmessung *f.*, Kraniometrie *f.* **cra|nio|sco|pi|a** f. Kranioskopie *f.*
cra|nio|ti pl. Kranioten *pl.* **cra|nio|to|mi|a** f. Kraniotomie *f.*
cra|pu|la f. Prasserei *f.*, Schwelgerei *f.* **cra|pu|lo|ne** m. Prasser *m.*, Schwelger *m.*
cra|si f. Krase *f.*, Krasis *f.*
cras|so agg. **1** LETT. dick: ***aria -a*** dicke Luft **2** FIG. *(grossolano)* krass, grob: ***-a ignoranza*** krasse Unwissenheit **3** ANAT. ***intestino*** ~ Dickdarm *m.*
cras|su|la|ce|e pl. Dickblattgewächse *pl.*
cra|te|re m. **1** Krater *m.*, Trichter *m.* (anche ESTENS.): ***il*** ~ ***dell'Etna*** der Krater des Ätna; ~ ***di una bomba, di una granata*** Bombentrichter *m.*, Granattrichter *m.*; ***la bomba ha aperto un*** ~ ***profondo nel terreno*** die Bombe hat einen tiefen Trichter im Boden hinterlassen **2** ARCHEOL. *(vaso)* Krater *m.* ◆ ~ ***avventizio*** Nebenkrater *m.*; ~ ***centrale*** Hauptkrater *m.*; ~ ***lunare*** Mondkrater *m.*; ~ ***meteorico*** Meteoritenkrater *m.*, Astroblem *n.*
crau|ti m.pl. Sauerkraut *n.*
cra|vat|ta f. **1** Krawatte *f.*, Schlips *m.*: ~ ***di seta, a righe, a pallini*** seidene, gestreifte, getupfte Krawatte; ***portare, indossare, mettere, allentare, togliere la*** ~ die Krawatte tragen, um‿haben, um‿binden, lockern, ab‿binden; ***farsi il nodo alla, annodarsi, aggiustarsi la*** ~ die Krawatte knoten, binden (*o* fest‿knüpfen), richten **2** SPORT *(nella lotta)* Krawatte *f.* **3** TECN. *(fascia)* Band *n.* ◆ ~ ***a farfalla*** Fliege *f.*; ***nodo della*** ~ Krawattenknoten *m.* ***obbligo della*** ~ Krawattenzwang *m.*; **cra|vat|ta|io** m. *(-ai)* **1** *(fabbricante)* Krawattenhersteller *m.* **2** *(venditore)* Krawattenverkäufer *m.* **3** COLLOQ. *(usuraio)* Halsabschneider *m.* **cra|vat|ti|no** m. Fliege *f.* ◆ ***afferrare, prendere qcn. per il*** ~ jdn an, bei der Krawatte packen, nehmen.
crawl [krɔːl] m.inv. Crawl *n.*, Kraul *n.*: ***nuotare a*** ~ crawlen, kraulen. **craw|li|sta** [kro'lista] m. e f. *(-i,-e)* Krauler *m.* (-in *f.*).
cre|an|za f. Anstand *m.*: ***avere*** ~ Anstand haben; ***seguire (rispettare), offendere (andare contro), difendere le regole della*** ~ die Regeln des Anstands (*o* die Anstandsregeln) beachten, verletzen, wahren ◆ ***buona*** ~ Wohlerzogenheit *f.*; ***mala*** ~ Ungezogenheit *f.*; ***senza*** ~ ungezogen.
cre|a|re I tr. **1a** schaffen, erschaffen (anche ESTENS.): ~ ***qcs. dal nulla*** etw. aus dem Nichts erschaffen; ***Dio creò l'uomo*** Gott schuf den Menschen **b** *(ideare)* kreieren, schaffen: ~ ***una nuova collezione*** eine neue Kollektion kreieren **c** FIG. *(suscitare)* schaffen, erzeugen, verursachen: ~ ***confusione, scandalo*** Verwirrung, einen Skandal verursachen; ~ ***panico in qcn.*** bei jdm Panik erzeugen **2** *(nominare)* ernennen, wählen, machen: ~ ***qcn. presidente*** jdn zum Vorsitzenden machen **II** pronom. **crearsi 1** sich (D) schaffen: ***-rsi dei nemici*** sich Feinde schaffen **2** *(formarsi)* entstehen, sich (A) bilden: ***sulla strada si è creata una patina di ghiaccio*** auf der Straße hat sich Eisglätte gebildet.
cre|a|ti|na f. Kreatin *n.*
cre|a|ti|vi|tà f. Schaffenskraft *f.*, Kreativität *f.* **cre|a|ti|vo I** agg. **1** Schöpfer-, schöpferisch, kreativ: ***lavoro*** ~ schöpferische Arbeit; ***spirito, estro*** ~ Schöpfergeist *m.* (*o* schöpferischer Drang); ***avere doti -e*** eine schöpferische Begabung haben (*o* kreativ veranlangt sein) **2** *(della creazione)* Schöpfungs-: ***atto*** ~ Schöpfungsakt *m.* **II** m. Kreative *m.*
cre|a|to I p.pass. agg. **1** → **creare 2** geschaffen: FIG. ~ ***dalla mano dell'uomo*** von (*o* durch) Menschenhand geschaffen **II** m. Schöpfung *f.* ◆ ~ ***recentemente*** neu geschaffen.
cre|a|to|re I agg. Schöpfer-: ***mano -trice*** Schöpferhand *f.* **II** m. **1** *(Dio)* Schöpfer *m.* **2** ESTENS. Schöpfer *m.*, Erschaffer *m.*: ~ ***di famose opere d'arte*** Schöpfer berühmter Kunstwerke ◆ COLLOQ. ***andare al*** ~ den Löffel ab‿geben (*o* das Zeitliche segnen); COLLOQ. ***mandare qcn. al*** ~ jdn ins Jenseits befördern; ~ ***di moda*** Modemacher *m.*, Modeschöpfer *m.*
cre|a|tu|ra f. **1** Geschöpf *n.*, Wesen *n.*, Kreatur *f.*: ***una*** ~ ***delicata*** ein zartes Wesen; ***essere -e di dio*** Geschöpfe Gottes sein; FIG. ~ ***angelica*** engelhaftes Wesen **2** *(bambino)* Wesen *n.*, Ding *n.*, FAM. Wurm *m.*: ***povera*** ~! armes Wesen, Ding! ◆ ~ ***ibrida*** Zwittergeschöpf *n.*; ~ ***umana*** Menschenkind *n.* **cre|a|tu|ra|le** agg. kreatürlich. **cre|a|tu|ra|li|tà** f. Kreatürlichkeit *f.* **cre|a|tu|ri|na** f. *(bambino)* kleines Ding *n.*, FAM. Würmchen *n.*
cre|a|zio|ne f. **1** Erschaffung *f.*, Schöpfung *f.*: ***la*** ~ ***dell'uomo, del***

mondo die Erschaffung des Menschen, der Welt **2** *(opera)* Schöpfung *f.*, Schaffen *n.*, Geschöpf *n.*: ***questa è una sua ~*** das ist eine Schöpfung von ihm; ***la ~ di un poeta, di un artista*** das Schaffen (*o* Geschöpf) eines Dichters, eines Künstlers **3** SART. Schöpfung *f.*, Kreation *f.*: ***-i di moda*** Modekreationen; ***l'ultima ~ di Parigi*** die letzte Kreation aus Paris **4** *(costituzione)* Gründung *f.*, Bildung *f.*: ***la ~ di una società, di un nuovo stato*** die Gründung einer Gesellschaft, eines neuen Staates ◆ ***~ di posti di lavoro*** Schaffung *f.* von Arbeitsplätzen; ***nuova ~*** Neuschöpfung *f.*, neue Kreation.

creb|bi → **crescere.**

crec|chia f. Heidekraut *n.*

cre|den|te I agg. gläubig: ***un cristiano ~*** ein gläubiger Christ; ***non ~*** ungläubig **II** m. e f. Gläubige *m.* e *f.*: ***non ~*** Ungläubige *m.* e *f.*

1.cre|den|za f. Glaube *m.*: ***~ religiosa*** religiöser Glaube; *(opinione)* ***~ nei miracoli*** Wunderglaube *m.*; ***è mia ferma ~ che...*** ich bin fest davon überzeugt, dass... ◆ ***falsa ~*** Irrglaube *m.*; ***~ popolare*** Volksglaube *m.*; ***di ~ religiosa diversa*** andersgläubig.

2.cre|den|za f. Küchenschrank *m.*, Geschirrschrank *m.*, Anrichte *f.*: ***riporre le stoviglie nella ~*** das Geschirr in den Küchenschrank ein‿räumen.

cre|den|zia|le I agg. DIPL. Beglaubigungs-: ***lettere -i*** Beglaubigungsschreiben *n.* **II** f. **1** DIPL. Beglaubigungsschreiben *n.*, Akkreditiv *n.*: ***presentare le -i*** das Beglaubigungsschreiben überreichen **2** BANC. Kreditbrief *m.* **3** ESTENS. ***avere buone -i presso qcn.*** bei jdm gut angeschrieben sein.

1.cre|de|re I tr. **1** glauben: ***credo che venga*** ich glaube, er kommt; ***credo di sì, di no*** ich glaube, ja (*o* schon), nicht; ***è assurdo ~ che...*** es ist absurd zu glauben, dass...; ***si stenta a crederlo*** es ist kaum zu glauben; ***ti credevo a casa, in vacanza*** ich glaubte dich zu Hause, in Urlaub **2** *(pensare)* glauben, meinen: ***lo credi sul serio?*** meinst du das im Ernst? ***credeva di sognare*** er meinte zu träumen **3** *(ritenere)* halten: ***lo credo sincero*** ich halte ihn für ehrlich; ***lo credevo un amico*** ich hielt ihn für (m)einen Freund **II** intr. (aus. *avere*) **1a** glauben: ***~ a qcn., a qcs.*** jdm, etw. glauben; ***nessuno le credeva*** niemand glaubte ihr; ***non credo alle sue parole*** ich glaube seinen Worten nicht; ***~ fermamente*** an etw. (A) steif und fest glauben **b** *(avere fiducia, confidare)* ***~ in qcn., in qcs.*** an jdn, etw. glauben; ***~ nel domani, nel progresso*** an die Zukunft, an den Fortschritt glauben; ***non ci credo*** ich glaube nicht (daran) **c** *(credere nell'esistenza)* ***~ in dio, nell'aldilà*** an Gott, ans Jenseits glauben **2** *(prestar fede)* trauen: ***~ a tutti*** allen trauen; ***non ~ ai propri occhi, alle proprie orecchie*** seinen Augen, Ohren nicht trauen **III** pronom. **credersi 1** sich glauben, sich meinen: ***-rsi nel giusto, al sicuro, tradito*** sich im Recht, in Sicherheit, verraten glauben **2** *(considerarsi)* sich halten: ***-rsi furbo*** sich für schlau halten ◆ ***beato chi ci crede!*** wer's glaubt, wird selig! ***lo credo bene*** das glaube ich wohl! ***~ qcn. capace di qcs.*** jdm etw. zu‿trauen; ***~ qcn. capace di un omicidio*** jdm einen Mord zu‿trauen; ***chi l'avrebbe (mai) creduto!*** wer hätte das geglaubt! ***chi credi di essere?*** für wen hältst du dich eigentlich? ***da non ~!*** nicht zu glauben! ***dare a, far ~ qcs. a qcn.*** jdn etw. glauben machen, lassen; ***fa' come credi*** mach wie du glaubst; ***~ a qcn. sulla parola*** jdm aufs Wort glauben; ***se crede*** wenn Sie glauben.

2.cre|de|re m. Meinung *f.*, Glaube *m.*: ***a mio ~*** meiner Meinung nach ◆ ***oltre ogni ~*** über alle Maßen; DIR. ***star del ~*** Delkredere *n.*

cre|di|bi|le agg. **1** glaubhaft, glaubwürdig: ***mi sembra ~*** es scheint mir glaubhaft; ***una scusa ~*** eine glaubhafte Entschuldigung; ***è poco ~*** es ist kaum glaublich **2** *(di persona)* glaubwürdig: ***un testimone ~*** ein glaubwürdiger Zeuge. **cre|di|bi|li|tà** f. Glaubwürdigkeit *f.*, Glaubhaftigkeit *f.*: ***guadagnare, perdere (in) ~*** an Glaubwürdigkeit gewinnen, ein‿büßen (*o* verlieren); ***verificare la ~ di un testimone*** einen Zeugen auf seine Glaubwürdigkeit hin überprüfen.

cre|di|ti|zio agg. *(-zi,-zie)* Kredit-: ***mercato ~*** Kreditmarkt *m.*; ***sistema ~*** Kreditsystem *n.*, Kreditwesen *n.*; ***volume ~*** Kreditumfang *m.*; ***politica -a*** Kreditpolitik *f.*; ***restrizione -a*** Kreditrestriktion *f.*

cre|di|to m. **1** Glaube *m.*: ***dar ~ a qcn., qcs.*** jdm, etw. Glauben schenken; ***(non) trovar ~*** (keinen) Glauben finden **2** *(reputazione)* Ansehen *n.*, Ruf *m.*, Kredit *m.*: ***avere, godere di molto ~ presso qcn.*** bei jdm großes Ansehen haben, genießen; ***perdere il proprio ~ per qcs.*** sein Ansehen durch etw. (A) verlieren **3** *(rinomanza)* ***la cucina italiana gode molto ~ all'estero*** die italienische Küche hat im Ausland einen sehr guten Ruf **4a** ECON. DIR. Kredit *m.*: ***concedere un ~ a qcn.*** jdm einen Kredit bewilligen, gewähren, ein‿räumen; ***fare ~ a qcn.*** jdm Kredit geben; ***essere in ~ con qcn.*** bei jdm Kredit haben; ***godere ~*** Kredit genießen; ***aprire, congelare, revocare, superare un ~*** einen Kredit eröffnen, ein‿frieren, zurück‿ziehen (*o* widerrufen, kündigen), überschreiten; ***ricorrere a un ~*** einen Kredit in Anspruch nehmen; ***~ a breve, medio, lungo termine*** kurz-, mittel-, langfristiger Kredit; ***~ a basso interesse, a interessi zero*** billiger, zinsloser Kredit **b** COMM. *(somma esigibile)* Kredit *m.*, Kreditsumme *f.*, Forderung *f.*, Guthaben *n.*: ***il ~ pendente ammonta a...*** die ausstehende Forderung beträgt...; ***~ ammesso, contestato, privilegiato*** anerkannte, bestrittene, bevorrechtigte Forderung; ***avere un ~ presso un negoziante*** in einem Geschäft ein Guthaben (o eine Forderung) haben ◆ ***comprare, vendere a ~*** auf Kredit kaufen, verkaufen; ***accensione di (un) ~*** Kreditaufnahme *f.*; ***acquisto a ~*** Kreditkauf *m.*; ***apertura di ~*** Krediteröffnung *f.*, Akkreditiv *n.*; ***banca di ~*** Kreditbank *f.*; ***~ bancario*** Bankkredit *m.*; ***beneficiario di un ~*** Kreditnehmer *m.*; ***~ cambiario*** Wechselkredit *m.*; ***carta di ~*** Kreditkarte *f.*: ***pagare con (la) carta di ~*** mit Kreditkarte bezahlen; ***concessione di ~*** Kreditgewährung *f.*; ***concessionario di un ~*** Kreditgeber *m.*; ***~ contabile*** Buchkredit *m.*; ***degno di ~*** glaubwürdig, kreditwürdig; ***~ documentario, documentato*** Dokumentenakkreditiv *n.*; ***domanda di ~*** Kreditantrag *m.*; ***durata del ~*** Kreditlaufzeit *f.*; ***~ edilizio*** Baukredit *m.*; ***~ fondiario*** Grundkredit *m.* (*o* Bodenkredit *m.*); ***~ immobiliare*** Realkredit *m.*, Immobiliarkredit *m.*; ***~ di imposta*** Steuerforderung *f.*, Steuererstattungskredit *m.*; ***~ ipotecario*** Hypothekarkredit *m.*; ***istituto di ~*** Kreditanstalt *f.*, Kreditinstitut *n.*; ***lettera di ~*** Kreditbrief *m.*, Akkreditiv *n.*; ***nota di ~*** Gutschriftsanzeige *f.*; ***operazione di ~*** Kreditgeschäft *n.*, Kreditverkehr *m.*; ***recupero -i*** Eintreibung *f.* von Außenständen; ***~ residuo*** Restguthaben *n.*; ***rimborso del ~*** Kredittilgung *f.*; ***titolo di ~*** Schuldschein *m.*; ***ufficio -i*** Kreditbüro *n.*, Kreditabteilung *f.*

cre|di|to|re I m. Gläubiger *m.*: ***soddisfare, liquidare, tacitare i -i*** die Gläubiger befriedigen, ab‿finden, ab‿speisen; ***~ privilegiato, moroso*** bevorrechtigter, säumiger Gläubiger; ***essere ~ di qcs. verso qcn.*** bei jdm etw. gut‿haben; ***accordarsi con i -i*** sich mit den Gläubigern abfinden **II** agg. Gläubiger-: ***società -trice*** Gläubigergesellschaft *f.* ◆ ***assemblea dei -i*** Gläubigerversammlung *f.*; ***~ di cambiale*** Wechselgläubiger *m.*; ***~ concordatario*** Vergleichsgläubiger *m.*; ***conto -i*** Kreditorenkonto *n.*; ***~ della massa fallimentare*** Konkursgläubiger *m.*, Massegläubiger *m.*; ***~ ipotecario*** Hypothekengläubiger *m.*; ***~ privilegiato*** Prioritätsgläubiger *m.*; ***vecchio ~*** Altgläubiger *m.* **cre|di|tri|ce** f. Gläubigerin *f.*

cre|do m. Kredo *n.*, Glaubensbekenntnis *n.* (anche FIG.): ***dire, recitare il ~*** das Glaubensbekenntnis sprechen, beten; ***il proprio ~ politico*** sein politisches Glaubensbekenntnis.

cre|du|li|tà f. Leichtgläubigkeit *f.* **cre|du|lo** agg. leichtgläubig. **cre|du|lo|ne I** agg. leichtgläubig, blindgläubig **II** m. leichtgläubiger Mensch *m.*, Naivling *m.*

cre|ma I f. **1** Creme *f.*: ***spalmare qcn. di ~*** jdn ein‿cremen; ***spalmare il viso di ~*** das Gesicht mit Creme ein‿reiben; ***la ~ viene rapidamente assorbita dalla pelle*** die Creme zieht rasch in die Haut ein **2a** GASTR. Creme *f.*, Krem *f.*: ***torta alla ~*** Cremetorte *f.* **b** *(minestra)* Creme(suppe) *f.*: ***~ di asparagi*** Spargelcremesuppe *f.* **3** FIG. ***la ~ della società*** die Creme der Gesellschaft **II** agg. creme, cremefarbig, Creme-: ***color ~*** Cremefarbe *f.* ◆ ***~ da barba*** Rasiercreme *f.*; ***~ di bellezza*** Schönheitscreme *f.*; ***~ per calzature*** Schuhcreme *f.*; ***~ per capelli*** Haarcreme *f.*; ***~ depilatoria*** Enthaarungscreme *f.*; ***~ detergente*** Reinigungscreme *f.*; ***gelato alla ~*** Vanilleeis *n.*; ***~ da giorno*** Tagescreme *f.*; ***~ idratante*** Feuchtigkeitscreme *f.*; ***~ per le mani*** Handcreme *f.*; ***~ da notte*** Nachtcreme *f.*; ***~ nutriente*** Nährcreme *f.*; ***~ per la pelle*** Hautcreme *f.*; ***~ solare*** Sonnencreme *f.*, Sonnenschutzcreme *f.*; ***~ per il viso*** Gesichtscreme *f.*

cre|ma|glie|ra f. TECN. Zahnstange *f.* ◆ ***ferrovia a ~*** Zahnradbahn *f.*

cre|ma|re tr. ein‿äschern, verbrennen. **cre|ma|to|rio I** agg. *(-ri, -rie)* Einäscherungs-: ***forno ~*** Feuerbestattungsofen *m.* **II** m. *(-ri)* Einäscherungshalle *f.*, Krematorium *n.* **cre|ma|zio|ne** f. Einäscherung *f.*, Verbrennung *f.*, Feuerbestattung *f.*

crè|me [krɛm] f. Creme *f.* **crè|me ca|ra|mel** f. Karamellpudding *m.*

cre|me|ri|a f. REGION. Eiscafé *n.*

cre|mi|si m. Karmin *n.*, Karmesin *n.* **cre|mi|si|no** agg. karminrot, karmesinrot.

Crem|li|no n.pr.m. Kreml *m.*

cre|mo|la|to m. INTRAD. (weiche und fruchtige Granita).

cre|mo|so agg. cremig, sahnig: ***jogurt ~*** Sahnejoghurt *m.*

cren m. Meerrettich *m.*, Kren *m.*

cre|na|tu|ra f. BOT. Kerbe *f.*, Kerbzahn *m.*

cre|o|lo I agg. kreolisch **II** m. **1** Kreole *m.* **2** *(lingua)* Kreolische *n.*

Cre|on|te n.pr.m. Kreon *m.*

cre|o|so|to m. Kreosot *n.*

cre|pa f. **1** Riss *m.*, Spalt *m.*, Spalte *f.*: ***una ~ nel muro, sul soffitto*** ein Riss in der Wand, in der Decke; ***~ nel terreno*** Erdspalte *f.* **2** FIG.

Riss *m.*; ***il loro matrimonio mostra già qualche ~*** ihre Ehe zeigt schon einige Risse. **cre|pac|cio** m. *(-ci)* Spalte *f.*, *(nelle rocce)* Felsspalte *f.*, Aufbruch *m.*: ***si è aperto un ~*** eine Spalte hat sich geöffnet.

cre|pa|cuo|re m. Herzeleid *n.*; ***morire di ~*** an gebrochenem Herzen sterben.

cre|pa|pel|le, ***ridere a ~*** sich kaputt lachen; ***mangiare a ~*** sich den Bauch voll schlagen.

cre|pa|re I intr. (aus. *essere*) **1** auseinander brechen, bersten: ***in seguito al terremoto le pareti sono crepate*** bei dem Erdbeben sind die Wände geborsten **2a** *(di vetro, porcellana)* einen Sprung (*o* Sprünge) bekommen **b** *(di ghiaccio)* Risse bekommen **3** *(screpolarsi)* auf‿springen, rissig werden: ***(per il freddo) mi si sono crepate le labbra*** die Lippen sind mir (vor Kälte) aufgesprungen **4** COLLOQ. *(morire)* krepieren, ein‿gehen, verrecken **5a** COLLOQ. *(scoppiare)* platzen: ***~ dalle risate, d'invidia*** vor Lachen, Neid platzen **b** um‿kommen: ***~ dal caldo, dal freddo*** vor Hitze, Kälte umkommen **II** pronom. **creparsi 1** auseinander brechen, bersten **2a** *(di vetro, porcellana)* einen Sprung (*o* Sprünge) bekommen: ***il vaso si è crepato*** die Vase hat einen Sprung bekommen **b** *(di ghiaccio)* Risse bekommen **3** *(screpolarsi)* auf‿springen, rissig werden ◆ ***crepa!*** = geh zum Teufel! ***crepi l'avarizia!*** zum Teufel mit dem Sparen! ***crepi il lupo*** Hals- und Beinbruch! ***neanche a ~!*** nicht ums Verrecken! ***~ di salute*** von (*o* vor) Gesundheit strotzen. **cre|pa|to** p.pass. agg. **1** → **crepare 2a** rissig: ***un muro ~*** ein rissiges Mauerwerk **b** ***vaso ~*** Vase mit einem Sprung. **cre|pa|tu|ra** f. Sprung *m.*; *(dei ghiacci)* Riss *m.*

1.crê|pe [krɛ:p] f.inv. GASTR. Crêpe *f.*

2.crê|pe [krɛ:p] m.inv. TESS. Crêpe *m.*

cre|pel|la f. Krepeline *f.*

cre|pi|ta|re intr. (*crepito;* aus. *avere*) prasseln; *(del fuoco)* knistern; *(di fucili a ripetizione)* knattern, rattern. **cre|pi|ta|zio|ne** f. MED. Krepitation *f.* **cre|pi|ti|o** m. Prasseln *n.*, Geprassel *n.*; *(di armi)* Knattern *n.*

cre|pon m.inv. Krepon *m.*

cre|pu|sco|la|re I agg. **1** Dämmer-, dämm(e)rig: ***luce, ora ~*** Dämmerlicht *n.*, Dämmerstunde *f.*; MED. PSIC. ***stato ~*** Dämmerzustand *m.* **2** ZOOL. dämmerungsaktiv **3** RAR. FIG. *(incerto, vago)* vage, unbestimmt **4** LETT. den Crepuscolarismo betreffend **II** m. INTRAD. (Dichter des Crepuscolarismo). **cre|pu|sco|la|ri|smo** m. INTRAD. (italienische Dichtergruppe zu Beginn des 20. Jahrhunderts).

cre|pu|sco|lo m. **1** Dämmerung *f.*: ***~ della sera, del mattino*** Abend-, Morgendämmerung *f.*; ***al ~*** bei, mit Einbruch der Dämmerung; ***cala il ~*** die Dämmerung senkt sich herab **2** FIG. LETT. *(tramonto, declino)* Untergang *m.* ◆ ***~ degli dei*** Götterdämmerung *f.*; ***~ della vita*** Lebensabend *m.*

cre|scen|do m.inv. **1** MUS. Crescendo *n.*, Krescendo *n.* **2** ESTENS. Anwachsen *n.*, Zunehmen *n.*; ***un ~ di proteste, di entusiasmo*** wachsende Proteste, wachsende Begeisterung. **cre|scen|te** agg. **1** zunehmend: ***luna ~*** zunehmender Mond; ***in misura ~*** in zunehmendem Maße **2** *(in aumento)* wachsend, steigend: ***con ~ interesse, stupore*** mit wachsendem Interesse, Erstaunen; ***difficoltà -i*** wachsende Schwierigkeiten **3** MUS. ***nota ~*** zu hohe Note.

1.cre|scen|za f. → **crescita.**

2.cre|scen|za f. INTRAD. (fetthaltiger Weichkäse aus der Lombardei).

cre|sce|re *(cresco, cresci; crebbi; cresciuto)* **I** intr. (aus. *essere*) **1** wachsen: ***~ di, in statura*** in die Höhe wachsen (*o* größer werden); ***l'albero cresce dritto, storto*** der Baum wächst gerade, krumm; ***queste piante crescono in un clima umido*** diese Pflanzen wachsen in einem feuchten Klima; ***ti sono cresciuti i capelli*** deine Haare sind gewachsen; ***come sei cresciuto!*** du bist aber gewachsen! **2** *(accrescersi, aumentare)* wachsen, zu‿nehmen: ***~ di numero, di peso, di volume, d'intensità*** an Zahl, Gewicht, Volumen, Stärke zunehmen; ***il dolore, il rumore cresce*** der Schmerz, der Lärm wächst; ***il numero di abitanti non cresce più*** die Einwohnerzahl wächst nicht mehr; BIBL. ***~ in sapienza*** an Weisheit zunehmen **3a** *(salire)* steigen, sich steigern, wachsen: ***il livello dell'acqua cresce a vista d'occhio*** der Wasserstand steigt sichtbar; ***i prezzi sono cresciuti del 3%*** die Preise sind um 3% gestiegen **b** *(intensificarsi)* wachsen, sich steigern, steigen: ***~ nella stima di qcn.*** in jds Achtung steigen; ***la tensione cresce*** die Spannung steigt; ***in me cresceva la paura*** meine Angst wuchs **4a** *(trascorrere l'infanzia)* auf‿wachsen: ***siamo cresciuti insieme, in campagna*** wir sind zusammen, auf dem Land aufgewachsen **b** *(essere allevato)* erzogen werden: ***è cresciuto in collegio*** er ist in einem Internat erzogen worden **5** FIG. *(progredire, migliorare)* hinein‿wachsen: ***~ come genitore*** in die Elternrolle hineinwachsen **6** COLLOQ. *(esserci in eccedenza)* übrig‿bleiben: ***mi cresce un quaderno*** ein Heft bleibt mir übrig **7** *(di pasta, riso)* ***~ (cuocendo)*** beim Kochen auf‿gehen **II** tr. **1** groß‿ziehen, auf‿ziehen: ***~ i figli*** seine Kinder großziehen; ***essere cresciuto dai nonni*** von den Großeltern aufgezogen werden **2** *(nel lavoro a maglia)* zu‿nehmen ◆ ***~ a dismisura*** ins Kraut schießen (anche FIG.); FIG. SCHERZ. ***la famiglia è cresciuta*** die Familie hat Zuwachs bekommen; ***farsi ~ la barba, i capelli*** sich (D) den Bart, die Haare wachsen lassen; ***~ a una dura scuola*** in eine harte Schule gehen (*o* eine harte Schule durch‿machen).

cre|scio|ne m. Kresse *f.*

cre|sci|ta f. **1** Wachstum *n.*, Wuchs *m.*: ***la ~ di un bambino*** das Wachstum eines Kindes; ***~ dei capelli*** Haarwuchs *m.*; ***favorire, accelerare, arrestare la ~*** das Wachstum fördern, beschleunigen, hemmen; ***restare indietro nella ~*** im Wachstum zurück‿bleiben; ***la ~ rapida, impetuosa dell'economia, di una città*** das schnelle, stürmische Wachstum der Wirtschaft, einer Stadt **2** *(aumento)* Steigerung *f.*: ***~ dei prezzi, della produzione*** Preissteigerung *f.*, Produktionssteigerung *f.* ◆ ***attraversare un crisi di ~*** eine Wachstumskrise durch‿machen; ***disturbo della ~*** Wachstumsstörung *f.*; ***~ economica*** Wirtschaftswachstum *n.*; ***essere nell'età della ~*** im Wachsen sein; ***in ~*** steigend, zunehmend; ***un vestito per la ~*** ein Kleid auf Zuwachs; ***a ~ rapida*** schnell-, raschwüchsig; ***ritardo nella ~*** Kleinwuchs *m.*; ***tasso di ~*** Wachstumsrate *f.*, Steigerungsrate *f.*; ***~ zero*** Nullwachstum *n.*

cre|sciu|to p.pass. agg. **1** → **crescere 2** ***un bambino ~*** ein großes Kind.

cre|si|ma f. Firmung *f.*: ***impartire, ricevere (fare) la ~*** die Firmung spenden, gefirmt werden; ***padrino, madrina di ~*** Firmpate *m.*, Firmpatin *f.* **cre|si|man|do** m. Firmling *m.* **cre|si|ma|re** tr. *(cresimo)* firmen.

Cre|so n.pr.m. Krösus *m.* **cre|so** m. Krösus *m.*: ***non essere un ~*** kein Krösus sein.

cre|so|lo m. Kresol *n.*

cre|spa f. **1** *(della pelle)* Falte *f.* **2a** *(del tessuto)* Kräusel *f.* e *m.*, Kräuselung *f.* **b** *(del mare)* Kräuselung *f.* **cre|spa|re** tr. LETT. kreppen, kräuseln. **cre|spa|to** p.pass. agg. **1** → **crespare 2** kreppartig, Krepp-: ***carta -a*** Krepppapier *n.* **cre|spa|tu|ra** f. Kräuselung *f.*

cre|spel|la f. INTRAD. (gefüllter Pfannkuchen).

cre|spi|no m. Berberitze *f.*, Sauerdorn *m.*

cre|spo I agg. **1** *(riccio)* kraus, Kraus-: ***capelli -i*** krauses Haar, Kraushaar *n.*; ***dai capelli -i*** kraushaarig, krausköpfig **2** *(increspato)* kreppig, kreppartig, Krepp- **II** m. Krepp *m.*, Crêpe *m.* ◆ ***cavolo ~*** Braunkohl *m.*

1.cre|sta f. **1** Kamm *m.*: ***la ~ del gallo, dell'iguana*** der Kamm des Hahnes (*o* der Hahnenkamm), des Leguans **2** *(dell'onda)* Wellenkamm *m.*, Kamm *m.* **3a** GEOGR. *(di monte)* Gebirgskamm *m.*, Gebirgsgrat *m.* **b** ALP. Kammlage *f.*: ***in ~*** in Kammlage; ***percorso in ~*** Kammweg *m.*, Gratwanderung *f.* **4** *(crestina)* Servierhäubchen *n.* ◆ ***abbassare la ~*** den Schwanz ein‿ziehen; ***qcn. alza la ~*** jdm schwillt der Kamm; BOT. ***~ di gallo*** Hahnenkamm *m.*; ALP. ***linea di ~*** Kammlinie *f.*, Grat *m.*; ***~ dell'onda*** Wellenkamm *m.*; FIG. ***essere sulla ~ dell'onda*** = auf dem Gipfel des Erfolgs stehen (*o* sein).

2.cre|sta f., ***fare la ~*** = Geld für sich ab‿zweigen.

cre|sti|na f. Servierhäubchen *n.*

cre|ta f. **1** GEOL. Kreide *f.* **2** *(argilla)* Ton *m.*: ***lavorare, modellare la ~*** den Ton kneten, formen; ***vasellame di ~*** Geschirr aus Ton, Tongeschirr *n.*

Cre|ta n.pr.f. Kreta *n.* **cre|ta|ce|o I** agg. kreideartig, kreidig, Kreide-: ***roccia -a*** Kreidefelsen *m.*; ***periodo ~*** Kreidezeit *f.* **II** m. Kreidezeit *f.*, Kreide *f.* **cre|te|se I** agg. kretisch **II** m. e f. Kreter *m.* (-in *f.*).

cre|ti|na|ta f. COLLOQ. **1** Blödsinn *m.*: ***fare, dire -e*** Blödsinn machen, reden; ***che ~!*** so ein Blödsinn! **2** *(cosa da nulla)* Kleinigkeit *f.* **cre|ti|ne|ri|a** f. Blödheit *f.*, Dummheit *f.* **cre|ti|ni|smo** m. **1** Kretinismus *m.* **2** ESTENS. Blödheit *f.*

cre|ti|no I agg. blöd, blödsinnig, dumm: ***una domanda -a*** eine blöde Frage **II** m. **1** COLLOQ. SPREG. Blödmann *m.*, Idiot *m.*, Trottel *m.*: ***comportarsi da ~*** sich wie ein Idiot auf‿führen; ***fare il ~*** den Dummen (*o* Blöden) spielen; ***che ~!*** du Trottel! (*o* du Depp!) **2** MED. Kretin *m.* **cre|ti|noi|de** agg. kretinoid.

cre|ton|ne f. Cretonne *m.* e *f.*; AUSTR. Kretonne *m.*

cre|to|so agg. kreidig: ***un terreno ~*** ein kreidiger Boden.

CRI ⇒ *Croce Rossa Italiana* Italienisches Rotes Kreuz.

crib|bio inter. potztausend.

cri|bro|so agg. **1** siebartig **2** ANAT. BOT. Sieb-: ***lamina -a*** Siebplatte *f.*

1.cric m.inv. Wagenheber *m.*: ***mettere il ~*** den Wagenheber an‿setzen; ***sollevare la macchina con il ~*** das Auto mit dem Wagenheber an‿heben.

2.cric inter. klirr.

Cric, ***~ e Croc*** Dick und Doof.

cri|c|ca f. *(-che)* **1** Klüngel *m.*, Clique *f.* **2** *(di amici)* Clique *f.*: ***formare una ~ inseparabile*** eine unzertrennliche Clique bilden ◆ ***una ~ di potere*** ein Klüngel.

cric|chet|to m. Sperrklinke *f.*

cric|chia|re intr. *(cricchio, cricchi;* aus. *avere)* knistern, knacken. **cric|chio** m. *(-chi)* Knistern *n.*, Knacken *n.*

cri|c|co m. *(-chi)* → **cric.**

cri|ce|to m. Hamster *m.*

cricket m.inv. Kricket *n.*; ***giocatore di ~*** Kricketspieler *m.*

cri cri I inter. zirp; ***fare ~*** zirpen **II** m.inv. Zirpen *n.*: ***il ~ dei grilli*** das Zirpen der Grillen.

Cri|me|a n.pr.f. Krim *f.*: ***guerra di ~*** Krimkrieg *m.*

cri|mi|na|le I agg. **1** Kriminal-: ***antropologia ~*** Kriminalanthropologie *f.* **2** *(criminoso)* kriminell, verbrecherisch: (anche ESTENS.): ***atto ~*** verbrecherischer Akt; ***metodi, elementi -i*** kriminelle Methoden (*o* Verbrechermethoden), Elemente; ***un regime ~*** ein verbrecherisches Regime; ***un passato ~*** eine kriminelle Vergangenheit **II** m. e f. **1** Verbrecher *m.* (-in *f.*), Kriminelle *m.* e *f.*: ***un pericoloso ~, un ~ incallito*** ein gemeingefährlicher, abgebrühter Verbrecher **2** FIG. COLLOQ. Kriminelle *m.* e *f.*; ***guidare come un ~*** kriminell fahren ◆ ***~ di guerra*** Kriegsverbrecher *m.*

cri|mi|na|li|tà f. Kriminalität *f.*: ***combattere, arginare la ~*** die Kriminalität bekämpfen (*o* gegen die Kriminalität kämpfen), die Kriminalität ein‿dämmen ◆ ***lotta alla ~*** Verbrechensbekämpfung *f.*; ***~ organizzata*** organisiertes Verbrechertum.

cri|mi|na|liz|za|re tr. kriminalisieren. **cri|mi|na|liz|za|zio|ne** f. Kriminalisierung *f.*

Cri|mi|nal|pol ⇒ *polizia criminale* Kriminalpolizei.

cri|mi|ne m. Verbrechen *n.*: ***ideare, commettere un ~*** ein Verbrechen planen, begehen (*o* verüben); ***un ~ contro qcn., qcs.*** ein Verbrechen gegen jdn, etw.; ESTENS. ***un ~ contro l'umanità*** ein Verbrechen an der Menschheit; *(criminalità)* ***combattere il ~*** gegen das Verbrechen kämpfen ◆ ***~ di guerra*** Kriegsverbrechen *n.*; ***lotta al ~*** Verbrechensbekämpfung *f.*; ***~ di stato*** Staatsverbrechen *n.*; ***storia del ~*** Kriminalgeschichte *f.* **cri|mi|no|lo|gi|a** f. Kriminologie *f.*, Kriminalistik *f.* **cri|mi|no|lo|go** m. *(-gi)* Kriminologe *m.*

cri|mi|no|si|tà f. Kriminalität *f.* **cri|mi|no|so** agg. kriminell, verbrecherisch: ***un comportamento ~*** ein kriminelles Verhalten.

cri|na|le m. Gebirgskamm *m.*, Kamm *m.*, Grat *m.*

cri|ne m. **1** *(di cavallo)* Rosshaar *n.*, Pferdehaar *n.*; *(vegetale)* Seegras *n.* **2** LETT. *(capigliatura)* Haar *n.*, Mähne *f.* ◆ ***feltro di ~*** Haarfilz *m.*; ***filato di ~*** Haargarn *n.*; ***materasso di ~*** Rosshaarmatratze *f.* **cri|nie|ra** f. Mähne *f.* (anche FIG.): ***~ al vento*** mit fliegender Mähne. **cri|ni|to** agg. LETT. mähnig (anche FIG.).

cri|no|li|na f. Krinoline *f.*, Reifrock *m.*

crio|chi|rur|gi|a f. Kryochirurgie *f.*, Kältechirurgie *f.* **crio|li|te** f. Kryolith *m.* **crio|lo|gi|a** f. Kryologie *f.* **crio|sco|pi|a** f. Kryoskopie *f.* **crio|tec|ni|ca** f. Kryotechnik *f.* **crio|te|ra|pi|a** f. Kryotherapie *f.*, Kältebehandlung *f.*

crip|ta f. **1** ARCH. Krypta *f.* **2** ANAT. Krypte *f.* **crip|ta|re** tr. verschlüsseln, kodieren. **crip|ti|ca|men|te** avv. kryptisch. **crip|ti|co** agg. *(-ci,-che)* kryptisch. **crip|to** m. Krypton *n.* **crip|to|ge|ne|ti|co** agg. *(-ci,-che)* kryptogen, kryptogenetisch. **crip|to|ni|mo** m. Kryptonym *n.* **crip|to|por|ti|co** m. *(-ci)* ARCHEOL. gedeckter Wandelgang *m.* **crip|tor|chi|di|a, crip|tor|chi|di|smo** m. Kryptorchismus *m.*: ***affetto da ~*** kryptorch.

cri|sa|li|de f. ZOOL. Puppe *f.*: ***trasformarsi in ~*** sich verpuppen; ***uscire dalla ~*** sich entpuppen.

cri|san|te|mo m. Chrysantheme *f.*, Wucherblume *f.*

cri|si f. **1** Krise *f.*: ***attraversare una ~*** eine Krise durch‿machen; ***entrare in (una), andare in ~*** in (eine) Krise geraten; ***essere in ~*** sich in einer Krise befinden; ***la ~ scoppia, si acutizza*** die Krise bricht aus, verschärft sich; ***provocare, superare una ~*** eine Krise hervor‿rufen, überwinden (überstehen); ***mettere in ~ qcn.*** jdn in eine Krise stürzen; ***uscire da una ~*** gerade eine Krise überwunden, überstanden haben; ***far uscire il paese da una ~*** das Land aus einer Krise heraus‿führen, heraus‿bringen **2** MED. Krise *f.*, Krisis *f.*: ***la ~ è sopraggiunta improvvisamente*** die Krisis ist plötzlich eingetreten ◆ ***~ agraria, agricola*** Agrarkrise *f.*; ***~ degli alloggi*** Wohnungsnot *f.*; ***~ degli approvvigionamenti*** Versorgungslücke *f.*; ***~ di astinenza*** Entziehungserscheinung *f.*, Entzugserscheinung *f.*; ***~ bancaria*** Bankkrise *f.*; ***~ cardiaca*** Herzkrise *f.*; ***cavalcare la ~*** = die Krise zu meistern versuchen; ***~ commerciale*** Handelskrise *f.*; ***~ di coscienza*** Gewissenskrise *f.*; ***~ economica*** Wirtschaftskrise *f.*; ***~ economica mondiale*** Weltwirtschaftskrise *f.*; ***~ energetica*** Energiekrise *f.*; ***~ epilettica*** epileptischer Anfall *m.*; ***esente da ~*** krisenfest; ***~ esistenziale*** Existenzkrise *f.*; POL. ***gestione della ~*** Krisenmanagement *n.*; ***~ di governo*** Regierungskrise *f.*; STOR. ***la grande ~*** die Weltwirtschaftskrise; ***~ d'identità*** Identitätskrise *f.*; ***~ isterica*** hysterischer Anfall *m.*; ***~ matrimoniale*** Ehekrise *f.*; ***~ mediorientale*** Nahostkrise *f.*; ***~ di mercato*** Absatzkrise *f.*; ***~ ministeriale*** Kabinettskrise *f.*; ***~ monetaria*** Währungskrise *f.*; ***~ di nervi*** Nervenkrise *f.*, Nervenzusammenbruch *m.*; ***~ occupazionale, dell'occupazione*** Beschäftigungskrise *f.*; ***periodo di ~*** Krisenzeit *f.*; ***~ petrolifera*** Ölkrise *f.*; ***~ di pianto*** Weinkrampf *m.*; ***~ puberale*** Pubertätskrise *f.*; ***~ di rigetto*** Abstoßungsreaktion *f.*; ***sintomo di ~*** Krisenerscheinung *f.*; ***soggetto a ~*** krisenanfällig; ***~ strutturale*** Strukturkrise *f.*; ***zona di ~*** Krisengebiet *n.*, Krisenherd *m.*

cri|si|di|de f. Goldwespe *f.*

cri|sma m. **1** LIT. Chrisma *n.*, Chrisam *m.* e *n.*, Salböl *n.* **2** FIG. *(approvazione)* Zustimmung *f.*: ***il ~ dell'ufficialità*** die offizielle Zustimmung ◆ ***con tutti i -i*** = mit allem was dazu gehört.

cri|so|be|ril|lo m. Chrysoberyll *m.* **cri|so|li|to** m. Chrysolith *m.*

cri|so|me|li|de m. Blattkäfer *m.*

cri|so|pa|zio, cri|so|pra|s(i)o m. Chrysopras *m.*

Cri|so|sto|mo, ***S. Giovanni ~*** Johannes Chrysostomus.

cri|stal|le|ri|a f. **1** Kristall *n.*, Kristallwaren *pl.* **2** *(negozio)* Kristallwarengeschäft *n.*; *(fabbrica)* Kristallwarenfabrik *f.* **cri|stal|lie|ra** f. Vitrine *f.*, Glasschrank *m.*

cri|stal|li|no I agg. **1** kristallinisch, Kristall-: ***reticolo ~*** Kristallgitter *n.* **2** *(di cristallo)* kristallen, Kristall-: ***vetro ~*** Kristallglas *n.* **3** *(simile al cristallo)* kristallähnlich, kristallartig **4** FIG. *(limpido)* kristallklar: ***acqua -a*** kristallklares Wasser **5** *(puro)* rein, klar: ***voce -a*** reine und klare Stimme; ***coscienza -a*** reines Gewissen **II** m. ANAT. Linse *f.*

cri|stal|liz|za|re I tr. aus‿kristallisieren **II** intr. (aus. *essere*) e pronom. **cristallizzarsi 1** (sich) kristallisieren **2** FIG. kristallisieren, erstarren, sich verfestigen: **cri|stal|liz|za|zio|ne** f. Kristallisierung *f.*, Kristallisation *f.* (anche FIG.).

cri|stal|lo m. **1** Kristall *n.*, Kristallglas *n.*: ***~ di Boemia*** böhmisches Kristall; ***bicchieri di ~*** Gläser aus Kristall, Kristallgläser; ESTENS. *(lastra di vetro)* ***il ~ della vetrina, della portiera*** das Schaufensterglas, die Türscheibe **2** CHIM. Kristall *m.* ◆ ***di ~*** kristallen, Kristall-; ***display a -i liquidi*** Flüssigkristallanzeige *f.*; STOR. ***notte dei -i*** Kristallnacht *f.*; ***~ di rocca*** Bergkristall *n.*

cri|stal|lo|chi|mi|ca f. Kristallchemie *f.* **cri|stal|lo|gra|fi|a** f. Kristallographie *f.* **cri|stal|lo|gra|fi|co** agg. *(-ci,-che)* kristallographisch. **cri|stal|loi|de I** agg. kristallähnlich, kristallartig **II** m. Kristalloid *n.*

cri|stia|na f. Christin *f.*

Cri|stia|na n.pr.f. Christiane *f.*

cri|stia|na|men|te avv. christlich: ***vivere ~*** ein christliches Leben führen; ***è ~ mancato*** er ist im Glauben verschieden; ESTENS. *(umanamente)* ***trattare qcn. ~*** jdn christlich behandeln. **cri|stia|ne|si|mo** m. Christentum *n.*: ***convertire qcn. al ~*** jdn zum Christentum bekehren.

cri|stia|nia f. SPORT ANT. Kristiania *f.*

cri|stia|ni|tà f. **1** Christlichkeit *f.* **2** *(mondo cristiano)* Christenheit *f.*

cri|stia|niz|za|re tr. christianisieren. **cri|stia|niz|za|zio|ne** f. Christianisierung *f.*

cri|stia|no I agg. **1** christlich, Christen-: ***la fede -a*** der christliche Glaube, Christenglaube(n); ***carità -a*** christliche Liebe; ***dottrina -a*** Christenlehre *f.*; ***comunità -a*** Christengemeinde *f.*; ***le chiese -e*** die christlichen Kirchen, Konfessionen **2** COLLOQ. *(conveniente)* anständig, vernünftig **II** m. **1** Christ *m.*, Christenmensch *m.*: ***diventare, farsi ~*** Christ werden; ***professarsi ~*** sich zum Christentum bekennen; ***persecuzione dei -i*** Christenverfolgung *f.* **2** *(essere umano)* Mensch *m.*, Menschenseele *f.*: ***non c'era un ~*** es war keine Menschenseele da; *(brav'uomo)* ***un povero ~*** ein armer Kerl, Teufel ◆ ***da ~*** *(decente)* anständig; *(ragionevole)* vernünftig; *(umano)* menschlich; ***Democrazia Cristiana*** = ehemalige christlich-demokratische Partei Italiens.

Cri|stia|no n.pr.m. Christian *m.*

cri|stia|no-de|mo|cra|ti|co I agg. *(-ci,-che)* christlich-demokratisch, christdemokratisch **II** m. *(-ci)* Christdemokrat *m.* **cri|stia|no-so|cia|le** agg. christlich-sozial.

Cri|sto m. **1a** Christus *m.*: *(il)* ***~ in croce, crocifisso*** Christus am Kreuz, der gekreuzigte Christus **b** Christus *m.*, Christusfigur *f.*, Christusbild *n.*: ***un ~ in bronzo*** eine Christusfigur in Bronze **2** COLLOQ. ***povero cristo!*** armer Teufel! armer Kerl! **3** *(come bestemmia)* ***~!*** Herr Gott noch mal! ◆ ***avanti ~*** vor Christus, vor Christi Geburt; ***dopo ~*** nach Christus, nach Christi Geburt; ***Gesù ~*** Jesus Christus; ANT. ***nell'anno di ~ 500*** im Jahre 500 nach Christi Geburt; ***festa di ~ Re*** Christkönigsfest *n.*

Cri|sto|fo|ro n.pr.m. Christoph *m.* ◆ ***~ Colombo*** Christoph Kolum-

bus; san ~ heiliger Christophorus.
cri|sto|la|tri|a f. Christolatrie *f.* **cri|sto|lo|gi|a** f. Christologie *f.* **cri|sto|lo|gi|co** agg. *(-ci,-che)* christologisch.
cri|te|rio m. *(-ri)* **1** Kriterium *n.*, Maßstab *m.*: adottare un ~ severo einen strengen Maßstab an‿legen; stabilire dei -ri per qcs. Kriterien für etw. auf‿stellen, Maßstäbe für etw. setzen; scegliere qcs. come ~ etw. zum Kriterium machen; scegliere qcn., qcs. secondo determinati -ri jdn, etw. nach bestimmten Kriterien aus‿wählen **2** ESTENS. *(senno)* Vernunft *f.*, Verstand *m.*: agire senza ~ ohne Vernunft handeln; con ~ mit Verstand ◆ ~ di classificazione Einteilungsprinzip *n.*; ~ di giudizio Beurteilungsmaßstab *m.*; ~ di massima Leitsatz *m.*, Richtlinie *f.*
cri|te|rium m.inv. SPORT Kriterium *n.*
cri|ti|ca f. *(-che)* Kritik *f.*: muovere una ~ a qcn. Kritik an jdm üben; sottoporre qcs. a una dura ~ etw. einer harten Kritik unterziehen; incontrare dure -che auf heftige Kritik stoßen; essere oggetto di -che kritisiert werden; esporsi alle -che sich der Kritik aus‿setzen; *(i critici)* la ~ espresse pareri discordi sul romanzo der Roman wurde von der Kritik unterschiedlich beurteilt; un grande successo di ~ ein großer Erfolg bei der Kritik ◆ ~ d'arte, artistica Kunstkritik *f.*; ~ cinematografica Filmkritik *f.*; fare la ~ a qcs. etw. kritisieren; ~ letteraria Literaturkritik *f.*; ~ testuale Textkritik *f.*
cri|ti|ca|bi|le agg. tadelnswert. **cri|ti|ca|men|te** avv. kritisch.
cri|ti|ca|re tr. *(critico, critichi)* **1** kritisieren, tadeln: ~ qcs. pubblicamente etw. öffentlich kritisieren; avere qcs. da ~ su tutto an allem etw. zu kritisieren haben **2** *(recensire)* kritisieren, besprechen, rezensieren: ~ un libro, un concerto ein Buch, Konzert kritisieren ◆ farsi ~ sich dem Tadel aus‿setzen.
cri|ti|ci|smo m. Kritizismus *m.* **cri|ti|ci|tà** f. TECN. kritischer Punkt *m.*
cri|ti|co I agg. *(-ci,-che)* kritisch: un atteggiamento, uno spirito ~ eine kritische Haltung, ein kritischer Geist; guardare qcs. con occhio ~ etw. mit kritischem Blick mustern; commento ~ kritischer Kommentar; *(difficile)* un'età -a ein kritisches Alter; raggiungere un punto ~ einen kritischen Punkt erreichen; MED. la fase -a di una malattia die kritische Phase einer Krankheit **II** m. *(-ci)* Kritiker *m.* ◆ capacità -a Urteilsfähigkeit *f.*; ~ cinematografico Filmkritiker *m.*; edizione -a kritische Ausgabe; ~ letterario Literaturkritiker *m.*; NUCL. massa -a kritische Masse; ~ militante militanter Kritiker; ~ musicale Musikkritiker *m.*; CHIM. FIS. temperatura -a kritische Temperatur. **cri|ti|co|ne** m. COLLOQ. Kritt(e)ler *m.*, Nörgler *m.*: essere un ~ ein Nörgler sein, immer etw. zu (be)kritteln haben.
crit|to|ga|me f.pl. Kryptogamen *pl.* **crit|to|ga|mi|co** agg. *(-ci,-che)* kryptogam, kryptogamisch.
crit|to|gra|fi|a f. Kryptographie *f.* **crit|to|gra|fi|co** agg. *(-ci,-che)* kryptographisch. **crit|to|gra|fo** m. Kryptograph *m.* **crit|to|gram|ma** m. Kryptogramm *n.*
cri|vel|la|re tr. durchlöchern, durchsieben: ~ qcn. di pallottole jdn mit Kugeln durchlöchern. **cri|vel|lo** m. Sieb *n.*, Durchwurf *m.*
cro|a|to I agg. kroatisch **II** m. Kroate *m.* **Cro|a|zia** n.pr.f. Kroatien *n.*
croc|can|te I agg. knusp(e)rig: un panino, un pollo ~ ein knuspriges Brötchen, Hähnchen **II** m. Krokant *m.* **croc|can|ti|no** m. Krokant *m.* **croc|chet|ta** f. Krokette *f.*
croc|chia f. *(-chie)* Haarknoten *m.*, Knoten *m.*, Haarkranz *m.*: legare i capelli in una ~ das Haar zu einem Knoten schlingen.
croc|chia|re RAR. **I** intr. (aus. *avere*) **1** *(scricchiolare)* knirschen, knacken **2** *(emettere un suono sordo)* dumpf klingen **3** *(chiocciare)* glucken **II** tr. REGION. schlagen.
croc|chio m. *(-chi)* Gruppe *f.*, Grüppchen *n.*: far ~ in Grüppchen zusammen‿kommen, zusammen‿glucken.
cro|ce f. Kreuz *n.*: essere in, morire sulla ~ am Kreuz hängen, sterben; inchiodare qcn. alla ~ jdn ans Kreuz nageln, schlagen; staccare, deporre dalla ~ vom Kreuz ab‿nehmen; la morte di Cristo sulla ~ Christi Tod am Kreuz; *(simbolo cristiano)* una lunga fila di -i eine lange Reihe von Kreuzen; una ~ barocca ein barockes Kreuz; *(figura)* ~ greca, latina griechisches, lateinisches Kreuz; una ~ bianca in campo rosso ein weißes Kreuz auf rotem Grund; *(segno)* firmare con una ~ mit einem Kreuz unterschreiben; segnare con una ~ mit einem Kreuz versehen; FIG. portare la propria ~ sein Kreuz tragen, auf sich nehmen; ciascuno ha la sua ~ jeder hat sein Kreuz zu tragen; questo figlio è la mia ~ mit diesem Kind habe ich mein Kreuz; *(cristianesimo)* credere alla, predicare la ~ ans Kreuz glauben, das Kreuz predigen; abbracciare la ~ sich zum Christentum bekehren ◆ a (forma di) ~ kreuzförmig, Kreuz-; chiave, scalpello, cacciavite a ~ Kreuzschlüssel *m.*, Kreuzmeißel *m.*, Kreuzschlitzschraubendreher *m.*; disporre qcs. a ~ etw. kreuzweise legen; ~ di Sant'Andrea Andreaskreuz *n.*; ~ di cavaliere Ritterkreuz *n.*; SCHERZ. ~ e delizia Freud und Leid; FIG. fare una ~ sopra a, su qcs. = auf etw. verzichten, etw. auf‿geben; ~ di ferro Eisernes Kreuz; gettare la ~ addosso a qcn. = jdn beschuldigen, jdm etw. an‿hängen; ~ di guerra = italienisches Verdienstkreuz für die Veteranen des Ersten und Zweiten Weltkriegs; la ~ di Lorena das Lothringer Kreuz; ~ di Malta Malteserkreuz *n.*; ~ al merito Verdienstkreuz *n.*; FIG. mettere in ~ qcn. = jdn quälen; la ~ del nord das Kreuz des Nordens, das Nördliche Kreuz; a occhio e ~ über den Daumen gepeilt; punto ~ Kreuzstich *m.*; Croce Rossa Rotes Kreuz; segno della ~ Kreuzzeichen *n.*, Kreuzeszeichen *n.*; fare, farsi il segno di, della ~ das Kreuz machen, schlagen, sich bekreuzigen; la ~ del sud das Kreuz des Südens, das Südliche Kreuz; testa o ~ Kopf oder Zahl; fare a testa o ~ = eine Münze werfen; ~ uncinata Hakenkreuz *n.*; Croce Verde Grünes Kreuz.
cro|ce|fig|ge|re → crocifiggere. **cro|ce|fis|sio|ne** → crocifissione.
cro|ce|o agg. LETT. safrangelb.
cro|ce|ri|sta m. e f. *(-i,-e)* Kreuzfahrtteilnehmer *m.* (-in *f.*).
cro|ce|ros|si|na f. Rotkreuzschwester *f.*, Rote-Kreuz-Schwester *f.*
cro|cet|ta f. **1** (kleines) Kreuz *n.*, Kreuzchen *n.*: fare una ~ ein Kreuz machen; fare una ~ su qcs., segnare qcs. con una ~, etw. an‿kreuzen **2** MAR. Saling *f.* **3** BOT. Esparsette *f.*
cro|ce|vi|a m.inv. **1** Kreuzung *f.* **2** FIG. Kreuzungspunkt *m.*: un ~ di popoli e culture (diversi) ein Kreuzungspunkt von verschiedenen Völkern und Kulturen.
cro|chet [krɔ'ʃe] m.inv. **1a** Häkelnadel *f.* **b** *(lavoro all'uncinetto)* Häkelarbeit *f.*, Häkelei *f.* **2** SPORT *(gancio)* Haken *m.*
cro|cia|ta f. **1a** STOR. Kreuzfahrt *f.*, Kreuzzug *m.*: bandire una ~ zum Kreuzzug auf‿rufen; andare alle -e, partire per le -e auf Kreuzfahrt gehen **b** ESTENS. la ~ contro gli albigesi der Kreuzzug gegen die Albigenser **2** FIG. Kreuzzug *m.*, Kampagne *f.*: condurre una ~ a favore di, contro qcn., qcs. einen Kreuzzug für, gegen jdn, etw. führen. **cro|cia|to I** agg. Kreuz- **II** m. STOR. Kreuzfahrer *m.*, Kreuzritter *m.* ◆ erba -a Einbeere *f.*; legamento ~ Kreuzband *n.*; (fare le) parole -e Kreuzworträtsel *n.* (lösen); ragno ~ Kreuzspinne *f.*
cro|cic|chio m. *(-chi)* Kreuzung *f.*: al ~, girare a destra an der Kreuzung rechts abbiegen.
cro|ci|da|re intr. (aus. *avere*) LETT. krächzen.
1.cro|cie|ra f. **1** Kreuzfahrt *f.*: fare una ~ nel Mediterraneo eine Kreuzfahrt im Mittelmeer machen; andare in ~ alle Azzorre eine Kreuzfahrt zu den Azoren machen **2** *(trasvolata aerea)* Überflug *m.*, Überfliegen *n.* ◆ velocità di ~ Reisegeschwindigkeit *f.*
2.cro|cie|ra, volta a ~ Kreuzgewölbe *n.*
cro|ci|fe|re f.pl. Kruzifere *pl.*, Kreuzblütler *pl.*
cro|ci|fe|ro I agg. **1** Kreuz-: asta -a Kreuzbalken *m.* **2** *(che porta la croce)* kreuztragend **II** m. Kreuzträger *m.*
cro|ci|fig|ge|re tr. *(crocifiggo, crocifiggi; crocifissi; crocifisso)* kreuzigen. **cro|ci|fis|sio|ne** f. **1** Kreuzigung *f.* **2** ART. Kreuzigungsgruppe *f.* **cro|ci|fis|so I** p.pass. agg. **1** → crocifiggere **2** Cristo ~ Christus am Kreuz **II** m. Kruzifix *n.*, Kreuz *n.* **Cro|ci|fis|so** m. Kruzifixus *m.*, Gekreuzigte *m.*
cro|co m. *(-chi)* Krokus *m.*
cro|da f. Felszacke *f.*, Zinne *f.* (in den Dolomiten).
cro|gio|la|re *(crogiolo)* **I** tr. **1** köcheln (lassen) **2** *(oggetti di vetro)* langsam abkühlen lassen, auf die Entspannungstemperatur bringen **II** pronom. **crogiolarsi 1** sich aalen: -rsi al sole sich in der Sonne aalen **2** ESTENS. sich hin‿geben, sich überlassen, schwelgen: -rsi in un ricordo, in un'idea, in un'illusione sich einer Erinnerung, Illusion hingeben, sich einem Gedanken überlassen.
cro|gio|lo, LETT. **cro|giuo|lo** m. **1a** Schmelztiegel *m.*, Tiegel *m.* **b** *(di altoforno)* Gestell *n.*, Hochofengestell *n.* **c** *(di forno per vetro)* Hafen *m.*, Schmelzhafen *m.* **2** FIG. Sammelbecken *n.*, Auffangbecken *n.*: un ~ di razze, di culture ein Sammelbecken der Rassen, Kulturen.
crois|sant [krwa'sã] m.inv. Croissant *n.*
crol|la|re intr. (aus. *essere*) **1** ein‿stürzen, zusammen‿brechen, ein‿brechen: il muro, il ponte, il tetto è crollato die Mauer, die Brücke, das Dach ist eingestürzt; la torre rischia di ~ der Turm läuft Gefahr einzustürzen **2a** *(accasciarsi)* zusammen‿brechen, nieder‿stürzen: ~ al suolo senza un gemito wortlos zusammenbrechen **b** *(lasciarsi cadere)* sich fallen lassen: crollò sul letto esausto er ließ sich erschöpft auf das Bett fallen; a questa notizia crollò sulla sedia bei dieser Nachricht ließ er sich auf den Stuhl fallen **3** FIG. *(di prezzi, azioni, valute)* stürzen, fallen: il dollaro è crollato su tutti i mercati der Dollar ist auf allen Märkten gefallen **4a** *(psicologicamente o fisicamente)* zusammen‿brechen: crollerà presto se non si concederà un po' di riposo er wird zusam-

menbrechen (*o* zusammenklappen), wenn er sich nicht ein bisschen Ruhe gönnt; ***essere sul punto di ~*** am Rand des Zusammenbruchs sein **b** *(cedere improvvisamente)* ***crollò dopo tre ore di interrogatorio*** er brach nach dreistündigem Verhör zusammen; ***la squadra è crollata nel secondo tempo*** die Mannschaft ist in der zweiten Halbzeit zusammengebrochen **5** *(essere annientato)* zerstört sein, zusammen‿brechen: ***è crollata ogni speranza*** alle Hoffnungen sind zerstört ◆ SCHERZ. ***è crollato un mito!*** das ist das Ende eines Mythos! ***anche se crollasse il mondo*** und wenn die Welt in Stücke geht, und wenn der ganze Schnee verbrennt; ***le crollò il mondo addosso*** für sie brach eine Welt zusammen; ***non crolla certo il mondo per questo*** davon geht die Welt nicht unter; ***~ dal sonno, per la stanchezza*** vor Müdigkeit um‿fallen; SPORT ***~ al tappeto*** zu Boden gehen; ***~ a terra svenuto*** ohnmächtig zusammen‿brechen, nieder‿stürzen.

crol|lo m. **1** Einsturz *m.*, Zusammenbruch *m.*, Einbruch *m.*: ***il ~ di un ponte, di un tetto*** der Einsturz einer Brücke, eines Daches; ***è morto nel ~ della casa*** er ist beim Einsturz des Hauses umgekommen **2** FIG. *(calo improvviso)* Sturz *m.*, Einbruch *m.*: ***il ~ dei titoli in borsa, dei prezzi, delle vendite*** der Kurseinbruch, der Preissturz (*o* Preiseinbruch), der Verkaufseinbruch **3** FIG. *(improvviso collasso)* Zusammenbruch *m.*: ***~ fisico, psichico*** physischer, psychischer Zusammenbruch; ***l'atleta ha avuto un ~ poco prima del traguardo*** der Athlet ist kurz vor dem Ziel zusammengebrochen **4** *(forte cedimento)* Einbruch *m.*, Scheitern *n.*: ***il partito ha subito un ~ alle ultime elezioni*** die Partei hat bei den letzten Wahlen einen Einbruch erlebt **5** *(improvvisa caduta)* Sturz *m.*: ***il ~ di un regime*** der Sturz eines Regimes **6** *(fine)* Zusammenbruch *m.*, Ende *n.*: ***il ~ degli ideali, di un mito*** der Zusammenbruch der Ideale, das Ende eines Mythos ◆ ***~ in, della borsa*** Börsensturz *m.*; ***~ demografico*** Bevölkerungsschwund *m.*

cro|ma f. Achtelnote *f.*, Achtel *n.*

cro|ma|re tr. verchromen, chromatisieren, chromieren. **cro|ma|ti|ca** f. FIS. Chromatik *f.* **cro|ma|ti|ci|tà** f. **1** Farbgebung *f.* **2** MUS. Farbigkeit *f.* **cro|ma|ti|co** agg. *(-ci,-che)* **1** Farb-, Farben-, farblich: ***contrasto, spettro ~*** Farbkontrast *m.*, -spektrum *n.* **2** MUS. chromatisch: ***scala -a*** chromatische Tonleiter; ***intervallo ~*** Halbtonintervall *n.* ◆ ***aberrazione -a*** chromatische Aberration, Farbabweichung *f.*

cro|ma|ti|na f. Chromatin *n.*

cro|ma|ti|smo m. **1a** Farbenfreudigkeit *f.* **b** FOT. PITT. CINEM. Farbeffekt *m.* **2** MUS. Chromatik *f.* **3** FIS. Farbabweichung *f.*

1.cro|ma|to p.pass. agg. **1** → **cromare** **2** verchromt: ***ruote -e*** verchromte Felgen.

2.cro|ma|to m. Chromat *n.*

cro|ma|to|fo|ro m. Chromatophor *n.* **cro|ma|to|gra|fi|a** f. Chromatographie *f.* **cro|ma|to|gra|fo** m. Chromatograph *m.*

cro|ma|tu|ra f. Verchromung *f.*

cro|mi|a f. Farbton *m.*

cro|mo I m. Chrom *n.* **II** agg.inv. Chrom-: ***rosso, verde ~*** Chromrot, -grün *n.*

cro|mo|fo|to|gra|fi|a f. Farbfotografie *f.* **cro|mo|li|to|gra|fi|a** f. Chromolitographie *f.* **cro|mo|li|to|gra|fo** m. Chromolitograph *m.* **cro|mo|pla|sto** m. Chromoplast *m.* **cro|mo|sfe|ra** f. Chromosphäre *f.* **cro|mo|so|ma** m. Chromosom *n.* **cro|mo|so|mi|co** agg. *(-ci,-che)* Chromosomen-: ***patrimonio, corredo ~*** Chromosomensatz *m.* **cro|mo|ti|pi|a** f. Chromotypie *f.*

cro|na|ca f. *(-che)* **1** LETT. Chronik *f.* **2a** GIORN. Reportage *f.*, Bericht *m.*: ***la ~ di una partita di tennis*** die Reportage über ein Tennismatch **b** *(rubrica)* Nachrichten *pl.*, -teil; -seite **c** *(cronaca cittadina)* Lokalteil *m.*: ***la ~ di Torino*** der Lokalteil von Turin **3** COLLOQ. *(narrazione)* Berichterstattung *f.*, Bericht *m.*: ***fare la ~ della serata a qcn.*** jdm von dem Abend Bericht erstatten ◆ ***~ cittadina*** Lokalteil *m.*; ***episodio, fatto di ~*** Tagesereignis *n.*; LETT. ***~ monastica*** Klosterchronik *f.*; ***~ mondana*** → ***~ rosa***; ***~ nera*** = Verbrechens- und Unfallberichte; ***un fatto di ~ nera*** ein Ereignis aus der Cronaca Nera; ***notizia di ~*** Lokalnachricht *f.*; COLLOQ. ***per la ~*** zur Information; ***~ politica*** politischer Teil; LETT. ***~ rimata*** Reimchronik *f.*; ***~ rosa*** Klatschspalte *f.*: ***una notizia di ~ rosa*** eine Klatschmeldung; ***~ sportiva*** Sportteil *m.*; ***a titolo di ~*** zu deiner Information. **cro|na|chi|sta** m. Chronist *m.* **cro|na|chi|sti|ca** f. **1** Chronikenforschung *f.* **2** *(complesso di cronache)* Chroniken *pl.*: ***la ~ del Trecento*** die Chroniken des 14. Jahrhunderts. **cro|na|chi|sti|co** agg. *(-ci,-che)* chronikalisch, Chronik-: ***resoconto ~*** chronikalischer Bericht.

cro|ni|ca f. ANT. Chronik *f.*

cro|ni|ca|men|te avv. chronisch. **cro|ni|ca|rio** m. *(-ri)* Pflegeheim *n.* **cro|ni|ci|tà** f. Chronizität *f.* **cro|ni|ciz|zar|si** pronom. chronisch werden. **cro|ni|co** agg. *(-ci,-che)* **1** chronisch: ***bronchite, tosse -a*** chronische Bronchitis, chronischer Husten; ***un malato ~*** ein chronisch Kranker **2** FIG. chronisch, unheilbar: ***vizio ~*** chronisches Laster; ***un pessimista ~*** ein unheilbarer Pessimist.

cro|ni|sta m. e f. *(-i,-e)* **1** ANT. Chronist *m.* (-in *f.*) **2** GIORN. Reporter *m.* (-in *f.*), Berichterstatter *m.* (-in *f.*): ***~ giudiziario, sportivo*** Gerichtsberichterstatter m., Sportreporter *m.* (*o* -berichterstatter *m.*); ***~ mondana*** Gesellschaftskolumnistin *f.*

cro|ni|sto|ria f. chronologischer Bericht *m.*

cro|no|bio|lo|gi|a f. Chronobiologie *f.* **cro|no|bio|lo|go** m. *(-gi)* Chronobiologe *m.*

cro|no|gra|fi|a f. Chronographie *f.* **cro|no|gra|fi|co** agg. *(-ci,-che)* chronographisch. **cro|no|gra|fo** m. Chronograph *m.*

cro|no|lo|gi|a f. **1** Chronologie *f.*, Zeitmessung *f.* **2** *(opera)* chronographisches Werk *n.* **cro|no|lo|gi|ca|men|te** avv. chronologisch. **cro|no|lo|gi|co** agg. *(-ci,-che)* chronologisch: ***mettere qcs. in ordine ~*** etw. in chronologische Ordnung (*o* Reihenfolge) bringen ◆ ***tavola -a*** Zeittafel *f.*

cro|no|me|trag|gio m. *(-gi)* Zeitnahme *f.*: ***~ elettronico*** elektronische Zeitnahme. **cro|no|me|tra|re** tr. stoppen, die Zeit nehmen: ***~ una gara, un giro di pista*** bei einem Rennen die Zeit nehmen, die Rundenzeit nehmen (*o* stoppen); ***~ il tempo*** die Zeit nehmen. **cro|no|me|tri|a** f. Zeitmessung *f.* **cro|no|me|tri|ca|men|te** avv. chronometrisch. **cro|no|me|tri|co** agg. *(-ci,-che)* **1** chronometrisch: ***misurazione -a*** chronometrische Messung **2** FIG. ***precisione, puntualità -a*** äußerste Genauigkeit, Pünktlichkeit. **cro|no|me|tri|sta** m. e f. *(-i,-e)* Zeitnehmer *m.* (-in *f.*).

cro|no|me|tro m. **1** Chronometer *n.*, Zeitmesser *m.* **2** *(orologio di alta precisione)* Chronograph *m.* **3** SPORT Stoppuhr *f.*: ***misurare il tempo con il ~*** die Zeit mit der Stoppuhr messen ◆ ***gara a ~, tappa a ~*** Zeitfahren *n.*

cro|no|sca|la|ta f. Bergzeitfahren *n.* **cro|no|tap|pa** f. Zeitfahren *n.*

cro|no|to|po m. Raum-Zeit-Gefüge *n.*

croquet ['krɔket] m.inv. Krocket *n.*

1.cross m.inv. **1** Flanke *f.*, Flankenball *m.*: ***fare, effettuare un ~*** eine Flanke herein‿geben, flanken; ***arrivare al ~*** eine Flanke erlaufen (*o* erreichen) **2** *(nel tennis)* Cross *m.* **3** *(nella boxe)* Kreuzschlag *m.*

2.cross m.inv. **1** Cross *m.*, Crosscountry *n.* **2** *(motocross)* Motocross *n.* ◆ ***bici da ~*** Crossrad *n.*; ***moto da ~*** Motocrossmaschine *f.*

cros|sa|re intr. (aus. *avere*) flanken. **cros|si|sta** m. Motocrossfahrer *m.*

cros|sop|te|ri|gi m.pl. Quastenflosser *pl.*

cro|sta f. **1** Kruste *f.*: ***la ~ del pane*** die Brotkruste; ***una ~ di fango, di sporco*** eine Dreckkruste; ***la torta ha fatto una bella ~*** der Kuchen hat eine schöne Kruste gebildet **2** *(del formaggio)* Rinde *f.*: ***senza ~*** rindenlos **3** *(sulla pelle)* Kruste *f.*, Schorf *m.*, MED. Verschorfung *f.*: ***sulla ferita si è formata la ~*** auf der Wunde hat sich die Kruste gebildet **4** ZOOL. Panzer *m.*, Schale *f.* **5** *(pelle)* Spaltleder *n.* **6** SPREG. *(quadro di nessun valore)* Schmiererei *f.*, Schinken *m.* ◆ ***~ di ghiaccio*** Eiskruste *f.*; *(su strade, laghi)* Eisdecke *f.*, (dünne) Eisschicht *f.*; GASTR. ***arrosto in ~*** Braten *m.* im Teigmantel; *(al sale)* Braten *m.* im Salzmantel; ***~ lattea*** Milchschorf *m.*; ***~ terrestre*** Erdkruste *f.*

cro|sta|ce|o m. Krustazee *f.*, Krustentier *n.*, Krebstier *n.*

cro|sta|re tr. knusprig backen.

cro|sta|ta f. Mürbeteigkuchen *m.*, Kuchen *m.*: ***~ di marmellata, di mele*** Marmeladen-, Apfelkuchen *m.*

cro|sti|ci|na f. **1** (kleine) Kruste *f.*, (kleiner) Schorf *m.* **2** *(di torte, cibi gratinati..)* Kruste *f.*: ***una ~ croccante, sottile*** eine knusprige, dünne Kruste.

cro|sti|no m. **1** INTRAD. (geröstetes Weißbrotscheibchen mit Belag) **2** *(per zuppe, minestre)* Croûton *m.*, gerösteter Brotwürfel *m.* **cro|sto|ne** m. INTRAD. (überbackene Weißbrotscheibe). **cro|sto|so** agg. **1** krustig **2** *(di neve)* harschig, verharscht.

cro|ta|lo m. **1** Krotalon *n.* **2** Klapperschlange *f.*

cro|ton m.inv. Kroton *m.*

crou|pier [kru'pje] m. e f.inv. Croupier *m.*

cruc|cia|re *(cruccio, crucci)* **I** tr. grämen, betrüben **II** pronom. **crucciarsi** sich grämen, sich betrüben: ***-rsi per qcn., qcs.*** sich über, um jdn, etw. grämen. **cruc|cia|to** p.pass. agg. **1** → **crucciare** **2** gramvoll, gramerfüllt. **cruc|cio** m. *(-ci)* Gram *m.*, Kummer *m.*, Betrübnis *f.*; ***darsi ~ per qcs.*** sich über etw. grämen. **cruc|cio|so** agg. gramerfüllt.

cruc|co m. *(-chi)* SPREG. Deutsche *m.*, Kraut *m.*

cru|cia|le agg. entscheidend, Entscheidungs-: ***essere in una fase ~*** in einer Entscheidungsphase sein ◆ ***punto ~*** kritischer Punkt.

cru|ci|fe|re → **crocifere.**

cru|ci|for|me agg. kreuzförmig. **cru|ci|ver|ba** m.inv. Kreuzworträtsel *n.*: ***risolvere un ~*** ein Kreuzworträtsel lösen; ***~ sillabico*** Silbenrätsel *n.*

cru|da|men|te avv. rau, krass: ***raffigurare qcs. ~*** etw. krass darstellen.

cru|de|le agg. **1** grausam: ***essere ~ con qcn.*** gegen jdn, zu jdm grausam sein **2** ESTENS. *(avverso)* böse, schlimm: ***destino ~*** böses Schicksal. **cru|del|men|te** avv. grausam.

cru|del|tà f.inv. Grausamkeit *f.*: ***~ disumana, inaudita*** unmenschliche, unerhörte Grausamkeit; ***la ~ di un delitto*** die Grausamkeit eines Verbrechens; *(atto crudele)* ***commettere un'inutile ~*** eine unnötige Grausamkeit begehen.

cru|dez|za f. **1** *(del clima)* Rauheit *f.* **2** FIG. *(asprezza, ruvidezza)* Härte *f.*, Krassheit *f.*: ***~ delle immagini, del linguaggio*** Krassheit der Bilder, der Sprache **3** RAR. *(di cibi)* Rohsein *n.*

cru|di|tà f.inv. **1** *(di cibi)* Rohsein *n.* **2** pl. → **crudités** **3** FIG. LETT. Rohheit *f.* **cru|di|tés** f.pl. Rohkost *f.*

cru|do agg. **1a** roh, Roh-: ***mangiare verdure -e*** Gemüse roh, Rohgemüse essen; ***carne -a, prosciutto ~*** rohes Fleisch, roher Schinken **b** *(poco cotto)* roh, nicht gar: ***la carne è ancora -a*** das Fleisch ist noch roh **2** *(del clima)* rau: ***un ~ inverno*** ein rauer Winter **3** FIG. *(aspro, rude)* krass, hart ◆ ***combinarne, farne di cotte e di -e*** es bunt treiben; ***ferro ~*** Roheisen *n.*; ***mattoni -i*** ungebrannte Ziegel; FIG. ***nudo e ~*** ohne Umschweife; ***seta -a*** rohe Seide, Rohseide *f.*

cruen|to agg. blutig, Blut: ***battaglia -a*** blutige Schlacht.

cruise [kru:z] m.inv. Cruisemissile *n.*, Marschflugkörper *m.*

cru|mi|rag|gio m. *(-gi)* Streikbruch *m.* **cru|mi|ro** m. Streikbrecher *m.*; ***da ~*** streikbrüchig.

cru|na f. Öhr *n.*: ***~ dell'ago*** Nadelöhr *n.*: ***far passare il filo nella ~*** den Faden durch das Nadelöhr ziehen ◆ ***è più facile che un cammello passi per la ~ dell'ago che...*** eher geht ein Kamel durchs Nadelöhr, als dass...

cruo|re m. LETT. Blut *n.*, Lebenssaft *m.*

crup m. e f. inv. Krupp *m.* **cru|pa|le** agg. kruppös, Krupp-.

cru|ra|le agg. MED. Schenkel-: ***arteria ~*** Schenkelarterie *f.*

cru|sca f. Kleie *f.* ◆ PROV. ***la farina del diavolo va in ~*** unrecht Gut tut selten gut. **cru|scan|te** m. Mitglied *n.* der Accademia della Crusca. **cru|schel|lo** m. Kleie *f.* **cru|sco|so** agg. kleieartig, kleiig.

cru|scot|to m. Armaturenbrett *n.*, Instrumentenbrett *n.*

c.s. ⇒ *come sopra* wie oben (w. o.).

C.S. ⇒ **1** *Codice della Strada* Straßenverkehrsordnung (StVO) **2** *Consiglio di Sicurezza* Sicherheitsrat.

CSI ⇒ *Comunità degli Stati Indipendenti* Gemeinschaft Unabhängiger Staaten (GUS).

CSM ⇒ *Consiglio Superiore della Magistratura* (Organ der Selbstverwaltung der Justiz).

CSN ⇒ *Consiglio Sanitario Nazionale* Nationaler Gesundheitsrat.

CSS ⇒ *Consiglio Superiore di Sanità* Oberster Rat für das Gesundheitswesen.

C.so ⇒ *corso* Hauptstraße.

C.T. ⇒ *commissario tecnico* Trainer der Nationalmannschaft.

cte|no|fo|ro m. Rippenqualle *f.*

ctg ⇒ *cotangente* Kotangens (cotg, cot).

Cu|ba n.pr.f. Kuba *n.* **cu|ba|no** **I** agg. kubanisch **II** m. Kubaner *m.*

cu|ba|tu|ra f. **1** *(misurazione)* Kubatur *f.*: ***la ~ di un edificio*** die Kubatur eines Gebäudes **2** *(volume)* Kubikinhalt *m.*, Rauminhalt *m.*

cu|bet|to m. Würfel *m.*: ***~ di ghiaccio*** Eiswürfel *m.*

cu|bi|a f. Klüse *f.*

cu|bi|co agg. *(-ci,-che)* **1** kubisch, würfelförmig **2** MAT. kubisch, Kubik-: ***radice -a*** Kubikwurzel *f.*

cu|bi|co|lo m. STOR. **1** *(nelle case romane)* = Schlafzimmer *n.* **2** *(nelle catacombe)* = Grabkammer *f.*, Grabgewölbe *n.*

cu|bi|for|me agg. würfelförmig.

cu|bi|lot|to m. Kupolofen *m.*

cu|bi|smo m. Kubismus *m.* **cu|bi|sta** *(-i,-e)* **I** agg. kubistisch **II** m. e f. Kubist *m.* (-in *f.*).

cu|bi|ta|le agg. **1** ANAT. kubital **2** TIP. Plakat-: ***caratteri -i*** Plakatschrift *f.* **3** FIG. *(molto grande)* riesengroß ◆ GIORN. ***titolo a caratteri -i*** fett gedruckte Schlagzeile *f.*, Balkenüberschrift *f.*

cu|bi|to m. Elle *f.*

cu|bo **I** m. **1** Würfel *m.*, GEOM. Kubus *m.*: ***le facce, gli spigoli di un ~*** die Seiten, die Kanten eines Würfels **2** MAT. Kubus *m.*: ***elevare un numero al ~*** eine Zahl kubieren, in die dritte Potenz erheben; ***3 al ~ fa 27*** drei hoch drei macht siebenundzwanzig **II** agg.inv. Kubik-: ***metro, centimetro ~*** Kubikmeter *m.* e *n.*, Kubikzentimeter *m.* e *n.* ◆ ***~ di Rubik*** Rubikwürfel *m.* **cu|bo|flash** [-ˈflæʃ] m.inv. Blitzwürfel *m.* **cu|boi|de** agg. würfelförmig.

cuc|ca|gna f. Schlaraffenland *n.*: ***qui è una ~*** hier ist es wie im Schlaraffenland ◆ ***albero della ~*** INTRAD. (mit Preisen behängter glitschiger Klettermast auf Volksfesten); ***è finita la ~!*** es ist aus mit der Herrlichkeit; ***paese della, di ~*** Schlaraffenland *n.*

cuc|ca|re tr. *(cucco, cucchi)* COLLOQ. **1** *(acciuffare)* erwischen **2** COLLOQ. *(rimorchiare)* abschleppen **3** *(imbrogliare)* an‿schmieren.

cuc|cet|ta f. **1** Platz *m.* im Liegewagen; ***prendere la, viaggiare in ~*** im Liegewagen reisen **2** *(su navi)* Koje *f.* ◆ ***carrozza (con) -e*** Liegewagen *m.*

cuc|chia|ia f. **1** Schöpflöffel *m.* **2** EDIL. *(cazzuola)* Kelle *f.*, Mau(r)erkelle *f.* **3** *(di draghe, escavatrici)* Löffel *m.* **cuc|chia|ia|ta** f. Löffel *m.*: ***due -e di minestra*** zwei Löffel (voll) Suppe; ***a -e*** (ess)löffelweise. **cuc|chia|i|no** m. **1a** Teelöffel *m.*: ***un ~ di sale*** ein Teelöffel Salz; ***a -i*** teelöffelweise **b** *(da caffè)* Kaffeelöffel *m.*, Mokkalöffel *m.* **c** *(da dessert)* Dessertlöffel *m.* **2** PESC. Blinker *m.* ◆ ***~ da caffè*** Kaffeelöffel *m.*, Mokkalöffel *m.*; ***essere da raccogliere, da raccattare col ~*** auf dem Zahnfleisch gehen.

cuc|chia|io m. *(-ai)* **1** Löffel *m.*, Esslöffel *m.*: ***un ~ d'argento*** ein silberner Löffel; ***un ~ di zucchero, raso*** ein Löffel (voll) Zucker, ein gestrichener Löffel; ***a -i*** (ess)löffelweise **2** MED. scharfer Löffel *m.*, Kürette *f.* **3** *(di escavatrici)* Greifer *m.* ◆ ***dolce al ~*** weiches Dessert; ***~ di legno*** Holzlöffel *m.*, Kochlöffel *m.* **cuc|chi|a|io|ne** m. Schöpfkelle *f.*

cuc|cia f. *(-ce)* **1** Hundehütte *f.* **2** COLLOQ. *(letto)* Falle *f.*, Kiste *f.*: ***andare, mettersi a ~*** in die Falle (*o* Kiste) gehen, sich in die Falle (*o* Koje) hauen ◆ ***(fai la) ~! (va') a ~!*** kusch (dich)!

cuc|cio|la|ta f. **1** Wurf *m.*: ***una ~ di cani, gatti*** ein Wurf Hunde, Katzen **2** COLLOQ. *(di bambini)* Kinderschar *f.* **cuc|cio|lo** m. **1a** Tierkind *n.*: ***avere i -i*** Junge bekommen **b** *(di cane)* Welpe *m.* **2** COLLOQ. *(figlioletto)* Quakelchen *n.* **3** FIG. *(giovane inesperto)* Grünschnabel *m.*

cuc|co m. *(-chi)* **1** → **cuculo** **2** FIG. *(babbeo)* Tölpel *m.*, Trampel *m.* ◆ ***vecchio come il ~*** = uralt.

cuc|cù → **cucù.**

cuc|cu|ma f. Kaffeekanne *f.*

cu|ci|na f. **1** Küche *f.*: ***una ~ spaziosa, luminosa*** eine geräumige, helle Küche; ***pranzare, aiutare in ~*** in der Küche essen, helfen; *(negli annunci)* ***tre camere, ~, servizi*** drei Zimmer mit Küche, Diele, Bad (*o* mit KDB); *(gastronomia)* ***~ raffinata, elaborata, semplice*** feine, anspruchsvolle, einfache Küche; ***~ casalinga*** bürgerliche Küche; ***amare la buona ~*** die gute Küche lieben; ***la ~ italiana, cinese, internazionale*** die italienische, chinesische, internationale Küche; *(mobili)* ***una ~ in rovere*** eine Küche in Eichenholz **2** *(fornello)* Küchenherd *m.*, Kochherd *m.*, Herd *m.*: ***~ a gas, elettrica*** Gasherd *m.*, elektrischer Herd (*o* Elektroherd *m.*); ***una ~ a tre fuochi*** ein Herd mit drei Kochstellen **3** *(il cucinare)* Kochen *n.*, Küche *f.*: ***intendersi di ~*** sich aufs Kochen verstehen ◆ ***~ abitabile*** Wohnküche *f.*; ***~ americana*** Einbauküche *f.*; ***essere appassionato di ~*** ein leidenschaftlicher Koch sein, leidenschaftlich gern kochen; ***arte della ~*** Kochkunst *f.*; ***~ delle bambole*** Puppenküche (anche FIG.); FIG. ***bassa ~*** = Schmutzarbeit *f.*, niedere Arbeiten; ***~ da campo*** Feldküche *f.*; ***~ componibile*** Einbauküche *f.*, Anbauküche *f.*; ***corso di ~*** Kochkurs(us) *m.*; ***~ economica*** Sparherd *m.*; ***fare ~*** kochen; ***libro di ~*** Kochbuch *n.*; ***mobile da ~*** Küchenmöbel *n.*; ***orologio da ~*** Küchenuhr *f.*; ***personale di ~*** Küchenpersonal *n.*; ***sale da ~*** Speisesalz *m.*, Kochsalz *m.*; ***tavolo da ~*** Küchentisch *m.*; ***~ tinello*** Wohnküche *f.*; ***uso (di) ~*** Kochgelegenheit *f.*; ***utensile da ~*** Küchengerät *n.*

cu|ci|na|re tr. **1a** kochen, zu‿bereiten: ***~ la carne, le patate*** das Fleisch, Kartoffeln kochen; ***~ il pranzo*** das Mittagessen kochen; ***~ piatti raffinati*** feine Gerichte zubereiten **b** assol. kochen: ***~ bene, volentieri, per qcn.*** gut, gern, für jdn kochen; ***~ alla casalinga, con molti grassi, piccante*** bürgerlich, fett, scharf kochen; ***saper ~*** kochen können **2** FIG. COLLOQ. *(conciare)* zu‿richten: ***~ per bene qcn.*** jdn zurichten ◆ ***~ al forno*** backen; *(arrosti)* braten. **cu|ci|nie|re** m. Koch *m.* **cu|ci|ni|no** m., **cu|ci|not|to** m. **1** Kochzeile *f.* **2** *(piccola cucina)* kleine Küche *f.*

cu|ci|re tr. *(cucio, cuci)* **1a** nähen (anche assol.): ***~ un bottone alla giacca*** einen Knopf an die Jacke nähen; ***~ un orlo*** einen Saum nähen; ***~ a mano, a macchina*** mit der Hand, mit der Maschine nähen; ***~ una tasca (sul vestito)*** eine Tasche (auf das Kleid) auf‿nähen; MED. ***~ una ferita*** eine Wunde nähen **b** SART. schneidern: ***farsi ~ un abito su misura*** sich ein Kleid nach Maß schneidern lassen **2** *(in legatoria)* heften, zusammen‿heften **3** FIG. *(mettere insieme)* zusammen‿flicken: ***~ un articolo, un discorso*** einen Artikel, eine Rede zusammenflicken ◆ ***~ la bocca a qcn.*** jdm den Mund stopfen: ***gli hanno cucito la bocca per sempre*** sie haben ihm endgültig den Mund gestopft; ***-rsi la bocca*** den Mund halten; ***~ insieme*** zusammen‿nähen; ***macchina da ~*** Nähmaschine *f.* **cu|ci|ri|**

no m. Nähgarn *n.*, Nähfaden *m.* **cu|ci|ta** f. Flicken *n.*; ***dare una ~ (veloce) a qcs.*** etw. flicken. **cu|ci|to I** p.pass. agg. **1** → **cucire 2** genäht; SART. geschneidert **II** m. Näherei *f.*, Näharbeit *f.* ◆ ***corso di ~*** Nähkurs *m.*; FIG. ***essere ~ a filo doppio con qcn.*** = mit jdm eng verbunden sein; ***~ a mano*** handgenäht; ***occorrente per il ~*** Nähzeug *n.* **cu|ci|tri|ce** f. **1a** Nähmaschine *f.* **b** *(sarta)* Näherin *f.* **2a** EDIT. Heftmaschine *f.* **b** *(pinzatrice)* Hefter *m.*

cu|ci|tu|ra f. **1** Naht *f.*: ***~ semplice, doppia, invisibile*** einfache, doppelte, blinde Naht; ***~ a piccoli, grossi punti*** Naht mit kleinen, großen Stichen; ***fare, scucire una ~*** eine Naht nähen, trennen; **2** EDIT. Fadenheftung *f.* **3** TIP. *(margine interno)* Bundsteg *m.* ◆ ***calze con la ~*** Strümpfe mit Naht; ***~ laterale*** Seitennaht *f.*; *(dei pantaloni)* Hosennaht *f.*; ***senza ~*** nahtlos.

cu|cù I m.inv. → **cuculo II** inter. kuckuck: ***fare ~*** kuckuck machen ◆ ***orologio a ~*** Kuckucksuhr *f.*

cu|cul|lo m. ANT. Kapuze *f.* (der Mönche).

cu|cu|lo, cu|cu|lo m. Kuckuck *m.*

cu|cur|bi|ta f. **1** LETT. Kürbis *m.* **2** CHIM. *(caldaia dell'alambicco)* Destillierkolben *m.* **cu|cur|bi|ta|ce|e** pl. Kürbisgewächse *pl.*

cu|cuz|za → **cocuzza. cu|cuz|zo|lo** → **cocuzzolo.**

cuf|fia f. **1a** Haube *f.*, Kappe *f.*: ***portare, mettersi la ~*** eine Kappe tragen, auf‿setzen; ***~ di pizzo*** Spitzenhaube *f.*; ***~ da infermiera*** Schwesternhaube *f.* **b** TECN. Haube *f.*: ***~ del radiatore*** Kühlerhaube *f.* **2** *(per l'ascolto)* Kopfhörer *m.*: ***sentire qcs. in ~*** etw. über Kopfhörer hören; ***mettere, togliere la ~*** den Kopfhörer auf‿setzen, ab‿nehmen ◆ ***~ da bagno*** Bademütze *f.*, Badehaube *f.*; ***cavarsela, salvarsi per il rotto della ~*** mit heiler Haut davon‿kommen, den Kopf aus der Schlinge ziehen. **cuf|fiet|ta** f. Häubchen *n.*: ***~ da neonato*** Babyhäubchen *n.*

cu|fi|co agg. *(-ci,-che)* kufisch: ***scrittura -a*** kufische Schrift.

cu|gi|na f. Cousine *f.*, Kusine *f.*; ANT. Base *f.* **cu|gi|no** m. Vetter *m.*, Cousin *m.*: ***~ di secondo grado*** Cousin zweiten Grades.

cui pron.rel. inv. *(sempre complemento indiretto)* **1** *(con preposizione)* ***la città da ~ provengo*** die Stadt, aus der ich komme; ***i film di ~ tutti parlano*** die Filme, von denen alle reden; ***la casa in ~ abiti*** das Haus, in dem du wohnst; ***l'attore per ~ vado pazzo*** der Schauspieler, auf den (*o* nach dem) ich verrückt bin **2** *(complemento di termine)* ***la donna (a) ~ penso*** die Frau, an die ich denke; ***il medico (a) ~ ci siamo affidati*** der Arzt, dem wir uns anvertraut haben; ***il libro (a) ~ fai riferimento*** das Buch, auf das du dich beziehst **3** *(complemento di specificazione)* dessen *m.* e *n.*, deren *f.* e *pl.*: ***artisti la ~ fama si estende ovunque*** Künstler, die überall berühmt sind; ***un uomo il ~ coraggio è noto a tutti*** ein Mann, dessen Mut alle kennen ◆ COLLOQ. *(perciò)* ***per ~*** deshalb, deswegen, weshalb, weswegen: ***piove, per ~ non vengo*** es regnet, deshalb komme ich nicht.

cu|lac|cio m. *(-ci)* Schwanzstück *n.* **cu|lac|ci|no** m. Wurstzipfel *m.*

cu|la|co m. *(-chi)* Kulak *m.*

cu|la|ta f. ***battere una ~ per terra*** auf den Hintern fallen.

cu|la|tel|lo m. INTRAD. (Schinkenspezialität aus der Emilia Romagna).

cu|lat|ta f. Bodenstück *n.*

cu|lat|to|ne m. VOLG. Hinterlader *m.*

cul|bian|co m. *(-chi)* Steinschmätzer *m.*

cul-de-sac, cul|di|sac|co m.inv. Sackgasse *f.* (anche FIG.) ◆ ANAT. ***~ di Douglas*** Douglasraum *m.*

cu|let|to m. Popo *m.*, Po *m.*

cu|li|na|ria f. Kochkunst *f.*, Gastronomie *f.* **cu|li|na|rio** agg. *(-ri,-rie)* kulinarisch: ***regole, specialità -rie*** kulinarische Regeln, Spezialitäten ◆ ***arte -a*** Kochkunst *f.*

cul|la f. Wiege *f.*: ***~ della bambola*** Puppenwiege *f.*; ***dormire nella ~*** in der Wiege schlafen; ESTENS. ***fin dalla ~*** von der Wiege an; ***dalla ~ alla tomba*** von der Wiege bis zur Bahre; FIG. ***la ~ della civiltà*** die Wiege der Kultur ◆ ***~ termica, termostatica*** Brutkasten *m.*

cul|la|re I tr. **1** wiegen, schaukeln: ***~ un bambino tra le braccia*** ein Baby in den Armen wiegen; ***le onde cullano la barca*** die Wellen schaukeln den Kahn **2** FIG. *(nutrire)* sich hin‿geben: ***~ una speranza*** sich einer Hoffnung hingeben **3** FIG. *(illudere)* hin‿halten: ***~ qcn. con promesse vane*** jdn mit leeren Versprechungen hinhalten **II** pronom. **cullarsi** sich wiegen (anche FIG.): ***-rsi nella speranza che..*** sich in der Hoffnung wiegen, dass... ◆ ***lasciarsi ~ dalla musica*** sich von der Musik dahin‿tragen lassen; ***lasciarsi ~ dalle onde*** sich von den Wellen schaukeln lassen.

cul|mi|nan|te agg. FIG. Höhe-, Gipfel-: ***momento, punto ~*** Höhepunkt *m.* ◆ ***scena ~*** Hauptszene *f.*

cul|mi|na|re intr. *(culmino*; aus. *essere)* **1a** ASTR. kulminieren, die Kulmination (*o* den Kulminationspunkt) erreichen **b** FIG. gipfeln, kulminieren: ***~ in qcs.*** in etw. (D) gipfeln **2** ESTENS. aus‿laufen, enden: ***la montagna culmina con, in una vetta*** der Berg läuft in einen Gipfel aus ◆ ***~ in tragedia*** sich zu einer Tragödie zu‿spitzen. **cul|mi|na|zio|ne** f. ASTR. Kulmination *f.*

cul|mi|ne m. **1** Gipfel *m.*, Spitze *f.* **2** FIG. *(apice)* Höhepunkt *m.*, Gipfel *m.*, Kulmination *f.*: ***essere al ~ del successo*** auf dem Höhepunkt des Erfolgs sein (*o* stehen); ***raggiungere il ~ di una carriera*** den Gipfel einer Laufbahn erreichen.

cul|mo m. Halm *m.*

cu|lo m. COLLOQ. **1** Hintern *m.*, VOLG. Arsch *m.*: ***avere il ~ grosso*** einen breiten, dicken Hintern haben; ***pulirsi il ~*** sich den Hintern ab‿wischen; ***toccare, pizzicare il ~ a qcn.*** jdm an den Hintern fassen, jdn in den Hintern kneifen; ***prendere a calci in, nel ~ qcn.*** jdn in den Hintern treten **2** *(fondo)* Boden *m.*: ***il ~ di una bottiglia*** der Boden einer Flasche **3** VOLG. *(omossessuale)* Pupe *m.* ◆ ***alza il ~!*** beweg deinen Hintern! ***avere ~*** Schwein haben; ***in ~ alla balena!*** Hals- und Beinbruch! FIG. ***~ di bicchiere*** falscher Brillant; ***avere una botta di ~*** ganz schön Schwein haben; ***buco del ~*** Arschloch *n.*; ***essere ~ e camicia con qcn.*** wie (die) Kletten aneinander hängen (*o* zusammen‿halten); ***che ~!*** so ein Schwein! so ein Sauglück! ***vai a dar via il ~!*** leck mich am Arsch! *(in retromarcia)* ***di ~*** rückwärts; ***essere dal, del ~*** im Arsch sein; ***faccia da, di ~*** Arsch mit Ohren; ***fare il ~ a qcn.*** *(sgridare aspramente)* jdn zusammen‿scheißen; *(far faticare duramente)* jdm den Arsch auf‿reißen; ***va', vai a fare in ~!*** → ***va', vai a dar via il ~!*** ***farsi il ~, un ~ così*** sich den Arsch auf‿reißen; ***bocca a ~ di gallina*** Spitzmäulchen *n.*; ***leccare il ~ a qcn.*** jdm in den Arsch kriechen; ***in ~ ai lupi*** am Arsch der Welt; ***metterla nel ~ a qcn.*** jdn bescheißen; ***in ~ al mondo*** → ***in ~ ai lupi***; ***muovi il ~!*** → ***alza il ~!*** ***pararsi il ~*** sich den Rücken frei‿halten; ***prendere per il ~ qcn.*** jdn verarschen; ***prendersela nel ~*** auf die Schnauze fallen; ***rompere il ~ a qcn.*** → ***spaccare il ~ a qcn.***; ***~ del, di salame*** Wurstzipfel *m.*; ***spaccare il ~ a qcn.*** jdm den Arsch auf‿reißen; ***stare sul ~ a qcn.*** jdm auf die Eier (*o* auf den Sack) gehen; ***qcn. ha la strizza al ~*** jdm geht der Arsch mit (*o* auf) Grundeis; FIG. ***essere col ~ per terra*** auf der Schnauze liegen.

cu|lo|na f. Frau *f.* mit einem Hintern wie ein Pferd. **cu|lo|ne** m. **1** Hintern *m.*, Kiste *f.* **2** *(uomo con un grosso sedere)* Arsch *m.* mit Beinen.

cu|lot|tes [ky'lɔt] f.pl. Damenschlüpfer *m.*

cult m.inv. Kult-: ***~ book, movie*** Kultbuch *n.*, Kultfilm *m.*

cul|ti|smo m. **1** LETT. Kultismus *m.* **2** LING. Gongorismus *m.*

1.cul|to m. **1** Kult *m.*: ***~ cristiano, ortodosso*** christlicher, orthodoxer Kult **2** *(venerazione)* Verehrung *f.*, Kult *m.*: ***~ di Dio*** Gottesverehrung *f.*; ***avere un ~ per qcn., qcs.*** mit jdm, etw. einen richtigen Kult treiben ◆ ***film, libro di ~*** Kultfilm *m.*, Kultbuch *n.*; ***libertà di ~*** Kultusfreiheit *f.*, Religionsfreiheit *f.*; ***luogo di ~*** Kultstätte *f.*; ***~ mariano*** Mariolatrie *f.*, Marienkult *m.*; ***i ministri del ~*** die Priester; ***~ dei morti*** Totenkult *m.*; FIG. ***essere oggetto di ~*** ein Kultobjekt sein; FIG. ***fare di qcn., qcs. (un) oggetto di ~*** mit jdm, etw. einen richtigen Kult treiben; ***~ della personalità*** Personenkult *m.*

2.cul|to agg. ANT. gelehrt, gebildet.

cul|to|re m. Liebhaber *m.*, Freund *m.*: ***un ~ della musica, dell'arte*** ein Musik-, Kunstliebhaber *m.* (*o* ein Freund der Musik, der Kunst); ***~ della buona cucina*** Liebhaber der guten Küche.

cul|tua|le agg. kultisch, Kult-: ***oggetti -i*** kultische Gegenstände.

cul|tu|ra f. **1** *(civiltà)* Kultur *f.*: ***~ occidentale, cinese*** abendländische, chinesische Kultur; ***le -e primitive, precolombiane, paleolitiche*** die primitiven, präkolumbischen, paläolithischen Kulturen **2** *(formazione)* Bildung *f.*, Kultur *f.*; *(insieme delle conoscenze)* Wissen *n.*: ***~ musicale, umanistica*** musikalische, humanistische Bildung; ***~ generale, media*** Allgemein-, Durchschnittsbildung *f.*; ***possedere, avere una vasta ~, una ~ poliedrica*** eine umfassende, allseitige Bildung besitzen, haben; ***ostentare la, fare sfoggio della propria ~*** mit seiner Bildung prahlen **3** → **coltura** ◆ ***essere affamato di ~*** bildungshungrig sein; ***fare un bagno di ~*** Kultur tanken; ***farsi una ~*** sich bilden; SCHERZ. sich in etw. ein enzyklopädisches Wissen zu‿legen; ***~ fisica*** Fitnesstraining *n.*; ***istituto di ~*** Kulturinstitut *n.*; ***lingua di ~*** Kultursprache *f.*; ***mancanza di ~*** Unkultur *f.*; ***~ di massa*** Massenkultur *f.*; ETNOL. ***~ materiale*** Kulturgegenstände *pl.*, materielles Kulturgut; ***ministro della ~*** Kultusminister *m.*; ***il mondo della ~*** die Kulturwelt; ***~ popolare*** Volkskultur *f.*; ***senza ~*** kulturlos, ohne Kultur.

cul|tu|ra|le agg. **1** Kultur-, kulturell: ***centro, scambio ~*** Kulturzentrum *n.*, Kulturaustausch *m.*; ***rivoluzione ~*** Kulturrevolution *f.*; ***manifestazione, pagina ~*** kulturelle Veranstaltung, Kulturseite *f.*; ***istituto, istituzione ~*** Kulturinstitut *n.*, kulturelle Institution **2** *(di formazione)* Bildungs-: ***livello ~*** Bildungsgrad *m.* **cul|tu|ral|men|te** avv. kulturell.

cul|tu|ri|smo m. Bodybuilding *n.*: ***praticare, fare ~*** Bodybuilding

treiben. **cul|tu|ri|sta** m. e f. *(-i,-e)* Bodybuilder *m.* (-in *f.*).
cu|ma|ri|na f. Kumarin *n.*, Cumarin *n.*
cu|mi|no m. Kümmel *m.*: ***aggiungere il ~ a qcs.*** etw. kümmeln ◆ ***pane al ~*** Kümmelbrot *n.*
cu|mu|la|bi|le agg. kumulierbar: ***redditi -i*** kumulierbare Einkünfte. **cu|mu|la|re** tr. *(cumulo)* kumulieren, häufen: ***~ cariche*** Ämter häufen; ***~ due stipendi*** zwei Einkommen kumulieren. **cu|mu|la|ti|vo** agg. kumulativ, Sammel-: ***biglietto, conto ~*** Sammelfahrschein *m.*, Sammelkonto *n.*
cu|mu|lo m. **1** *(mucchio)* Haufen *m.*: ***un ~ di sassi*** ein Haufen Steine; ***ridurre qcs. (a) un ~ di macerie*** etw. in einen Schutthaufen verwandeln; FIG. ***un ~ di sciocchezze*** ein Haufen Dummheiten **2** *(accumulazione)* Häufung *f.*, Anhäufung *f.*: ***~ di cariche, di ricchezze*** Ämterhäufung *f.*, Anhäufung von Reichtümern **3** METEOR. Kumulus *m.*, Quellwolke *f.*, Haufenwolke *f.* ◆ ***~ di neve*** Schneewehe *f.*, Schneeverwehung *f.*;
cu|mu|lo|nem|bo m. Kumulonimbus *m.* **cu|mu|lo|stra|to** m. Stratokumulus *m.*
cu|na f. LETT. Wiege *f.*
Cu|ne|gon|da n.pr.f. Kunigund(e) *f.*
cu|nei|for|me agg. keilförmig, Keil-, kuneiform: ***caratteri -i*** keilförmige Schriftzeichen; ***scrittura ~*** Keilschrift *f.*; ANAT. ***osso ~*** kuneiformer Knochen. **cu|ne|o** m. Keil *m.* (anche FIG.): ***infilare, ficcare un ~ in una fenditura*** einen Keil in einen Zwischenraum ein‿setzen, hinein‿schlagen ◆ ***a ~*** keilförmig; ***fermare con -i*** verkeilen; ***spaccare con un ~*** keilen.
cu|net|ta f. **1** *(canaletto)* Rinnstein *m.*, Gosse *f.* **2** *(di strada)* Querrinne *f.*, unebene Fahrbahn *f.*
cu|ni|co|lo m. Stollen *m.*, Stollengang *m.*
cu|ni|col|to|re m. Kaninchenzüchter *m.* **cu|ni|col|tu|ra** f. Kaninchenzucht *f.*
cuo|ce|re *(cuocio, cuoci/*ANT. *coci; cossi, cuocesti/*ANT. *cocesti; cotto)* **I** tr. **1** kochen: ***~ la carne, la verdura*** Fleisch, Gemüse kochen **2** TECN. brennen: ***~ la ceramica, la calce*** Keramik, Kalk brennen **3** *(inaridire)* versengen, verbrennen: ***il sole cuoce i campi*** die Sonne versengt die Felder **II** intr. (aus. *essere*) **1** kochen: ***il riso deve ~ 20 minuti*** der Reis muss 20 Minuten kochen **2** FIG. nieder‿schlagen, quälen, bedrücken: ***l'insuccesso gli cuoceva*** der Misserfolg bedrückte ihn **3** impers. FIG. COLLOQ. ***qui si cuoce*** hier kommt man um vor Hitze **III** pronom. **cuocersi 1** kochen, gar werden: ***le patate si stanno cuocendo*** die Kartoffeln werden gar **2** FIG. *(abbronzarsi)* sich verbrennen: ***-rsi al sole*** sich in der Sonne verbrennen ◆ ***~ a bagnomaria*** im Wasserbad kochen; ***lasciare ~ qcn. nel proprio brodo*** jdn im eigenen Saft schmoren lassen; ***~ al forno*** backen; ***~ a fuoco lento*** köcheln, auf schwachem Feuer (*o* auf kleiner Flamme) kochen; ***~ alla griglia*** grillen; ***~ in padella*** braten; ***~ a puntino, al punto giusto*** gar kochen; ***~ allo spiedo*** am Spieß braten; ***~ al vapore*** dämpfen.
cuo|co m. *(-chi)* Koch *m.*: ***un ~ esperto*** ein gelernter Koch; ***studiare da ~*** Koch lernen; ◆ ***aiuto ~*** Beikoch *m.*; ***~ di bordo*** Schiffskoch *m.*; ***cappello da ~*** Kochmütze *f.*
cuo|ia|me m. **1** Leder *n.* **2** *(oggetti in cuoio)* Lederwaren *pl.*
cuo|io m. *(cuoi* m.pl. e *-ia* f.pl.*)* **1** (pl. *cuoi*) Leder *n.*: ***~ grezzo*** unverarbeitetes Leder; ***borsa, cintura, pallone di, in ~*** Ledertasche *f.*, Ledergürtel *m.*, Lederball *m.*; ***lavorare, conciare il ~*** Leder verarbeiten, gerben **2** ESTENS. *(pelle umana*; pl. *-ia)* Haut *f.* ◆ ***~ capelluto*** Kopfhaut *f.*, Haarboden *m.*; ***~ in crosta*** Spaltleder *n.*; ***essere duro come (il) ~*** zäh wie Leder sein; FIG. ***avere il ~ duro*** zäh sein; ***~ marocchino*** Maroquin *m.* e *n.*; ***~ naturale*** Fahlleder *n.*; ***teste di ~*** = Sondereinsatzgruppe *f.* der Polizei; ***tirare le -ia*** *(di animali)* alle viere von sich strecken; *(di persone)* seine Haut lassen.
cuo|ra f. Sumpfboden *m.*
cuor|con|ten|to m. fröhlicher Mensch: ***essere un ~*** ein fröhlicher Mensch sein ◆ PROV. ***~ il ciel l'aiuta*** dem Glücklichen schlägt keine Stunde.
cuo|re m. **1a** Herz *n.*: ***il ~ batte*** das Herz schlägt, pocht, klopft; ***il ~ ha ceduto*** das Herz hat versagt; FIG. ***avere un ~ tenero, duro*** ein weiches, hartes Herz haben; ***non avere ~*** kein Herz haben; ***avere un ~ di pietra*** ein Herz aus Stein haben; *(oggetto a forma di cuore)* ***-i di cioccolato*** Schokoladeherzen *pl.* **b** *(petto)* ***stringere qcn. al ~*** jdn ans, an sein Herz drücken **c** *(coraggio)* ***non avere il ~ di fare qcs.*** nicht das Herz haben, etw. zu tun; ***pigliar ~*** das Herz in die Hand, in beide Hände nehmen **d** *(centro, parte centrale)* ***il ~ del carciofo*** das Artischockenherz; ***nel ~ della città, dell'Europa*** im Herzen der Stadt, Europas **2** pl. GIOC. *(nelle carte)* Herz *n.*: ***avere in mano tre -i*** drei Herz auf der Hand haben; ***fante, donna, re di -i*** Herzbube *m.*, Herzdame *f.*, Herzkönig *m.* ◆ ***affari di ~*** Herzensangelegenheiten *pl.*; ***amico del ~*** Busenfreund *m.*; ***andare (dritto) al ~*** (direkt) zu Herzen gehen; ***andare al ~ del problema*** den Kern des Problems an‿gehen; ***essere due -i e un'anima sola*** ein Herz und eine Seele sein; ***a ~ aperto*** reinen Herzens, offenherzig; MED. ***intervento a ~ aperto*** Eingriff *m.* am offenen Herzen; ***aprire il proprio ~ a qcn.*** jdm sein Herz öffnen, aus‿schütten; ***il ~ gli balza in petto dalla gioia*** das Herz hüpft ihm vor Freude (*o* ihm lacht das Herz im Leibe); ***qcs. fa battere forte il ~ a qcn.*** etw. lässt jds Herz höher schlagen; ***avere buon ~*** ein gutes Herz haben; ***essere (una persona) di buon ~*** herzensgut sein, das Herz auf dem rechten Fleck haben; ***conquistare il ~ di tutti*** die (*o* alle) Herzen im Sturm erobern; ***cuor contento*** fröhlicher Mensch; ***di ~*** von Herzen gern; ***donare il proprio ~ a qcn.*** jdm sein Herz schenken; ***essere duro di ~*** hartherzig sein; ***fare qcs. col ~*** etw. mit ganzem Herzen tun; ***a forma di ~*** herzförmig; ***gocce per il ~*** Herztropfen *pl.*; ***qcn. ha il ~ in gola per la paura*** jdm schlägt vor Angst das Herz bis zum Hals (hinauf); ***gli si gonfia il ~ di tristezza*** ihm wird das Herz schwer; ***avere un ~ grande, un gran ~*** ein weites Herz haben; ***grazie di ~!*** herzlichen Dank! ***avere il ~ sulle labbra*** das Herz auf der Zunge haben; ***qcs. lacera il ~ a qcn.*** etw. zerreißt jdm das Herz; ***lasciare il ~ in qcs.*** sein Herz an etw. (A) hängen; ***leggere nel ~ di qcn.*** jdn durchschauen; ***a ~ leggero*** leichten Herzens; ***avere un ~ da leone*** mutig wie ein Löwe sein; ***mal di, male al ~*** Herzschmerzen *pl.*; ***essere malato di ~*** es am, mit dem Herz(en) haben, herzkrank sein; ***parlare con il ~ in mano*** aus seinem Herzen keine Mördergrube machen; BOT. ***~ di Maria*** Tränendes Herz, Herzblume *f.*; ***nel ~ della notte, dell'inverno*** mitten in der Nacht, im Winter; ***mettersi il ~ in pace*** sich darein‿finden, sich ab‿finden, sich zufrieden geben; MED. ***macchina ~-polmoni*** Herz-Lungen-Maschine *f.*; ***portare qcn. nel ~*** jdn ins Herz schließen; ***prendersi a ~ qcs.*** sich (D) etw. zu Herzen nehmen; ***dal profondo del ~*** aus tiefstem Herzen; ***ridere di ~*** herzlich lachen, aus vollem Halse lachen; ***Sacro Cuore (di Gesù)*** Herz-Jesu *m.*; ***gli sanguina il ~*** ihm blutet das Herz; ***il ~ gli scoppia di gioia*** das Herz zerspringt ihm vor Freude; ***seguire il ~*** nach seinem Herzen handeln; ***senza ~*** herzlos; ***spezzare il ~ a qcn.*** jdm das Herz brechen; ***ha una spina nel ~*** ihm dreht sich das Herz im Leib(e) herum; ***qcs. sta a ~ a qcn.*** etw. liegt jdm am Herzen; ***fare strage di -i*** viele Herzen brechen; ***gli si stringe il ~*** ihm krampft sich das Herz zusammen; ***toccare il ~ di qcn.*** jds Herz rühren; ***trapianto di ~*** Herztransplantation *f.*, Herzverpflanzung *f.*; ***di tutto ~, con tutto il ~*** von ganzem Herzen; ***venire dal ~*** von Herzen kommen; PROV. ***cuor contento il ciel l'aiuta*** dem Glücklichen schlägt keine Stunde; ***due -i e una capanna*** = für zwei Verliebte ist Raum in der kleinsten Hütte; ***occhio non vede, ~ non duole*** was ich nicht weiß, macht mich nicht heiß. **cuo|ri|ci|no** m. Herzchen *n.* **cuo|ri|for|me** agg. herzförmig: ***una foglia ~*** ein herzförmiges Blatt.
cu|pa|men|te avv. dumpf. **cu|pez|za** f. **1** Düsterkeit *f.* (anche FIG.) **2** *(di colore)* Dunkelheit *f.*, Düsterkeit *f.*
cu|pi|di|gia, cu|pi|di|tà f. Gier *f.*, Begierde *f.*: ***cieca, smisurata ~ di qcs.*** blinde, maßlose Gier nach etw. (D).
1.cu|pi|do m. Amorette *f.*
2.cu|pi|do agg. LETT. **1** *(avido)* gierig, begehrlich: ***~ di qcs.*** gierig nach etw. (D) **2** *(bramoso)* begehrlich: ***lanciare sguardi -i verso qcn., qcs.*** begehrliche Blicke auf jdn, etw. werfen.
Cu|pi|do n.pr.m. Amor *m.*: ***le frecce, gli strali di ~*** Amors Pfeile.
cu|po agg. **1** *(profondo)* tief **2** *(tenebroso)* düster, finster: ***uno sguardo ~*** ein düsterer Blick; ***guardare qcn. con volto ~*** jdn mit finsterer Miene an‿blicken **3** *(di colore intenso)* satt, dunkel: ***blu, rosso ~*** sattblau, dunkelrot; FIG. ***dipingere qcs. a tinte -e*** etw. in dunklen Farben schildern **4** *(di suono)* dumpf, dunkel: ***un suono ~*** ein dunkler Klang **5** FIG. dumpf, trübe, finster: ***un'atmosfera, una notte -a*** eine dumpfe Atmosphäre, eine finstere Nacht; ***un silenzio ~*** ein dumpfes Schweigen; ***un ~ dolore*** ein dumpfer Schmerz; ***una luce -a*** ein trübes Licht; ***tempi -i*** trübe, finstere Zeiten.
cu|po|la f. **1a** ARCH. Kuppel *f.*: ***la ~ del duomo*** die Kuppel des Doms **b** *(di carro armato)* ***la ~ del capopezzo*** die Kommandantenkuppel **2** BOT. Becher *m.*, Fruchtbecher *m.* **3** *(di cappello)* Wölbung *f.*, Hutkopf *m.* **4** GEOL. Kuppe *f.*: ***~ lavica*** Quellkuppe *f.* **5** GERG. *(della mafia)* = Dachorganisation *f.* der Mafia ◆ ***a ~*** Kuppel-, kuppelförmig; ***~ a bulbo*** Zwiebelhaube *f.*; FIG. ***~ del cielo*** Himmelsgewölbe *n.*; ***costruzione a ~*** Kuppelbau *m.*; ***~ girevole*** Drehkuppel *f.*; ***tetto a ~*** Kuppeldach *n.*
cu|pram|mo|ni|co agg. *(-ci,-che)* Kupfer-: ***raion ~*** Kupferseide *f.* **cu|pre|o** agg. **1** LETT. kupfern, Kupfer- **2** *(del colore del rame)* kupferfarbig. **cu|pri|co** agg. *(-ci,-che)* **1** kupfern, Kupfer- **2** *(contenente rame)* kupferhaltig. **cu|pri|smo** m. Kupfervergiftung *f.*, Kuprismus *m.* **cu|pri|te** f. Rotkupfererz *n.*
cu|ra f. **1** Pflege *f.*: ***~ della salute, del corpo*** Gesundheits-, Körper-

pflege *f.*; ***la ~ del giardino, dell'auto*** die Pflege des Gartens, des Autos **2** pl. *(premure)* Pflege *f.*, Sorge *f.*, Fürsorge *f.*: ***le -e materne*** die mütterliche Pflege; ***il malato necessita di -e particolari*** der Kranke braucht besondere Pflege; ***questa pianta non richiede molte -e*** diese Pflanze erfordert nicht viel Fürsorge; ***dedicare, prestare a qcn., qcs. le -e necessarie*** jdm, etw die nötige Pflege angedeihen lassen; ***affidare un bambino, un animale, una pianta alle -e di qcn.*** jdm ein Kind, ein Tier, eine Pflanze in Pflege geben **3** *(preoccupazione)* Sorge *f.*: ***la sua unica ~ è il lavoro*** die Arbeit ist seine einzige Sorge; ***un animo sgombro da -e*** ein sorgenfreies Gemüt **4a** MED. *(assistenza)* Behandlung *f.*: ***da chi sei in ~?*** bei wem bist du in Behandlung? ***avere qcn. in ~*** jdn in Behandlung haben; ***~ per il fegato*** Behandlung der Leber; ***~ dentaria*** Zahnbehandlung *f.* **b** *(prescrizione)* Behandlung *f.*, Kur *f.*: ***ordinare, prescrivere una ~ a qcn.*** jdm eine Kur verordnen, verschreiben; ***una ~ salutare*** eine gesundheitsfördernde Kur; ***fare una ~*** eine Kur machen; ***fare domanda per una ~*** eine Kur beantragen; ***essere in ~*** in, auf Kur sein; ***sottoporsi a una ~*** sich einer Kur unterziehen; ***andare a fare una ~*** zur, in Kur fahren **5** *(accuratezza)* Sorgfalt *f.*: ***procedere con (la massima) ~*** mit (größter) Sorgfalt vor‿gehen; ***trattare qcs. con ~*** etw. mit Sorgfalt behandeln; ***maneggiare con ~*** sorgfältig behandeln **6** DIR. Pflegschaft *f.* ◆ ***a ~ di*** *(redatto da)* von: ***traduzione a ~ di...*** Übersetzung von...; *(edito da)* herausgegeben von...; ***~ delle acque*** Brunnenkur *f.*; ***~ d'anime*** Seelsorge *f.*; ***avere ~ di qcn., qcs.*** auf jdn, etw. achten, sich um jdn, etw. kümmern; ***abbi ~ di te!*** mach's gut! ***~ di bellezza*** Schönheitskur *f.*, Schönheitspflege *f.*; ***bisognoso di -e*** pflegebedürftig; ***casa di ~*** Heilanstalt *f.*; *(privata)* Privatklinik *f.*; ***darsi ~ di qcs.*** sich um jdn, etw. bemühen; ***~ dimagrante*** Abmagerungskur *f.*, Schlankheitskur *f.*; ***essere ~ di qcn.*** sich bemühen, sorgen: ***sarà nostra ~ inviarVi al più presto il nostro catalogo*** wir werden uns bemühen, Ihnen unseren Katalog baldmöglichst zukommen zu lassen; ***luogo di ~*** Kurort *m.*; ***prendersi ~ di qcn., qcs.*** sich um jdn, etw. kümmern, für jdn, etw. sorgen; ***prestare le prime ~ a qcn.*** jdm erste Hilfe leisten; ***~ radicale*** Radikalkur *f.*; ***soggiorno di ~*** Kuraufenthalt *m.*; ***~ del sonno*** Schlafkur *f.*; ***spese per -e mediche*** Behandlungskosten *pl.*; ***~ termale*** Badekur *f.*

cu|ra|bi|le agg. heilbar. **cu|ra|bi|li|tà** f. Heilbarkeit *f.* **cu|ran|te** agg. behandelnd: ***il medico ~*** der behandelnde Arzt.

cu|ra|pi|pe m.inv. Pfeifenbesteck *n.*

cu|ra|re I tr. **1a** pflegen: ***~ il proprio corpo, il proprio aspetto*** seinen Körper, sein Aussehen pflegen; ***~ il prato*** den Rasen pflegen; ESTENS. ***~ i rapporti, i contatti con qcn., la vita di società*** die Beziehungen, die Kontakte zu jdm, die Geselligkeit pflegen **b** *(assistere)* ***~ amorevolmente qcn., un paziente*** jdn, einen Patienten liebevoll pflegen **2** *(governare)* besorgen: ***~ la casa*** den Haushalt besorgen **3a** *(un testo)* heraus‿geben: ***~ una nuova edizione, un'antologia*** eine Neuausgabe veranstalten, eine Anthologie herausgeben **b** *(traduzioni)* besorgen, übernehmen: ***~ la traduzione di un romanzo*** die Übersetzung eines Romans besorgen **4** *(tutelare)* wahr‿nehmen, wahren: ***~ gli affari, gli interessi di qcn.*** jds Geschäfte, Interessen wahrnehmen **5** *(procurare, fare in modo)* sorgen: ***curate che tutto sia in ordine*** sorgen Sie dafür, dass alles in Ordnung ist **6** MED. behandeln, sanieren: ***~ qcn. con medicine, con l'agopuntura, con i raggi*** jdn mit Medikamenten, mit Akupunktur, mit Bestrahlungen behandeln; ***~ qcn. in ambulatorio, in ospedale*** jdn ambulant, stationär behandeln; ***~ una malattia in modo omeopatico, una contusione con una pomata*** eine Krankheit homöopathisch, eine Prellung mit Salbe behandeln; ***~ un dente*** einen Zahn sanieren **II** pronom. **curarsi 1** sich pflegen: ***dovresti curarti di più*** du solltest dich mehr pflegen **2** *(occuparsi)* sich kümmern: ***non -rsi molto di qcs.*** sich nicht groß um etw. (A) kümmern; ***non -rsi l'uno dell'altro*** sich nicht umeinander kümmern; ***curati degli affari tuoi!*** kümmere dich um deine eigenen Angelegenheiten! **3** MED. sich behandeln lassen ◆ ***prevenire è meglio che ~*** vorbeugen ist besser als heilen (*o* Vorsicht ist besser als Nachsicht).

cu|ra|ri|na f. Kurarin *n.* **cu|ra|ro** m. Kurare *n.*

cu|ra|te|la f. Pflegschaft *f.*, Vormundschaft *f.*: ***assumere la ~*** die Vormundschaft übernehmen.

cu|ra|ti|vo agg. Heil-, Pflege-, heilkräftig: ***shampoo ~*** Kurshampoo *n.*; ***potere ~*** Heilkraft *f.*; ***effetto ~*** Heilwirkung *f.*

1.cu|ra|to p.pass. agg. **1** → **curare 2** gepflegt; ***ben ~*** gut gepflegt; ***un parco ben ~*** ein gut gepflegter Park.

2.cu|ra|to m. Kurat *m.*, Pfarrer *m.*: ***~ di campagna*** Landpfarrer *m.*

cu|ra|to|re m. **1** DIR. Pfleger *m.*, Verwalter *m.*: ***~ fallimentare*** Konkursverwalter *m.*; ***~ della successione*** Nachlasspfleger *m.* **2** *(di un testo)* Herausgeber *m.*

cur|cu|lio|ne m. Rüsselkäfer *m.*

cur|cu|ma f. Gelbwurz *f.*, Kurkuma *f.*: ***carta di ~*** Kurkumapapier *n.*

cur|cu|mi|na f. Kurkumin *n.*

cur|da f. Kurdin *f.* **cur|do I** m. Kurde *m.* **II** agg. kurdisch.

cu|ria f. **1** ECCL. STOR. Kurie *f.*: ***~ papale, romana*** päpstliche, römische Kurie **2** *(complesso dei magistrati)* Richterschaft *f.* **cu|ria|le I** agg. **1** ECCL. kurial **2** LETT. *(di corte)* Hof-, höfisch **3** *(aulico)* erhaben **II** m. Kuriale *m.* **cu|ria|le|sco** agg. *(-schi,-sche)* **1** ECCL. kurial **2** SPREG. *(cavilloso)* Kanzlei-: ***stile ~*** Kanzleistil *m.*

cu|ria|to agg. Kuriat-: ***comizio ~*** Kuriatsversammlung *f.*

Cu|ria|zi n.pr.m.pl. Curiatier *pl.*

cu|rie [ky'ri] m.inv. Curie *n.*

cu|rio m. Curium *n.*

cu|rio|sag|gi|ne f. COLLOQ. → **curiosità.**

cu|rio|sa|men|te avv. **1** *(con curiosità)* neugierig: ***domandare ~*** neugierig fragen **2a** *(in modo strano)* merkwürdig: ***comportarsi ~*** sich merkwürdig benehmen **b** *(stranamente)* seltsamerweise: ***~ me l'ha detto solo oggi*** seltsamerweise hat er mir das erst heute gesagt.

cu|rio|sa|re intr. (aus. *avere*) schnüffeln: ***~ negli affari altrui*** in fremden Angelegenheiten schnüffeln; ***~ in giro*** herum‿schnüffeln; ***~ tra le pagine di un libro*** in einem Buch herum‿blättern.

cu|rio|si|tà f.inv. **1** Neugier *f.*, Neugierde *f.*: ***una ~ non dissimulata, morbosa nei confronti di qcs.*** eine unverhohlene, krankhafte Neugier auf etw. (A); ***una ~ inappagata, irrefrenabile per qcs.*** eine ungestillte, unbezähmbare Neugier auf etw. (A); ***per pura ~*** aus reiner Neugier; ***morire, bruciare (ardere) di ~*** vor Neugier sterben, brennen; ***qcs. stimola, suscita, risveglia (desta) la ~ di qcn.*** etw. erregt, reizt, weckt jds Neugier; ***la sua ~ si risvegliò*** seine Neugier erwachte; ***soddisfare (appagare), placare la propria ~*** seine Neugier befriedigen, stillen; ***la ~ di sapere se...*** die Neugier zu erfahren, ob... **2** *(cosa curiosa)* Merkwürdigkeit *f.*, Kuriosität *f.*: ***questo negozio ha molte ~*** dieser Laden hat viele Kuriositäten.

cu|rio|so I agg. **1** neugierig: ***essere ~ di qcs.*** auf etw. (A) neugierig sein; ***non essere così ~!*** sei nicht so neugierig! ***sono ~ di sapere (vedere) come andrà a finire*** ich bin neugierig, wie es ausgehen wird **2** *(strano)* merkwürdig, sonderbar: ***un apparecchio ~*** ein merkwürdiges (*o* sonderbares) Gerät; ***un tipo ~*** ein merkwürdiger Kerl **II** m. **1** Neugierige *m.*: ***l'incidente attirò molti -i*** der Unfall lockte viele Neugierige an **2** *(cosa strana)* Merkwürdige *n.*, Seltsame *n.*: ***il ~ di una situazione*** das Seltsame einer Situation.

cu|rio|so|ne m. Schnüffler *m.*

Cur|lan|dia n.pr.f. Kurland *n.*

cur|ling ['kəːlıŋ] m. Curling *n.*, Eisschießen *n.*; ***piastra per il ~*** Eisstock *m.*

cur|ri|co|la|re agg. Curriculums-. **cur|ri|co|lo** m. *(curricula)* **1** Lebenslauf *m.*: ***scrivere, redigere un ~ (vitae) dettagliato, schematico*** einen ausführlichen, tabellarischen Lebenslauf schreiben, verfassen; ***allegare il ~*** den Lebenslauf bei‿fügen **2** *(programma di insegnamento)* Curriculum *n.*, Lehrplan *m.* **cur|ri|cu|la|re** → **curricolare. cur|ri|cu|lum** → **curricolo.**

cur|ry m. Curry *n.*: ***pollo, riso al ~*** Curryhuhn *n.*, Curryreis *m.*

cur|so|re m. **1** INFORM. Cursor *m.*: ***spostare, muovere il ~*** den Cursor bewegen, verschieben; ***tasti ~*** Cursortasten *pl.* **2** TECN. Schieber *m.* **3** *(della bilancia)* Läufer *m.*, Laufgewicht *n.*

cur|ten|se agg. Curtis-: ***economia ~*** Curtiswirtschaft *f.*

cu|ru|le agg. kurulisch: ***sedia ~*** kurulischer Stuhl.

cur|va f. **1** GEOM. Kurve *f.*: ***tracciare una ~*** eine Kurve zeichnen **2a** *(di strada)* Kurve *f.*, Biegung *f.*: ***la strada ha molte -e*** die Straße hat viele Kurven (*o* ist sehr kurvenreich); ***una ~ pericolosa, a gomito, cieca*** eine gefährliche, scharfe, unübersichtliche Kurve; ***una ~ a destra, a sinistra*** eine Rechts-, Linkskurve; ***fare, tagliare una ~*** eine Kurve fahren, schneiden; ***prendere una ~ (troppo stretta)*** eine Kurve (zu eng) nehmen; ***sbandare in ~*** in der Kurve schleudern; ***piegare in ~*** sich in die Kurve legen **b** *(di fiume)* Biegung *f.*: ***il fiume fa una ~ a destra*** der Fluss macht eine Biegung nach rechts **c** *(svolta brusca)* Schleife *f.* **3** *(di stadio)* Kurve *f.*: ***~ nord*** Nordkurve *f.* **4** pl. COLLOQ. *(forme femminili)* Kurven *pl.*, Rundungen *pl.*: ***avere le -e al punto giusto*** die Kurven da haben, wo sie hin‿gehören ◆ ***a -e*** kurvig, kurvenreich: ***una strada a -e*** eine kurvige Straße; ***~ altimetrica*** Höhenlinie *f.*; ***~ cranica*** Schädelkrümmung *f.*; ***~ in dirittura d'arrivo*** Zielkurve *f.*; ECON. ***~ della domanda*** Nachfragkurve *f.*; ***doppia ~*** Doppelkurve *f.*; ***~ di livello*** Niveaulinie *f.*; ***~ parabolica*** Steilkurve *f.*; MOT. ***~ di potenza*** Leistungskurve *f.*; ***~ delle probabilità*** Wahrscheinlichkeitskurve *f.*; AUT. ***stabile in ~*** kurvenfest; AUT. ***stabilità in ~*** Kurvenlage *f.*; MED. ***~ della temperatura*** Temperaturkurve *f.*; ***~ termica*** Temperaturkurve *f.*; COLLOQ. ***un'attrice tutta -e*** eine kurvenreiche Schauspielerin.

cur|va|re **I** tr. **1** biegen, krümmen: ***~ una sbarra*** eine Stange biegen; ***~ la schiena*** den Rücken krümmen, FIG. sich beugen, sich unterwerfen **2** *(chinare)* beugen, neigen: ***~ il capo, la testa*** das Haupt, den Kopf beugen (*o* neigen); FIG. *(cedere)* sich fügen **II** intr. (aus. *avere*) biegen, ab‿biegen, ein‿biegen: ***~ a destra, a sinistra, nella strada principale*** nach links, nach rechts, in die Hauptstraße abbiegen **III** pronom. **curvarsi** **1a** *(piegarsi)* sich biegen: ***il ripiano dello scaffale si curva sotto il peso dei libri*** das Regalbrett biegt sich unter dem Gewicht der Bücher **b** *(chinarsi)* sich biegen, sich bücken, sich neigen: ***-rsi su, verso qcn., qcs.*** sich über jdn, etw. neigen; sich nach jdm, etw. bücken; ***~ in avanti*** nach vorn neigen **2** *(incurvarsi)* sich beugen, sich krümmen. **cur|va|tri|ce** f. Biegemaschine *f.*, Kalander *m.* **cur|va|tu|ra** f. **1** Krümmung *f.*, Biegung *f.* **2** ANAT. Kurvatur *f.* ◆ ***raggio di ~*** Krümmungsradius *m.* **cur|vi|li|ne|o** **I** agg. kurvenförmig, krummlinig **II** m. Kurvenlineal *n.* **cur|vi|me|tro** m. Kurvenmesser *m.*

cur|vo agg. **1** krumm: ***linee -e*** krumme Linien **2** *(incurvato)* krumm, gekrümmt, gebeugt: ***una schiena -a*** ein krummer (*o* gebeugter) Rücken; ***spalle -e*** gebeugte Schultern; ***camminare, stare ~*** krumm gehen, stehen (*o* sich krumm halten); ***sedere ~*** krumm sitzen ◆ ***essere ~ sui libri*** über den Büchern sitzen (*o* hocken).

cu|sci|na|ta f. Schlag *m.* mit einem Kissen; ***prendersi, fare a -e con qcn.*** eine Kissenschlacht mit jdm machen. **cu|sci|net|to** m. **1** *(piccolo cuscino)* Kisschen *n.* **2** *(puntaspilli)* Stecknadelkissen *n.* **3** *(per timbri)* Stempelkissen *n.* **3** TECN. Lager *n.*: ***girare su -i*** lagern, auf Lagern laufen **4** *(rigonfiamento)* Wulst *m.*: ***~ di grasso*** Fettpolster *n.* **5** BOT. *(pulvino)* Polster *n.* ◆ TECN. ***~ d'aria*** Luftkissen *n.*; ***veicolo a ~ d'aria*** Luftkissenfahrzeug *n.*; MECC. ***~ dell'assale*** Achslager *n.*; FIG. ***fare da ~*** den Puffer ab‿geben; EDIL. ***~ di imposta*** Kämpfer *m.*; ***~ a rotolamento*** Wälzlager *n.*; ***~ a rulli*** Rollenlager *n.*; ***~ a sfere*** Kugellager *n.*; ***stato ~*** Pufferstaat *m.*; ***zona ~*** Pufferzone *f.*

cu|sci|no m. **1** Kissen *n.*, AUSTR. Polster *n.*, *(guanciale)* Kopfkissen *n.*: ***imbottire, foderare, sprimacciare un ~*** ein Kissen aus‿stopfen (füllen), beziehen, auf‿schütteln; ***mettersi un ~ sotto la testa*** sich ein Kissen unter den Kopf legen; ***posare il capo sul ~*** den Kopf aufs Kissen legen; ***~ del divano*** Sofakissen *n.*; ***~ di piume*** Feder-, Daunenkissen *n.*; ***imbottitura del ~*** Kissenfüllung *f.*; ***~ del sedile*** Sitzkissen *n.* **2** *(d'aria)* Luftkissen *n.*, Luftpolster *n.*

cu|scus, cu|scus m.inv. Kuskus *m.*, Couscous *m.*

cu|scu|ta f. Cuscuta *f.*, Seide *f.*, Hexenzwirn *m.*

cu|spi|da|le agg. giebelig, Giebel-. **cu|spi|da|to** agg. spitz, spitzig. **cu|spi|de** f. **1** Spitze *f.* **2** ARCH. Giebel *m.*, Spitzgiebel *m.* **3** ANAT. Segel *n.* **4** MAT. Kurvenspitze *f.* **5** ASTROL. Horn *n.*

cu|sto|de m. e f. **1** *(guardiano)* Wärter *m.* (-in *f.*), Aufseher *m.* (-in *f.*): ***essere ~ in un museo*** Aufseher in einem Museum (*o* Museumswärter) sein; ***~ di un magazzino*** Lageraufseher *m.*; ***la casetta del ~*** das Wärterhäuschen **2** *(portinaio)* Hausmeister *m.*, (-in *f.*) **3** *(di campo sportivo)* Platzwart *m.* (-in *f.*) **4** FIG. *(tutore)* Hüter *m.* (-in *f.*), Bewahrer *m.* (-in *f.*): ***~ dell'ordine, della libertà*** Ordnungshüter *m.*, Hüter der Freiheit ◆ ***angelo ~*** Schutzengel *m.*

cu|sto|dia f. **1a** Verwahrung *f.*, Hut *f.*, Obhut *f.*: ***avere, dare, prendere qcs. in ~*** etw. in Verwahrung haben, geben, nehmen **b** *(deposito)* Aufbewahrung *f.*: ***luogo di ~*** Aufbewahrungsort *m.*; ***~ dei bagagli*** Gepäckaufbewahrung *f.* **2** *(sorveglianza)* Bewachung *f.*, Beaufsichtigung *f.*: ***mettere, tenere qcn. sotto ~*** jdn unter Bewachung stellen, halten **3** DIR. Gewahrsam *m.*, Haft *f.*: ***prendere qcn. in ~*** jdn in Gewahrsam nehmen **4a** *(astuccio)* Etui *n.*, Futteral *n.*: ***mettere, riporre gli occhiali nella ~*** die Brille ins Etui legen, stecken **b** *(custodia rigida)* Kasten *m.*: ***togliere il violino dalla ~*** die Geige aus dem Kasten nehmen; ***~ del violino*** Geigenkasten *m.*; ***~ del compasso*** Zirkelkasten *m.* **c** *(della macchina fotografica)* Gehäuse *n.* **d** *(fodera)* Hülle *f.*, Schutzhülle *f.* ◆ ***agente di ~*** Vollzugsbeamte *m.* (-beamtin *f.*); DIR. ***~ cautelare*** Untersuchungshaft *f.*; ***obbligo di ~*** Verwahrungspflicht *f.*; ***~ di pegno*** Pfandverwahrung *f.*; BUROCR. ***presa in ~*** Inverwahrnahme *f.*; ***~ preventiva*** Untersuchungshaft *f.*; ***violazione dell'obbligo di ~*** Verwahrungsbruch *m.*

cu|sto|di|re tr. *(custodisco, custodisci)* **1** auf‿bewahren, verwahren: ***~ qcs. con cura*** etw. sorgsam aufbewahren; ***~ gioielli in una cassaforte*** Schmuck in einem Tresor verwahren **2** *(sorvegliare)* hüten (anche FIG.), behüten, beaufsichtigen: ***~ un bambino, la casa*** ein Kind, das Haus hüten. **cu|sto|di|to** p.pass. agg. **1** → **custodire** **2** ***un segreto ben ~*** ein gut gehütetes Geheimnis ◆ ***un passaggio a livello non ~*** ein ungesicherter Bahnübergang.

cu|ta|ne|o agg. Haut-, kutan: ***eruzione -a*** Hautausschlag *m.*; ***irritazione -a*** Hautreizung *f.*; ***riflesso ~*** Hautreflex *m.*; ***prurito ~*** Hautjucken *n.*

cu|te f. Haut *f.*, Kutis *f.*

cu|ti|ca|gna f. SCHERZ. Nacken *m.*, Genick *n.*: ***prendere qcn. per la ~*** jdn am Kragen packen, beim Kragen nehmen.

cu|ti|co|la f. Häutchen *n.*: ***~ delle unghie*** Nagelhaut *f.*, Nagelhäutchen *n.*

cut-off m. Schubabschaltung *f.*

cu|tret|to|la f. Bachstelze *f.*

cut|ter ['kʌtə] m.inv. MAR. Kutter *m.*

CV, C.V. ⇒ *cavallo vapore* Pferdestärke (PS).

cy|ber|space ['saibəspeis] → **ciberspazio.**

cy|clet|te [si'klɛt] f.inv. Heimtrainer *m.*

czar [tsar] → **zar.**

czar|da ['tʃarda] f. Csárdás *m.*

D

d, D f. e m.inv. d, D *n.*: ***una D maiuscola, una d minuscola*** ein großes D, ein kleines d.

da prep. (artcl. **dal, dallo, dalla, dall'**; pl. **dai,** ANT. **da', dagli, dalle**) **1a** *(moto da luogo)* von + dat., aus + dat.: ***il treno parte ~ Roma*** der Zug fährt von Rom ab; ***viene dall'America*** er kommt aus Amerika; ***dalla stazione a casa sono dieci minuti*** vom Bahnhof bis nach Hause sind es zehn Minuten; ***andare ~ Roma a Torino*** von Rom nach Turin fahren; ***contare ~ 1 a 10*** von 1 bis 10 zählen; ***~ vicino, lontano*** von nahem (aus der Nähe), von fern (weitem); ***~ sopra, sotto, davanti, dietro, destra, sinistra*** von oben, unten, vorn, hinten, rechts, links; ***uscire dal negozio, dalla città*** aus dem Geschäft heraus‿gehen, aus der Stadt heraus‿fahren; ***guardare dal balcone*** vom Balkon herab‿blicken; *(a partire da)* ***~ qui*** von hier aus; ***~ lì, là*** von da, dort **b** *(origine, provenienza)* ***venire dalla campagna*** vom Land kommen; ***discendere ~ una nobile famiglia*** aus einer adeligen Familie stammen; ***Raffaello ~ Urbino*** Raffael aus Urbino; ***lo so dal giornale*** ich weiß es aus der Zeitung; ***estrarre un metallo dal minerale*** aus dem Erz ein Metall gewinnen **c** *(separazione, allontanamento)* ***le montagne ci dividono dal mare*** die Berge trennen uns vom Meer; ***è caduto dalla bicicletta*** er ist vom Fahrrad gefallen; ***distinguere il bene dal male*** das Gute vom Böse unterscheiden; ***liberarsi dalle proprie paure*** sich von seinen Ängsten befreien; ***essere lontano dalla verità*** weit von der Wahrheit entfernt sein **d** *(distanza)* ***~ una distanza di 100 m*** aus 100 m Entfernung; ***il paese dista 20 km dal confine*** das Dorf liegt 20 km von der Grenze entfernt; ***era a un passo ~ me*** er stand einen Schritt von mir entfernt **2** *(agente o causa efficiente)* von + dat., durch + acc.: ***essere amato ~ qcn.*** von jdm geliebt werden, sein; ***essere investito ~ un'auto*** von einem Auto überfahren werden; ***la città fu distrutta ~ un terremoto*** die Stadt wurde durch ein Erdbeben zerstört **3** *(tempo)* ab + dat., von + dat... an, seit + dat.: ***l'aspetto ~ un'ora*** ich warte seit einer Stunde auf ihn; ***non l'ho più visto ~ ieri*** ich habe ihn seit gestern nicht mehr gesehen; ***non dormo ~ due notti*** seit zwei Nächten schlafe ich nicht; ***è ~ molto che non lo vedo*** es ist lange her, dass ich ihn gesehen habe; ***sono in ufficio dalle 8 alle 17*** ich bin von 8 bis 17 Uhr im Büro; ***~ molto, poco (tempo)*** seit langem, kurzem (seit langer, kurzer Zeit); *(a partire da)* ***l'appartamento è libero dal tre maggio, dal mese prossimo*** die Wohnung ist ab dem dritten Mai, von nächstem Monat an frei; ***~ domani comincerà il tuo nuovo lavoro*** ab morgen beginnt deine neue Arbeit **4** *(stato in luogo; con nomi di persona o pron.pers.)* bei + dat.: ***incontrarsi dal panettiere*** sich beim Bäcker treffen; ***abitare ~ un amico*** bei einem Freund wohnen; ***cenare dai nonni*** bei den Großeltern zu Abend essen; ***vuoi fare i compiti ~ me?*** willst du die Hausaufgaben bei mir machen? ***comprare qcs. dal vicino*** etw. beim Nachbarn kaufen **5** *(moto a luogo; con nomi di persona o pron.pers.)* zu + dat.: ***devo andare dal medico, ~ lui*** ich muss zum Arzt, zu ihm (gehen); ***mandare qcn. dall'avvocato*** jdn zum Anwalt schicken **6** *(moto per luogo)* durch + acc., über + acc.: ***entrare dal cortile*** durch den Hof herein‿kommen; ***all'andata siamo passati ~ Milano*** auf der Hinreise sind wir über Mailand gefahren **7a** *(modo, maniera)* als, wie: ***te lo dico ~ amico*** ich sage es dir als Freund; ***comportarsi ~ vigliacco*** sich wie ein Feigling benehmen; ***travestirsi ~ pirata*** sich als Seeräuber verkleiden **b** *(spesso reso con aggettivo, avverbio, sostantivo composto)* ***questo comportamento non è ~ te*** dieses Benehmen passt nicht zu dir; ***una risposta ~ stupido*** eine dumme Antwort; ***vita ~ cani*** Hundeleben *n.* **c** *(condizione)* ***~ vecchi*** im Alter; ***~ giovane era molto bello*** als er jung war, war er sehr schön; ***~ grande voglio fare il giornalista*** wenn ich groß bin, will ich Journalist werden **d** rafforz. ***prenditelo ~ te*** bediene dich selbst **8** *(qualità)* mit + dat.: ***la ragazza dai capelli rossi*** das Mädchen mit den roten Haaren; ***un palazzo dalla facciata neoclassica*** ein Gebäude mit neoklassizistischer Fassade **9** *(prezzo, valore)* zu + dat.: ***un francobollo ~ 750 lire*** eine Briefmarke zu 750 Lire; ***una banconota ~ 50 000 Lire*** ein Fünfzigtausendlireschein; ***un abito ~ poco, ~ pochi soldi*** ein billiges Kleid **10** *(quantità approssimativa)* ***c'erano dalle 300 alle 400 persone*** es waren 300 bis 400 Leute da; ***peserà dai 40 ai 50 chili*** es wird 40 bis 50 Kilo wiegen **11** *(mezzo)* an + dat.: ***riconoscere qcn. dal passo, dalla voce*** jdn am Schritt, an der Stimme erkennen **12** *(causa)* vor + dat.: ***tremare dal freddo*** vor Kälte zittern **13** *(fine)* zu + dat., als: ***servire solo ~ ornamento*** nur zur Zierde dienen; *(reso con sostantivi composti)* ***rete ~ pesca*** Fischnetz *n.*; ***macchina ~ scrivere*** Schreibmaschine *f.*; ***auto ~ corsa*** Rennwagen *m.*; ***cane ~ caccia*** Jagdhund *m.* **14** *(limitazione)* an + dat, auf + dat.: ***cieco ~ un occhio*** auf einem Auge blind **15a** *(seguita da verbo all'infinito; consecutivo)* dass, zu: ***è così stanco ~ non capire più nulla*** er ist so müde, dass er nichts mehr versteht; ***sei così gentile ~ accompagnarmi?*** bist du so nett, mich zu begleiten? **b** *(finale)* ***dare a qcn. un testo ~ copiare*** jdm einen Text zum Abschreiben geben; ***non avere niente ~ bere*** nichts zu trinken haben **c** *(necessità, obbligo)* ***un libro ~ leggere*** ein Buch, das man lesen sollte (*o* muss); ***un'azione ~ biasimare*** eine tadelnswerte Tat; ***un rischio ~ correre*** ein Risiko, das man eingehen muss; ***avere una lettera ~ scrivere*** einen Brief zu schreiben haben; ***è ~ aiutare*** man muss ihm helfen; ***non c'è più nulla ~ fare*** man kann nichts mehr tun ◆ ***~ allora*** seitdem, seither; ***~ allora in poi*** von da an, seit jener Zeit; ***~ basso*** *(stato in luogo)* unten; *(moto di avvicinamento)* ***scendi ~ basso*** komm herunter; *(di allontanamento)* ***va' ~ basso*** geh hinunter, nach unten; ***dal basso*** von unten; ***~ bravo*** auf, los; ***~ capo*** von Anfang an, von vorn; ***a cominciare ~ oggi*** ab heute, von heute an; ***~ dove*** woher; ***fare ~*** tätig sein als, wirken als; ***fare ~ padrino, padre a qcn.*** jds Pate sein, an jdm Vaterstelle vertreten; ***fin ~*** seit; ***fin ~ piccolo*** von klein auf, von Kindheit an; ***è gentile ~ parte tua*** das ist sehr nett von dir; ***a partire ~*** → ***a cominciare ~***; ***~ principio*** anfangs, am Anfang; ***dal principio alla fine*** von Anfang (an) bis Ende; ***~ sé*** von selbst; ***~ solo*** allein; ***non sporgersi dalla finestra*** nicht aus dem Fenster hinauslehnen; ***non poté trattenersi dal ridere*** er konnte sich vor Lachen nicht mehr halten; ***~ ultimo*** zuletzt, schließlich.

dà → **dare.**

da' ANT. → **da.**

dab|bas|so avv. **1** *(stato in luogo)* unten **2** *(moto di avvicinamento)* herunter: ***scendi*** ~ komm herunter **3** *(di allontanamento)* hinunter: ***va'*** ~ geh hinunter, nach unten.

dab|be|nag|gi|ne f. **1** Einfalt *f.*, Einfältigkeit *f.* **2** *(azione da sciocco)* Naivität *f.* **dab|be|ne** agg.inv. bieder, rechtschaffen.

dac|ca|po avv. von vorn, noch einmal: ***ricominciare ~*** wieder von vorn beginnen ◆ ***~ a piedi*** von Anfang bis Ende; ***punto e ~*** Punkt, (neuer) Absatz; FIG. Punktum; ***(ci) siamo ~!*** wir sind wieder dort, wo wir angefangen haben!

dac|ché cong. LETT. **1** *(da quando)* seitdem, seit **2** *(poiché)* da, weil.

da|cia f. *(-cie e -ce)* Datscha *f.*, Datsche *f.*

Da|cia n.pr.f. Dazien *n.* **da|co** m. *(-ci)* Dazier *m.*

da|da I m.inv. Dada *m.* **II** agg.inv. dadaistisch. **da|da|i|smo** m. Dadaismus *m.* **da|da|i|sta** *(-i,-e)* **I** m. e f. Dadaist *m.* **II** agg. dadaistisch.

da|do m. **1** Würfel *m.*: ***giocare a -i*** Würfel spielen (*o* würfeln); ***tagliare il prosciutto a -i*** den Schinken in Würfel schneiden, würfeln **2** TECN. Mutter *f.*, Schraubenmutter *f.* ◆ ***~ da, per brodo*** Bouillonwürfel *m.*, Brühwürfel *m.*, Suppenwürfel *m.*; ***capitello a ~*** Würfelkapitell *n.*; ***~ e controdado*** Mutter und Gegenmutter; ***~ a corona*** Kronenmutter *f.*; ***~ di sicurezza*** Gegen-, Doppelmutter *f.*; ***il ~ è tratto*** die Würfel sind gefallen; ***~ triangolare*** Dreikantmutter *f.*

daf|fa|re m.inv. Mühe *f.*: ***avere il proprio (bel) ~ con qcn., qcs.*** seine (liebe) Mühe (*o* Sorge) mit jdm, etw. haben; ***darsi un gran ~*** sich große Mühe geben; ***fingere di darsi ~*** geschäftig tun; ***con tutto il ~ che ho*** mit allem, was ich zu tun habe.

daf|ne f. BOT. Daphne *f.*

Daf|ne n.pr.f. Daphne *f.*
daf|nia f. ZOOL. Daphnia *f.*, Daphnie *f.*
da|ga f. *(-ghe)* kurzes breites Schwert *n.*
da|gher|ro|ti|pi|a f. Daguerreotypie *f.* **da|gher|ro|ti|po** m. Daguerreotyp *m.*
1.da|gli → **da.**
2.da|gli inter. **~ *al ladro*** haltet den Dieb! ***e ~!*** schon wieder!
1.dai → **da.**
2.dai inter. **1a** *(incoraggiamento)* los: ***~, sbrigati!*** los, beeil dich! ***~, parla!*** los, rede! ***~, corri!*** los! **b** *(invito)* na, los: ***~, vieni!*** na, komm! **2** *(incredulità)* ach: ***ma ~!*** ach geh! ach was!
dai|no m. Damhirsch *m.* ◆ ***pelle di ~*** Damleder *n.*; ***guanti di ~*** damlederne Handschuhe.
1.dal → **da.**
2.dal ⇒ *decalitro* Dekaliter (Dl, dkl).
da|lia f. Dahlie *f.*
dal|la, dal|le → **da.**
dal|li → **2.dagli.**
dal|lo → **da.**
dal|ma|ta I agg. *(-i,-e)* dalmatisch, dalmatinisch **II** m. e f. *(-i,-e)* Dalmatiner *m.* (-in *f.*) **III** m. *(cane)* Dalmatiner *m.* **dal|ma|ti|ca** f. *(-che)* Dalmatika *f.* **dal|ma|ti|co** agg. *(-ci,-che)* → **dalmata. Dal|ma|zia** n.pr.f. Dalmatien *n.*
dal|to|ni|co I agg. *(-ci,-che)* farbenblind **II** m. *(-ci)* Farbenblinde *m.* **dal|to|ni|smo** m. Farbenblindheit *f.*, Daltonismus *m.*
d'al|tron|de → **altronde.**
da|ma f. **1** Dame *f.*: ***~ di corte*** Hofdame *f.*; FIG. ***fare la, darsi arie da gran ~*** als große Dame auf‿treten (*o* die große Dame spielen) **2** *(nel ballo)* Dame *f.*, Tanzpartnerin *f.* **3** GIOC. Dame *f.*; Damespiel *n.*: ***giocare a ~*** Dame spielen; ***una partita a ~*** eine Partie Dame; ***le pedine della ~*** die Damesteine; ***fare ~, andare a ~*** eine Dame bekommen; ***mangiare una pedina con la ~*** einen Stein mit der Dame weg‿nehmen **4** REGION. COLLOQ. = Freundin *f.* ◆ ***bacio di ~*** INTRAD. (Kleingebäck mit Schokoladefüllung); ***~ di carità*** = für wohltätige Zwecke engagierte Frau; ***~ di compagnia*** Gesellschafterin *f.*, Gesellschaftsdame *f.*
da|ma|li|sco m. *(-schi)* Leierantilope *f.*
da|ma|sca|re tr. *(damasco, damaschi)* **1** zu Damast verarbeiten **2** METALL. → **damaschinare. da|ma|sca|to I** p.pass. agg. **1** → **damascare 2** damastartig, damasten **II** m. Damast *m.* **da|ma|sca|tu|ra** f. **1** Damastweberei *f.* **2** METALL. → **damaschinatura. da|ma|sce|no** agg. Damaszener. **da|ma|schi|na|re** tr. tauschieren, damaszieren. **da|ma|schi|na|to** p.pass. agg. **1** → **damaschinare 2** Damaszener: ***acciaio ~*** Damaszener Stahl. **da|ma|schi|na|tu|ra** f. **1** Tauschierung *f.*, Damaszierung *f.* **2** *(decorazione)* Tauschierarbeit *f.* **da|ma|schi|no** agg. LETT. Damaszener. **da|ma|sco** m. *(-schi)* Damast *m.*
Da|ma|sco n.pr.f. Damaskus *n.*
da|me|ri|no m. Geck *m.*, Stutzer *m.*, Schönling *m.*
Da|mia|no n.pr.m. Damian(us) *m.*
da|mie|ra f., **da|mie|re** m. Damebrett *n.*
da|mi|gel|la f. Edelfräulein *n.* ◆ ***~ d'onore*** Brautjungfer *f.*
da|mi|gia|na f. Ballon *m.*, große Korbflasche *f.*
da|mo m. REGION. COLLOQ. = Freund *m.*
Da|mo|cle n.pr.m. Damokles *m.* ◆ ***pendere su qcn., sulla testa di qcn. come una spada di ~*** wie ein Damoklesschwert über jdm, über jds Haupt schweben.
DAMS ⇒ *Discipline delle Arti, della Musica, dello Spettacolo* (Hochschule für Kunst, Musik und Schauspiel).
da|nai m.pl. Danaer *pl.*
da|nai|de f. Danaide *f.*
da|na|ro → **denaro. da|na|ro|so** agg. vermögend, reich.
danc|ing ['dansɪŋ, *üblich* 'dɛnsiŋ(g)] m.inv. Dancing *m.*, Tanzlokal *n.*
dan|da f. Laufgurt *m.*, Gängelband *n.*
dan|dy [dændɪ] **I** m.inv. Dandy *m.* **II** agg.inv. dandyhaft. **dan|di|smo** m. Dandyismus *m.*
da|ne|se I agg. dänisch **II** m. e f. Däne *m.* (-nin *f.*) **III** m. **1** *(lingua)* Dänisch(e) *n.* **2** *(cane)* dänische Dogge *f.*
Da|nie|le n.pr.m. Daniel *m.* **Da|nie|la** n.pr.f. Daniela *f.*
Da|ni|mar|ca n.pr.f. Dänemark *n.* ◆ ***c'è del marcio in ~*** es ist etwas faul im Staate Dänemark.
dan|na|re I tr. LETT. *(condannare)* verdammen **II** pronom. **dannarsi 1** LETT. sich der Verdammung aus‿liefern **2** COLLOQ. *(affaticarsi, ammattire)* sich plagen, sich ab‿mühen: ***-rsi per qcs.*** sich mit etw. plagen ◆ ***-rsi l'anima per qcn., qcs.*** sich (D) an jdm, etw. die Zähne aus‿beißen; ***far ~ qcn.*** jdn plagen.
dan|na|ta|men|te avv. verdammt: ***è ~ caldo*** es ist verdammt heiß.
dan|na|to I p.pass. agg. **1** → **dannare 2a** verdammt: ***anime -e*** verdammte Seelen **b** COLLOQ. ESTENS. verdammt, gottverdammt: ***una -a paura*** eine verdammte Angst **II** m. **1** Verdammte *m.* **2** ESTENS. Verrückte *m.*: ***lavorare come un ~*** wie ein Verrückter arbeiten. **dan|na|zio|ne** f. **1** RELIG. Verdammnis *f.*, Verdammung *f.* **2** *(tormento)* Plage *f.* ◆ ***~!*** verdammt (noch mal, noch eins)!
dan|neg|gia|men|to m. Beschädigung *f.*, Schädigung *f.*
dan|neg|gia|re *(danneggio, danneggi)* **I** tr. schaden, beschädigen: ***~ qcn., qcs.*** jdm, etw. schaden, jdn, etw. beschädigen; ESTENS. ***~ gl'interessi di qcn.*** jds Interessen schaden **II** pronom. **danneggiarsi 1** beschädigt werden: ***il vaso si è danneggiato nel trasporto*** die Vase wurde während des Transports beschädigt **2** *(nuocere a se stesso)* sich schaden. **dan|neg|gia|to** p.pass. agg. **1** → **danneggiare 2** beschädigt: ***esemplari -i*** beschädigte Exemplare. **dan|neg|gia|to|re** m. Schädiger *m.*
dan|no m. **1** Schaden *m.*: ***causare, provocare un ~*** einen Schaden verursachen; ***(ar)recare ~ a qcn.*** jdm Schaden zu‿fügen; ***riportare, subire un ~*** einen Schaden davon‿tragen, erleiden; ***riparare a un ~*** einen Schaden wieder gut‿machen; ***risarcire, liquidare un ~*** einen Schaden ersetzen, regulieren; ***rilevare, valutare (stimare), accertare il ~, l'entità del ~*** den Schaden, den Schaden(s)umfang erheben, ab‿schätzen (*o* schätzen), fest‿stellen; ***calcolare l'ammontare del ~*** die Höhe des Schadens (*o* die Schadenshöhe) aus‿rechnen; ***rispondere di un ~*** für einen Schaden haften, gut‿stehen, auf‿kommen; ***il ~ ammonta a...*** der Schaden beträgt, beläuft sich auf...; ***~ morale, materiale*** moralischer, materieller Schaden; ***-i causati da un incendio*** Schäden durch Brand (*o* Brandschäden *pl.*); ***-i alle persone, alle cose*** Personen-, Sachschäden **2** pl. *(somma di risarcimento)* Schadenersatz *m.*: ***chiedere i -i*** Schadenersatz verlangen (*o* fordern); ***pagare i -i (a qcn.)*** jdm Schadenersatz leisten ◆ ***ai -i di qcn.*** zu jds Schaden; ***assicurazione contro i -i*** Schadenversicherung *f.*; ***(subire) oltre il ~ anche la beffa*** zum Schaden auch noch den Spott haben; ***far -i*** Schaden an‿richten; ***risarcimento -i*** Schadenersatz *m.*
dan|no|si|tà f. Schädlichkeit *f.* **dan|no|so** agg. schädlich, schädigend: ***essere ~ a qcn., qcs.*** für jdn, etw. schädlich sein ◆ ***insetti -i*** Schädlinge.
dan|nun|zia|no I agg. **1** von D'Annunzio **2** im Stil D'Annunzios **II** m. Epigone *m.* D'Annunzios.
dan|te DIR. ***~ causa*** Rechtsvorgänger *m.*
dan|te|sco agg. *(-schi,-sche)* **1** *(di Dante)* dantisch: ***poesia -a*** dantische Dichtung; ***studi -schi*** Dantestudien **2** *(che si richiama a Dante)* dantesk. **dan|ti|sta** m. e f. *(-i,-e)* Dantespezialist *m.* (-in *f.*).
da|nu|bia|no agg. Donau-: ***paesi -i*** Donauländer *pl.* **Da|nu|bio** n.pr.m. Donau *f.*: ***il bacino del ~*** das Donaubecken.
dan|za f. Tanz *m.*: ***~ moderna*** moderner Tanz; ***-e orientali*** orientalische Tänze; ***studiare ~*** Tanz studieren; MUS. ***-e ungheresi*** ungarische Tänze ◆ ***aprire le -e*** den Ball eröffnen; ***arte della ~*** Tanzkunst *f.*; ***corso di ~*** Tanzkurs(us) *m.*; ***esibizione di ~*** *(nel pattinaggio)* Schautanz *m.*; ***~ figurata*** Figurentanz *m.*; ***~ sul ghiaccio*** Eistanz *m.*; ***~ di guerra*** Kriegstanz *m.*; ***~ macabra*** Totentanz *m.*; ***passo di ~*** Tanzschritt *m.*; ***~ della pioggia*** Regenzauber *m.*; ***~ popolare*** Volkstanz *m.*; ***~ propiziatoria*** Beschwörungstanz *m.*; ***~ rituale*** Ritualtanz *m.*; ***scuola di ~*** Ballettschule *f.*; ***~ del serpente*** Schlangentanz *m.*; ***~ delle spade*** Schwerttanz *m.*; ***~ dei veli*** Schleiertanz *m.*; ***~ del ventre*** Bauchtanz *m.*; ***fare la ~ del ventre*** bauch‿tanzen.
dan|zan|te agg. Tanz-: ***serata, festa ~*** Tanzabend *m.*, Tanzfest *n.*; ***caffè ~*** Tanzcafé *n.* **dan|za|re I** intr. (aus. *avere*) tanzen (anche ESTENS.): ***~ con qcn.*** mit jdm tanzen; ***non saper ~*** nicht tanzen können **II** tr. tanzen: ***~ un minuetto*** ein Menuett tanzen. **dan|za|to|re** m. Tänzer *m.* **dan|za|tri|ce** f. Tänzerin *f.*
Dan|zi|ca n.pr.f. Danzig *n.* ◆ STOR. ***corridoio di ~*** Danziger Korridor.
dap|per|tut|to avv. **1** *(stato in luogo)* überall **2** *(moto)* überallhin.
dap|po|cag|gi|ne f. ANT. Nichtsnutzigkeit *f.* **dap|po|co** agg.inv. ANT. nichtsnutzig; ***un uomo ~*** ein Taugenichts, ein Nichtsnutz.
dap|pres|so avv. ANT. in jds Nähe; ***farsi ~*** sich nähern.
dap|pri|ma avv. anfangs, zuerst.
Dar|da|nel|li n.pr.m.pl. ***i ~*** die Dardanellen *pl.*
dar|deg|gia|re *(dardeggio, dardeggi)* ANT. LETT. **I** tr. ***~ qcn.*** Pfeile auf jdn schießen **II** intr. (aus. *avere*) **1** Pfeile schießen **2a** FIG. *(del sole; fiammeggiare)* flammen **b** *(degli occhi)* blitzen.
dar|do m. Pfeil *m.* ◆ ***i -i del Sole*** die Sonnenstrahlen; ***i -i di Giove*** die Blitze Jupiters.
1.da|re (pres. *do, dai, dà, diamo, date, danno;* imperf. *davo;* pass.rem. *diedi/detti, desti, diede/dette, demmo, deste, diedero/dettero;* fut. *darò;* pres.congiunt. *dia, diamo, diate, diano;* imperf.congiunt. *dessi, desse, dessimo, deste, dessero;* imper. *da'/dà/dai;* p.pass. *dato*) **I** tr.

1a geben: ~ qcs. a qcn. jdm etw. geben; ~ qcs. in prestito etw. in Leihe geben; ~ da mangiare, da bere a qcn. jdm zu essen, zu trinken geben; ~ una medicina ein Medikament geben; ~ risposte, consigli Antworten, Ratschläge geben; ~ baci, schiaffi, calci Küsse, Ohrfeigen, Tritte geben; ~ lavoro a qcn. jdm Arbeit geben b (porgere) ~ la mano a qcn. jdm die Hand geben c (cedere) ~ il posto a qcn. jdm den Platz geben d (affidare, assegnare) ~ un incarico a qcn. jdm einen Auftrag geben; ~ il primo premio a qcn. jdm den ersten Preis geben; (di condanna) ~ sei anni a qcn. jdm sechs Jahre geben e (infondere) ~ speranza, coraggio a qcn. jdm Hoffnung, Mut geben f (organizzare) ~ una festa, un concerto ein Fest, ein Konzert geben g COLLOQ. (pagare) quanto gli hai dato per la borsa? was hast du ihm für die Tasche gegeben? h COLLOQ. (vendere) ~ qcs. a qcn. a un prezzo speciale jdm etw. zu einem Sonderpreis geben i COLLOQ. (produrre) l'albero dà molte ciliege der Baum gibt viele Kirschen j COLLOQ. (mettere in programma) che cosa danno stasera a teatro, al cinema, in tivù? was wird heute abend im Theater, im Kino, im Fernsehen gegeben? 2 (attribuire) geben, bei‿messen: ~ torto a qcn. jdm Unrecht geben; ~ importanza alle parole di qcn. jds Worten Bedeutung beimessen 3 (prescrivere) verordnen, verschreiben: ~ una medicina ein Medikament verordnen 4 SCOL. auf‿geben: ~ un esercizio, un tema, molti compiti eine Übung, einen Aufsatz, viele Aufgaben aufgeben 5 (infliggere) erteilen, auf‿erlegen: ~ una multa, una punizione eine Geldstrafe, Strafe auferlegen 6 (augurare) sagen, wünschen: ~ il buongiorno, la buonanotte a qcn. jdm guten Morgen, gute Nacht sagen (o jdm einen guten Tag, eine gute Nacht wünschen) 7 (offrire, sacrificare) hin‿geben: ~ la vita per qcn., qcs. sein Leben für jdn, etw. hingeben 8 (emettere) von sich geben, hervor‿bringen: ~ un suono stridulo einen schrillen Ton von sich geben 9 (stendere, spalmare) auf‿tragen: ~ la prima mano di vernice den Erstanstrich auftragen 10 (età) halten, schätzen: quanti anni le dai? für wie alt hältst du sie? wie alt schätzst du sie? non le do più di vent'anni ich halte sie für nicht älter als zwanzig 11 (come risultato) geben, ergeben: tre per tre dà nove drei mal drei gibt neun II intr. (aus. avere) 1 (affacciarsi) gehen: la mia finestra dà sulla piazza mein Fenster geht auf den Platz 2 (tendere) questo colore dà sul verde diese Farbe geht ins Grün 3 (battere) schlagen, hauen; ~ con il ginocchio contro il tavolo sich das Knie am Tisch stoßen III pronom. darsi 1 (dedicarsi) sich widmen: -rsi allo studio sich dem Studium widmen 2 (abbandonarsi) sich hin‿geben: -rsi al bere sich dem Trunk hingeben 3 (incominciare) -rsi a gridare an‿fangen, beginnen zu schreien 4 (scambiarsi) sich geben: -rsi un bacio sich einen Kuss geben 5 (esserci) es gibt: non si dà alcuna possibilità del genere es gibt überhaupt keine Möglichkeit dieser Art ◆ ~ addosso a qcn. jdm auf den Leib rücken; FIG. auf jdn ein‿hacken, auf jdn los‿gehen; ~ in affitto in Pacht geben, verpachten, vermieten; ~ aria alla stanza das Zimmer lüften; ~ ascolto a qcn., qcs. auf jdn, etw. hören; ~ atto a qcn. di qcs. jdm etw. bezeugen; darla a bere a qcn. jdm einen Bären auf‿binden; si dà il caso che io abbia visto tutto der Zufall will es, dass ich alles gesehen habe (o ich habe zufällig alles gesehen); ~ la colpa a qcn. jdm die Schuld geben; ~ contro a qcn. jdm Kontra geben, jdm widersprechen; darle (sode, di santa ragione) a qcn. jdn (heftig) verprügeln; ~ una definizione eine Definition geben; ~ del Lei, del tu, del voi a qcn. jdn siezen, duzen, ihrzen (o zu jdm Sie, du, ihr sagen); diamoci del tu! duzen wir uns! sagen wir du zueinander! ~ del bugiardo, del fannullone a qcn. jdn als Lügner, Faulenzer beschimpfen (o jdn einen Lügner, Faulenzer schimpfen, nennen); darci dentro (con qcs.) sich (in etw. [A]) hinein‿knien; ~ le dimissioni kündigen, zurück‿treten, seinen Abschied nehmen; ~ disposizioni a qcn. riguardo a qcs. jdm Vorschriften über etw. machen, jdm Anweisungen für etw. geben; ~ un esame eine Prüfung machen, ab‿legen; ~ in escandescenze zornig auf‿fahren; ~ l'esempio ein Beispiel, ein Exempel für etw. liefern, auf‿stellen; -rsi da fare (per qcs.), per qcn. sich (an etw.) dranmachen, sich für jdn ein‿setzen; ~ fuoco a qcs. etw. in Brand setzen, an etw. (A) Feuer legen, etw. zünden, an‿zünden; -rsi fuoco sich verbrennen, sich an‿zünden; dar(e) fuori di matto = spinnen; darsela a gambe Reißaus nehmen, die Beine unter die Arme nehmen; AUT. ~ gas Gas geben; ~ il proprio giudizio seine Meinung sagen, sein Urteil ab‿geben; ~ una buona idea a qcn. jdn auf eine gute Idee bringen; ~ un'idea generale einen Überblick geben; ~ in qcs. in etw. (A) aus‿brechen; ~ in smanie in Wut geraten; ~ qcs. indietro etw. zurück‿geben; ~ inizio a qcs. etw. starten, an‿fangen; ~ ad intendere qcs. a qcn. jdm etw. ein‿reden, weis‿machen; datti all'ippica! = lass lieber die Finger davon! VOLG. (è una che) la dà (via) sie ist eine, die es dir besorgt; ~ alla luce zur Welt bringen; ~ luce Licht geben; ~ luogo a qcs. zu etw. Anlass geben; -rsi (per) malato krank‿feiern; FIG. ~ una mano a qcn. in qcs. jdm bei etw. zur Hand gehen; ~ in moglie zur Frau geben; -rsi la morte sich um‿bringen; ~ motivo di qcs. Anlass zu etw. geben; ~ ai, sui nervi a qcn. jdm auf die Nerven gehen; ~ noia a qcn. jdm lästig sein, jdn stören; ~ i numeri = spinnen; ~ l'occasione Gelegenheit bieten; ~ nell'occhio ins Auge fallen, auf‿fallen; questo pensiero non mi dà pace dieser Gedanke lässt mir keine Ruhe; ~ da pensare zu denken geben; -rsi pensiero per qcn., qcs. sich um jdn, etw. Sorgen machen; ~ qcs. per certo etw. als sicher an‿nehmen; ~ qcs. per scontato etw. für abgemacht halten, ansehen; ~ qcn. per spacciato jdn auf‿geben; -rsi per vinto sich für besiegt erklären; (non) ~ peso a qcs. auf etw. (A) (kein) Gewicht legen; può -rsi che... es kann sein, dass..., mag sein, dass...; -rsi una regolata sich zusammen‿reißen, sich zusammen‿nehmen; ~ scandalo einen Skandal machen; ~ nel segno ins Schwarze treffen; ~ uno sguardo einen Blick werfen; non so cosa darei per... ich gäbe viel darum zu...; darci sotto → darci dentro; ~ una spinta a qcn. bei jdm nach‿helfen; ~ alla testa a qcn. jdm in den, zu Kopf steigen; ~ a vedere zeigen, sehen lassen; ~ via qcs. etw. weg‿geben, fort‿geben; SPORT ~ il via das Startsignal geben; ~ il via a qcs. etw. an‿fangen, beginnen; (far iniziare) etw. eröffnen; darla vinta a qcn. jdm nach‿geben; ~ vita a qcs. etw. ins Leben rufen; ~ il proprio voto seine Stimme ab‿geben.

2.da|re m. Soll n.: il ~ e l'avere Soll und Haben; registrare un importo nel ~ einen Betrag im Soll verbuchen; pagina del ~ Sollseite f.

Da|rio n.pr.m. Darius m.

dar|se|na f. Hafenbecken n.

dar|vi|nia|no, dar|wi|nia|no agg. darwinistisch. **dar|vi|ni|smo, dar|wi|ni|smo** m. Darwinismus m. **dar|vi|ni|sta, dar|wi|ni|sta** m. e f. (-i,-e) Darwinist m. (-in f.).

da|ta f. 1 Datum n.: in ~ odierna unter dem heutigen, mit heutigem Datum; in ~ 10 luglio am 10. Juli; apporre la ~ a una lettera einen Brief datieren, mit dem Datum versehen; avere la ~ del 23 giugno das Datum vom 23. Juni tragen; cambiare la ~ di una lettera einen Brief um‿datieren 2 (momento) Termin m., Zeitpunkt m.: fissare una ~ einen Termin fest‿setzen, bestimmen; rimandare qcs. a ~ da destinarsi etw. auf einen noch zu bestimmenden Zeitpunkt verschieben, verlegen; spostare una ~ einen Termin um‿legen, verlegen ◆ ~ di assunzione Einstellungstermin m.; linea del cambiamento di ~ Datumsgrenze f.; ~ di confezionamento Verpackungsdatum n., Abpackdatum n.; ~ di consegna Lieferfrist f., Ablieferungstermin m.; ~ di emissione Ausstellungsdatum n., Ausfertigungsdatum n.; ~ dell'esame Prüfungstermin m.; ~ di fabbricazione Herstellungsdatum n.; a far ~ da oggi, da domani von heute an (o ab heute), von morgen an (o ab morgen); 30 giorni ~ fattura (fine mese) 30 Tage (zu Monatsende) ab Rechnungsdatum; indicazione della ~ Datumsangabe f.; non avere più una ~ libera keinen Termin mehr frei haben; di lunga ~ → di vecchia ~; ~ di morte Sterbedatum n.; ~ di nascita Geburtsdatum n.; ~ della partenza Abreisetermin m.; ~ di pubblicazione Erscheinungsdatum n.; ~ di scadenza Fälligkeitstermin m.; (di alimenti) Haltbarkeitsdatum n., Verfalldatum n.; senza ~ undatiert; ~ storica Geschichtszahl f.; ~ dell'udienza Gerichtstermin m.; di vecchia ~ älteren Datums; amicizia di vecchia ~ = alte, langjährige Freundschaft.

da|ta base ['deitə 'beis, 'data 'beis] m. e f.inv. INFORM. Data base m.

da|ta|bi|le agg. datierbar: ~ al XV secolo, intorno agli anni trenta in das XV. Jahrhundert, in die dreißiger Jahre datierbar.

da|ta|re I tr. 1 datieren: ~ una lettera 2 maggio einen Brief auf den 2. Mai datieren 2 datieren, zeitlich ein‿ordnen: ~ reperti archeologici (intorno al 300 d.C.) archäologische Funde (auf etwa 300 n. Chr.) datieren; ~ un'opera d'arte ein Kunstwerk zeitlich einordnen II intr. datieren, zurück‿gehen: la legge data dall'inizio dell'anno das Gesetz datiert vom Anfang des Jahres; ~ dal XV secolo auf das 15. Jahrhundert zurückgehen ◆ a ~ da oggi, dal 10 maggio von heute ab (o ab heute zu datieren), vom 10. Mai an datiert.

da|ta|rio m. (-ri) 1 Datumsstempel m. 2 (di orologi) Kalender m.: orologio con ~ Kalenderuhr f.

da|ta|to p.pass. agg. 1 → datare 2 datiert: un documento ~ marzo 1990 ein vom März 1990 datiertes Dokument 3 FIG. (sorpassato) datiert, überholt: un modello ~ ein überholtes Modell; idee -e überholte Ansichten.

da|ta|zio|ne f. 1 Datierung f. 2 (data) Datum n.: un'opera di ~ incerta ein Werk unbestimmten Datums.

da|ti|vo I agg. Dativ-: la forma -a die Dativform II m. Dativ m.,

Wemfall *m.*: ***al ~*** im Dativ; ***un verbo che regge il ~*** ein Verb, das den Dativ regiert.

1.dato p.pass. agg. **1** → **1.dare** **2** *(determinato, certo)* bestimmt, gegeben: ***in -e condizioni, occasioni*** unter gegebenen Umständen, zu bestimmten Gelegenheiten; ***in un ~ settore*** auf einem bestimmten Gebiet **3a** *(considerato)* in Anbetracht + gen., angesichts + gen.: ***~ il suo stato, è meglio che rimanga a letto*** in Anbetracht seines Zustands ist es besser, dass er im Bett bleibt; ***-e le circostanze, la riunione è stata rinviata*** in Anbetracht der Umstände wurde die Versammlung verschoben; ***-i i tempi che corrono, bisogna essere prudenti*** in der heutigen Zeit muss man vorsichtig sein **b** GEOM. ***~ il raggio si trovi l'area del cerchio*** zu einem gegebenen Radius wird die Kreisfläche gesucht ◆ ***~ che...*** angesichts der Tatsache, dass..., in Anbetracht dessen, dass...., da...: ***~ che piove, rimarremo a casa*** da es regnet, bleiben wir zu Hause; ***~ che sei qui, rimani pure*** wenn du schon da bist, bleib ruhig hier; ***~ e non concesso che...*** angenommen, dass...; selbst wenn man annimmt, dass...; ***mantenere la, venir meno alla parola -a*** sein Wort halten, brechen; ***non (ci) è ~ sapere di più*** mehr zu wissen, ist uns nicht möglich.

2.dato m. **1** Datum *n.*, Tatsache *f.*, Gegebenheit *f.*, Faktum *n.*: ***questo è un ~ certo, oggettivo*** das ist eine sichere, objektive Tatsache **2** pl. Angaben *pl.*, Daten *pl.*: ***i -i di un problema matematico*** die Angaben einer Rechenaufgabe; ***riportare -i su una tabella*** Daten in eine Tabelle ein‿tragen; ***-i bibliografici, statistici*** bibliographische, statistische Daten **3** pl. INFORM. Daten *pl.*: ***inserire -i (in memoria), elaborare, richiamare -i*** Daten (in den Speicher) ein‿geben, Daten verarbeiten, ab‿rufen ◆ ***-i anagrafici*** persönliche Daten; ***banca -i*** Datenbank *f.*, Informationsbank *f.*; ***-i biografici*** Lebensdaten *pl.*; ***-i caratteristici*** Kenndaten *pl.*; ***elaborazione -i*** Datenverarbeitung *f.*; ***~ di fatto*** Gegebenheit *f.*, Tatsache *f.*; ***-i di misurazione*** Messdaten *pl.*; ***~ numerico*** Zahlenangabe *f.*; ***-i segnaletici*** Personenbeschreibung *f.*, persönliche Kennzeichen *pl.*; ***supporto -i*** Datenträger *m.*

datore m. Geber *m.* ◆ ***~ di lavoro*** Arbeitgeber *m.*

dattero m. Dattel *f.* ◆ ***~ di mare*** Meerdattel *f.*

dattilico agg. *(-ci,-che)* daktylisch.

1.dattilo m. METR. Daktylus *m.*

2.dattilo f. COLLOQ. accorc. → **dattilografia.**

dattilografa f. Maschinenschreiberin *f.*, Schreibkraft *f.*: ***lavorare come ~ presso il Tribunale*** als Schreibkraft bei Gericht arbeiten. **dattilografare** tr. *(dattilografo)* auf der Schreibmaschine schreiben: ***~ un testo*** einen Text auf der Schreibmaschine schreiben. **dattilografia** f. Maschine(n)schreiben *n.*: ***studiare ~*** Maschine(n)schreiben lernen; ***corso, professoressa di ~*** Schreibmaschinenkurs *m.*, Lehrerin *f.* für Maschine(n)schreiben. **dattilografico** agg. *(-ci,-che)* Schreibmaschinen-: ***carta -a*** Schreibmaschinenpapier *n.* ◆ ***nastro ~*** Farbband *n.* **dattilografo** m. Maschinenschreiber *m.*, Schreibkraft *f.*

dattilogramma m. Daktylogramm *n.* **dattilologia** f. Daktylologie *f.*, Fingersprache *f.* **dattiloscopia** f. Daktyloskopie *f.*, Fingerabdruckverfahren *n.* **dattiloscopico** agg. *(-ci,-che)* Fingerabdruck-: ***esame ~*** Fingerabdruckuntersuchung *f.*

dattiloscritto I agg. maschine(n)geschrieben, maschinenschriftlich **II** m. maschine(n)geschriebener Text *m.*, Typoskript *n.* **dattiloscrivere** tr. *(dattiloscrissi; dattiloscritto)* → **dattilografare.**

dattorno avv. umher, herum: ***mentre parlava tutti si fecero ~*** während er sprach, bildeten alle einen Kreis um ihn; ***guardarsi ~*** sich um‿sehen; *(con funzione di aggettivo)* ***l'uomo al centro suonava e gli altri ~ cantavano*** der Mann in der Mitte spielte, und die um ihn herum sangen; ***nei paesi ~*** in den umliegenden Dörfern ◆ ***~ a*** um + acc.... (herum); ***avere gente ~*** Leute um sich (herum) haben; ***sono stufa di averlo ~!*** ich habe es satt, ihn immer um mich herum zu haben! ***darsi ~ per (fare) qcs.*** sich für etw. um‿tun; ***levarsi ~*** → ***togliersi ~***; ***stare ~ a qcn.*** (dauernd) in jds Nähe sein, COLLOQ. jdm auf der Pelle sitzen (*o* liegen); ***non mi stare sempre ~!*** rück mir nicht immer auf die Pelle! ***togliersi ~*** verschwinden; ***togliersi qcn. ~*** jdn los‿werden.

davanti I avv. **1** vorn(e); ***avere ~ un libro*** ein Buch vor sich (liegen) haben; ***lo zaino ha una grossa tasca ~*** der Rucksack hat vorne eine große Tasche; ***il vestito si abbottona ~*** das Kleid wird vorne geknöpft; ***un foglio scritto ~ e dietro*** ein vorn(e) und hinten beschriebenes Blatt; ***andare, spostarsi ~*** nach vorn(e) gehen; *(sul tram)* ***salire ~*** vorne ein‿steigen; ***~ c'è ancora posto*** vorn ist noch Platz; ***prendere posto ~ (in auto)*** (im Auto) vorne Platz nehmen **2** davor: ***una casa con ~ un giardino*** ein Haus mit einem Garten davor **3** *(di fronte)* gegenüber: ***qui ~ c'è il municipio*** hier gegenüber ist das Rathaus **II** agg.inv. Vorder-, vordere: ***le ruote, le zampe ~*** die Vorderräder, -beine; ***i denti ~*** die Vorderzähne; ***i posti, i banchi ~*** die vorderen Plätze, Bänke **III** m. Vorderteil *n.*, Vorderseite *f.*: ***il ~ della giacca, dell'automobile*** das Vorderteil der Jacke, die Vorderseite des Autos; ***sul ~ della casa c'è un giardino*** vor dem Haus befindet sich ein Garten; ***la camicia è sporca sul ~*** das Hemd ist vorne schmutzig ◆ ***~ a*** vor + dat. e acc.; *(di fronte a)* gegenüber + dat: ***aspettare ~ alla stazione*** vor dem Bahnhof warten; ***stare sempre ~ allo specchio, al televisore*** immer vorm Spiegel stehen, vor dem Fernseher sitzen; ***tremare, vergognarsi ~ a qcn.*** vor jdm zittern, sich vor jdm schämen; ***recitare ~ a un folto pubblico*** vor einem großem Publikum spielen; ***umiliare qcn. ~ a tutti*** jdn vor allen demütigen; ***mettere l'auto ~ al garage, parcheggiare l'auto ~ a casa*** das Auto vor die Garage stellen, vor dem Haus parken; ***siediti ~ a me!*** setz dich vor mich hin! ***abito ~ alla scuola*** ich wohne gegenüber der Schule; ***avere ~ un grosso impegno*** eine große Aufgabe vor sich haben; ***avere ~ a sé una brillante carriera, un magnifico futuro*** eine glänzende Laufbahn, eine große Zukunft vor sich haben; ***avere ancora tutta la vita, molti anni ~ a sé*** noch das ganze Leben, noch viele Jahre vor sich haben; ***mi balla tutto ~ (agli occhi)*** mir tanzt, bewegt sich alles vor den Augen; ***mettere la mano ~ alla bocca*** die Hand vor den Mund nehmen; ***non comparirmi più ~!*** tritt mir nicht mehr unter die Augen! ***da ~*** von vorn; ***giurare ~ a Dio*** bei Gott schwören; ***non fermarsi ~ a nulla, nessuno*** vor nichts, niemandem Halt machen; ***fuggire ~ a qcn.*** vor jdm fliehen; ***guardare ~ a sé*** vor sich hin starren; ***stare ~ alla macchina da presa*** vor der Kamera stehen; ***passare ~ al teatro*** am Theater vorbei‿gehen, vorbei‿fahren; ***mi passò ~ senza riconoscermi*** er ging an mir vorbei, ohne mich zu erkennen; FIG. ***passare ~ a qcn., a tutti*** *(in una coda)* sich vor jdn, alle drängen; *(in una graduatoria)* jdn, alle überspringen.

davanzale m. **1** Fensterbrett *n.*; *(esterno)* Fenstersims *m.* **2** SCHERZ. *(seno)* Vorbau *m.*: ***ha proprio un bel ~!*** die hat einen ganz schönen Vorbau! ◆ ***stare al ~*** am Fenster stehen.

David, Davide n.pr.m. David *m.* ◆ ***la stella di ~*** der David(s)-stern. **davidico** agg. *(-ci,-che)* Davids-: ***arpa -a*** Davidsharfe *f.*

davvero avv. **1** wirklich, tatsächlich; *(proprio)* gar, ja: ***è ~ un grande artista*** er ist wirklich ein großer Künstler; ***~ buona questa torta!*** wirklich gut die Torte! ***mi dispiace ~ molto!*** das tut mir ja so Leid! ***~ non so come faccia a sopportarlo!*** ich weiß wirklich nicht, wie sie ihn ertragen kann! ***è ~ capace di tutto*** er ist wirklich zu allem fähig **2** *(sul serio)* im Ernst, wirklich, bestimmt: ***credi ~ che tornerà?*** glaubst du wirklich, dass er zurückkommt? ***lo farà ~!*** er wird es bestimmt tun! ***dici ~?*** ist das dein Ernst? ***non scherzo, ~!*** ich scherze nicht, das ist mein Ernst! **3** *(interrogativo)* wirklich: ***~? chi te lo ha detto?*** wirklich? wer hat dir das gesagt? **4** *(come risposta esclamativa)* ***è andata proprio così? – ~!*** hat es sich genauso abgespielt? – ja, wirklich! ◆ ***questa è ~ bella!*** das ist wirklich unglaublich! ***ma ~!*** nein, wirklich? ***no ~!*** gewiss nicht! ***no, ~, non posso*** nein, ich kann ganz bestimmt nicht; ***per ~*** im Ernst, wirklich; ***questo è ~ troppo!*** das ist denn doch zuviel!

day-hospital [dei 'hɒspitl, dei 'ɔspital] m.inv. Tagesklinik *f.*

dazebao m. *(manifesto politico)* = (politisches) Plakat *n.*

daziario agg. *(-ri,-rie)* Zoll-. **daziere** m. Zöllner *m.*

dazio m. *(-zi)* **1** Zoll *m.*: ***riscuotere, pagare il ~*** Zoll erheben (*o* ein‿ziehen), bezahlen; ***applicare, esigere, abolire un ~*** einen Zoll auf‿erlegen, verlangen, ab‿schaffen; ***~ a carico del compratore*** Zoll zu Lasten des Käufers **2** *(ufficio)* Zollamt *n.*, Zollhäuschen *n.*: ***al ~*** beim Zollamt, Zoll ◆ ***~ antidumping*** Antidumpingzoll *m.*; ***~ compensativo, di compensazione*** Ausgleichszoll *m.*; ***~ differenziale*** Differentialzoll *m.*; ***~ doganale*** Grenzzoll *m.*, Zoll *m.*; ***esente da ~*** zollfrei; ***~ di esportazione*** Ausfuhrzoll *m.*; ***~ esterno*** Außenzoll *m.*; ***~ di importazione*** Einfuhrzoll *m.*; ***~ interno*** Binnenzoll *m.*; ***~ mobile*** Gleitzoll *m.*; ***~ preferenziale*** Präferenzzoll *m.*; ***~ sui prodotti agricoli*** Agrarzoll *m.*; ***~ proibitivo*** Prohibitivzoll *m.*; ***~ protettivo*** Schutzzoll *m.*; STOR. ***~ sul sale*** Salzzoll *m.*; ***soggetto a ~*** zollpflichtig, zollbar; ***~ specifico*** Gewichtszoll *m.*; ***~ supplementare*** Nachzoll *m.*

d.C. ⇒ *dopo Cristo* nach Christus (n. Chr., n. Chr. G.).

DC ⇒ *Democrazia Cristiana* (italienische) Christlich-Demokratische Partei.

d.d.l., D.D.L. ⇒ *disegno di legge* Gesetzentwurf, Gesetzesvorlage.

de ANT. O REGION. → **1.di.**

de' ANT. → **1.di.**

dea f. Göttin *f.* (anche FIG.): ***la ~ Venere, Kali*** die Göttin Venus, Kali; ***la ~ dell'amore, della caccia*** die Göttin der Liebe, der Jagd; *(donna bellissima)* ***è una vera ~!*** sie ist eine wahre Göttin; LETT. ***è la sua ~*** sie ist seine Göttin ◆ ***la ~ bendata, la ~ Fortuna*** Fortuna *f.*, Glücksgöttin *f.*

de|a|e|ra|re tr. *(deaero)* entlüften.

de|am|bu|la|re intr. *(deambulo*; aus. *avere)* LETT. o SCHERZ. spazieren gehen. **de|am|bu|la|to|rio** m. *(-ri)* ARCH. Umgang *m.*, Rundgang *m.* **de|am|bu|la|zio|ne** f. Gang *m.*, Gehen *n.*; *(locomozione)* Lokomotion *f.* ◆ ***difetto di ~*** Gehfehler *m.*

dé|bâ|cle [de'bakl] f.inv. Debakel *n.*: ***avere, subire una ~*** ein Debakel erleiden.

deb|bia|re tr. *(debbio)* ab‿brennen, schwenden.

deb|bo → **dovere.**

de|bel|la|re tr. **1** völlig besiegen, nieder‿werfen, bezwingen: ***~ una flotta, il nemico*** eine Flotte, den Feind bezwingen **2** FIG. aus‿rotten: ***~ una malattia, un vizio*** eine Krankheit, ein Laster ausrotten.

de|bi|li|tan|te agg. schwächend, entkräftend. **de|bi|li|ta|re** *(debilito)* **I** tr. schwächen, entkräften, nieder‿werfen: ***la malattia lo ha debilitato molto*** die Krankheit hat ihn sehr geschwächt **II** pronom. **debilitarsi** körperlich verfallen. **de|bi|li|ta|zio|ne** f. Schwächung *f.*, Entkräftung *f.*

de|bi|ta|men|te avv. gebührend, gebührenderweise, -pflichtig.

1.de|bi|to m. Schuld *f.*: ***avere un ~ di 10 milioni con qcn.*** eine Schuld von 10 Millionen bei jdm haben; ***pagare, saldare, estinguere un ~*** eine Schuld bezahlen (*o* ab‿zahlen), begleichen, löschen (*o* tilgen, ab‿tragen); ***annullare, cancellare, rimettere, stralciare un ~ a qcn.*** jdm eine Schuld erlassen; ***contrarre un ~ con qcn., con una banca*** einen Kredit bei jdm, bei einer Bank auf‿nehmen; ***fare molti -i*** viele Schulden machen, sich sehr verschulden; ***essere pieno di -i, essere gravato (oberato) di -i*** voller Schulden, mit Schulden überhäuft sein; ***accollarsi il ~ di qcn.*** jds Schuld übernehmen; FIG. ***pagare, saldare il proprio ~ (con la legge)*** sein Schuldkonto begleichen; RELIG. *(colpa)* ***rimetti a noi i nostri -i...*** und vergib uns unsere Schuld... ◆ ***registrare, scrivere qcs. a ~*** etw. debitieren, ins Soll ein‿tragen; ***portare, segnare una somma a ~ di qcn.*** jdm eine Summe an‿schreiben; ***essere a ~*** im Soll stehen; ***ammontare del ~*** Schuldbetrag *m.*; ***~ cambiario*** Wechselschuld *f.*; ***~ chirografario*** Buchschuld *f.*; ***~ concordatario*** Vergleichsschuld *f.*; ***~ coniugale*** eheliche Pflichten *pl.*; ***~ contabile*** Buchschuld *f.*; ***~ di coscienza*** Gewissensverpflichtung *f.*; ***~ (verso l') estero*** Auslandsschuld *f.*; ***~ fondiario*** Grundschuld *f.*; ***-i di gioco*** Spielschulden *pl.*; ***avere un ~ di gratitudine con qcn.*** jdm zu Dank verpflichtet sein; ***-i di guerra*** Kriegsschulden; ***~ d'imposta*** Abgabeschuld *f.*, Steuerschuld *f.*; ***essere in ~ di qcs. con, verso qcn.*** jdm etw. schulden (*o* schuldig sein); ***sono in grande ~ con lui, verso di lui*** ich bin ihm sehr verpflichtet; ***sentirsi, essere in ~ con qcn.*** sich jdm verpflichtet fühlen, in jds Schuld stehen; ***~ ipotecario*** Hypothekenschuld *f.*; ***massa dei -i*** Schuldenmasse *f.*; ***~ obbligazionario*** Obligationsschuld *f.*; ***~ d'onore*** Ehrenschuld *f.*; ***~ su pegno, pignoratizio*** Pfandschuld *f.*; ***~ portabile*** Bringschuld *f.*, Schickschuld *f.*; ***~ pubblico*** Staatsschuld *f.*; ***~ reale*** Realschuld *f.*; ***~ residuo*** Restschuld *f.*; ***saldo a ~*** Debetsaldo *m.*; ***a saldo di un ~*** zum Ausgleich (o zum Saldo) einer Schuld; ***~ solidale*** Gesamtschuld *f.*; PROV. ***ogni promessa è ~*** versprochen ist versprochen.

2.de|bi|to agg. **1** *(dovuto)* schuldig, gebührend: ***tributare a qcn. i -i onori*** jdm den schuldigen Tribut zollen **2** *(opportuno)* passend, gelegen, gebührend; *(necessario)* nötig: ***tenersi a -a distanza*** den gebührenden Abstand wahren ◆ ***a tempo ~*** zu gegebener (*o* gelegener) Zeit, beizeiten.

de|bi|to|re I agg. **1** schuldig: ***ti sono ~ di un favore, di una spiegazione*** ich bin dir einen Gefallen, eine Erklärung schuldig (*o* ich schulde dir einen Gefallen, eine Erklärung) **2** *(riconoscente)* dankbar: ***gli sarò per sempre ~*** ich werde ihm immer dankbar sein **II** m. Schuldner *m.*, Debitor *m.*: RELIG. ***...come noi li rimettiamo ai nostri -i*** ...wie auch wir vergeben unsern Schuldnern. **de|bi|to|rio** agg. *(-ri,-rie)* **1** Schuld(en)-: ***interessi -ri*** Schuldzinsen *pl.*, Sollzinsen *pl.* **2** *(rif. al debitore)* Schuldner-: ***posizione -a*** Schuldnerposition *f.*, Schuldnerstellung *f.*

de|bo|le I agg. schwach (anche FIG.): ***sentirsi ~*** sich schwach fühlen; ***la malattia lo ha reso ~*** die Krankheit hat ihn geschwächt; ***una persona, un carattere ~*** ein schwacher Mensch, Charakter; ***un governo ~*** eine schwache Regierung; ***un avversario ~*** ein schwacher Gegner; ECON. *(fiacco)* ***la borsa è ~*** die Börse ist schwach (*o* lustlos); GRAMM. ***verbi -i*** schwache Verben; ***declinazione ~*** schwache Substantivdeklination; *(fioco)* ***luce, voce ~*** schwaches Licht, schwache Stimme; ***un ~ suono*** ein schwacher Ton; *(lieve)* ***vento ~*** schwacher Wind; ***una ~ speranza*** eine schwache Hoffnung; *(scarso)* ***opporre una ~ resistenza*** schwachen Widerstand leisten; ***essere ~ in inglese*** schwach in Englisch sein; ***una memoria ~*** ein schwaches Gedächnis; *(delicato)* ***~ costituzione*** schwache Konstitution; ***essere ~ di nervi*** schwache Nerven haben; ***avere la vista ~*** schwache Augen haben; ***~ di cuore*** herzschwach; *(poco convincente, poco valido)* ***-i scuse, argomentazioni*** schwache Ausreden, Argumente; ***una ~ difesa*** eine schwache Verteidigung; ***una traduzione ~*** eine schwache Übersetzung; *(che ha poca resistenza, solidità)* ***l'impalcatura è troppo ~*** das Baugerüst ist zu schwach **II** m. e f. **1** Schwache *m.* e *f.*: ***i -i e gli oppressi*** die Schwachen und die Unterdrückten **2** *(di carattere)* Schwächling *m.*: ***suo marito è un ~*** ihr Mann ist ein Schwächling **III** m. *(particolare inclinazione, debolezza)* Schwäche *f.*: ***avere un ~ per qcn., qcs.*** eine Schwäche für jdn, etw. haben; ***il suo ~ è...*** seine Schwäche ist... ◆ METR. ***avere un accento ~*** schwach betont sein; ***la carne è ~*** das Fleisch ist schwach; FIS. ***interazione ~*** schwache Wechselwirkung; ***lato ~*** schwache Seite, Schwachpunkt *m.*; ***moneta ~*** weiche Währung; ***personalità ~*** Persönlichkeitsschwäche *f.*; ***polso ~*** schwacher Puls; ***punto ~*** Schwachpunkt *m.*; ***il sesso ~*** das schwache Geschlecht; MUS. ***tempo ~*** unbetonter Takt.

de|bo|lez|za f. **1** Schwäche *f.*, Schwachheit *f.*: ***~ fisica*** körperliche Schwäche **2a** FIG. Schwäche *f.*: ***sfruttare la ~ del nemico*** die Schwäche des Feindes aus‿nutzen; ***~ di carattere*** Charakterschwäche *f.*; ***la ~ di una tesi*** die Schwächen einer These **b** *(difetto, punto debole)* ***le umane -e*** die menschlichen Schwächen; ***cedere a una ~*** einer Schwäche nach‿geben; ***mascherare le proprie -e*** seine Schwächen überspielen; ***ognuno ha le sue -e*** jeder hat seine persönlichen Schwächen ◆ ***in un momento di ~*** in einem schwachen Augenblick; ***sensazione di ~*** Schwächegefühl *n.*; ***~ visiva*** Schwachsichtigkeit *f.* **de|bol|men|te** avv. schwach: ***reagire troppo ~*** zu schwach reagieren; ***illuminare ~*** schwach beleuchten. **de|bo|luc|cio** agg. *(-ci,-ce)* schwächlich.

De|bo|ra n.pr.f. Debora(h) *f.*

de|bor|da|re intr. (aus. *avere*) über‿fließen, über‿laufen: ***l'acqua deborda dalla vasca*** das Wasser in der Wanne fließt über.

de|bo|scia|to I agg. ausschweifend **II** m. Wüstling *m.*

de|bra|ia|ta f. Schalten *n.* mit Zwischengas.

de|but|tan|te I agg. debütierend **II** m. e f. Debütant *m.* (-in *f.*) ◆ ***ballo delle -i*** Debütantinnenball *m.* **de|but|ta|re** intr. (aus. *avere*) **1** debütieren: ***~ come, da protagonista, nel ruolo di Ofelia*** als Hauptfigur, als Ophelia debütieren **2** *(di spettacoli)* Premiere haben: ***l'opera debutta la prossima settimana*** das Werk hat nächste Woche Premiere. **de|but|to** m. Debüt *n.*: ***fare il proprio ~*** sein Debüt geben; ***~ in società*** gesellschaftliches Debüt; SPORT Einstand *m.*

1.de|ca f. *(-che)* LETT. Dekade *f.*

2.de|ca m.inv. COLLOQ. Zehner *m.*

de|ca|de f. **1** Dekade *f.*: ***la prima ~ di settembre*** die erste Dekade im September **2** MIL. *(paga)* Zehntagesold *m.*

de|ca|den|te I agg. **1** dekadent: ***un'atmosfera ~*** eine dekadente Atmosphäre **2** LETT. Dekadenz-: ***poesia ~*** Dekadenzdichtung *f.* **II** m. Vertreter *m.* der Dekadenz. **de|ca|den|ti|smo** m. Dekadenz *f.* **de|ca|den|ti|sta** m. e f. *(-i,-e)* Vertreter *m.* (-in *f.*) der Dekadenz.

de|ca|den|za f. **1** Verfall *m.*, Niedergang *m.*, Dekadenz *f.*: ***~ fisica, morale*** körperlicher, sittlicher Verfall; ***essere in ~*** in Verfall sein; ***periodo di ~*** Zeit des Verfalls; ***la ~ di un impero*** der Verfall eines Reichs; ***la ~ di una civiltà*** der Verfall (*o* der Niedergang) einer Kultur **2a** DIR. *(prescrizione)* Verfall *m.* **b** *(scadenza)* Verlust *m.*: ***la ~ del mandato, della carica*** der Mandatsverlust, der Amtsverlust **c** *(per inadempienza)* Verwirkung *f.*

de|ca|de|re intr. *(decaddi, decaduto*; aus. *essere)* **1** verfallen, zerfallen: ***il fisico decade con gli anni*** der Körper verfällt mit den Jahren; ***la sua autorità decadde lentamente*** seine Autorität verfiel langsam **2** FIG. *(cadere in basso)* sinken **3a** DIR. *(giungere a scadenza)* ab‿laufen: ***il mandato del presidente decade fra un anno*** das Mandat des Präsidenten läuft in einem Jahr ab **b** *(di leggi, decreti)* außer Kraft treten: ***il provvedimento decade in data 31/12*** die Verordnung tritt am 31.12 außer Kraft **c** *(per inadempienza)* ***~ dal diritto*** das Recht verwirken **4** *(di un'usanza)* überholt sein **5** FIS. zerfallen.

de|ca|di|men|to m. **1** Verfall *m.*, Dekadenz *f.*: ***~ di costumi*** Sittenverfall *m.* **2** FIS. Zerfall *m.*: ***prodotto di ~*** Zerfallsprodukt *n.* **de|ca|du|to** p.pass. agg. **1** → **decadere** **2** *(impoverito)* verarmt, heruntergekommen: ***un nobile ~*** ein verarmter Adeliger **3** BUROCR. verlustig: ***dichiarare qcn. ~ da un carica*** jdn eines Amts für verlustig erklären.

de|ca|e|dri|co agg. *(-ci,-che)* zehnflächig. **de|ca|e|dro** m. Zehnflach *n.*, Zehnflächner *m.*, Dekaeder *n.*

de|caf|fei|na|re tr. entkoffeinieren. **de|caf|fei|na|to** p.pass. agg. **1** → **decaffeinare** **2** koffeinfrei, entkoffeiniert: ***caffè ~*** entkoffeinierter Kaffee.

de|ca|go|na|le agg. zehneckig. **de|ca|go|no** m. Zehneck *m.*

de|ca|gram|mo m. Dekagramm *n.*
de|cal|ci|fi|ca|re *(decalcifico, decalcifichi)* **I** tr. entkalken **II** pronom. **decalcificarsi** an Entkalkung leiden: ***le ossa si decalcificano*** die Knochen leiden an Entkalkung. **de|cal|ci|fi|ca|zio|ne** f. Entkalkung *f.*
de|cal|co|ma|ni|a f. Abziehbild *n.*: ***applicare -e*** Abziehbilder auf‿kleben.
de|ca|li|tro m. Dekaliter *m.* e *n.*
de|ca|lo|go m. *(-ghi)* **1** Dekalog *m.* **2** FIG. Einmaleins *n.*: ***il ~ del perfetto maggiordomo*** das Einmaleins des perfekten Butlers.
de|ca|me|tro m. Dekameter *m.*
de|ca|na|to m. **1a** *(grado)* Dekanat *n.* **b** ECCL. Dechanat *n.*, Dekanat *n.* **2a** *(abitazione)* Dekanei *f.* **b** ECCL. Dechanei *f.*, Dekanei *f.*
de|ca|no m. **1a** ECCL. Dechant *m.*, Dekan *m.*: ***cardinale ~*** Kardinaldekan *m.* **b** UNIV. Dekan *m.* **2** ESTENS. Senior *m.*, Doyen *m.*
1.de|can|ta|re tr. rühmen: ***~ qcs. a qcn.*** etw. an jdm rühmen; ***~ la virtù di qcn.*** jds Tugend rühmen.
2.de|can|ta|re I tr. **1** CHIM. dekantieren, ab‿klären **2** FIG. läutern, reinigen **II** intr. (aus. *avere*) **1** sich ab‿klären **2** FIG. sich läutern ◆ FIG. ***lasciare, far ~ un problema*** ein Problem auf sich beruhen lassen.
1.de|can|ta|zio|ne f. Rühmung *f.*
2.de|can|ta|zio|ne f. CHIM. Dekantieren *n.*
de|ca|pag|gio m. *(-gi)* Entzundern *n.*, Beizen *n.*, Beize *f.* ◆ ***bagno di ~*** Beizbad *n.* **de|ca|pan|te** m. Abbeizmittel *n.* **de|ca|pa|re** tr. beizen, dekapieren, entzundern.
de|ca|pi|ta|re tr. *(decapito)* **1** *(persone)* enthaupten, köpfen **2** ESTENS. köpfen: ***~ un fiore, una statua*** eine Blume, eine Statue köpfen. **de|ca|pi|ta|zio|ne** f. Enthauptung *f.*, Köpfen *n.*: ***morte per ~*** Tod durch Enthauptung; ***condannare qcn. alla ~*** jdn zum Tod(e) durch Enthauptung verurteilen.
de|ca|po|de m. Dekapode *m.*, Zehnfüßer *m.*, Zehnfußkrebs *m.*
de|cap|pot|ta|bi|le I agg. mit Klappverdeck, mit aufklappbarem Verdeck **II** f. Kabrio(lett) *n.* **de|cap|pot|ta|re** tr. ***~ l'auto*** das Verdeck des Autos auf‿klappen, ab‿nehmen.
de|car|bu|ra|re tr. entkohlen. **de|car|bu|ra|zio|ne** f. Entkohlung *f.*
de|car|tel|liz|za|re tr. dekartellisieren, dekartellieren, entflechten. **de|car|tel|liz|za|zio|ne** f. Dekartellisierung *f.*, Entflechtung *f.*
de|ca|sil|la|bo I agg. zehnsilbig **II** m. Dekasyllabus *m.*, zehnsilbiger Vers *m.*
de|ca|thlon m. Zehnkampf *m.*
de|ca|tis|sag|gio m. *(-gi)* Dekatur *f.* **de|ca|tiz|za|re** tr. dekatieren.
de|ca|tle|ta m. e f. *(-i,-e)* Zehnkämpfer *m.* (-in *f.*). **de|ca|tlon** → **decathlon.**
de|cau|vil|le [dəko'vil] f.inv. Feldbahn *f.*, Förderbahn *f.*
de|ce|de|re intr. *(decedetti, deceduto;* aus. *essere)* verscheiden, versterben. **de|ce|du|to I** p.pass. agg. **1** → **decedere 2** BUROCR. verstorben **II** m. Verstorbene *m.*
de|ce|le|ra|re *(decelero)* **I** tr. verlangsamen **II** intr. (aus. *avere*) **1** sich verlangsamen; AUT. die Geschwindigkeit drosseln **2** *(di veicolo)* an Geschwindigkeit verlieren. **de|ce|le|ra|zio|ne** f. **1** AUT. Abdross(e)lung *f.*, Dross(e)lung *f.* **2** FIS. *(accelerazione negativa)* Verzögerung *f.*
de|cem|vi|ra|to m. **1** Dezemvirat *n.* **2** *(carica)* Dezemviramt *n.* **de|cem|vi|ro** m. Dezemvir *m.*
de|cen|na|le I agg. **1** zehnjährig, Zehnjahres-: ***piano ~*** Zehnjahresplan *m.* **2** *(che ricorre ogni dieci anni)* zehnjährlich **II** m. **1** zehnter Jahrstag *m.* **2** *(festa)* Zehnjahr(es)feier *f.* **de|cen|ne I** agg. zehnjährig **II** m. e f. Zehnjährige *m.* e *f.* **de|cen|nio** m. *(-ni)* zehn Jahre *pl.*, Dezennium *n.*
de|cen|te agg. **1** anständig, schicklich **2** *(accettabile)* passabel, annehmbar: ***una prestazione appena ~*** eine gerade noch annehmbare Leistung. **de|cen|te|men|te** avv. **1** anständig, schicklich: ***essere vestito ~*** anständig gekleidet sein **2** *(in modo accettabile)* passabel, annehmbar.
de|cen|tra|liz|za|re tr. → **decentrare. de|cen|tra|men|to** m. Dezentralisation *f.*, Dezentralisierung *f.* **de|cen|tra|re** tr. dezentralisieren, entflechten. **de|cen|tra|to** p.pass. agg. **1** → **decentrare 2** dezentralisiert: ***amministrazione -a*** dezentralisierte Verwaltung.
de|cen|vi|ra|to → **decemvirato. de|cen|vi|ro** → **decemviro.**
de|cen|za f. **1** *(decoro)* Anstand *m.*, Schicklichkeit *f.* **2** *(accettabilità)* Annehmbarkeit *f.* ◆ ***luogo di ~*** Abort *m.*
de|ces|so m. Ableben *n.*, Sterbefall *m.*: ***in caso di ~*** bei Ableben ◆ ***atto di ~*** Sterbeurkunde *f.*, Totenschein *m.*; ***data del ~*** Sterbedatum *n.*; ***ora del ~*** Sterbestunde *f.*
de|ci|bel, de|ci|bel m.inv. Dezibel *n.*
de|ci|de|re *(decisi; deciso)* **I** tr. **1** beschließen, entscheiden: ***ho deciso di partire*** ich habe beschlossen abzufahren **2** *(giudicando)* entscheiden: ***~ una controversia*** eine Streitigkeit entscheiden; ***~ secondo giustizia*** nach Billigkeit entscheiden **3** *(determinare)* entscheiden, bestimmen: ***questo decise la sua sorte*** das entschied sein Schicksal **4** *(fissare)* fest‿setzen, bestimmen, fest‿legen: ***~ una data, l'orario della partenza*** einen Termin, den Abfahrtstermin festsetzen **II** intr. (aus. *avere*) entscheiden: ***sta a te, sei tu che devi ~*** du musst (*o* es liegt bei dir zu) entscheiden; ***~ del futuro di qcn.*** über jds Zukunft entscheiden; ***lasciare ~ la sorte*** das Schicksal entscheiden lassen; ***essere chiamato a ~*** zur Entscheidung aufgefordert werden; ***lascia ~ a me*** lass mir die Entscheidung; *(essere determinante)* ***questo avvenimento decise della mia vita*** dieses Ereignis entschied über mein Leben **III** pronom. **decidersi** sich entschließen, sich entscheiden: ***-rsi in favore di, contro qcn.*** sich für, gegen jdn entscheiden; ***-rsi a fare qcs.*** sich zu etw. entschließen; ***deciditi una buona volta!*** entscheide dich endlich!
de|ci|duo agg. abfallend: ***foglie -e*** abfallende Blätter; ***pianta -a*** laubabwerfender Baum; ***denti -i*** Milchzähne *pl.*
de|ci|fra|bi|le agg. entzifferbar, dechiffrierbar, entschlüsselbar (anche ESTENS.). **de|ci|fra|re** tr. **1** entziffern, entschlüsseln, dechiffrieren: ***~ un messaggio in codice*** eine kodierte Nachricht entschlüsseln; ***~ qcs. con, seguendo una chiave*** etw. mit, nach einem Schlüssel entziffern **2a** ESTENS. entziffern: ***~ una grafia*** eine Schrift entziffern **b** *(risolvere)* entschlüsseln: ***~ un enigma*** ein Rätsel entschlüsseln; *(riuscire a capire)* ***~ le intenzioni di qcn.*** jds Absichten entschlüsseln. **de|ci|fra|to|re I** agg. Entschlüsselungs-, Entzifferungs- **II** m. Entschlüsseler *m.* **de|ci|fra|zio|ne** f. Entschlüsselung *f.*, Entzifferung *f.*, Dekodierung *f.*
de|ci|gra|do m. Dezigrad *m.* **de|ci|gram|mo** m. Dezigramm *n.*
de|ci|li|tro m. Deziliter *m.* e *n.*
de|ci|ma f. **1** STOR. Zehnt(e) *m.*: ***diritto di ~*** Zehntrecht *n.* **2** MUS. Dezime *f.* **3** MAT. zehnte Potenz *f.*: ***tre alla ~*** drei zur zehnten (Potenz), drei hoch zehn.
de|ci|ma|le I agg. dezimal, Dezimal-, Zehner-: ***cifra ~*** Dezimalzahl *f.*; ***calcolo, sistema metrico ~*** Dezimalrechnung *f.*, Dezimalsystem *n.*; BIBLIOT. ***classificazione ~*** Dezimalklassifikation *f.*; ***frazione ~*** Dezimalbruch *m.* (*o* Zehnerbruch *m.*) **II** m. Dezimale *f.*: ***un numero con due, tre -i*** eine Nummer mit zwei, drei Dezimalen.
de|ci|ma|re tr. *(decimo)* dezimieren (anche FIG.): ***la fame ha decimato la popolazione*** der Hunger hat die Bevölkerung dezimiert. **de|ci|ma|zio|ne** f. Dezimierung *f.*, Dezimation *f.* (anche FIG.).
de|ci|me|tro m. Dezimeter *m.* e *n.*: ***~ quadro, cubo*** Quadrat-, Kubikdezimeter; ***doppio ~*** = zwanzig Zentimeter langes Lineal. **de|ci|mil|le|si|mo I** agg. **1** zehntausendste **2** *(frazione)* zehntausendstel **II** m. **1** Zehntausendste *m.* **2** *(frazione)* Zehntausendstel *n.* **de|ci|mil|li|me|tro** m. Dezimillimeter *n.*
de|ci|mo I agg. zehnte: ***il ~ secolo*** das zehnte Jahrhundert; ***Pio ~*** Pius der Zehnte **II** m. **1** Zehnte *m.* **2** *(frazione)* Zehntel *n.*: ***due, tre -i*** zwei, drei Zehntel; ***un ~ della somma*** ein Zehntel des Betrages; *(con una misura)* ***un ~ di secondo*** eine Zehntelsekunde.
de|ci|mo|no|no agg. neunzehnte. **de|ci|mo|pri|mo** agg. elfte. **de|ci|mo|quar|to** agg. vierzehnte. **de|ci|mo|quin|to** agg. fünfzehnte. **de|ci|mo|se|con|do** agg. zwölfte. **de|ci|mo|set|ti|mo** agg. siebzehnte. **de|ci|mo|ter|zo** agg. dreizehnte. **de|ci|mot|ta|vo** agg. achtzehnte.
de|ci|na f. **1** Zehner *m.*: ***la colonna delle -e*** die Zehnerreihe **2** etwa, ungefähr zehn: ***il bambino avrà una ~ d'anni*** das Kind wird zehn Jahre alt sein; ***una ~ di invitati*** etwa zehn Gäste ◆ ***a -e*** zu Dutzenden, dutzendweise; ***una ~ di volte*** zehnmal.
de|ci|sa|men|te avv. **1** *(risolutamente)* entschieden, mit Entschiedenheit, entschlossen: ***reagire ~*** entschlossen reagieren **2** *(indubbiamente)* ausgesprochen, unzweifelhaft: ***è ~ il migliore*** er ist unzweifelhaft der Beste. **de|ci|si** → **decidere. de|ci|sio|na|le** agg. Entscheidungs-: ***potere, capacità ~*** Entscheidungsgewalt *f.*, Entscheidungsbefugnis *f.*
de|ci|sio|ne f. **1** Entscheidung *f.*, Beschluss *m.*, Entschluss *m.*, Entschließung *f.*: ***~ unanime, all'unanimità*** einstimmiger Beschluss; ***~ inappellabile*** unwiderrufliche Entscheidung; ***su ~*** auf Beschluss; ***prendere, evitare, motivare una ~*** eine Entscheidung treffen, vermeiden, begründen; ***giungere a una ~*** zu einer Entscheidung kommen; ***persistere in una ~*** bei einem Entschluss bleiben **2** *(risolutezza)* Entschiedenheit *f.*, Entschlossenheit *f.*: ***difendere, rifiutare qcs. con ~*** etw. mit Entschiedenheit verteidigen, ab‿lehnen; ***agire, muoversi con ~*** mit Entschlossenheit (*o* entschlossen) handeln, entschlossen vorgehen **3** DIR. *(sentenza)* Entscheid *m.*, Urteil *n.*: ***cassare, ottenere una ~*** einen Entscheid auf‿heben, erwirken ◆ ***~ a, della maggioranza*** Mehrheitsbeschluss *m.*, Mehrheitsentscheidung *f.*; DIR. ***~ preliminare*** Vorabentscheidung *f.*,

Vorentscheid *m.*; DIR. ~ ***provvisoria*** Zwischenentscheid *m.*, Zwischenentscheidung *f.*

de|ci|sio|ni|smo m. Dezisionismus *m.*, (politische) Entscheidungsfreudigkeit *f.* **de|ci|sio|ni|sta** *(-i,-e)* **I** m. e f. Dezisionist *m.* (-in *f.*), Entscheidungsfreudige *m.* e *f.* **II** agg. entscheidungsfreudig.

de|ci|si|vo agg. entscheidend, Entscheidungs-: ***battaglia, partita -a*** Entscheidungsschlacht *f.*, Entscheidungsspiel *n.*; ***un'esperienza -a*** eine entscheidende Erfahrung; *(cruciale)* ***nel momento*** ~ im entscheidenden Augenblick.

de|ci|so p.pass. agg. **1** → **decidere 2a** entschieden, beschlossen: ***non c'è ancora nulla di*** ~ es ist noch nichts entschieden, beschlossen **b** *(risoluto)* ***un ~ oppositore*** ein entschiedener, entschlossener Gegner; ***essere fermamente*** ~ fest entschlossen sein; ***essere ~ a tutto*** zu allem entschlossen sein **3** *(netto, marcato)* kräftig: ***un colore*** ~ eine kräftige, hervorstechende Farbe. **de|ci|so|rio** agg. *(-ri,-rie)* DIR. entscheidend, Entscheidungs-: ***giuramento*** ~ Entscheidungseid *m.*; ***potere*** ~ Entscheidungsbefugnis *f.*

de|cla|ma|re tr. vor‿tragen, deklamieren: ~ ***una poesia*** ein Gedicht vortragen. **de|cla|ma|to|re** m. Vortragskünstler *m.*, Rezitator *m.* **de|cla|ma|to|rio** agg. *(-ri,-rie)* deklamatorisch (anche SPREG.). **de|cla|ma|zio|ne** f. **1** Deklamation *f.*, Vortrag *m.* **2** *(arte di declamare)* Vortragskunst *f.*

de|cla|ra|to|ria f. DIR. Erklärung *f.*, Einrede *f.* der Unzuständigkeit.

de|clas|sa|men|to m. Zurückstufung *f.*, Deklassierung *f.* **de|clas|sa|re** tr. **1** zurück‿stufen, deklassieren **2** ~ ***una carrozza ferroviaria*** einen Abteilwagen erster Klasse herunter‿stufen.

de|cli|na|bi|le agg. GRAMM. deklinierbar, beugbar.

1.de|cli|na|re I tr. **1** ab‿lehnen: ~ ***un invito, ogni responsabilità*** eine Einladung, jede Verantwortung ablehnen **2** BUROCR. *(dare)* an‿geben: ~ ***le proprie generalità*** seine Personalien angeben **3** GRAMM. deklinieren **II** intr. (aus. *avere*) LETT. **1** *(digradare)* neigen, ab‿fallen, sich ab‿senken: ***i monti declinano verso il mare*** die Berge fallen zum Meer hin ab **2** FIG. *(venir meno)* nach‿lassen, sinken, schwinden: ***le sue forze declinano*** seine Kräfte lassen nach; ***la sua autorità va declinando*** seine Autorität beginnt zu schwinden **3a** RAR. *(volgere al termine)* zur Neige gehen, sich dem Ende zu‿neigen **b** *(tramontare)* unter‿gehen **4** FIS. ASTR. ab‿weichen.

2.de|cli|na|re m. Neige *f.*: ***sul ~ del giorno*** wenn der Tag zur Neige geht; ***al ~ del sole*** bei untergehender Sonne.

de|cli|na|zio|ne f. **1** GRAMM. Deklination *f.*: ***seguire la prima*** ~ nach der ersten Deklination beugen **2** FIS. ASTR. Abweichung *f.* ◆ ~ ***magnetica*** Missweisung *f.*

de|cli|no m. Verfall *m.*, Niedergang *m.*, Untergang *m.*: ~ ***culturale, fisico*** kultureller, körperlicher Verfall; ***essere in*** ~ in Verfall sein; ***una civiltà in*** ~ eine untergehende Kultur, eine Kultur im Verfall; ***un attore in*** ~ ein Schauspieler auf dem Abstieg; ***una fortuna in*** ~ ein Glück, das zur Neige geht (*o* ein sich neigendes Glück).

de|cli|ve agg. LETT. abfallend, abhängig.

de|cli|vio m. *(-vi)* Abhang *m.*, Halde *f.*: ***un dolce*** ~ ein sanfter Abhang; ***risalire un*** ~ einen Abhang hinauf‿steigen.

de|clo|ra|re tr. entchloren. **de|clo|ra|zio|ne** f. Entchlorung *f.*

déco, art ~ [a:rde'ko] Art déco *f.*

de|co|di|fi|ca f. *(-che)* Dekodierung *f.* **de|co|di|fi|ca|re** tr. *(decodifico, decodifichi)* dekodieren, entschlüsseln (anche ESTENS.). **de|co|di|fi|ca|to|re I** agg. dekodierend **II** m. Decoder *m.* **de|co|di|fi|ca|zio|ne** f. Dekodierung *f.*, Entschlüsselung *f.*

1.de|col|la|re intr. (aus. *essere*) **1** ab‿fliegen, ab‿heben, starten **2** FIG. einen guten Start haben: ***la nuova ditta è decollata*** das neue Unternehmen hat einen guten Start gehabt.

2.de|col|la|re tr. ANT. enthaupten, köpfen. **de|col|la|zio|ne** f. ANT. Enthauptung *f.*, Köpfung *f.* ◆ ART. ~ ***di san Giovanni*** Enthauptung Johannes' des Täufers.

dé|col|le|té [dekol'te] **I** m.inv. Dekolleté *n.*, Ausschnitt *m.*: ***un generoso, profondo*** ~ ein tiefes Dekolleté; ***essere in*** ~ ein Dekolleté tragen; *(seno)* ***avere un bel*** ~ ein schönes Dekolleté haben **II** agg.inv. ausgeschnitten: ***abito, scarpe*** ~ ausgeschnittenes Kleid, ausgeschnittene Schuhe.

de|col|lo m. **1** Abflug *m.*, Start *m.*, Abheben *n.*: ***autorizzare al ~ un aereo*** ein Flugzeug zum Start frei‿geben; ***un aereo in fase di*** ~ ein Flugzeug in der Abhebephase **2** FIG. Aufschwung *m.* ◆ ***autorizzazione al*** ~ Startberechtigung *f.*, Starterlaubnis *f.*; ~ ***catapultato*** Schleuderstart *m.*, Katapultstart *m.*; ***corridoio di*** ~ Abflugschneise *f.*; ***pista di*** ~ Startbahn *f.*; ***pronto al, per il*** ~ startbereit; ~ ***verticale*** Senkrechtstart *m.*; ***aereo a ~ verticale*** Senkrechtstartflugzeug *n.*, Senkrechtstarter *m.*

de|co|lo|niz|za|re tr. entkolonialisieren, dekolonisieren. **de|co|lo|niz|za|zio|ne** f. Entkolonialisierung *f.*, Dekolonisation *f.*, Dekolonisierung *f.*

de|co|lo|ran|te I agg. entfärbend, Bleich- **II** m. **1** Entfärber *m.*, Bleichmittel *n.* **2** *(ossigenante)* Blondierungsmittel *n.* **de|co|lo|ra|re** tr. **1** entfärben, bleichen **2** *(ossigenare)* blondieren: ~ ***i capelli*** das Haar blondieren. **de|co|lo|ra|zio|ne** f. **1** Entfärbung *f.*, Bleichung *f.* **2** *(ossigenazione)* Blondierung *f.*

de|com|po|ni|bi|le agg. zerlegbar, zersetzbar: ***sostanze -i*** zersetzbare Substanzen.

de|com|por|re *(decompongo, decomponi; decomposi; decomposto)* **I** tr. **1a** *(scomporre)* zerlegen, auseinander‿nehmen, dekomponieren **b** CHIM. BIOL. zersetzen **2** *(far putrefare)* zersetzen: ***l'aria decompone la materia organica*** die Luft zersetzt den organischen Stoff **II** pronom. **decomporsi 1** CHIM. sich zersetzen **2** ESTENS. *(putrefarsi)* verwesen: ***i cadaveri si decompongono*** die Leichen verwesen.

de|com|po|si|zio|ne f. **1** Dekomposition *f.*; CHIM. Zersetzung *f.* **2** *(putrefazione)* Verwesung *f.*: ***andare in*** ~ in Verwesung über‿gehen; ***essere in stato di avanzata*** ~ im Zustand fortgeschrittener Verwesung sein ◆ ***processo di*** ~ Zersetzungsprozess *m.*

de|com|pres|sio|ne f. Dekompression *f.*, Kompressionsverminderung *f.*, Druckentlastung *f.* ◆ ***camera di*** ~ Dekompressionskammer *f.* **de|com|pri|me|re** tr. *(decompressi; decompresso)* den Druck vermindern.

de|con|cen|tra|re I tr. **1** die Konzentration verlieren lassen: ***la musica lo deconcentra*** Musik lässt ihn die Konzentration verlieren **2** ECON. dekonzentrieren, entflechten **II** pronom. **deconcentrarsi** sich (A) zerstreuen, sich (A) ab‿lenken. **de|con|cen|tra|to** p.pass. agg. **1** → **deconcentrare 2** unkonzentriert. **de|con|cen|tra|zio|ne** f. **1** Unkonzentriertheit *f.* **2** ECON. Dekonzentration *f.*, Entflechtung *f.*

de|con|di|zio|na|re I tr. ~ ***qcn.*** jdn konditionsfrei (*o* bedingungsfrei) machen **II** pronom. **decondizionarsi** sich von einer Konditionierung frei‿machen.

de|con|ge|stio|na|men|to m. **1** MED. Abschwellung *f.* **2** FIG. Entlastung *f.*: ***il ~ del traffico*** Verkehrsentlastung *f.* **de|con|ge|stio|nan|te I** agg. abschwellend **II** m. abschwellendes Mittel *n.* ◆ ~ ***nasale*** Nasenspray *m.* e *n.* **de|con|ge|stio|na|re** tr. **1** MED. ab‿schwellen lassen **2** FIG. *(rendere scorrevole)* entlasten: ~ ***il traffico*** den Verkehr entlasten.

de|con|ta|mi|na|re tr. *(decontamino)* dekontaminieren, entseuchen: ~ ***una zona radioattiva*** ein radioaktives Gebiet entseuchen. **de|con|ta|mi|na|zio|ne** f. Dekontamination *f.*, Entseuchung *f.*

de|con|tra|zio|ne f. Entkrampfung *f.*: ~ ***muscolare*** Muskelentkrampfung *f.*

de|co|ra|re tr. **1a** verzieren: ~ ***una parete con fregi*** eine Wand mit Friesen verzieren; ~ ***una torta*** eine Torte verzieren **b** *(addobbare)* dekorieren, aus‿schmücken, schmücken: ~ ***una vetrina, una sala*** ein Schaufenster, einen Saal dekorieren; ~ ***l'albero di Natale*** den Christbaum schmücken **2** ESTENS. *(insignire di decorazione)* dekorieren, aus‿zeichnen: ~ ***qcn. con la croce al merito*** jdn mit dem Verdienstkreuz dekorieren ◆ ~ ***con passamaneria*** posamentieren; ~ ***con stucchi*** stuckieren.

de|co|ra|ti|vi|smo m. Dekorativismus *m.* **de|co|ra|ti|vo** agg. dekorativ, schmückend: ***un mosaico*** ~ ein schmückendes Mosaik ◆ ***arti -e*** ornamentale Künste. **de|co|ra|to I** p.pass. agg. **1** → **decorare 2** verziert: ***soffitto*** ~ verzierte Decke **3** *(insignito di decorazione)* ordengeschmückt, dekoriert **II** m. Dekorierte *m.*, Ordensträger *m.* ◆ ~ ***con perle*** geperlt, perlenbestickt; ***riccamente*** ~ reich verziert. **de|co|ra|to|re** m. **1** *(artigiano)* Dekorateur *m.* **2** *(imbianchino)* Maler *m.*: ***fare il*** ~ malern.

de|co|ra|zio|ne f. **1** Verzierung *f.*, Zierrat *m.* (anche ARCH.): ~ ***ornamentale*** ornamentale Verzierung; ~ ***di un portale*** Portalverzierung *f.*; ***a, come*** ~ als Verzierung; ***eseguire delle -i*** Verzierungen aus‿führen **2** *(addobbo)* Schmuck *m.*, Dekoration *f.*, Verzierung *f.*: ~ ***festiva, natalizia*** Festschmuck *m.*, Weihnachtsdekoration *f.*; ***mettere le -i*** die Verzierungen an‿bringen **3** PITT. Dekor *m.* e *n.*: ***una ~ dipinta a mano*** ein handgemaltes Dekor **4** *(onorificenza)* Orden *m.*, Ehrenzeichen *n.*: ***appuntare una ~ al petto di qcn.*** jdm einen Orden an die Brust heften; ***coprire qcn. di -i*** jdn mit Orden bespicken ◆ ***impresa di -i*** Malerbetrieb *m.*; ~ ***(al valore) militare*** Kriegsauszeichnung *f.*

de|co|ro m. **1** Anstand *m.*, Anständigkeit *f.*: ***avere*** ~ Anstand haben; ***offendere il*** ~ den Anstand verletzen; ***mantenere il proprio*** ~ seinen Anstand bewahren; ***rispettare le regole del*** ~ die Regeln des Anstands beachten **2** FIG. *(vanto)* Zierde *f.*: ***essere il ~ della famiglia*** die Zierde der Familie sein ◆ ***vivere con*** ~ anständig leben.

de|co|ro|sa|men|te avv. anständig, schicklicherweise: ***essere vestito*** ~ anständig gekleidet sein. **de|co|ro|so** agg. **1** anständig, dezent: ***una casa -a*** ein dezentes Haus; ***un aspetto ~*** ein anständiges Aussehen **2** *(opportuno)* anständig, schicklich: ***un comportamento ~*** ein schickliches Benehmen.

de|cor|ren|za f. **1** *(termine)* Frist *f.* **2** *(periodo)* Laufzeit *f.*, Frist *f.* ◆ ***con ~ immediata, dal 1º gennaio*** ab sofort, ab 1. Januar gültig; ***per ~ dei termini di legge*** aufgrund der gesetzlich festgelegten Frist, nach der gesetzlichen Frist. **de|cor|re|re** intr. (*decorsi; decorso;* aus. *essere*) laufen, verstreichen: ***gli interessi decorrono da domani*** die Zinsen laufen ab morgen ◆ ***a ~ da oggi*** ab heute, von heute an.

1.de|cor|so p.pass. agg. **1** → **decorrere** **2** *(trascorso)* vergangen: ***il periodo ~*** die vergangene Zeit **3** *(scaduto)* abgelaufen: ***le rate -e*** die abgelaufenen Raten.

2.de|cor|so m. Verlauf *m.*, Ablauf *m.*: ***~ della malattia*** Krankheitsverlauf *m.*; ***~ postoperatorio*** postoperativer Verlauf.

de|co|stru|zio|ni|smo m. Dekonstruktion *f.*

1.de|cot|to m. Abkochung *f.*, Absud *m.*, Dekokt *n.*: ***~ di camomilla*** Absud aus Kamillenblüten; ***fare un ~ di erbe*** einen Absud von Kräutern her‿stellen.

2.de|cot|to agg. DIR. abgewirtschaftet: ***azienda -a*** abgewirtschaftetes Unternehmen; ***l'impresa è -a*** der Betrieb ist abgewirtschaftet.

1.de|co|zio|ne f. Abkochung *f.*

2.de|co|zio|ne f. DIR. Bankrott *m.*, Zahlungsunfähigkeit *f.*

de|cre|men|to m. Verminderung *f.*, Abnahme *f.*, Dekrement *n.*: ***il ~ delle nascite*** die Verminderung der Geburten; MAT. ***~ logaritmico*** logarithmisches Dekrement.

de|cre|pi|tez|za f. Altersschwäche *f.*, Hinfälligkeit *f.*

de|cre|pi|to agg. **1** altersschwach, hinfällig: ***essere un vecchio ~*** ein altersschwacher Greis sein; ***un edificio ~*** ein hinfälliges Gebäude **2** FIG. überaltert, veraltert: ***istituzioni -e*** veralterte Institutionen.

de|cre|scen|do m.inv. Dekrescendo *n.*, Decrescendo *n.*

de|cre|scen|te agg. abnehmend: ***velocità ~*** abnehmende Geschwindigkeit; ***in ordine ~*** nach abnehmender Ordnung; MAT. ***funzione ~*** abnehmende Funktion ◆ ***essere in fase ~*** ab‿nehmen, im Abnehmen (begriffen) sein. **de|cre|scen|za** f. Abnahme *f.*, Dekreszenz *f.*

de|cre|sce|re intr. (*decresco, decresci; decrebbi; decresciuto;* aus. *essere*) ab‿nehmen, zurück‿gehen: ***la produttività, la tensione decresce*** die Produktivität, die Spannung nimmt ab; ***la piena decresceva lentamente*** das Hochwasser ging langsam zurück.

de|cre|ta|le I agg. ***lettera, bolla ~*** Dekretale *n.* **II** m. e f. Dekretale *n.*

de|cre|ta|re tr. **1** verordnen. dekretieren, bestimmen: ***~ dei provvedimenti eccezionali*** außerordentliche Maßnahmen verordnen; ***la legge decreta che...*** das Gesetz dekretiert, dass... **2** *(stabilire d'autorità)* verhängen: ***~ lo stato d'emergenza*** den Ausnahmezustand verhängen. **de|cre|ta|zio|ne** f. **1** Erlassung *f.*, Verordnung *f.* **2** ESTENS. Regieren *n.* per Erlass.

de|cre|to m. **1** DIR. Erlass *m.*, Beschluss *m.*, Dekret *n.*: ***~ giudiziario, governativo, ministeriale*** Gerichtsbeschluss *m.*, Regierungserlass *m.*, ministerieller Erlass; ***regio ~*** königlicher Erlass; ***emettere (emanare), revocare un ~*** ein Dekret erlassen (*o* heraus‿geben), widerrufen **2** LETT. *(decisione divina)* Ratschluss *m.*: ***-i di Dio*** Gottes Ratschluss ◆ ***-i delegati*** Ermächtigungsgesetze *pl.*; ***~ ingiuntivo*** Mahnbescheid *m.*, Vollstreckungsbescheid *m.*; ***~ legge*** Rechtsverordnung *f.*; ***~ legislativo*** Ermächtigungsgesetz *n.*

de|crip|ta|re, de|crit|ta|re tr. dekryptieren: ***~ un testo*** einen Text dekryptieren.

de|cu|bi|to m. **1** *(posizione)* Liegen *n.* **2** MED. *(piaga)* Dekubitus *m.*, Wundliegen *n.* ◆ ***piaga da ~*** Dekubitus *m.*, Wundliegen *n.*

de|cu|pli|ca|re tr. (*decuplico, decuplichi*) verzehnfachen. **de|cu|pli|ca|to** p.pass. agg. **1** → **decuplicare** **2** verzehnfacht: ***prezzi, profitti -i*** verzehnfachte Preise, Erträge. **de|cu|plo I** agg. zehnfach: ***una quantità -a*** eine zehnfache Menge **II** m. Zehnfache *n.*

de|cu|ria f. Dekurie *f.* **de|cu|rio|ne** m. Dekurio *m.*

de|cur|ta|re tr. kürzen: ***~ lo stipendio a qcn.*** jdm das Gehalt kürzen. **de|cur|ta|zio|ne** f. Kürzung *f.*: ***~ delle spese*** Kürzung der Ausgaben.

de|cus|sa|to agg. dekussiert ◆ ***croce -a*** Andreaskreuz *n.*

de|da|lo m. Labyrinth *n.*: ***un ~ di vie*** ein Straßenlabyrinth.

De|da|lo n.pr.m. Dädalus *m.*

de|di|ca f. (*-che*) Widmung *f.*, Dedikation *f.*: ***scrivere, fare una ~ a qcn.*** jdm eine Widmung schreiben ◆ ***copia con ~*** Dedikationsexemplar *n.*

de|di|ca|re (*dedico, dedichi*) **I** tr. **1** widmen, dedizieren, zu‿eignen: ***~ un libro a qcn.*** jdm ein Buch dedizieren **2a** *(consacrare)* weihen: ***~ una chiesa a un santo*** einem Heiligen eine Kirche weihen **b** ESTENS. weihen, widmen: ***~ la propria vita all'arte*** sein Leben der Kunst weihen **3** *(intitolare)* benennen: ***~ una strada a qcn.*** eine Straße nach jdm benennen **II** pronom. ***dedicarsi a qcn., qcs.*** sich jdm, etw. widmen, sich jdm, etw. hin‿geben; *(consacrarsi)* sich jdm, etw. weihen.

de|di|ca|ta|rio m. *(-ri)* derjenige, dem etw. gewidmet wird. **de|di|ca|to** p.pass. agg. **1** → **dedicare** **2** gewidmet: ***una vita -a alla ricerca scientifica*** ein der wissenschaftlichen Forschung gewidmetes Leben **3** *(riservato)* vorbehalten: ***spazio ~ agli annunci economici*** den Anzeigen vorbehaltener Raum **4** *(specializzato)* Spezial-: ***sistema, computer ~*** Spezialsystem *n.*, Spezialrechner *m.* **de|di|ca|to|ria** f. Widmungsbrief *m.* **de|di|ca|to|rio** agg. *(-ri,-rie)* widmend, Widmungs-: ***lettera -a*** Widmungsbrief *m.*

de|di|to agg. **1** ergeben: ***essere ~ alla famiglia, allo studio*** der Familie, dem Studium ergeben sein **2** *(dipendente)* verfallen: ***~ all'alcol, al bere*** dem Alkohol, dem Trunk verfallen.

de|di|zio|ne f. Hingabe *f.*, Ergebenheit *f.*: ***~ al lavoro, al dovere*** Hingabe an die Arbeit, an die Pflicht; ***servire qcn. con cieca ~*** jdm mit stummer Ergebenheit dienen; ***spirito di ~*** Geist *m.* der Hingabe.

de|du|ci|bi|le agg. **1** ableitbar: ***un significato facilmente ~*** eine leicht ableitbare Bedeutung **2** *(sottraibile)* abziehbar, absetzbar: ***spese, oneri -i*** absetzbare Ausgaben, Lasten.

de|dur|re tr. *(deduco, deduci; dedussi; dedotto)* **1** folgern, schließen: ***~ qcs. da qcs.*** etw. aus etw. folgern (*o* schließen); ***da ciò si può ~ che...*** daraus lässt sich folgern, dass... **2** FILOS. deduzieren **3** COMM. BUROCR. ab‿ziehen, ab‿rechnen **4** *(trarre)* entnehmen: ***~ la trama di un film da un romanzo*** die Filmhandlung einem Roman entnehmen. **de|dut|ti|vo** agg. deduktiv: ***metodo ~*** deduktive Methode. **de|du|zio|ne** f. **1** Folgerung *f.* **2** FILOS. Deduktion *f.* **3** COMM. BUROCR. Abzug *m.*, Abrechnung *f.*

dee-jay [di'dʒei] m.inv. DJ *m.*

dé|fail|lan|ce [defa'jã:s] f.inv. **1** *(cedimento fisico)* Schwächeanfall *m.* **2** *(breve crisi)* Einbruch *m.*

de|fal|ca|re tr. *(defalco, defalchi)* ab‿rechnen, ab‿ziehen: ***~ una somma da qcs.*** eine Summe von etw. abziehen. **de|fal|co** m. *(-chi)* Abrechnung *f.*, Abzug *m.*

de|fa|ti|gan|te agg. ermüdend.

de|fault [di'fɔ:lt] INFORM. ***di ~*** Standard-, vorgegeben; ***valore di ~*** Standardwert *m.*, Ausgangsparameter *m.*

de|fe|ca|re intr. *(defeco, defechi;* aus. *avere)* den Darm entleeren, Stuhlgang haben. **de|fe|ca|zio|ne** f. Darmentleerung *f.*, Stuhlgang *m.*

de|fe|dan|te agg. auszehrend: ***malattie -i*** auszehrende Krankheiten.

de|fe|ne|stra|re tr. **1** zum Fenster hinaus‿werfen **2** FIG. *(estromettere)* hinaus‿werfen. **de|fe|ne|stra|zio|ne** f. **1** Fenstersturz *m.*: STOR. ***la ~ di Praga*** der Prager Fenstersturz **2** *(estromissione)* Hinauswurf *m.*

de|fen|sio|na|le agg. Verteidigungs-.

de|fe|ren|te agg. **1** *(ossequioso)* ehrerbietig **2** *(che consente il deflusso)* ableitend, Ableitungs-: ***condotto ~*** ableitender Kanal **3** ANAT. ***canale ~*** Samenleiter *m.* **de|fe|ren|za** f. Ehrerbietung *f.*; ***salutare con ~*** ehrerbietig grüßen.

de|fe|ri|men|to m. **1** Überweisung *f.* **2** *(denuncia)* Anzeige *f.* **de|fe|ri|re** tr. *(deferisco, deferisci)* DIR. **1** überweisen: ***~ una pratica a una commissione*** einen Vorgang an einen Ausschuss überweisen **2** *(denunciare)* belangen, an‿zeigen: ***~ qcn. all'autorità giudiziaria*** jdn gerichtlich belangen.

de|fe|zio|na|re intr. (aus. *avere*) ab‿fallen: ***~ da un partito*** von einer Partei abfallen. **de|fe|zio|ne** f. **1** POL. Abfall *m.*: ***~ da un partito*** Abfall von einer Partei **2** ***nel corso d'inglese ci sono state molte -i*** im Englischkurs haben viele aufgegeben.

de|fi|bril|la|to|re m. Defribillator *m.* **de|fi|bril|la|zio|ne** f. Defibrillation *f.*

de|fi|cien|te I agg. **1a** *(stupido)* schwachsinnig, blödsinnig **b** MED. schwachsinnig **2a** *(carente)* mangelnd, -arm: ***una dieta ~ di vitamine*** eine vitaminarme Diät **b** *(inadeguato)* unzulänglich **II** m. e f. **1** Schwachsinnige *m.* e *f.* **2** SPREG. Blödian *m.*, Idiot *m.*: ***~!*** Idiot!

de|fi|cien|za f. **1a** *(stupidità)* Schwachsinn *m.*, Blödsinn *m.* **b** MED. Schwachsinn *m.* **2** *(carenza)* Defizit *n.*, Mangel *m.*: ***~ di sostanze nutritive*** Defizit an Nährstoffen **3** *(lacuna)* Wissenslücke *f.*, Lücke *f.*: ***avere qualche ~ in latino*** einige Lücken in Latein haben.

de|fi|cit m.inv. **1** Defizit *n.*, Fehlbetrag *m.*: ***essere, chiudere in ~*** im Defizit sein, mit einem Defizit ab‿schließen; ***coprire un ~*** ein Defizit decken; ***~ di bilancio*** Bilanzdefizit *n.*, Fehlbetrag in der Bilanz **2** FIG. *(deficienza, carenza)* Mangel *m.*: ***~ culturale*** Mangel an Kultur. **de|fi|ci|ta|rio** agg. *(-ri,-rie)* **1** defizitär: ***azienda -a*** defizitärer Betrieb **2** FIG. *(carente)* mangelhaft ◆ ***bilancio ~*** Unterbilanz *f.*

de|fi|lar|si pronom. SCHERZ. o IRON. sich entziehen. **de|fi|la|to**

p.pass. agg. 1 → **defilarsi** 2 abgesondert.
dé|fi|lé m.inv. Mode(n)schau *f.*
de|fi|ni|bi|le agg. 1 bestimmbar, definierbar 2 *(risolvibile)* zu klären: ***un problema facilmente ~*** ein leicht zu klärendes Problem.
de|fi|ni|re *(definisco, definisci)* I tr. 1 bestimmen, definieren: ***~ un termine, un concetto*** ein Wort, einen Begriff definieren 2 *(fissare)* bestimmen, fest‿legen, fest‿setzen: ***~ i compiti, il ruolo di qcn.*** jds Aufgaben, Rolle festlegen, bestimmen; ***~ il prezzo di qcs.*** den Preis für etw. festsetzen; ***~ l'itinerario del viaggio*** die Reiseroute festlegen; *(delimitare)* ***~ i confini di una proprietà*** die Grenzen eines Grundstücks festlegen 3 *(risolvere)* entscheiden, klären: ***~ una controversia*** eine Streitigkeit entscheiden 4 *(reputare)* erklären, bezeichnen: ***~ qcn. intelligente*** jdn als intelligent bezeichnen; ***il libro è stato definito un capolavoro*** das Buch wurde zum Meisterwerk erklärt 5 *(valutare)* ein‿schätzen: ***una persona difficile da ~*** ein schwer einschätzbarer Mensch II pronom. **definirsi** 1 sich bezeichnen, sich erklären: ***si definisce un buon avvocato*** er bezeichnet sich als guten Rechtsanwalt 2 ***-rsi attraverso qcs., qcn.*** sich durch etw., jdn äußern, zeigen.
de|fi|ni|tez|za f. Bestimmtheit *f.*: ***la ~ di una forma*** die Bestimmtheit einer Form.
de|fi|ni|ti|va|men|te avv. 1 fest, definitiv 2 *(per sempre)* endgültig.
de|fi|ni|ti|vi|tà f. Endgültigkeit *f.*
de|fi|ni|ti|vo agg. endgültig, definitiv: ***la versione -a di un'opera*** die endgültige Version eines Werks; ***una decisione -a*** eine endgültige Entscheidung; ***la mia risposta è -a*** meine Antwort ist endgültig ◆ ***in -a*** schließlich; DIR. ***sentenza -a*** Endurteil *n.*
de|fi|ni|to p.pass. agg. 1 → **definire** 2a *(distinto)* fest: ***assumere una forma -a, contorni (ben) -i*** eine feste Gestalt, feste Umrisse an‿nehmen b *(stabilito)* festgelegt: ***essere ~ da una legge*** durch ein Gesetz festgelegt sein 3 FOT. CINEM. TELEV. scharf: ***immagine (poco) -a*** (un)scharfes Bild 4 MAT. GRAMM. bestimmt.
de|fi|ni|to|rio agg. *(-ri,-rie)* 1 definitorisch 2 *(determinante)* bestimmend, entscheidend, ausschlaggebend: ***prove -rie*** entscheidende Beweise.
de|fi|ni|zio|ne f. 1 Definition *f.*, Begriffsbestimmung *f.*: ***~ del concetto di stato*** Definition des Staatsbegriffs; ***dare una ~ chiara, esatta (corretta), sbagliata di qcs.*** eine klare, genaue, falsche Definition von etw. geben; ***le -i del dizionario*** die Definitionen des Wörterbuchs 2 *(risoluzione)* Entscheidung *f.*: ***la ~ di una controversia*** die Entscheidung einer Streitigkeit 3 CINEM. TELEV. Auflösung *f.*: ***~ dell'immagine*** Bildauflösung *f.* ◆ ***immagine ad alta ~*** hochaufgelöstes Bild; ***televisione ad alta ~*** hochauflösendes Fernsehen; ***per ~*** definitionsgemäß.
de|fi|sca|liz|za|zio|ne f. Entfiskalisierung *f.*: ***~ degli oneri sociali*** Entfiskalisierung der Sozialabgaben.
de|fla|gra|re intr. (aus. *avere*) 1 detonieren 2 FIG. LETT. *(divampare)* sich entzünden, auf‿flackern 3 GEOL. auf‿lodern, aus‿brechen.
de|fla|gra|zio|ne f. 1 Explosion *f.* 2 GEOL. Auflodern *n.*
de|fla|ti|vo agg. deflationär, Deflations-. **de|fla|to|rio** agg. *(-ri,-rie)* deflatorisch. **de|fla|zio|na|re** tr. e intr. (aus. *avere*) deflationieren. **de|fla|zio|ne** f. ECON. GEOL. Deflation *f.* **de|fla|zio|ni|sti|co** agg. *(-ci,-che)* deflationistisch: ***provvedimenti -ci*** deflationistische Maßnahmen.
de|fles|si → **deflettere.** **de|fles|sio|ne** f. 1 Abweichung *f.* 2 FIS. TECN. Ablenkung *f.* **de|fles|so** → **deflettere.** **de|flet|te|re** intr. *(deflessi; deflesso;* aus. *avere)* ab‿weichen (anche FIG.): ***~ dalla rotta*** vom Kurs abweichen; ***non ~ dai propri principi*** von seinen Grundsätzen nicht abweichen. **de|flet|to|re** m. 1 Deflektor *m.* (anche FIS.) 2 AUT. Ausstellfenster *n.*
de|flo|ra|re tr. entjungfern, deflorieren. **de|flo|ra|zio|ne** f. Entjungferung *f.*, Defloration *f.*, Deflorierung *f.*
de|flui|re intr. *(defluisco, defluisci;* aus. *essere)* 1 ab‿fließen, herab‿fließen: ***le acque defluiscono lentamente*** die Gewässer fließen langsam ab 2 *(di persone)* hinaus‿strömen, strömen: ***la folla defluisce dallo stadio*** die Menge strömt aus dem Stadion hinaus.
de|flus|so m. 1a Abfluss *m.* b *(riflusso)* Rückfluss *m.*: ***il ~ della marea*** das Fallen der Flut 2 ESTENS. *(di persone)* Herausströmen *n.*, Abzug *m.*
de|fo|(g)lian|te I agg. Entlaubungs- II m. Entlaubungsmittel *n.*
de|fo|re|sta|zio|ne f. Entwaldung *f.*
de|for|ma|bi|le agg. 1 verformbar 2 GEOL. inkompetent. **de|for|ma|bi|li|tà** f. Verformbarkeit *f.* **de|for|man|te** agg. 1 verzerrend, Zerr-: ***specchio ~*** Zerrspiegel *m.* (*o* Vexierspiegel *m.*) 2 MED. ***artrite ~*** Arthritis deformans.
de|for|ma|re I tr. 1a verformen, verbiegen, deformieren: ***~ la lamiera*** das Blech verbiegen b *(legno)* verformen, verziehen 2 *(immagini)* verzerren 3 *(articolazioni)* verkrümmen 4 *(deturpare)* entstellen, verunstalten: ***la cicatrice gli deforma il viso*** die Narbe entstellt sein Gesicht 5 FIG. *(travisare)* entstellen, verzerren: ***il mio pensiero è stato deformato*** meine Meinung wurde entstellt II pronom. **deformarsi** 1a sich verformen: ***le scarpe si sono deformate*** die Schuhe haben sich verformt b verformt (*o* verbogen, deformiert) werden: ***con l'urto la carrozzeria si è deformata*** durch den Aufprall wurde die Karosserie verbogen 2 *(legno)* sich verformen, sich verziehen: ***il ripiano dei libri si è deformato*** das Bücherbrett hat sich verzogen 3 *(immagini)* sich verzerren 4 *(sfigurarsi)* entstellt werden, verunstaltet werden 5 FIG. *(di opinioni, notizie...)* entstellt werden, verzerrt werden. **de|for|ma|to** p.pass. agg. 1 → **deformare** 2 entstellt: ***riferire qcs. in modo ~*** etw. entstellt wieder‿geben.
de|for|ma|zio|ne f. 1 Verformung *f.* 2 *(delle articolazioni)* Verkrümmung *f.* 3 FIS. Deformation *f.* 4 OTT. FIG. Verzerrung *f.* ◆ ***~ professionale*** Betriebsblindheit *f.*
de|for|me agg. 1 missgebildet, missgestaltet: ***nascere ~*** missgebildet geboren werden 2a *(storpio)* verkrüppelt, verwachsen b *(di rami, alberi)* krüpp(e)lig, verkrüppelt. **de|for|mi|tà** f.inv. Missbildung *f.*, MED. Deformität *f.*: ***~ congenita*** angeborene Missbildung.
de|frau|da|re tr. *(defraudo)* ***~ qcn. di qcs.*** jdn um etw. betrügen, jdm etw. vor‿enthalten: ***~ qcn. dei propri diritti*** jdn um sein Recht betrügen. **de|frau|da|to** p.pass. agg. 1 → **defraudare** 2 ***sentirsi ~ di qcs.*** sich um etw. betrogen fühlen.
de|fun|ge|re intr. *(defungo, defungi; defunsi; defunto;* aus. *essere)* 1 LETT. versterben 2 FIG. SCHERZ. *(cessare di funzionare)* den Geist auf‿geben. **de|fun|to** I p.pass. agg. 1 → **defungere** 2 verstorben, verewigt: ***il mio ~ nonno*** mein verstorbener Großvater 3 FIG. *(superato, tramontato)* tot und begraben II m. Verstorbene *m.*, Tote *m.*, Verewigte *m.* ◆ ***commemorazione dei -i*** Allerseelentag *m.*, Allerseelen *n.*; FIG. SCHERZ. ***la mia auto è -a*** mein Auto hat den Geist aufgegeben.
de|gas|sa|re tr. entgasen. **de|gas|si|fi|ca|re** tr. *(degassifico, degassifichi)* → **degassare.**
de|ge|ne|ra|re intr. *(degenero;* aus. *avere, essere)* 1a entarten, aus‿arten: ***la discussione è degenerata in una rissa*** die Diskussion ist in eine Schlägerei ausgeartet b FIG. *(di istituzioni)* entarten, aus‿arten, verkommen: ***la democrazia è degenerata in anarchia*** die Demokratie ist in Anarchie ausgeartet 2 *(tralignare)* (moralisch) verkommen 3 BIOL. degenerieren, aus‿arten 4 *(di malattia)* ***~ in qcs.*** in etw. (A) aus‿arten, zu etw. degenerieren. **de|ge|ne|ra|ti|vo** agg. degenerativ, Degenerations-.
de|ge|ne|ra|to I p.pass. agg. 1 → **degenerare** 2 abartig, (moralisch) verkommen II m. Verkommene *m.*, Degenerierte *m.* ◆ STOR. ***arte -a*** entartete Kunst.
de|ge|ne|ra|zio|ne f. 1 Entartung *f.*: ***~ dei costumi*** Entartung der Sitten 2 *(di istituzioni)* Verkommenheit *f.* 3 BIOL. Degeneration *f.*, Ausartung *f.*
de|ge|ne|re agg. ungeraten: ***un figlio ~*** ein ungeratener Sohn.
de|gen|te I agg. bettlägerig: ***essere ~ in ospedale*** im Krankenhaus liegen II m. e f. Bettlägerige *m.* e *f.*; *(in ospedale)* Krankenhauspatient *m.* (-in *f.*). **de|gen|za** f. ***~ in ospedale, ospedaliera*** Krankenhausaufenthalt *m.*
de|gli → **1.di.**
de|glu|ti|re tr. *(deglutisco, deglutisci)* schlucken, verschlucken: ***~ a fatica*** Schwierigkeiten beim Schlucken haben. **de|glu|ti|zio|ne** f. Schlucken *n.*, Verschlucken *n.*: ***difficoltà di ~*** Schluckbeschwerden *pl.*
de|gna|men|te avv. würdig: ***sostituire qcn. ~*** jdn würdig ersetzen.
de|gna|re I tr. für würdig erachten, würdigen: ***non ~ qcn. di uno sguardo, di un saluto*** jdn keines Blickes, Grußes würdigen II intr. (aus. *essere*), pronom. **degnarsi** sich herab‿lassen, sich bequemen: ***non si degna di salutarci*** er lässt sich nicht herab, uns zu grüßen; ***-rsi di fare qcs.*** sich zu etw. bequemen. **de|gna|zio|ne** f. Herablassung *f.*: ***fare qcs. con ~*** etw. mit Herablassung tun ◆ IRON. ***troppa ~!*** zu liebenswürdig!
de|gno agg. 1a würdig, wert: ***~ di lode*** lobenswert, lobenswürdig; ***~ di nota*** bemerkenswert; ***~ di essere vissuto*** lebenswert; ***~ di essere preso in considerazione*** erwägenswert; ***è ~ della sua fiducia*** er ist seines Vertrauens würdig b *(adeguato)* ***non si sentiva ~ di te*** er fühlte sich deiner nicht würdig; ***~ di un uomo*** menschenwürdig; ***ritenere qcn. ~ di qcs.*** jdn einer Sache (für) wert, würdig erachten, halten c *(pari)* ***un ~ avversario*** ein ebenbürtiger Gegner 2 *(stimabile)* achtbar, achtenswert: ***una -a persona*** ein achtbarer Mensch 3 *(lodevole)* lobenswert, lobenswürdig: ***fare qcs. di ~*** etw. Lobenswertes tun ◆ FIG. ***non è ~ di allacciargli le scarpe*** er kann ihm nicht das Wasser reichen.
de|gra|da|bi|le agg. CHIM. abbaubar. **de|gra|da|men|to** m. → **de-**

gradazione. **de|gra|dan|te** agg. entwürdigend.

de|gra|da|re I tr. **1** MIL. ECCL. degradieren, (im Dienstgrad, Dienstrang) herab‿setzen **2** ESTENS. *(umiliare)* herab‿würdigen, erniedrigen, entwürdigen: ***i vizi degradano l'uomo*** die Laster entwürdigen den Menschen **3** *(deteriorare)* degradieren, verschlechtern: ***~ l'ambiente*** die Umwelt schädigen **4** FIS. degradieren **5** GEOL. verwittern **6** CHIM. ab‿bauen, zersetzen **II** intr. *(digradare;* aus. *essere)* ab‿fallen **III** pronom. **degradarsi 1** *(abbrutirsi)* verkommen, verrohen, sich erniedrigen **2** *(subire un degrado)* verfallen: ***l'edificio si va degradando*** das Gebäude verfällt **3** CHIM. sich zersetzen.

de|gra|da|zio|ne f. **1** MIL. ECCL. Degradierung *f.*, Degradation *f.*, Rangminderung *f.* **2** FIG. Verkommenheit *f.*, Verrohung *f.*: ***~ morale*** moralische Verrohung **3** GEOL. *(demolizione delle rocce)* Verwitterung *f.* **4** FIS. Degradierung *f.*, Degradation *f.* **5** CHIM. Abbau *m.*, Zersetzung *f.*

de|gra|do m. Verfall *m.*, Beschädigung *f.*: ***un edificio in stato di ~*** ein verfallenes (*o* verkommenes) Gebäude ◆ ***~ ambientale*** Umweltschäden *pl.*; ***~ da agenti atmosferici*** Verwitterung *f.*

de|gres|si|vo agg. degressiv: ***tariffa -a*** degressiver Tarif.

de|gu|sta|re tr. (ver)kosten, probieren. **de|gu|sta|to|re** m. Verkoster *m.* **de|gu|sta|zio|ne** f. **1** Kosten *n.*, Verkosten *n.*, Probieren *n.* **2** *(mescita)* Verkostung *f.*, Probe *f.*, Kostprobe *f.*

deh inter. LETT. ach, oh.

1.dei → **1.di.**

2.dei → **Dio.**

dei|ci|dio m. *(-di* e *-dii)* Gottesmord *m.*

de|i|dra|ta|re tr. dehydratisieren. **de|i|dra|ta|zio|ne** f. Dehydratation *f.* **de|i|dro|ge|na|re** tr. dehydrieren.

de|ie|zio|ne f. **1** *(deposito di detriti)* Schutthalde *f.* **2** *(espulsione, da vulcano)* Auswurf *m.*, Ausstoßung *f.* **3** MED. Stuhlentleerung *f.*, Stuhlgang *m.* ◆ ***cono di ~*** Schuttkegel *m.*

dei|fi|ca|re tr. *(deifico, deifichi)* deifizieren, vergöttlichen. **dei|fi|ca|zio|ne** f. Deifikation *f.*, Vergöttlichung *f.*, Vergottung *f.*

de|io|niz|za|re tr. entionisieren, deionisieren.

dei|scen|te agg. aufspringend, Spring-: ***frutto ~*** Springfrucht *f.*, Streufrucht *f.* **dei|scen|za** f. Aufspringen *n.*

de|i|smo m. Deismus *m.* **de|i|sta** *(-i,-e)* **I** m. e f. Deist *m.* (-in *f.*) **II** agg. deistisch. **de|i|sti|co** agg. *(-ci,-che)* deistisch.

dei|tà f.inv. LETT. **1** Gottheit *f.* **2** *(natura divina)* Göttlichkeit *f.*

de|it|ti|co agg. *(-ci,-che)* deiktisch.

del → **1.di.**

de|la|to|re m. Denunziant *m.* **de|la|to|rio** agg. *(-ri,-rie)* denunziatorisch, denunzierend: ***lettera -a*** denunzierender Brief. **de|la|zio|ne** f. Denunziation *f.*

de|le|ga f. *(-ghe)* Vollmacht *f.*, Ermächtigung *f.*: ***conferire, dare a qcn. la propria ~ per qcs.*** jdm die Vollmacht für, zu etw. erteilen, geben; ***investire, rivestire qcn. di una ~*** jdn mit einer Vollmacht aus‿statten ◆ ***legge ~*** Ermächtigungsgesetz *n.*; ***per ~*** im Auftrag.

de|le|gan|te I agg. delegierend **II** m. e f. Delegant *m.* (-in *f.*), Vollmachtgeber *m.* (-in *f.*), Auftraggeber *m.* (-in *f.*).

de|le|ga|re tr. *(delego, deleghi)* beauftragen, ermächtigen, bevollmächtigen; POL. delegieren, ab‿ordnen: ***~ qcs. a qcn.*** jdn mit etw. beauftragen, jdn zu etw. ermächtigen (*o* bevollmächtigen), etw. an jdn delegieren; ***~ un socio a rappresentare il presidente*** ein Mitglied zum Präsidenten delegieren.

de|le|ga|to I p.pass. agg. → **delegare II** m. Beauftragte *m.*, Bevollmächtigte *m.*, Delegierte *m.* ◆ ***amministratore ~*** Geschäftsführer *m.*; ***~ apostolico*** Apostolischer Delegat *m.*; ***consigliere ~*** geschäftsführendes Verwaltungsratsmitglied *n.*; ***poteri -i*** delegierte Befugnisse *pl.*

de|le|ga|zio|ne f. **1** Bevollmächtigung *f.*, Delegierung *f.* **2** *(gruppo di delegati)* Delegation *f.*, Abordnung *f.* **3** *(sportiva)* Vertretung *f.* ◆ ***capo di una ~*** Delegationsleiter *m.*; ***membro di una ~*** Delegationsmitglied *n.*

de|le|te|rio agg. *(-ri,-rie)* verderblich, schädlich: ***il suo influsso è ~*** sein Einfluss ist schädlich, wirkt verderblich.

Del|fi n.pr.f. Delphi *n.* ◆ ***l'oracolo di ~*** das Delphische Orakel. **del|fi|co** agg. *(-ci,-che)* delphisch (anche ESTENS.).

del|fi|nio m. *(-ni)* Rittersporn *m.*

1.del|fi|no m. **1** Delphin *m.* **2** *(nuoto)* Delphin *n.*; ***nuotare a ~*** delphinschwimmen ◆ ***~ pilota*** Grindwal *m.*, Pilotwal *m.*

2.del|fi|no m. STOR. Dauphin *m.* (anche ESTENS.).

Del|fo → **Delfi.**

de|li|ba|re tr. LETT. kosten, aus‿kosten.

de|li|be|ra f. BUROCR. Beschluss *m.*, Beschlussfassung *f.*: ***votare una ~*** zum Beschluss erheben. **de|li|be|ran|te** agg. Beschluss fassend: ***assemblea ~*** Beschluss fassende Versammlung; ***organo ~*** Beschlussorgan *n.*

de|li|be|ra|re *(delibero)* **I** tr. **1** beschließen, beraten **2** *(nelle aste)* zu‿schlagen **II** intr. (aus. *avere*) ***~ in, su qcs.*** über etw. beschließen, beraten: ***la corte si ritira per ~*** das Gericht zieht sich zur Beratung zurück ◆ ***atto a ~*** beschlussfähig. **de|li|be|ra|ta|men|te** avv. absichtlich, vorsätzlich: ***l'ha fatto ~*** er hat es absichtlich getan. **de|li|be|ra|ti|vo** agg. beratend, beschließend. **de|li|be|ra|to I** p.pass. agg. **1** → **deliberare 2** *(voluto)* absichtlich: ***un'azione -a*** eine vorsätzliche Tat **3** *(risoluto)* entschlossen, entschieden **II** m. BUROCR. → **deliberazione.**

de|li|be|ra|zio|ne f. **1** Beschluss *m.*, Beratung *f.*: ***prendere una ~*** einen Beschluss fassen; ***per ~ di qcn.*** laut jds Beschluss **2** *(nelle aste)* Zuschlag *m.* ◆ ***diritto di ~*** Beschlussrecht *n.*; ***~ del parlamento*** Parlamentsbeschluss *m.*

de|li|ca|ta|men|te avv. zart, fein: ***trattare qcs. ~*** etw. zart behandeln.

de|li|ca|tez|za f. **1** Zartheit *f.*, Feinheit *f.* **2** *(fragilità)* Empfindlichkeit *f.* **3** *(gracilità)* Zartheit *f.*, Schwächlichkeit *f.* **4** *(sensibilità)* Feingefühl *n.*, Feinfühligkeit *f.*; *(tatto, discrezione)* Taktgefühl *n.*, Zartgefühl *n.*; *(riguardo)* Schonung *f.*, Rücksicht *f.*: ***avere la ~ di non dire niente a nessuno*** soviel Taktgefühl haben, niemandem etwas zu sagen **5** *(di cibi)* Milde *f.* ◆ ***avere la ~ di un pachiderma*** sich wie ein Elefant im Porzellanladen benehmen.

de|li|ca|ti|no agg. mimosenhaft, SPREG. zimperlich.

de|li|ca|to I agg. **1a** zart, sanft, delikat: ***pelle -a*** zarte Haut; ***mani -e*** zarte Hände **b** zart, fein: ***un profilo ~*** ein feines Profil **c** fein, empfindlich: ***tessuto ~*** feines Gewebe, empfindlicher Stoff **2** *(fragile)* empfindlich, zerbrechlich: ***un oggetto ~*** ein empfindlicher Gegenstand **3** *(gracile, debole)* zart, empfindlich, delikat; SPREG. zimperlich: ***una costituzione, salute -a*** eine zarte (*o* schwächliche) Konstitution, eine delikate Gesundheit; ***essere ~ di stomaco*** einen schwachen Magen haben; ***non essere così, troppo ~!*** sei nicht so empfindlich! **4** *(difficile)* heikel, delikat: ***un incarico ~*** ein heikler Auftrag **5** *(gentile)* zart, feinfühlig, zart fühlend: ***un animo ~*** ein zartes Gemüt; ***non è stato molto ~ da parte tua*** es war nicht sehr feinfühlig (*o* zart fühlend) von dir **6** *(di detersivi)* schonend, mild **7** *(piacevole, raffinato)* fein, mild, delikat: ***un aroma ~*** ein feines Aroma; ***avere un sapore ~*** delikat schmecken **II** m.pl. ***(indumenti) -i*** Feinwäsche *pl.*

de|li|ka|tes|sen f.pl. Delikatessen *pl.*: ***negozio di ~*** Delikatessengeschäft *n.*, Delikatesshandlung *f.*

de|li|mi|ta|re tr. *(dmito)* **1** begrenzen, ab‿grenzen (anche FIG.): ***~ un campo con un recinto*** einen Acker mit einem Zaun abgrenzen (*o* ein‿grenzen); ***~ le sfere d'influenza*** die Einflussbereiche abgrenzen **2** *(circoscrivere)* umgrenzen, umschreiben: ***una questione, un argomento*** eine Frage, ein Thema umgrenzen ◆ ***~ con pali, picchetti*** ab‿pfählen, ein‿pflocken. **de|li|mi|ta|zio|ne** f. Begrenzung *f.*, Abgrenzung *f.*, Umgrenzung *f.*

de|li|ne|a|re I tr. umreißen, zeichnen (anche FIG.): ***~ una figura*** eine Figur umreißen; ***~ il personaggio di un romanzo in modo realistico*** eine Romanfigur realistisch zeichnen, schildern; ***~ un programma*** ein Programm umreißen; ***~ la situazione a grandi linee, in poche parole*** die Lage in groben Zügen, mit wenigen Worten umreißen, schildern **II** pronom. **delinearsi** sich ab‿zeichnen (anche FIG.): ***la torre si delineava nella nebbia*** der Turm zeichnete sich im Nebel ab; ***comincia a -rsi una nuova tendenza*** eine neue Tendenz beginnt sich abzuzeichnen. **de|li|ne|a|to** p.pass. agg. → **delineare** ◆ ***ben ~*** klar umrissen; ***non ben ~*** nicht klar umrissen, verschwommen. **de|li|ne|a|zio|ne** f. Umreißen *n.*

de|lin|quen|te m. e f. **1** *(criminale)* Verbrecher *m.* (-in *f.*), Straftäter *m.* (-in *f.*), Täter *m.* (-in *f.*): ***acciuffare un ~*** einen Verbrecher schnappen **2** *(mascalzone)* Gauner *m.*, Schurke *m.* ◆ ***~ abituale*** Gewohnheitsverbrecher *m.*; ***~ recidivo*** Wiederholungstäter *m.*

de|lin|quen|za f. Verbrechertum *n.*, Kriminalität *f.* ◆ ***~ minorile*** Jugendkriminalität *f.*; ***mondo della ~*** Verbrecherwelt *f.* **de|lin|quen|zia|le** agg. verbrecherisch, kriminell. **de|lin|que|re** intr., DIR. ***associazione per, a ~*** kriminelle Vereinigung; ***istigazione a ~*** Anstiftung zum Verbrechen.

de|lio agg. *(-li,-lie)* delisch.

de|li|que|scen|te agg. CHIM. zerfließend. **de|li|que|scen|za** f. Neigung *f.* (*o* Bereitschaft *f.*), sich zu verflüssigen.

de|li|quio m. Ohnmacht *f.*: ***cadere in ~*** in Ohnmacht fallen, sinken.

de|li|ran|te agg. **1** im Delirium **2** FIG. absurd, irrsinnig: ***idee, discorsi -i*** absurde Ideen, Reden **3** *(in delirio)* außer sich, verrückt, tobend: ***la folla ~*** die tobende Menge.

de|li|ra|re intr. (aus. *avere*) **1** delirieren: ***~ per la febbre*** im Fieber delirieren **2** *(vaneggiare)* fantasieren: ***ma tu stai delirando!*** du fantasierst ja! **3** ESTENS. außer sich sein: ***~ per la passione, d'amore*** vor Leidenschaft, Liebe außer sich sein **4** *(esaltarsi)* ***le ragazzi-***

ne delirano per lui die Mädchen sind verrückt nach ihm.

de|li|rio m. *(-ri)* **1** Wahn *m.*, MED. Delirium *n.*: ***essere in preda al ~*** im Delirium sein; ***parlare nel ~*** im Delirium reden **2** *(vaneggiamento)* Fantasie *f.*, Wahnvorstellung *f.*: ***questi sono solo i -ri di un pazzo*** das sind nur die Fantasien eines Verrückten **3** *(fanatico entusiasmo)* Begeisterungstaumel *m.*, Begeisterungsrausch *m.*: ***la folla va, è in ~*** die Menge ist in einem Begeisterungstaumel (*o* tobt vor Begeisterung), fällt in einen Begeisterungstaumel; ***mandare il pubblico in ~*** das Publikum in einen Begeisterungsrausch versetzen **4** Rausch *m.*: ***~ della passione, dei sensi*** Rausch der Leidenschaften, der Sinne ◆ ***~ febbrile*** Fieberwahn *m.*, Fieberfantasie *f.* **de|li|rium tre|mens** m.inv. Delirium tremens *n.*, Säuferwahn(sinn) *m.*

de|lit|to m. **1a** Verbrechen *n.*, Delikt *n.*, DIR. Straftat *f.*: ***commettere, perpetrare, confessare un ~*** ein Verbrechen begehen, verüben, gestehen; ***macchiarsi di un atroce ~*** sich eines grausamen Verbrechens schuldig machen; ***un efferato, brutale ~*** ein brutales Verbrechen; ***scoprire un ~*** ein Verbrechen auf‿decken; ***accusare qcn. di un ~*** jdn wegen einer Straftat an‿klagen; ***pagare per un ~*** ein Verbrechen büßen; ***indagare su un ~*** in einem Mordfall ermitteln; ***tornare sul luogo del ~*** an den Ort des Verbrechens (*o* der Tat) zurück‿kehren **b** ESTENS. Verbrechen *n.*: ***un ~ contro la vita, contro l'umanità*** ein Verbrechen gegen das Leben, die Menschheit **2** FIG. *(peccato)* Verbrechen *n.*, Sünde *f.*: ***sarebbe un ~ lasciarsi scappare un'occasione simile!*** es wäre ein Verbrechen, sich eine solche Gelegenheit entgehen zu lassen! ***non è mica un ~!*** das ist doch kein Verbrechen (*o* keine Sünde)! ◆ ***arma del ~*** Mordwaffe *f.*, Mordinstrument *n.*; ***autore del ~*** Täter *m.*; ***~ capitale*** Kapitalverbrechen *n.*; ***luogo del ~*** Tatort *m.*; ***notte del ~*** Mordnacht *f.*; ***~ d'onore*** Ehrendelikt *n.*; ***ora del ~*** Tatzeit *f.*; ***~ passionale*** Affekthandlung *f.*; ***~ contro il patrimonio*** Vermögensdelikt *n.*, Eigentumsdelikt *n.*; ***il ~ perfetto*** das perfekte Verbrechen; ***~ contro la persona*** Personendelikt *n.*; ***~ a sfondo sessuale*** Sexualdelikt *n.*, Triebverbrechen *n.*; ***~ di stato*** Staatsverbrechen *n.* **de|lit|tuo|so** agg. verbrecherisch: ***azione, intenzione -a*** verbrecherische Tat, Absicht.

de|li|zia f. **1a** Wonne *f.*, Vergnügen *n.*, Genuss *m.*: ***le -e dell'amore, della buona tavola, della musica*** die Wonnen der Liebe, der Genuss guten Essens, guter Musik; ***è una ~ guardarla*** es ist eine Freude, sie zu sehen; IRON. ***piove, che ~!*** es regnet, wie schön! **b** *(gioia)* Freude *f.*: LETT. ***la fanciulla era la ~ della sua anima*** das Mädchen war seine Herzensfreude **2a** ESTENS. *(cosa prelibata)* Köstlichkeit *f.*; ***questo piatto, questo vino è una vera ~*** dieses Gericht, dieser Wein ist wirklich köstlich **b** *(di persona)* Freude *f.*, SCHERZ. Augenschmaus *m.*: ***una ~ di ragazza, di bambino*** eine Freude von einem Mädchen, von einem Kind (*o* ein reizendes, entzückendes Mädchen, Kind) ◆ ***croce e ~*** Freude und Leid; ***una (vera) ~ per gli occhi, le orecchie*** eine (echte) Augenweide, ein (echter) Ohrenschmaus; ***~ del palato*** Gaumenfreude *f.*, Gaumenkitzel *m.*

de|li|zia|re I tr. ergötzen, entzücken, beglücken: LETT. ***la sua voce delizia l'animo*** ihre Stimme beglückt die Seele **II** pronom. ***deliziarsi di, con, in qcs.*** sich an etw. (D) ergötzen; *(bearsi)* in etw. (D) schwelgen; ***mi deliziavo di quella vista, di starlo a sentire*** ich ergötzte mich an diesem Anblick, ich ergötzte mich, ihm zu lauschen.

de|li|zio|so agg. **1** entzückend, reizend: ***un ~ localino, paesino*** ein entzückendes kleines Lokal, ein entzückendes Dorf; ***un bambino ~, una ragazza -a*** ein entzückendes Kind, Mädchen; ***trascorrere una -a serata*** einen reizenden Abend verbringen **2** *(squisito)* köstlich, delikat, LETT. deliziös: ***un pranzo, vino ~*** ein köstliches Essen, ein köstlicher Wein; ***un profumo ~*** ein köstlicher Geruch; ***avere un sapore ~*** köstlich schmecken.

dell', del|la, del|le, del|lo → **1.di.**

1.del|ta f. e m.inv. Delta *n.* ◆ ***a ~*** deltaförmig, Delta-; AER. ***ala a ~*** Deltaflügel *m.*; ***foce a ~*** Deltamündung *f.*; ***raggi ~*** Deltastrahlen.

2.del|ta m.inv. Delta *n.*: ***il ~ del Nilo, del Po (padano)*** das Nil-, Podelta; ***il ~ del fiume*** das Flussdelta.

del|ta|pla|no m. Drachen *m.*: ***~ a motore*** motorgetriebener Drachen.

del|toi|de I agg. Delta-, deltaförmig **II** m. ***(muscolo) ~*** Deltamuskel *m.*

de|lu|bro m. LETT. Tempel *m.*

1.de|lu|ci|da|re tr. *(delucido)* erklären.

2.de|lu|ci|da|re tr. *(delucido)* TESS. dekatieren.

1.de|lu|ci|da|zio|ne f. Erklärung *f.*: ***chiedere, fornire -i*** Erklärungen fordern, liefern.

2.de|lu|ci|da|zio|ne f. TESS. Dekatur *f.*

de|lu|den|te agg. enttäuschend: ***un risultato, una prestazione ~*** ein enttäuschendes Ergebnis, eine enttäuschende Leistung; ***la partita è stata ~*** das Spiel war enttäuschend.

de|lu|de|re tr. *(delusi; deluso)* enttäuschen (anche assol.): ***~ profondamente qcn.*** jdn tief enttäuschen; ***~ la fiducia di qcn., le aspettative*** jds Vertrauen, die Erwartungen enttäuschen; ***le sue speranze furono deluse*** seine Hoffnungen wurden enttäuscht; ***il libro, il film mi ha deluso*** das Buch, der Film hat mich enttäuscht.

de|lu|sio|ne f. Enttäuschung *f.*: ***avere, provare un'amara, una profonda, tremenda ~*** eine bittere, tiefe, grausame Enttäuschung erleben; ***dare una grande ~ a qcn.*** jdm eine große (*o* schwere) Enttäuschung bereiten; ***è stata una grossa ~ per lui*** es war eine große Enttäuschung für ihn; ***una vita piena di -i*** ein Leben voller Enttäuschungen; ***il concerto è stato una vera ~*** das Konzert war eine echte Enttäuschung; ***che ~!*** so eine Enttäuschung! ***con nostra grande ~*** zu unserer großen Enttäuschung; ***una ~ d'amore*** eine Enttäuschung in der Liebe.

de|lu|so p.pass. agg. **1** → **deludere 2** enttäuscht: ***sono ~ da lui, dal suo comportamento*** ich bin von ihm, von seinem (*o* über sein) Verhalten enttäuscht; ***attese, speranze -e*** enttäuschte Erwartungen, Hoffnungen; ***un uomo ~ dalla vita*** ein vom Leben enttäuschter Mann; ***vedersi ~ nelle proprie aspettative*** sich in seinen Erwartungen enttäuscht sehen; ***lasciare ~ qcn.*** jdn enttäuschen.

de|ma|go|gi|a f. Demagogie *f.*: ***questa è pura ~!*** das ist reinste Demagogie! ***fare della ~*** Demagogie betreiben. **de|ma|go|gi|ca|men|te** avv. demagogisch. **de|ma|go|gi|co** agg. *(-ci,-che)* demagogisch. **de|ma|go|go I** m. *(-ghi)* Demagoge *m.* **II** agg. *(-ghi, -ghe)* demagogisch.

de|man|da|re tr. übertragen, überweisen: ***~ un incarico a qcn.*** jdm eine Aufgabe übertragen; ***l'inchiesta fu demandata a una commissione speciale*** die Untersuchung wurde einer Sonderkommission übertragen; ***~ una decisione a qcn.*** jdm eine Entscheidung übertragen.

de|ma|nia|le agg. Domanial-, Domänen-: ***beni -i*** Domanialgüter *pl.*, Staatsgüter *pl.* **de|ma|nio** m. *(-ni)* **1** Domäne *f.*: ***questo terreno appartiene al ~*** dieser Boden gehört zur Domäne **2** ESTENS. *(amministrazione dei beni demaniali)* Domänenverwaltung *f.*

de|mar|ca|re *(demarco, demarchi)* tr. demarkieren; *(confini)* fest‿legen. **de|mar|ca|zio|ne** f. Demarkation *f.*, Abgrenzung *f.*; ***linea di ~*** Demarkationslinie *f.*

de|men|te I agg. **1** schwachsinnig, MED. dement **2** ESTENS. *(cretino)* blöd(e) **II** m. e f. **1** Schwachsinnige *m.* e *f.*, Irre *m.* e *f.* **2** ESTENS. Irre *m.* e *f.*, Idiot *m.*: ***è una povera ~*** sie ist eine arme Irre.

de|men|za f. **1** Schwachsinn *m.*, MED. Demenz *f.* **2** ESTENS. *(cretineria)* Blödheit *f.*, Dummheit *f.* ◆ ***~ precoce*** Dementia precox *f.*; ***~ senile*** senile Demenz, COLLOQ. Altersblödsinn *m.*

de|men|zia|le agg. **1a** *(di demenza)* Demenz-, von Demenz: ***sintomi -i*** Anzeichen von Demenz **b** *(da demente)* ***atti -i*** die Taten eines Schwachsinnigen, Schwachsinnigkeiten **2** ESTENS. *(cretino)* irrsinnig, schwachsinnig: ***discorsi -i*** irrsinnige Reden ◆ ***comicità ~*** absurde Komik; ***film ~*** Blödelfilm *m.*

de|me|ri|ta|re *(demerito)* **I** tr. ***~ qcs.*** etw. nicht verdienen; etw. (G) unwürdig (*o* nicht würdig) sein: ***~ la stima di qcn.*** jds Achtung nicht würdig sein **II** intr. (aus. *avere*) ***~ della patria*** sich seiner Heimat unwürdig erweisen; ***la squadra non ha demeritato*** die Mannschaft hat nicht enttäuscht. **de|me|ri|te|vo|le** agg. unwürdig.

de|me|ri|to m. Vergehen *n.*, Schuld *f.*; *(mancanza)* Versäumnis *n.*: ***meriti e -i*** Verdienste und Versäumnisse ◆ ***nota di ~*** Verweis *m.*, Tadel *m.*

De|me|tria n.pr.f. Demeter *f.*

de|mi|li|ta|riz|za|re tr. entmilitarisieren, demilitarisieren. **de|mi|li|ta|riz|za|zio|ne** f. Entmilitarisierung *f.*, Demilitarisierung *f.*

de|mi-mon|de [də'mi 'mɔ̃d] m.inv. Halbwelt *f.*

de|mi|ne|ra|liz|za|re tr. demineralisieren. **de|mi|ne|ra|liz|za|to** p.pass. agg. **1** → **demineralizzare 2** ***acqua -a*** demineralisiertes Wasser. **de|mi|ne|ra|liz|za|zio|ne** f. Demineralisation *f.*

de|mi-sec [də'mi 'sɛk] agg.inv. halbtrocken.

de|mi|sti|fi|ca|re tr. *(demistifico, demistifichi)* entmystifizieren. **de|mi|sti|fi|ca|zio|ne** f. Entmystifizierung *f.*

de|mi|tiz|za|re tr. entmythisieren, entmythologisieren. **de|mi|tiz|za|zio|ne** f. Entmythisierung *f.*, Entmythologisierung *f.*

de|mi|ur|gi|co agg. *(-ci,-che)* demiurgisch. **de|mi|ur|go** m. *(-ghi)* Demiurg *m.*

de|mo|cra|ti|ca|men|te avv. demokratisch: ***decidere ~*** demokratisch entscheiden. **de|mo|cra|ti|ci|smo** m. Demokratismus *m.* **de|mo|cra|ti|ci|tà** f. demokratische Natur *f.*, demokratisches Wesen *n.* **de|mo|cra|ti|co I** agg. *(-ci,-che)* demokratisch **II** m. *(-ci)* Demokrat *m.* **de|mo|cra|tiz|za|re** tr. demokratisieren. **de|mo|cra|tiz|za|zio|ne** f. Demokratisierung *f.*

de|mo|cra|zi|a f. Demokratie *f.*: ~ ***diretta, indiretta*** mittelbare (*o* direkte), unmittelbare Demokratie; ~ ***parlamentare, sociale, rappresentativa*** parlamentarische, soziale, repräsentative Demokratie; ~ ***popolare, presidenziale*** Volks-, Präsidialdemokratie *f.*; ***le -e occidentali*** die westlichen Demokratien ◆ ***Democrazia Cristiana*** = ehemalige christlich-demokratische Partei Italiens; ***Democrazia Proletaria*** INTRAD. ([ehemalige] linksextreme Partei).

de|mo|cri|stia|no I agg. christlich-demokratisch, christdemokratisch **II** m. Christdemokrat *m.*

De|mo|cri|to n.pr.m. Demokrit *m.*

dé|mo|dé agg.inv. aus der Mode, ANT. démodé.

de|mo|du|la|re tr. (*demodulo*) demodulieren. **de|mo|du|la|to|re** m. Demodulator *m.*

de|mo|gra|fi|a f. Demographie *f.* **de|mo|gra|fi|co** agg. (*-ci,-che*) demographisch, Bevölkerungs-: ***dati, rilevamenti -ci*** demographische Daten, Erhebungen; ***incremento, boom, sviluppo, calo*** ~ Bevölkerungszuwachs *m.*, -explosion *f.*, -entwicklung *f.*, -abnahme *f.*

de|mo|li|re tr. (*demolisco, demolisci*) **1a** ab‿reißen, nieder‿reißen: ~ ***un edificio, un muro*** ein Gebäude, eine Mauer abreißen **b** (*con l'esplosivo*) sprengen: ~ ***un ponte*** eine Brücke sprengen **2a** (*smantellare*) verschrotten: ***portare l'auto a*** ~ das Auto zum Verschrotten bringen **b** (*navi*) ab‿wracken **c** FIG. ~ ***una teoria, un alibi*** eine Theorie widerlegen, ein Alibi zunichte machen **3a** (*distruggere*) zerstören: ***le bombe avevano demolito un'ala della casa*** die Bomben hatten einen Flügel des Hauses zerstört **b** COLLOQ. zu Schrott fahren, kaputt‿fahren: ~ ***la moto in un incidente*** das Motorrad bei einem Unfall zu Schrott fahren (*o* kaputt‿fahren) **c** FIG. verreißen, (völlig) vernichten: ***la critica ha demolito il film, il libro*** die Kritik hat den Film, das Buch verrissen; ~ ***la reputazione di qcn.*** jds Ruf vernichten ◆ SPORT GERG. ~ ***l'avversario*** den Gegner vernichtend schlagen.

de|mo|li|to|re I agg. **1** Abriss-: ***impresa -trice*** Abrissunternehmen *n.* **2a** (*distruttore*) zerstörerisch **b** FIG. vernichtend: ***un giudizio*** ~ ein vernichtendes Urteil **II** m. **1a** Abbrucharbeiter *m.* **b** (*impresa di demolizioni*) Abrissunternehmen *n.* **2** (*d'auto*) Autoverschrotter *m.*, Schrotthändler *m.*: ***portare l'auto dal*** ~ das Auto zum Schrotthändler bringen **3** FIG. Zerstörer *m.*, unnachsichtiger Kritiker *m.*

de|mo|li|zio|ne f. **1a** Abriss *m.*: ***la ~ di una casa, di un quartiere*** der Abriss eines Hauses, eines Stadtviertels **b** (*con l'esplosivo*) Sprengung *f.* **2a** (*smantellamento*) Verschrottung *f.* **b** (*di navi*) Abwracken *n.* **c** FIG. ***la ~ di una teoria, di un alibi*** die Widerlegung einer Theorie, die Entkräftung eines Alibis **3a** (*distruzione*) Zerstörung *f.* **b** FIG. Verriss *m.* **4** CHIM. Abbau *m.* ◆ ***impresa di -i*** Abrissunternehmen *n.*; ***casa, edificio in*** ~ Abrisshaus *n.*, -gebäude *n.*; ***una nave in*** ~ ein Schiff, das abgewrackt wird; ***lavori di*** ~ Abrissarbeiten *pl.*

de|mo|lo|gi|a f. Volkskunde *f.* **de|mo|lo|gi|co** agg. (*-ci,-che*) volkskundlich. **de|mo|lo|go** m. (*-gi*) Volkskundler *m.*

de|mol|ti|pli|ca f. (*-che*) **1** Untersetzung *f.* **2** → **demoltiplicatore.** **de|mol|ti|pli|ca|re** tr. (*demoltiplico, demoltiplichi*) untersetzen. **de|mol|ti|pli|ca|to|re** m. Untersetzungsgetriebe *n.* **de|mol|ti|pli|ca|zio|ne** f. Untersetzung *f.*

de|mo|ne m. **1** Dämon *m.* **2** FIG. Teufel *m.*: ***il ~ della gelosia, dell'invidia*** der Teufel der Eifersucht, des Neides; ***essere posseduto dal ~ del gioco*** vom Spielteufel besessen sein.

de|mo|ne|tiz|za|re tr. demonetisieren. **de|mo|ne|tiz|za|zio|ne** f. Demonetisierung *f.*

de|mo|ni|a|co agg. (*-ci,-che*) **1** dämonisch, dämonenhaft: ***forze, presenze -che*** dämonische Kräfte **2** ESTENS. (*diabolico*) teuflisch: ***astuzia -a*** teuflische List. **de|mo|ni|co** agg. (*-ci,-che*) dämonenhaft. **de|mo|niet|to** m. kleiner Teufel *m.*, Teufelchen *n.*

de|mo|nio m. (*-ni*) **1** Teufel *m.*: ***essere posseduto dal*** ~ vom Teufel besessen sein **2** (*persona molto cattiva*) Satansbraten *m.*, böser Geist *m.*: ***è un vero*** ~ er, sie ist ein wahrer Satansbraten **3** (*persona molto abile*) Hexenmeister *m.*, Teufelskerl *m.*: ***è un vero ~ a carte, negli affari*** er ist ein Hexenmeister im Kartenspiel, in seinen Geschäften ◆ ***è un piccolo*** ~ er ist ein kleiner Teufel; ***un ~ di ragazza*** ein Teufel von einem Mädchen, ein Teufelsmädchen.

de|mo|ni|smo m. Dämonismus *m.* **de|mo|niz|za|re** tr. dämonisieren, verteufeln. **de|mo|niz|za|zio|ne** f. Dämonisierung *f.*, Verteufelung *f.* **de|mo|no|lo|gi|a** f. Dämonologie *f.*

de|mo|ra|liz|zan|te agg. entmutigend. **de|mo|ra|liz|za|re I** tr. entmutigen, demoralisieren **II** pronom. **demoralizzarsi** den Mut verlieren. **de|mo|ra|liz|za|to** p.pass. agg. **1** → **demoralizzare 2** entmutigt, niedergeschlagen, demoralisiert. **de|mo|ra|liz|za|zio|ne** f. Entmutigung *f.*, Demoralisierung *f.*

de|mor|de|re intr. (*demordo, demordi; demorsi; demorso;* aus. *avere*) ab‿lassen: ***non demordo (da qcs.)*** davon lasse ich nicht ab.

de|mo|sco|pi|a f. Demoskopie *f.*, Meinungsforschung *f.* **de|mo|sco|pi|co** agg. (*-ci,-che*) demoskopisch, Meinungsforschungs-: ***indagine -a*** demoskopische Untersuchung; ***istituto*** ~ Meinungsforschungsinstitut *n.*

De|mo|ste|ne n.pr.m. Demosthenes *m.*

de|mo|ti|co agg. (*-ci,-che*) demotisch, volkstümlich: ***scrittura -a*** demotische Schrift.

de|mo|ti|va|re I tr. demotivieren **II** pronom. **demotivarsi** demotiviert werden (*o* sein). **de|mo|ti|va|to** p.pass. agg. **1** → **demotivare 2** demotiviert: ***essere*** ~ demotiviert sein; ***sentirsi ~ in qcs.*** sich für etw. nicht motiviert fühlen. **de|mo|ti|va|zio|ne** f. Demotivation *f.*

de|na|ro m. **1** Geld *n.*: ***guadagnare, spendere, prelevare, risparmiare, sperperare*** ~ Geld verdienen, aus‿geben, ab‿heben, sparen, verschwenden; ***cambiare il*** ~ Geld wechseln; ***non avere ~ con sé*** kein Geld bei sich haben; ~ ***contante, in contanti*** bares Geld, Bargeld *n.*; ~ ***liquido*** flüssiges Geld; FIG. ~ ***facile, sporco*** leichtes, schmutziges Geld; FIG. ~ ***che scotta*** heißes Geld; ***fare qcs. per*** ~ etw. für Geld tun; ***investire il proprio ~ in un progetto*** sein Geld in ein Projekt stecken **2** pl. GIOC. (*nelle carte*) Schellen *pl.*: ***giocare -i*** Schellen spielen **3** NUMISM. Denar *m.* **4** TESS. Denier *n.* ◆ COLLOQ. ***essere attaccato al*** ~ am Geld hängen, kleben; ***buttare il ~ dalla finestra*** das Geld zum Fenster hinaus‿werfen; ***preparare il ~ contato*** das Geld abgezählt bereit haben; ***far fruttare il proprio*** ~ sein Geld arbeiten lassen; ***avere ~ a palate*** Geld wie Heu haben; ***guadagnare ~ a palate*** Geld scheffeln; ~ ***pubblico*** öffentliche Gelder, Staatsgelder *pl.*; COLLOQ. ***spillare ~ a qcn.*** jdm das Geld aus der Tasche ziehen; PROV. ***il ~ non fa la felicità (ma fa vivere tranquilli)*** Geld allein macht nicht glücklich(, aber es beruhigt); ***il ~ (è la chiave che) apre tutte le porte*** Geld öffnet alle Türen; ***il ~ fa girare il mondo*** Geld regiert die Welt; ~ ***guadagnato facilmente, facilmente si spende*** wie gewonnen, so zerronnen; ***il ~ non puzza*** Geld stinkt nicht; ***il ~ è fatto per essere speso*** der Rubel muss rollen; ***il tempo è*** ~ Zeit ist Geld.

de|na|ta|li|tà f. Geburtenrückgang *m.*

de|na|tu|ra|re tr. denaturieren, vergällen: ~ ***l'alcol*** Alkohol vergällen. **de|na|tu|ra|to 1** → **denaturare 2** vergällt, denaturiert: ***alcol*** ~ denaturierter Alkohol; ***sale*** ~ vergälltes Salz. **de|na|tu|ra|zio|ne** f. Vergällung *f.*, Denaturierung *f.*

de|na|zi|fi|ca|re tr. (*denazifico, denazifichi*) entnazifizieren, denazifizieren. **de|na|zi|fi|ca|zio|ne** f. Entnazifizierung *f.*, Denazifizierung *f.*

de|na|zio|na|liz|za|re tr. entstaatlichen. **de|na|zio|na|liz|za|zio|ne** f. Entstaatlichung *f.*

den|dri|te I m. MED. Dendrit *m.* **II** f. GEOL. Dendrit *m.* **den|dri|ti|co** agg. (*-ci,-che*) dendritisch.

den|dro|cro|no|lo|gi|a f. Dendrochronologie *f.* **den|dro|lo|gi|a** f. Dendrologie *f.* **den|dro|lo|go** m. (*-gi*) Dendrologe *m.*

de|ne|ga|re tr. (*denego, deneghi*) **1** verneinen, ab‿streiten **2** (*rifiutare*) verweigern.

den|gue ['deŋge] f. Siebentagefieber *n.*

de|ni|gra|re tr. verleumden, an‿schwärzen. **de|ni|gra|to|re I** m. Verleumder *m.*, Anschwärzer *m.* **II** agg. → **denigratorio.** **de|ni|gra|to|rio** agg. (*-ri,-rie*) verleumderisch. **de|ni|gra|zio|ne** f. Verleumdung *f.*, Ehrabschneidung *f.*

de|noc|cio|la|re tr. entkernen.

de|no|mi|na|le I m. LING. Denominativ(um) *n.* **II** agg. Denominativ-.

de|no|mi|na|re (*denomino*) **I** tr. nennen, benennen, bezeichnen: ~ ***qcs., qcn. (col nome di qcn.)*** etw., jdn (nach jdm) benennen, etw., jdn (als jdn) bezeichnen **II** pronom. **denominarsi** sich nennen, heißen. **de|no|mi|na|to** p.pass. agg. **1** → **denominare 2** benannt, genannt.

de|no|mi|na|to|re m. MAT. Nenner *m.*: ~ ***comune*** Hauptnenner *m.*, Generalnenner *m.*; ***ridurre frazioni al comune*** ~ Brüche auf den gleichen Nenner bringen; FIG. ***trovare un ~ comune*** einen gemeinsamen Nenner finden; ***con ~ comune*** mit gemeinsamem Nenner.

de|no|mi|na|zio|ne f. **1** Benennung *f.*, Bezeichnung *f.*: ***il prodotto è in commercio sotto diverse -i*** das Produkt ist unter verschiedenen Bezeichnungen im Handel **2** (*nome*) Benennung *f.*, Nennung *f.*, Name *m.*: ***la ~ di un animale*** der Name eines Tieres; ***per questa pianta ci sono varie -i*** für diese Pflanze gibt es mehrere Namen ◆ ~ ***commerciale*** Handelsbezeichnung *f.*; GRAMM. ***complemento di*** ~ Namensattribut *n.*; ~ ***di origine*** Herkunftsbezeichnung *f.*; ~ ***di origine controllata*** = kontrollierte Ursprungsbezeichnung für Waren; ~ ***sociale*** Firma *f.*, Firmenbezeichnung *f.*

de|no|ta|re tr. ~ *qcs.* auf etw. hin‿deuten, etw. an‿zeigen; ~ *un cambiamento* auf eine Veränderung hindeuten. **de|no|ta|ti|vo** agg. denotativ. **de|no|ta|zio|ne** f. **1** Andeutung *f.*, Hindeutung *f.* **2** LING. Denotation *f.*

den|sa|men|te avv. dicht: *un paese ~ popolato* ein dicht bevölkertes (*o* stark bevölkertes) Land.

den|si|me|tro m. Dichtemesser *m.*, Densimeter *n.*

den|si|tà f. **1a** Dichte *f.*: ~ *di popolazione* Bevölkerungsdichte *f.*; *paesi ad alta ~ di popolazione* Länder mit hoher Bevölkerungsdichte; *la ~ del traffico* die Dichte des Verkehrs **b** FIS. ~ *dell'aria, del gas, di flusso* Luft-, Gas-, Flussdichte *f.* **2** *(viscosità)* Dickflüssigkeit *f.*, Dicke *f.* **3** INFORM. Schreibdichte *f.*, Density *n.*: *doppia ~* doppelte Schreibdichte; *dischetto ad alta, doppia ~* Highdensity-, Doubledensity-Diskette, Diskette mit hoher, doppelter Dichte ◆ *strada ad alta ~ di circolazione* Hauptverkehrsstraße *f.*

den|so agg. **1a** dicht, dick: *fumo ~* dicker Rauch; *nebbia -a* dichter Nebel **b** *(fitto) traffico ~* dichter Verkehr **c** ESTENS. dicht, dicht gedrängt: *un ~ programma* ein dicht gedrängter Terminplan **2** *(viscoso)* dick, dickflüssig: *colla -a* dicker Klebstoff; *un olio ~* ein dickflüssiges Öl **3** FIG. reich, voll: ~ *di qcs.* voll von etw., reich an etw. (D); *un discorso ~ di concetti* ein gedankenreicher (*o* ideenreicher) Vortrag; ~ *di significato* bedeutungsvoll.

den|ta|le **I** agg. **1** Zahn-, dental: *igiene ~* Zahnpflege *f.*; *carie ~* Zahnkaries *f.* **2** FON. dental **II** f. FON. Dental *m.*, Zahnlaut *m.*

den|ta|rio agg. *(-ri,-rie)* Zahn-, dental: *protesi -a* Zahnprothese *f.*, Zahnersatz *m.*; *radice -a* Zahnwurzel *f.*; *cura -a* Zahnbehandlung *f.*; *placca -a* Zahnbelag *m.*; *carie -a* Zahnfäule *f.*, Zahnkaries *f.*

den|ta|ta **I** f. Biss *m.* **II** agg. → **dentato.** **den|ta|to** agg. Zahn-, gezähnt: BOT. *foglia -a* gezähntes Blatt; MECC. *asta, ruota, corona -a* Zahnstange *f.*, Zahnrad *n.*, Zahnkranz *m.* **den|ta|tu|ra** f. **1** Gebiss *n.*, Zähnung *f.*: *avere una ~ sana, forte* ein gesundes, kräftiges Gebiss haben; *correzione della ~* Gebissregulierung *f.* **2** MECC. Verzahnung *f.*

den|te m. **1** Zahn *m.* (anche TECN.): *un ~ sano, cariato, traballante* ein gesunder, kariöser, lockerer Zahn; *lavarsi i -i* sich (D) die Zähne putzen; *i -i spuntano* die Zähne brechen durch; *digrignare, arrotare i -i* die Zähne fletschen, mit den Zähnen knirschen; *rompere un ~ a qcn.* jdm einen Zahn aus‿schlagen; *rompersi un ~* sich (D) einen Zahn ab‿brechen; *mi si è rotto un ~* mir ist ein Zahn abgebrochen; *mi è saltato un ~* ich habe mir einen Zahn ausgebrochen; *il ~ balla, fa male* der Zahn wackelt, schmerzt; *togliere, estrarre un ~ a qcn.* jdm einen Zahn ziehen; COLLOQ. *il ~ va tolto* der Zahn muss raus; *curare, incapsulare un ~* einen Zahn behandeln (*o* sanieren) überkronen; *devitalizzare un ~* einen Zahnnerv devitalisieren; *otturare, piombare un ~* einen Zahn füllen, plombieren; *trapanare un ~* an, in einem Zahn bohren **2** ESTENS. Zahn *m.*, Zacke *f.*, Zinke *f.*: *i -i del pettine, della sega* die Zähne eines Kammes, einer Säge; *(di forchetta)* Zacke *f.*, Zinke *f.* **3** *(cima aguzza)* Zacke *f.*, Zinne *f.* ◆ *cuocere la pasta al ~* die Nudeln bissfest kochen; *riso al ~* körniger Reis; *armato fino ai -i* bis an die Zähne bewaffnet; MECC. ~ *d'arresto* Anschlagzahn *m.*; *rimanere a -i asciutti* keinen Bissen zwischen die Zähne bekommen, FIG. leer aus‿gehen; *avere il ~ avvelenato con qcn.* einen richtigen Pik auf jdn haben; *battere i -i (per il freddo)* (vor Kälte) mit den Zähnen klappern; ~ *canino* Eckzahn *m.*, ZOOL. Hakenzahn *m.*; SCHERZ. ~ *da coniglio* Raffzahn *m.*; *cura dei -i* Zahnbehandlung *f.*; *parlare fuori dai -i* kein Blatt vor den Mund nehmen; ~ *del giudizio* Weisheitszahn *m.*; ~ *incisivo* Schneidezahn *m.*; ~ *inferiore* unterer Zahn *m.*; ~ *da, di latte* Milchzahn *m.*; BOT. ~ *di leone* Löwenzahn *m.*; *mal di ~* Zahnschmerzen *pl.*, Zahnweh *n.*; *mettere i -i* zahnen, Zähne bekommen; ~ *molare* Backenzahn *m.*, Mahlzahn *m.*, MED. Molar *m.*; *mostrare i -i a qcn.* jdm die Zähne zeigen; *non è pane per i suoi -i* das ist nicht sein Fall; ~ *a perno* Stiftzahn *m.*; *pulizia dei -i* Zahnpflege *f.*; *mettere qcs. sotto i -i* etw. zwischen die Zähne bekommen; *spazzolino da -i* Zahnbürste *f.*; *a -i stretti* zähneknirschend; *stringere i -i* die Zähne zusammen‿beißen (anche FIG.); ~ *superiore* oberer Zahn *m.*; *tenere il fiato (o l'anima) coi -i* aus dem letzten Loch pfeifen; *tirare qcs. coi -i* etw. an den Haaren herbei‿ziehen; FIG. *togliersi un ~* = etw. Unangenehmes erledigen, hinter sich bringen; *dire qcs. tra i -i* etw. zwischen den Zähnen murmeln, FIG. etw. gezwungenermaßen sagen; MECC. ~ *di trascinamento* Knagge *f.*, Knaggen *m.*; *difendere qcs. con le unghie e coi -i* etw. mit Zähnen und Klauen verteidigen; PROV. *la lingua batte dove il ~ duole* wem das Herz voll ist, dem geht der Mund über; *occhio per occhio, ~ per ~* Auge um Auge, Zahn um Zahn.

den|tel|la|re tr. zacken, aus‿zacken, zähnen. **den|tel|la|to** p.pass. agg. **1** → **dentellare** **2** gezähnt: *un francobollo ~* eine gezähnte Briefmarke. **den|tel|la|tu|ra** f. Zahnung *f.*, Zähnung *f.*: *la ~ di una sega, di un francobollo* die Zahnung einer Säge, einer Briefmarke. **den|tel|lo** m. **1** Zacke *f.*, Zäckchen *n.* **2** *(tacca)* Einschnitt *m.* **3** *(di francobollo)* Zahn *m.*

den|ti|ce m. Zahnbrasse *f.*

den|tie|ra f. **1** (künstliches) Gebiss *n.*: *mettere, portare, togliere la ~* das (künstliche) Gebiss ein‿setzen, tragen, heraus‿nehmen **2** MECC. Zahnstange *f.* ◆ *ferrovia a ~* Zahnradbahn *f.*

den|ti|fri|cio **I** m. *(-ci)* **1** Zahnpaste *f.*, Zahnpasta *f.*: *un tubetto di ~* eine Tube Zahnpasta: *mettere il ~ sullo spazzolino* die Zahnpaste auf die Zahnbürste drücken **2** *(in polvere)* Zahnpulver *n.* **II** agg. *(-ci,-cie)* Zahn-: *acqua -a* Mundwasser *n.*

den|ti|na f. Zahnbein *n.*, Dentin *n.* **den|ti|no** m. Zähnchen *n.*

den|ti|sta *(-i,-e)* **I** m. e f. Zahnarzt *m.* (Zahnärztin *f.*): *andare dal ~* zum Zahnarzt gehen; *fissare, prendere un appuntamento dal ~* einen Termin beim Zahnarzt vereinbaren (*o* aus‿machen) **II** agg. Zahn-: *meccanico ~* Zahntechniker *m.* (-in *f.*).

den|ti|sti|co agg. *(-ci,-che)* zahnärztlich, Zahnarzt-: *studio, gabinetto ~* Zahnarztpraxis *f.*

den|ti|zio|ne f. Zahndurchbruch *m.*, Dentition *f.*, Zahnen *n.*

den|tro **I** avv. **1** *(stato in luogo)* darin, darinnen; COLLOQ. drin, drinnen: *un borsellino con poco denaro ~* ein Geldbeutel mit wenig Geld drin; *un ufficio con ~ due scrivanie* ein Büro mit zwei Schreibtischen drin; *c'è nessuno ~?* ist jemand drin? *aprire una porta da ~* eine Tür von drinnen öffnen; *quante persone abitano qui ~?* wie viele Menschen wohnen hier drinnen? **2a** *(moto: avvicinamento)* herein: *portalo ~!* bringe es herein! *vieni ~!* komm herein! **b** *(allontanamento)* hinein: *andate ~* geht hinein! *guardare ~* hinein‿sehen, hinein‿schauen **3** COLLOQ. *(in prigione) essere ~* sitzen; *mettere ~ qcn.* jdn ein‿lochen, ein‿buchten **4** FIG. *(nell'animo)* im Innern, im Innersten **II** prep. **1** *(stato in luogo)* in + dat.: *questa pianta vive ~ l'acqua* diese Pflanze lebt im Wasser; ~ *casa* im Hause; *il tuo cappotto è appeso ~ l'armadio* dein Mantel hängt im Schrank; ~ *la stanza c'è un letto* im Zimmer steht ein Bett **2** *(moto a luogo)* in + acc.: *entrare ~ casa* ins Haus hinein‿gehen; *appendere i vestiti ~ un armadio* die Kleider in einen Schrank hängen **3** ANT. *(temporale; entro)* binnen + dat. (*o* gen.), innerhalb von **III** m. Innere *n.*: *il ~ è vuoto* das Innere ist leer ◆ *da ~* von drinnen, von innen; *dar ~ a qcs.* an etw. (A) an‿stoßen; *darci ~ (con qcs.)* sich (in etw. [A]) hinein‿knien; ~ *di sé* in sich; *rodersi ~ di sé per qcs.* an etw. (D) kauen, nagen; *accumulare odio ~ di sé* Hass in sich an‿sammeln; COLLOQ. *esserci ~* drin‿stecken; *ci è ~ fino al collo!* er sitzt (*o* steckt) ganz schön drin! *in ~* herein, einwärts, nach innen; *pancia in ~* Bauch rein; *tirare in ~ i remi, la pancia* die Ruder, den Bauch ein‿ziehen; *là ~* da, dort drinnen; *qui ~* hier drinnen; *(moto a luogo; allontanandosi da chi parla)* hierhinein; *(avvicinandosi a chi parla)* hierherein; *tenersi tutto ~* alles für sich behalten.

de|nu|cle|a|riz|za|re tr. Atomwaffen (*o* Kernwaffen) ab‿rüsten. **de|nu|cle|a|riz|za|to** p.pass. agg. **1** → **denuclearizzare** **2** atomwaffenfrei: *zona -a* atomwaffenfreie Zone. **de|nu|cle|a|riz|za|zio|ne** f. Schaffung *f.* einer atomwaffenfreien Zone.

de|nu|da|men|to m. Entkleidung *f.*, Entblößung *f.* **de|nu|da|re** **I** tr. entkleiden, entblößen (anche FIG.) **II** pronom. **denudarsi** sich entkleiden, sich entblößen. **de|nu|da|zio|ne** f. **1** → **denudamento** **2** GEOL. Denudation *f.*

de|nun|cia f. **1** Anzeige *f.*; *(di reato)* Strafanzeige *f.*: *sporgere (presentare), fare ~ alla polizia (contro qcn.)* Anzeige (gegen jdn) bei der Polizei erstatten, machen; ~ *anonima* anonyme Anzeige; *una ~ per furto, frode, contro ignoti* eine Anzeige wegen Diebstahls, Betrugs, gegen Unbekannt; *fare la ~ all'assicurazione* die Anzeige bei der Versicherung machen **2** *(notifica)* Meldung *f.* **3** DIR. *(disdetta)* Kündigung *f.*, Aufkündigung *f.*: ~ *di un contratto* Kündigung eines Vertrags **4** ESTENS. *(accusa)* öffentliche Anklage *f.*: *la ~ degli scandali politici* die öffentliche Anklage der politischen Skandale ◆ ~ *di morte* Todesanzeige *f.*; *obbligo di ~* Meldepflicht *f.*, Anzeigepflicht *f.*; *omessa ~* Nichtanzeige *f.*; ~ *di reato* Strafanzeige *f.*; ~ *dei redditi* Einkommen(s)steuererklärung *f.*; ~ *di scomparsa* Vermisstenanzeige *f.*; ~ *di sinistro* Schadensanzeige *f.*, Schadensanmeldung *f.*; *termine di ~ (di un contratto)* Kündigungsfrist *f.*; DIR. COMM. ~ *di vizi* Mängelanzeige *f.*

de|nun|cian|te m. e f. **1** Anzeigeerstatter *m.* (-in *f.*), Anzeigende *m.* e *f.* **2** *(dichiarante)* Erklärende *m.* e *f.*

de|nun|cia|re tr. *(denuncio, denunci)* **1** an‿zeigen: ~ *qcn. alla polizia* jdn bei der Polizei anzeigen; ~ *qcn. per violenza carnale* jdn wegen Vergewaltigung anzeigen; ~ *un reato* eine Straftat anzeigen (*o* zur Anzeige bringen) **2** *(notificare)* melden, an‿melden:

~ uno smarrimento, un incidente einen Verlust, einen Unfall melden; ***~ una nascita*** eine Geburt anmelden; ***~ la scomparsa di qcn.*** jdn als vermisst melden; ***~ all'anagrafe il cambiamento di residenza*** den Wohnungswechsel beim Einwohnermeldeamt melden **3** *(dichiarare)* an‿geben: ***~ i redditi al fisco*** das Einkommen bei der Steuerbehörde angeben (*o* eine Einkommensteuererklärung ab‿geben) **4** *(dichiarare nullo)* kündigen, auf‿kündigen **5** ESTENS. *(rendere noto)* öffentlich an‿klagen: ***~ i maltrattamenti sui bambini*** Kindesmisshandlungen öffentlich anklagen **6** FIG. *(far comprendere)* zeigen: ***un comportamento del genere denuncia mancanza di educazione*** ein solches Verhalten zeigt Mangel an (*o* mangelnde) Erziehung. **de|nun|zia** → **denuncia. de|nun|zia|re** → **denunciare.**

de|nu|tri|to agg. unterernährt. **de|nu|tri|zio|ne** f. Unterernährung *f.*

de|o|do|ran|te I agg. geruchtilgend, de(s)odorierend: ***~ spray*** Deodorantspray (*o* Deospray) *m.* e *n.*; ***~ stick*** Deostift *m.*, Deostick *m.* **II** m. Deodorant *n.* ◆ ***~ per ambienti*** Duftspender *m.* **de|o|do|ra|re** tr. de(s)odorieren, deodorisieren.

deo gra|tias inter. Gott sei Dank.

de|on|to|lo|gi|a f. Deontologie *f.* **de|on|to|lo|gi|co** agg. *(-ci,-che)* deontologisch, Pflicht-: ***codice ~*** Pflichtkodex *m.*

de|os|sid... → **disossid...**

de|os|si|ri|bo|nu|cle|i|co → **desossiribonucleico.**

de|o|stru|i|re tr. *(deostruisco, deostruisci)* von einer Verstopfung (*o* Obstruktion) befreien.

de|pau|pe|ra|men|to m. Verarmung *f.*; *(di terreni)* Auslaugung *f.* **de|pau|pe|ra|re** tr. *(depaupero)* verarmen; *(terreni)* aus‿laugen.

de|pe|na|liz|za|re tr. für straffrei erklären. **de|pe|na|liz|za|zio|ne** f. Straffreiheit *f.*

dé|pen|den|ce [depã'dãs] f.inv. Dependance *f.*, Nebengebäude *n.*

de|pen|na|men|to m. Streichen *n.*, Streichung *f.* **de|pen|na|re** tr. streichen: ***~ un nome dalla lista*** einen Namen von der Liste streichen.

de|pe|ri|bi|le agg. verderblich: ***merce (facilmente) ~*** (leicht) verderbliche Ware. **de|pe|ri|bi|li|tà** f. Verderblichkeit *f.*

de|pe|ri|men|to m. **1** Verfall *m.*: ***~ fisico*** körperlicher Verfall **2** *(di piante)* Verkümmerung *f.* **3** *(di merci)* Verderben *n.*; ***alimentari soggetti a ~*** verderbliche Lebensmittel.

de|pe|ri|re intr. *(deperisco, deperisci; aus. essere)* **1** verfallen: ***il malato deperiva lentamente*** der Kranke verfiel langsam **2** *(di piante)* verkümmern **3** *(di merci)* verderben, schlecht werden.

de|pe|ri|to p.pass. agg. **1** → **deperire 2** ausgezehrt, mitgenommen: ***un aspetto ~*** ein mitgenommenes Aussehen; ***un fisico ~*** ein ausgezehrter Körper.

de|per|so|na|liz|za|zio|ne f. Entpersönlichung *f.*, PSIC. Depersonalisation *f.*

de|pi|la|re I tr. enthaaren; MED. depilieren **II** pronom. **depilarsi 1a** sich enthaaren; *(con rasoio)* sich rasieren **b** ***-rsi le gambe*** die Beine enthaaren, sich die Beine rasieren **2** ***-rsi le sopracciglia*** sich (D) die Augenbrauen aus‿zupfen. **de|pi|la|to|re I** agg. Enthaarungs- **II** m. Enthaarungsgerät *n.*, Epiliergerät *n.* **de|pi|la|to|rio I** agg. *(-ri,-rie)* Enthaarungs-, Haarentfernungs-: ***crema -a*** Enthaarungscreme *f.* **II** m. *(-ri)* Enthaarungsmittel *n.*, Haarentfernungsmittel *n.* **de|pi|la|zio|ne** f. Enthaarung *f.*; MED. Depilation *f.*

de|pi|stag|gio m. *(-gi)* Irreleitung *f.*, Irreführung *f.* **de|pi|sta|re** tr. irre‿leiten, irre‿führen: ***~ la polizia*** die Polizei irreführen; ***~ le indagini*** die Untersuchungen auf die falsche Spur führen.

dé|pliant [depli'ã, *üblich* 'deplian] m.inv. Prospekt *m.*, Faltblatt *n.*; *(di viaggi)* Reiseprospekt *m.*

de|plo|ra|bi|le → **deplorevole. de|plo|ra|re** tr. **1** tadeln **2** *(mostrare dispiacere)* beklagen, bedauern. **de|plo|ra|zio|ne** f. **1** Tadel *m.* **2** Bedauern *n.* **de|plo|re|vo|le** agg. **1** *(degno di biasimo)* tadelnswert: ***un comportamento ~*** ein tadelnswertes Verhalten **2** *(penoso)* beklagenswert, bedauerlich: ***condizioni -i*** beklagenswerte Zustände.

de|po|la|riz|za|zio|ne f. Depolarisation *f.*

de|po|li|ti|ciz|za|re tr. entpolitisieren.

1.de|po|nen|te I agg. ***verbo ~*** Deponens *n.* **II** m. Deponens *n.*

2.de|po|nen|te m. TIP. MAT. *(numero)* Indexziffer *f.*, Index *m.*; *(lettera)* Index *m.*

de|por|re *(depongo, deponi; deposi; deposto)* **I** tr. **1a** ab‿setzen, ab‿legen, nieder‿legen: ***~ un carico*** eine Last absetzen; ***~ (solennemente) una corona*** einen Kranz (feierlich) niederlegen; ***~ il fucile*** das Gewehr absetzen **b** *(incarichi)* ***~ il mandato*** das Mandat niederlegen **2** *(uova)* legen; *(di pesci)* ab‿laichen, laichen **3** FIG. *(abbandonare, rinunciare a)* ab‿legen: ***~ un'abitudine, i propri pregiudizi, l'ira*** eine Gewohnheit, seine Vorurteile, seinen Zorn ablegen **4** *(rimuovere da una carica)* ab‿setzen: ***il re è stato deposto*** der König wurde abgesetzt **5** DIR. *(testimoniare)* eine Aussage machen, Zeugnis ab‿legen: ***~ il falso*** eine falsche Aussage machen **II** intr. (aus. *avere*) aus‿sagen, Zeugnis ab‿legen: ***~ in tribunale, sotto giuramento*** vor Gericht, unter Eid (*o* eidlich) aussagen; ***~ a favore di, contro qcn.*** Zeugnis für, gegen jdn ablegen (*o* als Zeuge für, gegen jdn aussagen); ***rifiutare di ~*** die Aussage verweigern ◆ ***~ l'abito*** aus dem Priesterstand aus‿treten; ***~ le armi*** die Waffen strecken (anche FIG.); ***chiamare qcn. a ~*** jdn als Zeugen auf‿rufen; ***~ la corona*** die Krone niederlegen; FIG. ***qcs. depone a favore di qcn.*** etw. spricht für jdn; ***~ il lutto*** die Trauerkleidung (*o* Trauer) ablegen.

de|por|ta|re tr. deportieren. **de|por|ta|to I** p.pass. → **deportare II** m. Deportierte *m.* **de|por|ta|zio|ne** f. Deportation *f.*

de|por|to m. Deport *m.*, Kursabzug *m.*

de|po|si|tan|te I agg. hinterlegend **II** m. e f. **1** Deponent *m.* (-in *f.*), Hinterleger *m.* (-in *f.*), Einleger *m.* (-in *f.*) **2** *(di brevetto)* Patentanmelder *m.* (-in *f.*).

de|po|si|ta|re *(deposito)* **I** tr. **1** *(lasciare in custodia)* ab‿stellen, ab‿geben, zur Aufbewahrung geben: ***~ i bagagli*** das Gepäck zur Aufbewahrung geben; ***~ il cappotto al guardaroba*** den Mantel an der Garderobe abgeben **2** BANC. DIR. hinter‿legen, ein‿legen, deponieren: ***~ una somma di denaro*** eine Geldsumme hinterlegen; ***~ la firma, il testamento dal notaio*** die Unterschrift, das Testament beim Notar hinterlegen **3** an‿melden: ***~ un brevetto*** ein Patent anmelden **4** *(di liquidi)* ab‿setzen; *(di corsi d'acqua)* ab‿lagern: ***il fiume deposita molti detriti*** der Fluss lagert viel Geröll ab **5** *(mettere in deposito)* lagern, deponieren **6** *(deporre, lasciare)* ab‿legen, ab‿stellen **7** FIG. SCHERZ. ab‿stellen, parken: ***~ i figli dai nonni*** die Kinder bei den Großeltern abstellen **II** pronom. **depositarsi 1** sich ab‿setzen, sich setzen: ***la polvere si deposita facilmente*** der Staub setzt sich schnell ab **2** *(sabbia, detriti)* ab‿lagern (anche GEOL.) **3** CHIM. *(precipitare)* sich ab‿scheiden, sich nieder‿schlagen ◆ ***lasciare ~*** sich setzen lassen.

de|po|si|ta|rio I agg. *(-ri,-rie)* verwahrend **II** m. *(-ri)* **1** Depositar (*o* Depositär) *m.*, Verwahrer *m.* **2** FIG. Hüter *m.* **de|po|si|ta|to** p.pass. agg. → **depositare** ◆ ***marchio ~*** eingetragenes Warenzeichen; ***somma -a*** Hinterlegungssumme *f.*

de|po|si|to m. **1** BANC. DIR. Hinterlegung *f.*: ***~ della firma*** Hinterlegung der Unterschrift; ***~ giudiziario*** gerichtliche Hinterlegung (*o* Hinterlegung bei Gericht) **2** BANC. *(somma depositata)* Einlage *f.*, Depositum *n.* **3** BANC. *(operazione)* Depotgeschäft *n.*: ***effettuare un ~*** ein Depotgeschäft ab‿wickeln **4** *(custodia)* Aufbewahrung *f.*: ***dare, lasciare qcs. in ~*** etw. zur Aufbewahrung geben, etw. auf‿bewahren lassen; ***ricevere, tenere qcs. in ~*** etw. zur Aufbewahrung erhalten, etw. aufbewahren **5a** *(luogo di custodia)* Aufbewahrungsort *m.*, Aufbewahrung *f.*, BANC. Depot *n.*: ***diritto di ~*** Depotgebühr *f.* **b** *(per bagagli)* Gepäckaufbewahrung *f.*: ***lasciare la valigia al ~*** den Koffer bei der Gepäckaufbewahrung ab‿geben (*o* in der Gepäckaufbewahrung lassen) **6** *(luogo di raccolta)* Depot *n.*, Lagerplatz *m.*, Lagestätte *f.*: ***~ di munizioni, di rifiuti*** Munitionsdepot *n.*, Mülldepot *n.*; ***~ di legname*** Lagerplatz für Holz; ***~ di scorie radioattive*** Lagerstätte für radioaktiven Abfall **7** *(magazzino per le merci)* Lager *n.*, Warenlager *n.*: ***mettere le merci in ~*** Waren auf Lager legen, Waren lagern; ***essere in ~*** lagern; ***merce in ~*** gelagerte Waren; ***avere qcs. al, nel ~*** etw. am (*o* auf) Lager haben **8** *(immagazzinamento)* Lagerung *f.* **9** *(rimessa)* Depot *n.*: ***il tram va al, in ~*** die Straßenbahn fährt ins Depot **10** *(sedimento)* Ablagerung *f.* (anche GEOL. MED.): ***~ calcareo*** Kalkablagerung *f.*; ***~ di grasso*** Fettablagerung *f.* **11** *(di liquidi)* Bodensatz *m.*, Niederschlag *m.*; *(del vino)* Depot *n.* **12** *(sede di allevamento di cavalli)* Gestüt *n.* ◆ ***~ alluvionale*** Anspülung *f.*, Anlandung *f.*; ***~ di armi*** Waffenlager *n.*; ***~ di autobus*** Autobusdepot *n.*; ***~ bagagli*** Gepäckaufbewahrung *f.*; ***~ bagagli a mano*** Handgepäckaufbewahrung *f.*; ***banca di ~*** Depositenbank *f.*; ***~ bancario*** Bankguthaben *n.*; ***cassa (di) -i*** Depositenanstalt *f.*, Depositenkasse *f.*; ***~ cauzionale*** Pfandhinterlegung *f.*; ***~ di consegna*** Auslieferungslager *n.*; ***conto ~*** Depositenkonto *n.*; ***~ in custodia collettiva*** Sammeldepot *n.*; ***~ doganale*** Zolllager *n.*, Zolllagerung *f.*; ***~ franco*** zollfreies Lager; COMM. ***franco ~*** ab Lager; ***libretto di ~*** Depotbuch *n.*; ***~ a risparmio*** Spar(buch)einlage *f.*; ***~ temporaneo*** Zwischenlager *n.*; ***~ a termine*** Termineinlage *f.*; ***~ vincolato*** Sperrguthaben *n.*, Festgeld *n.*; ***~ a vista*** Sichteinlage *f.*

de|po|si|zio|ne f. **1** Niederlegung *f.*: ***~ di una corona*** Niederlegung eines Kranzes **2** *(destituzione)* Absetzung *f.*; RELIG. Deposition *f.* **3** DIR. *(testimonianza)* Aussage *f.*, Zeugenaussage *f.*: ***~ giurata, sotto giuramento*** Aussage unter Eid; ***~ falsa*** Falschaussage *f.*

4 ART. Kreuzabnahme *f.*, Abnahme *f.* **5** ZOOL. *(delle uova)* Eiablage *f.*; *(di pesci)* Laichen *n.*
de|po|ten|zia|re tr. *(depotenzio, depotenzi)* die Leistung vermindern, schwächen.
de|pra|va|re RAR. **I** tr. entsittlichen, verderben, LETT. depravieren: ***~ i giovani, i costumi*** junge Menschen entsittlichen, die Sitten verderben **II** pronom. **depravarsi** verderben, sich verderben. **de|pra|va|to I** p.pass. agg. **1** → **depravare 2** verkommen, verdorben: ***una vita -a*** ein verkommenes Leben; ***costumi -i*** verkommene Sitten **II** m. verkommener, verdorbener Mensch *m.* **de|pra|va|zio|ne** f. Entsittlichung *f.*, Verdorbenheit *f.*, LETT. Verderbtheit *f.*, Depravation *f.*
de|pre|ca|bi|le agg. **1** *(riprovevole)* verwerflich, tadelhaft, tadelnswert: ***avere un atteggiamento ~*** eine verwerfliche Haltung zeigen **2** *(malaugurato, spiacevole)* unwillkommen, unliebsam: ***un evento ~*** ein unliebsames Ereignis; ***nella ~ ipotesi che qualcosa vada storto*** sollte unglücklicherweise etwas schief gehen.
de|pre|ca|re tr. *(depreco, deprechi)* **1** *(disapprovare)* missbilligen, tadeln: ***~ la violenza*** die Gewalt missbilligen **2** LETT. *(scongiurare)* beschwören, bannen. **de|pre|ca|zio|ne** f. **1** *(disapprovazione)* Missbilligung *f.*, Tadel *m.* **2** LETT. *(scongiuro)* Beschwörung *f.*, Bannung *f.*
de|pre|da|re tr. aus‿plündern, plündern, berauben: ***~ un villaggio*** ein Dorf plündern; *(rapinare)* ***essere depredato di tutto, di tutti i propri averi*** völlig ausgeplündert werden, seiner ganzen Habe beraubt werden. **de|pre|da|to|re** m. Plünderer *m.*
de|pres|sio|ne f. **1** Senke *f.*, Senkung *f.*, Niederung *f.*: ***una ~ nel terreno*** eine Bodensenkung; ***~ caspica*** kaspische Senke **2** METEOR. *(bassa pressione)* Tiefdruck *m.*, Tief *n.*, Depression *f.* **3** ECON. Depression *f.*, Tiefstand *m.*, Niedergangsphase *f.*: ***la grande ~ del 1929*** die große Depression von 1929; ***gli affari hanno subito una ~*** die Geschäftslage hat einen Tiefstand erreicht **4a** PSIC. Depression *f.*: ***soffrire di ~*** unter, an Depressionen leiden **b** ESTENS. *(abbattimento)* Niedergedrücktheit *f.*, Niedergeschlagenheit *f.*, Bedrücktheit *f.* ◆ METEOR. ***area di ~*** Tiefdruckgebiet *n.*; ***freno a ~*** Vakuumbremse *f.* **de|pres|si|vo** agg. depressiv: ***stato ~*** depressiver Zustand.
de|pres|so I p.pass. agg. **1** → **deprimere 2** niedergedrückt, niedergeschlagen: ***avere un'aria -a*** niedergedrückt (*o* niedergeschlagen) aus‿sehen; ***essere di umore ~*** in niedergedrückter Stimmung sein **3** ECON. rückständig: ***zona, area -a*** rückständiges Gebiet **II** m. deprimierter Mensch *m.*, MED. Depressive *m.*
de|pres|su|riz|za|re tr. ***~ qcs.*** den Luftdruck in etw. (D) vermindern. **de|pres|su|riz|za|zio|ne** f. Verminderung *f.* (*o* Herabsetzung *f.*) des Luftdrucks.
de|prez|za|men|to m. **1** *(diminuzione di prezzo)* Preisminderung *f.*, Preissenkung *f.* **2** *(svalutazione)* Wertminderung *f.*, Entwertung *f.*, Abwertung *f.* **de|prez|za|re I** tr. **1** ***~ una merce*** den Preis einer Ware senken **2** *(svalutare)* entwerten, ab‿werten **II** pronom. **deprezzarsi** an Wert verlieren, entwertet werden.
de|pri|men|te agg. deprimierend: ***notizie -i*** deprimierende Nachrichten; ***che giornata ~!*** was für ein deprimierender Tag!
de|pri|me|re *(depressi; depresso)* **I** tr. nieder‿drücken, deprimieren **II** pronom. **deprimersi** sich deprimieren lassen ◆ ***~ il mercato*** den Markt drücken.
de|pri|va|zio|ne f. PSIC. Deprivation *f.*
de|pu|ran|te I agg. reinigend, klärend **II** m. Reinigungsmittel *n.*, Klärmittel *n.*
de|pu|ra|re I tr. **1** reinigen, entgiften: ***~ il sangue*** das Blut reinigen; ***~ i gas di scarico*** Abgase entgiften; *(acqua)* reinigen, auf‿bereiten **2** *(chiarificare)* klären, läutern **3** FIG. säubern: ***~ lo stile, il linguaggio*** den Stil verfeinern, die Sprache säubern **II** pronom. **depurarsi 1** sich reinigen **2** *(chiarificarsi)* sich klären, sich läutern **3** *(disintossicarsi)* sich entschlacken.
de|pu|ra|ti|vo I agg. Reinigungs-, entschlackend: ***cura -a*** Reinigungskur *f.* **II** m. Reinigungsmittel *n.*, Entschlackungsmittel *n.*
de|pu|ra|to|re I agg. Reinigungs-, Klär-: ***filtro ~*** Reinigungsfilter *m.* **II** m. **1** Reinigungsapparat *m.*, Klärapparat *m.*, Reiniger *m.* **2** *(impianto)* Kläranlage *f.*, Klärwerk *n.* ◆ ***~ dell'acqua*** *(dolcificatore)* Wasserenthärter *m.*
de|pu|ra|zio|ne f. **1** Reinigung *f.*, Entgiftung *f.*; *(di acqua)* Aufbereitung *f.* **2** *(chiarificazione)* Klärung *f.*, Läuterung *f.* **3** FIG. Säuberung *f.* ◆ ***~ delle acque di scolo*** Abwasserreinigung *f.*; ***~ dell'aria*** Luftreinigung *f.*; ***bacino di ~*** Klärbecken *n.*; ***impianto di ~*** Kläranlage *f.*; ***~ del sangue*** Blutreinigung *f.*
de|pu|ta|re tr. *(deputo, deputi)* **1** *(delegare)* beauftragen, ab‿ordnen **2** *(destinare, riservare)* bestimmen: ***~ qcs. per qcs.*** etw. für etw. bestimmen.
de|pu|ta|to I p.pass. agg. **1** → **deputare 2** zuständig: ***un organo ~ al controllo dell'esportazione d'armi*** ein für die Kontrolle der Waffenausfuhr zuständiges Organ **II** m. Abgeordnete *m.*, Deputierte *m.*, AUSTR. Mandatar *m.*: ***~ al, in parlamento*** Parlamentsabgeordnete *m.*; ***~ europeo*** Europaabgeordnete *m.* ◆ ***Camera dei -i*** Abgeordnetenhaus *n.* **de|pu|ta|zio|ne** f. Abordnung *f.*, Deputation *f.*, Delegation *f.*
de|qua|li|fi|ca|re tr. *(dequalifico, dequalifichi)* entqualifizieren.
de|ra|glia|men|to m. Entgleisung *f.* **de|ra|glia|re** intr. *(deraglio, deragli;* aus. *avere)* entgleisen: ***far ~ un treno*** einen Zug zum Entgleisen bringen.
dé|ra|pa|ge [dera'paːʒ] m.inv. → **derapata. de|ra|pa|re** intr. (aus. *avere*) **1** AER. AUT. ab‿rutschen **2** *(con gli sci)* ab‿schwingen. **de|ra|pa|ta** f. **1** AER. AUT. Abrutschen *n.* **2** SPORT Halteschwung *m.*
de|rat|tiz|zan|te I agg. gegen Ratten, Ratten tötend **II** m. Rattengift *n.*, Mäusegift *n.* **de|rat|tiz|za|re** tr. von Ratten befreien. **de|rat|tiz|za|zio|ne** f. Rattenbekämpfung *f.*
der|by ['dɑːbɪ, *üblich* 'dɛrbi] m.inv. **1** Lokalderby *n.* **2** EQUIT. Derby *n.*, Derbyrennen *n.*
de|re|go|la|men|ta|re tr. ***~ qcs.*** die Reglementierung von etw. auf‿heben, lockern.
de|re|lit|to I agg. verlassen, vereinsamt **II** m. verlassener (*o* vereinsamter) Mensch *m.*
de|re|qui|si|re tr. *(derequisisco, derequisisci)* frei‿geben. **de|re|qui|si|zio|ne** f. Freigabe *f.*
de|re|spon|sa|bi|liz|za|re I tr. von Verantwortung befreien **II** pronom. **deresponsabilizzarsi** sich seiner Verantwortung entledigen, das Verantwortungsgefühl verlieren. **de|re|spon|sa|bi|liz|za|to** p.pass. agg. **1** → **deresponsabilizzare 2** frei von jeglicher Verantwortung.
de|re|ta|no m. Gesäß *n.*, Hintern *m.*
de|ri|de|re tr. *(derisi; deriso)* aus‿lachen, verspotten, verhöhnen. **de|ri|si** → **deridere. de|ri|sio|ne** f. Verspottung *f.*, Spott *m.*, Verhöhnung *f.*: ***essere oggetto di ~*** Gegenstand des Spottes sein. **de|ri|so** p.pass. agg. **1** → **deridere 2 *essere, sentirsi ~*** verspottet werden, sich verspottet fühlen. **de|ri|so|re** m. Spötter *m.* **de|ri|so|rio** agg. *(-ri,-rie)* spöttisch, höhnisch: ***uno sguardo ~*** ein spöttischer Blick.
de|ri|va f. **1** *(corrente)* Drift *f.*, Trift *f.* **2** *(spostamento di rotta)* Abdrift *f.*, Abtrift *f.* **3** *(di barca)* Schwert *n.*, Kielschwert *n.* **4** *(di aereo)* Seitenruder *n.* **5** *(barca a vela)* = (kleines) Segelboot *n.* mit Kielschwert ◆ ***andare alla ~*** (ab‿)driften, ab‿treiben; FIG. sich treiben lassen; ***(che va) alla ~*** triftig; FIG. ***un'impresa alla ~*** ein Betrieb, der abdriftet (*o* ein scheiternder Betrieb); ***chiglia di ~*** Flosse *f.*, Schwanzflosse *f.*; ***~ dei continenti*** Kontinentalverschiebung *f.*, Kontinentaldrift *f.*; ***~ dei ghiacci*** Eistreiben *n.*; ***ghiaccio alla ~*** Treibeis *n.*; ***pinna di ~*** → ***chiglia di ~.***
de|ri|va|bi|le agg. ableitbar, herleitbar.
1.de|ri|va|re I intr. (aus. *essere*) **1a** her‿kommen, her‿rühren; ***da dove deriva quest'usanza?*** woher kommt dieser Brauch? ***ciò deriva dal fatto che...*** das kommt daher, dass... **b** *(sorgere)* entstehen, erstehen, erwachsen: ***non Le deriverà alcuna spesa*** es werden für Sie keine Kosten entstehen; ***la saggezza deriva dall'esperienza*** Weisheit beruht auf Erfahrung **c** *(essere fondato)* fußen, beruhen, begründet sein **2** *(di fiumi)* entspringen: ***il Ticino deriva dal S. Gottardo*** der Tessin entspringt am S. Gotthard **3** LING. ab‿stammen, stammen, sich ab‿leiten: ***~ dal latino, dall'inglese*** vom Lateinischen abstammen, sich aus dem Englischen ableiten; ***da dove deriva questa parola?*** woher stammt dieses Wort? **4** EL. ab‿leiten **II** tr. ab‿leiten, her‿leiten: ***~ una formula*** eine Formel ableiten; ***~ un verbo da un sostantivo*** ein Verb von einem Substantiv ableiten ◆ ***ne deriva che....*** daraus folgt (*o* ergibt sich), dass...
2.de|ri|va|re intr. (aus. *essere*) MAR. AER. ab‿driften, ab‿treiben.
de|ri|va|ta f. MAT. Ableitung *f.* **de|ri|va|ti|vo** agg. **1** ableitend **2** *(derivato)* abgeleitet. **de|ri|va|to I** p.pass. agg. → **1.derivare II** m. **1** LING. Derivat *n.*, Derivativ *n.*, abgeleitetes Wort *n.* **2** CHIM. Derivat *n.*, Folgeprodukt *n.* ◆ ***i -i del latte, del petrolio, della soia*** die Milch-, Erdöl-, Sojaprodukte. **de|ri|va|to|re I** agg. Ableitungs-, Abzweig-: ***canale ~*** Ableitungskanal *m.* **II** m. EL. Nebenwiderstand *m.*, Nebenschluss *m.*, Shunt *m.*
de|ri|va|zio|ne f. **1** Ableitung *f.*, Herleitung *f.* **2** TECN. *(diramazione)* Ableitung *f.*, Abzweigung *f.* **3** LING. Ableitung *f.*, Derivation *f.* **4** EL. Abzweigung *f.*, Anzapfung *f.*: ***collegamento in ~*** Nebenschlussschaltung *f.*; ***mettere in ~*** shunten, neben‿schließen.
der|ma m.inv. Lederhaut *f.*, Derma *n.* **der|ma|ti|te** f. Hautentzündung *f.*, Dermatitis *f.*
der|ma|to|fi|ta m. Hautpilz *m.*
der|ma|to|lo|gi|a f. Dermatologie *f.* **der|ma|to|lo|gi|co** agg. *(-ci,-che)* dermatologisch. **der|ma|to|lo|go** m. *(-gi)* Hautarzt *m.*,

Dermatologe *m.*
der|ma|to|pla|sti|ca f. Dermatoplastik *f.*, Hauttransplantation *f.* **der|ma|to|si** f. Dermatose *f.*, Hautkrankheit *f.*
der|me|ste m. Speckkäfer *m.*
der|mi|co agg. *(-ci,-che)* Haut-, Dermo-: ***malattia -a*** Hautkrankheit *f.* **der|mo|pa|ti|a** f. Dermatopathie *f.* **der|mo|si|fi|lo|pa|ti|a** f. Wissenschaft *f.* der Haut- und Geschlechtskrankheiten.
de|ro|ga f. *(-ghe)* **1** DIR. Derogation *f.*: ***la ~ di una legge*** die Derogation eines Gesetzes **2** ESTENS. *(eccezione)* Ausnahme *f.*, Abweichung *f.*: ***accordare, concedere una ~*** eine Ausnahme gestatten; ***in ~ a qcs.*** in Abweichung von etw. ◆ ***patti in ~*** nicht gesetzlich geregelte Mietverträge.
de|ro|ga|re intr. *(derogo, deroghi)* **1** DIR. derogieren: ***~ a una disposizione di legge*** eine gesetzliche Vorschrift derogieren **2** ESTENS. *(contravvenire)* ab_weichen, ab_gehen: ***~ ai propri princìpi*** von seinen Grundsätzen abweichen. **de|ro|ga|ti|vo** agg. derogativ: ***atto ~*** derogativer Akt.
der|ra|ta f. **1** Lebensmittel *n.*, Agrarprodukt *n.*: ***le -e scarseggiano*** die Lebensmittel werden knapp **2** ESTENS. *(merce)* Ware *f.*
de|rrick ['derɪk] m.inv. **1** *(gru)* Derrickkran *m.* **2** *(petrolifero)* Bohrturm *m.*
de|ru|ba|re tr. berauben, bestehlen: ***~ qcn. dei suoi averi*** jdn seines Hab und Gutes berauben. **de|ru|ba|to I** p.pass. agg. **1** → **derubare** **2** beraubt, bestohlen **II** m. Bestohlene *m.*, Beraubte *m.*
de|ru|bri|ca|re tr. *(derubrico, derubrichi)* zurück_stufen: ***~ un'accusa*** eine Anklage zurückstufen. **de|ru|bri|ca|zio|ne** f. Abschwächung *f.*
der|vi|scio m. *(-sci)* Derwisch *m.*
de|sa|cra|liz|za|re tr. entheiligen, entweihen.
de|schet|to m. Schuhmacherbank *f.*, Tischchen *n.*
de|sco m. *(-schi)* Tisch *m.*, Tafel *f.*: ***essere riuniti intorno al ~*** um den Tisch versammelt sein; ***sedere, stare a, al ~*** zu Tisch sitzen.
de|scrit|ti|vo agg. beschreibend, deskriptiv: ***una pagina -a*** eine beschreibende Seite; ***anatomia, grammatica -a*** deskriptive Anatomie, Grammatik.
de|scri|ve|re tr. **1** beschreiben, schildern: ***~ un oggetto, una persona, un evento*** einen Gegenstand, einen Menschen, ein Ereignis beschreiben; ***~ nei minimi particolari, a grandi linee (per sommi capi)*** in allen Einzelheiten, in großen (*o* groben) Umrissen (*o* Zügen) schildern **2** *(tracciare)* beschreiben, ziehen: ***i pianeti descrivono la loro orbita*** die Planeten ziehen ihre Bahn; ***il proiettile descrisse una breve traiettoria*** das Geschoss beschrieb eine kurze Flugbahn.
de|scri|zio|ne f. Beschreibung *f.*, Schilderung *f.*: ***~ realistica, dettagliata*** lebensnahe, ausführliche (*o* eingehende) Schilderung; ***~ di viaggio*** Reisebeschreibung *f.*; ***fornire la ~ di qcn., qcs.*** die Beschreibung von jdm, etw. liefern, geben; ***fare la ~ di qcn., qcs.*** jdn, etw. beschreiben (*o* schildern).
de|sen|si|bi|liz|za|re tr. desensibilisieren: ***~ un dente, una lastra fotografica*** einen Zahn, eine Fotoplatte desensibilisieren. **de|sen|si|bi|liz|za|to|re** m. Desensibilisator *m.* **de|sen|si|bi|liz|za|zio|ne** f. Desensibilisation *f.*, Desensibilisierung *f.*
de|ser|ti|co agg. *(-ci,-che)* wüstenhaft, Wüsten-: ***paesaggio ~*** wüstenhafte Landschaft; ***clima ~*** Wüstenklima *n.* **de|ser|ti|co|lo** agg. Wüsten-: ***animale ~*** Wüstentier *n.* **de|ser|ti|fi|ca|zio|ne** f. Desertifikation *f.*
de|ser|to I agg. wüst, öde, verlassen: ***città -e*** verlassene Städte; ***zona -a*** wüste Gegend **II** m. **1** Wüste *f.*: ***attraversare il ~*** die Wüste durchqueren **2** FIG. *(luogo desolato)* Wüste *f.*, Öde *f.*, Einöde *f.* ◆ DIR. ***l'asta è andata -a*** die Auktion war ein Misserfolg; FIG. ***nave del ~*** Wüstenschiff *n.*; FIG. ***predicare nel, al ~*** ein Prediger in der Wüste sein (*o* tauben Ohren predigen); ***il ~ del Sahara*** die Saharawüste; ***volpe del ~*** Wüstenfuchs *m.*
dés|ha|bil|lé [dezabi'je] m.inv. Déshabillé *n.* ◆ ***essere in ~*** im Morgenrock sein.
de|sia|re tr. *(desio, desii)* LETT. wünschen, begehren.
de|si|de|ra|bi|le agg. **1** begehrenswert, erstrebenswert: ***una donna ~*** eine begehrenswerte Frau **2** *(auspicabile)* wünschenswert: ***sarebbe ~ che...*** es wäre wünschenswert, dass...
de|si|de|ra|re tr. *(desidero)* **1a** wünschen: ***~ ardentemente qcs. (per sé)*** (sich) etw. brennend (*o* sehnlichst) wünschen; ***(cosa) desidera?*** Sie wünschen bitte? (*o* was wünschen Sie bitte?) **b** *(gradire)* wünschen, mögen: ***desidera una birra?*** möchten Sie ein Bier? ***desidereremmo rimanere soli*** wir möchten allein bleiben **2a** *(bramare)* begehren, lechzen, verlangen: ***~ il potere*** nach Macht verlangen; ***~ un po' di refrigerio*** nach etwas Kühlung lechzen **b** *(sessualmente)* begehren: ***~ una donna*** eine Frau begehren **3** *(richiedere)* verlangen: ***~ qcn. al telefono*** jdn am Telefon verlangen ◆ ***desidera altro?*** haben Sie sonst noch einen Wunsch? ***~ (di) andarsene*** sich fort_wünschen, sich weg_wünschen; ***come desidera*** ganz wie Sie wünschen; ***farsi ~*** sich rar machen; ***lasciare (molto) a ~*** (sehr, viel) zu wünschen übrig lassen; BIBL. ***non ~ la donna d'altri*** du sollst nicht begehren deines Nächsten Weib; BIBL. ***non ~ la roba d'altri*** du sollst nicht begehren deines Nächsten Hab und Gut.
de|si|de|ra|ta m.pl. LETT. Desiderat *n.*, Desideratum *n.* **de|si|de|ra|ti|vo I** agg. ***verbo ~*** Desiderativum *n.* **II** m. Desiderativum *n.*
de|si|de|rio m. *(-ri)* **1a** Wunsch *m.*: ***il mio unico ~ è andarmene da qui*** ich habe nur den einen Wunsch, von hier wegzugehen **b** *(bisogno)* Wunsch *m.*, Verlangen *n.*: ***un ~ insaziabile, struggente*** ein unstillbares, verzehrendes Verlangen; ***avere, provare, manifestare il ~ di qcs.*** das Verlangen nach etw. (D) haben, verspüren, zeigen; ***nutrire, esprimere, formulare, esaudire un ~*** einen Wunsch hegen, äußern, vor_bringen, erfüllen; ***soddisfare un ~*** einem Wunsch nach_kommen **2** *(sessuale)* Begierde *f.*: ***ardere di ~*** vor Begierde brennen; ***frenare i propri -i*** seine Begierden bezähmen ◆ ***ogni tuo ~ è un ordine (per me)*** dein Wunsch ist mir Befehl; IRON. ***un pio ~*** ein frommer Wunsch.
de|si|de|ro|so agg. *(bramoso)* begierig, begehrlich: ***sguardi -i*** begehrliche Blicke; ***~ di gloria*** ruhmbegierig, nach Ruhm begierig; ***essere ~ di sapere*** begierig sein, etw. zu erfahren ◆ ***~ di riposo*** Erholung suchend.
de|sign [dɪ'zaɪn] m.inv. Design *n.*
de|si|gna|re tr. **1** designieren, bestimmen: ***~ qcn. come, alla carica di presidente*** jdn als, zum Präsidenten designieren; ***~ un successore*** einen Nachfolger bestimmen **2** *(fissare)* bestimmen, fest_setzen: ***~ una data, una scadenza*** einen Termin festsetzen **3** *(indicare)* bezeichnen: ***questo termine designa concetti diversi*** dieses Wort bezeichnet verschiedene Begriffe. **de|si|gna|to** p.pass. agg. **1** → **designare** **2** designiert: ***il presidente ~*** der designierte Präsident. **de|si|gna|zio|ne** f. Designation *f.*, Bestimmung *f.*: ***la ~ di un successore*** die Bestimmung eines Nachfolgers.
de|sign|er [dɪ'zaɪnə] m.inv. Designer *m.*
1.de|si|na|re m. REGION. Mittagessen *n.*: ***dopo ~*** nach dem Mittagessen.
2.de|si|na|re intr. *(desino;* aus. *avere)* REGION. zu Mittag essen.
de|si|nen|za f. Endung *f.*: ***~ verbale*** Verbalendung *f.*
de|si|o m. *(-ii)* LETT. Begier *f.*, Begehr *n.* e *m.* **de|sio|so** agg. LETT. begierig, begehrlich: ***sguardi -i*** begehrliche Blicke.
de|si|ste|re intr. *(desistei/desistetti; desistito;* aus. *avere)* ab_lassen, ab_gehen: ***~ da un proposito*** von einem Vorhaben ablassen.
de|so|lan|te agg. trübselig, trostlos: ***uno spettacolo, un'atmosfera ~*** ein trostloses Spektakel, eine trübselige Stimmung.
de|so|la|re tr. *(desolo)* **1** *(affliggere)* betrüben: ***la notizia ha desolato tutti*** die Nachricht hat alle betrübt **2** *(devastare)* verwüsten: ***i barbari desolarono il paese*** die Barbaren verwüsteten das Land.
de|so|la|to p.pass. agg. **1** → **desolare** **2a** *(afflitto)* trübselig: ***uno sguardo ~*** ein trübseliger Blick **b** *(di luoghi)* trübselig, trostlos, öde: ***un paesaggio ~*** eine trostlose Gegend ◆ ***essere ~ di...*** bedauern, dass...; ***una landa -a*** eine Einöde (*o* eine Öde); ***sono ~!*** bedaure sehr! **de|so|la|zio|ne** f. Trostlosigkeit *f.*, Trübseligkeit *f.*
de|sol|fo|ra|re tr. *(desolforo)* entschwefeln. **de|sol|fo|ra|zio|ne** f. Entschwef(e)lung *f.*
de|so|no|riz|za|zio|ne f. LING. Stimmloswerden *n.*
de|sos|si|ri|bo|nu|clei|co agg. *(-ci,-che)* ***acido ~*** Desoxyribonukleinsäure *f.*
de|spo|ta m. Despot *m.* (anche FIG.): ***rovesciare un ~*** einen Despot stürzen; ***comportarsi da ~*** sich wie ein Despot benehmen.
de|squa|ma|re I tr. schuppen, ab_schuppen: ***~ un pesce*** einen Fisch schuppen **II** pronom. **desquamarsi** (sich) schuppen, (sich) ab_schuppen: ***la pelle secca si desquama facilmente*** die trockene Haut schuppt sich leicht. **de|squa|ma|zio|ne** f. Schuppung *f.*, Desquamation *f.* (anche GEOL.): ***~ della pelle*** Hautschuppung *f.*
des|sert [de'sɛr, *üblich* des'sɛrt] m.inv. Dessert *n.*, Nachtisch *m.*: ***come, di ~*** als, zum Dessert ◆ ***posate da ~*** Dessertbesteck *n.*; ***vino da ~*** Dessertwein *m.*
de|sta|bi|liz|zan|te agg. destabilisierend: ***azione ~*** destabilisierende Aktion. **de|sta|bi|liz|za|re** tr. destabilisieren: ***~ un regime politico*** ein politisches Regime destabilisieren. **de|sta|bi|liz|za|to|re I** agg. → **destabilizzante** **II** m. destabilisierendes Element. **de|sta|bi|liz|za|zio|ne** f. Destabilisierung *f.*
de|sta|gio|na|liz|za|to agg. saisonbereinigt: ***dati, indici -i*** saisonbereinigte Angaben, Indexe.
de|sta|li|niz|za|re tr. entstalinisieren. **de|sta|ni|liz|za|zio|ne** f. Entstalinisierung *f.*
de|sta|re I tr. **1** wecken: ***~ qcn. dal sonno*** jdn aus dem Schlaf we-

cken 2 FIG. *(suscitare)* wecken, erwecken, erregen: ~ ***interesse, curiosità in qcn.*** in (*o* bei) jdm Interesse, Neugier erwecken; ~ ***l'ammirazione di qcn.*** jds Bewunderung erregen; ~ ***sospetti*** Argwohn erregen **II** pronom. **destarsi** auf‿wachen, erwachen (anche FIG.): ***-rsi di buon mattino, da un sogno*** am frühen Morgen, aus einem Traum aufwachen; ***-rsi a nuova vita*** zu neuem Leben erwachen; ***si destarono in lui i ricordi dell'infanzia*** in ihm erwachten die Kindheitserinnerungen.

de|sti|na|re tr. **1a** bestimmen: ~ ***il figlio alla carriera militare*** seinen Sohn für die militärische Karriere bestimmen **b** *(predestinare)* aus‿ersehen, erwählen: ***gli dei lo avevano destinato a grandi cose*** die Götter hatten ihn zu Großem ausersehen **c** *(votare)* weihen: ~ ***qcn. alla morte*** jdn dem Tod weihen **2a** *(assegnare)* bestimmen, vor‿sehen, zu‿weisen: ~ ***qcn. a una carica, a un'altra filiale*** jdn für ein Amt vorsehen, einer anderen Filiale zuweisen; ~ ***qcs. a un altro scopo*** etw. für einen anderen Zweck bestimmen **b** MIL. ab‿kommandieren, ab‿stellen: ***il battaglione è stato destinato al fronte*** das Bataillon ist zur Front abkommandiert worden **3** *(riservare)* an‿weisen: ***gli fu destinato un posto in prima fila*** ihm wurde ein Platz in der ersten Reihe angewiesen **4** *(dedicare)* widmen: ~ ***molto tempo allo studio*** viel Zeit dem Lernen (*o* dem Studium) widmen **5** *(devolvere)* bestimmen, verfügen: ~ ***una somma in beneficienza, ai poveri, alla Caritas*** eine Geldsumme für wohltätige Zwecke, für die Armen, für die Caritas bestimmen **6** *(stabilire)* bestimmen, fest‿setzen: ~ ***una data*** ein Datum festsetzen ◆ ***rinviare una riunione, una partita a data da -rsi*** eine Versammlung, ein Spiel auf unbestimmte Zeit verschieben.

de|sti|na|ta|rio m. *(-ri)* **1** Empfänger *m.*: ***il ~ di una lettera*** der Empfänger eines Briefes **2** LING. Adressat *m.* **3** DIR. Destinatar *m.* ◆ ***chiamata a carico del ~*** R-Gespräch *n.*; ***tassa a carico del ~*** Postgebühr (*o* Gebühr) bezahlt der Empfänger; ~ ***sconosciuto*** Empfänger unbekannt; ~ ***trasferito*** Empfänger verzogen.

de|sti|na|to p.pass. agg. **1** → **destinare 2a** bestimmt: ***essere ~ a grandi imprese, a una brillante carriera*** für große Unternehmen, für eine glänzende Laufbahn bestimmt sein **b** *(condannato)* verurteilt: ***il piano è ~ a fallire, al fallimento*** der Plan ist zum Scheitern verurteilt; ***l'uomo è ~ a soffrire*** der Mensch ist zum Leiden verurteilt **c** *(votato)* geweiht: ***essere ~ alla rovina*** dem Untergang geweiht sein; ~ ***alla morte*** todgeweiht **3** *(assegnato)* zugewiesen: ***a chi era ~ questo posto?*** wem war dieser Platz zugewiesen? **4** *(rivolto)* bestimmt: ***la battuta era -a a te*** der Witz war für dich bestimmt (*o* an dich adressiert); ***il libro è ~ ai bambini*** das Buch ist für Kinder bestimmt (*o* wendet sich an Kinder) **5** *(indirizzato)* adressiert: ***il pacco è ~ a lui, a Roma*** das Paket ist an ihn, nach Rom adressiert **6** *(devoluto)* bestimmt, verfügt: ***il ricavato è ~ a un fine benefico*** der Erlös ist für einen wohltätigen Zweck bestimmt ◆ ***a chi era -a la pallottola?*** wem galt die Kugel?

de|sti|na|zio|ne f. **1** Bestimmungsort *m.*, Ziel *n.*: ***la ~ di un viaggio, di una spedizione*** das Ziel einer Reise, Expedition; ***arrivare a ~*** ans Ziel kommen; *(di merci)* am Bestimmungsort ein‿treffen; ***partire per ~ sconosciuta*** zu einem unbekannten Ziel auf‿brechen **2** *(uso o fine stabilito)* Bestimmung *f.*, Bestimmungszweck *m.*: ***la ~ di una somma, di un lascito*** der Bestimmungszweck einer Summe, die Bestimmung eines Vermächtnisses **3** *(residenza assegnata)* Bestimmungsort *m.*; *(incarico assegnato)* Bestimmung *f.* (anche MIL.): ***assegnare a qcn. una nuova ~*** jdm eine neue Bestimmung zu‿weisen; ***raggiungere la propria ~*** den Bestimmungsort erreichen; ***cambiare ~ a qcn.*** jds Bestimmung (*o* Bestimmungsort) ändern ◆ ***franco ~*** frei Bestimmungsort; DIR. ***patrimonio di ~*** Zweckvermögen *n.*; ***porto di ~*** Bestimmungs-, Zielhafen *m.*; ***stazione di ~*** Bestimmungs-, Zielbahnhof *m.*; ECON. ~ ***vincolata*** Zweckbindung *f.*; ***a ~ vincolata*** zweckgebunden.

de|sti|no m. Schicksal *n.*: ***un ~ crudele, inesorabile, spietato*** ein grausames, erbarmungsloses, ungnädiges Schicksal; ***lasciare, abbandonare qcn. al proprio ~*** jdn seinem Schicksal überlassen; ***abbandonarsi, rassegnarsi al proprio ~*** sich in sein Schicksal ergeben (*o* sich mit seinem Schicksal ab‿finden); ***andare incontro al proprio ~, affrontare il proprio ~*** seinem Schicksal folgen; ***sfidare il proprio ~*** das Schicksal heraus‿fordern; ***sfuggire al proprio ~*** seinem Schicksal entgehen; ***lottare contro il ~*** gegen das Schicksal kämpfen, mit dem Schicksal ringen; ***essere duramente colpito dal ~*** vom Schicksal hart getroffen werden; ***essere artefice del proprio ~, governare il proprio ~*** sein Schicksal meistern; ***il suo ~ è segnato*** sein Schicksal ist besiegelt; ***predire il ~ a qcn.*** jdm das Schicksal voraus‿sagen ◆ ***era ~ che non ci incontrassimo*** es war Schicksal, dass wir uns nicht begegnet sind; ***disegno del ~*** Schicksalsfügung *f.*; ***la forza del ~*** die Macht des Schicksals; ***rassegnato al proprio ~*** schicksalsergeben; ***reggere i -i di un popolo, di un paese*** die Geschicke eines Volkes, Landes lenken; ***uno scherzo del ~*** eine Laune des Schicksals; ***un segno del ~*** ein Wink (*o* Fingerzeig) des Schicksals.

de|sti|tu|i|re *(destituisco, destituisci)* tr. ab‿setzen, entheben, entlassen: ~ ***qcn. da una carica*** jdn aus seinem Amt entlassen, jdn seines Amtes entheben. **de|sti|tu|i|to** p.pass. agg. **1** → **destituire** **2** *(privo)* ~ ***di significato*** bedeutungslos; ***un'accusa, una notizia -a di (ogni) fondamento*** eine unbegründete Anklage, eine unbestätigte (*o* frei erfundene) Nachricht. **de|sti|tu|zio|ne** f. Absetzung *f.*, Enthebung *f.*, Entlassung *f.*

de|sto agg. wach (anche FIG.): ***star ~*** wach bleiben; ***tener -a l'attenzione, tener ~ l'interesse di qcn.*** jds Aufmerksamkeit, Interesse wach halten; ***un'intelligenza -a*** eine wache Intelligenz; ***una curiosità sempre -a*** eine ungebrochene Neugier ◆ ***sogno o son ~?*** seh ich recht?

de|sto|ri|ciz|za|re tr. aus dem geschichtlichen Zusammenhang reißen.

destr, avv. MIL. rechts ◆ ***attenti a ~!*** Augen rechts! ***fianco ~!*** rechtsum kehrt! ***fianco ~, ~!*** rechts um! ***fronte a ~!*** rechts schaut! ***sinistr ~, passo!*** links, rechts, marsch!

de|stra f. Rechte *f.*: ***sedere alla ~ di qcn.*** zu jds Rechten sitzen; *(mano destra)* ***tenere qcs. nella ~*** etw. in der Rechten halten; POL. ***la ~ conservatrice, l'estrema ~*** die konservative, radikale Rechte; ***i rappresentanti della ~*** die Vertreter der Rechten ◆ ***a ~*** rechts: ***in alto, basso a ~*** rechts oben, unten; ***svoltare a ~*** nach rechts ab‿biegen; ***a ~ della finestra*** rechts vom Fenster; ***alla tua ~*** rechts von dir, auf deiner Rechten; ***la terza porta a ~*** rechts die dritte Tür; ***la prossima strada a ~*** die nächste Straße rechts; TIP. ***allineamento a ~*** Rechtsbündigkeit *f.*; ***curva a ~*** Rechtskurve *f.*; ***da, dalla ~*** von rechts; ***dare la ~ a qcn.*** jdn rechts (*o* auf der rechten Seite) gehen lassen; ***di ~*** recht, Rechts-: ***giornale, partito, coalizione, governo di ~*** rechte Zeitung, Rechtspartei *f.*, Rechtskoalition *f.*, Rechtsregierung *f.*; ***estremista, terrorista di ~*** Rechtsextremist *m.*, rechter Terrorist *m.*; ***essere di ~*** rechts sein, ein Rechter sein; ***guida a ~*** Rechtslenkung *f.*, Rechtssteuerung *f.*; ***auto con guida a ~*** Rechtslenker *m.*; ***a ~ e manca*** = überall; ***scrivere con la ~*** rechtshändig schreiben; ***sulla ~*** rechterseits, auf der rechten Seite; ***il negozio è sulla ~ della strada*** das Geschäft ist auf der rechten Seite der Straße; ***svolta a ~*** Rechtswendung *f.*; ***tenere la ~*** sich rechts halten; ***viaggiare a ~*** rechts fahren.

de|stra|men|te avv. gewandt, geschickt.

de|streg|giar|si pronom. *(mi destreggio, ti destreggi)* sich durch‿winden, durch‿schlängeln (anche FIG.): ~ ***fra i tavoli*** sich zwischen den Tischen durchwinden; ~ ***fra le difficoltà*** sich durch Schwierigkeiten durchwinden; ***sa ~ bene*** er kann sich gut durchwinden (*o* durchschlängeln, durchlavieren).

de|strez|za f. **1** Geschicklichkeit *f.*, Gewandtheit *f.*, Fertigkeit *f.*: ***questo esercizio richiede grande ~*** diese Übung verlangt große Geschicklichkeit; ***maneggiare il trapano con ~*** geschickt mit dem Bohrer umgehen **2** *(sagacia)* Klugheit *f.*: ***comportarsi con ~*** sich klug benehmen ◆ ***giochi di ~*** Geschicklichkeitsspiele *pl.*; ~ ***di mano*** Fingerfertigkeit *f.*

de|strie|ro m. LETT. Ross *n.*; *(cavallo da battaglia)* Schlachtross *n.*

de|stri|ma|no I agg. rechtshändig **II** m. Rechtshänder *m.*

de|stri|na f. Dextrin *n.*

de|stri|smo m. Rechtshändigkeit *f.*

de|stro I agg. **1** recht: ***la mano -a*** die rechte Hand; ***sul lato ~*** auf der rechten Seite **2** *(abile, svelto)* geschickt, tüchtig **II** m. **1** *(nella boxe)* Rechte *f.*: ***colpire qcn. con un ~*** jdn mit einer Rechten treffen **2a** *(nel calcio)* rechter Fuß *m.*: ***colpire la palla di ~, calciare di, col ~*** mit dem rechten Fuß schießen **b** *(tiro)* ***un ~ imprendibile*** ein unhaltbarer Schuss mit dem rechten Fuß **3** *(opportunità)* Gelegenheit *f.*: ***cogliere il ~*** die Gelegenheit nutzen, wahr‿nehmen ◆ SPORT ***ala -a*** Rechtsaußen *m.*; FIG. ***braccio ~*** rechte Hand; ***essere ~ di mano*** fingerfertig sein; SPORT ***terzino ~*** rechter Verteidiger.

de|stro|gi|ro agg. rechtsdrehend.

de|stroi|de I agg. rechtsorientiert, rechts stehend **II** m. e f. Rechtsorientierte *m.* e *f.*, rechts Stehende *m.* e *f.*

de|stror|so agg. **1** TECN. rechtsdrehend, rechtsgängig, rechtsläufig: ***vite -a*** rechtsgängige Schraube **2** *(politicamente)* rechtsorientiert ◆ *(di armi)* ***rigatura -a*** Rechtsdrall *m.*; ***rotazione -a*** Rechtsdrehung *f.*; ***scrittura -a*** rechtsläufige Schrift.

de|stro|sio m. Dextrose *f.*

de|strut|tu|ra|re tr. ~ ***qcs.*** die Struktur von etw. auf‿lösen (*o* zerstören).

de|sue|to agg. veraltet: ***termini -i*** veraltete Worte; ***usanze -e*** veraltete Sitten. **de|sue|tu|di|ne** f. Überalterung *f.*, Veraltetsein *n.* ◆ ***cadere in ~*** veralten, außer Gebrauch kommen.

de|su|me|re *(desunsi, desunto)* **I** tr. **1** folgern, schließen, erschließen: ***dal suo tono si può ~ che...*** aus seinem Ton kann man schließen, dass...; ***se ne desume che...*** daraus kann man schließen (*o* lässt sich folgern), dass...; ***~ il particolare dal generale*** vom Allgemeinen auf das Besondere schließen **2** *(trarre)* entnehmen: ***~ le proprie informazioni dai giornali*** seine Informationen aus den Zeitungen entnehmen; ***il tema del film è desunto dalla storia*** das Thema des Films ist (aus) der Geschichte entnommen **II** pronom. **desumersi** sich erschließen: ***il significato si desume dal contesto*** die Bedeutung erschließt sich aus dem Kontext. **de|su|mi|bi|le** agg. erschließbar, ableitbar: ***~ da qcs.*** aus etw. erschließbar. **de|sun|to** → **desumere.**

de|tas|sa|zio|ne f. Nichtbesteuerung *f.*, Steuerbefreiung *f.*

de|tec|tive [de'tɛktiv] m.inv. Detektiv *m.*: ***~ privato*** Privatdetektiv *m.*

de|tec|tor m.inv. Detektor *m.*

de|tei|na|to agg. ***tè ~*** entkoffeinierter Tee.

de|te|ne|re tr. *(detengo, detieni; detenni; detenuto)* **1a** haben: ***~ il potere, il monopolio*** die Gewalt, das Monopol haben **b** *(cariche, incarichi)* inne‿haben **2** SPORT inne‿haben, halten: ***~ un primato, un titolo*** einen Rekord, einen Titel innehaben **3** *(essere in possesso di)* besitzen: ***~ un'arma*** eine Waffe besitzen ◆ ***~ la maggioranza del capitale*** am Kapital mehrheitlich beteiligt sein. **de|ten|ti|vo** agg. Haft-, Gefängnis- ◆ ***pena -a*** Freiheitsstrafe *f.*

de|ten|to|re m. **1** Inhaber *m.*, Träger *m.*: ***i -i del potere politico*** die Träger der politischen Gewalt; ***il ~ di una carica*** der Inhaber eines Amts **2** SPORT Inhaber *m.*, Halter *m.*: ***il ~ del record, del titolo mondiale*** der Inhaber des Rekords (*o* der Rekordhalter), der Inhaber des Weltmeistertitels **3a** *(intestatario)* Inhaber *m.*: ***il ~ del vitalizio, della polizza, della licenza*** der Renten-, Policen-, Lizenzinhaber **b** *(possessore)* Besitzer *m.*

de|te|nu|to I agg. gefangen, inhaftiert: ***essere ~ nel carcere di Rebibbia*** in der Strafanstalt von Rebibbia inhaftiert sein **II** m. Häftling *m.*, Inhaftierte *m.*, Gefangene *m.* ◆ ***assistenza ai -i*** Gefangenenfürsorge *f.*; ***~ in attesa di giudizio*** Untersuchungsgefangene *m.*, -häftling *m.*

de|ten|zio|ne f. **1** Innehaben *n.* **2** *(possesso)* Besitz *m.*: ***~ abusiva di armi*** unerlaubter Waffenbesitz **3** *(carcerazione)* Haft *f.*, Freiheitsentzug *m.*: ***condannare qcn. a tre mesi di ~*** jdn zu drei Monaten Freiheitsentzug verurteilen.

de|ter|gen|te I agg. reinigend, Reinigungs-: ***latte, crema ~*** Reinigungsmilch *f.*, -creme *f.* **II** m. Reinigungsmittel *n.*: ***~ liquido*** flüssiges Reinigungsmittel. **de|ter|ge|re** tr. *(detergo, detergi; detersi; deterso)* **1** reinigen, säubern: ***~ la pelle, una ferita*** die Haut, eine Wunde reinigen **2** LETT. *(asciugare)* ab‿wischen: ***~ il sudore dalla fronte*** den Schweiß von der Stirn abwischen.

de|te|rio|ra|bi|le agg. leicht verderblich: ***cibi, merci -i*** leicht verderbliche Speisen, Waren. **de|te|rio|ra|men|to** m. Verderben *n.*

de|te|rio|ra|re I tr. **1a** verderben, verkommen: ***l'umidità deteriora la merce*** die Feuchtigkeit verdirbt die Ware **b** *(danneggiare)* beschädigen **c** *(corrodere)* zerfressen: ***la ruggine deteriora il ferro*** der Rost zerfrisst das Eisen **2** FIG. *(rovinare)* ruinieren, verschlechtern: ***l'invidia deteriora i rapporti*** Neid ruiniert zwischenmenschliche Beziehungen **II** pronom. **deteriorarsi 1** verderben, verkommen **2** FIG. *(rovinarsi)* sich ruinieren, sich verschlechtern; *(raffreddarsi)* sich ab‿kühlen: ***il loro rapporto si è deteriorato*** ihre Beziehung hat sich verschlechtert. **de|te|rio|ra|to** p.pass. agg. **1** → **deteriorare 2** verdorben; *(danneggiato)* beschädigt.

de|te|rio|re agg. **1** minder, minderwertig, schlecht: ***qualità, merce ~*** mindere Qualität, Ware **2** *(peggiore)* schlimmst: ***nel senso ~ del termine*** im schlimmsten Sinne des Wortes; ***gli aspetti -i di qcs.*** die schlimmsten Aspekte von etw.

de|ter|mi|na|bi|le agg. bestimmbar.

de|ter|mi|nan|te I agg. entscheidend, ausschlaggebend, maßgebend: ***cause, elementi, fattori -i*** ausschlaggebende Gründe, Elemente, Faktoren; ***il suo discorso fu ~ per l'esito della votazione*** seine Rede war für den Wahlausgang entscheidend **II** m. e f. Determinante *f.*

de|ter|mi|na|re tr. *(determino)* **1a** bestimmen, determinieren: ***~ il significato di un termine*** die Bedeutung eines Wortes bestimmen **b** *(accertare)* ***~ l'entità di un danno*** den Umfang eines Schadens bestimmen **c** *(calcolare)* ***~ la radice quadrata di un numero, l'area di un triangolo*** die Quadratwurzel einer Zahl, die Oberfläche eines Dreiecks bestimmen **2** *(fissare)* bestimmen, fest‿setzen: ***~ il prezzo di una merce*** den Preis einer Ware bestimmen; ***~ i confini di un territorio*** die Grenzen eines Gebietes festsetzen **3** *(provocare)* bedingen, verursachen: ***questa malattia può ~ la cecità*** diese Krankheit kann Blindheit verursachen (*o* zur Blindheit führen); ***~ il rialzo dei prezzi*** eine Preiserhöhung verursachen, zu einer Preiserhöhung führen **4** *(essere decisivo per)* entscheidend (*o* ausschlaggebend) sein für: ***l'espulsione del portiere determinò l'esito della partita*** der Feldverweis des Torwarts war für das Spielergebnis entscheidend **5** LETT. *(decidere)* ***~ qcs.*** über etw. entscheiden: ***~ il da farsi*** über das weitere Tun entscheiden.

de|ter|mi|na|tez|za f. **1** Bestimmtheit *f.*; *(precisione)* Genauigkeit *f.* **2** *(risolutezza)* Entschiedenheit *f.* **de|ter|mi|na|ti|vo** agg. bestimmend, festlegend ◆ ***articolo ~*** bestimmter Artikel.

de|ter|mi|na|to p.pass. agg. **1** → **determinare 2** *(fissato)* bestimmt, festgesetzt **3** *(certo)* bestimmt, gewiss: ***in -e circostanze*** unter bestimmten Umständen **4** *(preciso)* eindeutig, klar, bestimmt: ***la questione ha problemi ben -i*** die Angelegenheit hat eindeutige Probleme **5** *(provocato)* bestimmt, -bedingt: ***~ da fattori politici*** von politischen Faktoren bestimmt; ***~ dall'età, dal tempo*** alters-, witterungsbedingt **6** *(risoluto)* entschieden, resolut, bestimmt: ***è un tipo molto ~*** er ist ein sehr entschiedener Mensch, eine sehr resolute Person ◆ ***contratto, lavoro a tempo ~*** befristeter Vertrag, befristetes Arbeitsverhältnis.

de|ter|mi|na|zio|ne f. **1a** Bestimmung *f.*: ***~ della distanza*** Bestimmung des Abstands; ***~ del peso, del sesso*** Gewichts-, Geschlechtsbestimmung *f.*; *(calcolo)* ***la ~ del volume di un corpo*** die Bestimmung des Volumens eines Festkörpers **b** LING. ***~ di luogo, di tempo*** Orts-, Zeitbestimmung *f.* **2** *(il fissare)* Festlegung *f.*, Festsetzung *f.*: ***la ~ di una scadenza, di un prezzo*** die Festlegung eines Termins, eines Preises; ***la ~ dell'entità di un danno*** die Festsetzung der Schadenshöhe **3** FIG. *(risolutezza)* Entschlossenheit *f.*, Entschiedenheit *f.*, Bestimmtheit *f.*: ***agire con ~*** mit Entschlossenheit handeln **4** FISIOL. BIOL. Determination *f.* ◆ ***~ dei costi*** Kostenberechnung *f.*

de|ter|mi|ni|smo m. Determinismus *m.* **de|ter|mi|ni|sta** *(-i,-e)* **I** agg. deterministisch **II** m. e f. Determinist *m.* **de|ter|mi|ni|sti|co** agg. *(-ci,-che)* deterministisch.

de|ter|ren|te I agg. abschreckend, Abschreckungs- **II** m. Abschreckungsmittel *n.*: ***~ atomico*** atomare Abschreckungswaffe.

de|ter|si|vo I m. Reinigungsmittel *n.*, Reiniger *m.*, Waschmittel *n.* **II** agg. Reinigungs-, Wasch- ◆ ***~ per capi delicati*** Feinwaschmittel *n.*; ***~ per (i) piatti*** Spülmittel *n.*; ***~ in polvere*** Seifenpulver *n.*, Waschpulver *n.*; ***~ universale*** Vollwaschmittel *n.* **de|ter|so** → **detergere.**

de|te|sta|bi|le agg. verabscheuenswert, verabscheuungswürdig.

de|te|sta|re I tr. verabscheuen **II** pronom. **detestarsi** sich hassen, sich verabscheuen.

de|to|nan|te I agg. detonierend, Spreng-, Zünd-: ***capsula ~*** Sprengkapsel *f.* **II** m. Sprengstoff *m.*, Zündstoff *m.* **de|to|na|re** intr. (aus. *avere*) detonieren. **de|to|na|to|re** m. Detonator *m.* **de|to|na|zio|ne** f. Detonation *f.*

de|tra|i|bi|le agg. abzugsfähig: ***spese -i*** abzugsfähige Ausgaben.

de|trar|re tr. *(detraggo, detrai; detrassi, detraesti; detratto)* ab‿ziehen, ab‿rechnen, ab‿schreiben: ***~ una somma dallo stipendio*** eine Geldsumme vom Lohn abziehen; ***~ l'IVA*** die MWSt. abrechnen; ***~ le spese mediche dalla dichiarazione dei redditi*** die medizinischen Ausgaben von der Einkommenssteuererklärung abziehen. **de|trat|to** p.pass. → **detrarre** ◆ ***-e le spese*** abzüglich der Kosten.

de|trat|to|re m. Verleumder *m.* **de|tra|zio|ne** f. Abzug *m.*, Abrechnung *f.*, Abschreibung *f.* ◆ ***soggetto a ~*** abzugspflichtig; ***~ d'imposta*** Steuerabzug *m.*

de|tri|men|to, a ~ di qcn. zu jds Schaden, zu jds Nachteil: ***andare a ~ di qcs.*** etw. (D) zum Schaden gereichen.

de|tri|ti m.pl. **1** GEOL. Geröll *n.*, Geschiebe *n.* **2** *(frammento, scoria)* Schutt *m.* **3** FIG. *(relitti)* Abschaum *m.* **de|tri|ti|co** agg. *(-ci,-che)* Geröll-: ***falda -a*** Geröllhalde *f.*; ***materiale ~*** Geröll *n.*

de|tro|niz|za|re tr. entthronen (anche ESTENS.). **de|tro|niz|za|zio|ne** f. Entthronung *f.* (anche ESTENS.).

det|ta, a ~ di qcn. nach Aussage von jdm.

det|ta|glian|te m. e f. Einzelhändler *m.* (-in *f.*), Kleinhändler *m.* (-in *f.*). **det|ta|glia|re** tr. detaillieren.

det|ta|glia|ta|men|te avv. ausführlich, eingehend: ***esaminare ~ qcs.*** etw. ausführlich prüfen. **det|ta|glia|to** p.pass. agg. **1** → **dettagliare 2** detailliert, ausführlich, eingehend: ***un curriculum ~*** ein ausführlicher Lebenslauf; ***un resoconto ~ dei fatti*** ein ausführlicher Tatsachenbericht.

det|ta|glio m. *(-gli)* **1** *(particolare)* Einzelheit *f.*, Detail *n.*: ***entrare nel ~*** ins Detail gehen; ***riferire qcs. nei minimi -gli*** etw. bis in die kleinsten Einzelheiten berichten; ***perdersi in -gli*** sich in Einzelheiten verlieren **2** *(piccola quantità)* Detail *n.*; ***vendere al ~*** en détail (*o* einzeln) verkaufen; ***vendita al ~*** Einzelverkauf *m.*; ***in ~*** eingehend, detailliert.

det|ta|me m. Gebot *n.*, Diktat *n.*: ***seguire il ~ della coscienza*** dem Gebot des Gewissens folgen; ***i -i della moda*** das Diktat der Mode.

det|ta|re tr. **1a** diktieren, BUROCR. an‿sagen: ***~ un testo alla segretaria*** der Sekretärin einen Text diktieren **b** *(telegrammi, annunci al telefono)* durch‿geben **2** *(imporre)* diktieren, auf‿erlegen: ***~ le condizioni a qcn.*** jdm die Bedingungen diktieren **3** FIG. *(suggerire)* bestimmen, diktieren: ***il suo comportamento è stato dettato da gelosia*** sein Benehmen war von Eifersucht diktiert ◆ ***dettar legge*** das Regiment führen, den Ton an‿geben; ***~ le regole del gioco*** das Spiel bestimmen.

det|ta|to I p.pass. agg. **1** → **dettare 2** -bedingt, -abhängig: ***~ dalle circostanze, dal sentimento*** situationsbedingt, gefühlsbedingt; ***un fenomeno ~ dal momento (storico)*** eine zeitabhängige Erscheinung **II** m. **1** Diktat *n.*: ***fare, correggere un ~*** ein Diktat schreiben, korrigieren **2** *(dettame)* Vorschrift *f.*: ***il ~ della legge*** die Vorschrift des Gesetzes. **det|ta|tu|ra** f. Diktat *n.*: ***scrivere sotto ~*** nach Diktat schreiben.

det|ti → **1.dare.**

det|to I p.pass. agg. **1** → **1.dire 2** *(soprannominato)* genannt **3** *(suddetto)* besagt, oben genannt **II** m. **1** *(motto)* Spruch *m.*, Ausspruch *m.* **2** pl. TEATR. *(nelle didascalie)* Vorigen *pl.* ◆ ***altrimenti ~*** anders ausgedrückt; ***~ fatto*** gesagt, getan; ***come già ~*** wie schon gesagt; ***~ per inciso*** beiläufig (*o* nebenbei) gesagt; ***~ tra, fra noi*** unter uns gesagt; ***lasciar ~ qcs.*** etw. aus‿richten lassen; ***come non ~*** vergiss es; ***~ popolare*** Volksweisheit *f.*; ***(è) presto ~*** das ist schnell gesagt; ***quel che è ~ è ~*** was dazu zu sagen ist, wurde gesagt.

de|tu|me|fa|zio|ne, de|tu|me|scen|za f. Detumeszenz *f.*

de|tur|pa|men|to m. Entstellung *f.*, Verunstaltung *f.* **de|tur|pa|re** tr. **1** entstellen, verunstalten, verschandeln: ***~ il viso*** das Gesicht entstellen; ***~ il paesaggio*** die Landschaft verschandeln **2** FIG. *(guastare)* verderben: ***il vizio deturpa l'animo*** das Laster verdirbt den Charakter. **de|tur|pa|zio|ne** f. → **deturpamento.**

deu|mi|di|fi|ca|re tr. *(deumidifico, deumidifichi)* entfeuchten. **deu|mi|di|fi|ca|to|re** m. Entfeuchter *m.*

deu|te|ra|go|ni|sta m. *(-i)* Deuteragonist *m.*

deu|te|rio m. *(-ri)* Deuterium *n.*

de|va|lu|ta|zio|ne f. ECON. Abwertung *f.*, Devalu(t)ation *f.*

de|va|stan|te agg. verheerend: ***avere un effetto ~ (su qcs.)*** sich verheerend (auf etw.) aus‿wirken. **de|va|sta|re** tr. **1** verwüsten, verheeren: ***la tempesta ha devastato la regione*** der Sturm hat das Land verwüstet **2** *(deturpare)* zerstören.

de|va|sta|to p.pass. agg. **1** → **devastare 2** verwüstet: ***un paese ~ dall'alluvione*** ein von der Überschwemmung verwüstetes Land **3** *(deturpato)* verunstaltet: ***un paesaggio ~ dalla speculazione edilizia*** eine von der Bauspekulation verunstaltete Landschaft **4** *(completamente distrutto)* zerstört: ***un corpo ~ dalla malattia*** ein von der Krankheit zerstörter Körper.

de|va|sta|to|re I agg. verheerend, zerstörend, zerstörerisch; ***agire con furia -trice, come una furia -trice*** wie eine Furie wüten **II** m. Zerstörer *m.* **de|va|sta|zio|ne** f. Verwüstung *f.*, Verheerung *f.*: ***provocare -i*** Verwüstungen an‿richten.

de|ver|ba|le I agg. deverbativ- **II** m. Deverbativ(um) *n.*

de|via|bi|le agg. ablenkbar.

de|vian|te agg. **1** abweichend **2** PSIC. SOCIOL. deviant. **de|vian|za** f. **1** Abweichung *f.* **2** PSIC. SOCIOL. Devianz *f.*

de|via|re *(devio)* **I** intr. (aus. *avere*) **1a** ab‿weichen; *(svoltare)* ab‿biegen: ***~ a sinistra*** nach links abbiegen; ***~ dalla rotta*** vom Kurs abweichen **b** *(di strade)* ab‿zweigen: ***qui la strada devia verso il bosco*** hier zweigt der Weg zum Wald ab **2a** FIG. ab‿weichen: ***~ dai propri propositi*** von seinen Vorsätzen abweichen **b** POL. ab‿weichen, deviieren: ***~ dalla linea del partito*** von der Parteilinie abweichen **3** *(divagare)* ab‿schweifen, ab‿lenken; *(inavvertitamente)* ab‿kommen: ***~ dal tema*** vom Thema abschweifen **II** tr. **1** ab‿lenken, ab‿leiten: ***~ i raggi di luce*** die Lichtstrahlen ablenken; SPORT ***~ la palla in angolo*** den Ball zur Ecke ablenken **2** *(traffico)* um‿leiten **3** *(treno)* um‿lenken **4** *(corsi d'acqua)* um‿leiten: ***~ un torrente*** einen Bach umleiten **5** FIG. *(allontanare)* von sich ab‿lenken: ***~ i sospetti*** den Verdacht von sich ablenken **6** *(sviare)* lenken: ***~ il discorso su un altro argomento*** das Gespräch auf ein anderes Thema lenken ◆ ***far ~*** ab‿treiben. **de|via|to** p.pass. **1** → **deviare 2** ***traffico ~*** umgeleiteter Verkehr **3** FIG. ***servizi (segreti) -i*** umgelenkter Geheimdienst.

de|via|to|io m. *(-i)* Weiche *f.* **de|via|to|re** m. Weichensteller *m.*, Weichenwärter *m.*

de|via|zio|ne f. **1** Abweichung *f.* (anche FIG.), Ableitung *f.*: ***~ dalla rotta prestabilita*** Abweichung vom vorgegebenen Kurs **2** FIS. SPORT Ablenkung *f.* **3** *(percorso alternativo)* Umweg *m.*: ***fare una (piccola) ~*** einen (kleinen) Umweg machen **4** *(di strade)* Abzweigung *f.* **5** *(del traffico)* Umleitung *f.* **6** *(di corsi d'acqua)* Umleitung *f.* **7** PSIC. SOCIOL. *(devianza)* Deviation *f.* **8** MED. *(della spina dorsale)* Verkrümmung *f.* ◆ ***~ della bussola*** Ausschlag *m.*, Zeigerausschlag *m.*; STATIST. ***~ standard*** Standardabweichung *f.*

de|via|zio|ni|smo m. Abweichlertum *n.* **de|via|zio|ni|sta** m. e f. *(-i,-e)* Abweichler *m.* (-in *f.*), Deviationist *m.* (-in *f.*).

de|vi|sce|ra|to agg. ausgenommen, VENAT. ausgeweidet.

de|vi|ta|liz|za|re tr. **1** MED. devitalisieren; *(nervi)* ab‿töten: ***~ un dente*** einen Zahn devitalisieren **2** RAR. ab‿töten, töten. **de|vi|ta|liz|za|zio|ne** f. Devitalisation *f.*; *(di nervi)* Abtötung *f.*

de|vo|lu|to p.pass. → **devolvere. de|vo|lu|zio|ne** f. **1** Zuwendung *f.*, Schenkung *f.* **2** DIR. Heimfall *m.*, Übertragung *f.* ◆ STOR. ***guerra di ~*** Devolutionskrieg *m.*

de|vol|ve|re tr. *(devolvei/devolvetti; devoluto)* zu‿wenden: ***~ in beneficienza una somma di denaro (a, per qcn.)*** (jdm) eine Geldsumme für wohltätige Zwecke zuwenden.

de|vo|nia|no I agg. devonisch **II** m. Devon *n.*

de|vo|ta|men|te avv. **1** hingebungsvoll, hingebend, ergeben: ***curare ~ un malato*** einen Kranken hingebungsvoll pflegen **2** *(religiosamente)* andächtig, andachtsvoll.

de|vo|to I agg. **1a** hingebungsvoll, hingebend, ergeben: ***essere ~ a qcn.*** jdm ergeben sein; ***un amico ~*** ein ergebener Freund **b** hingebungsvoll: ***ascoltare in ~ silenzio*** in hingebungsvollem Schweigen lauschen **2** *(religioso, pio)* fromm, gottesfürchtig: ***una famiglia -a*** eine fromme Familie **II** m. frommer Anhänger *m.* ◆ ANT. *(formula conclusiva di lettera)* ***Suo ~, Suo devotissimo*** Ihr ergebener, Ihr sehr ergebener; ***Suo devotissimo servo*** Ihr ergebenster Diener.

de|vo|zio|na|le agg. Andachts-: ***immagine ~*** Andachtsbild *n.*

de|vo|zio|ne f. **1** Ergebenheit *f.*, Hingabe *f.*: ***~ per i (ai) genitori, alla patria*** Hingabe an die Eltern, an das Vaterland **2** *(fervore religioso)* Hingabe *f.*: ***pregare con ~*** mit Hingabe beten **3** RELIG. Verehrung *f.*: ***luogo di ~*** Ort der Verehrung; ***~ per i santi, per Maria*** Heiligenverehrung *f.*, Marienverehrung *f.* **4** pl. Gebete *pl.*

1.di prep. (artcl. **del, dello, della, dell'**; pl. **dei,** ANT. **de', degli, delle**) **1a** *(specificazione; tradotto spesso con genitivo o composto)* von + dat.: ***la casa, il padre ~ Luca*** das Haus, der Vater von Luca (*o* Lucas Haus, Vater); ***una poesia ~ Leopardi*** ein Gedicht von Leopardi; ***la regina d'Inghilterra*** die Königin von England; ***il duomo ~ Milano*** der Mailänder Dom; ***l'auto ~ mia sorella, dei miei genitori*** das Auto meiner Schwester, meiner Eltern; ***la casa dei Rossi*** das Haus der Familie Rossi; ***la fine ~ un'epoca*** das Ende einer Epoche; ***il nodo della cravatta*** der Krawattenknoten; ***la luce del giorno*** das Tageslicht; ***insegnante, studente ~ chimica*** Lehrer für Chemie, Student der Chemie (*o* Chemielehrer, Chemiestudent); ***il giornale ~ ieri*** die Zeitung von gestern (*o* die gestrige Zeitung); ***i giovani d'oggi*** die Jugendlichen von heute; ***il treno delle 8*** der 8-Uhr-Zug; ***la posta ~ via Alfieri*** die Post in der via Alfieri; ***~ che segno sei? – del Toro*** was für ein Sternzeichen bist du? – ich bin ein Stier **b** *(di quantità)* ***una distanza ~ un chilometro*** ein Abstand von einem Kilometer; ***una casa ~ due piani*** ein zweistöckiges Haus; ***un pesce, un pacco ~ tre chili*** ein Fisch von drei Kilo (*o* ein drei Kilo schwerer Fisch), ein drei Kilo schweres Paket **c** *(di età)* ***un bambino ~ dieci anni*** ein Kind von zehn Jahren, ein zehnjähriges Kind **d** *(di stima o prezzo)* ***una spesa ~ milioni*** eine Ausgabe von Millionen (*o* eine Millionenausgabe); ***uno sconto ~ 20 000 lire*** ein Preisnachlass von 20 000 Lire; ***una quadro ~ grande valore*** ein Bild von großem Wert **2** *(denominazione; non tradotto)* ***la città ~ Torino*** die Stadt Turin; ***lo stato del Texas*** der Staat Texas; ***il mese ~ aprile*** der Monat April **3a** *(con nomi di battaglie)* bei + dat., von + dat.: ***la battaglia ~ Waterloo*** die Schlacht bei, von Waterloo **b** *(con nomi di patti, trattati di pace..; spesso inglobato in un aggettivo)* ***il congresso ~ Vienna*** der Wiener Kongress; ***il patto ~ Varsavia*** der Warschauer Pakt; ***la pace ~ Vestfalia*** der Westfälische Friede **4** *(qualità; talvolta inglobato in un aggettivo)* von + dat.: ***un uomo ~ cultura, ~ talento, ~ raro ingegno*** ein Mann von Bildung, von Talent, von seltenem Geist; ***una donna ~ grande fascino*** eine sehr faszinierende Frau **5a** *(argomento)* über + acc., von + dat.: ***parlare, discutere ~ politica*** über Politik sprechen, diskutieren; ***ridere ~ qcn.*** über jdn lachen; ***un saggio ~ filosofia*** ein Essay über Philosophie (*o* ein philosophischer Essay); ***un libro ~ storia*** ein Geschichtsbuch; ***~ che cosa tratta il film?*** worüber (*o* wovon) handelt der Film? **b** *(in titoli d'opere)* von + dat.: ***Dei delitti e delle pene*** Von den Verbrechen und Strafen **6** *(materia; spesso inglobato in composti o aggettivi)* aus + dat.: ***una giacca ~ pelle*** eine Jacke aus Leder, eine Lederjacke; ***un anello d'oro*** ein goldener Ring, ein Goldring **7** *(causa)* vor + dat.: ***tremare ~ rabbia*** vor Wut zittern; ***piangere ~ gioia*** vor Freude weinen; ***morire ~ fame*** an, vor Hunger (*o* hungers) sterben; ***occhi rossi ~ pianto*** rot geweinte Augen **8** *(fine, scopo; spesso inglobato in composti)* für + acc., zu + dat.: ***mi è stato ~ grande aiuto*** er war mir eine große Hilfe; ***cinture ~ sicurezza*** Sicherheitsgurte *pl.*; ***libro ~ lettura*** Lesebuch *n.*; ***pista ~ atterraggio*** Landebahn *f.* **9a** *(partitivo)* von + dat.: ***molti ~ noi*** viele von uns; ***chi ~ voi lo conosce?*** wer von euch kennt ihn? ***c'erano alcuni ~ loro che non erano d'accordo*** es gab einige unter ihnen, die nicht damit einverstanden waren; ***nessuna ~ queste borse mi piace*** keine von diesen Taschen gefällt mir; ***il più giovane dei fratelli*** der jüngste der Brüder; ***centinaia, migliaia ~...*** Hunderte, Tausende von... **b** *(non tradotto)* ***una fetta ~ torta, un pezzo ~ pane*** ein Stück Kuchen, Brot; ***tre litri ~ vino*** drei Liter Wein; ***un paio ~ scarpe*** ein Paar Schuhe: ***una botte ~ birra*** ein Fass (mit) Bier **c** *(in funzione di complemento oggetto, non tradotto)* ***bere del vino*** Wein trinken; ***hai dei soldi con te?*** hast du Geld dabei? **10** *(paragone)* als: ***Davide è più, meno alto ~ te*** David ist größer, weniger groß als du; ***è più furbo ~ quel che credi*** er ist schlauer, als du glaubst **11a** *(moto da luogo)* von + dat.: ***uscire ~ casa*** aus dem Haus gehen; ***andare via ~ casa*** von zu Hause weg‿gehen; ***viene ~ lontano*** er kommt von weit (her); ***va' via ~ qua!*** geh weg hier! ***scendi ~ lì!*** komm da runter! komm herunter von dort! **b** *(moto per luogo)* ***si passa ~ qui per andare alla stazione?*** geht's hier zum Bahnhof? ***si esce ~ qui, ~ là?*** geht's hier, da raus? **c** *(moto a luogo)* nach + dat.: ***vado ~ sopra, ~ là*** ich gehe nach oben, nach nebenan **d** *(stato in luogo)* ***è ~ sotto, ~ là*** er ist unten, nebenan **12a** *(origine e provenienza)* aus + dat.: ***è nativo dell'Umbria*** er stammt aus Umbrien; ***~ dove sei? – sono ~ Firenze*** woher kommst du? – ich bin aus Florenz; ***la gente ~ qui*** die Leute von hier; ***essere ~ nobile famiglia, ~ umili origini*** aus adliger Familie, niedriger Herkunft sein **b** ***Enrico Verdi ~ Giulio*** Enrico Verdi, Sohn des Giulio **13** *(modo e maniera; spesso inglobato in avverbi)* ***~ nascosto, ~ recente*** heimlich, neulich (*o* kürzlich); ***alzarsi ~ scatto*** plötzlich auf‿stehen; ***essere ~ fretta*** in Eile sein, es eilig haben; ***essere ~ cattivo umore*** schlechter Laune sein **14a** *(determinazione di tempo)* in + dat., an + dat., während + gen.: ***~ sera, ~ notte, ~ giorno*** am Abend (*o* abends), in der Nacht (*o* bei Nacht, nachts), am Tag (*o* des Tages, tags); ***~ lunedì, martedì*** montags, dienstags; ***d'estate, d'inverno*** im Sommer, im Winter; ***~ questi tempi*** in diesen Zeiten; ***accadde ~ settembre*** es geschah im September **b** *(durata)* von + dat.: ***un corso ~ sei mesi*** ein Kurs von sechs Monaten (*o* ein sechsmonatiger Kurs) **15** *(mezzo e strumento)* mit + dat.: ***spalmare il pane ~ burro*** das Brot mit Butter bestreichen; ***macchiare d'olio la camicia*** das Hemd mit Öl beklecken; ***cospargere la torta ~ zucchero*** den Kuchen mit Zucker bestreuen: ***scrivere qcs. ~ propria mano, ~ proprio pugno*** etw. selbst schreiben **16** *(limitazione)* von + dat.: ***bello d'aspetto*** schön von Gestalt; ***debole d'udito*** schwach von Gehör; ***alto ~ statura*** hochgewachsen; ***buono d'animo*** herzensgut; ***sano ~ mente, ~ corpo*** geistig, körperlich gesund **17** *(seguita dall'infinito forma proposizioni implicite di vario tipo)* ...zu..., dass...: *(soggettiva)* ***capita ~ sbagliare*** es kann passieren, dass man sich (mal) irrt; ***è ora ~ partire*** es ist Zeit zu gehen; ***ha tentato ~ fuggire*** er hat versucht zu fliehen; ***spero ~ rivederti presto*** ich hoffe, dich bald wieder zu sehen; ***lo pregò ~ aiutarla*** er bat ihn, ihr zu helfen; ***mi dispiace ~ non poter venire*** es tut mir Leid, nicht kommen zu können; ***ti prego ~ non farmi aspettare*** lass mich bitte nicht warten; ***non merita ~ essere promosso*** er verdient es nicht, versetzt zu werden **18** *(con valore attributivo)* ***un diavolo, uno splendore ~ ragazza*** ein Teufel von einem Mädchen, ein tolles Mädchen; ***quell'imbecille ~ Ennio!*** Ennio, dieser blöde Kerl! ◆ ***a causa ~ qcn., qcs.*** wegen jds, etw. (G); ***colmo ~*** → ***pieno ~***; ***contro ~*** gegen + acc.; ***dopo ~*** nach + dat.; ***dopo ~ Lei, prego!*** bitte nach Ihnen! ***dopo ~ che se ne andò*** danach ging er weg; ***all'età ~ 20 anni*** mit 20 Jahren; ***a fianco ~ qcn., qcs.*** jdm zur Seite (*o* an jds Seite, neben jdm, seitlich von jdm), seitlich etw. (G); ***la casa ~ fronte*** das gegenüberliegende Haus (*o* das Haus gegenüber); ***abita ~ fronte a me*** er wohnt mir gegenüber; ***stavano ~ fronte senza dire una parola*** sie standen einander gegenüber, ohne ein Wort zu sagen; ***(al di) fuori ~*** außerhalb + gen.; ***uscire fuori ~ casa*** aus dem Haus gehen; ***fuori ~ là, lì*** dahinaus; ***usciamo fuori ~ qui!*** gehen wir hinaus! COLLOQ. raus hier! ***fuori ~ qui! vattene!*** raus hier! verschwinde! ***dal ~ fuori*** von draußen; FIG. ***essere fuori ~ sé*** außer sich sein: ***~ gran lunga*** bei weitem, längst, lange; ***~... in...*** von... zu...: ***andare ~ città in città*** von Stadt zu Stadt gehen; ***~ giorno in giorno, ~ ora in ora*** von Tag zu Tag, von Stunde zu Stunde; ***~ quando in quando, ~ tanto in tanto*** ab und zu, dann und wann; ***~ bene in meglio, ~ male in peggio*** immer besser, immer schlechter; ***invece ~*** (an)statt + gen.; *(seguito dall'infinito)* anstatt... zu...; ***al ~ là ~,*** LETT. ***~ là da*** jenseits + gen., jenseits von; ***~ meno*** weniger; ***per mezzo ~ qcn., qcs.*** durch jdn, etw.; ***un minimo ~ pazienza, prudenza*** ein Minimum an Geduld, Vorsicht; ***~ modo che*** so dass; ***niente, nulla ~ nuovo, ~ interessante*** nichts Neues, Interessantes; ***al pari ~*** (so) wie; ***pieno ~*** voll (von): ***un bicchiere pieno ~ vino*** ein Glas voll Wein; ***una rete piena ~ pesci*** ein Netz voller Fische, ein Netz voll von (*o* mit) Fischen; ***al posto ~ qcn., qcs.*** an jds Stelle, an Stelle von etw.; ***povero ~*** arm an + dat.; ***~ più*** mehr; ***un po', un poco ~ vino*** ein wenig Wein; ***prima ~*** vor + dat.; *(seguito dall'infinito)* bevor; ***privo ~*** ohne, -los: ***privo ~ buon gusto, ~ tatto, ~ volontà*** geschmacklos, taktlos, willenlos; ***qualcosa ~ buono, ~ nuovo*** etwas Gutes, Neues; ***ricco ~*** reich an + dat., -reich: ***un'epoca ricca ~ opere d'arte*** eine an Kunstwerken reiche Epoche; ***una regione ricca ~ sorgenti, materie prime*** ein quellen-, rohstoffreiches Gebiet; ***abita (due piani) sopra, sotto ~ me*** er wohnt (zwei Stockwerke) über, unter mir; ***al ~ sopra, al ~ sotto ~*** über, unter + dat.; *(moto a luogo)* über, unter + acc.

2.di f. e m.inv. d, D *n.*

dì m. LETT. MED. Tag *m.* ◆ ***notte e ~*** Tag und Nacht; ***20 gocce tre volte al ~*** 20 Tropfen dreimal pro Tag (*o* täglich).

DIA ⇒ *Direzione Investigativa Antimafia* (polizeiliche Hauptzentrale für die Bekämpfung der Mafia).

dia|be|te m. Diabetes *m.*, Zuckerkrankheit *f.*: ***essere malato di ~, avere il ~*** an Diabetes erkrankt sein, zuckerkrank sein. **dia|be|ti|co I** agg. *(-ci,-che)* diabetisch, zuckerkrank **II** m. *(-ci)* Diabetiker *m.*, Zuckerkranke *m.*: ***alimenti, dolcificante per -ci*** Lebensmittel, Süßstoff für Diabetiker.

dia|bo|li|ca|men|te avv. teuflisch, LETT. diabolisch. **dia|bo|li|co** agg. *(-ci,-che)* teuflisch, LETT. diabolisch: ***un essere ~*** ein teuflisches Wesen; ***uno sguardo ~, una risata -a*** ein teuflischer Blick, ein teuflisches Lachen; ***un piano ~*** ein teuflischer Plan.

diac|cia|re REGION. → **ghiacciare. diac|cio** REGION. → **1.ghiaccio.**

diac|cio|la f. *(erba)* ~ Eiskraut *n.*

dia|co|na|to m. Diakonat *n.* **dia|co|nes|sa** f. Diakonin *f.*, Diakonisse *f.* **dia|co|no** m. Diakon *m.*

dia|cri|ti|co agg. *(-ci,-che)* diakritisch: ***segno ~*** diakritisches Zeichen.

dia|cro|ni|a f. Diachronie *f.* **dia|cro|ni|ca|men|te** avv. diachronisch. **dia|cro|ni|co** agg. *(-ci,-che)* diachronisch.

di|a|de f. MAT. Dyade *f.*

dia|de|ma m. Diadem *n.*: ***un ~ di brillanti*** ein Brillantendiadem.

dia|di|co agg. *(-ci,-che)* MAT. dyadisch.

dia|do|chi pl. Diadochen *pl.*

dia|fa|no agg. **1** durchsichtig, lichtdurchlässig, durchscheinend, ART. diaphan **2** LETT. *(pallido)* durchsichtig: ***una pelle -a*** eine durchsichtige Haut.

dia|fi|si f. Diaphyse *f.*

dia|fo|re|si f. Diaphorese *f.* **dia|fo|re|ti|co I** agg. *(-ci,-che)* diaphoretisch, schweißtreibend, hidrotisch **II** m. *(-ci)* Diaphoretikum *n.*

dia|fram|ma m. **1** Scheidewand *f.*, Diaphragma *n.*; *(barriera)* Barriere *f.* **2** ANAT. Zwerchfell *n.*, Diaphragma *n.*: ***respirare col ~*** mit dem Zwerchfell atmen **3** FOT. Blende *f.*: ***aprire, chiudere il ~*** die Blende öffnen, schließen **4** *(contraccettivo)* Diaphragma *n.*: ***farsi applicare il ~*** sich (D) ein Diaphragma ein‿setzen lassen ◆ ***~ a iride*** Irisblende *f.*; ***~ lamellare*** Lamellenblende *f.*; ***~ regolabile*** Einstellblende *f.* **dia|fram|ma|re I** tr. mit einer Blende versehen **II** intr. (aus. *avere*) FOT. die Blende ein‿stellen. **dia|fram|ma|ti|co** agg. *(-ci,-che)* Zwerchfell-: ***respirazione -a*** Zwerchfellatmung *f.*

dia|ge|ne|si f. Diagenese *f.*

dia|gno|si f. Diagnose *f.* (anche FIG.): ***formulare, emettere, fare una ~*** eine Diagnose stellen; ***fare una approfondita ~ della situazione politica*** eine gründliche Diagnose der politischen Lage erstellen (*o* liefern) ◆ ***~ differenziale*** Differentialdiagnose *f.*; ***~ errata*** → ***~ sbagliata***; ***~ precoce*** Frühdiagnose *f.*; ***~ sbagliata*** Fehldiagnose *f.* **dia|gno|sta** m. e f. Diagnostiker *m.* (-in *f.*). **dia|gno|sti|ca** f. Diagnostik *f.*: ***~ computerizzata*** Computerdiagnostik *f.*

dia|gno|sti|ca|re tr. *(diagnostico, diagnostichi)* diagnostizieren.

dia|gno|sti|co I agg. *(-ci,-che)* diagnostisch, Diagnose-: ***centro ~*** Diagnosezentrum *n.* **II** m. *(-ci)* Diagnostiker *m.*

dia|go|na|le I agg. **1** GEOM. diagonal: ***una linea ~*** eine diagonale Linie **2a** *(obliquo)* diagonal, Diagonal-, schräg: ***in direzione ~*** in schräger Richtung **b** SPORT Quer-: ***un tiro ~*** Querpass *m.*; *(nel tennis)* Querschlag *m.*, Crossschlag *m.* **II** f. **1** GEOM. Diagonale *f.*: ***tracciare, calcolare la ~ di un rettangolo*** die Diagonale eines Rechtecks ziehen, berechnen **2** ESTENS. *(linea obliqua)* Schräglinie *f.*, Diagonale *f.* **III** m. **1a** SPORT Querpass *m.*: ***effettuare un ~*** einen

Querpass zu_spielen **b** *(nel tennis)* Querschlag *m.*, Crossschlag *m.* **2** TESS. Diagonal *m.* ◆ ***in ~*** schräg, quer: ***attraversare una piazza in ~*** einen Platz schräg überqueren; ***l'alfiere si muove, mangia in ~*** der Läufer zieht, schlägt schräg. **dia|go|nal|men|te** avv. diagonal, schräg.

dia|gram|ma m. Diagramm *n.*, Schaubild *n.* ◆ ***~ ad albero*** Baumdiagramm *n.*; ***~ di compressione*** Kompressionsdiagramm *n.*; ***~ di flusso*** Fluss-, Ablaufdiagramm *n.*

dia|let|ta|le agg. dialektal, mundartlich: ***un'espressione, un'inflessione ~*** ein mundartlicher Ausdruck, ein dialektaler Tonfall. **dia|let|ta|li|smo** m. → **dialettismo.**

dia|let|ti|ca f. Dialektik *f.*: ***un uomo di grande ~*** ein Mann von bestechender Dialektik; FILOS. ***~ hegeliana, trascendentale, negativa*** Hegelsche, transzendentale, negative Dialektik. **dia|let|ti|ca|men|te** avv. dialektisch. **dia|let|ti|co I** agg. *(-ci,-che)* dialektisch: ***abilità -a*** dialektische Fähigkeit; FILOS. ***metodo ~*** dialektische Methode; ***materialismo ~*** dialektischer Materialismus **II** m. *(-ci)* Dialektiker *m.*

dia|let|ti|smo m. Dialektausdruck *m.* **dia|let|to** m. Mundart *f.*, Dialekt *m.*: ***parlare (in) ~*** Mundart, Dialekt sprechen. **dia|let|to|fo|no** m. Mundartsprecher *m.* **dia|let|to|lo|gi|a** f. Mundartforschung *f.*, Dialektforschung *f.*, Dialektologie *f.* **dia|let|to|lo|go** m. *(-gi)* Mundartforscher *m.*

dia|li|pe|ta|lo agg. dialypetal. **dia|li|se|pa|lo** agg. getrenntblätt(e)rig.

dia|li|si f.inv. Dialyse *f.*: ***reparto ~*** Dialysestation *f.*; ***centro ~*** Dialysezentrum *n.*; ***sottoporre qcn. a ~*** jdn einer Dialyse unterziehen, jdn dialysieren. **dia|li|ti|co** agg. *(-ci,-che)* Dialyse-: ***centro ~*** Dialysezentrum *n.* **dia|liz|za|re** tr. dialysieren. **dia|liz|za|to I** p.pass. agg. → **dializzare II** m. Dialysepatient *m.* **dia|liz|za|to|re** m. **1** CHIM. Dialysator *m.* **2** MED. Dialysegerät *n.*

dia|lo|ga|re *(dialogo, dialoghi)* **I** intr. (aus. *avere*) sich unterhalten, miteinander reden: ***~ con qcn. di qcs.*** sich mit jdm über etw. (A) unterhalten; ESTENS. ***due persone che dialogano poco*** zwei Personen, die wenig miteinander reden **II** tr. dialogisieren: ***~ una scena*** eine Szene dialogisieren. **dia|lo|ga|to I** p.pass. agg. **1** → **dialogare 2** Dialog-: ***le parti -e di un romanzo*** die Dialogteile eines Romans **II** m. Dialogteil *m.*

dia|lo|gi|ca|men|te avv. dialogisch. **dia|lo|gi|co** agg. *(-ci,-che)* dialogisch, Dialog-, Gesprächs-: ***in forma -a*** in Dialogform *f.* (*o* Gesprächsform). **dia|lo|giz|za|re** tr. dialogisieren: ***~ un testo*** einen Text dialogisieren.

dia|lo|go m. *(-ghi)* **1a** Dialog *m.*, Gespräch *n.*, Zwiegespräch *n.*: ***avere, sostenere un ~ con qcn.*** mit jdm einen Dialog führen; ***un ~ tra sordi*** ein Gespräch zwischen Tauben; ***pronto al ~*** gesprächsbereit; ***tra loro (due) non c'è ~*** zwischen den beiden herrscht Schweigen, COLLOQ. Funkstille **b** LETT. ***i -ghi di Platone*** Platons Dialoge **c** INFORM. ***~ computer e stampante*** Dialog zwischen Computer und Drucker **2** pl. CINEM. TELEV. Dialog *m.*: ***autore dei -ghi*** Dialogautor *m.*

dia|ma|gne|ti|co agg. *(-ci,-che)* diamagnetisch. **dia|ma|gne|ti|smo** m. Diamagnetismus *m.*

dia|man|te m. **1** Diamant *m.*: ***un ~ impuro, non levigato*** ein unreiner, ungeschliffener Diamant; ***sfaccettare, levigare un ~*** einen Diamanten schleifen; ***un ~ di 20 carati*** ein Diamant von 20 Karat; ***tempestato di -i*** mit Diamanten besetzt, diamantenbesetzt; FIG. ***duro come il ~*** hart wie ein Diamant; ***un anello, un collier di -i*** ein Diamantring, ein Diamant(en)kollier **2** TECN. Schneidediamant *m.*, Glaserdiamant *m.* **3** TIP. Diamant *f.*: ***carattere ~*** Diamantschrift *f.* **4** MAR. Ankerkreuz *n.*, Kreuz *n.* **5** SPORT Malquadrat *n.*, Malfeld *n.* ◆ ***di ~*** diamanten, Diamant(en)-; ***~ grezzo*** Rohdiamant *m.*, ungeschliffener Diamant *m.*; ***nozze di ~*** diamantene Hochzeit; FIG. ***la punta di ~ di qcs.*** die Spitzenkraft von etw.; ***tagliatore di -i*** Diamantschleifer *m.* **dia|man|ti|fe|ro** agg. Diamanten-: ***filone ~*** Diamantenader *f.*

dia|me|tra|le agg. diametral. **dia|me|tral|men|te** avv. diametral: ***~ opposto*** diametral entgegengesetzt.

dia|me|tro m. **1** Durchmesser *m.*, Diameter *m.*: ***~ esterno, interno*** äußerer, innerer Durchmesser; ***tracciare il ~*** den Durchmesser ein_zeichnen; ***il cerchio ha un ~ di 3 cm*** der Kreis misst 3 cm im Durchmesser **2** TECN. Weite *f.*: ***il tubo ha un ~ interno di 20 cm*** das Rohr hat eine lichte Weite von 20 cm.

dia|mi|ne inter. verdammt, Mensch, zum Teufel: ***che ~ vuoi ancora?*** Mensch, was willst du denn noch? ***chi ~ cerchi?*** wen, zum Teufel, suchst du?

di|am|mi|na f. CHIM. Diamin *n.*

dia|na f. **1** MIL. Weckruf *m.*, Wecksignal *n.*, Wecken *n.*: ***suonare la ~*** zum Wecken blasen, FIG. das Zeichen geben **2** MAR. Tagwacht *f.*

Dia|na n.pr.f. Diana *f.* (anche MITOL.).

dian|zi avv. LETT. vor kurzem.

dia|pa|son m.inv. Diapason *m.*, Stimmgabel *f.*

dia|po|si|ti|va f. Diapositiv *n.*, Dia *n.*: ***proiettare -e su uno schermo*** Dias auf eine Leinwand werfen, projizieren; ***conferenza con proiezione di -e*** Diavortrag *m.*, Lichtbildervortrag *m.* ◆ ***proiettore per -e*** Diaprojektor *m.*; ***telaietto per -e*** Diarahmen *m.*; ***visore per -e*** Diabetrachter *m.* **dia|pro|iet|to|re** m. Diaprojektor *m.*

diar|chi|a f. Diarchie *f.*

dia|ria f. **1** Tagegeld *n.* **2** *(di parlamentari)* Diäten *pl.*, Tagegelder *pl.*

dia|rio m. *(-ri)* **1** Tagebuch *n.*: ***tenere un ~*** ein Tagebuch führen; ***scrivere un'annotazione sul ~*** sich eine Notiz im Tagebuch machen **2** *(scolastico)* Aufgabenheft *n.*: ***scrivere una nota sul ~*** eine Anmerkung in das Aufgabenheft schreiben ◆ MAR. ***~ di bordo*** Schiffsjournal *n.*, Logbuch *n.*, Bordbuch *n.*; ***~ di guerra*** Kriegstagebuch *n.*

dia|ri|sta m. e f. *(-i,-e)* Tagebuchschreiber *m.* (-in *f.*).

diar|re|a f. Durchfall *m.*, MED. Diarrhö(e) *f.*: ***avere la ~*** Durchfall haben. **diar|roi|co** agg. *(-ci,-che)* diarrhöisch.

dia|sco|pi|a f. Diaskopie *f.*, Röntgendurchleuchtung *f.* **dia|sco|pio** m. *(-pi)* Diaskop *n.*, Diaprojektor *m.*

dia|spo|ra f. STOR. Diaspora *f.*: ***gli ebrei della ~*** die Juden (in) der Diaspora.

dia|spro m. Jaspis *m.*

dia|sto|le f. Diastole *f.* **dia|sto|li|co** agg. *(-ci,-che)* diastolisch: ***pressione -a*** diastolischer Blutdruck.

dia|te|ca f. Diathek *f.*

dia|ter|mi|a f. Diathermie *f.*

dia|ter|mo|co|a|gu|la|zio|ne f. Schmelzschnitt *m.*

dia|te|si f. Diathese *f.*

dia|to|me|a f. Kieselalge *f.*, Diatomee *f.*

dia|to|ni|a f. Diatonik *f.* **dia|to|ni|co** agg. *(-ci,-che)* diatonisch: ***scala -a*** diatonische Tonleiter. **dia|to|ni|smo** m. → **diatonia.**

dia|tri|ba, dia|tri|ba f. Diatribe *f.*

dia|vo|la, *pollo alla ~* INTRAD. (scharf gebackenes, platt gedrücktes Huhn). **dia|vo|le|ri|a** f. **1** *(azione diabolica)* Teufelei *f.* **2** *(astuzia)* böser Streich *m.*: ***escogitare una ~*** einen bösen Streich aus_hecken, eine Teufelei aus_denken **3** *(stranezza)* wunderliches Ding *n.* **dia|vo|le|sco** agg. *(-schi,-sche)* teuflisch, Teufels-. **dia|vo|les|sa** f. Teufelin *f.*, Teufelsweib *n.* **dia|vo|let|to** m. **1** Teufelchen *n.* **2** SCHERZ. *(bambino)* Schlingel *m.*, Teufelchen *n.* **3** *(bigodino)* Lockenwickler *m.*

dia|vo|lo m. **1a** Teufel *m.*: ***essere posseduto dal ~*** vom Teufel besessen sein; ***vendere la propria anima al ~*** seine Seele dem Teufel verschreiben **b** FIG. *(di persone)* ***i tuoi bambini sono -i scatenati*** deine Kinder sind wie vom Teufel besessen; COLLOQ. ***un ~ di ragazza*** ein Teufel von (einem) Mädchen **2** INTER. ***~!*** Teufel! Teufel auch! **3** RAFFORZ. (zum) Teufel, Teufel noch (ein)mal: ***che ~ vuoi ancora?*** was zum Teufel willst du noch? ***chissà dove ~ è!*** weiß der Teufel, wo das ist! ***che ~ hai combinato?*** was zum Teufel hast du da angestellt? ◆ ***essere come il ~ e l'acqua santa*** wie Hund und Katze sein; ***temere qcn., qcs. come il ~ l'acqua santa*** jdn, etw. fürchten (*o* scheuen) wie der Teufel das Weihwasser; ***al ~!*** zum Teufel! ***andare al ~*** zum Teufel gehen, sich zum Teufel scheren; ***fare l'avvocato del ~*** den Advocatus Diaboli spielen; ***brutto come il ~*** hässlich wie die Nacht; ***un buon ~*** ein guter Kerl, eine gute Haut; ***avere un ~ per capello*** fuchsteufelswild sein; ***abitare a casa del ~*** am Ende der Welt wohnen; ***sapere dove il ~ tiene la coda*** wissen, wie der Hase läuft, wissen, wo Barthel (den) Most holt; ***avere il ~ in corpo*** den Teufel im Leib haben; ***chi ~ ha fatto questo?*** wer zum Teufel hat das getan? ***fa un freddo del ~*** es ist teuflisch kalt; ***furbo più del ~*** schlauer als der Teufel selbst; ***mandare al ~ qcn.*** jdn zum Teufel schicken, wünschen, jagen; ***mandare tutto al ~*** den ganzen Kram hin_werfen; ITTIOL. ***~ di mare*** Teufelsfisch *m.*; ***essere il ~ in persona*** ein Teufel in Menschengestalt sein; ***che il ~ ti porti*** hol dich der Teufel! ***un povero ~*** ein armer Teufel; ***che ~ ti prende? che ~ ti è preso*** bist du des Teufels? in dich ist wohl der Teufel gefahren! ***fare il ~ a quattro*** den wilden Mann spielen; ***lo sa il ~...*** weiß der Teufel...; ***saperne una più del ~*** mit allen Wassern gewaschen sein; ***~ della Tasmania*** Beutelteufel *m.*; ***per tutti i -i!*** in drei Teufels Namen! ***~ d'uomo*** Teufelskerl *m.*; ***va' al ~*** geh, scher dich zum Teufel! PROV. ***il ~ non è brutto quanto lo si dipinge*** der Teufel ist nicht so schwarz, wie man ihn malt, es wird nichts so heiß gegessen, wie es gekocht wird; ***il ~ ci ha messo la coda (lo zampino)*** dabei hat der Teufel die (*o* seine) Hand im Spiel, es ist wie verhext; ***si parla del ~ e spuntano le corna*** wenn man vom Teufel spricht, kommt er (auch schon); ***la farina del ~ va***

in crusca Unrecht gedeiht nicht; ***il ~ fa le pentole ma non i coperchi*** es ist nichts so fein gesponnen, es kommt doch ans Licht der Sonnen.

di|bat|te|re **I** tr. **1** erörtern, streiten, debattieren: ***~ un problema*** ein Problem erörtern; ***~ questioni filosofiche*** über philosophische Fragen streiten **2** DIR. verhandeln: ***~ una causa contro qcn. per qcs.*** eine Sache gegen jdn wegen etw. verhandeln **II** pronom. **dibattersi** **1** um sich schlagen, zappeln: ***il pesce si dibatte nella rete*** der Fisch zappelt im Netz **2** FIG. ringen: ***-rsi nel dubbio*** mit dem Zweifel ringen.

di|bat|ti|men|ta|le agg. Verhandlungs-: ***una sentenza ~*** Verhandlungsurteil *n.*, Verhandlungsentscheid *m.*

di|bat|ti|men|to m. **1** Debatte *f.*, Verhandlung *f.* **2** DIR. Verhandlung *f.*, Hauptverhandlung f.: ***~ giudiziario*** gerichtliche Verhandlung, Gerichtsverhandlung *f.*; ***avviare il ~*** in eine Verhandlung ein‿treten; ***rinvio, aggiornamento del ~*** Vertagung *f.* der Verhandlung.

di|bat|ti|to m. Debatte *f.*, Diskussion *f.*, Beratung *f.*: ***un ~ su una questione politica*** eine Debatte über eine politische Frage; ***un ~ animato, burrascoso*** eine erregte, stürmische Debatte; ***aprire, chiudere un ~*** eine Debatte eröffnen, schließen; ***partecipare al ~*** sich an der Debatte (*o* Diskussion) beteiligen; ***moderare, condurre un ~*** eine Diskussion leiten; ***la conduzione del ~*** die Diskussionsleitung; ***~ parlamentare*** Parlamentsdebatte *f.*; ***~ sul bilancio pubblico*** Haushaltsdebatte *f.*

di|bat|tu|to p.pass. agg. **1** → **dibattere** **2** *(controverso)* strittig, streitig, umstritten: ***un punto ~*** ein strittiger Punkt; ***un problema molto ~*** ein heiß umstrittenes Problem.

di|bo|sca|men|to → **disboscamento.** **di|bo|sca|re** → **disboscare.**

di|ca|ste|ro m. Ministerium *n.*

di|cem|bre m. Dezember *m.*: ***a, in ~*** im Dezember; ***all'inizio, alla fine di (a fine) ~*** Anfang, Ende Dezember; ***il primo, il due (di) ~*** am ersten, zweiten Dezember.

di|ce|ri|a f. Gerücht *n.*, Gerede *n.*: ***diffondere tra la gente -e su qcs., qcn.*** unter den Leuten Gerüchte über etw., jdn aus‿streuen, verbreiten; ***sul suo conto corrono molte -e*** über ihn kursieren viele Gerüchte.

di|chia|ran|te m. e f. Erklärende *m.* e *f.*, Deklarant *m.* (-in *f.*).

di|chia|ra|re **I** tr. **1** erklären: ***~ guerra a qcn., qcs.*** jdm, etw. den Krieg erklären; FIG. jdm, etw. den Krieg an‿sagen; ***~ a qcn. il proprio amore*** jdm seine Liebe erklären; ***~ la propria indipendenza*** seine Unabhängigkeit erklären; ***~ bancarotta*** den Bankrott erklären; ***~ nullo un contratto*** einen Vertrag (für) ungültig erklären; ***~ morto qcn.*** jdn für tot erklären; ***~ aperta la seduta*** die Sitzung für eröffnet erklären; ***~ qcn. colpevole, in arresto*** jdn für schuldig, verhaftet erklären; ***in nome della legge, La dichiaro in arresto!*** im Namen des Gesetzes, Sie sind verhaftet! **2** *(esprimere)* kund‿tun, äußern: ***~ le proprie opinioni, la propria stima*** seine Meinungen äußern, seine Achtung kundtun **3** *(notificare)* an‿geben: ***~ il proprio reddito, le proprie generalità*** sein Einkommen, seine Personalien angeben **II** pronom. **dichiararsi** sich erklären: ***-rsi a favore, contro qcn., qcs.*** sich für, gegen jdn, etw. erklären; ***-rsi colpevole, innocente, d'accordo, vinto*** sich (für) schuldig, unschuldig, einverstanden, besiegt erklären; ***-rsi pronto a fare qcs.*** sich bereit erklären, etw. zu tun; ***-rsi a qcn.*** sich jdm erklären ◆ ***Vi dichiaro marito e moglie*** ich erkläre euch für Mann und Frau; ***niente da ~?*** haben Sie etwas zu verzollen?

di|chia|ra|ta|men|te avv. erklärtermaßen, ausgesprochen, ausdrücklich. **di|chia|ra|ti|vo** agg. **1** erklärend, erläuternd **2** GRAMM. aussagend, Aussage-: ***proposizione -a*** Aussagesatz *m.* ◆ ***giuramento ~*** Offenbarungseid *m.*; ***fare, prestare un giuramento ~*** den Offenbarungseid ab‿legen, leisten.

di|chia|ra|to p.pass. agg. **1** → **dichiarare** **2** erklärt: ***un nemico ~*** ein erklärter Gegner, Feind **3** *(registrato)* gemeldet: ***essere ~ disperso*** als vermisst gemeldet sein.

di|chia|ra|zio|ne f. **1a** Erklärung *f.*, Angabe *f.*: ***~ ufficiale, programmatica*** offizielle, programmatische Erklärung; ***rilasciare, sottoscrivere una ~*** eine Erklärung ab‿geben, unterschreiben **b** *(affermazione)* Aussage *f.*, Äußerung *f.*: ***fare, rettificare una ~*** eine Äußerung tun, eine Aussage richtig stellen **2** *(d'amore)* Liebeserklärung *f.*: ***fare la ~ a qcn.*** jdm eine Liebeserklärung machen **3** COMM. DIR. Erklärung *f.*, Deklaration *f.*, Meldung *f.*: ***~ giurata*** eidesstattliche Erklärung (*o* eidliche Aussage) **3** *(nei giochi di carte)* Ansage *f.* **4** *(nel bridge)* Bieten *n.*, Lizitation *f.* ◆ ***~ di adesione*** Beitrittserklärung *f.*; ***~ d'amore*** Liebeserklärung *f.*; ***~ di assenso*** Einverständniserklärung *f.*; ***~ di confisca*** Verfall(s)erklärung *f.*; ***~ di, del contenuto*** Inhaltserklärung *f.*; ***~ di contumacia*** Abwesenheitserklärung *f.*; ***la ~ dei diritti dell'uomo*** die Menschenrechtserklärung, die Deklaration der Menschenrechte; ***~ (di merci) alla dogana*** Zollanmeldung *f.*, Zolldeklaration *f.*; ***~ di maggiore età*** Mündigkeitserklärung *f.*; ***~ di fallimento*** Konkurs-, Bankrotterklärung *f.*; ***~ di guerra*** Kriegserklärung *f.*; ***~ d'indipendenza*** Unabhängigkeitserklärung *f.*; ***~ d'intenti*** Absichtserklärung *f.*; ***~ d'invalidità*** Ungültigkeits-, Kraftloserklärung *f.*; ***~ di morte presunta*** Todeserklärung *f.*; ***~ di neutralità*** Neutralitätserklärung *f.*; ***~ di principio*** Grundsatzerklärung *f.*; ***~ dei redditi*** Einkommen(s)steuererklärung *f.*, Steuererklärung *f.*; ***~ di ricusazione*** Ablehnungserklärung *f.*; ***~ di rinuncia*** Verzicht(s)erklärung *f.*; ***~ a mezzo, alla stampa*** Presseerklärung *f.*

di|cian|no|ve **I** agg.inv. neunzehn **II** m. **1** Neunzehn *f.* **2** *(nelle date)* Neunzehnte *m.*: ***oggi è il ~*** heute ist der Neunzehnte; ***Roma, ~ giugno*** Rom, den neunzehnten Juni; ***il ~ maggio*** am neunzehnten Mai **III** f.pl. neunzehn Uhr *f.*, neunzehn: ***alle ~*** um neunzehn Uhr. **di|cian|no|ven|ne** **I** agg. neunzehnjährig **II** m. e f. Neunzehnjährige *m.* e *f.* **di|cian|no|ve|si|mo** **I** agg. neunzehnte: ***il ~ secolo*** das neunzehnte Jahrhundert **II** m. **1** Neunzehnte *m.* **2** *(frazione)* Neunzehntel *n.*

di|cias|set|te **I** agg.inv. siebzehn **II** m. **1** Siebzehn *f.* **2** *(nelle date)* Siebzehnte *m.*: ***oggi è il ~*** heute ist der Siebzehnte; ***Roma, ~ maggio*** Rom, den siebzehnten Mai; ***il ~ maggio*** am siebzehnten Mai **III** f.pl. siebzehn Uhr *f.*, siebzehn: ***alle ~*** um siebzehn Uhr. **di|cias|set|ten|ne** **I** agg. siebzehnjährig **II** m. e f. Siebzehnjährige *m.* e *f.* **di|cias|set|te|si|mo** **I** agg. siebzehnte: ***il ~ secolo*** das siebzehnte Jahrhundert **II** m. **1** Siebzehnte *m.* **2** *(frazione)* Siebzehntel *n.*

di|ciot|ten|ne **I** agg. achtzehnjährig **II** m. e f. Achtzehnjährige *m.* e *f.* **di|ciot|te|si|mo** **I** agg. achtzehnte: ***il ~ secolo*** das achtzehnte Jahrhundert **II** m. **1** Achtzehnte *m.* **2** *(frazione)* Achtzehntel *n.* **di|ciot|to** **I** agg.inv. achtzehn **II** m. **1** Achtzehn *f.* **2** *(nelle date)* Achtzehnte *m.*: ***domani è il ~*** morgen ist der Achtzehnte; ***Roma, ~ maggio*** Rom, den achtzehnten Mai; ***il ~ giugno*** am achtzehnten Juni **III** f.pl. achtzehn Uhr *f.*, achtzehn: ***alle ~*** um achtzehn Uhr.

di|ci|to|re m. Rezitator *m.*, Vortragende *m.*: IRON. ***essere un fine ~*** ein Vortragskünstler sein.

di|ci|tu|ra f. Aufschrift *f.*, Beschriftung *f.*: ***il cartello reca una ~*** das Schild trägt eine Aufschrift.

di|co|ti|le|do|ne **I** agg. zweikeimblättrig, dikotyl **II** f. Dikotyle *f.*, Dikotyledone *f.*

di|co|to|mi|a f. Dichotomie *f.* **di|co|to|mi|co** agg. *(-ci,-che)* dichotom, dichotomisch.

di|cro|ma|ti|smo m. Dichromasie *f.*

di|da|sca|li|a f. **1** Bildunterschrift *f.*, Text *m.*, Legende *f.*: ***mettere la ~ a una foto*** ein Foto mit Bildunterschrift versehen, ein Foto untertiteln; ***scrivere le -e delle illustrazioni*** die Texte zu den Abbildungen schreiben (*o* Bilder betexten, beschriften) **2** CINEM. Zwischentitel *m.*; *(sottotitolo)* Untertitel *m.* **3** TEATR. Regieanweisung *f.*, Bühnenanweisung *f.* **di|da|sca|li|ca|men|te** avv. lehrhaft, belehrend. **di|da|sca|li|co** agg. *(-ci,-che)* lehrhaft, Lehr-: ***poesia -a*** Lehrdichtung *f.* **di|da|sca|li|smo** m. Lehrhaftigkeit *f.*

di|dat|ti|ca f. *(-che)* Didaktik *f.*, Unterrichtskunde *f.*, Unterrichtslehre *f.* **di|dat|ti|ca|men|te** avv. didaktisch. **di|dat|ti|co** agg. *(-ci, -che)* **1** didaktisch, Lehr-, Unterrichts-: ***attività -a*** Lehrtätigkeit *f.*; ***materiale, strumento, metodo, percorso ~*** Lehrmaterial *n.*, Lehrmittel *n.*, Lehrmethode *f.*, Lehrpfad *m.* **2** FIG. lehrhaft, belehrend, didaktisch: ***un tono ~*** ein lehrhafter Ton◆ ***direttore ~*** Grundschulleiter *m.*, Direktor *m.* der Grundschule; ***dramma ~*** Lehrstück *n.*

di|den|tro **I** m.inv. Innere *n.*: ***il ~ di una scatola*** das Innere einer Dose; ***guardare qcs. dal ~*** etw. von innen betrachten **II** agg.inv. innere, Innen-: ***la parte ~*** der (*o* das) innere Teil.

di|die|tro **I** m.inv. **1** Hinterseite *f.* **2** COLLOQ. *(sedere)* Hintern *m.* **II** agg.inv. hintere, Hinter-.

die|ci **I** agg.inv. zehn: ***le ~ dita della mano*** die zehn Finger der Hand; ***avere ~ anni*** zehn Jahre alt sein; ***fra ~ giorni*** in zehn Tagen; ***a pagina ~*** auf Seite zehn **II** m. **1a** Zehn *f.*: ***puntare sul ~*** auf die Zehn setzen; ***fare un ~ (con i dadi)*** eine Zehn würfeln **b** *(carta)* ***il ~ di cuori*** die Herzzehn; ***scartare un ~*** eine Zehn ab‿legen **2** *(giorno del mese)* Zehnte *m.*: ***il ~ (di) maggio*** am zehnten Mai; ***oggi è il ~*** heute ist der Zehnte; ***Roma, ~ aprile*** Rom, den zehnten April **3** SCOL. *(voto massimo)* Eins *f.*: ***prendere (un) ~ in condotta*** eine Eins in Betragen bekommen **III** f.pl. zehn Uhr *f.*, zehn: ***alle ~*** um zehn (Uhr); ***sono le ~, le ~ e mezzo*** es ist zehn Uhr, halb elf; ***un quarto alle ~, le ~ meno un quarto*** (ein) Viertel vor zehn ◆ ***di ~ anni*** zehnjährig; STOR. ***il consiglio dei ~*** der Rat der Zehn; ***in ~*** zu zehnt; ***un ~ lire, una moneta da ~ lire*** ein Zehnlirestück; ***di ~ mesi*** Zehnmonats-, zehnmonatig; ***lavorare per ~*** für zehn arbeiten; ***a,***

di ~ piani zehnstöckig; ***~ volte*** zehnmal.

die|ci|mi|la agg.inv. zehntausend: ***un ~ lire, una banconota, un biglietto da ~ lire*** ein Zehntausendlireschein *m.*

die|ci|na → **decina.**

die|di → **1.dare.**

die|dro m. V-Winkel *m.*, Dieder *n.* ◆ ALP. ***~ aperto*** Verschneidung *f.*

die|let|tri|ci|tà f. Dielektrizität *f.* **die|let|tri|co I** agg. *(-ci,-che)* dielektrisch **II** m. *(-ci)* Dielektrikum *n.*

dien|ce|fa|lo m. Zwischenhirn *n.*

die|re|si f. Diärese *f.*, Diäresis *f.*; *(segno diacritico)* Trennpunkte *pl.*, Trema *n.*; *(di metafonia)* Umlautzeichen *n.*, Umlaut *m.*

die|sel I agg.inv. diesel-, Diesel-: ***motore, carburante ~*** Dieselmotor *m.*, Dieselkraftstoff *m.*; ***propulsione ~*** Dieselantrieb *m.* **II** m.inv. Diesel *m.* ◆ ***motore semi ~*** Glühkopfmotor *m.*

die|sis m.inv. Kreuz *n.*: ***fa ~*** fis, Fis; ***do ~*** cis, Cis. **die|siz|za|re** tr. durch ein Kreuz erhöhen.

1.die|ta f. Diät *f.*: ***una ~ stretta, rigorosa*** eine strenge Diät; ***~ povera di sale*** salzarme Diät (*o* Kost); ***osservare una, attenersi a una ~*** Diät halten; ***mettere qcn. a ~*** jdn auf Diät setzen; ***fare una, mettersi a ~*** (eine) Diät machen; ***prescrivere una ~ a qcn.*** jdm eine Diät verordnen ◆ ***essere, stare a ~*** Diät leben, essen; ***~ dimagrante*** Schlankheitskur *f.*, Abmagerungskur *f.*, MED. Reduktionsdiät *f.*; ***fare, sottoporsi a una ~ dimagrante*** eine Schlankheitskur machen, sich einer Schlankheitskur unterziehen; ***~ lattea*** Milchdiät *f.*; ***~ liquida*** flüssige Nahrung, Saftkur *f.*; ***~ mediterranea*** mittelmeerische Kost *f.*; ***~ per diabetici, per malati di fegato*** Diabetikerkost *f.*, Leberdiät *f.*; ***~ vegetariana*** Pflanzenkost *f.*, vegetarische Kost *f.*

2.die|ta f. **1** Versammlung *f.* **2** STOR. *(imperiale)* Reichstag *m.*; *(regionale)* Landtag *m.*; ***~ dei principi*** Fürstentag *m.* ◆ ***la ~ di Worms*** der Wormser Reichstag.

die|te|ti|ca f. Ernährungslehre *f.*, Diätetik *f.* **die|te|ti|co** agg. *(-ci, -che)* diätetisch, Diät-: ***alimentazione, cucina -a*** Diätkost *f.*, Diätküche *f.*; ***prodotto ~*** diätetisches Produkt. **die|ti|sta** m. e f. *(-i,-e)* Diätist *m.* (-in *f.*), Diätassistent *m.* (-in *f.*). **die|to|lo|gi|a** f. Trophologie *f.* **die|to|lo|go** m. *(-gi)* Trophologe *m.* **die|to|te|ra|pi|a** f. Diätkur *f.*

die|tro I avv. hinten: ***abita qui, lì, là ~*** er wohnt hier hinten, dahinten, dort hinten; ***guardare qcs. davanti e ~*** etw. von vorn und hinten betrachten; ***passare da ~*** hintenherum gehen (A) **II** prep. **1** *(stato in luogo)* hinter + dat.: ***stare ~ (al)la porta*** hinter der Tür stehen; ***erano seduti ~ di me*** sie saßen hinter mir; ***andare uno ~ (al)l'altro*** hintereinander, einer hinter dem anderen gehen **2** *(moto a luogo)* hinter + acc.: ***cadere ~ (al)l'armadio*** hinter den Schrank fallen **3** *(tempo)* nach + dat.: ***i guai arrivano uno ~ l'altro*** ein Unglück kommt selten allein **4** COMM. BUROCR. gegen + acc., auf + acc.: ***consegna ~ pagamento in contanti, anticipato*** Lieferung gegen bar, gegen (*o* bei, nach) Vorauszahlung; ***~ domanda*** auf Anfrage; ***~ ricevuta*** gegen Quittung **5** *(secondo)* nach + dat.: ***agire ~ l'esempio di qcn.*** jds Beispiel folgen **III** m. Hinterseite *f.*, Rückseite *f.*: ***il ~ della casa*** die Rückseite des Hauses; ***il ~ della camicia, dei pantaloni*** die Rückseite des Hemdes, der Hose ◆ ***andare ~ a qcn., qcs.*** hinter jdm, etw. her‿gehen, jdm, etw. nach‿gehen (anche FIG.); ***andare ~ alla moda*** mit der Mode gehen; ***correre ~ a qcn., qcs.*** jdm, etw. nach‿laufen (anche FIG.); ***correre ~ alle gonnelle*** hinter jeder Schürze, jedem Rock her‿laufen; ***correre ~ (a)i soldi*** dem Geld nach‿jagen; ***mettersi in fila ~ agli altri*** sich hinten an‿stellen; ***lasciarsi ~ qcn., qcs.*** jdn, etw. hinter sich lassen; FIG. ***non avere gli occhi di ~*** hinten keine Augen haben; ***portarsi ~ qcn., qcs.*** jdn, etw. mit‿nehmen, mit‿bringen; ***ridere ~ a qcn.*** hinter jds Rücken lachen; ***star ~ a qcn.*** *(seguire)* jdm nach‿gehen; *(prendersi cura)* sich um jdn kümmern; *(fare la corte)* hinter jdm, etw. her‿sein; ***tener ~ a qcs.*** bei etw. mit‿halten; ***tirarsi ~ qcs.*** etw. hinter sich her‿ziehen, etw. nach‿ziehen; COLLOQ. FIG. ***tirarsi ~ qcn.*** jdn an‿schleppen, mit‿schleppen.

die|tro|front I inter. kehrt **II** m.inv. Kehrtwendung *f.* (anche FIG.) ◆ ***fare ~*** kehrt‿machen (anche FIG.).

die|tro|lo|gi|a f. = Tendenz, vor allem in der Politik, hinter allem verborgene Beweggründe sehen zu wollen.

di|fat|ti cong. → **infatti.**

di|fen|de|re *(difendo; difesi, difendesti; difeso)* **I** tr. **1** verteidigen: ***~ i confini, una città*** die Grenzen, eine Stadt verteidigen; ***~ qcn. in tribunale*** jdn vor Gericht verteidigen; SPORT ***~ la porta*** das Tor verteidigen; ***~ il titolo, il vantaggio*** seinen Titel, den Vorsprung verteidigen; FIG. ***~ le proprie opinioni, idee*** seine Ansichten, Ideen verteidigen; ***~ il buon nome della famiglia*** den guten Namen der Familie verteidigen **2** *(diritti, interessi)* wahren, wahr‿nehmen **3a** *(riparare, proteggere)* schützen: ***questo maglione ti difenderà dal freddo*** dieser Pulli wird dich vor Kälte schützen; ***le mura difendono la città*** die Mauern schützen die Stadt **b** *(preservare)* ***~ animali, piante*** Tiere, Pflanzen schützen **II** pronom. **difendersi 1** sich verteidigen: ***-rsi da accuse ingiuste*** sich gegen ungerechte Beschuldigungen verteidigen **2** *(ripararsi)* sich schützen: ***-rsi dal freddo*** sich vor Kälte schützen **3** COLLOQ. *(cavarsela)* sich gut, wacker schlagen: ***agli esami mi sono difeso*** in der Prüfung habe ich mich gut geschlagen; ***nel tennis non è un campione, ma si difende*** im Tennis ist er kein Ass, aber er schlägt sich wacker. **di|fen|di|bi|le** agg. gut zu verteidigen.

di|fen|si|va f. Defensive *f.* (anche FIG.): ***costringere qcn. alla ~*** jdn in die Defensive drängen; ***stare sulla ~*** in der Defensive sein; SPORT aus der Defensive spielen; ***mettersi, porsi sulla ~*** sich in die Defensive begeben; ***mantenersi, tenersi sulla ~*** sich defensiv verhalten. **di|fen|si|vi|smo** m. **1** Defensivtaktik *f.*, Verteidigungshaltung *f.* **2** SPORT Defensivspiel *n.*

di|fen|si|vo agg. Verteidigungs-, Defensiv-: ***alleanza, arma -a*** Verteidigungsbündnis *n.*, Verteidigungswaffe *f.*; SPORT ***gioco ~*** Defensivspiel *n.* ◆ ***misure -e*** Abwehrmaßnahmen *pl.*

di|fen|so|re m. **1** Verteidiger *m.* (anche DIR.): ***~ della patria*** Vaterlandsverteidiger *m.*; ***~ di fiducia, d'ufficio*** Wahl-, Pflicht- (*o* Offizialverteidiger *m.*); ***erigersi a ~*** sich zum Verteidiger auf‿werfen **2** SPORT Verteidiger *m.*, Abwehrspieler *m.*: ***giocare nel ruolo di ~*** als Verteidiger spielen ◆ ***avvocato ~*** Strafverteidiger *m.*, Verteidiger *m.*; ***~ civico*** Ombudsmann *m.*; SPORT ***estremo ~*** Schlussmann *m.*

di|fe|sa f. **1a** Verteidigung *f.*: ***una ~ strenua, accanita*** eine tapfere, hartnäckige Verteidigung; ***accorrere, intervenire in ~ di qcn.*** zu jds Verteidigung herbei‿eilen, jdn verteidigen; ***a, in tua ~*** zu deiner Verteidigung; DIR. ***assumere la ~ di qcn.*** jds Verteidigung übernehmen **b** DIR. *(avvocato difensore)* Verteidigung *f.*, Verteidiger *m.*: ***la ~ ritira l'istanza*** die Verteidigung zieht den Antrag zurück; ***la parola (passa) alla ~!*** die Verteidigung hat das Wort! ***replica della ~*** Gegenrede der Verteidigung **2** MIL. SPORT Verteidigung *f.*, Abwehr *f.*: ***~ territoriale, nazionale*** Territorial-, Landesverteidigung *f.*; ***concentrare la ~*** die Abwehr massieren; ***giocare in ~*** in der Verteidigung spielen **3a** DIR. *(arringa)* Plädoyer *n.*, Verteidigungsrede *f.*: ***una ~ persuasiva*** ein überzeugendes Plädoyer **b** *(scritto di difesa)* Verteidigungsschrift *f.* **4** *(protezione)* Schutz *m.*: ***cercare ~ dal vento*** Schutz vor dem Wind suchen; ***un'efficace ~ contro il freddo*** ein wirksamer Schutz vor der Kälte ◆ ***~ aerea*** Flugabwehr *f.*; ***~ dell'ambiente*** Umweltschutz *m.*; ***~ antiaerea*** → ***~ aerea***; ***arma da, di ~*** Verteidigungswaffe *f.*, Schutzwaffe *f.*; SPORT ***chiudersi in ~*** dicht‿machen; ***-e immunitarie*** Abwehrkräfte *pl.*; ***per legittima ~*** aus, in Notwehr *f.*; PSIC. ***meccanismo di ~*** Abwehrmechanismus *m.*; ***ministero della ~*** Verteidigungsministerium *n.*; ***ministro della ~*** Verteidigungsminister *m.*; ***~ personale*** Selbstverteidigung *f.*; ***prendere le -e di qcn.*** jds Partei ergreifen; ***privo di ~*** wehrlos; ***reazione di ~*** Abwehrreaktion *f.*; ***~ del suolo*** Bodenschutz *m.*; SPORT ***~ a uomo*** Manndeckung *f.*; SPORT ***~ a zona*** Raumdeckung *f.*; PROV. ***la miglior ~ è l'attacco*** Angriff ist die beste Verteidigung.

di|fe|so p.pass. agg. **1** → **difendere 2** *(fortificato)* verteidigt: ***una postazione ben -a*** eine gut verteidigte Stellung **3** *(riparato)* geschützt: ***un anfratto ~ dal vento*** eine vor (*o* gegen) Wind geschützte Schlucht.

di|fet|ta|re intr. (aus. *avere*) **1** mangeln: ***a qcn. difetta qcs., qcn. difetta di qcs.*** jdm mangelt es an etw. (D) **2** RAR. *(presentare difetti)* fehlerhaft sein: ***qcn. difetta nella pronuncia*** jds Aussprache ist fehlerhaft. **di|fet|ti|vo** agg. GRAMM. defektiv: ***verbi -i*** defektive Verben.

di|fet|to m. **1** Fehler *m.*, Mangel *m.*, Defekt *m.*: ***-i tecnici*** technische Mängel; ***~ del materiale*** Materialfehler *m.*; ***~ fisico, congenito*** körperlicher Fehler, Geburtsfehler *m.*; ***eliminare, correggere un ~*** einen Mangel beseitigen (*o* beheben), korrigieren **2** *(cattiva abitudine)* Fehler *m.*: ***mascherare i propri -i*** seine Fehler verstecken; ***essere pieno di -i*** viele Fehler haben; ***avere il (grosso) ~ di parlare troppo*** den (großen) Fehler haben, zu viel zu reden **3** *(mancanza)* Mangel *m.*: ***per ~ di qcs.*** aus Mangel an etw. (D) ◆ ***~ ereditario*** Erbschaden *m.*; ***esente da -i*** einwandfrei, fehlerlos; ***~ di fabbricazione*** Herstellungsfehler *m.*; ***far ~*** fehlen; ***essere, sentirsi in ~*** schuldig sein, sich schuldig fühlen; FIS. ***~ di massa*** Massendefekt *m.*; MAT. ***approssimazione, arrotondamento per ~*** Abrundung *f.* (*o* Abrunden *n.*); ***approssimare, arrotondare per ~*** ab‿runden, nach unten runden; ***~ di pronuncia*** Aussprachefehler *m.*; ***senza -i*** → ***esente da -i***; ***~ dell'udito*** Gehörfehler *m.*, Hörfehler *m.*; ***~ della vista*** Sehfehler *m.*, Sehbehinderung *f.*; PROV. ***chi è in ~ è in***

sospetto was ich selbst tu, trau ich auch jedem andern zu.

di|fet|to|si|tà f. Defektivität *f.*, Fehlerhaftigkeit *f.*, Mangelhaftigkeit *f.*

di|fet|to|so agg. **1** defekt, defektiv: ***un motore, pezzo ~*** ein defekter Motor, ein defektes Teil **2** *(imperfetto)* fehlerhaft, mangelhaft: ***pronuncia -a*** fehlerhafte Aussprache ◆ ***risultare ~*** Mängel (*o* einen Mangel) auf‿weisen.

dif|fa|man|te → **diffamatorio. dif|fa|ma|re** tr. verleumden, diffamieren: ***~ qcn.*** jdn verleumden. **dif|fa|ma|to|re** m. Verleumder *m.* **dif|fa|ma|to|rio** agg. *(-ri,-rie)* verleumderisch, Verleumdungs-, diffamatorisch: ***dichiarazioni, lettere -rie*** verleumderische Äußerungen, Briefe; ***campagna -a*** Verleumdungskampagne *f.* **dif|fa|ma|zio|ne** f. **1** Verleumdung *f.*, Diffamation *f.* **2** DIR. üble Nachrede *f.*, Verleumdung *f.* ◆ DIR. ***querela per ~*** Verleumdungsklage *f.*

dif|fe|ren|te agg. verschieden, unterschiedlich: ***avere caratteri, gusti, opinioni -i*** unterschiedliche Charaktere, Geschmäcker, Meinungen haben; ***essere (del tutto) -i l'uno dall'altro*** voneinander (ganz) verschieden sein; ***~ per, di, nel valore*** im Wert verschieden.

dif|fe|ren|te|men|te avv. anders: ***pensarla ~ dagli altri*** anders als die anderen darüber denken.

dif|fe|ren|za f. **1** Unterschied *m.*: ***una piccola, grande ~*** ein geringer, großer Unterschied; ***~ sostanziale*** wesentlicher Unterschied; ***-e sociali, climatiche*** soziale, klimatische Unterschiede; ***~ di classe, di opinioni, di prezzo, di età*** Klassen-, Meinungs-, Preis-, Altersunterschied *m.*; ***tra due cose c'è, sussiste una grossa ~*** zwischen zwei Sachen besteht ein großer Unterschied; ***notare, rilevare, annullare una ~*** einen Unterschied bemerken, fest‿stellen, aus‿gleichen; ***le -e si annullano*** die Unterschiede verwischen sich; ***la ~ salta all'occhio*** der Unterschied fällt ins Auge; ***c'è una bella ~!*** das ist ein ziemlicher Unterschied! **2** MAT. Differenz *f.*: ***la ~ tra 10 e 6 ammonta a, è 4*** die Differenz zwischen 10 und 6 beträgt, ist 4; ***calcolare la ~*** die Differenz aus‿rechnen, errechnen **3** *(somma rimanente)* Restbetrag *m.*: ***pagare, versare la ~*** den Restbetrag zahlen ◆ ***a ~ di te*** im Unterschied zu dir; ***con la ~ che...*** mit dem Unterschied, dass...; ***(non) fare -e*** (keine) Unterschiede machen; ***non fa (alcuna) ~*** das macht keinen Unterschied; COLLOQ. ***fare la ~*** sehr viel aus‿machen; ***non trovarci nessuna ~*** keinen Unterschied sehen (*o* erkennen).

dif|fe|ren|zia|le I agg. differenziell, differenzial, Differenzial-: ***analisi ~*** differenzielle Analyse; ***dazio, tariffa ~*** Differenzialzoll *m.*, Differenzialtarif *m.* **II** m. **1** MECC. Differenzial *n.*, Differenzialgetriebe *n.* **2** MAT. Differenzial *n.* ◆ MECC. ***asse del ~*** Differenzialachse *f.*; MAT. ***calcolo ~*** Differenzialrechnung *f.*; SCOL. ***classi -i*** Sonderklassen *pl.*; MAT. ***equazione ~*** Differenzialgleichung *f.*; MECC. ***scatola del ~*** Differenzialgehäuse *n.*

dif|fe|ren|zia|men|to m. **1** → **differenziazione 2** BIOL. Differenzierung *f.*

dif|fe|ren|zia|re I tr. unterscheiden, differenzieren: ***~ qcs. da qcs.*** etw. von etw. unterscheiden; ***~ gli investimenti*** die Investitionen differenzieren **II** pronom. **differenziarsi** sich unterscheiden, sich differenzieren: ***-rsi da qcn., qcs. in qcs.*** sich von jdm, etw. in etw. (D) unterscheiden; ***-rsi per qcs.*** sich durch etw. (A) unterscheiden; ***-rsi l'uno dall'altro*** sich voneinander unterscheiden. **dif|fe|ren|zia|to** p.pass. agg. **1** → **differenziare 2** unterschiedlich, unterschieden: ***trattamento ~*** unterschiedliche Behandlung, Sonderbehandlung *f.* ◆ ***raccolta -a*** getrennte Abfallsammlung, Mülltrennung *f.*, getrennte Müllsammlung *f.*

dif|fe|ren|zia|zio|ne f. **1** Unterscheidung *f.*, Differenzierung *f.*: ***fare delle -i*** Unterscheidungen treffen **2** GEOL. MAT. LING. Differenziation *f.*

dif|fe|ri|bi|le agg. aufschiebbar, verschiebbar: ***un appuntamento ~*** eine aufschiebbare Verabredung.

dif|fe|ri|men|to m. Aufschub *m.*, Aufschieben *n.*: ***~ di una decisione*** Aufschieben einer Entscheidung; ***chiedere, ottenere, concedere un ~*** einen Aufschub verlangen, erhalten, gewähren.

dif|fe|ri|re *(differisco, differisci)* **I** intr. (aus. *avere*) ab‿weichen, differieren: ***~ in, per qcs.*** in etw. (D) abweichen; ***la copia differisce dall'originale*** die Kopie weicht vom Original ab **II** tr. auf‿schieben, verschieben: ***~ la partenza di due giorni*** die Abreise um zwei Tage verschieben; ***~ un pagamento, una scadenza*** eine Bezahlung, einen Termin aufschieben. **dif|fe|ri|ta** f. zeitversetzte Übertragung *f.*: ***trasmettere una ~*** eine zeitversetzte Übertragung senden ◆ ***trasmettere qcs. in ~*** etw. zeitversetzt senden; ***trasmissione in ~*** zeitversetzte Übertragung. **dif|fe|ri|to** p.pass. agg. **1** → **differire 2** zeitversetzt: ***trasmissione -a*** zeitversetzte Übertragung.

dif|fi|ci|le I agg. **1** schwer, schwierig, heikel: ***una domanda, un esame ~*** eine schwere Frage, Prüfung; ***casi, situazioni -i*** schwierige Fälle, Lagen; ***un problema ~ da risolvere*** ein schwer zu lösendes Problem; ***un luogo ~ da raggiungere*** ein schwer zu erreichender Ort; ***è ~ a dirsi, a credersi*** das ist schwer zu sagen, zu glauben; ***è ~ dire se...*** es ist schwer zu sagen, ob..; ***è ~ convincerlo*** es ist schwierig, ihn zu überzeugen; *(critico)* ***tempi -i*** schwere Zeiten; *(scontroso)* ***un bambino, un carattere ~*** ein schwieriges Kind, ein schwieriger Charakter; *(incontentabile)* ***un cliente ~*** ein schwieriger (*o* heikler) Kunde; *(arduo da comprendere)* ***un autore, un testo ~*** ein schwieriger Autor, Text **2** *(improbabile)* kaum, schwerlich: ***sarà ~ che io venga*** ich werde kaum (*o* schwerlich) kommen **II** m. *(difficoltà)* Schwierigkeit *f.*: ***qui sta il ~*** hierin liegt die Schwierigkeit ◆ ***digestione ~*** träge Verdauung; ***fare il, la ~*** sich bitten lassen; ***essere di gusti -i*** wählerisch sein; ***rendere ~ qcs. a qcn.*** jdm etw. erschweren (*o* schwer machen); ***riuscire ~*** schwer fallen.

dif|fi|cil|men|te avv. **1a** schwer, schwierig: ***~ comprensibile*** schwer zu verstehen **b** RAR. *(in modo difficile)* ***esprimersi ~*** sich schwierig aus‿drücken **2** *(improbabile)* kaum, schwerlich: ***~ arriverà oggi*** er wird heute kaum kommen.

dif|fi|col|tà f.inv. Schwierigkeit *f.*: ***la ~ di una lingua, di un intervento chirurgico*** die Schwierigkeit einer Sprache, eines chirurgischen Eingriffs; *(ostacolo)* ***grandi, crescenti, serie ~*** große, wachsende, ernste Schwierigkeiten; ***le ~ della vita*** die Schwierigkeiten des Lebens; ***creare, affrontare, superare, appianare (delle) ~*** Schwierigkeiten bereiten, an‿gehen, überwinden, beseitigen; ***incontrare (delle) ~*** auf Schwierigkeiten stoßen; ***(non) presentare ~*** (keine) Schwierigkeit bieten; ***la ~ sta, consiste nel fatto che...*** die Schwierigkeit liegt darin, dass...; *(situazione ardua)* ***trovarsi, essere in ~*** in Schwierigkeiten kommen (*o* geraten); ***~ finanziarie*** finanzielle Schwierigkeiten; ***mettere in ~ qcn.*** jdn in Schwierigkeiten bringen; ***avere ~ in qcs., con qcn., qcs.*** in etw. (D), mit jdm, etw. Schwierigkeiten haben; *(obiezione)* ***(non) avere ~ a fare qcs.*** (keine) Schwierigkeiten haben, etw. zu tun; ***fare ~ a qcn.*** jdm Schwierigkeiten machen ◆ ***grado di ~*** Schwierigkeitsgrad *m.*; ***mettere avanti delle ~*** Einwände (*o* Bedenken) vor‿bringen.

dif|fi|col|to|so agg. schwierig, schwer, haarig: ***un compito ~*** eine schwierige Aufgabe; ***un respiro ~*** eine schwere Atmung.

dif|fi|da f. DIR. SPORT Verwarnung *f.*: ***dare, impartire una ~ a qcn.*** jdm eine Verwarnung erteilen.

dif|fi|da|re I intr. (aus. *avere*) misstrauen: ***~ di qcn., qcs.*** jdm, etw. misstrauen **II** tr. DIR. verwarnen: ***~ qcn. dal fare qcs.*** jdn wegen etw. (G) verwarnen ◆ ***diffidate delle imitazioni!*** vor Nachahmungen wird gewarnt! **dif|fi|den|te** agg. misstrauisch, argwöhnisch: ***una persona, uno sguardo ~*** ein misstrauischer Mensch, Blick. **dif|fi|den|za** f. Misstrauen *n.*, Argwohn *m.*: ***nutrire una profonda ~ verso, nei confronti di qcn.*** tiefes Misstrauen gegen jdn haben, hegen ◆ ***guardare con ~*** misstrauisch blicken.

dif|fon|de|re *(diffusi, diffuso)* **I** tr. **1** verbreiten: ***la lampada diffonde una luce calda*** die Lampe verbreitet ein warmes Licht; ***~ una notizia, pettegolezzi in tutta la città*** eine Nachricht, Klatsch in der ganzen Stadt verbreiten; ***~ un comunicato*** eine Meldung verbreiten; ***~ la paura, un'epidemia*** Schrecken, eine Seuche verbreiten; ***~ idee nuove, una moda*** neue Ideen, eine Mode verbreiten; ***~ un giornale*** eine Zeitung verbreiten **2** *(emanare)* aus‿strömen: ***~ calore*** Wärme ausströmen; ***i fiori diffondono un profumo intenso*** die Blumen strömen einen intensiven Duft aus **3** RAD. TELEV. *(trasmettere)* aus‿strahlen, senden: ***~ un programma via satellite*** ein Programm via Satellit ausstrahlen **II** pronom. **diffondersi 1** *(spargersi)* sich aus‿breiten: ***-rsi per tutta la campagna*** sich über das ganzes Land ausbreiten; *(propagarsi)* ***il contagio si diffuse rapidamente*** die Ansteckung breitete sich schnell aus **2a** FIG. *(dilungarsi)* sich aus‿breiten: ***-rsi (a lungo) su un problema secondario*** sich (lang und breit) über eine sekundäre Frage ausbreiten **b** ***-rsi in chiacchiere*** sich in langen Reden aus‿lassen **3** FIG. *(prendere piede, affermarsi)* sich verbreiten: ***si diffonde un malcostume, una moda*** eine Unsitte, eine Mode verbreitet sich; ***la sua fama si diffuse*** sein Ruhm verbreitete sich **4** *(estendersi)* sich aus‿breiten, aus‿strahlen: ***i dolori alla schiena si diffondono fino alla gamba*** Rückenschmerzen strahlen bis ins Bein aus **III** intr. (aus. *avere*) FIS. diffundieren.

dif|for|me agg. ungleich; *(differente)* verschieden. **dif|for|mi|tà** f.inv. Ungleichheit *f.*; Verschiedenheit *f.*

dif|fran|ge|re tr. *(diffrango, diffrangi)* beugen. **dif|fra|zio|ne** f. Beugung *f.*, Diffraktion *f.*

dif|fu|sa|men|te avv. ausführlich.

dif|fu|sio|ne f. **1** Verbreitung *f.*: ***la ~ di una religione*** die Verbreitung einer Religion; ***un quotidiano di grande ~*** eine weite verbreitete Tageszeitung; ***avere, trovare un'ampia, vasta ~*** weite Verbreitung haben, finden; ***una lingua di larga ~*** eine weit verbreitete Sprache **2** *(il propagarsi)* Ausbreitung *f.*: ***la ~ di un'epidemia*** die Ausbreitung einer Seuche **3** RAD. TELEV. Ausstrahlung *f.* **4** LING. Distribution *f.* **5a** CHIM. Diffusion *f.* **b** FIS. Diffusion *f.*, Streuung *f.*: ***la ~ della luce*** die Streuung des Lichts ◆ ***area di ~*** Verbreitungsgebiet *n.*; RAD. TELEV. Sendebereich *m.*, Sendegebiet *n.*; ***programma a ~ regionale*** Regionalprogramm *n.*

dif|fu|si|vo agg. Verbreitungs-. **dif|fu|so** p.pass. agg. **1** → **diffondere** **2** verbreitet: ***una lingua poco -a, un uso molto ~*** eine wenig verbreitete Sprache, ein weit verbreiteter (*o* weitverbreiteter) Brauch **3** RAR. *(ampio, prolisso)* weitschweifig, ausführlich ◆ ***luce -a*** zerstreutes (*o* diffuses) Licht, Streulicht *n.*; ***avere dolori -i*** diffuse Schmerzen haben.

dif|fu|so|re m. **1** TECN. Diffusor *m.* **2** FOT. ***(filtro)*** ~ Weichzeichner *m.*

di|fi|la|to avv. **1** geradewegs, schnurstracks: ***correre ~ a casa*** geradewegs nach Hause laufen **2** *(di seguito)* ununterbrochen: ***parlare per due ore ~*** zwei Stunden ununterbrochen reden.

dif|te|ri|co agg. *(-ci,-che)* diphtherisch. **dif|te|ri|te** f. Rachenbräune *f.*, Diphtherie *f.*

di|ga f. *(-ghe)* **1** Damm *m.*; *(argine)* Deich *m.*: ***costruire, erigere, innalzare una ~*** einen Damm bauen, errichten, auf_schütten **2** FIG. Damm *m.*: ***(op)porre una ~ alla delinquenza*** einen Damm gegen die Kriminalität errichten ◆ ***~ di protezione*** Schutzdamm *m.*; FIG. ***rompere le -ghe*** die Dämme brechen; ***~ di sbarramento*** Staudamm *m.*; IDR. *(in un bacino idrico)* Talsperre *f.*

di|ge|ren|te agg. Verdauungs-: ***apparato ~*** Verdauungsapparat *m.*; ***tubo, canale ~*** Verdauungskanal *m.*

di|ge|ri|bi|le agg. verdaulich (anche FIG.): ***un piatto facilmente, molto, poco ~*** eine leicht, gut, schwer verdauliche Speise. **di|ge|ri|bi|li|tà** f. Verdaulichkeit *f.*

di|ge|ri|re tr. *(digerisco, digerisci)* **1a** verdauen: ***~ il cibo*** die Nahrung verdauen; FIG. ***non riuscire a ~ qcn., qcs.*** jdn, etw. nicht verdauen können; ***non ~ una sconfitta*** eine Niederlage nicht verdauen **b** assol. ***~ bene, male*** gut, schlecht verdauen; ***fare due passi per ~*** einen Verdauungsspaziergang machen **2** FIG. *(riuscire a reprimere)* hinunter_schlucken: ***~ la rabbia*** seinen Ärger hinunterschlucken **3** FIG. COLLOQ. *(assimilare)* intus kriegen: ***~ un concetto difficile*** einen schwierigen Begriff intus kriegen **4** CHIM. digerieren ◆ ***~ anche i chiodi, i sassi*** = einen guten Magen haben.

di|ge|stio|ne f. **1** Verdauung *f.*: ***avere una ~ lenta, buona*** eine langsame, gute Verdauung haben; ***avere una cattiva ~, una ~ difficile*** an schlechter Verdauung leiden; ***avere problemi, disturbi di ~*** Verdauungsbeschwerden haben; ***favorire la ~*** die Verdauung fördern **2** CHIM. Digestion *f.*

di|ge|sti|vo I agg. **1** Verdauungs- **2** *(che aiuta la digestione)* verdauungsfördernd **II** m. Magenbitter *m.*, Digestiv *n.*

1.di|gi|ta|le agg. Finger-: ***impronta ~*** Fingerabdruck *m.*

2.di|gi|ta|le agg. TECN. digital, Digital-: ***orologio ~*** Digitaluhr *f.*

3.di|gi|ta|le f. BOT. Fingerhut *m.*, Digitalis *f.*

di|gi|ta|li|na f. Digitalis *n.*

di|gi|ta|liz|za|re tr. digitalisieren. **di|gi|ta|liz|za|zio|ne** f. Digitalisierung *f.* **di|gi|ta|re** tr. *(digito)* ein_tippen; *(su computer)* ein_geben.

di|gi|ta|to p.pass. agg. **1** → **digitare** **2** ZOOL. mit Zehen versehen, Zehen- **3** BOT. gefingert. **di|gi|ti|gra|do** agg., ***animale ~*** Zehengänger *m.* **di|gi|to|pres|sio|ne** f. Akupressur *f.*

di|giu|na|re intr. (aus. *avere*) fasten: ***~ di venerdì*** freitags fasten; ***~ per protesta*** aus Protest fasten (*o* hungern). **di|giu|na|to|re** m. **1** Fastende *m.* **2** SCHERZ. *(chi resiste a lungo senza mangiare)* Hungerkünstler *m.*

1.di|giu|no agg. **1a** ***essere ~ da due giorni*** seit zwei Tagen hungern **b** *(prima del pasto)* nüchtern: ***prendere una pastiglia a stomaco ~*** eine Tablette auf nüchternen Magen ein_nehmen; ***rimanere -i prima di un prelievo di sangue*** vor einer Blutentnahme nüchtern bleiben **2a** FIG. *(privo)* ***essere ~ di notizie*** ohne Nachrichten sein **b** *(senza cognizioni)* ***essere (completamente) ~ di chimica*** (gar) nichts von Chemie verstehen.

2.di|giu|no m. **1a** RELIG. Fasten *n.*: ***osservare, rompere il ~*** das Fasten ein_halten, unterbrechen; ***un corpo indebolito per il (lungo) ~*** ein durch (langes) Fasten geschwächter Körper **b** *(periodo)* Fastenzeit *f.*: ***un ~ di 40 giorni*** eine 40-tägige Fastenzeit **2** *(a scopo terapeutico)* Heilfasten *n.*, Fastenkur *f.*, Hungerkur *f.* **3** FIG. *(totale mancanza, assenza)* Ausfall *m.*: ***~ d'informazioni*** Nachrichtenausfall *m.* ◆ ***a ~*** nüchtern: ***prendere una medicina a ~*** eine Arznei nüchtern nehmen; FIG. ***tenere qcn. a ~ di notizie*** jdn ohne Nachrichten lassen, jdm Nachrichten vor_enthalten; ***~ forzato*** notgedrungenes Hungern; ***giorno di ~*** Fastentag *m.*; ***lasciare, mettere a ~ qcn.*** jdn hungern lassen; ***periodo del ~*** Fastenzeit *f.*; ***stare a ~*** hungern; ***tenere qcn. a ~ → lasciare qcn. a ~.***

3.di|giu|no m. ANAT. Leerdarm *m.*

di|glos|si|a f. Diglossie *f.*

di|gni|tà f. **1** Würde *f.*: ***la ~ dell'uomo*** die Würde des Menschen; ***ferire la ~ di qcn.*** jds Würde verletzen; ***comportarsi con ~*** sich mit Würde benehmen; ***una persona senza, priva di ~*** ein Mensch ohne jede Würde; ***difendere la propria ~*** seine Würde wahren; ***la ~ di un'istituzione*** die Würde einer Institution **2** *(carica, grado)* Würde *f.*, ECCL. Dignität *f.*: ***~ papale, cardinalizia, vescovile*** Papst-, Kardinals-, Bischofswürde *f.* ◆ ***mancanza di ~*** Würdelosigkeit *f.*; ***~ regia*** Königtum *n.*

di|gni|ta|rio agg. *(-ri,-rie)* Würdenträger *m.*; ECCL. Dignitär *m.*: ***un alto ~*** ein hoher Würdenträger.

di|gni|to|sa|men|te avv. würdig, mit Würde. **di|gni|to|so** agg. würdig, würdevoll: ***un contegno ~*** ein würdevolles Benehmen.

DIGOS ⇒ *Divisione Investigazioni Generali e Operazioni Speciali* (italienische Antiterrorgruppe der Polizei).

di|gra|da|men|to m. **1** Abfall *m.* **2** *(di colori, suoni)* Abtönung *f.*, Abstufung *f.* **di|gra|dan|te** agg. abfallend: ***un pendio ~ verso il mare*** ein zum Meer hin abfallender Hang. **di|gra|da|re** intr. (aus. *essere*) **1** ab_fallen, sich ab_dachen, sich neigen: ***il pendio digrada verso est, fino al fiume*** der Abhang fällt nach Osten, bis zum Fluss hin ab **2** *(di colori)* ab_tönen, ab_stufen **3** *(di colori)* ab_klingen, aus_klingen. **di|gra|da|zio|ne** f. **1** *(di colori)* Abtönung *f.*, Abstufung *f.* **2** *(di suoni)* Abklingen *n.*, Ausklingen *n.*

di|gram|ma m. Digraph *m.*

di|gres|sio|ne f. **1** Abschweifung *f.*; ***fare una ~*** ab_schweifen **2** ASTR. Digression *f.* **di|gres|si|vo** agg. abschweifend.

di|gri|gna|re tr. fletschen, blecken: ***~ i denti*** die Zähne fletschen.

di|gros|sa|re tr. **1** behauen; *(diamante)* schleifen **2** FIG. *(dirozzare)* aus_bilden; *(affinare)* verfeinern.

di|guaz|za|re intr. (aus. *avere*) planschen, plätschern.

dik|tat m.inv. Diktat *n.*: ***imporre un ~ a qcn.*** jdm ein Diktat auf_erlegen.

di|la|ce|ra|re tr. *(dilacero)* zerreißen, zerfetzen. **di|la|ce|ra|to** p.pass. agg. **1** → **dilacerare** **2** zerrissen.

di|la|gan|te agg. grassierend: ***un malcostume ~*** eine grassierende Unsitte. **di|la|ga|re** intr. *(dilago, dilaghi;* aus. *avere)* **1** grassieren, um sich greifen: ***l'epidemia dilaga*** die Seuche grassiert **2** *(di masse ostili)* sich aus_breiten **3** SPORT *(dominare largamente)* = (über weite Strecken) spielbeherrschend sein.

di|la|nia|re tr. *(dilanio, dilani)* **1** zerreißen, zerfetzen: ***~ la preda*** die Beute zerreißen; ***una granata gli ha dilaniato la gamba*** eine Granate hat sein Bein zerfetzt **2** FIG. *(tormentare)* ***~ qcn.*** jdn quälen, jdn zerfressen, an jdm nagen: ***il rimorso lo dilaniava*** die Gewissensbisse nagen an ihm.

di|la|pi|da|men|to m. → **dilapidazione.** **di|la|pi|da|re** tr. *(dilapido)* verschleudern, vergeuden: ***~ il proprio patrimonio*** sein Vermögen verschleudern. **di|la|pi|da|to|re I** agg. verschwenderisch **II** m. Verschwender *m.*, Vergeuder *m.* **di|la|pi|da|zio|ne** f. Verschwendung *f.*, Vergeudung *f.*

di|la|ta|bi|le agg. ausdehnbar, dehnbar. **di|la|ta|bi|li|tà** f. Ausdehnbarkeit *f.*, Dehnbarkeit *f.* **di|la|ta|men|to** m. → **dilatazione.**

di|la|ta|re I tr. **1a** *(allargare)* aus_dehnen, erweitern, weiten: ***~ un'apertura*** eine Öffnung erweitern (*o* weiten); ***~ i polmoni con una profonda inspirazione*** die Lungen durch tiefes Einatmen weiten (*o* dehnen) **b** blähen, auf_blähen: ***~ le narici*** die Nüstern (*o* Nasenlöcher) blähen; ***l'acqua gassata dilata lo stomaco*** Sprudelwasser bläht den Magen auf **c** *(pupille)* weiten, erweitern **d** *(pori)* erweitern, öffnen **e** *(vene)* erweitern **2** *(aprire)* öffnen, auf_reißen: ***~ la bocca, gli occhi per lo stupore*** den Mund, die Augen vor Erstaunen aufreißen **3** FIS. *(far aumentare di volume)* aus_dehnen, dehnen: ***il calore dilata i gas, i metalli*** die Wärme dehnt Gase, Metalle aus **4** FIG. *(ampliare)* aus_weiten, erweitern, vergrößern: ***~ la propria attività commerciale*** seine Handelstätigkeit ausweiten **II** pronom. **dilatarsi** **1a** sich aus_weiten, sich aus_dehnen **b** *(di stomaco, narici)* auf_blähen **c** *(di pupille)* sich erweitern, sich weiten **d** *(di vene)* sich erweitern **e** *(di pori)* sich öffnen, sich erweitern **2** FIS. sich aus_dehnen **3a** FIG. *(ampliarsi)* sich aus_weiten, sich erweitern, sich vergrößern: ***la sua sfera d'interessi si è molto dilatata*** seine Interessensphäre hat sich sehr ausgeweitet **b** *(estendersi)* sich verbreiten: ***la sua fama si dilatò per tutta l'Europa*** sein Ruhm verbreitete sich in ganz Europa.

di|la|ta|to p.pass. agg. **1** → **dilatare** **2** MED. erweitert: ***pupille -e*** erweiterte Pupillen; ***pori, vasi -i*** erweiterte Poren, Gefäße; ***cuore ~*** erweitertes Herz. **di|la|ta|to|re** m. Dilatator *m.*

di|la|ta|zio|ne f. **1** Ausdehnung *f.*, Erweiterung *f.* **2** MED. Erweiterung *f.*, Dilatation *f.*: ***~ delle pupille, dello stomaco*** Pupillen-, Magenerweiterung *f.* **3** FIS. Ausdehnung *f.*, Dehnung *f.* ◆ ***coefficiente di ~*** Ausdehnungs-, Dehnungskoeffizient *m.*; ***momento della ~*** Eröffnungsperiode *f.*; ***potere di ~*** Ausdehnungsvermögen *n.*; ***~ termica*** Wärmeausdehnung *f.*

di|la|to|rio agg. *(-ri,-rie)* Verschleppungs-, verzögernd, Verzögerungs-, DIR. dilatorisch: ***manovra, tattica -a*** Verschleppungsmanöver *n.*, Verzögerungstaktik *f.*

di|la|va|men|to m. Auswaschung *f.*; *(erosione)* Ausschwemmung *f.* **di|la|va|re** tr. aus‿waschen; *(erodere)* aus‿schwemmen. **di|la|va|to** p.pass. agg. **1** → **dilavare** **2** ausgewaschen: ***roccia -a*** ausgewaschener Fels **3** *(smorto)* blass, bleich **4** *(sbiadito)* verwaschen.

di|la|zio|na|bi|le agg. aufschiebbar. **di|la|zio|na|re** tr. **1** auf‿schieben, stunden: ***~ un pagamento*** eine Zahlung aufschieben **2** *(scadenza)* auf‿schieben, verschieben. **di|la|zio|na|to** p.pass. agg. **1** → **dilazionare** **2** ***pagamenti -i*** gestundete (*o* aufgeschobene) Zahlungen.

di|la|zio|ne f. Aufschub *m.*: ***~ di pagamento*** Zahlungsaufschub *m.*; ***chiedere, concedere una ~ a qcn.*** jdn um einen Aufschub bitten, jdm einen Aufschub gewähren; ***ottenere una ~ di tre giorni*** einen Aufschub von drei Tagen erreichen.

di|leg|gia|men|to m. Verhöhnung *f.*, Verspottung *f.*, Veralberung *f.* **di|leg|gia|re** tr. *(dileggio, dileggi)* verhöhnen, verspotten, veralbern. **di|leg|gio** m. *(-gi)* **1** Verhöhnung *f.*, Verspottung *f.*, Veralberung *f.* **2** *(parole, atti di scherno)* Hohn *m.*, Spott *m.*: ***esporsi al ~ della folla*** sich dem Spott der Menge aus‿setzen.

di|le|gua|re I tr. **1** LETT. vertreiben: ***il vento fresco dileguò le nubi*** der frische Wind vertrieb die Wolken **2** FIG. zerstreuen, verscheuchen: ***~ i sospetti, timori di qcn.*** jds Verdacht zerstreuen, jds Bedenken verscheuchen **II** pronom. **dileguarsi** e LETT. intr. (aus. *essere*) **1a** sich verziehen: ***la nebbia si dilegua*** der Nebel verzieht sich **b** ***le tenebre si dileguano*** die Dunkelheit weicht **2** *(di suoni)* verklingen, sich verlieren **3** FIG. *(svanire)* schwinden: ***anche l'ultima speranza (si) è dileguata*** auch die letzte Hoffnung ist geschwunden **4a** *(sparire)* verschwinden: ***il fuggiasco si dileguò nell'oscurità, fra la folla*** der Flüchtling verschwand in der Dunkelheit, in der Menge; *(fuggire)* ***i ladri si dileguarono senza essere visti*** die Diebe verschwanden unbemerkt **b** *(disperdersi)* sich zerstreuen: ***i dimostranti si dileguarono in un attimo*** die Demonstranten zerstreuten sich schnell.

di|lem|ma m. Dilemma *n.*: ***trovarsi di fronte a un ~*** vor einem Dilemma stehen, in ein Dilemma geraten.

di|let|ta f. LETT. Liebste *f.*, Allerliebste *f.*, Geliebte *f.*: ***mia ~!*** meine Liebste!

di|let|tan|te I agg. **1** Amateur-: ***pugile, fotografo ~*** Amateurboxer *m.*, -fotograf *m.* **2** *(in ambito artistico, scientifico)* Laien-, dilettantisch, aus Liebhaberei: ***un attore, poeta ~*** ein Laienschauspieler, ein Dichter aus Liebhaberei (*o* ein Hobbydichter) **II** m. e f. **1** Amateur *m.* (-in *f.*): ***gara per -i*** Amateurwettkampf *m.* **2** *(in ambito artistico, scientifico)* Laie *m.*: ***un ~ di pittura, di astronomia*** ein Kunstlaie, Amateurastronom; ***un coro di -i*** ein Laienchor **3** ESTENS. Dilettant *m.*: ***al suo confronto sono un vero ~!*** ihm gegenüber bin ich ein richtiger Dilettant! ◆ ***un lavoro da -i*** eine dilettantische Arbeit. **di|let|tan|te|sco** agg. *(-schi,-sche)* SPREG. dilettantisch, Dilettanten-. **di|let|tan|ti|smo** m. **1** SPORT Amateurstatus *m.* **2** SPREG. Dilettantismus *m.* **di|let|tan|ti|sti|ca|men|te** avv. **1** amateurhaft **2** SPREG. dilettantisch. **di|let|tan|ti|sti|co** agg. *(-ci,-che)* **1** Amateur-, amateurhaft: ***sport ~*** Amateursport *m.*; ***gara -a*** Amateurwettkampf *m.* **2** → **dilettantesco.**

di|let|ta|re I tr. LETT. ergötzen, erfreuen: ***~ qcn. col proprio canto, con storie fantastiche*** jdn durch seinen Gesang, mit fantastischen Geschichten ergötzen; ***uno spettacolo che diletta lo spirito, la vista*** ein Schauspiel, das den Geist, die Augen erfreut **II** pronom. **dilettarsi** **1** LETT. sich ergötzen: ***si dilettava ad ascoltare le sue storie*** sie ergötzte sich an seinen Geschichten **2** ***-rsi di musica, di pittura*** sich mit Musik, Malerei zum Vergnügen, aus Liebhaberei beschäftigen; ***-rsi a scrivere poesie*** zum eigenen Vergnügen Gedichte schreiben.

di|let|te|vo|le agg. LETT. ergötzlich, kurzweilig: ***una lettura ~*** eine ergötzliche Lektüre; ***occupazioni -i*** kurzweilige Beschäftigungen ◆ ***unire l'utile al ~*** das Angenehme mit dem Nützlichen verbinden.

1.di|let|to LETT. **I** agg. herzallerliebst, geliebt: ***amico, figlio ~*** geliebter Freund, Sohn; ***mio ~ sposo*** mein herzallerliebster Mann **II** m. Liebste *m.*, Allerliebste *m.*, Geliebte *m.*: ***il mio ~*** mein Liebster.

2.di|let|to m. Vergnügen *n.*, LETT. Ergötzung *f.*: ***procurare ~ a qcn., allo spirito*** jdm Vergnügen bereiten, jdm ein geistiges Vergnügen bereiten; ***provare ~ in qcs., trarre ~ da qcs.*** Vergnügen bei etw. empfinden, aus etw. ziehen ◆ ***per (proprio) ~*** zu seinem Vergnügen.

di|let|to|so agg. LETT. ergötzlich, erfreulich.

di|li|gen|te agg. **1** fleißig: ***uno scolaro, un impiegato ~*** ein fleißiger Schüler, Angestellter **2** *(accurato)* sorgfältig, gründlich: ***un lavoro, una ricerca ~*** eine sorgfältige Arbeit, eine gründliche Forschungsarbeit. **di|li|gen|te|men|te** avv. **1** fleißig **2** *(accuratamente)* sorgfältig, gründlich.

1.di|li|gen|za f. **1** Fleiß *m.* **2** *(accurato)* Sorgfalt *f.*, Gründlichkeit *f.*

2.di|li|gen|za f. Kutsche *f.*; *(postale)* Postkutsche *f.*: ***assaltare, rapinare la ~*** die Kutsche überfallen, aus‿rauben.

di|li|sca|re tr. *(dilisco, dilischi)* entgräten.

di|luen|te I agg. verdünnend, Verdünnungs-: ***sostanza ~*** Verdünnungsmittel *n.* **II** m. Verdünner *m.*, Verdünnungsmittel *n.*

di|lu|i|re tr. *(diluisco, diluisci)* **1a** verdünnen: ***~ un colore, una vernice*** eine Farbe, einen Lack verdünnen; ***~ lo sciroppo, l'inchiostro con acqua*** den Sirup, die Tinte mit Wasser verdünnen **b** GASTR. verlängern, strecken: ***~ una salsa*** eine Soße verlängern **2** *(sciogliere)* auf‿lösen. **di|lu|i|zio|ne** f. Verdünnung *f.*

di|lun|gar|si pronom. *(mi dilungo, ti dilunghi)* sich verbreiten: ***~ su un tema*** sich über ein Thema verbreiten; ***si dilungò a parlare dei suoi viaggi*** er verbreitete sich über seine Reisen; ***si è dilungato troppo*** er hat zu lange geredet; *(in un testo scritto)* er hat zu weitschweifig geschrieben; ***-rsi in chiacchiere con gli amici*** sich mit seinen Freunden verplaudern.

di|lu|via|le agg. **1** *(torrenziale)* sintflutartig: ***piogge -i*** sintflutartige Regenfälle **2** GEOL. diluvial **3** ANT. *(relativo al diluvio universale)* Sintflut-, die Sintflut betreffend

di|lu|via|re intr. *(diluvio*; aus. *essere, avere)* **1** impers. ***diluvia*** es regnet in Strömen, es gießt **2** FIG. regnen, hageln: ***diluviavano colpi, insulti*** es regnete Schläge, Beschimpfungen.

di|lu|vio m. *(-vi)* **1** *(diluvio universale)* Sintflut *f.* **2** *(pioggia torrenziale)* strömender Regen *m.*, Gewitterregen *m.*; ***è venuto giù il diluvio*** es hat in Strömen gegossen **3** FIG. *(grande quantità)* Sintflut *f.*, Schwall *m.*, Hagel *m.*: ***un ~ di parole, proteste*** ein Schwall von Worten, eine Flut von Protesten ◆ ***piovere a ~*** in Strömen regnen; ***~ universale*** Sintflut *f.*

di|ma|gran|te agg. Schlankheits-, Abmagerungs-: ***prodotti -i*** Schlankheitsprodukte, COLLOQ. Schlankmacher; ***fare una dieta, cura ~*** eine Schlankheitsdiät (*o* Reduktionskur), eine Schlankheitskur (*o* Abmagerungskur) machen. **di|ma|gra|re** → **dimagrire.** **di|ma|gri|men|to** m. Abmagerung *f.*

di|ma|gri|re *(dimagrisco, dimagrisci)* **I** intr. (aus. *essere*) ab‿nehmen; *(perdere diversi chili)* ab‿magern: ***è dimagrito di 10 chili*** er hat 10 Kilo abgenommen; ***è dimagrito molto per la malattia*** wegen der Krankheit ist er sehr abgemagert **II** tr. schlank machen (anche assol): ***il nero dimagrisce*** Schwarz macht schlank. **di|ma|gri|to** p.pass. agg. **1** → **dimagrire** **2** abgemagert, mager: ***l'ho trovato molto ~*** ich fand ihn sehr abgemagert.

di|man|da|re ANT. → **domandare.**

di|me|na|re I tr. ***~ le braccia, il sedere, i fianchi*** die Arme hin und her werfen (*o* wild hin und her bewegen), mit dem Hintern, den Hüften wackeln; ***~ la coda*** mit dem Schwanz wedeln **II** pronom. **dimenarsi** **1a** toben, wild hin und her bewegen; *(dibattersi)* wild um sich schlagen: ***~ come un ossesso*** wie ein Besessener toben **b** *(ballando)* wild tanzen **c** *(nel letto)* sich herum‿wälzeln **2** COLLOQ. *(ancheggiare vistosamente)* mit den Hüften wackeln, COLLOQ. schwänzeln ◆ PROV. ***chi va a letto senza cena tutta la notte si dimena*** = mit leerem Magen schläft es sich schlecht.

di|me|ni|o m. **1** Wackeln *n.*; *(delle braccia)* wildes Hin- und Herbewegen *n.*; *(della coda)* Wedeln *n.* **2** *(il dimenarsi)* Toben *n.*; *(ballando)* wildes Tanzen *n.* **3** COLLOQ. *(ancheggiamento)* Wackeln *n.* mit den Hüften.

di|men|sio|na|men|to m. TECN. Dimensionierung *f.* **di|men|sio|na|re** tr. TECN. dimensionieren.

di|men|sio|ne f. **1a** Dimension *f.*: ***nelle tre -i*** in den drei Dimensionen; ***la quarta ~*** die vierte Dimension **b** *(realtà, mondo)* ***sembra di entrare in un'altra ~*** man glaubt, in eine andere Dimension einzutreten; ***appartenere a, essere di un'altra ~*** einer anderen Dimension an‿gehören **2** *(grandezza)* Größe *f.*, Ausmaß *m.*: ***le -i di un oggetto, di un appartamento*** die Größe eines Gegenstands, einer Wohnung; ***un pacco di notevoli, ridotte -i*** ein Paket beachtlicher, geringer Größe: ***scatole di diverse -i*** Schachteln unterschiedlicher Größe; ***un'impresa di grandi -i*** eine Firma von großem Ausmaß (*o* von großen Dimensionen); ***una statua di -i più grandi del naturale*** eine Statue in übernatürlicher Größe **3** pl. *(proporzioni)* Ausmaße *pl.*: ***lo scandalo ha assunto vaste -i*** der Skandal hat große Ausmaße angenommen **4** FIG. *(aspetto)* Aspekt *m.*: ***la ~ surreale di Kafka*** der surrealistische Aspekt in Kafkas Werk ◆ ***a una ~, a tre -i*** ein-, dreidimensional; ***trovare la, una***

propria ~ = seinen Platz finden; ***a ~ d'uomo*** menschengerecht.

di|men|ti|cag|gi|ne f. RAR. Vergesslichkeit *f.* **di|men|ti|can|za** f. **1** Vergessen *n.*; *(svista)* Versehen *n.*; *(il tralasciare)* Unterlassung *f.*: ***una grave ~, una ~ imperdonabile*** eine schwere, unverzeihliche Unterlassung; ***è stata solo una ~*** es war nur ein Versehen **2** *(smemoratezza)* Vergesslichkeit *f.*: ***per pura ~*** aus reiner Vergesslichkeit.

di|men|ti|ca|re *(dimentico, dimentichi)* **I** tr. **1a** vergessen: ***~ un appuntamento, il nome di qcn.*** einen Termin, jds Namen vergessen; ***l'avevo quasi dimenticato!*** das hätte ich fast vergessen! ***dimentica facilmente le cose*** er vergisst leicht alles **b** *(lasciare)* ***~ qcs. a casa, nel taxi, in ufficio*** etw. zu Hause, im Taxi, im Büro vergessen (*o* stehen‿lassen, liegen‿lassen) **2** *(passare sopra a)* vergessen, begraben: ***~ il passato, un litigio*** die Vergangenheit vergessen, einen Streit begraben; ***dimentichiamo l'accaduto!*** vergessen wir, was passiert ist! **3** *(non seguire)* nicht beachten, außer Acht lassen, vergessen: ***~ le raccomandazioni, i consigli di qcn.*** jds Ermahnungen nicht beachten, jds Ratschläge außer Acht lassen **4** *(trascurare)* vernachlässigen: ***~ i propri doveri*** seine Pflichten vernachlässigen **II** pronom. ***dimenticarsi di qcs.*** etw. vergessen: ***me ne ero completamente dimenticato!*** ich hatte es völlig vergessen! ***non dimenticarti di telefonarmi*** vergiss nicht, mich anzurufen; ***prima che mi dimentichi...*** ehe ich es vergesse,...

di|men|ti|ca|to|io, ***cadere, finire nel ~*** in Vergessenheit geraten; ***mettere qcs. nel ~*** etw. der Vergessenheit anheim fallen lassen.

di|men|ti|co agg. *(-chi,-che)* LETT. **1** ***un uomo ~ del passato*** ein Mensch, der die Vergangenheit verdrängt **2** *(incurante)* ***~ del proprio dovere*** pflichtvergessen; ***essere ~ del pericolo*** die Gefahr nicht achten; ***~ del pericolo si buttò nel fiume*** ungeachtet der Gefahr stürzte er sich in den Fluss.

di|mes|sa|men|te avv. **1** *(modestamente)* bescheiden: ***vivere ~*** bescheiden leben **2** *(semplicemente, poveramente)* einfach; *(in modo trasandato)* nachlässig.

di|mes|so p.pass. agg. **1** → **dimettere** **2** *(umile, modesto)* bescheiden, demütig: ***avere un atteggiamento ~*** ein bescheidenes Benehmen haben; ***parlare con tono ~*** leise sprechen **3** *(assai semplice)* sehr einfach, schlicht: ***vestire con abiti -i*** einfache, schlichte Kleidung tragen; *(trasandato)* nachlässig.

di|me|sti|chez|za f. Vertraulichkeit *f.*, Vertrautheit *f.*; *(familiarità, confidenza)* ***avere ~ con gli animali*** sich im Umgang mit Tieren aus‿kennen; ***entrare in ~ con qcn.*** mit jdm vertraut werden; *(pratica)* ***avere ~ con una lingua*** mit einer Sprache vertraut sein; ***avere poca, scarsa ~ con qcs.*** mit etw. wenig, kaum vertraut sein; ***prendere ~ con qcs.*** mit etw. vertraut werden.

di|me|tro m. Dimeter *m.*

di|met|te|re *(dimetto; dimisi; dimesso)* **I** tr. entlassen: ***~ qcn. da un ospedale*** jdn aus einem Krankenhaus entlassen; *(destituire)* ***~ un ministro*** einen Minister entlassen **II** pronom. **dimettersi** zurück‿treten, ab‿danken; POL. demissionieren: ***-rsi da una carica*** von einem Amt zurücktreten, ein Amt nieder‿legen.

di|mez|za|men|to m. Halbierung *f.* **di|mez|za|re** **I** tr. halbieren **II** pronom. **dimezzarsi** sich halbieren. **di|mez|za|to** p.pass. agg. **1** → **dimezzare** **2** ***prezzi -i*** halbierte Preise.

di|mi|nuen|do m. MUS. Diminuendo *n.* **di|mi|nu|i|bi|le** agg. verkleinerungsfähig, reduzierbar.

di|mi|nu|i|re *(diminuisco, diminuisci)* **I** tr. **1** (ver)mindern, verringern: ***~ la distanza, la velocità*** die Entfernung, Geschwindigkeit verringern; ***~ il rischio*** das Risiko vermindern; ***~ il valore di qcs.*** etw. im Wert mindern **2** *(abbassare)* herab‿setzen, senken: ***~ l'età pensionabile*** das Pensionsalter herabsetzen; ***~ i prezzi di un terzo*** die Preise um ein Drittel herabsetzen; ***~ i salari*** die Gehälter kürzen, vermindern **3** *(rimpicciolire)* verkleinern, schmälern: ***~ qcs. proporzionalmente*** etw. proportional verkleinern **4** *(maglie)* ab‿nehmen: ***~ due maglie*** zwei Maschen abnehmen **II** intr. (aus. *essere*) **1** *(di grado)* sinken, schwinden, ab‿fallen: ***la mia stima nei suoi confronti è diminuita*** er ist in meiner Achtung gesunken; ***~ d'importanza agli occhi di qcn.*** in jds Wertschätzung sinken; ***~ di valore*** im Wert sinken; ***il rendimento diminuisce*** die Leistung fällt ab **2** *(di intensità)* nach‿lassen, sich vermindern, schwinden: ***il dolore è diminuito*** der Schmerz hat nachgelassen; ***la tensione diminuisce*** die Spannung lässt nach; ***le sue forze, speranze diminuiscono*** seine Kräfte, seine Hoffnungen schwinden **3** *(di quantità o livello)* sich verringern, ab‿nehmen: ***i costi sono diminuiti*** die Kosten haben sich verringert; ***~ di peso*** an Gewicht ab‿nehmen; ***la febbre è diminuita*** das Fieber hat abgenommen, ist gesunken **4** *(di prezzo)* billiger werden, sich verbilligen: ***il caffè è diminuito di 500 lire al chilo*** der Kaffee ist um 500 Lire pro Kilo billiger geworden **5** *(di numero)* zurück‿gehen, geringer werden; *(rimpicciolirsi)* sich verkleinern, schmälern: ***il numero di studenti diminuisce*** die Anzahl der Studenten geht zurück, wird geringer; ***i suoi sostenitori sono diminuiti*** seine Anhängerschaft hat sich verkleinert; ***le sue rendite diminuiscono*** seine Einkünfte werden schmäler.

di|mi|nu|i|to p.pass. agg. **1** → **diminuire** **2** MUS. vermindert, diminuiert: ***una settima -a*** eine verminderte Septime.

di|mi|nu|ti|vo **I** agg. **1** verkleinernd **2** LING. diminutiv, Verkleinerungs- **II** m. LING. Diminutiv *n.*, Diminutivum *n.*, Verkleinerungsform *f.*

di|mi|nu|zio|ne f. **1** *(riduzione)* Verminderung *f.*, Verringerung *f.* **2** *(abbassamento)* Herabsetzung *f.*, Senkung *f.*: ***la ~ dei salari, degli interessi*** die Kürzung *f.* der Gehälter, die Senkung der Zinsen **3** *(calo)* Abnahme *f.*, Schwund *m.*: ***~ delle forze*** Schwund der Kräfte **4** *(regresso)* Rückgang *m.*, Zurückgehen *n.*: ***~ delle importazioni*** Rückgang der Importe **5** *(rimpicciolimento)* Verkleinerung *f.*, Schmälerung *f.* **6** *(di maglie)* Abnehmen *n.* **7** MUS. Diminution *f.* ◆ ***~ dei costi*** Kostensenkung *f.*; ***in ~*** sinkend, rückläufig: ***temperature in ~*** sinkende Temperaturen; ***il numero degli incidenti è in ~*** die Anzahl der Unfälle ist rückläufig; ***~ delle nascite*** Geburtenrückgang *m.*; ***~ della nuvolosità*** Bewölkungsauflockerung *f.*, Bewölkungsrückgang *m.*; ***~ dell'offerta*** Angebotsverknappung *f.*; ***~ di pena*** Strafmilderung *f.*; ***~ del personale*** Personalabbau *m.*; ***~ di peso*** Gewichtsabnahme *f.*; ***~ dei prezzi*** Preisrückgang *m.*, Preisabnahme *f.*, Preisabbau *m.*; ***~ del rendimento*** Leistungsabfall *m.*; ***~ della temperatura*** Temperaturrückgang *m.*, Temperaturabnahme *f.*; ***~ di, del valore*** Wertminderung *f.*

di|mi|si → **dimettere.**

di|mis|sio|na|re tr. BUROCR. ***~ qcn.*** *(dimettere)* jdn entlassen; *(licenziare)* jdm kündigen. **di|mis|sio|na|rio** agg. *(-ri,-rie)* zurückgetreten: ***governo ~*** zurückgetretene Regierung.

di|mis|sio|ne f. **1** Entlassung *f.*: ***la ~ di un paziente*** die Entlassung eines Patienten **2a** pl. Kündigung *f.*: ***dare le -i*** kündigen **b** *(da una carica)* Rücktritt *m.*, Demission *f.*, Amtsniederlegung *f.*: ***presentare, rassegnare le -i*** zurück‿treten, seinen Rücktritt ein‿reichen; ***le -i del capo del governo, del capo della polizia*** der Rücktritt des Regierungschefs, des Polizeipräsidenten; ***le -i del governo*** der Regierungsrücktritt ◆ ***lettera di -i*** Kündigungsschreiben *n.*

di|mo|do|ché cong. so dass.

di|mo|ra f. **1** Wohnsitz *m.*, Aufenthaltsort *m.*: ***~ abituale*** ständiger Wohnsitz; ***~ attuale*** derzeitiger Aufenthaltsort; ***~ stabile*** ständiger Wohnsitz; ***stabilire la propria ~ in una città di provincia*** seinen Wohnsitz in einer Provinzstadt auf‿schlagen **2** *(abitazione)* Wohnung *f.*, Heim *n.*: ***una ~ accogliente*** ein gemütliches Heim ◆ ***estrema ~*** → ***ultima ~***; AGR. ***mettere a ~*** ein‿pflanzen, an‿pflanzen; ***prendere ~*** sich nieder‿lassen; ***senza fissa ~*** ohne festen Wohnsitz; ***assistenza, ricovero per i senza fissa ~*** Obdachlosenfürsorge *f.*, Obdachlosenasyl *n.*; ***ultima ~*** letzte Ruhestatt *f.*; ***accompagnare qcn. all'ultima ~*** jdn zur letzten Ruhe betten, jdm das letzte Geleit geben. **di|mo|ra|re** intr. (aus. *avere*) sich auf‿halten, wohnen.

di|mor|fi|smo m. Dimorphismus *m.*, Dimorphie *f.*: ***~ sessuale*** sexueller Dimorphismus.

di|mo|stra|bi|le agg. beweisbar, erweisbar, nachweisbar: ***è ~*** es ist beweisbar (*o* nachweisbar); ***non è ~*** es ist nicht beweisbar. **di|mo|stra|bi|li|tà** f. Beweisbarkeit *f.* **di|mo|stran|te** **I** agg. demonstrierend **II** m. e f. Demonstrant *m.* (-in *f.*); ***un corteo di -i*** ein Demonstrationszug *m.*

di|mo|stra|re **I** tr. **1a** *(manifestare)* zeigen, bekunden, bezeigen, erweisen: ***~ interesse verso qcs.*** Interesse an etw. zeigen, bekunden; ***~ rispetto a qcn.*** jdm Achtung erweisen; ***~ meraviglia, paura, coraggio*** Bewunderung zeigen, Furcht zeigen, Mut beweisen **b** ***non dimostri la tua età*** man sieht dir dein Alter nicht an; ***ha cinquant'anni, ma non li dimostra affatto*** er ist fünfzig Jahre alt, aber man merkt es ihm nicht an **2** *(comprovare)* beweisen, erweisen, nach‿weisen: ***~ una tesi, un teorema, la giustezza di un'affermazione*** eine These, einen Lehrsatz beweisen, die Richtigkeit einer Behauptung nachweisen; ***~ la colpevolezza, l'innocenza di qcn.*** jds Schuld, Unschuld beweisen (*o* erweisen, nachweisen) **3** *(illustrare)* demonstrieren, vor‿führen: ***~ il funzionamento di una macchina*** die Arbeitsweise einer Maschine vorführen **4** assol. demonstrieren: ***~ contro la guerra, per i diritti politici*** gegen den Krieg, für die politischen Rechte demonstrieren **II** pronom. **dimostrarsi** sich erweisen, sich zeigen, sich bezeigen: ***-rsi coraggioso*** sich als mutig erweisen, sich mutig zeigen; ***-rsi riconoscente per qcs.*** sich für etw. dankbar (be)zeigen; ***l'acquisto della casa si è dimostrato un buon affare*** der Kauf des Hauses hat sich als ein gutes Geschäft erwiesen ◆ ***come volevasi ~*** was (*o* wie) zu beweisen war, MAT. quod erat demonstrandum; ESTENS. *(com'era prevedibile)* wie vorauszusehen war.

di|mo|stra|ti|va|men|te avv. in demonstrativer Weise.

di|mo|stra|ti|vo I agg. **1** beweisend, demonstrativ, Demonstrations-: ***materiale ~*** Demonstrationsmaterial *n.* **2** demonstrativ: ***un'azione -a*** ein demonstrativer Akt, eine demonstrative Aktion **3** GRAMM. demonstrativ, hinweisend, Demonstrativ-: ***pronome ~*** Demonstrativpronomen *n.*, hinweisendes Fürwort **II** m. GRAMM. Demonstrativ *n.* **di|mo|stra|tri|ce** f. Vorführerin *f.*: ***~ di prodotti di bellezza*** Vorführerin von kosmetischen Artikeln.

di|mo|stra|zio|ne f. **1** Bezeigung *f.*: ***~ di affetto, di coraggio*** Liebes-, Mutbezeigung *f.* **2** *(prova)* Beweis *m.*, Nachweis *m.*: ***una ~ esauriente, convincente*** ein erschöpfender, überzeugender Beweis; MAT. ***la ~ di un teorema*** der Beweis eines Lehrsatzes; ***dare la ~ di qcs.*** den Beweis für etw. liefern **3** *(presentazione)* Demonstration *f.*, Vorführung *f.*: ***~ pratica*** praktische Demonstration; ***dare una ~ dell'uso di una macchina*** den Gebrauch einer Maschine demonstrieren (*o* vor‿führen) **4** *(pubblica manifestazione)* Demonstration *f.*, Kundgebung *f.*: ***una ~ contro, per qcs.*** eine Demonstration gegen, für etw.; ***fare, inscenare una ~*** eine Demonstration veranstalten; ***prendere parte, partecipare a una ~*** an einer Demonstration teil‿nehmen; ***~ dei sindacati*** Kundgebung der Gewerkschaften **5** SPORT Vorführung *f.*: ***una ~ di judo*** eine Judovorführung ◆ ***~ per assurdo*** paradoxe Beweisführung *f.*; ***~ di forza*** Kraftbeweis *m.*; ***~ di massa*** Massenkundgebung *f.*; ***~ navale*** Flottendemonstration *f.*; ***~ di piazza*** Straßendemonstration *f.*; ***~ di protesta*** Protestkundgebung *f.*; ***~ studentesca*** Studentendemonstration *f.*

din inter. bim: ***fare ~ don*** bim bam machen.

di|na f. Dyn *n.*

di|na|mi|ca f. *(-che)* **1** FIS. MUS. Dynamik *f.* **2** *(movimento, sviluppo)* Ablauf *m.*, Entwicklung *f.*, Dynamik *f.*: ***la ~ di un fatto*** der Ablauf (*o* die Dynamik) eines Ereignisses; ***-che sociali, economiche*** gesellschaftliche, wirtschaftliche Dynamik ◆ ***~ dei gas*** Gasdynamik *f.*, Dynamik der Gase; ***~ di gruppo*** Gruppendynamik *f.*; ***~ dei liquidi*** Hydrodynamik *f.* **di|na|mi|ca|men|te** avv. dynamisch. **di|na|mi|ci|tà** f. Dynamik *f.*

di|na|mi|co agg. *(-ci,-che)* **1** FIS. MUS. dynamisch, Dynamik-: ***leggi -che*** die Gesetze der Dynamik; MUS. ***segni -ci*** Vortragsbezeichnungen **2** FIG. tatkräftig, schwungvoll, dynamisch: ***vita -a*** schwungvolles Leben; ***una donna molto -a*** eine Frau mit großer Tatkraft ◆ ***psicologia -a*** dynamische Psychologie. **di|na|mi|smo** m. Dynamismus *m.*: ***il ~ della vita moderna*** der Dynamismus des modernen Lebens.

di|na|mi|tar|do I agg. Sprengstoff-, Bomben-: ***attentato ~*** Bombenattentat *n.* **II** m. Sprengstoffattentäter *m.* **di|na|mi|te** f. Dynamit *n.* (anche FIG.).

di|na|miz|za|re tr. dynamisieren. **di|na|miz|za|zio|ne** f. Dynamisierung *f.*

di|na|mo f.inv. Dynamo *m.*, Dynamomaschine *f.* **di|na|mo|me|tri|co** agg. *(-ci,-che)* dynamometrisch. **di|na|mo|me|tro** m. Dynamometer *m.*

di|nan|zi I avv. vorn(e) **II** agg.inv. ANT. *(di fronte)* gegenüberliegend: ***la casa ~*** das Haus gegenüber ◆ ***~ a*** vor + dat e acc.; *(di fronte)* gegenüber + dat.; ***guardare ~ a sé*** vor sich hin schauen; ***passare ~ alla casa*** am Hause vorbeigehen; ***comparire ~ al giudice*** vor dem Richter erscheinen.

di|na|ri|co agg. *(-ci,-che)* dinarisch. **di|na|ro I** m. Dinar *m.* **II** agg. ***Monti Dinari*** Dinarisches Gebirge *n.*

di|na|sta m. Dynast *m.* **di|na|sti|a** f. Dynastie *f.*: ***~ asburgica*** habsburgische Dynastie ◆ ***~ regnante*** Herrschergeschlecht *n.* **di|na|sti|co** agg. *(-ci,-che)* dynastisch.

din|ghy m.inv., **din|go** m. *(-ghi)* MAR. Dingi *n.*, Dinghi *n.*

di|nie|go m. *(-ghi)* Verweigerung *f.*, Versagung *f.*; ***opporre un secco ~*** sich glatt weigern; DIR. ***~ di giustizia*** Rechtsverweigerung *f.*

din|nan|zi → **dinanzi.**

di|noc|co|la|to agg. schlenkrig, schlaksig.

di|no|sau|ro m. Dinosaurier *m.*, Saurier *m.*, Dinosaurus *m.*

di|no|ta|re ANT. → **denotare.**

din|tor|ni m.pl. Umgebung *f.*, Umgegend *f.*: ***nei ~ di...*** in der Umgebung von...; ***i ~ della città*** die Umgebung der Stadt. **din|tor|no, d'in|tor|no** avv. ringsherum, ringsum.

Di|o m. *(dei)* **1** Gott *m.*: ***credere in ~*** an Gott glauben; ***pregare, invocare, lodare ~*** zu Gott beten (*o* Gott an‿beten), Gott an‿rufen, preisen; ***invocare la grazia di ~*** Gottes Gnade erflehen; ***il buon ~*** der liebe Gott; ***il ~ degli ebrei*** der Gott der Juden **2** *(divinità politeistica)* Gott *m.*: ***gli dei greci*** die griechischen Götter; ***il ~ dell'amore, del mare*** der Liebes-, Meeresgott **3** FIG. *(idolo)* Gott *m.*, Abgott *m.*: ***fare di qcn., qcs. il proprio ~*** jdn, etw. zu seinem Gott machen; ***essere il ~ di qcn., un ~ per qcn.*** jds Gott sein; ***come un ~*** wie ein junger Gott ◆ ***abbandonato da ~*** gottverlassen; ***agnello di ~*** Gotteslamm *n.*, Lamm *n.* Gottes; ***con l'aiuto di ~*** mit Gottes Hilfe; ***per l'amor di ~!*** um Gottes willen! ***andarsene con ~*** seiner Wege gehen; ***va' con ~*** geh mit Gott! ***(che) ~ mi assista!*** Gott steh mir bei! ***ogni ben di ~*** alles, was das Herz begehrt; ***c'era ogni ben di ~*** alles war in (*o* im) Überfluss vorhanden; ***benedetto da ~*** gottbegnadet; ***~ ti benedica!*** Gott segne dich! ***buon ~!*** guter Gott! ***~ buono!*** mein lieber Mann! ***casa di ~*** Gotteshaus *n.*; ***castigo di ~*** Gottesgericht *n.*; FIG. ***un castigo di ~*** eine (wahre) Strafe Gottes; ***come ~ comanda*** wie es sich gehört; ***crepuscolo degli dei*** Götterdämmerung *f.*; FIG. ***dimenticato da ~*** gottverlassen; ***dono di ~*** Gottesgabe *f.*, Gottesgeschenk *n.*; ***come ~ l'ha fatto*** wie Gott ihn geschaffen hat; ***fede in ~*** Gottvertrauen *n.*; ***figlio di ~*** Gottessohn *m.*; ***che ~ mi fulmini se...*** mich soll der Blitz treffen, wenn...; ***~ l'abbia in gloria*** Gott hab'ihn, sie selig; ***gran ~!*** großer Gott! ***grazia di ~*** Gottesgnade *f.*; FIG. ***essere fuori dalla grazia di ~*** = (völlig) außer sich sein; ***grazie a ~*** Gott sei Dank! ***~ me ne guardi!*** Gott behüte (*o* Gott bewahre)! ***qcs. costa un'ira di ~*** etw. kostet ein Vermögen; ***~ sia lodato*** Gott sei gelobt! ***Madre di ~*** Gottesmutter *f.*; ***viene giù, piove come ~ la manda*** es regnet in Strömen; ***(che) ~ ce la mandi buona!*** Gott sei uns gnädig! (*o* gnade uns Gott!); ***qcs. è nelle mani di ~*** etw. liegt, steht in Gottes Hand; ***~ te ne renda merito!*** vergelt's Gott! ***messaggero degli dei*** Götterbote *m.*; ***~ mio! (mio ~!)*** mein Gott! ***nettare degli dei*** Götterspeise *f.*; ***in nome di ~!*** bei Gott; ***~ onnipotente!*** allmächtiger Gott! ***padre degli dei*** Göttervater *m.*; ***~ padre*** Gottvater *m.*; ***Parola di ~*** Wort Gottes; ***per ~!*** gottverdammt! ***a ~ piacendo*** so Gott will, wie es Gott gefällt; ***porco ~!*** verdammte Scheiße! ***regno di ~*** Gottesreich *n.*; ***ringrazia ~ che...*** du kannst Gott danken, dass...; ***~ sia ringraziato!*** Gott sei's gedankt! ***~ sa come, quando...*** Gott weiß wie, wann...; ***lo sa (solo) ~*** das weiß Gott allein (*o* das wissen die Götter); ***~ santo!*** verflucht nochmal! ***~ ce ne, ci scampi e liberi!*** da sei Gott vor! Gott bewahre (uns davor)! ***senza ~*** gottlos; ***servo di ~*** Diener Gottes; ***la sposa di ~*** Gottes Braut; ***~ mi sia testimone!*** Gott sei mein Zeuge! ***timor di ~*** Gottesfurcht *f.*; ***uomo di ~*** Gottesmann *m.*; ***l'Uomo ~*** Gottmensch *m.*; ***com'è vero ~*** so wahr mir Gott helfe; ***~ voglia che...*** gebe Gott, dass...; ***~ non voglia!*** → ***~ me ne guardi! volesse ~ che...*** wollte Gott, dass...; ***se ~ vuole*** so (*o* wenn) Gott will; PROV. ***aiutati che ~ t'aiuta*** hilf dir selbst, so hilft dir Gott; ***ognuno per sè e ~ per tutti*** jeder für sich und Gott für alle; ***l'uomo propone e ~ dispone*** der Mensch denkt, (aber) Gott lenkt; ***~ non paga il sabato*** Gottes Mühlen mahlen langsam, aber sicher; ***~ li fa e poi li accoppia*** Gleich und Gleich gesellt sich gern; ***niente è impossibile a ~*** bei Gott ist kein Ding unmöglich.

dio|ce|sa|no I agg. diözesan, Diözesan-: ***sinodo ~*** Diözesansynode *f.* **II** m. Diözesan *m.* **dio|ce|si** f. Diözese *f.*

Dio|cle|zia|no n.pr.m. Diokletian *m.*

di|o|do m. Diode *f.* ◆ ***~ luminoso*** Leuchtdiode *f.*

Dio|ge|ne n.pr.m. Diogenes *m.*

dioi|co agg. *(-ci,-che)* zweihäusig, diözisch, getrenntgeschlechtig.

dio|ne|a f. Venusfliegenfalle *f.*

Dio|ni|gi n.pr.m. Dionysius *m.*

dio|ni|si|a|co agg. *(-ci,-che)* dionysisch. **Dio|ni|sie** f.pl. Dionysien pl. **Dio|ni|sio** n.pr.m. Dionysios *m.*, Dionysius *m.* **Dio|ni|so** n.pr.m. Dionysos *m.*

dio|ri|te f. Diorit *m.*

Dio|scu|ri n.pr.m.pl. MITOL. Dioskuren *pl.*

dios|si|do m. Dioxid *n.* **dios|si|na** f. Dioxin *n.*

diot|tra f. Diopter *m.* **diot|tri|a** f. Dioptrie *f.* **diot|tri|ca** f. Dioptrik *f.* **diot|tri|co** agg. *(-ci,-che)* dioptrisch.

di|pa|na|re I tr. **1** ab‿wickeln, ab‿haspeln: ***~ la matassa*** den Strang abwickeln **2** FIG. entwirren, auf‿lösen: ***~ una situazione intricata*** eine verwickelte Situation entwirren **II** pronom. **dipanarsi 1** sich ab‿wickeln **2** FIG. *(districarsi)* sich entwirren.

di|par|ti|men|ta|le agg. **1** des Departements **2** Departments-. **di|par|ti|men|to** m. **1** *(in Francia)* Departement *n.* **2** *(ministero negli USA)* Department *n.* **3** UNIV. Fachbereich *m.*: ***~ di storia*** Fachbereich Geschichte.

di|par|tir|si pronom. **1** LETT. fort‿gehen, weg‿gehen **2** FIG. LETT. *(morire)* dahin‿gehen, hin‿scheiden **3** *(diramarsi)* aus‿gehen, weg‿führen: ***dalla piazza si dipartono tre strade*** vom Platz gehen drei Straßen aus. **di|par|ti|ta** f. LETT. **1** *(partenza)* Fortgang *m.*, Weggang *m.* **2** FIG. *(morte)* Hingang *m.*, Hinscheiden *n.*

di|pen|den|te I agg. **1** abhängig (anche GRAMM. MAT.): ***essere (psichicamente) ~ da qcn.*** von jdm (psychisch) abhängig sein; MAT. ***variabile ~*** abhängige Variable **2** *(da alcol, droghe)* süchtig, -abhängig **3** *(non autonomo)* unselbstständig: ***lavoratore ~*** unselbstständig Erwerbstätiger; ***lavoro ~*** unselbstständige Tätigkeit; ***svolgere un lavoro ~*** unselbstständig arbeiten **II** m. e f. **1** Angestellte *m.* e *f.*: ***~ pubblico*** Angestellte des öffentlichen Dienstes; ***~ statale*** staatliche(r) Angestellte, Staatsangestellte *m.* e *f.* **2** pl. Belegschaft *f.*; Werk(s)angehörigen *pl.* **III** f. abhängiger Satz *m.*, Nebensatz *m.*

di|pen|den|za f. **1** Abhängigkeit *f.* (anche PSIC.): ***~ economica da un paese ricco*** wirtschaftliche Abhängigkeit von einem reichen Land; ***~ dalle esportazioni, dalle importazioni*** Export-, Importabhängigkeit *f.*; ***rapporto di ~*** Abhängigkeitsverhältnis *n.* **2** *(assuefazione)* Sucht *f.*, Abhängigkeit *f.*: ***~ dall'alcol, dalla droga*** Alkoholabhängigkeit *f.*, Drogenabhängigkeit *f.*; ***liberarsi, uscire da una ~*** von einer Sucht los‿kommen **3** *(edificio adiacente)* Nebengebäude *n.* **4** LING. FILOS. Dependenz *f.* **5** COMM. *(succursale)* Filiale *f.* ◆ ***essere alle -e di qcn.*** bei jdm angestellt sein; ***avere, assumere qcn. alle proprie -e*** jdn unter sich haben, jdn bei sich an‿stellen.

di|pen|de|re intr. *(dipesi; dipeso;* aus. *essere)* **1a** ab‿hängen (anche GRAMM.): ***~ da qcn., qcs.*** von jdm, etw. abhängen: ***la decisione dipende (solo) da te*** die Entscheidung hängt (allein) von dir ab **b** impers. ***dipende da qcn., qcs.*** es hängt von jdm, etw. ab, es kommt auf jdn, etw. an: ***dipende dal tempo*** es hängt vom Wetter ab; ***dipende se...*** es hängt davon ab, ob...; ***dipende dal fatto che...*** es kommt darauf an, dass...; assol. *(come risposta)* ***dipende*** es kommt darauf an, es hängt davon ab **2a** *(essere strettamente collegato a)* ab‿hängen, abhängig sein, zusammen‿hängen: ***il prezzo della merce dipende dalla qualità*** der Warenpreis hängt von der Qualität ab **b** *(derivare, provenire)* zusammen‿hängen, kommen: ***il mal di testa dipende dal fatto che...*** die Kopfschmerzen kommen davon (*o* hängen damit zusammen), dass... **3** *(essere succube di)* abhängig sein (anche PSIC.): ***dipende completamente dal marito*** sie ist von ihrem Mann völlig abhängig **4** *(essere vincolato a)* angewiesen sein: ***~ dall'aiuto di qcn.*** auf jds Hilfe angewiesen sein **5** *(essere alle dipendenze di)* ***~ da qcn., qcs.*** jdm, etw. unterstehen, jdm, etw. unterstellt sein: ***~ direttamente dal ministero*** unmittelbar dem Ministerium unterstehen **6** BUROCR. *(competere a)* ***~ da qcn.*** bei jdm ressortieren, jdm unterstehen ◆ ***far ~*** abhängen lassen; *(subordinare)* unterstellen; ***non ~ da nessuno*** unabhängig sein, sein eigener Herr sein; *(nell'attività lavorativa)* niemandem unterstehen, selbstständig sein; ***se dipendesse da me..., da questo...*** wenn es nach mir, danach ginge... **di|pe|so** p.pass. → **dipendere.**

di|pin|ge|re *(dipingo, dipingi; dipinsi; dipinto)* **I** tr. **1** malen: ***~ un quadro, un paesaggio*** ein Bild, eine Landschaft malen; ***~ ad acquarello, a olio*** Aquarell, in Öl malen; ***~ su tela, vetro, legno*** auf Leinwand, Glas, Holz malen; ***~ dal vero*** nach der Natur malen; assol. ***~ bene*** gut malen; ***nel tempo libero dipingo*** in meiner Freizeit male ich **2** *(decorare con pitture)* aus‿malen, bemalen **3** *(tinteggiare)* an‿streichen: ***~ le pareti*** die Wände anstreichen **4** FIG. *(descrivere)* malen, aus‿malen: ***~ una situazione a tinte fosche*** eine Situation in düsteren Farben ausmalen **II** pronom. **dipingersi 1** sich ab‿zeichnen, sich malen: ***sul suo viso si dipinse lo stupore*** auf ihrem Gesicht zeichnete sich Erstaunen ab **2** *(truccarsi)* sich an‿malen, sich bemalen: ***-rsi le labbra*** sich die Lippen anmalen ◆ ***occorrente per ~*** Malutensilien *pl.*

di|pin|to I p.pass. → **dipingere II** m. Gemälde *n.*: ***un particolare di un ~*** ein Gemäldeausschnitt ◆ COLLOQ. ***neanche ~*** nicht im Traum; ***sembrare ~*** wie gemalt sein; ***soffitto ~*** Deckengemälde *n.*, Deckenmalerei *f.*; ***qcn. ha la gioia, la paura -a sul volto*** jdm steht die Freude, die Angst im Gesicht geschrieben. **di|pin|tu|ra** f. ANT. Malerei *f.*

di|plo|coc|co m. *(-chi)* Diplokokkus *m.*

di|plo|do|co m. *(-chi)* Diplodokus *m.*

di|ploi|de agg. diploid.

di|plo|ma m. *(-i)* **1** Diplom *n.*: ***rilasciare, conseguire (prendere) un ~*** ein Diplom aus‿stellen, erwerben; ***~ riconosciuto dalla stato*** staatlich anerkanntes Diplom; ***~ di violino*** Diplom für Geige; ***~ di infermiera*** Krankenschwesterdiplom *n.*; ***~ di lingua inglese*** englisches Sprachdiplom **2** *(esame)* Diplomprüfung *f.* **3** SCOL. Abschlusszeugnis *n.*, Zeugnis *n.*: ***~ di licenza elementare, media*** Abschlusszeugnis der Grundschule, Zeugnis der mittleren Reife ◆ ***~ di benemerenza*** Ehrenurkunde *f.*, Diplom *n.*; ***~ di laurea*** Hochschulabschluss *m.*; ***~ di maturità*** Abiturzeugnis *n.*, SVIZZ. Maturitätszeugnis *n.* **di|plo|man|do** m. Absolvent *m.*; *(maturando)* Abiturient *m.* **di|plo|ma|re I** tr. ***~ qcn.*** jdm ein Abschlusszeugnis aus‿stellen **II** pronom. **diplomarsi** ein Abschlusszeugnis erwerben, sich diplomieren.

di|plo|ma|ti|ca f. Diplomatik *f.*, Urkundenlehre *f.* **di|plo|ma|ti|ca|men|te** avv. diplomatisch. **di|plo|ma|ti|co I** agg. *(-ci,-che)* **1** Diplomaten-, diplomatisch: ***corpo ~*** diplomatisches Korps; ***carriera, valigia -a*** Diplomatenlaufbahn *f.*, Diplomatenkoffer *m.*; ***passaporto ~*** Diplomatenpass *m.*; ***relazioni -che*** diplomatische Beziehungen **2** ESTENS. diplomatisch **3** *(relativo alla diplomatica)* diplomatisch, urkundlich **II** m. *(-ci)* **1** Diplomat *m.* **2** GASTR. INTRAD. (mit Creme gefüllte Blätterteig-Schichttorte).

di|plo|ma|to I p.pass. agg. **1** → **diplomare 2** diplomiert, Diplom-, ausgebildet: ***interprete ~*** Diplomdolmetscher *m.*; ***infermiera -a*** diplomierte Krankenschwester; ***essere ~ in pianoforte*** die Diplomprüfung für Klavier abgelegt haben **II** m. **1** Absolvent *m.* **2** SCOL. Schulabgänger *m.*

di|plo|ma|zi|a f. Diplomatie *f.* (anche ESTENS.): ***entrare in ~*** in den diplomatischen Dienst treten; ***(di)mostrare ~*** Diplomatie beweisen.

di|plo|pi|a f. Diplopie *f.*

dip|no|o m. Lungenfisch *m.*

di|po m.inv. Springmaus *f.*

di|po|di|a f. Dipodie *f.*

di|po|lo m. **1** FIS. Dipol *m.* **2** ***antenna a ~*** Dipolantenne *f.*

di|por|ti|sta m. e f. *(-i,-e)* wer Sportschifffahrt betreibt.

di|por|to m. ANT. Vergnügen *n.*: ***per ~*** zum Vergnügen ◆ ANT. ***andare a ~*** spazieren gehen; ***imbarcazione da ~*** Boot *n.* als Hobby, Freizeitboot *n.*; ***navigazione da ~*** Sportschifffahrt *f.*

di|pres|so, ANT. ***a un ~*** ungefähr.

di|ra|da|men|to m. Lichten *n.*, Vereinzeln *n.*, Verziehen *n.*, Ausdünnen *n.*

di|ra|da|re I tr. **1a** lichten: ***~ un bosco, gli alberi, le foglie*** einen Wald, die Bäume, das Laub lichten **b** *(colture)* vereinzeln, verziehen, aus‿dünnen: ***~ le piante di patate*** Kartoffeln verziehen (*o* ausdünnen) **2** *(disperdere)* vertreiben: ***il vento dirada il fumo, le nuvole*** der Wind vertreibt den Rauch, die Wolken **3** *(ridurre)* ein‿schränken, verringern: ***~ gli impegni, le visite*** seine Termine verringern, seine Besuche einschränken **II** pronom. **diradarsi 1a** sich lichten, sich verziehen: ***la nebbia si dirada*** der Nebel lichtet sich (*o* verzieht sich); ***le nuvole si diradano*** die Wolken verziehen sich **b** FIG. sich lichten: ***la folla si dirada*** die Menge lichtet sich **2** *(diventare meno folto)* sich lichten, schütter werden: ***qui la vegetazione si dirada*** hier lichtet sich die Vegetation; ***i suoi capelli si diradano*** sein Haar lichtet sich **3** *(diventare meno frequente)* seltener werden: ***le sue visite si diradarono*** seine Besuche wurden seltener.

1.di|ra|ma|re I tr. weiter‿leiten, verbreiten: ***~ un comunicato ufficiale, una circolare, un ordine di cattura*** eine amtliche Meldung, ein Rundschreiben, einen Haftbefehl weiterleiten; ***la notizia è stata diramata per radio*** die Nachricht ist über (*o* durch) den Rundfunk verbreitet worden **II** pronom. **diramarsi 1a** ab‿zweigen, ab‿gehen, aus‿gehen: ***dal tronco si diramano cinque rami principali*** vom Stamm zweigen fünf Hauptäste ab; ***dalla trachea si diramano i bronchi*** von der Luftröhre zweigen die Bronchien ab **b** weg‿führen: ***dalla piazza si diramano cinque vie*** von dem Platz führen fünf Straßen weg **2** *(biforcarsi)* sich verzweigen **3a** FIG. *(derivare)* her‿kommen, her‿rühren, sich her‿leiten: ***dalla filosofia hegeliana si diramano vari sistemi di pensiero*** von Hegels Philosophie leiten sich verschiedene Denksysteme her **b** *(diffondersi)* sich verbreiten: ***la notizia si diramò rapidamente*** die Nachricht verbreitete sich schnell.

2.di|ra|ma|re tr. ANT. ab‿ästen, entästen.

di|ra|ma|zio|ne f. **1** Verzweigung *f.*, Verästelung *f.* **2a** *(ramo di strade, tubazioni, linee...)* Abzweig *m.*, Abzweigung *f.* **b** *(di fiume)* Seitenarm *m.* **c** FERR. Zweiglinie *f.*, Zweigbahn *f.* **3a** *(organizzazione periferica)* Zweigstelle *f.*: ***una banca con molte -i all'estero*** eine Bank mit vielen Zweigstellen im Ausland **b** ***un'organizzazione criminale con molte -i all'estero*** eine kriminelle Vereinigung mit vielen Verzweigungen im Ausland **4** *(diffusione)* Weiterleitung *f.*, Verbreitung *f.* ◆ ***stazione di ~*** Trennungsbahnhof *m.*

di|ra|spa|re tr. ab‿beeren.

1.di|re *(dico, dici, dice, diciamo, dite, dicono;* imperf. *dicevo;* pass.rem. *dissi, dicesti;* fut. *dirò;* congiunt.pres. *dica, diciamo, diciate, dicano;* congiunt.pass. *dicessi;* imper. *di'/dì;* p.pres. *dicente;* p.pass. *detto)* **I** tr. **1a** sagen: ***non ~ una parola*** kein Wort sagen (*o* reden, sprechen, hervor‿bringen); ***che cosa stai dicendo?*** was sagst du da? ***non saper cosa ~*** nicht wissen, was man sagen soll; ***non aver nulla da ~*** nichts zu sagen haben; ***dice sempre ciò che pensa*** er sagt immer, was er denkt; ***ha detto di essere stanca*** sie hat gesagt, sie sei müde; ***non dirle niente per favore!*** sag ihr bitte nichts! ***~ delle cattiverie su (di) qcn., a qcn.*** Böses von jdm (*o* über jdn) sagen (*o* reden), jdm Bosheiten sagen; ***inutile ~ che...*** unnötig zu sagen, dass...; ***difficile ~ se...*** schwer zu sagen, ob...; ***te l'avevo detto (io)!*** ich hab's dir gesagt! ***"ascolta!" disse*** „hör mal!" sagte er **b** *(come rafforzativo)* ***ti dico che l'ho visto!*** ich sage dir, ich habe es gesehen! ***ti dico che è vero!*** aber ich sage dir, es ist wahr! **c** *(per indicare approssimazione)* ***dovresti metterci, diciamo, un'ora per finire l'esercizio*** du brauchst, sagen wir, etwa eine Stunde, um die Übung zu beenden; ***avrà, direi, non più di quarant'anni*** ich würde sagen, er ist nicht älter als vierzig Jahre **d** impers. ***dicono, si dice che sia molto ricco*** es heißt (*o* man sagt), er ist sehr reich **2a** *(recitare)* auf‿sagen: ***~ una poesia*** ein Gedicht aufsagen **b** *(preghiere)* sprechen, beten: ***~ le preghiere della sera*** das Abendgebet sprechen; ***~ tre ave marie*** drei Ave-Maria(s) beten **c** *(rosario, litanie)* beten **3** *(ripetere)* (laut) wiederholen: ***~ la lezione, la tabellina*** die Lektion laut wiederholen, das Einmaleins wiederholen **4** *(raccontare)* erzählen, sagen: ***~ una bugia, una barzelletta*** eine Lüge, einen Witz erzählen; ***~ la verità*** die Wahrheit sagen; ***dimmi tutto dal principio*** erzähl mir alles von Anfang an **5** *(ordinare, esortare)* befehlen, sagen: ***ci disse di tacere*** er befahl uns zu schweigen, er sagte uns, wir möchten schweigen; ***ti ho detto di lasciarmi in pace!*** ich habe dir gesagt, du sollst mich in Ruhe lassen! **6a** *(riportare per iscritto)* besagen, heißen: ***lo dice la Costituzione*** das besagt die Verfassung (*o* steht in der Verfassung); ***il quinto comandamento dice: "non ammazzare"*** das fünfte Gebot heißt: „Du sollst nicht töten"; ***cosa dice il cartello?*** was steht auf dem Schild? **b** *(informare)* melden: ***il giornale dice che...*** die Zeitung meldet, dass... **c** *(contenere)* ***cosa dice la sua ultima lettera?*** was steht in seinem letzten Brief? ***la circolare dice che..., nella circolare si dice che...*** im Rundschreiben steht (*o* heißt es), dass... **7** *(dichiarare)* aus‿sagen, sagen: ***~ qcs. sotto giuramento*** etw. unter Eid aussagen; ***~ il falso*** die Unwahrheit sagen **8** *(affermare)* behaupten, sagen: ***in questo passo l'autore dice che...*** an dieser Stelle sagt (*o* behauptet) der Autor, dass... **9a** *(suggerire)* sagen: ***il cuore mi dice che è innocente*** mein Gefühl sagt mir, dass er unschuldig ist: ***qualcosa mi dice che...*** ich habe das Gefühl, dass... **b** *(mettere in guardia)* sagen, warnen: ***il suo sesto senso le disse di non farlo*** ihr sechster Sinn sagte ihr, es nicht zu tun **10** *(esprimere con gesti)* zu verstehen geben, an‿deuten: ***con un cenno del capo mi disse di entrare*** mit einer Kopfbewegung deutete er mir an einzutreten **11** *(consigliare)* empfehlen: ***~ a qcn. di rivolgersi a un avvocato*** jdm empfehlen, sich an einen Rechtsanwalt zu wenden **12** *(menzionare)* nennen, sagen: ***potrebbe dirmi il prezzo di quest'auto?*** könnten Sie mir den Preis für dieses Auto nennen? **13** *(intendere)* meinen: ***non l'ha detto con cattiveria*** er hat es nicht böse gemeint **14a** *(giudicare, stimare, chiamare)* schätzen, nennen, sagen: ***lo direi sulla cinquantina*** ich würde ihn um die fünfzig schätzen; ***non lo si può certo ~ bello*** man kann ihn nicht gerade schön nennen; ***questo si dice coraggio!*** das nennt man Mut! **b** *(sembrare)* ***da lontano si direbbe una chiesa*** aus der Ferne sieht es wie eine Kirche aus; ***a vederlo non si direbbe un professore*** wenn man ihn sieht, würde man nicht sagen, dass er ein Professor ist; ***da come veste non si direbbe un europeo*** seiner Kleidung nach sieht er nicht wie ein Europäer aus **15** *(dimostrare)* zeigen: ***questo dovrebbe dirti quanto ti voglio bene*** das sollte dir zeigen, wie gern ich dich habe **16** *(avere un contenuto, esprimere)* aus‿sagen, sagen: ***un libro che dice poco*** ein Buch, das wenig aussagt; ***questo quadro non mi dice (proprio) niente, nulla*** dieses Bild sagt mir (gar) nichts; ***ha parlato per un'ora, ma ha detto poco*** er hat zwar eine Stunde geredet, aber wenig gesagt **17** *(esprimere in un'altra lingua)* sagen, heißen: ***come si dice "buon giorno" in francese?*** wie heißt (*o* sagt man) „Guten Tag" auf Französisch? **18** *(scrivere)* schreiben: ***cosa dice nella lettera?*** was schreibt er in seinem Brief? **19** *(pensare)* halten, denken: ***che ne dici del suo ultimo libro?*** was hältst du von seinem letzten Buch? **20** *(come ripetizione)* ***sono due mesi, dico due mesi, che non si fa sentire*** er lässt seit sage und schreibe zwei Monaten nichts von sich hören **II** pronom. **dirsi 1** *(ritenersi)* sich schätzen: ***puoi dirti fortunato se sei ancora vivo*** du kannst dich glücklich schätzen, wenn du noch lebst **2** *(chiamarsi)* sich nennen: ***si diceva mio amico*** er nannte sich mein Freund **3** *(spacciarsi)* sich aus‿geben: ***si diceva figlia di un conte*** sie gab sich für die Tochter eines Grafen aus **4** *(pensare fra sé e sé)* sich (D) sagen: ***mi sono detto: "che fortuna!"*** „was für ein Glück!", habe ich mir gesagt ◆ ***~ addio a qcn.*** jdm Lebewohl sagen; ***puoi ~ addio ai tuoi soldi, al tuo viaggio!*** dein Geld, deine Reise kannst du vergessen (*o* ab‿schreiben)! ***~ assurdità*** Unsinn reden; ***avere a che ~ con qcn.*** = eine Auseinandersetzung mit jdm haben, mit jdm streiten; ***avere da ~ su qcn.*** an jdm etw. zu kritisieren haben, jdn kritisieren müssen; ***dico bene?*** nicht wahr? ***~ bene di qcn.*** Gutes von jdm sagen; COLLOQ. ***oggi mi dice bene*** heute habe ich Glück; ***che ~?*** was soll ich dazu sagen? ***che ne diresti se...?*** was würdest du sagen, wenn...? ***che ne diresti di un caffè, di andare al cinema?*** wie wäre es mit einer Tasse Kaffee? was hältst du davon, ins Kino zu gehen? ***ho avuto una paura che non ti dico, da non dirsi*** ich kann dir gar nicht sagen, was für eine Angst ich gehabt habe; ***non c'è che ~*** da kann man nichts dagegen sagen, dagegen ist nichts zu sagen; ***e ~ che una volta erano amici!*** und dabei waren sie einmal Freunde! ***e ~ che lo credevo un bravo ragazzo!*** und ich glaubte, er sei ein anständiger Junge! ***checché se ne dica*** was man darüber auch sagen mag; ***a chi lo dici!*** wem sagst du das! ***~ qcs. chiaro e tondo*** etw. klar und deutlich sagen; ***cioè a ~*** das heißt; ***come si suol ~*** wie man so schön sagt, wie man zu sagen pflegt; ***come sarebbe a ~?*** was soll das heißen? wie ist das gemeint? ***come a ~*** das heißt; ***come ~?*** wie soll ich sagen? ***come dice?*** wie bitte? ***è una cosa da non ~!*** es ist unglaublich! da fehlen einem die Worte! ***~ le cose come stanno*** die Dinge beim Namen nennen; ***se così si può ~*** wenn man so sagen darf; ***dicevo solo così (per ~)!*** das habe ich nur so gesagt! ***per così ~*** sozusagen; *(in un certo senso)* gewissermassen, gleichsam; ***così dicendo*** mit diesen Worten; ***me lo diceva il cuore*** = das hatte ich im Voraus gefühlt; ***dici davvero?*** → ***dici sul serio? ehi, dico!*** → ***ma, dico! ehi, dico a te!*** he, ich rede mit dir! ***~ qcs. in faccia a qcn.*** jdm etw. ins Gesicht sagen; ***è più facile a dirsi che a farsi*** das ist leichter gesagt als getan; ***~ a qcn. il fatto suo*** jdm die Meinung sagen (*o* geigen); COLLOQ. ***puoi dirlo forte!*** das kannst du ruhig laut sagen! ***(andare a) ~ in giro*** weiter‿erzählen; ***~ grazie a qcn.*** jdm Danke sagen, sich bei jdm bedanken: ***puoi ~ grazie a lui se...*** du kannst dich bei ihm bedanken, wenn...; ***dirle grosse*** den Mund voll nehmen, eine große (*o* dicke) Lippe riskieren; ***cosa intendi ~?*** was meinst du (damit)? ***lasciar ~ qcn.*** jdn reden lassen; ***lasciatelo ~, sei proprio maleducato!*** lass dir das gesagt sein, du bist wirklich ungezogen! ***questo la dice lunga su di lui*** das sagt viel über ihn; ***ma, dico! non puoi stare più attento?*** he, kannst du nicht aufpassen? ***~ male di qcn.*** schlecht von jdm reden; ***mandare a ~ qcs. a qcn.*** jdm etw. aus‿richten lassen; ***è uno che non te le manda certo a ~!*** er ist jemand, der kein Blatt vor den Mund nimmt! ***per meglio ~*** richtiger (*o* besser) gesagt; ***in men che non si dica*** in Null Komma nichts; ***~ a qcn. quel che si merita*** es jdm gehörig sagen; ***~ la messa*** die Messe halten, lesen; ***modo di ~*** Redensart *f.*; ***non gli si può ~ niente, nulla*** er lässt sich nichts sagen; ***è intelligente, niente da ~, però...*** er ist intelligent, da (*o* dagegen) kann man nichts sagen, aber...; ***~ (di) no a qcn., qcs.*** zu jdm, etw. Nein sagen; ***non saper ~ di no*** nicht Nein sagen können; ***ha ragione, non dico di no, ma....*** er hat Recht, das bestreite ich nicht, aber...; ***(ma) non mi ~!*** tatsächlich! ***non mi ~ che te ne sei dimenticato!*** sag bloß nicht, dass du es vergessen hast! ***non mi ~ che ci hai pensato tu!*** nein, dass du daran gedacht hast! ***non è detto che...*** es ist nicht gesagt, dass...; ***~ qcs. all'orecchio di qcn.*** jdm etw. ins Ohr sagen (*o* flüstern); ***oserei ~*** ich würde fast sagen; ***~ pane al pane, vino al vino*** das Kind beim Namen nennen, etw. beim Namen nennen; ***devo dirgli due paroline!*** ich hab noch ein Wörtchen mit ihm zu reden! ***si fa per ~*** das ist nicht ernst gemeint; ***l'ho detto così, tanto per ~*** das habe ich doch nur so gesagt, ich meinte ja nur (so); ***non (faccio) per ~, ma...*** ich will mich nicht selbst loben, aber...; ***~ peste e corna di qcn.*** kein gutes Haar an jdm lassen: ***peserà a dir poco dieci chili*** das wiegt mindestens zehn Kilo; ***si fa presto a ~...*** das ist leicht gesagt...; *(in negozi, uffici)* ***dica pure!*** kann ich Ihnen helfen? ***quante me ne ha dette!*** was hat er mich nicht alles geheißen! ***a quanto si dice*** wie man sagt, wie behauptet wird; ***dirne quattro a qcn.*** jdm seine Meinung sagen; ***~ le proprie ragioni*** seine Gründe vor‿bringen; ***sarebbe a ~ che...*** das heißt, dass...; ***~ scemenze*** Blödsinn reden; ***~ qcs. per scherzo*** etw. im Scherz sagen; ***~ sciocchezze*** Unsinn reden; ***ho sentito ~ che...*** ich habe gehört, dass...; ***l'ho sentito ~ che...*** ich habe ihn sagen hören, dass...; ***per sentito ~*** vom Hörensagen, gerüchteweise; ***~ (di) sì a qcn., qcs.*** (zu jdm, etw.) Ja sagen; ***~ la sua*** mit‿reden, seine Meinung sagen: ***devi sempre ~ la tua su tutto?*** musst du immer zu allem deine Meinung sagen? ***dici sul serio?*** meinst du das im Ernst? ***trovare a, da ~ su qcn., qcs.*** an jdm, über etw. (A) nörgeln, herum‿nörgeln; ***a dirla tutta*** kurz und gut; ***a ~ di tutti è una brava persona*** alle sagen, er ist ein anständiger Mensch; ***(il che) è tutto ~!*** damit ist alles gesagt! ***di' un po', che cos'è questo?*** sag mal, was soll denn das? ***vale a ~*** will sagen, das heißt, nämlich; ***e poi non mi si venga a ~ che...*** und dass mir dann keiner kommt, um mir zu sagen, dass...; ***a ~ la verità, il vero*** um die Wahrheit zu sagen, offen (*o* ehrlich) gesagt; ***e via dicendo*** und so weiter; ***voler ~*** bedeuten, heißen; *(intender dire)* meinen; *(dimostrare)* beweisen: ***cosa vuol dire questa parola?*** was bedeutet dieses Wort?

questo non vuol ~ che non ti voglia bene das heißt nicht, dass ich dich nicht lieb habe; ***cadere da quest'altezza vorrebbe ~ morire*** aus einer solchen Höhe herunterzufallen, bedeutet den sicheren Tod; ***con questo non voglio ~ che...*** damit meine ich nicht, dass...; ***non capisco cosa vuoi ~*** ich verstehe nicht, was du meinst; ***questo non vuol ~ proprio nulla*** das beweist (*o* bedeutet) gar nichts, das will nichts besagen; ***che sia nuova o usata non vuol ~, basta che funzioni*** ob neu oder alt, ist nicht wichtig, Hauptsache es funktioniert; ***voglio ben ~!*** das will ich meinen! ***volevo ben ~!*** ich war mir dessen sicher! ***vuol, vorrà ~ che andremo senza di te*** das heißt, dass wir ohne dich gehen; ***o che dir si voglia*** oder wie man es auch nennen (*o* bezeichnen) mag; ***non farselo ~ due volte*** es sich nicht zweimal sagen lassen.

2.di|re m. Sagen *n.*, Reden *n.*, Rede *f.* ◆ ***a ~ di tutti...*** wie alle sagen...; ***a mio, suo ~*** meiner, seiner Meinung nach; ***l'arte del ~*** die Kunst der Rede, die Redekunst; ***avere un bel ~*** gut reden haben; PROV. ***tra il ~ e il fare c'è di mezzo il mare*** Sagen und Tun ist zweierlei; ***il ~ è più facile del fare*** es ist immer leichter gesagt als getan.

di|rec|tory [dɪ'rektərɪ, daɪ'rektərɪ] f.inv. INFORM. Verzeichnis *n.*, Directory *n.*

di|ret|ta f. RAD. TELEV. ***(trasmissione in) ~*** Direktsendung *f.*, Direktübertragung *f.*, Live-Sendung *f.*; ***~ televisiva, radiofonica*** Fernseh-Livesendung *f.*, Radio-Livesendung *f.*; ***trasmettere qcs. in ~*** etw. direkt (*o* live) übertragen; ***siamo collegati in ~ con...*** wir sind direkt mit... verbunden.

di|ret|ta|men|te avv. **1** direkt, geradewegs: ***questo treno va ~ a Berlino*** dieser Zug fährt direkt nach Berlin; ***andare ~ alla stazione*** direkt zum Bahnhof fahren; ***vengo ~ da casa*** ich komme geradewegs von zu Hause **2** *(senza mediazioni)* direkt, unmittelbar: ***rivolgersi ~ a qcn.*** sich direkt an jdn wenden; ***un presidente eletto ~ dal popolo*** ein unmittelbar vom Volk gewählter Präsident; ***essere ~ proporzionali*** direkt proportional zueinander sein.

di|ret|tis|si|ma f. **1** FERR. Fernverbindung *f.* **2** ALP. Falllinie *f.*, Direttissima *f.* ◆ DIR. ***processare qcn. per ~*** jdn im Schnellverfahren verurteilen; ***tribunale convocato per ~*** Schnellgericht *n.*

di|ret|tis|si|mo m. FERR. D-Zug *m.* ◆ DIR. ***giudizio ~*** Schnellverfahren *n.*; ***~ salariale*** Lohnleitlinie *f.*

di|ret|ti|va f. **1** Richtlinie *f.*, Direktive *f.*, Vorgabe *f.*: ***dare, impartire, osservare, ricevere -e*** Richtlinien geben (aus‿geben), erlassen, ein‿halten, erhalten; ***seguire le -e del partito*** den Richtlinien einer Partei folgen **2** DIR. Richtlinie *f.*: ***attenersi a una nuova ~ (della) Ue*** sich an eine neue EU-Richtlinie halten; ***~ generale, quadro*** Rahmenrichtlinie *f.*

di|ret|ti|vo I agg. **1** leitend, führend, Leitungs-, Führungs-: ***carica -a*** leitende Funktion; ***ricoprire una posizione -a*** eine leitende Stellung inne‿haben; ***mansione -a*** Führungsaufgabe *f.*; ***comitato ~*** leitender Ausschuss, Leitungsgremium *n.*; ***organo ~*** leitendes Organ **2** TECN. *(direzionale)* Richt-: ***antenna -a*** Richtantenne *f.* **II** m. Leitung *f.*, Führung *f.*, Präsidium *n.*: ***far parte del ~*** im Präsidium sitzen; ***convocare il ~*** das Präsidium ein‿berufen; ***riunione del ~*** Präsidiumssitzung *f.*; ***~ del partito*** Parteipräsidium *n.*

di|ret|to I p.pass. agg. **1** → **dirigere** **2** auf dem Weg, in Richtung: ***un autobus ~ all'aeroporto*** ein Bus in Richtung (*o* zum) Flughafen **3a** *(volto)* gerichtet, gezielt, zielend: ***~ a qcs.*** auf etw. (A) gerichtet; ***un provvedimento ~ al miglioramento della situazione economica*** eine auf die Verbesserung der finanziellen Lage zielende Maßnahme **b** *(indirizzato)* ***~ a qcn.*** an jdn gerichtet; ***una lettera -a a me*** ein Brief für mich, ein an mich gerichteter Brief **4a** *(senza deviazioni)* direkt: ***un collegamento ~ da Torino a Firenze*** eine direkte Verbindung von Turin nach Florenz; ***luce -a*** direktes Licht; ***un discendente ~, un discendente in linea -a*** ein direkter Nachkomme, ein Nachkomme in direkter Linie **b** *(immediato)* direkt, unmittelbar: ***la conseguenza -a*** die unmittelbare Folge **c** ECON. ***imposte -e*** direkte Steuern **d** GRAMM. ***discorso ~*** direkte Rede; ***complemento ~*** direktes Objekt **e** INFORM. ***accesso ~*** direkter Zugriff, Direktzugriff *m.* **f** MAT. ***proporzionalità -a*** direkte Proportionalität **II** avv. direkt, geradewegs: ***andare ~ allo scopo*** geradewegs aufs Ziel los‿gehen **III** m. **1** SPORT *(nella box)* Gerade *f.*: ***assestare un ~ sinistro a qcn.*** jdm eine linke Gerade versetzen **2** FERR. Eilzug *m.* ◆ ***coltivatore ~*** Direkterzeuger *m.*; ***elezioni -e*** Direktwahlen *pl.*; ESTENS. ***filo ~*** direkter Draht: ***avere un filo ~ con qcn.*** einen direkten Draht mit jdm haben; POL. ***mandato ~*** Direktmandat *n.*; ***ripresa -a*** Direktsendung *f.*, Direktübertragung *f.*, Live-Sendung *f.*; MIL. ***tiro ~*** direkter Beschuss; ***treno ~*** Eilzug *m.*; ***vendita -a*** Direktverkauf *m.*; ***volo ~*** Direktflug *m.*

di|ret|to|re I m. **1** Direktor *m.*, Leiter *m.*: ***~ di un negozio, di banca*** Leiter eines Geschäfts, Bankdirektor *m.*; ***~ artistico, tecnico*** künstlerischer, technischer Leiter **2** *(di scuola)* Schuldirektor *m.*, Schulleiter *m.* **II** agg. Leit-, Richt-: ***linea -trice*** Leitlinie *f.*; ***ruota -trice*** Leitrad *n.* ◆ ***~ d'albergo*** Hoteldirektor *m.*; ***~ amministrativo*** Verwaltungsdirektor *m.*, Verwaltungsleiter *m.*; ***~ d'azienda*** Firmenchef *m.*; ***~ del corpo di ballo*** Ballettmeister *m.*; ***~ di banca*** Bankdirektor *m.*; ***~ commerciale*** Vertriebsleiter *m.*; ***~ del coro*** Chorleiter *m.*; ***~ di filiale*** Filialleiter *m.*; ***~ di gara*** Schiedsrichter *m.*; ***~ generale*** Generaldirektor *m.*, RAD. TELEV. Intendant *m.*; EDIL. ***~ dei lavori*** Bauleiter *m.*; ***~ d'orchestra*** Dirigent *m.*, Orchesterleiter *m.*; ***~ del personale*** Personaldirektor *m.*; ***~ di produzione*** Produktionsleiter *m.*; GIORN. ***~ responsabile*** (verantwortlicher) Chefredakteur; TELEV. ***~ di rete*** Programmdirektor *m.*; ***~ di sala*** Saalchef *m.*, Empfangschef *m.*; ***~ sanitario*** = hoher Funktionär in der Krankenhausverwaltung; ***~ di scena*** Bühnenmeister *m.*; ***~ spirituale*** Beichtvater *m.*, Spiritual *m.*; ***~ di stabilimento*** Werkleiter *m.*; SPORT ***~ tecnico*** Trainer *m.*; ***~ delle vendite*** Verkaufsleiter *m.* **di|ret|to|ria|le** agg. direktorial.

di|ret|to|rio m. *(-ri* e *-rii)* **1** Direktorium *n.* (anche ECCL.) **2** STOR. Direktorium *n.*, Directoire *n.*

di|ret|tri|ce I f. **1** Direktorin *f.*, Leiterin *f.*: ***la ~ di una scuola, di una biblioteca*** die Leiterin einer Schule, einer Bibliothek **2** FIG. Leitlinie *f.*, Richtung *f.*: ***le -i di un partito*** die Leitlinien einer Partei **3** MAT. Direktrix *f.*, Leitlinie *f.* **II** agg. → **direttore II.**

di|re|zio|na|le agg. **1** Richt-, Richtungs-: ***antenna ~*** Richtantenne *f.*, Richtstrahler *m.*; ***microfono ~*** Richtmikrophon *n.*; ***ricevitore ~*** Richtempfänger *m.* **2** *(direttivo)* Direktions-, Direktoren-: ***uffici -i*** Direktionsbüros *pl.* ◆ ***centro ~*** Verwaltungsviertel *n.*; ***freccia ~*** *(segnale stradale)* Richtungspfeil *m.*; *(negli autoveicoli)* Blinker *m.* **di|re|zio|na|li|tà** f. Richtfähigkeit *f.*

di|re|zio|ne f. **1** Richtung *f.*: ***in ~ opposta*** in umgekehrter (*o* entgegengesetzter) Richtung; ***mantenere, cambiare la ~*** die Richtung ein‿halten, ändern (*o* wechseln); ***indicare la ~ a qcn.*** jdm die Richtung an‿zeigen, weisen; ***andare in una, nella ~ sbagliata*** in eine, die falsche Richtung gehen; ***prendere, seguire una ~*** eine Richtung nehmen (*o* ein‿schlagen), verfolgen **2a** *(dirigenza)* Leitung *f.*, Führung *f.*, Direktion *f.*: ***assumere, lasciare la ~ dell'azienda*** die Leitung des Betriebs übernehmen, ab‿geben; ***la ~ tecnica, commerciale*** die technische, kaufmännische Leitung; ***la ~ amministrativa*** die Geschäftsführung, Geschäftsleitung; ***la nuova ~ dell'albergo*** die neue Hotelleitung; MUS. TEATR. ***la ~ di un'orchestra*** die Leitung eines Orchesters (*o* Orchesterleitung); SPORT ***avere la ~ di una partita di calcio*** bei einem Fußballspiel die Leitung haben **b** *(uffici del direttore)* Direktion *f.*: ***chiamare, convocare qcn. in ~*** jdn in die Direktion bestellen, zitieren ◆ ***cambiamento di ~*** Richtungsänderung *f.*, Richtungswechsel *m.*; ***da ogni ~, da tutte le -i*** aus allen Richtungen; ***~ generale*** Vorstand *m.*, RAD. TELEV. Intendanz *f.*; ***in ogni ~*** in allen Richtungen; ***in ~ di Roma*** in Richtung (auf) Rom; ***in ~ sud*** in Richtung Süden; AUT. ***indicatore di ~*** Fahrtrichtungsanzeiger *m.*; STRAD. ***~ di marcia*** Fahrtrichtung *f.*; ***segretaria di ~*** Chef-, Direktionssekretärin *f.*; ***segreteria di ~*** Chefsekretariat *n.*; ***sotto la ~ di*** unter der Leitung von; ***~ del vento*** Windrichtung *f.*; STRAD. ***~ vietata*** verbotene Fahrtrichtung.

di|ri|gen|te I agg. führend, Führungs-, leitend, Leitungs-: ***classe ~*** Führungsschicht *f.*, führende Schicht **II** m. e f. Führer *m.* (-in *f.*), Leiter *m.* (-in *f.*): ***~ d'azienda*** Betriebsführer *m.*, Betriebsleiter *m.*; ***~ sindacale*** Gewerkschaftsvorsitzende *m.* e *f.* **di|ri|gen|za** f. Leitung *f.*, Führung *f.*: ***~ aziendale*** Betriebsleitung *f.* **di|ri|gen|zia|le** agg. leitend, Leitungs-, führend, Führungs-: ***mansioni -i*** Führungsaufgaben.

di|ri|ge|re *(dirigo, dirigi; diressi; diretto)* **I** tr. **1** richten, lenken: ***~ lo sguardo, la propria attenzione verso qcs.*** den Blick, seine Aufmerksamkeit auf etw. (A) richten; ***~ il discorso su qcs.*** das Gespräch auf etw. (A) lenken; ***~ i sospetti su qcn.*** den Verdacht auf jdn lenken **2a** *(amministrare, gestire)* leiten, führen: ***~ un'azienda, una scuola*** einen Betrieb, eine Schule leiten; ***~ un negozio, un ristorante, la casa*** ein Geschäft, ein Restaurant, den Haushalt führen; *(regolare)* ***~ il traffico*** den Verkehr leiten, regeln **b** MUS. leiten, dirigieren: ***~ un'orchestra*** ein Orchester leiten **c** SPORT leiten (anche ASSOL.): ***l'arbitro ha diretto bene*** der Schiedsrichter hat gut geleitet **3** MAR. *(guidare)* steuern, zu‿steuern: ***~ la nave in porto*** das Schiff in den Hafen steuern **II** pronom. **dirigersi** **1** lenken, streben, zu‿streben, steuern: ***-rsi alla, verso la stazione*** zum Bahnhof lenken, in die Richtung zum Bahnhof ein‿schlagen; ***-rsi verso casa, all'uscita*** nach Hause, zum Ausgang streben (*o* auf den, dem Ausgang zustreben); ***-rsi verso una meta*** auf ein Ziel hin‿steuern **2a** *(di autoveicolo)* zu‿fahren: ***la macchina si diresse verso di me*** der Wagen fuhr auf mich zu **b** MAR. steuern, zu‿steuern: ***-rsi verso nord, verso un'isola*** nach Norden, auf eine Insel zusteuern.

di|ri|gi|bi|le m. Luftschiff *n.*
di|ri|gi|smo m. Dirigismus *m.* **di|ri|gi|sta** *(-i,-e)* **I** agg. dirigistisch **II** m. e f. Anhänger *m.* (-in *f.*) des Dirigismus. **di|ri|gi|sti|co** agg. *(-ci,-che)* dirigistisch.
di|ri|me|re tr. *(pass. rem. dirimei/dirimetti)* bei‿legen, schlichten: ***~ una controversia*** einen Streit beilegen.
di|rim|pet|ta|io m. *(-ai)* Gegenüber *n.* **di|rim|pet|to** **I** avv. gegenüber: ***il signore seduto ~*** der gegenüber sitzende Herr **II** agg.inv. gegenüberliegend, gegenüber: ***la casa ~*** das gegenüberliegende Haus ◆ ***~ a qcs.*** gegenüber etw. (D), etw. (D) gegenüber: ***la posta si trova ~ alla stazione*** die Post liegt gegenüber dem Bahnhof (*o* dem Bahnhof gegenüber).
di|rit|ta → **dritta.**
1.di|rit|to **I** agg. **1** gerade: ***una linea, una via -a*** eine gerade Linie, ein gerader Weg; ***un palo, un tronco ~*** ein gerader Pfosten, Baumstamm; ***gambe -e*** gerade Beine; ***la pianta è cresciuta -a*** die Pflanze ist gerade gewachsen; ***stai ~*** steh gerade, stell dich gerade hin; ***siedi ~!*** sitz gerade! **2** ANT. *(destro)* recht: ***piede ~, mano -a*** rechter Fuß, rechte Hand **3** *(in maglieria)* recht: ***una maglia -a*** eine rechte Masche **4** FIG. ANT. *(retto)* gerade, aufrecht: ***un uomo ~*** ein aufrechter Mensch **5** *(in posizione verticale)* aufrecht: ***mettere qcs. ~*** etw. aufrecht hin‿stellen **II** avv. **1** *(in linea retta)* gerade, geradeaus: ***vai sempre ~*** geh immer geradeaus; ***guardare ~ davanti a sé*** geradeaus vor sich schauen **2** *(direttamente)* direkt: ***andare ~ a casa*** direkt nach Hause gehen **III** m. **1** SART. rechte Seite *f.*: ***il ~ di una stoffa*** die rechte Seite eines Stoffes; ***stirare la stoffa dal ~*** den Stoff (von) rechts bügeln **2** *(in maglieria)* rechte Masche *f.*: ***fare due -i e due rovesci*** zwei rechts zwei links stricken; ***a ~*** rechts **3** *(di medaglia, moneta)* Vorderseite *f.*, Avers *m.* **4** SPORT Vorhand *f.*: ***colpire una palla di ~*** einen Ball mit (der) Vorhand schlagen ◆ ***filare, rigare ~*** spuren; ***andare ~ allo scopo*** weder rechts noch links schauen; ***andare, tirare ~ per la propria strada*** unbeirrt seinen Weg gehen.
2.di|rit|to m. **1a** *(complesso di norme)* Recht *n.*: ***~ non scritto*** ungeschriebenes Recht; ***secondo il ~ vigente*** nach geltendem Recht **b** *(scienza giuridica)* Recht *n.*, Rechtswesen *n.* **2** *(materia di studio)* Jus *n.*, Jura *pl.*: ***studiare ~*** Jura studieren **3** *(facoltà, pretesa)* Recht *n.*, Anspruch *m.*, Berechtigung *f.*: ***un ~ inalienabile, incontestato, sacrosanto*** ein unveräußerliches, unbestrittenes, geheiligtes Recht; ***arrogarsi un ~*** sich (D) ein Recht an‿maßen, an‿eignen; ***accampare, esercitare un ~*** einen Anspruch erheben, ein Recht aus‿üben; ***avere il ~ esclusivo su qcs.*** das ausschließliche Recht auf etw. (A) haben, zu etw. allein berechtigt sein; ***avere il ~ di fare qcs.*** das Recht (dazu) haben, etw. zu tun; ***cedere un ~*** ein Recht übertragen; ***con quale ~ fa questo?*** mit welchem Recht (*o* welcher Berechtigung) tut er das? ***contestare a qcn. il ~ a qcs.*** jdm das Recht auf etw. (A) bestreiten; ***negare un ~ a qcn.*** jdm ein Recht ab‿erkennen; ***perdere il ~ a qcs.*** das Recht auf etw. (A) verwirken; ***riconoscere un ~*** ein Recht an‿erkennen; ***sussistere di ~*** zu Recht bestehen; ***tutelare, salvaguardare i propri -i*** sein Recht wahren, wahr‿nehmen; ***usurpare il ~ di qcn.*** jds Rechte (widerrechtlich) an sich reißen; ***far valere un ~*** ein Recht geltend machen; ***violare un ~*** ein Recht vergewaltigen, verletzen **4** pl. *(tassa)* Gebühr *f.*, Gebühren *pl.* ◆ ***a ~*** mit Recht; ***~ d'accesso*** Eintrittsrecht *n.*; ***~ di acquisto*** Ankaufsrecht *n.*; ***~ aeronautico*** Luftrecht *n.*; ***~ amministrativo*** Verwaltungsrecht *n.*; ***~ di ancoraggio*** Ankerrecht *n.*; *(tassa)* Ankergebühr *f.*, Ankergeld *n.*; ***~ d'anzianità*** das Recht der Älteren; ***~ d'appello*** Einspruchsrecht *n.*; ***~ all'autodeterminazione*** Selbstbestimmungsrecht *n.*; ***~ all'autodeterminazione dei popoli*** Selbstbestimmungsrecht der Völker; ***-i d'autore*** Urheberrechte *pl.*, Autorenrechte *pl.*; ***acquistare, cedere i -i d'autore*** die Urheberrechte erwerben, ab‿geben; ***avente ~*** Berechtigte *m.* e *f.*; ***~ aziendale*** Gewerberecht *n.*; ***a buon ~*** mit gutem Recht, mit Fug und Recht; ***~ canonico*** kanonisches Recht, Kirchenrecht *n.*; ***~ di cittadinanza*** Heimatrecht *n.*; ***~ del cittadino*** Bürgerrecht *n.*; ***~ civile*** bürgerliches Recht, Zivilrecht *n.*; ***movimento per i -i civili*** Bürgerrechtsbewegung *f.*; ***perdita dei -i civili e politici*** Verlust *m.* der bürgerlichen und politischen Rechte; ***~ di cogestione*** Mitbestimmungsrecht *n.*; ***~ commerciale*** Handelsrecht *n.*; ***~ consuetudinario*** Gewohnheitsrecht *n.*; ***contrario al ~*** rechtswidrig; ***~ contrattuale*** Vertragsrecht *n.*; ***~ costituzionale*** Verfassungsrecht *n.*; ***dare ~ a qcs.*** zu etw. das Recht geben, zu etw. berechtigen; ***la carta d'identità dà ~ a passare il confine*** der Personalausweis berechtigt zum Grenzübergang; ***~ di decisione*** Entscheidungsrecht *n.*; ***~ di deliberazione*** Beschlussrecht *n.*; ***di ~*** von Rechts wegen; ***~ divino*** göttliches Recht; ***avere il ~ di disporre di qcs.*** das Verfügungsrecht über etw. (A) haben; ***~ dispositivo*** dispositives Recht; ***stessi -i, stessi doveri*** gleiche Rechte, gleiche Pflichten; ***i -i e doveri del cittadino*** die Rechte und Pflichten des Bürgers; ***~ ecclesiastico*** Kirchenrecht *n.*; ***~ ereditario*** Erbrecht *n.*; ***~ di esclusiva*** Exklusivrecht *n.*; ***avere il ~ di esclusiva su qcs.*** die Exclusivrechte auf etw. (A) haben; ***~ esclusivo*** Alleinberechtigung *f.*; ***~ fallimentare*** Konkursrecht *n.*; ***~ di famiglia*** Familienrecht *n.*; ***di ~ o di fatto*** rechtlich oder tatsächlich; STOR. ***~ feudale*** Lehnsrecht *n.*; ***filosofia del ~*** Rechtsphilosophie *f.*; ***~ fondamentale*** Grundrecht *n.*; ***~ fondiario*** Bodenrecht *n.*; ***~ forestale*** Forstrecht *n.*; ***~ del più forte*** das Recht des Stärkeren, STOR. Faustrecht *n.*; ***~ delle genti*** → ***~ internazionale***; ***~ germanico*** deutsches Recht; ***~ di (concedere la) grazia*** Begnadigungsrecht *n.*; ***~ di guerra*** Kriegsrecht *n.*; ***~ internazionale*** Völkerrecht *n.*, internationales Recht; ***~ di inventario*** Inventarrecht *n.*; ***~ al lavoro*** Recht *n.* auf Arbeit; ***~ del lavoro*** Arbeitsrecht *n.*; ***~ di locazione*** Mietrecht *n.*; ***a maggior ~*** mit größerem Recht; ***~ marittimo*** Seerecht *n.*; ***~ matrimoniale*** Eherecht *n.*; ***~ per la tutela dei minori*** Jugendrecht *n.*; STOR. ***~ di nascita*** Geburtsrecht *n.*; ***~ naturale*** Naturrecht *n.*, natürliches Recht; ***~ delle obbligazioni*** Schuldrecht *n.*; ***~ di opzione*** Bezugs-, Optionsrecht *n.*; ***~ di ospitalità*** Gastrecht *n.*; ***~ di parola*** Redefreiheit *f.*; ***~ di pascolo*** Weiderecht *n.*; ***~ patrimoniale*** Vermögensrecht *n.*; ***~ di pegno*** Pfandrecht *n.*; ***~ penale*** Strafrecht *n.*; ***~ alla pensione*** Pensions-, Rentenanspruch *m.*, Pensionsberechtigung *f.*; ***~ di permuta*** Umtauschrecht *n.*; ***a pieno ~*** mit vollem Recht; ***-i portuali*** Hafengebühren *pl.*; ***~ positivo*** positives Recht; ***~ di precedenza*** Vorfahrt(s)recht *n.*; ***norma sul ~ di precedenza*** Vorfahrt(s)regel *f.*; ***strada con ~ di precedenza*** bevorrechtigte Straße; ***~ di prelazione*** Einstandsrecht *n.*, Vorkaufsrecht *n.*, Aktienoption *f.*; ***~ di primogenitura*** Erstgeburtsrecht *n.*; ***~ privato*** Privatrecht *n.*; ***di ~ privato*** privatrechtlich; ***~ processuale*** Verfahrens-, Prozessrecht *n.*; ***~ processuale civile*** Zivilprozessrecht *n.*; ***~ di proprietà*** Eigentumsrecht *n.*; ***~ pubblico*** öffentliches Recht; ***di ~ pubblico*** öffentlich-rechtlich; ***un ente di ~ pubblico*** eine Körperschaft des öffentlichen Rechts; ***~ reale*** Realrecht *n.*, Sach(en)recht *n.*; ***~ di recesso*** Rücktrittsrecht *n.*; ***~ di residenza*** Wohnrecht *n.*; ***~ alla restituzione*** Rückerstattungsrecht *n.*; ***~ di riproduzione*** Vervielfältigungsrecht *n.*; ***~ al risarcimento danni*** Schadenersatzanspruch *m.*; ***~ di riscatto*** Rückkaufsrecht *n.*; ***tutti i -i riservati*** alle Rechte vorbehalten; ***~ riservato*** Reservatrecht *n.*; ***~ di ritenzione*** Zurückbehaltungsrecht *n.*; ***~ romano*** römisches Recht; ***scienza del ~*** Rechtslehre *f.*; ***~ di sciopero*** Streikrecht *n.*; ***-i di segreteria*** Bearbeitungsgebühr *f.*; ***senza ~*** rechtlos; ***~ sociale*** Sozialrecht *n.*; ***sociologia del ~*** Rechtssoziologie *f.*; ***soggetto di ~*** Rechtssubjekt *n.*; ***-i di soggiorno*** Aufenthaltsberechtigung *f.*; ***~ di sovranità*** Hoheits-, Souveränitätsrecht *n.*; ***stato di ~*** Rechtsstaat *m.*; ***storia del ~*** Rechtsgeschichte *f.*; ***~ di successione*** Erbrecht *n.*; ***~ di transito*** Durchfahrtsrecht *n.*, Transitgebühr *f.*; ***~ tributario*** Steuerrecht *n.*; ***-i d'ufficio*** Amtsgebühren *pl.*; ***-i umani, dell'uomo*** Menschenrechte *pl.*; ***violazione dei -i dell'uomo*** Menschenrechtsverletzung *f.*; ***~ di usufrutto*** Nutzungsrecht *n.*; ***~ (di partecipazione) agli utili*** Anteilsrecht *n.*; ***~ di veto*** Vetorecht *n.*, Einspruchsrecht *n.*: ***esercitare il proprio ~ di veto*** von seinem Vetorecht Gebrauch machen; ***~ alla vita*** Lebensrecht *n.*; STOR. ***~ di vita e di morte*** Blutbann *m.*; ***~ di voto*** Wahl-, Stimmrecht *n.*
di|rit|tu|ra f. **1** SPORT Gerade *f.* **2** *(rettitudine)* Geradheit *f.*, Redlichkeit *f.*: ***~ morale*** moralische, sittliche Redlichkeit ◆ ***~ d'arrivo*** Zielgerade *f.*; ***essere in ~ d'arrivo*** in der Zielgerade sein (anche FIG.); ***curva in ~ d'arrivo*** Zielkurve *f.*; ***~ di partenza e arrivo*** Start- und Zielgerade *f.*
di|riz|zo|ne, ***prendere, pigliare un ~*** einen Bock schießen.
di|roc|ca|re tr. *(dirocco, dirocchi)* ab‿reißen, nieder‿reißen. **di|roc|ca|to** p.pass. agg. **1** → **diroccare** **2** *(in rovina)* verfallen: ***un castello ~*** ein verfallenes Schloss; *(cadente)* baufällig: ***una casa -a*** ein baufälliges Haus.
di|rom|pen|te agg. **1** brisant, Spreng-, Splitter-: ***bomba ~*** Sprengbombe *f.*, Splitterbombe *f.*; ***forza ~*** Brisanz *f.*; FIG. ***la forza ~ di un'idea*** die Stoßkraft einer Idee **2** FIG. *(esplosivo, sconvolgente)* brisant, explosiv: ***una notizia ~*** eine explosive Nachricht ◆ ***frutto ~*** Streufrucht *f.*, Springfrucht *f.*
di|rom|pe|re intr. *(dirompo; diruppi; dirotto; aus. essere)* LETT. aus‿brechen: ***~ in lacrime*** in Tränen ausbrechen.
di|rot|ta|men|te avv. heftig, anhaltend: ***piangere ~*** heftig weinen; ***piove ~*** es regnet in Strömen.
di|rot|ta|men|to m. **1** Kursabweichung *f.*, Kursänderung *f.* **2** ESTENS. *(del traffico)* Umleitung *f.* **3** *(atto di pirateria)* Entführung *f.*: ***~ aereo*** Flugzeugentführung *f.*
di|rot|ta|re **I** tr. **1** ***~ una nave, un aereo*** den Kurs eines Schiffes, eines Flugzeugs ändern; ***per la nebbia l'aereo è stato dirottato su Genova*** das Flugzeug wurde wegen Nebel nach Genua umgelei-

tet **2** *(come atto di pirateria)* entführen: **~ *un aereo su Beirut*** ein Flugzeug nach Beirut entführen **3** ESTENS. **~ *il traffico*** den Verkehr um‿leiten **II** intr. (aus. *avere*) den Kurs ändern, vom Kurs ab‿weichen. **di|rot|ta|to|re** m. Entführer *m.*: **~ *di un aereo*** Flugzeugentführer *m.*

di|rot|to agg. heftig: ***pianto ~*** heftiges Weinen ◆ ***piove a ~*** es regnet Bindfäden, es gießt in Strömen; ***piangere a ~*** heftig weinen, sich (D) die Augen aus‿weinen.

di|roz|za|re **I** tr. **1** *(materiale)* roh behauen, grob bearbeiten **2** FIG. *(affinare, incivilire)* verfeinern **3** FIG. *(cominciare a istruire)* aus‿bilden, bilden: **~ *la mente, l'animo*** den Geist, die Seele bilden **II** pronom. **dirozzarsi** sich verfeinern, sich ab‿schleifen.

di|rug|gi|ni|re tr. *(dirugginisco, dirugginisci)* **1** *(liberare dalla ruggine)* entrosten **2** FIG. *(sgranchire)* strecken **3** FIG. **~ *le idee*** seine Ideen auf‿frischen.

di|ru|pa|to agg. abschüssig, schroff: ***un terreno, pendio ~*** ein abschüssiges Gelände, ein schroffer Abhang. **di|ru|po** m. Absturz *m.*

di|ru|to agg. LETT. *(diroccato)* verfallen, baufällig.

di|sa|bi|le **I** agg. behindert: **~ *fisico, psichico*** körperlich behindert (*o* körperbehindert), geistig behindert **II** m. e f. Behinderte *m.* e *f.*: **~ *fisico, psichico*** Körperbehinderte *m.*, geistig Behinderte *m.* **di|sa|bi|li|tà** f. Behinderung *f.*

di|sa|bi|li|ta|re tr. *(disabilito, disabiliti)* **1** unfähig machen, außer Betrieb setzen: **~ *un aeroporto*** einen Flughafen außer Betrieb setzen (*o* stilllegen) **2** *(persona)* für unfähig erklären, ab‿qualifizieren: **~ *qcn. al lavoro*** jdn für arbeitsunfähig erklären. **di|sa|bi|li|ta|to** p.pass. agg. **1** → **disabilitare** **2** *(fuori servizio)* außer Dienst, außer Betrieb.

di|sa|bi|ta|to agg. unbewohnt, menschenleer: ***una zona -a*** eine menschenleere (*o* einsame) Gegend.

di|sa|bi|tua|re *(disabituo, disabitui)* **I** tr. ab‿gewöhnen, entwöhnen: **~ *qcn. a qcs.*** jdm etw. abgewöhnen, jdn etw. (G) entwöhnen **II** pronom. ***-rsi a qcs.*** sich (D) etw. ab‿gewöhnen.

di|sac|ca|ri|de m. Disac(c)harid *n.*

di|sac|cop|pia|re tr. *(disaccoppio, disaccoppi)* trennen, scheiden; EL. RAD. entkoppeln.

di|sac|cor|do m. Uneinigkeit *f.*, Unstimmigkeit *f.*, Zwist *m.*, Missklang *m.*: ***essere, trovarsi in ~ con qcn. su qcs.*** mit jdm in etw. (D), über etw. (A) uneinig sein, in etw. (D) nicht überein‿stimmen; ***venire in ~ con qcn.*** mit jdm uneinig werden, in Zwist geraten; ***gravi motivi di ~*** schwerwiegende Unstimmigkeiten.

di|sa|ci|da|re tr. *(disacido, disacidi)* entsäuern.

di|sa|dat|ta|men|to m. Unangepasstheit *f.*, mangelndes Anpassungsvermögen *n.*: **~ *sociale*** soziale Unangepasstheit. **di|sa|dat|ta|to** **I** agg. **1** unangepasst, nicht anpassungsfähig **2** *(di ragazzi)* schwer erziehbar, verhaltensauffällig: ***giovani -i*** verhaltensauffällige Jugendliche **II** m. Verhaltensgestörte *m.*

di|sa|dat|to agg. unpassend, ungeeignet; *(di persona)* unfähig: ***essere ~ a, per qcs.*** für, zu etw. ungeeignet, zu etw. unfähig sein.

di|sa|dor|no agg. schmucklos: ***stanze, pareti -e*** schmucklose Zimmer, Wände; ***un discorso, uno stile ~*** eine schmucklose Rede, ein einfacher Stil.

di|saf|fe|zio|na|re **I** tr. LETT. entfremden, abgeneigt machen: **~ *qcn. da qcn., da qcs.*** jdn jdm, etw. entfremden **II** pronom. **disaffezionarsi** **1** sich entfremden: ***-rsi a, da qcn.*** sich jdm entfremden, die Zuneigung zu jdm verlieren **2** ***-rsi da qcs.*** das Interesse an etw. (D) verlieren. **di|saf|fe|zio|ne** f. Entfremdung *f.*, Abneigung *f.*: **~ *dalla famiglia*** Entfremdung von der Familie; ***mostrare, provare ~ allo (per lo) studio, al (per il) lavoro*** Abneigung gegen das Studium, die Arbeit zeigen.

di|sa|ge|vo|le agg. beschwerlich, mühsam, umständlich: ***viaggio ~*** eine beschwerliche Reise; ***un appartamento ~*** eine unkomfortable Wohnung; ***è troppo ~ arrivarci col treno*** es ist zu umständlich, mit dem Zug dorthin zu kommen.

di|sag|gio m. *(-gi)* ECON. Abschlag *m.*, Abgeld *n.*, Disagio *n.*

di|sag|gre|ga|re *(disaggrego, disaggreghi)* tr. e pronom. → **disgregare**. **di|sag|gre|ga|zio|ne** f. → **disgregazione**.

di|sa|gia|to agg. **1** *(scomodo)* unbequem, unbehaglich **2** *(povero)* armselig, dürftig: ***vivere in condizioni -e*** in armseligen Verhältnissen leben; ***condurre una vita -a*** ein dürftiges Leben führen.

di|sa|gio m. *(-gi)* **1** Unannehmlichkeit *f.*, Beschwernis *f.*; *(privazione)* Entbehrung *f.*: ***sopportare -gi di ogni tipo*** alle nur möglichen Entbehrungen auf sich nehmen, ertragen; ***trovarsi in condizioni di estremo ~*** in einer äußert unbequemen Lage sein **2** *(imbarazzo)* Unbehagen *n.*, Missbehagen *n.*: ***un leggero, profondo ~*** ein leichtes, tiefes Unbehagen; ***mettere qcn. a ~*** jdm Unbehagen bereiten; ***sentirsi a ~*** sich unbehaglich fühlen, Missbehagen empfinden, spüren; ***il ~ sociale*** das soziale Unbehagen.

di|sal|be|ra|re *(disalbero, disalberi)* **I** tr. **1** MAR. entmasten **2** RAR. *(diboscare)* entwalden, ab‿holzen **II** intr. (aus. *avere*) ***la nave ha disalberato*** das Schiff hat seinen Mast verloren.

di|sam|bien|ta|to agg. unvertraut, fremd: ***sentirsi ~ nel nuovo posto di lavoro*** sich am neuen Arbeitsplatz fremd fühlen.

di|sam|bi|gua|re tr. monosemieren: **~ *una parola, una frase*** ein Wort, einen Satz monosemieren.

di|sa|mi|na f. Prüfung *f.*, Untersuchung *f.* (anche DIR.): ***sottoporre a un'attenta ~*** einer gründlichen Untersuchung unterziehen; ***prendere in, a ~*** in Betracht ziehen; ***passare in ~*** genau prüfen.

di|sa|mo|ra|re **I** tr. **~ *qcn. a, da qcs.*** jdm die Freude, Lust an etw. (D) verleiden (*o* verderben), jdm etw. verleiden **II** pronom. **disamorarsi** **1** die Lust, Freude, Liebe verlieren: ***-rsi dal lavoro*** die Freude an der Arbeit verlieren **2** sich entfremden: ***-rsi dagli amici*** sich den Freunden entfremden. **di|sa|mo|ra|to** p.pass. agg. **1** → **disamorare** **2** lieblos **3** *(indifferente)* gleichgültig: ***essere ~ di tutto*** gleichgültig gegen alles sein. **di|sa|mo|re** m. **1** Lieblosigkeit *f.*: ***mostrare ~ ai propri genitori, per la famiglia*** seinen Eltern, seiner Familie gegenüber lieblos sein **2** *(avversione)* Abneigung *f.*: ***provare ~ per il lavoro*** Abneigung gegen die Arbeit, Gleichgültigkeit für die Arbeit empfinden.

di|san|co|ra|re *(disancoro, disancori)* **I** tr. **1** **~ *una nave*** den Anker eines Schiffs ein‿holen **2** FIG. los‿lösen, die Anker lichten **II** pronom. **disancorarsi** **1** sich aus der Verankerung lösen **2** FIG. ***-rsi da qcs.*** sich von etw. los‿lösen, befreien.

di|sa|ni|ma|to agg. LETT. mutlos, verzagt.

di|sap|pan|na|re tr. (klar) wischen: **~ *i finestrini*** die beschlagenen Scheiben wischen.

di|sap|pe|ten|za f. Appetitlosigkeit *f.*

di|sap|pro|va|re tr. **1** missbilligen: **~ *la condotta di qcn.*** jds Benehmen missbilligen; **~ *qcn. per qcs.*** jdm etw. verdenken **2** assol. seine Missbilligung aus‿drücken. **di|sap|pro|va|zio|ne** f. Missbilligung *f.*: ***incontrare la ~ di qcn.*** auf jds Missbilligung treffen; ***con, in segno di ~*** missbilligend.

di|sap|pun|to m. Ärger *m.*, Enttäuschung *f.*, Missmut *m.*: ***mostrare, esprimere, nascondere il proprio ~*** seinen Ärger zeigen, aus‿drücken, verbergen; ***con mio grande ~*** zu meiner großen Enttäuschung; ***un gesto di ~*** eine missmutige, ärgerliche Geste.

di|sar|cio|na|re tr. aus dem Sattel werfen.

di|sar|man|te agg. entwaffnend: ***un sorriso, una calma ~*** ein entwaffnendes Lächeln, eine entwaffnende Ruhe.

di|sar|ma|re **I** tr. **1a** entwaffnen (anche FIG.): **~ *gli antagonisti*** die Gegner entwaffnen; ***il suo fascino lo disarmò*** ihr Charme entwaffnete ihn **b** *(fortezza)* ab‿rüsten **c** **~ *una pistola*** eine Pistole entladen **2** EDIL. ab‿rüsten: **~ *un edificio*** ein Gebäude abrüsten **3** MAR. ab‿takeln **II** intr. (aus. *avere*) **1** ab‿rüsten **2** FIG. *(cedere)* weichen, auf‿geben: ***non ~ di fronte alle avversità*** angesichts von Widerwärtigkeiten nicht aufgeben.

di|sar|ma|to p.pass. agg. **1** → **disarmare** **2** unbewaffnet **3** FIG. *(inerme)* hilflos, wehrlos: ***essere ~ di fronte alle avversità della vita*** angesichts der Widrigkeiten des Lebens hilflos sein.

di|sar|mo m. **1a** Entwaffnung *f.* (anche FIG.) **b** *(riduzione degli armamenti)* Abrüstung *f.*: ***avviare un massiccio ~*** eine ernsthafte Abrüstung beginnen **2** EDIL. Abrüstung *f.* **3** MAR. Abtak(e)lung *f.* ◆ ***conferenza per il ~*** Abrüstungskonferenz *f.*; ***nave in ~*** abgetakeltes Schiff.

di|sar|mo|ni|a f. **1** Missklang *m.*, Disharmonie *f.* **2** FIG. *(disaccordo)* Uneinigkeit *f.*, Unstimmigkeit *f.*, Missklang *m.*, Disharmonie *f.*: ***essere, trovarsi in ~ con qcn. su qcs.*** mit jdm in etw. (D), über etw. (A) uneinig sein, in etw. (D) nicht überein‿stimmen. **di|sar|mo|ni|co** agg. *(-ci, -che)* **1** disharmonisch: ESTENS. ***voce -a*** misstönende Stimme **2** ESTENS. *(sproporzionato)* wenig harmonisch, unausgeglichen, unproportioniert.

di|sar|ti|co|la|re *(disarticolo, disarticoli)* **I** tr. **1** aus dem Gelenk heraus‿lösen; CHIR. exartikulieren **2** FIG. auseinander nehmen, zerlegen **II** pronom. **disarticolarsi** sich aus dem Gelenk lösen, sich aus‿kugeln. **di|sar|ti|co|la|to** p.pass. agg. **1** → **disarticolare** **2** unzusammenhängend; *(inarticolato)* inartikuliert, unartikuliert: ***suoni -i*** unartikulierte Laute. **di|sar|ti|co|la|zio|ne** f. Auslösung *f.* aus dem Gelenk; CHIR. Exartikulation *f.*

di|sas|si|mi|la|zio|ne f. MED. Dissimilation *f.*

di|sas|sue|fa|re *(disassuefaccio; disassuefeci; disassuefatto)* **I** tr. ab‿gewöhnen, entwöhnen: **~ *qcn. al fumo*** jdm das Rauchen abgewöhnen **II** pronom. ***-rsi a qcs.*** sich (D) etw. ab‿gewöhnen.

di|sa|stra|to **I** agg. **1** zerstört, Katastrophen-: ***zona -a*** Katastrophengebiet *n.* **2** *(di persone)* heimgesucht, geschädigt **II** m. Heimgesuchte *m.*, Geschädigte *m.*: ***i -i del terremoto, dell'alluvione*** die Erdbebengeschädigten, die Hochwassergeschädigten.

di|sa|stro m. **1a** *(calamità)* Unglück *n.*, Katastrophe *f.*, Desaster *n.*: ***accorrere, recarsi sul luogo del ~*** sich an den Unfallort begeben; ***un ~ ha colpito la regione*** die Region wurde von einer Katastrophe heimgesucht **b** *(danno)* Unglück *n.*, Unheil *n.*: ***evitare, provocare un ~*** ein Unglück verhüten, verursachen **c** ***i -i della guerra*** die Zerstörungen des Krieges **2** FIG. *(disordine, confusione)* Chaos *n.*: ***questa stanza è un ~*** dieses Zimmer ist ein Chaos **3a** FIG. *(persona inetta)* Katastrophe *f.*: ***la nuova segretaria è un ~*** die neue Sekretärin ist eine Katastrophe **b** *(pasticcione)* unmöglicher Mensch *m.*; ***sei un ~!*** du bist unmöglich! **4** *(iniziativa fallimentare)* Fiasko *n.*: ***l'affare si è rivelato un ~*** das Geschäft war ein Fiasko ◆ ***~ aereo*** Flugzeugunglück *n.*; ***combinare un ~*** etwas an‿richten, an‿stellen; ***~ ecologico*** Umweltkatastrophe *f.*; ***~ ferroviario*** Zugunglück *n.*, Eisenbahnunglück *n.*; ***~ naturale*** Naturkatastrophe *f.* **di|sa|stro|sa|men|te** avv. verheerend, katastrophal.

di|sa|stro|so agg. **1** verheerend, unheilvoll, katastrophal: ***conseguenze -e*** verheerende Folgen **2** *(pessimo)* verheerend, furchtbar: ***avere un aspetto ~*** furchtbar aus‿sehen; ***il compito in classe è stato ~*** die Klassenarbeit fiel katastrophal aus.

di|sat|ten|de|re tr. *(disattesi; disatteso)* **1** nicht beachten, missachten: ***~ una norma, un consiglio*** eine Norm, einen Rat nicht beachten **2** *(deludere)* nicht erfüllen, enttäuschen: ***~ le aspettative di qcn.*** jds Erwartungen nicht erfüllen.

di|sat|ten|to agg. **1** unaufmerksam: ***un pubblico ~, scolari -i*** ein unaufmerksames Publikum, unaufmerksame Schüler **2** *(superficiale)* oberflächlich, flüchtig: ***una lettura -a*** eine oberflächliche Lektüre. **di|sat|ten|zio|ne** f. Unaufmerksamkeit *f.* ◆ ***errore di ~*** Flüchtigkeitsfehler *m.*

di|sat|te|so → **disattendere.**

di|sat|ti|va|re tr. **1** ein‿stellen: ***~ un servizio telefonico*** einen Telefondienst einstellen; ***~ un collegamento ferroviario*** eine Zugverbindung einstellen **2** TECN. aus‿schalten, ab‿schalten: ***~ gli impianti*** die Betriebsanlagen ausschalten: ***~ un reattore nucleare*** einen Kernreaktor abschalten; ***~ un circuito elettrico*** einen elektrischen Stromkreis abschalten **3** *(disinnescare)* entschärfen **4** UNIV. ***~ un corso*** einen Kurs streichen.

di|sau|to|ra|re tr. *(disautoro)* LETT. entmachten.

di|sa|van|zo m. Fehlbetrag *m.*, Defizit *n.*: ***chiudere con un ~ di 1000 miliardi di lire*** mit einem Fehlbetrag von 1000 Milliarden Lire ab‿schließen; ***coprire un ~*** einen Fehlbetrag (*o* ein Defizit) decken ◆ ***bilancio in ~*** Unterbilanz *f.*; ***~ di bilancio*** Bilanzdefizit *n.*, Bilanzfehlbetrag *m.*; ***~ commerciale*** Handelsdefizit *n.*; ***~ pubblico*** Haushaltsdefizit *n.*

di|sav|ve|du|to agg. unbedacht, unvorsichtig.

di|sav|ven|tu|ra f. **1** Unannehmlichkeit *f.*, Panne *f.*: ***ho avuto, mi è capitata una ~*** ich habe eine Panne gehabt; ***un viaggio pieno di -e*** eine Reise voller Unannehmlichkeiten **2** *(disgrazia)* Unglück *n.* ◆ ***per ~*** unglücklicherweise.

di|sav|ver|ten|za f. Versehen *n.*

di|sav|vez|za|re → **disabituare.** **di|sav|vez|zo** agg. entwöhnt: ***essere ~ a qcs.*** etw. (D) entwöhnt sein.

di|sbo|sca|men|to m. Abholzung *f.*, Entwaldung *f.* **di|sbo|sca|re** tr. *(disbosco, disboschi)* ab‿holzen, entwalden. **di|sbo|sca|to** p.pass. agg. **1** → **disboscare 2** entwaldet: ***zona -a*** entwaldetes Gebiet.

di|sbri|ga|re tr. *(disbrigo, disbrighi)* ANT. erledigen. **di|sbri|go** m. *(-ghi)* Erledigung *f.*: ***il ~ delle formalità*** die Erledigung der Formalitäten.

di|scac|cia|re tr. *(discaccio, discacci)* ANT. verjagen, vertreiben.

di|scan|to m. Diskant *m.*; *(voce)* Diskantstimme *f.*

di|sca|pi|to, *qcs. va a ~ di qcn., qcs.* etw. gereicht jdm, etw. zum Schaden (*o* zum Nachteil).

di|sca|ri|ca f. *(-che)* **1** Müllabladeplatz *m.*, Mülldeponie *f.*, Deponie *f.*: ***una ~ abusiva*** ein wilder Müllabladeplatz; ***~ (di) rifiuti*** Schuttabladeplatz *m.* **2** MAR. Löschung *f.*, Löschen *n.* ◆ ***divieto di ~*** Schutt ab‿laden verboten.

di|sca|ri|co m. Entlastung *f.*: ***a mio ~*** zu meiner Entlastung ◆ ***a ~*** Entlastungs-: ***prove, testimone a ~*** Entlastungsmaterial *n.*, Entlastungszeuge *m.* (-zeugin *f.*).

di|sca|ro agg. LETT. unlieb.

di|scen|den|te I agg. absteigend: ***in linea ~*** in absteigender Linie; MUS. ***scala ~*** absteigende Tonleiter **II** m. e f. Nachkomme *m.*, Nachfahr(e) *m.* ◆ MUS. ***segno di alterazione ~*** Erniedrigungszeichen *n.*; ***movimento ~*** Abwärtsbewegung *f.* **di|scen|den|za** f. **1** Abstammung *f.*, Herkunft *f.* **2** *(discendenti)* Nachkommenschaft *f.*: ***una ~ numerosa*** eine zahlreiche Nachkommenschaft.

di|scen|de|re *(discesi, disceso)* **I** intr. (aus. *essere, avere*) **1** *(avere origine)* ***~ da qcn.*** von, aus jdm stammen, ab‿stammen, jdm entstammen: ***~ da una nobile famiglia*** aus einer adligen Familie stammen; ***~ in linea diretta da qcn.*** von jdm in direkter Linie abstammen **2** *(derivare)* her‿kommen, her‿rühren: ***ciò discende dal fatto che...*** das kommt daher, dass... **3a** *(scendere)* hinunter‿steigen, hinab‿steigen: ***~ dal monte*** vom Berg heruntersteigen; ***~ a valle*** ins Tal hinabsteigen, zu Tal steigen **b** *(da un veicolo)* aus‿steigen: ***~ dal treno, dall'auto*** aus dem Zug, aus dem Auto aussteigen **c** *(smontare)* ***~ dalla bicicletta, da cavallo*** vom Fahrrad, vom Pferd ab‿steigen **4** *(digradare)* ab‿fallen, sich ab‿dachen: ***il pendio discende fino al fiume*** der Abhang fällt bis zum Fluss ab **II** tr. **1** hinunter‿gehen: ***~ le scale*** die Treppen hinuntergehen **2** *(percorrere)* hinunter‿fahren: ***~ un fiume fino alla foce*** einen Fluss bis zur Mündung hinunterfahren.

di|scen|te m. e f. Schüler *m.* (-in *f.*).

di|sce|po|lo m. **1** *(di Gesù)* Jünger *m.* **2** *(allievo)* Schüler *m.* **3** *(seguace)* Jünger *m.*, Anhänger *m.*: ***i -i di Platone*** die Jünger Platons.

di|scer|ne|re tr. **1** *(vedere distintamente)* erkennen: ***riuscire a ~ una luce in lontananza*** ein Licht in der Ferne erkennen können **2** *(distinguere)* unterscheiden: ***~ il vero dal falso*** zwischen Echtem und Unechtem (*o* das Echte vom Falschen) unterscheiden. **di|scer|ni|men|to** m. Unterscheidungsvermögen *n.*

di|sce|sa f. **1** Abstieg *m.*, Abfahrt *f.*: ***l'ultima ~ della funivia*** die letzte Seilbahnabfahrt; ***~ a piedi*** Abstieg zu Fuß **2** *(da treni, auto)* Ausstieg *m.* **3** MIN. Anfahrt *f.* **4** *(calata)* Einfall *m.*: ***la ~ dei barbari in Italia*** der Einfall der Barbaren in Italien **5** *(il discendere un fiume)* Fahrt *f.* (auf dem Fluss) **6** *(pendio)* Gefälle *n.*, Abhang *m.* **7** *(con gli sci)* Abfahrt *f.*; *(nelle gare)* Lauf *m.* ◆ ALP. ***~ a corda doppia*** Abseilen *n.*; ***percorso in ~*** Gefällstrecke *f.*; ***in ~*** *(in calo)* im Sinken; *(giù da un monte, un pendio)* bergabwärts, bergab; ***~ agl'inferi*** Höllenfahrt *f.*; SPORT ***~ libera*** Abfaht(s)rennen *n.*, Abfahrt(s)lauf *m.*; ***sci da ~*** Abfahrtsski *m.*; ***la ~ dello Spirito Santo*** die Ausgießung des Heiligen Geistes; ***~ a valle*** Talfahrt *f.* **di|sce|si** → **discendere.** **di|sce|si|sta** m. e f. *(-i,-e)* Abfahrt(s)läufer *m.* (-in *f.*).

di|sce|so → **discendere.**

di|scet|ta|re I intr. (aus. *avere*) disputieren: ***~ di, su qcs.*** über etw. disputieren **II** tr. erörtern. **di|scet|ta|zio|ne** f. Erörterung *f.*

di|schet|to m. **1** *(piccolo disco)* Scheibchen *n.* **2** INFORM. Diskette *f.* ◆ SPORT ***~ del rigore*** Elfmeterpunkt *m.*, Elfmetermarke *f.*

di|schiu|de|re *(dischiusi, dischiuso)* **I** tr. auf‿schließen **II** pronom. **dischiudersi 1** sich auf‿schließen, sich erschließen: ***gli si dischiuse un mondo nuovo*** eine neue Welt schloss sich ihm auf (*o* erschloss sich ihm) **2** *(di fiori, gemme)* auf‿springen, auf‿brechen.

di|scin|ge|re *(discinsi, discinto)* **I** tr. LETT. vom Gürtel lösen, ab‿nehmen **II** pronom. **discingersi** ANT. LETT. sich entkleiden. **di|scin|to** p.pass. agg. **1** → **discingere 2** unordentlich angezogen; *(seminudo)* halbnackt.

di|scio|glie|re *(disciolgo, disciogli; disciolsi; disciolto)* **I** tr. **1** auf‿lösen, lösen: ***~ una compressa in acqua*** eine Tablette in Wasser auflösen **2** *(neve)* zum Schmelzen bringen **3** LETT. *(ciò che è legato)* lösen **II** pronom. **disciogliersi 1** sich auf‿lösen **2** *(della neve)* schmelzen.

di|sci|pli|na f. **1a** Disziplin *f.*, Zucht *f.*: ***una rigida, ferrea*** eine strenge (*o* straffe), eiserne Disziplin; ***imporre, tenere la ~*** Disziplin auf‿erlegen, halten; ***mantenere (osservare) la ~*** Disziplin wahren; ***~ militare*** militärische Disziplin; ***qcs. richiede un'estrema ~*** etw. verlangt äußerste Disziplin; ***imporsi una (severa) ~*** sich (hart) disziplinieren, sich eine harte Disziplin auferlegen **b** *(materia d'insegnamento)* Fach *n.*, Disziplin *f.*: ***-e giuridiche*** juristische Fächer **c** *(sportiva)* Disziplin *f.*: ***~ individuale*** Einzeldisziplin *f.* **2** LETT. *(ammaestramento)* Führung *f.* ◆ DIR. ***~ civilistica*** Zivilrechtsordnung *f.*; MIL. ***compagnia di ~*** Strafkompanie *f.*; ***consiglio di ~*** Disziplinarausschuss *m.*; ***contrario alla ~*** disziplinwidrig; ***~ di partito*** Parteidisziplin *f.*; ***senza ~*** disziplinlos; ***~ sportiva*** Sportdisziplin *f.*

1.di|sci|pli|na|re I agg. disziplinarisch, Disziplinar-: ***provvedimento, sanzione ~*** Disziplinarmaßnahme *f.*; ***procedimento, potere ~*** Disziplinarverfahren *n.*, Disziplinargewalt *f.*; ***infrazione ~*** Disziplinarvergehen *n.*; ***commissione ~*** Disziplinarausschuss *m.*; SPORT Disziplinarstrafe *f.* **II** m. Ordnungvorschriften *pl.*, Bestimmungen *pl.* ◆ ***per via ~*** disziplinarisch.

2.di|sci|pli|na|re I tr. **1** disziplinieren **2a** *(regolare con norme)* reglementieren: ***~ la materia sanitaria*** das Gesundheitswesen reglementieren **b** regeln: ***~ il traffico, il mercato*** den Verkehr, den Markt regeln **II** pronom. **disciplinarsi** sich disziplinieren.

di|sci|pli|na|ta|men|te avv. diszipliniert. **di|sci|pli|na|tez|za** f. Disziplinierheit *f.* **di|sci|pli|na|to** p.pass. agg. **1** → **2.disciplinare 2** diszipliniert: ***allievi -i*** disziplinierte Schüler **3** ***traffico ~*** geregelter Verkehr.

disc-jockey [dɪsk ˈdʒɔkɪ] m. e f.inv. Diskjockey *m.*
1.disco m. *(-schi)* **1** Scheibe *f.*: ***un ~ d'acciaio, metallico*** eine Scheibe aus Stahl, eine metallene Scheibe; MECC. ***il ~ del freno, della frizione*** die Bremsscheibe, Kupplungsscheibe **2** SPORT Diskus *m.*: ***lancio del ~*** Diskuswerfen *n.*, Diskuswurf *m.* **3** *(nell'hockey su ghiaccio)* Eishockeyscheibe *f.*, Puck *m.* **4** MUS. Schallplatte *f.*, Platte *f.*: ***suonare, mettere, ascoltare, cambiare un ~*** eine Schallplatte ab‿spielen, auf‿legen, hören, wechseln; ***incidere un ~, una canzone su ~*** eine Schallplatte, ein Lied auf Platte auf‿nehmen; ***~ (a) 33, 45 giri*** Langspielplatte *f.* (*o* LP *f.*), Single *f.*; ***i lati del ~*** die Seiten der Platte; ***un ~ di musica classica, rock*** eine Schallplatte mit klassischer Musik, mit Rockmusik **5** ANAT. Bandscheibe *f.*, Zwischenwirbelscheibe *f.* **6** *(segnale ferroviario)* Lichtsignal *n.*: ***~ verde, rosso*** grünes, rotes Lichtsignal ◆ FIG. ***cambiare ~*** eine andere (*o* neue) Platte auf‿legen; TEL. ***~ combinatore*** Nummernscheibe *f.*, Wählscheibe *f.*; ***ernia del ~*** Bandscheibenvorfall *m.*; ***erpice a -schi*** Scheibenegge *f.*; INFORM. ***~ fisso*** Festplatte *f.*; ***a forma di ~*** scheibenförmig; ***freno a ~*** Scheibenbremse *f.*; ***incisione su ~*** Schallplattenaufnahme *f.*; ANAT. ***~ intervertebrale*** Bandscheibe *f.*, Zwischenwirbelscheibe *f.*; ***~ lucidatore*** Polierscheibe *f.*; ***~ della luna, lunare*** Mondscheibe *f.*; ELETTRON. ***~ magnetico*** Magnetscheibe *f.*, Magnetplatte *f.*; ***negozio di -schi*** Schallplattengeschäft *n.*; ***~ orario*** Parkscheibe *f.*: ***mettere il ~ orario*** die Parkscheibe ein‿stellen; INFORM. ***~ ottico*** optische Speicherplatte *f.*, Bildplatte *f.*; ***raccolta di -schi*** Plattensammlung *f.*; INFORM. ***~ rigido*** → ***~ fisso***; FIG. ***~ rosso*** gesperrt, verboten; ***~ solare*** Sonnenscheibe *f.*, Sonnenrad *n.*; INFORM. ***unità ~*** Diskettenlaufwerk *n.*; ***valvola a ~*** Plattenventil *n.*; FIG. ***~ verde*** grünes Licht *n.*; ***~ volante*** fliegende Untertasse; ***zona ~*** blaue Zone.
2.disco f.inv. COLLOQ. (accorc. *discoteca*) Disko *f.*
di|sco|bo|lo m. Diskuswerfer *m.*
di|sco|fi|lo m. Schallplattensammler *m.*, COLLOQ. Plattenfreak *m.* **di|sco|gra|fi|a** f. **1** Schallplattenproduktion *f.* **2** *(elenco delle incisioni)* Diskographie *f.*, Schallplattenverzeichnis *n.* **di|sco|gra|fi|co I** agg. *(-ci,-che)* Schallplatten-, Platten-: ***casa, industria -a*** Schallplattenfirma *f.*, Schallplattenindustrie *f.*; ***incisioni -che*** Schallplattenaufnahmen *pl.*; ***produttore ~*** Schallplattenproduzent *m.*; ***archivio ~*** Plattenarchiv *n.* **II** m. *(-ci)* Schallplattenproduzent *m.*
di|scoi|da|le, di|scoi|de agg. scheibenförmig.
di|sco|lo m. Wildfang *m.*, Lausejunge *m.*; SCHERZ. Frechdachs *m.*
di|scol|pa f. Entlastung *f.*, DIR. Exkulpation *f.*: ***addurre, dire qcs. a propria ~*** etw. zu seiner Entlastung vor‿bringen, sagen. **di|scol|pa|re I** tr. entlasten, DIR. exkulpieren **II** pronom. **discolparsi** sich entlasten, DIR. sich exkulpieren.
di|sco|mi|ce|te m. Scheibenpilz *m.*
di|sco|me|du|sa f. Scheibenqualle *f.*
di|sco-mu|sic [-ˈmju:zik] f.inv. Diskomusik *f.*
di|sco|nob|bi → **disconoscere. di|sco|no|scen|te** agg. LETT. nicht erkenntlich, undankbar. **di|sco|no|sce|re** tr. *(disconosco, disconosci; disconobbi; disconosciuto)* nicht an‿erkennen. **di|sco|no|sci|men|to** m. Nichtanerkennung *f.*; ***~ di paternità*** Aberkennung *f.* der Vaterschaft.
di|scon|ti|nua|men|te avv. diskontinuierlich. **di|scon|ti|nui|tà** f. **1** Diskontinuität *f.*: ***la ~ di un processo*** die Diskontinuität eines Ablaufs **2** *(mancanza di costanza)* Unbeständigkeit *f.*, Sprunghaftigkeit *f.* **3** MAT. Unstetigkeit *f.*
di|scon|ti|nuo agg. **1** diskontinuierlich, unterbrochen: ***una linea -a*** eine unterbrochene Linie **2** *(incostante)* unbeständig, sprunghaft, diskontinuierlich: ***rendimento ~*** unbeständige (*o* diskontinuierliche) Leistung; ***un giocatore ~*** ein unbeständiger Spieler; ***essere ~ in qcs.*** in etw. unbeständig sein; ***un modo di lavorare ~*** eine sprunghafte Arbeitsweise **3** MAT. unstetig: ***funzione -a*** unstetige Funktion ◆ ***stile ~*** Stilbruch *m.*
di|scor|dan|te agg. **1** nicht übereinstimmend, geteilt: ***essere di parere ~*** geteilter Meinung sein **2** *(di sentimenti, impressioni)* zwiespältig, widerstreitend **3** *(di suoni)* misstönend **4** *(di colori)* unstimmig **5** GEOL. diskordant. **di|scor|dan|za** f. **1** Uneinigkeit *f.* **2** *(divario)* Verschiedenheit *f.* **3** *(di suoni)* Missklang *m.* **4** *(di colori)* Unstimmigkeit *f.* **5** GEOL. Diskordanz *f.*
di|scor|da|re intr. (aus. *avere*) **1** nicht überein‿stimmen, uneinig sein: ***~ da qcn. in qcs.*** mit jdm in etw. (D), über etw. (A) nicht einig sein **2** *(essere contrastante)* verschieden (*o* gegensätzlich) sein **3** *(di suoni)* misstönig (*o* in Missklang) sein **4** *(di colori)* unstimmig sein.
di|scor|de agg. **1** uneinig, unstimmig: ***le opinioni, le critiche furono -i*** die Meinungen, Kritiken waren sich uneinig (*o* waren uneins) **2** *(dissimile)* gegensätzlich, verschieden: ***notizie -i*** gegensätzliche Nachrichten.
di|scor|dia f. **1** Uneinigkeit *f.*, Zwietracht *f.*; *(disaccordo)* Unfriede(n) *m.*: ***la ~ all'interno del partito, fra i cittadini*** die Uneinigkeit innerhalb der Partei, zwischen den Bürgern; ***la ~ in famiglia*** der Unfriede in der Familie; ***essere in ~ con qcn.*** mit jdm uneinig (*o* uneins) sein; ***seminare ~*** Zwietracht stiften, säen **2** *(divario)* Gegensätzlichkeit *f.*, Verschiedenheit *f.*: ***~ di pareri*** Meinungsverschiedenheit *f.* ◆ ***pomo della ~*** Erisapfel *m.*; FIG. Zankapfel *m.*; ***il seme della ~*** der Same der Zwietracht.
di|scor|re|re intr. *(discorsi, discorso;* aus. *avere)* sich unterhalten, plaudern: ***~ con qcn. del più e del meno*** sich mit jdm über dieses und jenes unterhalten ◆ ***e via discorrendo*** und so weiter.
di|scor|si|vo agg. **1** Plauder-, unterhaltend: ***tono ~*** Plauderton *m.*; ***un testo scritto in stile ~*** ein unterhaltend geschriebener Text **2** RAR. *(loquace)* gesprächig **3** FILOS. diskursiv.
1.di|scor|so m. **1** Rede *f.*: ***leggere, tenere (pronunciare), ascoltare, terminare un ~*** eine Rede ab‿lesen, halten, an‿hören, beenden (*o* beschließen); ***scrivere un ~ per qcn.*** für jdn eine Rede schreiben; ***un ~ improvvisato, un bel ~*** eine improvisierte, schöne Rede; ***fare un ~ a braccio*** eine Rede frei halten; ***il suo ~ verte su qcs., tratta di qcs.*** seine Rede handelt von etw. **2** *(breve discorso formale)* Ansprache *f.*: ***il ~ di fine anno del presidente alla nazione*** die Neujahrsansprache des Präsidenten an die Nation **3** *(conversazione)* Rede *f.*, Gespräch *n.*: ***fare un ~ serio a qcn.*** mit jdm ein ernstes Gespräch führen (*o* mit jdm ein ernstes Wort sprechen); ***il ~ cade su qcn., qcs.*** das Gespräch (*o* die Rede) kommt auf jdn, etw.; ***l'oggetto, l'argomento di un ~*** der Gegenstand, das Thema eines Gesprächs; ***spostare (deviare), troncare il ~*** das Gespräch ab‿biegen, ab‿brechen; ***far cadere, portare il ~ su qcn., qcs.*** das Gespräch (*o* die Rede) auf jdn, etw. bringen **4** pl. *(chiacchiere)* Gerede *n.*, Reden *pl.*: ***i -i della gente*** die Reden der Leute; ***fare -i cretini*** dumme Reden führen **5** *(argomento)* Thema *n.*: ***un ~ interessante, scottante, delicato*** ein interessantes, brennendes, heikles Thema; ***lasciar cadere il ~*** das Thema fallen lassen; ***cambiare ~*** das Thema wechseln **6** LETT. *(trattato scritto)* Abhandlung *f.*: ***~ sul metodo*** Abhandlung über die Methode **7** *(proposta, iniziativa politica)* Vorschlag *m.*, Initiative *f.*: ***portare avanti un ~*** einen Vorschlag weiter verfolgen ◆ ***questo è un altro ~!*** das ist ein (ganz) anderes Thema! ***~ di apertura*** Eröffnungsansprache *f.*, Eröffnungsrede *f.*; ***attaccare ~ (con qcn.)*** (mit jdm) ein Gespräch an‿knüpfen, jdn in ein Gespräch verwickeln; ***che -i!*** was für Reden! ***che -i sono (questi)?*** was soll das (denn) heißen? ***~ di chiusura*** Schlussrede *f.*; ***~ commemorativo*** Gedächtnisrede *f.*, Gedenkrede *f.*; ***~ della corona*** Thronrede *f.*; GRAMM. ***~ diretto*** direkte Rede; ***~ elettorale*** Wahlrede *f.*; ***perdere il filo del ~*** den Faden verlieren; ***~ funebre*** Trauerrede *f.*; ***~ inaugurale*** Eröffnungsansprache *f.*; GRAMM. ***~ indiretto*** indirekte (*o* abhängige) Rede; ***intromettersi nel ~*** dazwischen‿reden, hinein‿reden; FIG. ***è un ~ lungo*** das ist eine lange Geschichte, da (*o* darüber) wäre viel zu sagen; ***~ della montagna*** Bergpredigt *f.*; GRAMM. ***parte del ~*** Wortart *f.*; ***pochi -i*** zur Sache; ***fare un ~ a quattr'occhi (con qcn.)*** (mit jdm) unter vier Augen sprechen, ein Vieraugengespräch mit jdm haben; ***senza tanti -i*** ohne viel Worte.
2.di|scor|so → **discorrere.**
di|sco|sta|re I tr. LETT. ab‿rücken **II** pronom. **discostarsi** sich entfernen, ab‿kommen, aus‿scheren: ***-rsi dalla verità, dalla tradizione*** sich von der Wahrheit, von der Tradition entfernen; ***-rsi dalla linea politica del partito*** aus der politischen Parteilinie ausscheren. **di|sco|sto I** agg. abgelegen, abliegend, abseitig: ***una casa poco -a dalla strada*** ein von der Straße nicht weit abliegendes Haus **II** avv. abseits ◆ ***starsene, sedersi ~ dal gruppo*** abseits (*o* weit) von der Gruppe stehen, sitzen.
di|sco|te|ca f. *(-che)* **1** Diskothek *f.*: ***andare in ~*** in die Diskothek gehen **2** *(raccolta)* Plattensammlung *f.*, Schallplattensammlung *f.* ◆ ***musica da ~*** Diskomusik *f.* **di|sco|te|ca|rio** m. *(-ri)* Diskothekar *m.*
dis|count [ˈdɪskaʊnt, *üblich* disˈkaunt] m.inv. Discountladen *m.*, Discountgeschäft *n.*
di|scra|si|a f. Dyskrasie *f.*
di|scre|di|ta|re tr. *(discredito)* diskreditieren. **di|scre|di|to** m. ***gettare il ~ su qcn.*** jdn in Misskredit (*o* Verruf) bringen; ***cadere in ~*** in Misskredit (*o* Verruf) geraten, kommen.
di|scre|pan|te agg. diskrepant, widersprüchlich. **di|scre|pan|za** f. Diskrepanz *f.*, Widersprüchlichkeit *f.*
di|scre|ta|men|te avv. **1** ziemlich, recht: ***un ragazzo ~ simpatico*** ein recht netter Junge **2** *(abbastanza bene)* einigermaßen, ziemlich gut, ganz gut: ***come stai? – ~*** wie geht's dir? – ziemlich gut **3** *(in modo accettabile)* leidlich: ***un lavoro svolto ~*** eine leidlich durchgeführte Arbeit **4** *(con discrezione)* diskret, mit Takt. **di|**

scre|tez|za f. Diskretion *f.*
di|scre|to agg. **1** *(apprezzabile, soddisfacente)* ziemlich: ***un ~ numero*** eine ziemliche Menge; ***avere un ~ patrimonio*** ein ziemliches Vermögen haben **2** *(abbastanza buono, bravo)* ziemlich gut, ganz gut: ***un ~ avvocato*** ein ziemlich guter Rechtsanwalt; ***un ~ film*** ein ganz guter Film; ***-i risultati*** ziemlich gute Ergebnisse **3** *(accettabile)* leidlich, einigermaßen: ***il tempo era ~*** das Wetter war einigermaßen **4** *(riservato, fidato)* diskret, taktvoll: ***una persona, domanda -a*** ein taktvoller Mensch, eine diskrete Frage **5** *(moderato)* dezent, unaufdringlich, diskret: ***un'eleganza -a, un profumo ~*** eine unaufdringliche Eleganz, ein dezentes Parfüm **6** *(misurato)* mäßig: ***richieste -e*** mäßige Forderungen; ***essere ~ in qcs.*** sich in (*o* bei) etw. mäßigen, einen mäßigen Gebrauch von etw. machen **7** SCOL. *(voto)* befriedigend **8** MAT. FIS. diskret.
di|scre|zio|na|le agg. Ermessens-: ***questione ~*** Ermessensfrage *f.* ◆ DIR. ***potere ~*** Verfügungsgewalt *f.*, Ermessensfreiheit *f.* **di|scre|zio|na|li|tà** f. Ermessensfreiheit *f.*: ***margine di ~*** Ermessensspielraum *m.*
di|scre|zio|ne f. **1** Diskretion *f.*: ***usare ~*** Diskretion üben; ***trattare un affare con ~*** eine Angelegenheit mit Diskretion (*o* diskret) behandeln **2** *(arbitrio, giudizio)* Ermessen *n.*, Gutdünken *n.*: ***agire, decidere a propria ~*** aus, nach eigenem Ermessen handeln, entscheiden; ***qcs. è a tua, sua ~*** etw. liegt in deinem, seinem Ermessen **3** *(moderazione)* Mäßigung *f.*; ***fumare con ~*** mäßig rauchen ◆ ***a ~*** nach Belieben; ***resa a ~*** bedingungslose Übergabe.
di|scri|mi|nan|te I agg. **1** diskriminierend **2** DIR. strafmildernd, Strafmilderungs-; *(che annulla la pena)* Strafaufhebungs-: ***circostanza ~*** strafmildernder Umstand **II** f. **1** DIR. Strafmilderungsgrund *m.*; *(causa estintiva)* Strafaufhebungsgrund *m.* **2** MAT. Diskriminante *f.* **di|scri|mi|na|re** tr. *(discrimino)* **1** diskriminieren **2** *(discernere)* unterscheiden. **di|scri|mi|na|to|re I** agg. → **discriminatorio II** m. ELETTR. Diskriminator *m.* **di|scri|mi|na|to|rio** agg. *(-ri, -rie)* Diskriminierungs-, diskriminierend: ***provvedimento ~*** diskriminierende Maßnahme. **di|scri|mi|na|zio|ne** f. **1** Diskriminierung *f.*: ***~ razziale*** Rassendiskriminierung *f.*; ***fare -i*** diskriminieren **2** *(distinzione)* Unterscheidung *f.*
di|scri|mi|ne m. Grenze *f.*, Grenzlinie *f.*
di|scus|si → **discutere.**
di|scus|sio|ne f. **1** Diskussion *f.*, Erörterung *f.*; *(in assemblea)* Debatte *f.*, Besprechung *f.*: ***una ~ vivace, violenta, appassionata ~*** eine lebhafte, heftige, leidenschaftliche (*o* hitzige) Debatte; ***una ~ pacata, animata*** eine sachliche, angeregte Diskussion; ***la ~ di un problema, di un progetto*** die Erörterung eines Problems, eines Projekts; ***intavolare una ~ su qcs.*** eine Debatte über etw. ein‿leiten, an‿fangen (*o* eine Diskussion über etw. auf‿nehmen); ***impegolarsi in una ~ con qcn.*** sich in eine Diskussion mit jdm ein‿lassen, verwickeln; ***partecipare a una ~*** sich an einer Diskussion (*o* Debatte) beteiligen **2** ESTENS. *(litigio)* Auseinandersetzung *f.*, Streit *m.*: ***ci sono -i in famiglia*** es gibt Meinungsverschiedenheiten (*o* Streit) in der Familie **3** DIR. Aussprache *f.*, Besprechung *f.* ◆ ***essere fuori ~*** außer Frage stehen, nicht in Frage kommen; ***essere in ~*** zur Diskussion stehen; ***mettere qcs. in ~*** etw. zur Diskussion, zur Debatte stellen; *(mettere in dubbio)* etw. in Frage stellen; ***obbedire senza (fare) -i*** widerspruchslos gehorchen; UNIV. ***la ~ della tesi*** die Verteidigung der Dissertation.
di|scus|so p.pass. agg. **1** → **discutere 2** *(controverso)* umstritten, strittig: ***un film molto ~*** ein sehr umstrittener Film.
di|scu|te|re *(discussi/discutei; discusso)* **I** tr. **1** besprechen, diskutieren, erörtern: ***~ una proposta di legge*** einen Gesetzentwurf diskutieren; ***~ un problema*** ein Problem erörtern **2** *(contestare)* bestreiten: ***~ le decisioni di qcn.*** jds Entscheidungen bestreiten, in Frage stellen **II** intr. (aus. *avere*) **1a** diskutieren, besprechen: ***~ di qcs. con qcn.*** mit jdm über etw. diskutieren, etw. mit jdm besprechen **b** *(trattare)* ***~ sul prezzo*** über den Preis verhandeln **2** *(litigare)* streiten; ***finitela di ~!*** Schluss mit der Streiterei! ◆ UNIV. ***~ la tesi*** die Dissertation verteidigen.
di|scu|ti|bi|le agg. fragwürdig: ***un'affermazione, una moralità ~*** eine fragwürdige Behauptung, ein fragwürdiger Moralbegriff. **di|scu|ti|bi|li|tà** f.inv. Fragwürdigkeit *f.*
di|sde|gna|re tr. verschmähen, verachten ◆ ***non ~ i piaceri della buona tavola*** kein Kostverächter sein. **di|sde|gno** m. Verschmähung *f.*, Verachtung *f.*, Missachtung *f.*: ***con ~*** mit Verachtung. **di|sde|gno|sa|men|te** avv., **di|sde|gno|so** agg. verächtlich, geringschätzig.
di|sdet|ta f. **1** *(di contratto)* Kündigung *f.*; *(di merce)* Abbestellung *f.*: ***~ con, senza preavviso*** befristete, fristlose Kündigung; ***dare la ~ di un abbonamento, di un appartamento*** ein Abonnement ab‿bestellen, eine Wohnung kündigen; ***dare la ~ a un inquilino*** einem Mieter kündigen **2** *(sfortuna)* Pech *n.*, Missgeschick *n.*: ***che ~!*** was für ein Pech!
di|sdet|ta|re tr. DIR., ***~ un contratto*** einen Vertrag kündigen.
di|sdet|to → **disdire.**
di|sdi|ce|vo|le agg. unschicklich, ungehörig: ***sembrare, apparire ~*** als unschicklich gelten; ***un contegno ~*** ein unschickliches Benehmen.
di|sdi|re *(disdico, disdici; disdissi; disdetto)* **I** tr. **1a** *(negare)* ab‿leugnen, verleugnen **b** *(ritrattare)* widerrufen, zurück‿nehmen: ***~ le accuse*** die Beschuldigungen zurücknehmen **2** ab‿sagen: ***~ un appuntamento*** einen Termin absagen **3a** *(rescindere)* kündigen: ***~ un contratto*** einen Vertrag kündigen **b** ab‿bestellen: ***~ l'abbonamento a una rivista*** eine Zeitschrift abbestellen **II** pronom. **disdirsi** sich widersprechen.
di|sdo|ro m. LETT. Schande *f.*, Unehre *f.*: ***qcs. torna a ~ di qcn.*** jdm zur Unehre gereichen.
di|se|du|ca|re tr. *(diseduco, diseduchi)* verbilden. **di|se|du|ca|ti|vo** agg. erzieherisch verderblich: ***un programma ~*** ein in erzieherischer Hinsicht verderbliches Programm. **di|se|du|ca|zio|ne** f. Verbildung *f.*
di|se|gna|re tr. **1a** zeichnen: ***~ un quadrato, un ritratto, un progetto*** ein Viereck, ein Porträt, einen Plan zeichnen; ***~ qcs. a mano libera*** etw. freihändig (*o* aus freier Hand) zeichnen; ***~ qcs. in prospettiva, in scala*** etw. perspektivisch, maßstäblich zeichnen; ***~ qcs. su un foglio, alla lavagna, a colori*** etw. auf ein Blatt zeichnen, auf die Tafel zeichnen (*o* an der Tafel vor‿zeichnen), mit Farben zeichnen **b** assol. ***~ dal vero, a matita, a carboncino*** nach der Natur, mit Bleistift, mit Kohle zeichnen; ***imparare a ~*** zeichnen lernen **c** ESTENS. *(formare)* ***la luce disegna figure sul pavimento*** das Licht zeichnet Figuren (*o* wirft Schatten) auf den Fußboden **2** FIG. *(abbozzare)* entwerfen: ***~ un romanzo*** einen Roman entwerfen; ***~ abiti*** Kleider entwerfen **3** FIG. *(descrivere, delineare)* beschreiben, schildern, dar‿stellen **4** LETT. FIG. *(proporsi)* planen, sich vor‿nehmen ◆ ***~ a china*** tuschen, mit Tusche zeichnen.
di|se|gna|to|re m. Zeichner *m.*: ***~ tecnico, industriale*** technischer Zeichner; ***~ di cartoni animati*** Zeichner von Zeichentrickfilmen; ***~ di moda*** Modezeichner *m.*
di|se|gno m. **1a** *(azione)* Zeichnen *n.*: ***~ geometrico*** geometrisches Zeichnen; ***avere talento per il ~*** ein zeichnerisches Talent haben, zeichnerisch begabt sein **b** *(effetto)* Zeichnung *f.*: ***~ dal vero*** Zeichnung nach der Natur; ***~ artistico, tecnico (industriale)*** künstlerische, technische Zeichnung; ***fare, eseguire un ~*** eine Zeichnung entwerfen, an‿fertigen, aus‿führen **2** *(motivo ornamentale)* Zeichnung *f.*, Musterung *f.*, Muster *n.*: ***~ di un tappeto*** Teppichmuster *n.* **3** *(arte, modo di disegnare)* Zeichenkunst *f.*, Zeichnen *n.*: ***studiare ~*** das Zeichnen lernen **4** FIG. *(piano)* Plan *m.*, Absicht *f.*, Vorhaben *n.*: ***le cose non sono andate secondo i miei -i*** die Dinge sind nicht nach meinem Plan (*o* wie geplant) verlaufen ◆ ***a -i*** gemustert; ***~ animato*** Zeichentrickfilm *m.*; ***~ a carboncino*** Kohlezeichnung *f.*; ***carboncino da ~*** Reißkohle *f.*; ***blocco, carta, matita, tavolo da ~*** Zeichenblock *m.*, -papier *n.*, -stift *m.*, -tisch *m.*; ***insegnante di ~*** Zeichenlehrer *m.*; ***~ di legge*** Gesetzentwurf *m.*, Gesetzesvorlage *f.*; ***~ a mano libera*** Freihandzeichnen *n.*
di|se|gua|le agg. → **disuguale. di|se|gua|glian|za** f. → **disuguaglianza.**
di|se|qua|zio|ne f. Ungleichung *f.*
di|ser|ban|te I agg. Unkraut bekämpfend **II** m. Unkrautbekämpfungsmittel *n.*, Unkrautvertilgungsmittel *n.*, Pflanzengift *n.*
di|se|re|da|re tr. enterben. **di|se|re|da|to I** p.pass. agg. → **diseredare II** m. Enterbte *m.*: ***i -i della società*** die Enterbten der Gesellschaft.
di|ser|ta|re I tr. **1** verlassen: ***~ le campagne*** das Land verlassen **2** *(non prendere parte)* fern‿bleiben: ***~ una riunione*** einer Sitzung fernbleiben **II** intr. (aus. *avere*) **1** MIL. Fahnenflucht begehen, fahnenflüchtig werden, desertieren **2** FIG. *(abbandonare un partito, un'associazione)* abtrünnig (*o* untreu) werden. **di|ser|to|re** m. **1** Fahnenflüchtige *m.*, Deserteur *m.* **2** FIG. Abtrünnige *m.* **di|ser|zio|ne** f. **1** Fahnenflucht *f.*, Desertion *f.* **2** FIG. Abfall *m.*, Untreue *f.*
di|sfa|ci|men|to m. **1** Auflösung *f.*, Zersetzung *f.*, Zerfall *m.*: ***processo di ~*** Auflösungsprozess *m.* **2** FIG. *(rovina)* Verfall *m.*, Niedergang *m.*, Zerfall *m.*: ***il ~ di una società*** der Verfall einer Gesellschaft **3** *(per agenti atmosferici)* Verwitterung *f.*
di|sfa|re *(disfaccio/disfo, disfai, disfà/disfa, disfacciamo/disfiamo, disfate, disfanno/disfano; disfeci; disfatto)* **I** tr. **1** auf‿trennen, lösen: ***~ un nodo*** einen Knoten lösen, auf‿knüpfen, auf‿knoten; ***~ una cucitura*** eine Naht auftrennen **2** *(smontare)* auseinander nehmen **3** *(demolire)* nieder‿reißen **4** *(distruggere)* zerstören: ***~ un lavoro, un'opera*** eine Arbeit, ein Werk zerstören **5** *(liquefa-*

re) schmelzen **II** pronom. **disfarsi 1** *(sbarazzarsi)* ***-rsi di qcn.*** jdn ab_schieben, ab_fertigen, los_werden; ***-rsi di qcs.*** etw. ab_schaffen, loswerden, sich etw. (G) entäußern **2** *(guastarsi; di carne, frutta)* sich zersetzen, verderben **3a** *(sciogliersi)* auf_gehen, sich auf_lösen: ***il nodo si è disfatto*** der Knoten ist aufgegangen; *(di cucitura)* auf_gehen, sich auf_trennen **b** *(liquefarsi)* schmelzen **4** FIG. *(andare in rovina, decadere)* zerfallen, verfallen ◆ ***-rsi in bocca*** auf der Zunge zergehen; ***~ la casa*** die Wohnung auf_lösen; ***fare e ~ (a proprio piacimento)*** schalten und walten; ***-rsi in lacrime*** in Tränen zerfließen; ***~ il letto*** das Bett ab_ziehen; ***~ la maglia*** auf_ribbeln, auf_räufeln; ***~ una treccia*** einen Zopf auf_flechten, lösen; ***~ le valigie*** die Koffer aus_packen.

di|sfa|si|a f. Dysphasie *f.*

di|sfat|ta f. vernichtende Niederlage *f.*, Debakel *n.* (anche FIG.): ***subire una ~*** ein Debakel erleiden; ***andare incontro a una ~*** auf ein Debakel zu_steuern.

di|sfat|ti|smo m. Defätismus *m.* **di|sfat|ti|sta** *(-i,-e)* **I** agg. defätistisch **II** m. e f. **1** Defätist *m.* (-in *f.*): ***fare il ~*** ein Defätist sein **2** *(guastafeste)* Miesmacher *m.*, Flaumacher *m.*

di|sfat|to p.pass. agg. **1** → **disfare 2** FIG. *(sfinito)* aufgelöst, erschöpft **3** ***un volto ~*** ein verwelktes Gesicht.

di|sfe|ci → **disfare.**

di|sfi|da f. LETT. Herausforderung *f.*

di|sfo|ri|a f. Dysphorie *f.*

di|sfun|zio|ne f. **1** Dysfunktion *f.*, Funktionsstörung *f.*: ***~ ghiandolare*** Drüsenkrankheit *f.* **2** Missstand *m.*: ***-i nell'amministrazione*** Missstände in der Verwaltung.

di|sge|la|re I tr. auf_tauen, enteisen **II** intr. e pronom. **disgelarsi** (aus. *essere, avere*) auf_tauen, tauen. **di|sge|lo** m. **1** Eisschmelze *f.*, Schneeschmelze *f.*, Tauwetter *n.* **2** FIG. *(distensione)* Tauwetter *n.*: ***il ~ tra USA e Vietnam*** das Tauwetter zwischen den USA und Vietnam.

di|sgiun|ge|re *(disgiungo, disgiungi; disgiunsi; disgiunto)* **I** tr. trennen, scheiden, lösen **II** pronom. **disgiungersi** sich trennen, scheiden, lösen. **di|sgiun|ta|men|te** avv. getrennt. **di|sgiun|ti|vo** agg. disjunktiv, Trenn-, Trennungs-: ***particella -a*** Trennungspartikel *f.*; FILOS. ***proposizione -a*** disjunktiver Satz. **di|sgiun|to** p.pass. agg. **1** → **disgiungere 2** MAT. disjunkt. **di|sgiun|zio|ne** f. **1** Trennung *f.*, Scheidung *f.* **2** LING. FILOS. MAT. Disjunktion *f.*

di|sgra|zia f. **1** Ungnade *f.*, Ungunst *f.*: ***essere, cadere in ~ (di, presso qcn.)*** (bei jdm) in Ungnade (*o* Ungunst) sein, fallen **2** *(sciagura)* Unglück *n.*: ***provocare, evitare una ~*** ein Unglück verursachen (*o* verschulden), verhindern; ***essere colpito da una ~*** von einem Unglück getroffen werden; ***è accaduta una ~*** ein Unglück ist passiert (*o* geschehen); ***gli è accaduta una ~*** ihm ist ein Unglück widerfahren; ***nella ~ persero la vita sei persone*** bei dem Unglück kamen sechs Personen ums Leben; ***una ~ sull'autostrada*** ein tödlicher Unfall auf der Autobahn; ***non l'ha fatto apposta, è stata una ~*** er hat das nicht absichtlich getan, es war ein Unglück (*o* ein Missgeschick) **3** *(sfortuna)* Pech *n.*, Unglück *n.*: ***essere perseguitato dalla ~*** vom Pech verfolgt werden; ***essere fonte di grandi -e per qcn.*** großes Unglück über jdn bringen; ***ha la ~ di essere nato povero*** er hat das Pech, arm geboren zu sein ◆ ***ognuno ha le sue -e!*** jeder hat sein Kreuz zu tragen! ***per mia, sua ~*** zu meinem, seinem Unglück; ***per ~*** unglücklicherweise; ***per colmo di ~*** zu allem Unglück; ***raccontare a qcn. le proprie -e*** jdm sein Leid erzählen (*o* klagen); ***~ volle che...*** das Unglück wollte, dass...; PROV. ***le -e non vengono mai sole*** ein Unglück (*o* ein Übel) kommt selten allein.

di|sgra|zia|ta|men|te avv. unglücklicherweise ◆ ***~ per lei*** zu ihrem Unglück.

di|sgra|zia|to I agg. **1** vom Unglück (*o* vom Pech) verfolgt: ***una famiglia -a*** eine vom Unglück verfolgte Familie; ***un uomo ~*** ein Pechvogel **2** *(sfortunato)* unglücklich: ***un caso ~*** ein unglücklicher Zufall; ***per un ~ incidente*** wegen eines unglücklichen Umstands; ***un'idea, un'impresa -a*** eine unglückliche Idee, ein unglückliches Unternehmen **II** m. **1** Unglücksmensch *m.*, Unglückliche *m.*, COLLOQ. Pechvogel *m.*: ***il destino si accanì contro quel ~*** das Schicksal verfolgte diesen Unglücklichen; ***è solo un povero ~!*** er ist nur ein armer Schlucker (*o* ein armer Teufel)! **2** *(persona degna di pietà o disprezzo)* Mistkerl *m.*, Gauner *m.*, Lump *m.*: ***quel ~ se n'è andato senza dire niente*** dieser Mistkerl ist weggegangen, ohne etwas zu sagen; ***quel ~ di tuo fratello non si è fatto più vedere!*** dieser Gauner von deinem Bruder hat sich nicht mehr blicken lassen! ***~, guarda cos'hai combinato!*** du Trottel, schau mal, was du angerichtet hast! **3** COLLOQ. *(minorato)* Unglückliche *m.*

di|sgre|ga|bi|le agg. zersetzbar. **di|sgre|ga|men|to** m. → **disgregazione.**

di|sgre|ga|re *(disgrego, disgreghi)* **I** tr. **1** zersetzen; *(sgretolare)* zerbröckeln; ***gli agenti atmosferici disgregano la roccia*** die atmosphärischen Einflüsse lassen den Fels verwittern **2** FIG. auf_lösen, zersetzen, auseinander treiben: ***la società industriale ha disgregato la famiglia patriarcale*** die Industriegesellschaft hat die patriarchalische Familie aufgelöst **3** CHIM. zersetzen, auf_lösen **II** pronom. **disgregarsi 1a** sich zersetzen **b** *(a causa di agenti atmosferici)* verwittern **2** *(andare in pezzi)* auseinander gehen, zersplittern **3** FIG. auseinander fallen: ***il partito si disgregò a causa di lotte interne*** die Partei hat sich auf Grund interner Kämpfe zersplittert. **di|sgre|ga|to|re I** agg. zersetzend, spalterisch **II** m. Spalter *m.* **di|sgre|ga|zio|ne** f. **1a** Zersetzung *f.*; *(sgretolamento)* Zerbröckelung *f.* **b** *(ad opera di agenti atmosferici)* Verwitterung *f.* **2** FIG. Auflösung *f.*: ***la ~ di una famiglia, di un partito*** die Auflösung einer Familie, Partei; ***~ sociale*** soziale Auflösung.

di|sgui|do m. **1** Irreleitung *f.*, Fehlleitung *f.*: ***~ postale*** postalische Fehlleitung; ***per un ~ la lettera fu recapitata al vecchio indirizzo*** der Brief wurde an die alte Adresse fehlgeleitet **2** *(malinteso)* Missverständnis *n.*; *(svista)* Versehen *n.*

di|sgu|sta|re I tr. an_ekeln, an_widern: ***questo sapore, odore mi disgusta*** dieser Geschmack, Geruch ekelt mich an; ***mi disgusta il suo comportamento*** sein Benehmen ekelt mich an **II** pronom. **disgustarsi 1** sich ekeln, einen Ekel bekommen: ***-rsi di qcs.*** sich vor etw. ekeln **2** *(rompere l'amicizia)* ***-rsi con qcn.*** jdm die Freundschaft auf_sagen (*o* auf_kündigen), mit jdm brechen.

di|sgu|sta|to p.pass. agg. **1** → **disgustare 2** angeekelt, angewidert, abgestoßen: ***sono ~ dalle sue parole*** ich fühle mich von seinen Worten angeekelt; ***(fare) una faccia, un'espressione -a*** ein angewidertes Gesicht machen ◆ ***rimanere ~ da qcs.*** von etw. angewidert sein; ***essere ~ dalla vita*** des Lebens überdrüssig sein.

di|sgu|sto m. Ekel *m.*, Widerwille(n) *m.*: ***provare ~ per qcn., qcs.*** Ekel vor jdm, etw. empfinden; ***suscitare, ispirare ~ (in qcn.)*** Ekel (in, bei jdm) erregen (*o* hervor_rufen); ***ho il ~ delle sigarette*** Zigaretten ekeln mich an ◆ ***una smorfia di ~*** eine angewiderte Miene.

di|sgu|sto|sa|men|te avv. widerlich: ***è ~ dolce*** es ist widerlich süß.

di|sgu|sto|so agg. widerlich, ek(e)lig, ekelhaft: ***un odore, un cibo ~*** ein widerlicher Geruch, eine widerliche Speise; ***avere un sapore ~*** widerlich (*o* ekelhaft) schmecken; *(moralmente)* ***comportarsi in modo ~*** sich widerlich benehmen; ***è un individuo ~!*** er ist ein widerlicher Mensch!

di|si|dra|tan|te I agg. dehydratisierend, entwässernd **II** m. Entwässerungsmittel *n.*, Trockenmittel *n.*, dehydratisierendes Mittel *n.*

di|si|dra|ta|re I tr. dehydratisieren, aus_trocknen: ***~ i cibi (per conservarli), l'organismo, la pelle*** Lebensmittel, den Organismus dehydratisieren, die Haut austrocknen; ***~ l'aria*** der Luft Wasser entziehen **II** pronom. **disidratarsi** trocken werden, aus_trocknen: ***la pelle si disidrata al sole*** die Haut trocknet in der Sonne aus.

di|si|dra|ta|to p.pass. agg. **1** → **disidratare 2** getrocknet, ausgetrocknet, entwässert; *(di cibi)* dehydratisiert; ***pelle -a*** ausgetrocknete Haut; ***l'organismo, il paziente è ~*** der Organismus, der Patient ist dehydratisiert.

di|si|dra|ta|zio|ne f. **1** Trocknung *f.*; *(di cibi)* Dehydratation *f.*, Dörren *n.* **2** MED. Wasserentzug *m.*, Dehydratation *f.* **di|si|dra|to|re** m. Absorber *m.*

di|sil|lu|de|re *(disillusi, disilluso)* **I** tr. ernüchtern, desillusionieren **II** pronom. **disilludersi** ernüchtert werden. **di|sil|lu|sio|ne** f. Ernüchterung *f.*: ***provare una profonda ~*** eine tiefe Ernüchterung erleben. **di|sil|lu|so** p.pass. agg. **1** → **disilludere 2** ernüchtert.

di|sim|bal|la|re tr. aus_packen.

di|sim|pa|ra|re tr. verlernen: ***~ una lingua*** eine Sprache verlernen.

di|sim|pe|gna|re I tr. **1** entbinden: ***~ qcn. da un giuramento, da una promessa*** jdm von einem Eid, Versprechen entbinden **2** *(riscattare da pegno)* ein_lösen **3** *(rendere indipendente)* separat zugänglich machen, mit einem eigenen Eingang versehen: ***~ una stanza*** ein Zimmer mit einem eigenen Eingang versehen **4** *(svolgere)* erledigen, aus_führen **5** SPORT frei_spielen, befreien: ***~ un compagno*** einen Mitspieler freispielen **6** MIL. entsetzen, befreien **II** pronom. **disimpegnarsi 1** sich entledigen, sich befreien: ***-rsi da un obbligo verso qcn.*** sich einer Verpflichtung gegenüber jdm entledigen **2** *(cavarsela)* fertig werden, zurecht_kommen: ***-rsi bene a fare qcs.*** gut mit etw. fertig werden **3** SPORT sich frei_spielen, sich befreien: ***l'attaccante si è disimpegnato bene*** der Angreifer hat sich gut freigespielt **4** TECN. *(disinnestarsi)* aus_rasten. **di|sim|pe|gna|to** p.pass. agg. **1** → **disimpegnare 2** *(non impegnato)* nicht engagiert.

di|sim|pe|gno m. **1** Entbindung *f.* **2** *(riscatto da pegno)* Einlösung *f.* **3a** *(locale che dà accesso ad altri locali)* Vorraum *m.* **b** *(ripostiglio)* Abstellraum *m.* **4** SPORT Sichfreispielen *n.* **5** *(di mansioni)* Erledigung *f.*, Ausführung *f.* **6** MIL. Entsetzung *f.*, Befreiung *f.* **7** *(mancanza di impegno)* fehlendes Engagement *n.*, Mangel *m.* an Engagement.

di|sin|ca|glia|re *(disincaglio, disincagli)* **I** tr. **1** MAR. wieder flott‿machen; *(rimorchiando)* frei‿schleppen **2** FIG. *(sbloccare)* wieder auf‿nehmen: **~ *una proposta di legge, una trattativa*** einen Gesetzesvorschlag, eine Verhandlung wieder aufnehmen **II** pronom. **disincagliarsi 1** MAR. wieder flott werden, flott‿kommen **2** FIG. *(sbloccarsi)* wieder in Gang (*o* in Schwung) kommen, wieder aufgenommen werden **3** *(tirarsi fuori)* heraus‿kommen: ***-rsi da una situazione difficile*** aus einer schwierigen Lage herauskommen.

di|sin|can|ta|re tr. **1** ernüchtern **2** *(liberare da incantesimo)* entzaubern. **di|sin|can|ta|to** p.pass. agg. **1** → **disincantare 2** ernüchtert: ***essere ~ nei confronti di qcs.*** von etw., über etw. (A) ernüchtert sein; ***avere una visione -a della vita*** das Leben ernüchtert sehen; ***guardare qcs. con occhio ~*** etw. ernüchtert betrachten. **di|sin|can|to** m. Ernüchterung *f.*

di|sin|cen|ti|va|re tr. (durch bestimmte Maßnahmen) ein‿schränken, beschränken; *(ostacolare)* behindern: **~ *le importazioni con provvedimenti legislativi*** die Einfuhren durch gesetzliche Maßnahmen beschränken (*o* behindern). **di|sin|cen|ti|vo** m. Einschränkung *f.*, Beschränkung *f.*; *(l'ostacolare)* Behinderung *f.* (durch bestimmte Maßnahmen).

di|sin|cro|sta|re tr. entzundern, entsteinen.

di|sin|fe|stan|te I agg. Vertilgungs-, Vernichtungs-; *(per parassiti, scarafaggi)* Schädlingsbekämpfungs- **II** m. Vertilgungsmittel *n.*, Vernichtungsmittel *n.*; *(per parassiti, scarafaggi)* Schädlingsbekämpfungsmittel *n.*: ***dare il ~ alle piante*** die Pflanzen mit einem Schädlingsbekämpfungsmittel behandeln.

di|sin|fe|sta|re tr. **1a** *(da animali)* befreien, entwesen: **~ *una casa dagli scarafaggi, dai topi*** ein Haus von Ungeziefern, Mäusen befreien **b ~ *un campo dalle erbacce*** ein Feld von Unkraut befreien **2** FIG. *(liberare)* säubern: **~ *una zona dagli spacciatori*** eine Zone von Dealern säubern. **di|sin|fe|sta|to|re** m. Schädlingsbekämpfer *m.*, Kammerjäger *m.* **di|sin|fe|sta|zio|ne** f. Entwesung *f.*; *(dalle erbacce)* Vertilgung *f.*, Vernichtung *f.* (von Unkraut).

di|sin|fet|tan|te I agg. Desinfektions- **II** m. Desinfektionsmittel *n.* **di|sin|fet|ta|re** tr. desinfizieren, entseuchen: **~ *una ferita, una siringa, un locale*** eine Wunde, eine Spritze, einen Raum desinfizieren. **di|sin|fet|to|re** m. Desinfektor *m.* **di|sin|fe|zio|ne** f. Desinfektion *f.*, Desinfizierung *f.*

di|sin|for|ma|to agg. uninformiert: ***essere ~ riguardo a, su qcs.*** über etw. uninformiert sein. **di|sin|for|ma|zio|ne** f. Mangel *m.* an Information; *(ignoranza)* Unkenntnis *f.*: ***c'è molta ~ su questo problema*** über dieses Problem herrscht große Unkenntnis.

di|sin|gan|na|re I tr. ernüchtern **II** pronom. **disingannarsi** ernüchtert werden. **di|sin|gan|no** m. Ernüchterung *f.*

di|si|ni|bi|re *(disinibisco, disinibisci)* **I** tr. enthemmen **II** pronom. **disinibirsi** Hemmungen verlieren. **di|si|ni|bi|to** p.pass. agg. **1** → **disinibire 2** *(spregiudicato)* ***una ragazza -a*** ein Mädchen ohne Hemmungen; ***avere modi -i*** sich ohne Hemmungen benehmen.

di|sin|na|mo|ra|re ANT. **I** tr. **~ *qcn.*** jds Liebe erkalten lassen **II** pronom. ***disinnamorarsi di qcn.*** jdn nicht mehr lieben, sich von jdm ab‿wenden.

di|sin|ne|sca|re tr. *(disinnesco, disinneschi)* entschärfen (anche FIG.): **~ *una bomba, una mina*** eine Bombe, Mine entschärfen; **~ *una crisi sociale*** eine soziale Krise entschärfen. **di|sin|ne|sco** m. *(-schi)* Entschärfung *f.*

di|sin|ne|sta|re I tr. **1a** MECC. aus‿rasten lassen, aus‿rücken **b ~ *la marcia*** den Gang heraus‿nehmen **c ~ *la frizione*** aus‿kuppeln **2a** *(disinserire)* aus‿schalten, ab‿schalten **b** *(estrarre)* **~ *la spina*** den Stecker heraus‿ziehen **II** pronom. **disinnestarsi 1** aus‿rasten **2** EL. sich aus‿schalten. **di|sin|ne|sto** m. **1a** Ausrücken *n.* **b** *(della marcia)* Herausnehmen *n.* **c** *(della frizione)* Auskupplung *f.* **2** *(disinserimento)* Ausschaltung *f.*, Abschaltung *f.*; *(interruzione)* Unterbrechung *f.*

di|sin|qui|na|men|to m. Entseuchung *f.* **di|sin|qui|na|re** tr. entseuchen.

di|sin|se|ri|re tr. *(disinserisco, disinserisci)* **1a** ab‿schalten, aus‿schalten: **~ *il motore, l'allarme*** den Motor abschalten, den Alarm ausschalten **b ~ *la marcia*** den Gang heraus‿nehmen **c ~ *la frizione*** aus‿kuppeln **2** *(interrompere)* unterbrechen: **~ *un circuito*** einen Stromkreis unterbrechen **3** *(estrarre)* heraus‿ziehen: **~ *la chiave, la spina*** den Schlüssel, den Stecker herausziehen. **di|sin|se|ri|to** p.pass. agg. **1** → **disinserire 2** *(di persona)* nicht eingegliedert.

di|sin|ta|sa|re tr. frei machen.

di|sin|te|gra|re *(disintegro)* **I** tr. **1** FIS. spalten **2** (völlig) zerstören: ***l'esplosione disintegrò l'auto, la casa*** die Explosion zerstörte das Auto, das Haus; ***l'impatto violento ha disintegrato l'aereo*** durch den heftigen Aufprall zerschellte das Flugzeug **3** FIG. *(disgregare)* zersplittern: ***le lotte interne hanno disintegrato il partito*** die inneren Kämpfe haben die Partei zersplittert **4** COLLOQ. ***se ti prendo ti disintegro!*** wenn ich dich kriege, mache ich dich fertig! **II** pronom. **disintegrarsi 1** FIS. zerfallen, auseinander fallen **2** (völlig) zerstört werden; *(di aerei, navi...)* zerschellen: ***l'elicottero si disintegrò contro una montagna*** der Hubschrauber zerschellte an einem Berg **3** FIG. *(disgregarsi)* zerfallen, sich auf‿lösen: ***l'impero romano si disintegrò in seguito alle invasioni barbariche*** das Römische Reich zerfiel infolge der Barbareneinfälle.

di|sin|te|gra|to|re m. Disintegrator *m.* **di|sin|te|gra|zio|ne** f. **1** (völlige) Zerstörung *f.* **2** FIG. *(disfacimento)* Auflösung *f.* ◆ FIS. **~ *atomica, nucleare*** atomarer, nuklearer Zerfall.

di|sin|te|res|sa|men|to m. Interesselosigkeit *f.*, Desinteresse *n.* **di|sin|te|res|sa|re I** tr. das Interesse verlieren lassen; ***lo sport lo ha disinteressato allo studio*** durch den Sport hat er das Interesse am Lernen verloren **II** pronom. **disinteressarsi 1** sich nicht mehr interessieren: ***-rsi della politica*** sich nicht mehr für die Politik interessieren **2** *(non curarsi più)* sich nicht mehr kümmern: ***-rsi della famiglia, dei figli*** sich nicht mehr um die Familie, die Kinder kümmern. **di|sin|te|res|sa|ta|men|te** avv. selbstlos, uneigennützig: ***agire ~*** selbstlos handeln. **di|sin|te|res|sa|to** p.pass. agg. **1** → **disinteressare 2** desinteressiert, nicht interessiert **3** *(altruista)* selbstlos, uneigennützig: ***un'amica, un'amicizia -a*** eine selbstlose Freundin, eine uneigennützige Freundschaft; ***un gesto, un consiglio ~*** eine selbstlose Tat, ein selbstloser Vorschlag. **di|sin|te|res|se** m. **1** Interesselosigkeit *f.*, Desinteresse *n.*: ***(di)mostrare ~ per qcs.*** für etw. Desinteresse zeigen **2** *(altruismo)* Selbstlosigkeit *f.*, Uneigennützigkeit *f.*

di|sin|tos|si|can|te I agg. **1** Entziehungs- **2** *(depurativo)* Entschlackungs-, Reinigungs-, Entgiftungs- ◆ ***cura ~*** Entschlackungs-, Reinigungskur *f.*; *(da alcol, droga)* Entziehungskur *f.*

di|sin|tos|si|ca|re *(disintossico, disintossichi)* **I** tr. **1** entschlacken, entgiften: **~ *l'organismo, il sangue*** den Organismus, das Blut entschlacken **2** *(da alcol, droga)* entwöhnen: **~ *dall'eroina*** vom Heroin entwöhnen **II** pronom. **disintossicarsi 1** sich entschlacken, sich entgiften **2** ***-rsi (dall'alcol, dalla droga)*** sich des Alkohols, der Droge entwöhnen, eine Entziehungskur machen.

di|sin|tos|si|ca|zio|ne f. **1a** Entgiftung *f.* **b** *(depurazione)* Reinigung *f.* **2** *(da alcol, droga)* Entziehung *f.*; *(cura)* Entziehungskur *f.*: **~ *dall'eroina*** Entziehung vom Heroin.

di|sin|ve|sti|re tr. flüssig machen; assol. Kapitalanlagen veräußern.

di|sin|vol|ta|men|te avv. ungezwungen, ungeniert.

di|sin|vol|to agg. **1** ungezwungen, ungeniert: ***un tipo ~*** ein ungezwungener Typ; ***un atteggiamento ~*** eine ungezwungene Haltung; ***essere ~ nel parlare*** ungezwungen reden; ***comportarsi in modo ~*** sich ungezwungen benehmen **2a** *(spregiudicato)* ohne Hemmungen: ***una ragazza -a, dai modi -i*** ein Mädchen ohne Hemmungen **b** sorglos, bedenkenlos, leichtsinnig: ***l'attuale deficit è dovuto alla -a amministrazione dei governi precedenti*** das aktuelle Defizit ist durch die sorglose Verwaltung der früheren Regierungen verursacht worden **3** *(abile)* ungeniert, geschickt, dreist: ***un bambino molto ~ nel mentire*** ein im Lügen sehr geschicktes Kind ◆ ***con fare ~ cambiò discorso*** er wechselte geschickt das Thema.

di|sin|vol|tu|ra f. **1** Ungezwungenheit *f.*, Ungeniertheit *f.*: ***mostrare grande ~*** große Ungezwungenheit zeigen; ***parlare con ~*** ungezwungen reden **2** *(abilità, sfrontatezza)* Geschicktheit *f.*, Ungeniertheit *f.*, Dreistigkeit *f.*: ***mentire con estrema ~*** mit äußerster Dreistigkeit lügen **3** *(leggerezza, spregiudicatezza)* Leichtsinnigkeit *f.*: ***amministrare i soldi di qcn. con ~*** jds Finanzen mit großer Leichtsinnigkeit verwalten.

di|si|o → **desio.**

di|si|sti|ma f. Geringschätzung *f.*, Missachtung *f.*: ***nutrire, manifestare una profonda ~ nei confronti di qcn.*** eine tiefe Geringschätzung gegenüber jdm (*o* für jdn) empfinden, äußern. **di|si|sti|ma|re** tr. gering schätzen, missachten.

di|sla|li|a f. Dyslalie *f.*

di|sle|a|le agg. LETT. unlauter, unehrlich.

di|sles|si|a f. Dyslexie *f.* **di|sles|si|co I** agg. *(-ci,-che)* dyslektisch **II** m. *(-ci)* Dislektiker *m.*

di|sli|vel|lo m. **1** Höhenunterschied *m.*, Niveauunterschied *m.*: ***un ~ di 80 m*** ein Höhenunterschied von 80 m **2** FIG. Nieveauunterschied *m.*, Gefälle *n.*: FIG. ***un forte ~ culturale, sociale, economico*** ein starkes kulturelles, soziales, wirtschaftliches Gefälle.

di|slo|ca|men|to m. **1** MIL. Dislozierung *f.*, Stationierung *f.* **2** MAR. Verdrängung *f.*, Wasserverdrängung *f.*, Deplacement *n.* **di|slo|ca|re** tr. *(disloco, dislochi)* **1** MIL. dislozieren, stationieren, auf‿

stellen: ~ ***le truppe*** die Truppen stationieren **2** *(collocare)* verlegen, versetzen **3** MAR. verdrängen. **di|slo|ca|to** p.pass. agg. **1** → **dislocare 2** MIL. stationiert, disloziert, aufgestellt: ***truppe -e al fronte*** an der Front dislozierte Truppen **3** MED. disloziert. **di|slo|ca|zio|ne** f. **1** MIL. Dislozierung *f.* **2** MED. GEOL. Dislokation *f.* **3** *(collocazione)* Stellung *f.*, Lage *f.*, Aufstellung *f.*

di|sme|nor|re|a f. Dysmenorrhö(e) *f.*

di|smes|so p.pass. agg. **1** → **dismettere 2** *(abbandonato)* aufgelassen.

di|smet|te|re tr. *(dismisi, dismesso)* **1** ab‿legen: ~ ***un abito*** ein Kleid ablegen **2** ECON. *(cedere)* veräußern **3** DIR. *(sciogliere)* auf‿lösen, ab‿wickeln: ~ ***una società*** eine Gesellschaft abwickeln.

di|smi|su|ra f. Übermaß *n.* ◆ ***a*** ~ (bis) ins Unermessliche, übermäßig; ***crescere, aumentare a*** ~ ins Kraut schießen (anche FIG.); ***un'abitudine cresce a*** ~ eine Gewohnheit schießt ins Kraut.

di|sob|be|dien|te → **disubbidiente. di|sob|be|dien|za** → **disubbidienza.**

di|sob|be|di|re → **disubbidire.**

di|sob|bli|ga|re *(disobbligo, disobblighi)* **I** tr. entbinden **II** pronom. **disobbligarsi** sich revanchieren: ***-rsi con qcn. per qcs.*** sich bei jdm für etw. revanchieren.

di|soc|cu|pa|to I agg. **1** arbeitslos: ***essere, restare*** ~ arbeitslos sein, werden **2** LETT. *(ozioso)* müßig **II** m. Arbeitslose *m.*: ***un numero crescente di -i*** eine steigende Zahl von Arbeitslosen.

di|soc|cu|pa|zio|ne f. Arbeitslosigkeit *f.*; ***indennità, sussidio di*** ~ Arbeitslosengeld *n.*, Arbeitslosenhilfe *f.*; ***percepire, ricevere, richiedere un sussidio di*** ~ Arbeitslosengeld beziehen, bekommen, beantragen; ~ ***giovanile*** Jugendarbeitslosigkeit *f.*

di|so|mo|ge|nei|tà f. Inhomogenität *f.* **di|so|mo|ge|ne|o** agg. inhomogen.

di|so|ne|stà f.inv. Unehrlichkeit *f.*, Unredlichkeit *f.*, Unsauberkeit *f.* **di|so|ne|sta|men|te** avv. unehrlich, unredlich: ***ottenere qcs.*** ~ etw. unehrlich erwerben. **di|so|ne|sto I** agg. **1** unehrlich, unredlich, unsauber **2** *(immorale)* unanständig **II** m. unehrlicher Mensch *m.*

di|so|no|ran|te agg. schimpflich, schändlich: ***una pace*** ~ ein schimpflicher Frieden. **di|so|no|ra|re** tr. entehren, schänden: ~ ***il nome di qcn.*** jds Namen entehren; ~ ***una ragazza*** ein Mädchen entehren. **di|so|no|ra|to** p.pass. agg. **1** → **disonorare 2** *(compromesso)* gefallen: ***una ragazza -a*** ein gefallenes Mädchen.

di|so|no|re m. **1** Unehre *f.*, Schande *f.*, Schimpflichkeit *f.*: ***andare a ~ di qcn.*** jdm zur Unehre gereichen, jdm Unehre machen; ***non è mica un ~ se...*** es ist keine Schande, wenn... **2** *(onta)* Schandfleck *m.*, Schande *f.*: ***essere il ~ della famiglia*** der Schandfleck der Familie sein; ***è il ~ della scuola*** er ist eine Schande für die Schule.

di|so|no|re|vo|le agg. unehrenhaft, schmachvoll: ***una sconfitta*** ~ eine schmachvolle Niederlage. **di|so|no|re|vol|men|te** avv. unehrenhaft.

di|sop|pi|la|re tr. *(disoppilo)* von einer Verstopfung befreien.

di|so|pra I avv., agg.inv. → **sopra II** m. Oberteil *m.* e *n.*, Oberseite *f.*: ***il ~ e il disotto di una scatola*** die Ober- und Unterseite einer Schachtel.

di|sor|di|na|re tr. *(disordino)* in Unordnung bringen, durcheinander bringen: ~ ***i libri*** die Bücher in Unordnung bringen; ~ ***le idee*** die Ideen durcheinander bringen. **di|sor|di|na|ta|men|te** avv. **1** unordentlich, durcheinander: ***mangiare*** ~ durcheinander essen; ***vivere*** ~ unordentlich leben **2** *(in modo confuso)* verworren.

di|sor|di|na|to I p.pass. agg. **1** → **disordinare 2** unordentlich: ***un allievo, un ragazzo*** ~ ein unordentlicher Schüler, Junge; ***una stanza -a*** ein unordentliches Zimmer; ***un lavoro*** ~ eine unordentliche Arbeit; ***una fuga -a*** eine wilde Flucht **2** *(sregolato)* unordentlich, regellos, ungeregelt: ***condurre una vita -a*** ein ungeregeltes Leben führen **3** *(confuso)* wirr, verworren: ***idee -e*** wirre Ideen **II** m. unordentlicher Mensch *m.*

di|sor|di|ne m. **1** Unordnung *f.*, Durcheinander *n.*, Wirrwarr *m.*: ***qui regna un ~ terribile*** hier herrscht eine fürchterliche Unordnung; ***mettere in ~ qcs.*** etw. in Unordnung bringen, durcheinander bringen; ***portare il ~ in qcs.*** Unordnung in etw. hinein‿bringen; ***lasciare la casa in*** ~ das Haus in Unordnung hinterlassen; ***vivere in mezzo al*** ~ im Chaos, inmitten eines großen Durcheinanders leben; ***avere i capelli in*** ~ ungekämmt sein; ***avere gli abiti in*** ~ unordentlich gekleidet sein **2** *(confusione)* Wirrwarr *m.*: ***il ~ dell'amministrazione pubblica*** der Wirrwarr in der öffentlichen Verwaltung **3** PSIC. Störung *f.*: ***stato di ~ mentale*** Zustand geistiger Verwirrung **4** pl. *(tumulti)* Unruhen *pl.*: ***i -i si verificano, si scatenano, si diffondono*** Unruhen ereignen sich, brechen aus, verbreiten sich; ***-i razziali, studenteschi*** Rassen-, Studentenunruhen *pl.*; ***suscitare, reprimere -i*** Unruhen erregen, nieder‿schlagen.

di|sor|ga|ni|ci|tà f. unorganischer Charakter *m.*, unorganische Weise *f.* **di|sor|ga|ni|co** agg. *(-ci,-che)* unorganisch, anorganisch: ***una crescita -a*** ein unorganisches Wachstum; ***uno sviluppo*** ~ eine anorganische Entwicklung.

di|sor|ga|niz|za|re I tr. desorganisieren, auf‿lösen, zerrütten **II** pronom. **disorganizzarsi** sich auf‿lösen. **di|sor|ga|niz|za|to** p.pass. agg. **1** → **disorganizzare 2** ***una persona -a*** ein desorganisierter Mensch. **di|sor|ga|niz|za|zio|ne** f. Desorganisation *f.*

di|so|rien|ta|men|to m. Desorientierung *f.*, Orientierungslosigkeit *f.*, Richtungslosigkeit *f.* **di|so|rien|ta|re** tr. **1** desorientieren **2** FIG. verunsichern, verwirren: ~ ***qcn. in qcs.*** jdn in etw. verunsichern. **di|so|rien|ta|to** p.pass. agg. **1** → **disorientare 2** richtungslos, orientierungslos.

di|sos|sa|re tr. entbeinen: ~ ***un pollo*** ein Huhn entbeinen.

di|sos|sa|to p.pass. agg. **1** → **disossare 2** FIG. flau, schlaff, labberig.

di|sos|si|dan|te I agg. desoxidierend **II** Desoxidationsmittel *n.*, Reduktionsmittel *n.*

di|sos|si|da|re tr. *(disossido)* desoxidieren, desoxidieren. **di|sos|si|da|zio|ne** f. Desoxidation *f.*, Desoxidation *f.*

di|so|stru|i|re tr. *(disostruisco, disostruisci)* MED. von einer Verstopfung befreien.

di|sot|to I avv., agg.inv. → **sotto II** m. Unterteil *m.* e *n.*, Unterseite *f.*

di|spac|cio m. *(-ci)* **1** Depesche *f.* **2** ESTENS. Meldung *f.*; ~ ***di agenzia*** Agenturmeldung *f.*; ~ ***telegrafico*** Telegramm *n.*

di|spa|ra|to agg. ungleichartig, unterschiedlich, disparat: ***opinioni -e*** unterschiedliche Meinungen.

di|spa|ri agg.inv. **1** ungerade: ***numeri*** ~ ungerade Zahlen; ***giorni*** ~ ungerade Tage **2** *(impari)* ungleich.

di|spa|ri|re intr. LETT. *(dispaio/disparisco, dispari/disparisci; disparii/disparvi; disparito/*RAR. *disparso;* aus. *essere)* **1** *(sparire)* verschwinden **2** *(dileguarsi)* schwinden.

di|spa|ri|tà f.inv. **1** Ungleichheit *f.*, Gefälle *n.*: ~ ***sociale tra ricchi e poveri*** soziales Gefälle zwischen Reich und Arm; ~ ***di retribuzione*** Lohngefälle *n.*; ***una notevole ~ di forze*** eine beträchtliche Ungleichheit der Kräfte **2** *(differenza)* Verschiedenheit *f.*, Unterschied *m.*: ~ ***di idee*** Meinungsverschiedenheit *f.*

di|spar|te, in ~ beiseite, abseits: ***mettersi in*** ~ beiseite gehen (*o* treten); ***tenersi in*** ~ sich beiseite (*o* abseits) halten; ***stare, starsene in*** ~ beiseite stehen; ***prendere qcn. in*** ~ jdn beiseite nehmen.

di|spen|dio m. *(-di)* Aufwand *m.*: ~ ***di denaro, di forze, di tempo*** Geld-, Kraft-, Zeitaufwand *m.*; ***un inutile, enorme ~ di energie*** ein unnützer, riesiger Energieaufwand. **di|spen|dio|sa|men|te** avv. aufwendig: ***vivere*** ~ aufwendig leben. **di|spen|dio|so** agg. aufwendig, kostspielig: ***un tenore di vita*** ~ ein aufwendiger Lebensstil.

di|spen|sa f. **1a** *(mobile)* Speiseschrank *m.*; *(stanza)* Speisekammer *f.*, Vorratsraum *m.* **b** MAR. AER. Pantry *f.* **2** *(esenzione, esonero)* Befreiung *f.*, Entbindung *f.*: ***richiedere, ricevere, concedere la ~ da qcs.*** um Befreiung von etw. ersuchen, Befreiung von etw. erhalten, erteilen; ~ ***dal servizio militare*** Befreiung vom Militärdienst **3** ECCL. Dispens *f.* **4** EDIT. *(fascicolo)* Lieferung *f.*, Heft *n.*: ***un'enciclopedia a -e*** eine Enzyklopedie in Einzellieferungen; ***uscire, essere pubblicato a -e*** in Lieferungen erscheinen **5** UNIV. Vorlesungsskript *n.*, Skript *n.*: ***studiare sulle -e*** nach den Skripten studieren ◆ ***concessione di*** ~ Dispenserteilung *f.*; ~ ***matrimoniale*** Ehedispens *m.*; BUROCR. ~ ***dal servizio*** Amtsenthebung *f.*; ~ ***dalle tasse*** Gebührenerlass *m.*

1.di|spen|sa|bi|le agg. *(esonerabile)* erlässlich, nachlassbar.

2.di|spen|sa|bi|le agg. LETT. *(superfluo)* entbehrlich.

di|spen|sa|re tr. **1** befreien, entbinden: ~ ***qcn. da qcs.*** jdn von etw. befreien, dispensieren; ~ ***qcn. da un obbligo*** von einer Pflicht befreien; ~ ***dal voto*** vom Gelübde entbinden **2** ECCL. dispensieren **3** *(destituire)* entheben: ~ ***qcn. da una mansione*** jdn eines Dienstes entheben **4a** *(elargire)* spenden **b** ~ ***favori*** Gefallen erweisen **5** ESTENS. LETT. ~ ***qcn. dal rispondere*** jdm die Antwort erlassen.

di|spen|sa|rio m. *(-ri)* medizinische Fürsorgestelle *f.*

di|spen|sa|to|re I agg. **1** befreiend, entbindend **2** *(che elargisce)* spendend **II** m. **1** Freisteller *m.* **2** *(elargitore)* Spender *m.* **di|spen|ser** m.inv. Spender *m.* **di|spen|sie|re** m. **1** Vorratsverwalter *m.* **2** LETT. → **dispensatore.**

di|spep|si|a f. Dyspepsie *f.* **di|spep|ti|co** agg. *(-ci,-che)* dyspeptisch.

di|spe|ra|re I intr. (aus. *avere*) verzweifeln, die Hoffnung verlieren: ~ ***di qcs.*** an etw. (D) verzweifeln; ~ ***della riuscita di qcs.*** die Hoffnung auf das Gelingen von etw. verlieren **II** pronom. **disperarsi** verzweifeln: ***non disperarti!*** nicht verzweifeln! ***non c'è ragione di -rsi*** es besteht kein Grund zu verzweifeln; ***c'è da -rsi*** es ist zum Verzweifeln ◆ ***far ~ qcn.*** jdn zur Verzweiflung bringen (anche

ESTENS.). **di|spe|ra|ta|men|te** avv. 1 verzweifelt 2 ESTENS. hoffnungslos: *essere ~ innamorato* hoffnungslos verliebt sein 3 FIG. *(accanitamente)* krampfhaft: *aggrapparsi ~ alla vita* sich krampfhaft ans Leben klammern.

di|spe|ra|to I p.pass. agg. 1 → **disperare 2a** verzweifelt, Verzweiflungs-: *un gesto ~* eine Verzweiflungstat; *una donna -a, uno sforzo ~* eine verzweifelte Frau, Anstrengung **b** *(senza speranza)* hoffnungslos: *un ferito in condizioni -e* ein Verletzter in hoffnungslosem Zustand; *amore ~* hoffnungslose Liebe; *un caso ~* ein hoffnungsloser Fall (anche FIG. SCHERZ.) II m. 1 Verzweifelte *m.* 2 COLLOQ. *(poveraccio)* armer Schlucker *m.* ◆ *correre, urlare come un ~* wie ein Wilder laufen, schreien; *lavorare come un ~* wie ein Besessener arbeiten.

di|spe|ra|zio|ne f. Verzweiflung *f.*: *per ~* aus Verzweiflung; *ridurre qcn. alla ~* jdn zur, in die Verzweiflung treiben; *essere sull'orlo, al colmo della ~* der Verzweiflung nahe sein (*o* in heller Verzweiflung sein); *con il coraggio della ~* mit dem Mut der Verzweiflung ◆ COLLOQ. *(questa ragazza) è una ~* es ist zum Auswachsen (*o* es ist ein Elend) mit diesem Mädchen.

di|sper|de|re *(dispersi, disperso)* I tr. 1 zerstreuen, auseinander treiben, auseinander scheuchen: *la polizia disperde i dimostranti con l'idrante* die Polizei treibt die Demonstranten mit dem Wasserwerfer auseinander 2 MIL. versprengen: *~ le truppe nemiche* die feindlichen Truppen versprengen 3 *(dissipare)* auseinander treiben, zerteilen: *il vento disperde le nubi* der Wind treibt die Wolken auseinander 4 FIG. *(sprecare)* vergeuden: *~ il patrimonio, le forze* sein Vermögen, die Kräfte vergeuden (*o* verschleudern) 5 *(voti)* zerstreuen, zersplittern 6 *(calore, energia)* verlieren 7 FIS. zerstreuen II pronom. **disperdersi** 1 sich zerstreuen: *la folla si è dispersa velocemente* die Menschenmenge hat sich schnell zerstreut 2 *(nuvole, nebbia...)* sich verflüchtigen: *gas nocivi si disperdono nell'aria* schädliche Gase verflüchtigen sich in der Luft 3 FIG. *(perdersi)* sich verlieren: *-rsi in qcs.* sich in etw. (D) verlieren.

di|sper|sio|ne f. 1 Zerstreuung *f.* 2 MIL. *(sbandamento)* Versprengung *f.* 3 FIG. *(dissipazione)* Vergeudung *f.* 4 *(di voti)* Zersplitterung *f.* 5a FIS. Dispersion *f.*, Zerstreuung *f.*: *~ della luce* Dispersion des Lichtes **b** CHIM. Dispersion *f.* 6 *(perdita)* Verlust *m.* 7 STATIST. Streuung *f.* ◆ *~ di calore* → *~ termica*; *campo di ~* Streufeld *n.*; *coefficiente di ~* Streuungskoeffizient *m.*; *~ elettrica* Stromverlust *m.*; *indice di ~* Streuungsmaß *m.*; *punto di ~* Zerstreuungspunkt *m.*; *~ termica* Wärmeverlust *m.*; EL. *~ a terra* Erdschluss *m.*

di|sper|si|vi|tà f.inv. 1 Zerstreutheit *f.* 2 FIS. Dispersität *f.* **di|sper|si|vo** agg. 1 zerstreut 2 FIS. Dispersions-: *mezzo ~* Dispersionsmittel *n.*

di|sper|so I p.pass. agg. 1 → **disperdere** 2 *(scomparso)* vermisst: *dare qcn. per ~* jdn als vermisst melden 3 *(smarrito)* verloren II m. Vermisste *m.*: *i -i di un'alluvione, della guerra* die Vermissten bei einer Überschwemmung, im Krieg.

di|spet|to m. 1 böser Streich *m.*, Schabernack *m.*: *fare un ~ a qcn.* mit jdm Schabernack treiben (*o* jdm einen bösen Streich spielen); *fare qcs. a qcn. per ~* jdm etw. zum Schabernack tun; *fare, farsi i -i* (boshaft) necken, sich (boshaft) necken 2 *(disappunto)* Missvergnügen *n.*, Ärger *m.*: *provare ~ per qcs.* über etw. Missvergnügen empfinden ◆ *a ~ di qcn., qcs.* jdm, etw. zum Trotz.

di|spet|to|so agg. 1 frech: *un bambino ~* ein freches Kind 2 *(fastidioso)* lästig, tückisch: *un tempo ~* ein tückisches Wetter 3 *(fatto per dispetto)* *atto ~* Schelmenstreich *m.*, Schelmenstück *n.*

1.di|spia|ce|re *(dispiaccio, dispiaci; dispiacqui; dispiaciuto)* I intr. (aus. *essere*) 1 *(essere motivo di rincrescimento)* *qcs. dispiace a qcn.* etw. tut jdm leid, jd bedauert etw.: *mi dispiace per te* es tut mit leid für dich; *mi dispiace di non poter venire* es tut mir leid (*o* ich bedauere), dass ich nicht kommen kann; *mi dispiace, ma così non va* (es) tut mir leid, aber so geht es nicht 2a *(in frasi negative)* *non ~* (ganz gut) gefallen: *qcs. non mi dispiace* etw. gefällt mir ganz gut; *quel tipo, il suo stile non mi dispiace* jener Typ, sein Stil gefällt mir nicht übel **b** *(di cibi, bevande)* *non ~* (ganz gut) schmecken: *il vino non mi ~* der Wein schmeckt mir ziemlich gut 3 *(in formule di cortesia)* etwas aus‿machen: *Le dispiacerebbe ....?* würde es Ihnen etwas ausmachen...? *se non ti dispiace* wenn es dir nichts ausmacht II pronom. *dispiacersi di, per qcs.* etw. (A) bedauern ◆ *~ all'occhio, alla vista* das Auge beleidigen.

2.di|spia|ce|re m. 1 Bedauern *n.*; *(afflizione)* Kummer *m.*: *con molto, con (mio) grande ~* zum großen, zu meinem großen Bedauern; *provare ~ per qcn., qcs.* jdn, etw. bedauern; *morire dal, di ~* vor Kummer sterben; *è stato un (vero) ~ vederlo così cambiato* ich habe es (sehr) bedauert, ihn so verändert zu finden 2 pl. *(affanni, preoccupazioni)* Kummer *m.*: *avere dei -i* Kummer haben; *dare, causare dei -i a qcn.* jdm Kummer machen, verursachen (*o* zu‿fügen); *annegare i -i nell'alcol* seinen Kummer mit Alkohol hinunter‿spülen (*o* in Alkohol ertränken).

di|spia|ciu|to p.pass. → **1.dispiacere** ◆ *essere (molto) ~ di, per qcs.* etw. (A) (sehr) bedauern.

di|spie|ga|men|to m. Aufbieten *n.*, Aufgebot *n.*: *un massiccio ~ di forze di polizia* ein starkes Aufgebot von Polizeikräften.

di|spie|ga|re *(dispiego, dispieghi)* LETT. I tr. 1 entfalten, aus‿breiten: *~ le ali* die Flügel ausbreiten 2 *(disporre)* auf‿bieten: *~ tutte le forze a disposizione* alle verfügbaren Kräfte aufbieten II pronom. **dispiegarsi** sich entfalten, sich aus‿breiten.

di|spie|go m. *(-ghi)* 1 Aufgebot *n.*, Aufbieten *n.* 2 FIG. *(dispendio)* Aufwand *m.*: *~ di energie* Kraftaufwand *m.*

di|spla|si|a f. Dysplasie *f.*

dis|play [dɪs'pleɪ] m.inv. Anzeige *f.*, Display *n.*, Datensichtgerät *n.*: *~ a cristalli liquidi* Flüssigkristallanzeige, LCD-Anzeige; *~ digitale* Digitalanzeige.

di|splu|vio m. *(-vi)* 1 GEOGR. Wasserscheide *f.* 2 EDIL. *(del tetto)* Dachgrat *m.*

dis|pne|a f. Atemnot *f.*, Dyspnoe *f.*

di|spo|ni|bi|le agg. 1 verfügbar, vorhanden: *capitale ~* verfügbares Kapital; *essere ~* zur Verfügung stehen; *posti di lavoro -i* verfügbare Arbeitsstellen 2a *(di merce)* lieferbar; *(in magazzino)* vorrätig **b** *(reperibile, in vendita)* erhältlich: *il programma è ~ alla cassa* das Programm ist an der Theaterkasse erhältlich; *il dizionario è ~ anche su dischetto* das Wörterbuch ist auch auf Diskette erhältlich 3 *(libero, non occupato)* frei: *posti ancora -i* noch freie Plätze 4 *(di persona)* abkömmlich, frei: *al momento non sono ~* ich bin im Moment nicht abkömmlich (*o* unabkömmlich) 5a *(pronto a collaborare)* hilfsbereit, willig: *una persona ~* ein hilfsbereiter Mensch **b** -bereit: *essere ~ a collaborare, al dialogo* kooperationsbereit, gesprächsbereit sein 6 FIG. EUFEM. *(spregiudicato)* willfährig: *una ragazza ~* ein willfähriges Mädchen ◆ *dichiararsi ~ a qcs.* sich für etw. zur Verfügung stellen; DIR. *patrimonio ~* Aktivvermögen *n.*; *rendersi ~* sich frei‿machen.

di|spo|ni|bi|li|tà f.inv. 1 Verfügbarkeit *f.*; *~ di capitale* frei verfügbares Kapital 2 Hilfsbereitschaft *f.* 3 pl. *(denaro)* Mittel *pl.*: *al momento non ho ~* im Moment bin ich ohne Mittel.

di|spor|re *(dispongo, disponi; disposi; disposto)* I tr. 1 *(collocare)* auf‿stellen, an‿ordnen, ordnen: *~ le sedie intorno al tavolo, le panche lungo le pareti* die Stühle um den Tisch, die Bänke längs der Wände aufstellen; *~ i libri sullo, nello scaffale, per materia* die Bücher auf dem, im Regal, nach Sachgebieten (geordnet) aufstellen; *~ un posto di guardia* einen Wachposten aufstellen; *~ qcs. in una scatola* etw. in eine Schachtel ordnen 2 *(preparare)* vor‿bereiten: *~ ogni cosa per il viaggio* alles für die Reise vorbereiten 3 *(predisporre)* stimmen: *~ qcn. alla clemenza* jdn gnädig stimmen 4 *(deliberare)* verfügen, an‿ordnen, veranlassen: *~ l'arresto di qcn.* jds Verhaftung verfügen; *il tribunale dispose che...* das Gericht verfügte, dass...; *~ un'inchiesta* eine Untersuchung anordnen II intr. (aus. *avere*) 1a verfügen, disponieren: *~ di qcn., qcs.* über jdn, etw. verfügen; *~ di capitale* über Kapital verfügen; *~ liberamente del proprio tempo* über seine Zeit frei verfügen **b** *(avere)* verfügen: *~ di buone relazioni* über gute Beziehungen verfügen; *lo stadio dispone di 70 000 posti* das Stadium verfügt über 70 000 Plätze 2 *(decidere)* bestimmen, entscheiden: *~ per il da farsi* bestimmen, was zu tun ist III pronom. **disporsi** 1 sich auf‿stellen; *(ripartirsi)* sich verteilen: *-rsi in fila, su tre file* sich in einer Reihe, in drei Reihen auf‿stellen; *gli ospiti si disposero ai singoli tavoli* die Gäste verteilten sich auf die einzelnen Tische 2 *(prepararsi)* *-rsi a qcs.* sich auf etw. (A) vor‿bereiten (*o* ein‿stellen); *-rsi a fare qcs.* sich darauf vorbereiten, etw. zu tun; *-rsi all'ascolto* sich auf das Zuhören vorbereiten; *-rsi alla partenza, a combattere* sich auf die Abreise, auf den Kampf vorbereiten ◆ *~ l'animo a qcs.* sich auf etw. (A) vorbereiten (*o* einstellen); PROV. *l'uomo propone e Dio dispone* der Mensch denkt, (aber) Gott lenkt.

1.di|spo|si|ti|vo agg. dispositiv, anordnend, verfügend: *diritto ~* dispositives Recht.

2.di|spo|si|ti|vo m. 1 Vorrichtung *f.*: *~ automatico, intelligente, rudimentale* automatische, sinnige, primitive Vorrichtung; *azionare un ~* eine Vorrichtung betätigen 2 DIR. Tenor *m.*, Formel *f.*: *il ~ della sentenza* der Tenor des Urteils ◆ *~ di accensione* ELETTRON. AUT. Zündanlage *f.*, Zünder *m.*; *(per esplosivi)* Zündsatz *m.*; *~ di allarme* Warnanlage *f.*; *~ antifurto* Einbruch(s)sicherung *f.*; *~ di avviamento* Anlasser *m.*; *~ di blocco* Sperre *f.*; FERR. Blockwerk *n.*; *~ di chiusura* Schließvorrichtung *f.*; *~ di controllo* Kontrollapparat *m.*; *~ frenante* Bremsvorrichtung *f.*; *~ di protezione* Schutzvorrichtung *f.*; *~ di raffreddamento* Kühler *m.*; *~ regolatore, di regolazione* Regelvorrichtung *f.*, Einstellvorrichtung *f.*; *~ di bloccaggio*

ruote Parkkralle *f.*; ~ ***di segnalazione*** Signalvorrichtung *f.*; ~ ***di sicurezza*** Sicherung *f.*, Sicherheitsvorrichtung *f.*

di|spo|si|zio|ne f. **1** Anordnung *f.*, Aufstellung *f.*: ***la ~ dei mobili*** die Anordnung der Möbel; ***la ~ della merce sugli scaffali*** die Anordnung der Ware auf den Regalen; ***la ~ degli invitati a tavola*** die Tischordnung der Gäste **2** *(stato d'animo)* Verfassung *f.*, Stimmung *f.*: ***non essere nella ~ adatta*** nicht in der richtigen Stimmung sein **3** *(predisposizione)* Begabung *f.*, Veranlagung *f.*: ~ ***per qcs.*** Begabung für etw., Veranlagung zu etw.; ***avere ~ per la musica*** eine musikalische Veranlagung haben **4a** *(ordine)* Anordnung *f.*, Verordnung *f.*, Verfügung *f.*, Disposition *f.*: ***una ~ delle autorità*** eine behördliche Anordnung; ***per, su ~ del medico*** auf Verordnung des Arztes; ***secondo le -i*** laut Verfügung; ~ ***testamentaria*** letztwillige (*o* testamentarische) Verfügung; ***dare -i*** an‿ordnen, Verfügungen (*o* Dispositionen) treffen; ***emanare, impartire, eseguire una nuova ~*** eine neue Verfügung erlassen, eine neue Anweisung erteilen, einer neuen Anordnung nach‿kommen **b** *(norma)* Bestimmung *f.*, Vorschrift *f.*: ***-i di legge*** gesetzliche Bestimmungen ◆ ***avere qcs. a ~*** etw. zur Verfügung haben; ***essere a ~ di qcn.*** jdm zur Verfügung stehen; ***mettere qcs. a ~ di qcn.*** jdm etw. zur Verfügung stellen; ***tenersi a ~*** sich zur Verfügung halten.

di|spo|sto I p.pass. agg. **1** → **disporre 2** angeordnet, aufgestellt: ***mobili -i con gusto*** mit Geschmack angeordnete Möbel **3** *(pronto)* bereit: ***essere ~ a fare qcs.*** bereit (*o* willig) sein, etw. zu tun; ***mostrarsi, dichiararsi ~ a qcs.*** sich zu etw. bereit zeigen, erklären; ***essere ~ a tutto, a fare una concessione*** zu allem, zu einem Entgegenkommen bereit sein; ~ ***al dialogo, al compromesso, a collaborare*** gesprächsbereit, kompromissbereit, kooperationsbereit **4** *(stabilito)* bestimmt, vorgeschrieben: ***secondo quanto ~ dalla legge*** wie vom Gesetz vorgeschrieben **II** m. DIR. Bestimmung *f.*, Vorschrift *f.* ◆ ***essere ben, mal ~ verso qcn., qcs.*** jdm, etw. (D) wohlgesinnt, übel gesinnt sein.

di|spo|ti|ca|men|te avv. despotisch, herrisch: ***governare ~*** despotisch regieren. **di|spo|ti|co** agg. *(-ci,-che)* despotisch, herrisch, machthaberisch: ***un governo ~*** eine despotische Regierung; ***un carattere ~*** ein herrisches Wesen. **di|spo|ti|smo** m. **1** Despotie *f.*, Despotismus *m.*, Gewaltherrschaft *f.*: ~ ***illuminato*** aufgeklärter Despotismus **2** FIG. *(autoritarismo)* Herrschsucht *f.*, Willkür *f.*

di|spre|gia|re tr. *(dispregio, dispregi)* LETT. verachten, gering schätzen. **di|spre|gia|ti|vo** agg. **1** verächtlich, abschätzig **2** GRAMM. *(peggiorativo)* abwertend. **di|spre|gio** m. *(-gi)* LETT. Verachtung *f.*, Missachtung *f.*: ***tenere in ~ qcn., qcs.*** jdn, etw. mit Missachtung betrachten, behandeln (*o* jdm, einer Sache keine Achtung entgegen‿bringen).

di|sprez|za|bi|le agg. verachtenswert, verachtenswürdig: ***una somma non ~*** eine nicht zu verachtende Summe.

di|sprez|za|re tr. verachten, missachten, gering schätzen; *(disdegnare)* verschmähen: ~ ***qcn. per la sua debolezza*** jdn wegen seiner Schwäche verachten; ~ ***il pericolo*** die Gefahr nicht achten, gering schätzen; ***un buon bicchiere non è da ~*** ein gutes Glas ist nicht zu verachten; *(non tenere conto)* ~ ***i consigli di qcn., le leggi*** jds Ratschläge, die Gesetze missachten.

di|sprez|zo m. Verachtung *f.*, Geringschätzung *f.*, Missachtung *f.*; *(disdegno)* Verschmähung *f.*: ***avere, nutrire ~ per qcn.*** für jdn Verachtung haben (*o* Geringschätzung hegen); ***uno sguardo pieno di ~*** ein Blick voll Verachtung.

di|spu|ta f. **1a** *(dibattito)* Streitgespräch *n.*, Redestreit *m.*, Disput *m.*: ***avere una ~ con qcn. (su qcs.)*** mit jdm ein Streitgespräch (über etw.) haben, führen; ***una ~ letteraria, scientifica*** ein literarischer, wissenschaftlicher Disput **b** *(litigio)* Wortgefecht *n.*, Auseinandersetzung *f.*: ***una ~ per motivi d'interesse*** eine eigensüchtige (*o* zweckorientierte) Auseinandersetzung **2** SPORT Austrag *m.*, Austragung *f.*: ***la ~ di una corsa, di una partita*** die Austragung eines Rennens, Spiels ◆ ~ ***religiosa*** Glaubens-, Religionsstreit *m.*; ~ ***teorica*** Theorienstreit *m.*

di|spu|ta|re *(disputo)* **I** intr. (aus. *avere*) ein Streitgespräch führen, disputieren: ~ ***con qcn. su qcs.*** mit jdm über etw. disputieren **II** tr. **1** aus‿tragen: ~ ***una gara*** einen Wettkampf austragen **2** *(contendere)* streitig machen: ~ ***la vittoria all'avversario*** dem Gegner den Sieg streitig machen **III** pronom. **disputarsi** kämpfen, sich reißen, streiten: ***-rsi un premio*** um einen Preis streiten; ***-rsi una star cinematografica*** sich um einen Filmstar reißen.

di|squi|si|re intr. *(disquisisco, disquisisci;* aus. *avere)* ~ ***su qcs.*** scharfsinnig über etw. diskutieren. **di|squi|si|zio|ne** f. scharfsinnige Darlegung *f.* (*o* Ausführung *f.*): ***una dotta ~*** eine gelehrte Darlegung.

dis|rut|ti|vo agg. EL. Durchschlags-: ***scarica -a*** Durchschlag *m.*

dis|sab|bia|to|re m. Sandfang *m.*, Entsander *m.*

dis|sa|cran|te agg. ketzerisch: ***linguaggio ~*** ketzerische Sprache.

dis|sa|cra|re tr. **1** *(sconsacrare)* entweihen, entheiligen **2** FIG. ~ ***qcn., qcs.*** jdn, etw. entmythisieren, einer vernichtenden Kritik unterziehen (*o* jdm, etw. seiner sakralen Aura berauben). **dis|sa|cra|to|re I** agg. → **dissacrante II** m. Ketzer *m.* **dis|sa|cra|to|rio** agg. *(-ri,-rie)* → **dissacrante. dis|sa|cra|zio|ne** f. **1** Entweihung *f.*, Entheiligung *f.* **2** FIG. Entmythisierung *f.*, vernichtende Kritik *f.*

dis|sa|la|re tr. **1** entsalzen: ~ ***le acque marine*** das Meerwasser entsalzen **2** *(togliere il sale in eccesso)* wässern: ~ ***il pesce*** den Fisch wässern. **dis|sa|la|to|re** m. Entsalzungsanlage *f.* **dis|sa|la|zio|ne** f. Entsalzung *f.*

dis|sal|da|re I tr. auf‿schweißen, trennen **II** pronom. **dissaldarsi** sich los‿lösen, trennen.

dis|san|gua|men|to m. **1** Verblutung *f.*, Ausblutung *f.*: ***morire per ~*** verbluten **2** FIG. Ausblutung *f.*, Aussaugung *f.*: ***subire un ~ economico*** wirtschaftlich ausbluten.

dis|san|gua|re *(dissanguo)* **I** tr. **1** verbluten lassen **2** FIG. aus‿bluten lassen: ~ ***la nazione*** das Land ausbluten lassen; ~ ***il proprio patrimonio*** sein Vermögen völlig auf‿brauchen **II** pronom. **dissanguarsi 1** verbluten, sich verbluten, aus‿bluten **2** FIG. *(economicamente)* sich aus‿bluten. **dis|san|gua|to** p.pass. agg. **1** → **dissanguare 2** ausgeblutet (anche FIG.): ***morire ~*** an Verblutung sterben; ***una nazione -a*** ein ausgeblutetes Land.

dis|sa|po|re m. Unstimmigkeit *f.*, Zwist *m.*: ***avere dei -i col marito*** Zwist mit dem Ehemann haben.

dis|sec|ca|re *(dissecco, dissecchi)* **I** tr. aus‿trocknen, trocknen **II** pronom. **disseccarsi** aus‿trocken, trocknen.

dis|sel|cia|re tr. *(disselcio, disselci)* ~ ***una strada*** das Pflaster (einer Straße) auf‿reißen.

dis|se|mi|na|re tr. *(dissemino)* **1** verstreuen, aus‿streuen: ~ ***le proprie cose in tutta la casa*** seine Sachen im ganzen Haus verstreuen **2** FIG. *(diffondere)* verbreiten, säen: ~ ***il malcontento*** Unzufriedenheit verbreiten. **dis|se|mi|na|to** p.pass. agg. **1** → **disseminare 2** besät, übersät: ~ ***di qcs.*** mit, von etw. übersät. **dis|se|mi|na|zio|ne** f. **1** Verstreuung *f.*, Verbreitung *f.* **2** BOT. Aussaat *f.*, Saat *f.*

dis|sen|na|ta|men|te avv. unvernünftig, unsinnig, aberwitzig. **dis|sen|na|tez|za** f. Unverstand *m.*, Unvernunft *f.*, Aberwitz *m.* **dis|sen|na|to I** agg. unvernünftig, unsinnig, aberwitzig **II** m. unvernünftige Person *f.*

dis|sen|so m. **1** *(disapprovazione)* Missbilligung *f.*: ***dar segni di ~, manifestare il proprio ~ su qcs.*** seine Missbilligung über etw. äußern; ***suscitare, incontrare il ~ generale*** allgemeine Missbilligung erregen, auf allgemeine Missbilligung stoßen **2** *(disaccordo)* Uneinigkeit *f.*, Misshelligkeit *f.*: ~ ***di opinioni*** Meinungsverschiedenheit *f.* **3a** *(politico)* Dissens *m.*: ***il ~ cattolico*** der Dissens unter den Katholiken; ***i cattolici del ~*** die Katholiken des Dissenses **b** ESTENS. *(dissidenti)* Dissidenten *pl.*, Dissidententum *n.*

dis|sen|te|ri|a f. Durchfall *m.*, Ruhr *f.*, MED. Dysenterie *f.*: ***avere la ~*** die Ruhr haben, COLLOQ. Durchmarsch haben. **dis|sen|te|ri|co** agg. *(-ci,-che)* ruhrartig, MED. dysenterisch.

dis|sen|ti|re intr. (aus. *avere*) nicht überein‿stimmen, dissentieren: ~ ***da qcn. su alcuni punti*** mit jdm in einigen Punkten nicht übereinstimmen. **dis|sen|zien|te I** agg. anders denkend **II** m. e f. Andersdenkende *m.* e *f.*

dis|se|pol|to p.pass. agg. **1** → **disseppellire 2** ***un'antica città -a*** eine alte ausgegrabene Stadt.

dis|sep|pel|li|re tr. *(disseppellisco, disseppellisci; disseppellii; dissepolto/disseppellito)* **1** *(esumare)* aus‿graben **2** ESTENS. aus‿graben, frei‿legen: ~ ***un'anfora, un tempio*** eine Amphore, einen Tempel ausgraben **3** FIG. *(far rivivere)* aus‿graben, wieder hervor‿holen.

dis|se|que|stra|re tr. frei‿geben. **dis|se|que|stro** m. Freigabe *f.*

dis|ser|ra|re I tr. *(aprire)* auf‿schließen **II** pronom. **disserrarsi 1** *(aprirsi)* sich öffnen **2** *(scagliarsi)* sich stürzen.

dis|ser|ta|re intr. (aus. *avere*) (gründlich) ab‿handeln, bearbeiten: ~ ***di, su una questione*** eine Frage abhandeln. **dis|ser|ta|zio|ne** f. **1** Abhandlung *f.* **2** *(di laurea)* Dissertation *f.*, Doktorarbeit *f.*

dis|ser|vi|zio m. *(-zi)* schlechtes Funktionieren *n.*: ~ ***ferroviario, postale*** schlechtes Funktionieren der Bahn, der Post; *(cattiva amministrazione)* Misswirtschaft *f.*

dis|se|sta|re I tr. zerrütten, aus der Ordnung bringen (anche FIG.): ~ ***le finanze*** die Finanzen zerrütten **II** pronom. **dissestarsi** zerrüttet werden, in Unordnung geraten. **dis|se|sta|to** p.pass. agg. **1** → **dissestare 2** ***strade -e*** holperige Straßen. **dis|se|sto** m. Zerrüttung *f.*, Unordnung *f.* ◆ ***-i finanziari, finanze in ~*** geschäftliche Rückschläge, zerrüttete Vermögensverhältnisse; ***avere, subire, superare un ~ finanziario*** einen geschäftlichen Rückschlag

erleben, erleiden, überwinden.
dis|se|tan|te **I** agg. durststillend, durstlöschend: ***bevanda ~*** durststillendes Getränk **II** m. durststillendes Mittel *n.*, Durstlöscher *m.*: ***il tè è un ottimo ~*** der Tee ist ein ausgezeichneter Durstlöscher.
dis|se|ta|re **I** tr. den Durst stillen (*o* löschen): ***~ qcn.*** jds Durst stillen **II** pronom. **dissetarsi** seinen Durst löschen: ***-rsi alla fontanella, con una birra*** seinen Durst am Trinkbrunnen löschen, mit einem Bier löschen.
dis|se|zio|na|re tr. sezieren, zergliedern: ***~ un cadavere*** eine Leiche sezieren; FIG. ***~ una poesia*** ein Gedicht zergliedern. **dis|se|zio|ne** f. Zergliederung *f.* (anche FIG.).
dis|si → **1.dire.**
dis|si|den|te **I** agg. anders denkend: ***uno scrittore ~*** ein anders denkender Schriftsteller **II** m. e f. Andersdenkende *m.* e *f.*, Dissident *m.* (-in *f.*) ◆ ***essere ~*** dissidieren; POL. ***gruppo ~*** Splittergruppe *f.*; ***un gruppo di -i*** eine Dissidentengruppe. **dis|si|den|za** f. **1** Dissidenz *f.*, Dissidententum *n.* **2** *(insieme dei dissidenti)* Dissidenten *pl.*
dis|si|dio m. *(-di)* **1** *(discordia)* Zwist *m.*: ***~ insanabile*** unversöhnlicher Zwist; ***avere un ~ con qcn.*** einen Zwist mit jdm haben; ***comporre un ~*** einen Zwist bei‿legen **2** *(conflitto)* Konflikt *m.*, Zwiespalt *m.*: ***~ interiore*** seelischer Konflikt; ***il ~ tra fede e ragione*** der Zwiespalt zwischen Glauben und Verstand.
dis|si|gil|la|re tr. entsiegeln: ***~ una lettera*** einen Brief entsiegeln.
1.dis|si|mi|la|re agg. → **dissimile.**
2.dis|si|mi|la|re **I** tr. LING. dissimilieren **II** pronom. **dissimilarsi** LING. sich dissimilieren.
dis|si|mi|la|zio|ne f. Dissimilation *f.* **dis|si|mi|le** agg. unähnlich: ***essere ~ da qcn., qcs.*** jdm, etw. unähnlich sein.
dis|sim|me|tri|a f. Asymmetrie *f.* **dis|sim|me|tri|co** agg. *(-ci,-che)* asymmetrisch.
dis|si|mu|la|re tr. *(dissimulo)* **1** *(nascondere)* verhehlen, verbergen: ***~ il proprio disappunto, i propri sospetti*** seinen Missmut, seinen Verdacht verbergen; ***~ la propria curiosità*** seine Neugier verhehlen **2** *(fingere)* heucheln (anche assol.): ***saper ~ bene*** gut heucheln können; ***~ interesse per qcn., qcs.*** Interesse an jdn, etw. heucheln **3** MED. PSIC. dissimulieren.
dis|si|mu|la|to p.pass. agg. **1** → **dissimulare** **2** *(nascosto)* verhohlen: ***invidia mal -a*** schlecht verhohlener Neid **3** *(falso)* (vor)geheuchelt: ***interesse ~*** (vor)geheucheltes Interesse ◆ ***non ~*** unverhohlen. **dis|si|mu|la|to|re** m. Heuchler *m.*: ***è un abile ~*** er ist ein geschickter Heuchler. **dis|si|mu|la|zio|ne** f. **1** *(il nascondere)* Verhehlen *n.*, Verbergen *n.* **2** *(il fingere)* Heucheln *n.* **3** MED. PSIC. Dissimulation *f.*
dis|si|pa|men|to m. → **dissipatezza.**
dis|si|pa|re *(dissipo)* **I** tr. **1** *(disperdere)* vertreiben: ***il vento dissipa la nebbia*** der Wind vertreibt den Nebel **2** FIG. *(dissolvere)* zerstreuen: ***~ i dubbi, i sospetti di qcn.*** jds Zweifel, Verdacht zerstreuen **3** *(dilapidare)* verprassen, verschwenden: ***~ il proprio patrimonio*** sein Hab und Gut verprassen **4** FIS. dissipieren **II** pronom. **dissiparsi** **1** sich zerteilen: ***le nuvole si dissipano al vento*** die Wolken zerteilen sich im Wind **2** FIG. weichen, sich zerstreuen. **dis|si|pa|tez|za** f. Zügellosigkeit *f.*, Ausschweifung *f.* **dis|si|pa|to** p.pass. agg. **1** → **dissipare** **2** locker, ausschweifend, zügellos: ***condurre una vita -a*** einen lockeren Lebenswandel führen. **dis|si|pa|to|re** m. Verschwender *m.*
dis|si|pa|zio|ne f. **1** Verschwendung *f.*: ***la ~ di un patrimonio*** die Verschwendung eines Vermögens; ***~ di energia*** Energieverschwendung *f.* **2** *(il disperdersi)* Zerteilung *f.* **3** FIG. Zerstreuung *f.*: ***la ~ di un dubbio*** die Zerstreuung eines Zweifels **4** FIS. Dissipation *f.*
dis|so|cia|bi|le agg. trennbar: ***due concetti -i*** zwei trennbare Begriffe ◆ ***non ~*** untrennbar.
dis|so|cia|re *(dissocio, dissoci)* **I** tr. dissoziieren **II** pronom. **dissociarsi** **1** sich distanzieren: ***-rsi da qcn., qcs.*** sich von jdm, etw. distanzieren **2** CHIM. dissoziieren. **dis|so|cia|ti|vo** agg. dissoziativ, Trennungs-: ***processo ~*** Trennungsprozess *m.*
dis|so|cia|to **I** p.pass. agg. **1** → **dissociare** **2** PSIC. gespalten: ***coscienza -a*** gespaltenes Bewusstsein **II** m. **1** Dissoziierte *m.* **2** FIG. Wirrkopf *m.* **3** POL. Abgefallene *m.* ◆ ***dieta -a*** Trennkost *f.*
dis|so|cia|zio|ne f. **1** Trennung *f.*, Dissoziation *f.* **2** CHIM. Dissoziation *f.*: ***~ elettrolitica, termica*** elektrolytische, thermische Dissoziation **3** PSIC. Spaltung *f.*, Dissoziation *f.*: ***~ mentale*** Bewusstseinsspaltung *f.*
dis|so|da|men|to m. Rodung *f.*, Roden *n.* **dis|so|da|re** tr. roden: ***~ un terreno incolto*** ein Ödland roden.
dis|sol|to p.pass. agg. **1** → **dissolvere** **2** aufgelöst, auseinander gelaufen: ***un esercito ~*** eine aufgelöste Armee **3** FIG. zerstreut: ***timori -i*** zerstreute Ängste.
dis|so|lu|bi|le agg. **1** auflösbar: ***legame ~*** auflösbare Verbindung **2** CHIM. dissolubel, löslich.
dis|so|lu|ta|men|te avv. ausschweifend, liederlich. **dis|so|lu|tez|za** f. Ausschweifung *f.*, Liederlichkeit *f.* ◆ ***~ dei costumi*** Sittenlosigkeit *f.* **dis|so|lu|to** agg. ausschweifend, liederlich: ***condurre una vita -a*** einen liederlichen Lebenswandel führen; ***un uomo ~*** ein ausschweifender Mann.
dis|so|lu|zio|ne f. Auflösung *f.* (anche FIG.): ***~ della materia*** Auflösung der Materie; ***~ della famiglia, della società*** Auflösung der Familie, der Gesellschaft.
dis|sol|ven|za f. *(in apertura)* Aufblende *f.*; *(in chiusura)* Abblende *f.* ◆ ***~ di, in apertura*** Aufblende *f.*; ***aprire in ~*** auf‿blenden; ***chiudere in ~*** ab‿blenden; ***~ di, in chiusura*** Abblende *f.*; ***~ incrociata*** Überblendung *f.*
dis|sol|ve|re *(dissolsi, dissolto)* **I** tr. **1** auf‿lösen: ***il sole dissolve la nebbia*** die Sonne löst den Nebel auf; ***~ una famiglia, un vincolo*** eine Familie, ein Band auflösen **2** FIG. *(dissipare)* zerstreuen: ***~ i sospetti di qcn.*** jds Verdacht zerstreuen **II** pronom. **dissolversi** **1** sich auf‿lösen, sich zerteilen: ***il fumo si dissolve nell'aria*** der Rauch löst sich in der Luft auf; ***-rsi nel nulla*** sich in nichts auflösen **2** FIG. *(dissiparsi)* sich auf‿lösen, sich zerstreuen: ***i tuoi dubbi si dissolveranno*** deine Zweifel werden sich zerstreuen ◆ FOT. CINEM. ***~ in apertura*** auf‿blenden; FOT. CINEM. ***~ in chiusura*** ab‿blenden.
dis|sol|vi|men|to m. → **dissoluzione.**
dis|so|mi|glian|te agg. unähnlich: ***essere ~ da qcn., qcs.*** jdm, etw. unähnlich sein. **dis|so|mi|glian|za** f. Unähnlichkeit *f.*
dis|so|nan|te agg. **1** dissonant: ***accordi -i*** dissonante Akkorde **2** FIG. unstimmig. **dis|so|nan|za** f. **1** MUS. Dissonanz *f.* **2** ESTENS. *(discordanza)* Dissonanz *f.*, Kontrast *m.*: ***una stridente ~ di colori*** ein schriller Farbkontrast ◆ ***~ di opinioni*** Unstimmigkeit *f.*, Meinungsverschiedenheit *f.* **dis|so|na|re** intr. *(dissuono, dissoniamo;* aus. *avere)* dissonieren.
dis|sot|ter|ra|men|to m. Ausgrabung *f.* **dis|sot|ter|ra|re** tr. aus‿graben: ***~ un tesoro, un tempio, un cadavere*** einen Schatz, einen Tempel, eine Leiche ausgraben; ***~ l'ascia di guerra*** das Kriegsbeil ausgraben.
dis|sua|de|re tr. *(dissuasi, dissuaso)* ab‿bringen, aus‿reden: ***~ qcn. da qcs.*** jdn von etw. abbringen, jdm etw. ausreden; ***~ qcn. dal fare qcs.*** jdn davon abbringen, etw. zu tun; ***farsi, lasciarsi ~ dal fare qcs.*** es sich ausreden lassen, etw. zu tun.
dis|sua|sio|ne f. Abbringen *n.*, Abschreckung *f.*, Abraten *n.*: ***fare opera di ~*** ein Abschreckungsmanöver durch‿führen ◆ MIL. ***strategia di ~*** Abschreckungsstrategie *f.* **dis|sua|si|vo** agg. abratend, Abschreckungs-: ***tono ~*** abratender Ton; ***capacità -e*** Abschreckungsvermögen *n.* **dis|sua|so|re** m. RAR. wer abbringt, wer ausredet ◆ TECN. ***~ di velocità*** Geschwindigkeitshemmer *m.*
dis|sug|gel|la|re → **dissigillare.**
di|stac|ca|men|to m. **1** *(separazione)* Abtrennung *f.*, Trennung *f.* **2** MIL. (abkommandierte) Truppenabteilung *f.*; ANT. Detachement *n.* ◆ MIL. ***~ avanzato*** Vorausabteilung *f.*
di|stac|ca|re *(distacco, distacchi)* **I** tr. **1a** *(separare)* ab‿trennen: ***~ i bottoni a una camicia*** die Knöpfe von einem Hemd abtrennen; ***~ un assegno*** einen Scheck abtrennen **b** *(scollare)* ab‿lösen: ***~ un francobollo dalla busta*** eine Briefmarke vom Umschlag ablösen **c** *(con uno strappo)* ab‿reißen: ***~ un foglio del calendario*** ein Kalenderblatt abreißen **d** *(raccogliere)* ab‿nehmen: ***~ i frutti dall'albero*** die Früchte vom Baum abnehmen **e** *(sganciare)* ab‿hängen: ***~ un vagone dal treno*** einen Wagen vom Zug abhängen **2** FIG. *(allontanare)* trennen: ***~ un figlio dalla madre*** ein Kind von seiner Mutter trennen **3** SPORT *(distanziare)* ab‿hängen, ab‿schütteln: ***~ gli inseguitori*** die Verfolger abhängen **4** BUROCR. *(trasferire)* versetzen: ***~ un impiegato presso un'altra sede*** einen Angestellten an einen anderen Ort versetzen **5** MIL. ab‿kommandieren: ***~ un contingente al fronte*** ein Kontingent an die Front abkommandieren **II** pronom. **distaccarsi** **1a** *(separarsi)* sich los‿lösen, sich lösen, ab‿gehen: ***le due parti si distaccano facilmente l'una dall'altra*** die zwei Teile lösen sich leicht voneinander; ***il colore si distacca dalla parete*** die Farbe löst sich von der Wand ab **b** *(scollarsi)* sich ab‿lösen **2** FIG. *(allontanarsi spiritualmente)* sich ab‿kehren, sich ab‿wenden: ***-rsi dal mondo, dagli amici*** sich von der Welt abkehren, sich von den Freunden abwenden **3** FIG. *(distinguersi)* sich ab‿heben: ***-rsi dalla maggioranza*** sich von der Mehrheit abheben. **di|stac|ca|ta|men|te** avv. unbeteiligt: ***ascoltare ~*** unbeteiligt zu‿hören. **di|stac|ca|to** p.pass. agg. **1** → **distaccare** **2** außen-: ***sede -a di un istituto*** Außenstelle eines Instituts **3** FIG. *(indifferente)* unbeteiligt, detachiert: ***un pubblico ~*** ein unbeteiligtes Publikum; ***un tono ~*** ein detachierter Ton ◆ ***in mo-***

do ~ unbeteiligt, auf eine unbeteiligte Art.

di|stac|co m. *(-chi)* **1a** *(separazione)* Trennung *f.*, Loslösung *f.* **b** FIG. Trennung *f.*, Abschied *m.*: ***il doloroso ~ dalla famiglia*** die schmerzliche Trennung von der Familie **2** FIG. *(indifferenza)* Unbeteiligtheit *f.*, Detachement *n.*: ***trattare qcn. con ~*** jdn mit Abstand behandeln **3** SPORT *(distanza)* Abstand *m.*: ***ridurre il ~*** den Abstand verkürzen; ***vincere con (largo) ~*** mit (großem) Abstand siegen **4** *(decollo)* Abheben *n.* ◆ ***~ dalla realtà*** Weltfremdheit *f.*; MED. ***~ della retina*** Netzhautablösung *f.*; ***~ da terra*** Abheben *n.*

di|sta|le agg. distal.

di|stan|te I agg. **1a** *(nello spazio)* fern, weit, entfernt, entlegen: ***il paese è ~ 2 km, un'ora dalla città*** das Dorf ist 2 km, eine Stunde von der Stadt entfernt; ***un luogo ~*** ein entlegener Ort **b** *(nel tempo)* fern: ***un passato ormai ~*** eine schon ferne Vergangenheit; ***come sono -i quei giorni!*** wie fern sind jene Tage! **2** FIG. *(diverso)* verschieden: ***avere opinioni molto -i*** sehr unterschiedliche Meinungen haben **3** FIG. *(indifferente)* distanziert: ***assumere un atteggiamento ~*** eine distanzierte Haltung ein_nehmen **II** avv. fern, weit, entlegen: ***abitare ~ dal centro*** weit vom Zentrum wohnen ◆ ***da ~*** von fern, von weitem, aus der Ferne; ***molto ~*** weit entfernt, sehr weit (weg); ***poco ~*** nicht weit enfernt, nicht weit (weg), nicht fern; ***tenere ~ qcn.*** jdn auf Abstand halten.

di|stan|za f. **1a** Entfernung *f.*, Abstand *m.*, Distanz *f.*: ***la ~ tra due città, tra due auto*** die Entfernung zwischen zwei Städten, der Abstand zwischen zwei Autos; ***da una ~ di 100 m*** aus 100 m Entfernung; ***da questa ~ non si vede nulla*** aus dieser Entfernung (*o* auf diese Distanz) sieht man nichts; ***il paese è a tre chilometri di ~*** das Dorf liegt drei Kilometer entfernt; ***gli alberi sono a una ~ di due metri (l')uno dall'altro*** die Bäume sind jeweils zwei Meter voneinander entfernt; ***l'esplosione si sentì a 10 chilometri di ~*** man hörte die Explosion auf eine Entfernung von 10 Kilometern; ***lanciare il giavellotto a una ~ di 50 m*** den Speer 50 m weit werfen; ***tenersi a ~, a una certa ~, a debita ~, a rispettosa ~ (da qcn.)*** sich (von jdm) fern halten, sich in einiger, gebührender, respektvoller Entfernung (von jdm) halten; ***seguire qcn. a un metro di ~*** jdm in einem Abstand von einem Meter folgen; ***la pallottola gli passò a pochi centimetri di ~*** die Kugel ging wenige Zentimeter an ihm vorbei **b** GEOM. Distanz *f.*, Abstand *m.*: ***calcolare la ~ fra due punti*** die Distanz zwischen zwei Punkten errechnen **2** *(percorso)* Strecke *f.*, Distanz *f.*: ***corre solo le brevi -e*** er läuft nur kurze Strecken; ***coprire una lunga ~*** eine lange Strecke, Entfernung zurück_legen; ***coprire una ~ in un'ora e quindici*** eine Strecke in einer Stunde und fünfzehn Minuten schaffen **3a** *(temporale)* Distanz *f.*, Zeitabstand *m.*, zeitlicher Abstand *m.*: ***tra i due eventi c'è una ~ di due secoli*** zwischen den beiden Ereignissen liegen zwei Jahrhunderte; ***a ~ il dolore si allevió*** im zeitlichen Abstand milderte sich der Schmerz; ***a ~ di anni*** nach einigen, mehreren Jahren; ***a un anno di ~*** nach einem Jahr **b** *(intervallo)* Abstand *m.*: ***prendere le pillole a ~ di sei ore*** die Pillen in sechsstündigem Abstand nehmen **c** *(nella boxe)* ***combattimento sulla ~ delle 12 riprese*** ein Kampf über zwölf Runden **4** FIG. *(divario, differenza)* Unterschied *m.*: ***fra loro esiste una ~ incolmabile*** zwischen ihnen besteht ein unüberbrückbarer Unterschied ◆ SPORT ***accorciare le -e*** den Abstand verkleinern (*o* vermindern); MECC. ***~ assiale*** Achsabstand *m.*, Radstand *m.*; ***comandare a ~*** fern_steuern; *(apparecchi)* fern_bedienen; ***comando a ~*** Fernbedienung *f.*, -steuerung *f.*; OTT. ***~ focale*** Brennweite *f.*, Fokaldistanz *f.*; SPORT ***gara su corta, media, lunga ~*** Wettbewerb über eine kurze, mittlere, lange Distanz (*o* Strecke); ***lettura a ~*** Fernablesung *f.*; ***mantenere le -e*** Distanz wahren, Abstand halten; ***manteniamo le -e!*** wahren wir die Distanz! bleiben wir distanziert! ***prendere le -e da qcn., qcs.*** auf Abstand zu jdm, etw. gehen; ***sparare da ~ ravvicinata*** aus nächster Nähe schießen; ***regolazione a ~*** Fernregelung *f.*; ***scatto a ~*** Fernauslöser *m.*; ***mantenere, rispettare la ~ di sicurezza*** den Sicherheitsabstand ein_halten; ***tenere qcn. a ~*** jdn auf Abstand halten; FIG. ***venire fuori, vincere alla ~*** sich auf lange Sicht bewähren; FIG. ***le difficoltà vengono fuori alla ~*** die Schwierigkeiten werden (erst) aus der Distanz deutlich; ***~ visiva*** Sehweite *f.*; ***~ zenitale*** Zenitdistanz *f.*

di|stan|zia|re tr. *(distanzio, distanzi)* **1** in einem (gewissen) Abstand auf_stellen; *(due cose)* im Abstand (voneinander) auf_stellen, auseinander legen, auseinander rücken: ***~ una sedia dalla parete*** einen Stuhl in einem gewissen Abstand von der Wand auf_stellen; ***~ due quadri*** zwei Bilder in einem bestimmten Abstand auf_hängen **2a** SPORT distanzieren: ***~ qcn. di tre giri, di 100 m., di 5 minuti, di 10 punti*** jdn um drei Runden, 100 m, 5 Minuten, 10 Punkte distanzieren; ***~ il gruppo*** die Gruppe (weit) hinter sich lassen **b** FIG. *(superare in bravura)* ***in pochi mesi ha distanziato i compagni di classe*** in wenigen Monaten hat er seine Klassenkameraden weit hinter sich gelassen.

di|stan|zia|to|re I agg. Distanz-, Abstand-: ***anello ~*** Distanzring *m.* (*o* Abstandsring *m.*, Zwischenring *m.*) **II** m. Distanzstück *m.*

di|stan|zia|zio|ne f. Distanzierung *f.* **di|stan|zio|me|tri|co** agg. *(-ci,-che)* Distanz-: ***relais ~*** Distanzrelais *n.* ◆ ***pannello ~*** Bake *f.*

di|sta|re intr. *(ohne zusammengesetzte Formen)* **1** entfernt sein: ***il paese dista dalla stazione un chilometro*** das Dorf ist einen Kilometer vom Bahnhof entfernt; ***le due città distano 20 chilometri*** die beiden Städte sind 20 Kilometer voneinander entfernt; ***quanto dista la stazione di qui? – non dista molto*** wie weit ist der Bahnhof von hier entfernt? – er ist nicht weit von hier (entfernt) **2** FIG. *(discordare)* auseinander gehen: ***le loro opinioni distano molto*** ihre Meinungen gehen weit auseinander.

di|sten|de|re *(distesi, disteso)* **I** tr. **1** aus_strecken: ***~ le braccia, le gambe*** die Arme, Beine ausstrecken **2a** *(spiegare)* aus_breiten: ***~ la tovaglia sul tavolo*** das Tischtuch auf dem Tisch ausbreiten **b** MAR. ***~ le vele*** die Segel setzen **3** *(mettere a giacere)* legen: ***~ qcn. su una barella, sul letto*** jdn auf eine Bahre, aufs Bett legen **4** *(mettere ad asciugare)* auf_hängen: ***~ la biancheria*** die Wäsche aufhängen **5** *(spalmare)* auf_tragen, auf_streichen, streichen: ***la vernice non è stata distesa bene*** der Lack ist nicht gut aufgetragen worden **6** *(calmare, rilassare)* entspannen: ***~ i nervi, i muscoli*** die Nerven, die Muskeln entspannen; ***questa musica mi distende*** diese Musik entspannt mich; ***~ l'atmosfera*** die Atmosphäre auf_lockern **II** pronom. **distendersi 1a** sich aus_strecken, sich hin_legen: ***-rsi sul divano, sul letto*** sich auf dem Sofa, auf dem Bett ausstrecken **b** ***-rsi sull'erba, al sole*** sich ins Gras, in die Sonne legen **2** *(estendersi)* sich aus_dehnen: ***la pianura si distende fino al mare*** die Ebene dehnt sich bis zum Meer aus **3** *(rilassarsi)* sich entspannen: ***il suo viso si distese*** sein Gesicht entspannte sich ◆ ***~ la pasta*** den Teig aus_rollen; ***~ la voce*** seine Stimme erschallen lassen.

di|sten|sio|ne f. **1** Ausstrecken *n.* **2** *(rilassamento)* Entspannung *f.*, Ausspannung *f.* **3** POL. Entspannung *f.*, Détente *f.*: ***politica di, della ~*** Entspannungspolitik *f.* **di|sten|si|vo** agg. **1** entspannend: ***una lettura -a*** eine entspannende Lektüre **2** POL. Entspannungs-: ***politica -a*** Entspannungspolitik *f.*

di|ste|sa f. **1** Weite *f.*: ***la ~ del mare, dei campi*** die Weite des Meeres, der Felder **2a** *(vasta superficie)* (große) Fläche *f.*: ***una grande ~ di grano, papaveri*** eine große mit Weizen bebaute Fläche, eine große Fläche von Mohn; ***una ~ di neve, sabbia*** eine (große) Schnee-, Sandfläche **b** ***una ~ di cemento, di rovine*** eine Betonwüste, ein Ruinenfeld **3** *(grande quantità)* (große) Menge *f.*, Haufen *m.*, Meer *n.*: ***una ~ di tetti*** ein Meer von Dächern ◆ ***cantare, suonare a ~*** = aus vollem Halse singen, alle Glocken läuten. **di|ste|sa|men|te** avv. in allen Einzelheiten, ausführlich.

di|ste|so p.pass. agg. **1** → **distendere 2** entspannt: ***un viso ~*** ein entspanntes Gesicht; ***avere un'aria -a*** entspannt aus_sehen; ***un'atmosfera -a*** eine entspannte Atmosphäre ◆ ***essere, stare ~ a letto, sul divano, a terra*** im Bett, auf dem Sofa, auf dem Boden liegen; ***cadere lungo ~ per terra*** der Länge nach (*o* COLLOQ. längelang) hin_fallen; ***mandare qcn. lungo ~ per terra*** jdn der Länge nach auf den Boden werfen; ***per ~*** in allen Einzelheiten, ausführlich.

di|sti|co m. *(-ci)* METR. Distichon *n.*, Zweizeiler *m.*

di|stil|la|re I tr. **1** destillieren: ***~ acqua, alcol*** Wasser, Alkohol destillieren; ***~ legno*** Holz destillieren **2** *(bevande alcoliche)* brennen: ***~ acquavite dalle prugne*** Branntwein aus Pflaumen brennen **3** *(stillare)* (tropfenweise) aus_scheiden, aus_schwitzen, ab_sondern **II** intr. (aus. *essere*) tropfen, ab_tropfen: ***la resina distilla dall'albero*** das Harz tropft vom Baum ◆ ***~ a bassa temperatura*** schwelen.

di|stil|la|to I p.pass. agg. **1** → **distillare 2** destilliert: ***acqua -a*** destilliertes Wasser **II** m. **1** TECN. Destillat *n.* **2** *(prodotto alcolico)* Geist *m.*: ***un ~ di lamponi, di vinacce*** ein Himbeer-, Weingeist.

di|stil|la|to|re m. **1a** Brenner *m.*, Destillateur *m.* **b** *(fabbricante)* Destillateur *m.* **2** *(apparecchio)* Destillator *m.*, Destillierapparat *m.*

di|stil|la|zio|ne f. **1** Destillation *f.* **2** *(di bevande alcoliche)* Brennerei *f.* ◆ ***~ a bassa temperatura*** Schwelung *f.*; ***~ del catrame*** Teerschwelung *f.* **di|stil|le|ri|a** f. Brennerei *f.*: ***una ~ di whisky*** eine Whiskybrennerei.

di|stin|gue|re *(distinsi; distinto)* **I** tr. **1a** unterscheiden: ***~ il bene dal male*** Gutes von Bösem unterscheiden; ***non ~ i colori, i sapori*** die Farben, Geschmäcke nicht unterscheiden; ***non saper ~ la destra dalla sinistra*** rechts und links nicht unterscheiden können **b** *(differenziare)* ***la sua intelligenza lo distingue dagli altri*** seine Intelligenz unterscheidet ihn von den anderen **2** *(vedere, sentire chiaramente)* erkennen: ***da questa distanza non riesco a ~ bene le persone, la sua voce*** aus dieser Entfernung kann ich die Leute, seine Stimme nicht gut erkennen; ***con questa nebbia non si distingue nulla, non si riesce a ~ i cartelli stradali*** bei diesem Nebel sieht man nichts, kann man die Verkehrszeichen nicht erkennen **3** *(caratterizzare)* kennzeichnen, aus‿zeichnen: ***lo distingue una grande forza di volontà*** ihn kennzeichnet eine große Willenskraft; ***questi elementi distinguono la sua opera*** diese Elemente kennzeichnen sein Werk **4** *(contrassegnare)* kennzeichen: ***~ qcs. con un colore*** etw. mit einer Farbe kennzeichen **5** *(dividere)* ein‿teilen; *(articolare)* gliedern: ***abbiamo distinto la documentazione in cinque sezioni*** wir haben die Unterlagen in fünf Abteilungen gegliedert **II** intr. (aus. *avere*) einen Unterschied machen, unterscheiden: ***qui bisogna ~ fra...*** hier muss man zwischen...unterscheiden **III** pronom. **distinguersi** **1** sich unterscheiden: ***le due edizioni si distinguono per il diverso formato*** die beiden Ausgaben unterscheiden sich durch das unterschiedliche Format **2** *(mettersi in luce)* sich hervor‿heben: ***-rsi per le proprie capacità, per l'eleganza*** sich durch seine Fähigkeiten, durch die Eleganz hervorheben; ***-rsi in una gara, nello studio*** sich in einem Wettkampf, im Lernen hervorheben.

di|stin|gui|bi|le agg. **1** unterscheidbar; *(riconoscibile)* erkennbar: ***è facilmente ~ per la sua altezza*** er ist leicht unterscheidbar durch seine Größe **2** *(visibile)* sichtbar, erkennbar. **di|stin|guo** m.inv. Unterschied *m.*: ***fare dei ~*** Unterschiede machen; ***un parere con molti ~*** eine Stellungnahme mit vielen Vorbehalten.

di|stin|si → **distinguere.**

di|stin|ta f. **1** Aufstellung *f.*, Verzeichnis *n.*: ***una ~ dei prezzi*** eine Aufstellung der Preise **2** *(modulo)* Formular *n.*: ***~ di versamento*** Einzahlungsformular *n.*

di|stin|ta|men|te avv. **1** deutlich, klar: ***sentire, vedere ~*** deutlich hören, sehen **2** *(separatamente)* getrennt, gesondert **3** *(elegantemente)* vornehm: ***vestire ~*** vornehm gekleidet sein.

di|stin|ti|vo **I** agg. **1** unterscheidend, Unterscheidungs-, differenziell: ***segni -i*** Unterscheidungsmerkmale **2** *(tipico)* typisch, hervorstechend: ***questo è un tratto ~ del suo carattere, della sua opera*** das ist ein typisches Merkmal seines Charakters, Werkes **3** *(di identificazione)* Kenn-: ***numero ~*** Kennzahl *f.* **II** m. Abzeichen *n.*: ***portare un ~ (sulla giacca)*** ein Abzeichen (an der Jacke) tragen; ***mettere, appuntare un ~*** ein Abzeichen an‿stecken; ***mostrare il ~*** das Abzeichen zeigen.

di|stin|to **I** p.pass. agg. **1** → **distinguere** **2** verschieden: ***queste sono due cose ben -e*** das sind zwei sehr verschiedene Dinge **3** *(separato)* getrennt: ***famiglia e lavoro vanno tenuti ben -i*** Familie und Arbeit sollten gut getrennt bleiben **4** *(signorile)* vornehm, distinguiert, kultiviert: ***un signore ~*** ein vornehmer Herr; ***avere modi -i*** eine vornehme Art haben **II** m.pl. *(settore dello stadio)* ***avere un abbonamento nei -i, comprare un biglietto dei, nei -i*** ein Sperrsitzabonnement haben, einen Sperrsitz nehmen ◆ ***-i saluti*** mit freundlichen Grüßen.

di|stin|zio|ne f. **1** Unterscheidung *f.*, Unterschied *m.*: ***una ~ arbitraria, sottile*** eine willkürliche, subtile Unterscheidung; ***fare una ~*** eine Unterscheidung treffen, einen Unterschied machen **2** *(differenza)* Unterschied *m.*: ***c'è una netta ~ fra i due concetti*** es besteht ein großer Unterschied zwischen den beiden Begriffen; *(discriminazione)* ***senza ~ di razza, religione...*** ohne Unterschied der Rasse, Religion... **3** *(eleganza)* Vornehmheit *f.*, Distinguiertheit *f.*, Kultiviertheit *f.*: ***~ nei modi, nel vestire*** Vornehmheit des Benehmens, in der Art, sich zu kleiden ◆ ***senza ~*** ohne Unterschied, unterschiedslos.

di|sto|glie|re tr. *(distolgo, distogli; distolsi; distolto)* **1** ab‿bringen: ***~ qcn. da un piano, da un proposito*** jdn von einem Plan, von einem Vorhaben abbringen **2** *(distrarre)* ab‿lenken, ab‿halten: ***~ qcn. dal lavoro, dalla lettura, dallo studio*** jdn von der Arbeit, vom Lesen, vom Lernen ablenken; ***~ l'attenzione di qcn.*** jds Aufmerksamkeit ablenken **3** *(volgere altrove)* ab‿wenden, wenden: ***non ~ lo sguardo da qcn.*** keinen Blick von jdm wenden.

di|sto|ni|a f. Dystonie *f.*

di|stor|ce|re *(distorco, distorci; distorsi; distorto)* **I** tr. **1** verzerren (anche FIS.): ***lo specchio distorce la figura*** der Spiegel verzerrt die Gestalt **2** FIG. *(stravolgere)* verzerren, verdrehen: ***~ la realtà, una notizia*** die Wirklichkeit, eine Nachricht verzerren **3** RAR. *(piegare a forza)* verdrehen: ***~ il braccio a qcn.*** jdm den Arm verdrehen **II** pronom. **distorcersi** **1** sich winden **2** ***-rsi il piede, il polso*** sich (D) den Fuß, das Handgelenk verstauchen.

di|stor|sio|ne f. **1** Verzerrung *f.* (anche FIS.): ***~ dell'immagine, del suono*** Verzerrung des Bildes, des Tons **2** FIG. *(stravolgimento)* Verzerrung *f.*, Verdrehung *f.* **3** MED. Verstauchung *f.*, Distorsion *f.*: ***procurarsi una ~ alla caviglia*** sich (D) eine Verstauchung des Knöchels zu‿ziehen.

di|stor|to p.pass. agg. **1** → **distorcere** **2** verzerrt (anche FIS.): ***un'immagine -a, un suono ~*** ein verzerrtes Bild, ein verzerrter Ton **3** FIG. verzerrt, verdreht.

di|strar|re *(distraggo, distrai; distrassi; distratto)* **I** tr. **1** ab‿lenken, ab‿halten: ***~ l'attenzione di qcn. da qcs.*** jds Aufmerksamkeit von etw. ablenken; ***~ qcn. dal lavoro, dallo studio*** jdn von der Arbeit, vom Lernen ablenken **2a** *(divertire)* unterhalten: ***~ un bambino con un gioco*** ein Kind mit einem Spiel unterhalten **b** *(rilassare)* ab‿lenken: ***cucinare mi distrae*** Kochen lenkt mich ab **3** *(sottrarre)* unterschlagen, veruntreuen: ***~ una somma*** eine Summe unterschlagen **II** pronom. **distrarsi** **1** sich ab‿lenken lassen, unaufmerksam werden: ***-rsi durante la lezione*** sich während des Unterrichts ablenken lassen **2** *(svagarsi)* sich unterhalten, sich zerstreuen, sich ab‿lenken: ***-rsi con la lettura, giocando a carte*** sich mit Lesen, mit einem Kartenspiel unterhalten; ***aver bisogno di -rsi (un po')*** (ein wenig) Ablenkung brauchen.

di|strat|ta|men|te avv. zerstreut: ***fare qcs. ~, senza pensarci*** etw. zerstreut tun, ohne daran zu denken; ***guardare ~ l'ora*** zerstreut auf die Uhr sehen.

di|strat|to **I** p.pass. agg. **1** → **distrarre** **2** zerstreut: ***è molto -a*** sie ist sehr zerstreut; ***~ com'è si dimenticherà l'appuntamento*** zerstreut wie er ist, wird er die Verabredung vergessen **3** *(disattento)* abgelenkt, unaufmerksam: ***scusa, ero ~, potresti ripetere?*** Entschuldigung, ich war abgelenkt, könntest du das wiederholen? ***ero ~ e ho inciampato*** ich war in Gedanken und bin gestolpert **II** m. zerstreuter Mensch *m.*; ***è un grande ~*** er ist sehr zerstreut.

di|stra|zio|ne f. **1a** Zerstreutheit *f.*: ***la sua ~ è proverbiale*** seine Zerstreutheit ist sprichwörtlich; ***fare qcs. per ~*** etw. aus Zerstreutheit tun **b** *(errore)* ***questa ~ ti costerà cara*** diese Zerstreutheit wird dir teuer zu stehen kommen **2** *(svago)* Zerstreuung *f.*, Ablenkung *f.*: ***avere, cercare (andare in cerca di) -i*** Zerstreuung haben, suchen; ***concedersi qualche ~*** sich (D) ein bisschen Ablenkung gestatten; ***una città piena di -i*** eine Stadt voll von Möglichkeiten, sich zu zerstreuen **3** MED. Zerrung *f.*: ***~ dei legamenti, del tendine*** Bänder-, Sehnenzerrung *f.* ◆ ***in un attimo, momento di ~*** in einem unbewachten Augenblick; ***errore di ~*** Flüchtigkeitsfehler *m.*

di|stret|to m. **1a** *(amministrativo)* Bezirk *m.*, Kreis *m.* **b** *(militare)* Wehrbezirk *m.*: ***presentarsi al ~*** sich in seinem Wehrbezirk melden **2** *(zona)* Revier *n.*, Gebiet *n.*: ***~ carbonifero, forestale*** Kohlen-, Forstrevier *n.*; ***~ industriale*** Industriegebiet *n.* ◆ ***~ amministrativo*** Verwaltungsbezirk *m.*; ***~ militare*** Wehrbezirk *m.*; ***~ di polizia*** Polizeirevier *n.*; ***~ postale*** Zustellbezirk *m.*, Postbezirk *m.*; ***~ scolastico*** Schulbezirk *m.*; ***~ telefonico*** Ortsnetz *n.*; ***tribunale di ~*** Bezirksgericht *n.* **di|stret|tua|le** agg. Bezirks-, Kreis-: ***tribunale, giudice ~*** Bezirksgericht *n.*, Bezirksrichter *m.*; ***ufficio ~*** Bezirksamt *n.*, Kreisamt *n.*; ***consiglio ~*** Kreistag *m.*

di|stri|bu|i|re *(distribuisco, distribuisci)* **I** tr. **1** verteilen, aus‿teilen: ***~ regali, volantini*** Geschenke, Flugblätter verteilen; ***~ cibo ai poveri*** Essen unter die Armen verteilen; ***~ la posta*** Post aus‿teilen; *(ripartire)* ***~ le spese, il carico*** die Kosten, die Ladung verteilen; *(spargere)* ***~ in modo uniforme la pomata sulla pelle*** die Salbe gleichmäßig auf der Haut verteilen; TEATR. *(assegnare)* ***~ le parti*** die Rollen verteilen; FIG. ***~ baci, elogi*** Küsse, Lob austeilen **2** *(destinare)* ein‿teilen: ***~ bene il proprio denaro, il proprio tempo*** sein Geld, seine Zeit gut einteilen **3** *(merci)* vertreiben, verteilen: ***il prodotto è distribuito da una sola ditta*** das Produkt wird nur von einer einzigen Firma vertrieben **4** *(film)* in den Verleih bringen **5** *(gas, elettricità...)* ***~ qcs.*** mit etw. versorgen **6** ECON. aus‿schütten, verteilen: ***~ gli utili, i dividendi*** Gewinn, Dividenden ausschütten **7** COMM. *(consegnare)* aus‿liefern **8** *(disporre)* ordnen, ein‿ordnen: ***~ i libri nello scaffale*** die Bücher ins Regal einordnen **II** pronom. **distribuirsi** sich verteilen ◆ GIOC. ***~ le carte*** Spielkarten aus‿geben; ***~ sorrisi*** allen zu‿lächeln.

di|stri|bu|ti|vo agg. **1** Verteilungs-: ***criteri -i*** Verteilungskriterien **2a** GRAMM. distributiv, Einteilungs-: ***numerale ~*** distributives Zahlwort **b** MAT. distributiv, Distributiv-: ***proprietà -a*** Distributivgesetz *n.* ◆ ***giustizia -a*** ausgleichende Gerechtigkeit.

di|stri|bu|to|re **I** m. **1a** *(addetto alla distribuzione)* Verteiler *m.*: ***il ~ del rancio*** der Verteiler der Essensration **b** *(di merci)* Vertreiber *m.*, Verteiler *m.* **2** CINEM. Filmverleiher *m.* **3** *(di libri)* Kommissionär *m.*, Kommissionsbuchhändler *m.* **4a** *(stazione di rifornimento)* Tankstelle *f.*, Zapfstelle *f.*: ***fermarsi al primo ~*** bei der ersten Tankstelle halten **b** *(colonnina)* Tanksäule *f.*, Zapfsäule *f.* **5** *(apparecchio automatico)* Automat *m.*, Verkaufsautomat *m.*: ***~ di***

bibite, di biglietti, di sigarette Getränke-, Fahrkarten-, Zigarettenautomat *m.*; **~ *a gettoni, a monete*** Münzautomat *m.* **6** *(dispenser)* Spender *m.* **II** agg. Vertriebs-: ***la società -trice di un prodotto*** die Vertriebsgesellschaft für ein Produkt ◆ AUT. **~ *d'accensione*** Verteiler *m.*; **~ *automatico*** Automat *m.*; ***società -trice di film*** Filmverleih *m.*

di|stri|bu|zio|ne f. **1** Verteilung *f.*, Austeilung *f.*, Aufteilung *f.*: **~ *dei premi, dei ruoli*** Preisverteilung *f.*, Rollenverteilung *f.*; ***la ~ di cibo ai profughi*** die Essensausteilung an die Flüchtlinge **2** *(di merci)* Verteilung *f.*, Vertrieb *m.*: ***produzione e ~*** Herstellung und Verteilung (*o* Vertrieb) **3** *(erogazione)* Versorgung *f.*: **~ *dell'energia elettrica*** Stromversorgung *f.* **4** CINEM. Filmvertrieb *m.*, Filmverleih *m.* **5** ECON. Ausschüttung *f.*, Gewinnausschüttung *f.* **6** COMM. *(consegna)* Auslieferung *f.* **7** AUT. Ventilsteuerung *f.* ◆ MECC. ***albero di ~*** Nockenwelle *f.*; MECC. ***cassetta di ~*** Schieber *m.*; EL. Verteilerkasten *m.*; ***costi di ~*** Vertriebskosten *pl.*; AUT. ***diagramma di ~*** Steuerungsdiagramm *n.*; **~ *dei doni*** Bescherung *f.*; ***grande ~*** Großhandel *m.*; EL. ***impianto di ~*** Schaltanlage *f.*; **~ *libraria*** Kommissionsbuchhandel *m.*; **~ *delle masse*** Massenverteilung *f.*; EL. ***quadro di ~*** Verteilertafel *f.*; **~ *della posta*** Postzustellung *f.*; ***rete di ~*** Verteilernetz *n.*, Verteilungsnetz *n.*, Vertriebsnetz *n.*; EL. ***sala di ~*** Schaltraum *m.*; ***valvola di ~*** Verteilerventil *n.*

di|stri|ca|re *(districo, districhi)* **I** tr. entwirren (anche FIG.) **II** pronom. **districarsi** sich heraus‿winden; ***-rsi da qcs.*** sich aus etw. herauswinden.

di|stro|fi|a f. Dystrophie *f.*: **~ *muscolare*** Muskeldystrophie *f.* **di|stro|fi|co** **I** agg. *(-ci,-che)* dystroph, dystrophisch **II** m. *(-ci)* Dystrophiker *m.*

di|strug|ge|re *(distruggo, distruggi; distrussi; distrutto)* **I** tr. **1** zerstören; *(completamente)* vernichten: ***le bombe hanno distrutto la città*** die Bomben haben die Stadt zerstört; ***la grandine distrugge il raccolto*** der Hagel vernichtet die Ernte; ***l'alcol distrugge il fegato*** Alkohol zerstört die Leber; **~ *il nemico*** den Feind vernichten; **~ *documenti*** Dokumente vernichten; FIG. **~ *l'esistenza a qcn.*** jds Existenz zerstören; **~ *le speranze, le illusioni di qcn.*** jds Hoffnungen, Illusionen vernichten **2** *(vanificare)* zunichte machen: ***un imprevisto ha distrutto i nostri piani*** ein unvorhergesehener Zwischenfall hat unsere Pläne zunichte gemacht **3** COLLOQ. *(sfasciare, rovinare)* kaputt‿machen: **~ *le scarpe, l'auto*** die Schuhe, das Auto kaputtmachen; **~ *un matrimonio*** eine Ehe kaputtmachen **4** COLLOQ. *(vincere di gran lunga)* aus‿schalten, tot‿machen: **~ *la concorrenza*** die Konkurrenz ausschalten **5** COLLOQ. SPORT *(battere, stracciare)* auseinander nehmen: **~ *l'avversario*** den Gegner auseinander nehmen **II** pronom. **distruggersi** sich zerstören, sich zugrunde richten, COLLOQ. sich kaputt‿machen, sich ruinieren: ***si distrugge con l'alcol*** er macht sich mit dem Alkohol kaputt; ***-rsi l'esistenza, la salute*** sich sein Leben zerstören (*o* kaputt‿machen), sich gesundheitlich ruinieren.

di|strug|gi|do|cu|men|ti m.inv. Aktenvernichter *m.*, Reißwolf *m.*

di|strut|ti|bi|le agg. zerstörbar. **di|strut|ti|vo** agg. zerstörerisch, Zerstörungs-; vernichtend, Vernichtungs-: ***impulso ~*** Zerstörungstrieb *m.*; ***una critica -a*** eine vernichtende Kritik; ***un'elevata potenza -a*** eine hohe Zerstörungskraft.

di|strut|to p.pass. agg. **1** → **distruggere** **2** FIG. *(prostrato)* gebrochen: ***un uomo ~ dal dolore*** ein vom Schmerz gebrochener Mensch; ***essere ~ in seguito alla, per la morte di qcn.*** nach jds Tod gebrochen sein **3** *(sfinito)* zerschlagen, erledigt, COLLOQ. kaputt, matsch: ***sentirsi ~*** sich zerschlagen fühlen ◆ **~ *dalle bombe*** ausgebombt, zerbombt; **~ *dalla, durante la guerra*** kriegszerstört. **di|strut|to|re** **I** agg. → **distruttivo** **II** m. Zerstörer *m.*

di|stru|zio|ne f. Zerstörung *f.*; *(totale)* Vernichtung *f.*: ***seminare morte e ~*** Tod und Vernichtung verbreiten.

di|stur|ba|re **I** tr. stören, belästigen (anche assol.): **~ *qcn. mentre lavora, mentre legge*** jdn bei der Arbeit, beim Lesen stören; **~ *la lezione, l'ordine pubblico*** den Unterricht, die öffentliche Ordnung stören; **~ *il riposo di qcn.*** jds Ruhe stören, jdn in seiner Ruhe stören; **~ *qcn. con la propria presenza*** jdn mit seiner Anwesenheit belästigen; ***qcs. non mi disturba affatto*** etw. stört mich gar (*o* überhaupt) nicht; ***non ~!*** bitte nicht stören! ***disturbo?*** störe ich? RAD. TELEV. **~ *la ricezione*** den Empfang stören **II** pronom. **disturbarsi** **1** sich stören lassen, sich Umstände machen: ***non si disturbi!*** lassen Sie sich nicht stören! (*o* machen Sie sich keine Umstände) **2** ***-rsi a fare qcs.*** sich (D) die Mühe machen, etw. zu tun: ***non disturbarti ad andarci*** mach dir nicht die Mühe, dorthin zu gehen.

di|stur|ba|to **I** p.pass. agg. **1** → **disturbare** **2** RAD. TELEV. gestört: ***ricezione, immagine -a*** gestörter Empfang, gestörtes Bild **3a** *(indisposto)* unwohl: ***sentirsi, essere (un po') ~*** sich unwohl fühlen **b** ***stomaco ~*** verstimmter Magen **4** PSIC. *(mentalmente)* geistig gestört **II** m. PSIC. **~ *(mentale)*** Geistesgestörte *m.*

di|stur|ba|to|re **I** agg. Störungs-, Stör-: ***elemento ~*** Störfaktor *m.* **II** m. Störer *m.*, Störenfried *m.*: **~ *della quiete pubblica*** Störer der öffentlichen Ruhe.

di|stur|bo m. **1a** Störung *f.*: ***scusi il ~*** entschuldigen Sie die Störung; ***essere di ~ (a qcn.)*** (jdn) stören **b** MED. PSIC. **~ *nervoso, funzionale*** nervöse, funktionelle Störung; **~ *visivo, mentale, comportamentale*** Seh-, Geistes-, Verhaltensstörung *f.*; **~ *della crescita, della digestione*** Wachstums-, Verdauungsstörung *f.* **c** METEOR. ***-i atmosferici*** atmosphärische Störungen **2** *(incomodo)* Mühe *f.*: ***prendersi il ~ (di fare qcs.)*** sich (D) die Mühe machen (etw. zu tun) **3** pl. *(dolori)* Beschwerden *pl.*: ***avere, dare (dei) -i*** Beschwerden haben, machen; ***-i gastrici, di stomaco*** Magenbeschwerden **4a** RAD. TELEV. Störung *f.*: **~ *nella ricezione, dell'immagine*** Empfangs-, Bildstörung *f.* **b** *(rumore)* Störgeräusch *n.* ◆ ***azione di ~*** Störaktion *f.*; TECN. ***eliminare un ~, i -i*** entstören; ***fattore di ~*** Störfaktor *m.*; MIL. ***fuoco di ~*** Störfeuer *n.*, Störungsfeuer *n.*; EL. ***incidenza di ~*** Störanfälligkeit *f.*; MIL. ***manovra di ~*** Störmanöver *n.*; **~ *della quiete pubblica*** öffentliche Ruhestörung; ***togliere il ~*** nicht länger stören wollen.

di|sub|bi|dien|te agg. ungehorsam, unfolgsam. **di|sub|bi|dien|za** f. Ungehorsam *m.*, Unfolgsamkeit *f.* **di|sub|bi|di|re** intr. *(disubbidisco, disubbidisci;* aus. *avere)* **~ *a qcn.*** jdm nicht gehorchen, jdm keinen Gehorsam leisten.

di|su|gua|glian|za f. **1** Ungleichheit *f.*: **~ *sociale*** soziale Ungleichheit; ***eliminare le -e*** Ungleichheiten beseitigen **2** *(irregolarità, asperità)* Unebenheit *f.*: ***le -e del terreno*** die Unebenheit des Bodens **3** MAT. Ungleichung *f.* **di|su|gua|le** agg. **1** ungleich **2** *(irregolare)* uneben **3** FIG. *(incostante)* wechselnd, unterschiedlich: ***rendimento ~*** wechselnde Leistung.

di|su|ma|ni|tà f.inv. Unmenschlichkeit *f.*

di|su|ma|niz|za|re tr. entmenschen, entmenschlichen, enthumanisieren: ***la guerra disumanizza*** der Krieg entmenscht. **di|su|ma|niz|za|zio|ne** f. Entmenschung *f.*, Entmenschlichung *f.*, Enthumanisierung *f.*

di|su|ma|no agg. **1** unmenschlich; menschenunwürdig: ***crudeltà -a*** unmenschliche Grausamkeit; ***lavorare in condizioni -e*** unter menschenunwürdigen Bedingungen arbeiten **2** FIG. COLLOQ. *(bestiale)* unmenschlich: ***un caldo ~*** eine unmenschliche Hitze.

di|su|ni|for|me agg. ungleichförmig. **di|su|ni|for|mi|tà** f.inv. Ungleichförmigkeit *f.*

di|su|nio|ne f. **1** Trennung *f.* **2** FIG. Entzweiung *f.*; *(discordia)* Zwietracht *f.*: ***la ~ del, nel partito*** die Entzweiung der Partei.

di|su|ni|re *(disunisco, disunisci)* **I** tr. **1** trennen, scheiden **2** FIG. entzweien **II** pronom. **disunirsi** **1** sich trennen, sich scheiden **2** FIG. sich entzweien. **di|su|ni|to** p.pass. agg. **1** → **disunire** **2** uneinig: ***una coalizione di governo molto -a*** eine sehr uneinige Regierungskoalition **3** SPORT *(scoordinato)* unkoordiniert.

di|su|ria f. Dysurie *f.*

di|su|sa|re tr. **1** außer Gebrauch setzen **2** *(abiti)* auf‿hören zu tragen **3** → **disabituare.** **di|su|sa|to** p.pass. agg. **1** → **disusare** **2** außer Gebrauch gekommen, veraltet: ***un espressione -a*** ein außer Gebrauch gekommener Ausdruck. **di|su|so** m. ***in ~*** außer Gebrauch: ***cadere in ~*** außer Gebrauch kommen.

di|su|ti|le agg. **1** *(di cosa)* unnütz **2** *(di persona)* nichtsnutzig.

di|sve|la|re tr. LETT. enthüllen, entschleiern.

di|svia|re LETT. **I** tr. **1** *(sviare)* ab‿lenken, ab‿leiten **2** FIG. auf Abwege bringen **II** intr. (aus. *avere*) **1** ab‿weichen **2** FIG. auf Abwege geraten.

di|ta → **dito.**

di|ta|le m. **1** *(da cucito)* Fingerhut *m.* **2** *(di protezione)* Fingerling *m.* **3** pl. GASTR. INTRAD. (kurze Röhrennudeln als Suppeneinlage) ◆ ***svuotare il mare con un ~*** Wasser in ein, mit einem Sieb schöpfen. **di|ta|li|ni** m.pl. INTRAD. (kleine, kurze Röhrennudeln als Suppeneinlage). **di|ta|ta** f. **1** Stoß *m.* mit dem Finger; ***darsi una ~ in un occhio*** mit dem Finger ins Auge kommen **2** *(segno, impronta)* Fingerabdruck *m.*: ***lasciare una ~ sullo specchio*** einen Fingerabdruck auf dem Spiegel hinterlassen.

di|teg|gia|tu|ra f. **1** Griff *m.*: ***fare esercizi di ~ su uno strumento*** auf einem Musikinstrument Griffe üben **2** *(sulla partitura)* Fingersatz *m.*

di|ti|ram|bi|co agg. *(-ci,-che)* dithyrambisch, Dithyramben-: ***poeta ~*** Dithyrambendichter *m.* **di|ti|ram|bo** m. **1** Dithyrambe *f.* **2** ESTENS. Dithyrambe *f.*, Loblied *n.*

di|ti|sci|di m.pl. Schwimmkäfer *pl.*

di|to m. (pl. *le dita*, aber *i diti*, wenn eine Apposition folgt: *i diti mignoli*) **1** *(della mano)* Finger *m.*: ***portare un anello al ~*** einen Ring am Finger tragen; ***indicare qcs. col ~*** mit dem Finger auf etw. zeigen, weisen **2** *(del piede)* Zehe *f.* **3** *(di guanto)* Finger *m.*, Fingerling *m.* **4a** *(misura)* Fingerbreit *m.*: ***tre -a più lungo*** drei Fingerbreit länger: ***sui mobili c'è un ~ di polvere*** auf den Möbeln liegt der Staub fingerdick; ***largo, lungo, grosso un ~*** fingerbreit, fingerlang, fingerdick **b** *(di liquidi)* Schluck *m.*, Schuss *m.*: ***un ~ di vino*** ein Schluck Wein ◆ ***non alzare un ~*** keinen Handschlag tun; *(stare in ozio)* keinen Finger rühren (*o* krümmen); ***~ anulare*** Ringfinger *m.*; ***se gli si dà un ~ si prende il braccio*** gibt man dem Teufel den kleinen Finger, so nimmt er gleich die ganze Hand; ***toccare il cielo con un ~*** den Himmel offen sehen; ***i visitatori si possono contare sulle -a*** man kann die Besucher an den Fingern ab‿zählen; ***destrezza nelle -a*** Fingerfertigkeit *f.*; ***esercizio per le -a*** Fingerübung *f.*; ***~ indice*** Zeigefinger *m.*; ***leccarsi le -a*** sich (D) die (*o* alle zehn) Finger lecken; ***questa me la lego al ~!*** das schreibe ich mir hinter die Ohren! ***~ medio*** Mittelfinger *m.*; ***~ mignolo*** kleiner Finger; ***me lo dice il mio ~ mignolo*** das sagt mir mein kleiner Finger; ***mordersi le -a*** sich in den Hintern beißen; ***mostrare a ~*** → ***segnare a ~***; ***non muovere un ~*** keinen Finger rühren; ***mettere il ~ sulla piaga*** den Finger auf die Wunde legen; ***~ pollice*** Daumen *m.*; ***punta delle -a*** Fingerspitze *f.*; ***prendere qcs. con la punta delle -a*** etw. mit spitzen Fingern an‿fassen; ***sapere qcs. sulla punta delle -a*** etw. im kleinen Finger haben; ***puntare il ~ su qcn.*** mit dem Finger auf jdn zeigen, weisen; ***schiocco delle -a*** Fingerschnalzer *m.*; ***scottarsi le -a*** sich (D) die Finger verbrennen; ***segnare qcn. a ~*** mit Fingern (*o* mit dem Finger) auf jdn zeigen.

di|to|la f. Keulenpilz *m.*, Herkuleskeule *f.*

di|to|ne m. *(del piede)* COLLOQ. großer, dicker Onkel *m.*

dit|ta f. Firma *f.*, Betrieb *m.*: ***fondare una ~*** eine Firma gründen; ***fare domanda presso una ~*** sich bei einer Firma bewerben; ***lavorare in, presso una ~*** bei einer Firma arbeiten, für eine Firma tätig sein; ***entrare in ~ a vent'anni*** mit zwanzig Jahren in die Firma ein‿treten; ***la ~ ha sede a Colonia*** die Firma hat ihren Sitz (*o* sitzt) in Köln; ***chiudere, rilevare una ~*** einen Betrieb stilllegen, übernehmen ◆ ***~ affiliata*** Tochterfirma *f.*; ***~ costruttrice*** Baufirma *f.*; ***~ espositrice*** Ausstellerfirma *f.*; ***~ fittizia*** Scheinfirma *f.*; ***titolare della ~*** Firmeninhaber *m.*; ***~ di vendite per corrispondenza*** Versandhaus *n.*

dit|ta|fo|no m. Diktiergerät *n.*, Diktaphon *n.*

dit|ta|mo m. Diptam *m.*

dit|ta|to|re m. Diktator *m.* (anche FIG.). **dit|ta|to|ria|le** agg. diktatorisch (anche FIG.). **dit|ta|tu|ra** f. Diktatur *f.* (anche FIG.): ***instaurare, abbattere una ~*** eine Diktatur errichten, stürzen.

dit|te|ri m.pl. Dipteren *pl.*

dit|ti|co m. *(-ci)* Diptychon *n.*

dit|to|lo|gi|a f. Wortpaar *n.*: ***~ sinonimica*** synonymes Wortpaar.

dit|ton|ga|re tr. e intr. *(dittongo, dittonghi;* aus. *avere)* diphthongieren: ***la "o" dittonga in "uo"*** das „o“ diphthongiert zu „uo“. **dit|ton|ga|zio|ne** f. Diphthongierung *f.* **dit|ton|go** m. *(-ghi)* Diphthong *m.*, Doppellaut *m.*, Zwielaut *m.*

diu|re|si f. Diurese *f.* **diu|re|ti|co I** agg. *(-ci,-che)* diuretisch, uretisch, harntreibend **II** m. *(-ci)* Diuretikum *n.*, harntreibendes Mittel *n.*

diur|no agg. **1** Tag-, Tages-: ***albergo ~*** Tageshotel *n.*; ***servizio ~*** Tagdienst *m.*; ***temperatura -a*** Tagestemperatur *f.* **2** ZOOL. tagaktiv.

diu|tur|no agg. LETT. anhaltend, unausgesetzt.

di|va f. Diva *f.*, Star *m.*: ***~ cinematografica*** Filmstar *m.*

di|va|ga|re *(divago, divaghi)* **I** intr. (aus. *avere*) ab‿schweifen, ab‿lenken, in die Weite (*o* Ferne) schweifen: ***~ dal tema*** vom Thema abschweifen **II** pronom. **divagarsi** *(divertirsi)* sich zerstreuen; sich ab‿lenken. **di|va|ga|zio|ne** f. **1** Abschweifen *n.*, Ablenken *n.* **2** *(digressione)* Abschweifung *f.*, Exkurs *m.*

di|vam|pa|re intr. (aus. *essere*) **1** auf‿lodern, lohen **2** FIG. auf‿lodern, auf‿flammen, auf‿brennen, auf‿glühen: ***nei suoi occhi divampa l'ira*** in seinen Augen flammt Zorn auf **3** *(diffondersi impetuosamente)* auf‿lodern, auf‿flammen: ***la rivolta divampò nuovamente nel paese*** der Aufstand loderte in dem Lande wieder auf◆ ***~ verso l'alto*** empor‿lodern, empor‿schlagen; ***bruciare divampando*** verlodern.

di|va|no m. **1** Sofa *n.*, Couch *f.*: ***stare sdraiato, riposare sul ~*** auf der Couch liegen, ruhen; ***allungarsi, sdraiarsi sul ~*** sich auf dem Sofa aus‿breiten, nieder‿legen; COLLOQ. ***buttarsi sul ~*** sich aufs Sofa schmeißen; ***rivestire un ~*** ein Sofa beziehen, tapezieren **2** LETT. STOR. Diwan *m.* ◆ ***~ letto*** Schlafcouch *f.*, Bettcouch *f.*, Couchbett *n.*

di|va|ri|ca|men|to m. RAR. → **divaricazione**. **di|va|ri|ca|re** *(divarico, divarichi)* **I** tr. **1** spreizen, auseinander spreizen: ***~ le gambe*** die Beine spreizen; *(con un saltello)* die Beine grätschen **2** ESTENS. *(allargare, aprire)* verbreitern, öffnen **II** pronom. **divaricarsi** auseinander gehen, ab‿weichen. **di|va|ri|ca|ta** f. GINN. Spreize *f.*, Grätsche *f.* **di|va|ri|ca|to** p.pass. agg. → **divaricare** ◆ ***saltello a gambe -e*** Grätschsprung *m.*, Spreizsprung *m.*; ***posizione a gambe -e*** Grätschstellung *f.* **di|va|ri|ca|to|re** m. **1** *(per malformazioni all'anca)* Spreizhose *f.*, Spreizwindel *f.* **2** *(strumento ginecologico)* Dilatator *m.* **3** CHIR. Wundhaken *m.* **di|va|ri|ca|zio|ne** f. Spreizung *f.*

di|va|rio m. *(-ri)* Unterschied *m.*, Verschiedenheit *f.*, Gefälle *n.*: ***un grande ~ tra le mie opinioni e le tue*** ein großer Unterschied zwischen meinen und deinen Ansichten; ***~ culturale, tecnologico*** kultureller Unterschied, technologisches Gefälle; ***colmare il ~*** den Unterschied auf‿heben ◆ ***~ nordsud*** Nord-Süd-Gefälle *n.*

di|vel|le|re tr. *(divello/divelgo; divelsi, divellesti; divelto)* LETT. entwurzeln, aus‿reißen: ***~ rami, alberi*** Äste ausreißen, Bäume entwurzeln; ***~ i sospetti dalla mente di qcn.*** einen Verdacht bei jdm aus‿räumen.

di|ve|ni|re I intr. *(divengo, divieni; divenni; divenuto;* aus. *essere)* → **diventare II** m. Werden *n.*: ***essere ancora in ~*** noch im Werden sein.

di|ven|ta|re intr. (aus. *essere*) **1** werden: ***~ vecchio*** alt werden; ***~ insegnante*** Lehrer werden **2** *(trasformarsi in)* ***~ qcs.*** zu etw. werden: ***il vino diventa aceto*** der Wein wird zu Essig ◆ ***~ di tutti i colori*** rot werden; ***~ matto*** verrückt werden; ***far ~ matto qcn.*** jdn verrückt machen; ***~ rosso*** rot werden.

di|ver|bio m. *(-bi)* Wortgefecht *n.*, Streitigkeit *f.*, Auseinandersetzung *f.*: ***avere un ~ con qcn.*** eine Auseinandersetzung mit jdm haben; ***venire a ~ con qcn.*** zu einer Auseinandersetzung kommen (*o* mit jdm in Streit kommen, geraten).

di|ver|gen|te agg. **1** auseinander gehend, auseinander laufend: ***strade -i*** auseinander gehende Straßen **2** FIG. abweichend, divergierend **3** MAT. divergent ◆ ***lente ~*** Zerstreuungslinse *f.* **di|ver|gen|za** f. **1** Abweichung *f.*, Divergenz *f.*: ***eliminare le -e*** die Divergenzen aus‿räumen, bei‿legen **2** MAT. Divergenz *f.*

di|ver|ge|re intr. *(divergo, divergi;* ohne zusammengesetzte Formen*)* **1** auseinander gehen, auseinander laufen **2** FIG. ab‿weichen, auseinander gehen, divergieren: ***le nostre opinioni divergono profondamente*** unsere Ansichten weichen stark voneinander ab; ***i nostri interessi divergono*** unsere Interessen sind konträr, kreuzen sich.

di|ver|sa|men|te avv. **1** *(in modo diverso)* anders: ***io la penso ~*** ich sehe das anders; ***~ da quanto previsto*** anders als (ursprünglich) vorgesehen **2** *(altrimenti)* sonst, ander(e)nfalls: ***se puoi, aiutami; ~ me la caverò da solo*** wenn du kannst, dann hilf mir, andernfalls werde ich mich arrangieren.

di|ver|si|fi|ca|re *(diversifico, diversifichi)* **I** tr. **1** unterscheiden: ***~ due concetti*** zwei Begriffe unterscheiden; ***la copertina diversifica i quaderni*** die Hefte unterscheiden sich durch den Umschlag **2** diversifizieren: ***~ la produzione dell'azienda*** die Produktion des Betriebes diversifizieren **II** pronom. **diversificarsi** sich diversifizieren. **di|ver|si|fi|ca|zio|ne** f. **1** *(atto)* Unterscheidung *f.* **2** *(effetto)* Unterschiedlichkeit *f.* **3** ECON. Diversifizierung *f.*, Diversifikation *f.*

di|ver|sio|ne f. **1** *(deviazione)* Umleitung *f.*, Ableitung *f.*: ***operare una ~*** eine Umleitung vor‿nehmen **2** MIL. Ablenkungsmanöver *n.* (anche FIG.).

di|ver|si|tà f.inv. **1** Verschiedenheit *f.*, Unterschiedlichkeit *f.*: ***la ~ di idee, di giudizio*** die Verschiedenheit der Ideen, die Unterschiedlichkeit des Urteils **2** *(differenza)* Unterschied *m.*: ***~ di prezzo*** Preisunterschied *m.* **3** *(varietà)* Vielfalt *f.*

di|ver|si|vo I agg. Ablenkungs-: ***azione, manovra -a*** Ablenkungsmanöver *n.* **II** m. Ablenkung *f.*, Abwechslung *f.*: ***cercare un ~ alla monotona quotidianità*** eine Ablenkung zur monotonen Alltäglichkeit suchen; ***trovare in qcs. un piacevole ~*** eine angenehme Abwechslung in etw. finden.

di|ver|so I agg. **1** *(differente)* verschieden, unterschiedlich, anders: ***essere ~ da qcs.*** verschieden von (*o* anders als) etw. sein; ***essere di parere ~*** verschiedener (*o* unterschiedlicher) Meinung sein; ***essere ~ per forma, grandezza*** in, nach Form, Größe verschieden sein; ***scatole di dimensioni -e*** Schachteln von unterschiedlicher Größe **2** pl. *(parecchi)* verschiedene: ***-e ragioni, persone*** verschiedene Gründe, Leute **II** pron.indef. pl. einige, verschiedene: ***-i se ne sono andati*** verschiedene sind weggegangen; ***me l'hanno già detto (in) -i*** das haben mir schon einige gesagt **III** m. **1** *(socialmente)* Außenseiter *m.* **2** EUFEM. *(omosessuale)* Andersgeartete *m.* ◆ ***di ~ colore*** verschiedenfarbig; ***di ~ specie, tipo*** verschiedenerlei, verschiedenartig; ***-e volte*** verschiedene Mal.

di|ver|ten|te agg. **1** *(piacevole)* unterhaltsam, vergnüglich, amüsant: ***un film ~*** ein unterhaltsamer Film **2** *(buffo)* komisch, amüsant: ***un personaggio ~*** ein amüsanter Typ.

di|ver|ti|co|lo m. **1** LETT. *(viottolo)* Seitenweg *m.* **2** FIG. *(sotterfugio)* Ausflucht *f.*, Vorwand *m.* **3** ANAT. Divertikel *n.*

di|ver|ti|men|to m. **1** Unterhaltung *f.*, Vergnügen *n.*, Spaß *m.*: ***augurare buon ~ a qcn.*** jdm gute Unterhaltung wünschen; ***buon ~!*** viel Vergnügen! viel Spaß! ***rovinare il ~ a qcn.*** jdm das Vergnügen verderben; ***per (puro) ~*** aus (reinem) Vergnügen **2** *(passatempo)* Unterhaltung *f.*, Vergnügung *f.* **3** MUS. Divertissement *n.*, Divertimento *n.* ◆ ***parco dei ~*** Vergnügungspark *m.*

di|ver|ti|re I tr. Spaß machen, amüsieren: ***i cartoni animati mi hanno sempre divertito*** die Zeichentrickfilme haben mir immer Spaß gemacht **II** pronom. **divertirsi** sich unterhalten, sich vergnügen, sich amüsieren: ***-rsi tantissimo a una festa*** sich auf einer Party bestens unterhalten; ***-rsi con qcn., a qcs.*** seinen Spaß an jdm, etw. haben; ***-rsi un mondo, con poco*** sich riesig, mit wenig amüsieren; ***c'è da -rsi*** da gibt's viel Spaß! ◆ ***-rsi con un ragazzo, con una ragazza*** = einen Flirt mit einem Jungen, Mädchen haben; ***-rsi alle spalle di qcn.*** sich auf jds Kosten amüsieren. **di|ver|ti|to** p.pass. agg. **1** → **divertire 2** vergnügt, amüsiert: ***uno sguardo ~*** ein vergnügter Blick.

di|vez|za|men|to m. Entwöhnung *f.*, Abstillen *n.*

di|vez|za|re I tr. **1** entwöhnen, ab‿stillen: ***~ un lattante*** einen Säugling abstillen **2** *(animali)* entwöhnen **3** FIG. ab‿gewöhnen, entwöhnen: ***~ qcn. da qcs.*** jdm etw. abgewöhnen, jdn etw. (G) entwöhnen **II** pronom. ***-rsi da qcs.*** sich etw. ab‿gewöhnen.

di|vi|den|do m. **1** MAT. Dividend *m.* **2** ECON. Dividende *f.*: ***~ esigibile*** fällige Dividende; ***corrispondere, distribuire i -i*** die Dividenden aus‿schütten, verteilen; ***aumentare il ~*** die Dividende erhöhen; ***cedola del ~*** Dividendenschein *m.*; ***diritto di ~*** Dividendenanspruch *m.*; ***pagamento dei -i*** Dividendenausschüttung *f.*

di|vi|de|re *(divisi, diviso)* **I** tr. **1a** teilen: ***~ qcs. in tre parti, pezzi*** etw. in drei Teile, Stücke teilen **b** *(spartire)* ***~ il bottino*** die Beute teilen; ***~ qcs. fraternamente*** etw. brüderlich teilen; ASSOL. ***non vuole ~ con nessuno*** er will mit niemandem teilen **c** *(condividere)* ***~ il letto con qcn.*** das Bett mit jdm teilen; ***~ la propria gioia con qcn.*** seine Freude mit jdm teilen **2** *(ripartire)* verteilen, um‿legen: ***~ le spese*** die Kosten umlegen **3** *(suddividere)* ein‿teilen, auf‿teilen, unterteilen: ***~ la città in circoscrizioni elettorali*** die Stadt in Wahlbezirke einteilen; ***~ in gruppi*** in Gruppen aufteilen; ***~ un libro in capitoli*** ein Buch in Kapitel unterteilen **4a** *(separare)* trennen, scheiden: ***una tenda divide la stanza*** ein Vorhang teilt das Zimmer; ***i monti dividono due paesi*** das Gebirge scheidet zwei Länder; ***~ il tuorlo dall'albume*** das Eigelb vom Eiweiß trennen; ***~ le mele guaste da quelle buone*** die faulen Äpfel von den guten trennen; ***~ i litiganti*** die Streitenden trennen **b** *(allontanare)* ***~ un bambino dalla sua famiglia*** ein Kind von seiner Familie trennen; ***nulla poteva ~ gli amanti*** nichts konnte die Liebenden trennen **c** FIG. ***soltanto pochi giorni ci dividono ancora dalle vacanze*** nur noch wenige Tage trennen uns vom Urlaub **5** *(sillabare)* teilen, trennen: ***~ una parola in sillabe*** ein Wort in Silben teilen, nach Silben trennen **6** MAT. teilen, dividieren: ***~ 16 per 4*** 16 durch 4 teilen **II** pronom. **dividersi 1a** sich teilen, sich trennen: ***le nostre strade si dividono qui*** unsere Wege trennen sich hier; ***-rsi in due squadre*** sich in zwei Mannschaften teilen **b** *(spartirsi)* ***-rsi le caramelle*** sich (D) die Bonbons teilen; ***-rsi le spese*** sich die Kosten teilen **2** *(separarsi)* sich trennen, sich scheiden: ***-rsi dal marito*** sich von ihrem Mann trennen **3** *(suddividersi)* aufgeteilt sein, bestehen: ***la commedia si divide in tre atti*** die Komödie besteht aus drei Akten **4** MAT. *(essere divisibile)* teilbar sein, sich teilen lassen ◆ ***~ in lotti*** parzellieren; FIG. ***non potersi ~ in due*** nicht auf zwei Hochzeiten tanzen können.

di|vie|to m. Verbot *n.*: ***dare, rispettare, osservare, rimuovere un ~*** ein Verbot erlassen, ein‿halten, beachten, auf‿heben; ***contravvenire a un ~*** gegen ein Verbot verstoßen; ***attenersi a un ~*** sich an ein Verbot halten; ***sottrarsi a un ~*** ein Verbot unterlaufen ◆ ***~ di accesso*** Zutritt (*o* Eintritt) verboten; ***~ di balneazione*** Badeverbot *n.*; ***~ di scarico*** Schutt abladen verboten; ***~ di sciopero*** Streikverbot *n.*; ***segnale di ~*** Verbotsschild *n.*; ***~ di sorpasso*** Überholverbot *n.*; ***~ di sosta*** Halteverbot *n.*; ***essere in ~ di sosta*** im Halteverbot stehen; ***~ di svolta a destra, a sinistra*** rechts, links abbiegen verboten; ***~ di transito*** Durchfahrt verboten.

di|vi|na|men|te avv. **1** göttlich **2** FIG. göttlich, himmlisch: ***suonare il piano ~*** göttlich Klavier spielen.

di|vi|na|re tr. LETT. **1** wahrsagen, weissagen **2** ESTENS. vorher‿sagen. **di|vi|na|to|rio** agg. *(-ri,-rie)* wahrsagerisch, Wahrsage-: ***arte -a*** Wahrsagekunst *f.*; ***pratiche -rie*** wahrsagerische Praktiken. **di|vi|na|zio|ne** f. **1** SPREG. Wahrsagerei *f.* **2** Wahrsagung *f.*

di|vin|co|lar|si pronom. sich durch‿winden.

di|vi|ni|tà f.inv. **1** Gott *m.*, Gottheit *f.*: ***le antiche ~ germaniche*** die altgermanischen Götter **2** *(natura divina)* Göttlichkeit *f.*

di|vi|niz|za|re tr. vergöttlichen. **di|vi|niz|za|zio|ne** f. Vergöttlichung *f.*, Vergottung *f.*

di|vi|no I agg. **1** göttlich: ***la grazia -a*** die göttliche Gnade; ***diritto ~*** göttliches Recht **2a** FIG. *(perfetto)* göttlich **b** *(eccellente)* himmlisch, göttlich: ***il tempo era ~*** das Wetter war himmlisch; ***la cena era semplicemente -a*** das Abendessen war einfach göttlich **II** m. Göttliche *n.*: ***il ~ nell'uomo*** das Göttliche im Menschen.

1.di|vi|sa f. **1** Uniform *f.*: ***mettere, togliere, indossare la ~*** die Uniform an‿legen, ab‿legen, tragen; ***~ da marinaio*** Matrosenuniform *f.*; ***uscire in ~*** in Uniform aus‿gehen; ***in ~*** uniformiert, in Uniform; ***agente, poliziotto in ~*** Polizist in Uniform **2** *(da lavoro)* Dienstkleidung *f.*; ***~ da infermiera*** Schwesterntracht *f.* **3** ARALD. Devise *f.*, Losung *f.*, Wahlspruch *m.*

2.di|vi|sa f. Devisen *pl.*: ***~ pregiata*** hochwertige Devisen ◆ ***~ aurea*** Golddevisen *pl.*; ***entrate in ~*** Deviseneingänge *pl.*; ***~ estera*** Auslandswährung *f.*; ***riserva in ~*** Devisenbestand *m.*, Devisenreserven *pl.*

di|vi|sa|re tr. ANT. **1** *(proporsi)* beabsichtigen: ***~ di fare qcs.*** beabsichtigen, etw. zu tun **2** *(immaginare)* sich (D) vor‿stellen, denken **3** *(dividere)* teilen, ein‿teilen.

di|vi|si|bi|le agg. teilbar (anche MAT.): ***un numero ~ per tre*** eine durch drei teilbare Zahl; ***essere ~ per tre*** sich durch drei teilen lassen. **di|vi|si|bi|li|tà** f. Teilbarkeit *f.*

di|vi|sio|na|le agg. **1** MIL. Divisions-: ***comando ~*** Divisionskommando *n.* **2** NUMISM. ***moneta ~*** Scheidemünze *f.*

di|vi|sio|ne f. **1** Teilung *f.*, Verteilung *f.*: ***la ~ di una vincita, del bottino*** die Teilung (*o* Verteilung) eines Gewinnes, der Beute; ***~ dell'eredità*** Erbteilung *f.* **2** *(suddivisione)* Einteilung *f.*, Unterteilung *f.*: ***la ~ di una città in circoscrizioni*** die Einteilung einer Stadt in Bezirke; ***la ~ di un libro in capitoli*** die Unterteilung eines Buches in Kapitel; ***la ~ delle piante per genere*** die Einteilung der Pflanzen in, nach Gattungen **3** MAT. Teilung *f.*, Division *f.*: ***fare una ~*** eine Division (*o* Teilung) vor‿nehmen; ***fare la prova di una ~*** auf eine Division die Probe machen; ***la ~ non dà resto*** die Division geht (ohne Rest) auf **4** DIR. Teilung *f.*: ***~ giudiziale, amichevole*** gerichtliche, gütliche Teilung **5** BIOL. *(scissione)* Teilung *f.*, Spaltung *f.*: ***~ cellulare*** Zellteilung *f.*; ***~ in due, tre parti*** Zwei-, Dreiteilung *f.* **6** *(separazione)* Trennung *f.*: ***linea di ~*** Trennungslinie *f.*; ***parete di ~*** Trennwand *f.* **7** MIL. Division *f.* **8a** *(reparto)* Abteilung *f.*, Ressort *n.*: ***dirigere una ~*** ein Ressort leiten **b** MED. ***~ chirurgica, pediatrica*** chirurgische, pädiatrische Abteilung **9** SPORT Division *f.*, Spielklasse *f.*, Liga *f.*: ***giocare in prima ~*** in der ersten Division spielen ◆ ***~ dei beni*** Vermögensverteilung *f.*; MIL. ***comandante di ~*** Divisionär *m.*; ***~ corazzata*** Panzerdivision *f.*; ***~ del lavoro*** Arbeits(ver)teilung *f.*; ***lineetta di ~*** Teilungs-, Trennungsstrich *m.*; ***~ dei poteri*** Gewaltenteilung *f.*; ***~ dei ruoli*** Rollenverteilung *f.*; MAT. ***segno di ~*** Teilungszeichen *n.*; ***~ in sillabe*** Silbentrennung *f.*

di|vi|sio|ni|smo m. Pointillismus *m.* **di|vi|sio|ni|sta** *(-i,-e)* **I** m. e f. Poinitillist *m.* (-in *f.*) **II** agg. → **divisionistico. di|vi|sio|ni|sti|co** agg. *(-ci,-che)* pointillistisch.

di|vi|smo m. **1** Starwesen *n.* **2** SPREG. *(infatuazione)* Starkult *m.*

di|vi|so p.pass. agg. **1** → **dividere 2** FIG. *(discorde)* geteilt: ***i pareri sono -i*** die Meinungen sind geteilt **3** MAT. dividiert, geteilt: ***12 ~ 3 fa 4*** 12 dividiert durch 3 ist (*o* gibt) 4. **di|vi|so|re** m. **1** MAT. Teiler *m.*, Divisor *m.*: ***minimo, massimo comune ~*** kleinster, größter gemeinsamer Teiler **2** TECN. EL. Teiler *m.*, Teilgerät *n.*: ***~ di tensione*** Spannungsteiler *m.*; ***~ universale*** Universalteilkopf *m.* **di|vi|so|rio I** agg. *(-ri,-rie)* Trenn-, Scheide-: ***parete -a*** Scheide-, Trennwand *f.*; ***linea -a*** Trennlinie *f.* **II** m. *(-ri)* Trennung *f.*; *(parete di separazione)* Trennwand *f.*

di|vi|sti|co agg. *(-ci,-che)* Star-: ***atteggiamenti -ci*** Starallüren *pl.* **di|vo** m. Star *m.*, Stern *m.*, Größe *f.*: ***~ del cinema*** Filmstar *m.*; ***~ dello schermo*** Leinwandgröße *f.*

di|vo|ran|te agg. verzehrend, glühend, brennend: ***una passione ~*** eine verzehrende (*o* glühende) Leidenschaft.

di|vo|ra|re I tr. **1a** verschlingen, fressen, ab‿fressen: ***i bruchi hanno divorato tutte le foglie della pianta*** die Raupen haben alle Blätter der Pflanze abgefressen **b** COLLOQ. weg‿fressen, vertilgen: ***ha divorato il dolce*** er hat den Kuchen vertilgt **2** FIG. verschlingen, fressen: ***~ qcn., qcs. con gli occhi*** jdn, etw. mit Blicken verschlingen; ***~ un libro*** ein Buch verschlingen; ***~ chilometri*** Kilometer fressen **3a** *(consumare)* fressen, zerfressen, verzehren: ***la malattia gli divora i polmoni*** die Krankheit zerfrisst ihm die Lunge (*o* zehrt an seiner Lunge) **b** *(di passioni)* zerfressen, zernagen: ***essere divorato dalla gelosia*** von Eifersucht zerfressen werden **4** *(dilapidare)* durch‿bringen, auf‿brauchen: ~ ***un patrimonio*** ein Vermögen durchbringen **5** *(distruggere)* vernichten: ***l'incendio ha divorato il bosco*** das Feuer hat den Wald vernichtet (*o* verschlungen) **II** pronom. **divorarsi** sich verzehren: ***-rsi di passione*** sich vor Leidenschaft verzehren. **di|vo|ra|to|re** m. Fresser *m.*: ~ ***di chilometri*** Kilometerfresser *m.*; ~ ***di libri*** Leseratte *f.*; ***essere un ~ di polizieschi*** Krimis verschlingen.

di|vor|zia|re intr. (*divorzio, divorzi;* aus. *avere*) sich scheiden lassen: ***Anna e Klaus hanno divorziato*** Anna und Klaus haben sich scheiden lassen. **di|vor|zia|to I** p.pass. agg. **1** → **divorziare 2** geschieden: ~ ***con, senza colpa*** schuldig, schuldlos geschieden **II** m. Geschiedene *m.* **di|vor|zio** m. *(-zi)* Scheidung *f.*, Ehescheidung *f.*: ***chiedere il ~*** auf Scheidung klagen; ***ottenere il ~*** die Scheidung erreichen; ***fare domanda di ~*** die Scheidung beantragen, ein‿reichen; ***pronunciare il ~*** die Scheidung aus‿sprechen, auf Scheidung erkennen; ~ ***consensuale*** einvernehmliche Scheidung; ***acconsentire al ~*** in die Scheidung ein‿willigen. **di|vor|zi|sta** m. e f. *(-i,-e)* **1** *(avvocato)* Scheidungsanwalt *m.* (-anwältin *f.*) **2** *(favorevole al divorzio)* Befürworter *m.* (-in *f.*) der Scheidung.

di|vul|ga|re *(divulgo, divulghi)* **I** tr. **1** bekannt machen, verbreiten: ~ ***una notizia*** eine Nachricht bekannt machen; ~ ***pettegolezzi*** Klatsch verbreiten **2** *(rendere comprensibile)* popularisieren, allgemein verständlich machen: ~ ***concetti scientifici*** wissenschaftliche Begriffe popularisieren **II** pronom. **divulgarsi** sich verbreiten.

di|vul|ga|ti|vo agg. populär, populärwissenschaftlich: ***opere, conferenze a carattere ~*** populärwissenschaftliche Werke, Vorträge.

di|vul|ga|to|re m. **1** Verbreiter *m.* **2** *(semplificatore di nozioni scientifiche)* Popularisator *m.*, populärwissenschaftlicher Autor *m.* **di|vul|ga|zio|ne** f. **1** Bekanntmachung *f.*, Verbreitung *f.*: ~ ***pubblica*** öffentliche Bekanntmachung; ~ ***di informazioni riservate*** Verbreitung geheimer Informationen **2** *(semplificazione)* Popularisierung *f.*; ***testo di ~*** populärwissenschaftlicher Text.

di|zi|go|ti|co agg. *(-ci,-che)* zweieiig.

di|zio|na|riet|to m. Handwörterbuch *n.*; ~ ***tascabile*** Taschenwörterbuch *n.*

di|zio|na|rio m. *(-ri)* **1** Wörterbuch *n.*: ***consultare un ~*** in einem Wörterbuch nach‿schlagen; ~ ***della lingua italiana*** Wörterbuch der italienischen Sprache; ~ ***italiano-inglese*** italienisch-englisches Wörterbuch; ~ ***monolingue, bilingue*** einsprachiges, zweisprachiges Wörterbuch **2** *(enciclopedico)* Lexikon *n.*: ~ ***di musica, di biologia*** Lexikon der Musik, der Biologie ◆ ~ ***enciclopedico*** Lexikon *n.*; ~ ***etimologico*** etymologisches Wörterbuch, Herkunftswörterbuch *n.*; ~ ***illustrato, per immagini*** Bildwörterbuch *n.*; ~ ***dei sinonimi*** Synonymenwörterbuch n.; ~ ***tascabile*** Taschenwörterbuch *n.*; ~ ***tecnico*** Fachwörterbuch *n.* **di|zio|na|ri|sta** m. e f. *(-i,-e)* Lexikograph *m.* (-in *f.*).

di|zio|ne f. Diktion *f.*, Aussprache *f.*; *(teatrale)* Bühnenaussprache *f.*: ***avere una corretta ~*** eine korrekte Aussprache haben ◆ ***corso di ~*** Sprechunterricht *m.*; ***esercizio di ~*** Sprechübung *f.*

D.L. ⇒ *Decreto Legge* Rechtsverordnung.

D.Lg. ⇒ *Decreto Legislativo* Ermächtigungsgesetz.

dmc ⇒ *decimetro cubo* Kubikdezimeter (cdm).

D.M. ⇒ *Decreto Ministeriale* ministerieller Erlass.

Dna, DNA m.inv. DNA *f.*

1.do m.inv. c,C *n.*: ~ ***maggiore, minore*** C-Dur *n.*, c-Moll *n.*; ~ ***diesis, bemolle*** cis (*o* Cis) *n.*, ces (*o* Ces) *n.*; ***chiave di ~*** C-Schlüssel *m.*; ***sonata in ~ minore*** Sonate in c-Moll.

2.do → **dare.**

dob|bia|mo → **dovere.**

do|ber|mann m.inv. Dobermann *m.*

do|blo|ne m. Dublone *f.*

doc, DOC agg.inv. **1** ***vino ~*** Wein mit kontrollierter Herkunftsbezeichnung **2** SCHERZ. *(autentico)* typisch, echt: ***un toscano ~*** ein echter Toskaner.

doc|cia f. *(-ce)* **1** Dusche *f.*; ***fare, farsi una, la ~*** (sich) duschen, sich ab‿duschen; ***essere sotto la ~*** unter der Dusche sein (*o* stehen); ***andare a fare la ~*** unter die Dusche gehen; ***fare una ~ calda, fredda*** eine warme, kalte Dusche nehmen (*o* warm, kalt duschen); FIG. ***essere una ~ fredda (per qcn.)*** eine kalte Dusche (für jdn) sein, wie eine kalte Dusche (auf jdn) wirken **2** pl. *(in impianti sportivi, campeggi...)* Duschraum *m.* **doc|cia|tu|ra** f. Duschbad *n.* **doc|cio|ne** m. **1** Regenabflussrohr *n.* **2** STOR. Wasserspeier *m.*

do|cen|te I agg. Lehr-, Lehrer-: ***corpo ~*** Lehrkörper *n.*; Lehrerkollegium *n.*; *(all'università)* Professorenkollegium *n.* **II** m. e f. Lehrer *m.* (-in *f.*); *(all'università)* Dozent *m.* (-in *f.*), Professor *m.* (-in *f.*): ***essere ~ di storia greca presso una facoltà*** Dozent für griechische Geschichte an einer Fakultät sein; ***libero ~*** Privatdozent *m.* **do|cen|za** f. Lehrberuf *m.*; *(all'università)* Dozentur *f.*, Professur *f.*: ***libera ~*** Privatdozentur *f.*

D.O.C.G. ⇒ *Denominazione d'Origine Controllata e Garantita* (Qualitätsbezeichnung für Waren aus bestimmten Herkunftsgebieten).

do|ci|le agg. **1** fügsam, folgsam, gefügig: ***un bambino ~*** ein folgsames Kind **2** *(di animali)* zahm, zutraulich: ***un cavallo ~*** ein zahmes Pferd **3** *(di materiali)* geschmeidig, weich **4** *(di strumenti)* leicht handhabbar, handlich **5** *(di capelli)* leicht kämmbar: ***capelli -i al pettine*** leicht kämmbares Haar ◆ ~ ***come un agnello, un agnellino*** sanft wie ein Lamm, lammfromm. **do|ci|li|tà** f. **1** Fügsamkeit *f.*, Folgsamkeit *f.*, Gefügigkeit *f.* **2** *(mansuetudine)* Zahmheit *f.* **3** Geschmeidigkeit *f.*, Weichheit *f.*, Formbarkeit *f.* **do|cil|men|te** avv. **1** fügsam, folgsam **2** *(di animali)* zahm, zutraulich.

do|cu|men|ta|bi|le agg. dokumentarisch nachweisbar, aktenkundig. **do|cu|men|ta|le** agg. Urkunden-: ***prova ~*** Urkundenbeweis *m.*; ***falso ~*** Urkundenfälschung *f.* **do|cu|men|ta|li|sta** m. e f. *(-i,-e)* Dokumentalist *m.* (-in *f.*), Dokumentar *m.* (-in *f.*).

do|cu|men|ta|re I tr. **1** DIR. BUROCR. beurkunden, urkundlich belegen, dokumentieren: ~ ***un atto giuridico*** eine Rechtshandlung beurkunden **2** *(comprovare)* beweisen, belegen: ~ ***un fatto*** eine Tatsache beweisen; ESTENS. ***tale reazione documenta la mancanza d'interesse per il problema*** eine solche Reaktion beweist das mangelnde Interesse für das Problem; ~ ***una tesi, una teoria*** eine These, eine Theorie belegen **II** pronom. **documentarsi** sich informieren.

do|cu|men|ta|rio I agg. *(-ri,-rie)* Dokumentar-, dokumentarisch: ***materiale ~*** dokumentarisches Material; ***foto -rie*** dokumentarische Fotos **II** m. *(-ri)* Dokumentarfilm *m.* ◆ ***credito ~*** Dokumentenakkreditiv *n.* **do|cu|men|ta|ri|sta** m. e f. *(-i,-e)* Dokumentarist *m.* (-in *f.*). **do|cu|men|ta|ri|sti|co** agg. *(-ci,-che)* dokumentarisch: ***l'importanza -a di un'opera letteraria*** die dokumentarische Bedeutung eines literarischen Werks. **do|cu|men|ta|to** p.pass. agg. **1** → **documentare 2** *(provato con documenti)* dokumentarisch, dokumentarisch (*o* urkundlich) belegt, urkundlich: ***un'asserzione -a*** eine urkundlich belegte Behauptung **3** informiert: ***un giornalista ben ~*** ein gut informierter Journalist.

do|cu|men|ta|zio|ne f. **1** Dokumentation *f.*: ***un accurato lavoro di ~*** eine sorgfältige dokumentarische Arbeit **2** *(documenti)* Dokumentation *f.*, Unterlagen *pl.*: ***richiedere, fornire, allegare la ~*** die Unterlagen an‿fordern, bei‿bringen, bei‿fügen (*o* bei‿legen); DIR. BUROCR. ***produrre la ~*** die Dokumentation erstellen **3** COMM. *(dépliant)* Prospektion *f.*, Prospekte *pl.*

do|cu|men|to m. **1a** Schriftstück *n.*; BUROCR. Urkunde *f.*, Dokument *n.*: ***registrare, firmare (sottoscrivere) un ~*** eine Urkunde ein‿tragen, unterzeichnen; ***presentare (la) copia di un ~*** das Doppel einer Urkunde ein‿reichen; ***con, per mezzo di -i*** urkundlich **b** pl. *(documentazione)* Unterlagen *pl.*: ***i -i d'esame*** die Prüfungsunterlagen **2** *(personale)* Ausweis *m.*: ***chiedere il rilascio di, rilasciare un ~*** einen Ausweis beantragen, aus‿stellen; ***presentarsi muniti di un ~*** sich, mit einem Ausweis versehen, melden **3** pl. Papiere *pl.*: ***(non) ho i -i in regola*** meine Papiere sind (nicht) in Ordnung; ***esibire, controllare i -i*** die Papiere zeigen, kontrollieren (überprüfen, visitieren); ***(esibisca i) -i!*** weisen Sie bitte Ihre Papiere vor! ~ ***dell'auto*** Kraftfahrzeugpapiere *pl.*, Wagenpapiere *pl.* **4** FIG. *(testimonianza)* Dokument *n.*: ~ ***del tempo*** ein Zeitdokument; ~ ***storico*** geschichtliches Dokument **5** *(servizio giornalistico)* Dokumentarbericht *m.* ◆ ***-i di accompagnamento*** Begleitpapiere *pl.*; ***-i di bordo*** Schiffspapiere *pl.*; ~ ***contabile*** Buchungsunterlage *f.*; ***controllo (dei) -i*** Ausweiskontrolle *f.*; ~ ***fotografico*** Bilddokument *n.*; ~ ***d'identità*** Personalausweis *m.*; ~ ***di lavoro*** Arbeitsunterlage *f.*; ***-i personali*** Ausweispapiere *pl.*; ~ ***di spedizione*** → ***-i di accompagnamento***; ~ ***di viaggio*** Fahrausweis *m.*

do|de|ca|e|dro m. Zwölfflach *n.*, Zwölfflächner *m.*, Dodekaeder *n.*

do|de|ca|fo|ni|a f. Dodekaphonie *f.*, Zwölftonmusik *f.*; *(tecnica)* Zwölftontechnik *f.* **do|de|ca|fo|ni|co** agg. *(-ci,-che)* dodekaphonisch, Zwölfton-: ***musica -a*** Zwölftonmusik *f.*

do|de|ca|go|na|le agg. zwölfeckig. **do|de|ca|go|no** m. Zwölfeck *n.*

Do|de|ca|ne|so n.pr.m. Dodekanes *m.*

do|de|ca|sil|la|bo I agg. zwölfsilbig **II** m. zwölfsilbiger Vers *m.*

do|di|cen|ne I agg. zwölfjährig **II** m. e f. Zwölfjährige *m.* e *f.* **do|di|cen|nio** m. *(-ni)* zwölf Jahre *pl.* ◆ STOR. ~ ***nero*** = Nazizeit *f.*

do|di|ce|si|ma f. Duodezime *f.* **do|di|ce|si|mo I** agg. **1** zwölfte: ***il ~ secolo*** das zwölfte Jahrhundert; ***Pio ~*** Pius der Zwölfte **2** *(frazione)* zwölftel **II** m. **1** Zwölfte *m.* **2** *(frazione)* Zwölftel *m.* **3** EDIT. Duodez *m.*: ***edizione in ~*** Duodezausgabe *f.* ◆ ***la -a notte*** die zwölfte Nacht.

do|di|ci I agg.inv. zwölf: ***i ~ apostoli*** die zwölf Apostel; ***i ~ mesi dell'anno*** die zwölf Monate des Jahres; ***avere ~ anni*** zwölf Jahre alt sein; *(posposto)* ***sono le ore ~*** es ist zwölf Uhr; ***a pagina ~*** auf Seite zwölf **II** m. **1a** Zwölf *f.*: ***fare un ~ (con i dadi)*** eine Zwölf würfeln **b** *(tram, bus)* ***prendere il ~*** die Zwölf nehmen **2** *(giorno del mese)* Zwölfte *m.*: ***il ~ (di) settembre*** am zwölften September; ***oggi è il ~*** heute ist der Zwölfte; ***Roma, 12 luglio*** Rom, den zwölften Juli **III** f.pl. zwölf Uhr *f.*, zwölf: ***alle ~*** um zwölf (Uhr); ***sono le ~, le ~ e mezzo*** es ist zwölf Uhr, es ist halb eins; ***le ~ meno un quarto, un quarto alle ~*** ein Viertel vor zwölf ◆ ***di ~ anni*** zwölfjährig; ***~ cilindri*** *(auto)* Zwölfzylinder *m.*; *(motore)* Zwölfzylinder *m.*, Zwölfzylindermotor *m.*; ***l'Europa dei ~*** das Europa der Zwölf; ***in ~*** zu zwölft; ***di ~ mesi*** zwölfmonatig; ***zona delle ~ miglia*** Zwölfmeilenzone *f.*; ***leggi delle ~ tavole*** Zwölftafelgesetze *pl.*; ***~ volte*** zwölfmal.

do|ga f. *(-ghe)* Fassdaube *f.*, Daube *f.*

do|ga|le agg. Dogen-: ***corno ~*** Dogenmütze *f.*

do|ga|na f. **1** Zollamt *n.*, Zoll *m.*: ***passare la ~*** den Zoll passieren; ***merce in ~*** Waren beim Zoll **2** *(dazio)* Zoll *m.*: ***pagare la ~*** Zoll bezahlen ◆ ***franco (di) ~*** zollfrei, frei Zoll; ***funzionario della ~*** Zollbeamte *m.*; ***posto di ~*** Zollstelle *f.*; ***soggetto a ~*** zollbar, zollpflichtig. **do|ga|na|le** agg. Zoll-, zollamtlich: ***ufficio, posto, guardia, autorità ~*** Zollamt *n.*, Zollstelle *f.*, Zollwache *f.*, Zollbehörde *f.*; ***pratiche, formalità -i*** Zollabfertigung *f.*, Zollformalitäten *pl.*; ***diritto ~*** Zollrecht *n.*; ***unione ~*** Zollunion *f.*; ***controllo, tariffa, dichiarazione ~*** Zollkontrolle *f.*, Zolltarif *m.*, Zollerklärung *f.* ◆ ***dazio ~*** Zoll *m.* **do|ga|nie|re** m. Zollfahnder *m.*, Zollbeamte *m.*

do|ga|res|sa f. Dogaressa *f.* **do|ge** m. *(-gi)* Doge *m.*

do|glia f. Wehe *f.*: ***le -e del parto*** die Geburtswehen; ***avere le -e*** Wehen haben, in den Wehen liegen.

do|glian|za f. LETT. Beschwerde *f.*, Klage *f.*

do|glio m. *(-gli)* Tonkrug *m.*, Krug *m.*

dog|ma m. Dogma *n.* (anche FIG.): ***elevare qcs. a ~*** etw. zum Dogma machen, erheben. **dog|ma|ti|ca** f. Dogmatik *f.* **dog|ma|ti|ca|men|te** avv. dogmatisch. **dog|ma|ti|co** I agg. *(-ci,-che)* dogmatisch **II** m. *(-ci)* Dogmatiker *m.* **dog|ma|ti|smo** m. Dogmatismus *m.* **dog|ma|tiz|za|re** tr. dogmatisieren.

dol|ce I agg. **1a** süß: ***tè, bevanda ~*** süßer Tee, süßes Getränk; ***vino ~*** süßer Wein, Süßwein *m.*; ***un profumo ~*** ein süßer Duft **b** FIG. *(soave)* ***una ~ melodia, sensazione*** eine süße Melodie, Empfindung; ***una ragazza ~*** ein süßes Mädchen; ***parole -i*** süße Worte **c** *(di persona; caro)* lieb, süß: ***la mia ~ mammina*** mein süßes Mütterchen **d** *(gradevole)* süß, lieblich: ***un ~ ricordo di gioventù*** eine süße Jugenderinnerung **2a** *(delicato)* sanft: ***un viso, uno sguardo ~*** ein sanftes Gesicht, ein sanfter Blick; ***un timbro di voce ~*** eine sanfte Stimme **b** *(mite)* sanft, sanftmütig: ***un carattere ~*** ein sanfter Charakter **c** *(moderato)* sanft: ***movimento ~*** sanfte Bewegung **d** *(non ripido)* sanft: ***una salita ~*** ein sanfter Anstieg **e** *(lieve)* sanft, zart: ***un ~ alito di vento*** ein zarter Windhauch **f** *(non doloroso)* sanft: ***parto, morte ~*** sanfte Geburt, sanfter Tod **3** *(di clima)* mild, sanft **4a** *(di materiali)* weich, Weich-: ***ferro ~*** Weicheisen *n.* **b** GRAMM. *(sonoro)* ***consonante ~*** weicher Konsonant **II** m. **1** *(gusto dolce)* Süße *n.*, süßer Geschmack *m.*: ***preferire il ~ al salato*** das Süße dem Salzigen vor‿ziehen **2** *(prodotto dolciario)* Süßigkeit *f.*; pl. Süßwaren *pl.*: ***mangiare -i*** Süßigkeiten essen **3** *(a fine pasto; dessert)* Dessert *n.*, Süßspeise *f.*, Nachtisch *m.*: ***servire il ~*** den Nachtisch servieren; ***essere al ~*** beim Nachtisch (*o* Dessert) sein **4** *(torta)* Kuchen *m.*: ***preparare, cuocere un ~*** einen Kuchen zu‿bereiten, backen; ***impasto, pinza, forma per -i*** Kuchenteig *m.*, Kuchenzange *f.*, Kuchenform *f.* (*o* Backform *f.*) ◆ ***acqua ~*** Süßwasser *n.*, CHIM. weiches Wasser; ***pesce d'acqua ~*** Süßwasserfisch *m.*; ***a bocca ~*** gut gelaunt; ***~ al cucchiaio*** weiches Dessert; ***farina ~*** = Kastanienmehl *n.*; ***energia ~*** sanfte Energie; ***il ~ far niente*** das süße Nichtstun; ***flauto ~*** Blockflöte *f.*; ***formaggio ~*** milder Käse; ***ginnastica ~*** sanfte Gymnastik; ***~ come il miele*** honigsüß; ***fare gli occhi -i a qcn.*** jdm schöne Augen machen; ***patata ~*** Süßkartoffel *f.*; ***avere un sapore ~*** süß schmecken; ***la ~ vita*** das süße Leben; PROV. ***casa ~ casa*** daheim ist daheim.

dol|ce|a|ma|ro agg. bittersüß, süßsauer.

dol|ce|men|te avv. **1** süß: ***parlare, cantare ~*** süß reden, singen **2a** sanft: ***guardare, toccare ~ qcn.*** jdn sanft an‿blicken, berühren **b** ***un pendio che scende ~*** ein sanft abfallender Hang **3** *(non bruscamente)* weich, sanft: ***frenare ~*** weich bremsen.

dol|cet|ta f. Feldsalat *m.*

dol|cet|to m. INTRAD. (piemontischer Rotwein).

dol|ce|vi|ta I f.inv. Rolli *m.*; *(maglione)* Rollkragenpullover *m.* **II** agg.inv. ***maglione ~*** Rollkragenpullover *m.*

dol|cez|za f. **1** Süße *f.*, Süßigkeit *f.* (anche FIG.): ***la ~ della sua voce*** die Süße ihrer Stimme **2a** *(delicatezza)* Sanftheit *f.*; ***toccare qcs. con ~*** etw. sanft berühren **b** *(mitezza)* Sanftheit *f.*, Sanftmut *f.*: ***~ di carattere*** Sanftheit des Wesens **c** *(del clima)* Milde *f.*, Sanftheit *f.* **3** pl. Freuden *pl.*: ***le -e dell'amore*** die Freuden der Liebe ◆ *(come appellativo)* ***~ (mia)!*** mein Süßer, meine Süße; ***rivolgersi a qcn. con ~*** jdn liebevoll an‿reden.

dol|cia|rio agg. *(-ri,-rie)* Süßwaren-: ***industria -a*** Süßwarenindustrie *f.* ◆ ***prodotto ~*** Süßware *f.* **dol|cia|stro** agg. **1** süßlich: ***un profumo ~*** ein süßliches Parfum **2** FIG. SPREG. süßlich, zuckersüß.

dol|ci|fi|can|te I agg. süßend, Süß- **II** m. Süßstoff *m.*: ***~ ipocalorico*** kalorienarmer Süßstoff. **dol|ci|fi|ca|re** tr. *(dolcifico, dolcifichi)* süßen: ***~ con lo zucchero*** mit Zucker süßen. **dol|ci|fi|ca|to|re** m. Wasserenthärter *m.*

dol|ciu|me m. *(-mi)* Süßigkeit *f.*; pl. Süßwaren *pl.*

do|len|te agg. **1** schmerzend: ***la parte ~*** der schmerzende Körperteil **2** *(rammaricato)* schmerzlich: ***(sono) ~ di doverLe comunicare...*** es ist mir schmerzlich, Ihnen mitteilen zu müssen...; ***sono ~ per quanto è successo*** ich bedauere sehr, was geschehen ist **3** *(triste)* traurig, weh: ***uno sguardo, un sorriso ~*** ein trauriger Blick, ein wehes Lächeln ◆ ***punto ~*** wunder Punkt; ***toccare un tasto ~*** an eine alte Wunde rühren.

do|le|re *(dolgo, duoli, duole, doliamo, dolete, dolgono;* fut. *dorrò;* pass.rem. *dolsi, dolesti;* congiunt.pres. *dolga, doliamo, doliate, dolgano;* condiz.pres. *dorrei, dorresti;* p.pres. *dolente;* p.pass. *doluto)* **I** intr. (aus. *essere*) **1** *(fare male)* schmerzen, weh tun: ***mi duole la schiena*** mir, mich schmerzt der Rücken (*o* der Rücken tut mir weh) **2** ESTENS. *(rincrescere)* schmerzen, Leid tun: ***me ne duole, ma non posso farci nulla*** es schmerzt mich (*o* es tut mir sehr Leid), aber ich kann leider nichts tun **II** pronom. **dolersi** bedauern: ***-rsi di, per qcs.*** etw. bedauern, über etw. betrübt sein; ***mi dolgo di quanto è accaduto*** ich bedauere sehr, was geschehen ist.

do|le|ri|te f. Dolerit *m.*

do|li|co|ce|fa|li|a f. Langköpfigkeit *f.*, Dolichozephalie *f.* **do|li|co|ce|fa|lo** I agg. langschäd(e)lig, langköpfig, dolichozephal **II** m. e f. Langschäd(e)lige *m.* e *f.*

do|li|na f. Doline *f.*

dol|la|ro m. Dollar *m.*: ***trenta -i*** dreißig Dollar; ***in ~*** auf Dollarbasis; ***pagare in -i*** in Dollar bezahlen; ***quotazione del ~*** Dollarkurs *m.*

dol|men m.inv. Dolmen *m.*

do|lo m. DIR. Vorsatz *m.*, Mutwille *m.*: ***con ~*** vorsätzlich, arglistig.

do|lo|mia f. Dolomitgestein *n.*, Dolomit *m.* **do|lo|mi|te** f. MINER. Dolomit *m.* **Do|lo|mi|ti** n.pr.f.pl. ***le ~*** die Dolomiten. **do|lo|mi|ti|co** agg. *(-ci,-che)* **1** dolomitisch, Dolomit-: ***roccia -a*** Dolomitgestein *n.* **2** dolomitisch, Dolomiten-: ***paesaggio ~*** Dolomitenlandschaft *f.*

do|lo|ran|te agg. **1** mit Schmerzen: ***si rialzò, tutto ~*** er stand auf, mit Schmerzen am ganzen Körper **2** schmerzend, weh: ***avere i piedi -i*** wehe Füße haben. **do|lo|ra|re** intr. (aus. *avere*) LETT. Schmerz empfinden.

do|lo|re m. **1** Schmerz *m.*, Weh *n.*: ***un ~ fortissimo, sordo, pungente*** ein rasender, dumpfer, bohrender (*o* stechender) Schmerz; ***sentire un ~ al petto*** Schmerzen auf, in der Brust empfinden, spüren; ***alleviare, calmare il ~*** die Schmerzen lindern, stillen; ***sopportare il ~*** Schmerzen ertragen, aus‿halten; ***gemere, urlare dal ~*** vor Schmerzen stöhnen, schreien; ***il ~ aumenta, diminuisce*** der Schmerz nimmt zu, lässt nach **2** *(sofferenza spirituale)* Schmerz *m.*, Kummer *m.*, Leid *n.*: ***lacrime di ~*** Tränen des Schmerzes; ***prendere parte al, condividere il ~ di qcn.*** jds Schmerz mit‿fühlen; ***essere straziato dal ~*** vom Schmerz zerstört sein; ***morire di ~*** aus Kummer sterben ◆ ***atto di ~*** Bußgebet *n.*; ***con mio grande, con profondo ~*** zu meinem großen Leidwesen, in stiller Trauer; ***dare un ~ a qcn.*** jdm ein Leid an‿tun; ***~ di denti*** Zahnschmerzen *pl.*; ***grido di ~*** Schmerzenslaut *m.*, Schmerzensschrei *m.*; ***insensibile al ~*** schmerzunempfindlich; ***giacere in un letto di ~*** auf einem Krankenlager liegen; ***~ muscolare*** Muskelschmerz *m.*; ***~ alla pancia*** Bauchschmerz *m.*; ***~ al petto*** Brustschmerz *m.*; ***sensazione di ~*** Schmerzempfindung *f.*, Schmerzgefühl *n.*; ***sensibile al ~*** schmerzempfindlich; ***senza ~*** schmerzlos; ***soglia del ~*** Schmerzgrenze *f.*; ***-i di stomaco*** Magenschmerzen *pl.*

do|lo|ret|to, do|lo|ri|no m. leichter Schmerz *m.*, FAM. Wehwehchen *n.* **do|lo|ro|sa|men|te** avv. schmerzhaft, schmerzlich. **do|lo|ro|si|tà** f. Schmerzhaftigkeit *f.*, Schmerzlichkeit *f.*: ***la ~ di una ferita, di una separazione*** die Schmerzhaftigkeit einer Wunde, Trennung.

do|lo|ro|so agg. **1** schmerzend, schmerzhaft: ***una ferita -a*** eine schmerzhafte Wunde, eine schmerzende Verletzung; ***un'operazione non -a*** eine schmerzlose Operation **2** *(triste, penoso)* schmerzhaft, schmerzlich: ***una -a perdita*** ein schmerzlicher Verlust; ***una***

decisione -a, ma necessaria eine schmerzliche, aber notwendige Entscheidung **3** *(pieno di dolore)* schmerzen(s)reich: ***vita -a*** schmerzensreiches Leben.

do|lo|sa|men|te avv. vorsätzlich, mutwillig. **do|lo|si|tà** f. Vorsätzlichkeit *f.*, Mutwilligkeit *f.*, Arglist *f.*

do|lo|so agg. **1** DIR. vorsätzlich, mutwillig: ***omicidio ~*** vorsätzliche Tötung, vorsätzlicher Totschlag; ***incendio ~*** mutwillige Brandstiftung **2** ESTENS. böswillig, betrügerisch.

dol|si, do|lu|to → **dolere.**

do|ma m. MINER. Doma *n.*

do|ma|bi|le agg. **1** zähmbar **2** ESTENS. *(soggiogabile)* bezähmbar.

do|man|da f. **1** Frage *f.*: ***-e personali*** Fragen zur Person; ***fare, porre, rivolgere una ~ a qcn.*** an jdn (*o* jdm) eine Frage stellen, an jdn eine Frage richten; ***formulare una ~*** eine Frage formulieren; ***rispondere a una ~*** auf eine Frage antworten (*o* eine Frage beantworten); ***rispondere affermativamente, negativamente a una ~*** eine Frage bejahen, verneinen; ***permette una ~?*** gestatten Sie eine Frage? ***tempestare, subissare qcn. di -e*** jdn mit Fragen bestürmen, überfallen (*o* bedrängen); ***che ~!*** was für eine Frage! **2a** *(richiesta)* Gesuch *n.*, Anfrage *f.*; BUROCR. Antrag *m.*; *(preghiera)* Bitte *f.*: ***avanzare una ~*** ein Gesuch ein‿reichen **b** *(a concorsi, posti di lavoro)* Bewerbung *f.*, Antrag *m.*, Gesuch *n.*; ***fare ~ presso una ditta*** sich bei einer Firma bewerben; ***presentare, respingere una ~*** eine Bewerbung ein‿reichen, ab‿lehnen; ***esaminare le -e pervenute*** die eingegangenen Bewerbungen prüfen; ***scrivere una ~ in carta da bollo*** einen Antrag auf Stempelpapier schreiben **3** ECON. Nachfrage *f.*: ***la ~ supera l'offerta*** die Nachfrage übersteigt das Angebot; ***legge della ~ e dell'offerta*** Gesetz von Angebot und Nachfrage ◆ ***~ di assunzione*** Bewerbungsschreiben *n.*, Bewerbung *f.*; ***~ di estradizione*** Auslieferungsantrag *m.*; ***formulazione di una ~*** Fragestellung *f.*; ***~ di grazia*** Gnadengesuch *n.*; ***~ interna*** Inlandsnachfrage *f.*; ***~ d'iscrizione*** Aufnahmegesuch *n.*; ***~ di matrimonio*** Heiratsantrag *m.*; ***punto di ~*** Fragezeichen *n.*

do|man|da|re I tr. **1** fragen: ***~ qcs. a qcn.*** jdn etw. (*o* nach etw.) fragen; ***~ un'informazione, il parere di qcn.*** nach einer Information, jdn nach seiner Meinung fragen; ***~ l'ora*** nach der Uhrzeit fragen; ***domandagli come si chiama*** frag ihn nach seinem Namen; ***~ come è successo*** fragen, wie es geschehen ist; ***~ se hanno bisogno di qcs.*** fragen, ob sie etw. brauchen **2** *(chiedere un favore)* bitten: ***il prigioniero ha domandato la grazia*** der Gefangene hat um Gnade gebeten; ***mi ha domandato di aiutarlo*** er hat mich darum gebeten, ihm zu helfen; ***~ la parola*** um das Wort bitten; ***posso ~ un'informazione?*** darf ich um eine Information bitten? ***~ scusa, perdono, pietà*** um Entschuldigung, Verzeihung, Erbarmen bitten **3a** *(pretendere)* verlangen: ***i terroristi domandano la liberazione di dieci prigionieri politici*** die Terroristen verlangen die Freilassung von zehn politischen Gefangenen **b** *(come prezzo)* ***quanto domandano per quel quadro?*** wie viel wird für das Bild verlangt? **II** intr. (aus. *avere*) fragen, sich erkundigen, nach‿fragen: ***ha domandato di te*** er hat nach dir gefragt, er hat sich nach dir erkundigt **III** pronom. **domandarsi** sich fragen: ***-rsi qcs.*** sich (A) etw. fragen; ***mi domando se non sarebbe meglio andare via*** ich frage mich, ob es nicht besser wäre wegzugehen ◆ ***~ soldi in prestito*** sich Geld aus‿leihen; COLLOQ. ***domando e dico se questa è la maniera di comportarsi!*** ich möchte wirklich wissen, ob man sich so benimmt! ***e me lo domandi!*** das ist doch selbstverständlich!

do|ma|ni I avv. morgen: ***~ mattina*** morgen früh, morgen vormittag; ***~ pomeriggio*** morgen nachmittag; ***~ sera*** morgen abend; ***a ~*** bis morgen **II** m. **1** darauf folgender Tag *m.*, nächster Tag *m.*: ***aspettare ~*** auf den nächsten Tag warten **2** *(avvenire)* Zukunft *f.*, Morgen *n.*: ***credere, pensare al ~*** an das Morgen glauben, für die Zukunft sorgen; ***non ci sarà un ~ per loro*** es wird keine Zukunft für sie geben ◆ ***~ l'altro*** übermorgen; ***dagli oggi e dagli ~*** auf (die) Dauer; ***di ~*** morgig, von morgen; ***il mondo di ~*** die Welt von morgen; ***dopo ~*** übermorgen; ***~ è un altro giorno*** morgen ist ein neuer Tag; ***oggi a me, ~ a te*** heute ich, morgen du; ***oggi qui, ~ là*** heute hier, morgen da; ***dall'oggi al ~*** von heute auf morgen; ***oggi o ~*** heute oder morgen; IRON. ***sì, ~!*** schön wär's! ***un ~*** *(in futuro)* eines Tages; PROV. ***non rimandare a ~ quello che puoi fare oggi*** was du heute kannst besorgen, das verschiebe nicht auf morgen.

do|ma|re tr. **1** zähmen, dressieren, bändigen: ***~ tigri, leoni*** Tiger, Löwen dressieren; ***~ un cavallo*** ein Pferd zähmen, zu‿reiten **2** FIG. zähmen, bezähmen, bezwingen: ***~ le passioni, gli istinti*** die Begierden, Triebe bezähmen; ***~ l'avversario*** den Feind bezwingen.

do|ma|to|re m. **1** Bändiger *m.*, Dresseur *m.* **2** *(al circo)* Tierbändiger *m.*, Dompteur *m.*

do|mat|ti|na avv. morgen vormittags.

do|ma|tu|ra f. Zähmung *f.*, Bändigung *f.*

do|me|ni|ca f. *(-che)* Sonntag *m.*: ***osservare la ~*** den Sonntag heiligen; ***arrivo ~*** ich komme am Sonntag an; ***~, 17 settembre*** Sonntag, den 17. September; ***di, la ~*** sonntags; ***una ~*** eines Sonntags, an einem Sonntag; ***ogni ~, tutte le -che*** jeden Sonntag; ***ogni due -che, una ~ sì e una no*** jeden zweiten Sonntag; ***la notte tra ~ e lunedì*** die Nacht von Sonntag auf Montag; ***~ prossima*** nächsten Sonntag; ***da ~ prossima*** ab kommenden Sonntag; ***~ scorsa*** vergangenen, letzten Sonntag; ***da ~ scorsa*** seit vorigem Sonntag ◆ ***~ in albis*** Weißer Sonntag; FIG. ***automobilista, pittore della ~*** Sonntagsfahrer *m.*, Sonntagsmaler *m.*; ***edizione della ~*** Sonntagsausgabe *f.*; ***~ mattina*** Sonntagmorgen *m.*; ***di, la ~ mattina*** sonntagmorgens; ***~ delle Palme*** Palmsonntag *m.*; ***~ di Pasqua*** Ostersonntag *m.*; ***~ di Pentecoste*** Pfingstsonntag *m.*; ***~ pomeriggio*** Sonntagnachmittag *m.*; ***di, la ~ pomeriggio*** sonntagnachmittags; ***~ sera*** Sonntagabend *m.*; ***di, la ~ sera*** sonntagabends; ***vestito della ~*** Sonntagskleid *n.*, Sonntagsstaat *m.*; PROV. ***non tutti i giorni è ~*** alle Tage ist kein Sonntag.

do|me|ni|ca|le agg. sonntägig, sonntäglich, Sonntags-: ***la messa ~*** die sonntägliche Messe; ***i programmi (televisivi) -i*** das Sonntags(fernseh)programm; ***riposo, turno ~*** Sonntagsruhe *f.*, Sonntagsdienst *m.*

do|me|ni|ca|no I agg. dominikanisch, Dominikaner-: ***ordine ~*** Dominikanerorden *m.* **II** m. Dominikaner *m.*

Do|me|ni|co n.pr.m. Dominik *m.* ◆ ***san ~*** der heilige Dominikus.

do|me|sti|ca f. *(-che)* Hausangestellte *f.*, Bedienstete *f.*, Dienstmädchen *n.*

do|me|sti|ca|re tr. *(domestico, domestichi)* BIOL. domestizieren. **do|me|sti|ca|zio|ne** f. BIOL. Domestikation *f.*, Domestizierung *f.*

do|me|sti|chez|za f. → **dimestichezza. do|me|sti|ci|tà** f. Zahmheit *f.*

do|me|sti|co I agg. *(-ci,-che)* **1** häuslich, Haus-, Heim-, heimisch: ***lavori -ci*** häusliche Arbeiten; ***animale ~*** Haustier *n.*, Heimtier *n.*; ***collaboratrice -a*** Haushaltshilfe *f.*; ***il focolare ~*** der häusliche, heimische Herd, das Heim; ***di uso, per l'uso ~*** für den Hausgebrauch **2** *(addomesticato)* zahm, gezähmt **II** m. *(-ci)* Hausangestellte *m.*, Diener *m.*, Bedienstete *m.* ◆ ***vita -a*** Familienleben *n.*

1.do|mi|ci|lia|re agg. Haus-: ***assistenza ~*** Hausbetreuung *f.*; ***arresti -i*** Hausarrest *m.*; ***mettere qcn. agli arresti -i*** jdn unter Hausarrest stellen; ***essere agli arresti -i*** unter Hausarrest stehen; ***perquisizione ~*** Haussuchung *f.*

2.do|mi|ci|lia|re *(domicilio, domicili)* **I** tr. domizilieren, zahlbar stellen: ***~ una bolletta*** eine Rechnung domizilieren; ***~ una cambiale presso una banca*** einen Wechsel bei einer Bank zahlbar stellen **II** pronom. **domiciliarsi** sich nieder‿lassen, seinen Wohnsitz nehmen.

do|mi|ci|lia|to p.pass. agg. **1** → **domiciliare 2** BUROCR. wohnhaft: ***~ a Roma*** wohnhaft in Rom **3** COMM. Domizil-: ***cambiale -a*** Domizilwechsel *m.* **do|mi|ci|lia|zio|ne** f. Domizilierung *f.*

do|mi|ci|lio m. *(-li)* **1** Wohnsitz *m.*, Domizil *n.*: ***prendere ~ in una città*** in einer Stadt den Wohnsitz nehmen; ***trasferire il proprio ~*** seinen Wohnsitz verlegen; ***~ coniugale*** ehelicher Wohnsitz **2** *(casa)* Haus *n.*: ***consegnare, recapitare qcs. a ~*** etw. ins Haus liefern, zu‿stellen; ***consegna, recapito a ~*** Ablieferung, Zustellung ins Haus; ***franco ~*** frei Haus ◆ ***assistenza a ~*** Hausbetreuung *f.*; ***~ coatto*** Zwangsaufenthalt *m.*; ***~ fiscale*** Steuerwohnsitz *m.*; ***lavoro a ~*** Heimarbeit *f.*; ***~ legale*** Rechtssitz *m.*, gesetzlicher Sitz *m.*; ***servizio a ~*** Lieferung ins Haus, Heimservice *m.*; ***violazione di ~*** Hausfriedensbruch *m.*

do|mi|na|bi|le agg. beherrschbar.

do|mi|nan|te I agg. (be)herrschend, dominierend: ***la classe ~*** die herrschende Klasse; ***figura ~*** dominierende Figur; ***il motivo ~ (di un romanzo)*** das dominierende Motiv (eines Romans); ***posizione ~*** beherrschende Stellung (anche FIG.) **II** f. Dominante *f.* ◆ BIOL. ***carattere ~*** dominantes Merkmal; MUS. ***nota ~*** Dominante *f.*

do|mi|nan|za f. **1** Dominanz *f.*, Vorherrschaft *f.* **2** BIOL. Dominanz *f.*

do|mi|na|re *(domino)* **I** tr. beherrschen, dominieren (anche FIG.): ***~ un paese*** ein Land beherrschen; ***~ la situazione (politica), il mercato, i propri istinti*** die (politische) Situation, den Markt, seine Triebe beherrschen; ***~ una lingua straniera, il pubblico*** eine Fremdsprache, das Publikum beherrschen; ***la torre domina la piazza*** der Turm beherrscht den Platz; SPORT ***~ l'avversario*** den Gegner beherrschen **II** intr. (aus. *avere*) **1** *(regnare)* herrschen, beherrschen: ***~ su qcn., qcs.*** über jdn, etw. herrschen (*o* jdn, etw. beherrschen); ***qui domina l'odio*** hier herrscht der Hass **2** FIG. *(prevalere)* vor‿herrschen, dominieren: ***~ in uno sport*** in einem Sport dominieren; ***nella moda autunnale dominano i colori chiari*** in der

Herbstmode herrschen helle Farben vor **III** pronom. **dominarsi** sich beherrschen: ***non riuscire a -rsi*** sich nicht beherrschen können.

do|mi|na|to|re I agg. herrschend, beherrschend **II** m. Herrscher *m.*, Beherrscher *m.*: ***essere ~ assoluto, incontrastato di un popolo*** absoluter, unangefochter Herrscher über ein Volk sein.

do|mi|na|zio|ne f. **1** Herrschaft *f.*: ***cadere, essere sotto la ~ spagnola*** unter spanische Herrschaft fallen, unter spanischer Herrschaft sein; ***ribellarsi, sottrarsi alla ~ spagnola*** sich gegen die spanische Herrschaft empören, sich der spanischen Herrschaft entziehen; ***~ straniera*** Fremdherrschaft *f.* **2** pl. TEOL. Herrschaften *pl.*

do|mi|ned|di|o m.inv. Herrgott *m.*

do|mi|ni|ca|le agg. herrschaftlich: ***casa ~*** herrschaftliches Haus ◆ DIR. ***reddito ~*** Grundeinkünfte *pl.*

do|mi|ni|ca|no I agg. dominikanisch **II** m. Dominikaner *m.* ◆ ***la Repubblica Dominicana*** die Dominikanische Republik.

do|mi|nio m. *(-ni)* **1a** Herrschaft *f.*: ***~ dei mari, del mercato*** See-, Marktherrschaft *f.*; ***~ straniero*** Fremdherrschaft *f.*; ***assumere il ~ di qcs.*** die Herrschaft über etw. (A) an_treten; ***imporre il proprio ~ su qcn., qcs.*** jdm, etw. seine Herrschaft auf_zwingen; ***esercitare un ~ incontrastato, illimitato su qcn., qcs.*** eine unangefochtene, uneingeschränkte Herrschaft über jdn, etw. aus_üben; ***estendere il proprio ~ a qcs.*** seine Herrschaft auf etw. (A) aus_dehnen **b** *(territorio)* Herrschaft *f.*, Herrschaftsbereich *m.*: ***~ coloniale, feudale*** Kolonial-, Feudalherrschaft *f.* **2** FIG. *(controllo)* Beherrschung *f.*: ***avere il pieno, completo ~ di uno strumento musicale, di una materia*** ein Musikinstrument, ein Fach ganz, völlig beherrschen **3** DIR. *(proprietà)* Besitz *m.*, Gut *n.* **4** FIG. *(settore)* Fach *n.*, Domäne *f.*: ***rientrare nel ~ letterario (della letteratura)*** zum literarischen Fach (*o* zur Domäne der Literatur) gehören ◆ MAT. ***~ di una funzione*** Wertevorrat *m.*; DIR. ***~ pubblico*** Gemeingut *n.*; ***di ~ pubblico*** DIR. zum öffentlichen Gebrauch; FIG. allgemein bekannt; ***diventare di ~ pubblico*** DIR. zum Gemeingut werden; FIG. ruchbar werden, an die Öffentlichkeit dringen; FIG. ***rendere qcs. di ~ pubblico*** etw. in, an die Öffentlichkeit bringen; DIR. ***riservato ~*** Eigentumsvorbehalt *m.*; ***~ di sé*** Selbstbeherrschung *f.*; ***sete di ~*** Herrschbegierde *f.*

1.do|mi|no m. Domino *m.*: ***indossare un ~*** einen Domino tragen; sich als Domino verkleiden.

2.do|mi|no m. Domino *n.*, Dominospiel *n.*: ***giocare a ~*** Domino spielen ◆ ***tessera del ~*** Dominostein *m.*

Do|mi|zia|no n.pr.m. Domitian *m.*, Domitianus *m.*

do|mo agg. LETT. unterworfen, unterjocht.

1.don m.inv. Don: *(di sacerdoti)* ***~ Mario*** Don Mario; REGION. *(in segno di rispetto)* ***~ Salvatore*** Don Salvatore.

2.don inter. bam: ***(fare) ~ ~, (fare) din ~ (dan)*** bim, bam (machen).

do|na|re I tr. **1a *~ qcs. a qcn.*** jdm etw. schenken, etw. an jdn verschenken, jdn mit etw. beschenken **b** FIG. *(conferire)* verleihen, schenken: ***~ forza, gioia a qcn.*** jdm Kraft, Freude verleihen **2** *(sacrificare)* hin_geben: ***~ la vita per la patria*** sein Leben für das Vaterland hingeben; ***~ tutto se stesso*** sich ganz hingeben **3** MED. spenden: ***~ il sangue, gli organi*** Blut, Organe spenden **II** intr. (aus. *avere*) **1** DIR. eine Schenkung machen **2** FIG. stehen: ***questo colore ti dona*** diese Farbe steht dir gut **III** pronom. **donarsi 1** *(dedicarsi)* sich (A) widmen, sich (A) hin_geben: ***-rsi agli altri*** sich den anderen widmen **2** *(concedersi)* sich hin_geben, sich verschenken: ***-rsi a un uomo*** sich einem Mann hingeben. **do|na|ta|rio** m. *(-ri)* DIR. Beschenkte *m.* **do|na|ti|vo** m. Geschenk *n.*

do|na|to p.pass. agg. → **donare** ◆ PROV. ***a caval ~ non si guarda in bocca*** einem geschenkten Gaul schaut man nicht ins Maul. **do|na|to|re** m. **1a** Spender *m.*, Geber *m.*: ***un ~ generoso*** ein großzügiger Spender **b** MED. Spender *m.*: ***~ di sangue, di organi*** Blut-, Organspender *m.* **2** DIR. Schenker *m.*

Do|na|to n.pr.m. Donatus *m.*, Donat *m.*

do|na|zio|ne f. **1** *(il donare)* Beschenkung *f.* **2** MED. Spende *f.*: ***~ di sangue, di organi*** Blut-, Organspende *f.*; ***effettuare una ~ di sangue*** Blut spenden **3** DIR. Schenkung *f.*: ***fare, registrare una ~*** eine Schenkung machen, beurkunden.

don|chi|sciot|te m.inv. Don Quichotte *m.*: ***essere un vero ~*** ein richtiger Don Quichotte sein; ***fare il ~*** wie Don Quichotte sein. **Don Chi|sciot|te** n.pr.m. Don Quichotte *m.* **don|chi|sciot|te|sco** agg. *(-schi,-sche)*, ***impresa -a*** Donquichotterei *f.*

don|de I avv. LETT. **1** interr. woher: ***~ vieni?*** woher kommst du? **2** rel. woher: ***tornarono ~ erano venuti*** sie kehrten dahin zurück, woher sie gekommen waren **II** cong. *(quindi)* woraus: ***~ si deduce che...*** woraus folgt, dass... ◆ ***averne ben ~*** = gute Gründe haben.

don|do|la|men|to m. **1** *(il dondolarsi)* Schaukeln *n.* **2** *(movimento oscillante)* Schaukelbewegung *f.*

don|do|la|re *(dondolo)* **I** tr. **1** schaukeln: ***~ il bambino nella culla*** das Baby in der Wiege schaukeln **2** *(oscillare)* wackeln: ***~ il capo, i fianchi*** mit dem Kopf, mit den Hüften wackeln **3** *(lasciare penzolare)* schlenkern: ***~ le gambe*** die Beine (*o* mit den Beinen) schlenkern **II** intr. (aus. *avere*) schaukeln, schwingen **III** pronom. **dondolarsi** schaukeln, sich (A) schaukeln: ***-rsi sull'amaca*** (sich) in der Hängematte schaukeln ◆ ***-rsi sulla sedia*** kippeln.

don|do|li|o m. *(-ii)* Geschaukel *n.*, Schaukelei *f.*

don|do|lo m. Hollywoodschaukel *f.* ◆ ***cavallo a ~*** Schaukelpferd *n.*; ***andare sul cavallo a ~*** auf (*o* mit) dem Schaukelpferd schaukeln; ***sedia a ~*** Schaukelstuhl *m.*

don|do|lo|ni avv. ***camminare ~*** beim Gehen hin und her schaukeln ◆ ***andare ~*** bummeln, schlendern.

don|gio|van|ni m.inv. Don Juan *m.*: ***essere un ~*** ein Don Juan sein; ***fare il ~*** den Don Juan spielen. **don|gio|van|ni|smo** m. Weiberheldentum *n.*

don|na f. **1a** Frau *f.*: ***~ emancipata, ideale*** emanzipierte, ideale Frau; ***amare, possedere una ~*** eine Frau lieben, besitzen; ***essere la ~ di qcn.*** Frau jds sein; ***avere molte -e*** viele Frauen haben; ***diventare, farsi ~*** zur Frau werden, heran_wachsen **b** *(signora)* Frau *f.*, Dame *f.*: ***una giovane, bella ~*** eine junge, schöne Dame **2** COLLOQ. *(domestica)* Putzfrau *f.*: ***prendere una ~*** eine Putzfrau an_stellen; ***avere la ~*** eine Putzfrau haben **3** *(carta da gioco)* Dame *f.*: ***~ di picche, di cuori*** Pik-, Herzdame *f.*; ***giocare la ~*** die Dame spielen (*o* an_spielen, aus_spielen) **4** *(negli scacchi)* Königin *f.* **5** *(titolo di riguardo)* Donna *f.* ◆ ***andare a -e*** hinter den Weibern (*o* Frauen) her_sein; ***buona ~*** brave (*o* einfache) Frau; SPREG. Dirne *f.*; SPREG. ***figlio di buona ~*** Hurensohn *m.*; ***~ cannone*** Riesendame *f.*; ***~ in carriera*** Karrierefrau *f.*; ***~ di casa*** Hausfrau *f.*; ***da ~*** Damen-: ***bicicletta, scarpe, cappello da ~*** Damenfahrrad *n.*, Damenschuhe *pl.*, Damenhut *m.*; ***andare, correre dietro alle -e*** den Frauen nach_laufen; ***diritti della ~*** Frauenrechte *pl.*; ***~ di malaffare*** Dirne *f.*; ***~ da marciapiede*** Strichmädchen *n.*; ***~ di mondo*** Dame *f.* (*o* Frau *f.*) von Welt; ***un nudo di ~*** ein weiblicher Akt; ***~ poliziotto*** Polizistin *f.*; TEATR. ***prima ~*** Primadonna *f.* (anche FIG.); ***~ delle pulizie*** Putzfrau *f.*; ***~ di servizio*** Haushaltshilfe *f.*; ***~ dei sogni*** Traumfrau *f.*; ***~ di strada*** Straßenmädchen *n.*, Mädchen *n.* von der Straße; ***~ di vita*** Lebedame *n.*; PROV. ***-e e buoi dei paesi tuoi*** = Frauen und Ochsen soll man in der Heimat suchen; ***la ~ è mobile*** = Frauen sind unbeständig. **don|nac|cia** f. *(-ce)* **1** Weibsstück *n.*, Schlampe *f.* **2** *(prostituta)* Nutte *f.* **don|na|io|lo** m. Schürzenjäger *m.*, Frauenheld *m.* **don|ne|sco** agg. *(-schi,-sche)* Frauen-: ***lavori -schi*** Frauenarbeit *f.* **don|net|ta** f. = graue Maus *f.* **don|nic|cio|la** f. SPREG. **1** Klatschweib *n.* **2** *(uomo debole)* Schwächling *m.*, Waschlappen *m.* **don|ni|na** f. **1** (zierliches) Persönchen *n.* **2** *(bambina assennata)* kleine Dame *f.*: ***è proprio una ~*** sie ist eine richtige kleine Dame **3** SPREG. Dämchen *n.* ◆ ***~ di casa*** Hausmütterchen *n.*

don|no|la f. Wiesel *n.*

do|no m. **1** Geschenk *n.*, LETT. Gabe *f.*: ***un ~ gradito*** eine liebe Gabe; ***-i di Natale*** Weihnachtsgeschenke *pl.*; ***fare, accettare un ~*** ein Geschenk machen, an_nehmen; ***offrire (dare), ricevere in ~ qcs.*** etw. zum Geschenk machen, geschenkt bekommen; FIG. ***un ~ del cielo, di Dio*** eine Himmelsgabe (*o* ein Geschenk des Himmels), eine Gottesgabe (*o* ein Gottesgeschenk) **2** FIG. *(dote)* Gabe *f.*, Begabung *f.*: ***il ~ della parola, del canto*** die Gabe der Rede, des Gesanges; ***~ di natura*** Naturbegabung *f.*; ***avere il ~ delle lingue, della matematica*** sprachbegabt, mathematisch begabt sein ◆ ***pacco ~*** Geschenkpackung *f.*; ***i -i della terra*** die Früchte der Erde.

don|zel|la f. LETT. Maid *f.*, Jungfrau *f.* **don|zel|lo** m. LETT. Edelknabe *m.*

do|pa|re I tr. ***~ qcn.*** jdn dopen **II** pronom. **doparsi** sich dopen. **do|ping** ['dəʊpiŋ, *üblich* 'dɔpiŋg] m.inv. Doping *n.*, Dopingmittel *n.*: ***sottoporre qcn. a ~*** jdn dopen; ***sottoporsi a ~*** sich dopen.

do|po I avv. **1** *(tempo)* dann, danach; *(più tardi)* später: ***prima leggi il testo, ~ lo commentiamo insieme*** lies zuerst den Text, dann besprechen wir ihn zusammen; ***...e ~ cosa facciamo?*** ...und was machen wir dann? ***una settimana ~*** eine Woche danach; ***ne parliamo ~*** darüber sprechen wir später **2** *(luogo)* danach: ***prima c'è la chiesa, l'edificio che viene ~ è l'ospedale*** zuerst kommt die Kirche, das Gebäude danach ist das Krankenhaus **II** prep. nach + dat.: *(di tempo)* ***~ un anno*** nach einem Jahr; ***ci vediamo ~ cena*** wir sehen uns nach dem Abendessen; *(di luogo)* ***(l') uno ~ l'altro*** einer nach dem andern; ***un negozio ~ l'altro*** ein Geschäft nach dem anderen; ***il parcheggio si trova ~ l'incrocio*** der Parkplatz liegt nach der Kreuzung; *(con pron. pers.)* ***~ di te ci sono io*** nach dir bin ich dran; ***prego, ~ di Lei!*** bitte, nach Ihnen! **III** cong. **1** nachdem: ***~ aver letto (~ che ebbe letto) il contratto, lo firmò*** nachdem er den Vertrag gelesen hatte, unterschrieb er ihn **2** *(da quando)* seitdem: ***~ che sei partito non ho più avuto tue notizie*** seitdem du abgereist bist, habe ich nichts mehr von dir gehört **IV** agg.inv. folgend, nächst: ***il giorno ~*** am folgenden Tag; ***la fermata ~*** die nächste Haltestelle **V** m.inv. **1** Nachher *n.*: ***il prima e il ~*** das Vorher und das Nachher **2** *(periodo seguente)* die (unmittelbare) Zeit nach etw. (D): ***il ~ terremoto, il ~ elezioni*** die Zeit unmittelbar nach dem Erdbeben, nach den Wahlen ◆ ***a ~*** bis dann (*o* bis später); ***~ Cristo*** nach Christi; ***~ di che*** darauf, danach; ***~ domani*** übermorgen; ***e ~?*** was dann? ***giorno ~ giorno*** Tag für Tag; ***molto tempo ~*** lange danach; ***poco ~*** kurz danach (*o* darauf); ***prima o ~*** früher oder später; ***subito ~*** gleich (*o* bald) danach (*o* darauf); ***~ tutto*** schließlich.

do|po|bar|ba I agg.inv. Aftershave-: ***lozione ~*** Aftershavelotion *f.* **II** m.inv. Aftershave *n.*, Rasierwasser *n.* **do|po|bor|sa** m.inv. Nachbörse *f.* **do|po|ce|na** m.inv. ***nel ~*** nach dem Abendessen, am späteren Abend: ***invitare qcn. per il ~*** jdn für den späteren Abend ein‿laden. **do|po|ché** cong. nachdem; *(da quando)* seitdem. **do|po|di|ché** avv. danach, darauf: ***le consegnò la lettera, ~ se ne andò*** er händigte ihr den Brief aus, danach entfernte er sich. **do|po|li|sti|no** m. → **dopoborsa.**

do|po|do|ma|ni I avv. übermorgen **II** m.inv. Übermorgen *n.* **do|po|guer|ra** m.inv. Nachkriegszeit *f.*, Nachkriegsjahre *pl.*: ***nel primo, secondo ~*** in der Zeit nach dem Ersten, Zweiten Weltkrieg. **do|po|la|vo|ro** m. = Freizeitorganisation *f.* der Arbeitnehmer: ***iscriversi, associarsi al ~*** sich bei der Freizeitorganisation ein‿schreiben, sich der Freizeitorganisation an‿schließen ◆ ***il ~ ferroviario*** = die Freizeitorganisation für Eisenbahner (*o* Bahnangestellte). **do|po|par|ti|ta** m.inv. ***nel ~*** nach dem Spiel. **do|po|pran|zo** m.inv. = früher Nachmittag *m.*: ***invitare qcn. per il ~*** jdn für den frühen Nachmittag ein‿laden. **do|po|sci I** agg.inv. Après-Ski- **II** m.inv. **1** *(calzatura)* Winterstiefel *m.*, Winterhalbstiefel *m.*, Boots *pl.* **2** *(abbigliamento)* Après-Ski *n.* **do|po|scuo|la** m.inv. Tagesheimschule *f.* **do|po|so|le I** agg.inv. Après-Sun-: ***crema, latte, lozione ~*** Après-Sun-Lotion *f.*, Après-Lotion *f.* **II** m.inv. Après-Sun-Lotion *f.*, Après-Lotion *f.*: ***mettersi, spalmarsi il ~*** sich (D) die Après-Lotion auf‿tragen.

do|po|tut|to avv. schließlich, letztendlich, letzten Endes: ***~ non credo che sia cattivo*** letztendlich glaube ich nicht, dass er bösartig ist; ***fa' quel che vuoi, ~ la vita è tua*** mach, was du willst, schließlich ist es dein Leben; ***~ non sarò io a rimetterci*** schließlich bin nicht ich es, der etwas zu verlieren hat.

dop|piag|gio m. *(-gi)* **1** CINEM. Synchronisation *f.*, Synchronisierung *f.*: ***direttore del ~*** Leiter der Synchronisation **2** SPORT Überrundung *f.*

dop|pia f. **1** *(camera doppia)* Doppelzimmer *n.*: ***prenotare una ~*** ein Doppelzimmer reservieren lassen **2** *(consonante)* Doppelkonsonant *m.*

dop|pia|men|te avv. **1** doppelt: ***fui ~ contento, sorpreso di vederlo*** ich war doppelt zufrieden, erstaunt, ihn zu sehen; ***sei ~ benvenuto*** du bist doppelt willkommen **2** *(con doppiezza)* falsch.

1.dop|pia|re *(doppio, doppi)* tr. **1** umschiffen: ***~ il capo Horn*** Kap Hoorn umschiffen **2** SPORT überrunden: ***farsi ~*** sich überrunden lassen **3** TESS. dublieren.

2.dop|pia|re *(doppio, doppi)* tr. synchronisieren: ***~ un film*** einen Film synchronisieren; ***~ un attore*** den Part eines Schauspielers synchronisieren.

1.dop|pia|to I p.pass. agg. **1** → **1.doppiare 2** SPORT überrundet: ***i piloti -i*** die überrundeten Rennfahrer **II** m. Überrundete *m.*

2.dop|pia|to p.pass. agg. **1** → **2.doppiare 2** ***un film ~ in francese*** ein französisch (*o* auf Französisch) synchronisierter Film.

dop|pia|to|re m. Synchronsprecher *m.* **dop|pia|tri|ce** f. Synchronsprecherin *f.*

dop|pie|re m. Doppelleuchter *m.*

dop|piet|ta f. **1a** *(fucile)* Doppelbüchse *f.*, Doppelflinte *f.*, Zwilling *m.* **b** *(doppio sparo)* Doppelschuss *m.* **2a** SPORT = zwei Tore *pl.* (in demselben Spiel): ***fare, realizzare una ~*** zwei Tore schießen, erzielen **b** *(nel pugilato)* doppelter Treffer *m.* **3** EL. Dipol *m.* ◆ *(con l'auto)* ***fare la ~*** Doppelgas geben.

dop|piez|za f. Falschheit *f.*; *(di persona)* Doppelzüngigkeit *f.*

dop|pi|no m. EL. Doppellitze *f.*

dop|pio I agg. *(-pi,-pie)* **1** doppelt, Doppel-: ***nodo ~*** doppelter Knoten, Doppelknoten *m.*; ***salto ~*** doppelter Salto, Doppelsalto *m.*; ***razione -a*** doppelte Portion; ***whisky ~*** doppelter Whisky; ***camera -a*** Doppelzimmer *n.*; ***volume ~*** Doppelband *m.* **2** *(duplice, ripetuto due volte)* doppelt, zweifach: ***commettere una -a infrazione, un ~ sbaglio*** einen zweifachen Verstoß, einen doppelten Irrtum begehen; ***questa parola si scrive con la -a "l"*** dieses Wort schreibt man mit zwei „l" **3** *(uguale)* ***avere due carte -e in mano*** ein Doppel auf der Hand halten; ***scambiare le figurine -e*** Dubletten von Sammelbildern tauschen **4** *(falso, ambiguo)* doppelzüngig, falsch: ***un comportamento, un individuo ~*** ein falsches Benehmen, ein doppelzüngiger Mensch **II** m. *(-pi)* **1** Doppelte *n.*, Zweifache *n.*: ***il ~ di 5 è 10*** das Doppelte von 5 ist 10; ***pagare qcs. il ~*** für etw. das Doppelte bezahlen; ***guadagnare, lavorare, pesare il ~ (di qcn.)*** doppelt so viel verdienen, arbeiten, wiegen (wie jd); ***la città ha il ~ degli abitanti di Torino*** die Stadt hat zweimal so viel Einwohner wie Turin; ***essere largo, lungo il ~ (di qcs.)*** doppelt so breit, lang (wie etw.) sein; ***ha il ~ della mia età, dei miei anni*** er ist doppelt so alt wie ich; COLLOQ. ***suo fratello è il ~ di lui*** sein Bruder ist doppelt so groß wie er **2** SPORT Doppel *n.*, Doppelspiel *n.*: ***giocare un ~*** ein Doppelspiel aus‿tragen; ***~ femminile, maschile*** Frauen-, Herrendoppel *n.*; ***~ misto*** gemischtes Doppel ◆ ***a ~ binario*** zweigleisig, zweispurig; ***freno, sistema a ~ circuito*** Zweikreisbremse *f.*, Zweikreissystem *n.*; ***cognome ~*** Doppelname *m.*; ***-pi comandi*** Doppelsteuerung *f.*; *(nel poker)* ***-a coppia*** Two Pairs *pl.*; ***strada a ~ corsia*** zweispurige Straße; SPORT ***~ fallo*** Doppelfehler *m.*; ***essere (posteggiato) in -a fila*** in der zweiten Reihe stehen; ***essere cucito, legato a filo ~ con qcn.*** = mit jdm eng verbunden sein; ***~ fondo*** → **doppiofondo**; ***~ gioco*** → **doppiogioco**; ***~ lavoro*** Doppelbeschäftigung *f.*; ***birra (al) ~ malto*** Doppelmalzbier *n.*; ***chiudere a -a mandata*** zweimal schließen; ***~ mento*** Doppelkinn *m.*; ***numero ~*** Doppelband *m.*; ***partita -a*** doppelte Buchführung; ***~ petto*** → **doppiopetto**; ***strada a ~ senso (di circolazione, di marcia)*** zweibahnige Straße, Straße mit Gegenverkehr; ***una barzelletta, frase a ~ senso*** ein zweideutiger Witz, Satz; ***-pi servizi*** zwei Bäder; ***a ~ taglio*** zweischneidig; FIG. ***un'arma a ~ taglio*** ein zweischneidiges Schwert; ***-pi turni*** Doppelschichten *pl.*; ***vedere ~*** doppelt sehen; ***-pi vetri*** Doppelverglasung *f.*; ***avere una -a vita*** ein Doppelleben führen.

dop|pio|fon|do m. *(doppifondi)* doppelter Boden *m.*: ***un cassetto, una valigia a ~*** eine Schublade, ein Koffer mit doppeltem Boden.

dop|pio|gio|chi|sta m. e f. *(-i,-e)* **1** Doppelagent *m.* (-in *f.*) **2** ESTENS. = jemand, der ein Doppelspiel treibt. **dop|pio|gio|co** m. *(doppigiochi)* Doppelspiel *n.*, doppeltes Spiel *n.*: ***fare il ~*** ein Doppelspiel treiben.

dop|pio|ne m. **1a** Doppel *n.*, Doppelexemplar *n.*; ***riordinando i libri ho trovato dei -i*** während ich die Bücher ordnete, fand ich einige Doppelausgaben **b** *(di francobolli, monete)* Dublette *f.* **2** *(di chiave)* Zweitschlüssel *m.*: ***farsi fare un ~ delle chiavi*** sich (D) einen Zweitschlüssel machen lassen.

dop|pio|pet|to I agg.inv. zweireihig: ***una giacca ~*** eine zweireihige Jacke **II** m.inv. Zweireiher *m.*

dop|pi|sta m. e f. *(-i,-e)* SPORT Doppelspieler *m.* (-in *f.*).

do|ra|re tr. **1a** vergolden: ***~ una cornice*** einen Rahmen vergolden **b** ESTENS *(con vernice dorata)* mit goldfarbigem Lack bestreichen **2** GASTR. an‿schwitzen, an‿bräunen: ***(far) ~ le cipolle*** Zwiebeln anschwitzen (lassen). **do|ra|to** p.pass. agg. **1** → **dorare 2** *(rivestito d'oro)* vergoldet, Gold-: ***una cornice -a*** ein vergoldeter Rahmen; ***argento ~*** vergoldetes Silber **3** *(di color oro)* goldfarbig, goldfarben, Gold-, LETT. golden, gülden: ***carta -a*** Goldpapier *n.*; ***bruno ~*** goldbraun; ***capelli -i*** goldenes Haar. **do|ra|to|re** m. Vergolder *m.*

do|ra|tu|ra f. **1** Vergoldung *f.* **2** *(strato d'oro)* Goldüberzug *m.*, Vergoldung *f.* **3** *(fregio d'oro)* Goldverzierung *f.*, Goldleiste *f.*: ***le -e del soffitto*** die Goldverzierungen an der Decke ◆ GASTR. ***far soffriggere le cipolle finché giungano a ~*** die Zwiebel anbraten, bis sie goldbraun sind.

do|ri|co agg. *(-ci,-che)* dorisch.

do|ri|fo|ra f. Kartoffelkäfer *m.*

dor|mic|chia|re intr. *(dormicchio, dormicchi; aus. avere)* dämmern, COLLOQ. duseln.

dor|mien|te I agg. schlafend **II** m. e f. Schlafende *m.* e *f.*

dor|mi|glio|ne m. COLLOQ. Langschläfer *m.*, Spätaufsteher *m.*, Schlafmütze *f.*: ***sei proprio un ~!*** du bist wirklich eine Schlafmütze!

dor|mi|re (p.pres. *dormente/dormiente*) **I** intr. (aus. *avere*) **1** schlafen: ***~ profondamente, della grossa*** tief, fest schlafen; ***~ come un ghiro, un sasso*** wie ein Dachs (*o* ein Murmeltier), wie ein Stein schlafen; ***~ in albergo, in tenda, in macchina*** im Hotel, im Zelt, im Auto schlafen; ***~ nel letto, sul divano, nel sacco a pelo*** auf dem Bett, auf dem Sofa, im Schlafsack schlafen; ***~ da qcn.*** bei jdm schlafen, übernachten; ***~ bocconi (sulla pancia), supino (sulla schiena), sul fianco*** bäuchlings (*o* auf dem Bauch), rücklings (*o* auf dem Rücken), auf der Seite schlafen; ***andare a ~ (presto, tardi)*** (früh, spät) schlafen gehen; ***~ tutto il giorno, fino a tardi*** den ganzen Tag, bis spät schlafen; ***~ dieci ore filate*** zehn Stunden in einem Stück schlafen (*o* durch‿schlafen); ***(hai) dormito bene?*** (hast du) gut geschlafen? ***non ho dormito abbastanza stanotte*** heute Nacht habe ich nicht genug geschlafen; ***ho bisogno di ~*** ich habe Schlaf nötig; ***mettere a ~ i bambini*** die Kinder schlafen bringen; ***cercare da ~*** einen Ort zum Schlafen suchen; ***non ho trovato da ~*** ich habe keinen Platz zum Schlafen gefunden; ***dar da ~ a qcn.*** jdn bei sich schlafen (*o* übernachten) lassen; ***con questo caldo non si riesce a ~*** bei dieser Hitze kann man nicht schlafen; ***il caffè non mi fa ~*** Kaffee lässt mich nicht schlafen; ***il rimorso non lo lascia, fa ~*** das schlechte Gewissen lässt ihn nicht schlafen; EUFEM. ***~ con qcn.*** mit jdm schlafen; FIG. ***la città dorme*** die Stadt schläft; ***qui si dorme invece di lavorare!*** hier wird mehr geschlafen als gearbeitet! impers. ***con questo rumore, in questo letto si dorme bene, male*** bei diesem Lärm, auf diesem Bett schläft es sich gut, schlecht **2** FIG. *(essere fermo)* ruhen, liegen bleiben, liegen: ***la pratica dorme da mesi in qualche ufficio*** die Akte liegt seit Monaten in irgendeinem Büro **II** tr. schlafen: ***~ un sonno profondo, tranquillo*** einen tiefen, ruhigen Schlaf schlafen ◆ ***~ sugli allori*** (sich) auf seinen Lorbeeren aus‿ruhen; FIG. ***far ~*** ein‿schlafen lassen; ***un film, libro che fa ~*** ein Film, Buch zum Einschlafen; ***~ il sonno del giusto*** den Schlaf des Gerechten schlafen; ***~ fra due guanciali*** sich in Sicherheit wiegen; ***~ con un occhio solo*** = nur leicht schlafen; EUFEM ***~ in pace*** in Frieden ruhen; ***~ in piedi*** im Stehen schlafen; COLLOQ. ***pillole per ~*** Pillen zum Schlafen; FIG. ***~ sonni tranquilli*** ruhig schlafen; ***~ tutto un sonno*** (die ganze Nacht) durch‿schlafen; ***dormici sopra! dormici su!*** schlaf noch einmal darüber! ***(ma) va' a ~!*** scher dich zum Kuckuck! PROV. ***chi dorme non piglia pesci*** faul bekommt nichts ins Maul.

dor|mi|ta f. Schlaf *m.*: ***hai bisogno di una bella ~!*** du hast eine Mütze Schlaf nötig! ***farsi una bella ~*** richtig aus‿schlafen; ***mi son fatto una ~!*** ich habe richtig ausgeschlafen! ***smaltire la sbronza con una ~*** seinen Rausch aus‿schlafen. **dor|mi|ti|na** f. Schläfchen *n.*, Nickerchen *n.*: ***farsi una ~*** ein Schläfchen machen (*o* halten).

dor|mi|to|rio m. *(-ri)* **1** Schlafsaal m. **2** *(pubblico)* Nachtasyl *n.* **3** *(in convento)* Dormitorium *n.* ◆ ***città, quartiere ~*** Schlafstadt *f.*; ***~ pubblico*** Nachtasyl *n.*

dor|mi|ve|glia m.inv. Halbschlaf *m.*, Dämmerschlaf *m.*, Dämmerzustand *m.*: ***essere nel ~*** dämmern, im Halbschlaf liegen; ***passare dal ~ al sonno*** hinüber‿dämmern.

dor|sa|le I agg. **1** Rücken-, MED. dorsal: ***muscolo, vertebra ~*** Rückenmuskel *m.*, -wirbel *m.* **2** LING. dorsal, Dorsal-: ***suono ~*** Dorsallaut *m.* **II** f. **1** Höhenrücken *m.*, Bergrücken *m.*; *(catena)* Gebirgskette *f.*: ***la ~ appenninica*** die Apenninische Gebirgskette **2** LING. Dorsal *m.*, Dorsallaut *m.* **III** m. **1** *(schienale)* Lehne *f.*, Rückenlehne *f.* **2** *(testata del letto)* Kopfende *n.* ◆ GINN. ***arco ~*** Brücke *f.*; ***pinna ~*** Rückenflosse *f.*; *(di balena, pescecane)* Finne *f.*; ***salto ~*** Hochsprung *m.* mit dem Rücken über die Latte; ***spina ~*** Rückgrat *n.*: ***rompersi la spina ~*** sich (D) das Rückgrat brechen; FIG. ***non avere spina ~*** kein Rückgrat haben; GINN. ***volteggio ~*** Kehre *f.* **dor|si|sta** m. e f. *(-i,-e)* Rückenschwimmer *m.* (-in *f.*).

dor|so m. **1a** Rücken *m.*: ***nuotare sul ~*** auf dem Rücken schwimmen; *(groppa)* ***andare a ~ di mulo, di cammello*** auf dem Rücken eines Maultieres, eines Kamels reiten **b** ***il ~ di un libro, di un monte, della mano, del piede*** der Rücken eines Buches, Berges, der Hand, des Fußes (*o* der Handrücken, der Fußrücken); ***un volume con ~ in pelle*** ein Band mit Lederrücken; ***il titolo è scritto sul ~ del libro*** der Titel steht auf dem Buchrücken **2** *(stile di nuoto)* Rückenschwimmen *n.*, Rückenkraulen *n.*, Rücken *m.*: ***fare la gara dei 100 m ~*** am Wettkampf über 100 m Rücken teil‿nehmen; ***il vincitore dei 100 m ~*** der Sieger über 100 m Rücken; ***nuotare a ~*** in der Rückenlage, auf dem Rücken schwimmen.

do|sa|bi|le agg. dosierbar. **do|sag|gio** m. *(-gi)* Dosierung *f.*: ***alto, basso ~*** hohe, niedrige Dosierung; ***sbagliare ~*** sich in der Dosierung irren; ***~ eccessivo*** Überdosierung *f.* ◆ ***~ ormonale*** hormonale Dosierung.

do|sa|re tr. **1** dosieren, bemessen: ***~ un farmaco*** ein Medikament dosieren; ***~ il sale*** das Salz dosieren; ***~ gli ingredienti per una torta*** die Zutaten für einen Kuchen bemessen **2a** FIG. *(misurare)* dosieren, ein‿teilen: ***~ le forze, lo sforzo*** die Kräfte, die Anstrengung einteilen **b** *(calibrare)* ab‿wägen, genau bemessen: ***~ le parole*** seine Worte abwägen. **do|sa|to** p.pass. agg. **1** → **dosare 2** *(calibrato)* abgewogen: ***parole ben -e*** sorgfältig abgewogene Worte. **do|sa|to|re** m. **1** Dosierer *m.*: ***il ~ del caffè, dello zucchero*** der Kaffeedosierer, der Zuckerstreuer **2** *(apparecchio)* Zuteilanlage *f.*, Dosieranlage *f.*

do|se f. **1a** Menge *f.*: ***le -i per un dolce*** die Mengen für einen Kuchen; ***-i per quattro persone*** Mengen für vier Personen **b** FARM. Dosis *f.*: ***-i da 20 g l'una*** Dosen à (*o* zu) 20 g; ***somministrare una ~ di sedativo a qcn.*** jdm eine Dosis Schmerzmittel verabreichen; ***la ~ prescritta dal medico*** die vom Arzt verschriebene Dosis; ***~ letale, mortale*** tödliche Dosis **2** *(di droga)* Dosis *f.*: ***procurarsi, comprare una ~*** sich (D) eine Dosis besorgen, kaufen; GERG. ***farsi una ~*** sich (D) einen Schuss setzen **3a** FIG. Portion *f.*, Menge *f.*: ***ci vuole una buona ~ di coraggio, fortuna, pazienza*** es gehört eine tüchtige Portion Mut, Glück, Geduld dazu; ***ha avuto una buona ~ di sfacciataggine*** er hat eine gehörige Portion Frechheit gehabt **b** ***una buona ~ di bastonate, schiaffi*** eine ordentliche Tracht Prügel, Ohrfeigen ◆ COLLOQ. ***~ da cavallo*** = starke Dosis; ***una ~ eccessiva di sonniferi*** eine Überdosis Schlaftabletten; ***~ effettiva*** Effektivdosis *f.*; ***a forti -i*** in starken Dosen; ***~ massima*** Maximaldosis *f.*; ***~ massima di tolleranza*** Toleranzdosis *f.*, Höchstmaß *n.* an Toleranz; ***a piccole -i*** in kleinen Mengen; FIG. ***prendere qcn. a piccole -i*** jdn nur in kleinen Dosen genießen; ***rincarare la ~*** = noch einen drauf‿setzen.

do|si|me|tro m. Dosimeter *n.* **do|si|me|tri|a** f. Dosimetrie *f.*

dos|sier [dos'sje] m.inv. **1** Dossier *n.*; *(pratica)* Akte *f.*: ***raccogliere un ~ su qcn.*** eine Akte über jdn an‿legen **2** ESTENS. *(raccolta di dati)* Dossier *n.*, Datenmaterial *n.*

dos|so m. **1** LETT. Rücken *m.* **2** *(piccola altura)* Erhebung *f.* **3** *(di strada)* (unübersichtliche) Kuppe *f.*: ***superare un ~*** über eine Kuppe fahren ◆ ***togliersi, levarsi qcs. di ~*** sich (D) etw. aus‿ziehen, sich etw. (G) entledigen; ***mettersi in ~ un abito*** sich ein Kleid an‿ziehen; ***non togliere gli occhi di ~ a qcn.*** kein Auge von jdm lassen; FIG. ***togliersi un peso di ~*** sich etwas vom Halse schaffen; ***scuotersi le preoccupazioni di ~*** die Sorgen ab‿schütteln; ***strapparsi i vestiti di ~*** sich (D) die Kleider vom Leib reißen.

do|ta|le agg. dotal, Ausstattungs-, Aussteuer-: ***bene ~*** Ausstattungsgut *n.*

do|ta|re tr. **1** *(fornire di dote)* aus‿steuern: ***~ una figlia*** eine Tochter aussteuern **2** *(fornire)* aus‿statten, versehen, aus‿rüsten: ***~ un'azienda di macchinari modernissimi*** einen Betrieb mit den modernsten Maschinen ausrüsten; ***~ un libro di illustrazioni*** ein Buch mit Bildern ausstatten; FIG. ***la natura lo ha dotato di una grande intelligenza*** die Natur hat ihn mit einer großen Intelligenz ausgestattet, versehen **3** *(di una rendita)* dotieren, aus‿statten.

do|ta|to p.pass. agg. **1** → **dotare 2** ausgestattet: ***una stanza -a di tutti i confort*** ein komfortabel ausgestattetes Zimmer **3** begabt: ***essere ~ per qcs.*** für etw. begabt sein; ***essere ~ di buon senso*** mit Vernunft begabt sein; ***un atleta molto ~*** ein sehr talentierter Sportler; ***persona -a*** Begabte *m.* e *f.*

do|ta|zio|ne f. **1** Ausstattung *f.*, Ausrüstung *f.*: ***una ricca ~ di strumenti, di accessori*** eine reiche Ausstattung mit Instrumenten, mit Zubehör **2** *(rendita)* Zuwendung *f.*, Dotation *f.*, Dotierung *f.* ◆ ***~ di bordo*** Bordausrüstung *f.*; ***~ di capitale*** Kapitalausstattung *f.*; ***capitale, fondo di ~*** Ausstattungskapital *n.*; ***avere qcs. in ~*** mit etw. ausgestattet, ausgerüstet sein; ***dare qcs. in ~ a qcn.*** jdm etw. zukommen lassen.

do|te f. **1** Aussteuer *f.*, Mitgift *f.*; ***portare qcs. in ~*** etw. in die Ehe ein‿bringen, mit‿bringen; ***fare la ~ a una ragazza*** einem Mädchen die Aussteuer geben, ein Mädchen aus‿steuern **2** *(dono, talento)* Gabe *f.*, Begabung *f.*: ***~ di persuasione*** Gabe der Überredung; ***avere grandi -i*** große Gaben haben ◆ ***cacciatore di ~*** Mitgiftjäger *m.*; ***~ naturale*** Naturbegabung *f.*; SCHERZ. ***sposare la ~*** eine Geldheirat ein‿gehen.

dott., Dott. ⇒ *dottor(e)* Doktor (Dr.).

dot|ta|men|te avv. gelehrt.

1.dot|to I agg. gelehrt, Gelehrten-: ***controversia -a*** Gelehrtenstreit *m.* **II** m. Gelehrte *m.*

2.dot|to m. ANAT. Gang *m.*, Kanal *m.* ◆ ***~ coledoco*** Gallengang *m.*; ***~ deferente, spermatico*** Samenleiter *m.*, Samengang *m.*

dot|to|ra|le agg. **1** Doktor- **2** IRON. Lehrer-: ***tono ~*** Lehrerton *m.*

dot|to|ran|do m. Doktorand *m.*, Promovend *m.*

dot|to|ra|to m. **1** Doktortitel *m.*, Doktorgrad *m.*, Doktorwürde *f.* **2** *(di ricerca)* = Promotion *f.*; ***tesi di ~*** Dissertation *f.*; ***ha conseguito il ~ in filosofia, con una tesi su Hegel*** er hat in Philosophie mit einer Dissertation über Hegel promoviert; ***conferire il ~ in filosofia*** jdn zum Doktor der Philosophie promovieren, jdm die Doktorwürde in Philosophie verleihen.

dot|to|re m. **1** Doktor *m.*: ***è ~ in filosofia, in medicina*** er ist Doktor der Philosophie, der Medizin; ***dottor Rossi*** Doktor Rossi **2** COLLOQ. *(medico)* Doktor *m.*, Arzt *m.*: ***andare dal ~*** zum Doktor gehen; ***chiamare il ~*** den Doktor rufen ◆ ***i -i della Chiesa*** die Kirchenlehrer; ***~ honoris causa*** Ehrendoktor, Doktor ehrenhalber; STOR. ***i -i della legge*** die Schriftgelehrten. **dot|to|res|sa** f. **1** Doktorin *f.*, (Frau) Doktor *m.*: ***gentile ~ Bianchi*** sehr geehrte Frau Doktor Bianchi **2** COLLOQ. *(medico)* Doktorin *f.*, Ärztin *f.* **dot|to|**

ri|no m. SCHERZ. = junger Arzt *m.*

dot|tri|na f. **1** Wissen *n.*, Bildung *f.*; *(erudizione)* Gelehrsamkeit *f.*, Gelehrtheit *f.*: ***uomo di grande ~*** Mensch von großem Wissen **2** Lehre *f.*, Doktrin *f.*: ***aderire a una ~*** einer Lehre an‿hängen; ***attenersi a una ~*** an einer Doktrin fest‿halten **3** *(catechismo)* Glaubenslehre *f.*, Katechismus *m.* **4** DIR. Rechtslehre *f.*, Rechtstheorie *f.* ◆ ***~ della Chiesa*** Kirchenlehre *f.*; ***~ cristiana*** Christenlehre *f.*, christliche Lehre *f.*; ***~ economica*** Wirtschaftslehre *f.*; ***~ delle idee*** Ideenlehre *f.*; ***~ morale*** Morallehre *f.*; ***~ religiosa*** Religions-, Glaubenslehre *f.*; ***~ sociale*** Soziallehre *f.*

dot|tri|na|le agg. **1** *(rif. a una dottrina)* theoretisch: ***il fondamento ~ di un'opera*** die theoretische Basis eines Werkes; ***una disputa ~*** ein wissenschaftlicher Disput **2** *(didattico)* belehrend: ***commento ~*** ein belehrender Kommentar **3** *(da dotto)* lehrhaft: ***parlare con tono ~*** in einem lehrhaften Ton reden. **dot|tri|na|rio I** agg. *(-ri,-rie)* doktrinär: ***un insegnamento ~*** eine doktrinäre Lehre **II** m. *(-ri)* SPREG. Doktrinär *m.*

dott.ssa ⇒ *dottoressa* Frau, Fräulein Doktor (Dr.).

doub|le-face [dublə'fas] **I** agg.inv. doppelseitig, Wende-: ***giacca ~*** Wendejacke *f.* **II** m.inv. Reversible *m.*; *(indumento)* Reversible *n.*, Doubleface *m.* e *n.*

do|ve I avv. **1a** *(interrogativo: stato in luogo)* wo: ***~ abiti?*** wo wohnst du? ***non so ~ si nasconde*** ich weiß nicht, wo er sich versteckt **b** *(relativo)* ***resta ~ sei*** bleib (da), wo du bist; ***ecco ~ ci siamo incontrati*** das ist der Ort, wo wir uns begegnet sind (*o* hier sind wir uns begegnet) **2a** *(interrogativo: moto a luogo)* wohin: ***~ vai?*** wohin gehst du? **b** *(relativo)* ***puoi andare ~ vuoi*** du kannst gehen, wohin du willst **3a** *(in cui: stato in luogo)* wo, an welcher Stelle, in dem, in der, in denen: ***il paese ~ vissi*** das Land, in dem ich wohnte **b** *(moto a luogo)* wohin, in den, in die, in das, in die: ***il cinema ~ siamo andati*** das Kino, in das wir gegangen sind **4** *(correlativo)* ***~ più ~ meno*** hier mehr, dort weniger **II** cong. ANT. **1** *(se)* wenn, falls: ***~ ciò non Vi piacesse...*** wenn Ihnen das nicht gefallen sollte... (*o* sollte Ihnen das nicht gefallen...) **2** *(mentre, laddove)* während, anstatt: ***lo rifiuta, ~ lo dovrebbe accettare*** er lehnt es ab, anstatt es anzunehmen (*o* während er es annehmen sollte) **III** m.inv. Wo *n.*: ***il ~ e il quando*** das Wo und das Wann; ***non so né il ~ né il quando*** ich weiß weder wann noch wo ◆ ***chissà ~*** wer weiß wo; *(moto)* wer weiß wohin; ***da, di ~*** woher: ***da ~ vieni, di ~ sei?*** woher kommst, bist du? ***non so da ~ l'ha preso*** ich weiß nicht, woher er das hat; ***non so da ~ cominciare*** ich weiß nicht, womit ich beginnen soll; COLLOQ. ***~ diavolo si sarà cacciato?*** weiß der Kuckuck, wohin er sich verdrückt hat; ***fin ~*** bis wohin; ***~ mai si troverà, ~ si troverà mai, ora?*** wo mag er nur zu finden sein, wo mag er jetzt nur sein? ***da ogni ~*** von überallher; ***in, per ogni ~*** überall; *(moto)* überallhin; ***per ~ si passa?*** wo kann man durch?

1.do|ve|re *(devo/debbo, devi, deve, dobbiamo, dovete, devono/debbono;* imperf. *dovevo*; fut. *dovrò;* pass.rem. *dovei/dovetti;* pres. congiunt. *debba/deva, dobbiamo, dobbiate, debbano/devano;* imperf.congiunt. *dovessi;* pres.condiz. *dovrei;* p.pass. *dovuto;* als Modalverb gebraucht, bildet es die zusammengesetzten Zeiten mit *essere*, bzw. *avere* je nachdem, ob das im Infinitiv stehende Verb das eine oder das andere Hilfsverb verlangt) **I** mod. **1a** *(avere l'obbligo)* müssen: ***tutti noi dobbiamo rispettare le leggi*** wir alle müssen die Gesetze respektieren; *(avere necessità)* ***devo dormire almeno sei ore*** ich muss mindestens sechs Stunden schlafen; ***devo andare*** ich muss gehen; ***è dovuto andare a Roma, alla stazione*** er hat nach Rom fahren, zum Bahnhof gehen müssen; ***ha dovuto fare una corsa per prendere l'autobus*** er musste rennen, um den Bus zu erreichen; *(essere necessario)* ***il latte fresco deve essere tenuto in frigo*** die frische Milch muss im Kühlschrank (aufbewahrt werden); *(preghiera accorata)* ***deve credermi!*** Sie müssen mir glauben! **b** *(in proposizioni negative)* brauchen: ***non devi restare a casa*** du musst nicht zu Hause bleiben (*o* du brauchst nicht zu Hause zu bleiben); ***non devi batterlo a macchina*** du brauchst es nicht zu tippen **c** *(stare per, essere sul punto di)* ***dovevamo (avremmo dovuto) incontrarci, ma è successo qualcosa*** wir hätten uns treffen müssen, aber irgend etwas ist dazwischengekommen **2** *(divieto)* dürfen: ***non si deve passare col rosso*** man darf bei Rot nicht fahren, über die Straße gehen; ***non devi leggere le mie lettere*** du darfst nicht meine Briefe lesen **3a** *(comando, istruzione)* sollen: ***devi venire dal direttore*** du sollst zum Direktor kommen; ***non dovete guardare tanto la televisione*** ihr sollt nicht soviel fern‿sehen; ***il medico ha detto che devo restare a letto*** der Arzt hat gesagt, ich soll(e) im Bett bleiben; ***gli disse che doveva stare tranquillo*** sie sagte ihm, er solle unbesorgt sein **b** *(chiedendo il parere di un altro)* ***devo aprire la finestra?*** soll ich das Fenster auf‿machen? **4** *(essere conveniente, opportuno)* ***questo non avrebbe dovuto farlo*** das hätte er nicht tun sollen; ***dovresti lavorare meno*** du solltest weniger arbeiten **5** *(in frasi ipotetiche)* sollen: ***se dovesse venire, mi telefoni per favore!*** sollte er kommen (*o* falls er kommen sollte), rufen Sie mich bitte an! ***se dovesse ritornare nella nostra città, la rivedremmo volentieri*** wenn Sie wieder mal in unsere Stadt kommen (sollten), würden wir Sie gerne wieder sehen **6a** *(essere probabile)* müssen: ***dev'essere in viaggio*** er muss verreist sein; ***deve essere stato difficile*** es muss schwierig gewesen sein; ***il treno dovrebbe già essere arrivato*** der Zug müsste schon angekommen sein; *(essere inevitabile)* ***doveva succedere*** das musste ja passieren **b** *(a quanto si dice)* sollen: ***dev'essere esperto in materia*** er soll ein Experte auf diesem Gebiet sein; ***in Norvegia deve fare molto freddo d'inverno*** in Norwegen soll es im Winter sehr kalt sein **7** *(usato enfaticamente)* müssen: ***ma perché devi essere sempre così distratto?*** warum musst du nur immer so zerstreut sein? ***dev'essere matto, per comportarsi così*** der muss (ja) verrückt sein, sich so zu benehmen! **II** tr. **1** schulden, schuldig sein: ***quanto Le devo?*** wie viel (*o* was) bin ich Ihnen schuldig (*o* schulde ich Ihnen)? ***mi deve molto denaro*** er schuldet mir viel Geld (*o* er ist mir viel Geld schuldig) **2** FIG. schulden, verdanken: ***~ riconoscenza, rispetto, una spiegazione, la vita a qcn.*** jdm Dankbarkeit, Respekt, eine Erklärung schulden, jdm das Leben verdanken; ***deve il suo successo soltanto alla fortuna*** er verdankt seinen Erfolg nur dem Glück; ***~ il proprio nome a qcs.*** seinen Name etw. (D) verdanken; ***a che cosa devo l'onore, la sua visita?*** womit habe ich die Ehre, Ihren Besuch verdient? ***si deve a lui, se il bambino si è salvato*** es ist ihm zu verdanken, wenn das Kind gerettet wurde **3a** impers. *(spettare)* gebühren: ***all'età si deve, è dovuto rispetto*** dem Alter gebührt Rücksicht; ***dagli ciò che gli è dovuto*** gib ihm, was ihm gebührt **b** *(essere imputabile)* ***gli errori si devono, sono dovuti alla tua disattenzione*** die Fehler sind auf deine Unaufmerksamkeit zurückzuführen; ***il ritardo del treno è dovuto a lavori sulla linea*** die Verspätung des Zuges wurde durch Schienenarbeiten verursacht ◆ ***come si deve*** wie es sich gehört; *(perbene)* ***una persona come si deve*** ein anständiger Mensch, ein Mensch mit gutem Benehmen; ***dovessi morire*** sollte ich sterben; ***dovete sapere che...*** ihr müsst nämlich wissen, dass...

2.do|ve|re m. **1** Pflicht *f.*, Schuldigkeit *f.*, Verpflichtung *f.*: ***i diritti e i -i del cittadino*** die Rechte und die Pflichten des Bürgers; ***-i professionali, morali, civili, coniugali*** berufliche, moralische, staatsbürgerliche, eheliche Pflichten; ***fare il proprio ~*** seine Pflicht (*o* das Seine, das Seinige) tun; ***non so come ringraziarla – Dovere!*** ich weiß nicht, wie ich Ihnen danken soll – Das war meine Pflicht! ***compiere (adempiere), trascurare il (venire meno al) proprio ~*** seine Pflicht erfüllen, vernachlässigen; ***fare qcs. per ~*** etw. aus Pflicht tun; ***fa parte dei tuoi -i*** das gehört zu deinen Pflichten; ***richiamare qcn. al ~*** jdn in (die) Pflicht nehmen; ***credere proprio ~*** es für seine Pflicht halten, es als seine Pflicht an‿sehen **2** *(ciò che è giusto)* Schuldigkeit *f.*, Gebühr *f.*: ***più del ~*** über Gebühr **3** pl. ANT. *(saluti)* Gruß *m.*, Empfehlungen *pl.*: ***le faccio i miei -i*** mit den besten Empfehlungen ◆ ***a ~*** nach Gebühr, gehörig; ***adempimento del ~*** Pflichterfüllung *f.*; ***rivolgersi a chi di ~*** sich an den Zuständigen richten; ***il ~ (mi) chiama*** die Pflicht ruft (mich); ***~ del cittadino, civico*** Bürgerpflicht *f.*, staatsbürgerliche Pflicht, Staatsbürgerpflicht *f.*; ***consapevolezza del proprio ~*** Pflichtbewusstsein *n.*; ***conscio del proprio ~*** seiner Pflicht bewusst, pflichtbewusst; ***dimentico del ~*** pflichtvergessen; ***fedele, ligio al proprio ~*** pflichtgetreu; ***fedeltà al proprio ~*** Pflichttreue *f.*; ***~ d'informazione*** Aufklärungspflicht *f.*; ***~ d'obbedienza*** Gehorsamspflicht *f.*; ***è un tuo sacrosanto ~*** es ist deine verdammte, verfluchte Pflicht und Schuldigkeit; ***senso del ~*** Pflichtgefühl *n.*; *(consapevolezza)* Pflichtbewusstsein *n.*; ***sentirsi in ~*** sich verpflichtet fühlen; ***vittima del ~*** Opfer der Pflicht; ***~ d'ufficio*** Amtspflicht *f.*; ***violazione dei -i d'ufficio*** Verletzung der Amtspflichten; ***zelo nel ~*** Pflichteifer *m.*; PROV. ***prima il ~, poi il piacere*** erst die Pflicht, dann das Vergnügen.

do|ve|ro|sa|men|te avv. pflichtgemäß. **do|ve|ro|so** agg. pflichtgemäß, gebührend, gehörig: ***~ rispetto*** gebührender Respekt; ***un'azione -a*** eine pflichtgemäße Handlung; ***credere, ritenere ~ che...*** es für seine Pflicht halten, dass...; ***è ~ accettarlo*** es gehört sich, es anzunehmen.

do|vi|zia f. Reichtum *m.*, (große) Fülle *f.*: ***con ~ di particolari*** mit einer großen Fülle von Einzelheiten. **do|vi|zio|so** agg. reichlich, reichhaltig. **do|vi|zio|sa|men|te** avv. reichlich.

do|vun|que I avv. **1** *(stato)* überall **2** *(moto)* überallhin: ***ti seguirò ~*** ich werde dir überallhin folgen **II** cong. **1** *(stato)* wo (auch) immer: ***~ sia*** wo auch immer er sein mag **2** *(moto)* wohin auch immer: ***~ andrai*** wohin auch immer du gehen magst.

do|vu|ta|men|te avv. gebührend, gehörig, schuldig.
do|vu|to I p.pass. agg. **1** → **dovere 2** *(spettante)* zustehend, zukommend: ***la somma -a, dovutami ammonta a...*** die zustehende, mir zustehende Geldsumme beträgt... **3** *(debito)* gebührend, gehörig, schuldig: ***con il ~ rispetto*** mit dem ihm, ihr gebührenden Respekt; ***prendere le -e precauzioni*** die gebührenden Vorsichtsmaßnahmen treffen **4** *(attribuibile, riconducibile)* bedingt, -bedingt: ***gli acciacchi -i all'età*** die altersbedingten Beschwerden; ***~ ai tempi, al periodo*** zeitbedingt **II** m. zustehende (*o* zukommende) Summe *f.*, zukommender Betrag *m.*: ***pagare il ~*** den zukommenden Betrag bezahlen ◆ ***più del ~*** über Gebühr.
down [daʊn] **I** agg.inv. mongoloid: ***un bambino ~*** ein mongoloides Kind, ein Kind mit Down-Syndrom **II** m. e f.inv. Mongoloide *m.* e *f.* ◆ ***sindrome di ~*** Down-Syndrom *n.*
doz|zi|na f. **1** Dutzend *n.*: ***una (mezza) ~ di uova*** ein (halbes) Dutzend Eier; ***vendere qcs. a -e*** etw. im Dutzend verkaufen; ESTENS. ***-e di libri*** Dutzende von Büchern **2** ANT. *(pensione)* Kost *f.*: ***essere, stare a ~ presso qcn.*** bei jdm Kost und Logis haben ◆ ***a -e*** zu (im) Dutzend, dutzendweise; ***~ di volte*** dutzendfach, dutzend Mal.
doz|zi|na|le agg. Dutzend-, Allerwelts-, schundig: ***persona, merce ~*** Dutzendmensch *m.*, Dutzendware *f.*; ***gusto ~*** Dutzendgeschmack *m.*; ***romanzo ~*** Schundroman *m.*
doz|zi|nan|te m. e f. ANT. Kostgänger *m.* (-in *f.*).
DP ⇒ *Decreto Presidenziale* Erlass des Präsidenten der Republik.
D.P.R. ⇒ *Decreto del Presidente della Repubblica* Erlass des Präsidenten der Republik.
Dr. ⇒ *dottore* Doktor (Dr.).
dra|ce|na f. Drachenbaum *m.*
dra|chen|bal|lon m.inv. Drachenballon *m.*
drac|ma f. Drachme *f.*
dra|co|nia|no agg. drakonisch.
dra|ga f. *(-ghe)* **1** Bagger *m.*, Schwimmbagger *m.* **dra|gag|gio** m. *(-gi)* Ausbaggerung *f.* **dra|ga|mi|ne** m.inv. Minenräumboot *n.*, Räumboot *n.* **dra|ga|re** tr. *(drago, draghi)* aus‿baggern.
dra|go m. *(-ghi)* **1** Drache *m.* **2** FIG. GERG. *(asso)* As *n.*, Kanone *f.* ◆ ***pallone ~*** Drachenballon *m.*; MITOL. BOT. ***sangue di ~*** Drachenblut *n.*; ***~ a sette teste*** siebenköpfiger Drache; ***~ volante*** *(aquilone)* Drachen *m.*; ZOOL. Flugdrache *m.*
dra|go|man|no m. Dragoman *m.*
dra|gon|cel|lo m. BOT. Dragon *n.* e *m.*, Estragon *m.*
dra|go|ne m. **1** Drache *m.* **2** *(soldato di cavalleria)* Dragoner *m.* **3** MAR. *(imbarcazione a vela)* Drachen *m.*
dra|go|na f. Troddel *f.*
dra|lon m.inv. Dralon *n.*
1.dram|ma m. **1** Drama *n.*; *(opera teatrale)* Drama *n.*, Theaterstück *n.*, Stück *n.*: ***il ~ antico, elisabettiano*** das antike, elisabethanische Drama; ***rappresentare, mettere in scena un ~*** ein Stück auf‿führen, inszenieren; ***portare in scena un ~*** ein Theaterstück auf die Bühne bringen; ***un ~ in cinque atti*** ein Theaterstück in fünf Akten, ein Fünfakter *m.*; ***~ psicologico*** psychologisches Drama; ***i -i di Pirandello*** die Dramen von Pirandello **2a** ESTENS. *(vicenda dolorosa o tragica)* Drama *n.*: ***un ~ familiare si è consumato*** ein Familiendrama hat sich abgespielt; ***il ~ della guerra, della fame*** das Drama des Krieges, der Hungersnot; **b** COLLOQ. ***andare in centro in auto è un ~*** es ist ein (einziges) Drama, mit dem Auto ins Zentrum zu fahren ◆ ***~ borghese*** bürgerliches Trauerspiel; ***~ cavalleresco*** Ritterdrama *n.*; ***~ comico*** Lustspiel *n.*; COLLOQ. ***fare -i*** Theater machen; ***non farne un ~*** kein Drama daraus machen; ***~ ideologico*** Ideendrama *n.*; ***~ in musica, musicale*** Musikdrama *n.*; ***~ pastorale*** Schäferstück *n.*, Schäferspiel *n.*, Hirtenspiel *n.*; ***~ radiofonico*** Hörspiel *n.*; ***~ sacro*** liturgisches (*o* geistliches) Drama; ***~ satiresco*** Satyrspiel *n.*; ***senza -i*** undramatisch; ***~ teatrale*** Bühnenstück *n.*; ***~ a tesi*** Tendenzstück *n.*; ***~ tragico*** Trauerspiel *n.*; ***~ in versi*** Versdrama *n.*
2.dram|ma ANT. → **dracma.**
dram|ma|ti|ca|men|te avv. dramatisch. **dram|ma|ti|ci|tà** f. Dramatik *f.*
dram|ma|ti|co agg. *(-ci,-che)* **1** dramatisch: ***opera, figura -a*** dramatisches Werk, dramatische Figur; ***la vena -a di un attore*** die dramatische Ader eines Schauspielers; ESTENS. ***un avvenimento ~*** ein dramatisches Ereignis; ***una situazione -a*** eine dramatische Lage; MUS. ***soprano ~*** dramatischer Sopran **2** *(di attore)* schauspielerisch: ***talento ~*** schauspielerische Begabung ◆ ***arte -a*** Schauspielkunst *f.*, Bühnenkunst *f.*; ***scuola d'arte -a*** Schauspielschule *f.*; ***autore ~*** Dramatiker *m.*; ***poesia -a*** Dramatik *f.* **dram|ma|tiz|za|re** tr. **1** zu einem Drama verarbeiten, dramatisieren **2** FIG. dramatisieren: ***~ la situazione*** die Lage dramatisieren. **dram|ma|tiz|za|zio|ne** f. Dramatisierung *f.* (anche FIG.).
dram|ma|tur|gi|a f. Dramaturgie *f.* **dram|ma|tur|gi|co** agg. *(-ci, -che)* dramaturgisch: ***talento ~*** dramaturgisches Geschick. **dram|ma|tur|go** m. *(-ghi)* Dramaturg *m.*
dram|mo|ne m. Melodrama *n.*, Schnulze *f.*
dra|mo|let|to m. Dramolett *n.*
drap|peg|gia|men|to m. Drapierung *f.* **drap|peg|gia|re** tr. *(drappeggio, drappeggi)* drapieren. **drap|peg|gio** m. *(-gi)* Draperie *f.*, Faltenwurf *m.*: ***il ~ della veste, del mantello*** der Faltenwurf des Kleides, des Mantels.
drap|pel|lo m. **1** Trupp *m.*: ***un ~ di cavalieri*** ein Trupp Reiter **2** ESTENS. *(gruppetto)* Trupp *m.*, Grüppchen *n.*
drap|pe|ri|a f. **1** Stoffe *pl.*, Textilwaren *pl.* **2** *(magazzino)* Stoffhandel *m.*, Stoffgeschäft *n.* **drap|po** m. Tuch *n.*: ***~ di seta*** Seidentuch *n.*; ***~ funebre*** Sargtuch *n.*, Grabtuch *n.*; ***~ della bandiera*** Fahnentuch *n.* ◆ ***~ araldico*** Wappenmantel *m.*
dra|sti|ca|men|te avv. drastisch. **dra|sti|ci|tà** f. Drastik *f.* **dra|sti|co** agg. *(-ci,-che)* drastisch: ***adottare misure -che*** drastische Maßnahmen treffen.
Dra|va n.pr.f. Drau *f.*
dra|vi|di|co agg. *(-ci,-che)* drawidisch.
draw-back ['drɔ:bæk] m.inv. Rückzoll *m.*
dre|nag|gio m. *(-gi)* **1** IDR. Dränung *f.*, Dränierung *f.*, Dränage *f.* **2** CHIR. Drainage *f.*, Dränage *f.* ◆ ECON. ***~ fiscale*** Fiscaldrag *m.*; ***rete di ~*** Drännetz *n.*; ***tubo di ~*** Dränrohr *n.* **dre|na|re** tr. **1** IDR. dränieren **2** MED. drainieren.
Dre|sda n.pr.f. Dresden *n.*
dres|sa|ge [-Z] m.inv., **dres|sag|gio** m. *(-gi)* Dressur *f.*, Abrichtung *f.*; *(di cavalli)* Dressurreiten *n.*
dri|a|de f. **1** MITOL. Dryade *f.* **2** BOT. Silberwurz *f.*
drib|bla|re tr. **1a** umspielen, aus‿tricksen: ***~ l'avversario*** den Gegner umspielen **b** assol. dribbeln **2** FIG. *(evitare, scansare)* aus‿weichen: ***~ un ostacolo*** einem Hindernis ausweichen. **drib|bla|to|re** m. Dribbler *m.* **drib|bling** m.inv. Dribbling *n.*
dril|lo m. Drill *m.*
drin m.inv. Klingeln *n.*
drink m.inv. Drink *m.*: ***preparare, bere un ~*** einen Drink zubereiten, nehmen; ***offrire un ~ a qcn.*** jdm einen Drink an‿bieten; *(festa)* ***invitare qcn. a un ~*** jdn auf einen (*o* zu einem) Drink ein‿laden.
drit|ta f. **1** *(mano destra)* Rechte *f.* **2** MAR. *(tribordo)* Steuerbord *n.*; ***a ~*** steuerbord(s); ***virare a ~*** nach Steuerbord schwenken **3** COLLOQ. *(istruzione)* Tipp *m.*: ***dare due -e a qcn.*** jdm ein paar Tipps geben; GERG. *(soffiata)* ***dare una ~ alla polizia*** der Polizei einen Tipp geben ◆ ***a ~ e a manca*** rechts und links; FIG. *(dovunque)* überall.
drit|to I agg. **1** → **1.diritto 2** *(scaltro)* schlau, listig, verschlagen **II** avv. → **1.diritto III** m. **1** → **1.diritto 2** *(tipo scaltro)* Schlauberger *m.* **3** MAR. Steven *m.*: ***~ di poppa, di prua*** Vor(der)steven *m.*, Hintersteven *m.* (*o* Achtersteven *m.*).
drit|to|fi|lo m. Fadenlauf *m.*; ***a, in ~*** fadengerade.
drit|to|ne m. COLLOQ. Schlauberger *m.*
drive [draɪv] m.inv. **1** SPORT Drive *m.*, Treibschlag *m.* **2** INFORM. Laufwerk *n.*: ***~ per dischetto*** Diskettenlaufwerk *n.*
drive-in m.inv. Drive-in-Kino *n.*, Autokino *n.*
driv|er [draɪvə] m.inv. **1** *(beim Golf)* Driver *m.* **2** EQUIT. Trabrennfahrer *m.*
driz|za f. Fall *n.*
driz|za|re I tr. **1** auf‿richten, errichten: ***~ un'antenna*** eine Antenne errichten **2** *(raddrizzare)* gerade richten, gerade machen **3** *(rivolgere)* richten: ***~ lo sguardo a qcs.*** auf etw. (A) den Blick richten **4** *(di animali)* sträuben: ***il gatto drizza il pelo*** die Katze sträubt das Fell **5** MAR. zurren **II** pronom. **drizzarsi 1** sich richten, sich auf‿richten **2** sich sträuben ◆ ***~ le orecchie*** die Ohren spitzen.
dro|ga f. *(-ghe)* **1** GASTR. Gewürz *n.*, Droge *f.* **2** FARM. Droge *f.* **3a** *(stupefacente)* Droge *f.*, Rauschgift *n.*: ***fare uso di ~*** Drogen nehmen; ***-ghe leggere, pesanti*** weiche, harte Drogen; ***essere sotto l'effetto di -ghe*** unter dem Einfluss von Drogen stehen; ***liberare qcn. dalla dipendenza dalla ~*** jdn von der Rauschgiftsucht befreien; ***spacciare ~*** mit Drogen handeln, dealen **b** ESTENS. ***per lui il cinema è una ~*** das Kino ist wie eine Droge für ihn ◆ ***abuso di ~*** Drogenmissbrauch *m.*; ***dedito alla ~*** drogenabhängig; ***lotta alla, contro la ~*** Rauschgiftbekämpfung *f.*; ***il mondo della ~*** die Drogenszene; ***morto per ~*** Drogentote *m.*; ***~ party*** Drogenparty *n.*; ***spacciatore di ~*** Dealer *m.*; ***trafficante di ~*** Rauschgifthändler *m.*, Rauschgiftschmuggler *m.*; ***traffico di ~*** Rauschgifthandel *m.*, Drogengeschäft *n.*
dro|gag|gio m. *(-gi)* **1** Doping *n.* **2** TECN. Dotieren *n.*, Dotierung *f.*
dro|ga|re *(drogo, droghi)* **I** tr. **1** ***~ qcn.*** jdm Rauschgift verabreichen **2** GASTR. würzen **3** SPORT dopen **4** TECN. dotieren: ***~ un semi-***

conduttore einen Halbleiter dotieren **II** pronom. **drogarsi 1** Drogen (*o* Rauschgift) nehmen **2** SPORT sich dopen.

dro|ga|to I p.pass. agg. **1** → **drogare 2** GASTR. gewürzt **3** rauschgiftsüchtig, drogenabhängig **4** TECN. dotiert **II** m. Rauschgiftsüchtige *m.*, Drogenabhängige *m.*

dro|ghe|ri|a f. Drogerie *f.* **dro|ghie|re** m. Drogist *m.*

dro|me|da|rio m. *(-ri)* Dromedar *n.*

dro|se|ra f. Sonnentau *m.*

dro|so|fi|la f. Essigfliege *f.*, Taufliege *f.* **dro|so|fi|li|di** pl. Fruchtfliegen *pl.*

dr.ssa ⇒ *dottoressa* Frau (*o* Fräulein) Doktor (Dr.).

dru|do m. LETT. Buhle *m.*, Buhler *m.*

dru|i|di|co agg. *(-ci,-che)* druidisch. **dru|i|do** m. Druide *m.*

dru|pa f. Steinfrucht *f.* **dru|pa|ce|o** agg. Stein-: ***frutta -a*** Steinobst *n.*

dru|sa f. Druse *f.*

dru|so m. Druse *m.*

D.S.P. ⇒ *diritti speciali di prelievo* Sonderziehungsrechte (SZR).

dua|le I agg. dual: ***sistema ~*** duales System **II** m. Dual(is) *m.* **dua|li|smo** m. Dualismus *m.*, Zweiheit *f.* **dua|li|sta** m. *(-i)* Dualist *m.* **dua|li|sti|co** agg. *(-ci,-che)* dualistisch. **dua|li|tà** f.inv. Dualität *f.*, Zweiheit *f.*

dub|bio I m. *(-bi)* Zweifel *m.*: ***-bi atroci, (in)fondati*** quälende, (un)begründete Zweifel; ***avere, nutrire -bi su qcs.*** an etw. (D) Zweifel haben, hegen; ***in caso di ~*** im Zweifelsfall; ***chiarire un ~*** einen Zweifel klären; ***essere colto dal ~*** in Zweifel geraten; ***dissipare, eliminare i -bi di qcn.*** jds Zweifel beheben, beseitigen; ***qcs. è in ~*** etw. steht in Frage; ***essere in ~ per, a proposito di qcs.*** über etw. im Zweifel sein; ***non c'è alcun ~ che...*** es besteht, unterliegt keinem Zweifel, dass...; ***non c'è alcun ~ in proposito*** darüber herrscht kein Zweifel, daran ist nicht zu zweifeln; ***essere fuor di ~*** außer Zweifel sein, stehen; ***insinuare il tarlo del ~*** den Keim des Zweifels ersticken; ***lasciare qcn. nel ~*** jdn im Zweifel lassen; ***manifestare un ~*** einen Zweifel äußern; ***mettere in ~ qcs.*** etw. in Zweifel stellen, ziehen (*o* in Frage stellen); ***non mettere in ~ le parole di qcn.*** jds Worte nicht in Zweifel stellen; ***non mettere in ~ che...*** keinen Zweifel daran lassen, dass...; ***in qcn. nasce, sorge, si insinua il ~*** in jdm keimt, steigt, taucht Zweifel auf, bei jdm regt sich Zweifel; ***a qcn. vengono, sorgono -bi su qcs.*** jdm kommen, jd bekommt Zweifel an etw. (D); ***non c'è il minimo ~, non c'è ombra di ~ che...*** es besteht nicht der geringste Zweifel, dass...; ***lo rodono i -bi*** die Zweifel nagen an ihm; ***senza ~*** ohne Zweifel, zweifellos; ***essere al di sopra di ogni, di qualsiasi ~*** über allen Zweifel, jeden Zweifel erhaben sein; ***essere tormentato da un ~*** sich mit einem Zweifel quälen **II** agg. *(-bi,-bie)* **1** zweifelhaft, fraglich, fragwürdig: ***è ~ che venga*** es ist zweifelhaft, ob er kommt; ***un'opera di ~ valore*** ein Werk von zweifelhaftem Wert **2** *(equivoco)* zweifelhaft, fragwürdig: ***un ~ affare*** ein zweifelhaftes (*o* bedenkliches) Geschäft; ***avere una -a fama*** von zweifelhaftem Ruf sein; ***avere una -a reputazione*** ein zweifelhaftes Renommee haben.

dub|bio|sa|men|te avv. zweifelhaft, bedenklich.

dub|bio|so I agg. **1** zweiflerisch, zweifelnd, bedenklich: ***fare una faccia -a*** ein bedenkliches Gesicht machen **2** *(esitante)* unschlüssig, unentschlossen **II** m. Zweifler *m.*

du|bi|ta|re intr. *(dubito;* aus. *avere)* **1** ***~ di qcn., qcs.*** an jdm, etw. zweifeln, jdn, etw. bezweifeln: ***~ delle buone intenzioni di qcn.*** an jds guten Absichten zweifeln; ***non dubito che tu ne sia capace*** ich zweifle nicht (daran), dass du dazu fähig bist; ***non c'è da dubitarne*** daran ist nicht zu zweifeln; ***dubito che finiremo in tempo*** ich bezweifle, dass wir rechtzeitig fertig werden; ***~ di tutto e di tutti*** alles und jedes bezweifeln **2** *(temere)* bezweifeln, fürchten, befürchten: ***dubito che abbia combinato qualcosa*** ich befürchte, dass er etwas angestellt hat; ***non dubiti, Le telefonerò presto*** machen Sie sich keine Sorgen, ich werde Sie in Kürze anrufen.

du|bi|ta|ti|va|men|te avv. zweifelhaft. **du|bi|ta|ti|vo I** agg. zweifelhaft, dubitativ **II** m. GRAMM. Dubitativ *m.*

du|bli|ne|se I agg. Dubliner **II** m. e f. Dubliner *m.* (-in *f.*). **Du|bli|no** n.pr.f. Dublin *n.*

du|ca m. *(-chi)* Herzog *m.* **du|ca|le** agg. **1** herzoglich, Herzogs-: **2** *(del doge di Venezia)* Dogen-: ***palazzo ~*** Dogenpalast *m.*

1.du|ca|to m. **1** *(titolo)* Herzogswürde *f.*, Herzogstitel *m.* **2** *(territorio)* Herzogtum *n.*

2.du|ca|to m. NUMISM. Dukaten *m.*

du|ce m. **1** LETT. Heerführer *m.*, Führer *m.* **2** STOR. *(nel fascismo)* Duce *m.* **3** ESTENS. Führernatur *f.*

du|ches|sa f. Herzogin *f.*

du|e I agg.inv. **1a** zwei, COLLOQ. *(in serie numeriche)* zwo: ***ha ~ figli*** er hat zwei Kinder; ***è madre di ~ bambini*** sie ist Mutter zweier Kinder; ***avere ~ anni*** zwei Jahre alt sein; ***fra ~ giorni*** in zwei Tagen; ***per favore, mi passi il numero tre ~ tre sei*** verbinden Sie mich bitte mit der Nummer drei zwo drei sechs **b** *(posposto)* ***a pagina ~*** auf Seite zwei **2** *(con valore generico)* ein paar, einige: ***dire ~ parole*** ein paar Worte sagen; ***scrivere ~ righe*** ein paar Zeilen schreiben; ***fare ~ passi*** ein paar Schritte machen, gehen; ***fare qcs. in ~ minuti*** etw. in (ganz) kurzer Zeit machen **II** m. **1a** Zwei *f.*: ***puntare sul ~*** auf die Zwei setzen; ***fare un ~ (con i dadi)*** eine Zwei würfeln **b** *(tram, bus)* ***salire sul, scendere dal ~*** in die Zwei ein‿steigen, aus der Zwei aus‿steigen; *(metropolitana)* ***prendere la ~*** die Zwei nehmen **c** *(carta)* ***il ~ di cuori, di picche*** die Herzzwei, Pikzwei; ***scartare un ~*** eine Zwei ab‿legen **d** *(voto)* Sechs *f.*: ***prendere un ~ in matematica*** eine Sechs in Mathematik bekommen **2** *(giorno del mese)* Zweite *m.*: ***il ~ (di) maggio*** am zweiten Mai; ***il ~ del mese*** am Zweiten des Monats; ***oggi è il ~*** heute ist der Zweite **3** *(entrambi)* zwei, beide: ***noi, voi ~*** wir, ihr beide; ***questi ~*** diese beiden; ***nessuno dei ~*** keiner von beiden; ***quale dei ~?*** welcher von beiden? **III** f.pl. zwei Uhr, zwei: ***alle ~*** um zwei (Uhr); ***verso le ~*** gegen zwei Uhr; ***sono le ~, le ~ e mezzo*** es ist zwei Uhr, halb drei; ***un quarto alle ~, le ~ meno un quarto*** (ein) Viertel vor zwei ◆ ***a ~*** zwei-, Zwei-; ***di ~ anni*** zweijährig, zweijährlich; ***camera a ~ letti*** Doppelzimmer *n.*, Zweibettzimmer *n.*; ***fare ~ chiacchiere con qcn.*** einen kleinen Schwatz mit jdm halten (*o* plaudern); ***a, di ~ cifre*** zweistellig; ***motore a ~ cilindri*** Zweizylinder *m.*, Zweizylindermotor *m.*; ***a, di ~ colonne*** zweispaltig; SPORT ***~ con*** Zweier *m.* mit; ***contare come il ~ a briscola, di picche*** = nichts gelten; SPORT ***~ di coppia*** Doppelzweier *m.*; ***a ~ corsie*** zweibahnig; ***moneta da ~ marchi*** Zweimarkstück *n.*; ***diviso in ~*** zweigeteilt; ***dramma in ~ atti*** Zweiakter *m.*; ***fila per ~*** Zweierreihe *f.*; ***mettersi in fila per ~*** sich in Zweierreihe auf‿stellen; ***guerra su ~ fronti*** Zweifrontenkrieg *m.*; ***in ~*** zu zweien, zu zweit; ***erano in ~*** sie waren zu zweit; ***lavorare per ~*** für zwei arbeiten; ***mangiare per ~*** für zwei essen; ***di ~ mesi*** Zweimonats-, zweimonatig; ***di, ogni ~ ore*** zweistündig, alle zwei Stunden, zweistündlich; ***usare ~ pesi e ~ misure*** mit zweierlei Maß messen; ABBIGL. ***~ pezzi*** Zweiteiler *m.*; ***a, di ~ piani*** zweistöckig, zweigeschossig; ***su ~ piedi*** aus dem Stand, auf der Stelle, zwischen Tür und Angel; ***piegare un foglio in ~*** ein Blatt einmal falten; ***piegarsi in ~ dal male*** sich vor Schmerzen winden; ***a ~ porte*** zweitürig; ***~ punti*** Doppelpunkt *m.*; ***rapporto a ~*** Zweierbeziehung *f.*; SPORT ***~ senza*** Zweier *m.* ohne; ***vendere qcs. per ~ soldi*** etw. für ein paar Mark verkaufen; ***motore a ~ tempi*** Zweitakter *m.*, Zweitaktmotor *m.*; ***di ~ tipi*** (von) zweierlei (Art); ***tiro a ~*** Zweispänner *m.*; ***tutti e ~*** (alle) beide; ***tutt'e ~ le cose*** beides, alle beide (Dinge); ***tutti e ~ insieme*** beide zusammen; ***vita a ~*** Zweisamkeit *f.*; ***a ~ voci*** zweistimmig; ***~ volte*** zweimal; ***~ volte tanto*** zweimal so viel; ***in ~ volumi*** zweibändig; ***a ~ zampe*** zweibeinig; PROV. ***fra i ~ litiganti il terzo gode*** wenn zwei sich streiten, freut sich der Dritte; ***non c'è ~ senza tre*** aller guten Dinge sind drei.

due|cen|te|sco agg. *(-schi,-sche)* das dreizehnte Jahrhundert betreffend, des dreizehnten Jahrhunderts.

due|cen|to I agg.inv. zweihundert **II** m. Zweihundert *f.* **III** m.pl. SPORT zweihundert Meter: ***correre i ~*** die zweihundert Meter laufen. **Due|cen|to** m. **1** dreizehntes Jahrhundert *n.* **2** *(nell'arte italiana)* Du(e)cento *n.*, Dugento *n.*

duel|lan|te m. Duellant m. **duel|la|re** intr. (aus. *avere*) ***~ con qcn.*** sich mit jdm duellieren.

duel|lo m. Zweikampf *m.*, Duell *n.* (anche FIG.): ***sfidare qcn. a ~*** jdn zum Zweikampf heraus‿fordern; ***sfidarsi a ~*** sich ein Duell liefern; ***battersi in ~ con qcn.*** ein Duell mit jdm aus‿tragen; ***~ alla pistola*** Duell *n.* auf Pistolen, Pistolenduell *n.*; ***~ all'ultimo sangue*** Duell auf Leben und Tod; FIG. ***~ oratorio, verbale*** Rededuell *n.*, Wortgefecht *n.*

due|mi|la I agg.inv. zweitausend **II** m. Zweitausend *f.* **Due|mi|la** m. Zweitausend *f.*

due|pez|zi m.inv. Zweiteiler *m.*

due|t|to m. Duett *n.*

du|gen|to LETT. → **duecento.**

du|gon|go m. *(-ghi)* Dugong *m.*

du|i|na f. Duole *f.*

Dul|ci|ne|a n.pr.f. Dulzinea *f.*

du|li|a f. ***culto di ~*** Heiligenverehrung *f.*, Heiligenkult *m.*, Verehrung *f.* von Engeln.

dum|dum agg.inv. ***pallottola ~*** Dumdumgeschoss *n.*

dum|ping [ˈdʌmpɪŋ] m. Dumping *n.*

du|na f. Düne *f.*: ***~ di sabbia*** Sanddüne *f.*

dun|que cong. **1** *(quindi; con valore conclusivo)* also, folglich, demnach: ***abbiamo ~ deciso di andare a teatro*** wir haben also beschlossen, ins Theater zu gehen; ***~ possiamo andare*** also können wir gehen; ~ ***è vero che...*** also (*o* demnach) ist es wahr, dass...; ***me l'ha chiesto, ~ ne era già al corrente*** er hat mich danach gefragt, folglich wusste er schon Bescheid **2** rafforz. *(ebbene, insomma; con valore esortativo)* na, nun, also: ***~, che ne dice?*** na, was sagen Sie dazu? ***~, figliolo?*** nun, mein Sohn? ***l'ha sposata ~!*** er hat sie also doch geheiratet! ***~, non c'è speranza*** es gibt also keine Hoffnung **3** *(per introdurre o riprendere un discorso)* also: ***ieri ~ dicevamo, che...*** gestern sagten wir also, dass... ◆ ***al ~!*** zum Abschluss! ***arrivare, venire al ~*** zur Sache kommen, zum entscheidenden Punkt kommen; ***essere, trovarsi al ~*** vor dem entscheidenden Punkt stehen; ***penso, ~ sono*** ich denke, also bin ich.

du|o m.inv. **1** Duo *n.* **2** ESTENS. *(coppia)* Paar *n.*

duo|de|ci|mo agg. LETT. zwölfte.

duo|de|na|le agg. Zwölffingerdarm-, duodenal: ***ulcera ~*** Zwölffingerdarmgeschwür *n.* **duo|de|ni|te** f. Duodenitis *f.*

duo|de|no m. Zwölffingerdarm *m.*

duo|di|o|do m. Doppeldiode *f.*, Duodiode *f.*

duo|lo LETT. Weh *n.*, Leid *n.*

duo|mo m. **1** Dom *m.*, Münster *n.*: ***un ~ gotico*** ein gotischer Dom; ***il ~ di Milano*** der Mailänder Dom **2** TECN. Dom *m.*, Kesseldom *m.*

duo|pen|to|do m. Doppelpentode *f.*

du|plex I agg.inv. **1** *(telegrafico)* Duplex- **2** *(telefonico)* Zweier-: ***collegamento ~*** Zweieranschluss *m.* **II** m.inv. Zweieranschluss *m.*

du|pli|ca|re tr. *(duplico, duplichi)* **1a** *(testi)* ***~ qcs.*** eine Zweitschrift etw. (G), von etw. aus‿stellen: ***~ un documento*** die Zweitschrift einer Urkunde ausstellen **b** *(oggetti)* nach‿machen, an‿fertigen: ***~ una chiave*** einen Schlüssel nachmachen **2** *(riversare)* überspielen: ***~ una cassetta*** eine Kassette überspielen **3** *(raddoppiare)* verdoppeln, duplieren: ***~ i guadagni*** die Einkünfte verdoppeln.

du|pli|ca|to I p.pass. agg. **1** → **duplicare 2** verdoppelt: ***un guadagno ~*** ein verdoppelter Verdienst **II** m. **1** *(di documento)* Zweitschrift *f.*, Abschrift *f.*, Duplikat *n.*: ***richiedere, fare il ~ di un documento*** das Duplikat einer Urkunde beantragen, an‿fertigen **2** ESTENS. *(copia, doppione)* Kopie *f.* **3** *(di chiave)* Zweitschlüssel *m.*

du|pli|ca|to|re m. Vervielfältiger *m.*, Vervielfältigungsapparat *m.* ◆ ELETTR. ***~ di frequenza*** Frequenzverdoppler *m.* **du|pli|ca|zio|ne** f. Duplikation *f.*, Verdopplung *f.*: ***effettuare la ~ di un atto notarile*** die Duplikation einer notariellen Urkunde durch‿führen.

du|pli|ce agg. *(-ci)* zweifach: ***in ~ copia*** in zweifacher Ausfertigung; ***un ~ omicidio*** ein zweifacher Mord. **du|pli|ci|tà** f. **1** Duplizität *f.*, Zweifachheit *f.*, Doppelheit *f.* **2** FIG. *(falsità)* Falschheit *f.*

du|ra|ci|no agg. ***ciliegia -a*** Knorpelkirsche *f.*; ***pesca -a*** hartfleischiger Pfirsich.

du|ral|lu|mi|nio m. Duralumin® *n.*

du|ra|ma|dre f. ANAT. Dura mater *f.*, Dura *f.*

du|ra|me m. Kernholz *n.*

du|ra|men|te avv. hart: ***trattare, punire ~ qcn.*** mit jdm hart um‿gehen (*o* jdn hart an‿fassen), jdn hart bestrafen; FIG. ***il destino lo ha colpito ~*** das Schicksal hat ihn hart getroffen.

du|ran|te prep. während + gen.: ***~ la guerra, la notte, la sua assenza*** während des Krieges, der Nacht, seiner Abwesenheit ◆ agg. ***vita natural ~*** das ganze Leben lang.

du|ra|re intr. (aus. *essere, avere*) **1** dauern, währen: ***il viaggio dura dieci ore*** die Reise dauert zehn Stunden **2** *(persistere)* an‿dauern, an‿halten: ***il freddo dura ancora*** die Kälte hält noch an; ***la controversia dura da anni*** der Rechtsstreit dauert seit Jahren an **3** *(conservarsi)* sich halten: ***i fiori recisi durano poco*** Schnittblumen halten sich nicht lange **4** *(resistere)* halten: ***questo materiale dura in eterno*** dieses Material hält ewig **5** *(bastare*; aus. *essere)* vor‿halten: ***le scorte dureranno fino a primavera*** der Vorrat wird bis zum Frühjahr vorhalten ◆ ***~ in carica*** im Amt bleiben; ***~ fatica a fare qcs.*** Mühe haben, etw. zu tun; COLLOQ. ***finché dura...*** solange es gut geht...; ***~ da Natale a Santo Stefano*** nur von zwölf bis Mittag halten; ***così non può ~*** so kann es nicht weiter‿gehen; PROV. ***un bel gioco dura poco*** das ist das Los des Schönen auf der Erde; ***chi la dura la vince*** Beharrlichkeit führt zum Ziel.

du|ra|ta f. **1a** Dauer *f.*: ***la ~ dell'inverno, del contratto*** die Dauer des Winters, Vertragsdauer *f.*; ***calcolare la ~ di qcs.*** die Dauer von etw. berechnen; ***di breve, lunga ~*** von kurzer, langer Dauer; ***di ~ limitata*** von begrenzter Dauer; ***per la ~ di una settimana*** für die Dauer einer Woche **b** *(lunghezza in ore, minuti ecc.)* Dauer *f.*, Zeit *f.*: ***la ~ del viaggio, del film è di...*** die Reise, der Film dauert...; ***un film della ~ di 80 minuti, di due ore*** ein Film von 80 Minuten, zwei Stunden Dauer (*o* achtzigminütiger, zweistündiger Film); ***un viaggio della ~ di due giorni, tre mesi*** eine Reise von zwei Tagen, drei Monaten Dauer (*o* zweitägige, dreimonatige Reise); ***un corso della ~ di cinque anni*** ein Kurs von fünf Jahren Dauer (*o* fünfjähriger Kurs); ***la ~ media della vita*** die durchschnittliche Lebensdauer **2** LING. Dehnstufe *f.* ◆ ***~ di ascolto*** Spieldauer *f.*; ***avere una ~*** dauern; ***contratto di ~*** Dauervertrag *m.*; ***essere di ~*** von Dauer (*o* Bestand) sein.

du|ra|ti|vo agg. **1** LING. durativ: ***azione -a*** durative Aktionsart **2** RAR. *(durevole)* dauerhaft. **du|ra|tu|ro** agg. dauerhaft, nachhaltig: ***una pace -a*** ein dauerhafter Friede; ***un rapporto ~*** eine dauerhafte Beziehung.

du|re|vo|le agg. **1** → **duraturo 2** *(resistente)* dauerhaft, haltbar: ***materiale ~*** dauerhaftes Material ◆ ECON. ***beni -i*** langlebige (*o* dauerhafte) Konsumgüter *pl.* **du|re|vo|lez|za** f. Dauerhaftigkeit *f.*, Haltbarkeit *f.* **du|re|vol|men|te** avv. dauerhaft, nachhaltig: ***influenzare qcn. ~*** jdn nachhaltig beeinflussen.

du|rez|za f. Härte *f.*: ***la ~ del legno, del diamante*** die Härte des Holzes, des Diamanten; CHIM. ***misurare la ~*** die Härte messen; FIG. ***trattare qcn. con ~*** jdn mit Härte behandeln; FIG. ***la ~ dei tratti, del clima*** die Härte der Konturen, des Klimas ◆ CHIM. ***~ dell'acqua*** Wasserhärte *f.*; FIG. ***~ d'animo*** Hartherzigkeit *f.*; FIG. ***~ di cuore*** → ***~ d'animo***; MIN. ***scala delle -e*** Härteskala *f.*

du|ro I agg. **1** hart: ***pane, legno ~*** hartes Brot, Holz; ***rendere ~ qcs.*** etw. hart machen; ***diventare ~*** hart werden (anche FIG.); CHIM. ***acqua -a*** hartes Wasser **2** *(acerbo)* unreif: ***una mela -a*** ein unreifer Apfel **3a** FIG. *(spiacevole)* hart: ***un ~ colpo*** ein harter Schlag; ***parole -e*** harte Worte **b** *(difficile)* ***vita -a*** hartes Leben; ***tempi -i*** harte Zeiten **c** *(severo)* ***una scuola -a*** eine harte Schule; ***essere ~ con qcn.*** gegen jdn hart sein **d** *(freddo)* ***un inverno molto ~*** ein sehr harter Winter **e** *(non armonioso)* ***lineamenti -i*** harte Gesichtszüge *pl.* **4** VOLG. *(eretto)* steif; ***avercelo ~*** einen Steifen haben **II** avv. hart: ***lavorare ~*** hart arbeiten **III** m. FIG. COLLOQ. harter Bursche *m.*: ***essere un, fare il ~*** ein harter Bursche sein, den harten Burschen spielen ◆ ***~ come l'acciaio*** stahlhart (*o* hart wie Stahl); ***~ di cuore*** hartherzig; ***fare, praticare un gioco ~*** unfair spielen; FIG. ***il gioco si fa ~*** es geht hart auf hart; ***grano ~*** Hartweizen *m.*; ***a muso ~*** mit eiserner Stirn; ***~ d'orecchi*** schwerhörig; FIG. ***essere un osso ~*** eine harte Nuss sein; ***avere la pelle -a*** ein dickes Fell haben; ***pietra -a*** (weniger kostbarer) Edelstein *m.*; ***~ come la pietra*** steinhart (*o* hart wie Stein); ***sport -i*** harte Sportarten *pl.*; ***dormire, cadere sul ~*** hart schlafen, fallen; ***tener ~*** aus‿harren; ***avere la testa -a*** ein Dickkopf sein.

du|ro|ne m. Hornhaut *f.*: ***avere i -i ai piedi, alle mani*** Hornhaut an den Füßen, an den Händen haben.

duty-free [dju:tɪ 'fri:], **duty free shop** [-'ʃɔp] m.inv. Dutyfreeshop *m.*: ***comprare qcs. al ~*** etw. im Dutyfreeshop kaufen.

dut|ti|le agg. **1** duktil: ***un metallo, un materiale ~*** ein duktiles Metall, Material **2** FIG. *(adattabile)* anpassungsfähig, geschmeidig: ***un carattere ~*** ein anpassungsfähiges Wesen **3** FIG. *(versatile)* wendig, flexibel: ***una mente, un ingegno ~*** ein wendiger Geist. **dut|ti|li|tà** f. **1** TECN. Duktilität *f.* **2** FIG. *(adattabilità)* Anpassungsfähigkeit *f.*, Geschmeidigkeit *f.* **3** FIG. *(versatilità)* Wendigkeit *f.*, Flexibilität *f.*

du|um|vi|ra|to m. Duumvirat *n.* **du|um|vi|ro** m. Duumvir *m.*

du|un|vi|ra|to → **duumvirato. du|un|vi|ro** → **duumviro.**

E

e, E f. e m.inv. e, E *n.*: ***una E maiuscola, una e minuscola*** ein großes E, ein kleines e.
e cong. (vor einem Vokal auch **ed**) **1** *(con valore coordinativo)* und: ***lui ~ lei*** er und sie; ***grande ~ grosso*** groß und dick; ***entrare ~ uscire*** ein_treten und hinaus_gehen; ***qui ~ ora*** hier und jetzt; ***giorno ~ notte*** Tag und Nacht; ***bianco, giallo ~ verde*** weiß, gelb und grün; MAT. ***due ~ quattro (fa) sei*** zwei und vier macht (*o* ist) sechs **2** *(con valore correlativo)* sowohl.. als (auch)...: ***un problema ~ fisico ~ psichico*** ein sowohl physisches als (auch) psychisches Problem **3** *(con valore avversativo)* aber: ***avrebbe dovuto studiare ~ non lo ha fatto*** er hätte lernen müssen, aber (er) hat es nicht getan; ***tutti partono, ~ noi no*** alle fahren weg, aber wir nicht **4** *(con valore enfatico)* doch: ***~ vieni!*** komm doch! ***~ andiamo!*** lass uns doch gehen! ◆ ***~ allora?*** na (*o* ja) und? ***essere bell'~ fatto, finito, pronto*** fix und fertig sein; ***~ dire che è un bell'uomo!*** dabei ist er doch ein gut aussehender Mann! ***un metro, litro ~ mezzo*** anderthalb Meter, Liter; ***~ pensare che...*** → ***~ dire che...***; ***~ perché?*** warum denn? ***tutti ~ due*** (alle) beide; ***tutti ~ tre, quattro*** alle drei, vier.
E ⇒ *est* Osten (O).
EA ⇒ *Ente Autonomo* Selbstverwaltungskörperschaft.
e|ba|ni|sta m. e f. *(-i,-e)* Kunsttischler *m.* (-in *f.*). **e|ba|ni|ste|ri|a** f. Kunsttischlerei *f.*
e|ba|ni|te f. Ebonit *n.*, Hartgummi *n.*
e|ba|no m. **1** *(albero)* Ebenholzbaum *m.* **2** *(legno)* Ebenholz *n.*, Schwarzholz *n.*: ***rivestire di, in ~*** ebenieren ◆ ***nero come l'~*** schwarz wie Ebenholz.
eb|be|ne cong. **1** *(dunque: con valore conclusivo)* also: ***~ me ne vado*** also, ich gehe dann **2** *(nelle interrogative)* und, nun: ***~, che c'è di nuovo?*** und, was gibt's Neues? ◆ ***~?*** na (*o* ja) und?
eb|bi → **avere.**
eb|brez|za f. **1** *(ubriachezza)* Trunkenheit *f.*, Berauschtheit *f.*: ***guida in stato di ~*** Trunkenheit am Steuer **2** FIG. *(euforia)* Rausch *m.*, Trunkenheit *f.*: ***l'~ della velocità, della vittoria*** der Geschwindigkeits-, Siegesrausch *m.* ◆ ***essere in stato di ~*** betrunken sein. **eb|bro** agg. trunken, berauscht (anche FIG.): ***~ di vino*** trunken von (*o* vom) Wein; FIG. ***~ di felicità*** trunken von (*o* vor) Freude, freudetrunken.
eb|do|ma|da|rio I agg. *(-ri,-rie)* LETT. wöchentlich, Wochen-: ***rivista -a*** Wochenschrift *f.* **II** m. *(-ri)* **1** *(settimanale)* Wochenschrift *f.*, Wochenblatt *n.*: ***un ~ scientifico*** eine wissenschaftliche Wochenschrift **2** RELIG. Hebdomadar *m.*, Hebdomadarius *m.*
E|be n.pr.f. Hebe *f.*
e|be|na|ce|e pl. Ebenholzgewächse *pl.*
e|be|tag|gi|ne f. → **ebetismo. e|be|te I** agg. blödsinnig, schwachsinnig: ***un sorriso ~*** ein blödsinniges Lächeln **II** m. e f. Blödsinnige *m.* e *f.*, Schwachsinnige *m.* e *f.*: ***sguardo da ~*** ein blödsinniger Blick. **e|be|ti|smo** m. Blödsinnigkeit *f.*, Schwachsinnigkeit *f.*
e|bol|li|zio|ne f. Sieden *n.*, Kochen *n.*, Wallen *n.*; *(bollore)* Wallung *f.*: ***portare qcs. a ~*** etw. zum Kochen bringen (*o* kommen lassen); ***andare in ~*** in Wallung kommen; FIG. in Wallung geraten ◆ ***essere in ~*** sieden, kochen; FIG. am Siedepunkt sein; ***punto di ~*** Siedepunkt *m.*, Kochpunkt *m.*; ***temperatura di ~*** Siedetemperatur *f.*, Kochtemperatur *f.*
e|brai|co I agg. *(-ci,-che)* **1** jüdisch: ***popolo ~*** jüdisches Volk; ***religione -a*** jüdische Religion **2** *(di lingua)* hebräisch: ***lingua -a*** hebräische Sprache **II** m. *(lingua)* Hebräisch *n.*, Hebräische *n.*: ***l'~ antico, moderno*** Althebräisch *n.*, Neuhebräisch *n.* ◆ STOR. ***questione -a*** Judenfrage *f.* **e|brai|smo** m. **1** Judentum *n.* **2** LING. Hebraismus *m.* **e|brai|sta** m. e f. *(-i,-e)* Hebraist *m.* (-in *f.*). **e|bre|o I** agg. jüdisch: ***un ragazzo ~*** ein jüdischer Junge **II** m. **1** Jude *m.*, Hebräer *m.* **2** SPREG. *(persona avara)* = Geizhals *m.* ◆ ***gli -i della diaspora*** die Juden (in) der Diaspora; ***l'~ errante*** der Ewige Jude; ***persecuzione degli -i*** Judenverfolgung *f.*
E|bri|di n.pr.f.pl. Hebriden *pl.*
e|brie|tà LETT. → **ebbrezza. e|bro** LETT. → **ebbro.**
e|bur|ne|o agg. LETT. **1** *(di avorio)* elfenbeinern, Elfenbein- **2** FIG. *(bianchissime)* blendend weiß: ***braccia -e*** blendend weiße Arme.
ECA ⇒ *Ente Comunale di Assistenza* kommunale Fürsorgeeinrichtung.
e|ca|tom|be f. **1** Hekatombe *f.* (anche ESTENS.) **2** FIG. *(strage)* Katastrophe *f.*: ***l'esame è stata una vera ~*** die Prüfung war eine echte Katastrophe.
ecc. ⇒ *eccetera* und so weiter (usw., etc.).
Ecc. ⇒ *Eccellenza* Exzellenz (Exz.).
ec|ce|den|te I agg. **1** überschüssig, Über-: ***bagaglio, peso ~*** Übergepäck *n.*, Übergewicht *n.*; ***somme -i*** überschüssige Beträge **2** *(superfluo)* überflüssig: ***grasso ~*** überflüssiges Fettpolster **II** m. Überschuss *m.*: ***eliminare tutto l'~*** den Überschuss beseitigen ◆ MUS. ***intervallo ~*** übermäßiges Intervall.
ec|ce|den|za f. **1** Überschuss *m.*, Übermaß *n.*: ***avere qcs. in ~*** einen Überschuss an etw. (D), etw. im Übermaß besitzen; ***~ di manodopera*** Überschuss an Arbeitskräften; ***~ di merci*** Warenüberschuss *m.* **2** BANC. Plus *n.*, Spitze *f.*: ***avere un'~ di 100 000 Lire*** ein Plus von 100 000 Lire haben; ***chiudere con un'~*** mit einem Plus schließen; ***c'è un'~ di ...*** es ergibt sich ein Plusbetrag von... ◆ ***~ di cassa*** Kassenüberschuss *m.*; ***in ~*** überschüssig, überschießend; ***~ delle nascite*** Geburtenüberschuss *m.*; ***~ di personale*** Personalüberhang *m.*; ***~ di peso*** Übergewicht *n.*; ***~ del potere d'acquisto*** Kaufkraftüberhang *m.*; ***somma in ~*** Plusbetrag *m.*, Mehrbetrag *m.*
ec|ce|de|re *(eccedei/eccedetti; ecceduto)* **I** tr. überschreiten: ***~ la competenza, i limiti*** die Zuständigkeit, die Grenzen überschreiten **II** intr. (aus. *avere*) übertreiben; *(occasionalmente)* sich übernehmen: ***~ nel bere*** mit dem Trinken übertreiben, sich beim (*o* im) Trinken übernehmen; ***ieri sera hai proprio ecceduto*** gestern Abend hast du wirklich übertrieben.
ec|ce ho|mo m.inv. **1** ART. Schmerzensmann *m.* **2** FIG. Jammergestalt *f.*
ec|cel|len|te agg. **1** hervorragend, ausgezeichnet, vorzüglich, vortrefflich: ***qualità, rendimento ~*** hervorragende Qualität, Leistung; ***un avvocato, medico ~*** ein hervorragender Rechtsanwalt, Arzt; ***un cuoco ~*** ein vorzüglicher Koch; ***un vino, piatto ~*** ein vorzüglicher Wein, eine vorzügliche Speise; ***suonare in modo ~*** ausgezeichnet spielen; ***un'~ idea*** eine ausgezeichnete Idee **2** GIORN. GERG. *(di personaggi importanti)* ***arresti -i*** = Festnahme einflussreicher Personen ◆ *(come appellativo)* ***eccellentissimo*** hochlöblich, hochmögend. **ec|cel|len|te|men|te** avv. ausgezeichnet, hervorragend, vorzüglich.
ec|cel|len|za f. **1** hervorragende Qualität *f.*, Vorzüglichkeit *f.*, Vortrefflichkeit *f.*: ***l'~ di un prodotto*** die hervorragende Qualität einer Ware **2** *(titolo)* Exzellenz *f.*: ***Vostra ~*** Eure Exzellenz ◆ ***per ~*** schlechthin.
ec|cel|le|re intr. *(eccelsi; ohne zusammengesetzte Formen)* hervor_ragen, sich aus_zeichnen: ***~ sugli altri, tra i compagni*** unter den anderen, unter den Schulkameraden hervorragen; ***~ per lo zelo, in bontà*** sich durch Fleiß, durch Güte auszeichnen; ***~ nella matematica*** in Mathematik ausgezeichnet sein.
ec|cel|so agg. **1** LETT. höchste **2** *(sublime)* erhaben, hocherhaben: ***un sentimento ~*** ein erhabenes Gefühl **3** *(eccellente)* hervorragend, ausgezeichnet, vorzüglich ◆ ***l'Eccelso*** der Höchste.
ec|cen|tri|ci|tà f.inv. **1** MAT. ASTR. Exzentrizität *f.* **2** *(distanza dal centro)* Entlegenheit *f.* **3** FIG. *(stravaganza)* Exzentrik *f.*, Exzentrizität *f.*, Überspanntheit *f.*
ec|cen|tri|co I agg. *(-ci,-che)* **1** MAT. exzentrisch: ***cerchi -ci*** exzentrische Kreise **2** *(distante dal centro)* entlegen **3** FIG. *(stravagante)* exzentrisch, überspannt: ***un tipo ~*** ein exzentrischer (*o* überspannter) Typ; ***comportarsi, vestirsi in modo ~*** sich exzentrisch benehmen, kleiden **4** BOT. seitenständig, Seiten- **II** m. *(-ci)* **1** Exzentri-

ker *m.* **2** MECC. *(camma)* Exzenter *m.*, Exzenterscheibe *f.*
ec|ce|o|mo → **ecce homo.**
ec|ce|pi|bi|le agg. nicht einwandfrei, tadelnswert. **ec|ce|pi|re** tr. *(eccepisco, eccepisci)* ein‿wenden: ***non ho, non c'è nulla da ~*** ich habe nichts dagegen, dagegen ist nichts einzuwenden.
ec|ces|si|va|men|te avv. übermäßig, übertrieben, allzu, über-: ***essere ~ prudente*** übertrieben vorsichtig sein; ***non ~ interessante*** nicht übermäßig (*o* allzu) interessant; ***~ grande, timoroso*** übergroß, überängstlich; ***lavorare ~*** sich überarbeiten. **ec|ces|si|vi|tà** f. **1** Übertriebenheit *f.*, Übermaß *n.* **2** *(di sentimenti)* Überschwänglichkeit *f.*
ec|ces|si|vo agg. **1a** übertrieben, übermäßig, Über-: ***una severità -a*** eine übermäßige Strenge; ***pretese -e*** übertriebene Forderungen; ***dare -a importanza a qcs.*** etw. (D) eine übermäßige Bedeutung geben; ***affaticamento, carico ~*** Überanstrengung *f.*, Überlastung *f.*; ***crescita -a*** Überhandnahme *f.*; ***in misura -a*** im Übermaß **b** *(nel bere, nel mangiare)* übermäßig, unmäßig: ***un ~ consumo di alcol*** ein übermäßiger (*o* unmäßiger) Alkoholkonsum **c** *(di sentimenti)* überschwänglich, übertrieben: ***un ~ entusiasmo*** eine überschwängliche Begeisterung **2** *(eccessivamente elevato)* überhöht: ***prezzi -i*** überhöhte Preise; ***velocità -a*** überhöhte Geschwindigkeit.
ec|ces|so m. **1** Übertreibung *f.*, Übertriebenheit *f.* **2** *(eccedenza)* Überschuss *m.*, Überhang *m.*, Übermaß *n.*: ***produrre qcs. in ~*** etw. im Übermaß (*o* Überschuss) produzieren; ***~ d'importazioni, di esportazioni*** Import-, Exportüberschuss *m.*; ***~ di offerta*** Angebotsüberhang *m.*; ***~ di lavoro*** Übermaß an Arbeit **3** *(smoderatezza)* Exzess *m.*, Ausschweifung *f.*: ***gli -i nel bere*** die Exzesse im Trinken; ***evitare gli -i*** die Exzesse (*o* die Ausschweifungen) vermeiden **4** *(punto estremo)* Exzess *m.*: ***spingere qcs. all'~*** etw. bis zum Exzess treiben ◆ ***all'~*** übertrieben, übermäßig; ***andare agli -i*** das Maß überschreiten; ECON. ***~ di capacità*** Überkapazität *f.*; ***dare in -i*** sich wie ein Maßloser gebärden; DIR. ***~ di legittima difesa*** Überschreitung der Notwehr; ***approssimazione, arrotondamento per ~*** Aufrundung *f.*; ***approssimare, arrotondare per ~*** nach oben runden, auf‿runden; ***passare da un ~ all'altro*** von einem Exzess in den anderen fallen; DIR. ***~ di potere*** Kompetenzüberschreitung *f.*, Ermessensmissbrauch *m.*; ***~ di velocità*** Geschwindigkeitsüberschreitung *f.*; ***~ di zelo*** Übereifer *m.*
ec|ce|te|ra avv. und so weiter, und so fort.
ec|cet|to prep. außer + dat., ausgenommen: ***tutti, ~ tuo fratello*** alle außer deinem Bruder, ausgenommen dein Bruder (*o* deinen Bruder ausgenommen); ***parla con tutti ~ (che con) me*** er spricht mit allen außer mir ◆ ***~ che*** ausgenommen, außer, es sei denn: ***verrò ~ che piova*** ich werde kommen, ausgenommen es regnet (*o* außer, außer wenn es regnet).
ec|cet|tua|re tr. *(eccettuo)* aus‿nehmen. **ec|cet|tua|ti|vo** agg. GRAMM. ***proposizione -a*** Exzeptivsatz *m.* **ec|cet|tua|to** p.pass. agg. **1** → **eccettuare 2** ausgenommen: ***giunsero tutti, -i i genitori*** alle kamen, ausgenommen die Eltern.
ec|ce|zio|na|le agg. Ausnahme-, ausnehmend, außergewöhnlich: ***caso, situazione ~*** Ausnahmefall *m.*, Ausnahmesituation *f.*; ***legge, provvedimento ~*** Ausnahmegesetz *n.*, außergewöhnliche Maßnahme; *(eccellente)* ***un pianista ~*** ein außergewöhnlicher Pianist ◆ ***in via ~*** ausnahmsweise. **ec|ce|zio|na|li|tà** f.inv. Außergewöhnlichkeit *f.* **ec|ce|zio|nal|men|te** avv. **1** ausnahmsweise **2** außergewöhnlich: ***~ caldo*** außergewöhnlich heiß.
ec|ce|zio|ne f. **1** Ausnahme *f.* (anche GRAMM.): ***fare un'~ (con qcn.)*** (mit, bei jdm) eine Ausnahme machen; ***essere, costituire un'~*** eine Ausnahme sein, bilden; ***a ~ di due ragazzi*** mit Ausnahme von zwei Jungen; ***un'~ alla regola*** eine Ausnahme von der Regel; ***con poche -i*** mit wenigen Ausnahmen; GRAMM. ***questo sostantivo fa ~*** dieses Wort bildet eine Ausnahme **2** DIR. Einrede *f.*: ***sollevare, avanzare un'~*** eine Einrede erheben, vor‿bringen ◆ ***senza ~*** ohne Ausnahme, ausnahmslos; ***un personaggio, uno spettacolo d'~*** eine Ausnahmepersönlichkeit, eine außergewöhnliche Vorstellung; PROV. ***l'~ conferma la regola*** Ausnahmen bestätigen die Regel.
ec|chi|mo|si f. Ekchymose *f.*, blutunterlaufene Stelle *f.*: ***procurare a qcn., procurarsi un'~*** jdm eine Ekchymose verursachen, sich (D) eine Ekchymose holen. **ec|chi|mo|ti|co** agg. *(-ci,-che)* blutunterlaufen, rot unterlaufen.
ec|cì inter. hatschi, hatzi.
ec|ci|dio m. *(-di)* Gemetzel *n.*: ***perpetrare un ~*** ein Gemetzel an‿richten.
ec|ci|pien|te I agg. Träger- **II** m. Trägerstoff *m.*
ec|ci|ta|bi|le agg. erregbar. **ec|ci|ta|bi|li|tà** f. Erregbarkeit *f.*
ec|ci|ta|men|to m. **1** *(incitamento)* Aufreizung *f.*, Anstachelung *f.*: ***~ alla violenza*** Anstachelung zur Gewalt **2** *(stimolo)* Anreiz *m.*, Anregung *f.* **3** *(eccitazione)* Erregung *f.*, Aufregung *f.*: ***stato di ~*** Erregungszustand *m.*
ec|ci|tan|te I agg. erregend, aufregend, anregend: ***sostanza ~*** anregendes Mittel; ***un ~ spogliarello*** ein erregender Striptease **II** m. anregendes Mittel *n.*, *(droga)* Aufputschmittel *n.*; MED. Reizmittel *n.*: ***il caffè è un ~*** Kaffee ist ein anregendes Mittel; ***evitare gli -i*** Reizmittel vermeiden.
ec|ci|ta|re *(eccito)* **I** tr. **1a** erregen, an‿regen, auf‿regen: ***~ la fantasia, i sensi*** die Fantasie, die Sinne anregen; ***la notizia lo eccitò molto*** die Nachricht regte ihn sehr auf **b** *(sessualmente)* erregen **2** *(con sostanze eccitanti)* auf‿putschen **3** *(provocare)* auf‿reizen, reizen: ***il rosso eccita il toro*** Rot reizt den Stier; ***~ il riso*** zum Lachen reizen; ***~ la collera di qcn.*** jds Zorn reizen **4** *(incitare)* auf‿reizen, an‿stacheln: ***~ qcn. alla lotta*** jdn zum Kampf anstacheln **5** FIS. an‿regen: ***~ un atomo*** ein Atom anregen **II** pronom. **eccitarsi 1** sich erregen, sich auf‿regen: ***-rsi per qcs., alla vista di qcs.*** sich über etw. (A) aufregen **2** *(sessualmente)* sich erregen.
ec|ci|ta|to p.pass. agg. **1** → **eccitare 2a** erregt, aufgeregt: ***essere molto ~ al pensiero della partenza, di partire*** aufgrund der Abreise sehr aufgeregt sein **b** gereizt: ***un'atmosfera -a*** eine gereizte Stimmung; ***ha i nervi -i*** seine Nerven sind gereizt **3** FIS. angeregt: ***stato ~*** angeregter Zustand. **ec|ci|ta|tri|ce** f. Erregermaschine *f.*
ec|ci|ta|zio|ne f. **1a** Erregung *f.*, Aufgeregtheit *f.*, Aufregung *f.*, Anregung *f.*: ***tremare per l'~*** vor Aufregung zittern; ***~ dell'animo*** Erregung des Gemüts **b** *(sessuale)* Erregtheit *f.*, Erregung *f.* **2** *(di atomi)* Anregung *f.* ◆ ***~ del campo*** Felderregung *f.*; ***corrente di ~*** Erregerstrom *m.*
ec|cle|si|a|le agg. kirchlich, Kirchen-: ***comunità ~*** Kirchengemeinde *f.* **ec|cle|si|a|sti|co I** agg. *(-ci,-che)* kirchlich, Kirchen-, geistlich: ***ordinamento ~*** kirchliche Ordnung; ***patrimonio ~*** Kirchengut *n.* **II** m. *(-ci)* Geistliche *m.* **ec|cle|sio|lo|gi|a** f. Ekklesiologie *f.*, Kirchenlehre *f.*
ec|co I avv. **1** da, hier: ***~ il libro*** da, hier hast du das Buch; ***~ il treno*** da ist der Zug; ***~, tieni il denaro*** hier, nimm das Geld; *(con particelle pronominali)* ***eccomi, eccoti*** da bin ich, da bist du ja; *(con participi passati)* ***eccoci arrivati*** da sind wir **2** *(così, in questo modo)* so: ***~ come stanno le cose*** so steht die Sache **II** inter. doch: ***~, te l'avevo detto!*** das habe ich dir doch gesagt! ◆ ***~ fatto*** fertig; ***~ perché...*** das ist der Grund, warum...; ***quand'~*** als auf einmal, als plötzlich; ***~ qui!*** da haben wir es! ***~ tutto*** das ist alles.
ec|co|me avv. und wie, (na) und ob: ***~ se lo conosco! lo conosco ~!*** und ob ich ihn kenne!
ECG ⇒ *elettrocardiogramma* Elektrokardiogramm (EKG).
e|cheg|gian|te agg. widerhallend. **e|cheg|gia|re** *(echeggio, echeggi)* **I** intr. (aus. *avere, essere*) hallen, wider‿hallen, erhallen; *(rintronare)* dröhnen: ***i suoi passi echeggiavano nel corridoio*** seine Schritte hallten im Flur; ***il teatro echeggiava di applausi*** das Theater hallte vom Beifall wider; ***il tuono echeggia di lontano*** der Donner dröhnt aus der Ferne **II** tr. **1** echoen **2** FIG. *(ricalcare)* an‿klingen: ***~ qcs.*** an etw. (A) anklingen.
e|chi|ni|te f. Echinit *m.* **e|chi|no** m. ZOOL. ARCH. Echinus *m.*
e|chi|no|coc|co m. *(-chi)* Echinokokkus *m.*, Hundebandwurm *m.* **e|chi|no|coc|co|si** f. Echinokokkose *f.*
e|chi|no|der|mi m.pl. Stachelhäuter *pl.*, Echinodermen *pl.*
e|cla|tan|te agg. eklatant.
e|clet|ti|ci|smo → **eclettismo. e|clet|ti|ci|tà** f. Vielseitigkeit *f.* **e|clet|ti|co I** agg. *(-ci,-che)* **1** vielseitig: ***un ingegno ~*** ein vielseitiger Geist **2** FILOS. eklektisch, eklektizistisch **II** m. *(-ci)* Eklektiker *m.* **e|clet|ti|smo** m. Eklektizismus *m.*
e|clis|sa|men|to m. Verdunk(e)lung *f.*, Verfinsterung *f.* **e|clis|sa|re I** tr. **1a** ASTR. verdunkeln, verfinstern: ***la luna eclissa il sole*** der Mond verfinstert die Sonne **b** ESTENS. verdunkeln **2** FIG. in den Schatten stellen, überschatten: ***~ la fama di qcn.*** jds Ruhm in den Schatten stellen **II** pronom. **eclissarsi 1** ASTR. sich verdunkeln, sich verfinstern **2** FIG. *(sparire)* verschwinden, sich unsichtbar machen. **e|clis|se, e|clis|si** f. Eklipse *f.*, Finsternis *f.*: ***~ totale, parziale*** totale, partielle Finsternis (*o* Teilfinsternis *f.*); ***~ di sole, di luna*** Sonnen-, Mondfinsternis. **e|clit|ti|ca** f. *(-che)* Ekliptik *f.* **e|clit|ti|co** agg. *(-ci,-che)* ekliptisch.
e|clo|ga → **egloga.**
e|co f. e m. *(echi* m.pl.) **1** Echo *n.*, Widerhall *m.* (anche FIG.): ***trovare, destare (suscitare) una vasta, scarsa ~*** ein breites Echo, wenig Echo finden, hervor‿rufen ◆ ***fare ~ a qcn.*** jds Echo sein; *(approvare)* jdm zu‿stimmen.
e|co|car|dio|gra|fi|a f. Echokardiographie *f.*
e|co|ca|ta|stro|fe f. Ökokatastrophe *f.* **e|co|ci|dio** m. *(-di)* Ökozid *m.* e *n.*

e|co|go|nio|me|tri|a f. Schallortung *f.* **e|co|go|nio|me|tro** m. Schallortungsgerät *n.*
e|co|gra|fi|a f. Echographie *f.* **e|co|gra|fo** m. Echograph *m.*
e|co|lo|gi|a f. **1** *(scienza dell'ambiente)* Ökologie *f.*, Umweltforschung *f.* **2** ESTENS. *(tutela dell'ambiente)* Umweltschutz *m.*
e|co|lo|gi|co agg. *(-ci,-che)* **1** ökologisch, Öko-: ***disastro ~*** Ökokatastrophe *f.* **2** *(non inquinante)* umweltfreundlich, umweltschonend, Umwelt-, Umweltschutz-: ***materiali -ci*** umweltfreundliche Stoffe *pl.*; COLLOQ. ***auto -a*** Umweltauto *n.*; ***carta -a*** Umweltschutzpapier *n.*
e|co|lo|gi|sta *(-i,-e)* **I** agg. Ökologie-, Umweltschutz-: ***movimento ~*** Ökologiebewegung *f.* **II** m. e f. Umweltschützer *m.* (-in *f.*). **e|co|lo|gi|sti|co** agg. *(-ci,-che)* → **ecologista.** **e|co|lo|go** m. *(-gi)* Ökologe *m.*, Umweltforscher *m.*
e|co|me|tro m. Echolot *n.*
e|co|no|ma|to m. Verwaltung *f.*; *(di università)* Quästur *f.*
e|co|no|mi|a f. **1** Wirtschaft *f.*, Ökonomie *f.*: ***un'~ in espansione, stagnante*** eine expandierende, stagnierende Wirtschaft; ***incentivare, consolidare, pianificare l'~*** die Wirtschaft an‿kurbeln, konsolidieren, planen **2** *(scienza)* Wirtschaftswissenschaft *f.*, Ökonomik *f.*; *(insegnamento)* Wirtschaftslehre *f.* **3a** *(parsimonia, risparmio)* Einsparung *f.*, Sparsamkeit *f.*: ***spendere con ~*** sparsam wirtschaften; *(nell'edilizia)* ***lavori fatti in ~*** sparsam ausgeführte Arbeiten **b** pl. *(risparmi)* Ersparnisse *pl.*, Ersparte *n.* **4** *(di un'opera letteraria)* Ökonomie *f.* ◆ ***~ agraria*** Agrarwirtschaft *f.*; ***~ aziendale*** Betriebswirtschaft *f.*, Betriebswirtschaftslehre *f.*); ***~ collettiva, collettivista*** Gemeinwirtschaft *f.*, Kollektivwirtschaft *f.*; ***facoltà di ~ e commercio*** wirtsschaftswissenschaftliche Fakultät; ***~ controllata*** Zwangswirtschaft *f.*; ***~ domestica*** Hauswirtschaft *f.*; ***fare ~*** sparen, ein‿sparen, Ökonomie halten; ***fare ~ di qcs.*** mit etw. haus‿halten, sparen, sparsam umgehen; ***~ di guerra*** Kriegswirtschaft *f.*; ***~ di mercato*** Marktwirtschaft *f.*; ***~ di libero mercato*** freie Marktwirtschaft; ***ministro dell'~*** Wirtschaftsminister *m.*; ***~ mista*** gemischte Wirtschaftsordnung; ***~ mondiale*** Weltwirtschaft *f.*; ***~ monetaria*** Geldwirtschaft *f.*; ***~ pianificata*** Planwirtschaft *f.*; ***~ politica*** Volkswirtschaft *f.*, Nationalökonomie *f.*, Politökonomie *f.*; ***esperto di ~ politica*** Volkswirt *m.*, Volkswirtschaftler *m.*; ***~ privata*** Privatwirtschaft *f.*; ***~ rurale*** Landwirtschaft *f.*; ***~ di scambio*** Tauschwirtschaft *f.*; ***~ sociale di mercato*** soziale Marktwirtschaft *f.*; ***~ sommersa*** Schattenwirtschaft *f.*; ***~ di spazio*** Raumersparnis *f.*; ***~ di sussistenza*** Subsistenzwirtschaft *f.*; ***~ di tempo*** Zeitersparnis *f.*
e|co|no|mi|ca|men|te avv. **1** ökonomisch, wirtschaftlich: ***~ debole*** wirtschaftlich anfällig, schwach **2** wirtschaftlich, finanziell: ***dipendere ~ da qcn., qcs.*** wirtschaftlich von jdm, etw. abhängig sein. **e|co|no|mi|ci|tà** f. **1** Wirtschaftlichkeit *f.* **2** *(convenienza)* Wirtschaftlichkeit *f.*, Kostengünstigkeit *f.*, Billigkeit *f.*
e|co|no|mi|co agg. *(-ci,-che)* **1** wirtschaftlich, ökonomisch, Wirtschafts-: ***problemi, principi -ci*** ökonomische Probleme, Prinzipien; ***lo sviluppo ~ di un paese*** die wirtschaftliche Entwicklung eines Landes; ***sanzioni -che*** wirtschaftliche Sanktionen, Strafmaßnahmen; ***accordo, vertice ~*** Wirtschaftsabkommen *n.*, -gipfel *m.*; ***situazione, vita -a*** Wirtschaftslage *f.*, -leben *n.*; ***crescita, ripresa, crisi -a*** Wirtschaftswachstum *n.*, -aufschwung *m.*, -krise *f.*; ***miracolo ~*** Wirtschaftswunder *n.*; ***rapporti, aiuti, beni -ci*** Wirtschaftsbeziehungen, -hilfen, -güter; ***legge, teoria, politica -a*** Wirtschaftsgesetz *n.*, -theorie *f.*, -politik *f.*; ***piano ~, pianificazione -a*** Wirtschaftsplan *m.*, -planung *f.*; ***scienze -che*** Wirtschaftswissenschaften; ***geografia -a*** Wirtschaftsgeographie *f.*; ***settore ~*** Wirtschaftszweig *m.* **2** *(finanziario)* wirtschaftlich, finanziell: ***difficoltà -che*** wirtschaftliche Schwierigkeiten **3** *(conveniente)* wirtschaftlich, kostengünstig, billig: ***un'auto -a*** ein wirtschaftliches Auto ◆ *(nei trasporti)* ***classe ~*** Economyklasse *f.*; ***la Comunità Economica Europea*** die Europäische Wirtschaftsgemeinschaft; ***edizione -a*** billige Ausgabe *f.*
e|co|no|mi|sta m. e f. *(-i,-e)* Ökonomist *m.* (-in *f.*), Wirtschaftswissenschaftler *m.* (-in *f.*).
e|co|no|miz|za|re I tr. ***~ qcs.*** mit etw. sparen, ein‿sparen, sparsam umgehen; FIG. ***~ il tempo, le forze*** Zeit einsparen, mit den Kräften sparsam umgehen **II** intr. (aus. *avere*) sparen, haus‿halten: ***~ sul riscaldamento, nel mangiare*** mit Heizmaterial, am Essen sparen. **e|co|no|miz|za|to|re** m. TECN. Sparer *m.*, Economiser *m.*
e|co|no|mo I m. Verwalter *m.*; *(di economia rurale)* Wirtschafter *m.*; *(nelle università)* Quästor *m.* **II** agg. sparsam.
e|co|pa|ci|fi|sta agg. Ökopax-: ***movimento ~*** Ökopaxbewegung *f.*
e|co|scan|da|glio m. *(-gli)* → **ecometro.**
e|co|sfe|ra f. Ökosphäre *f.* **e|co|si|ste|ma** m. Ökosystem *n.* **e|co|stra|ge** f. Ökozid *m.* e *n.* **e|co|ti|po** m. Ökotypus *m.*

e|cra|si|te f. Ekrasit *n.*
ec|stasy ['ekstəsi] f.inv. Ecstasy *f.*
ec|ta|si f. METR. Ektase *f.*, Ektasis *f.* **ec|ta|si|a** f. MED. Ektasie *f.*
ec|to|der|ma m. Ektoderm *n.* **ec|to|mi|a** f. Ektomie *f.* **ec|to|pa|ras|si|ta** m. Ektoparasit *m.* **ec|to|pla|sma** m. Ektoplasma *n.*
e|cu m. Ecu (*o* ECU) *m.* e *f.*
e|cua|do|ria|no I agg. ecuadorianisch **II** m. Ecuadorianer *m.*
e|cu|me|ne f. Ökumene *f.* **e|cu|me|ni|ci|tà** f. **1** *(universalità)* Allgemeinheit *f.*, Universalität *f.* **2** *(ecumenismo)* Ökumenismus *m.* **e|cu|me|ni|co** agg. *(-ci,-che)* ökumenisch: ***concilio ~*** ökumenisches Konzil. **e|cu|me|ni|smo** m. Ökumenismus *m.*
ec|ze|ma m. Ekzem *n.* **ec|ze|ma|ti|co, ec|ze|ma|to|so** agg. ekzematös.
ed → **e.**
ed. ⇒ **1** *edito* herausgegeben (hrsg., hg.) **2** *editore* Herausgeber (Hrsg., Hg.) **3** *edizione* Ausgabe (Ausg.).
edel|weiss m.inv. Edelweiß *n.*
e|de|ma, e|de|ma m. Ödem *n.*: ***~ polmonare*** Lungenödem *n.* **e|de|ma|to|so** agg. ödematös.
e|den m. Eden *n.* (anche FIG.): ***il giardino dell'~*** der Garten Eden. **e|de|ni|co** agg. *(-ci,-che)* paradiesisch: ***mondo ~*** paradiesische Welt.
e|de|ra f. Efeu *m.* ◆ ***avvinto come l'~*** = unauflöslich verbunden; ***coperto di ~*** efeubewachsen; ***tralcio di ~*** Efeuranke *f.*
Ed|gar|do n.pr.m. Edgar *m.*
e|di|co|la f. **1** *(chiosco di giornali)* Zeitungskiosk *m.* **2** ARCH. Ädikula *f.* ◆ ***finestra, nicchia a ~*** Ädikulafenster *n.*, -nische *f.* **e|di|co|lan|te** m. e f. Zeitungsverkäufer *m.* (-in *f.*) am Zeitungskiosk.
e|di|fi|ca|bi|le agg. bebaubar, baureif, Bau-: ***terreno, area ~*** Bauland *n.*, Bauplatz *m.* **e|di|fi|ca|bi|li|tà** f. Bebaubarkeit *f.*
e|di|fi|can|te agg. erbaulich, erhebend: ***uno spettacolo poco, molto ~*** ein wenig, äußerst erbauliches Schauspiel ◆ ***letteratura ~*** Erbauungsliteratur *f.*; ***a scopo ~*** zur Erbauung.
e|di|fi|ca|re tr. *(edifico, edifichi)* **1** bauen, erbauen, errichten: ***~ una casa, un monumento*** ein Gebäude, Denkmal errichten **2** FIG. *(fondare, istituire)* gründen, auf‿bauen: ***~ uno stato, un sistema filosofico*** einen Staat aufbauen, ein philosophisches System auf‿stellen **3** FIG. *(indurre al bene)* erbauen: ***~ i giovani*** die Jugend erbauen ◆ ***~ sulla roccia, sabbia*** auf Fels, Sand bauen. **e|di|fi|ca|zio|ne** f. **1** Erbauung *f.*, Errichtung *f.* **2** *(morale)* Erbauung *f.*, Erhebung *f.*
e|di|fi|cio m. *(-ci)* **1** Gebäude *n.*, Bau *m.*, Bauwerk *n.*: ***~ in pietra*** Steinbau *m.*; ***-ci pubblici*** öffentliche Gebäude; ***~ privato*** Privatgebäude *n.*; ***~ scolastico*** Schulgebäude *n.*; ***~ storico*** historisches Bauwerk **2** ESTENS. *(struttura organizzata)* Gebäude *n.*, Aufbau *m.*, Gefüge *n.*: ***l'~ dello stato*** das Staatsgefüge **3** FIG. Gebäude *n.*: ***un ~ di menzogne*** ein Lügengebäude.
e|di|le I agg. Bau-, baulich: ***impresa, industria ~*** Bauunternehmen *n.*, Bauindustrie *f.*; ***operaio, perito, costruttore ~*** Bauarbeiter *m.*, Baufachmann *m.* (Bautechniker *m.*), Baumeister *m.* **II** m. **1** Bauarbeiter *m.* **2** STOR. Ädil *m.*
e|di|li|zia f. Bauwesen *n.*; *(materia)* Baufach *n.*; *(imprese edili)* Baugewerbe *n.*: ***la crisi dell'~*** die Krise des Baugewerbes ◆ ***~ abitativa*** Wohnungsbau *m.*; ***blocco dell'~*** Baustopp *m.*; ***~ industriale*** Industriebau *m.*; ***mercato dell'~*** Baumarkt *m.*; ***~ popolare*** sozialer Wohnungsbau; ***~ privata, pubblica*** privates, öffentliches Bauwesen; ***~ scolastica*** Schulbauwesen *n.*
e|di|li|zio agg. *(-zi,-zie)* **1** Bau-, baulich: ***concessione -a*** Bauerlaubnis *f.*, Baugenehmigung *f.*; ***complesso ~*** Gebäudekomplex *m.*; ***cooperativa -a*** Baugenossenschaft *f.*; ***credito ~*** Baukredit *m.*; ***condono ~*** = Amnestie für Bausünder **2** STOR. ädilisch.
E|dim|bur|go n.pr.f. Edinburg *n.*
e|di|pi|co agg. *(-ci,-che)* Ödipus-, ödipal: ***complesso ~*** Ödipuskomplex *m.*; ***fase -a*** ödipale Phase. **E|di|po** n.pr.m. Ödipus *m.* ◆ ***complesso di ~*** Ödipuskomplex *m.*
e|di|ta|re tr. *(edito, editi)* edieren; heraus‿geben. **e|di|ting** ['editiŋ] m.inv. Textbearbeitung *f.* **e|di|to** agg. herausgegeben, veröffentlicht, ediert: ***scritti -i e inediti*** veröffentlichte und unveröffentlichte Schriften.
e|di|tor ['editə] m. e f.inv. **1** *(editoriale)* Lektor *m.* (-in *f.*) **2** INFORM. Editor *m.*
e|di|to|re I agg. Verlags-: ***casa -trice*** Verlag *m.*, Verlagshaus *n.*, Verlagsanstalt *f.* **II** m. **1** *(imprenditore)* Verleger *m.* **2** *(curatore di un'edizione)* Herausgeber *m.*, Editor *m.* **e|di|to|ri|a** f. Verlagswesen *n.*, Verlagsbuchhandel *m.* **e|di|to|ria|le I** agg. verlegerisch, editorisch, Verlags-: ***redattore ~*** Verlagsredakteur *m.*; ***programma ~*** Verlagsprogramm *n.*; ***direttore ~*** Verlagsleiter *m.* **II** m. Leitartikel *m.*, Editorial *n.* **e|di|to|ria|li|sta** m. e f. *(-i,-e)* Leit-

artikelschreiber *m.* (-in *f.*), Leitartikler *m.* (-in *f.*).

e|dit|to m. **1** Edikt *n.*: ***emanare un ~*** ein Edikt erlassen **2** RAR. *(legge)* Verordnung *f.*, Erlass *m.*

e|di|zio|ne f. **1** Ausgabe *f.*, Herausgabe *f.*: ***~ completa, annotata*** vollständige Ausgabe, mit Anmerkungen versehene Ausgabe; ***curare l'~ di un testo*** die Herausgabe eines Textes besorgen; ***un'~ in tre volumi*** eine dreibändige Ausgabe **2** *(complesso di esemplari)* Auflage *f.*: ***un'~ di poche copie*** eine Auflage von wenigen Exemplaren; ***un'~ riveduta, ampliata*** eine verbesserte, erweiterte Auflage; ***un'~ di cinquemila copie*** eine Auflage von fünftausend Exemplaren; ***prefazione alla prima ~*** Vorwort zur ersten Auflage **3** *(singolo esemplare)* Ausgabe *f.*: ***una rara ~ del cinquecento*** eine seltene Ausgabe aus dem 16. Jahrhundert **4** *(di giornale)* Ausgabe *f.*; *(tiratura)* Auflage(n)höhe *f.*: ***l'ultima ~ di un giornale*** die letzte Ausgabe einer Zeitung; ***l'~ odierna del telegiornale*** die heutige Ausgabe der Tagesschau **5** ESTENS. *(di spettacoli, manifestazioni)* Veranstaltung *f.*: ***l'ultima ~ del festival di Sanremo*** die jüngste Veranstaltung des Festivals von Sanremo **6** CINEM. Fassung *f.* ◆ ***~ in brossura*** broschierte Ausgabe *f.*; ***~ clandestina*** Raubdruck *m.*; ***~ contraffatta*** Fälschung *f.*, gefälschte Ausgabe *f.*; ***~ critica*** kritische Ausgabe *f.*; ***~ a dispense*** Ausgabe *f.* in Einzelheften, Lieferungen; ***~ economica*** billige Ausgabe *f.*; ***~ in folio*** Folioband *m.*; ***~ fuori commercio*** Privatdruck *m.*; ***~ integrale*** vollständige, ungekürzte Ausgabe *f.*; ***~ di lusso*** Prachtausgabe *f.*, Luxusausgabe *f.*; ***~ maggiore*** große Ausgabe *f.*; GIORN. ***~ del mattino*** Morgenzeitung *f.*; ***~ minore*** kleine Ausgabe *f.*; ***~ nazionale*** Nationalausgabe *f.*, landesweite Ausgabe *f.*; GIORN. ***~ della notte*** Nachtausgabe *f.*; ***~ originale*** Originalausgabe *f.*; ***~ principe*** Editio princeps; ***~ purgata*** kastrierte Ausgabe *f.*; ***~ rilegata*** gebundene Ausgabe *f.*; ***~ riveduta e corretta*** neu bearbeitete und verbesserte Auflage; ***~ scolastica*** Schulausgabe; GIORN. ***seconda ~*** zweite Auflage; ***~ spuria*** gefälschte Ausgabe; GIORN. ***~ straordinaria*** Extrablatt *n.*, Extraausgabe *f.*, Sonderausgabe *f.*; ***~ tascabile*** Taschenausgabe *f.*; ***~ con testo a fronte*** zweisprachige Ausgabe.

E|do|ar|do n.pr.m. Eduard *m.*

e|do|ni|smo m. Hedonismus *m.* **e|do|ni|sta** m. e f. *(-i,-e)* Hedonist *m.* (-in *f.*), Hedoniker *m.* (-in *f.*). **e|do|ni|sti|co** agg. *(-ci,-che)* hedonistisch.

e|dot|to agg. informiert, unterrichtet: ***rendere qcn. ~ sulle, circa le nuove normative*** jdn über die neuesten Rechtsvorschriften unterrichten.

e|du|ca|bi|le agg. erziehbar.

e|du|can|da f. **1** Stiftsfräulein *n.*, Zögling *m.* **2** FIG. SCHERZ. = schamhaftes (*o* schüchternes) Mädchen *n.*; ***arrossire come un'~*** wie ein kleines Mädchen erröten; ***non è proprio un'~*** = sie ist nicht eben ein Unschuldslamm; ***non è uno spettacolo da -e*** das ist nichts für kleine Kinder. **e|du|can|da|to** m. Stift *n.*

e|du|ca|re tr. *(educo, educhi)* **1** erziehen: ***~ i propri figli, i giovani*** seine Kinder, die Jugendlichen erziehen; ***~ qcn. al rispetto degli altri, alla tolleranza*** jdn dazu erziehen, andere zu respektieren, jdn zur Toleranz erziehen **2** *(formare)* heran‿führen: ***~ qcn. all'arte, alla musica*** jdn an die Kunst, Musik heranführen **3a** *(allenare con l'esercizio)* bilden, aus‿bilden: ***~ la mente, il gusto*** seinen Geist, Geschmack bilden; ***~ la voce*** die Stimme ausbilden (*o* schulen) **b** gewöhnen: ***~ il corpo alle fatiche*** den Körper an Anstrengungen gewöhnen ◆ ***~ l'orecchio (alla musica)*** das musikalische Gehör schulen.

e|du|ca|ta|men|te avv. wohlerzogen.

e|du|ca|ti|vo agg. erzieherisch, Erziehungs-, Bildungs-: ***metodi -i*** Erziehungsmethoden; ***un programma ~*** ein Erziehungsprogramm, ein Bildungsprogramm; ***esercitare un'azione -a su qcn.*** erzieherisch auf jdn ein‿wirken; ***un libro molto ~*** ein sehr erzieherisches Buch ◆ ***giochi -i*** Lernspiele *pl.*

e|du|ca|to p.pass. agg. **1** → **educare** **2** *(che ha buone maniere)* wohlerzogen, (wohl)gesittet, manierlich: ***un ragazzo (ben) ~*** ein wohlerzogener Junge; ***comportati da persona -a!*** benimm dich wie ein gesitteter Mensch! **3** *(gentile)* höflich: ***non sei stato molto ~ con loro*** du warst nicht sehr höflich zu ihnen **4** *(di voce)* ausgebildet, geschult.

e|du|ca|to|re m. **1** Erzieher *m.* **2** *(per handicappati, disadattati)* Sonderpädagoge *m.* ◆ ***~ di strada*** Streetworker *m.* **e|du|ca|tri|ce** f. **1** Erzieherin *f.* **2** *(per handicappati, disadattati)* Sonderpädagogin *f.*

e|du|ca|zio|ne f. **1** Erziehung *f.*: ***ricevere un'~ autoritaria, permissiva, severa, spartana*** eine autoritäre, permissive, strenge, spartanische Erziehung bekommen (*o* genießen); ***dare, impartire una buona ~ a qcn.*** jdm eine gute Erziehung geben, zuteil werden lassen (*o* angedeihen lassen) **2** *(buone maniere)* Erziehung *f.*, Anstand *m.*, (gutes) Benehmen *n.*: ***gli manca l'~*** ihm fehlt (*o* mangelt) es an Erziehung; ***è solo una questione di ~*** es ist nur eine Sache der Erziehung (*o* des Anstands); ***impari l'~!*** lernen Sie erst mal, was Anstand ist! ***chi ti ha insegnato l'~?*** wer hat dir den Anstand beigebracht? ***t'insegno io l'~!*** ich lern dir schon, was Anstand ist! **3** *(formazione)* Ausbildung *f.*: ***ricevere un'~ classica*** eine klassische Ausbildung bekommen ◆ ***~ alimentare*** Ernährungslehre *f.*; ***~ ambientale*** Umwelterziehung *f.*; ***~ artistica*** Kunsterziehung *f.*; ***buona ~*** gutes Benehmen; ***~ civica*** Sozialkunde *f.*, Staatsbürgerkunde *f.*; ***~ fisica*** Leibeserziehung *f.*, Sportunterricht *m.*, COLLOQ. Turnen *n.*; ***insegnante, lezione di ~ fisica*** Turnlehrer *m.*, Sportlehrer *m.*; ***~ linguistica*** Spracherziehung *f.*; ***~ musicale*** Musikerziehung *f.*; ***~ sessuale*** Sexualaufklärung *f.*, -erziehung *f.*; *(a scuola)* Sexualkunde *f.*; ***~ della voce*** Stimmbildung *f.*

e|dul|co|ran|te **I** agg. Süß-, süßend: ***prodotto ~*** Süßstoff *m.* **II** m. Süßstoff *m.* **e|dul|co|ra|re** tr. *(edulcoro)* **1** RAR. süßen **2** FIG. *(attenuare la crudezza, gravità di)* ab‿schwächen, mildern, versüßen: ***~ una notizia, la verità*** eine Nachricht, die Wahrheit mildern. **e|dul|co|ra|to** p.pass. agg. **1** → **edulcorare** **2** FIG. abgeschwächt, geschönt: ***una versione -a dei fatti, un'immagine -a della vita*** eine abgeschwächte Version der Tatsachen, ein geschöntes Bild des Lebens.

e|du|le agg. essbar, genießbar.

e|fe|bi|co agg. *(-ci,-che)* ephebisch. **e|fe|bo** m. **1** STOR. Ephebe *m.* **2** ESTENS. Junge *m.*, junger Mann *m.*

e|fe|dri|na f. Ephedrin *n.*

e|fe|li|di f.pl. Sommersprossen *pl.*, MED. Epheliden *pl.*

e|fe|si|no m. Epheser *m.* ◆ ***lettera agli Efesini*** Epheserbrief *m.*

E|fe|so n.pr.m. Ephesos *n.*, Ephesus *n.*

E|fe|sto n.pr.m. Hephaistos *m.*, Hephäst *m.*, Hephästus *m.*

ef|fe f. e m.inv. f, F *n.*

ef|fe|me|ri|de f. Ephemeride *f.*

ef|fe|mi|na|re tr. *(effemino)* **1** verweiblichen **2** *(infiacchire)* verweichlichen. **ef|fe|mi|na|tez|za** f. **1** Verweiblichung *f.*, Effemination *f.* **2** Verweichlichung *f.* **ef|fe|mi|na|to** p.pass. agg. **1** → **effeminare** **2** effeminiert, feminin, weiblich, SPREG. weibisch: ***un tipo ~*** ein effeminierter Typ; ***avere modi -i*** eine feminine Art haben.

ef|fe|ra|ta|men|te avv. grausam, abscheulich. **ef|fe|ra|tez|za** f. Grausamkeit *f.*, Abscheulichkeit *f.* **ef|fe|ra|to** agg. grausam, abscheulich: ***-i omicidi*** grausame Morde; ***con -a crudeltà*** mit abscheulicher Grausamkeit.

ef|fer|ve|scen|te **I** agg. **1** Brause-: ***bevanda, pastiglia (compressa) ~*** Brausegetränk *n.*, -tablette *f.*; ***acqua ~*** Sauerwasser *n.*, Sprudelwasser *n.* **2a** FIG. *(brioso)* spritzig, sprudelnd; *(vivace)* lebhaft: ***una commedia ~*** eine spritzige Komödie; ***un temperamento ~*** ein sprudelndes Temperament **b** *(di persona)* sprühend, Lebendigkeit versprühend: ***un tipo veramente ~*** ein Lebendigkeit versprühender Typ. **ef|fer|ve|scen|za** f. **1** Sprudeln *n.*, Aufbrausen *n.* **2a** FIG. *(briosità)* Spritzigkeit *f.*, Lebhaftigkeit *f.* **b** *(di persona)* Lebhaftigkeit *f.* ◆ ***~ naturale*** natürliche Kohlensäure.

ef|fet|ti|va|men|te avv. **1** effektiv, wirklich: ***calcolare quanto si è ~ speso*** berechnen, wie viel man effektiv ausgegeben hat; ***è ~ malato*** er ist wirklich krank **2** *(in effetti)* tatsächlich: ***~ ha ragione*** er hat tatsächlich recht; ***il migliore ~ è lui*** er ist tatsächlich der Beste; ***non ci avevo pensato, ~*** wie man sieht, hatte ich nicht daran gedacht; ***non è molto simpatica, vero? – ~...*** sie ist nicht sehr symphatisch, nicht wahr? – stimmt...

ef|fet|ti|vo **I** agg. **1** effektiv, tatsächlich, wirklich: ***guadagno, vantaggio, valore ~*** effektiver Gewinn, Vorteil, tatsächlicher (*o* wirklicher) Wert; ***l'~ significato di un provvedimento*** die effektive Bedeutung einer Maßnahme; ***non c'è stato alcun ~ miglioramento*** es gab keine effektive Verbesserung **2a** *(tale a tutti gli effetti)* ordentlich; *(di lavoratore)* fest angestellt, ständig; ***docente, socio ~*** fest angestellter Dozent, ordentliches Mitglied (*o* Vollmitglied *n.*) **b** MIL. ***ufficiale ~*** aktiver Offizier *m.* **II** m. **1a** MIL. Stärke *f.*, Iststärke *f.*: ***l'~ di un battaglione*** die Iststärke eines Bataillons **b** pl. Truppenstärke *f.*, Truppen *pl.*: ***ridurre gli -i*** die Truppen vermindern **2** ECON. Effektivbestand *m.*, Aktivbestand *m.* ◆ ***personale ~*** Personalbestand *m.*; ***in servizio ~*** in aktivem Dienst; SPORT ***tempo ~ (di gioco)*** effektive Spielzeit.

ef|fet|to m. **1** Wirkung *f.*, Effekt *m.*: ***sortire (ottenere), av~ desiderato*** die gewünschte Wirkung erzielen, haben; ***avere un ~ eccitante, nocivo, letale su qcn.*** eine anregende, schädliche, tödliche Wirkung auf jdn haben (*o* auf jdn anregend, schädlich, tödlich wirken); ***la medicina fa ~ presto*** das Medikament wirkt schnell; ***l'anestesia sta facendo ancora ~*** die Narkose wirkt noch nach; ***l'alcol mi fa un brutto ~*** Alkohol hat bei mir üble Folgen **2a** *(conseguenza)* Folge *f.*, Wirkung *f.*; *(ripercussione)* Nachwirkung *f.*: ***gli -i***

della guerra, della carestia die Folgen (*o* Nachwirkungen) des Krieges, der Hungersnot; ***le sue minacce non ebbero ~, non sortirono alcun ~*** seine Drohungen waren wirkungslos, blieben ohne Folgen; ***mi sento debole: sarà l'~ del caldo*** ich fühle mich schlapp, das wird wohl von der Hitze kommen **b** *(insieme di conseguenze)* Effekt *m.*: ***l'~ Cernobyl*** der Tschernobyl-Effekt **3** *(reazione)* Reaktion *f.*, Wirkung *f.*: ***l'~ previsto*** die beabsichtigte Reaktion **4** *(influsso)* Einfluss *m.*, Wirkung *f.*: ***avere un ~ su qcn., qcs.*** auf jdn, etw. Wirkung aus‿üben; ***gli insulti, le preghiere non hanno ~ su di lui*** die Beschimpfungen, Bitten haben keine Wirkung auf ihn; ***essere sotto l'~ di una droga, di un calmante*** unter dem Einfluss einer Droge, eines Beruhigungsmittels stehen **5** *(impressione)* Effekt *m.*, Eindruck *m.*: ***mi fa uno strano ~ vederlo in divisa*** es macht auf mich einen seltsamen Eindruck (*o* es mutet mich seltsam an), ihn in Uniform zu sehen; ***che ~ ti fa avere trent'anni?*** wie fühlst du dich, mit (deinen) dreißig Jahren? ***la vista del sangue mi fa ~*** es ekelt mich, Blut zu sehen **6** *(nello sport o nel biliardo)* Effet *n.* e *m.*: ***colpire la palla con ~, d'~*** den Ball mit Effet schlagen; *(nel calcio)* den Ball mit Effet schießen **7** *(cambiale)* Wechsel *m.*: ***-i attivi, passivi*** Aktiv-, Schuldwechsel **8** *(titolo di credito)* Papier *n.* **9** FIS. Effekt *m.*: ***~ Doppler*** Dopplereffekt *m.* ◆ ***frase, scena a ~, d'~*** ein wirkungsvoller Satz, eine effektvolle Szene; ***~ acustico*** akustischer Effekt; ***-i bancari*** Effekten *pl.*, Bankpapiere *pl.*; ***causa ed ~*** Ursache und Wirkung; ***-i cinematografici*** → ***-i speciali***; ***-i collaterali*** Nebenwirkungen; ***con ~ (immediato) dal...*** mit (sofortiger) Wirkung vom...; ***sortire l'~ contrario*** das Gegenteil bewirken; ***~ frenante*** Bremswirkung *f.*; ***di grande ~*** effektvoll, wirkungsvoll, beeindruckend; ***in -i*** tatsächlich, in der Tat, effektiv; ***-i all'incasso*** Inkassowechsel; ***-i di luce*** Lichteffekte *pl.*; ART. ***~ di luce*** Glanzlicht *n.*; ***mandare, mettere a ~ qcs.*** etw. in die Tat um‿setzen; ***~ ottico*** optischer Effekt; ***per ~ di...*** auf Grund von; ***-i personali*** persönliche Gegenstände; ***~ retroattivo*** rückwirkende Kraft; ***~ scenico*** Bühnenwirkung *f.*; ***~ serra*** Treibhauseffekt *m.*; ***di sicuro ~*** sicher wirkend; ***~ sonoro*** Klangeffekt *m.*, -wirkung *f.*; CINEM. Toneffekt *m.*; ***~ sorpresa*** Überraschungseffekt *m.*; CINEM. ***-i speciali*** Trickaufnahmen *pl.*, Spezialeffekte *pl.*; SPORT ***tiro ad ~, con (l')~*** Effetschuss *m.*; *(nel biliardo)* Effetstoß *m.*; ***valido a tutti gli -i*** gültig in jeder Hinsicht.

ef|fet|tua|bi|le agg. durchführbar, ausführbar; *(di pagamenti)* vornehmbar, zu leisten. **ef|fet|tua|le** agg. LETT. tatsächlich, wirklich.

ef|fet|tua|re *(effettuo)* **I** tr. *(talvolta inglobato in un verbo)* vor‿nehmen, durch‿führen, aus‿führen: ***~ una spedizione, registrazione*** eine Sendung (*o* einen Versand) ausführen, eine Buchung vornehmen (*o* durchführen); ***~ investimenti, pagamenti*** Investitionen vornehmen, Zahlungen leisten; ***~ una misurazione, una riparazione*** eine Messung durchführen, eine Reparatur ausführen; ***la spedizione sarà, verrà effettuata in giugno*** die Lieferung erfolgt im Juni; ***il pagamento va effettuato in aprile*** die Bezahlung ist im April fällig; ***il treno non effettua altre fermate fino a Genova*** der Zug hält nicht mehr bis Genua; ***~ un sorpasso a sinistra*** links überholen; SPORT ***~ un cross, uno scatto, un tiro in porta, un salto in alto, un lancio del martello*** flanken, einen Spurt an‿ziehen, ins Tor schießen, hoch‿springen, den Hammer werfen ◆ ***la gita non si effettuò per la pioggia*** der Ausflug fand wegen des Regens nicht statt; ***il viaggio si effettuò senza incidenti*** die Reise verlief ohne Unfall.

ef|fet|tua|zio|ne f. **1** Durchführung *f.*, Ausführung *f.*; *(di pagamenti)* Leistung *f.*

ef|fi|ca|ce agg. **1** wirksam, wirkungsvoll, effektiv; *(fruttuoso)* erfolgreich: ***provvedimenti, rimedi -i*** wirksame Maßnahmen, Mittel; ***una terapia ~*** eine erfolgreiche Therapie; ***un aiuto ~*** eine wirksame Hilfe; ***una medicina ~ contro il raffreddore*** ein wirksames Medikament gegen Schnupfen; ***questa compressa è ~ contro il mal di testa*** diese Tablette wirkt (gut) gegen Kopfschmerzen **2a** *(incisivo)* wirkungsvoll, schlagkräftig, eindrucksvoll: ***usare parole -i*** wirkungsvolle Worte verwenden; ***uno slogan (pubblicitario), uno stile ~*** ein schlagkräftiger (*o* zugkräftiger) Werbeslogan, ein wirkungsvoller Stil **b** ***una ~ rappresentazione del Medioevo*** eine authentische Darstellung des Mittelalters **3** *(di persona)* wirkungsvoll: ***un oratore ~*** ein wirkungsvoller Redner. **ef|fi|ca|ce|men|te** avv. **1** wirksam, wirkungsvoll, effektiv: ***lo shampoo agisce ~ contro la forfora*** das Shampoo ist wirksam gegen Schuppen **2** *(in modo incisivo)* wirkungsvoll, schlagkräftig, eindrucksvoll.

ef|fi|ca|cia f. **1** Wirksamkeit *f.*: ***l'~ di una medicina*** die Wirksamkeit eines Medikaments **2** *(incisività)* Wirksamkeit *f.*, Schlagkraft *f.*: ***l'~ di un discorso, di una pubblicità*** die Wirksamkeit einer Rede, Werbung; ***scrivere con ~*** in einem wirkungsvollen Stil schreiben **3** *(validità)* Gültigkeit *f.* ◆ ***~ descrittiva*** Bildkraft *f.*; ***~ probatoria*** Beweiskraft *f.*; ***un mezzo di provata ~*** ein bewährtes Mittel.

ef|fi|cien|te agg. **1** leistungsfähig, effizient: ***una persona, un'organizzazione ~*** ein leistungsfähiger (*o* effizienter) Mensch, eine effiziente Organisation **2** *(funzionante)* funktionstüchtig: ***il motore è ancora ~*** der Motor ist noch funktionstüchtig ◆ ***causa ~*** Wirkungsursache *f.* **ef|fi|cien|ti|smo** m. Leistungsorientierung *f.*; ***una società basata sull'~*** eine leistungsorientierte Gesellschaft, eine Leistungsgesellschaft. **ef|fi|cien|ti|sta** *(-i,-e)* **I** agg. leistungsorientiert, Leistungs-: ***società ~*** Leistungsgesellschaft *f.* **II** m. e f. leistungsorientierter Mensch *m.*

ef|fi|cien|za f. Leistungsfähigkeit *f.*, Effizienz *f.*: ***l'~ di un reparto*** die Leistungsfähigkeit einer Abteilung; ***dimostrare grande ~*** große Leistungsfähigkeit zeigen; ◆ ***~ bellica*** Kampfkraft *f.*, Schlagkraft *f.*; ***essere in ~*** funktionstüchtig sein; ***grado di ~*** Wirkungsgrad *m.*; MIL. ***~ operativa*** Einsatzbereitschaft *f.*; ***un motore in perfetta ~*** ein perfekt funktionierender Motor; ***(ri)mettere in ~*** wieder funktionstüchtig machen; ***scarsa ~*** Leistungsschwäche *f.*

ef|fi|gia|re tr. *(effigio, effigi)* LETT. **1** *(raffigurare)* dar‿stellen **2** *(ornare con effigie)* mit Bildern verzieren **3** *(modellare)* formen.

ef|fi|gie f. *(-gie* e RAR. *-gi)* **1** *(immagine)* Bild *n.*, Abbild *n.* **2** *(sembianze)* Aussehen *n.*, Gestalt *f.*: ***rappresentare qcn. in ~ di Marte*** jdn in der Gestalt des Mars dar‿stellen ◆ ***bruciare qcn. in ~*** jdn bildlich verbrennen.

ef|fi|me|ra f. Eintagsfliege *f.*, Ephemeride *f.*

ef|fi|me|ro I agg. **1** BOT. ZOOL. ephemer, Eintags-; *(che vive per un breve periodo)* kurzlebig: ***fiori, insetti -i*** Eintagsblumen, kurzlebige Insekten **2** ESTENS. *(caduco)* flüchtig, vorübergehend, ephemer; *(di breve durata)* kurzlebig: ***una gloria, moda -a*** ein vorübergehender Ruhm, eine kurzlebige Mode **II** m. Kurzlebige *n.*, Ephemere *n.* ◆ ***febbre -a*** Eintagsfieber *n.*, Ephemera *pl.*

ef|flo|re|scen|te agg. **1** MED. effloreszierend **2** GEOL. MINER. ausblühend, auswitternd. **ef|flo|re|scen|za** f. **1** MED. Effloreszenz *f.* **2** GEOL. MINER. Effloreszenz *f.*, Ausblühung *f.*, Auswitterung *f.*

ef|flus|so m. Ausfluss *m.*, Ausströmung *f.*

ef|flu|vio m. *(-vi)* **1** Geruch *m.*; *(profumo)* Duft *m.* **2** ESTENS. *(emanazione)* Verströmung *f.*, Strom *m.*: ***un ~ di luce*** ein Lichtstrom.

ef|fon|de|re *(effusi; effuso)* LETT. **I** tr. **1a** *(emanare)* verströmen: ***~ profumo*** Duft verströmen **b** *(luce)* verbreiten, aus‿gießen: ***il sole effonde il suo splendore*** die Sonne gießt ihren Glanz aus **2** *(versare)* vergießen: ***~ lacrime*** Tränen vergießen **3a** FIG. *(manifestare)* öffnen, aus‿schütten: ***~ il proprio animo*** sein Herz ausschütten **b** *(sfogare)* ***~ il proprio dolore*** seinen Schmerz heraus‿lassen **II** pronom. **effondersi** sich aus‿breiten, sich verbreiten, sich ergießen.

ef|fra|zio|ne f. Einbruch *m.*

ef|fu|si → **effondere.**

ef|fu|sio|ne f. **1a** GEOL. Erguss *m.*, Effusion *f.* **b** *(lava emessa)* Erguss *m.* **2** *(di sangue)* Vergießen *n.* **3a** *(calore affettuoso)* Herzlichkeit *f.*, Wärme *f.*: ***salutare qcn. con ~*** jdn mit Wärme begrüßen **b** pl. *(dimostrazioni di affetto)* Zärtlichkeiten *pl.*: ***scambiarsi (tenere) -i*** Zärtlichkeiten aus‿tauschen ◆ ***~ di gioia*** Freudenausbruch *m.*

ef|fu|si|vo agg. GEOL. effusiv, Effusiv-, Erguss-: ***roccia -a*** Effusivgestein *n.*, Ergussgestein *n.* **ef|fu|so** → **effondere.** **ef|fu|so|re** m. TECN. Strahldüse *f.*, Schubdüse *f.*, Antriebsdüse *f.*

e|fo|ra|to m. STOR. Ephorat *n.* **e|fo|ro** m. STOR. Ephor *m.*

EFTA ⇒ *Associazione europea di libero scambio* Europäische Freihandelszone (EFTA).

E|ga|di n.pr.f.pl. Ägadische Inseln *pl.*

e|ga|li|ta|rio → **egualitario. e|ga|li|ta|ri|smo** → **egualitarismo.**

e|ge|mo|ne agg. hegemonisch, Hegemonial-: ***stato ~*** Hegemonialstaat *m.* **e|ge|mo|ni|a** f. Hegemonie *f.*, Vorherrschaft *f.*: ***~ culturale, politica, militare*** kulturelle, politische, militärische Hegemonie; ***esercitare un'assoluta ~ su qcs.*** eine absolute Macht über etw. (A) aus‿üben. **e|ge|mo|ni|co** agg. *(-ci,-che)* hegemonial. **e|ge|mo|ni|smo** m. Hegemonialstreben *n.*, Hegemonialanspruch *m.* **e|ge|mo|niz|za|re** tr. unter seine Hegemonie bringen.

e|ge|o agg. ägäisch: ***il mare ~*** das Ägäische Meer. **E|ge|o** n.pr.m. Ägäis *f.*

e|gi|da f. **1** Ägis *f.* **2** FIG. Ägide *f.*: ***sotto l'~ di qcn.*** unter jds Ägide.

E|gi|na n.pr.f. Ägina *n.*

e|gi|ra f. Hedschra *f.*

E|git|to n.pr.m. Ägypten *n.*; ***dell'antico ~*** altägyptisch. **e|git|to|lo|gi|a** f. Ägyptologie *f.* **e|git|to|lo|gi|co** agg. *(-ci,-che)* ägyptologisch. **e|git|to|lo|go** m. *(-gi)* Ägyptologe *m.*

e|gi|zia|no I agg. ägyptisch **II** m. **1** *(abitante)* Ägypter *m.* **2** *(lingua)* Ägyptische *n.* **e|gi|zio I** agg. *(-zi,-zie)* ägyptisch, altägyptisch: ***mu-***

seo ~ ägyptisches Museum **II** m. *(-zi)* Ägypter *m.*: ***gli antichi -zi*** die alten Ägypter.

e|gli pron.pers. m. er: ***~ non disse nemmeno una parola*** er sagte kein einziges Wort; ***~ stesso*** er selbst; ***chiunque ~ sia*** wer auch immer er sein mag.

e|gle|fi|no m. Schellfisch *m.*

e|glo|ga f. *(-ghe)* Ekloge *f.*: ***le -ghe di Virgilio*** die Eklogen Vergils.

e|go m.inv. Ego *n.*

e|go|cen|tri|ci|tà f. → **egocentrismo. e|go|cen|tri|co I** agg. *(-ci, -che)* egozentrisch, ichbezogen, selbstbezogen **II** m. *(-ci)* Egozentriker *m.*, Ichmensch *m.* **e|go|cen|tri|smo** m. Egozentrik *f.*, Ichbezogenheit *f.*, Selbstbezogenheit *f.*

e|go|i|smo m. Egoismus *m.*, Ichsucht *f.*, Selbstsucht *f.*, Eigensucht *f.* **e|go|i|sta** *(-i,-e)* **I** agg. egoistisch, ichsüchtig, selbstsüchtig: ***un bambino, un comportamento ~*** ein selbstsüchtiges Kind, Verhalten **II** m. e f. Egoist *m.* (-in *f.*): ***un grande ~*** ein krasser Egoist. **e|go|i|sti|ca|men|te** avv. egoistisch, selbstsüchtig, selbstisch: ***agire ~*** selbstisch handeln. **e|go|i|sti|co** agg. *(-ci,-che)* egoistisch, ichsüchtig, selbstsüchtig, eigensüchtig, selbstisch.

e|go|ti|smo m. Egotismus *m.* **e|go|ti|sta** m. e f. *(-i,-e)* Egotist *m.* (-in *f.*). **e|go|ti|sti|co** agg. *(-ci,-che)* egotistisch.

egr. ⇒ *egregio* **1** sehr geehrt **2** *(non tradotto nell'indirizzo)* ***~ sig. Ferri*** Herrn Ferri.

e|gre|gia|men|te avv. ausgezeichnet, vortrefflich. **e|gre|gio** agg. *(-gi,-gie)* **1** ausgezeichnet, vortrefflich **2a** *(nella corrispondenza)* sehr geehrt: ***~ signor Ferri*** sehr geehrter Herr Ferri **b** *(non tradotto nell'indirizzo)* ***~ signor Mario Ferri*** Herrn Mario Ferri.

e|gres|si|vo agg. LING. egressiv.

e|gro agg. LETT. krank.

e|gua|glia|men|to m. Egalisierung *f.* **e|gua|glia|re** tr. *(eguaglio, eguagli)* **1** gleichkommen: ***in generosità non lo eguaglia nessuno*** niemand kommt ihm an Großzügigkeit gleich **2** *(raggiungere)* egalisieren: ***~ un primato*** einen Rekord egalisieren.

e|gua|le agg. gleich, egal. **e|gua|li|ta|rio** agg. *(-ri,-rie)* egalitär, Gleichheits-: ***principi -ri*** Gleichheitsgrundsätze. **e|gua|li|ta|ri|smo** m. Egalitarismus *m.*

eh inter. **1** *(rimprovero)* eh, he: ***~, così non va!*** he, so geht das nicht! **2** *(rassegnazione)* jaja, na ja: ***~ sì, oggigiorno è tutto più difficile*** jaja, heutzutage ist alles schwieriger **3** *(stupore)* was: ***~? che cosa hai fatto?*** was? was hast du gemacht? **4** *(in domande retoriche)* oder, nicht wahr: ***simpatico, ~?*** nett, nicht wahr? ***bello, ~?*** schön, oder? **5** *(come risposta)* was, wie.

ehi inter. COLLOQ. **1** eh, he, oho, hallo: ***~, cosa succede?*** eh, was ist los? ***~, c'è qualcuno?*** hallo, ist da jemand? ***~ tu, vieni qua!*** he (du), komm her! **2** *(apprezzamento)* oh, oho: ***~, che eleganza!*** oh, welche Eleganz.

ehi|là inter. **1** hallo, oho: ***~, che ci fai?*** oho, was tust du hier? **2** *(apprezzamento)* oh, oho: ***~, che salto!*** oh, was für ein hoher Sprung!

ehm inter. hm.

E.I. ⇒ *Esercito Italiano* Italienisches Heer.

e|ia|cu|la|re intr. *(eiaculo;* aus. *avere)* ejakulieren. **e|ia|cu|la|zio|ne** f. Ejakulation *f.*, Samenerguss *m.*: ***~ precoce*** vorzeitiger Samenerguss.

ei|de|ti|ca f. Eidetik *f.* **ei|de|ti|co** agg. *(-ci,-che)* eidetisch.

e|iet|ta|bi|le agg. Schleuder-: ***sedile, seggiolino ~*** Schleudersitz *m.* **e|iet|ta|re** tr. TECN. ejizieren. **e|iet|ti|vo** agg. ejektiv, Ejektiv-: ***suono ~*** Ejektiv *m.*, Ejektivlaut *m.* **e|iet|to|re** m. Ejektor *m.* **e|ie|zio|ne** f. Auswurf *m.*, Ejektion *f.*

ein|stei|nia|no [ainstai'njano] agg. einsteinsch: ***la teoria -a della relatività*** die einsteinsche Relativitätslehre.

ein|stei|nio [ain'stajnjo] m. CHIM. Einsteinium *n.*

e|la|bo|ra|re tr. *(elaboro)* **1** aus‿arbeiten, erarbeiten: ***~ un piano, un progetto*** einen Plan, Entwurf erarbeiten; ***~ una piattaforma comune*** eine gemeinsame Plattform ausarbeiten **2** *(interpretare)* aus‿werten: ***~ i risultati di un'inchiesta*** die Ergebnisse einer Umfrage auswerten **3** INFORM. verarbeiten: ***~ dati, informazioni*** Daten, Informationen verarbeiten **4** *(digerire)* verarbeiten, verdauen: ***~ cibi*** Speisen verdauen.

e|la|bo|ra|to I p.pass. agg. **1** → **elaborare 2** *(ricercato)* ausgearbeitet, ausgefeilt: ***uno stile ~*** ein ausgefeilter Stil **3** MOT. frisiert: ***un motore ~*** ein frisierter Motor **II** m. **1** BUROCR. Elaborat *n.* **2** SCOL. *(tema)* Aufsatz *m.*; *(compito di matematica)* Aufgabe *f.*

e|la|bo|ra|to|re I agg. ausarbeitend, verarbeitend, Verarbeitungs- **II** m. Rechner *m.*, Computer *m.*: ***~ elettronico*** elektronischer Rechner, Elektronenrechenmaschine *f.*

e|la|bo|ra|zio|ne f. **1** Ausarbeitung *f.*, Bearbeitung *f.* **2** *(interpretazione)* Auswertung *f.*: ***l'~ dei risultati*** die Auswertung der Ergebnisse **3** INFORM. Verarbeitung *f.*: ***~ (elettronica dei) dati*** (elektronische) Datenverarbeitung; ***centro ~ dati*** Datenverarbeitungszentrum *n.* **4** *(assimilazione)* Verarbeitung *f.*, Verdauung *f.*: ***l'~ del cibo*** die Verdauung der Nahrung; *(sviluppare)* ***~ di un concetto*** die Verarbeitung eines Begriffs **5** PSIC. Verarbeitung *f.*, Bearbeitung *f.*: ***~ secondaria*** sekundäre Bearbeitung; ***~ del lutto*** Trauerarbeit *f.*

e|lar|gi|re tr. *(elargisco, elargisci)* spenden, stiften: ***~ una somma in denaro*** eine Geldsumme spenden; ***~ un premio*** einen Preis stiften; ***~ sorrisi*** Lächeln schenken, allen zu‿lächeln **e|lar|gi|zio|ne** f. **1** Spenden *n.* **2** *(donazione)* Spende *f.*, Gabe *f.*, Stiftung *f.*

e|la|smo|bran|chio m. *(-chi)* Plattenkiemer *m.*

e|la|sti|ca|men|te avv. elastisch. **e|la|sti|ci|tà** f.inv. **1** Elastizität *f.*, Dehnbarkeit *f.*, Federkraft *f.* **2** FIG. Flexibilität *f.*, Beweglichkeit *f.*, Dehnbarkeit *f.*: ***~ mentale*** geistige Beweglichkeit; ***l'~ di un politico*** die Flexibilität eines Politikers **3** *(scioltezza)* Gelenkigkeit *f.*, Geschmeidigkeit *f.*: ***conservare l'~*** seine Gelenkigkeit bewahren ◆ ***limite di ~*** Elastizitätsgrenze *f.*; ***modulo di ~*** Elastizitätsmodul *m.*; ***~ di torsione*** Drall *m.* **e|la|sti|ciz|za|re** tr. elastisch machen. **e|la|sti|ciz|za|to** p.pass. agg. → **elasticizzare 2** Stretch-: ***jeans -i*** Stretchjeans *f.*; ***tessuto ~*** Stretch *m.*, Stretchgewebe *n.*

e|la|sti|co I agg. *(-ci,-che)* **1** elastisch, Elastik-, dehnbar: ***un materiale ~*** ein dehnbares Material **2** *(molleggiante)* federnd, Feder-: ***pedana -a*** Federbrett *n.* **3** FIG. *(agile)* gelenkig, geschmeidig: ***un fisico ~*** ein gelenkiger Körper **4** *(pronto)* aufnahmefähig: ***un ingegno ~*** ein aufnahmefähiger Geist FIG. *(adattabile)* elastisch, dehnbar: ***un regolamento ~*** eine elastische Regelung; ***un concetto ~*** ein dehnbarer Begriff; ***un'interpretazione -a di una legge*** eine flexible Auslegung eines Gesetzes; ***morale -a*** eine lockere Moral **II** m. *(-ci)* **1** Gummiband *n.*, Gummi *n.*, Gummiring *m.*: ***tirare, tendere un ~*** ein Gummiband dehnen, aus‿dehnen; *(per capelli)* Haargummi *n.* **2** *(tessuto)* Elastik *n.* e *f.* ◆ ***calza -a*** Gummistrumpf *m.*; MIL. ***difesa -a*** elastische Verteidigung; ***fascia -a*** MED. elastische Binde; MOT. Kolbenring *m.*; ABBIGL. Leibbinde *f.*, Bauchbinde *f.*; BIOL. ***fibra -a*** dehnbare Faser; ***forza -a*** Federkraft *f.*; ***mutandine -che*** Miederhose *f.*; ***orario (di lavoro) ~*** gleitende Arbeitszeit *f.*; SPORT ***pallone ~*** Faustball *m.*; MECC. ***rondella, rosetta -a*** Federring *m.*; ***sospensione -a*** Federung *f.*

e|la|sto|me|ro m. Elastomer *m.*

e|la|te|ri|de, e|la|te|rio m. *(-ri)* Schnellkäfer *m.*; ***larva di ~*** Drahtwurm *m.*; ***~ dei cereali*** Saatschnellkäfer *m.*

e|la|ti|vo, comparativo ~ Elativ *m.*

El|ba n.pr.f. **1** *(isola)* Elba *n.*: ***l'isola d'~*** die Insel Elba **2** *(fiume)* Elbe *f.*

el|ce m. Steineiche *f.*

El|da n.pr.f. Hilda *f.*, Hilde *f.*

el|do|ra|do m.inv. Eldorado *n.*, Dorado *n.*

e|le|a|gno m. Ölweide *f.*

e|le|a|ti|co I agg. *(-ci,-che)* eleatisch **II** m. *(-ci)* Eleate *m.*

e|lec|tron m.inv. Elektron *n.*

e|le|fan|te m. Elefant *m.*: ***memoria da ~*** Elefantengedächtnis *n.*; ***muoversi come un ~ in un negozio di porcellane*** sich wie ein Elefant im Porzellanladen benehmen ◆ ***~ marino*** See-Elefant *m.*, Elefantenrobbe *f.* **e|le|fan|te|sco** agg. *(-schi,-sche)* Mammut-, mammuthaft: ***di dimensioni -sche*** von mammuthaften Ausmaßen. **e|le|fan|tes|sa** f. Elefantenkuh *f.* **e|le|fan|ti|a|co** agg. *(-ci, -che)* **1** an Elefantiasis leidend **2** FIG. riesig, gigantisch. **e|le|fan|ti|a|si** f. Elefantiasis *f.*, Elephantiasis *f.* **e|le|fan|ti|no** m. **1** Elefantenkalb *n.*, Kalb *n.*: ***un ~ di peluche*** ein kleiner Plüschelefant **2** *(suppellettile)* kleiner Elefant *m.*

e|le|gan|te agg. **1** elegant, fein, vornehm: ***un cappotto, un signore ~*** ein eleganter Mantel, Herr; ***vestirsi in modo ~*** sich elegant kleiden; ESTENS. ***un ristorante ~*** ein elegantes (*o* vornehmes) Restaurant **2** *(cortese, disinvolto)* elegant: ***la soluzione più ~ di un problema*** die eleganteste Lösung eines Problems; ***venire fuori in modo ~ da una situazione*** sich elegant aus einer Affäre ziehen. **e|le|gan|te|men|te** avv. elegant, fein, vornehm. **e|le|gan|to|ne** m. Geck *m.*, Modegeck *m.*

e|le|gan|za f. **1** Eleganz *f.*: ***l'~ di un abito*** die Eleganz eines Kleides **2** *(grazia)* Eleganz *f.*, Feinheit *f.*, Vornehmheit *f.*: ***manca di ~*** es mangelt ihm an Feinheit **3** pl. *(modi di dire)* Erlesenheit *f.*, Gewähltheit *f.*: ***l'~ dello stile, del discorso*** die Gewähltheit des Stils, der Rede.

e|leg|ge|re tr. *(eleggo, eleggi, elessi, eletto)* **1** wählen, erwählen: ***~ qcn. presidente, in parlamento*** jdn zum Vorsitzenden, ins Parlament wählen; ***~ qcn. all'unanimità, per acclamazione, per alzata di mano*** jdn einstimmig, durch Akklamation (*o* Zuruf), durch Handaufheben wählen **2** LETT. *(scegliere)* (er)wählen: ***~ il proprio domicilio a Torino*** als Wohnsitz Turin wählen. **e|leg|gi|bi|le** agg.

wählbar. **e|leg|gi|bi|li|tà** f. Wählbarkeit *f.*

e|le|gi|a f. Elegie *f.* **e|le|gi|a|co I** agg. *(-ci,-che)* **1** elegisch: ***poeta ~*** Elegiendichter *m.*; ***distico ~*** elegisches Distichon **2** FIG. *(malinconico)* klagend, Klage-: ***un tono ~*** ein elegischer (*o* wehmütiger) Ton **II** m. *(-ci)* Elegiker *m.*

e|le|men|ta|re I agg. **1** elementar, Elementar-, Grund-: ***nozioni -i*** Elementar-, Grundkenntnisse *pl.*; ***le forze -i*** die Elementarkräfte; ***i bisogni -i*** die elementaren Bedürfnisse; ***le regole più -i della buona creanza*** die primitivsten Regeln des Anstandes; ***procedimento ~*** einfache Vorgehensweise; FIS. CHIM. ***particella ~*** Elementarteilchen *n.*, Urteilchen *n.*; ***carica ~*** Elementarladung *f.* **2** SCOL. Grund-: ***corso, livello, scuola ~*** Grundkurs *m.*, Grundstufe *f.*, Grundschule *f.*; ***maestro ~*** Grundschullehrer *m.*; ***istruzione ~*** Grundschulbildung *f.*; *(insegnamento)* Grundschulunterricht *m.* **II** f.pl. SCOL. ***le -i*** die Grundschule: ***alunno, maestro delle -i*** Grundschüler *m.*, Grundschullehrer *m.* **e|le|men|ta|ri|tà** f. elementarer Charakter *m.*, Einfachheit *f.*, Naturhaftigkeit *f.*

e|le|men|to m. **1a** Element *n.*, Bestandteil *m.*, Teil *m.* e *n.*: ***~ architettonico, stilistico*** Bau-, Stilelement *n.*; ***~ prefabbricato*** Fertigteil *n.* **b** *(di termosifone)* Rippe *f.*: ***un radiatore con sei -i*** ein Heizkörper mit sechs Rippen **2** CHIM. Element *n.*, Grundstoff *m.*: ***~ chimico, radioattivo*** chemisches, radioaktives Element; ***tavola periodica degli -i*** Periodensystem *n.* der Elemente **3a** *(della natura)* Element *n.*: ***i quattro -i*** die vier Elemente; ***la furia degli -i*** das Wüten der Elemente **b** *(ambiente)* ***l'acqua è l'~ naturale dei pesci*** Wasser ist das natürliche Element der Fische **c** FIG. Element *n.*, Fahrwasser *n.*, Lebenselement *n.*: ***sentirsi nel proprio ~*** sich in seinem Element fühlen, in seinem (*o* im richtigen) Fahrwasser sein; ***la musica è il suo ~*** Musik ist sein Lebenselement **4** pl. *(dati)* Basis *f.*: ***non avere -i di giudizio*** keine Beurteilungsgrundlagen haben **5** pl. *(nozioni)* Grundbegriffe *pl.*, Elemente *pl.*: ***-i di matematica*** Elemente der Mathematik **6** LING. Teil *m.* e *n.*, Bestandteil *m.* **7a** *(individuo)* ***il miglior ~ della classe, della squadra*** der (*o* die) Beste der Klasse, der Mannschaft **b** SPREG. ***-i sovversivi, criminali*** subversive, kriminelle Elemente **c** *(lavoratore, collaboratore)* Kraft *f.*: ***cerchiamo ancora un ~ valido*** wir suchen noch eine tüchtige Kraft ◆ COLLOQ. ***che ~!*** was für ein Typ! ***~ negativo*** Negativum *n.*, negativer Aspekt; ***~ positivo*** Pluspunkt *m.*, Plus *n.*, positiver Aspekt; ***~ probatorio, di prova*** Beweisgegenstand *m.*

e|le|mo|si|na f. Almosen *n.* (anche ESTENS.): ***chiedere l'~*** um Almosen bitten, betteln; ***chiedere l'~ a qcn.*** jdn an‿betteln; ***fare l'~ a qcn.*** jdm ein Almosen geben ◆ ***cassetta delle -e*** Opferstock *m.*, Sammelbüchse *f.*; ***vivere d'~*** sich durch‿betteln, sich mit Betteln ernähren. **e|le|mo|si|na|re** *(elemosino)* **I** tr. ***~ qcs.*** um etw. betteln **2** FIG. *(chiedere umiliandosi)* erbetteln **II** intr. (aus. *avere*) betteln: ***~ per la strada*** auf der Straße betteln. **e|le|mo|si|nie|re** m. STOR. Almosenier *m.*

E|le|na n.pr.f. Helene *f.* ◆ ***Sant'~*** *(isola)* Insel Sankt Helena *f.*

e|len|ca|re tr. *(elenco, elenchi)* **1** auf‿listen, verzeichnen **2** *(enumerare)* auf‿zählen, auf‿führen: ***~ i difetti di qcn.*** jds Fehler aufzählen. **e|len|ca|zio|ne** f. **1** Auflistung *f.* **2** *(enumerazione)* Aufzählung *f.*, Aufführung *f.*

e|len|co m. *(-chi)* Liste *f.*, Verzeichnis *n.*: ***compilare (fare) un ~*** ein Verzeichnis (*o* eine Liste) auf‿stellen, an‿legen; ***avere, tenere un ~ di qcn., qcs.*** eine Liste von jdm, etw. haben, führen; ***inserire qcn., qcs. in un ~*** jdn, etw. in eine Liste ein‿tragen; ***depennare da un ~*** aus einer Liste streichen ◆ TEL. ***~ abbonati*** Teilnehmerverzeichnis *n.*, Telefonverzeichnis *n.*, Fernsprechbuch *n.*; ***~ nominativo*** Namenliste *f.*; ***~ delle opere*** Werkverzeichnis *n.*; ***~ dei partecipanti*** Teilnehmerliste *f.*; ***~ delle presenze*** Anwesenheitsliste *f.*; ***~ telefonico, del telefono*** Telefonbuch *n.*, Fernsprechbuch *n.*

E|le|o|no|ra n.pr.f. Eleonore *f.*

e|les|si → **eleggere.**

e|let|ti|vo agg. Wahl-: ***carica, monarchia -a*** Wahlamt *n.*, Wahlmonarchie *f.*; LETT. ***affinità -a*** Wahlverwandtschaft *f.* ◆ BUROCR. ***domicilio ~*** erwählter Wohnsitz *m.*

e|let|to I p.pass. agg. **1** → **eleggere 2** *(prescelto)* auserwählt: ***il popolo ~*** das auserwählte Volk **3** *(nobile)* auserlesen, erlesen: ***spirito ~*** erlesener Geist **4** ANT. LETT. *(scelto, elegante)* gewählt, erlesen **II** m. **1** Gewählte *m.*: ***gli -i in parlamento*** die ins Parlament Gewählten **2** *(prescelto)* Auserwählte *m.*, Erwählte *m.* ◆ FIG. ***per pochi -i*** für wenige Auserwählte; ***molti sono i chiamati, ma pochi gli -i*** viele sind berufen, aber wenige sind auserwählt.

e|let|to|ra|le agg. **1** Wahl-: ***scheda, certificato, seggio ~*** Wahlzettel *m.*, Wahlschein *m.*, Wahllokal *n.*; ***lista ~*** Wählerliste (*o* Wahlliste) *f.*, Wählerverzeichnis *n.*; ***risultato, turno (tornata) ~*** Wahlergebnis *n.*, Wahlgang *m.*; ***manifesto, propaganda, campagna ~*** Wahlplakat *n.*, Wahlpropaganda *f.*, Wahlkampf *m.*; ***sistema ~*** Wahlsystem *n.*; ***sistema ~ proporzionale, maggioritario*** Proportionalwahlsystem *n.* (*o* Verhältniswahlrecht *n.*), Mehrheitswahlsystem *n.* **2** STOR. *(del principe elettore)* kurfürstlich. **e|let|to|ra|li|sti|co** agg. *(-ci,-che)* SPREG. Wahl-: ***manovre -che*** Wahlmanöver *pl.*

e|let|to|ra|to m. **1** Wählerschaft *f.*, Wähler *pl.*: ***rispettare la volontà dell'~*** den Wählerwillen respektieren **2** DIR. Wahlrecht *n.*: ***~ attivo, passivo*** aktives, passives Wahlrecht **3a** STOR. *(dignità di principe elettore)* Kurwürde *f.*, Elektorat *n.* **b** *(territorio)* Kurfürstentum *n.*

e|let|to|re m. **1** Wähler *m.* **2** STOR. ***(principe) ~*** Kurfürst *m.* ◆ ***appello agli -i*** Wahlaufruf *m.*; ***grande ~*** Wahlmann *m.*; ESTENS. Stimmenfänger *m.*

E|let|tra n.pr.f. Elektra *f.* ◆ ***complesso di ~*** Elektrakomplex *m.*

e|let|trau|to m.inv. **1** Kraftfahrzeugelektriker *m.* **2** *(officina)* Elektrodienst *m.* für Kraftfahrzeuge.

e|let|tri|ca|men|te avv. elektrisch: ***funzionare ~*** elektrisch funktionieren; ***particelle ~ neutre*** elektrisch neutrale Teilchen.

e|let|tri|ce f. Wählerin *f.*

e|let|tri|ci|sta m. e f. *(-i,-e)* Elektriker *m.* (-in *f.*).

e|let|tri|ci|tà f. **1a** Elektrizität *f.*: ***~ statica, dinamica*** statische, dynamische Elektrizität; ***~ atmosferica*** atmosphärische Elektrizität, Luftelektrizität *f.* **b** COLLOQ. *(corrente elettrica)* Strom *m.*, Elektrizität *f.*: ***portare l'~ in un luogo*** einen Ort mit Elektrizität versorgen; ***è mancata, tornata l'~*** der Strom ist ausgefallen, wieder da **2** FIG. COLLOQ. *(tensione)* Spannung *f.* ◆ ***aria satura di ~*** elektrisch geladene Luft; FIG. = gespannte Atmosphäre.

e|let|tri|co I agg. *(-ci,-che)* **1** elektrisch: ***carica, scossa -a*** elektrische Ladung, elektrischer Schlag; ***corrente, energia -a*** elektrischer Strom, elektrische Energie; ***impianto ~*** elektrische Anlage, Elektroanlage *f.*; ***motore, veicolo ~*** Elektromotor *m.*, Elektrofahrzeug *n.*; ***fornello, forno ~*** Elektroherd *m.* (*o* elektrischer Herd), Elektroofen *m.* **2** *(relativo all'energia elettrica)* Elektrizitäts-: ***centrale, società -a*** Elektrizitätswerk *n.*, Elektrizitätsgesellschaft *f.* **3** *(di peli, capelli)* geladen **4** FIG. *(teso)* geladen, gespannt: ***atmosfera -a*** gespannte Atmosphäre **II** m. *(-ci)* Elektriker *m.* ◆ ***blu ~*** blitzblau; ***il blu ~*** das Blitzblau; ***circuito ~*** Stromkreis *m.*; ***quadro ~*** Schalttafel *f.*; ***rasoio ~*** Trockenrasierer *m.*; ***trenino ~*** Spielzeugeisenbahn *f.*

e|let|tri|fi|ca|re tr. *(elettrifico, elettrifichi)* elektrifizieren: ***~ una linea ferroviaria*** eine Eisenbahnstrecke elektrifizieren. **e|let|tri|fi|ca|zio|ne** f. Elektrifizierung *f.*

e|let|triz|za|bi|le agg. elektrisierbar (anche FIG.). **e|let|triz|zan|te** agg. elektrisierend (anche FIG.). **e|let|triz|za|re I** tr. elektrisieren (anche FIG.): ***essere elettrizzato da un progetto*** von einem Plan elektrisiert werden **II** pronom. **elettrizzarsi** sich elektrisieren (anche FIG.). **e|let|triz|za|to** p.pass. agg. **1** → **elettrizzare 2** FIG. elektrisiert. **e|let|triz|za|zio|ne** f. Elektrisierung *f.*

e|let|tro m. Elektron *n.*

e|let|tro|a|cu|sti|ca f. Elektroakustik *f.* **e|let|tro|a|cu|sti|co** agg. *(-ci,-che)* elektroakustisch.

e|let|tro|bi|stu|ri m.inv. elektrisches Skalpell *n.* **e|let|tro|ca|la|mi|ta** f. → **elettromagnete.**

e|let|tro|car|dio|gra|fi|a f. Elektrokardiographie *f.* **e|let|tro|car|dio|gra|fo** m. Elektrokardiograph *m.* **e|let|tro|car|dio|gram|ma** m. *(-i)* Elektrokardiogramm *n.*, Kardiogramm *n.*

e|let|tro|cau|te|rio m. Elektrokauter *m.*

e|let|tro|chi|mi|ca f. Elektrochemie *f.* **e|let|tro|chi|mi|co** agg. *(-ci,-che)* elektrochemisch.

e|let|tro|chi|rur|gi|a f. Elektrochirurgie *f.*

e|let|tro|co|a|gu|la|zio|ne f. Schmelzschnitt *m.*

e|let|tro|di|na|mi|ca f. Elektrodynamik *f.* **e|let|tro|di|na|mi|co** agg. *(-ci,-che)* elektrodynamisch.

e|let|tro|do m. Elektrode *f.*: ***~ positivo, negativo*** positive, negative Elektrode.

e|let|tro|do|me|sti|co m. *(-ci)* Elektrogerät *n.*, Haushaltsgerät *n.*; ***(piccolo) ~ da cucina*** Küchengerät *n.*; ***negozio di -ci*** Haushaltswarengeschäft *n.* **e|let|tro|dot|to** m. Überlandleitung *f.* **e|let|tro|en|ce|fa|lo|gra|fi|a** f. Elektroenzephalographie *f.* **e|let|tro|en|ce|fa|lo|gram|ma** m. *(-i)* Elektroenzephalogramm *n.* **e|let|tro|fo|re|si** f. Elektrophorese *f.*

e|let|tro|ge|no agg. elektrizitätserzeugend, Strom erzeugend, Generator-: ***apparecchio ~*** Strom erzeugendes Gerät; ***gruppo ~*** Generatorsatz *m.* ◆ ***gruppo ~ d'emergenza*** Notstromaggregat *n.*

e|let|tro|li|si f. Elektrolyse *f.* **e|let|tro|li|ta** m. *(-i)* Elektrolyt *m.* **e|let|tro|li|ti|co** agg. *(-ci,-che)* elektrolytisch: ***cella -a*** Elektrolysezelle *f.*, Elektrolysiergefäß *n.* **e|let|tro|li|to** → **elettrolita. e|let|tro|liz|za|re** tr. elektrolysieren.

e|let|tro|lo|gi|a f. Elektrizitätslehre *f.* **e|let|tro|lo|gi|co** agg. *(-ci, -che)* die Elektrizitätslehre betreffend.

e|let|tro|lu|mi|ne|sce̲n|za f. Elektrolumineszenz *f.*
e|let|tro|ma|gne̲|te m. Elektromagnet *m.* **e|let|tro|ma|gne̲|ti|co** agg. *(-ci,-che)* elektromagnetisch: ***campo*** ~ elektromagnetisches Feld; ***onde -che*** elektromagnetische Wellen. **e|let|tro|ma|gne|ti|smo** m. Elektromagnetismus *m.*
e|let|tro|mec|ca̲|ni|ca f. Elektromechanik *f.* **e|let|tro|mec|ca̲|ni|co I** agg. *(-ci,-che)* elektromechanisch **II** m. *(-ci)* Elektromechaniker *m.*
e|let|tro|me|tri̲|a f. Elektrometrie *f.* **e|let|tro̲|me|tro** m. Elektrometer *n.*, Elektrizitätsmesser *m.*
e|let|tro|mo|to̲|re I agg. elektromotorisch: ***forza -trice*** elektromotorische Kraft **II** m. Elektromotor *m.* **e|let|tro|mo|tri̲|ce** f. Elektrotriebwagen *m.*
e|let|tro̲|ne m. Elektron *n.*: ***fascio di -i*** Elektronenstrahl *m.*; ***orbita dell'~*** Elektronenbahn *f.*; ***acceleratore di -i*** Elektronenschleuder *m.*
e|let|tro|ne|ga|ti̲|vo agg. elektronegativ.
e|let|tro̲|ni|ca f. Elektronik *f.* ◆ ~ ***di consumo*** Elektro-Haushaltsgeräte *pl.*; ~ ***industriale*** Industrieelektronik *f.* **e|let|tro|ni|ca|me̲n|te** avv. elektronisch.
e|let|tro̲|ni|co I agg. *(-ci,-che)* Elektronen-, elektronisch **II** m. *(-ci)* Elektroniker *m.* ◆ ***calcolatore*** ~ Elektronenrechenmaschine *f.*, Elektronenrechner *m.* COLLOQ. ***cervello*** ~ Elektronen(ge)hirn *n.*; ***elaboratore*** ~ → ***calcolatore*** ~; ***elaborazione -a dei dati*** elektronische Datenverarbeitung *f.*; ***giochino, gioco*** ~ Gameboy *m.*; *(su computer)* ***gioco*** ~ Computerspiel *n.*; ***ingegnere*** ~ Elektroingenieur *m.*; ***ingegneria -a*** Elektronikingenieurwesen *n.*; ***microscopio*** ~ Elektronenmikroskop *n.*, Übermikroskop *n.*; ***musica -a*** elektronische Musik; ***occhio*** ~ elektronisches Auge; ***perito*** ~ Elektroniker *m.*; ***posta -a*** elektronische Post; SPORT ***tabellone*** ~ elektronische Anzeigetafel *f.*; ***tesserino*** ~ Chipkarte *f.*; ***tubo*** ~ Elektronenröhre *f.*
e|let|tron|vo̲lt m.inv. Elektron(en)volt *n.*
e|let|tro|pla̲|sti|ca f. Galvanoplastik *f.* **e|let|tro|po̲m|pa** f. Elektropumpe *f.* **e|let|tro|po|si|ti̲|vo** agg. elektropositiv. **e|let|tro|sco̲|pio** m. *(-pi)* Elektroskop *n.* **e|let|tro|sho̲ck** [-'ʃɔk] m.inv. Elektroschock *m.* **e|let|tro|shock|te|ra|pi̲|a** f. Elektroschockbehandlung *f.* **e|let|tro|sta̲|ti|ca** f. Elektrostatik *f.* **e|let|tro|sta̲|ti|co** agg. *(-ci,-che)* elektrostatisch: ***carica -a*** elektrostatische Aufladung.
e|let|tro|te̲c|ni|ca f. Elektrotechnik *f.* **e|let|tro|te̲c|ni|co I** agg. *(-ci,-che)* elektrotechnisch, Elektro-: ***industria -a*** Elektroindustrie *f.*; ***ingegneria -a*** Elektroingenieurwesen *n.*, Elektrotechnik *f.*; ***ingegnere, perito*** ~ Elektroingenieur *m.*, Elektrotechniker *m.* **II** m. *(-ci)* Elektrotechniker *m.*
e|let|tro|te|ra|pi̲|a f. Elektrotherapie *f.* **e|let|tro|ter|mi̲|a** f. Elektrothermie *f.* **e|let|tro|te̲r|mi|co** agg. *(-ci,-che)* elektrothermisch. **e|let|tro|tra|zio̲|ne** f. Elektroantrieb *m.* **e|let|tro|tre̲|no** m. Elektrotriebzug *m.*
e|let|tua̲|rio m. *(-ri)* Latwerge *f.*
e|leu|si̲|no agg. eleusinisch: ***misteri -i*** Eleusinische Mysterien.
e|le|va|me̲n|to m. **1** Erhebung *f.*, Hebung *f.* **2** *(rialzo)* Erhebung *f.*
e|le|va̲|re *(e̲levo)* **I** tr. **1** erhöhen: ~ ***una casa di un piano*** ein Haus um ein Stockwerk erhöhen **2a** erheben, heben: ~ ***lo sguardo*** den Blick erheben; ~ ***il tono di voce*** die Stimme heben; FIG. ~ ***lo spirito*** das Gemüt erheben **b** *(migliorare)* ~ ***il tenore di vita, il livello culturale*** den Lebensstandard, das kulturelle Niveau heben (*o* an‿heben) **3** *(innalzare di grado)* erheben: ~ ***qcn. a una carica, al rango di nobile*** jdn zu einem Amt, in den Adelsstand erheben; ~ ***qcs. a dogma*** etw. zum Dogma erheben **4** DIR. erheben, ein‿legen: ~ ***protesto*** Einspruch (*o* Protest) erheben; ~ ***un'eccezione*** eine Einwendung erheben **5** BUROCR. ~ ***una contravvenzione*** eine Geldstrafe auf‿erlegen **6** MAT. erheben: ~ ***un numero a potenza*** eine Zahl zur Potenz erheben, eine Zahl potenzieren; ~ ***al quadrato*** quadrieren, ins Quadrat erheben; ~ ***3 al cubo*** drei in die dritte Potenz erheben (*o* drei kubieren) **II** pronom. **elevarsi 1** sich erheben (anche FIG.) **2** *(migliorarsi)* auf‿steigen: ***-rsi con il proprio lavoro*** durch seine Arbeit aufsteigen.
e|le|va|te̲z|za f. **1** *(nobiltà)* Erhabenheit *f.*: ***l'~ di un sentimento*** die Erhabenheit eines Gefühls **2** *(dello stile)* Gehobenheit *f.*
e|le|va̲|to p.pass. agg. **1** → **elevare 2** *(alto)* hoch: ***un monte*** ~ ein hoher Berg; FIG. ***un tenore di vita*** ~ ein hoher Lebensstandard **3** FIG. *(nobile)* erhaben: ***sentimenti, pensieri -i*** erhabene Gefühle, Gedanken **4** *(solenne)* gehoben: ***stile*** ~ gehobener Stil.
e|le|va|to̲|re I agg. Hebe-, Hub-: ***carrello*** ~ Hubstapler *m.* **II** m. **1** TECN. Elevator *m.*, Hebezeug *n.* **2** MED. *(per estrazione di radici)* Geißfuß *m.* ◆ ***carrello*** ~ ***a forche frontali*** Gabelstapler *m.*, Stapler *m.*; ***muscolo*** ~ Heber *m.*; ~ ***a tazze*** Becherwerk *n.*
e|le|va|zio̲|ne f. **1a** *(sollevamento)* Erhebung *f.*, Erhöhung *f.* (anche FIG.): ~ ***della frequenza*** Erhöhung der Frequenz; ~ ***spirituale*** geistige Erhebung **b** GEOL. *(di crosta terrestre)* Hebung *f.* **2** *(altura)* Erhebung *f.* **3a** SPORT Absprung *m.*: ***colpo di testa in*** ~ Flugkopfball *m.* **b** Sprungkraft *f.*: ***avere una buona*** ~ eine gute Sprungkraft haben **4** LIT. ASTR. Elevation *f.* ◆ MAT. ~ ***al cubo*** Kubatur *f.*; ~ ***a potenza*** Erhebung zur Potenz, Potenzierung *f.*; ~ ***al quadrato*** Quadration *f.*
e|le|zio̲|ne f. **1a** *(l'eleggere)* Wahl *f.*, Abstimmung *f.*: ~ ***per alzata di mano, per acclamazione, all'unanimità*** Wahl durch Handaufheben, durch Zuruf, einstimmige Wahl **b** Wahl *f.*: ~ ***diretta, indiretta, democratica*** direkte, indirekte, demokratische Wahl; ***libere -i*** freie Wahlen; ***indire, fare le -i*** Wahlen aus‿schreiben, ab‿halten (durch‿führen); ***candidarsi alle -i*** sich zur Wahl stellen; ***vincere, perdere le -i*** die Wahlen gewinnen, verlieren **2** LETT. *(scelta)* Erwählung *f.* ◆ ***-i amministrative*** Kommunalwahlen, Gemeindewahlen *pl.*; ***-i comunali*** Kommunalwahl *f.*; ***esito delle -i*** Wahlausgang *m.*; ***giorno delle -i*** Wahltag *m.*; ~ ***con sistema maggioritario*** Mjoritätswahl *f.*; ***nuova*** ~ Neuwahl *f.*; ~ ***del papa*** Papstwahl *f.*; ***patria d'~*** Wahlheimat *f.*; ***-i politiche*** Parlamentswahlen *pl.*; ***-i presidenziali*** Präsidentschaftswahl *f.*; ***-i primarie*** Vorwahl *f.*; ~ ***supplementare, suppletiva*** Nachwahl *f.*; ~ ***uninominale*** Persönlichkeitswahl *f.*
e̲l|fo m. Elf *m.*, Elfe *f.*, Alb *m.* ◆ ***da*** ~ elfenhaft, albisch.
E|li̲|a n.pr.m. Elias *m.*
e|li|am|bu|la̲n|za f. Rettungshubschrauber *m.*
e|lia̲n|to m. Helianthus *m.*, Sonnenblume *f.*
e̲|li|bus m.inv. → **elitaxi.**
e̲|li|ca f. *(-che)* **1** MAR. AER. Propeller *m.*, Schraube *f.*; *(di nave)* Schiffsschraube *f.*; *(di aereo)* Luftschraube *f.* **2** *(spirale)* Wendel *f.* **3** BIOL. Helix *f.* **4** MAT. Spirale *f.* ◆ ***aeroplano a*** ~ Propellerflugzeug *n.*; BIOL. ***doppia*** ~ Doppelhelix *f.*; ***pala d'~*** Propellerblatt *n.*; ***propulsione a*** ~ Propellerantrieb *m.*; ***trivella a*** ~ Schlangenbohrer *m.*
e|li|coi|da̲|le agg. Schrauben-, Wendel-, Spiral-: ***movimento*** ~ schraubenförmige, spiralförmige Bewegung; ***scivolo*** ~ Wendelrutsche *f.*; ***punta (da trapano)*** ~ Spiralbohrer *m.*, Wendelbohrer *m.*; ***trapano a punta*** ~ Schneckenbohrer *m.*
e|li|co̲|ne m. MUS. Helikon *n.*
e|li|cot|te|ri̲|sta m. e f. *(-i,-e)* Hubschrauberpilot *m.* (-in *f.*). **e|li|co̲t|te|ro** m. Hubschrauber *m.*, Helikopter *m.*
e|li|cri̲|so m. Strohblume *f.*, Immortelle *f.*
e|li̲|de|re *(elisi; eliso)* **I** tr. **1** *(annullare)* auf‿heben **2** GRAMM. aus‿stoßen, elidieren: ~ ***una vocale*** einen Vokal elidieren **II** pronom. **elidersi** sich auf‿heben: ***forze uguali e contrarie si elidono*** gleich große gegensätzliche (entgegengesetzte) Kräfte heben sich auf.
e|li|mi|na̲|bi|le agg. beseitigbar, entfernbar: ***un difetto facilmente*** ~ ein leicht beseitigbarer Defekt.
e|li|mi|na̲|re tr. *(eli̲mino, eli̲mini)* **1** aus‿schalten, aus‿schließen, eliminieren: ~ ***la concorrenza, gli avversari*** die Konkurrenz, die Gegner ausschalten **2** *(rimuovere)* beseitigen, entfernen, eliminieren: ~ ***macchie*** Flecken beseitigen; ~ ***i dubbi di qcn.*** jds Zweifel beseitigen (*o* aus‿räumen); ~ ***divergenze, un sospetto*** Divergenzen, einen Verdacht aus‿räumen **3a** *(scartare)* aus‿scheiden, aus‿sondern, aus‿sortieren: ~ ***i pezzi difettosi*** die fehlerhaften Stücke aussondern **b** SPORT aus‿scheiden **4** EUFEM. *(uccidere)* beseitigen, beiseite bringen (*o* schaffen): ***il dittatore ha eliminato tutti i rivali*** der Diktator hat alle seine Rivalen beseitigt **5** MAT. eliminieren **6** FISIOL. aus‿scheiden, entfernen: ~ ***tossine*** Toxine ausscheiden; ~ ***un calcolo*** einen Stein entfernen.
e|li|mi|na|to̲|ria f. SPORT Ausscheidungsspiel *n.*, Vorrundenspiel *n.*; *(gara)* Ausscheidungskampf *m.*; *(corsa)* Ausscheidungsrennen *n.*, Vorlauf *m.* **e|li|mi|na|to̲|rio** agg. *(-ri,-rie)* ausscheidend, Ausscheidungs-: ***girone*** ~ Ausscheidungsrunde *f.*, Vorrunde *f.*
e|li|mi|na|zio̲|ne f. **1** Ausschaltung *f.*, Ausschluss *m.*, Eliminierung *f.*, Elimination *f.* **2** *(rimozione)* Beseitigung *f.*, Entfernung *f.*, Behebung *f.*, Ausräumung *f.*: ***l'~ di un sospetto, di pregiudizi*** die Ausräumung eines Verdachts, die Beseitigung von Vorurteilen **3** *(scarto)* Ausscheidung *f.* (anche SPORT), Aussonderung *f.*, Aussortierung *f.* **4** EUFEM. *(uccisione)* Beseitigung *f.*: ~ ***fisica*** Beseitigung *f.*, Ermordung *f.* **5** MAT. Eliminierung *f.*, Elimination *f.* **6** FISIOL. Ausscheidung *f.*, Entfernung *f.* ◆ ~ ***di massa*** Massenvernichtung *f.*, Massenmord *m.*; ***procedere per*** ~ ausschlussweise vor‿gehen (*o* im Ausschlussverfahren).
e̲|lio m. Helium *n.* ◆ ***lampada all'~*** Heliumröhre *f.*
E̲|lio n.pr.m. Helios *m.*
e|lio|ce̲n|tri|co agg. *(-ci,-che)* heliozentrisch: ***sistema*** ~ heliozentrisches Weltsystem. **e|lio|cen|tri̲|smo** m. heliozentrisches Weltsystem *n.*

e|lio|do|ro m. Heliodor *m.*
e|lio|e|let|tri|co agg. *(-ci,-che)* Solar-: ***centrale -a*** Solarkraftwerk *n.*
e|lio|fi|lo agg. heliophil, photophil.
e|lio|gra|fi|a f. Heliographie *f.* **e|lio|gra|fi|co** agg. *(-ci,-che)* heliographisch. **e|lio|gra|fo** m. Heliograph *m.*
e|lio|sco|pio m. *(-pi)* Helioskop *n.* **e|lio|sta|to** m. Heliostat *m.* **e|lio|te|ra|pi|a** f. Heliotherapie *f.* **e|lio|te|ra|pi|co** agg. *(-ci,-che)* heliotherapeutisch. **e|lio|ti|pi|a** f. Heliogravüre *f.*, Photogravüre *f.* **e|lio|tro|pio** m. *(-pi)* **1** Heliotrop *n.* **2** MINER. Heliotrop *m.* **e|lio|tro|pi|smo** m. Heliotropismus *m.*
e|li|por|to m. Hubschrauberlandeplatz *m.*, Heliport *m.*
E|li|sa n.pr.f. Elise *f.*, Elisa *f.* **E|li|sa|bet|ta** n.pr.f. Elisabeth *f.* **e|li|sa|bet|tia|no** agg. elisabethanisch: ***il dramma ~*** das elisabethanische Drama.
e|li|sca|lo m. → **eliporto.**
E|li|se|o n.pr.m. Élysée *n.* ◆ ***il palazzo dell'~*** der Élysée-Palast.
e|li|si → **elidere.**
e|li|sio I m. Elysium *n.* **II** agg. *(-si,-sie)* elysisch, elysäisch: ***i campi -si*** die elysischen Gefilde.
e|li|sio|ne f. **1** Aufhebung *f.* **2** GRAMM. Elision *f.*, Ausstoßung *f.*
e|li|sir m.inv. Elixier *n.* ◆ ***~ d'amore*** Liebestrank *m.*; ***~ di lunga vita*** Lebenselixier *n.*
e|li|skì m.inv. Heliskiing *n.*
1.e|li|so m. Elysium *n.*
2.e|li|so p.pass. agg. **1** → **elidere 2** ***una vocale -a*** ein ausgestoßener, elidierter Vokal.
e|li|soc|cor|so m. Hubschrauberrettungsdienst *m.*
e|li|ta|rio agg. *(-ri,-rie)* elitär. **e|li|ta|ri|smo** m. Elitedenken *n.*, Elitebewusstsein *n.*
e|li|ta|xi m.inv. Aerobus *m.*
é|lite [e'lit] f. *(-s)* Elite *f.*
e|li|tra f. Flügeldecke *f.*, Deckflügel *m.*
el|la pron.pers. f. ANT. e LETT. **1** sie: ***~ stessa*** sie selbst; ***chiunque ~ sia*** wer auch immer sie ist (*o* sie sein mag) **2** *(come forma di rispetto)* Sie: ***credo che Ella non sappia tutto*** ich glaube, dass Sie nicht alles wissen; ***Ella, signora (Ella, signore), mi deve credere*** meine Dame (mein Herr), Sie müssen mir glauben.
El|la|de n.pr.f. Hellas *n.*
el|le f.inv. e m.inv. L *n.*: ***a ~*** L-förmig.
el|le|bo|ro m. Nieswurz *f.*
el|le|ni|co agg. *(-ci,-che)* **1** hellenisch, altgriechisch, Hellenen-: ***civiltà -a*** Hellenentum *n.* **2** LETT. griechisch. **el|le|ni|smo** m. **1** Hellenismus *m.* **2** LING. Gräzismus *m.* **el|le|ni|sta** m. e f. *(-i,-e)* **1** Hellenist *m.* (-in *f.*) **2** Gräzist *m.* (-in *f.*). **el|le|ni|sti|co** agg. *(-ci,-che)* hellenistisch. **el|le|niz|zan|te** agg. hellenisierend. **el|le|niz|za|re** tr. hellenisieren. **el|le|no** m. Hellene *m.*, Grieche *m.*
el|le|pì m.inv. LP *f.*: ***incidere un ~*** eine LP auf‿nehmen.
El|le|spon|to n.pr.m. Hellespont *m.*
el|lis|se f. GEOM. Ellipse *f.*: ***a forma di ~*** ellipsenförmig.
el|lis|si f. LING. Ellipse *f.*
el|lis|so|gra|fo m. Ellipsenzirkel *m.*, Ellipsograph *m.* **el|lis|soi|de** m. Ellipsoid *n.*
1.el|lit|ti|co agg. *(-ci,-che)* GEOM. elliptisch, ellipsenförmig.
2.el|lit|ti|co agg. *(-ci,-che)* LING. elliptisch.
el|met|to m. Helm *m.*; *(protettivo)* Schutzhelm *m.*; *(metallico)* Stahlhelm *m.*
el|min|ti pl. Helminthen *pl.*, Eingeweidewürmer *pl.* **el|min|ti|a|si** f. Helminthiasis *f.* **el|min|to|lo|gi|a** f. Helminthologie *f.*
el|mo m. **1** Helm *m.*: ***mettere, portare, togliere un ~*** einen Helm auf‿setzen, tragen, ab‿nehmen **2** *(casco protettivo)* Schutzhelm *m.*, Stahlhelm *m.*, Helm *m.* **3** ZOOL. Fassschnecke *f.* ◆ ***~ alato*** Flügelhut *m.*; ***~ chiodato, col chiodo*** Pickelhaube *f.*; ***~ coloniale*** Tropenhelm *m.*; ***con l'~*** behelmt; ***pennacchio dell'~*** Helmbusch *m.*; ***~ da pompiere*** Feuerwehrhelm *m.*; ***~ da scafandro*** Taucherhelm *m.*; ***visiera dell'~*** Helmsturz *m.*
e|lo|cu|ti|vo agg. die Redeweise betreffend, Rede-. **e|lo|cu|zio|ne** f. Redeweise *f.*, Ausdrucksweise *f.*
e|lo|gia|bi|le agg. lobenswert, preiswürdig.
e|lo|gia|re tr. *(elogio, elogi)* loben, rühmen, preisen: ***~ uno scolaro, il coraggio di qcn.*** einen Schüler, jds Mut loben; ***~ qcn. per qcs.*** jdn für, wegen etw. loben, jdn wegen etw. rühmen (*o* preisen). **e|lo|gia|ti|va|men|te** avv. lobend. **e|lo|gia|ti|vo** agg. lobend, Lob-: ***discorso ~*** Lobrede *f.*
e|lo|gio m. *(-gi)* Lob *n.*, Preisung *f.*: ***fare l'~ di qcn.*** jdm Lob spenden, erteilen; ***essere superiore a ogni ~*** über alles Lob erhaben sein; ***meritare un ~ per qcs.*** ein Lob für etw. verdienen ◆ ***~ funebre*** Trauerrede *f.*; ***parole di ~*** Lobesworte *pl.*
e|lo|quen|te agg. **1** eloquent, wortgewandt, redegewandt: ***un oratore ~*** ein eloquenter Redner **2** *(significativo)* viel sagend, beredt: ***uno sguardo, un gesto, un silenzio ~*** ein viel sagender Blick, eine viel sagende Geste, ein beredtes Schweigen; ***parole -i*** viel sagende Worte. **e|lo|quen|te|men|te** avv. viel sagend: ***ha taciuto ~*** er hat viel sagend geschwiegen.
e|lo|quen|za f. **1** Redekunst *f.*, Beredsamkeit *f.*, Wortgewandtheit *f.*: ***l'~ di un politico*** die Beredsamkeit eines Politikers **2** *(espressività)* Beredtheit *f.*: ***l'~ di uno sguardo*** die Beredtheit eines Blicks.
e|lo|quio m. *(-qui)* LETT. Ausdrucksweise *f.*, Redeweise *f.*: ***un ~ ricercato*** eine gewählte Ausdrucksweise.
el|sa f. Degenglocke *f.*
El|sa n.pr.f. Else *f.*, Elsa *f.*
e|lu|cu|bra|re tr. *(elucubro)* aus‿klügeln, aus‿tüfteln; ***cosa stai elucubrando?*** was heckst du nun wieder aus? **e|lu|cu|bra|zio|ne** f. Ausklüg(e)lung *f.*
e|lu|de|re tr. *(elusi, eluso)* aus‿weichen, umgehen: ***~ una domanda, la sorveglianza, lo sguardo di qcn.*** einer Frage, der Überwachung, jds Blick ausweichen; ***~ la legge, un divieto*** das Gesetz, ein Verbot umgehen. **e|lu|di|bi|le** agg. umgehbar: ***una legge facilmente ~*** ein leicht umgehbares Gesetz.
e|lu|sio|ne f. Ausweichen *n.*, Umgehung *f.*: ***~ fiscale*** Steuerumgehung *f.*; ***~ delle leggi*** Gesetzesumgehung *f.* **e|lu|si|vi|tà** f. ausweichender Charakter *m.*: ***l'~ di una risposta*** der ausweichende Charakter einer Antwort. **e|lu|si|vo** agg. ausweichend: ***dare (delle) risposte -e*** ausweichende Antworten geben.
el|vel|la f. Lorchel *f.*
el|ve|ti|co I agg. *(-ci,-che)* **1** *(svizzero)* schweizerisch: ***Confederazione Elvetica*** Schweizerische Eidgenossenschaft **2** STOR. helvetisch **II** m. *(-ci)* **1** *(svizzero)* Schweizer *m.* **2** STOR. Helvetier *m.*
el|ze|vi|ri|sta m. e f. *(-i,-e)* Feuilletonist *m.* (-in *f.*). **el|ze|vi|ro I** agg. Elzevir-: ***edizione -a*** Elzevirausgabe *f.* **II** m. **1** TIP. *(carattere)* Elzevir *f.* **2** EDIT. Elzevirausgabe *f.* **3** *(articolo)* Feuilleton (auf der dritten Seite) ◆ ***carattere ~*** Elzevir *f.*
e|ma|cia|to agg. abgemagert, abgezehrt, ausgemergelt: ***un viso ~*** ein ausgemergeltes Gesicht.
e|ma|na|re tr. **1a** *(diffondere)* aus‿strahlen, aus‿strömen, verströmen; FILOS. FIS. emanieren: ***~ calore, profumo*** Wärme ausstrahlen, Duft ausströmen **b** FIG. aus‿strömen, aus‿gehen: ***emana un gran fascino*** von ihr geht ein großer Reiz aus **2** FIG. *(promulgare)* erlassen: ***~ una legge, un editto*** ein Gesetz, ein Edikt erlassen.
e|ma|na|zio|ne f. **1** Ausstrahlung *f.*, Auströmung *f.*, Verströmung *f.*; FILOS. FIS. Emanation *f.*: ***~ di luce*** Ausstrahlung von Licht **2** FIG. *(promulgazione)* Erlass *m.*: ***l'~ di una legge*** der Erlass eines Gesetzes **3** FIG. *(espressione)* Ausdruck *m.*: ***il parlamento è ~ della volontà elettorale*** das Parlament ist Ausdruck des Wählerwillens ◆ ***-i vulcaniche*** Vulkanausbrüche *pl.*
e|man|ci|pa|re *(emancipo)* **I** tr. **1** emanzipieren, befreien: ***~ qcn. dalla schiavitù*** jdn aus der Sklaverei befreien **2** DIR. ***~ qcn.*** jdn mündig sprechen, jdn für mündig erklären **II** pronom. **emanciparsi** sich emanzipieren: ***-rsi dalla famiglia*** sich von der Familie emanzipieren. **e|man|ci|pa|to** p.pass. agg. **1** → **emancipare 2** emanzipiert: ***una donna -a*** eine emanzipierte Frau.
e|man|ci|pa|zio|ne f. **1** Emanzipation *f.*, Emanzipierung *f.*: ***~ femminile*** Frauenemanzipation *f.*; ***l'~ degli schiavi, della donna, di una minoranza etnica*** die Emanzipierung der Sklaven, der Frau, einer ethnischen Minderheit **2** DIR. *(di un minore)* Mündigsprechung *f.*
e|man|gio|ma m. Hämangiom *n.*, Blutschwamm *m.*
E|ma|nue|le n.pr.m. Emanuel *m.*, Immanuel *m.*
e|mar|gi|na|re *(emargino)* tr. **1** FIG. aus‿grenzen, an den Rand drängen: ***~ le minoranze*** Minderheiten ausgrenzen **2** RAR. *(annotare a margine)* am Rande vermerken. **e|mar|gi|na|to I** p.pass. agg. **1** → **emarginare 2** ausgestoßen, ausgegrenzt: ***sentirsi ~*** sich ausgestoßen fühlen **II** m. Außenseiter *m.*: ***essere un ~ sociale*** ein sozialer Außenseiter. **e|mar|gi|na|zio|ne** f. Ausgrenzung *f.* (anche FIG.): ***~ sociale, culturale*** gesellschaftliche, kulturelle Ausgrenzung.
e|ma|scu|la|zio|ne f. Emaskulation *f.*, Entmannung *f.*
e|ma|te|me|si f. Hämatemesis *f.*, Blutbrechen *n.* **e|ma|ti|co** agg. *(-ci,-che)* Hämato-, Blut-: ***cellule -che*** Blutzellen *pl.*
e|ma|ti|na f. Hämatin *n.*
e|ma|ti|te f. Hämatit *m.*, Blutstein *m.*
e|ma|to|lo|gi|a f. Hämatologie *f.* **e|ma|to|lo|gi|co** agg. *(-ci,-che)* hämatologisch, Blut-: ***quadro ~*** Blutbild *n.* **e|ma|to|lo|go** m. *(-gi)* Hämatologe *m.* **e|ma|to|ma** m. Hämatom *n.*, Bluterguss *m.* **e|ma|to|po|ie|si** → **emopoiesi.** **e|ma|tu|ria** f. *(-rie)* Hämaturie *f.* **e|ma|zia** f. *(-zie)* rotes Blutkörperchen *n.*

em|bar|go m. *(-ghi)* Embargo *n.*: **~ alimentare, commerciale, petrolifero** Lebensmittel-, Handels-, Ölembargo *n.*; **applicare, imporre l'~ a un paese** ein Land mit einem Embargo belegen, ein Embargo über ein Land verhängen.

em|ble|ma f. **1** Emblem *n.*: **l'~ dell'ONU** das Emblem der UNO **2** FIG. *(simbolo)* Emblem *n.*, Sinnbild *n.*: **la colomba è l'~ della pace** die Taube ist das Sinnbild des Friedens. **em|ble|ma|ti|co** agg. *(-ci,-che)* **1** emblematisch **2** FIG. *(simbolico)* emblematisch, sinnbildlich: **parole -che** emblematische Worte.

em|bo|li|a f. Embolie *f.*: **~ cerebrale, polmonare** Gehirn-, Lungenembolie *f.* **em|bo|lo** m. Embolus *m.*, Gefäßpfropf *m.*

em|bri|ca|to agg. **1** mit Flachziegel gedeckt **2** *(sovrapposto)* ziegelartig, übereinander ◆ **tartaruga -a** Karettschildkröte *f.* **em|bri|ce** m. Flachziegel *m.*, Biberschwanz *m.*

em|brio|lo|gi|a f. Embryologie *f.* **em|brio|lo|gi|co** agg. *(-ci,-che)* embryologisch. **em|bri|o|lo|go** m. *(-gi)* Embryologe *m.*

em|brio|na|le agg. **1** embryonal, embryonisch, Embryo-: **sviluppo ~** Embryoentwicklung *f.* **2** FIG. Embryonal-, Anfangs-: **un progetto in fase ~** ein Projekt im Anfangsstadium. **em|brio|ne** m. **1a** BIOL. MED. Embryo *m.*, Keimling *m.*, Keim *m.* **b** BOT. Keimling *m.* **2** FIG. Keim *m.*: **l'idea è ancora in ~** die Idee ist erst im Anfangsstadium.

e|men|da|bi|le agg. verbesserbar: **errore ~** verbesserbarer Fehler.

e|men|da|men|to m. **1** Berichtigung *f.*, Verbesserung *f.* **2** DIR. POL. Novelle *f.*, Abänderung *f.*, Gesetzesänderung *f.*: **l'~ di una legge** die Novelle zu einem Gesetz (*o* die Gesetzesnovelle *f.*); **votare, proporre, respingere un ~** für eine Gesetzesänderung stimmen, eine Abänderung vor‿schlagen, ab‿lehnen **3** AGR. Bodenmelioration *f.*, Melioration *f.* ◆ **proposta di ~** Abänderungsantrag *m.*

e|men|da|re I tr. **1** *(correggere)* berichtigen, verbessern; FILOL. emendieren: **~ un testo** einen Text emendieren **2** DIR. POL. novellieren, ab‿ändern: **~ una legge** ein Gesetz novellieren **3** AGR. meliorieren: **~ un terreno** einen Boden meliorieren **II** pronom. **emendarsi** sich bessern: **cercare di -rsi** versuchen, sich zu bessern. **e|men|da|zio|ne** f. **1** *(correzione)* Berichtigung *f.*, Verbesserung *f.*; FILOL. Emendation *f.* **2** DIR. POL. Novellierung *f.*

e|me|ra|lo|pi|a f. Nachtblindheit *f.* **e|me|ra|lo|po I** agg. nachtblind **II** m. Nachtblinde *m.*

e|mer|gen|te agg. **1** aufsteigend, emporkommend: **classi, ceti -i** aufsteigende Klassen, Schichten **2** *(promettente)* aufstrebend, versprechend: **un attore ~** ein viel versprechender Schauspieler; **industria ~** aufstrebende Industrie ◆ DIR. **danno ~** entstehender Schaden; **paese ~** Schwellenland *n.*

e|mer|gen|za f. **1** Notfall *m.*, Ernstfall *m.*, Notlage *f.*: **è un'~** es handelt sich um einen Notfall; **in caso di ~** im, auf, für den Notfall; **fronteggiare un'~** einer Notlage entgegen‿treten **2** *(situazione)* Notstand *m.*: **~ droga, occupazione** Drogennotstand *m.*, Beschäftigungskrise *f.* ◆ **chiamata di ~** Notruf *m.*; **corsia di ~** Seitenstreifen *m.*, Standspur *f.*; **freno di ~** Notbremse *f.*; **luci di ~** Warnblinkanlage *f.*, Warnblinker *m.*; **misura di ~** Notmaßnahme *f.*; **scala di ~** Notleiter *f.*; **situazione di ~** Notlage *f.*; **stato di ~** Notstand *m.*, POL. Ausnahmenzustand *m.*: **dichiarare lo stato di ~** den Notstand aus‿rufen (*o* den Ausnahmezustand erklären); **decretare, proclamare lo stato di ~** den Ausnahmezustand verhängen, proklamieren; **uscita di ~** Notausgang *m.*

e|mer|ge|re intr. *(emergo, emergi; emersi, emerso;* aus. *essere)* **1** auf‿tauchen, empor‿tauchen: **~ dal mare, in superficie** aus dem Meer, an der Oberfläche auftauchen; FIG. **di sera emergono i ricordi** am Abend tauchen die Erinnerungen auf; FIG. **~ dal buio** aus dem Dunkel auftauchen **2** ESTENS. *(ergersi)* sich erheben, hervor‿ragen: **il campanile emerge tra le case** der Glockenturm ragt aus den Häusern hervor **3** FIG. *(risultare)* sich ergeben: **dal rapporto emerge che...** aus dem Bericht ergibt sich, dass...; **sono emersi fatti nuovi** neue Tatsachen sind aufgetaucht **4** FIG. *(distinguersi)* sich aus‿zeichnen: **~ per simpatia** sich durch sein sympathisches Wesen auszeichnen **5** FIG. *(fare carriera)* auf‿steigen, empor‿kommen: **è riuscito a ~** es ist ihm gelungen aufzusteigen.

e|me|ri|to agg. **1** emeritus, emeritiert: **un professore ~** ein emeritierter Professor **2** ESTENS. stadtbekannt (anche SCHERZ.): **un ~ cretino** ein stadtbekannter Idiot.

e|me|ro|te|ca f. *(-che)* **1** *(raccolta)* Zeitschriftensammlung *f.* **2** *(luogo)* Zeitschriftenlesesaal *m.*

e|mer|sio|ne f. **1** Auftauchen *n.*: **l'~ di un sub** das Auftauchen eines Tauchers; **~ rapida** schnelles Auftauchen; **prepararsi all'~** sich (A) auf das Auftauchen vor‿bereiten; **effettuare un'~** auf‿tauchen **2** GEOL. ASTR. Emersion *f.* **e|mer|so** p.pass. agg. **1** → **emergere 2** aufgetaucht: **terre -e** aufgetauchtes Land.

e|mes|so p.pass. agg. **1** → **emettere 2** ausgegeben: **capitale ~** ausgegebenes Kapital.

e|me|ti|co I agg. *(-ci,-che)* emetisch, Brech-: **sostanza -a** emetische Substanz **II** m. *(-ci)* Emetikum *n.*, Brechmittel *n.*

e|met|te|re tr. *(emisi, emesso)* **1** aus‿stoßen, von sich geben: **~ un sospiro** einen Seufzer ausstoßen **2a** *(diffondere)* aus‿strömen; FIS. emittieren: **~ calore, gas di scarico** Wärme ausströmen, Abgase emittieren **b** *(irradiare)* aus‿senden: **~ onde radio, radiazioni, segnali** Funkwellen, Strahlen, Signale aussenden **3** ESTENS. *(mettere in circolazione)* aus‿geben, heraus‿geben; BANC. emittieren: **~ azioni, francobolli** Aktien, Briefmarken ausgeben **4** ESTENS. *(compilare)* aus‿stellen: **~ una fattura, un assegno** eine Rechnung, einen Scheck ausstellen **5** FIG. *(emanare)* erlassen, heraus‿geben: **~ un decreto** ein Dekret erlassen (*o* heraus‿geben) **6** FIG. *(esprimere)* aus‿sprechen, fällen: **~ un verdetto, un giudizio** einen Urteilsspruch, ein Urteil fällen. **e|met|ti|to|re** m. TECN. Emitter *m.*

e|mi|ci|clo m. **1** Halbrunde *f.*, Halbkreis *m.* **2** *(sala)* halbkreisförmiger Saal *m.*: **l'~ della camera dei deputati** der halbkreisförmige Saal des Parlaments.

e|mi|cra|nia f. **1** Migräne *f.*: **soffrire di ~** an Migräne leiden **2** ESTENS. *(mal di testa)* Kopfschmerzen *pl.*

e|mi|gran|te I agg. auswandernd **II** m. e f. Emigrant *m.* (-in *f.*), Auswanderer *m.* (Auswandrerin *f.*, Auswanderin *f.*): **un ~ italiano** ein italienischer Emigrant; **gli -i dalla Germania nazista** die Emigranten aus Nazideutschland ◆ **vivere da ~** in der Emigration leben.

e|mi|gra|re intr. (aus. *essere, avere*) **1** emigrieren, aus‿wandern: **~ in Germania, in Svizzera** nach Deutschland, in die Schweiz auswandern; **è emigrato dieci anni fa** vor zehn Jahren ist er emigriert **2** ZOOL. *(migrare)* wandern.

e|mi|gra|to I p.pass. agg. **1** → **emigrare 2** ausgewandert, emigriert: **i popoli -i in America** die nach Amerika ausgewanderten Völker **II** m. Emigrierte *m.*

e|mi|gra|zio|ne f. **1** Emigration *f.*, Auswanderung *f.*: **~ interna** innere Emigration; **~ stagionale** saisonbedingte Auswanderung; **l'~ italiana in America** die italienische Auswanderung nach Amerika **2** ESTENS. FIN. Abwanderung *f.*: **~ di capitali all'estero** Kapitalabwanderung *f.* ins Ausland **3** ZOOL. *(migrazione)* Wanderung *f.*

E|mi|lia n.pr.f. **1** *(persona)* Emilia *f.*, Emilie *f.* **2** *(regione)* Emilia *f.* ◆ **via ~** Via *f.* Aemilia. **e|mi|lia|no I** agg. emilianisch: **accento ~** emilianischer Akzent **II** m. **1** *(abitante)* Emilianer *m.* **2** *(dialetto)* emilianischer Dialekt *m.* **E|mi|lio** n.pr.m. Emil *m.*

e|mi|na f. Hämin *n.*

e|mi|nen|te agg. **1** herausragend, erhöht: **in posizione ~** in erhöhter Stellung **2** FIG. *(eccellente)* eminent, hervorragend, überragend: **ingegno ~** eminente Begabung; **un politico, scienziato ~** ein hervorragender Politiker, Wissenschaftler **3** FIG. *(illustre)* prominent: **un'~ personalità** eine prominente Persönlichkeit. **e|mi|nen|te|men|te** avv. hauptsächlich, überwiegend: **una questione ~ politica** eine hauptsächlich politische Frage.

e|mi|nen|za f. **1** *(elevatezza, eccellenza)* Vorzüglichkeit *f.*, Vortrefflichkeit *f.*: **l'~ del suo ingegno** die Vortrefflichkeit seiner Begabung **2** *(titolo)* Eminenz *f.*: **Vostra ~!** Eure Eminenz! **3** ANT. *(rilievo, altura)* Erhebung *f.*, Erhöhung *f.* **4** ANAT. *(sporgenza)* Ballen *m.* ◆ **~ grigia** graue Eminenz.

e|mi|pa|re|si f. Hemiparese *f.* **e|mi|ple|gi|a** f. halbseitige Lähmung *f.*, Hemiplegie *f.* **e|mi|ple|gi|co I** agg. *(-ci,-che)* halbseitig gelähmt, hemiplegisch **II** m. *(-ci)* halbseitig Gelähmter *m.*, Hemiplegiker *m.*

e|mi|ra|to m. Emirat *n.* ◆ **Emirati Arabi Uniti** Vereinigte Arabische Emirate. **e|mi|ro** m. Emir *m.*

e|mi|sfe|ri|co agg. *(-ci,-che)* hemisphärisch. **e|mi|sfe|ro** m. **1** Halbkugel *f.* **2** *(terrestre)* Hemisphäre *f.*, Halbkugel *f.*, Erdhälfte *f.*: **~ australe, boreale** südliche, nördliche Hemisphäre (*o* Halbkugel) **3** *(cerebrale)* Hemisphäre *f.*, Kopfhälfte *f.*

e|mis|sa|rio m. *(-ri)* **1** Emissär *m.* **2** *(fiume)* Abfluss *m.*

e|mis|sio|ne f. **1a** Emission *f.*: **~ di gas di scarico** Abgasemission *f.* **b** *(di suoni, vapore)* Ausstoßen *n.* **2a** *(emanazione, irradiamento)* Ausstrahlung *f.*, Emission *f.*: **~ di neutroni, raggi alfa** Neutronen-, Alphaemission *f.*; **~ di luce, calore** Lichtausstrahlung *f.*, Wärmeabstrahlung *f.* (*o* Wärmeabgabe *f.*) **b** Ausstrahlung *f.*, Aussendung *f.*: **l'~ di onde radio, di segnali** die Ausstrahlung von Radiowellen, die Aussendung von Signalen **3** *(fuoriuscita)* Ausströmen *n.*, Austreten *n.*: **-i di gas da un cratere** Ausströmen (*o* Austreten) von Gas aus einem Krater **4** Ausgabe *f.*, ECON. Emission *f.*: **~ di prestiti** Anleiheausgabe *f.*; **~ di azioni, banconote** Aktien-, Banknotenausgabe *f.*; **l'~ di nuovi francobolli** die Ausgabe neuer Briefmarken **5** *(rilascio)* Ausstellung *f.*: **~ di assegni scoperti, di cambiali** Ausstellung von ungedeckten Schecks, Wechseln ◆ **banca di** ~ Emissionsbank *f.*, Notenbank *f.*; **data di** ~ Ausstellungsdatum *n.*, Ausfertigungsdatum *n.*; **istituto di** ~ Emissionsanstalt *f.*; **luogo di** ~ Ausstellungsort *m.*; ~ **secondaria** Sekundäremission *f.*; ~ **speciale** Sonderbriefmarke *f.*; *(di monete)* Sondermünze *f.*

e|mi|sti|chio m. *(-chi)* Hemistichium *n.*, Halbvers *m.*

e|mit|ten|te I agg. 1 Emissions-, emittierend, Ausgabe-: **istituto bancario** ~ Emissionsanstalt *f.*, emittierende Bank 2 RAD. TELEV. Sende-: **stazione radio** ~ Sendestation *f.* II f. 1 Sender *m.*: ~ **radiofonica, televisiva** Rundfunksender (*o* Radiosender), Fernsehsender; ~ **privata, nazionale, locale** privater, nationaler Sender, Ortssender; ~ **clandestina, pirata** Schwarzsender, Piratensender III m. 1 LING. Sender *m.*, Kommunikator *m.* 2 ECON. FIS. Emittent *m.* **e|mit|ten|za** f. 1 Sendung *f.*: ~ **televisiva, radiofonica** Fernsehsendung, Rundfunksendung 2 *(emittenti)* Sendeanstalten *pl.*: ~ **pubblica, privata** öffentliche, private Sendeanstalten.

e|mit|te|ri m.pl. Hemipteren *pl.*

em|me f. e m.inv. m., M *n.*

em|men|t(h)al m. Emmentaler *m.*

e|mo|ci|to m. Hämozyt *m.* **e|mo|dia|li|si** f. Blutwäsche *f.*, Hämodialyse *f.* **e|mo|dia|liz|za|to** I agg. Blutwäsche-, Hämodialyse-: **i pazienti -i** die Blutwäschepatienten (*o* Dialysepatienten) II m. Dialysepatient *m.* **e|mo|fi|li|a** f. Bluterkrankheit *f.*, Hämophilie *f.* **e|mo|fi|li|a|co** I agg. *(-ci,-che)* Bluter-, Hämophilie- II m. *(-ci)* Bluter *m.* **e|mo|glo|bi|na** f. Blutfarbstoff *m.*, Hämoglobin *n.* **e|mo|glo|bi|nu|ri|a** f. Hämoglobinurie *f.*, Schwarzwasserfieber *n.* **e|mo|li|si** f. Hämolyse *f.*

e|mol|lien|te I agg. 1 *(antinfiammatorio)* entzündungshemmend 2 *(espettorante)* schleimlösend 2 *(che ammorbidisce la pelle)* **crema** ~ = Creme, die die Haut weich und geschmeidig macht II m. 1 Emolliens *m.* 2 *(antinfiammatorio)* entzündungshemmendes Mittel *n.* 3 TESS. Weichmacher *m.*

e|mo|lu|men|ti m.pl. Verdienst *m.*, Bezüge *pl.*

e|mo|pi|de f. Pferdeegel *m.*

e|mo|po|ie|si f. Häma(to)poese *f.*, Blutbildung *f.* **e|mo|po|ie|ti|co** I agg. *(-ci,-che)* hämatopoetisch, Blut bildend II m. *(-ci)* Blut bildendes Mittel *n.*

e|mor|ra|gi|a f. 1 Blutung *f.*, Hämorragie *f.*: ~ **interna, esterna** innere, äußere Blutung; **avere un'~ dal naso** aus der Nase bluten; **arrestare l'~** die Blutung stillen, zum Stehen bringen 2 FIG. Abfluss *m.*, Verlust *m.*: ~ **di capitali** Kapitalabfluss *m.* ◆ ~ **cerebrale** Gehirn-, Hirnblutung *f.*; ~ **gastrica** Magenblutung *f.*; ~ **intestinale** Darmblutung *f.*; ~ **secondaria** Nachblutung *f.* **e|mor|ra|gi|co** agg. *(-ci,-che)* hämorragisch.

e|mor|roi|da|le agg. hämorrhoidal. **e|mor|roi|di** f.pl. Hämorrhoiden *pl.*

e|mo|sta|si f. Blutstillung *f.*, Hämostase *f.* **e|mo|sta|ti|co** I agg. *(-ci,-che)* blutstillend: **matita -a** blutstillender Stift; **laccio** ~ Abschnürband *n.* II m. *(-ci)* blutstillendes Mittel *n.* **e|mo|te|ca** f. *(-che)* Blutbank *f.* **e|mo|te|ra|pi|a** f. Eigenbluttherapie *f.*, Hämotherapie *f.*

e|mo|ti|va|men|te avv. emotional, gefühlsmäßig: **reagire** ~ emotional reagieren; **essere** ~ **coinvolto** emotional beteiligt sein; **un ragazzo** ~ **fragile** ein seelisch labiler Junge.

e|mo|ti|vi|tà f. 1 PSIC. Emotivität *f.* 2 ESTENS. *(facilità a emozionarsi)* Gefühlsbetontheit *f.*; **non riuscire a controllare la propria** ~ seine Gefühle nicht unter Kontrolle haben.

e|mo|ti|vo I agg. 1 emotional, Emotional-, gefühlsmäßig, Gefühls-: **reazioni -e** gefühlsmäßige (*o* emotionale) Reaktionen; **un carattere** ~ ein emotionaler Charakter; **manifestazioni -e** Gefühlsäußerungen; **vita -a** Gefühls-, Gemütsleben *n.* 2 *(di persona)* emotional, gefühlsbetont II m. emotionaler (*o* gefühlsbetonter) Mensch *m.*; **è un** ~ er ist emotional ◆ PSIC. **disordine** ~ emotionale Störung; PSIC. **ingorgo** ~ Affektstau *m.*

e|mot|ti|si f. Lungenblutung *f.*, Bluthusten *m.*

e|mo|zio|na|bi|le agg. erregbar. **e|mo|zio|na|le** agg. emotional, emotionell.

e|mo|zio|nan|te agg. spannend, packend, ergreifend; *(eccitante)* aufregend: **uno spettacolo, una storia** ~ ein ergreifender Anblick, eine spannende Geschichte; **un'esperienza** ~ ein aufregendes Erlebnis; **la partita è stata molto** ~ das Spiel ist sehr packend gewesen. **e|mo|zio|na|re** I tr. auf‿regen; *(commuovere)* bewegen, rühren II pronom. **emozionarsi** sich auf‿regen: **si emoziona facilmente** er regt sich leicht auf. **e|mo|zio|na|to** p.pass. agg. 1 → **emozionare** 2 aufgeregt; *(commosso)* bewegt, gerührt: **essere troppo** ~ **per parlare** zu aufgeregt sein, um zu sprechen.

e|mo|zio|ne f. 1 Gefühlsregung *f.*, Aufregung *f.*; *(commozione)* Bewegtheit *f.*: **provare una grande** ~ eine starke Gefühlsregung verspüren; **la forte** ~ **gli provocò un malore** die heftige Aufregung verursachte bei ihm einen Schwächeanfall; **non reggere le forti -i** keine großen Aufregungen vertragen; **la notizia provocò, destò (forte)** ~ **in tutto il paese** die Nachricht verursachte, erweckte (starke) Emotionen im ganzen Land; **balbettare, tremare per l'~** vor Aufregung stottern, zittern 2 *(sentimento)* Gefühl *n.*, Emotion *f.*: **controllare, nascondere, tradire le proprie -i** seine Emotionen unter Kontrolle halten, verbergen, preis‿geben; **destare -i (in qcn.)** (bei jdm) Emotionen erwecken ◆ **amare le forti -i** große Aufregungen lieben, COLLOQ. Nervenkitzel lieben; **andare in cerca di -i** auf Erlebnissuche gehen.

em|pa|ti|a f. Einfühlung *f.*, Empathie *f.*

em|pi|di|de m. Tanzfliege *f.*

em|pie|re *(empio, empi; empii/*RAR. *empiei; empito/empiuto)* LETT. → **riempire.**

em|pie|tà f.inv. Gottlosigkeit *f.*, Lästerlichkeit *f.* **em|pio** agg. *(-pi, -pie)* 1a gottlos: **una vita -a** ein gottloses Leben b *(blasfemo)* gotteslästerlich, lästerlich: **parole -e** gotteslästerliche Worte 2 *(crudele)* grausam.

em|pi|re → **riempire.**

em|pi|re|o I agg. empyreisch II m. 1 Empyreum *n.* 2 LETT. *(paradiso)* siebter Himmel *m.*, Paradies *n.* ◆ **assurgere all'~ della canzone** in die höchsten Sphären der Schlagermusik auf‿steigen.

em|pi|ri|a f. Empirie *f.*

em|pi|ri|ca|men|te avv. erfahrungsmäßig, empirisch. **em|pi|ri|co** I agg. *(-ci,-che)* erfahrungsmäßig, Erfahrungs-, empirisch: **fatto, mondo, valore** ~ Erfahrungstatsache *f.*, -welt *f.*, wert *m.*; **metodo** ~ empirische Methode; **scienza -a** Erfahrungswissenschaft *f.* II m. *(-ci)* Empiriker *m.* **em|pi|rio|cri|ti|ci|smo** m. Empiriokritizismus *m.*

em|pi|ri|smo m. Empirismus *m.* **em|pi|ri|sta** m. e f. *(-i,-e)* Empirist *m.* (-in *f.*). **em|pi|ri|sti|co** agg. *(-ci,-che)* empiristisch.

em|pi|to m. LETT. → **impeto.**

em|po|rio m. *(-ri)* 1 *(località commerciale)* Handelsplatz *m.*, Handelszentrum *n.* 2a *(negozio di merci varie)* Gemischtwarenhandlung *f.* b *(grande magazzino)* Kaufhaus *n.*

e|mù m.inv. Emu *m.*

e|mu|la|re tr. *(emulo)* ~ **qcn. in qcs.** jdm in etw. (D) nach‿eifern, nach‿streben; ~ **i grandi maestri** den großen Meistern nacheifern; ~ **le imprese di qcn.** jdm in seinen Taten nacheifern. **e|mu|la|to|re** m. Nacheiferer *m.* **e|mu|la|zio|ne** f. Nacheifern *n.* ◆ **spirito di** ~ Nachahmungstrieb *m.* **e|mu|lo** m. Nacheiferer *m.*: **avere molti -i** viele Nacheiferer haben; **non avere -i** nicht seinesgleichen haben; **essere (degno)** ~ **di qcn.** (würdig) in jds Fußstapfen treten.

e|mul|sio|nan|te I agg. Emulgier- II m. Emulgator *m.* **e|mul|sio|na|re** tr. emulgieren. **e|mul|sio|ne** f. Emulsion *f.*

ENAL ⇒ *Ente Nazionale Assistenza Lavoratori* Nationales Arbeiterhilfswerk.

e|nal|la|ge f. Enallage *f.*

E|na|lot|to m. INTRAD. (Glücksspiel, bei dem verschiedene Zahlenkombinationen des Lotto geraten werden).

e|nar|mo|ni|co agg. *(-ci,-che)* enharmonisch.

en|cau|sti|ca f. Enkaustik *f.* **en|cau|sto** m. ART. Enkaustik *f.*, Wachsmalerei *f.* ◆ **dipingere a** ~ enkaustieren.

en|ce|fa|li|co agg. *(-ci,-che)* Gehirn-, Encephalon- ◆ **tronco** ~ Stammhirn *n.* **en|ce|fa|li|te** f. Enzephalitis *f.*, Gehirnentzündung *f.* ◆ ~ **(acuta) emorragica** Flohstichenzephalitis *f.*; ~ **epidemica** epidemische Gehirnentzündung. **en|ce|fa|li|ti|co** I agg. *(-ci,-che)* Enzephalitis-, die Enzephalitis betreffend II m. *(-ci)* an Enzephalitis Leidende *m.* **en|ce|fa|lo** m. Gehirn *n.*, Encephalon *n.* **en|ce|fa|lo|gra|fi|a** f. Enzephalographie *f.* **en|ce|fa|lo|gram|ma** m. Enzephalogramm *n.* **en|ce|fa|lo|ma|la|ci|a** f. Gehirnerweichung *f.*, Enzephalomalazie *f.* **en|ce|fa|lo|pa|ti|a** f. Enzephalopathie *f.*

en|ci|cli|ca f. *(-che)* Enzyklika *f.*: **un'~ papale** eine päpstliche Enzyklika. **en|ci|cli|co** agg. *(-ci,-che)* enzyklisch.

en|ci|clo|pe|di|a f. Enzyklopedie *f.*, Lexikon *n.*: ~ **geografica, giuridica, medica, universale** geographisches, juristisches, medizinisches Lexikon, Universallexikon *n.*; **consultare un'~** in einem Lexikon nach‿schlagen; **cercare qcs. sull'~** etw. im Lexikon nach‿schlagen; FIG. **è un'~ ambulante, vivente** er ist ein wandelndes, lebendes Lexikon. **en|ci|clo|pe|di|co** agg. *(-ci,-che)* 1 enzyklopädisch: **dizionario** ~ enzyklopädisches Wörterbuch, Reallexikon *n.*, Sachwörterbuch *n.* 2 FIG. allumfassend, enzyklopädisch: **sapere** ~ allumfassendes Wissen; **avere una cultura -a** eine umfassende Bildung haben. **en|ci|clo|pe|di|smo** m. enzyklopädisches Wissen *n.*

en|cla|ve [an'klav] f.inv. Enklave *f.*

en|cli|si f. Enklise *f.*, Enklisis *f.* **en|cli|ti|ca** f. *(-che)* Enklitikon *n.*

en|cli|ti|co agg. *(-ci,-che)* enklitisch: ***particella -a*** enklitische Partikel.
en|co|mia|bi|le agg. lobenswert, lobenswürdig. **en|co|mia|re** tr. *(encomio, encomi)* loben, belobigen. **en|co|mia|sti|co** agg. *(-ci, -che)* Lob-, lobend: ***discorso ~*** Lobrede *f.* ◆ ***poema ~*** Preislied *n.*; ***poesia -a*** Preisgedicht *n.*
en|co|mio m. *(-mi)* **1** Belobigung *f.*, Lob *n.*, Lobrede *f.*: ***rivolgere un ~ a qcn.*** jdm eine Belobigung aus‿sprechen **2** RET. Enkomion *n.*, Enkomium *n.* ◆ ***degno di ~*** lobenswert, lobenswürdig; ***avere parole di ~ per qcn.*** belobigende Worte für jdn haben.
en|de|ca|e|dro m. Elfflächner *m.* **en|de|ca|go|na|le** agg. elfeckig. **en|de|ca|go|no** m. Elfeck *n.* **en|de|ca|sil|la|bo I** agg. elfsilbig **II** m. (italienischer) elfsilbiger Vers *m.*, Hendekasyllabus *m.*
en|de|mi|ci|tà f. endemischer Charakter *m.* **en|de|mi|co** agg. *(-ci, -che)* **1** MED. BIOL. endemisch **2** FIG. verwurzelt, (orts)spezifisch, begrenzt verbreitet, ständig: ***un fenomeno ~*** ein ortsspezifisches Phänomen; ***i problemi -ci di una grande città*** die ständigen Probleme einer großen Stadt.
en|di|a|di f. Hendiadyoin *n.*, Hendiadys *n.*
en|do|car|dio m. *(-di)* Endokard *n.*, Herzinnenhaut *f.*
en|do|car|p(i)o m. *(-pi)* Endokarp *n.*
en|do|cri|no agg. endokrin: ***ghiandola -a*** endokrine Drüse. **en|do|cri|no|lo|gi|a** f. Endokrinologie *f.* **en|do|cri|no|lo|go** m. *(-gi)* Endokrinologe *m.*
en|do|der|ma m. *(-i)* **1** BOT. Endodermis *f.* **2** BIOL. Entoderm *n.*
en|do|ga|mi|a f. **1** ETNOL. Endogamie *f.* **2** BIOL. Inzucht *f.* **en|do|ga|mi|co** agg. *(-ci,-che)* **1** ETNOL. endogam **2** BIOL. Inzucht-. **en|do|ga|mo** agg. ETNOL. endogam.
en|do|ge|ne|si f. endogene Bildung *f.* **en|do|ge|no** agg. endogen: ***malattia -a*** endogene Krankheit; GEOL. ***forze -e*** endogene Kräfte.
en|do|pla|sma m. *(-i)* Endoplasma (*o* Entoplasma) *n.* **en|do|pla|sma|ti|co** agg. *(-ci,-che)* endoplasmatisch: ***reticolo ~*** endoplasmatisches Retikulum. **en|do|re|at|to|re** m. Raketentriebwerk *n.*
en|dor|fi|na f. Endorphin *n.*
en|do|sco|pi|a f. Endoskopie *f.* **en|do|sco|pi|co** agg. *(-ci,-che)* endoskopisch. **en|do|sco|pio** m. *(-pi)* Endoskop *n.*
en|do|sper|ma m. *(-i)* Endosperm *n.* **en|do|te|lio** m. *(-li)* Endothel(ium) *n.* **en|do|ter|mi|co** agg. *(-ci,-che)* endotherm. **en|do|ve|na I** f. intravenöse Injektion *f.*: ***praticare un'~ a qcn.*** jdm eine intravenöse Injektion geben, verabreichen **II** avv. intravenös: ***iniettare qcs. ~*** etw. intravenös spritzen ◆ ***per ~*** intravenös. **en|do|ve|no|so** agg. intravenös: ***iniezione -a*** intravenöse Injektion; ***per via -a*** intravenös.
E|ne|a n.pr.m. Äneas *m.*
ENEA ⇒ *Energia Nucleare ed Energie Alternative* (Nationaler Ausschuss für) Kernenergie und alternative Energiequellen.
ENEL ⇒ *Ente Nazionale per l'Energia Elettrica* Nationale Elektrizitätsgesellschaft.
e|ne|o|li|ti|co I agg. *(-ci,-che)* chalkolithisch **II** m. Chalkolithikum *n.*
e|ner|ge|ti|ca f. Energetik *f.* **e|ner|ge|ti|co I** agg. *(-ci,-che)* **1** energetisch, Energie-: ***fonti -che*** Energiequellen; ***fabbisogno, consumo ~*** Energiebedarf *m.*, Energieverbrauch *m.*; ***crisi -a*** Energiekrise *f.*; ***il contenuto, valore ~ (di un alimento)*** der Energiegehalt eines Nahrungsmittels **II** m. *(-ci)* Energiespender *m.* **e|ner|ge|ti|smo** m. Energetik *f.*
e|ner|gi|a f. **1** Energie *f.*, Kraft *f.* Tatkraft *f.*: ***perdere, riaquistare le -e*** Energie verlieren, wieder‿gewinnen; ***impiegare, impegnare tutte le -e per, in qcs.*** alle Energien für etw. auf‿wenden, auf‿bieten; ***avere -e sufficienti, ~ sufficiente (per fare qcs.)*** genügend Energie haben, auf‿bringen (um etw. zu tun); ***dispendio di -e*** Kraftaufwand *m.* **2** FIS. Energie *f.*, Kraft *f.*: ***sviluppare, liberare, trasformare ~*** Energie entwickeln, frei‿setzen, um‿wandeln; ***immagazzinare, utilizzare, risparmiare ~*** Energie speichern, nutzen, sparen; ***fonte, consumo di ~*** Energiequelle *f.*, Energieverbrauch *m.*; ***produzione di ~*** Energieerzeugung *f.*, Krafterzeugung *f.* **3** *(risolutezza)* Entschlossenheit *f.*, Nachdruck *m.*: ***reagire con (grande) ~*** mit (großem) Nachdruck reagieren; ***a qcn. manca l'~*** jdm fehlt die Entschlossenheit ◆ ***~ alternativa*** Alternativenergie *f.*; ***~ atomica*** → ***~ nucleare***; ***~ cinetica*** kinetische Energie, Bewegungsenergie *f.*; ***principio di conservazione dell'~*** Energiesatz *m.*, Energieprinzip *n.*; ***convertitore d'~*** Energiewandler *m.*; ***~ dolce*** sanfte Energie; ***~ elettrica*** elektrische Energie, (elektrischer) Strom *m.*; ***~ eolica*** Windenergie *f.*; ***~ nucleare*** Kernenergie *f.*, Atomenergie *f.*, Kernkraft *f.*; ***pieno di ~, di -e*** voller Energie, energiegeladen, krafterfüllt; ***~ potenziale*** Lageenergie *f.*, potenzielle Energie; ***privo di ~, di -e*** energielos, ohne Energie; ***ricco di ~, di -e*** energiereich, reich an Energie; ***~ solare*** Sonnenenergie *f.*, Solarenergie *f.*; ***centrale a ~ solare*** Sonnenkraftanlage *f.*; ***senza ~*** energielos; ***~ termica*** thermische Energie, Wärmeenergie *f.*
e|ner|gi|ca|men|te avv. energisch, nachdrücklich, kräftig: ***protestare ~*** energisch protestieren.
e|ner|gi|co agg. *(-ci,-che)* **1** energisch, tatkräftig, kraftvoll: ***una donna -a*** eine tatkräftige Frau, eine Frau von großer Tatkraft **2** *(risoluto)* energisch, durchgreifend: ***assumere un atteggiamento ~*** eine energische Haltung ein‿nehmen; *(drastico)* ***misure -che*** energische (*o* durchgreifende) Maßnahmen; ***cura -a, trattamento ~*** durchgreifende Kur, Behandlung.
e|ner|gu|me|no m. (richtiger) Berserker *m.*
en|fa|si f. **1** *(vigore nel discorso)* Emphase *f.*, Nachdruck *m.*: ***parlare con ~*** mit Nachdruck sprechen; SPREG. ***declamare con ~*** emphatisch deklamieren **2** *(rilievo particolare)* Nachdruck *m.*: ***dare ~ a qcs., porre l'~ su qcs.*** Nachdruck auf etw. (A) legen **3** RET. Emphase *f.* **en|fa|ti|ca|men|te** avv. emphatisch, nachdrücklich: ***difendere ~ qcs.*** etw. nachdrücklich verteidigen. **en|fa|ti|co** agg. *(-ci,-che)* **1a** SPREG. pathetisch, (zu) emphatisch: ***recitazione -a*** pathetische Vortragsweise **b** *(di persona)* ***un oratore ~*** ein pathetischer Redner **2** LING. emphatisch. **en|fa|tiz|za|re** tr. **1** emphatisch aus‿sprechen **2** *(accentuare)* ***~ qcs.*** etw. nachdrücklich betonen, Nachdruck auf etw. (A) legen: ***~ gli aspetti positivi*** die positiven Aspekte nachdrücklich betonen.
en|fia|gio|ne f. Anschwellung *f.*, Schwellung *f.* **en|fia|re** intr. *(enfio, enfi;* aus. *essere)* an‿schwellen.
en|fi|se|ma m. Emphysem *n.*: ***~ polmonare*** Lungenemphysem *n.*
en|fi|teu|si f. Erbpacht *f.*: ***concedere qcs. a ~*** etw. auf Erbpacht überlassen. **en|fi|teu|ta** m. Erbpächter *m.* **en|fi|teu|ti|co** agg. *(-ci, -che)* Erbpacht-: ***contratto ~*** Erbpachtvertrag *m.*
En|ga|di|na n.pr.f. Engadin *n.*
en|ga|gé [ãga'ʒe] agg.inv. engagiert.
ENI ⇒ *Ente Nazionale Idrocarburi* Nationale Gesellschaft für mineralische Brennstoffe.
e|nig|ma m. *(-i)* Rätsel *n.*: ***risolvere un ~*** ein Rätsel lösen (*o* raten); ***l'~ della sfinge*** das Rätsel der Sphinx; ESTENS. *(frase oscura)* ***parlare per -i*** in Rätseln sprechen; FIG. *(mistero)* ***trovarsi di fronte a un ~*** vor einem Rätsel stehen; ***qcn., qcs. resta, è un ~ (per qcn.)*** jd, etw. bleibt, ist ein Rätsel (für jdn) **e|nig|ma|ti|ca|men|te** avv. rätselhaft, enigmatisch. **e|nig|ma|ti|ci|tà** f. Rätselhaftigkeit *f.* **e|nig|ma|ti|co** agg. *(-ci,-che)* rätselhaft, enigmatisch: ***un sorriso ~*** ein rätselhaftes Lächeln. **e|nig|mi|sta** m. e f. *(-i,-e)* **1** *(autore di giochi)* Rätselerfinder *m.* (-in *f.*) **2** *(appassionato di enigmistica)* Rätselfreund *m.* (-in *f.*). **e|nig|mi|sti|ca** f. Rätselraten *n.* **e|nig|mi|sti|co** agg. *(-ci,-che)* Rätsel-: ***rivista -a*** Rätselzeitschrift *f.*, Rätselzeitung *f.*; ***angolo ~*** Rätselecke *f.*
ENIT ⇒ *Ente Nazionale Italiano per il Turismo* Italienischer Fremdenverkehrsverein.
en|jam|be|ment [ãʒãbə'mã] m.inv. Enjambement *n.*
en|na|go|na|le agg. neuneckig. **en|na|go|no** m. Neuneck *n.*, Nonagon *n.*
en|ne f. e m.inv. n, N *n.* ◆ MAT. ***~ volte*** n-fach, n-temal.
en|ne|si|mo agg. **1** MAT. n-te, x-te: ***elevare un numero all'-a potenza*** eine Nummer in die n-te Potenz erheben **2** ESTENS. x-te: ***l'~ tentativo*** der x-te Versuch; ***per l'-a volta*** zum x-ten Mal(e) ◆ FIG. COLLOQ. ***all'-a potenza*** in höchster Potenz.
e|no|fi|lo agg. Weinbau-: ***consorzio ~*** Weinbauverein *m.*
e|no|lo|gi|a f. Önologie *f.*, Wein(bau)kunde *f.* **e|no|lo|gi|co** agg. *(-ci,-che)* önologisch, weinkundlich. **e|no|lo|go** m. *(-gi)* Önologe *m.*, Fachmann *m.* für Weinkunde. **e|no|po|lio** m. *(-li)* Weinlager *n.*
e|nor|me agg. enorm, ungeheuer, riesig, Riesen- (anche ESTENS.): ***un palazzo ~*** ein riesiges Schloss; ***una somma ~*** eine enorme Summe; ***un ~ successo*** ein Riesenerfolg. **e|nor|me|men|te** avv. enorm, ungeheuer, riesig (anche ESTENS.). **e|nor|mi|tà** f.inv. Enormität *f.*, Ungeheuerlichkeit *f.*: ***dire delle ~*** Ungeheuerlichkeiten sagen; ***costare un'~*** ungeheuer(lich) viel kosten.
e|no|te|ca f. *(-che)* Önothek *f.* **e|no|tec|ni|ca** f. Weinbautechnik *f.* **e|no|tec|ni|co I** agg. *(-ci,-che)* Weinbau- **II** m. *(-ci)* Weinbautechniker *m.*
e|no|te|i|smo m. Henotheismus *m.*
e|no|te|ra f. Nachtkerze *f.*
en pas|sant [ã pa'sã] avv. im Vorübergehen, en passant.
ENPI ⇒ *Ente Nazionale Prevenzione Infortuni* Nationale Anstalt für Unfallverhütung.
en plein [ã'plɛ̃] m.inv. **1** *(alla roulette)* Höchstgewinn *m.* **2** FIG. Volltreffer *m.*: ***fare un, l'~*** einen Volltreffer landen.
en plein air [ãplɛn'ɛr] agg.inv. Freilicht-: ***pittura ~*** Freilichtmalerei *f.*

En|ri|ca, En|ri|chet|ta n.pr.f. Henriette *f.*
En|ri|co n.pr.m. Heinrich *m.*
en|sem|ble [ã'sãbl] m.inv. MUS. SART. Ensemble *n.*
en|te m. **1** DIR. Körperschaft *f.*: ***costituire, fondare un ~*** eine Körperschaft gründen; ***~ morale*** gemeinnützige Körperschaft; ***~ locale, autonomo*** Gebietskörperschaft *f.*, Selbstverwaltungskörperschaft *f.* **2** *(istituto)* Anstalt *f.*, Einrichtung *f.*: ***~ pubblico, privato*** private, öffentliche Einrichtung; ***~ benefico, ecclesiastico*** wohltätige, kirchliche Einrichtung **3** FILOS. Wesen *n.*: ***l'~ supremo*** das höchste Wesen ◆ ***~ assistenziale*** Pflegeamt *n.*, Sozialamt *n.*; ***~ ospedaliero*** Krankenhausträger *m.*; ***~ per il turismo*** Fremdenverkehrsverein *m.*, Verkehrsverein *m.*, Verkehrsamt *n.*
en|te|ri|co agg. *(-ci,-che)* enteral. **en|te|ro|cli|si** f. Enteroklyse *f.*, Darmspülung *f.*, Darmeinlauf *m.* **en|te|ro|cli|sma** m. **1** Enteroklysma *n.* **2** *(apparecchio)* Klistierspritze *f.* **en|te|ro|co|li|te** f. Enterokolitis *f.* **en|te|ro|sco|pi|a** f. Enteroskopie *f.*
en|ti|tà f.inv. **1** Umfang *m.*: ***~ del danno*** Schadensumfang *m.*; ***l'~ del suo patrimonio ammonta a...*** der Umfang seines Vermögens beträgt... **2** FILOS. Entität *f.* ◆ ***di lieve, scarsa ~*** von geringem Belang; ***di nessuna ~*** belanglos.
en|to|mo|fi|lo agg. insektenblütig, entomogam. **en|to|mo|lo|gi|a** f. Entomologie *f.*, Insektenkunde *f.*, Insektenlehre *f.* **en|to|mo|lo|gi|co** agg. *(-ci,-che)* entomologisch. **en|to|mo|lo|go** m. *(-gi)* Entomologe *m.*, Insektenkundige *m.*, Insektenforscher *m.*
en|tou|ra|ge [ãtu'ra:ʒ] m.inv. Gefolge *n.*, Umkreis *m.*: ***l'~ di un uomo politico*** der Umkreis eines Politikers.
en|to|zo|o m. Entozoon *n.*
en|traî|neu|se [ãtrɛ'nø:z] f.inv. Bardame *f.*, Animierdame *f.*, Animiermädchen *n.*
en|tram|bi I pron. beide **II** agg. ***~ i genitori*** beide Eltern; ***da ~ i lati (della strada)*** beiderseits (der Straße).
en|tran|te agg. **1** kommend: ***la settimana ~*** die kommende Woche **2** BUROCR. *(appena giunto in carica)* neu: ***la commissione ~*** die neue Kommission **3** *(di persona; invadente)* aufdringlich.
1.en|tra|re intr. (aus. *essere*) **1a** ein‿treten, treten; *(allontanamento)* hinein‿gehen, hinein‿treten; *(avvicinamento)* herein‿kommen: ***~ in casa, in camera*** ins Haus, ins Zimmer treten; ***~ dalla porta*** bei der (*o* durch die) Tür hineingehen; *(in direzione di chi parla)* zur Tür hereinkommen; ***entri pure*** treten Sie bitte ein (*o* hinein); *(dall'interno)* kommen Sie bitte herein; ***entri!*** herein! **b** *(entrare in casa)* herein‿kommen: ***entra a bere una birra!*** komm auf ein Bier rein! **c** *(con un veicolo)* hinein‿fahren; *(avvicinandosi)* herein‿fahren: ***~ in garage con l'auto*** mit dem Auto in die Garage hineinfahren **2** *(di veicoli)* ein‿fahren, ein‿laufen: ***il treno sta entrando in stazione*** der Zug fährt in den Bahnhof ein; ***~ in porto*** in den Hafen einlaufen **3** *(su veicoli)* ein‿steigen: ***~ in auto*** ins Auto einsteigen **4** *(in uno stato straniero)* ein‿reisen: ***~ clandestinamente in Francia*** illegal in Frankreich einreisen **5** *(in formazione)* ein‿ziehen, ein‿marschieren: ***gli atleti non sono ancora entrati nello stadio*** die Sportler sind noch nicht ins Stadion einmarschiert (*o* eingezogen); *(militarmente)* ***le truppe entrarono in città*** die Truppen marschierten in die Stadt ein **6** FIG. treten, ein‿treten, kommen: ***~ nel sessantesimo anno di età*** ins 60. Lebensjahr kommen; ***siamo già entrati nell'avvento*** wir sind schon (mitten) im Advent; ASTROL. ***~ nel segno del Toro*** in das Zeichen des Stiers treten **7** *(a far parte)* ein‿treten, bei‿treten: ***~ in un partito*** in eine Partei eintreten, einer Partei beitreten; ***~ in un'associazione, nell'esercito*** in einen Verein, in die Armee eintreten **8** *(essere assunto)* kommen, angestellt werden: ***~ in una nuova ditta*** in eine neue Firma kommen; ***~ in banca*** bei der Bank angestellt werden **9a** *(penetrare)* dringen, ein‿dringen: ***i raggi di luce entrano, il fumo entra nella stanza*** Lichtstrahlen dringen, der Rauch dringt ins Zimmer; ***l'acqua è entrata in casa*** Wasser ist ins Haus eingedrungen **b** *(conficcarsi)* ***gli è entrata una scheggia nell'occhio*** ein Splitter ist ihm ins Auge gedrungen; ***il proiettile entrò nel polmone*** die Kugel drang in die Lunge **10a** *(poter essere contenuto)* passen, hinein‿passen, hinein‿gehen, COLLOQ. rein‿gehen: ***non tutti i vestiti entrano nell'armadio*** nicht alle Kleider passen in den Schrank; ***nella mia auto entrano, c'entrano solo quattro persone*** in meinen Wagen gehen nur vier Personen hinein **b** *(poter essere infilato, inserito)* ***la chiave non entra nella serratura*** der Schlüssel passt nicht ins Schloss (hinein) **c** *(di abiti; andare bene)* passen: ***la gonna non mi entra più*** der Rock passt mir nicht mehr **11** COLLOQ. *(capire)* in den Kopf gehen: ***il latino non mi entra*** das Latein geht mir nicht in den Kopf (hinein) **12** *(di denaro)* herein‿kommen, ein‿gehen: ***nella nostra famiglia entrano tre milioni al mese*** in unserer Familie kommen jeden Monat drei Millionen herein **13** *(avere a che fare)* etwas zu tun haben: ***non voglio ~ in questa faccenda*** mit der Angelegenheit will ich nichts zu tun haben **14** MUS. ein‿setzen: ***i fiati entrano alla quinta battuta*** die Bläser setzen im fünften Takt ein **15** SPORT *(effettuare un'entrata)* hinein‿gehen, an‿gehen, ein‿greifen: ***~ duramente sull'avversario*** in den Gegner hart hineingehen **16** enthalten sein: ***il tre nel sei entra due volte*** drei ist in sechs zweimal enthalten **17 entrarci** *(avere relazione, attinenza)* mit etwas zu tun haben: ***io non c'entro*** damit habe ich nichts zu tun; ***che (cosa) c'entra?*** was hat das damit zu tun? *(avere a che fare)* ***nei vostri traffici non voglio -rci, non ci voglio ~*** mit euren Geschäften will ich nichts zu tun haben ◆ ***~ in acqua con un tuffo*** einen Kopfsprung ins Wasser machen; ***~ in (relazioni, rapporti d') affari con qcn.*** mit jdm in Geschäftsverkehr treten, mit jdm ins Geschäft kommen; SPORT ***~ in area*** den Strafraum betreten; ***~ in argomento*** zum Thema kommen; ***~ in azione*** in Aktion treten; ***~ in ballo*** → ***~ in gioco***; ***~ in campo*** ins Feld kommen (*o* auf das Feld ein‿laufen); FIG. auf den Plan treten; ***~ in carica*** ein Amt an‿treten; ***~ a cavallo*** herein‿reiten; ***c'entra come i cavoli a merenda*** das passt wie die Faust aufs Auge; ***~ in collisione (con qcs.)*** (mit etw.) in Kollision kommen, (mit etw.) kollidieren; ***~ in confidenza con qcn.*** jds Vetrauen gewinnen; ***~ in conflitto con qcn., qcs.*** mit jdm, etw. in Konflikt geraten (*o* kommen); ***~ in contatto con qcn.*** mit jdm in Verbindung, Kontakt treten (*o* kommen); ***~ in convento*** ins Kloster gehen; ***~ correndo, di corsa*** herein‿laufen, herein‿rennen; ***~ nell'età adulta*** ins Erwachsenenalter kommen; ***fare ~*** herein‿führen, herein‿lassen, hinein‿lassen; ***~ in finale*** das Finale (*o* das Endspiel) erreichen; ***~ a forza*** herein‿drängen; ***far ~ a forza*** hinein‿drängen, hinein‿pressen, hinein‿stoßen; ***~ in funzione*** in Funktion treten; ***~ furtivamente*** sich hinein‿stehlen, sich herein‿stehlen; ***~ in gioco*** ins Spiel kommen (anche FIG.); ***~ in guerra*** in den Krieg eintreten; ***impedire a qcn. di ~*** jdn nicht herein‿lassen; ***lasciar ~*** hinein‿lassen, ein‿lassen; ***~ in lizza*** zum Kampf antreten; FIG. zum Entscheidungskampf antreten; ***~ in magistratura*** die Richterlaufbahn ein‿schlagen; TEATR. ***~ nella parte*** sich in die Rolle ein‿fühlen (*o* hinein‿denken); ***~ a far parte di qcs.*** in etw. (A) eintreten; ***~ nei, in particolari*** auf Einzelheiten eingehen; ***~ nel personaggio*** sich in die Rolle ein‿fühlen (anche FIG.); ***~ in politica*** in die Politik eintreten; ***~ in possesso di qcs.*** in den Besitz von etw. kommen; ***pregare di ~*** hinein‿bitten, herein‿bitten; ***~ in relazione con qcn.*** zu jdm in Beziehung treten; ***~ in un ruolo*** → ***~ nella parte***; ***~ in scena*** auf‿treten, die Bühne betreten; FIG. auf den Plan treten; ***~ in sciopero*** in Streik treten (*o* in einen Streik eintreten); ***~ al servizio di qcn.*** in jds Dienst treten; ***~ in società*** in die Gesellschaft aufgenommen werden; COLLOQ. ***~ in testa*** in den Kopf gehen; ***~ in trattative*** in Verhandlungen treten, eintreten; ***~ all'università*** an der Universität angestellt werden; ***vietato ~*** Eintritt verboten; ***~ in vigore*** in Kraft treten; ***voler ~*** hinein‿wollen.
2.en|tra|re m. **1** *(principio)* Anfang *m.*, Beginn *m.*: ***sull'~ di giugno, dell'estate*** Anfang Juni, zu Beginn des Sommers **2** ANT. Eingang *m.*; *(per veicoli)* Einfahrt *f.*
en|tra|ta f. **1** Eintritt *m.*, Zutritt *m.*, Beitritt *m.* (anche FIG.): ***~ libera*** freier Eintritt, Eintritt frei; ***l'~ in un partito, in politica*** der Eintritt in eine Partei, das Eintreten in die Politik; *(biglietto d'ingresso)* ***pagare l'~*** den Eintritt bezahlen **2a** *(ingresso)* Eingang *m.*; *(per veicoli)* Einfahrt *f.*: ***all'~ del paese*** am Eingang des Dorfes; ***la casa ha due -e*** das Haus hat zwei Eingänge; ***bloccare un'~*** einen Eingang blockieren, versperren; ***l'~ di un parcheggio*** die Einfahrt eines Parkplatzes **b** *(in autostrada)* Einfahrt *f.* **3** *(in uno stato straniero)* Einreise *f.* **4** *(su veicoli)* Einstieg *m.* **5** *(in formazione)* Einzug *m.*, Einmarsch *m.*: ***l'~ nello stadio, nella città*** der Einzug ins Stadion, der Einmarsch in die Stadt **6** *(il fare accedere, il lasciare entrare)* Einlass *m.*: ***spostiamo l'~ alle dieci*** wir verschieben den Einlass auf zehn Uhr **7** MUS. Einsatz *m.*: ***l'~ dei fiati*** der Einsatz der Bläser **8** SPORT Eingreifen *n.*, Tackling *n.*; ***~ pericolosa, a gamba tesa*** gefährlich, mit gestrecktem Bein ein‿greifen **9** *(provento)* Eingang *m.*, Einnahme *f.*, Einkommen *n.*: ***-e e uscite*** Ein- und Ausgänge, Einnahmen und Ausgaben; ***le -e ammontano a...*** die Einnahmen belaufen sich auf... **10** *(lemma)* Lexikoneintrag *m.* **11** INFORM. Eingabe *f.* ◆ ***~ anteriore*** Vordereingang *m.*; ***~ in carica*** Amtseintritt *m.*; ***dazio, diritto d'~*** Einfuhrzoll *m.*; ***~ extra*** Nebeneinnahme *f.*; ***~ di favore*** ermäßigter Eintritt; ***~ per i fornitori*** → ***~ di servizio***; ***foro di ~ (di un proiettile)*** Einschuss *m.*; ***~ in guerra*** Kriegseintritt *m.*; ***imposta sulle -e*** Einkommen(s)steuer *f.*, Umsatzsteuer *f.*; ***~ laterale*** Seiteneingang *m.*; ***permesso d'~ (in paese straniero)*** Einreisegenehmigung *f.*; ***~ del porto*** Hafeneinfahrt *f.*; ***porto d'~*** Einfuhrhafen *m.*; ***~ posteriore*** Hintereingang *m.*; ***~ principale*** Haupteingang *m.*; ***raccordo di ~ (in autostrada)*** Auto-

bahnauffahrt *f.*; ~ ***in scena*** Auftritt *m.*; ~ ***secondaria*** Nebeneingang *m.*; ~ ***in servizio*** Einstand *m.*, Dienstantritt *m.*; ~ ***di servizio*** Lieferanteneingang *m.*, Dienstboteneingang *m.*; EL. ***tensione d'~*** Eingangsspannung *f.*; ~ ***in vigore*** Inkrafttreten *n.*; ***visto d'~*** Einreisevisum *n.*

en|tra|tu|ra f. **1** RAR. → **entrata 2** FIG. = Zugang *m.* zu wichtigen Persönlichkeiten.

en|tre|mets [antre'mɛ] m.inv. Zwischengericht *n.*, Entremets *n.*

en|tro prep. **1a** *(tempo)* in + dat., binnen + dat., innerhalb + gen.: ~ ***due ore, pochi minuti*** in zwei Stunden, innerhalb weniger Minuten; ***si sposa ~ l'autunno*** er heiratet noch in diesem Herbst **b** ~ ***e non oltre il 30 settembre*** bis spätestens (zum) 30. September **2** *(luogo)* in + dat., innerhalb + gen.: ~ ***l'edificio*** in dem Gebäude.

en|tro|bor|do I agg.inv. Einbau-: ***motore ~*** Einbaumotor *m.*; ***motoscafo ~*** Boot mit Einbaumotor **II** m.inv. **1** *(motore)* Einbaumotor *m.* **2** *(motoscafo)* Boot *n.* mit Einbaumotor.

en|tro|pi|a f. Entropie *f.* **en|tro|pi|co** agg. *(-ci,-che)* entropisch.

en|tro|ter|ra f. Hinterland *n.*, Binnenland *n.*

en|tu|sia|sman|te agg. begeisternd, mitreißend.

en|tu|sia|sma|re I tr. begeistern, mit‿reißen, entzücken, enthusiasmieren: ~ ***qcn. con, per qcs.*** jdn mit, für etw. begeistern; ~ ***vivamente qcn.*** jdn in helle Begeisterung versetzen **II** pronom. **entusiasmarsi** sich begeistern, in Begeisterung geraten, sich enthusiasmieren: ***-rsi per qcs.*** sich für etw. begeistern.

en|tu|sia|smo m. Begeisterung *f.*, Enthusiasmus *m.*, Schwärmerei *f.*: ***essere pieno di ~ per qcn., qcs.*** voller Begeisterung für jdn, etw. sein, von Begeisterung für jdn, etw. ergriffen werden; ***destare, suscitare ~ in qcn.*** jds Begeisterung wecken, erregen, in jdm Begeisterung aus‿lösen; ***provare ~ per qcs.*** für etw. begeistert sein (*o* schwärmen); ***farsi travolgere dall'~*** sich von der Begeisterung fort‿reißen lassen; ***spegnere, frenare l'~ di qcn.*** jds Begeisterung dämpfen, jdn in seinem Enthusiasmus bremsen; ***trasmettere il proprio ~ a qcn.*** seine Begeisterung auf jdn übertragen ◆ ***con ~*** mit Begeisterung, begeistert; ***esplosione di ~*** Begeisterungsausbruch *m.*; ***ondata di ~*** Begeisterungssturm *m.* **en|tu|sia|sta** *(-i,-e)* **I** agg. begeistert, enthusiastisch: ***un pubblico ~*** ein begeistertes Publikum; ***essere ~ di qcs.*** von etw. begeistert sein **II** m. e f. Begeisterte *m.* e *f.*, Enthusiast *m.* (-in *f.*), Schwärmer *m.* (-in *f.*). **en|tu|sia|sti|ca|men|te** avv. begeistert, enthusiastisch. **en|tu|sia|sti|co** agg. *(-ci,-che)* begeistert, enthusiastisch, schwärmerisch: ***un applauso ~*** ein enthusiastischer (*o* stürmischer) Beifall.

e|nu|cle|a|re tr. (klar) heraus‿arbeiten, heraus‿schälen: ~ ***un problema*** ein Problem (klar) herausarbeiten.

e|nu|me|ra|re tr. *(enumero)* auf‿zählen, enumerieren, vor‿rechnen: ~ ***dati*** Daten aufzählen; ~ ***a qcn. i suoi errori*** jdm seine Fehler vorrechnen. **e|nu|me|ra|zio|ne** f. Aufzählung *f.*, Enumeration *f.*

e|nun|cia|re tr. *(enuncio, enunci)* auf‿stellen, formulieren: ~ ***una teoria, un postulato*** eine Theorie, ein Postulat aufstellen. **e|nun|cia|ti|vo** agg. aussagend. Aussage-: ***proposizione -a*** Aussagesatz *m.* **e|nun|cia|to** m. **1** Aussage *f.*, Formulierung *f.* **2** MAT. Ansatz *m.* **e|nun|cia|zio|ne** f. Aufstellung *f.*, Formulierung *f.*: ***l'~ di una regola*** die Aufstellung einer Regel.

e|nu|re|si f. Bettnässen *n.*, MED. Enurese *f.*

en|zi|ma m. Enzym *n.* **en|zi|ma|ti|co** agg. *(-ci,-che)* enzymatisch.

e/o cong. und bzw. oder, und/oder.

e|o|ce|ne m. Eozän *n.*

1.e|o|li|co agg. *(-ci,-che)* Wind-, Äols-: ***arpa -a*** Äolsharfe *f.*; ***energia -a*** Windenergie *f.*

2.e|o|li|co agg. *(-ci,-che)* STOR. äolisch.

E|o|li|de n.pr.f. Äolien *n.*

E|o|lie n.pr.f.pl. ***(isole) ~*** Äolische Inseln *pl.*

1.e|o|lio agg. *(-li,-lie)* LETT. äolisch, Wind-.

2.e|o|lio I agg. *(-li,-lie)* äolisch **II** m. *(-li)* Äolier *m.*

E|o|lo n.pr.m. Äolus *m.*

e|pa|na|les|si f. Epanalepse *f.*, Epanalepsis *f.*

e|pa|ti|ca f. *(-che)* **1** Leberblümchen *n.* **2** *(pianta briofita, simile ai muschi)* Lebermoos *n.*

e|pa|ti|co I agg. *(-ci,-che)* Leber-: ***cirrosi -a*** Leberzirrhose *f.*, Leberschrumpfung *f.* **II** m. *(-ci)* Leberkranke *m.* **e|pa|ti|te** f. Leberentzündung *f.*, Hepatitis *f.*: ~ ***virale*** Virushepatitis *f.* **e|pa|to|pa|ti|a** f. Leberleiden *n.*, Hepatopathie *f.* **e|pa|to|pro|tet|to|re** FARM. **I** agg. Leberschutz- **II** m. Leberschutzmittel *n.*

e|pat|ta f. Epakte *f.*

e|pen|te|si f. Epenthese *f.*

e|pi|ca f. Epik *f.* (anche ESTENS.).

e|pi|car|dio m. *(-di)* Epikard *n.*

e|pi|car|pio, e|pi|car|po m. Epikarp *n.*

e|pi|ce|dio m. *(-di)* LETT. Epikedeion *n.*, Epicedium *n.*

e|pi|cen|tro m. **1** Herd *m.*, Epizentrum *n.* (anche FIG.): ***l'~ di un'epidemia, di un terremoto*** der Herd einer Epidemie, das Epizentrum eines Erdbebens (*o* Bebenherd *m.*) **2** METEOR. Kern *m.*

e|pi|co I agg. *(-ci,-che)* episch (anche FIG.): ***un poema ~*** ein episches Gedicht; ***poesia -a*** epische Dichtung; ***un'impresa -a*** eine epische Tat **II** m. *(-ci)* Epiker *m.*

e|pi|cu|re|i|smo m. Epikureismus *m.* **e|pi|cu|re|o I** agg. epikureisch **II** m. **1** Epikureer *m.* **2** ESTENS. Genießer *m.*, Genussmensch *m.*

E|pi|cu|ro n.pr.m. Epikur *m.*

e|pi|de|mi|a f. **1** Epidemie *f.*, Seuche *f.*: ***è scoppiata, terminata un'~*** eine Epidemie ist ausgebrochen, zu Ende; ***combattere, arginare, tenere sotto controllo un'~*** eine Seuche bekämpfen, ein‿dämmen; ***l'~ si diffonde rapidamente*** die Seuche (ver)breitet sich schnell **2** FIG. Epidemie *f.*, Plage *f.* ◆ ~ ***di colera*** Choleraepidemie *f.*; ***focolaio di -e*** Seuchenherd *m.*; ~ ***influenzale*** Grippeepidemie *f.*; ***pericolo di -e*** Seuchengefahr *f.*; ~ ***di vaiolo*** Pockenepidemie *f.* **e|pi|de|mi|co** agg. *(-ci,-che)* epidemisch, seuchenartig. **e|pi|de|mio|lo|gi|a** f. Epidemiologie *f.* **e|pi|de|mio|lo|gi|co** agg. *(-ci,-che)* epidemiologisch. **e|pi|de|mio|lo|go** m. *(-gi)* Epidemiologe *m.*

e|pi|der|mi|ca|men|te avv. epidermal; *(superficialmente)* oberflächlich. **e|pi|der|mi|co** agg. *(-ci,-che)* **1** epidermal, Oberhaut- **2** FIG. *(superficiale)* oberflächlich: ***sensibilità -a*** oberflächliche Sensibilität ◆ ***avversione -a*** instinktive, unwillkürliche Abneigung. **e|pi|der|mi|de** f. **1** ANAT. Epidermis *f.*, Oberhaut *f.* **2** BOT. Epidermis *f.* **3** FIG. *(superficie)* Oberfläche *f.*

e|pi|di|di|mo m. Nebenhoden *m.*, Epididymis *f.*

e|pi|dit|ti|co agg. *(-ci,-che)* epideiktisch; ***eloquenza -a*** Epideiktik *f.*

e|pi|fa|ni|a f. **1** Epiphanie *f.* (anche FIG.) **2** *(festa)* Dreikönigsfest *n.*, Epiphanienfest *n.*

e|pi|fi|si f. Epiphyse *f.*, Epiphysis *f.*

e|pi|fi|ta f. Epiphyt *m.*

e|pi|fo|ra f. RET. MED. Epiphora *f.*

e|pi|ga|stri|co agg. *(-ci,-che)* epigastrisch. **e|pi|ga|strio** m. *(-stri)* Epigastrium *n.*, Magengrube *f.*

e|pi|ge|o agg. oberirdisch.

e|pi|glot|ti|de f. Epiglottis *f.*, Kehldeckel *m.*

e|pi|go|no m. Epigone *m.*

e|pi|gra|fe f. **1** Epigraph *n.*, Inschrift *f.* **2** *(su libro)* Widmung *f.*, Motto *n.* **e|pi|gra|fi|a** f. Epigraphik *f.*, Inschriftenkunde *f.* **e|pi|gra|fi|co** agg. *(-ci,-che)* **1** epigraphisch, inschriftlich, Inschriften-: ***raccolta -a*** Inschriftensammlung *f.* **2** FIG. *(conciso)* gedrängt, bündig: ***uno stile ~*** ein bündiger Stil. **e|pi|gra|fi|sta** m. e f. *(-i,-e)* Epigraphiker *m.* (-in *f.*), Inschriftenforscher *m.* (-in *f.*).

e|pi|gram|ma m. Epigramm *n.* **e|pi|gram|ma|ti|co** agg. *(-ci,-che)* epigrammatisch (anche ESTENS.).

e|pi|la|zio|ne f. Epilation *f.*

e|pi|les|si|a f. Epilepsie *f.*, Fallsucht *f.* **e|pi|let|ti|co I** agg. *(-ci,-che)* **1** epileptisch: ***attacco ~*** epileptischer Anfall **2** *(malato)* epileptisch, fallsüchtig **II** m. *(-ci)* Epileptiker *m.*, Fallsüchtige *m.*

e|pi|lo|bio m. *(-bi)* Weidenröschen *n.*

e|pi|lo|go m. *(-ghi)* **1** LETT. Epilog *m.*, Nachwort *n.* **2** TEATR. Epilog *m.*, Nachspiel *n.* **3** ESTENS. *(conclusione)* Nachspiel *n.*: ***avere un ~ drammatico*** ein dramatisches Nachspiel haben.

e|pi|ni|cio m. *(-ci)* **1** Epinikion *n.* **2** ESTENS. Lobgesang *m.*

E|pi|ro n.pr.m. Epirus *m.*

e|pi|ro|ta *(-i,-e)* **I** agg. epirotisch **II** m. e f. Epirot *m.* (-in *f.*).

e|pi|sco|pa|le agg. bischöflich, Bischofs-, episkopal: ***carica, ufficio ~*** Bischofsamt *n.*; ***conferenza ~*** Bischofskonferenz *f.*; ***dignità ~*** Bischofswürde *f.*; ***sinodo ~*** Bischofssynode *f.* **e|pi|sco|pa|li|smo** m. Episkopalismus *m.* **e|pi|sco|pa|to** m. Episkopat *m.* e *n.*

e|pi|sco|pio m. *(-pi)* Episkop *n.*, Bildwerfer *m.*

e|pi|so|di|ca|men|te avv. episodisch, episodenhaft. **e|pi|so|di|co** agg. *(-ci,-che)* episodisch, episodenhaft, Episoden-: ***un fatto ~*** ein episodischer Vorfall; ***una narrazione -a*** eine Episodenerzählung.

e|pi|so|dio m. *(-di)* **1** Episode *f.*; ***film a -di*** Episodenfilm *m.*; *(fatto secondario)* ***quella relazione è stata solo un ~*** diese Beziehung war nur eine Episode **2** *(avvenimento)* Vorfall *m.*: ***un triste ~ di cronaca*** ein trauriger Vorfall.

e|pi|sta|si f. Epistaxis *f.*, Nasenbluten *n.*

e|pi|ste|mo|lo|gi|a f. Epistemologie *f.* **e|pi|ste|mo|lo|gi|co** agg. *(-ci,-che)* epistemologisch.

e|pi|sti|lio m. *(-li)* Epistyl *n.*, Epistylion *n.*, Architrav *m.*

e|pi|sto|la f. LETT. Epistel *f.*, Brief *m.*: BIBL. ***l'~ di San Paolo ai Ro-***

mani der Brief des Paulus an die Römer. **e|pi|sto|la|re** agg. brieflich, Brief-: ***rapporti -i*** Briefwechsel *m.*, Briefverkehr *m.*; ***censura ~*** Briefzensur *f.*; ***romanzo ~*** Briefroman *m.*; ***stile ~*** Briefstil *m.*; ***avere uno scambio ~ con qcn.*** mit jdm einen Briefwechsel führen; ***violare il segreto ~*** das Briefgeheimnis verletzen. **e|pi|sto|la|rio** m. *(-ri)* **1** LETT. Briefsammlung *f.*, Epistolar(ium) *n.*; ***l'~ di Goethe*** Goethes Briefe **2** RELIG. Epistolar(ium) *n.*

e|pi|sto|lo|gra|fi|a f. Epistolographie *f.* **e|pi|sto|lo|gra|fo** m. Epistolograph *m.*

e|pi|taf|fio m. *(-fi)* Epitaph *n.*, Epitaphium *n.*

e|pi|ta|la|mio m. *(-mi)* Epithalamion *n.*, Epithalamium *n.* **e|pi|ta|la|mo** m. Epithalamus *m.*

e|pi|te|lia|le agg. epithelial, Epithel-: ***tessuto ~*** Epithelgewebe *n.*; ***cellule -i*** Epithelzellen *pl.* **e|pi|te|lio** m. *(-li)* Epithel *n.*, Epithelium *n.* **e|pi|te|lio|ma** m. Epitheliom *n.*

e|pi|te|to m. **1** Beiwort *n.*, Epitheton *n.*: ***~ esornativo*** schmückendes Beiwort **2** *(insulto)* Schimpfname *m.*, Schimpfwort *n.*: ***coprire qcn. di -i*** jdm mit Schimpfworten überhäufen; ***~ irripetibile*** unaussprechbares Schimpfwort.

e|pi|to|me f. Epitome *f.*

e|pi|zoi|co agg. *(-ci,-che)* epizoisch. **e|pi|zo|o** m. Epizoon *n.* **e|pi|zo|o|ti|co** agg. *(-ci,-che)* epizootisch: ***afta -a*** Maul- und Klauenseuche *f.*, Aphthenseuche *f.*

e|pi|zo|o|zi|a f. Tierseuche *f.*, Epizootie *f.*

e|po|ca f. *(-che)* Zeit *f.*, Epoche *f.*: ***~ rinascimentale, della Riforma*** Renaissance-, Reformationszeit *f.*; ***in ~ più tarda*** in späterer Zeit; ***a quell'~*** zu jener Zeit; ***all'~ della prima guerra mondiale*** zur Zeit des Ersten Weltkrieges ◆ ***auto d'~*** Oldtimer *m.*; ***casa d'~*** Altbau *m.*, historisches Gebäude; ***fare ~*** Epoche machen; ***segnare un'~*** eine Epoche prägen.

e|po|ca|le agg. epochal, Zeiten-: ***un'invenzione d'importanza ~*** eine Erfindung von epochaler Bedeutung; ***svolta ~*** Zeitenwende *f.*

e|po|do m. Epode *f.*

e|po|ni|mo I agg. namengebend **II** Eponym *n.*, Namengeber *m.*

e|po|pe|a f. **1** Epos *n.*: ***~ nazionale*** Volks-, Nationalepos *n.* **2** *(genere letterario)* Epik *f.*

e|po|re|dien|se, e|po|re|die|se I agg. von Ivrea **II** m. e f. Einwohner *m.* (-in *f.*) von Ivrea.

e|pos m.inv. Epos *n.*

ep|pu|re cong. **1** *(tuttavia)* aber, aber doch, jedoch: ***è giovane, ~ è molto abile*** er ist zwar jung, aber (doch) sehr tüchtig; ***~ deve essere stato uno di noi*** einer von uns muss es aber gewesen sein; ***~ non si lasciò scoraggiare*** er ließ sich jedoch nicht entmutigen **2** *(in frasi esclamative)* doch, und doch: ***~ mente!*** er lügt doch!

ep|si|lon f.inv. Epsilon *n.*

ep|ta|cor|do m. Heptachord *m.* e *n.*

ep|ta|go|no m. Heptagon *n.*

ep|ta|no m. Heptan *n.*

ep|ta|sil|la|bo I agg. siebensilbig, siebenfüßig **II** m. Heptameter *m.*

ep|ta|thlon m.inv. Siebenkampf *m.*

e|pu|lo|ne m. **1** STOR. Epulo *m.* **2** *(ghiottone)* Schlemmer *m.*, Prasser *m.*, Gourmand *m.*: ***il ricco ~*** der reiche Prasser.

e|pu|ra|re tr. säubern: ***~ un'amministrazione, un partito dagli estremisti*** eine Verwaltung, Partei von Extremisten säubern. **e|pu|ra|zio|ne** f. Säuberung *f.*

e|qua|do|re|gno I agg. ecuadorianisch **II** m. Ecuadorianer *m.*

e|qua|liz|za|zio|ne f. **1** EL. Ausgleich *m.* **2** RAD. TEL. Entzerrung *f.* **3** ECON. Stabilisierung *f.* **e|qua|liz|za|to|re** m. Equalizer *m.*

e|qua|men|te avv. **1** gerecht: ***giudicare ~*** gerecht urteilen **2** *(in modo proporzionato)* gleichmäßig: ***distribuire ~ un carico*** eine Ladung gleichmäßig verteilen.

e|qua|ni|me agg. gerecht, unvoreingenommen: ***un giudizio ~*** ein gerechtes Urteil. **e|qua|ni|mi|tà** f. Gerechtigkeit *f.*, Unvoreingenommenheit *f.*

e|qua|to|re m. Äquator *m.*: ***piano dell'~*** Äquatorebene *f.*; ***~ celeste*** Himmelsäquator *m.*; ***~ magnetico*** magnetischer Äquator. **e|qua|to|ria|le** agg. äquatorial, Äquatorial-: ***Africa Equatoriale*** Äquatorialafrika *n.*; ***corrente ~*** Äquatorialstrom *m.*

e|qua|zio|ne f. **1** Gleichung *f.*: ***le variabili di un'~*** die Variablen einer Gleichung; ***un'~ lineare*** eine lineare Gleichung; ***risolvere un'~ rispetto a x*** eine Gleichung nach x auf‿lösen; ***un'~ di secondo grado*** eine Gleichung zweiten Grades; ***~ a una incognita, a (o con) due incognite*** Gleichung mit einer Unbekannten, mit zwei Unbekannten; ***quale valore di x soddisfa questa ~?*** welcher Wert für x erfüllt diese Gleichung? **2** FIG. Gleichheit *f.* ◆ ***~ algebrica*** algebraische Gleichung; ***~ differenziale*** Differenzialgleichung *f.*; ***~ integrale*** Integralgleichung *f.*

e|que|stre agg. **1** Reiter-: ***sport ~*** Reitsport *m.*; ***statua, monumento ~*** Reiterstatue *f.*, Reiterstandbild *n.* **2** STOR. Ritter-: ***ordine ~*** Ritterorden *m.*

e|qui|an|go|lo agg. gleichwink(e)lig.

e|qui|di pl. Pferdeartigen *pl.*

e|qui|di|stan|te agg. gleich weit entfernt, äquidistant. **e|qui|di|stan|za** f. gleicher Abstand *m.*

e|qui|la|te|ro agg. gleichseitig: ***triangolo ~*** gleichseitiges Dreieck.

e|qui|li|bra|men|to m. → **equilibratura.**

e|qui|li|bra|re I tr. **1a** aus‿gleichen: ***~ il bilancio*** die Bilanz ausgleichen; ***~ le uscite con entrate*** die Ausgänge mit den Eingängen ausgleichen **b** FIG. ***~ interessi contrastanti*** widerstreitende Interessen ausgleichen **2** TECN. aus‿wuchten: ***~ le ruote*** die Reifen auswuchten **3** AER. MAR. trimmen **II** pronom. **equilibrarsi** sich aus‿gleichen: ***i due carichi si equilibrano perfettamente*** die beiden Ladungen gleichen sich perfekt aus; FIG. ***ragioni, argomenti che si equilibrano*** Gründe, Argumente, die sich ausgleichen.

e|qui|li|bra|ta|men|te avv. ausgeglichen (anche FIG.).

e|qui|li|bra|to p.pass. agg. **1** → **equilibrare 2** *(ben distribuito)* ausgeglichen, gleichgewichtig: ***un carico ben ~*** eine gut ausgeglichene Ladung; ***stabilire un rapporto ~ tra domanda e offerta*** zwischen Angebot und Nachfrage ein gleichgewichtiges Verhältnis herstellen; *(ponderato)* ***una dieta -a*** eine ausgeglichene Diät **3** FIG. ausgeglichen: ***una persona (non) -a*** ein (un)ausgeglichener Mensch; ***essere ~ nei propri giudizi*** in seinem Urteil ausgeglichen sein.

e|qui|li|bra|to|re m. **1** Ausgleicher *m.* **2** AER. Höhenruder *n.*, Trimmvorrichtung *f.* **e|qui|li|bra|tri|ce** f. Auswuchtmaschine *f.*: ***~ per pneumatici*** Reifenauswuchtmaschine *f.* **e|qui|li|bra|tu|ra** f. TECN. Auswuchtung *f.*

e|qui|li|brio m. *(-bri)* Gleichgewicht *n.*, Balance *f.*, Ausgewogenheit *f.*: ***~ stabile, instabile*** stabiles, labiles Gleichgewicht; ***stare, mantenersi in ~ su una gamba*** auf einem Bein balancieren, sich auf einem Bein im Gleichgewicht halten; ***mantenere l'~*** das Gleichgewicht halten; ***perdere l'~*** das Gleichgewicht verlieren, aus dem Gleichgewicht kommen, geraten; FIG. ***trovare, ritrovare, conservare il proprio ~ interiore*** sein inneres Gleichgewicht finden, wieder‿gewinnen, bewahren; FIG. ***~ politico*** politisches Gleichgewicht; ***l'~ di una costruzione architettonica*** die Ausgewogenheit einer architektonischen Konstruktion ◆ ***alterazione dell'~*** Gleichgewichtsstörung *f.*; ***asse di ~*** Balancierbalken *m.*, Schwebebalken *m.*, Schwebebaum *m.*; ***condizione di ~*** Gleichgewichtslage *f.*; ***organo dell'~*** Gleichgewichtsorgan *n.*; ***senso dell'~*** Gleichgewichtssinn *m.* **e|qui|li|bri|smo** m. Äquilibristik *f.*, Balanceakt *m.*: ***esercizio di ~*** Balanceakt *m.*; ***~ diplomatico*** diplomatischer Balanceakt. **e|qui|li|bri|sta** m. e f. *(-i,-e)* **1** Äquilibrist *m.* (-in *f.*), Gleichgewichtskünstler *m.* (-in *f.*) **2** FIG. COLLOQ. Überlebenskünstler *m.* (-in *f.*).

e|qui|no agg. Pferde-: ***carne -a*** Pferdefleisch *n.*; ***razza -a*** Pferderasse *f.*; ***piede ~*** Pferdefuß *m.*

e|qui|no|zia|le agg. äquinoktial, Äquinoktial-: ***pioggia ~*** Äquinoktialregen *m.* **e|qui|no|zio** m. *(-zi)* Tagundnachtgleiche *f.*, Äquinoktium *n.*: ***~ d'autunno, di primavera*** Herbst-, Frühjahrs-Tagundnachtgleiche *f.*

e|qui|pag|gia|men|to m. **1** Ausrüstung *f.*, Ausstattung *f.*: ***~ da sci, da campeggio, dello scalatore*** Ski-, Camping-, Bergsteigerausrüstung *f.*; ***l'~ della spedizione*** die Ausstattung der Expedition; *(di auto)* ***~ di serie*** Serienausrüstung *f.* **2** MIL. Ausrüstung *f.*, Gepäck *n.*: ***~ da marcia*** Marschgepäck *n.*; ***marcia con ~*** Gepäckmarsch *m.*

e|qui|pag|gia|re *(equipaggio, equipaggi)* **I** tr. **1** aus‿rüsten, aus‿statten: ***~ un laboratorio*** ein Labor ausstatten; ***~ qcn. per un safari*** jdn für eine Safari ausrüsten; ***~ l'esercito*** die Armee ausrüsten **2** MAR. AER. *(fornire di equipaggio)* bemannen: ***~ una nave, un aereo*** ein Schiff, Flugzeug bemannen **II** pronom. **equipaggiarsi** sich aus‿rüsten: ***-rsi per un viaggio*** sich für eine Reise ausrüsten. **e|qui|pag|gia|to** p.pass. agg. **1** → **equipaggiare 2** ausgerüstet: ***truppe ben -e*** gut ausgerüstete Truppen ◆ ***~ al meglio, nel modo migliore*** bestausgerüstet.

e|qui|pag|gio m. *(-gi)* **1** MAR. AER. Besatzung *f.*, Bemannung *f.*, Mannschaft *f.*: ***l'~ di una nave, di un aereo*** die Mannschaft eines Schiffes, eines Flugzeuges; ***30 uomini di ~*** 30 Mann (starke) Besatzung **2** SPORT Crew *f.*, Mannschaft *f.*: ***l'~ di un bob*** die Crew eines Bobs **3** MIL. Ausrüstung *f.*, Gepäck *n.* **4** ANT. *(carrozza)* Equipage *f.* **5** ELETTR. *(elemento mobile di uno strumento)* Messwerk *n.* ◆ MAR. ***~ in coperta!*** alle Mann an Deck!

e|qui|pa|ra|bi|le agg. gleichstellbar. **e|qui|pa|ra|re** tr. gleich‿stellen, an‿gleichen: ***~ gli operai agli impiegati*** die Arbeiter den, mit den Angestellten gleichstellen; ***~ i salari ai prezzi*** die Löhne den

Preisen, an die Preise angleichen. **e|qui|pa|ra|to** p.pass. agg. **1** → **equiparare 2** gleichgestellt, gleich: ***con diritti -i*** mit gleichen Rechten, gleichberechtigt. **e|qui|pa|ra|zio|ne** f. Gleichstellung *f.*, Angleichung *f.*, Ineinssetzung *f.*: ***~ dei diritti*** Gleichberechtigung *f.*

é|quipe [e'kip] f. *(-s)* Equipe *f.*, Team *n.*: ***lavoro d'~*** Teamarbeit *f.*, Gemeinschaftsarbeit *f.*; ***lavorare in ~*** im Kollektiv arbeiten; ***~ di ricerca(tori)*** Forschungsteam *n.*, Forscherteam *n.*

e|qui|pol|len|te agg. BUROCR. gleichwertig; FILOS. äquipollent. **e|qui|pol|len|za** f. BUROCR. Gleichwertigkeit *f.*; FILOS. Äquipollenz *f.*

e|qui|se|to m. Schachtelhalm *m.*

e|qui|tà f. Gerechtigkeit *f.*, Angemessenheit *f.*, DIR. o LETT. Billigkeit *f.*: ***l'~ di un giudizio*** die Angemessenheit eines Urteils; ***decidere secondo ~*** gerecht entscheiden (*o* nach Billigkeit entscheiden) ◆ ***~ fiscale*** Steuergerechtigkeit *f.*

e|qui|ta|zio|ne f. **1** Reitkunst *f.* **2** *(ippica)* Reiten *n.*, Reitsport *m.* ◆ ***lezione di ~*** Reitunterricht *m.*, Reitstunde *f.*; ***maestro di ~*** Reitlehrer *m.*; ***scuola di ~*** Reitschule *f.*

e|qui|va|len|te I agg. **1** *(di uguale valore)* gleichwertig, äquivalent: ***espressioni -i*** gleichwertige (*o* äquivalente) Ausdrücke **2** MAT. äquivalent: ***grandezze -i*** äquivalente Mengen; GEOM. *(di uguale area)* flächeninhaltsgleich; *(di uguale volume)* volumengleich **3** *(corrispondente)* gleichbedeutend, entsprechend, gleichend: ***essere ~ a qcs.*** etw. (D) entsprechend, mit etw. gleichbedeutend sein **II** m. Äquivalent *n.*, Gegenwert *m.*: ***dare l'~ in denaro*** den Gegenwert in Geld zahlen ◆ ***peso ~*** Äquivalentgewicht *n.*

e|qui|va|len|za f. **1** Gleichwertigkeit *f.*, Äquivalenz *f.*: ***l'~ di due concetti*** die Äquivalenz zweier Begriffe **2** MAT. Äquivalenz *f.*; GEOM. Flächengleichheit *f.*

e|qui|va|le|re *(equivalgo, equivali; equivalsi; equivalso)* **I** intr. (aus. *essere, avere*) **1a** *(avere lo stesso valore)* ***~ a qcs.*** den gleichen Wert wie etw. haben, gleichwertig mit etw. sein **b** *(di denaro)* wert sein: ***il marco equivale a circa 1000 lire*** die Mark ist etwa 1000 Lire wert **2** *(corrispondere)* entsprechen, gleich‿kommen: ***il dio greco Zeus equivale al romano Giove*** der griechische Gott Zeus entspricht dem römischen Jupiter; ***questo equivale a un'offesa*** das kommt einer Beleidigung gleich **II** pronom. **equivalersi 1** *(nel valore)* gleichwertig sein **2** *(nel significato)* gleichbedeutend sein **3** *(corrispondere)* korrespondieren, entsprechen: ***-rsi nei punti più importanti*** in den wichtigsten Punkten korrespondieren.

e|qui|vo|ca|re intr. *(equivoco, equivochi;* aus. *avere)* missverstehen: ***~ su qcs.*** etw. missverstehen; ***credo che tu stia equivocando*** ich glaube, du missverstehst (*o* verstehst falsch).

e|qui|vo|ci|tà f.inv. **1** Doppeldeutigkeit *f.*, Zweideutigkeit *f.* **2** *(dubbia fama)* Fragwürdigkeit *f.*, Anrüchigkeit *f.*

e|qui|vo|co I agg. *(-ci,-che)* **1** missverständlich, äquivok; *(ambiguo)* doppeldeutig, zweideutig **2a** FIG. *(sospetto)* zwielichtig, fragwürdig: ***una persona -a*** ein fragwürdiger Mensch, eine zwielichtige Person **b** *(losco)* fragwürdig, anrüchig: ***un locale ~*** ein fragwürdiges Lokal **II** m. *(-ci)* Missverständnis *n.*: ***eliminare, chiarire un ~*** ein Missverständnis aus‿räumen (beseitigen), auf‿klären; ***dev'essere un ~*** das muss ein Missverständnis sein; ***qui c'è un ~*** hier liegt ein Missverständnis vor; ***a scanso di -ci*** um Missverständnisse zu vermeiden, um Missverständnissen vorzubeugen.

e|quo agg. **1** gerecht, angemessen, ANT. billig: ***un giudice, giudizio ~*** ein gerechter Richter, ein angemessenes Urteil **2** reell: ***un prezzo ~*** ein reeller Preis; ***un compenso ~*** eine reelle Belohnung; ***~ canone*** gesetzlich geregelter Mietbetrag.

e|ra f. Ära *f.*, Zeitalter *n.*, Zeitrechnung *f.*: ***l'~ atomica*** das atomare Zeitalter; ***l'~ cristiana*** das christliche Zeitalter; ***~ geologica*** Erdzeitalter *n.*; FIG. ***una nuova ~*** eine neue Ära.

E|ra n.pr.f. Hera *f.*

E|ra|cle n.pr.m. Herakles *m.*, Herkules *m.*

E|ra|cli|de n.pr.m. Heraklide *m.*

E|ra|cli|to n.pr.m. Heraklit *m.*

e|ran|to f. Winterling *m.*

e|ra|ria|le agg. zum Ärar gehörend, ärarisch, staatlich, Staats-: ***imposte -i*** Staatssteuer *pl.* **e|ra|rio** m. *(-ri)* Staatsschatz *m.*, Staatsvermögen *n.*, Ärar *n.*, Fiskus *m.*; *(casse dello stato)* Staatskasse *f.*; *(finanze dello stato)* Staatsfinanzen *pl.*; ***le entrate dell'~*** die Staatseinnahmen *pl.*

E|ra|smo n.pr.m. Erasmus *m.*

er|ba f. **1** Gras *n.*, Kraut *n.*: ***un filo d'~*** ein Grashalm; ***un ciuffo d'~*** ein Büschel Gras; ***camminare nell'~ alta*** durch das hohe Gras gehen; ***l'~ spunta*** das Gras sprießt (hervor) **2** *(distesa erbosa)* Gras *n.*, Rasen *m.*: ***sdraiarsi sull'~*** sich ins Gras legen; ***falciare l'~ del prato*** die Wiese mähen; ***tagliare l'~ con la falce*** das Gras mit der Sichel schneiden; ***fare l'~, andare a ~*** Gras mähen; ***tenere un terreno a ~*** ein Gebiet als Weidefläche nutzen **3** pl. GASTR. Kräuter *pl.* **4** pl. *(medicinali)* Heilpflanzen *pl.*, Heilkräuter *pl.*, Drogenpflanzen *pl.*: ***curare con le -e*** mit Heilkräutern kurieren **5** GERG. *(marijuana)* Gras *n.*, Kif *m.*; ***fumare ~*** kiffen ◆ ***tenere, mettere, mandare a ~ il bestiame*** das Vieh weiden (*o* grasen) lassen; ***-e aromatiche*** Gewürzkräuter *pl.*; ***~ calderina*** Kreuzkraut *n.*; ***~ cali*** Salzkraut *n.*; ***~ cedrata*** Zitronenmelisse *f.*; ***~ cicutaria*** Reiherschnabel *m.*; ***~ cipollina*** Schnittlauch *m.*; ***coperto d'~*** grasbewachsen, grasig; ***~ cristallina, diacciola*** Mittagsblume *f.*, Eiskraut *n.*; ***~ crociata*** Einbeere *f.*; ***~ del cucco*** Leimkraut *n.*; ***~ fava*** Scharbockskraut *n.*; ***formaggio alle -e*** Kräuterkäse *m.*; ***~ fragolina*** Sanikel *m.*, Waldklette *f.*, Heilknecke *f.*; ***~ galletta*** Platterbse *f.*; ***~ gatta, gattaia*** Katzenminze *f.*; ***giardino in cui cresce l'~*** *(trascurato)* Garten, in dem Unkraut wächst (*o* in dem das Unkraut wuchert); ***~ di san Giovanni*** Johanniskraut *n.*; ***in ~*** = unerfahren; FIG. ***uno scrittore, un medico in ~*** ein angehender, unerfahrener Schriftsteller, Arzt; ***~ leporina*** Ackerwinde *f.*; ***liquore alle -e*** Kräuterlikör *m.*; ***~ luisa*** Zitronenkraut *n.*; ***~ mazzolina*** Knäuelgras *n.*; ***~ medica*** Schneckenklee *m.*, Luzerne *f.*; ***~ medicinale*** Heilpflanze *f.*, Heilkraut *n.*, Drogenpflanze *f.*; ***mercato, piazza delle -e*** Obst- und Gemüsemarkt *m.*; ***non essere ~ del suo orto*** nicht auf seinem Mist gewachsen sein; ***~ da porri*** Schellkraut *n.*, Schellwurz *f.*; ***-e di Provenza*** Provencekräuter *pl.*; SART. ***punto ~*** Stielstich *m.*; ***~ rogna*** Wolfsmilch *f.*; ***~ saetta*** Pfeilkraut *n.*; ***~ spagna*** → ***~ medica***; ***~ strega*** Teufelskralle *f.*; ***~ trinità*** Leberblümchen *n.*; FIG. *(essere morto)* ***vedere l'~ dalla parte delle radici*** das Gras von unten besehen, betrachten; ***verde ~*** grasgrün; ***vietato calpestare l'~*** (das) Betreten des Rasens (ist) verboten (*o* den Rasen nicht betreten)! PROV. ***fare d'ogni, di tutta l'~ un fascio*** Äpfel und Birnen zusammen‿zählen, alle(s) über einen Kamm scheren; ***la mala ~ non muore mai*** Unkraut vergeht, verdirbt nicht; ***l'~ del vicino è sempre più verde*** das Gras in Nachbars Garten ist stets grüner; ***l'~ voglio non cresce neppure nel giardino del re*** das Kraut Ich-will wächst nicht einmal in des Königs Garten.

er|bac|cia f. *(-ce)* Unkraut *n.*: ***estirpare, sarchiare, strappare, togliere le -ce*** Unkraut vertilgen, jäten, ausreißen, zupfen.

er|ba|ce|o agg. *(-cei,-cee)* grasartig, grasig, Gras-: ***piante -cee*** Gräser pl.

er|bag|gio m. *(-gi)* Gemüse *n.*, Grünzeug *n.* **er|ba|io|la** f. REGION. Kräuterfrau *f.*

er|ba|rio m. *(-ri)* **1** *(libro)* Kräuterbuch *n.* **2** *(raccolta)* Herbar *n.*, Herbarium *n.* **er|ba|to** agg. (mit Kräutern) gewürzt. **er|bet|ta** f. **1** Gräschen *n.* **2** pl. *(erbe aromatiche)* Gewürzkräuter *pl.*, Kräuter *pl.*

er|bi|ci|da I agg. unkrautbekämpfend, unkrautvertilgend **II** m. Unkrautbekämpfungsmittel *n.*, Unkrautvertilgungsmittel *n.*, Herbizid *n.*

er|bio m. Erbium *n.*

er|bi|ven|do|lo m. Gemüsehändler *m.*

er|bi|vo|ro I agg. Gras fressend, Kräuter fressend, Pflanzen fressend **II** m. Pflanzenfresser *m.*, Herbivore *m.*

er|bo|ra|re intr. *(erboro, erbori;* aus. *avere)* botanisieren.

er|bo|ri|sta m. e f. *(-i,-e)* **1** Pflanzensammler *m.* (-in *f.*) **2** *(di erbe medicinali)* Herbalist *m.* (-in *f.*) **3** *(venditore)* Heilpflanzenverkäufer *m.* (-in *f.*), Drogist *m.* (-in *f.*). **er|bo|ri|ste|ri|a** f. **1** Heilpflanzenkunde *f.* **2** *(negozio)* Heilpflanzenhandlung *f.*, Kräuterapotheke *f.*, Reformhaus *n.*, Drogerie *f.* **er|bo|ri|sti|co** agg. *(-ci,-che)* Heilpflanzen betreffend.

er|bo|riz|za|re intr. (aus. *avere*) → **erborare.**

er|bo|so agg. grasig, Gras-: ***manto, tappeto ~*** Grasdecke *f.*, Grasteppich *m.* (*o* Rasenteppich *m.*).

er|co|le m. Herkules *m.*: ***essere un (vero) ~*** ein (wahrer) Herkules sein. **Er|co|le** n.pr.m. Herkules *m.* ◆ ***le colonne d'~*** die Säulen des Herkules; ***fatica d'~*** Herkulesarbeit *f.* **er|cu|le|o** agg. herkulisch, riesenstark: ***forze -e*** Riesenkräfte, herkulische Kräfte.

e|re|de m. e f. **1** Erbe *m.* (Erbin *f.*): ***nominare qcn. proprio ~*** jdn zum, als Erben einsetzen (*o* zu seinem Erben ernennen); ***la proprietà passa all'~*** das Eigentum geht auf den Erben über; ***essere l'~ di qcn.*** jdn beerben; ***~ legittimo*** gesetzlicher, rechtmäßiger Erbe; ***~ testamentario*** testamentarisch eingesetzter Erbe; SCHERZ. ***i felici -i*** die lachenden Erben **2** FAM. SCHERZ. *(figlio primogenito)* Stammhalter *m.* **3** FIG. *(di attività, tradizioni)* Nachfolger *m.*: ***gli -i di Freud*** die Nachfolger Freuds ◆ ***~ apparente*** Scheinerbe *m.*; DIR. ***~ istituito*** eingesetzter, benannter Erbe *m.*, Vorerbe *m.*; ***~ naturale*** Leibeserbe *m.*; ***~ necessario*** Noterbe *m.*; ***~ principale*** Haupterbe *m.*; ***~ sostituito*** Ersatzerbe *m.*; ***~ al trono*** Thronerbe *m.*, Kronerbe *m.*; ***~ unico*** Alleinerbe *m.*, Gesamterbe *m.*; ***~ universale*** Universalerbe *m.*, Gesamterbe *m.*

e|re|di|tà f.inv. **1** Erbschaft *f.*, Erbe *n.*, DIR. Erblassenschaft *f.*: ***acce-***

dere, rinunciare a un'~ eine Erbschaft an‿treten, auf die Erbschaft verzichten; ***ricevere qcs. in ~*** etw. erben; ***lasciare qcs. in ~ a qcn.*** etw. jdm vererben **2** BIOL. Erbgang *m.* **3** FIG. *(retaggio)* Erbe *n.*, Erbgut *n.*: ***l'~ spirituale del passato*** das geistige Erbe der Vergangenheit ◆ ***accensione di ~*** Erbfall *m.*; ***caccia all'~*** Erbschleicherei *f.*; ***parte di ~*** Erbanteil *m.*; ***rivendicazione di ~*** Erbschaftsanspruch *m.*; ***senza ~*** erblos.

e|re|di|ta|re tr. *(eredito)* erben (anche ESTENS.): ***~ qcs. da qcn.*** etw. von jdm erben; ***~ da qcn.*** jdn beerben. **e|re|di|ta|ria|men|te** avv. erbmäßig. **e|re|di|ta|rie|tà** f. Erblichkeit *f.*, Vererbung *f.* (anche BIOL.): ***l'~ di un titolo nobiliare*** die Erblichkeit eines Adelstitels; BIOL. ***teoria dell'~ dei caratteri*** Vererbungstheorie der Merkmale.

e|re|di|ta|rio agg. *(-ri,-rie)* **1** Erb-, erblich: ***monarchia, nobiltà -a*** Erbmonarchie *f.*, Erbadel *m.*; ***diritto, titolo ~*** Erbrecht *n.*, erblicher Titel; ***principe ~*** Erbprinz *m.*, Kronprinz *m.* **2** BIOL. erbeigen, Erb-, erblich: ***carattere, fattore ~*** Erbeigenschaft *f.*, Erbfaktor *m.*; ***patrimonio ~*** Erbgut *n.*, Erbmasse *f.*; ***malattia -a*** Erbkrankheit *f.* ◆ ***avere tare -rie*** erblich belastet sein; ***per via -a*** erblich. **e|re|di|tie|ra** f. Erbin *f.*

e|re|mi|ta m. e f. *(-i,-e)* **1** Eremit *m.*, Einsiedler *m.* (anche FIG.), Klausner *m.*: ***condurre una vita da ~*** ein Einsiedlerleben führen **2** ZOOL. Einsiedlerkrebs *m.* **e|re|mi|tag|gio** m. *(-gi)* Eremitage *f.*, Einsiedelei *f.* (anche ESTENS.). **e|re|mi|ti|co** agg. *(-ci,-che)* einsiedlerisch, Einsiedler-, Eremiten-: ***vita -a*** Einsiedlerleben *n.* **e|re|mo** m. Einsiedelei *f.*, Klause *f.* (anche ESTENS.).

e|re|si|a f. **1a** REL. Häresie *f.*, Ketzerei *f.*: ***~ ariana*** arianische Häresie **b** ESTENS. Ketzerei *f.* **2** FIG. *(sproposito, assurdità)* Unsinn *m.*: ***dire -e*** Unsinn reden. **e|re|siar|ca** m. *(-chi)* Häresiarch *m.*

e|res|si → **erigere.**

e|re|ti|ca|le agg. ketzerisch: ***dottrina ~*** ketzerische Lehre.

e|re|ti|co I agg. *(-ci,-che)* **1** ketzerisch, häretisch: ***setta -a*** ketzerische Sekte **2** ESTENS. ketzerisch **II** m. *(-ci)* **1** Ketzer *m.* (anche ESTENS.); ***persecuzione degli -ci*** Ketzerverfolgung *f.* **2** *(miscredente)* Ungläubige *m.*

e|re|ti|smo m. Erethismus *m.*

e|ret|ti|le agg. erektil, erigibel. **e|ret|to** p.pass. agg. **1** → **erigere 2** aufrecht: ***portamento ~*** aufrechte Haltung **3** FISIOL. ***membro ~*** aufgerichtetes (*o* erigiertes) Glied. **e|ret|to|re** agg. ***muscolo ~*** Erektor *m.* **e|re|zio|ne** f. **1** *(l'erigere)* Errichtung *f.*, Aufstellung *f.*, Bau *m.*: ***l'~ di un edificio*** die Errichtung eines Gebäudes **2** FISIOL. Erektion *f.* **3** *(fondazione)* Gründung *f.*

er|ga|sto|la|no m. Lebenslängliche *m.* **er|ga|sto|lo** m. lebenslängliche Freiheitsstrafe *f.*: ***chiedere l'~ (per qcn.)*** (für jdn) die lebenslängliche Freiheitsstrafe beantragen; ***essere condannato all'~*** zu lebenslänglicher Freiheitsstrafe verurteilt werden.

er|ge|re *(ergo, ergi; ersi; erto)* **I** tr. empor‿heben **II** pronom. **ergersi 1** ragen, empor‿ragen: ***la torre si erge verso il, al cielo*** der Turm ragt in den, zum Himmel **2** FIG. sich auf‿werfen, sich auf‿schwingen: ***-rsi a giudice*** sich zum Richter aufwerfen.

er|go cong. also, folglich ◆ ***venire all'~*** zur Sache kommen.

er|go|lo|gi|a f. Ergologie *f.* **er|go|me|tro** m. Ergometer *n.* **er|go|no|mi|a** f. Ergonomie *f.*, Ergonomik *f.* **er|go|no|mi|co** agg. *(-ci,-che)* ergonomisch. **er|go|te|ra|pi|a** f. Beschäftigungstherapie *f.*, Ergotherapie *f.* **er|go|te|ra|pi|sta** m. e f. *(-i,-e)* Beschäftigungstherapeut *m.* (-in *f.*).

er|go|ti|smo m. Ergotismus *m.*

e|rian|to m. Seidengras *n.*

e|ri|ban|no m. Heerbann *m.*

e|ri|ca f. *(-che)* Erika *f.*, Glockenheide *f.*

E|ri|ca n.pr.f. Erika *f.*

e|ri|ca|ce|e f.pl. Erikazeen *pl.*

e|ri|gen|do agg. ***l'~ edificio, monumento*** das zu errichtende Gebäude, Denkmal. **e|ri|ge|re** *(erigo, erigi; eressi; eretto)* **I** tr. **1a** errichten, auf‿richten: ***~ un monumento*** ein Denkmal errichten; ***~ una diga, una barricata*** einen Damm, eine Barrikade errichten **b** FIG. errichten: ***~ una barriera fra sé e gli altri*** eine Barriere zwischen sich und den anderen errichten **2** *(istituire)* gründen **3** *(elevare di grado)* erheben: ***la città fu eretta a capitale*** die Stadt wurde zur Hauptstadt erhoben **II** pronom. **erigersi 1** sich auf‿richten **2** FIG. sich auf‿werfen, sich auf‿schwingen, sich erheben: ***-rsi a difensore degli oppressi*** sich zum Verteidiger der Unterdrückten erheben.

e|rin|gio m. *(-gi)* Männertreu *f.*

e|rin|ni f.inv. Erinnye *f.*, Erinnys *f.*

e|ri|si|pe|la f. Rotlauf *m.*, Erysipel *n.*

e|ri|sti|ca f. Eristik *f.*

e|ri|te|ma m. *(-i)* Erythem *n.* ◆ ***~ solare*** Sonnenbrand *m.*, Sonnenerythem *n.*

E|ri|tre|a n.pr.f. Eritrea *n.* **e|ri|tre|o I** agg. eritreisch **II** m. Eritreer *m.*

e|ri|tri|na f. Kobaltblüte *f.*, Erythrin *m.* **e|ri|tri|te** f. Erythrit *m.*

e|ri|tro|ci|ta, e|ri|tro|ci|to m. *(-i)* Erythrozyt *m.* **e|ri|tro|se|di|men|ta|zio|ne** f. Blutsenkung *f.*

er|ma m. *(-i)* Herme *f.*: STOR. ***la mutilazione delle -e*** die Verstümmelung der Hermen.

er|ma|fro|di|smo m. Hermaphrodismus *m.*, Zwittertum *n.*, Zwittrigkeit *f.* **er|ma|fro|di|ta** → **ermafrodito. er|ma|fro|di|ti|smo** m. Hermaphroditismus *m.*, Zwittertum *n.*, Zwittrigkeit *f.* **er|ma|fro|di|to I** agg. hermaphroditisch, zwitt(e)rig, Zwitter-: ***fiore ~*** Zwitterblüte *f.* **II** m. Hermaphrodit *m.*, Zwitter *m.*

Er|man|no n.pr.m. Hermann *m.*

er|mel|li|no m. **1** Hermelin *n.* **2** *(pelliccia)* Hermelin *m.* (anche ARALD.).

er|me|neu|ta m. e f. *(-i,-e)* **1** *(esegeta)* Ausleger *m.* (-in *f.*) **2** FILOS. Hermeneutiker *m.* (-in *f.*). **er|me|neu|ti|ca** f. Hermeneutik *f.* **er|me|neu|ti|co** agg. *(-ci,-che)* hermeneutisch: ***metodo ~*** hermeneutische Methode; ***circolo ~*** hermeneutischer Zirkel.

Er|mes, Er|me|te n.pr.m. Hermes *m.*

er|me|ti|ca|men|te avv. **1** hermetisch, luftdicht, dicht: ***chiudere qcs. ~*** etw. luftdicht verschließen (*o* ab‿schließen) **2** *(in modo oscuro, incomprensibile)* hermetisch, dunkel, undurchsichtig: ***esprimersi ~*** sich hermetisch aus‿drücken. **er|me|ti|ci|tà** f. **1** Dichte *f.*: ***l'~ di un contenitore*** die Dichte eines Behälters **2** *(incomprensibilità, oscurità)* Undurchsichtigkeit *f.*, Dunkelheit *f.*: ***~ di un testo poetico*** die Undurchsichtigkeit eines poetischen Textes.

er|me|ti|co agg. *(-ci,-che)* **1** hermetisch, luftdicht, dicht: ***chiusura -a*** hermetischer Verschluss (*o* Abschluss); ***contenitore ~*** luftdichter Behälter; ***non ~*** undicht **2** FIG. *(oscuro, incomprensibile)* hermetisch, dunkel: ***un testo molto ~*** ein sehr hermetischer Text **3** LETT. *(dell'ermetismo)* ***un poeta ~*** ein Dichter des Hermetismus. **er|me|ti|smo** m. **1** LETT. Hermetismus *m.* **2** FIG. *(incomprensibilità, oscurità)* Undurchsichtigkeit *f.*, Dunkelheit *f.*

Er|mi|nio n.pr.m. Hermann *m.* **Er|mi|nia** n.pr.f. Hermine *f.*

er|mo agg. LETT. einsam, öde.

Er|ne|sti|na n.pr.f. Ernestine *f.* **Er|ne|sto** n.pr.m. Ernst *m.*

er|nia f. Bruch *m.*, Hernie *f.*: ***~ addominale, inguinale*** Eingeweidebruch *m.*, Leistenbruch *m.*; ***~ strozzata*** eingeklemmter Bruch ◆ ***~ del disco*** Bandscheibenschaden *m.*, Bandscheibenvorfall *m.* **er|nia|rio** agg. *(-ri,-rie)* Bruch-: ***cinto ~*** Bruchband *n.*

E|ro|de n.pr.m. Herodes *m.*

e|ro|de|re tr. *(erosi; eroso)* GEOL. erodieren; *(dell'acqua)* aus‿schwemmen, aus‿waschen: ***le onde erodono la costa*** die Wellen waschen die Küste aus.

E|ro|di|a|de n.pr.f. Herodias *f.*

E|ro|do|to n.pr.m. Herodot *m.*

e|ro|e m. **1a** Held *m.* (anche FIG. o SCHERZ.): ***un ~ leggendario*** ein sagenhafter Held; ***fare l'~*** den Helden spielen; ***essere l'~ del giorno, del momento*** der Held des Tages sein **b** *(protagonista)* Held *m.*: ***l'~ del romanzo*** der Held des Romans; ***~ negativo*** negativer Held; ***il nostro ~*** unser Held **2** MITOL. Heroe *m.*, Heros *m.*: ***culto degli -i*** Heroenkult(us) *m.* ◆ ***bell'~!*** du bist ja ein schöner (*o* netter) Held! ***cimitero degli -i*** Heldenfriedhof *m.*; ***da ~*** heldenhaft, heldenmütig; ***morire da ~*** den Heldentod sterben; ***~ della fede*** Glaubensheld *m.*; ***l'~ dei due mondi*** = Giuseppe Garibaldi; ***~ nazionale*** Nationalheld *m.*, Volksheld *m.*

e|ro|fi|la f. Hungerblume *f.*

e|ro|ga|re tr. *(erogo, eroghi)* **1** ***~ qcs.*** mit etw. versorgen, etw. liefern: ***~ acqua, corrente elettrica, gas in città, a un quartiere*** die Stadt, ein Viertel mit Wasser, elektrischem Strom, Gas versorgen **2** *(elargire)* spenden: ***~ una somma di denaro a qcn.*** jdm eine Geldsumme spenden. **e|ro|ga|to|re I** agg. **1** Versorgungs-: ***società -trice del gas, dell'elettricità*** Gasversorgungsgesellschaft *f.*, Elektrizitätsversorgungsgesellschaft *f.* **2** ***apparecchio ~*** Spender *m.* **II** m. **1** Spender *m.* **2** TECN. Verteilerventil *n.* **e|ro|ga|zio|ne** f. **1** Versorgung *f.*: ***sospendere l'~ di energia elettrica, del gas*** die Strom-, Gasversorgung unterbrechen **2** *(elargizione)* Spende *f.*

e|ro|ge|no agg. erogen: ***zone -e*** erogene Zonen.

e|roi|ca|men|te avv. heldenhaft, heroisch: ***combattere, cadere ~*** heldenhaft kämpfen, fallen; ESTENS. ***sopportare ~ il dolore*** Schmerzen heldenhaft ertragen. **e|roi|ci|tà** f. Heldenhaftigkeit *f.*, Heroik *f.* **e|roi|ciz|za|re** tr. heroisieren.

e|roi|co agg. *(-ci,-che)* **1** Helden-, heldisch, heldenhaft: ***poema ~*** Heldenepos *n.*; ***atto ~, azione (impresa) -a*** Heldentat *f.*; ***morte -a*** Heldentod *m.*; ***virtù -a*** heldische Tugend **2** ESTENS. *(dotato di grande forza d'animo)* heldenhaft: ***una madre -a*** eine heldenhafte

Mutter **3** MITOL. heroisch: ***età -a*** heroische Zeit. **e|roi|co|mi|co** agg. *(-ci,-che)* ***poema ~*** komisches Heldenepos *n.*

1.e|ro|i|na f. Heldin *f.*, Heroin *f.*

2.e|ro|i|na f. Heroin *n.*: ***iniettarsi una dose di ~*** sich eine Dosis Heroin spritzen.

e|roi|no|ma|ne I agg. heroinsüchtig, heroinabhängig **II** m. e f. Heroinsüchtige *m.* e *f.*, Heroinabhängige *m.* e *f.*

e|ro|i|smo m. **1** Heldentum *n.*, Heldenmut *m.*, Heroentum *n.*, Heroismus *m.* **2** *(atto eroico)* Heldentat *f.*: ***compiere un ~*** eine Heldentat vollbringen ◆ ***atto di ~*** Heldentat *f.*

e|rom|pe|re intr. (pass.rem. *eruppi*) **1** hervor‿brechen, brechen: ***la lava erompe dal cratere*** die Lava bricht aus dem Krater hervor; ***il sole eruppe tra le nuvole*** die Sonne brach durch die Wolken **2** FIG. aus‿brechen: ***~ in pianto*** in Tränen ausbrechen.

e|ros m. Eros *m.*: ***la sfera dell'~*** der Bereich des Eros.

E|ros n.pr.m. Heros *m.*

e|ro|sio|ne f. **1a** GEOL. Erosion *f.*: *(provocata dall'acqua)* Ausschwemmung *f.*, Auswaschung *f.*: ***~ glaciale, eolica*** Glazialerosion *f.*, äolische Erosion **b** MED *(abrasione)* Erosion *f.* **2** ECON. Schwund *m.*: ***~ fiscale, dei salari*** Steuer-, Lohnschwund *m.* **e|ro|si|vo** agg. erosiv, Erosions-: ***azione -a*** Erosionswirkung *f.* (*o* erosive Wirkung). **e|ro|so** p.pass. agg. **1** → **erodere 2** erodiert, ausgewaschen: ***rocce -e dal mare*** vom Meer ausgewaschene Felsen.

e|ro|ti|co agg. *(-ci,-che)* **1** erotisch, Liebes-: ***scena -a*** Liebesszene *f.*; ***impulso, spettacolo ~*** erotischer Trieb, erotisches Schauspiel; ***poesia, letteratura, arte -a*** erotische Dichtung, Literatur, Kunst **2** *(afrodisiaco)* aphrodisisch: ***bevanda -a*** aphrodisisches Getränk ◆ LETT. ***opere -che*** Erotikon *n.*; ***scrittore ~*** Erotiker *m.*

e|ro|ti|smo m. **1** Erotik *f.*: ***raffinato ~*** raffinierte Erotik; ***l'~ di un film*** die Erotik eines Filmes; *(con carattere pornografico)* Erotizismus *m.* **2** PSIC. Erotik *f.*, Erotismus *m.*: ***~ orale, anale*** Oral-, Analerotik *f.* **e|ro|tiz|za|re** tr. erotisieren. **e|ro|to|ge|no** agg. → **erogeno. e|ro|to|ma|ne I** agg. **1** PSIC. erotomanisch **2** ESTENS. *(assetato di sesso)* sexsüchtig **II** m. e f. **1** PSIC. Erotomane *m.* (Erotomanin *f.*) **2** ESTENS. *(assetato di sesso)* Sexsüchtige *m.* e *f.* **e|ro|to|ma|ni|a** f. Erotomanie *f.*

er|pe|te m. Herpes *m.* **er|pe|ti|co** *(-ci,-che)* herpetisch ◆ ***febbre -a*** Herpes *m.*

er|pi|ca|re tr. (*erpico, erpichi*) eggen, ab‿eggen: ***~ un terreno*** einen Boden eggen. **er|pi|ce** m. Egge *f.*: ***lavorare con l'~*** eggen; ***togliere, eliminare con l'~*** ab‿eggen ◆ ***~ a dischi*** Scheibenegge *f.*

er|ra|bon|do agg. LETT. ahasverisch. **er|ran|te** agg. irrend, umherirrend: ***uno sguardo ~*** ein umherirrender Blick ◆ ***cavaliere ~*** fahrender Ritter; ***l'ebreo ~*** der Ewige Jude; ***stella ~*** Wandelstern *m.*

er|ra|re intr. (aus. *avere*) **1** *(vagare)* irren, umher‿irren; LETT. durchschweifen: ***~ senza meta per la città*** ziellos durch die Stadt irren; ***i loro sguardi erravano nel vuoto*** ihre Blicke durchschweiften (ziellos) die Leere **2** *(sbagliare)* irren, sich irren, fehl‿greifen: ***tutti possono ~*** jeder kann (sich) irren; ***se non erro...*** wenn ich (mich) nicht irre... **3** *(commettere peccato)* fehlen ◆ FIG. ***~ con la fantasia*** der Fantasie freien Lauf lassen; PROV. ***~ è umano, perseverare è diabolico*** Irren ist menschlich, darauf beharren teuflisch.

er|ra|ta cor|ri|ge m.inv. Korrigenda *pl.*

er|ra|ti|co agg. *(-ci,-che)* **1** streifend: ***fauna, selvaggina -a*** streifende Fauna, streifendes Wild **2** MED. erratisch: ***febbri -che*** erratische Fieber ◆ GEOL. ***masso ~*** erratischer Block, Findling *m.*, Findlingsblock *m.*

er|ra|to p.pass. agg. **1** → **errare 2a** *(erroneo)* Fehl-, irrig, falsch: ***decisione -a*** Fehlentscheidung *f.*; ***una supposizione, previsione -a*** eine irrige Annahme, eine falsche Voraussage **b** *(scorretto)* Fehl-, fehlerhaft: ***pronuncia, diagnosi -a*** fehlerhafte Aussprache, Fehldiagnose *f.* ◆ ***in modo ~*** irrtümlicherweise, irrtümlich, schief; ***se non vado ~*** wenn ich (mich) nicht irre.

er|re f. e m.inv. r, R *n.*: ***~ moscia*** schwaches R; ***~ gutturale*** Zäpfchen-R *n.*

er|ro|ne|a|men|te avv. **1** *(in modo errato)* falsch, Fehl-: ***giudicare ~ qcn., qcs.*** jdn, etw. falsch beurteilen (*o* ein‿schätzen) **2** *(per errore)* irrtümlich, versehentlich: ***inviare ~ qcs.*** etw. versehentlich senden. **er|ro|nei|tà** f. Irrigkeit *f.*: ***l'~ di un'interpretazione*** die Irrigkeit einer Auslegung. **er|ro|ne|o** agg. Fehl-, irrig, falsch: ***giudizio ~*** Fehlurteil *n.*

er|ro|re m. **1** Fehler *m.*: ***un ~ grossolano, sistematico*** ein grober, systematischer Fehler; ***~ ortografico, grammaticale*** orthographischer Fehler (*o* Rechtschreibfehler *m.*), grammatikalischer Fehler (*o* Grammatikfehler *m.*); ***~ di distrazione*** Flüchtigkeitsfehler *m.*; ***correggere, eliminare un ~*** einen Fehler korrigieren, beseitigen **2** *(sbaglio)* Irrtum *m.*, Fehler *m.*: ***un grave ~*** ein schwerer Fehler; ***~ accidentale*** Zufallsfehler *m.*; ***commettere, fare, riconoscere un ~*** einen Fehler begehen, machen, erkennen; ***rimediare a un ~*** einen Irrtum beheben; ***incorrere in un, cadere in ~*** einem Irrtum unterliegen, verfallen; ***essere in ~*** im Irrtum sein, sich im Irrtum befinden **3** DIR. Irrtum *m.*: ***~ di fatto, di diritto*** Tatbestands-, Rechtsirrtum *m.*; ***~ giudiziario*** Justizirrtum *m.* **4** *(colpa)* Fehler *m.*, Sünde *f.*: ***riconoscere, scontare i propri -i*** seine Fehler bekennen, büßen; ***un ~ di gioventù*** eine Jugendsünde ◆ LING. ***analisi degli -i*** Fehleranalyse *f.*; ***~ di calcolo*** Rechenfehler *m.* (*o* Rechnungsfehler *m.*); ***fonte d'~*** Fehlerquelle *f.*; ***margine d'~*** Fehlerspanne *f.*; ***per ~*** irrtümlich, versehentlich; ***privo di -i*** fehlerfrei, fehlerlos; ***salvo ~, salvo -i e omissioni*** Irrtum vorbehalten; ***~ di stampa*** Druckfehler *m.*; ***trarre in ~ qcn.*** jdn irre‿leiten; ***~ di valutazione*** Bewertungsfehler *m.*

er|ta f. Steigung *f.*, Aufstieg *m.* ◆ ***all'~!*** bei Fuß! ***stare all'~*** auf der Hut sein, wachsam sein.

er|to p.pass. agg. **1** → **ergere 2** *(ripido)* steil, schroff: ***un ~ pendio, sentiero*** ein schroffer Abhang, ein steiler Weg.

e|ru|be|scen|te agg. LETT. **1** rötlich, rot **2** FIG. schamrot: ***diventare ~*** schamrot werden. **e|ru|be|scen|za** f. LETT. Schamröte *f.*

e|ru|di|re *(erudisco, erudisci)* **I** tr. **1** ANT. *(istruire)* belehren, unterweisen: ***~ qcn. nelle scienze*** jdn in den Wissenschaften unterweisen **2** SCHERZ. *(informare)* ***~ qcn. su qcs.*** jdn über etw. (A) belehren **II** pronom. ***erudirsi in qcs.*** sich in etw. (D) bilden.

e|ru|di|to I p.pass. agg. **1** → **erudire 2a** *(colto)* belesen, gelehrt: ***un uomo ~*** ein belesener Mensch; ***essere molto ~ in materia giuridica*** auf juristischem Gebiet sehr belesen sein **b** *(di uno scritto)* gelehrt: ***un articolo ~*** ein gelehrter Artikel **II** m. **1** Gelehrte *m.* **2** SPREG. Vielwisser *m.*

e|ru|di|zio|ne f. **1** Belesenheit *f.*, Gelehrsamkeit *f.*, Gelehrtheit *f.*: ***~ filosofica*** philosophische Belesenheit **2** SPREG. Vielwisserei *f.*: ***fare sfoggio della propria ~*** seine Vielwisserei zur Schau stellen.

e|rut|ta|re I tr. **1** aus‿werfen, aus‿stoßen: ***~ lava*** Lava auswerfen **2** ESTENS. *(emettere)* aus‿stoßen: ***le ciminiere eruttano fumo*** die Schornsteine stoßen Rauch aus; FIG. ***~ bestemmie*** Flüche ausstoßen **II** intr. (aus. *avere*) *(ruttare)* auf‿stoßen. **e|rut|ta|zio|ne** f. *(il ruttare)* Aufstoßen *n.* **e|rut|ti|vo** agg. Eruptiv-, eruptiv: ***roccia -a*** Eruptivgestein *n.*

e|ru|zio|ne f. **1** GEOL. Ausbruch *m.*, Eruption *f.*: ***~ di un vulcano*** Eruption eines Vulkans; ***~ vulcanica*** vulkanische Eruption **2** MED. Eruption *f.*, Ausschlag *m.*; ***~ cutanea*** Hautausschlag *m.* ◆ ***entrare in ~*** aus‿brechen; ASTR. ***~ solare*** Sonneneruption *f.*

er|zia|no agg. → **hertziano.**

es m.inv. PSIC. Es *n.*

e|sa|cer|ba|re I tr. **1** *(inasprire)* verschärfen: ***~ una pena, una situazione*** eine Strafe, eine Lage verschärfen **2** *(aggravare)* verschlimmern: ***~ una malattia*** eine Krankheit verschlimmern **3** *(esasperare)* erbittern, verbittern: ***~ qcn., l'animo di qcn.*** jdn verbittern **II** pronom. **esacerbarsi 1** sich verschärfen: ***i contrasti si esacerbarono*** die Gegensätze verschärften sich **2** *(esasperarsi)* ***-rsi per qcs.*** sich über etw. (A) erbittern. **e|sa|cer|ba|to** p.pass. agg. **1** → **esacerbare 2** erbittert, verbittert: ***tono, animo ~*** verbitterter Ton, verbittertes Gemüt. **e|sa|cer|ba|zio|ne** f. **1** *(inasprimento)* Verschärfung *f.* **2** *(aggravamento)* Verschlimmerung *f.* **3** *(esasperazione)* Erbitterung *f.*, Verbitterung *f.*

e|sa|cor|do m. Hexachord *m.* e *n.*

e|sa|de|ci|ma|le agg. Hexadezimal-: ***sistema, valore ~*** Hexadezimalsystem *n.*, Hexadezimalwert *m.*

e|sa|e|dri|co agg. *(-ci,-che)* hexaedrisch. **e|sa|e|dro** m. Hexaeder *n.*, Sechsflächner *m.*, Sechsflach *n.*

e|sa|ge|ra|re *(esagero)* **I** tr. **1** übertreiben: ***~ i propri difetti*** seine Fehler übertreiben **2** *(caricare)* stark auf‿tragen: ***~ le tinte*** die Farben stark auftragen **II** intr. (aus. *avere*) **1** übertreiben, dick auf‿tragen: ***non esagero se dico che...*** ich übertreibe nicht, wenn ich sage, dass...; ***tu esageri*** du trägst ja dick auf **2** *(eccedere)* sich übernehmen, übertreiben: ***~ nel bere*** sich beim (*o* im) Trinken übernehmen; ***~ con l'allenamento*** das Training (*o* es mit dem Training) übertreiben ◆ ***~ l'importanza di qcs.*** etw. hoch‿schaukeln.

e|sa|ge|ra|ta|men|te avv. übertrieben, über-: ***essere ~ gentile*** übertrieben nett sein; ***~ grande, timoroso*** übergroß, überängstlich.

e|sa|ge|ra|to I p.pass. agg. **1** → **esagerare 2** übertrieben: ***una reazione -a*** eine übertriebene Reaktion **3** *(esorbitante)* übertrieben, überspannt, überhöht: ***richieste -e*** überspannte Forderungen; ***prezzo ~*** überhöhter Preis **II** m. einer, der übertreibt ◆ ***~!*** jetzt übertreibst du aber!

e|sa|ge|ra|zio|ne f. **1** Übertreibung *f.*: ***tendere all'~*** zur Übertreibung neigen **2** *(carattere esagerato)* Übertriebenheit *f.*: ***l'~ della***

tua richiesta die Übertriebenheit deiner Forderung ◆ ***che ~!*** das ist übertrieben! ***costare un'~*** einen überzogenen Preis haben; ***senza ~*** ohne zu übertreiben.

e|sa|gi|ta|to I agg. **1** LETT. aufgeregt, erschüttert: ***animo ~*** erschüttertes Gemüt **2** *(esaltato)* aufgedreht **II** m. aufgedrehter Mensch *m.* **e|sa|gi|ta|zio|ne** f. LETT. Erschütterung *f.*, Aufregung *f.*

e|sa|go|na|le agg. hexagonal, sechseckig: ***a pianta ~*** mit einem hexagonalen Grundriss. **e|sa|go|no** m. Hexagon *n.*, Sechseck *n.*

e|sa|gram|ma m. Sechsstern *m.*, Hexagramm *n.*

e|sa|la|re I tr. **1** aus‿strömen, verströmen, aus‿dünsten: ***~ profumo, cattivo odore, gas*** Duft, schlechten Geruch, Gas ausströmen **2** FIG. LETT. verhauchen, aus‿hauchen: ***~ l'anima, lo spirito*** die Seele, den Geist verhauchen **II** intr. (aus. *avere*) aus‿strömen: ***dalla palude esalano miasmi*** aus dem Sumpf strömen Miasmen aus ◆ LETT. ***~ l'ultimo respiro*** seinen letzten Seufzer tun, den letzten Hauch von sich geben. **e|sa|la|to|re I** agg. Abzugs-: ***tubo ~*** Abzugsrohr *n.* **II** m. Luftloch *n.*, Abzugsloch *n.*

e|sa|la|zio|ne f. **1** *(emanazione)* Ausströmung *f.*, Ausdünstung *f.* **2** *(effluvio)* Dunst *m.*: ***-i velenose*** giftige Dünste **3** GEOL. Exhalation *f.*: ***~ vulcaniche*** vulkanische Exhalationen.

e|sal|tan|te agg. begeisternd: ***un'esperienza, un gioco ~*** eine begeisternde Erfahrung, ein begeisterndes Spiel.

e|sal|ta|re I tr. **1** *(lodare)* preisen, verherrlichen: ***~ la qualità di un prodotto*** die Qualität eines Produkts preisen; ***~ la bellezza della natura*** die Schönheit der Natur verherrlichen **2** *(entusiasmare)* begeistern, erregen: ***il discorso lo esaltò*** die Rede begeisterte ihn **3** *(valorizzare)* hervor‿heben, unterstreichen: ***la salsa esalta il sapore dell'arrosto*** die Soße unterstreicht den Geschmack des Bratens **4** LETT. *(elevare)* erheben: ***~ al pontificato*** jdn zum Pontifikat erheben **II** pronom. **esaltarsi 1** *(lodarsi)* sich (selbst) preisen **2** *(entusiasmarsi)* ***-rsi per qcn., qcs.*** sich für jdn, etw. begeistern.

e|sal|ta|to I p.pass. agg. **1** → **esaltare 2** exaltiert, aufgeregt, aufgedreht: ***una persona -a*** ein exaltierter Mensch **II** m. Schwärmer *m.*, aufgedrehter (*o* exaltierter) Mensch *m.*: ***comportarsi da, come un ~*** sich exaltiert benehmen. **e|sal|ta|to|re I** agg. → **esaltante II** m. **1** *(chi loda)* Lobredner *m.*, Verherrlicher *m.* **2** *(che valorizza)* Verstärker *m.*: ***~ di sapidità*** Geschmacksverstärker *m.*

e|sal|ta|zio|ne f. **1** *(lode)* Preisung *f.*, Verherrlichung *f.* **2** *(isterismo)* Exaltiertheit *f.*; PSIC. Exaltation *f.*: ***~ religiosa*** religiöse Exaltiertheit **3** LETT. *(elevazione)* Erhebung *f.*

e|sa|me m. **1a** *(controllo)* Untersuchung *f.*, Prüfung *f.*: ***esame accurato, approfondito*** sorgfältige, gründliche Prüfung; ***sottoporre qcn., qcs. a un attento ~*** jdn, etw. einer eingehenden Prüfung unterziehen, unterwerfen; ***fare un ~ di qcs.*** etw. untersuchen (*o* prüfen) **b** MED. Untersuchung *f.*: ***sottoporsi a, farsi un ~*** sich einer Untersuchung unterziehen (*o* sich untersuchen lassen) **2** SCOL. UNIV. Prüfung *f.*: ***~ scritto, orale*** schriftliche, mündliche Prüfung; ***~ di matematica*** Prüfung in Mathematik; ***sostenere, dare, superare (passare) un ~*** eine Prüfung ab‿legen, machen, bestehen; ***essere bocciato a un ~*** durch eine Prüfung fallen (*o* in, bei einer Prüfung durch‿fallen); ***prepararsi a, per un ~*** sich auf, für eine Prüfung vor‿bereiten; ***presentarsi all'~*** zur Prüfung an‿treten ◆ ***~ di ammissione*** Aufnahmeprüfung *f.*, Zulassungsprüfung *f.*; BUROCR. ***~ degli atti*** Akteneinsicht *f.*; DIR. ***~ della causa*** Prozesserörterung *f.*; ***certificato d'~*** Prüfungsbescheinigung *f.*, Prüfungszeugnis *n.*; ***commissario d'~*** Mitglied *n.* einer Prüfungskommission; ***commissione d'~*** Prüfungsausschuss *m.*, Prüfungskommission *f.*; FIG. ***~ di coscienza*** Gewissenserforschung *f.*, Gewissensprüfung *f.*: ***fare un ~ di coscienza*** sein Gewissen erforschen, prüfen; ***~ di guida*** Führerscheinprüfung *f.*; ***~ di idoneità*** Befähigungsprüfung *f.*, Eignungsprüfung *f.*; ***~ di laurea*** Diplomprüfung *f.*; *(nelle facoltà umanistiche)* Magisterprüfung *f.*; ***materia d'~*** Prüfungsfach *n.*; ***~ di maturità*** Reifeprüfung *f.*, Abitur *n.*; ***prendere in ~ qcs.*** etw. prüfen (*o* erwägen), etw. in Erwägung ziehen; ***previo ~*** vorbehaltlich Prüfung; ***prova d'~*** Prüfungsarbeit *f.*; ***~ del sangue*** Blutuntersuchung *f.*; ***~ di stato*** Staatsprüfung *f.*, Staatsexamen *n.*; DIR. ***~ dei testimoni*** Zeugenvernehmung *f.*, Zeugeneinvernahme *f.*; ***~ delle urine*** Urinuntersuchung *f.*; ***~ della vista*** Sehprüfung *f.*

e|sa|me|tro m. Hexameter *m.*

e|sa|mi|na|bi|le agg. prüfbar. **e|sa|mi|nan|do** m. Examinand *m.*, Prüfling *m.*

e|sa|mi|na|re tr. *(esamino)* **1a** untersuchen, examinieren: ***~ a fondo la situazione, una questione*** die Lage, eine Frage gründlich (*o* eingehend) untersuchen **b** *(considerare)* (eingehend) betrachten: ***esaminiamo i fatti!*** betrachten wir die Tatsachen! **2** *(vagliare)* prüfen: ***~ un'offerta, una proposta*** ein Angebot, einen Vorschlag prüfen; ***~ una nuova riforma fiscale*** eine neue Steuerreform prüfen (*o* ventilieren) **3** *(osservare, guardare)* besehen, betrachten, beobachten: ***~ qcs. alla luce, con la lente d'ingrandimento*** etw. bei Licht, mit der Lupe besehen (*o* betrachten); ***~ qcs. da vicino*** etw. aus der Nähe betrachten (*o* beobachten) **4** *(controllare)* überprüfen, prüfen: ***~ la merce*** die Ware überprüfen **5** *(prendere in visione)* ein‿sehen, sichten, durch‿sehen: ***~ gli atti, la documentazione*** die Akten einsehen, die Unterlagen sichten **6** MED. untersuchen: ***~ la ferita*** die Verletzung untersuchen; ***~ la vista, le condizioni di salute di qcn.*** jds Augen untersuchen, jdn auf seinen Gesundheitszustand untersuchen; ***~ un paziente*** einen Patienten untersuchen **7a** DIR. untersuchen, prüfen: ***~ un caso*** einen Fall untersuchen **b** ***~ i testi*** die Zeugen verhören (*o* examinieren) **8** SCOL. UNIV. prüfen: ***~ i candidati*** die Kandidaten prüfen; ***~ qcn. in una materia*** jdn in einem Fach prüfen ◆ ***~ la propria coscienza*** sein Gewissen erforschen.

e|sa|mi|na|to|re I agg. Prüfungs-, prüfend: ***commissione -trice*** Prüfungsausschuss *m.*, -kommission *f.* **II** m. Examinator *m.*, Prüfer *m.*

e|san|gue agg. blutleer (anche FIG.).

e|sa|ni|me agg. leblos, entseelt: ***giacere ~ al suolo*** leblos auf dem Boden liegen.

e|sa|no m. Hexan *n.*

e|san|te|ma m. Exanthem *n.*, Hautausschlag *m.*: ***~ scarlattinoso, vaioloso*** Scharlach-, Pockenausschlag *m.* **e|san|te|ma|ti|co** agg. *(-ci,-che)* exanthematisch: ***malattie -che*** exanthematische Krankheiten.

e|sa|po|di m.pl. Hexapoden *pl.*, Sechsfüßer *pl.*

e|sar|ca m. *(-chi)* Exarch *m.* **e|sar|ca|to** m. Exarchat *n.*

e|sa|spe|ran|te agg. entnervend, nervtötend: ***una situazione ~*** eine entnervende Situation; ***la sua lentezza è ~*** seine Langsamkeit ist nervtötend.

e|sa|spe|ra|re *(esaspero)* **I** tr. **1a** (völlig) entnerven, nerven: ***~ qcn. con continue richieste*** jdn mit ständigen Forderungen nerven; ***la lunga attesa, la sua insistenza lo esasperò*** das lange Warten, seine Aufdringlichkeit hat ihn völlig entnervt **b** auf‿bringen, (aufs Äußerste) reizen, erregen: ***~ il popolo con continui soprusi*** das Volk durch ständige Übergriffe aufbringen **2** *(rendere intenso, inasprire)* verschärfen, verschlimmern: ***~ il dolore*** den Schmerz verschlimmern **II** pronom. **esasperarsi 1** die Nerven verlieren, wütend werden **2** *(inasprirsi)* sich verschärfen: ***la situazione si esasperò*** die Situation verschärfte sich.

e|sa|spe|ra|to p.pass. agg. **1** → **esasperare 2** genervt: ***essere ~ per l'interminabile attesa*** vom endlosen Warten genervt sein **3** *(spinto all'eccesso)* übertrieben, extrem: ***un ~ attaccamento al denaro*** ein übertriebener Hang zum Geld; ***un ~ senso di giustizia*** ein übertriebener (*o* extremer) Gerechtigkeitssinn.

e|sa|spe|ra|zio|ne f. **1** Gereiztheit *f.*; ***essere al colmo dell'~*** am Rand des Nervenzusammenbruchs sein; ***portare qcn. all'~*** jdn zur Weißglut bringen **2** *(inasprimento)* Verschärfung *f.*, Verschlimmerung *f.*

e|sa|to|na|le agg. **e|sa|to|ni|co** agg. *(-ci,-che)* Ganzton-, Sechston-: ***scala ~*** Ganztonleiter *f.*

e|sat|ta|men|te avv. **1** genau, exakt: ***sono ~ venti minuti che aspetto*** es sind genau zwanzig Minuten, dass ich warte; ***ha ~ la tua età*** er ist genau so alt wie du **2a** *(proprio)* genau: ***è ~ questo che intendevo dire!*** es ist genau das, was ich sagen wollte! **b** *(proprio così)* genau so: ***sarei io ad avere torto? – ~!*** dann bin ich also schuld? – genau! **3** *(in modo giusto)* richtig, korrekt: ***rispondere ~*** korrekt antworten.

e|sat|tez|za f. **1** *(precisione)* Genauigkeit *f.*, Exaktheit *f.*: ***in questo lavoro l'~ è indispensabile*** bei dieser Arbeit ist Genauigkeit unerlässlich; ***ricordare con ~ i particolari*** sich genau an die Einzelheiten erinnern **2a** *(giustezza)* Richtigkeit *f.*, Korrektheit *f.*: ***l'~ di una risposta*** die Richtigkeit einer Antwort **b** *(fondatezza)* ***verificare l'~ di un'informazione*** die Richtigkeit einer Nachricht überprüfen ◆ ***per l'~*** genauer (gesagt): ***sono alcuni anni, tre per l'~, che non ci vediamo*** es sind schon einige Jahre, genauer (gesagt) drei, dass wir uns nicht mehr sehen.

1.e|sat|to agg. **1** *(preciso)* genau, exakt, präzis: ***un'-a descrizione dei fatti*** eine genaue Wiedergabe der Ereignisse; ***fra un'ora -a sarà qua*** genau in einer Stunde wird er hier sein; ***il mio orologio è ~*** meine Uhr geht genau (*o* richtig) **2** *(giusto)* richtig, korrekt: ***la risposta -a*** die richtige Antwort; ***l'-a soluzione di un problema*** die richtige Lösung einer Aufgabe; ***un calcolo ~*** eine exakte Berechnung; ***due più due fa quattro – ~!*** zwei und zwei macht vier – richtig! ***il conto è ~*** die Rechnung ist richtig (*o* stimmt); ***le tue supposizioni erano -e*** deine Vermutungen waren richtig (*o* stimmten) **3** *(in punto)* ***sono le tre -e*** es ist genau drei Uhr; ***arrivò alle 8 -e*** er kam um 8, pünktlich auf die Minute **4a** *(di persona)* genau **b** *(pun-*

tuale) pünktlich: ***essere ~ nel pagare*** pünktlich beim Zahlen sein ◆ ***essere l'~ contrario di qcn.*** jds genaues Gegenteil sein; ***questo è l'~ contrario di ciò che ho detto*** das ist das genaue Gegenteil von dem, was ich gesagt habe; ***è l'-a copia di sua madre*** sie ist das genaue Abbild ihrer Mutter; ***ora -a*** genaue Uhrzeit; *(servizio telefonico)* Zeitansage *f.*; ***mi può dire l'ora -a?*** können Sie mir die genaue Zeit sagen? ***la radio ha trasmesso l'ora -a*** im Radio wurde die genaue Uhrzeit durchgegeben; ***le scienze -e*** die exakten Wissenschaften.

2.e|sat|to RAR. → **esigere.**

e|sat|to|re m. Eintreiber *m.*, Einnehmer *m.*: ***~ delle tasse*** Steuereinnehmer *m.* **e|sat|to|ri|a** f. Finanzamt *n.*, ANT. Steuereinnahmestelle *f.* ◆ ***~ comunale*** Finanzabteilung *f.* der Gemeinde, Gemeindekasse *f.* **e|sat|to|ria|le I** agg. Steuereinnahme-: ***cartella ~*** Steuervorschreibung *f.* **II** m. Steuereinnehmer *m.*

Esaù n.pr.m. Esau *m.*

e|sau|di|bi|le agg. erfüllbar. **e|sau|di|re** *(esaudisco, esaudisci)* tr. **1a** erfüllen: ***~ i desideri, le richieste di qcn.*** jds Wünsche, Forderungen erfüllen (*o* jds Forderungen, Wünschen nach‿kommen) **b** ***~ qcn.*** jdm willfahren **2** *(ascoltare)* erhören: ***le mie preghiere sono state esaudite!*** meine Gebete sind erhört worden! ***Dio mi ha esaudito!*** Gott hat mich erhört!

e|sau|ri|bi|le agg. erschöpfbar.

e|sau|rien|te agg. **1a** erschöpfend, vollständig: ***una descrizione, risposta ~*** eine erschöpfende Beschreibung, Antwort; ***trattare un argomento in modo ~*** ein Thema erschöpfend behandeln **b** *(che toglie ogni dubbio)* ausreichend: ***una prova ~*** ein ausreichender Beweis **2** *(di persona)* ausführlich: ***sono stato abbastanza ~?*** war ich ausführlich genug? **e|sau|rien|te|men|te** avv. erschöpfend.

e|sau|ri|men|to m. **1a** Erschöpfung *f.*; *(di sorgenti, pozzi)* Versiegen *n.*: ***~ delle scorte*** Erschöpfung der Vorräte **b** MIN. Ausbeutung *f.* **2** *(indebolimento)* Erschöpfung *f.*, Auszehrung *f.*: ***~ fisico, mentale*** körperliche, geistige Erschöpfung **3** *(nervoso)* Nervenzusammenbruch *m.*, Zusammenbruch *m.*: ***se continua così, gli verrà l'~*** wenn er so weitermacht, bekommt er einen Nervenzusammenbruch ◆ ***~ nervoso*** nervlicher Zusammenbruch, Nervenzusammenbruch *m.*; ***fino a ~ delle scorte*** solang(e) der Vorrat reicht.

e|sau|ri|re *(esaurisco, esaurisci)* **I** tr. **1a** erschöpfen, auf‿brauchen: ***~ le provviste, la merce, le munizioni*** die Vorräte, die Ware aufbrauchen, die Munition verschießen **b** FIG. ***~ le proprie forze, la propria pazienza*** seine Kräfte, seine Geduld erschöpfen; ***~ ogni possibilità*** alle Möglichkeiten erschöpfen **c** *(trattare esaurientemente)* ***~ un tema*** ein Thema erschöpfend behandeln (*o* erschöpfen) **d** *(spossare)* ***il troppo lavoro lo ha esaurito*** die übermäßige Arbeit hat ihn erschöpft **2** MIN. aus‿beuten: ***~ una miniera*** eine Grube ausbeuten **3** *(portare a termine)* zum Abschluss bringen, ab‿schließen **II** pronom. **esaurirsi 1a** sich erschöpfen: ***le scorte si sono esaurite*** die Vorräte haben sich erschöpft (*o* sind aufgebraucht); ***il filone, il pozzo petrolifero si è esaurito*** die Ader, die Ölquelle ist erschöpft **b** *(di sorgente)* versiegen **c** FIG. ***la sua vena poetica, la sua pazienza si sta esaurendo*** seine poetische Ader versiegt, seine Geduld geht zu Ende **2** *(essere completamente venduto)* ausverkauft werden: ***i biglietti si sono esauriti rapidamente*** die Karten waren schnell ausverkauft **3** *(di persona)* sich (ganz) erschöpfen, zusammen‿brechen: ***se continuerai così, ti esaurirai!*** wenn du so weitermachst, wirst du zusammenbrechen.

e|sau|ri|to p.pass. agg. **1** → **esaurire 2** ***un filone, un pozzo ~*** eine erschöpfte Ader, eine versiegte Quelle **3a** *(completamente venduto)* ausverkauft: ***i biglietti sono tutti -i*** die Karten sind bis auf den letzten Platz ausverkauft **b** EDIT. vergriffen: ***un'edizione, una rivista -a*** eine vergriffene Ausgabe, Zeitschrift; ***un autore ~*** ein vergriffener Autor **4** *(spossato)* erschöpft, ermattet: ***negli ultimi tempi è molto ~*** in der letzten Zeit ist er sehr erschöpft ◆ ***tutto ~*** (alles) ausverkauft; ***il teatro è tutto ~*** das Theater ist völlig ausverkauft; ***l'albergo ha il tutto ~*** das Hotel ist völlig belegt.

e|sau|sti|va|men|te avv. exhaustiv. **e|sau|sti|vo** agg. exhaustiv.

e|sau|sto agg. **1** erschöpft: ***sentirsi ~*** sich erschöpft fühlen; ***crollare ~*** vor Erschöpfung zusammen‿klappen (*o* zusammen‿brechen).

e|sau|sto|re m. TECN. Exhaustor *m.*

e|sau|to|ra|men|to m. → **esautorazione. e|sau|to|ra|re** tr. *(esautoro)* entmachten: ***~ il governo, il presidente*** die Regierung, den Präsidenten entmachten. **e|sau|to|ra|to** p.pass. agg. **1** → **esautorare 2** FIG. *(privo di autorità, prestigio)* einflusslos. **e|sau|to|ra|zio|ne** f. Entmachtung *f.*

e|sa|va|len|te agg. CHIM. sechswertig.

e|sa|zio|ne f. Einnahme *f.*, Einzug *m.*: ***~ fiscale, delle imposte*** Steuereinnahme *f.*

e|sbor|sa|re tr. BUROCR. aus‿geben, aus‿legen. **e|sbor|so** m. Ausgabe *f.*, Auslage *f.*

e|sca f. *(esche)* **1** Köder *m.* (anche FIG.): ***attaccare l'~ all'amo*** den Köder am Angelhaken befestigen; ***mettere un'~*** einen Köder aus‿legen; ***usare qcn. come ~*** jdn als Köder benutzen; ***fare da ~*** als Köder fungieren, den Köder machen; FIG. ***gettare l'~ a qcn.*** jdm einen Köder zu‿werfen, jdn zu ködern versuchen **2** *(per l'acciarino)* Zünder *m.* ◆ ***dare ~ alla passione, alla gelosia, all'odio*** die Leidenschaft, die Eifersucht, den Hass an‿fachen.

es|ca|la|tion [eskə'leɪʃən, *üblich* eska'lɛʃon] f.inv. Eskalation *f.*: ***un'~ della criminalità, della violenza*** eine Eskalation der Kriminalität, der Gewalt.

es|ca|mo|ta|ge [ɛskamo'ta:ʒ] m.inv. Eskamotage *f.*, Taschenspielertrick *m.*: ***ricorrere a un ~*** zu einer Eskamotage greifen.

e|scan|de|scen|ze, ***dare in ~*** einen Tobsuchtsanfall bekommen, von jäher Wut erfasst werden, COLLOQ. explodieren.

e|sca|pi|smo m. Eskapismus *m.*

e|sca|to|lo|gi|a f. Eschatologie *f.* **e|sca|to|lo|gi|co** agg. *(-ci,-che)* eschatologisch.

e|sca|va|to|re m. **1** Gräber *m.* **2** *(escavatrice)* Bagger *m.* ◆ ***~ a benna (prensile, mordente)*** Greifbagger *m.*; ***~ a benna trascinata*** Schrapper *m.*; ***~ cingolato, a cingoli*** Raupenbagger *m.*; ***~ a cucchiaia*** Löffelbagger *m.*; ***~ con ruota di tazze*** Schaufelradbagger *m.*; ***~ universale*** Universalbagger *m.* **e|sca|va|tri|ce** f. Bagger *m.* **e|sca|va|zio|ne** f. Ausbaggerung *f.*

e|schi|me|se I agg. eskimoisch, Eskimo- **II** m. e f. **1** Eskimo *m.* (Eskimofrau *f.*) **2** *(lingua)* Eskimoisch(e) *n.*

e|schi|mo → **eskimo.**

e|sci|re ANT. → **uscire.**

e|scla|ma|re intr. (aus. *avere*) aus‿rufen. **e|scla|ma|ti|vo** agg. Ausrufe-: ***proposizione -a*** Ausrufesatz *m.*; ***punto ~*** Ausrufezeichen *n.* **e|scla|ma|zio|ne** f. Ausruf *m.*: ***un'~ di sorpresa*** ein Ausruf der Überraschung.

e|sclu|de|re *(esclusi, escluso)* **I** tr. **1a** *(non includere)* aus‿schließen: ***~ qcn. da un progetto, da un esame, dalla nazionale*** jdn aus einem Projekt, von einer Prüfung, aus der Nationalmannschaft ausschließen; ***~ qcn. dalla lista degli invitati*** jdn nicht in die Gästeliste auf‿nehmen; ***~ qcn. dal testamento*** jdn im Testament übergehen **b** *(non far entrare)* ***~ il pubblico dall'aula*** das Publikum aus dem Saal ausschließen **c** *(scartare)* ***~ un'ipotesi, una possibilità*** eine Hypothese, Möglichkeit ausschließen; ***non escludo di poter tornare prima*** ich schließe nicht aus, früher zurückzukommen; ***escludo che sia stato lui*** ich halte es für ausgeschlossen, dass er es gewesen ist **d** *(annullare)* ***questo non esclude la sua colpa*** das schließt nicht seine Schuld aus (*o* das spricht ihn nicht von Schuld frei); ***una cosa non esclude l'altra*** eine Sache schließt die andere nicht aus **2** *(eliminare)* ab‿setzen, streichen: ***~ qcs. dal programma*** etw. vom Programm absetzen, aus dem Programm streichen **II** pronom. **escludersi 1** *(isolarsi)* sich isolieren **2** *(annullarsi a vicenda)* sich aus‿schließen: ***le due cose non si escludono*** die beiden Dinge schließen sich nicht aus ◆ ***escludendo la matematica, mi piacciono tutte le materie*** abgesehen von Mathematik gefallen mir alle Fächer. **e|sclu|sio|ne** f. **1** Ausschluss *m.*, Ausschließung *f.*: ***l'~ da una gara*** der Ausschluss (*o* die Ausschließung) von einem Wettbewerb; ***l'~ di un socio*** der Ausschluss eines Mitglieds **2** *(annullamento)* Absetzen *n.*, Streichen *n.*: ***l'~ di un'opera dal cartellone*** das Absetzen einer Oper vom Programm ◆ ***a(d) ~ di*** außer + dat., mit Ausnahme von; ***lotta senza ~ di colpi*** mit allen Mitteln; ***andare, procedere per ~*** ausschlussweise vor‿gehen, verfahren; DIR. ***~ della responsabilità*** Haftungsausschluss *m.*; ***senza ~*** ausnahmslos.

e|sclu|si|va f. **1** Alleinrecht *n.*, Alleinberechtigung *f.* **2** *(di vendita)* Alleinverkauf *m.*, Alleinhandel *m.*, Alleinvertrieb *m.*: ***avere l'~ di un prodotto, un prodotto in ~*** den Alleinverkauf eines Produktes haben **3** *(di rappresentanza, distribuzione)* Alleinvertretung *f.*, Exklusivrecht *n.*: ***avere l'~ di una ditta per l'Italia*** die Alleinvertretung einer Firma für Italien haben; ***avere l'~ di un film*** das Exklusivrecht eines Films haben ◆ ***intervista in ~*** Exklusivinterview *n.*; ***notizia in ~*** Exklusivbericht *m.*; ***pubblicare in ~*** exklusiv veröffentlichen. **e|sclu|si|va|men|te** avv. ausschließlich, allein: ***vivere ~ per la famiglia*** ausschließlich für die Familie leben.

e|sclu|si|vi|smo m. **1** Ausschließlichkeit *f.* **2** POL. ECON. Monopolpolitik *f.* **e|sclu|si|vi|sta** *(-i,-e)* **I** m. e f. **1a** *(rivenditore esclusivo)* Alleinverkäufer *m.* (-in *f.*) **b** *(rappresentante esclusivo)* Alleinvertreter *m.* (-in *f.*) **2** POL. ECON. Monopolist *m.* (-in *f.*) **II** agg. monopolistisch, rechthaberisch: ***tendenza -a*** monopolistische Tendenz.

e|sclu|si|vi|tà f.inv. **1** Ausschließlichkeit *f.*, Exklusivität *f.* **2** → **esclusiva.**

e|sclu|si|vo agg. **1** exklusiv, ausschließlich, Ausschluss-: ***clausola -a*** Ausschlussklausel *m.*; ***avere il diritto ~ su qcs.*** das ausschließliche Recht auf (*o* Alleinrecht für) etw. haben **2** *(riservato)* exklusiv, vornehm: ***un circolo ~*** ein exklusiver Zirkel; ***un locale, ristorante ~*** ein exklusives Lokal, Restaurant **3** *(geloso, possessivo)* ausschließlich: ***amore ~*** ausschließliche Liebe **4** *(unico)* exklusiv, Allein-, Exklusiv-: ***possesso ~, proprietà -a*** Alleinbesitz *m.*, Alleineigentum *n.*; ***rappresentanza, vendita -a*** Alleinvertretung *f.*, Alleinverkauf *m.*; ***intervista -a*** Exklusivinterview *n.*; ***un modello ~*** ein exklusives Modell, Exklusivmodell *n.*

e|sclu|so I p.pass. agg. **1** → **escludere 2** *(emarginato)* ausgeschlossen: ***sentirsi ~ (da qcs.)*** sich (von etw.) ausgeschlossen fühlen **3a** *(eccettuato)* ausgenommen, ohne Ausnahme: ***tutti, nessuno ~*** alle ohne Ausnahme, keinen ausgenommen **b** *(non compreso)* exklusive, ungerechnet: ***fino a mercoledì ~*** bis Mittwoch exklusive; ***l'affitto è di 1000 marchi -e le spese*** die Miete beträgt 1000 DM, exklusive (*o* ohne) Nebenkosten **c** mit Ausschluss, ausschließlich + gen., zuzüglich + gen.: ***-e le spese di spedizione, l'imballaggio*** ausschließlich der Versandkosten, der Verpackung **4** *(impensabile)* ausgenommen, ausgeschlossen: ***non è ~ che venga*** es ist nicht ausgeschlossen, dass er kommt **II** m. Ausgeschlossene *m.*: ***gli -i dalla società del benessere*** die von der Wohlstandsgesellschaft Ausgeschlossenen.

e|sco|gi|ta|re tr. *(escogito)* ersinnen, sich (D) aus‿denken; SCHERZ. IRON. aus‿klügeln, aus‿hecken: ***~ una soluzione, uno stratagemma*** eine Lösung ersinnen, sich einen Trick ausdenken.

e|sco|ria|re *(escorio)* **I** tr. ab‿schürfen, auf‿schürfen **II** pronom. **escoriarsi** sich (D) etw. ab‿schürfen, auf‿schürfen: ***-rsi il, al ginocchio*** sich das Knie aufschürfen. **e|sco|ria|to** p.pass. agg. **1** → **escoriare 2** ***pelle -a*** abgeschürfte Haut; ***un ginocchio ~*** ein aufgeschürftes Knie. **e|sco|ria|zio|ne** f. Abschürfung *f.*, Aufschürfung *f.*

e|scre|men|ti|zio agg. *(-zi,-zie)* Ausscheidungs-. **e|scre|men|to** m. spec. pl. Exkrement *n.*

e|scre|scen|za f. Auswuchs *m.*, Wucherung *f.*

e|scre|ti|vo agg. Ausscheidungs-: ***prodotto ~*** Ausscheidungsprodukt *n.* **e|scre|to I** agg. ausgeschieden, abgesondert **II** m. Exkret *n.*

e|scre|to|re agg. Ausscheidungs-, exkretorisch: ***organo ~*** Ausscheidungsorgan *n.*; ***canale ~*** exkretorischer Kanal. **e|scre|to|rio** agg. *(-ri,-rie)* exkretorisch. **e|scre|zio|ne** f. Ausscheidung *f.*, Absonderung *f.*, Exkretion *f.*

E|scu|la|pio n.pr.m. Äskulap *m.* ◆ ***colubro d'~*** Äskulapnatter *f.*; ***bastone, verga d'~*** Äskulapstab *m.*

e|scur|sio|ne f. **1** Ausflug *m.*, Wanderung *f.*; *(a fini didattici o culturali)* Lehrwanderung *f.*, Exkursion *f.*: ***fare un'~ di tre giorni*** einen Ausflug von drei Tagen machen **2** METEOR. *(termica)* Schwankung *f.* **3** TECN. Ausschlag *m.*, Spannweite *f.*: ***l'~ del tergicristallo*** der Ausschlag des Scheibenwischers ◆ ***~ ad alta quota, in alta montagna*** Höhenwanderung *f.*, Hochtour *f.*; ***~ in montagna*** Bergwanderung *f.*, Bergtour *f.*, Bergfahrt *f.*; ***~ a piedi*** Fußwanderung *f.*; ***scarponcini da ~*** Wanderschuhe *pl.*; ***~ termica*** Temperaturschwankung *f.* **e|scur|sio|ni|smo** m. Wandersport *m.* **e|scur|sio|ni|sta** m. e f. *(-i,-e)* Ausflügler *m.* (-in *f.*), Wanderer *m.* (Wanderin *f.*). **e|scur|sio|ni|sti|co** agg. *(-ci,-che)* Wander-: ***carta -a*** Wanderkarte *f.*

e|scus|si → **escutere. e|scus|sio|ne** f. DIR. **1** *(di testimoni)* Verhör *n.*, Vernehmung *f.* **2** *(di debitori)* Inanspruchnahme *f.* **e|scu|te|re** tr. *(escussi; escusso)* DIR. **1** *(testimoni)* verhören, vernehmen **2** *(debitori)* verklagen.

ESE ⇒ *est-sudest* Ostsüdost (OSO).

e|se|cra|bi|le agg. fluchwürdig, verabscheuenswert, verabscheuungswürdig: ***un atto, crimine ~*** eine fluchwürdige Tat, ein verabscheuenswertes Verbrechen. **e|se|cra|bil|men|te** avv. fluchwürdig, verwerflich. **e|se|cran|do** agg. fluchwürdig. **e|se|cra|re** tr. verabscheuen: ***~ la violenza*** die Gewalt verabscheuen. **e|se|cra|to** p.pass. agg. **1** → **esecrare 2** *(aborrito)* verabscheut, verflucht **3** *(empio)* frevelhaft. **e|se|cra|zio|ne** f. Verabscheuung *f.*: ***degno di ~*** verabscheuungswert, verabscheuenswert, verabscheuungswürdig, verabscheuenswürdig.

e|se|cu|ti|vi|tà f. Vollstreckbarkeit *f.*

e|se|cu|ti|vo I agg. **1** auszuführend: ***un progetto ~*** ein auszuführender Plan **2** POL. ausführend, ausübend, vollziehend, exekutiv, Exekutiv-: ***potere ~*** ausführende (*o* vollziehende) Gewalt, Exekutivgewalt *f.*; ***comitato ~*** Exekutivausschuss *m.* **3** DIR. vollstreckbar: ***sentenza -a*** vollstreckbares Urteil; ***rendere -a una pena, ~ un testamento*** eine Strafe, ein Testament für vollstreckbar erklären (*o* voll‿strecken) **II** m. **1** *(governo)* Exekutive *f.* **2** *(comitato)* Exekutivausschuss *m.*

e|se|cu|to|re m. **1a** *(musicale)* Ausführende *m.*, Vortragende *m.* **b** Ausführende *m.*, Täter *m.*, Straftäter *m.*: ***l'~ materiale del delitto*** der Ausführende der Straftat **2** DIR. Vollstrecker *m.*, Exekutor *m.* ◆ ***~ giudiziario*** Gerichtsvollzieher *m.*, Vollstreckungsbeamte *m.*; ***~ testamentario*** Testamentsvollstrecker *m.* **e|se|cu|to|rie|tà** f. Vollstreckbarkeit *f.* **e|se|cu|to|rio** agg. *(-ri,-rie)* DIR. exekutorisch, vollstreckbar: ***atto ~*** Vollstreckungshandlung *f.*

e|se|cu|zio|ne f. **1a** *(attuazione)* Ausführung *f.*, Durchführung *f.*: ***l'~ di un lavoro, di una riparazione*** die Ausführung einer Arbeit, Reparatur; ***un lavoro di facile ~*** eine leicht auszuführende Arbeit; ***dare ~ a qcs.*** etw. zur Ausführung bringen; ***avere ~*** ausgeführt werden **b** *(adempimento)* Vollziehung *f.*, Vollzug *m.*: ***l'~ degli ordini*** der Vollzug von Befehlen **2a** *(interpretazione)* Vortrag *m.*, Aufführung *f.*, Darbietung *f.*: ***un'~ pianistica*** eine Aufführung von Klavierstücken; ***prima ~ assoluta*** Erstaufführung *f.* **b** ***l'~ di passi di danza*** die Ausführung von Tanzschritten **3a** DIR. Vollstreckung *f.*, Vollzug *m.*: ***l'~ di una sentenza*** der Vollzug eines Urteils **b** *(di un condannato)* Exekution *f.*, Hinrichtung *f.*: ***compiere (effettuare), rimandare l'~*** die Hinrichtung vollstrecken, verzögern **4** INFORM. *(di un programma)* Ausführung *f.* **5** LING. Performanz *f.* ◆ ***~ capitale*** Exekution *f.*, Hinrichtung *f.*; ***mancata ~*** Nichtausführung *f.*, DIR. Nichtvollstreckung *f.*; ***~ in massa*** Massenhinrichtung *f.*; ***modalità di ~*** Durchführungsbestimmung *f.*; ***~ della pena*** Strafvollstreckung *f.*, Strafvollzug *m.*; ***plotone d'~*** Exekutions-, Erschießungs-, Hinrichtungskommando *n.*; ***~ di sfratto*** Zwangsräumung *f.*; ***~ sommaria*** Hinrichtung ohne Verfahren (*o* Prozess); ***tempo di ~*** Ausführungszeit *f.*

e|se|dra f. **1** ARCHEOL. Exedra *f.* **2** ARCH. *(emiciclo)* Halbrund *n.*

e|se|ge|si f. Auslegung *f.*, Exegese *f.*: ***~ biblica*** Bibelauslegung *f.*, Schriftauslegung *f.* **e|se|ge|ta** m. e f. *(-i,-e)* Ausleger *m.* (-in *f.*), Ausdeuter *m.* (-in *f.*), Exeget *m.* (-in *f.*). **e|se|ge|ti|ca|men|te** avv. exegetisch. **e|se|ge|ti|co** agg. *(-ci,-che)* exegetisch: ***commento ~*** exegetischer Kommentar; ***metodo ~*** exegetische Methode.

e|se|gui|bi|le agg. **1** ausführbar, durchführbar **2** *(di ordini)* vollziehbar **3** MUS. aufführbar. **e|se|gui|bi|li|tà** f. **1** Ausführbarkeit *f.*, Durchführbarkeit *f.* **2** *(di ordini)* Vollziehbarkeit *f.* **3** MUS. Aufführbarkeit *f.*

e|se|gui|re tr. *(eseguisco/eseguo, eseguisci/esegui)* **1** aus‿führen, durch‿führen: ***~ un lavoro, una riparazione*** eine Arbeit, Reparatur ausführen **2** *(adempiere)* vollziehen: ***~ gli ordini*** die Befehle vollziehen **3a** *(interpretare)* vor‿tragen, auf‿führen, spielen: ***~ un concerto per pianoforte*** ein Klavierkonzert aufführen; ***~ Bach*** Bach vortragen, spielen **b** ***~ passi di danza*** Tanzschritte aus‿führen ◆ ***~ un pagamento*** eine Zahlung leisten.

e|sem|pio m. *(-pi)* **1** Beispiel *n.*, Muster *n.*, Vorbild *n.*, Exempel *n.*: ***un ~ di virtù*** ein Muster an Tugend; ***dare il buon, cattivo ~*** mit gutem Beispiel voran‿gehen (*o* ein gutes Beispiel geben), ein schlechtes Beispiel geben; ***dare l'~ per qcs.*** ein Exempel für etw. liefern, auf‿stellen; ***prendere ~ da qcn., prendere a ~ qcn.*** jdn zum Muster (*o* Vorbild) nehmen, sich an jdm ein Beispiel nehmen; ***essere di ~ agli altri, per qcn.*** den anderen, für jdn ein Vorbild sein; ***seguire l'~ di qcn.*** jds Beispiel folgen; ***sull'~ di qcn.*** nach jds Beispiel **2** *(per spiegare)* Beispiel *n.*: ***un ~ calzante*** ein treffendes Beispiel; ***addurre, portare qcs. come ~*** etw. als Beispiel an‿geben, an‿führen; ***chiarire, dimostrare qcs. con un ~*** etw. an einem Beispiel veranschaulichen (*o* klar‿machen), beweisen; ***fare, portare un ~*** ein Beispiel machen, an‿geben; ***per, ad ~*** zum Beispiel **3** *(esempio tipico)* Musterbeispiel *n.*: ***un ~ di musica barocca*** ein Musterbeispiel (von) barocker Musik ◆ ***a mo', a titolo di ~*** beispielsweise; ***senza ~ (unico)*** ohne Beispiel, beispiellos; ***che ti serva d'~*** das soll dir eine Lehre sein!

1.e|sem|pla|re agg. beispielhaft, musterhaft, exemplarisch: ***una vita ~*** ein beispielhaftes Leben; ***stabilire una punizione ~ per qcn., qcs.*** an jdn, etw. ein Exempel statuieren, eine exemplarische Strafe für jdn, etw. festsetzen.

2.e|sem|pla|re m. **1** Exemplar *n.*, Stück *n.*: ***un ~ raro*** ein seltenes Exemplar **2** *(di specie)* Exemplar *n.*: ***un bell'~ di gatto persiano*** ein schönes Exemplar einer Perserkatze **3** *(modello)* Musterbeispiel *n.*, Muster *n.*

3.e|sem|pla|re tr. **1** FILOL. ***~ qcs. su qcs.*** etw. aus etw. transkribieren **2** ESTENS. *(imitare)* nach‿bilden, kopieren.

e|sem|pla|ri|tà f. RAR. Beispielhaftigkeit *f.*: ***l'~ del suo comportamento*** die Beispielhaftigkeit seines Verhaltens.

e|sem|pli|fi|ca|re tr. *(esemplifico, esemplifichi)* an Beispielen erklären, durch Beispiele erläutern, exemplifizieren: ***~ una teoria*** eine Theorie durch Beispiele erläutern. **e|sem|pli|fi|ca|ti|vo** agg. Beispiels-: ***caso ~*** Beispielsfall *m.*; ***frase -a*** Beispielssatz *m.*

e|sem|pli|fi|ca|zio|ne f. Veranschaulichung *f.*, Erklärung *f.* an Beispielen, Erläuterung *f.* durch Beispiele, Exemplifikation *f.*: ***fornire un'~ esauriente*** eine erschöpfende Erläuterung anhand von Beispielen liefern.

e|sen|ta|re I tr. ***~ qcn. da qcs.*** jdn von etw. befreien, jdn etw. (G) entbinden: ***~ qcn. dalle tasse*** jdn von den Steuern befreien; ***essere esentato da tutti gli obblighi*** aller Verpflichtungen enthoben sein **II** pronom. ***-rsi da qcs.*** sich von etw. befreien. **e|sen|tas|se** agg.inv. steuerfrei, abgabenfrei, taxfrei. **e|sen|te** agg. -frei: ***~ da difetti*** fehlerfrei; ***~ da imposte*** steuerfrei, abgabenfrei.

e|sen|zio|ne f. Befreiung *f.*, Erlass *m.*: ***chiedere, ricevere, ottenere l'~*** Befreiung beantragen, gewähren, erlangen; ***~ dalle tasse scolastiche*** Befreiung von Schulgebühren ◆ ***~ doganale*** Zollbefreiung *f.*, Zollfreiheit *f.*; ***~ fiscale*** Steuerbefreiung *f.*, Steuerfreiheit *f.*, Gebührenerlass *m.*; ***limite di ~ fiscale*** Freigrenze *f.*; ***limite d'~ da imposta*** Steuerfreigrenze *f.*; ***~ dal servizio*** Dienstbefreiung *f.*; ***~ tributaria*** Abgabenbefreiung *f.*

e|se|quie f.pl. Beerdigungsfeier *f.*, Begräbnisfeier *f.*, Exequien *pl.*: ***le ~ (solenni) avranno luogo alle ore 10*** die (feierliche) Begräbnisfeier findet um 10 Uhr statt.

e|ser|cen|te m. e f. Betreiber *m.* (-in *f.*), Gewerbetreibende *m.* e *f.*

e|ser|ci|ta|re *(esercito)* **I** tr. **1a** *(tenere in esercizio)* üben, trainieren, aus‿üben: ***~ la memoria, la voce*** das Gedächtnis trainieren, die Stimme üben **b** SPORT üben, trainieren **2a** *(un'attività)* aus‿üben: ***~ una professione*** einen Beruf ausüben; ***~ l'avvocatura, l'insegnamento, la medicina*** den Rechtsanwalts-, Lehrer-, Arztberuf ausüben **b** assol. praktizieren: ***è medico ma non esercita*** er ist Arzt, aber er praktiziert nicht **c** *(applicare)* ***~ la giustizia, il potere, un diritto, terrore*** Gerechtigkeit, Gewalt, ein Recht, Terror ausüben **d** *(mettere in atto)* ***~ il proprio diritto di voto, di veto*** sein Wahl-, Vetorecht ausüben; ***~ pressioni su qcn.*** auf jdn Druck ausüben **e** *(praticare)* ***~ una leggera pressione su un tasto*** auf eine Taste einen leichten Druck ausüben **3** *(educare)* schulen: ***~ l'orecchio alla musica*** sein Gehör musikalisch schulen **II** pronom. **esercitarsi 1** üben, sich üben: ***-rsi al violino, al piano*** Geige, Klavier üben; ***-rsi a scrivere*** sich im Schreiben üben **2** SPORT üben, sich üben, trainieren: ***-rsi agli anelli*** an den Ringen üben; ***-rsi in palestra*** in der Halle trainieren; ***-rsi a sparare*** sich im Schießen üben ◆ ***~ la lingua*** ohne Punkt und Komma reden.

e|ser|ci|ta|to p.pass. agg. **1** → **esercitare 2** ***una memoria non -a*** ein ungeübtes Gedächtnis **3** *(esperto)* ***un orecchio ~*** ein geschultes Ohr ◆ ***essere ~ in qcs.*** in etw. Übung haben.

e|ser|ci|ta|zio|ne f. **1** Übung *f.*: ***fare una ~ di fonetica francese*** eine Übung in französischer Phonetik machen; SPORT ***~ di tiro*** Schießübung *f.* **2** UNIV. Seminarübung *f.* **3** MIL. Übung *f.*, Manöver *n.*: ***-i militari*** Wehrübungen, militärische Übung; ***munizione da ~*** Übungsmunition *f.*; ***~ notturna*** Nachtübung *f.*; ***campo di -i*** Übungsplatz *m.*; ***andare a fare le -i*** ins Manöver ziehen, rücken; ***fare le -i*** ein Manöver ab‿halten ◆ ***~ sulla carta*** Planspiel *n.*

e|ser|ci|to m. Armee *f.*, Heer *n.*: ***allestire un ~*** eine Armee auf‿stellen; ***armare un ~*** ein Heer rüsten; ***~ permanente*** stehendes Heer; ***prestare servizio nell'~*** im Heer dienen; ***gli effettivi di un ~*** die Stärke einer Armee; ***l'efficienza bellica di un ~*** die Schlagkraft einer Armee; ***arruolarsi nell'~*** bei der Armee melden; FIG. Armee *f.*: ***un ~ di studenti*** eine Armee von Studenten ◆ ***comandante (in capo) dell'~*** Truppenbefehlshaber *m.*; ***~ federale*** Bundeswehr *f.*; ***~ di liberazione*** Entsatzheer *n.*; ***~ mercenario*** Söldnerheer *n.*; ***~ professionale*** Berufsheer *n.*; ***~ della salvezza*** Heilsarmee *f.*; ***membro dell'~ della salvezza*** Heilsarmeesoldat *m.*; ***~ di terra*** Landheer *n.*

e|ser|ci|zia|rio m. *(-ri)* Übungsbuch *n.*

e|ser|ci|zio m. *(-zi)* **1** Übung *f.*: ***~ di memoria*** Gedächtnisübung *f.*; ***un ~ facile, difficile*** eine leichte, schwere Übung; ***-zi di fonetica*** Übungen in Phonetik; ***una grammatica con -zi*** eine Grammatik mit Übungen; ***libro degli -zi*** Übungsbuch *n.*; ***fare l'~ di pagina 5*** die Übung auf Seite 5 machen; SPORT GINN. ***un ~ ginnico, di ginnastica*** eine gymnastische Übung; ***eseguire un ~ al cavallo*** eine Übung am Sprungpferd turnen; ***un ~ (di) yoga, a corpo libero*** eine Yoga-, Freiübung **2** *(pratica)* Übung *f.*, Ausübung *f.*: ***~ del potere*** Ausübung der Macht; ***~ abusivo della professione*** unbefugte Berufsausübung *f.*; ***nell'~ delle sue funzioni*** in Ausübung seines Amtes **3** COMM. Geschäft *n.*, Betrieb *m.*: ***aprire un ~ (commerciale)*** einen Betrieb eröffnen **4** ECON. *(anno amministrativo)* Geschäftsjahr *n.*, Wirtschaftsjahr *n.*, Rechnungsjahr *n.*: ***chiudere l'~*** das Geschäftsjahr ab‿schließen **5** *(funzionamento)* Betrieb *m.*: ***in, fuori ~*** in, außer Betrieb; ***periodo d'~*** Betriebsperiode *f.* **6** *(gestione)* Betrieb *m.*, Führung *f.* ◆ ***capitale d'~*** Betriebskapital *n.*; ***cessazione d'~*** Geschäftsauflösung *f.*; ***~ commerciale*** Geschäft *n.*; ***costi d'~*** Betriebskosten *pl.*, Geschäftskosten *pl.*; ***~ delle ferrovie*** Bahnbetrieb *m.*; ***essere fuori ~*** *(non allenato)* außer Übung sein; TECN. *(non funzionante)* außer Betrieb sein; ***(non) essere in ~*** (nicht) in Übung sein; TECN. *(funzionante)* in Betrieb sein; ***licenza d'~*** Betriebserlaubnis *f.*; ***qcn. manca di esercizio*** jdm fehlt es an Übung; ***perdere l'~*** aus der Übung kommen; ***~ pubblico*** öffentliches Lokal; ***qcs. è solo una questione di ~*** etw. ist reine Übungssache *f.*; ***richiedere molto ~*** viel Übung erfordern; ***società d'~*** Betriebsgesellschaft *f.*; ***spese d'~*** Geschäftskosten *pl.*; ***-i spirituali*** geistliche Übungen; ***tassa d'~*** Betriebssteuer *f.*; ***tenersi in ~*** in der Übung bleiben, sich in Übung halten; EL. ***tensione d'~*** Betriebsspannung *f.*; PROV. ***l'~ è un buon maestro*** Übung macht den Meister.

e|si|bi|re *(esibisco, esibisci)* **I** tr. **1** vor‿weisen, vor‿zeigen, vor‿legen, vor‿führen: ***~ il passaporto*** seinen Pass vorweisen; ***~ i propri prodotti, i nuovi articoli*** seine Erzeugnisse, die neuen Artikel vorführen **2** *(ostentare)* heraus‿kehren, zur Schau stellen: ***~ la propria bravura, il proprio talento*** seine Tüchtigkeit, sein Talent herauskehren **II** pronom. **esibirsi 1** *(in pubblico)* auf‿treten, sich vor‿stellen, sich produzieren: ***-rsi da solista*** als Solist auftreten **2** *(mettersi in mostra)* sich in Szene setzen, sich zur Schau stellen: ***gli piace -rsi*** es gefällt ihm, sich in Szene zu setzen **3** *(offrirsi)* sich an‿bieten, sich erbieten: ***-rsi di fare qcs.*** sich erbieten, etw. zu tun.

e|si|bi|zio|ne f. **1** Vorweis *m.*, Vorlage *f.*, Vorzeigen *n.*, Vorlegung *f.*: ***dietro ~ di un documento d'identità*** gegen Vorweis (*o* Vorlage) eines Ausweises **2** TEATR. MUS. Auftritt *m.*, Darbietung *f.*: ***l'~ di un cantante*** die Darbietung eines Sängers **3** *(sfoggio)* Schau *f.*: ***fare ~ di qcs.*** etw. zur Schau stellen, groß‿tun, prahlen; ***fare ~ della propria cultura*** mit seiner Bildung prahlen.

e|si|bi|zio|ni|smo m. **1** Prahlerei *f.*, Großtuerei *f.* **2** PSIC. Exhibitionismus *m.* **e|si|bi|zio|ni|sta** m. e f. *(-i,-e)* **1** Prahler *m.* (-in) **2** PSIC. Exhibitionist *m.* (-in *f.*). **e|si|bi|zio|ni|sti|co** agg. *(-ci,-che)* exhibitionistisch: ***tendenze -che*** exhibitionistische Tendenzen.

e|si|gen|te agg. anspruchsvoll, wählerisch, verwöhnt: ***clienti -i*** anspruchsvolle Kunden; ***un pubblico ~*** ein anspruchsvolles Publikum; ***essere molto ~ in qcs.*** in etw. (D) sehr wählerisch sein; ***un gusto ~*** ein verwöhnter Geschmack.

e|si|gen|za f. **1** Erfordernis *n.*, Bedürfnis *n.*: ***non avere -e di alcun tipo*** keinerlei Bedürfnisse haben; ***per -e di servizio*** wegen dienstlicher Erfordernisse; ***secondo le -e del caso*** je nach Bedarf **2** *(pretesa)* Forderung *f.*, Anspruch *m.*: ***soddisfare, venire incontro a un'~*** eine Forderung erfüllen, einer Forderung nach‿kommen; ***corrispondere alle -e*** den Ansprüchen genügen ◆ ***conforme alle -e dell'azienda*** betriebsnah; ***vicino alle -e dei cittadini*** bürgernah.

e|si|ge|re tr. *(esigo, esigi; esigei/esigetti;* RAR. *esatto)* **1** fordern, erfordern, verlangen: ***~ un risarcimento per qcs.*** für etw. Ersatz verlangen; ***~ salari più elevati*** höhere Löhne fordern; ***~ una spiegazione da qcn.*** von jdm eine Erklärung verlangen; ***~ il proprio diritto*** sein Recht fordern; ***~ piena luce su qcs.*** über etw. volle Aufklärung fordern; ***~ rispetto, garanzie*** Rücksicht, Sicherheiten verlangen **2** *(imporre, comportare)* erfordern, gebieten: ***qcs. esige particolare attenzione*** etw. gebietet besondere Vorsicht; ***~ silenzio assoluto*** absolutes Stillschweigen verlangen **3** DIR. ein‿fordern, ein‿klagen, aus‿klagen: ***~ crediti*** Schulden einklagen ◆ ***~ (troppo) poco da qcn.*** jdn unterfordern; ***~ troppo da qcn.*** jdn überfordern.

e|si|gi|bi|le agg. fällig, eintreibbar, einlösbar: ***dividendi, crediti -i*** fällige Dividenden, Forderungen; DIR. *(mediante provvedimenti legali)* einklagbar: ***pagamento ~*** einklagbare Zahlung. **e|si|gi|bi|li|tà** f.inv. Fälligkeit *f.*

e|si|gui|tà f. Spärlichkeit *f.*, Knappheit *f.*: ***l'~ di un reddito*** die Knappheit eines Jahreseinkommens. **e|si|guo** agg. gering, schmal, knapp: ***un'entrata -a*** ein schmales Einkommen; ***salari -i*** geringe Löhne; ***porzioni -e*** knappe Portionen.

e|si|la|ran|te agg. erheiternd, belustigend: ***comicità ~*** erheiternde Komik ◆ ***gas ~*** Lachgas *n.* **e|si|la|ra|re** tr. *(esilaro)* erheitern, auf‿heitern.

e|si|le agg. **1** dünn, schmächtig, kümmerlich: ***una corporatura ~*** ein schmächtiger Körperbau; ***membra -i*** schmächtige Glieder **2** FIG. schwach, dünn: ***una voce ~*** eine dünne Stimme.

e|si|lia|re *(esilio, esili)* **I** tr. **1** verbannen: ***~ qcn. dalla patria*** jdn aus der Heimat verbannen; ***fu esiliato cinque anni su un'isola*** er wurde für fünf Jahre auf eine Insel verbannt **2** ESTENS. aus‿schließen, aus‿stoßen: ***~ qcn. dalla cerchia di amici*** jdn aus dem Freundeskreis ausschließen **II** pronom. **esiliarsi 1** in die Verbannung gehen **2** ESTENS. sich ab‿kehren, sich ab‿sondern: ***-rsi dal mondo*** sich von der Welt abkehren. **e|si|lia|to I** p.pass. → **esiliare II** m. Verbannte *m.*

e|si|lio m. *(-li)* **1** Verbannung *f.*, Exil *n.*: ***andare in ~*** in die Verbannung, ins Exil gehen; ***mandare qcn. in ~*** jdn in die Verbannung schicken; ***condannare all'~*** zur Verbannung verurteilen; ***~ per tutta la vita*** Verbannung auf Lebenszeit; ***vivere in ~*** im Exil leben; ***tornare dall'~*** aus dem Exil zurück‿kehren **2** FIG. Abkehr *f.*: ***~ dal mondo, dalla vita politica*** Abkehr von der Welt, vom politischen Leben ◆ ***in ~*** im Exil lebend; ***un politico, uno scrittore in ~*** ein im Exil lebender Politiker, Schriftsteller; ***scegliere la via dell'~*** freiwillig ins Exil gehen.

e|si|li|tà f. Dünne *f.*, Schmächtigkeit *f.*, Dünnheit *f.*: ***l'~ del suono*** die Dünnheit des Tons.

e|si|me|re *(esimo, esimi; esimei/esimetti; ohne zusammengesetzte Formen)* **I** tr. entbinden, entheben, befreien, erlassen: ***~ qcn. da qcs.*** jdn von etw. entbinden, jdn etw. (G) entheben, jdm etw. erlassen; ***~ qcn. da tutti gli obblighi*** jdn aller Verpflichtungen entheben; ***~ qcn. dal servizio*** jdn des Dienstes entheben; ***~ qcn. da una tassa*** jdm eine Steuer erlassen **II** pronom. ***esimersi da qcs.*** sich etw. (D) entziehen.

e|si|mio agg. *(-mi,-mie)* **1a** hervorragend, ehrenwert, verehrt: ***~ collega*** verehrter Herr Kollege **b** IRON. durchtrieben, abgefeimt: ***un ~ farabutto*** ein durchtriebener Gauner **2** *(nelle lettere)* sehr geehrt, verehrt.

e|sio|de|o agg. von Hesiod. **E|si|o|do** n.pr.m. Hesiod *m.*

e|si|sten|te agg. vorhanden, bestehend, existent: ***i dubbi -i*** die bestehenden Zweifel; ***le anomalie -i*** die vorhandenen Störungen.

e|si|sten|ti|vo agg. FILOS. existenziell.

e|si|sten|za f. **1** Dasein *n.*, Existenz *f.*, Bestehen *n.*, Vorhandensein *n.*: ***non sapevo nulla dell'~ del testamento*** ich wusste nichts von der Existenz (*o* vom Vorhandensein) des Testaments; ***l'~ di un pericolo non può essere negata*** das Bestehen einer Gefahr kann nicht geleugnet werden; ***l'~ di Dio*** das Dasein Gottes **2** *(vita)* Dasein *n.*, Existenz *f.*: ***condurre un'~ tranquilla, anonima*** ein beschauliches, unbeachtetes Dasein führen; ***la lotta per l'~*** der Kampf ums Dasein, der Daseins-, Existenzkampf; ***l'~ terrena*** das irdische Dasein; ***costruirsi una nuova ~*** sich (D) eine neue Existenz auf‿bauen ◆ ***filosofia dell'~*** Existenzphilosophie *f.*; ***prova dell'~ di Dio*** Gottesbeweis *m.*

e|si|sten|zia|le I agg. **1** Daseins-, Existenz-, Lebens-: ***angoscia ~*** Existenz-, Lebensangst *f.*; ***problemi -i*** Existenzprobleme *pl.* **2** FILOS. existenzial, Existenz- **II** m. FILOS. *(in Heidegger)* Existenzial *n.* **e|si|sten|zia|li|smo** m. Existenzialismus *m.* **e|si|sten|zia|li|sta** *(-i,-e)* **I** m. e f. Existenzialist *m.* (-in *f.*) **II** agg. existenzialistisch, Existenz-: ***filosofia ~*** Existenzphilosophie *f.* **e|si|sten|zia|li|sti|co** agg. *(-ci,-che)* existenzialistisch, Existenz-.

e|si|ste|re intr. *(esisto, esisti; esistei/esistetti; esistito;* aus. *essere)* **1** bestehen, existieren: ***queste cose esistono solo nella tua fantasia*** diese Dinge existieren nur in deiner Fantasie; ***la ditta esiste da due anni*** die Firma besteht seit zwei Jahren **2** *(esserci, trovarsi)* geben *(costruzione impers.)*, vorhanden sein, da sein, existieren: ***non esistono prove contro di lui*** es gibt keine Beweise gegen ihn **3** *(vivere)* existieren, leben: ***ha cessato di ~*** er hat aufgehört zu leben.

e|si|ta|bi|le agg. gut verkäuflich, absetzbar.

e|si|tan|te agg. zögernd: ***un inizio ~*** ein zögernder Beginn.

e|si|ta|re intr. *(esito;* aus. *avere)* zögern, zaudern: ***non esitò a dare il suo consenso*** er zögerte nicht, seine Zustimmung zu geben; ***~ a rispondere*** mit der Antwort zögern; ***~ a lungo, un momento*** lange, einen Augenblick zögern; *(tergiversare)* ***~ tra due possibilità*** zwischen zwei Möglichkeiten schwanken.

e|si|ta|zio|ne f. Zögern *n.*, Zauderei *f.*: ***dopo un'~ iniziale*** nach anfänglichem Zögern; ***fare qcs. con ~*** etw. zögernd (*o* zögerlich) tun; ***senza ~, senza -i*** ohne Zögern.

e|si|to m. **1** Ausgang *m.*, Ergebnis *n.*: ***~ delle elezioni, del processo*** Wahl-, Prozessausgang *m.*; ***l'~ dell'esame (clinico), della prova d'esame*** das (klinische) Untersuchungsergebnis, Prüfungsergebnis; ***avere un ~ felice (fortunato), sfortunato, infausto, inatteso*** einen glücklichen, unglücklichen, ungünstigen, unerwarteten Ausgang haben; ***giungere a un buon ~*** zu einem guten Ergebnis kommen; ***essere senza ~, non sortire alcun ~*** ergebnislos sein, kein Ergebnis erzielen **2** *(buon esito)* Erfolg *m.*: ***garantire l'~ di un'impresa*** den Erfolg eines Unternehmens garantieren; ***~ sicuro*** sicherer Erfolg **3** LING. Endstufe *f.* **4** BUROCR. Beantwortung *f.*, Erledigung *f.*: ***dare ~ a una lettera*** einen Brief beantworten **5** COMM. Absatz *m.*, Verkauf *m.*; ***prodotti di facile ~*** absatzfähige (*o* leicht absetzbare) Waren ◆ MED. ***~ positivo, negativo*** positiver Befund, ohne Befund.

e|si|zia|le agg. Verderben bringend, verderblich; *(mortale)* verhängnisvoll.

e|ski|me|se → **eschimese.**

1.e|ski|mo m.inv. ABBIGL. Eskimo *m.*

2.e|ski|mo m.inv. SPORT Eskimorolle *f.*

e|so|car|p(i)o m. Exokarp *n.*

e|so|cri|no agg. exokrin: ***ghiandola -a*** exokrine Drüse.

1.e|so|do m. **1a** Auszug *m.*, Exodus *m.*: ***l'~ del popolo ebraico dall'Egitto*** der Auszug der Juden aus Ägypten; ***l'~ dei profughi*** der Exodus der Vertriebenen **b** BIBL. *(libro)* Exodus *m.* **2** *(trasferimento)* Abwanderung *f.*: ***l'~ delle opere d'arte, degli intellettuali*** die Abwanderung von Kunstwerken, der Intelligenz **3** ESTENS. *(spostamento in massa)* Völkerwanderung *f.*: ***l'~ estivo verso le località balneari*** die sommerliche Völkerwanderung zu den Badeorten ◆ ***~ dalle campagne*** Landflucht *f.*; ***~ di capitali*** Kapitalflucht *f.*; ***~ dalle città*** Stadtflucht *f.*; ***~ rurale*** → ***~ dalle campagne.***

2.e|so|do m. EL. Hexode *f.*

e|so|fa|go m. *(-gi)* Speiseröhre *f.*

e|sof|tal|mi|co agg. *(-ci,-che)* glotzäugig. **e|sof|tal|mo** m. Glotzauge *n.*

e|so|ga|mi|a f. Exogamie *f.*

e|so|ge|ne|si f. exogene Bildung *f.* **e|so|ge|no** agg. exogen.

e|so|ne|ra|re *(esonero)* **I** tr. **1** befreien, frei‿stellen, erlassen, suspendieren: ***~ qcn. dal servizio militare*** jdn vom Wehrdienst freistellen; ***~ qcn. dalle tasse*** jdm die Steuern erlassen (*o* jdn von der Steuerpflicht befreien); ***~ dalla ginnastica*** vom Schulsport befreien **2** *(destituire)* entheben, entlassen (anche assol.): ***~ da una carica*** eines Amtes entheben **II** pronom. ***esonerarsi da qcs.*** sich von etw. befreien. **e|so|ne|ra|to** p.pass. agg. **1** → **esonerare 2** MIL. vom Militärdienst befreit (*o* freigestellt).

e|so|ne|ro m. Befreiung *f.*, Freistellung *f.*, Erlass *m.*: ***richiedere, ottenere l'~ da qcs.*** um die Befreiung von etw. ersuchen, die Befreiung von etw. erhalten; ***~ dalla lezione di ginnastica, dal servizio militare*** Befreiung vom Turnunterricht, vom Wehrdienst; ***~ dalle tasse*** Steuererlass *m.*, Steuerbefreiung *f.*

e|so|pi|co agg. *(-ci,-che)* äsopisch. **E|so|po** n.pr.m. Äsop *m.* ◆ ***le favole di ~*** die äsopischen Fabeln.

e|sor|bi|tan|te agg. (maßlos) überhöht: ***un prezzo ~*** ein überhöhter Preis; ***avere pretese -i*** maßlos überhöhte Ansprüche stellen. **e|sor|bi|ta|re** intr. *(esorbito;* aus. *avere)* ***~ da qcs.*** etw. überschreiten: ***~ dalle proprie competenze*** seine Zuständigkeit überschreiten.

e|sor|ci|smo m. Exorzismus *m.*, Teufelsaustreibung *f.* **e|sor|ci|sta** m. e f. *(-i,-e)* Exorzist *m.* (-in *f.*). **e|sor|ci|sti|co** agg. *(-ci,-che)* Beschwörungs-: ***formula -a*** Beschwörungsformel *f.*

e|sor|ciz|za|re tr. **1** exorzieren, exorzisieren, aus‿treiben: ***~ un indemoniato*** einen Besessenen exorzieren; ***~ il demonio*** den Teufel exorzieren (*o* austreiben) **2** FIG. aus‿treiben, vertreiben: ***~ i propri timori*** (sich) die Angst austreiben, seine Angst vertreiben. **e|sor|ciz|za|to|re** m. Teufelsaustreiber *m.*, Exorzist *m.* **e|sor|ciz|za|zio|ne** f. **1** Exorzierung *f.*, Teufelsaustreibung *f.* **2** FIG. Austreibung *f.*, Vertreibung *f.*

e|sor|dien|te I agg. angehend: ***un autore ~*** ein angehender Schriftsteller **II** m. e f. **1** Debütant *m.* (-in *f.*) **2** SPORT Youngster *m.*

e|sor|dio m. *(-di)* **1** *(inizio)* Anfang *m.*, Beginn *m.*: ***agli -di della carriera*** zu Beginn seiner Karriere **2a** *(di un'attività artistica)* Debüt *n.*: ***l'~ di un cantante*** das Debüt eines Sängers **b** SPORT Debüt *n.* **3** *(introduzione)* Einleitung *f.*, Präambel *f.*: ***l'~ di un discorso*** die Einleitung einer Rede **4** RET. Exordium *n.* **5** *(nelle lettere)* Eingangsformel *f.*

e|sor|di|re intr. *(esordisco, esordisci;* aus. *avere)* **1** *(iniziare)* beginnen, an‿fangen: ***esordì dicendo che...*** er begann damit, dass..., er fing an, indem... **2** *(in un'attività)* ein‿steigen: ***~ in politica*** in die Politik einsteigen **3a** *(debuttare)* debütieren, zum ersten Mal auf‿treten: ***~ nel cinema a sedici anni*** mit sechzehn Jahren beim Film debütieren **b** SPORT debütieren.

e|sor|na|re tr. schmücken. **e|sor|na|ti|vo** agg. schmückend: ***epiteto ~*** schmückendes Beiwort.

e|sor|ta|re tr. mahnen, ermahnen, auf‿fordern: ***~ qcn. allo studio*** jdn zum Lernen auffordern; ***~ alla prudenza*** zur Vorsicht mahnen; ***~ al bene*** zum Guten ermahnen; ***ti esorto a dire la verità*** ich ermahne dich, die Wahrheit zu sagen. **e|sor|ta|ti|vo** agg. ermahnend, mahnend, auffordernd: ***parole -e*** mahnende Worte ◆ ***congiuntivo ~*** Kohortativ *m.* **e|sor|ta|to|re I** agg. mahnend, auffordernd: ***discorso ~*** mahnende Rede **II** m. Mahner *m.* **e|sor|ta|to|rio** agg. *(-ri,-rie)* LETT. → **esortativo. e|sor|ta|zio|ne** f. Mahnung *f.*, Ermahnung *f.*, Aufforderung *f.*: ***~ a qcs.*** Ermahnung zu etw.

e|so|sche|le|tro m. Exoskelett *n.*, Ektoskelett *n.*

e|so|sfe|ra f. Exosphäre *f.*

e|so|si|tà f. Gewinnsucht *f.* **e|so|so** agg. **1** gewinnsüchtig: ***un commerciante ~*** ein gewinnsüchtiger Händler **2** *(di prezzi)* übertrieben, Wucher-: ***un prezzo ~*** ein Wucherpreis.

e|so|te|ri|co agg. *(-ci,-che)* esoterisch. **e|so|te|ri|smo** m. Esoterik *f.*

e|so|ter|mi|co agg. *(-ci,-che)* exotherm.

e|so|ti|co I agg. *(-ci,-che)* exotisch (anche FIG. ESTENS.): ***frutto ~*** exotische Frucht; ***specie -a*** Exot(e) *m.*; ***avere un aspetto ~*** exotisch aus‿sehen; ***una bellezza -a*** eine exotische Schönheit; *(bizzarro, stravagante)* ***gusti -ci*** exotischer Geschmack **II** m. Exotische *n.*: ***avere il gusto dell'~*** zum Exotischen neigen. **e|so|ti|smo** m. **1** Exotik *f.* **2** LING. Exotismus *m.* **e|so|tiz|zan|te** agg. zum Exotischen neigend: ***un gusto ~*** ein zum Exotischen neigender Geschmack.

e|spa|dril|las [espa'driʎʎas], **e|spa|dril|les** [ɛspa'drij] f.pl. Espadrilles *pl.*

e|span|de|re *(espansi; espanso)* **I** tr. aus‿dehnen: ***~ il proprio dominio su qcs., l'area di vendita di un prodotto*** seine Herrschaft auf etw. (A), das Absatzgebiet eines Produktes ausdehnen **II** pronom. **espandersi 1** sich aus‿dehnen, expandieren (anche FIS.): ***l'impresa, la città si espande rapidamente*** das Unternehmen, die Stadt expandiert schnell **2** *(diffondersi)* sich aus‿breiten, sich verbreiten: ***un profumo intenso si espande per la stanza*** ein intensiver Duft breitet sich im Zimmer aus. **e|span|si|bi|le** agg. ausdehnbar, expansibel (anche FIS.).

e|span|sio|ne f. **1** Ausdehnung *f.*, Expansion *f.*: ***~ territoriale*** territoriale Ausdehnung; ***in ~*** expandierend: ***una città, un'industria in (rapida) ~*** eine (schnell) expandierende Stadt, Industrie; ***condurre una politica di ~*** eine Politik der Expansion betreiben; FIS. ***l'~ di un gas*** die Ausdehnung eines Gases **2** *(calore, entusiasmo)* Überschwang *m.*, Überschwänglichkeit *f.* ◆ ***chiodo a ~*** Spreizniete *f.*, Expansionsnagel *m.*, ALP. Bohrhaken *m.*, Expansionshaken *m.*; ***coefficiente di ~*** Ausdehnungskoeffizient *m.*; ***fase di ~*** Expansionsphase *f.*; MOT. Expansionshub *m.*, Arbeitstakt *m.*; ***~ polare*** polare Ausdehnung, Polschuh *m.*; ***tassello a ~*** Spreizdübel *m.*; ***~ dell'universo*** Expansion des Kosmos; ***velocità d'~*** Expansionsgeschwindigkeit *f.*

e|span|sio|ni|smo m. Expansionspolitik *f.* **e|span|sio|ni|sta** *(-i,-e)* **I** agg. expansiv, Expansions-: ***politica ~*** Expansionspolitik *f.* **II** m. e f. Anhänger *m.* (-in *f.*) der Expansionspolitik. **e|span|sio|ni|sti|co** agg. *(-ci,-che)* expansiv, Expansions-.

e|span|si|vi|tà f. **1** Ausdehnbarkeit *f.* **2** FIG. Mitteilsamkeit *f.*, Offenherzigkeit *f.* **e|span|si|vo** agg. **1** FIS. expansiv, Expansions-: ***forza -a*** Expansionskraft *f.* **2** mitteilsam, offenherzig: ***un carattere ~*** ein mitteilsames Wesen.

e|span|so I p.pass. agg. **1** → **espandere 2** FIS. ausgedehnt: ***gas ~*** ausgedehntes Gas **3** CHIM. Schaumstoff- **II** m. Schaumstoff *m.* ◆ ***polistirolo ~*** Polystyrolschaum *m.*

e|spa|tria|re intr. *(espatrio, espatri;* aus. *essere,* RAR. *avere)* außer Landes gehen, aus‿reisen, aus‿wandern: ***~ per motivi politici*** aus politischen Gründen außer Landes gehen (*o* auswandern); ***~ clandestinamente*** widerrechtlich ausreisen. **e|spa|tri|a|to I** p.pass. → **espatriare II** m. Ausgereiste *m.*

e|spa|trio m. *(-tri)* Ausreise *f.*: ***negare l'~ a qcn.*** jdm die Ausreise verweigern; ***~ temporaneo, definitivo*** vorübergehende, endgültige Ausreise ◆ ***permesso di ~*** Ausreiseerlaubnis *f.*, Ausreisegenehmigung *f.*; ***documento valido per l'~*** für die Ausreise gültiger Ausweis.

e|spe|dien|te m. Notbehelf *m.*, Notlösung *f.*; *(trovata)* Trick *m.*: ***ricorrere a, servirsi di un ~*** zu einer Notlösung greifen ◆ ***~ giuridico*** Rechtsbehelf *m.*; ***~ mnemonico*** Merksatz *m.*, Gedächtnisstütze *f.*; ***vivere di -i*** sich recht und schlecht durch‿schlagen.

e|spel|le|re tr. *(espulsi; espulso)* **1** verweisen, weisen, aus‿weisen: ***~ da un paese, dalla scuola, dall'aula*** eines Landes, von der Schule, aus dem Saal verweisen; ***~ un giocatore dal campo da gioco*** einen Spieler vom Platz stellen **2** *(emettere)* aus‿stoßen: ***~ gas di scarico*** Abgase ausstoßen **3** *(dal corpo)* aus‿scheiden.

e|spe|ran|to I m. Esperanto *n.* **II** agg.inv. Esperanto-.

E|spe|ria n.pr.f. Hesperien *pl.*

e|spe|ri|bi|le agg. erprobbar.

E|spe|ri|di n.pr.f.pl. Hesperiden *pl.*

e|spe|rien|za f. **1a** Erfahrung *f.*: ***fare -e*** Erfahrungen machen; ***~ di, della vita, del mondo*** Lebenserfahrung *f.*, Welterfahrung *f.*; ***avere ~ in qcs., in un settore*** in etw. (D), auf einem Gebiet Erfahrungen haben; ***avere ~ del mondo, essere senza ~*** welterfahren, unerfahren sein; ***un insegnante di grande ~*** ein Lehrer mit großer Erfahrung, ein sehr erfahrener Lehrer; ***sapere qcs. per ~*** etw. aus eigener Erfahrung wissen; ***parlare per ~*** aus Erfahrung sprechen **b** *(avvenimento)* Erfahrung *f.*, Erlebnis *n.*: ***un'~ strana, traumatica, esaltante*** ein sonderbares, traumatisches, begeisterndes Erlebnis; ***vivere, raccontare un'~*** ein Erlebnis haben, erzählen **2** *(prova di laboratorio)* Experiment *n.*, Versuch *m.* **3** FILOS. Erfahrung *f.* ◆ ***avido di -e*** erlebnishungrig; ***bagaglio di -e*** Erfahrungsschatz *m.*; ***fare ~ di qcs.*** etw. versuchen; ***~ lavorativa*** Arbeitserfahrung *f.*; ***~ professionale*** Berufserfahrung *f.*

e|spe|ri|men|ta|re ANT. → **sperimentare.**

e|spe|ri|men|to m. Experiment *n.*, Versuch *m.*: ***fare un ~*** ein Experiment durch‿führen, aus‿führen; ***fare -i sugli animali*** an, mit Tieren Versuche machen; ***l'~ riesce, fallisce*** das Experiment gelingt, missglückt; ***tentare un pericoloso ~*** ein gefährliches Experiment wagen ◆ ***~ su, con animali*** Tierversuch *m.*; ***~ atomico*** Atomversuch *m.*; ***come ~*** versuchsweise, als Versuch; ***~ di laboratorio*** Laborversuch *m.*; ***~ nucleare*** Atomtest *m.*, Kernwaffenversuch *m.*; ***~ pilota*** Pilotexperiment *n.*; ***a titolo di ~*** → ***come ~.***

e|spe|ri|re tr. *(esperisco, esperisci)* **1** *(mettere in opera)* an‿stellen: ***~ un'indagine*** eine Nachforschung anstellen; ***~ un'azione legale*** ein Gerichtsverfahren ein‿leiten **2** LETT. *(sperimentare)* erproben.

e|sper|to I agg. **1** *(di esperienza)* erfahren: ***un ~ avvocato*** ein erfahrener Rechtsanwalt; ***essere ~ di qcs.*** in etw. (D) erfahren sein **2** *(competente)* kundig, sachkundig, fachkundig **II** m. Experte *m.*, Fachmann *m.*: ***consultare un ~*** einen Experten konsultieren (*o* einen Fachberater hinzu‿ziehen); ***un ~ di musica*** ein Musikexperte, ein Experte für Musik; ***il parere dell'~*** die Meinung des Experten ◆ ***consiglio, giudizio da ~*** kundiger Rat, kundiges Urteil; ***osservare, giudicare qcs. con occhio ~*** etw. mit Kennerblick betrachten, beurteilen; INFORM. ***sistema ~*** Expertensystem *n.*

e|spet|to|ran|te I agg. schleimlösend, auswurffördernd **II** m. Hustenmittel *n.*, MED. Expektorans *n.*, Expektorantium *n.* **e|spet|to|ra|re** tr. *(espettoro)* aus‿husten, aus‿werfen, MED. expektorieren. **e|spet|to|ra|to** m. Auswurf *m.* **e|spet|to|ra|zio|ne** f. **1** Auswerfen *n.* **2** → **espettorato.**

e|spia|bi|le agg. sühnbar: ***colpa ~*** sühnbare Schuld.

e|spian|ta|zio|ne f. Explantation *f.* **e|spian|to** m. Explantat *n.*

e|spia|re tr. *(espio, espii)* ab‿büßen, büßen, verbüßen, sühnen: ***~ una colpa*** eine Schuld abbüßen, eine Schuld (*o* für eine Schuld) sühnen; ***~ i propri peccati*** seine Sünden büßen; ***~ la pena*** die Strafe verbüßen. **e|spia|to|rio** agg. *(-ri,-rie)* Sühn-: ***sacrificio ~*** Sühn(e)opfer *n.* ◆ FIG. ***capro ~*** Sündenbock *m.* **e|spia|zio|ne** f. Buße *f.*, Abbüßung *f.*, Verbüßung *f.*, Sühne *f.*, Sühnung *f.*: ***fare ~*** Buße tun, büßen, sühnen; ***l'~ di una pena*** die Verbüßung einer Strafe.

e|spi|ra|re tr. aus‿atmen, exspirieren: ***~ profondamente*** tief ausatmen; ***~ dalla bocca, dal naso*** durch den Mund, durch die Nase ausatmen. **e|spi|ra|to|rio** agg. *(-ri,-rie)* Ausatmungs-, exspiratorisch: ***fase -a*** Ausatmungsphase *f.* **e|spi|ra|zio|ne** f. Ausatmung *f.*, Exspiration *f.*

e|sple|ta|men|to m. BUROCR. Erledigung *f.*: ***l'~ di un incarico*** die Erledigung eines Auftrags. **e|sple|ta|re** tr. BUROCR. erledigen: ***~ le formalità per l'espatrio*** die Formalitäten für die Ausreise erledigen. **e|sple|ti|vo** agg. GRAMM. ausfüllend: ***particella -a*** Explizit *n.*, Füllwort *n.*, Flickwort *n.*

e|spli|ca|bi|le agg. LETT. explizierbar, erklärbar.

e|spli|ca|re *(esplico, esplichi)* **I** tr. **1** *(svolgere)* entfalten, aus‿üben: ***~ un'attività, una mansione*** eine Tätigkeit entfalten, eine Aufgabe ausüben **2** LETT. *(spiegare)* explizieren, erläutern, dar‿legen: ***~ un concetto a qcn.*** jdm einen Begriff explizieren **II** pronom. **esplicarsi** sich entfalten. **e|spli|ca|ti|vo** agg. erklärend, erläuternd, verdeutlichend: ***un esempio ~*** ein verdeutlichendes Beispiel; ***note -e*** erklärende Anmerkungen. **e|spli|ca|zio|ne** f. **1** Entfaltung *f.*, Ausübung *f.* **2** *(spiegazione)* Erläuterung *f.*, Darlegung *f.*, Explikation *f.*

e|spli|ci|ta|men|te avv. ausdrücklich, deutlich, explizit.

e|spli|ci|ta|re tr. *(esplicito)* **1** *(manifestare)* deutlich machen, explizit dar‿stellen: ***~ i propri dubbi*** seine Zweifel deutlich zum Ausdruck bringen **2** MAT. ***~ un'equazione*** eine Gleichung explizit setzen.

e|spli|ci|to agg. **1** *(espresso chiaramente)* ausdrücklich, deutlich, explizit: ***una risposta -a*** eine explizite, deutliche Antwort; ***su suo ~ desiderio*** auf seinen ausdrücklichen Wunsch; *(significativo)* ***uno sguardo ~*** ein deutlicher Blick **2** *(di persona)* ***sono stato abbastanza ~?*** habe ich mich klar genug (*o* deutlich) ausgedrückt? **3** GRAMM. ***proposizione -a*** finiter Satz.

e|splo|de|re *(esplosi; esploso)* **I** intr. (aus. *essere*) **1** explodieren, (zer)platzen: ***la bomba è esplosa*** die Bombe ist explodiert; ***il proiettile non è esploso*** das Geschoss ist nicht explodiert **2** FIG. aus‿brechen, durch‿brechen, explodieren: ***il suo odio, la sua rabbia esplose (esplose per la rabbia)*** sein Hass brach durch, er brach in Zorn aus (*o* explodierte vor Zorn); ***esplode facilmente***

er braust leicht auf; **~ in un'imprecazione** einen Fluch aus‿stoßen **3** FIG. *(manifestarsi improvvisamente)* aus‿brechen, entbrennen: **esplose un'epidemia, una violenta lite** eine Epidemie brach aus, ein heftiger Streit entbrannte **4** *(eruttare)* aus‿brechen: **il vulcano esplode** der Vulkan bricht aus **II** tr. ab‿feuern: **~ diversi colpi di pistola contro qcn.** einige Pistolenschüsse gegen jdn abfeuern ◆ **far ~** sprengen, zur Explosion bringen, explodieren lassen: **far ~ una bomba** eine Bombe zur Explosion bringen.

e|splo|ra|bi|le agg. erforschbar.

e|splo|ra|re tr. **1** erforschen, erkunden, aus‿kundschaften, explorieren: **~ una regione sconosciuta, un'isola** eine unbekannte Gegend erforschen, eine Insel erkunden **2** *(perlustrare)* ab‿streifen, ab‿suchen **3** MIN. (im Boden) schürfen: **~ il sottosuolo in cerca di minerali** nach Mineralien schürfen **4** MED. untersuchen; *(palpando)* ab‿tasten, tasten **5** FIG. erforschen, ergründen, aus‿kundschaften: **~ l'animo, le intenzioni di qcn.** jds Seele ergründen, jds Absichten erforschen. **e|splo|ra|ti|vo** agg. Forschungs-: **spedizione -a** Forschungsexpedition *f.* ◆ **colloqui -i** Sondierungsgespräche *pl.*; **mandato ~** = Auftrag *m.* zur Regierungsbildung; **sondaggio ~** Suchbohrung *f.*

e|splo|ra|to|re I agg. Forschungs- **II** m. **1** Erforscher *m.*, Auskundschafter *m.*, Explorator *m.* **2** MIL. *(perlustratore)* Aufklärer *m.*, Späher *m.*: **inviare -i** Späher aus‿senden ◆ **giovani -i** Pfadfinder *pl.*; **~ polare** Polarforscher *m.*

e|splo|ra|zio|ne f. **1** Erforschung *f.*, Erkundung *f.*, Exploration *f.* **2** *(perlustrazione)* Absuchung *f.* **3** MIN. *(di sottosuolo)* Schürfung *f.* **4** MED. Untersuchung *f.*; *(palpazione)* Abtastung *f.* **5** ELETTRON. Abtastung *f.* ◆ **~ delle profondità marine** Tiefseeforschung *f.*; **~ radar** Radaraufklärung *f.*; **~ dello spazio** Weltraumforschung *f.*, Raumforschung *f.*; **viaggio di ~** Forschungsreise *f.*, Entdeckungsreise *f.*

e|splo|si → **esplodere.**

e|splo|sio|ne f. **1** Explosion *f.* **2** *(rumore dello scoppio)* Knall *m.* **3** FIG. Ausbruch *m.*, Explosion *f.*: **~ d'ira, di gioia, di entusiasmo** Wut-, Freuden-, Begeisterungsausbruch *m.*; **l'~ di un'epidemia** der Ausbruch einer Epidemie; **un'~ del tasso di natalità** eine Explosion der Geburtenrate **4** *(di vulcano)* Ausbruch *m.* ◆ **~ atomica** Atomexplosion *f.*; **~ demografica** Bevölkerungsexplosion *f.*; **focolaio di ~** (anche FIG.) Explosionsherd *m.*; **~ di gas** Gasexplosion *f.*; **~ nucleare** Kernexplosion *f.*, nukleare Explosion; **pericolo di ~** Explosionsgefahr *f.* **e|splo|si|va** f. FON. Explosivlaut *m.* **e|splo|si|vi|tà** f. Brisanz *f.* (anche FIG.).

e|splo|si|vo I agg. **1** Spreng-, explosiv, Explosiv-: **ordigno ~** Sprengkörper *m.*; **forza, carica -a** Sprengkraft *f.*, Sprengladung *f.* (*o* Sprengsatz *m.*); **proiettile ~** Explosivgeschoss *n.* **2** FIG. explosiv, brisant: **un argomento ~** ein brisantes Thema **II** m. Sprengstoff *m.*, Explosivstoff *m.*, Sprengmittel *n.*; **far saltare qcs. con l'~** etw. sprengen ◆ **altamente ~** hochexplosiv, brisant; **~ innescante** Initialsprengstoff *m.*, Zündstoff *m.*; **lettera -a** Briefbombe *f.*; **pacco (contenente) ~** Sprengstoffpaket *n.*; **~ al plastico** Plastiksprengstoff *m.*

e|splo|so p.pass. agg. **1** → **esplodere 2** explodiert: **una bomba -a tra la folla** eine in der Menschenmenge explodierte Bombe **2** ausgebrochen: **la rivolta -a nei quartieri operai** die in den Arbeitervierteln ausgebrochene Revolte; **un fenomeno ~ improvvisamente** ein plötzlich ausgebrochenes Phänomen.

e|spo|nen|te I m. e f. Vertreter *m.* (-in *f.*), Exponent *m.* (-in *f.*): **un ~ del partito** ein Exponent der Partei **II** m. **1** MAT. Exponent *m.*, Potenzexponent *m.*, Hochzahl *f.* **2** *(lemma)* Lemma *n.*, Stichwort *n.* **e|spo|nen|zia|le** agg. **1** exponentiell, Exponential-: **funzione, equazione ~** Exponentialfunktion *f.*, Exponentialgleichung *f.*; STATIST. **crescita ~** exponentieller Anstieg **2** ESTENS. übermäßig: **i prezzi sono saliti in modo ~** die Preise sind übermäßig gestiegen.

e|spor|re *(espongo, esponi; esposi, esponesti; esposto)* **I** tr. **1a** aus‿stellen, aus‿legen, exponieren: **~ quadri in una galleria** Bilder in einer Galerie ausstellen; **~ le merci in vetrina** die Waren im Schaufenster auslegen; **~ la lista dei candidati alle elezioni** die Wahlliste auf‿legen **b** assol. **~ alla fiera** auf der Messe ausstellen **2** *(appendere)* aus‿hängen: **~ un avviso** eine Bekanntmachung aushängen **3** FIG. aus‿setzen, preis‿geben: **~ qcn. a un pericolo** jdn einer Gefahr aussetzen; **~ qcn. al ridicolo, al pubblico ludibrio** jdn dem Spott, der allgemeinen Verachtung aussetzen, preisgeben **4** *(spiegare, descrivere)* dar‿legen, dar‿stellen, vor‿tragen, aus‿führen: **~ a qcn. le proprie ragioni, i propri desideri** jdm seine Gründe, Wünsche darlegen, vortragen; **~ i fatti in modo obiettivo** die Tatsachen objektiv darstellen; **~ un piano a qcn.** jdm einen Plan darlegen (*o* auseinander‿setzen) **5** FOT. belichten: **~ insufficientemente** unterbelichten **II** pronom. **esporsi 1** sich aus‿setzen, sich exponieren (anche FIG.): **-rsi al sole, all'aria, alle radiazioni** sich der Sonne, der Luft, der Strahlung aussetzen; FIG. **-rsi alle critiche, ai rischi** sich der Kritik, den Risiken aussetzen; **-rsi con proposte azzardate** sich mit gewagten Vorschlägen exponieren **2** *(compromettersi)* sich bloß‿stellen **3** BANC. *(concedere credito)* Kredit gewähren ◆ **~ un bambino** ein Kind aus‿setzen; **~ la bandiera** flaggen; **~ una salma** eine Leiche auf‿bahren.

e|spor|ta|bi|le agg. ausführbar, exportierbar. **e|spor|ta|bi|li|tà** f. Ausführbarkeit *f.*, Exportierbarkeit *f.*

e|spor|ta|re tr. aus‿führen, exportieren (anche FIG.): **~ capitali** Kapitalien ausführen; **~ nuove idee** neue Ideen über die Landesgrenzen hinaus verbreiten (*o* exportieren). **e|spor|ta|to|re I** agg. ausführend, Ausfuhr-, Export-: **paese ~** ausführendes Land, Ausfuhrland *n.*; **ditta -trice** Exportfirma *f.* **II** m. Ausführer *m.*, Exporteur *m.*

e|spor|ta|zio|ne f. Ausfuhr *f.*, Export *m.*: **le -i oltreoceano, di carbone** die Exporte nach Übersee, die Kohlenexporte; **limitare le -i** die Exporte ein‿schränken ◆ **articolo d'~** Exportartikel *m.*; **birra d'~** Exportbier *n.*; **blocco delle -i** Ausfuhrverbot *n.*; **~ di capitali** Kapitalausfuhr *f.*, Kapitalexport *m.*; **commercio d'~** Ausfuhrhandel *m.*, Exporthandel *m.*; **dipendenza dalle -i** Exportabhängigkeit *f.*; **eccedenza d'~, -i in eccesso** Exportüberschuss *m.*; **merci d'~** Exportwaren *pl.*, Ausfuhrgüter *pl.*; **premio d'~** Ausfuhrprämie *f.*, Exportprämie *f.*

e|spo|si|me|tro m. Belichtungsmesser *m.*

e|spo|si|ti|vo agg. Ausstellungs-: **area -a** Ausstellungsgelände *n.* **e|spo|si|to|re I** agg. ausstellend, Aussteller-: **ditta -trice** Ausstellerfirma *f.* **II** m. **1** Aussteller *m.* **2** *(scaffale)* Ausstellungsregal *n.*, Schaufensterregal *n.*

e|spo|si|zio|ne f. **1** Ausstellung *f.*, Auslegung *f.*: **l'~ della merce in vetrina** die Ausstellung der Waren im Schaufenster **2** *(mostra)* Ausstellung *f.*; *(fiera)* Messe *f.*: **aprire, organizzare un'~** eine Ausstellung eröffnen, veranstalten **3** *(il riferire, il presentare)* Darlegung *f.*, Darstellung *f.*, Ausführung *f.*, Vortrag *m.*: **~ dei fatti, di un programma, di una nuova teoria** die Darstellung der Tatsachen, eines Programms, einer neuen Theorie **4** FOT. Belichtung *f.*: **calcolare il tempo di ~** die Belichtungsdauer (*o* Belichtungszeit) berechnen **5** *(orientamento)* Lage *f.*: **~ al sole** sonnige Lage; **con ~ a sud** nach Süden gelegen, ausgerichtet **6** MUS. TEATR. Exposition *f.* ◆ **~ collettiva** Kollektivschau *f.*; **~ di mobili** Möbelausstellung *f.*; **palazzo delle -i** Ausstellungsgebäude *n.*; **pezzo da ~** Exponat *n.*, Ausstellungsstück *n.*; **~ universale** Weltausstellung *f.*

e|spo|sto I p.pass. agg. **1** → **esporre 2a** *(di merce)* ausgestellt, ausgelegt: **si prega di non toccare la merce -a** die ausgestellten Waren bitte nicht berühren; **la merce è -a in vetrina** die Ware liegt im Schaufenster aus **b** *(affisso)* **essere ~** aus‿hängen **3a** *(posto di fronte)* ausgesetzt: **essere ~ alle critiche, ai pericoli** den Kritiken, Gefahren ausgesetzt sein **b essere ~ alle intemperie** den Unbilden des Wetters ausgesetzt sein **4** *(rivolto)* liegend, gelegen: **un giardino ~ a sud** ein nach Süden gelegener Garten **5** *(spiegato, riferito)* dargelegt, dargestellt, ausgeführt: **le ragioni sopra -e** die oben ausgeführten Gründe; **come sopra ~** wie oben ausgeführt **II** m. Bericht *m.*, Denkschrift *f.*: **presentare, inoltrare un ~ alla magistratura, al ministero** der Justizbehörde, dem Ministerium einen Bericht vor‿legen ◆ **~ alle correnti d'aria** zugig; **lato ~ (al vento)** Windseite *f.*, Wetterseite *f.*; FOT. **non ~** unbelichtet; **pezzo ~** Exponat *n.*

e|spres|sa|men|te avv. **1** ausdrücklich, eigens: **glielo dirò ~** ich werde es ihm ausdrücklich sagen **2** *(appositamente)* eigens: **è venuto ~ da Berlino per incontrare il cliente** er ist eigens aus Berlin gekommen, um den Kunden zu treffen.

e|spres|sio|ne f. **1** *(manifestazione)* Ausdruck *m.*, Äußerung *f.*: **dare ~ al proprio sdegno** seine Wut zum Ausdruck bringen (*o* seiner Wut Ausdruck geben, verleihen) **2** *(del viso)* Ausdruck *m.*, Gesichtsausdruck *m.*, Miene *f.*: **avere un'~ arrabbiata** eine ärgerliche Miene haben; **un viso privo di ~** ein ausdrucksloses Gesicht **3** *(capacità, forza espressiva)* Ausdruck *m.*, Aussagekraft *f.*: **recitare una poesia con grande ~** ein Gedicht mit viel Ausdruck vor‿tragen **4a** *(parola, frase)* Ausdruck *m.*: **un'~ dialettale, idiomatica** ein mundartlicher, idiomatischer Ausdruck; **cercare l'~ più appropriata** den passendsten Ausdruck suchen; **-i di gioia, di riconoscenza** Bekundungen der Freude, des Dankes **b** *(modo di esprimersi)* Ausdruck *m.*, Ausdrucksweise *f.* **5** MAT. Ausdruck *m.*, Aussageform *f.*: **~ algebrica** algebraischer Ausdruck.

e|spres|sio|ni|smo m. Expressionismus *m.* **e|spres|sio|ni|sta** *(-i,-e)* **I** agg. expressionistisch: **un pittore ~** ein expressionistischer Maler **II** m. e f. Expressionist *m.* (-in *f.*). **e|spres|sio|ni|sti|co** agg. *(-ci,-che)* expressionistisch.

e|spres|si|va|men|te avv. ausdrucksvoll, mit Ausdruck. **e|spres|si|vi|tà** f. **1a** Ausdruckskraft *f.*: ***l'~ del volto*** die Ausdruckskraft des Gesichts **b** *(di stile, testi)* Expressivität *f.* **2** *(capacità espressiva)* Ausdrucksfähigkeit *f.*, Ausdruckskraft *f.*, Aussagekraft *f.*

e|spres|si|vo agg. **1** ausdrucksvoll, ausdrucksstark: ***avere un viso ~, uno sguardo ~, occhi -i*** ein ausdrucksvolles Gesicht, einen ausdrucksvollen Blick, ausdrucksvolle Augen haben; ***parole -e, gesti -i*** ausdrucksstarke Worte, Gesten **2** *(che ha forza nel rappresentare)* expressiv, ausdrucksstark: ***uno stile ~*** ein expressiver Stil; ***una recitazione -a*** ein ausdrucksstarkes Spiel **3** *(di espressione)* Ausdrucks-: ***forza, capacità -a*** Ausdruckskraft *f.*, -fähigkeit *f.* ◆ ***mezzi -i*** Ausdrucksmittel *pl.*

e|spres|so I p.pass. agg. **1** → **esprimere 2** Eil-, ANT. Express-: ***corriere ~*** Eilbote *m.*; ***pacco ~*** Eilpäckchen *n.*, Schnellpaket *n.* **3** *(esplicito)* ausdrücklich: ***per suo ~ desiderio*** auf seinen ausdrücklichen Wunsch **II** m. **1** *(caffè)* Espresso *m.*: ***ordinare due -i*** zwei Espressos bestellen **2** *(lettera)* Eilbrief *m.*: ***mandare un ~*** einen Eilbrief senden **3** *(treno)* D-Zug *m.* ◆ ***caffè ~*** Espresso *m.*; ***treno ~*** D-Zug *m.*

e|spri|me|re *(espressi, espresso)* **I** tr. **1a** aus‿drücken, äußern, aus‿sprechen: ***~ qcs. a parole, a gesti*** etw. mit Worten, Gesten ausdrücken; ***~ qcs. con chiarezza*** etw. klar ausdrücken (*o* aussprechen); ***~ un concetto*** einen Begriff ausdrücken; ***la poesia esprime la solitudine dell'autore*** das Gedicht drückt die Einsamkeit des Autors aus; *(manifestare)* ***~ un desiderio*** einen Wunsch äußern; *(ma:)* ***esprimi un desiderio!*** du darfst dir etwas wünschen! *(nelle fiabe)* du hast einen Wunsch frei! ***~ a qcn. il proprio rincrescimento, la propria riconoscenza, il proprio cordoglio*** jdm sein Bedauern, seinen Dank, sein Beileid ausdrücken (*o* aus‿sprechen); ***~ la propria opinione su qcs.*** seine Meinung zu etw. äußern **b** *(dare)* ***~ un giudizio su qcn., qcs.*** ein Urteil über jdn, etw. ab‿geben **c** *(mostrare)* ***~ la propria gioia, i propri sentimenti*** seiner Freude, seinen Gefühlen Ausdruck verleihen; ***~ a qcn. il proprio affetto*** jdm seine Zuneigung ausdrücken; ***i suoi occhi esprimono grande sofferenza*** seine Augen drücken großes Leid aus **2** *(significare)* bedeuten, sagen: ***queste parole non esprimono nulla*** diese Worte bedeuten nichts **II** pronom. **esprimersi 1a** sich aus‿drücken: ***-rsi a gesti*** sich mit Gesten ausdrücken; ***mi sono espresso male*** ich habe mich schlecht ausgedrückt; ***non sapersi ~*** sich nicht ausdrücken können; ***che modo di -rsi!*** was für eine Ausdrucksweise! **b** *(parlare)* sprechen: ***-rsi in dialetto*** im Dialekt sprechen **2** *(pronunciarsi)* sich äußern: ***-rsi su qcn., qcs.*** sich zu jdm, etw. äußern; ***-rsi a favore di qcn., qcs.*** sich zu jds Gunsten, zu Gunsten etw. (G) äußern. **e|spri|mi|bi|le** agg. ausdrückbar.

e|spro|pria|re *(esproprio, espropri)* tr. **1** enteignen; *(nel marxismo)* expropriieren: ***~ qcn., un terreno*** jdn, ein Grundstück enteignen **2** ESTENS. *(privare)* berauben. **e|spro|pria|to I** p.pass. → **espropriare II** m. Enteignete *m.* **e|spro|pria|zio|ne** f. Enteignung *f.*; *(nel marxismo)* Expropriation *f.* **e|spro|prio** m. *(-pri)* Enteignung *f.*; *(nel marxismo)* Expropriation *f.* ◆ ***~ proletario*** proletarische Enteignung.

e|spu|gna|bi|le agg. einnehmbar. **e|spu|gna|re** tr. ein‿nehmen, erobern, erstürmen: ***~ una città, una fortezza*** eine Stadt, eine Festung einnehmen ◆ ***~ la virtù di una fanciulla*** die Tugend eines Mädchens bezwingen. **e|spu|gna|zio|ne** f. Einnahme *f.*, Eroberung *f.*, Erstürmung *f.*

e|spul|si → **espellere.**

e|spul|sio|ne f. **1a** Ausschluss *m.*: ***~ di un allievo dalla scuola*** der Ausschluss eines Schülers aus der Schule (*o* die Entfernung eines Schülers von der Schule) **b** *(esclusione)* Ausschluss *m.*, Ausschließung *f.*: ***l'~ di qcn. da un'assemblea, da un partito*** jds Ausschluss aus einer Versammlung, Partei; ***l'~ di un socio*** der Ausschluss eines Mitglieds **c** *(da uno stato)* Ausweisung *f.*, Abschiebung *f.* **d** SPORT ***~ dal campo (di gara)*** Feldverweis *m.*, Platzverweis *m.*; ***il brutto fallo costò l'~ al giocatore*** das schlimme Foul kostete den Spieler den Platzverweis **2a** FISIOL. Ausscheidung *f.*, Exkretion *f.*; ***l'~ di un corpo estraneo*** die Ausscheidung eines Fremdkörpers **b** *(di calcoli)* Abgang *m.* **3** MECC. Auswurf *m.*: ***l'~ del bossolo*** der Auswurf der Patronenhülse **4** *(emissione)* Ausstoß *m.*: ***~ di gas di scarico*** Abgasausstoß *m.* ◆ ***dispositivo di ~*** Auswurfvorrichtung *f.*; ***~ della placenta*** Nachgeburt *f.*

e|spul|si|vo agg. auswerfend, ausstoßend.

e|spul|so I p.pass. agg. **1** → **espellere 2** ***gli allievi, i giocatori -i*** die verwiesenen Schüler, Spieler **3** *(escluso)* ausgeschlossen: ***i soci -i*** die ausgeschlossenen Mitglieder **II** m. **1** Ausgeschlossene *m.*, Ausgestoßene *m.* **2** *(da un'organizzazione)* Ausgeschlossene *m.* **3** *(dallo stato)* Ausgewiesene *m.*, Vertriebene *m.* **4** SPORT verwiesener (*o* ausgeschlossener) Spieler *m.*, Ausgeschlossene *m.*

e|spul|so|re m. TECN. Auswerfer *m.*

e|spun|ge|re tr. *(espungo, espungi; espunsi; espunto)* streichen: ***~ brani da un testo*** Stücke aus einem Text streichen. **e|spun|zio|ne** f. Streichung *f.*

e|spur|ga|re tr. *(espurgo, espurghi)* **1** RAR. reinigen **2** FIG. ***~ un testo*** anstößige Stellen aus einem Text entfernen.

e|squi|me|se → **eschimese.**

es|sa pron.pres. **1** *(ella)* sie **2** *(di cosa o animale)* er, sie, es; ***voglio sapere la verità, qualunque ~ sia*** ich will die Wahrheit wissen, wie sie auch immer lauten möge.

essai [es'se] m.inv. ***d'~*** Essay-: ***film, cinema d'~*** Essayfilm *m.*, Essaykino *n.*

1.es|se pron.pers. f.pl. sie.

2.es|se f. e m.inv. s, S *n.* ◆ ***a (forma di) ~*** S-förmig, S-: ***curva, tubo a ~*** S-Kurve *f.*, S-Rohr *n.*

es|sen|za f. **1** Wesen *n.* (anche FILOS.): ***l'~ delle cose*** das Wesen der Dinge **2** *(parte essenziale)* Essenz *f.*, Wesen *n.*, Wesentliche *n.*: ***l'~ di un discorso*** das Wesentliche einer Rede **3a** CHIM. Essenz *f.*: ***-e naturali*** natürliche Essenzen **b** *(olio essenziale)* ***~ di arancia, di bergamotto, di rose*** Orangen-, Bergamott-, Rosenöl *n.*

es|sen|zia|le I agg. **1a** wesentlich: ***un compito ~*** eine wesentliche Aufgabe; ***dettagli -i*** wesentliche Details **b** *(centrale)* ***il punto ~ di una questione*** der wesentliche Punkt einer Frage **2** *(principale)* wesentlich, hauptsächlich, Haupt-: ***la cosa ~*** die Hauptsache **3a** *(necessario)* notwendig: ***è ~ che tu venga*** es ist (absolut) notwendig, dass du kommst; ***è ~ per lui poter lavorare*** es ist für ihn lebensnotwendig zu arbeiten; ***condizione ~*** Grundbedingung *f.* **b** nötig: ***mancare dei requisiti -i per qcs.*** nicht die nötigen Voraussetzungen zu etw. haben **4** *(sobrio)* nüchtern, knapp: ***uno stile ~*** ein nüchterner Stil **5** CHIM. ätherisch, flüchtig; ***oli -i*** ätherische Öle; ***olio ~ di bergamotto*** Bergamottöl *n.* **II** m. **1** Wesentliche *n.*: ***badare all'~*** auf das Wesentliche achten **2** *(cosa essenziale)* Hauptsache *f.*, Wesentliche *n.*: ***l'~ è che tu guarisca*** Hauptsache ist, dass du gesund wirst. **es|sen|zia|li|tà** f. Wesentlichkeit *f.* **es|sen|zial|men|te** avv. **1** wesentlich **2** *(principalmente)* im Wesentlichen: ***i motivi sono ~ due*** die Gründe sind im Wesentlichen zwei.

1.es|se|re *(sono, sei, è, siamo, siete, sono*; fut. *sarò*; pass.rem. *fui, fosti, fu, fummo, foste, furono*; congiunt.pres. *sia, siamo, siate, siano*; congiunt.pass. *fossi*; condiz. *sarei*; imper. *sii, siate*; p.pass. *stato)* **I** intr. (aus. *essere*) **1** *(esistere)* sein: ***penso, dunque sono*** ich denke, also bin ich; ***~ o non ~?*** Sein oder Nichtsein? **2a** *(in funzione di copula)* sein: ***il cielo è blu*** der Himmel ist blau; ***è molto vecchio*** er ist sehr alt; ***non è vero!*** das ist nicht wahr! ***la balena è un mammifero*** der Wal ist ein Säugetier; ***mio marito è (un) giornalista*** mein Mann ist (ein) Journalist; ***è ancora un bambino*** er ist noch ein Kind; ***il semaforo è rosso, verde*** die Ampel ist rot, grün (*o* die Ampel steht auf Rot, Grün); *(impersonale)* ***è presto, tardi*** es ist früh, spät; ***è sera, notte*** es ist Abend, Nacht; ***ieri era lunedì*** gestern war Montag; ***è difficile da capire, a capirsi*** es ist schwierig zu verstehen; *(con frase soggettiva)* ***è un peccato che tu non possa venire*** es ist schade, dass du nicht kommen kannst; ***sarebbe bello rivederla*** es wäre schön, sie wieder zu sehen; *(enfatico)* ***fu Colombo a scoprire l'America*** es war Kolumbus (*o* Kolumbus war es), der America entdeckt hat; ***è un anno, sono due anni che non lo vedo*** es ist ein Jahr, es sind zwei Jahre, dass ich ihn nicht gesehen habe; *(non tradotto)* ***fu con grande gioia che apprese la notizia*** er nahm die Nachricht mit großer Freude auf **b** liegen: ***la colpa, responsabilità è tua, di Marco*** die Schuld, Verantwortung liegt bei dir, bei Marco **c** *(rif. all'aspetto)* aus‿sehen, sein: ***com'è sua sorella? – è molto carina*** wie sieht seine Schwester aus? – sie ist sehr hübsch **d** *(rif. al sapore)* schmecken, sein: ***com'è la torta? – è buona*** wie ist der Kuchen? – er schmeckt gut (*o* er ist lecker) **e** *(appartenere)* gehören, sein: ***questa borsa è sua, di Luisa*** diese Tasche gehört ihr, Luisa; ***la firma è sua*** das ist seine Unterschrift **f** *(di opere d'arte)* stammen, sein: ***il quadro è del Caravaggio*** das Bild stammt von Caravaggio **g** *(diventare)* werden, sein: ***quando sarai grande*** wenn du erwachsen bist (*o* sein wirst) **3a** *(trovarsi)* sein; *(orizzontalmente)* liegen; *(verticalmente)* stehen: ***~ a casa, a scuola, allo stadio, in ufficio*** zu Hause, in der Schule, im Stadion, im Büro sein; ***non so dove sono*** ich weiß nicht, wo ich bin; ***è a Londra da un anno*** er ist seit einem Jahr in London; ***~ in viaggio*** auf Reisen sein; *(giacere)* ***~ a letto*** im Bett liegen (*o* sein); *(stare in piedi)* ***quando entrai, era vicino alla finestra*** als ich eintrat, stand er neben dem Fenster; *(di oggetti)* ***il vaso, il libro è sul tavolo*** die Vase, das Buch ist auf dem Tisch (*o* die Vase steht, das Buch liegt auf dem Tisch); ***l'articolo è in terza pagina*** der Artikel steht auf der dritten Seite **b** stecken, sein: ***chissà dov'è l'ombrello*** wer weiß, wo der Regenschirm steckt; *(essere infilato)* ***la chiave è nella serratura*** der

Schlüssel steckt im Schloss **c** *(essere appeso)* hängen, sein: ***il quadro è nel soggiorno, al Louvre*** das Bild hängt in der Halle, im Louvre **d** *(essere situato)* liegen: ***la città è sul mare*** die Stadt liegt am Meer; ***il Belgio è in Europa*** Belgien liegt in Europa; ***~ in una bella posizione*** schön liegen **e** SPORT ***~ al comando, al terzo posto*** in Führung liegen, auf dem dritten Platz stehen **f** FIG. sein, stecken, liegen, stecken: ***~ in una situazione difficile*** in einer schwierigen Lage sein; ***~ in difficoltà, in crisi*** in Schwierigkeiten sein, in einer Krise stecken **4** *(sedere)* sitzen, sein: ***a teatro era proprio davanti a me*** er saß im Theater direkt vor mir **5** *(accadere)* sein, los sein, geschehen, passieren: ***è stato nell'inverno dell'anno scorso*** es war im Winter letzten Jahres; ***che cosa è stato?*** was ist passiert? ***che cosa sarà di noi?*** was wird mit uns werden? **6** *(avere luogo)* sein, statt‿finden: ***quando sarà la conferenza, la mostra?*** wann ist die Tagung, die Ausstellung? ***la battaglia fu nel 1805*** die Schlacht war im Jahr 1805 **7a** *(andare)* sein: ***sono stato da lui, a scuola*** ich bin bei ihm, in der Schule gewesen; ***sono stato a trovarlo*** ich habe ihn besucht; ***la scorsa settimana sono stato a Parigi*** letzte Woche bin ich in Paris gewesen **b** *(giungere)* ***fra poco saremo a casa, a Roma*** bald werden wir zu Hause, in Rom sein **8** *(provenire)* sein, her‿kommen, kommen, stammen: ***~ di Milano, di Torino*** aus Mailand, Turin sein; ***~ di buona, nobile famiglia*** aus guter, adliger Familie stammen (*o* kommen) **9** *(consistere)* bestehen, liegen, sein: ***il difficile è nel cominciare*** die Schwierigkeit liegt (*o* besteht) darin anzufangen; ***la sua colpa è di non aver fatto nulla*** seine Schuld ist, nichts getan zu haben **10a** *(essere pari a)* stehen, sein: ***il record del mondo è di...*** der Weltrekord steht auf...; ***il prezzo, peso, valore è di...*** der Preis, das Gewicht, der Wert ist... **b** *(essere quotato)* ***a quanto sono le Fiat?*** wie hoch stehen die Fiat-Aktien? ***il marco è sulle 1100 lire*** die DM steht bei 1100 Lire **c** GRAMM. ***il verbo è all'indicativo*** das Verb steht im Indikativ **11a** COLLOQ. *(pesare)* schwer sein: ***questa pagnotta sarà un chilo*** dieses Brot wird ein Kilo schwer sein **b** *(misurare)* lang sein: ***il pesce sarà due metri*** der Fisch wird zwei Meter lang sein **c** *(costare)* machen, kosten: ***quant'è al litro?*** wieviel kostet das pro Liter? ***quant'è in tutto? – sono 300 000 lire*** wieviel macht das insgesamt? – das macht 300 000 Lire **12** *(come ausiliare)* sein, haben: ***è andato a casa*** er ist nach Hause gegangen; ***la situazione è cambiata*** die Lage hat sich verändert; ***si è sposato ieri*** er hat sich gestern verheiratet; ***è nevicato tutta la notte*** es hat die ganze Nacht geschneit; ***non sono potuto venire*** ich habe nicht kommen können **13** *(in forme passive)* werden: ***questo film è stato molto criticato*** dieser Film ist sehr kritisiert worden **II** intr. impers. **esserci**, LETT. **esservi 1a** sein, da sein, geben: ***c'è un libro, ci sono molti libri*** es gibt ein Buch, viele Bücher; ***chi c'era alla festa? – c'era molta gente*** wer war auf dem Fest? – es waren viele Leute da; ***non c'era nessuno*** es war niemand da; ***non c'è più latte*** es gibt keine Milch mehr (*o* es ist keine Milch mehr da); ***non c'è altra possibilità, soluzione*** es gibt keine andere Möglichkeit, Lösung; ***che c'è stasera in televisione?*** was gibt's heute Abend im Fernsehen? ***se non ci fossi stato tu, non ce l'avrei fatta*** wenn du nicht gewesen wärst, hätte ich es nicht geschafft; ***c'è un modo per convincerlo*** es gibt eine Möglichkeit, ihn zu überzeugen; ***c'è un sentiero che porta al rifugio*** es gibt einen Pfad, der zur Schutzhütte führt; ***c'è abbondanza, scarsità di qcs.*** es gibt Überfluss, Mangel an etw. (D); *(enfatico)* ***c'è una persona addetta a questo lavoro*** es gibt jemand, der für diese Arbeit zuständig ist; ***c'è molto da fare*** es gibt viel zu tun; ***cosa c'è di nuovo?*** was gibt es Neues? ***c'è da piangere, da ridere*** es ist zum Weinen, Lachen; *(per indicare distanze)* ***da qui al paese ci saranno due chilometri, dieci minuti*** von hier bis zum Dorf werden es zwei Kilometer, zehn Minuten sein **b** liegen: ***sulle montagne c'è molta neve*** auf den Bergen liegt viel Schnee; ***c'è nebbia sulla città, sulle (per le) strade*** Nebel liegt über der Stadt, es gibt Nebel auf den Straßen **c** stehen: ***c'è sul dizionario*** es steht im Wörterbuch; ***sulla sua testa c'è una taglia*** auf seinen Kopf steht eine Belohnung; ***per questo reato c'è il carcere*** auf dieses Verbrechen steht Gefängnis; ***la casa c'è ancora*** das Haus steht noch **2** *(nascondersi)* sein, stecken: ***in lui c'è qualcosa di diabolico, geniale*** in ihm ist etwas Diabolisches, Geniales **3** *(avere luogo)* statt‿finden, sein, geben: ***oggi (non) c'è lezione di chimica*** heute findet die Chemiestunde (nicht) statt; ***stasera non ci sarà il concerto*** das Konzert findet heute Abend nicht statt; ***in primavera ci saranno le elezioni*** in Frühling wird es Wahlen geben ◆ ***il denaro è, i gioielli sono in banca*** das Geld liegt, die Juwelen liegen auf der Bank; ***che c'è?*** was ist (los)? ***chi è? – sono io*** wer ist da? – ich bin es; ***com'è difficile!*** wie schwierig das ist! COLLOQ. ***com'è che non sei ancora a letto?*** was ist, du bist immer noch nicht im Bett? FIG. ***sono con te*** ich bin auf deiner Seite; ***chi non è con me, è contro di me*** wer nicht für mich ist, ist gegen mich; ***~ contro qcn., qcs.*** gegen jdn, etw. sein; ***cos'è? – è un portafortuna*** was ist das? – (das ist) ein Glücksbringer; REGION. ***cos'è che gli hai fatto?*** was hast du denn mit ihm gemacht? ***cos'è questo baccano?*** was ist das für ein Lärm? ***così sia!*** so sei es! so soll es sein! ***la fattura è ancora da saldare*** die Rechnung muss noch bezahlt werden; ***non è da biasimare*** er ist nicht zu tadeln, man kann ihn nicht tadeln; ***non è da te, da lui*** das passt nicht zu dir, ihm; ***~ di un'opinione, un parere*** einer Meinung, Ansicht sein; ***non è che non ne abbia voglia, è che non me la sento*** nicht, dass ich keine Lust habe, aber ich fühle mich nicht dazu imstande; ***Andrea Visconti fu Dario*** = Andrea Visconti, Sohn des verstorbenen Dario; ***che giorno è (oggi)? – (è) il 24 aprile*** den Wievielten haben wir heute? – (wir haben) den 24. April; ***non ~ in sé*** außer sich sein; ***se io fossi in te...*** wenn ich du wäre; ***non è niente*** es ist nichts; ***sei dei nostri (anche tu)?*** machst du auch mit? ***che ora è? che ore sono? – sono le 3*** wie spät ist es? – es ist drei Uhr; ***è ora di andare*** es ist Zeit, zu gehen; ***~ per l'aborto, la pena di morte*** für die Abtreibung, Todesstrafe sein; ***è per te, per il tuo bene che lo dico*** es ist nur zu deinem Besten, was ich sage; ***per ~ simpatico lo è, ma...*** er ist schon nett, aber...; ***sia pure!*** → ***e sia! quand'è che...?*** wann...? ***quant'è che non ci vediamo? – saranno dieci anni*** wie lange ist es her, dass wir uns nicht mehr gesehen haben? – es werden zehn Jahre sein; ***quel che è stato, è stato*** was passiert ist, ist passiert; ***sarà, ma non mi fido di lui*** es wird schon so sein, aber ich traue ihm nicht; ***ci sei?*** *(vieni anche tu?)* bist du auch dabei? kommst du auch mit? *(sei pronto?)* bist du fertig? *(hai capito?)* hast du es (verstanden)? ***e sia!*** von mir aus! meinetwegen! ***dovette cedere, sia pure con grande sforzo*** er musste nachgeben, auch wenn es ihn viel gekostet hat; ***sia quel che sia*** was auch immer geschehen mag; ***ci siamo!*** *(siamo arrivati)* wir sind da! *(è arrivato il momento)* jetzt geht's los! *(ho capito)* ***ci sono!*** ich hab's! ***sono subito da Lei!*** ich komme gleich zu Ihnen! COLLOQ. ***non c'è più con la testa*** er ist geistig nicht mehr richtig da; ***c'era una volta*** es war einmal.

2.es|se|re m. **1** Sein *n.* (anche FILOS.): ***l'~ e l'apparire*** Sein und Schein **2a** *(creatura)* Wesen *n.*: ***-i umani, viventi*** menschliche Wesen, Lebewesen; ***~ pensante*** denkendes Wesen; ***l'~ supremo*** das höchste Wesen; ***un ~ delicato, incantevole*** ein zartes, bezauberndes Wesen **b** SPREG. Subjekt *n.*: ***un ~ odioso, spregevole*** ein hassenswertes, verachtenswertes Subjekt ◆ ***porre in ~ qcs.*** etw. verwirklichen.

es|se|ri|no m. kleines Ding *n.*, FAM. Würmchen *n.*

es|si pron.pers. m.pl. sie.

es|sic|ca|men|to m. **1** *(prosciugamento)* Entwässerung *f.* **2** *(l'asciugarsi)* Austrocknung *f.*: ***~ della pelle*** Austrocknung der Haut **3** *(il seccare)* Dörren *n.*, Darre *f.*

es|sic|ca|re *(essicco, essicchi)* **I** tr. **1** *(prosciugare)* trocken‿legen, entwässern: ***~ una palude*** einen Sumpf trockenlegen **2** *(asciugare)* aus‿trocknen: ***il vento essicca la pelle*** der Wind trocknet die Haut aus **3a** *(seccare)* dörren: ***~ i funghi*** Pilze dörren; ***~ all'aria, al sole*** an der Luft, an der Sonne dörren **b** IND. *(in un essiccatoio)* darren: ***~ le foglie del tabacco, la canapa*** Tabakblätter, den Hanf darren **II** pronom. **essiccarsi 1** *(prosciugarsi)* aus‿trocknen: ***in estate l'acquitrino si essicca*** im Sommer trocknet das Moor aus **2** *(seccarsi)* dörren: ***la frutta si essicca al sole*** Obst dörrt an der Sonne **3** FIG. *(esaurirsi)* versiegen. **es|sic|ca|to** p.pass. agg. **1** → **essiccare 2** gedörrt, Dörr-: ***frutta, verdura -a*** Dörrobst *n.*, Dörrgemüse *n.* ◆ ***~ all'aria*** luftgetrocknet. **es|sic|ca|to|io** m. *(-oi)* **1** *(apparecchio)* Trockner *m.*, Darre *f.*: ***~ ad aria calda*** Heißlufttrockner *m.* **2** *(luogo)* Trockenraum *m.* **es|sic|ca|to|re** m. **1** *(chi essica)* Trockner *m.* **2** *(essiccatoio)* Trockenanlage *f.*

es|sic|ca|zio|ne f. **1** Trocknung *f.*, Darre *f.* **2** *(prosciugamento)* Entwässerung *f.* ◆ ***forno di ~*** Trockenofen *m.* (*o* Darrofen *m.*); ***impianto di ~*** Trockenanlage *f.*

es|so pron.pers. m. **1** *(egli)* er: ***~ stesso*** er selbst **2** *(di cosa o animale)* er, sie, es ◆ ***chiunque ~ sia*** wer es auch immer sei; ***...o chi per ~*** ...oder sein Stellvertreter; ***qualunque ~ sia*** gleichgültig wer (*o* was) es ist.

es|so|te|ri|co agg. *(-ci,-che)* exoterisch.

es|su|da|to m. Exsudat *n.* **es|su|da|zio|ne** f. Exsudation *f.* ◆ ***cura di ~*** Schwitzkur *f.*

est m.inv. **1** Osten *m.*, Ost *m.*: ***la casa è esposta a ~*** das Haus liegt nach Osten; ***venti provenienti da ~*** von (*o* aus) Ost kommende Winde; ESTENS. ***il confine tra ~ e ovest*** die Grenze zwischen Ost und West; ESTENS. ***Torino ~*** Turin Ost **2** *(Europa orientale)* Osten *m.*: ***le popolazioni dell'~*** die Völker des Ostens; ***venire dall'~*** aus dem Osten kommen ◆ STOR. ***Berlino ~*** Ostberlin *n.*; ***a ~ di Milano*** östlich von Mailand; ***Europa dell'~, ~ europeo*** Osteuropa *n.*; STOR. ***Germania (dell')*** ~ Ostdeutschland *n.*; ***profugo dell'~*** Ostflüchtling *m.*; ***il vento dell'~*** Ostwind *m.*, Ost *m.*; ***verso ~*** ostwärts.

es|tab|lish|ment [ɪs'tæblɪʃmənt] m.inv. Establishment *n.*

e|sta|si f.inv. Verzückung *f.*, Verzückheit *f.*, Ekstase *f.*: ***~ mistica*** mystische Verzückung; ***mandare in ~ qcn.*** jdn in Ekstase versetzen; ***andare in ~ per qcs.*** durch etw. in Ekstase versetzt werden; ***cadere, essere in ~*** in Ekstase geraten, sein.

e|sta|sia|re *(estasio, estasi)* **I** tr. ***~ qcn.*** jdn verzücken **II** pronom. **estasiarsi** in Verzückung geraten. **e|sta|sia|to** p.pass. agg. **1** → **estasiare** **2** verzückt: ***uno sguardo ~*** ein verzückter Blick; ***guardare, ascoltare ~ qcn., qcs.*** jdm, etw. verzückt zu‿sehen, lauschen; ***rimanere ~ davanti a qcs.*** von etw. (D) verzückt sein.

e|sta|te f. Sommer *m.*: ***un'~ calda, torrida*** ein warmer, heißer Sommer; ***d'~, in ~*** im Sommer; ***durante l'~*** den Sommer über, während des Sommers; ***in piena ~*** mitten im Sommer (*o* im Hochsommer); ***nel cuore dell'~*** im tiefsten Sommer; ***all'inizio, alla fine dell'~*** am Sommeranfang, am Sommerende; ***arriva l'~*** es wird Sommer (*o* es sommert) ◆ ***~ di San Martino*** Altweibersommer *m.* (*o* Nachsommer *m.*).

e|sta|ti|co agg. *(-ci,-che)* verzückt, ekstatisch: ***espressione -a*** ekstatischer Ausdruck.

e|stem|po|ra|ne|a|men|te avv. aus dem Stegreif, ex tempore. **e|stem|po|ra|nei|tà** f. Improvisation *f.* **e|stem|po|ra|ne|o** agg. **1** Stegreif-, improvisiert: ***discorso ~*** improvisierte Rede **2** *(di persona)* Stegreif-, improvisierend: ***poeta ~*** Stegreifdichter *m.*; ***recitazione, commedia -a*** Stegreifspiel *n.*, Stegreifkomödie *f.*

e|sten|de|re *(estesi, esteso)* **I** tr. **1a** *(ampliare)* aus‿dehnen, aus‿weiten, erweitern: ***~ i confini dello stato*** die Staatsgrenzen erweitern; ***~ il proprio dominio su qcs.*** seine Herrschaft auf etw. (A) ausdehnen **b** FIG. *(allargare)* erweitern: ***~ le proprie conoscenze, il proprio sapere*** seine Kenntnisse, sein Wissen erweitern **2** *(ingrandire)* vergrößern: ***~ i propri possedimenti*** seinen Besitz vergrößern; FIG. ***~ la cerchia delle proprie conoscenze*** seinen Bekanntenkreis vergrößern **3** FIG. *(rivolgere a più persone)* aus‿weiten: ***~ un diritto, un invito a qcn.*** ein Recht, eine Einladung auf jdn ausweiten **4** *(tendere)* aus‿strecken: ***~ un arto*** ein Glied ausstrecken **II** pronom. **estendersi 1a** sich erstrecken, sich aus‿dehnen: ***la città si estende a dismisura*** die Stadt dehnt sich übermäßig aus; ***-rsi su qcs.*** sich über etw. erstrecken **b** GEOGR. streichen: ***le Alpi si estendono da ovest a est*** die Alpen streichen von Westen nach Osten **2** *(diffondersi)* aus‿breiten, verbreiten, über‿greifen: ***il fuoco si sta estendendo*** das Feuer breitet sich aus; ***l'epidemia si estende anche ad altre zone*** die Seuche greift auch auf andere Gebiete über **3** FIG. *(rivolgersi)* sich erstrecken: ***il provvedimento si estende a tutti i pensionati*** die Maßnahme erstreckt sich auf alle Pensionisten. **e|sten|di|bi|le** → **estensibile. e|sten|di|bi|li|tà** → **estensibilità.**

e|sten|se **I** agg. der Este: ***la dinastia ~*** das Geschlecht der Este **II** m. e f. Este *m.* e *f.*

e|sten|si|bi|le agg. ausdehnbar, dehnbar, extensibel: ***un materiale ~*** ein dehnbarer Stoff; ***una norma ~*** eine ausdehnbare Norm. **e|sten|si|bi|li|tà** f. Dehnbarkeit *f.*, Ausdehnbarkeit *f.*, Extensibilität *f.*

e|sten|sio|ne f. **1** Ausdehnung *f.*: ***l'~ dei diritti politici agli stranieri*** die Ausdehnung der politischen Rechte auf die Ausländer **2** *(ampiezza)* Ausdehnung *f.*, Weite *f.*: ***l'~ di un territorio*** die Ausdehnung eines Gebiets; ***la proprietà ha un'~ di 10 ettari*** der Besitz hat eine Ausdehnung von 10 Hektar **3** *(diffusione)* Verbreitung *f.*, Ausbreitung *f.*: ***l'~ di un fenomeno*** die Verbreitung eines Phänomens; ***raggiungere la massima ~*** die größte Verbreitung erreichen **4** *(di significato)* erweiterter Sinn *m.*, erweiterte Bedeutung *f.*: ***in tutta l'~ del termine*** im erweiterten (*o* weiteren) Sinn des Wortes **5** MUS. Umfang *m.*: ***~ vocale, della voce*** Stimmumfang *m.*; ***una voce con un'~ di due ottave*** eine Stimme von zwei Oktaven Umfang **6** GINN. Strecken *n.*, Ausstrecken *n.* **7** INFORM. Erweiterung *f.*

e|sten|si|me|tro m. Dehnungsmesser *m.*

e|sten|si|va|men|te avv. extensiv. **e|sten|si|vo** agg. **1** extensiv: ***interpretazione -a di una norma*** extensive Auslegung einer Norm; AGR. ***coltivazione ~*** extensive Bewirtschaftung **2** LING. erweitert: ***significato ~*** erweiterte Bedeutung (*o* erweiterter Sinn). **e|sten|so|re** **I** agg. Streck-: ***muscolo ~*** Streckmuskel *m.*, Strecker *m.* **II** m. **1** Verfasser *m.*, Abfasser *m.*; ANT. Konzipient *m.* **2** GINN. Expander *m.*

e|ste|nuan|te agg. zermürbend, aufreibend: ***attesa, viaggio ~*** zermürbendes Warten, aufreibende Reise.

e|ste|nua|re *(estenuo)* **I** tr. **1** aus‿zehren, erschöpfen: ***la malattia mi estenua*** die Krankheit erschöpft mich **2** *(logorare)* zermürben, auf‿reiben: ***la discussione lo estenuò*** die Diskussion rieb ihn auf **II** pronom. **estenuarsi** sich erschöpfen. **e|ste|nua|to** p.pass. agg. **1** → **estenuare** **2** ausgezehrt: ***un uomo ~ dalla lunga malattia*** ein von der langen Krankheit ausgezehrter Mensch. **e|ste|nua|zio|ne** f. **1** Auszehrung *f.*, Erschöpfung *f.* **2** *(logoramento)* Zermürbung *f.*

E|ster n.pr.f. Esther *f.*

e|ste|re m. Ester *m.* **e|ste|ri|fi|ca|re** tr. *(esterifico, esterifichi)* verestern. **e|ste|ri|fi|ca|zio|ne** f. Veresterung *f.*

e|ste|rio|re **I** agg. **1** äußere, äußerlich, Außen-: ***fenomeno ~*** äußerliches Phänomen; ***mondo ~*** Außenwelt *f.* (anche *fig.*); FIG. ***lato ~*** Außenseite *f.* **2** FIG. *(apparente)* äußerlich: ***qualità -i*** äußerliche Qualitäten **II** m. *(parte esterna)* Außenseite *f.* ◆ ***aspetto ~*** Äußere *n.* **e|ste|rio|ri|tà** f.inv. **1** Äußere *n.*, äußerer Eindruck *m.*: ***l'~ di un rito*** das Äußere eines Ritus **2** *(apparenza)* Äußerlichkeit *f.*, Äußerliche *n.*: ***dare importanza all'~*** auf Äußerlichkeiten (*o* das Äußerliche) Wert legen; ***badare solo all'~*** nur auf die Äußerlichkeiten (*o* das Äußerliche) achten.

e|ste|rio|riz|za|re **I** tr. äußern, nach außen tragen: ***~ un sentimento*** ein Gefühl äußern **II** pronom. **esteriorizzarsi** sich äußern.

e|ste|rior|men|te avv. äußerlich: ***~ rimase impassibile*** äußerlich blieb er ungerührt.

e|ster|na|men|te avv. außen, äußerlich.

e|ster|na|re **I** tr. äußern, Ausdruck verleihen, Ausdruck geben; PSIC. externalisieren: ***~ la propria gioia*** seiner Freude Ausdruck verleihen (*o* geben), seine Freude äußern **II** pronom. **esternarsi** **1** *(manifestarsi)* sich äußern, sich aus‿drücken **2** *(confidarsi)* sich an‿vertrauen. **e|ster|na|zio|ne** f. **1** *(l'esternare)* Äußern *n.* **2** *(manifestazione)* Ausdruck *m.*; PSIC. Externation *f.* **3** *(dichiarazione)* Äußerung *f.*

e|ster|no **I** agg. **1** Außen-, äußere: ***parete, scala -a*** Außenwand *f.*, Außentreppe *f.*; ***diametro ~*** äußerer Durchmesser; GEOM. ***angolo ~*** Außenwinkel *m.*; CINEM. ***riprese -e*** Außenaufnahmen *pl.* **2** *(che proviene da fuori)* extern, auswärtig: ***candidato ~*** externer Prüfling; ***collaboratore ~*** auswärtiger (*o* freier) Mitarbeiter **3** SPORT *(fuori casa)* Auswärts-: ***vittoria -a*** Auswärtssieg *m.* **II** m. **1** Außenseite *f.*, Äußere *n.*: ***l'~ di un edificio*** die Außenseite eines Gebäudes **2** *(studente)* Externe *m.* **3** pl. CINEM. Außenaufnahmen *pl.*: ***girare gli -i*** Außenaufnahmen drehen **4** SPORT *(giocatore)* Außen *m.*, Außenstürmer *m.*: ***~ destro, sinistro*** Rechts-, Linksaußen *m.* ◆ ***all'~*** außen; ***dall'~*** von außen; ***per uso ~*** zum (*o* für den) äußerlichen Gebrauch; ***verso l'~*** nach außen (hin).

e|ste|ro **I** agg. **1** *(straniero)* ausländisch, Auslands-: ***giornali -i*** ausländische Zeitungen; ***mercato ~*** Auslandsmarkt *m.* **2** POL. Außen-, auswärtig: ***politica -a*** auswärtige Politik (*o* Außenpolitik *f.*); ***affari -i*** auswärtige Angelegenheiten; ***commercio ~*** Außenhandel *m.* **II** m. **1** Ausland *n.*: ***andare, vivere, soggiornare all'~*** ins Ausland gehen, im Ausland leben, sich im Ausland auf‿halten **2** pl. GIORN. Ausland *n.* ◆ ***corrispondente ~, dall'~*** Auslandskorrespondent *m.*; ***Ministero degli (Affari) Esteri*** Außenministerium *n.*; ***ministro degli Esteri*** Außenminister *m.*; ***paesi -i*** Ausland *n.* **e|ste|ro|fi|li|a** f. Fremdtümelei *f.*; COLLOQ. Auslandstick *m.* **e|ste|ro|fi|lo** **I** agg. auslandsergeben, ausländerfreundlich (*o* mit einem Auslandstick) **II** m. Auslandshörige *m.* e *f.*, Xenophile *m.*; COLLOQ. einer, eine mit Auslandstick.

e|ste|ro|fo|bi|a f. Ausländerfeindlichkeit *f.* **e|ste|ro|fo|bo** agg. ausländerfeindlich.

e|ster|re|fat|to agg. fassungslos, erschlagen, verblüfft: ***essere, rimanere ~*** verblüfft sein, (wie) erschlagen sein; ***fare una faccia -a*** ein fassungsloses Gesicht machen.

e|ste|sa|men|te avv. ausführlich: ***discutere ~ di, su qcs.*** über etw. (A) ausführlich diskutieren. **e|ste|so** p.pass. agg. **1** → **estendere** **2** ausgedehnt, weit: ***un territorio ~*** ein weites Gebiet **3** LING. erweitert: ***significato ~*** erweiterter Sinn (*o* erweiterte Bedeutung) ◆ ***per ~*** vollständig, ungekürzt; ***firmare per ~*** mit vollem Namen unterschreiben; ***scrivere per ~*** aus‿schreiben.

e|ste|ta m. e f. *(-i,-e)* Ästhet *m.* (-in *f.*).

e|ste|ti|ca f. **1** FILOS. Ästhetik *f.*: ***~ trascendentale*** transzendentale Ästhetik **2** *(bellezza)* Ästhetik *f.*, Schönheit *f.*: ***curare l'~*** die Schönheit pflegen ◆ ***professore di ~*** Ästhetiker *m.*; ***salone di ~*** Schönheitssalon *m.* **e|ste|ti|ca|men|te** avv. ästhetisch. **e|ste|ti|ci|tà** f. Ästhetische *n.*: ***l'~ di un'opera*** das Ästhetische eines Werkes.

e|ste|ti|co agg. *(-ci,-che)* **1** ästhetisch: ***criteri -ci*** ästhetische Maßstäbe **2** *(bello)* schön: ***un mobile poco ~*** ein nicht besonders schönes Möbel ◆ ***chirurgia -a*** Schönheitschirurgie *f.*; ***filosofo ~*** Ästhetiker *m.*; ***senso ~*** Ästhetik *f.*, Schönheitssinn *m.*

e|ste|ti|smo m. Ästhetizismus *m.* **e|ste|ti|sta** m. e f. *(-i,-e)* Kosmetiker *m.* (-in *f.*), Schönheitspfleger *m.* (-in *f.*): ***andare dall'~*** zum

Kosmetiker gehen. **e|ste|tiz|zan|te** agg. ästhetisierend: ***atteggiamento ~*** ästhetisierende Haltung.

e|sti|ma|ti|vo agg. schätzend, Schätzungs-: ***giudizio ~*** Schätzungsurteil *n.* **e|sti|ma|to|re** m. **1** *(conoscitore)* Schätzer *m.*, Verehrer *m.*: ***un grande ~ di, della musica barocca*** ein großer Verehrer der Barockmusik **2** *(stimatore)* Schätzer *m.*, Taxator *m.*

e|sti|mo m. Einschätzung *f.*, Schätzung *f.*, Taxation *f.*

e|stin|gue|re *(estinguo; estinsi; estinto)* **I** tr. **1** löschen: ***~ un incendio, le fiamme*** einen Brand, das Feuer löschen; ***~ la sete*** den Durst löschen **2a** tilgen, löschen: ***~ un debito, un conto*** eine Schuld, ein Konto löschen (*o* ab‿tragen) **b** DIR. *(annullare)* tilgen **3** *(far cessare)* ***~ un mandato*** ein Mandat erlöschen lassen **4** *(fare scomparire)* aus‿löschen: ***la stirpe fu estinta da un'epidemia*** das Geschlecht wurde durch eine Epidemie ausgelöscht **5** FIG. *(fare svanire)* löschen, aus‿löschen: ***~ un ricordo*** eine Erinnerung auslöschen **II** pronom. **estinguersi 1** erlöschen: ***la fiamma si estingue*** die Flamme erlöscht **2** *(scomparire)* aus‿sterben, erlöschen: ***con lui si estinse la famiglia*** mit ihm erlosch seine Familie; ***molte specie animali rischiano di -rsi*** viele Tierarten sind vom Aussterben bedroht **3** *(concludersi)* erlöschen, enden **4** FIG. dahin‿schwinden: ***la sua fama si estinse molto presto*** sein Ruhm schwand sehr schnell dahin.

e|stin|gui|bi|le agg. **1** löschbar **2** COMM. tilgbar, löschbar: ***un mutuo ~ in dieci anni*** ein in zehn Jahren tilgbares Darlehen. **e|stin|ti|vo** agg. DIR. Aufhebungs-: ***causa -a della pena*** Strafaufhebungsgrund *m.*

e|stin|to I p.pass. agg. **1** → **estinguere 2a** erloschen: ***un vulcano ~*** ein erloschener Vulkan **b** *(scaduto, decaduto)* erloschen: ***dichiarare ~ un mandato*** ein Mandat für erloschen (*o* beendet) erklären **3** ***una specie -a*** eine ausgestorbene Art **II** m. Verstorbene *m.*: ***il caro ~*** der liebe (*o* werte) Verstorbene.

e|stin|to|re I m. Feuerlöscher *m.*, Löscher *m.*, Löschgerät *n.* **II** agg. Feuerlösch-: ***materiale ~*** Feuerlöschmittel *n.* ◆ ***~ a mano*** Handfeuerlöscher *m.*; ***~ a schiuma*** Schaumlöscher *m.* (*o* Schaumlöschgerät *n.*).

e|stin|zio|ne f. **1** *(spegnimento)* Löschung *f.*, Löschen *n.* **2** *(di vulcano)* Erlöschen *n.* **3a** COMM. Tilgung *f.*: ***l'~ di un debito*** die Schuldentilgung **b** DIR. ***~ della pena*** Straftilgung *f.* **4** *(scomparsa)* Aussterben *n.*, Erlöschen *n.*: ***essere in via di ~*** im Aussterben begriffen sein ◆ ***~ della calce*** Kalklöschen *n.*

e|stir|pa|re tr. **1** vertilgen, aus‿merzen: ***~ le erbacce*** das Unkraut vertilgen **2** CHIR. *(tumori)* exstirpieren, heraus‿schneiden **3** FIG. aus‿rotten, aus‿merzen: ***~ un male alla radice*** ein Übel mit der Wurzel ausrotten; ***~ pregiudizi, la delinquenza*** Vorurteile, die Kriminalität ausrotten; ***~ un errore*** einen Fehler ausmerzen. **e|stir|pa|zio|ne** f. **1** Vertilgung *f.*, Austilgung *f.* **2** CHIR. Exstirpation *f.* **3** FIG. Ausrottung *f.*

e|sti|va|re tr. auf die Alm treiben. **e|sti|va|zio|ne** f. **1** Almauftrieb *m.* **2** *(letargo)* Sommerschlaf *m.*

e|sti|vo agg. sommerlich, Sommer-: ***periodo ~, mesi -i*** Sommerzeit *f.*, Sommermonate *pl.*; ***vacanze -e*** Sommerferien *pl.* (*o* Sommerurlaub *m.*); ***clima ~*** sommerliches Klima; *(per l'estate)* ***abbigliamento ~*** Sommerkleidung *f.* ◆ ***corso ~*** Sommerkurs *m.*, Ferienkurs *m.*; BOT. ***getto ~*** Johannistrieb *m.*

e|sto|ne I agg. estländisch, estnisch **II** m. e f. Estländer *m.* (-in *f.*), Este *m.* (Estin *f.*) **III** m. *(lingua)* Estnisch(e) *n.* **E|sto|nia** n.pr.f. Estland n.

e|stor|ce|re tr. *(estorco, estorci; estorsi; estorto)* erpressen ab‿pressen: ***~ qcs. a qcn.*** etw. von jdm erpressen, jdm etw. abpressen; ***~ denaro a qcn.*** von jdm Geld erpressen; ***~ una confessione a qcn.*** jdm ein Geständnis abpressen.

e|stor|sio|ne f. Erpressung *f.*; ***sequestro a scopo di ~*** erpresserische Entführung. **e|stor|si|vo** agg. erpresserisch: ***minacce -e*** erpresserische Drohungen. **e|stor|so|re** m. Erpresser *m.* **e|stor|to** p.pass. agg. **1** → **estorto 2** erpresst, abgepresst: ***una confessione -a*** ein erpresstes Geständnis.

estra... → **extra...**

e|stra|da|re tr. aus‿liefern.

e|stra|di|zio|ne f. Auslieferung *f.*: ***chiedere, ottenere, rifiutare, concedere l'~ di un criminale*** die Auslieferung eines Verbrechers beantragen, erhalten, verweigern, gewähren; ***domanda, richiesta di ~*** Auslieferungsantrag *m.*, Auslieferungsbegehren *n.*; ***consegnare per ~*** aus‿liefern.

e|stra|dos|so m. Gewölbegrat *m.*

e|stra|go|ne m. Estragon *m.*

e|stra|i|bi|le agg. ausziehbar, herausziehbar: ***frontalino ~*** abnehmbare Frontplatte.

e|stra|nei|tà f. **1** Fremdheit *f.* **2** *(non partecipazione)* Nichtbeteiligung *f.* **3** *(mancanza di attinenza)* Nichtzugehörigkeit *f.*

e|stra|ne|o I agg. **1** *(non conosciuto)* fremd: ***un ambiente ~*** eine fremde Umgebung; ***è ~ al nostro mondo*** er ist unserer Welt fremd **2** *(non implicato)* unbeteiligt: ***essere ~ a qcs.*** an etw. (D), bei etw. unbeteiligt sein **3** *(non attinente, non facente parte)* nicht gehörend, außen stehend, fern stehend: ***un pensiero ~ all'argomento*** ein nicht zum Thema gehörender Gedanke; ***questi fatti sono -i alla vicenda*** diese Tatsachen gehören nicht zur Angelegenheit; ***una persona -a alla famiglia*** ein nicht zur Familie gehörender Mensch **4** BIOL. körperfremd: ***sostanza -a*** körperfremde Substanz **II** m. **1** Fremde *m.*, Außenstehende *m.* **2** *(non autorizzato)* Unbefugte *m.*: ***vietato l'accesso agli -i*** Zutritt für Unbefugte verboten ◆ ***corpo ~*** Fremdkörper *m.*; ***cadere, finire in mani -e*** in fremde Hände fallen (*o* gelangen); ***mantenersi, rimanere ~ a qcs.*** sich von etw. fern halten, etw. (D) fern stehen; BIOL. ***~ alla specie*** artfremd.

e|stra|nia|re *(estranio, estrani)* **I** tr. entfremden: ***~ qcn. dalla propria famiglia*** jdn seiner Familie entfremden **II** pronom. **estraniarsi** sich entfremden: ***-rsi dal mondo, dalla realtà*** sich der Welt, Realität entfremden. **e|stra|nia|to** p.pass. agg. **1** → **estraniare 2** entfremdet **3** *(assente)* geistesabwesend. **e|stra|nia|zio|ne** f. Entfremdung *f.*

e|stra|po|la|re tr. *(estrapolo)* **1** extrapolieren: ***~ dati*** Daten extrapolieren **2** *(estrarre)* heraus‿lösen: ***~ una frase dal contesto*** einen Satz aus dem Zusammenhang herauslösen. **e|stra|po|la|zio|ne** f. **1** Extrapolation *f.* **2** Herauslösen *n.*

e|strar|re tr. *(estraggo, estrai; estrassi; estratto)* **1** aus‿ziehen, heraus‿ziehen, ziehen: ***~ un chiodo*** einen Nagel herausziehen; ***~ un dente*** einen Zahn ziehen, MED. extrahieren; ***~ la pistola*** die Pistole ziehen (*o* herausziehen); ***~ la spada dal fodero, una carta dal mazzo*** das Schwert aus der Scheide, eine Karte aus dem Kartenspiel ziehen; MAT. ***~ la radice di un numero*** die Wurzel aus einer Zahl ziehen **2** MIN. ab‿bauen, fördern, gewinnen: ***~ carbone, minerali*** Kohle, Erz abbauen **3** *(ricavare)* gewinnen, aus‿ziehen: ***~ un'essenza dalle erbe*** eine Essenz aus Kräutern gewinnen; ***~ zucchero dalla barbabietola*** Zucker aus Rüben gewinnen **4** CHIM. extrahieren **5a** *(sorteggiare)* ziehen: ***~ il numero vincente, il biglietto vincente*** das Gewinnlos ziehen **b** aus‿losen, verlosen: ***~ i premi*** die Prämien auslosen **6** *(trarre, derivare)* entnehmen: ***~ brani da un romanzo*** Stücke (aus) einem Roman entnehmen ◆ ***~ a sorte*** aus‿losen, verlosen.

e|strat|ti|vo agg. **1** MIN. Abbau-, Förder-: ***procedimento ~*** Abbauverfahren *n.* **2** CHIM. extraktiv ◆ ***industria -a*** Bergbau *m.*

e|strat|to I p.pass. agg. **1** → **estrarre 2** *(sorteggiato)* ausgelost **3** MIN. Förder-: ***materiale, carbone ~*** Fördergut *n.*, Förderkohle *f.* **II** m. **1** Extrakt *m.*: ***~ vegetale, di carne*** Pflanzenextrakt *m.*, Fleischextrakt *m.*; ***~ di camomilla*** Kamillenextrakt *m.* **2** *(compendio)* Exzerpt *n.*, Auszug *m.* **3** BUROCR. *(di un documento)* Auszug *m.*: ***~ dell'atto di nascita*** Auszug aus dem Geburtsregister **4** *(articolo stampato a parte)* Sonderdruck *m.* **5** *(numero estratto)* gezogenes Los *n.*, ausgeloste Zahl *f.*: ***primo, secondo ~*** erstes, zweites (gezogenes) Los ◆ ***~ di un atto*** Aktenauszug *m.*; ***~ catastale*** Katasterauszug *m.*; BANC. ***~ conto*** Kontoauszug *m.*; ***~ di registro*** Registerauszug *m.* **e|strat|to|re** m. **1** MIN. Bergmann *m.*, Bergarbeiter *m.* **2** ARM. Patronenauswerfer *m.* **3** MECC. Abziehvorrichtung *f.*, Förderer *m.* **4** CHIM. Auslauger *m.* **5** MED. Extrakteur *m.*

e|stra|zio|ne f. **1** Ziehung *f.*, Ziehen *n.*: ***~ di, della radice*** Wurzelziehen *n.* **2** MIN. Abbau *m.*, Förderung *f.*, Gewinnung *f.*: ***~ di minerali, di ferro, dell'oro*** Erz-, Eisen-, Goldgewinnung *f.*; ***~ di petrolio, di carbon fossile*** Erdöl-, Steinkohlenförderung *f.* **3** *(sorteggio)* Ziehung *f.*, Auslosung *f.*: ***~ dei premi*** Prämienauslosung *f.*; ***~ del biglietto vincente*** Losziehung *f.* **4** MED. CHIM. Extraktion *f.*: ***l'~ del dente*** die Zahnextraktion **5** FIG. *(origine)* Abstammung *f.*: ***una famiglia di ~ umile*** eine Familie niedriger Abstammung ◆ MIN. ***gabbia, pozzo, torre di ~*** Förderkorb *m.*, Förderschacht *m.*, Förderturm *m.*; ***-i del lotto*** Ziehung der Lottozahlen.

e|stre|ma|men|te avv. äußerst.

e|stre|mi|smo m. Extremismus *m.* **e|stre|mi|sta** *(-i,-e)* **I** m. e f. Extremist *m.* (-in *f.*): ***~ di destra, di sinistra*** Rechtsextremist *m.* (*o* Rechtsradikale *m.*), Linksextremist *m.* (*o* Linksradikale *m.*) **II** agg. extrem, extremistisch. **e|stre|mi|sti|ca|men|te** avv. extremistisch. **e|stre|mi|sti|co** agg. *(-ci,-che)* extremistisch.

e|stre|mi|tà f.inv. **1** Ende *n.*, Extremität *f.*: ***l'~ di una corda, del filo*** das Ende einer Schnur, das Fadenende; ***da un'~ all'altra*** von einem Ende zum anderen; ***all'~ opposta, all'altra ~*** am entgegengesetzten, anderen Ende **2** pl. *(piedi o mani)* Extremitäten *pl.*: ***le ~ inferiori, superiori*** die unteren, oberen Extremitäten.

e|stre|mo I agg. **1** äußerst, letzt: ***il limite, il punto ~*** die äußerste

Grenze, der äußerste Punkt; ***fare un ~ tentativo*** das Äußerste versuchen, einen letzten Versuch machen; ***rendere a qcn. gli -i onori*** jdm die letzte Ehre erweisen **2** POL. extrem: ***~ destra, sinistra*** die extreme Linke, Rechte; ***posizioni -e*** extreme Positionen **3** *(gravissimo)* äußerst, Extrem-, extrem: ***caso ~*** äußerster Fall, Extremfall *m.*; ***~ pericolo*** äußerste Gefahr **4** *(grandissimo)* äußerst, höchst: ***di -a importanza*** von äußerster Wichtigkeit; ***ridursi a un'-a miseria*** in äußerste Not geraten; ***severità -a*** äußerste Strenge; ***trovarsi in -e difficoltà economiche*** sich in einer extremen wirtschaftlichen Notlage befinden; ***con -a eleganza, precisione, cautela*** mit äußerster Eleganz, Genauigkeit, Vorsicht; ***avere un bisogno ~ di riposo*** ein äußerstes Bedürfnis nach Ruhe haben **II** m. **1** Ende *f.* (anche FIG.): ***all'~ opposto*** am entgegengesetzten Ende; ***i due -i di un cavo*** die zwei Enden eines Kabels; ***essere all'~ delle forze*** am Ende seiner Kräfte sein **2** pl. BUROCR. *(dati essenziali)* Daten *pl.*: ***gli -i di un atto*** die Daten einer Akte **3** DIR. Tatbestand *m.*: ***gli -i di un reato*** der Tatbestand eines Verbrechens **4** MAT. *(di una proporzione)* äußeres Glied *n.* **5a** SPORT *(nel calcio)* Libero *m.* **b** *(nel rugby)* Schlussspieler *m.* **6** FIG. *(eccesso)* Extrem *n.*: ***passare da un ~ all'altro*** von einem Extrem ins andere fallen; ***spingere qcs. all'~*** etw. bis ins Extrem (*o* zum Äußersten, zum Letzten) treiben ◆ ***qcn. è agli -i*** es geht mit jdm zu Ende, jd liegt im Sterben; RELIG. ***-i conforti*** die Tröstungen der Kirche; SPORT ***~ difensore*** Schlussmann *m.*; ***fino all'~*** bis zum Äußersten; ***-i opposti*** äußerste Extreme; ***l'~ Oriente*** der Ferne Osten; ***sci ~*** Extremski *m.*; ***sport ~*** Extremsport *m.*; RELIG. ***~ unzione*** Krankensalbung *f.*, ANT. Letzte Ölung; MAT. ***valore ~*** Extremwert *m.*; PROV. ***a mali -i, -i rimedi*** auf einen groben Klotz gehört ein grober Keil; ***gli -i si toccano*** die Extreme berühren sich.

e|strin|se|ca|men|te avv. äußerlich. **e|strin|se|ca|re** *(estrinseco)* **I** tr. äußern, aus‿drücken, kund‿geben **II** pronom. **estrinsecarsi** sich äußern, sich aus‿drücken. **e|strin|se|ca|zio|ne** f. Äußerung *f.*, Ausdruck *m.*, Kundgebung *f.* **e|strin|se|co** agg. *(-ci,-che)* äußere, äußerlich: ***motivi -ci*** äußerliche Ursachen; ***il carattere ~ di qcs.*** der äußerliche Charakter von etw.

e|stro m. **1** Inspiration *f.*, Eingebung *f.*: ***~ poetico*** dichterische Eingebung; ***~ creativo (inventivo)*** schöpferische Inspiration; ***seguire l'~*** der Eingebung folgen; ***secondo l'~ del momento*** der momentanen Eingebung folgend **2** *(capriccio)* Einfall *m.*, Idee *f.*, Anwandlung *f.*: ***gli è venuto l'~ di viaggiare*** er ist auf die Idee verfallen zu reisen **3** ZOOL. *(calore)* Brunst *f.* **4** ENTOM. *(parassita)* Dasselfliege *f.*

e|stro|ge|no I agg. östrogen **II** m. Östrogen *n.*

e|stro|mes|so p.pass. agg. **1** → **estromettere 2** ***sentirsi ~*** sich ausgestoßen fühlen. **e|stro|met|te|re** *(estromisi; estromesso)* **I** tr. aus‿schließen, aus‿stoßen: ***~ da un partito, da un club*** aus einer Partei, einem Verein ausstoßen **II** pronom. **estromettersi** sich aus‿schließen. **e|stro|mis|sio|ne** f. Ausschluss *m.*, Ausstoßung *f.*

e|stro|si|tà f. Launenhaftigkeit *f.* **e|stro|so** agg. **1** launisch, launenhaft: ***un tipo ~*** ein launischer Typ **2** *(che possiede o mostra estro inventivo)* einfallsreich, originell: ***un lavoro ~*** eine originelle Arbeit.

e|stro|ver|sio|ne f. Extravertiertheit *f.*, Extraversion *f.* **e|stro|ver|so I** agg. extravertiert **II** m. Extravertierte *m.*

e|stru|de|re tr. *(estrudo, estrudi; estrusi; estruso)* **1** METALL. fließ‿pressen **2** GEOL. extrudieren. **e|stru|sio|ne** f. **1** METALL. Fließpressen *n.* **2** GEOL. Extrusion *f.* **e|stru|si|vo** agg. extrusiv: ***roccia -a*** Extrusivgestein *n.* **e|stru|so|re** m. Extruder *m.*

est-su|dest m. Ostsüdost(en) *m.*

e|stua|rio m. *(-ri)* Ästuar *n.*, Trichtermündung *f.*

e|su|be|ran|te agg. **1** *(sovrabbondante)* übermäßig, überschüssig, Überschuss-: ***una produzione ~*** eine übermäßige Produktion, ein Überschussproduktion **2** *(florido, prosperoso)* üppig: ***forme -i*** üppige Formen **3** FIG. *(vivace)* übermutig, überschäumend, übersprudelnd, überschwänglich: ***un temperamento ~*** ein übersprudelndes (*o* überschäumendes) Temperament.

e|su|be|ran|za f. **1** *(eccedenza)* Übermaß *n.*, Überschuss *m.*: ***~ di qcs.*** Überschuss an etw. (D) **2** *(vitalità)* Übermut *m.*, Überschwang *m.*, Überschwänglichkeit *f.*: ***frenare l'~ di qcn.*** jds Übermut dämpfen; ***fare qcs. con ~*** etw. aus, im Übermut tun.; ***~ giovanile*** jugendlicher Überschwang.

e|su|be|ro m. **1** Überschuss *m.*: ***~ di nascite*** Geburtenüberschuss *m.*; ***in ~*** überschüssig, im Überschuss; ***manodopera in ~*** Arbeitskräfte im Überschuss **2** *(dipendente in esubero)* Überschuss *m.* an Arbeitskräften, überschüssige Arbeitskraft *f.*: ***la ditta ha 1000 -i*** die Firma hat 1000 überschüssige Arbeitskräfte.

e|su|la|re intr. *(esulo; aus. avere)* **1** hinaus‿gehen, fern stehen: ***~ da qcs.*** über etw. (A) hinausgehen; ***qcs. esula dalle competenze di qcn.*** etw. geht über jds Zuständigkeit hinaus; ***questo esula dalle mie conoscenze*** das entzieht sich meiner Kenntnis; ***esula dalle mie intenzioni*** das liegt meinen Absichten fern **2** ANT. *(esiliarsi)* in (die) Verbannung gehen.

e|sul|ce|ra|re *(esulcero)* **I** tr. **1** exulzerieren, ein Geschwür aus‿bilden, bilden **2** *(addolorare)* tief betrüben, verletzen **II** pronom. **esulcerarsi** schwären. **e|sul|ce|ra|zio|ne** f. Geschwürbildung *f.*, Exulzeration *f.*

e|su|le I agg. verbannt **II** m. e f. Verbannte *m.* e *f.*

e|sul|tan|te agg. jubelnd, frohlockend: ***folla ~*** jubelnde Menge; ***~ per la vittoria*** siegesfroh; ***essere ~ per qcs.*** über etw. (A) jubeln. **e|sul|tan|za** f. Jubel *m.*: ***~ prematura*** verfrühter Jubel.

e|sul|ta|re intr. (aus. *avere*) jubeln, jubilieren, jauchzen, frohlocken: ***~ per qcs.*** über etw. (A) frohlocken, jubeln, jauchzen ◆ ***~ per l'entusiasmo, dalla gioia*** vor Begeisterung, vor Freude jubeln.

e|su|ma|re tr. aus‿graben, exhumieren. **e|su|ma|zio|ne** f. Ausgrabung *f.*, Exhumierung *f.*

e|tà f.inv. **1a** *(periodo della vita)* Alter *n.*: ***in giovane ~*** in jugendlichem Alter; ***~ matura*** reifes, gesetztes Alter; ***~ critica*** kritisches Alter; ***arrivare a una bella ~*** ein hohes Alter erreichen **b** *(anni di età)* ***all'~ di 80 anni*** im Alter von 80 Jahren; ***avere la stessa ~*** im gleichen Alter sein, gleich alt sein; ***individui di ~ diversa, di ogni ~*** Menschen verschiedenen, allen Alters; ***non dimostra la sua ~*** man merkt ihm sein Alter nicht an; ***a causa dell'~*** von Alters wegen; ***l'~ comincia a farsi sentire*** das Alter meldet sich; ***alla veneranda ~ di 90 anni*** im gesegneten (*o* ehrwürdigen) Alter von 90 Jahren; ***un uomo di ~ indefinita*** ein Mann unbestimmten Alters; ***è proprio piccolo per la sua ~*** er ist recht klein für sein Alter **c** *(maturità, vecchiaia)* ***la saggezza dell'~*** die Weisheit des Alters; ***con l'~*** mit zunehmendem Alter; ***all'~ si deve rispetto*** dem Alter gebührt Rücksicht **2** *(epoca)* Zeitalter *n.*, Zeit *f.*: ***l'~ di Augusto*** das augusteische Zeitalter; ***l'~ del barocco*** das Zeitalter des Barocks, die Barockzeit; ***l'~ di Dante, della tecnica*** das Zeitalter Dantes, der Technik ◆ ***~ adulta*** Erwachsenenalter *n.*; ***entrare nell'~ adulta*** ins Erwachsenenalter kommen; ***anno di ~*** Lebensjahr *n.*; ***entrare nel ventesimo anno di ~*** ins 20. Lebensjahr kommen; ***dal suo diciottesimo anno di ~*** ab seinem 18. Lebensjahr; ***in ~ avanzata*** in vorgerücktem, fortgeschrittenem Alter; ***~ del bronzo*** Bronzezeit *f.*; ***un signore di una certa ~*** ein älterer Herr; ***~ classica*** Klassik *f.*; ***~ evolutiva*** Entwicklungsalter *n.*, Entwicklungszeit *f.*; ***psicologia dell'~ evolutiva*** Entwicklungspsychologie *f.*; ***~ del ferro*** Eisenzeit *f.*; ***~ giovanile*** Jugendalter *n.*; ***~ imputabile*** Strafmündigkeit *f.*; ***~ industriale*** Industriezeitalter *n.*; ***limite di ~*** Altersgrenze *f.*; ***~ dei lumi*** Aufklärung *f.*, Aufklärungszeit *f.*; ***maggiore ~*** Volljährigkeit *f.*, Mündigkeit *f.*; ***raggiungere la maggiore ~*** volljährig werden; ***in ~ da marito*** heiratsfähig; ***~ massima*** Höchstalter *n.*; ***~ media*** Durchschnittsalter *n.*; PSIC. ***~ mentale*** Intelligenzalter *n.*; ***mezza ~*** Lebensmitte *f.*; ***aver superato la mezza ~*** die Lebensmitte überschritten haben; ***un uomo di mezza ~*** ein Mensch mittleren Alters; ***l'~ di mezzo*** das Mittelalter *n.*; ***minore ~*** Minderjährigkeit *f.*; ***~ moderna*** Neuzeit *f.*; ***l'~ dell'oro*** das goldene Zeitalter; ***~ pensionabile, della pensione*** Pensionsalter *n.*, Rentenalter *n.*; ***essere in ~ pensionabile*** im Rentenalter stehen; ***alzare, abbassare l'~ pensionabile*** das Pensionsalter herauf-, herab‿setzen; ***raggiungere l'~ pensionabile*** das Pensionsalter erreichen; ***~ della pietra*** Steinzeit *f.*; ***~ prescolare*** Vorschulalter *n.*; ***~ della ragione*** Zeitalter der Vernunft; ***~ del rame*** Kupferzeit *f.*; ***~ scolare*** Schulalter *n.*, schulpflichtiges Alter; ***essere in ~ scolare*** im Schulalter stehen; ***~ senile*** Greisenalter *n.*; ***~ di servizio*** Dienstalter *n.*; ***~ dello sviluppo*** Entwicklungsalter *n.*; ***fino a tarda ~*** bis ins hohe Alter; ***in tenera ~*** im zarten Alter; ***terza ~*** Alter *n.*; ***sport, attività per la terza ~*** Seniorensport *m.*, Aktivitäten für Senioren; ***università della terza ~*** = Volksbildungswerk *n.* für Senioren; ***verde ~*** Jugendzeit *f.*; ***~ virile*** Mannesalter *n.*

e|ta|no m. Äthan *n.* **e|ta|no|lo** m. Äthanol *n.*

etc. ⇒ *eccetera* und so weiter (usw.).

et|cì → **eccì.**

e|te|ra f. Hetäre *f.* (anche FIG.).

e|te|re m. **1** Äther *m.* (anche FILOS, LETT.): ***trasmettere una notizia via ~*** eine Nachricht durch den Äther senden; ***televisione via ~*** Fernsehen durch den Äther; *(radiotelevisione)* ***il controllo, il dominio dell'~*** die Kontrolle, die Herrschaft über den Äther **2** CHIM. Äther *m.*, Ether *m.* **e|te|re|o** agg. Äther-, ätherisch: ***bellezza -a*** ätherische Schönheit; CHIM. ***narcosi -a*** Äthernarkose *f.* **e|te|ri|co** agg. *(-ci,-che)* ätherisch. **e|te|ri|fi|ca|zio|ne** f. Ätherbildung *f.* **e|te|riz|za|zio|ne** f. Äthernarkose *f.*

e|ter|na|men|te avv. ewig, auf ewig. **e|ter|na|re I** tr. verewigen: ***~ il proprio nome*** seinen Namen verewigen **II** pronom. **eternarsi** sich verewigen.

e|ter|nit m.inv. Eternit® *m.* e *n.*

e|ter|ni|tà f. Ewigkeit *f.*: ***l'~ di Dio*** die göttliche Ewigkeit; ***per l'~*** in Ewigkeit; *(tempo lunghissimo)* ***fare qcs. da un'~*** etw. seit einer Ewigkeit (*o* seit Ewigkeiten) tun; ***durare un'~*** eine Ewigkeit dauern; ***non vedere qcn. da un'~*** jdn seit einer Ewigkeit (*o* seit Ewigkeiten) nicht mehr sehen; ***è passata un'~*** es ist eine Ewigkeit her ◆ ***ci vuole un'~*** das dauert ja ewig und drei Tage.

e|ter|no I agg. **1a** ewig: ***le leggi -e della natura*** die ewigen Naturgesetze; ***la vita -a*** das ewige Leben; ***l'~ riposo*** die ewige Ruhe; ***la dannazione -a*** die ewige Verdammnis; ***raggiungere la beatitudine -a*** die ewige Seligkeit erlangen, gewinnen; ***l'-a giovinezza*** die ewige Jugend; ***giurare a qcn. -a fedeltà*** jdm ewige Treue schwören; ***a ~ ricordo, a -a memoria*** zum ewigen Andenken, Gedächtnis; FIG. ***un ~ studente, perdente*** ein ewiger Student, Verlierer **b** *(inguaribile)* ***un ~ ottimista, scontento*** ein ewiger Optimist, Unzufriedener **c** *(imperituro)* ***fama -a*** ewiger (*o* unsterblicher) Ruhm **d** *(continuo, ripetuto)* ***-e promesse*** ewige Versprechungen **2** *(interminabile)* endlos: ***un discorso ~*** eine endlose Rede **3** *(indistruttibile)* unverwüstlich: ***queste scarpe sono -e*** diese Schuhe sind unverwüstlich (*o* halten ewig); ***un vestito ~*** ein unverwüstliches Kleid **II** m. **1** *(Dio)* Ewige *m.* **2** *(eternità)* Ewige *n.* ◆ ***la città -a*** die Ewige Stadt; ***l'~ femminino*** das Ewigweibliche; ***in ~*** (immer und) ewig, in Ewigkeit; ***il Padre Eterno*** der Ewige Vater; FILOS. ***l'~ ritorno*** die ewige Wiederkehr.

e|te|ro COLLOQ. **I** agg. hetero **II** m.inv. Hetero *m.*

e|te|ro|ci|cli|co agg. *(-ci,-che)* heterozyklisch. **e|te|ro|cli|to** agg. **1** GRAMM. heteroklitisch **2a** LETT. *(strano)* seltsam **b** *(disparato)* verschieden, ungleich.

e|te|ro|cro|mo|so|ma m. Heterochromosom *n.*, Heterosom *n.*

e|te|ro|di|na f. Überlagerungsempfänger *m.*

e|te|ro|dos|si|a f. Heterodoxie *f.*, Irrlehre *f.* **e|te|ro|dos|so I** agg. **1** *(di professione religiosa)* andersgläubig, heterodox **2** *(di ideologia)* nichtorthodox: ***un comunista ~*** ein nichtorthodoxer Kommunist **3** *(di comportamento)* unorthodox, ketzerisch: ***un comportamento ~*** ein unorthodoxes Verhalten; ***una procedura -a*** ein unorthodoxes Vorgehen; ***una teoria -a*** eine ketzerische Theorie **II** m. **1** RELIG. Andersgläubige *m.*, Irrgläubige *m.* **2** Unorthodoxe *m.*, Abweichler *m.*

e|te|ro|ga|mi|a f. Heterogamie *f.*

e|te|ro|ge|nei|tà f. Verschiedenartigkeit *f.*, Heterogenität *f.* **e|te|ro|ge|ne|o** agg. **1** verschiedenartig, heterogen: ***un gruppo ~*** eine heterogene Gruppe; ***sostanze -e*** verschiedenartige Stoffe **2** CHIM. GRAMM. heterogen.

e|te|ro|go|ni|a f. Heterogonie *f.*

e|te|ro|mor|fi|smo m. Heteromorphismus *m.*, Heteromorphie *f.* **e|te|ro|mor|fo** agg. heteromorph.

e|te|ro|ni|mi|a f. Heteronymie *f.* **e|te|ro|ni|mo I** agg. heteronym **II** m. Heteronym *n.*

e|te|ro|no|mi|a f. Heteronomie *f.* **e|te|ro|no|mo** agg. heteronom.

e|te|ro|ri|fran|gen|te agg., ***banda ~*** Schliere *f.*

e|te|ro|ses|sua|le I agg. heterosexuell **II** m. e f. Heterosexuelle *m.* e *f.* **e|te|ro|ses|sua|li|tà** f. Heterosexualität *f.*

e|te|ro|ter|mo agg. wechselwarm. **e|te|ro|zi|go|te I** agg. ungleicherbig, heterozygot: ***gemelli -i*** zweieiige Zwillinge **II** m. Heterozygot *m.*

e|thos m. Ethos *n.* **e|ti|ca** f. Ethik *f.*: ***~ professionale*** Berufsethos *n.* **e|ti|ca|men|te** avv. ethisch, sittlich.

1.e|ti|chet|ta f. Etikett *n.*, Schild *n.*: ***incollare un'~ su qcs.*** ein Etikett auf etw. (A) auf‿kleben, kleben; ***apporre, mettere un'~ a, su qcs.*** etw. mit einem Etikett versehen; ***togliere, riuscire a togliere, staccare l'etichetta*** das Schild ab‿lösen, ab‿kriegen; ***gli ingredienti sono indicati sull'~*** die Zutaten stehen auf dem Etikett; FIG. ***affibbiare, appiccicare un'~ a qcn.*** jdn mit einem Etikett versehen ◆ ***~ autoadesiva*** Aufkleber *m.*; ***~ discografica*** Plattenlabel *n.*; ***portachiavi con ~*** Schlüsselbund *m.* e *n.* mit Schildchen; ***~ del prezzo*** Preisschild *n.*; ***~ della valigia*** Kofferanhänger *m.*, Anhängeschild *n.*

2.e|ti|chet|ta f. Etikette *f.*: ***osservare*** (*o* ***badare all'~***), ***violare l'~*** die Etikette ein‿halten, verletzen; ***tenere molto all'~*** viel auf Etikette halten; ***venire meno all'~*** gegen die Etikette verstoßen.

e|ti|chet|ta|re tr. etikettieren: ***~ una bottiglia*** eine Flasche etikettieren; FIG. ***~ qcn. come snob*** jdn als Snob etikettieren. **e|ti|chet|ta|tri|ce** f. Etikettiermaschine *f.* **e|ti|chet|ta|tu|ra** f. Etikettierung *f.*

e|ti|ci|tà f. Sittlichkeit *f.* **e|ti|co** agg. *(-ci,-che)* ethisch, sittlich: ***un giudizio, problema ~*** ein ethisches Urteil, Problem; ***un agire ~*** sittliches Handeln ◆ GRAMM. ***dativo ~*** Dativus ethicus *m.*, freier Dativ *m.*

e|ti|le m. Äthyl *n.* **e|ti|le|ne** m. Äthylen *n.* **e|ti|li|co** agg. *(-ci,-che)* Äthyl-: ***alcol ~*** Äthylalkohol *m.* **e|ti|li|smo** m. Alkoholismus *m.*, MED. Alkoholvergiftung *f.*: ***~ cronico*** chronische Alkoholvergiftung. **e|ti|li|sta** m. e f. *(-i,-e)* Alkoholiker *m.* (-in *f.*): ***~ cronico*** chronischer Alkoholiker. **e|ti|lo|me|tro** m. Alkoholtestgerät *n.*, COLLOQ. Röhrchen *n.*

e|ti|mo m. Wurzelwort *n.*, Stammwort *n.*, Etymon *n.*; ***di uguale ~*** stammverwandt. **e|ti|mo|lo|gi|a** f. **1** Etymologie *f.*, Wortgeschichte *f.* **2** Etymologie *f.*: ***indicare l'~ di una parola*** die Etymologie eines Wortes an‿geben ◆ ***~ popolare*** Volksetymologie *f.* **e|ti|mo|lo|gi|ca|men|te** avv. etymologisch: ***~ affine*** stammverwandt. **e|ti|mo|lo|gi|co** agg. *(-ci,-che)* etymologisch. **e|ti|mo|lo|gi|sta** m. e f. *(-i,-e)* ANT. → **etimologo. e|ti|mo|lo|giz|za|re** tr. etymologisieren, etymologisch erklären. **e|ti|mo|lo|go** m. *(-gi)* Etymologe *m.*

e|ti|o|pe I agg. äthiopisch **II** m. e f. Äthiopier *m.* (-in *f.*). **E|ti|o|pia** n.pr.f. Äthiopien *n.* **e|ti|o|pi|co** agg. *(-ci,-che)* äthiopisch.

et|moi|de m. Siebbein *n.*

Et|na n.pr.m. Ätna *m.* **et|ne|o** agg. des Ätna.

et|ni|a f. Ethnie *f.*, Volksgruppe *f.* **et|ni|ca|men|te** avv. ethnisch. **et|ni|co** agg. *(-ci,-che)* ethnisch, Volks-: ***minoranza -a*** ethnische Minderheit; ***gruppo ~*** Volksgruppe *f.*; ***appartenenza -a*** Volkszugehörigkeit *f.*; ***pulizia -a*** ethnische Säuberung.

et|no|cen|tri|smo m. Ethnozentrismus *m.* **et|no|gra|fi|a** f. Ethnographie *f.* **et|no|gra|fi|co** agg. *(-ci,-che)* ethnographisch.

et|no|lo|gi|a f. Ethnologie *f.*, Völkerkunde *f.* **et|no|lo|gi|co** agg. *(-ci,-che)* ethnologisch, völkerkundlich. **et|no|lo|go** m. *(-gi)* Ethnologe *m.*, Völkerkundler *m.*

e|to|lo|gi|a f. Ethologie *f.* **e|to|lo|gi|co** agg. *(-ci,-che)* ethologisch. **e|to|lo|go** m. *(-gi)* Ethologe *m.*

E|tru|ria n.pr.f. Etrurien *n.* **e|tru|sco I** agg. *(-schi,-sche)* etruskisch **II** m. *(-schi)* **1** *(abitante)* Etrusker *m.* **2** *(lingua)* Etruskisch(e) *n.* **e|tru|sco|lo|gi|a** f. Etruskologie *f.*

et|ta|e|dro m. Siebenflächner *m.*, Heptaeder *n.*

et|ta|go|na|le agg. siebeneckig. **et|ta|go|no** m. Siebeneck *n.*, Heptagon *n.*

et|ta|me|tro m. Heptameter *m.*

et|ta|ro m. Hektar *n.*: ***una tenuta di 30 -i*** ein Grundbesitz von 30 Hektar; ***rendimento per ~*** Hektarertrag *m.*

et|ta|sia f. MED. Ektasie *f.*

et|te, ANT. ***non capire un'~*** überhaupt nichts verstehen.

et|to m., **et|to|gram|mo** m. Hektogramm *n.*, hundert Gramm *pl.*: ***due -i di prosciutto*** zweihundert Gramm gekochter Schinken; ***prezzo all'~*** Preis pro hundert Gramm. **et|to|li|tro** m. Hektoliter *n.* e *m.* **et|to|me|tro** m. Hektometer *n.* e *m.*

Et|to|re n.pr.m. Hektor *m.*

eu|ca|lip|to m. Eukalyptus *m.*: ***caramella all'~*** Eukalyptusbonbon *n.* e *m.*; ***olio di ~*** Eukalyptusöl *n.* **eu|ca|lip|to|lo** m. Eukalyptol *n.*

eu|ca|re|sti|a, eu|ca|ri|sti|a f. Eucharistie *f.*: ***celebrare l'~*** die Eucharistie feiern; ***ricevere la santa ~*** die heilige Eucharistie empfangen. **eu|ca|ri|sti|co** agg. *(-ci,-che)* eucharistisch: ***sacrificio ~, offerta -a*** eucharistische Opfergabe ◆ ***cena -a, convito ~*** heiliges Abendmahl *n.*

Eu|cli|de n.pr.m. Euklid *m.* **eu|cli|de|o** agg. euklidisch: ***geometria -a, non -a*** euklidische, nichteuklidische Geometrie.

eu|de|mo|ni|smo m. Eudämonismus *m.* **eu|de|mo|ni|sti|co** agg. *(-ci,-che)* eudämonistisch.

eu|dio|me|tro m. Eudiometer *n.*

eu|fe|mi|co agg. *(-ci,-che)* → **eufemistico. eu|fe|mi|smo** m. Euphemismus *m.*, Hüllwort *n.*: ***per ~*** euphemistisch. **eu|fe|mi|sti|ca|men|te** avv. euphemistisch. **eu|fe|mi|sti|co** agg. *(-ci,-che)* verhüllend, euphemistisch: ***un'espressione -a per indicare qcs.*** ein euphemistischer Ausdruck für etw.

eu|fo|ni|a f. Euphonie *f.*, Wohlklang *m.*, Wohllaut *m.* **eu|fo|ni|co** agg. *(-ci,-che)* euphonisch, wohlklingend, wohllautend: ***una esse -a*** ein euphonisches S.

eu|for|bia f. Euphorbia *f.*, Euphorbie *f.*

eu|fo|ri|a f. Euphorie *f.*: ***essere in stato di ~*** in einem euphorischen Zustand sein. **eu|fo|ri|ca|men|te** avv. euphorisch. **eu|fo|ri|co** agg. *(-ci,-che)* euphorisch: ***diventare ~*** in Euphorie verfallen; ***rendere ~ qcn.*** jdn in Euphorie versetzen. **eu|fo|riz|za|re** tr. euphorisieren.

Eu|fra|te n.pr.m. Euphrat *m.*

eu|ga|ne|o I agg. Euganeen-, euganeisch: ***i colli -i*** die euganeischen Hügel **II** m. Euganeer *m.*

eu|ge|ne|ti|ca f. Eugenetik *f.* **eu|ge|ne|ti|co** agg. *(-ci,-che)* eugenetisch.

Eu|ge|nia n.pr.f. Eugenie *f.*

eu|ge|ni|ca f. Eugenik *f.* **eu|ge|ni|co** agg. *(-ci,-che)* eugenisch.

Eu|ge|nio n.pr.m. Eugen *m.*
eu|gu|bi|no I agg. von, aus Gubbio **II** m. Bewohner *m.* von Gubbio.
eu|nu|co I m. *(-chi)* **1** Eunuch *m.* (anche STOR.) **2** FIG. SPREG. Schwächling *m.*, Waschlappen *m.* **II** agg. *(-chi,-che)* BOT. samenlos.
eu|pa|to|rio m. Wasserdost *m.*
EUR ⇒ *(quartiere della) Esposizione Universale di Roma* (Wohnviertel auf dem und um das Gelände der Römischen Weltausstellung).
Eu|ra|sia n.pr.f. Eurasien *n.* **eu|ra|sia|no I** agg. eurasisch **II** m. Eurasier *m.* **eu|ra|sia|ti|co** agg. *(-ci,-che)* eurasiatisch.
eu|re|ka inter. heureka.
Eu|ri|di|ce n.pr.f. Eurydike *f.*
Eu|ri|pi|de n.pr.m. Euripides *m.*
eu|ri|sti|ca f. Heuristik *f.* **eu|ri|sti|co** agg. *(-ci,-che)* heuristisch.
eu|rit|mi|a f. **1** Ebenmaß *n.* **2** MED. Eurhythmie *f.* **eu|rit|mi|co** agg. *(-ci,-che)* **1** gleichmäßig, ebenmäßig **2** MED. eurhythmisch.
eu|ro m.inv. Euro *m.*
eu|ro|chè|que m.inv. [-'ʃɛk] Eurocheque *m.*, Euroscheck *m.*: ***pagare con l'~*** mit Euroscheck bezahlen.
eu|ro|ci|ty [-'siti] **I** agg., ***treno ~*** Eurocityzug **II** m.inv. Eurocity *m.*
eu|ro|co|mu|ni|smo m. Eurokommunismus *m.* **eu|ro|co|mu|ni|sta** m. e f. *(-i,-e)* Eurokommunist *m.* (-in *f.*). **eu|ro|de|pu|ta|to** m. Europaabgeordnete *m.* **eu|ro|dol|la|ri** m.pl. Eurodollars *pl.* **eu|ro|mer|ca|to** m. Euromarkt *m.*
Eu|ro|pa n.pr.f. **1** Europa *n.* **2** MITOL. ASTR. Europa *f.* ◆ ***~ centrale*** Mitteleuropa *n.*; ***consiglio d'~*** Europarat *m.*; ***~ dell'est*** Osteuropa *n.*; ***~ del nord*** Nordeuropa *n.*; ***~ del sud*** Südeuropa *n.*; ***~ unita*** vereintes Europa.
eu|ro|par|la|men|ta|re m. Europaparlamentarier *m.* **eu|ro|par|la|men|to** m. Europaparlament *n.*
eu|ro|pe|i|smo m. europäische Einigungsbewegung *f.* **eu|ro|pe|i|sta** *(-i,-e)* **I** m. e f. Anhänger *m.* (-in *f.*) des Europagedankens **II** agg. europäisch: ***l'idea ~*** der europäische Gedanke. **eu|ro|pe|i|sti|co** agg. *(-ci,-che)* europäisch: ***spirito ~*** europäische Gesinnung.
eu|ro|peiz|za|re I tr. europäisieren **II** pronom. **europeizzarsi** sich europäisieren. **eu|ro|peiz|za|zio|ne** f. Europäisierung *f.*
eu|ro|pe|o I agg. europäisch, Europa-: ***stati -i*** europäische Staaten; ***campionato, record ~*** Europameisterschaft *f.*, Europarekord *m.*; ***coppa -a*** Europapokal *m.*, Europacup *m.*; ***(auto)strada -a*** Europastraße *f.* **II** m. Europäer *m.* **III** m.pl. SPORT Europameisterschaft *f.* ◆ ***Comunità Economica Europea*** Europäische Wirtschaftsgemeinschaft; ***Parlamento Europeo*** Europäisches Parlament, Europaparlament *n.*; ***Unione Europea*** Europäische Union.
eu|ro|pi|de I agg. europid **II** m. e f. Europide *m.* e *f.*
eu|ro|pio m. Europium *n.*
eu|ro|poi|de I agg. europäid **II** m. e f. Europäide *m.* e *f.*
eu|ro|vi|sio|ne f. Eurovision *f.*: ***trasmettere qcs. in ~*** etw. in Eurovision übertragen; ***programma in ~*** Eurovisionssendung *f.*
Eu|sta|chio n.pr.m. Eustach(ius) *m.* ◆ ***tromba, tuba di ~*** eustachische Röhre *f.*, eustachische Tube *f.*, Ohrtrompete *f.*
eu|ta|na|si|a f. Sterbehilfe *f.*, Euthanasie *f.*: ***~ attiva, passiva*** aktive, passive Sterbehilfe.
eu|tro|fi|a f. Eutrophie *f.* **eu|tro|fi|co** agg. *(-ci,-che)* eutroph.
E.V. ⇒ *Eccellenza Vostra* Eure Exzellenz (Ew. Exz.).
E|va n.pr.f. Eva *f.* ◆ ***i figli di ~*** *(l'umanità)* die Evaskinder.
e|va|cua|men|to m. Evakuierung *f.*, Räumung *f.* **e|va|cua|re** tr. *(evacuo, evacui)* **1** evakuieren, räumen: ***~ una città*** eine Stadt evakuieren **2** assol. *(defecare)* sich entleeren, Stuhlgang haben. **e|va|cua|zio|ne** f. **1** Evakuierung *f.*, Räumung *f.*: ***l'~ di una città*** die Evakuierung einer Stadt **2** *(defecazione)* Darmentleerung *f.*, Stuhlentleerung *f.*, Entleerung *f.*, Defäkation *f.*
e|va|de|re *(evasi, evaso)* **I** intr. (aus. *essere*) **1** aus‿brechen, entfliehen: ***~ dal carcere*** aus dem Gefängnis ausbrechen **2** FIG. entfliehen, sich entziehen: ***~ dalla monotonia quotidiana*** der alltäglichen Monotonie entfliehen **II** tr. **1** BUROCR. *(sbrigare)* erledigen, bearbeiten: ***~ la corrispondenza*** die Korrispondenz erledigen; ***~ una pratica*** eine Akte bearbeiten **2** hinterziehen (anche assol.): ***~ il fisco, le tasse*** Steuern hinterziehen.
e|va|ne|scen|te agg. **1** verschwommen: ***immagini -i*** verschwommene Bilder; ***avere soltanto un ricordo ~*** nur noch eine verschwommene Erinnerung haben **2** *(di suoni)* undeutlich **3** *(esile)* schmächtig, zart: ***una figura ~*** eine schmächtige Figur **4** FIG. gehaltlos, substanzlos: ***argomentazione ~*** gehaltlose Argumentation. **e|va|ne|scen|za** f. **1** Verschwommenheit *f.* **2** *(di suoni)* Undeutlichkeit *f.* **3** RAD. Fading *n.*, Schwund *m.*
e|van|ge|lia|rio m. *(-ri)* Evangeliar(ium) *n.*, Evangelienbuch *n.* **e|van|ge|li|ca|men|te** avv. dem Evangelium gemäß, nach dem Evangelium. **e|van|ge|li|co I** agg. *(-ci,-che)* **1** des Evangeliums, evangelisch: ***le parabole -che*** die Gleichnisse des Evangeliums; ***povertà -a*** evangelische Armut **2** *(riformato)* evangelisch: ***confessione, chiesa -a*** evangelische Konfession, Kirche **II** m. *(-ci)* Evangelische *m.* ◆ ***~-luterano*** evangelisch-lutherisch; ***~-riformato*** evangelisch-reformiert. **e|van|ge|li|sta** m. *(-i)* Evangelist *m.*
e|van|ge|liz|za|re tr. **1** evangelisieren **2** FIG. Proselyten machen. **e|van|ge|liz|za|zio|ne** f. Evangelisierung *f.*, Evangelisation *f.*
e|van|ge|lo → **vangelo.**
e|va|po|ra|bi|le agg. verdunstend. **e|va|po|ra|men|to** m. → **evaporazione.**
e|va|po|ra|re *(evaporo/evaporo)* **I** intr. **1** (aus. *essere*) verdunsten, evaporieren: ***la benzina evapora*** Benzin verdunstet **2** *(per ebollizione;* aus. *essere)* verdampfen **3** *(svaporare, svanire;* aus. *essere)* sich verflüchtigen: ***il profumo evapora velocemente*** Parfüm verflüchtigt sich schnell **4** *(perdere liquido per evaporazione;* aus. *avere)* aus‿dünsten **II** tr. RAR. verdampfen; CHIM. evaporieren, ein‿dampfen. **e|va|po|ra|to** p.pass. agg. **1** → **evaporare 2** evaporiert, eingedampft: ***latte ~*** eingedampfte Milch **3** TECN. ***legno ~*** gedämpftes Holz. **e|va|po|ra|to|re** m. **1** Verdampfer *m.* **2** *(vaschetta per caloriferi)* Verdunster *m.*
e|va|po|ra|zio|ne f. **1** Verdampfung *f.*, Verdunstung *f.*; CHIM. Evaporation *f.*, Eindampfung *f.* **2** Verflüchtigung *f.* **e|va|po|ri|me|tro** m. Verdunstungsmesser *m.*
e|va|si → **evadere.**
e|va|sio|ne f. **1** Ausbruch *m.*, Flucht *f.*: ***l'~ dal carcere*** der Gefängnisausbruch; ***tentativo di ~*** Ausbruchsversuch *m.*; ***~ in massa*** Massenausbruch *m.* **2** *(delle tasse)* Hinterziehung *f.*: ***~ fiscale*** Steuerhinterziehung *f.* **3** BUROCR. *(disbrigo)* Erledigung *f.*, Bearbeitung *f.*: ***~ di un ordine*** Bearbeitung einer Bestellung **4** FIG. Flucht *f.*: ***~ dalla realtà*** Flucht aus der Wirklichkeit ◆ ***desiderio d'~*** Ausbruchsverlangen *n.*; ***letteratura, romanzo d'~*** Trivialliteratur *f.*, Trivialroman *m.*
e|va|si|va|men|te avv. ausweichend: ***rispondere ~*** ausweichend antworten. **e|va|si|vi|tà** f. ausweichender Charakter *m.* **e|va|si|vo** agg. ausweichend.
e|va|so I p.pass. agg. **1** → **evadere 2** ausgebrochen, flüchtig **3** BUROCR. erledigt: ***posta -a*** erledigte Post **II** m. Ausbrecher *m.* **e|va|so|re** m. ***~ (fiscale)*** Steuerhinterzieher *m.*
E|ve|li|na n.pr.f. Eveline *f.*
e|ve|nien|za f. Fall *m.*, Gelegenheit *f.*: ***per ogni ~*** für alle Fälle; ***nell'~ che...*** für den Fall, dass...; ***all'~*** bei Gelegenheit.
e|ven|to m. **1** Ereignis *n.*, Vorkommnis *n.*: ***un ~ storico*** ein historisches Ereignis; ***il corso degli -i*** der Gang der Ereignisse; ***il precipitare degli -i*** die sich überstürzenden Ereignisse **2** *(avvenimento eccezionale)* Ereignis *n.*, Sensation *f.*, GERG. Event *m.* e *n.*: ***qcs. è un ~ per qcn.*** etw. ist ein Ereignis für jdn; ***l'~ del giorno*** das Tagesereignis; ***l'~ musicale dell'anno*** die musikalische Sensation des Jahres ◆ ***stare, essere in attesa degli -i*** sich abwartend verhalten; ***~ bellico*** Kriegsereignis *n.*, kriegerisches Ereignis; ***un lieto ~*** ein freudiges Ereignis; ***~ luttuoso*** Trauerfall *m.*; ***~ naturale*** Naturereignis *n.*; ***in ogni ~*** auf jeden Fall; ***ricco di -i*** ereignisreich.
e|ven|tua|le agg. eventuell, Eventual-, etwaig ◆ ***varie ed -i*** Sonstige *n.* **e|ven|tua|li|tà** f.inv. Eventualität *f.*, Fall *m.*: ***essere preparato a, per ogni ~*** auf jede Eventualität, auf alle Eventualitäten gefasst sein; ***nell'~ che, in cui...*** für den Fall, dass... **e|ven|tual|men|te** avv. **1** eventuell, gegebenenfalls, unter Umständen **2** *(tutt'al più)* allenfalls ◆ ***~ dovessi tardare...*** im Fall (*o* für den Fall), dass ich zu spät komme... (*o* sollte ich zu spät kommen...).
E|ve|rar|do n.pr.m. Eberhard *m.*
E|ve|rest n.pr.m. Mount Everest *m.*
ever|green ['evəgri:n] m.inv. Evergreen *m.*, Dauerbrenner *m.*
e|ver|sio|ne f. POL. **1** (gesellschaftlicher) Umsturz *m.*: ***~ politica*** politischer Umsturz; ***lotta all'~*** Bekämpfung von Umsturzversuchen **2** *(forze eversive)* Umsturzbewegung *f.*: ***l'~ nera*** die rechtsextremistische Umsturzbewegung. **e|ver|si|vo I** agg. umstürzlerisch, Umsturz-: ***gruppi -i, trame -e*** umstürzlerische Gruppen, Pläne. **e|ver|so|re** m. Umstürzler *m.*
e|vi|den|te agg. offensichtlich, offenbar, offenkundig, (er)sichtlich: ***un'~ contraddizione, una prova ~*** ein offenbarer (*o* handgreiflicher) Widerspruch, Beweis; ***subire un danno ~*** einen offenkundigen Schaden erleiden; ***con gioia ~*** mit sichtlicher Freude; ***senza un motivo ~*** ohne ersichtlichen Grund; ***essere (un) segno ~ del suo disagio*** offenbares (*o* augenscheinliches) Zeichen seines Unbehagens sein; ***è ~ che...*** es ist offensichtlich, ersichtlich, dass...; ***raggirare qcn. in modo ~*** jdn (offen)sichtlich hintergehen ◆ ***essere ~*** klar zutage liegen, auf‿fallen; ***rendere ~ qcs.*** etw. offensichtlich (*o* evident) machen, etw. offenbaren. **e|vi|den|te|men|te** avv. offensichtlich, offenbar, sichtlich: ***~ il treno è in ritardo*** der

Zug hat offensichtlich Verspätung; ***è ~ in imbarazzo*** er ist sichtlich in Verlegenheit; *(senza dubbio)* ***~ lo ha dimenticato*** er hat es offensichtlich vergessen.

e|vi|de̲n|za f. **1** Offensichtlichkeit *f.*, Offenkundigkeit *f.*, Sichtbarkeit *f.*: ***l'~ di una prova, dei fatti*** die Offenkundigkeit eines Beweises, der Tatsachen **2** *(fatto evidente)* offensichtlicher Tatbestand *m.*: ***negare l'~*** den offensichtlichen Tatbestand ab‿streiten; ***arrendersi all'~*** sich angesichts der Tatsachen geschlagen geben (*o* sich den vollendeten Tatsachen fügen) **3** *(efficacia rappresentativa)* Anschaulichkeit *f.*, Bildhaftigkeit *f.* **4** BUROCR. Unterlage *f.*: ***conservare le -e*** die Unterlagen auf‿bewahren ◆ ***in bella ~*** zur Schau; ***mettere in ~*** hervor‿heben, heraus‿stellen; MAT. aus‿klammern; ***mettersi in ~*** sich hervor‿tun; ***porre in ~*** → ***mettere in ~***; BUROCR. ***tenere qcs. in ~*** etw. im Auge behalten.

e|vi|den|zia̲|re tr. *(evidenzio, evidenzi)* **1** hervor‿heben, heraus‿stellen **2** *(in un testo)* markieren, an‿streichen: ***~ i punti salienti*** die wichtigsten Stellen markieren **3** TIP. aus‿zeichnen. **e|vi|den|zia|to̲|re** m. Markierstift *m.*, Marker *m.*

e|vi̲n|ce|re tr. *(evinco, evinci; evinsi; evinto)* **1** DIR. evinzieren **2** *(desumere)* entnehmen: ***~ qcs. da qcs.*** etw. aus etw. entnehmen.

e|vi|ra̲|re tr. entmannen (anche FIG.). **e|vi|ra̲|to I** p.pass. agg. **1** → ***evirare* 2** entmannt, kastriert **II** m. kastrierter Mann *m.* **e|vi|ra|zio̲|ne** f. Entmannung *f.*

e|vi|sce|ra̲|re tr. *(eviscero)* aus‿nehmen, aus‿weiden.

e|vi|ta̲|bi|le agg. vermeidbar: ***un errore ~*** ein vermeidbarer Fehler; ***un rischio ~*** ein vermeidbares Risiko.

e|vi|ta̲|re *(evito)* **I** tr. **1** vermeiden, meiden: ***~ il fumo, l'alcol*** das Rauchen, den Alkohol meiden; ***~ discussioni*** Diskussionen vermeiden **2** *(sfuggire)* meiden, aus‿weichen: ***~ qcn., lo sguardo di qcn.*** jdm, jds Blick ausweichen; ***~ la folla*** die Menge meiden **3** *(impedire)* vermeiden, verhindern: ***~ una catastrofe*** eine Katastrophe verhindern; ***~ una gravidanza*** eine Schwangerschaft verhindern **4** *(risparmiare)* ***~ qcs. a qcn.*** jdm etw. ersparen: ***~ a qcn. una fatica inutile, una spesa*** jdm eine unnötige Mühe, eine Ausgabe ersparen **II** pronom. **evitarsi** sich meiden, einander meiden.

e|vi̲|ti|co agg. *(-ci,-che)* SCHERZ. ***in costume ~*** im Evaskostüm.

e̲|vo m. Zeitalter *n.*, Alter *n.* ◆ ***~ antico*** Altertum *n.*; ***~ medio*** Mittelalter *n.*; ***~ moderno*** Neuzeit *f.*

e|vo|ca̲|re tr. *(evoco, evochi)* **1** herauf‿beschwören: ***~ gli spiriti*** die Geister heraufbeschwören **2** FIG. herauf‿beschwören, evozieren: ***~ un ricordo, il passato*** eine Erinnerung, die Vergangenheit heraufbeschwören. **e|vo|ca|ti̲|vo** agg. **1** Beschwörungs- **2** FIG. evokativ: ***immagini -e*** evokative Bilder. **e|vo|ca|to̲|re** m. Beschwörer *m.* **e|vo|ca|zio̲|ne** f. **1** Heraufbeschwören *n.* **2** FIG. Beschwörung *f.*, Evokation *f.*

e|vo|lu|ti|va|me̲n|te avv. evolutionär, entwicklungsmäßig.

e|vo|lu|ti̲|vo agg. Evolutions-, evolutionär, Entwicklungs-: ***processo, stadio ~*** Evolutionsprozess *m.*, Entwicklungsstadium *n.*; ***età -a*** Entwicklungsalter *n.*, Entwicklungszeit *f.* ◆ ***psicologia dell'età -a*** Entwicklungspsychologie *f.*

e|vo|lu̲|to p.pass. agg. **1** → ***evolvere* 2** BIOL. entwickelt: ***un organismo ~*** ein entwickelter Organismus **3** FIG. *(progredito)* fortgeschritten: ***una civiltà -a*** eine fortgeschrittene Kultur **4** FIG. *(colto e aperto)* aufgeklärt: ***una persona -a*** ein aufgeklärter Mensch.

e|vo|lu|zio̲|ne f. **1a** Entwicklung *f.*, Fortentwicklung *f.*, Evolution *f.*: ***la naturale ~ di una società*** die natürliche Entwicklung einer Gesellschaft; ***l'~ del pensiero filosofico, delle tecnologie*** die Fortentwicklung des philosophischen Denkens, der Technologien; ***~ del genere umano, linguistica*** Menschheitsentwicklung *f.*, Sprachentwicklung *f.*; ***tracciare l'~ di un fenomeno*** die Entwicklung eines Phänomens vor‿zeichnen; ***avere un rapida, lenta ~*** eine schnelle, langsame Entwicklung nehmen **b** BIOL. Evolution *f.*: ***l'~ delle specie*** die Evolution der Arten **2** MIL. MAR. Formierung *f.* **3** AER. Figur f.: ***compiere -i nel cielo*** am Himmel Figuren fliegen **4** SPORT GINN. Übung *f.*: ***compiere, fare -i alle parallele*** Übungen am Barren machen ◆ ***fase di ~*** Entwicklungsphase *f.*; ***in ~*** im Entwicklungsstadium: ***un fenomeno, una lingua in ~*** ein Phänomen, eine Sprache im Entwicklungsstadium; FIG. ***una situazione in ~*** eine sich noch in der Entwicklung befindende Situation; ***teoria dell'~*** Evolutionslehre *f.*, Evolutionstheorie *f.*, Abstammungstheorie *f.*

e|vo|lu|zio|ni̲|smo m. Evolutionismus *m.* **e|vo|lu|zio|ni̲|sta** m. e f. *(-i,-e)* Evolutionist *m.* (-in *f.*). **e|vo|lu|zio|ni|sti|ca|me̲n|te** avv. evolutionistisch. **e|vo|lu|zio|ni̲|sti|co** agg. *(-ci,-che)* evolutionistisch.

e|vo̲l|ve|re *(evolvetti/evolvei/evolsi; evoluto)* intr. (aus. *essere*) e pronom. **evolversi** sich entwickeln, sich fort‿entwickeln, sich weiter‿entwickeln: ***la civiltà, la lingua si evolve senza interruzione*** die Kultur, die Sprache entwickelt sich ununterbrochen (fort); ***la situazione si è evoluta rapidamente*** die Situation hat sich sehr schnell entwickelt.

e|vo̲|ni|mo m. Pfaffenhütchen *n.*

ev|vi̲|va I inter. es lebe, hoch lebe: ***~ il re!*** hoch lebe der König! es lebe der König! ***~ gli sposi!*** hoch lebe das Brautpaar! **II** m.inv. Hochruf *m.*, Lebehoch *n.*, Hoch *n.*: ***risuonò un triplice ~*** ein dreifaches Lebehoch ertönte; ***lanciare un ~*** ein Hoch aus‿bringen.

ex I agg.inv. Alt-, ehemalig, früher: ***~ sindaco*** Altbürgermeister *m.*; ***~ ministro, direttore*** ehemaliger Minister, Direktor **II** m. e f.inv. *(ex fidanzato, ex marito)* COLLOQ. Verflossene *m.* e *f.*

ex a̲e|quo avv. gleichermaßen, ex aequo; SPORT gleichauf, punktgleich: ***assegnare un premio ~*** einen Preis ex aequo vergeben.

ex ca̲|the|dra agg. e avv. ex cathedra (anche ESTENS.): ***una decisione ~*** eine Entscheidung ex cathedra; ***sentenziare ~*** ex cathedra urteilen.

ex|cu̲r|sus m.inv. Exkurs *m.*, Abschweifung *f.*: ***fare un ~*** einen Exkurs ein‿schalten, ein‿fügen.

exe̲|cu|tive [ɪg'zekjʊtɪv] **I** m.inv. leitender Angestellter *m.*, Manager *m.* **II** agg.inv. Geschäfts-: ***aereo ~*** Geschäftsmaschine *f.*

ex li̲|bris m.inv. Exlibris *n.*

ex no̲|vo avv. von neuem: ***ricominciare ~*** von neuem beginnen.

ex|per|ti̲|se [ɛksper'ti:z] f.inv. Expertise *f.*

ex|plo̲it [ɛks'plwa] m.inv. Höchstleistung *f.*: ***fare un ~*** eine Höchstleistung voll‿bringen.

ex|po̲ f.inv. Weltausstellung *f.*, Expo *f.*

e̲xport m.inv. Export *m.*

e̲x|tra I agg.inv. **1** *(aggiuntivo)* extra, Extra-, Neben-: ***razione, spesa ~*** Extraration *f.*, Extraausgabe *f.*; ***guadagno, lavoro ~*** Nebenverdienst *m.* (*o* Nebengewinn *m.*), Nebenjob *m.* (*o* Nebenarbeit *f.*) **2** *(di qualità superiore)* extra, Extra-, besonder **II** m.inv. **1** Extra *n.*: ***compresi gli ~*** Extras inbegriffen **2** *(spesa)* Extraausgabe *f.* **III** prep. außer + dat., außerhalb + gen.: ***~ bilancio*** außer Haushalt (*o* haushaltsfremd).

ex|tra|co|mu|ni|ta̲|rio I agg. *(-ri,-rie)* nicht EG-angehörig, aus der Dritten Welt **II** m. *(-ri)* Bürger *m.* eines Nicht-EG-Staates.

ex|tra|co|niu|ga̲|le agg. außerehelich: ***relazione ~*** außereheliche Beziehung.

ex|tra|con|trat|tua̲|le agg. außervertraglich, außertariflich.

ex|tra|cor|po̲|re|o agg. extrakorporal.

ex|tra|eu|ro|pe̲|o agg. außereuropäisch.

ex|tra|fi̲|no agg. superfein, extrafein.

ex|tra|ga|la̲t|ti|co agg. *(-ci,-che)* außergalaktisch. **ex|tra|giu|di|zia̲|le** agg. außergerichtlich.

e̲x|tra-la̲rge [-ʒ-] agg.inv. extra weit.

ex|tra|lin|gui̲|sti|co agg. *(-ci,-che)* außersprachlich.

ex|tra|par|la|men|ta̲|re I agg. außerparlamentarisch: ***gruppuscolo ~*** außerparlamentarisches Grüppchen **II** m. e f. Mitglied *n.* einer außerparlamentarischen Gruppe.

ex|tra|sco|la̲|sti|co agg. *(-ci,-che)* außerschulisch.

ex|tra|sen|si̲|bi|le agg. übersinnlich. **ex|tra|sen|so|ria̲|le** agg. übersinnlich: ***percezione ~*** übersinnliche Wahrnehmung.

ex|tra|si̲|sto|le f. Extrasystole *f.*

ex|tra|ter|re̲|stre I agg. außerirdisch, extraterrestrisch **II** m. e f. außerirdisches Wesen *n.*

ex|tra|ter|ri|to|ria̲|le agg. exterritorial: ***acque -i*** exterritoriale Gewässer. **ex|tra|ter|ri|to|ria|li|tà** f. Exterritorialität *f.*

ex|tra|ur|ba̲|no agg. außerhalb der Stadtgrenze ◆ ***linea -a*** Überlandverkehrslinie *f.*

ex|tra|u|te|ri̲|no agg. extrauterin ◆ ***gravidanza -a*** Bauchhöhlenschwangerschaft *f.*

ex|tra|ve̲r|gi|ne agg. ***olio ~ di oliva*** kaltgepresstes Olivenöl.

ex vo̲|to m.inv. Votivgabe *f.*, Exvoto *n.*; *(immagine)* Votivbild *n.*

e̲ye-li̲n|er ['aɪlaɪnə] m.inv. Eyeliner *m.*

E|ze|chie̲|le n.pr.m. Ezechiel *m.*

e|zian|di̲|o cong. ANT. LETT. auch.

e|zio|lo|gi̲|a f. Ätiologie *f.* **e|zio|lo̲|gi|co** agg. *(-ci,-che)* ätiologisch.

F

f, F f. e m.inv. f, F *n.*: ***una F maiuscola, una f minuscola*** ein großes F, ein kleines f.

1.fa m.inv. MUS. f, F *n.* ◆ ***chiave di ~*** F-Schlüssel *m.*; ***~ diesis*** fis, Fis *n.*; ***~ diesis maggiore*** Fis-Dur *n.*; ***~ diesis minore*** fis-Moll *n.*; ***~ maggiore*** F-Dur *n.*; ***~ minore*** f-Moll *n.*

2.fa avv. vor: ***un anno ~*** vor einem Jahr; ***due ore ~*** vor zwei Stunden; ***poco tempo ~*** vor kurzem.

3.fa, fa' → **fare.**

fab|bi|so|gno m. Bedarf *m.*: ***coprire il ~ di qcs.*** den Bedarf an etw. (D) decken; ***produrre qcs. secondo il ~*** etw. nach Bedarf produzieren; ***oltre il ~*** über Bedarf ◆ ***adeguato al ~*** bedarfsgerecht; ***analisi del ~*** Bedarfsanalyse *f.*; ***~ calorico*** Kalorienbedarf *m.*; ***copertura del ~*** Bedarfsdeckung *f.*; ***~ di energia, energetico*** Energiebedarf *m.*; ***~ finanziario*** Kapitalbedarf *m.*; ***~ giornaliero*** Tagesbedarf *m.*; ***~ di materie prime*** Rohstoffbedarf *m.*; ***~ di munizioni*** Munitionsbedarf *m.*; ***proprio ~*** Eigenbedarf *m.*; ***~ proteico*** Eiweißbedarf *m.*

fab|bri|ca f. *(-che)* **1** Fabrik *f.*, Werk *n.*: ***andare in ~*** in die Fabrik gehen; ***lavorare in ~*** in der Fabrik arbeiten; ***lavorare in una ~ di automobili*** in einer Automobilfabrik arbeiten; ***gli operai, i dipendenti della ~*** die Fabrikarbeiter, die Werksangehörigen; ***in questa ~ si producono auto*** in diesem Werk werden Autos hergestellt; ***fondare, erigere, possedere, gestire una ~*** eine Fabrik gründen, errichten, besitzen, führen (*o* leiten); ***chiudere una ~*** eine Fabrik still‿legen; ***la ~ è chiusa da due anni*** die Fabrik ist seit zwei Jahren stillgelegt **2** Bauen *n.*, Bau *m.*: ***la ~ del duomo*** der Dombau **3** ANT. *(fabbriceria)* Kirchenfabrik *f.* **4** RAR. *(edificio)* Gebäude *n.*, Bauwerk *n.* ◆ ***~ di armi*** Waffenschmiede *f.*; ***~ di automobili*** Automobilfabrik *f.*; ***~ di birra*** Bierbrauerei *f.*, Brauerei *f.*; ***consiglio di ~*** Betriebsrat *m.*; ***franco ~*** frei Werk; ***~ di gomma*** Gummiwerk *n.*; ***lavoro di, in ~*** Fabrikarbeit *f.*; ***lungo come la ~ di San Pietro*** langwierig wie der Bau der Peterskirche, des Kölner Doms; ***marchio di ~*** Warenzeichen *n.*, Fabrikmarke *f.*, Firmenzeichen *n.*; ***~ di mattoni*** Ziegelei *f.*; ***~ di mobili*** Möbelfabrik *f.*; ***nuovo di ~*** fabrikneu; ***comprare, vendere qcs. a prezzo di ~*** etw. zum Fabrikpreis kaufen, verkaufen; ***scarto di ~*** Ausschussware *f.*; FIG. ***la ~ dei sogni*** die Traumfabrik; ***~ tessile*** Textilfabrik *f.*, Weberei *f.*

fab|bri|ca|bi|le agg. **1** herstellbar, erzeugbar **2** *(edificabile)* bebaubar, Bau-: ***area, terreno ~*** Baugrund *m.*, Baugelände *n.* (*o* Bauland *n.*). **fab|bri|can|te** m. e f. Fabrikant *m.* (-in *f.*), Hersteller *m.* (-in *f.*), Erzeuger *m.* (-in *f.*).

fab|bri|ca|re *(fabbrico, fabbrichi)* **I** tr. **1** *(produrre)* her‿stellen, erzeugen: ***~ qcs. in serie, a mano*** etw. in Serie, von Hand herstellen **2** *(edificare)* bauen, erbauen, auf‿bauen **3** FIG. *(inventare)* erfinden, ersinnen: ***~ notizie false*** Falschmeldungen erfinden **II** pronom. **fabbricarsi 1** ***-rsi qcs. da solo*** sich (D) etw. basteln, an‿fertigen **2** FIG. *(inventarsi)* ***-rsi un alibi*** sich ein Alibi aus‿denken, erfinden ◆ ***~ castelli in aria*** Luftschlösser bauen; ***~ sulla sabbia*** auf Sand bauen.

fab|bri|ca|to I p.pass. agg. → **fabbricare II** m. Bau *m.*, Gebäude *n.*, Baulichkeit *f.* ◆ ***complesso di -i*** Gebäudekomplex *m.*; ***imposta sui -i*** Gebäudesteuer *f.*; ***~ industriale*** Industriebau *m.* **fab|bri|ca|to|re** m. **1** *(produttore)* Hersteller *m.*, Erzeuger *m.*, Verfertiger *m.* **2** *(costruttore)* Erbauer *m.* **3** FIG. Erfinder *m.*

fab|bri|ca|zio|ne f. **1** Herstellung *f.*, Erzeugung *f.*, Fabrikation *f.*: ***~ in, di serie*** serienmäßige Herstellung, Reihenfabrikation *f.* **2** *(edificazione)* Bebauung *f.* ◆ ***data di ~*** Herstellungsdatum *n.*; ***di ~ italiana*** in Italien hergestellt; ***difetto di ~*** Herstellungsfehler *m.*; ***imposta di ~ su qcs.*** Produktionssteuer *f.*, Fabrikationssteuer *f.* auf etw. (A) ***processo di ~*** Herstellungsverfahren *n.*

fab|bri|ce|ri|a f. Kirchenfabrik *f.*

fab|bri|chet|ta f. kleiner Betrieb *m.*, COLLOQ. Klitsche *f.*

fab|bro m. **1** Schmied *m.*: ***~ ferraio*** Eisenschmied *m.*, Grobschmied *m.* **2** *(magnano)* Schlosser *m.* **3** LETT. FIG. *(artefice)* Künstler *m.*, Schöpfer *m.* ◆ ***bottega del, di ~*** Schmiede *f.*, Schmiedewerkstatt *f.*; Schlosserei *f.*, Schlosserwerkstatt *f.*

fa|bu|la f. LETT. Fabel *f.*

fac|cen|da f. **1** *(affare)* Angelegenheit *f.*: ***badare solo alle proprie -e*** sich nur um seine Angelegenheiten kümmern; ***avere una ~ da sbrigare*** eine Angelegenheit zu erledigen haben **2a** *(fatto)* Sache *f.*, Geschichte *f.*: ***una brutta ~*** eine üble Geschichte **b** *(situazione)* Lage *f.* **3** pl. *(lavori domestici)* Hausarbeit *f.*: ***fare le -e*** die Hausarbeiten tun ◆ ***essere in -e*** beschäftigt sein.

fac|cen|die|re m. Geschäftemacher *m.*

fac|cet|ta f. **1** Gesichtchen *n.* **2** *(di pietra preziosa)* Facette *f.*

fac|chi|nag|gio m. *(-gi)* **1** Trägerarbeit *f.* **2** *(salario)* Trägerlohn *m.* **fac|chi|ne|sco** agg. *(-schi,-sche)* **1** Träger-: ***lavoro ~*** Trägerarbeit *f.* **2** FIG. *(triviale)* rüpelhaft: ***scherzo, linguaggio ~*** rüpelhafter Scherz, rüpelhafte Sprache.

fac|chi|no m. **1** Träger *m.*, Gepäckträger *m.* **2** FIG. *(uomo grossolano, triviale)* Rüpel *m.* ◆ SPREG. ***da ~*** rüpelhaft; COLLOQ. FIG. *(sfacchinare)* ***fare il ~*** malochen, wie ein Kuli arbeiten.

fac|cia f. *(-ce)* **1a** Gesicht *n.*: ***guardare in ~ qcn.*** jdm ins Gesicht sehen; FIG. *(persona)* ***una ~ nuova*** ein neues Gesicht **b** *(espressione)* Gesicht *n.*, Miene *f.*: ***fare una ~ offesa, corrucciata, cattiva*** ein beleidigtes, verdrießliches, böses Gesicht machen; ***non fare quella ~ da stupido!*** mach kein so dummes Gesicht! **2** *(aspetto, cera)* Aussehen *n.*; ***avere una ~ stanca*** müde aus‿sehen; ***avere una brutta ~*** schlecht aus‿sehen **3** *(superficie)* Oberfläche *f.*: ***sulla ~ della Terra*** auf der Erdoberfläche **4** *(lato)* Seite *f.*: ***le -ce di un dado, di una moneta*** die Seiten eines Würfels, einer Münze; ***l'altra ~ della luna*** die andere Seite des Mondes **5** GEOM. *(di solido)* Fläche *f.*: ***solido a otto -ce*** Oktaeder *n.*, Achtflächner *m.* **6** FIG. *(aspetto, lato)* Seite *f.*, Aspekt *m.*: ***le molte -ce di un problema*** die vielen Seiten eines Problems; ***l'altra ~ di qcs.*** die andere Seite von etw. ◆ ***(a) ~ a ~*** von Angesicht zu Angesicht, Auge in Auge; ***stare ~ a ~ con qcn.*** jdm von Angesicht zu Angesicht gegenüberstehen; ***~ a ~ con la morte*** im Angesicht des Todes; COLLOQ. ***alla ~!*** Donnerwetter! COLLOQ. ***alla ~ tua!*** dir zum Trotz! ***avere la ~ di fare qcs.*** die Stirn (*o* Dreistigkeit) haben, etw. zu tun; ***~ di bronzo*** → ***~ tosta***; ***brutta ~*** Galgengesicht *n.*; ***cambiare ~*** ein anderes Gesicht auf‿setzen, machen; *(impallidire)* blass werden; ***la cosa cambia ~*** die Sache bekommt ein anderes Gesicht (*o* erscheint in einem anderen Licht); ***di ~, di ~ a*** gegenüber + dat.; ***uomo a due -ce*** falscher, doppelzüngiger Mensch; ***fare le -ce*** Gesichter schneiden; ***fare la ~ feroce*** einen wilden Gesichtsausdruck haben; ***fare una ~ da funerale*** ein Gesicht machen wie drei (*o* sieben, acht, vierzehn) Tage Regenwetter; ***gettare qcs. in ~ a qcn.*** jdm etw. vor‿werfen; *(mettere davanti al naso)* jdm etw. unter die Nase reiben; ***giocarsi la ~ in qcs.*** seinen Ruf aufs Spiel setzen; ***guardare le cose in ~, guardare in ~ la realtà*** den Tatsachen ins Gesicht sehen; ***non guardare in ~ nessuno*** = auf niemanden Rücksicht nehmen; ***in ~ a*** angesichts + gen.; ***in ~ al pericolo*** angesichts der Gefahr; ***dire qcs. in ~ a qcn.*** jdm etw. ins Gesicht sagen; ***a ~ in giù, in su*** mit der Vorderseite nach unten, nach oben; ***leggere qcs. in ~ a qcn.*** jdm etw. vom Gesicht ab‿lesen; ***fare la ~ lunga*** ein langes Gesicht machen; VOLG. ***~ di merda*** Scheißkerl *m.*; ***~ patibolare*** Galgengesicht *n.*; ***perdere la ~*** das Gesicht verlieren; ***chiudere la porta in ~ a qcn.*** jdm die Tür vor der Nase zu‿schlagen; ***avere una ~ pulita*** brav aus‿sehen; ***ridere in ~ a qcn.*** jdm ins Gesicht lachen; ***salvare la ~*** das Gesicht retten, wahren; ***~ da schiaffi*** Ohrfeigengesicht *n.*; ***gli sta scritto in ~*** das steht ihm im Gesicht geschrieben; ***scomparire dalla ~ della Terra*** vom Erdboden verschwinden; ***con una ~ tosta*** mit frecher, kecker Stirn; ***essere, avere una (bella) ~ tosta*** ein Frechling, ein unverschämter Mensch sein; ***voltare la ~ a qcn., qcs.*** jdm, etw. den Rücken zu‿kehren; ***voltar ~*** um‿fallen, seine Meinung ändern.

fac|cia a fac|cia m.inv. Gegenüberstellung *f.*, Konfrontation *f.*: ***un ~ in televisione tra due uomini politici*** eine Konfrontation von zwei Politikern im Fernsehen.

fac|ciac|cia f. *(-ce)* **1** hässliches Gesicht *n.* **2** *(sfrontatezza)* Stirn *f.*, Unverschämtheit *f.*

fac|cia|le agg. Gesichts-, MED. fazial: ***muscolo, nervo ~*** Gesichtsmuskel *m.*, Gesichtsnerv *m.* (*o* Fazialis *f.*); ***paralisi ~*** Gesichtslähmung *f.*; ***plastica ~*** Gesichtsplastik *f.*

fac|cia|ta f. **1** Fassade *f.*, Vorderseite *f.* **2** *(pagina)* Seite *f.*, Blattseite *f.*: ***un tema di quattro -e*** ein vierseitiger Aufsatz **3** FIG. *(apparenza)* Fassade *f.*, Aussehen *n.*, Anschein *m.*: ***guardare dietro la ~*** hinter die Fassade schauen, gucken; ***non giudicare dalla ~*** nicht nach dem Aussehen urteilen ◆ ***~ anteriore*** Vorderfront *f.*; ***di ~*** Schein-; ***larghezza della ~*** Frontbreite *f.*; ***~ laterale*** Seitenfront *f.*; ***~ posteriore*** Rückfront *f.*, Hinterfront *f.*

fac|ci|na f., **fac|ci|no** m. Gesichtchen *n.*, hübsches Gesicht *n.*

fac|cio|na f., **fac|cio|ne** m. großes Gesicht *n.*, breites Gesicht *n.*

fa|ce f. LETT. **1** *(fiaccola)* Fackel *f.* **2** *(splendore)* Schimmer *m.*

fa|cen|te I agg. ***~ parte di qcs.*** zu etw. gehörig; ***~ funzione*** stellvertretend **II** m. ***~ funzione*** Stellvertreter *m.*

fa|ce|to agg. launig, witzig: ***un discorso ~*** eine launige Rede; ***tra il serio e il ~*** halb im Spaß, halb im Ernst. **fa|ce|zia** f. ANT. Schwank *m.*, Schnurre *f.*

fa|chi|ro m. Fakir *m.*: SCHERZ. ***essere un ~*** wie ein Fakir sein.

fa|ci|le I agg. **1a** leicht, einfach: ***un lavoro, una domanda, un esame ~*** eine leichte Arbeit, Frage, Prüfung; ***un corso di studi ~*** ein einfaches Studium; ***un problema ~ da risolvere*** ein leicht lösbares Problem; ***un luogo ~ da raggiungere*** ein leicht erreichbarer Ort; ***è ~ a dirsi, a credersi*** das ist leicht zu sagen, zu glauben **b** *(ottenuto senza difficoltà)* leicht, einfach, mühelos: ***una vittoria ~*** ein leichter Sieg; ***denaro ~*** leichtes Geld; ***guadagni -i*** einfache Gewinne **c** FIG. *(leggero)* ***una ragazza ~*** ein leichtes (*o* leichtfertiges) Mädchen **2** *(affabile)* umgänglich: ***avere un carattere ~*** einen umgänglichen Charakter haben **3** *(agevole)* leicht, mühelos: ***una pista ~*** eine leichte Abfahrt **4** *(incline)* neigend, geneigt: ***un uomo ~ al bere*** ein zum Trinken neigender Mensch; ***essere ~ alla collera*** zu Wutausbrüchen neigen; *(corrivo)* ***~ alle promesse*** schnell mit Versprechungen bei der Hand sein **5** *(piano, scorrevole)* flüssig: ***uno stile ~*** ein flüssiger Stil **6** *(probabile)* leicht möglich: ***è ~ che nevichi*** es ist leicht möglich, dass es schneit **II** avv. COLLOQ. leicht ◆ ***averla ~ con qcn.*** es leicht mit jdm haben; ***di -i costumi*** leicht; ***di ~ comprensione, esecuzione, smercio*** leicht verständlich, ausführbar, verkäuflich; ***è più ~ a dirsi che a farsi*** das ist leichter gesagt als getan; ***~ a dirsi!*** das sagt sich so leicht (*o* einfach), das ist leicht gesagt; ***avere gioco ~ (con qcn., qcs.)*** (mit jdm, etw.) leichtes Spiel haben; ***ha il coltello, la pistola ~*** ihm sitzt das Messer, die Pistole locker; ***niente di più ~!*** nichts leichter als das! ***(non) avere vita ~*** es (nicht) leicht haben; ***avere vita ~ in qcs.*** sich (A, D) bei etw. leicht‿tun; ***rendersi la vita ~*** es sich einfach machen.

fa|ci|li|tà f. **1** Leichtigkeit *f.*, Mühelosigkeit *f.*: ***avere ~ nel fare qcs.*** etw. mühelos tun, COLLOQ. sich mit, bei etw. leicht tun; ***ha ~ a imparare le lingue*** er lernt mühelos Sprachen; ***fare qcs. con (estrema) ~*** etw. mit (äußerster) Leichtigkeit tun **2** *(agevolezza)* Leichtigkeit *f.*, Mühelosigkeit *f.* **3** *(predisposizione)* Begabung *f.*, Fähigkeit *f.*: ***~ nello scrivere*** Schreibbegabung *f.*; ***~ di apprendimento*** Lernbegabung *f.* ◆ ***avere ~ di comprensione*** eine leichte Auffassungsgabe haben; ***~ di intendere*** Auffassungsvermögen *n.*; ***avere ~ di parola*** wortgewandt sein.

fa|ci|li|ta|re *(facilito)* **I** tr. erleichtern, leicht machen: ***~ un compito a qcn.*** jdm eine Aufgabe leicht machen; ***~ l'importazione di qcs.*** die Einfuhr von etw. erleichtern; ***~ un pagamento a qcn.*** jdm eine Zahlung erleichtern (*o* jdm bei einer Zahlung entgegen‿kommen) **II** pronom. ***-rsi qcs.*** sich (D) etw. leicht machen, leichter machen. **fa|ci|li|ta|to** p.pass. agg. **1** → **facilitare 2** begünstigt, gefördert: ***essere ~ in qcs.*** in etw. (D) begünstigt sein; ***è stato ~ nella carriera*** er wurde in der Karriere gefördert.

fa|ci|li|ta|zio|ne f. Erleichterung *f.*, Vergünstigung *f.*: ***godere di, accordare -i*** Erleichterungen genießen, gewähren; ***offrire, concedere, togliere -i*** Vergünstigungen bieten, gewähren, entziehen; ***~ di pagamento*** Zahlungserleichterung *f.*; ***~ di investimento*** Investitionshilfe *f.*

fa|cil|men|te avv. **1** leicht: ***arrabbiarsi ~*** leicht ärgerlich werden; ***apprendere ~*** leicht lernen **2** *(senza sforzi)* leicht, mühelos **3** *(probabilmente)* leicht möglich: ***~ mi telefonerà domani*** es ist leicht möglich, dass er mich morgen anruft.

fa|ci|lo|ne m. Leichtfuß *m.*, leichtfertiger Mensch *m.* **fa|ci|lo|ne|ri|a** f. Leichtfertigkeit *f.*

fa|ci|no|ro|so I agg. gewalttätig **II** m. Gewalttäter *m.*

fa|co|ce|ro m. Warzenschwein *n.*

fa|col|tà f.inv. **1** Vermögen *n.*, Fähigkeit *f.*: ***~ percettiva, immaginativa*** Wahrnehmungs-, Vorstellungsvermögen *n.*; ***~ conoscitiva*** Erkenntnisvermögen *n.*; ***~ critica, razionale*** Kritik-, Denkfähigkeit *f.*; ***~ uditiva, visiva*** Hör-, Sehvermögen *n.*; ***~ riproduttiva*** Zeugungskraft *f.*; ***~ di giudizio*** Urteilsfähigkeit *f.*, Urteilskraft *f.*; ***perdere l'uso delle (proprie) ~ mentali*** seine geistigen Fähigkeiten ein‿büßen **2** *(potere)* Befugnis *f.*, Berechtigung *f.*, Macht *f.*: ***avere la ~ di decidere*** die Entscheidungsbefugnis haben; ***qcs. è nelle mie ~*** etw. liegt, steht in meiner Macht; ***~ di disporre*** Dispositionsfähigkeit *f.*, Verfügungsrecht *n.*; ***accordare a qcn. la ~ di disporre di qcs.*** jdm das Verfügungsrecht über etw. (A) ein‿räumen; ***gli è data ~ di concludere il contratto*** er ist ermächtigt, den Vertrag abzuschließen; ***conferire una ~*** eine Befugnis übertragen **3** ANT. *(capacità)* Fähigkeit *f.*: ***la ruggine ha la ~ di corrodere il ferro*** der Rost besitzt die Fähigkeit, das Eisen zu zerfressen **4** UNIV. Fakultät *f.*: ***la ~ di medicina, di scienze naturali, di giurisprudenza, di lettere e filosofia*** die medizinische, naturwissenschaftliche, juristische (*o* rechtswissenschaftliche), philosophische Fakultät; ***~ di architettura*** Fakultät für Architektur; ***essere docente presso una ~*** Dozent an einer Fakultät sein; ***oggi il professore non è in ~*** heute ist der Professor nicht in der Universität; ***cambiare ~*** die Fakultät wechseln; ***iscriversi a una ~*** sich an einer Fakultät ein‿schreiben **5** pl. RAR. *(averi, beni)* Vermögen *n.* ◆ UNIV. ***ammissione alla ~*** Zulassung *f.* zum Studium; UNIV. ***consiglio di ~*** Fakultätsrat *m.*, Fachbereichsrat *m.*; ***~ di firma*** Zeichnungsberechtigung *f.*; DIR. ***~ di intendere e di volere*** Zurechnungsfähigkeit *f.*; UNIV. ***passaggio di ~*** Fakultätswechsel *m.*; ***chiedere il passaggio di ~ (a biologia)*** den Studienwechsel (zur Biologie) beantragen; ***essere in pieno possesso delle ~ (mentali)*** im Vollbesitz seiner geistigen Fähigkeiten (*o* bei vollem Verstand) sein.

fa|col|ta|ti|va|men|te avv. beliebig, fakultativ. **fa|col|ta|ti|vo** agg. wahlfrei, Wahl-, fakultativ: ***materie -e*** wahlfreie Fächer, Wahlfächer *pl.*; ***esame ~*** fakultative Prüfung.

fa|col|to|so agg. vermögend, potent: ***un cliente ~*** ein potenter Kunde.

fa|con|dia f. Wortgewandtheit *f.* **fa|con|do** agg. wortgewandt.

fac|si|mi|le m. **1** Faksimile *n.*: ***fare il ~ di un atto*** das Faksimile einer Urkunde her‿stellen **2** FIG. Abbild *n.*, Ebenbild *n.*: ***è il ~ di suo padre*** er ist das Ebenbild seines Vaters.

fac|tor|ing m.inv. Factoring *n.*

fac|to|tum m. e f.inv. Faktotum *n.*

fa|ga|ce|e f.pl. Buchengewächse *pl.*

fag|ge|ta f., **fag|ge|to** m. Buchenwald *m.* **fag|gio** m. *(-gi)* Buche *f.* ◆ ***~ comune*** Rotbuche *f.*; ***di, in ~*** Buchen-, buchen; ***legno di ~*** Buchenholz *n.*; ***~ nero*** Schwarzbuche *f.*; ***~ rosso, sanguigno*** Blutbuche *f.* **fag|gio|la** f. Buchecker *f.*

fa|gia|na|ia f. Fasanerie *f.*

fa|gia|no m. Fasan *m.* ◆ ***allevamento di -i*** Fasanenzucht *f.*; ***~ argentato*** Silberfasan *m.*; ***~ dorato*** Goldfasan *m.*; ***~ di monte (femmina)*** Birkhuhn *n.*; ***~ di monte (maschio)*** Birkhahn *m.*

fa|gio|la|ta f. INTRAD. (Bohnensuppe). **fa|gio|li|no** m. Schnittbohne *f.*, Gartenbohne *f.*, grüne Bohne *f.*, Brechbohne *f.*

fa|gio|lo m. **1** Bohne *f.*: ***-i bianchi*** weiße Bohnen; ***minestra di -i*** Bohnensuppe *f.* **2** *(bacinella)* Nierenschale *f.* **3** GERG. UNIV. = Student im dritten und vierten Semester ◆ ***andare a ~ a qcn.*** jdm in den Kram passen; ***mi va proprio a ~*** das passt mir in den Kram; ***~ asparagio*** Spargelbohne *f.*; ***capita proprio a ~*** das kommt gerade recht; ***a forma di ~*** nierenförmig; ***~ nano*** Zwergbohne *f.*, niedrige Buschbohne *f.*; ***pasta e -i*** INTRAD. (Bohnensuppe mit Einlage); ***~ da semina*** Saatbohne *f.*; ***~ di Spagna*** Feuerbohne *f.*

fa|gio|lo|ne m. **1** große Bohne *f.* **2** SCHERZ. *(spilungone)* Bohnenstange *f.*

fa|glia f. GEOL. Verwerfung *f.*, Bruch *m.*: ***linea di ~*** Verwerfungslinie *f.*; ***livello di ~*** Sprunghöhe *f.*

fa|glia|re *(faglio, fagli)* tr. e pronom. **fagliarsi** GEOL. verwerfen.

fa|go|ci|ta m. *(-i)* Phagozyt *m.* **fa|go|ci|ta|re** tr. *(fagocito)* **1** BIOL. phagozytieren **2** FIG. *(incorporare)* ein‿verleiben, inkorporieren.

fa|go|ci|to → **fagocita**. **fa|go|ci|to|si** f. Phagozytose *f.*

fa|got|ti|no m. Bündelchen *n.*, Bündel *n.* (anche FIG.): ***il ~ urlante nella culla*** das schreiende Bündel in der Wiege.

fa|got|ti|sta m. e f. *(-i,-e)* Fagottist *m.* (-in *f.*).

1.fa|got|to m. **1** Bündel *n.*, Pack *m.*: ***fare un ~ di qcs.*** etw. bündeln, etw. zu einem Bündel zusammen‿schnüren; FIG. ***far ~*** sein Bündel schnüren **2** ESTENS. *(persona goffa)* Tollpatsch *m.*

2.fa|got|to m. MUS. Fagott *n.*

fai|da f. STOR. Fehde *f.* (anche estens.): ***-e politiche*** politische Fehden.

fai da te m.inv. Do-it-yourself *n.*

fa|i|na f. Steinmarder *m.*

fa|lan|ge f. *(-gi)* **1** STOR. MIL. Phalanx *f.* (anche ESTENS.): ***formare una ~*** eine Phalanx bilden; ***la ~ franchista*** die Falange **2** ANAT.

Glied *n.*: **~ del dito** Fingerglied *n.* **fa|lan|get|ta** f. drittes (*o* letztes) Fingerglied *n.* **fa|lan|gi|na** f. zweites Fingerglied *n.* **fa|lan|gi|sta** m. e f. *(-i,-e)* Falangist *m.* (-in *f.*).

fa|lan|ste|rio m. *(-ri)* *(caseggiato)* Mietskaserne *f.*

fa|la|sco m. *(-schi)* Segge *f.*

fal|bo agg. LETT. falb ◆ **baio ~** Falbe *m.*

fal|ca|ta f. **1** SPORT Laufschritt *m.*, Schritt *m.*, Schrittweite *f.*: **avere un'ampia ~** einen ausgreifenden Schritt haben **2** *(salto del cavallo)* Sprung *m.*

fal|ca|to agg. **1** Sichel-, sichelförmig: **duna -a** Sicheldüne *f.* **2** STOR. **carro ~** Sichelwagen *m.* **fal|ca|tu|ra** f. (sichelförmige) Krümmung *f.*

fal|ce f. Sichel *f.*; *(da fieno)* Sense *f.*: **tagliare l'erba con la ~** das Gras mit der Sichel schneiden; **affilare la ~** die Sense dengeln, wetzen; **roteare la ~** die Sense schwingen; FIG. **~ di luna** Mondsichel *f.*; **la ~ della morte** die Sense des Todes ◆ **~ e martello** Hammer und Sichel. **fal|cet|to** m. **1** *(piccola falce)* (kleine) Sichel *f.* **2** *(potatoio)* Hippe *f.*, Gartenmesser *n.*

fal|chet|ta f. Dollbord *n.*

fal|chet|to m. *(falco giovane)* junger Falke *m.*

fal|cia|re tr. *(falcio, falci)* **1** ab‿mähen, (mit der Sense) mähen, sicheln: **~ il grano, l'erba** Getreide, Gras mähen **2** FIG. *(abbattere)* nieder‿mähen: **~ i nemici con la mitragliatrice** die Feinde mit dem Maschinengewehr niedermähen **3** *(mietere)* dahin‿raffen, hin‿raffen: **l'epidemia ha falciato molte vittime** die Seuche hat viele dahingerafft **4** SPORT *(atterrare in corsa)* **~ qcn.** jdm ein Bein stellen: **~ l'avversario in area** dem Gegner im Strafraum ein Bein stellen. **fal|cia|ta** f. **1** Abmähen *n.*, Mähen *n.*; **dare una ~ al prato** den Rasen mähen **2** *(colpo)* Sichelhieb *m.*; *(con la falce fienaia)* Sensenhieb *m.* **fal|cia|to|re** m. Mäher *m.* **fal|cia|tri|ce** f. Mähmaschine *f.*, Rasenmäher *m.* **fal|cia|tu|ra** f. **1** Mähen *n.* **2** *(periodo)* Zeit *f.* des Mähens.

fal|ci|dia f. **1** *(forte riduzione)* Kürzung *f.*, Verminderung *f.* **2a** *(strage)* Gemetzel *n.*, Blutbad *n.*: **una ~ di civili innocenti** ein Gemetzel unter den unschuldigen Zivilisten **b** FIG. Gemetzel *n.*: **una ~ di esaminandi** ein wahres Gemetzel unter den Examinanden.

fal|ci|dia|re tr. *(falcidio, falcidi)* **1** kürzen, schmälern, vermindern: **~ un patrimonio** ein Vermögen schmälern **2** *(fare strage)* stark schmälern, reduzieren: **la peste ha falcidiato la popolazione** die Pest hat die Bevölkerung stark dezimiert.

fal|ci|for|me agg. sichelförmig.

fal|co m. *(-chi)* **1** Falke *m.* **2** FIG. *(persona intelligente, astuta)* = cleverer Mensch *m.* ◆ POL. **-chi e colombe** Falken und Tauben; **occhio di ~** Falkenauge *n.* (anche FIG.); **~ pellegrino** Wanderfalke *m.*; **~ pescatore** Fischadler *m.*; **vista da ~** Falkenblick *m.* **fal|con|cel|lo** m. Neuntöter *m.*

fal|co|ne m. **1** Falke *m.*: **~ da caccia** Beizfalke *m.*; **caccia col ~** Falkenjagd *f.*, Beizjagd *f.*, Beize *f.* **2** MIL. *(cannoncino antico)* Falkonett *n.* **fal|co|ne|ri|a** f. Falknerei *f.* **fal|co|nie|re** m. Falkner *m.*, Falkenier *m.*

fal|da f. **1** *(strato)* Schicht *f.* (anche GEOL.): **~ di cotone** Schicht aus Watte, Watteschicht *f.*; **~ di ghiaccio** Eisschicht *f.*; GEOL. **roccia a -e** geschichteter Fels **2** *(di neve)* Schneeflocke *f.*, Flocke *f.*: **nevicare a larghe -e** in großen Flocken schneien **3** *(tesa)* Krempe *f.*: **la ~ del cappello** die Hutkrempe; **a larghe -e** breitkrempig **4** *(lembo)* Rockschoß *m.*, Schoß *m.*: **~ della marsina** Frackschoß *m.* **5** *(pendici)* Fuß *m.*: **alle -e del monte** am Fuß(e) des Berges **6** EDIL. *(piano di copertura)* Walmfläche *f.*; **tetto a -e** Walmdach *n.* ◆ **~ acquifera** Grundwasser *n.*; **~ detritica** Geröllhalde *f.*

fa|le|gna|me m. Tischler *m.*, REGION. Schreiner *m.* **fa|le|gna|me|ri|a** f. **1** Tischlerei *f.*, REGION. Schreinerei *f.*; **lavoro di ~** Tischlerarbeit *f.* **2** *(laboratorio)* Tischlerwerkstatt *f.*, Tischlerei *f.*

fa|le|na f. Nachtfalter *m.*, Nachtschwärmer *m.*

fa|le|sia f. Steilhang *m.*, Klippe *f.*, REGION. Kliff *n.*

fal|la f. **1** Loch *n.*, Riss *m.*: **la ~ di un serbatoio d'acqua** der Riss in einem Wassertank; **una ~ nel tessuto** ein Riss im Gewebe **2** *(di un scafo)* Leck *n.*: **turare, tamponare una ~** ein Leck ab‿dichten (*o* dichten), stopfen; **avere, presentare una ~** lecken, leck sein **3** MIL. *(breccia)* Lücke *f.* (anche FIG.): **una ~ nello schieramento** eine Lücke in der Schlachtordnung.

fal|la|ce agg. trügerisch: **promesse, speranze -i** trügerische Versprechungen, Hoffnungen; **immagine ~** trügerisches Bild, Trugbild *n.* **fal|la|cia** f. Trug *m.*, Täuschung *f.*

fal|la|to agg. **1** EDIT. Mängel-: **copia -a** Mängelexemplar *n.* **2** TESS. **stoffa -a** Stoff mit Webfehlern.

fal|li|bi|le agg. fehlbar. **fal|li|bi|li|tà** f. Fehlbarkeit *f.*

fal|li|co agg. *(-ci,-che)* phallisch, Phallus-: **simbolo ~** Phallussymbol *n.*

fal|li|men|ta|re agg. **1** Konkurs-: **dichiarazione ~** Konkurserklärung *f.* (*o* Bankrotterklärung *f.*); **massa ~** Konkursmasse *f.*; **aprire, eseguire un procedimento ~** ein Konkursverfahren (*o* einen Konkursprozess, einen Konkurs) eröffnen, durch‿führen; **diritto ~** Konkursrecht *n.*; **curatore ~** Konkursverwalter *m.* **2** *(disastroso)* katastrophal: **esperienza, esito ~** katastrophales Erlebnis, Ergebnis. **fal|li|men|ta|ri|sta** m. e f. *(-i,-e)* Konkursverwalter *m.* (-in *f.*).

fal|li|men|to m. **1** Scheitern *n.*, Misslingen *n.*: **il ~ di un tentativo, delle trattative** das Scheitern eines Versuchs, der Verhandlungen; **un progetto destinato al ~** ein zum Scheitern verurteilter Plan **2** DIR. *(bancarotta)* Konkurs *m.*: **provocare il ~ dell'impresa** den Konkurs des Unternehmens verursachen, herbei‿führen; **fare ~** Konkurs machen, in Konkurs geraten (*o* gehen); **dichiarare ~** Konkurs an‿melden; **essere sull'orlo del ~** vor dem Konkurs stehen **3** *(disastro)* Katastrophe *f.*: **il nostro rapporto è stato un ~** unsere Beziehung war eine Katastrophe.

fal|li|re *(fallisco, fallisci)* **I** intr. **1a** (aus. *avere*) scheitern, versagen: **il governo ha fallito** die Regierung hat versagt; **~ in qcs., a causa di (o per) qcs.** mit etw., an etw. (D) scheitern; **~ nella vita** im Leben versagen; SPORT **~ al terzo tentativo** beim dritten Versuch scheitern **b** *(avere esito negativo*; aus. *essere)* scheitern, misslingen: **l'esperimento è fallito** das Experiment ist gescheitert (*o* misslungen) **2** DIR. *(fare fallimento;* aus. *essere)* Konkurs machen, COLLOQ. Pleite machen **II** tr. *(mancare)* verfehlen: **~ il bersaglio** das Ziel verfehlen, am Ziel vorbei‿schießen; SPORT **~ la porta** das Tor verfehlen; FIG. **~ il colpo** sein Ziel verfehlen; **far ~ qcs.** etw. zum Scheitern bringen, etw. vereiteln.

fal|li|to I p.pass. agg. **1** → **fallire 2a** gescheitert, misslungen **b un attore, un uomo ~** ein gescheiterter Schauspieler, Mensch **3** *(insolvente)* bankrott, COLLOQ. pleite: **l'impresa è -a** das Unternehmen ist bankrott; **dichiararsi ~** sich (für) bankrott erklären **II** m. **1** Versager *m.*, gescheiterte Existenz *f.*: **essere un ~** eine gescheiterte Existenz sein; **sentirsi un ~** sich als Versager fühlen **2** DIR. Gemeinschuldner *m.*

1.fal|lo m. **1** *(mancanza, colpa)* Verfehlung *f.*, Verstoß *m.*, LETT. Fehltritt *m.*: **un ~ lieve, grave** eine geringe, schwere Verfehlung **2** SPORT Foul *n.*: **commettere (un) ~ su qcn.** ein Foul an jdm begehen; **commettere ~, -i** foulen; **~ intenzionale** absichtliches Foul; **fischiare un ~** ein Foul pfeifen **3** *(imperfezione)* Fehler *m.*, Mangel *m.* ◆ SPORT **doppio ~** Doppelfehler *m.*; LETT. **essere in ~** Schuld haben; **~ di fondo** Aus *n.*; **mettere un piede in ~** fehl‿treten, einen falschen Tritt machen; **cogliere qcn. in ~** jdn auf frischer Tat ertappen; **~ laterale** Seitenaus *n.*, Aus *n.*; **~ di mano** Handspiel *n.*; **~ di piede** Fußfehler *m.*; ANT. **senza ~** unfehlbar.

2.fal|lo m. Phallus (*o* Phallos) *m.*

fal|lo|cra|te m. Phallokrat *m.* **fal|lo|cra|ti|co** agg. *(-ci,-che)* phallokratisch. **fal|lo|cra|zi|a** f. Phallokratie *f.*

fal|lo|si|tà f. harte Gangart *f.* **fal|lo|so** agg. foul, Foul-: **gioco ~** Foulspiel *n.*; **giocare in modo ~** foul spielen; **un giocatore ~** ein Foulspieler.

fall-out ['fɔ:laut] m.inv. Ausschüttung *f.*, Fallout *m.*

fa|lò m.inv. Lagerfeuer *n.*, Feuer *n.*; *(in segno di allegria)* Freudenfeuer *n.*: **fare, accendere un ~** ein Lagerfeuer machen ◆ FIG. **fare un ~ di qcs.** etw. verbrennen, den Flammen übergeben.

fal|pa|là m.inv. Falbel *f.*

fal|sa|men|te avv. fälschlich, fälschlicherweise: **attribuire ~ qcs. a qcn.** jdm etw. fälschlich zu‿schreiben.

fal|sa|re tr. verfälschen, entstellen: **~ la realtà, i fatti** die Wirklichkeit, die Tatsachen verfälschen. **fal|sa|ri|ga** f. *(-ghe)* **1** Linienblatt *n.* **2** FIG. Muster *n.*, Beispiel *n.*: **sulla ~ di qcn., qcs.** nach dem Muster (*o* Beispiel) von jdm, etw.

fal|sa|rio m. *(-ri)* Fälscher *m.*; *(di monete)* Falschmünzer *m.*, Münzfälscher *m.*

fal|sa|tu|ra f. SART. **1** *(guarnizione)* Einsatz *m.* **2** *(sopra l'abbottonatura)* Patte *f.*

fal|set|ti|sta m. Falsettist *m.* **fal|set|to** m. Falsett *n.*, Fistel *f.*: **voce di, in ~** Falsett-, Fistelstimme *f.*; **cantare in ~** im Falsett singen, falsettieren; **parlare in ~** mit Fistelstimme sprechen, fisteln; **andare in ~** sich mit der Stimme überschlagen.

fal|si|fi|ca|bi|le agg. fälschbar. **fal|si|fi|ca|bi|li|tà** f. Eignung *f.* zur Verfälschung.

fal|si|fi|ca|re tr. *(falsifico, falsifichi)* **1** fälschen, verfälschen: **~ una firma, un documento, banconote** eine Unterschrift, eine Urkunde, Banknoten fälschen **2** *(alterare, travisare)* verfälschen, entstellen: **~ una notizia** eine Nachricht verfälschen. **fal|si|fi|ca|to|re** m. Fälscher *m.*, Verfälscher *m.*; *(di monete)* Falschmünzer *m.*, Münzfälscher *m.*

fal|si|fi|ca|zio|ne f. Fälschung *f.*, Falsifikation *f.*, Verfälschung *f.*; *(di assegni)* Scheckfälschung *f.*; *(di banconote)* Banknotenfälschung *f.*; *(di monete)* Münzfälschung *f.*

fal|si|tà f.inv. **1** Falschheit *f.*, Unwahrheit *f.*: **la ~ di un'accusa** die Unwahrheit einer Beschuldigung; **la ~ delle sue dichiarazioni** die Falschheit seiner Erklärungen **2** *(mancanza di sincerità)* Unaufrichtigkeit *f.*, Falschheit *f.* **3** *(menzogna)* Unwahrheit *f.*, Lüge *f.*: **dire un cumulo di ~** einen Haufen, eine Menge Lügen sagen.

fal|so I agg. **1** falsch, Falsch-, unwahr, unrichtig: **una notizia -a** eine Falschmeldung **2** *(erroneo)* irrig, Irr-, Fehl-: **-a credenza** Irrglaube *m.*; FIG. **essere su una -a strada, pista** sich auf einem Irrweg befinden **3** *(falsificato)* falsch, Falsch-: **sotto ~ nome** unter falschem Namen; **un documento, passaporto ~** ein falscher Ausweis, Pass; **denaro ~** Falschgeld *n.* **4a** *(finto)* falsch, künstlich: **denti -i** falsche Zähne **b** blind: **-a porta** blinde Tür, Blendtür *f.* **5** *(apparente)* falsch, unaufrichtig: **-a modestia, ~ pudore** falsche Bescheidenheit, Scham **6** *(ipocrita)* falsch: **una persona -a** ein falscher Mensch **II** m. **1** Falsche *n.*: **saper distinguere il ~ dal vero** das Echte vom Falschen unterscheiden können **2** *(oggetto falsificato)* Fälschung *f.*: **questo quadro è un ~** dieses Bild ist eine Fälschung **3** DIR. *(falsificazione)* Fälschung *f.*, Verfälschung *f.* ◆ **~ allarme** blinder Alarm (anche FIG.); LING. **-i amici** falsche Freunde; **~ in atto pubblico** Urkundenfälschung *f.*; **fare carte -e per...** = alles tun, um...; **~ giuramento** Falscheid *m.*, Meineid *m.*; **giurare il ~** falsch schwören, einen Meineid leisten; **~ ideologico** mittelbare Falschbeurkundung *f.*; **mettere qcn., qcs. sotto -a luce** jdn, etw. in ein falsches Licht rücken; **~ magro** schlank erscheinende Person; **-a partenza** Frühstart *m.*, Fehlstart *m.*; **passo ~** Fehltritt *m.*; FIG. **fare un passo ~** einen Fehler begehen; **~ problema** Scheinproblem *n.*; **-a testimonianza** Falschaussage *f.*

fal|so|pia|no m. *(falsipiani)* scheinbare Ebene *f.*

fa|ma f. **1** *(reputazione)* Ruf *m.*, Leumund *m.*: **la sua ~ di artista** sein Ruf als Künstler; **godere di, avere una buona, cattiva ~** einen guten, schlechten Ruf genießen, haben (*o* in gutem, schlechtem Ruf stehen); **di dubbia ~** von zweifelhaftem Ruf; **ha ~ di essere molto severo** ihm geht der Ruf voraus, sehr streng zu sein **2** *(celebrità)* Ruhm *m.*: **all'apice della ~** auf dem Gipfel seines Ruhms; **raggiungere, acquistarsi, guadagnarsi meritata, immeritata ~** verdienten, unverdienten Ruhm erlangen, erwerben, ernten; **la sua ~ gli è sopravvissuta** sein Ruhm hat ihn überlebt; **raggiungere ~ e onori** zu Ruhm und Ehren gelangen, kommen; **oscurare la ~ di qcn.** jds Ruhm verdunkeln **3** LETT. *(voce)* Gerücht *n.*, Ruf *m.*: **corre ~ che...** es geht das Gerücht, dass... ◆ **~ internazionale, mondiale** Weltruf *m.*, Weltruhm *m.*; **un attore di ~ internazionale, mondiale** ein weltberühmter Schauspieler; **fare qcs. per la ~** etw. ehrenhalber (*o* um der lieben Ehre willen) tun.

fa|me f. **1** Hunger *m.*: **avere ~** Hunger haben (*o* hungrig sein); **mi viene ~** ich bekomme Hunger (*o* ich werde hungrig); **far venire ~** hungrig machen; **avere una gran ~, una ~ robusta, atroce** einen großen, tüchtigen, fürchterlichen Hunger haben; **patire, soffrire la ~** Hunger leiden; **placare la ~** den Hunger stillen **2** FIG. *(grande desiderio)* Hunger *m.*, Durst *m.*: **~ di sapere, di giustizia** Wissensdurst *m.*, Hunger nach Gerechtigkeit ◆ COLLOQ. **essere brutto come la ~** hässlich wie die Sünde sein; **fare la ~** hungern, am Hungertuch nagen; FIG. = ein elendes Leben führen; **è l'immagine della ~** ihm schaut der Hunger aus den Augen; **lungo come la ~** lang wie eine Bohnenstange; **avere una ~ da lupo** einen Wolfshunger (*o* Bärenhunger) haben, hungrig wie ein Wolf (*o* ein Bär) sein; **morire di ~** an Hunger sterben (*o* hungers sterben, den Hungertod sterben); FIG. *(avere molta fame)* vor Hunger sterben, um‿fallen; *(essere in miseria)* ein Hungerdasein führen; **sentire i morsi della ~** einen beißenden Hunger haben, verspüren; **morto di ~** Verhungerte *m.*; FIG. SPREG. *(persona poverissima)* Hungerleider *m.*; **prendere una città per ~** eine Stadt aus‿hungern; FIG. **ridurre qcn. alla ~** jdn zum Hungern verdammen; **salario da ~** Hungerlohn *m.*; **fare lo sciopero della ~** Hungerstreik machen; PROV. **la ~ caccia il lupo dal bosco, dalla tana** Not kennt kein Gebot; **la ~ è cattiva consigliera** Hunger ist ein schlechter Ratgeber; **a chi ha ~ è buono ogni pane** Hunger ist der beste Koch.

fa|me|li|co agg. *(-ci,-che)* **1** hungrig: **un lupo ~** ein hungriger Wolf **2** SCHERZ. *(ingordo)* gierig: **una persona -a** ein gieriger Mensch.

fa|mi|ge|ra|to agg. berüchtigt, verrufen: **un ~ assassino** ein berüchtigter Mörder.

fa|mi|glia f. **1** Familie *f.*, Haushalt *m.*: **formare (farsi) una, mettere su ~** eine Familie gründen; **una ~ numerosa** eine kinderreiche Familie; **una ~ di quattro persone** eine vierköpfige Familie; **avere, tenere ~** eine Familie haben; **vivere in ~** in der Familie leben **2** *(stirpe)* Familie *f.*, Geschlecht *n.*, Haus *n.*: **essere di buona ~, di ~ nobile** aus guter Familie stammen (*o* aus gutem Haus sein), aus adeligem Geschlecht stammen; **la ~ dei Medici** das Geschlecht der Medici; **la ~ reale** das königliche Haus, Königshaus *n.* **3** ZOOL. BOT. Familie *f.*: **la ~ dei canidi** die Familie der Kaniden **4** ESTENS. *(cose affini)* Familie *f.*, Gruppe *f.*: **una ~ di parole** eine Wortfamilie; **una ~ di ceramiche, di strumenti musicali** eine Gruppe von keramischen Produkten, von Musikinstrumenten ◆ **album di ~** Familienalbum *n.*; **~ colonica** Bauernfamilie *f.*; **consiglio di ~** Familienrat *m.*; **essere di ~** zur Familie gehören; **diritto di ~** Familienrecht *n.*; FIG. **fare le cose in ~** *(di nascosto)* die Dinge in der Familie lassen; **festa di ~** Familienfest *n.*, Familienfeier *f.*; **figlio di ~** Muttersöhnchen *n.*; **confezione, bottiglia formato ~** Familienpackung *f.*, Familienflasche *f.*; **lavare i panni sporchi in ~** die schmutzige Wäsche nicht vor anderen Leuten waschen; **madre di ~** Hausmutter *f.*; **medico di ~** Hausarzt *m.*; **membro della ~** Familienangehörige *m.* e *f.*, Familienmitglied *n.*; **capita, succede nelle migliori -e** das kommt in den besten Familien vor; **~ nucleare** Kernfamilie *f.*; **padre di ~** Familienvater *m.*; **questione di ~** Familienangelegenheit *f.*; **resta in ~** das bleibt in der Familie; **ritratto di ~** Familienbild *n.*; **riunione di ~** Familienversammlung *f.*; **la Sacra Famiglia** die Heilige Familie; **senso della ~** Familiensinn *m.*; **stato di ~** Auszug *m.* aus dem Familienbuch; **tomba di ~** Familiengrab *n.*, Familiengruft *f.*; **essere tutto (casa e) ~** ein Familienmensch sein; **la ~ umana** das Menschengeschlecht.

fa|mi|glia|re → **familiare.** **fa|mi|glia|ri|tà** → **familiarità.**

fa|mi|glio m. *(-gli)* ANT. **1** *(usciere)* **~ del comune** Amtsdiener *m.* **2** *(servo)* Diener *m.*

fa|mi|glio|la f. **1** kleine Familie *f.* **2** BOT. **~ buona** Hallimasch *m.*: **~ cattiva** Schwefelkopf *m.*; **~ piccola** Stockschwämmchen *n.*

fa|mi|lia|re I agg. **1** familiär, häuslich, Familien-: **cerchia ~** Familienkreis *m.*, häuslicher Kreis; **nucleo ~** Familienverband *m.*, Familie *f.*; **legami, vincoli -i** Familienbande *pl.*; **rapporti -i** Familienverhältnisse, häusliche Verhältnisse; **vita ~** Familienleben *n.* **2** *(confidenziale)* vertraulich, familiär: **un colloquio ~** eine vertrauliche Unterredung **3** *(noto, consueto)* vertraut, geläufig: **essere ~ a qcn.** jdm vertraut (*o* geläufig) sein; **un viso ~** ein vertrautes Gesicht **4a** *(alla buona)* gemütlich, zwanglos, ungezwungen **b** *(di cucina, ristorante)* einfach, gutbürgerlich **5** *(di linguaggio)* familiär **II** m. e f. Familienangehörige *m.* e *f.* **III** f. *(auto)* Kombiwagen *m.* ◆ **assegni -i** Familienzulage *f.*, Kindergeld *n.*; **azienda a conduzione ~** Familienbetrieb *m.*; **albergo a conduzione ~** Hotel *n.* unter familiärer Leitung; **pianificazione ~** Familienplanung *f.*

fa|mi|lia|ri|tà f. **1** *(confidenza)* Vertraulichkeit *f.*, Familiarität *f.*: **avere molta, poca ~ con qcn.** mit jdm sehr, wenig vertraulich sein **2** *(pratica)* Vertrautheit *f.*: **avere ~ con qcs.** mit etw. vertraut sein.

fa|mi|lia|riz|za|re intr. (aus. *avere*) e pronom. **familiarizzarsi** vertraut werden; **-rsi con qcn., qcs.** sich mit jdm, etw. vertraut machen.

fa|mi|liar|men|te avv. vertraulich: **trattare qcn. ~** mit jdm vertraulich um‿gehen.

fa|mo|so agg. berühmt: **un attore ~** ein berühmter Schauspieler; **una canzone -a** ein berühmtes Lied; **diventare ~ per qcs.** wegen, für etw. berühmt werden; COLLOQ. **questo è, sarebbe il ~ Carlo?** das wäre also der berühmte Karl; **hai poi fatto quel ~ lavoro?** hast du die so viel beredete Arbeit getan? ◆ **~ in tutto il mondo** weltberühmt.

fan m. e f.inv. (anche pl. *fans*) Fan *m.*

fa|na|le m. Scheinwerfer *m.*, Licht *n.*, Lampe *f.*; *(di carrozza)* Laterne *f.*: **accendere, spegnere i -i** die Scheinwerfer ein‿schalten, aus‿schalten; **~ di una bicicletta, di un motorino** die Fahrradlampe *f.*, Mopedlampe *f.* ◆ **-i d'atterraggio** Landungsscheinwerfer *pl.*, Landescheinwerfer *pl.*; **~ di poppa** Hecklaterne *f.*, Hecklicht *n.*; MAR. **-i di posizione** Positionslichter *pl.*, Positionslampen *pl.*; **~ posteriore** Rücklicht *n.* **fa|na|le|ri|a** f. Beleuchtung *f.* **fa|na|li|no** m. kleines Licht *n.*, Rücklicht *n.* ◆ **~ di coda** Rücklicht *n.*; FIG. Schlusslicht *n.*; SPORT rote Laterne.

fa|na|ti|ca|men|te avv. in fanatischer Weise.

fa|na|ti|co I agg. *(-ci,-che)* **1** fanatisch: **un nazista ~** ein fanatischer Nazi **2** *(entusiasta)* fanatisch, besessen, schwärmerisch: **essere ~ di, per qcs.** von etw. besessen sein, für etw. schwärmen; **zelo ~** fanatischer Eifer **II** m. *(-ci)* **1** Fanatiker *m.* **2** *(entusiasta, zelante)* Schwärmer *m.*, Besessene *m.*, Eiferer *m.*: **~ religioso** religiöser Schwärmer; **un ~ del lavoro, dello sport** ein von der Arbeit Besessener (*o* ein Workaholic), ein vom Sport Besessener. **fa|na|ti|smo** m. **1** Fanatismus *m.*: **~ religioso** religiöser Fanatismus **2** *(entusiasmo esagerato)* Schwärmerei *f.* **fa|na|tiz|za|re** tr. fanatisieren.

fan|ciul|la f. (junges) Mädchen *n.* **fan|ciul|lag|gi|ne, fan|ciul|la|ta** f. Kinderstreich *m.*, Kinderei *f.* **fan|ciul|le|sco** agg. *(-schi,-sche)* **1** kindlich, Kinder-, knabenhaft: **giochi -schi** Kinderspiele *pl.* **2** *(puerile)* kindisch. **fan|ciul|lez|za** f. Knabenalter *n.*, Kindheit *f.*, Kindesalter *n.* **fan|ciul|li|no** m. Knäblein *n.* **fan|ciul|lo** m. Kna-

be *m.*, Kind *n.*, kleiner Junge *m.*: ***un eterno ~*** ein ewiges Kind.
fan|do|nia f. Märchen *n.*: ***dire, raccontare -e*** Märchen erzählen; ***-e!*** alles Märchen!
fa|nel|lo m. Hänfling *m.*
fa|ne|ro|ga|ma f. Blütenpflanze *f.*, Samenpflanze *f.*
fan|fa|lu|ca f. *(-che)* Firlefanz *m.*, Lappalie *f.*; *(frottola)* Märchen *n.*, Flause *f.*
fan|fa|no m. Lotsenfisch *m.*
fan|fa|ra f. **1** Militärkapelle *f.* **2** *(pezzo musicale)* Fanfare *f.*
fan|fa|ro|na|ta f. Angeberei *f.*, Aufschneiderei *f.*, Prahlerei *f.* **fan|fa|ro|ne** m. Angeber *m.*, Aufschneider *m.*, Prahler *m.*
fan|ga|tu|ra f. **1** Schlammbad *n.*, Fangobad *n.* **2** *(impacco)* Schlammpackung *f.*, Fangopackung *f.* **fan|ghi|glia** f. Schlamm *m.*, Matsch *m.*
fan|go m. *(-ghi)* **1** Schlamm *m.*, COLLOQ. Dreck *m.*: ***affondare nel ~*** im Schlamm versinken; ***rotolarsi nel ~*** sich im Schlamm wälzen; ***le strade sono coperte di ~*** die Straßen sind schlammbedeckt; ***avere le scarpe piene di ~*** schlammige Schuhe haben **2a** pl. *(fanghi termali)* Schlammbad *n.*, Fangobad *n.*; *(impacchi)* Schlammpackungen *pl.*, Fangopackungen *pl.*: ***fare i -ghi*** eine Fangokur machen **b** *(luogo in cui si fanno i fanghi)* Schlammbad *n.*, Fangobad *n.*: ***andare ai -ghi*** ins Fangobad fahren ◆ ***cadere nel ~*** im Rinnstein (*o* in der Gosse) landen, enden; ***cura dei -ghi*** Fangokur *f.*; ***gettare ~ su qcn., qcs.*** jdn, etw. mit Dreck (*o* Schmutz) bewerfen; ***raccogliere, togliere qcn. dal ~*** jdn aus der Gosse (*o* aus dem Rinnstein) auf‿lesen, ziehen; ***trascinare qcn., qcs. nel ~*** jdn, etw. in, durch den Dreck (*o* in den Schmutz) ziehen, treten. **fan|go|si|tà** f. schlammiger Zustand *m.* **fan|go|so** agg. schlammig: ***scarpe, strade -e*** schlammige Schuhe, Straßen. **fan|go|te|ra|pi|a** f. Fangotherapie *f.*
fan|nul|lo|ne m. Faulenzer *m.*, Faulpelz *m.*
fa|no|ne m. ZOOL. Barte *f.*
fan|tac|ci|no m. SCHERZ. Plattfußindianer *m.*
fan|ta|po|li|ti|ca f. Politsatire *f.*, Polit-thriller *m.*: ***un film, romanzo di ~*** ein Politfilm, Politroman fantastischer Art; ESTENS. ***questa è ~!*** das ist politische Fantasterei! **fan|ta|po|li|ti|co** agg. *(-ci,-che)* politisch fantastischer Art.
fan|ta|scien|ti|fi|co agg. *(-ci,-che)* Sciencefiction-: ***letteratura -a*** Sciencefictionliteratur *f.* **fan|ta|scien|za** f. Sciencefiction *f.*: ***film, romanzo di ~*** Sciencefictionfilm *m.*, Sciencefictionroman *m.*
fan|ta|si|a I f. **1a** Fantasie *f.*: ***una ~ fervida, sfrenata, vivace, malata*** eine blühende (*o* üppige), wilde (*o* ausschweifende), lebhafte, krankhafte Fantasie; ***non hai ~, manchi di ~*** du hast keine Fantasie, dir mangelt es an Fantasie; ***dare libero sfogo alla ~, sbrigliare la ~*** der Fantasie freien Lauf lassen, der Fantasie die Zügel schießen (*o* lassen); ***mettere le ali alla ~*** die Fantasie beflügeln; ***accendere, stimolare, colpire la ~ di qcn.*** jds Fantasie entzünden, an‿regen, beeindrucken; ***abbandonarsi a, perdersi in -e*** sich in Fantasien flüchten, verlieren; ***lavorare di ~*** fantasieren **b** *(immaginazione)* Vorstellung *f.*, Fantasie *f.*, Einbildung *f.*: ***questo esiste solo nella tua ~*** das existiert nur in deiner Vorstellung; ***è un frutto, un parto della sua ~*** das ist ein Produkt, eine Ausgeburt seiner Fantasie **c** *(frutto della fantasia)* Fantasiegebilde *n.*, Fantasiebild *n.*, Fantasterei *f.*: ***la notizia si rivelò pura ~*** der Bericht enthüllte sich als reines Fantasiegebilde; ***sono tutte -e!*** das sind alles Fantastereien! **2** *(capriccio)* komische Idee *f.*, verrückter Einfall *m.*: ***gli è venuta la ~ di...*** er hat den verrückten Einfall gehabt,... **3** *(disegno di tessuto)* Fantasiemuster *n.*, Muster *n.*: ***una ~ a fiori*** ein Blumenmuster; ***camicette in varie -e*** Blusen in verschiedenen Mustern **4** MUS. Fantasie *f.*, Fantasiestück *n.* **II** agg.inv. **1** gemustert, figuriert, Fantasie-: ***una stoffa ~*** ein gemusterter Stoff; ***un abito, una camicia ~*** ein gemustertes Kleid, Hemd; ***disegno ~*** Fantasiemuster *n.* **2** TIP. ***caratteri ~*** Fantasieschrift *f.* ◆ ***il film, il libro è frutto di ~*** die Handlung des Films, des Buches ist frei erfunden; ***racconto di ~*** Fantasieerzählung *f.*
fan|ta|sio|si|tà f. **1** Fantasiereichtum *m.* **2** *(di persona)* Fantasiebegabung *f.* **fan|ta|sio|so** agg. **1a** fantasiereich, fantasievoll: ***un racconto molto ~*** eine äußerst fantasievolle Erzählung **b** *(inverosimile)* fantastisch **2** *(di persona)* fantasiebegabt. **fan|ta|si|sta** m. **1** Varietékünstler *m.*, Kabarettkünstler *m.* **2** SPORT Ballkünstler *m.*
fan|ta|sma I m. **1** Gespenst *n.*, Spuk *m.*: ***avere paura dei -i*** Furcht vor Gespenstern haben; ***(non) credere ai -i*** (nicht) an Gespenster glauben; ***in questo castello si aggira un ~*** in diesem Schloss geht ein Gespenst um; ***qui ci sono i -i!*** hier spukt's! **2** *(immagine creata dalla fantasia)* Fantasiegebilde *n.*, Einbildung *f.*: ***i -i di una mente malata*** die Einbildungen eines kranken Geistes **3** *(ombra)* Schatten *m.*: ***i -i del passato*** die Schatten der Vergangenheit; ***essere il ~ di se stesso*** der Schatten seiner selbst sein **II** agg.inv. Geister-, Spuk-, Phantom-: ***città, vascello, castello ~*** Geisterstadt *f.*, Geisterschiff *n.*, Spukschloss *n.*; ***arto, parola ~*** Phantomglied *n.*, Phantomwort *n.* ◆ ***governo ~*** Scheinregierung *f.*; ***Il ~ dell'opera*** Das Phantom der Oper; ***scrittore ~*** Ghostwriter *m.*; ***il Vascello ~ di Wagner*** Wagners Fliegender Holländer.
fan|ta|sma|go|ri|a f. Phantasmagorie *f.* **fan|ta|sma|go|ri|co** agg. *(-ci,-che)* phantasmagorisch. **fan|ta|sma|ti|co** agg. *(-ci,-che)* PSIC. fantastisch.
fan|ta|sti|ca|men|te avv. fantastisch. **fan|ta|sti|ca|re** intr. *(fantastico, fantastichi)* fantasieren: ***~ sul proprio futuro*** von seiner Zukunft fantasieren. **fan|ta|sti|che|ri|a** f. Fantasieren *n.*, Fantasterei *f.*, Träumerei *f.*: ***perdersi in -e*** sich in Träumereien (*o* Träumen) verlieren.
fan|ta|sti|co I agg. *(-ci,-che)* **1** fantastisch, Wunder-, Fabel-: ***storie, figure -che*** fantastische Geschichten, Figuren; ***animali, mondi -ci*** Wundertiere, fantastische Welten (*o* Wunderwelten, Fabelwelten) **2** *(formidabile, eccezionale)* fantastisch, großartig, fabelhaft, COLLOQ. toll, super: ***una persona, un'idea, una festa -a*** ein fantastischer Mensch, eine fantastische Idee, ein fantastisches Fest; ***il film è semplicemente ~*** der Film ist einfach super **II** inter. fantastisch, wunderbar, großartig, COLLOQ. toll: ***~!*** toll! IRON. ***siamo rimasti senza soldi – ~! e ora che si fa?*** wir haben kein Geld mehr – toll! und was machen wir jetzt?
fan|ta|sy ['fæntəsi] **I** f. e m. Fantasy *f.* **II** m.inv. *(film)* Fantasy-Film *m.* **III** agg.inv. Fantasy-: ***film, genere ~*** Fantasyfilm *m.*, Fantasy *f.*
1.fan|te m. **1** MIL. Infanterist *m.*, Fußsoldat *m.* **2** *(figura delle carte)* Bube *m.*, Unter *m.*: ***~ di cuori, quadri*** Herz-, Karobube *m.* ◆ PROV. ***scherza coi -i, ma lascia stare i santi*** = über ernste, wichtige Sachen macht man keine Witze.
2.fan|te m. ANT. Knecht *m.*, Diener *m.*
3.fan|te f. → **fantesca.**
fan|te|ri|a f. Infanterie *f.* ◆ ***soldato di ~*** Fußsoldat *m.*, Infanterist *m.*
fan|te|sca f. *(-sche)* ANT. Magd *f.*
fan|ti|no m. Jockey (*o* Jockei) *m.*
fan|toc|cio m. *(-ci)* **1a** Puppe *f.*: ***un ~ di stracci*** eine Stoffpuppe **b** *(usato nei test di collisione)* Dummy *m.* **2** FIG. Marionette *f.*, Popanz *m.*: ***non essere che un ~ nelle mani di qcn.*** nur eine Marionette in jds Händen sein ◆ ***governo ~*** Marionettenregierung *f.*; ***re ~*** Schattenkönig *m.*
fan|to|li|no m. LETT. (kleines) Kind *n.*
fan|to|ma|ti|co agg. *(-ci,-che)* **1** nicht fassbar, nicht zu greifen, unauffindbar: ***la -a organizzazione*** die nicht fassbare Organisation; ***il ~ ladro*** der nicht zu greifende Dieb **2** *(immaginario)* unwirklich, imaginär.
fan|zi|na f., **fan|zi|ne** [fæn'zi:n, *üblich* fan'zi:n] f.inv. Fanzine *n.*
fa|ra|but|to m. Schurke *m.*, Halunke *m.*: ***razza di ~!*** du ausgemachter Halunke!
fa|rad m.inv. Farad *n.*
fa|ra|glio|ne m. Klippe *f.*
fa|ra|o|na f. ***(gallina) ~*** Perlhuhn *n.* **fa|ra|o|ne** m. **1** Pharao *m.* **2** *(gioco d'azzardo)* Phar(a)o *n.* **fa|ra|o|ni|co** agg. *(-ci,-che)* **1** pharaonisch, Pharaonen-, der Pharaonen: ***monumenti -ci*** Bauwerke der Pharaonen **2** *(grandioso)* pompös, großartig, prächtig: ***una villa -a*** eine pompöse Villa; ***un progetto ~*** ein pompöser Plan; ***una festa -a*** ein pompöses Fest.
far|cia f. *(-ce)* Farce *f.*, Füllung *f.*, Füllmasse *f.* **far|ci|re** *(farcisco, farcisci)* tr. **1** farcieren, füllen **2** RAR. FIG. *(infarcire)* spicken: ***~ qcs. con, di qcs.*** etw. mit etw. spicken. **far|ci|to** p.pass. agg. **1** → **farcire 2** ***pollo ~*** gefülltes Huhn; ***uova -e*** gefüllte Eier **3** RAR. *(infarcito)* gespickt: ***~ di errori*** mit Fehlern gespickt.
fard m.inv. Rouge *n.*: ***darsi il ~*** Rouge auf‿legen.
far|del|lo m. **1** Bündel *n.* **2** FIG. Bürde *f.*, Bündel *n.*, Last *f.*: ***portare il proprio ~*** sein Bündel tragen; ***farsi carico di un pesante ~*** eine schwere Bürde (*o* Last) auf sich (A) nehmen.
1.fa|re *(faccio, fai, fa, facciamo, fate, fanno;* fut. *farò*; imperf. *facevo*; pass.rem. *feci, facesti, fece, facemmo, faceste, fecero;* congiunt.pres. *faccia, facciamo, facciate, facciano;* congiunt.pass. *facessi*; condiz. *farei*; imper. *fai/fa', fate*; ger. *facendo*; p.pres. *facente*; p.pass. *fatto)* **I** tr. **1** machen, tun: ***~ qcs. (mal)volentieri*** etw. (un)gern machen; ***~ qcs. per qcn., qcs.*** etw. für jdn, etw. tun; ***cosa fai (qui)?*** was machst (*o* tust) du denn (hier)? ***cosa c'è da ~*** was ist zu tun? ***che ~?*** was tun? ***fallo!*** tu's doch! ***~ dei complimenti, dei rimproveri, (delle) concessioni, delle promesse a qcn.*** jdm Komplimente, Vorwürfe, Konzessionen, Versprechungen machen; ***avere molto, poco da ~*** viel, wenig zu tun haben; *(compiere)* ***~ una passeggiata, un viaggio, una scoperta, un errore*** einen Spaziergang, eine Reise, eine Entdeckung, einen Fehler machen; ***~ del bene, del male, un piacere, un torto (a qcn.)*** (jdm) Gutes, Böses, einen Gefallen, ein Unrecht tun; ***~ progressi, (dei) tentativi*** Fortschritte, Versuche

machen; *(svolgere)* **~ i compiti, un tema** die Hausaufgaben, einen Aufsatz machen; **~ il proprio dovere, il proprio lavoro, le proprie esperienze** seine Pflicht, seine Arbeit tun, seine Erfahrungen machen **2** *(creare)* machen, erschaffen: **Dio fece il mondo** Gott erschuf die Welt **3a** *(produrre)* machen, her‿stellen: **~ scarpe, pezzi di ricambio** Schuhe, Ersatzteile herstellen **b** *(costruire)* machen, bauen: **~ un mobile di, in legno, una casa** ein Möbelstück aus Holz, ein Haus bauen **c** *(confezionare)* machen, an‿fertigen, schneidern: **~ un abito su misura** ein Kleid nach Maß machen **4a** *(preparare)* machen, zu‿bereiten: **~ la cena** das Abendessen zubereiten; **~ da mangiare** Essen machen **b** *(cuocere)* machen, kochen: **~ il caffè, la minestra** Kaffee machen, Suppe kochen **5** *(dedicarsi a un'attività)* machen, treiben: **~ sport, ginnastica** Sport, Gymnastik machen **6a** *(studiare)* machen, lernen: **~ tedesco, matematica** Deutsch, Mathematik lernen **b** COLLOQ. *(all'università)* machen, studieren: **~ medicina, legge** Medizin, Jura studieren **7a** *(concepire)* machen: **~ un figlio (con qcn.)** (mit jdm) ein Kind machen **b** *(partorire)* **~ un bambino** ein Kind bekommen; *(di animali)* werfen: **la gatta fece sei piccoli** die Katze warf sechs Junge **8** *(suscitare)* machen, erregen: **~ scandalo** Skandal erregen; **~ (una) buona, cattiva impressione su qcn.** auf jdn einen guten, schlechten Eindruck machen **9** *(comportarsi da)* tun, machen, spielen: **~ il gentile, il misterioso** freundlich, geheimnisvoll tun (*o* den Freundlichen, den Geheimnisvollen machen); **~ il furbo** den Oberschlauen spielen **10** *(esercitare una professione)* sein: **~ il medico** Arzt sein **11** COLLOQ. *(interpretare)* spielen, machen: **~ (la parte di) Wallenstein** den Wallenstein spielen **12a** *(eleggere)* machen: **~ qcn. sindaco** jdn zum Bürgermeister machen **b** *(rendere)* **~ prigioniero, schiavo qcn.** jdn zum Gefangenen, zum Sklaven machen **13** *(mettere insieme)* machen, sammeln: **~ legna** Holz sammeln; **~ soldi (quattrini), una fortuna** Geld, ein Vermögen machen **14a** *(dare come risultato)* machen, sein: **due più sei fa otto** zwei und sechs macht (*o* ist) acht; **quanto fa tre per due?** wie viel ist dreimal zwei? **b** *(costare)* machen: **quanto fa? – fanno 10 000 lire** wie viel (*o* was) macht das? – das macht 10 000 Lire **15** *(ritenere)* halten: **ti facevo più furbo** ich hielt dich für schlauer **16a** *(percorrere)* zurück‿legen, machen: **~ 10 km a piedi** 10 km zu Fuß zurücklegen; **~ tutto il percorso a piedi** den ganzen Weg zu Fuß machen **b** *(di auto)* fahren: **la mia auto fa 100 km con 7 litri** mein Auto fährt 100 km mit 7 Litern **17** *(andare a)* fahren, machen: **la mia auto fa i 200 all'ora** mein Auto fährt 200 km/h (*o* macht 200 Sachen) **18** COLLOQ. *(trasmettere)* bringen: **oggi in TV fanno un bel film** heute bringen sie im Fernsehen einen schönen Film **19** COLLOQ. *(dire)* machen: **come va? – fece lei quando lo vide** wie geht's? – machte sie, als sie ihn sah **20a** COLLOQ. *(riferito all'ora)* sein: **che ora fai?, che ora fa il tuo orologio?** wie spät ist es auf deiner Uhr? **faccio, il mio orologio fa le tre** auf meiner Uhr ist es drei **b** *(riferito al tempo trascorso)* werden: **che ora hai, avete fatto ieri sera?** wie spät ist es gestern Abend geworden? **21a** *(seguito da infinito)* lassen: **~ cadere qcs.** etw. fallen lassen; **~ sapere qcs. a qcn.** jdm etw. wissen lassen; **far ~ qcs. a qcn.** jdn etw. machen (*o* tun) lassen **b** *(spingere a)* bringen: **~ piangere, ridere qcn.** jdn zum Weinen, Lachen bringen **II** intr. (aus. *avere*) **1** *(agire)* tun, machen: **fai come se fossi a casa tua** tu so, als ob du zu Hause wärst; **fai (fa') come credi, come vuoi (come ti pare)** mach, wie du meinst, was du willst **2** *(lavorare)* tun: **avere sempre da ~** immer zu tun haben **3** *(essere adatto)* sein: **questo film non fa per me** dieser Film ist nichts für mich **4** *(fungere da)* ersetzen, fungieren: **~ da padre a qcn.** jdm den Vater ersetzen (*o* für jdn als Vater fungieren); **~ da portavoce** als Wortführer fungieren **5** *(essere in procinto di)* **~ per...** Anstalten machen...: **fece per andarsene** er machte Anstalten wegzugehen **6** *(decidere)* entscheiden: **fai, fa' (un po') tu!** entscheide du! **fate voi!** entscheidet ihr! **7** impers. sein: **oggi fa freddo** heute ist es kalt **III** pronom. **farsi 1a** *(diventare)* werden: **-rsi grande** groß werden; **-rsi suora, cattolico** Nonne, katholisch werden **b** impers. **si fa buio** es wird dunkel; **si è fatto tardi** es ist spät geworden **2** *(crearsi)* sich (D) machen: **-rsi un nome** sich einen Namen machen **3** COLLOQ. *(possedere sessualmente)* **-rsi qcn.** es jdm machen **4** GERG. *(comprarsi)* sich (D) zu‿legen: **-rsi la macchina nuova** sich ein neues Auto zulegen **5** COLLOQ. *(drogarsi)* drücken, fixen **6** *(seguito da infinito)* lassen: **-rsi aiutare** sich (D) helfen lassen; **-rsi vedere** sich (A) blicken lassen ◆ **~ acqua** *(imbarcare acqua)* lecken, leck sein; FIG. *(essere lacunoso)* **il tuo ragionamento fa acqua** deine Überlegung hinkt; FIG. *(versare in cattive condizioni)* **la ditta fa acqua (da tutte le parti)** = die Firma ist am Untergehen; *(orinare)* Wasser lassen; **non ~ altro che...** nichts (anderes) tun als...; **-rsi molti amici** viele Freunde finden; **~ l'amore con qcn.** mit jdm schlafen; **~ attenzione** auf‿passen; **-rsi avanti** vor‿treten; FIG. sich durch‿setzen; **avere a che ~ con qcn., qcs.** (es) mit jdm, etw. zu tun bekommen (*o* haben); **non (volere) avere niente, nulla a che ~ con qcn., qcs.** mit jdm, etw. nichts zu tun haben (wollen); **-rsi bello per qcn.** sich für jdn schön machen; **-rsi bello di qcs.** sich mit etw. brüsten; **~ bene** wohl tun, gut tun; **~ bene a ~ qcs.** gut daran tun, etw. zu machen; **~ benzina** tanken; **~ a botte (con qcn.)** sich (mit jdm) prügeln (*o* hauen); **tutto fa brodo** Kleinvieh macht auch Mist; **~ il callo a qcs.** = sich an etw. (A) gewöhnen; **~ capire qcs. a qcn.** jdm etw. zu verstehen geben; **~ le carte** die Karten (mischen und) aus‿teilen; **~ le carte a qcn.** jdm die Karten lesen; **~ caso a qcn., qcs., farci caso** auf jdn, etw. achten, etw. (be)merken; **~ causa a, contro qcn.** gegen jdn einen Prozess anhängig machen (*o* gegen jdn prozessieren); **~ cilecca** daneben‿schießen, vorbei‿schießen; FIG. versagen; **che classe fai?** in welche Klasse gehst du? **~ colpo su qcn.** auf jdn Eindruck machen; *(di eventi, notizie)* **~ colpo** ein‿schlagen; **~ coraggio a qcn.** jdm Mut machen; **-rsi coraggio** sich Mut machen; **fatti coraggio!** Kopf hoch! **darsi da ~ per qcn., qcs.** sich (A) für jdn ein‿setzen, sich (A) an etw. (A) d(a)ran‿machen; **~ il, la difficile** sich bitten lassen; **~ e disfare** schalten und walten; **~ la fame** hungern, am Hungertuch nagen; FIG. = ein elendes Leben führen; **farcela** es schaffen: **ce l'abbiamo fatta** wir haben es geschafft; *(non riuscirci)* **non ce la faccio** ich schaffe es nicht; *(non sopportare più)* **non ce la faccio più** ich halte es nicht mehr aus; **non posso farci niente, nulla** ich kann nichts dagegen machen; **che vuoi farci?** was willst du dagegen machen? **farla (in barba) a qcn.** etw. hinter jds Rücken tun; **farla breve** etw. kurz machen, sich (A) kurz fassen; **farla finita** *(uccidersi)* (mit dem Leben) Schluss machen; **farla finita con qcn., qcs.** mit jdm, etw. Schluss machen (o ab‿schließen); **farla franca** mit heiler Haut davon‿kommen; **farla grossa** = etw. (Dummes) an‿stellen; **farla lunga** viel(e) Worte machen; **farsela con qcn.** mit jdm Umgang haben; **farsela addosso, sotto (dalla paura)** (sich) (vor Angst) in die Hose(n) machen; **~ faville** glänzen; **~ fesso qcn.** jdn für dumm verkaufen; **~ festa** feiern; **~ la festa a qcn.** jdn um die Ecke bringen; **~ fiasco** einen Misserfolg (*o* Reinfall) erleben; **~ bella, brutta figura** eine gute, schlechte Figur machen; **~ una brutta fine** ein schlimmes Ende nehmen; COLLOQ. **~ fino** fein sein; **~ finta** nur so tun; **~ fortuna** sein Glück machen; **~ in fretta** → **~ presto**; **~ fuoco (su qcn., qcs.)** auf jdm, etw. schießen; COLLOQ. **~ fuori qcn.** jdn aus dem Weg räumen (anche FIG.); **~ fuori qcs.** etw. verputzen; **~ a gara a, nel ~ qcs.** wetteifern, etw. zu tun; **~ l'impossibile** sein Möglichstes (*o* alles nur Mögliche) tun; **-rsi largo** sich einen Weg bahnen; **lascia ~ a me!** lass mich nur machen! **~ leva su qcs.** den Hebel an etw. (D) an‿setzen (anche FIG.); **~ luce** Licht machen; FIG. **~ luce su qcs.** etw. auf‿decken (*o* auf‿klären); **~ male** *(dolere)* wehtun, schmerzen; *(nuocere)* schaden, nicht gut tun; **~ male a ~ qcs.** nicht gut daran tun, etw. zu machen; **~ del proprio meglio** sein Bestes tun; **non avere niente di meglio da ~ che...** nichts Besseres zu tun haben, als...; **~ a meno di qcn., qcs.** ohne jdn, etw. aus‿kommen (*o* auf jdn, etw. verzichten); **non poter ~ a meno di ~ qcs.** nicht umhin‿können, etw. zu tun; **~ miracoli** Wunder tun; **modo di ~** Art *f.* (*o* Umgangsform *f.*); **~ in modo che...** es so ein‿richten, dass...; **non fa niente** das macht (*o* tut) nichts; **non c'è niente da ~** da ist nichts zu machen; **non c'è più niente da ~ (per qcn.)** es gibt nichts mehr (für jdn) zu tun; **~ notizia** Aufsehen erregen; **non fa nulla** → **non fa niente**; **~ l'occhio a qcs.** = sich (*o* sein Auge) an etw. gewöhnen; **~ onore a qcn., qcs.** jdm, etw. Ehre machen; **~ onore a un pranzo** sich das Essen schmecken lassen; **-rsi onore (in qcs.)** (mit etw.) zu Ehren kommen; **~ le ore piccole** = es (nachts) sehr spät werden lassen; **~ la pelle a qcn.** → **~ la festa a qcn.**; **~ il pieno** voll tanken; FIG. sich voll stopfen; **~ (la) pipì** klein (*o* Pipi) machen; **~ (la) popò** groß machen; **~ tutto il possibile** → **~ l'impossibile**; **~ presente qcs. a qcn.** jdn auf etw. (A) hin‿weisen; **~ presto** schnell machen (*o* sich beeilen); **~ a pugni** mit Fäusten aufeinander ein‿schlagen; ESTENS. *(picchiarsi)* sich prügeln; FIG. *(stridere)* **~ a pugni con qcs.** sich mit etw. nicht vertragen; *(di colori)* sich mit etw. beißen; **si fa quel che si può** man tut, was man kann; **faccia, fai (fa') pure!** bitte sehr! **-rsi in quattro per qcn., qcs.** sich für jdn, etw. in Stücke reißen lassen, sich für jdn, etw. die Beine aus‿reißen; **~ rotta per, su Amburgo** Kurs nach, auf Hamburg nehmen; **saper ~ di tutto** alles können; **saperci ~ con qcn., qcs.** (es) mit jdm, etw. (gut) können; assol. **è uno che ci sa ~** er ist einer, der's kann; **~ scalo a Francoforte** in Frankfurt zwischen‿landen; **~ una scelta** eine Wahl treffen; **~ scena** die Zuschauer (*o* das Publikum) fesseln; **~ scena muta** daneben stehen, sich aus‿schweigen; **~ schifo (a qcn.)** (jdn) an‿kotzen; **~ scuola** Schule machen (anche FIG.); **-rsi da sé** sich aus eigener Kraft hoch‿arbeiten; COLLOQ. **~ secco qcn.** jdn kalt machen; **~ senso (a qcn.)** (jdn) an‿ekeln;

~ *sesso (con qcn.)* (mit jdm) Sex machen; ~ *sì che...* → ~ *in modo che...*; ~ *silenzio* still sein; ~ *un sogno* einen Traum haben; *-rsi da solo* → *-rsi da sé*; *mi fa specie* es erstaunt (*o* wundert) mich; *(per me) fa lo stesso* es ist (mir) egal; *-rsi strada* sich einen Weg bahnen; FIG. seinen Weg machen; ~ *strada a qcn.* jdm den Weg weisen; ~ *molta strada* weit gehen; FIG. weit kommen, es weit bringen; ~ *tardi* es spät werden lassen; *(arrivare in ritardo)* zu spät kommen; ~ *a, in tempo a ~ qcs.* etw. noch rechtzeitig machen; ~ *tesoro di qcs.* etw. beherzigen; ~ *testamento* sein Testament machen; ~ *di tutto per...* alles tun, um...; ~ *il verso di un animale* einen Tierlaut nach‿ahmen; ~ *il verso a qcn.* jdn nach‿äffen; ~ *visita a qcn.* jdn besuchen; COLLOQ. ~ *la vita* = sich prostituieren; ~ *una bella vita* ein bequemes Leben führen; PROV. *chi fa da sé fa per tre* selbst ist der Mann (*o* die Frau); *chi la fa l'aspetti* wie du mir, so ich dir; *chi non fa non falla* wer schläft, sündigt nicht; ~ *e disfare è tutto un lavorare* = Aufbauen und Zerstören beides kostet Mühe; *non ~ agli altri quello che non vorresti fosse fatto a te* was du nicht willst, daß man dir tu, das füg auch keinem andern zu.

2.fa|re m. **1** Tun *n.*, Machen *n.* **2** *(comportamento)* Handlungsweise *f.*, Benehmen *n.*: *avere un ~ distaccato, gentile* ein distanziertes, nettes Benehmen haben ◆ *al far del giorno, della notte* → *sul ~ del giorno, della notte*; *ha un bel ~, ma...* er kann machen, was er will, aber...; *il dolce far niente* das süße Nichtstun; *sul ~ del giorno, della notte* bei Tagesanbruch, bei Einbruch der Nacht; PROV. *tra il dire e il ~ c'è di mezzo il mare* Sagen und Tun ist zweierlei.

fa|re|tra f. Pfeilköcher *m.*, Köcher *m.*

fa|ret|to m. Spotlight *n.*, Spot *m.*

far|fal|la f. **1** Schmetterling *m.*, Falter *m.*: ~ *diurna, notturna* Tag-, Nachtschmetterling *m.*; *collezionare -e* Schmetterlinge sammeln **2** SPORT Schmetterlingsstil *m.*, Schmetterling *m.*, Butterfly *m.*: *nuotare a ~* im Schmetterlingsstil schwimmen **3** ESTENS. *(persona volubile)* Flattergeist *m.* **4** *(cravatta)* Querschleife *f.*, Fliege *f.* **5** pl. INTRAD. (schmetterlingsförmige Nudelart) **6** TECN. *(valvola)* Drossel *f.*, Klappe *f.* ◆ *andare a caccia di -e* Schmetterlinge fangen; FIG. nur Flausen im Kopf haben; *collezione di -e* Schmetterlingssammlung *f.*; *valvola a ~* Drosselklappe *f.*, Drosselventil *n.* **far|fal|li|no** m. **1** *(cravatta)* Fliege *f.* **2** FIG. Flattergeist *m.*, flatterhafter Mensch *m.* **far|fal|lo|ne** m. **1** *(uomo incostante)* Luftikus *m.* **2** *(strafalcione)* grober Fehler *m.*, Schnitzer *m.*

far|fa|ro m. Huflattich *m.*

far|fu|glia|re I tr. ~ *qcs.* etw. nuscheln **II** intr. (aus. *avere*) nuscheln: ~ *tra sé* vor sich hin‿nuscheln.

fa|ri|na f. Mehl *n.*: ~ *grossa, fine* grobes, feines Mehl; *un chilo, tre cucchiai di ~* ein Kilo, drei Löffel Mehl; *un pacco di ~* eine Packung Mehl; *cospargere qcs. di ~* etw. mit Mehl bestreuen; *passare qcs. nella ~* etw. in Mehl wälzen (*o* wenden); *setacciare la ~* das Mehl durch‿sieben ◆ ~ *di avena* Hafermehl *n.*; ~ *bianca* Weißmehl *n.*; *bianco come ~* mehlig; *un colorito bianco come ~* eine mehlige Hautfarbe; ~ *di castagne* Kastanienmehl *n.*; *colla di ~* Mehlkleister *m.*; ~ *da foraggio* Futtermehl *n.*; ~ *fossile* Kieselgur *f.*; ~ *di frumento* Weizenmehl *n.*; ~ *gialla, di granturco* Maismehl *n.*; ~ *integrale* Vollkornmehl *n.*; ~ *lattea* Nährmehl *n.*; ~ *di mais* → ~ *di granturco*; ~ *di ossa* Knochenmehl *n.*; *pappa di ~ lattea* Milchbrei *m.*; ~ *di pesce* Fischmehl *n.*; *sacco di, da ~* Mehlsack *m.*; COLLOQ. *non è ~ del suo sacco* das ist nicht auf seinem Mist gewachsen; ~ *scelta* Auszugsmehl *n.*; ~ *di segale* Roggenmehl *n.*; ~ *di senape* Senfmehl *n.*; *setaccio da ~* Mehlsieb *n.*; ~ *di soia* Sojamehl *n.*; *tipo di ~* Mehltype *f.*; ~ *tipo 0* Weizenmehl Type 405; PROV. *la ~ del diavolo va in crusca* unrecht Gut gedeihet nicht, tut selten gut.

fa|ri|na|ceo I agg. mehlartig **II** m. Mehlspeise *f.*

fa|ri|na|ta f. INTRAD. GASTR. **1** (Art Mehlsuppe) **2** (dünner Fladen aus Kichererbsenmehl).

fa|rin|ga|le agg. **1** FON. pharyngal, Rachen-: *consonante ~* Rachenlaut *m.* **2** MED. → **faringeo. fa|rin|ge** f. Rachen *m.*, Schlund *m.*, Pharynx *m.* **fa|rin|ge|o** agg. Rachen-: *cavità -a* Rachen-, Schlundhöhle *f.*; *tonsilla -a* Rachenmandel *f.* **fa|rin|gi|te** f. Rachenentzündung *f.*, Rachenkatarrh *m.*, Pharyngitis *f.* **fa|rin|go|ia|tri|a** f. Pharyngologie *f.* **fa|rin|go|sco|pi|a** f. Pharyngoskopie *f.*

fa|ri|no|so agg. mehlig, mehlartig (anche ESTENS.): *mele, patate -e* mehlige Äpfel, Kartoffeln; *neve -a* Pulverschnee *m.*

fa|ri|sai|co agg. *(-ci,-che)* **1** pharisäisch **2** FIG. SPREG. pharisäerhaft, pharisäisch. **fa|ri|se|i|smo** m. **1** Pharisäismus *m.* **2** FIG. SPREG. Pharisäertum *n.*, Pharisäismus *m.* **fa|ri|se|o** m. Pharisäer *m.* (anche FIG. SPREG.); *da ~* pharisäisch.

far|ma|ceu|ti|ca f. Pharmazeutik *f.*, Arzneikunde *f.*, Pharmazie *f.*

far|ma|ceu|ti|co agg. *(-ci,-che)* Pharma-, pharmazeutisch: *casa, ditta -a* Pharmaunternehmen *n.*; *chimica -a* pharmazeutische Chemie; *industria -a* pharmazeutische Industrie, Pharmaindustrie *f.*; *informatore ~* Pharmareferent *m.*; *prodotto ~* Pharmaerzeugnis *n.*; *ricerca -a* Pharmaforschung *f.*

far|ma|ci|a f. **1** Pharmazie *f.*, Arzneikunde *f.*: *facoltà di ~* Fakultät der Pharmazie **2** *(negozio)* Apotheke *f.*: *da vendersi soltanto in ~* apothekenpflichtig; ~ *di turno* Apotheke *f.* mit Feiertagsdienst; ~ *notturna* Apotheke *f.* mit Nachtdienst. **far|ma|ci|sta** m. e f. *(-i,-e)* Apotheker *m.* (-in *f.*), Pharmazeut *m.* (-in *f.*).

far|ma|co m. *(-ci)* Arzneimittel *n.*, Heilmittel *n.*, Medikament *n.*: *prescrivere un ~ a qcn.* jdm ein Medikament verschreiben; *assumere un ~* ein Medikament ein‿nehmen; *-ci da banco* rezeptfreie Arzneimittel; *gli effetti collaterali di un ~* die Nebenwirkungen eines Arzneimittels; *tollerare bene un ~* ein Medikament gut vertragen; *un ~ clinicamente testato* ein klinisch erprobtes Heilmittel; ~ *chemioterapico* Chemotherapeutikum *n.*

far|ma|co|di|pen|den|te I m. e f. Medikamentensüchtige *m.* e *f.* **II** agg. medikamentensüchtig. **far|ma|co|di|pen|den|za** f. Arzneimittelabhängigkeit *f.*

far|ma|co|lo|gi|a f. Pharmakologie *f.* **far|ma|co|lo|gi|co** agg. *(-ci, -che)* pharmakologisch. **far|ma|co|lo|go** m. *(-gi)* Pharmakologe *m.*

far|ma|co|pe|a f. **1** Arzneibuch *n.*, Dispensatorium *n.*, Pharmakopöe *f.* **2** *(preparazione di farmaci)* Arzneimittelkunde *f.* **far|ma|co|te|ra|pi|a** f. Pharmakotherapie *f.*

far|ne|ti|ca|men|to m. Wahnvorstellung *f.* **far|ne|ti|can|te** agg. irreredend, faselnd. **far|ne|ti|ca|re** intr. *(farnetico, farnetichi;* aus. *avere)* **1** *(vaneggiare)* fantasieren, irre‿reden **2** FIG. irre‿reden, faseln: *che cosa ha farneticato?* was hat er gefaselt? **far|ne|ti|ca|zio|ne** f. → **farneticamento.**

far|ne|ti|co ANT. **I** agg. *(-chi,-che)* wahnsinnig, im Delirium **II** m. *(-chi)* **1** Wahn *m.*, Wahnsinnsanfall *m.*; *essere in preda al ~* im Delirium liegen **2** *(brama)* Begierde *f.*, Sucht *f.*: *il ~ di qcs.* die Begierde nach etw.

fa|ro m. **1** *(torre)* Leuchtturm *m.* **2** FIG. *(guida)* leuchtendes Vorbild *n.*, Bezugspunkt *m.* **3** *(proiettore)* Scheinwerfer *m.*: *l'edificio è illuminato dai -i* das Gebäude wird von Scheinwerfern angestrahlt **4** AUT. Scheinwerfer *m.*: *accendere, spegnere i -i* die Scheinwerfer ein‿schalten, aus‿schalten; *alzare, abbassare i -i* die Scheinwerfer auf‿blenden, ab‿blenden; *luce dei -i* Scheinwerferlicht *n.*; *alla luce dei -i* im Scheinwerferlicht **5** MAR. AER. Leuchtfeuer *n.* ◆ ~ *abbagliante* Fernlicht *n.*; ~ *alogeno* Halogenscheinwerfer *m.*; ~ *anabbagliante* Abblendlicht *n.*; ~ *antinebbia* Nebelscheinwerfer *m.*; ~ *antinebbia posteriore* Nebelschlussleuchte *f.*; ~ *di atterraggio* Landescheinwerfer *m.*; ~ *di civiltà* leuchtendes Beispiel der Kultur; ~ *fendinebbia* → ~ *antinebbia*; ~ *galleggiante* Leuchtboje *f.*; *guardiano del ~* Leuchtturmwärter *m.*; ~ *a luce intermittente* Blinkfeuer *n.*; *a -i spenti* unbeleuchtet.

far|ra|gi|ne f. Sammelsurium *n.*, Mischmasch *m.* **far|ra|gi|no|so** agg. verworren, weitschweifig.

far|ro m. Zweikorn *n.*

far|sa I f. **1** TEATR. Farce *f.*, Posse *f.*, Schwank *m.* **2** FIG. Farce *f.*: *ridurre qcs. a una ~* etw. zur Farce erniedrigen **II** agg.inv. lächerlich: *un esame ~* eine lächerliche Prüfung; *un processo ~* eine Farce von einem Prozess. **far|se|sco** agg. *(-schi,-sche)* **1** possenhaft, schwankhaft **2** FIG. lächerlich, grotesk.

far|set|to m. **1** *(corpetto)* Koller *n.* **2** *(maglia)* Weste *f.*, Strickweste *f.*

fa|scet|ta f. **1** Bändchen *n.* **2** *(di libri, sigari)* Bauchbinde *f.* **3** *(di sigarette)* Banderole *f.*: ~ *fiscale* Steuerbanderole *f.*, Steuermarke *f.* **4** *(per l'invio di stampe)* Streifband *n.*, Kreuzband *n.* **5** *(di tubi)* Schelle *f.* **6** *(del fucile)* Unterring *m.* **7** *(busto)* Leibbinde *f.*, Bauchbinde *f.*

fa|scia f. *(-sce)* **1** Band *n.* (anche ESTENS.): *una ~ di seta* ein Seidenband; *cingere una ~ intorno alla vita di qcn.* jdm ein Band um die Taille binden **2a** *(per fasciature)* Binde *f.*: *mettere una ~ elastica* eine elastische Binde an‿legen **b** ESTENS. *portare una ~ al braccio* eine Armbinde (*o* Binde am Arm) tragen **3** *(per l'invio di stampe)* Streifband *n.*, Kreuzband *n.*: *spedire qcs. sotto ~* etw. als Streifbandsendung verschicken **4** *(per neonati)* Windel *f.*: *essere ancora in -sce* noch in den Windeln liegen, stecken **5** *(mollettiera)* Wickelgamasche *f.* **6** *(di territorio)* Streifen *m.*, Strich *m.*, Gürtel *m.*: ~ *smilitarizzata* entmilitarisierter Streifen; ~ *costiera* Küstenstrich *m.*; ~ *fortificata* befestigter Streifen (*o* befestigte Zone) **7** SPORT Flanke *f.*: ~ *laterale* Flanke *f.*, Flügel *m.*; *giocare sulle -sce* über die Flügel spielen; *giocare sulla ~ destra* über die rechte Flanke spielen; *sfondare sulla ~ destra, sinistra* rechtsaußen, linksaußen durch‿brechen; *superare la difesa sulla ~ destra, sinistra* sich auf rechtsaußen, linksaußen durch‿spielen **8** *(catego-*

ria) Gruppe *f.*, Klasse *f.*, Stufe *f.*: **~ contributiva** Beitragsklasse *f.*; **~ retributiva** Gehaltsgruppe *f.*; **~ d'età** Altersstufe *f.* **9** SPORT *(nella box)* Bandage *f.* **10** ARCH. Gurt *m.*, Gurtgesims *n.* **11** ARALD. Balken *m.* **12** MUS. *(di strumenti)* Zarge *f.* **13** ANAT. Bindegewebe *n.*; **-sce muscolari** Muskelstränge *pl.* ◆ TELEV. **~ d'ascolto (radio-televisiva)** Einschaltquote *f.*; **bambino in -sce** Wickelkind *n.*; **~ elastica** MED. elastische Binde; MOT. Kolbenring *m.*; ABBIGL. Leibbinde *f.*, Bauchbinde *f.*; **~ equatoriale** Äquatorstreifen *m.*; **fin dalle -sce** von Kindesbeinen an; **~ a, da lutto** Trauerflor *m.*; **~ ombelicale** Nabelbinde *f.*; **~ oraria** Zeitspanne *f.*, Zeitabschnitt *m.*; **~ dell'ozono** Ozonschicht *f.*; FIS. **~ di radiazioni** Strahlungsgürtel *m.*, Strahlungszone *f.*; **~ tergisudore** Schweißband *n.*; **~ torrida** heiße Zone; *(del sindaco)* **~ tricolore** dreifarbige Schärpe; **~ di utenza** Benützergruppe *f.*; **~ di Van Allen** Van-Allen-Gürtel *m.*; **~ di vegetazione** Vegetationsgürtel *m.*

fa|scia|me m. Schiffshaut *f.* ◆ **~ esterno** Außenhaut *f.*; **~ interno** Wegerung *f.*; **costruzione a ~ sovrapposto** Klinkerbau *m.*; **imbarcazione a ~ sovrapposto** Klinkerboot *n.*

fa|scia|re *(fascio, fasci)* **I** tr. **1a** verbinden: **~ una ferita** eine Wunde verbinden; **~ una mano** eine Hand ein‿binden **b** *(avvolgere)* um‿wickeln: **~ la testa con una benda** den Kopf mit einem Verband umwickeln; **~ stretto qcs.** etw. fest umwickeln **2** *(aderire)* eng an‿liegen: **la gonna le fascia i fianchi** der Rock liegt eng an ihren Hüften an **3** *(neonati)* wickeln: **~ un bambino** ein Kind (in Windeln) wickeln **4** MAR. beplanken **II** pronom. **fasciarsi** sich verbinden: **-rsi un dito** sich einen Finger verbinden ◆ **-rsi il capo prima di rompserselo** sich um ungelegte Eier kümmern. **fa|scia|to|io** m. *(-oi)* Wickelkommode *f.*

fa|scia|tu|ra f. Verband *m.*, Bandage *f.*: **mettere, togliere una ~ (stretta) a qcn.** jdm einen (festen) Verband an‿legen, ab‿nehmen; **fare una ~** eine Bandage machen ◆ **~ addominale** Bauchbinde *f.*; **~ compressiva, di compressione** Druckverband *m.*; **~ contenitiva** Kontentivverband *m.*; **~ elastica** Stützverband *m.*; **~ d'emergenza** Notverband *m.*; **~ a sciarpa, triangolare** Armschlinge *f.*

fa|sci|co|la|re tr. *(fascicolo)* zusammen‿heften. **fa|sci|co|la|to** p.pass. agg. → **fascicolare** ◆ BOT. **radici -e** Nebenwurzeln *pl.*

fa|sci|co|lo m. **1** *(documenti relativi a una pratica)* Heft *n.*, Akte *f.*: **ritirare un ~ su qcn.** jds Akte zurück‿ziehen **2** EDIT. Lieferung *f.*, Heft *n.*: **raccogliere tutti i -i di un'enciclopedia** alle Lieferungen einer Enzyklopädie sammeln; **a -i** lieferungsweise, heftweise; **essere pubblicato in singoli -i** in einzelnen Heften (*o* Lieferungen) erscheinen ◆ **~ illustrato** Bildbeilage *f.*; **~ mensile** Monatsheft *n.*; **~ personale** Personalakte *f.*

fa|sci|na f. **1** Bündel *n.*: **~ di sterpi, di legna** Reisig-, Holzbündel *n.* **2** *(per fortificazioni)* Faschine *f.*

1.fa|sci|na|re 1 *(disporre in fascine)* bündeln **2** assol. Reisig bündeln.

2.fa|sci|na|re ANT. → **affascinare.**

fa|sci|na|zio|ne f. LETTER. Bezauberung *f.*, Faszination *f.*

fa|sci|no m. **1** Reiz *m.*, Zauber *m.*, Charme *m.*: **sottrarsi al ~ di qcn.** sich jds Charme entziehen; **resistere al ~ di qcn.** jds Charme widerstehen; **esercitare un grande ~ su qcn.** auf jdn einen starken Reiz (*o* Zauber) aus‿üben; **usare il proprio ~** seinen Charme spielen lassen; **essere ricco di ~** reich an Charme sein; **il suo ~ lo abbagliò** ihr Charme blendete ihn; **qcs. ha un ~ tutto suo** etw. hat einen ganz eigenen Reiz; **qcn. emana un grande ~** von etw., jdm geht ein großer Reiz aus (*o* jd strahlt einen großen Charme aus); **il ~ femminile, maschile** der weibliche Charme, die männliche Anziehungskraft; *(attrattiva)* **il ~ del proibito, della novità** der Reiz (*o* Zauber) des Verbotenen, des Neuen **2** ANT. *(incantesimo)* Zauber *m.*

fa|sci|no|sa|men|te avv. charmant, zauberhaft. **fa|sci|no|so** agg. charmant, bezaubernd, reizend: **una diva -a** eine bezaubernde Diva.

fa|scio m. *(-sci)* **1a** Bündel *n.* (anche ANAT. FIS. BOT.): **raccogliere le spighe di grano in un ~** das Getreide bündeln (*o* zu einem Bündel zusammen‿fassen); **~ d'erba, di ramoscelli** Grasbündel *n.*, Reisigbündel *n.*; **un ~ di giornali** ein Bündel Zeitungen **b** GEOM. Bündel *n.*, Büschel *n.*: **un ~ di rette** ein Geradenbüschel **2** FIS. Strahl *m.*: **~ di ioni, di elettroni** Ionen-, Elektronenstrahl *m.* **3a** COLLOQ. *(partito fascista)* faschistische Partei *f.*: **iscriversi al ~** in die faschistische Partei ein‿treten **b** GERG. *(fascista)* Fascho *m.* ◆ **a -sci** bündelweise; **Fasci di combattimento** = Kampfbünde *pl.*; **~ laser** Laserstrahl *m.*; **~ littorio** Liktorenbündel *n.*; **~ di luce, luminoso** Lichtbündel *n.*; ANAT. **~ muscolare, di muscoli** Muskelbündel *n.*; **~ di nervi** Nervenbündel *n.* (anche FIG.); BOT. **~ vascolare** Leitbündel *n.*; PROV. **fare d'ogni, di tutta l'erba un ~** Äpfel und Birnen zusammen‿zählen, alle(s) über einen Kamm scheren.

fa|sci|o|la f. ZOOL. Leberegel *m.*

fa|sci|smo m. Faschismus *m.* **fa|sci|sta** *(-i,-e)* **I** agg. faschistisch: **partito ~** faschistische Partei; **regime ~** faschistisches Regime **II** m. e f. Faschist *m.* (-in *f.*). **fa|sci|stoi|de** agg. faschistoid.

fa|se f. **1a** Phase *f.* (anche FIS. ASTR. EL.): **una ~ inizia, termina (finisce)** eine Phase beginnt, geht zu Ende; **superare una ~ critica** eine kritische Phase überwinden; **entrare in una nuova ~** in eine neue Phase ein‿treten; **la ~ finale (conclusiva), decisiva di qcs.** die Endphase (*o* Schlussphase), die entscheidende Phase von etw. **b** *(di una malattia)* Stadium *n.*: **la ~ iniziale, finale di una malattia** das Anfangsstadium, Endstadium einer Krankheit **2** MOT. *(tempo)* Takt *m.* ◆ **a -i (regolari)** phasisch; **~ di consolidamento** Konsolidierungsphase *f.*; **discriminatore di ~** Phasendetektor *m.*; **~ di espansione** Expansionsphase *f.*; MOT. Arbeitstakt *m.*, Expansionshub *m.*; MOT. **essere fuori ~** außer Phase sein; FIG. nicht in Form sein; MOT. **mettere in ~** *(mettere a punto)* ein‿stellen; **~ di lavaggio** Waschgang *m.*; **~ di lavorazione** Arbeitsgang *m.*; **~ di lavoro** Arbeitsabschnitt *m.*, Arbeitsgang *m.*; **~ lunare** Mondphase *f.*; **motore a due -i** Zweitaktmotor *m.*; **~ di passaggio** Übergangsphase *f.*; **~ di recessione** Rezessionsphase *f.*; **~ sperimentale** Versuchsstadium *n.*; **~ di sviluppo** Entwicklungsstufe *f.*; **tensione di ~** Phasenspannung *f.*; **~ di transizione** → **~ di passaggio**; MOT. **uscire di ~** außer Tritt fallen; **velocità di ~** Phasengeschwindigkeit *f.*

fashion ['fæʃn] f.inv. Fashion *f.*

fa|so|me|tro m. Phasenmesser *m.*

fa|stel|lo m. Bund *n.*

fast food ['fɑːst 'fuːd] m.inv. **1** Fastfood *n.* **2** *(locale)* Fastfoodrestaurant *n.*

fa|sti|dio m. *(-di)* **1** Störung *f.*; **il disordine mi dà ~** das Durcheinander stört mich; **Le dà ~ il fumo?** stört Sie der Rauch? **2** *(molestia)* Belästigung *f.*; **dare, recare ~ a qcn.** jdn belästigen, jdm lästig sein **3** *(seccatura)* Unannehmlichkeit *f.*, Ungelegenheit *f.*: **avere solo -di** nur Unannehmlichkeiten haben; **dare dei -di a qcn.** jdm Unannehmlichkeiten (*o* Ungelegenheiten) machen, bereiten **4** *(avversione)* Ekel *m.* **fa|sti|dio|sa|men|te** avv. **1** störend **2** *(in modo molesto)* lästig. **fa|sti|dio|so** agg. **1** störend: **un rumore ~** ein störender Lärm **2** *(molesto)* lästig: **una mosca -a** eine lästige Fliege; **un ~ prurito** ein lästiges Jucken **3** *(spiacevole)* unangenehm: **una situazione -a** eine unangenehme Situation.

fa|sti|gio m. *(-gi)* **1** Giebel *m.* **2** *(sugli altari gotici)* Gesprenge *n.* **3** FIG. *(culmine)* Gipfel *m.*, Spitze *f.*

fa|sto m. Pracht *f.*, Prunk *m.*, Pomp *m.*: **il ~ di una festa, di una cerimonia** der Prunk eines Festes, der Pomp einer Zeremonie; **il ~ di un tempo** die einstige Pracht. **fa|sto|si|tà** f. Prächtigkeit *f.*

fa|sto|so agg. prächtig, prachtvoll, prunkvoll.

fa|sul|lo agg. **1** falsch, betrügerisch: **moneta, firma -a** falsche Münze, Unterschrift **2** *(vano)* leer: **promesse -e** leere Versprechungen.

fa|ta f. Fee *f.*: **racconto, regno delle -e** Feenmärchen *n.*, Feenreich *n.*; **da ~, delle -e** feenhaft.

fa|ta|le agg. **1** verhängnisvoll, LETT. fatal: **un errore ~** ein verhängnisvoller Irrtum; **qcs. è ~ a qcn.** etw. wird jdm zum Verhängnis, ist jdm verhängnisvoll; **lo sforzo gli fu ~** die Anstrengung erwies sich verhängnisvoll für ihn **2** *(voluto dal destino)* schicksalhaft, schicksalsschwer, Schicksals-: **un evento ~** ein schicksalhaftes Ereignis **3** SCHERZ. *(irresistibile)* unwiderstehlich: **uno sguardo ~** ein unwiderstehlicher Blick ◆ **donna ~** Femme fatale *f.*; **ora ~** Schicksalsstunde *f.* **fa|ta|li|smo** m. Fatalismus *m.*, Schicksalsglaube *m.* **fa|ta|li|sta** *(-i,-e)* **I** agg. → **fatalistico II** m. e f. Fatalist *m.* (-in *f.*). **fa|ta|li|sti|co** agg. *(-ci,-che)* fatalistisch, schicksalsgläubig. **fa|ta|li|tà** f.inv. **1** Verhängnis *n.*, Fatalität *f.* **2** ESTENS. *(disgrazia)* Unglück *n.*: **per ~** zum Unglück. **fa|tal|men|te** avv. **1** schicksalhaft **2** *(disgraziatamente)* fatalerweise **3** *(inevitabilmente)* unvermeidlich.

fa|ta|lo|na f. Vamp *f.*

fa|ta mor|ga|na f. Fata Morgana *f.*

fa|ta|to agg. Zauber-, verzaubert: **castello ~** Zauberschloss *n.*; **anello ~** Zauberring *m.*

fa|te|be|ne|fra|tel|li m.pl. Barmherzige Brüder *pl.*

fa|ti|ca f. *(-che)* **1** Mühe *f.*, Anstrengung *f.*; Strapaze *f.*: **grande ~** große Mühe; **~ sprecata, inutile** verlorene, vergebliche Mühe; **~ fisica, mentale** körperliche, geistige Anstrengung; **ansimare per la ~** vor Anstrengung keuchen; *(lavoro, compito faticoso)* **le -che di ogni giorno** die täglichen Mühen; **il coronamento delle proprie -che** die Krönung seiner Mühen; **sostenere, affrontare le -che** Strapazen aus‿halten, durch‿machen; **scansare, fuggire, la ~, le -che** alle Mühen scheuen; **è valsa la ~** die Mühe hat sich gelohnt **2** *(stanchezza)* Müdigkeit *f.*: **avvertire la ~ nelle braccia** Müdigkeit in den Armen verspüren; **crollare dalla ~** vor Müdigkeit um‿fallen **3** *(opera)* Werk *n.*, Arbeit *f.*: **l'ultima ~ di uno scrittore** das letztes Werk eines Schriftstellers ◆ **a ~** mühsam, mit Mühe; *(con diffi-*

coltà) schwer; FIG. *(a malapena)* mit Müh und Not: ***respirare, aprire qcs. a ~*** schwer atmen, etw. schwer öffnen; ***muoversi a ~*** sich mühsam bewegen; ***abito di, da ~*** Arbeitskleidung *f.*; ***cavallo da ~*** Arbeitspferd *n.*; ***che ~!*** was für eine Anstrengung! ***con ~*** mühsam, mit Mühe; ***costare ~ a qcn.*** jdn Mühe (*o* Arbeit) kosten, jdm Mühe machen; ***le (dodici) -che di Ercole*** die (zwölf) Arbeiten des Herkules; FIG. ***una ~ di Ercole*** eine Herkulesarbeit; ***durare, fare ~*** Mühe haben; ***fare ~ a fare qcs.*** Mühe haben, etw. zu tun; ***vivere del frutto delle proprie -che*** von den Früchten seiner Arbeit leben; ***lavoro di ~*** Schwerarbeit *f.*, anstrengende Arbeit; ***meritare la ~*** die Mühe wert sein; ***prova di ~*** Belastungsprobe *f.*; ***risparmiare a qcn. la ~*** jdm die Mühe ersparen; ***risparmiarsi la ~*** sich (D) die Mühe sparen; ***senza ~*** ohne Mühe, mühelos; ***~ di Sisifo*** Sisyphusarbeit *f.* (anche FIG.); ***uomo di ~*** Schwerarbeiter *m.*

fa|ti|cac|cia f. *(-ce)* (große) Strapaze *f.*, schwere Mühe *f.*: ***il viaggio è stato una ~*** die Reise war eine arge Strapaze.

fa|ti|ca|re intr. *(fatico, fatichi;* aus. *avere)* **1** sich ab‿mühen, sich ab‿plagen, sich plagen: ***~ molto in qcs.*** sich viel mit, an etw. (D) abmühen; ***~ dal mattino alla sera*** sich vom Morgen bis zum Abend abplagen **2** *(fare fatica)* Mühe haben: ***~ a capire qcs.*** Mühe haben, etw. zu verstehen **3** *(sforzarsi)* sich an‿strengen: ***~ a ottenere il posto*** sich sehr anstrengen (müssen), um eine Stelle zu bekommen. **fa|ti|ca|ta** f. schwere Mühe *f.*, Anstrengung *f.*; *(sfacchinata)* Schlepperei *f.*, Schinderei *f.* **fa|ti|co|sa|men|te** avv. mühsam, mühevoll. **fa|ti|co|so** agg. **1** anstrengend, mühsam: ***un lavoro ~*** eine mühsame Arbeit; ***un viaggio ~*** eine anstrengende Reise, eine Reise voller Strapazen **2** *(difficoltoso)* schwer: ***respirazione -a*** schwerer Atem **3** *(di stile)* mühsam, umständlich.

fa|ti|di|co agg. *(-ci,-che)* schicksalhaft, schicksalsträchtig: ***il giorno ~*** der schicksalhafte Tag.

fa|ti|scen|te agg. baufällig: ***edificio ~*** baufälliges Gebäude.

fa|to m. Fatum *n.*, Schicksal *n.*

fatt. ⇒ *fattura* Rechnung (Rechn., Rechng.).

fat|ta f. Art *f.*, Schlag *m.*: ***gente di tal ~*** Leute solcher Art.

fat|tac|cio m. *(-ci)* üble (*o* schlimme) Geschichte *f.* **fat|te|rel|lo** m. **1** unbedeutender Vorfall *m.* **2** *(aneddoto)* Anekdote *f.*, Schnurre *f.*

fat|tez|ze f.pl. Gesichtszüge *pl.*, Züge *pl.*

fat|ti|bi|le agg. durchführbar, machbar ◆ ***fare il ~*** sein Möglichstes tun. **fat|ti|bi|li|tà** f. Durchführbarkeit *f.*, Machbarkeit *f.*: ***la ~ di un progetto*** die Durchführbarkeit eines Projekts.

fat|ti|spe|cie f.inv. DIR. Tatbestand *m.*, Sachverhalt *m.* ◆ ***nella ~*** im vorliegenden (*o* in vorliegendem) Fall.

fat|ti|ti|vo agg. GRAMM. *(causativo)* faktitiv.

fat|ti|va|men|te avv. tatkräftig: ***impegnarsi ~ per qcs.*** sich für etw. tatkräftig ein‿setzen. **fat|ti|vo** agg. tätig, tatkräftig: ***una collaborazione -a*** eine tätige Mithilfe; ***un contributo ~*** ein tatkräftiger Beitrag.

1.fat|to p.pass. agg. **1** → **1.fare** **2** gemacht, geschaffen: ***(non) essere ~ per qcs.*** zu, für etw. (nicht) gemacht (*o* geschaffen) sein; ***sono -i l'uno per l'altro*** sie sind wie füreinander geschaffen **3** *(realizzato, fabbricato)* gemacht, -gemacht, hergestellt **4** *(a forma di)* -förmig: ***~ a esse*** s-förmig; ***~ a stella*** sternförmig **5** *(di costituzione)* gebaut: ***una ragazza ben -a, -a male*** ein gut gebautes, schlecht gebautes Mädchen **6** *(cresciuto, maturo)* erwachsen: ***una donna -a*** eine erwachsene Frau **7** GERG. *(drogato)* high, breit, fertig ◆ ***affare ~!*** gemachte Sache! ***bell'e ~!*** schon erledigt! *(già confezionato)* ***un vestito bell'e ~*** ein Kleid von der Stange; ***ben ~!*** (das hast du) schön gemacht! ***~ in casa*** hausgemacht; ***a conti -i*** nach reiflicher Überlegung; ***arrivare a cose -e*** kommen, wenn alles erledigt (*o* getan) ist; ***sono ~ così*** ich bin nun einmal so; ***detto ~*** gesagt, getan; ***~ di legno, ferro*** aus Holz (*o* Holz-), aus Eisen (*o* Eisen-); ***è -a!*** das wäre geschafft! ***ecco ~*** fertig; ***frase -a*** (stehende) Redewendung *f.*; ***giorno ~*** heller Tag; ***~ a macchina*** maschinell hergestellt; ***~ a mano*** handgemacht; ***notte -a*** tiefe Nacht; ***(è) presto ~*** (es ist) schnell getan; ***a qcn. viene ~ di...*** es kommt über jdn, dass...; PROV. ***cosa -a capo ha*** = was geschehen ist, ist geschehen.

2.fat|to m. **1** Tat *f.*, Tatsache *f.*, Fakt *n.* e *m.*, Faktum *n.*: ***vogliono -i, non parole*** sie wollen Taten, keine Worte; ***aiutare qcn. con le parole e coi -i*** jdm mit Rat und Tat helfen; ***considerati i -i*** angesichts der Tatsachen; ***attenersi, stare ai -i*** sich an die Tatsachen halten; ***non (cor)rispondere ai -i*** den Tatsachen nicht entsprechen; ***i -i parlano chiaro*** die Tatsachen sprechen für sich; ***negare i -i*** die Tatsachen verleugnen; ***riferire, travisare, falsare i -i*** die Tatsachen berichten, verdrehen, verfälschen **2** *(avvenimento)* Tatsache *f.*, Ereignis *n.*, Geschehen *n.*: ***descrivere, esporre (come si sono svolti) i -i*** die Ereignisse (*o* die Tatsachen) beschreiben, dar‿stellen; ***informarsi sui -i del giorno*** sich über die Tagesereignisse informieren; ***un ~ storico*** eine historische Tatsache; ***svolgimento dei -i*** Ablauf der Geschehnisse **3** *(vicenda)* Geschichte *f.*, Handlung *f.*: ***il ~ si è svolto a Roma*** die Geschichte spielte in Rom **4a** pl. *(cosa, affare)* Angelegenheit *f.*, Sache *f.*: ***questi sono -i miei*** das ist meine Sache; ***badare ai,*** COLLOQ. ***farsi i -i propri*** sich um seine eigenen Angelegenheiten kümmern; ***impicciarsi dei -i altrui*** sich in fremde Angelegenheiten ein‿mischen **b** *(fenomeno)* Erscheinung *f.*: ***è un ~ nervoso*** es ist eine nervöse Erscheinung; ***mi succede un ~ strano*** mir geschieht etwas Seltsames **5** DIR. Tatsache *f.*, Tat *f.*: ***~ illecito*** unerlaubte, verbotene Handlung; ***~ notorio*** gerichtskundige, gerichtsnotorische Tatsache; ***~ giuridico*** Rechtssache *f.* **6** *(con valore pleonastico; spesso non si traduce)* Umstand *m.*, Tatsache *f.*: ***il ~ è che ormai si è arreso al suo destino*** Tatsache ist, dass er sich schon in sein Schicksal ergeben hat; ***il ~ è che, ~ sta che, sta di ~ che...*** Tatsache ist, dass...; ***era preoccupata del ~ che il figlio non fosse ancora tornato*** sie war darüber besorgt, dass ihr Sohn noch nicht zurückgekehrt war; ***è un ~ che tu non ti accontenti mai*** es ist eine Tatsache, dass du nie zufrieden bist; ***il ~ che ritorni ci riempie di gioia*** deine Rückkehr macht uns überglücklich; ***il suo errore si spiega col ~ che è ancora inesperto*** sein Fehler erklärt sich aus dem Umstand, dass er noch unerfahren ist ◆ ***andare, andarsene per i -i propri*** seiner Wege (*o* seines Weges) gehen; ***~ d'armi*** Waffentat *f.*; ***avere il ~ proprio*** das bekommen, was man verdient (*o* sein Fett bekommen); ***badare ai -i*** sich an die Fakten halten; ***mettere, porre qcn. di fronte al ~ compiuto*** jdn vor vollendete Tatsachen stellen; ***trovarsi di fronte al ~ compiuto*** vor vollendeten Tatsachen stehen; ***~ di cronaca*** Tagesereignis *n.*; ***dato di ~*** Tatsache *f.*, Gegebenheit *f.*; ***di ~*** tatsächlich, DIR. de facto; ***motivi di ~*** tatsächliche Gründe; ***situazione di ~*** tatsächliche Lage, Tatbestand *m.*; ***di ~ è lei che lavora*** in Wirklichkeit ist sie diejenige, die arbeitet; ***dire a qcn. il ~ suo*** jdm die Meinung sagen (*o* geigen); ***in ~ di*** mit Bezug auf + acc., in bezug auf + acc.; ***è un esperto in ~ di musica*** er ist ein Experte in Bezug auf Musik; ***di nome e di ~*** nicht nur dem Namen nach; ***per il ~ che...*** auf Grund der Tatsache, dass...; ***avere un ~ personale contro qcn.*** etwas Persönliches gegen jdn haben; ***venire alla prova dei -i*** jetzt müssen die Fakten sprechen (*o* die Fakten sprechen lassen); ***questione di ~*** Tatfrage *f.*; ***~ di sangue*** Bluttat *f.*; ***non per sapere i -i suoi*** nur der Neugierde halber; ***sapere il ~ proprio*** sein Handwerk (*o* Geschäft) verstehen; ***essere sicuro del ~ proprio*** seiner Sache sicher sein; ***cogliere, sorprendere qcn. sul ~*** jdn auf frischer Tat ertappen; ***veniamo al ~*** kommen wir zur Sache; ***venire, scendere, passare a vie di ~*** zu Tätlichkeiten übergehen, tätlich (*o* handgreiflich) werden.

1.fat|to|re m. **1** Gutsverwalter *m.*, ANT. Meier *m.*; *(in America, Africa)* Farmer *m.* **2** LETT. *(artefice)* Schöpfer *m.*, Erzeuger *m.*, Erschaffer *m.*, Urheber *m.*: ***l'Alto, il Sommo, il Massimo ~*** der Schöpfer.

2.fat|to|re m. Faktor *m.*: ***diversi -i interagiscono*** verschiedene Faktoren wirken zusammen; ***essere determinato da -i politici, economici*** von politischen, wirtschaftlichen Faktoren bestimmt sein; MAT. ***scomporre una somma nei suoi, in -i*** eine Summe in ihre, in Faktoren zerlegen ◆ ***~ ambientale*** Umweltfaktor *m.*; SPORT ***~ campo*** Platzvorteil *m.*; ***~ di disturbo*** Störfaktor *m.*; ***~ ereditario*** Erbfaktor *m.*; ***-i di produzione*** Produktionsfaktoren; ***~ Rh*** Rh-Faktor *m.*; ***~ (di) rischio*** Risikofaktor *m.*; ***~ scatenante*** Auslöser *m.*; ***~ sorpresa*** Überraschungsmoment *n.*; ***~ tempo*** Zeitfaktor *m.*; ***il ~ umano*** der menschliche Faktor.

fat|to|res|sa f. Gutsverwalterin *f.*, ANT. Meierin *f.*

fat|to|ri|a f. **1** Gut *n.*, Hof *m.*; *(in America, Africa)* Farm *f.* **2** *(azienda agricola)* Landwirtschaft *f.*, landwirtschaftlicher Betrieb *m.*: ***mandare avanti la ~*** die Landwirtschaft führen **3** *(casa)* Gutshaus *n.*, Bauernhaus *n.* ◆ ***~ collettiva*** landwirtschaftliche Produktionsgenossenschaft *f.*, LPG *f.*; ***~ modello*** Musterfarm *f.*

fat|to|ria|le **I** agg. Faktoren-, faktoriell: ***analisi ~*** Faktorenanalyse *f.* **II** m. MAT. Fakultät *f.*

fat|to|ri|no m. Bote *m.*, Austräger *m.*, Ausfahrer *m.*; ANT. O SPREG. Laufbursche *m.*, Laufjunge *m.*: ***mandare un ~*** einen Boten schicken ◆ ***~ d'albergo*** Hausbursche *m.*; ***mancia per il ~*** Botenlohn *m.*; ***~ dei pacchi postali, dei telegrammi*** Paketzusteller *m.*, Telegrammbote *m.*

fat|tri|ce f. *(cavalla)* Zuchtstute *f.*; *(vacca)* Zuchtkuh *f.*

fat|tua|le agg. tatsächlich, wirklich.

fat|tuc|chie|ra f. Zauberin *f.*, Hexe *f.* **fat|tuc|chie|re** m. Zauberer *m.*, Hexer *m.*

fat|tu|ra f. **1a** Anfertigung *f.*, Herstellung *f.* **b** *(modo in cui è fatta una cosa)* Ausführung *f.*: ***un oggetto di pregevole ~*** ein Stück in kostbarer Ausführung; ***versi di pregevole ~*** formvollendete Verse **c** SART. Machart *f.*, Fasson *f.*; *(prezzo)* Macherlohn *m.*: ***la ~ di un abito*** die Fasson eines Kleides **2** COMM. Rechnung *f.*, ANT. Faktur *f.*: ***secondo ~*** laut Rechnung; ***segue ~*** Rechnung folgt; ***a quanto am-***

monta la ~? wie hoch ist die Rechnung? *una ~ di 1000 marchi* eine Rechnung über 1000 Mark; *il saldo di una ~* der Saldo einer Rechnung; *le singole voci della ~* die einzelnen Rechnungsposten; *una ~ non pagata* eine offene Rechnung; *emettere (rilasciare), pagare, saldare una ~* eine Rechnung aus‿stellen, bezahlen, begleichen; *esigere la ~* die Rechnung an‿fordern; *accludere alla ~ una ricevuta di versamento* der Rechnung einen Einzahlungsbeleg bei‿fügen **3** *(incantesimo)* Zauber *m.*: *fare la, una ~ a qcn.* jdn verhexen, verzaubern; *liberarsi da una ~* sich von einem Zauber befreien ◆ *~ commerciale* Handelsrechnung *f.*; *30 giorni data ~ (fine mese)* 30 Tage (zu Monatsende) ab Rechnungsdatum; *importo della ~* Rechnungsbetrag *m.*; *numero di ~* Rechnungsnummer *f.*; *~ pro forma* Pro-forma-Rechnung *f.*

fat|tu|ra|re tr. **1** an‿rechnen, in Rechnung stellen, fakturieren: *~ qcs. a carico di qcn.* jdm etw. anrechnen **2** um‿setzen: *la nostra ditta fattura due miliardi all'anno* unsere Firma setzt zwei Milliarden im Jahr um. **fat|tu|ra|to I** p.pass. agg. **1** → **fatturare 2** angerechnet, fakturiert **II** m. Umsatz *m.*: *aumentare il ~* den Umsatz heben; *fare un ~ di un miliardo* eine Milliarde Umsatz machen ◆ *aumento, crescita del ~* Umsatzanstieg *m.*, Umsatzsteigerung *f.*; *calo, diminuzione del ~* Umsatzrückgang *m.* **fat|tu|ra|tri|ce** f. Fakturiermaschine *f.* **fat|tu|ra|zio|ne** f. Rechnungsausstellung *f.*, Fakturierung *f.* **fat|tu|ri|sta** m. e f. *(-i,-e)* Fakturist *m.* (-in *f.*).

fa|tui|tà f. **1** *(di persona)* Eitelkeit *f.* **2** *(superficialità)* Oberflächlichkeit *f.* **fa|tuo** agg. **1** *(di persona)* eitel **2** *(di sentimento, comportamento)* oberflächlich ◆ *fuoco ~* Irrlicht *n.*, Irrwisch *m.*; FIG. *(illusione)* Trugbild *n.*

fau|ci f.pl. Rachen *m.*, Schlund *m.*: *spalancare le ~* den Rachen auf‿reißen ◆ FIG. *cadere nelle ~ di qcn.* jdm in die Fänge geraten.

fau|na f. **1** Fauna *f.*, Tierwelt *f.* **2** SCHERZ. *(gruppo di persone di un dato ambiente)* Fauna *f.*: *la ~ locale è piuttosto stravagante, ostile* die örtliche Fauna ist (*o* die Eingeborenen sind) eher extravagant, feindselig ◆ *~ abissale* Tiefseefauna *f.*; *~ alpina* Alpenfauna *f.*; *~ ittica* Fischwelt *f.*; *~ litoranea* Litoralfauna *f.*; *~ marina* Meeresfauna *f.*

fau|ne|sco agg. *(-chi,-che)* faunisch.

fau|ni|sti|ca f. Tierweltforschung *f.* **fau|ni|sti|co** agg. *(-ci,-che)* Tier-, faunistisch: *patrimonio ~* Tierbestand *m.*; *oasi -a* Tierreservat *n.*

fau|no m. Faun *m.*

fau|stia|no agg. faustisch: *personaggio ~* faustische Gestalt; *spirito ~* faustischer Geist.

fau|sto agg. **1** *(propizio)* günstig, glücklich, Glücks-: *giorni -i* Glückstage **2** *(lieto)* freudig: *~ evento* freudiges Ereignis.

fau|to|re m. Förderer *m.*, Befürworter *m.*, Anhänger *m.*: *i -i di una tesi* die Anhänger einer These; *farsi ~ di un'iniziativa* eine Initiative fördern.

fa|va f. Saubohne *f.*, Puffbohne *f.*, Pferdebohne *f.* ◆ *erba ~* Scharbockskraut *n.*; *prendere due piccioni con una ~* zwei Fliegen mit einer Klappe schlagen.

fa|vel|la f. LETT. Sprache *f.*: *perdere, riacquistare la ~* die Sprache verlieren, wieder finden; *(lingua) la ~ toscana* die toskanische Sprache. **fa|vel|la|re** intr. (aus. *avere*) ANT. sprechen.

fa|vil|la f. **1** Funke(n) *m.* **2** FIG. *(causa)* Funke *m.*: *la ~ dell'amore, della gelosia* der Funke der Liebe, der Eifersucht ◆ *far -e* glänzen; *manda, sprizza -e dagli occhi* seine Augen funkeln.

fa|vo m. **1** Honigwabe *f.*, Wabe *f.*, Bienenwabe *f.*: *le cellette di un ~ di miele* die Zellen einer Honigwabe **2** MED. Favus *m.*, Erbgrind *m.*

fa|vo|la f. **1a** Fabel *f.*: *le -e di Esopo* die Fabeln von Äsop; *la morale della ~* die Moral der Fabel **b** ESTENS. *(fiaba)* Märchen *n.*: *raccontare una ~ a un bambino* einem Kind ein Märchen erzählen **2** *(fandonia)* Fabel *f.*, Märchen *n.*: *sono tutte -e!* das sind alles Märchen! ◆ *~ di animali* Tierfabel *f.*; *~ d'autore* Kunstmärchen *n.*; *da, di ~* märchenhaft, traumhaft; *un paesaggio, un vestito da ~* eine märchenhafte Landschaft, ein traumhaftes Kleid; *libro di -e* Fabelbuch *n.*; *mondo delle -e* Fabelwelt *f.*; *essere la ~ del paese* in aller Leute Mund sein, Stadtgespräch sein.

fa|vo|leg|gia|men|to m. Fabelei *f.*

fa|vo|leg|gia|re intr. (aus. *avere*) fabeln: *si favoleggia della sua esistenza* man fabelt von seiner Existenz. **fa|vo|leg|gia|to|re** m., **fa|vo|li|sta** m. e f. *(-i,-e)* Fabeldichter *m.* (-in *f.*). **fa|vo|li|sti|ca** f. **1** Fabeln *pl.* **2** *(studio)* Fabelforschung *f.*, Fabelkunde *f.* **fa|vo|li|sti|co** agg. *(-ci,-che)* Fabel-: *la tradizione -a francese* die französische Fabeltradition.

fa|vo|lo|sa|men|te avv. fabelhaft, märchenhaft. **fa|vo|lo|so** agg. **1** *(di favola)* Fabel-; ESTENS. *(di fiaba)* märchenhaft, Märchen-: *racconto ~* märchenhafte Erzählung (*o* Märchenerzählung *f.*); *animale, essere ~* Fabeltier *n.*, Fabelwesen *n.* **2** COLLOQ. *(straordinario, eccezionale)* fabelhaft, großartig, toll.

fa|vo|nio m. LETT. Zephir *m.*

fa|vo|re m. **1** Gunst *f.*: *ottenere (riscuotere), guadagnarsi, perdere il ~ di qcn.* jds Gunst erringen, gewinnen, verlieren; *godere del ~ di qcn.* jds Gunst genießen; *il re gode del ~ del popolo* der König steht hoch in der Gunst des Volkes; *aspirare al ~ di qcn.* sich um jds Gunst bewerben; *incontrare il ~ del pubblico, della critica* beim Publikum, bei der Kritik (gut) an‿kommen (*o* Anklang finden) **2** *(piacere)* Gefallen *m.*, Gefälligkeit *f.*: *fare un ~ a qcn.* jdm einen Gefallen tun; *chiedere un ~ a qcn.* jdn um eine Gefälligkeit bitten; *dovere un ~ a qcn.* jdm einen Gefallen schulden; *ricambiare, restituire un ~* einen Gefallen erwidern; *fammi il ~ di smetterla!* tu mir den Gefallen und hör damit auf! ◆ *a ~* dafür, pro: *sono a ~!* ich bin dafür! *è a ~ o contrario?* ist er pro oder kontra? *parlare, votare a ~ di qcn., qcs.* zu jds Gunsten, für etw. sprechen, stimmen; *questo non depone a suo ~* das spricht nicht für ihn; *(in favore) a ~ di qcn.* zugunsten jds, von jdm: *rinunciare all'eredità a ~ di qcn.* auf das Erbe zu jds Gunsten verzichten; *(a proprio vantaggio)* COMM. *vi è un saldo di 300 000 lire a Vs. ~* es besteht ein Überschuss von 300 000 Lire zu Ihren Gunsten; *fare un bonifico a ~ di qcn.* eine Überweisung zu jds Gunsten machen; BANC. *accettazione di ~* Gefälligkeitswechsel *m.*; *biglietto di ~* Freikarte *f.*; *concedere i propri -i a qcn.* = sich jdm hin‿geben; *(ma) mi faccia il ~!* hören Sie doch bitte damit auf! *il tempo, la situazione gioca a suo ~* die Zeit arbeitet für ihn, die Umstände arbeiten für ihn; *in ~ di qcn.* zugunsten jds, von jdm: *un concerto in ~ dei bambini bosniaci* ein Konzert zugunsten der bosnischen Kinder; *parlare in ~ di qcn.* für jdn ein‿treten, zu jds Gunsten sprechen; *per ~* bitte: *il conto, per ~!* die Rechnung, bitte! *mi può dire l'ora, per ~?* können Sie mir bitte die Uhrzeit sagen? *per ~ niente sentimentalismi!* nur keine Sentimentalitäten (bitte)! *~ popolare, del popolo* Volksgunst *f.*; *prezzo di ~* Vorzugspreis *m.*; *col ~ delle tenebre* im Schutz der Dunkelheit; *testimone a ~* Entlastungszeuge *m.*; *trattamento di ~* bevorzugte Behandlung; *col ~ del vento* bei günstigem Wetter; *il vento è a ~* der Wind steht (*o* ist) günstig; *essere in ~ di vento, avere il vento a ~* günstigen Wind haben; *volgere le cose a proprio ~* die Dinge zu seinem Vorteil drehen; *voto a ~* Jastimme *f.*

fa|vo|reg|gia|men|to m. DIR. Begünstigung *f.*: *accusare qcn. di ~* jdn wegen Begünstigung an‿klagen ◆ *~ della prostituzione* Förderung *f.* gewerbsmäßiger Unzucht. **fa|vo|reg|gia|re** tr. *(favoreggio, favoreggi)* DIR. begünstigen. **fa|vo|reg|gia|to|re** m. DIR. Begünstiger *m.*

fa|vo|re|vo|le agg. **1** günstig: *un clima, momento, prezzo ~* ein günstiges Klima, ein günstiger Augenblick, Preis; *condizioni -i* günstige Bedingungen; *un'occasione, una situazione ~* eine günstige Gelegenheit, Situation; *il vento è ~* der Wind steht günstig; *gli astri sono -i* die Sterne stehen günstig **2** *(fortunato)* glücklich: *un susseguirsi di circostanze -i* eine Aufeinanderfolge glücklicher Umstände **3** *(positivo)* positiv, günstig: *l'accoglienza del pubblico fu molto ~* die Aufnahme beim Publikum war sehr positiv; *critiche (non) molto -i* (keine) sehr günstige(n) Kritiken; *esito, giudizio, risposta ~* positives Ergebnis, Urteil, positive Antwort **4** *(a favore) essere ~ a qcs.* für, pro etw. sein: *essere ~ all'aborto, a un candidato* für die Abtreibung, einen Kandidaten sein; *sei ~ o contrario?* bist du dafür oder dagegen (*o* pro oder kontra)? *voti -i 8, contrari 2* 8 Jastimmen, 2 Neinstimmen; *dare voto ~ a qcs.* eine positive Stimme für etw. ab‿geben, etw. befürworten.

fa|vo|re|vol|men|te avv. günstig, positiv; *(vantaggiosamente)* vorteilhaft: *influire ~ su qcn.* auf jdn günstig ein‿wirken; *la situazione si risolse ~ per lui* die Situation endete günstig für ihn; *rimanere ~ impressionato, colpito da qcn., qcs.* von jdm, etw. positiv beeindruckt sein.

fa|vo|ri|re *(favorisco, favorisci)* **I** tr. **1** fördern: *~ l'economia, le esportazioni* die Wirtschaft, Ausfuhr fördern; *~ la crescita, lo sviluppo, la digestione* das Wachstum, die Entwicklung, die Verdauung fördern; *~ le aspirazioni di qcn.* jds Ambitionen fördern (*o* unterstützen) **2** *(avvantaggiare)* begünstigen, bevorteilen: *questa legge favorisce i liberi professionisti* dieses Gesetz begünstigt die Freiberufler; *la situazione, la sorte lo favorì* die Situation, das Schicksal begünstigte ihn; *l'arbitro favorì la squadra di casa* der Schiedsrichter bevorteilte die Heimmannschaft **3** *(in forme di cortesia; dare) (mi) favorisca i documenti, la patente* geben Sie mir bitte Ihren Ausweis, Führerschein **II** intr. (aus. *avere*) **1** *(in forme di cortesia; accomodarsi)* sich begeben: *favorisca alla cassa!* begeben Sie sich bitte an die Kasse! ◆ *tanto per ~* = um Ihnen einen Gefallen zu tun; *vuol ~?* möchten Sie?

fa|vo|ri|ta f. **1** Liebling *m.*, Favoritin *f.*: *la ~ della maestra* der Liebling der Lehrerin **2** *(amante, moglie favorita)* Lieblingsfrau *f.*, Favoritin *f.*: ***la ~ del re, del sultano*** die Lieblingsfrau des Königs, Sultans **3** SPORT favorisierte Mannschaft *f.*, Favorit *m.*: ***l'Inter è la ~ del torneo*** Inter ist der Favorit des Wettbewerbs.

fa|vo|ri|ti|smo m. Bevorzugung *f.*, Begünstigung *f.*, COLLOQ. Schiebung *f.*: ***fare (dei) -i*** jemanden bevorzugen; ***niente -i!*** keine Bevorzugung! keine Schiebung! ***questo è un ~!*** das ist Schiebung!

fa|vo|ri|to I p.pass. agg. **1** → **favorire 2** SPORT favorisiert: ***l'atleta ~ di una gara*** der favorisierte Athlet (*o* der Favorit) eines Wettkampfes; ***essere ~ dal pronostico*** in den Voraussagen favorisiert werden **3** *(preferito)* bevorzugt, beliebt, Lieblings-: ***è il mio scrittore ~*** er ist mein Lieblingsschriftsteller **II** m. **1** Liebling *m.*, Favorit *m.*, SPREG. Günstling *m.* **2** SPORT Favorit *m.*: ***il pilota, il cavallo è il grande ~ della corsa*** der Rennfahrer, das Pferd ist der große Favorit des Rennens **3** pl. *(fedine)* Backenbart *m.*, Koteletten *pl.*

fax m.inv. **1** Fax *n.*: ***mandare (trasmettere), ricevere un ~*** ein Fax schicken, erhalten **2** *(apparecchio)* Fax *n.*, Faxgerät *n.*: ***installare un ~*** ein Fax installieren, an‿schließen; ***inviare, trasmettere qcs. per ~*** etw. per Fax schicken ◆ ***numero di ~*** Faxnummer *f.* **fa|xa|re** tr. faxen, telefaxen: ***~ un documento a qcn.*** jdm ein Dokument faxen.

fa|zio|ne f. Partei *f.*, Gruppe *f.*, ANT. Faktion *f.*: ***le -i dei Bianchi e dei Neri nella Firenze medievale*** die Faktionen der Weißen und der Schwarzen im mittelalterlichen Florenz; ***le opposte -i di un partito*** die Flügel einer Partei; ***la ~ opposta, avversa, avversaria*** die Gegenpartei; ESTENS. ***il pubblico si divise in due -i*** das Publikum teilte sich in zwei Gruppen.

fa|zio|sa|men|te avv. **1** parteiisch, parteilich **2** ESTENS. aufwieglerisch, rebellisch. **fa|zio|si|tà** f.inv. Parteilichkeit *f.* **fa|zio|so I** agg. **1** *(di parte)* parteiisch, parteilich: ***un giornale, commento ~*** eine parteiische Zeitung, ein parteiischer Kommentar **2** ESTENS. aufwieglerisch, rebellisch **II** m. **1** Parteigänger *m.* **2** ESTENS. Aufwiegler *m.*

faz|zo|let|to m. **1** Taschentuch *n.*: ***~ di carta*** Papiertaschentuch *n.*; ***soffiarsi il naso col ~*** sich in ein Taschentuch schneuzen; ***fare un nodo al ~*** sich (D) einen Knoten ins Taschentuch machen **2a** *(foulard)* Kopftuch *n.*, Tuch *n.*: ***mettersi il ~ in testa*** das Tuch um den Kopf binden **b** *(da collo)* Halstuch *n.*, Tuch *n.*: ***legarsi un ~ intorno al collo*** sich (D) ein Tuch um‿binden **3** *(da taschino)* Einstecktuch *n.* ◆ ***essere grande come un ~*** handtuchgroß sein; ***un ~ di terra*** ein Fleckchen Erde.

fé f. LETT. → **fede.**

feb|bra|io m. Februar *m.*: ***a, in ~*** im Februar; ***all'inizio di ~, alla fine di (a fine) ~*** Anfang, Ende Februar; ***il primo, il due (di) ~*** am ersten, zweiten Februar.

feb|bre f. **1** Fieber *n.*: ***avere la ~ alta, una ~ leggera, la ~ a quaranta*** hohes, leichtes Fieber, vierzig Grad Fieber haben; ***essere a letto con la ~*** mit Fieber im Bett liegen; ***misurare la ~ a qcn.*** jdm das Fieber messen; ***la ~ sale, cala*** das Fieber steigt, fällt (*o* nimmt ab); ***mi è venuta, passata la ~*** ich habe Fieber bekommen, ich habe kein Fieber mehr (*o* das Fieber ist vorbei) **2** COLLOQ. *(herpes)* = Herpesausschlag *m.* (im Bereich der Lippen) **3** FIG. Fieber *n.*, Rausch *m.*: ***essere preso, colto dalla ~ del guadagno*** vom Rausch des Geldverdienens befallen werden ◆ ***accesso, attacco di ~*** Fieberanfall *m.*; COLLOQ. ***~ da cavallo*** = sehr hohes Fieber; ***~ effimera*** Eintagsfieber *n.*, Ephemera *pl.*; ***~ da fieno*** Heufieber *n.*; ***~ gialla*** Gelbfieber *n.*; ***~ malarica*** Sumpffieber *n.*; ***~ maltese*** Maltafieber *n.*; ***~ dell'oro*** Goldfieber *n.*; ***~ reumatica*** rheumatisches Fieber; ***~ tropicale*** Tropenfieber *n.* **feb|bri|ci|tan|te** agg. fiebrig, fiebernd, fieberkrank: ***un malato ~*** ein Fieberkranker; ***essere ~*** fiebern. **feb|bri|co|la** f. (dauerndes) leichtes Fieber *n.* **feb|bri|fu|go I** agg. *(-ghi,-ghe)* Fieber- **II** m. *(-ghi)* Fiebermittel *n.*

feb|bri|le agg. **1** Fieber-, febril: ***accesso, stato ~*** Fieberanfall *m.*, Fieberzustand *m.* **2** FIG. hektisch, fieberhaft, fiebernd: ***attività ~*** hektische Tätigkeit; ***attesa ~*** fiebernde Erwartung; ***impazienza ~*** fieberhafte Ungeduld.

feb|bro|ne m. ***~ (da cavallo)*** (sehr) starkes Fieber *n.*

Fe|bo n.pr.m. Phöbus *m.*

fe|ca|le agg. fäkal, Fäkal- ◆ ***materia ~*** Fäkalien *pl.*

fec|cia f. *(-ce)* **1** Bodensatz *m.*, Satz *m.* **2** FIG. SPREG. Auswurf *m.*, Bodensatz *m.*: ***la ~ dell'umanità*** der Auswurf der Menschheit ◆ FIG. ***vuotare il calice fino alla ~*** den Kelch bis zur Neige leeren.

fec|cio|so agg. **1** hefig: ***vino ~*** hefiger Wein **2** *(torbido)* trüb.

1.fe|ci f.pl. Stuhl *m.*, Kot *m.* ◆ ***campione di ~*** Stuhlprobe *f.*; ***esame delle ~*** Stuhluntersuchung *f.*

2.fe|ci → **1. fare.**

fe|co|la f. **1** Stärkemehl *n.* **2** *(di patate)* Kartoffelmehl *n.*

fe|con|da|bi|le agg. befruchtbar. **fe|con|da|re** tr. **1** befruchten (anche FIG.): ***~ artificialmente*** künstlich befruchten **2** ESTENS. *(rendere fecondo)* fruchtbar machen, befruchten: ***la pioggia feconda la terra*** der Regen macht den Boden fruchtbar. **fe|con|da|ti|vo** agg. befruchtend, Befruchtungs-. **fe|con|da|to|re I** agg. befruchtend: ***agente ~*** befruchtende Kraft; FIG. ***pensiero ~*** befruchtender Gedanke **II** m. Befruchter *m.* **fe|con|da|zio|ne** f. Befruchtung *f.* ◆ ***~ artificiale*** künstliche Befruchtung; ***~ in vitro*** In-vitro-Fertilisation *f.*

fe|con|di|tà f. Fruchtbarkeit *f.* (anche FIG.): ***raggiungere, perdere la ~*** die Fruchtbarkeit erlangen, verlieren; ***la ~ del terreno*** die Fruchtbarkeit des Bodens; ***la ~ di un autore*** die Fruchtbarkeit eines Autors; ***~ d'ingegno*** die Fruchtbarkeit des Geistes.

fe|con|do agg. fruchtbar (anche FIG.): ***i giorni -i*** die fruchtbaren Tage; ***un terreno ~*** ein fruchtbarer Boden; ***un poeta molto ~*** ein fruchtbarer Dichter; ***una mente -a*** ein fruchtbarer (*o* sehr schöpferischer) Geist ◆ ***un matrimonio ~*** eine kinderreiche Ehe.

fe|da|in, fe|da|yn, fed|da|yn m.inv. Fedajin *m.*

fe|de f. **1a** Glaube *m.*: ***avere ~ in Dio*** Glauben an Gott haben; ***abbi ~!*** glaube! *(abbi fiducia)* glaub's nur! hab Vertrauen! ***professare, rinnegare la propria ~*** für seinen Glauben ein‿stehen (*o* seinen Glauben bekennen), seinem Glauben ab‿schwören; ***abbandonare, perdere, ritrovare la ~*** vom Glauben ab‿fallen, seinen Glauben verlieren, wieder‿finden **b** *(religione)* ***la ~ cristiana*** der christliche Glaube **2** *(salda convinzione)* Gesinnung *f.*, Überzeugung *f.*: ***~ politica*** politische Gesinnung; ***~ monarchica, socialista*** monarchische, sozialistische Gesinnung; ***un uomo di salda ~ repubblicana*** ein Mann von starker republikanischer Überzeugung **3** *(fiducia)* Vertrauen *n.*, Glaube *m.*: ***avere una ~ incrollabile in qcs.*** einen unerschütterlichen Glauben an etw. (A), ein unerschütterliches Vertrauen zu etw. haben; ***~ nel progresso, nelle capacità dell'uomo*** Fortschrittsglaube *m.*, Glaube in die Fähigkeiten des Menschen; ***aver ~ in qcn.*** in jdn sein Vertrauen setzen, jdm vertrauen **4** *(vera nuziale)* Trauring *m.*, Ehering *m.*: ***scambiarsi le -i*** die Eheringe wechseln **5** ANT. *(certificato)* Schein *m.*, Urkunde *f.* ◆ ***atto di ~*** Glaubensbekenntnis *n.*: ***fare atto di ~*** seinen Glauben bekennen; ***agire, essere in buona ~*** im guten (*o* in gutem) Glauben handeln, sein; ***approfittare della buona ~ di qcn.*** jds Gutgläubigkeit aus‿nützen; ***morire con i conforti della ~*** mit den Tröstungen der Kirche sterben; ***degno di ~*** glaubwürdig; ***far ~*** gelten, gültig sein: ***fa ~ la data del timbro postale*** es gilt das Datum des Poststempels; *(comprovare)* ***molte testimonianze fanno ~ alle sue parole*** viele Zeugnisse bestätigen seine Worte; BUROCR. ***in ~*** für die Richtigkeit; ***in ~ mia non ho mai visto niente di simile!*** auf mein Wort, etwas derartiges habe ich noch nie gesehen! ***in mala ~*** böswillig, DIR. in böser Absicht, wider besseres Wissen; ***questo prova la sua mala ~*** das beweist seine Böswilligkeit; ***mantener ~*** → ***tener ~***; ***la ~ smuove le montagne*** der Glaube kann Berge versetzen; SCHERZ. ***uomo, donna di poca ~!*** du Ungläubiger, Ungläubige! ***prestar ~ a qcn., qcs.*** jdm, etw. Glauben schenken; ***professione di ~*** → ***atto di ~***; ***~, speranza e carità*** Glaube, Hoffnung und Liebe; ***tener ~ a un giuramento, alla parola data, a una promessa*** einen Schwur, sein Wort, ein Versprechen halten (*o* ein‿halten).

fe|de|com|mes|so m. Fideikommiss *m.*

fe|de|de|gno agg. ANT. glaubwürdig, glaubenswert.

fe|de|le I agg. **1a** treu (anche FIG.), getreu: ***un marito, un pubblico ~*** ein treuer Ehemann, ein treues Publikum; ***restare, mantenersi ~ a qcn., qcs.*** jdm, etw. treu bleiben; ***dichiararsi ~ a qcs.*** seine Treue gegenüber etw. erklären **b** *(rispondente, conforme)* -treu, -getreu: ***~ alla realtà*** wirklichkeitsgetreu (*o* wahrheitsgetreu); ***~ al testo*** textgetreu; ***~ ai patti*** vertragstreu; ***~ alla costituzione, al governo*** verfassungstreu, regierungstreu; ***~ alla linea politica*** politisch linientreu; FIG. ***~ ai propri principi, al proprio dovere*** prinzipientreu (*o* gesinnungstreu), pflicht(ge)treu **2** *(al testo)* ***una traduzione ~*** eine wortgetreue Übersetzung **3** *(all'opera)* ***una rappresentazione ~ (all'opera)*** eine werkgetreue Aufführung **4** *(all'originale)* getreu, naturgetreu: ***un ritratto ~*** ein naturgetreues Abbild; ***un modello ~*** ein naturgetreues Modell **5** TECN. ACUST. lautgetreu, klanggetreu, tongetreu: ***una riproduzione ~*** eine lautgetreue Wiedergabe **II** m. **1** RELIG. Gläubige *m.*: ***la comunità dei -i*** die Gemeinde der Gläubigen **2** *(seguace, amico fedele)* Getreue *m.* **fe|de|lis|si|mo** m. SPORT POL. = verschworener Anhänger *m.*

fe|del|men|te avv. treu, getreu: ***servire ~ qcn.*** jdm treu dienen, folgen; ***rappresentare ~ la realtà*** die Wirklichkeit getreu dar‿stellen; ***seguire ~ un modello*** ein Vorbild getreu nach‿ahmen.

fe|del|tà f. **1** Treue *f.*: ***~ coniugale*** eheliche Treue; ***provata ~*** bewährte Treue; ***giurare eterna ~ a qcn.*** jdm ewige Treue schwören (*o* geloben); FIG. ***la ~ della clientela*** die Treue der Kundschaft; *(esattezza, conformità)* ***~ storica*** historische Treue; ***la ~ di una traduzione*** die Texttreue einer Übersetzung **2** *(all'originale)* Naturtreue *f.* **3** *(alla realtà)* Wirklichkeitstreue *f.* ◆ ***alta ~*** Highfidelity *f.*; ***impianto ad alta ~*** Hi-Fi-Anlage *f.*; ***~ al dovere*** Pflichttreue *f.*; ***giuramento di ~*** Treueid *m.*, Treueschwur *m.*; ***~ di particolari*** detailgetreue Darstellung; ***premio (di) ~*** Treueprämie *f.*; ***~ ai (propri) principi*** Prinzipientreue *f.*, Gesinnungstreue *f.*; ***sconto (di) ~*** Treuerabatt *m.*

fe|de|ra f. Kissenbezug *m.*, Kissenüberzug *m.*: ***cambiare la ~ a un cuscino*** den Kissenbezug wechseln.

fe|de|ra|le I agg. **1** Bundes-, föderal; bundeseigen: ***stato, governo ~*** Bundesstaat *m.*, Bundesregierung *f.*; ***ufficio ~*** Bundesamt *n.* **2** *(di una società)* Verbands-, Vereins-: ***presidente ~*** Verbandsvorsitzende *m.*; ***ordinamento ~*** Vereinssatzung *f.* **II** m. STOR. = Sekretär *m.* einer Sektion der Faschistischen Partei ◆ ***Repubblica Federale Tedesca, di Germania*** Bundesrepublik Deutschland. **fe|de|ra|li|smo** m. Föderalismus *m.* **fe|de|ra|li|sta I** m. e f. *(-i,-e)* Föderalist *m.* (-in *f.*) **II** agg. → **federalistico. fe|de|ra|li|sti|co** agg. *(-ci,-che)* föderalistisch.

fe|de|ra|re *(federo)* **I** tr. zu einem Bund vereinigen **II** pronom. **federarsi** sich (miteinander) verbünden: ***-rsi con qcn.*** sich mit jdm verbünden. **fe|de|ra|ti|vo** agg. föderativ: ***patto ~*** föderativer Vertrag. **fe|de|ra|to** p.pass. agg. **1** → **federare 2** föderiert, Bundes-: ***stato ~*** Bundesstaat *m.*, Föderierte *m.*

fe|de|ra|zio|ne f. **1a** POL. *(di stati)* Föderation *f.*, Bund *m.*: ***una ~ di stati*** ein Staatenbund **b** *(di associazioni)* Bund *m.*: ***~ sindacale*** Gewerkschaftsbund *m.* **2** *(ente, società)* Verband *m.*: ***~ sportiva*** Sportverband *m.*; ***presidente di ~*** Verbandsvorsitzende *m.*

Fe|der|cal|cio f. (accorc. *Federazione Italiana Gioco Calcio*) Italienischer Fußballverband *m.*

Fe|de|ri|ca n.pr.f. Friederike *f.*

fe|de|ri|cia|no agg. friderizianisch. **fe|de|ri|co** m. *(-chi)* Friedrichsdor *m.* **Fe|de|ri|co** n.pr.m. Friedrich *m.* ◆ STOR. ***~ Barbarossa, il Barbarossa*** Friedrich Barbarossa, Kaiser Rotbart.

Fe|der|mec|ca|ni|ca f. (accor. *Federazione Sindacale dell'Industria Metalmeccanica Italiana*) italienischer Gewerkschaftsbund *m.* der Metall verarbeitenden Industrie.

fe|di|fra|go agg. *(-ghi,-ghe)* LETT. wortbrüchig.

fe|di|na f. ***~ (penale)*** Auszug *m.* aus dem Strafregister ◆ COLLOQ. ***avere la ~ pulita, sporca*** eine, keine weiße (*o* saubere) Weste haben.

fe|di|ne f.pl. Backenbart *m.*

Fe|dra n.pr.f. Phädra *f.*

Fe|dro n.pr.m. Phädrus *m.*

feed-back, feed|back ['fi:dbæk] m.inv. Feed-back *n.*, Rückkopp(e)lung *f.*

fee|ling ['fi:lɪŋ] m.inv. (gegenseitige) Sympathie *f.*; ***tra noi c'è un ~*** zwischen uns gibt es ein starkes Gefühl der Sympathie.

fée|rie [feə'ri] f.inv. Feerie *f.*

fe|ga|tel|lo m. INTRAD. (Schweineleber-Spießchen). **fe|ga|ti|no** m. INTRAD. (Geflügelleber).

fe|ga|to m. **1** Leber *f.*: ***soffrire di (mal di) ~*** leberkrank sein **2** COLLOQ. *(coraggio)* Schneid *m.*, Mumm *m.*: ***avere ~*** Mumm haben; ***a qcn. manca il ~*** jdm fehlt der Schneid; ***non avere il ~ di fare qcs.*** nicht den Mumm haben, etw. zu tun ◆ ***ci vuole un bel ~!*** da gehört ein ganz schöner Mut zu; ***cancro al ~*** Leberkrebs *m.*; ***~ di maiale*** Schweinsleber *f.*; ***mal di ~*** Leberleiden *n.*; ***far venire il mal di ~ a qcn.*** jdm Bauchschmerzen bereiten; ***malato di ~*** Leberkranke *m.*; *(aggettivo)* leberkrank, leberleidend; ***mangiarsi il ~ (per la rabbia)*** sich vor Wut in den Bauch beißen; ***~ d'oca*** Gänseleber *f.*; ***pasticcio di ~ d'oca*** Gänseleberpastete *f.*; ***olio di ~ di merluzzo*** Lebertran *m.*; ***pasticcio, pâté di ~*** Leberpastete *f.*; ***rodersi il ~*** → ***mangiarsi il ~***; ***uomo di ~*** Mordskerl *m.*; ***~ di vitello*** Kalbsleber *f.*; ***~ di zolfo*** Schwefelleber *f.* **fe|ga|to|so** agg. **1** leberleidend, leberkrank **2** FIG. *(bilioso)* jähzornig.

fel|ce f. Farn *m.*, Farnkraut *n.*; *(pianta)* Farnpflanze *f.* ◆ ***~ femmina*** Frauenfarn *m.*; ***foglia di ~*** Farnblatt *n.*; ***~ maschio*** Wurmfarn *m.*, Schildfarn *m.*

feld|ma|re|scial|lo m. Feldmarschall *m.*

feld|spa|to m. Feldspat *m.*

fe|li|ce agg. **1** glücklich: ***far ~ qcn.*** jdn glücklich machen; ***essere ~ per, di qcs.*** über etw. glücklich sein; ***i giorni più -i della mia vita*** die glücklichsten Tage meines Lebens; ***essere l'uomo più ~ della terra*** der glücklichste Mensch unter der Sonne sein; *(opportuno)* ***una scelta ~*** eine glückliche Wahl; *(favorevole, propizio)* ***esito ~, circostanza ~*** glücklicher Ausgang, Umstand **2** *(come augurio)* angenehm, gut: ***~ riposo!*** angenehme Ruhe! ◆ ***" anno nuovo!*** ein glückliches neues Jahr! ***che tu sia ~!*** mögest du glücklich sein! ***~ di fare la sua conoscenza! ~ di conoscerla!*** es freut mich, Ihre Bekanntschaft zu machen (*o* Sie kennenzulernen); *(formula di chiusura delle favole)* ***e vissero (tutti) -i e contenti*** und wenn sie nicht gestorben sind, leben sie noch heute; ***avere la mano ~ (in qcs.)*** eine glückliche Hand bei etw. haben.

Fe|li|ce n.pr.m. Felix *m.*

fe|li|ce|men|te avv. glücklich: ***essere ~ sposato (con qcn.)*** (mit jdm) glücklich verheiratet sein; *(con buon esito)* ***un viaggio conclusosi ~*** eine Reise mit glücklichem Ausgang.

fe|li|ci|tà f. Glück *n.*, Glückseligkeit *f.*: ***volere, turbare la ~ di qcn.*** jds Glück wollen, trüben; ***essere raggiante di ~*** vor Glück (*o* Glückseligkeit) strahlen ◆ ***augurare a qcn. ogni ~*** jdm alles erdenkliche Glück wünschen; ***la ~ eterna*** die ewige Seligkeit; ***fare la ~ di qcn.*** jdn glücklich machen, jdn beglücken; PROV. ***i soldi non fanno la ~*** Geld allein macht nicht glücklich.

fe|li|ci|tar|si pronom. *(mi felicito)* **1** ***~ di qcs.*** sich über etw. (A) freuen, sich zu etw. beglückwünschen **2** *(congratularsi)* ***~ con qcn. per qcs.*** jdn zu etw. beglückwünschen.

fe|li|ci|ta|zio|ni f.pl. Beglückwünschung *f.*; *(agli sposi)* Glückwünsche *pl.* zur Vermählung.

fe|li|di m.pl. Feliden *pl.*

fe|li|no I agg. **1a** katzenartig, Katzen-: ***balzo ~*** Katzensprung *m.* **b** *(di gatti)* Katzen-: ***esposizione -a*** Katzenausstellung *f.* **2** FIG. *(sinuoso)* katzenhaft, katzengleich: ***andatura -a*** katzenhafter Gang **II** m. Katze *f.*

fel|lo|ne I agg. ANT. treubrüchig **II** m. **1** ANT. = ein der Felonie Schuldiger *m.* **2** ESTENS. LETT. *(traditore)* Verräter *m.* **3** SCHERZ. Schelm *m.* **fel|lo|ni|a** f. ANT. Felonie *f.*, Treubruch *m.*

fel|pa f. **1** *(tessuto)* Sweatshirtstoff *m.* **2** *(indumento)* Sweatshirt *n.* **fel|pa|to** agg. **1** Flausch-: ***camicia -a*** Flauschhemd *n.* **2** FIG. *(attutito)* leise: ***con passo ~*** auf leisen Sohlen.

fel|si|ne|o agg. LETT. bolognesisch.

fel|tra|re I tr. **1** verfilzen, TESS. walken **2** *(foderare di feltro)* mit Filz beziehen **II** pronom. **feltrarsi** sich verfilzen. **fel|tra|to** p.pass. agg. **1** → **feltrare 2** verfilzt, filzig, Filz-: ***tessuto ~*** Filzstoff *m.* **3** *(rivestito di feltro)* mit Filz bezogen, filzbezogen. **fel|tra|tu|ra** f. Verfilzen *n.*, TESS. Walken *n.* **fel|tri|no** m. Filzscheibe *f.*, Filzdämpfer *m.*

fel|tro m. Filz *m.*: ***cappello di ~*** Filzhut *m.* **fel|tro|so** agg. filzig.

fe|lu|ca f. *(-che)* **1** MAR. Feluke *f.* **2** *(cappello)* Zweispitz *m.*

fem|mi|na I f. **1** *(di animale)* Weibchen *n.*: ***la ~ depone le uova*** das Weibchen legt die Eier; ***la ~ della scimmia*** das Affenweibchen **2** *(bambina, ragazza)* Mädchen *n.*: ***maschi e -e*** Jungen und Mädchen; ***ho avuto una ~*** ich habe ein Mädchen bekommen; ***volere una ~*** sich ein Mädchen wünschen **3** SPREG. *(donna)* Weib *n.* **4a** TECN. *(di un incastro)* Nut *f.* **b** *(dado)* Schraubenmutter *f.* **II** agg. weiblich: ***animale ~*** weibliches Tier ◆ ***chiave ~*** Hohlschlüssel *m.*; ***da ~*** Weiber-, weiblich; *(femmineo)* weibisch: ***pettegolezzi da ~*** Weibergeschwätz *n.*; ***felce ~*** Frauenfarn *m.*

fem|mi|nel|la f. SPREG. **1** Weibchen *n.* **2** *(uomo debole)* Waschlappen *m.*

fem|mi|ne|o agg. **1** LETT. weiblich, feminin **2** *(di uomo)* weibisch, feminin: ***atteggiamento ~*** weibisches Verhalten; ***tratti -i*** weibische Züge.

fem|mi|ni|le I agg. **1** weiblich: ***organi sessuali -i*** weibliche Geschlechtsorgane **2** *(di, da donna)* weiblich, frauenhaft, Frauen-, Damen-: ***voce ~*** Frauenstimme *f.*, weibliche Stimme; ***nome ~*** weiblicher Vorname; ***una caratteristica ~*** eine weibliche Eigenschaft; ***essere molto, poco ~*** sehr weiblich, ziemlich unweiblich sein; ***lavoro ~*** Frauenarbeit *f.*; ***rivista, abbigliamento ~*** Frauenzeitschrift *f.*, Damenbekleidung *f.* **3** SPORT Frauen-, Damen-: ***calcio, campionato, squadra ~*** Frauenfußball *m.* (*o* Damenfußball *m.*), Frauenmeisterschaft *f.*, Frauenmannschaft *f.*; ***doppio, singolo ~*** Damendoppel *n.*, Dameneinzel *n.* **4** SCOL. Mädchen-: ***scuola, classe ~*** Mädchenschule *f.*, Mädchenklasse *f.* **5** GRAMM. weiblich, feminin: ***genere ~*** weibliches Geschlecht; ***sostantivi di genere ~, -i*** weibliche Substantive **II** m. GRAMM. Femininum *n.* **fem|mi|ni|li|smo** m. Feminismus *m.* **fem|mi|ni|li|tà** f. Weiblichkeit *f.*, Fraulichkeit *f.* **fem|mi|ni|liz|za|re** tr. BIOL. verweiblichen, feminieren. **fem|mi|nil|men|te** avv. weiblich, frauenhaft.

fem|mi|ni|no I agg. weiblich, fraulich **II** m. Weibliche *n.*: ***l'eterno ~*** das Ewigweibliche.

fem|mi|ni|smo m. Feminismus *m.*, Frauenbewegung *f.* **fem|mi|ni|sta I** f. Feministin *f.* **II** agg. feministisch: ***movimento ~*** feministische Bewegung. **fem|mi|ni|sti|co** agg. *(-ci,-che)* feministisch.

fem|mi|nuc|cia f. *(-ce)* **1** Mädchen *n.* (anche SPREG.) **2** SPREG. *(di uomo debole)* Waschlappen *m.*

fe|mo|ra|le agg. Oberschenkel-, Schenkel-, MED. femoral. **fe|mo|re** m. Oberschenkelknochen *m.*, Schenkelknochen *m.*: ***frattura del ~*** Schenkelbruch *m.*; ***collo del ~*** Oberschenkelhals *m.*, Schenkelhals *m.*

fe|na|ce|ti|na f. Phenacetin *n.*

fen|den|te m. **1** Säbelhieb *m.* **2** SPORT GERG. = scharfer Torschuss *m.*; ***tirare un ~*** scharf auf das Tor schießen.
fen|de|re *(fendei/fendetti; fenduto/* ANT. *fesso)* LETT. **I** tr. **1** spalten, auf‿spalten: ***~ la roccia*** den Fels spalten **2** *(nebbia)* zerteilen, zerreißen **3** *(solcare, attraversare)* durchschneiden, durchpflügen, pflügen: ***la nave fende le onde, i flutti*** das Schiff (durch)pflügt die Wogen, Wellen; ***~ l'aria*** die Luft durchschneiden **II** pronom. **fendersi 1** *(di roccia)* sich spalten **2** bersten, zerspringen: ***il ghiaccio si fende*** das Eis birst ◆ ***~ la folla*** sich (D) einen Weg durch die Menge bahnen.
fen|di|neb|bia I agg.inv. Nebel-: ***faro ~*** Nebelscheinwerfer *m.* **II** m.inv. Nebelscheinwerfer *m.*
fen|di|tu|ra f. **1** *(il fendere)* Spaltung *f.* **2** Spalt *m.*, Spalte *f.*, Ritze *f.*: ***una ~ nella roccia*** ein Felsspalt, eine Felsspalte; ***una profonda ~*** eine Kluft.
fe|ni|ce f. Phönix *m.*; ***araba ~*** Phönix; ***essere raro come l'araba ~*** selten wie ein weißer Rabe sein.
Fe|ni|cia n.pr.f. Phönizien *n.*, Phönikien *n.* **fe|ni|cio I** agg. *(-ci,-cie)* phönizisch, phönikisch: ***scrittura, arte -a*** phönikische Schrift, Kunst **II** m. *(-ci)* **1** Phönizier *m.*, Phönikier *m.* **2** *(lingua)* Phönizisch(e) *n.*, Phönikisch(e) *n.*
fe|ni|co agg., ***acido ~*** → **fenolo.**
fe|ni|cot|te|ro m. Flamingo *m.*
fe|ni|le m. Phenyl *n.* **fe|ni|li|co** agg. *(-ci,-che)* Phenyl-: ***gruppo ~*** Phenylgruppe *f.*
fe|nol|fta|le|i|na f. Phenolphthalein *n.* **fe|no|li|co** agg. *(-ci,-che)* phenolisch, Phenol-: ***resina -a*** Phenolharz *n.* **fe|no|lo** m. Phenol *n.*
fe|no|lo|gi|a f. Phänologie *f.* **fe|no|lo|gi|co** agg. *(-ci,-che)* phänologisch.
fe|no|me|na|le agg. **1** phänomenal **2** *(eccezionale)* phänomenal, großartig, außerordentlich. **fe|no|me|na|li|smo** m. → **fenomenismo.**
fe|no|me|ni|ca|men|te avv. phänomenal. **fe|no|me|ni|ci|tà** f. phänomenaler Charakter *m.* **fe|no|me|ni|co** agg. *(-ci,-che)* phänomenal, Erscheinungs-: ***realtà -a*** Erscheinungswirklichkeit *f.*, phänomenale Wirklichkeit; ***mondo ~*** Erscheinungswelt *f.* **fe|no|me|ni|smo** m. Phänomenalismus *m.*
fe|no|me|no m. **1a** Phänomen *n.*, Erscheinung *f.*: ***-i fisici, sociali*** physische, soziale Phänomene; ***~ atmosferico, ottico, della natura*** atmosphärische, optische Erscheinung, Naturerscheinung *f.*; ***~ di massa*** Massenerscheinung *f.*; ***~ isolato, concomitante, marginale, transitorio*** Einzel-, Begleit-, Rand-, Übergangserscheinung *f.*; ***~ secondario*** Neben-, Sekundärerscheinung *f.* **b** FILOS. Phänomenon *n.*, Erscheinung *f.* **2** FIG. COLLOQ. Phänomen *n.*: ***è un vero ~ nel suo campo!*** er ist ein wahres Phänomen auf seinem Gebiet ◆ ***un ~ da baraccone*** Schießbudenfigur *f.*
fe|no|me|no|lo|gi|a f. Phänomenologie *f.*, Erscheinungslehre *f.* **fe|no|me|no|lo|gi|ca|men|te** avv. phänomenologisch. **fe|no|me|no|lo|gi|co** agg. *(-ci,-che)* phänomenologisch.
fe|no|pla|sto m. Phenoplast *m.*, Phenolharz *n.*
fe|no|ti|pi|co agg. *(-ci,-che)* phänotypisch. **fe|no|ti|po** m. Phänotyp(us) *m.*
fe|ra|ce agg. LETT. fruchtbar (anche FIG.).
fe|ra|le agg. LETT. todbringend; *(funesto)* verhängnisvoll ◆ ***notizia ~*** Trauernachricht *f.*
Fer|di|nan|do n.pr.m. Ferdinand *m.*
fe|re|tro m. Sarg *m.* (mit Bahrtuch); ESTENS. Bahre *f.*: ***seguire, accompagnare il ~*** der Bahre folgen, die Bahre begleiten.
fe|ria f. LIT. Wochentag *m.* **fe|ria|le** agg. Wochen-, Werk-: ***giorno ~*** Wochentag *m.*, Werktag *m.*; ***in giorno ~, nei giorni -i*** wochentags, werktags; ***orario ~*** Wochentagszeitplan *m.*
fe|rie f.pl. Ferien *pl.*, Urlaub *m.*: ***~ pagate (retribuite), non pagate*** bezahlter, unbezahlter Urlaub; ***chiuso per ~*** wegen Urlaub geschlossen; ***andare in ~*** in die Ferien (*o* in Urlaub) gehen, fahren; ***essere in ~*** auf (*o* in) Urlaub sein; ***chiedere le ~*** den Urlaub beantragen, ein‿reichen, um Urlaub nach‿suchen; ***avere, prendere le ~*** Ferien haben, nehmen; ***prendere un giorno di ~*** einen Tag Urlaub nehmen; ***scaglionare le ~*** die Ferien staffeln ◆ ***~ annuali*** Jahresurlaub *m.*; ***~ aziendali*** Betriebsferien, Werksferien *pl.*; ***~ estive*** Sommerferien *pl.*; ***giorno di ~*** Ferientag *m.*; ***~ giudiziarie*** Gerichtsferien *pl.*; ***periodo di ~*** Ferienzeit *f.*; ***progetti per le ~*** Ferienpläne *pl.*
fe|ri|men|to m. Verletzung *f.*, Verwundung *f.*
fe|ri|ni|tà f. Bestialität *f.* **fe|ri|no** agg. **1** raubtierhaft, Raubtier-: ***istinto ~*** Raubtierinstinkt *m.* **2** FIG. *(feroce)* bestialisch: ***crudeltà -a*** bestialische Grausamkeit.
fe|ri|re *(ferisco, ferisci)* **I** tr. **1a** verletzen, verwunden: ***~ qcn. al petto*** jdn an der Brust verletzen; ***~ a morte, leggermente, gravemente*** tödlich, leicht, schwer verwunden **b** FIG. verletzen, kränken, verwunden: ***~ i sentimenti di qcn.*** jds Gefühle verletzen, kränken; ***la sua osservazione mi ha ferito profondamente*** seine Bemerkung hat mich tief verletzt; ***~ qcn. nell'onore, nell'orgoglio*** jdn in seiner Ehre, in seinem Stolz verletzen **2** FIG. *(colpire)* treffen, schlagen: ***la luce intensa mi ferisce gli occhi*** das starke Licht trifft (*o* blendet) meine Augen; ***un grido lacerante ci ferì le orecchie*** ein gellender Schrei traf unser Ohr **II** pronom. **ferirsi** sich verletzen: ***-rsi il, al braccio*** sich (D) den Arm, sich (A) am Arm verletzen; ***-rsi con un coltello*** sich mit einem Messer verletzen; ***-rsi gravemente in un incidente*** sich bei einem Unfall schwer verletzen ◆ ***senza colpo ~*** ohne Blutvergießen; PROV. ***chi di spada ferisce, di spada perisce*** wer das Schwert nimmt, soll durch das Schwert umkommen.
fe|ri|ta f. Wunde *f.*, Verletzung *f.* (anche FIG.): ***una ~ aperta*** eine klaffende (*o* offene) Wunde; ***medicare, fasciare, cucire, curare, disinfettare una ~*** eine Wunde behandeln, verbinden, nähen, versorgen, desinfizieren; ***avere una ~ al braccio*** eine Wunde am Arm haben; ***riportare una grave ~*** eine schwere Verletzung davon‿tragen; ***procurare una ~ a qcn.*** jdm eine Verletzung zu‿fügen; ***morire per le -e riportate*** seinen Verletzungen erliegen; FIG. ***inasprire una ~*** in einer Wunde wühlen, eine Wunde vertiefen ◆ ***~ d'arma da fuoco*** Schussverletzung *f.*, Schusswunde *f.*; ***leccarsi le -e*** sich seine Wunden lecken; ***~ da punta*** Stichverletzung *f.*, Stichwunde *f.*; ***~ di striscio*** Streifwunde *f.*; *(da proiettile)* Streifschuss *m.*; ***~ da taglio*** Schnittwunde *f.*, Hiebwunde *f.*; ***riaprire vecchie -e*** alte Wunden wieder auf‿reißen.
fe|ri|to I p.pass. agg. **1** → **ferire 2** ***un soldato ~ lievemente, gravemente*** ein leicht, schwer verwundeter Soldat **II** m. Verletzte *m.*, Verwundete *m.*: ***soccorrere, medicare i -i*** den Verletzten helfen, die Verletzten behandeln ◆ ***trasporto dei -i*** Verwundetentransport *m.*
fe|ri|to|ia f. **1** Schießscharte *f.*: ***sparare da, attraverso una ~*** aus einer, durch eine Schießscharte schießen **2** *(per dare luce)* Schlitz *m.* **3** *(per introdurre monete, gettoni)* Münzschlitz *m.*
fe|ri|to|re I m. Verletzende *m.*, Täter *m.*: ***l'arresto del ~*** die Verhaftung des Täters **II** agg. verletzend, verwundend.
fer|ma f. **1** MIL. Dienstzeit *f.*, Wehrdienstzeit *f.*: ***~ di leva, speciale*** gesetzliche Wehrdienstzeit (*o* Wehrpflicht *f.*), freiwilliger Wehrdienst, freiwillige Wehrdienstzeit **2** VENAT. Vorstehen *n.*: ***cane da ~*** Vorstehhund *m.*
fer|ma|cam|pio|ne, fer|ma|cam|pio|ni m.inv. Musterklammer *f.* **fer|ma|ca|pel|li** m.inv. Haarspange *f.* **fer|ma|car|ro** m. Prellbock *m.* **fer|ma|car|te** m.inv. Briefbeschwerer *m.* **fer|ma|cra|vat|ta, fer|ma|cra|vat|te** m.inv. Krawattenhalter *m.*, Schlipshalter *m.*
fer|ma|glio m. *(-gli)* **1** *(a fibbia)* Spange *f.* **2** *(a forma di spillo)* Vorstecknadel *f.* **3** *(spilla)* Brosche *f.* **4** *(chiusura di bracciali, collane)* Schloss *n.*, Verschluss *m.* **5** *(per fogli)* Heftklammer *f.*, Büroklammer *f.* ◆ ***~ per capelli*** Haarspange *f.*; *(a molletta)* Haarklammer *f.*
fer|ma|men|te avv. fest: ***~ deciso*** fest entschlossen.
fer|ma|por|ta, fer|ma|por|te m.inv. Türanschlag *m.*, Türstopper *m.*
fer|ma|re I tr. **1a** an‿halten: ***~ l'automobile, il cavallo*** das Auto, das Pferd anhalten; ***~ il tempo*** die Zeit anhalten; *(col cronometro)* stoppen **b** *(far fermare)* auf‿halten, halten: ***~ un fuggitivo*** einen Flüchtenden aufhalten; ***fermatelo!*** haltet ihn! ***~ il traffico*** den Verkehr aufhalten **c** *(sospendere)* unterbrechen, stoppen: ***~ il gioco, i lavori*** das Spiel, die Arbeiten unterbrechen **2** *(fissare)* befestigen, fest‿machen; *(con chiodi)* an‿nageln, fest‿nageln; *(con viti)* an‿schrauben, fest‿schrauben **3** *(di polizia)* fest‿nehmen: ***~ una persona sospetta*** eine verdächtige Person festnehmen **4** *(prenotare)* bestellen; *(confermare la prenotazione)* bestätigen: ***~ una camera d'albergo, un tavolo al ristorante*** ein Hotelzimmer, einen Tisch im Restaurant bestellen **II** intr. (aus. *avere*) halten: ***~ in tutte le stazioni*** an jedem Bahnhof halten; ***l'autobus ferma alla fine del viale*** der Bus hält am Ende der Allee **III** pronom. **fermarsi 1** halten, an‿halten, stehen bleiben: ***-rsi al semaforo*** an der Ampel anhalten; ***-rsi per strada a parlare*** auf der Straße stehen bleiben, um zu reden; ***fermatevi!*** bleibt stehen! ***-rsi di colpo, in tempo*** plötzlich, rechtzeitig stehen bleiben; ***il tempo non si ferma mai*** die Zeit bleibt niemals stehen **2** *(trattenersi)* bleiben, sich auf‿halten: ***vuoi fermarti a cena?*** willst du zum Abendessen bleiben? ***-rsi in ufficio a lavorare*** im Büro bleiben, um zu arbeiten; ***-rsi due giorni a Roma*** zwei Tage in Rom bleiben **3** *(cessare di funzionare)* stehen bleiben: ***l'orologio si è fermato*** die Uhr ist stehen geblieben ◆ ***~ l'attenzione su qcs.*** seine Aufmerksamkeit auf etw. (A) richten; ***~ un bottone*** einen Knopf an‿heften, an‿nähen; ***~ un'idea sulla carta*** einen Gedanken nieder‿schreiben (*o* zu Papier bringen); ***~ i colori*** die Farben fixieren; ***il cuore gli si fermò*** sein Herz stock-

te; ~ ***un'emorragia*** eine Blutung stillen; ~ ***il filo*** den Faden vernähen; ~ ***il passo*** stehen bleiben, den Schritt an‿halten; ***senza -rsi*** ununterbrochen; ~ ***lo sguardo su qcs.*** den Blick auf etw. (A) fixieren (*o* heften); PROV. ***chi si ferma è perduto*** = wer aufgibt, ist verloren.

fer|ma|ta f. **1** Halten *n.*: ***divieto di*** ~ Halten verboten **2** *(di motori, macchine)* Stillstand *m.* **3** *(di bus, tram)* Haltestelle *f.*: ***salire, scendere a una*** ~ an einer Haltestelle ein‿steigen, aus‿steigen; ***scendere alla prossima*** ~ an der nächsten Haltestelle aus‿steigen; ***saltare una*** ~ eine Haltestelle aus‿lassen; ~ ***del tram, dell'autobus*** Straßenbahn-, Bushaltestelle *f.*; ***hanno spostato la ~ del bus*** die Bushaltestelle ist verlegt worden **4** *(tappa)* Aufenthalt *m.*, Rast *f.*: ***fare una*** ~ Aufenthalt haben, Rast machen **5** MUS. Fermate *f.* ◆ ~ ***facoltativa*** → ~ ***a richiesta***; ~ ***intermedia*** Zwischenstation *f.*; ~ ***obbligatoria*** planmäßige Haltestelle; ~ ***a richiesta*** Bedarfshaltestelle *f.*; ***ultima*** ~ Endstation *f.*

fer|ma|to I p.pass. agg. **1** → **fermare 2** stehend: ***un'auto -a sul ciglio della strada*** ein am Straßenrand stehendes Auto; ***i treni -i dallo sciopero*** die durch den Streik blockierten Züge **3** festgenommen: ***un sospetto ~ dalla polizia*** ein von der Polizei festgenommener Verdächtigter **II** m. Festgenommene *m.*

fer|men|tan|te agg. gärend.

fer|men|ta|re intr. (aus. *avere*) **1** gären, vergären: ***il mosto, il vino ha fermentato*** der Most, der Wein hat (*o* ist) gegoren **2** *(lievitare)* auf‿gehen, gären, vergären: ***la pasta fermenta*** der Teig geht auf; ***far ~ qcs.*** etw. vergären; ***continuare a*** ~ nach‿gären. **fer|men|ta|to** p.pass. agg. → **fermentare** ◆ ***non*** ~ unvergoren.

fer|men|ta|zio|ne f. Gärung *f.*, Fermentation *f.*; ***lasciare la pasta in*** ~ den Teig gehen lassen ◆ ~ ***aerobica*** aerobe Gärung; ~ ***alcolica*** alkoholische Gärung; ***alta*** ~ Obergärung *f.*; ***ad alta*** ~ obergärig; ~ ***anaerobica*** anaerobe Gärung; ***andare in*** ~ in Gärung übergehen; ***bassa*** ~ Untergärung *f.*; ***a bassa*** ~ untergärig; ***essere in*** ~ in Gärung sein; ***processo di*** ~ Gärprozess, Gärungsprozess *m.*

fer|men|to m. **1** Gärmittel *n.*, Gärstoff *m.*, Ferment *n.* **2** *(lievitazione)* Gärung *f.*; FIG. ***-i rivoluzionari*** revolutionäre Gärungen; ***essere in*** ~ gären; ***il popolo è in*** ~ im Volk gärt es; ***le masse in*** ~ die gärenden Massen ◆ ***-i lattici*** Milchsäurebakterien *pl.*

fer|mez|za f. **1** Festigkeit *f.* **2** FIG. Bestimmtheit *f.*, Entschlossenheit *f.*, Standhaftigkeit *f.*; ~ ***di volontà*** Willensstärke *f.*; ~ ***di carattere*** Charakterstärke *f.*; ***rifiutare qcs. con estrema*** ~ etw. mit aller Bestimmtheit ab‿lehnen; ***mostrare ~ nella sventura*** Standhaftigkeit im Unglück zeigen ◆ ***con*** ~ fest, standhaft, eisern.

fer|mio m. Fermium *n.*

fer|mo I agg. **1** *(immobile)* still, unbeweglich **2** *(in sosta)* stehend: ***le auto -e nel parcheggio, davanti alla casa*** die auf dem Parkplatz, vor dem Haus stehenden Autos **3** *(fisso)* standfest: ***una scala -a*** eine standfeste Leiter **4** *(saldo, irremovibile)* fest, standhaft: ***un carattere, uno sguardo*** ~ ein fester Charakter, Blick; ***un ~ proposito*** ein fester Vorsatz; ***avere la -a intenzione di fare qcs.*** den festen Willen haben, etw. zu tun; ***avere la -a convinzione che...*** der festen Überzeugung (*o* des festen Glaubens) sein, dass...; ***agire secondo -i principi*** nach festen Grundsätzen handeln **5** *(risoluto)* entschieden, entschlossen: ***un ~ oppositore di questa politica*** ein entschiedener Gegner dieser Politik **6** *(energico)* fest, nachdrücklich: ***un ~ rimprovero*** eine nachdrückliche Ermahnung **7** *(non tremante)* fest: ***a voce -a*** mit fester Stimme **8** *(stagnante)* stehend: ***acqua -a*** stehendes Gewässer **II** m. **1** Haltevorrichtung *f.*, Verriegelung *f.*, Feststeller *m.*, Sperre *f.*: ***mettere il ~ a una porta*** die Sperre (*o* Verriegelung) an einer Tür an‿bringen **2** DIR. (vorläufige) Festnahme *f.*, Anhaltung *f.*, Sistierung *f.*: ***tramutare il ~ in arresto*** die Festnahme in Untersuchungshaft um‿wandeln; ***essere in stato di*** ~ festgenommen sein; ~ ***obbligatorio*** Zwangshaft *f.* **3** ECON. Sperre *f.*; ***apporre il ~ su un assegno*** einen Scheck sperren ◆ ***animo*** ~ starker Charakter; ~ ***di carattere*** charakterfest; ***partenza da*** ~ stehender Start; ***un salto da*** ~ ein Sprung aus dem Stand; ***essere*** ~ stehen, still‿stehen: ***l'orologio è*** ~ die Uhr steht; ***il traffico è*** ~ der Verkehr steht (still); *(fuori esercizio)* ***la macchina, l'azienda è -a*** die Maschine, der Betrieb steht still; ***la produzione è -a*** die Produktion steht still; ECON. stagnieren: ***gli affari sono -i*** die Geschäfte stagnieren; COMM. *(invenduto)* liegen bleiben: ***la merce è -a*** die Ware bleibt liegen; *(in piedi)* still stehen; *(seduto)* still sitzen; *(sdraiato)* still liegen; ***-a immagine*** Standbild *n.*; ~ ***là!*** halt, stehen bleiben! ***con mano -a*** mit ruhiger Hand, FIG. mit fester Hand; ***mente -a*** klarer Geist; COMM. ***offerta -a*** Festofferte *f.*; ***(scrivere) ~ posta*** postlagernd (schreiben); ***essere il punto ~ di qcs.*** der ruhende Pol von etw. sein; FIG. ***resta ~ quanto convenuto*** es bleibt bei dem, was vereinbart wurde; ~ ***restando che*** davon ausgehend, dass...; ***-e restando le disposizioni*** unter Beibehaltung der Bestimmungen; ***restare*** ~ *(non procedere)* liegen bleiben: ***il lavoro resta*** ~ die Arbeit bleibt liegen; ***rimanere*** ~ still bleiben; FIG. ***rimanere ~ sulla propria opinione, decisione*** bei seiner Meinung bleiben, auf seinem Entschluss beharren; ***salute -a*** stabile Gesundheit; BUROCR. ~ ***stante qcs.*** unbeschadet etw. (G); ***stare ~ con qcs.*** etw. still halten, ruhig halten; ***stare ~ con i piedi*** die Füße ruhig halten; ***sta' fermo!*** halt still! ***non stare ~ un minuto*** keine Minute still halten; GIOC. ***stare ~ un giro*** eine Runde aus‿setzen; ~ ***in stazione*** bahnlagernd; ***tenere*** ~ fest‿halten: ***tienilo ~!*** halt es fest! *(non muovere)* ruhig halten, still halten: ***tener -e le mani*** die Hände ruhig halten; ***tenere per ~ qcs.*** von etw. aus‿gehen, bei etw. bleiben; ***tener ~ lo sguardo, -i gli occhi su qcs.*** den Blick, seine Augen unverwandt auf etw. (A) heften; ***terra -a*** fester Boden; ***-i tutti!*** keine Bewegung! ***vite di*** ~ Befestigungsschraube *f.*

fer|mo|po|sta I avv. postlagernd: ***scrivere*** ~ postlagernd schreiben **II** m.inv. Schalter *m.* für postlagernde Sendungen.

Fer|nan|do n.pr.m. Ferdinand *m.*

fe|ro|ce agg. **1** wild: ***un animale*** ~ ein wildes Tier **2** *(crudele)* grausam: ***un ~ tiranno*** ein grausamer Tyrann; ***una vendetta*** ~ eine grausame Rache **3a** FIG. scharf: ***lanciare un'occhiata ~ a qcn.*** jdm einen scharfen Blick zu‿werfen; ***fare uno scherzo ~ a qcn.*** jdm einen bösen (*o* üblen) Streich spielen **b** *(intransigente)* bissig, scharf: ***una critica, un giudizio*** ~ eine bissige Kritik, Beurteilung **4** *(immenso)* furchtbar, grausig: ***avere una sete*** ~ einen grausigen Durst haben; ***freddo*** ~ furchtbare Kälte. **fe|ro|ce|men|te** avv. **1** wild **2** FIG. scharf, bissig. **fe|ro|cia** f. *(-cie)* **1** Wildheit *f.* **2** *(crudeltà)* Grausamkeit *f.*: ***la ~ di un criminale*** die Grausamkeit eines Verbrechers **3** FIG. Schärfe *f.*, Bissigkeit *f.*: ***la ~ di un articolo, di un giornalista*** die Bissigkeit eines Artikels, eines Journalisten.

fe|ro|do m. Bremsbelag *m.*, Belag *m.*

fe|ro|mo|ne m. Pheromon *n.*

fer|ra|glia f. Schrott *m.*, Alteisen *n.*

fer|ra|go|sta|no agg. = die Ferientage um den 15. August, um Mitte August betreffend; ***caldo*** ~ Augusthitze *f.* **fer|ra|go|sto** m. **1** *(festa)* Mariä Himmelfahrt *f.* **2** ESTENS. *(periodo)* Mitte *f.* August: ***l'esodo di*** ~ die Ferien um Mitte August, um Mariä Himmelfahrt.

fer|ra|io *(-ai)* **I** m. Schmied *m.* **II** agg. Eisen-: ***fabbro*** ~ Eisenschmied *m.*, Grobschmied *m.* **fer|ra|io|lo** m. Bauschlosser *m.* **fer|ra|me** m. Schrott *m.* **fer|ra|men|ta** f. **1** Eisenwaren *pl.*, Metallwaren *pl.* **2** *(negozio)* Eisenwarenhandlung *f.* **fer|ra|men|to** m. Beschlag *m.*: ***mettere i -i a qcs.*** etw. beschlagen.

fer|ra|re tr. **1** beschlagen: ~ ***un cavallo*** einem Pferd die Hufe beschlagen **2** *(cerchiare)* bereifen: ~ ***una botte*** ein Fass bereifen. **fer|ra|ta** f. ALP. Klettersteig *m.*

fer|ra|to p.pass. agg. **1** → **ferrare 2** *(chiodato)* Nagel-: ***scarpa -a*** Nagelschuh *m.* **3** FIG. beschlagen, bewandert: ***essere (molto, poco) ~ in matematica*** in Mathematik (gut, schlecht) beschlagen sein; ***è ferratissimo in chimica*** in Chemie ist er ganz schön beschlagen ◆ ***mazza -a*** Totschläger *m.*, Morgenstern *m.*; ***strada -a*** Eisenbahn *f.* **fer|ra|vec|chio** → **ferrovecchio.**

fer|re|o agg. **1** eisern, LETT. ehern; STOR. ***corona -a*** Eiserne Krone; FIG. *(rigoroso)* ***una volontà -a*** ein eiserner (*o* eherner Wille); ***una disciplina -a*** eine eiserne Disziplin; ***una legge -a*** ein ehernes Gesetz; ***memoria -a*** Bombengedächtnis **2** FIG. *(stringente)* zwingend: ***una logica -a*** eine zwingende Logik. **fer|ret|to** m. **1** *(filo di ferro)* Draht *m.*, Eisendraht *m.* **2** *(ferro da calza)* Stricknadel *f.* ◆ ***reggiseno con -i*** Bügel-BH *m.* **fer|ri|co** agg. *(-ci,-che)* Eisen-: ***cloruro*** ~ Eisenchlorid *n.*; ***solfato*** ~ Eisensulfat *n.* **fer|rie|ra** f. Eisenhütte *f.*, Eisenwerk *n.*, Eisenhammer *m.* **fer|ri|gno** agg. **1a** eisern **b** FIG. eisern, robust **2** *(color ferro)* eisenfarben, eisenfarbig.

fer|ri|te f. Ferrit *m.*; ***antenna di*** ~ Ferritantenne *f.*; EL. ***nucleo (o anellino) di*** ~ Ferritkern *m.*

fer|ro m. **1** Eisen *n.*: ***estrarre, fondere, lavorare il*** ~ Eisen gewinnen, schmelzen, bearbeiten; ***battere, temprare il*** ~ das Eisen schmieden, ab‿schrecken; ***la ruggine corrode il*** ~ der Rost (zer)frisst das Eisen **2** *(oggetto di ferro)* Metallstück *n.* **3** *(da stiro)* Eisen *n.*, Bügeleisen *n.*: ***bruciarsi con il*** ~ sich am Eisen verbrennen **4** *(da calza)* Nadel *f.*, Stricknadel *f.*; ***lavorare ai -i*** stricken **5** pl. CHIR. Besteck *n.*, COLLOQ. Messer *n.*: ***-i chirurgici*** chirurgisches Besteck; ***avere qcn. sotto i -i*** jdn unter dem Messer haben; ***rimanere, morire sotto i -i*** unter dem Messer bleiben, sterben; ***essere sotto i -i (da tre ore)*** (seit drei Stunden) unter dem Messer liegen; ***dover andare sotto i -i*** unters Messer müssen **6** *(oggetto di ferro)* Metallgegenstand *m.*: ***forzare la serratura con un*** ~ das Schloss mit einem Metallgegenstand auf‿brechen **7** pl. *(arnesi)* Utensilien *pl.* **8** pl. *(catene, ceppi, manette)* Eisen *n.*: ***mettere i -i ai polsi a qcn.*** jds Hände in Eisen legen (*o* jdm Handschellen an‿legen) **9** LETT. *(arma bianca)* Eisen *n.* **10** *(per marchiare il bestiame)* Brenneisen *n.*

11 *(arricciacapelli)* Brennschere *f.*; ***arricciare i capelli col ~*** Locken in die Haare brennen 12 *(di cavallo)* Hufeisen *n.*, Hufbeschlag *m.* 13 *(della pala, dell'ascia)* Blatt *n.* ◆ ***acetato di ~*** Eisenschwarz *n.*; GASTR. ***ai -i*** vom Grill (*o* Rost); ***fare qcs. ai ~*** etw. grillen; ***avere un alibi di ~*** ein wasserdichtes Alibi haben; ***~ angolare*** Winkeleisen *n.*; TECN. ***anima di ~*** Eisenkern *m.*; ***~ arricciacapelli*** Brennschere *f.*; ***~ battuto*** Schmiedeeisen *n.*; ***in ~ battuto*** schmiedeeisern; ***essere in una botte di ~*** fest im Sattel sitzen, sicher wie in Abrahams Schoß sitzen (*o* sein); ***~ da calza*** Stricknadel *f.*; ***~ da calza circolare*** Rundstricknadel *f.*; ***il cancelliere di ~*** der eiserne Kanzler; ***carenza di ~*** Eisenmangel *m.*; ***~ di cavallo*** Hufeisen *n.*; ***a (forma di) ~ di cavallo*** hufeisenförmig, in Hufeisenform; ***cloruro di ~*** Eisenchlorid *n.*; ***color ~*** Eisenfarbe *f.*; CHIM. ***composto del ~*** Eisenverbindung *f.*; CHIM. ***contenente ~*** eisenhaltig, eisenhältig; CHIM. ***contenuto di, in ~*** Eisengehalt *m.*, Eisenhaltigkeit *f.*; FIG. ***una coppia di ~*** ein unzertrennliches (*o* verschworenes) Paar; ***essere ai -i corti con qcn.*** mit jdm über(s) Kreuz sein, stehen; ***arrivare, venire ai -i corti con qcn.*** mit jdm aneinander geraten; STOR. ***la cortina di ~*** der Eiserne Vorhang; ***croce di ~*** Eisernes Kreuz; ***di ~*** aus Eisen, Eisen-, eisern: ***una barra di ~*** eine Eisenstange; ***una serratura di ~*** ein Schloss aus Eisen; FIG. ***essere di ~*** wie von Eisen sein; ***disciplina di ~*** eiserne Disziplin; ***~ dolce*** Schmiedeeisen *n.*, Weicheisen *n.*; ***duro come il ~*** eisenhart; ***estrazione del ~*** Eisengewinnung *f.*; ***età del ~*** Eisenzeit *f.*; ***dell'età del ~*** eisenzeitlich; ***filo di ~*** Eisendraht *m.*, Draht *m.*; ***mettere a ~ e fuoco qcs.*** etw. mit Feuer und Schwert aus‿rotten; ***~ da ghiaccio*** Steigeisen *n.*; ***~ grezzo*** rohes Eisen, Roheisen *n.*; ***la lady di ~*** die eiserne Lady; ***lamiera di ~*** Eisenblech *n.*; ***~ laminato*** Walzeisen *n.*; ***lega di ~*** Eisenlegierung *f.*; ***limatura di ~*** Eisenfeilstaub *m.*, Eisenspan *m.*; COLLOQ. ***memoria di ~*** Bombengedächtnis *n.*; ***-i del mestiere*** Utensilien *pl.*, Handwerkzeug *n.*; ***~ meteorico*** Meteoreisen *n.*; ***minerale di ~*** Eisenerz *n.*; ***miniera di ~*** Eisenbergwerk *n.*, Eisengrube *f.*; ***minio di ~*** Eisenmennige *f.*; ***nozze di ~*** eiserne Hochzeit; ***ossido di ~*** Eisenoxid *n.*; ***paglietta di ~*** Topfkratzer *m.*; ***~ piatto*** Flacheisen *n.*; ***pirite di ~*** Eisenkies *m.*; ***profilato di ~*** Profileisen *n.*, Formeisen *n.*; ***pugno di ~*** Schlagring *m.*; FIG. ***con (il) pugno di ~*** mit eiserner Faust, mit starker (*o* fester) Hand; ***raccomandato di ~*** besonderer Protegé *m.*; ***rivestimento di ~*** Eisenbeschlag *m.*; ***rottami di ~*** Brucheisen *n.*, Alteisen *n.*; ***salute di ~*** eiserne Gesundheit; ***solfuro di ~*** Schwefeleisen *n.*; ***~ spatico*** Eisenspat *n.*; ***~ da stiro*** Bügeleisen *n.*; ***avere uno stomaco di ~*** einen guten Magen haben; ***tenore di ~*** → ***contenuto di ~***; ***toccare ~*** auf Holz klopfen; ***tocca ~!*** unberufen, toi, toi, toi! ***~ (da stiro) a vapore*** Dampfbügeleisen *n.*; ***~ vecchio*** Alteisen *n.*, Brucheisen *n.*; ***~ in verghe*** Stabeisen *n.*; ***volontà di ~*** eiserner Wille; PROV. ***battere il ~ finché è caldo*** das Eisen schmieden, solange es heiß ist.

fer|ro|le|ga f. *(-ghe)* Ferrolegierung *f.*

fer|ro|ma|gne|ti|co agg. *(-ci,-che)* ferromagnetisch. **fer|ro|ma|gne|ti|smo** m. Ferromagnetismus *m.*

fer|ro-man|ga|ne|se m. Manganeisen *n.*

fer|ro|mo|del|li|smo m. Modelleisenbahnbau *m.* **fer|ro|mo|del|li|sta** m. e f. *(-i,-e)* Modelleisenbahnbauer *m.* (-in *f.*).

fer|ro|so agg. eisenhaltig, eisenhältig: ***materiale ~*** eisenhaltiges Material ◆ ***metallo non ~*** Nichteisenmetall *n.*, NE-Metall *n.*

fer|ro|tran|via|rio agg. *(-ri,-rie)* Straßenbahn-: ***servizio ~*** Straßenbahnbetrieb *m.* **fer|ro|tran|vie|re** m. Straßenbahner *m.*

fer|ro|vec|chio m. *(ferrivecchi)* 1 *(rottame)* altes Eisen *n.*, Schrott *m.* 2 *(rigattiere)* Schrotthändler *m.* 3 FIG. ***essere un ~*** zum alten Eisen gehören (*o* zählen).

fer|ro|vi|a f. 1 Eisenbahn *f.*, Bahn *f.*: ***viaggiare in, per ~*** mit der Eisenbahn fahren; ***lavorare in ~, nelle -e*** bei der Bahn arbeiten 2 *(linea ferroviaria)* Eisenbahnlinie *f.*: ***la ~ è parallela alla strada*** die Eisenbahnlinie ist parallel zur Straße; ***la ~ attraversa la città*** die Eisenbahnlinie geht mitten durch die Stadt 3 *(stazione ferroviaria)* Bahnhof *m.* ◆ ***binario della ~*** Bahngleis *n.*; ***~ a doppio binario*** doppelgleisige (*o* doppelspurige) Eisenbahn; ***~ a cremagliera*** Zahnradbahn *f.*; ***dipendente delle -e*** Eisenbahnbedienstete *m.* e *f.*; ***spedire qcs. per ~*** etw. mit der (*o* per) Bahn schicken; ***~ a scartamento ridotto*** Kleinbahn *f.* (*o* Schmalspurbahn *f.*); ***Ferrovie dello Stato*** = Italienische Staatsbahn; ***trasporto per ~*** Bahntransport *m.*

fer|ro|via|rio agg. *(-ri,-rie)* Eisenbahn-, Bahn-, Zug-: ***biglietto, orario, traffico ~*** Eisenbahnfahrkarte *f.*, Zugfahrplan *m.*, Zugverkehr *m.*; ***polizia -a*** Bahnpolizei *f.*; ***ponte ~*** Eisenbahnbrücke *f.* ◆ ***stazione -a*** Bahnhof *m.*

fer|ro|vie|re m. Eisenbahner *m.* ◆ MIL. ***genio -i*** Eisenbahntruppen *pl.*

fer|ru|gi|no|so agg. eisenhaltig, eisenhältig, Eisen-: ***sorgente, acqua -a*** Eisenquelle *f.*, Eisensäuerling *m.*

fer|ru|mi|na|to|rio agg. *(-ri,-rie)* ***cannello ~*** Lötrohr *n.*

fer|ry-boat ['ferɪbəʊt] m.inv. Fähre *f.*, Fährschiff *n.*

fer|ti|le agg. 1 *(fruttuoso)* fruchtbar, ergiebig: ***terra, zona ~*** fruchtbare Erde, fruchtbares Gebiet 2 *(fecondo)* fruchtbar, gebärfähig: ***età ~*** gebärfähiges Alter; ***i giorni -i*** die fruchtbaren Tagen 3 FIG. fruchtbar, schöpferisch: ***un ~ ingegno*** ein schöpferischer Geist ◆ ***terreno ~*** fruchtbarer Boden; FIG. Nährboden *m.* **fer|ti|li|tà** f. 1 Fruchtbarkeit *f.*, Gebärfähigkeit *f.* 2 FIG. Fruchtbarkeit *f.*

fer|ti|liz|zan|te I agg. düngend, Dünge-: ***sostanza ~*** Düngemittel *n.* II m. Düngemittel *n.*, Dünger *m.*: ***~ chimico, naturale*** Kunst-, Naturdünger *m.* **fer|ti|liz|za|re** tr. düngen, fruchtbar machen: ***~ i campi*** die Äcker düngen. **fer|ti|liz|za|zio|ne** f. Düngung *f.*

fe|ru|la f. ANT. Rohrstock *m.*

fer|ven|te agg. 1 FIG. *(acceso)* Erz-: ***cattolico ~*** Erzkatholik *m.* 2 FIG. *(appassionato)* heiß, leidenschaftlich, inbrünstig: ***amore, preghiera ~*** heiße Liebe, inbrünstiges Gebet; ***una ~ discussione*** eine leidenschaftliche Diskussion 3 LETT. *(cocente)* glühend, glühend heiß. **fer|ven|te|men|te** avv. heiß, leidenschaftlich, inbrünstig: ***pregare ~*** inbrünstig beten; ***desiderare ~ qcs.*** etw. heiß wünschen.

fer|ve|re intr. (*fervei/fervetti;* ohne Partizip Perfekt und zusammengesetzte Formen) 1 LETT. *(ardere)* glühen, brennen 2 *(ribollire)* gären: ***il mosto ferve nei tini*** der Most gärt in den Bottichen 3 FIG. voll im Gang sein: ***fervono i preparativi per la partenza*** die Abfahrtsvorbereitungen sind voll im Gang. **fer|vi|da|men|te** avv. inbrünstig, eifrig: ***lavorare ~*** eifrig arbeiten.

fer|vi|do agg. 1 FIG. *(appassionato)* heiß, leidenschaftlich, inbrünstig: ***amore ~*** heiße Liebe; ***-a preghiera*** inbrünstiges Gebet 2 FIG. *(caloroso)* herzlich: ***con i più -i auguri*** mit den herzlichsten Glückwünschen 3 FIG. *(vivido)* blühend: ***una -a immaginazione*** eine blühende Fantasie 4 LETT. *(cocente)* glühend, glühend heiß.

fer|vo|re m. 1 Inbrunst *f.*; *(zelo)* Feuereifer *m.*: ***~ religioso*** Glaubenseifer *m.*; ***pregare, lavorare con ~*** mit Inbrunst beten, mit Feuereifer arbeiten 2 *(momento culminante)* Hitze *f.*, Höhepunkt *m.*: ***nel ~ della lotta, della discussione*** in der Hitze des Gefechtes, der Diskussion.

fer|vo|ri|no m. Moralpredigt *f.*: ***tenere un ~ a qcn.*** jdm eine Moralpredigt halten.

fer|vo|ro|sa|men|te avv. → **fervidamente. fer|vo|ro|so** agg. 1 FIG. *(appassionato)* leidenschaftlich, inbrünstig: ***preghiera -a*** inbrünstiges Gebet 2 FIG. *(caloroso)* herzlich: ***con i più -i auguri*** mit den herzlichsten Glückwünschen.

FES ⇒ *Fondo Europeo di Sviluppo* Europäischer Entwicklungsfonds (EEF).

fe|sa f. *(taglio di carne)* Nuss *f.*: ***~ di vitello*** Kalbsnuss *f.*

fe|scen|ni|no I agg. ***canti, versi -i*** Feszenninen *pl.* II m. Feszenninen *pl.*

fes|sac|chiot|to m. kleiner Dummer *m.*

fes|se|ri|a f. 1 Dummheit *f.*, Unsinn *m.*, Quatsch *m.*: ***fare -e, una grossa ~*** Unsinn, eine große Dummheit machen; ***dire -e*** Quatsch reden (*o* Dummheiten sagen) 2 *(inezia)* Kleinigkeit *f.*

1.fes|so p.pass. agg. 1 → **fendere** 2 *(incrinato)* rissig, gesprungen: ***vaso ~*** gesprungene Vase 3 *(di suono)* dumpf, unrein: ***suono ~*** dumpfer Klang 4 *(spaccato in due)* Spalt-: ***piede, zoccolo ~*** Spaltfuß *m.* ◆ ANAT. ***padiglione ~*** Schlitzohr *n.*; ***voce -a*** schrille Stimme.

2.fes|so COLLOQ. I agg. dumm, blöd: ***far ~ qcn.*** jdn für dumm verkaufen II m. Dumme *m.*, Dummkopf *m.*: ***fare il ~*** den Dummen spielen ◆ ***bravo ~!*** schön blöd!

fes|su|ra f. 1a *(fenditura)* Ritze *f.*, Schlitz *m.*, Spalte *f.*: ***una ~ della, nella roccia*** eine Felsspalte; ***chiudere, otturare una ~*** eine Ritze ab‿dichten, verstopfen b *(spiraglio)* Ritze *f.*, Schlitz *m.*: ***~ della porta*** Türschlitz *m.* 2 ESTENS. *(feritoia)* Schlitz *m.*, Einwurf *m.*: ***introdurre le monete nella ~*** die Münzen in den Schlitz stecken (*o* ein‿werfen). **fes|su|ra|to** agg. rissig, gespalten: ***muro, legno ~*** rissige Mauer, gespaltenes Holz.

fe|sta f. 1a *(giornata festiva)* Feiertag *m.*, Fest *n.*: ***domani è ~*** morgen ist Feiertag; ***santificare le -e*** die Feiertage heiligen; ***ridurre i giorni di ~*** die Feiertage verringern (*o* reduzieren); ***~ fissa, mobile*** unbeweglicher, beweglicher Feiertag b pl. *(periodo festivo)* Feiertage *pl.*: ***trascorrere, passare le -e in famiglia*** die Feiertage mit der Familie verbringen; ***buone -e!*** frohe Feiertage! 2 *(ricevimento, festeggiamento)* Feier *f.*, Party *f.*; *(in occasioni importanti e ufficiali)* Fest *n.*: ***una ~ sontuosa*** ein rauschendes Fest; ***dare, organizzare una ~*** eine Party geben, organisieren (*o* veranstalten); ***andare, partecipare (prendere parte) a una ~*** zu einem Fest gehen, an einem Fest teil‿nehmen; ***invitare qcn. a una ~*** jdn zu einem Fest ein‿laden; ***essere a una ~*** auf einem Fest sein; ***~ privata, in famiglia*** Feier im privaten Kreis, im Familienkreis; ***una ~ fra pochi intimi*** ein Fest mit den engsten Freunden 3 COLLOQ. *(compleanno)*

Geburtstag *m.*; *(onomastico)* Namenstag *m.*: ***oggi è la mia ~*** heute habe ich Geburtstag (*o* Namenstag) **4** ESTENS. *(gioia)* Freude *f.*: ***il suo arrivo è una gran ~ per noi*** seine Ankunft ist eine große Freude für uns ◆ ***a ~*** festlich: ***essere parato, vestito a ~*** festlich herausgeputzt, gekleidet sein; ***campane a ~*** Festglocken *f.*; ***~ civile*** Zivilfeiertag *m.* (*o* staatlicher Feiertag); ***~ di colori*** Farbenspiel *n.*; ***~ commemorativa*** Gedächtnisfeier *f.* (*o* Gedenkfeier *f.*); ***~ di compleanno*** Geburtstagsfeier *f.*; ***conciare qcn. per le -e*** jdm das Fell (*o* die Schwarte) gerben; ***fare ~*** feiern; ***fare ~ a qcn.*** jdn herzlich empfangen; FIG. ***fare la ~ a qcn.*** jdn um die Ecke bringen; ***fare le -e a qcn.*** jdn freudig begrüßen; FIG. ***è finita la ~*** der Festschmaus ist zu Ende; ***guastare la ~ a qcn.*** jdm das Fest verderben; FIG. jdm die Suppe versalzen (*o* jdm die Freude verderben); ***essere in ~*** in Feststimmung sein; ***~ del lavoro*** Tag *m.* der Arbeit; ***~ della mamma*** Muttertag *m.*; ***~ in maschera*** Maskenfest *n.*; ***~ di Natale*** Weihnachtsfeier *f.*; ***~ nazionale*** Nationalfeiertag *m.* (*o* Staatsfeiertag *m.*); ***~ del papà*** Vatertag *m.*; ***~ patronale*** Patronatsfest *n.*; ***~ popolare*** Volksbelustigung *f.*, Volksfest *n.*; ***~ di precetto*** gebotener Feiertag; ***~ religiosa*** Kirchenfest *n.*, religiöser (*o* kirchlicher) Feiertag; ***rovinare la ~*** → ***guastare la ~***; ***salone delle -e*** Festsaal *m.*; ***santificare le -e*** die Feiertage heiligen; ***~ solenne*** hoher Feiertag; ***essere sotto le -e*** *(di Natale)* kurz vor Weihnachten sein; *(di Pasqua)* kurz vor Ostern sein; ***vestito della ~*** Festtagskleid *n.* (*o* Sonntagskleid *n.*); PROV. ***passata la ~ gabbato lo santo*** = man soll die Feste feiern, wie sie fallen.

fe|sta|io|lo I agg. gern feiernd: ***gente -a*** Leute, die gern feiern **II** m. Liebhaber *m.* von Festen; REGION. Partyfex *m.*

fe|stan|te agg. **1** *(in festa)* feiernd, festlich gestimmt: ***popolo ~*** festlich gestimmte Bevölkerung **2** *(gioioso)* freudig, fröhlich, ausgelassen: ***voci -i*** freudige Stimmen.

fe|steg|gia|men|to m. Feierlichkeit *f.*: ***i -i per la nascita del principe ereditario*** die Feierlichkeiten zur Geburt des Erbprinzen. **fe|steg|gia|re** tr. *(festeggio, festeggi)* feiern: ***~ qcn., il compleanno di qcn.*** jdn, jds Geburtstag feiern; assol. ***oggi si festeggia*** heute wird gefeiert. **fe|steg|gia|to I** p.pass. agg. **1** → **festeggiare 2** gefeiert **II** m. Gefeierte *m.*

fe|sti|no m. **1** Fest *n.*, Party *f.*: ***dare un ~*** eine Party geben **2** *(festa trasgressiva)* Budenzauber *m.*: ***organizzare un ~*** einen Budenzauber veranstalten.

fe|sti|val, fe|sti|val m.inv. Festival *n.*, Festspiele *pl.*: ***~ del cinema, della canzone*** Film-, Schlagerfestival *n.*; ***~ di Salisburgo, di Bayreuth*** Salzburger, Bayreuther Festspiele *pl.* ◆ ***~ (del cinema) di Berlino*** Berlinale *f.*

fe|sti|vi|tà f.inv. **1** Feiertag *m.*, Festtag *m.*: ***~ riconosciute, soppresse*** gesetzliche, aufgehobene Feiertage *pl.*; ***la ~ del Natale*** der Weihnachtsfeiertag **2** LETT. *(gaiezza)* Festlichkeit *f.*

fe|sti|vo agg. **1** Fest-, Feier-: ***giorno ~*** Feiertag *m.*; ***spettacolo ~*** Festveranstaltung *f.* **2** *(dei giorni di festa)* Sonn- und Feiertags-; *(domenicale)* Sonntags-: ***turno ~*** Sonn- und Feiertagsdienst *m.* ◆ ***nei (giorni) -i*** feiertags, sonn- und feiertags; ***orario ~*** *(di apertura)* Öffnungszeiten an Sonn- und Feiertagen; *(per mezzi di trasporto)* Fahrplan an Sonn- und Feiertagen; ***riposo ~*** Sonntagsruhe *f.*

fe|sto|ne m. **1** Girlande *f.*: ***addobbare, decorare una sala con -i*** einen Saal mit Girlanden schmücken **2** ARCH. Feston *n.* **3** SART. Festonstich *m.*: ***fare un ~*** festonieren ◆ SART. ***punto a ~*** Langettenstich *m.*

fe|sto|si|tà f.inv. Festlichkeit *f.* **fe|sto|so** agg. festlich, freudig: ***atmosfera -a*** festliche Stimmung, Feiertagsstimmung *f.*; ***grida -e*** freudige Rufe: ***un'accoglienza -a*** ein festlicher Empfang.

fe|stu|ca f. *(-che)* **1** *(pagliuzza)* Strohhalm *m.*, Halm *m.* **2** BOT. Schwingel *m.*

fe|ta|le agg. fetal, fötal: ***sviluppo ~*** fetale Entwicklung ◆ ***posizione ~*** Embryonalstellung *f.*, Kindslage *f.*

fe|ten|te I agg. **1** *(fetido)* stinkend, miefig **2** FIG. COLLOQ. *(abietto)* gemein **II** m. e f. FIG. COLLOQ. Aas *n.*

fe|tic|cio m. *(-ci)* Fetisch *m.* (anche ESTENS.). **fe|ti|ci|smo** m. Fetischismus *m.* **fe|ti|ci|sta** m. e f. *(-i,-e)* Fetischist *m.* (-in *f.*).

fe|ti|do agg. **1** stinkend, stinkig **2** FIG. *(turpe)* stinkig, ekelhaft. **fe|ti|du|me** m. **1** stinkendes Zeug *n.* **2** → **fetore.**

fe|to m. Fetus (*o* Fötus) *m.*, Leibesfrucht *f.*

fe|to|re m. Gestank *m.*, übler Geruch *m.*: ***un ~ di fogna*** ein Kanalgestank.

fet|ta f. **1** Scheibe *f.*: ***una ~ di pane, di prosciutto, di formaggio*** eine Brotscheibe, eine Scheibe Schinken, Käse; ***tagliare qcs. a -e*** etw. in Scheiben (*o* scheibenweise) schneiden; ***ananas a -e*** Ananas in Scheiben **2** *(di un dolce)* Stück *n.*: ***mangiare due -e di torta*** zwei Stück(e) Torte essen **3** FIG. *(porzione)* Teil *m.*, Stück *n.*: ***una ~ del guadagno*** ein Teil des Gewinns; ***conquistarsi una grossa ~ di mercato*** einen großen Marktanteil gewinnen **4** PL. COLLOQ. *(piedoni)* Quadratlatschen *pl.*, Quanten *pl.* ◆ ***~ biscottata*** Zwieback *m.*; COLLOQ. ***fare a -e qcn.*** jdn in Stücke reißen, schlagen; ***pane a -e*** Scheibenbrot *n.*, Schnittbrot *n.* **fet|ti|na** f. **1** Scheibchen *n.*: ***una ~ di limone*** ein Zitronenscheibchen **2** GASTR. Schnitzel *n.*: ***impanare una ~*** ein Schnitzel panieren.

fet|tuc|cia f. *(-ce)* SART. Nahtband *n.*, Eggenband *n.*

fet|tuc|ci|ne f.pl. INTRAD. (Art Bandnudeln).

feu|da|le agg. **1** STOR. feudal, Feudal-, Lehns-, feudalistisch: ***sistema, dominio ~*** Feudalsystem *n.*, Feudalherrschaft *f.*; ***diritto ~*** Lehnsrecht *n.*; ***società ~*** Feudalgesellschaft *f.* **2** FIG. *(arretrato)* feudal ◆ ***l'età ~*** das Zeitalter des Feudalismus. **feu|da|le|si|mo** m. Feudalismus *m.*, Feudalwesen *n.*, Lehnswesen *n.* **feu|da|li|tà** f. **1** Feudalität *f.* **2** *(classe dei feudatari)* Lehnsherren *pl.*

feu|da|ta|rio m. *(-ri)* **1** STOR. Feudalherr *m.*, Lehnsherr *m.* **2** ESTENS. *(latifondista)* Großgrundbesitzer *m.*

feu|do m. **1** STOR. Lehen *n.*; *(territorio)* Lehn(s)gut *n.* **2** FIG. Domäne *f.*, Machtbereich *m.*: ***~ elettorale*** Wahldomäne *f.* ◆ ***concedere qcs. a qcn. come ~*** jdn mit etw. belehnen; ***~ ecclesiastico*** Kirchenlehen *n.*; ***investire qcn. di un ~*** jdn lehnen.

feuil|le|ton [fœj'tɔ̃] m.inv. Zeitungsroman *m.*

fez m.inv. Fes *m.*, Fez *m.*

ff ⇒ *facente funzioni* in Vertretung (i. V.).

FF.AA. ⇒ *Forze Armate* Streitkräfte.

FF.SS. ⇒ *Ferrovie dello Stato* (italienische) Staatsbahn.

FGCI ⇒ *Federazione Giovanile Comunista Italiana* Verband der italienischen Jungkommunisten.

fia|ba f. Märchen *n.*: ***una ~ per bambini*** ein Kindermärchen; ***raccontare, narrare -e*** Märchen erzählen; ***le -e dei fratelli Grimm*** die Märchen der Brüder Grimm; ***mondo delle -e*** Märchenwelt *f.*

fia|be|sco I agg. *(-schi,-sche)* Märchen-, märchenhaft: ***personaggio, motivo ~*** Märchenfigur *f.*, Märchenmotiv *n.*; ***racconto ~*** märchenhafte Erzählung; ***un'atmosfera -a*** eine märchenhafte Atmosphäre; *(fantastico, straodinario)* ***abitare in un palazzo ~*** in einem Märchenschloss wohnen **II** m. Märchenhafte *n.*, Märchenhaftigkeit *f.*

fiac|ca f. Mattigkeit *f.*: ***avere la ~*** matt sein ◆ COLLOQ. ***battere la ~*** eine ruhige Kugel schieben. **fiac|ca|men|te** avv. lahm, matt, lasch: ***reagire, intervenire ~*** lasch reagieren, ein‿greifen; ***giocare ~*** lahm spielen.

fiac|ca|re *(fiacco, fiacchi)* **I** tr. **1** ermatten, ab‿matten; *(indebolire)* entkräften, schwächen: ***la malattia mi ha fiaccato*** die Krankheit hat mich ermattet; ***~ la resistenza di qcn.*** jds Widerstandskraft schwächen **2** *(rompere)* zerbrechen, brechen **II** pronom. **fiaccarsi** ermatten, sich ab‿matten ◆ ***~ le ossa, le costole a qcn.*** = jdn verhauen, verprügeln. **fiac|ca|tu|ra** f. **1** Ermattung *f.* **2** VETER. Sattelwunde *f.* **fiac|chez|za** f. **1** Ermattung *f.*, Mattigkeit *f.* **2** FIG. Schwäche *f.*, Lahmheit *f.*: ***~ di stile*** Lahmheit des Stils.

fiac|co agg. *(-chi,-che)* **1** matt, schlaff, schlapp, lasch: ***sentirsi ~ dopo la malattia*** sich nach der Krankheit matt fühlen; ***una -a stretta di mano*** ein schlaffer (*o* lascher) Händedruck; ***membra -che*** matte Glieder **2a** FIG. lahm, schwach: ***una discussione, un'argomentazione -a*** eine lahme Diskussion, ein schwaches Argument; ***avere uno stile ~*** einen lahmen Stil haben; ***una festa un po' -a*** eine etwas lahme Party **b** *(di persona)* lahm, schlaff: ***un tipo ~*** ein schlaffer Typ; ***uno studente ~*** ein lahmer Student **3** ECON. flau, matt, lustlos: ***borsa -a*** flaue Börse; ***mercato ~*** flauer Markt.

fiac|co|la f. Fackel *f.*: ***la ~ olimpica*** die olympische Fackel; FIG. ***tenere alta la ~ della civiltà, della libertà*** die Fackel der Kultur, der Freiheit hoch‿halten. **fiac|co|la|ta** f. Fackelzug *m.*: ***fare, organizzare una ~ per la pace*** einen Fackelzug für den Frieden veranstalten.

fia|cre ['fjakr] m.inv. Pferdedroschke *f.*, Droschke *f.*

fia|la f. Ampulle *f.* ◆ ***~ puzzolente*** Stinkbombe *f.*

fia|let|ta f. Ampulle *f.*; ***aprire la ~*** den Ampullenhals ab‿brechen.

fiam|ma I f. **1a** Flamme *f.*: ***la ~ di una candela*** die Kerzenflamme **b** pl. *(fuoco)* Flammen *pl.*, Feuer *n.*: ***le -e dell'incendio divampano*** die Flammen des Brands lodern; ***morire tra le -e*** in den Flammen um‿kommen; ***essere preda delle -e*** Beute der Flammen sein; ***le -e dell'inferno*** die Flammen der Hölle **c** *(del fornello)* Flamme *f.*, Gasflamme *f.*: ***cucinare a ~ bassa, alta*** auf kleiner, großer Flamme kochen; ***alzare, abbassare la ~*** die Flamme größer stellen, klein stellen (*o* klein drehen) **d** FIG. *(persona amata)* Flamme *f.*: ***la mia vecchia, nuova ~*** meine alte, neue Flamme **2** *(passione ardente)* Glut *f.*: ***la ~ dell'amore, del desiderio, della fede*** die Glut der Liebe, des Verlangens, des Glaubens **3** MIL. *(mostrina)* Kragenspiegel *m.*, Spiegel *m.* **4a** MIL. MAR. Wimpel *m.* **b** *(bandierina per segnalazioni)* Signalwimpel *m.* **II** agg.inv. feuer-, knall-: ***rosso ~*** feuerrot, knallrot; ***color ~*** feuerrot; ***un abito ~*** ein knallrotes Kleid ◆

GASTR. *alla* ~ flambiert; *andare in -e* in Flammen auf‿gehen; *condannare qcn. alle -e* jdn zum Feuertod verurteilen; *consegnare alle -e* den Flammen übergeben; *dare alle -e* in Flammen setzen; *di* ~ feurig: *un tramonto di* ~ ein feuriger Sonnenuntergang; FIG. *diventare di* ~ feuerrot werden; *essere in -e* in (hellen) Flammen stehen; *fare fuoco e -e* Himmel und Hölle in Bewegung setzen; *-e gialle* = italienische Zollwache; *mare di -e* Flammenmeer *n.*; *mandare -e dagli occhi* flammende Blicke werfen; *la* ~ *olimpica* das olympische Feuer; ~ *ossidrica* Schneidbrenner *m.*; METALL. *passare alla* ~ ab‿fackeln; *ritorno di* ~ Flammenrückschlag *m.*; FIG. *(di una moda, di un fenomeno)* Wiederaufleben *n.*, Come-back *n.*; *(di un'amicizia, di un amore)* Wiederaufflammen *n.*; *bruciare senza* ~ schwelen, verschwelen; ~ *tricolore* = Symbol der (ehemaligen) MSI; *tubo di* ~ Flammenrohr *n.*; *-e verdi* = Alpini *pl.*

fiam|man|te agg. flammend: *un rosso* ~ ein flammendes Rot ◆ *nuovo* ~ (funkel)nagelneu, brandneu.

fiam|ma|ta f. 1 Stichflamme *f.*: *il corto circuito ha prodotto una* ~ der Kurzschluss hat eine Stichflamme verursacht 2 FIG. Aufflammen *n.*: *una* ~ *di entusiasmo* ein Aufflammen des Enthusiasmus ◆ *fare una* ~ *di qcs.* etw. in Flammen setzen, etw. verbrennen.

fiam|ma|to agg. ABBIGL. geflammt.

fiam|meg|gian|te agg. 1 lodernd, hell lodernd, LETT. loh, lichterloh 2 FIG. *(scintillante)* flammend, funkelnd: *sguardo* ~ flammender Blick; *stelle -i* funkelnde Sterne; *(lucente) una spada* ~ ein funkelndes Schwert ◆ ART. *gotico* ~ Flamboyantstil *m.*

fiam|meg|gia|re *(fiammeggio, fiammeggi)* I intr. (aus. *avere*) 1 lodern 2 FIG. flammen, funkeln: *i suoi occhi fiammeggiano* seine Augen funkeln 3 *(rosseggiare)* rot leuchten: *il cielo fiammeggiava a occidente* der Himmel leuchtete rot im Westen II tr. 1 *(strinare)* flämmen 2 GASTR. flambieren.

fiam|mel|la f. Flämmchen *n.*: *una tenue* ~ ein dünnes Flämmchen.

fiam|mi|fe|ra|ia f. Streichholzmädchen *n.*

fiam|mi|fe|ro m. Streichholz *n.*: *accendere, spegnere un* ~ ein Streichholz an‿zünden, aus‿blasen; *scatola di -i* Streichholzschachtel *f.* ◆ *accendersi, prendere fuoco come un* ~ leicht auf‿flammen; *-i da cucina* Streichhölzer *pl.*; *-i svedesi, di sicurezza* Sicherheitsstreichhölzer *pl.*

1.fiam|min|go I agg. *(-ghi,-ghe)* flämisch: PITT. *scuola -a* flämische Schule II m. *(-ghi)* 1 *(abitante)* Flame *m.* 2 *(lingua)* Flämisch(e) *n.*

2.fiam|min|go m. *(-ghi)* ZOOL. Flamingo *m.*

fian|ca|ta f. 1 Seite *f.*, Seitenwand *f.*: *la* ~ *di un'auto, di un edificio* die Seite eines Autos, eines Gebäudes 2 *(di un aereo)* Flanke *f.*, Seite *f.*

fian|cheg|gia|men|to m. 1 MIL. Seitendeckung *f.*, Flankendeckung *f.* 2 *(appoggio)* Unterstützung *f.*

fian|cheg|gia|re tr. *(fiancheggio, fiancheggi)* 1 flankieren, säumen: *gli alberi fiancheggiano la strada* die Bäume säumen die Straße 2a *(appoggiare)* unterstützen: ~ *un piano eversivo* einen Umsturzplan unterstützen b ~ *qcn.* jdm zur Seite stehen, jdn flankieren: *molti volontari lo fiancheggiano* viele Freiwillige stehen ihm zur Seite 3 MIL. *(coprire)* ~ *qcn.* jdn flankieren, jdm die Flanken decken.

fian|cheg|gia|to|re I agg. unterstützend, flankierend: *organizzazione -trice* unterstützende Organisation II m. Unterstützer *m.*

fian|co m. *(-chi)* 1a Hüfte *f.*: *-chi stretti, larghi* schmale, breite Hüften; *una donna stretta di -chi* eine schmalhüftige Frau; *mettersi le mani sui -chi* die Hände in die Hüften stemmen (*o* stützen); *dimenare i -chi* mit den Hüften wackeln b *(lato)* Seite *f.*: *il* ~ *destro, sinistro* die rechte, linke Seite; *dormire su un* ~ auf einer Seite schlafen; *colpire qcn. al* ~ jdn in die Seite stoßen; *portare un'arma al* ~ eine Waffe an der Seite tragen; *tenersi i -chi dal ridere* sich (D) vor Lachen die Seiten halten; *sentire delle fitte, un dolore al* ~ Stiche, Schmerzen in der Seite spüren c *(di animali)* Flanke *f.*, Weiche *f.* 2 *(parte laterale)* Flanke *f.*, Seite *f.*: *il* ~ *di un edificio, di un monte* die Seite eines Gebäudes, eines Bergs; *il* ~ *dell'esercito* die Flanke des Heeres 3 *(di nave)* Seite *f.*, Breitseite *f.* 4 MECC. Flanke *f.*: ~ *del dente* Zahnflanke *f.* ◆ ~ *a* ~ Seite an Seite, nebeneinander; *a* ~ nebenan, Neben-, nächst: *camera, appartamento a* ~ Nebenzimmer *n.*, Nebenwohnung *f.*; *la porta a* ~ die nächste Tür; *a* ~ *di qcn.* an jds Seite, neben jdm; MIL. *attacco sul* ~ Flankenangriff *m.*; ~ *destr!* rechtsum kehrt! *di* ~ nebenan, daneben; *(lateralmente)* seitlich, von der Seite: *sedersi di* ~ sich daneben setzen; *di* ~ *a* neben + acc. o dat.: *la posta è di* ~ *alla chiesa* das Postamt liegt neben der Kirche; *camminare di* ~ *a qcn.* neben jdm her‿gehen; *essere al* ~ *di qcn.* → *stare al* ~ *di qcn.*; *larghezza dei -chi* Hüftweite *f.*; *offrire, prestare il* ~ *alle critiche* Anlass zur Kritik geben; ~ *sinistr!* linksum kehrt! FIG. *una spina nel* ~ ein Stachel im Fleische; *stare a, al* ~ *di qcn.* jdm zur Seite stehen (anche FIG.); ARCH. ~ *della volta* Wange *f.*

fian|co|na|ta f. Seitenhieb *m.*, Flankenhieb *m.*

fian|dra f. Leinenbatist *m.* **Fian|dra** n.pr.f., **Fian|dre** n.pl.f. Flandern *n.* ◆ *delle Fiandre* flandrisch.

fia|sca m. *(-sche)* bauchige Flasche *f.* **fia|schet|ta** f. 1 Fläschchen n. 2 *(borraccia)* Feldflasche *f.* 3 *(per alcolici)* Flachmann *m.* 4 ANT. MIL. Patronentasche *f.* **fia|schet|te|ri|a** f. Weinhandlung *f.*

fia|sco m. *(-schi)* 1 Korbflasche *f.*: *riempire un* ~ eine Korbflasche füllen; *travasare vino, olio in un* ~ Wein, Öl in eine Korbflasche um‿füllen; *bere, vuotare un* ~ eine Korbflasche aus‿trinken, leeren 2 FIG. Fiasko *n.*, Reinfall *m.*: *la rappresentazione fu un* ~ *(solenne)* das Theaterstück war ein totales Fiasko; *fare* ~ einen Reinfall (*o* einen Misserfolg) haben ◆ *zucca a* ~ Kalebasse *f.*; PROV. *prendere fischi per -schi* = etw. völlig falsch verstehen.

FIAT® ⇒ *Fabbrica Italiana Automobili Torino* Italienische Automobilfabrik Turin.

fia|ta f. LETT. Mal *n.*: *molte -e* viele Male; *in quella* ~ damals.

fia|ta|re intr. (aus. *avere*) 1 atmen 2a ESTENS. *(parlare)* den Mund auf‿machen, sprechen: *non* ~ *con nessuno!* sprich mit niemandem! *non* ~ *(o ti ammazzo)!* keinen Laut (oder ich bringe dich um)! b *(protestare, obiettare) obbedire senza* ~ widerspruchslos gehorchen.

fia|ti m.pl. Blasinstrumente *pl.*

fia|to m. 1a Hauch *m.*; *appannare il vetro, scaldarsi le mani col* ~ die Scheibe behauchen (*o* an‿hauchen), in die Hände hauchen b LETT. *(soffio) un* ~ *di vento* ein Windhauch 2a *(respiro)* Atem *m.*: *trattenere il* ~ den Atem an‿halten; *mozzare, togliere il* ~ *a qcn.* jdm den Atem verschlagen (anche FIG.); *(ri)prendere* ~ Atem holen (*o* schöpfen), wieder zu Atem kommen, verschnaufen; *mi manca, mi sento mancare il* ~ mir geht der Atem aus, mir bleibt die Luft weg, ich bekomme keine Luft b *(alito) avere il* ~ *pesante* einen schlechten Atem haben ◆ *non avere* ~ keine Puste haben: *questo atleta è veloce, ma non ha* ~ der Sportler ist schnell, aber ihm geht rasch die Puste aus; *avere poco, molto* ~ wenig, viel Puste haben; *non ho più* ~ ich bin aus der Puste; *finché avrò* ~ solange es meine Kräfte zu‿lassen; *(finché vivrò)* bis mir die Luft ausgeht, bis zum letzten Atemzuge; *avere, sentire il* ~ *(di qcn.) sul collo* jdn im Nacken haben, jds Atem im Nacken spüren; *gridò con quanto* ~ *aveva in corpo, in gola* er schrie aus Leibeskräften; *avere il* ~ *corto* einen kurzen Atem haben, kurzatmig sein; *dar* ~ *alle trombe* in die Trompeten stoßen; FIG. etw. aus‿posaunen; *bere (tutto) d'un* ~ auf einen Zug, in einem Zug(e) aus‿trinken; *leggere un libro tutto d'un* ~ ein Buch in einem Zug(e) lesen; *farsi il* ~ seine Lungen stärken, seine Kondition verbessern; *avere il* ~ *grosso* keuchen, außer Atem sein; *in un* ~ → *d'un* ~; *risparmiare il* ~ *su qcs.* kein Wort über etw. (A) verlieren; *risparmia il* ~*!* spar dir deine Worte! *sono, rimango senza* ~ ich bin außer Atem; FIG. mir bleibt die Luft weg; *lasciare qcn. senza* ~ jdn sprachlos lassen; *qcn. sta, rimane col* ~ *sospeso* jdm stockt der Atem; *tenere qcn. col* ~ *sospeso* jdn in Atem halten; *sprecare il (proprio)* ~ in den Wind reden; *(è tutto)* ~ *sprecato!* das ist in den Wind geredet! das ist vergebliche Liebesmüh! *strumento a* ~ Blasinstrument *n.*; *tirare il* ~ auf‿atmen, Luft holen.

fia|to|ne, *avere il* ~ keuchen; *mi è venuto il* ~ ich bin außer Atem.

fib|bia f. 1 Schnalle *f.*: *aprire, chiudere una* ~ eine Schnalle öffnen, schließen; *la* ~ *della scarpa, della cintura* die Schnalle am Schuh, die Gürtelschnalle 2 ARCH. Fibel *f.* ◆ *scarpe con la* ~ Schnallenschuhe *pl.*

fi|bra f. 1 Faser *f.*, Fiber *f.*: *-e naturali, vegetali, artificiali* natürliche, pflanzliche, künstliche Fasern (*o* Natur-, Pflanzen-, Kunstfasern) 2 pl. *(fibre alimentari)* Ballaststoffe *pl.*; *un alimento ricco di -e* ein ballaststoffreiches Nahrungsmittel 3 *(tipo di cartone)* Vulkanfiber *f.*: *una valigia in* ~ ein Koffer aus Vulkanfiber 4 *(costituzione)* Konstitution *f.*: *avere una, essere di* ~ *robusta* eine kräftige Konstitution haben, von kräftiger Konstitution sein ◆ *-e alimentari* Ballaststoffe *pl.*; *-e di carbonio* Karbonfiber *pl.*; ~ *di cocco* Kokosfaser *f.*; ~ *muscolare* Muskelfaser *f.*; ~ *nervosa* Nervenfaser *f.*; ~ *ottica* optische Faser; *-e sintetiche* Synthesefasern, Chemiefasern *pl.*; ~ *tessile* Spinnfaser *f.*; ~ *di vetro* Glasfaser *f.*, Glasfiber *f.*; ~ *vulcanizzata* Vulkanfiber *f.*, vulkanisierte Fiber.

fi|bril|la f. Fibrille *f.* **fi|bril|la|re** agg. feinfaserig, fibrillär. **fi|bril|la|zio|ne** f. Herzflimmern *n.*: *il cuore va in* ~ das Herz flimmert ◆ ~ *atriale, auricolare* Vorhofflimmern *n.*; ~ *ventricolare* Kammerflimmern *n.*

fi|bri|na f. Fibrin *n.*, Blutfaserstoff *m.*

fi|bro|ce|men|to m. Asbestzement *m.*

fi|bro|ma m. Fibrom *n.*, Fasergeschwulst *f.*

fi|bro|si|tà f. faserige Beschaffenheit *f.* **fi|bro|so** agg. 1 Faser-, faserig: ***carne -a*** faseriges Fleisch **2** MED. fibrös.

fi|bu|la f. **1** ARCHEOL. Fibel *f.* **2** ANAT. *(perone)* Wadenbein *n.*

fi|ca f. *(-che)* **1** VOLG. Feige *f.*, Fotze *f.*, Möse *f.* **2** *(donna, ragazza molto bella)* tolle Frau *f.*, tolles Mädchen *n.*, tolle Puppe *f.*

fic|ca|na|sa|re intr. (aus. *avere*) COLLOQ. schnüffeln: ***~ nelle faccende altrui*** in fremden Angelegenheiten schnüffeln, die Nase in fremde Angelegenheiten stecken. **fic|ca|na|so** m. *(ficcanasi)* e f.inv. Schnüffelnase *f.*, Schnüffler *m.* (-in *f.*); ***sei proprio un ~, una ~!*** du musst in alles die Nase stecken!

fic|ca|re *(ficco, ficchi)* **I** tr. **1a** stecken, hinein‿stecken: ***~ tutto in valigia*** alles in den Koffer stecken (*o* stopfen); ***~, -rsi le mani in tasca*** die Hände in die Taschen stecken (*o* schieben) **b** *(posare)* hin‿stecken, legen: ***dove hai ficcato il mio libro?*** wo hast du mein Buch hingesteckt? **2a** *(conficcare)* hinein‿schlagen, schlagen, hinein‿stoßen, stoßen: ***~ un chiodo nel muro*** einen Nagel in die Wand schlagen **b** *(pali)* rammen **3** FIG. *(coinvolgere)* hinein‿bringen, bringen, hinein‿reiten: ***~ qcn. nei guai*** jdn in Schwierigkeiten bringen **II** pronom. **ficcarsi** COLLOQ. **1** schlüpfen, sich legen, sich stecken: ***-rsi a letto, sotto le coperte*** sich ins Bett legen, unter die Decke schlüpfen **2** FIG. sich bringen; ***si è ficcato in un bel pasticcio*** er hat sich eine schöne Suppe eingebrockt **3a** *(andare a finire)* stecken: ***dove si sono ficcate le chiavi?*** wo stecken die Schlüssel? **b** *(di persona)* bleiben, ab‿bleiben, verschwinden: ***dove si è ficcato?*** wo ist er geblieben? ◆ ***-rsi le dita nel naso*** in der Nase bohren; ***~ un dito in un occhio a qcn.*** jdm mit einem Finger ins Auge fahren; ***~ il naso in qcs., in tutto, dappertutto*** seine Nase in etw. (A), in alles, in alle Töpfe stecken: ***ficca sempre il naso in cose che non lo riguardano*** er steckt immer die Nase (*o* er schnüffelt immer) in Sachen, die ihn nichts angehen; ***-rsi qcs. in testa*** sich (D) etw. in den Kopf setzen; ***ficcatelo bene in testa!*** schreibe es dir hinter die Ohren!

fi|che [fiʃ] f.inv. Spielmarke *f.*, Marke *f.*, Fiche *f.*: ***puntare una ~ su un numero*** eine Spielmarke auf eine Nummer setzen.

fi|chet|to m. GERG. Schönling *m.*

1.fi|co m. *(-chi)* **1** Feige *f.*, Feigenbaum *m.* **2** *(frutto)* Feige *f.*: ***-chi freschi, secchi*** frische, getrocknete Feigen ◆ COLLOQ. ***non capire un ~ (secco)*** keinen Deut verstehen; COLLOQ. ***non me ne importa un ~ (secco)*** das interessiert mich einen Quark; ***~ d'India*** → **ficodindia**; COLLOQ. ***non valere un ~ (secco)*** keinen Pfifferling (*o* Pappenstiel) wert sein.

2.fi|co COLLOQ. **I** agg. *(-chi,-che)* toll: ***un tipo ~*** ein toller Typ; ***un libro ~*** ein tolles Buch; ***che ~!*** was für ein toller Typ! *(che forte!)* toll! **II** m. *(-chi)* toller Typ *m.*, toller Hecht *m.*: ***quello è un gran ~!*** das ist ein toller Hecht!

fi|co|din|dia m. *(fichidindia)* Feigenkaktus *m.*

fi|co|mi|ce|ti m.pl. Algenpilze *pl.*, Fadenpilze *pl.*

fi|co|sec|co m. *(fichisecchi)* getrocknete Feige *f.* ◆ COLLOQ. ***non capire un ~ (di qcs.)*** nicht die Bohne (von etw.) verstehen; COLLOQ. ***non me ne importa un ~*** das interessiert mich einen Quark; COLLOQ. ***non valere un ~*** keinen Pfifferling (*o* Pappenstiel) wert sein.

fic|tion [ˈfɪkʃn] f.inv. Fiction *f.*

fi|cus m.inv. Gummibaum *m.*

fi|dan|za|men|to m. Verlobung *f.*: ***annunciare un ~*** eine Verlobung bekannt‿geben: ***sciogliere, rompere il ~*** die Verlobung lösen (*o* auf‿lösen); ***il ~ è andato a monte*** die Verlobung ist geplatzt; ***un ~ di tre anni*** eine dreijährige Verlobung ◆ ***anello di ~*** Verlobungsring *m.*; ***annuncio di ~*** Bekanntgabe *f.* der Verlobung; *(sul giornale)* Verlobungsanzeige *f.* **fi|dan|za|re I** tr. verloben: ***~ la figlia a, con qcn.*** seine Tochter (mit) jdm verloben **II** pronom. **fidanzarsi** sich verloben: ***-rsi con qcn.*** sich mit jdm verloben.

fi|dan|za|ta f. **1** Verlobte *f.*, Braut *f.* **2** COLLOQ. *(partner)* Freundin *f.*: ***ha una nuova ~*** er hat eine neue Freundin.

fi|dan|za|to I p.pass. agg. **1** → **fidanzare 2** ***essere ~ con qcn.*** mit jdm verlobt sein **II** m. **1** Verlobte *m.* **2** COLLOQ. *(partner)* Freund *m.*, Begleiter *m.*: ***ha cambiato tre -i nel giro di un anno*** sie hat in einem Jahr dreimal die Freunde gewechselt.

fi|da|re I intr. (aus. *avere*) ***~ in qcn., qcs.*** auf jdn, etw. vertrauen (*o* bauen), sich auf jdn, etw. verlassen **II** pronom. **fidarsi 1** vertrauen, trauen, sich verlassen: ***-rsi di qcn., qcs.*** jdm, etw. (ver)trauen: ***-rsi ciecamente di qcn.*** jdm blind (ver)trauen; ***-rsi delle parole, del giudizio di qcn.*** jds Worten (ver)trauen, sich auf jds Urteil verlassen; ***-rsi del proprio istinto*** seinem Instinkt vertrauen **2** *(osare)* sich trauen: ***non -rsi ad attraversare la strada da solo*** sich nicht allein über die Straße trauen ◆ PROV. ***-rsi è bene, non -rsi è meglio*** Vertrauen ist gut, Kontrolle ist besser. **fi|da|tez|za** f. Zuverlässigkeit *f.*

fi|da|to p.pass. agg. **1** → **fidare 2** zuverlässig, verlässlich, treu: ***un amico, collaboratore ~*** ein zuverlässiger Freund, Mitarbeiter; ***consegnare qcs. in mani -e*** etw. zu treuen Händen übergeben.

fi|de|com|me|sso → **fedecommesso.**

fi|de|i|smo m. Fideismus *m.* **fi|de|i|sta** m. e f. *(-i,-e)* Fideist *m.* (-in *f.*). **fi|de|i|sti|co** agg. *(-ci,-che)* fideistisch.

fi|de|ius|sio|ne f. Bürgschaft *f.* **fi|de|ius|so|re** m. Bürge *m.* **fi|de|ius|so|rio** agg. *(-ri,-rie)* Bürgschafts-.

fi|den|te agg. LETT. vertrauend, vertrauensvoll, zuversichtlich.

Fi|dia n.pr.m. Phidias *m.* **fi|di|a|co** agg. *(-ci,-che)* im Stil (*o* vom Range) des Phidias.

1.fi|do agg. LETT. treu: ***un ~ servitore*** ein treuer Diener.

2.fi|do m. Kredit *m.*: ***concedere un ~ a qcn.*** jdm einen Kredit gewähren; ***ottenere un ~ dalla banca*** von der Bank einen Kredit eingeräumt bekommen ◆ ***~ bancario*** Bankkredit *m.*

fi|du|cia f. Vertrauen *n.*: ***avere una ~ sconfinata, incrollabile, cieca in qcn., qcs.*** grenzenloses, unerschütterliches, blindes Vertrauen zu jdm, etw. haben; ***perdere la ~ in qcn., qcs.*** das Vertrauen zu jdm, etw., in jdn, etw. verlieren; ***avere, ottenere (guadagnare), perdere la ~ di qcn.*** jds Vertrauen besitzen, gewinnen, verlieren; ***godere, abusare della ~ di qcn.*** jds Vertrauen genießen, missbrauchen; ***concedere la propria ~ a qcn.*** jdm sein Vertrauen schenken (*o* entgegen‿bringen); ***riporre la propria ~ in qcn., qcs.*** sein Vertrauen auf (*o* in) jdn, etw. setzen; ***tradire, ingannare la ~ di qcn.*** jds Vertrauen missbrauchen; ***non m'ispira alcuna ~*** er, das flößt mir kein Vertrauen ein; ***abbi ~!*** hab Vertrauen! POL. ***concedere, votare la ~ al governo*** der Regierung das Vertrauen aus‿sprechen; ***ottenere la ~ del parlamento*** das Vertrauen des Parlaments erhalten; *(ottimismo)* ***guardare con ~ al futuro*** vertrauensvoll (*o* voller Vertrauen) in die Zukunft blicken ◆ ***carica di ~*** Vertrauensstellung *f.*; ***chiedere la ~ (al parlamento)*** (dem Parlament) die Vertrauensfrage stellen; ***degno di ~*** vertrauenswürdig; ***è il mio gioielliere, panettiere, parrucchiere di ~*** er ist mein Stammjuwelier, Stammbäcker, Stammfriseur; ***mozione di ~*** Vertrauensantrag *m.*; ***posto di ~*** Vertrauensstellung *f.*; POL. ***questione di ~*** Vertrauensfrage *f.*; ***~ in se stessi*** Selbstvertrauen *n.*; ***uomo di ~*** Vertrauensmann *m.*; ***voto di ~*** Vertrauensvotum *n.*

fi|du|cia|ria f. Treuhandgesellschaft *f.*

fi|du|cia|rio I agg. *(-ri,-rie)* **1** Vertrauens-: ***rapporto ~*** Vertrauensverhältnis *n.* **2** ECON. Treuhand-, treuhänderisch, fiduziarisch: ***banca, società -a*** Treuhandbank *f.*, -gesellschaft *f.*; ***negozio ~*** Treuhandgeschäft *n.*; ***conto, contratto ~*** Treuhandkonto *n.*, -vertrag *m.*; ***erede ~*** Treuhanderbe *m.* **II** m. *(-ri)* Treuhänder *m.* ◆ ***amministratore ~*** Treuhänder *m.*; ***amministrazione -a*** Treuhand *f.*; ***deposito ~*** Bankeinlage *f.*, Kundeneinlage *f.*

fi|du|cio|sa|men|te avv. vertrauensvoll. **fi|du|cio|so** agg. vertrauensvoll, zuversichtlich, vertrauensselig: ***una persona troppo -a*** ein zu vertrauensvoller (*o* vertrauenseliger) Mensch; ***essere ~ nelle proprie capacità, nell'avvenire*** Vertrauen in seine Fähigkeiten, in die Zukunft haben; ***è ~ di passare l'esame*** er ist zuversichtlich, die Prüfung zu bestehen; ***al tuo posto non sarei così ~*** an deiner Stelle wäre ich nicht so zuversichtlich; ***siamo -i nel successo dell'impresa*** wir haben Vertrauen in den Erfolg des Unternehmens.

fie|le m. **1** Galle *f.*: ***amaro come il ~*** galle(n)bitter, gallig **2** *(rancore)* Groll *m.*: ***un discorso carico di ~*** eine Rede voller Groll; ***essere pieno di ~*** gallig sein ◆ ***sputare ~*** Gift und Galle speien.

fie|na|gio|ne f. Heuernte *f.* **fie|na|io** agg. *(-ai,-aie)* Heu-. **fie|na|ro|la** f. **1** ZOOL. Erzschleiche *f.* **2** BOT. Wiesenrispe *f.* **fie|ni|le** m. **1** Heuspeicher *m.* **2** *(posto in alto)* Heuboden *m.*: ***salire sul ~*** auf den Heuboden steigen.

fie|no m. Heu *n.*: ***raccogliere, fare, girare il ~*** Heu ernten, machen, wenden ◆ ***febbre, raffreddore da ~*** Heufieber *n.*, Heuschnupfen *m.*

1.|fie|ra f. **1** Jahrmarkt *m.*: ***andare alla ~*** auf den Jahrmarkt gehen **2** *(esposizione)* Messe *f.*: ***visitare, inaugurare, allestire una ~*** eine Messe besuchen, eröffnen, organisieren; ***la ~ di Milano, di Francoforte*** die Mailänder, Frankfurter Messe; ***la ~ del libro, del mobile*** die Buch-, Möbelmesse; ***~ dell'antiquariato, dell'artigianato*** Antiquariats-, Handwerksmesse *f.*; ***~ agricola, industriale*** Landwirtschaftsmesse *f.*, Industriemesse *f.* (*o* Industrieausstellung *f.*); ***alla ~ c'era molta gente*** auf der Messe waren viele Leute ◆ ***~ di beneficenza*** Wohltätigkeitsbazar *m.*; ***~ del bianco*** Weiße Woche; ***Fiera Campionaria*** Mustermesse *f.*; REGION. ***alla fine della ~*** letzten Endes; ***mercante in ~*** INTRAD. (Kartenspiel); ***~ di paese*** Jahrmarkt *m.*

2.|fie|ra f. LETT. Bestie *f.*

fie|ra|men|te avv. **1** *(orgogliosamente)* stolz: ***comportarsi ~*** sich stolz auf‿führen, benehmen **2** LETT. *(crudelmente)* grausam. **fie|rez|za** f. **1** Stolz *m.*: ***la ~ di uno sguardo*** der Stolz eines Blicks **2** *(dignità)* Würde *f.*: ***~ d'animo*** innere Würde; ***esercitare un mestiere umile con ~*** eine niedrige Arbeit mit Würde verrichten.

fie|ri|sti|co agg. *(-ci,-che)* Messe-: ***quartiere ~*** Messegelände *n.*

fie|ro agg. **1** stolz: ***uno sguardo ~*** ein stolzer Blick; ***un popolo ~*** ein stolzes Volk; *opporre un ~ rifiuto* etw. stolz ablehnen; *essere, andare ~ di qcn., qcs.* stolz auf jdn, etw. sein; *un portamento ~* eine stolze Haltung 2 *(ardito)* kühn: *un ~ guerriero* ein kühner Krieger 3a LETT. *(feroce)* grausam, wild: *una -a vendetta* eine grausame Rache b *(violento)* heftig: *una -a battaglia* eine heftige Schlacht c *(selvaggio, ferino)* wild.

fie|vo|le agg. 1 *(flebile)* schwach, leise: *un ~ lamento* ein schwaches Gejammer 2 *(fioco)* schwach, matt: *una luce ~* ein mattes Licht.

fi|fa f. COLLOQ. Bange *f.*, Bammel *m.*: *avere ~* Bammel (*o* Bange) haben; *mettere la ~ addosso a qcn.* jdm Bange machen; *una ~ nera, blu* ein mächtiger Bammel, ein Heidenbammel; *che ~!* was für eine Bange! **fi|fo|ne** COLLOQ. I agg. bänglich II m. Angsthase *m.*, Hasenfuß *m.*: *essere un gran ~* ein großer Angsthase sein.

fif|ty-fif|ty agg.inv. e avv. fifty-fifty, halbe-halbe: *fare ~* fifty-fifty machen.

fig. ⇒ *figura* Abbildung (Abb.).

fi|ga → **fica.**

fi|ga|ro m. SCHERZ. Figaro *m.*

fi|ga|ta f. COLLOQ. *è una ~, che ~!* echt geil!

fig|ge|re *(figgo, figgi; fissi; fitto)* LETT. I tr. hinein‿schlagen, schlagen, hinein‿treiben, treiben II pronom. **figgersi** 1 ein‿dringen, stecken bleiben 2 FIG. *-rsi qcs. nella memoria* sich etw. ins Gedächtnis ein‿prägen.

fi|ghet|to → **fichetto.**

fi|glia f. *(-glie)* 1 Tochter *f.*: *avere due -glie e un figlio* zwei Töchter und einen Sohn haben; *ha una ~ da marito* seine Tochter ist heiratsfähig 2 ESTENS. *(ragazza)* Mädchen *n.*: *è una brava ~* sie ist ein gutes Mädchen; *povera ~!* armes Mädchen! 3 FIG. *(conseguenza)* Kind *n.*: *la superstizione è ~ dell'ignoranza* der Aberglaube ist ein Kind der Unwissenheit 4 *(cedola)* Abschnitt *m.*, Coupon *m.* ◆ *essere una ~ d'arte* Künstlerblut haben; *le -glie di Eva* die Töchter Evas, Evastöchter *pl.*; *~ unica* Einzelkind *n.*

fi|glia|le → **1.filiale.**

fi|glia|re tr. *(figlio, figli)* spec. assol. 1 *(di animali)* werfen; *(di bovini)* kalben; *(di cavalli)* fohlen 2 ESTENS. *(di piante)* hervor‿bringen.

fi|glia|stro m. Stiefkind *n.*; *(maschio)* Stiefsohn *m.* **fi|glia|stra** f. Stieftochter *f.*

fi|glia|ta f. Wurf *m.*: *una ~ di conigli* ein Wurf Kaninchen. **fi|glia|zio|ne** → **filiazione.**

fi|glio m. *(-gli)* 1 Kind *n.*: *aspettare un ~* ein Kind erwarten; *mettere al mondo un ~* ein Kind zur Welt bringen; *fare -gli* Kinder gebären; *avere un ~* ein Kind bekommen; *avere tre -gli, due maschi e una femmina* drei Kinder haben, zwei Jungen und ein Mädchen; *un ~ naturale (illegittimo), legittimo, riconosciuto, di primo letto* ein uneheliches, legitimes, anerkanntes Kind, ein Kind aus erster Ehe; *trattare qcn. come un ~* jdn wie sein eigenes Kind behandeln 2 *(maschio)* Sohn *m.*: *~ maggiore, minore, primogenito* ältester, jüngster, erstgeborener Sohn 3 ESTENS. *(ragazzo)* Junge *m.*, Knabe *m.*: *è un bravo ~* er ist ein guter Junge; *povero ~* armer Junge 4 ESTENS. *(detto dai religiosi) dilettissimi -gli* liebe Brüder und Schwestern 5 *(di animali)* Junge *n.*, Kleine *n.* 6a FIG. Kind *n.*: *un ~ del nostro tempo* ein Kind unserer Zeit b *(conseguenza) l'errore è ~ dell'ignoranza* der Irrtum ist ein Kind der Unwissenheit ◆ *i -gli di Adamo* die Menschenkinder; *~ adottivo* adoptiertes Kind, Adoptivkind *n.*; *essere un ~ d'arte* Künstlerblut haben, ein Musensohn sein; VOLG. *~ d'un cane* Hundesohn *m.*; *~ di Dio* Gottessohn *m.*; COLLOQ. *~ di buona donna* → *~ di puttana*; *~ dei figli* Enkelkind *n.*, Nachkomme *m.*; *~ della fortuna* Glückskind *n.*; SPREG. *~ di mamma* Muttersöhnchen *n.*; *con molti -gli* kinderreich; *~ di nessuno* Findelkind *n.*, Findling *m.*; *di padre in ~* vom Vater auf den Sohn; SPREG. *~ di papà* = Sohn aus reichem Haus, reicher Eltern; *~ del popolo* Mann aus dem Volk; VOLG. *~ di puttana* Hurensohn *m.*; *senza -gli* kinderlos; *una coppia senza -gli* ein kinderloses Ehepaar; *essere il ~ della serva* = nichts zu sagen haben; *~ unico* Einzelkind *n.*; *il Figlio dell'Uomo* der Menschensohn.

fi|glioc|cio m. *(-ci)* Patenkind *n.*; *(maschio)* Patensohn *m.* ◆ *~ del battesimo* Taufpatenkind *n.*; *~ della cresima* Firmpatenkind *n.*

fi|glio|la f. FAM. 1 Herzenskind *n.* 2 ESTENS. *(ragazza)* Mädchen *n.*: *che bella ~!* was für ein schönes Mädchen! **fi|glio|lan|za** f. 1 Kinder *pl.*, Kinderschar *f.*: *una numerosa ~* eine große Kinderschar 2 *(condizione di figlio)* Kindschaft *f.* **fi|glio|let|to, fi|glio|li|no** m. Söhnchen *n.* **fi|glio|lo** m. FAM. Sohnemann *m.*, Sohnematz *m.*, Herzenskind *n.* ◆ *il figliol prodigo* der verlorene Sohn.

fi|go REGION. → **2.fico.**

fi|gu|ra f. 1 Gestalt *f.*, Form *f.*: *~ tonda, inconsueta* runde, ungewöhnliche Gestalt 2a *(oggetto)* Gebilde *n.*, Figur *f.*: *~ disegnata* gezeichnete Figur b *(persona) intravedere alcune -e nella nebbia* einige Figuren im Nebel erkennen 3 *(corporatura)* Figur *f.*, Gestalt *f.*: *una ~ alta, slanciata* eine hohe, schlanke Gestalt; *avere una bella ~* eine schöne Figur haben 4 *(illustrazione)* Abbildung *f.*, Bild *n.* 5 *(personaggio)* Gestalt *f.*, Figur *f.*: *una ~ leggendaria* eine legendäre Gestalt; *la ~ centrale del romanzo* die zentrale Gestalt des Romans 6 LING. GEOM. MUS. Figur *f.*: *-e retoriche* rhetorische Figuren; *~ geometrica* geometrische Figur 7 *(nella danza)* Figur *f.*, Tanzfigur *f.*: *fare -e pattinando sul ghiaccio* auf dem Eis Figuren laufen 8 *(nelle carte)* Figur *f.*, Bild *n.*: *scartare una ~* eine Figur ab‿legen 9 *(negli scacchi)* Figur *f.*, Schachfigur *f.*: *muovere una ~* eine Figur bewegen, ziehen 10 LETT. *(simbolo)* Sinnbild *n.*, Symbol *n.* 11 DIR. *(specie)* Tatbestand *m.*: *~ di reato* Straftatbestand ◆ *fare una ~ barbina* sich blamieren, eine klägliche Figur ab‿geben; *che ~!* so eine Blamage! wie peinlich; *di ~* gut aussehend; *far ~* gut aus‿sehen, sich gut aus‿nehmen; *fare una bella (buona), brutta (cattiva, magra) ~* eine gute, schlechte Figur machen, ab‿geben (*o* einen guten, schlechten Eindruck machen); *far fare brutta ~ a qcn.* jdn blamieren; *a ~ intera* in voller Größe; *la ~ paterna* die Vaterfigur; *per ~ (a scopo decorativo)* zur Zierde; *(per finta)* zum Schein; *~ piana* ebene Figur; *~ solida* Körper *m.*

fi|gu|rac|cia f. *(-ce)* Blamage *f.*, schlechte Figur *f.*: *fare una ~* eine schlechte Figur machen, sich blamieren; *far fare una ~ a qcn.* jdn blamieren.

fi|gu|ran|te m. e f. CINEM. TEATR. Statist *m.*, stumme Nebenrolle *f.*, Figurant *m.* (-in *f.*).

fi|gu|ra|re I tr. 1 *(raffigurare)* dar‿stellen 2 *(simboleggiare)* versinnbildlichen II intr. (aus. *avere*) 1 auf‿scheinen, verzeichnet sein, figurieren: *~ in un elenco* in, auf einer Liste auf‿scheinen, stehen; *non vuole ~ come proprietario* er will nicht als Eigentümer auf‿scheinen 2 *(fare figura)* sich aus‿nehmen: *ben ~* sich gut ausnehmen III pronom. **figurarsi** 1 sich (D) vor‿stellen, sich (D) denken: *me lo figuravo più alto* ich stellte ihn mir größer vor; COLLOQ. *figurati, figuratevi un po'!* stell dir einmal vor (*o* denk dir einmal), stellt euch einmal vor (*o* denkt euch einmal)! *figuriamoci, figurati se ci credo* denkst du wirklich, dass ich das glaube? *figurati che non l'avevo visto* stell dir vor, ich hatte ihn nicht gesehen 2 COLLOQ. *(come risposta negativa) si è ricordato stavolta? – figurati! figuriamoci!* hat er sich diesmal daran erinnert? – wo denkst du hin! 3 *(in formule di cortesia) grazie – si figuri!* danke – nichts zu danken! bitte schön! *disturbo? – si figuri!* störe ich? – aber nein, ich bitte Sie; *posso prenderne ancora? – figurati!* kann ich davon noch nehmen? – selbstverständlich!

fi|gu|ra|ta|men|te avv. übertragen, figürlich.

fi|gu|ra|ti|va|men|te avv. figurativ, gegenständlich, figürlich. **fi|gu|ra|ti|vi|smo** m. Gegenständlichkeit *f.* **fi|gu|ra|ti|vo** agg. 1 bildend, figurativ, darstellend: *arti -e* bildende Kunst 2 *(non astratto)* gegenständlich: *pittura -a* gegenständliche Malerei.

fi|gu|ra|to p.pass. agg. 1 → **figurare** 2 *(rappresentato con figure)* figurativ, figürlich, Bilder-: *linguaggio ~* Bildersprache *f.* 3 *(metaforico)* übertragen: *in senso ~* in übertragener Bedeutung, im übertragenen Sinn 4 *(illustrato)* bebildert 5 MUS. figuriert, Figural-: *musica -a* Figuralmusik *f.* ◆ *danza -a* Figurentanz *m.* **fi|gu|ra|zio|ne** f. ART. MUS. Figuration *f.*

fi|gu|ri|na f. 1 Figürchen *n.* 2 *(statuetta)* Figurine *f.* 3 *(dipinta, stampata)* Bildchen *n.*, Bild *n.*: *-e di calciatori* Bildchen von Fußballspielern; *fare una raccolta di -e* Bildchen sammeln ◆ *album delle -e* Bilderalbum *n.*; *~ autoadesiva* Haftbild *n.*; *~ da ritagliare* Ausschneidebild *n.*

fi|gu|ri|ni|sta m. e f. *(-i, -e)* Modezeichner *m.* (-in *f.*); *(teatrale)* Figurinenzeichner *m.* (-in *f.*). **fi|gu|ri|no** m. 1 Modellbild *n.*, Modeskizze *f.*; *(di costume teatrale)* Figurine *f.*, Kostümentwurf *m.* 2 COLLOQ. *sei, sembri un ~!* du siehst aus wie aus dem Modejournal! *(di ragazze)* du siehst aus wie eine Modepuppe (*o* ein Modepüppchen)!

fi|gu|ro m. Figur *f.*: *uno strano ~* eine merkwürdige Figur; *un losco ~* ein linker Vogel, ein finsterer Geselle.

fi|gu|ro|na f., **fi|gu|ro|ne** m. gute Figur *f.*: *all'esame ha fatto un ~* bei der Prüfung hat er eine gute Figur gemacht; *con questo vestito fai un ~* mit diesem Kleid kannst du dich sehen lassen.

1.fi|la f. 1a Reihe *f.*: *il quarto, l'ultimo della ~* der Vierte, der Letzte in der Reihe; *formare una ~ ininterrotta, continua* eine lückenlose, fortlaufende Reihe bilden; *mettere qcs. in ~* etw. an‿reihen, in Reihen ordnen; *disporsi su una ~, in (su) due -e* sich in einer Reihe, in zwei Reihen auf‿stellen; *avanti, in ~!* schön der Reihe nach! *poltrone di prima, seconda ~* Sitze in der ersten, zweiten Reihe; *parcheggiare in doppia ~* in der zweiten Reihe parken; *serrare, stringere le -e* die Reihen schließen (anche FIG.) b *(coda)* Reihe *f.*, Schlange *f.*: *mettersi in ~* sich an‿stellen, sich in die Reihe stellen (*o* sich in die Warteschlange ein‿reihen); *fare la ~ davanti a uno sportello* vor einem Schalter Schlange stehen; *fare la*

~ per il biglietto d'ingresso, per il pane nach Eintrittskarten, um Brot an_stehen **2** pl. FIG. Reihen *pl.*: **andare a ingrossare le -e dei disoccupati** das Heer der Arbeitslosen vergrößern; **entrare nelle -e di un partito** in die Reihen einer Partei ein_treten **3** FIG. *(successione)* Reihe *f.*, Serie *f.*, Folge *f.*: **una ~ di disgrazie, di bugie** eine Serie von Unglücksfällen, eine Reihe von Lügen ◆ **ballerina di ~** Gruppentänzerin *f.*; **per tre giorni di ~** an drei Tagen hintereinander, drei Tage lang; **aspettare sei ore di ~** sechs Stunden lang warten; **fuoco di ~** MIL. Lauffeuer *n.*; **un fuoco di ~ di domande** ein Trommelfeuer von Fragen; **in ~** in Reih und Glied; **stare in ~** *(uno dietro l'altro)* hintereinander stehen; *(uno accanto all'altro)* nebeneinander stehen; **in ~ indiana** im Gänsemarsch; **disporsi in ~ per due, tre, quattro** sich in Zweierreihen, Dreierreihen, Viererreihen auf_stellen; MIL. **per ~ destr'** rechts um; MIL. **per ~ sinistr'** links um; **~ di posti (a sedere)** Sitzreihe *f.*; **essere in prima ~** auf den vordersten Plätzen sein; FIG. vorne mit dabei sein, in vorderster Reihe stehen.

2.fi|la → **filo.**

fi|lac|cia f. *(-ce)* Werg *n.*, Wergabfälle *pl.*, Franse *f.*

fi|lac|cio|so agg. **1** fasernd **2** *(di carne)* faserig.

fi|lag|gi|ne f. Schimmelkraut *n.*

fi|la|men|to m. **1** ANAT. Faser *f.*: **-i nervosi** Nervenfasern *pl.* **2** EL. Glühdraht *n.*, Glühfaden *m.*: **~ metallico, di tungsteno** Metall-, Wolframfaden *m.* **3** BOT. Filament *n.*, Staubfaden *m.* **fi|la|men|to|so** agg. **1** fädig: **sostanza -a** fädige Substanz **2** BIOL. *(fibroso)* faserig: **tessuto ~** faseriges Gewebe.

fi|lan|ca f. Helanca® *n.* ◆ **calze di ~** Helancastrümpfe *pl.*

fi|lan|da f. Spinnerei *f.*; *(setificio)* Seidenspinnerei *f.*

fi|lan|te agg. fädig: **colla ~** fädiger Kleber ◆ **formaggio ~** Schmelzkäse *m.*; **stella ~** Sternschnuppe *f.*; *(di carnevale)* Luftschlange *f.* (*o* Papierschlange *f.*).

fi|lan|tro|pi|a f. Philanthropie *f.*, Menschenliebe *f.* **fi|lan|tro|pi|co** agg. *(-ci,-che)* philanthropisch, menschenfreundlich: **scopo ~** philantropischer Zweck; **associazione -a** philanthropische Gesellschaft. **fi|lan|tro|pi|smo** m. **1** → **filantropia 2** PEDAG. Philanthropi(ni)smus *m.* **fi|lan|tro|po** m. Philanthrop *m.*, Menschenfreund *m.*

1.fi|la|re I tr. **1** spinnen, verspinnen: **~ la lana, la seta** Wolle, Seide verspinnen; assol. **~ a macchina, a mano** maschinell, am Rad (*o* Rocken) spinnen **2** *(mediante fusione)* ziehen, Fäden ziehen lassen: **~ il vetro** Glas ziehen **3** MAR. *(lascare)* fieren **4** MUS. aus_halten: **~ una nota** eine Note aushalten **II** intr. **1** *(fare la tela;* aus. *avere)* spinnen: **il baco fila** die Seidenraupe spinnt **2** *(formare fili;* aus. *avere)* Fäden ziehen: **un formaggio che fila** ein Käse, der Fäden zieht **3** *(colare;* aus. *avere)* dünn fließen, rinnen: **l'olio fila** das Öl rinnt **4** *(bruciare male;* aus. *avere)* rauchen: **la candela fila** die Kerze raucht **5** *(fare le fusa;* aus. *avere)* schnurren **6** *(procedere con logica;* aus. *essere)* flüssig sein, schlüssig sein: **il discorso, il ragionamento fila** die Rede ist flüssig, die Argumentation ist schlüssig **7** *(sfrecciare;* aus. *essere)* flitzen: **l'auto fila sull'autostrada** der Wagen flitzt über die Autobahn **8** COLLOQ. *(flirtare;* aus. *avere)* flirten: **~ con qcn.** mit jdm flirten **9** COLLOQ. *(andarsene;* aus. *essere)* sich scheren, sich verziehen: **fila, filate (a casa)!** scher dich, schert euch (nach Hause)! **è meglio ~!** wir verziehen uns besser! **III** pronom. **filarsela** sich verziehen, sich verdrücken: **filiamocela!** verziehen wir uns! ◆ **(non) ~ d'amore e d'accordo con qcn.** (k)einen guten Faden mit jdm spinnen; **al tempo che Berta filava** zu Olims Zeiten, anno dazumal (*o* Tobak); COLLOQ. **~ diritto** spuren, parieren; **far ~ (diritto) qcn.** dafür sorgen, dass jd spurt; **filarsela all'inglese** sich auf französisch verabschieden (*o* empfehlen); **~ liscio (come l'olio)** (wie am Schnürchen) klappen, wie geschmiert gehen (*o* laufen): **se tutto fila liscio** wenn alles gut klappt; **fila via!** verzieh (*o* scher) dich! **~ lo zucchero** Zuckerwatte machen.

2.fi|la|re m. Reihe *f.*: **un ~ di cipressi** eine Zypressenreihe (*o* Reihe von Zypressen).

fi|la|ria f. Filaria *f.*, Fadenwurm *m.*

fi|la|ri|no m. COLLOQ. = junger Verehrer *m.*

fi|lar|mo|ni|ca f. *(-che)* Philharmonie *f.* ◆ **la ~ di Berlino** die Berliner Philarmoniker. **fi|lar|mo|ni|co I** agg. *(-ci,-che)* philharmonisch: **orchestra -a** philharmonisches Orchester **II** m. *(-ci)* Philharmoniker *m.*: **i -ci di Vienna** die Wiener Philharmoniker ◆ **società -a** Philharmonie *f.*

fi|la|stroc|ca f. *(-che)* **1** Kinderreim *m.* **2** ESTENS. *(solfa)* Leier *f.*: **recitare sempre la stessa ~** immer dieselbe Leier hören lassen.

fi|la|te|li|a f. Philatelie *f.*, Briefmarkenkunde *f.* **fi|la|te|li|co I** agg. *(-ci, -che)* philatelistisch: **mostra -a** philatelistische Ausstellung **II** m. *(-ci)* → **filatelista. fi|la|te|li|sta** m. e f. *(-i,-e)* Philatelist *m.* (-in *f.*), Briefmarkensammler *m.* (-in *f.*).

fi|la|to I p.pass. agg. **1** → **filare 2** *(ininterrotto)* ununterbrochen: **discorso ~** ununterbrochene Rede; **parlare per tre ore -e** drei Stunden ununterbrochen reden **II** m. Garn *n.*: **~ di lino, misto** Leinen-, Mischgarn *n.*; **~ cucirino** Nähgarn *n.*; **~ cardato, pettinato** Streich-, Kammgarn *n.* ◆ **~ ritorto** Zwirn *m.*; **vetro ~** Fadenglas *n.*; **zucchero ~** Zuckerwatte *f.*

fi|la|to|io m. *(-oi)* Spinnmaschine *f.*; *(arcolaio)* Spinnrad *n.* **fi|la|to|re** m. Spinner *m.* **fi|la|tri|ce** f. **1** Spinnmaschine *f.* **2** *(operaia)* Spinnerin *f.*

fi|lat|te|rio m. *(-ri)* Gebetsriemen *m.*

fi|la|tu|ra f. **1** Spinnen *n.*, Spinnerei *f.*: **~ della lana** Wollspinnerei *f.*; **~ a mano, a macchina** Hand-, Maschinenspinnerei *f.* **2** *(opificio)* Spinnerei *f.*: **lavorare in una ~** in einer Spinnerei arbeiten.

file [faıl] m.inv. Datei *f.*: **creare, cancellare, copiare, salvare, spostare un ~** eine Datei an_legen, löschen, kopieren, speichern, verschieben; **~ di testo** Textdatei *f.* ◆ **nome (di) ~** Dateiname *m.*

fi|let|ta|re tr. **1** *(guarnire)* ab_setzen, verbrämen: **~ qcs. di rosso** etw. rot absetzen **2** MECC. **~ un foro, una vite** in ein Loch, in eine Schraube ein Gewinde schneiden ◆ MECC. **maschio per ~** Schneidbohrer *m.*, Gewindebohrer *m.* **fi|let|ta|to** p.pass. agg. **1** → **filettare 2** Gewinde-: **perno ~** Gewindestift *m.* ◆ MECC. **raccordo ~** Nippel *m.* **fi|let|ta|to|re** m. Gewindeschneider *m.* **fi|let|ta|tri|ce** f. Gewindeschneidmaschine *f.* **fi|let|ta|tu|ra** f. **1** Absetzen *n.*, Verbrämung *f.* **2** MECC. *(il filettare)* Gewindeschneiden *n.* **3** MECC. *(filetto)* Gewinde *n.*: **~ destra (destrorsa), sinistra (sinistrorsa)** rechtsdrehendes (*o* rechtsgängiges), linksdrehendes (*o* linksgängiges) Gewinde (*o* Rechts-, Linksgewinde *n.*) ◆ **a doppia ~** doppelgängig; **~ (a passo) elicoidale** Schneckengewinde *n.*; **~ interna** Muttergewinde *n.*

fi|let|to m. **1** *(cordoncino)* Schnur *f.* **2** MECC. *(filettatura)* Gewinde *n.* **3** *(gioco)* Mühle *f.*, Mühlespiel *n.*: **giocare a, fare ~** Mühle spielen, die Mühle schließen **4** GASTR. Filet *n.*: **~ di maiale, di acciuga** Schweine-, Sardellenfilet *n.* **5** COLLOQ. *(frenulo)* Bändchen *n.* ◆ **bistecca di ~** Filetsteak *n.*

1.fi|lia|le agg. kindlich, Kindes-: **amore ~** Kindesliebe *f.*

2.fi|lia|le f. Filiale *f.*, Niederlassung *f.*: **aprire, fondare, dirigere una ~** eine Filiale eröffnen, gründen, leiten; **~ di una banca** Bankfiliale *f.*; **una ~ all'estero** eine Niederlassung im Ausland ◆ **chiesa ~** Tochterkirche *f.*

fi|lia|zio|ne f. **1** Filiation *f.*, Abstammung *f.*: **~ (il)legittima** (il)legitime Filiation **2** FIG. *(derivazione)* Herleitung *f.*, Abstammung *f.*: **la ~ di una lingua da un'altra** die Herleitung einer Sprache aus einer anderen.

fi|li|bu|stie|re m. **1** *(pirata)* Filibuster *m.*, Filibustier *m.* **2** FIG. *(mascalzone)* Freibeuter *m.*

fi|lie|ra f. **1** TESS. Spinndüse *f.* **2** MECC. Schneideisen *n.* **3** ZOOL. Spinnorgan *n.*

fi|li|for|me agg. fadenförmig, filiform.

fi|li|gra|na f. **1** Filigran *n.*, Filigranarbeit *f.* **2** *(gioiello filigranato)* Filigranschmuck *m.* **3** FIG. *(lavoro preciso)* Feinarbeit *f.* **4** *(su carta)* Wasserzeichen *n.* ◆ **di, in ~** filigran, aus (*o* in) Filigran. **fi|li|gra|na|to** agg. **1** *(in filigrana)* filigran, Filigran-: **oro ~** Filigrangold *n.* **2** *(con filigrana)* Filigran-: **carta -a** Filigranpapier *n.*

fi|lip|pi|ca f. *(-che)* Philippika *f.*: **fare, tenere una ~** eine Philippika halten.

Fi|lip|pi|ne n.pr.pl. Philippinen *f.pl.*: **vivere nelle ~** auf den Philippinen leben. **fi|lip|pi|no I** agg. philippinisch: **le isole -e** die philippinischen Inseln **II** m. *(abitante)* Philippiner *m.*

Fi|lip|po n.pr.m. Philipp *m.*

fi|li|ste|i|smo m. Philisterei *f.*, Philistertum *n.*

fi|li|ste|o I agg. **1** STOR. *(dei Filistei)* Philister-, der Philister: **l'esercito ~** das Heer der Philister **2** FIG. *(meschino)* philiströs, philisterhaft: **mentalità -a** philiströse Mentalität **II** m. **1** STOR. Philister *m.* **2** ESTENS. Philister *m.*, Spießbürger *m.*

fil|los|se|ra f. Reblaus *f.*, Phylloxera *f.* **fil|lo|tas|si** f. Phyllotaxis *f.*

film m.inv. **1** *(pellicola)* Film *m.*, Filmstreifen *m.*: **~ a 16 mm., a 35 mm.** 16-mm-, 35-mm-Film *m.*; **~ a passo ridotto** Schmalfilm *m.* **2** *(opera cinematografica)* Film *m.*: **fare, girare un ~** filmen (*o* einen Film machen, drehen); **produrre, proiettare, vedere un ~** einen Film produzieren, vor_führen (*o* ab_spielen), sehen; **montare, sottotitolare, doppiare un ~** einen Film montieren (*o* cutten), untertiteln, synchronisieren; **il ~ è in programmazione da due settimane** der Film läuft seit zwei Wochen; **il ~ inizia, va in onda alle 9.00** der Film läuft um 9.00 Uhr ab, wird um 9.00 Uhr gesendet; **andare a vedere un ~** in einen Film gehen; **guardarsi un ~** sich einen Film an_sehen; **~ noioso, interessante, impegnato** langweiliger, interessanter, engagierter Film; **~ non vietato, vietato ai minori di 18 anni** jugendfreier, ab 18 Jahren freigegebener Film; **~ in super 8** Super-Acht-Film *m.* **3** *(strato sottile)* Film *m.*: **~ pro-**

tettivo Schutzfilm *m.* ◆ ~ ***d'amore*** Liebesfilm *m.*; ~ ***d'animazione*** Animationsfilm *m.* (*o* Zeichentrickfilm *m.*); ~ ***di avventure*** Abenteuerfilm *m.*; ~ ***d'azione*** Actionfilm *m.*; ~ ***in bianco e nero*** Schwarzweißfilm *m.*; ~ ***di cassetta*** Reißer *m.*; ~ ***a colori*** Farbfilm *m.*; ~ ***comico*** komischer Film; ~ ***in costume*** Kostümfilm *m.*; ~ ***a episodi*** Episodenfilm *m.*; ~ ***giallo*** Kriminalfilm *m.*; ~ ***di guerra*** Kriegsfilm *m.*; ~ ***a luci rosse*** → ~ ***porno(grafico)***; ~ ***muto*** Stummfilm *m.*; ~ ***dell'orrore*** Schauerfilm *m.*, Horrorfilm *m.*, Gruselfilm *m.*; ~ ***poliziesco*** → ~ ***giallo***; ~ ***porno(grafico)*** Pornofilm *m.*, Sexfilm *m.*; ~ ***di spionaggio*** Spionagefilm *m.*; ~ ***per la TV*** Fernsehfilm *m.*, Fernsehspiel *n.*; ~ ***in, su videocassetta*** Videofilm *m.*; ~ ***western*** Wildwestfilm *m.*, Western *m.* **fil|ma|re** tr. **1** ~ ***qcn., qcs.*** jdn, etw. filmen **2** *(ridurre a film)* verfilmen: ~ ***un romanzo*** einen Roman verfilmen. **fil|ma|to I** p.pass. agg. **1** → **filmare 2** Film-: ***riprese -e*** Filmaufnahmen *pl.* **II** m. *(servizio)* Filmbericht *m.*, Filmreportage *f.*: ***mandare in onda, far partire il*** ~ den Filmbericht ab‿laufen lassen. **fil|mi|co** agg. *(-ci,-che)* filmisch: ***linguaggio*** ~ filmische Sprache. **fil|mo|gra|fi|a** f. Filmographie *f.* **fil|mo|lo|gi|a** f. Filmkunde *f.* **fil|mo|te|ca** f. *(-che)* Filmothek *f.*

fi|lo m. (*-i* m.pl., *-a* f.pl.) **1a** Faden *m.*; *(filato)* Garn *n.*: ***infilare, tagliare un*** ~ einen Faden ein‿fädeln, ab‿schneiden; ***dipanare, avvolgere, torcere il*** ~ das Garn ab‿spulen, auf‿spulen, zusammen‿drehen (*o* zwirnen); ***gomitolo, rocchetto, spoletta di*** ~ Garnknäuel *m.* e *n.*, Garnrolle *f.*, Garnspule *f.*; ~ ***di lana, cotone, lino, seta*** Woll-, Baumwoll-, Leinen-, Seidenfaden *m.*; ***le -a di un tessuto*** die Fäden eines Gewebes **b** ESTENS. Faden *m.*: ***il formaggio fa i -i, le -a*** der Käse zieht Fäden; ***togliere il ~ ai fagiolini*** die Fäden von den Bohnen ab‿ziehen; ***i -i della ragnatela*** die Spinnenfäden **c** FIG. *(sequenza;* pl. *-a)* Faden *m.*: ***seguire il ~ del racconto, dei ricordi*** dem Faden der Erzählung, der Erinnerung folgen **2** TESS. *(filato di cotone)* gekämmte Baumwolle *f.*: ***maglietta di*** ~ Unterhemd aus gekämmter Baumwolle **3** *(di erba, paglia...)* Halm *m.*: ***un ~ d'erba*** ein Grashalm **4a** *(metallico)* Draht *m.*: ***collegare due -i*** zwei Drähte verbinden; ***diametro del*** ~ Drahtstärke *f.* **b** *(del telefono)* Draht *m.*, Leitung *f.*: ***all'altro capo del ~ non c'è nessuno*** am anderen Ende (des Drahtes) meldet sich niemand **5** EL. *(filo elettrico isolato)* Kabel *n.*, COLLOQ. Schnur *f.*; *(linea)* Leitung *f.*: ***i -i della luce*** die Lichtleitung; ***il ~ della lampada, del ferro da stiro*** das Kabel der Lampe, des Bügeleisens; ***il ~ dell'alta tensione*** die Hochspannungsleitung **6** *(filza)* Schnur *f.*: ***un ~ di perle*** eine Perlenschnur; ***infilare le perle su un*** ~ Perlen auf eine Schnur ziehen (auf‿ziehen) **7** *(corda dell'equilibrista)* Seil *n.* **8** *(corda da bucato)* Leine *f.*: ***stendere la biancheria sul*** ~ die Wäsche auf die Leine hängen **9** *(di lama)* Schneide *f.*, Schärfe *f.*: ***il ~ del coltello*** die Messerschneide; ***perdere il*** ~ die Schärfe verlieren, stumpf werden; ***rifare il ~ al coltello, alle forbici*** das Messer schärfen, die Schere schleifen **10** *(di liquidi)* Tropfen *m.*: ***un ~ d'olio*** ein Tropfen Öl **11** FIG. *(piccola quantità)* Funke *m.*, (ein) bisschen: ***un ~ di speranza*** ein Funken Hoffnung; ***non ha un ~ di classe*** er hat kein bisschen Klasse **12** EDIL. *(di muro)* Flucht *f.* ◆ TESS. ***tagliare a*** ~ fadengerade schneiden; EDIL. ***mettere a*** ~ fluchten; ~ ***d'acciaio*** Stahldraht *m.*; ~ ***aereo*** Freileitung *f.*, Oberleitung *f.*; *(di filobus, tram)* Fahrdraht *m.*; ***essere appeso a un*** ~ an einem (dünnen, seidenen) Faden hängen; TECN. ~ ***di apporto*** Schweißdraht *m.*; ~ ***d'argento*** Silberdraht *m.* (anche FIG.); ***non c'era un ~ d'aria*** kein Lüftchen rührte, regte sich; ~ ***di Arianna*** Ariadnefaden *m.*; ***essere attaccato a un*** ~ → ***essere appeso a un*** ~; ***avere le -a di qcs.*** die Fäden von etw. in der Hand haben; EL. ***cavo a tre, otto -i*** dreiadriges, achtadriges Kabel; ~ ***chirurgico*** Katgut *n.*; ~ ***conduttore*** Leitungsdraht *m.*, FIG. roter Faden; ~ ***per cucire***, ~ ***cucirino*** Nähgarn *n.*, Nähfaden *m.*; ~ ***di derivazione*** Ableitungsdraht *m.*; ***tagliare di*** ~ → ***tagliare secondo il*** ~; ~ ***diretto*** direkter Draht; FIG. ***avere un ~ diretto con qcn.*** zu jdm einen direkten Draht haben; ***perdere, riprendere (ritrovare) il ~ del discorso*** den Faden (des Gesprächs), den Gesprächsfaden verlieren, wieder auf‿nehmen; ***essere cucito, legato a ~ doppio con qcn.*** = mit jdm eng verbunden sein; ~ ***elettrico*** elektrisches Kabel, elektrische Leitung; COLLOQ. ***fare il ~ a qcn.*** jdm den Hof machen; ***fil di ferro*** Draht *m.*, Eisendraht *m.*; ***un ~ di fumo*** ein Rauchschwaden; ~ ***fusibile*** Abschmelzdraht *m.*; ***non avere un ~ di grasso*** keinen Speck (auf den Rippen) haben; ~ ***per, da imbastire*** Heftgarn *n.*, Heftfaden *m.*, Reihgarn *n.*; ~ ***interdentale*** Zahnseide *f.*; SPORT ~ ***di lana*** → ~ ***del traguardo***; ***a fil di logica*** logischerweise; ***un ~ di luce*** ein schwacher (*o* schmaler) Lichtstrahl; ~ ***metallico*** Draht *m.*; ~ ***d'ordito*** Kett(en)faden *m.*, Längsfaden *m.*; ~ ***d'oro*** Goldfaden *m.*; FIG. ***-i d'oro*** Goldsträhne *pl.*; FIG. ***perdere il*** ~ den Faden verlieren; ~ ***a piombo*** Lot *n.*, Senkblei *n.*, Senklot *n.*; ~ ***di rame*** Kupferdraht *m.*; ~ ***da rammendo*** Stopfgarn *n.*; ***essere sul ~ del rasoio*** auf des Messers Schneide stehen; ***reggere le -a di qcs.*** → ***tenere le -a di qcs.***; ~ ***da ricamo*** Stickgarn *n.*; FIG. ~ ***rosso*** roter Faden; MAR. ***navigare a fil di ruota*** vor dem Wind segeln; ***un ~ di sangue*** ein Faden Blut; ~ ***della schiena*** = Wirbelsäule *f.*, Rückgrat *n.*; ~ ***di Scozia*** supergekämmtes Baumwollgarn; ***tagliare secondo il*** ~ *(legno, carne)* der Faser nach, in Faserrichtung schneiden; ***per ~ e per segno*** in allen Einzelheiten (*o* haarklein); ***senza*** ~ fadenlos; *(non affilato)* stumpf; TECN. ***senza -i*** drahtlos: ***telegrafia senza -i*** drahtlose Telegraphie; ***passare qcn. a fil di spada*** jdn über die Klinge springen lassen; ~ ***spinato*** Stacheldraht *m.*; ***tagliare i -i (della luce, del telefono)*** das Gas, Telefon sperren; ~ ***del telefono*** Telefonschnur *f.*; ***telefono senza*** ~ schnurloses Telefon; GIOC. stille Post; ***telegrafo senza -i*** drahtloser Telegraph; ***tenere le -a di qcs.*** die Fäden von etw. halten; ***tirare le -a (di qcs.)*** die Bilanz (von etw.) ziehen; ***dar del ~ da torcere a qcn.*** jdm eine harte Nuss zu knacken geben, jdm zu schaffen machen; ~ ***del traguardo*** Zielband *n.*; ~ ***di trama*** Schussfaden *m.*, Einschlagfaden *m.*; FIG. ***trovare il*** ~ den richtigen Weg finden; ~ ***tubolare*** Rohrdraht *m.*; ***un ~ di vento*** ein leichter Wind, ein Windhauch; ***-i della Vergine*** Altweibersommer *m.*, Marienfäden *pl.*; ~ ***della vita*** Lebensfaden *m.*; ***un ~, fil di voce*** eine kaum hörbare Stimme; ~ ***di zinco*** Zinkdraht *m.*

fi|lo|a|me|ri|ca|no I agg. amerikafreundlich **II** m. Amerikafreund *m.*

fi|lo|bus m.inv. Oberleitungsomnibus *m.*, Obus *m.*

fi|lo|co|mu|ni|sta *(-i,-e)* **I** agg. prokommunistisch **II** m. e f. kommunistischer Sympathisant *m.* (-in *f.*).

fi|lo|den|dro m. Philodendron *m.* e *n.*

fi|lo|dif|fu|sio|ne f. Drahtfunk *m.*

fi|lo|dram|ma|ti|ca f. Laienspiel *n.*, Laientheater *n.* **fi|lo|dram|ma|ti|co I** agg. *(-ci,-che)* Laienspiel-: ***compagnia -a*** Laienspielgruppe *f.*, Spielkreis *m.* **II** m. *(-ci)* Laienschauspieler *m.*

fi|lo|fa|sci|sta *(-i,-e)* **I** agg. profaschistisch, faschistenfreundlich **II** m. e f. Faschistenfreund *m.* (-in *f.*), faschistischer Sympathisant *m.* (-in *f.*).

fi|lo|ge|ne|si f. Stammesgeschichte *f.*, Phylogenese *f.* **fi|lo|ge|ne|ti|co** agg. *(-ci,-che)* stammesgeschichtlich, phylogenetisch. **fi|lo|ge|ni|a** f. Phylogenie *f.*

fi|lo|go|ver|na|ti|vo agg. regierungsfreundlich.

fi|lo|lo|gi|a f. Philologie *f.* **fi|lo|lo|gi|co** agg. *(-ci,-che)* philologisch. **fi|lo|lo|gi|smo** m. (übertriebene) philologische Auslegung *f.* **fi|lo|lo|go** m. *(-gi)* Philologe *m.*

Fi|lo|me|na n.pr.f. Philomena (*o* Philomene) *f.*

fi|lo|na|zi|sta *(-i,-e)* **I** agg. nazifreundlich **II** m. e f. Nazisympathisant *m.* (-in *f.*).

fi|lon|ci|no m. kleines Stangenbrot *n.*

1.fi|lo|ne m. **1** GEOL. Ader *f.*, Gang *m.*; *(orizzontale)* Flöz *n.*: ~ ***metallifero, argentifero*** Erz-, Silberader *f.*; ~ ***carbonifero*** Kohlenflöz *n.* **2** *(forma di pane)* Stange *f.*: ***un ~ di pane*** eine Stange Brot, ein Stangenbrot **3** FIG. Strömung *f.*, Richtung *f.*

2.fi|lo|ne m. REGION. Schlauberger *m.*

fi|lo|nu|cle|a|re I agg. die Atomkraft befürwortend **II** m. e f. Atomkraftbefürworter *m.* (-in *f.*).

fi|lo|se|mi|ta *(-i,-e)* **I** agg. philosemitisch **II** m. e f. Philosemit *m.* (-in *f.*). **fi|lo|se|mi|ti|smo** m. Philosemitismus *m.*

fi|lo|so|fa|le agg. ***la pietra*** ~ der Stein der Weisen.

fi|lo|so|fa|re intr. *(filosofo;* aus. *avere)* philosophieren: ~ ***su qcs.*** über etw. philosophieren. **fi|lo|so|fa|stro** m. Philosophaster *m.* **fi|lo|so|feg|gia|re** intr. *(filosofeggio, filosofeggi;* aus. *avere)* SPREG. eine Philosophie aus‿arbeiten, den Philosophen spielen. **fi|lo|so|fe|ma** m. Philosophem *n.*

fi|lo|so|fi|a f. Philosophie *f.*: ***insegnare, studiare*** ~ Philosophie lehren, studieren; ***la ~ di Hegel*** die Hegelsche Philosophie; ***dottore in*** ~ Doktor der Philosophie; ***storia della*** ~ Geschichte der Philosophie; ESTENS. ***la nuova ~ della nostra azienda*** die neue Philosophie unseres Unternehmens; ***avere una propria ~ di vita*** eine eigene Lebensphilosophie haben; *(imperturbabilità)* ***prendere qcs. con*** ~ etw. gelassen nehmen ◆ ~ ***del linguaggio*** Sprachphilosophie *f.*; ~ ***morale*** Sittenlehre *f.*, Moralphilosophie *f.*; ~ ***politica*** Staatsphilosophie *f.*

fi|lo|so|fi|ca|men|te avv. **1** philosophisch **2** FIG. *(con imperturbabilità)* gelassen.

fi|lo|so|fi|co agg. *(-ci,-che)* **1** philosophisch: ***il pensiero*** ~ das philosophische Denken **2** ESTENS. gelassen: ***atteggiamento*** ~ gelassene Haltung. **fi|lo|so|fi|smo** m. SPREG. Neigung *f.* zur Abstraktheit. **fi|lo|so|fo** m. Philosoph *m.* (anche ESTENS.) ◆ ***da*** ~ gelassen.

fi|lo|so|vie|ti|co agg. *(-ci,-che)* prosowjetisch.

fi|lo|te|de|sco agg. *(-schi,-sche)* deutschfreundlich.

fi|lo|vi|a f. Oberleitungsomnibuslinie *f.*

fil|tra|bi|le agg. filtrierbar. **fil|trag|gio** m. *(-gi)* Filtration *f.*, Filterung *f.* **fil|tran|te** agg. **1** Filter-: ***cartuccia*** **~** Filtereinsatz *m.*; EL. ***circuito*** **~** Filterkreis *m.* **2** EDIL. IDR. Sicker-: ***pozzo, fossa*** **~** Sickerschacht *m.*, Sickergrube *f.*

fil|tra|re I tr. **1a** filtern, filtrieren, durch‿seihen: **~ *il vino, l'olio*** den Wein, das Öl filtern **b** CHIM. FARM. filtrieren, kolieren **2a** FIG. *(selezionare)* filtern, heraus‿filtern: **~ *le notizie*** Nachrichten herausfiltern **b ~ *le amicizie*** seine Freunde aus‿wählen **3** *(rielaborare mentalmente)* geistig verarbeiten: **~ *un'esperienza*** eine Erfahrung geistig verarbeiten **II** intr. (aus. *essere*) **1** sickern, versickern, durch‿sickern: ***l'acqua piovana filtra nel terreno*** das Regenwasser sickert in den Boden **2** *(di fonte luminosa)* durch‿scheinen, scheinen, durch‿dringen, dringen: ***il sole filtra attraverso i rami*** die Sonne scheint durch die Zweige; ***un filo di luce filtra dalle persiane*** ein Lichtstrahl dringt durch die Fensterläden **3** FIG. *(giungere, arrivare)* fließen; *(trapelare)* durch‿sickern: ***le informazioni non filtrano*** die Informationen fließen nicht. **fil|tra|to I** p.pass. agg. **1** → **filtrare 2** filtriert: ***un liquido*** **~** eine filtrierte Flüssigkeit **II** m. Filtrat *n.* **fil|tra|tu|ra** f. → **filtrazione. fil|tra|zio|ne** f. Filtration *f.*, Filtrierung *f.*

1.fil|tro m. **1a** Filter *m.* e *n.*: ***mettere un*** **~** einen Filter ein‿setzen (*o* vor‿setzen); ***sostituire, cambiare il*** **~** den Filter wechseln **b** *(per il caffè)* Kaffeefilter *m.* **2** FOT. Filter *m.*, Maske *f.*: **~ *nero, giallo, verde, colorato*** Schwarz-, Gelb-, Grün-, Farbfilter *m.*; ***correggere con un*** **~** maskieren, mit einem Filter (*o* mit einer Maske) korrigieren **3** FIG. Auswahl *f.*, Läuterung *f.*, selektive Wirkung *f.*: ***fare da*** **~** als Auswahlmechanismus wirken; ***il*** **~ *della ragione, del tempo*** die selektive Wirkung der Vernunft, der Zeit; ***operare un*** **~ *rigoroso*** eine strenge Auswahl vor‿nehmen **4** *(bustina di tè o infuso)* Teebeutel *m.* **5** CHIM. Nutsche *f.* **6** RAD. Siebkreis *m.*, Filterkreis *m.* **7** TECN. *(nelle tubature)* Schmutzfänger *m.* ◆ **~ *antifuliggine*** Rußfilter *m.*; **~ *dell'aria*** Luftfilter *m.*; ***bocchino per*** **~** Filtermundstück *n.*; **~ *del carburante*** Kraftstofffilter *m.*; ***carta da*** **~** Filterpapier *n.*, Filterpierpapier *n.*; **~ *di carta*** *(per caffè)* Filtertüte *f.*; **~ *a catena*** Siebkette *f.*; **~ *diffusore*** Weichzeichner *m.*; FARM. **~ *per liquidi*** Filtersack *m.*; **~ *dell'olio*** Ölfilter *m.*; **~ *ottico*** Lichtfilter *m.*; **~ *passabanda*** Bandfilter *m.*; **~ *polarizzatore*** Polarisationsfilter *m.*; **~ *al quarzo*** Quarzfilter *m.*; **~ *del rumore*** Rauschfilter *m.*; ***sigaretta con, senza*** **~** Filterzigarette *f.*, filterlose Zigarette (*o* Zigarette ohne Filter); **~ *UV*** UV-Filter *m.*

2.fil|tro m. Trank *m.*: **~ *magico, d'amore*** Zaubertrank *m.*, Liebestrank *m.*

fi|lu|gel|lo m. Seidenraupe *f.*

fil|za f. **1** Schnur *f.*: ***una*** **~ *di perline di vetro colorate*** eine Schnur farbiger Glasperlen **2** FIG. *(serie, sequela)* Reihe *f.*: ***una*** **~ *di errori*** eine Reihe von Fehlern **3** *(di documenti)* Bündel *n.*, Aktenbündel *n.* **4** *(imbastitura)* Heftstich *m.*

fi|mo m. LETT. Mist *m.*

fi|mo|si, fi|mo|si f. Vorhautverengung *f.*, Phimose *f.*

fin → **fino.**

fi|nac|ché ANT. → **finché.**

fi|na|le I agg. Schluss-, End-, Abschluss-, abschließend: ***sillaba*** **~** Endsilbe *f.*; ***fase, parte, punto*** **~** Schlussphase (*o* Endphase) *f.*, Schlussteil *m.*, Schlusspunkt *m.*; ***gara, vittoria*** **~** Endspiel *n.* (*o* Endkampf *m.*), Endsieg *m.*; ***risultato*** **~** Schlussergebnis (*o* Endergebnis) *n.*; ***esame*** **~** Abschlussprüfung *f.*; *(definitivo)* ***decisione*** **~** Schlussentscheidung *f.* **II** m. **1** Schluss *m.*, Ende *n.*: ***il*** **~ *di un romanzo*** der Schluss eines Romans **2a** TEATR. CINEM. Finale *n.*: ***un*** **~ *drammatico*** ein dramatisches Finale **b** MUS. Finale *n.*, Schlusssatz *m.* **3** SPORT Endspurt *m.*, Ende *n.*: ***il*** **~ *della corsa*** der Endspurt des Wettrennens; ***vincere, imporsi sul*** **~** am Ende gewinnen, sich am Ende durch‿setzen **III** f. **1** LING. Auslaut *m.* **2** GRAMM. Finalsatz *m.*, Absichtssatz *m.* **3** SPORT Finale *n.*, Endspiel *n.*, Endkampf *m.*: ***entrare in*** **~** ins Finale kommen; ***qualificarsi per la*** **~** sich für das Finale qualifizieren; ***giocare, vincere la*** **~** das Finale spielen, gewinnen; **~ *di coppa*** Pokalendspiel *n.* ◆ SPORT ***fischio*** **~** Abpfiff *m.*, Schlusspfiff *m.*; ***il giudizio*** **~** das Jüngste (*o* Letzte) Gericht; ***il gran*** **~** das große Finale; GRAMM. ***proposizione*** **~** Finalsatz *m.*, Absichtssatz *m.*; ***quarti, ottavi di*** **~** Viertelfinale *n.*, Achtelfinale *n.*; STOR. ***soluzione*** **~** Endlösung *f.*; **~ *a sorpresa*** überraschendes Ende; ***dare il tocco*** **~ *a qcs.*** etw. (D) den letzten Schliff geben.

fi|na|lis|si|ma f. großes Endspiel *n.*, großes Finale *n.*

fi|na|li|smo m. Finalismus *m.*

fi|na|li|sta *(-i,-e)* **I** m. e f. Endspielteilnehmer *m.* (-in *f.*), Finalist *m.* (-in *f.*) **II** agg. zum Endspiel zugelassen.

fi|na|li|sti|co agg. *(-ci,-che)* finalistisch.

fi|na|li|tà f.inv. **1** Zweck *m.*: ***la*** **~ *del proprio agire*** der Zweck seines Handelns; ***le*** **~ *di un'associazione*** die Zwecke eines Vereins; **~ *oscure*** dunkle Zwecke **2** FILOS. Finalität *f.*

fi|na|liz|za|re tr. **~ *qcs. a qcs.*** etw. auf etw. aus‿richten: **~ *l'intervento educativo al bene del bambino*** die Erziehungsmaßnahme auf das Wohl des Kindes ausrichten. **fi|na|liz|za|to** p.pass. agg. **1** → **finalizzare 2** zweckgerichtet, zielgerichtet, zweckhaft: ***interventi -i*** zielgerichtete Maßnahmen.

fi|nal|men|te avv. **1** *(infine)* endlich: **~ *ti sei deciso!*** endlich (einmal) hast du dich entschieden! **~ *siamo in vacanza!*** endlich haben wir Urlaub! **2** *(da ultimo)* schließlich.

fi|nan|che avv. sogar, auch.

fi|nan|za f. **1** Geldwesen *n.*, Finanz *f.*, Finanzwesen *n.* **2** *(finanzieri)* Finanz *f.*, Finanzleute *pl.* **3** = Polizeikorps für die Zoll- und Steuerkontrolle **4** pl. SCHERZ. *(disponibilità economiche)* Finanzen *pl.*: ***le mie -e non mi permettono di andare in vacanza*** meine Finanzen erlauben mir nicht, in Urlaub zu fahren ◆ ***alta*** **~** Hochfinanz *f.*; ***guardia di*** **~** = Polizeikorps für die Zoll- und Steuerkontrolle; ***intendente di*** **~** Finanzbeamte *m.*; ***intendenza di*** **~** Finanzamt *n.*; ***ministro delle -e*** Finanzminister *m.*; ***ministero delle -e*** Finanzministerium *n.*; ***mondo della*** **~** Finanzwelt *f.*; **~ *pubblica*** Staatsfinanzen *pl.*; ***scienza delle -e*** Finanzwissenschaft *f.*

fi|nan|zia|men|to m. Finanzierung *f.*: ***-i illeciti*** unerlaubte Finanzierungen; ***chiedere, cercare, ottenere un*** **~** um eine Finanzierung bitten, eine Finanzierung suchen, erhalten; ***erogare un*** **~ *a lungo, a breve termine*** eine langfristige, kurzfristige Finanzierung gewähren; ***piano di -i*** Finanzierungsplan *m.*; ***fondi di*** **~** Finanzmittel *pl.*

fi|nan|zia|re tr. *(finanzio, finanzi)* finanzieren: **~ *un'impresa, un'iniziativa culturale*** einen Betrieb, eine kulturelle Initiative finanzieren.

fi|nan|zia|ria f. **1** Finanzgesellschaft *f.*, Holdinggesellschaft *f.* **2** *(legge)* Finanzgesetz *n.* **fi|nan|zia|ria|men|te** avv. finanziell, finanz-: ***un'azienda*** **~ *solida, forte, debole*** eine finanzkräftige, finanzstarke, finanzschwache Firma.

fi|nan|zia|rio agg. *(-ri,-rie)* finanziell, Finanz-: ***d'interesse*** **~** von finanziellem Interesse; ***avere preoccupazioni -rie*** finanzielle Sorgen haben; ***anno*** **~** Finanzjahr *n.*; ***commissione -a*** Finanzausschuss *m.*; ***consulente, esperto*** **~** Finanzberater *m.*, Finanzsachverständige *m.*; ***controllo*** **~** Finanzkontrolle *f.*; ***crisi -a*** Finanzkrise *f.*; ***diritto*** **~** Finanzrecht *n.*; ***legge -a*** Finanzgesetz *n.*; ***programma*** **~** Finanzplan *m.*; ***politica, economia -a*** Finanzpolitik *f.*, Finanzwirtschaft *f.*; ***perequazione -a*** Finanzausgleich *m.*; ***risorse -rie*** Finanzkraft *f.*; ***situazione -a*** Finanzlage *f.*

fi|nan|zia|to|re I agg. Finanzierungs-: ***ente*** **~** Finanzierungsträger *m.* **II** m. Geldgeber *m.*

fi|nan|zie|ra f. **1** *(redingote)* Gehrock *m.* **2** GASTR. INTRAD. (Gericht aus Hühnereingeweiden und Pilzen).

fi|nan|zie|re m. **1** Finanzier *m.*, Finanzmann *m.* **2** *(della guardia di finanza)* = Polizeibeamter *m.* für die Zoll- und Steuerkontrolle.

fin|ca f. *(-che)* **1** *(colonna di un registro)* Spalte *f.* **2** *(tabella di dati)* Tabelle *f.*

fin|ché cong. **1** solang(e): **~ *sei ammalato, devi restare a casa*** solang du krank bist, musst du zu Hause bleiben; **~ *vuoi*** solange, wie du Lust hast **2** *(fino al momento in cui)* bis: ***aspetta,*** **~ *non ritorna*** warte, bis er zurückkommt; ***non parlo con lui*** **~ *non si scusa*** ich spreche nicht mit ihm, bis er sich entschuldigt hat; ***non si è dato pace,*** **~ *non ha ottenuto ciò che voleva*** er ruhte nicht eher, bis er erhielt, was er wollte.

1.fi|ne I f. **1** Ende *n.*, Schluss *m.*: ***la*** **~ *della conferenza, del film*** das Ende des Vortrags, des Films; ***alla*** **~ *della strada, di una fila*** am Ende der Straße, am Schluss einer Reihe; ***alla*** **~ *di maggio, a*** **~ *maggio*** Ende Mai; ***alla*** **~ *dell'anno*** am Ende (*o* Schluss) des Jahres, am Jahresende; ***per, a*** **~ *mese*** zum Ende des Monats (*o* am, zum Monatsende); ***avere*** **~** ein Ende haben; ***portare qcs. alla*** **~** etw. zu Ende bringen, führen; ***porre, mettere*** **~ *a qcs.*** etw. (D) ein Ende bereiten, machen (*o* mit etw. Schluss machen); ***rimanere fino alla*** **~** bis zum Schluss bleiben; ***volgere alla*** **~** zu Ende gehen; ***non vedere la*** **~ *della crisi economica*** das Ende einer ökonomischen Krise nicht ab‿sehen **2a** *(morte)* Tod *m.*, Ende *n.*: COLLOQ. ***è alla*** **~** mit ihm geht es zu Ende; ***fare una bella*** **~** einen schönen Tod haben; ***fare la*** **~ *di qcn.*** so wie jd enden **b** *(rovina)* ***precipitare verso la*** **~** sich ins Verderben stürzen **II** m. **1** *(scopo)* Ziel *n.*, Zweck *m.*: ***prefiggersi, proporsi, perseguire un*** **~** sich ein Ziel setzen (*o* stecken), einen Zweck verfolgen; ***conseguire, non raggiungere un*** **~** einen Zweck erreichen (*o* erfüllen), verfehlen; ***a che*** **~*?*** zu welchem Zweck? (*o* wozu, wofür?); ***a tal*** **~** zu diesem Zweck (*o* dazu, dafür) **2** *(esito)* Ende *n.*, Ausgang *m.*: ***un'avventura a lieto*** **~** ein Abenteuer mit gutem Ausgang; *(nei libri, film)* ***lieto*** **~** Happy End *n.* ◆ ***a*** **~ *di*** um zu...; ***alla*** **~** am Ende, am (*o* zum) Schluss, schließlich, endlich; ***essere alla*** **~ *di qcs.*** mit etw. am Ende sein; ***a fin di bene*** in bester Absicht; *(a scopo caritativo)* für einen guten Zweck; FIG. ***fare una brutta*** **~** ein böses Ende nehmen;

COMM. ***clausola salvo buon ~*** unter üblichem Vorbehalt; ***portare, condurre qcs. a buon ~*** etw. einem glücklichen Ende zu_führen, etw. zu einem glücklichen Abschluss bringen; ***non giungere a buon ~*** auf keinen grünen Zweig kommen; ***in fin dei conti*** letzten Endes, nachgerade; COLLOQ. ***che ~ ha fatto tua sorella?*** was ist mit deiner Schwester geschehen? was ist aus deiner Schwester geworden? ***che ~ ha fatto la biro?*** wo ist der Kuli hingekommen? ***alla ~ della fiera, alla fin ~*** letzten Endes; ***fino alla ~*** bis zum bitteren Ende; ***la ~ del mondo*** das Ende der Welt, der Weltuntergang; FIG. ***essere la ~ del mondo*** sagenhaft sein; ***~ di parola*** Wortende *n.*; FIG. ***non avere né principio né ~*** *(essere in eterno)* weder Anfang noch Ende haben; *(non avere né capo né coda)* weder Hand noch Fuß haben; ***buona ~ e miglior principio!*** glückliches neues Jahr! ***essere ~ a se stesso*** Selbstzweck sein; ***secondo ~*** Hintergedanke *m.*, Nebenabsicht *f.*; ***senza secondi -i*** ohne Hintergedanken; ***senza ~*** ohne Ende, endlos; ***è in fin di vita*** es geht mit ihm zu Ende; PROV. ***il ~ giustifica i mezzi*** der Zweck heiligt die Mittel.

2.fi|ne agg. **1** fein, dünn: ***un filo molto ~*** ein sehr feiner (*o* dünner) Faden; ***pioggerellina ~*** feiner Regen; ***sabbia ~*** feiner Sand **2** *(acuto)* fein, scharf: ***udito, vista ~*** feines (*o* scharfes) Gehör, scharfe Augen; ***una ~ ironia*** eine feine Ironie; ***ingegno ~*** scharfer Verstand **3** *(delicato)* fein, fein geschnitten: ***lineamenti -i*** feine Züge; ***un viso ~*** ein fein geschnittenes Gesicht **4** *(raffinato)* fein, Fein-, erlesen, auserlesen: ***biancheria, ceramica ~*** feine Wäsche, Feinkeramik *f.*; ***pasticceria ~*** feines Gebäck, Feingebäck *n.*; ***stoffe -i*** (aus)erlesene Stoffe **5** *(elegante, distinto)* fein, vornehm: ***una signora molto ~*** eine sehr feine Frau; ***maniere molto -i*** sehr vornehme Manieren **6** *(molto preciso)* fein, Fein-: ***meccanica ~*** Feinmechanik *f.* ◆ ***aria ~*** reine Luft; ***~ come un capello*** haarfein; REGION. ***fa ~ (ma non impegna)*** etw. macht eine gute Figur (ohne weiter zu verpflichten); ***~ come la polvere*** pulverfein.

fi|ne|men|te avv. **1** fein, fein-: ***macinato ~*** fein gemahlen **2** *(sottilmente)* dünn **3** *(acutamente)* fein, scharfsinnig **4** *(con arte, abilmente)* fein, meisterhaft **5** *(con eleganza)* fein, elegant.

fi|ne set|ti|ma|na m. e f.inv. Wochenende *n.*: ***il, al ~*** am Wochenende; ***andare via per il, nel ~*** über das Wochenende verreisen; ***buon ~!*** schönes Wochenende!

fi|ne|stra f. **1a** Fenster *n.*: ***aprire, chiudere la ~*** das Fenster öffnen, schließen; ***socchiudere, sbattere la ~*** das Fenster halb schließen (*o* an_lehnen), zu_schlagen; ***affacciarsi, farsi alla ~*** ans Fenster treten, sich am Fenster zeigen; ***la ~ dà sulla strada, guarda a sud*** das Fenster geht auf die Straße hinaus, sieht nach Süden; ***una ~ sul cortile, sulla strada*** ein Fenster zum Hof, zur Straße; ***buttare, gettare qcs. dalla ~*** etw. aus dem Fenster werfen; ***guardare (fuori) dalla ~*** aus dem Fenster sehen, schauen, zum Fenster hinaus_schauen; ***mettersi alla ~*** sich ans Fenster stellen; ***mettere le tende alla ~*** die Gardinen ans Fenster hängen **b** *(di buste commerciali)* ***una busta con, a ~*** ein Umschlag mit Fenster, ein Fensterbriefumschlag **c** INFORM. ***aprire, chiudere la ~*** das Fenster öffnen, schließen **2a** TIP. *(spazio in bianco)* Lücke *f.* **b** *(nei denti)* Zahnlücke *f.* **3** pl. LETT. *(occhi)* Augen *pl.* **4** GEOL. *(squarcio)* Einbruch *m.*: ***~ tettonica*** tektonische Einbruchstelle ◆ ***~ ad arco*** Bogenfenster *n.*; ***~ a bilico*** Klappfenster *n.*, Kippfenster *n.*; ***~ a bovindo*** Erkerfenster *n.*; ***~ cieca*** → ***~ finta***; ***doppia ~*** Doppelfenster *n.*; ***~ a due ante, battenti*** Flügelfenster *n.*; ***~ finta*** Blendfenster *n.*; ***~ a ghigliottina*** Fallfenster *n.*; ***~ con inferriata*** Gitterfenster *n.*; FIG. ***mettere alla ~*** zur Schau stellen; ***~ ogivale*** Spitzbogenfenster *n.*; ***~ panoramica*** Panoramafenster *n.*; ***entrare, passare per la ~*** durchs Fenster steigen; FIG. *(prendere vie traverse)* sich auf krumme Touren ein_lassen (*o* krumme Wege gehen); ***(uscire dalla porta e) rientrare dalla ~*** durch die Hintertür wieder herein_kommen; ***~ scorrevole*** Schiebefenster *n.*; ***buttare, gettare i soldi dalla ~*** Geld zum Fenster hinaus_werfen (*o* Geld auf die Straße werfen); ***stare alla ~*** am Fenster stehen; FIG. tatenlos zu_sehen, an_sehen; ***~ con zanzariera*** Fliegenfenster *n.*

fi|ne|stra|to agg. Fenster-, gefenstert. **fi|ne|strel|la** f. **1** Fensterluke *f.* **2** SCHERZ. *(nei denti)* Zahnlücke *f.*

fi|ne|stri|no m. **1** Fensterchen *n.* **2** *(di mezzi di trasporto)* Fenster *n.*: ***alzare, abbassare il ~*** das Fenster hoch_kurbeln, herunter_kurbeln; COLLOQ. *(con alzacristalli elettrico)* das Fenster hoch_lassen, herunter_lassen; ***aprire, chiudere, pulire il ~*** das Fenster auf_machen, zu_machen, sauber_machen (*o* säubern) **3** *(oblò)* Bullauge *n.*, Ochsenauge *n.* ◆ ***non gettare oggetti dal ~*** keine Gegenstände aus dem Fenster werfen; ***~ laterale*** Seitenfenster *n.*; ***~ posteriore*** Rückfenster *n.*; ***posto accanto al ~*** Fensterplatz *m.*; ***è severamente vietato sporgersi dai -i*** nicht hinaus_lehnen. **fi|ne|stro|ne** m. **1** großes Fenster *n.* **2** *(portafinestra)* Fenstertür *f.*

fi|nez|za f. **1** Feinheit *f.*, Dünne *f.* **2** FIG. *(acutezza)* Feinheit *f.*, Schärfe *f.*: ***~ d'ingegno*** Scharfsinnigkeit *f.* **3** *(eleganza)* Feinheit *f.*, Feinsinnigkeit *f.*: ***~ di gusto, di stile*** Feinheit des Geschmacks, Stils **4** *(cortesia, pensiero gentile)* Höflichkeit *f.*, Gefälligkeit *f.*, Gefallen *n.*: ***apprezzare una ~ da parte di qcn.*** jds Gefälligkeit schätzen.

fin|ge|re *(fingo, fingi; finsi; finto)* **I** tr. vor_täuschen, vor_spielen; ***~ meraviglia, stupore*** Bewunderung, Erstaunen heucheln; ***~ uno svenimento*** eine Ohnmacht vortäuschen **II** intr. (aus. *avere*) sich verstellen, heucheln, vor_spielen: ***~ con qcn. in qcs.*** jdm etw. vorspielen; ***non saper ~*** sich nicht verstellen können; ***non dorme, finge soltanto*** er schläft nicht, er tut nur so **III** pronom. **fingersi** sich stellen: ***-rsi cieco, morto*** sich blind, tot stellen. **fin|gi|men|to** m. ANT. Vortäuschung *f.*, Verstellung *f.*, Heuchelei *f.*

fi|ni|men|to m. **1** *(ornamento)* Verzierung *f.* **2** pl. *(bardatura)* Zaumzeug *n.*, Sattelzeug *n.*, Geschirr *n.*

fi|ni|mon|do m. Mordskrach *m.*, großer Krawall *m.*: ***è successo un ~!*** es hat einen Mordskrach gegeben! ***si è scatenato il ~*** dann war der Teufel los (*o* dann brach das Chaos aus)!

1.fi|ni|re *(finisco, finisci)* **I** tr. **1** enden, beenden: ***~ un lavoro*** eine Arbeit beenden **2** *(smettere)* auf_hören, fertig sein (*o* werden): ***hanno finito di litigare*** sie haben aufgehört zu streiten; ***quando finisci di lavorare?*** wann bist (*o* wirst) du mit der Arbeit fertig? **3a** *(esaurire)* auf_brauchen, (ganz und gar) verbrauchen: ***~ le scorte*** die Vorräte aufbrauchen **b** *(spendere)* aus_geben: ***~ i soldi*** das ganze Geld ausgeben **c** *(vendere)* aus_verkaufen, vollständig verkaufen: ***~ i posti*** die Plätze ausverkaufen **4** *(dare il colpo di grazia)* ***~ qcn.*** jdn erledigen **II** intr. (aus. *essere, avere*) **1a** enden, auf_hören: ***il film finisce alle 22,30*** der Film endet um 22.30 Uhr; ***è finito di piovere*** es hat aufgehört zu regnen **b** zu Ende, vorbei sein: ***la lezione, la primavera è finita*** der Unterricht ist zu Ende, der Frühling ist vorbei **2a** *(sboccare)* enden, führen: ***questa strada finisce nella piazza del mercato*** diese Straße endet auf dem (*o* führt zum) Marktplatz **b** *(di corsi d'acqua)* münden **3** COLLOQ. hin_kommen, landen, geraten: ***dov'è finito il mio ombrello?*** wo ist mein Regenschirm hingekommen? ***è finito su un'isola*** er ist auf einer Insel gelandet; ***~ in prigione*** im Gefängnis landen, ins Gefängnis kommen; ***l'auto è finita in un fosso*** das Auto ist in einem Graben gelandet **4** GRAMM. enden, aus_gehen: ***~ per "e"*** mit „e" enden (*o* auf „e" ausgehen) ◆ ***andare a ~*** hin_kommen: ***dov'è andato a ~ il mio orologio*** wo ist meine Uhr hingekommen? *(concludersi)* aus_gehen: ***com'è andata a ~ (quella faccenda)?*** wie ist es (*o* die Sache) ausgegangen? ***va a ~ che...*** es kommt noch so weit, dass...; ***va sempre a ~ così*** es läuft immer auf dasselbe (*o* eins) hinaus; ***~ di bere*** aus_trinken, leeren; ***finirà che dovrà pagare*** am Ende wird er bezahlen müssen (*o* es wird so weit kommen, dass er bezahlen muss); ***finì con l'arrabbiarsi*** am Ende wurde er böse; ***ha finito con l'andarci*** am Ende ist er doch hingegangen; COLLOQ. ***finirla*** Schluss machen, auf_hören: ***quando comincia a parlare, non la finisce più*** wenn er erst einmal anfängt zu reden, hört er nicht wieder auf; ***finirla con le lamentele*** mit den Beschwerden aufhören; ***finiscila!*** hör auf! ***è ora di finirla!*** es reicht (*o* Schluss damit)! ***~ di leggere*** aus_lesen; ***~ male*** übel, schlecht enden; ***~ di mangiare*** mit dem Essen fertig sein (*o* auf_essen); ***~ di pagare*** ab_(be)zahlen; ***~ di parlare*** aus_reden; ***~ per...*** → ***~ con...***; ***per ~*** zum Schluss; ***~ a punta*** spitz zu_laufen; ***(la cosa) non finisce qui*** das ist noch lange nicht abgetan! ***~ di scrivere*** zu Ende schreiben, ab_schließen; ***ha finito di soffrire*** er hat ausgelitten (*o* aufgehört zu leiden); PROV. ***tutto è bene, quel che finisce bene*** Ende gut, alles gut.

2.fi|ni|re m., ***essere sul ~*** zu Ende gehen; ***sul ~ del giorno*** gegen Abend; ***sul ~ dell'estate*** gegen Ende des Sommers.

fi|nis|sag|gio m. *(-gi)* **1** Finish *n.*, Feinbearbeitung *f.* **2** TESS. Fertigbehandlung *f.*, Ausrüstung *f.*

fi|ni|tez|za f. **1** Endlichkeit *f.*, Vollkommenheit *f.* **2** *(limitatezza)* Begrenztheit *f.*, Beschränktheit *f.*

fi|ni|ti|mo agg. RAR. angrenzend; *(di popolazioni)* benachbart, Nachbar-.

fi|ni|to I p.pass. agg. **1** → **finire** **2** *(terminato)* ***arrivare a spettacolo ~*** nach Ende der Vorstellung kommen; ***a lavoro ~*** bei, nach Arbeitsende, Arbeitsschluss; ***è un capitolo ~ della mia vita*** das ist ein abgeschlossenes Kapitel meines Lebens **3a** *(fallito)* ***ormai come scrittore è ~*** als Schriftsteller ist er am Ende; ***essere un uomo ~*** ein erledigter Mann sein; *(essere un uomo morto)* ein toter Mann sein **b** ***sei ~!*** es ist aus mit dir! **4** *(esperto, abile)* geschickt: ***un sarto ~*** ein geschickter Schneider **5** MAT. endlich: ***un numero ~*** eine endliche Zahl **6** GRAMM. finit: ***modi -i (del verbo)*** finite Verbformen **II** m. Endliche *n.* ◆ ***è -a!*** es ist aus! *(tutto è passato)* es ist (alles) vorbei! ***per lui è -a*** mit ihm ist es aus; ***fra loro è -a, è tutto ~*** zwischen ihnen ist Schluss (*o* COLLOQ. ist es aus), ist alles aus; ***farla -a***

con qcn., qcs. mit jdm, etw. Schluss machen (*o* ab‿schließen); ***farla -a (con la vita)*** (mit dem Leben) Schluss machen; ***falla -a!*** mach ein Ende! hör auf! ***è ora di farla -a con queste sciocchezze!*** es ist Zeit, mit diesen Dummheiten Schluss zu machen! ***prodotto*** ~ Fertigprodukt *n.*, Fertigerzeugnis *n.*

fi|ni|tu|ra f. Feinbearbeitung *f.*, Feinarbeit *f.*

fin|lan|de|se I agg. finnländisch, finnisch, Finn-: ***marco*** ~ Finnmark *f.* **II** m. e f. Finne *m.* (e Finnin *f.*), Finnländer *m.* (-in *f.*) **III** m. *(lingua)* Finnisch(e) *n.* **Fin|lan|dia** n.pr.f. Finnland *n.* **fin|lan|diz|za|zio|ne** f. Finnlandisierung *f.*

fin|ni|co I agg. *(-ci,-che)* finnisch **II** m. *(-ci)* Finne *m.*

1.fi|no I prep. (meist vor Präpositionen oder Adverbien; oft zu *fin* verkürzt) **1** bis: ***fin là, qui, lassù*** bis dorthin, bis hierher, bis dort oben; ***fin qui è tutto chiaro*** bis hier(hin) ist alles klar; ***fin dove vuoi arrivare?*** wie weit willst du gehen? **2a** ~ ***a*** bis zu + dat., bis nach + dat., bis an + acc., bis + acc.: ~ ***a Roma*** bis Rom; ~ ***a casa, a scuola, alla fermata*** bis nach Hause, zur Schule, zur Haltestelle; ~ ***al mare*** bis ans Meer; ~ ***a pagina 100*** bis Seite 100 **b** *(temporale)* bis zu + dat., bis in + acc., bis + acc.: ~ ***a oggi, a maggio, a primavera, a Pasqua*** bis heute, bis Mai, bis zum Frühling, bis Ostern; ~ ***alla fine dell'anno*** bis zum Ende des Jahres; ~ ***ad ora*** bis jetzt, bis zu dieser Stunde; ~ ***al 1998, al 6 giugno, al XVI secolo*** bis 1998, bis zum 6. Juni, bis zum 16. Jahrhundert; ~ ***al tardo pomeriggio,*** ~ ***a notte tarda*** bis zum späten Nachmittag, bis in die späte Nacht; ~ ***a tre giorni fa*** bis vor drei Tagen; ~ ***a dopo (fin dopo) Natale,*** ~ ***a prima di Natale*** bis nach, vor Weihnachten; ~ ***a quando?*** bis wann? ~ ***ad allora*** bis zu diesem Zeitpunkt **c** bis + acc.: ***contare*** ~ ***a 10*** bis 10 zählen; ***l'ascensore può portare*** ~ ***a 4 persone*** der Lift befördert bis zu 4 Personen; *(per indicare approssimazione)* ***peserà dai tre*** ~ ***ai cinque chili*** das wird zwischen drei und fünf Kilo wiegen **d** *(seguito da verbi)* bis: ***bere*** ~ ***ad ubriacarsi*** trinken, bis man betrunken ist (*o* bis zur Betrunkenheit); ***camminare*** ~ ***a stancarsi*** laufen, bis man müde wird (*o* bis zur Ermüdung laufen, sich müde laufen); ***urlare*** ~ ***a diventare rauco*** sich heiser schreien; ***stuzzicare qcn.*** ~ ***a farlo arrabbiare*** jdn reizen, bis er wütend wird **3a** ***fin da*** aus + dat.: ***arriva fin dall'Africa*** er kommt aus dem fernen Afrika **b** *(temporale)* von... an, von... auf, seit + dat.: ***fin da ieri, da ora*** (schon) seit gestern, von jetzt an; ***fin dall'infanzia, dalla giovinezza*** von Kindheit, Jugend auf (*o* an); ***fin da bambino, piccolo, giovane*** von Kind, klein, jung auf; ***fin da quando aveva 10 anni*** seit seinem 10. Lebensjahr; ***fin dal liceo, dall'università*** seit dem Gymnasium, seit der Universität; ***fin da allora*** seit damals **4a** ***fin su, sopra*** bis auf + acc., bis zu + dat.: ***fin sulla vetta, sul tetto*** bis zum Gipfel, bis aufs Dach **b** ~ ***in*** bis in + acc., bis nach + dat.: ***andare*** ~ ***in Nepal*** bis nach Nepal fahren; ***scendere*** ~ ***in cantina*** bis in den Keller hinunter‿gehen **c** ***fin sotto*** bis unter + acc.: COLLOQ. ***lo accompagno fin sotto*** ich begleite ihn bis hinunter; ***capelli lunghi fin sotto le spalle*** Haare bis über die Schultern **d** ***fin oltre*** bis über + acc.: ***spingersi fin oltre il confine*** bis über die Grenze vor‿dringen **II** avv. **1** sogar: ***c'erano libri fin sopra gli armadi*** die Bücher lagen sogar auf den Schränken **2** rafforz. fast, eher: ***fa fin troppo caldo*** es ist fast (*o* eher) zu heiß ◆ ***averne fin sui, sopra i capelli (di qcn., qcs.)*** (von jdm, etw.) die Nase (gestrichen) voll haben; ***arrossire*** ~ ***alla punta dei capelli*** bis an die, zu den Haarwurzeln erröten; ~ ***all'ultimo centesimo*** bis auf den letzten Pfennig, auf Heller und Pfennig; ~ ***a che*** → **finché**; ***armato*** ~ ***ai denti*** bis an die Zähne bewaffnet; ~ ***in fondo*** bis zum Ende; ~ ***all'ultima goccia*** bis auf den letzten Tropfen; ***fin dall'inizio*** von vornherein, von Anfang an; ***ridere*** ~ ***alle lacrime*** Tränen lachen; ***commuovere qcn., commuoversi*** ~ ***alle lacrime*** jdn zu Tränen rühren, zu Tränen gerührt sein; ~ ***alla morte*** bis zum Tod, bis in den Tod; ~ ***alla nausea*** bis zum Überdruss; ~ ***a nuovo ordine*** bis auf weiteres, MIL. bis auf Widerruf, bis auf weiteren Befehl; ***fin nei minimi particolari*** bis in die kleinsten Einzelheiten; ***fin dal principio*** → ***fin dall'inizio***; ~ ***a che punto*** wieweit, inwieweit: ***non so*** ~ ***a che punto posso fidarmi di lei*** ich weiß nicht, inwieweit ich ihr trauen kann; ~ ***a un certo punto*** bis zu einem gewissen Grad; ***accompagnare qcn. fin sotto casa*** jdn bis nach Hause begleiten; ~ ***allo stremo (delle forze)*** bis ans Ende seiner Kräfte; ~ ***all'ultimo*** bis zum letzten Moment.

2.fi|no I agg. **1** fein, Fein-: ***sale*** ~ feines Salz; *(prezioso)* ***oro*** ~ feines Gold, Feingold *n.* **2** FIG. fein, scharf: ***avere un palato ~, l'udito ~, un occhio*** ~ eine feine Zunge, ein scharfes Gehör, ein scharfes Auge haben **II** m. Feingehalt *m.*, Feingewicht *n.* ◆ ***far*** ~ etw. her‿machen; ***lavorare di*** ~ = feine Arbeiten aus‿führen; ***lavoro di*** ~ Feinarbeit *f.*

1.fi|noc|chio m. *(-chi)* Fenchel *m.* ◆ ~ ***alpino*** Bärwurz *f.*

2.fi|noc|chio m. *(-chi)* SPREG. warmer Bruder *m.*, Schwule *m.*

fi|no|ra avv. bis jetzt, bisher: ~ ***tutto è chiaro*** bis jetzt ist alles klar; ***non era mai successo*** ~ das ist bis jetzt noch nie passiert.

fin|si → **fingere.**

fin|ta f. **1** Mache *f.*, Theater *n.*: ***è tutta una ~!*** das ist alles nur reine Mache! **2** SPORT Trick *m.*; *(nella scherma e nella boxe)* Finte *f.*: ***liberarsi dell'avversario con una*** ~ sich mit einem Trick vom Gegner lösen; ***fare una*** ~ ***a qcn.*** jdn durch eine Finte täuschen; *(nel calcio)* jdn aus‿tricksen ◆ ***far*** ~ ***di niente, che tutto vada bene*** so tun, als ob nichts wäre, als ob alles gut ginge; ***far*** ~ ***di non sentire, vedere qcs.*** so tun, als ob man nichts hörte, sähe; ***non far*** ~ ***di non capire!*** tu nicht so, als würdest du nicht verstehen! ***non è malato, fa*** ~ er ist nicht krank, er tut nur so; ***cantare, sparare per*** ~ tun, als würde man singen, schießen; ***dici davvero o per ~?*** sagst du das wirklich, oder tust du nur so?

fin|tan|to|ché cong. solang(e).

fin|ta|re I tr. durch eine Finte täuschen; *(nel calcio)* aus‿tricksen **II** intr. (aus. *avere*) fintieren; *(nel calcio)* tricksen.

fin|to agg. **1** falsch, unecht; *(artificiale)* künstlich: ***barba -a, capelli -i*** falscher (*o* künstlicher) Bart, künstliche Haare; ***ciglia, unghie -e*** falsche (*o* künstliche) Wimpern, Nägel; ***dente, occhio*** ~ falscher (*o* künstlicher) Zahn, künstliches Auge; ***fiori -i*** künstliche Blumen (*o* Kunstblumen); ~ ***marmo*** künstlicher Marmor **2** *(falso, simulato)* vorgetäuscht; ***mostrare un*** ~ ***interesse*** Interesse vor‿täuschen **3** *(di persona)* ***è un*** ~ ***modesto*** er tut nur so, als ob er bescheiden wäre; ***fare il*** ~ ***ammalato*** den Kranken spielen ◆ ***-a pelle*** Kunstleder *n.*; ***fare il*** ~ ***tonto*** sich dumm stellen.

fin|zio|ne f. **1** Fiktion *f.*: ~ ***letteraria, poetica*** literarische, dichterische Fiktion; ***il cinema è*** ~ das Kino ist Fiktion; ***la*** ~ ***cinematografica*** die filmische Fiktion **2** *(simulazione)* Vortäuschung *f.*, Vorspieg(e)lung *f.*, Verstellung *f.*; ***è tutta (una) ~!*** es ist alles vorgetäuscht! ***odiare le -i*** die Verstellung hassen.

fi|o, *pagare il* ~ büßen, sühnen; ***pagare il*** ~ ***di una colpa*** für eine Schuld büßen, eine Schuld sühnen.

fio|ca|men|te avv. schwach, matt: ***illuminare*** ~ schwach erleuchten.

fioc|ca|re intr. *(fiocco, fiocchi*; aus. *essere*, RAR. *avere)* **1** fallen: ***la neve fiocca da due giorni*** der Schnee fällt seit zwei Tagen **2** FIG. hageln, regnen: ***fioccano ceffoni, brutti voti, contravvenzioni*** es hagelt Ohrfeigen, schlechte Noten, Strafzettel.

fioc|chet|to m. (kleine) Schleife *f.*

1.fioc|co m. *(-chi)* **1** Schleife *f.*: ***fare, disfare, stringere un*** ~ eine Schleife machen (*o* binden), lösen (*o* auf‿ziehen), fest‿ziehen; ***portare, mettersi un*** ~ ***nei capelli*** eine Schleife im Haar tragen, sich (D) eine Schleife ins Haar stecken **2a** Flocke *f.*: ~ ***di neve*** Schneeflocke *f.*; ***nevicare a grossi -chi*** in dicken Flocken schneien; ***-chi di lana*** Wollflocken; ***-chi di cereali, d'avena*** Getreide-, Haferflocken **b** *(batuffolo)* Bausch *m.*: ~ ***di ovatta*** Wattebausch *m.* ◆ ~ ***azzurro*** hellblaue Schleife(, die die Geburt eines Jungen anzeigt); ***coi -chi*** exzellent, brillant, ausgezeichnet: ***un pranzetto, un lavoro coi -chi*** ein exzellentes (*o* ausgezeichnetes) Essen, eine brillante Arbeit; ***una festa coi -chi*** ein rauschendes Fest; ***una cuoca coi -chi*** eine hervorragende Köchin; ***una predica coi -chi*** eine Moralpredigt, eine Standpauke; ~ ***rosa*** rosa Schleife(, die die Geburt eines Mädchens anzeigt).

2.fioc|co m. *(-chi)* MAR. Klüver *m.*

fioc|co|so agg. flockig, flockenartig.

fio|ci|na f. Harpune *f.*: ***lanciare, scagliare la*** ~ die Harpune werfen, schleudern. **fio|ci|na|re** tr. *(fiocino)* harpunieren. **fio|ci|na|to|re, fio|ci|nie|re** m. Harpunier *m.*, Harpunierer *m.*

fio|co agg. *(-chi,-che)* schwach, matt: ***una luce -a*** ein schwaches Licht; ***con voce -a*** mit matter Stimme.

fion|da f. Schleuder *f.*, Steinschleuder *f.*: ***lanciare sassi con la*** ~ Steine mit der Schleuder schießen (*o* werfen), Steine schleudern. **fion|dar|si** pronom. COLLOQ. stürzen: ~ ***fuori di casa, in un negozio*** aus dem Haus, in ein Geschäft stürzen; ~ ***da qcn.*** zu jdm stürzen.

fior → **fiore.**

fio|ra|ia f. Blumenfrau *f.*, Blumenmädchen *n.*; *(in un negozio)* Floristin *f.* **fio|ra|io** m. *(-ai)* Blumenbinder *m.*, Florist *m.* ◆ ***andare dal*** ~ ins Blumengeschäft gehen. **fio|ra|le** agg. Blumen- ◆ ***involucro*** ~ Blütenhülle *f.* **fio|ra|mi** m.pl. Blumenmuster *m.* ◆ ***a*** ~ geblümt, mit Blumen bedruckt. **fio|ra|to** agg. geblümt, mit Blumen bedruckt.

fior|da|li|so m. Kornblume *f.*

fior|di|lat|te m.inv. **1** (Art von) Mozzarella *m.* e *f.* **2** *(gelato)* INTRAD. (Eis mit Sahnegeschmack).

fior|do m. Fjord *m.*

fio|re m. **1a** Blume *f.*: ***-i freschi, secchi, artificiali (finti)*** frische Blumen, Trockenblumen *pl.*, Kunstblumen *pl.* (*o* künstliche Blumen); ***-i di campo, giardino, serra*** Feldblumen, Gartenblumen, Blumen aus dem Gewächshaus; ***-i di carta, plastica*** Papier-, Plastikblumen; ***mazzo, corona di -i*** Blumenstrauß *m.*, -kranz *m.*; ***cogliere -i*** Blumen pflücken; ***piantare, coltivare, annaffiare i -i*** Blumen pflanzen, züchten, gießen (*o* wässern); ***mettere i -i in un vaso*** die Blumen in eine Vase stellen; ***mandare, regalare -i a qcn.*** jdm Blumen senden (*o* schicken), schenken **b** *(di albero o cespuglio)* Blüte *f.*: ***-i di ciliegio, pesco, lillà*** Kirsch-, Pfirsich-, Fliederblüten; ***mettere i -i*** Blüten treiben **2** *(parte migliore)* Creme *f.*, Elite *f.*, Blüte *f.*, Auslese *f.*: ***il (fior) ~ dell'aristocrazia*** die Creme der Aristokratie **3** pl. *(seme delle carte)* Treff *n.*: ***asso di -i*** Treffass *n.* **4** *(fioretta del vino)* Kahmhaut *f.* **5** *(in conceria)* Narben *m.* ◆ ***a -i*** geblümt, mit Blumen bedruckt: ***una camicetta, tappezzeria a -i*** eine geblümte Bluse, Tapete; ***a fior d'acqua*** an, auf der Wasseroberfläche; ***nel ~ degli anni*** in den (*o* seinen) besten Jahren, im besten Alter, in der Blüte des Lebens; FIG. ***fiori d'arancio*** = Hochzeit *f.*; ***figlio dei -i*** Blumenkind *n.*; ***un fior di galantuomo*** ein Bild (*o* Muster) von einem Ehrenmann; ***il ~ della gioventù*** die Blüte der Jugend; ***prati, alberi in ~*** blühende Wiesen, Bäume; ***una bellezza in ~*** eine blühende Schönheit; ***la primavera è in ~*** der Frühling steht in voller Blüte; *(di Proust)* ***Le fanciulle in ~*** Die Mädchenblüte; ***dire qcs. a fior di labbra*** = etw. flüstern, hauchen; ***linguaggio dei -i*** Blumensprache *f.*; ***un fior di mascalzone*** ein Erzschurke; ***portare un ~ all'occhiello*** eine Blume im Knopfloch tragen; FIG. ***l'artista è il ~ all'occhiello della sua città*** der Künstler ist das Aushängeschild seiner Stadt; ***quel premio letterario, il suo ultimo romanzo è il suo ~ all'occhiello*** dieser Literaturpreis ist sein Aushängeschild, sein letzter Roman ist sein Glanzstück; ***ha i nervi a fior di pelle*** seine Nerven sind (bis) zum Zerreißen gespannt; ***spendere, guadagnare fior di quattrini*** eine Menge Geld aus‿geben, verdienen; ***un fior di ragazza*** ein bildhübsches Mädchen; ***quella ragazza è un (vero) ~*** das Mädchen sieht blühend aus; ARCH. ***~ rampante*** Kriechblume *f.*, Krabbe *f.*; ***~ retorico*** Redeblume *f.*; ***la vita non è tutta rose e -i*** das Leben ist nicht nur Sonnenschein; ***vaso di, da -i*** Blumentopf *m.*; *(per fiori recisi)* Blumenvase *f.*; ***~ di zolfo*** Schwefelblume *f.*, Schwefelblüte *f.*

fio|rel|li|no m. Blümchen *n.* ◆ ABBIGL. ***disegno a -i*** Streublumen *pl.*, Streublumenmuster *n.*

fio|ren|te agg. **1** *(in fiore)* blühend **2a** FIG. *(prospero)* blühend, florierend: ***una città ~*** eine blühende Stadt; ***un'economia ~*** eine florierende Wirtschaft; ***essere ~*** blühen, florieren **b** *(di traffici, commerci)* schwunghaft, blühend **3** *(prosperoso)* üppig: ***un seno ~*** ein üppiger Busen.

fio|ren|ti|na f. **1** GASTR. Florentiner Rumpsteak *m.* **2** CHIM. Florentiner Flasche *f.* **fio|ren|ti|neg|gia|re** intr. *(fiorentineggio, fiorentineggi;* aus. *avere)* = florentinische Ausdrücke verwenden. **fio|ren|ti|ni|smo** m. = florentinischer Idiotismus *m.* (*o* Ausdruck *m.*). **fio|ren|ti|no I** agg. florentinisch **II** m. Florentiner *m.*

Fio|ren|za n.pr.f. **1** Florenz *f.*, Florence *f.* **2** ANT. *(Firenze)* Florenz *n.* **Fio|ren|zo** n.pr.m. Florens *m.*, Florenz *m.*

fio|ret|ta f. Kahm *m.*, Kahmhaut *f.*

fio|ret|ta|tu|ra f. **1** blumiger Ausdruck *m.*, ANT. Floskel *m.* **2** MUS. Verzierung *f.*

fio|ret|ti|sta m. e f. *(-i,-e)* Florettfechter *m.* (-in *f.*).

1.fio|ret|to m. **1a** SPORT Florett *n.*; *(disciplina)* Florettfechten *n.* **b** *(bottone protettivo del fioretto)* Knopf *m.* **2** EL. Schaltstange *f.* **3** MIN. ***~ diamantato*** Diamantbohrer *m.*

2.fio|ret|to m. **1** Auslese *f.* **2** *(florilegio)* Blütenlese *f.*, Florilegium *n.* **3** TESS. *(seta di scarto)* Florettseide *f.* **4** *(piccola rinuncia, privazione)* kleines Opfer *n.* **5a** FIG. *(ornamento retorico)* Floskel *f.*, Schnörkel *m.* **b** MUS. *(abbellimento)* Verzierung *f.* ◆ ***i Fioretti di San Francesco*** die Blümlein des heiligen Franziskus.

fio|ri|cul|to|re → **floricultore. fio|rie|ra** f. Blumenkasten *m.*, Blumenkübel *m.*; *(sospesa)* Blumenampel *f.* **fio|ri|fe|ro** agg. Blüten-.

fio|ri|le m. Floreal *m.*

fio|ri|no m. **1** STOR. (florentinischer) Gulden *m.* **2** *(olandese)* Gulden *m.*: ***~ olandese*** holländischer Gulden **3** *(ungherese)* Forint *m.*

fio|ri|re *(fiorisco, fiorisci)* **I** intr. (aus. *essere*) **1** blühen, auf‿blühen: ***il giardino fiorisce già*** der Garten blüht schon; ***a maggio fioriscono le rose*** im Mai blühen die Rosen **2a** FIG. blühen: ***nel Cinquecento fiorì il madrigale*** im 16. Jahrhundert blühte das Madrigal **b** *(di un artista)* wirken, seine Blütezeit haben: ***uno scrittore che fiorì nel XV secolo*** ein Schriftsteller, der im 15. Jahrhundert wirkte **c** *(prosperare)* blühen, auf‿blühen, florieren: ***nel Rinascimento fiorirono il commercio e le arti*** in der Renaissance blühten Handel und Künste **3** FIG. *(nascere)* keimen: ***in qcn. fiorisce la speranza*** in jdm keimt die Hoffnung **4a** *(coprirsi di muffa)* schimmeln **b** *(del vino)* kahmen **II** tr. **1** RAR. blühen lassen **2** *(ornare con fiori)* mit Blumen schmücken **3** FIG. aus‿schmücken, verzieren ◆ ***~ di acne*** von Pickeln übersät sein; PROV. ***se son rose fioriranno*** = am Ende wird sich alles zeigen.

fio|ri|sta m. e f. *(-i,-e)* **1** Blumenbinder *m.* (-in *f.*), Florist *m.* (-in *f.*) **2** *(coltivatore)* Blumenzüchter *m.* (-in *f.*). **fio|ri|ta** f. Blumenschmuck *m.*, Blumenpracht *f.*

fio|ri|to p.pass. agg. **1** → **fiorire 2** *(in fiore)* Blüten-, blühend: ***ramo, albero ~*** Blütenzweig *m.*, Blütenbaum *m.* **3** *(coperto di fiori)* Blumen-, blumig: ***aiuola -a, giardino ~*** Blumenbeet *n.*, Blumengarten *m.* **4** TESS. ABBIGL. *(a fiori)* geblümt: ***un abito ~*** ein geblümtes Kleid **5** FIG. blumig, blumenreich, schnörkelig: ***stile ~*** blumiger Stil; ***un modo di esprimersi ~*** eine blumige Redeweise **6** *(cosparso di fioretta)* kahmig ◆ ART. ***gotico ~*** Flamboyantstil *m.* **fio|ri|tu|ra** f. **1a** Blüte *f.* (anche FIG.): ***la ~ delle rose, degli alberi da frutto*** die Rosenblüte, die Obstblüte; ***essere in piena ~*** in (voller) Blüte stehen; ***~ tarda*** Nachblüte *f.*; ***la ~ della letteratura*** die Blüte der Literatur **b** *(periodo)* Blütezeit *f.* **2** *(ornamento stilistico o musicale)* → **fiorettatura 3** *(macchia di umidità)* Schimmelfleck *m.* **4** *(eruzione cutanea)* Ausschlag *m.* ◆ ***periodo della ~*** Blütezeit *f.* (anche FIG.).

fio|ro|ne m. **1** Frühfeige *f.* **2** ARCH. Kreuzblume *f.*

fio|so|so m. **1** Wölbung *f.* des Fußes **2** *(nella scarpa)* Schuhgelenk *n.*, Gelenk *n.*

fiot|to m. Schwall *m.*: ***un ~ di sangue*** ein Blutschwall.

FIR ⇒ *Federazione Italiana Rugby* Italienischer Rugbyverband.

Fi|ren|ze n.pr.f. Florenz *n.*

fir|ma f. **1** Unterschrift *f.*, Unterzeichnung *f.*: ***~ leggibile, falsa, autenticata*** lesbare, falsche, beglaubigte Unterschift; ***mettere, apporre la (propria) ~ su qcs.*** seine Unterschrift unter etw. (A) setzen; ***autenticare, falsificare la ~*** die Unterschrift beglaubigen, fälschen; ***portare la ~ di qcn.*** jds Unterschrift tragen; ***raccogliere -e per qcs.*** für etw. Unterschriften sammeln **2** FIG. *(personaggio di fama)* Name *m.*: ***una grande ~ del giornalismo, della moda*** ein großer Name im Journalismus, in der Mode **3** COMM. Zeichnungsberechtigung *f.*; ***essere autorizzato alla, avere la ~ per un'impresa*** für ein Unternehmen zeichnungsberechtigt sein **4** BANC. Unterschriftsberechtigung *f.*: ***avere la ~ su un conto*** für ein Konto die Unterschriftsberechtigung haben ◆ ***all'atto della ~*** bei Unterzeichnung; ***~ depositata*** Unterschriftsprobe *f.*; FIG. ***ci farei, metterei la ~!*** da wäre ich sofort dabei! ***per onor di ~*** pflichthalber; COMM. ***potere di ~*** Zeichnungsberechtigung *f.*; ***con potere di ~*** zeichnungsberechtigt; ***raccolta di -e*** Unterschriftensammlung *f.*; ***campagna di raccolta -e*** Unterschriftenkampagne *f.*; ***registro delle -e*** Besucherliste *f.*; *(ai funerali)* Kondolenzbuch *n.*; ***segue la ~*** Name (der Redaktion) bekannt; ***senza ~*** ungezeichnet.

fir|ma|men|to m. **1** Himmelsfeste *f.*, Firmament *n.*: ***le stelle del ~*** die Sterne des Firmaments **2** FIG. Himmel *m.*, Welt *f.*: ***il ~ cinematografico*** der Filmhimmel; ***brillare come un astro nel ~ letterario*** am literarischen Himmel glänzen, leuchten.

fir|ma|re I tr. **1** unterschreiben, unterzeichnen: ***~ un contratto, un assegno (in bianco)*** einen Vertrag, einen Scheck (blanko) unterschreiben; ***~ la pace, la resa*** den Frieden, die Kapitulation unterzeichnen; ***~ per esteso, con una croce*** mit dem vollen Namen, mit einem Kreuz unterschreiben **2** *(di artisti, autori)* signieren: ***~ la copia di un libro, un quadro*** die Kopie eines Buchs, ein Bild signieren **II** pronom. **firmarsi** unterschreiben, unterzeichnen: ***-rsi con il cognome da sposata, con uno pseudonimo*** mit dem Ehenamen, mit einem Pseudonym unterzeichnen ◆ BANC. ***~ per accettazione*** quer schreiben; ***~ un autografo*** ein Autogramm geben; ***autorizzato a ~*** zeichnungsberechtigt; FIG. ***~ la propria condanna, la propria rovina*** sich selbst das Urteil sprechen.

fir|ma|ta|rio I agg. *(-ri,-rie)* Signatar-: ***le potenze -rie*** die Signatarmächte **II** m. *(-ri)* Unterzeichner *m.*: ***i -ri dell'accordo*** die Unterzeichner der Abmachung. **fir|ma|to** p.pass. agg. **1** → **firmare 2** gezeichnet, unterzeichnet: ***~ (sig.) Rossi*** gezeichnet, Herr Rossi; ***lettera non -a*** ungezeichneter Brief **3** *(con firma d'autore)* signiert: ***un quadro ~*** ein signiertes Bild **4** *(di capi di abbigliamento)* Marken-: ***un articolo ~*** ein Markenartikel.

fi|sar|mo|ni|ca f. *(-che)* Akkordeon *n.*, Handharmonika *f.* ◆ ***a ~*** harmonikaartig. **fi|sar|mo|ni|ci|sta** m. e f. *(-i,-e)* Akkordeonspieler *m.* (-in *f.*).

fi|sca|le I agg. **1** Steuer-, steuerlich: ***sistema ~*** Steuersystem *n.*; ***gettito, pressione, onere, esazione ~*** Steueraufkommen *n.*, Steuerdruck *m.*, Steuerbelastung *f.*, Steuereinnahme *f.*; ***evasione, frode ~*** Steuerhinterziehung *f.*, Steuerbetrug *m.*; ***codice ~*** Steuernummer *f.*; ***controllo ~*** Steueraufsicht *f.* (*o* Steuerprüfung *f.*); ***una nuova politica ~*** eine neue Steuerpolitik; ***esenzione, agevolazione ~*** Steuerfreiheit *f.* (*o* Steuerbefreiung *f.*, Gebührenerlass *m.*), Steuervergünstigung *f.*; ***ricevuta ~*** Steuerquittung *f.*, Steuerbeleg *m.* **2** FIG. *(intransigente)* kleinlich, streng: ***mostrarsi molto ~ in una***

correzione, in una valutazione sich sehr kleinlich bei einer Korrektur, streng in einer Beurteilung zeigen; ***essere troppo ~ con qcn.*** zu hart mit jdm sein ◆ ***avvocato*** ~ Fiskal *m.*; ***cavalli -i*** = steuerlich festgelegte PS-Zahl *f.*; ***drenaggio*** ~ Fiscaldrag *m.*; ***in materia*** ~ steuerlich; ***medico*** ~ Vertrauensarzt *m.*; ***scontrino*** ~ Kassenzettel *m.*; ***visita*** ~ vertrauensärztliche Untersuchung. **fi|scal|men|te** avv. **1** steuerrechtlich **2** FIG. kleinlich, streng. **fi|sca|li|smo** m. **1** übermäßige Besteuerung *f.*, Fiskalismus *m.* **2** FIG. Kleinlichkeit *f.*, Strenge *f.* **fi|sca|li|sta** m. e f. *(-i,-e)* Steuerberater *m.* (-in *f.*). **fi|sca|li|tà** f. **1** Steuerwesen *n.* **2** FIG. Kleinlichkeit *f.*, Strenge *f.* **fi|sca|liz|za|re** tr. = auf den Fiskus übertragen. **fi|sca|liz|za|zio|ne** f. = Übertragung *f.* auf den Fiskus; ***~ degli oneri sociali*** Übernahme der Soziallasten durch den Fiskus.

fi|schia|re *(fischio, fischi)* **I** intr. (aus. *avere*) **1** pfeifen: ***~ con due dita*** auf zwei Fingern pfeifen; ***~ a una ragazza*** einem Mädchen nach‿pfeifen (*o* hinterher‿pfeifen); ***~ al cane*** dem Hund pfeifen, den Hund zurück‿pfeifen; ***la marmotta fischia*** das Murmeltier pfeift; ***la locomotiva fischia*** die Lokomotive pfeift **2** *(sibilare)* pfeifen, zischen: ***il vento fischiava tra gli alberi*** der Wind pfiff durch die Bäume; ***la pentola a pressione fischia*** der Schnellkochtopf pfeift (*o* zischt) **II** tr. **1** pfeifen: ***~ una canzonetta*** ein Liedchen pfeifen; SPORT ***~ un rigore*** einen Elfmeter pfeifen **2** *(disapprovare con fischi)* aus‿pfeifen: ***il pubblico ha fischiato il tenore*** das Publikum hat den Tenor ausgepfiffen ◆ ***mi fischiano le orecchie*** es saust mir in den Ohren (*o* ich habe Ohrensausen); FIG. SCHERZ. mir klingen die Ohren; SPORT ***~ l'inizio, la fine della partita*** das Spiel an‿pfeifen, ab‿pfeifen.

fi|schia|ta f. **1** Pfeiferei *f.* **2** *(fischio di disapprovazione)* Pfiff *m.* **fi|schia|to|re** m. *(in teatro)* Auspfeifer *m.*, Auszischer *m.*

fi|schiet|ta|re tr. e intr. (aus. *avere*) pfeifen: ***~ tra sé e sé (una canzoncina)*** (ein Lied) vor sich hin pfeifen. **fi|schiet|ti|o** m. Gepfeife *n.*

fi|schiet|to m. **1a** Pfeife *f.*: ***soffiare nel ~*** mit der Pfeife blasen **b** *(per segnali)* Signalpfeife *f.* **2** *(del bollitore)* Flöte *f.* **3** GERG. *(arbitro)* Pfeifenmann *m.* **4** pl. GASTR. INTRAD. (röhrenartige Suppennudeln) ◆ ***~ di richiamo*** Lockpfeife *f.*

fi|schio m. *(-schi)* **1** Pfiff *m.*, Pfeifen *n.*, Pfeifton *m.*: ***fare un ~*** einen Pfiff aus‿stoßen; ***fare un ~ a qcn., chiamare qcn. con un ~*** jdm pfeifen, jdn zurück‿pfeifen; ***il ~ dell'arbitro, della locomotiva, del capostazione*** der Pfiff des Schiedsrichters, der Lokomotive, des Bahnhofsvorstehers; ***i -schi del pubblico*** die Pfiffe des Publikums **2** *(sibilo)* Pfeifen *n.*, Zischen *n.*: ***il ~ del vento*** das Pfeifen des Windes ◆ COLLOQ. ***fammi un ~*** gib mir Bescheid; ***~ finale*** Abpfiff *m.*, Schlusspfiff *m.*; SPORT ***~ d'inizio*** Anpfiff *m.*; ***salva di -schi*** Pfeifkonzert *n.*; ***~ di segnalazione*** Pfeifzeichen *n.*, Signalpfiff *m.*; PROV. ***prendere -schi per fiaschi*** = etw. völlig falsch verstehen.

fi|schio|ne m. Pfeifente *f.*

fi|sco m. *(-schi)* Fiskus *m.*; *(autorità fiscale)* Steuerbehörde *f.* ◆ ***evadere il ~*** Steuern hinterziehen.

fi|sia|tra m. e f. *(-i,-e)* Physiater *m.* (-in *f.*). **fi|sia|tri|a** f. Physiatrie *f.*

fi|si|ca f. Physik *f.*: ***~ teoretica, applicata*** theoretische, angewandte Physik; ***~ pura*** reine Physik; ***~ classica, relativistica*** klassische, relativistische Physik; ***~ quantistica*** Quantenphysik *f.*; ***~ atomica, nucleare*** Atomphysik *f.*, Nuklearphysik *f.*, Kernphysik *f.*; ***lezione, insegnante di ~*** Physikunterricht *m.*, Physiklehrer *m.*

fi|si|ca|men|te avv. **1** *(dal punto di vista della fisica)* physikalisch **2** körperlich, physisch: ***essere ~ sano*** körperlich gesund sein; ***essere ~ presente*** körperlich anwesend sein; ***desiderare qcn. solo ~*** jdn nur körperlich begehren.

fi|si|ci|tà f. Körperlichkeit *f.*

fi|si|co **I** agg. *(-ci,-che)* **1** *(del corpo)* körperlich, Körper-, physisch: ***forza -a*** körperliche Kraft, Körperkraft *f.*; ***sforzi, lavori -ci*** körperliche Anstrengungen, Arbeiten; ***benessere, lavoro ~*** körperliches Wohl, körperliche Arbeit; *(concreto)* ***presenza -a*** körperliche Anwesenheit **2** *(della fisica)* physikalisch: ***grandezze, leggi -che*** physikalische Größen, Gesetze **3** *(della natura)* physisch, Physio-: ***geografia, climatologia -a*** physische Geographie (*o* Physiogeographie *f.*), Physioklimatologie *f.* **II** m. *(-ci)* **1** Körperbau *m.*, Körper *m.*: ***avere un ~ debole, sano*** einen schwachen, gesunden Körper haben; ***irrobustire il ~*** den Körper kräftigen; ***avere un bel ~*** gut gebaut sein **2** *(studioso di fisica)* Physiker *m.* ◆ ***carta -a*** physikalische Landkarte; ***cultura -a*** Fitnesstraining *n.*; ***educazione -a*** Leibeserziehung *f.*, Sportunterricht *m.*, COLLOQ. Turnen *n.*; ***forma -a*** körperliche Verfassung, Form *f.*; ***~ perfetto*** Idealfigur *f.*; ***persona -a*** natürliche Person.

fi|si|ma f. Grille *f.*, Macke *f.*, Tick *m.*

fi|sio|cra|te m. Physiokrat *m.* **fi|sio|cra|ti|co** **I** agg. *(-ci,-che)* physiokratisch **II** m. *(-ci)* → **fisiocrate.** **fi|sio|cra|zi|a** f. Physiokratie *f.*

fi|sio|gno|mi|ca f. Physiognomik *f.* **fi|sio|gno|mi|co** agg. *(-ci,-che)* physiognomisch. **fi|sio|gno|mo** m. Physiognom *m.*, Physiognomiker *m.*

fi|sio|lo|gi|a f. Physiologie *f.* **fi|sio|lo|gi|co** agg. *(-ci,-che)* physiologisch. **fi|sio|lo|go** m. *(-gi)* Physiologe *m.*

fi|sio|no|mi|a f. Physiognomie *f.* (anche FIG.). **fi|sio|no|mi|co** agg. *(-ci,-che)* physiognomisch. **fi|sio|no|mi|sta** m. e f. *(-i,-e)* Physiognom *m.* (-in *f.*), Physiognomiker *m.* (-in *f.*).

fi|sio|pa|to|lo|gi|a f. Physiopathologie *f.*

fi|sio|te|ra|pi|a f. Physiotherapie *f.*, physikalische Therapie *f.* **fi|sio|te|ra|pi|co** agg. *(-ci,-che)* physiotherapeutisch; ***istituto ~*** Institut *n.* für physikalische Therapie. **fi|sio|te|ra|pi|sta** m. e f. *(-i,-e)* Physiotherapeut *m.* (-in *f.*).

fi|so agg. e avv. ANT. starr.

fis|sa f. COLLOQ. Fimmel *m.*, Macke *f.*, Spleen *m.*

fis|sa|bi|le agg. feststellbar.

fis|sag|gio m. *(-gi)* **1** Befestigung *f.* **2** FOT. TESS. Fixierung *f.*, Fixieren *n.*: ***bagno di ~*** Fixierbad *n.*

fis|sa|ma|iu|sco|le **I** m.inv. Feststeller *m.*, Feststelltaste *f.* **II** agg.inv. ***tasto ~*** Feststelltaste *f.*

fis|sa|re **I** tr. **1a** befestigen, fest‿machen: ***~ le imposte*** die Fensterläden festmachen (*o* fest‿haken); ***~ la tenda ai, con picchetti*** das Zelt an, mit Pflöcken befestigen; ***~ qcs. con viti*** etw. mit Schrauben befestigen (*o* verschrauben); ***~ qcs. al suolo*** etw. im Boden befestigen **b** *(affiggere)* ***~ un cartello alla parete*** ein Schild an der Wand befestigen **c** *(legare con cinghie)* schnallen, fest‿schnallen: ***~ i bagagli sul tetto dell'auto*** das Gepäck auf dem Dach festschnallen (*o* aufs Dach schnallen) **d** *(bloccare con utensili)* klammern, fest‿klammern, spannen, ein‿spannen: ***~ un oggetto a qcs.*** einen Gegenstand an etw. (A) festklammern; ***~ qcs. nella morsa*** etw. in den Schraubstock (ein)spannen **2** *(stabilire)* fest‿setzen, fest‿legen, bestimmen, auf‿schlagen, vereinbaren: ***~ qcs. per il giorno X*** etw. auf den Tag X festsetzen; ***~ un termine, una scadenza*** einen Termin, eine Frist festlegen; ***~ un appuntamento, un incontro*** eine Verabredung, ein Treffen (*o* eine Zusammenkunft) vereinbaren; ***~ un programma*** ein Programm festlegen; ***~ il domicilio a Torino*** den Wohnsitz in Turin aufschlagen; ***~ una meta, un limite, delle priorità*** ein Ziel, eine Grenze, Prioritäten festlegen; ***~ il prezzo a 100 000 lire*** den Preis auf 100 000 Lire festsetzen; ***~ un onorario*** ein Honorar festsetzen; ***~ la data delle nozze*** das Hochzeitsdatum festlegen **3** *(indire)* an‿beraumen, an‿setzen: ***~ una conferenza, un colloquio*** eine Konferenz, eine Besprechung anberaumen; ***la seduta è fissata per il 3 giugno*** die Sitzung ist für (*o* auf) den 3. Juni angesetzt **4** *(prenotare)* vormerken lassen: ***~ una camera*** ein Zimmer vormerken lassen **5a** FIG. *(registrare)* fest‿halten: ***~ qcs. per sommi capi*** etw. in Stichworten festhalten **b** *(immortalare)* bannen: ***~ sulla tela un avvenimento storico*** ein historisches Ereignis auf die Leinwand bannen **6** *(guardare fissamente)* ***~ qcn., qcs.*** auf jdn, etw. starren, jdn, etw. an‿starren; ***~ qcn. in volto*** jdm ins Gesicht starren **7** *(sguardo, occhi)* heften: ***~ lo sguardo su qcn., qcs.*** den Blick auf jdn, etw. heften **8** *(concentrare)* richten: ***~ l'attenzione, la mente su qcs.*** die Aufmerksamkeit, seine Gedanken auf etw. (A) richten **9** FOT. fixieren **10** CHIM. binden: ***la vitamina D fissa il calcio nelle ossa*** Vitamin D bindet Kalzium in den Knochen **II** pronom. **fissarsi** **1** sich versteifen: ***-rsi su qcs.*** sich auf etw. (A) versteifen; ***si è fissato di diventare pittore*** er hat sich darauf versteift, Maler zu werden **2** *(stabilirsi)* sich nieder‿lassen ◆ ***~ con bulloni*** etw. mit Bolzen befestigen, etw. verbolzen; ***~ con chiodi*** fest‿nageln; ***~ con cunei*** ein‿keilen; ***~ per iscritto*** fest‿schreiben; ***~ con picchetti*** ein‿pflocken; ***~ con puntine*** an‿pinnen; ***~ con rivetti*** an‿nieten; ***~ con tasselli*** ein‿dübeln; ***~ con viti*** verschrauben, fest‿schrauben.

fis|sa|ti|vo **I** agg. fixativ, Fixier- **II** m. Fixiermittel *n.*: ***dare il ~ a qcs.*** etw. fixieren.

fis|sa|to **I** p.pass. agg. **1** → **fissare** **2** *(stabilito)* festgesetzt, bestimmt, verabredet: ***all'ora -a*** zur festgesetzten Zeit; ***nel luogo ~*** am verabredeten Ort **3** *(ostinato)* verrannt: ***essere ~ in qcs.*** in etw. (A) verrannt (*o* verbohrt) sein **II** m. **1** *(persona)* (von einer fixen Idee) Besessene *m.* **2** *(impegno)* Verabredete *n.*, Abgemachte *n.*, Vereinbarte *n.* ◆ ***~ bollato*** Schlussbrief *m.*, Schlussnote *f.*; ***resta ~ che...*** es bleibt dabei, dass...

fis|sa|to|re **I** agg. Fixier-: ***bagno ~*** Fixierbad *n.* **II** m. **1** FOT. Fixiermittel n. **2** COSMET. Festiger *m.*: ***~ per capelli*** Haarfestiger *m.*; ***~ colorante*** Farbfestiger *m.*

fis|sa|zio|ne f. **1** Befestigung *f.* **2** *(determinazione)* Festsetzung *f.*, Festlegung *f.*: ***~ dei prezzi, delle spese*** Preisfestsetzung *f.*, Kostenbegrenzung *f.* **3** *(fisima)* fixe Idee *f.* **4** PSIC. Fixierung *f.* **5** CHIM. Bindung *f.*

fis|si → **figgere.**

fis|si|le agg. spaltbar, fissil: ***materiale ~*** spaltbares Material, Spaltmaterial *n.* **fis|si|li|tà** f. Spaltbarkeit *f.*, Fissilität *f.* **fis|sio|na|re** tr. spalten. **fis|sio|ne** f. FIS. Spaltung *f.*: ***prodotto di ~*** Spaltprodukt *n.*, Spaltungsprodukt *n.*; ***~ nucleare*** Kernspaltung *f.*, Atomkernspaltung *f.*

fis|si|pe|de m. Zweihufer *m.*, Paarhufer *m.*

fis|si|tà f. **1** Festigkeit *f.*, Unbeweglichkeit *f.*, Starre *f.* **2** *(di sguardo)* Starre *f.*, Leblosigkeit *f.* **3** FIG. Beständigkeit *f.*, Unveränderlichkeit *f.*: ***la ~ di un ricordo, di una decisione*** die Beständigkeit einer Erinnerung, die Unveränderlichkeit eines Entschlusses.

fis|so I agg. **1** *(attaccato saldamente)* fest: ***il chiodo è ~ nel muro*** der Nagel steckt fest in der Mauer; *(immobile)* ***giunto ~*** feste Kupplung **2** *(stabile, costante)* fest, Fest-, fix, Fix-: ***avere un posto ~*** eine feste Stelle haben; ***entrata -a*** festes Einkommen; ***domicilio ~*** fester Wohnsitz; ***clienti, prezzi -i*** feste Kunden, Preise; ***spese -e, costi -i*** Fixkosten *pl.*; ***importo ~*** Festbetrag *m.*; COLLOQ. ***avere un ragazzo ~*** einen festen Freund haben; FIG. ***avere un'idea -a*** eine fixe Idee haben **3** *(immutabile)* starr: ***regole, strutture -e*** starre Regeln, Strukturen; ***procedere secondo uno schema ~*** nach einem starren Schema vor‿gehen **4** *(intento, concentrato)* starr: ***con sguardo ~*** mit starrem Blick; ***tenere gli occhi -i su qcs., qcn.*** seine Augen unverwandt auf etw. (A), jdn heften; FIG. ***avere ~ nella mente qcs., qcn.*** etw., jdn ständig im Kopf haben **II** avv. starr: ***guardare ~ davanti a sé*** starr vor sich hin blicken; ***guardare ~ qcn., nel vuoto*** auf jdn, ins Leere starren, stieren **III** m. Festgehalt *n.*: ***percepire un ~ mensile*** ein monatliches Festgehalt beziehen, bekommen ◆ FIG. ***appuntamento ~*** ständige Einrichtung *f.*; ECON. ***cambio ~*** fester Wechselkurs (*o* Kurs); ECON. ***capitale ~*** festes (*o* stehendes) Kapital; FIG. ***avere un chiodo ~*** eine fixe Idee haben; ***senza -a dimora*** ohne festen Wohnsitz; ***persona senza -a dimora*** Obdachlose *m.* e *f.*, BUROCR. Nichtsesshafte *m.* e *f.*; ***diritto ~*** feste Abgabe; INFORM. ***disco ~*** Festplatte *f.*; ***feste -e*** unbewegliche Feiertage; ***impiego ~*** Festanstellung *f.*; ***avere un impiego ~*** fest angestellt sein; ***orario ~ di lavoro, di apertura (dei negozi)*** feste Arbeitszeiten, Öffnungszeiten *pl.*; ***punto ~*** Fixpunkt *m.*; COLLOQ. ***resta ~ che...*** es bleibt dabei, dass...; ***a scadenza -a*** befristet; ***stelle -e*** Fixsterne *pl.*; ***stipendio ~*** festes Gehalt; ***a stipendio ~*** fest besoldet; ECON. ***tasso ~*** fester Satz.

fi|sto|la f. **1** MED. Fistel *f.*: ***~ gastrica, anale*** Magen-, Afterfistel *f.* **2** MUS. Schalmei *f.* **fi|sto|lo|so** agg. **1** Fistel-, fistulös **2** BOT. Hohl-: ***fusto ~*** Hohlstengel *m.*

fitness ['fɪtnɪs, *üblich* 'fitness] f.inv. Fitness *f.*: ***centro (di) ~, ~ club*** Fitnesscenter *n.*, Fitnessstudio *n.*

fi|to|bio|lo|gi|a f. Phytobiologie *f.* **fi|to|chi|mi|ca** f. Phytochemie *f.* **fi|to|ce|no|si** f. Phytozönose *f.* **fi|to|co|sme|si** f. Phytokosmetik *f.* **fi|to|fa|go I** agg. *(-gi,-ghe)* Pflanzen fressend, phytophag **II** m. *(-gi)* Pflanzenfresser *m.* **fi|to|far|ma|ci|a** f. Phytopharmazie *f.* **fi|to|far|ma|co** m. *(-ci)* Pflanzenschutzmittel *n.* **fi|to|fi|sio|lo|gi|a** f. Pflanzenphysiologie *f.*, Phytophysiologie *f.* **fi|to|fo|ra** f. Pflanzenlaus *f.* **fi|to|ge|ni|co** *(-ci,-che)*, **fi|to|ge|no** agg. phytogen. **fi|to|ge|o|gra|fi|a** f. Phytogeographie *f.* **fi|to|lac|ca** f. *(-che)* Scharlachbeere *f.*, Kermesbeere *f.* **fi|to|lo|gi|a** f. Phytologie *f.*, Pflanzenkunde *f.* **fi|to|pa|ti|a** f. Pflanzenkrankheit *f.* **fi|to|pa|to|lo|gi|a** f. Phytopathologie *f.*, Pflanzenpathologie *f.* **fi|to|planc|ton** m. Phytoplankton *n.* **fi|tor|mo|ne** m. Wuchsstoff *m.*, Phytohormon *n.* **fi|to|te|ra|pi|a** f. Pflanzenheilkunde *f.*, Phytotherapie *f.*

fit|ta f. Stich *m.*, Stechen *n.*, stechender Schmerz *m.*: ***~ al fianco, al cuore*** Seitenstechen *n.*, Herzstich *m.* (*o* Stich im Herzen), ***avere, sentire -e al fegato*** Stiche in der Leber haben, verspüren; ***qcn. ha una ~ nel fianco*** jd hat einen Stich in der Seite, es sticht jdm in der Seite.

fit|ta|men|te avv. **1** dicht: ***~ coperto di vegetazione*** dicht bewachsen **2** *(strettamente)* eng.

fit|ta|re → **affittare.**

fit|ta|vo|lo m. Pächter *m.*, Landpächter *m.*

fit|tez|za f. Dichte *f.*

fit|ti|le agg. Ton-, irden: ***vasi -i*** Tongefäße *pl.*

fit|ti|zio agg. *(-zi,-zie)* Schein-, fiktiv: ***attività, ditta -a*** Scheinbeschäftigung *f.*, Scheinfirma *f.*; ***contratto, utile ~*** Scheinvertrag *m.*, Scheingewinn *m.*; ***soluzione -a*** Scheinlösung *f.* ◆ ***nome ~*** Deckname *m.*; DIR. ***scrittura -a*** fingierte Buchung.

1.fit|to I agg. **1** *(conficcato)* geschlagen, eingeschlagen: ***un chiodo ~ nel legno*** ein ins Holz geschlagener Nagel **2** *(folto)* dicht: ***un bosco ~*** ein dichter Wald **3** *(denso)* dicht, dick: ***nebbia -a*** dichter Nebel; ***nubi -e*** dicke Wolken **4** *(intenso)* dicht, dicht gedrängt, rege: ***un ~ programma*** ein dichtes (*o* dicht gedrängtes) Programm; ***un ~ scambio epistolare*** ein reger Briefwechsel; ***una -a serie di incontri*** eine Zusammenkunft nach der anderen (*o* eine dicht gedrängte Reihe von Zusammenkünften) **5** *(di pioggia, neve)* heftig, stark: ***pioggia -a*** starker Regen; ***-a nevicata*** starker Schneefall **6a** *(compatto)* eng: ***un pettine ~*** ein engzackiger Kamm **b** *(di tessuti)* dicht, eng, engmaschig **c** ESTENS. ***una -a rete di distribuzione*** ein engmaschiges Vertriebsnetz **7** *(pieno)* voll, voller, gespickt, ausgefüllt: ***una giornata -a di impegni*** ein Tag voll von (*o* , ausgefüllt mit) Terminen **II** avv. **1** dicht **2** *(strettamente)* eng: ***scrivere ~ ~*** eng schreiben **3** *(intensamente)* stark, heftig: ***piove ~ ~*** es regnet sehr heftig **III** m. Dichte *f.*, Dickicht *n.*, Tiefe *f.*: ***nel ~ del bosco*** in der Dichte (*o* im Dickicht) des Waldes ◆ ***buio ~*** stockdunkel; ***a capo ~*** kopfüber: ***buttarsi a capo ~ nel lavoro*** sich kopfüber in die Arbeit stürzen; ***parlare ~ ~*** ununterbrochen reden; ***a righe -e*** engzeilig.

2.fit|to m. Pacht *f.*, Miete *f.*

3.fit|to → **figgere.**

fit|to|ne m. Pfahlwurzel *f.*

fiu|ma|na f. Flut *f.*, Strom *m.* (anche FIG.): ***una ~ di persone, di parole*** ein Strom von Menschen, ein Schwall von Worten (*o* Wortschwall *m.*). **fiu|ma|ra** f. Fiumara *f.*, Fiumare *f.*

fiu|me I m. **1a** Fluss *m.*, *(di grandi dimensioni)* Strom *m.*: ***un ~ impetuoso*** ein reißender Fluss; ***un ~ in piena, in secca*** ein stark angeschwollener, ausgetrockneter Fluss; ***il ~ è in piena*** der Fluss hat, führt Hochwasser; ***un ~ navigabile*** ein schiffbarer Strom; ***il ~ scorre attraverso la pianura*** der Fluss strömt, fließt durch die Ebene (*o* durchfließt die Ebene); ***il ~ nasce dalle Alpi, sfocia nel mare*** der Fluss entspringt in den Alpen, mündet ins Meer; ***il ~ rientrò nel suo letto*** der Fluss trat in sein Bett zurück; ***il ~ straripa*** der Fluss steigt über die Ufer; ***il ~ inonda i campi*** der Fluss überflutet die Felder; ***risalire il ~*** den Fluss aufwärts fahren **b** ESTENS. *(di liquidi)* ***un ~ di sangue, di lacrime*** ein Blutstrom, ein Strom von Tränen **2** FIG. *(moltitudine)* Flut *f.*, Strom *m.*, Schwall *m.*, Sturzbach *m.*: ***ricevere un ~ di lettere*** eine Flut von Briefen erhalten; ***spendere un ~ di parole*** einen Wortschwall los‿lassen; ***un ~ di gente*** ein Menschenstrom **II** agg.inv. Marathon-: ***seduta ~*** Marathonsitzung *f.* ◆ ***ansa del ~*** Flussbiegung *f.*; ***corso del ~*** Flusslauf *m.*; ***delta del ~*** Flussdelta *n.*; ***foce del ~*** Flussmündung *f.*; ***versare -i di inchiostro su qcs.*** über etw. (A) viel Tinte verspritzen, verschwenden; ***letto del ~*** Flussbett *n.*; FIG. ***scorrere a -i*** in Strömen fließen.

fiu|mi|cel|lo m. Flüsschen *n.*

fiu|ta|re tr. **1** beschnüffeln, beriechen **2** *(aspirare)* schnupfen: ***~ tabacco*** Tabak schnupfen **3** VENAT. wittern: ***~ la selvaggina*** Wild wittern **4** FIG. *(subodorare)* wittern, ahnen: ***~ l'inganno, una trappola, un buon affare*** den Betrug, eine Falle, ein günstiges Geschäft wittern; ***~ qcs. di nuovo nell'aria*** Morgenluft wittern. **fiu|ta|ta** f. Beriechen *n.*, Beschnüffeln *n.*; ***dare una ~ a qcs.*** etw. beriechen, beschnüffeln. **fiu|ta|to|re** m. **1** Schnupfer *m.* **2** *(segugio)* Spürhund *m.*

fiu|to m. **1** Witterung *f.*: ***un ~ finissimo*** eine sehr feine Witterung **2** FIG. Witterung *f.*, Spürsinn *m.*, Gespür *n.*: ***avere un ~ sicuro per qcs.*** ein sicheres Gespür (*o* eine sichere Witterung) für etw. haben ◆ ***tabacco da ~*** Schnupftabak *m.*

fix|ing ['fɪksɪŋ] m.inv. Fixing *n.*

fla|bel|lo m. Fächer *m.*, Wedel *m.*

flac|ci|dez|za f. Schlaffheit *f.*, Schlappheit *f.* **flac|ci|do** agg. schwabbelig, schlaff, schlapp: ***un ventre ~*** ein schwabbeliger Bauch; ***pelle -a*** schlaffe Haut; ***muscoli -i*** schlappe Muskeln.

fla|co|ne m. Flakon *n.* e *m.*, Fläschchen *n.*

fla|gel|lan|te m. STOR. Flagellant *m.*, Geißelbruder *m.*, Geißler *m.* **fla|gel|la|re I** tr. **1** geißeln (anche FIG.): ***~ i vizi*** das Laster geißeln **2** ESTENS. *(colpire violentemente)* peitschen: ***il mare flagella la costa*** das Meer peitscht gegen die Küste **II** pronom. **flagellarsi** sich geißeln. **fla|gel|la|ti** m.pl. Flagellaten *pl.*, Geißeltierchen *pl.* **fla|gel|la|zio|ne** f. Geißelung *f.* (anche FIG.). **fla|gel|lo** m. **1** Geißel *f.* (anche FIG.): ***il ~ della droga*** die Geißel der Droge; ***~ di Dio*** Geißel Gottes **2** BIOL. Flagelle *f.*, Flagellum *n.*

fla|gio|let|to m. Flageolett *n.*

fla|gran|te I agg. DIR. **1** flagrant, frisch begangen: ***furto ~*** flagranter, frisch begangener Diebstahl **2** ESTENS. *(evidente)* offenkundig, flagrant: ***~ contraddizione*** flagranter Widerspruch **II** m., ***cogliere qcn. in ~*** jdn in flagranti (*o* auf frischer Tat) ertappen. **fla|gran|te|men|te** avv. in flagranti. **fla|gran|za** f. offenbare Tat *f.*: ***in ~*** auf frischer Tat, in flagranti; ***arresto in ~*** Ergreifung, Festnahme auf frischer Tat.

flam|bé agg.inv. flambiert.

fla|mi|ne m. STOR. Flamen *m.*

flan m.inv. Auflauf *m.*: ***~ di verdure, di patate*** Gemüseauflauf *m.*, Kartoffelauflauf *m.*

fla|nel|la f. Flanell *m.*: ***di ~*** Flanell-, flanellen; ***pantaloni, vestito di ~*** Flanellhose *f.*, Flanellanzug *m.*

flan|gia f. *(-ge)* Flansch *m.* ◆ ***giunto a ~*** Flanschenverbindung *f.* **flan|gia|re** tr. *(flangio, flangi)* flanschen, an‿flanschen.
fla|no m. TIP. Matrize *f.*, Mater *f.*
flash [flæʃ] m.inv. **1** Blitz *m.*, Blitzlicht *n.*; *(apparecchio)* Blitzgerät *n.*: ***essere accecati dai ~ dei fotografi*** durch die Blitzlichter der Fotografen geblendet sein **2** GIORN. *(breve notizia)* Kurznachricht *f.*, Kurzmeldung *f.* ◆ ***~ d'agenzia*** Kurznachricht *f.*, Kurzmeldung *f.*; ***~ elettronico*** Elektronenblitzgerät *n.*; ***fotografare col ~*** blitzen; ***fotografia col ~*** Blitzlichtaufnahme *f.*; GIORN. ***notizie ~*** Kurznachrichten, Kurzmeldungen.
flash|back [flæʃ'bœjk] m.inv. **1** CINEM. LETT. Rückblende *f.* **2** FIG. plötzliche Erinnerung *f.*: ***ho avuto un ~ dell'infanzia*** mir kam eine plötzliche Erinnerung an die Kindheit.
fla|to m. Darmwind *m.*, Flatus *m.*
flat|ting ['flœjtɪŋ] m.inv. Lasurlack *m.*
fla|tu|len|za f. Blähsucht *f.*, Blähung *f.*, Flatulenz *f.*: ***essere affetto da -e*** Blähungen haben.
flau|ta|to agg. Flöten-, flötenartig: ***parlare con voce -a*** flöten. **flau|ti|no** m. → **flagioletto. flau|ti|sta** m. e f. *(-i,-e)* Flötenspieler *m.* (-in *f.*), Flötenbläser *m.* (-in *f.*), Flötist *m.* (-in *f.*).
flau|to m. Flöte *f.* (anche ESTENS.): ***suonare il ~*** die Flöte spielen, auf der Flöte blasen ◆ ***~ basso*** Bassflöte *f.*; ***concerto per, di ~*** Flötenkonzert *n.*; ***~ diritto, dolce*** Blockflöte *f.*; ***Il ~ magico*** Die Zauberflöte; ***~ di Pan*** Panflöte *f.*; ***~ piccolo*** Pikkoloflöte *f.*; ***registro di ~*** Flötenregister *n.*, Flötenzug *m.*; ***~ traverso*** Querflöte *f.*
fle|bi|le agg. **1** *(lamentoso)* weinerlich, kläglich, wehleidig **2** *(sommesso)* leise, schwach: ***voce ~*** leise, wehleidige Stimme. **fle|bil|men|te** avv. **1** *(lamentosamente)* kläglich, weinerlich, wehleidig **2** *(sommessamente)* leise, schwach.
fle|bi|te f. Venenentzündung *f.*, Phlebitis *f.*
fle|bo f. COLLOQ. Tropf *m.*: ***gli hanno messo la ~*** er hängt am Tropf. **fle|bo|cli|si** f. intravenöse Infusion *f.* **fle|bo|gra|fi|a** f. Phlebographie *f.* **fle|bo|gram|ma** m. Phlebogramm *n.* **fle|bo|to|mi|a** f. Aderlass *m.*, Phlebotomie *f.* **fle|bo|to|mo** m. **1** *(strumento per flebotomia)* Schnäpper *m.* **2** ZOOL. Sandmücke *f.*
flem|ma f. **1** Phlegma *n.* **2** *(calma esagerata)* Phlegma *n.*, Trägheit *f.*, Schwerfälligkeit *f.*: ***fare qcs. con (gran) ~*** etw. (sehr) phlegmatisch machen. **flem|ma|ti|ca|men|te** avv. phlegmatisch, träge, schwerfällig. **flem|ma|ti|co I** agg. *(-ci,-che)* phlegmatisch, träge, schwerfällig **II** m. *(-ci)* Phlegmatiker *m.*, träger (*o* schwerfälliger) Mensch *m.* **flem|mo|ne** m. Phlegmone *f.*
fles|si → **flettere.**
fles|si|bi|le I agg. **1** biegsam, schmiegsam, flexibel: ***ramo, tubo ~*** biegsamer Ast, Schlauch **2** FIG. *(modificabile)* flexibel: ***orario (di lavoro) ~*** flexible (*o* gleitende) Arbeitszeit **3** FIG. *(adattabile)* geschmeidig, schmiegsam, anpassungsfähig **II** m. Schlauch *m.* **fles|si|bi|li|tà** f. **1** Biegsamkeit *f.*, Schmiegsamkeit *f.*, Flexibilität *f.* **2** FIG. *(modificabilità)* Flexibilität *f.* **3** FIG. *(adattabilità)* Geschmeidigkeit *f.*, Schmiegsamkeit *f.*, Anpassungsfähigkeit *f.* **fles|si|bil|men|te** avv. biegsam, geschmeidig, schmiegsam.
fles|si|me|tro m. Fleximeter *m.* e *n.*
fles|sio|na|le agg. GRAMM. Flexions-, Beuge-.
fles|sio|ne f. **1** Beugung *f.*, Biegung *f.*, Krümmung *f.* **2** GINN. Beuge *f.*: ***~ del busto, delle gambe, sulle braccia*** Rumpfbeuge *f.*, Kniebeuge *f.*, Armbeuge *f.* (*o* Liegestütz *m.*); ***fare cinquanta -i*** fünfzig Liegestütze machen **3** *(calo)* Rückgang *m.*: ***~ delle quotazioni*** Kursrückgang *m.* **4** GRAMM. Beugung *f.*, Flexion *f.* ◆ ***~ sulle ginocchia*** Hocke *f.*; ***~ nominale*** Deklination *f.*; ***~ verbale*** Konjugation *f.* **fles|si|vo** agg. flektierend: ***lingue -e*** flektierende Sprachen.
fles|so → **flettere.**
fles|so|gra|fi|a f. Gummidruck *m.*, Flexodruck *m.*
fles|so|me|tro m. Bandmaß *n.*
fles|so|re I agg. Beuge-: ***muscolo ~*** Beugemuskel *m.* **II** m. Flexor *m.*, Beuger *m.*: ***~ della mano*** Handbeuger *m.*
fles|suo|sa|men|te avv. geschmeidig. **fles|suo|si|tà** f. **1** Geschmeidigkeit *f.*, Gelenkigkeit *f.* **2** *(flessibilità)* Biegsamkeit *f.*, Flexibilität *f.* **fles|suo|so** agg. **1** *(di corpo)* geschmeidig, gelenkig **2** *(flessibile)* biegsam, flexibel.
fles|su|ra f. GEOL. Flexur *f.*, Flexion *f.*
flet|te|re *(flettei/flessi; flesso)* **I** tr. **1a** *(piegare)* biegen, krümmen **b** *(membra)* beugen, biegen: ***~ il busto, le ginocchia*** den Rumpf, die Knie beugen **2** GRAMM. flektieren, beugen **II** pronom. **flettersi 1** *(piegarsi)* sich biegen, sich krümmen **2** *(di membra)* sich beugen, sich biegen; ***-rsi sulle ginocchia*** die Knie beugen.
fli|cor|no m. Saxhorn *n.*
flip|pa|to agg. GERG. ausgeflippt, flippig ***un tipo ~*** ein flippiger Typ.
flip|per m.inv. Flipper *m.*: ***giocare a ~*** flippern.
flirt [flɛ:t] m.inv. Flirt *m.*: ***avere un ~ con qcn.*** einen Flirt mit jdm haben. **flir|ta|re** intr. (aus. *avere*) flirten.
flit m.inv. Insektengift *n.*: ***dare il ~*** Gift sprühen.
F.lli ⇒ COMM. *fratelli* Gebrüder (Gebr.).
FLM ⇒ *Federazione Lavoratori Metalmeccanici* Verband der Arbeitnehmer in der Metall verarbeitenden Industrie.
floc|cu|lan|te I agg. Ausflockungs-, Koagulations- **II** m. Koagulationsmittel *n.* **floc|cu|la|re** intr. (aus. *avere*) aus‿flocken. **floc|cu|la|zio|ne** f. Ausflockung *f.*, Flockenbildung *f.*
flo|gi|sti|co agg. *(-ci,-che)* phlogistisch. **flo|gi|sto** m. Phlogiston *n.*
flo|go|si f. Phlogose *f.*, Entzündung *f.*
flop|py disk m.inv. Floppy Disk *f.*
flo|ra f. **1** Flora *f.*, Pflanzenwelt *f.*: ***~ alpina*** alpine Flora; ***~ tropicale*** die Flora der Tropen **2** *(batterica)* Flora *f.* ◆ ***~ batterica*** Bakterienflora *f.*; ***~ (batterica) intestinale*** Darmflora *f.*; ***~ (batterica della cavità) orale*** Mundflora *f.*; ***~ (batterica) vaginale*** Scheidenflora *f.*; ***~ litoranea*** Litoralflora *f.*; ***~ marina*** Meeresflora *f.*; ***~ mediterranea*** Mittelmeerflora *f.*
flo|re|a|le agg. Blumen-: ***decorazione ~*** Blumenschmuck *m.*; ***omaggio ~*** Blumengruß *m.* ◆ ***stile ~*** = Jugendstil *m.*
Flo|ria|no n.pr.m. Florian *m.*
flo|ri|co|lo agg. **1** ZOOL. Blumen- **2** Blumenzucht-. **flo|ri|col|to|re** m. Blumenzüchter *m.* **flo|ri|col|tu|ra** f. Blumenzucht *f.*
flo|ri|da|men|te avv. blühend-. **flo|ri|dez|za** f., **flo|ri|di|tà** f. Blüte *f.*; *(di persona)* blühendes Aussehen *n.*: ***~ economica*** wirtschaftliche Blüte.
flo|ri|do agg. blühend, florierend: ***avere un aspetto ~*** blühend aus‿sehen, wie das blühende Leben aus‿sehen; ***un commercio ~*** ein blühender Handel; ***un'azienda -a*** ein florierender Betrieb.
flo|ri|le|gio m. *(-gi)* Blütenlese *f.*, Florileg(ium) *n.*
flo|ri|sta m. e f. Florist *m.* (-in *f.*). **flo|ri|sti|ca** f. Floristik *f.*
flo|ro|vi|vai|sta m. e f. *(-i,-e)* Blumengärtner *m.* (-in *f.*).
flo|scia|men|te avv. schlapp. **flo|scio** agg. *(-sci,-sce)* **1** schlapp, Schlapp-, schlaff, weich: ***cappello ~*** Schlapphut *m.* **2** FIG. *(flaccido)* schlaff: ***muscoli -sci*** schlaffe Muskeln **3** FIG. *(rammollito)* schlapp, schwach: ***un tipo ~*** ein schlapper Kerl.
flot|ta f. Flotte *f.* ◆ ***~ aerea*** Luftflotte *f.*; ***~ baleniera*** Walfangflotte *f.*; ***~ da carico, mercantile*** Handelsflotte *f.*; ***~ militare*** Kriegsflotte *f.*; ***~ navale*** Seeflotte *f.*; ***~ da pesca, peschereccia*** Fangflotte *f.*, Fischereiflotte *f.*
flot|tan|te agg. schwimmend, flottierend ◆ ***ancora ~*** Treibanker *m.* **flot|ta|re I** intr. (aus. *avere*) schwimmen, schwanken, flottieren **II** tr. triften, flößen. **flot|ta|zio|ne** f. MIN. Flotation *f.*
flot|ti|glia f. **1** Flottille *f.* **2** *(peschereccia)* Fangflotte *f.*
flou [flu] **I** agg.inv. **1** FOT. unscharf, verschwommen **2** *(nella moda)* (weich) fließend **II** m.inv. Unschärfe *f.*, Unschärfeeffekt *m.*, Verschwommenheit *f.*
fluen|te agg. **1** fließend, flüssig: ***discorso ~*** flüssige Rede **2** ***veste ~*** fließendes Gewand **3** wallend, (weich) fließend: ***una barba, chioma ~*** ein wallender Bart, ein wallendes Haar.
flui|da|men|te avv. flüssig, fluid, fließend.
flui|di|fi|can|te agg. verflüssigend. **flui|di|fi|ca|re** tr. *(fluidifico, fluidifichi)* verflüssigen. **flui|di|fi|ca|zio|ne** f. Verflüssigung *f.*
flui|di|tà f. Flüssigkeit *f.* (anche FIG.): ***la ~ di uno stile*** die Flüssigkeit eines Stils. **flui|do I** agg. **1** flüssig, fließend, fluid (anche FIG.): ***olio ~*** dünnflüssiges Öl; ***stile ~*** flüssiger Stil **2** ***situazione -a*** unbeständige, veränderliche Lage **II** m. **1** Flüssigkeit *f.* **2** Fluidum *n.* (anche FIG.): ***~ magnetico*** magnetisches Fluidum.
1.flu|i|re intr. *(fluisco, fluisci;* aus. *essere)* **1** *(di liquidi)* fließen, laufen, strömen: ***~ fuori da qcs.*** aus etw. hervor‿strömen; ***~ dentro qcs.*** in etw. hinein‿fließen, ein‿laufen **2** *(di gas)* strömen **3** FIG. *(di barba, capelli)* wallen, (weich) fließen **4** FIG. *(di parole)* fließen, strömen **5** FIG. *(di tempo)* verfließen.
2.flu|i|re m. **1** Fließen *n.* **2** FIG. Strom *m.*, Verfließen *n.*: ***il ~ del tempo*** der Strom der Zeit.
flui|ta|re intr. (aus. *essere*) schwimmen ◆ ***far ~*** flößen, triften. **flui|ta|to** p.pass. agg. **1** → **fluitare 2** Floß-: ***legno ~*** Floßholz *n.* **flui|ta|zio|ne** f. Flößerei *f.*
fluo|re|scen|te agg. fluoreszierend, Leuchtstoff-: ***lampada, tubo ~*** Leuchtstofflampe *f.*, Leuchtstoffröhre *f.*; ***essere ~*** fluoreszieren. **fluo|re|scen|za** f. Fluoreszenz *f.*
fluo|ri|dri|co agg. ***acido ~*** Fluorwasserstoffsäure *f.*, Flusssäure *f.*
fluo|ri|te f. Flussspat *m.*, Fluorit *n.*
fluo|riz|za|re tr. fluorieren, fluoridieren, fluorisieren.
fluo|ro m. Fluor *n.*: ***dentifricio al ~*** Zahnpasta mit Fluor. **fluo|ro|fo|ro** m. Fluorophor *m.*
fluo|ru|ra|re tr. fluorieren, fluoridieren, fluorisieren. **fluo|ru|ro** m. Fluorid *n.*
fluo|si|li|ca|to m. Fluorosilikat *n.*

flus|so m. **1** Fluss *m.*, Strom *m.*, Strömung *f.*: ***il ~ delle acque*** der Strom der Gewässer; ***~ d'aria*** Luftströmung *f.* **2a** FIS. EL. Fluss *m.*: ***~ magnetico, di elettroni*** magnetischer Fluss, Fluss von Elektronen **b** FIG. Fluss *m.*, Strom *m.*: ***~ di traffico, di capitali*** Verkehrsfluss *m.*, Kapitalfluss *m.*; ***~ di denaro*** Geldstrom *m.*; ***il ~ degli avvenimenti*** der Fluss der Ereignisse **3** *(della marea)* Flut *f.*: ***~ e riflusso*** Flut und Ebbe **4** *(mestruale)* Monatsblutung *f.* ◆ ***densità di ~*** Flussdichte *f.*; ***diagramma di ~*** Flussdiagramm *n.*, Ablaufdiagramm *n.*; ***~ latteo*** Milchfluss *m.*; ***linea di ~*** Stromlinie *f.*; ***~ mestruale*** Monatsblutung *f.*; ***~ puerperale*** Wochenfluss *m.*; ***~ di sangue*** Blutung *f.*; ***~ sanguigno*** Blutstrom *m.*. **flus|so|me|tro** m. Flussmesser *m.*

flûte [flyt] m.inv. Flöte *f.*, Sektflöte *f.*

flut|to m. LETT. Woge *f.*; pl. *(mare)* Wogen *pl.*, Fluten *pl.*: ***-i spumeggianti*** schäumende Wogen; ***morire, scomparire tra i -i*** in den Fluten um‿kommen, verschwinden; ***essere in balia dei -i*** den Wogen ausgeliefert sein.

flut|tuan|te agg. **1** wogend, wallend: ***vesti -i*** wallende Gewänder; ***messi -i*** wogende Getreide **2a** BANC. fluktuierend, schwankend: ***borsa, moneta ~*** schwankende Börse, Währung **b** FIG. schwankend, unbeständig **3** ANAT. fliegende ◆ ECON. ***debito ~*** flottierende Schuld.

flut|tua|re intr. *(fluttuo;* aus. *avere)* **1** fluten, wogen, wallen: ***le spighe di grano fluttuano al vento*** das Korn wogt im Wind **2a** *(nell'aria)* schweben: ***le nuvole fluttuano nel cielo*** die Wolken schweben am Himmel **b** FIG. *(essere sospeso, incerto)* schweben: ***~ fra il timore e la speranza*** zwischen Furcht und Hoffnung schweben **3** BANC. fluktuieren, schwanken: ***i prezzi fluttuano*** die Preise schwanken.

flut|tua|zio|ne f. **1** Wogen *n.*, Gewoge *n.* (anche FIG.) **2** BANC. Schwankung *f.*: ***~ congiunturale, del mercato, dei cambi*** Konjunkturschwankung *f.*, Marktschwankung *f.*, Kursschwankung *f.* **3** MED. Fluktuation *f.*

flu|via|le agg. Fluss-, fluvial: ***pianura ~*** Flussebene *f.*; ***rete, navigazione ~*** Flussnetz *n.*, Flussschiffahrt *f.*; ***per via ~*** auf dem Flussweg.

FMI ⇒ *Fondo Monetario Internazionale* Internationaler Währungsfonds (⇒ IWF).

FNOM ⇒ *Federazione Nazionale dell'Ordine dei Medici* Nationaler Verband der Ärztekammer.

FNSI ⇒ *Federazione Nazionale Stampa Italiana* Nationaler Verband der Italienischen Presse.

fo|bi|a f. **1** PSIC. Phobie *f.* **2** ESTENS. *(forte avversione)* (starke) Abneigung *f.*: ***provare una vera ~ per qcs.*** eine starke Abneigung gegen etw. haben (*o* spüren). **fo|bi|co** agg. *(-ci,-che)* phobisch: ***sintomi -ci*** phobische Symptome.

fo|ca f. *(-che)* **1** Robbe *f.*: ***caccia alla ~*** Robbenfang *m.*; ***pelle di ~*** Robbenfell *n.* **2** FIG. *(persona goffa e grassa)* Walross *n.* ◆ ***~ leopardo*** Seeleopard *m.*; ***~ monaca*** Mönchsrobbe *f.*, Seemönch *m.*

fo|cac|cia f. *(-ce)* Fladen *m.* ◆ ***rendere pan per ~*** Gleiches mit Gleichem vergelten.

fo|ca|ia agg. ***pietra ~*** Feuerstein *m.*

fo|ca|le **I** agg. **1** GEOM. Brennpunkt- **2** OTT. fokal, Fokal-, Brenn-: ***distanza ~*** Fokaldistanz *f.*, Brennweite *f.*; ***punto ~*** Brennpunkt *m.* (anche FIG.) **3** MED. Fokal-, fokal, Herd-: ***infezione ~*** Fokalinfektion *f.*, Herdinfektion *f.* **II** f. Fokaldistanz *f.*

fo|ca|liz|za|re tr. **1** FOT. scharf ein‿stellen **2** FIG. scharf (*o* klar) umreißen: ***~ un problema*** ein Problem scharf umreißen. **fo|ca|liz|za|zio|ne** f. **1** FOT. scharfe Einstellung *f.* **2** FIG. Umreißen *n.*

fo|ca|ti|co m. *(-ci)* STOR. Familiensteuer *f.*

fo|ca|to agg. mit rötlichen Flecken.

fo|ce f. Mündung *f.*, Flussmündung *f.*; *(territorio)* Mündungsgebiet *n.*: ***~ a delta, a estuario*** Deltamündung *f.*, Trichtermündung *f.*

fo|ce|na f. *(genere)* Schweinswal *m.*; *(specie)* kleiner Tümmler *m.*

fo|chi|sta m. Heizer *m.*

fo|ci|de m. Seehund *m.*

Fo|ci|de n.pr.f. Phokis *n.*

fo|co|la|io m. *(-ai)* Herd *m.* (anche FIG.): ***il ~ della malattia, dell'infezione*** der Krankheitsherd, Infektionsherd; ***il ~ dell'epidemia*** der Seuchenherd; FIG. ***il ~ della rivolta*** der Herd des Aufstands; ***~ di guerra*** Konfliktherd *m.*

fo|co|la|re m. **1** Feuerstätte *f.*, Feuerstelle *f.* **2** FIG. *(casa, famiglia)* Herd *m.*, Heim *n.*: ***il ~ domestico*** der heimische (*o* häusliche) Herd **3** TECN. Herd *m.*

fo|co|me|li|a f. Phokomelie *f.* **fo|co|me|li|co** **I** agg. *(-ci,-che)* phokomelisch **II** m. *(-ci)* an Phokomelie Leidende *m.*

fo|co|ne m. ANT. ARM. Zündloch *n.*

fo|co|sa|men|te avv. leidenschaftlich, temperamentvoll. **fo|co|si|tà** f. Heißblütigkeit *f.* **fo|co|so** agg. feurig, heißblütig: ***un temperamento ~, un ~ amante*** ein feuriges (*o* heißblütiges) Temperament, ein feuriger Liebhaber; ***un cavallo ~*** ein feuriges Pferd.

fo|cus m.inv. Fokus *m.*

fo|de|ra f. **1** *(di abiti)* Futter *n.*: ***stoffa, seta per -e*** Futterstoff *m.*, Futterseide *f.*; ***cucire la ~ al cappotto*** das Futter in den Mantel ein‿nähen; ***~ imbottita, di pelliccia*** Teddy-, Pelzfutter *n.*; ***~ staccabile*** ausknöpfbares Futter; ***~ interna*** Unterfutter *n.* **2** *(rivestimento)* Bezug *m.*, Überzug *m.*; *(di cuscino)* Kissenbezug *m.* (*o* Kissenüberzug *m.*); ***~ in nylon, in tessuto*** Nylonbezug *m.*, Stoffbezug *m.* **3** *(di libri)* Einband *m.*: ***~ di carta, di plastica*** Einband aus Papier, aus Plastikfolie (*o* Papier-, Plastikeinband *m.*). **fo|de|ra|me** m. Futterstoff *m.*

fo|de|ra|re tr. *(fodero)* **1** füttern, aus‿füttern, unterfüttern: ***~ una gonna*** einen Rock füttern; ***~ un cappotto di pelliccia, una valigia di tela*** einen Mantel mit Pelz, einen Koffer mit Stoff ausfüttern **2** *(rivestire)* beziehen, aus‿schlagen, aus‿legen: ***~ i cassetti*** die Schubladen mit Papier ausschlagen **3** *(libri, quaderni)* ein‿binden, ein‿schlagen ◆ ***carta per ~*** Einschlagpapier *n.*

fo|de|ra|to p.pass. agg. **1** → **foderare** **2** *(di abiti)* gefüttert, ausgefüttert: ***giacca -a*** gefütterte Jacke **3** *(rivestito)* bezogen: ***bottoni -i*** bezogene Knöpfe; ***un divano ~ in pelle*** ein mit Leder bezogenes (*o* lederbezogenes) Sofa ◆ ***avere gli occhi, gli orecchi -i di prosciutto*** Tomaten auf den Augen, Bohnen in den Ohren haben. **fo|de|ra|tu|ra** f. **1** Fütterung *f.*, Ausfütterung *f.* **2** *(fodera di abiti)* Futter *n.*

fo|de|ri|na f. **1** Einband *m.*; *(di libro)* Bucheinband *m.*; ***una ~ di carta, di plastica*** Einband aus Papier, Plastikfolie; ***mettere la -a al quaderno*** das Heft in den Einband stecken **2** *(dei sedili dell'auto)* Schutzbezug *m.*, Bezug *m.*: ***mettere la ~ al sedile*** den Bezug über den Sitz ziehen.

fo|de|ro m. Scheide *f.*: ***togliere (estrarre) la spada dal ~*** das Schwert aus der Scheide ziehen; ***(ri)mettere le spada nel ~*** das Schwert in die Scheide stecken.

fo|ga f. Ungestüm *n.*, Eifer *m.*, Hitze *f.*: ***~ oratoria*** Redeeifer *m.*; ***parlare con ~*** voller Eifer sprechen.

fog|gia f. *(-ge)* **1** *(maniera)* Art *f.* **2** ABBIGL. Machart *f.*, Schnitt *m.*, Fasson *f.*: ***un cappotto di ~ moderna, antiquata*** ein Mantel nach moderner, alter Fasson.

fog|gia|re tr. *(foggio, foggi)* formen, bilden (anche FIG.). **fog|gia|tu|ra** f. TECN. Kaltformung *f.*

fo|glia f. **1a** Blatt *n.*; pl. *(fogliame)* Laub *n.*: ***~ secca, morta*** vertrocknetes (trockenes), welkes Blatt; ***-e composte*** geteilte Blätter; ***~ palmata, pennata*** gefingertes, gefiedertes Blatt; ***~ dentata, seghettata*** gezähntes, gesägtes Blatt; ***mettere le -e*** Blätter bekommen (*o* sich belauben); ***in autunno cadono le -e*** im Herbst fallen die Blätter (*o* fällt das Laub); ***perdere le -e*** *(di alberi)* die Blätter verlieren, sich entlauben, sich entblättern; *(di piante, fiori)* die Blätter verlieren, ab‿blättern **b** pl. *(di verdure)* Kraut *n.*: ***le -e della patata*** Kartoffelkraut *n.* **2** ESTENS. *(brattea)* Deckblatt *n.* **3** *(lamina)* Folie *f.*, Blatt *n.*: ***~ d'oro*** Goldblatt *n.* (*o* Goldblättchen *n.*) **4** MECC. *(di molla)* Federblatt *n.* ◆ ***~ d'acanto*** Akanthusblatt *n.*; ***coperto di -e*** belaubt; ***dorare a ~*** mit Blattgold vergolden; ***~ di fico*** Feigenblatt *n.*; ***oro, argento in -e*** Blattgold *n.*, Blattsilber *n.*; ***mangiare la ~*** den Wink verstehen; ***non si muove una ~*** es rührt (*o* regt) sich kein Blatt; ***~ per ~*** blattweise; ARCH. ***~ rampante*** Krabbe *f.*; ***senza -e*** blattlos; ***~ di tabacco*** Tabakblatt *n.* (*o* Sandblatt *n.*); ***tappeto di -e*** Laubteppich *m.*; ***~ di tè*** Teeblatt *n.*; ***tè in -e*** loser Tee; ***tremare come una ~*** wie Espenlaub zittern; PROV. ***non si muove ~ che Dio non voglia*** = wenn Gott nicht will, bewegt sich kein Blättchen. **fo|glia|ce|o** agg. blattförmig. **fo|glia|me** m. **1** Laub *n.*, Belaubung *f.*, Laubwerk *n.* **2** ART. *(ornamentale)* Laubwerk *n.*, Blattwerk *n.* **fo|glia|re** agg. Blatt-: ***gemma, margine ~*** Blattauge *n.*, Blattrand *m.* **fo|glia|zio|ne** f. Belaubung *f.*

fo|gliet|to m. Blättchen *n.*, Zettel *m.*: ***annotare qcs. su un ~*** etw. auf einem Zettel notieren; ***~ per appunti*** Notizzettel *m.* ◆ ANAT. ***~ peritoneale*** Peritoneum *n.*, Bauchfell *n.*

fo|glio m. *(-gli)* **1** Blatt *n.*, Bogen *m.*: ***un ~ di carta*** ein Blatt Papier; ***un ~ a righe, a quadretti*** ein liniertes, kariertes Blatt; ***~ A4*** DIN-A4-Blatt *n.*; ***~ di papiro*** Papyrusblatt *n.*; ***un ~ di carta da disegno, da pacchi, di carta da lettere*** ein Bogen Zeichenpapier, Packpapier, ein Briefbogen; ***sul retro del ~*** auf der Rückseite des Blattes; ***strappare un ~ dal quaderno*** ein Blatt aus dem Heft reißen; ***un ~ volante*** ein loses (*o* fliegendes) Blatt; ***consegnare il ~ in bianco*** ein leeres Blatt ab‿geben; ***~ di istruzioni, di appunti*** Merkblatt *n.*; ***~ informativo*** Informationsblatt *n.* **2** *(modulo)* Formular *n.*: ***~ d'iscrizione*** Anmeldeformular *n.* **3** *(lamina)* Folie *f.*: ***~ di alluminio, di stagnola*** Aluminiumfolie *f.*, Zinnfolie *f.* **4** COLLOQ. *(banconota)* Schein *m.*: ***un ~ da centomila*** ein Hunderttausendlireschein **5** *(giornale)* Blatt *n.*: ***un ~ politico*** ein politisches Blatt **6** *(in* *filatelia)* Briefmarkenbogen *m.* ◆ ~ ***d'album*** Albumseite *f.*; ~ ***di annunci legali*** Amtsblatt *n.*; ~ ***di, per appunti*** Merkblatt *n.*; ~ ***bianco*** leeres Blatt; ECON. ~ ***(firmato) in bianco*** Blankett *n.*; FIG. ***essere (come) un ~ bianco*** ein unbeschriebenes Blatt sein; ~ ***di bilancio*** Bilanzbogen *m.*; ~ ***per bozze*** Abziehbogen *m.*; ~ ***di calendario*** Kalenderblatt *n.*; ~ ***cedolare, delle cedole*** Zinsbogen *m.*; ~ ***di compensato*** Sperrholzplatte *f.*; ~ ***complementare*** Kraftfahrzeugbrief *m.*; MIL. ~ ***di congedo*** Entlassungspapiere *pl.*; ~ ***di dimissioni*** Entlassungsschein *m.*; ~ ***elettronico*** Tabellenkalkulationsprogramm *n.*; TIP. ***in*** ~ in folio; ~ ***di istruzioni*** Betriebsanleitung *f.*; MIL. ~ ***di licenza*** Urlaubsschein *m.*; ***a -gli mobili*** in losen Blättern; ***oro in -gli*** Schlaggold *n.*; ~ ***(di) paga*** Lohnstreifen *m.*; ~ ***protocollo*** = Art Kanzleipapier *n.*; SCOL. Schulaufgabenpapier *n.*; ~ ***in quarto*** Quartbogen *m.*; ~ ***di rispetto*** Respektblatt *n.*; ~ ***rosa*** = provisorische Fahrerlaubnis; *(permesso di guida)* provisorischer Führerschein; TIP. ~ ***soprannumerario*** Zuschussbogen *m.*, Zuschuss *m.*; ***-gli staccabili*** Ringbucheinlagen *pl.*; ~ ***di stampa*** Druckbogen *m.*, Bogen *m.*; ~ ***di via obbligatorio*** Ausweisungsbefehl *m.*, Ausweisungsbescheid *m.*

fo|glio|li|na f. Blättchen *n.*; BOT. Fieder *f.* **fo|glio|so** agg. blätterig, belaubt: ***cespuglio*** ~ belaubter Strauch.

fo|gna f. **1** Abwasserkanal *m.*, Abzugskanal *m.*; pl. *(sistema fognario)* Kanalisation *f.* **2** FIG. SPREG. *(luogo sudicio e malfrequentato)* Spelunke *f.*, schmutziges Loch *n.* **3** FIG. SPREG. *(persona ingorda)* Fresssack *m.* **fo|gna|io|lo** m. Kanalarbeiter *m.* **fo|gnan|te, fo|gna|rio** agg. *(-ri,-rie)* Kanalisations-, Abwasser-: ***rete -a*** Kanalisationsnetz *n.* **fo|gna|tu|ra** f. **1** Kanalisation *f.*: ***le -e della città*** die städtische Kanalisation; ***costruire una*** ~ eine Kanalisation errichten; ***dotare di ~ un luogo*** einen Ort kanalisieren **2** AGR. Dränierung *f.*

föhn [fø:n] m.inv. Föhn *m.*, Föhnwind *m.*

fo|ia f. **1** *(fregola)* Brunst *f.* **2** ESTENS. *(frenesia)* Begierde *f.*, Sucht *f.*

fo|la f. **1** LETT. Märchen *n.* **2** *(bugia)* Lüge *f.*, Märchen *n.*: ***non raccontarmi -e!*** erzähl mir keine Märchen!

fo|la|ga f. *(-ghe)* Wasserhuhn *n.*, Blässhuhn *n.*

fo|la|ta f. Bö(e) *f.*: ~ ***di vento, di pioggia*** Wind-, Regenbö *f.*

fol|clo|re m. **1** *(demologia)* Volkskunde *f.*, Folklore *f.* **2** *(costumi popolari)* Folklore *f.*: ~ ***siciliano*** sizilianische Folklore. **fol|clo|ri|co** → **folcloristico. fol|clo|ri|smo** m. **1** Vorliebe *f.* für Folklore, Hang *m.* zum Folkloristischen **2** SPREG. Volkstümelei *f.* **fol|clo|ri|sta** m. e f. *(-i,-e)* Volkskundler *m.* (-in *f.*), Folklorist *m.* (-in *f.*).

fol|clo|ri|sti|co agg. *(-ci,-che)* **1** *(demologico)* volkskundlich, folkloristisch **2** ESTENS. *(popolare)* folkloristisch, Volks-, Trachten-: ***gruppo*** ~ Volkstanzgruppe *f.* (*o* Trachtengruppe *f.*); ***spettacolo*** ~ folkloristische Veranstaltung; ***costume, abito*** ~ Trachtenanzug *m.* **3** COLLOQ. *(bizzarro)* komisch, außergewöhnlich: ***un tipo*** ~ ein außergewöhnlicher Typ.

fol|go|ran|te agg. **1** *(lampeggiante)* blitzend **2a** FIG. *(che colpisce)* umwerfend, strahlend: ***bellezza, sguardo*** ~ strahlender Blick, umwerfende Schönheit **b** *(sconvolgente)* umwerfend: ***idea*** ~ umwerfende Idee.

fol|go|ra|re *(folgoro)* **I** intr. (aus. *avere*) LETT. blitzen, leuchten: ***il cielo folgora di stelle*** am Himmel blitzen die Sterne; FIG. ***il suo sguardo folgorava di rabbia*** seine Augen blitzten vor Zorn **II** tr. **1** *(col fulmine)* (mit dem Blitz) treffen: ***Giove folgorò i giganti*** Zeus traf die Giganten mit seinem Blitz; ***l'albero è stato folgorato dal fulmine*** der Baum wurde vom Blitz getroffen **2** *(con una scarica elettrica)* ***l'alta tensione lo folgorò, restò folgorato dall'alta tensione*** er bekam von dem Hochspannungsstrom einen Schlag **3** FIG. *(con lo sguardo)* an‿blitzen.

fol|go|ra|to p.pass. agg. **1** → **folgorare 2** *(da un fulmine)* vom Blitz getroffen; *(dalla corrente elettrica)* von einem elektrischen Schlag getroffen ◆ FIG. ***restare, rimanere*** ~ wie vom Donner gerührt sein (*o* da‿stehen).

fol|go|ra|zio|ne f. **1** Blitzschlag *m.*; *(da corrente elettrica)* Stromschlag *m.*: ***morte per*** ~ Tod durch Stromschlag **2** FIG. *(illuminazione)* Geistesblitz *m.*: ***avere una*** ~ einen Geistesblitz haben.

fol|go|re f. LETT. Blitz(schlag) *m.*, Blitzstrahl *m.*

fol|go|ri|te f. Fulgurit *m.*, Blitzröhre *f.*

fo|li|co agg. ***acido*** ~ Folsäure *f.*

folk I agg.inv. Folk-: ***cantante*** ~ Folksänger *m.* **II** m. Folk *m.* ◆ ***musica*** ~ Folk *m.* **fol|klo|re** → **folclore. fol|klo|ri|co** → **folclorico. fol|klo|ri|smo** → **folclorismo. fol|klo|ri|sta** → **folclorista. fol|klo|ri|sti|co** → **folcloristico.**

fol|la f. **1** Menge *f.*, Menschenmenge *f.*, Volksmenge *f.*: ***una ~ vociante, variopinta, in attesa*** eine schreiende, bunte, wartende Menschenmenge; ***la ~ gremisce la piazza*** die Menschenmenge füllt, bevölkert den Platz; ***la ~ si accalca, si assiepa davanti al cinema*** die Menge drängt sich vor dem Kino; ***perdersi, sparire tra la*** ~ in der Menge unter‿gehen (*o* sich in der Menge verlieren), verschwinden; ***sparare sulla*** ~ in die Menge schießen **2** ESTENS. *(gran numero)* Menge *f.*, Haufen *m.*: ***una ~ di amici, di curiosi*** eine Menge Freunde, ein Haufen Neugieriger **3** FIG. *(miriade)* Unmenge *f.*, Unzahl *m.*: ***una ~ di pensieri, di ricordi*** eine Unmenge von Gedanken, Erinnerungen ◆ ***fare un bagno di*** ~ ein Bad in der Menge nehmen.

fol|la|re tr. walken. **fol|la|to|re** m. **1** *(operaio)* Walker *m.* **2** *(macchina)* Walke *f.* **fol|la|tri|ce** f. Walke *f.*, Walkmaschine *f.* **fol|la|tu|ra** f. Walken *n.*, Walke *f.*

fol|le I agg. **1** wahnsinnig, irrsinnig: ***un individuo*** ~ ein wahnsinniger Mensch **2a** FIG. *(assurdo)* Wahnsinns-, wahnsinnig: ***idea, impresa*** ~ Wahnsinnsidee *f.*, Wahnsinnstat *f.*; ***una spesa*** ~ eine wahnsinnige Geldausgabe **b** FIG. *(smisurato)* wahnsinnig, irrsinnig: ***paura, passione*** ~ irrsinnige Angst, wahnsinnige Leidenschaft; ***a ~ velocità, a velocità*** ~ mit irrer Geschwindigkeit **3** MECC. Los-: ***ruota, ingranaggio*** ~ Losrad *n.* **II** m. e f. Wahnsinnige *m.* e *f.*, Narr *m.* (Närrin *f.*): ***il gesto di un*** ~ die Tat eines Wahnsinnigen ◆ ***essere ~ di qcn.*** auf jdn (*o* nach jdm) verrückt sein; ***essere, mettere in*** ~ im Leerlauf sein, in den Leerlauf schalten; ~ ***omicida*** Mörder im Blutrausch. **fol|leg|gia|re** intr. (aus. *avere*) es toll treiben. **fol|le|men|te** avv. wahnsinnig: ***amare ~ qcn.*** jdn wahnsinnig lieben.

fol|let|to m. **1** Kobold *m.* **2** *(bambino vivace)* Spitzbube *m.*, Frechdachs *m.*

fol|li|a f. **1** Wahnsinn *m.*: ***essere in preda alla*** ~ im (*o* dem) Wahnsinn verfallen sein; ***avere una crisi di*** ~ einen Anfall von Wahnsinn haben **2** FIG. *(azione sconsiderata)* Wahnsinn *m.*, Verrücktheit *f.*: ***fare una*** ~ eine Verrücktheit begehen; ***è ~ pura*** das ist reiner (*o* heller) Wahnsinn ◆ ***alla*** ~ bis zur Raserei, wahnsinnig; ~ ***collettiva*** Massenhysterie *f.*; ***fare -e*** es toll treiben; ***fare -e per qcn., qcs.*** auf jdn (*o* nach jdm), auf etw. (A) verrückt sein; ~ ***omicida*** Blutrausch *m.*

fol|li|co|la|re agg. follikular, follikulär, Follikel-: ***ormone*** ~ Follikelhormon *n.* **fol|li|co|li|te** f. Follikulitis *f.* **fol|li|co|lo** m. Follikel *m.* ◆ ~ ***linfatico*** Lymphknötchen *n.*; ~ ***pilifero*** Haarbalg *m.*

fol|lo|ne m. Zylinderwalke *f.*

fol|tez|za f. Dichte *f.* **fol|to I** agg. **1a** *(fitto)* dicht, dick: ***un ~ bosco*** ein dichter Wald; ***una -a nebbia*** ein dichter Nebel **b** FIG. dicht, Voll-: ***-a capigliatura, capelli -i*** dichtes Haar; ***barba -a*** dichter Bart **2** FIG. *(numeroso)* breit, zahlreich: ~ ***pubblico*** zahlreiches Publikum **II** m. Dichte *f.*: ***il ~ del bosco*** die Dichte des Waldes ◆ ***entrare nel ~ del bosco*** tief in den Wald hinein‿gehen; ***buttarsi, gettarsi nel ~ della mischia*** sich ins dickste Getümmel stürzen.

fo|men|ta|re tr. **1** *(eccitare)* schüren: ~ ***l'ira della folla, l'odio razziale*** die Wut der Menge, den Rassenhass schüren **2** *(promuovere)* an‿stiften, hetzen: ~ ***la rivolta*** zum Aufruhr anstiften (*o* hetzen). **fo|men|ta|to|re** m. Anstifter *m.*, Unruhestifter *m.*, Hetzer *m.*: ~ ***di discordia, di guerre*** Zwietrachtstifter *m.*, Kriegshetzer *m.* **fo|men|to** m. **1** MED. Foment *n.*, Bähung *f.* **2** FIG. *(istigazione)* Anstiftung *f.* **fo|mi|te** f. LETT. *(cagione)* Keim *m.*: ~ ***di discordia*** Keim der Zwietracht.

fon m.inv. Haartrockner *m.*, Föhn *m.*; ***asciugare i capelli con il*** ~ die Haare föhnen.

fo|na|to|rio agg. *(-ri,-rie)* Stimm-, Sprech-: ***organo*** ~ Stimmorgan *n.*; ***apparato*** ~ Sprechwerkzeuge *pl.* **fo|na|zio|ne** f. Phonation *f.*, Stimmbildung *f.*, Lautbildung *f.*

fon|da f. MAR. ***essere alla*** ~ vor Anker liegen (*o* treiben); ***posto di*** ~ Ankerplatz *m.*

fon|da|co m. *(-chi)* **1** STOR. Fondaco *m.* **2** REGION. INTRAD. (Lagerraum bzw. heruntergekommene Wohnung im Erdgeschoss oder Keller in Süditalien).

fon|da|le m. **1** Wassertiefe *f.*, Tiefe *f.*: ***-i marini*** Meerestiefe *f.* **2** TEATR. Bühnenhintergrund *m.*, Hintergrund *m.* ◆ ~ ***alto*** Untiefe *f.*; ~ ***basso*** Flach *n.*, seichter Grund; ~ ***pescoso*** Fischgrund *m.*, Fanggrund *m.*; TEATR. ~ ***prospettico*** Prospekt *m.*

fon|da|men|ta|le I agg. **1** *(basilare, di fondo)* Grund-, Fundamental-, fundamental: ***principio, concetto, errore*** ~ Grundprinzip *n.*, Fundamentalbegriff *m.*, Grundfehler *m.*; ***nozioni, conoscenze -i*** Grundwissen *n.*, Grundkenntnisse *pl.*; ***diritti -i*** Grundrechte *pl.*; MUS. ***nota*** ~ Grundton *m.* **2** *(sostanziale)* wesentlich, grundlegend: ***differenza*** ~ wesentlicher Unterschied; ***essere di ~ importanza*** von wesentlicher Bedeutung sein **3** *(centrale, principale)* Haupt-, Kern-: ***punto, regola*** ~ Hauptpunkt *m.*, Hauptregel *f.*; ***materia, insegnamento*** ~ Hauptfach *n.* **II** f. MUS. Grundton *m.* **III** m. SPORT Grundlage *f.*, Grundfertigkeit *f.*: ***i -i del calcio*** die Grundlagen des Fußballspiels.

fon|da|men|ta|li|smo m. Fundamentalismus *m.*: ~ ***islamico*** islamischer Fundamentalismus. **fon|da|men|ta|li|sta** *(-i,-e)* **I** agg. fundamentalistisch: ***movimento ~*** fundamentalistische Bewegung **II** m. e f. Fundamentalist *m.* (-in *f.*) ◆ UNIV. ***essere ~ di spagnolo, tedesco*** im Hauptfach Hispanistik, Germanistik studieren.

fon|da|men|tal|men|te avv. grundlegend, grundsätzlich, fundamental: ***un ragionamento ~ sbagliato*** eine grundlegend falsche Überlegung.

fon|da|men|to m. **1a** (pl. *-a*) Fundament *n.*, Unterbau *m.*, Grundbau *m.*: ***gettare le -a*** das Fundament gießen (*o* mauern); ***costruire le -a di una casa*** das Fundament für ein Haus legen; ***distruggere fino alle -a*** bis aufs Fundament zerstören **b** FIG. *(basi*; pl. *-a)* Grundfesten *pl.*, Basis *f.*: ***gettare le -a di un'impresa*** die Basis eines Unternehmens schaffen; ***scuotere le -a dello stato*** an den Grundfesten des Staates rütteln; ***scuotere qcs. dalle, fino alle -a*** etw. in seinen (*o* bis in seine) Grundfesten erschüttern **2** FIG. *(principio;* pl. *-i)* Fundament *n.*, Unterbau *m.*, Grundlage *f.*: ***~ giuridico, legale*** Rechtsgrundlage *f.*; ***-i morali*** sittliche Grundlagen *pl.*; ***i -i della matematica, del diritto*** die Grundlagen der Mathematik, des Rechts; ***porre i -i di qcs.*** die Fundamente von (*o* zu) etw. legen; ***avere (un) ~ teorico*** eine theoretische Grundlage haben (*o* theoretisch begründet sein) ◆ ***parlare con ~*** fundiert sprechen; ***essere privo di ogni, qualsiasi ~*** jeder Grundlage entbehren, ganz grundlos (*o* unbegründet) sein; ***essere senza ~*** → ***essere privo di ~***.

fon|dant [fõ'da] m.inv. Fondant *m.* e *n.*

fon|da|re **I** tr. **1** *(costruire le fondamenta)* ***~ un edificio*** das Fundament für ein Gebäude legen **2a** *(creare, costituire)* gründen: ***~ una città, una ditta*** eine Stadt, eine Firma gründen; ***~ una famiglia*** eine Familie gründen **b** FIG. *(dettare i fondamenti di)* begründen, etablieren: ***~ una nuova corrente artistica, una religione*** eine neue Kunstrichtung etablieren, eine Religion begründen **3** FIG. *(basare)* gründen, fußen: ***~ l'accusa su una testimonianza*** die Anklage auf eine Zeugenaussage gründen **II** pronom. **fondarsi** sich gründen, fußen: ***-rsi su presupposti errati*** auf falschen Voraussetzungen fußen (*o* sich auf falsche Voraussetzungen gründen); ***qcs. si fonda sul fatto che...*** etw. gründet sich darauf, dass... (*o* etw. fußt darauf, dass...).

fon|da|tez|za f. Stichhaltigkeit *f.*, Triftigkeit *f.*: ***la ~ di un sospetto*** die Stichhaltigkeit eines Verdachts.

fon|da|to p.pass. agg. **1** → **fondare** **2** *(valido)* stichhaltig, triftig: ***un motivo, sospetto ~*** ein triftiger Grund, Verdacht.

fon|da|to|re **I** agg. Gründungs-: ***comitato, socio ~*** Gründungsausschuss *m.*, Gründungsmitglied *n.* **II** m. **1** Gründer *m.*, Begründer *m.*: ***il ~ di una città, di un partito*** der Stadtgründer, der Gründer einer Partei **2** *(di istituzione)* Stifter *m.*: ***il ~ di un convento*** der Stifter eines Klosters.

fon|da|zio|ne f. **1** Gründung *f.*, Begründung *f.*: ***la ~ di una società*** die Gründung einer Gesellschaft **2** pl. EDIL. *(fondamenta)* Gründung *f.*, Grundbau *m.* **3** DIR. *(istituzione)* Stiftung *f.*: ***~ pubblica, ecclesiastica, culturale*** öffentliche, kirchliche, kulturelle Stiftung; ***~ Guggenheim*** Guggenheimstiftung *f.*; ***pia ~*** fromme (*o* wohltätige) Stiftung; ***istituire una ~*** eine Stiftung errichten ◆ ***anno di ~*** Gründungsjahr *n.*

fon|del|lo m. **1** *(parte di fondo)* Boden *m.*: ***~ dei pantaloni*** Hosenboden *m.*; ***~ del bossolo*** Hülsenboden *m.* **2** *(anima del bottone)* Knopfkern *m.*, Kern *m.* ◆ COLLOQ. ***prendere qcn. per i -i*** jdn verarschen.

fon|den|te **I** agg. schmelzend: ***ghiaccio ~*** schmelzendes Eis **II** m. **1** *(caramella)* Fondant *m.* e *n.* **2** METALL. Flussmittel *n.* ◆ ***cioccolato ~*** Bitterschokolade *f.*; *(per la preparazione di dolci)* Blockschokolade *f.*

fon|de|re *(fusi; fuso)* **I** tr. **1** *(liquefare)* schmelzen: ***~ un metallo, la cera, il burro*** ein Metall, Wachs, Butter schmelzen; ***il sole fonde la neve*** die Sonne schmilzt den Schnee **2a** *(amalgamare)* verschmelzen, zusammen‿schmelzen: ***~ due metalli in una lega*** zwei Metalle zu einer Legierung zusammenschmelzen **b** FIG. verschmelzen, vereinigen: ***~ due stili diversi in un tutt'uno*** zwei gegensätzliche Stile miteinander verschmelzen **3** FIG. *(unificare imprese, società)* zusammen‿schließen **4** *(colare)* gießen: ***~ una statua in gesso, una campana in bronzo*** eine Statue in Gips, eine Glocke in Bronze gießen **II** intr. (aus. *avere*) schmelzen: ***il ghiaccio fonde a zero gradi*** das Eis schmilzt bei null Grad **III** pronom. **fondersi** **1** *(liquefarsi)* schmelzen: ***la neve si fonde al sole*** Schnee schmilzt in (*o* an) der Sonne **2a** *(amalgamarsi)* verschmelzen: ***-rsi in una lega, in un blocco unico*** zu einer Legierung, einem einzigen Block verschmelzen **b** FIG. verschmelzen, sich vereinigen **3** FIG. *(di imprese, società)* fusionieren ◆ ***~ le bronzine, il motore*** einen Kolbenfresser haben.

fon|de|ri|a f. Gießerei *f.*, Gießereibetrieb *m.*: ***lavorare in ~*** in einer Gießerei arbeiten ◆ ***operaio di ~*** Gießereiarbeiter *m.*, Gießer *m.*

fon|dia|rio agg. *(-ri,-rie)* Grund-, Boden-: ***proprietà, rendita, imposta -a*** Grundbesitz *m.* (*o* Landbesitz *m.*), Grundrente *f.*, Grundsteuer *f.*; ***credito ~*** Grundkredit *m.* (*o* Bodenkredit *m.*); ***istituto di credito ~*** Bodenkreditanstalt *f.*

fon|di|bi|le agg. schmelzbar.

1.fon|di|na f. Pistolentasche *f.*, Halfter *f.* e *n.*; *(dei cowboys)* Revolvertasche *f.*, Halfter *f.* e *n.*: ***estrarre la pistola dalla ~*** die Pistole aus dem Halfter ziehen; ***rimettere la pistola nella ~*** die Pistole wieder ins Halfter stecken.

2.fon|di|na f. REGION. tiefer Teller *m.*

fon|di|sta m. e f. *(-i,-e)* **1a** SPORT Langstreckenläufer *m.* (-in *f.*), COLLOQ. Langstreckler *m.* (-in *f.*) **b** *(nel nuoto)* Langstreckenschwimmer *m.* (-in *f.*) **c** *(nello sci)* Langläufer *m.* (-in *f.*) **2** *(giornalista)* Leitartikelschreiber *m.* (-in *f.*), COLLOQ. Leitartikler *m.* (-in *f.*).

fon|di|to|re m. Schmelzer *m.*; *(forgiatore)* Gießer *m.* **fon|di|tri|ce** f. Gießmaschine *f.*

1.fon|do m. **1a** Boden *m.*, Grund *m.*: ***il ~ del barile, del bicchiere, della pentola*** der Fassboden, der Grund (*o* der Boden) des Glases, der Topfboden; ***il ~ della torta*** der Tortenboden; ***il ~ dei pantaloni*** der Hosenboden **b** ***il ~ di un fiume, di un lago*** der Grund eines Flusses, Sees; ***il ~ del mare*** der Meeresgrund; ***un ~ sabbioso, melmoso*** ein sandiger, schlammiger Grund **2** *(parte posteriore)* Hintergrund *m.*: ***il ~ della sala, della scena*** der Hintergrund des Saales, der Bühne **3** *(parte finale)* Ende *n.*: ***il ~ della pagina, del treno*** das Ende der Seite, des Zuges; ***il ~ della classifica*** das Tabellenende **4** *(del campo di calcio)* Toraus *n.*: ***la palla finisce sul ~*** der Ball rollt ins (*o* landet im) Toraus **5** *(parte restante di liquidi)* Neige *f.*, Rest *m.*: ***è rimasto solo il ~ (della bottiglia)*** es ist nur ein Rest geblieben **6** *(deposito)* Bodensatz *m.*, Satz *m.*: ***il ~ dell'aceto, del vino*** der Satz des Essigs, des Weines; COLLOQ. ***il vino ha fatto il ~*** der Wein hat einen Bodensatz gebildet **7** *(sfondo)* Grund *m.*: ***righe nere su ~ verde*** schwarze Streifen auf grünem Grund **8** FIG. Anlagen *pl.*: ***avere un ~ di bontà*** gute Anlagen haben **9** Grund *m.*, Grundstück *n.*: ***coltivare, possedere un ~*** einen Grund bestellen, besitzen **10a** *(disciplina sportiva dell'atletica)* Langstreckenlauf *m.* **b** *(del nuoto)* Langstreckenschwimmen *n.* **c** *(dello sci)* Langlauf *m.*: ***fare ~*** Langlauf betreiben, machen **11** *(articolo di fondo)* Leitartikel *m.* ◆ ***a ~*** gründlich: ***pulire a ~ una stanza*** ein Zimmer gründlich reinigen; ***conoscere, studiare, esaminare a ~ qcs.*** etw. gründlich kennen, studieren, eingehend untersuchen; ***impegnarsi a ~*** sich gründlich (*o* ordentlich) an‿strengen; ***andare a ~*** unter‿gehen, versinken; ***andare a ~ di qcs.*** etw. (D) auf den Grund gehen; ***articolo di ~*** Leitartikel *m.*; FIG. ***raschiare il ~ del barile*** = das Letzte heraus‿holen, die letzten Ressourcen aus‿schöpfen; ***-i di bottiglia*** Weinstein; ***-i di caffè*** Kaffeesatz *m.*; ***da cima a ~*** von vorn bis hinten, von oben bis unten, durch und durch; MAR. ***dar ~*** Anker werfen; ***dare ~ ai propri risparmi, alle provviste*** seine Ersparnisse, Vorräte erschöpfen (*o* durch‿bringen); ***dare ~ alle proprie risorse*** seine Kräfte erschöpfen; ***differenza, questione, problema di ~*** grundlegender Unterschied, grundlegende Frage, grundlegendes Problem; ***doppio ~*** doppelter Boden; ***a doppio ~*** mit doppeltem Boden; ***leggere, valutare qcs. fino in ~*** etw. bis zum Ende lesen, gründlich beurteilen; ***fare il proprio dovere fino in ~*** seine Pflicht bis zum Letzten tun; FIG. ***andare fino in ~*** bis zum Äußersten gehen; ***gara di ~*** Langstreckenlauf *m.*; *(nello sci)* Langlaufwettbewerb *m.*; ***in ~ al corridoio, alla strada, al treno*** am Ende des Korridors, der Straße, des Zuges; ***in ~ al mare*** auf dem Meeresgrund; ***in ~ al libro, alla fila*** am Ende (*o* am Schluss) des Buches, der Reihe; ***in ~ alla valigia*** unten im Koffer; ***in ~ al cassetto, all'armadio*** hinten in der Schublade, im Schrank; ***in ~ al letto*** am Fuß des Bettes; ***in ~ alla pagina, alla lettera*** unten auf der Seite, am Ende des Briefes; FIG. ***in ~ all'anima, alla coscienza*** im Grunde (*o* im Innersten) seiner Seele, in der Tiefe seines Gewissens; ***sedersi in ~ (alla sala)*** sich hinten (im Saal) hin‿setzen; ***i posti in ~*** die hinteren Sitze; *(in conclusione)* ***in ~ ha ragione*** im Grund (genommen) hat er Recht; ***in ~ non è cattivo*** im Grunde (genommen) ist er nicht böse; ***in ~ (in ~) sono contento che...*** im Grunde genommen bin ich froh, dass...; ***cos'è in ~ il denaro?*** was ist letztlich das Geld? SPORT ***linea di ~*** Grundlinie *f.*; *(nel calcio)* Torlinie *f.*; ***-i di magazzino*** Reststücke *pl.*, Restbestände *pl.*, COLLOQ. Ladenhüter *m.*; ***pista da ~*** Loipe *f.*; SPORT ***rimessa dal ~*** Abstoß *m.*; ***rumori di ~*** Hintergrundgeräusche *pl.*; ***sci di ~*** Langlauf *m.*; ***sci da ~*** Langlaufskier; ***essere (un pozzo) senza ~*** ein Fass ohne Boden sein; ***~ stradale*** Straßendecke *f.*, Straßenoberfläche *f.*, Straße *f.*: ***~ (stradale) ghiacciato, sdrucciolevole*** Straßenglätte *f.*; ***toccare il ~*** den Grund berühren, auf Grund kommen; FIG. völlig heruntergekommen sein; *(economicamente)* die Talsohle erreicht haben; ***toccare il ~ della disperazione*** in tiefster Verzweiflung sein; ***c'è un ~ di verità in quello che dice*** es ist etwas Wahres an dem, was er sagt.

2.fon|do m. **1** pl. Geldmittel *pl.*, Mittel *pl.*, Gelder *pl.*: ***-i privati, pubblici, statali*** private Mittel (*o* Privatmittel), öffentliche, staatliche Mittel; ***stanziare, procurare -i per qcs.*** Mittel für, zu etw. bereit‿stellen, Mittel für etw. auf‿bringen; ***disporre di -i (il)limitati*** (un)begrenzte Mittel zur Verfügung haben; ***tagliare i -i alla sanità*** die Mittel für das Gesundheitswesen kürzen; ***raccogliere -i per i bambini bosniaci*** Geld für die bosnischen Kinder sammeln **2** ECON. *(riserva di capitale)* Fonds *m.*: ***costituire un ~*** einen Fonds bilden **3** *(voce nel bilancio di aziende private)* Rückstellung *f.*, AUSTR. Abfertigungen *pl.*: ***~ trattamento di fine rapporto*** Abfertigungsrückstellung ◆ ***~ di dotazione*** Ausstattungskapital *n.*; ***~ (di) garanzia*** Deckungsstock *m.*, Deckungskapital *n.*; ***~ d'investimento*** Investmentfonds *m.*; ***~ d'investimento azionario, obbligazionario, immobiliare, misto*** Aktien-, Obligations-, Immobilienfonds *m.*, gemischter Anlagefonds; ***~ monetario (europeo, internazionale)*** (Europäischer, Internationaler) Währungsfonds *m.*; ***-i neri*** Schwarzgelder *pl.*; ***prestito a ~ perduto*** nicht rückzahlbares Darlehen; ***-i segreti*** geheimer Dispositionsfonds, Reptilienfonds *m.*

3.fon|do agg. **1** tief: ***acqua -a*** tiefes Wasser; ***piatto ~*** tiefer Teller ◆ ***a notte -a*** in tiefer (*o* tiefster) Nacht, spät in der Nacht; ***fino a notte -a*** bis tief in die Nacht, bis in die späte Nacht; ***era notte -a*** es war schwarze Nacht.

fon|do|cam|po m. Toraus *n.*: ***la palla finisce a ~*** der Ball rollt ins Toraus ◆ ***rimessa da ~*** Abstoß *m.* **fon|do|schie|na** m.inv. COLLOQ. Hintern *m.* **fon|do|tin|ta** m.inv. Make-up *n.*: ***mettere il ~*** Make-up auf‿tragen. **fon|do|val|le** m. *(fondivalle)* Tal *n.*, GEOL. Talboden *m.*, Talsohle *f.*: ***a, nel ~*** unten im Tal; ***scendere a ~*** ins Tal hinunter‿steigen.

fon|du|ta f. INTRAD. (Art von Käsefondue mit Fontina, typisch für das Piemont) ◆ ***~ borgognona*** Fleischfondue *n.*

fo|ne|ma m. Phonem *n.* **fo|ne|ma|ti|ca** f. Phonematik *f.* **fo|ne|ma|ti|co** agg. *(-ci,-che)* phonematisch. **fo|ne|mi|ca** Phonemik *f.* **fo|ne|mi|co** agg. *(-ci,-che)* phonemisch.

fo|nen|do|sco|pio m. *(-pi)* Phonendoskop *n.*

fo|ne|ti|ca f. Phonetik *f.*, Lautlehre *f.* **fo|ne|ti|ca|men|te** avv. phonetisch. **fo|ne|ti|co** agg. *(-ci,-che)* phonetisch, Laut-: ***trascrizione -a*** phonetische Umschreibung; ***alfabeto ~*** Lautschrift *f.*, phonetische Schrift; ***legge -a*** Lautgesetz *n.* **fo|ne|ti|smo** m. Phonetismus *m.* **fo|ne|ti|sta** m. e f. *(-i,-e)* Phonetiker *m.* (-in *f.*).

fo|nia|tra m. e f. *(-i,-e)* Phoniater *m.* (-in *f.*). **fo|nia|tri|a** f. Phoniatrie *f.*

fo|ni|ca|men|te avv. phonisch. **fo|ni|co I** agg. *(-ci,-che)* phonisch **II** m. *(-ci)* Tontechniker *m.*, Toningenieur *m.*

fo|no|as|sor|ben|te agg. schallschluckend: ***un rivestimento ~*** eine schallschluckende Verkleidung. **fo|no|ge|ni|co** agg. *(-ci,-che)* phonogen: ***una voce -a*** eine phonogene Stimme. **fo|no|gra|fi|co** agg. *(-ci,-che)* phonographisch. **fo|no|gra|fo** m. Phonograph *m.* **fo|no|gram|ma** m. Phonogramm *n.* **fo|no|i|so|lan|te** agg. schalldämpfend, schallisolierend.

fo|no|li|te f. Phonolith *m.*

fo|no|lo|gi|a f. Phonologie *f.* **fo|no|lo|gi|co** agg. *(-ci,-che)* phonologisch. **fo|no|lo|go** m. *(-gi)* Phonologe *m.*

fo|no|me|tri|a f. Phonometrie *f.*, Schallmessung *f.* **fo|no|me|tro** m. Phonometer *n.*, Geräuschmesser *m.* **fo|no|mor|fo|lo|gi|co** agg. *(-ci,-che)* mor(pho)phonologisch.

fo|no|ne m. Phonon *n.*

fo|no|re|gi|stra|zio|ne f. Tonaufnahme *f.* **fo|no|ri|pro|dut|to|re** m. Tonwiedergabegerät *n.* **fo|no|ri|pro|du|zio|ne** f. Tonwiedergabe *f.* **fo|no|sim|bo|li|co** agg. *(-ci,-che)* lautsymbolisch. **fo|no|sim|bo|li|smo** m. Lautsymbolik *f.* **fo|no|te|ca** f. *(-che)* Phonothek *f.*

fo|no|va|li|gia f. *(-gie* e *-ge)* Phonokoffer *m.*

fon|ta|na f. **1** Brunnen *m.*: ***prendere, attingere acqua alla, dalla ~*** Wasser am, vom Brunnen holen, aus dem Brunnen schöpfen; ***bere alla ~*** aus dem Brunnen trinken **2** *(figura dei fuochi d'artificio)* Kaskade *f.* ◆ ***disporre la farina a ~*** = eine Mulde in das Mehl drücken; ***~ luminosa*** beleuchteter Brunnen; ***~ a zampillo*** Springbrunnen *m.*, Fontäne *f.* **fon|ta|naz|zo** m. Qualmwasser *n.*, Kuverwasser *n.* **fon|ta|nel|la** f. **1** Trinkbrunnen *m.*, Brunnen *m.*: ***bere alla ~*** aus dem Brunnen trinken **2** ANAT. Fontanelle *f.* **fon|ta|nie|re** m. **1** Brunnenmeister *m.* **2** *(operaio addetto alla manutenzione di fontane)* Wasserwerksarbeiter *m.* **fon|ta|ni|le** m. **1** Brunnentrog *m.*, Tränke *f.* **2** GEOL. Schichtquelle *f.*, Karstquelle *f.*

fon|te I f. **1** Quelle *f.*; *(fontana)* Brunnen *m.*: ***attingere acqua da, a una ~*** Wasser aus einer Quelle schöpfen; ***sgorgare da una ~*** aus einer Quelle sprudeln **2a** ESTENS. *(origine, causa)* Quelle *f.*: ***~ di calore, di luce*** Wärme-, Lichtquelle *f.*; ***~ di guadagno, reddito, sostentamento*** Verdienst-, Einkommens-, Nahrungsquelle *f.*; ***~ di informazioni*** Informationsquelle *f.*; ***~ di pericoli, di errori*** Gefahren-, Fehlerquelle *f.*; ***essere ~ di disgrazie, guai per qcn.*** die Quelle des Übels für jdn sein **b** *(di informazioni)* Quelle *f.*, Seite *f.*: ***sapere qcs. da ~ sicura, ben informata*** etw. aus sicherer, gut informierter Quelle wissen; ***la notizia è stata confermata da -i ufficiali*** die Nachricht ist durch offizielle Quellen (*o* von offizieller Seite) bestätigt worden; ***ho le mie -i*** ich habe meine Quellen **c** *(documento)* ***-i letterarie, storiche*** literarische, historische Quellen **II** m. ***~ battesimale*** Taufstein *m.*, Taufbecken *n.* ◆ ***acqua di ~*** Brunnenwasser *n.*; ***~ energetica*** Energiequelle *f.*; ***~ dell'eterna giovinezza*** Jungbrunnen *m.*; ***indicazione delle -i*** Quellenangabe *f.*, Literaturangabe *f.*; ***~ d'acqua minerale*** Mineralbrunnen *m.*; FIG. ***risalire alla ~*** zum Ausgangspunkt zurück‿kehren; ***ritenuta alla ~*** Quellensteuer *f.*; ***~ termale*** Heilquelle *f.*; ***trattenere alla ~*** an der Quelle erheben.

fon|ti|na f. INTRAD. (Weichkäse aus dem Aostatal).

foot|ball ['futbɔ:l, *üblich* 'futbol] m. Fußball *m.*

foot|ing ['futiŋ, *üblich* 'futiŋ(g)] m. Dauerlauf *m.*, Footing *n.*: ***fare ~*** einen Dauerlauf machen.

fo|rag|ge|ra f. Futterpflanze *f.* **fo|rag|ge|ro** agg. Futter-, Futterpflanzen-. **fo|rag|gia|men|to** m. Fütterung *f.* **fo|rag|gia|re** tr. *(foraggio, foraggi)* **1** füttern **2** FIG. SCHERZ. O SPREG. *(fornire di denaro)* mit Geld versorgen; *(per corrompere)* schmieren: ***mi tocca sempre foraggiarlo*** ich muss ihn ständig mit Geld versorgen. **fo|rag|gio** m. *(-gi)* Futter *n.* ◆ ***pianta da ~*** Futterpflanze *f.*; ***~ trinciato*** Häcksel *m.* e *n.*

fo|ra|mi|ni|fe|ro m. Kammerling *m.*, Foraminifere *f.*

fo|ra|ne|o agg. **1** ländlich, Land-: ***parrocchia -a*** Landpfarre *f.* **2** *(esterno al porto)* Hafen-: ***diga -a*** Hafendamm *m.*

fo|ra|re I tr. **1a** lochen, durch‿stechen: ***farsi ~ le orecchie*** sich die Ohrläppchen (durch)stechen lassen **b** *(punzonare)* ***~ i biglietti*** die Fahrscheine lochen, COLLOQ. knipsen **2** *(trapanare)* durch‿bohren: ***~ una parete*** eine Wand durchbohren **3a** ***~ un pneumatico*** einen Autoreifen an‿stechen **b** assol. ***ho forato*** ich habe eine Reifenpanne gehabt **II** pronom. **forarsi 1** Löcher bekommen **2** *(di pneumatici)* platzen: ***la gomma si è forata*** der Reifen ist geplatzt.

fo|ra|ter|ra m.inv. Pflanzholz *n.*, Setzholz *n.*

fo|ra|to I p.pass. agg. **1** → **forare 2** geplatzt: ***un pneumatico ~*** ein geplatzter Reifen **3** Loch-, Hohl-: ***mattoni -i*** Lochsteine, Hohlsteine **II** m. Lochstein *m.*, Hohlstein *m.*, Hohlziegel *m.* **fo|ra|to|io** m. *(-oi)* Locheisen *n.* **fo|ra|tu|ra** f. **1** Lochung *f.* **2** *(trapanatura)* Durchbohrung *f.* **3** *(di pneumatico)* Reifenpanne *f.*

for|bi|ce f. **1** spec.pl. Schere *f.* (anche ZOOL.): ***(un paio di) -i taglienti, senza filo*** eine scharfe, stumpfe Schere; ***affilare le -i*** die Schere schleifen; ***tagliare qcs. con le -i*** etw. mit der Schere schneiden, ab‿schneiden **2** GINN. Schere *f.* **3** FIG. *(discrepanza)* Schere *f.*: ***la ~ tra salari e prezzi si allarga*** die Schere zwischen Löhnen und Preisen wird größer ◆ ***-i da giardiniere*** Gartenschere *f.*, Baumschere *f.*; FIG. ***lavorare di -i*** = zensieren; ***-i per potare le rose*** Rosenschere *f.*; ***-i ricurve*** Krummschere *f.*; ***-i tagliaerba*** Rasenschere *f.* **for|bi|cia|ta** f. **1** *(colpo)* Stich *m.* mit der Schere **2** *(taglio)* Schnitt *m.* mit der Schere **3** SPORT → **sforbiciata. for|bi|ci|na** f. **1** spec.pl. Scherchen *n.*; *(per unghie)* Nagelschere *f.* **2** ZOOL. Ohrwurm *m.* ◆ ***~ per (le) unghie*** Nagelschere *f.*

for|bi|re *(forbisco, forbisci)* **I** tr. LETT. **1** *(pulire)* reinigen, säubern **2** FIG. aus‿feilen, verfeinern: ***~ lo stile*** den Stil verfeinern **II** pronom. **forbirsi** sich verfeinern. **for|bi|ta|men|te** avv. geschliffen, gewählt: ***esprimersi ~*** sich geschliffen aus‿drücken. **for|bi|tez|za** f. Geschliffenheit *f.*, Gewähltheit *f.*: ***la ~ di uno stile*** die Geschliffenheit eines Stils. **for|bi|to** p.pass. agg. **1** → **forbire 2** *(di lingua, stile)* geschliffen, gewählt.

for|ca f. *(-che)* **1** Gabel *f.*, Heugabel *f.*: ***rivoltare il fieno con la ~*** das Heu mit der Gabel wenden **2** *(patibolo)* Galgen *m.*: ***mandare qcn. sulla ~*** jdn an den Galgen bringen; ***condannare qcn. alla ~*** jdn zum Galgen verurteilen; ***finire sulla ~*** am Galgen enden **3** *(valico)* Engpass *m.* ◆ ***passare (sotto) le -che caudine*** = Spießruten laufen; ***far passare sotto le -che caudine*** jdn in die Knie zwingen; ***fare la ~ a qcn.*** jdn hinters Licht führen; ***essere un pendaglio da ~*** reif für den Galgen sein, ein Galgenvogel sein; ***va' sulla ~!*** geh zum Teufel!

for|ca|io|lo m. = intransigenter Reaktionär *m.*

for|ca|ta f. Gabel *f.* voll...: ***una ~ di fieno*** eine Gabel voll Heu.

for|cel|la f. **1** *(di biciclette, motociclette)* Gabel *f.*, Radgabel *f.*: ***~ anteriore*** Vorderradgabel *f.* **2** *(di ramo)* Gabel *f.*, Astgabel *f.* **3** *(forcina per capelli)* Haarnadel *f.* **4a** *(valico)* Engpass *m.* **b** Joch *n.*, Scharte *f.* ◆ ***a ~*** gabelig, gabelförmig; ***scalmo a ~*** Rudergabel *f.*

for|chet|ta f. Gabel *f.*, Essgabel *f.*: ***mangiare con coltello e ~*** mit

Messer und Gabel essen; ***infilzare con la ~*** gabeln, mit der Gabel auf‿spießen ◆ ***essere una buona ~*** ein guter, tüchtiger Esser sein; ***chiave a ~*** Gabelschlüssel *m.*; COLLOQ. ***dente della ~*** Gabelzinke *f.*; ***~ da dessert*** Dessertgabel *f.*; ***~ da dolce*** Kuchengabel *f.*; ***~ da pesce*** Fischgabel *f.*; ***~ di portata*** Vorlegegabel *f.*; ***parlare in punta di ~*** hochgestochen reden, geziert sprechen. **for|chet|ta|ta** f. Gabel *f.* voll...; ***una ~ di pasta*** ein paar Nudeln. **for|chet|to|ne** m. Vorlegegabel *f.*

for|ci|na f. Haarnadel *f.*

forc|ing ['fɔ:siŋ] m.inv. Angriffsspiel *n.*, Sturmangriff *m.*

for|ci|pe m. Zange *f.*, Geburtszange *f.*, Entbindungszange *f.*: ***parto col ~*** Zangengeburt *f.*, Zangenentbindung *f.*

for|co|la f. **1** kleine Gabel *f.* **2** MAR. Rudergabel *f.*

for|co|na|ta f. Gabel *f.* voll... **for|co|ne** m. **1** (dreizinkige) Gabel *f.*; *(per fieno)* Heugabel *f.*; *(per letame)* Mistgabel *f.* **2** *(arma antica)* Gabel *f.* ◆ ***~ per il fieno*** Heugabel *f.*; ***~ per il letame*** Mistgabel *f.*

for|cu|to agg. gabelig, gabelförmig.

fo|rel|li|no m. Löchlein *n.*

fo|ren|se agg. gerichtlich, Gerichts-, forensisch: ***linguaggio ~*** Gerichtssprache *f.*, Rechtssprache *f.*

fo|re|sta f. **1** Wald *m.*, Forst *m.*: ***disboscare, rendere coltivabile una ~*** einen Wald ab‿holzen, roden; ***nel profondo della ~*** im tiefen Wald **2** FIG. Wald *m.*: ***una ~ di capelli, di cartelli*** ein Wust von Haaren, ein Wald von Schildern ◆ ***~ monsonica*** Monsunwald *m.*; ***moria delle -e*** Waldsterben *n.*; ***Foresta Nera*** Schwarzwald *m.*; ***~ pluviale*** Regen-wald *m.*; ***il re della ~*** der König der Wüste (*o* Wüstenkönig *m.*); ***~ tropicale*** Regenwald *m.*, Buschwald *m.*; ***~ vergine*** Urwald *m.*

fo|re|sta|le I agg. Wald-, Forst-, forstlich: ***patrimonio ~*** Waldbestand *m.*; ***guardia ~*** Förster *m.*, Forstmann *m.*; ***scienze -i*** Forstwissenschaft *f.* **II** m. Förster *m.* **fo|re|sta|zio|ne** f. Aufforstung *f.*, Bewaldung *f.*

fo|re|ste|ri|a f. Gästehaus *n.*: ***la ~ di un convento, di un collegio*** das Gästehaus eines Klosters, eines Internats ◆ ***si affitta solo per uso ~*** keine Vermietung an Ortsansässige.

fo|re|stie|ri|smo m. Fremdwort *n.*: ***vocabolario dei -i*** Fremdwörterbuch *n.* **fo|re|stie|ro I** agg. fremd, ausländisch, Fremd- **II** m. Fremde *m.*, Ausländer *m.* **fo|re|sto** agg. REGION. → **forestiero.**

1.for|fait [fɔr'fɛ] m.inv. Pauschale *f.*, Pausch(al)betrag *m.*: ***praticare un ~*** einen Pauschalbetrag festsetzen, veranschlagen ◆ ***a ~*** pauschal, Pauschal-; ***contratto a ~*** pauschaler Vertrag; ***prezzo, sconto a ~*** Pauschalpreis *m.*, Pauschalabschlag *m.*

2.for|fait m.inv. SPORT Aufgabe *f.*, Rücktritt *m.*; ***dichiarare, dare ~*** auf‿geben, zurück‿treten (anche FIG.).

for|fec|chia f. *(-chie)* Ohrwurm *m.*

for|fe(t)|ta|ria|men|te avv. pauschal: ***pagare qcs. ~*** etw. pauschal bezahlen. **for|fe(t)|ta|rio** agg. *(-ri,-rie)* pauschal, Pauschal-, Pausch-: ***compenso ~*** Pauschallohn *m.*; ***somma -a*** Pausch(al)summe *f.*; ***tassa, imposta -a*** Pauschalgebühr *f.*, Pauschalsteuer *f.* **for|fe(t)|tiz|za|re** tr. pauschalieren.

for|fo|ra f. Schuppe *f.*, Haarschuppe *f.*: ***avere la ~*** Haarschuppen haben. **for|fo|ro|so** agg. schuppig.

for|gia f. *(-ge)* Schmiede *f.* **for|gia|bi|le** agg. schmiedbar. **for|gia|re** tr. *(forgio, forgi)* **1** schmieden: ***~ una spada*** ein Schwert schmieden **2** FIG. formen: ***~ il carattere*** den Charakter formen. **for|gia|to|re** m. Schmied *m.* **for|gia|tu|ra** f. Schmieden *n.*

fo|rie|ro agg. ankündend, verkündend: ***~ di sventura*** Unheil (ver)kündend.

for|ma f. **1a** Form *f.*, Gestalt *f.*: ***~ quadrata, rotonda*** quadratische, runde Form; ***dare ~ a qcs.*** etw. (D) Form (*o* Gestalt) geben; ***cambiare ~*** die Form ändern; ***mettere in ~ qcs.*** etw. wieder in Form bringen; ***prendere ~*** Gestalt, feste Form (*o* Formen) an‿nehmen (anche FIG.) **b** *(aspetto)* ***assumere ~ umana*** menschliche Gestalt an‿nehmen **2a** pl. *(complessione del corpo umano)* Formen *pl.*, Figur *f.*, Gestalt *f.*: ***belle -e*** schöne Figur **b** *(curve femminili)* ***un abito attillato fa risaltare le -e*** ein enges Kleid betont die Formen **3** *(tipo)* Form *f.*, Art *f.*: ***~ di governo*** Regierungsform *f.*; ***nuove -e d'arte*** neue Kunstarten, Kunstformen; GRAMM. ***la ~ attiva, passiva di un verbo*** die aktive, passive Form eines Verbs; ***~ (del) plurale, singolare*** Pluralform *f.*, Singularform *f.* **4a** *(stile)* Form *f.*: ***il contenuto e la ~ di un romanzo*** der Inhalt und die Form eines Romans; ***esprimersi in ~ chiara e concisa*** sich in klarer und knapper Form aus‿drücken **b** *(etichetta)* ***badare alla ~*** auf Form achten; ***rispettare, salvare la ~*** die Form wahren; ***è questione di ~*** es ist eine Formfrage **c** *(modo)* ***nelle debite -e*** in aller Form (*o* in gebührender Form); ***in ~ privata, pubblica*** in privater, öffentlicher Form (*o* in privatem, öffentlichem Rahmen); ***nella ~ prescritta dalla legge*** in gesetzlich vorgeschriebener Form **5a** *(stampo)* Form *f.*: ***mettere l'impasto nella ~*** den Teig in die Form füllen; ***~ per dolci*** Kuchenform *f.* **b** *(di fusione)* Form *f.*, Gießform *f.*, Gussform *f.* **c** *(di stampa)* Form *f.* **6** *(condizione psicofisica)* Form *f.*: ***essere in ~*** (gut) in Form sein; ***essere in piena, in gran, in splendida ~*** in Höchstform, in großer Form, glänzend in Form sein; ***essere fuori, giù di ~*** nicht, schlecht in Form sein; ***mantenersi, tenersi in ~*** in Form bleiben ◆ ***a ~ di*** in Form + gen., -förmig: ***una spilla a ~ di fiore*** eine Brosche in Form einer Blume; ***un motivo a ~ di fiore*** ein Blumenmotiv *n.*; ***a ~ di L, di T*** L-förmig, T-förmig; ***~ per cappelli*** Hutform *f.*; ***~ di formaggio*** Käselaib *m.*; ***~ da, per formaggio*** Käseform *f.*; ***in ~ di*** → ***a ~ di***; *(di tumore)* ***in ~ benigna, maligna*** gutartig, bösartig; ***peso ~*** Idealgewicht *n.*; ***pro ~*** der Form wegen, pro forma; ***~ per scarpe*** Leisten *m.*; ***violazione delle -e*** Verletzung der Formvorschriften; ***-e di vita*** Lebensformen; DIR. ***vizio di ~*** Formfehler *m.*

for|mag|ge|ra → **formaggiera. for|mag|gia|io** m. *(-ai)* Käsehändler *m.* **for|mag|gie|ra** f. = Behälter *m.* für geriebenen Käse (*o* Reibkäse). **for|mag|gi|no** m. Käseecke *f.*: ***~ fuso*** Schmelzkäse *m.*

for|mag|gio m. *(-gi)* Käse *m.*: ***~ dolce, piccante, magro, grasso, fresco*** milder, scharfer (pikanter), magerer, vollfetter, frischer Käse; ***tagliare, grattugiare il ~*** Käse schneiden, reiben; ***una fetta, forma di ~*** eine Schnitte, ein Laib Käse (*o* Käselaib *m.*) ◆ ***~ caprino*** Ziegenkäse *m.*; ***~ cremoso*** Rahmkäse *m.*; ***crosta di ~*** Käserinde *f.*; ***~ a pasta dura*** Hart-, Schnittkäse *m.*; ***~ alle erbe*** Kräuterkäse *m.*; ***~ fresco*** Frischkäse *m.*; ***~ fuso*** Schmelzkäse *m.*; ***~ grasso*** Sahnekäse *m.*; ***~ da grattugiare, grattugiato*** Reibkäse *m.*, geriebener Käse *m.*; ***~ magro*** Magerkäse *m.*; ***~ molle, morbido*** Weichkäse *m.*; ***~ parmigiano*** Parmesankäse *m.*; ***~ pecorino*** Schafskäse *m.*; ***piatto di -i misti*** Käseplatte *f.*; ***~ da spalmare*** Streichkäse *m.*

for|mal|dei|de f. Formaldehyd *m.*

for|ma|le agg. **1** Form-, formal, förmlich: ***questione, rigore ~*** Formfrage *f.*, Formstrenge *f.*; ***logica ~*** formale Logik **2** *(ufficiale)* formell: ***promessa ~*** formelle Versprechung **3** *(distaccato)* förmlich, formell, steif: ***comportamento ~*** förmliches Benehmen; ***essere molto ~ con qcn.*** sehr förmlich (*o* formell) zu jdm sein **4** *(di opera artistica, letteraria)* gestalterisch: ***valore ~*** gestalterischer Wert.

for|ma|li|na f. Formalin *n.*

for|ma|li|smo m. **1** Formalismus *m.* **2** FIG. Steifheit *f.* **for|ma|li|sta** m. e f. *(-i,-e)* Formalist *m.* (-in *f.*). **for|ma|li|sti|co** agg. *(-ci,-che)* formalistisch.

for|ma|li|tà f.inv. **1a** Formalität *f.*, Formalie *f.*, Förmlichkeit *f.*: ***sbrigare le ~ necessarie*** die nötigen Formalitäten (*o* Formalien) erledigen **b** *(questione formale)* Formsache *f.*, Formalität *f.*: ***è una pura ~*** es ist (eine) reine Formsache; ***una ~ giuridica*** eine juristische Formalität **2** FIG. *(forma esteriore)* Förmlichkeit *f.*: ***non badare alle -e*** alle Förmlichkeiten beiseite lassen.

for|ma|liz|za|re I tr. formalisieren **II** pronom. **formalizzarsi** Anstoß nehmen: ***-rsi per qcs.*** an etw. (D) Anstoß nehmen. **for|ma|liz|za|zio|ne** f. Formalisierung *f.*

for|mal|men|te avv. **1** formal, formell: ***essere ~ in regola*** formal in Ordnung sein **2** *(ufficialmente)* formell: ***impegnarsi ~ a fare qcs.*** sich formell verpflichten, etw. zu tun **3** *(in modo distaccato)* förmlich.

for|ma men|tis f.inv. Denkweise *f.*, Geistesart *f.*

for|ma|re I tr. **1** bilden: ***~ un corteo, una catena*** einen Zug, eine Kette bilden; ***~ un cerchio intorno a qcn.*** einen Kreis um jdn bilden; *(fondare)* ***~ una cooperativa*** eine Genossenschaft bilden; POL. ***~ un governo, una coalizione, una maggioranza*** eine Regierung, eine Koalition, eine Mehrheit bilden; *(costruire)* ***~ una frase, un angolo di 90°*** einen Satz, einen Winkel von 90° bilden; ***~ il plurale*** den Plural bilden; *(produrre, fare)* ***~ radici, muffa*** Wurzeln, Schimmel bilden; ***~ fiocchi, nuvole, mulinelli*** Flocken, Wolken, Strudel bilden; ***il fiume forma un lago, una cascata*** der Fluss bildet einen See, einen Wasserfall; ***queste regioni formano uno stato*** diese Länder bilden einen Staat **2a** *(modellare, plasmare)* formen, bilden: ***~ una statua in gesso, d'argilla*** eine Statue aus Gips, in (*o* aus) Ton formen **b** FIG. ***~ il carattere, la personalità di qcn.*** jds Charakter, Persönlichkeit bilden; ***~ la mente di un bambino*** den Geist eines Kindes bilden **3** *(addestrare)* aus‿bilden, heran‿bilden, schulen: ***~ dei tecnici*** Techniker ausbilden **4** TEL. *(comporre)* wählen: ***~ un numero*** eine Nummer wählen **5** SPORT MIL. *(mettere insieme)* auf‿stellen, formieren: ***~ una squadra*** eine Mannschaft aufstellen **II** pronom. **formarsi 1a** sich bilden: ***si è formata la crosta*** es hat sich die Kruste gebildet; ***dal bocciolo si forma il fiore*** aus der Knospe bildet sich die Blüte; ***nel partito si sono formate due correnti*** in der Partei haben sich zwei Flügel gebildet; ***a causa dell'incidente si è formato un ingorgo*** wegen des Unfalls hat sich ein Stau gebildet; ***-rsi un'idea di qcs.*** sich eine Meinung über etw. (A) bilden **b** *(prendere forma)* Gestalt an‿nehmen (*o* gewinnen) **2** *(istruirsi)* sich aus‿bilden, sich bilden **3** *(svilupparsi, crescere)* sich entwickeln: ***la ragazza si sta ancora formando*** das Mädchen entwickelt sich noch ◆ ***~ il comparativo dell'aggettivo*** ein Adjektiv steigern, die Vergleichsformen des Adjektivs bilden; ***~ una fami-glia*** eine Familie gründen; ***-rsi alla scuola di qcn.*** sich an jdm schulen.

for|ma|ti|vo agg. **1** *(che forma il carattere)* bildend, charakterbildend, geistbildend: ***un'esperienza -a*** eine charakterbildende Erfahrung; ***una lettura -a*** eine geistbildende Lektüre **2** *(che dà forma)* formativ, Gestaltungs-: ***principio ~*** Gestaltungsprinzip *n.* ◆ ***percorso ~*** Bildungsgang *m.*

for|ma|to I p.pass. agg. **1** → **formare 2** gestaltet, gebaut: ***ben ~*** wohlgestaltet, gut gebaut **3** *(costituito)* bestehend, zusammengesetzt: ***una classe -a da 20 allievi*** eine aus zwanzig Schülern bestehende Klasse; ***un consorzio ~ da cooperative agricole*** ein aus landwirtschaftlichen Genossenschaften bestehendes Konsortium **II** m. Format *n.*, Größe *f.*: ***~ grande, piccolo, ridotto*** Großformat *n.* (*o* Breitformat *n.*), Kleinformat *n.*, verkleinertes Format; ***~ della carta*** Papierformat *n.*; ***scegliere il ~ delle fotografie*** das Bildformat (für die Fotos) wählen ◆ ***foglio di ~ A4*** DIN-A4-Blatt *n.*; ***~ cartolina*** Postkartengröße *f.*; ***confezione, bottiglia ~ famiglia*** Familien-packung *f.*, Familienflasche *f.*; ***~ in folio*** Folioformat *n.*; ***~ in ottavo*** Oktavgröße *f.*; ***~ in quarto*** Quartformat *n.*; ***~ in sedicesimo*** Sedezformat *n.*; ***~ standard*** Standardformat *n.* (*o* Einheitsformat *n.*, Normgröße *f.*); ***~ tascabile*** Taschenformat *n.*; ***fotografia ~ tessera*** Passfoto *n.*, Passbild *n.*

for|ma|to|re I agg. formgebend **II** m. TECN. Former *m.*, Formgießer *m.*

for|mat|ta|re tr. formatieren. **for|mat|ta|zio|ne** f. Formatierung *f.*

for|ma|tu|ra f. **1** Formgebung *f.*, Formung *f.* **2** *(in fonderia)* Formerei *f.*

for|ma|zio|ne f. **1** Bildung *f.*, Formung *f.*: ***la ~ di un lago, delle rocce*** die Bildung eines Sees, die Gesteinsbildung; ***~ di nubi, di nebbia*** Wolken-, Nebelbildung *f.*; ***la ~ di un nuovo governo, del gabinetto*** die Bildung einer neuen Regierung, die Kabinettsbildung; ***la ~ del passivo*** die Bildung des Passivs; ***contribuire alla ~ del carattere, della personalità*** zur Charakterbildung, Persönlichkeitsbildung bei‿tragen; ***dare una ~ politica ai giovani*** die Jugend politisch bilden (*o* heran‿bilden) **2** *(sviluppo)* Entstehen *n.*, Entstehung *f.*, Formierung *f.*: ***un metodo in (via di) ~*** eine im Entstehen begriffene Methode; ***un partito in ~*** eine sich formierende Partei **3** GEOL. Formation *f.*: ***~ giurassica, cretacea*** Jura-, Kreideformation *f.* **4** *(acquisizione di cognizioni)* Ausbildung *f.*; *(cultura)* Bildung *f.*: ***~ professionale*** berufliche (*o* professionelle) Ausbildung, Berufsausbildung *f.*; ***~ universitaria*** Universitätsausbildung *f.*; ***avere una ~ musicale*** eine musikalische Bildung haben (*o* musikalisch geschult sein); ***avere una ~ completa, scolastica*** eine umfassende Bildung, eine Schulbildung haben **5** MIL. AER. Formation *f.*, Verband *m.*, Pulk *m.*: ***in ~ compatta, serrata*** in geschlossener Formation; ***disporre in ~*** formieren; ***volare in ~*** in Formation (*o* im Verband) fliegen; ***volo in ~*** Formationsflug *m.*; ***~ navale*** Flottenverband *m.* **6** SPORT *(di una squadra)* Aufstellung *f.*: ***la ~ della nazionale*** die Aufstellung der Nationalmannschaft ◆ ***~ di capitali*** Kapitalbildung *f.*; BIOL. ***~ cellulare*** Zellbildung *f.*; ***contratto di ~ lavoro*** = Ausbildungsvertrag *m.*; ***corso di ~*** Ausbildungslehrgang *m.*, Schulungskurs *m.*; ***~ delle parole*** Wortbildung *f.*; ***~ dei prezzi*** Preisbildung *f.* (*o* Preisgestaltung *f.*); ***romanzo di ~*** Bildungsroman *m.*, Erziehungsroman *m.*; ***~ tumorale*** Geschwulstbildung *f.*; BOT. ***~ vegetale*** Formation *f.*

for|mel|la f. **1** ARCH. Kassette *f.*: ***soffitto a -e*** Kassettendecke *f.* **2** *(piastrella)* Fliese *f.*

1.for|mi|ca f. *(-che)* Ameise *f.*: ***~ operaia*** Arbeiterameise *f.*, Arbeiterin *f.*; ***laborioso come una ~*** fleißig wie eine Ameise ◆ ***~ rossa*** rote Waldameise *f.*

2.for|mi|ca f. Laminat *n.*

for|mi|ca|io m. *(-ai)* **1** Ameisenhaufen *m.*, Ameisennest *n.* **2** FIG. Gewühl *n.*, Gewimmel *n.* **for|mi|ca|le|o|ne** m. Ameisenlöwe *m.* **for|mi|chie|re** m. Ameisenbär *m.*, Ameisenfresser *m.*

for|mi|co agg. *(-ci,-che)* Ameisen-: ***acido ~*** Ameisensäure *f.*

for|mi|co|lan|te agg. wimmelnd: ***una folla ~*** eine wimmelnde Menge. **for|mi|co|la|re** intr. *(formicolo; aus. avere, essere)* **1** wimmeln, kribbeln: ***la strada formicolava di gente*** der Platz wimmelte (*o* auf dem Platz wimmelte es) von Menschen **2** *(di parti del corpo)* kribbeln: ***mi formicola un piede*** es kribbelt mir im Fuß (*o* mein Fuß kribbelt). **for|mi|co|li|o** m. **1** *(brulichio)* Gewimmel *n.* **2** *(intorpidimento)* Kribbeln *n.*

for|mi|da|bi|le agg. **1** außergewöhnlich, erstaunlich: ***un'intelligenza ~*** eine außergewöhnliche Intelligenz **2** LETT. *(spaventoso, terribile)* formidabel, furchtbar. **for|mi|da|bil|men|te** avv. außergewöhnlich, überaus, furchtbar.

for|mi|na f. Sandförmchen *n.*

for|mo|lo m. Formol *n.*

for|mo|si|tà f. Üppigkeit *f.*, Kurven *pl.* **for|mo|so** agg. üppig: ***una donna -a*** eine Frau mit üppigen Formen.

for|mu|la f. **1** Formel *f.*: ***una ~ stereotipata, fissa*** eine stereotype, feste Formel; ***~ giuridica, contrattuale*** Rechtsformel *f.*, Vertragsformel *f.*; ***pronunciare una ~*** eine Formel sprechen; ***~ matematica, chimica*** mathematische, chemische Formel **2** *(ricetta)* Rezeptur *f.*: ***la ~ di una vernice*** die Rezeptur eines Lacks **3** FIG. *(metodo)* Rezept *n.*: ***secondo una ~ consolidata*** nach bewährtem Rezept ◆ DIR. ***assolvere qcn. con ~ piena, dubitativa*** jdn wegen erwiesener Unschuld, aus (*o* wegen) Mangel an Beweisen frei‿sprechen; ***~ augurale*** Glückwunschformel *f.*; ***~ di benedizione*** Segensformel *f.*; ***~ bruta*** Summenformel *f.*; ***~ di commiato*** Abschiedsformel *f.*; ***~ di cortesia*** Höflichkeitsformel *f.*; ***~ di giuramento*** Eidesformel *f.*; ***~ magica*** Zauberformel *f.*, Zauberspruch *m.*; ***~ di saluto*** Grußformel *f.*; ***~ di scongiuro*** Beschwörungsformel *f.*; ***~ di struttura*** Strukturformel *f.*; ***~ 1*** Formel-1 *f.*; *(auto)* Formel-1-Wagen *m.*; ***pilota di ~ 1*** Formel-1-Pilot *m.*

for|mu|la|re tr. *(formulo)* **1** formulieren: ***~ una domanda, una proposta di legge*** einen Antrag, einen Gesetzesvorschlag formulieren; ***~ una teoria*** eine Theorie formulieren **2** *(esprimere)* vor‿bringen, in Worte fassen: ***~ un augurio, una critica*** einen Wunsch, eine Kritik vorbringen.

for|mu|la|rio m. *(-ri)* **1a** Formelsammlung *f.* **b** *(libro)* Formelbuch *n.* **2** *(modulo)* Formular *n.*: ***riempire un ~*** ein Formular aus‿füllen.

for|mu|la|zio|ne f. **1** Formulierung *f.* **2** *(espressione)* Vorbringung *f.*

for|na|ce f. **1** Brennofen *m.* **2** *(impianto industriale)* Ziegelei *f.*, Ziegelbrennerei *f.* **3** FIG. *(luogo caldissimo)* Ofen *m.* ◆ ***~ da calce*** Kalkofen *m.*, Kalkbrennerei *f.* **for|na|cia|io** m. *(-ai)* Ziegelbrenner *m.*

for|na|ia f. Bäckerin *f.* **for|na|io** m. *(-ai)* **1** Bäcker *m.* **2** ORNIT. Töpfervogel *m.*

for|nel|let|to m. Kocher *m.*: ***~ a gas, a spirito*** Gaskocher *m.*, Spirituskocher *m.*; ***~ da campeggio*** Campingkocher *m.*

for|nel|lo m. **1** Kocher *m.*: ***~ a spirito*** Spirituskocher *m.* **2** *(cucina)* Kochherd *m.*, Herd *m.*: ***~ a gas, elettrico*** Gasherd *m.*, elektrischer Herd; ***lasciare acceso il ~*** den Herd an‿lassen **3** *(camera di combustione)* Feuerung *f.* **4** *(della pipa)* Pfeifenkopf *m.* **5** *(da mina)* Sprengkammer *f.*

for|ni|ca|re intr. *(fornico, fornichi; aus. avere)* ANT. Unzucht treiben. **for|ni|ca|to|re** m. ANT. Hurer *m.*, Hurenbock *m.* **for|ni|ca|zio|ne** f. ANT. Unzucht *f.*

for|ni|ce m. **1** ARCH. Bogen *m.* **2** ANAT. Fornix *m.*

for|ni|men|to m. ANT. *(equipaggiamento)* Ausstattung *f.*, Ausrüstung *f.*

for|ni|re *(fornisco, fornisci)* **I** tr. **1** liefern: ***~ merci, armi a qcn.*** jdm Waren, Waffen liefern; ***~ informazioni, notizie, spiegazioni*** Informationen, Nachrichten, Erklärungen liefern; ***~ buone prestazioni*** gute Leistungen liefern **2** *(rifornire)* beliefern: ***~ una ditta di qcs.*** eine Firma mit etw. beliefern, einer Firma etw. liefern; ***~ i migliori negozi*** die besten Geschäfte beliefern **3** *(dotare)* versehen, aus‿statten: ***~ qcn. di denaro, abiti*** jdn mit Geld, Kleidern versehen; ***~ di nuovi impianti un laboratorio*** ein Labor mit neuen Geräten ausstatten (*o* aus‿rüsten); ***~ di serratura una porta*** eine Tür mit einem Schloss versehen **4a** *(produrre, presentare)* liefern, bei‿bringen: ***~ un alibi, una prova*** ein Alibi beibringen, einen Beweis liefern; ***~ la documentazione completa*** sämtliche Unterlagen beibringen; ***~ garanzie*** Sicherheiten liefern **b** an‿geben: ***~ false generalità*** falsche Personalien an‿geben **5** *(offrire)* liefern, bieten: ***~ argomento di conversazione*** Gesprächsstoff liefern **II** pronom. **fornirsi 1** *(munirsi)* sich versorgen, sich versehen: ***-rsi di tutto l'occorrente*** sich mit allem Nötigen versehen **2** *(rifornirsi)* sich beliefern lassen: ***-rsi da una ditta, da un negozio*** sich von einer Firma, von einem Geschäft beliefern lassen.

for|ni|to p.pass. agg. **1** → **fornire 2** ausgestattet: ***un appartamento ~ di tutte le comodità*** eine mit allen Bequemlichkeiten ausgestattete Wohnung; ***un negozio molto ~, ben ~*** ein Geschäft mit einem reichen Sortiment; ***avere una cantina ben -a, un frigorifero ben ~*** einen gut sortierten Keller, einen gut ausgestatteten Kühlschrank haben **3a** *(di persona: avere molto denaro)* ***essere ben ~*** ein dickes Portemonnaie haben **b** COLLOQ. ***quella è proprio ben -a!*** die hat aber einen Apparat (*o* Vorbau)!

for|ni|to|re I agg. Liefer-: ***ditte -trici*** Lieferbetriebe **II** m. Lieferant *m.*: ***~ di pezzi di ricambio, di caffè*** Lieferant für Ersatzteile (o Ersatzteillieferant *m.*) , Kaffeelieferant *m.*; ***-i dell'esercito*** Armeelieferanten.

for|ni|tu|ra f. **1** Lieferung *f.*: ***una ~ di mobili per ufficio, di pane*** eine Lieferung von Büromöbeln, von Brot; ***-e militari*** Armeelieferungen **2** pl. Artikel *pl.*: ***-e per uffici*** Büroartikel *pl.*

for|no m. **1a** TECN. Ofen *m.* **b** *(da cucina)* Backofen *m.*, Ofen *m.*: ***~ elettrico, a gas, a legna*** Elektroofen *m.*, Gasofen *m.*, Steinofen *m.*; ***accendere, spegnere, abbassare, alzare, (ri)scaldare il ~*** den Backofen an‿stellen, aus‿stellen (*o* COLLOQ. an‿machen, aus‿machen), niedriger, höher stellen, vor‿heizen; ***mettere la torta in ~, togliere la torta dal ~*** den Kuchen in den Ofen schieben, aus dem Ofen nehmen; ***cuocere qcs. in, al ~*** etw. im Ofen backen; *(mele)* braten **c** COLLOQ. *(luogo molto caldo)* ***questa stanza, l'auto è un ~!*** dieses Zimmer, das Auto ist wie ein Ofen! **2a** *(bottega del fornaio)* Bäckerei *f.*, Bäckerladen *m.* **b** *(stanza del forno)* Backstube *f.* **3** COLLOQ. *(bocca)* Maul *n.*, Rand *m.*: ***chiudi quel ~!*** halt dein Maul! **4a** MED. Apparat *m.* für Trockenbäder **b** ***fare i -i*** Trockenbäder machen ◆ ***~ d'affinazione*** Frischfeuerofen *m.*, Frischherd *m.*; ***alto ~*** Hochofen *m.*; ***~ ad anello*** Ringofen *m.*; ***avere una bocca come un ~*** einen Mund wie einen Scheunentor haben; ***cotto al ~*** gebacken; ***~ crematorio*** Feuerbestattungsofen *m.*; ***~ di essiccazione*** Trockenofen *m.*, Darrofen *m.*; ***~ fusorio*** Gießofen *m.*; ***~ a galleria*** Tunnelofen *m.*; ***~ a induzione*** Induktionsofen *m.*; ***mele al ~*** Bratäpfel; ***~ a microonde*** Mikrowellenherd *m.*, Mikrowellengerät *n.*; ***~ a muffola*** Muffelofen *m.*; ***pasta al ~*** INTRAD. (im Ofen gebackenes Nudelgericht); ***patate al ~*** im Ofen gebackene Kartoffeln; ***pollo al ~*** Backhuhn *n.*; ***~ di puddellaggio*** Puddelofen *m.*; ***~ di, per ricottura*** Glühofen *m.*; ***~ a riduzione*** Reduktionsofen *m.*; ***~ a riverbero*** Flammofen *m.*; ***~ per smaltatura*** Emaillierofen *m.*; ***~ solare*** Sonnenofen *m.*; ***~ a storta*** Retortenofen *m.*; ***~ per tempra*** Härteofen *m.*; ***~ a tino*** Schachtofen *m.*

1.fo|ro m. **1** Loch *n.*: ***fare, praticare un ~ nel muro*** ein Loch in die Mauer bohren (*o* schlagen) **2** *(di un proiettile)* Einschuss *m.*, Einschussloch *n.*; ***~ di uscita*** Ausschuss *m.* **3** *(di strumenti musicali)* Griffloch *n.*

2.fo|ro m. **1** STOR. ARCHEOL. Forum *n.*: ***il ~ romano*** das römische Forum **2** *(autorità giudiziaria)* Gericht *n.*, Gerichtsstand *m.* ◆ ***~ competente*** Gerichtsstand *m.*; ***~ ecclesiastico*** kirchliches Gericht, geistlicher Gerichtshof; ***principe del ~*** Staranwalt *m.*

fo|ro|set|ta f. LETT. = frisches (hübsches) Bauernmädchen *n.*

for|ra f. Schlucht *f.*

for|se I avv. **1** vielleicht: ***~ non verrà*** vielleicht kommt er nicht; ***è ~ il più grande scrittore vivente*** er ist vielleicht der größte lebende Schriftsteller; ***~ non ci crederai, ma...*** vielleicht wirst du es nicht glauben, aber...; ***~ ~ avrei fatto meglio a starmene zitto*** vielleicht wäre ich besser still geblieben **2** *(circa)* ungefähr, etwa, circa: ***avrà ~ vent'anni*** er wird ungefähr zwanzig sein; ***saranno ~ dieci minuti a piedi*** es werden ungefähr zehn Minuten zu Fuß sein **3** *(per caso, mica)* vielleicht, etwa, gar: ***l'hai ~ dimenticato?*** hast du das etwa vergessen? ***ti ho ~ offeso?*** habe ich dich etwa beleidigt? ***l'hai ~ ricevuto anche tu?*** hast du es vielleicht, etwa auch bekommen? ***vuoi ~ negare che è vero?*** willst du vielleicht bestreiten, dass es wahr ist? **4** *(in domande retoriche)* vielleicht, nun: ***non è stato ~ un successo?*** war das vielleicht (*o* nun) kein Erfolg? ***non ho ~ ragione?*** habe ich vielleicht nicht Recht? ***non sono ~ tuo amico?*** bin ich vielleicht nicht dein Freund? **II** m.inv. Zweifel *m.*, Fragezeichen *n.*: ***ci sono troppi ~ in questo progetto*** es gibt zu viele Fragezeichen in diesem Projekt ◆ ***essere in ~*** in der Luft hängen (*o* schweben); *(di persone)* unentschieden sein; ***mettere qcs. in ~*** etw. in Frage stellen; *(mettere in pericolo)* in Gefahr bringen, gefährden; ***senza ~*** ohne ein Vielleicht; ***~ (che) sì, ~ (che) no*** vielleicht ja, vielleicht nein.

for|sen|na|to I agg. tobsüchtig **II** m. Tobsüchtige *m.*, Rasende *m.*, Besessene *m.* ◆ ***gridare come un ~*** wie ein Wilder schreien; ***lavorare come un ~*** wie ein Besessener arbeiten.

1.for|te I agg. **1a** stark; *(robusto)* kräftig: ***un uomo ~*** ein starker Mann; ***essere ~ come una quercia, come un toro*** stark wie ein Baum, wie ein Bär sein; ***avere braccia -i*** starke (*o* kräftige) Arme haben; ***una ~ dentatura*** ein kräftiges Gebiss **b** *(bravo)* ***un giocatore, un avversario ~*** ein starker Spieler, Gegner; ***essere ~ in matematica*** stark in Mathematik sein; ***essere ~ a carte, a calcio*** stark im Kartenspielen, Fußballspielen sein **c** *(ad alto contenuto di qcs.)* ***tè, caffè ~*** starker Tee, Kaffee; ***fumare sigarette -i*** starke Zigaretten rauchen; ***questo liquore è troppo ~*** dieser Likör ist zu stark **d** *(di malessere)* ***avere un ~ mal di testa, raffreddore*** starke Kopfschmerzen, eine starke Erkältung haben **e** *(accanito)* ***un ~ bevitore, fumatore, mangiatore*** ein starker Trinker, Raucher, Esser **f** *(moralmente)* ***una ~ personalità, volontà*** eine starke Persönlichkeit, ein starker Wille; ***un uomo dal carattere ~*** ein Mensch von starkem Charakter; *(che ha forza d'animo)* ***una donna ~*** eine starke Frau; ***devi essere ~*** du musst stark sein **g** *(autoritario)* ***ci vuole un governo, un uomo ~*** man braucht eine starke Regierung, einen starken Mann **h** GRAMM. ***declinazione, verbo ~*** starke Deklination, starkes Verb **i** *(marcato)* ***avere un ~ accento straniero*** einen starken ausländischen Akzent haben **j** CHIM. ***acido ~*** starke Säure **2a** *(intenso)* stark, kräftig: ***una luce, un profumo ~*** ein starkes Licht, Parfüm; ***colori, sapori, odori -i*** kräftige Farben, Geschmacke, starke Gerüche; ***il sole è molto ~ oggi*** heute scheint die Sonne sehr kräftig **b** ***avere -i dolori alla schiena*** starke (*o* heftige) Rückenschmerzen haben; ***provare -i fitte al petto*** starke Stiche in der Brust verspüren; ***subire un ~ choc*** einen schweren Schock erleiden **c** ***una ~ antipatia, attrazione*** eine starke (*o* heftige) Antipathie, eine starke Anziehung; ***un ~ desiderio di qcs.*** ein starkes Verlangen nach etw.; ***una ~ delusione, suggestione*** eine schwere Enttäuschung, eine starke Suggestion; ***un legame molto ~*** eine sehr starke Bindung **3** *(abbondante)* heftig, kräftig, stark: ***una ~ nevicata, pioggia*** ein heftiger (*o* starker) Schneefall, ein kräftiger (*o* heftiger) Regen **4** laut, kräftig: ***la musica è molto ~*** die Musik ist sehr laut; ***un ~ applauso*** ein kräftiger Applaus **5a** *(violento)* stark, heftig: ***un ~ temporale, vento*** ein starkes (*o* heftiges) Gewitter, ein starker Wind; ***un ~ scoppio*** ein starker (*o* heftiger) Knall **b** *(dato con forza)* kräftig: ***un ~ schiaffo*** eine kräftige Ohrfeige **6** *(potente)* stark, mächtig: ***uno stato, un partito ~*** ein starker Staat, eine starke Partei **7** fest: ***un ~ abbraccio*** eine feste Umarmung; ***una ~ stretta di mano*** ein fester Händedruck **8** *(piccante)* scharf: ***una salsa molto ~*** eine sehr scharfe Soße **9** *(di lenti, occhiali)* scharf, stark: ***queste lenti sono troppo -i per me*** diese Gläser sind zu stark für mich **10** ECON. hart: ***moneta, valuta ~*** harte Währung **11a** *(considerevole, grande)* stark, groß, hoch: ***un ~ spiegamento di polizia*** ein starkes Aufgebot von Polizeikräften; ***una ~ pendenza*** ein starkes Gefälle; ***una ~ domanda, un ~ consumo di qcs.*** eine starke Nachfrage nach etw., ein starker Konsum von etw.; ***una ~ spesa, somma di denaro*** eine große Ausgabe, eine hohe Geldsumme; ***-i guadagni*** hohe Gewinne; ***un ~ calo delle vendite, della temperatura*** ein starker Rückgang des Absatzes, ein starker Temperaturrückgang; ***andare a ~ velocità*** mit großer Geschwindigkeit fahren; ***una ~ somiglianza*** eine große Ähnlichkeit **b** ***avere -i dubbi*** starke Zweifel haben; ***un ~ sospetto*** ein starker Verdacht **12a** *(duro, offensivo)* stark, hart: ***un'espressione ~*** ein starker Ausdruck; ***parole -i*** starke Worte **b** *(crudo)* ***un'immagine molto ~*** ein sehr starkes (*o* hartes) Bild **13** COLLOQ. stark, toll: ***il tuo amico è veramente ~!*** dein Freund ist echt stark! **II** avv. **1** stark, hart: ***il vento soffia ~*** der Wind weht stark; ***colpire ~ la palla*** den Ball hart treffen **2** *(in abbondanza)* heftig, kräftig, stark: ***nevicare, piovere ~*** kräftig schneien, regnen **3** laut, stark: ***parlare, ridere, starnutire ~*** laut sprechen, lachen, niesen; ***tossire ~*** stark husten **4** *(stretto)* fest: ***abbracciare ~ qcn.*** jdn fest umarmen **5a** *(velocemente)* schnell: ***stai andando troppo ~*** du fährst zu schnell **b** ***le batteva ~ il cuore*** ihr Herz klopfte schnell **6** *(nei giochi d'azzardo)* ***giocare, puntare ~*** hoch spielen, setzen **7** rafforz. COLLOQ. total: ***quello è scemo ~*** der ist total blöd **8** MUS. forte **III** m. **1** Stärke *f.*: ***la geografia non è il mio ~*** Geographie ist nicht meine Stärke **2** *(di persona)* Starke *m.* **3** MUS. Forte *n.* ◆ ***la calma è la virtù dei -i*** in der Ruhe liegt die Kraft; COLLOQ. ***che ~!*** stark! toll! ***che ~ quel film!*** stark dieser Film! ***~ e chiaro*** laut und deutlich; ***un reparto ~ di cento uomini*** eine hundert Mann starke Abteilung; COLLOQ. ***puoi dirlo ~!*** das kannst du ruhig laut sagen! ***farsi ~ di qcs.*** = von etw. profitieren; ***la legge del più ~*** das Gesetz des Stärkeren; ***man ~*** → **manforte**; ***usare le maniere -i*** schweres (*o* grobes) Geschütz auf‿fahren; ***pezzo ~*** Paradestück *n.*, Glanzstück *n.*; *(cavallo di battaglia)* Paradepferd *n.*; *(di un attore)* Glanzrolle *f.*; ***piatto ~*** Hauptgericht *n.*; FIG. Clou *m.*; ***la strada è in ~ salita*** die Straße steigt steil an; ***il sesso ~*** das starke Geschlecht; ***lo spirito è ~, ma la carne è debole*** der Geist ist willig, aber das Fleisch ist schwach; ***taglie -i*** Überweiten, Übergrößen; ***tienti ~, ho da darti una bella notizia...*** halt dich (gut) fest, ich habe gute Neuigkeiten für dich...; ***un romanzo dalle tinte -i*** ein hochdramatischer Roman.

2.for|te m. MIL. Befestigung *f.*, Befestigungsanlage *f.*; *(fortezza)* Festung *f.*; *(negli Stati Uniti, in Africa)* Fort *n.*

for|te|men|te avv. **1** stark **2** *(molto)* sehr, stark: ***desiderare, volere ~ qcs.*** etw. stark wünschen, wollen; ***essere ~ motivato*** stark motiviert sein; ***essere ~ influenzato da qcs., qcn.*** stark von etw., jdm beeinflusst sein; ***essere ~ sospettato di qcs.*** stark wegen etw. verdächtigt werden.

for|te-pia|no m. Hammerklavier *n.*

for|tez|za f. **1** Stärke *f.*, Kraft *f.*: ***~ d'animo*** Seelenstärke *f.*, Seelenkraft *f.* **2** *(virtù cardinale)* Tapferkeit *f.* **3** MIL. Festung *f.*: ***assediare, espugnare una ~*** eine Festung belagern, erstürmen ◆ ***~ volante*** fliegende Festung.

for|ti|fi|ca|re *(fortifico, fortifichi)* **I** tr. **1a** stärken, kräftigen: ***~ il corpo*** den Körper stärken (*o* kräftigen) **b** *(moralmente)* festigen, stärken: ***questa esperienza lo ha fortificato*** dieses Erlebnis hat ihn gefestigt **2** MIL. befestigen, ANT. fortifizieren: ***~ una città*** eine Stadt befestigen **II** pronom. **fortificarsi** *(irrobustirsi)* erstarken: ***la sua fede si fortificò*** sein Glaube erstarkte. **for|ti|fi|ca|to|rio** agg. *(-ri,-rie)* Befestigungs-, ANT. fortifikatorisch. **for|ti|fi|ca|zio|ne** f. **1** Befestigung *f.* **2** *(luogo fortificato)* Befestigung *f.*, Befestigungsbau *m.*, Festungsanlage *f.*: ***-i di frontiera*** Grenzbefestigungen ◆ ***cinta di ~*** Befestigungsgürtel *m.*; ***linea di ~*** Befestigungslinie *f.*; ***opera di ~*** Befestigungswerk *n.*

for|ti|li|zio m. *(-zi)* (kleine) Festung *f.*

for|ti|no m. Fort *n.*

for|tis|si|mo m. MUS. Fortissimo *n.*

for|tui|ta|men|te avv. zufälligerweise, zufällig. **for|tui|to** agg. zufällig: ***un incontro ~*** eine zufällige Begegnung; ***una coincidenza del tutto -a*** eine rein zufällige Übereinstimmung ◆ ***per un caso ~*** durch Zufall, zufällig, zufälligerweise.

for|tu|na f. **1a** Glück *n.*: ***avere una ~ incredibile, sfacciata*** unerhörtes, unverschämtes Glück haben; ***avere ~ al gioco, con le donne*** Glück im Spiel, bei den Frauen haben; ***hai avuto una bella ~ a ritrovare la borsa*** du hast ganz schönes Glück gehabt, dass du die Tasche wieder gefunden hast; ***inseguire, afferrare (al volo) la ~*** dem Glück nach‿jagen, das Glück fassen (*o* packen); ***prendere a calci la ~*** sein Glück mit Füßen treten; ***la ~ lo abbandonò*** das Glück verließ ihn (*o* wendete sich von ihm ab) **b** *(sorte)* ***tentare la ~*** sein Glück probieren (*o* versuchen); ***la ~ gli fu propizia, avversa*** das Glück war ihm hold, nicht hold; ***aiutare la ~*** dem Glück nach‿helfen **2** *(successo)* Erfolg *m.*, Anklang *m.*: ***il romanzo ha avuto molta ~*** der Roman hat viel Erfolg gehabt (*o* viel Anklang gefunden) **3** (kritische, literarische) Resonanz *f.*: ***la ~ di un autore nei secoli*** die Resonanz, die ein Autor im Lauf der Jahrhunderte findet **4** *(molto denaro)* Vermögen *n.*: ***ereditare, guadagnare un'immensa ~*** ein riesiges Vermögen erben, verdienen; ***perdere una ~ al gioco*** ein Vermögen beim Spiel verlieren; ***dilapidare tutte le proprie -e*** sein ganzes Vermögen verschwenden; ***costare una ~*** ein Vermögen kosten **5** *(in espressioni di cortesia: piacere)* Vergnügen *n.*, Glück *n.*: ***non ho la ~ di conoscerla*** ich hatte noch nicht das Vergnügen, Ihre Bekanntschaft zu machen **6** LETT. → **fortunale** ◆ ***con -e alterne*** mit wechselndem Glück; ***ancora di ~*** Notanker *m.*; ***essere artefice della propria ~*** Schmied seines eigenen Glückes sein; ***atterraggio di ~*** Notlandung *f.*; ***essere baciato dalla ~*** ein Glückskind sein; ***buona ~!*** viel Glück! ***augurare a qcn. buona ~ per l'esame*** jdm viel Glück für die Prüfung wünschen; ***afferrare la ~ per i capelli*** das Glück beim Schopf packen; ***andare in cerca di ~*** sein Glück versuchen; ***cercar ~ (all'estero)*** sein Glück (in der Fremde) suchen; ***che ~!*** was für ein Glück! so ein Glück! COLLOQ. ***~ che...*** ein Glück, dass...; ***colpo di ~*** Glücksfall *m.*; ***~ critica*** kritische Resonanz; ***fare ~*** sein Glück machen; ***fare la ~ di qcn.*** jds Glück sein: ***quell'incontro fece la sua ~*** diese Begegnung war sein Glück; ***mezzi di ~*** Behelfsmittel *pl.*; ***per ~*** zum Glück; ***c'eri anche tu? – no, per ~!*** warst du auch dabei? – nein, Gott sei dank nicht! ***per ~ che...*** ein Glück (*o* nur gut), dass...; ***portare ~*** Glück bringen; ***è solo questione di ~*** das ist reine Glückssache; ***la ruota della ~*** das Glücksrad; ***avere un sacco di ~*** viel Glück haben; ***avere tutte le -e*** das Glück auf seiner Seite haben; ***~ volle che ci incontrassimo*** das Glück wollte es, daß wir uns begegneten; PROV. ***la ~ aiuta gli audaci*** wer wagt, gewinnt; ***la ~ è cieca*** = das Glück ist unberechenbar.

for|tu|na|le m. **1** Sturm *m.* **2** *(di mare)* Seesturm *m.*

for|tu|na|ta|men|te avv. glücklicherweise, zum Glück.

for|tu|na|to agg. **1** glücklich: ***una combinazione -a*** eine glückliche Fügung (*o* Schickung); ***trovarsi nella -a circostanza*** sich in der glücklichen Lage befinden; ***~ lui!*** der Glückliche! ***essere ~*** Glück haben; ***potersi dire ~*** von Glück sagen können; *(con buon esito)* ***un'impresa -a*** ein glückliches Unternehmen; ***un incontro ~*** eine glückliche Begegnung; *(fortuito)* ***per un caso ~*** durch einen glücklichen Zufall **2** *(che porta fortuna)* Glück bringend, Glücks-: ***numero, giorno ~*** Glückszahl *f.*, Glückstag *m.* ◆ PROV. ***sfortunato al gioco, ~ in amore*** Pech im Spiel, Glück in der Liebe; ***chi da giovane s'è sposato, si consideri ~*** jung gefreit hat nie gereut.

for|tu|nel|lo m. Glückskind *n.*, Glückspilz *m.*

for|tu|no|so agg. **1a** wechselvoll: ***una vita -a*** ein wechselvolles Leben **b** *(con imprevisti)* abenteuerlich: ***un viaggio ~*** eine abenteuerliche Reise **2** *(casuale)* zufällig: ***un risultato ~*** ein zufälliges Ergebnis.

fo|rum m.inv. Forum *n.*: ***partecipare a un ~*** an einem Forum teil‿nehmen; ***organizzare un ~*** ein Forum organisieren.

fo|run|co|lo m. Furunkel *m.* e *n.* **fo|run|co|lo|si** f. Furunkulose *f.* **fo|run|co|lo|so** agg. furunkulös.

for|vian|te → **fuorviante**. **for|via|re** → **fuorviare**.

for|za I f. **1** Kraft *f.*, Stärke *f.*: ***~ fisica, muscolare*** körperliche Kraft, Muskelkraft *f.*; ***~ morale, intellettuale*** sittliche, geistige Kraft; ***la sua ~ sta nella perseveranza*** seine Stärke liegt in der Ausdauer **2a** pl. *(energie)* Kraft *f.*: ***essere in -e*** bei Kräften sein; ***fare appello a tutte le (proprie) -e*** alle Kräfte auf‿bieten; ***raccogliere, risparmiare le -e*** die Kräfte sammeln, sparen; ***essere allo stremo delle -e*** am Ende der Kraft sein; ***mi mancano le -e*** mir fehlt die Kraft; ***rimettersi in -e*** wieder zu Kräften kommen **b** *(capacità)* ***farcela con le proprie -e*** es aus eigener Kraft schaffen; ***sopravvalutare le proprie -e*** seine Kräfte überschätzen **3** *(robustezza)* Stärke *f.*: ***la ~ di un tessuto*** die Stärke eines Stoffes **4a** *(potere)* Macht *f.*: ***la ~ dell'amore, dei sentimenti*** die Macht der Liebe, der Gefühle; ***la ~ del denaro, dell'abitudine*** die Macht des Geldes, der Gewohnheit **b** *(autorità)* ***la ~ delle istituzioni democratiche*** die Macht der demokratischen Institutionen **c** *(potenza)* Macht *f.*, Stärke *f.*: ***la ~ economica, militare di un paese*** die wirtschaftliche, militärische Macht (*o* Stärke) eines Landes **5** *(entità)* Macht *f.*: ***-e oscure, celesti, infernali*** dunkle, himmlische, höllische Mächte **6** *(di sapori, colori)* Stärke *f.*, Intensität *f.*: ***la ~ di un sapore*** die Intensität eines Geschmacks; ***liquore pieno di ~*** ein starker Likör **7a** *(efficacia)* Kraft *f.*, Stärke *f.*: ***la ~ di un farmaco*** die Stärke eines Medikaments **b** ESTENS. Stärke *f.*: ***la ~ di un'argomentazione*** die Stärke einer Argumentation **8** *(violenza)* Gewalt *f.*: ***ricorrere all'uso della ~*** Gewalt an‿wenden; ***soggiacere, sottostare alla ~*** Gewalt erleiden; ***resistere, opporsi alla ~*** der Gewalt widerstehen, sich der Gewalt widersetzen; ***ottenere qcs. con la ~*** etw. mit Gewalt erreichen; *(di elementi naturali)* ESTENS. ***la ~ della valanga, di un fiume*** die Gewalt der Lawine, eines Flusses **9a** FIS. Kraft *f.*: ***~ elettrica, magnetica*** elektrische, magnetische Kraft; ***generare, esercitare, subire una ~ di 100 newton*** eine Kraft von 100 Newton hervor‿bringen, aus‿üben, aus‿halten **b** MOT. ***la ~ del motore*** die Kraft des Motors **10** DIR. Kraft *f.*: ***decreto che ha ~ di legge*** Verordnung mit Gesetzeskraft; ***in ~ della sua carica*** kraft seines Amtes **11** pl. *(gruppo)* ***-e progressiste, conservatrici, reazionarie, borghesi*** fortschrittliche, konservative, reaktionäre, bürgerliche Kräfte **12a** MIL. *(effettivo)* Stärke *f.*: ***la ~ di un esercito, di un reggimento*** die Stärke einer Armee, eines Regiments **b** *(contingente)* Streitkraft *f.*, Kraft *f.*: ***le -e nemiche*** die feindlichen Streitkräfte; ***-e fresche*** frische Kräfte; ***uno spiegamento di -e di polizia*** ein Aufgebot von Polizeikräften; **13** MAR. Kraft *f.*: ***a tutta, mezza ~*** mit voller, halber Kraft; ***il vento è a ~ 8*** es herrscht Windstärke 8; ***mare ~ 8*** Meer Stärke 8 **II** inter. los: ***~, sbrigati!*** los, beeil dich! ***avanti, ~!*** dann mal los! ***su, ~!*** Kopf hoch! ***~ e coraggio!*** nur Mut! ***~ Roma!*** Rom vor! ◆ ***a ~*** mit aller Kraft; ***a ~ di*** durch viel, durch ständig: ***a ~ di leggere*** durch vieles Lesen; ***a ~ di raccomandazioni ha fatto carriera*** mit Hilfe vieler Empfehlungen hat er Karriere gemacht; ***-e aeree*** Luftstreitkräfte *pl.*; ***per amore o per ~*** wohl oder übel; ***~ d'animo*** Seelenkraft *f.*, Seelenstärke *f.*; FIS. ***~ antagonista*** Rückstellkraft *f.*; ***-e armate*** Streitkräfte *pl.*; ***~ delle armi*** Waffengewalt *f.*; ***con la ~ delle armi*** mit Waffengewalt; ***~ ascensionale*** Steigkraft *f.*; ***atto di ~*** Kraftakt *m.*, Gewaltakt *m.* (anche FIG.); ***~ di attrazione*** Anziehungskraft *f.*; ***bella ~!*** das ist kein Kunst (*o* kein Kunststück)! ***~ bruta*** rohe Gewalt; ***campo di -e*** Kraftfeld *n.*; ***~ di carattere*** Charakterstärke *f.*; ***~ centrifuga*** Zentrifugalkraft *f.*; ***~ centripeta*** Zentripetalkraft *f.*; ***~ contrattuale*** Verhandlungsstärke *f.*; ***coppia di -e*** Kräftepaar *n.*; TIP. ***~ di corpo*** Schriftgrad *m.*; ***per ~ di cose*** aus zwingenden Gründen; MIL. ***~ effettiva*** Iststärke *f.*; MIL. ***~ effettiva presente*** Präsenzstärke *f.*; ***~ elettromotrice*** elektromotorische Kraft; ***essere ~*** müssen, nötig sein; ***è ~ dire, credere che...*** man muss sagen, glauben, dass...; ***fare ~ a qcn.*** jdn ermutigen; *(costringere)* jdn zwingen; ***farsi ~*** sich Mut machen; ***fatti ~!*** Kopf hoch! ***gioco di -e*** Kräftespiel *n.*; ***~ di gravità*** Schwerkraft *f.*; ***~ idraulica*** Wasserkraft *f.*; ***in ~ di qcs.*** auf Grund (*o* aufgrund) etw. (G); ***essere in ~ presso una ditta*** bei einer Firma im Dienst sein; MIL. ***essere in ~ al 1º battaglione*** dem 1. Bataillon zugeteilt sein; ***~ d'inerzia*** Beharrungsvermögen *n.*; ***Forza Italia*** = italienische rechtsliberale Partei; ***~ lavante*** Waschkraft *f.*; ***~ lavoro*** Arbeitskraft *f.*; ***~ di legge*** Gesetzeskraft *f.*; ***~ maggiore*** höhere Gewalt; ***per causa di ~ maggiore*** auf Grund höherer Gewalt; ***~ motrice*** Triebkraft *f.*; ***~ della natura*** Naturkraft *f.*; ***-e navali*** Seestreitkräfte *pl.*; ***per ~*** notgedrungen; *(inevitabilmente)* auf jeden Fall; ***fare qcs. per ~*** etw. notgedrungen tun; ***perdita di -e*** Kräfteverfall *m.*; ***~ di persuasione*** Überzeugungskraft *f.*; ***-e di polizia*** Polizeikräfte *pl.*; ***assumere una posizione di ~*** eine Machtposition vertreten; ***prova di ~*** Kraftprobe *f.*; ***~ provante*** Beweiskraft *f.*; ***~ pubblica***

Staatsgewalt *f.*; FIG. **punto di ~** Stärke *f.*; **~ della ragione** Verstandeskraft *f.*; **rapporto di -e** Kräfteverhältnis *n.*; **-e di terra** Landstreitkräfte *pl.*; **la ~ trainante** die treibende Kraft; **con tutte le -e** mit aller Macht, mit aller Gewalt; **~ d'urto** Stoßkraft *f.*, Aufprallkraft *f.*; **uso della ~** Gewaltanwendung *f.*; **rinuncia all'uso della ~** Gewaltverzicht *m.*; **~ del vento** Windstärke *f.*; **a viva -a** gewaltsam, mit aller Gewalt; **~ di volontà** Willensstärke *f.*; PROV. **contro la ~ ragion non vale** Gewalt geht vor Recht; **l'unione fa la ~** Einigkeit macht stark.

for|za|re I tr. **1** (fest) hinein‿drücken: **~ il tassello nel muro** einen Dübel in die Wand hineindrücken **2** *(scassinare)* auf‿brechen, sprengen, COLLOQ. knacken: **~ una serratura, la porta** ein Schloss, die Tür aufbrechen; **~ un'auto** ein Auto knacken **3** FIG. *(distorcere)* verdrehen, verzerren, Gewalt an‿tun: **~ la verità, il senso di una parola** die Wahrheit, den Sinn eines Wortes verdrehen; **~ un testo** einem Text Gewalt antun **4** *(sottoporre a sforzo)* (stark) beanspruchen: **~ un motore** einen Motor stark beanspruchen **5a** *(accelerare)* beschleunigen: **~ il passo, l'andatura** den Schritt, den Gang beschleunigen **b** assol. SPORT forcieren: **~ al massimo** bis zum Äußersten forcieren **c** FIG. forcieren, steigern: **~ il processo di modernizzazione** den Modernisierungsprozess forcieren **6** *(costringere)* zwingen: **~ qcn. a qcs.** jdn zu etw. zwingen; **~ qcn. a fare qcs.** jdn zwingen, etw. zu tun **7** *(sfondare)* durchbrechen: **~ un posto di blocco** eine Absperrung durchbrechen; **~ le linee difensive** die Verteidigungslinien durchbrechen **II** pronom. **forzarsi** sich zwingen **III** intr. (aus. *avere*) klemmen: **il cassetto forza** die Schublade klemmt ◆ FIG. **~ la mano a qcn.** jdn zwingen; **~ i tempi** das Tempo anziehen.

for|za|ta|men|te avv. **1** gezwungen **2** *(per forza)* notgedrungen.

for|za|to I p.pass. agg. **1** → **forzare 2** *(non spontaneo)* gezwungen, bemüht, krampfig: **un sorriso ~** ein gezwungenes Lächeln; **il suo comportamento sembra ~** sein Benehmen wirkt bemüht **3** *(distorto)* verzerrt, überzogen: **interpretazione -a di un testo** eine überzogene Textinterpretation **4** *(imposto)* gezwungen, Zwangs-, zwangsmäßig: **alimentazione -a** Zwangsernährung *f.*; DIR. **esecuzione -a** Zwangsvollstreckung *f.*; **lavori -i** Zwangsarbeit *f.*; **essere condannato a 6 anni di lavori -i** zu 6 Jahren Zwangsarbeit verurteilt werden; DIR. **prestito ~** Zwangsanleihe *f.*; **ricovero ~** Zwangseinweisung *f.*; **risparmio ~** Zwangssparen *n.* **II** m. **1** Zwangsarbeiter *m.* **2** FIG. SPREG. Galeerensträfling *m.*: **sgobbare come un ~** wie ein Galeerensträfling schuften.

for|za|tu|ra f. **1** Aufbrechen *n.*, Sprengen *n.* **2** *(interpretazione distorta)* verzerrte (*o* überzogene) Auslegung *f.*, Verdrehung *f.*, Entstellung *f.* **3** Überanstrengung *f.*: **~ della voce** Überanstrengung der Stimme.

for|zie|re m. Geldschrank *m.*, Tresor *m.*

for|zi|sta m. e f. *(-i,-e)* = Anhänger *m.* (-in *f.*) der Partei Forza Italia.

for|zo|so agg. zwangsmäßig, Zwangs-: **cambio, corso ~** Zwangskurs *m.*; **sfratto ~** Zwangsräumung *f.*; DIR. **concordato ~** Zwangsvergleich *m.*; **prestito ~** Zwangsanleihe *f.*

for|zu|to agg. SCHERZ. bärenstark.

fo|sbu|ry agg.inv. **salto alla ~** Flop *m.*, Fosburyflop *m.*

fo|sca|men|te avv. **1** dunkel **2** FIG. finster. **fo|schi|a** f. Dunst *m.*, Qualm *m.*: **una leggera ~ riduce la visibilità** ein leichter Dunst vermindert die Sicht; **un velo di ~** ein Dunstschleier; **con ~** dunstig.

fo|sco agg. *(-schi,-sche)* **1** dunkel, dunkelfarbig **2a** FIG. *(cupo)* finster, düster: **delineare un quadro ~ di qcs.** ein düsteres Bild von etw. zeichnen; **dipingere, rappresentare qcs. a tinte -sche** etw. in den schwärzesten Farben aus‿malen, schildern (*o* beschreiben) **b** *(minaccioso)* **uno sguardo ~** ein finsterer Blick **3** *(caliginoso)* dunstig.

fo|sfa|ta|re tr. → **fosfatizzare. fo|sfa|ti|co** agg. *(-ci,-che)* phosphathaltig, Phosphat-. **fo|sfa|tiz|za|re** tr. phosphatieren. **fo|sfa|to** m. Phosphat *n.* **fo|sfi|na** f. Phosphin *n.* **fo|sfi|to** m. Phosphit *n.*

fo|sfo|ra|to agg. phosphorhaltig, Phosphor-: **idrogeno ~** Phosphorwasserstoff *m.*

fo|sfo|re|scen|te agg. phosphoreszierend, Leucht-: **batterio ~** Leuchtbakterie *f.*: **gli occhi -i di un gatto** die phosphoreszierenden Augen einer Katze. **fo|sfo|re|scen|za** f. Phosphoreszenz *f.*; **~ marina** Meeresleuchten *n.*

fo|sfo|ri|co agg. *(-ci,-che)* Phosphor-: **acido ~** Phosphorsäure *f.* **fo|sfo|ri|smo** m. Phosphorismus *m.*, Phosphorvergiftung *f.* **fo|sfo|ri|te** f. Phosphorit *m.* **fo|sfo|ro** m. Phosphor *m.*: **sale di ~** Phosphorsalz *n.*; **bomba al ~** Phosphorbombe *f.* ◆ COLLOQ. **avere poco ~ (nel cervello)** wenig Grütze (im Kopf) haben. **fo|sfo|ro|so** agg. phosphorig: **acido ~** phosphorige Säure.

fo|sge|ne m. Phosgen *n.*

fos|sa f. **1** Grube *f.*: **una ~ profonda tre metri** eine drei Meter tiefe Grube; **scavare una ~** eine Grube graben, schaufeln **2** *(scavo, canale)* Graben *m.* **3** *(tomba)* Grab *n.*: **calare la bara nella ~** den Sarg ins Grab senken **4** GEOL. Graben *m.* **5** ANAT. Höhle *f.*, Grube *f.*: **-e nasali** Nasenhöhlen *pl.*; **~ iliaca** Hüftbeingrube *f.* ◆ **~ biologica** biologische Kläranlage; **~ comune** Sammelgrab *n.*, Massengrab *n.*; **~ delle Filippine** Philippinengraben *m.*; **~ di ingrassatura** Abschmiergrube *f.*; **~ dei leoni** Löwengrube *f.*; **~ del liquame** Jauchegrube *f.*; **~ delle Marianne** Marianengraben *m.*; **~ oceanica** Tiefseegraben *m.*; **~ dell'orchestra** Orchestergraben *m.*, Orchesterraum *m.*; FIG. **avere (o essere con) un piede nella ~** mit einem Fuß (*o* Bein) im Grabe stehen; **portare qcn. alla ~** jdn in die Grube (*o* ins Grab) bringen; **~ di riparazione** → **~ di ingrassatura**; **~ di scarico** Ableitungsgraben *m.*; **scavarsi la ~ (con le proprie mani)** sich (D) selbst sein Grab schaufeln; **~ di scolo** Abwassergraben *m.*, Anzucht *f.*; **~ dei serpenti** Schlangengrube *f.*; **~ settica** Faulgrube *f.*; GEOL. **~ tettonica** (tektonischer) Graben *m.*; PROV. **del senno di poi son piene le -e** hinterher ist man immer klüger.

fos|sa|to m. **1** Graben *m.*, Wassergraben *m.* **2** *(di fortificazione)* Ringgraben *m.*, Wallgraben *m.* ◆ **~ del castello** Burggraben *m.*; **~ della città** Stadtgraben *m.*; **~ della fortezza** Festungsgraben *m.*

fos|set|ta f. Grübchen *n.* ◆ **~ epigastrica** Herz-, Magengrube *f.*

fos|si|le I agg. **1** fossil, versteinert: **resti -i** fossile Reste **2** FIG. *(antiquato)* verknöchert **II** m. **1** Fossil *n.*, Versteinerung *f.* **2** FIG. Fossil *n.* ◆ **carbon ~** Steinkohle *f.*; **estrazione, giacimento, miniera di carbone ~** Steinkohlenförderung *f.*, -lager *n.*, -bergwerk *n.*; **~ guida** Leitfossil *n.* **fos|si|li|fe|ro** agg. Fossilien enthaltend.

fos|si|liz|za|re I tr. RAR. fossilisieren (*o* versteinern) lassen **II** pronom. **fossilizzarsi 1** fossilisieren, versteinern **2** FIG. verknöchern, erstarren. **fos|si|liz|za|zio|ne** f. **1** Fossilisation *f.*, Versteinerung *f.* **2** FIG. Verknöcherung *f.*

fos|so m. Graben *m.*, Wassergraben *m.*: **scavare un ~** einen Graben aus‿heben; **andare a finire in un ~** in einem Graben landen ◆ **~ anticarro** Panzergraben *m.*; **~ di irrigazione** Bewässerungsgraben *m.*; **saltare il ~** über den Graben springen; FIG. den Sprung wagen; **~ di scarico, scolo** Abflussgraben *m.*, Abzugsgraben *m.*, TECN. Vorfluter *m.*

fo|to f.inv. (accorc. *fotografia*) Foto *n.*, Bild *n.*: **fare, scattare una ~ (a qcn., qcs.)** ein Foto (von jdm, etw.) machen, knipsen ◆ **~ di gruppo** Gruppenbild *n.*

fo|to|a|ma|to|re m. Fotoamateur *m.* **fo|to|bio|lo|gi|a** f. Photobiologie *f.* **fo|to|ca|me|ra** f. Fotoapparat *m.* **fo|to|cel|lu|la** f. Fotozelle *f.* **fo|to|chi|mi|ca** f. Photochemie *f.* **fo|to|chi|mi|co** agg. *(-ci,-che)* photochemisch **fo|to|co|lor** m.inv. Farbaufnahme *f.*

fo|to|com|por|re tr. *(-compongo, -componi; -composi; -composto)* etw. im Fotosatz her‿stellen. **fo|to|com|po|si|to|re** m. Fotosetzer *m.* **fo|to|com|po|si|tri|ce** f. Fotosetzmaschine *f.*, Lichtsetzmaschine *f.* **fo|to|com|po|si|zio|ne** f. Fotosatz *m.*, Lichtsatz *m.*

fo|to|co|pia f. Fotokopie *f.*: **fare -e di un documento** Fotokopien eines Dokuments machen; **ingrandire, ridurre una ~** eine Fotokopie vergrößern, verkleinern. **fo|to|co|pia|re** tr. *(fotocopio, fotocopi)* fotokopieren. **fo|to|co|pia|tri|ce** f. Fotokopierer *m.*; **macchina ~** Fotokopiergerät *n.*

fo|to|cro|ma|ti|co agg. *(-ci,-che)* fototrop, photochrom: **lenti -che** fototrope Brillengläser.

fo|to|cro|na|ca f. Bildbericht *m.*, Fotoreportage *f.* **fo|to|cro|ni|sta** m. e f. *(-i,-e)* Fotoreporter *m.* (-in *f.*).

fo|to|e|let|tri|ca f. (großer) Scheinwerfer *m.*, Beleuchtungsanlage *f.* **fo|to|e|let|tri|ci|tà** f. Photoelektrizität *f.* **fo|to|e|let|tri|co** agg. *(-ci, -che)* lichtelektrisch, photoelektrisch, Photo-, Foto-: **cellula -a** Fotozelle *f.*; **effetto ~** Photoeffekt *m.* **fo|to|e|let|tro|ne** m. Photoelektron *n.*

fo|to|fi|nish [-'finiʃ] m.inv. Fotofinish *n.*

fo|to|fit, fo|to|fit m.inv. (fotografisches) Phantombild *n.*

fo|to|fo|bi|a f. Photophobie *f.* **fo|to|fo|ro** m. Leuchtorgan *n.* **fo|to|ge|ni|a, fo|to|ge|ni|ci|tà** f. Fotogenität *f.* **fo|to|ge|ni|co** agg. *(-ci, -che)* fotogen.

fo|to|gra|fa|re tr. **1** fotografieren **2** FIG. *(rappresentare fedelmente)* genau wieder‿geben, genau dar‿stellen **3** FIG. *(imprimersi nella mente)* sich (D) ein‿prägen.

fo|to|gra|fi|a f. **1** *(tecnica)* Fotografie *f.* **2** Fotografie *f.*, Aufnahme *f.*, Bild *n.*: **una ~ mossa, nitida** eine verwackelte, scharfe Fotografie; **fare, scattare una ~ (a qcn., qcs.)** eine Fotografie (von jdm, etw.) machen, knipsen **3** FIG. *(rappresentazione fedele)* genaue Darstellung *f.*, Schilderung *f.* ◆ **~ aerea** Luftbild *n.*, Luftaufnahme *f.*; **album di -e** Fotoalbum *n.*; **~ in bianco e nero** Schwarzweißaufnahme *f.*, Schwarzweißfotografie *f.*; **~ a colori** Farbfotografie *f.*, Farbaufnahme *f.*; **~ istantanea** Momentaufnahme *f.*, Momentbild *n.*; **~ a posa** Zeitaufnahme *f.*; **~ di formato ridotto** Kleinbildfoto *n.*; ***rivista di*** ~ Fotozeitschrift *f.*; ***~ subacquea*** Unterwasserfotografie *f.*; ***~ col teleobiettivo*** Fotografie mit dem Teleobjektiv; ***~ formato tessera*** Passbild *n.* **fo|to|gra|fi|ca|men|te** avv. fotografisch.

fo|to|gra|fi|co agg. *(-ci,-che)* **1** fotografisch, Foto-: ***macchina, attrezzatura -a*** Fotoapparat *m.*, Fotoausrüstung *f.*; ***archivio, materiale, servizio ~*** Fotoarchiv *n.*, Fotomaterial *n.*, Bildbericht *m.*; ***negozio di articoli -ci*** Fotogeschäft *n.*; ***studio, laboratorio ~*** Fotoatelier *n.*, Fotolabor *n.*; ***safari ~*** Fotosafari *f.* **2** FIG. fotografisch: ***memoria -a*** fotografisches Gedächtnis.

fo|to|gra|fo m. Fotograf *m.*: ***negozio di ~*** Fotogeschäft *n.*

fo|to|gram|ma m. **1** Einzelbild *n.*: ***18 -i al secondo*** 18 Einzelbilder pro Sekunde **2** TOPOGR. Photogramm *n.*, Messbild *n.* **fo|to|gram|me|tri|a** f. Photogrammetrie *f.* **fo|to|gram|me|tri|co** agg. *(-ci, -che)* photogrammetrisch.

fo|to|in|ci|sio|ne f. Photochemigraphie *f.*, Photogravüre *f.* **fo|to|in|ci|so|re** m. Photograveur *m.*

fo|to|kit m.inv. → **fotofit.**

fo|to|li|si f. Photolyse *f.* **fo|to|li|to|gra|fi|a** f. Photolithographie *f.* **fo|to|lu|mi|ne|scen|za** f. Photolumineszenz *f.* **fo|to|mec|ca|ni|ca** f. photomechanisches Reproduktionsverfahren *n.* **fo|to|mec|ca|ni|co** agg. *(-ci,-che)* photomechanisch.

fo|to|me|tri|a f. Lichtmessung *f.*, Photometrie *f.* **fo|to|me|tri|co** agg. *(-ci,-che)* photometrisch. **fo|to|me|tro** m. Lichtmesser *m.*, Photometer *n.*

fo|to|mo|del|la f., **fo|to|mo|del|lo** m. Fotomodell *n.* **fo|to|mon|tag|gio** m. *(-gi)* Fotomontage *f.*

fo|to|ne m. Photon *n.*

fo|to|re|por|ta|ge m.inv. Fotoreportage *f.* **fo|to|re|por|ter** m. e f.inv. Fotoreporter *m.* (-in *f.*).

fo|to|ro|man|zo m. Fotoroman *m.*

fo|to|sen|si|bi|le agg. lichtempfindlich, Foto-: ***pellicola, carta ~*** lichtempfindliches Filmmaterial, Fotopapier *n.* **fo|to|sen|si|bi|li|tà** f. Lichtempfindlichkeit *f.*

fo|to|sfe|ra f. Photosphäre *f.* **fo|to|sin|te|si** f. Photosynthese *f.*: ***~ clorofilliana*** Chlorophyllphotosynthese *f.*

fo|to|sta|ti|co agg. *(-ci,-che)* Licht-: ***copia -ca*** Lichtpause *f.*

fo|to|tas|si f., **fo|to|tat|ti|smo** m. Phototaxis *f.* **fo|to|te|ca** f. *(-che)* Fotothek *f.*

fo|to|te|le|gra|fi|a f. Bildtelegraphie *f.* **fo|to|te|le|gra|fi|co** agg. *(-ci, -che)* bildtelegraphisch.

fo|to|te|ra|pi|a f. Phototherapie *f.*

fo|to|tes|se|ra f. Passbild *n.*

fo|to|ti|pi|a f. ANT. Phototypie *f.*, Lichtdruck *m.* **fo|to|ti|pi|sta** m. e f. ANT. *(-i,-e)* Photypist *m.* (-in *f.*), Lichtdrucker *m.* (-in *f.*). **fo|to|tro|pi|co** agg. *(-ci,-che)* phototropisch. **fo|to|tro|pi|smo** m. Phototropismus *m.* **fo|to|vol|tai|co** agg. *(-ci,-che)* photovoltaisch. **fo|to|zin|co|gra|fi|a** f. Photozinkographie *f.*

fot|te|re VOLG. **I** tr. **1** ficken **2** FIG. *(imbrogliare)* bescheißen: ***mi ha fottuto proprio per bene*** der hat mich ganz schön beschissen **II** pronom. ***fottersi, fottersene di qcn., qcs.*** auf jdn, etw. scheißen; ***fottitene!*** scheiß drauf! ◆ ***va' a farti ~!*** leck mich am Arsch!

fot|ti|o m. COLLOQ. Haufen *m.*: ***un ~ di gente, di soldi*** ein Haufen Leute, Geld.

fot|tu|to p.pass. agg. VOLG. **1** → **fottere 2 *essere ~*** *(senza vie d'uscita)* geliefert sein; *(rovinato)* im Arsch sein, abgefuckt sein **3** rafforz. Scheiß-, scheiß-: ***fa un freddo ~*** es ist scheißkalt; ***avere una paura -a*** eine Heidenangst haben.

fou|lard [fu'lar] m.inv. **1** Kopftuch *n.*; *(da collo)* Halstuch *n.* **2** *(tessuto)* Foulard *m.* **fou|la|ri|no** m. kleines Halstuch *n.*

fo|ve|a f. ANAT. Fovea *f.*

fox-ter|rier m.inv. Foxterrier *m.*

fox-trot m. Foxtrott *m.*: ***ballare il ~*** Foxtrott tanzen.

foy|er [fwa'je] m.inv. Foyer *n.*: ***il ~ dell'Opera*** das Opernfoyer.

1.fra prep. **1a** *(stato in luogo; in posizione intermedia)* zwischen + dat.: ***la sua casa si trova ~ la piazza del mercato e il fiume*** sein Haus befindet sich zwischen dem Marktplatz und dem Fluss; ***il Liechtenstein si trova ~ l'Austria e la Svizzera*** Liechtenstein liegt zwischen Österreich und der Schweiz **b** *(di moto)* zwischen + acc.: ***mi sedetti ~ il mio amico e sua moglie*** ich setzte mich zwischen meinen Freund und seine Frau **2a** *(stato in luogo; in mezzo a più persone o cose)* unter + dat., in + dat., in + acc.: ***cercare qcs. ~ i libri*** etw. unter seinen Büchern suchen; ***gli uccelli cantano ~ i rami*** die Vögel singen in den Zweigen; ***stringere qcn. ~ le braccia*** jdn in die Arme schließen **b** *(di moto)* unter + acc.: ***mescolarsi ~ la folla*** sich unter die Menge mischen **3a** *(di relazione fra persone)* zwischen + dat., unter + dat.: ***~ (di) noi non ci sono litigi*** zwischen uns gibt es keine Streitereien; ***una discussione ~ i partecipanti*** eine Diskussion zwischen den Teilnehmern; ***detto ~ noi*** unter uns gesagt **b** *(presso)* mit (*o* bei) + dat., unter + dat.: ***passa molte serate ~ i suoi amici*** er verbringt viele Abende mit seinen Freunden; ***è molto amato ~ i suoi colleghi*** bei seinen Kollegen ist er sehr beliebt; ***mi sento bene ~ i miei connazionali*** ich fühle mich wohl unter meinen Landsleuten **c** *(modale)* zwischen + dat.: ***le trattative ~ datori di lavoro e sindacato*** die Verhandlungen zwischen Arbeitgebern und Gewerkschaft **4** *(moto per luogo: attraverso)* zwischen + dat., durch + acc.: ***passare ~ la folla*** durch die Menge hindurchgehen; ***il torrente scorre ~ le rocce*** der Bach fließt zwischen den Felsen **5a** *(di tempo; entro)* in + dat., binnen + dat., innerhalb + gen.: ***ci rivediamo ~ tre ore, ~ una settimana*** wir sehen uns in drei Stunden, in einer Woche (wieder) **b** *(arco di tempo)* zwischen + dat.: ***~ le due e le tre*** zwischen zwei und drei Uhr; ***~ il 4 e il 9 aprile*** zwischen dem 4. und 9. April **6** *(distanza)* nach + dat.: ***~ 10 km deve girare a destra*** nach 10 km müssen Sie rechts abbiegen; ***~ 10 km arriviamo a Roma*** noch 10 km, und wir sind in Rom (angekommen) **7** *(quantità approssimata)* zwischen + dat.: ***l'edificio è alto ~ i 20 e i 30 metri*** das Gebäude ist zwischen 20 und 30 Meter hoch; ***guadagna ~ i 3000 e i 4000 marchi al mese*** er verdient monatlich zwischen 3000 und 4000 DM **8** *(distributivo)* unter + dat.: ***distribuire qcs. ~ i propri amici*** etw. unter seinen Freunden verteilen **9** *(partitivo)* von + dat., unter + dat. (manchmal mit Genitiv übersetzt): ***il più vecchio ~ noi*** der Älteste unter uns; ***è uno ~ i migliori*** er ist einer der Besten; ***~ decine di candidati hanno scelto lui*** unter Dutzenden (von) Kandidaten haben sie ihn ausgewählt; ***chi ~ (di) noi...*** wer von uns... **10** *(per indicare un insieme)* insgesamt, im Ganzen: ***~ viaggio e soggiorno ho speso 2 milioni*** für Reise und Unterkunft habe ich insgesamt 2 Millionen ausgegeben; ***~ tutti saremo stati una ventina*** insgesamt werden wir ungefähr zwanzig gewesen sein ◆ ***~ l'altro*** unter anderem; ***~ breve, non molto, poco*** bald, in Kürze (*o* in kurzem); ***parlare, pensare ~ sé (e sé)*** vor sich hin sprechen, bei sich denken; ***~ il serio e il faceto*** halb ernst, halb im Scherz; ***~ il sonno e la veglia*** im Halbschlaf; ***essere ~ la vita e la morte*** zwischen Leben und Tod schweben.

2.fra, frà, fra' m. *(come appellativo)* Bruder *m.*: ***~ Giovanni*** Bruder Johannes.

frac m.inv. Frack *m.*: ***portare il ~*** Frack tragen.

fra|cas|sa|re I tr. **1** zerschlagen, zertrümmern: ***~ una sedia, un piatto*** einen Stuhl zertrümmern, einen Teller zerschlagen; ***~ un locale*** ein Lokal zertrümmern **2 *~ il vetro di una finestra*** eine Fensterscheibe ein‿werfen, ein‿schlagen **3** *(sfondare)* ein‿stoßen, ein‿hauen **II** pronom. **fracassarsi 1** in Trümmer gehen, zerschellen: ***la nave si fracassò contro la scogliera*** das Schiff zerschellte an dem Riff **2** *(di vetro)* klirren **3 *-rsi un braccio, una gamba*** sich (D) einen Arm, ein Bein brechen ◆ ***~ qcn. di botte*** jdn verprügeln; ***~ le ossa a qcn.*** jdm sämtliche Knochen brechen.

fra|cas|so m. **1** Krach *m.*, Lärm *m.*, Krawall *m.*, Gepolter *n.*: ***fare un ~ indiavolato, infernale*** einen Heidenlärm, Mordskrach machen; ***i vicini fanno ~ tutta la notte*** die Nachbarn poltern die ganze Nacht; ***nel locale fanno un gran ~*** im Lokal wird großer Krawall gemacht; ***che ~!*** was für ein Lärm! **2** *(di cose fracassate)* Scheppern *n.*; *(di vetro)* Klirren *n.* **3** *(di macchine, treni)* Geratter *n.* **4** *(di mobili spostati)* Gerumpel *n.*

fra|cas|so|ne m. COLLOQ. **1** Schussel *m.* **2** *(chiassone)* Polterer *m.*

frac|co m. REGION. Tracht *f.*, Hucke *f.*: ***dare a qcn. un ~ di botte*** jdm eine Tracht Prügel geben (*o* erteilen, verabreichen), jdm die Hucke (*o* den Frack) voll hauen; ***prendersi un ~ di botte*** eine ordentliche Tracht Prügel bekommen (*o* kriegen), den Frack voll kriegen; ***farsi un ~ di risate*** sich die Hucke voll lachen; ***dagliene un ~!*** gib ihm Saures!

fra|ci|do agg. REGION e LETT. → **fradicio.**

fra|co|sta f. REGION. Rippenstück *n.*, Steak *n.*

fra|di|cio I agg. *(-ci,-ce e cie)* **1** durchnässt, triefnass, COLLOQ. pitschnass (*o* patschnass), klitschnass (*o* klatschnass): ***vestiti -ci*** durchnässte Kleider **2** rafforz. *(completamente)* schwer, stark: ***bagnato, sudato ~*** völlig durchnässt (*o* tropfnass), schweißgebadet; ***ubriaco ~*** stockbetrunken, stockbesoffen **3** *(marcio)* verdorben, faul: ***uova -ce*** faule Eier **4** FIG. *(corrotto)* verdorben, verkommen, verderbt **II** m. **1** fauler Teil *m.*, faule Stelle *f.* **2** *(umidità, fangosità)* tiefer Boden *m.*, Schlamm *m.* **3** FIG. *(corruzione)* Verdorbenheit *f.*, Verkommenheit *f.*, Verderbtheit *f.* **fra|di|ciu|me** m. **1** faules Zeug *n.* **2** FIG. Verderbtheit *f.*, Verkommenheit *f.*

fra|gi|le agg. **1** zerbrechlich, fragil, brüchig; TECN. *(di legno, metalli, plastica)* spröde: ***il vetro è un materiale ~*** Glas ist ein zerbrechliches Material; ***una roccia ~*** ein brüchiges Gestein; *(su imballaggi)* ***~!*** zerbrechlich! ESTENS. ***una creatura ~*** ein zerbrechliches (*o* fragiles) Wesen; ***ossa -i*** brüchige Knochen; ***capelli -i*** sprödes Haar

2a FIG. *(debole, gracile)* zart, schwach: ***essere di costituzione ~*** von zarter Konstitution sein **b** *(psichicamente)* labil **3** FIG. *(tenue)* schwach: ***una ~ speranza*** eine schwache Hoffnung. **fra|gi|li|tà** f. **1** Zerbrechlichkeit *f.* (anche ESTENS.) **2** TECN. Sprödheit *f.*, Sprödigkeit *f.* **3** FIG. *(debolezza)* Schwäche *f.*: ***la ~ della natura umana*** die Schwäche der menschlichen Natur; ***la ~ di un'argomentazione*** die Schwäche einer Argumentation. **fra|gil|men|te** avv. *(debolmente)* schwach.

fra|go|la I f. Erdbeere *f.*: ***-e con panna*** Erdbeeren mit Schlagsahne; ***gelato alla ~*** Erdbeereis *n.*; ***confettura di -e*** Erdbeerkonfitüre *f.* **II** agg.inv. erdbeer-, fraise-: ***color ~*** erdbeerfarben (*o* fraisefarben) ◆ ***~ di bosco*** Walderdbeere *f.*; ***uva ~*** = rote, fruchtig schmeckende Traubensorte.

fra|go|lac|cia f. *(-ce)* Fingerkraut *n.*

fra|go|le|to m. Erdbeerkultur *f.*

fra|go|li|no m. Rotbrasse *f.*, Rotbrassen *m.*

fra|go|re m. **1** Tosen *n.*, Getöse *n.*: ***il ~ delle onde, della cascata*** das Getöse der Wellen, das Tosen des Wasserfalls **2** *(rimbombo)* Donnern *n.*, Gedonner *n.*; *(del tuono)* Grollen *n.*: ***il ~ dei cannoni*** das Donnern der Kanonen; ***il ~ del tuono*** das Grollen des Donners ◆ ***il ~ di un applauso*** ein tosender Beifall. **fra|go|ro|sa|men|te** avv. **1** tosend, dröhnend **2** schallend: ***ridere ~*** schallend lachen. **fra|go|ro|so** agg. **1** tosend, donnernd, dröhnend; *(del tuono)* grollend: ***uno scoppio ~*** ein donnernder Knall; ***la sala risuona di -i applausi*** der Saal dröhnt von tosendem Beifall **2** *(sonoro)* schallend: ***una -a risata*** ein schallendes Gelächter.

fra|gran|te agg. **1** duftend, wohlriechend **2** ***pane ~*** knusprig duftendes Brot. **fra|gran|za** f. **1** Wohlgeruch *m.*, (knuspriger) Duft *m.*: ***la ~ di un panino appena sfornato*** der knusprige Duft eines frisch gebackenen Brötchens **2** COSMET. Duftnote *f.*: ***una ~ fresca*** eine frische Duftnote.

fra|in|ten|de|re tr. *(fraintesi, frainteso)* missverstehen, falsch verstehen; *(interpretare male)* missdeuten: ***non fraintendermi*** versteh mich (bitte) nicht falsch. **fra|in|ten|di|men|to** m. Missverständnis *n.* **fra|in|te|so** p.pass. agg. **1** → **fraintendere 2** missverstanden, falsch verstanden: ***un'affermazione -a*** eine missverstandene Behauptung ◆ ***sentirsi ~*** sich missverstanden fühlen.

fra|le agg. LETT. → **fragile.**

fram|mas|so|ne m. Freimaurer *m.* **fram|mas|so|ne|ri|a** f. Freimaurerei *f.*

fram|men|ta|re I tr. auf‿splittern **II** pronom. **frammentarsi** (sich) auf‿splittern, zersplittern: ***-rsi in tanti piccoli staterelli*** in viele Kleinstaaten zersplittern. **fram|men|ta|ria|men|te** avv. bruchstückhaft, fragmentarisch. **fram|men|ta|rie|tà** f. Bruchstückhaftigkeit *f.*: ***la ~ dell'esposizione*** die Bruchstückhaftigkeit des Vortrags. **fram|men|ta|rio** agg. *(-ri,-rie)* bruchstückhaft, fragmentarisch. **fram|men|ta|zio|ne** f. **1** Aufsplitterung *f.*, Zersplitterung *f.* **2** BIOL. Fragmentation *f.* **fram|men|ti|smo** m. Fragmentismus *m.* **fram|men|to** m. **1** Bruchstück *n.*, Fragment *n.*; *(di pietra)* Brocken *m.*; *(coccio)* Scherbe *f.*: ***un ~ di roccia*** ein Felsbrocken; ***-i di vasi di terracotta, di un bassorilievo*** Scherben von Tonwaren (*o* Tonscherben *pl.*), Fragmente eines Reliefs **2** *(scheggia)* Splitter *m.* **3** *(di opera letteraria)* Bruchstück *n.*, Fragment *n.* **4** FIG. *(brano, spezzone)* Ausschnitt *m.*

fram|me|sco|la|re *(frammescolo)* tr. e pronom. → **frammischiare.**

fram|met|te|re *(frammisi, frammesso)* **I** tr. dazwischen‿schieben, dazwischen‿setzen; *(in orizzontale)* dazwischen‿legen; *(in verticale)* dazwischen‿stellen **II** pronom. **frammettersi 1** sich dazwischen‿schieben **2** *(immischiarsi)* sich ein‿mischen: ***-rsi in una faccenda*** sich in eine Angelegenheit einmischen.

fram|mez|za|re tr. dazwischen‿schieben. **fram|mez|zo** avv. dazwischen ◆ ***~ a qcn., qcs.*** zwischen jdm, etw.

fram|mi|schia|re *(frammischio, frammischi)* **I** tr. vermischen, untermischen **II** pronom. **frammischiarsi** sich hinein‿mischen, sich mischen: ***-rsi alla folla*** sich unter die Menge mischen.

fram|mi|si → **frammettere.**

fram|mi|sto agg. vermischt, gemischt: ***pioggia -a a neve*** mit Schnee vermischter Regen (*o* Schneeregen *m.*).

fra|na f. **1** Erdrutsch *m.*, Bergrutsch *m.*: ***provocare, causare una ~*** einen Erdrutsch aus‿lösen (*o* verursachen) **2** *(materiale franato)* Steinlawine *f.*, Geröllschutt *m.* **3** FIG. COLLOQ. Niete *f.*, Flasche *f.* ◆ ***~ elettorale*** Wahlschlappe *f.* **fra|na|bi|le** agg. → **franoso. fra|na|men|to** m. Abrutschen *n.*, Absacken *n.* **fra|na|re** intr. (aus. *essere*) **1** ab‿rutschen, ab‿sacken: ***il muro è franato*** die Mauer ist abgesackt **2** FIG. zusammen‿brechen.

Fran|ca n.pr.f. Fränze *f.*

fran|ca|men|te avv. **1** freiheraus, offen: ***parlare ~*** freiheraus sprechen **2** *(in verità)* ehrlich gesagt.

fran|ca|re tr. *(franco, franchi)* ANT. → **affrancare.**

Fran|ce|sca n.pr.f. Franziska *f.*

fran|ce|sca|na|men|te avv. in franziskanischem Geist. **fran|ce|sca|ne|si|mo** m. **1** franziskanische Bewegung *f.* **2** *(spirito francescano)* franziskanischer Geist *m.* **fran|ce|sca|no I** agg. **1** franziskanisch, Franziskaner-: ***spirito ~*** franziskanischer Geist; ***frate, ordine ~*** Frankiskanermönch *m.*, Franziskanerorden *m.* **2** ESTENS. mönchisch: ***uno stile di vita ~*** eine mönchische Lebensweise **II** m. Franziskaner *m.* ◆ ***sandalo ~*** Jesuslatschen *m.*

Fran|ce|sco n.pr.m. Franziskus *m.*, Franz *m.* ◆ ***san ~ d'Assisi*** Franz von Assisi; ***viaggiare, arrivare col cavallo di San ~*** auf Schusters Rappen reisen, kommen.

fran|ce|se I agg. französisch: ***lingua ~*** französische Sprache; ***cucina ~*** französische Küche **II** m. e f. *(abitante)* Franzose *m.* (Französin *f.*) **III** m. *(lingua)* Französisch(e) *n.*: ***parlare correntemente ~*** fließend Französisch sprechen; ***tradurre dal, in ~*** aus dem Französischen, ins Französische übersetzen; ***non capire il ~*** kein Französisch verstehen; ***insegnare (il) ~*** Französisch unterrichten ◆ ***alla ~*** nach französischer Art, französisch; ***~ antico*** Altfranzösisch(e) *n.*; ***corso di ~*** Französischkurs *m.*; ***franco ~*** französischer Franc; ***in ~*** (auf) Französisch: ***parlare in ~*** Französisch sprechen; ***mal ~*** Franzosenkrankheit *f.*; ***la Rivoluzione Francese*** die Französische Revolution; ***~ scolastico*** Schulfranzösisch(e) *n.*; ***Svizzera ~*** die französische Schweiz. **fran|ce|si|smo** m. Gallizismus *m.* **fran|ce|si|sta** m. e f. *(-i,-e)* Romanist *m.* (-in *f.*) mit Spezialisierung in französischer Sprache und Literatur. **fran|ce|siz|za|re I** tr. französieren **II** pronom. **francesizzarsi** sich französieren.

fran|chez|za f. **1** Aufrichtigkeit *f.*, Offenheit *f.*, Freimut *m.*: ***in tutta ~*** in aller Offenheit; ***parlare con ~*** freimütig (*o* freiheraus) sprechen **2** *(disinvoltura)* Ungezwungenheit *f.*, Unbefangenheit *f.*

fran|chi|gia f. *(-ge/-gie)* **1** Gebührenerlass *m.*; *(somma)* Steuerfreibetrag *m.*, Freibetrag *m.* **2** *(nei contratti assicurativi)* Selbstbeteiligung *f.*, Franchise *f.* **3** MAR. Freiwache *f.* ◆ ***~ doganale*** Zollfreiheit *f.*; ***in ~*** gebührenfrei; *(doganale)* zollfrei; *(postale)* portofrei; ***bagaglio, merce in ~*** Freigepäck *n.*, Freigut *n.*; ***~ postale*** Portofreiheit *f.*

fran|chi|sing ['fræntʃaɪzɪŋ, *üblich* fren'tʃaizin(g)] m.inv. Franchising *n.*

fran|chi|smo m. Franco-Regime *n.* **fran|chi|sta** *(-i,-e)* **I** agg. Franco-: ***regime ~*** Franco-Regime *n.* **II** m. e f. Anhänger *m.* (-in *f.*) des Franco-Regimes, Franco-Anhänger *m.*

Fran|cia n.pr.f. Frankreich *n.*

fran|cio m. Francium *n.*

1.fran|co I agg. *(-chi,-che)* STOR. Franken-, fränkisch **I** m. *(-chi)* **1** STOR. Franke *m.*; ***il regno dei -chi*** das Frankenreich **2** ANT. LETT. Franzmann *m.* ◆ ***lingua -a*** STOR. Lingua franca *f.*; ESTENS. Verkehrssprache *f.*

2.fran|co I agg. *(-chi,-che)* **1** aufrichtig, offen, freimütig: ***essere ~ con qcn.*** zu jdm freimütig, mit jdm offen sein; ***un ~ scambio di idee*** ein offener Meinungsaustausch **2** *(disinvolto)* ungezwungen, unbefangen: ***un comportamento ~*** ein ungezwungenes Benehmen **3** *(esente da imposizioni)* Frei-, frei: ***porto ~*** Freihafen *m.*; ***guardia -a*** Freiwache *f.* **4** inv. COMM. frei, -frei, ab: ***~ (a) bordo*** frei an Bord, ab Bord; ***~ stazione, aeroporto*** frei Bahnhof (*o* bahnfrei), frei Flughafen; ***~ frontiera italiana*** frei italienische Grenze; ***~ di porto*** portofrei, frachtfrei; ***~ destino, di nolo*** frachtfrei; ***~ (di porto a) domicilio*** frei Haus; ***~ di dogana*** zollfrei, frei Zoll; ***~ banchina*** frei Kai, ab Kai; ***~ fabbrica*** frei Werk **II** avv. *(francamente)* freiheraus, offen ◆ MIL. ***corpo ~*** Freischar *f.*, STOR. Freikorps *n.*; COLLOQ. ***farla -a*** ungestraft davon‿kommen; ANT. ***~ muratore*** Freimaurer *m.*; ***~ tiratore*** Freischütz *m.*; FIG. Freischärler *m.*, Heckenschütze *m.*; ***zona -a*** Zollfreigebiet *n.*

3.fran|co m. *(-chi)* **1a** *(moneta)* Franc *m.*: ***~ francese, belga*** französischer, belgischer Franc **b** *(in Svizzera)* (Schweizer) Franken *m.* **2** COLLOQ. *(soldo, lira)* Pfennig *m.*

Fran|co n.pr.m. Franz *m.*

fran|co|bol|lo I m. Briefmarke *f.*, Freimarke *f.*: ***raccogliere, collezionare -i*** Briefmarken sammeln; ***incollare un ~ sulla busta*** eine Briefmarke auf den Umschlag kleben **II** agg.inv. Briefmarken-: ***formato ~*** Briefmarkenformat *n.*

fran|co|ca|na|de|se, fran|co-ca|na|de|se I agg. frankokanadisch **II** m. e f. Frankokanadier *m.* (-in *f.*).

fran|co|fi|li|a f. Frankophilie *f.* **fran|co|fi|lo I** agg. frankophil, franzosenfreundlich **II** m. Frankophile *m.*, Franzosenfreund *m.* **fran|co|fo|bi|a** f. Frankophobie *f.* **fran|co|fo|bo I** agg. frankophob **II** m. Frankophobe *m.* **fran|co|fo|no I** agg. französischsprachig, frankophon **II** m. jd, der französischsprachig ist.

Fran|co|for|te n.pr.f. Frankfurt *n.*: ***~ sul Meno, sull'Oder*** Frankfurt am Main, an der Oder; ***la fiera (del libro) di ~*** die Frankfurter Buchmesse. **fran|co|for|te|se I** agg. Frankfurter, frankfurtisch **II** m. e f. **1** Frankfurter *m.* (-in *f.*) **2** *(della scuola di Francoforte)* Angehöriger *m.* der Frankfurter Schule.

fran|co|ne I agg. fränkisch: ***dialetti -i*** fränkische Dialekte **II** m. Fränkische *n.* **Fran|co|nia** n.pr.f. Franken n. ◆ ***selva di ~*** Frankenwald *m.*

fran|co|pro|ven|za|le, fran|co-pro|ven|za|le I agg. frankoprovenzalisch **II** m. Frankoprovenzalische *n.*

fran|gen|te m. **1** *(onda)* Brecher *m.* **2** *(scogliera)* Klippe *f.*, Riff *n.*; *(artificiale)* Wellenbrecher *m.* **3a** FIG. *(situazione difficile)* schwierige (*o* haarige) Lage *f.*: ***trovarsi in un brutto ~*** sich in einer schwierigen Lage befinden **b** *(situazione, momento)* ***in simili -i*** in ähnlichen (*o* gleichen) Umständen; ***in tale ~*** in ähnlicher Lage.

fran|ge|re *(frango, frangi; fransi; franto)* **I** tr. LETT. brechen, zerbrechen **II** pronom. **frangersi** branden, sich brechen: ***le onde si frangono contro la scogliera*** die Wellen branden an, gegen die Klippe ◆ ***~ le olive*** Oliven pressen.

fran|get|ta f. Pony *m.*, Ponyfransen *pl.* **fran|gia** f. *(-ge)* **1** Franse *f.*; ***con (le) -ge, a -ge*** fransig **2** *(pettinatura)* Pony *m.*, Ponyfrisur *f.*: ***portare la ~*** Pony tragen **3** *(gruppuscolo)* Splittergruppe *f.*, Flügel *m.*: ***-ge radicali*** radikale Splittergruppen. **fran|gia|to** agg. ausgefranst, fransig.

fran|gi|bi|le agg. zerbrechlich.

fran|gi|flut|ti I agg.inv. flutbrechend **II** m.inv. Flutbrecher *m.* **fran|gi|on|de I** agg.inv. wellenbrechend **II** m.inv. Wellenbrecher *m.*

fran|gi|tu|ra f. Pressen *n.*

fran|gi|ven|to I agg.inv. Windschutz- **II** m.inv. Windschutz *m.* **fran|gi|zol|le** m.inv. Schollenbrecher *m.*

fran|go|la f. Faulbaum *m.*

fra|no|so agg. (leicht) abrutschend: ***terreno ~*** leicht abrutschender Boden.

fran|si → **frangere.**

fran|to p.pass. agg. **1** → **frangere 2** zerbrochen.

fran|to|io m. *(-oi)* **1** Ölpresse *f.*; *(edificio)* Ölmühle *f.* **2** TECN. MIN. *(per rocce o pietre)* Steinbrecher *m.*, Brecher *m.*; *(per minerali)* Pocher *m.*, Pochwerk *n.* ◆ ***~ rotativo*** Kegelbrecher *m.* **fran|to|i|sta** m. TECN. MIN. Pocher *m.*

fran|tu|ma|re I tr. **1** zerstückeln, zertrümmern, zerbrechen; *(sminuzzare)* zerkleinern, zermahlen: ***~ minerali*** Erze zerkleinern **2** FIG. brechen: ***~ la resistenza di qcn.*** jds Widerstand brechen **II** pronom. **frantumarsi 1** zerbrechen, zerschlagen, zerspringen **2** *(di legno)* zersplittern **3** *(di vetro)* zerklirren, zerbrechen. **fran|tu|ma|to** p.pass. agg. **1** → **frantumare 2** zerbrochen (anche FIG.).

fran|tu|ma|zio|ne f. **1** Zerstückelung *f.*, Zertrümmerung *f.*, Zerbrechen *n.* **2** *(di legno)* Zerkleinerung *f.*, Zersplitterung *f.* **3** *(di vetro)* Zerklirren *n.*

fran|tu|me m. **1** Bruchstück *n.*, Stück *n.* **2** pl. Trümmer *pl.*, Gebröckel *n.*, Stücke *pl.*: ***in -i*** in Trümmern; ***andare in -i*** in Stücke (*o* Trümmer) gehen; *(cocci, vetro)* in Scherben gehen, springen; ***mandare qcs. in -i*** etw. in Trümmer schlagen; *(cocci, vetro)* etw. in Scherben schlagen.

frap|pa f. **1** Kräuselband *n.* **2** PITT. Baumschlag *m.* **3** pl. INTRAD. (ölgebackene Teigstreifen aus Mittelitalien).

frap|pé m.inv. Milchmixgetränk *n.*

frap|por|re *(frappongo, frapponi; frapposi; frapposto)* **I** tr. **1** dazwischen‿legen, dazwischen‿setzen; *(inserire)* ein‿schieben **2** FIG. in den Weg legen: ***~ ostacoli a qcn.*** jdm Hindernisse in den Weg legen **II** pronom. **frapporsi 1** dazwischen‿kommen, dazwischen‿treten, sich dazwischen‿schieben: ***si sono frapposte difficoltà impreviste*** unerwartete Schwierigkeiten sind dazwischengekommen **2** FIG. *(intromettersi)* sich ein‿mischen, dazwischen‿treten, COLLOQ. dazwischen‿funken: ***-rsi tra i due contendenti*** sich zwischen die zwei Gegner stellen ◆ ***senza ~ indugi*** ohne zu zögern.

frap|po|si|zio|ne f. **1** *(il frapporre)* Dazwischenlegen *n.*, Dazwischensetzen *n.* **2** *(il frapporsi)* Dazwischenkommen *n.*, Dazwischentreten *n.*

fra|sa|rio m. *(-ri)* **1** Ausdrucksweise *f.*, Redeweise *f.*: ***un ~ volgare*** eine derbe Ausdrucksweise; ***un ricco ~*** eine vielfältige Ausdrucksweise **2** *(linguaggio particolare, tecnico)* Sondersprache *f.*

fra|sca f. *(-sche)* **1** Laubzweig *m.*, Laubwerk *n.*: ***una capanna di -sche*** eine Laubhütte **2** FIG. *(donna volubile)* leichtes Mädchen *n.*, Flittchen *n.* ◆ ***saltare di palo in ~*** vom Hundertsten ins Tausendste kommen (*o* vom Hölzchen aufs Stöckchen kommen). **fra|sca|me** m. Laubzweige *pl.*

fra|sca|ti m. INTRAD. (trockener Weißwein aus Latium).

fra|scheg|gia|re intr. *(frascheggio, frascheggi;* aus. *avere)* **1** COLLOQ. kokettieren **2** RAR. *(di frasche)* rascheln, rauschen. **fra|sche|ri|a** f. **1** *(inezia)* Grille *f.*, Schrulle *f.* **2** pl. *(fronzoli)* Flitter *m.*, Firlefanz *m.* **fra|schet|ta** f. **1** kleiner Laubzweig *m.* **2** COLLOQ. FIG. *(donna frivola)* leichtes Mädchen *n.*, Flittchen *n.*

fra|se f. **1** Satz *m.*: ***costruire, scomporre una ~*** einen Satz bilden, zergliedern; ***interrompere una ~ a metà*** mitten im Satz ab‿brechen **2** MUS. Phrase *f.* ◆ ***~ di circostanza*** Höflichkeitsfloskel *f.*; ***costruzione della ~*** Satzkonstruktion *f.*; ***~ fatta*** (stehende) Redewendung *f.*, Redensart *f.*; SPREG. *(luogo comune)* Phrase *f.*, Klischee *n.*, Gemeinplatz *m.*, Schlagwort *n.*, Floskel *f.*; ***parlare per -i fatte*** in Klischees (*o* in Floskeln) reden; ***~ musicale*** Phrase *f.*; ***~ per ~*** satzweise; ***struttura della ~*** Satzbau *m.*, Satzfügung *f.*

1.fra|seg|gia|re intr. *(fraseggio, fraseggi;* aus. *avere)* **1** LETT. sich gesucht aus‿drücken **2** MUS. phrasieren.

2.fra|seg|gia|re m. **1** gesuchte Ausdrucksweise *f.* **2** MUS. Phrasierung *f.* **fra|seg|gio** m. *(-gi)* Phrasierung *f.*

fra|se|o|lo|gi|a f. Phraseologie *f.* **fra|se|o|lo|gi|co** agg. *(-ci,-che)* phraseologisch.

fra|set|ta f. Sätzchen *n.*

fras|si|nel|la f. Diptam *m.*

fras|si|ne|to m. Eschenwald *m.* **fras|si|no** m. Esche *f.*: ***di ~*** aus Eschenholz, eschen.

fra|sta|glia|men|to m. → **frastagliatura.**

fra|sta|glia|re *(frastaglio, frastagli)* **I** tr. aus‿zacken **II** pronom. **frastagliarsi** zerklüftet werden. **fra|sta|glia|to** p.pass. agg. **1** → **frastagliare 2** ausgezackt, gezackt, zackig: ***un contorno ~*** ein (aus)gezackter Rand **3** *(ricco di insenature)* buchtig, buchtenreich: ***una costa -a*** eine buchtenreiche Küste **4** *(di monti)* schartig, zerklüftet. **fra|sta|glia|tu|ra** f. **1** Auszackung *f.* **2** *(di terreno)* Zerklüf-tung *f.* **fra|sta|glio** m. *(-gli)* **1** Auszackung *f.* **2** *(intaglio)* zackenförmige Schnitzerei *f.* **3** pl. *(ornamenti)* Schnörkel *pl.*: ***i -gli dello stile barocco*** die Schnörkel des barocken Stils.

fra|stor|na|men|to m. **1** Betäubung *f.* **2** *(stordimento, confusione)* Betäubung *f.*, Benommenheit *f.*, Verwirrung *f.* **fra|stor|nan|te** agg. betäubend, ohrenbetäubend.

fra|stor|na|re tr. **1** *(assordare)* betäuben **2** *(stordire)* betäuben, verwirren: ***mi ha completamente frastornato con le sue chiacchiere*** er hat mich mit seinem Geschwätz völlig verwirrt (*o* durcheinander gebracht). **fra|stor|na|to** p.pass. agg. **1** → **frastornare 2** *(da rumori)* betäubt **3** *(stordito, confuso)* verwirrt. **fra|stuo|no** m. Lärm *m.*, Getöse *n.*: ***il ~ dei motori*** der Motorenlärm.

fra|te m. Bruder *m.*, Ordensbruder *m.*, Mönch *m.*: ***farsi ~*** Mönch werden; *(come appellativo)* ***~ Giovanni*** Bruder Johannes ◆ ***~ cappuccino*** Kapuzinermönch *m.*; ***~ domenicano*** Dominikaner *m.*; ***~ laico*** Laienbruder *m.*, Klosterbruder *m.*; ***~ mendicante*** Bettelmönch *m.*, Mendikant *m.*; ***~ minore*** Minderbruder *m.*; ***~ scalzo*** Barfüßer *m.*

fra|tel|lan|za f. Brüderschaft *f.*, Brüderlichkeit *f.* **fra|tel|la|stro** m. Stiefbruder *m.* **fra|tel|li|no** m. Brüderchen *n.*, Brüderlein *n.*

fra|tel|lo m. **1** Bruder *m.*: ***(il) mio ~ più grande (maggiore), più piccolo (minore)*** mein älterer (*o* großer), kleiner Bruder; *(figlio di Dio)* ***pregate -i*** betet Brüder; ***~ nel Signore*** Bruder im Herrn **2** pl. Geschwister *pl.*: ***quanti -i siete? – quattro, due -i e due sorelle*** wie viele Geschwister seid ihr? – vier, zwei Brüder und zwei Schwestern; ***siamo ~ e sorella*** wir sind Geschwister **3** *(compagno)* Bruder *m.*, Genosse *m.*, Freund *m.*: ***~ di sventura*** Schicksalsgenosse *m.* **4** *(frate)* Bruder *m.*, Ordensbruder *m.*, Mönch *m.* **5** pl. COMM. Gebrüder *pl.* ◆ ***~ gemello*** Zwillingsbruder *m.*; ***~ germano*** leiblicher Bruder; ***il Grande Fratello*** der große Bruder; ***~ di latte*** Milchbruder *m.*; ***paese ~*** Bruderland *n.*

fra|te|ri|a f. SPREG. = Gesindel *n.* der Ordensbrüder.

fra|ter|na|men|te avv. brüderlich, geschwisterlich: ***dividere ~ qcs.*** etw. brüderlich teilen. **fra|ter|ni|tà** f. **1** Brüderlichkeit *f.*, Brüderschaft *f.* **2** *(confraternita)* Bruderschaft *f.*

fra|ter|niz|za|re intr. (aus. *avere*) **1** *(affratellarsi)* sich verbrüdern: ***~ con qcn.*** sich mit jdm verbrüdern **2** *(in guerra)* fraternisieren: ***~ con la popolazione*** mit der Bevölkerung fraternisieren. **fra|ter|niz|za|zio|ne** f. **1** *(affratellamento)* Verbrüderung *f.* **2** *(in guerra)* Fraternisierung *f.*

fra|ter|no agg. brüderlich, Bruder-, Geschwister-: ***amore ~*** Bruderliebe *f.* (*o* Geschwisterliebe *f.*); ***vincolo ~*** brüderliches Band; ESTENS. ***amicizia -a*** brüderliche Freundschaft.

fra|te|sco agg. *(-schi,-sche)* SPREG. mönchisch, Mönchs-: ***furberia -a*** mönchische Schlauheit.

fra|ti|cel|lo m. **1** Mönchlein *n.* **2** ORNIT. Zwergseeschwalbe *f.*

fra|ti|na f. = langgestreckter Tisch *m.* (wie in den Refektorien).

1.fra|ti|no agg. → **fratesco.**

2.fra|ti|no m. → **fratina.**

fra|tri|a, fra|tria f. Phratrie *f.*

fra|tri|ci|da *(-i,-e)* **I** agg. brudermörderisch, Bruder- (anche ESTENS.): ***guerra ~*** Bruderkrieg *m.* **II** m. e f. Brudermörder *m.* (-in *f.*). **fra|tri|ci|dio** m. *(-di)* Brudermord *m.*
frat|ta f. Gestrüpp *n.*, Gesträuch *n.*
frat|ta|glie f.pl. Innereien *pl.*, Eingeweide *pl.*, Geschling(e) *n.*; *(di vitello)* Gekröse *n.*; *(di pollo, lepre)* Klein *n.*
frat|tan|to avv. inzwischen, unterdessen, mittlerweile, währenddessen ◆ ***~ che...*** während...
frat|taz|zo m. Kartätsche *f.* ◆ ***stendere l'intonaco con il ~*** kartätschen.
frat|tem|po, ***nel ~*** inzwischen, zwischendurch, unterdessen, währenddessen: ***vengo subito, nel ~ puoi bere qualcosa*** ich komme gleich, du kannst inzwischen etwas trinken; ***in questo, in quel ~*** in der Zwischenzeit.
frat|to agg. **1** Bruch-: ***numero ~*** Bruchzahl *f.* **2** LETT. *(rotto, squarciato)* gebrochen, zerbrochen ◆ ***due ~ tre*** zwei Bruchstrich drei.
frat|tu|ra f. **1** Bruch *m.*, Knochenbruch *m.*, Fraktur *f.*: ***una ~ semplice, composta*** ein einfacher, komplizierter Bruch **2a** FIG. *(rottura di rapporti)* Bruch *m.*: ***i rapporti tra loro sono vicini alla ~*** ihre Beziehung steht kurz vor dem Bruch **b** *(dissidio profondo)* ***superare una ~*** eine Kluft überwinden **3** GEOL. Ruptur *f.* ◆ ***~ del bacino*** Beckenbruch *m.*; ***~ comminuta*** Splitterbruch *m.*; ***~ di una costola*** Rippenbruch *m.*; ***~ doppia*** Doppelbruch *m.*; ***~ del femore*** Schenkelbruch *m.*
frat|tu|ra|re *(fratturo)* **I** tr. brechen **II** pronom. **fratturarsi** **1** ***l'osso si è fratturato in più punti*** der Knochen ist mehrmals gebrochen **2** ***-rsi qcs.*** sich (D) etw. brechen: ***-rsi la clavicola*** sich das Schlüsselbein brechen. **frat|tu|ra|zio|ne** f. Brechen *n.*, Bruch *m.*
frau|do|len|te|men|te avv. betrügerisch. **frau|do|len|to** agg. betrügerisch: ***bancarotta -a*** betrügerischer Bankrott. **frau|do|len|za** f. Betrug *m.*
fra|zio|na|bi|le agg. teilbar. **fra|zio|na|le** agg. ***moneta ~*** Scheidemünze *f.*
fra|zio|na|men|to m. **1** Teilung *f.*, Aufteilung *f.*, Unterteilung *f.* **2** POL. CHIM. Fraktionierung *f.* **fra|zio|na|re** **I** tr. teilen, auf‿teilen, unterteilen: ***~ qcs. tra più persone*** etw. unter mehreren Personen aufteilen **II** pronom. **frazionarsi** sich teilen, zersplittern: ***-rsi in quattro parti*** sich in vier Teile teilen, zersplittern.
fra|zio|na|rio agg. *(-ri,-rie)* Bruch-, Teil-: ***numero ~*** Bruchzahl *f.*
fra|zio|na|ta|men|te avv. geteilt. **fra|zio|na|to** p.pass. agg. **1** → **frazionare** **2** geteilt, Teil-: ***percorso ~*** Teilstrecke *f.*; ***vendita -a*** Teilverkauf *m.* **3** CHIM. fraktioniert.
fra|zio|ne f. **1** Bruchteil *m.*, Teil *m.* **2** POL. Fraktion *f.* **3** MAT. Bruch *m.*: ***~ algebrica, decimale*** algebraischer Bruch, Dezimalbruch *m.*; ***~ propria, impropria*** echter, unechter Bruch **4** *(centro abitato)* Ortsteil *m.* **5** SPORT Teilstrecke *f.* ◆ ***in una ~ di secondo*** im Bruchteil einer Sekunde.
fra|zio|ni|smo m. POL. Neigung *f.* zur Gruppenbildung, Spaltungstendenz *f.* **fra|zio|ni|sta** m. e f. *(-i,-e)* **1** SPORT Staffelläufer *m.* (-in *f.*): ***primo, ultimo ~*** Start-, Schlussläufer *m.* **2** POL. Spalter *m.* **fra|zio|ni|sti|co** agg. *(-ci,-che)* spalterisch, Spaltungs-.
freak [fri:k] **I** m. e f.inv. Freak *m.* **II** agg.inv. wie ein Freak.
fre|a|ti|co agg. *(-ci,-che)* Grundwasser-: ***falda -a*** Grundwasser *n.*, Schichtwasser *n.*
frec|cet|ta f. **1** Dartpfeil *m.*; ***giocare a -e*** (eine Partie) Darts spielen **2** *(segno grafico)* Pfeil *m.*
frec|cia f. *(-ce)* **1a** Pfeil *m.*: ***scoccare, tirare una ~*** einen Pfeil ab‿schießen, schleudern; ***la ~ centra il bersaglio*** der Pfeil trifft das Ziel; ***cacciare con arco e -ce*** mit Pfeil und Bogen jagen **b** *(segno)* ***la ~ segna il nord, indica il percorso*** der Pfeil zeigt nach Norden, weist den Weg **c** *(segnale stradale)* ***~ direzionale*** Richtungspfeil *m.*; ***seguire le -ce per Milano, per l'autostrada*** den Richtungspfeilen für Mailand, für die Autobahn folgen **2** *(negli autoveicoli)* Blinker *m.*: ***mettere, togliere la ~*** den Blinker betätigen, aus‿schalten **3** GEOM. Bogenhöhe *f.* ◆ ***avere molte -ce al proprio arco*** viel Pulver zu verschießen haben; ***non avere più -ce al proprio arco*** alle (seine) Pfeile verschossen haben; ***~ avvelenata*** vergifteter Pfeil, Giftpfeil *m.*; ***correre, essere veloce come una ~*** pfeilschnell laufen (*o* rennen), sein; ***-ce di Cupido*** Liebespfeile *pl.*, Amors Pfeile; ***~ di rimando*** Verweispfeil *m.*; ***~ di volta*** Pfeilhöhe *f.*
frec|cia|ta f. **1** Pfeilschuss *m.* **2** FIG. Pfeil *m.*, Spitze *f.*, Stichelei *f.*: ***lanciare una ~ a qcn.*** einen Pfeil gegen jdn ab‿schießen; ***è una ~ per me, contro di me*** das ist eine Spitze gegen mich. **frec|cia|ti|na** f. Spitze *f.*, Giftpfeil *m.*
fred|da|men|te avv. **1** kalt, kühl: ***parlare ~ a qcn.*** mit jdm kühl sprechen **2a** *(con sangue freddo)* kaltblütig: ***valutare ~ la situazione*** die Lage kaltblütig schätzen **b** *(a sangue freddo)* ***uccidere qcn. ~*** jdn kaltblütig ermorden.
fred|da|re **I** tr. **1** kühlen **2** *(ammazzare)* kalt‿machen **3** FIG. *(raggelare)* erstarren lassen **II** pronom. **freddarsi** kalt werden, sich ab‿kühlen ◆ ***lasciare, far ~*** ab‿kühlen lassen, kalt werden lassen.
fred|dez|za f. **1** Kälte *f.*, Kühle *f.* **2** FIG. Kälte *f.*, Kühle *f.*, Gefühlskälte *f.*; ***trattare qcn. con ~*** jdn kalt behandeln **3** *(sangue freddo)* Kaltblütigkeit *f.*; ***affrontare il pericolo con ~*** sich kaltblütig in die Gefahr stürzen.
fred|do **I** agg. **1** kalt: ***acqua -a*** kaltes Wasser; ***aria -a*** kalte Luft; ***un vento ~*** ein kalter Wind; ***nella stagione -a*** in der kalten Jahreszeit; ***avere le mani -e*** kalte Hände haben; ***bevande -e, piatti -i*** kalte Getränke, Speisen; ***cena -a, buffet ~*** kaltes Abendessen, Büfett; ***il motore è ancora ~*** der Motor ist noch kalt; ***una luce -a*** ein kaltes Licht; ***colori -i*** kalte Farben; *(non riscaldato)* ***una stanza -a*** ein kalter Raum **2a** FIG. *(distaccato)* kalt, kühl: ***un'accoglienza -a*** ein kühler Empfang; ***mostrarsi ~ verso qcn.*** sich jdm gegenüber kalt zeigen; ***uno sguardo ~*** ein kalter Blick; ***servire ~*** kühl servieren **b** *(senza scrupoli)* kühl, kalt, eiskalt: ***un ~ calcolatore*** ein kühler, eiskalter Rechner **c** *(insensibile)* kalt, kühl, gefühlskalt, kaltherzig: ***un temperamento ~*** ein kühles Temperament **II** m. Kälte *f.*: ***un ~ pungente*** eine beißende Kälte; ***patire il, soffrire (per) il ~*** unter der Kälte leiden; ***proteggersi dal ~*** sich gegen die Kälte schützen; ***tremare dal, morire di ~*** vor Kälte zittern, sterben ◆ TECN. ***a ~*** kalt, kalt-, Kalt-: ***colla, pressa a ~*** Kaltleim *m.*, Kaltpresse *f.*; ***lavorare (metalli) a ~*** Metalle kalt bearbeiten; ***permanente a ~*** Kaltwelle *f.*; ***al ~*** kalt, in der Kälte, im Kalten; ***brivido di ~*** Kälteschauder *m.*; ***caffè ~*** eisgekühlter Kaffee; ***non mi fa né caldo né ~*** das lässt mich völlig kalt; COLLOQ. ***fa, è un ~ cane*** es ist hundekalt, es herrscht eine Hundekälte; ***catena del ~*** Gefrierkette *f.*, Tiefkühlkette *f.*; ***fare una doccia -a*** kalt duschen; FIG. ***essere una doccia -a (per qcn.)*** eine kalte Dusche (für jdn) sein, wie eine kalte Dusche (auf jdn) wirken; ***fa ~*** es ist kalt; METEOR. ***fronte ~*** Kaltfront *f.*; ***~ gelido*** frostkalt, frostig; ***guerra -a*** Kalter Krieg; ***qcn. ha ~*** jdm ist (es) kalt, jd friert; ***industria del ~*** Tiefkühlindustrie *f.*; ***a mente -a*** bei klarem Verstand; ***ondata di ~*** Kältewelle *f.*, Kälteeinbruch *m.*; ***fa un ~ polare*** es ist eiskalt; ***prendere ~*** frieren; ***ai primi -i*** beim ersten Kälteeinbruch; ***resistente al ~*** kältebeständig; BOT. winterhart; ***a sangue ~*** kaltblütig (anche FIG.); ***animale a sangue ~*** Kaltblüter *m.*; ***avere sangue ~*** kaltblütig sein; ***uccidere qcn. a sangue ~*** jdn kaltblütig ermorden; ***calma e sangue ~!*** (nur) ruhig Blut! ***sensibile al ~*** kälteempfindlich; ***qcn. sente ~*** → ***qcn. ha ~***; ***sudare ~*** kalt schwitzen; FIG. Blut und Wasser schwitzen; ***avere i sudori -i*** kalten Schweiß auf der Stirn haben; ***tè ~*** Eistee *m.*; ***tecnica del ~*** Kältetechnik *f.*; ***terapia del ~*** Kältebehandlung *f.*; FIG. ***far venir ~*** erschaudern lassen.
fred|do|li|na f. Herbstzeitlose *f.*
fred|do|lo|so agg. kälteempfindlich, verfroren, fröstelig.
fred|du|ra f. Kalauer *m.*: ***raccontare -e*** kalauern. **fred|du|ri|sta** m. = Verfasser *m.* von Kalauern.
free clim|bing ['fri: 'klaımıŋ, *üblich* 'fri: 'klaimbiŋ(g)] m. Freeclimbing *n.*
free|lance ['fri:lɑ:ns] **I** agg.inv. frei, unabhängig: ***giornalista ~*** freier Journalist **II** m. e f.inv. Freelance *m.*
freez|er [fri:zə, *üblich* 'frizer] m.inv. *(scomparto)* Gefrierfach *n.*; *(cella frigorifera)* Tiefkühlschrank *m.*, Tiefkühltruhe *f.*: ***mettere un surgelato nel ~*** die Tiefkühlkost in das Gefrierfach legen.
fre|gac|cio m. *(-ci)* Schmiererei *f.*, Kritzelei *f.*: ***tirare un ~ sul muro*** eine Schmiererei auf die Mauer machen, die Mauer verschmieren.
fre|ga|men|to m. Reibung *f.*, Reiben *n.*: ***superficie di ~*** Reibfläche *f.*
fre|ga|re *(frego, freghi)* **I** tr. **1a** reiben, scheuern: ***~ il pavimento con una spazzola*** den Fußboden mit einer Bürste scheuern; ***~ via una macchia dalla camicia*** einen Fleck aus dem Hemd reiben; ***~ il braccio contro una roccia*** sich den Arm an einem Felsen aufscheuern; assol. ***il colletto frega contro il collo*** der Kragen scheuert am Hals **b** *(fiammiferi)* reiben: ***~ un fiammifero contro il muro*** ein Streichholz an der Mauer reiben **2** COLLOQ. *(imbrogliare)* an‿schmieren, herein‿legen: ***mi hanno fregato*** man hat mich angeschmiert; ***farsi ~*** sich hereinlegen lassen **3** COLLOQ. *(rubare)* klauen: ***mi hanno fregato l'orologio*** man hat mir meine Uhr geklaut **II** pronom. ***-rsi le mani, gli occhi*** sich (D) die Hände, die Augen reiben **III** pronom. **fregarsene** pfeifen; ***fregatene!*** pfeif drauf! (*o* kümmer dich nicht drum! scher dich nicht darum!); ***me ne frego*** das ist mir Wurst.
fre|ga|ro|lo m. Elritze *f.*, Pfrille *f.*
1.fre|ga|ta f. **1** Reiben *n.*, Reibung *f.* **2** COLLOQ. → **fregatura.**
2.fre|ga|ta f. MAR. Fregatte *f.* ◆ ***capitano di ~*** Fregattenkapitän *m.*
3.fre|ga|ta f. ORNIT. Fregattvogel *m.*
fre|ga|to p.pass. agg. **1** → **fregare** **2** COLLOQ. ***restare ~*** angeschmiert (*o* hereingelegt) sein. **fre|ga|tu|ra** f. Reinfall *m.*: ***è una vera ~*** das

ist ein glatter Reinfall ◆ *avere, prendere una ~* angeschmiert (*o* hereingelegt) werden.

fre|gia|re *(fregio, fregi)* **I** tr. **1** mit einem Fries versehen **2** ESTENS. ornamentieren, verzieren: *~ una cornice* einen Bildrahmen verzieren **II** pronom. *fregiarsi di qcs.* sich etw. (G) rühmen.

fre|gio m. *(-gi)* **1** ARCH. Fries *m.* **2** ESTENS. Ornament *n.*, Verzierung *f.*, Schnörkel *m.*

fre|gnac|cia f. *(-ce)* REGION. Dummheit *f.*, Unsinn *m.*

fre|gno|ne m. REGION. Vollidiot *m.*, Dumme *m.*

fre|go m. *(-ghi)* Strich *m.*; *(sgorbio)* Kritzelei *f.*, Gekritzel *n.*: *tirare un ~ su qcs.* etw. mit einem Strich (durch‿)streichen.

fre|go|la f. **1** Brunst *f.*, Brunft *f.*, ORNIT. Balz *f.*: *andare in ~* brünstig werden, in die Balz treten **2** FIG. *(smania)* Sucht *f.*, Lust *f.*

fre|go|lo m. Laich *m.*

frei|sa m. e f. INTRAD. (piemontesischer Rotwein).

fre|me|bon|do agg. LETT. → **fremente.**

fre|men|te agg. bebend, schnaubend: *~ di rabbia, d'ira* wutschnaubend, zornschnaubend (*o* zornbebend); *~ di desiderio* vor Verlangen bebend.

fre|me|re intr. (aus. *avere*) **1a** beben: *~ per l'impazienza* vor Ungeduld beben; *~ di desiderio, di passione* vor Verlangen, Leidenschaft beben; *~ in tutto il corpo* am ganzen Leib beben **b** *(per ira, sdegno)* beben, schnauben: *~ di rabbia* vor Wut schnauben (*o* beben) **2** LETT. *(rumoreggiare, stormire)* rauschen.

fre|mi|to m. **1a** Taumel *m.*, Rausch *m.*: *un ~ di gioia, di entusiasmo* ein Freudentaumel, Begeisterungstaumel **b** *un ~ di sdegno* ein Sturm der Entrüstung **2** *(di paura)* Schauder *m.*

fre|nag|gio m. *(-gi)* Bremsen *n.*, Abbremsen *n.* ◆ *dispositivo di ~* Bremsvorrichtung *f.* **fre|nan|te** agg. Brems-: *dispositivo, effetto (azione) ~* Bremsvorrichtung *f.*, Bremswirkung *f.*; *razzo ~* Bremsrakete *f.*

fre|na|re **I** tr. **1** bremsen, ab‿bremsen: *~ il treno* den Zug bremsen **2** FIG. bremsen, hemmen: *~ l'aumento dei prezzi* die Preisentwicklung bremsen; *~ il corso del destino, degli eventi* den Lauf des Schicksals, der Ereignisse hemmen **3a** *(cavalli)* zügeln **b** FIG. *(trattenere, dominare)* zügeln, bezähmen: *~ i propri impulsi, l'ira* seine Triebe, den Zorn zügeln; *~ la lingua* die Zunge zügeln; *~ la propria curiosità* seine Neugier bezähmen **4** *(lacrime)* zurück‿halten **5** *(risa)* verbeißen, zurück‿halten, verkneifen **II** intr. (aus. *avere*) bremsen, ab‿bremsen: *l'auto non frena* der Wagen bremst nicht; *~ bruscamente, dolcemente* scharf, weich bremsen; *~ all'incrocio* an der Kreuzung bremsen **III** pronom. **frenarsi** **1** sich bremsen; *(dal ridere, dal piangere)* sich zurück‿halten: *non posso più frenarmi* ich kann mich nicht mehr bremsen **2** *(moderarsi)* sich zügeln, sich bezähmen.

fre|na|ste|ni|a f. Schwachsinn *m.* **fre|na|ste|ni|co** **I** agg. *(-ci,-che)* schwachsinnig **II** m. *(-ci)* Schwachsinnige *m.*

fre|na|ta f. **1** Bremsung *f.*, Abbremsung *f.*: *una ~ brusca, dolce, a fondo* eine scharfe, weiche Bremsung, eine Vollbremsung; *spazio di ~* Bremsweg *m.*; *fare una ~* bremsen, ab‿bremsen; *~ d'emergenza* Notbremsung *f.* **2** FIG. Verlangsamung *f.*, Abbremsung *f.*; *imporre una ~ al processo di democratizzazione* den Demokratisierungsprozess verlangsamen (*o* abbremsen). **fre|na|to** p.pass. agg. **1** → **frenare** **2** gebremst ◆ *pallone ~* Fesselballon *m.*; *detersivo a schiuma -a* schaumgebremstes Waschmittel. **fre|na|to|re** m. Bremser *m.* **fre|na|tu|ra** f. Bremsung *f.*, Bremsen *n.*; *prova di ~* Bremsprobe *f.*

fre|ne|si|a f. **1** Hektik *f.*, Schnelllebigkeit *f.* **2** *(smania)* Sucht *f.*: *~ del guadagno, del gioco* Gewinnsucht *f.*, Spielsucht *f.* (*o* Spielwut *f.*) **3** *(delirio folle)* Tobsucht *f.*, Raserei *f.* ◆ *~ degli acquisti* Kaufrausch *m.*

fre|ne|ti|ca|men|te avv. **1** hektisch **2** *(in modo entusiastico)* stürmisch. **fre|ne|ti|co** agg. *(-ci,-che)* **1** hektisch, schnelllebig: *vivere a un ritmo ~* ein hektisches Leben führen **2** *(entusiastico)* frenetisch, stürmisch: *applausi -ci* stürmischer Beifall.

fre|ni|co agg. *(-ci,-che)* Zwerchfell-.

fre|no m. **1** Bremse *f.*: *azionare, tirare il ~* die Bremse betätigen, ziehen (*o* an‿ziehen); *registrare i -i* die Bremsen nach‿stellen **2** *(morso)* Zaum *m.*: *mettere il ~ a un cavallo* einem Pferd den Zaum an‿legen **3** FIG. Zügel *pl.*: *mettere il ~ alla fantasia* die Fantasie zügeln; *allentare il ~* die Zügel schleifen lassen, die Zügel lockern **4** *(obbligo morale)* Zwang *m.*: *il ~ della coscienza* der Zwang des Gewissens ◆ *~ anteriore* Vorderradbremse *f.*; *~ ad aria compressa* Druckluftbremse *f.*; *~ a depressione* Vakuumbremse *f.*; *~ a disco* Scheibenbremse *f.*; *~ d'emergenza* Notbremse *f.*; *ganascia del ~* Bremsbacke *f.*; *~ idraulico* Flüssigkeitsbremse *f.*; PSIC. *~ inibitore* Hemmung *f.*; *leva del ~* Bremshebel *m.*; *liquido dei -i* Bremsflüssigkeit *f.*; *~ a mano* Handbremse *f.*: *mettere (tirare), togliere il ~ a mano* die Handbremse ziehen, lösen; *mettere un ~ a qcs.* → *porre un ~ a qcs.*; *mordere il ~* sich zügeln (*o* sich im Zaum halten); *~ motore* Motorbremse *f.*, Getriebebremse *f.*; *pastiglia del ~* Bremsbelag *m.*; *~ a pedale* Fußbremse *f.*; *pedale del ~* Bremspedal *n.*; *~ pneumatico* Luftdruckbremse *f.*; *porre un ~ a qcs.* etw. (D) Einhalt gebieten, etw. (D) einen Riegel vor‿schieben; *~ posteriore* Hinterradbremse *f.*; *senza ~* zügellos, hemmungslos; *~ a tamburo* Trommelbremse *f.*; *tenere a ~ qcn., qcs.* jdn, etw. zügeln, im Zaum halten.

fre|no|lo|gi|a f. Phrenologie *f.* **fre|no|lo|gi|co** agg. *(-ci,-che)* phrenologisch. **fre|no|lo|go** m. *(-gi)* Phrenologe *m.*

fre|nu|lo m. Bändchen *n.*, Frenulum *n.*: *~ della lingua, del prepuzio* Zungen-, Vorhautbändchen *n.*

fre|quen|ta|bi|le agg. *una persona ~* eine anständige Person, ein anständiger Umgang; *luogo ~* Ort, an dem man verkehren kann.

fre|quen|ta|re **I** tr. **1a** *(luoghi, ambienti) ~ qcs.* in etw. (D) verkehren, etw. frequentieren: *~ la casa di qcn., un locale* in jds Haus, in einem Lokal verkehren; *~ l'alta società* in gehobenen Kreisen verkehren; *~ cattive compagnie* in schlechten Kreisen verkehren **b** *(persone) ~ qcn.* mit jdm Umgang haben **2** *(seguire come allievo)* besuchen: *~ una scuola, un corso* eine Schule, einen Kurs besuchen; *~ la seconda (classe)* die zweite Klasse besuchen **3** *(leggere assiduamente)* (häufig) lesen: *~ i classici* (häufig) Klassiker lesen **II** pronom. **frequentarsi** miteinander verkehren, miteinander Umgang haben.

fre|quen|ta|ti|vo **I** agg. iterativ: *verbo ~* iteratives Verb **II** m. Frequentativ *n.*, Frequentativum *n.*, Iterativ *n.*, Iterativum *n.*

fre|quen|ta|to p.pass. agg. **1** → **frequentare** **2** besucht, frequentiert: *un luogo di villeggiatura ben, poco ~* ein gut, wenig besuchter Urlaubsort; *un locale mal ~* ein von übler Gesellschaft frequentiertes Lokal ◆ *molto ~* viel besucht, stark frequentiert. **fre|quen|ta|to|re** m. Gast *m.*, Besucher *m.*: *~ di biblioteche* Bibliothekenbesucher *m.* ◆ *~ abituale (di un locale)* Stammgast *m.* **fre|quen|ta|zio|ne** f. **1** Frequentation *f.* **2** *(lettura assidua)* regelmäßige Lektüre *f.*: *~ dei classici* regelmäßige Lektüre der Klassiker.

fre|quen|te agg. häufig: *un errore ~* ein häufiger Fehler; *visite -i* häufige Besuche ◆ *di ~* häufig, oft; *polso ~* beschleunigter Puls.

fre|quen|za f. **1** *(assiduità)* Häufigkeit *f.*: *la ~ di un fenomeno, delle visite* die Häufigkeit eines Phänomens, der Besuche **2a** *(affluenza di persone)* Frequenz *f.*, Besucherzahl *f.*: *scarsa, elevata ~* niedrige, starke Frequenz **b** SCOL. UNIV. Frequenz *f.*, Besuch *m.*: *~ alle lezioni* Besuch der Vorlesungen; *~ scolastica* Schulbesuch *m.* **3** FIS. Frequenz *f.*: *bassa, media, alta ~* Nieder-, Mittel-, Hochfrequenz *f.* **4** MED. *(di pulsazioni)* Frequenz *f.* **5** STATIST. Häufigkeit *f.*, Frequenz *f.*: *~ assoluta, relativa* absolute, relative Häufigkeit ◆ *attestato di ~* Frequenzbescheinigung *f.*; RAD. *banda di -e* Frequenzband *n.*; *con ~* häufig; *modulazione di ~* Frequenzmodulation *f.*, Frequenzmodulierung *f.*; *lezioni a ~ obbligatoria* Pflichtvorlesungen *pl.*; MED. *~ del polso* Pulsfrequenz *f.*; *~ di, della rete* Netzfrequenz *f.*; *tasso di ~* Häufigkeitszahl *f.*, Häufigkeitsziffer *f.*

fre|quen|zio|me|tro m. Frequenzmesser *m.*

fre|sa f. Fräse *f.*, Fräser *m.* **fre|sa|re** tr. fräsen. **fre|sa|to|re** m. Fräser *m.* **fre|sa|tri|ce** f. Fräsmaschine *f.* **fre|sa|tu|ra** f. Fräsen *n.*

fre|scac|cia f. *(-ce)* REGION. Dummheit *f.*, Unsinn *m.*

fre|schez|za f. Frische *f.* (anche FIG.): *la ~ del suo viso* die Frische ihres Gesichts; *mantenere intatta la propria ~* sich (D) seine Frische bewahren.

1.fre|sco **I** agg. *(-schi,-sche)* **1** frisch, kühl: *aria -a* frische Luft; *vento ~* kühler Wind; *stanza -a* kühler Raum **2** *(di alimenti, prodotti naturali)* frisch, Frisch-: *uova -sche* frische Eier; *pesce, latte ~* Frischfisch *m.*, Frischmilch *f.*; *frutta -a* frisches Obst; *fiori -schi* frische Blumen **3** *(di bevande)* kühl: *bibite -sche* kühle Getränke; *servire ~* kühl servieren **4** *(riposato)* frisch, erholt: *truppe -sche* frische Truppen; *cavalli -schi* frische Pferde **5** FIG. *(non avvizzito)* jugendlich: *viso ~* jugendliches Gesicht; *pelle -a* jugendliche Haut **6** *(senza febbre)* kühl: *fronte -a* kühle Stirn **7** *(recente)* frisch: *ferita -a* frische Wunde; *il ricordo di qcn., qcs. è ancora ~* die Erinnerung an jdn, etw. ist noch frisch **II** m. **1** *(aria fresca)* Kühle *f.*, kühle Luft *f.*: *il ~ della sera* die Abendkühle; *godersi, prendere il ~* die kühle Luft genießen, sich an die frische Luft begeben **2** *(tessuto)* Fresko *m.*: *abito in ~* Anzug *m.* aus Fresko ◆ *di ~* frisch-, neu-: *sposato di ~* frisch verheiratet; *oggi è, fa ~* heute ist es kühl (*o* frisch); *~ di fonte* quellfrisch, brunnenfrisch; *~ (di) lana* Fresko *m.*; *a mente -a* mit ausgeruhtem Kopf; *mettere al (o in) ~ qcs.* etw. kühl, kalt stellen; *mettere al ~ qcn.* jdn ein‿lochen; *neve -a* Neuschnee *m.*; *notizie -sche* die neuesten Nachrichten; *essere ~ come una rosa* taufrisch sein; *essere ~ di stampa* frisch aus der Presse kommen; FIG. *star ~ (essere nei guai)* in der Tinte sitzen; *(per disilludere qcn.)*

stai ~! da kannst du lange warten! ***stare al ~*** an der frischen Luft sein; FIG. auf Nummer Sicher sein, im Kittchen sitzen; COLLOQ. ***un ingegnere ~ di studi*** ein frisch gebackener Ingenieur; ***essere ~ di studi*** = sein Studium gerade abgeschlossen haben; ***tenere in ~ qcs.*** etw. kühl auf‿bewahren; ***vernice -a*** frisch gestrichen.

2.fre|sco m. *(-schi)* Freske *f.*, Fresko *n.*

fre|sco|ne m. REGION. Vollidiot *m.*, Dumme *m.*

fre|scu|ra f. Kühle *f.*, Kühlung *f.*: ***~ notturna, mattutina*** Nacht-, Morgenkühle *f.*

fre|sia f. Freesie *f.*

fret|ta f. Eile *f.*: ***in tutta, gran ~*** in aller, großer Eile; ***non c'è ~*** es hat keine Eile; ***fare, mettere ~ a qcn.*** jdn zur Eile an‿treiben; ***essere di ~*** in Eile sein; ***dimenticare qcs. nella ~*** etw. in der Eile vergessen ◆ ***andare di ~*** es eilig haben; ***avere ~*** es eilig haben, Eile haben; ***fai in ~!*** beeile dich! ***in ~ e furia*** in großer Hetze, in, mit wilder Hast, voller Hast; ***fare qcs. in ~*** etw. eilig (*o* hastig) machen; ***fare qcs. senza ~*** etw. ohne Hast machen.

fret|to|lo|sa|men|te avv. eilig; *(affrettatamente)* hastig. **fret|to|lo|so** agg. eilig: ***passi -i*** eilige Schritte; *(affrettato)* hastig: ***conclusioni -e*** hastige Schlüsse; ***essere (troppo) ~ nel fare qcs.*** etw. (zu) hastig machen.

freu|dia|no [froi-] **I** agg. freudianisch, Freudsch: ***lapsus ~*** freudsche Fehlleistung; ***psicoanalisi -a*** freudianische Psychoanalyse **II** m. Freudianer *m.* **freu|di|smo** m. freudsche Lehre *f.*, freudsche Theorie *f.*

fria|bi|le agg. **1** mürb: ***biscotto ~*** mürber Keks **2** *(sgretolabile)* bröck(e)lig: ***roccia ~*** bröck(e)liges Gestein. **fria|bi|li|tà** f. **1** Mürbheit *f.*, Mürbe *f.* **2** *(sgretolamento)* Bröck(e)ligkeit *f.*

Fri|bur|go n.pr.f. Freiburg *n.*

fri|cas|se|a f. **1** Frikassee *n.*: ***~ di pollo*** Hühnerfrikassee *n.* **2** FIG. Mischmasch *m.* ◆ ***cucinare qcs. in ~*** etw. frikassieren (*o* zu Frikassee verarbeiten); FIG. ***fare qcn. in ~*** aus jdm Frikassee machen.

fri|ca|ti|va f. Frikativ *m.*, Frikativlaut *m.*, Reibelaut *m.* **fri|ca|ti|vo** agg. FON. frikativ, Frikativ-, Reibe-: ***consonante -a*** Frikativlaut *m.*, Reibelaut *m.*

fric|chet|to|ne m. Gammler *m.*

Fri|da n.pr.f. Frieda *f.*

fri|de|ri|cia|no agg. friderizianisch.

frig|ge|re *(friggo, friggi; frissi; fritto)* **I** tr. braten; *(in olio abbondante)* frittieren, aus‿backen: ***~ le uova*** die Eier braten; ***~ il pesce, le patate*** den Fisch, die Kartoffeln frittieren **II** intr. **1** brutzeln: ***qcs. frigge in padella*** etw. brutzelt in der Pfanne **2** *(di ferro rovente)* zischen **3** FIG. *(fremere)* kochen: ***~ di rabbia*** vor Wut kochen **4** FIG. *(essere impaziente)* kribbelig sein ◆ FIG. ***andare a farsi ~*** *(di persone)* sich zum Teufel scheren; *(di cose)* flöten gehen; FIG. ***mandare qcn. a farsi ~*** jdn zum Teufel jagen. **frig|gi|to|ri|a** f. Frittenbude *f.* **frig|gi|tri|ce** f. Fritteuse *f.*, Frittiergerät *n.*

Fri|gia n.pr.f. Phrygien *n.*

fri|gi|di|tà f. **1** *(insensibilità)* Gefühlskälte *f.* **2** MED. Frigidität *f.* **3** LETT. *(freddezza)* Kühle *f.* **fri|gi|do** agg. **1** *(insensibile)* gefühlskalt **2** MED. frigid(e) **3** LETT. *(freddo)* kühl.

fri|gio **I** agg. *(-gi, -gie)* phrygisch: ***berretto ~*** Phrygische Mütze **II** m. *(-gi)* **1** *(abitante)* Phrygier *m.* **2** *(lingua)* phrygische Sprache *f.*

fri|gna|re intr. (aus. *avere*) quengeln, greinen. **fri|gno** m. Gequengel *n.*, Quengelei *f.* **fri|gno|ne** m. Quengler *m.*

fri|go m. *(-ghi)* COLLOQ. (accorc. *frigorifero*) Kühlschrank *m.*

fri|go|bar m.inv. Minibar *f.*

fri|go|ri|fe|ro **I** agg. Kühl-, Kälte-: ***impianto ~*** Kühlanlage *f.*; ***cella -a*** Kühlraum *m.*; ***miscela -a*** Kältemischung *f.* **II** m. Kühlschrank *m.*, Eisschrank *m.*: ***sbrinare il ~*** den Kühlschrank ab‿tauen; ***prendere qcs. dal, mettere qcs. nel ~*** etw. aus dem Kühlschrank nehmen, etw. in den Kühlschrank legen (*o* stellen). **fri|go|ri|sta** m. e f. *(-i, -e)* Kühlschranktechniker *m.* (-in *f.*).

fri|go|te|ra|pi|a f. Kältebehandlung *f.*

frin|guel|lo m. Buchfink *m.* ◆ ***cantare come un ~*** wie eine Nachtigall singen.

fri|ni|re intr. *(frinisco, frinisci;* aus. *avere)* zirpen.

fri|no|so|ma m. Krötenechse *f.*

fris|bee ['frɪzbɪ] m.inv. Frisbee® *n.*: ***giocare a ~*** Frisbee spielen.

Fri|sia n.pr.f. Friesland *n.*: ***~ orientale*** Ostfriesland *n.* **fri|sio** agg. *(-si, -sie)* → **frisone.** **fri|so|ne** **I** agg. friesisch, friesländisch: ***razza -a*** friesische Rasse; ***cavallo ~*** friesisches Pferd **II** m. **1** *(abitante)* Friese *m.*, Friesländer *m.* **2** *(lingua)* Friesische *n.*, friesische Sprache *f.* ◆ ***isole Frisone*** Friesische Inseln *pl.*

fri|til|la|ria f. Schachbrettblume *f.*, Kaiserkrone *f.*

frit|ta|ta f. Omelett *n.*, Eierkuchen *m.*: ***~ di cipolle*** Omelett mit Zwiebeln ◆ FIG. ***fare la, una ~*** *(rompere le uova)* die Eier zerbrechen (*o* zerschlagen); *(combinare un pasticcio)* Unfug an‿richten, Mist machen (*o* bauen); ***(ri)voltare la ~*** das Omelett wenden; FIG. eine Aussage zum eigenen Vorteil hin‿drehen.

frit|tel|la f. **1** Schmalzgebackene *n.* **2** COLLOQ. *(macchia d'unto)* Fettfleck *m.* ◆ ***~ di mele*** gebackene Apfelringe *pl.*; ***~ di patate*** Kartoffelpuffer *m.*

frit|to **I** p.pass. agg. **1** → **friggere** **2** Brat-, gebraten; *(impanato)* Back-, gebacken: ***cipolle -e*** gebratene Zwiebelringe; ***pesce, pollo ~*** Backfisch *m.*, Brathähnchen *n.* **3** FIG. *(spacciato)* ***essere ~*** geliefert sein **II** m. Gebratene *n.*; *(impanato)* Gebackene *n.*, Frittüre *f.*: ***~ di pesce*** Fischfrittüre *f.* ◆ FIG. ***aria -a*** = schöne Worte, nichts dahinter; GASTR. ***~ misto*** INTRAD. (gemischte Frittüre aus Fisch oder Fleisch, mit Gemüse und/oder Obst); ***odore di ~*** Fettgeruch *m.*; ***patate, patatine -e*** Pommes frites *pl.*; FIG. ***~ e rifritto*** abgedroschen; ***uovo ~*** Spiegelei *n.*

frit|tu|ra f. **1** *(il friggere)* Braten *n.*, Frittieren *n.* **2** *(vivanda fritta)* Frittüre *f.*: ***~ di pesce*** Fischfrittüre *f.*

friu|la|no **I** agg. friaulisch **II** m. **1** *(abitante)* Friauler *m.* **2** *(dialetto)* Friaulisch *n.* **Friu|li** n.pr.m. Friaul *n.*

fri|vo|la|men|te avv. frivol. **fri|vo|lez|za** f. Frivolität *f.*, Leichtfertigkeit *f.*: ***la ~ di una conversazione, di una persona*** die Frivolität eines Gesprächs, einer Person; ***perdersi in -e*** sich in Frivolitäten verlieren. **fri|vo|lo** agg. frivol, leichtfertig: ***una conversazione, una persona -a*** ein frivoles Gespräch, eine frivole Person.

fri|zio|na|re tr. ein‿reiben, frottieren: ***~ con una pomata, con l'asciugamano*** mit einer Salbe einreiben, mit einem Tuch frottieren.

fri|zio|ne f. **1a** Einreibung *f.*, Friktion *f.*, Frottieren *n.*: ***fare una ~ con acqua di Colonia a qcn.*** jdn mit kölnisch Wasser einreiben **b** *(sui capelli)* Einreibung *f.* **2** FIS. Reibung *f.*, Friktion *f.* **3** AUT. Kupplung *f.*: ***premere (schiacciare), lasciar andare, far slittare la ~*** die Kupplung treten (*o* durch‿treten), lösen (*o* los‿lassen), schleifen lassen; ***innestare, disinnestare la ~*** ein‿kuppeln, aus‿kuppeln; ***prima premere la ~, poi innestare la marcia*** zuerst kuppeln, dann schalten **4** FIG. *(contrasto)* Reibung *f.*: ***motivi di ~*** Reibungsgründe ◆ ***~ centrifuga*** Fliehkraftkupplung *f.*; ***disco della ~*** Kupplungsscheibe *f.*; ***~ a disco*** Scheibenkupplung *f.*; ***pedale della ~*** Kupplungspedal *n.*; ***strumento a ~*** Friktionsinstrument *n.*

friz|zan|te agg. **1** prickelnd, spritzig: ***vino, spumante ~*** spritziger Wein (*o* Perlwein *m.*), prickelnder Sekt **2** FIG. spritzig: ***commedia, ingegno ~*** spritzige Komödie, spritziger Geist **3** *(pungente)* ***aria ~*** kühle (*o* prickelnde) Luft ◆ ***acqua (minerale) ~*** Sprudel *m.*, Sprudelwasser *n.* **friz|za|re** intr. (aus. *avere*) prickeln, perlen: ***lo spumante frizza*** der Sekt prickelt.

friz|zo m. bissige Bemerkung *f.*; *(motto arguto)* Witz *m.*

fro|cio m. *(-ci)* REGION. VOLG. Schwuchtel *f.*

fro|da|re tr. **1** betrügen: ***~ qcn., lo stato*** jdn, den Staat betrügen **2** *(sottrarre)* hinterziehen: ***~ una somma*** eine Summe, einen Betrag hinterziehen ◆ ***~ il fisco*** Steuern hinterziehen. **fro|da|to|re** m. Betrüger *m.* **fro|de** f. **1** *(inganno)* Betrug *m.*: ***denunciare qcn. per ~*** jdn wegen Betrugs an‿zeigen **2** *(fiscale)* Hinterziehung *f.* ◆ ***~ alimentare*** Lebensmittelfälschung *f.*; ***~ in assicurazione*** Versicherungsbetrug *m.*; ***~ doganale*** Zollbetrug *m.*; ***~ elettorale*** Wahlbetrug *m.*, Wahlschwindel *m.*; ***~ fiscale, tributaria*** Steuerbetrug *m.*, Steuerhinterziehung *f.*

fro|do m. **1** *(fiscale)* Hinterziehung *f.* **2** *(contrabbando)* Schmuggel *m.*, Schmuggelei *f.* ◆ ***caccia di ~*** Wilderei *f.*, Wilddieberei *f.*; ***cacciare di ~*** wildern; ***cacciatore di ~*** Wilderer *m.*, Wilddieb *m.*; ***merce di ~*** Schmuggelware *f.*; ***pesca di ~*** Fischwilderei *f.*

fro|do|len|to ANT. → **fraudolento.**

fro|gia f. *(-gie* e *-ge)* Nüster *f.*

frol|la|re **I** tr. ab‿hängen lassen **II** intr. (aus. *essere*) e pronom. **frollarsi** ab‿hängen, ab‿liegen, ab‿lagern: ***la carne frolla*** das Fleisch hängt ab. **frol|la|tu|ra** f. Abhängen(lassen) *n.*, Ablagerung *f.*

frol|li|no m. Plätzchen *n.* aus Mürbeteig.

frol|lo agg. **1** mürbe, Mürbe-: ***pasta -a*** Mürbeteig *m.* **2** *(frollato)* abgehangen ◆ FIG. COLLOQ. *(di persona)* ***essere una pasta -a*** ein Waschlappen sein; ***qcn. ha le mani di pasta -a*** = jdm rutscht alles aus den Händen.

from|bo|la f. LETT. Schleuder *f.*, Steinschleuder *f.* **from|bo|lie|re** m. **1** STOR. Schleuderer *m.* **2** SPORT *(cannoniere)* Torjäger *m.*, Scharfschütze *m.*

1.fron|da f. **1** Laubzweig *m.* **2** pl. *(fogliame)* Laub *n.*, Laubwerk *n.* **3** pl. FIG. *(fronzoli)* Schnörkel *pl.*

2.fron|da f. STOR. POL. Fronde *f.*: ***fare la ~*** frondieren; ***~ parlamentare*** parlamentarische Fronde ◆ ***vento di ~*** Aufruhrstimmung *f.* **fron|di|sta** m. Frondeur *m.*

fron|do|si|tà f. **1** Blätterreichtum *m.* **2** FIG. *(di stile)* Schnörkelhaftigkeit *f.* **fron|do|so** agg. **1** belaubt, dicht belaubt, blätterreich **2** FIG. *(di stile)* schnörkelig, schnörkelhaft.

fron|ta|le I agg. **1** Stirn-: ***osso ~*** Stirnbein *n.* **2** *(di fronte)* vordere, Vorder-, Frontal-: ***scontro ~*** Frontalzusammenstoß *m.* **3** MIL. frontal, Frontal-, Front-: ***attacco ~*** frontaler Angriff (*o* Frontalangriff *m.*) **II** m. **1** Stirnseite *f.*: ***il ~ di un edificio*** die Stirnseite eines Gebäudes **2** *(di elmo)* Stirnteil *m.* **3** *(di briglia)* Stirnriemen *m.* **4** *(per capelli)* Stirnreif *m.*, Stirnband *n.* **5** *(di caminetto)* Kaminsims *m.* **6** *(scontro)* Frontalzusammenstoß *m.*

fron|ta|lie|ro I agg. Grenz- **II** m. Grenzgänger *m.*

fron|ta|li|no m. Frontplatte *f.*: ***~ estraibile*** abnehmbare Frontplatte.

fron|ta|li|tà f. Frontalität *f.*

fron|tal|men|te avv. frontal: ***scontrarsi ~ con qcn.*** mit jdm frontal zusammen‿stoßen.

fron|te I f. **1** Stirn *f.*: ***una ~ alta, bassa, sfuggente*** eine hohe, niedrige, fliehende Stirn; ***aggrottare, corrugare la ~*** die Stirn runzeln (*o* in Falten ziehen, legen); ***asciugarsi la ~*** die Stirn trocknen; ***avere la ~ imperlata di sudore*** Schweißperlen auf der Stirn haben **2** *(lato frontale)* Stirnseite *f.*: ***la ~ di un edificio*** die Stirnseite eines Gebäudes **3** GEOL. Stirn *f.*: ***~ del ghiacciaio*** Gletscherstirn *f.*, Gletschertor *n.* **II** m. **1a** Front *f.*: ***al ~*** an der Front; ***andare al, partire per il ~*** an die Front gehen; ***essere mandato al ~*** an die Front geschickt werden; ***sfondare il ~*** die Front durchbrechen **b** FIG. ***il ~ dell'opposizione*** die gegnerische Front; ***~ unito*** geschlossene Front; ***incontrare difficoltà sul ~ economico*** auf wirtschaftlichem Gebiet auf Schwierigkeiten stoßen; ***su tutti i -i*** auf allen Gebieten **c** METEOR. ***un ~ di aria fredda*** eine Front kalter Luftmassen **2** *(facciata)* Frontseite *f.* ◆ ***a ~*** *(a confronto)* gegenüber + dat.; *(a lato)* nebenstehend: ***testo a ~*** nebenstehender Text; ***testo originale a ~*** nebenstehender Originaltext; ***~ a ~*** Auge in Auge gegenüber, Mann gegen Mann; ***a ~ di*** in Anbetracht + gen., in Bezug auf + acc.: ***a ~ dei recenti avvenimenti*** in Anbetracht der neuesten Ereignisse; COMM. ***a ~ del Vostro ordine del...*** in Bezug auf Ihren Auftrag vom...; ***a ~ alta*** erhobenen Hauptes; MIL. ***~ a destr'!*** Augen rechts! ***di ~*** *(dirimpetto)* gegenüber: ***la casa di ~*** das Haus gegenüber, das gegenüberliegende Haus; ***di ~ alla casa*** dem Haus gegenüber; ***qui di ~*** hier gegenüber; *(davanti)* vor + dat.: ***ce l'hai di ~*** das hast du genau vor dir; ***fuggire di ~ al nemico*** vor dem Feind fliehen; *(da davanti)* von vorn(e): ***fotografare qcn. di ~*** jdn von vorne auf‿nehmen; *(in considerazione)* angesichts + gen., im Hinblick auf + acc.: ***di ~ a tali problemi*** angesichts solcher Probleme; ***dietro front*** Kehrtwendung *f.*; ***fare dietro front*** kehrt‿machen; ***guerra su due -i*** Zweifrontenkrieg *m.*; ***far ~ a qcn., qcs.*** jdm, etw. die Stirn bieten; *(provvedere)* ***far ~ alle difficoltà*** den Schwierigkeiten begegnen; *(adempiere)* ***far ~ agli impegni*** den Verpflichtungen nach‿kommen; *(sostenere)* ***far ~ alle spese*** für die Ausgaben (*o* die Kosten) auf‿kommen; ***~ interno*** Heimatfront *f.*; ***leggere qcs. in ~ a qcn.*** jdm etw. an der Stirn ab‿lesen; ***linea del ~*** Frontverlauf *m.*; ***~ occidentale*** Westfront *f.*; ***~ orientale*** Ostfront *f.*; ***~ popolare*** Volksfront *f.*; ***rovesciamento di ~*** Frontwechsel *m.*; ***ce l'ha scolpito, scritto in ~*** das steht ihm an (*o* auf) der Stirn geschrieben; MIL. ***~ a sinistr'!*** Augen links! ***guadagnarsi qcs. col sudore della ~*** sich (D) etw. im Schweiße seines Angesichts verdienen; ***tener ~*** stand‿halten; ***tener la ~ alta*** reinen Gewissens sein.

fron|teg|gia|re *(fronteggio, fronteggi)* **I** tr. **1** ***~ qcn., qcs.*** jdm, etw. entgegen‿treten, entgegen‿setzen; ***~ il nemico*** jdm entgegentreten; ***~ le difficoltà*** den Schwierigkeiten entgegentreten **2** *(stare di fronte a)* ***~ qcs.*** etw. (D) gegenüber‿liegen **II** pronom. **fronteggiarsi** sich entgegen‿setzen.

fron|te|spi|zio m. *(-zi)* **1** Titelblatt *n.*, Titelseite *f.*, Frontispiz *n.* **2** ARCH. Giebel *m.*

fron|tie|ra f. Grenze *f.* (anche FIG.): ***passare, varcare la ~*** über die Grenze gehen, fahren, die Grenze überschreiten; ***aprire, chiudere le -e*** die Grenzen öffnen, sperren; FIG. ***la ~ fra bene e male*** die Grenze zwischen Gut und Böse ◆ ***controllo alla ~*** Grenzkontrolle *f.*; ***incidente di ~*** Grenzzwischenfall *m.*; ***polizia di ~*** Grenzpolizei *f.*; ***posto di ~*** Grenzposten *m.*; ***scontro di ~*** Grenzkonflikt *m.*; ***valico di ~*** Grenzübergang *m.*; ***zona di ~*** Grenzgebiet *n.*, Grenzland *n.*

fron|ti|no m. **1** falsches Stirnhaar *n.* **2** = Schlag *m.* vor die Stirn.

fron|ti|smo m. POL. = Tendenz *f.* zur Frontbildung. **fron|ti|sta** m. **1** Angehörige *m.* einer politischen Front **2** Anlieger *m.* ◆ ***movimento ~*** Bewegung, die zur Frontbildung aufruft.

fron|to|ne m. **1** Giebel *m.*, Frontgiebel *m.* **2** *(di caminetto)* Kaminplatte *f.*, Feuerplatte *f.*

fron|zo|lo m. **1** Firlefanz *m.* **2** FIG. Schnörkel *m.*: ***scrivere senza -i*** ohne Schnörkel schreiben.

fron|zu|to agg. dicht belaubt, blätterreich.

frot|ta f. Schar *f.*: ***una ~ di bambini*** eine Kinderschar; ***a -e*** in Scharen, scharenweise.

frot|to|la f. COLLOQ. Lügengeschichte *f.*, Märchen *n.*: ***raccontare -e*** Lügengeschichten erzählen.

fru|ga|le agg. enthaltsam, schlicht, frugal: ***condurre una vita ~*** ein enthaltsames Leben führen; ***un pasto ~*** ein schlichtes Mahl. **fru|gal|men|te** avv. enthaltsam, frugal. **fru|ga|li|tà** f. Enthaltsamkeit *f.*, Schlichtheit *f.*, Frugalität *f.*

fru|ga|re *(frugo, frughi)* **I** intr. (aus. *avere*) kramen, herum‿kramen, stöbern, herum‿stöbern, wühlen, herum‿wühlen: ***~ nei cassetti, alla ricerca di qcs.*** in den Schubladen, nach etw. stöbern **II** tr. **1** durch‿stöbern, durchstöbern: ***~ le tasche, un cassetto*** die Taschen, eine Schublade durchstöbern **2** *(perquisire)* ***~ qcn.*** jdn durch‿suchen, durchsuchen. **fru|ga|ta** f. Stöberei *f.*, Wühlerei *f.*

fru|gi|vo|ro agg. Früchte fressend.

fru|go|let|to, fru|go|lo m. Purzel *m.*, Fratz *m.*

fru|i|bi|le agg. verwendbar, benutzbar. **frui|bi|li|tà** f. Zugänglichkeit *f.*, Benutzbarkeit *f.*, Verwendbarkeit *f.*: ***la ~ di un servizio*** die Zugänglichkeit einer Dienstleistung.

fru|i|re *(fruisco, fruisci)* **I** intr. (aus. *avere*) ***~ di qcs.*** etw. genießen, verwenden, benutzen, von etw. nutznießen: ***~ di un diritto*** ein Recht genießen, in den Genuss eines Rechtes kommen **II** tr. rezipieren.

frui|to|re m. **1** Verwender *m.*, Benutzer *m.*, Nutznießer *m.*: ***essere ~ di un servizio*** Nutznießer einer Dienstleistung sein **2** *(di opere d'arte)* Rezipient *m.* **frui|zio|ne** f. **1** Genuss *m.*, Nutznießung *f.*, Benutzung *f.*, Verwendung *f.* **2** *(ricezione)* Rezeption *f.*

frul|la|re I intr. (aus. *avere*) **1** schwirren (anche FIG.): ***molti pensieri mi frullano per il capo*** viele Gedanken schwirren mir durch den Kopf **2** *(girare rapidamente)* sausen **II** tr. quirlen; *(col frullatore)* mixen ◆ ***che cosa ti frulla per la testa, per il capo?*** was geht dir durch den Kopf?

frul|la|to I p.pass. agg. **1** → **frullare 2** *(col frullatore)* gemixt, Mix- **II** m. Mixgetränk *n.* **frul|la|to|re** m. Mixer *m.* **frul|li|no** m. Quirl *m.*: ***sbattere uova e zucchero con il ~*** Eier und Zucker mit dem Quirl verrühren ◆ ***~ elettrico*** Mixer *m.*

frul|li|o m. Geschwirr(e) *n.* **frul|lo** m. Schwirren *n.*: ***un ~ d'ali*** ein Schwirren von Flügel.

frul|lo|ne m. Mehlbeutel *m.*

fru|men|ta|rio agg. *(-ri,-rie)* Getreide-: ***mercato ~*** Getreidehandel *m.*

fru|men|to m. Weizen *m.*: ***coltivare un campo a ~*** einen Acker mit Weizen bebauen; ***seminare ~*** Weizen säen; ***farina di ~*** Weizenmehl *n.* **fru|men|to|ne** m. Mais *m.*

fru|scia|re intr. *(fruscio, frusci;* aus. *avere)* rauschen, rascheln, knistern: ***la seta fruscia*** die Seide raschelt; ***il vento fa ~ le foglie secche*** der Wind lässt die dürren Blätter rascheln. **fru|sci|o** m. **1** Rauschen *n.*, Rascheln *n.*; *(continuo)* Geraschel *n.*, Geknister *n.*: ***il ~ delle foglie*** das Rauschen der Blätter **2** RAD. TELEV. Rauschen *n.*: ***senza ~*** rauscharm; ***riduzione del ~*** Rauschdämpfung *f.*

fru|si|na|te agg. aus Frosinone.

fru|sta f. **1** Peitsche *f.*: ***(fare) schioccare la ~*** mit der Peitsche knallen (*o* schnalzen); ***incitare, colpire i cavalli con la ~*** die Pferde mit der Peitsche an‿treiben, schlagen **2** *(utensile da cucina)* Schneebesen *m.* ◆ ***colpo di ~*** Schleudertrauma *n.*; ***manico della ~*** Peitschenstiel *m.*; ***mettere qcn. alla ~*** jdn schinden; FIG. ***usare la ~*** die Rute gebrauchen.

fru|sta|re tr. **1** peitschen, aus‿peitschen: ***~ a sangue*** bis aufs Blut peitschen **2** *(censurare duramente)* geißeln: ***~ i costumi corrotti*** die verdorbenen Sitten geißeln. **fru|sta|ta** f. **1** Peitschenhieb *m.*, Peitschenschlag *m.* (anche ESTENS.) **2** FIG. *(incitamento)* Anstachelung *f.*, Anspornen *n.* **3** *(aspra critica)* Geißelung *f.* **fru|sti|no** m. Reitpeitsche *f.*, Reitgerte *f.*

fru|sto agg. **1** zerlumpt, abgewetzt: ***un abito ~*** ein zerlumptes Kleid **2** FIG. *(trito, scontato)* abgedroschen, abgegriffen: ***un'argomentazione -a*** eine abgedroschene Argumentation.

fru|sto|lo m. **1** Stückchen *n.* **2** *(di pane)* Krümel *m.*, Krume *f.* **3** *(di componimento letterario)* Bruchstück *n.*, Fragment *n.*

fru|stran|te agg. frustrierend: ***una situazione, un'esperienza ~*** eine frustrierende Situation, Erfahrung. **fru|stra|re** tr. **1** zunichte machen, vereiteln; *(deludere)* enttäuschen: ***~ un tentativo, una speranza*** einen Versuch, eine Hoffnung zunichte machen; ***~ le aspettative di qcn.*** jds Erwartungen enttäuschen **2** PSIC. frustrieren. **fru|stra|to I** p.pass. agg. **1** → **frustrare 2** PSIC. frustriert **3** *(deluso)* enttäuscht **II** m. PSIC. Frustrierte *m.* **fru|stra|zio|ne** f. **1** PSIC. Frustration *f.*, Frustrierung *f.* **2** *(delusione)* Enttäuschung *f.*, Vereitelung *f.*

fru|ti|ce m. Strauch *m.* **fru|ti|co|so** agg. strauchartig.

frut|ta f.inv. Obst *n.*, Früchte *pl.*: ***~ fresca*** frisches Obst; ***raccogliere la ~*** Obst ernten ◆ ***essere alla ~*** beim Nachtisch sein; FIG. am Ende sein; ***~ candita*** kandierte Früchte; ***caramella alla, di ~*** Fruchtbonbon *m.* e *n.*; ***cesto di ~*** Fruchtkorb *m.*; ***commerciante di ~*** Obsthändler *m.*, Fruchthändler *m.*; ***conserva di ~*** Obstkonserve *f.*; ***~ cotta*** Kompott *n.*; ***dolce alla, di ~*** Obstkuchen *m.*; ***gelatina di ~*** Fruchtgelee *n.*; ***gelato alla, di ~*** Fruchteis *n.*; ***macedonia di ~*** Obstsalat *m.*, Fruchtsalat *m.*; ***marmellata di ~*** Fruchtmarmelade *f.*; ***polpa di ~*** Fruchtfleisch *n.*; ***ricco di ~*** obstreich; ***~ sciroppata*** Obst *n.* in Sirup; ***sciroppo alla, di ~*** Obstsirup *m.*; ***~ secca*** Dörrobst *n.*, Trockenobst *n.*; ***~ di stagione*** Obst *n.* der Jahreszeit; ***succo di ~*** Fruchtsaft *m.*, Obstsaft *m.*; ***torta di, alla ~*** Obsttorte *f.*

frut|ta|re I intr. (aus. *avere*) **1** *(fruttificare)* Früchte bringen (*o* tragen) **2** ECON. Zinsen bringen (*o* tragen), sich verzinsen **II** tr. **1** tragen **2** ESTENS. *(rendere)* ein‿tragen, ein‿bringen, (Gewinne) ab‿werfen: ***questo commercio frutta poco, molto*** dieser Handel trägt wenig, viel ein; ***la raccolta ha fruttato tre milioni*** die Sammlung hat drei Millionen eingebracht **3** FIG. Früchte tragen: ***il mio interessamento non ha fruttato nulla*** meine Bemühung hat keine Früchte getragen **4** ECON. ***~ (interessi)*** Zinsen bringen (*o* tragen), sich verzinsen: ***il capitale frutta il 5 %, un interesse del 5 %*** das Kapital verzinst sich mit 5 %, bringt 5 % Zinsen; ***~ milioni (di interessi)*** Millionen Zinsen bringen ◆ ***far ~ il capitale*** das Kapital zinsbringend an‿legen.

frut|ta|to agg. *(di vino)* fruchtig.

frut|te|to m. Obstgarten *m.*, Fruchtgarten *m.*

frut|ti|co|lo agg. obstbaulich, Obst-: ***raccolto ~*** Obsternte *f.*; ***mercato ~*** Obstmarkt *m.* (*o* Fruchtmarkt *m.*). **frut|ti|col|tu|ra** f. Obst(an)bau *m.* **frut|ti|col|to|re** m. Obstzüchter *m.*

frut|tie|ra f. Obstschüssel *f.*, Obstschale *f.*

frut|ti|fe|ro agg. **1** fruchttragend, fruchtbringend, fruchtbar, Frucht-: ***rami -i*** Fruchtholz *n.* **2** FIG. *(fruttuoso)* fruchtbringend, fruchtbar **3** ECON. zinsbringend, zinstragend, verzinslich, verzinsbar: ***deposito ~*** verzinsliche Einlage.

frut|ti|fi|ca|re intr. *(fruttifico, fruttifichi;* aus. *avere)* Früchte tragen, fruktifizieren. **frut|ti|fi|ca|zio|ne** f. Fruchtansatz *m.*, Fruchtbildung *f.*, Fruktifikation *f.*

frut|ti|ven|do|lo m. Obsthändler *m.*, Fruchthändler *m.*

frut|to m. **1** Frucht *f.*: ***un ~ acerbo, maturo*** eine saure, reife Frucht; ***un ~ succoso, carnoso*** eine saftige, fleischige Frucht; ***portare -i*** Früchte tragen, bringen; ***essere carico di -i*** schwer von Früchten (*o* mit Früchten behangen) sein; ***cogliere un ~ dall'albero*** eine Frucht vom Baum pflücken **2** FIG. Frucht *f.*, Nutzen *m.*: ***dare (buoni) -i*** (reiche) Früchte tragen, (viel) Nutzen bringen; ***gli sforzi non hanno dato nessun ~*** die Bemühungen haben keine Früchte getragen; ***trarre ~ da qcs.*** aus etw. Nutzen ziehen; ***raccogliere i -i, il ~ delle proprie fatiche*** die Früchte seiner Arbeit ernten **3** *(risultato)* Ergebnis *n.*: ***qcs. è ~ della mia esperienza*** etw. ist das Ergebnis meiner Erfahrung **4** *(prodotto)* Ausgeburt *f.*, Produkt *n.*: ***~ della fantasia*** Ausgeburt der Fantasie **5** ECON. *(profitto)* Zins *m.*: ***i -i di un investimento*** die Zinsen einer Investition; ***mettere a ~ un capitale*** ein Kapital zinsbringend an‿legen ◆ CHIM. ***acido di ~*** Fruchtsäure *f.*; ***albero da ~*** Obstbaum *m.*, Fruchtbaum *m.*; ***essere il ~ dell'amore*** eine Frucht der Liebe sein; ***-i di bosco*** Waldbeeren *pl.*; ***~ capsulare*** Kapselfrucht *f.*; ***~ composto*** Sammelfrucht *f.*; ***~ deiscente*** Springfrucht *f.*, Streufrucht *f.*; ***~ esotico*** exotische Frucht; ***falso ~*** Scheinfrucht *f.*; ***~ indeiscente*** Schließfrucht *f.*; ***-i di mare*** Meeresfrüchte *pl.*; ***cogliere il ~ quando è maturo*** die Früchte ernten, wenn sie reif sind; ***mettere a ~ qcs.*** etw. nutzbringend an‿wenden; ***~ della passione*** Passionsfrucht *f.*; ***essere il ~ del peccato*** eine Frucht der Sünde sein; ***polpa del ~*** Fruchtfleisch *n.*; ***il ~ proibito*** die verbotene Frucht; ***~ selvatico*** Wildfrucht *f.*; ***il ~ del suo seno*** die Frucht ihres Leibes; FIG. ***senza ~*** fruchtlos; ***~ di stagione*** Frucht der Jahreszeit; ***~ tardivo*** Spätfrucht *f.*; ***~ della terra*** Feldfrucht *f.*; ***vivere del ~ della proprie fatiche, del proprio lavoro*** von der Frucht seiner Arbeit leben.

frut|to|sio m. Fruchtzucker *m.*, Fructose (*o* Fruktose) *f.*

frut|tuo|so agg. **1a** ertragreich: ***un'annata -a*** ein ertragreiches Jahr **b** ESTENS. *(redditizio)* ertragreich, einträglich: ***un affare, un investimento ~*** ein einträgliches Geschäft, eine ertragreiche Investition **2** *(che dà buoni risultati)* fruchtbar, fruchtbringend: ***una ricerca -a*** eine fruchtbare Untersuchung.

F.S. ⇒ *Ferrovie dello Stato* (italienische) staatliche Eisenbahn.

f.to ⇒ *firmato* gezeichnet (gez.).

fu I → **essere II** agg. BUROCR. vestorben: ***il ~ Mario Rossi*** der verstorbene Mario Rossi; ***Giorgio Bianchi del ~ Carlo*** Giorgio Bianchi, Sohn des verstorbenen (*o* seligen) Carlo.

fu|ci|la|re tr. erschießen.

fu|ci|la|ta f. **1** Gewehrschuss *m.*; *(con fucile da caccia)* Flintenschuss *m.*, Büchsenschuss *m.* **2** SPORT GERG. Pfund *n.*, (wuchtiger) Schuss *m.*

fu|ci|la|zio|ne f. Erschießung *f.*, Erschießen *n.*: ***condanna a morte per ~*** Verurteilung zum Tode durch Erschießen.

fu|ci|le m. Gewehr *n.*; *(da caccia)* Jagdgewehr *n.*, Flinte *f.*, Büchse *f.*: ***caricare, spianare il ~*** das Gewehr laden, vor‿halten; ***puntare il ~ su qcn., qcs.*** das Gewehr auf jdn, etw. an‿legen, richten; ***fare fuoco con il ~*** das Gewehr ab‿feuern ◆ ***~ ad ago*** Zündnadelgewehr *n.*; ***~ ad aria compressa*** Luftgewehr *n.*; ***~ d'assalto*** Sturmgewehr *n.*; ***~ automatico*** Selbstladegewehr *n.*; ***~ ad avancarica*** Vorderlader *m.*; ***~ da caccia*** Jagdgewehr *n.*; ***calcio del ~*** Gewehrkolben *m.*; ***canna del ~*** Gewehrlauf *m.*; ***~ a canna corta*** Stutzen *m.*; ***~ a doppia canna*** Doppelbüchse *f.*; ***~ a canne mozze*** = Gewehr *n.* mit abgesägtem Lauf; ***colpo di ~*** Gewehrschuss *m.*; ***~ mitragliatore*** Maschinengewehr *n.*; ***~ a pompa*** Pumpgun *n.*; ***~ a retrocarica*** Hinterlader *m.*; ***~ a ripetizione*** Repetiergewehr *n.*, Mehrlader *m.*; ***~ subacqueo*** Harpune *f.*

fu|ci|le|ri|a f. ***fuoco, scarica di ~*** Gewehrfeuer *n.*, Gewehrsalve *f.*

fu|ci|lie|re m. Gewehrschütze *m.*, Schütze *m.*

fu|ci|na f. **1a** Schmiedefeuer *n.* **b** *(forno)* Schmiedeofen *m.* **c** *(impianto o reparto)* Schmiede *f.* **2a** FIG. Brutstätte *f.*: ***una ~ di misfatti, di tradimenti*** eine Brutstätte des Verbrechens, des Verrats **b** FIG. *(luogo di formazione)* Schmiede *f.*: ***una ~ d'ingegni*** eine Geistesschmiede. **fu|ci|na|re** tr. schmieden. **fu|ci|na|to|re** m. Schmied *m.* **fu|ci|na|tu|ra** f. Schmieden *n.*

1.fu|co m. *(-chi)* ZOOL. Drohne *f.*, Drohn *m.*

2.fu|co m. *(-chi)* BOT. Blasentang *m.*, Tang *m.*

fuc|sia I f. BOT. Fuchsie *f.* **II** m. *(colore)* Pink *n.* **III** agg.inv. pink, pinkfarben. **fuc|si|na** f. Fuchsin *n.*

fu|ga f. *(-ghe)* **1** Flucht *f.*: ***~ dal carcere*** Flucht aus dem Gefängnis, Gefängnisflucht *f.*; ***tentare la ~*** die Flucht versuchen; ***impedire la ~ di qcn.*** jds Flucht verhindern; ***salvarsi con la ~*** sich durch Flucht retten; FIG. ***la ~ da se stesso*** die Flucht vor sich selbst; ***la ~ dalla realtà*** die Flucht vor der Realität **2** *(fuoriuscita, espatrio)* Abwanderung *f.*: ***~ all'estero*** Abwanderung ins Ausland **3** *(di gas, liquidi)* Ausströmung *f.*, Ausströmen *n.*, Austritt *m.*: ***~ di gas*** Ausströmen von Gas **4** MUS. Fuge *f.*: ***una ~ a tre, quattro voci*** eine dreistimmige, vierstimmige Fuge **5** SPORT Ausreißen *n.* ◆ ***~ di capitali*** Kapitalflucht *f.*, Kapitalabwanderung *f.*; ***~ dei cervelli*** Abwanderung von Wissenschaftlern, Braindrain *m.*; ***~ del conducente*** Fahrerflucht *f.*, DIR. Unfallflucht *f.*; SPORT ***corridore in ~*** Ausreißer *m.*; ***darsi alla ~*** sich zur Flucht wenden; ***(essere) in ~*** auf der Flucht (sein); ***linea di ~*** Fluchtlinie *f.*; ***~ in massa*** Massenflucht *f.*; ***mettere in ~ qcn.*** jdn in die Flucht schlagen; ***~ dal mondo*** Weltflucht *f.*; ***~ di notizie*** Durchsickern *n.* von Nachrichten; ***prendere la ~*** die Flucht ergreifen; GEOM. ***punto di ~*** Fluchtpunkt *m.*; ***una ~ di stanze*** eine Zimmerflucht; ***tentativo di ~*** Fluchtversuch *m.*; FIS. ***velocità di ~*** Fluchtgeschwindigkeit *f.*, Entweichgeschwindigkeit *f.*; ***via di ~*** Fluchtweg *m.*

fu|ga|ce agg. **1** flüchtig: ***un incontro ~*** eine flüchtige Begegnung **2** LETT. *(in fuga)* fliehend. **fu|ga|ce|men|te** avv. flüchtig, vergänglich. **fu|ga|ci|tà** f. Flüchtigkeit *f.*, Vergänglichkeit *f.*

fu|ga|re tr. *(fugo, fughi)* verjagen, vertreiben: ***~ le preoccupazioni*** die Sorgen verjagen; ***~ i dubbi*** Zweifel zerstreuen; ***~ la noia*** die Langeweile vertreiben.

fu|ga|to I agg. fugal **II** m. Fugato *n.*

fug|gen|te agg. fliehend, flüchtig: ***cogliere l'attimo ~*** den flüchtigen Augenblick fest‿halten. **fug|ge|vo|le** agg. flüchtig, vergänglich: ***uno sguardo ~*** ein flüchtiger Blick. **fug|ge|vo|lez|za** f. Flüchtigkeit *f.* **fug|ge|vol|men|te** avv. flüchtig.

fug|gia|sco I agg. *(-schi,-sche)* flüchtig **II** m. *(-schi)* Flüchtling *m.*

fug|gi|fug|gi m.inv. wilde Flucht *f.*, Auf und Davon *n.*: ***un ~ generale*** eine wilde Massenflucht.

fug|gi|re *(fuggo, fuggi)* **I** intr. (aus. *essere*) **1** fliehen, entfliehen, flüchten: ***~ all'estero*** ins Ausland fliehen (*o* flüchten); ***~ di, dalla prigione, dall'edificio, dalla casa in fiamme*** aus dem Gefängnis fliehen, aus dem Gebäude, aus dem brennenden Haus flüchten; *(rifugiarsi)* ***~ sulle montagne*** in die Berge flüchten **2** *(rifuggire)* aus‿weichen, aus dem Weg gehen: ***~ dalle cattive compagnie*** dem schlechten Umgang aus dem Weg gehen **3** FIG. *(trascorrere velocemente)* entfliehen, verfliegen: ***il tempo, la giovinezza fugge*** die Zeit verfliegt, die Jugend entflieht **4** SPORT *(fare una fuga)* aus‿reißen **II** tr. **1** ***~ qcs.*** etw. fliehen, etw. (D) entfliehen: ***~ la solitudine*** die Einsamkeit fliehen; FIG. ***~ la confusione, il rumore*** der Unruhe, dem Lärm entfliehen **2** ***~ qcn.*** jdn meiden: ***~ qcn. come la peste*** jdn wie die Pest meiden **3** *(scansare)* scheuen: ***non ~ le fatiche*** keine Mühe scheuen; ***~ la luce del giorno*** das Tageslicht scheuen ◆ ***~ di casa*** von zu Hause weg‿laufen (*o* davon‿laufen).

fug|gi|ti|vo I agg. flüchtig **II** m. Flüchtling *m.*

ful|cro m. **1** FIS. Drehpunkt *m.* **2** FIG. Schwerpunkt *m.*, Kern *m.*: ***il ~***

del problema der Kern des Problems.
ful|gen|te agg. LETT. glänzend, leuchtend. **ful|gi|dez|za** f. ANT. Glanz *m.*, Leuchten *n.*
ful|gi|do agg. **1** glänzend, leuchtend (anche FIG.) ***un ~ esempio di eroismo*** ein leuchtendes Beispiel von Heldentum **2** *(molto brillante)* (sehr) glänzend, brillant: ***una -a carriera*** eine glänzende Karriere; ***un ~ ingegno*** ein brillantes Genie.
ful|go|re m. Glanz *m.* (anche FIG.): ***il ~ di una stella*** der Glanz eines Sternes; ***il ~ della sua bellezza*** der Glanz ihrer Schönheit.
fu|lig|gi|ne f. Ruß *m.* **fu|lig|gi|no|so** agg. rußig, rußschwarz.
full m.inv. Fullhand *n.*
full im|mer|sion [fullim'mɛrʃon] f.inv. Full Immersion *f.* ◆ ***corso ~*** Intensivkurs *m.* **full time** [ful 'taim] agg.inv. ganztägig, Ganztags-, Full-Time-: ***un lavoro ~*** eine Ganztagsarbeit, ein Full-Time-Job.
ful|mi|co|to|ne m. Schießbaumwolle *f.* ◆ FIG. ***un bacio al ~*** ein Kuss voller Feuer; ***un pugno al ~*** ein Faustschlag mit voller Wucht, ein wuchtiger Faustschlag.
ful|mi|nan|te agg. **1** vernichtend, blitzend: ***uno sguardo ~*** ein vernichtender Blick **2** MED. tödlich verlaufend: ***meningite, polmonite ~*** tödlich verlaufende Hirnhaut-, Lungenentzündung **3** TECN. Zünd-, Schieß-, Spreng-: ***capsula ~*** Zündhütchen *n.*: ***polvere, carica ~*** Schießpulver *n.*, Sprengladung *f.*
ful|mi|na|re *(fulmino)* **I** tr. **1** mit einem Blitz treffen **2** *(folgorare)* ***la corrente ad alta tensione lo fulminò, restò fulminato dalla corrente ad alta tensione*** er bekam von dem Hochspannungsstrom einen Schlag **3** *(bruciare)* durch‿brennen lassen: ***la scarica ha fulminato la lampadina*** der Stromschlag hat die Birne durchbrennen lassen **4a** *(uccidere sul colpo)* töten, nieder‿schießen: ***lo fulminò con uno sparo a bruciapelo*** er tötete ihn mit einem Schuss aus nächster Nähe **b** ***un infarto lo ha fulminato*** ein Infarkt hat ihn tot zusammenbrechen lassen **II** intr. (aus. *avere, essere*) impers. ***tuonò e fulminò tutta la notte*** es donnerte und blitzte die ganze Nacht **III** pronom. **fulminarsi** durch‿brennen, durch‿glühen: ***si è fulminata la lampadina*** die Birne ist durchgebrannt ◆ ***che Dio mi fulmini se...*** Gott soll mich strafen, wenn..., hol mich der Teufel, wenn...; ***~ qcn. con lo, uno sguardo*** jdm einen vernichtenden Blick zu‿werfen.
1.ful|mi|na|to p.pass. agg. **1** → **fulminare 2** ***una lampadina -a*** eine durchgebrannte Birne ◆ ***restare, rimanere ~ (da una scossa elettrica)*** von einem elektrischen Schlag getroffen werden; FIG. ***essere, restare come ~*** wie vom Blitz getroffen (*o* vom Donner gerührt) da‿stehen.
2.ful|mi|na|to m. CHIM. Fulminat *n.* ◆ ***~ d'argento*** Knallsilber *n.*, Silberfulminat *n.*; ***~ di mercurio*** Knallquecksilber *n.*, Quecksilberfulminat *n.*
ful|mi|na|zio|ne f. Blitzschlag *m.*; *(da corrente elettrica)* Stromschlag *m.*
ful|mi|ne m. Blitz *m.*: ***essere colpito, ucciso da un ~*** von einem Blitz getroffen, erschlagen werden; ***un ~ si abbattè sull'albero, sulla casa*** ein Blitz schlug in den Baum, in das Haus ein; ***correre come un ~*** wie der Blitz (*o* blitzschnell) rennen; FIG. ***quel cavallo è un ~!*** dieses Pferd ist schnell wie der Blitz! ***è un vero ~ a premere il pulsante*** er drückt blitzschnell den Knopf ◆ ***come un ~ a ciel sereno*** wie ein Blitz aus heiterem Himmel: ***la notizia arrivò come un ~ a ciel sereno*** die Nachricht schlug wie eine Bombe ein; FIG. ***colpo di ~*** Liebe *f.* auf den ersten Blick; ***per mille -i!*** Donnerschlag! ***-i e saette! tuoni e -i!*** Donner und Blitz!
ful|mi|nei|tà f. Blitzesschnelle *f.*
ful|mi|ne|o agg. blitzschnell, Blitz-; ***uno scatto ~*** ein Blitzstart; ***un attacco ~*** ein Blitzangriff; FIG. ***una decisione -a*** eine blitzschnelle Entscheidung (*o* eine Blitzentscheidung).
ful|vo agg. rotblond, rötlich: ***pelo ~*** rötliches Fell; ***capelli -i*** rotblondes Haar.
fu|ma|io|lo m. Schornstein *m.*
fu|man|te agg. **1** rauchend: ***camino ~*** rauchender Schornstein; ***rovine -i*** rauchende Trümmer **2** dampfend: ***una minestra, tazza ~*** eine dampfende Suppe, Tasse.
fu|ma|re I tr. rauchen (anche assol.): ***~ la pipa, un sigaro, marijuana*** die Pfeife, eine Zigarre, Marihuana rauchen; ***~ un pacchetto di sigarette al giorno*** ein Päckchen Zigaretten pro Tag rauchen; ***~ poco, troppo*** wenig, zuviel rauchen; ***~ come una ciminiera, come un turco*** wie ein Schornstein (*o* wie ein Schlot) rauchen; ***smettere di ~*** das Rauchen auf‿geben; ***Le dà fastidio se fumo?*** stört es Sie, wenn ich rauche? ***qui non si può ~, è vietato ~*** hier darf man nicht rauchen **II** intr. (aus. *avere*) **1a** *(mandare fumo)* qualmen, rauchen: ***il camino fuma*** der Kamin raucht **b** FIG. COLLOQ. ***mi fuma il cervello, la testa*** mir raucht der Kopf **2** *(emanare vapore)* dampfen, dunsten: ***il tè fuma ancora*** der Tee dampft noch ◆ ***vietato ~*** Rauchen verboten, Rauchen nicht gestattet.
fu|ma|ria f. Erdrauch *m.*, Feldraute *f.* **fu|ma|rio** agg. *(-ri,-rie)* Rauch-: ***canna -a*** Rauchabzug *m.* **fu|ma|ro|la** f. Fumarole *f.*
fu|ma|ta f. Rauchen *n.*; ***farsi una ~*** rauchen, sich (D) eine an‿stecken ◆ ***~ bianca, nera*** weißer, schwarzer Rauch. **fu|ma|to** p.pass. agg. **1** → **fumare 2** GERG. *(drogato)* verhascht.
fu|ma|to|re m. Raucher *m.*: ***un accanito, forte ~*** ein Kettenraucher, ein starker Raucher ◆ ***sala (per) -i, non -i*** Raucher-, Nichtraucherzone *f.*; ***scompartimento (per) -i, non -i*** Raucher-, Nichtraucherabteil *m.*; ***tosse da ~*** Raucherhusten *m.* **fu|ma|tri|ce** f. Raucherin *f.*
fu|mé agg.inv. rauchfarben, rauchig ◆ ***vetro ~*** Rauchglas *n.*
fu|me|ri|a f., ***~ d'oppio*** Opiumhöhle *f.*
fu|met|ti|sta m. e f. *(-i,-e)* Comiczeichner *m.* (-in *f.*). **fu|met|ti|sti|co** agg. *(-ci,-che)* **1** von Comics, Comic- **2** SPREG. *(banale, stereotipato)* Kitsch-, kitschig, platt: ***una vicenda -a*** eine platte Geschichte.
fu|met|to m. **1** pl. Comics *pl.*: ***disegnare -i*** Comics zeichnen **2** *(giornalino)* Comicheft *n.*, Comic *m.*: ***collezionare, leggere -i*** Comichefte (*o* Comics) sammeln, lesen **3** *(nuvoletta dei fumetti)* Sprechblase *f.* ◆ ***giornale, giornalino a -i*** Comicheft *n.*; ***racconto, storia a -i*** Comicgeschichte *f.*; *(a strisce)* Comic strip *m.*; *(giornalino)* Comicheft *n.*, Comic *m.* **fu|met|to|ne** m. Schmarren *m.*, Schnulze *f.*: ***un ~ rosa con il lieto fine*** eine Schnulze mit Happy End.
fu|mi|ga|re intr. *(fumigo, fumighi*; aus. *avere)* **1** *(mandare fumo)* rauchen, qualmen: ***la legna umida, il camino fumiga*** das feuchte Holz qualmt, der Kamin raucht **2** *(mandare vapore)* dampfen. **fu|mi|ga|zio|ne** f. **1** Ausräucherung *f.* **2** *(affumicamento)* Räucherung *f.*
fu|mi|sta m. Töpfer *m.*, Ofensetzer *m.*, REGION. Hafner *m.*, Häfner *m.* **fu|mi|ste|ri|a** f. großes Gerede *n.*
fu|mo m. **1a** Rauch *m.*, Qualm *m.*: ***un ~ denso, pungente, irrespirabile*** ein dicker, beißender Rauch, ein Rauch zum Ersticken; ***una stanza piena di ~*** ein mit Rauch erfülltes Zimmer; ***il ~ si forma, si leva, si disperde*** der Rauch bildet sich, steigt auf (*o* steigt in die Höhe), zieht ab; ***la candela, la legna umida, la stufa fa ~*** die Kerze, das feuchte Holz, der Ofen raucht (*o* qualmt); ***c'è odore di ~*** es riecht nach Rauch; ***aspirare, espirare (buttare fuori) il ~*** den Rauch ein‿atmen, aus‿stoßen (*o* aus‿blasen) **b** *(emissione di gas, vapore)* Dampf *m.*, Dunst *m.*: ***il ~ della pentola, della palude*** der Dampf aus dem Topf, der Dunst aus dem Sumpf **2** *(consumo del tabacco)* Rauchen *n.*: ***avere il vizio del ~*** das Laster des Rauchens haben; ***il ~ fa male (alla salute)*** Rauchen schadet der Gesundheit; *(sui pacchetti di sigarette)* ***il ~ nuoce gravemente alla salute*** Rauchen gefährdet die Gesundheit; ***una campagna contro il ~*** eine Kampagne gegen das Rauchen **3** GERG. *(hascisc, marijuana)* Kif *m.*: ***hai del ~?*** hast du was zu kiffen? **4** FIG. *(apparenza)* Rauch *m.*: ***le sue parole? tutto ~!*** seine Worte? Schall und Rauch! (*o* leerer Schall!) ◆ ***essere in preda ai -i dell'alcol*** vom Alkohol benebelt sein, unter Alkoholeinfluss stehen; ***andare in ~*** sich in Rauch auf‿lösen, in Rauch auf‿gehen, sich in Wohlgefallen auflösen; ***anello di ~*** Rauchkringel *m.*; ***tanto ~ e poco arrosto!*** viel Stroh, wenig Korn! ***color ~*** rauchfarben; *(sostantivo)* Rauchfarbe *f.*; ***~ di Londra*** → ***color ~***; ***mandare in ~ qcs.*** etw. platzen lassen, etw. über den Haufen werfen; ***nube, nuvola di ~*** Rauchwolke *f.*; ***è tutto ~ negli occhi!*** das ist nur Augenwischerei! ***gettare ~ negli occhi a qcn.*** jdm Sand in die Augen streuen; ***vedere qcn., qcs. come ~ negli occhi*** rot bei jdm, etw. sehen; ***essere ~ negli occhi per qcn.*** ein rotes Tuch für jdm sein, wie ein rotes Tuch auf jdn wirken; ***rivelatore di ~*** Rauchmelder *m.*; ***sapere di ~*** nach Rauch schmecken; *(odorare di fumo)* nach Rauch riechen; ***segnale di ~*** Rauchsignal *n.*; ***vendere ~ a qcn.*** jdm blauen Dunst vor‿machen; ***venditore di ~*** Schaumschläger *m.*, Blender *m.*
fu|mo|ge|no I agg. Nebel-, Rauch-: ***candelotto ~*** Nebelkerze *f.*, Rauchpatrone *f.*; ***bomba -a*** Nebel-, Rauchbombe *f.* **II** m. Nebelkerze *f.*, Rauchpatrone *f.* ◆ MIL. ***cortina -a*** Einneb(e)lung *f.*
fu|moir [fy'mwa:r] m.inv. Rauchsalon *m.*
fu|mo|si|tà f. **1** Verrauchtheit *f.* **2** FIG. *(nebulosità)* Verschwommenheit *f.*, Unklarheit *f.*
fu|mo|so agg. **1** verraucht, verräuchert, rauchig: ***un locale ~*** ein verrauchtes Lokal **2** *(che fa fumo)* rauchend, qualmend: ***legna -a*** rauchendes Holz **3** FIG. *(nebuloso)* nebulös, nebelhaft, verschwommen, unklar: ***uno stile, un discorso ~*** ein nebulöser Stil, eine nebulöse Rede.
fu|nam|bo|le|sco agg. *(-schi,-sche)* → **funambolico. fu|nam|bo|li|co** agg. *(-ci,-che)* Drahtseil-: ***esercizi -ci*** Drahtseilübungen. **fu|nam|bo|li|smo** m. Drahtseilakt *m.* (anche FIG.). **fu|nam|bo|lo** m. Seilakrobat *m.*, Seiltänzer *m.*, Drahtseilkünstler *m.*: FIG. ***dimostrare una vera abilità da ~*** eine wahre Fähigkeit zum Drahtseilkünstler zeigen.

fu|ne f. **1a** Seil *n.*, Strang *m.*, Strick *m.*: ***~ di canapa, d'acciaio*** Hanfseil *n.*, Stahldrahtseil *n.*; ***calarsi dal tetto con una ~*** sich vom Dach an einem Seil herab‿lassen **b** *(per bucato)* Leine *f.* **2** MAR. Tau *n.*, Leine *f.*: ***mollare la ~*** das Tau los‿lassen **3** GINN. Tau *n.*, Klettertau *n.*: ***arrampicarsi sulla ~*** am Tau klettern **4** EQUIT. Longe *f.* ◆ *(al circo)* ***esercizio alla ~*** Hochseilakt *m.*; ***~ portante*** Tragseil *n.*, Lastseil *n.*; ***tiro alla ~*** Tauziehen *n.*, Seilziehen *n.*

fu|ne|bre agg. **1** Trauer-, Toten-, Leichen-, Grab- **2** FIG. *(funereo)* ***un'espressione, tono ~*** eine Trauermiene, eine Trauerstimme ◆ ***annunci -i*** Todesanzeigen *pl.*; ***carro ~*** Leichenwagen *m.*; ***cerimonia ~*** Beerdigungsfeier *f.*, Begräbnisfeier *f.*, Trauerfeier *f.*; ***corteo ~*** Trauerzug *m.*, Trauergeleit *n.*, Leichenzug *m.*; ***lamento ~*** Totenklage *f.*; ***marcia ~*** Trauermarsch *m.*; ***messa ~*** Totenmesse *f.*, Trauergottesdienst *m.*; ***monumento ~*** Grabdenkmal *n.*; ***onoranze -i*** Totenehrung *f.*; ***orazione ~*** Grabrede *f.*, Leichenrede *f.*, Trauerrede *f.*; ***(impresa di) pompe -i*** Bestattungsunternehmen *n.*, Beerdigungsinstitut *n.*, Beerdigungsunternehmen *n.*; ***ufficio ~*** Totenamt *n.*, Sterbeamt *n.*; ***veglia ~*** Totenwache *f.*

fu|ne|ra|le m. Beerdigung *f.*, Begräbnis *n.*: ***andare, partecipare a un ~*** auf eine (*o* zu einer) Beerdigung gehen, an einer Beerdigung teil‿nehmen (*o* einer Beerdigung bei‿wohnen); ***il ~ avrà luogo, i -i si terranno il 3 aprile presso la chiesa di...*** die Beerdigung findet am 3. April in der Kirche von... statt ◆ ***~ civile*** nichtreligiöses Begräbnis; ***avere, fare una faccia da ~*** ein Gesicht machen wie drei (*o* sieben, acht, vierzehn) Tage Regenwetter; ***-i di Stato*** Staatsbegräbnis *n.*

fu|ne|ra|rio agg. *(-ri,-rie)* Grab-: ***iscrizione, urna -a*** Grabinschrift *f.*, Graburne *f.* ◆ ***spese -rie*** Begräbniskosten *pl.*

fu|ne|re|o agg. **1** Trauer-, trübsinnig, betrübt, traurig: ***un aspetto ~*** ein trauriges Aussehen; ***un'espressione -a*** eine Trauermiene; ***parlare con voce -a*** mit einer Trauerstimme sprechen **2** LETT. *(che riguarda i defunti)* Toten-, Leichen-, Grab-: ***drappo ~*** Grabtuch *n.*, Sargtuch *n.*

fu|ne|sta|re tr. heim‿suchen, treffen, trüben: ***la festa è stata funestata da una grave notizia*** das Fest wurde durch eine traurige Nachricht getrübt. **fu|ne|sta|to** p.pass. agg. **1** → **funestare** **2** ***un gran premio ~ da un grave incidente*** ein von einem schweren Unfall heimgesuchtes Formel-1-Rennen. **fu|ne|sto** agg. **1** unheilvoll, Unheil bringend, Unheil (ver)kündend: ***-i presagi*** unheilvolle Ahnungen **2** *(sventurato)* unselig, unglückselig: ***una giornata -a*** ein unseliger Tag **3** *(luttuoso)* Trauer-, traurig, betrüblich: ***un evento ~*** ein trauriges Ereignis; ***una notizia -a*** eine betrübliche Nachricht.

fun|ga|ia f. Pilzplatz *m.*; *(coltivazione)* Pilzbeet *n.*

fun|ge|re intr. *(fungo, fungi; funsi;* RAR. *funto;* aus. *avere)* **1** fungieren, BUROCR. amtieren: ***~ da sostituto, da intermediario*** als Vertreter, als Verbindungsmann fungieren; ***~ da padrino*** Pate sein **2** *(servire)* dienen: ***la sua camera funge ora da ripostiglio*** sein Zimmer dient jetzt als Abstellraum.

fun|ghet|to m. (kleiner) Pilz *m.*; *(in barattolo)* Dosenpilz *m.* ◆ ***al ~*** INTRAD. (mit klein geschnittenem Gemüse).

fun|ghi|col|to|re m. Pilzzüchter *m.* **fun|ghi|col|tu|ra** f. Pilzzucht *f.*, Pilzzüchtung *f.*

fun|gi|bi|le agg. DIR. vertretbar, austauschbar, fungibel. **fun|gi|bi|li|tà** f. DIR. Austauschbarkeit *f.*, Ersetzbarkeit *f.*, Fungibilität *f.*

fun|gi|ci|da **I** agg. pilztötend, fungizid **II** m. Pilzvernichtungsmittel *n.*, Fungizid *n.* **fun|gi|for|me** agg. pilzförmig. **fun|gi|no** agg. Pilz-: ***specie -a*** Pilzart *f.*; ***infezione -a*** Pilzbefall *m.* **fun|gi|vo|ri|de** m. Pilzmücke *f.*

fun|go m. *(-ghi)* Pilz *m.* (anche MED.): ***-ghi commestibili, velenosi*** essbare, giftige Pilze; ***cercare -ghi, andare a, per -ghi*** Pilze suchen, sammeln, REGION. in die Pilze gehen ◆ ***~ atomico*** Atompilz *m.*, Rauchpilz *m.*; ***avvelenamento da -ghi*** → ***intossicazione da -ghi***; ***cercatore di -ghi*** Pilzsammler *m.*; ***spuntare, crescere come -ghi*** wie Pilze aus der Erde, aus dem Erdboden schießen; ***~ commestibile, edule*** Speisepilz *m.*; ***a forma di ~*** pilzförmig; ***infezione da -ghi*** Pilzbefall *m.*; ***intossicazione da -ghi*** Pilzvergiftung *f.*; ***piatto di -ghi*** Pilzgericht *n.*; ***~ velenoso*** Giftpilz *m.* **fun|go|so** agg. pilzartig.

fu|ni|cel|la f. Schnur *f.*, Leine *f.*

fu|ni|co|la|re **I** agg. **1** seilförmig, Seil- **2** TECN. Seil-: ***trazione ~*** Seilbetrieb *m.* **3** ANAT. Strang- **II** f. **1** *(su rotaie)* Standseilbahn *f.* **2** *(aerea)* Schwebebahn *f.*

fu|ni|co|lo m. **1** ANAT. Strang *m.* **2** BOT. Hilum *n.* ◆ ***~ nervoso*** Nervenstrang *m.*, Nervenbahn *f.*; ***~ spermatico*** Samenstrang *m.*

fu|ni|vi|a f. Seilbahn *f.*, Drahtseilbahn *f.*: ***andare in ~*** mit der Seilbahn fahren; ***salire sulla ~*** in die Seilbahn steigen ◆ ***cabina della ~*** Fahrkorb *m.*

fun|si, fun|to → **fungere.**

fun|zio|na|le agg. **1** funktional, funktionell, Funktions-: ***aspetti, valori -i*** funktionelle Aspekte, Funktionswerte; ***unità ~*** funktionale Einheit (*o* Funktionseinheit *f.*) **2** *(che concerne le funzioni di una persona)* amtlich, dienstlich: ***la competenza ~ di un magistrato*** die amtliche Zuständigkeit eines Richters **3** *(ispirato a praticità)* zweckmäßig, funktionell: ***mobili -i*** zweckmäßiges Mobiliar; ***una struttura molto ~*** eine sehr funktionelle Struktur; ***un metodo di lavoro ~*** eine funktionelle Arbeitsweise; ***costruire qcs. in modo ~*** etw. funktionsgerecht bauen **4** MED. funktionell, Funktions-: ***disturbi -i*** funktionelle Störungen; ***modificazione ~*** Funktionswechsel *m.* **5** ARCH. funktionalistisch, Zweck-: ***costruzione ~*** Zweckbau *m.*; ***architettura ~*** funktionalistische Architektur ◆ ***analisi ~*** Funktionsanalyse *f.*; ***equazione ~*** Funktionsgleichung *f.*; ***la grammatica ~*** die funktionale Grammatik; ***rendere ~*** funktionalisieren; ***verbo ~*** Funktionsverb *n.*

fun|zio|na|li|smo m. ARCH. PSIC. Funktionalismus *m.* **fun|zio|na|li|sta** m. e f. *(-i,-e)* ARCH. PSIC. Funktionalist *m.* (-in *f.*).

fun|zio|na|li|tà f. **1** Zweckmäßigkeit *f.* **2** MED. Funktionsfähigkeit *f.*: ***~ gastrica*** Magenfunktion *f.*; ***esame della ~*** Funktionsprüfung *f.*

fun|zio|nal|men|te avv. funktional, funktionell: ***strutturato ~*** funktional strukturiert; ***un organo ~ sano*** ein funktionell gesundes Organ.

fun|zio|na|men|to m. **1a** Funktionieren *n.*, Lauf *m.*, Gang *m.*, Betrieb *m.*: ***controllare il ~ di una macchina*** den Lauf einer Maschine prüfen; ***~ a gas, a benzina, a pile*** Gas-, Benzin-, Batteriebetrieb *m.* **b** ESTENS. ***il buon, il cattivo ~ dell'amministrazione*** das gute, schlechte Funktionieren der Verwaltung **2** *(modo di funzionare)* Funktionsweise *f.*, Arbeitsweise *f.* ◆ ***~ continuato*** Dauerbetrieb *m.*; ***prova di ~*** Probelauf *m.*; ***velocità di ~*** Betriebsgeschwindigkeit *f.*; MECC. ***~ a vuoto*** Leergang *m.*, Leerlauf *m.*

fun|zio|nan|te agg. funktionstüchtig: ***una macchina, un organo ~*** eine funktionstüchtige Maschine, ein funktionstüchtiges Organ.

fun|zio|na|re intr. (aus. *avere*) **1a** funktionieren, gehen; *(di macchina in movimento)* laufen; TECN. arbeiten: ***l'apparecchio non funziona*** das Gerät funktioniert nicht; ***la macchina non funziona bene*** die Maschine läuft nicht richtig; ***come funziona?*** wie funktioniert das? ***~ a benzina, a gas, a pile*** mit Benzin fahren (*o* laufen), mit Gas laufen, mit Batterien laufen (*o* funktionieren) **b** ***la collaborazione funziona senza problemi*** die Zusammenarbeit funktioniert reibungslos; ***come funziona questo gioco?*** wie geht dieses Spiel? ***il suo cuore funziona bene*** sein Herz arbeitet gut **2** *(dare risultati positivi)* funktionieren, COLLOQ. klappen: ***il nuovo metodo comincia a ~*** die neue Methode beginnt zu funktionieren; ***funziona!*** es klappt! **3** *(essere chiaro, spiegabile, razionale)* stimmen: ***qui c'è qualcosa che non funziona*** da stimmt etwas nicht ◆ ***far ~ qcs.*** etw. betreiben, gängig machen, in Betrieb (*o* Gang) setzen; ***in grado di ~*** funktionsfähig.

fun|zio|na|rio m. *(-ri)* Funktionär *m.*; *(pubblico impiegato)* Beamte *m.*; *(incaricato)* Beauftragte *m.*: ***corrompere, comprare un ~*** einen Beamten bestechen, kaufen; ***alto ~*** Beamter des höheren Dienstes ◆ ***~ amministrativo*** Amtmann *m.*, Amtsperson *f.*; ***~ di banca*** höhere Bankangestellte *m.*; ***~ di corte*** Hofbeamte *m.*; ***~ esecutivo*** Vollzugsbeamte *m.*; ***~ governativo*** Regierungsbeamte *m.*; ***~ inquirente*** Ermittlungsbeamte *m.*; ***~ della magistratura*** Justizbeamte *m.*; ***~ di partito*** Parteifunktionär *m.*; ***~ di polizia*** Polizeibeamte *m.*; ***~ statale*** Staatsbeamte *m.*

fun|zio|ne f. **1a** Funktion *f.* (anche BIOL. MAT. LING.): ***adempiere la propria ~*** seine Funktion erfüllen; ***le -i del cervello*** die Gehirnfunktionen; ***~ respiratoria, circolatoria*** Atmungsfunktion *f.*, Kreislauffunktion *f.*; ***-i vegetative*** vegetative Funktionen; ***-i algebriche, lineari, biquadratiche*** algebraische, lineare, biquadratische Funktionen **b** FIG. *(ruolo, compito, valore, finalità)* Aufgabe *f.*, Rolle *f.*, Funktion *f.*: ***avere una precisa ~ politica, sociale*** eine fest umrissene politische, soziale Aufgabe haben; ***la nostra ~ di educatori*** unsere Aufgabe als Erzieher; ***avere una ~ puramente decorativa*** eine rein dekorative Funktion haben **2a** *(carica)* Funktion *f.*, Amt *n.*, Stellung *f.*: ***~ direttiva*** leitende Funktion; ***esercitare la ~ di presidente*** das Amt des Präsidenten aus‿üben; ***nell'esercizio delle proprie -i*** bei der Ausübung seines Amtes **b** DIR. ***~ legislativa, amministrativa*** legislative, administrative Funktion; ***~ pubblica*** öffentliche Funktion **3** RELIG. *(breve rito)* Andacht *f.*; *(messa)* Gottesdienst *m.*: ***celebrare una ~ religiosa*** einen Gottesdienst halten ◆ ***~ clorofilliana*** Chlorophyllfunktion *f.*; ***entrare, essere in ~*** in Funktion (*o* in Tätigkeit) treten, sein (*o* in Betrieb sein); ***il facente ~*** der Stellvertreter; ***~ funebre*** Totenmesse *f.*; FIG. ***essere in ~ di qcs.*** von etw. abhängig sein; ***vivere in ~ di qcn., qcs.*** von jdm, etw. abhängig sein; ***mettere in ~*** in Betrieb setzen; ***privo di ~*** funktionslos; INFORM. ***tasto (di) ~*** Funktionstaste *f.*

fuo|chi|sta m. Heizer *m.*

fuo|co **I** m. *(-chi)* **1a** Feuer *n.* (anche FIG.): ***accendere, appiccare, attizzare, spegnere il ~*** Feuer an_zünden (COLLOQ. an_machen), legen, das Feuer an_schüren, Feuer löschen; ***fare ~*** Feuer machen; ***al ~!*** Feuer! es brennt! ***dar ~ a qcs.*** etw. an_zünden; ***prendere, pigliare ~*** Feuer fangen (anche FIG.) **b** *(spari)* ***~ di fucileria*** Gewehrfeuer *n.*; ***aprire, cessare il ~*** das Feuer eröffnen, ein_stellen **c** COLLOQ. *(per accendere una sigaretta)* ***hai del ~?*** hast du Feuer? ***dammi del, un po' di ~*** gib mir Feuer **2a** *(fornello)* Feuer *n.*, Flamme *f.*: ***una cucina a quattro -chi*** ein vierflammiger Gasherd (*o* ein Elektroherd mit vier Kochplatten); ***mettere qcs. sul ~*** etw. aufs Feuer stellen; ***togliere la pentola dal ~*** den Topf vom Feuer nehmen **b** *(fiamma)* Flamme *f.*: ***cuocere a ~ lento, vivo*** auf kleiner, großer Flamme kochen **3** pl. *(fuochi d'artificio)* Feuerwerk *n.* **4** OTT. GEOM. Fokus *m.*, Brennpunkt *m.* **II** inter. **1** MIL. Feuer **2** GIOC. heiß ◆ ***a ~*** mit Feuer, Feuer-; ***saldatura a ~*** Feuerschweißung *f.*; ***al ~!*** Feuer! ***andare a ~*** brennen, Feuer fangen; ***~ di Sant'Antonio*** Gürtelrose *f.*; ***arma da ~*** Feuerwaffe *f.*, Schusswaffe *f.*; ***-chi d'artificio, artificiali*** Feuerwerk *n.*; FIG.. ***fare -chi d'artificio*** = vor Witz (*o* Geist) sprühen; FIG. ***avere il ~ addosso*** feurig sein; ***battesimo del ~*** Feuertaufe *f.*; ***-chi del Bengala*** bengalisches Feuer; ***bocca da ~*** Geschütz *n.*; ***bollare a ~ qcs.*** etw. (D) ein Zeichen ein_brennen, etw. mit einem Brandmal versehen; ***bollare a ~ qcn.*** jdn brandmarken; FIG. *(coprire d'infamia)* jdn an_prangern; FIG. ***bruciare a ~ lento*** = endlose Martern, Qualen erdulden; ***buttarsi nel ~ per qcn.*** für jdn durchs Feuer gehen; ***mettere troppa carne al ~*** sich (D) zuviel auf einmal vor_nehmen (*o* zu viele Eisen im Feuer haben); ***avere molta carne al ~*** mehrere, zwei Eisen im Feuer haben; ***cessate il ~*** Feuereinstellung *f.*; ***ordinare il cessate il ~*** den Befehl zur Feuereinstellung geben; ***il ~ cova sotto la cenere*** das Feuer glimmt unter der Asche; FIG. ***di ~*** feurig: ***occhi, sguardo di ~*** feuriger Blick; ***farsi, diventare di ~*** feuerrot werden; ***essere, trovarsi tra due -chi*** zwischen zwei Feuer sein, geraten; ***~ di Sant'Elmo*** Sankt-Elms-Feuer *n.*, Elmsfeuer *n.*; ***il ~ eterno*** die ewige Flamme; ***fare ~ (contro qcn.)*** auf jdn schießen; ***~ fatuo*** Irrlicht *n.*, Irrwisch *m.*; FIG. *(illusione)* Irrbild *n.*; ***mettere qcs. a ferro e ~*** etw. mit Feuer und Schwert aus_rotten; ***fare ~ e fiamme*** Himmel und Hölle in Bewegung setzen; ***~ di fila*** Lauffeuer *n.*; ***~ fisso*** Fixfeuer *n.*; ***~ greco*** griechisches Feuer; ***~ incrociato*** Kreuzfeuer *n.*; ***~ di legna*** Holzfeuer *n.*; ***mandare a ~*** verbrennen; ***mangiatore di ~*** Feuerschlucker *m.*, COLLOQ. Feuerfresser *m.*; ***mettere la mano sul ~ per qcn., qcs.*** für jdn, etw. die Hand ins Feuer legen; ***marchiare a ~*** → ***bollare a ~***; ***mettere a ~*** (scharf) ein_stellen; FIG. *(puntualizzare)* ***mettere a ~ tutti gli aspetti di un problema*** alle Aspekte eines Problems beleuchten; ***essere sotto il ~ nemico*** unter feindlichem Beschuss stehen; ***ordine di (aprire il) ~*** Feuerbefehl *m.*; ***~ di paglia*** Strohfeuer *n.*; FIG. ***dare ~ alle polveri*** den Funken ins Pulverfass werfen; ***potenza di ~*** Feuerkraft *f.*; ***pronto a far ~*** feuerbereit; ***prova del ~*** Feuerprobe *f.*; ***resistente al ~*** feuerbeständig, feuerfest; ***il sacro ~*** dichterische Begeisterung; ***~ sacro*** → ***~ di Sant'Antonio***; ***scherzare col ~*** mit dem Feuer spielen; ***scontro a ~*** Feuergefecht *n.*; ***soffiare sul ~*** in die Glut blasen; FIG. das Feuer schüren; ***tutto ~*** heißblütig, feurig, temperamentvoll; ***versare acqua sul ~*** = die Erregung dämpfen; ***versare benzina sul ~*** Öl ins Feuer gießen; ***vigile del ~*** Feuerwehrmann *m.*; ***i vigili del ~*** die Feuerwehr.

fuor|ché **I** cong. außer... zu, außer dass: ***farò di tutto, ~ umiliarmi*** ich werde alles tun, außer mich zu demütigen; ***non ho saputo altro, ~ è partito*** ich habe nichts erfahren können, außer dass er abgefahren ist **II** prep. außer + dat., ausgenommen + acc. (*o* nom.): ***~ la segretaria nessuno se ne è occupato*** außer der Sekretärin (*o* ausgenommen die Sekretärin,) hat sich niemand damit beschäftigt.

fuo|ri **I** avv. **1** *(stato in luogo)* draußen: ***ti aspetto (qua) ~*** ich warte (hier) draußen auf dich; ***guarda là, lì ~!*** schau, da draußen! **2a** *(moto: avvicinamento)* heraus: ***venite ~!*** kommt heraus! **b** *(allontanamento)* hinaus: ***andiamo ~ a giocare*** gehen wir zum Spielen hinaus **3** *(nella parte esterna)* außen: ***~ è blu, dentro bianco*** außen ist es blau, innen weiß **4a** *(di casa)* außer Haus, auswärts, draußen: ***cenare ~*** auswärts essen; ***restare ~ la notte*** über Nacht aus_bleiben; *(all'aperto)* ***oggi possiamo fare ginnastica ~*** heute können wir draußen (*o* im Freien) turnen **b** *(di città, all'estero)* auswärts, außer Haus: ***il direttore starà ~ una settimana*** der Direktor wird eine Woche außer Haus bleiben; ***a Torino e ~*** in und außerhalb von Turin; ***la nostra ditta vende in Italia e ~*** unsere Firma verkauft in Italien und im Ausland, außerhalb **5** FIG. *(esteriormente)* äußerlich, außen: ***~ sembra tranquillo, dentro è agitato dalle passioni*** äußerlich scheint er ruhig, aber innerlich ist er von Leidenschaften geschüttelt **6a** *(in espressioni imperative)* hinaus, COLLOQ. raus **b** *(invito degli spettatori a un artista)* ***~! ~!*** Zugabe! **II** prep. (oft in Verbindung mit *di* o *da*) **1a** *(stato in luogo)* außerhalb + gen.: ***~ dall'Italia*** außerhalb Italiens **b** FIG. ***essere ~ di sé per la gioia*** außer sich vor Freude sein **2** *(moto: avvicinamento)* aus + dat. ... heraus; *(allontanamento)* aus + dat. ... hinaus; *(oltre)* über + acc. ... hinaus: ***gettare qcs. ~ dalla finestra*** etw. aus dem Fenster hinaus_werfen; ***siamo ~ dell'estate*** wir sind über den Sommer hinaus **III** m. Außenseite *f.*, Äußere *n.*: ***guardare dal di ~*** etw. von der Außenseite (*o* von außen) betrachten; ***considerare solo il (di) ~ di qcs.*** nur das Äußere von etw. in Betracht ziehen ◆ ***al di ~ di*** außer + dat.; ***gettare qcs. ~ bordo*** etw. über Bord werfen; ***~ borsa*** → **fuoriborsa**; ***~ città*** außerhalb der Stadt; ***~ combattimento*** → **fuoricombattimento**; ***~ commercio*** nicht (mehr) im Handel (erhältlich); ***~ concorso*** außer Konkurrenz; ***~ corso*** *(di moneta)* außer Kurs; UNIV. → **fuoricorso**; ***da ~*** *(dall'esterno)* von draußen; *(dall'estero)* von auswärts; ***dal di ~*** von außen (anche FIG.); ***osservare qcs. dal di ~*** etw. von außen beobachten; ***di ~*** *(stato in luogo)* draußen; *(moto; avvicinamento)* heraus; *(moto; allontanamento)* hinaus; *(temporale; oltre)* über + acc. ... hinaus; *(di un altro paese)* ***essere di ~*** von auswärts kommen; ***andare di ~*** *(traboccare)* überlaufen; ***fuor(i) di dubbio*** außer Zweifel; ***essere ~*** *(non essere in casa)* nicht zu Hause sein, ausgegangen sein; *(essere partito)* abgereist sein; COLLOQ. *(essere uscito di prigione)* heraus sein; *(essere escluso)* nicht dabei sein; GERG. *(essere drogato)* ausgeflippt sein; ***esserne ~ (emotivamente)*** über etw. hinweg sein; *(da una depressione)* = etw. überstanden haben; COLLOQ. ***fare ~ qcn.*** jdn aus dem Weg räumen; *(dare il benservito, liquidare)* jdn aus_radieren, abservieren; *(consumare)* ***fare ~ l'intero patrimonio*** sein ganzes Vermögen durch_bringen; COLLOQ. ***fare ~ un dolce, una bottiglia di vino*** einen Kuchen verputzen (*o* verdrücken), eine Flasche Wein aus_trinken; ***in ~*** hinaus; *(verso l'esterno)* nach außen; ***sporgersi in ~*** sich hinaus_lehnen; ***essere piegato in ~*** nach außen gewendet sein; ***petto in ~!*** Brust heraus! ***lasciar ~*** weg_lassen, aus_lassen; ***~ luogo*** unangebracht, fehl am Platz; ***~ mano*** → **fuorimano**; ***mettere ~*** hinaus_werfen, verweisen; *(diffondere)* verbreiten; *(esporre)* aus_stellen; ***fuor di misura*** übermäßig, über die Maßen; ***~ moda*** altmodisch, aus der Mode; ***avere gli occhi di ~, ~ dalle orbite*** sich die Augen aus dem Kopf schauen; ***con gli occhi ~ dalle orbite*** mit weit aufgerissenen Augen; ***~ orario*** außerhalb der Arbeitszeit, über die Arbeitszeit hinaus; ***mangiare ~ pasto, dei pasti*** zwischen den Mahlzeiten essen; ***~ pericolo*** außer Gefahr; ***finire ~ pista*** aus der Bahn geraten; ***abitare ~ porta*** außerhalb der Stadt wohnen; ***una gita ~ porta*** ein Ausflug auf das Land; ***~ posto*** am unrechten Platz, fehl am Platz; ***mettere qcs. ~ posto*** etw. verlegen, in Unordnung bringen; FIG. ***essere, sentirsi ~ posto*** nicht in den Rahmen passen, sich deplaziert (*o* fehl am Platz) fühlen; ***trasmettere qcs. ~ programma*** etw. außer Programm senden; FIG. ***rimanere ~ (dal gioco)*** aus dem Spiel bleiben, außen vor bleiben; FIG. ***saltar ~ con qcs.*** mit etw. daher_kommen; ***essere ~ di sé*** außer sich (D) sein; ***essere, recarsi ~ sede*** außer Haus sein, sich außer Haus begeben; ***~ servizio*** *(di persone)* außer Dienst; *(di apparecchio)* außer Betrieb; ***~ i soldi*** her mit dem Geld; ***~ stagione*** außerhalb der Saison; ***frutta ~ stagione*** Frühobst *n.*; *(tardiva)* Spätobst *n.*; ***andare, finire ~ strada*** aus der Fahrbahn geraten; ***far finire, buttare qcn. ~ strada*** jdn aus der Bahn bringen, schleudern (*o* werfen); FIG. ***essere ~ strada*** auf dem falschen Weg sein; ***essere tagliato ~*** außen vor bleiben; ***andare ~ tema*** vom Thema ab_kommen; ***andare ~ tempo*** aus dem Takt kommen, aus dem Tempo fallen; ***vivere ~ dal tempo*** nicht mit der Zeit leben; SPORT ***arrivare ~ tempo massimo*** außerhalb der zulässigen Zeit ankommen; COLLOQ. ***essere ~ di testa*** nicht alle Tassen im Schrank haben, nicht ganz richtig im Kopf sein; ***~ testo*** außerhalb des Textes; ***~ tiro*** außer Schussweite; ***~ uso*** außer Gebrauch, unbrauchbar; ***espressioni ~ dall'uso*** veraltete (*o* ungebräuchliche) Ausdrücke; ***vattene ~ di qui***, COLLOQ. ***~ dai piedi!*** geh weg von hier! COLLOQ. hau ab! ***venir ~*** heraus_kommen; *(venirsi a sapere)* heraus_kommen; *(dire improvvisamente)* plötzlich hervor_bringen; ***~ della vista*** außer Sicht; ***visto da, dal di ~*** äußerlich betrachtet.

fuo|ri|bor|do **I** agg.inv. Außenbord-: ***motore ~*** Außenbordmotor *m.*; ***imbarcazione ~*** Außenborder *m.* **II** m.inv. *(motoscafo, motore)* Außenborder *m.*

fuo|ri|bor|sa **I** agg.inv. im Freiverkehr **II** m.inv. Freiverkehr *m.*

fuo|ri|bu|sta **I** m.inv. = Extravergütung *f.* **II** agg.inv. Extra-.

fuo|ri|cam|po **I** agg.inv. **1** CINEM. TELEV. off, Off-: ***voce ~*** Offstimme *f.* **2** SPORT Aus-: ***palla ~*** Ausball *m.* **II** m.inv. **1** CINEM. TELEV. Off *n.* **2** SPORT *(nel baseball)* Aus *n.*: ***realizzare un ~*** ein Aus erzielen.

fuo|ri|clas|se **I** m. e f.inv. Spitzenkönner *m.* (-in *f.*), *(giocatore)* Spitzenspieler *m.* (-in *f.*), Spitzensportler *m.* (-in *f.*): ***~ internazionale***

internationaler Spitzenkönner, *(giocatore)* Weltklassespieler *m.* **II** agg.inv. Spitzen-, erstklassig: ***un cavallo ~*** ein Spitzenpferd.

fuo|ri|com|bat|ti|men|to I m.inv. SPORT Knock-out *m.*, K. o. *m.*: ***~ tecnico*** technischer K.o.; ***vincere, perdere, battere per ~*** durch Knock-out gewinnen, verlieren, k. o. schlagen; ***dichiarare qcn. ~*** jdn für k. o. erklären **II** agg.inv. e pl., avv. knock-out, knockout, k. o.: ***essere ~*** k. o. sein (anche FIG.); ***mettere qcn. ~*** jdn knock-out schlagen, jdn außer Gefecht setzen (anche FIG.).

fuo|ri|cor|so I agg.inv. **1** UNIV. *(di studente)* der (*o* die) die Regelstudienzeit überschritten hat; *(di anno accademico)* ***essere iscritto al primo anno ~*** im ersten Jahr außerhalb der Regelstudienzeit eingeschrieben sein **2** ECON. außer Kurs (*o* Umlauf): ***mettere una banconota ~*** einen Geldschein außer Kurs setzen **II** m. e f.inv. UNIV. = Student *m.* (-in *f.*), der (*o* die) die Regelstudienzeit überschritten hat.

fuo|ri|gio|co I m.inv. Abseits *n.*: ***essere, trovarsi in ~*** im Abseits sein, stehen **II** avv. abseits ◆ ***linea di ~*** Abseitslinie *f.*; ***posizione di ~*** Abseitsstellung *f.*; ***regola del ~*** Abseitsregel *f.*

fuo|ri|leg|ge I m. e f.inv. Outlaw *m.*, Kriminelle *m.* e *f.*, Gesetzlose *m.* e *f.* **II** agg.inv. gesetzlos, illegal, kriminell: ***una speculazione ~*** eine illegale Spekulation.

fuo|ri|ma|no I avv. abseits, abgelegen, abgeschieden: ***abitare ~*** abgelegen wohnen **II** agg.inv. abgelegen, abgeschieden.

fuo|ri|mi|su|ra agg.inv. ungenau: SPORT ***tiro ~*** ungenauer Schuss.

fuo|ri|pi|sta m.inv. Tiefschneefahren *n.*: ***praticare il ~*** im Tiefschnee fahren.

fuo|ri|pro|gram|ma I m.inv. **1** Zugabe *f.*: ***il pianista offrì ancora un ~*** der Pianist gab noch eine Zugabe **2** TELEV. Pausenfüller *m.*, Programmfüller *m.*: ***trasmettere un ~*** einen Pausenfüller senden **II** agg.inv. außer Programm: ***una gita ~*** ein Ausflug außer Programm, ein unprogrammgemäßer Ausflug.

fuo|ri|sac|co I m.inv. = Eilsendung *f.*, Eilbrief *m.* **II** agg.inv. Eil-: ***plico ~*** Eilsendung *f.*

fuo|ri|se|de I agg. außerbetrieblich: ***corso ~*** außerbetrieblicher Lehrgang; *(di impiegato)* außer Haus: ***essere momentaneamente ~*** im Moment außer Haus sein; *(di studente, docente)* auswärtig: ***studente ~*** auswärtiger Student **II** m. e f.inv. Auswärtige *m.* e *f.*

fuo|ri|se|rie I agg.inv. Sonder-, Spezial- **II** f.inv. Sonderausführung *f.*, Sondermodell *n.*

fuo|ri|stra|da I m.inv. Geländewagen *m.*, Geländefahrzeug *n.*; *(moto)* Geländemotorrad *n.* **II** agg.inv. Gelände-: ***percorso ~*** Geländefahrt *f.*; ***pneumatici ~*** Geländereifen *pl.*

fuo|ri|u|sci|re intr. *(fuoriesco, fuoriesci;* aus. *essere)* **1** entweichen, aus‿strömen, aus‿treten: ***il gas fuoriesce dalla tubatura*** das Gas entweicht aus der Leitung **2** *(traboccare)* aus‿fließen, über‿laufen: ***la benzina fuoriesce dal serbatoio*** das Benzin fließt aus dem Tank aus. **fuo|ri|u|sci|ta** f. Ausströmung *f.*, Ausströmen *n.*, Austritt *m.*: ***una ~ di gas*** eine Gasausströmung. **fuo|ri|u|sci|ti|smo** m. Emigrantentum *n.* **fuo|ri|u|sci|to I** p.pass. agg. **1** → **fuoriuscire 2** *(di liquidi)* ausgelaufen: ***la benzina -a dalla tanica*** das aus dem Kanister ausgelaufene Benzin **3** *(di gas)* ausgetreten **II** m. Emigrant *m.*

fuo|ri|vi|a agg.inv. e avv. → **fuorimano.**

fuo|ru|sci|re → **fuoriuscire. fuo|ru|sci|ta** → **fuoriuscita. fuo|ru|sci|to** → **fuoriuscito.**

fuor|vian|te agg. irreführend, abwegig. **fuor|vi|a|re I** intr. (aus. *avere*) auf Abwege geraten **II** tr. **1** irre‿führen, irre‿leiten, beirren: ***~ gli investigatori*** die Detektive irreleiten **2** *(traviare)* irre‿führen, auf Abwege führen, verführen.

fur|bac|chio|ne I m. Schlaukopf *m.*, Schlauberger *m.*, Schlaumeier *m.* **II** agg. schlau. **fur|ba|men|te** avv. → **furbescamente. fur|ba|stro I** m. Ausgebuffte *m.*, Schlitzohr *n.* **II** agg. ausgebufft. **fur|be|ri|a** → **furbizia. fur|be|sca|men|te** avv. listig, listigerweise, schlau: ***sorridere ~*** listig lächeln. **fur|be|sco** agg. *(-schi,-sche)* listig, schlau ◆ ***lingua -a*** Gaunersprache *f.*

fur|bi|zia f. **1** Schläue *f.*, Schlauheit *f.*: ***~ contadina*** Bauernschläue *f.*; ***sottile ~*** scharfe Schlauheit; ***gli si legge la ~ negli occhi*** der Schalk schaut ihm aus den Augen **2** *(azione)* List *f.*: ***ricorrere a una ~*** zu einer List greifen ◆ ***con ~*** schlau, listig.

fur|bo I agg. schlau, clever, listig, verschlagen: ***un venditore molto ~*** ein sehr cleverer Verkäufer; ***un tipo ~*** ein schlauer Typ; ***quanto sei ~!*** was bist du schlau! ***un'idea -a*** eine schlaue Idee; ***un'occhiata -a*** ein verschlagener Blick; ***una mossa -a*** ein listiger Zug **II** m. **1** Schlaukopf *m.*, Schlauberger *m.*, Schlaumeier *m.* **2** ANT. *(furfante)* Gauner *m.*, Schlitzohr *n.* ◆ ***bravo ~!*** sehr schlau! ***~ come un contadino*** bauernschlau; ***un ~ di tre cotte*** ausgekochter Gauner; ***più ~ del diavolo*** schlauer als selbst der Teufel; ***fare il ~*** sich schlau an‿stellen; REGION. ***farsi ~*** sich nicht so an‿stellen; ***ma fatti ~!*** stell dich nicht so an! ***un ~ matricolato, di prim'ordine*** ein schlauer Fuchs (*o* Hund).

fu|ren|te agg. **1** wütend, fuchtig: ***essere ~ nei confronti di qcn.*** wütend auf, über jdn sein; ***con voce ~*** mit wütender Stimme; ***parole -i*** harte Worte **2** *(fremente)* rasend, schäumend: ***~ d'ira, di sdegno*** rasend vor Wut, voller Empörung.

fu|re|ri|a f. Schreibstube *f.*

fu|ret|to m. **1** Frett *n.*, Frettchen *n.* **2** FIG. Wiesel *n.*

fur|fan|te m. e f. **1** Gauner *m.* (-in *f.*), Schurke *m.* (Schurkin *f.*) **2** SCHERZ. Spitzbube *m.* (-bübin *f.*). **fur|fan|teg|gia|re** intr. *(furfanteggio, furfanteggi;* aus. *avere)* gaunern, Gaunereien verüben. **fur|fan|tel|lo** m. Spitzbube *m.* **fur|fan|te|ri|a** f. Gaunerei *f.*, Schurkerei *f.*, Spitzbüberei *f.* **fur|fan|te|sco** agg. *(-schi,-sche)* gaunerhaft, schurkisch.

fur|go|na|to I agg. Transport-: ***mezzo ~*** Transportfahrzeug *n.*, Kastenwagen *m.* **II** m. Transporter *m.*, Kastenwagen *m.* **fur|gon|ci|no** m. Kleintransporter *m.*

fur|go|ne m. **1** Transporter *m.*, Kastenwagen *m.*: ***~ per le consegne*** Lieferwagen *m.*; ***~ postale*** Postwagen *m.*; ***~ per traslochi*** Möbelwagen *m.* **2** *(della polizia)* Polizeiwagen *m.*, GERG. Grüne Minna *f.*

fu|ria f. **1** *(collera)* Wut *f.*, Tobsucht *f.* **2** *(veemenza)* Wut *f.*, Gewalt *f.*, Wüten *n.*: ***la ~ della tempesta*** die Wut (*o* Gewalt) des Sturms; ***la ~ della guerra*** das Wüten des Krieges; ***la ~ degli elementi*** das Wüten der Elemente **3** *(fretta, foga)* Hetze *f.*, Hitze *f.*: ***una ~ incontenibile*** eine wüste Hetze **4** *(persona adirata)* Furie *f.*: ***avventarsi su qcn. come una ~*** sich wie eine Furie auf jdn stürzen ◆ ***a ~ di*** durch viel, von, mit: ***essere rauco a ~ di gridare*** heiser vom Schreien sein; ***a ~ di lettere, esperimenti*** durch viele Briefe, Versuche, mit vielen Briefen, Versuchen; ***avere ~ di fare qcs.*** etw. in großer Hetze, Eile tun; ***~ distruttiva*** Zerstörungswut *f.*; ***far ~ a qcn.*** jdn hetzen, jdn zur Eile an‿treiben; ***in fretta e ~*** in großer Hetze, in, mit wilder Hast, voller Hast; ***~ iconoclasta*** Bilderstürmerei *f.*; ***essere in preda a ~ omicida*** in Blutrausch geraten; ***andare, montare su tutte le -e*** in Wut geraten, kommen; ***essere su tutte le -e*** vor Wut kochen; ***mandare qcn. su tutte le -e*** jdn in Wut bringen.

Fu|ria n.pr.f. Furie *f.*

fu|ri|bon|da|men|te avv. wütend, wild. **fu|ri|bon|do** agg. **1** wütend, wutentbrannt: ***essere ~ per qcs.*** über etw. (A) wutentbrannt sein **2** *(violento)* wütend, wild: ***una rissa -a*** eine wilde Schlägerei; ***con odio ~*** mit wütendem Hass.

fu|rie|re m. Furier *m.*, Kompaniefeldwebel *m.*; ***~ d'alloggiamento*** Quartiermacher *m.*

fu|rio|sa|men|te avv. wild, wutentbrannt, rasend.

fu|rio|so I agg. **1a** wütend, rabiat, rasend, tobend: ***essere ~ con, contro qcn.*** wütend (*o* geladen) auf jdn sein; ***rendere ~ qcn.*** jdn in Wut bringen **b** *(veemente)* ***una lite -a*** ein wilder Streit; ***una lotta -a*** ein wütender Kampf **2** *(impetuoso)* wild: ***una tempesta -a*** ein wilder Sturm; *(cattivo)* ***uno sguardo ~*** ein wilder Blick **3** *(concitato)* hastig: ***un lavoro ~*** eine hastige Arbeit **II** m. **1** *(persona infuriata)* Wüterich *m.*, Rasende *m.* **2** MUS. Furioso *n.* ◆ ***L'Orlando ~*** Der Rasende Roland; ***pazzia -a*** Raserei *f.*

fu|ro|re m. **1** Wut *f.*, Tobsucht *f.*, Grimm *m.*: ***un ~ cieco*** eine blinde Wut; ***essere accecato dal ~*** blind vor Wut sein; ***il ~ del popolo*** die Wut des Volkes; ***placare il ~ di qcn.*** jds Wut dämpfen **2** *(violenza)* Wildheit *f.*, Heftigkeit *f.*, Gewalt *f.*: ***il ~ delle acque*** die Gewalt des Wassers **3** *(ardore)* Ungestüm *n.*, Leidenschaft *f.*: ***~ giovanile*** jugendliches Ungestüm; ***amare con ~*** ungestüm lieben **4** *(estro)* Besessenheit *f.*, Leidenschaft *f.*: ***~ creativo*** schöpferische Besessenheit **5** FIG. *(entusiasmo)* Furore *f.*: ***far ~*** Furore machen ◆ ***con ~*** heftig; ***a furor di popolo*** = auf nachdrückliches Verlangen des Volkes. **fu|ro|reg|gia|re** intr. *(furoreggio, furoreggi;* aus. *avere)* Furore machen, Aufsehen erregen.

fur|ta|rel|lo, fur|te|rel|lo m. kleiner Diebstahl *m.*

fur|ti|va|men|te avv. heimlich, verstohlen: ***introdursi ~*** sich heimlich ein‿schleichen. **fur|ti|vo** agg. **1** heimlich, verstohlen: ***un cenno ~*** ein heimlicher Wink; ***sguardi -i*** heimliche Blicke; ***una -a lacrima*** eine verstohlene Träne **2** *(rubato)* gestohlen, Diebes-: ***merce di provenienza -a*** Diebesgut *n.*

fur|to m. **1** Diebstahl *m.*: ***commettere, scoprire un ~*** einen Diebstahl begehen, auf‿decken (*o* entdecken); ***assicurarsi contro il ~*** sich gegen Diebstahl versichern; ***denunciare, condannare qcn. per ~*** jdn wegen Diebstahls an‿klagen, verurteilen; ***colpevole di ~*** des Diebstahls schuldig **2** COLLOQ. Nepp *m.*: ***questo prezzo è un vero ~!*** dieser Preis ist der reinste Nepp ◆ ***~ aggravato*** schwerer Diebstahl; ***assicurazione contro il ~*** Diebstahlversicherung *f.*; ***~ di oggetti sacri*** Kirchendiebstahl *m.*; ***~ recidivo*** Diebstahl im Rückfall; ***~ con scasso*** Einbruch(s)diebstahl *m.*; ***~ semplice*** einfacher Diebstahl.

fu|sa f.pl. Schnurren *n.*; ***fare le*** ~ schnurren.

fu|sa|io|la f. Eierstab *m.*

fu|scel|lo m. **1** (dürrer) Zweig *m.* **2** *(di paglia)* Halm *m.*, Strohhalm *m.*: ***piegare qcs. come un*** ~ etw. wie einen Strohhalm knicken ◆ ***essere esile come un*** ~ spindeldürr sein.

fu|sciac|ca f. *(-che)* Schärpe *f.*, Schärpengürtel *m.*: ***la*** ~ ***tricolore del sindaco*** die dreifarbige Schärpe des Bürgemeisters.

fu|seaux [fy'zo] m.pl. Leggin(g)s *pl.*

fu|sel|lo m. **1** Klöppel *m.* **2** TIP. Zierlinie *f.* **3** FERR. Achsschenkel *m.*, Schenkel *m.*

fu|se|lol, fu|se|lo|lo m. Fuselöl *n.*

fu|si → **fondere.**

fu|si|bi|le I agg. schmelzbar, Abschmelz-, Schmelz-: ***filo*** ~ Schmelzdraht *m.* **II** m. EL. Schmelzsicherung *f.*, Sicherung *f.*: ***il*** ~ ***è bruciato, saltato*** die Sicherung ist durchgebrannt, herausgesprungen ◆ ~ ***a cartuccia*** Patronensicherung *f.*; ***quadro dei -i*** Sicherungskasten *m.*; ***tagliacircuito*** ~ Abschmelzsicherung *f.* **fu|si|for|me** agg. spindelförmig.

fu|sil|li m.pl. INTRAD. (spiralförmige Nudelart).

fu|sio|ne f. **1** Schmelzen *n.*, Schmelzung *f.*: ***la*** ~ ***di un metallo*** das Schmelzen eines Metalls **2** *(colata)* Guss *m.*: ***la*** ~ ***di una campana*** der Glockenguss **3** FIG. Fusion *f.*, Zusammenschluss *m.*, Vereinigung *f.*: ***la*** ~ ***di due gruppi industriali*** die Fusion zweier Konzerne; ***la*** ~ ***di due partiti*** der Zusammenschluss zweier Parteien **4** *(accordo)* Verschmelzung *f.*: ~ ***di colori, di suoni*** Farb-, Klangverschmelzung *f.* **5** FIS. Verschmelzung *f.*, Fusion *f.* ◆ GEOL. ***acqua di*** ~ Schmelzwasser *n.*; ***calore di*** ~ Schmelzwärme *f.*; ~ ***cellulare*** Zellverschmelzung *f.*, Zellfusion *f.*; ~ ***centrifuga*** Schleuderguss *m.*; ***letto di*** ~ Möller *m.*; ~ ***del nocciolo*** Kernschmelze *f.*; ~ ***nucleare*** Kernverschmelzung *f.*, Kernfusion *f.*; ***punto di*** ~ Schmelzpunkt *m.*: ***avere un punto di*** ~ ***alto, basso*** einen hohen, niedrigen Schmelzpunkt haben; ***reattore a*** ~ Fusionsreaktor *m.*; TECN. ***rivestimento per*** ~ Aufschmelzung *f.*; ***saldatura per*** ~ Schmelzschweißung *f.*; ***temperatura di*** ~ Schmelztemperatur *f.*

fu|so I p.pass. agg. **1** → **fondere 2** geschmolzen, Schmelz-: ***burro*** ~ Schmelzbutter *f.*; ***cioccolato*** ~ geschmolzene Schokolade; ***formaggio*** ~ Schmelzkäse *m.*; ***neve -a*** geschmolzener Schnee **3** METALL. *(colato)* gegossen, Guss-: ***acciaio*** ~ Gussstahl *m.*; ***pezzo*** ~ Gussstück *n.* **4** COLLOQ. *(esausto)* kaputt, fertig: ***essere completamente*** ~ total fertig sein **II** m. **1** Spindel *f.* **2** MAR. *(dell'ancora)* Schaft *m.* **3** AUT. Achsschenkel *m.* ◆ ~ ***ad asse*** Achsschenkel *m.*; ***bagno*** ~ Schmelzbad *n.*; ***essere dritto come un*** ~ kerzengerade sein; ***andare dritto come un*** ~ geradewegs (*o* schnurstracks) gehen; ~ ***orario*** Zeitzone *f.*; ***ora del*** ~ ***orario*** Zonenzeit *f.*; ~ ***sferico*** Kugelzweieck *n.*

fu|so|lie|ra f. Rumpf *m.*

fu|so|rio agg. *(-ri,-rie)* Schmelz-, Guss-: ***forno*** ~ Schmelzofen *m.*

fu|sta|gno m. Drillich *m.*, Englischleder *n.*: ***pantaloni di*** ~ Drillichhose *f.*

fu|stel|la f. **1** *(utensile)* Locheisen *n.*, Stanzform *f.*, Dorn *m.* **2** *(talloncino)* Preisabschnitt *m.* **fu|stel|la|re** tr. **1** stanzen **2** *(apporre la fustella)* ~ ***qcs.*** etw. mit einem Preisabschnitt versehen. **fu|stel|la|tri|ce** f. Stanze *f.*, Stanzmaschine *f.* **fu|stel|la|tu|ra** f. Stanzen *n.*, Perforation *f.*

fu|sti|ga|re tr. *(fustigo, fustighi)* **1** peitschen, aus‿peitschen, geißeln: ~ ***a sangue qcn.*** jdn bis aufs Blut peitschen **2** FIG. *(criticare)* geißeln, stäupen: ~ ***i costumi corrotti*** die verdorbenen Sitten geißeln. **fu|sti|ga|zio|ne** f. Auspeitschung *f.*, Geißelung *f.* (anche FIG.).

fu|sti|no m. *(di detersivo)* Waschpulvertonne *f.*

fu|sto m. **1** BOT. Stamm *m.*: ***il*** ~ ***dell'albero*** der Baumstamm **2** ARCH. Schaft *m.*, Leib *m.*: ***il*** ~ ***della colonna*** der Säulenschaft **3** ANAT. *(tronco)* Leib *m.*, Rumpf *m.* **4** ESTENS. *(giovane aitante)* toller Hecht *m.*: ***che*** ~! was für ein toller Hecht! **5** *(recipiente)* Fass *n.*: ~ ***di catrame, di benzina*** Teer-, Benzinfass *n.* **6** *(armatura)* Gestell *n.*: ***il*** ~ ***di un divano*** das Gestell eines Sofas **7** *(di armi)* Schaft *m.* **8** *(affusto)* Lafette *f.*: ***il*** ~ ***di un cannone*** die Lafette einer Kanone **9** ZOOL. *(di cervo)* Stange *f.* ◆ ***d'alto*** ~ hochstämmig; ***bosco di alberi d'alto*** ~ Hochwald *m.*; ***a basso*** ~ kurzstämmig; ~ ***della stadera*** Waagestange *f.*; ~ ***del timone*** Ruderschaft *m.*

fu|ti|le agg. nichtig, geringfügig, frivol: ***un motivo*** ~ ein nichtiger Grund. **fu|ti|li|tà** f.inv. Nichtigkeit *f.*, Geringfügigkeit *f.*, Belanglosigkeit *f.*: ***la*** ~ ***di un discorso*** die Belanglosigkeit einer Rede; ***perdersi in*** ~ sich in Geringfügigkeiten verlieren. **fu|til|men|te** avv. nichtig, geringfügig.

fu|tu|ri|bi|le I agg. futuristisch: ***un progetto*** ~ ein futuristisches Projekt **II** m. hypothetische Zukunft *f.*

fu|tu|ri|smo Futurismus *m.* **fu|tu|ri|sta** *(-i,-e)* **I** m. e f. Futurist *m.* (-in *f.*) **II** agg. futuristisch. **fu|tu|ri|sti|co** agg. *(-ci,-che)* futuristisch.

fu|tu|ro I agg. zukünftig, Zukunfts-, kommend, künftig: ***prospettive -e*** Zukunftsaussichten *pl.*; ***progetto*** ~ Zukunftsplan *m.*; ***i tempi -i*** die kommenden Zeiten; ***le generazioni -e*** die künftigen Generationen **II** m. **1** Zukunft *f.*: ***guardare con ottimismo al*** ~ der Zukunft optimistisch entgegen‿sehen, optimistisch in die Zukunft sehen; ***predire un luminoso*** ~ ***a qcn.*** jdm eine glänzende Zukunft voraus‿sagen; ***(non) avere (un)*** ~ (keine) Zukunft haben; ***il*** ~ ***appartiene a qcn.*** ~ jdm gehört die Zukunft **2** GRAMM. Futur *n.*, Zukunft *f.*: ***coniugare un verbo al*** ~ ein Verb ins Futur setzen ◆ GRAMM. ~ ***anteriore*** Vorzukunft *f.*, zweites Futur; ***fiducia nel*** ~ Zukunftsglaube(n) *m.*; ***in*** ~ in Zukunft, zukünftig, künftig(hin); ***in un*** ~ ***prossimo, lontano*** in naher (näherer, nächster), ferner Zukunft; ***per il*** ~ für die Zukunft; GRAMM. ~ ***semplice*** erstes Futur; ***senza*** ~ ohne Zukunft; ***speranza nel*** ~ Zukunftshoffnung *f.*; ***-a sposa,*** ~ ***sposo*** Zukünftige *f.* e *m.*

fu|tu|ro|lo|gi|a f. Zukunftsforschung *f.*, Futurologie *f.* **fu|tu|ro|lo|go** m. *(-gi)* Zukunftsforscher *m.*, Futurologe *m.*

G

g, G f. e m.inv. g, G *n.*: ***una G maiuscola, una g minuscola*** ein großes G, ein kleines g.

ga|bar|di|ne [-'din] f.inv. Gabardine *m.* e *f.*

gab|ba|mon|do m. e f.inv. Preller *m.*, Betrüger *m.*

gab|ba|na f. (breiter) Überrock *m.* ◆ ***voltare, mutare ~*** das Mäntelchen nach dem Wind(e) hängen (*o* drehen, kehren).

gab|ba|no m. → **gabbana.**

gab|ba|re I tr. betölpeln, hintergehen **II** pronom. ***gabbarsi di qcn., qcs.*** sich über jdn, etw. lustig machen.

gab|bia f. **1a** Käfig *m.*: ***tenere animali in ~*** Tiere im Käfig halten; ***la ~ del leone*** der Löwenkäfig **b** *(per uccelli)* Käfig *m.*, Vogelkäfig *m.*, Bauer *n.* e *m.* **2** FIG. Käfig *m.*, Gefängnis *n.*: ***sentirsi in ~*** sich wie im Käfig fühlen **3** *(per imballaggi)* Kiste *f.*, Lattenkiste *f.* **4** *(in tribunale)* Käfig *m.* **5** MAR. Mars *m.*; *(vela)* Marssegel *n.* ◆ MAR. ***albero di ~*** Marsstenge *f.*; ***~ per animali feroci*** Raubtierkäfig *m.*; ***~ dell'ascensore*** Aufzug(s)schacht *m.*; MIN. ***~ d'estrazione*** Förderkorb *m.*; ***~ di Faraday*** faradayscher Käfig, Faradaykäfig *m.*; ***~ d'imballaggio*** Lattenkiste *f.*; SPREG. ***~ di matti*** Narrenhaus *n.*; COLLOQ. ***mettere in ~ qcn.*** jdn ins Loch stecken (*o* ein‿lochen); FIG. jdn fest‿legen, fest‿nageln; ***~ toracica*** Brustkorb *m.*; ***~ per uccelli*** Vogelkäfig *m.*; MAR. ***vela di ~*** Marssegel *n.*

gab|bia|no m. Möwe *f.* ◆ ***~ comune*** Lachmöwe *f.*; ***~ reale*** Silbermöwe *f.*

gab|bo m. ANT. Scherz *m.*, Spaß *m.*

ga|bel|la f. STOR. **1** Zoll *m.* **2** *(ufficio)* Zollamt *n.* **ga|bel|la|re** tr. **1** STOR. besteuern **2** FIG. *(spacciare)* aus‿geben: ***~ qcn. per esperto, una notizia per vera*** jdn für einen Fachmann, eine Nachricht als richtig ausgeben. **ga|bel|lie|re** m. STOR. Zöllner *m.*

ga|bi|net|to m. **1** Klosett *n.*, COLLOQ. Klo *n.*: ***pulire i -i*** die Klosetts putzen; ***andare al ~*** aufs, ins Klo gehen; *(tazza)* ***buttare qcs. nel ~*** etw. in das Klosett werfen **2** *(studio medico)* Arztpraxis *f.*, Praxis *f.* **3** *(nei musei)* Kabinett *n.*: ***~ numismatico, naturalistico*** Münzkabinett *n.*, Naturalienkabinett *n.* **4** POL. Kabinett *n.*: ***formare un nuovo ~*** ein neues Kabinett bilden **5** *(ufficio del ministro)* Büro *n.* des Ministers **6** *(locale scolastico)* Raum *m.*: ***~ di fisica, di chimica*** Physikraum *m.*, Chemieraum *m.* ◆ ***capo di ~*** Kabinettschef *m.*; POL. ***consiglio di ~*** Kabinett *n.*: ***convocare, sciogliere il consiglio di ~*** das Kabinett ein‿berufen, auf‿lösen; ***crisi di ~*** Kabinettskrise *f.*; ***~ dentistico*** Zahnarztpraxis *f.*; ***~ fotografico*** Fotoatelier *n.*; ***~ all'inglese*** Sitzklosett *n.*; ***~ medico*** Arztpraxis *f.*; ***~ oculistico*** Augenarztpraxis *f.*; POL. ***~ ombra*** Schattenkabinett *n.*; ***-i pubblici*** öffentliche Toiletten, BUROCR. Bedürfnisanstalt *f.*; POL. ***seduta di ~*** Kabinettssitzung *f.*; ***~ alla turca*** Stehklosett *n.*

Ga|brie|le n.pr.m. Gabriel *m.* **Ga|briel|la** n.pr.f. Gabriele *f.*

gad|get ['gædʒɪt] m.inv. Gadget *n.*

ga|do m. Seelachs *m.*, Köhler *m.*

ga|do|li|nio m. Gadolinium *n.*

ga|e|li|co I agg. *(-ci,-che)* gälisch **II** m. *(lingua)* Gälisch(e) *n.*

gaf|fa f. Bootshaken *m.*

gaf|fe [gaf] f.inv. Fauxpas *m.*, Ausrutscher *m.*: ***fare una (terribile) ~*** einen (furchtbaren) Fauxpas begehen.

gag [gæg] f.inv. Gag *m.*

ga|gà m.inv. COLLOQ. ANT. Lackaffe *m.*, Geck *m.*

ga|ga|te f. Gagat *m.*

gag|gi|a f. **1** Akazie *f.*, Kameldorn *m.* **2** *(robinia)* falsche Akazie *f.*, weiße Robinie *f.* **3** *(caglio)* echtes Labkraut *n.*

ga|gliar|da|men|te avv. **1** *(con forza)* kräftig **2** FIG. *(con slancio)* lebendig **3** *(valorosamente)* tapfer: ***combattere ~*** tapfer kämpfen.

ga|gliar|det|to m. **1** Wimpel *m.*: ***scambiarsi i -i prima della partita*** vor dem Match die Wimpel aus‿tauschen **2** MAR. *(per segnalazioni)* Stander *m.*: ***~ triangolare*** dreieckiger Stander.

ga|gliar|di|a f. **1** Kräftigkeit *f.* **2** FIG. *(vivacità)* Lebendigkeit *f.* **3** *(valore)* Tapferkeit *f.* **4** *(di cose)* Stärke *f.*

ga|gliar|do agg. **1a** *(vigoroso, robusto)* kräftig, rüstig: ***una costituzione -a*** eine kräftige Konstitution **b** *(che cresce bene)* kräftig: ***pianta -a*** kräftige Pflanze **2** FIG. *(vivace)* lebendig: ***uno spirito ~*** ein lebendiger Geist **3** *(valoroso)* tapfer, wacker **4a** *(di cose)* stark: ***un vento ~*** ein starker Wind **b** *(del vino)* feurig, stark.

ga|gliof|fag|gi|ne f. **1** Nichtsnutzigkeit *f.* **2** *(furfanteria)* Gaunerei *f.* **ga|gliof|fo I** agg. **1** nichtsnutzig **2** *(furfantesco)* gaunerisch **II** m. **1** *(buono a nulla)* Nichtsnutz *m.* **2** *(furfante)* Ganove *m.*, Gauner *m.*

ga|ia|men|te avv. fröhlich, heiter, froh gestimmt. **ga|iez|za** f. Fröhlichkeit *f.*, Heiterkeit *f.*, Frohmut *m.* **ga|io** agg. *(gai, gaie)* fröhlich, heiter, frohmütig ◆ ***la -a scienza*** die fröhliche Wissenschaft.

1.ga|la f. e m. **1** Prunk *m.* **2** MAR. ***~ (di bandiere)*** Flaggengala *f.* **3** *(ricevimento)* Galaempfang *m.* ◆ ***di ~*** galamäßig, Gala-: ***abito di ~*** Galaanzug *m.*; ***pranzo, ricevimento, serata di ~*** Galadiner *m.*, Galaempfang *m.*, Galaabend *m.*; ***spettacolo di ~*** Galaaufführung *f.*, Galavorstellung *f.*; ***gran ~*** große Gala, MAR. Flaggengala *f.*; ***mettersi in ~*** sich in Gala werfen.

2.ga|la f. ABBIGL. **1** Rüsche *f.* **2** *(cravatta a farfalla)* Fliege *f.*

ga|là m.inv. **1** *(ricevimento)* Galaempfang *m.* **2** *(spettacolo)* Gala *f.*, Galavorstellung *f.*, Galaaufführung *f.*: ***gran ~*** große Gala.

ga|la|go|ne m. Ohrenmaki *m.*

ga|la|li|te f. Galalith *n.*

ga|lan|te I agg. **1** galant, artig: ***essere ~ con le donne*** zu den Frauen galant sein **2** *(amoroso)* galant, amourös: ***un incontro ~*** ein amouröses Treffen **II** m. Galan *m.* ◆ ***avventura ~*** Affäre *f.*; ***fare il ~ con qcn.*** mit jdm schön‿tun; ***stile ~*** galanter Stil. **ga|lan|te|men|te** avv. galant. **ga|lan|te|ri|a** f. Galanterie *f.*, Artigkeit *f.*

ga|lan|ti|na f. = Sülze *f.* mit Fleischstückchen.

ga|lan|tuo|mo m. *(galantuomini)* **1** Ehrenmann *m.*, Gentleman *m.*, Galanthomme *m.* **2** ANT. *(come appellativo)* Herr *m.* ◆ PROV. ***il tempo è ~*** mit der Zeit kommt alles ins rechte Lot.

ga|las|sia f. **1** Galaxie *f.*, Galaxis *f.*: ***le più lontane -e*** die fernsten Galaxien **2** FIG. Welt *f.*

ga|la|te|o m. Anstandsregeln *pl.*; ***~ a tavola*** Tischmanieren *pl.*, Tischregeln *pl.*

ga|la|ti m.pl. Galater *pl.*

ga|lat|ta|go|go agg. *(-ghi,-ghe)* milchtreibend.

ga|lat|ti|co agg. *(-ci,-che)* galaktisch, Milchstraßen-: ***sistema ~*** Milchstraßensystem *n.*

ga|lat|to|den|dro m. Milchbaum *m.* **ga|lat|to|pi|ri|a** f. Milchfieber *n.* **ga|lat|tor|re|a** f. Milchfluss *m.* **ga|lat|to|sio** m. Galaktose *f.*

ga|le|a f. Galeere *f.*

ga|le|az|za f. Galeasse *f.*

ga|le|na f. Bleiglanz *m.*, Galenit *m.*

ga|le|ni|co I agg. *(-ci,-che)* galenisch **II** m. *(-ci)* Galenikum *n.*

ga|le|o|ne m. Galeone *f.*, Galione *f.*

1.ga|le|ot|to m. **1** STOR. Galeerensklave *m.*, Galeerensträfling *m.*, Rudersklave *m.* **2** *(carcerato)* Zuchthäusler *m.*, Sträfling *m.*

2.ga|le|ot|to LETT. **I** agg. kupplerisch **II** m. Kuppler *m.*

ga|le|ra f. **1** STOR. *(galea)* Galeere *f.*: ***mandare qcn. alle -e*** jdn auf die Galeere schicken **2** *(prigione)* Gefängnis *n.*, Knast *m.*: ***mettere, sbattere qcn. in ~*** jdn ins Gefängnis stecken, werfen; ***essere in ~*** im Gefängnis sein, sitzen; ***andare in ~*** ins Gefängnis kommen ◆ ***avanzo di ~*** Knastbruder *m.*, Galgenvogel *m.*; ***faccia da ~*** Galgengesicht *n.*

ga|le|ro m. Kardinalshut *m.*

Ga|li|le|a n.pr.f. Galiläa *f.*

ga|li|le|ia|no agg. galileisch, von Galilei.

ga|li|le|o I agg. galiläisch **II** m. Galiläer *m.* ◆ ***il Galileo*** der Galiläer.

ga|liot|to m. Nadelfisch *m.*

gal|la f. **1** BOT. Gallapfel *m.*, Galle *f.*, Sodomsapfel *m.* **2** *(vescica)* Blase *f.* **3** VETER. Galle *f.* ◆ ***a ~*** an der Oberfläche; ***noce di ~*** Knopper *m.*; ***restare, rimanere a ~*** sich über Wasser halten, sich oben halten (anche FIG.); ***far venire a ~*** nach oben holen; FIG. ans Tages-

licht bringen; ***venire a ~*** nach oben kommen, hoch‿kommen; FIG. an den Tag (*o* ans Licht) kommen.
gal|la|re I tr. befruchten **II** intr. (aus. *avere*) befruchtet werden. **gal|la|to** p.pass. agg. **1** → **gallare 2** befruchtet, Brut-: ***uovo ~*** Brutei *n.*
gal|la|tu|ra f. Befruchtung *f.*
gal|leg|gia|bi|le agg. schwimmfähig. **gal|leg|gia|men|to** m. Schwimmen *n.* ◆ ***linea di ~*** Wasserlinie *f.*; ***colpire una nave sotto la linea di ~*** ein Schiff unter der Wasserlinie treffen.
gal|leg|gian|te I agg. **1** schwimmend, Schwimm-: ***un pontile, ponte ~*** ein schwimmender Steg, eine schwimmende Brücke; ***boa, bacino ~*** Schwimmboje *f.*, Schwimmdock *n.* **2** *(portato dalla corrente)* Treib-: ***legname ~*** Treibholz *n.* **II** m. **1** Floß *n.*, Wasserfahrzeug *n.* **2** *(nella pesca)* Pose *f.*, Floß *n.* **3** TECN. Schwimmer *m.* ◆ ***ancora ~*** Treibanker *m.*, Schleppanker *m.*; ***casa ~*** Hausboot *n.* **gal|leg|gia|re** intr. *(galleggio, galleggi;* aus. *avere)* **1** *(nell'acqua)* schwimmen, treiben; *(di nave)* flott sein **2** ESTENS. *(nell'aria)* schweben.
gal|le|go I agg. *(-ghi,-ghe)* galicisch **II** m. *(lingua)* Galicisch(e) *n.*
gal|le|ri|a f. **1** Tunnel *m.*: ***scavare una ~*** einen Tunnel graben; *(traforo)* ***la ~ del S. Gottardo*** der (Sankt-)Gotthard-Tunnel **2** *(di miniera)* Stollen *m.* **3** *(di talpa)* Gang *m.* **4** ARCH. Galerie *f.* **5** *(di opere d'arte)* Galerie *f.*: ***visitare una ~*** eine Galerie besuchen; ***esporre quadri in una ~*** Bilder in einer Galerie aus‿stellen **6** *(di teatro, cinema)* Rang *m.*; *(loggione)* Galerie *f.* **7** *(aerodinamica)* Kanal *m.* ◆ ***~ d'arte*** Kunstgalerie *f.*, Galerie *f.*; MIN. ***~ laterale*** Strecke *f.*; ***~ nazionale*** Nationalgalerie *f.*; ***~ del vento*** Windkanal *m.*
gal|le|ri|sta m. e f. *(-i,-e)* Galerist *m.* (-in *f.*).
Gal|les n.pr.m. Wales *n.* ◆ TESS. ***principe di ~*** Glencheck *m.* **gal|le|se I** agg. walisisch **II** m. e f. Waliser *m.* (-in *f.*) **III** m. *(lingua)* Walisisch(e) *n.*
1.gal|let|ta f. Dauergebäck *n.*; MAR. Schiffszwieback *m.* ◆ ***erba ~*** Platterbse *f.*
2.gal|let|ta f. REGION. Kokon *m.*
gal|let|to m. **1** Hähnchen *n.*, Hinkel *n.* **2a** FIG. Gockel *m.*, Gockelhahn *m.*: ***fare il ~*** sich wie ein Gockel benehmen **b** *(giovane impertinente)* frecher Junge *m.*, Frechdachs *m.*: ***fare il ~*** sich (mit seinem Wissen) auf‿plustern **3** MECC. Flügelmutter *f.* ◆ ***~ di bosco*** Seidenschwanz *m.*; ***~ segnavento*** Wetterhahn *m.*
Gal|lia n.pr.f. Gallien *n.*, Gallia *f.*: ***~ cisalpina, transalpina*** Gallia Cisalpina, Transalpina.
gal|li|ca|ne|si|mo, gal|li|ca|ni|smo m. Gallikanismus *m.* **gal|li|ca|no** agg. gallikanisch.
gal|li|ci|smo m. Gallizismus *m.* **gal|li|co** STOR. **I** agg. *(-ci,-che)* gallisch, Gallisch: ***le guerre -che*** die Gallischen Kriege **II** m. *(lingua)* Gallisch(e) *n.*
gal|li|for|mi m.pl. → **gallinacei.**
gal|li|na f. Henne *f.*, Huhn *n.*: ***la ~ fa l'uovo*** die Henne legt das Ei; ***la ~ cova, fa coccodè*** das Huhn brütet, gackert; ***tirare il collo a una ~*** einem Huhn die Gurgel (*o* den Hals) um‿drehen, ab‿schneiden ◆ ***brodo di ~*** Hühnerbrühe *f.*; ***avere un cervello di ~*** ein Spatzen(ge)hirn haben; ***~ faraona*** Perlhuhn *n.*; ***andare a letto con le -e*** mit den Hühnern schlafen gehen; ***~ ovaiola*** Legehenne *f.*; ***~ dalle uova d'oro*** Goldesel *m.*, Dukatenesel *m.*; ***uovo di ~*** Hühnerei *n.*; FIG. ***zampe di ~*** Krähenfüße *pl.*; *(scrittura illeggibile)* Geschmier(e) *n.*; PROV. ***meglio un uovo oggi che una ~ domani*** besser einen Spatz in der Hand als eine Taube auf dem Dach; ***~ vecchia fa buon brodo*** = das Alter hat (auch) seine Reize.
gal|li|nac|cio m. *(-ci)* BOT. Pfifferling *m.*, Eierschwamm *m.*, REGION. Rehling *m.*
gal|li|na|cei m.pl. Hühnervögel *pl.* **gal|li|nel|la** f. **1** ***~ d'acqua*** Teichhuhn *n.* **2** BOT. Vogelmiere *f.*, Hühnerdarm *m.*
gal|lio m. Gallium *n.*
gal|li|smo m. Gockeltum *n.*, Gockelgehabe *n.*
1.gal|lo m. **1** Hahn *m.*, Huhn *n.*: ***il ~ canta*** der Hahn kräht **2** FIG. Gockel *m.*, Gockelhahn *m.*: ***fare il ~*** sich wie ein Gockelhahn benehmen ◆ ***al canto del ~*** beim, mit dem ersten Hahnenschrei; ***~ cedrone*** Auerhahn *m.*; ***~ da combattimento*** Kampfhahn *m.*; ***cresta di ~*** Hahnenkamm *m.* (anche BOT.); EQUIT. ***passo di ~*** Hahnentritt *m.*; SPORT ***peso ~*** Bantamgewicht *n.*, Bantamgewichtler *m.*; ***essere il ~ del pollaio*** der Hahn im Korb sein; PROV. ***troppi -i a cantar non fa mai giorno*** viele Köche verderben den Brei.
2.gal|lo STOR. **I** agg. gallisch **II** m. Gallier *m.*
gal|loc|cia f. MAR. Klampe *f.*
gal|lo|fi|lo agg. gallophil, frankophil. **gal|lo|fo|bo** agg. gallophob, frankophob. **gal|lo|ma|ne** m. e f. Gallomane *m.* e *f.* **gal|lo|ma|ni|a** f. Gallomanie *f.*
gal|lo|na|to agg. betresst: ***un'uniforme -a d'oro*** eine goldbetresste Uniform.
1.gal|lo|ne m. **1** MIL. Tresse *f.*, Litze *f.*, Winkel *m.* **2** SART. Galon *m.*, Galone *f.* ◆ ***guadagnarsi i -i*** sich (D) die Sporen verdienen.
2.gal|lo|ne m. *(unità di misura)* Gallone *f.*, Gallon *m.* e *n.*
gal|lo|ro|man|zo I agg. galloromanisch **II** m. Galloromanisch(e) *n.*
ga|lo|che [ga'lɔʃ] f.inv. Galosche *f.*
ga|lop|pan|te agg. galoppierend: ***un'inflazione, una malattia ~*** eine galoppierende Inflation, Krankheit. **ga|lop|pa|re** intr. (aus. *avere*) **1** galoppieren **2** FIG. rennen, sich ab‿hetzen: ***~ dalla mattina alla sera*** sich von morgens bis abends abhetzen ◆ ***~ con la fantasia*** der Fantasie freien Lauf lassen. **ga|lop|pa|ta** f. **1** Galoppritt *m.*; *(gara)* Galopprennen *n.* **2** FIG. Rennerei *f.*, Schinderei *f.*, Plackerei *f.* **ga|lop|pa|to|io** m. *(-oi)* Reitbahn *f.* **ga|lop|pa|to|re** m. Galopper *m.*
ga|lop|pi|no m. COLLOQ. Laufbursche *m.* ◆ ***~ elettorale*** Stimmenfänger *m.*; ***fare il ~*** den Pudel machen.
ga|lop|po m. Galopp *m.* (anche MUS.): ***~ serrato*** gestreckter Galopp; ***andare, correre al ~*** im Galopp reiten; ***al ~*** im Galopp (anche FIG.); ***al gran ~*** in vollem Galopp; ***un cavallo al ~*** ein galoppierendes Pferd.
ga|lo|scia f. *(-sce)* → **galoche.**
gal|va|ni|co agg. *(-ci,-che)* galvanisch: ***bagno ~*** galvanisches Bad. **gal|va|ni|smo** m. Galvanismus *m.*
gal|va|niz|za|re I tr. **1** MED. elektrisieren, galvanisieren **2** FIG. *(eccitare)* elektrisieren, entflammen, in Begeisterung versetzen: ***~ la folla*** die Menge in Begeisterung versetzen **3** TECN. galvanisieren **II** pronom. **galvanizzarsi** sich entflammen, sich elektrisieren lassen. **gal|va|niz|za|zio|ne** f. **1** MED. Elektrisierung *f.*, Galvanisation *f.* **2** TECN. Galvanisierung *f.* **3** FIG. Elektrisierung *f.*, Entflammung *f.*
gal|va|no m. TIP. Galvano *n.* **gal|va|no|cau|sti|ca** f. Galvanokaustik *f.* **gal|va|no|cau|te|rio** m. *(-ri)* Galvanokauter *m.* **gal|va|no|me|tro** m. Galvanometer *n.* **gal|va|no|pla|sti|ca** f. Galvanoplastik *f.* **gal|va|no|sco|pio** m. *(-pi)* Galvanoskop *n.* **gal|va|no|ste|gi|a** f. Galvanostegie *f.* **gal|va|no|tec|ni|ca** f. Galvanotechnik *f.* **gal|va|no|te|ra|pi|a** f. Galvanotherapie *f.* **gal|va|no|ti|pi|a** f. Galvanoplastik *f.*, Elektrotypie *f.*
gam|ba f. **1a** Bein *n.*: ***accavallare, sgranchirsi le -e*** die Beine übereinander schlagen, sich (D) die Beine vertreten; ***avere le -e lunghe, dritte, storte*** lange, gerade, krumme Beine haben; ***allungare le -e sotto il tavolo*** die Beine unter den Tisch strecken; ***reggersi su una ~ sola*** nur auf einem Bein stehen; ***zoppicare da una ~*** mit, auf einem Bein hinken **b** *(zampa)* Bein *n.* **c** *(di oggetto)* ***le ~ del tavolo, del letto*** die Beine des Tisches (*o* Tischbeine), des Bettes; ***un tavolino a tre -e*** ein dreibeiniger Tisch **2** *(di lettera)* Grundstrich *m.*, Strich *m.*: ***la m si scrive con tre -e*** das m wird mit drei Strichen geschrieben **3** *(di nota musicale)* Hals *m.*, Stiel *m.* ◆ ***andare a -e all'aria*** auf den Rücken (*o* aufs Kreuz) fallen; FIG. *(di affari)* platzen, ins Wasser fallen; ***mandare qcn. a -e all'aria*** = jdn fallen lassen; ***darsela a -e*** die Beine unter die Arme nehmen, Reißaus nehmen; ***-e da fantino*** O-Beine *pl.*; ***in ~!*** mach's gut! ***un medico in ~*** ein tüchtiger Arzt; ***ha settant'anni ma è ancora in ~*** er ist schon siebzig, aber noch (schwer) auf Draht; ***è un tipo in ~*** er ist ein patenter (*o* ein ganzer) Kerl; ***camminare a -e larghe*** breitbeinig gehen; ***~ di legno*** Holzbein *n.*; ***scappare a -e levate*** Hals über Kopf fliehen (*o* davon‿laufen); ABBIGL. ***a mezza ~*** dreiviertellang; ***fino a mezza ~*** bis zur Wade, bis an die Waden; ***avere le -e molli*** schlappe Beine haben; ***~ dei pantaloni*** Hosenbein *n.*; ***fare il passo più lungo della ~*** = sich übernehmen; ***andare avanti, camminare con le proprie -e*** auf eigenen Beinen stehen; ***volere raddrizzare le -e ai cani*** einen Mohren weiß waschen wollen; ***non reggersi più sulle -e*** sich nicht mehr auf den Beinen halten können; ***prendere qcs. sotto ~*** etw. auf die leichte Schulter nehmen; ***mettersi le -e in spalla*** die Beine in die Hand nehmen; ***tagliare le -e a qcn.*** jdm den Wind aus den Segeln nehmen; ***mi tremano le -e*** mir zittern (*o* schlottern) die Knie; ***viola da ~*** Gambe *f.*, Kniegeige *f.*; PROV. ***chi non ha testa abbia -e*** was man nicht im Kopf hat, hat man in den Beinen.
gam|ba|cor|ta m.inv. SCHERZ. **1** *(zoppo)* Hinkebein *n.*, Hinkefuß *m.* **2** *(persona dalle gambe corte)* Kurzbeinige *m.*
gam|ba|le m. **1** Schaft *m.*; *(di stivale)* Stiefelschaft *m.* **2** *(forma di legno)* Spanner *m.* **3** *(nelle armature)* Beinschiene *f.*
gam|ba|let|to m. **1** *(ingessatura)* kniehoher Gips *m.* **2** *(calza)* Kniestrumpf *m.*
gam|bec|chio m. *(-chi)* Strandläufer *m.*
gam|be|ret|to m. Garnele *f.*
gam|be|ro m. Krebs *m.* ◆ ***camminare, fare come i -i*** den Krebsgang gehen; ***~ di fiume*** Flusskrebs *m.*, Steinkrebs *m.*; ***diventare rosso come un ~*** rot wie ein Krebs (*o* krebsrot) werden.
gam|bet|to m. **1** *(sgambetto)* Beinstellen *n.* **2** *(negli scacchi)* Gambit *n.*

gam|bie|ra f. Beinschiene *f.* (anche SPORT). **gam|biz|za|re** tr. COLLOQ. **~ *qcn.*** jdm in die Beine schießen. **gam|biz|za|zio|ne** f. COLLOQ. Schussverletzung *f.* der Beine (infolge eines terroristischen Überfalls).

gam|bo m. **1** Stiel *m.*, Stängel *m.* **2** *(di bicchiere)* Stiel *m.* ◆ ***togliere i -i a qcs.*** etw. entstielen.

ga|mel|la f. *(gavetta)* Essnapf *m.*, Blechnapf *m.*

ga|me|te m. Gamet *m.*, Geschlechtszelle *f.* **ga|me|to|ge|ne|si** f. Gametogenese *f.*

1.gam|ma I m. e f.inv. *(lettera greca)* Gamma *n.* **II** agg.inv. Gamma-: FIS. ***fattore, raggi ~*** Gammafaktor *m.*, Gammastrahlen *pl.*

2.gam|ma f. **1** MUS. Tonumfang *m.* **2** *(gradazioni cromatiche)* Skala *f.*: ***la ~ dei rossi, cromatica*** die Skala der Rottöne, die Farbskala **3** *(scelta)* Palette *f.*, Auswahl *f.*: ***una vasta (ampia), ricca ~ di articoli*** eine breite, große Palette von Artikeln; ***~ di colori*** Farbenpalette *f.* ◆ RAD. ***~ di frequenze*** Frequenzbereich *m.*

gam|ma|glo|bu|li|na f. Gammaglobulin *n.*

ga|na|scia f. *(-sce)* **1** Kinnlade *f.*, Kinnbacke *f.*; *(di animali)* Ganasche *f.* **2** MECC. Klemmbacke *f.*, Backe *f.*: ***~ del freno, della morsa*** Brems-, Schraubstockbacke *f.* **3** FERR. Lasche *f.* ◆ MECC. ***freno a -sce*** Backenbremse *f.*; ***mangiare a quattro -sce*** mit vollen Backen kauen. **ga|na|sci|no** m. ***prendere qcn. per il ~*** jdn in die Backe kneifen.

gan|cio m. *(-ci)* Haken *m.*: ***appendere, sospendere qcs. a un ~*** etw. an (*o* auf) einen Haken hängen; ***mettere un ~ al muro*** einen Haken in die Wand schlagen; *(di chiusura)* ***i -ci di un abito*** die Haken eines Kleids; ***chiudere qcs. con un ~*** etw. zu‿haken; SPORT ***~ destro, sinistro*** rechter, linker Haken ◆ ***a ~*** hakenförmig, hakenartig, Haken-; ***chiusura a ~*** Hakenverschluss *m.*; ***~ a occhiello*** Ösenhaken *m.*; ***~ di riserva*** Sicherheitshaken *m.*; ***~ di sollevamento*** Lasthaken *m.*; ***~ di traino*** Schlepphaken *m.*; ***~ di trazione*** Zughaken *m.*

gang [gæŋ; *üblich* geŋg] f.inv. Gang *f.*, Bande *f.*

gan|ga f. *(-ghe)* MIN. Gangart *f.*

Gan|ge n.pr.m. Ganges *m.*

gan|ghe|ro m. Haspe *f.*, Angel *f.* ◆ ***uscire dai -i*** in Harnisch geraten, aus der Haut fahren; ***fare uscire dai -i qcn.*** jdn in Harnisch bringen.

gan|glia|re [-gl-] agg. Ganglien-: ***sistema ~*** Gangliensystem *n.* **gan|glio** [-gl-] m. *(-gli)* **1** ANAT. Ganglion *n.* **2** FIG. Lebensnerv *m.*: ***i -gli dell'economia*** die Lebensnerven der Ökonomie **3** MED. *(formazione cistica)* Ganglion *n.*, Überbein *n.* ◆ ***~ linfatico*** Lymphknoten *m.*

gan|gre|na f. Gangrän *f.*, Brand *m.* ◆ ***andare in ~*** gangräneszieren. **gan|gre|no|so** agg. gangränös, brandig: ***tessuto ~*** brandiges Gewebe.

gang|ster ['gænstə; *üblich* geŋgster] m.inv. Gangster *m.* **gang|ste|ri|smo** m. Gangstertum *n.*

ga|ni|me|de m. Laffe *m.*, Geck *m.* **Ga|ni|me|de** n.pr.m. Ganymed *m.*

gan|zo I agg. toll: ***un tipo ~*** ein toller Typ **II** m. **1** *(amante)* Liebhaber *m.* **2** COLLOQ. *(dritto)* Schlaumeier *m.*, Schlaukopf *m.*

gap [gæp] m.inv. Kluft *f.*, Gap *m.*: ***~ generazionale, tecnologico*** Kluft zwischen den Generationen, technologischer Gap.

ga|ra f. **1** Wettbewerb *m.*, Wettstreit *m.*; *(sportiva)* Wettkampf *m.*: ***~ accesa, entusiasmante*** heftiger, begeisternder Wettkampf; ***~ internazionale*** internationaler Wettbewerb; ***~ poetica*** Dichterwettstreit *m.*; ***iscrivere qcn. a una ~*** jdn für einen (*o* zu einem) Wettkampf an‿melden; ***partecipare a ~*** an einem Wettbewerb teil‿nehmen, bei einem Wettbewerb mit‿machen; ***disputare, abbandonare (ritirarsi da) una ~*** einen Wettkampf bestreiten, auf‿geben; ***interrompere, sospendere, annullare una ~*** einen Wettkampf unterbrechen, ab‿brechen, ab‿sagen **2** FIG. Wetteifern *n.*: ***una ~ di solidarietà*** ein Wetteifern solidarischer Gesinnung **3** *(appalto)* Submission *f.* ◆ ***la ~ è ancora aperta*** das Ergebnis ist noch offen; ***~ di appalto*** Submission *f.*, Ausschreibung *f.*, BUROCR. Verdingung *f.*; ***~ di ballo*** Tanzturnier *n.*; ***~ di canottaggio*** Ruderregatta *f.*; ***~ ciclistica*** Radrennen *n.*; ***~ di corsa*** Wettlauf *m.*; ***direzione di ~*** Rennleitung *f.*; ***fare a, una ~ a chi arriva primo (correndo, nuotando)*** um die Wette laufen (*o* rennen), schwimmen; ***fare a, una ~ a chi beve di più*** um die Wette trinken; ***essere fuori ~*** ausgeschieden sein; ***giudice di ~*** *(arbitro)* Schiedsrichter *m.*; *(di una giuria)* Kampfrichter *m.*, Schiedsrichter *m.*, Punktrichter *m.*; ***essere in ~*** im Wettstreit stehen, SPORT im Wettkampf stehen; FIG. ***entrare, essere in ~ con qcn.*** mit jdm in Wettstreit treten, im Wettstreit sein (*o* stehen); ***~ di nuoto*** Wettschwimmen *n.*, Schwimmwettkampf *m.*; ***percorso di ~*** *(a piedi)* Laufstrecke *f.*; *(di auto, moto, cavalli)* Rennstrecke *f.*; ***~ podistica*** Laufwettbewerb *m.*; ***~ di sci*** Skirennen *n.*; ***~ di tiro*** Wettschießen *n.*, Preisschießen *n.*

ga|ra|ge [ga'ra:ʒ] m.inv. **1** Garage *f.*: ***~ sotterraneo*** Tiefgarage *f.*; ***mettere, portare l'auto in ~*** das Auto in die Garage stellen, bringen (*o* fahren) **2** *(autorimessa)* Großgarage *f.*

ga|ra|gi|sta m. e f. *(-i,-e)* **1** *(operaio)* Beschäftigte *m.* e *f.* in einer Garage **2** *(proprietario)* Garageninhaber *m.* (-in *f.*), Garagenbesitzer *m.* (-in *f.*).

ga|ran|te I m. **1** Garant *m.*, Bürge *m.*, Gewährsmann *m.* **2** *(organo di vigilanza)* Aufsichtsbehörde *f.*: ***~ per l'editoria*** Medienaufsichtsbehörde *f.* **II** agg. garantierend, bürgend ◆ ***essere ~ di, per qcn., qcs.*** Bürge für jdn, etw. sein; ***farsi, rendersi ~ per qcn., qcs.*** für jdn, etw. garantieren (*o* bürgen).

ga|ran|ti|re *(garantisco, garantisci)* **I** tr. **1** *(avallare)* ***~ qcs.*** für etw. bürgen: ***~ un prestito*** für eine Anleihe bürgen **2** COMM. ***~ qcs.*** für etw., auf etw. (A) Garantie geben (*o* leisten): ***~ un'auto, un orologio per due anni*** auf (*o* für) ein Auto, eine Uhr zwei Jahre Garantie geben **3a** *(assicurare)* ***~ qcs.*** für etw. garantieren, etw. gewährleisten, verbürgen: ***~ parità di diritti*** die rechtliche Gleichheit verbürgen; ***~ ottimi risultati*** sehr gute Ergebnisse gewährleisten; ***~ la qualità di un prodotto*** für die Qualität eines Produkts garantieren **b** FIG. ***garantisco che...*** ich stehe dafür ein (*o* ich verbürge mich dafür), dass... **II** intr. (aus. *avere*) garantieren, ein‿stehen: ***per lui garantisco io*** ich garantiere für ihn **III** pronom. ***-rsi contro qcs.*** sich gegen etw. ab‿sichern.

ga|ran|ti|smo m. = Verteidigung *f.* liberaler rechtsstaatlicher Prinzipien. **ga|ran|ti|sta** *(-i,-e)* **I** agg. liberal rechtsstaatlich: ***provvedimento ~*** liberale rechtsstaatliche Maßnahme **II** m. e f. = Verteidiger *m.* (-in *f.*) liberal rechtsstaatlicher Prinzipien.

ga|ran|ti|to p.pass. agg. **1** → **garantire** **2** garantiert: ***uova fresche -e*** garantiert frische Eier **3** *(assicurato)* verbürgt: ***diritti -i*** verbürgte Rechte **4a** *(sicuro, certo)* bestimmt, sicher: ***un successo ~*** ein sicherer Erfolg; ***salario ~*** sicheres Gehalt **b** COLLOQ. ***arriverà in ritardo, (è) ~!*** er kommt bestimmt mit Verspätung! ***è ~ che...*** es ist sicher, dass... ◆ ***essere ~ per sei mesi, un anno*** eine sechsmonatige, einjährige Garantie haben.

ga|ran|za f. Färberröte *f.*, Krapp *m.*

ga|ran|zi|a f. **1a** Garantie *f.*: ***~ di un anno*** einjährige (*o* ein Jahr) Garantie; ***avere, dare un anno di ~*** ein Jahr Garantie haben, leisten; ***essere in ~*** unter Garantie stehen (*o* sein); ***essere coperto da ~*** auf Garantie gehen, unter (die) Garantie fallen; FIG. ***~ di successo*** Erfolgsgarantie *f.* **b** *(malleveria)* Garantie *f.*, Bürgschaft *f.* **2** *(sicurezza)* Gewähr *f.*: ***dare (offrire), esigere una ~, le massime -e*** Gewähr, maximale Gewähr leisten (*o* bieten), verlangen ◆ DIR. ***avviso di ~*** Ermittlungsbescheid *m.*; ***certificato di ~*** Garantieschein *m.*; ***-e costituzionali*** verfassungsrechtliche Garantien; DIR. ***informazione di ~ → avviso di ~***; ***periodo di ~*** Garantiezeit *f.*, Garantiefrist *f.*

gar|ba|re intr. (aus. *essere*) behagen: ***ciò non mi garba affatto*** das behagt mir überhaupt nicht. **gar|ba|ta|men|te** avv. artig. **gar|ba|to** p.pass. agg. **1** → **garbare** **2** *(educato)* artig, höflich: ***un gesto ~*** eine höfliche Geste; ***una fanciulla -a*** ein artiges Mädchen.

gar|bi|no m. REGION. Südwestwind *m.*

gar|bo m. **1** Artigkeit *f.*; *(buone maniere)* Schliff *m.*: ***non avere ~*** keinen Schliff haben **2** *(grazia)* Anmut *f.*: ***muoversi con ~*** sich mit Anmut bewegen **3** *(linea)* richtige Form *f.*: ***dare a qcs. il giusto ~*** etw. (D) die richtige Form geben ◆ ***fare qcs. a ~*** etw. fein aus‿führen.

gar|bu|glio m. *(-gli)* **1** Gewirr(e) *n.*: ***un ~ di fili, di cavi*** ein Gewirr von Fäden (*o* ein Fadengewirr), von Drähten (*o* ein Drahtgewirr); FIG. ***~ di pensieri*** Gedankengewirr *n.* **2** *(confusione)* Wirrwarr *m.*: ***creare (dei) -gli*** einen Wirrwarr verursachen.

gar|çon|niè|re [garso'njɛ:r] f.inv. = kleine Wohnung *f.* für Liebesabenteuer.

Gar|da n.pr.m. ***(lago di) ~*** Gardasee *m.*: ***una località sul ~*** ein Ort am Gardasee.

Gar|de|na, *Val ~* Gröden *n.*, Grödnertal *n.*

gar|de|nia f. Gardenie *f.*

ga|reg|gia|re intr. *(gareggio, gareggi*; aus. *avere)* **1** wetteifern (anche FIG.): ***~ con qcn. per qcs.*** mit jdm um etw. wetteifern **2** assol. gegeneinander an‿treten: ***oggi gareggiano gli atleti migliori*** heute treten die besten Athleten gegeneinander an.

gar|fa|gni|no I agg. aus der Garfagnana **II** m. Einwohner *m.* der Garfagnana.

gar|ga|nel|la, *bere a ~* = aus der Flasche trinken, ohne sie an den Mund zu setzen.

gar|ga|ri|smo m. Gurgeln *n.*: ***fare i -i*** gurgeln. **gar|ga|riz|za|re** intr. (aus. *avere*) gurgeln.

gar|ga|roz|zo m. COLLOQ. Gurgel *f.*

ga|ri|bal|di|no I agg. 1 ***imprese -e*** Heldentaten der Garibaldiner 2 FIG. *(audace)* wagemutig, kühn II m. Garibaldiner *m.* ◆ ***alla -a*** = wagemutig.

ga|rit|ta f. Schilderhaus *n.*, Schilderhäuschen *n.* ◆ FERR. ***~ del frenatore*** Bremserhäuschen *n.*

ga|ro|fa|na|ia f. Nelkenwurz *f.* **ga|ro|fa|no** m. Nelke *f.* ◆ ***chiodo di ~*** Gewürznelke *f.*; ***~ di mare*** Seenelke *f.*; ***~ selvatico*** Kartäusernelke *f.*

gar|re|se m. Widerrist *m.* ◆ ***altezza al ~*** Schulterhöhe *f.*

gar|ret|to m. 1 ZOOL. Sprunggelenk *n.* 2 COLLOQ. *(umano)* Ferse *f.*

gar|ri|re intr. *(garrisco, garrisci;* aus. *avere)* 1 zwitschern, schilpen: ***le rondini garriscono*** die Schwalben zwitschern 2 *(di bandiere)* knattern: ***~ al vento*** im Wind knattern. **gar|ri|to** m. Gezwitscher *n.*

gar|ro|ta → **garrotta.** **gar|ro|ta|re** tr. garrottieren. **gar|rot|ta** f. Garrotte *f.*, Würgschraube *f.*

gar|ru|li|tà f. Geschwätzigkeit *f.* **gar|ru|lo** agg. 1 *(che garrisce)* zwitschernd: ***uccelli -i*** zwitschernde Vögel 2 *(petulante)* geschwätzig.

1.gar|za f. 1 Gaze *f.*; *(di cotone)* Mull *m.*: ***~ idrofila*** hydrophiler Mull 2 *(benda)* Verband(s)mull *m.* ◆ ***benda di ~*** Mullbinde *f.*; ***compressa di ~*** Mullkompresse *f.*; ***fascia di ~*** → ***benda di ~.***

2.gar|za f. Reiher *m.*

gar|za|re tr. rauen. **gar|za|tri|ce** f. Raumaschine *f.* **gar|za|tu|ra** f. Rauen *n.*

gar|zo|ne m. 1 Geselle *m.*, Bursche *m.*: ***~ di panettiere*** Bäckergeselle *m.*; ***~ artigiano*** Handwerksgeselle *m.*; ***lavorare come ~ in un negozio*** in einem Laden als Geselle arbeiten 2 *(apprendista)* Lehrling *m.*, Lehrjunge *m.*

gas m.inv. 1a Gas *n.*: ***~ liquido, tossico*** Flüssiggas *n.*, Giftgas *n.*; ***comprimere un ~*** ein Gas zusammen‿drücken b *(per uso domestico)* ***aprire, chiudere il ~*** das Gas öffnen (*o* auf‿drehen), ab‿drehen (*o* ab‿stellen) c *(fornello)* ***accendere, spegnere il ~*** das Gas an‿zünden, aus‿machen (*o* ab‿drehen); ***mettere la pentola sul ~*** den Kochtopf aufs Gas stellen d *(combustibile)* ***dare, togliere ~*** Gas geben, zurück‿nehmen (*o* weg‿nehmen) 2 *(di scarico)* Abgas *n.* ◆ ***~ acetilenico*** Acetylengas *n.*; ***allacciamento del ~*** Gasanschluss *m.*; ***~ asfissiante*** Giftgas *n.*; ***~ per auto*** Autogas *n.*; ***bolletta del ~*** Gasrechnung *f.*; ***bombola del ~*** Gasflasche *f.*; ***~ in bombola*** Flaschengas *n.*; ***~ butano*** Butangas *n.*; ***camera a ~*** Gaskammer *f.*; ***~ di città*** Stadtgas *n.*; ***~ combustibile*** Brenngas *n.*; ***~ combusto*** Rauchgas *n.*; ***conduttura del ~*** Gasleitung *f.*; ***contatore del ~*** Gaszähler *m.*; ***cucina a ~*** Gasherd *m.*; ***~ esilarante*** Lachgas *n.*; ***fornello a ~*** Gasherd *m.*; ***fuga di ~*** Ausströmen *n.* von Gas; ***~ illuminante*** Leuchtgas *n.*; ***illuminazione a ~*** Gasbeleuchtung *f.*; AUT. ***impianto a ~*** Gasbetrieb *m.*; ***~ inerte*** Inertgas *n.*; ***~ lacrimogeno*** Tränengas *n.*; ***manetta del ~*** Handgas *n.*; ***~ metano*** Methan *n.*; ***~ naturale*** Naturgas *n.*, Erdgas *n.*; ***~ nervino*** Nervengas *n.*; ***~ nobile*** Edelgas *n.*; ***~ propano*** Propangas *n.*; ***riscaldamento a ~*** Gasheizung *f.*; ***~ per riscaldamento*** Heizgas *n.*; ***rivelatore (di fughe) di ~*** Gasanzeiger *m.*; ***rubinetto del ~*** Gashahn *m.*; ***scaldabagno a ~*** Gasbadeofen *m.*; ***~ di scarico*** Abgas *n.*, AUT. Autoabgas *n.*; ***stufa a ~*** Gasofen *m.*; ***tagliare il ~ a qcn.*** jdm das Gas sperren; ***tubo del ~*** Gasrohr *n.*; ***a tutto ~*** mit Vollgas.

ga|sa|re I tr. 1 → **gassare** 2 FIG. COLLOQ. *(eccitare)* auf Touren bringen, begeistern II pronom. **gasarsi** auf‿drehen. **ga|sa|to** p.pass. agg. 1 → **gasare** 2a FIG. COLLOQ. *(eccitato)* aufgedreht b SPREG. *(borioso, montato)* aufgeblasen, eingebildet.

gas|dot|to m. Gasfernleitung *f.*

ga|si|fi|ca|re → **gassificare.** **ga|si|fi|ca|zio|ne** → **gassificazione.**

ga|si|sta → **gassista.** **ga|so|ge|no** → **gassogeno.**

ga|so|li|na f. Gasolin *n.*

ga|so|lio m. Gasöl *n.* ◆ ***~ per autotrazione*** Treiböl *n.*; ***~ da riscaldamento*** Heizöl *n.*; ***riscaldamento a ~*** Ölheizung *f.*

ga|so|me|tro m. Gasometer *m.*

Ga|spa|re n.pr.m. Kaspar *m.*

gas|sa f. Öse *f.*, Auge *n.*

gas|sa|re tr. 1 mit Kohlensäure versetzen 2 *(uccidere con il gas)* vergasen 3 TESS. gasieren. **gas|sa|to** p.pass. agg. 1 → **gassare** 2 kohlensäurehaltig: ***bibita -a*** kohlensäurehaltiges Getränk ◆ ***acqua ~*** Sprudelwasser *n.*, Sprudel *m.*

gas|si|fi|ca|re tr. *(gassifico, gassifichi)* vergasen, in Gas verwandeln. **gas|si|fi|ca|zio|ne** f. Vergasung *f.*

gas|si|sta m. 1 Gasarbeiter *m.* 2 *(installatore di impianti)* Gasinstallateur *m.*

gas|so|ge|no m. Gasgenerator *m.*

gas|so|sa f. Limonade *f.*

gas|so|so agg. 1 gasförmig: ***sostanza -a*** gasförmige Substanz 2 *(di gas)* Gas-: ***miscela -a*** Gasgemisch *n.* ◆ MED. ***embolia -a*** Luftembolie *f.*

ga|ste|ro|po|de, ga|ste|ro|po|do m. Gastropode *m.*, Bauchfüßer *m.*

ga|ste|ro|ste|i|di m.pl. Dornfische *pl.*

Ga|sto|ne n.pr.m. Gaston *m.*

ga|stral|gi|a f. Magenschmerz *m.* **ga|strec|ta|si|a** f. Gastrektasie *f.*, Magenerweiterung *f.* **ga|strec|to|mi|a** f. Gastrektomie *f.*

ga|stri|co agg. *(-ci,-che)* Magen-, MED. gastrisch: ***ulcera -a*** Magengeschwür *m.*; ***lavanda -a*** Magenspülung *f.*; ***succo ~*** Magensaft *m.*; ***fare la lavanda ~ a qcn.*** jdm den Magen aus‿spülen; ***disturbi -ci*** Magenbeschwerden *pl.*

ga|stri|te f. Magenschleimhautentzündung *f.*, Magenkatarrh *m.*, MED. Gastritis *f.*

ga|stro|duo|de|na|le agg. gastroduodenal.

ga|stro|en|te|ri|co agg. *(-ci,-che)* Magen-Darm-. **ga|stro|en|te|ri|te** f. Magen-Darm-Katarrh *m.*, Gastroenteritis *f.* **ga|stro|en|te|ro|lo|gi|a** f. Gastroenterologie *f.* **ga|stro|en|te|ro|lo|go** m. *(-gi)* Gastroenterologe *m.*

ga|stro|e|pa|ti|co agg. *(-ci,-che)* Magen-Leber-.

ga|stro|in|te|sti|na|le agg. Magen-Darm-, gastrointestinal.

ga|stro|no|mi|a f. 1 Kochkunst *f.*, Gastronomie *f.* 2 *(negozio)* Feinkostgeschäft *n.*, Delikatessengeschäft *n.*, Delikatessgeschäft *n.* **ga|stro|no|mi|ca|men|te** avv. gastronomisch. **ga|stro|no|mi|co** agg. *(-ci,-che)* gastronomisch, Feinkost-: ***specialità -che*** Feinkostspezialitäten *pl.*, Feinkost *f.*; ***itinerario ~*** gastronomische Rundreise. **ga|stro|no|mo** m. Gastronom *m.*

ga|stro|pa|ti|a f. Magenleiden *n.*, Magenkrankheit *f.* **ga|stro|sco|pi|a** f. Magenspiegelung *f.*, Gastroskopie *f.* **ga|stro|sco|pio** m. *(-pi)* Gastroskop *n.* **ga|stro|spa|smo** m. Magenkrampf *m.*

ga|stru|la f. Gastrula *f.*

gat|ta f. Katze *f.* ◆ ***qui ~ ci cova*** das geht nicht mit rechten Dingen zu; ***~ morta*** → **gattamorta;** ***avere, dare a qcn. una (bella) ~ da pelare*** eine harte Nuss zu knacken bekommen (*o* haben), jdm eine harte Nuss zu knacken geben; PROV. ***tanto va la ~ al lardo che ci lascia lo zampino*** der Krug geht solange zum Brunnen, bis er bricht; ***la ~ frettolosa fece i gattini ciechi*** gut Ding will Weile haben.

gat|ta|bu|ia f. SCHERZ. Loch *n.*, Kittchen *n.*: ***mettere, sbattere qcn. in ~*** jdn ins Loch stecken; ***finire in ~*** ins Loch geraten.

gat|ta|ia f. Katzenminze *f.*

gat|ta|io|la f. Katzendurchschlupf *m.*

gat|ta|mor|ta f. *(gattemorte)* COLLOQ. ***fare la ~*** sich dumm (*o* unwissend) stellen.

gat|te|sco agg. *(-schi,-sche)* katzenhaft, Katzen-.

gat|ti|ce m. Weißpappel *f.*, Silberpappel *f.*

gat|ti|na f. Kätzchen *n.* (anche FIG.). **gat|ti|no** m. Kätzchen *n.*

gat|to m. Katze *f.*; *(gatto maschio)* Kater *m.*: ***il ~ miagola, fa le fusa, graffia*** die Katze miaut, schnurrt, kratzt ◆ ***~ d'angora*** Angorakatze *f.*; ***essere (come) cane e ~*** wie Hund und Katze sein; ***è un ~ che si morde la coda*** da beißt sich die Katze in den Schwanz; ***~ domestico*** Hauskatze *f.*; GASTR. ***lingua di ~*** Katzenzunge *f.*; ***sembra che gli sia morto il ~*** er sieht aus, als hätte es ihm die Petersilie verhagelt; ***~ delle nevi*** Schneekatze *f.*, Schneeraupe *f.*; ***~ a nove code*** neunschwänzige Katze; ***occhio di ~*** Katzenauge *n.* (anche MINER.); ***con occhi da ~*** eulenäugig; ***~ persiano*** Perserkatze *f.*; ***nuotare come un ~ di piombo*** wie eine bleierne Ente schwimmen; ***quattro -i*** eine Handvoll Leute, wenige Leute; ***~ selvatico*** Wildkatze *f.*; ***~ siamese*** Siamkatze *f.*; ***il ~ con gli stivali*** der Gestiefelte Kater; ***giocare (con qcn.) come il ~ col topo*** Katz und Maus (mit jdm) spielen; ***~ volante*** Pelzflatterer *m.*; PROV. ***di notte tutti i -i sono bigi*** in der Nacht sind alle Katzen grau; ***quando il ~ non c'è i topi ballano*** wenn die Katze aus dem Haus ist, tanzen die Mäuse (auf dem Tisch).

gat|to|mam|mo|ne m. *(gattimammoni)* Buhmann *m.*

gat|to|na|re I tr. beschleichen, umschleichen II intr. (aus. *avere*) 1 schleichen, pirschen 2 *(di bambini piccoli)* krabbeln.

gat|to|ni avv. auf allen vieren: ***andare, procedere (gatton) ~*** auf allen vieren gehen (*o* kriechen).

gat|to|par|do m. *(africano)* Serval *m.*; *(americano)* Pantherkatze *f.*, Ozelot *m.*

1.gat|tuc|cio m. *(-ci)* ITTIOL. Katzenhai *m.*

2.gat|tuc|cio m. *(-ci)* Stichsäge *f.*, Lochsäge *f.*

gau|den|te I agg. genießerisch, schlemmerisch II m. Genießer *m.*, Genussmensch *m.*, Schlemmer *m.*

gau|dio m. *(-di)* Freude *f.*, Wonne *f.*: ***con sommo ~*** mit großer Freude ◆ PROV. ***mal comune mezzo ~*** geteiltes Leid ist halbes Leid. **gau|dio|so** agg. freudvoll, wonnevoll.

gaul|li|smo [go-] m. Gaullismus *m.* **gaul|li|sta** m. e f. *(-i,-e)* Gaullist *m.* (-in *f.*).

ga|vaz|za|re intr. (aus. *avere*) schwelgen.

ga|vet|ta f. MIL. Kochgeschirr *n.*, MAR. Back *f.* ◆ ***venire dalla ~*** von der Pike auf dienen, sich von unten hoch‿arbeiten (*o* herauf‿arbeiten). **ga|vet|ti|no** m. MIL. Becher *m.* **ga|vet|to|ne** m. **1** MIL. Feldküche *f.* **2** COLLOQ. = spielerische Schlacht *f.* mit wassergefüllten Luftballons.

ga|via|le m. Gavial *m.*

ga|vi|na f. Sturmmöwe *f.*

ga|vi|tel|lo m. Boje *f.*

ga|vo|ne m. Piek *f.*

ga|vot|ta f. Gavotte *f.*

gay [geɪ] **I** agg.inv. **1** homo, schwul, gay **2** *(per gay)* Schwulen-: ***locale ~*** Schwulenkneipe *f.* **II** m.inv. Homo *m.*, Gay *m.*, Schwule *m.*

Ga|za n.pr.f. Gaza *n.*: ***la striscia di ~*** der Gazastreifen.

ga|ze|bo m.inv. Pavillon *m.*, Laube *f.*

gaz|za f. **1** Elster *f.* (anche FIG.) ◆ ***la ~ ladra*** die diebische Elster; ***~ marina*** Tordalk *m.*

gaz|zar|ra f. Spektakel *m.*, Allotria *n.*: ***fare ~*** Spektakel machen; ***un'indegna ~*** ein unwürdiges Schauspiel.

gaz|zel|la f. **1** Gazelle *f.* **2** INTRAD. (schneller Einsatzwagen der Karabinieri) ◆ ***agile come una ~*** flink wie eine Gazelle (*o* wie ein Wiesel).

gaz|zet|ta f. = Zeitung *f.*, Zeitungsblatt *n.* ◆ ***Gazzetta Ufficiale*** INTRAD. (Amtsblatt entsprechend dem Gesetzblatt). **gaz|zet|tie|re** m. SPREG. Zeitungsschmierer *m.* **gaz|zet|ti|no** m. *(rubrica giornalistica)* Rubrik *f.*, Spalte *f.*: ***~ teatrale*** Theaterrubrik *f.*

gaz|zo|sa → **gassosa.**

G. di F. ⇒ *Guardia di Finanza* (italienisches Polizeikorps für Zoll- und Steuerkontrolle).

ge|co m. *(-chi)* Haftzeher *m.*

ge|en|na f. Gehenna *f.*

gei|ger ['gaɪgɐ] agg. e m. inv. ***(contatore) ~*** Geigerzähler *m.*

gei|sha ['geiʃa] f. Geisha *f.*

gel m.inv. Gel *n.*: ***mettere il ~ sui capelli*** Gel ins Haar schmieren.

ge|la|re I tr. **1** vereisen, gefrieren, zu‿frieren lassen: ***il freddo ha gelato l'acqua, il lago*** die Kälte hat das Wasser gefroren, den See zufrieren lassen **2** *(rovinare col gelo)* erfrieren lassen: ***la brina ha gelato le piante, il raccolto*** der Reif hat die Pflanzen, die Ernte erfrieren lassen **3** *(rendere gelido)* erstarren lassen, COLLOQ. steif frieren lassen: ***questo vento gela la faccia*** dieser Wind lässt das Gesicht erstarren; ***il freddo mi ha gelato le dita*** in der Kälte sind meine Finger steif gefroren **4** FIG. *(raggelare)* gefrieren lassen: ***~ il sangue*** das Blut gefrieren (*o* stocken) lassen **5** erstarren lassen: ***~ qcn. con uno sguardo*** jdn mit einem Blick erstarren lassen **II** intr. (aus. *essere, avere*) **1** impers. frieren: ***stanotte ha, è gelato*** heute Abend hat es gefroren **2** FIG. *(sentire molto freddo*; aus. *essere)* erfrieren, vor Kälte um‿kommen: ***sto gelando*** ich erfriere gleich; ***qui si gela*** hier ist es eiskalt **III** intr. (aus. *essere*) e pronom. **gelarsi 1a** gefrieren, zu‿frieren: ***l'acqua gela a 0°*** Wasser gefriert bei 0°; ***lo stagno è gelato*** der Teich ist zugefroren **b** ein‿frieren: ***la conduttura dell'acqua è gelata*** die Wasserleitung ist eingefroren **2** *(rovinarsi per il freddo)* erfrieren: ***con questo freddo le gemme gelano*** bei dieser Kälte erfrieren die Knospen **3** *(diventare gelido)* eiskalt werden, zu Eis werden: ***mi si sono gelati i piedi*** meine Füße sind zu Eis geworden **4a** FIG. gefrieren: ***il sangue le (si) gelò nelle vene*** das Blut gefror ihr in den Adern; ***il sorriso gli si gelò sulle labbra*** das Lächeln gefror ihm auf den Lippen (*o* sein Lächeln fror ein) **b** ***sentirsi ~ per la paura*** vor Schreck erstarren.

ge|la|ta f. Frosteinbruch *m.*; *(gelo)* Frost *m.*: ***la ~ ha distrutto il raccolto*** der Frost hat die Ernte zerstört; ***questa notte c'è stata una ~*** diese Nacht hat es Frost gegeben (*o* hat es gefroren).

ge|la|ta|io m. *(-ai)* **1** *(venditore)* Eisverkäufer *m.* **2** *(produttore)* Speiseeishersteller *m.* **ge|la|te|ri|a** f. Eiscafé *n.*, Eissalon *m.*; *(di piccole dimensioni)* Eisdiele *f.* **ge|la|tie|ra** f. Eismaschine *f.*

ge|la|ti|na f. **1a** *(di carne, pesce)* Gallert *n.*, Aspik *m.* **b** *(di frutta)* Gallert *n.*, Gelee *m.* e *n.* **2** CHIM. Gelatine *f.* **3** ESTENS. *(materia gelatinosa)* gallertartige Substanz *f.* (*o* Masse *f.*) **4** *(specie di caramella gommosa alla frutta)* Fruchtgelee *n.* e *m.*: ***mangiare una ~*** ein Fruchtgelee essen ◆ ***~ esplosiva*** Nitrogelatine *f.*; ***mettere qcs. in ~*** etw. sülzen, REGION. sulzen; ***pollo, prosciutto in ~*** Huhn *n.*, Schinken *m.* in Aspik; ***~ reale*** Gelée royale *n.*

ge|la|ti|niz|zan|te GASTR. **I** agg. Gelier- **II** m. Geliermittel *n.* **ge|la|ti|niz|za|re I** tr. gelatinieren **II** pronom. **gelatinizzarsi** gelatinieren, gelieren.

ge|la|ti|no|so agg. gallertartig: ***una massa -a*** eine gallertartige Masse.

ge|la|to I p.pass. agg. **1** → **gelare 2** *(gelido)* eiskalt, eisig: ***quest'acqua è -a*** dieses Wasser ist eiskalt; ***ho le mani -e, i piedi -i*** ich habe eiskalte Hände, Füße **3** *(di piante)* erfroren **4** *(coperto di ghiaccio)* gefroren, vereist: ***terreno ~*** gefrorener Boden; ***strade -e*** vereiste Straßen **II** m. Eis *n.*, Speiseeis *n.*: ***~ di, alla vaniglia, fragola, frutta*** Vanille-, Erdbeer-, Fruchteis *n.*; ***~ con panna*** Eis mit Sahne ◆ ***~ artigianale*** = Eis *n.* eigener Herstellung; ***~ confezionato*** industriell hergestelltes Eis, Industrieeis *n.*; ***mangiare un cono (di) ~*** eine Eistüte essen; ***coppa (di) ~*** Eisbecher *m.*; ***~ da passeggio*** Eis *n.* am Stiel; ***torta ~*** Eistorte *f.*

ge|li|ci|dio m. *(-di)* METEOR. Glatteis *n.*

ge|li|da|men|te avv. eisig, frostig. **ge|li|do** agg. **1** eisig, eiskalt: ***acqua, aria -a*** eiskaltes Wasser, eisige (*o* frostige) Luft; ***un vento ~*** ein eisiger Wind; ***mani -e*** eiskalte Hände **2** FIG. eisig, frostig: ***uno sguardo, un sorriso ~*** ein eisiger Blick, ein eisiges (*o* frostiges) Lächeln; ***un'accoglienza -a*** ein frostiger Empfang.

ge|li|fi|can|te I agg. gelierend, Gelier- **II** m. Geliermittel *n.*

ge|lo m. **1** Frost *m.*: ***il ~ ha bruciato i germogli*** der Frost hat die Triebe zerstört **2** *(patina ghiacciata)* Eis *n.*: ***prati coperti di ~*** mit Eis überzogene Wiesen **3** *(grande freddo)* eisige Kälte *f.*, Eiseskälte *f.*: ***per il ~ non riusciva a muovere le dita*** durch die eisige Kälte konnte er die Finger nicht bewegen; ***sentire un ~ nelle ossa*** eine eisige Kälte in den Knochen spüren **4a** FIG. Kälte *f.*, Frostigkeit *f.*: ***il ~ della morte, della solitudine*** die Kälte des Todes, der Einsamkeit **b** ***alla notizia il ~ scese nella stanza*** nach dieser Nachricht verbreitete sich eine eisige Kälte im Raum ◆ ***farsi, mostrarsi di ~*** frostig werden, sich frostig zeigen.

ge|lo|ne m. Frostbeule *f.*: ***avere i -i ai piedi*** Frostbeulen an den Füßen haben; ***gli sono venuti i -i*** er hat Frostbeulen bekommen.

ge|lo|sa|men|te avv. eifersüchtig: ***custodire ~ una lettera, un segreto*** einen Brief eifersüchtig auf‿bewahren, ein Geheimnis eifersüchtig hüten.

1.ge|lo|si|a f. **1** Eifersucht *f.*: ***provare ~ per qcn.*** gegenüber jdm Eifersucht empfinden (*o* eifersüchtig sein); ***suscitare la ~ di qcn.*** jds Eifersucht erregen (*o* entfachen); ***soffrire di ~*** unter Eifersucht leiden; ***uccidere qcn. in un accesso di ~*** jdn in einem Anfall von Eifersucht um‿bringen; ***è roso, tormentato dalla ~*** er ist krank vor Eifersucht, er wird von Eifersucht gequält; ***fare qcs. per ~*** etw. aus Eifersucht tun; ***il demone della ~*** der Dämon der Eifersucht **2** *(invidia)* Eifersüchtelei *f.*: ***-e tra colleghi*** Eifersüchteleien unter Kollegen; ***-e professionali*** berufliche Eifersüchteleien ◆ ***fare una scenata di ~ a qcn.*** jdm eine Eifersuchtsszene machen.

2.ge|lo|si|a f. Jalousie *f.*

ge|lo|so agg. eifersüchtig: ***un marito ~*** ein eifersüchtiger Mann; ***essere ~ della propria moglie, delle proprie cose*** auf seine Frau eifersüchtig sein, seine Dinge eifersüchtig hüten; ***non sarai mica ~?*** du wirst doch wohl nicht eifersüchtig sein? *(invidioso)* ***essere ~ di un collega, del successo di qcn.*** auf einen Kollegen, jds Erfolg eifersüchtig sein; *(che tiene molto a qcs.)* ***essere ~ della propria privacy*** auf sein Privatleben eifersüchtig sein ◆ ***non fare il ~!*** spiel nicht den Eifersüchtigen!

gel|si|col|to|re m. Maulbeerzüchter *m.* **gel|si|col|tu|ra** f. Maulbeerzucht *f.* **gel|so** m. Maulbeerbaum *m.* ◆ ***bombice del ~*** Maulbeer(seiden)spinner *m.*; ***mora di, del ~*** Maulbeere *f.*

gel|so|mi|no m. Jasmin *m.* ◆ ***tè al ~*** Jasmintee *m.*

Gel|tru|de n.pr.f. Gertrud *f.*

ge|me|bon|do agg. wehklagend, stöhnend.

ge|mel|la f. Zwillingsschwester *f.* **ge|mel|lag|gio** m. *(-gi)* Partnerschaft *f.*: ***il ~ fra due comuni*** die Partnerschaften zwischen zwei Gemeinden.

1.ge|mel|la|re agg. Zwillings-: ***parto ~*** Zwillingsgeburt *f.*

2.ge|mel|la|re tr. durch eine Partnerschaft verbinden.

ge|mel|la|ri|tà f. Zwillingsbildung *f.*: ***~ vera*** echte Zwillingsbildung.

ge|mel|la|to p.pass. agg. **1** → **2.gemellare 2** Partner-: ***città -e, comuni -i*** Partnerstädte, -gemeinden; ***Padova è -a con Friburgo*** Padua ist die Partnerstadt von Freiburg.

ge|mel|lo I agg. Zwillings-: ***fratello ~*** Zwillingsbruder *m.*; ***sorella -a*** Zwillingsschwester *f.*; ***sono fratelli -i*** sie sind Zwillinge; *(in tre, quattro...)* sie sind Drillinge, Vierlinge... **II** m. **1a** Zwilling *m.*: ***-i siamesi*** siamesische Zwillinge; ***-i monozigotici (monovulari, monocoriali), dizigotici (biovulari, bicoriali)*** eineiige, zweieiige Zwillinge; ***una coppia di -i*** ein Zwillingspaar **b** ***ha avuto due, tre, quattro, cinque, sei, sette -i*** sie hat Zwillinge, Drillinge, Vierlinge, Fünflinge, Sechslinge, Siebenlinge bekommen; ***sono -i*** die beiden sind Zwillinge; *(in tre, quattro..)* sie sind Drillinge, Vierlinge...; ***ha due, tre (fratelli) -i*** er hat Drillinge, Vierlinge **2** *(per polsini)* Manschettenknopf *m.*: ***mettersi i -i*** sich (D) die Manschettenknöpfe an‿stecken **3a** pl. ASTROL. Zwillinge *pl.*: ***essere nato nel, sotto il segno dei -i*** im Zeichen der Zwillinge geboren sein; ***essere dei -i*** Zwilling sein **b** *(persona del segno dei gemelli)* Zwilling *m.*: ***è (un)***

-i er, sie ist (ein) Zwilling ◆ ***cercare, trovare l'anima -a*** seine verwandte Seele (*o* seine zweite Hälfte) suchen, finden; ***anime -e*** gleichgestimmte Seelen; ***letti -i*** getrennte Betten; ***nave -a*** Schwesterschiff *n.*

ge|me|re intr. *(gemei/gemetti; gemuto*; aus. *avere)* **1** stöhnen, ächzen; *(piagnucolando)* wimmern: ***~ per il, dal dolore*** vor Schmerzen stöhnen **2a** *(scricchiolare)* ächzen, knarren: ***la trave geme*** der Balken knarrt **b** *(cigolare)* quietschen **3** LETT. *(gocciolare)* tropfen, tröpfeln.

ge|mi|na|re *(gemino)* **I** tr. verdoppeln, LING. geminieren **II** pronom. **geminarsi** sich verdoppeln. **ge|mi|na|to** p.pass. agg. **1** → **geminare 2** LING. ***consonante -a*** verdoppelter Konsonant, Doppelkonsonant *m.*, Geminata *f.* **3** BOT. paarig. **ge|mi|na|zio|ne** f. **1** Verdopplung *f.*: ***~ di una consonante*** Verdopplung eines Konsonanten, Gemination *f.* **2** BOT. Paarigkeit *f.*

ge|mi|no LETT. → **gemello.**

ge|mi|to m. Ächzer *m.*, Ächzen *n.*, Stöhnen *n.*; *(lamento)* Wehklage *f.*: ***emettere un ~*** ein Ächzen von sich geben; ***sentire dei -i*** ein Stöhnen hören; FIG. ***il ~ del vento*** das Ächzen des Windes.

gem|ma f. **1** BOT. BIOL. Knospe *f.*: ***mettere le -e*** Knospen an‿setzen, treiben; ***le -e si schiudono (sbocciano), gelano*** die Knospen brechen auf (*o* entfalten sich, sprießen), frieren ab **2** *(pietra preziosa)* Edelstein *m.*: ***una ~ incastonata nell'oro*** ein in Gold (ein)gefasster Edelstein **3** *(cosa, persona molto preziosa)* Perle *f.*, Juwel *n.*: ***la ~ della nostra collezione*** das Juwel unserer Sammlung; ***Venezia è la ~ dell'Adriatico*** Venedig ist die Perle der Adria ◆ ***~ ascellare*** Achselknospe *f.*; ***~ fiorale, fiorifera*** Blütenknospe *f.*; ***~ fogliare, fogliifera*** Blattknospe *f.*, Blattauge *n.*

gem|ma|re I intr. (aus. *avere*) knospen **II** tr. mit Knospen besetzen, verzieren, schmücken. **gem|ma|zio|ne** f. BOT. BIOL. Knospung *f.*: ***riprodursi per ~*** sich durch Knospung vermehren.

gem|mi|na f. Knöspchen *n.*

gen|dar|me m. **1** Gendarm *m.* **2** FIG. *(persona energica)* Feldwebel *m.*: ***quella è un vero ~!*** sie ist ein echter Feldwebel! ◆ ***fare il ~*** = eine strenge Disziplin einführen, halten. **gen|dar|me|ri|a** f. Gendarmerie *f.*

ge|ne m. Gen *n.*, Erbträger *m.*

ge|ne|a|lo|gi|a f. **1** Genealogie *f.*, Geschlechterkunde *f.*, Familienforschung *f.*, Familienkunde *f.*, Ahnenforschung *f.* **2a** *(serie di discendenti)* Genealogie *f.*, Ahnenreihe *f.*, Geschlechterreihe *f.*: ***la ~ dei Savoia, degli Asburgo*** die Genealogie der Savoyer, der Habsburger **b** *(albero genealogico)* Stammbaum *m.*: ***ricostruire la ~ di una famiglia*** den Stammbaum einer Familie rekonstruieren. **ge|ne|a|lo|gi|ca|men|te** avv. genealogisch. **ge|ne|a|lo|gi|co** agg. *(-ci,-che)* genealogisch, Stamm-: ***albero ~*** Stammbaum *m.*; ***tavola -a*** Stammtafel *f.*, Ahnentafel *f.* **ge|ne|a|lo|gi|sta** m. e f. *(-i,-e)* Genealoge *m.* (-login *f.*).

ge|ne|pì m. **1** Genepi *n.*, Genip(p)i *n.*, Genipkraut *n.* **2** INTRAD. (im Alpenraum vom Genepi gewonnener Likör).

ge|ne|ra|bi|le agg. erzeugbar.

ge|ne|ra|la|to m. Generalat *n.*

1.ge|ne|ra|le I agg. **1a** General-, Haupt-: ***console, ispettore, segretario ~*** Generalkonsul *m.*, -inspektor *m.*, -sekretär *m.*; ***la direzione ~ delle ferrovie*** die Generaldirektion der Eisenbahnen; ECCL. ***capitolo ~*** Generalkapitel *n.*; ***assemblea ~*** Generalversammlung *f.* (*o* Hauptversammlung *f.*) **b** *(esteso a tutti)* ***assoluzione, amnistia ~*** Generalabsolution *f.*, -amnestie *f.*; ***sciopero ~*** Generalstreik *m.* **c** *(che comprende tutto)* ***catalogo, indice ~*** Hauptkatalog *m.*, Generalindex *m.* **2a** *(di tutti, comune)* allgemein, Allgemein-: ***soddisfazione ~*** allgemeine (*o* allseitige) Zufriedenheit; ***secondo l'opinione ~*** nach allgemeiner Meinung; ***fra lo stupore ~*** zum allgemeinem Erstaunen; ***a ~ richiesta*** auf allgemeinen (*o* vielfachen) Wunsch; ***una questione di interesse ~*** eine Frage von allgemeinem Interesse **b** *(universalmente valido)* ***principi, regole -i*** allgemeine Prinzipien, Allgemeinregeln **3** *(generico)* allgemein, global: ***fare un discorso ~*** eine allgemeine Rede halten **4** *(complessivo)* Gesamt-, gesamt: ***quadro, impressione ~*** Gesamtbild *n.*, -eindruck *m.*; ***la visione ~ di una situazione*** das Gesamtbild einer Lage; ***farsi un'idea ~ di qcs.*** sich (D) einen Überblick über etw. verschaffen **II** m. Allgemeine *n.*: ***desumere il particolare dal ~*** vom Allgemeinen auf das Besondere schließen ◆ ***cultura ~*** Allgemeinbildung *f.*; ***in ~*** im Allgemeinen; ***in ~ direi che...*** im Allgemeinen würde ich sagen, dass...; ***sto parlando in ~*** ich rede im Allgemeinen; ***interruttore ~*** Hauptschalter *m.*; ***in linea ~*** hauptsächlich; ***un concetto di ordine più ~*** ein übergeordneter Begriff; ***prova ~*** Generalprobe *f.* (anche FIG.); ***pulizie -i*** Großreinemachen *n.*; ***quartier ~*** Hauptquartier *n.*; ***spese -i*** Gemeinkosten *pl.*; STOR. ***stati -i (in Francia)*** Generalstände *pl.*; *(in Olanda)* Generalstaaten *pl.*; ***stare, (man)tenersi sulle -i*** sich im Allgemeinen bewegen.

2.ge|ne|ra|le m. **1** General *m.*: ***avere il grado di ~*** den Rang eines Generals haben, im Rang eines Generals sein (*o* stehen); ***il ~ in capo*** der kommandierende General **2** ECCL. Generalobere *m.*, General *m.* ◆ ***~ di brigata*** Brigadegeneral *m.*; ***~ di corpo d'armata*** Generalleutnant *m.*; ***~ di divisione*** Generalmajor *m.*

ge|ne|ra|le|s|sa f. **1** *(moglie del generale)* Generalin *f.* **2** ECCL. Generaloberin *f.* **3** FIG. *(donna autoritaria)* Feldwebel *m.*: ***quella è una ~!*** die ist ein Feldwebel! **ge|ne|ra|lis|si|mo** m. Generalissimus *m.*

ge|ne|ra|li|tà f.inv. **1** Allgemeinheit *f.* **2** pl. *(dati personali)* Personalien *pl.*: ***fornire,*** burocr. ***declinare false ~*** falsche Personalien an‿geben; ***chiedere le ~ a qcn.*** jdn um die Personalien bitten; ***favorisca le Sue ~!*** geben Sie mir bitte Ihre Personalien an! ***accertare, registrare le ~ di qcn.*** jds Personalien ermitteln (*o* fest‿stellen), auf‿nehmen **3** *(maggior parte)* Mehrheit *f.*, Mehrzahl *f.*: ***nella ~ dei casi*** in der Mehrzahl der Fälle.

ge|ne|ra|li|zio agg. *(-zi,-zie)* des Generaloberen; *(rif. alla superiora)* der Generaloberin.

ge|ne|ra|liz|za|re tr. **1** verallgemeinern, LETT. generalisieren (anche assol.): ***tende sempre a ~*** er neigt immer zu Verallgemeinerungen **2** *(diffondere)* verbreiten. **ge|ne|ra|liz|za|to** p.pass. agg. **1** → **generalizzare 2** *(diffuso)* verbreitet: ***l'uso ~ di un termine*** der verbreitete Gebrauch eines Wortes. **ge|ne|ra|liz|za|zio|ne** f. **1** Verallgemeinerung *f.*, Generalisierung *f.* **2** *(diffusione)* Verbreitung *f.*

ge|ne|ral|men|te avv. **1** allgemein, generell: ***è ~ ritenuto il migliore nel suo campo*** er gilt allgemein als der Beste auf seinem Gebiet **2** *(solitamente)* gewöhnlich, üblicherweise, üblich: ***~ questo problema viene sottovalutato*** gewöhnlich wird dieses Problem unterschätzt; ***~ si sveglia presto la mattina*** gewöhnlich (*o* üblicherweise) steht er früh auf; ***~ non m'interesso di politica*** gewöhnlich interessiere ich mich nicht für Politik ◆ ***~ parlando*** allgemein gesprochen.

ge|ne|ra|re *(genero)* **I** tr. **1a** zeugen: ***~ un figlio*** ein Kind zeugen **b** hervor‿bringen: ***il seme genera la pianta*** der Samen bringt die Pflanze hervor **c** FIG. ***Firenze ha generato molti uomini illustri*** Florenz hat viele berühmte Männer hervorgebracht **2** *(provocare)* erzeugen, erregen, verursachen, bewirken: ***~ confusione, tensione, violenza*** Verwirrung verursachen, Spannung, Gewalt erzeugen; ***~ sospetti*** Verdacht erregen **3** *(produrre)* erzeugen, entwickeln: ***~ calore, elettricità*** Hitze, Strom erzeugen **II** pronom. **generarsi** sich bilden, entstehen ◆ ***la capacità di ~*** die Zeugungsfähigkeit.

ge|ne|ra|ti|vo agg. **1** Zeugungs-, generativ: ***forza -a*** Zeugungskraft *f.*; ***cellule -e*** generative Zellen **2** LING. generativ, Erzeugungs-: ***grammatica -a*** generative Grammatik, Erzeugungsgrammatik *f.*; ***grammatica -a trasformazionale*** generative Transformationsgrammatik.

ge|ne|ra|to|re I agg. Zeugungs-, zeugend: ***principio ~*** Zeugungsprinzip *n.* **II** m. **1** Zeuger *m.*, Erzeuger *m.* **2** *(elettrico)* Erzeuger *m.*, Generator *m.* ◆ ***~ acustico*** Schallerzeuger *m.*; ***~ di corrente*** Stromgenerator *m.*, Stromerzeuger *m.*; ***~ di corrente continua*** Gleichstromgenerator *m.*; ***~ di corrente trifase*** Drehstromgenerator *m.*; ***frazione -trice*** periodische Dezimalbruchentwicklung; ***~ di gas*** Gasgenerator *m.*; ***~ idraulico*** Wasserkraftgenerator *m.*; ***~ d'impulsi*** Impulsgenerator *m.*; ***~ sincronico*** Synchrongenerator *m.*; ***~ di vapore*** Dampferzeuger *m.* **ge|ne|ra|tri|ce** f. **1** Erzeugende *f.* **2** MAT. *(frazione)* periodische Dezimalbruchentwicklung *f.*

ge|ne|ra|zio|na|le agg. Generations-: ***conflitto ~*** Generationskonflikt *m.*; ***ricambio ~*** Generationswechsel *m.*

ge|ne|ra|zio|ne f. **1** Generation *f.*: ***tramandare qcs. di ~ in ~*** etw. von Generation zu Generation weiter‿geben; ***le giovani, nuove, future -i*** die jüngeren, neuen, kommenden Generationen; ***ci vorranno ancora delle -i*** es wird noch Generationen dauern; FIG. ***un computer della prima ~*** ein Computer der ersten Generation **2** BIOL. Zeugung *f.*; ***~ spontanea*** Urzeugung *f.* **3** TECN. *(produzione)* Erzeugung *f.*: ***~ di calore*** Wärmeerzeugung *f.*

ge|ne|re m. **1** Art *f.*: ***questo ~ di musica non mi piace*** diese Art (von) Musik gefällt mir nicht; ***che ~ di stoffa è questa?*** was für eine Stoffart (*o* ein Stoff) ist das? ***libri, persone di ogni ~*** Bücher, Personen aller (*o* jeder) Art; ***accettare ogni ~ di lavoro*** Arbeiten aller Art (*o* jederlei Arbeit) an‿nehmen **2** *(forma artistica)* Gattung *f.*, Genre *n.*: ***~ drammatico, epico*** dramatische, epische Gattung; ***~ sinfonico, operistico*** symphonische Gattung, Operngattung *f.* **3** BOT. ZOOL. *(specie)* Art *f.*, Gattung *f.*: ***piante, animali del medesimo ~*** Pflanzen, Tiere gleicher Art; ***un ~ estinto*** eine ausgestorbene Art; ***appartenere a un ~*** zu einer Gattung gehören **4**

(merce) Gut *n.*, Mittel *n.*: ~ ***di lusso*** Luxusgut *n.* **5** GRAMM. Geschlecht *n.*, Genus *n.*: ~ ***e numero*** Geschlecht und Zahl; ~ ***maschile, femminile, neutro*** männliches, weibliches, sächliches Geschlecht; ***di che ~ è questa parola?*** was für ein Genus hat dieses Wort? ◆ ***-i alimentari*** Lebensmittel *pl.*, Nahrungsmittel *pl.*; ***di cattivo ~*** geschmacklos; ***-i coloniali*** Kolonialwaren *pl.*; ~ ***di consumo*** Gebrauchsgut *n.*, Konsumgut *n.*; ***una cosa del ~*** so (et)was: ***una cosa del ~ non si dice neanche per scherzo*** so etwas sagt man nicht einmal zum Spaß (*o* im, zum Scherz); ***cose del ~*** etwas Derartiges, etwas Ähnliches; ***non ho mai sentito cose del ~*** etwas Derartiges habe ich noch nie gehört; ***erano documenti o cose del ~*** es waren Papiere oder so was Ähnliches; ***del ~*** derartig, dergleichen, solche; ***gente, domande, film del ~*** solche Leute, dergleichen Fragen, derartige Filme; ***in ~*** im Allgemeinen, allgemein; ~ ***letterario*** Literaturgattung *f.*, literarische Gattung; ~ ***di lusso*** Luxusgut *n.*; ***non è il mio ~*** das ist nicht mein Fall; ~ ***musicale*** musikalische Gattung; ~ ***di prima necessità*** Bedarfsartikel *m.*; ***nel suo ~*** in seiner Art; ***di nessun ~*** keinerlei: ***non avere esigenze di nessun ~*** keinerlei Bedürfnisse haben; ***pittura di ~*** Genremalerei *f.*; ***quadro di ~*** Genrebild *n.*; ~ ***umano*** Menschengeschlecht *n.*; ***unico nel suo ~*** einzig in seiner Art; ~ ***di vita*** Lebensart *f.*; ~ ***voluttuario*** Genussmittel *n.*

ge|ne|ri|ca|men|te avv. **1** im Allgemeinen, allgemein **2** *(di solito)* gewöhnlich **3** *(in modo vago)* in (großen) Umrissen: ***descrivere qcs. ~*** etw. in großen Umrissen zeichnen.

ge|ne|ri|ci|tà f. Allgemeinheit *f.*, Unbestimmtheit *f.*

ge|ne|ri|co I agg. *(-ci,-che)* **1** allgemein: ***caratteri -ci*** allgemeine Züge; ***discorsi -ci*** allgemeine Reden **2** *(vago)* oberflächlich, vage, unbestimmt: ***una spiegazione, un'esposizione -a*** eine vage Erklärung eine oberflächliche Ausführung; ***accuse -che*** unbestimmte Anschuldigungen; DIR. ***rischio ~*** allgemeines Risiko **3** MED. allgemein, Allgemein-, praktisch: ***medico ~*** Allgemeinarzt *m.*, praktischer Arzt **II** m. *(-ci)* **1** Allgemeine *n.*: ***restare nel, sul ~*** sich im Allgemeinen bewegen **2** *(medico)* Praktiker *m.* **3** *(attore)* Kleindarsteller *m.*

ge|ne|ro m. Schwiegersohn *m.*

ge|ne|ro|sa|men|te avv. **1** großzügig, großmütig: ***agire ~ con qcn.*** gegen jdn großmütig handeln **2** *(abbondantemente)* großzügig, reichlich. **ge|ne|ro|si|tà** f.inv. **1** *(magnanimità)* Großzügigkeit *f.*, Großmut *f.*, Großmütigkeit *f.*: ***trattare qcn. con ~*** jdn mit Großzügigkeit behandeln; ***un atto di ~*** ein Akt von Großzügigkeit; ***confidare nella ~ di qcn.*** auf jds Großzügigkeit vertrauen; ***questo testimonia la sua ~*** das spricht für seine Großmut **2** *(liberalità)* Großzügigkeit *f.*, Freizügigkeit *f.*, Freigebigkeit *f.*: ***ricompensare qcn. con ~*** jdn großzügig belohnen **3** *(abbondanza)* Großzügigkeit *f.*, Reichlichkeit *f.*: ***la ~ del compenso*** die Großzügigkeit der Belohnung **4** ESTENS. *(fertilità)* Fruchtbarkeit *f.*: ***la ~ del terreno*** die Fruchtbarkeit des Bodens ◆ ***essere in vena di ~*** in Geberlaune (*o* Spendierlaune) sein.

ge|ne|ro|so I agg. **1a** großzügig, großmütig: ***essere ~ con qcn.*** gegen jdn großzügig sein; ***un atto, atteggiamento ~*** eine großmütige Tat, Haltung **b** *(che dà il massimo)* ***un atleta ~*** ein sich voll einsetzender Athlet **2** *(liberale)* großzügig, freizügig: ***un ~ mecenate*** ein großzügiger Mäzen **3a** *(abbondante)* großzügig, reichlich: ***una porzione -a*** eine großzügige Portion; ***una mancia -a*** ein großzügiges Trinkgeld **b** *(prosperoso)* üppig: ***forme -e*** üppige Formen **4** *(fertile)* fruchtbar **II** m. Großzügige *m.*: ***fare il ~*** den Großzügigen spielen ◆ ***scollatura -a*** tiefer (*o* offenherziger) Ausschnitt; ***un vino ~*** ein süffiger Wein.

ge|ne|si f. Genese *f.*: ***la ~ di una malattia, di un'opera d'arte*** die Genese einer Krankheit, eines Kunstwerkes.

Ge|ne|si n.pr.f. Genesis *f.*

ge|ne|ti|ca f. Genetik *f.*, Vererbungslehre *f.*: ~ ***molecolare*** Molekulargenetik *f.* **ge|ne|ti|ca|men|te** avv. genetisch. **ge|ne|ti|co** agg. *(-ci,-che)* genetisch, Gen-, Erb-: ***caratteri -ci*** genetische Merkmale; ***codice ~*** genetischer Code; ***informazione, variazione -a*** genetische Information, Variation; ***ingegneria -a*** Gentechnologie *f.*; ***manipolazione -a*** Genmanipulation *f.*; ***mutazione -a*** Genmutation *f.*, Erbänderung *f.*; ***patrimonio ~*** Erbgut *n.* **ge|ne|ti|sta** m. e f. *(-i,-e)* Genetiker *m.* (-in *f.*).

ge|ne|tli|a|co m. *(-ci)* Geburtstag *m.*: ***celebrare il ~ di qcn.*** jds Geburtstag feiern.

gen|gi|va f. Zahnfleisch *n.* **gen|gi|va|le** agg. Zahnfleisch-. **gen|gi|vi|te** f. Zahnfleischentzündung *f.*, Gingivitis *f.*

ge|ni|a f. **1** LETT. Stamm *m.*, Geschlecht *n.* **2** SPREG. Brut *f.*, Gesindel *n.*, Bande *f.*: ***una ~ di farabutti*** eine Bande von Halunken; ~ ***infernale*** Höllenbrut *f.*

ge|niac|cio m. *(-ci)* verschrobener Geist *m.*, verschrobenes Genie *n.*

ge|nia|le agg. genial: ***avere un'idea ~*** eine geniale Idee haben; ***un pittore ~*** ein genialer Maler; ***una trovata ~*** ein genialer Wurf. **ge|nia|li|tà** f. Genialität *f.* **ge|nial|men|te** avv. genial. **ge|nia|loi|de** m. → **geniaccio.**

ge|ni|co agg. *(-ci,-che)* Gen-: ***mutazione -a*** Genmutation *f.*

ge|nie|re m. Pionier *m.*

ge|niet|to m. SCHERZ. kleines Genie *n.*

1.ge|nio m. *(-ni)* **1a** Genie *n.*, Genius *m.*: ***un ~ politico*** ein politisches Genie; ***un ~ della musica, della letteratura*** ein Musik-, Literaturgenie; ***questo bambino è un piccolo ~*** dieses Kind ist ein kleines Genie **b** IRON. ***non è proprio un ~ in questo ambito*** er ist nicht gerade ein (*o* ist kein) Genie auf diesem Gebiet; ***un ~ incompreso*** ein verkanntes Genie **2** *(ingegno)* genialer Geist *m.*, Genie *n.*: ***il ~ di Leonardo*** der geniale Geist Leonardos; ***il ~ di un artista*** das Genie eines Künstlers; ***un pittore di ~*** ein Maler von Genie **3** *(talento)* Begabung *f.*, Talent *n.*: ***avere il ~ degli affari*** eine Begabung für Geschäfte haben **4** *(carattere distintivo)* Geist *m.*: ***il ~ di una nazione*** der Geist einer Nation **5a** *(spirito)* Geist *m.*: ***il ~ della lampada di Aladino*** der Geist aus Aladins Wunderlampe; ***il ~ della casa*** der Hausgeist **b** *(nume tutelare)* Schutzgeist *m.*, Genius *m.* **6** ART. Genius *m.* ◆ ***andare a ~ a qcn.*** jdm liegen; ***questa musica non mi va a ~*** diese Musik liegt mir nicht; ~ ***del bene*** guter Geist; ***avere un colpo di ~*** eine geniale Idee haben; ***è stato un colpo di ~*** das war ein Geniestreich; ~ ***creatore*** Schöpfergeist *m.*; FIG. ***essere il buon ~, cattivo ~ di qcn.*** auf jdn einen guten, schlechten Einfluss haben; ~ ***inventivo*** Erfindungsgeist *m.*; ***lampo di ~*** Geistesblitz *m.*, Gedankenblitz *m.*; ~ ***del male*** böser Geist; ~ ***universale*** Universalgenie *n.*; ***uomo di ~*** genialer Mensch.

2.ge|nio m. Pionierkorps *n.*, Pioniertruppe *f.*, Bauamt *n.* ◆ ~ ***civile*** Bauaufsichtsbehörde *f.*; ~ ***ferrovieri*** Eisenbahntruppen *pl.*; ~ ***navale*** technische Marinetruppen *pl.*

ge|ni|ta|le I agg. genital, Geschlechts-: ***apparato ~*** Geschlechtsapparat *m.*; ***organi -i*** Geschlechtsorgane *pl.*; PSIC. ***fase ~*** genitale Phase **II** m.pl. Genitalien *pl.*, Geschlechtsorgane *pl.*

ge|ni|ti|vo I agg. Genitiv- **II** m. Genitiv *m.*, Wesfall *m.*: ***il sostantivo è al ~*** das Substantiv steht im Genitiv; ***questa preposizione regge il ~*** diese Präposition regiert den Genitiv.

ge|ni|to|re m. **1** Elternteil *m.*; pl. Eltern *pl.*: ***i miei -i*** meine Eltern **2** BIOL. Elter *n.* e *m.* **3** *(procreatore)* Erzeuger *m.* ◆ ***casa dei -i*** Elternhaus *n.*; ***coppia di -i*** Elternpaar *n.*; SCOL. ***rappresentante dei -i*** Elternvertreter *m.* **ge|ni|to|ria|le** agg. elterlich.

ge|ni|to|u|ri|na|rio agg. *(-ri,-rie)* urogenital.

ge|ni|tri|ce I agg. f. Mutter-: ***terra ~*** Muttererde *f.* **II** f. **1** Erzeugerin *f.* **2** LETT. SCHERZ. Gebärerin *f.*

gen|na|io m. Januar *m.*: ***a, in ~*** im Januar; ***all'inizio, alla fine (o a fine) di ~*** Anfang, Ende Januar; ***il primo, il due (di) ~*** am ersten, zweiten Januar.

ge|no|ci|dio m. *(-di)* Genozid *m.* e *n.*, Völkermord *m.*: ***il ~ degli ebrei*** der Völkermord an den Juden; ***perpetrare un ~*** einen Völkermord begehen.

ge|no|ma m. Genom *m.*

ge|no|ti|pi|co agg. *(-ci,-che)* genotypisch. **ge|no|ti|po** mtyp(us) *m.*, Erbbild *n.*

Ge|no|va n.pr.f. Genua *n.*: ***il porto di ~*** der Genueser Hafen; ***il golfo di ~*** der Golf von Genua. **ge|no|ve|se I** agg. genuesisch **II** m. e f. *(abitante)* Genuese *m.* (Genuesin *f.*) **III** m. *(dialetto)* genuesischer Dialekt *m.*

gen|ta|glia f. SPREG. Gesindel *n.*, Gelump(e) *n.*, Pack *n.*: ***fuori quella ~!*** raus mit dem Pack!

gen|te f. **1a** Leute *pl.*, Menschen *pl.*: ~ ***semplice, estranea*** schlichte Leute, fremde Menschen; ***povera ~, ~ di fiducia*** arme Leute, Vertrauenspersonen *pl.*; ***c'era poca ~*** es waren wenig Leute da; ***con ~ simile, di quel genere*** mit solchen, derartigen Leuten; ***udite, ~!*** hört mal her, Leute! *(folla)* ***andare in mezzo alla ~*** unter Leute gehen; ***mescolarsi, confondersi tra la ~*** sich unter die Leute mischen, mengen; *(gli altri, il pubblico)* ***che ne dirà la ~?*** was werden die Leute dazu sagen? ***quel che dice la ~*** was die Leute so reden; ***fare qcs. solo per la ~*** etw. nur der Leute wegen tun **b** *(categoria di persone)* ~ ***di campagna, di città*** Land-, Stadtmenschen *pl.* **2** *(ospiti)* Leute *pl.*: ***vedere ~*** ein paar Leute treffen; ***questa sera abbiamo ~ a cena*** heute abend haben wir ein paar Leute zum Abendessen da **3** *(nazione)* Volk *n.*: ***le -i dell'Asia*** die Völker Asiens **4** STOR. *(gens romana)* Geschlecht *n.*: ***Cesare della ~ Giulia*** Caesar aus dem Geschlecht der Julier ◆ ~ ***dell'aria*** Flugpersonal *n.*; ***la ~ bene*** die vornehme Welt, die gute Gesellschaft; ~ ***per bene*** ordentliche Leute; ~ ***del cinema*** Leute vom Film; ***la ~ comune*** das gemeine Volk; ***diritto delle -i*** Völkerrecht *n.*; ~ ***di mare*** Seeleute *pl.*; ~ ***di teatro*** Theaterleute *pl.*

gen|til|don|na f. Edeldame *f.*, adelige Dame *f.*

1.gen|ti|le agg. **1a** freundlich, nett, liebenswürdig: ***una persona ~*** ein freundlicher Mensch; ***un'indole ~*** eine liebenswürdige Wesensart; ***essere ~ con, verso qcn.*** zu jdm, gegen jdn freundlich sein, zu jdm nett sein; ***sia così ~ da...*** seien Sie bitte so nett und...; ***è ~ da parte sua, che...*** es ist nett von Ihnen, dass...; ***grazie, molto ~*** danke, sehr freundlich; IRON. ***troppo ~ da parte sua!*** äußerst freundlich von Ihnen! **b** *(rivolto con gentilezza)* ***una parola ~*** ein freundliches Wort; ***un pensiero ~*** ein netter Gedanke **2** *(aggraziato)* zart, lieblich: ***una figura ~*** eine zarte Figur; ***lineamenti -i*** zarte Gesichtszüge; SCHERZ. ***il gentil sesso*** das zarte (*o* schöne) Geschlecht **3a** *(nella corrispondenza)* sehr geehrt: ***~ signora Bianchi*** sehr geehrte Frau Bianchi **b** *(non tradotto nell'indirizzo)* ***~ signor Bianchi*** Herrn Bianchi.

2.gen|ti|le m. Heide *m.*

gen|ti|lez|za f. **1a** Freundlichkeit *f.*, Liebenswürdigkeit *f.*, Nettigkeit *f.*; *(cortesia)* Höflichkeit *f.*: ***trattare qcn. con ~*** jdn freundlich behandeln; ***~ di modi*** freundliche Art **b** *(parole, frasi gentili)* ***scambiarsi -e*** Höflichkeiten (*o* Freundlichkeiten) aus‿tauschen **2** *(favore)* Gefälligkeit *f.*, Gefallen *m.*, Freundlichkeit *f.*: ***fare una ~ a qcn.*** jdm eine Gefälligkeit (*o* einen Gefallen) tun, erweisen; ***chiedere una ~ a qcn.*** jdn um einen Gefallen bitten ◆ ***per ~*** höflicherweise, aus Höflichkeit.

gen|ti|lis|si|mo agg. superl. **1** sehr freundlich, sehr höflich **2a** *(nelle lettere)* sehr geehrt **b** *(non tradotto nell'indirizzo)* ***~ sig. Schulz*** Herrn Schulz.

gen|ti|li|zio agg. *(-zi,-zie)* **1** Geschlechts-, Familien- **2** *(nobiliare)* Adels-: ***stemma ~*** Adelswappen *n.*

gen|til|men|te avv. freundlich, nett; *(cortesemente)* höflich, höflicherweise.

gen|ti|luo|mo m. *(gentiluomini)* **1** STOR. Edelmann *m.* **2** Gentleman *m.*, Gentilhomme *m.*; ***comportarsi da ~*** sich gentlemanlike benehmen. **gen|tle|man** [ˈdʒɛntəlmən] m.inv. Gentleman *m.*

gent.mo ⇒ *gentilissimo* sehr geehrt.

ge|nu|fles|sio|ne f. Kniefall *m.*: ***fare una ~*** einen Kniefall tun, machen. **ge|nu|flet|ter|si** pronom. *(mi genuflessi/mi genuflettei; genuflesso)* **1** sich nieder‿knien, sich hin‿knien (*o* knien): ***~ di fronte a qcn.*** sich vor jdm niederknien **2** ESTENS. *(umiliarsi)* einen Kniefall tun (*o* machen), auf die Knie fallen.

ge|nui|ni|tà f. **1** Naturreinheit *f.*, Unverfälschtheit *f.* **2** *(autenticità, schiettezza)* Echtheit *f.* **ge|nu|i|no** agg. **1** naturrein, unverfälscht: ***vino ~*** naturreiner Wein; ***alimenti -i*** naturreine Lebensmittel **2** *(autentico, sincero)* echt, authentisch: ***un sentimento ~*** ein echtes Gefühl.

gen|zia|na f. Enzian *m.*; *(gialla)* Bitterwurzel *f.* **gen|zia|nel|la** f. stängelloser Enzian *m.*

ge|o|cen|tri|co agg. *(-ci-,che)* geozentrisch. **ge|o|cen|tri|smo** m. Geozentrik *f.* **ge|o|chi|mi|ca** f. Geochemie *f.* **ge|o|chi|mi|co** agg. *(-ci,-che)* geochemisch.

ge|o|de m. Geode *f.*, Erzdruse *f.*

ge|o|de|si|a f. Geodäsie *f.*, Erdmessung *f.* **ge|o|de|ta** m. Geodät *m.*, Erdmesser *m.*, Geometer *m.* **ge|o|de|ti|ca** f. geodätische Linie *f.* **ge|o|de|ti|co** agg. *(-ci,-che)* geodätisch.

ge|o|di|na|mi|ca f. Geodynamik *f.* **ge|o|fi|si|ca** f. Geophysik *f.* **ge|o|fi|si|co I** agg. *(-ci,-che)* geophysikalisch **II** m. *(-ci)* Geophysiker *m.*

ge|o|fi|ta f. Geophyt *m.*

ge|o|go|ni|a f. Geogonie *f.*, Geogenie *f.*

ge|o|gra|fi|a f. **1** Geographie *f.*, SCOL. Erdkunde *f.* **2** *(configurazione geografica)* geographische Formation *f.* (*o* Gestaltung *f.*): ***la ~ dell'Italia*** die geographische Formation Italiens ◆ ***~ astronomica*** Sternerdkunde *f.*; ***~ economica*** Wirtschaftsgeographie *f.*; ***~ fisica*** Physiogeographie *f.*; ***lezione di ~*** Erdkundestunde *f.*; ***libro di ~*** Erdkundebuch *n.*; ***~ politica*** politische Geographie; ***professore di ~*** Erdkundelehrer *m.*, Geographielehrer *m.*; ***~ sociale*** Sozialgeographie *f.*

ge|o|gra|fi|ca|men|te avv. geographisch. **ge|o|gra|fi|co** agg. *(-ci, -che)* geographisch, erdkundlich, Erdkunde-: ***atlante ~*** Erdkundeatlas *m.*; ***carta, esplorazione -a*** geographische Karte, Exploration.

ge|o|gra|fo m. Geograph *m.*, Erdkundler *m.*

ge|oi|de m. Geoid *n.*

ge|o|lin|gui|sti|ca f. Sprachgeographie *f.*, Wortgeographie *f.*

ge|o|lo|gi|a f. Geologie *f.*, Erdgeschichte *f.* **ge|o|lo|gi|co** agg. *(-ci, -che)* geologisch: ***periodo ~*** geologische Formation ◆ ***era -a*** Erdzeitalter *n.* **ge|o|lo|go** m. *(-gi)* Geologe *m.*

ge|o|ma|gne|ti|smo m. Geomagnetismus *m.*, Erdmagnetismus *m.*

ge|o|man|zi|a f. Geomantie *f.*

ge|o|me|tra m. Vermessungstechniker *m.* **ge|o|me|tri|a** f. Geometrie *f.*, Raumlehre *f.*: ***~ analitica, applicata*** analytische, angewandte Geometrie; ***~ piana, solida*** ebene, räumliche Geometrie. **ge|o|me|tri|ca|men|te** avv. **1** geometrisch **2** *(con rigore razionale)* planhaft. **ge|o|me|tri|ci|tà** f. geometrischer Charakter *m.*

ge|o|me|tri|co agg. *(-ci,-che)* **1** geometrisch: ***figure -che*** geometrische Figuren; ***disegno ~*** geometrische Zeichnung; ***luogo ~*** geometrischer Ort; ***progressione -a*** geometrisches Wachstum; ***un maglione con motivi -ci*** ein Pullover mit geometrischem Muster; ART. ***stile ~*** geometrischer Stil **2** FIG. *(rigoroso)* mathematisch: ***con esattezza -a*** mit mathematischer Genauigkeit.

ge|o|me|tri|de m. ENTOM. Spanner *m.*

ge|o|mor|fo|lo|gi|a f. Geomorphologie *f.*

ge|o|po|li|ti|ca f. Geopolitik *f.* **ge|o|po|li|ti|co** agg. *(-ci,-che)* geopolitisch.

Ge|or|gia n.pr.f. **1** *(regione del Caucaso)* Georgien *n.* **2** *(stato degli USA)* Georgia *n.* **ge|or|gia|no I** agg. **1** georgisch **2** *(dello stato degli USA)* georgianisch **II** m. **1** Georgier *m.* **2** *(degli USA)* Georgianer *m.* **3** *(lingua caucasica)* Georgisch(e) *n.*

ge|or|gi|co agg. *(-ci,-che)* ländlich.

ge|o|sfe|ra f. Geosphäre *f.* **ge|o|sin|cli|na|le** f. Geosynklinale *f.*, Geosynkline *f.* **ge|o|sta|ti|ca** f. Geostatik *f.* **ge|o|sta|zio|na|rio** agg. *(-ri,-rie)* geostationär: ***satellite ~*** geostationärer Satellit.

ge|o|ter|mi|a f. Geothermik *f.* **ge|o|ter|mi|co** agg. *(-ci,-che)* geothermisch.

ge|o|tet|to|ni|ca f. Geotektonik *f.* **ge|o|tet|to|ni|co** agg. *(-ci,-che)* geotektonisch.

ge|o|tro|pi|co agg. *(-ci,-che)* geotrop. **ge|o|tro|pi|smo** m. Geotropismus *m.*

Ge|o|va n.pr.m. Jehova *m.* ◆ ***testimoni di ~*** Zeugen Jehovas.

ge|ra|nio m. *(-ni)* Geranie *f.*, Geranium *n.*

ge|rar|ca m. *(-chi)* **1** STOR. = hoher Parteifunktionär *m.* (im Faschismus) **2** *(in una gerarchia ecclesiastica)* = geistlicher Würdenträger *m.*, geistliches Oberhaupt *n.* **3** FIG. *(persona autoritaria)* Despot *m.*

ge|rar|chi|a f. Hierarchie *f.*, Rangordnung *f.*, Rangfolge *f.*: ***salire, scendere in una ~*** in einer Hierarchie auf‿steigen, ab‿steigen ◆ FIG. ***una ~ di valori*** eine Wertskala. **ge|rar|chi|ca|men|te** avv. hierarchisch: ***strutturare qcs. ~*** etw. hierarchisch auf‿bauen (*o* gliedern). **ge|rar|chi|co** agg. *(-ci,-che)* **1** hierarchisch, Rang-: ***ordine, livello ~*** Rangordnung *f.*, Rangstufe *f.* **2** *(secondo l'ordine gerarchico)* auf dem Instanzenweg: ***ricorso ~*** Eingabe auf dem Instanzenweg **3** FIG. Wert-: ***criterio ~*** Wertmaßstab *m.* ◆ ***per via -a*** auf dem Instanzenweg (*o* auf dem Dienstweg); ***seguire la, procedere per via -a*** den Dienstweg ein‿halten, nehmen (*o* gehen).

ge|rar|chiz|za|re tr. hierarchisieren. **ge|rar|chiz|za|zio|ne** f. Hierarchisierung *f.*

Ge|rar|do n.pr.m. Gerhard *m.*, Gerhart *m.*

ger|be|ra f. Gerbera *f.*

Ge|re|mi|a n.pr.m. Jeremias *m.* **ge|re|mi|a|de** f. Jeremiade *f.*

ge|ren|te m. e f. Geschäftsführer *m.* (-in *f.*), Führer *m.* (-in *f.*). **ge|ren|za** f. Geschäftsführung *f.*, Führung *f.*

ger|ga|le agg. des Jargons, Jargon-: ***usare termini -i*** Jargonausdrücke benutzen. **ger|go** m. *(-ghi)* **1** Jargon *m.*: ***il ~ della malavita*** der Jargon der Unterwelt **2** *(linguaggio settoriale)* Sprache *f.*, Jargon *m.*: ***il ~ burocratico, della burocrazia*** die Sprache der Bürokratie; ***il ~ giovanile, studentesco*** die Jugend-, Studentensprache; ***~ giornalistico, politico*** Presse-, Politjargon *m.*; ***il ~ dell'informatica*** der Jargon der Informatiker.

ge|ria|tra m. e f. *(-i,-e)* Geriater *m.* (-in *f.*). **ge|ria|tri|a** f. Geriatrie *f.* **ge|ria|tri|co** agg. *(-ci,-che)* geriatrisch: ***reparto ~*** geriatrische Abteilung.

Ge|ri|co n.pr.m. Jericho *n.*

ger|la f. Rückentragkorb *m.*

ger|ma|ne|si|mo m. Deutschtum *n.*

Ger|ma|nia n.pr.f. Deutschland *n.*; STOR. *(in der Römerzeit)* Germanien *n.* ◆ ***la Giovane ~*** das Junge Deutschland; STOR. ***la Grande ~*** Großdeutschland *n.*

ger|ma|ni|co agg. *(-ci,-che)* **1** germanisch: ***diritto ~*** germanisches Recht; ***filologia -a*** germanische Philologie; ***lingue -che*** germanische Sprachen **2** *(tedesco)* deutsch: ***la cultura -a*** die deutsche Kultur ◆ ***Confederazione -a*** Deutsche Bund *m.*

ger|ma|nio m. Germanium *n.*

ger|ma|ni|smo m. Germanismus *m.* **ger|ma|ni|sta** m. e f. *(-i,-e)* Germanist *m.* (-in *f.*). **ger|ma|ni|sti|ca** f. Germanistik *f.* **ger|ma|ni|sti|co** agg. *(-ci,-che)* germanistisch.

ger|ma|niz|za|re I tr. ein‿deutschen, germanisieren **II** pronom. **germanizzarsi** deutsche Gebräuche an‿nehmen. **ger|ma|niz|za|zio|ne** f. Eindeutschung *f.*

1.ger|ma|no I agg. leiblich: ***fratello ~*** leiblicher Bruder **II** m. leiblicher Bruder *m.*
2.ger|ma|no I agg. → **germanico II** m. Germane *m.*
3.ger|ma|no m. ZOOL. Wildente *f.* ◆ ***~ reale*** Stockente *f.*
ger|ma|no|fi|li|a f. Germanophilie *f.* **ger|ma|no|fi|lo I** agg. deutschfreundlich, germanophil **II** m. Deutschfreund *m.*
ger|ma|no|fo|bi|a f. Germanophobie *f.* **ger|ma|no|fo|bo I** agg. deutschfeindlich, germanophob **II** m. Deutschenfeind *m.*, Deutschenhasser *m.*
ger|me m. **1** Keim *m.*: ***uccidere i -i*** die Keime ab‿töten; ***~ patogeno, di malattia*** Krankheitskeim *m.*, krankheitserregender Keim **2** FIG. Keim *m.*, Keimzelle *f.*: ***il ~ di ogni male*** die Keimzelle allen Übels; ***il ~ della discordia*** der Keim der Zwietracht ◆ ***in ~*** im Keim: ***reprimere qcs. in ~*** etw. im Keim ersticken. **ger|mi|ci|da I** agg. *(-i,-e)* keimtötend **II** m. *(-i)* keimtötendes Mittel *n.*
ger|mi|na|bi|le agg. keimfähig. **ger|mi|na|bi|li|tà** f. Keimfähigkeit *f.*
ger|mi|na|le agg. **1** germinal, keimend, Keim-: ***cellula ~*** Keimzelle *f.* **2** FIG. *(iniziale, embrionale)* Anfangs-: ***stadio ~*** Anfangsstadium *n.*
ger|mi|na|re intr. *(germino; aus. essere, avere)* (ent)keimen, Keime treiben: ***il seme germina*** die Saat keimt. **ger|mi|na|ti|vo** agg. Keim-: ***plasma ~*** Keimplasma *n.* **ger|mi|na|zio|ne** f. Germination *f.*, Keimung *f.*
ger|mo|glia|men|to m. → **germogliazione.**
ger|mo|glia|re intr. *(germoglio, germogli; aus. essere, avere)* **1** *(dal seme)* auf‿keimen, aus‿keimen: ***il grano non è ancora germogliato*** der Weizen ist noch nicht ausgekeimt; ***la piantina germoglia*** das Pflänzchen keimt aus **2a** *(dalla gemma)* aus‿treiben, sprossen: ***i rami germogliano*** die Zweige treiben aus **b** *(di fiori, foglie)* aus‿treiben, sprießen **3** FIG. keimen: ***in qcn. germoglia la speranza di...*** in jdm keimt die Hoffnung, dass... **ger|mo|glia|zio|ne** f. Auskeimung *f.*; Austreiben *n.*
ger|mo|glio m. *(-gli)* **1** Keim *m.*: ***mettere -gli*** aus‿keimen, Keime bekommen **2** *(di rami, fiori)* Trieb *m.*, Spross *m.* **3** FIG. erster Ansatz *m.*
ge|ro|gli|fi|co [-gli-] **I** m. *(-ci)* Hieroglyphe *f.* (anche FIG. SCHERZ.) **II** agg. *(-ci,-che)* hieroglyphisch: ***caratteri -ci*** hieroglyphische Schrift; ***iscrizione -a*** hieroglyphische Inschrift.
Ge|ro|la|mo n.pr.m. Hieronymus *m.*
ge|ro|man|te m. Hieromant *m.* **ge|ro|man|zi|a** f. Hieromantie *f.*
Ge|ro|ni|mo n.pr.m. Hieronymus *m.*
ge|ron|te m. Geront *m.*
ge|ron|to|co|mio m. *(-mi)* Altersheim *n.*, Altenheim *n.*
ge|ron|to|cra|zi|a f. Gerontokratie *f.* **ge|ron|to|ia|tra** → **geriatra.** **ge|ron|to|ia|tri|a** → **geriatria.**
ge|ron|to|lo|gi|a f. Gerontologie *f.* **ge|ron|to|lo|gi|co** agg. *(-ci,-che)* gerontologisch. **ge|ron|to|lo|go** m. *(-gi)* Gerontologe *m.*
ge|ro|so|li|mi|ta|no I agg. aus Jerusalem **2** *(dell'ordine cavalleresco)* Johanniter-: ***ordine ~*** Johanniterorden *m.* **II** m. **1** Jerusalemer *m.* **2** *(cavaliere)* Johanniter *m.*
Ger|tru|de n.pr.f. Gertrud(e) *f.*
ge|run|dio m. *(-di)* Gerundium *n.* **ge|run|di|vo** m. Gerundiv(um) *n.*
Ge|ru|sa|lem|me n.pr.f. Jerusalem *n.*
ges|sa|re tr. **1** AGR. ***~ qcs.*** etw. (D) Gips zu‿führen **2** ENOL. mit Gips klären; gipsen **3** *(ingessare)* ein‿gipsen. **ges|sa|to I** p.pass. agg. **1** → **gessare 2** AGR. mit Gips behandelt **3** ENOL. mit Gips geklärt **4** MED. Gips-: ***fasce -e*** Gipsverbände **5** ABBIGL. Nadelstreifen-, mit Nadelstreifen: ***tailleur ~*** Nadelstreifenkostüm *n.* **II** m. **1** Nadelstreifenstoff *m.* **2** *(abito)* Nadelstreifenanzug *m.* **ges|sa|tu|ra** f. **1** AGR. Gipszuführung *f.* **2** ENOL. Gipsklärung *f.*
ges|set|to m. Kreide *f.*: ***-i colorati*** farbige Kreide ◆ ***~ da sarto*** Schneiderkreide *f.*
ges|so m. **1** Gips *m.*: ***fondere, colare qcs. in ~*** etw. in Gips gießen, formen; ***mescolare il ~*** den Gips an‿rühren; ***modellare una maschera di ~*** eine Maske aus Gips modellieren, formen **2** *(scultura)* Gips *m.*, Gipsfigur *f.* **3** *(ingessatura)* Gips *m.*, Gipsverband *m.*: ***portare il ~ (al braccio)*** den Arm im Gips haben; ***togliere il ~*** den Gips ab‿nehmen **4** *(gessetto)* Kreide *f.*: ***scrivere alla lavagna col ~*** mit Kreide an die Tafel schreiben ◆ ***busto di ~*** Gipsbüste *f.*; MED. Gipsbett *n.*, Gipskorsett *n.*; ***calco in ~*** Gipsabdruck *m.*, Gipsabguss *m.*; MED. ***collare di ~*** Gipskrawatte *f.*; ***di, in ~*** aus Gips, Gips-, gipsern. **ges|so|so** agg. **1** gipsern **2** gipshaltig: ***terreno ~*** gipshaltiger Boden **3** *(simile al gesso)* gipsartig.
ge|sta f.pl. Taten *pl.*: ***~ eroiche*** Heldentaten ◆ ***canzone di ~*** Chanson *f.* de geste.
ge|stac|cio m. *(-ci)* ungezogene (*o* unanständige) Geste *f.*: ***fare un ~ a qcn.*** zu jdm eine ungezogene Geste machen.
ge|stan|te f. Schwangere *f.*: ***consulenza, assistenza alle -i*** Schwangerenberatung *f.*, Schwangerenfürsorge *f.* **ge|sta|to|rio** agg., ***sedia -ria*** Tragsessel *m.* **ge|sta|zio|ne** f. **1** Schwangerschaft *f.*; *(di animali)* Trächtigkeit *f.*, Tragezeit *f.* **2** FIG. *(preparazione)* Vorbereitung *f.*, Bearbeitung *f.*: ***l'opera è in ~*** das Werk ist in Vorbereitung.
ge|sti|bi|le agg. führbar, leitbar.
ge|sti|co|la|men|to m. Gestikulieren *n.*, Fuchteln *n.* **ge|sti|co|la|re** intr. *(gesticolo; aus. avere)* gestikulieren, mit den Händen fuchteln. **ge|sti|co|la|zio|ne** f. Gestikulation *f.* **ge|sti|co|li|o** m. Fuchteln *n.*, Gefuchtel *n.*
ge|stio|na|le agg. Geschäfts-: ***politica ~*** Geschäftspolitik *f.*
ge|stio|ne f. **1** *(conduzione)* Leitung *f.*, Führung *f.*, Management *n.*: ***~ d'affari*** Geschäftsleitung *f.* (*o* Geschäftsführung *f.*, Geschäftsmanagement *n.*); POL. ***~ della crisi*** Krisenmanagement *n.*; ***con, sotto la nuova ~*** unter der neuen Führung; ***assumere la ~ di qcs.*** die Leitung von etw. übernehmen **2** *(amministrazione)* Verwaltung *f.*, Wirtschaft *f.*, Bewirtschaftung *f.*, Pacht *f.*: ***~ dei fondi pubblici*** Verwaltung der öffentlichen Gelder; ***dare, prendere qcs. in ~*** etw. in Pacht geben, nehmen; ***avere qcs. in ~*** etw. in Pacht haben ◆ ***~ aziendale*** Betriebsleitung *f.*, Geschäftsleitung *f.*; ***cambiamento di ~*** Wechsel *m.* der Geschäftsführung; ***cattiva ~*** Missmanagement *n.*; ***~ contabile*** Rechnungsführung *f.*; ***controllo di ~*** Kontrolle *f.* der Geschäftsführung, des Managements; INFORM. ***~ (dei) dati*** Datenverwaltung *f.*; ***fondi di ~*** Betriebskapital *n.*; ***~ d'impresa*** → ***~ aziendale***; ***metodo di ~*** Führungsmethode *f.*; ***~ di portafoglio*** Wertpapierverwaltung *f.*; ***~ in proprio*** Eigenbewirtschaftung *f.*; ***spese di ~*** Betriebskosten *pl.*
1.ge|sti|re tr. *(gestisco, gestisci)* **1** leiten, führen, betreiben: ***~ un'azienda, un ristorante*** einen Betrieb leiten, ein Restaurant betreiben; ***~ una trattativa*** eine Verhandlung führen **2** *(amministrare)* verwalten, bewirtschaften, unterhalten: ***~ un archivio, una scuola*** ein Archiv verwalten, eine Schule unterhalten **3** FIG. *(dosare)* ein‿teilen: ***~ le proprie forze*** seine Kräfte einteilen.
2.ge|sti|re intr. *(gestisco, gestisci; aus. avere)* (ausdrucksvolle) Gesten machen.
ge|sto m. **1** Gebärde *f.*, Geste *f.*: ***fare un ~ di minaccia*** eine drohende Gebärde (*o* Drohgebärde) machen; ***un ~ osceno, di rabbia*** eine obszöne Geste, eine Wutgebärde; ***capirsi a -i*** sich durch Gebärden verständigen **2** FIG. Geste *f.*: ***un ~ d'eroismo*** eine heldenhafte Geste; ***un ~ di riconciliazione*** eine Geste der Versöhnung; ***un ~ disinteressato*** eine uneigennützige Geste; ***ha fatto un bel ~*** das war eine noble Geste von ihm ◆ ***non fare un ~*** keine Bewegung machen, unbeweglich sein; FIG. keinen Finger rühren; ***fare il ~ di andare via*** eine Geste des Aufbruchs machen.
ge|sto|re m. Geschäftsführer *m.*, Pächter *m.*, Betreiber *m.*
ge|stua|le agg. Gebärden-, Gesten-: ***arte ~*** Gebärdenkunst *f.* **ge|stua|li|tà** f. Gestik *f.*: ***riconoscere qcn. dalla sua ~*** jdn an seiner Gestik erkennen.
Ge|sù n.pr.m. Jesus *m.*: ***la vita di ~*** das Leben Jesu; ***~!, ~ mio!*** Jesus! Jesse! ◆ ***~ Bambino*** Jesuskind *n.*, Jesusknabe *m.*; ***~ Cristo*** Jesus Christus *m.*; ***~ crocifisso*** Jesus am Kreuz; ***~ di Nazareth*** Jesus von Nazareth.
ge|su|i|ta I m. Jesuit *m.* (anche SPREG.) **II** agg. Jesuiten-, jesuitisch (anche SPREG.): ***l'ordine ~*** der Jesuitenorden; ***le scuole -e*** die Jesuitenschulen. **ge|su|i|ti|co** agg. *(-ci,-che)* jesuitisch, Jesuiten- (anche SPREG.): ***collegio ~*** Jesuitenkolleg *n.*; ***un comportamento ~*** ein jesuitisches Verhalten. **ge|sui|ti|smo** m. Jesuitentum *n.* (anche SPREG.).
ge|sum|ma|ri|a inter. Jesses Maria.
Get|se|ma|ni n.pr.m. Gethsemane *m.* ◆ ***l'orto di ~*** der Garten Gethsemane.
get|ta|re I tr. **1a** werfen: ***~ un sasso*** einen Stein werfen; ***~ qcs. a terra, in aria, in alto*** etw. auf den Boden werfen (COLLOQ. hauen), in die Luft, in die Höhe werfen; ***~ i dadi*** die Würfel werfen; ***~ qcs. a qcn.*** jdm etw. hin‿werfen, zu‿werfen; ***~ le braccia al collo di qcn.*** jdm die Arme um den Hals werfen **b** FIG. ***~ uno sguardo, un'occhiata su, a qcs.*** einen Blick auf etw. (A) werfen, in etw. (A) hinein‿werfen; ***~ un'ombra su qcn.*** einen Schatten auf jdn werfen **2** *(buttare via)* werfen, weg‿werfen, COLLOQ. weg‿schmeißen: ***~ qcs. lontano, in mare*** etw. weit wegwerfen, ins Meer werfen; ***non ~ oggetti dal finestrino*** keine Gegenstände aus dem Fenster werfen; ***~ i rifiuti*** Abfälle wegschmeißen (*o* werfen) **3** FIG. versetzen, bringen: ***~ qcn. nel panico, nella disperazione, nello sconforto*** jdn in Panik versetzen, in Verzweiflung bringen, mutlos machen **4** MAR. PESC. aus‿werfen: ***~ le reti, l'amo, l'ancora*** Netze, die Angel, den Anker auswerfen **5** *(emettere)* aus‿stoßen: ***il vulcano getta la-***

pilli der Vulkan stößt Lapilli aus; ***~ un grido*** einen Schrei aus-stoßen **6** METALL. EDIL. legen: ***~ le fondamenta*** ein Fundament legen **7** assol. *(germogliare)* aus‿keimen, keimen, treiben **8** assol. *(di rubinetto, fontana)* fließen, laufen **II** pronom. **gettarsi 1a** sich werfen, sich stürzen: ***-rsi a terra, sul divano*** sich auf den Boden, auf das Sofa werfen (COLLOQ. hauen); ***-rsi in ginocchio, ai piedi di qcn.*** sich auf die Knie, jdm vor die Füße werfen; ***-rsi nella mischia*** sich ins Gewühl stürzen; ***-rsi sulla preda*** sich auf die Beute stürzen **b** FIG. ***-rsi in un'impresa*** sich in ein Unternehmen stürzen **2** *(buttarsi giù)* sich stürzen, sich hinunter‿stürzen: ***-rsi dal balcone*** sich vom Balkon (hinunter)stürzen **3** *(sboccare)* münden: ***il Po si getta nell'Adriatico*** der Po mündet in die Adria ◆ ***-rsi addosso qcs.*** sich (D) etw. um‿werfen; ***-rsi addosso a qcn.*** sich auf jdn werfen; FIG. ***~ all'aria qcs.*** etw. zunichte machen; ***~ le armi*** die Waffen nieder‿legen; ***-rsi in avanti*** sich vor‿stürzen (*o* sich nach vorne werfen); FIG. ***~ le basi per qcs.*** den Grund(stein) zu etw. legen; ***~ la colpa addosso a, su qcn.*** jdm die Schuld zu‿schieben; ***-rsi contro qcn.*** sich jdm entgegen‿werfen; ***~ il discredito su qcn.*** jdn in Verruf, in Misskredit bringen; ***~ qcs. in faccia a qcn.*** jdm etw. an den Kopf werfen (anche FIG.); ***~ fango su qcn., qcs.*** jdn, etw. mit Dreck (*o* Schmutz) bewerfen; ***~ fuori*** hinaus‿werfen; ***~ qcn. sul lastrico*** jdn an den Bettelstab bringen; ***~ luce su qcs.*** Licht in etw. (A) bringen; ***~ la maschera*** die Maske fallen lassen; ***~ un ponte su un fiume*** eine Brücke über einen Fluss bauen (*o* schlagen); ***~ un ponte tra due culture*** eine Brücke zwischen zwei Kulturen schlagen; ***~ le radici*** Wurzeln schlagen; FIG. ***~ i soldi dalla finestra*** sein Geld zum Fenster hinaus‿werfen; ***-rsi a testa bassa in qcs.*** sich Hals über Kopf in etw. (A) stürzen; ***~ via qcs.*** etw. weg‿werfen (anche FIG.).

get|ta|ta f. **1** Werfen *n.*, Wurf *m.* **2** *(colata)* Gießen *n.*, Guss *m.*: ***una ~ di gesso*** ein Gipsguss **3** EDIL. Schüttung *f.*: ***~ di calcestruzzo, di cemento*** Betonschüttung *f.*, Betonierung *f.*

get|ti|to m. Aufkommen *n.*: ***~ fiscale*** Steueraufkommen *n.*

get|to m. **1** Werfen *n.*, Wurf *m.* **2** *(emissione di gas, liquidi)* Strahl *m.*: ***un ~ d'acqua, di vapore*** ein Wasserstrahl, Dampfstrahl **3a** METALL. *(gettata)* Gießen *n.*, Guss *m.* **b** *(pezzo ricavato)* Guss *m.*, Gussstück *n.* **4** EDIL. Schüttung *f.* **5** BOT. Spross *m.*, Trieb *m.* ◆ AER. ***a ~*** Düsen-: ***motore, propulsione a ~*** Düsenmotor *m.* (*o* Düsentriebwerk *n.*, Düsenaggregat *n.*), Düsenantrieb *m.* (*o* Strahlantrieb *m.*); ***~ di colata*** Einguss *m.*; ***a ~ continuo*** ununterbrochen, COLLOQ. am laufenden Band; ***di ~*** flüssig, zügig; ***lavoro di ~*** Entwurf *m.*

get|to|na|re tr. COLLOQ. = von der Musikbox spielen lassen, in (*o* an) der Musikbox aus‿wählen. **get|to|na|to** p.pass. agg. COLLOQ. **1** → **gettonare 2a** gespielt: ***la canzone più -a dell'estate*** der meistgespielte Schlager des Sommers; ***il cantante più ~*** der meistgehörte Sänger **b** ESTENS. meistgefragt.

get|to|ne m. **1** Münze *f.*, Marke *f.*, Einwurfmünze *f.*, Einwurfmarke *f.*: ***introdurre il ~ nell'apposita fessura*** die Münze in den Einwurfschlitz stecken **2** *(da gioco)* Spielmarke *f.*, Jeton *m.* ◆ ***telefono a -i*** Münzfernsprecher *m.*, Münzapparat *m.*; ***distributore a -i*** Münzautomat *m.*; ***~ di presenza*** Sitzungsgeld *n.*; ***~ del telefono*** Telefonmünze *f.* **get|to|nie|ra** f. **1** Münzwechsler *m.* **2** *(fessura)* Einwurfschlitz *m.* (für Münzen).

get|to|pro|pul|sio|ne f. *(gettopropulsioni)* Strahlantrieb *m.*, Düsenantrieb *m.*

gey|ser ['gaizer] m.inv. Geysir *m.*, Springquell *m.*

Gha|na n.pr.m. Ghana *n.* **gha|ne|a|no I** agg. ghanaisch **II** m. Ghanaer *m.*

ghen|ga f. *(-ghe)* SCHERZ. Clique *f.*, Schwefelbande *f.*

ghe|par|do m. Gepard *m.*

ghep|pio m. *(-pi)* Turmfalke *m.*

Ghe|rar|do n.pr.m. Gerhard *m.*

ghe|ri|glio m. *(-gli)* Nusskern *m.*, Kern *m.*

gher|mi|nel|la f. **1** FIG. *(marachella)* Streich *m.* **2** *(inganno)* List *f.*

gher|mi|re tr. *(ghermisco, ghermisci)* an‿packen, packen: ***~ la preda*** die Beute packen.

ghe|ro|ne m. **1** SART. Zwickel *m.*, Keil *m.* **2** ARALD. Zwickel *m.* **3** MAR. Gehren *n.*

ghet|ta f. Gamasche *f.*

ghet|tiz|za|re tr. **1** in ein Getto ab‿drängen **2** FIG. gettoisieren. **ghet|tiz|za|zio|ne** f. Gettoisierung *f.* **ghet|to** m. Getto *n.*, Ghetto *n.* (anche FIG.).

ghiac|cia|ia f. **1** Eisschrank *m.* **2** *(locale)* Eiskeller *m.* (anche FIG.).

ghiac|cia|io m. *(-ai)* Gletscher *m.* ◆ ***bocca di, del ~*** Gletschertor *n.*; ***~ continentale*** Inlandeis *n.*; ***crepaccio del ~*** Gletscherspalte *f.*; ***distesa del ~*** Gletscherfeld *n.*; ***fronte del ~*** Gletscherstirn *f.*; ***lingua di, del ~*** Gletscherzunge *f.*; ***porta del ~*** → ***bocca del ~***.

ghiac|cia|re *(ghiaccio, ghiacci)* **I** intr. (aus. *essere, avere*) **1** gefrieren, frieren: ***l'acqua ghiaccia*** Wasser friert (*o* gefriert zu Eis) **2a** *(coprirsi di uno strato di ghiaccio)* vereisen, zu‿frieren: ***di notte le strade ghiacciano*** nachts vereisen die Straßen **b** impers. frieren: ***stanotte è ghiacciato*** heute Nacht hat es gefroren **II** pronom. **ghiacciarsi 1** *(dell'acqua)* gefrieren, frieren **2** *(coprirsi di uno strato di ghiaccio)* vereisen, zu‿frieren **3** *(assiderare)* erfrieren, ab‿frieren: ***mi si ghiacciano i piedi*** mir frieren die Füße ab **III** tr. **1** ein‿frieren lassen: ***il freddo intenso ha ghiacciato le tubature*** die starke Kälte hat die Leitungsrohre einfrieren lassen **2** *(coprire di uno strato di ghiaccio)* zu‿frieren lassen: ***il freddo ghiaccia il lago*** die Kälte lässt den See zufrieren **3** *(rendere gelido)* erstarren lassen: ***questo vento ghiaccia la faccia*** dieser Wind lässt das Gesicht erstarren ◆ ***far ~ qcs.*** ab‿kühlen lassen, kalt werden lassen; ***far ~ il sangue*** das Blut gefrieren (*o* stocken) lassen; ***sentirsi ~ per la paura*** vor Schreck erstarren.

ghiac|cia|ta f. → **granita.**

ghiac|cia|to p.pass. agg. **1** → **ghiacciare 2a** gefroren: ***neve -a*** gefrorene Schnee **b** zugefroren, vereist: ***un lago ~*** ein zugefrorener See; ***scivolare sulla strada -a*** auf der vereisten Straße rutschen; ***le piste di sci sono -e*** die Skipisten sind vereist **c** Eis-: ***terreno ~*** Eisboden *m.* **3** *(di bevande)* eisgekühlt: ***servire ~*** eisgekühlt servieren **4** FIG. *(freddissimo, gelido)* eiskalt **5** *(di parti del corpo)* gefroren: ***dita -e*** gefrorene Finger.

ghiac|cio I m. *(-ci)* Eis *n.*: ***il ~ si rompe, si scioglie*** das Eis bricht, schmilzt **II** agg. *(-ci,-ce)* eiskalt, eisigkalt, eisig: ***un vento ~*** ein eisiger Wind; ***mani -ce*** eiskalte Hände ◆ ***~ artificiale*** Kunsteis *n.*; ***banco di ~*** Eisbank *f.*; ***bevanda, bibita con ~*** Eisgetränk *n.*; ***blocco di ~*** Eisblock *m.*; ***borsa del ~*** Eisbeutel *m.*; ***color (bianco) ~*** eisgrau; ***crosta di ~*** Eiskruste *f.*; ***cubetto di ~*** Eiswürfel *m.*; ***di ~*** eiskalt: ***avere le dita, i piedi di ~*** eiskalte Finger, Füße haben; FIG. ***di ~*** *(raggelante)* eisig, eisigkalt; *(insensibile)* eiskalt: ***uno sguardo di ~*** ein eisiger Blick; ***un cuore di ~*** ein eiskaltes Herz; ***essere di ~*** eiskalt sein, kalt wie Eis sein; ***-ci eterni*** ewiges Eis; ***hockey su ~*** Eishockey *n.*; ***lastrone di ~*** Eisscholle *f.*; ***mettere in ~*** eisen; ***palazzo del ~*** Eispalast *m.*, Eisstadion *n.*; ***patina di ~*** Eisglätte *f.*; ***pattinaggio (artistico) su ~*** Schlittschuhlauf *m.*, Eiskunstlauf *m.*; ***pattinaggio (di velocità) su ~*** Eisschnelllauf *m.*; ***essere un pezzo di ~*** Fischblut in den Adern haben; ***rampone da ~*** Steigeisen *n.*; FIG. ***rompere il ~*** das Eis brechen; ***scomparto del ~*** Eisfach *n.*, Gefrierfach *n.*; ***secchiello del ~*** Eiskübel *m.*; ***~ secco*** Trockeneis *n.*; ***strato di ~*** Eisschicht *f.*, Eisdecke *f.*

ghiac|cio|lo m. **1** Eiszapfen *m.*, Zapfen *m.* **2** *(tipo di sorbetto)* = Wassereis *n.*: ***~ al limone*** Wassereis mit Zitronengeschmack.

ghia|ia f. **1a** Kies *m.*: ***cava di ~*** Kiesgrube *f.*; ***mucchio di ~*** Kieshaufen *m.*: ***lo scricchiolio della ~*** das Knirschen des Kieses **b** *(detriti)* Geröll *n.* **2** *(per la copertura di strade)* Schotter *m.*: ***coprire una strada di ~*** eine Straße mit Schotter bedecken, eine Straße beschottern. **ghia|ia|ta** f. Schotterdecke *f.*, Beschotterung *f.* **ghia|io|ne** m. Geröllhalde *f.* **ghia|io|so** agg. Kies-, kiesig: ***sabbia -a*** Kiessand *m.*

ghian|da f. **1** Eichel *f.*; ***a forma di ~*** eichelförmig **2** *(come guarnizione di tende)* Gardinentroddel *f.*

ghian|da|ia f. Eichelhäher *m.*, Häher *m.*

ghian|do|la f. Drüse *f.* ◆ ***~ endocrina*** endokrine Drüse; ***~ esocrina*** exokrine Drüse; ***~ lacrimale*** Tränendrüse *f.*; ***~ linfatica*** Lymphdrüse *f.*; ***~ mammaria*** Milchdrüse *f.*, Brustdrüse *f.*; ***~ salivale*** Speicheldrüse *f.*; ***~ sebacea*** Talgdrüse *f.*, Fettdrüse *f.*; ***~ sudoripara*** Schweißdrüse *f.*; ***~ surrenale*** Nebennierendrüse *f.* **ghian|do|la|re** agg. Drüsen-; ***disfunzione ~*** Drüsenfunktionsstörung *f.* **ghian|do|lo|so** agg. drüsig.

ghi|bel|li|no I m. G(h)ibelline *m.* **II** agg. **1** g(h)ibellinisch **2** ESTENS. laizistisch.

ghi|bli m. G(h)ibli *m.*

ghie|ra f. **1** Zwinge *f.*; *(del bastone)* Stockzwinge *f.* **2** MECC. Nutmutter *f.*

ghi|gliot|ti|na f. Guillotine *f.*, Fallbeil *n.*: ***condannare qcn. alla ~*** jdn zum Tod durch die Guillotine verurteilen. **ghi|gliot|ti|na|re** tr. guillotinieren.

ghi|gna|re intr. (aus. *avere*) grinsen. **ghi|gno** m. Grinsen *n.*, Hohnlächeln *n.*: ***un ~ sardonico, sarcastico*** ein hämisches, sarkastisches Grinsen.

ghin|da|re tr. auf‿winden; *(innalzare)* auf‿ziehen, hissen.

ghi|ne|a f. Guinee *f.*

ghin|ghe|ri, ***in ~*** herausgeputzt, geschniegelt; ***mettersi in ~*** sich heraus‿putzen, COLLOQ. sich in Schale werfen (*o* schmeißen).

ghiot|to agg. **1** *(goloso)* versessen, naschhaft, naschsüchtig: ***essere ~ di qcs.*** auf etw. versessen sein; ***un bimbo ~ di cioccolata*** ein auf

Schokolade versessenes (*o* wildes) Kind **2** FIG. *(avido)* gierig, süchtig, versessen: ***essere ~ di qcs.*** nach etw. (D), auf etw. (A) gierig sein; ***~ di notizie, di novità*** auf Nachrichten, Neuigkeiten versessen; ***essere ~ di esperienze*** begierig auf Erfahrungen sein **3** *(di cibi)* lecker: ***un dolce ~*** ein leckerer Kuchen **4** *(molto interessante)* heiß: ***una notizia -a*** eine heiße Meldung. **ghiot|to|ne** m. **1** Nascher *m.*, Naschmaul *n.*, Leckermaul *n.* **2** ZOOL. Vielfraß *m.* **ghiot|to|ne|ri|a** f. **1** Naschhaftigkeit *f.*, Gier *f.* **2** *(cibo squisito)* Leckerei *f.*, Leckerbissen *m.* **3** FIG. *(oggetto ricercato)* Leckerbissen *m.*

ghioz|zo m. ZOOL. Grundel *f.*, Gründel *f.*

ghi|ri|biz|zo m. Schrulle *f.*, Marotte *f.*, Schnapsidee *f.*: ***gli è saltato il ~ di fare qcs.*** er ist auf die Schnapsidee gekommen, etw. zu tun. **ghi|ri|biz|zo|so** agg. **1** schrullig: ***un'idea -a*** eine schrullige Idee, eine Schnapsidee **2** *(di persona)* Kauz *m.*, Sonderling *m.*

ghi|ri|go|ro m. Schnörkel *m.*

ghir|lan|da f. **1** Girlande *f.* (anche ART.), Kranz *m.*: ***intrecciare -e*** Girlanden winden; ***una ~ di fiori*** ein Blumenkranz **2** FIG. LETT. Kranz *m.* ◆ ***fare ~ intorno a qcn.*** einen Kreis um jdn schließen.

ghir|lan|det|ta, ghir|lan|di|na f. Kränzchen *n.*

ghi|ro m. Siebenschläfer *m.*, Schläfer *m.* ◆ ***dormire come un ~*** wie ein Murmeltier (*o* Bär) schlafen.

ghi|ron|da f. Drehleier *f.*, Radleier *f.*

ghi|sa f. Gusseisen *n.*: ***colata di ~*** Eisenguss *m.*; ***di ~*** gusseisern, Guss-.

già avv. **1a** schon, bereits: ***è ~ partito*** er ist schon weg; ***è ~ qui*** er ist schon da; ***sono ~ le dieci*** es ist schon 10 Uhr; ***lo spettacolo è ~ iniziato*** die Vorstellung hat bereits begonnen; ***essere ~ pronto*** schon fertig sein; ***l'ho ~ dimenticato*** ich habe es schon vergessen; ***~ di ritorno?*** schon zurück? **b** *(prima, da prima)* schon, bereits: ***lo sapevo ~*** ich wusste das schon; ***l'ho ~ incontrato*** ich bin ihm schon begegnet; ***il film l'ho ~ visto*** den Film habe ich schon gesehen; ***come ~ detto*** wie schon gesagt; ***~ in Dante...*** schon bei Dante...; *(fin d'ora)* ***so ~ che non verrà*** ich weiß schon, dass er nicht kommen wird **c** *(fino)* ***~ da bambino*** schon als Kind **2** *(soltanto)* schon: ***~ il nome..., ~ il pensiero...*** schon der Name, der Gedanke... **3a** *(in passato, in precedenza)* einst, früher: ***via Roma, ~ via dei Mille*** via Roma, früher via dei Mille **b** *(ex)* ehemalig: ***il deputato, ~ ministro*** der Abgeordnete, ehemaliger Minister **4a** *(con valore affermativo; anche ripetuto)* ja genau, ja sicher: ***~ ~, hai ragione*** ja genau, du hast Recht **b** *(effettivamente)* ja, eben, wohl: ***~, dovevo pensarlo*** das hätte ich mir ja denken können **5** *(rafforzativo; anche non tradotto)* etwa: ***vado non ~ perché lo voglio, ma perché devo*** ich gehe, aber nicht etwa, weil ich will, sondern, weil ich muss ◆ ***ah ~!*** ach ja! ***~ che ci siamo*** da (*o* weil) wir schon dabei sind...; ***di ~*** jetzt schon; IRON. ***eh ~!*** ja klar, ja sicher; ***è ~ qualcosa!*** das ist doch schon etwas! ***~ ora*** jetzt schon.

Gia|car|ta n.pr.f. Jakarta *n.*, Djakarta *n.*

giac|ca f. *(-che)* Jacke *f.*; *(da uomo)* Jacke *f.*, Jackett *n.*; *(di un completo maschile)* Sakko *m.*: ***mettere, togliere la ~*** die Jacke an‿ziehen, aus‿ziehen; ***infilare, tenere (addosso) la ~*** die Jacke über‿streifen, an‿behalten; ***in ~ e cravatta*** mit Anzug und Krawatte; ***~ di pelle, di maglia*** Leder-, Strickjacke *f.* ◆ ***~ da camera, da casa*** Hausjacke *f.*; ***~ impermeabile*** wetterfeste Jacke *f.*; ***~ a un petto, a doppio petto*** einreihiges, zweireihiges Jackett, (*o* Einreiher *m.*, Zweireiher *m.*); ***~ a vento*** Windjacke *f.*; *(con cappuccio)* Anorak *m.*

giac|ché cong. ANT. da, weil.

giac|chet|ta f. Jäckchen *n.*, Jacke *f.* **giac|chi|no** m. Jäckchen *n.*: ***~ di visone*** Nerzjäckchen *n.* **giac|co|ne** m. Winterjacke *f.*, Jacke *f.*; ***~ impermeabile*** wetterfeste Jacke *f.*

gia|cen|te agg. **1a** lagernd: ***posta ~*** lagernde Post **b** *(invenduto)* lagernd, eingelagert: ***merci -i*** lagernde Waren **2a** DIR. ruhend: ***eredità ~*** ruhende Erbschaft; ***un procedimento ~*** ein ruhendes Verfahren **b** BUROCR. *(sospeso o accantonato)* zurückgestellt, unerledigt, ausgesetzt: ***una pratica ~*** eine unerledigte Akte **3** *(non utilizzato)* brachliegend: ***capitale ~*** brachliegendes Kapital. **gia|cen|za** f. **1a** Lagern *n.* **b** *(periodo)* Lagerzeit *f.* **2** *(merce giacente)* Bestand *m.*, Warenbestand *m.*, Lager *n.* **3** *(posta)* lagernde Post *f.* ◆ ***~ di cassa*** Kassenbestand *m.*; ***in ~*** lagernd; *(non utilizzato)* brachliegend; *(invenduto)* liegend; ***~ di magazzino*** Lagerbestand *m.*

gia|ce|re I intr. *(giaccio, giaci, giace, giacciamo, giacete, giacciono; giacqui; giaciuto;* aus. *essere)* **1a** liegen: ***~ supino, prono*** auf dem Rücken (*o* rücklings), auf dem Bauch (*o* bäuchlings) liegen; ***~ in, a terra immobile, ~ morto*** regungslos auf dem (*o* am) Boden liegen, tot da‿liegen; ***~ nella tomba*** im Grab liegen **b** GEOM. ***la retta giace su un piano*** die Gerade liegt auf einer Ebene **2** *(trovarsi)* liegen, ruhen: ***il libro giaceva aperto sul tavolo*** das Buch lag offen auf dem Tisch **3** LETT. *(essere ritirato)* liegen, gelegen sein **4** FIG. sich befinden, sein: ***~ nel più completo abbandono*** in völlig verwahrlostem Zustand sein **5a** *(essere temporaneamente sospeso)* ruhen: ***il procedimento giace*** das Verfahren ruht **b** BUROCR. *(pratiche)* an‿stehen **6** *(di merci)* lagern, liegen: ***la merce giace in magazzino*** die Waren liegen im Lager **7** ANT. LETT. (einander) bei‿liegen, bei‿wohnen: ***~ con qcn.*** jdm beiliegen, beiwohnen **II** pronom. **giacersi** ANT. LETT. (einander) bei‿liegen, bei‿wohnen ◆ ***~ inutilizzato*** *(di un capitale)* brach‿liegen; *(nelle iscrizioni funebri)* ***qui giace...*** hier ruht...

gia|ci|glio m. *(-gli)* Lager *n.*, Liegestatt *f.*, Lagerstatt *f.*: ***un comodo ~ di paglia*** ein bequemes Strohlager.

gia|ci|men|to m. Lager *n.*, Vorkommen *n.*: ***~ petrolifero, carbonifero*** Erdöl-, Kohlevorkommen *n.*; ***~ di carbon fossile, di lignite*** Steinkohlen-, Braunkohlenlager *n.*; ***sfruttare un ~ minerario*** ein Erzlager erschließen ◆ ***~ alluvionale*** Schwemmland *n.*

gia|cin|to m. **1** BOT. Hyazinthe *f.* **2** MINER. Hyazinth *m.*

Gia|cin|to n.pr.m. Hyazinth *m.*

gia|ci|tu|ra f. Lage *f.* (anche GEOL.).

gia|co m. *(-chi)* Kettenhemd *n.*, Panzerhemd *n.*

gia|co|bi|ni|smo m. **1** STOR. Jakobinertum *n.* **2** ESTENS. Radikalismus *m.* **gia|co|bi|no I** m. **1** STOR. Jakobiner *m.* **2** ESTENS. Radikale *m.* **II** agg. **1** STOR. jakobinisch, Jakobiner- **2** ESTENS. radikal.

Gia|cob|be n.pr.m. Jakob *m.* ◆ ***scala di ~*** Jakobsleiter *f.*

gia|co|mo, COLLOQ. ***fare ~ ~*** schlottern.

Gia|co|mo n.pr.m. **1** Jakob *m.* **2** ***San ~*** (der Heilige) Jakobus *m.*: ***epistola di S. ~ apostolo*** Jakobusbrief *m.*

giac|qui → **giacere.**

gia|cu|la|to|ria f. **1** LIT. Stoßgebet *n.* **2** SCHERZ. Leier *f.*, Litanei *f.*

gia|da I f. Jade *m.* e *f.* **II** agg.inv. ***verde ~*** jadegrün.

Giaf|fa n.pr.f. Jaffa *n.*

giag|gio|lo m. Schwertlilie *f.*, Iris *f.*

gia|gua|ro m. Jaguar *m.*

gia|iet|to m. Gagat *m.*, Jett *m.* e *n.*

gia|lap|pa f. Jalape *f.*

gial|la|stro I agg. **1** gelblich: ***bianco ~*** gelblich weiß **2** *(di pelle)* gelbbraun **II** m. gelblicher Ton *m.*, gelbliche Farbe *f.* **gial|lic|cio I** agg. *(-ci, -cie)* gelblich **II** m. *(-ci)* gelblicher Ton *m.* **gial|li|no I** agg. zartgelb, hellgelb **II** m. helles Gelb *n.*

gial|li|sta m. e f. *(-i, -e)* Krimiautor *m.* (-in *f.*).

gial|lo I agg. **1** gelb: ***razza -a*** gelbe Rasse; ***rose -e*** gelbe Rosen **2** *(poliziesco)* Kriminal-, Krimi-: ***film, romanzo ~*** Kriminalfilm *m.*, Kriminalroman *m.* **3** *(di colorito)* gelblich **II** m. **1a** *(colore)* Gelb *n.*: ***vestire di ~*** sich in Gelb (*o* gelb) kleiden; ***tingere di ~*** gelb färben **b** *(del semaforo)* Gelb *n.*, Gelblicht *n.*: ***attraversare con il ~*** bei Gelb über die Kreuzung fahren; ***si accende il ~*** Gelb kommt **2** *(romanzo, film)* Krimi *m.* **3** *(uomo di razza gialla)* Gelbe *m.* ◆ ***~ canarino*** kanariengelb; ***il ~ canarino*** das Kanariengelb; SPORT ***cartellino ~*** gelbe Karte; ***~ chiaro*** hellgelb; ***il ~ chiaro*** das helle Gelb; ***~ (di) cromo*** chromgelb; ***il ~ (di) cromo*** das Chromgelb; ***farina -a*** Maismehl *n.*; ***febbre -a*** Gelbfieber *n.*; ***filtro ~*** Gelbfilter *m.* e *n.*; ***Fiume Giallo*** Gelber Fluss; ***~ limone*** zitronenfarbig, zitronengelb; ***il ~ limone*** das Zitronengelb; SPORT ***la maglia -a*** das gelbe Trikot; *(l'atleta)* = Spitzenfahrer der Tour de France; ***~ ocra*** ockergelb; ***il ~ ocra*** das Ockergelb; ***~ oro*** goldgelb; ***il ~ oro*** das Goldgelb; ***le pagine -e*** die gelben Seiten; ***~ pallido*** zartgelb; ***il pericolo ~*** die gelbe Gefahr; ***essere ~ di rabbia*** blass vor Wut; ***~ scuro*** dunkelgelb; ***il ~ scuro*** das dunkle Gelb; ***~ dell'uovo*** Eigelb *n.*

gial|lo|gno|lo agg. gelblich: ***un colorito ~*** eine gelbliche Gesichtsfarbe.

gial|lo|ros|so I agg. **1** gelbrot **2** *(di AC Roma)*: ***i giocatori -i*** die Fußballspieler von AC Rom; ***la squadra -a*** die Fußballmannschaft von AC Rom **II** m. Fußballspieler *m.* von AC Rom. **gial|lo|ver|de** agg. gelbgrün, gelblich grün.

Gia|mai|ca n.pr.f. Jamaika *n.* ◆ ***rum della ~*** Jamaikarum *m.* **gia|mai|ca|no I** agg. jamaikanisch **II** m. Jamaikaner *m.*

giam|bi|co agg. *(-ci, -che)* jambisch, Jamben-: ***poesia -a*** Jambendichtung *f.*; ***trimetro ~*** jambischer Trimeter. **giam|bo** m. Jambus *m.*, Jambe *f.*

giam|bur|ra|sca m. = Schelm *m.*, Lausbube *m.*

giam|mai avv. LETT. nie, niemals.

gian|du|ia m. INTRAD. (typische Nussschokolade aus Turin). **gian|du|iot|to** m. INTRAD. (typische Nusspraline aus Turin).

Gian|na n.pr.f. Hanna *f.* **Gian|ni** n.pr.m. Hans *m.*

gian|niz|ze|ro m. **1** Janitschar *m.* **2** SPREG. *(scagnozzo)* Scherge *m.*

Gia|no n.pr.m. Janus *m.* ◆ ***~ bifronte*** Januskopf *m.*

gian|se|ni|smo m. Jansenismus *m.* **gian|se|ni|sta** *(-i, -e)* **I** m. e f. Jansenist *m.* (-in *f.*) **II** agg. jansenistisch. **gian|se|ni|sti|co** agg. *(-ci, -che)* jansenistisch.

Giap|po|ne n.pr.m. Japan *n.* ◆ ***il Mar del ~*** das Japanische Meer; ***l'imperatore del ~*** der japanische Kaiser. **giap|po|ne|se I** agg. japanisch **II** m. e f. Japaner *m.* (-in *f.*) **III** m. Japanisch(e) *n.*◆ ***mangiare (alla) ~*** japanisch essen.

gia|ra f. (großer) Krug *m.*

giar|di|nag|gio m. *(-gi)* Gartenbau *m.*, Gärtnerei *f.*: ***arte del ~*** Gartenkunst *f.*, Gärtnerkunst *f.*; ***fare del ~*** Gartenbau treiben, gärtnern ◆ ***attrezzo da ~*** Gartengerät *n.*; ***lavoro di ~*** Gartenarbeit *f.*

giar|di|net|ta f. = kleiner Kombiwagen *m.*

giar|di|net|to m. **1** Gärtchen *n.* **2** pl. *(giardini pubblici)* Gartenanlage *f.*, Parkanlage *f.*

giar|di|nie|ra f. **1** Gärtnerin *f.* **2** *(per vasi di piante)* Blumenständer *m.*, Jardiniere *f.* **3** *(misto di verdure sottaceto)* Mixed Pickels *pl.*, Mixpickles *pl.*

giar|di|nie|re m. Gärtner *m.*: ***fare il ~*** Gärtner sein, gärtnern ◆ ***forbici da ~*** Gartenschere *f.*

giar|di|no m. Garten *m.*: ***~ all'italiana, all'inglese*** italienischer, englischer Garten; ***allestire un ~*** einen Garten an‿legen; ***un ristorante con ~*** ein Gartenrestaurant; FIG. ***l'Italia è il ~ d'Europa*** Italien ist der Garten Europas ◆ ***~ botanico*** botanischer Garten; ***città ~*** Gartenstadt *f.*; ***festa in ~*** Gartenfest *n.*, Gartenparty *f.*; ***~ d'infanzia*** Kindergarten *m.*; ***~ d'inverno*** Wintergarten *m.*; ***mobili da ~*** Gartenmöbel *pl.*; ***panca da ~*** Gartenbank *f.*; ***~ pensile*** hängender Garten; ***-i pubblici*** Stadtpark *m.*, öffentliche Gartenanlage *f.* (*o* Parkanlage *f.*); ***~ zoologico*** Tiergarten *m.*, zoologischer Garten *m.*

giar|ret|tie|ra f. Strumpfband *n.*; *(del reggicalze)* Strumpfhalter *m.*; *(da uomo)* Sockenhalter *m.* ◆ ***ordine della ~*** Hosenbandorden *m.*

Gia|so|ne n.pr.m. Jason *m.*

Gia|va n.pr.f. Java *n.* **gia|va|ne|se I** agg. javanisch **II** m. e f. Javaner *m.* (-in *f.*), Javanese *m.* (Javanesin *f.*) **III** m. Javanisch(e) *n.*

gia|vel|lot|ti|sta m. e f. *(-i,-e)* Speerwerfer *m.* (-in *f.*). **gia|vel|lot|to** m. Speer *m.*, Wurfspeer *m.* ◆ ***asta del ~*** Speerschaft *m.*; ***lancio del ~*** Speerwurf *m.*; *(disciplina sportiva)* Speerwerfen *n.*

gib|bo m. MED. Buckel *m.*

gib|bo|ne m. Gibbon *m.*, Lar *m.*

gib|bo|si|tà f. **1** Buck(e)ligkeit *f.* **2** *(di terreno)* Höcker *m.*, Buckel *m.* **gib|bo|so** agg. **1** bucklig: ***un naso ~*** eine bucklige Nase **2** *(di terreno)* höckerig, bucklig.

gi|ber|na f. Patronentasche *f.*

Gi|bil|ter|ra n.pr.f. Gibraltar *n.* ◆ ***Stretto di ~*** Straße von Gibraltar; ***la rocca di ~*** der Felsen von Gibraltar.

gi|bus m.inv. Klappzylinder *m.*, Chapeau claque *m.*

Gi|bu|ti n.pr.m. Dschibuti *n.*

gi|cleur [ʒi'kløʀ] m.inv. Düse *f.*, Vergaserdüse *f.*

gi|ga f. *(-ghe)* Gigue *f.*

gi|ga|by|te [-'bait] m.inv. Gigabyte *n.*

gi|gan|te I m. **1** Riese *m.*, Hüne *m.* **2** MITOL. Gigant *m.* **3** FIG. *(genio)* Riese *m.*, Titan *m.*, Größe *f.*: ***un ~ dello spirito*** eine Geistesgröße, ein Geistesriese **II** agg. Riesen-: ***confezione ~*** Riesenpackung *f.*; ***slalom ~*** Riesenslalom *m.*; ***stella ~*** Riesenstern *m.*◆ ***monti dei Giganti*** Riesengebirge *n.*; ***fare passi da ~*** Riesenschritte machen, riesige Fortschritte machen; ***a passi da ~*** mit Riesenschritten; ***~ dai piedi d'argilla*** Koloss auf tönernen Füßen.

gi|gan|teg|gia|re intr. *(giganteggio, giganteggi; aus. avere)* **1** empor‿ragen, überragen: ***il campanile giganteggia su tutti gli edifici*** der Kirchturm überragt alle Gebäude **2** FIG. *(eccellere)* ***~ su qcn.*** jdn überragen; ***~ su tutti gli avversari*** unter allen Gegnern hervorragen.

gi|gan|te|sco agg. *(-schi,-sche)* **1** Riesen-, Hünen-: ***avere una statura -a*** eine Riesengestalt (*o* Hünengestalt) haben **2** riesig, Riesen-, riesengroß, gigantisch: ***costruzione -a*** Riesenbau *m.* **3** riesig, Riesen-: ***sforzi -schi*** riesige Anstrengungen, Riesenanstrengungen. **gi|gan|tes|sa** f. Riesin *f.* **gi|gan|ti|smo** m. **1** MED. Riesenwuchs *m.*, Gigantismus *m.* **2** FIG. Gigantismus *m.* **gi|gan|to|gra|fi|a** f. Gigantographie *f.* **gi|gan|to|ma|chi|a** f. Gigantomachie *f.*

gi|ga|ro m. Aronstab *m.*

gi|gio|na|ta f. Großtuerei, Angeberei *f.*, Aufschneiderei *f.* **gi|gio|ne** m. **1** TEATR. Kulissenreißer *m.* **2** *(vanitoso)* Großtuer *m.*, Aufschneider *m.* **gi|gio|neg|gia|re** intr. *(gigioneggio, gigioneggi; aus. avere)* groß‿tun, auf‿schneiden. **gi|gio|ne|sca|men|te** avv. großtuerisch, aufschneiderisch, eitel. **gi|gio|ne|sco** agg. *(-schi, -sche)* großtuerisch, aufschneiderisch, eitel.

gi|glia|ce|e f.pl. Liliengewächse *pl.* **gi|glia|to** agg. Lilien-: ***stemma ~*** Lilienwappen *n.* **gi|glio** m. *(-gli)* Lilie *f.* ◆ ***bianco, candido come un ~*** lilienweiß; ***~ delle convalli*** Maiglöckchen *n.*; ***~ rosso, selvatico*** Feuerlilie *f.*

gi|go|lo [ʒigo'lo] m.inv. Gigolo *m.*

gi|had f.inv. Dschihad *m.*: ***la ~ islamica*** der islamische Dschihad.

Gil|ber|to n.pr.m. Gilbert *m.*

gil|da f. Gilde *f.*

gi|lè, gi|let [dʒi'lɛ] m.inv. Weste *f.*

gim|ca|na, gim|ka|na → **gincana.**

gim|no|sper|me f.pl. Gymnospermen *pl.*

gim|no|to m. Zitteraal *m.*

gin m.inv. Gin *m.*

gin|ca|na f. Gymkhana *n.*

gi|ne|ce|o m. **1a** STOR. Gynäkeion *n.*, Gynäzeum *n.* **b** SCHERZ. Damenklub *m.* **2** BOT. Gynäzeum *n.*

gi|ne|co|lo|gi|a f. Frauenheilkunde *f.*, Gynäkologie *f.* **gi|ne|co|lo|gi|ca|men|te** avv. gynäkologisch. **gi|ne|co|lo|gi|co** agg. *(-ci,-che)* Frauen-, gynäkologisch: ***clinica -ca*** Frauenklinik *f.*; ***malattia -ca*** Unterleibskrankheit *f.* **gi|ne|co|lo|go** m. *(-gi)* Frauenarzt *m.*, Gynäkologe *m.*

gi|ne|pra|io m. *(-ai)* **1** mit Wacholder bewachsenes Gelände *n.* **2** FIG. Wespennest *n.*: ***cacciarsi, ficcarsi in un (bel) ~*** in ein Wespennest stechen; ***togliersi da un ~*** sich aus einer Zwickmühle befreien. **gi|ne|pro** m. Wacholder *m.*: ***bacca di ~*** Wacholderbeere *f.*

gi|ne|stra f. Ginster *m.* **gi|ne|strel|la** f. Färberginster *m.* **gi|ne|stri|na** f. Wiesenhornklee *m.*; ***~ palustre*** Sumpfhornklee *m.*

Gi|ne|vra n.pr.f. Genf *n.* ◆ ***Convenzione di ~*** Genfer Konvention *f.*; ***lago di ~*** Genfer See *m.* **gi|ne|vri|no I** agg. Genfer, genferisch **II** m. Genfer *m.*

gin|ger m.inv. Ingwerlimonade *f.*

gin|gil|la|men|to m. Tändelei *f.*, Spielerei *f.* **gin|gil|lar|si** pronom. **1** tändeln, herum‿spielen **2** herum‿trödeln, vertrödeln: ***~ tutto il giorno invece di lavorare*** den ganzen Tag vertrödeln, anstatt zu arbeiten. **gin|gil|lo** m. **1** Nippsache *f.* **2** *(ciondolo)* Anhängsel *n.* **3** *(occupazione vana)* Tändelei *f.*, Spielerei *f.*

gin|na|re tr. egrenieren.

gin|na|sia|le I agg. gymnasial, Gymnasial-: ***studente, insegnante ~*** Gymnasialschüler *m.*, Gymnasiallehrer *m.* **II** m. e f. Gymnasiast *m.* (-in *f.*). **gin|na|sio** m. *(-si)* Gymnasium *n.*: ***frequentare il ~*** das Gymnasium besuchen; ***andare al ~*** aufs Gymnasium gehen.

gin|na|sta m. e f. *(-i,-e)* Turner *m.* (-in *f.*), Gymnastiker *m.* (-in *f.*). **gin|na|sti|ca** f. **1** Turnen *n.*, Gymnastik *f.*: ***fare ~*** turnen, Gymnastik treiben, machen; ***la ~ rafforza il corpo*** Turnen stärkt den Körper; ***~ svedese*** schwedische Gymnastik **2** SCOL. Schulsport *m.*, Sport *m.* ◆ ***~ artistica*** Kunstturnen *n.*; ***~ agli attrezzi*** Geräteturnen *n.*; ***calzoncini da ~*** Turnhose *f.*; ***~ correttiva*** Ausgleichsgymnastik *f.*; ***insegnante di ~*** Turnlehrer *m.*; ***~ a corpo libero*** Freiübungen *pl.*; ***maglietta da ~*** Turnhemd *n.*; ***~ medica*** Krankengymnastik *f.*, Heilgymnastik *f.*; FIG. ***~ mentale*** Denkübung *f.*; ***ora di ~*** Sportstunde *f.*, Turnstunde *f.*; ***~ preparto*** Schwangerschaftsgymnastik *f.*; ***~ respiratoria*** Atem-, Atmungsgymnastik *f.*; ***~ alla sbarra*** Reckturnen *n.*; ***scarpe da ~*** Sport-, Turnschuhe *pl.*; ***~ a terra*** Bodenturnen *n.*; ***tuta da ~*** Turnanzug *m.*, Sportanzug *m.*

gin|na|tri|ce f. Egreniermaschine *f.*

gin|ni|co agg. *(-ci,-che)* turnerisch, Turn-, gymnastisch: ***attrezzo ~*** Turngerät *n.*; ***esercizio ~*** Turnübung *f.*, gymnastische Übung.

gi|noc|chia|ta f. **1** Stoß *m.* mit dem Knie: ***dare una ~ a qcn.*** jdn mit dem Knie anstoßen **2** *(colpo al ginocchio)* Schlag *m.* aufs Knie. **gi|noc|chie|ra** f. **1** *(di protezione)* Knieschützer *m.*, Knieschöner *m.* **2** *(fasciatura)* ***~ elastica*** elastische Kniebandage *f.*

gi|noc|chio m. (*-chi* m.pl. e *-chia* f.pl.) **1** Knie *n.*: ***piegare, flettere il ~*** das Knie beugen, an‿winkeln; ***sbucciarsi le -chia*** sich (D) die Knie auf‿scheuern; ***l'acqua, la gonna le arriva al ~*** das Wasser, der Rock reicht ihr bis ans (*o* bis zum) Knie; FIG. ***mi tremano le -chia*** mir zittern (*o* schlottern) die Knie; ***i pantaloni sono consumati alle -chia*** die Hose ist an den Knien abgenutzt **2** MAR. (pl. *-chi*) Kimm *f.* **3** (pl. *-chi; del remo)* Riemenhals *m.* ◆ TECN. ***a ~*** Knie-, krumm; ***alto, lungo fino al ~*** kniehoch, knielang; ***gettarsi alle -chia di qcn.*** vor jdm nieder‿fallen; ***in ~*** in kniender Stellung, kniefällig; FIG. ***far venire il latte alle -chia*** = jdn an‿öden; MED. ***~ della lavandaia*** = Schleimbeutelentzündung *f.* (am Knie), Rheumaknie *n.*; FIG. ***mettere in ~ qcn.*** jdn auf (*o* in) die Knie zwingen; ***mettersi in ~*** auf das (*o* die) Knie fallen, in die Knie sinken; FIG. einen Kniefall machen; ***sentirsi piegare le -chia*** *(per debolezza fisica)* in die Knie brechen (*o* fallen), weiche Knie haben; *(per paura)* in den Knien weich werden; ***pregare qcn. in ~*** jdn auf Knien bitten; ***sopra al ~*** kniefrei; ***stare in ~*** knien, auf den Knien liegen; MED. ***~ valgo*** X-Bein *n.*; MED. ***~ varo*** O-Bein *n.* **gi|noc|chio|ni, *stare, mettersi ~*** knien, sich hin‿knien.

gin|seng m. Ginseng *m.*

Gio|ac|chi|no n.pr.m. Joachim *m.*

Giob|be n.pr.m. Hiob *m.* ◆ BIBL. ***il libro di ~*** das Buch Hiob; FIG. ***pazienza di ~*** Engelsgeduld *f.*

gio|ca|bi|le agg. spielbar: ***palla, pallone ~*** spielbarer Ball.
gio|ca|re I intr. (aus. *avere*) **1a** spielen: ***i bambini giocano in strada*** die Kinder spielen auf der Straße; ***~ a mosca cieca, con le bambole*** Blindekuh, mit Puppen spielen; ***~ a carte, al lotto, alla roulette*** Karten, Lotto, Roulette spielen; ***giochi (con noi)?*** spielst du mit (uns)? **b** SPORT ***~ come attaccante, da mezz'ala destra*** als Stürmer, halbrechts spielen; ***~ in, per una squadra*** in einer, für eine Mannschaft spielen; ***~ a tennis, a calcio*** Tennis, Fußball spielen; ***~ bene, male*** gut, schlecht spielen **c** *(disputare una partita)* ***~ contro qcn.*** gegen jdn spielen; ***oggi la squadra gioca in, fuori casa*** heute spielt die Mannschaft vor eigenem Publikum (*o* zu Hause), auswärts **d** FIG. ***il vento gioca con i rami*** der Wind spielt mit den Zweigen; ***~ con i sentimenti di qcn.*** mit jds Gefühlen spielen; ***~ con la propria vita*** mit seinem Leben spielen **2** *(puntare, scommettere)* spielen, setzen: ***~ forte, grosse somme, a soldi*** hoch spielen, hohe Summen setzen, um Geld spielen; ***~ ai cavalli*** auf Pferde setzen **3** *(giocherellare)* spielen, herum‿spielen: ***~ con la penna*** mit dem Stift spielen **4** FIG. *(agire)* mit‿spielen, eine Rolle spielen: ***in queste cose gioca molto la fortuna*** bei diesen Dingen spielt das Glück eine große Rolle **II** tr. **1** *(disputare)* spielen: ***~ una partita di tennis, a scacchi*** eine Partie Tennis, Schach spielen **2** *(nei giochi di carte)* spielen, aus‿spielen: ***~ una carta, un seme*** eine Karte, eine Farbe spielen **3** *(nel lotto)* ***~ un numero*** auf eine Zahl setzen **4** *(ingannare)* ***~ qcn.*** jdn betrügen **III** pronom. **giocarsi** verspielen: ***-rsi lo stipendio*** sein Gehalt verspielen; FIG. ***-rsi la reputazione*** seinen Ruf verspielen ◆ ***~ d'astuzia*** listig (*o* mit List) vor‿gehen, sich einer List bedienen; ***~ d'azzardo*** Glücksspiele spielen; FIG. Hasard spielen; ***~ in borsa*** an der Börse spekulieren; FIG. ***-rsi la camicia*** das letzte Hemd verspielen; FIG. ***~ tutte le proprie carte*** alle seine Karten aus‿spielen; ***qcs. gioca a favore di qcn.*** etw. arbeitet für jdn (*o* zugunsten von jdm), etw. wirkt sich zugunsten von jdm aus; FIG. ***~ con il fuoco*** mit dem Feuer spielen; ***a che gioco giochiamo?*** was wird denn hier gespielt? ***~ a carte scoperte*** mit offenen Karten spielen (anche FIG.); ***~ sporco*** mit gezinkten Karten spielen; ***~ un brutto tiro a qcn.*** jdm einen bösen Streich spielen.
gio|ca|ta f. **1** *(partita)* Spiel *n.*, Partie *f.* **2** *(puntata)* Einsatz *m.*: ***una ~ forte*** ein hoher Einsatz **3** *(nel lotto, totocalcio)* Tip *m.*
gio|ca|to|re m. **1** Spieler *m.* (anche SPORT): ***un ~ bravo, corretto*** ein guter, fairer Spieler; ***~ di calcio, di tennis*** Fußballspieler *m.*, Tennisspieler *m.* **2** *(d'azzardo)* Spieler *m.*, Glücksspieler *m.*: ***diventare un ~ accanito*** zum leidenschaftlichen (*o* ein leidenschaftlicher) Spieler werden.
gio|cat|to|la|io m. *(-ai)* **1** *(fabbricante)* Spielzeughersteller *m.* **2** *(venditore)* Spielzeugverkäufer *m.*
gio|cat|to|lo m. **1a** Spielzeug *n.*; pl. Spielsachen *pl.*, Spielzeug *n.*: ***~ in legno*** Holzspielzeug *n.*; ***riordinare i -i*** die Spielsachen weg‿räumen **2** *(articolo commerciale)* Spielwaren *pl.* **3** FIG. *(burattino)* Spielball *m.*: ***essere un ~ nelle mani di qcn.*** ein Spielball in jds Händen sein ◆ ***negozio di -i*** Spielwarengeschäft *n.*; ***pistola ~*** Spielzeugpistole *f.*
gio|che|rel|la|re intr. (aus. *avere*) **1** gelegentlich und zwanglos spielen: ***~ a carte, a pallone*** gelegentlich und zwanglos Karten, Fußball spielen **2** *(trastullarsi)* spielen, herum‿spielen: ***~ con la collana*** mit der Kette herumspielen. **gio|che|rel|lo|ne** m. ***essere un ~*** *(di bambino)* verspielt (*o* ein Spielkind) sein; *(di animale)* verspielt sein.
gio|chet|to m. **1** Mätzchen *n.*, Spielerei *f.*: ***per lui è un ~ da ragazzi*** für ihn ist es eine Spielerei **2** FIG. *(inganno)* Trick *m.*: ***basta con i -i!*** Schluss mit den Tricks!
gio|chic|chia|re intr. *(giochicchio, giochicchi*; aus. *avere)* gelegentlich und zwanglos spielen.
gio|co m. *(-chi)* **1** Spiel *n.* (anche FIG.): ***un ~ istruttivo, divertente*** ein lehrreiches, unterhaltsames Spiel; ***un ~ azzardato, leale*** ein gewagtes, faires Spiel; ***fare un ~*** ein Spiel machen, spielen; ***partecipare a un ~*** an einem Spiel teil‿nehmen **2a** SPORT Spiel *n.*: ***~ del tennis*** Tennisspiel *n.* **b** *(partita)* Spiel *n.*, Partie *f.*: ***l'arbitro può interrompere il ~*** der Schiedsrichter kann das Spiel unterbrechen **c** pl. *(manifestazione)* Spiele *pl.*: ***i -chi olimpici*** die Olympischen Spiele **3** *(d'azzardo)* Spiel *n.*, Glücksspiel *n.*: ***avere il vizio, la passione del ~*** dem Spiel verfallen (*o* ergeben) sein; ***perdere, vincere al ~*** im Glücksspiel verlieren, gewinnen **4** *(giocattolo)* Spielzeug *n.*: ***avere molti -chi*** viel Spielzeug haben **5** *(occorrente per giocare)* Spiel *n.*: ***il ~ non è più completo, mancano i dadi*** das Spiel ist nicht mehr vollständig, es fehlen die Würfel **6** FIG. *(combinazione di effetti)* Spiel *n.*: ***-chi d'acqua*** Wasserspiele *pl.*; ***~ di luci e ombre*** Licht- und Schattenspiele *pl.* **7** *(combinazione di carte)* Blatt *n.*: ***avere un buon ~ in mano*** ein gutes Blatt auf der Hand haben **8** *(puntata)* Einsatz *m.*: ***alzare, raddoppiare il ~*** den Einsatz erhöhen, verdoppeln **9** TECN. Spiel *n.*, Spielraum *m.*: ***la biella ha troppo ~*** der Pleuel hat zuviel Spiel ◆ ***~ d'azzardo*** Glückspiel *n.*, Hasardspiel *n.*; ***~ di borsa*** Börsenspekulation *f.*; ***avere buon ~*** leichtes Spiel haben; ***campo da ~*** Spielfeld *n.*; ***il ~ non vale la candela*** = das ist nicht der Mühe wert; ***carta da ~*** Spielkarte *f.*; ***casa da ~*** Spielkasino *n.*, Spielbank *f.*; ***compagno di -chi*** Spielgefährte *m.*, Spielkamerad *m.*; ***debito di ~*** Spielschuld *f.*; ***demone del ~*** Spielteufel *m.*; ***fare il doppio ~ con qcn.*** mit jdm doppeltes Spiel treiben; ***entrare in ~*** ins Spiel kommen; ***rimanere fuori dal ~*** aus dem Spiel bleiben; ***essere, rimanere in ~*** auf dem Spiel stehen; ***~ del lotto*** Lottospiel *n.*; ***mettere qcs. in ~*** etw. aufs Spiel setzen; ***~ di parole*** Wortspiel *n.*; ***passione del ~*** Spielleidenschaft *f.*; ***per ~*** *(non seriamente)* aus Spielerei, aus Spaß; ***come, quasi per ~*** *(con facilità)* wie im Spiel, spielend; ***perdere al ~*** verspielen, im Spiel verlieren; ***la posta in ~*** der Spieleinsatz; FIG. der Einsatz; ***prendersi ~ di qcn.*** sein Spiel mit jdm treiben; ***~ di prestigio*** Zaubertrick *m.*, Zauberkunststück *n.*, Zauberei *f.*; FIG. ***~ da ragazzi*** Spielerei *f.*; ***regole del ~*** Spielregeln *pl.*; ***sala (da) -chi*** Spielhalle *f.*; ***~ di società*** Gesellschaftsspiel *n.*; ***fare un ~ sporco*** mit gezinkten Karten spielen; ***~ di squadra*** Mannschaftsspiel *n.*; ***stanza dei -chi*** Spielzimmer *n.*; ***stare al ~*** mit‿spielen; ***tavolo da ~*** Spieltisch *m.*; ***~ da tavolo*** Brettspiel *n.*; ***far buon viso a cattivo ~*** gute Miene zum bösen Spiel machen; ***fate il vostro ~!*** machen Sie Ihr Spiel! PROV. ***un bel ~ dura poco*** das ist das Los des Schönen auf der Erde; ***sfortunato al ~, fortunato in amore*** Pech im Spiel, Glück in der Liebe; ***~ di mano, ~ da villano*** = nur ein Grobian wird handgreiflich.
gio|co|for|za, *essere ~* nötig (*o* unvermeidlich) sein: ***è ~ partire*** die Abreise ist unvermeidlich.
gio|co|lie|re m. **1** Jongleur *m.* **2** FIG. Genie *n.*, Jongleur *m.*: ***un ~ della finanza*** ein Finanzgenie.
gio|con|di|tà f. Heiterkeit *f.* **gio|con|do** agg. heiter, herzerfreuend: ***animo ~*** heiteres Gemüt. **gio|co|si|tà** f. Heiterkeit *f.*, Vergnügtheit *f.* **gio|co|so** agg. **1** heiter, vergnügt, fröhlich: ***temperamento ~*** vergnügtes Temperament; ***versi -i*** heitere Verse **2** scherzhaft: ***parole -e*** scherzhafte Wörter.
1.gio|ga|ia f. *(catena di gioghi montuosi)* Gebirgskette *f.*
2.gio|ga|ia f. ZOOL. Triel *m.*
gio|go m. *(-ghi)* **1** Joch *n.*: ***mettere, togliere il ~*** das Joch auf‿legen, ab‿nehmen; ***mettere i buoi al ~*** die Ochsen ins, unters Joch spannen **2** FIG. Knute *f.*, Joch *n.*: ***il ~ della tirannia, del lavoro*** das Joch der Tyrannei, der Arbeit; ***ribellarsi al ~*** sich gegen das Joch auf‿lehnen; ***scuotere il ~*** das Joch ab‿schütteln; ***essere, vivere sotto il ~ di qcn.*** unter jds Knute stehen, leben **3** TECN. *(della bilancia)* Waagebalken *m.* **4** *(valico)* Joch *n.*
1.gio|ia f. Freude *f.*: ***provare una gran ~*** große Freude verspüren; ***arrecare, procurare ~ a qcn.*** jdm (eine) Freude bereiten (*o* machen); ***le -e dell'amore*** die Freuden der Liebe ◆ ***che ~!*** welche Freude! ***con ~*** *(gioiosamente)* mit Freude; *(con piacere)* mit Freuden; ***nella ~ e nel dolore*** in Freud und Leid; ***-e e dolori*** Freud und Leid; LETT. ***ebbro di ~*** freudetrunken; ***essere fuori di sé dalla ~*** außer sich vor Freude sein; ***lacrime di ~*** Freudentränen *pl.*; ***darsi alla pazza ~*** sich ins Vergnügen stürzen; ***raggiante di ~*** freudestrahlend; ***fare salti di ~*** vor Freude an die Decke springen, Freudensprünge machen; ***~ di vivere*** Lebensfreude *f.*
2.gio|ia f. **1** Edelstein *m.*, Juwel *n.* e *m.*; pl. *(gioielli)* Schmuck *m.*, Juwelen *pl.* **2** VEZZ. Schatz *m.*, Schätzchen *n.*: ***non piangere, ~!*** weine nicht, Schatz!
gio|iel|le|ri|a f. **1** *(negozio)* Juwelierladen *m.* **2** *(assortimento di gioielli)* Juwelen *pl.*, Schmuckwaren *pl.* **3** *(arte)* Juwelierkunst *f.*, Goldschmiedekunst *f.* **gio|iel|lie|re** m. Juwelier *m.*, Schmuckwarenhändler *m.* **gio|iel|lo** m. **1** Juwel *n.* e *m.*, Schmuck *m.*: ***-i veri, falsi*** echter, falscher Schmuck; ***portare, indossare -i*** Juwelen tragen **2** FIG. Juwel *n.*: ***un ~ di figlio*** ein Juwel von einem Kind; ***un ~ dell'arte barocca*** ein Juwel der Barockkunst.
gio|io|sa|men|te avv. freudig, fröhlich: ***salutare qcn. ~*** jdn freudig begrüßen. **gio|io|si|tà** f. Fröhlichkeit *f.*, Frohsinn *m.* **gio|io|so** agg. fröhlich, freudig, frohsinnig: ***avere un animo ~*** ein fröhliches Gemüt besitzen; ***un avvenimento ~*** ein freudiges Ereignis. **gio|i|re** intr. *(gioisco, gioisci*; aus. *avere)* ***~ di qcs.*** Freude an etw. (A) haben, sich über etw. (A) freuen.
Gio|na n.pr.m. Jonas *m.* **Gio|na|ta** n.pr.m. Jonathan *m.*
Gior|da|nia n.pr.f. Jordanien *n.* **gior|da|no I** agg. jordanisch **II** m. Jordanier *m.* **Gior|da|no** n.pr.m. Jordan *m.*
gior|gi|na f. Georgine *f.*
Gior|gi|na n.pr.f. Georgine *f.* **Gior|gio** n.pr.m. Georg *m.*, Jörg *m.*
gior|na|lac|cio m. *(-ci)* Schandblatt *n.*, Schundheft *n.* **gior|na|la|**

io m. *(-ai)* Zeitungsverkäufer *m.*, Zeitungsmann *m.*; ***andare dal ~*** zum Zeitungskiosk gehen.

gior|na|le m. **1a** Zeitung *f.*: ***il ~ di oggi, di ieri*** die heutige Zeitung, die gestrige Zeitung (*o* die Zeitung von gestern); ***un ~ di destra, indipendente*** eine rechte, unabhängige (*o* überparteiliche) Zeitung; ***abbonarsi, disdire l'abbonamento a un ~*** eine Zeitung abonnieren, ab‿bestellen; ***andare a prendere il ~*** die Zeitung holen (gehen); ***leggere il, qcs. sul giornale*** die Zeitung, etw. in der Zeitung lesen; ***aprire, richiudere (ripiegare) il ~*** die Zeitung auf‿schlagen, zusammen‿falten; ***apprendere qcs. dal ~*** etw. aus der Zeitung erfahren; ***mettere un annuncio, un'inserzione sul giornale*** eine Anzeige (*o* Annonce), in die Zeitung setzen, ein Inserat auf‿geben; ***riportare una notizia sul ~*** eine Nachricht in der Zeitung bringen; ***è sul ~*** es steht in der Zeitung; ***recapitare i -i*** Zeitungen aus‿tragen; ***ricevere un ~*** eine Zeitung beziehen; ***dare una breve occhiata al, immergersi nella lettura del ~*** einen kurzen Blick in die Zeitung werfen, sich in die Zeitung vertiefen; ***scrivere per un ~*** für eine Zeitung schreiben **b** *(editrice di un giornale)* ***lavorare in un ~*** bei einer Zeitung arbeiten **2** *(notiziario)* Nachrichten *pl.* **3** *(diario, registro)* Journal *n.*, Buch *n.*, Tagebuch *n.* ◆ ***articolo di ~*** Zeitungsartikel *m.*; ***~ di bordo*** Logbuch *n.*, Schiffsjournal *n.*; ***carta di, da ~*** Zeitungspapier *n.*; ***chiosco dei ~*** Zeitungskiosk *m.*; ***~ di classe*** Klassenbuch *n.*; ***~ economico*** Wirtschaftszeitung *f.*; ***~ finanziario*** Börsenblatt *n.*; ***~ illustrato*** Illustrierte *f.*; ***~ locale*** Lokalblatt *n.*, Lokalzeitung *f.*; ***~ del mattino*** Morgenzeitung *f.*, Morgenblatt *n.*; ***~ di moda*** Modezeitung *f.*, Modejournal *n.*; ***~ murale*** Wandzeitung *f.*; ***notizia del ~*** Zeitungsnachricht *f.*, -meldung *f.*; ***~ quotidiano*** Tageszeitung *f.*; ***~ radio*** Rundfunknachrichten *pl.*, Radionachrichten *pl.*, Nachrichtensendung *f.*; ***ritaglio di ~*** Zeitungsausschnitt *m.*; ***~ scandalistico*** Boulevardblatt *n.* (-zeitung *f.*), Revolverblatt *n.*; ***~ scolastico*** Schülerzeitung *f.*; ***~ della sera*** Abendzeitung *f.*, Abendblatt *n.*; ***~ specializzato*** Fachzeitung *f.*; ***~ sportivo*** Sportzeitung *f.*; ***~ umoristico*** Witzblatt *n.*

gior|na|le|se m. COLLOQ. journalistischer Jargon *m.*

gior|na|let|to m. COLLOQ. Comicheft *n.*, Heftchen *n.*

gior|na|lie|ro I agg. **1** täglich, alltäglich: ***il lavoro ~*** die tägliche Arbeit **2** *(di un giorno)* Tage-, Tages-: ***paga -a*** Tagelohn *m.*; ***fabbisogno, consumo ~*** Tagesbedarf *m.*, Tagesverbrauch *m.* **II** m. **1** *(lavoratore)* Tagelöhner *m.* **2** *(biglietto di viaggio, d'entrata)* Tageskarte *f.*

gior|na|li|no m. **1** *(giornaletto)* Comicheft *n.* **2** *(giornale a diffusione interna)* (kleine) Zeitung *f.*; *(di scuola)* Schülerzeitung *f.*

gior|na|li|smo m. **1** Journalismus *m.*, Zeitungswesen *n.*, Pressewesen *n.* **2** *(professione)* Journalismus *m.*: ***darsi al ~*** sich dem Journalismus widmen **3** *(materia di studio)* Journalistik *f.* **gior|na|li|sta** m. e f. *(-i,-e)* Journalist *m.* (-in *f.*): ***~ radiofonico, televisivo*** Rundfunk-, Fernsehjournalist *m.* **gior|na|li|sti|co** agg. *(-ci,-che)* journalistisch, Zeitungs-, Journalisten-: ***linguaggio, stile ~*** journalistische Sprache, journalistischer Stil; ***servizio ~*** Reportage *f.*

gior|nal|men|te avv. täglich, jeden Tag, alle Tage.

gior|na|luc|cio m. *(-ci)* Käseblatt *n.*

gior|na|ta f. **1** Tag *m.*: ***una ~ di sole, nebbiosa*** ein sonniger, nebliger Tag; ***le -e si accorciano*** die Tage werden kürzer, nehmen ab; ***(per) l'intera, tutta la ~*** den ganzen Tag; ***in, nella, entro la ~*** im Lauf des Tages; FIG. ***oggi è la mia (grande) ~*** heute ist mein (großer) Tag; ***una ~ libera*** ein freier Tag **2** *(paga)* Tagelohn *m.* **3** *(distanza)* Tagereise *f.*, Tages-: ***il villaggio si trova a due -e di distanza*** das Dorf liegt zwei Tagereisen entfernt; ***a due -e (di marcia)*** zwei Tagesmärsche entfernt **4** *(festa)* Ehrentag *m.*, Tag *m.*: ***la ~ dell'anziano*** der Tag der Alten **5** SPORT Spieltag *m.*, Runde *f.* **6** *(giorno di ribellione)* ***le quattro -e di Napoli*** die vier Tage (des Aufstands) von Neapel **7** STOR. *(misura di superficie)* Tagewerk *n.* ◆ ***lavorare a ~*** im Tagelohn arbeiten, tagelöhnern; ***lavoratore a ~*** Tagelöhner *m.*; ***andare a -e*** = launenhaft sein; ***~ campale*** Großkampftag *m.*; ***~ commemorativa*** Gedenktag *m.*; ***~ festiva*** Feiertag *m.*, Festtag *m.*; ***essere in ~*** einen guten Tag haben; ***non essere in ~*** einen schlechten Tag haben; ***~ lavorativa*** Arbeitstag *m.*; ***~ di marcia*** Tagesmarsch *m.*; ***a mezza ~*** halbtags; ***lavoro a mezza ~*** Halbtagsarbeit *f.*; ***una ~ nera*** ein schwarzer Tag; ***pianificazione della ~*** Tageseinteilung *f.*; ***~ tipo*** typischer Tagesablauf; ***uova di ~*** frische Eier (des Tages); ***vivere alla ~*** in den Tag hinein leben.

gior|na|tac|cia f. *(-ce)* **1** mieses Wetter *n.* **2** *(giornata nera)* schwarzer Tag *m.*

gior|no m. **1a** Tag *m.*: ***che ~ è oggi?*** *(della settimana)* was für ein Tag ist heute? *(del mese)* den Wievielten haben wir heute? ***i sette -i della settimana*** die sieben Tage der Woche; ***il ~ più lungo, più corto dell'anno*** der längste, kürzeste Tag des Jahres; ***il ~ volge al termine*** der Tag neigt sich, geht zu Ende; ***ogni due -i*** alle zwei Tage; ***due volte al ~*** zweimal am Tag; ***il ~ del, dopo il, prima del suo arrivo*** am Tag seiner, nach, vor seiner Ankunft; ***due -i fa*** vor zwei Tagen; ***un (bel) ~*** eines (schönen) Tag(e)s; ***di qui a otto -i, otto -i a oggi*** heute in, vor acht Tagen; ***fra, tra dieci -i*** in zehn Tagen, heute über zehn Tage; ***quel ~*** an jenem Tag; ***da quel ~ nessuno l'ha visto*** seitdem hat ihn niemand mehr gesehen; ***nei prossimi -i*** in den nächsten Tagen; ***di ~ in ~*** von Tag zu Tag; ***da un ~ all'altro*** von einem Tag auf den anderen **b** *(periodo di luce)* ***spunta il ~*** der Tag bricht an; ***si fa, è ancora ~*** es wird, es ist noch Tag; ***di ~*** am Tage, des Tages; ***è ~ fatto*** es ist heller Tag; ***a ~ inoltrato*** spät am Tag(e); ***fino a ~ inoltrato*** bis in den Tag hinein **2** *(ricorrenza)* Tag *m.*, Jahrestag *m.*: ***il ~ dei morti*** der Allerseelentag; ***il ~ della mamma, del papà*** Mutter-, Vatertag *m.* ◆ ***a ~***: ***tornare a -i*** in Kürze, bald zurück‿kehren; ***illuminazione a ~*** taghelle Beleuchtung; ***ricamo a ~*** Lochstickerei *f.*; ***orlo a ~*** Hohlsaum *m.*; ***montatura, cornice a ~*** Wechselrahmen *m.*; MIN. ***coltivazione a ~*** Tagebau *m.*; ***una volta al ~*** einmal täglich; ***l'altro ~*** neulich; ***un ~ come gli altri*** ein Tag wie alle anderen; ***argomento del ~*** Thema *n.* des Tages (*o* Tagesthema *n.*); ***buon ~*** → **buongiorno**; ***non capita tutti i -i*** das geschieht (*o* passiert) nicht alle Tage; ***~ di consegna*** Liefertag *m.*; ***qcn., qcs. ha i -i contati*** jds Tage, die Tage von etw. sind gezählt; ***crema da ~*** Tagescreme *f.*; ***l'uomo, la donna, il film del ~*** der Mann, die Frau, der Film des Tages; ***il ~ dopo*** am Tag darauf (*o* tags darauf, am folgenden Tag); ***durante il ~*** den Tag über, unter Tags (*o* tags, tagsüber); ***sul far del ~*** bei Tagesanbruch; ***fatto del ~*** Tagesereignis *n.*, Tagesgeschehen *n.*; ***~ feriale*** Werktag *m.*, Wochentag *m.*; ***~ festivo*** Feiertag *m.*; ***finire i propri -i*** seine Tage beschließen; ***gita di un ~*** Tagesfahrt *f.*, Tagestour *f.*; ***il ~ del Giudizio*** der Jüngste Tag; ***oggi è il gran ~*** heute ist der große Tag; ***~ lavorativo*** Arbeitstag *m.*; ***alla luce del ~*** bei Tageslicht; ***verranno -i migliori*** es kommen auch wieder bessere Tage; ***minestra del ~*** Tagessuppe *f.*; ***ai nostri -i*** zu unserer Zeit; ***lavorare ~ e notte*** Tag und Nacht arbeiten; ***fare della notte (il) ~*** die Nacht zum Tage machen; ***ce ne corre, ce ne passa quanto dal ~ alla notte*** es ist ein Unterschied wie Tag und Nacht; ***al ~ d'oggi*** heutzutage; ***ordine del ~*** Tagesordnung *f.*; ***mettere qcs. all'ordine del ~*** etw. auf die Tagesordnung setzen; ***togliere qcs. dall'ordine del ~*** etw. von der Tagesordnung ab‿setzen; ***passare all'ordine del ~*** zur Tagesordnung übergehen; ***essere all'ordine del ~*** an der Tagesordnung sein; ***~ per ~*** Tag für Tag; ***per -i e -i*** tagelang; ***piatto del ~*** Tagesgericht *n.*; ***in pieno ~*** am helllichten Tag; ***il ~ prima*** am Tag vorher (*o* tags zuvor); ***è questione di -i*** es geht um wenige Tage; ***tutto il santo ~*** den lieben langen Tag (lang); ***il ~ del Signore*** der Tag des Herrn; ***turno di ~*** Tagschicht *f.*; ***tutti i -i*** tagaus, tagein; ***di tutti i -i*** alltäglich, Alltags-; ***uno di questi -i*** letztens, an einem dieser Tage, in diesen Tagen; ***una volta al ~*** einmal pro Tag; PROV. ***non tutti i -i è domenica*** alle Tage ist kein Sonntag.

gio|stra f. **1a** Karussell *n.*: ***andare in, sulla ~*** Karussell fahren **b** pl. COLLOQ. ***portare i bambini alle -e*** die Kinder auf den Rummelplatz bringen **2** STOR. Tjost *f.*

gio|stra|re I intr. (aus. *avere*) **1** sich durch‿winden, sich durch‿lavieren: ***~ tra le difficoltà*** sich durch Schwierigkeiten durchwinden **2** STOR. tjostieren, turnieren **II** tr. dirigieren **III** pronom. **giostrarsi** sich durch‿winden, sich durch‿lavieren: ***-rsi tra le difficoltà*** sich durch Schwierigkeiten durchwinden.

Gio|suè n.pr.m. Josua *m.*

giot|te|sco I agg. *(-schi,-sche)* von Giotto, Giottos **II** m. *(-schi)* Schüler *m.* Giottos.

gio|va|men|to m. **1** Nutzen *m.*, Vorteil *m.*: ***essere di grande, nessun ~ per qcn.*** jdm von großem, keinem Nutzen sein; ***recare scarso ~*** wenig Nutzen bringen, ab‿werfen; ***ricavare, trarre ~ da qcs.*** von etw. Nutzen haben, aus etw. Nutzen ziehen **2** *(di terapia)* Besserung *f.*

gio|va|ne I agg. **1** jung: ***non essere più tanto, essere ancora ~*** nicht mehr ganz jung sein, noch jung an Jahren sein; ***in ~ età*** in jungen Jahren; ***Schiller ~, il ~ Schiller*** der junge Schiller; ***Plinio il Giovane*** Plinius der Jüngere **2** *(giovanile)* jung, jugendlich: ***un aspetto, viso ~*** ein junges Aussehen, Gesicht **3** *(adatto ai giovani)* jung: ***moda ~*** junge Mode **4** *(di recente formazione)* jung, neugeboren: ***uno stato ~*** ein junger Staat **5** *(novello)* jung, frisch: ***un vino ~*** ein junger Wein **II** avv. ***vestire ~*** jugendlich gekleidet sein **III** m. **1** junger Mann *m.*, Junge *m.*: ***da ~*** als er jung war **2** pl. Jugendliche *pl.*, junge Leute *pl.* ◆ ***la Giovane Germania*** das Junge Deutschland; ***largo ai -i!*** freie Bahn der Jugend!

gio|va|net|to m. → **giovinetto.**

gio|va|ni|le agg. jugendlich, Jugend-: ***entusiasmo ~*** jugendliche Begeisterung; ***un abito ~*** ein jugendliches Kleid; ***gruppo, organizzazione ~*** Jugendgruppe *f.*, Jugendorganisation *f.*; ***disoccupazione ~***

Jugendarbeitslosigkeit *f.*; ***amore*** ~ Jugendliebe *f.*; ***gergo*** ~ Jugendsprache *f.*; ***opera*** ~ Jugendwerk *n.*
gio|va|ni|li|smo m. Streben *n.* nach Jugendlichkeit, Kult *m.* der Jugendlichkeit. **gio|va|ni|li|sti|co** agg. *(-ci,-che)* gezwungen jugendlich: ***atteggiamento*** ~ gezwungen (*o* krampfhaft) jugendliches Verhalten. **gio|va|nil|men|te** avv. jugendlich.
Gio|van|na n.pr.f. Johanna *f.*, Johanne *f.* **gio|van|ne|o** agg. johanneisch: ***spirito*** ~ johanneischer Geist. **Gio|van|ni** n.pr.m. Johannes *m.*, Johann *m.* ◆ ~ ***il Battista*** Johannes der Täufer; ***fuoco di San*** ~ Johannisfeuer *n.*; ***giorno di San*** ~ Johannistag *m.*; ~ ***Paolo II*** Johannes Paul II.; ***Vangelo di*** ~ Johannesevangelium *n.* **Gio|van|ni|na** n.pr.f. Hanna *f.* **Gio|van|ni|no** n.pr.m. Hans *m.*
gio|va|not|tel|lo m. Junge *m.* **gio|va|not|to** m. junger Mann *m.*, Junge *m.* **gio|va|not|to|ne** m. kräftiger junger Mann *m.*
gio|va|re I intr. (aus. *essere, avere*) **1** nützen, helfen: ***a chi giova?*** wem nützt das? ***la vacanza mi ha giovato*** der Urlaub hat mir genützt; ***questa medicina giova contro il mal di testa*** dieses Medikament hilft bei, gegen Kopfschmerzen **2** *(servire)* fruchten: ***i tuoi tentativi non sono giovati a nulla*** deine Versuche haben nichts gefruchtet **II** pronom. ***giovarsi di qcs.*** sich (D) etw. zunutze machen: ***-rsi dell'aiuto di qcn., del proprio prestigio*** sich jds Hilfe, sein Ansehen zunutze machen.
Gio|ve n.pr.m. Jupiter *m.* (anche ASTR.) ◆ ***per*** ~***!*** Donnerkeil!
gio|ve|dì m.inv. Donnerstag *m.*: ***un*** ~ eines Donnerstags; ***ogni*** ~ jeden Donnerstag ◆ ***di, il*** ~ donnerstags; ~ ***grasso*** Altweiberfastnacht *f.*; ~ ***santo*** Gründonnerstag *m.*
Gio|ve|na|le n.pr.m. Juvenal *m.*
gio|ven|ca f. *(-che)* Färse *f.*, Kalbe *f.*
gio|ven|tù f. **1** Jugend *f.*, Jugendzeit *f.*: ***essere nel fiore della*** ~ in der Blüte der Jugend sein **2** *(giovani)* Jugend *f.*, Jugendlichen *pl.*: ***la*** ~ ***di oggi*** die heutige Jugend, die Jugend von heute; ~ ***ribelle*** rebellische Jugend ◆ ***di*** ~ Jugend-: ***amico, amore di*** ~ Jugendfreund *m.*, Jugendliebe *f.*; ***peccato, ricordo di*** ~ Jugendsünde *f.*, Jugenderinnerung *f.*; ***in*** ~ in seiner Jugend; ***ostello della*** ~ Jugendherberge *f.*
gio|ve|vo|le agg. nützlich, förderlich; *(salutare)* heilsam.
gio|via|le agg. liebenswürdig, leutselig, jovial. **gio|via|li|tà** f. Liebenswürdigkeit *f.*, Leutseligkeit *f.*, Jovialität *f.* **gio|via|lo|ne** m. leutseliger Mensch *m.*
gio|via|no agg. Jupiter-: ***le lune -e*** die Jupitermonde, die Monde Jupiters.
gio|vi|na|stro m. Flegel *m.*, Lümmel *m.* **gio|vin|cel|lo** m. Jüngling *m.*
gio|vi|net|to I agg. jung, jugendlich **II** m. **1** Jugendliche *m.* **2** pl. Jugendlichen *pl.* **3** *(nella marina mercantile)* Schiffsjunge *m.*
gio|vi|nez|za f. **1** Jugend *f.*, Jugendzeit *f.*, Jugendalter *n.*: ***la prima*** ~ die frühe Jugend; ***gli anni della*** ~ die Jugendjahre, das Jugendalter **2** *(giovane età)* Jugendlichkeit *f.*: FIG. ***la*** ~ ***di una nazione*** die Frühzeit einer Nation ◆ ***l'eterna*** ~ die ewige Jugend; ***vivere una seconda*** ~ den zweiten Frühling erleben.
gip|po|ne m. COLLOQ. = großer Geländewagen *m.*
gip|so|te|ca f. *(-che)* Gipsfigurensammlung *f.*
gi|ra|bi|le agg. indossabel, übertragbar.
gi|ra|di|schi m.inv. Plattenspieler *m.*
gi|ra|di|to m. Fingerwurm *m.*
gi|raf|fa f. **1** ZOOL. Giraffe *f.* **2** TELEV. CINEM. Mikrophongalgen *m.*, Galgen *m.*
gi|ra|ma|schio m. *(-schi)* MECC. Windeisen *n.*
gi|ra|men|to m. **1** *(capogiro)* ~ ***(di testa, di capo)*** Schwindel *m.*, Schwindelanfall *m.*: ***ho avuto un lieve*** ~ ein leichter Schwindel überkam mich **2** COLLOQ. ~ ***di scatole*** Nerverei *f.*
gi|ra|mon|do m. e f.inv. Weltenbummler *m.* (-in *f.*).
gi|ran|do|la f. **1** *(banderuola)* Wetterfahne *f.* **2** *(fuoco artificiale)* Feuerrad *n.* **3** *(giocattolo)* Windrädchen *n.* **4** FIG. *(persona volubile)* Wetterfahne *f.* **5** *(carosello)* Wirbel *m.*: ***una*** ~ ***di eventi*** ein Wirbel von Ereignissen.
gi|ran|do|la|re intr. *(girandolo)* herum‿bummeln, herum‿schlendern. **gi|ran|do|lo|ne** m. → **girellone.**
gi|ran|te I m. Girant *m.*, Indossant *m.* **II** f. MECC. Laufrad *n.*
gi|ra|re I tr. **1** drehen: ~ ***una manovella*** eine Kurbel drehen; ~ ***la chiave nella serratura*** den Schlüssel im Schloss drehen (*o* um‿drehen); ~ ***l'interruttore verso destra, sinistra*** den Schalter nach rechts, links drehen **2a** *(voltare)* wenden, um‿drehen, drehen: ~ ***la testa*** den Kopf drehen (*o* wenden); ~ ***l'arrosto*** den Braten wenden; GIOC. ~ ***una carta*** eine Karte umdrehen; ~ ***l'auto*** das Auto wenden **b** FIG. *(volgere)* verdrehen: ~ ***le cose a proprio favore*** die Dinge zu seinem Vorteil verdrehen **3** CINEM. drehen (anche assol.): ~ ***un film*** einen Film drehen **4** *(evitare, scansare)* umgehen, umfahren: ~ ***una difficoltà, un ostacolo*** eine Schwierigkeit, ein Hindernis umgehen **5** *(attorniare)* ~ ***qcs.*** um etw. herum‿laufen, um etw. laufen: ***la cancellata gira tutta la casa*** das Gitter läuft um das ganze Haus herum **6** *(visitare)* ~ ***qcs.*** in etw. (D) herum‿gehen, herum‿fahren: ~ ***la città*** in der Stadt herumgehen **7** *(circumnavigare)* umschiffen, umsegeln: ~ ***l'isola*** die Insel umschiffen **8** *(visitare uno dopo l'altro)* ab‿laufen, COLLOQ. ab‿klappern: ~ ***tutti i negozi alla ricerca di qcs.*** sämtliche Geschäfte nach etw. (D) ablaufen; ~ ***tre o quattro locali*** drei oder vier Lokale abklappern **9** *(trasferire, passare)* weiter‿geben, weiter‿leiten: ~ ***la pratica a un altro ufficio*** die Akte an ein anderes Büro weiterleiten; ~ ***la domanda a qcn.*** die Frage an jdn weitergeben **10** BANC. girieren, übertragen, indossieren: ~ ***un assegno*** einen Scheck girieren **11** *(mescolare)* um‿rühren, rühren: ~ ***la minestra*** die Suppe umrühren **II** intr. (aus. *essere, avere*) **1** sich drehen, kreisen: ***le ruote girano*** die Räder drehen sich; ***la terra gira*** die Erde dreht sich; ***i pianeti girano intorno al sole*** die Planeten drehen sich um die Sonne (*o* umkreisen die Sonne) **2a** *(svoltare)* biegen, ab‿biegen: ~ ***a sinistra, destra*** nach links, rechts abbiegen **b** *(piegare)* ***il sentiero gira verso est*** der Pfad biegt nach Osten ab **3** *(cambiare direzione)* drehen, um‿springen: ***il vento è girato*** der Wind hat gedreht **4** *(di motore, programma per computer: funzionare)* laufen **5** *(andare in giro)* unterwegs sein: ***ho girato tutto il giorno (per la città)*** ich war den ganzen Tag (in der Stadt) unterwegs **6a** *(circolare)* um‿gehen, um‿laufen: ***gira una voce*** ein Gerücht geht um; ***gira (la) voce che...*** es läuft, geht das Gerücht um, dass... **b** *(di denaro)* in (*o* im) Umlauf sein: ***qui gira denaro falso*** hier ist falsches Geld in Umlauf **7a** *(girovagare qua e là)* schlendern, umher‿laufen, herum‿laufen; *(con un veicolo)* umher‿fahren, herum‿fahren: ~ ***per la città*** in der Stadt herumlaufen (*o* herumgehen); ***abbiamo girato per il museo*** wir sind durch das Museum geschlendert **b** *(da un luogo a un altro)* ~ ***per discoteche*** von Diskothek zu Diskothek ziehen **8** COLLOQ. *(venire in mente)* ein‿fallen: ***che cosa ti gira?*** was fällt dir ein? **9** COLLOQ. *(volere, gradire)* passen: ***se mi gira*** wenn mir danach ist; ***dipende da come gli gira*** es kommt drauf an, wie es ihm gerade einfällt **10** COLLOQ. *(avere buon esito, andare bene)* gut gehen, laufen: ***se le cose girano...*** wenn es (*o* alles) gut läuft... **III** pronom. **girarsi** sich drehen, sich um‿drehen; *(voltarsi)* sich wenden, sich um‿wenden: ***-rsi su un fianco*** sich seitwärts drehen; ***-rsi verso qcn., qcs.*** sich nach jdm, etw. umdrehen (*o* umwenden); ***-rsi (e rigirarsi) nel letto*** sich im Bett herum‿drehen (*o* herum‿wälzen) ◆ ~ ***l'angolo*** um die Ecke biegen (*o* herum‿kommen); ***ciac, si gira!*** Klappe! ***far*** ~ um‿drehen; *(far circolare)* herum‿geben, weiter‿geben; ~ ***la frase*** den Satz um‿stellen; ~ ***intorno a qcs.*** etw. umgehen, um etw. herum‿laufen, herum‿führen: ***la strada gira intorno alla città*** die Straße führt um die Stadt herum; ***la cancellata gira intorno alla casa*** das Gitter läuft um das Haus herum; FIG. ~ ***intorno a un argomento*** um ein Thema kreisen (*o* herum‿reden); *(fare la corte)* ~ ***intorno a una ragazza*** ein Mädchen umwerben; ~ ***al largo da qcn., qcs.*** um jdn, etw. einen Bogen machen; ***gira al largo!*** mach, dass du weiterkommst! ~ ***il mondo*** in der Welt herum‿fahren; ~ ***mezzo mondo*** die halbe Welt bereisen; ~ ***le pagine*** (die Seiten) um‿blättern; FIG. ~ ***pagina*** von vorne an‿fangen; SPORT ~ ***la palla a qcn.*** jdm den Ball weiter‿geben; FIG. ***non so da che parte girarmi*** ich weiß nicht, wo mir der Kopf steht; ***gira e rigira*** schließlich und endlich (*o* letztendlich); ***far*** ~ ***le scatole a qcn.*** jdm auf die Nerven (*o* auf den Wecker) gehen; ***mi girano le scatole*** ich habe die Nase voll; ~ ***sui tacchi*** auf dem Absatz kehrt‿machen; ~ ***una telefonata a qcn.*** ein Telefongespräch zu jdm um‿legen; ***mi gira la testa*** mir dreht sich alles, mir wird schwindlig; ***mi girano mille pensieri in, nella testa*** tausend Gedanken schwirren mir im Kopf (herum); FIG. ***far*** ~ ***la testa a qcn.*** jdm den Kopf verdrehen; ~ ***in tondo*** sich im Kreis drehen; ~ ***a vuoto*** leer laufen; FIG. sich im Kreis drehen.
gi|rar|ro|sto m. (elektrischer) Bratspieß *m.*
gi|ra|so|le m. Sonnenblume *f.*; ***olio di (semi di)*** ~ Sonnenblumenöl *n.*
gi|ra|ta f. **1** Drehen *n.*, Drehung *f.* **2** COLLOQ. *(passeggiata, giro)* Spaziergang *m.*, Bummel *m.*: ***fare una*** ~ ***in città*** einen Bummel durch die Stadt machen **3** BANC. Giro *n.*, Indossament *n.*: ~ ***in bianco*** offenes Giro; ~ ***in pieno,*** ~ ***piena*** ausgefülltes Giro **4** GIOC. *(distribuzione delle carte)* Geben *n.* **gi|ra|ta|rio** m. *(-ri)* Girat(ar) *m.*, Indossat(ar) *m.* **gi|ra|to** p.pass. agg. **1** → **girare 2** BANC. ***assegno*** ~ girierter (*o* indossierter) Scheck.
gi|ra|vi|te m.inv. Schraubendreher *m.*
gi|ra|vol|ta f. **1** *(rotazione)* Drehung *f.* **2** *(capriola)* Purzelbaum *m.*: ***fare una*** ~ einen Purzelbaum machen, schlagen **3** *(serpentina)* Kurve *f.*: ***una strada piena di -e*** ein kurvenreicher Weg **4** FIG. *(voltafaccia)* Gesinnungswandel *m.*, Umfall *m.*

gi|re ANT. → **ire.**
gi|rel|la f. Rolle *f.*
gi|rel|la|re intr. (aus. *avere*) → **gironzolare.**
gi|rel|lo m. **1** *(per bambini)* Laufstuhl *m.* **2** *(taglio di carne)* Hinterhachse *f.*
gi|rel|lo|ne m. Bummler *m.*, Schlenderer *m.* **gi|ret|to** m. kleiner Spaziergang *m.*; *(viaggetto)* (kurze) Rundreise *f.*, (kurze) Reise *f.*
gi|re|vo|le agg. drehbar, Dreh-: ***poltrona ~*** drehbarer Sessel, Drehsessel *m.*; ***ponte ~*** Drehbrücke *f.*; ***palcoscenico ~*** Drehbühne *f.*
gi|ri|fal|co m. *(-chi)* Gerfalke *m.*
gi|ri|no m. Kaulquappe *f.*, Quappe *f.*
gi|ro m. **1** *(movimento rotatorio)* Drehen *n.*, Drehung *f.*; *(rotazione)* Umdrehung *f.*: ***fare un mezzo ~, un ~ completo (su se stessi)*** eine halbe Drehung, eine Drehung um sich selbst machen; ***i -i di un'elica*** die Umdrehungen eines Propellers; ***la lancetta compie il ~ in un minuto*** der Zeiger dreht sich in einer Minute um sich selbst **2a** *(percorso circolare)* Umlauf *m.*; ***fare il ~ della piazza*** um den Platz herum‿laufen, den Platz umlaufen; *(con un mezzo)* um den Platz herum‿fahren, den Platz umfahren **b** ASTR. Umkreisung *f.*, Umlauf *m.*: ***il ~ della terra intorno al sole*** der Umlauf der Erde um die Sonne; ***compiere il ~ intorno al sole in 365 giorni*** die Sonne in 365 Tagen umkreisen (*o* umlaufen) **3** *(per scopi determinati)* Runde *f.*: ***il postino fa il suo ~*** der Briefträger macht (*o* geht) seine Runde; ***fare il ~ dei pazienti, dei clienti*** die Runde bei seinen Patienten, bei den Kunden machen **4** *(passeggiata)* Spaziergang *m.*; *(con un veicolo)* Runde *f.*, Spazierfahrt *f.*: ***fare un ~ in macchina, in bicicletta*** eine Runde im (*o* mit dem) Auto, mit dem Rad drehen; ***fare un ~ in città*** einen Spaziergang durch die Stadt machen; ***~ in aereo*** Rundflug *m.* **5a** *(turistico)* Rundfahrt *f.*, Rundreise *f.*: ***fare un ~ per l'Italia*** eine Rundreise durch Italien machen; ***~ della città*** Stadtrundfahrt *f.* **b** *(visita di un luogo, di un edificio...)* Rundgang *m.*; *(con un mezzo)* Rundfahrt *f.*: ***fare un ~ nel museo*** einen Rundgang durch das Museum machen **c** *(gita)* Tour *f.*, Fahrt *f.*: ***un ~ in campagna, in montagna*** eine Fahrt aufs Land, in die Berge **6** *(deviazione)* Umweg *m.*: ***dover fare un lungo ~*** einen großen Umweg machen müssen **7** *(cerchio, perimetro)* Umfang *m.*, Ring *m.*: ***il ~ delle mura*** der Mauerring **8** *(regime del motore)* Umdrehung *f.*, Tour *f.*: ***il motore fa 4000 -i al minuto*** der Motor macht 4000 Umdrehungen in der Minute; ***a pieni -i*** auf vollen Touren; ***ad alto, a basso numero di -i*** hoch-, niedertourig **9a** *(corsa)* Runde *f.*: ***un ~ sulla giostra*** eine Runde auf dem Karussell; ***un ~ di valzer*** eine Runde Walzer **b** GIOC. *(giocata)* ***fare un ~ a poker*** eine Runde Poker spielen **c** SPORT *(di pista)* ***correre il ~ più veloce*** die schnellste Runde rennen **d** COLLOQ. *(di bevute)* ***offrire un ~*** eine Runde aus‿geben **10a** SPORT *(gara ciclistica)* Rundstrecke *f.* **b** *(d'Italia)* ***il Giro*** der Giro *m.*: ***vincere il ~*** den Giro gewinnen **11** *(d'affari)* Umsatz *m.*: ***avere un ~ di miliardi*** einen Milliardenumsatz haben **12** *(nei lavori a maglia)* Reihe *f.*: ***lavorare tre -i a rovescio*** drei Reihen links stricken **13** SART. *(giro manica)* Ärmelausschnitt *m.*: ***essere largo, stretto di ~*** einen weiten, engen Ärmelausschnitt haben **14a** *(cerchia, ambiente)* Runde *f.*, Kreis *m.*: ***introdurre (far entrare) qcn. nel proprio ~*** jdn in seine Runde auf‿nehmen; ***essere del ~*** zum Kreis gehören; ***essere escluso dal ~*** von der Runde ausgeschlossen sein; ***~ di amicizie, di clienti*** Freundes-, Kundenkreis *m.* **b** *(losco)* Gesellschaft *f.*: ***finire in un brutto ~*** in schlechte Gesellschaft geraten **c** *(organizzazione criminosa)* Ring *m.*: ***un ~ di prostituzione, di trafficanti di droga*** ein Prostituiertenring, ein Ring von Rauschgifthändlern ◆ ***~ d'affari*** Umsatz *m.*; ***andare in ~*** herum‿gehen (*o* umher‿gehen), herum‿laufen (*o* umher‿laufen); *(con un mezzo)* herum‿fahren (*o* umher‿fahren); *(senza meta)* herum‿bummeln; ***angolo ~*** Vollwinkel *m.*; SPORT ***~ di boa*** Wende an der Boje; FIG. Wendepunkt *m.*; ***~ del campo*** Platztour *f.*, Platzrunde *f.*; ***dare un ~, un doppio ~ di chiave*** den Schlüssel einmal, zweimal herum‿drehen; ***(a) ~ collo*** → **girocollo;** ***disco a 33, 45 -i*** Langspielplatte *f.* (*o* LP *f.*), Single *f.*; ***essere in ~ (fuori)*** unterwegs sein; *(circolare)* ***c'è in ~ una strana voce*** ein seltsames Gerücht ist in Umlauf; ***fare il ~*** *(diffondersi)* rund‿gehen, die Runde machen; *(andare a spasso)* ***fare un ~ per negozi*** durch die Geschäfte bummeln; ***il ~ di Francia*** die Tour de France; ***essere fuori dal ~*** raus sein, weg vom Fenster sein; ***guardare, guardarsi in ~*** herum‿blicken (*o* umher‿blicken), sich um‿sehen; ***in ~*** *(intorno)* ringsumher, ringsherum; ***~ d'ispezione*** Inspektionsrunde *f.*; ***il ~ d'Italia*** der Giro d'Italia; ***~ manica*** Ärmelausschnitt *m.*; ***mettere in ~ una voce*** ein Gerücht in Umlauf bringen (*o* setzen), in die Welt setzen; ***il ~ del mondo in 80 giorni*** die Reise um die Welt in achtzig Tagen; AER. ***~ della morte*** Salto *m.*, Looping *m.*; ***nel ~ di un mese*** im Verlauf eines Monats; ***numero di -i*** Drehzahl *f.*; ***~ d'onore*** Ehrenrunde *f.*; FIG. ***~ d'orizzonte*** Umschau *f.*, Rundschau *f.*, Überblick *m.*; ***~ di parole*** Umschweif *m.*, Umschreibung *f.*; ***~ di pista*** Runde *f.*; ***prendere in ~ qcn.*** jdn auf den Arm nehmen, jdm eine Nase drehen; ***~ di prova*** Probefahrt *f.*; *(nella corsa)* Probelauf *m.*; ***portare in ~*** herum‿führen, herum‿fahren, herum‿tragen; SPORT ***record del ~*** Rundenrekord *m.*; ***a stretto ~ di posta*** postwendend; ***andare su di -i*** auf Touren kommen (anche FIG.); ***far andare su di -i*** hoch‿drehen; FIG. ***essere su di -i*** auf Touren sein; ***fare un ~ di telefonate*** herum‿telefonieren; ***~ turistico*** Rundfahrt *f.*, Rundreise *f.*; ***dare un ~ di vite*** die Schrauben fester an‿ziehen; FIG. die Zügel straffer an‿ziehen; ***~ vita*** Taillenumfang *m.*; ***-i a vuoto*** Leerlauf *m.*
gi|ro|bus|so|la f. Kreiselkompass m.
gi|ro|col|lo m.inv. **1a** runder Ausschnitt *m.*, Rundhalsausschnitt *m.* **b** *(maglia)* Pullover *m.* mit rundem Ausschnitt (*o* mit Rundhalsausschnitt) **2** *(collana)* (kurze) Halskette *f.*: ***un ~ d'argento*** eine silberne Halskette ◆ ***maglia (a) ~*** Pullover *m.* mit rundem Ausschnitt; ***collana ~*** (kurze) Halskette *f.* **gi|ro|con|to** m. Giro *n.*
Gi|ro|la|mo n.pr.m. Hieronymus *m.*
gi|ro|ma|gne|ti|co agg. *(-ci,-che)* gyromagnetisch. **gi|ro|ma|ni|ca** m. *(-che)* SART. Ärmelloch *n.*, Armloch *n.*
Gi|ron|da f. Gironde *f.* **gi|ron|di|no I** agg. der Gironde **II** m. Girondist *m.*
gi|ro|ne m. **1a** SPORT Runde *f.*: ***~ di andata, ritorno*** Hin-, Rückrunde *f.*; ***~ di qualificazione, eliminatorio, finale*** Qualifikationsrunde *f.*, Vor-, Endrunde *f.* **b** Gruppe *f.*: ***~ A, B, della serie C1*** Gruppe A, B der C1-Liga **2** *(nella Commedia di Dante)* Kreis *m.*: ***i -i dell'Inferno*** die Höllenkreise.
gi|ron|zo|la|re intr. *(gironzolo*; aus. *avere)* **1** schlendern, herum‿gehen, herum‿bummeln: ***~ per la città, per le strade*** durch die Stadt, die Straßen schlendern **2** *(aggirarsi)* herum‿schleichen, herum‿gehen: ***da due giorni gironzola intorno alla casa*** seit zwei Tagen schleicht er um das Haus herum. **gi|ron|zo|lo|ne** m. Herumtreiber *m.*, Bummler *m.*
gi|ro|pi|lo|ta m. Autopilot *m.* **gi|ro|sco|pi|co** agg. *(-ci,-che)* Kreisel-: ***moto ~*** Kreiselbewegung *f.*; ***bussola -a*** Kreiselkompass *m.* **gi|ro|sco|pio** m. *(-pi)* **1** Gyroskop *n.* **2** *(bussola giroscopica)* Kreiselkompass *m.* **gi|ro|sta|bi|liz|za|to|re** m. Schiffskreisler *m.*
gi|ro|ton|do m. Ringelreihen *m.*: ***fare (un) ~*** Ringelreihen spielen, tanzen.
gi|ro|va|ga|re intr. *(girovago, girovaghi*; aus. *avere)* streifen, umher‿streifen; *(bighellonare)* schlendern, herum‿gehen, herum‿bummeln.
gi|ro|va|go I agg. *(-ghi,-ghe)* **1** Straßen-, Wander-: ***suonatore, venditore ~*** Straßenmusikant *m.*, Straßenhändler *m.*; ***attori -ghi*** Wanderschauspieler *pl.* **2** *(nomade)* fahrend, herumziehend: ***un popolo ~*** ein fahrendes Volk **II** m. *(-ghi)* Landstreicher *m.*
gi|ro|vi|ta m.inv. Taillenumfang *m.*
gi|ta f. Ausflug *m.*, Fahrt *f.*, Tour *f.*: ***fare una ~ in campagna, in montagna, al mare*** einen Ausflug auf das Land, in die Berge, ans Meer machen; ***andare in ~*** einen Ausflug machen, auf Fahrt gehen; ***dove sono andati in ~?*** wohin haben sie ihren Ausflug gemacht? ◆ ***~ aziendale*** Betriebsausflug *m.*; ***~ in barca, in bici*** Kahn-, Radfahrt *f.*; ***~ sul fiume*** Flussfahrt *f.*; ***~ fuori porta*** Ausflug *m.* in die Umgebung, auf das Land; ***~ scolastica*** Schulausflug *m.*, Schülerfahrt *f.*; ***~ sociale*** Vereinsausflug *m.*; ***~ turistica*** Ausflug *m.*, Besichtigungsfahrt *f.*
gi|ta|no I agg. der spanischen Zigeuner: ***danza, musica -a*** Tanz, Musik der spanischen Zigeuner **II** m. spanischer Zigeuner *m.*
gi|tan|te m. e f. Ausflügler *m.* (-in *f.*).
git|ta|ta f. Reichweite *f.*, Schussweite *f.*: ***arma a lunga, media, corta ~*** Waffe mit großer, mittlerer, geringer Reichweite ◆ ***missile a lunga, media ~*** Lang-, Mittelstreckenrakete *f.*
giù avv. **1a** *(stato)* unten: ***il vino è ~ in cantina*** der Wein ist unten im Keller; ***è ~ che ti aspetta*** er ist unten und wartet auf dich; *(abbassato)* ***le tapparelle sono ~*** die Rollläden sind unten **b** *(in basso)* tief, unter, niedrig: ***il libro è più ~, sugli scaffali inferiori*** das Buch steht tiefer, in den unteren Regalen; ***abita due piani più ~*** er wohnt zwei Stockwerke tiefer; ***appendi il quadro più in ~!*** hänge das Bild niedriger (*o* tiefer)! **2a** *(moto; spesso accorpato nel verbo)* herunter, herab, COLLOQ. runter; *(allontanamento)* hinunter, hinab, COLLOQ. runter: ***~ dalla sedia! ~ di lì!*** vom Stuhl herunter! runter da(von)! ***~ per la montagna*** den Berg hinunter; ***~ verso la costa*** zur Küste hinunter; ***portare ~ l'immondizia*** den Müll hinunter‿bringen; ***rotolare ~ fino a valle*** ins Tal hinab‿rollen; ***buttare qcn. ~ dalle scale, dalla finestra*** jdn die Treppe hinunter‿werfen, aus dem Fenster stoßen; ***il sudore gli scorreva ~ per la schiena*** der Schweiß rann ihm den Rücken hinunter; COLLOQ. ***a natale andrà ~ in Sicilia*** zu Weihnachten fährt er nach Sizilien hinunter **b** *(raf-*

forzativo; non tradotto) ***scendere ~ in strada*** hinunter auf die Straße gehen; ***cadere ~ per terra, per le scale*** auf den Boden fallen, die Treppe hinunter‿fallen; ***calare ~ una corda*** ein Seil herab‿lassen (*o* hinunter‿lassen) **3** ***dal direttore ~ ~ fino al fattorino*** vom Direktor herunter bis zum Boten; ***dal primo ~ ~ fino all'ultimo*** vom Ersten herunter bis zum Letzten; ***da Trento ~ ~ fino a Reggio Calabria*** von Trient hinunter bis Reggio Calabria **4** ***e ~ botte, insulti!*** und es hagelt(e) Schläge, Beleidigungen! ◆ ***le azioni sono andate ~*** die Aktien sind heruntergegangen; ***portare ~ il cane*** den Hund hinunter‿bringen; ***è venuto ~ il diluvio!*** es hat in Strömen gegossen! ***di qua, di là, di su, di ~*** = überall (und nirgends); ***essere ~ (di corda, di morale)*** niedergeschlagen, geknickt sein, COLLOQ. down sein; ***non guardare (in) ~!*** schau nicht nach unten! ***piegare in ~*** herunter‿biegen; ***dalla vita, dal gomito in ~*** von der Taille, vom Ellbogen (an) abwärts; ***dai 18 anni in ~*** unter 18 Jahren; ***la posta è più in ~*** die Post ist weiter unten; ***~ di lì*** etwa, ungefähr: ***ha vent'anni o ~ di lì*** er ist etwa zwanzig; ***mandar ~ un boccone, una pastiglia*** einen Bissen, eine Tablette schlucken (*o* hinunter‿schlucken); FIG. ***non riuscire a mandar ~ qcs.*** etw. nicht verdauen (*o* schlucken, hinunter‿schlucken) können; ***~ le mani (dalla mia borsa)!*** Hände weg (von meiner Tasche)! ***~ la maschera!*** runter mit der Maske! ***su per ~*** etwa, ungefähr: ***costerà su per ~ un milione*** es wird etwa eine Million kosten; ***andare su e ~ per la stanza, per le scale*** im Zimmer auf und ab (*o* hin und her) gehen, die Treppen hoch und runter gehen; ***su e ~ per i monti*** über Berg und Tal; ***stare a testa in ~*** auf dem Kopf stehen; ***non mi va ~*** das bekomme ich nicht herunter; FIG. ich verdaue (*o* schlucke) es nicht; ***essere ~ di voce*** eine heisere Stimme haben.

giub|ba f. **1** Jacke *f.* **2** *(giacca militare)* Rock *m.* **giub|bet|to** m. **1** (kleine) Jacke *f.* **2** → **giubbotto** **3** *(dello schermitore)* Fechtjacke *f.*

giub|bi|no m. (kleine) Jacke *f.* **giub|bo|ne** m. (schwere) Jacke *f.*

giub|bot|to m. **1** Jacke *f.*: ***~ di jeans, di pelle*** Jeans-, Lederjacke *f.* **2** *(senza maniche)* Weste *f.* ◆ ***~ antiproiettile*** kugelsichere (*o* schusssichere) Weste; ***~ salvagente, di salvataggio*** Schwimmweste *f.* (*o* Rettungsweste *f.*).

giu|bi|lan|te agg. jubelnd, jauchzend: ***la folla ~*** die jubelnde Menge.

1.giu|bi|la|re *(giubilo)* **I** intr. (aus. *avere*) jubeln, jubilieren, jauchzen, frohlocken **II** tr. *(mettere a riposo, in pensione)* pensionieren, MIL. verabschieden.

2.giu|bi|la|re agg. Jubel-: ***anno ~*** Jubeljahr *n.*

giu|bi|la|zio|ne f. Pensionierung *f.*, MIL. Verabschiedung *f.*

giu|bi|le|o m. **1** Jubeljahr *n.*, Jubiläum *n.* **2** *(presso gli ebrei)* Jobeljahr *n.*, Jubeljahr *n.*, Halljahr *n.* **3** ESTENS. *(cinquantenario)* fünfzigjähriges Jubiläum *n.*, Fünfzigjahrfeier *f.* **giu|bi|lo** m. Jubel *m.*, Jauchzen *n.*: ***grida di ~*** Jubelrufe *pl.*, Jubelgeschrei *n.*, Jauchzer *pl.*; ***prorompere in grida di ~*** auf‿jauchzen.

giu|da m.inv. Verräter *m.*: ***sei un ~!*** du bist ein Verräter! **Giu|da** n.pr.m. Judas *m.* ◆ BOT. ***albero di ~*** Judasbaum *m.*; ***bacio di ~*** Judaskuss *m.*; ***essere falso come ~*** ein falscher Fuffziger sein; *(di donna)* falsch wie eine Schlange sein.

giu|dai|co agg. *(-ci,-che)* jüdisch, Juden-: ***la legge -a*** das jüdische Gesetz. **giu|da|i|smo** m. Judaismus *m.*

Giu|de|a n.pr.f. Judäa *n.* **giu|de|o** **I** agg. **1** *(della Giudea)* von, aus Judäa **2** *(ebreo)* jüdisch **II** m. **1** Einwohner *m.* Judäas **2** *(ebreo)* Jude *m.* ◆ ***gallina -a*** Sichler *m.* **giu|deo|cri|stia|ne|si|mo** m. Judenchristentum *n.* **giu|deo|cri|stia|no** m. Judenchrist *m.*

giu|di|ca|bi|le agg. beurteilbar: ***essere ~*** zu beurteilen sein. **giu|di|can|te** agg. entscheidend, richterlich, Richter-: ***la commissione ~*** die richterliche Kommission.

giu|di|ca|re *(giudico, giudichi)* **I** tr. **1** beurteilen: ***~ qcs. obiettivamente, severamente, secondo coscienza*** etw. objektiv, streng, nach dem Gewissen (*o* gewissenhaft) beurteilen; ***~ qcs. dalle apparenze*** etw. nach dem Schein beurteilen; ***~ l'importanza di un problema, la gravità di un fatto*** die Bedeutung eines Problems, die Schwere einer Angelegenheit beurteilen; ***~ la capacità di qcn.*** jds Fähigkeiten beurteilen; ***come giudica questo libro?*** wie urteilen Sie über dieses Buch? ***l'ho giudicata male*** ich habe sie falsch beurteilt **2a** DIR. urteilen, entscheiden: ***~ un caso*** einen Fall entscheiden **b** ***~ qcn. colpevole, innocente*** jdn schuldig sprechen, als unschuldig beurteilen **3** *(ritenere)* beurteilen, halten: ***~ qcs. normale, necessario*** etw. für normal, notwendig halten (*o* als normal, notwendig beurteilen); ***~ qcn. intelligente*** jdn für intelligent halten; ***~ qcn. una brava persona, un buon amico*** jdn für einen guten Menschen, guten Freund halten **II** intr. (aus. *avere*) urteilen: ***non hai nessun diritto di ~!*** du hast kein Recht, darüber zu urteilen! ***(non) sta a te ~*** es liegt (nicht) an dir zu urteilen; ***puoi ~ tu stesso*** darüber kannst du selbst urteilen ◆ ***a ~ dal suo aspetto, dalla sua faccia...*** seinem Aussehen, Gesicht nach (zu urteilen)...; ***a ~ da ciò che mi hai detto, sembra una brava persona*** nach dem, was du mir gesagt hast, scheint er ein anständiger Kerl zu sein; ***a ~ dalle apparenze...*** dem Aussehen nach zu urteilen...

giu|di|ca|to, ***cadere, passare in ~*** rechtskräftig werden, Rechtskraft erlangen; ***sentenza passata in ~*** rechtskräftige Entscheidung.

giu|di|ce m. e f. **1** Richter *m.* (-in *f.*): ***il ~ competente*** der zuständige Richter; ***Signor Giudice*** Herr Richter; *(donna)* Frau Richterin; ***nominare ~ qcn.*** jdn zum Richter bestellen, ernennen; ***portare qcn. davanti al ~*** jdn vor den Richter bringen; ***comparire davanti al ~*** vor Gericht erscheinen **2** FIG. Richter *m.* (-in *f.*), Beurteiler *m.* (-in *f.*): ***erigersi a ~ (di qcs.)*** sich (über etw.) zum Richter auf‿werfen (*o* machen), sich zum Beurteiler (etw. [G]) auf‿schwingen ◆ ***~ a latere*** Richter *m.* im Nebenamt, Beisitzer *m.*; ***~ arbitro*** Schiedsrichter *m.*; SPORT ***~ di arrivo*** Zielrichter *m.*; ***~ conciliatore*** Sühnerichter *m.*, Schiedsrichter *m.*; ***~ di gara*** *(arbitro)* Schiedsrichter *m.*; *(di una giuria)* Kampfrichter *m.*, Schiedsrichter *m.*, Punktrichter *m.*; ***~ inquirente*** Ermittlungsrichter *m.*; ***~ istruttore*** Untersuchungsrichter *m.*; ***~ del lavoro*** Arbeitsrichter *m.*; SPORT ***~ di linea*** Linienrichter *m.*; ***~ di pace*** Friedensrichter *m.*; ***~ popolare*** Laienrichter *m.*; ***~ di sedia*** Schiedsrichter *m.* (beim Tennis), Stuhlschiedsrichter *m.*; ***~ del tribunale minorile*** Jugendrichter *m.*; ***~ tutelare*** Vormundschaftsrichter *m.*

Giu|dit|ta n.pr.f. Judith *f.*

giu|di|zia|le agg. gerichtlich, Gerichts-: ***spese -i*** Gerichtskosten *pl.* ◆ ***casellario ~*** Strafregister *n.*, Vorstrafenregister *n.*; ***ipoteca ~*** Zwangshypothek *f.*; ***in via ~*** auf dem Rechtsweg.

giu|di|zia|rio agg. *(-ri,-rie)* **1** gerichtlich, Gerichts-, richterlich, Rechts-: ***ordinamento, potere ~*** Rechtsordnung *f.*, richterliche Gewalt; ***dibattimento, procedimento ~*** gerichtliche Verhandlung, Gerichtsverfahren *n.* **2** *(di, da giudice)* richterlich, Richter-: ***carriera -a*** richterliche Laufbahn ◆ ***autorità -a*** Justizbehörde *f.*; ***casellario ~*** Strafregister *n.*, Vorstrafenregister *n.*; ***errore ~*** Justizirrtum *m.*; ***polizia -a*** Kriminalpolizei *f.*; ***ufficiale ~*** Gerichtsvollzieher *m.*

giu|di|zio m. *(-zi)* **1** Urteil *n.* (anche FILOS.): ***un ~ avventato, equo, (im)parziale, preconcetto*** ein voreiliges, gerechtes, (un)parteiisches, vorgefasstes Urteil; ***dare, esprimere un ~ favorevole, sfavorevole*** ein günstiges, ungünstiges Urteil ab‿geben, aus‿sprechen; ***farsi, formarsi un ~ su qcn., qcs.*** sich (D) ein Urteil über jdn, etw. bilden; ***rivedere il proprio ~*** sein Urteil überprüfen; ***appellarsi, sottoporsi al ~ di qcn.*** sich auf jds Urteil berufen, sich jds Urteil unterwerfen **2** *(assennatezza)* Vernunft *f.*, Verstand *m.*: ***avere ~*** vernünftig sein; ***non ha un briciolo di ~*** er hat keinen Funken Verstand; ***una persona senza ~*** ein Mensch ohne Verstand **3** SCOL. Beurteilung *f.*: ***come ~ ha avuto "buono"*** als Beurteilung hat er „gut“ erhalten **4a** DIR. *(processo)* Verfahren *n.*: ***~ penale*** Strafverfahren *n.*; ***~ di primo grado*** Hauptverfahren *n.* **b** Gericht *n.*: ***portare, citare qcn. in ~*** jdn vor Gericht bringen, zitieren; ***comparire in ~ (come testimone)*** (als Zeuge) vor Gericht erscheinen **c** *(sentenza)* Urteil *n.*: ***il tribunale ha emesso un ~ favorevole*** das Gericht hat ein günstiges Urteil gefällt ◆ ***a mio, suo ~*** nach meinem, seinem Ermessen, meines, seines Erachtens nach, meiner, seiner Meinung nach; ***~ di assoluzione*** Freispruch *m.*; ***capacità di ~*** Urteilsvermögen *n.*; ***~ di condanna*** Schuldspruch *m.*; ***criterio di ~*** Beurteilungsmaßstab *m.*; FILOS. ***Critica del ~*** Kritik der Urteilskraft; ***dente del ~*** Weisheitszahn *m.*; STOR. ***~ di Dio*** Gottesurteil *n.*; ***non avere elementi di ~*** keine Beurteilungsgrundlagen haben; ***raggiungere l'età del ~*** = vernünftig werden; ***Giudizio Finale*** → ***Giudizio Universale***; ***il giorno del Giudizio*** der Jüngste Tag; ***libertà di ~*** Ermessensfreiheit *f.*; ***mettere ~*** Vernunft an‿nehmen; ***far mettere ~ a qcn.*** jdn zur Vernunft bringen; DIR. ***rinvio a ~*** Eröffnung *f.* des Hauptverfahrens; ***Giudizio Universale*** Jüngstes Gericht, Weltgericht *n.*; ***~ di valore*** Werturteil *n.*

giu|di|zio|sa|men|te avv. verständig, einsichtig. **giu|di|zio|si|tà** f. Verständigkeit *f.* **giu|di|zio|so** agg. verständig, einsichtig.

giug|gio|la f. **1** Jujube *f.* **2** *(cosa da nulla)* Lappalie *f.*, Kleinigkeit *f.* ◆ ***andare in brodo di -e*** aus dem Häuschen geraten (*o* fahren).

giug|gio|lo m. Jujube *f.*, Judendorn *m.* **giug|gio|lo|ne** m. gute Seele *f.*, Tollpatsch *m.*

giu|gno m. Juni *m.*: ***in, a ~*** im Juni; ***all'inizio, alla fine di (a fine) ~*** Anfang, Ende Juni; ***il primo, il due (di) ~*** am ersten, zweiten Juni.

giu|gu|la|re agg. jugular. **giu|gu|lo** m. Jugulum *n.*

giu|leb|be m. **1** Sirup *m.* **2** ESTENS. allzu süßes Getränk *n.*, süße Speise *f.*

Giu|lia n.pr.f. Julia *f.*, Julie *f.*

Giu|lia|na n.pr.f. Juliana *f.*, Juliane *f.*

1.giu|lia|no **I** agg. *(della Venezia Giulia)* julisch **II** m. Julier *m.*

2.giu|lia|no agg., ***calendario*** ~ Julianischer Kalender.
Giu|lia|no n.pr.m. Julian *m.*
Giu|lie n.pr.f.pl. ***Alpi*** ~ Julische Alpen *pl.*
Giu|liet|ta n.pr.f. Julchen *n.* ◆ ~ ***e Romeo*** Romeo und Julia.
giu|lio m. *(-li)* NUMISM. Julier *m.*
Giu|lio n.pr.m. Julius *m.* ◆ ~ ***Cesare*** Julius Cäsar *m.*
giu|li|vo agg. fröhlich, heiter ◆ ***un'oca -a*** eine dumme Gans, ein dummes Gänschen.
giul|la|re m. **1a** *(cantastorie, giocoliere)* fahrender Sänger *m.*, Spielmann *m.* **b** *(buffone di corte)* Hofnarr *m.* **2** FIG. SPREG. *(buffone)* Hanswurst *m.* **giul|la|re|sco** agg. *(-schi,-sche)* **1** Spielmanns-: ***poesia -a*** Spielmannsdichtung *f.* **2** ESTENS. *(buffonesco)* närrisch, possenhaft, albern.
giu|mel|la f. ANT. zwei Händevoll *pl.*
giu|men|ta f. Stute *f.*
giun|ca f. *(-che)* Dschunke *f.*
giun|ca|ce|o m. binsen, Binsen-. **giun|ca|ia** f. Binsendickicht *n.*
giun|ca|ta f. INTRAD. (Frischkäsespezialität).
giun|che|to m. → **giuncaia.**
giun|co m. *(-chi)* Binse *f.*: ***cesto, stuoia di*** ~ Binsenkorb *m.*, Binsenmatte *f.* ◆ ***essere flessibile come un*** ~ biegsam wie eine Gerte sein, äußerst gelenkig sein.
giun|ge|re *(giungo, giungi; giunsi; giunto)* **I** intr. (aus. *essere*) **1** an‿kommen, an‿langen, ein‿treffen: ~ ***a casa*** zu Hause ankommen; ~ ***allo scopo*** am Ziel anlangen **2** *(estendersi)* sich erstrecken, sich aus‿dehnen: ***la pianura giunge fino alle pendici dei monti*** die Ebene erstreckt sich bis an den Fuß der Berge **3** *(raggiungere)* erreichen: ~ ***alle più alte cariche*** die höchsten Ämter erreichen **4** FIG. *(pervenire)* treffen, gelangen, kommen: ~ ***a un accordo, a una soluzione*** eine Vereinbarung treffen, zu einer Lösung gelangen **5** *(spingersi)* kommen: ***sono giunto al punto che...*** mit mir ist es so weit gekommen, dass...; ***non sono ancora giunto a tal punto, a tanto*** mit mir ist es noch nicht so weit gekommen, an diesen Punkt bin ich noch nicht gekommen **II** tr. ANT. o LETT. verbinden, zusammen‿fügen ◆ ***far*** ~ ***qcs. a qcn.*** jdm etw. zugehen (*o* zukommen) lassen; ~ ***le mani in preghiera*** die Hände zum Beten falten; ***mi giunge nuovo, questa mi giunge nuova*** das klingt mir völlig neu (*o* kommt mir völlig neu vor); ***è giunta la sua ora*** seine Zeit (*o* seine letzte Stunde) ist gekommen (*o* hat geschlagen); FIG. ~ ***in porto*** das Ziel erreichen.
giun|gla f. Dschungel *m.* (anche FIG.): ***la*** ~ ***d'asfalto*** der Asphaltdschungel.
Giu|no|ne n.pr.f. Juno *f.* **giu|no|ni|co** agg. *(-ci,-che)* junonisch ◆ ***una bellezza -a*** eine junonische Schönheit; ***forme -che*** junonische Formen.
giun|si → **giungere.**
1.giun|ta f. **1** *(aggiunta)* Zugabe *f.*, Beigabe *f.*, Zusatz *m.* **2** *(rif. a indumenti)* Ansatz *m.*, Einsatz *m.* ◆ ***per*** ~ obendrein, überdies, noch dazu.
2.giun|ta f. **1** Rat *m.*: ~ ***comunale*** Stadtrat *m.*, Gemeinderat *m.* **2** Junta *f.*: ~ ***militare*** Militärjunta *f.*
giun|ta|re tr. **1** verbinden, zusammen‿fügen **2** TECN. laschen **3** *(incollare)* zusammen‿kleben **4** *(cucire insieme)* zusammen‿nähen. **giun|ta|tu|ra** f. **1** Verbindung *f.*, Fugung *f.* **2** TECN. Laschung *f.*
giun|to I p.pass. agg. **1** → **giungere 2 *a mani -e*** mit (zusammen)-gefalteten Händen **II** m. Verbindung *f.*, Gelenk *n.*; *(commettitura)* Fuge *f.*, Stoß *m.*; *(accoppiamento)* Kupplung *f.*, Kopplung *f.*: ~ ***fisso, a snodo*** feste, gelenkige Kupplung ◆ ~ ***a bicchiere*** Rohrmuffe *f.*; ~ ***brasato*** Lötfuge *f.*; ~ ***cardanico*** Kardangelenk *n.*, Kreuzgelenk *n.*; ~ ***di catena*** Kettengelenk *n.*; ~ ***di dilatazione*** Dehnungsfuge *f.*; ~ ***a flangia*** Flanschenverbindung *f.*; ~ ***a ginocchiera*** Kniegelenk *n.*; ~ ***sferico*** Kugelgelenk *n.*; ~ ***trasversale*** Querfuge *f.*
giun|tu|ra f. **1a** Verbindung *f.*, Zusammenfügung *f.* **b** *(punto di giunzione)* Verbindungsstelle *f.*, Fuge *f.*, Stoß *m.* **2** *(articolazione)* Gelenk *n.*, Junktur *f.* ◆ ***mi fanno male tutte le -e*** mir tun alle Knochen weh.
giun|zio|ne f. **1** Verbindungsstelle *f.*, Gelenk *n.*, Fuge *f.*, Stoß *m.* **2** ANAT. Gelenk *n.* ◆ ***punto di*** ~ Verbindungsstelle *f.*, Nahtstelle *f.*, Kleb(e)stelle *f.*; EL. EDIL. ***scatola di*** ~ Anschlussdose *f.*
Giu|ra n.pr.m. Jura *m.*: ***il*** ~ ***svizzero*** der Schweizer Jura; ***abitante del*** ~ Jurassier *m.*
giu|rad|di|o inter. ANT. bei Gott.
giu|ra|men|to m. Schwur *m.*, Eid *m.*, Vereidigung *f.*: ***un*** ~ ***sacro, solenne*** ein heiliger, feierlicher Schwur; ***fare, osservare, violare un*** ~ einen Eid ab‿legen, halten, brechen (*o* verletzen); ***prestare*** ~ einen Eid leisten; ***sciogliere qcn. da un*** ~ jdn von einem Eid entbinden; ***essere sotto*** ~ unter Eid stehen; ***testimoniare qcs. sotto*** ~ etw. unter Eid bezeugen; ***fare una dichiarazione in luogo di*** ~ eine Erklärung an Eides statt ab‿geben ◆ ***far prestare*** ~ ***a qcn.*** jdn einen Eid ab‿legen (*o* schwören) lassen, jdm den Eid ab‿nehmen, jdn vereidigen.
giu|ra|re I tr. schwören, beschwören: ~ ***il falso*** einen Meineid schwören, falsch schwören; ~ ***a qcn. vendetta, eterna fedeltà*** jdm Rache, ewige Treue schwören; ***puoi giurarlo?*** kannst du das beschwören? **II** intr. (aus. *avere*) schwören: ~ ***sulla Bibbia, sulla costituzione, sulla bandiera*** auf die Bibel, auf die Verfassung schwören, den Fahneneid schwören; ~ ***sul proprio onore, nelle mani di qcn.*** bei seiner Ehre (*o* auf Ehre und Gewissen), in jds Hand schwören; ~ ***davanti a Dio*** bei Gott schwören; ***ti giuro che non sono stato io*** ich schwöre, ich war es nicht; ***ci giurerei*** ich könnte darauf schwören; ***non posso giurarci*** ich kann nicht darauf schwören ◆ ~ ***e spergiurare*** Stein und Bein schwören; ***giuro di dire la verità, tutta la verità e nient'altro che la verità*** ich schwöre, die reine Wahrheit zu sagen, nichts zu verschweigen und nichts hinzufügen.
giu|ras|si|co I agg. *(-ci,-che)* jurassisch, Jura-: ***formazione -a*** Juraformation *f.* **II** m. Jura *m.*
giu|ra|to I p.pass. agg. **1** → **giurare 2** beeidigt, eidlich: ***deposizione -a*** eidliche Aussage **3** *(che ha prestato giuramento)* vereidigt: ***testimone*** ~ vereidigter Zeuge; ***traduttore*** ~ vereidigter Übersetzer **4** FIG. *(implacabile)* geschworen: ***nemico*** ~ geschworener Feind (*o* Erzfeind *m.*) **II** m. Geschworene *m.*, Juror *m.* ◆ ***guardia -a*** = Mitglied *n.* einer Wach- und Schließgesellschaft, privater Schutzmann *m.*
giu|re|con|sul|to m. Rechtsgelehrte *m.*
giu|re|se m. GEOL. Jura *m.*
giu|rì m., ~ ***d'onore*** Ehrengericht *n.*
giu|ri|a f. **1** Jury *f.*: ***comporre la*** ~ die Jury bilden; ***far parte, essere membro della*** ~ jurieren, Jurymitglied sein **2** *(in concorsi)* Preisgericht *n.*, Wettbewerbskommission *f.* **3** *(in gare sportive)* Kampfgericht *n.*, Schiedsgericht *n.* ◆ ~ ***popolare*** Schöffengericht *n.*; ***membro di una*** ~ ***popolare*** Schöffe *m.*
giu|ri|di|ca|men|te avv. rechtlich, juristisch. **giu|ri|di|ci|tà** f. Rechtlichkeit *f.*
giu|ri|di|co agg. *(-ci,-che)* rechtlich, juristisch, Rechts-: ***persona -a*** juristische Person, Rechtsperson *f.*; ***norma, formula -a*** Rechtsnorm *f.* (*o* Rechtssatz *m.*), Rechtsformel *f.*; ***coscienza -a*** Rechtsbewusstsein *n.*; ***atto, caso*** ~ Rechtsgeschäft *n.* (*o* Rechtshandlung *f.*), Rechtsfall *m.*; ***questione -a*** Rechtsfrage *f.*; ***ordinamento, principio, valore*** ~ Rechtsordnung *f.*, Rechtsgrundsatz *m.*, Rechtsgültigkeit *f.* (*o* Rechtswirksamkeit *f.*); ***posizione -a, stato*** ~ Rechtslage *f.*, Rechtsstellung *f.*; ***capacità -a*** Rechtsfähigkeit *f.*; ***avente capacità -a*** rechtsfähig; ***privo di efficacia -a*** rechtsunfähig.
giu|ri|sdi|zio|na|le agg. gerichtlich, gesetzgebend, Gerichts-: ***l'organo*** ~ das gesetzgebende Organ; ***funzione*** ~ rechtsprechende Funktion. **giu|ri|sdi|zio|ne** f. **1** Jurisdiktion *f.* **2** *(competenza)* Gerichtsbarkeit *f.*, Gerichtshoheit *f.*: ***esercitare la*** ~ die Gerichtsbarkeit aus‿üben; ~ ***civile, penale, militare*** Zivil-, Straf-, Militärgerichtsbarkeit *f.*
giu|ri|spe|ri|to m. Rechtsgelehrte *m.*
giu|ri|spru|den|za f. **1** Rechtswissenschaft *f.*, Jurisprudenz *f.* **2a** *(sentenze degli organi giurisdizionali)* Rechtsprechung *f.* **b** *(organi giurisdizionali)* Rechtsapparat *m.* ◆ ***facoltà di*** ~ rechtswissenschaftliche (*o* juristische) Fakultät; ***studiare*** ~ Recht studieren. **giu|ri|spru|den|zia|le** agg. rechtswissenschaftlich.
giu|ri|sta m. e f. *(-i,-e)* Jurist *m.* (-in *f.*), Rechtsgelehrte *m.* e *f.*
Giu|sep|pe n.pr.m. Joseph *m.*, Josef *m.* **Giu|sep|pi|na** n.pr.f. Josepha *f.*, Josephine *f.* **giu|sep|pi|ni|smo** m. Josephinismus *m.* **giu|sep|pi|no** agg. josephinisch. **giu|sep|pi|smo** agg. → **giuseppinismo.**
giu|sna|tu|ra|li|smo m. Naturrechtslehre *f.* **giu|sna|tu|ra|li|sti|co** agg. *(-ci,-che)* naturrechtlich.
giu|spa|tro|na|to m. ANT. kirchliches Patronat *n.*
giu|squia|mo m. Bilsenkraut *n.*
giu|sta|cuo|re m. Herrenüberrock *m.*
giu|sta|men|te avv. richtig, richtigerweise.
giu|stap|por|re tr. *(giustappongo, giustapponi; giustapposi; giustapposto)* nebeneinander stellen, nebeneinander setzen: ~ ***due colori*** zwei Farben nebeneinander setzen; ~ ***concezioni differenti*** verschiedene Auffassungen nebeneinander stellen.
giu|stap|po|si|zio|ne f. Nebeneinanderstellung *f.*, Nebeneinanderstellen *n.*, Nebeneinandersetzung *f.*
giu|stez|za f. **1** Richtigkeit *f.*; *(esattezza)* Genauigkeit *f.*, Präzision *f.* **2** TIP. Zeilenlänge *f.*
giu|sti|fi|ca|bi|le agg. **1** entschuldbar: ***un'assenza*** ~ eine entschuld-

bare Abwesenheit **2** *(documentabile)* belegbar: ***spese -i*** belegbare Kosten.

giu|sti|fi|ca|re *(giustifico, giustifichi)* **I** tr. **1a** rechtfertigen: ***~ qcs. davanti, di fronte a qcn.*** etw. vor jdm rechtfertigen; ***~ una scelta*** eine Entscheidung rechtfertigen **b** rechtfertigen, begründen: ***~ una teoria*** eine Theorie begründen **2** *(scusare)* entschuldigen: ***ciò non giustifica il suo comportamento*** das entschuldigt nicht sein Verhalten; ***~ un'assenza*** eine Abwesenheit entschuldigen; ***~ qcn.*** jdn entschuldigen **3** *(documentare)* belegen: ***~ le uscite*** die Ausgaben belegen **4** TEOL. *(redimere)* gerecht machen: ***~ per fede*** durch den Glauben gerecht machen **5** TIP. justieren **II** pronom. **giustificarsi** sich rechtfertigen; sich entschuldigen: ***-rsi di qcs.*** sich wegen etw. rechtfertigen ◆ ***il fine giustifica i mezzi*** der Zweck heiligt die Mittel.

giu|sti|fi|ca|ta|men|te avv. berechtigt, gerecht.

giu|sti|fi|ca|ti|vo I agg. **1** Rechtfertigungs-: ***ragione -a*** Rechtfertigungsgrund *m.* **2** BUROCR. ***pezza -a*** Rechnungsbeleg *m.*, Buchungsbeleg *m.* **II** m. Rechnungsbeleg *m.*, Buchungsbeleg *m.*, Beleg *m.*

giu|sti|fi|ca|to p.pass. agg. **1** → **giustificare 2** entschuldigt: ***un ritardo ~*** eine entschuldigte Verspätung **3a** *(legittimo)* berechtigt, gerecht: ***una sfiducia -a*** ein berechtigtes Misstrauen **b** *(motivato)* begründet: ***una reazione -a*** eine begründete Reaktion **4** TEOL. gerecht: ***essere ~ per fede*** durch den Glauben gerecht sein **5** *(documentato)* belegt **6** TIP. justiert, -bündig: ***con margine destro ~*** mit rechtsbündigem Rand. **giu|sti|fi|ca|to|rio** agg. *(-ri,-rie)* Rechtfertigungs-: ***atto ~*** Rechtfertigungsschrift *f.*

giu|sti|fi|ca|zio|ne f. **1a** Rechtfertigung *f.*; Entschuldigung *f.*: ***la ~ di un comportamento*** die Rechtfertigung eines Verhaltens; ***addurre qcs. a propria ~*** etw. zu seiner Entschuldigung an‿führen **b** SCOL. ***consegnare la ~ dei genitori al professore*** dem Lehrer die Entschuldigung der Eltern geben **2** TEOL. ***la ~ per fede*** die Rechtfertigung durch den Glauben **3** TIP. Justierung *f.*, Justage *f.*; *(per dattiloscritto)* Randausgleich *m.* ◆ ***senza ~*** unentschuldigt.

Giu|sti|na n.pr.f. Justine *f.* **Giu|sti|no** n.pr.m. Justinus *m.*

giu|sti|nia|ne|o agg., ***codice ~*** Codex Justinianus. **Giu|sti|nia|no** n.pr.m. Justinian(us) *m.*

giu|sti|zia f. **1** Gerechtigkeit *f.*, Recht *n.*: ***combattere per la ~*** für die Gerechtigkeit kämpfen; ***chiedere, volere ~*** Gerechtigkeit fordern; ***avere, ottenere ~*** zu seinem Recht kommen, sein Recht finden (*o* Gerechtigkeit erlangen, erfahren); ***per ~*** aus Gerechtigkeit; ***rendere ~ a qcn., qcs.*** jdm, etw. Gerechtigkeit an‿gedeihen (*o* widerfahren, zuteil werden) lassen, jdm, etw. gerecht werden; ***la ~ trionfa*** die Gerechtigkeit siegt **2a** *(autorità, potere)* Justiz *f.*, Gerechtigkeit *f.*, Recht *n.*: ***amministrare la ~*** die Justiz hand‿haben (*o* Recht sprechen); ***ostacolare il corso della ~*** den Lauf der Gerechtigkeit behindern; ***la ~ fa il suo corso*** die Gerechtigkeit nimmt ihren Lauf **b** *(autorità giudiziaria)* Justizbehörde *f.*, Justiz *f.*: ***consegnarsi spontaneamente alla ~*** sich der Justiz freiwillig stellen; ***rivolgersi, ricorrere alla ~*** sich an die Justizbehörde wenden **3** *(personificazione)* Justitia *f.* **4** *(virtù cardinale)* Gerechtigkeit *f.* ◆ ***amministrazione della ~*** Rechtsprechung *f.*, Rechtspflege *f.*; ***~ civile*** Zivilgerichtsbarkeit *f.*; ***corte di ~*** Gerichtshof *m.*; ***~ distributiva*** ausgleichende Gerechtigkeit; ***la ~ divina*** die Gerechtigkeit Gottes; ***fare ~*** Gerechtigkeit walten lassen; FIG. ***fare ~ di qcs.*** etw. rückhaltlos beurteilen; ***far ~ a qcs.*** etw. gerecht werden; ***farsi ~ (da sé)*** Selbstjustiz üben; ***ministero di Grazia e Giustizia*** (italienisches) Justizministerium; ***palazzo di ~*** Gerichtsgebäude *n.*; ***~ penale*** Strafjustiz *f.*; ***agire, giudicare secondo ~*** nach Recht handeln, urteilen; ***senso di, della ~*** Gerechtigkeitssinn *m.*; ***~ sociale*** soziale Gerechtigkeit; FIG. ***fare ~ sommaria di qcn., qcs.*** mit jdm, etw. kurzen Prozess machen.

giu|sti|zia|re tr. *(giustizio, giustizi)* hin‿richten, exekutieren. **giu|sti|zia|to I** p.pass. → **giustiziare II** m. Hingerichtete *m.* **giu|sti|zie|re** m. **1** *(carnefice)* Henker *m.*, Scharfrichter *m.* **2** *(chi fa giustizia con rigore)* = Verteidiger *m.* von Recht und Ordnung **3** *(vendicatore)* Rächer *m.*

giu|sto I agg. **1a** *(equo)* gerecht: ***un uomo, un giudizio ~*** ein gerechter Mann, ein gerechtes Urteil; ***essere ~ verso, nei confronti di qcn.*** gerecht gegen jdn sein **b** *(legittimo)* ***-e rivendicazioni, esigenze*** gerechte Forderungen **2a** *(corretto, esatto)* richtig, recht: ***ritenere ~ qcs.*** etw. für richtig halten; ***il conto è ~*** die Rechnung ist richtig; ***una -a osservazione*** eine richtige Bemerkung; ***l'orologio è ~*** die Uhr geht richtig **b** *(adatto, appropriato)* ***il momento, il posto ~*** der richtige Moment, Platz; ***non essere dell'umore ~*** nicht in der rechten Stimmung sein; ***trovare le parole -e*** die richtigen Worte finden **c** *(di abiti)* ***stare, essere ~*** richtig sitzen **3** MUS. rein: ***intervallo ~*** reines Intervall **II** avv. **1** *(correttamente)* recht, richtig: ***vedere ~*** richtig sehen **2a** COLLOQ. *(proprio)* genau, gerade: ***volevo ~ sapere questo!*** genau das wollte ich wissen! ***arrivi ~ in tempo*** du kommst gerade zur rechten Zeit; ***cercavo ~ te*** ich habe genau dich gesucht **b** *(appena, soltanto)* gerade (mal): ***avrà ~ vent'anni*** er wird gerade zwanzig sein **III** m. **1** Gerechte *m.*: ***la ricompensa del ~*** der Lohn des Gerechten **2** *(cosa giusta)* Richtige *n.*, Recht *n.* ◆ ***~!*** stimmt! ganz recht! ***combattere per una causa ~*** für eine gerechte Sache kämpfen; ***la cosa -a*** das Richtige; ***dare il ~*** gerecht (o entsprechend) belohnen; ***imbroccarla -a*** den Nagel auf den Kopf treffen; ***mettere qcs. nella -a luce*** etw. ins rechte Licht rücken; ***il ~ mezzo*** der goldene Mittelweg; ***essere nel ~*** im Recht sein (*o* richtig liegen); ***l'ora -a*** die genaue Uhrzeit; ***la persona -a*** der Richtige, die Richtige; ***è più che ~*** es ist mehr als recht; ***l'uomo ~ al posto ~*** der richtige Mann am richtigen Platz; ***quel che è ~ è ~*** was Recht ist, muss Recht bleiben; ***ricevere il ~*** gerecht (o entsprechend) entlohnt werden; ***il sonno del ~*** der Schlaf des Gerechten; ***la strada -a*** der rechte Weg (anche FIG.); ***prendere qcs. per il verso ~*** etw. am richtigen Ende an‿fassen.

Giu|sto n.pr.m. Justus *m.*

gla|bro agg. **1** unbehaart, haarlos **2** *(di foglie; senza peluria)* unbehaart **3** ESTENS. *(liscio)* glatt.

gla|cé [gla'se] agg.inv. **1** Glacé-: ***guanti ~*** Glacéhandschuhe *pl.* **2** *(glassato)* glasiert ◆ ***marrons -s*** glasierte Maronen.

gla|cia|le agg. **1** Eis-: ***zona ~*** Eiszone *f.*; ***oceano ~*** Eismeer *n.* **2** *(di epoca glaciale)* glazial, Glazial- **3a** *(gelido)* eisig, eisig kalt, Eis-: ***freddo ~*** Eiskälte (*o* Eiseskälte) *f.* **b** FIG. eisig, eisig kalt: ***uno sguardo, un silenzio ~*** ein eisiger Blick, ein eisiges Schweigen ◆ ***acido acetico ~*** Eisessig *m.*; ***epoca ~*** Glazialzeit *f.*, Glazial *n.*, Eiszeit *f.*; ***Mar Glaciale Artico*** nördliches Eismeer. **gla|cia|li|tà** f. **1** eisige Beschaffenheit *f.* **2** FIG. Kälte *f.*, Kühle *f.* **gla|cia|zio|ne** f. **1** Vergletscherung *f.* **2** *(periodo)* Glazialzeit *f.*, Glazial *n.*

gla|cio|lo|gi|a f. Glaziologie *f.*, Gletscherkunde *f.* **gla|cio|lo|gi|co** agg. *(-ci,-che)* glaziologisch. **gla|cio|lo|go** m. *(-gi)* Glaziologe *m.*

gla|cis [gla'si] m.inv. Glacis *n.*

gla|dia|to|re m. Gladiator *m.* **gla|dia|to|rio** agg. *(-ri,-rie)* Gladiatoren-. **gla|dio** m. *(-di)* (altrömisches) Schwert *n.*

gla|di|o|lo m. Gladiole *f.*, Siegwurz *f.*

gla|go|li|ti|co I agg. *(-ci,-che)* glagolitisch **II** m. Glagoliza *f.*

gla|mour ['glæmə] m.inv. Glamour *m.* e *n.*

glan|de m. Eichel *f.*, MED. Glans *f.*

Gla|ro|na n.pr.f. Glarus *n.*

glas|sa f. **1** Glasur *f.*, Zuckerguss *m.*, Guss *m.*: ***guarnire la torta di ~*** die Torte mit Guss verzieren (*o* garnieren); ***ricoprire di ~*** mit Zuckerguss überziehen **2** *(gelatina)* Glace *f.* ◆ ***~ di cioccolato*** Schokolade(n)guss *m.*, Schokoladenglasur *f.* **glas|sa|re** tr. **1** glasieren **2** *(decorare con gelatina)* glacieren. **glas|sa|to** p.pass. agg. **1** → **glassare 2** *(di dolci)* glasiert **3** *(coperto di gelatina)* glaciert.

glas|sa|tu|ra f. Glasierung *f.*, Glasur *f.*

glau|co agg. *(-chi,-che)* LETT. blaugrün, bläulich grün.

glau|co|ma m. Glaukom *n.*, grüner Star *m.*

glau|co|ni|te f. Glaukonit *m.*

gle|ba f. LETT. Erdscholle *f.*, Scholle *f.* ◆ ***servo della ~*** Leibeigene *m.*; ***servitù della ~*** Leibeigenschaft *f.*

gli I artc.det. m.pl. → **lo II** pron.pers. m.sing. *(anche enclitico)* ihm: ***non ~ hai detto nulla?*** hast du ihm nichts gesagt? ***~ ho parlato*** ich habe mit ihm gesprochen; ***vorrei scrivergli*** ich möchte ihm schreiben **III** pron.pers. m. e f.pl. COLLOQ. *(a loro)* ihnen: ***digli che ci raggiungano più tardi*** sag ihnen, dass sie später zu uns kommen sollen **IV** pron.pers. f.sing. COLLOQ. ihr.

gli|ce|mi|a [gli-] f. Glykämie *f.*, Blutzucker *m.* **gli|ce|mi|co** agg. *(-ci,-che)* Blutzucker-: ***tasso ~*** Blutzuckerspiegel *m.*, Zuckerspiegel *m.*

gli|ce|ria [gli-] f. Schwaden *m.*, Schwade *f.*

gli|ce|ri|co [gli-] agg. *(-ci,-che)* Glyzerin-. **gli|ce|ri|de** m. Glyzeride *f.* **gli|ce|ri|na** f. Glyzerin (*o* Glycerin) *n.* ◆ ***sapone, pomata alla ~*** Glyzerinseife *f.*, Glyzerinsalbe *f.*

gli|ci|ne [gli-] m. Glyzin(i)e *f.*

gli|co|ge|no [gli-] m. Glykogen *n.*, Leberstärke *f.*

gli|col, gli|co|le [gli-] m. Glykol *n.*

gli|co|su|ria [gli-] f. Glykosurie *f.*

glie|la pron. *(gli + la; anche enclitico)* ***~ farò pagare*** dafür muss er mir büßen; ***se sai la verità digliela*** wenn du die Wahrheit weißt, sag sie ihm.

glie|le pron. *(gli + le; anche enclitico)* ***scrisse due lettere, ma non ~ spedì*** er schrieb zwei Briefe, schickte sie ihm aber nicht; ***assegna le camere e mostragliele*** verteile die Zimmer und zeige sie ihnen.

glie|li pron. *(gli + li; anche enclitico)* ***ho ritrovato i suoi guanti; ~ restituisci tu?*** ich habe seine Handschuhe gefunden; gibst du sie ihm?

glie|lo pron. *(gli + lo; anche enclitico)* ***grazie per il messaggio; ~ riferirò subito*** danke für die Mitteilung; ich werde es ihm sofort ausrichten; ***vai a portarglielo*** geh und bring es ihm.
glie|ne pron. *(gli + ne; anche enclitico)* ***ha speso molti soldi; non ~ restano molti*** er hat viel Geld ausgegeben; jetzt ist ihm nicht mehr viel übrig geblieben; ***hai molte caramelle; dagliene un po'*** du hast viele Bonbons; gib ihm doch einige; ***non ~ importa nulla*** er pfeift darauf.
gli|fo [gli-] m. **1** ARCH. Glyphe *f.* **2** MECC. Kulisse *f.*
glio|ma [gli-] m. Gliom *n.*
glip|ti|ca [gli-] → **glittica. glip|ti|co** → **glittico.**
glis|san|do [gli-] m. Glissando *n.* **glis|sa|re** intr. (aus. *avere*) **1** MUS. ein Glissando spielen **2** FIG. *(tralasciare)* ***~ su qcs.*** über etw. hinweg‿gehen, sich über etw. (A) hinweg‿setzen.
glit|ti|ca [gli-] f. Glyptik *f.*, Steinschneidekunst *f.* **glit|ti|co I** agg. *(-ci,-che)* Steinschneide- **II** m. *(-ci)* Steinschneider *m.* **glit|to|gra|fi|a** f. Glyptographie *f.* **glit|to|te|ca** f. *(-che)* Glyptothek *f.*
glo|ba|le agg. **1a** *(complessivo)* global, Global-, gesamt, Gesamt-: ***somma, importo, prezzo ~*** Globalsumme *f.* (*o* Gesamtsumme *f.*), Gesamtbetrag *m.*, Gesamtpreis *m.* **b** *(generale)* ***avere una visione ~ di qcs.*** eine Gesamtansicht von etw. haben; ***quadro ~*** Gesamtbild *n.* **2** *(completo)* global, umfassend: ***avere una preparazione ~*** eine umfassende Bildung haben **3** *(mondiale)* weltweit, global: ***un conflitto ~*** ein globaler Konflikt ◆ PED. ***metodo ~*** Ganzheitsmethode *f.*; ***polizza ~*** Mantelpolice *f.*; ***villaggio ~*** global village, globales Dorf. **glo|ba|li|tà** f. Gesamtheit *f.* **glo|bal|men|te** avv. gesamt, insgesamt, global.
globe-trot|ter [glob'trɔtter] m.inv. Globetrotter *m.*
glo|bi|ce|fa|lo m. Grindwal *m.*
glo|bi|na f. Globin *n.*
glo|bo m. **1a** *(sfera)* Kugel *f.*: ***la terra è un ~*** die Erde ist eine Kugel; ***un ~ di cristallo*** eine Kristallkugel **b** *(per lampade)* Glaskugel *f.* **2** *(terrestre)* Erdkugel *f.*, Erde *f.*, Welt *f.*: ***collegare tutte le parti del ~*** alle Teile der Erde miteinander verbinden; ***diffuso su tutto il ~*** weltweit verbreitet **3** LETT. Ball *m.*: ***~ di fuoco*** Feuerball *m.* **4** *(mappamondo)* Globus *m.* ◆ ***~ celeste*** Himmelskugel *f.*; ***~ imperiale*** Reichsapfel *m.*; ***~ oculare*** Augapfel *m.*; ***~ terrestre*** Erdkugel *f.*, Erdball *m.*, Weltkugel *f.* **glo|boi|de** m. kugelförmiger Körper *m.* **glo|bo|so** agg. kugelförmig, kug(e)lig, Kugel-: ***forma -a*** Kugelform *f.*
glo|bu|la|re agg. **1** kugelförmig, kug(e)lig **2** MED. Blutkörperchen- ◆ ***ammasso ~ (di stelle)*** Sternhaufen *m.* **glo|bu|li|na** f. Globulin *n.* **glo|bu|lo** m. **1** Blutkörperchen *n.*: ***-i bianchi, rossi*** weiße, rote Blutkörperchen **2** *(sferetta)* Kügelchen *n.* **glo|bu|lo|so** agg. kugelförmig.
glo|glot|ta|re intr. (aus. *avere*) **1** *(del tacchino)* kollern **2** *(di liquidi; gorgogliare)* gluckern, glucksen.
glo|me|ru|lo m. ANAT. Glomerulum *n.*, Glomerulus *m.*
1.glo|ria f. **1** *(fama)* Ruhm *m.*: ***~ immortale, imperitura*** unsterblicher, unvergänglicher Ruhm; ***aspirare alla ~*** nach Ruhm streben **2** *(persona celebre)* Berühmtheit *f.*: ***una ~ locale*** eine Lokalberühmtheit **3** RELIG. Seligkeit *f.*: ***la ~ dei cieli, dei santi*** die himmlische Seligkeit, die Seligkeit der Heiligen **4** TESS. Gloriaseide *f.* **5** METEOR. Glorie *f.* ◆ ***circondarsi di un'aureola di ~*** sich mit einem Glorienschein umgeben; ***coprirsi di ~*** sich mit Ruhm bedecken; ***degno di ~*** ruhmwürdig; ***~ a Dio nell'alto dei cieli*** Ehre sei Gott in der Höhe; ***Dio l'abbia in ~*** Gott hab ihn selig; COLLOQ. ***essere in ~*** selig sein; ***lode e ~ a Dio*** gelobt und gepriesen sei Gott; ***~ militare*** Kriegsruhm *m.*; ***pagina di ~*** Ruhmesblatt *n.*; IRON. ***lavorare per la ~*** um (einen) Gotteslohn arbeiten; TESS. ***seta ~*** Gloriaseide *f.*; ***sete di ~*** Ruhmbegier(de) *f.*, Ruhmsucht *f.*; ***qcs. va a ~ di qcn.*** etw. gereicht jdm zum Ruhm; ***vecchie -e*** Berühmtheiten von einst.
2.glo|ria m.inv. LIT. Gloria *n.* ◆ PROV. ***tutti i salmi finiscono in ~*** das ist das Ende vom Lied.
glo|ria|re *(glorio, glori)* **I** tr. LETT. lobpreisen, rühmen, verherrlichen, verehren **II** pronom. **gloriarsi** sich rühmen, prahlen: ***-rsi di un'azione*** mit einer Tat prahlen, sich einer Tat rühmen.
glo|ri|fi|ca|re *(glorifico, glorifichi)* **I** tr. **1** verherrlichen, glorifizieren: ***~ un eroe*** einen Helden verherrlichen **2** preisen, lobpreisen, glorifizieren: ***~ Dio*** Gott preisen **II** pronom. **glorificarsi 1** sich Ruhm erwerben **2** *(vantarsi)* sich rühmen. **glo|ri|fi|ca|zio|ne** f. **1** Verherrlichung *f.*, Glorifikation *f.* **2** *(di Dio, dei santi)* Preisung *f.*, Lobpreisung *f.*
glo|rio|sa|men|te avv. glorios, glorreich, rühmlich. **glo|rio|so** agg. glorios, glorreich, Ruhmes-, rühmlich (*o* ruhmreich, ruhmvoll): ***giorno ~*** Ruhmestag *m.*; ***non avere una fine -a*** kein rühmliches Ende nehmen; ***una vittoria -a*** ein glorreicher Sieg.
glos|sa f. Glosse *f.*: ***redigere una ~*** eine Glosse verfassen; ***~ marginale*** Randglosse *f.* **glos|sa|re** tr. glossieren: ***~ un testo*** einen Text glossieren (*o* mit Randglossen versehen). **glos|sa|rio** m. *(-ri)* Glossar *n.* **glos|sa|to|re** m. Glossator *m.*
glos|se|ma m. Glossem *n.* **glos|so|la|li|a** f. Glossolalie *f.*, Glottolalie *f.*
glot|ta|le, glot|ti|da|le agg. Glottal-. **glot|ti|de** f. Glottis *f.*, Stimmritze *f.* ◆ ***colpo di ~*** Knacklaut *m.*
glot|to|di|dat|ti|ca f. Sprachlehrforschung *f.*, Sprachdidaktik *f.* **glot|to|lo|gi|a** f. Sprachwissenschaft *f.*, Sprachforschung *f.* **glot|to|lo|gi|co** agg. *(-ci,-che)* sprachwissenschaftlich. **glot|to|lo|go** m. *(-gi)* Sprachwissenschaftler *m.*, Sprachforscher *m.*
glu glu inter. gluck, gluck.
glu|ci|de m. Kohle(n)hydrat *n.* **glu|co|si|de** m. Glykosid *n.*
glu|co|sio m. Glykose *f.*, Glukose *f.*, Traubenzucker *m.*, Stärkezucker *m.*
glu|ma f. Spelze *f.* **glu|ma|ce|o** agg. spelzig.
glu|tam|ma|to m. Glutamat *n.* **glu|tam|mi|co** agg. *(-ci,-che)* Glutamin-: ***acido ~*** Glutaminsäure *f.*
glu|te|o I m. Gesäßmuskel *m.* **II** agg. Gesäß-.
glu|ti|na|to agg. Gluten-: ***pasta -a*** Glutenteigware *f.* **glu|ti|ne** m. Gluten *n.* **glu|ti|no|si|tà** f. glutenartige Beschaffenheit *f.* **glu|ti|no|so** agg. Gluten-.
gnam gnam inter. nam nam.
gneis(s) ['gnɛis] m.inv. Gneis *m.*
gnoc|co m. *(-chi)* **1** Kloß *m.*; *(piccolo)* Klößchen *n.* **2** FIG. COLLOQ. Tölpel *m.*, Einfaltspinsel *m.* ◆ ***-chi di patate*** Gnocchi *pl.* aus Kartoffelteig.
gno|mi|co I agg. *(-ci,-che)* gnomisch **II** m. *(-ci)* Gnomiker *m.*
gno|mo m. Gnom *m.*, Zwerg *m.*, Wichtel *m.*, Wichtelmännchen *n.*
gno|mo|ne m. Schattenstab *m.*, Gnomon *m.*
gnor|nò avv. COLLOQ. nein, nein.
gnor|ri, ***fare lo ~*** den Ahnungslosen spielen.
gnor|sì avv. COLLOQ. ja, ja.
gno|se|o|lo|gi|a [ɲo-, gno-] f. Gnoseologie *f.*, Erkenntnislehre *f.*, Erkenntnistheorie *f.* **gno|se|o|lo|gi|co** agg. *(-ci,-che)* gnoseologisch, erkenntnistheoretisch. **gno|si** f. Gnosis *f.* **gno|sti|ci|smo** m. Gnostizismus *m.* **gno|sti|co I** agg. *(-ci,-che)* gnostisch **II** m. *(-ci)* Gnostiker *m.*
gnu m. Gnu *n.*
goal [goul, *üblich* gɔl] m.inv. Tor *n.*, Treffer *m.*: ***andare in ~*** ein Tor schießen; ***fare, segnare, realizzare un ~*** ein Tor schießen (*o* erzielen), einen Treffer landen, erzielen, an‿bringen; ***il ~ fu realizzato all'ultimo minuto*** das Tor fiel in der letzten Minute; ***subire, incassare un ~*** ein Tor hin‿nehmen müssen, kassieren.
gob|ba f. **1** Buckel *m.*: ***avere la ~*** einen Buckel haben **2** *(di animali)* Höcker *m.* **3** *(protuberanza)* Buckel *m.*, Höcker *m.*: ***una strada piena di -e*** eine Straße voller Buckel; ***un naso con la ~*** eine Höckernase **4** *(di abiti)* Wulst *m.*: ***fare una ~ sulla spalla*** einen Wulst an der Schulter bilden **5** *(di luna)* Wölbung *f.*, Mondwölbung *f.* ◆ ***spianare la ~ a qcn.*** jdm den Buckel voll‿hauen.
gob|bet|to m. buckliges Männlein *n.*
1.gob|bo I agg. **1** buck(e)lig **2** *(incurvato)* krumm, gebückt, gekrümmt: ***non stare così ~*** steh nicht so krumm da **3** ESTENS. höckerig: ***un naso ~*** eine höckerige Nase **II** m. Buck(e)lige *m.* ◆ ***un colpo ~*** ein böser Streich.
2.gob|bo m. CINEM. TELEV. Neger *m.*
go|be|lin [gɔ'blɛ̃] m.inv. Gobelin *m.*, Wandteppich *m.*
go|bio|ne m. Gründling *m.*
goc|cet|to m. Tröpfchen *n.*; ***beviamoci un ~*** trinken wir ein Gläschen!
goc|cia f. *(-ce)* **1a** Tropfen *m.*: ***una ~ d'acqua, di pioggia*** ein Tropfen Wasser, Regen (*o* Wasser-, Regentropfen) **b** *(piccola quantità di liquido)* ***bere fino all'ultima ~*** bis auf den letzten Tropfen aus‿trinken; ***non bere una ~ di vino*** keinen Tropfen Wein trinken **c** *(di medicinale)* ***prendere dieci -ce per la tosse*** zehn Tropfen gegen den Husten ein‿nehmen **2** *(di vetro, cristallo, pietra preziosa)* Tropfen *m.* ◆ ***~ a ~*** tröpfchenweise; ***a -ce*** tropfenweise; ***a (forma di) ~*** tropfenförmig; ***un orecchino a ~*** ein tropfenförmiges Ohrgehänge; ***(as)somigliarsi, essere come due -ce d'acqua*** sich aufs Haar (*o* wie ein Ei dem anderen) gleichen; FIG. ***una ~ d'acqua nel mare*** ein Tropfen auf den heißen Stein; ***la ~ scava la pietra*** steter Tropfen höhlt den Stein; ***~ di sangue*** Blutstropfen *m.*; ***~ di sudore*** Schweißtropfen *m.*; ***questa è la ~ che fa traboccare il vaso*** das bringt das Fass zum Überlaufen (*o* das schlägt dem Fass den Boden aus).
goc|cia|re *(goccio, gocci)* → **gocciolare.**
goc|cio m. *(-ci)* Tropfen *m.*: ***non bere un ~ di vino*** keinen Tropfen

Alkohol trinken; ***nella bottiglia ce n'è ancora un ~*** es ist noch ein Tropfen in der Flasche.

goc|cio|la|men|to m. Tropfen *n.*, Tröpfeln *n.*

goc|cio|la|re *(gocciolo)* **I** intr. (aus. *essere, avere*) tropfen, tröpfeln: ***il vino è gocciolato sul tavolo*** der Wein ist auf den Tisch getropft; ***il rubinetto ha gocciolato tutta la notte*** der Wasserhahn hat die ganze Nacht getropft; *(colare)* ***le gocciola il naso*** ihr tropft die Nase **II** tr. herunter‿tropfen, tropfen: ***gocciola sudore dalla fronte*** ihm tropft der Schweiß von der Stirn herunter; ***la candela gocciola cera*** von der Kerze tropft Wachs.

goc|cio|la|to|io m. *(-oi)* Dachtraufe *f.* **goc|cio|li|na** f. Tröpfchen *n.* **goc|cio|li|o** m. (dauerndes) Tropfen *n.*, Tröpfeln *n.* **goc|cio|lo|ne** m. großer Regentropfen *m.*

go|de|re *(godei/godetti; goduto)* **I** intr. (aus. *avere*) **1a** *(rallegrarsi)* ***~ di, per qcs.*** sich über etw. (A) freuen, sich an etw. (D) erfreuen, Freude an etw. (D) haben: ***godeva nel vederlo felice*** er freute sich (darüber), ihn glücklich zu sehen **b** Vergnügen an etw. (D) finden, sich an etw. (D) weiden: ***~ a tormentare qcn.*** Vergnügen daran finden, jdn zu quälen; ***~ dell'imbarazzo di qcn.*** sich an jds Verlegenheit weiden **2a** *(usufruire)* ***~ di qcs.*** etw. genießen: ***~ di privilegi, agevolazioni, di un diritto*** Vorrechte (*o* Freiheiten), Erleichterungen, ein Recht genießen; ***~ della fiducia di qcn., di grande stima*** jds Vertrauen, große Wertschätzung (*o* Hochachtung) genießen **b** *(avere)* haben, besitzen: ***~ di una bella vista*** eine schöne Aussicht haben **3** assol. *(divertirsi)* das Leben genießen, sich vergnügen **4** COLLOQ. *(provare l'orgasmo)* kommen, Lust empfinden **II** tr. **1** genießen: ***~ il fresco della sera*** die Abendkühle genießen **2** sich erfreuen: ***~ ottima salute*** sich bester Gesundheit erfreuen **III** pronom. ***godersi qcs.*** etw. genießen: ***-rsi la vita*** sein Leben genießen; ***-rsi le vacanze*** seinen Urlaub genießen; ***-rsi i figli*** seine Kinder genießen ◆ COLLOQ. ***godersela*** das Leben voll genießen; ***godersela un mondo, un sacco*** sich sehr vergnügen (*o* amüsieren); ***goditela finché puoi!*** genieße es, solange du kannst!

go|de|rec|cio agg. *(-ci,-ce)* **1** genusssüchtig: ***gente -a*** genusssüchtige Menschen **2** *(da gaudente)* genussvoll, schlemmerhaft: ***una vita -a*** ein schlemmerhaftes Leben.

go|di|bi|le agg. **1** vergnüglich, unterhaltsam: ***uno spettacolo ~*** eine vergnügliche Veranstaltung **2** DIR. nutzbar: ***bene ~*** nutzbares Gut.

go|di|men|to m. **1** Genuss *m.*, Lustgefühl *n.*; *(gioia, felicità)* Freude *f.* **2** *(ciò che provoca piacere)* Genuss *m.*, Vergnügen *n.*: ***cercare i -i*** Vergnügen suchen **3** DIR. Genuss *m.*, Nutznießung *f.*: ***~ di una pensione, di un diritto*** Genuss einer Rente, eines Rechts; ***entrare in ~ di qcs.*** in den Genuss von etw. kommen; ***avere qcs. in ~*** etw. genießen ◆ ***~ anticipato*** Vorgenuss *m.*; ***~ pieno*** Vollgenuss *m.*; ***trarre ~ da qcs.*** an etw. (D) Freude haben; *(vantaggio)* aus etw. Nutzen ziehen.

go|dro|na|re tr. rändeln. **go|dro|na|tu|ra** f. Rändelung *f.*

go|du|ria f. COLLOQ. Vergnügen *n.*: ***che ~!*** was für ein Vergnügen! (anche IRON.).

goe|thia|no agg. goethisch, goethesch, Goethe-: ***drammi -i*** goethesche Dramen; ***l'età -a*** das Goethezeitalter; ***le opere -e*** Goethes Werke.

gof|fag|gi|ne f. Plumpheit *f.*, Ungewandtheit *f.*, Unbeholfenheit *f.*, Tollpatschigkeit *f.* **gof|fa|men|te** avv. plump, ungewandt, unbeholfen. **gof|fo** agg. plump, tollpatschig, ungewandt, unbeholfen: ***una persona -a*** ein Tollpatsch; ***movimenti -i*** plumpe Bewegungen; ***un ~ tentativo di approccio*** ein plumper Annäherungsversuch.

gof|frag|gio m. *(-gi)* Prägedruck *m.* **gof|fra|re** tr. prägen, gaufrieren. **gof|fra|tri|ce** f. Prägepresse *f.*, Prägestock *m.* **gof|fra|tu|ra** f. Prägung *f.*, Prägedruck *m.*

Gof|fre|do n.pr.m. Gottfried *m.*, Götz *m.*

go|gna f. **1** *(collare)* Halseisen *n.* **2** *(berlina)* Pranger *m.*: ***condannare alla ~*** zum Pranger verurteilen; FIG. ***mettere qcn. alla ~*** jdn an den Pranger bringen, stellen.

goi m.inv. Goi *m.*

go-kart m.inv. Gokart *m.*

gol → **goal.**

go|la f. **1a** Hals *m.*: ***avere la ~ secca, infiammata*** einen trockenen, entzündeten Hals haben **b** ANAT. *(cavità faringea)* Rachen *m.*: ***spennellare la ~ (con una tintura)*** den Rachen (mit einer Tinktur) bepinseln **2** ESTENS. *(collo)* Gurgel *f.*, Kehle *f.*: ***tagliare, stringere la ~ a qcn.*** jdm die Kehle durch‿schneiden, zu‿drücken; ***la cravatta mi stringe la ~*** die Krawatte schnürt mir die Kehle ab **3** *(golosità)* Gefräßigkeit *f.*, Esslust *f.*; *(peccato)* Unmäßigkeit *f.*: ***mangiare per ~*** aus reiner Esslust essen **4** *(condotto)* Loch *n.*, Schlund *m.*: ***la ~ del pozzo, del camino*** das Brunnenloch, Kaminloch **5** TECN. *(scanalatura)* Rille *f.*: ***la ~ della puleggia*** die Rille der Scheibe **6** *(valle)* Schlucht *f.*, Klamm *f.*; ***~ di monte, montana*** Gebirgsschlucht *f.* **7** ARCH. Hohlkehle *f.*, Kehle *f.* ◆ ***ho l'acqua alla ~*** das Wasser steht mir bis zum Hals; ***bagnarsi la ~*** sich (D) die Kehle (*o* die Gurgel) an‿feuchten, schmieren, ölen; ***col boccone in ~*** gleich nach dem Essen; ***ho il cuore in ~*** das Herz schlägt mir bis zum Hals hinauf; ***far ~ a qcn.*** jdn reizen; ***con un groppo in ~*** mit einer Träne im Knopfloch; ***avere un groppo in ~*** einen Kloß im Hals haben; MED. ***~ di lupo*** Wolfsrachen *m.*; ***mal di ~*** Halsschmerz *m.*, Halsweh *n.*; ANT. ***mentire per la ~*** unverschämt lügen; ***avere un nodo in ~ → avere un groppo in ~***; ***parlare di, in ~*** gurgelnd sprechen; ESTENS. ***peccato di ~*** Naschsucht *f.*; ***i piaceri della ~*** die Freuden des Essens; ***a piena ~*** aus voller Kehle, aus vollem Halse; ***prendere qcn. per la ~*** jdn bei der Gurgel packen; FIG. jdn durch seine Kochkünste erobern; ***ricacciare un'offesa in ~ a qcn.*** jdn dazu bringen, eine Beleidigung zurückzunehmen; ***rimanere in ~*** im Hals stecken‿bleiben; FERR. ***rotaia a ~*** Rillenschiene *f.*; ***schiarirsi la ~*** sich räuspern; ***voce di ~*** Kehlstimme *f.*; PROV. ***ne uccide più la ~ che la spada*** an Gefräßigkeit sterben mehr als durch das Schwert; ***il marito si prende per la ~*** Liebe geht durch den Magen.

go|le|a|da f. Torserie *f.* **go|le|a|dor** m.inv. Torjäger *m.*

1.go|let|ta f. ABBIGL. Halsberge *f.*

2.go|let|ta f. MAR. Schoner *m.*

1.golf m.inv. Strickjacke *f.*

2.golf m. Golf *n.*: ***giocare a ~*** Golf spielen, golfen; ***palla, pallina da ~*** Golfball *m.*; ***campo, mazza da ~*** Golfplatz *m.*, Golfschläger *m.*; ***gioco del ~*** Golfspiel *n.*

gol|fi|no m. Strickjacke *f.*

gol|fi|sta m. e f. *(-i,-e)* Golfspieler *m.* (-in *f.*). **gol|fi|sti|co** agg. *(-ci, -che)* Golf-: ***circolo ~*** Golfklub *m.*

gol|fo m. Golf *m.*: ***il ~ di Trieste*** der Golf von Triest; ◆ ***corrente del Golfo*** Golfstrom *m.*; ***la guerra del Golfo*** Golfkrieg *m.*; ***Golfo del Messico*** Golf von Mexiko; ***il Golfo Persico*** der Persische Golf.

Gol|go|ta n.pr.m. Golgatha (*o* Golgota) *n.*

Go|li|a n.pr.m. Goliath *m.*

go|liar|di|a f. **1** Studentenschaft *f.* **2** = studentische Bräuche *pl.*, Komment *m.* **3** *(spirito)* studentischer Geist *m.* **go|liar|di|ca|men|te** avv. (typisch) studentenhaft. **go|liar|di|co** agg. *(-ci,-che)* Studenten-: ***berretto, canto ~*** Studentenmütze *f.*, Studentenlied *n.*; ***associazione -a*** Studentenverbindung *f.* **go|liar|do** m. = (traditionsbewusster) Student *m.*

gol|li|smo → **gaullismo. gol|li|sta** → **gaullista.**

go|lo|sa|men|te avv. gierig, versessen. **go|lo|si|tà** f.inv. **1a** Esslust *f.* **b** SPREG. Gefräßigkeit *f.*, Fressgier *f.* **2** *(leccornia)* Leckerbissen *m.*

go|lo|so I agg. **1a** naschhaft, naschsüchtig; *(ingordo)* gefräßig: ***sei proprio ~!*** du bist recht naschsüchtig! **b** ***~ di qcs.*** auf etw. (A) versessen: ***essere ~ di miele*** auf Honig versessen sein **2** FIG. *(ghiotto)* gierig, begierig, -süchtig: ***~ di novità*** begierig auf Neuigkeiten **3** *(di cibi)* lecker **II** m. Nascher *m.*, Naschmaul *n.*, Leckermaul *n.*

1.gol|pe m.inv. POL. Putsch *m.*: ***tentativo di ~*** Putschversuch *m.*

2.gol|pe f. AGR. Brand *m.*: ***~ del frumento*** Schmierbrand *m.*

gol|pi|sta *(-i,-e)* **I** m. e f. Putschist *m.* (-in *f.*) **II** agg. Putsch-: ***propositi -i*** Putschabsichten *pl.* **gol|pi|sti|co** agg. *(-ci,-che)* Putsch-.

go|me|na f. Trosse *f.*, Tau *n.*

go|mi|ta|ta f. Stoß *m.* mit dem Ellbogen; ***dare una ~ a qcn.*** jdn mit dem Ellbogen an‿stoßen (*o* stoßen); ***battere una ~ contro qcs.*** mit dem Ellbogen an, gegen den Tisch stoßen; ***farsi strada, largo a -e*** seine Ellbogen gebrauchen (*o* ein‿setzen).

go|mi|to m. **1** Ell(en)bogen *m.*: ***slogarsi il ~*** sich den Ellbogen aus‿renken; ***mangiare col ~ sul tavolo*** mit dem Ellbogen auf dem Tisch essen; *(della manica)* ***consumare i -i*** die Ellbogen ab‿wetzen **2** *(curva)* Knick *m.*: ***la strada fa un ~*** die Straße macht einen Knick **3a** *(raccordo per tubi)* Knie *n.* **b** *(ansa di fiume)* Knie *n.* ◆ ***~ a ~*** auf Tuchfühlung; FIG. ***lavorare ~ a ~*** Hand in Hand arbeiten; ***albero a -i*** Kurbelwelle *f.*; ***alzare il ~*** zu tief ins Glas gucken; ***articolazione del ~*** Ellbogengelenk *n.*; ***curva a ~*** Knick *m.*; FIG. ***farsi largo coi -i*** ein Ell(en)bogenmensch sein; ***manovella a ~*** Gelenkhebel *m.*; SCHERZ. ***ci vuole olio di ~*** hier braucht es zwei starke (*o* kräftige) Arme, hier muss man in die Hände spucken; ***piegare qcs. a ~*** etw. (ver)kröpfen; ***~ del tennista*** Tennisell(en)bogen *m.*

go|mi|to|lo m. Knäuel *m.* e *n.*: ***un ~ di lana*** ein Knäuel Wolle, ein Wollknäuel: ***sbrogliare un ~*** einen Knäuel entwirren.

gom|ma f. **1** Gummi *m.* e *n.*: **2** *(per cancellare)* Radiergummi *m.*, Gummi *m.* **3** *(da masticare)* Kaugummi *m.* e *n.*: ***masticare una ~*** Kaugummi kauen **4** *(pneumatico)* Gummireifen *m.*, Reifen *m.*: ***gonfiare, cambiare una ~*** einen Reifen auf‿pumpen, wechseln; ***avere una ~ a terra*** eine Reifenpanne (*o* einen platten Reifen) haben ◆ ***albero della ~*** Kautschukbaum *m.*, Gummibaum *m.*; ***~ ame-***

ricana → ***~ da masticare***; ***~ arabica*** Gummiarabikum *n.*, Akaziengummi *m.* e *n.*; ***~ per, da cancellare*** Radiergummi *m.* e *n.*; ***di ~*** Gummi-, aus Gummi: ***guanti, stivali di ~*** Gummihandschuhe *pl.*, Gummistiefel *pl.*; ***palla di ~*** Gummiball *m.*; ***tubo di ~*** Gummischlauch *m.*; FIG. ***essere di ~*** = gelenkig sein, geschmeidige Bewegungen haben; ***guarnizione di ~*** Gummidichtung *f.*; ***~ da inchiostro*** Tintengummi *m.*; ***~ lacca*** → **gommalacca**; ***~ da masticare*** Kaugummi *m.* e *n.*; ***~ da matita*** Radiergummi *m.*, Bleistift(radier)gummi *m.*; ***~ naturale*** Naturgummi *m.*; ***~ pane*** Knetgummi *m.*; ***~ da penna*** → ***~ da inchiostro***; ***~ sintetica*** Kunstgummi *m.*; ***trasporto su ~*** Transport *m.* auf Rädern.

gom|ma|gut|ta f. Gummigutt *n.* **gom|ma|lac|ca** f. Gummilack *m.*, Schellack *m.* **gom|ma|piu|ma** f. Schaumgummi *m.*

gom|ma|re tr. **1** gummieren, kautschutieren: ***~ tessuti, francobolli*** Stoffe, Briefmarken gummieren **2** AUT. bereifen.

gom|ma|re|si|na → **gommoresina.**

gom|ma|to p.pass. agg. **1** → **gommare** **2** gummiert, Gummi-: ***carta -a*** gummiertes Papier; ***nastro ~*** gummierter Klebstreifen **3** *(di ruote)* bereift. **gom|ma|tu|ra** f. **1** Gummierung *f.* **2** AUT. Gummibereifung *f.* **gom|mi|fi|cio** m. *(-ci)* Gummiwerk *n.* **gom|mi|no** m. Gummistöpsel *m.* **gom|mi|sta** m. *(-i)* **1** Reifenhändler *m.* **2** *(officina)* Reifendienst *m.*

gom|mo|ne m. Schlauchboot *n.* (mit Außenbordmotor).

gom|mo|re|si|na f. Gummiharz *n.*

gom|mo|si|tà f. gummiartige Beschaffenheit *f.* **gom|mo|so** agg. gummiartig, Gummi-: ***materiale ~*** gummiartiges Material; ***caramella -a*** Gummibonbon *m.* e *n.*

Go|mor|ra n.pr.f. Gomorrha *n.*

go|na|de f. Keimdrüse *f.*, Gonade *f.* **go|na|di|co** agg. *(-ci,-che)* Gonaden-. **go|na|do|tro|pi|na** f. Gonadotropin *n.*

gon|do|la f. Gondel *f.*: ***andare in ~*** mit der Gondel fahren. **gon|do|lie|re** m. Gondoliere *m.*

gon|fa|lo|ne m. Banner *m.* ◆ FIG. ***tenere, portare il ~*** = ein Unternehmen leiten, führen. **gon|fa|lo|nie|re** m. **1** Bannerträger *m.* **2** STOR. Gonfaloniere *m.*

gon|fia|bi|le agg. aufblasbar ◆ ***battello, canotto ~*** (aufblasbares) Schlauchboot *n.*; ***materassino ~*** Luftmatraze *f.* **gon|fiag|gio** m. *(-gi)* **1** Aufpumpen *n.*: ***il ~ dei pneumatici*** das Aufpumpen der Reifen **2** FIG. Aufblähen *n.* ◆ ***~ dei prezzi*** Preistreiberei *f.* **gon|fia|men|to** m. **1** → **gonfiatura** **2** *(ingrossamento)* Anschwellung *f.*

gon|fia|re *(gonfio, gonfi)* **I** tr. **1a** auf‿bauschen, auf‿blähen, blähen: ***il vento gonfia le vele*** der Wind bauscht die Segel auf; ***la birra gonfia lo stomaco*** Bier bläht den Bauch auf; ***~ le gote*** die Backen blähen **b** FIG. auf‿bauschen, auf‿blähen: ***~ una notizia, un evento*** eine Nachricht (zur Sensation), ein Ereignis aufbauschen (*o* hoch‿spielen) **2** *(soffiando)* auf‿blasen: ***~ un palloncino*** einen Luftballon aufblasen **3** *(con una pompa)* auf‿pumpen: ***~ le gomme, il materassino*** die Reifen, die Luftmatratze aufpumpen **4** *(ingrossare)* an‿schwellen lassen: ***le forti precipitazioni gonfiano il fiume*** die starken Regenfälle lassen den Fluss anschwellen **5** *(prezzi)* hinauf‿treiben **6** ***~ qcn.*** jdn übertrieben loben, jdn hoch‿loben **7** COLLOQ. *(malmenare)* die Hucke voll hauen; ***~ qcn. di botte*** = jdm die Hucke voll hauen, jdm (eine Tracht) Prügel geben; ***~ la faccia a qcn.*** jdm das Gesicht polieren **II** intr. (aus. *essere*) **1** an‿schwellen, schwellen: ***le ghiandole infiammate gonfiano*** die entzündeten Drüsen schwellen an; ***di sera mi gonfiano i piedi*** abends schwellen mir die Füße an **2** *(crescere di volume)* auf‿treiben, hoch‿gehen: ***la pasta gonfia con il lievito*** der Teig treibt durch die Hefe auf **III** pronom. **gonfiarsi** **1** sich auf‿blähen, sich blähen, sich auf‿bauschen: ***la gonna si gonfiava al vento*** der Rock bauschte sich im Wind auf **2** *(ingrossarsi)* an‿schwellen, schwellen: ***le tonsille si sono gonfiate*** die Mandeln sind angeschwollen **3** FIG. schwellen: ***gli si gonfia il cuore di gioia*** ihm schwillt das Herz vor Freude **4** *(darsi arie)* sich auf‿blasen, sich auf‿plustern. **gon|fia|to** p.pass. agg. **1** → **gonfiare** **2** ***notizie -e*** aufgeblähte Nachrichten **3** ***prezzi -i*** hinaufgetriebene Preise ◆ FIG. ***pallone ~*** aufgeblasener Kerl.

gon|fia|to|re m. **1** Luftpumpe *f.* **2** FIG. *(adulatore)* Schmeichler *m.* **gon|fia|tu|ra** f. **1** Aufblähung *f.*, Aufbauschen *n.*; *(soffiando)* Aufblasen *n.* **b** FIG. Aufblähung *f.*, Aufblasen *n.* **2** *(con una pompa)* Aufpumpen *n.* **3** fig. *(adulazione)* Schmeichelei *f.*

gon|fiez|za f. **1** Schwellung *f.* **2** *(ampollosità)* Schwülstigkeit *f.*, Geschwollenheit *f.*

gon|fio agg. *(-fi,-fie)* **1** *(ben gonfiato)* prall: ***il pallone non è ~*** der Fußball ist nicht prall **2** angeschwollen, geschwollen: ***palpebre, tonsille -fie*** angeschwollene Lider, Mandeln; ***avere una caviglia -a*** einen geschwollenen Knöchel haben **3** *(di stile; ampolloso)* geschwollen, schwülstig **4** *(borioso)* geschwellt, aufgeblasen: ***~ d'orgoglio*** stolzgeschwellt **5** ABBIGL. *(a sbuffo)* bauschig ◆ ***qcn. ha il cuore ~*** jdm wird das Herz schwer; ***occhi -fi di pianto*** vom Weinen verschwollene Augen, verweinte Augen; ***portafoglio ~*** dicke Brieftasche; FIG. ***andare a -fie vele*** bestens laufen.

gon|fio|re m. Anschwellung *f.*, Schwellung *f.*: ***un ~ al ginocchio*** eine Schwellung am Knie.

gong m.inv. Gong *m.*: ***suonare il ~*** den Gong schlagen, gongen; ***colpo di ~*** Gongschlag *m.*

gon|go|lan|te agg. jauchzend, frohlockend. **gon|go|la|re** intr. *(gongolo;* aus. *avere)* jauchzen, frohlocken: ***~ di gioia*** vor Freude jauchzen.

go|nio|me|tri|a f. Goniometrie *f.*, Winkelmessung *f.* **go|nio|me|tri|co** agg. *(-ci,-che)* goniometrisch. **go|nio|me|tro** m. Goniometer *n.*, Winkelmesser *m.*

gon|na f. Rock *m.*: ***una ~ attillata, corta*** ein eng anliegender, kurzer Rock; ***una ~ con lo spacco*** ein Rock mit Schlitz; ***una ~ di velluto, di pelle*** ein Samt-, Lederrock; ***in ~ e camicetta*** mit Rock und Bluse; ***accorciare, allungare la ~ (di 2 cm)*** den Rock (um 2 cm) kürzen, verlängern; ***stringere, allargare, modificare una ~*** einen Rock enger, weiter machen, um‿ändern; ***la ~ stringe, cade bene*** der Rock spannt, fällt gut ◆ ***~ a campana*** Glockenrock *m.*; ***~ pantalone*** Hosenrock *m.*; ***~ a pieghe*** Faltenrock *m.*; ***~ plissé, plissettata*** Plisseerock *m.*, plissierter Rock; ***~ a portafoglio*** Wickelrock *m.*; ***~ scozzese*** Schottenrock *m.*; ***~ svasata*** ausgestellter Rock.

gon|nel|la f. Rock *m.*: FIG. ***stare attaccato alla ~ della mamma*** am Rock (*o* Rockzipfel) der Mutter hängen ◆ ***correre dietro a tutte le -e*** hinter jeder Schürze (*o* jedem Rock) her‿laufen, her sein; IRON. ***un sergente in ~*** ein weiblicher Hauptfeldwebel. **gon|nel|li|no** m. Röckchen *n.*; ***~ scozzese*** Schottenrock *m.*

go|no|ci|ta, go|no|ci|to m. Gonozyte *f.*

go|nor|re|a f. Tripper *m.*, Gonorrhö(e) *f.* **go|nor|roi|co** agg. *(-ci, -che)* gonorrhoisch.

gon|zo **I** agg. einfältig **II** m. Einfaltspinsel *m.*

go|ra f. **1** *(del mulino)* Mühlbach *m.*, Mühlgraben *m.* **2** *(stagno)* Sumpfwasser *n.* **3** *(alone)* Kranz *m.*, Rand *m.*

gor|dia|no, ***nodo ~*** gordischer Knoten *m.*

gor|gheg|gia|men|to m. → **2.gorgheggio.**

gor|gheg|gia|re tr. e intr. *(gorgheggio, gorgheggi;* aus. *avere)* trillern.

1.gor|gheg|gio m. *(-gi)* Triller *m.*: ***i -gi di un soprano, di un usignolo*** die Triller eines Soprans, einer Nachtigall.

2.gor|gheg|gi|o m. Getriller *n.*

gor|gia f. *(-ge)* **1** LETT. Hals *m.* **2** LING. Spirantisierung *f.*, Frikativierung *f.*: ***~ toscana*** = Spirantisierung des „c" im Toskanischen. **gor|gie|ra** f. **1** STOR. *(di armatura)* Halsberge *f.* **2a** SART. *(di pizzo)* Halskrause *f.*, Kröse *f.* **b** *(di tessuto)* Halsband *n.* **3** *(nella scherma)* Halsschutz *m.*

gor|go m. *(-ghi)* Strudel *m.*, Wirbel *m.* (anche FIG.); ***nel ~ delle passioni*** im Wirbel der Leidenschaften.

gor|go|glian|te agg. **1** gurgelnd **2** *(scrosciante)* plätschernd **3** *(di stomaco)* kollernd. **gor|go|glia|re** intr. *(gorgoglio, gorgogli;* aus. *avere)* **1** gluckern, gurgeln: ***l'acqua gorgoglia nello scarico*** das Wasser gluckert im Abfluss **2** *(scrosciare)* plätschern: ***il ruscello gorgoglia*** der Bach plätschert **3** *(ribollire)* brodeln **4** *(di persona)* gurgeln **5** *(di stomaco)* kollern, rumoren.

1.gor|go|glio m. *(-gli)* **1** Gluckern *n.*, Gurgeln *n.* **2** *(di stomaco)* Kollern *n.*, Rumoren *n.*

2.gor|go|gli|o m. **1** (dauerndes) Gurgeln *n.* **2** *(di liquido in ebollizione)* Gebrodel *n.* **3** *(di stomaco)* (dauerndes) Kollern *n.*

gor|go|glio|ne m. Rüsselkäfer *m.*

gor|go|ne, gor|go|ne f. Gorgonenhaupt *n.* **Gor|go|ne, Gor|go|ne** n.pr.f. Gorgo *f.*

gor|gon|zo|la m. Gorgonzola *m.*

go|ril|la m.inv. Gorilla *m.* (anche FIG.): ***una cantante circondata dai suoi ~*** eine Sängerin, die von ihren Gorillas umgeben ist.

Go|ri|zia n.pr.f. Görz *n.*

go|ta f. LETT. Wange *f.*, Backe *f.*

go|tha m.inv. **1** Gotha *m.* **2** ESTENS. Spitze *f.*: ***il ~ della finanza*** die Spitze der Finanzwelt.

go|ti|co **I** agg. *(-ci,-che)* gotisch: ***lingua -a*** gotische Sprache; ART. ***un duomo, un arco ~*** ein gotischer Dom, Spitzbogen; ***l'arte -a*** die gotische Kunst **II** m. **1** *(lingua)* Gotisch(e) *n.* **2** FIG. *(lingua incomprensibile)* Chinesisch(e) *n.* **3** *(scrittura)* Gotisch *f.*, Fraktur(schrift) *f.*, Bruchschrift *f.*: ***un libro stampato in ~*** in Fraktur gesetztes Buch **4** *(arte gotica)* Gotik *f.* ◆ ART. ***~ fiammeggiante*** Flamboyantstil *m.*; ***primo ~*** Frühgotik *f.*; ***romanzo ~*** Schauerroman *m.*; ***tardo ~*** Spätgotik *f.*

go|to m. Gote *m.*
got|ta f. Gicht *f.*: ***attacco di ~*** Gichtanfall *m.*
Got|tar|do n.pr.m. Gotthard *m.*; ***San ~*** Sankt Gotthard *m.*; ***il tunnel del ~*** der Gotthardtunnel.
Got|tin|ga f. Göttingen *n.*
got|to m. REGION. Seidel *n.*
got|to|so I agg. **1** gichtig, gichtisch, Gicht-: ***tofo ~*** Gichtknoten *m.* **2** *(affetto da gotta)* gichtkrank **II** m. Gichtkranke *m.*
gouache [gwaʃ] f.inv. Gouache *f.*, Guasch *f.*
gour|met [gurˈmɛ] m.inv. **1** Gourmet *m.* **2** *(buongustaio)* Feinschmecker *m.*
go|ver|na|bi|le agg. **1** POL. regierbar **2** *(manovrabile)* lenkbar, steuerbar. **go|ver|na|bi|li|tà** f. **1** POL. Regierbarkeit *f.*: ***la ~ di un paese*** die Regierbarkeit eines Landes **2** *(manovrabilità)* Lenkbarkeit *f.*, Steuerbarkeit *f.* **go|ver|nan|te I** agg. regierend **II** m.pl. Regierung *f.*, regierende Politiker *pl.*, Regierenden *pl.* **III** f. Haushälterin *f.*, Wirtschafterin *f.*, Hausdame *f.*
go|ver|na|re tr. **1** regieren: ***~ con metodi dittatoriali, con giustizia, democraticamente*** diktatorisch, gerecht, demokratisch regieren **2** *(amministrare)* führen, leiten: ***~ una ditta, un'azienda*** eine Firma, einen Betrieb leiten; ***~ la casa*** den Haushalt leiten (*o* besorgen) **3** *(guidare)* lenken, steuern, regieren: ***un'auto difficile da ~*** ein schwer zu beherrschendes Auto; ***non riuscire a ~ un veicolo*** ein Fahrzeug nicht beherrschen können; ***~ una nave*** ein Schiff steuern **4** FIG. meistern: ***~ il proprio destino*** sein Schicksal meistern **5** *(accudire)* hüten, versorgen: ***~ il bestiame*** das Vieh hüten **II** intr. (aus. *avere*) dem Steuer gehorchen **III** pronom. **governarsi** sich beherrschen.
go|ver|na|ti|vo 1 Regierungs-: ***commissione -a*** Regierungsausschuss *m.*; ***funzionario ~*** Regierungsbeamte *m.*; ***distretto, decreto ~*** Regierungsbezirk *m.*, Regierungserlass *m.*; ***per disposizione -a*** auf Veranlassung der Regierung; ***negli ambienti -i*** in Regierungskreisen **2** *(filogovernativo)* regierungsfreundlich: ***un giornale ~*** eine regierungsfreundliche Zeitung **3** ANT. *(statale)* staatlich, Staats-: ***impiegato ~*** Staatsangestellte *m.*, Staatsbeamte *m.*
go|ver|na|to|ra|to m. **1** Gouvernement *n.* **2** STOR. *(nell'antica Roma)* Statthalterei *f.* **go|ver|na|to|re** m. **1** Gouverneur *m.*: ***il ~ di una colonia*** der Gouverneur einer Kolonie; *(negli Stati Uniti)* ***il ~ della California*** der Gouverneur von Kalifornien **2** STOR. *(nell'antica Roma)* Statthalter *m.*, Landpfleger *m.* **3** *(di una banca centrale)* Präsident *m.*
go|ver|no m. **1** Regierung *f.*: ***andare al ~*** an die Regierung gelangen; ***~ democratico, repubblicano, socialista*** demokratische, republikanische, sozialistische Regierung; ***~ di destra, di sinistra*** Rechts-, Linksregierung *f.*; ***~ di centro, di centro-sinistra*** Regierung der Mitte, Mitte-links-Regierung *f.*; ***sotto, durante il suo ~*** unter, während seiner Regierung; ***assumere, formare, rovesciare, rimpastare, sciogliere il ~*** die Regierung an‿treten (*o* übernehmen), bilden (*o* ein‿setzen), stürzen, um‿bilden, auf‿lösen **2** *(di navi)* Steuerung *f.*, Steuer *n.*: ***assumere il ~ di una nave*** die Steuerung (*o* das Steuer) eines Schiffes übernehmen **3** *(cura)* Versorgung *f.*, Betreuung *f.*, Obhut *f.*: ***il ~ del gregge*** die Versorgung der Herde; ***attendere al ~ dei figli*** die Kinder hüten **4** *(domestico)* Besorgung *f.*: ***il ~ della casa*** die Besorgung des Haushalts ◆ ***caduta del ~*** Regierungssturz *m.*; ***~ cantonale*** Kantonsregierung *f.*; ***capo di, del ~*** Regierungschef *m.*; ***~ centrale*** Zentralregierung *f.*; ***coalizione di ~*** Regierungsbündnis *n.*, Regierungskoalition *f.*; ***~ di coalizione*** Koalitionsregierung *f.*; ***crisi di ~*** Regierungskrise *f.*; ***dichiarazione del ~*** Regierungserklärung *f.*; ***dimissioni del ~*** Regierungsrücktritt *m.*; ***~ fantasma*** Scheinregierung *f.*; ***~ fantoccio*** Marionettenregierung *f.*; ***~ federale*** Bundesregierung *f.*; ***forma di ~*** Regierungsform *f.*; ***formazione del ~*** Regierungsbildung *f.*; ***insediamento del ~*** Regierungsantritt *m.*; ***maggioranza di ~*** Regierungsmehrheit *f.*; ***mal ~*** Lotterwirtschaft *f.*, Misswirtschaft *f.*; ***membro del ~*** Regierungsmitglied *n.*; ***~ monocolore*** Einpartei(en)regierung *f.*; ***~ ombra*** Schattenkabinett *n.*; ***partito di ~*** Regierungspartei *f.*; ***~ ponte*** → ***~ di transizione***; ***sede del ~*** Regierungssitz *m.*; ***sistema di ~*** Regierungssystem *n.*; ***~ di transizione*** Übergangsregierung *f.*; INFORM. ***unità di ~*** Steuerwerk *n.*
1.goz|zo m. **1** Kropf *m.* **2** ESTENS. Bauch *m.*: ***riempirsi il ~*** sich den Bauch voll schlagen ◆ ***avere qcs. nel ~*** etw. im Hals stecken haben; ***stare sul ~ a qcn.*** jdm im Hals stecken bleiben.
2.goz|zo m. kleines Segelboot *n.*
goz|zo|vi|glia f. Prasserei *f.*, Völlerei *f.*: ***fare -e*** sich der Völlerei hin‿geben. **goz|zo|vi|glia|re** intr. *(gozzoviglio, gozzovigli;* aus. *avere)* prassen, schwelgen, zechen.
goz|zu|to agg. kropfig ◆ ***piccione ~*** Kropftaube *f.*
graal m. Gral *m.*: ***il sacro ~*** der Heilige Gral; ***cavaliere del ~*** Gralsritter *m.*; ***la leggenda del ~*** die Gralssage *f.*
grac|chia|men|to m. Krächzer *m.*, Gekrächze *n.* **grac|chia|re** intr. *(gracchio, gracchi;* aus. *avere)* **1** krächzen: ***i corvi gracchiano*** die Raben krächzen **2** ESTENS. krächzen, knacken: ***la radio gracchia*** das Radio krächzt. **grac|chio** m. *(-chi)* Krächzer *m.*
gra|ci|da|men|to m. Gequäke *n.* **gra|ci|da|re** intr. *(gracido;* aus. *avere)* **1** quaken: ***la rana gracida*** der Frosch quakt **2** ESTENS. quaken, quäken. **gra|ci|di|o** m. Gequake *n.* (anche ESTENS.): ***il ~ delle rane*** das Froschgequake.
gra|ci|le agg. **1** grazil, zart: ***una corporatura ~*** ein graziler Körperbau **2** *(esile)* zartgliedrig, dünn, mager: ***gambe -i*** dünne Beine; ***mani -i*** zartgliedrige Hände **3** FIG. schwach, dünn: ***una trama ~*** eine schwache Handlung. **gra|ci|li|no** agg. schwächlich, schmächtig: ***un tipo ~*** ein schmächtiger Kerl, ein Kümmerling. **gra|ci|li|tà** f. **1** Grazilität *f.*, Zartheit *f.* **2** *(esilità)* Schlankheit *f.* **3** FIG. Schwäche *f.*
gra|das|sa|ta f. Prahlerei *f.* **gra|das|so** m. Prahler *m.*, Prahlhans *m.*, Gernegroß *m.*, Angeber *m.*: ***fare il ~*** den Gernegroß spielen, große Bogen (*o* Töne) spucken.
gra|da|ta|men|te avv. stufenweise, allmählich.
gra|da|zio|ne f. **1** Abstufung *f.*, Staffelung *f.*, Gradation *f.*: ***~ di difficoltà*** Abstufung der Schwierigkeiten **2** *(sfumatura)* Abstufung *f.*, Grad *m.*, Tönung *f.*: ***~ di colore*** Farbabstufung *f.*; ***questo colore è più chiaro di alcune -i*** diese Farbe ist um einige Grade heller **3** ENOL. Alkoholgehalt *m.*: ***la ~ di un vino*** der Alkoholgehalt eines Weines **4** OTT. Stärke *f.*: ***un paio di occhiali di ~ media*** eine Brille mittlerer Stärke; ***aumentare, diminuire la ~ delle lenti*** die Stärke der Gläser erhöhen, vermindern **5** RET. FOT. Gradation *f.* **6** GEOL. Gradierung *f.* ◆ ***~ alcolica*** Alkoholgehalt *m.*; ***ad alta ~ alcolica*** hochprozentig; ***a bassa ~ alcolica*** niedrigprozentig; FOT. ***~ di grigio*** Tonwert *m.*
gra|de|vo|le agg. angenehm, gefällig: ***un clima ~*** ein angenehmes Klima; ***un aspetto ~*** ein gefälliges Aussehen; ***è stata una vacanza, una serata ~*** es war ein angenehmer (*o* netter) Urlaub, Abend. **gra|de|vo|lez|za** f. Annehmlichkeit *f.* **gra|de|vol|men|te** avv. angenehm: ***essere ~ sorpreso*** angenehm überrascht sein.
gra|dien|te m. Gradient *m.*: ***~ barometrico*** (*o* ***barico***) Luftdruckgradient *m.*; ***~ termico*** Temperaturgradient *m.*, Wärmegefälle *n.*
gra|di|men|to m. **1** Wohlgefallen *n.*: ***mostrare il proprio ~*** sein Wohlgefallen zeigen; ***trovare qcs. di proprio ~*** an etw. (D) sein Wohlgefallen finden **2** ESTENS. *(approvazione)* Zustimmung *f.*: ***incontrare il ~ del pubblico, un alto ~*** die Zustimmung des Publikums, eine hohe Zustimmung finden **3** DIPL. Agreement *n.*, Agrément *n.*: ***concedere il ~ a qcn.*** jdm das Agrément erteilen ◆ ***essere di ~ per qcn.*** jdm gefallen, jds Wünschen entsprechen; ***indice di ~*** Einschaltquote *f.*
gra|di|na f. Zahneisen *n.*
gra|di|na|ta f. **1** *(scalinata)* Treppe *f.*, Freitreppe *f.* **2** *(in stadi, teatri)* Tribüne *f.* (anche ESTENS.).
gra|di|no m. Stufe *f.*: ***i -i di una scala*** die Stufen einer Treppe; ***~ di, in pietra*** Stufe aus Stein (*o* Steinstufe *f.*); ***fare i -i due alla volta*** zwei Stufen auf einmal nehmen; FIG. ***raggiungere il ~ più alto della carriera*** die höchste Stufe der Laufbahn erreichen; FIG. ***salire, scendere di un ~*** eine Stufe höher steigen (*o* auf‿steigen), tiefer gehen; COLLOQ. die Treppe hinauf‿fallen, hinunter‿fallen; ***un ~ dopo l'altro*** von Stufe zu Stufe; ALP. ***tagliare -i nel ghiaccio*** Stufen ins Eis hauen ◆ ***a -i*** stufenartig, stufenförmig; ***attenzione al ~!*** Vorsicht (*o* Achtung), Stufe! GEOL. ***~ di strato*** Schichtstufe *f.*
gra|di|re tr. *(gradisco, gradisci)* **1** *(accettare)* gern an‿nehmen: ***~ un dono, un invito*** ein Geschenk, eine Einladung gern annehmen **2** *(desiderare)* mögen, wünschen: ***gradisce un caffè?*** möchten Sie einen Kaffee? ***gradirei sapere...*** ich möchte gern wissen... ◆ ***tanto per ~*** jdm zuliebe.
gra|di|to p.pass. agg. **1** → **gradire 2** lieb, angenehm, willkommen: ***una visita -a*** ein lieber Besuch; ***un dono ~*** ein willkommenes Geschenk; ***essere un ~ ospite per qcn.*** jdm ein angenehmer Gast sein.
1.gra|do m. **1** Grad *m.*, Stufe *f.*: ***~ di maturità, di formazione*** Grad der Reife, Bildungsstufe *f.*; ***~ intermedio*** Zwischenstufe *f.* **2a** *(in una scala)* Grad *m.*: ***un parente di secondo ~*** ein Verwandter zweiten Grades; ***ustioni di terzo ~*** Verbrennungen dritten Grades; ***un'equazione di secondo ~*** eine Gleichung zweiten Grades **b** GRAMM. Grad *m.*: ***subordinata di secondo ~*** Nebensatz zweiten Grades **c** ALP. Grad *m.*, Schwierigkeitsgrad *m.*: ***passaggio di quarto ~*** Durchgang vierten Grades **3a** *(livello gerarchico)* Rang *m.*, Würde *f.*, Grad *m.*: ***~ accademico*** akademischer Grad; ***avanzare, salire di ~*** im Rang steigen; ***raggiungere i, salire ai più alti -i*** zu höchsten Würden gelangen, empor‿steigen **b** MIL. Grad *m.*, Dienstgrad *m.*, Rang *m.*: ***avere il ~ di generale*** den Dienstgrad ei-

nes Generals haben, im Rang eines Generals sein (*o* stehen); ***un ufficiale col ~ di colonnello*** ein Offizier im Rang eines Obersten **4** *(unità di misura)* Grad *m.*: ***40 -i all'ombra*** 40 Grad im Schatten; ***angolo di 90 -i*** Winkel von 90 Grad **5** *(grado alcolico)* Prozent *n.*: ***un vino di 12 -i*** ein Wein mit 12 Prozent Alkohol **6** MUS. Stufe *f.*, Tonstufe *f.* **7** MIL. *(gallone)* Dienstgradabzeichen *n.* ◆ GRAMM. ***~ dell'aggettivo*** Steigerungsstufe *f.*; ***~ alcolico*** Alkoholgehalt *m.*; ***gli alti -i*** die militärische Führung; GRAMM. ***~ comparativo*** Komparativ *m.*, Steigerungsstufe *f.*; ***essere in ~ di fare qcs.*** in der Lage sein, etw. zu tun; GEOGR. ***~ di latitudine*** Breitengrad *m.*; FIS. ***~ di libertà*** Freiheitsgrad *m.*; GEOGR. ***~ di longitudine*** Längengrad *m.*; ***~ di parentela*** Verwandtschaftsgrad *m.*; ***per -i*** stufenweise, schrittweise, in Stufe; ***perdere i -i*** degradiert werden; GRAMM. ***~ positivo*** Grundstufe *f.*, Positiv *m.*; ***in sommo ~*** im höchsten Grade; GRAMM. ***~ superlativo*** Superlativ *m.*, Höchststufe *f.*; FIS. ***~ termico*** Wärmewert *m.*; ***fare un terzo ~ a qcn.*** jdn ins Kreuzverhör nehmen; LING. ***~ zero*** Zero *f.*, Schwundstufe *f.*

2.gra|do, *di buon ~* willig; ***a mio, tuo ~*** nach Belieben; LETT. ***render ~ a qcn.*** jdm Dank erweisen.

gra|do|na|men|to m. Abstufung *f.*, Terrassierung *f.*

gra|do|ne m. **1** *(terrazza)* Stufe *f.*, Terrasse *f.* **2** *(di una gradinata)* Tribünenstufe *f.*

gra|dua|bi|le agg. abstufbar. **gra|dua|bi|li|tà** f. Abstufbarkeit *f.*

gra|dua|le I agg. graduell, stufenweise: ***un aumento ~ dei prezzi*** eine graduelle Preiserhöhung; ***smantellamento ~*** stufenweiser Abbau **II** m. LIT. Graduale *n.* **gra|dua|li|smo** m. **1** Methode *f.* des schrittweisen Vorgehens **2** *(politica)* = Politik *f.* der kleinen Schritte. **gra|dua|li|sta** *(-i,-e)* **I** m. e f. = Befürworter *m.* (-in *f.*) eines schrittweisen Vorgehens **II** agg. schrittweise vorgehend. **gra|dua|li|tà** f. **1** Graduierung *f.*, Abstufung *f.*: ***la ~ dell'insegnamento*** die Abstufung des Unterrichts **2** *(l'essere graduale)* schrittweiser Charakter *m.*: ***la ~ della riforma*** der schrittweise Charakter der Reform. **gra|dual|men|te** avv. gradweise, stufenweise.

gra|dua|re tr. **1** *(dividere in gradi)* graduieren, gradieren: ***~ un termometro*** ein Thermometer graduieren **2a** *(ordinare per gradi)* stufen, ab‿stufen: ***~ le difficoltà*** nach Schwierigkeiten stufen; ***~ l'insegnamento*** den Unterricht abstufen **b** *(differenziare)* stufen, staffeln: ***~ gli stipendi*** die Löhne staffeln **3** *(classificare)* ein‿stufen **4** MIL. *(conferire i gradi)* ***~ qcn.*** jdm einen Dienstgrad verleihen.

gra|dua|to I p.pass. agg. **1** → **graduare 2** Mess-: ***cilindro ~*** Messzylinder *m.*, Messglas *n.*; ***recipiente ~*** Messbecher *m.*; ***asta -a*** Messstab *m.* **II** m. Mannschaftsdienstgrad *m.* ◆ ***scala -a*** Stricheinteilung *f.*

gra|dua|to|ria f. **1** Rangordnung *f.*, Rangfolge *f.*: ***entrare in ~*** in eine Rangordnung aufgenommen werden; ***in base alla ~*** der Rangordnung nach **2** *(classifica)* Rangliste *f.*: ***essere primo in ~*** Erster in der Rangliste sein.

gra|dua|zio|ne f. **1** Abstufung *f.*, Staffelung *f.*: ***~ degli stipendi*** Abstufung der Gehälter **2** *(suddivisione in gradi)* Maßeinteilung *f.*, Gradeinteilung *f.*, Graduierung *f.*

gra|fe|ma m. Graphem *n.*

graf|fa f. **1** EDIL. Krampe *f.* **2** *(fermaglio)* Klammer *f.*: ***unire dei fogli con una ~*** Blätter mit einer Klammer zusammen‿heften **3a** *(parentesi)* geschweifte Klammer *f.*: ***aperta, chiusa ~*** geschweifte Klammer auf, zu; ***chiudere, mettere tra -e*** in geschweifte Klammern setzen **b** TIP. Akkolade *f.*, Nasenklammer *f.* ◆ ***parentesi ~*** geschweifte Klammer. **graf|fa|re** tr. **1** *(con una graffa)* krampen **2** *(con un fermaglio)* zusammen‿klammern, verklammern. **graf|fet|ta** f. **1** Klämmerchen *n.* **2** CHIR. Klemme *f.*, Wundklammer *f.*

graf|fian|te agg. bissig, schneidend: ***ironia ~*** schneidende Ironie.

graf|fia|re *(graffio, graffi)* **I** tr. **1a** kratzen, verkratzen, zerkratzen: ***~ qcn. con le unghie sul volto*** jdn mit den Nägeln das Gesicht zerkratzen; ***~ il viso, una mano a qcn.*** jds Gesicht, Hand zerkratzen **b** assol. ***il gatto graffia*** die Katze kratzt **2** *(scalfire)* verschrammen, schrammen, ritzen: ***~ la portiera dell'auto*** die Autotür verschrammen **3** FIG. sticheln, bissig sein: ***~ l'orgoglio di qcn.*** gegen jds Stolz sticheln **II** pronom. **graffiarsi 1a** *(procurarsi graffi)* sich auf‿kratzen: ***-rsi il volto*** sich (D) das Gesicht auf‿kratzen (*o* schrammen) **2** *(reciprocamente)* sich kratzen **3** verschrammen: ***le lenti degli occhiali si graffiano facilmente*** die Brillengläser verschrammen leicht. **graf|fia|ta** f. **1** Kratzen *n.* **2** *(graffio)* Kratzer *m.*, Schramme *f.* **graf|fia|tu|ra** f. **1** *(ferita)* Kratzwunde *f.* **2** *(scalfittura)* Kratzspur *f.*

graf|fiet|to m. **1** *(piccolo graffio)* kleiner Kratzer *m.* **2** *(attrezzo)* Parallelreißer *m.*, Reißmaß *n.*

graf|fio m. *(-fi)* Kratzer *m.*, Schramme *f.*: ***riportare -fi sul viso*** Schrammen im Gesicht ab‿bekommen; ***l'auto ha un ~ sulla fiancata destra*** das Auto hat eine Schramme auf der rechten Seite ◆ ***fare un ~ a qcn., a qcs.*** jdn kratzen (*o* verkratzen), etw. schrammen (*o* verschrammen); ***cavarsela senza un ~*** ohne einen Kratzer davon‿kommen.

graf|fi|re tr. *(graffisco, graffisci)* mit Graffiti bemalen. **graf|fi|ti|sta** m. e f. *(-i,-e)* Graffitimaler *m.* (-in *f.*). **graf|fi|to** m. Graffito *m.* e *n.*

gra|fi|a f. **1** Graphie *f.*, Schreibweise *f.*: ***la ~ di una parola*** die Schreibweise eines Wortes **2** *(calligrafia)* Schrift *f.*, Handschrift *f.*: ***una ~ minuta, illeggibile, chiara*** eine kleine, unleserliche, klare Schrift.

gra|fi|ca f. **1a** Grafik *f.*: ***~ pubblicitaria*** Werbegrafik *f.* **b** *(insieme di opere)* ***la ~ di Mirò*** die Grafik von Mirò **2** TIP. grafisches Bild *n.*: ***la ~ di questo dizionario è molto chiara*** das grafische Bild dieses Wörterbuchs ist sehr klar. **gra|fi|ca|men|te** avv. grafisch: ***rappresentare qcs. ~*** etw. grafisch gestalten, dar‿stellen; ***varianti ~ diverse*** grafisch verschiedene Varianten.

gra|fi|co I agg. *(-ci,-che)* **1** grafisch: ***rappresentazione -a*** grafische Darstellung, Veranschaulichung; ***simbolo, segno ~*** grafisches Symbol, Zeichen; ART. ***l'opera -a di Picasso*** das grafische Werk Picassos **2** *(relativo alla grafia)* grafisch, Schrift-: ***la forma -a di una parola*** die grafische Form eines Wortes **3** TIP. Satz-: ***l'impostazione -a di una pagina*** das Satzbild einer Seite **II** m. **1** Graph *m.*: ***tracciare un ~*** einen Graphen zeichnen **2a** *(tecnico della grafica)* Grafiker *m.*: ***~ pubblicitario*** Werbegrafiker *m.* **b** *(dipendente di industria grafica)* Grafiker *m.* ◆ ***arti -che*** Grafik *f.*; ***industria -a*** Druckindustrie *f.*, grafisches Gewerbe.

gra|fi|ta|re tr. graphitieren. **gra|fi|te** f. Graphit *m.*

gra|fo|lo|gi|a f. Graphologie *f.*, Handschriftendeutung *f.* **gra|fo|lo|gi|co** agg. *(-ci,-che)* graphologisch: ***esame ~*** graphologische Untersuchung. **gra|fo|lo|go** m. *(-gi)* Graphologe *m.*

gra|fo|ma|ne m. e f. Vielschreiber *m.* (-in *f.*). **gra|fo|ma|ni|a** f. Graphomanie *f.*, Schreibwut *f.*

gra|gn(u)o|la f. **1** *(grandine)* Graupel *f.* **2** FIG. *(scarica)* Hagel *m.*: ***una ~ di pugni, di sassi*** ein Hagel von Faustschlägen, Steinen.

gra|ma|glie, *in ~* in Trauerkleidung, in Trauer.

gra|mi|gna f. **1** Quecke *f.*, Queckengras *n.* **2** FIG. Unkraut *n.*: ***crescere come la ~*** wie Unkraut wachsen ◆ BOT. ***~ migliaria*** Flattergras *n.*

gra|mi|na|ce|e f.pl. Gramineen *pl.*, Gräser *pl.*

gram|ma|ti|ca f. *(-che)* **1** Grammatik *f.*, Sprachlehre *f.*: ***~ normativa, descrittiva, storica*** normative, deskriptive, historische Grammatik; ***studiare, conoscere la ~ di una lingua, del tedesco*** die Grammatik einer Sprache, der deutschen Sprache lernen, beherrschen; *(testo)* ***una ~ tedesca, francese*** eine deutsche, französische Grammatik; ***una ~ con esercizi*** eine Grammatik mit Übungen (*o* eine Übungsgrammatik); ***consultare, sfogliare una ~*** eine Grammatik konsultieren, in einer Grammatik blättern **2** ESTENS. *(nozioni basilari)* Grammatik *f.*, Grundregeln *pl.*: ***la ~ delle arti figurative*** die Grammatik der bildenden Künste ◆ ***di ~*** grammatisch: ***errore di ~*** grammatischer Fehler; ***~ generativa*** generative Grammatik, Erzeugungsgrammatik *f.*; ***~ generativa trasformazionale*** generative Transformationsgrammatik; PROV. ***val più la pratica che la ~*** Probieren geht über Studieren.

gram|ma|ti|ca|le agg. grammatikalisch, grammatisch, Grammatik-: ***la struttura ~ di una lingua*** die grammatikalische Struktur einer Sprache; ***un errore ~*** ein grammatischer Fehler; ***analisi ~*** grammatische Analyse, Wortanalyse *f.*; ***regola ~*** Grammatikregel *f.*, grammatische Regel. **gram|ma|ti|ca|li|tà** f. Grammatikalität *f.*

gram|ma|ti|ca|liz|za|re I tr. grammatikalisieren **II** pronom. **grammaticalizzarsi** grammatikalisiert werden. **gram|ma|ti|ca|liz|za|zio|ne** f. Grammatikalisation *f.*, Grammatikalisierung *f.*

gram|ma|ti|cal|men|te avv. grammatisch, grammatikalisch: ***~ corretto*** grammatisch richtig.

gram|ma|ti|co m. *(-ci)* Grammatiker *m.*

gram|ma|tu|ra f. = Flächengewicht *n.* für Stoff oder Papier.

gram|mo m. **1** Gramm *n.*: ***100 -i di farina*** 100 Gramm Mehl; ***il prezzo di un ~ d'oro*** der Preis eines Gramm Golds (*o* eines Gramms Gold) **2** *(briciolo)* Funke(n) *m.*: ***non avere un ~ di riconoscenza*** keinen Funken Dankbarkeit zeigen.

gram|mo|a|to|mo m. Grammatom *n.* **gram|mo|ca|lo|ri|a** f. Grammkalorie *f.* **gram|mo|e|qui|va|len|te** m. Grammäquivalent *n.*

gram|mo|fo|ni|co agg. *(-ci,-che)* Grammophon-. **gram|mo|fo|no** m. Grammophon® *n.*

gram|mo-mo|le|co|la, gram|mo|mo|le|co|la f. Grammmolekül *n.* **gram|mo-pe|so** m. Pond *n.*

gram-ne|ga|ti|vo agg. gramnegativ, gramfrei.

gra|mo agg. **1** trostlos, freudlos: ***una vita -a*** ein trostloses Leben **2** *(scarso)* mager: ***un raccolto ~*** eine magere Ernte **3** *(di cattiva qualità)* schlecht.

gra|mo|la f. **1** = Art Knetmaschine *f.* **2** TESS. Brecher *m.*, Hanfbreche *f.*, Flachsbreche *f.* **gra|mo|la|re** tr. *(gramolo)* **1** (ver)kneten **2** TESS. brechen.

gra|mo|la|ta f. → **granita. gra|mo|la|to** m. Firn *m.*, Firnschnee *m.*

gram-po|si|ti|vo agg. grampositiv, gramfest.

gran → **grande.**

1.gra|na f. **1** Korn *n.*, Körnung *f.*: ***~ fine, grossa*** Fein-, Grobkorn *n.*; ***a ~ fine, grossa*** fein-, grobkörnig **2** FOT. Korn *n.* ◆ FIG. ***di ~ grossa*** grobklotzig.

2.gra|na f. COLLOQ. **1** *(seccatura, problema)* Unannehmlichkeit *f.*, Ärger *m.*, (unangenehmes) Problem *n.*, COLLOQ. Schererei *f.*: ***avere delle -e*** Unannehmlichkeiten haben; ***procurare -e a qcn.*** jdm Unannehmlichkeiten bereiten; ***non voglio -e!*** ich will keine Scherereien! ***risolvere una ~*** ein unangenehmes Problem lösen; ***avere -e sul lavoro*** Ärger in der Arbeit haben; ***avere -e con la polizia, con la giustizia*** Ärger mit der Polizei, Justiz haben **2** pl. *(guai)* Schwierigkeiten *pl.*: ***è nelle -e, pieno di -e*** er ist in Schwierigkeiten, voller Schwierigkeiten (*o* ihm steht das Wasser bis zum Hals); ***finire nelle -e*** in Schwierigkeiten (*o* in Teufels Küche) kommen, geraten ◆ ***cercare -e*** Streit suchen; ***piantare -e*** stänkern; ***piantare una ~*** einen Skandal (*o* COLLOQ. Mordskrach) machen.

3.gra|na f. COLLOQ. *(denaro)* Mäuse *pl.*, Kohle *f.*, Moos *n.*, Pinke *f.*: ***avere un sacco di ~, essere pieno di ~*** einen Haufen Kohle haben; ***fare la ~*** Kohle, Moos machen; ***fuori la ~!*** her mit den Mäusen (*o* mit der Kohle)!

4.gra|na m. ***~ (padano)*** INTRAD. (dem Parmesan ähnlicher Käse).

gra|na|glie f.pl. Getreide *n.*

gra|na|io m. *(-ai)* Getreidespeicher *m.*, Kornspeicher *m.*, Kornkammer *f.*

gra|na|rio agg. *(-ri,-rie)* Korn- ◆ ***calandra -a*** Kornkäfer *m.*

1.gra|na|ta f. REGION. Besen *m.*

2.gra|na|ta f. **1** Granate *f.*: ***essere ferito da una ~*** von einer Granate verwundet werden **2** ANT. *(a mano)* Handgranate *f.* ◆ ***scheggia di ~*** Granatsplitter *m.*

3.gra|na|ta I f. **1** *(melagrana)* Granatapfel *m.* **2** *(granato)* Granat *m.* **II** m.inv. **1** *(colore)* Granatfarbe *f.* **2** SPORT Fußballspieler *m.* von AC Turin **II** agg.inv. **1** granatfarben **2** SPORT di AC Torino: ***i giocatori ~*** die Fußballspieler von AC Turin; ***la squadra ~*** = die Fußballmannschaft von AC Turin.

gra|na|tie|re m. **1** Grenadier *m.* **2** FIG. *(uomo grande e grosso)* Riese m.

gra|na|ti|na f. **1** → **granita 2** *(sciroppo di melagrana)* Grenadine *f.*

1.gra|na|to I agg. **1** Granat-: ***mela -a*** Granatapfel *m.* **2** *(color granata)* granatfarben **II** m. ANT. Granat(apfel)baum *m.*

2.gra|na|to m. **1** Granat *m.*: ***collana di -i*** Granatkette *f.* **2** *(colorante)* Granatrot *n.*

Gran Bre|ta|gna n.pr.f. Großbritannien *n.*

gran|cas|sa f. große Trommel *f.*: ***suonare la ~*** die große Trommel schlagen ◆ FIG. ***battere la ~*** die Reklametrommel rühren (*o* schlagen).

gran|ché *(nur in Negativsätzen)* **I** pron.indef. nichts Besonderes: ***questo film non è un ~*** dieser Film ist nichts Besonderes **II** avv. nicht besonders; *(non molto)* nicht (so) viel: ***questo libro non è ~ interessante*** dieses Buch ist nicht besonders interessant; ***non è ~ bella*** sie ist nicht besonders schön; ***non capire ~ di qcs.*** von etw. nicht (so) viel verstehen; ***non mi piace ~*** es gefällt mir nicht besonders (*o* nicht so sehr).

gran|chio m. *(-chi)* **1** Krabbe *f.*: ***polpa di ~*** Krabbenfleisch *n.* **2** *(cantonata)* Bock *m.*, Schnitzer *m.*: ***prendere un ~*** einen Bock schießen.

gran|dan|go|la|re I agg. Weitwinkel-: ***obiettivo ~*** Weitwinkelobjektiv *n.* **II** m. → **grandangolo. gran|dan|go|lo** m. Weitwinkelobjektiv *n.*

gran|de I agg. (compar. *più grande/maggiore*, superl. *grandissimo/massimo/sommo*; vor vokalischem Anlaut kann *grande* zu **grand'** verkürzt werden; vor Konsonanten oder Konsonantengruppen zu **gran**, außer vor *s* + Konsonant, *z*, *gn*, *ps*, *x*) **1a** groß, Groß-: ***una ~ casa, azienda, città*** ein großes Haus, ein großer Betrieb (*o* Großbetrieb), eine große Stadt (*o* Großstadt); ***foglio, quaderno ~*** großes Blatt, Heft; ***una birra ~*** ein großes Bier **b** *(largo)* ***bocca ~*** großer (*o* breiter) Mund; ***-i occhi*** große Augen **c** *(numeroso)* ***una gran(de) folla*** eine große Menge **d** *(notevole)* ***-i danni, difficoltà*** große Schäden, Schwierigkeiten; ***una ~ differenza*** ein großer Unterschied; ***una ~ affluenza di pubblico*** ein großer Zustrom des Publikums **e** rafforz. ***un gran(de) bugiardo, farabutto*** ein großer Lügner, Gauner; ***un ~ egoista*** ein großer Egoist; ***è un suo ~ ammiratore*** er ist ein großer Bewunderer von ihr; ***un gran(de) lavoratore*** ein Arbeitsmensch (*o* Arbeitstier) **2** *(vasto)* weit, groß: ***una ~ pianura*** eine weite Ebene **3** *(alto)* hoch: ***una ~ montagna*** ein hoher Berg **4** *(cresciuto)* groß, gewachsen: ***è ~ per la sua età*** er ist groß für sein Alter; ***ha già tre figli -i*** er hat schon drei große Kinder; ***quando sarai ~*** wenn du groß bist; ***come ti sei fatto ~!*** wie groß du geworden bist! wie du gewachsen bist! *(vecchio)* ***il figlio, fratello più ~*** der ältere (*o* COLLOQ. große) Sohn, Bruder **5a** *(importante)* groß, wichtig: ***un ~ avvenimento*** ein großes Ereignis; ***una ~ scoperta*** eine große Entdeckung; ***una ~ esperienza*** eine wichtige Erfahrung; ***-i progressi*** große Fortschritte; ***oggi per me è un gran giorno*** heute ist ein großer Tag für mich **b** *(illustre)* ***un ~ popolo, stato*** ein großes Volk, ein großer Staat; ***un ~ condottiero, statista*** ein großer Führer, Staatsmann; ***i -i eroi del passato*** die großen Helden der Vergangenheit **c** *(preposto a nome proprio)* ***il ~ Mozart*** der große Mozart **6** *(eccellente)* groß, großartig, COLLOQ. toll: ***una ~ interpretazione, prestazione*** eine großartige Darstellung, Leistung; ***un ~ romanzo*** ein großer Roman; ***una ~ idea*** ein großartiger Einfall; ***un ~ attore, pianista*** ein großer Schauspieler, Pianist; ***che ~ poeta!*** welch großer Dichter! ***una ~ cuoca*** eine große (*o* großartige) Köchin; ***una gran donna*** eine großartige Frau; COLLOQ. ***sei stato ~!*** du warst toll! **7** *(forte, violento)* stark, mächtig, heftig: ***si sentì un gran colpo, una ~ esplosione*** man hörte einen starken Knall, eine starke Explosion; ***dare un gran pugno a qcn.*** jdm einen starken (*o* gewaltigen) Faustschlag geben; ***si è alzato un gran vento*** ein starker Wind ist aufgekommen **8** *(molto)* groß, viel: ***un gran(de) coraggio*** ein großer Mut (*o* viel Mut); ***un uomo di ~ cortesia, cultura, talento*** ein Mann von großer Höflichkeit, hoher Kultur, großem Talent; ***gran(de) curiosità, gioia*** große (*o* viel) Neugier, Freude; ***ottenere un ~ successo*** einen großen Erfolg haben; ***volere un gran bene a qcn.*** jdn sehr lieb haben; ***avere una gran fame, sete*** großen (*o* mächtigen) Hunger, Durst haben; ***fa un gran caldo*** es herrscht eine große Hitze; ***ho una gran(de) confusione in testa*** mir ist ganz wirr im Kopf; ***se ne fa un gran parlare*** es gibt ein großes Gerede darum; ***di ~ valore, effetto*** von großem Wert (*o* hochwertig), effektvoll (*o* eindrucksvoll, wirkungsvoll); ***con mio ~ rincrescimento, stupore*** zu meinem großen Bedauern, Erstaunen **9** *(forte)* stark: ***un gran bevitore*** ein starker Trinker **10** rafforz. **gran** sehr: ***un gran bell'uomo*** ein sehr schöner Mann; ***una gran brutta situazione*** eine sehr schlimme Situation **II** m. **1** Große *m.*; *(adulto)* Erwachsene *m.*: ***per -i e piccini*** für die Großen und die Kleinen **2** *(personaggio illustre)* großer Mensch *m.*, Große *m.*: ***i -i del passato*** die Großen der Vergangenheit **3a** *(persona, stato potente)* Große *m.*: ***i -i della terra*** die Großen der Welt **b** *(come appellativo)* ***Federico, Pietro il Grande*** Friedrich, Peter der Große ◆ ***alla ~*** großartig, toll; ***vincere alla ~*** haushoch siegen; ***~ ammiraglio*** Großadmiral *m.*; ***gran ballo*** großer Ball; ASTR. ***il Gran Carro*** der Große Wagen; ***gran che*** → **granché**; ***non è (poi) gran cosa*** das ist nicht viel, das ist nichts Besonderes; ***cosa farai da ~?*** was machst du, wenn du groß (*o* erwachsen) bist? ***~ distribuzione*** Großhandel *m.*; ***farsi ~ di qcs.*** (sich) mit etw. groß‿tun; ***essere il ~ favorito*** hoher Favorit sein; ***~ e grosso*** groß und mächtig; ***fare le cose, pensare in ~*** die Dinge im Großen (*o* im großen Stil) machen, im Großen denken; ***~ industria*** Großindustrie *f.*; ***~ inquisitore*** Großinquisitor *m.*; ***di gran lunga*** bei weitem, weitaus; ***gran maestro*** Großmeister *m.*; ***-i magazzini*** Warenhaus *n.*, Kaufhaus *n.*; ***una gran mente*** ein großer Geist, ein bedeutender Kopf; ***messa ~*** Hochamt *n.*; ***il gran mondo*** die vornehme Gesellschaft (*o* COLLOQ. Welt); ***la Grande Muraglia*** die Chinesische (*o* Große) Mauer; ***in ~ numero*** in großer Zahl, zahlreich; ***gran parte*** Großteil *m.*, Mehrzahl *f.*; ***in gran parte*** zum großen Teil (*o* zum Großteil), großenteils; ***a -i passi*** mit großen Schritten; ***i sette -i*** die großen Sieben; ***vivere da gran signore*** vornehm leben; ***i Grandi di Spagna*** die Granden Spaniens; ***in ~ stile*** im großen Stil, großen Stils; ***procedere a ~ velocità*** mit großer Geschwindigkeit fahren; ***gran visir*** Großwesir *m.*; ***(chiamare) a gran voce*** mit lauter Stimme, laut (rufen).

gran|deg|gia|re intr. *(grandeggio, grandeggi*; aus. *avere)* **1** LETT. sich hervor‿heben, hervor‿ragen: ***la chiesa grandeggia sulle case*** die Kirche erhebt sich über die Häuser (*o* überragt die Häuser); ***questo artista grandeggia su tutti gli altri*** dieser Künstler ragt unter allen hervor **2** *(darsi arie)* sich groß‿tun.

gran|de|men|te avv. sehr, höchst.

gran|dez|za f. **1a** *(dimensioni)* Größe *f.*: ***oggetti di varia ~*** Gegenstände unterschiedlicher Größe **b** *(grandi dimensioni)* ***un salone***

che colpisce per la sua ~ ein durch seine Größe beeindruckender Saal **c** MAT. ***~ costante, variabile*** konstante, variable (*o* veränderliche) Größe; ***rapportare due -e*** zwei Größen vergleichen **d** ASTR. ***stelle di prima, seconda ~*** Sterne erster, zweiter Größe **e** FIG. *(eccellenza)* ***la ~ di un artista, di un'opera*** die Größe eines Künstlers, eines Werkes; ***aspirare alla ~*** nach Größe streben **2** Erhabenheit *f.*, Größe *f.*: ***la ~ di Dio*** die Erhabenheit Gottes; ***l'antica ~ dell'Impero Romano*** die ehemalige Größe des Römischen Reiches **3** *(ampiezza, vastità)* Weite *f.* ◆ ***~ d'animo*** Seelengröße *f.*; ***mania di ~*** Größenwahnsinn *m.*; ***di media ~*** mittelgroß; ***raffigurare qcn., qcs. a ~ naturale*** jdn, etw. lebensgroß (*o* in Lebensgröße, in natürlicher Größe) dar‿stellen; ***ritratto a ~ naturale*** lebensgroßes Portrait, Portrait in Lebensgröße.

gran|di|cel|lo agg. ziemlich groß.

gran|di|na|re intr. *(grandina*; aus. *essere, avere)* impers. **1** hageln: ***ha, è grandinato*** es hat gehagelt **2** FIG. hageln, regnen: ***grandinano bombe, sassi*** es hagelt Bomben, Steine; ***grandinavano botte*** es hagelte Prügel. **gran|di|na|ta** f. **1** Hagelschauer *m.*: ***c'e stata una ~*** es hat gehagelt **2** FIG. Hagel *m.*: ***una ~ di colpi, sassi*** ein Hagel von Schlägen, Steinen. **gran|di|ne** f. Hagel *m.* (anche FIG). ◆ ***chicco di ~*** Hagelkorn *n.*; ***danni della, per la ~*** Hagelschäden *pl.*

gran|di|ni|o m. Hagelschlag *m.*

gran|dio|sa|men|te avv. **1** großartig, grandios **2** *(in modo imponente)* imposant, mächtig **3** *(alla grande)* großartig, COLLOQ. toll.

gran|dio|si|tà f. **1** Großartigkeit *f.* **2** *(imponenza)* Mächtigkeit *f.*, Großartigkeit *f.* **3** pl. *(ostentazione di grandezza)* Prahlerei *f.*, Wichtigtuerei *f.*, Großtuerei *f.*

gran|dio|so agg. **1a** *(maestoso)* großartig, grandios: ***uno spettacolo ~*** ein grandioser Anblick **b** *(sfarzoso)* großartig, grandios: ***una festa -a*** ein großartiges Fest; ***-e manifestazioni in onore di qcn.*** grandiose Veranstaltungen zu jds Ehren **2** *(imponente)* imposant, mächtig, großartig: ***un ~ colonnato*** eine imposante Säulenreihe **3** *(fantastico)* großartig, COLLOQ. toll: ***un'idea -a*** eine großartige Idee; ***~!*** großartig! toll! **4** *(di persona)* prahlerisch, wichtigtuerisch, großtuerisch.

gran|du|ca m. *(-chi)* Großherzog *m.* **gran|du|ca|le** agg. großherzoglich. **gran|du|ca|to** m. Großherzogtum *n.* **gran|du|ches|sa** f. Großherzogin *f.*

gra|nel|la f. Getreide *n.*, Körner *pl.* ◆ ***mangime di ~*** Körnerfutter *n.*

gra|nel|la|re tr. **1** körnen, granulieren **2** *(torte)* = mit klein gehackten Nüssen bestreuen. **gra|nel|la|to** p.pass. agg. **1** → **granellare** **2** gekörnt, körnig ◆ ***zucchero ~*** Hagelzucker *m.*

gra|nel|li|no m. Körnchen *n.* **gra|nel|lo** m. **1** Korn *n.* (anche ESTENS.): ***-i di miglio*** Hirsekörner *pl.*; ***un ~ di polvere, di sabbia*** ein Staubkorn, Sandkorn **2** *(seme di frutto)* Kern *m.*: ***i -i della mela*** die Kerne des Apfels, die Apfelkerne **3** FIG. *(briciolo)* Körnchen *n.*, Funke *m.* **gra|nel|lo|so** agg. körnig: ***superficie -a*** körnige Oberfläche.

gran|ghi|gno|le|sco, gran|gui|gno|le|sco agg. *(-schi,-sche)* Schauder erregend, makaber.

gra|ni|co|lo agg. Korn-, Getreide-.

gra|ni|col|tu|ra f. Getreide(an)bau *m.*

gra|ni|glia f. Kies *m.*

gra|ni|re tr. *(granisco, granisci)* körnen, granulieren.

gra|ni|ta f. INTRAD. (feingestoßenes Wassereis mit Fruchtsirup).

gra|ni|ti|co agg. *(-ci,-che)* **1** graniten, Granit-, granitisch **2** FIG. graniten, felsenfest: ***una volontà -a*** ein felsenfester Wille. **gra|ni|to** m. Granit *m.*: ***duro come (il) ~*** hart wie Granit ◆ ***di ~*** Granit-, graniten: ***blocco di ~*** Granitblock *m.*

gra|ni|vo|ro m. Körnerfresser *m.*

gran|ma|e|stro m. Großmeister *m.*

gra|no m. **1** Weizen *m.*, Korn *n.*: ***seminare il ~*** Weizen ein‿säen, Korn säen; ***mietere, macinare il ~*** das Korn mähen (*o* ab‿mähen), (ver)mahlen **2** pl. *(granaglie)* Getreide *n.* **3** ESTENS. *(granello)* Korn *n.*: ***un ~ di pepe*** ein Pfefferkorn **4** FIG. *(briciolo)* Körnchen *n.*, Funke *m.* **5** *(del rosario)* Perle *f.* **6** *(di pietre preziose o farmaci)* Gran *n.* ◆ ***campo di ~*** Kornfeld *n.*; ***chicco di ~*** Weizenkorn *n.*; ***~ duro*** Hartweizen *m.*; ***farina di ~*** Weizenmehl *n.*; ***in -i*** Korn-, körnig; ***~ marzolino*** Sommergetreide *n.*; ***pane di ~*** Weizenbrot *n.*; ***~ saraceno*** Heidekorn *n.*, Buchweizen *m.*; ***spiga di ~*** Kornähre *f.*; ***~ tenero*** Weichweizen *m.*; ***~ turco*** → **granoturco**.

gra|no|so agg. SCHERZ. = reich.

gra|no|tur|co, gran|tur|co m. Mais *m.* ◆ ***farina di ~*** Maismehl *n.*

gran|tu|ri|smo **I** f.inv. Grand-Tourisme-Wagen *m.* **II** agg.inv. ***auto ~*** Grand-Tourisme-Wagen *m.*

1.gra|nu|la|re agg. körnig, gekörnt, granulös ◆ ELETTRON. ***effetto ~*** Schroteffekt *m.*

2.gra|nu|la|re tr. granulieren (anche MED.).

gra|nu|la|to **I** p.pass. agg. **1** → **granulare** **2** körnig, gekörnt **II** m. Granulat *n.*

gra|nu|la|zio|ne f. **1** Granulation *f.*, Granulierung *f.* **2** MED. Granulationsgewebe *n.* **3** ASTR. Granulation *f.*

gra|nu|li|te f. Granulit *m.*

gra|nu|lo m. **1** Körnchen *n.* **2** FARM. Globulus *m.*, COLLOQ. Kügelchen *n.* ◆ ***in -i*** gekörnt.

gra|nu|lo|ma m. Granulom *n.*

gra|nu|lo|si|tà f. Körnigkeit *f.* **gra|nu|lo|so** agg. körnig, granulös.

1.grap|pa f. Schnaps *m.*, Tresterschnaps *m.*: ***distillare la ~*** Schnaps brennen; ***una ~ di 45 gradi, ad alta gradazione*** ein Schnaps mit 45 Prozent, ein hochprozentiger Schnaps.

2.grap|pa f. **1** EDIL. Krampe *f.* **2** *(fermaglio)* Klammer *f.*

grap|pet|ta f. **1** *(fermaglio)* Klammer *f.* **2** CHIR. Klemme *f.*, Wundklammer *f.*

1.grap|pi|no m. Schnäpschen *n.* ◆ ***farsi un ~*** einen trinken.

2.grap|pi|no m. **1** MAR. Draggen *m.* **2** *(amo)* Doppelanker *m.*

grap|po|lo m. Traube *f.*: ***~ d'uva*** Weintraube *f.*; FIG. ***un ~ di persone*** eine Menschentraube ◆ ***a ~*** traubenförmig, traubig.

gras|sag|gio m. *(-gi)* Schmierung *f.*

gras|sa|men|te avv. **1** *(lautamente)* reichlich **2** *(grossolanamente)* schmierig: ***ghignare ~*** schmierig grinsen.

gras|sa|to|re m. Straßenräuber *m.* **gras|sa|zio|ne** f. Straßenraub *m.*

gras|sel|lo m. *(calce spenta)* Löschkalk *m.*

gras|set|to **I** m. Halbfettdruck *m.*, Halbfettschrift *f.* **II** agg. Halbfett-: ***carattere ~*** Halbfettschrift *f.* ◆ ***in ~*** halbfett; ***stampare qcs. in ~*** etw. halbfett drucken.

gras|sez|za f. **1** Fettheit *f.*, Dicke *f.*, Fettleibigkeit *f.* **2** *(di terreno)* Üppigkeit *f.*, Fettheit *f.* **3** FIG. Üppigkeit *f.*

gras|so **I** agg. **1** fett, Fett-; *(contenente grassi)* fetthaltig: ***cibi, formaggi -i*** fette Speisen, fette Käse; ***una cucina -a*** eine fette, fetthaltige Küche **2** *(untuoso)* fettig, fett: ***pelle -a*** fettige Haut; ***capelli -i*** fettige Haare **3** *(di persona)* dick, fett: ***diventare ~*** dick werden; ***essere ~ come un barile*** dick wie eine Tonne sein **4** *(di terreno)* fett, üppig **5a** FIG. *(lauto, abbondante)* reichlich, reich, fett: ***un'annata -a*** ein reiches Jahr; ***un ~ bottino*** eine fette Beute **b** *(ricco, agiato)* reich: ***la borghesia -a*** das reiche Bürgertum **6** *(grossolano, volgare)* schmierig: ***barzellette -e*** schmierige Witze **II** avv. *(in modo sboccato)* krass, grob **III** m. **1** Fett *n.* (anche CHIM.): ***smaltire, bruciare i -i in eccesso*** überflüssiges Fett ab‿bauen, verbrennen; *(parte grassa)* ***il ~ del prosciutto*** das Fett vom Schinken **2** *(persona grassa)* Dicke *m.* **3** *(lubrificante)* Schmiere *f.*, Schmiermittel *n.*, Abschmierfett *n.* ◆ ***accumulo di ~*** Fettablagerung *f.*; ***acido ~*** Fettsäure *f.*; ***~ alimentare*** Speisefett *n.*; ***~ animale*** tierisches Fett; ***contenuto di ~*** Fettgehalt *m.*; ***cuscinetto di ~*** Fettpolster *n.*; ***giorno di ~*** Fleischtag *m.*; ***giovedì ~*** Altweiberfastnacht *f.*; ***~ lubrificante*** Schmierfett *n.*; ***macchia di ~*** Fettfleck(en) *m.*; ***martedì ~*** Faschingsdienstag *m.*, Fastnachtsdienstag *m.*; ***occhio di ~*** Fettauge *n.*; ***pianta -a*** Fettpflanze *f.* (*o* Sukkulente *f.*); ***povero di -i*** fettarm; ***ricco di -i*** fettreich; ***risate -e*** schallendes Gelächter, Gelächter aus vollem Hals; ***cucinare senza -i*** fettfrei kochen; ***gli anni, il tempo delle vacche -e*** die sieben fetten Jahre; ***~ vegetale*** pflanzliches Fett (*o* Pflanzenfett *n.*).

gras|soc|cio agg. *(-ci,-che)* dicklich, füllig. **gras|so|ne** **I** agg. fett, (sehr) dick **II** m. Dicksack *m.*, Dickwanst *m.* **gras|sot|tel|lo** **I** agg. dicklich, rundlich, pummelig **II** m. Dickerchen *n.*

gra|ta f. Gitter *n.*: ***una ~ di ferro*** ein Eisengitter; ***la ~ di una finestra, del confessionale*** das Gitter eines Fensters, des Beichtstuhls. **gra|tel|la** f. **1** *(graticola)* Rost *m.*, Grill *m.*: ***cuocere sulla ~*** auf dem Rost braten **2** *(piccola grata)* kleines Gitter *n.*

gra|tic|cia f. Schnürboden *m.*

gra|tic|cia|re tr. *(graticcio, graticci)* mit Flechtwerk bedecken. **gra|tic|cia|ta** f. Flechtwerk *n.* (aus Weide, Stroh).

gra|tic|cia|to p.pass. → **graticciare** **II** m. Horde *f.*, Hürde *f.* **gra|tic|cio** m. *(-ci)* **1** Geflecht *n.*, Flechtwerk *n.*: ***~ di canne, di paglia*** Rohrgeflecht *n.*, Strohgeflecht *n.* **2** *(stuoia per far essiccare)* Darre *f.*

gra|ti|co|la f. **1** *(inferriata)* Gitterrost *m.* **2** *(per cucinare)* Rost *m.*, Bratrost *m.*: ***cuocere sulla ~*** auf dem Rost braten.

gra|ti|co|la|to **I** agg. **1** vergittert **2** *(fatto a graticola)* gitterartig **II** m. **1** Spalier *n.* **2** *(chiusura con grata)* Gitter *n.*

gra|ti|fi|ca f. *(-che)* Gratifikation *f.*: ***concedere una ~*** eine Gratifikation gewähren; ***~ natalizia*** Weihnachtsgeld *n.* (*o* Weihnachtsgratifikation *f.*).

gra|ti|fi|can|te agg. lohnend, befriedigend, dankbar: ***un incarico, lavoro ~*** eine befriedigende Aufgabe, Arbeit. **gra|ti|fi|ca|re** tr. *(gratifico, gratifichi)* **1** *(premiare con una gratifica)* ***~ qcn.*** jdm eine

Gratifikation gewähren (*o* geben) **2** *(dare una soddisfazione)* lohnen, befriedigen: ***la nuova attività lo gratifica molto*** die neue Tätigkeit befriedigt ihn sehr ◆ IRON. ***~ qcn. d'improperi, d'insulti*** jdn mit Schmähungen überhäufen.

gra|ti|fi|ca|to p.pass. → **gratificare** ◆ ***sentirsi ~*** sich ausgefüllt fühlen, Genugtuung empfinden. **gra|ti|fi|ca|zio|ne** f. **1** *(gratifica)* Gratifikation *f.* **2** *(soddisfazione)* Befriedigung *f.*, Genugtuung *f.*: ***dare una ~ a qcn.*** jdm Befriedigung gewähren; ***cercare -i in qcs.*** in etw. Befriedigung suchen.

gra|ti|le m. Liek *n.*

gra|tin [gra't] m.inv. Gratin *n.*; ***verdure al ~*** überbackenes Gemüse, Gemüsegratin *n.* **gra|ti|na|re** tr. überbacken, gratinieren. **gra|ti|na|to** p.pass. agg. **1** → **gratinare** **2** *(al gratin)* überbacken.

gra|tis I avv. gratis, kostenlos: ***lavorare ~*** gratis arbeiten; ***entrare ~ a una mostra*** eine Ausstellung gratis besuchen **II** agg.inv. gratis, Gratis-, frei, Frei-: ***il viaggio è ~*** die Fahrt ist gratis; ***un biglietto ~*** eine Freikarte.

gra|ti|tu|di|ne f. Dankbarkeit *f.*, Dank *m.*: ***esprimere a qcn. la propria ~ per qcs.*** jdm seinen Dank für etw. aus‿sprechen, aus‿drücken; ***provare ~ verso qcn., nei confronti di qcn.*** jdm gegenüber Dankbarkeit empfinden; ***avere un debito di ~ verso qcn.*** jdm Dank schulden; ***con sincera, profonda ~*** in (*o* mit) aufrichtiger, tiefer Dankbarkeit.

gra|to agg. dankbar: ***essere (profondamente) ~ a qcn. per qcs.*** jdm für etw. (zutiefst) dankbar sein.

grat|ta|ca|po m. Schererei *f.*, Sorge *f.*: ***avere dei -i*** Scherereien haben; ***procurare dei (seri) -i a qcn.*** jdm (ernste) Scherereien machen.

grat|ta|cie|lo m. Wolkenkratzer *m.*

grat|ta|re I tr. **1** kratzen: ***~ la schiena a qcn.*** jdm den Rücken kratzen; *(raschiare)* ***~ il ghiaccio dal vetro*** das Eis von der Scheibe kratzen **2** *(grattugiare)* reiben: ***~ il formaggio*** Käse reiben **3** COLLOQ. *(rubare)* klauen, kratzen **II** intr. (aus. *avere*) kratzen: ***la penna gratta*** die Feder kratzt; AUT. ***la marcia gratta*** der Gang kratzt **III** pronom. **grattarsi 1** sich kratzen: ***il cane si gratta*** der Hund kratzt sich; ***-rsi la testa*** sich (D) den Kopf kratzen **2** COLLOQ. *(oziare)* auf der Bärenhaut liegen, faulenzen ◆ FIG. ***-rsi la pancia*** auf der faulen Haut liegen; ***~ via qcs.*** etw. weg‿kratzen, ab‿kratzen; ***gratta e vinci*** = Lotterie-Rubbelspiel *n.*; ***~ il violino*** auf der Geige kratzen. **grat|ta|ta** f. Kratzen *n.*: ***darsi una ~*** sich kratzen.

grat|ta|to p.pass. agg. **1** → **grattare** **2** *(grattugiato)* gerieben, abgerieben: ***scorza di limone -a*** abgeriebene Zitronenschale ◆ ***pan ~*** Paniermehl *n.* **grat|ta|tu|ra** f. Kratzen *n.*

grat|ti|no m. **1** Schabeisen *n.* **2** *(raschietto)* Radiermesser *n.*, Schabmesser *n.*

grat|tu|gia f. Reibe *f.*, Raspel *f.* **grat|tu|gia|re** tr. *(grattugio, grattugi)* reiben, ab‿reiben, raspeln: ***~ il formaggio*** Käse reiben; ***~ la noce moscata, la scorza del limone*** Muskatnuss, Zitronenschale abreiben.

grat|tu|gia|to p.pass. agg. **1** → **grattugiare** **2** gerieben, Reib-: ***formaggio ~*** geriebener Käse, Reibkäse *m.*

gra|tui|tà f. **1** Unentgeltlichkeit *f.* **2** FIG. Grundlosigkeit *f.*: ***la ~ di un'affermazione*** die Grundlosigkeit einer Behauptung. **gra|tui|ta|men|te** avv. **1** kostenlos, umsonst, unentgeltlich **2** FIG. grundlos.

gra|tui|to agg. **1** *(senza compenso)* unentgeltlich, kostenlos: ***un servizio ~*** ein kostenloser Dienst **2** *(che non costa nulla)* frei, Frei-, kostenlos, gratis, Gratis-: ***l'ingresso è ~*** der Eintritt ist frei; ***biglietto ~*** Freikarte *f.*; ***copia -a*** Freiexemplar *n.*; ***supplemento, campione ~*** Gratisbeilage *f.*, Gratisprobe *f.* **3** FIG. grundlos: ***un'offesa -a*** eine grundlose Beleidigung; ***critiche -e*** grundlose Kritiken ◆ DIR. ***~ patrocinio*** Prozesskostenhilfe *f.*

gra|tu|la|to|rio agg. *(-ri,-rie)* LETT. Gratulations-: ***lettera -a*** Gratulationsschreiben *n.*

gra|va|bi|le agg. ***~ d'imposta*** besteuerbar.

gra|va|me m. **1** Last *f.*, Belastung *f.*: ***~ di lavoro*** Arbeitsbelastung *f.*; ECON. ***~ fiscale*** steuerliche Belastung **2** DIR. *(impugnazione)* Rechtsmittel *n.*

gra|va|re I intr. (aus. *essere, avere*) lasten (anche FIG.): ***il tetto grava sulle colonne*** das Dach lastet auf den Säulen; FIG. ***su qcn. grava una colpa, un sospetto, un lavoro*** auf jdm lastet eine Schuld, ein Verdacht, eine Arbeit; ***la responsabilità, l'intero lavoro grava sulle sue spalle*** auf seinen Schultern lastet die Verantwortung, die ganze Arbeit; ***sulla casa grava un'ipoteca*** auf dem Haus lastet eine Hypothek **II** tr. belasten: ***~ i cittadini di tasse*** die Bürger mit Steuern belasten; ***~ qcs. d'ipoteca*** etw. mit einer Hypothek belasten **III** pronom. **gravarsi** sich belasten, auf sich laden: ***-rsi di una responsabilità*** eine Verantwortung auf sich laden.

gra|va|to p.pass. agg. **1** → **gravare** **2** ***~ d'imposta*** steuerlich belastet.

gra|ve I agg. **1a** schwer, schwer-, Schwer-: ***una malattia ~*** eine schwere Krankheit; ***un ferito, handicappato ~*** ein Schwerverletzter, Schwerbehinderter; ***è malato ~*** er ist schwer krank; ***un paziente malato ~*** ein schwer kranker Patient; ***un ~ incidente*** ein schwerer Unfall; ***una ~ ingiustizia*** ein schweres Unrecht; ***è stato un ~ errore*** es war ein schwerer Fehler, Irrtum; SCOL. ***correggere un errore ~*** einen schweren Fehler korrigieren; ***subire -i perdite*** schwere Verluste erleiden; ***prendere decisioni -i*** schwere Entscheidungen treffen **b** *(serio)* ernst, groß: ***la situazione è ~*** die Lage ist ernst; ***correre un ~ pericolo*** in große Gefahr kommen, geraten **c** *(severo)* ernst, streng, hart: ***-i provvedimenti, misure*** strenge Maßnahmen **2** *(austero, solenne)* ernst, ernsthaft: ***un'espressione ~*** eine ernsthafte Miene; ***con tono ~*** in ernstem Ton **3** MUS. *(basso)* tief, dunkel: ***nota, suono ~*** tiefer (*o* dunkler) Ton **4** *(lento)* schwer, schwerfällig: ***passi, movimenti -i*** schwerfälliger Gang, schwerfällige Bewegungen **5** ANT. *(pesante)* schwer **II** m. **1** Körper *m.*: ***la caduta dei -i*** der Fall der Körper **2** Schlimme *n.*: ***il ~ è che...*** das Schlimme daran ist, dass... ◆ ***accento ~*** Gravis *m.*; ***aria ~*** schwüle Luft.

gra|ve|men|te avv. **1** schwer, schwer-: ***essere ~ malato, ferito, offeso*** schwer krank, verletzt, beleidigt sein; ***~ danneggiato*** schwer beschädigt **2** *(seriamente, solennemente)* würdevoll, feierlich, gravitätisch: ***parlare ~*** feierlich sprechen.

gra|veo|len|te agg. LETT. übel riechend.

gra|vi|dan|za f. **1** Schwangerschaft *f.*: ***è al sesto mese di ~*** sie ist im sechsten Monat schwanger; ***evitare, interrompere, accertare una ~*** eine Schwangerschaft verhüten, unterbrechen, fest‿stellen **2** *(di animali)* Trächtigkeit *f.* ◆ ***in stato di ~ avanzata*** hochschwanger; ***~ extrauterina*** Bauchhöhlenschwangerschaft *f.*; ***~ gemellare*** Zwillingsschwangerschaft *f.*; ***indennità di ~*** Mutterschaftsgeld *n.*; ***interruzione di, della ~*** Schwangerschaftsabbruch *m.*; ***~ a rischio*** Risikoschwangerschaft *f.*; ***test di ~*** Schwangerschaftstest *m.*; ***~ tubarica*** Eileiterschwangerschaft *f.*; ***~ tuboaddominale*** Bauchhöhlenschwangerschaft *f.* **gra|vi|di|co** agg. *(-ci,-che)* Schwangerschafts-: ***vomito ~*** Schwangerschaftserbrechen *n.*; ***disturbi -ci*** Schwangerschaftsbeschwerden *pl.*

gra|vi|do agg. **1** schwanger; *(di animali)* trächtig **2** -schwer, -voll: ***~ di conseguenze*** folgenschwer; ***~ di sventure*** schicksalsvoll; ***~ di significato*** bedeutungsvoll ◆ ***nubi -e di pioggia*** regenschwere Wolken.

gra|vi|me|tri|a f. Schweremessung *f.*, Gewichtsanalyse *f.* **gra|vi|me|tro** m. Gravimeter *n.*

1.gra|vi|na f. Spitzhacke *f.*

2.gra|vi|na f. GEOL. Kluft *f.*

gra|vi|tà f. **1a** *(serietà, difficoltà)* Schwere *f.*, Ernst *m.*: ***la ~ di una malattia, del caso*** die Schwere einer Krankheit, der Ernst des Falls; ***un fatto di estrema ~*** eine äußerst ernste Angelegenheit **b** *(severità)* Ernst *m.*, Strenge *f.*, Härte *f.*: ***la ~ di un provvedimento*** die Härte einer Maßnahme **2** *(solennità)* Würde *f.*, Gravität *f.*: ***con ~*** würdevoll, gravitätisch **3** MUS. Tiefe *f.* ◆ ***assenza di ~*** Schwerelosigkeit *f.*; ***centro di ~*** Schwerpunkt *m.*; ***forza di ~*** Schwerkraft *f.*; ***la legge di ~*** das Gesetz der Schwerkraft.

gra|vi|ta|re intr. (aus. *avere*) **1** gravitieren, kreisen: ***~ intorno al sole*** um die Sonne kreisen **2** FIG. ***~ intorno a qcn., qcs.*** von jdm, etw. angezogen werden, zu jdm, etw. hin‿neigen **3** *(gravare)* lasten, sich stützen: ***~ su qcs.*** auf etw. (D) lasten, sich auf etw. (A) stützen.

gra|vi|ta|zio|na|le agg. Gravitations-, Schwere-: ***campo ~*** Gravitationsfeld *n.*, Schwerefeld *n.* **gra|vi|ta|zio|ne** f. Gravitation *f.*, Massenanziehung *f.* ◆ ***costante di ~ universale*** Gravitationskonstante *f.*; ***legge di ~*** Gravitationsgesetz *n.*; ***~ terrestre*** Erdanziehung *f.*

gra|vo|sa|men|te avv. belastend, drückend, schwer. **gra|vo|si|tà** f. Schwere *f.*, Last *f.*: ***la ~ di un compito, di un obbligo*** die Schwere einer Aufgabe, Pflicht. **gra|vo|so** agg. schwer, drückend, belastend: ***un compito, obbligo ~*** eine schwere Aufgabe, Pflicht; ***condizioni -e*** schwere Bedingungen.

gra|zia f. **1** *(leggiadria)* Anmut *f.*, Liebreiz *m.*, Grazie *f.*: ***possedere una ~ naturale*** eine natürliche Anmut besitzen; ***affascinare qcn. con la propria ~*** jdn durch seine Anmut bezaubern **2** *(garbo)* Liebenswürdigkeit *f.*, Freundlichkeit *f.*: ***porgere qcs. con ~*** etw. liebenswürdig (dar)reichen **3** pl. *(di donna)* Reize *pl.*, Liebreiz *m.*: ***sedurre qcn. con le proprie -e*** jdn mit seinem Liebreiz (*o* seiner Anmut) verführen **4** *(favore)* Gnade *f.*, Gunst *f.*: ***acquistare, trovare ~ agli occhi di, presso qcn.*** Gnade vor jds Augen, vor jdm finden (*o* jds Gunst erlangen) **5** RELIG. Gnade *f.*: ***invocare la ~ di Dio*** Gott um Gnade bitten, Gottes Gnade an‿rufen; ***~ sacramentale*** sakramentale Gnade; *(singolo soccorso divino)* ***prego Dio che mi faccia la ~...*** ich bete zu Gott, dass er mir die Gnade erweist... **6** *(condono di una pena)* Gnade *f.*, Begnadigung *f.*: ***chiedere, ot-***

tenere, concedere la ~ um Gnade bitten, Gnade erlangen, gewähren 7 TIP. Serife *f.* ◆ nell'anno di ~ im Jahr(e) des Heils; con buona ~ liebenswürdig, freundlich; colpo di ~ Gnadenstoß *m.*, Gnadenschuss *m.*; FIG. Todesstoß *m.*; con ~ anmutig, hold: muoversi, sorridere con ~ sich anmutig bewegen, hold lächeln; concedere le proprie -e a qcn. = sich jdm hin‿geben; di ~ gefälligst; ~ di Dio Gottesgnade *f.*; COLLOQ. *(beni)* non sprecare tutta questa ~ di Dio verschwende nicht alle diese guten Sachen; per ~ di Dio von Gottes Gnaden; FIG. *(per fortuna)* zum Glück; essere fuori della ~ di Dio = (völlig) außer sich sein; morire in ~ di Dio als Christ sterben; domanda di ~ Gnadengesuch *n.*; fare ~ a qcn. di qcs. jdn von etw. entbinden; *(risparmiargliela)* jdm etw. ersparen; fare la ~ a qcn. *(graziare)* jdn begnadigen; in ~ di dank + gen. (*o* dat.), durch + acc.; ottenere qcs. in ~ delle proprie conoscenze etw. dank seiner Verbindungen (*o* Beziehungen) erlangen; con mala ~ unfreundlich, brüsk; ministero di Grazia e Giustizia (italienisches) Justizministerium *n.*; essere, entrare nelle -e di qcn. in jds Huld stehen, jds Huld erlangen; avere qcn. nelle proprie -e bei jdm einen Stein im Brett haben, jdn ins Herz geschlossen haben; pieno di ~ gnadenreich, gnadenvoll; rendere -e jdm seinen Dank ab‿statten, jdm danksagen; per ~ ricevuta für erwiesene Gnade; TIP. carattere senza -e serifenloser Druckbuchstabe; essere in stato di ~ im Zustand der Gnade sein; FIG. *(condizione eccellente)* in hervorragender Verfassung sein; IRON. troppa ~ (sant'Antonio)! (das ist) zuviel des Guten! Vostra Grazia Ihre (ANT. Ihro), Euer Gnaden.

gra|zia|re tr. *(grazio, grazi)* begnadigen: ~ un condannato a morte einen zum Tode Verurteilten begnadigen.

gra|zia|to I p.pass. → **graziare II** m. Begnadigte *m.*

gra|zie I inter. **1** danke: ~ dell'invito, per l'invito danke für die Einladung; sì, no, ~ ja, nein, danke; ~ di tutto danke für alles **2** IRON. gewiss! kein Wunder! Kunststück! **II** m. Dank *m.*: un ~ di (tutto) cuore herzlichen Dank; un ~ a tutti i partecipanti ein Dankeschön an alle Teilnehmer ◆ ~ a dank + dat. (anche IRON.): ~ a lui sono rovinato dank ihm bin ich ruiniert (*o* ich habe es ihm zu verdanken, dass ich ruiniert bin); VOLG. ~ al cazzo wen nimmt's wunder; ~ al cielo, a Dio dem Himmel, Gott sei Dank; ~ infinite tausend (*o* vielen) Dank; ~ mille (mille ~), molte ~! tausend, vielen Dank! ~ tante (tante ~)! vielen Dank; IRON. ich danke bestens; ~ tanto dankeschön!

Gra|zie f.pl. MITOL. le tre ~ die drei Grazien.

gra|zio|sa|men|te avv. **1** *(con grazia)* anmutig, hold, graziös: sorridere ~ hold lächeln **2** ANT. *(generosamente)* großzügig. **gra|zio|si|tà** f. **1** Lieblichkeit *f.*, Zierlichkeit *f.*, Graziöse *n.* **2** *(benevolenza)* Huldreiche *n.*, Gnädige *n.* **3** *(generosità)* Großzügigkeit *f.*

gra|zio|so agg. **1a** *(carino)* hübsch, niedlich, nett: una bambina -a ein niedliches Mädchen; un regalo, vestito ~ ein nettes Geschenk, hübsches Kleid **b** *(piacevole)* hübsch, nett: una storia -a eine hübsche Geschichte **2** *(leggiadro)* lieblich, zierlich, graziös: un movimento ~ eine graziöse Bewegung **3** ANT. *(benevolo)* huldreich, gnädig: la -a sovrana die gnädige Königin **4** ANT. *(generoso)* großzügig, großherzig: per -a intercessione dank der großzügigen Fürsprache.

gre|ca f. *(-che)* **1** Griechin *f.* **2** *(motivo ornamentale)* Mäander *m.*

gre|ca|le I agg. vento ~ Nordostwind *m.* **II** m. Nordostwind *m.*, Nordost *m.* (im südlichen Mittelmeer).

Gre|cia n.pr.f. Griechenland *n.*: gli dei della ~ die Götter Griechenlands ◆ l'antica ~ das antike Griechenland; STOR. Magna ~ Großgriechenland *n.*, Magna Graecia *f.* **gre|ci|smo** m. Gräzismus *m.* **gre|ci|sta** m. e f. *(-i,-e)* Gräzist *m.* (-in *f.*). **gre|ci|tà** f. **1** Gräzität *f.* **2** *(civiltà greca)* Gräzität *f.*, Griechentum *n.* **gre|ciz|za|re** tr. gräzisieren.

gre|co I agg. *(-ci,-che)* griechisch: l'arcipelago ~ das griechische Archipel; la storia -a antica die altgriechische Geschichte; un antico tempio ~ ein antiker griechischer Tempel **II** m. *(-ci)* **1** Grieche *m.*; gli antichi -ci die alten Griechen **2** *(lingua)* Griechisch(e) *n.* ◆ ~ antico Altgriechisch(e) *n.*; ~ moderno Neugriechisch(e) *n.* **gre|co-cat|to|li|co** agg. *(-ci,-che)* griechisch-katholisch. **gre|co|fi|li|a** f. Hellenophilie *f.* **gre|co-or|to|dos|so** agg. griechisch-orthodox. **gre|co-ro|ma|no** agg. griechisch-römisch.

gre|ga|le agg. Herden-, gesellig: istinto ~ Herdentrieb *m.*

gre|ga|rio I agg. *(-ri,-rie)* Herden-: istinto (spirito), atteggiamento ~ Herdentrieb *m.*, Herdenverhalten *n.*; animale ~ Herdentier *n.* **II** m. *(-ri)* **1** gemeiner Soldat *m.* **2** ESTENS. POL. Mitläufer *m.*: è un semplice ~ er ist ein einfacher Mitläufer **3** SPORT Domestik *m.*, Wasserträger *m.* **gre|ga|ri|smo** m. Herdentrieb *m.*

greg|ge m. (pl. *le greggi*) Herde *f.* (anche FIG.): riunire, raccogliere il ~ die Herde zusammen‿treiben; un ~ di pecore, di montoni eine Herde Schafe, Hammel (*o* Schaf-, Hammelherde); FIG. ~ dei fedeli, cristiano die Herde der Gläubigen, der Christen ◆ seguire il ~ mit der Herde laufen, der Herde folgen; uscire dal ~ sich von der Herde unterscheiden; PROV. una pecora rognosa guasta un ~ ein räudiges Schaf steckt die ganze Herde an.

greg|gio I agg. *(-gi,-ge)* **1** roh, Roh-: lane -ge Rohwolle; petrolio ~ Rohöl *n.* **2** *(rozzo)* grob **II** m. Rohöl *n.* ◆ allo stato ~ im Rohzustand; FIG. im Urzustand.

gre|go|ria|no I agg. gregorianisch: calendario ~ gregorianischer Kalender **II** m. gregorianischer Gesang *m.* **Gre|go|rio** n.pr.m. Gregor *m.*

grem|biu|la|ta f. Schürze f. (voll): una ~ di mele eine Schürze voll Äpfel.

grem|biu|le agg. Schürze *f.*; *(con pettorina)* Latzschürze *f.*; *(camice)* Schurz *m.*, Schürzenkleid *n.*, Kittel *m.*: portare, indossare un ~ eine Schürze tragen, an‿ziehen; mettersi un ~ sich eine Schürze um‿binden; *(davanti)* sich eine Schürze vor‿binden; einen Kittel überziehen ◆ con un, il ~ beschürzt; ~ da cucina Küchenschürze *f.*; ~ di cuoio Lederschürze *f.*; tasca del ~ Schürzentasche *f.*

grem|biu|li|no m. Schürzchen *n.*

grem|bo m. Schoß *m.*: posare le mani in ~ die Hände in den Schoß legen; sedersi in ~ a qcn. sich auf jds Schoß setzen; portare un bambino in ~ ein Kind im Schoß tragen; FIG. il ~ fecondo della terra der fruchtbare Schoß der Erde; tornare in ~ alla famiglia in den Schoß der Familie zurück‿kehren ◆ ~ materno Mutterleib *m.*; fin dal ~ materno vom Mutterleib an.

gre|mi|re *(gremisco, gremisci)* **I** tr. bevölkern: ~ un teatro ein Theater bevölkern **II** pronom. **gremirsi** sich bevölkern: -rsi di gente sich mit Leuten bevölkern.

gre|mi|to p.pass. agg. **1** → **gremire 2** gesteckt voll: un locale ~ ein gesteckt volles Lokal.

grep|pia f. **1** *(rastrelliera)* Futterraufe *f.*, Raufe *f.* **2** *(mangiatoia)* Futterkrippe *f.*, Krippe *f.* **3** SCHERZ. *(fonte di lucro)* Futterkrippe *f.*: mangiare alla ~ an die Futterkrippe kommen, an der Futterkrippe sitzen.

grep|po m. LETT. Böschung *f.*

grès m. Steinzeug *n.*, Steingut *n.*

gre|to m. Kiesbett *n.*: nel ~ del fiume auf dem Kiesbett des Flusses.

gre|to|la m. Käfigstab *m.*

gret|ta|men|te avv. **1** schäbig, knaus(e)rig **2** *(in modo meschino)* kleinlich, engherzig. **gret|tez|za** f. **1** Schäbigkeit *f.*, Knaus(e)rigkeit *f.* **2** *(meschinità)* Kleinlichkeit *f.*, Engherzigkeit *f.*

gret|to I agg. **1** schäbig, knaus(e)rig **2** *(meschino)* kleinlich, engherzig: mentalità -a kleinliche Mentalität; spirito ~ Kleingeist *m.* **II** m. **1** schäbiger Mensch *m.*, COLLOQ. Knauser *m.* **2** *(meschino)* engherziger (*o* kleinlicher) Mensch *m.*

gre|ve agg. **1** schwül, schwer: aria, atmosfera ~ schwüle Luft, Stimmung **2** FIG. *(volgare)* grob, ordinär: un'espressione ~ ein grober Ausdruck; umorismo ~ grober Humor **3** FIG. *(penoso)* quälend, schmerzlich. **gre|ve|men|te** avv. **1** schwer **2** *(con volgarità)* grob, ordinär **3** *(penosamente)* schmerzlich.

grez|zo agg. **1** roh, Roh-: materiale ~ Rohmaterial *n.*; ferro, acciaio ~ Roheisen *n.*, Rohstahl *m.*; diamante ~ Rohdiamant *m.* (*o* ungeschliffener Diamant); tabacco, zucchero ~ Rohtabak *m.*, Rohzucker *m.* **2** *(di tessuto)* grob: tela -a grobes Leinen, grober Stoff **3** *(di persona)* roh, grob, ungeschliffen.

1.gri|da f. STOR. = durch Ausrufer verbreiteter Erlass *m.*

2.gri|da f.pl. → **grido.**

gri|da|re I intr. (aus. *avere*) **1a** schreien; *(per chiamare)* rufen: ~ forte, a più non posso, a squarciagola laut, aus Leibeskräften, aus vollem Hals schreien; ~ di dolore, paura vor Schmerz, Angst schreien; ~ come un forsennato, un'aquila wie ein Wilder schreien **b** *(parlare ad alta voce)* schreien: non ~ così! schrei nicht so! **2** *(di animali)* schreien, rufen: il gabbiano grida die Möwe schreit; la civetta grida der Kauz ruft **3** COLLOQ. *(sbraitare)* donnern **II** tr. **1a** schreien, rufen: ~ qcs. in faccia a qcn., nelle orecchie di qcn. jdm etw. ins Gesicht, ins Ohr schreien; ~ qcs. a qcn. jdm etw. zu‿rufen; ~ il proprio nome seinen Namen schreien; ~ hurrà, bravo hurra, bravo rufen; ~ qcs. dalla finestra etw. aus dem Fenster rufen **b** ~ un ordine a qcn. jdm einen Befehl zu‿rufen **2** *(proclamare)* heraus‿schreien: ~ il proprio dolore seinen Schmerz herausschreien **3** COLLOQ. *(sgridare)* aus‿schimpfen ◆ ~ aiuto um Hilfe schreien (*o* rufen); ~ contro qcn. jdn an‿schreien; FIG. una voce che grida nel deserto ein Rufer in der Wüste; ~ qcs. dietro a qcn. jdm etw. nach‿schreien (*o* nach‿rufen); ~ qcs. ai quattro venti etw. aus‿posaunen, in alle Welt posaunen; ~ allo scandalo seiner Empörung Luft machen; ~ vendetta nach Rache schreien; un'ingiustizia che grida vendetta al cielo eine himmelschreiende Ungerechtigkeit; ~ ***vittoria*** frohlocken, triumphieren;

gri|do m. (*-a* f.pl. e *-i* m.pl.) **1a** (pl. *-a*) Schrei *m.*: ***lanciare, emettere, cacciare un ~*** einen Schrei aus_stoßen; ***le -a dei bambini*** die Schreie der Kinder; ***~ di gioia*** Freudenschrei *m.*; ***~ di paura, di dolore*** Angst-, Schmerzensschrei *m.* **b** *(invocazione)* Schrei *m.*, Ruf *m.*: ***~ di aiuto*** Hilferuf *m.* (*o* Hilfeschrei *m.*); FIG. ***il ~ degli oppressi*** der Schrei der Unterdrückten **2** pl. *(-a)* Geschrei *n.*: ***-a di gioia, di scherno*** Freuden-, Hohngeschrei *n.* **3** *(di animali;* pl. *-i)* Schrei *m.*, Ruf *m.*: ***il ~ del gabbiano*** der Schrei der Möwe ◆ ***~ di battaglia*** Schlachtgebrüll *n.*; ***contrattazione alle -a*** Ausrufhandel *m.*, Börsenhandel *m.*; ***un avvocato, un medico di ~*** ein Rechtsanwalt, Arzt von Ruf; ***~ di guerra*** Kriegsgeschrei *n.*; ***ultimo ~*** letzter Schrei, Dernier Cri *m.*: ***vestirsi all'ultimo ~*** sich nach dem letzten Schrei kleiden; ***l'ultimo ~ della moda*** der letzte Modeschrei; ***~ di vittoria*** Siegesschrei *m.*

gri|fa|gno agg. **1** raubgierig **2** FIG. grimmig: ***uno sguardo ~*** ein grimmiger Blick.

grif|fa f. **1** Klaue *f.* **2** CINEM. Greifer *m.*

grif|fa|to agg. COLLOQ. Marken-: ***abito ~*** Markenkleid *n.*

grif|fe [grif] f.inv. Marke *f.*

grif|fo|ne m. Affenpinscher *m.*

gri|fo m. ANT. *(grugno)* Rüssel *m.*

gri|fo|ne m. **1** ORNIT. Gänsegeier *m.* **2** *(animale favoloso)* Greif *m.* **3** → **griffone.**

gri|gia|men|te avv. grau. **gri|gia|stro** agg. gräulich.

gri|gio I agg. *(-gi,-gie)* grau (anche FIG.): ***capelli, occhi -gi*** graues Haar, graue Augen; ***un abito ~*** ein grauer Anzug; ***una giornata -a*** ein grauer Tag **II** m. Grau *n.*: ***tendere al ~*** ins Graue spielen ◆ ***~ argento*** silbergrau; ***~ azzurro*** graublau, blaugrau; ***~ cenere*** aschgrau; ***~ chiaro*** hellgrau, weißgrau; ***il ~ chiaro*** das helle Grau; ***diventare ~*** ergrauen, grau werden; ***eminenza -a*** graue Eminenz; ***~ fumo*** rauchgrau; ***orso ~*** Grislibär *m.*; ***~ perla*** perlgrau; ***~ scuro*** dunkelgrau, schwarzgrau; ***il ~ scuro*** das dunkle Grau; ***~ topo*** mausgrau; ***vedere tutto ~*** alles grau in grau sehen; ***~ verde*** → **grigioverde**; ***vestirsi di ~*** sich in Grau kleiden.

gri|gio|ne|se I agg. graubündnerisch **II** m. Graubündner *m.* **Gri|gio|ni** n.pr.m.pl. Graubünden *n.*

gri|gio|re m. Grau *n.*; ***il ~ della vita quotidiana*** der graue Alltag.

gri|gio|ver|de I agg. graugrün; *(della divisa militare)* olivgrün **II** m. **1** *(colore)* Graugrün *n.* **2** *(divisa)* Uniformrock *m.*, Uniform *f.*: ***in ~*** in Uniform; ***indossare il ~*** Uniform tragen.

gri|glia f. **1** *(graticola)* Gitterrost *m.*, Bratrost *m.*, Rost *m.*: ***cuocere qcs. alla ~*** etw. auf dem Rost braten **2** *(grata, inferriata)* Grill *m.*, Gitter *n.*: ***la ~ del radiatore*** der Kühlergrill **3** ELETTRON. Gitter *n.*, Gitterelektrode *f.* **4** *(reticolo di linee)* Gitternetz *n.* **5** FIG. *(schema, reticolo)* Schema *n.*, Raster *n.*: ***~ interpretativa*** interpretatives Schema ◆ ***alla ~*** gegrillt, vom Grill; ***~ di comando*** Steuergitter *n.*; ***misto ~*** Mixed Grill *m.*; ***~ di partenza*** Startaufstellung *f.*; ***~ di protezione*** Schutzgitter *n.*; ***~ schermo*** Schirmgitter *n.*; ***~ a scossa*** Schüttelrost *m.*; ***tensione di ~*** Gitterspannung *f.*

gri|glia|re tr. *(griglio, grigli)* grillen, grillieren. **gri|glia|ta** f. Grillgericht *n.*; ***~ mista*** Mixed Grill *m.*

gri|glia|to I p.pass. agg. **1** → **grigliare 2** *(alla griglia)* gegrillt: ***carne -a*** gegrilltes Fleisch **II** m. Lattenrost *m.*

gri|gno|li|no m. INTRAD. (piemontesischer Rotwein).

grill m.inv. **1** Grill *m.*, Grillgerät *n.*: ***arrostire sul ~*** auf dem Grill rösten **2** *(cibo alla griglia)* Grillgericht *n.* **3** → **grill-room 4** *(nel forno elettrico)* Grill *m.*, Grillvorrichtung *f.*

gril|let|to m. Abzug *m.*: ***premere il ~*** auf den Abzug drücken; *(sparare)* los_drücken; ***avere, tenere il dito sul ~*** den Finger am Abzug haben.

gril|lo m. **1** Grille *f.* **2** FIG. *(ghiribizzo)* Schrulle *f.*, Schnapsidee *f.*: ***gli è saltato il ~ di fare qcs.*** er ist auf die Schnapsidee gekommen, etw. zu tun ◆ ***essere un ~*** wie ein Gummiball sein; ***indovinala ~*** das weiß der Kuckuck; SCHERZ. ***un ~ parlante*** ein Besserwisser; ***avere -i per la testa*** Flausen (*o* Rosinen) im Kopf haben; ***mettere -i per la testa a qcn.*** jdm Flausen in den Kopf setzen.

gril|lo|tal|pa f. e m. (f.pl. *-e*) Maulwurfsgrille *f.*, Werre *f.*

grill-room [-ru:m] m.inv. Grillroom *m.*, Grillrestaurant *n.*

gri|mal|del|lo m. Dietrich *m.*, Diebeshaken *m.*

grin|fia f. Klaue *f.* (anche FIG.): ***cadere, finire nelle -e di qcn.*** jdm in die Klauen (*o* Finger) geraten.

grin|go m. *(-s)* Gringo *m.*

grin|ta f. **1** *(volto corrucciato)* hartes (*o* finsteres) Gesicht *n.* **2** *(risolutezza)* Entschlossenheit *f.*, Härte *f.*; SPORT Bissigkeit *f.*, Biss *m.*: ***avere la ~ necessaria*** die nötige Entschlossenheit haben; ***gli manca la ~*** es fehlt ihm an Entschlossenheit. **grin|to|sa|men|te** avv. entschlossen; SPORT bissig. **grin|to|so** agg. entschlossen; SPORT bissig.

grin|za f. **1** *(di stoffa)* Falte *f.*, Knitterfalte *f.* **2** *(di pelle)* Runzel *f.*, Falte *f.* ◆ ***fare le -e*** Falten machen; FIG. in die Jahre kommen; ***non fare una ~*** *(stare a pennello)* wie angegossen passen (*o* sitzen), tadellos sitzen; FIG. völlig logisch (*o* folgerichtig) sein. **grin|zo|si|tà** f.inv. **1** *(di stoffa)* Faltigkeit *f.* **2** *(di pelle)* Runz(e)ligkeit *f.*, Faltigkeit *f.* **grin|zo|so** agg. **1** *(di stoffa)* faltig **1** *(rugoso)* runz(e)lig, faltig.

grip|pag|gio m. *(-gi)* Kolbenfresser *m.* **grip|pa|re I** intr. (aus. *avere*) e pronom. **gripparsi** sich fest_fressen **II** tr. sich fest_fressen lassen. **grip|pa|to** p.pass. agg. **1** → **grippare 2** ***pistone ~*** festgefressener Kolben.

gri|sa|glia f. Grisaille *f.*

gri|sel|la f. Webeleine *f.*

gri|sou [-zu] m.inv. Grubengas *n.*, schlagende Wetter (*o* Schlagwetter) *pl.* **gri|su|me|tro** m. Schlagwetteranzeiger *m.*

gris|si|no m. INTRAD. (dünne Knabberstange aus Weißbrotteig, typisch für Piemont) ◆ ***essere magro come un ~*** spindeldürr sein.

gri|sù → **grisou.**

griz|zly ['grɪzlɪ] m.inv. Grislibär *m.*, Grizzlybär *m.*

grog m.inv. Grog *m.*

grol|la f. INTRAD. (hölzerne Trinkschale aus dem Aostatal).

grom|ma f. **1** Weinstein *m.* **2** *(nelle tubazioni dell'acqua)* Sinter *m.* **3** *(incrostazione nella pipa)* Kruste *f.*, Verkrustung *f.* **grom|mo|so** agg. **1** mit Weinstein bedeckt **2** *(di tubo)* mit Sinter bedeckt.

gron|da f. Dachtraufe *f.*, Traufe *f.* ◆ ***cappello a ~*** = Hut mit breiter Krempe. **gron|da|ia** f. **1a** Dachrinne *f.*, Regenrinne *f.*: ***la ~ perde*** die Regenrinne leckt **b** ESTENS. → **gronda 2** *(spazio fra le tegole)* Rinne *f.*, Dachziegelrinne *f.*

gron|dan|te agg. triefend, triefnass, tropfnass: ***uscire ~ dalla doccia*** tropfnass aus der Dusche kommen; ***fronte ~ di sudore*** schweißtriefende Stirn; ***~ di sangue*** bluttriefend.

gron|da|re I intr. (aus. *essere, avere*) triefen: ***la pioggia gronda dal tetto*** der Regen trieft vom Dach; ***la fronte gronda di sudore*** die Stirn trieft von, vor Schweiß; ***il sangue gronda dalla ferita*** aus der Wunde trieft Blut **II** tr. **1a** triefen: ***la ferita gronda sangue*** aus der Wunde trieft Blut; FIG. ***le sue mani grondano sangue*** seine Hände triefen von Blut **b** assol. ***i tetti grondano*** die Dächer triefen **2** *(versare)* vergießen: ***i suoi occhi grondano lacrime*** er, sie vergoss Tränen. **gron|do|ne** m. Regenrohr *n.*, Regenabflussrohr *n.*

gron|go m. *(-ghi)* Meeraal *m.*

grop|pa f. **1** Kruppe *f.*: ***stare in ~ al cavallo*** auf der Kruppe des Pferdes sitzen; ***salire in ~ al cavallo*** aufs Pferd steigen; ***portare qcn. sulla ~*** jdn auf der Kruppe tragen **2** COLLOQ. *(schiena)* Buckel *m.*, Kreuz *n.*: ***avere molti anni sulla ~*** einige Jahre auf dem Buckel haben. **grop|pa|ta** f. Kruppade *f.*

grop|po m. Noppe *f.* ◆ ***avere un ~ alla gola*** einen Kloß im Hals haben; ***con un ~ in gola*** mit einer Träne im Knopfloch.

grop|po|ne m. SCHERZ. Rücken *m.*, Buckel *m.* ◆ ***avere molti anni sul ~*** viele Jahre auf dem Buckel (*o* Rücken) haben; ***darle, dare un sacco di botte sul ~ a qcn.*** jdm eins auf den Pelz geben, jdm das Fell versohlen.

gros-grain [gro'grɛn] m.inv. *(nastro)* Gurtband *n.*, Ripsband *n.*

gros|sa f., ***dormire della ~*** fest schlafen, COLLOQ. filzen.

gros|sez|za f. Größe *f.*, Umfang *m.*, Dicke *f.*: ***la ~ di un tronco*** die Größe eines Baustamms; ***della ~ di un dito*** von der Dicke eines Fingers.

gros|si|sta m. e f. *(-i,-e)* Großhändler *m.* (-in *f.*), Grossist *m.* (-in *f.*).

gros|so I agg. **1** groß; *(largo)* breit; *(spesso)* dick, stark: ***~ (quanto) un dito*** fingerdick **2** *(di denaro)* hoch, groß: ***-i guadagni*** große Gewinne, hoher Verdienst; ***-e perdite*** hoher Verlust; ***un ~ patrimonio*** ein großes Vermögen **3** COLLOQ. *(importante)* groß, wichtig: ***un ~ successo*** ein großer Erfolg; ***un ~ nome*** ein wichtiger Name **4** *(grave)* groß, schwer, schlimm: ***un ~ errore*** ein schwerer Fehler; ***un ~ rischio*** ein großes Risiko **5** *(grossolano)* grob, Grob-: ***sabbia -a*** grober Sand; ***lima -a*** Grobfeile *f.* **6** COLLOQ. *(incinta)* schwanger; *(di animale)* trächtig **II** avv. dick: ***una matita che scrive ~*** ein dick (*o* breit) schreibender Bleistift **III** m. **1** Großteil *m.*: ***il ~ delle spese*** der Großteil der Ausgaben **2** *(di un gruppo)* Gros *n.*: ***il ~ delle truppe*** das Gros der Truppen ◆ ***bestie -e*** Großtiere *pl.*; ***una -a bugia*** eine dicke Lüge; ***caccia -a*** hohe Jagd, Großwildjagd *f.*; ***armi di ~ calibro*** Waffen großen Kalibers, großkalibrige Waffen; ***~ di cervello*** schwer von Begriff; ***fare un colpo ~*** einen großen Coup landen; ***avere il cuore ~*** ein schweres Herz haben; ***di ~*** gewaltig, schwer; ***sbagliare, sbagliarsi di ~*** sich auf dem Holzweg befinden, sich gewaltig irren; ***dirle -e*** → ***spararle -e***; ***dito ~*** Daumen *m.*; *(del piede)* großer, dicker Zeh; ***farla -a*** = etw. (Dummes) an_stellen; ***avere il fiato ~*** = keuchen, außer Atem sein; ***a grana -a*** grobkörnig; ***grande e ~*** groß und mächtig; ***-i guai*** riesiger Ärger; ***in ~*** en gros; ***macinato ~*** grob gemahlen; ***a maglia -a*** grobmaschig; ***mare ~*** schwere See, hoher Seegang *m.*; ***~ modo*** grob, grob gerechnet; ***sono corse parole -e*** es fielen böse Worte; ***pasta -a*** = großformatige Teigwaren; ***pezzo ~*** hohes, großes Tier *n.*; ***questa è -a!*** das ist (wohl) ein starkes Stück! ***raccontarle -e*** = übertreiben; ***sale ~*** grobes Salz; ***sparare ~*** *(chiedere un prezzo molto alto)* einen Wucherpreis verlangen; ***spararle -e*** = dick auf‿tragen, Lügenmärchen erzählen; ***questa volta l'ha sparata proprio grossa!*** dieses Mal hat er wirklich dick aufgetragen! ***~ d'udito*** schwerhörig; ***fare la voce -a*** einen drohenden Ton anschlagen.

gros|so|la|na|men|te avv. grob, roh. **gros|so|la|ni|tà** f.inv. **1** *(di persona)* Grobheit *f.*, Rohheit *f.* **2** *(di modi)* Ungeschliffenheit *f.*, Grobschlächtigkeit *f.* **3** *(di parole, atti)* Grobheit *f.*, Rohheit *f.*

gros|so|la|no agg. **1** grob, roh, unfein **2** *(approssimativo)* grob: ***secondo una valutazione -a*** grob geschätzt **3** *(rozzo)* grob, roh, derb: ***tratti -i del viso*** grobe Gesichtszüge; ***un comportamento ~*** ein rohes Benehmen; ***modi -i*** rohe Umgangsformen; ***parole -e*** rohe Worte; ***una bugia -a*** eine grobe Lüge; ***un errore ~*** ein grober Fehler, ein krasser Irrtum; ***uno scherzo ~*** ein grober, derber Spaß.

gros|so|mo|do avv. grob, grob gerechnet.

grot|ta f. **1** Grotte *f.*, Höhle *f.* **2** REGION. *(cantina)* Weinkeller *m.*

grot|te|sca f. *(-sche)* Groteske *f.* **grot|te|sca|men|te** avv. grotesk, groteskerweise.

grot|te|sco I agg. *(-schi,-sche)* grotesk, Grotesk-: ***una situazione -a*** eine groteske Situation; ***un personaggio ~*** eine groteske Figur **II** m. *(-schi)* **1** Groteske *n.*: ***cadere nel ~*** ins Groteske fallen **2** TIP. Grotesk *f.*, Groteskschrift *f.* **3** LETT. Groteske *f.*

grot|to m. REGION. Weinkeller *m.*; *(osteria di campagna)* Landgasthaus *n.*

gro|vie|ra m. e f.inv. Gruyèrekäse *m.*

gro|vi|glio m. *(-gli)* Gewirr(e) *n.*, (verwirrtes) Knäuel *n.*: ***districare un ~ di cavi*** ein Gewirr von Kabeln entwirren; ***un ~ di ossessioni*** eine Anhäufung von Obsessionen.

gru f.inv. **1** ZOOL. Kranich *m.*: ***~ coronata*** Kronen-, Pfauenkranich *m.* **2** TECN. Kran *m.*, Baukran *m.*, Hebekran *m.*: ***manovrare una ~*** einen Kran fahren; ***spostare carichi con una ~*** Lasten mit einem Kran bewegen; ***sollevare qcs. con una ~*** etw. mit einem Kran hoch‿heben **3** CINEM. TELEV. Kamerakran *m.* ◆ ***~ di carico*** Lade-, Verladekran *m.*; ***~ a carroponte*** Laufkran *m.*; ***~ a funi*** Kabelkran *m.*; ***~ galleggiante*** Schwimmkran *m.*; ***~ girevole*** Dreh-, Schwenkkran *m.*; ***~ a ponte*** Brückenkran *m.*; ***~ portale*** Portalkran *m.*

gruc|cia f. *(-ce)* **1** Krücke *f.* **2** *(per abiti)* Bügel *m.*, Kleiderbügel *m.*: ***mettere una giacca sulla ~*** eine Jacke auf den Bügel hängen; ***appendere una ~ nell'armadio*** einen Kleiderbügel im Schrank auf‿hängen.

gru|fo|la|re *(grufolo, grufoli)* **I** intr. (aus. *avere*) **1** (mit der Schnauze, mit dem Rüssel) wühlen, herum‿wühlen **2** FIG. SPREG. schmatzen, schlürfen **II** pronom. **grufolarsi** sich wälzen, sich suhlen (anche FIG.).

gru|gni|re *(grugnisco, grugnisci)* **I** intr. (aus. *avere*) **1** *(di maiali)* grunzen; *(di orsi)* brummen **2** FIG. *(brontolare)* brummen, grunzen, knurren **II** tr. grunzen, brummen, knurren.

gru|gni|to I p.pass. agg. → **grugnire II** m. **1** Grunzen *n.* **2** FIG. Grunzen *n.*, Gebrumm(e) *n.*

gru|gno m. **1** *(di animale)* Schnauze *f.*, Rüssel *m.* **2** FIG. SPREG. Schnauze *f.*, Fresse *f.*: ***rompere, spaccare il ~ a qcn.*** jdm die Schnauze polieren; ***dirla, dirgliela sul ~ a qcn.*** jdm etw. ins Gesicht sagen, COLLOQ. schleudern.

gru|i|sta m. Kranführer *m.*

grul|lag|gi|ne f. Albernheit *f.*, Dummheit *f.* **grul|le|ri|a** f. **1** Albernheit *f.*, Dummheit *f.* **2** *(cosa sciocca, insignificante)* Dummheit *f.*, Unsinn *m.* **grul|lo I** agg. albern, dumm, einfältig **II** m. Dummkopf *m.*, Einfaltspinsel *m.*

gru|mo m. **1** Gerinnsel *n.*: ***un ~ di sangue*** ein Blutgerinnsel **2** Klumpen *m.*: ***la pasta è piena di -i*** der Teig ist klumpig.

gru|mo|lo m. Herz *n.*: ***il ~ dell'insalata*** das Herz des Salatkopfes (*o* Salatherz).

gru|mo|so agg. klumpig, REGION. klümp(e)rig.

grup|pet|to m. Grüppchen *n.*

grup|po m. **1a** Gruppe *f.*: ***un ~ di bambini*** eine Gruppe Kinder, von Kindern; ***raccogliere qcs. in -i*** etw. in, zu Gruppen zusammen‿stellen; ***ordinare, suddividere in -i*** nach Gruppen ordnen, in Gruppen ein‿teilen; SPORT ***distaccare il ~*** die Gruppe hinter sich lassen (*o* ab‿hängen) **b** MUS. Band *f.* **2** *(parlamentare)* Fraktion *f.* **3** *(industriale)* Konzern *m.*, Gruppe *f.*: ***~ petrolifero*** Ölkonzern *m.* **4** TECN. Aggregat *n.* ◆ ***a -i*** gruppenweise, in Gruppen; ***amore di ~*** Gruppensex *m.*; ***~ consultivo*** beratende Gruppe; ***~ economico*** Wirtschaftsverband *m.*, Wirtschaftsgruppe *f.*; ***~ elettrogeno*** Generatorsatz *m.*; ***~ etnico*** Volksgruppe *f.*; ***~ finanziario*** Finanzgruppe *f.*; ***foto di ~*** Gruppenbild *n.*; ***lavoro di ~*** Gruppenarbeit *f.*, Teamarbeit *f.*; ***~ di lavoro*** Arbeitsgruppe *f.*, Arbeitsgemeinschaft *f.*; ***~ letterario*** literarische Gruppe; ***~ montuoso*** Gruppe *f.* von Bergen; ***~ parlamentare*** parlamentarische Fraktion; ***~ di potere*** Machtgruppe *f.*; POL. ***~ di pressione*** Pressuregroup *f.*; ***~ propulsore*** Antriebsaggregat *n.*; ***~ sanguigno*** Blutgruppe *f.*; ***~ sportivo*** (kleiner) Sportverein *m.*; MIL. ***~ tattico*** taktische Gruppe; ***terapia di ~*** Gruppentherapie *f.*; ***~ terroristico*** Terroristengruppe *f.*

grup|pu|sco|lo m. POL. Splittergruppe *f.*

gruz|zo|lo m. Geldhäufchen *n.*, Sümmchen *n.*; Spargroschen *m.*: ***mettere da parte un bel ~*** ein schönes Sümmchen an‿häufen; sein Schäfchen ins Trockene bringen.

G.U. ⇒ *Gazzetta Ufficiale* (italienisches Amtsblatt entsprechend dem Gesetzblatt).

gua|da|bi|le agg. durchwatbar.

gua|da|gna|re I tr. **1** verdienen (anche assol.): ***~ bene, male, molto, poco*** gut, schlecht, viel, wenig verdienen; ***~ molti soldi*** viel Geld verdienen; ***~ due milioni al mese*** zwei Millionen im Monat verdienen; ***~ il 30 % su una merce*** 30 % an einer Ware verdienen; ***quanto guadagni all'ora?*** wie viel verdienst du in der, pro Stunde? **2** *(meritare)* gewinnen, erhalten: ***~ la fiducia di qcn.*** jds Vertrauen gewinnen **3** *(vincere)* verdienen, gewinnen (anche FIG.): ***~ un premio*** eine Prämie verdienen; ***la nostra squadra ha guadagnato due punti*** unsere Mannschaft hat zwei Punkte gewonnen (*o* zugelegt); FIG. ***~ tempo, spazio, terreno*** Zeit, Raum, Boden gewinnen **4** *(trarre vantaggio)* Gewinn haben, verdienen: ***non ci guadagna niente*** er hat keinen Gewinn davon; ***che cosa ci guadagno?*** was habe ich davon? **5** *(raggiungere)* gewinnen, erreichen: ***~ la riva*** das Ufer gewinnen; ***~ il largo*** die hohe See gewinnen **II** pronom. ***guadagnarsi qcs.*** sich (D) etw. verdienen: ***-rsi il pane come cameriere*** sein Brot als Kellner verdienen **III** intr. (aus. *avere*) **1** verdienen: ***pensare solo a ~*** nur an den Verdienst (*o* ans Verdienen) denken **2** *(acquistare, avvantaggiarsi)* gewinnen: ***con quella nuova cornice il quadro ci guadagna molto*** das Bild hat durch den neuen Rahmen sehr gewonnen ◆ ***~ per vivere*** den Lebensunterhalt verdienen.

gua|da|gna|to p.pass. agg. **1** → **guadagnare 2** verdient: ***denaro ~ col sudore della fronte*** schwer verdientes Geld; ***i primi soldi -i*** das erste selbst verdiente Geld ◆ ***tanto di ~*** umso besser.

gua|da|gno m. **1** Verdienst *m.*, Gewinn *m.*: ***avere un buon ~*** einen guten Verdienst haben; ***facili, lauti -i*** leichter, glänzender (*o* üppiger) Verdienst; ***realizzare un ~*** einen Gewinn erzielen **2** *(vantaggio)* Gewinn *m.*, Nutzen *m.*: ***cercare il proprio ~*** seinen Gewinn suchen ◆ ***fonte di ~*** Verdienstquelle *f.*; ***~ lordo*** Bruttoverdienst *m.*; ***mancato ~*** Verdienstausfall *m.*; ***margine di ~*** Gewinnspanne *f.*; ***~ netto*** Nettoverdienst *m.*; ***possibilità di ~*** Gewinnchance *f.*; ***~ di tempo*** Zeitgewinn *m.*

gua|da|re tr. durchwaten: ***~ il fiume*** den Fluss durchwaten (*o* durch den Fluss waten).

gua|di|no m. Kescher *m.*

gua|do m. **1** Furt *f.* **2** BOT. Waid *m.*, Färberwaid *m.* ◆ ***passare a ~*** durchwaten.

guai inter. weh(e): ***~ (a te) se non lo fai!*** wehe (dir), wenn du es nicht tust! ***~ a chi non viene*** wehe dem, der nicht kommt; ***~ ai vinti!*** wehe den Besiegten!

gua|ia|co m. *(-chi)* Guajakbaum *m.* ◆ ***legno di ~*** Pockholz *n.* **gua|ia|co|lo** m. Guajakol *n.*

Gua|ia|na → **Guyana.**

gua|i|na, guai|na f. **1** *(di spada)* Scheide *f.* **2** *(di ombrello, bandiera)* Hülle *f.*, Futteral *n.* **3** ANAT. Scheide *f.*, Haut *f.*: ***~ tendinea, muscolare*** Sehnenscheide *f.*, Muskelhaut *f.* **4** EL. Mantel *m.*: ***~ protettiva*** Schutzmantel *m.* **5** *(indumento intimo)* Miederhose *f.* ◆ ***~ fogliare*** Blattscheide *f.*

gua|io m. *(-ai)* **1** Schwierigkeit *f.*, COLLOQ. Patsche *f.*, Klemme *f.*: ***essere, trovarsi in un (brutto) ~, nei -ai*** in (großen) Schwierigkeiten sein, in der Patsche (*o* der Tinte) sitzen; ***finire, cacciarsi, mettersi in un ~, nei -ai*** in eine Patsche, in Schwierigkeiten kommen (*o* geraten); ***mettere qcn. nei -ai*** jdn in Schwierigkeiten bringen; ***tirare qcn. fuori dai -ai, togliere qcn. dai -ai*** jdm aus seinen Schwierigkeiten (*o* aus der Klemme) heraus‿helfen; ***ha passato un ~, gli è capitato un ~*** ihm ist eine Panne passiert **2** pl. *(noie)* Ärger *m.*, Unannehmlichkeiten *pl.*: ***avere -ai con la polizia, con la giustizia*** Ärger mit der Polizei, der Justiz haben **3** *(inconveniente, cosa scomoda)* Ärgerliche *n.*, Dumme *n.*: ***che ~ se non ci aiuta!*** wie ärgerlich, wenn er uns nicht hilft! eine Katastrophe, wenn er uns nicht helfen würde! ***il ~ è che non ho nemmeno un soldo!*** das Dumme ist, dass ich nicht mal einen Pfennig Geld habe! ◆ ***andare in cerca di -ai*** sich (D) Unannehmlichkeiten suchen (*o* sich [A] in die Nesseln setzen wollen); ***cercare -ai*** Unannehmlichkeiten suchen; ***essere, trovarsi nei -ai fino al collo*** bis zum Hals in Schwierigkeiten (*o* Unannehmlichkeiten) stecken; ***un mare di -ai*** eine unendliche Menge Schwierigkeiten; ***se non viene saranno -ai!*** wenn er nicht kommt, wird es Ärger geben! ***fa' come ti dico o saranno -ai!*** mach, wie ich es dir sage, oder es wird Ärger geben!

gua|i|re intr. (*guaisco, guaisci*; aus. *avere*) jaulen, winseln (anche FIG.). **gua|i|to** m. Jaulen *n.*, Winseln *n.* (anche FIG.).

gual|ci|re (*gualcisco, gualcisci*) **I** tr. **1** verknautschen, verknittern **2** (*carta, libri*) verknittern **II** pronom. **gualcirsi 1** knautschen, knittern **2** (*di carta, libri*) knittern. **gual|ci|to** p.pass. agg. **1** → **gualcire 2** zerknittert, knittrig. **gual|ci|tu|ra** f. Knautschfalte *f.*

gual|drap|pa f. Schabracke *f.*

Gual|tie|ro n.pr.m. Walt(h)er *m.*

gua|na|co m. (*-chi*) Guanako *n.*

guan|cet|ta f. Bäckchen *n.*

guan|cia f. (*-ce*) **1** Wange *f.*, Backe *f.*: ***-ce arrossate, rosee, paffute, scavate, cascanti*** gerötete, rosige, dicke, hohle Backen, Hängebacken; ***baciare qcn. sulla ~*** jdn auf die Wange küssen **2** (*di bestie macellate*) Backe *f.* **3** TECN. Backe *f.* ◆ ***ballare ~ a ~*** Wange an Wange tanzen; ***~ del fucile*** Kolben *m.*; ***porgere l'altra ~*** die andere Wange hin‿halten.

guan|cia|le m. **1** Kissen *n.* **2** REGION. (*tipo di lardo*) = durchwachsener Speck *m.* ◆ ***dormire tra due -i*** sich in Sicherheit wiegen.

guan|ci|na f. Bäckchen *n.*

gua|no m. Guano *m.*, Vogelmist *m.*

guan|ta|io m. (*-ai*) **1** Handschuhmacher *m.* **2** (*venditore di guanti*) Handschuhverkäufer *m.* **guan|tie|ra** f. **1** (*astuccio*) Handschuhschachtel *f.* **2** (*vassoio*) Tablett *n.*

guan|to m. **1** Handschuh *m.*: ***un paio di -i in pelle, di lana*** ein Paar Leder-, Wollhandschuhe; ***mettersi (infilarsi), togliersi (sfilarsi) i -i*** die Handschuhe an‿ziehen (*o* über‿streifen), aus‿ziehen (*o* ab‿streifen) **2** (*muffola*) Fausthandschuh *m.* **3** (*di gomma*) Gummihandschuh *m.*: ***lavare i piatti con i -i*** das Geschirr mit Gummihandschuhen spülen **3** COLLOQ. (*preservativo*) Handschuh *m.* ◆ ***calzare come un ~*** wie angegossen passen; ***~ da forno*** Topfhandschuh *m.*; ***gettare il ~ a qcn.*** jdm den Handschuh hin‿werfen (*o* ins Gesicht schleudern); ***ladro in -i gialli*** = Hochstapler *m.*; ***~ monouso*** Einmalhandschuh *m.*; ***(prova del) ~ di paraffina*** Paraffinprobe *f.*; ***~ protettivo*** Handschutz *m.*; ***raccogliere il ~*** den Handschuh auf‿nehmen (*o* auf‿heben); ***-i da sci*** Skihandschuh *m.*; ***~ di, della sfida*** Fehdehandschuh *m.*; ***trattare qcn. con i -i (di velluto)*** jdn mit Glacéhandschuhen (*o* mit Samthandschuhen) an‿fassen; ***mano di ferro in ~ di velluto*** = freundlich, aber bestimmt. **guan|to|ne** m. (großer) Handschuh *m.*: ***~ da baseball, da boxe*** Baseball-, Boxhandschuh *m.*

guap|po m. REGION. **1** Mitglied *n.* der Kamorra **2** (*arrogante*) Schnösel *m.*, arroganter Kerl *m.*

guar|da|bi|le agg. schaubar, ansehbar, anschaubar.

guar|da|bo|schi m.inv. Waldhüter *m.*; (*guardia forestale*) Förster *m.* **guar|da|cac|cia** m.inv. Wildhüter *m.* **guar|da|co|ste** m.inv. **1** Küstenwache *f.* **2** (*nave*) Küstenwach(t)schiff *n.* **guar|da|li|ne|e** m.inv. Linienrichter *m.* **guar|da|mac|chi|ne** m.inv. Parkwächter *m.* **guar|da|ma|no** m.inv. ARM. **1** Korb *m.*, Glocke *f.* **2** (*del fucile*) Bügel *m.* **guar|da|par|co** m.inv. Aufseher *m.* (eines Naturschutzparks). **guar|da|pe|sca** m.inv. Fischereiaufseher *m.* **guar|da|por|to|ne** m.inv. Pförtner *m.* in Livree.

guar|da|re I tr. **1a** sehen, schauen; (*osservare*) betrachten, beobachten, ansehen: ***~ qcn. in faccia, negli occhi*** jdn ins Gesicht, in die Augen sehen (*o* schauen); ***~ qcs. col cannocchiale, con la lente*** etw. durchs Fernrohr, durch die Lupe sehen (*o* betrachten); ***~ le stelle, la luna*** die Sterne, den Mond betrachten; ***l'ho visto appena, ma non l'ho guardato bene*** ich habe ihn eben gesehen, aber ich habe ihn nicht richtig angesehen; ***~ la gente che passa*** die vorbeigehenden Leute beobachten; ***guarda come faccio io e fa' lo stesso!*** schau mal, wie ich es mache, und mach es dann genauso! **b** ***~ l'ora, la bussola*** auf die Uhr, den Kompass sehen (*o* schauen); ***~ la piantina della città, l'orario dei treni*** auf den Stadtplan, Zugfahrplan sehen **c** an‿sehen, an‿schauen, an‿blicken; (*stare a guardare*) zu‿sehen: ***~ qcn. con diffidenza, con rispetto*** jdn misstrauisch, ehrfürchtig ansehen; ***~ qcn. dall'alto in basso*** jdn von oben herab ansehen; ***~ storto, fisso qcn.*** jdn schief ansehen, jdn an‿starren; ***guardar passare i treni*** den vorbeifahrenden Zügen zusehen; ***non guardarmi così!*** sieh mich nicht so an! ***~ qcs. attentamente, con interesse*** etw. aufmerksam, mit Interesse ansehen; ***~ le vetrine*** die Schaufenster anschauen; ***non leggo, guardo solo le figure*** ich lese nicht, ich schaue mir nur die Bilder an; ***continuava a guardarmi senza parlare*** er schaute mich ständig an, ohne etwas zu sagen **2** (*considerare*) betrachten, sehen: ***~ qcs. con distacco*** etw. mit Abstand betrachten; ***cerca di ~ le cose dal mio punto di vista!*** versuche, die Dinge aus meinem Blickwinkel (*o* mit meinen Augen) zu sehen! **3** (*controllare*) nach‿sehen: ***~ qcs. sull'agenda*** etw. im Kalender nachsehen **4a** (*sorvegliare*) ***puoi ~ un attimo il bambino?*** kannst du einen Moment auf das Kind schauen? ***guarda l'arrosto, non vorrei che si bruciasse*** schau mal nach dem Braten, ich möchte nicht, dass er anbrennt **b** (*accudire*) ***~ un ammalato*** sich um einen Kranken kümmern **5** (*pascolare*) hüten: ***~ le pecore*** die Schafe hüten **6** (*fare attenzione a*) schauen, hin‿schauen, auf‿passen: ***guarda dove metti i piedi!*** schau, wo du die Füße hinsetzt! ***guarda che c'è uno scalino!*** pass auf, da ist eine Stufe! **7** (*prendere in considerazione*) an‿schauen, beachten: ***le ragazze non lo guardano*** die Mädchen schauen ihn nicht an **8** (*verificare*) nach‿sehen, sehen, nach‿schauen, schauen: ***il maestro deve ancora ~ i compiti*** der Lehrer muss noch die Arbeiten nachsehen; ***guarda un po' chi è alla porta!*** schau (*o* sieh) mal nach, wer an der Tür ist! **9** (*proteggere*) bewachen: ***i soldati guardano la frontiera*** die Soldaten bewachen die Grenze **10** (*affacciarsi su*) hinausgehen, schauen: ***la terrazza guarda la vallata*** die Terrasse geht auf das Tal hinaus **II** intr. (aus. *avere*) **1a** sehen, schauen, blicken, COLLOQ. gucken: ***~ fuori dalla finestra, attraverso il buco della serratura*** aus dem Fenster, durch das Schlüsselloch sehen; ***~ nel vuoto, ~ fisso davanti a sé*** ins Leere blicken, starr vor sich hin‿blicken; ***guarda (qui, laggiù, lassù)!*** sieh mal (hier, da unten, da oben)! ***cos'hai, cosa c'è da ~?*** was gibt es da zu schauen (*o* COLLOQ. gucken)! **b** FIG. ***~ al futuro con fiducia, ottimismo*** vertrauensvoll, optimistisch in die Zukunft sehen; ***~ alla vecchiaia con serenità*** dem Alter ruhig entgegen‿sehen; ***~ con rimpianto al passato*** mit Bedauern in die Vergangenheit zurückblicken **2a** (*cercare*) nach‿sehen, nach‿schauen: ***~ dentro un cassetto*** in einer Schublade nachsehen; ***hai già guardato nella tua camera?*** hast du schon in deinem Zimmer nachgesehen? **b** (*controllare*) ***~ sul giornale, nell'indice*** in der Zeitung, im Index nachsehen **3** (*considerare qcn., qcs.*) an‿sehen, halten: ***tutti guardano a lui come a un eroe, come all'erede di Pelè*** alle sehen ihn als Helden, als Pelès Erben an; ***~ a qcs. come a un evento straordinario*** etw. für ein außergewöhnliches Ereignis halten **4** (*badare*) sehen, achten, sich kümmern: ***~ al proprio interesse, tornaconto*** auf seine eigenen Interessen, seinen eigenen Vorteil sehen **5** (*fare attenzione*) auf‿passen: ***guarda di non farti male!*** pass auf, dass du dir nicht wehtust! **6** (*essere rivolto*) gehen: ***la finestra guarda a nord, sul cortile*** das Fenster geht nach Norden, auf den Hof **III** pronom. **guardarsi 1** sich betrachten, sich sehen: ***-rsi allo specchio*** sich im Spiegel betrachten; ***gli piace -rsi in televisione*** es gefällt ihm, sich im Fernsehen zu sehen **2** (*reciproco*) sich an‿sehen, sich an‿schauen: ***-rsi senza parlare*** sich sprachlos ansehen; ***-rsi in cagnesco*** sich feindselig ansehen; ***-rsi negli occhi*** sich in die Augen schauen **3a** (*stare in guardia*) sich hüten: ***-rsi dagli estranei, dalle cattive compagnie*** sich vor Fremden, schlechter Gesellschaft hüten; ***guardati da lui, dai suoi consigli!*** hüte dich vor ihm, vor seinen Ratschlägen! ***me ne guardo bene!*** ich werde mich hüten(, so etwas zu tun)! **b** (*astenersi*) ***guardati dall'esprimere giudizi!*** hüte dich davor, Urteile abzugeben! ◆ ***~ altrove*** weg‿sehen, weg‿blicken; ***~ avanti*** nach vorne sehen, schauen (anche FIG.); ***guarda caso*** wie's der Zufall will; ***~ il centesimo*** auf den Pfennig sehen; ***Dio me ne guardi!*** Gott bewahre mich davor! ***Dio (ne) guardi!*** Gott behüte (*o* bewahre)! ***~ in faccia la realtà*** der Wirklichkeit ins Auge sehen; ***~ le cose in faccia*** den Tatsachen ins Gesicht sehen; ***non ~ in faccia nessuno*** über Leichen gehen; ***-rsi in giro*** herum‿blicken, umher‿blicken; FIG. sich um‿sehen; ***guarda che non ti aiuto più se...*** pass auf, ich helfe dir nicht mehr, wenn...; ***guarda che non scherzo!*** pass auf, ich mache keinen Scherz! ***guarda che stai sbagliando!*** hör mal, du machst einen Fehler! ***guarda chi c'è! guarda chi si vede!*** schau mal, wer da ist! wen sieht man denn da! ***guarda che roba!*** schau dir das an! ***ma guarda cosa mi doveva capitare!*** was ist mir denn da passiert! ***(ma) guarda come ti sei conciato!*** schau mal, wie du jetzt aussiehst! ***-rsi indietro*** zurück‿schauen (anche FIG.); ***-rsi intorno*** herum‿blicken, umher‿blicken; FIG. sich um‿sehen, sich um‿schauen; ***non -rsi più*** sich nicht mehr an‿schauen; ***(re)stare a ~*** ruhig zu‿sehen; (*senza intervenire*) tatenlos zu‿sehen; ***la gente stette, restò a ~ senza dividerli*** anstatt sie zu trennen, sahen die Leute tatenlos zu; ***si fa così, sta' a guardare!*** schau, so wird es gemacht! ***~ le spalle a qcn.*** jdm den Rücken decken; ***guardati le spalle!*** sieh dich vor! pass auf! ***~ la te-***

levisione fern_sehen; ***~ un film alla televisione*** einen Film im Fernsehen an_sehen (*o* an_schauen); ***toh, guarda! ma guarda un po'!*** sieh mal (einer) an! ***~ a vista un prigioniero*** einen Gefangenen im Auge behalten; PROV. ***dagli amici mi guardi Iddio che dai nemici mi guardo io*** = behüte mich, Gott, vor meinen Freunden, mit meinen Feinden will ich schon fertig werden.

guar|da|ro|ba m.inv. **1a** Garderobe *f.*, Kleiderablage *f.*: ***appendere qcs. nel ~*** etw. an die Garderobe hängen **b** *(armadio)* Garderobenschrank *m.* **2** *(del teatro)* Garderobe *f.*: ***lasciare, ritirare il cappotto al ~*** den Mantel an der Garderobe ab_geben (*o* ab_legen), ab_holen **3** *(vestiti)* Garderobe *f.*: ***rifarsi il ~*** sich (D) eine neue Garderobe zu_legen. **guar|da|ro|bie|ra** f. Garderobenfrau *f.* **guar|da|ro|bie|re** m. Garderobier *m.*

guar|da|sa|la m.inv. Saalordner *m.*

guar|da|si|gil|li m.inv. **1** STOR. Siegelbewahrer *m.* **2** *(ministro di Grazia e Giustizia)* (italienischer) Justizminister *m.*

guar|da|spal|le m.inv. Leibwächter *m.*

guar|da|ta f. Blick *m.*: ***dare una ~ ai giornali*** einen Blick in die Zeitung tun (*o* werfen); ***dare una ~ a una stanza*** einen Blick in ein Zimmer tun (*o* werfen) ◆ ***dai una ~ alla pentola, ai bambini!*** kannst du mal auf den Topf gucken! schau mal auf die Kinder!

guar|dia f. **1** Wache *f.*, Bewachung *f.*: ***fare la ~*** Wache halten; ***mettere qcn. a ~ di qcs.*** jdn zur Bewachung von etw. ab_stellen **2a** *(servizio di vigilanza)* Wache *f.*, Wachdienst *m.*: ***intensificare la ~*** die Wache verstärken; ***essere di ~*** Wache (*o* Wachdienst) haben, MIL. COLLOQ. (auf) Wache stehen (*o* sein); MIL. ***montare, smontare la ~*** die Wache übernehmen (*o* beziehen, COLLOQ. schieben), von der Wache ab_treten (*o* ab_ziehen) **b** *(sentinella)* Wache *f.*, Wachposten *m.*, Wachdienst *m.*: ***mettere delle -e a tutti gli ingressi*** Wachen an allen Eingängen auf_stellen **3** *(sorvergliante)* Wächter *m.*, Bewacher *m.*, Wärter *m.* **4** COLLOQ. ***chiamare le -e*** die Polizei rufen **5a** SPORT *(nel pugilato)* Auslage *f.*, Deckung *f.*: ***~ alta, bassa*** hohe, tiefe Deckung; ***~ a destra, a sinistra*** Rechtsauslage *f.*, Linksauslage *f.*; ***mettersi in ~*** in Deckung gehen **b** *(nella scherma)* Auslage *f.*, Fechtstellung *f.* **6** *(della spada)* Glocke *f.*, Stichblatt *n.*, Korb *m.* **7** TIP. Vorsatzblatt *n.*, Vorsatz *m.* **8** *(livello dell'acqua)* Hochwasserpunkt *m.*: ***superare la ~*** den Hochwasserpunkt überschreiten ◆ ***abbassare la ~*** die Deckung vernachlässigen; FIG. = alle Vorsichtmaßnahmen außer Acht lassen; ***fare buona ~*** (gut) auf_passen; ***cambio della ~*** Wachablösung *f.* (anche FIG.); ***~ campestre*** Feldhüter *m.*, Flurschütz *m.*; ***cane da ~*** Wachhund *m.*, Schutzhund *m.*; ***~ carceraria*** Gefängnisaufseher *m.*; ***~ a cavallo*** berittene Garde; ***corpo di ~*** Wachmannschaft *f.*; ***~ del corpo*** Leibwache *f.*; *(persona)* Leibwächter *m.*; STOR. *(del re)* Leibgarde *f.*, Garde *f.*; *(persona)* Leibgardist *m.*; ***~ costiera*** Küstenwacht *f.*; ***fare la ~ a qcn., qcs.*** jdn, etw. bewachen; ***~ di finanza*** = (italienisches) Polizeikorps zur Zoll- und Steuerkontrolle; ***~ forestale*** Förster *m.*, Forstmann *m.*; ***~ franca*** Freiwache *f.*; ***~ di frontiera*** Grenzwache *f.*; ***~ giurata*** = Mitglied *n.* einer Wach- und Schließgesellschaft, privater Schutzmann *m.*; ***in ~!*** Achtung! ***mettere in ~ qcn. da qcs.*** jdn vor etw. warnen; ***giocare a -e e ladri*** Räuber und Gendarm spielen; ***livello di ~*** Alarmstufe *f.*; FIG. ***raggiungere il livello di ~*** die äußerste Grenze erreichen; ***~ medica*** ärztlicher Notdienst (*o* Bereitschaftsdienst); ***medico di ~*** Bereitschaftsarzt *m.*; ***~ nazionale*** Nationalgarde *f.*; ***~ notturna*** Nachtwache *f.*, Nachtwächter *m.*; ***~ d'onore*** Ehrenwache *f.*, Ehrengarde *f.*; ***posto di ~*** Wach(t)posten *m.*, Posten *m.*; ***~ reale*** königliche Garde; ***servizio di ~*** Wachdienst *m.*; SPORT ***stare in ~*** in Deckung stehen; FIG. ***stare in ~ da qcn., qcs.*** bei, vor jdm, etw. auf der Hut sein; ***stare di ~ a qcs.*** etw. behüten, beschützen; ***~ svizzera*** Schweizer *m.*; *(corpo)* Schweizergarde *f.*; ***turno di ~*** Wachrunde *f.*; FIG. ***essere della vecchia ~*** zur alten Garde gehören.

guar|dia|cac|cia → **guardacaccia.** **guar|dia|co|ste** → **guardacoste.** **guar|dia|li|ne|e** → **guardalinee.**

guar|dia|ma|ri|na m.inv. Leutnant *m.* zur See.

guar|dia|no m. **1** Wärter *m.*, Wächter *m.*, Aufseher *m.*: ***~ di museo*** Museumsaufseher (*o* Museumswächter) *m.*; ***~ notturno*** Nachtwächter *m.* **2** *(di animali)* Hirt *m.*: ***~ di pecore, di porci*** Schaf-, Schweinehirt *m.* ◆ ***padre ~*** Guardian *m.*

guar|di|na f. Arrestzelle *f.* ◆ ***andare, finire in ~*** ins Gefängnis kommen.

guar|din|fan|te m. Reifrock *m.*

guar|din|go agg. *(-ghi,-ghe)* behutsam, umsichtig.

guar|dio|la f. **1** *(del portiere)* Portiersloge *f.*, Pförtnerloge *f.* **2** *(nelle fortezze)* Wachturm *m.*

guar|do|ne m. Spanner *m.*, Voyeur *m.*

guard|rail ['gɑ:dreil] m.inv. Leitplanke *f.*

gua|ren|ti|gia f. *(-gie/-ge)* DIR. Garantie *f.*, Gewährleistung *f.* ◆ STOR. ***legge delle -gie*** Garantiegesetz *n.*

gua|ren|ti|re LETT. → **garantire.**

gua|ri, LETT. ***or non è ~*** vor nicht allzu langer Zeit.

gua|ri|bi|le agg. **1** genesungsfähig: ***giudicare qcn. ~ in due giorni*** jdn innerhalb von zwei Tagen für genesungsfähig halten **2** *(curabile)* heilbar: ***una malattia ~*** eine heilbare Krankheit.

gua|ri|gio|ne f. Genesung *f.*, Heilung *f.*: ***essere in via di ~*** auf dem Weg der Genesung sein; ***augurare a qcn. pronta ~*** jdm baldige Genesung wünschen; ***una ~ miracolosa*** eine wunderbare Genesung.

gua|ri|re *(guarisco, guarisci)* **I** tr. **1** gesund machen (*o* pflegen), heilen, kurieren: ***~ qcn. da una malattia, da una dipendenza*** jdn von einer Krankheit, von einer Sucht heilen; ***una cura drastica lo guarirà*** eine drastische Kur wird ihn heilen (*o* gesund machen) **b** *(malattie)* heilen, kurieren: ***~ il raffreddore con l'aspirina*** den Schnupfen mit Aspirin heilen **2** FIG. *(liberare)* heilen: ***~ qcn. da un vizio, dalla paura*** jdn von einem Laster, von seiner Angst heilen **II** intr. (aus. *essere*) **1** (wieder) gesund werden, LETT. genesen: ***~ dalla polmonite*** von der Lungenentzündung wieder gesund werden **2** *(di malattie, ferite)* heilen: ***la ferita guarisce lentamente*** die Wunde heilt langsam **3** FIG. geheilt werden: ***~ dalla gelosia*** von der Eifersucht geheilt werden ◆ ***~ completamente*** aus_heilen; ***far ~*** heilen, kurieren, gesund machen (*o* pflegen); ***il tempo guarisce ogni ferita*** die Zeit heilt alle Wunden.

gua|ri|to p.pass. agg. **1** → **guarire** **2** gesund, kuriert: ***dichiarare qcn. (perfettamente) ~*** jdn für (völlig) gesund erklären. **gua|ri|to|re** m. Heilpraktiker *m.*; SPREG. Wunderdoktor *m.*, Wunderheiler *m.*

guar|ni|gio|ne f. Garnison *f.*: ***essere di ~*** in Garnison liegen, sein.

guar|ni|re tr. *(guarnisco, guarnisci)* **1** besetzen, verzieren: ***~ un cappotto di pelliccia*** einen Mantel mit Pelz besetzen **2** GASTR. garnieren, verzieren: ***~ con verdure*** mit Gemüse garnieren; ***~ la torta con la panna, con ciliegine*** die Torte mit Sahne, mit Kirschen garnieren (*o* verzieren) **3** *(corredare, dotare)* aus_statten; *(equipaggiare)* aus_rüsten. **guar|ni|to** p.pass. agg. **1** → **guarnire** **2** -besetzt, verziert: ***~ di pizzi*** spitzenbesetzt **3** GASTR. garniert, verziert ◆ ***essere ben ~*** ein dickes Portemonnaie haben.

guar|ni|zio|ne f. **1a** *(il guarnire)* Garnierung *f.* **b** *(ornamento)* Verzierung *f.*, Besatz *m.*, Garnitur *f.*: ***~ di pelliccia, di merletti*** Pelzbesatz *m.*, Spitzenbesatz *m.* **2** GASTR. Garnierung *f.*, Garnitur *f.* **3** TECN. MOT. Dichtung *f.*; *(ad anello)* Dichtungsring *m.*: ***la ~ del rubinetto*** der Dichtungsring des Wasserhahnes; ***~ del pistone*** Kolbendichtung *f.* **4** *(dei freni)* Belag *m.*, Bremsbelag *m.*

Gua|sco|gna n.pr.f. Gascogne *f.* ◆ ***golfo di ~*** Golf *m.* von Biskaya. **gua|sco|na|ta** f. Prahlerei *f.*, Aufschneiderei *f.*, ANT. Gaskonade *f.* **gua|sco|ne** **I** agg. gasconisch **II** m. **1** Gascogner *m.* **2** FIG. Prahler *m.*, Aufschneider *m.*

gua|sta|fe|ste m. e f.inv. Spielverderber *m.*, Spaßverderber *m.*, Miesmacher *m.*

gua|sta|me|stie|ri m. e f.inv. Pfuscher *m.*, Krauter *m.*

gua|sta|re **I** tr. **1** beschädigen; *(completamente)* zerstören, ruinieren: ***la grandine ha guastato il raccolto*** der Hagel beschädigte die Ernte **2** *(rompere)* zerstören, COLLOQ. kaputt_machen: ***~ il televisore*** den Fernseher kaputtmachen **3** *(deturpare)* verschandeln: ***~ il paesaggio*** die Landschaft verschandeln **4a** *(far andare a male)* verderben, verkommen lassen: ***il caldo guasta la frutta*** die Wärme lässt das Obst verkommen **b** FIG. *(rovinare)* verderben: ***~ l'appetito a qcn.*** jdm den Appetit verderben; ***la notizia ha guastato la serata*** die Nachricht hat den Abend verdorben **c** FIG. *(corrompere)* verderben, verkommen: ***le cattive compagnie lo hanno guastato*** die schlechte Gesellschaft hat ihn verdorben **5** assol. *(con negazione)* schaden: ***il riposo non guasta mai*** Erholung schadet nie **II** pronom. **guastarsi** **1** *(rompersi)* nicht (mehr) funktionieren, COLLOQ. kaputt_gehen: ***la lavatrice si è guastata*** die Waschmaschine ist kaputtgegangen **2** *(danneggiarsi)* beschädigt werden **3** *(di cibi)* verfaulen, verderben **4** FIG. *(corrompersi)* verderben, verkommen **5** ***-rsi qcs.*** sich (D) etw. verderben, sich (D) etw. ruinieren: ***-rsi la salute*** sich die Gesundheit ruinieren; ***-rsi l'appetito*** sich den Appetit verderben; COLLOQ. ***-rsi lo stomaco*** sich den Magen verderben **6** *(del tempo)* verschlechtern, schlecht werden **7** ***-rsi con qcn.*** es mit jdm verderben, sich mit jdm überwerfen ◆ ***~ l'amicizia*** die Freundschaft erschüttern; ***~ la festa a qcn.*** jdm das Fest verderben; FIG. jdm die Freude verderben; ***~ la reputazione di qcn.*** jds Ruf ruinieren; ***-rsi il sangue per qcs.*** sich über etw. (A) krank ärgern.

gua|sta|to|re m. MIL. = Angehörige *m.* eines Kommandotrupps.

1.gua|sto agg. **1** defekt, schadhaft, COLLOQ. kaputt: ***il CD è ~*** der CD-Player ist kaputt **2** *(avariato)* verdorben; *(marcio)* faul: ***mele***

-e faule Äpfel **3** *(di denti; cariato)* kariös **4** FIG. *(corrotto)* verkommen, verdorben.

2.gua|sto m. **1** Schaden *m.*, Defekt *m.*: **~ tecnico** technischer Schaden; **causare, riportare, riparare, segnalare un ~** einen Schaden verursachen, davon‿tragen, aus‿bessern (*o* reparieren), melden; **un ~ al televisore, all'impianto elettrico** einen Schaden am Fernsehgerät, an der elektrischen Anlage **2** FIG. Fäulnis *f.*, Fäule *f.*, Verderbnis *f.*, Verdorbenheit *f.*: **il ~ della società** die Verdorbenheit der Gesellschaft ◆ **corrente di ~** Fehlerstrom *m.*; **~ al motore** Motorschaden *m.*; MECC. **sensibile ai -i** störanfällig.

gua|ta|re tr. LETT. **1** unverwandt an‿sehen **2** ANT. *(considerare)* betrachten.

Gua|te|ma|la n.pr.m. Guatemala *n.* **gua|te|mal|te|co** **I** agg. *(-chi, -che)* guatemaltekisch **II** m. *(-chi)* Guatemalteke *m.*

guaz|za f. Tau *m.*

guaz|za|bu|glio m. *(-gli)* Mischmasch *m.*, (wildes) Durcheinander *n.*, Gewirr *n.*: **un ~ di vecchi mobili** ein wildes Durcheinander von alten Möbeln; FIG. **un ~ di sentimenti** ein Gewirr von Gefühlen.

guaz|za|re **I** intr. (aus. *avere*) **1** planschen, panschen: **~ nell'acqua** im Wasser planschen **2** *(di liquidi in un recipiente)* schwappen: **il vino guazza nelle botti** der Wein schwappt in den Fässer **II** tr. *(guadare)* waten ◆ FIG. **~ nell'oro** im Geld schwimmen.

guaz|zet|to, GASTR. **in ~** geschmort: **pesce in ~** geschmorter Fisch.

guaz|zo m. **1** Lache *f.* **2** ART. Gouache *f.* ◆ GASTR. **frutta in ~** Alkoholfrüchte *pl.*; **pittura a ~** Gouachemalerei *f.*

guel|fi|smo m. guelfische Gesinnung *f.* **guel|fo** **I** agg. guelfisch: **il partito ~** die guelfische Partei **II** m. Guelfe *m.*

guê|piè|re [gɛˈpjɛ:r] f.inv. Mieder *n.*, Korsett *n.*

guer|cio **I** agg. *(-ci,-ce)* **1** *(strabico)* schielend **2** *(privo di un occhio)* einäugig **II** m. *(-ci)* **1** *(strabico)* Schielende *m.* **2** *(privo di un occhio)* Einäugige *m.* ◆ PROV. **nel mondo dei ciechi il ~ è re** unter den Blinden ist der Einäugige König.

guer|ra f. **1** Krieg *m.*: **~ lunga, breve, sanguinosa, spietata** ein langer, kurzer, blutiger, erbarmungsloser Krieg; **iniziare, vincere, finire, perdere una ~** einen Krieg an‿fangen, gewinnen, beenden, verlieren; **la ~ scoppia, finisce** der Krieg bricht aus, endet; **cadere, morire in ~** im Krieg fallen, um‿kommen; **andare in ~** in den Krieg ziehen; **tornare dalla ~** aus dem Krieg heim‿kehren; FIG. **c'è sempre ~ in famiglia** es herrscht immer Krieg in der Familie; FIG. **~ domestica** häuslicher Krieg **2** *(lotta)* Kampf *m.*: **~ alla, contro la corruzione** Kampf gegen die Korruption ◆ **~ aerea** Luftkrieg *m.*; **in ~ aperta** im offenen Krieg; **la ~ arabo-israeliana** der arabisch-israelische Krieg; **arte della ~** Kriegshandwerk *n.*, ANT. Kriegskunst *f.*; **ascia di ~** Kriegsbeil *n.*; **~ atomica** Atomkrieg *m.*; **la ~ austro-prussiana** der österreichisch-preußische Krieg; **bandiera di ~** Kriegsflagge *f.*; **~ batteriologica** Bakterienkrieg *m.*; **canto di ~** Kriegslied *n.*; **in caso di ~** im Kriegsfall(e); **la ~ dei cent'anni** der Hundertjährige Krieg; **~ chimica** chemischer Krieg; **~ civile** Bürgerkrieg *m.*; **tenere un consiglio di ~** Kriegsrat halten, ab‿halten (anche FIG.); **la ~ dei contadini** der Bauernkrieg; **la ~ di Corea** der Koreakrieg; **corrispondente di ~** Kriegskorrespondent *m.*, Kriegsberichterstatter *m.*; **~ di corsa** Kaperkrieg *m.*; **criminale di ~** Kriegsverbrecher *m.*; **da ~** Kriegs-: **nave, aereo da ~** Kriegsschiff *n.*, Kriegsflugzeug *n.*; **danno di ~** Kriegsschaden *m.*; **danza di ~** Kriegstanz *m.*; **dichiarare ~ a qcn., qcs.** jdm, etw. den Krieg erklären; FIG. jdm, etw. den Krieg an‿sagen; **dichiarazione di ~** Kriegserklärung *f.*; **~ difensiva** Verteidigungskrieg *m.*; **dio della ~** Kriegsgott *m.*; **diritto di ~** Kriegsrecht *n.*; **~ doganale** Zollkrieg *m.*; **economia di ~** Kriegswirtschaft *f.*; **essere in ~** im Krieg stehen; FIG. **essere in ~ con qcn.** mit jdm im Krieg sein; **ferita di ~** Kriegsverletzung *f.*; **film di ~** Kriegsfilm *m.*; **la ~ franco-prussiana** der französisch-preußische Krieg; **~ fredda** Kalter Krieg; **giocare alla ~** Krieg spielen; **gioco della ~** *(tra bambini)* Kriegsspiel *n.*; **gioco di ~** Kriegsspiel *n.*; **la ~ del Golfo** der Golfkrieg; **grido di ~** Kriegsgeschrei *n.*; **~ ideologica** Ideenkrieg *m.*; **~ di indipendenza** Unabhängigkeitskrieg *m.*, Freiheitskrieg *m.*; **~ intestina** innerer Krieg; **invalido di ~** Kriegsversehrte *m.*; **~ lampo** Blitzkrieg *m.*; **~ di liberazione** Befreiungskrieg *m.*, Freiheitskrieg *m.*; **~ di logoramento** Zermürbungskrieg *m.*; **~ sul mare** Seekrieg *m.*; **prima, seconda ~ mondiale** Erster, Zweiter Weltkrieg; **muovere ~ a, contro qcn.** gegen jdn den Krieg eröffnen; **mutilato di ~** Kriegsbeschädigte *m.*, Kriegsversehrte *m.*; **~ dei nervi** Nervenkrieg *m.*; **~ nucleare** Nuklearkrieg *m.*, nuklearer Krieg; **~ offensiva** Offensivkrieg *m.*, Angriffskrieg *m.*; **orfano di ~** Kriegswaise *f.*; **~ partigiana** Partisanenkrieg *m.*; **pericolo di ~** Kriegsgefahr *f.*; **essere sul piede di ~** auf (dem) Kriegsfuß stehen, leben; **pittura di ~** Kriegsbemalung *f.*; **~ di posizione** Stellungskrieg *m.*; **prestito di ~** Kriegsanleihe *f.*; **prigioniero di ~** Kriegsgefangene *m.*; **le -e puniche** die Punischen Kriege; **~ di religione** Religionskrieg *m.*, Glaubenskrieg *m.*; **rischio di ~** Kriegsrisiko *n.*; **romanzo di ~** Kriegsroman *m.*; **la ~ delle due rose** der Rosenkrieg; **~ santa** heiliger Krieg; **allo scoppio della ~** bei Kriegsausbruch; **~ di secessione** Sezessionskrieg *m.*; **la ~ dei sei giorni** der Sechstagekrieg; FIG. **essere, scendere sul sentiero di ~** auf dem Kriegspfad sein, auf den Kriegspfad gehen; **la ~ dei sette anni** der Siebenjährige Krieg; **~ sottomarina** Unterwasserkrieg *m.*, Krieg *m.* unter Wasser; **sposa di ~** Kriegsbraut *f.*; **essere in stato di ~** sich im Kriegszustand befinden; **-e stellari** Krieg der Sterne; **teatro di ~** Kriegsschauplatz *m.*; **in tempo di ~** in Kriegszeiten; **~ terrestre** Landkrieg *m.*, Krieg zu Lande; **~ totale** totaler Krieg; **la ~ dei trent'anni** der Dreißigjährige Krieg; **tribunale di ~** Kriegsgericht *n.*; **~ di trincea** Grabenkrieg *m.*; **vedova di ~** Kriegerwitwe *f.*; **la ~ del Vietnam** der Vietnamkrieg; **zona di ~** Kriegsgebiet *n.*

guer|ra|fon|da|io **I** agg. *(-ai,-aie)* kriegstreibend, kriegshetzend **II** m. *(-ai)* Kriegstreiber *m.*, Kriegshetzer *m.*

guer|reg|gian|te **I** agg. Krieg führend **II** m. Krieg Führende *m.*

guer|reg|gia|re intr. *(guerreggio, guerreggi*; aus. *avere)* Krieg führen; ANT. kriegen: **~ con, contro il nemico** mit dem, gegen den Feind Krieg führen. **guer|reg|gia|to** p.pass. agg. **1** → **guerreggiare** **2** **guerra -a** offener Krieg.

guer|re|sco agg. *(-schi,-sche)* Kriegs-, kriegerisch: **azione -a** Kriegshandlung *f.*; **animo ~** kriegerischer Geist.

guer|rie|ro **I** agg. kriegerisch: **popolo ~** kriegerisches Volk **II** m. Krieger *m.*

guer|ri|glia f. Guerrilla *f.*, Guerrillakrieg *m.* ◆ **~ urbana** Stadtguerrilla *f.* **guer|ri|glie|ro** m. Guerrillakämpfer *m.*

gu|fag|gi|ne f. Eigenbrötelei *f.*

gu|fo m. **1** Eule *f.* **2** FIG. *(di persona)* Kauz *m.* ◆ **~ comune** Waldohreule *f.*; **~ di palude** Sumpfohreule *f.*; **~ reale** Uhu *m.*; **~ selvatico** Waldkauz *m.*

gu|glia f. **1** ARCH. Fiale *f.* **2** *(di monte)* Felsnadel *f.*, Nadel *f.* **gu|glia|ta** f. **una ~ (di filo)** ein Stück Faden.

Gu|gliel|mi|na n.pr.f. Wilhelmine *f.* **gu|gliel|mi|no** agg. wilhelminisch. **Gu|gliel|mo** n.pr.m. Wilhelm *m.*

Gu|ia|na → **Guyana.**

gui|da **I** f. **1** *(direzione)* Führung *f.*, Leitung *f.*: **prendere, assumere la ~ di qcs.** die Führung von etw. übernehmen; **essere sotto la ~ di qcn.** unter jds Führung sein **2** *(di veicolo)* Führung *f.*, Lenkung *f.*: **autorizzare qcn. alla ~ di un veicolo** jdn zur Führung eines Fahrzeuges berechtigen **3** *(maestro)* Leitbild *n.*, Leitstern *m.*, Führer *m.*: **una ~ esperta** ein erfahrener Führer; **affidarsi a una ~** einem Leitbild folgen; **~ spirituale** geistlicher Führer **4a** *(accompagnatore turistico)* Führer *m.* (-in *f.*): **visitare una città con una ~** eine Stadt mit einem Führer besichtigen **b** *(libro)* Führer *m.*: **una ~ di Berlino** ein Führer von Berlin; **consultare la ~** im Führer nach‿schlagen **5** *(manuale)* Leitfaden *m.*: **~ allo studio della linguistica** Leitfaden zum Studium der Linguistik **6** *(elenco telefonico)* Telefonbuch *n.* **7** *(passatoia)* Läufer *m.*: **una ~ di velluto rosso** ein Läufer aus rotem Samt; **stendere la ~** den Läufer aus‿rollen **8** TECN. *(scanalatura, rotaia)* Schiene *f.*, Führung *f.*: **scorrere su una ~** in einer Schiene laufen **II** agg.inv. Führungs-: **ruolo ~** Führungsrolle *f.* ◆ **~ alpina** Alpen-, Bergführer *m.*; **cabina di ~** Führerstand *m.*, Führerhaus *n.*; **cane ~** Leithund *m.*; **~ a destra** Rechtslenkung *f.*, Rechtssteuerung *f.*; **~ a distanza** Fernlenkung *f.*; **esame di ~** Führerscheinprüfung *f.*; **essere alla ~** *(di un veicolo)* am Steuer sitzen; *(di un partito, di un governo...)* das Steuer in der Hand haben; **fare da ~ a qcn.** jdn führen; GEOL. **fossile ~** Leitfossil *n.*; **prendere lezioni di ~** Fahrstunden nehmen; EL. **~ d'onda** Hohlleiter *m.*; **patente di ~** Führerschein *m.*; **posto di ~** Führersitz *m.*; **scuola (di) ~** Fahrschule *f.*; **~ a sinistra** Linkslenkung *f.*, Linkssteuerung *f.*; **~ telefonica** Telefonbuch *n.*; **~ turistica** *(persona)* Fremdenführer *m.*, Reiseführer *m.*; *(libro)* Reiseführer *m.*

gui|da|io|lo **I** m. Leittier *n.* **II** agg. Leit-, leitend: **pecora -a** Leithammel *m.*

gui|da|re **I** tr. **1a** *(dirigere)* führen, leiten, lenken: **~ una spedizione** eine Expedition leiten; **~ un paese** einen Staat lenken **b** *(condurre)* führen: **~ alla meta** zum Ziel führen **2** *(accompagnare)* führen: **~ i visitatori, un cieco** die Besucher, einen Blinden führen **3a** *(veicoli)* fahren, steuern, lenken: **~ un'auto, una nave** ein Auto fahren, ein Schiff steuern **b** *(aerei)* fliegen **c** assol. fahren: **~ bene, con prudenza** gut, vorsichtig fahren; **imparare a, sapere ~** fahren lernen, können **II** pronom. **guidarsi** ANT. sich führen, sich benehmen, sich verhalten ◆ SPORT **~ la classifica** Tabellenführer sein (*o* die Tabelle an‿führen). **gui|da|to|re** m. Fahrer *m.*: **un ~ spericolato, prudente** ein waghalsiger, vorsichtiger Fahrer.

gui|der|do|ne m. LETT. Belohnung *f.*
Gui|do n.pr.m. Guido *m.*
gui|do|ne m. MAR. Wimpel *m.*
gui|dri|gil|do m. Wergeld *n.*, Blutgeld *n.*
Gui|ne|a n.pr.f. Guinea *n.*
guin|za|glio m. *(-gli)* Leine *f.*: ***portare, tenere il cane al ~*** den Hund an der Leine führen, halten; ***mettere, togliere il ~ al cane*** den Hund an‿leinen (*o* an die Leine nehmen), von der Leine los‿machen; FIG. ***tenere qcn. al ~*** jdn an der (kurzen) Leine haben (*o* halten), jdn an die Leine legen.
gui|sa f. LETT. Art *f.*, Weise *f.*: ***in questa o quella ~*** auf die eine oder andere Weise ◆ ***in altra ~*** anders; ***di, in ~ che*** so dass; ***a ~ di*** wie; ***in tal ~*** derart, auf diese Weise.
guit|to I agg. ANT. armselig **II** m. **1** SPREG. *(attore)* Schmierenkomödiant *m.* **2** ANT. Armselige *m.* ◆ ***compagnia di -i*** Schmiere *f.*
guiz|zan|te agg. **1** schnellend **2a** *(di fiamma)* züngelnd, zuckend, flack(e)rig **b** *(di fulmine)* zuckend.
guiz|za|re intr. (aus. *essere*) **1** schnellen: ***i pesci guizzano fuori dall'acqua*** die Fische schnellen aus dem Wasser **2a** ESTENS. *(di fiamma)* züngeln, zucken, flackern **b** *(di fulmine)* zucken **3** MAR. *(guinare)* gieren ◆ ***~ via*** davon‿schnellen.
guiz|zo m. **1** Schnellen *n.* **2a** ESTENS. *(di una fiamma)* Züngeln *n.*, Zucken *n.*, Flackern *n.* **b** *(di un fulmine)* Zucken *n.*
gu|lag m.inv. Gulag *m.*
gu|lasch [-laʃ] m.inv. Gulasch *n.* e *m.*
gulp inter. schluck.
gu|ru m.inv. Guru *m.* (anche FIG.).
gu|scio m. *(-sci)* **1a** Schale *f.*: ***il ~ delle mandorle, dei granchi, dell'uovo*** die Schale der Mandeln, der Krebse, des Eis; ***rompere, spaccare un ~*** eine Schale auf‿brechen, auf‿knacken; ***rompere il ~ con il becco*** die Schale mit dem Schnabel zerbrechen **b** *(di mollusco)* Schale *f.*, Muschelschale *f.* **2** *(di chiocciola)* Gehäuse *n.*, Schneckengehäuse *n.* **3** *(di testuggine)* Schild *m.*, Panzer *m.* ◆ FIG. ***chiudersi nel proprio ~*** sich in sein Schneckenhaus zurück‿ziehen; ***frutta in ~*** Schalenobst *n.*; ***~ di noce*** Nussschale *f.*; FIG. *(barchetta)* Nussschale *f.*; FIG. *(casetta)* Puppenheim *n.*; ***stare nel proprio ~*** zurückgezogen leben; TECN. ***struttura a ~*** Schalenbau *m.*; ***~ d'uovo*** Eischale *f.*, Eierschale *f.*; FIG. ***uscire dal (proprio) ~*** aus den (eigenen) vier Wänden heraus‿kommen.
gu|sta|re I tr. **1** *(assaporare)* kosten, aus‿kosten, genießen: ***se mangi lentamente gusti meglio i cibi*** wenn du langsam isst, kannst du die Speisen besser genießen **2** *(trovare buono)* schmecken: ***hanno gustato la cena*** das Abendessen hat ihnen geschmeckt **3** *(apprezzare)* genießen: ***~ la musica classica*** die klassische Musik genießen **II** intr. (aus. *essere*) **1** schmecken **2** FIG. gefallen, behagen **III** pronom. ***-rsi qcs.*** **1** *(assaporarsi)* sich (D) etw. schmecken lassen, genießen: ***-rsi il caffè*** sich (D) den Kaffee schmecken lassen **2** FIG. *(godersi)* etw. genießen, aus‿kosten: ***-rsi le vacanze*** seine Ferien genießen; ***-rsi il trionfo*** seinen Triumph auskosten.
gu|sta|ti|vo agg. Geschmacks-: ***papille -e*** Geschmacksknospen.
gu|sta|to|rio agg. *(-ri,-rie)* Geschmacks-: ***nervo ~*** Geschmacksnerv *m.*
Gu|sta|vo n.pr.m. Gustav *m.*
gu|sto m. **1** Geschmack *m.*, Geschmack(s)sinn *m.* **2** *(sapore)* Geschmack *m.*: ***avere un ~ amaro, dolce, salato*** einen bitteren, süßen, salzigen Geschmack haben **3a** FIG. *(piacere)* Geschmack *m.*: ***trovar(ci) ~ in qcs.*** an etw. (D) Geschmack finden, etw. (D) Geschmack abgewinnen; ***che ~ ci trovi a farlo?*** was findest du daran? ***prenderci, trovarci ~*** auf den Geschmack kommen **b** *(preferenza)* ***questo è di mio ~*** das ist mein Geschmack, nach meinem Geschmack; ***incontrare il ~ di qcn.*** jds Geschmack treffen **c** *(raffinatezza)* ***~ squisito*** feiner Geschmack; ***avere ~*** Geschmack haben **d** *(senso estetico)* ***educare il ~*** seinen Geschmack aus‿bilden **4** *(stile)* Stil *m.*, Manier *f.*: ***il ~ barocco, neoclassico*** der Stil des Barocks, des Klassizismus ◆ ***averci ~*** an etw. Gefallen finden; ***una persona di buon ~*** ein Mensch mit gutem Geschmack; ***mangiare di ~*** mit Appetit essen; ***lavorare di ~*** gern arbeiten; ***ridere di ~*** von Herzen lachen; ***cattivo ~*** Geschmacklosigkeit *f.*; ***di cattivo ~*** geschmacklos; ***con ~*** mit Appetit; FIG. geschmackvoll; ***gradito al ~*** schmackhaft, wohlschmeckend; ***non c'è ~ a litigare con lui*** es macht keinen Spaß, mit ihm zu streiten; ***è questione di -i*** das ist Geschmacksache (*o* eine Frage des Geschmacks); ***senso del ~*** Geschmack(s)sinn *m.*; PROV. ***(tutti) i -i sono -i*** die Geschmäcker sind verschieden; ***ognuno ha i suoi -i*** jeder nach seinem Geschmack.
gu|sto|sa|men|te avv. mit Lust. **gu|sto|si|tà** f. **1** Schmackhaftigkeit *f.*, Köstlichkeit *f.* **2** FIG. Köstlichkeit *f.*
gu|sto|so agg. **1** schmackhaft, wohlschmeckend, köstlich: ***una -a cenetta*** ein schmackhaftes Abendessen **2** FIG. *(divertente)* köstlich, amüsant, würzig: ***uno spettacolo ~*** ein köstliches Schauspiel; ***un ~ aneddoto*** eine reizende (*o* amüsante) Anekdote.
gut|ta|per|ca f. *(-che)* Guttapercha *f.* e *n.*
gut|tu|ra|le I agg. guttural, Guttural-, kehlig: ***suoni -i*** gutturale Laute; ***parlare con voce ~*** mit kehliger Stimme sprechen **II** f. Guttural *m.*, Kehllaut *m.*
Gu|ya|na n.pr.f. Guyana *n*

H

h, H f. e m.inv. h, H *n.*: ***una H maiuscola, una h minuscola*** ein großes H, ein kleines h ◆ ***bomba H*** H-Bombe *f.*
ha|be|as cor|pus m.inv. Habeaskorpusakte *f.*
ha|bi|tat m.inv. **1** BIOL. Habitat *n.* **2** FIG. gewohnte Umgebung *f.*
ha|bi|tué [abi'tɥe] m. e f.inv. *(di negozio)* Stammkunde *m.* e *f.*; *(di locale)* Stammgast *m.*
ha|bi|tus m.inv. **1** BIOL. Habitus *m.* **2** FIG. Habitus *m.*, Haltung *f.*: ***~ mentale*** Geisteshaltung *f.*
ha|cien|da [a'θjenda] f. *(-s)* Hazienda *f.*
Ha|i|ti n.pr.f. Haiti *n.* **hai|tia|no I** agg. haitianisch, haitisch **II** m. Haitianer *m.*, Haitier *m.*
hall [hɔ:l] f.inv. Halle *f.*, Empfangshalle *f.*; ***la ~ dell'hotel*** die Hotelhalle.
ham|burg|er, ham|burg|er ['hæmbə:gə, *üblich* am'burger] m.inv. Hamburger *m.*
han|di|cap ['hændıkæp, *üblich* 'ɛndikap] m.inv. **1** SPORT Handicap (*o* Handikap) *n.* **2** *(menomazione)* Behinderung *f.*: ***~ psichico, fisico*** geistige, körperliche Behinderung (*o* Körperbehinderung *f.*) **3** FIG. Handicap (*o* Handikap) *n.*, Behinderung *f.*: ***superare un ~ tecnologico*** ein technologisches Handikap überwinden ◆ ***portatore di ~*** Behinderte *m.*; *(aggettivo)* behindert. **han|di|cap|pa|re** [ɛnd-, and-] tr. handicapen, handikapen (anche SPORT).
han|di|cap|pa|to [ɛnd-, and-] **I** p.pass. agg. **1** → **handicappare 2a** behindert: ***un bambino ~*** ein behindertes Kind **b** FIG. *(impedito)* ***sentirsi ~*** sich behindert fühlen **II** m. Behinderte *m.*: ***un ~ psichico, fisico*** ein geistig Behinderter, ein Körperbehinderter.
han|gar m.inv. Hangar *m.*, Flug(zeug)halle *f.*
hap|pen|ing ['hæpənıŋ, *üblich* 'ɛppening] m.inv. Happening *n.*
ha|ra|ki|ri → **karakiri.**
hard-core ['hɑ:dkɔ:] agg.inv. Hardcore-: ***film, cassetta ~*** Hardcorefilm *m.*, Hardcorekassette *f.*
hard-cov|er ['hɑ:dkʌvə] m.inv. Hard Cover *n.*
hard disk ['hɑ:d dısk, *üblich* ar'disk] m.inv. Hard Disk *f.*, Festplatte *f.*
hard rock ['hɑ:d-] m.inv. Hard Rock *m.*
hardware ['hɑ:dweə, *üblich* 'ardwer] m.inv. Hardware *f.*
ha|rem m.inv. Harem *m.* (anche ESTENS.): ***farsi un ~*** sich einen Harem schaffen.
har|mo|nium → **armonium.**
ha|scisc, ha|shish ['aʃʃıʃ] m.inv. Haschisch *m.* e *n.*: ***fumare ~*** Haschisch rauchen.
ha|wa|ia|no [awa'jano, ava'jano] **I** agg. hawaiisch, Hawaii-: ***chitarra -a*** Hawaiigitarre *f.* **II** m. **1** *(abitante)* Hawaiianer *m.* **2** *(lingua)* Hawaiianisch(e) *n.* **Ha|way** n.pr.f.pl. ***le ~, le isole ~*** Hawaii-Inseln *pl.*
hear|ing ['hıərıŋ] m.inv. Hearing *n.*
heavy metal ['hevi 'metəl] m.inv. Heavy Metal *n.*
he|ge|lia|no [ege-] **I** agg. hegelianisch, hegelsch **II** m. Hegelianer *m.* **he|ge|li|smo** m. Hegelianismus *m.*
hen|na f., **hen|né** m.inv. Henna *f.* e *n.*: ***fare, farsi l'henné*** sich die Haare mit Henna färben.
her|pes m.inv. Herpes *m.*
hertz m.inv. Hertz *n.* **hert|zia|no** agg. Hertz-: ***onde -e*** Hertzwellen *pl.*
hi-fi [hai 'fai] m.inv. Hi-Fi-Anlage *f.* **high-fi|del|i|ty** ['hai fi'delıtı] f.inv. Highfidelity *f.* **high-so|ci|ety** ['hai sə'saıəti] f.inv. Highsociety *f.* **high-tech** ['hai tɛk] m.inv. Hightech *n.* e *f.*
Hi|ma|la|ia n.pr.m. Himalaja *m.* **hi|ma|la|ia|no, hi|ma|la|ya|no** agg. Himalaja-: ***catena -a*** Himalajakette *f.*; ***le vette -e*** die Himalajagipfel.
hin|di I m.inv. Hindi *n.* **II** agg.inv. ***letteratura ~*** Hindiliteratur *f.*
hin|ter|land m.inv. Hinterland *n.*
hip inter. ***~ ~ hurrà*** hipp, hipp, hurra.
hip|py I agg.inv. Hippie- **II** m. e f.inv. Hippie *m.*
hit m.inv. Hit *m.*
hi|tle|ria|no I agg. Hitler-: ***gioventù -a*** Hitlerjugend *f.* **II** m. Hitleranhänger *m.* **hi|tle|ri|smo** m. Hitlerismus *m.*
hit-pa|ra|de ['hıt 'pəreıd, *üblich* it pa'reid] f.inv. Hitparade *f.*, Hitliste *f.*
hit|ti|ta → **ittita.**
hob|bi|sta m. e f. *(-i,-e)* Hobbyist *m.* (-in *f.*). **hob|bi|sti|ca** f. Hobbywesen *n.* **hob|bi|sti|co** agg. *(-ci,-che)* hobbymäßig.
hob|by ['hɒbı, *üblich* 'ɔbbi] m.inv. Hobby *n.*: ***avere, coltivare un ~*** ein Hobby haben, pflegen; ***avere l'~ del fai da te*** das Do-it-yourself als Hobby betreiben; ***fare qcs. per ~*** etw. hobbymäßig, als Hobby betreiben.
hoc|ke|i|sta m. e f. *(-i,-e)* Hockeyspieler *m.* (-in *f.*). **hock|ey** [hɒkı, *üblich* 'ɔkɛi] m. Hockey *n.*: ***giocare a ~*** Hockey spielen; ***bastone da ~*** Hockeyschläger *m.*
hold|ing ['hoʊldıŋ, *üblich* 'ɔlding] f.inv. Holding *f.*, Holdinggesellschaft *f.*
hol|ly|woo|dia|no [ollivu-] agg. **1** Hollywood- **2** ESTENS. im Hollywoodstil: ***una villa -a*** eine Villa im Hoolywoodstil.
home com|put|er ['hoʊm kəm'pju:tə] m.inv. Heimcomputer *m.* **home vid|e|o** ['hoʊm 'vıdıoʊ, *üblich* 'video] m.inv. Homevideo *n.*
ho|mun|cu|lus m.inv. Homunkulus *m.*
Hon|du|ras n.pr.m. Honduras *n.* **hon|du|re|gno I** agg. honduranisch **II** m. Honduraner *m.*
ho|no|ris cau|sa agg. honoris causa, ehrenhalber: ***ricevere la laurea ~*** die Ehrendoktorwürde verliehen bekommen.
hoo|li|gan ['hu:ligən] m. Hooligan *m.*
hop inter. hops, hopp: ***~ là*** hoppla, hopsala.
hor|ror I m.inv. Horrorliteratur *f.*, CINEM. Horrorfilm *m.* **II** agg.inv. Horror-: ***film ~*** Horrorfilm *m.*
host|ess ['hoʊstıs, *üblich* 'ɔstes] f.inv. **1** *(assistente di volo)* Flugbegleiterin *f.*, Stewardess *f.*; ***~ di terra*** Bodenstewardess *f.* **2** *(in congressi, fiere)* Hostess *f.*
hot dog m.inv. Hot Dog *n.* e *m.*, Hotdog *n.* e *m.*
ho|tel m.inv. Hotel *n.*: ***pernottare in ~*** im Hotel übernachten ◆ ***~ di lusso*** Luxushotel *n.*; ***~ a tre, quattro stelle*** Dreisternehotel *n.*, Viersternehotel *n.*
hot pants [-'pænts] m.pl. Hot Pants *pl.*
hov|er|craft ['hɒvəkrɑ:ft] m.inv. Hovercraft *n.*
hula-hoop [ula'ɔp] m.inv. **1** Hula-Hoop *m.* e *n.*, Hula-Hopp *m.* e *n.* **2** *(cerchio)* Hula-Hoop *m.* e *n.*, Hula-Hoop-Reifen *m.*
hu|mour ['hju:mə] m.inv. Humor *m.*: ***~ inglese*** englischer Humor; ***~ nero*** schwarzer Humor; ***avere ~, il senso dello ~*** Sinn für Humor haben.
hu|mus m.inv. **1** Humus *m.*; ***terreno ricco di ~*** humusreicher Boden (*o* Humusboden *m.*) **2** FIG. Nährboden *m.*
hur|rà I inter. hurra **II** m. Hurra *n.*: ***lanciare, levare un (sonoro) ~*** ein (lautes) Hurra hören lassen, aus_stoßen.
hus|ky ['hʌskı] m.inv. **1** Husky *m.*, Eskimohund *m.* **2** ABBIGL. Steppjacke *f.*

I

i, I f. e m.inv. i, I *n.*: ***una I maiuscola, una i minuscola*** ein großes I, ein kleines i ◆ ***i greca*** Ypsilon *n.*; ***i lunga*** Jot *n.*; FIG. ***mettere i puntini sulle i*** = genau fest_stellen.
i → **il.**
Ia|co|po n.pr.m. Jakob *m.*
IACP ⇒ *Istituto Autonomo per le Case Popolari* Unabhängiges Amt für sozialen Wohnungsbau.
ia|li|no agg. hyalin. **ia|li|te** f. Hyalit *m.*
ia|ma|to|lo|gi|a f. Japanologie *f.* **ia|ma|to|lo|go** m. *(-gi)* Japanologe *m.*
iar|da f. Yard *n.*
ia|to m. **1** Hiat(us) *m.* **2** FIG. Unterbrechung *f.*, Kluft *f.*: ***lo ~ tra le due epoche*** die Kluft zwischen den beiden Epochen.
ia|tro|ge|no agg. iatrogen: ***malattia -a*** iatrogene Krankheit.
iat|tan|za f. LETT. Prahlerei *f.*, Überheblichkeit *f.*; ***trattare qcn. con ~*** jdn überheblich behandeln.
iat|tu|ra f. LETT. **1** Unglück *n.* **2** *(danno)* Schaden *m.*
I|be|ria n.pr.f. Iberien *n.* **i|be|ri|co I** agg. *(-ci,-che)* **1** iberisch: ***penisola -a*** Iberische Halbinsel, Pyrenäenhalbinsel *f.* **2** ESTENS. *(spagnolo)* spanisch **II** m. *(-ci)* **1** STOR. Iberer *m.* **2** ESTENS. Spanier *m.*
i|ber|na|men|to m. → **ibernazione. i|ber|na|re I** tr. unterkühlen **II** intr. (aus. *avere*) Winterruhe halten. **i|ber|na|zio|ne** f. **1** MED. Unterkühlung *f.*, Hibernation *f.* **2** BIOL. Winterruhe *f.*
i|be|ro-a|me|ri|ca|no agg. iberoamerikanisch.
IBI ⇒ *Istituto Bancario Italiano* Italienisches Bankinstitut.
ibid. ⇒ *ibidem* ebenda (ebd.). **i|bi|dem** avv. ebenda, ibidem.
i|bis m.inv. Ibis *m.*
i|bi|sco m. *(-schi)* Hibiskus *m.*
i|bri|da|re tr. kreuzen, hybridisieren. **i|bri|da|zio|ne** f. Hybridisierung *f.* **i|bri|di|smo** m. Zwitterhaftigkeit *f.*
i|bri|do I agg. **1** hybrid, zwitterhaft: ***pianta -a*** hybride Pflanze (*o* Bastardpflanze *f.*); ***formazione -a*** Zwitterbildung *f.*, Zwitterwesen *n.*; ***razza -a*** Mischrasse *f.* **2** FIG. hybrid, Hybrid-: ***linguaggio ~*** hybride Sprache, Mischsprache *f.*; ***veicolo ~*** Hybridfahrzeug *n.* **II** m. **1** Hybride *f.*, Bastard *m.* **2** *(mescolanza)* Zwitter *m.*, Mischung *f.*, Mischart *f.* **3** LING. hybrides Wort *n.*
IC ⇒ *Intercity* Intercityzug (IC).
I|ca|ro n.pr.m. Ikarus *m.*
i|ca|sti|ci|tà f. **1** Wirklichkeitstreue *f.* **2** *(efficacia, incisività)* Wirksamkeit *f.* **i|ca|sti|co** agg. *(-ci,-che)* **1** LETT. wirklichkeitsnah: ***rappresentazione -a*** wirklichkeitsnahe Darstellung **2** *(efficace, incisivo)* wirksam, wirkungsvoll: ***stile ~*** wirkungsvoller Stil.
ICC ⇒ *Camera di Commercio Internazionale* Internationale Handelskammer (IHK).
ICE ⇒ *Istituto Nazionale per il Commercio Estero* Nationale Außenhandelsbehörde.
ice|berg ['aisberg] m.inv. Eisberg *m.* (anche FIG.) ◆ ***la punta dell'~*** die Spitze des Eisbergs.
ICI ⇒ *Imposta Comunale sugli Immobili* gemeindliche Immobiliensteuer.
ICIAP ⇒ *Imposta Comunale Imprese Arti e Professioni* Gemeindesteuer für Selbständige, Unternehmen und Handwerksbetriebe.
ic|no|gra|fi|a f. Grundriss *m.*, Gebäudegrundriss *m.* **ic|no|gra|fi|co** agg. *(-ci,-che)* Grundriss-.
i|co|na f. **1** Ikone *f.* **2** INFORM. Icon *n.* **i|co|ni|co** agg. *(-ci,-che)* ikonisch.
i|co|no|cla|sta I m. e f. *(-i,-e)* **1** STOR. Ikonoklast *m.* (-in *f.*), Bilderstürmer *m.* (-in *f.*) **2** FIG. Bilderstürmer *m.* (-in *f.*) **II** agg. ***furia ~*** Bilderstürmerei *f.* **i|co|no|cla|sti|a** f. Bildersturm *m.* (anche FIG.). **i|co|no|cla|sti|co** agg. *(-ci,-che)* ikonoklastisch, bilderstürmerisch.
i|co|no|gra|fi|a f. **1** *(disciplina)* Ikonographie *f.* **2a** *(di un personaggio, di un soggetto)* (bildnerische) Darstellung *f.* **b** *(di un'epoca)* bildende Kunst *f.*: ***l'~ del regime fascista*** die bildende Kunst des Faschismus **3** *(illustrazione)* Bebilderung *f.*, Illustration *f.* ◆ ***l'~ dantesca*** die Ikonographie in Dante's Werk. **i|co|no|gra|fi|ca|men|te** avv. ikonographisch. **i|co|no|gra|fi|co** agg. *(-ci,-che)* **1** ikonographisch **2** *(relativo a illustrazioni)* ***corredo ~*** Bebilderung *f.* **i|co|no|gra|fo** m. Ikonograph *m.*
i|co|no|la|tri|a f. Bilderverehrung *f.*, Ikonolatrie *f.* **i|co|no|lo|gi|a** f. Symbolkunde *f.*, Ikonologie *f.* **i|co|no|lo|gi|co** agg. *(-ci,-che)* ikonologisch. **i|co|no|sco|pio** m. *(-pi)* Ikonoskop *n.* **i|co|no|sta|si** f. Ikonostase *f.*, Ikonostas *m.*, Ikonenwand *f.*
i|co|sa|e|dro m. Zwanzigflächner *m.*, Zwanzigflach *n.*, Ikosaeder *n.*
ics f. e m.inv. Ix *n.*
ic|tus m.inv. **1a** MED. Iktus *m.* **b** *(emorragia cerebrale)* Schlaganfall *m.*: ***essere colpito da ~*** einen Schlaganfall erleiden; ***~ cerebrale*** Gehirnschlag *m.* **2** METR. Iktus *m.*
Id|di|o m. Gott *m.* ◆ ***sant'~!*** um Gotteswillen!
i|de|a f. **1a** Idee *f.*, Vorstellung *f.*: ***~ chiara, confusa*** genaue, undeutliche Vorstellung; ***~ fissa*** fixe Idee; ***una vaga ~ di qcs.*** eine vage Idee (*o* Vorstellung) von etw.; ***l'~ del bello*** die Idee des Schönen **b** *(prospettiva)* Gedanke *m.*, Vorstellung *f.*: ***l'~ di cambiare città non mi dispiace*** die Vorstellung, in eine andere Stadt zu ziehen, missfällt mir nicht **2** *(trovata)* Idee *f.*, Einfall *m.*: ***bell'~*** guter Einfall, gute Idee; ***~ brillante*** glänzende Idee; ***~ geniale*** geniale Idee; ***suggerire un'~ a qcn.*** jdn auf eine Idee bringen; ***avere un'~*** auf eine Idee kommen; ***quest'~ è mia*** das ist mein Einfall **3** *(opinione)* Meinung *f.*: ***formarsi un'~*** sich eine Meinung bilden **4** *(quantità minima)* Idee *f.*: ***aggiungere un'~ di sale*** eine Idee mehr Salz hinzufügen **5** *(ideale)* Ideal *n.*, Idee *f.*: ***l'~ europea*** die europäische Idee ◆ ***accarezzare l'~ di...*** mit dem Gedanken spielen (*o* sich mit dem Gedanken tragen),...; ***solo all'~*** allein bei der Vorstellung; ***associazione di -e*** Ideenassoziation *f.*; ***cambiare ~*** seine Meinung ändern, es sich anders überlegen; ***avere il coraggio delle proprie -e*** für die eigene Meinung ein_stehen; ***(non) dare l'~*** (nicht) den Eindruck machen; ***dottrina delle -e*** Ideenlehre *f.*; ***essere dell'~ che...*** der Meinung sein, dass...; ***farsi un'~ di qcs.*** sich eine Vorstellung von etw. machen; ***~ di fondo*** Grundgedanke *m.*; ***ho ~ che...*** ich glaube, dass...; ***essere di -e larghe*** aufgeschlossen sein; COLLOQ. ***avere una mezza ~ di fare qcs.*** mit dem Gedanken spielen, etw. zu tun; ***non avere la minima ~ di qcs.*** nicht die geringste Ahnung von etw. haben; ***mondo delle -e*** Ideenwelt *f.*; ***neanche per ~!*** nicht einmal im Traum! ***non ho ~!*** (ich habe) keine Ahnung! ***non avere la più pallida ~ di qcs.*** → ***non avere la minima ~ di qcs.***; ***povero di -e*** ideenarm; ***privo di -e*** ideenlos; ***(non) rendere l'~ di qcs.*** (k)eine Vorstellung von etw. geben; ***ricco di -e*** ideenreich; ***scambio di -e*** Gedankenaustausch *m.*; ***alla sola ~*** → ***solo all'~***; ***mi è venuta un'~*** mir ist etwas eingefallen.
i|de|a|le I agg. **1** ideal, ideell, Ideal-: ***la donna, l'uomo ~*** die ideale Frau, der ideale Mann; ***lo stato ~*** der ideale Staat, Idealstaat *m.*; ***trovarsi in una posizione ~*** ideal liegen; ***modello, rappresentazione ~*** Idealbild *n.*, Idealvorstellung *f.*; ***condizione, soluzione ~*** Idealzustand *m.*, Ideallösung *f.* **2** *(immaginario)* ideell, unwirklich: ***personaggi -i*** unwirkliche Gestalten **II** m. **1** Ideal *n.*: ***un ~ irraggiungibile*** ein unerreichbares Ideal; ***~ di vita*** Lebensideal *n.*; ***tendere a un ~*** einem Ideal nach_streben **2** *(la cosa migliore)* Ideale *n.*, Beste *n.*: ***l'~ sarebbe...*** das Ideale wäre, wenn...; ***quel lavoro sarebbe il suo ~*** diese Arbeit wäre das Ideale für ihn.
i|de|a|li|smo m. Idealismus *m.* **i|de|a|li|sta** *(-i,-e)* **I** m. e f. Idealist *m.* (-in *f.*) **II** agg. idealistisch. **i|de|a|li|sti|co** agg. *(-ci,-che)* idealistisch: ***filosofia -a*** idealistische Philosophie. **i|de|a|li|tà** f.inv. Idealität *f.* **i|de|a|liz|za|re** tr. idealisieren. **i|de|a|liz|za|zio|ne** f. Idealisierung *f.* **i|de|al|men|te** avv. ideal.
i|de|a|re tr. **1** sich (D) aus_denken, planen: ***~ uno scherzo, un piano*** sich einen Scherz, einen Plan ausdenken; ***~ una rapina in banca*** einen Bankraub planen **2** *(inventare)* erfinden, entwickeln: ***~ un nuovo sistema di raffreddamento*** ein neues Kühlsystem erfinden.

i|de|a|ti|vo agg. **1** planerisch **2** *(creativo)* erfinderisch. **i|de|a|to|re** m. **1** Planer *m.*, planender Kopf *m.*: ***l'~ di un crimine*** der planende Kopf eines Verbrechens **2** *(inventore)* Erfinder *m.*: ***l'~ di un metodo di calcolo*** der Erfinder einer Rechenmethode. **i|de|a|zio|ne** f. Planung *f.*: ***l'~ di un progetto*** die Planung eines Projekts.

i|dem I pron.inv. idem **II** avv. ebenso.

i|den|ti|ci|tà f. Identität *f.* **i|den|ti|co** agg. *(-ci,-che)* identisch: ***~ all'originale*** identisch mit dem Original; ***è ~ a suo fratello*** er ist mit seinem Bruder identisch.

i|den|ti|fi|ca|bi|le agg. **1** identifizierbar **2** *(riconoscibile)* erkennbar.

i|den|ti|fi|ca|re *(identifico, identifichi)* **I** tr. **1** identifizieren: ***~ un assassino*** einen Mörder identifizieren **2** *(scoprire)* fest‿stellen, ermitteln: ***~ la causa di un fenomeno*** die Ursache eines Phänomens feststellen **3** *(giudicare identico)* gleichsetzen: ***~ due concetti*** zwei Begriffe gleichsetzen **II** pronom. **identificarsi 1** sich identifizieren: ***-rsi con qcn.*** sich mit jdm identifizieren **2** *(essere identico)* identisch sein: ***le due concezioni si identificano*** die beiden Auffassungen sind identisch. **i|den|ti|fi|ca|zio|ne** f. **1** Identifikation *f.* **2** *(atto)* Identifizierung *f.*

i|den|ti|kit, i|den|ti|kit m.inv. Phantombild *n.*: ***fare, tracciare l'~ di qcn.*** jds Phantombild machen, erstellen.

i|den|ti|tà f.inv. **1** Identität *f.*: ***perdere, trovare, cercare, difendere la propria ~*** die eigene Identität verlieren, finden, suchen, verteidigen; ***accertare l'~ di due firme, di una persona*** die Identität zweier Unterschriften, einer Person fest‿stellen; ***provare l'~ di qcs.*** die Identität von etw. überprüfen; ***~ nazionale*** nationale Identität **2** MAT. identische Gleichung *f.* ◆ ***carta d'~*** Personalausweis *m.*, Ausweis *m.*; ***crisi d'~*** Identitätskrise *f.*; MAT. ***principio d'~*** Identitätsprinzip *n.*

i|de|o|gra|fi|a f. Ideographie *f.* **i|de|o|gra|fi|co** agg. *(-ci,-che)* ideographisch: ***scrittura -a*** ideographische Schrift, Bilderschrift *f.* **i|de|o|gram|ma** m. Ideogramm *n.*: ***-i cinesi*** chinesische Ideogramme.

i|de|o|lo|gi|a f. Ideologie *f.*: ***~ borghese, cattolica*** bürgerliche, katholische Ideologie ◆ ***legato all'~*** ideologiegebunden; ***libero dall'~*** ideologiefrei. **i|de|o|lo|gi|ca|men|te** avv. ideologisch. **i|de|o|lo|gi|co** agg. *(-ci,-che)* ideologisch: ***conflitto ~*** ideologischer Konflikt ◆ ***dramma ~*** Ideendrama *n.*; ***falso ~*** mittelbare Falschbeurkundung *f.*; ***patrimonio ~*** Gedankengut *n.* **i|de|o|lo|gi|smo** m. Überbewertung *f.* der Ideologie.

i|de|o|lo|giz|za|re tr. ideologisieren. **i|de|o|lo|giz|za|zio|ne** f. Ideologisierung *f.*

i|de|o|lo|go m. *(-gi)* Ideologe *m.*: ***~ di partito*** Parteiideologe *m.*

i|di f.pl. Iden *pl.*: ***le ~ di marzo*** die Iden des März.

i|dil|lia|ca|men|te avv. idyllisch. **i|dil|li|a|co** agg. *(-ci,-che)* idyllisch: ***poesia -a, paesaggio ~*** idyllische Dichtung, Landschaft; FIG. ***atmosfera -a*** idyllische Stimmung. **i|dil|li|ca|men|te** avv. idyllisch. **i|dil|li|co** agg. *(-ci,-che)* idyllisch: ***rapporti -ci*** idyllische Beziehungen. **i|dil|lio** m. *(-li)* **1** LETT. Idylle *f.* **2** FIG. Idyll *n.*, Idylle *f.*: ***un perfetto ~*** ein vollkommenes Idyll; ***avere un ~ con qcn.*** eine Liebelei mit jdm haben.

i|dio|fo|no m. Idiophon *n.* **i|dio|let|to** m. Idiolekt *m.*

i|dio|ma m. Idiom *n.*, Sprache *f.*: ***~ materno*** Muttersprache *f.* **i|dio|ma|ti|ca|men|te** avv. idiomatisch. **i|dio|ma|ti|co** agg. *(-ci,-che)* idiomatisch: ***espressioni -che*** idiomatische Ausdrücke, Redewendungen. **i|dio|ma|ti|smo** m. → **1.idiotismo.**

i|dio|mor|fo agg. idiomorph.

i|dio|sin|cra|si|a f. **1** MED. Idiosynkrasie *f.* **2** FIG. heftiger Widerwille *m.*: ***avere un'~ per la matematica*** einen heftigen Widerwillen gegen Mathematik haben.

i|dio|ta *(-i,-e)* **I** m. e f. Idiot *m.* (-in *f.*): ***comportarsi da ~*** sich wie ein Idiot verhalten **II** agg. idiotisch: ***una risposta ~*** eine idiotische Antwort.

1.i|dio|ti|smo m. LING. Idiotismus *m.*: ***-i toscani*** toskanische Idiotismen.

2.i|dio|ti|smo m. MED. Idiotismus *m.*

i|dio|zi|a f. **1** MED. Idiotie *f.* **2** SPREG. Dummheit *f.*: ***dire, fare -e*** Dummheiten sagen, machen.

i|do|la|tra *(-i,-e)* **I** agg. götzendienerisch (anche FIG.): ***popolo ~*** götzendienerisches Volk **II** m. e f. Götzendiener *m.* (anche FIG.): ***~ della ricchezza*** Götzendiener des Reichtums. **i|do|la|tra|re** tr. **1** an‿beten, verehren, vergöttern **2** FIG. vergöttern, abgöttisch verehren. **i|do|la|tri|a** f. Idolatrie *f.*, Götzendienst *m.*, Vergötterung *f.*: ***combattere l'~*** den Götzendienst bekämpfen; FIG. ***l'~ per un divo del rock*** die Vergötterung eines Rockstars. **i|do|la|tri|co** agg. *(-ci,-che)* **1** götzendienerisch, Götzen-: ***atto, culto ~*** götzendienerische Handlung, Götzendienst *m.* **2** FIG. abgöttisch: ***amore ~*** abgöttische Liebe. **i|do|leg|gia|re** tr. *(idoleggio, idoleggi)* idolisieren, vergöttern: FIG. ***~ una dottrina*** eine Doktrin idolisieren.

i|do|lo m. **1a** Götze *m.*: ***adorare un ~*** einen Götzen verehren (*o* an‿beten); ***gli -i pagani*** die heidnischen Götzen; ***culto degli -i*** Götzendienst *m.* **b** *(immagine)* Götzenbild *n.* **2** FIG. Idol *n.*: ***l'~ delle folle*** das Idol der Massen; ***fare un ~ di qcn.*** jdn zum Idol machen, jdn idolisieren; ***il denaro è il suo ~*** das Geld ist sein Abgott.

i|do|ne|a|men|te avv. angemessen.

i|do|nei|tà f.inv. Eignung *f.*, Befähigung *f.*, Tauglichkeit *f.*: ***stabilire l'~ di qcn. a qcs.*** jds Eignung für, zu, als etw. fest‿stellen; ***~ a qcs.*** die Befähigung für, zu etw. ◆ ***certificato di ~*** Befähigungsnachweis *m.*; ***esame di ~*** Eignungsprüfung *f.*; ***~ alla guida*** Fahrtauglichkeit *f.*; ***~ all'insegnamento*** Lehrbefähigung *f.*; ***~ al lavoro*** Arbeitsfähigkeit *f.*; ***~ al servizio militare*** Wehrfähigkeit *f.*; ***~ al volo*** Flugtauglichkeit *f.*

i|do|ne|o agg. **1** *(adeguato)* geeignet: ***~ a, per qcs.*** zu, für etw. geeignet; ***essere ~ a una professione*** für einen Beruf geeignet sein; ***è il mezzo più ~ per convincerlo*** das ist das geeignetste Mittel, ihn zu überzeugen; ***dichiarare qcn. ~ per qcs.*** jdn für etw. geeignet erklären **2** *(atto, capace)* fähig, tauglich, tüchtig: ***non ~*** unfähig, untauglich; ***non ~ al lavoro*** arbeitsunfähig; ***~ al servizio militare*** wehrdiensttauglich **3** *(adatto allo scopo)* zweckmäßig: ***attrezzatura -a*** zweckmäßige Ausrüstung.

I|dra n.pr.f. Hydra *f.*

i|dra f. ZOOL. Hydra *f.*

i|dran|te m. **1** *(presa d'acqua)* Hydrant *m.*: ***~ a colonna*** Überflurhydrant *m.* **2** *(autobotte)* Feuerspritze *f.*, Motorspritze *f.* **3** *(per disperdere i dimostranti)* Wasserwerfer *m.*

i|drar|gi|ri|smo m. Quecksilbervergiftung *f.*

i|dra|tan|te I agg. **1** CHIM. hydratisierend **2** COSMET. Feuchtigkeits-: ***crema, latte ~*** Feuchtigkeitscreme *f.*, -milch *f.* **II** m. Feuchtigkeitspflege *f.* **i|dra|ta|re** tr. **1** CHIM. hydratisieren **2** COSMET. ***~ qcs.*** etw. (D) Feuchtigkeit zu‿führen: ***~ la pelle*** der Haut Feuchtigkeit zuführen. **i|dra|ta|zio|ne** f. Hydratation *f.* **i|dra|to I** m. Hydrat *n.*: ***-i di carbonio*** Kohlenhydrate *pl.* **II** agg. hydratisiert.

i|drau|li|ca f. Hydraulik *f.* **i|drau|li|co I** m. *(-ci)* Installateur *m.*, COLLOQ. Klempner *m.* **II** agg. *(-ci,-che)* **1** hydraulisch, Wasser-: ***turbina -a*** Wasserturbine *f.*; ***forza -a*** Wasserkraft *f.*; ***opere -che*** Wasserbau *m.*; ***freno ~*** Flüssigkeitsbremse *f.* **2** *(esperto di idraulica)* Wasserbau-: ***ingegnere ~*** Wasserbauingenieur *m.*

i|dri|co agg. *(-ci,-che)* Wasser-: ***forza -a*** Wasserkraft *f.*; ***bacino ~*** Wasserbecken *n.*; ***rete -a*** Wassernetz *n.*; ***approvvigionamento ~*** Wasserversorgung *f.*

i|dro|car|bu|ro m. Kohlenwasserstoff *m.*

i|dro|ce|fa|li|a f. Wasserkopf *m.*, Hydrozephalus *m.* **i|dro|ce|fa|li|co** agg. *(-ci,-che)* Hydrozephalus-. **i|dro|ce|fa|lo** m. Wasserkopf *m.*, Hydrozephalus *m.*

i|dro|col|tu|ra f. Hydrokultur *f.*

i|dro|di|na|mi|ca f. Hydrodynamik *f.* **i|dro|di|na|mi|co** agg. *(-ci,-che)* hydrodynamisch.

i|dro|e|let|tri|co agg. *(-ci,-che)* hydroelektrisch, Wasserkraft-: ***centrale -a*** hydroelektrisches Kraftwerk, Wasserkraftwerk *n.*; ***energia -a*** Wasserkraftenergie *f.*

i|dro|e|ner|ge|ti|co agg. *(-ci,-che)* hydroenergetisch.

i|dro|fi|de m. Seeschlange *f.*

i|dro|fi|lo agg. hydrophil ◆ ***cotone ~*** Verbandwatte *f.*

i|dro|fi|ta f. Hydrophyt *m.*

i|dro|fo|bi|a f. **1** MED. Tollwut *f.*, Wut *f.*, Hydrophobie *f.* **2** *(fobia dell'acqua)* Hydrophobie *f.*, Wasserscheu *f.* **idro|fo|bo** agg. **1** MED. tollwütig, hydrophob: ***un cane ~*** ein tollwütiger Hund **2** *(con la fobia dell'acqua)* wasserscheu **3** FIG. wütend: ***diventare ~*** wütend werden.

i|dro|fo|no m. Unterwasserhorchgerät *n.*

i|dro|fu|go agg. *(-ghi,-ghe)* wasserabstoßend, wasserdicht.

i|dro|ge|na|re tr. *(idrogeno)* hydrieren. **idr|og|en|a|to** p.pass. agg. **1** → **idrogenare 2** hydriert, wasserstoffhaltig. **i|dro|ge|na|zio|ne** f. Hydrierung *f.*, Hydrieren *n.*; ***processo di ~*** Hydrierverfahren *n.*

i|dro|ge|no m. Wasserstoff *m.*, Hydrogen *n.*, Hydrogenium *n.* ◆ ***bomba all'~*** Wasserstoffbombe *f.*; ***composto di ~*** Wasserstoffverbindung *f.*; ***~ fosforato*** Phosphorwasserstoff *m.*; ***~ liquido*** Flüssigwasserstoff *m.*

i|dro|ge|o|lo|gi|co agg. *(-ci,-che)* hydrogeologisch.

i|dro|get|to m. Rückstoßantrieb *m.*

i|dro|gra|fi|a f. Hydrographie *f.* **i|dro|gra|fi|co** agg. *(-ci,-che)* hydrographisch. **i|dro|gra|fo** m. Hydrograph *m.*

i|dro|li|si f. Hydrolyse *f.* **i|dro|li|ti|co** agg. *(-ci,-che)* hydrolytisch.

i|dro|lo|gi|a f. Gewässerkunde *f.*, Hydrologie *f.* **i|dro|lo|gi|co** agg. *(-ci,-che)* hydrologisch. **i|dro|lo|go** m. *(-gi)* Hydrologe *m.*

i|dro|mas|sag|gio m. *(-gi)* Unterwassermassage *f.*; ***vasca da, con ~*** Whirlpool *m.*

i|dro|mec|ca|ni|ca f. Hydromechanik *f.* **i|dro|mec|ca|ni|co** agg. *(-ci,-che)* hydromechanisch.
i|dro|me|le m.inv. Honigwein *m.*, Met *m.*
i|dro|me|tra f. Wasserläufer *m.* **i|dro|me|tri|a** f. Hydrometrie *f.* **i|dro|me|tro** m. Hydrometer *n.*
i|dro|pe, i|dro|pe f. Wassersucht *f.*, Hydrops *m.*: ***~ addominale*** Bauchwassersucht *f.* **i|dro|pi|co** agg. *(-ci,-che)* wassersüchtig, hydropisch. **i|dro|pi|si|a** f. Wassersucht *f.*, Hydropisie *f.*
i|dro|pit|tu|ra f. Wasserfarbe *f.*
i|dro|pla|no m. Hovercraft *n.*, Luftkissenboot *n.*
i|dro|po|ni|ca f. Hydroponik *f.*, Hydrokultur *f.*
i|dro|pul|so|re m. Munddusche *f.*
i|dro|re|pel|len|te agg. wasserabstoßend, hydrophob.
i|dro|sca|lo m. Wasserflughafen *m.*
i|dro|sci|vo|lan|te m. Gleitboot *n.*
i|dro|sfe|ra f. Hydrosphäre *f.*
i|dro|so|lu|bi|le agg. wasserlöslich.
i|dros|si|do m. Hydroxid *n.*: ***~ d'ammonio*** Ammoniumhydroxid *n.*; ***~ di calcio*** Kalziumhydroxid *n.*; ***~ di sodio*** Natriumhydroxid *n.*
i|dro|sta|ti|ca f. Hydrostatik *f.* **i|dro|sta|ti|co** agg. *(-ci,-che)* hydrostatisch: ***pressione -a*** hydrostatischer Druck.
i|dro|tec|ni|ca f. Hydrotechnik *f.*
i|dro|te|ra|peu|ti|co → **idroterapico. i|dro|te|ra|pi|a** f. **1** Wasserbehandlung *f.* **2** *(scienza)* Wasserheilkunde *f.*, Hydrotherapie *f.* **i|dro|te|ra|pi|co** agg. *(-ci,-che)* hydrotherapeutisch.
i|dro|ter|ma|le agg. thermal, Thermal-: ***sorgente ~*** Thermalquelle *f.*
i|dro|vi|a f. Wasserstraße *f.*
i|dro|vo|lan|te m. Wasserflugzeug *n.*
i|dro|vo|ra f. Saugpumpe *f.* **i|dro|vo|ro** agg. Entwässerungs-: ***impianto ~*** Entwässerungsanlage *f.*, Wasserhaltungsanlage *f.*; ***pompa -a*** Saugpumpe *f.*
i|dro|zoi m.pl. Hydrozoen *pl.*
ie|l|la f. Pech *n.*, Unglück *n.*: ***avere ~*** Pech haben; ***portare ~ (a qcn.)*** (jdm) Unglück bringen. **iel|la|to** agg. vom Pech verfolgt.
ie|ma|le agg. LETT. winterlich.
ie|na f. Hyäne *f.* (anche FIG.).
ie|ra|ti|ci|tà f. **1** hieratische Haltung *f.* **2** Feierlichkeit *f.* **ie|ra|ti|co** agg. *(-ci,-che)* **1** hieratisch **2** ESTENS. feierlich.
ie|ri I avv. gestern: ***~ mattina, pomeriggio, sera, notte*** gestern früh, Nachmittag, Abend, Nacht; ***l'altro ~, ~ l'altro*** vorgestern; ***~ a quest'ora*** gestern um diese Zeit; ***non più tardi di ~*** gestern noch; ***otto giorni ~*** gestern vor acht Tagen **II** Gestern *n.*: ***~ e oggi*** das Gestern und das Heute ◆ ***di ~*** gestrig, von gestern: ***il giornale di ~*** die gestrige Zeitung; FIG. ***la mentalità di ~*** die Mentalität von gestern; ***il mondo di ~*** die Welt von gestern; ***fino a ~*** bis gestern (anche FIG.); ***non sono nato ~*** ich bin nicht von gestern; ***è passato tanto tempo, ma mi sembra ~*** viel Zeit ist vergangen, aber es kommt mir vor wie gestern.
ie|ro|gli|fi|co → **geroglifico.**
iet|ta|to agg. → **iellato. iet|ta|to|re** m. Unglücksbringer *m.*, Unheilstifter *m.*: ***avere fama di ~*** als Unglücksbringer gelten. **iet|ta|tu|ra** f. **1** unheilbringender Einfluss *m.* **2** *(sfortuna)* Pech *n.*: ***è proprio una ~*** das ist wirklich Pech.
I|fi|ge|ni|a n.pr.f. Iphigenie *f.*: ***~ in Tauride*** Iphigenie auf Tauris.
i|gie|ne f. **1** Hygiene *f.*, Gesundheitspflege *f.*: ***curare l'~, badare all'~*** auf Hygiene achten **2** *(scienza)* Gesundheitslehre *f.* ◆ ***~ del corpo*** Körperpflege *f.*; ***~ dentale*** Zahnpflege *f.*; ***~ intima*** Intimhygiene *f.*; ***~ mentale*** geistige Hygiene; ***~ orale*** Mundpflege *f.*; ***~ personale*** → ***~ del corpo; ufficio d'~*** Gesundheitsamt *n.* **i|gie|ni|ca|men|te** avv. hygienisch.
i|gie|ni|co agg. *(-ci,-che)* **1** hygienisch, sanitär, Sanitär-: ***norme -che*** hygienische Maßnahmen; ***condizioni -che*** sanitäre Bedingungen; ***impianto ~-sanitario*** Sanitäranlagen *pl.* **2** ESTENS. gesund: ***fumare non è ~*** Rauchen ist ungesund ◆ ***carta -a*** Klosettpapier *n.*, Toilettenpapier *n.* **i|gie|ni|sta** m. e f. *(-i,-e)* **1** Hygieniker *m.* (-in *f.*) **2** SPREG. Reinlichkeitsfanatiker *m.* (-in *f.*).
i|glo|o [i'glu] m.inv. Iglu *m.* e *n.*
i|gna|ro agg. **1** unwissend: ***essere ~ di qcs.*** von etw. nichts wissen **2** *(inconsapevole)* ahnungslos, nichts ahnend, nicht bewusst: ***gli spettatori -i*** die nichts ahnenden Zuschauer; ***essere ~ del pericolo*** sich (D) der Gefahr nicht bewusst sein.
i|gna|via f. LETT. Trägheit *f.* **i|gna|vo I** agg. träge **II** m. träger Mensch *m.*
i|gne|o agg. LETT. feurig, glühend: ***rocce -e*** glühende Felsen. **i|gni|fu|go** TECN. **I** agg. *(-ghi,-ghe)* feuerhemmend, feuerbeständig **II** m. *(-ghi)* feuerhemmendes Material *n.* **i|gni|zio|ne** f. CHIM. Zündung *f.*
i|gno|bi|le agg. niederträchtig, verächtlich, schändlich: ***atteggiamento, comportamento ~*** schändliche Haltung, schändliches Benehmen; ***un'insinuazione ~*** eine niederträchtige Behauptung ◆ FIG. ***tempo ~*** scheußliches Wetter. **i|gno|bil|men|te** avv. schändlich.
i|gno|mi|nia f. **1** Schande *f.*, Schmach *f.*: ***essere l'~ della famiglia*** die Schande der Familie sein; ***coprirsi d'~*** sich mit Schande bedecken; SCHERZ. ***quell'opera d'arte è un'~*** das Kunstwerk ist eine Schande (*o* eine Beleidigung des Geschmacks). **i|gno|mi|nio|sa|men|te** avv. schändlich. **i|gno|mi|nio|so** agg. schändlich, niederträchtig, verwerflich: ***individuo ~*** niederträchtiger Typ; *(vergognoso)* ***una sconfitta -a*** eine schändliche Niederlage.
i|gno|ra|bi|le agg. übersehbar.
i|gno|ran|tag|gi|ne f. SPREG. Ungezogenheit *f.*, Ignorantentum *n.*
i|gno|ran|te I agg. **1** ***essere ~ di qcs.*** von etw. keine Ahnung haben **2** *(non istruito)* ungebildet, ungelehrt: ***una persona ~*** eine ungebildete Person **II** m. e f. **1** Unwissende *m.* e *f.*, Ungebildete *m.* e *f.*: ***istruire gli -i*** den Unwissenden eine Bildung geben **2** SPREG. Ignorant *m.*: ***che ~!*** so ein Ignorant!
i|gno|ran|za f. Unwissenheit *f.*, Ignoranz *f.*, Unkenntnis *f.*: ***confessare la propria ~*** seine Ignoranz zu‿geben; ***vivere nell'~*** in Unwissenheit leben; ***lasciare, tenere qcn. nell'~*** jdn in Unwissenheit lassen, halten; ***nelle tenebre dell'~*** im Nebel der Unwissenheit; ***per ~*** aus Unwissenheit ◆ SCHERZ. ***beata ~!*** selig sind die Armen im Geiste! ***~ crassa*** krasse Unwissenheit; ***la legge non ammette ~*** Unkenntnis des Gesetzes schützt nicht vor Strafe; PROV. ***la superbia è figlia dell'~*** Dummheit und Stolz wachsen auf einem Holz.
i|gno|ra|re tr. **1** nicht kennen, nicht wissen: ***ignoravo il fatto*** davon (*o* darüber) wusste ich nichts; ***ignora che...*** er weiß nicht, dass... **2** *(trascurare)* nicht beachten, unbeachtet lassen: ***~ le più elementari norme di sicurezza*** die einfachsten Sicherheitsvorschriften nicht beachten; ***~ le leggi*** die Gesetze nicht beachten **3** *(fare finta di non vedere)* ignorieren, übersehen: ***la ignorò per tutta la sera*** er ignorierte sie den ganzen Abend **4** *(non considerare)* übergehen, hinweg‿gehen: ***~ le critiche di qcn.*** über jds Kritik hinweggehen; ***~ le obiezioni di qcn.*** jds Einwände übergehen.
i|gno|to I agg. unbekannt: ***paese ~*** unbekanntes Land; ***uno scrittore ~ al grande pubblico*** ein dem breiten Publikum unbekannter Schriftsteller **II** m. **1** Unbekannte *n.*: ***paura dell'~*** Angst vor dem Unbekannten **2** *(persona)* Unbekannte *m.*: ***denuncia contro -i*** Anzeige gegen Unbekannt ◆ ***il Milite Ignoto*** der Unbekannte Soldat; ***i soliti -i*** = unbekannte Täter.
i|gnu|do I agg. LETT. **1** nackt, bloß **2** *(di spada)* gezückt **II** m. Nackte *m.*: ***vestire gli -i*** die Nackten bekleiden.
i|gro|fi|lo agg. hygrophil. **i|gro|fi|to** agg. ***pianta -a*** Hygrophyt *m.*
i|gro|me|tri|a f. Hygrometrie *f.*, Feuchtigkeitsmessung *f.* **i|gro|me|tri|co** agg. *(-ci,-che)* hygrometrisch. **i|gro|me|tro** m. Hygrometer *n.*, Luftfeuchtigkeitsmesser *m.*
i|gro|sco|pi|a f. Hygroskopie *f.* **i|gro|sco|pi|co** agg. *(-ci,-che)* hygroskopisch. **i|gro|sco|pio** m. *(-pi)* Hygroskop *n.*
i|gro|sta|to m. Hygrostat *n.*
i|gua|na f. Leguan *m.* **i|gua|no|don|te** m. Iguanodon *n.*
ih inter. **1** *(di noia)* ach: ***~, quante storie!*** ach, mach keine Geschichten! **2** *(di disgusto)* pfui, äh: ***~, che schifo!*** äh, wie ekelig! ◆ ***~, ~, ci sei cascato!*** ätsch, du bist darauf reingefallen.
i|ke|ba|na m.inv. Ikebana *n.*
il artc.det.m. (pl. **i**) **1** der, die, das: ***~ sole, ~ cane, ~ bambino*** die Sonne, der Hund, das Kind; ***~ mio libro*** mein Buch; ***dammi ~ cavatappi, per favore*** gib mir bitte den Korkenzieher **2** *(davanti al cognome di personaggi illustri; non tradotto)* ***~ Pascoli*** Pascoli **3** *(davanti a titoli di studio onorifici; non tradotto)* ***~ dottor Bianchi*** Doktor Bianchi; ***~ Marchese de Sade*** Marquis de Sade **4** COLLOQ. REGION. *(davanti a nomi propri maschili)* der: ***~ Carlo*** der Karl **5** *(nelle espressioni di tempo; spesso non tradotto)* ***~ 2 gennaio*** am 2. Januar; ***~ mese prossimo*** nächsten Monat; ***vado al corso ~ martedì e ~ giovedì*** ich besuche den Kurs dienstags und donnerstags ◆ ***~ tal dei tali*** Herr Soundso.
i|la|re agg. LETT. heiter. **i|la|ri|tà** f.inv. **1** *(allegria)* Heiterkeit *f.* **2** *(riso)* Gelächter *n.*: ***destare l'~ generale*** allgemeines Gelächter aus‿lösen; ***accesso d'~*** Lachanfall *m.*
Il|de|gar|da n.pr.f. Hildegard *f.*
i|le|o m. **1** ANAT. *(osso)* Darmbein *n.* **2** ANAT. *(intestino)* Krummdarm *m.* **3** MED. Ileus *m.*, Darmverschluss *m.* **i|li|a|co** agg. *(-ci,-che)* Hüftbein- ◆ ***osso ~*** Hüftbein *n.*
I|li|a|de n.pr.f. Ilias *f.*
i|lio m. Darmbein *n.*
I|lio n.pr.f. Ilion *n.*
il|lan|gui|di|men|to m. Ermattung *f.*, Entkräftung *f.*, Schwächung *f.*

il|lan|gui|di|re *(illanguidisco, illanguidisci)* **I** tr. ermatten, entkräften, schwächen: ***l'ozio illanguidisce il corpo*** Untätigkeit schwächt den Körper; ***~ le forze*** die Kräfte schwächen **II** intr. (aus. *essere*) e pronom. **illanguidirsi 1** ermatten, schwach werden **2a** FIG. ab‿flauen: ***la serata illanguidisce*** der Abend flaut ab **b** *(svanire)* ab‿flauen, schwinden: ***le speranze si illanguidiscono*** die Hoffnungen schwinden.

il|la|ti|vo agg. Illativ-.

il|la|zio|ne f. **1** Rückschluss *m.*: ***fare delle -i*** Rückschlüsse ziehen **2** *(insinuazione)* Unterstellung *f.*: ***pure -i*** reine Unterstellungen; ***sono solo sporche -i*** das sind nur unverschämte Unterstellungen.

il|le|ci|ta|men|te avv. unerlaubt, widerrechtlich: ***impadronirsi ~ di qcs.*** sich (D) etw. widerrechtlich an‿eignen.

il|le|ci|to I agg. **1** *(illegale)* unrechtmäßig, widerrechtlich: ***guadagno ~*** unrechtmäßiger Verdienst; ***traffico ~*** widerrechtlicher Handel **2** ESTENS. unerlaubt: ***relazione -a*** unerlaubte Beziehung **II** m. Vergehen *n.*: ***~ penale, civile*** strafrechtliches, zivilrechtliches Vergehen.

il|le|ga|le agg. gesetzwidrig, illegal, unrechtmäßig, ungesetzlich: ***lavoro ~*** illegale Arbeit; ***procedimento ~*** illegales (*o* gesetzwidriges) Vorgehen.

il|le|ga|li|tà f.inv. Illegalität *f.*, Gesetzwidrigkeit *f.*, Ungesetzlichkeit *f.*: ***l'~ di un contratto*** die Gesetzwidrigkeit (*o* Ungesetzlichkeit) eines Vertrages; ***commettere un'~*** eine Gesetzwidrigkeit begehen; ***vivere nell'~*** in der Illegalität leben.

il|le|gal|men|te avv. illegal, ungesetzlich, gesetzwidrig: ***agire ~*** gesetzwidrig handeln.

il|leg|gi|bi|le agg. **1** unleserlich: ***calligrafia ~*** unleserliche Handschrift **2** *(di stile e contenuto)* unlesbar: ***quel romanzo è davvero ~*** der Roman ist wirklich unlesbar.

il|le|git|ti|mi|tà f. Unrechtmäßigkeit *f.*, Widerrechtlichkeit *f.*

il|le|git|ti|mo agg. **1** unrechtmäßig, illegitim: ***governo ~*** illegitime Regierung **2** unehelich, illegitim: ***figlio ~*** uneheliches Kind **3** *(arbitrario)* unberechtigt, illegitim: ***pretesa -a*** unberechtigte Forderung.

il|le|so agg. unverletzt, unversehrt: ***uscire ~ da un incidente*** bei einem Unfall unverletzt davon kommen.

il|let|te|ra|to I agg. ungebildet **II** m. Ungebildete *m.*, Illiterat *m.*

il|li|ba|tez|za f. **1** *(castità, verginità)* Keuschheit *f.*, Jungfräulichkeit *f.* **2** *(purezza, innocenza)* Reinheit *f.*, Unschuld *f.* **il|li|ba|to** agg. **1** *(casto, vergine)* keusch, jungfräulich **2** *(puro, integro)* rein, unbescholten.

il|li|be|ra|le agg. **1** POL. freiheitsfeindlich, unfreiheitlich, illiberal: ***governo, provvedimento ~*** freiheitsfeindliche Regierung, Maßnahme **2** LETT. *(privo di generosità)* illiberal, engherzig. **il|li|be|ra|li|tà** f. **1** POL. freiheitsfeindliche Gesinnung *f.* **2** *(mancanza di generosità)* Illiberalität *f.*, Engherzigkeit *f.*

il|li|cei|tà f.inv. Unrechtmäßigkeit *f.*, Widerrechtlichkeit *f.*

il|li|mi|ta|tez|za f. Unbegrenztheit *f.*, Unbeschränktheit *f.* **il|li|mi|ta|to** agg. **1** unbegrenzt, grenzenlos, unbeschränkt: ***spazio ~*** unbegrenzter Raum; ESTENS. ***fantasia -a*** grenzenlose Phantasie; ***possibilità -e*** unbegrenzte Möglichkeiten **2** *(a tempo indeterminato)* unbefristet: ***visto ~*** unbefristetes Visum.

il|li|vi|di|re *(illividisco, illividisci)* **I** tr. blau an‿laufen lassen: ***il freddo gli illividì le mani*** die Kälte ließ seine Hände blau anlaufen **II** intr. (aus. *essere*) e pronom. **illividirsi** blau an‿laufen.

ill.mo ⇒ *Illustrissimo* hochverehrt.

il|lo|gi|ci|tà f.inv. Unlogik *f.* **il|lo|gi|co** agg. *(-ci,-che)* unlogisch; ***in modo ~*** unlogisch.

il|lu|de|re *(illusi, illuso)* **I** tr. ***~ qcn. su (riguardo a) qcs.*** jdm auf etw. (A) falsche Hoffnungen machen; *(con inganno)* jdn über etw. (A) täuschen **II** pronom. **illudersi 1** sich (D) falsche Hoffnungen machen: ***non ti illudere! c'è poco da -rsi!*** mach dir keine falschen Hoffnungen! **2** *(immaginarsi)* sich (D) ein‿bilden: ***-rsi di arrivare primo*** sich ein‿bilden, Erster zu werden **3** *(ingannarsi)* sich täuschen: ***-rsi sul conto di qcn.*** sich über jdn täuschen.

il|lu|mi|na|men|to m. **1** Beleuchten *n.*, Erleuchten *n.* **2** FIS. Beleuchtungsstärke *f.* **il|lu|mi|nan|te** agg. **1** Leucht-: ***razzo ~*** Leuchtrakete *f.* **2** FIG. erleuchtend, aufklärend: ***parole -i*** erleuchtende Worte.

il|lu|mi|na|re *(illumino)* **I** tr. **1** beleuchten, erleuchten: ***~ qcs. a giorno*** etw. taghell erleuchten **2** *(con un fascio di luce)* an‿strahlen: ***il faro illumina il monumento*** der Scheinwerfer strahlt das Denkmal an **3** *(di sole, luna, stelle)* bescheinen: ***la luna illumina le montagne*** der Mond bescheint die Berge **4** FIG. *(rendere radioso)* erhellen: ***un sorriso le illuminò il volto*** ein Lächeln erhellte ihr Gesicht **5** *(chiarire)* auf‿klären: ***~ qcn. sui fatti*** jdn über die Tatsachen aufklären **II** pronom. **illuminarsi 1** sich erhellen: ***la stanza s'illuminò*** das Zimmer erhellte sich **2** FIG. sich auf‿hellen, auf‿strahlen: ***il viso gli si illuminò, s'illuminò in viso*** seine Miene hellte sich auf; ***-rsi di gioia*** vor Freude aufstrahlen. **il|lu|mi|na|to** p.pass. agg. **1** → **illuminare 2** FIG. aufgeklärt: ***un sovrano ~*** ein aufgeklärter Herrscher.

il|lu|mi|na|zio|ne f. **1** Beleuchtung *f.*: ***~ a gas, al neon, a petrolio*** Gas-, Neon-, Petroleumbeleuchtung *f.*; ***~ artificiale*** künstliche Beleuchtung; ***~ stradale*** Straßenbeleuchtung *f.* **2** FIG. Erleuchtung *f.*: ***avere un'~*** eine Erleuchtung haben.

il|lu|mi|ni|smo m. Aufklärung *f.* **il|lu|mi|ni|sta** *(-i,-e)* **I** agg. aufklärerisch, der Aufklärung: ***la filosofia ~*** die Philosophie der Aufklärung **II** m. e f. Aufklärer *m.* (-in *f.*). **il|lu|mi|ni|sti|co** *(-ci,-che)* agg. aufklärerisch.

il|lu|mi|no|me|tro m. Beleuchtungsmesser *m.* **il|lu|mi|no|tec|ni|ca** f. Lichttechnik *f.*, Beleuchtungstechnik *f.*

il|lu|sio|ne f. **1** Täuschung *f.*: ***~ ottica*** optische Täuschung; ***~ sensoria*** Sinnestäuschung *f.* **2** *(speranza vana)* Illusion *f.*: ***non farti -i!*** mach dir keine Illusionen (*o* keine falschen Hoffnungen)! ***una pia ~*** eine vergebliche Illusion: ***vivere di -i*** von Illusionen leben **3** *(impressione)* Eindruck *m.*: ***la prospettiva dà l'~ della profondità*** die Perspektive vermittelt den Eindruck von Tiefe.

il|lu|sio|ni|smo m. **1** Zauberkunst *f.* **2** ART. Illusionismus *m.* **il|lu|sio|ni|sta** m. *(-i,-e)* Zauberkünstler *m.* (-in *f.*), Illusionist *m.* (-in *f.*). **il|lu|sio|ni|sti|co** *(-ci,-che)* **1** Zauber-: ***effetto ~*** Zaubereffekt *m.* **2** ART. illusionistisch.

il|lu|so I p.pass. → **illudere II** m. Illusionist *m.*, Träumer *m.*: ***povero ~!*** armer Träumer!

il|lu|so|rie|tà f. trügerisches Wesen *n.* **il|lu|so|rio** agg. *(-ri,-rie)* täuschend, trügerisch, scheinbar: ***benessere, miglioramento ~*** trügerischer Wohlstand, scheinbare Besserung.

il|lu|stra|re tr. **1** bebildern, illustrieren: ***~ un libro*** ein Buch bebildern **2** FIG. *(spiegare)* veranschaulichen, illustrieren: ***~ la situazione con grafici*** die Situation anhand von Tabellen veranschaulichen; ***~ una tesi con esempi*** eine These durch Beispiele (*o* mit Beispielen) illustrieren. **il|lu|stra|ti|vo** agg. illustrierend, veranschaulichend: ***materiale ~*** veranschaulichendes Material; ***dépliant ~*** bebilderte Broschüre. **il|lu|stra|to** p.pass. agg. **1** → **illustrare 2** illustriert, Bild-: ***dizionario ~*** Bildwörterbuch *n.*; ***appendice -a*** illustrierter Anhang; ***rivista -a*** Illustrierte *f.* **il|lu|stra|to|re** m. Illustrator *m.*

il|lu|stra|zio|ne f. **1** *(figura, immagine)* Illustration *f.*, Bebilderung *f.*, Bild *n.*; ***un testo ricco di -i*** ein reich illustrierter Text **2** *(spiegazione)* Veranschaulichung *f.*, Erläuterung *f.*

il|lu|stre agg. **1** berühmt, bekannt: ***uomini -i*** berühmte Menschen **2** *(nobile)* edel ◆ ***un ~ sconosciuto*** ein völlig Unbekannter; *(come titolo)* ***Illustrissimo Presidente*** hochverehrter Präsident; ***Illustre Professore*** sehr verehrter Herr Professor.

i|lo m. **1** BOT. Hilum *n.* **2** ANAT. Hilus *m.*

ILOR ⇒ *Imposta Locale sui Redditi* örtliche Einkommenssteuer.

i|lo|ta m. e f. *(-i,-e)* Helot *m.* (-in *f.*).

i|mam, i|man m.inv. Imam *m.*

im|ba|cuc|ca|re *(imbacucco, imbacucchi)* **I** tr. ein‿mummeln, ein‿hüllen, vermummen: ***~ un bambino*** ein Kind einmummeln **II** pronom. **imbacuccarsi** sich ein‿mummeln. **im|ba|cuc|ca|to** p.pass. agg. **1** → **imbacuccare 2** eingemummelt, vermummelt: ***tutto ~*** ganz eingemummelt.

im|bal|dan|zi|re *(imbaldanzisco, imbaldanzisci)* **I** tr. übermütig machen **II** intr. (aus. *essere*) e pronom. **imbaldanzirsi** übermütig werden.

im|bal|lag|gio m. *(-gi)* Verpackung *f.*: ***provvedere all'~ di qcs.*** für die Verpackung von etw. sorgen; ***togliere dall'~*** aus‿packen ◆ ***carta da ~*** Packpapier *n.*; ***~ difettoso*** mangelhafte Verpackung; ***~ escluso, incluso*** ausschließlich, einschließlich Verpackung; ***materiale di ~*** Verpackungsmaterial *n.*; ***~ originale*** Originalverpackung *f.*; ***~ riutilizzabile*** Mehrwegverpackung *f.*; ***~ non riutilizzabile, a perdere*** Einwegverpackung *f.*; ***spese di ~*** Verpackungskosten *pl.*; ***tela da ~*** Packleinwand *f.*

1.im|bal|la|re tr. **1** verpacken: ***~ una merce in casse*** eine Ware in Kisten verpacken **2** *(fieno, fibre tessili)* in Ballen pressen.

2.im|bal|la|re I tr. überdrehen, hoch‿jagen: ***~ il motore*** den Motor überdrehen **II** pronom. **imballarsi** durchgehen, überdreht werden.

im|bal|la|to|re m. Packer *m.* **im|bal|la|tri|ce** f. Verpackungsmaschine *f.* **im|bal|lo** m. → **imballaggio.**

im|bal|sa|ma|re tr. *(imbalsamo)* **1** ein‿balsamieren **2** *(impagliare)* aus‿stopfen **3** FIG. künstlich aufrecht erhalten. **im|bal|sa|ma|to|re** m. **1** Einbalsamierer *m.* **2** *(impagliatore)* Ausstopfer *m.* **im|bal|sa|ma|zio|ne** f. **1** Einbalsamierung *f.* **2** *(impagliatura)* Ausstopfung *f.*

im|bam|bo|lar|si pronom. *(mi imbambolo)* vor sich hin starren. **im|bam|bo|la|to** p.pass. agg. **1** → **imbambolarsi 2** verträumt, abwesend; ***restare ~*** = Löcher in die Luft starren.

im|ban|die|ra|re tr. beflaggen: ***~ una strada, una nave*** eine Straße, ein Schiff beflaggen. **im|ban|die|ra|men|to** m. Beflaggung *f.*

im|ban|di|re tr. *(imbandisco, imbandisci)* **1** festlich schmücken: ***~ la tavola*** den Tisch festlich schmücken **2** FIG. *(propinare)* bieten, auf‿tischen. **im|ban|di|to** p.pass. agg. **1** → **imbandire 2** ***tavola -a a festa*** Festtafel *f.*

im|ba|raz|zan|te agg. peinlich: ***una situazione, domanda ~*** eine peinliche Situation, Frage; ***un silenzio ~*** ein peinliches (*o* betretenes) Schweigen.

im|ba|raz|za|re I tr. **1** verlegen machen, in Verlegenheit bringen **2** *(intralciare)* behindern **3** *(appesantire)* belasten: ***i cibi indigesti imbarazzano lo stomaco*** schwere Gerichte belasten den Magen **II** pronom. **imbarazzarsi** in Verlegenheit kommen (*o* geraten): ***-rsi per niente*** wegen jeder Kleinigkeit in Verlegenheit geraten.

im|ba|raz|za|to p.pass. agg. **1** → **imbarazzare 2** verlegen, betreten: ***~ per qcs.*** über etw. (A) betreten; ***un'espressione -a*** eine betretene Miene **3** *(appesantito)* verstimmt: ***avere lo stomaco ~*** einen verstimmten Magen haben.

im|ba|raz|zo m. **1** Verlegenheit *f.*: ***essere in ~*** in Verlegenheit sein; ***mettere qcn. in ~*** jdn in Verlegenheit bringen; ***levare, togliere qcn. dall'~*** jdm aus der Verlegenheit helfen **2** *(intralcio)* Hindernis *n.*, Behinderung *f.*: ***essere d'~ a qcn.*** für jdn eine Behinderung sein ◆ ***provo ~*** → ***mi sento in ~***; ***avere (solo) l'~ della scelta*** die Qual der Wahl haben; ***senso d'~*** peinliches Gefühl; ***mi sento in ~ (nel fare qcs.)*** es ist mir peinlich(, etw. zu tun); ***~ di stomaco*** Magenverstimmung *f.*

im|bar|ba|ri|men|to m. Verwilderung *f.*, Verrohung *f.*: ***~ dei costumi*** Verwilderung der Sitten. **im|bar|ba|ri|re** *(imbarbarisco, imbarbarisci)* **I** tr. verwildern, verrohen **II** pronom. **imbarbarirsi** verwildern, verrohen.

im|bar|ca|de|ro m. Bootssteg *m.*, Landungssteg *m.*

im|bar|ca|re *(imbarco, imbarchi)* **I** tr. **1** ein‿schiffen: ***~ i passeggeri*** Passagiere einschiffen **2** *(merci)* verschiffen, verladen **II** pronom. **imbarcarsi 1** sich ein‿schiffen **2** FIG. sich ein‿lassen: ***-rsi in un'impresa pericolosa*** sich auf ein gefährliches Unternehmen einlassen **3** *(di legno)* sich verziehen, sich verwerfen ◆ ***~ acqua*** ein Leck haben, lecken.

im|bar|ca|ta f. **1** COLLOQ. Haufen *m.*: ***un'~ di amici*** ein Haufen Freunde **2** AER. Einsteigen *n.* ◆ COLLOQ. ***prendersi un'~ per qcn.*** sich in jdn verknallen.

im|bar|ca|to p.pass. agg. **1** → **imbarcare 2** verzogen, verworfen: ***una tavola di legno tutta -a*** ein völlig verzogenes Holzbrett ◆ COLLOQ. ***essere ~ di qcn.*** in jdn verknallt sein.

im|bar|ca|to|io m. *(-oi)* **1** *(sulle navi)* Fallreep *n.*, Fallreeptreppe *f.* **2** → **imbarcadero.**

im|bar|ca|zio|ne f. Wasserfahrzeug *n.* ◆ ***~ da corsa*** Rennboot *n.*; ***~ da diporto*** Freizeitboot *n.*, Sportboot *n.*; ***~ di salvataggio*** Rettungsboot *n.*; ***~ sportiva*** Sportboot *n.*; ***~ a vela*** Segelboot *n.*

im|bar|co m. *(-chi)* **1a** Einschiffen *n.*, Einschiffung *f.* **b** *(merci)* Verladung *f.*, Einschiffung *f.*; ***procedere all'~ delle merci*** die Waren verladen **2** *(banchina)* Kai *m.* **3** MAR. *(ingaggio)* Anmusterung *f.* ◆ ***carta d'~*** Bordkarte *f.*; ***documenti d'~*** Verladepapiere *pl.*; ***porto d'~*** Verschiffungshafen *m.* (*o* Einschiffungshafen *m.*).

im|bar|da|ta f. AER. Gieren *n.*

im|ba|star|di|men|to m. **1** Bastardierung *f.*, Entartung *f.* **2** FIG. Verderben *n.*: ***l'~ di una civiltà*** das Verderben einer Kultur.

im|ba|star|di|re *(imbastardisco, imbastardisci)* **I** tr. **1** bastardieren, kreuzen: ***~ una razza*** eine Rasse bastardieren **2** FIG. verderben, verunstalten: ***~ una lingua con parole straniere*** eine Sprache durch Fremdwörter verunstalten **II** intr. (aus. *essere*) e pronom. **imbastardirsi 1** entarten **2** FIG. verderben.

im|ba|sti|re tr. *(imbastisco, imbastisci)* **1** heften, reihen: ***~ una gonna*** einen Rock heften **2** FIG. *(abbozzare)* entwerfen: ***~ un progetto, un discorso*** ein Projekt, eine Rede entwerfen **3** TECN. *(saldare)* heften, heft‿schweißen ◆ ***filo per, da ~*** Heftgarn *n.*, Reihgarn *n.* **im|ba|sti|tu|ra** f. **1a** Heften *n.*, Reihen *n.*; ***fare un'~*** reihen, heften **b** *(cucitura)* Heftnaht *f.*, Reihnaht *f.* **2** FIG. *(abbozzo)* Entwurf *m.* **3** TECN. MECC. Heften *n.*, Heftschweißung *f.*: ***linea di ~*** Heft(schweiß)linie *f.*

im|bat|ter|si pronom. **1** *(incontrare)* ***~ in qcn.*** jdn treffen **2** *(avere in sorte)* geraten: ***~ in un insegnante severo*** an einen strengen Lehrer geraten **3** ***~ in qcs.*** auf etw. stoßen: ***~ in una difficoltà imprevista*** auf eine unvorhergesehene Schwierigkeit stoßen ◆ ***~ bene, male*** es gut, schlecht treffen.

im|bat|ti|bi|le agg. unschlagbar: ***un avversario ~*** ein unschlagbarer Gegner; ***prezzi -i*** unschlagbare Preise; ***essere ~ in, a qcs.*** in etw. (D) unschlagbar sein. **im|bat|ti|bi|li|tà** f. Unschlagbarkeit *f.*; ***mantenere l'~*** weiterhin ungeschlagen bleiben. **im|bat|tu|to** agg. ungeschlagen, unbesiegt: ***una squadra -a*** eine ungeschlagene Mannschaft; ***rimanere ~*** ungeschlagen bleiben.

im|ba|va|glia|men|to m. Knebelung *f.* (anche FIG.).

im|ba|va|glia|re tr. *(imbavaglio, imbavagli)* **1** knebeln: ***~ un ostaggio*** eine Geisel knebeln **2** FIG. ***~ qcn., qcs.*** jdm, etw. den Maulkorb an‿legen: ***~ l'opposizione, la stampa*** der Opposition, der Presse den Maulkorb anlegen.

im|bec|ca|re tr. *(imbecco, imbecchi)* **1** füttern **2** FIG. ***~ qcn.*** = jdm die Worte in den Mund legen. **im|bec|ca|ta** f. **1** Futtermenge *f.* **2** FIG. ***dare l'~ a qcn.*** jdm die Worte in den Mund legen. **im|bec|ca|to|io** m. *(-oi)* Futternapf *m.*

im|be|cil|lag|gi|ne f. → **imbecillità.**

im|be|cil|le I agg. **1** dumm, blöd(e), schwachköpfig: ***proposta ~*** dummer Vorschlag **2** MED. schwachsinnig **II** m. e f. Schwachkopf *m.*, Dummkopf *m.*; ***perfetto ~*** Vollidiot *m.* **im|bec|il|li|tà** f.inv. **1** Dummheit *f.*, Blödheit *f.*: ***commettere un'~*** eine Dummheit begehen; ***dire ~*** Dummheiten reden **2** MED. Schwachsinnigkeit *f.*

im|bel|le agg. feige, mutlos.

im|bel|let|ta|re I tr. **1** schminken **2** FIG. *(abbellire)* verschönern **II** pronom. **imbellettarsi** sich schminken: ***-rsi il viso, gli occhi*** sich das Gesicht, die Augen schminken. **im|bel|let|ta|tu|ra** f. **1** Schminken *n.* **2** *(belletto)* Schminke *f.*

im|bel|li|re *(imbellisco, imbellisci)* **I** tr. verschönern **II** pronom. **imbellirsi** schöner werden.

im|ber|be agg. **1** bartlos: ***ragazzo ancora ~*** noch bartloser Junge **2** FIG. unreif, unerfahren; SPREG. grün.

im|be|stia|li|re intr. *(imbestialisco, imbestialisci;* aus. *essere)* e pronom. **imbestialirsi** rasend, wütend werden ◆ ***far ~ qcn.*** rasend machen.

im|be|ve|re I tr. tränken, durchtränken: ***~ il cotone d'alcol*** die Watte mit Alkohol tränken **II** pronom. **imbeversi 1** sich voll‿saugen **2** FIG. = in sich auf‿nehmen. **im|be|vi|bi|le** agg. ungenießbar, nicht trinkbar: ***caffè ~*** ungenießbarer Kaffee.

im|be|vu|to p.pass. agg. **1** → **imbevere 2** getränkt, durchtränkt: ***un batuffolo ~ d'alcol*** ein mit Alkohol getränkter Wattebausch; ***terreno ~ d'acqua*** von Wasser durchtränkter Erdboden **3** FIG. durchdrungen, voll: ***essere ~ di pregiudizi*** voller Vorurteile sein.

im|biac|ca|re tr. *(imbiacco, imbiacchi)* Bleiweiß auf‿legen, mit Bleiweiß bestreichen.

im|bian|ca|men|to m. Weißen *n.*, Tünchen *n.*

im|bian|ca|re *(imbianco, imbianchi)* **I** tr. **1** weiß färben, weiß machen: ***la neve imbianca i tetti*** der Schnee färbt die Dächer weiß; **2** *(tinteggiare)* weißen, tünchen: ***~ una stanza, una parete*** ein Zimmer, eine Wand tünchen **II** pronom. **imbiancarsi** weiß werden, bleichen (anche FIG.): ***la tenda s'imbianca al sole*** der Vorhang bleicht in der Sonne. **im|bian|ca|to** p.pass. agg. → **imbiancare** ◆ BIBL. ***sepolcri -i*** wie übertünchte Grabsteine. **im|bian|ca|tu|ra** f. **1** Bleichen *n.*: ***~ di una stoffa*** das Bleichen eines Stoffes **2** *(tinteggiatura)* Weißen *n.*, Tünche *f.*

im|bian|chi|men|to m. **1** Weißwerden *n.* **2** TECN. Bleichen *n.*: ***~ dello zucchero*** Bleichen des Zuckers. **im|bian|chi|no** m. Maler *m.*, Anstreicher *m.*, Tüncher *m.*: FIG. SPREG. = schlechter Maler. **im|bian|chi|re** *(imbianchisco, imbianchisci)* **I** tr. weiß machen, weißen, tünchen: ***~ una parete*** eine Wand weißen **II** intr. (aus. *essere*) weiß werden: ***~ per lo spavento*** vor Angst weiß werden.

im|bi|ben|te I agg. Netz-: ***sostanza, azione ~*** Netzmittel *n.*, Netzwirkung *f.* **II** m. Netzmittel *n.* **im|bi|bi|re** *(imbibisco, imbibisci)* **I** tr. auf‿saugen, ein‿saugen lassen, durchtränken **II** pronom. **imbibirsi** sich voll saugen. **im|bi|bi|zio|ne** f. Durchtränken *n.*

im|bion|di|re tr. *(imbiondisco, imbiondisci)* **1** blondieren, blond färben **2** GASTR. an‿braten, an‿rösten: ***~ la cipolla*** die Zwiebel anrösten.

im|biz|zar|rir|si *(mi imbizzarrisco, ti imbizzarrisci)* pronom. **1** scheuen, wild werden: ***il cavallo s'imbizzarrì*** das Pferd scheute **2** FIG. *(inalberarsi)* sich erregen, sich auf‿regen ◆ ***far imbizzarrire*** wild machen.

im|boc|ca|re *(imbocco, imbocchi)* **I** tr. **1** füttern: ***~ un bambino, un malato*** ein Kind, einen Kranken füttern **2** FIG. *(suggerire)* ***~ qcn.*** jdm die Worte ein‿flüstern **3** MUS. an‿setzen: ***~ uno strumento a fiato*** ein Blasinstrument ansetzen **4a** *(immettersi in)* ein‿schlagen: ***~ una strada*** eine Straße einschlagen; FIG. ***~ la strada giusta, la via del successo*** den rechten Weg, den Weg des Erfolges einschlagen **b** ***~ l'autostrada*** auf die Autobahn fahren **II** intr. (aus. *essere*) TECN. ein‿greifen.

im|boc|ca|tu|ra f. **1** *(entrata)* Einfahrt *f.*: **~ *di una galleria*** Einfahrt in einen Tunnel **2** *(apertura di oggetti)* Öffnung *f.*: **~ *di una bottiglia*** Flaschenöffnung *f.*; **~ *di un tubo*** Öffnung eines Rohres **3** *(di strumento musicale)* Mundstück *n.*: ***l'~ del flauto è molto stretta*** das Mundstück der Flöte ist sehr eng **4** *(di manica)* Armloch *n.* **5** *(del morso del cavallo)* Gebissstange *f.* **6** MIN. Mundloch *n.*

im|boc|co m. *(-chi)* **1a** Eingang *m.*: **~ *della valle*** Taleingang *m.* **b** Einfahrt *f.*: **~ *dell'autostrada*** Autobahneinfahrt *f.* **2** MECC. Eingreifen *n.*, Eingriff *m.* **3** MIN. Mundloch *n.*: **~ *della galleria*** Stollenmundloch *n.*

im|bol|si|men|to m. Erschlaffung *f.* **im|bol|si|re** intr. *(imbolsisco, imbolsisci;* aus. *essere)* erschlaffen.

im|bo|ni|men|to m. Anpreisung *f.*, COLLOQ. Anreißen *n.* **im|bo|ni|re** tr. *(imbonisco, imbonisci)* an‿preisen, an‿reißen: **~ *il pubblico*** das Publikum anreißen. **im|bo|ni|to|re** m. Anpreiser *m.*, COLLOQ. Anreißer *m.*

im|bor|ghe|si|men|to m. Verbürgerlichung *f.* **im|bor|ghe|si|re** *(imborghesisco, imborghesisci)* **I** tr. verbürgerlichen: ***la carriera professionale l'ha imborghesito*** der berufliche Aufstieg hat ihn verbürgerlicht **II** intr. (aus. *essere*) e pronom. **imborghesirsi** verbürgerlichen (anche FIG.).

im|bo|sca|men|to → **imboschimento. im|bo|sca|re** *(imbosco, imboschi)* **I** tr. **1** hamstern, horten: **~ *generi alimentari*** Lebensmittel hamstern **2** GERG. MIL. = jdn dem Wehrdienst entziehen **II** pronom. **imboscarsi 1** GERG. MIL. = sich dem Wehrdienst entziehen **2** ESTENS. *(sottrarsi a compiti gravosi)* sich drücken.

im|bo|sca|ta f. Hinterhalt *m.*: ***tendere un'~ a qcn.*** jdn in einen Hinterhalt locken; ***cadere in un'~*** in einen Hinterhalt geraten.

im|bo|sca|to I p.pass. → **imboscare II** m. GERG. MIL. = jd, der sich dem Wehrdienst entzogen hat; ESTENS. *(scansafatiche)* Drückeberger *m.*, Etappenschwein *n.*

im|bo|schi|men|to m. Aufforstung *f.*, Beforstung *f.*: **~ *di vaste aree*** Aufforstung ausgedehnter Flächen. **im|bo|schi|re** *(imboschisco, imboschisci)* **I** tr. auf‿forsten: **~ *il terreno incolto*** das Ödland aufforsten **II** pronom. **imboschirsi** sich bewalden: ***la collina brulla si è a poco a poco imboschita*** der kahle Hügel bewaldete sich allmählich.

im|bot|ta|re tr. in Fässer füllen. **im|bot|ti|glia|men|to** m. **1** Abfüllung *f.* **2** *(nel traffico)* Verkehrsstau *m.* ◆ ***impianto di ~*** Abfüllanlage *f.*; ***pronto per l'~*** flaschenreif. **im|bot|ti|glia|re** *(imbottiglio, imbottigli)* **I** tr. **1** in Flaschen ab‿füllen, füllen (anche assol.): **~ *il vino*** Wein in Flaschen abfüllen **2** *(bloccare le vie d'uscita)* ein‿kesseln: **~ *il nemico*** den Feind einkesseln **II** pronom. **imbottigliarsi** stecken bleiben: ***-rsi nel traffico*** im Verkehr stecken bleiben.

im|bot|ti|glia|to p.pass. agg. **1** → **imbottigliare 2** FIG. COLLOQ. ***rimanere ~*** stecken bleiben: ***rimanere ~ nel traffico*** im Stau stecken bleiben ◆ ***vino ~ all'origine*** Kellerabzug *m.*, Kellerabfüllung *f.* **im|bot|ti|glia|tri|ce** f. Abfüllmaschine *f.*

im|bot|ti|re *(imbottisco, imbottisci)* **I** tr. **1** aus‿stopfen; *(divani, poltrone)* polstern; *(cassetti, scatole)* aus‿polstern: **~ *un cuscino*** ein Kissen ausstopfen **2** SART. wattieren: **~ *le spalle di una giacca*** die Schultern einer Jacke wattieren **3** *(imbacuccare)* ein‿packen, ein‿mummeln: **~ *un bambino di maglie*** ein Kind in Pullover einpacken **4** *(saturare)* voll stopfen: **~ *un malato di medicine*** einen Kranken mit Medikamenten voll stopfen **II** pronom. **imbottirsi** sich voll stopfen ◆ **~ *un panino*** ein Brötchen belegen; **~ *la testa a qcn. di qcs.*** jdm etw. ein‿reden. **im|bot|ti|ta** f. Steppdecke *f.*

im|bot|ti|to p.pass. agg. **1** → **imbottire 2** Polster-: ***divano ~*** Polstercouch *f.*; ***poltrona -a*** Polstersessel *m.* ◆ ***panino ~*** belegtes Brötchen. **im|bot|ti|tu|ra** f. **1** Füllung *f.*, Polsterung *f.*: ***l'~ di un divano*** die Polsterung einer Couch; ***l'~ di un cuscino*** die Füllung eines Kissens **2** SART. Wattierung *f.*

im|bra|ca|re *(imbraco, imbrachi)* **I** tr. **1** *(persone)* an‿seilen **2** *(merci)* **~ *qcs.*** an etw. (D) Hebeseile an‿bringen, etw. an‿schlagen: *(scritto su casse)* **~ *qui*** hier anschlagen **II** pronom. **imbracarsi** sich an‿seilen. **im|bra|ca|tu|ra** f. **1** *(di persone)* Sicherheitsgurt *m.*; ALP. Klettergurt *m.* **2** *(di merci)* Hebeseile *pl.*

im|brac|cia|re *(imbraccio, imbracci)* tr. **1 ~ *lo scudo*** zum Schild greifen **2** *(mettere in posizione di tiro)* an‿legen: **~ *il fucile*** das Gewehr anlegen. **im|brac|cia|tu|ra** f. Handhabe *f.*

im|bra|ga|re → **imbracare. im|bra|ga|tu|ra** → **imbracatura.**

im|bra|na|to I agg. COLLOQ. tollpatschig, ungeschickt **II** m. Tollpatsch *m.*: ***sei proprio un ~*** du bist wirklich ein Tollpatsch.

im|brat|ta|car|te m.inv. SPREG. Schreiberling *m.*, Tintenkleckser *m.* **im|brat|ta|men|to** m. Vollschmieren *n.*, Beschmieren *n.* **im|brat|ta|mu|ri** m.inv. SPREG. **1** stümperhafter Maler *m.* **2** *(chi scrive o disegna sui muri)* Schmierfink *m.*

im|brat|ta|re I tr. voll schmieren, beschmieren: **~ *i muri della metropolitana*** die Wände der U-Bahn beschmieren **II** pronom. **imbrattarsi** sich voll schmieren, sich beschmieren: ***-rsi con la marmellata*** sich mit Marmelade beschmieren; ***-rsi le mani di sangue*** sich die Hände mit Blut beschmieren.

im|brat|ta|te|le m.inv. SPREG. Kleckser *m.*, Pins(e)ler *m.*

im|brat|to m. **1** *(quadro)* schlechte Malerei *f.*; COLLOQ. Schinken *m.* **2** *(scritto)* Schmiererei *f.*, Geschreibsel *n.*

im|brec|cia|re tr. *(imbreccio, imbrecci)* beschottern, schottern: **~ *una strada*** eine Straße beschottern. **im|brec|cia|tu|ra** f. Schottern *n.*, Schotterung *f.*

im|bria|co → **ubriaco.**

im|bri|fe|ro agg. ***bacino ~*** Einzugsgebiet *n.*

im|bri|glia|men|to m. **1** Zäumung *f.* **2** FIG. Zügelung *f.*

im|bri|glia|re *(imbriglio, imbrigli)* tr. **1** zäumen: **~ *un cavallo*** ein Pferd zäumen **2** FIG. zügeln, im Zaum halten: **~ *la fantasia*** die Fantasie zügeln **3** EDIL. befestigen **4** TECN. IDR. regulieren.

im|bril|lan|ti|na|re I tr. **~ *i capelli*** Brillantine in die Haare schmieren **II** pronom. **imbrillantinarsi** sich (D) Brillantine in die Haare schmieren.

im|broc|ca|re tr. *(imbrocco, imbrocchi)* **1** treffen **2** FIG. erraten: **~ *la risposta*** die Antwort erraten; **~ *la via giusta*** den rechten Weg ein‿schlagen ◆ ***non imbroccarne una*** = alles falsch machen.

im|bro|dar|si pronom. sich bekleckern ◆ PROV. ***chi si loda s'imbroda*** Eigenlob stinkt.

im|bro|glia|re *(imbroglio, imbrogli)* **I** tr. **1** betrügen, hintergehen: ***cercare di ~ qcn.*** versuchen jdn zu hintergehen; ***mi stai imbrogliando!*** du haust mich übers Ohr! **2** *(ingarbugliare)* verwickeln, verwirren (anche FIG.): **~ *una matassa di lana*** einen Strang Wolle verwirren; **~ *la faccenda*** die Angelegenheit verwirren **II** pronom. **imbrogliarsi 1a** sich verwickeln, sich verwirren (anche FIG.): ***i fili si sono imbrogliati*** die Fäden haben sich verwickelt **b** *(complicarsi)* sich komplizieren: ***l'affare si è molto imbrogliato*** die Angelegenheit hat sich sehr kompliziert **2a** *(confondersi)* verwirren **b** *(nel parlare)* sich verhaspeln; *(nel raccontare)* sich verlieren ◆ **~ *le carte*** = eine Angelegenheit vertuschen. **im|bro|glia|to** p.pass. agg. **1** → **imbrogliare 2** FIG. *(intricato)* verwickelt, verworren: ***una situazione -a*** eine verworrene Situation; ***frasi -e*** verworrene Sätze.

im|bro|glio m. *(-gli)* **1** Betrug *m.*: ***essere vittima di un ~*** einem Betrug zum Opfer fallen; ***dev'esserci sotto un ~*** an der Sache ist etwas faul **2** *(groviglio)* Verwick(e)lung *f.*; FIG. ***questa faccenda è un bell'~*** das ist eine schöne Affäre **3** *(difficoltà imprevista)* Schwierigkeit *f.* **im|bro|glio|ne I** m. Betrüger *m.* **II** agg. betrügerisch.

im|bron|ciar|si pronom. *(mi imbroncio, ti imbronci)* einen Schmollmund machen (*o* ziehen). **im|bron|cia|to** p.pass. agg. **1** → **imbronciarsi 2** schmollend: ***essere ~ con qcn.*** mit jdm schmollen **3** ***cielo ~*** grauer Himmel.

1.im|bru|ni|re intr. *(imbrunisco, imbrunisci;* aus. *essere)* **1** dunkel werden **2** impers. ***imbrunisce*** es dämmert.

2.im|bru|ni|re m. Dämmerung *f.*: ***all', sull'~*** in der Dämmerung, bei Einbruch der Dunkelheit.

im|brut|ti|men|to m. **1** *(di persone)* Hässlichwerden *n.*, Entstellung *f.* **2** *(di cose)* Verunstaltung *f.*

im|brut|ti|re *(imbruttisco, imbruttisci)* **I** tr. **1** *(persone)* entstellen, hässlich machen: ***la cicatrice lo imbruttisce*** die Narbe entstellt ihn **2** *(cose)* verunstalten: ***queste costruzioni imbruttiscono la vallata*** diese Gebäude verunstalten das Tal **II** intr. (aus. *essere*) e pronom. **imbruttirsi** hässlich werden.

im|bu|ca|re *(imbuco, imbuchi)* **I** tr. **1** *(corrispondenza)* ein‿stecken, ein‿werfen **2** *(nel golf)* ins Loch schlagen, einlochen; *(nel biliardo)* ins Loch stoßen, einlochen **II** pronom. **imbucarsi** COLLOQ. **1** *(nascondersi)* sich verstecken: ***-rsi in un portone*** sich in einem Hauseingang verstecken **2** *(intrufolarsi)* sich ein‿schleichen. **im|bu|ca|to I** p.pass. agg. **1** → **imbucare 2** FIG. COLLOQ. *(di una pratica)* = unterwegs verloren gegangen **II** m. GERG. Eindringling *m.*

im|bu|fa|lir|si pronom. *(mi imbufalisco, ti imbufalisci)* COLLOQ. vor Wut platzen: **~ *per qcs.*** wegen etw. vor Wut platzen.

im|bul|lo|na|re tr. verbolzen.

im|bur|ra|re tr. mit Butter bestreichen: **~ *il pane*** Brot mit Butter bestreichen; **~ *una teglia*** eine Backform ein‿buttern, mit Butter aus‿streichen. **im|bur|ra|to** p.pass. agg. **1** → **imburrare 2** Butter-, gebuttert: ***panino ~*** Butterbrot *n.*

im|bu|sta|re tr. in einen, den Umschlag stecken, BUROCR. kuvertieren.

im|bu|ti|for|me agg. trichterförmig. **im|bu|to** m. Trichter *m.*: ***a ~*** trichterförmig; FIG. ***in quel punto il fiume forma un ~*** an dieser Stelle verengt sich der Fluss trichterförmig ◆ ***mangiare con l'~*** schlingen.

i|me|ne m. 1 ANAT. Jungfernhäutchen *n.*, Hymen *n.* 2 LETT. Hochzeit *f.* **i|me|ne|o** m. 1 Hymenaeus *m.*, Hymenäus *m.* 2 ESTENS. *(nozze)* Hochzeit *f.*

i|me|not|te|ro m. Hautflügler *m.*, Hymenoptere *m.*

i|mi|ta|bi|le agg. nachahmbar. **i|mi|ta|re** tr. *(imito)* nach‿ahmen, imitieren, COLLOQ. nach‿machen: ***~ un cantante*** einen Sänger nachahmen; ***~ lo stile di qcn.*** jds Stil nachahmen; ***~ una firma*** eine Unterschrift nachmachen. **i|mi|ta|ti|vo** agg. nachahmend, Nachahmungs-: ***istinto ~*** Nachahmungstrieb *m.*

i|mi|ta|to|re m. 1 Nachahmer *m.*: ***avere molti -i*** viel nachgeahmt werden; ***un poeta con molti -i*** ein Dichter mit vielen Nachahmern 2 *(artista)* Imitator *m.*: ***fare l'~*** Imitator sein.

i|mi|ta|zio|ne f. Nachahmung *f.*, Imitation *f.*: ***fare l'~ di qcn.*** jdn nach‿ahmen (*o* imitieren); ***un'~ del marmo*** eine Nachahmung des Marmors; *(copia)* ***una volgare ~*** eine vulgäre Imitation; ***questa collana è solo un'~*** diese Halskette ist nur eine Imitation; ***diffidate delle -i*** nehmen Sie sich vor Imitationen in Acht ◆ ***~ di Cristo*** Nachfolge *f.* Christi.

Im|ma|co|la|ta n.pr.f. Immaculata *f.*, Unbefleckte Jungfrau Maria *f.* ◆ ***festa dell'~ (Concezione)*** Unbefleckte Empfängnis. **im|ma|co|la|to** agg. 1 unbefleckt, rein: ***coscienza -a*** reines Gewissen 2 *(bianchissimo)* schneeweiß, fleckenrein: ***camicia -a*** schneeweißes Hemd.

im|ma|gaz|zi|na|men|to m. 1 Lagerung *f.*, Einlagerung *f.*, Stapelung *f.* 2 INFORM. Einspeicherung *f.*, Speicherung *f.* **im|ma|gaz|zi|nag|gio** m. *(-gi)* Lagerung *f.*, Einlagerung *f.* **im|ma|gaz|zi|na|re** tr. 1 ein‿lagern, speichern: ***~ merci, calore*** Waren, Wärme speichern 2 FIG. *(accumulare)* speichern, sammeln, an‿häufen: ***~ conoscenze*** Wissen anhäufen 3 INFORM. ein‿speichern: ***~ dati*** Daten einspeichern.

im|ma|gi|na|bi|le agg. 1 vorstellbar, denkbar 2 *(possibile)* erdenklich: ***fare ogni sforzo ~*** sich alle erdenkliche Mühe geben.

im|ma|gi|na|re *(immagino)* I tr. 1 ***~ qcs.*** sich (D) etw. vor‿stellen: ***~ di fare qcs.*** sich vorstellen, etw. zu tun; ***immagina di essere su una spiaggia*** stell dir vor, an einem Strand zu sein; ***ti lascio ~ la mia sorpresa*** du kannst dir vorstellen, wie überrascht ich war 2 *(supporre)* meinen, denken, an‿nehmen: ***immagino che tu abbia fame*** ich nehme an, du hast Hunger; ***lo immaginavo già a casa*** ich meinte ihn schon zu Hause; ***immaginavo che fosse già guarito*** ich meinte, er sei schon wieder gesund 3 *(ideare, inventare)* erfinden, ersinnen, sich (D) aus‿denken: ***~ la trama di un racconto*** die Handlung einer Erzählung ersinnen II pronom. ***-rsi qcs.*** sich (D) vor‿stellen: ***te lo immagini vestito da donna?*** kannst du ihn dir als Frau verkleidet vorstellen? ◆ ***(ma) s'immagini!*** aber ich bitte Sie! ***chi avrebbe potuto immaginar(se)lo?*** wer hätte das gedacht?

im|ma|gi|na|rio I agg. *(-ri,-rie)* imaginär, unwirklich: ***viaggio, pericolo ~*** imaginäre Reise, Gefahr; MAT. ***numero ~*** imaginäre Zahl II m. *(-ri)* Vorstellungswelt *f.* ◆ ***~ collettivo*** kollektive Vorstellungswelt; ***malato ~*** eingebildeter Kranke; ***mondo ~*** Scheinwelt *f.*

im|ma|gi|na|ti|va f. 1 Vorstellungsvermögen *n.* 2 *(inventiva)* Einbildungskraft *f.*, Fantasie *f.* **im|ma|gi|na|ti|vo** agg. 1 imaginativ, Vorstellungs-: ***facoltà -a*** Vorstellungsvermögen *n.* 2 *(dotato di immaginazione)* fantasievoll.

im|ma|gi|na|zio|ne f. Einbildungskraft *f.*, Fantasie *f.*, Vorstellung *f.*: ***stimolare l'~*** die Fantasie an‿regen; ***avere una fervida ~*** eine blühende Fantasie haben; ***un frutto della sua ~*** ein Geschöpf seiner Einbildung; ***esistere solo nell' ~ di qcn.*** nur in jds Vorstellung existieren; ***abbandonarsi all'~*** sich seinen Fantasien überlassen ◆ ***questo va al di là di ogni ~*** das geht über jede Vorstellungskraft; ***privo di ~*** fantasielos; ***ricco di ~*** fantasievoll; ***è solo una sua ~*** das bildet er sich nur ein.

im|ma|gi|ne f. 1 Bild *n.*: ***~ nitida, sfocata*** scharfes, unscharfes Bild; ***un'~ riflessa nell'acqua*** ein sich im Wasser spiegelndes Bild; ***serbare l'~ di qcs.*** das Bild von etw. in Erinnerung behalten; ***scacciare un'~ dalla mente*** ein Bild aus dem Gedächtnis streichen; ***parlare per -i*** in Bildern sprechen 2 *(immagine fedele)* Ebenbild *n.*: ***è l'~ di sua madre*** sie ist das Ebenbild ihrer Mutter 3 *(modo di apparire)* Image *n.*: ***curare l'~ di un'azienda, di un politico*** das Image eines Unternehmens, eines Politikers pflegen 4 ZOOL. Imago *f.* ◆ ***~ (elaborata) al computer*** Computerbild *n.*; ***culto delle -i*** Bilderverehrung *f.*; TELEV. CINEM. ***distorsione dell'~*** Bildverzerrung *f.*; ***~ esemplificativa*** Schaubild *n.*; ***~ fotogrammetrica*** Photogramm *n.*; ***~ di profilo*** Profilbild *n.*; ***~ reale*** wirkliches Bild; TELEV. ***regolazione dell'~*** Bildeinstellung *f.*; ***~ sacra*** Kultbild *n.*, heiliges Bild; ***essere l'~ della salute*** vor Gesundheit strotzen; ***Dio creò l'uomo a sua ~ e somiglianza*** Gott schuf den Menschen nach seinem Bild(e); ***~ speculare*** Spiegelbild *n.*; ***~ stereoscopica*** Stereobild *n.*, Raumbild *n.*; ***~ televisiva*** Fernsehbild *n.*; ***~ virtuale*** virtuelles Bild; ***~ votiva*** Votivbild *n.*

im|ma|gi|ni|fi|co agg. *(-ci,-che)* bildschöpferisch: ***una fantasia -a*** eine bildschöpferische Fantasie; ***un poeta ~*** ein bildschöpferischer Dichter ◆ ***l'Immaginifico*** = der Dichter Gabriele D'Annunzio.

im|ma|gi|no|so agg. 1 fantasievoll 2 *(di stile)* bilderreich.

im|ma|lin|co|ni|re *(immalinconisco, immalinconisci)* I tr. melancholisch stimmen II pronom. **immalinconirsi** melancholisch werden, in Melancholie verfallen.

im|man|ca|bi|le agg. unfehlbar, unvermeidlich, unausbleiblich: ***l'~ discorso di fine anno*** die unvermeidliche Rede zum Jahresende; *(sicuro)* ***un ~ successo*** ein unausbleiblicher Erfolg. **im|man|ca|bil|men|te** avv. unfehlbar, unvermeidlich: ***fallirà ~*** er wird unfehlbar scheitern; ***arrivare ~ in ritardo*** unvermeidlich zu spät kommen.

im|ma|ne agg. unermesslich, ungeheuer: ***un'~ sciagura*** ein ungeheueres Unglück.

im|ma|nen|te agg. immanent. **im|ma|nen|ti|smo** m. Immanentismus *m.* **im|ma|nen|ti|sti|co** agg. *(-ci,-che)* immanentistisch. **im|ma|nen|za** f. Immanenz *f.* **im|ma|ne|re** intr. inne‿wohnen.

im|man|gia|bi|le agg. ungenießbar.

im|ma|ni|ca|to agg. COLLOQ. ***essere ~ con qcn.*** bei jdm gut eingeführt sein; ***essere ~ in qcs.*** die Finger bei etw. im Spiel haben.

im|man|ti|nen|te avv. LETT. unverzüglich.

im|mar|ce|sci|bi|le agg. LETT. 1 unverweslich 2 FIG. unvergänglich.

im|ma|te|ria|le agg. 1 immateriell, unkörperlich, unstofflich 2 DIR. immateriell, Immaterial-: ***beni -i*** Immaterialgüter *pl.*, immaterielle Güter; ***danno ~*** immaterieller Schaden. **im|ma|te|ria|li|tà** f. Immaterialität *f.*, Unkörperlichkeit *f.*

im|ma|tri|co|la|re *(immatricolo)* I tr. 1 an‿melden, zu‿lassen: ***~ un'automobile*** ein Auto zulassen 2 UNIV. ein‿schreiben, immatrikulieren II pronom. **immatricolarsi** 1 sich an‿melden 2 UNIV. sich ein‿schreiben, sich immatrikulieren. **im|ma|tri|co|la|zio|ne** f. 1 *(di veicoli)* Zulassung *f.* 2 UNIV. Immatrikulation *f.* ◆ ***numero di ~*** Zulassungsnummer *f.*; MAR. ***porto di ~*** Heimathafen *m.*; ***tassa di ~*** Zulassungsgebühr *f.*; UNIV. Immatrikulationsgebühr *f.*; ***ufficio di ~*** Zulassungsstelle *f.*

im|ma|tu|ri|tà f. Unreife *f.* **im|ma|tu|ro** I agg. 1 unreif: ***frutto ~*** unreife Frucht; ***studente ~*** unreifer Schüler (*o* Student) 2 *(non completo)* unfertig: ***un artista ~*** ein unfertiger Künstler 3 *(prematuro)* frühzeitig, früh: ***morte -a*** frühzeitiger Tod II m. unreifer Mensch *m.* ◆ MED. ***neonato ~*** Frühgeburt *f.*

im|me|de|si|mar|si pronom. *(mi immedesimo)* sich ein‿fühlen, sich hinein‿versetzen, sich hinein‿denken: ***-rsi in qcn., qcs.*** sich in jdn, etw. einfühlen; ***-rsi in una parte*** sich in eine Rolle hineinversetzen. **im|me|de|si|ma|zio|ne** f. Einfühlung *f.*: ***capacità di ~*** Einfühlungsvermögen *n.*

im|me|dia|ta|men|te avv. 1 unmittelbar, direkt: ***~ prima, dopo*** unmittelbar davor, danach; ***~ dietro la casa*** unmittelbar hinter dem Haus; ***l'ufficio dipende ~ dal ministero*** das Amt untersteht unmittelbar (*o* direkt) dem Ministerium 2 *(subito)* sofort, prompt: ***vieni qui ~!*** komm sofort her! ***rispondere ~ a una domanda*** eine Frage prompt beantworten.

im|me|dia|tez|za f. 1 Unmittelbarkeit *f.* 2 *(prontezza)* Unverzüglichkeit *f.*, Promptheit *f.*: ***l'~ dei soccorsi*** die Promptheit der Hilfsdienste ◆ ***con ~*** sofort.

im|me|dia|to agg. 1 unmittelbar: ***nelle -e vicinanze (di qcs.)*** in unmittelbarer Nähe (von etw.) 2a sofortig, Sofort-: ***con effetto ~*** mit sofortiger Wirkung; ***guarigione -a*** sofortige Heilung; ***intervento, pagamento ~*** sofortiges Einschreiten, sofortige Bezahlung; ***provvedimento ~*** Sofortmaßnahme *f.* b *(pronto)* prompt: ***consegna -a*** prompte Lieferung 3 *(impulsivo)* unmittelbar, spontan: ***reazione -a*** spontane Reaktion ◆ ***con decorrenza -a*** mit sofortiger Wirkung; ***essere alle -e dipendenze di qcn.*** jdm unmittelbar unterstehen; ***l'~ futuro*** die nächste Zukunft; ***nell'~, per l'~*** in Kürze; ***pericolo ~*** drohende Gefahr; ***risposta -a*** prompte Antwort; *(per lettera)* umgehende Antwort.

im|me|mo|ra|bi|le agg. undenklich: ***da tempo ~*** seit undenklichen Zeiten.

im|me|mo|re agg. LETT. uneingedenk: ***~ dell'antica amicizia*** uneingedenk der alten Freundschaft.

im|men|sa|men|te avv. 1a unendlich, unermesslich, maßlos: ***~ ricco*** unermesslich reich; ***rallegrarsi ~*** sich maßlos freuen; ***te ne sono ~ grato*** ich bin dir unendlich dankbar b *(oltre ogni cosa)* überaus, unermesslich: ***amare ~ qcn.*** jdn überaus lieben 2 *(con comparativi)* weitaus: ***~ maggiore, migliore*** weitaus größer, besser.

im|men|si|tà f.inv. 1 Unendlichkeit *f.*, Unermesslichkeit *f.*: ***l'~ del mare*** die Unendlichkeit des Meeres 2 *(grande quantità)* Unmenge *f.*: ***avere un'~ di preoccupazioni*** eine Unmenge Sorgen haben.

im|men|so agg. unendlich, unermesslich, riesig: ***un'-a ricchezza*** ein unermesslicher Reichtum; ***distanza -a*** unendliche Entfernung; ***un'-a foresta*** ein unendlicher Wald; ***una gioia -a*** eine riesige Freude.

im|mer|ge|re *(immersi, immerso)* **I** tr. **1** tauchen, unter‿tauchen: ***~ qcs. in, sott'acqua*** etw. ins, unter Wasser tauchen **2** *(far penetrare)* stoßen: ***~ un coltello nel petto*** ein Messer in die Brust stoßen **II** pronom. **immergersi 1a** tauchen, ein‿tauchen, unter‿tauchen: ***-rsi in, nell'acqua*** ins Wasser eintauchen; ***la balena s'immerse*** der Walfisch tauchte unter; ***-rsi nella folla*** in der Menge untertauchen **b** SPORT tauchen: ***-rsi per 30 metri (di profondità)*** 30 Meter (tief) tauchen **2** *(dedicarsi completamente a)* sich versenken, sich vertiefen: ***-rsi nella meditazione*** sich in die Meditation versenken; ***-rsi nella lettura di un libro*** sich in ein Buch vertiefen **3** *(di sottomarini)* ab‿tauchen, ein‿tauchen ◆ ***immergersi nel lavoro*** sich in die Arbeit stürzen.

im|me|ri|ta|ta|men|te avv. unverdienterweise. **im|me|ri|ta|to** agg. unverdient: ***premio ~, punizione -a*** unverdiente Belohnung, Strafe; ***rimproveri -i*** unverdiente Vorwürfe. **im|me|ri|te|vo|le** agg. unwürdig: ***~ di lode, aiuto*** eines Lobes, einer Hilfe unwürdig.

im|mer|sio|ne f. **1a** Tauchen *n.*, Untertauchen *n.* **b** SPORT Tauchen *n.* **2** MAR. Tiefgang *m.* ◆ ***attrezzatura da, per ~*** Tauchausrüstung *f.*; ***campana d'~*** Taucherglocke *f.*; ***gara di ~*** Tauchwettkampf *m.*; ***manovra di ~*** Tauchmanöver *n.*; ***navigare in ~*** unter Wasser fahren (*o* auf Tauchfahrt sein); ***navigazione in ~*** Tauchfahrt *f.*; ***profondità di ~*** Tauchtiefe *f.*; ***verniciatura a ~*** Tauchlackieren *n.*

im|mer|so p.pass. agg. **1** → **immergere 2** getaucht, eingetaucht; ***essere ~ nell'acqua fino alla cintola*** bis zum Bauch im Wasser stehen **3** *(completamente avvolto)* versunken: ***~ nell'oscurità*** in (der) Dunkelheit versunken; ***~ nel sonno*** in Schlaf versunken **4** *(assorto)* vertieft: ***~ nella lettura di un libro*** in die Lektüre eines Buches vertieft; ***~ nel lavoro*** in die Arbeit vertieft; ***~ nei propri pensieri*** in Gedanken vertieft (*o* versunken) ◆ ***(essere) ~ nel silenzio*** in tiefer Stille (liegen); ***essere ~ nei debiti*** tief in Schulden stecken.

im|met|te|re *(immisi, immesso)* **I** tr. **1** *(introdurre)* ein‿führen: ***~ una sonda*** eine Sonde einführen **2** *(liquidi)* ein‿lassen, ein‿laufen lassen: ***~ acqua in un serbatoio*** Wasser in einen Behälter einlassen **3** *(mettere in circolazione)* bringen: ***~ un prodotto sul mercato*** ein Produkt auf den Markt bringen **4** INFORM. ein‿geben, ein‿speichern: ***~ dati in un computer*** Daten in einen Computer eingeben **II** intr. (aus. *avere*) führen: ***il corridoio immette sul, nel cortile*** der Gang führt in den Hof **III** pronom. **immettersi 1** *(confluire)* führen: ***la nostra via si immette nella strada principale*** unsere Straße führt zur (*o* mündet in die) Hauptstraße **2** *(di corsi d'acqua)* fließen: ***dopo due chilometri il torrente si immette nel fiume*** der Bach mündet nach zwei Kilometern in den Fluss ◆ ***-rsi in autostrada*** auf die Autobahn fahren; ***-rsi in una corsia*** sich in eine Fahrspur ein‿ordnen.

im|mi|gran|te m. e f. Immigrant *m.* (-in *f.*), Einwanderer *m.* (-in *f.*). **im|mi|gra|re** intr. (aus. *essere*) immigrieren, ein‿wandern: ***~ in un paese*** in ein Land einwandern.

im|mi|gra|to I p.pass. agg. **1** → **immigrare 2** ***lavoratori -i*** Gastarbeiter *pl.* **II** m. Immigrant *m.*, Einwanderer *m.*: ***comunità di -i*** Immigrantengemeinschaft *f.* **im|mi|gra|to|rio** agg. *(-ri,-rie)* Immigrations-, Einwanderungs-: ***ondata -a*** Einwanderungswelle *f.* **im|mi|gra|zio|ne** f. Immigration *f.*, Einwanderung *f.* ◆ ***~ interna*** Binnenwanderung *f.*; ***legge sull'~*** Einwanderungsgesetz *n.*; ***paese d'~*** Einwanderungsland *n.*

im|mi|nen|te agg. **1** bevorstehend, imminent: ***impatto ~*** kurz bevorstehender Zusammenstoß; ***essere ~*** bevor‿stehen **2** *(incombente)* drohend: ***pericolo ~*** drohende Gefahr ◆ ***~ su questi schermi*** demnächst in diesem Kino. **im|mi|nen|za** f. Bevorstehen *n.* ◆ ***l'~ del pericolo*** die drohende Gefahr.

im|mi|schia|re *(immischio, immischi)* **I** tr. verwickeln: ***~ qcn. in una faccenda*** jdn in eine Angelegenheit verwickeln **II** pronom. **immischiarsi** sich ein‿mischen: ***-rsi negli affari altrui*** sich in fremde Angelegenheiten einmischen.

im|mi|se|ri|men|to m. Verarmung *f.*, Verelendung *f.* **im|mi|se|ri|re** *(immiserisco, immiserisci)* **I** tr. **1** in Armut bringen **2** FIG. verkümmern lassen: ***la guerra ha immiserito la vita culturale*** der Krieg hat das kulturelle Leben verkümmern lassen **II** intr. (aus. *essere*) pronom. **immiserirsi 1** verarmen, verelenden **2** FIG. verkümmern.

im|mis|sa|rio m. *(-ri)* Zufluss *m.* **im|mis|sio|ne** f. **1** Einlassen *n.* **2** BUROCR. Einsetzung *f.* **3** INFORM. Eingabe *f.*, Einspeicherung *f.* ◆ ***~ in ruolo*** Übernahme *f.* auf die Planstelle, AUSTR. Pragmatisierung *f.*

im|mo|bi|le I agg. unbeweglich, bewegungslos; ***rimanere, restare ~*** sich nicht regen, sich nicht bewegen **II** m. Immobilie *f.* ◆ ***beni -i*** unbewegliche Güter *pl.*, Immobilien *pl.*, Liegenschaft *f.*; ***mercato degli -i*** Immobilienmarkt *m.*

im|mo|bi|lia|re I agg. Immobilien-, Immobiliar-: ***proprietà -i*** Immobiliarvermögen *n.*; ***agente ~*** Immobilienmakler *m.*; ***agenzia, società ~*** Immobiliengesellschaft *f.*; ***rendita ~*** Immobilienertrag *m.*; ***assicurazione, credito ~*** Immobiliarversicherung *f.*, Immobiliarkredit *m.* **II** f. Immobiliengesellschaft *f.*

im|mo|bi|li|smo m. **1** POL. Immobilismus *m.* **2** ESTENS. Unbeweglichkeit *f.* **im|mo|bi|li|sti|co** agg. *(-ci,-che)* unbeweglich, starr: ***una politica -a*** eine unbewegliche Politik. **im|mo|bi|li|tà** f. **1** Bewegungslosigkeit *f.*, Regungslosigkeit *f.* **2** FIG. Stillstand *m.*: ***una situazione di ~ economica*** ein wirtschaftlicher Stillstand.

im|mo|bi|liz|za|re tr. **1** ruhig stellen, immobilisieren: ***~ il braccio rotto*** den gebrochenen Arm ruhig stellen **2** *(tener fermo)* fest‿halten, bewegungsunfähig machen: ***~ un malvivente*** einen Verbrecher bewegungsunfähig machen **3** FIG. *(costringere all'immobilismo)* lahm legen: ***la crisi immobilizza le imprese*** die Krise legt die Unternehmen lahm **4** ECON. immobilisieren. **im|mo|bi|liz|za|zio|ne** f. **1** Ruhigstellung *f.* **2** *(di avversario)* Festhalten *n.* **3** ECON. *(di bilancio)* Anlagevermögen *n.* ◆ ***~ di capitali*** Festlegung *f.* von Kapitalien; ***~ finanziaria*** Finanzanlage *f.*; ***~ tecnica*** Sachanlage *f.* **im|mo|bi|liz|zo** m. Anlagevermögen *n.* ◆ ***~ di capitali*** Festlegung *f.* von Kapitalien.

im|mo|de|ra|to agg. unmäßig.

im|mo|de|stia *f.* Unbescheidenheit *f.* **im|mo|de|sto** agg. unbescheiden.

im|mo|di|fi|ca|bi|le agg. unveränderbar: ***una clausola ~*** eine unveränderbare Klausel.

im|mo|la|re I tr. opfern, auf‿opfern: ***~ un agnello*** ein Lamm opfern; ***~ la propria vita per qcn.*** sein Leben für jdn aufopfern **II immolarsi** sich opfern, sich auf‿opfern. **im|mo|la|zio|ne** f. Opfern *n.* Aufopferung *f.*

im|mon|dez|za f. **1** *(impurità)* Unreinheit *f.* **2** *(immondizia)* Abfall *m.* **3** FIG. Unflätigkeit *f.* **im|mon|dez|za|io** m. *(-ai)* **1** Mülldeponie *f.*, Müllabladeplatz *m.* **2a** FIG. *(luogo corrotto)* Lasterhöhle *f.* **b** *(luogo sporco)* Stall *m.*

im|mon|di|zia m. **1** Abfall *m.*, Müll *m.* ◆ ***bidone dell'~*** Mülltonne *f.*; ***cassonetto dell'~*** Abfalltonne *f.*, Müllcontainer *m.*; ***deposito delle -e*** Müllabladeplatz *m.*, Mülldeponie *f.*; ***secchio dell'~*** Mülleimer *m.* **im|mon|do** agg. **1** unsauber **2** RELIG. *(impuro)* unrein **3** FIG. *(turpe)* unflätig: ***un essere ~*** ein unflätiger Mensch.

im|mo|ra|le agg. unmoralisch, immoralisch; *(scostumato)* sittenwidrig, unsittlich: ***comportamento ~*** sittenwidriges Verhalten; ***un libro ~*** ein unmoralisches Buch. **im|mo|ra|li|smo** m. Immoralismus *m.* **im|mo|ra|li|sta** m. Immoralist *m.* **im|mo|ra|li|tà** f.inv. **1** Unmoral *f.*, Unsittlichkeit *f.*, Immoralität *f.* **2** *(azione)* Immoralität *f.*, Unsittlichkeit *f.* **im|mo|ral|men|te** avv. unmoralisch, immoralisch; *(scostumatamente)* sittenwidrig, unsittlich.

im|mor|sa|re tr. EDIL. verzahnen. **im|mor|sa|tu|ra** f. EDIL. Verzahnung *f.*

im|mor|ta|la|re I tr. verewigen, unsterblich machen: ***farsi ~ in una fotografia*** sich auf einem Bild verewigen lassen **II** pronom. **immortalarsi** sich verewigen.

im|mor|ta|le agg. **I** unsterblich, unvergänglich: ***un'opera ~*** ein unsterbliches (*o* unvergängliches) Werk; ***questa musica è ~*** diese Musik ist unvergänglich **II** m. Unsterbliche *m.* **im|mor|ta|li|tà** f. **1** Unsterblichkeit *f.* **2** ESTENS. Unvergänglichkeit *f.*

im|mo|ti|va|to agg. unbegründet, unmotiviert: ***un provvedimento del tutto ~*** eine völlig unbegründete Maßnahme.

im|mo|to agg. LETT. reglos, regungslos.

im|mu|ne agg. **1** MED. immun: ***essere ~ da qcs.*** immun gegen etw. sein **2** *(privo di)* frei von, -frei: ***~ da pregiudizi*** vorurteilsfrei; ***~ da imposte*** steuerfrei. **im|mu|ni|tà** f.inv. Immunität *f.*: ***godere dell'~*** Immunität genießen; ***~ diplomatica*** diplomatische Immunität; ***~ parlamentare*** parlamentarische Immunität *f.* **im|mu|ni|ta|rio** agg. *(-ri,-rie)* Immun-: ***sistema ~*** Immunsystem *n.*; ***aumentare, ridurre le difese -rie*** die Abwehrkräfte stärken, schwächen.

im|mu|niz|zan|te agg. immunisierend; ***siero ~*** Immunserum *n.* **im|mu|niz|za|re I** tr. **1** MED. immun machen, immunisieren (anche FIG.) **II** pronom. **immunizzarsi** immun werden (anche FIG.). **im|mu|niz|za|zio|ne** f. Immunisierung *f.*

im|mu|no|de|fi|cien|za f. Immunschwäche *f.*: ***~ acquisita*** erworbene Immunschwäche. **im|mu|no|glo|bu|li|na** f. Immunoglobulin *n.*, Immunglobulin *n.*

im|mu|no|lo|gi|a f. Immunologie *f.* **im|mu|no|lo|gi|co** agg. *(-ci, -che)* immunologisch. **im|mu|no|lo|go** m. *(-gi)* Immunologe *m.*

im|mu|no|pro|fi|las|si f. Immunprophylaxe *f.* **im|mu|no|sop|pres|so|re I** agg. immunsuppressiv **II** m. Immunsuppressivum *n.*

im|mu|no|te|ra|pi|a f. Immunotherapie *f.*

im|mu|so|nir|si pronom. *(m'immusonisco, t'immusonisci)* schmollen: ***~ con qcn. per qcs.*** mit jdm wegen etw. schmollen. **im|mu|so|ni|to** p.pass. agg. **1** → **immusonirsi** **2** schmollend, gekränkt: ***con aria -a*** mit schmollender (*o* gekränkter) Miene.

im|mu|ta|bi|le agg. **1** *(che non muta)* unveränderlich **2** *(che non si può mutare)* unveränderbar: ***una legge ~*** ein unveränderbares Gesetz. **im|mu|ta|bi|li|tà** f.inv. Unveränderlichkeit *f.* **im|mu|ta|bil|men|te** avv. unveränderlich. **im|mu|ta|to** agg. unverändert.

i|mo I agg. **1** *(profondo)* innerst, tiefst **2** *(basso)* geringst, niedrigst **II** m. Tiefe *f.*, Grund *m.*

im|pac|ca|re tr. *(impacco, impacchi)* **1** paketieren, ein‿packen: ***~ la merce*** die Ware paketieren **2** *(suddividere in pacchi)* bündeln: ***~ i giornali*** die Zeitungen bündeln. **im|pac|chet|ta|re** tr. verpacken, ein‿packen: ***~ un regalo*** ein Geschenk einpacken. **im|pac|chet|ta|tri|ce** f. Paketiermaschine *f.*, Verpackungsmaschine *f.* **im|pac|chet|ta|tu|ra** f. Verpacken *n.*, Einpacken *n.*

im|pac|cia|re tr. *(impaccio, impacci)* **1** hindern, behindern: ***~ i movimenti*** die Bewegungen behindern **2** *(mettere a disagio)* stören, verlegen machen. **im|pac|cia|to** p.pass. agg. **1** → **impacciare** **2** *(imbarazzato)* verlegen, betreten: ***rispondere in modo ~*** verlegen antworten **3** *(goffo)* unbeholfen, ungeschickt: ***movimenti -i*** unbeholfene Bewegungen **4** *(ingombro)* ***avere le mani -e*** keine Hand frei haben.

im|pac|cio m. *(-ci)* **1** *(ingombro)* Hindernis *n.* **2** *(situazione difficile)* Klemme *f.*, Verlegenheit *f.*: ***trarre qcn. d'~*** jdm aus der Klemme helfen **3** *(imbarazzo)* Verlegenheit *f.*, Betretenheit *f.* ◆ ***essere d'~ a qcn.*** jdm im Weg stehen; ***cavarsi, trarsi d'~*** sich aus der Affäre ziehen.

im|pac|co m. *(-chi)* Umschlag *m.*, Wickel *m.*: ***applicare un ~ a qcn.*** jdm einen Wickel machen.

im|pa|dro|nir|si pronom. *(m'impadronisco, t'impadronisci)* **1** ***~ di qcs.*** sich etw. (G) bemächtigen, etw. an sich reißen: ***i ribelli si impadronirono della città*** die Aufständischen bemächtigten sich der Stadt; ***~ del potere*** die Macht ergreifen **2** FIG. *(assalire)* ***~ di qcn.*** jdn ergreifen: ***la collera si impadronì di lui*** die Wut überkam ihn **3** *(acquisire la padronanza)* ***~ di qcs.*** sich (D) etw. an‿eignen: ***~ di una lingua, di una tecnica*** sich eine Sprache, eine Technik aneignen.

im|pa|ga|bi|le agg. unbezahlbar (anche FIG.).

im|pa|gi|na|re tr. umbrechen: ***~ un testo*** einen Text umbrechen. **im|pa|gi|na|to I** p.pass. → **impaginare** **II** m. Umbruch *m.* **im|pa|gi|na|to|re** m. Umbrecher *m.*, Metteur *m.* **im|pa|gi|na|zio|ne** f. Umbruch *m.*

im|pa|glia|re tr. *(impaglio, impagli)* **1** mit Flechtwerk bespannen: ***~ una sedia*** einen Stuhl mit Flechtwerk bespannen **2** *(animali)* aus‿stopfen **3** *(imballare)* in Stroh verpacken. **im|pa|glia|to|re** m. **1** Flechter *m.*, Korbmacher *m.* **2** *(di animali)* Ausstopfer *m.* **im|pa|glia|tu|ra** f. **1a** Strohgeflecht *n.*, Korbgeflecht *n.* **b** *(imbottitura)* Strohfüllung *f.* **2** *(di animali)* Ausstopfung *f.*

im|pa|la m.inv. Impala *f.*

im|pa|la|re tr. **1** *(come supplizio)* pfählen **2** *(sostenere con pali)* pfählen, mit Pfählen stützen. **im|pa|la|to** p.pass. agg. **1** → **impalare** **2** COLLOQ. angewurzelt: ***non stare lì ~!*** steh nicht so dumm da!

im|pa|la|tu|ra f. **1** Pfählen *n.* **2** *(sostegno)* Pfählen *n.*, Abstützen *n.* mit Pfählen.

im|pal|ca|tu|ra f. **1** *(struttura)* Gerüst *n.*, Baugerüst *n.*: ***montare l'~ intorno a un edificio*** ein Gebäude ein‿rüsten; ***~ ossea di un animale*** Knochengerüst *n.* eines Tieres **2** FIG. Gerüst *n.*, Aufbau *m.*: ***~ di un romanzo*** das Gerüst eines Romans; ***l'~ di un'organizzazione*** der Aufbau einer Organisation.

im|pal|li|di|re intr. *(impallidisco, impallidisci*; aus. *essere)* **1** erblassen, erbleichen: ***~ per la paura*** vor Angst erbleichen **2** *(essere superato)* verblassen: ***~ al confronto di qcs.*** im Vergleich zu etw. verblassen **3** LETT. *(sbiadire)* verblassen, verbleichen: ***la sua fama impallidì*** sein Ruhm verblasste; ***il cielo comincia a ~*** der Himmel wird heller.

im|pal|li|na|men|to m. Schrotschießen *n.* **im|pal|li|na|re** tr. ***~ qcn., qcs.*** mit Schrot auf jdn, etw. schießen.

im|pal|ma|re I tr. LETT. jdn heim‿führen **II** pronom. **impalmarsi** sich mit jdm verehelichen.

im|pal|pa|bi|le agg. **1** untastbar, unfühlbar **2** *(molto fine)* hauchdünn: ***velo ~*** hauchdünner Schleier; ***zucchero ~*** Puderzucker *m.* **3** FIG. ***una sensazione ~*** ein kaum wahrnehmbares Gefühl. **im|pal|pa|bi|li|tà** f. Untastbarkeit *f.*, Unfühlbarkeit *f.* **im|pal|pa|bil|men|te** avv. unfühlbar.

im|pa|lu|da|re I tr. sumpfig machen; ***la pioggia ha impaludato il terreno*** der Regen hat den Boden in einen Sumpf verwandelt **II** pronom. **impaludarsi** **1** *(trasformarsi in palude)* versumpfen **2** *(impantanarsi)* im Schlamm stecken bleiben: ***le ruote si sono impaludate nel fango*** die Räder sind im Schlamm stecken geblieben **3** FIG. *(impegolarsi)* sich verstricken.

1.im|pa|na|re tr. GASTR. panieren: ***~ una cotoletta*** ein Schnitzel panieren.

2.im|pa|na|re tr. TECN. das Gewinde schneiden; ***~ una vite*** das Gewinde einer Schraube schneiden.

im|pa|na|to p.pass. agg. **1** → **1,2.impanare** **2** GASTR. ***cotoletta -a*** paniertes Kotelett.

1.im|pa|na|tu|ra f. GASTR. Panierung *f.*

2.im|pa|na|tu|ra f. TECN. Gewinde *n.*: ***~ destrorsa, sinistrorsa*** rechtsdrehendes, linksdrehendes Gewinde.

im|pa|nia|re I tr. **1** mit Vogelleim bestreichen **2** *(catturare con la pania)* mit Leimruten fangen: ***~ un uccello*** einen Vogel mit Leimruten fangen **II** pronom. **impaniarsi** auf den Leim gehen; ***-rsi in una situazione difficile*** in eine schwierige Lage geraten.

im|pan|ta|na|re I tr. in einen Sumpf verwandeln; ***le piogge hanno impantanato i campi*** die Regenfälle haben die Felder zu Sümpfen verwandelt **II** pronom. **impantanarsi** **1** im Schlamm stecken bleiben: ***l'automobile si è impantanata*** das Auto ist im Schlamm stecken geblieben **2** FIG. verwickelt sein: ***-rsi in un brutto affare*** in ein dunkles Geschäft verwickelt sein; ***-rsi nei debiti*** tief in Schulden stecken.

im|pa|pe|rar|si pronom. sich verhaspeln, sich verheddern: ***~ per l'emozione*** sich vor Aufregung verhaspeln.

im|pa|poc|chia|re tr. REGION. **1** *(imbrogliare)* betrügen, COLLOQ. herein‿legen **2** *(pasticciare)* verpfuschen.

im|pap|pi|nar|si pronom. sich verhaspeln: ***~ nel rispondere*** sich beim Antworten verhaspeln.

im|pa|ra|bi|le agg. SPORT unhaltbar: ***tiro ~*** unhaltbarer Schuss.

im|pa|ra|go|na|bi|le agg. unvergleichbar.

im|pa|ra|re tr. lernen, erlernen: ***~ qcs. da qcn.*** etw. von jdm lernen; ***~ a leggere, a guidare la macchina*** lesen, Autofahren lernen; ***~ a parlare l'inglese*** lernen, Englisch zu sprechen; ***~ un mestiere, il mestiere di panettiere*** einen Beruf, den Beruf des Bäckers erlernen; ***~ dai libri, dai propri errori*** aus Büchern, aus den eigenen Fehlern lernen; ***~ con fatica, con facilità, gradualmente*** mühsam, leicht, stufenweise lernen; ***qcs. è difficile da ~*** etw. ist schwer (er)lernbar, etw. ist schwer zu lernen ◆ ***ti sta bene, così impari!*** das geschieht dir recht, das soll dir eine Lehre sein! ***desideroso d'~*** lernbegierig; ***non si finisce mai di ~*** man lernt nie aus; ***non imparerà mai!*** er wird es nie lernen! ***non si impara mai abbastanza*** man kann nie genug lernen; ***~ qcs. a memoria*** etw. auswendig lernen; ***avere ancora molto da ~*** noch eine Menge lernen müssen; ***~ a proprie spese*** durch Schaden klug werden; PROV. ***sbagliando s'impara!*** durch Schaden wird man klug!

im|pa|ra|tic|cio, ***un discorso che sa d'~*** eine zusammengestümperte Rede.

im|pa|reg|gia|bi|le agg. unvergleichlich: ***un ~ maestro*** ein unvergleichlicher Lehrer. **im|pa|reg|gia|bil|men|te** avv. unvergleichlich.

im|pa|ren|ta|re I tr. verschwägern **II** pronom. **imparentarsi** sich verschwägern, verwandt werden: ***-rsi con qcn.*** mit jdm verwandt werden. **im|pa|ren|ta|to** p.pass. agg. **1** → **imparentare** **2** verschwägert, verwandt: ***essere ~ con qcn.*** mit jdm verwandt sein; ***strettamente ~*** nah verwandt.

im|pa|ri agg.inv. **1a** *(non pari, ineguale)* ungleich: ***una lotta ~*** ein ungleicher Kampf; ***essere ~ di numero*** von ungleicher Zahl sein (*o* ungleich an Zahl sein); ***essere ~ di forze*** ein ungleiches Kräfteverhältnis haben (*o* ungleich an Kraft sein) **b** LETT. *(inadatto)* nicht gewachsen: ***dimostrarsi ~ a un compito*** einer Aufgabe nicht gewachsen sein **2** ANAT. einfach: ***organo ~*** einfaches Organ.

im|pa|ri|sil|la|bo I agg. ungleichsilbig **II** m. ungleichsilbiges Wort *n.*

im|par|ruc|ca|re I tr. ***~ qcn.*** jdm eine Perücke auf‿setzen **II** pronom. **imparruccarsi** sich (D) eine Perücke auf‿setzen. **im|par|ruc|ca|to** p.pass. agg. **1** → **imparruccare** **2** mit Perücke: ***giudici -i*** Richter mit Perücken **3** FIG. ANT. zopfig.

im|par|ti|re tr. *(impartisco, impartisci)* **1** erteilen: ***~ un ordine a qcn.*** jdm einen Befehl erteilen; ***~ lezioni di tedesco*** Deutschunterricht erteilen **2** RELIG. spenden: ***~ un sacramento*** ein Sakrament spenden.

im|par|zia|le agg. unparteiisch: ***arbitro, giudizio ~*** unparteiischer Schiedsrichter, unparteiisches Urteil. **im|par|zia|li|tà** f. Unparteilichkeit *f.*: ***giudicare con ~*** unparteiisch urteilen.

im|passe [ɛ̃'pas] f.inv. **1** Engpass *m.*, Notlage *f.*: ***trovarsi in un'~*** sich in einem Engpass (*o* in Schwierigkeiten) befinden **2** *(nel bridge)* Impass *m.*

im|pas|si|bi|le agg. gleichmütig: ***rimanere ~ davanti a qcs.*** etw. (D) gleichmütig gegenüberstehen (*o* etw. mit Gleichmut auf‿nehmen); ***sguardo ~*** gleichmütiger Blick. **im|pas|si|bi|li|tà** f. Gleichmütigkeit *f.*, Unbeirrtheit *f.* **im|pas|si|bil|men|te** avv. gleichmütig.

im|pa|sta|men|to m. MED. Knetmassage *f.*

im|pa|sta|re I tr. **1** kneten: ***~ il pane*** den Brotteig kneten **2** *(amalgamare)* mischen: ***~ i colori, il calcestruzzo*** die Farben, den Beton mischen **II** pronom. **impastarsi 1** sich mischen **2** COLLOQ. *(schiantarsi)* prallen, donnern: ***-rsi contro un albero*** gegen einen Baum prallen ◆ ***~ le olive nel pane*** die Oliven unter den Brotteig mischen. **im|pa|sta|to** p.pass. agg. **1** → **impastare 2** gemischt: ***gesso ~ con acqua*** mit Wasser angerührter Gips ◆ ***avere la bocca -a*** einen pelzigen Mund haben; ***lingua -a*** belegte Zunge; ***occhi -i di sonno*** schläfrige Augen. **im|pa|sta|tri|ce** f. **1** GASTR. Knetmaschine *f.* **2** EDIL. Betonmischmaschine *f.* **im|pa|sta|tu|ra** f. **1** Kneten *n.* **2** *(l'amalgamare)* Mischen *n.*

im|pa|stic|car|si pronom. COLLOQ. sich mit Pillen voll stopfen. **im|pa|stic|ca|to I** p.pass. agg. **1** → **impasticcarsi 2** COLLOQ. pillensüchtig **II** m. Pillensüchtige *m.*

im|pa|stic|cia|re tr. COLLOQ. **1** ***~ qcs.*** etw. verpfuschen **2** FIG. *(ingarbugliare)* ***~ una faccenda*** eine Angelegenheit komplizieren.

im|pa|sto m. **1** Kneten *n.* **2** *(amalgama)* Mischung *f.*, Gemisch *n.*: ***un ~ omogeneo*** ein homogenes Gemisch; FIG. ***un ~ di qualità e difetti*** eine Mischung aus guten und schlechten Eigenschaften **3** GASTR. Teigmasse *f.*, Teig *m.*: ***lavorare, stendere l'~*** den Teig kneten, aus‿rollen; ***~ di patate*** Kartoffelteig *m.*; ***~ lievitato*** Hefeteig *m.* **4** ARTIG. ***~ di terracotta*** Tonmasse *f.* **5** PITT. Impasto *n.*

im|pa|stoc|chia|re tr. ***~ delle scuse*** Ausreden erfinden; ***~ qcs. a qcn.*** jdm etw. vor‿lügen.

im|pa|sto|ia|re *(impastoio, impastoi)* tr. **1** ***~ un cavallo*** einem Pferd Fußfesseln an‿legen **2** FIG. fesseln, behindern: ***~ un'iniziativa*** eine Initiative behindern.

im|pa|tac|ca|re *(impatacco, impatacchi)* **I** tr. bekleckern **II** pronom. **impataccarsi** sich bekleckern: ***-rsi di sugo*** sich mit Soße bekleckern.

1.im|pat|ta|re I intr. (aus. *avere*) quitt sein, unentschieden spielen; *(a scacchi)* patt sein **II** tr. patt machen: ***~ una partita*** ein Spiel patt machen.

2.im|pat|ta|re tr. *(urtare)* stoßen.

im|pat|to m. **1** Aufschlag *m.*, Aufprall *m.*: ***un ~ violentissimo contro qcs.*** ein sehr heftiger Aufprall auf etw. (A); FIG. ***l'~ con la realtà*** die Konfrontation mit der Wirklichkeit **2** FIG. *(effetto)* Wirkung *f.*: ***avere un grande ~ su qcn.*** eine große Wirkung auf jdn haben ◆ ***~ ambientale*** Umweltauswirkungen *pl.*; ***a basso ~ ambientale*** umweltschonend (*o* umweltverträglich).

im|pau|ri|re *(impaurisco, impaurisci)* **I** tr. verängstigen, ein‿schüchtern: ***~ qcn. con minacce*** jdn mit Drohungen einschüchtern **II** pronom. **impaurirsi** Angst bekommen: ***-rsi per qcs.*** vor etw. Angst bekommen. **im|pau|ri|to** p.pass. agg. **1** → **impaurire 2** verängstigt: ***un animale ~*** ein verängstigtes Tier.

im|pa|vi|da|men|te avv. unerschrocken. **im|pa|vi|do I** agg. unerschrocken, unverzagt: ***affrontare ~ il pericolo*** unerschrocken der Gefahr entgegen‿treten.

im|pa|zien|te agg. ungeduldig: ***essere ~ con qcn.*** mit jdm ungeduldig sein; ***essere ~ di fare qcs.*** ungeduldig darauf warten, etw. zu tun. **im|pa|zien|za** f. Ungeduld *f.*: ***fremere d'~*** vor Ungeduld beben; ***mostrare, dare segni di ~*** Zeichen von Ungeduld zeigen; ***un gesto d'~*** eine Geste der Ungeduld; ***agire con ~*** ungeduldig (*o* ohne Geduld) handeln.

im|paz|za|re intr. (aus. *avere, essere*) **1** toben: ***la gente impazzava per le strade*** die Leute tobten auf den Straßen; ***il carnevale impazza*** der Fasching ist in vollem Gang (*o* läuft auf Hochtouren). **im|paz|za|ta, all'~** wie wild, wie wahnsinnig, wie verrückt: ***correre, sparare all'~*** wie verrückt laufen, schießen. **im|paz|zi|men|to** m. Verrücktwerden *n.*: ***questo lavoro è un vero ~*** diese Arbeit ist wirklich zum Verrücktwerden.

im|paz|zi|re intr. *(impazzisco, impazzisci*; aus. *essere)* **1a** verrückt (*o* wahnsinnig) werden (anche FIG.): ***~ di dolore, di gioia*** vor Schmerzen, Freude verrückt werden; ***fare ~ qcn.*** jdn verrückt machen; ***sei impazzito?*** spinnst du? (*o* du bist wohl übergeschappt) **b** *(andare pazzo)* verrückt sein: ***~ per qcn., qcs.*** nach jdm, etw. verrückt sein **2** *(di strumento, congegno)* verrückt spielen: ***la bussola è impazzita*** der Kompass spielt verrückt **3** GASTR. gerinnen: ***la maionese è impazzita*** die Mayonnaise ist geronnen ◆ ***dolori da ~*** wahnsinnige Schmerzen; ***mi fa male da ~*** das tut mir wahnsinnig weh; ***c'è da ~*** das (*o* es) ist zum Verrücktwerden.

im|pec|ca|bi|le agg. einwandfrei, tadellos: ***comportamento, stile ~*** tadelloses Benehmen, einwandfreier Stil; ***lavoro ~*** einwandfreie Arbeit; ***servizio ~*** tadellose Bedienung; ***abito ~*** tadelloser Anzug; ***comportarsi in modo ~*** sich tadellos benehmen. **im|pec|ca|bi|li|tà** f. Tadellosigkeit *f.* **im|pec|ca|bil|men|te** avv. einwandfrei, tadellos.

im|pe|cia|re tr. *(impecio, impeci)* verpichen: ***~ lo scafo*** den Schiffsrumpf verpichen. **im|pe|cia|to** p.pass. agg. **1** → **impeciare 2** verpicht: ***botti -e*** verpichte Fässer. **im|pe|cia|tu|ra** f. **1** Verpichen *n.* **2** *(strato di pece)* Pech *n.*

im|pe|den|za f. Impedanz *f.*, Scheinwiderstand *m.*: ***~ acustica*** Schallimpedanz *f.*; ***~ d'onda*** Wellenwiderstand *m.*; ***~ di fase*** Drehfeldimpedanz *f.*

im|pe|di|men|to m. **1** Verhinderung *f.*: ***in caso d'~*** im Verhinderungsfall **2** *(ostacolo)* Hindernis *n.*, Hinderung *f.*: ***eliminare, superare un ~*** ein Hindernis beseitigen, überwinden; ***incontrare un ~*** auf ein Hindernis stoßen; ***un grave ~*** ein großes (*o* schwerwiegendes) Hindernis; ***essere d'~ a qcn., qcs.*** jdm, etw. (*o* für jdn, etw.) hinderlich sein ◆ ***~ per forza maggiore*** Verhinderung durch höhere Gewalt; DIR. ***~ al matrimonio*** Ehehindernis *n.*; ***motivo d'~*** Hinderungsgrund *m.*

im|pe|di|re tr. *(impedisco, impedisci)* **1a** verhindern: ***~ una catastrofe, un sopruso*** eine Katastrophe, eine Gewalttat verhindern **b** ***~ qcs. a qcn.*** jdn an etw. (D), bei etw. hindern; ***~ a qcn. di fare qcs.*** jdn daran hindern, etw. zu tun **2** *(bloccare)* versperren, verwehren: ***~ a qcn. l'accesso a qcs.*** jdm den Zutritt zu etw. verwehren; ***~ il passaggio a qcn.*** jdm den Weg versperren; ***~ la vista di qcs.*** die Sicht auf etw. versperren **3** *(intralciare)* behindern: ***le gonne lunghe impediscono i movimenti*** lange Röcke behindern die Bewegungsfreiheit. **im|pe|di|ti|vo** agg. hinderlich, hindernd.

im|pe|di|to p.pass. agg. **1** → **impedire 2** *(inabile)* ***avere un braccio ~*** am Arm behindert sein **3** *(incapace, maldestro)* ungeschickt ◆ ***essere ~ per (ragioni di) servizio*** dienstlich verhindert sein; ***~ nel camminare*** gehbehindert; ***non ~*** unbehindert, ungehemmt.

im|pe|gna|re I tr. **1** *(dare in pegno)* verpfänden: ***~ i gioielli di famiglia*** den Familienschmuck verpfänden **2** *(vincolare)* verpflichten, binden: ***~ qcn. a (fare) qcs.*** jdn zu etw. verpflichten; ***~ qcn. con un giuramento*** jdn durch einen Eid binden **3** *(tenere occupato)* beschäftigen: ***l'esecuzione del progetto ci ha impegnato più del previsto*** die Ausführung des Projekts hat uns länger als vorgesehen beschäftigt **4** *(richiedere sforzo, applicazione)* in Anspruch nehmen: ***questo lavoro mi impegna molto*** diese Arbeit nimmt mich sehr in Anspruch **5** *(investire)* ein‿setzen: ***~ capitali*** Kapital einsetzen **6** *(riservare, prenotare)* buchen, vor‿bestellen **II** pronom. **impegnarsi 1** sich verpflichten: ***-rsi a fare qcs.*** sich verpflichten, etw. zu tun **2** *(dedicarsi con impegno)* ***-rsi in, per qcs.*** sich für etw. ein‿setzen ◆ SPORT ***~ l'avversario*** den Gegner fordern; ***~ un ballo*** einen Tanz versprechen; ***~ un incrocio*** in eine Kreuzung ein‿fahren; ***~ la parola*** sein Wort geben; MIL. ***~ un reparto in un combattimento*** eine Abteilung in ein Gefecht verwickeln.

im|pe|gna|ti|va f. Überweisungsschein *m.*

im|pe|gna|ti|vo agg. **1** anstrengend, anspruchsvoll: ***un lavoro ~*** eine anstrengende Arbeit; ***una competizione -a*** ein harter Wettkampf **2a** *(vincolante)* verbindlich, verpflichtend: ***una risposta non -a*** eine unverbindliche Antwort **b** COMM. ***non ~*** unverbindlich **3** *(formale)* anspruchsvoll: ***un vestito ~*** ein anspruchsvolles Kleid.

im|pe|gna|to p.pass. agg. **1** → **impegnare 2** *(dato in pegno)* verpfändet: ***riscattare un gioiello ~*** ein verpfändetes Schmuckstück ein‿lösen **3** engagiert: ***~ politicamente*** politisch engagiert; ***scrittore, artista, film ~*** engagierter Schriftsteller, Künstler, Film **4** *(occupato)* ***essere ~*** beschäftigt sein **5** *(legato sentimentalmente)* vergeben, COLLOQ. besetzt.

im|pe|gno m. **1** Verpflichtung *f.*, Verbindlichkeit *f.*: ***prendere un ~*** eine Verpflichtung übernehmen; ***adempiere ai propri -i*** seine Verpflichtungen erfüllen **2** *(incombenza)* Obliegenheit *f.*, Aufgabe *f.*; ***avere molti -i*** sehr beschäftigt sein; ***stasera ho già un ~*** heute Abend habe ich schon etwas vor **3** *(sforzo, applicazione)* Mühe *f.*, Eifer *m.*, Anstrengung *f.*: ***studiare con grande ~*** mit großem Eifer lernen; ***nonostante tutto il suo ~*** trotz seiner Bemühungen **4** *(impiego, mobilitazione)* Aufwendung *f.*, Aufbietung *f.* **5** *(ideologico)* Einsatz *m.*, Engagement *n.*: ***~ per la pace*** Engagement für den Frieden; ***~ civile*** sozialpolitisches Engagement ◆ ***assumersi l'~ di fare qcs.*** es auf sich nehmen, etw. zu tun; ***mettersi d'~*** sich bemühen; ***~ morale*** Ehrenpflicht *f.*; ***~ di pagamento*** Zahlungsverpflichtung *f.*; ***rispettare un ~*** eine Verpflichtung ein‿halten; ***senza ~*** unverbindlich.

im|pe|go|lar|si pronom. *(m'impegolo, t'impegoli)* **1** ***~ in qcs.*** sich in etw. (A) verwickeln: ***~ in una situazione spiacevole*** sich in eine unangenehme Angelegenheit verwickeln.

im|pe|la|gar|si pronom. *(m'impelago, t'impelaghi)* sich verstricken: **~ in un mare di bugie** sich in ein Lügennetz verstricken.

im|pel|len|te agg. zwingend, dringlich: **motivi -i** zwingende Gründe. **im|pel|len|za** f. zwingende Notwendigkeit *f.*

im|pel|lic|cia|to agg. im Pelzmantel: **una signora -a** eine Frau im Pelzmantel.

im|pe|ne|tra|bi|le agg. **1** undurchdringlich: **una foresta ~** ein undurchdringlicher Wald **2** *(insondabile, indecifrabile)* unergründlich, undurchdringlich: **espressione ~** undurchdringliche Miene; **sguardo ~** unergründlicher Blick; **segreto ~** unergründliches Geheimnis **3** FIG. *(chiuso in sé)* unzugänglich: **un uomo ~** ein unzugänglicher Mensch. **im|pe|ne|tra|bi|li|tà** f. Unergründlichkeit *f.*, Undurchdringlichkeit *f.*

im|pe|ni|ten|te agg. **1** unbußfertig: **peccatore ~** unbußfertiger Sünder **2** *(ostinato)* unverbesserlich, eingefleischt: **uno scapolo ~** ein eingefleischter Junggeselle.

im|pen|nag|gio m. *(-gi)* Leitwerk *n.* ◆ **~ alare** Flügelleitwerk *n.*; **~ doppio** Doppelleitwerk *n.*; **~ orizzontale** Horizontalleitwerk *n.*

im|pen|na|re I tr. hoch‿ziehen: **~ un aereo** ein Flugzeug hochziehen **II** pronom. **impennarsi 1** *(di cavalli)* sich auf‿bäumen (anche FIG.): **il cavallo s'impenna davanti all'ostacolo** das Pferd bäumt sich vor dem Hindernis auf; **-rsi contro il proprio destino** sich gegen das eigene Schicksal aufbäumen **2** AER. hoch‿ziehen, steigen.

im|pen|na|ta f. **1** Sichaufbäumen *n.*; **fare un'~** *(con moto, bicicletta)* auf dem Hinterrad fahren **2 ~ dei prezzi** Preisexplosion *f.*; **i prezzi subirono un'~** die Preise schossen in die Höhe **3** AER. steiler Flug *m.* nach oben.

im|pen|na|tu|ra f. Gefieder *n.*, Federkleid *n.*

im|pen|ni m. pl. Pinguine *pl.*, Flossentaucher *pl.*

im|pen|sa|bi|le agg. **1** undenkbar: **l'infinito è ~** die Unendlichkeit ist undenkbar **2** *(inimmaginabile)* unvorstellbar, unmöglich. **im|pen|sa|ta|men|te** avv. unvermutet, überraschend. **im|pen|sa|to** agg. unvermutet, ungeahnt: **difficoltà -e** unvermutete Schwierigkeiten; **nascondere qcs. nei luoghi più -i** etw. an den unvermutetsten Stellen verstecken.

im|pen|sie|ri|re *(impensierisco, impensierisci)* **I** tr. Sorgen machen, besorgt machen **II** pronom. **impensierirsi** sich Sorgen machen: **la tua salute ci impensierisce** deine Gesundheit macht uns Sorgen.

im|pe|pa|re tr. pfeffern (anche FIG.): **~ un discorso di allusioni** eine Rede mit Anspielungen pfeffern.

im|pe|ran|te agg. **1** herrschend: **violenza ~** herrschende Gewalttätigkeit **2** FIG. vorherrschend: **la moda ~** die vorherrschende Mode.

im|pe|ra|re intr. (aus. *avere*) **1** herrschen, die kaiserliche Gewalt aus‿üben: **Caligola imperò dal 37 al 41 d.C.** Caligula herrschte von 37 bis 41 n. Ch. **2** FIG. *(dominare, prevalere)* herrschen, vor‿herrschen: **qui impera la legge** hier herrscht das Gesetz **3** *(essere di moda)* verbreitet sein, dominieren: **quest'anno impera la gonna corta** in diesem Jahr dominiert der kurze Rock.

im|pe|ra|ti|vo I agg. **1** befehlend: **in tono ~** in befehlendem Ton **2** GRAMM. Befehls-, Imperativ-: **frase -a** Befehlssatz *m.*, Imperativsatz *m.* **3** DIR. zwingend: **direttiva -a** zwingende Bestimmung **II** m. **1** GRAMM. Imperativ *m.*, Befehlsform *f.* **2** FILOS. Imperativ *m.*: **~ categorico** kategorischer Imperativ **3** *(morale o religioso)* Gebot *n.*

im|pe|ra|to|re m. Kaiser *m.*: **acclamare l'~** den Kaiser akklamieren; **incoronare qcn. ~** jdn zum Kaiser krönen; **l'~ del Giappone** der japanische Kaiser (*o* der Kaiser von Japan). **im|pe|ra|tri|ce** f. Kaiserin *f.*

im|per|cet|ti|bi|le agg. **1** unmerkbar, unmerklich: **differenze -i** unmerkliche Unterschiede **2** *(che si ode appena)* unhörbar: **passi -i** unhörbare Schritte. **im|per|cet|ti|bil|men|te** avv. **1** unmerkbar, unmerklich: **cambiare ~** sich unmerklich ändern **2** unhörbar.

im|per|cor|ri|bi|le agg. **1** *(con mezzi di trasporto)* unbefahrbar: **strade -i** unbefahrbare Straßen **2** *(a piedi)* unbegehbar.

im|per|do|na|bi|le agg. unverzeihlich: **errori -i** unverzeihliche Fehler. **im|per|do|na|bi|li|tà** f. Unverzeihlichkeit *f.*

im|per|fet|ti|vo agg. LING. imperfektiv: **aspetto verbale ~** imperfektiver Aspekt des Verbs.

im|per|fet|to I agg. **1** *(difettoso)* unvollkommen, fehlerhaft: **un congegno ~** eine fehlerhafte Vorrichtung **2** *(non terminato)* unvollendet, unvollständig **II** m. Imperfekt *n.*: **all'~** im Imperfekt; **~ congiuntivo** Konjunktiv Imperfekt, Konjunktiv II.

im|per|fe|zio|ne f. **1** Unvollkommenheit *f.* **2** *(difetto)* Mangelhaftigkeit *f.*, Mangel *m.*, Defekt *m.*: **~ di stile** stilistischer Mangel ◆ **~ estetica** Schönheitsfehler *m.*; **~ fisica** körperlicher Defekt; **-i della pelle** Unebenheiten der Haut; **senza -i** mangelfrei.

im|per|fo|ra|bi|le agg. undurchlöcherbar. **im|per|fo|ra|to** agg. **1** undurchlöchert **2** MED. unperforiert.

im|pe|ria|le agg. **1** kaiserlich, Kaiser-: **potere, esercito, corte ~** kaiserliche Macht, kaiserliches Heer, kaiserlicher Hof; **casa, aquila, sigillo ~** Kaiserhaus *n.*, Kaiseradler *m.*, Kaisersiegel *n.*; *(nella Roma antica)* **età ~** Kaiserzeit *f.* **2** *(dell'impero)* Reichs-: **città ~** Reichsstadt *f.*

im|pe|ria|li|smo m. Imperialismus *m.* **im|pe|ria|li|sta** *(-i,-e)* **I** agg. imperialistisch: **politica ~** imperialistische Politik **II** m. e f. Imperialist *m.* (-in *f.*). **im|pe|ria|li|sti|co** agg. *(-ci,-che)* imperialistisch: **tendenze -che** imperialistische Bestrebungen.

im|pe|rial-re|gio agg. *(-gi,-gie)* kaiserlich-königlich: **monarchia -a** kaiserlich-königliche Monarchie.

im|pe|rio m. *(-ri)* LETT. Oberherrschaft *f.*, Herrschaft *f.* ◆ **prezzo d'~** (behördlich) gebundener Preis. **im|pe|rio|sa|men|te** avv. herrisch, gebieterisch. **im|pe|rio|si|tà** f. herrisches Wesen *n.* **im|pe|rio|so** agg. **1** herrisch, befehlerisch, gebieterisch: **con tono ~** mit gebieterischem Ton **2** *(impellente)* dringlich: **desiderio ~** dringlicher Wunsch.

im|pe|ri|to agg. unerfahren.

im|pe|ri|tu|ro agg. LETT. unsterblich, unvergänglich: **gloria -a** unvergänglicher Ruhm.

im|pe|ri|zia f. Unerfahrenheit *f.*

im|per|la|re I tr. **1** mit Perlen schmücken **2** *(coprire di gocce)* benetzen **II** pronom. **imperlarsi** (sich) perlen: **il prato s'imperla di rugiada** die Wiese perlt von Tau; **le guance le si imperlarono di lacrime** Tränen perlten über ihre Wangen. **im|per|la|to** p.pass. agg. **1** → **imperlare 2 ~ di sudore** mit Schweißperlen bedeckt.

im|per|ma|li|re *(impermalisco, impermalisci)* **I** tr. kränken **II** pronom. **impermalirsi** sich kränken, pikiert sein: **-rsi per qcs.** über etw. pikiert (*o* gekränkt) sein.

im|per|me|a|bi|le I agg. **1** undurchlässig, -dicht: **~ a qcs.** undurchlässig für etw.: **~ all'acqua** wasserundurchlässig, wasserdicht; **~ all'aria e all'acqua** luft- und wasserdicht; **~ alla pioggia** regendicht **2** BIOL. impermeabel **II** m. Regenmantel *m.* ◆ TECN. **schermo ~** undurchlässiger Schutzschirm; **telo ~** Plane *f.* **im|per|me|a|bi|li|tà** f. **1** Undurchlässigkeit *f.* **2** BIOL. Impermeabilität *f.* **im|per|me|a|bi|liz|zan|te I** agg. **1** abdichtend, undurchlässig machend **2** imprägnierend **II** m. abdichtendes Mittel *n.* **im|per|me|a|bi|liz|za|re** tr. **1** ab‿dichten: **~ le pareti dall'umidità** die Wände gegen die Feuchtigkeit abdichten **2** TESS. TECN. imprägnieren: **~ un tessuto** ein Gewebe imprägnieren. **im|per|me|a|bi|liz|za|zio|ne** f. **1** Abdichtung *f.* **2** TESS. TECN. Imprägnierung *f.*

im|per|nia|re I tr. **1** TECN. ein‿hängen **2** FIG. auf‿bauen: **~ un'accusa su una serie di indizi** eine Anklage auf eine Reihe von Indizien aufbauen **II** pronom. **imperniarsi 1** hängen: **la porta s'impernia sui cardini** die Tür hängt in den Türangeln **2** FIG. beruhen, sich gründen, sich stützen: **il nostro rapporto s'impernia sulla fiducia reciproca** unser Verhältnis beruht auf gegenseitigem Vertrauen.

im|pe|ro m. **1** Kaiserreich *n.*, Reich *n.*: **fondare un ~** ein Reich gründen; **estendere i confini dell'~** die Grenzen des Reiches erweitern **2** *(esercizio del potere imperiale)* Herrschaft *f.*: **durante l'~ di Tiberio** während der Herrschaft des Kaisers Tiberius **3** *(forma di governo)* Kaisertum *n.* **4** FIG. *(sfera di dominio)* Imperium *n.* **II** agg. inv. **stile ~** Empirestil *m.* ◆ **alto ~** frührömisches Kaiserreich *n.*; **~ austro-ungarico** Donaumonarchie *f.*; **~ azteco** Aztekenreich *n.*; **basso ~** spätrömisches Kaiserreich *n.*; **~ britannico** Britisches Reich; **~ coloniale** Kolonialreich *n.*; **~ economico** Wirtschaftsimperium *n.*; **~ germanico** Deutsches Reich; **~ napoleonico** Empire *n.*; **~ ottomano** Osmanisches Reich; **~ romano** Römisches Reich; **~ romano d'Occidente** Weströmisches Reich; **~ romano d'Oriente** Oströmisches Reich; **Sacro Romano Impero** Heiliges Römisches Reich; **secondo ~** *(in Francia)* zweites Kaiserreich; **~ zarista** Zarenreich *n.*

im|per|scru|ta|bi|le agg. unergründlich, undurchschaubar: **motivi -i** undurchschaubare Gründe. **im|per|scru|ta|bi|li|tà** f. Unergründbarkeit *f.*, Undurchschaubarkeit *f.*

im|per|so|na|le agg. **1** unpersönlich: **uno stile ~** ein unpersönlicher Stil; GRAMM. **verbo ~** unpersönliches Verb, Impersonale *n.*; FILOS. RELIG. **un Dio ~** ein unpersönlicher Gott **2** *(distaccato)* kühl, sachlich: **in modo ~** auf sachliche Weise, sachlich; **un'atmosfera ~** eine sachlich kühle Atmosphäre. **im|per|so|na|li|tà** f. Unpersönlichkeit *f.*

im|per|so|na|re I tr. **1** verkörpern, versinnbildlichen: **Faust impersona la smania di conoscenza dell'uomo** Faust verkörpert den Wissensdrang des Menschen **2** TEATR. dar‿stellen: **~ un eroe greco** einen griechischen Helden darstellen **II** pronom. **impersonarsi** sich verkörpern: **in qcn. s'impersona qcs.** in jdm verkörpert sich etw.

im|per|ter|ri|to agg. unbeirrt, unerschütterlich: **nonostante tutto,**

continuò ~ a parlare trotz allem redete er unbeirrt weiter.

im|per|ti|nen|te **I** agg. ungehörig, frech, impertinent: ***una domanda ~*** eine ungehörige Frage; ***un tipo ~*** ein frecher Kerl **II** m. frecher Kerl *m.* **im|per|ti|nen|za** f. Frechheit *f.*, Impertinenz *f.*, Ungehörigkeit *f.*

im|per|tur|ba|bi|le agg. unerschütterlich, unbeirrbar: ***rimanere ~*** unerschütterlich bleiben; ***una calma ~*** eine unerschütterliche Ruhe. **im|per|tur|ba|bi|li|tà** f. Unerschütterlichkeit *f.*, Unbeirrbarkeit *f.*: ***~ stoica*** stoische Unbeirrbarkeit; ***accettare qcs. con ~*** etw. mit unbeirrbarer Ruhe hin‿nehmen. **im|per|tur|ba|to** agg. unerschüttert, unbeirrt.

im|per|ver|sa|re intr. (aus. *avere*) **1** *(infierire)* wüten, toben: ***~ contro qcn.*** gegen jdn wüten **2** *(infuriare, diffondersi)* wüten, um sich greifen, grassieren: ***la tempesta imperversò per ore*** der Sturm wütete stundenlang; ***la peste imperversava nel paese*** die Pest wütete im Land; ***imperversa un malcostume*** eine Unsitte grassiert **3** *(avere molto successo)* um sich greifen: ***questa moda imperversa*** diese Mode greift um sich.

im|per|vie|tà f. Unwegsamkeit *f.* **im|per|vio** agg. *(-vi,-vie)* unwegsam: ***terreno ~*** unwegsames Gelände.

im|pe|sta|re tr. COLLOQ. verpesten (anche FIG.): ***i gas di scarico impestano l'aria*** die Abgase verpesten die Luft; ***~ di fumo una stanza*** ein Zimmer mit Rauch verpesten. **im|pe|sta|to** p.pass. agg. **1** → **impestare** **2** COLLOQ. verpestet (anche FIG.).

im|pe|ti|gi|ne f. Eiterflechte *f.*

im|pe|to m. **1** Wucht *f.*, Gewalt *f.*: ***l'~ delle onde*** die Gewalt der Wellen; ***colpire con ~*** mit Wucht treffen **2** *(accesso)* Ausbruch *m.*: ***in un ~ d'ira*** in einem Wutausbruch **3** *(foga)* Eifer *m.*, Hitze *f.*: ***nell'~ della discussione*** im Eifer der Diskussion.

im|pe|tra|re tr. LETT. erflehen, erbitten.

im|pet|ti|to agg. stocksteif, geschwellt; ***camminare ~*** stolzieren.

im|pe|tuo|sa|men|te avv. **1** heftig **2** *(impulsivamente)* stürmisch. **im|pe|tuo|si|tà** f. Heftigkeit *f.*, Wucht *f.*, Gewalt *f.* **im|pe|tuo|so** agg. **1** reißend, heftig: ***corrente -a*** reißender Strom; ***un attacco ~*** ein heftiger Angriff **2** *(di persona)* ungestüm, stürmisch: ***giovane ~*** ungestümer junger Mann.

im|pial|lac|cia|re tr. *(impiallaccio, impiallacci)* **1** furnieren **2** EDIL. mit Marmor verkleiden. **im|pial|lac|cia|to** p.pass. agg. **1** → **impiallacciare** **2** Furnier-: ***legno ~*** Furnierholz *n.*; ***pannello ~*** Furnierplatte *f.* **im|pial|lac|cia|tu|ra** f. Furnierung *f.*, Furnier *n.*

im|pian|ta|re tr. **1** installieren: ***~ uno scaldabagno, un telefono*** einen Boiler, ein Telefon installieren **2** *(costruire)* auf‿bauen: ***~ un'impalcatura*** ein Baugerüst aufbauen **3** *(fondare)* gründen, auf‿bauen: ***~ un'azienda*** ein Unternehmen aufbauen **4** MED. implantieren, ein‿pflanzen. **im|pian|ti|sta** m. e f. *(-i,-e)* Anlagentechniker *m.* (-in *f.*). **im|pian|ti|sti|ca** f. Anlagentechnik *f.*, Anlagenbau *m.*

im|pian|ti|to m. Fliesenboden *m.*

im|pian|to m. **1** Installation *f.*: ***spese d'~*** Installationskosten **2** *(complesso di attrezzature)* Anlage *f.*: ***~ moderno*** moderne Anlage **3** FIG. *(struttura)* Struktur *f.*, Aufbau *m.*: ***romanzo di ~ classico*** Roman mit klassischem Aufbau **4** MED. Implantation *f.*, Einpflanzung *f.* **5** BIOL. Einnistung *f.* ◆ ***~ di depurazione*** Kläranlage *f.*; ***~ elettrico*** elektrische Anlage, Elektroanlage *f.*; AUT. ***~ a gas*** Gasbetrieb *m.*; ***~ idraulico*** Wasserversorgungsanlage *f.*; ***~ industriale*** Industrieanlage *f.*; ***~ di pompaggio*** Pumpanlage *f.*; ***~ di produzione*** Betriebsanlagen *pl.*, Produktionsanlagen *pl.*; ***~ di prosciugamento*** Entwässerungsanlage *f.*; ***~ di risalita*** Skilift *m.*; ***~ di riscaldamento*** Heizanlage *f.*; ***~ a rischio*** Risikoanlage *f.*; ***~ sportivo*** Sportanlage *f.*; ***~ stereo*** Stereoanlage *f.*

im|pia|stra|re **I** tr. beschmieren: ***~ il vestito di marmellata*** das Kleid mit Marmelade beschmieren **II** pronom. **impiastrarsi** sich beschmieren: ***-rsi di inchiostro*** sich mit Tinte beschmieren. **im|pia|stric|cia|re** tr. *(impiastriccio, impiastricci)* → **impiastrare.** **im|pia|stro** m. **1** Breiumschlag *m.*, Umschlag *m.*: ***~ di semi di lino*** Leinsamenumschlag *m.* **2** FIG. SPREG. *(seccatore)* Nervensäge *f.*, Quälgeist *m.*

im|pic|ca|gio|ne f. Erhängen *n.*, Hängen *n.*: ***morte per ~*** Tod durch Erhängen (*o* den Strang); ***condannare qualcuno all'~*** jdn zum Tod durch Erhängen (*o* den Strang) verurteilen.

im|pic|ca|re *(impicco, impicchi)* **I** tr. **1** erhängen, hängen, auf‿hängen: ***lo hanno impiccato alla trave del soffitto*** sie haben ihn am Dachbalken erhängt (*o* aufgehängt) **2** FIG. *(stringere troppo)* würgen: ***questo colletto m'impicca*** dieser Kragen würgt mich **II** pronom. **impiccarsi** sich erhängen ◆ COLLOQ. ***impiccati!*** geh zum Henker! **im|pic|ca|to** **I** p.pass. agg. **1** → **impiccare** **2** erhängt, gehängt: ***morire ~*** erhängt werden **II** m. Erhängte *m.*, Gehängte *m.* ◆ PROV. ***non parlare di corda in casa dell'~*** im Hause des Gehängten spricht man nicht vom Strick.

im|pic|cia|re *(impiccio, impicci)* **I** tr. **1** behindern: ***questa gonna mi impiccia nei movimenti*** dieser Rock behindert mich in meinen Bewegungen **2** assol. im Weg stehen: ***questo tavolo impiccia*** dieser Tisch steht im Weg **II** pronom. **impicciarsi** sich ein‿mischen: ***-rsi degli affari altrui*** sich in fremde Angelegenheiten einmischen.

im|pic|cio m. *(-ci)* **1** Hindernis *n.*, Störung *f.* **2** *(guaio)* Verlegenheit *f.*, Klemme *f.*: ***trovarsi in un ~*** in einer Klemme sitzen ◆ ***essere d'~ a qcn.*** (jdm) im Weg stehen; ***cavarsi, trarsi d'~*** sich aus der Affäre ziehen. **im|pic|cio|ne** m. COLLOQ. Topfgucker *m.*

im|pie|ga|bi|le agg. **1** *(applicabile)* anwendbar, einsetzbar; *(adatto)* einsatzfähig: ***un programma ~ con qualsiasi computer*** ein für jeden Computer anwendbares Programm **2** *(utilizzabile fino a esaurimento)* verwendbar: ***materiale ~ per molteplici usi*** für verschiedene Zwecke verwendbares Material.

im|pie|ga|re *(impiego, impieghi)* **I** tr. **1** an‿wenden, ein‿setzen, verwenden: ***~ materiale scadente*** schlechtes Material verwenden; ***~ una nuova macchina agricola*** eine neue landwirtschaftliche Maschine einsetzen **2** FIG. nutzen, nützen: ***~ male, bene il proprio tempo*** seine Zeit schlecht, gut nutzen **3** *(dedicare)* auf‿wenden: ***~ tutte le proprie energie per un fine*** seine ganze Energie für ein Ziel aufwenden **4** *(assumere)* ein‿stellen **5** *(necessitare di)* brauchen: ***il treno impiega due ore a percorrere questo tragitto*** der Zug braucht für diese Strecke zwei Stunden; ***impiego un'ora per andare al lavoro*** ich brauche eine Stunde zum Arbeitsplatz **II** pronom. **impiegarsi** angestellt werden: ***-rsi in banca*** bei einer Bank angestellt werden.

im|pie|ga|ta f. Angestellte *f.*; *(pubblica)* Beamtin *f.*

im|pie|ga|ti|zio agg. *(-zi,-zie)* Angestellten-; *(pubblico)* Beamten-: ***il ceto ~*** die Angestellten; *(pubblico)* das Beamtentum (*o* die Beamtenschaft); ***mentalità -a*** Beamtenmentalität *f.*

im|pie|ga|to **I** p.pass. agg. **1** → **impiegare** **2** ***essere ~ presso una ditta*** bei einer Firma angestellt sein **II** m. Angestellte *m.*; *(pubblico)* Beamte *m.*: ***fare l'~*** Angestellter sein, Beamter sein; ***un ~ tecnico*** ein technischer Beamter, Angestellter; ***un semplice ~*** ein einfacher Angestellter ◆ ***~ amministrativo*** Verwaltungsbeamte *m.*; ***~ di banca*** Bankangestellte *m.*; ***~ comunale*** Gemeindebeamte *m.*, Gemeindeangestellte *m.*; ***~ di concetto*** Beamte (*o* Angestellte) des gehobenen Dienstes; ***~ d'ordine*** Beamte des niederen Dienstes; ***~ delle poste*** Postbeamte *m.*; ***posto da ~*** Beamtenstelle *f.*; ***~ di ruolo*** fest angestellter Beamte; ***~ statale*** Staatsbeamte *m.*

im|pie|go m. *(-ghi)* **1** Anwendung *f.*, Einsatz *m.*, Verwendung *f.*: ***~ di particolari materiali*** Verwendung spezieller Materialien; ***~ di truppe speciali*** Einsatz von Spezialtruppen; ***l'~ di nuovi farmaci*** die Anwendung neuer Medikamente; ***trovare ~ in, per qcs.*** Anwendung in etw. (D), für etw. finden **2** *(lavoro)* Stelle *f.*: ***trovare un ~*** eine Stelle finden; ***perdere l'~*** seine Stelle verlieren; ***avere un ~ fisso*** fest angestellt sein; ***senza ~*** stellenlos, stellungslos.

im|pie|to|si|re *(impietosisco, impietosisci)* **I** tr. ***~ qcn.*** jds Mitleid erregen: ***~ i giudici*** das Mitleid der Richter erregen; ***mi ha impietosito*** er hat mein Mitleid erregt **II** pronom. **impietosirsi** Mitleid bekommen: ***-rsi di qcn.*** mit jdm Mitleid bekommen; ***alle sue parole mi sono impietosito*** seine Worte haben mein Mitleid erregt.

im|pie|to|so agg. unbarmherzig, erbarmungslos: ***giudizio ~*** unbarmherziges Urteil.

im|pie|tri|re *(impietrisco, impietrisci)* **I** tr. **1** versteinern **2** FIG. erstarren lassen: ***la notizia lo impietrì*** die Nachricht ließ ihn erstarren **II** intr. (aus. *essere*) erstarren: ***appena lo vide impietrì*** als er ihn sah, erstarrte er; ***~ per lo spavento*** vor Schreck erstarren **II** pronom. **impietrirsi** sich versteinern: ***gli si impietrì il viso*** sein Gesicht versteinerte sich. **im|pie|tri|to** p.pass. agg. **1** → **impietrire** **2** versteinert: ***rimanere ~*** wie versteinert da‿stehen.

im|pi|gliar|si pronom. *(mi impiglio, ti impigli)* sich verfangen: ***la gonna si è impigliata nel filo spinato*** der Rock hat sich im Stacheldraht verfangen.

im|pi|gno|ra|bi|le agg. unpfändbar: ***bene ~*** unpfändbares Gut.

im|pi|gri|re *(impigrisco, impigrisci)* **I** tr. faul machen: ***l'ozio impigrisce*** Untätigkeit macht faul **II** pronom. **impigrirsi** faul werden: ***con il passare degli anni ci si impigrisce*** im Lauf der Jahre wird man fauler; ***-rsi al sole*** faul in der Sonne liegen.

im|pi|la|re tr. stapeln: ***~ libri*** Bücher stapeln.

im|pin|gua|re **I** tr. **1** dick machen **2** FIG. füllen: ***~ le casse dello stato*** die Staatskassen füllen **II** pronom. **impinguarsi** **1** dick werden **2** FIG. reich werden.

im|piom|ba|re tr. **1** verbleien **2** *(sigillare con piombo)* plombieren: ***~ un dente*** einen Zahn plombieren **3** MAR. spleißen. **im|piom|ba|tu|ra** f. **1** Verbleiung *f.*, Verplombung *f.* **2a** *(sigillo)* Plombe *f.* **b** *(di denti)* Plombe *f.*, Füllung *f.* **3** MAR. Spleiß *m.*

im|pi|par|si pronom. COLLOQ. ~ ***di qcs.*** auf etw. (A) pfeifen: ***me ne impipo*** ich pfeife darauf.
im|pla|ca|bi|le agg. unversöhnlich, unnachsichtig: ***odio*** ~ unversöhnlicher Hass; ***nemico*** ~ unversönlicher Feind; ***con severità*** ~ mit unnachsichtiger Strenge. **im|pla|ca|bi|li|tà** f. Unnachsichtigkeit *f.*, Unerbittlichkeit *f.* **im|pla|ca|bil|men|te** avv. unnachsichtig. **im|pla|ca|to** agg.→ **implacabile.**
im|plan|to|lo|gi|a f. Implantationstechnik *f.* **im|plan|to|lo|go** m. *(-gi)* Implantationstechniker *m.*
im|ple|men|ta|re tr. implementieren. **im|ple|men|ta|zio|ne** f. Implementierung *f.*, Implementation *f.*
im|pli|ca|re *(implico, implichi)* **I** tr. **1** mit sich bringen: ***l'impegno politico implica sacrificio personale*** das politische Engagement bringt persönliche Opfer mit sich **2** *(comportare)* ein‿schließen, mit sich bringen: ***il fatto che tu sia maggiorenne non implica che...*** die Tatsache, dass du volljährig bist, schließt nicht ein, dass... **3** *(includere)* ein‿schließen: ***ogni parola può*** ~ ***più significati*** jedes Wort kann mehrere Bedeutungen einschließen **4** *(coinvolgere)* verwickeln, hinein‿ziehen: ~ ***qcn. in uno scandalo*** jdn in einen Skandal verwickeln **5** MAT. ***A implica B*** A impliziert B **II** pronom. **implicarsi** sich verwickeln, verwickelt werden: ***-rsi in qcs.*** in etw. (A) verwickelt werden. **im|pli|ca|to** p.pass. agg. **1** → **implicare 2** verwickelt: ***rimanere, essere*** ~ ***in una truffa*** in einen Betrug verwickelt werden, sein.
im|pli|ca|zio|ne f. **1** mögliche Folge *f.*: ***le -i politiche di un avvenimento*** die möglichen Folgen eines Ereignisses für die Politik **2** FILOS. MAT. Implikation *f.*
im|pli|ci|ta|men|te avv. implizit.
im|pli|ci|to agg. **1** implizit: ***minacce -e*** implizite Drohungen; GRAMM. ***proposizioni -e*** implizite Sätze; MAT. ***funzione -a*** implizite Funktion **2** *(ovvio)* selbstverständlich: ***è*** ~ ***che...*** es ist selbstverständlich, dass...
im|plo|de|re intr. *(implosi, imploso*; aus. *essere)* implodieren.
im|plo|ran|te agg. flehend: ***sguardo*** ~ flehender Blick. **im|plo|ra|re** tr. ~ ***qcn.*** jdn an‿flehen, zu jdm flehen; ~ ***qcs. da qcn.*** jdn um etw. anflehen; ~ ***aiuto*** um Hilfe flehen; ~ ***qcn. di fare qcs.*** jdn anflehen, etw. zu tun. **im|plo|ra|zio|ne** f. **1** Flehen *n.* **2** *(supplica)* flehentliche Bitte *f.*
im|plo|sio|ne f. FIS. Implosion *f.* **im|plo|si|vo** agg. LING. ***(suono)*** ~ Implosivlaut *m.*
im|plu|me agg. federlos, nackt: ***uccellino*** ~ federloses (*o* nacktes) Vögelchen.
im|plu|vio m. *(-vi)* **1** ARCHEOL. Impluvium *n.* **2** GEOGR. ***linea di*** ~ Talweg *m.*
im|po|e|ti|co agg. *(-ci,-che)* unpoetisch.
im|po|li|ti|co agg. *(-ci,-che)* **1** politisch unglücklich: ***provvedimento*** ~ (politisch) unglückliche Maßnahme **2** ESTENS. *(malaccorto)* unklug, ungeschickt.
im|pol|li|na|re tr. *(impollino)* bestäuben. **im|pol|li|na|to|re I** agg. Bestäubungs-: ***insetti -i*** Bestäubungsinsekten *pl.* **II** m. Bestäuber *m.* **im|pol|li|na|zio|ne** f. Bestäubung *f.*; ~ ***anemofila, entomofila, ornitofila*** Anemogamie *f.*, Entomogamie *f.*, Ornithogamie *f.*
im|pol|tro|ni|re *(impoltronisco, impoltronisci)* **I** tr. träge machen: ***l'inattività impoltronisce l'uomo*** Untätigkeit macht den Menschen träge **II** intr. (aus. *essere*) e pronom. **impoltronirsi** träge werden.
im|pol|ve|ra|re *(impolvero)* **I** tr. mit Staub bedecken, ein‿stauben: ~ ***le scarpe*** die Schuhe mit Staub bedecken **II** pronom. **impolverarsi** verstauben. **im|pol|ve|ra|to** p.pass. agg. **1** → **impolverare 2** staubbedeckt, verstaubt: ***mobili -i*** staubbedeckte Möbel.
im|po|ma|ta|re I tr. **1** ein‿salben **2** *(capelli)* pomadisieren **II** pronom. **impomatarsi 1** sich ein‿salben **2** *(capelli)* sein Haar pomadisieren. **im|po|ma|ta|to** p.pass. agg. **1** → **impomatare 2** eingesalbt; ***capelli -i*** pomadiges Haar **3** SCHERZ. *(azzimato)* ***è uno tutto*** ~ er ist ein Pomadenhengst.
im|pon|de|ra|bi|le I agg. **1** FIS. gewichtslos: ***corpo*** ~ gewichtsloser Körper **2** *(difficilmente valutabile)* unfassbar, unwägbar: ***cause -i*** unfassbare Ursachen **II** m. Unfassbare *n.*, Unbegreifliche *n.* **im|pon|de|ra|bi|li|tà** f. **1** FIS. Gewichtslosigkeit *f.* **2** Unfassbarkeit *f.*, Unwägbarkeit *f.* **im|pon|de|ra|bil|men|te** avv. unfassbar, unwägbar.
im|po|nen|te agg. stattlich: ***edificio*** ~ stattliches Gebäude; ***corporatura*** ~ stattlicher Körperbau. **im|po|nen|za** f. Stattlichkeit *f.*, Ansehnlichkeit *f.*
im|po|ni|bi|le I agg. **1** besteuerbar, steuerpflichtig: ***reddito*** ~ steuerpflichtiges Einkommen **2** *(che si può imporre)* auferlegbar: ***obbligo*** ~ auferlegbare Pflicht **II** m. Bemessungsgrundlage *f.*; ***minimo*** ~ steuerpflichtiger Mindestbetrag; ***accertare l'~ di qcn.*** jdn veranlagen. **im|po|ni|bi|li|tà** f.inv. Besteuerung *f.*
im|po|po|la|re agg. **1** unpopulär: ***legge*** ~ unpopuläres Gesetz **2** *(malvisto)* unbeliebt: ***essere ~ tra i colleghi*** bei den Kollegen unbeliebt sein. **im|po|po|la|ri|tà** f. Unpopularität *f.*, Unbeliebtheit *f.* **im|po|po|lar|men|te** avv. unpopulär.
im|por|po|ra|re *(imporporo)* LETT. **I** tr. purpurrot färben **II** pronom. **imporporarsi** purpurrot werden.
im|por|re *(impongo, imponi; imposi; imposto)* **I** tr. **1** *(stabilire d'autorità)* auf‿erlegen: ~ ***nuove leggi, nuove tasse*** neue Gesetze, neue Steuern auferlegen; ~ ***condizioni*** Bedingungen auferlegen, stellen; ~ ***a qcn. una penitenza*** jdm eine Buße auferlegen **2a** *(fare accettare)* auf‿drängen: ~ ***la propria presenza, le proprie opinioni a qcn.*** jdm seine Gegenwart, seine Ansichten aufdrängen **b** *(con la forza)* auf‿zwingen, zwingen: ~ ***qcs. a qcn.*** jdm etw. aufzwingen; ~ ***a qcn. di fare qcs.*** jdn zwingen, etw. zu tun **3** POL. verhängen: ~ ***l'embargo, il blocco delle importazioni*** das Embargo, die Einfuhrsperre verhängen **4** *(far valere)* durch‿setzen: ~ ***la propria volontà, la propria decisione*** seinen Willen, seine Entscheidung durchsetzen **5** *(esigere)* ~ ***qcs.*** zu etw. zwingen, etw. verlangen: ***le circostanze impongono cautela*** die Umstände zwingen zur Vorsicht **II** pronom. **imporsi 1** *(farsi valere)* sich durch‿setzen, sich behaupten: ***saper -rsi*** sich durchsetzen können; ***-rsi come scrittore*** sich als Schriftsteller durchsetzen; ***-rsi sul mercato*** sich auf dem Markt behaupten **2** *(essere necessario)* nötig sein: ***s'impone un cambiamento*** eine Veränderung ist nötig ◆ ***-rsi all'attenzione di qcn.*** jds Aufmerksamkeit auf sich ziehen; ***capacità di -rsi*** Durchsetzungsvermögen *n.*; ~ ***la corona*** die Krone auf‿setzen; RELIG. ~ ***le mani*** die Hände auf‿legen; ~ ***un nome*** einen Namen geben; ~ ***il silenzio*** Stillschweigen auf‿erlegen.
im|port ['import] m.inv. ECON. Import *m.*, Einfuhr *f.*: ***ditta di ~-export*** Import-Export-Firma *f.* **im|por|ta|bi|le** agg. einführbar: ***merci -i*** einführbare Waren.
im|por|tan|te I agg. **1** wichtig: ***essere ~ per qcn., qcs.*** für jdn, etw. wichtig sein; ***una novità*** ~ eine wichtige Neuigkeit **2** *(rilevante)* bedeutend: ***una scoperta*** ~ eine bedeutende Entdeckung; ***diventare uno scienziato*** ~ ein bedeutender Wissenschaftler werden; ***niente d'~*** nichts von Bedeutung **II** m. Wichtige *n.*, Hauptsache *f.*; ***l'~ è che venga subito*** wichtig ist, dass er sofort kommt; ***l'~ è partecipare*** die Hauptsache ist teilzunehmen (*o* Teilnehmen ist wichtig) ◆ ***un abito*** ~ ein Kleid für festliche Anlässe; ***un naso*** ~ eine auffallende Nase; ***un pranzo*** ~ ein großes Essen.
im|por|tan|za f. **1** Wichtigkeit *f.*: ***dare molta ~ a qcs.*** etw. (D) große (*o* auffällige) Wichtigkeit bei‿messen; ***essere di massima*** ~ von höchster Wichtigkeit sein **2** *(rilevanza)* Bedeutung *f.*: ***acquistare, perdere di*** ~ an Bedeutung gewinnen, verlieren; ***avere*** ~ Bedeutung haben; ***di capitale, grande, poca*** ~ von entscheidender, großer, geringer Bedeutung; ***un fatto di poca*** ~ ein unbedeutendes Ereignis; ***senza*** ~ unbedeutend ◆ FIG. ***darsi*** ~ sich wichtig tun; ***non ha ~!*** das ist unwichtig! ***questione di primaria*** ~ Hauptsache *f.*; ***questione di secondaria*** ~ Nebensache *f.*; ***di secondaria*** ~ nebensächlich; ***di vitale*** ~ lebenswichtig.
1.im|por|ta|re intr. (aus. *essere*) **1a** wichtig sein: ***quel che importa è la salute*** das Wichtigste ist die Gesundheit **b** impers. ~ ***a qcn.*** jdn interessieren, für jdn wichtig sein; ***non m'importa se lo capisci o no*** es interessiert mich nicht, ob du es verstehst oder nicht; ***non ci importa essere presenti*** es liegt uns nichts daran, dabei zu sein; ***non importa!*** das macht nichts, das spielt keine Rolle! ***non me ne importa proprio niente!*** das ist mir vollkommen egal! ***ma che t'importa?*** was juckt dich das! **2** *(essere necessario)* nötig sein: ***non importa che tu venga*** es ist nicht nötig, dass du kommst.
2.im|por|ta|re tr. importieren, ein‿führen: ~ ***qcs. in un paese*** etw. in ein Land importieren; ~ ***merci dall'estero*** Waren aus dem Ausland einführen; ~ ***una moda*** eine Mode einführen. **im|por|ta|to|re I** m. Importeur *m.*: ~ ***esclusivo*** Alleinimporteur *m.* **II** agg. Import-, Einfuhr-: ***paesi -i di caffè*** Einfuhrländer für Kaffee.
im|por|ta|zio|ne f. **1** Einfuhr *f.*, Import *m.*: ***le -i aumentano, calano*** die Importe steigen, sinken **2** *(introduzione)* Einführung *f.*: ***l'~ di nuove idee*** die Einführung neuer Ideen ◆ ***articolo d'~*** Importartikel *m.*; ***dazio d'~*** Einfuhrzoll *m.*; ***divieto d'~*** Einfuhrverbot *n.*; ***licenza d'~*** Einfuhrgenehmigung *f.*; ***merci d'~*** Importwaren *pl.*
im|por|to m. **1** Betrag *m.*: ***l'ammontare dell'~*** die Höhe des Betrages; ***quant'è l'~?*** wie hoch ist der Betrag? ***dell'~ di*** im Betrag von; ***per un ~ di*** für einen Betrag von **2** *(prezzo)* Preis *m.*: ***conoscere l'~ di qcs.*** den Preis von etw. kennen ◆ ~ ***complessivo*** Gesamtbetrag *m.*; ~ ***fatturato*** Rechnungsbetrag *m.*; ~ ***lordo*** Bruttobetrag *m.*; ~ ***massimo*** Höchstbetrag *m.*; ~ ***netto*** Nettobetrag *m.*
im|por|tu|na|men|te avv. lästig. **im|por|tu|na|re** tr. belästigen: ~ ***qcn. con domande, con la propria presenza*** jdn mit Fragen, mit

seiner Anwesenheit belästigen. **im|por|tu|ni|tà** f.inv. **1** Belästigung *f.* **2** *(insistenza)* Aufdringlichkeit *f.*

im|por|tu|no I agg. lästig: ***un ospite ~*** ein lästiger Gast; ***essere, riuscire ~ a qcn.*** jdm lästig sein, fallen **II** m. lästiger Mensch *m.*

im|po|si|ti|vo agg. **1** verbindlich: ***provvedimento ~*** verbindliche Maßnahme **2** Steuer-: ***autonomia -a*** Steuerautonomie *f.*; ***sistema ~*** Besteuerungssystem *n.*

im|po|si|zio|ne f. **1** Auferlegung *f.*: ***l'~ di un tributo*** die Auferlegung einer Steuer **2** *(ordine)* Befehl *m.*; ***non accetto -i da nessuno*** ich lasse mir von niemandem etwas befehlen **3** *(tassazione)* Besteuerung *f.*: ***~ doppia*** Doppelbesteuerung *f.* ◆ RELIG. ***~ delle mani*** Handauflegung *f.*; ***guarire con l'~ delle mani*** mit Handauflegungen heilen; ***~ del nome*** Namensgebung *f.*

im|pos|ses|sa|men|to m. Besitzergreifung *f.*

im|pos|ses|sar|si pronom. **1** Besitz ergreifen: ***~ di un bene altrui*** von fremdem Eigentum Besitz ergreifen; FIG. ***il sospetto s'impossessò di lui*** der Verdacht ergriff von ihm Besitz **2** *(acquistare padronanza)* ***~ di qcs.*** sich (D) etw. an‿eignen: ***~ di una lingua*** sich eine Sprache aneignen.

im|pos|si|bi|le I agg. **1** unmöglich: ***essere ~ per qcn.*** jdm unmöglich sein; ***impresa ~*** unmögliches Unternehmen; ***questo esercizio è ~ da risolvere*** diese Aufgabe ist unmöglich zu lösen; ***sembra, pare ~!*** es scheint unmöglich! ***è assolutamente, praticamente, quasi ~*** es ist absolut, praktisch, so gut wie unmöglich; ***~ a dirsi*** schwer zu sagen **2** *(insopportabile)* unmöglich, unerträglich: ***un carattere, una persona ~*** ein unmöglicher Charakter, Mensch **3** MAT. unlösbar: ***equazione ~*** unlösbare Gleichung **II** m. Unmögliche *n.*: ***tentare l'~*** das Unmögliche versuchen; ***pretendere l'~ da qcn.*** Unmögliches von jdm verlangen.

im|pos|si|bi|li|tà f.inv. Unmöglichkeit *f.*; ***trovarsi nell'~ di agire*** nicht in der Lage sein zu handeln; ***mettere qcn. nell'~ di nuocere*** jdn unschädlich machen; ***nulla è ~ a Dio*** bei Gott ist kein Ding unmöglich.

im|pos|si|bi|li|ta|re tr. *(impossibilito)* unmöglich machen: ***le condizioni atmosferiche hanno impossibilitato la partenza*** die Wetterbedingungen haben die Abfahrt unmöglich gemacht.

im|pos|si|bi|li|ta|to p.pass. agg. **1** → **impossibilitare 2** *(impedito)* verhindert: ***essere ~ a partire per motivi di salute*** aus gesundheitlichen Gründen verhindert sein zu fahren; ***sono ~ a venire*** es ist mir unmöglich zu kommen.

1.im|po|sta f. Fensterladen *m.*, Flügel *m.*: ***aprire, chiudere le -e*** die Fensterläden auf‿machen (*o* öffnen), zu‿machen (*o* schließen).

2.im|po|sta f. Steuer *f.*, Abgabe *f.*: ***~ diretta, indiretta*** direkte, indirekte Steuer; ***applicare -e su qcs.*** Steuern auf etw. erheben; ***pagare, riscuotere le -e*** die Steuern zahlen, ein‿treiben ◆ ***~ addizionale*** Zusatzsteuer *f.*; ***aliquota d'~*** Steuersatz *m.*; ***anticipo d'~*** Steuervorauszahlung *f.*; ***~ comunale*** Gemeindesteuer *f.*; ***~ sul consumo*** Verbrauch(s)steuer *f.*; ***~ erariale*** Staatssteuer *f.*; ***esente da ~*** steuerfrei; ***~ fondiaria*** Grundsteuer *f.*; ***~ forfettaria*** Pauschalsteuer *f.*; ***~ patrimoniale*** Vermögenssteuer *f.*; ***~ sul reddito*** Einkommenssteuer *f.*; ***soggetto a ~*** steuerpflichtig; ***~ straordinaria*** Sondersteuer *f.*; ***ufficio delle -e*** Finanzamt *n.*; ***~ sul valore aggiunto*** Mehrwertsteuer *f.*

1.im|po|sta|re I tr. **1** *(affrontare)* an‿gehen: ***~ un lavoro, un problema*** eine Arbeit, ein Problem angehen **2** *(strutturare)* gliedern: ***~ un tema, un discorso*** einen Aufsatz, eine Rede gliedern; ***~ una lettera*** einen Brief auf‿setzen **3** *(abbozzare)* entwerfen: ***~ un intervento, un progetto*** einen Vortrag, einen Plan entwerfen **4** TIP. gestalten: ***~ la pagina di un giornale*** die Seite einer Zeitung gestalten **5** MUS. bilden, aus‿bilden: ***~ la voce*** die Stimme ausbilden **6** MAT. ***~ un problema*** eine Aufgabe in Ansatz bringen **7a** EDIL. an‿legen: ***~ un arco, un muro maestro*** einen Bogen, eine Hauptmauer anlegen **b** MAR. ***~ una nave*** ein Schiff auf Stapel legen **8** FIG. *(basare)* gründen: ***~ la propria vita su qcs.*** sein Leben auf etw. (A) gründen, seinem Leben etw. zugrunde legen **II** pronom. **impostarsi** SPORT eine Stellung ein‿nehmen.

2.im|po|sta|re tr. *(imbucare)* ein‿werfen, auf‿geben.

im|po|sta|to p.pass. agg. **1** → **1,2.impostare 2** ***voce bene, male -a*** gut, schlecht ausgebildete Stimme.

im|po|sta|zio|ne f. **1** *(inizio)* Ansatz *m.* **2** *(strutturazione)* Gliederung *f.* **3** *(abbozzo)* Entwurf *m.* **4** MUS. Bildung *f.*: ***~ della voce*** Stimmbildung *f.* **5** *(di pagina)* Gestaltung *f.* **6** EDIL. Anlegung *f.* **7** MAT. Ansatz *m.*; ***~ del problema*** Aufgabenstellung *f.*

im|po|sto p.pass. agg. **1** → **imporre 2** ECON. geregelt: ***prezzo ~*** geregelter Preis.

im|po|sto|re m. Schwindler *m.* **im|po|stu|ra** f. Schwindel *m.*

im|po|ten|te I agg. **1** ohnmächtig, machtlos: ***sentirsi ~ di fronte a qcs.*** sich gegenüber etw. machtlos fühlen; ***essere ~ di fronte a qcs.*** gegen etw. machtlos sein; ***assistere ~ a qcs.*** etw. (D) ohnmächtig zu‿sehen; ***rabbia ~*** ohnmächtige Wut: ***essere del tutto ~*** völlig hilflos sein **2** MED. impotent **II** m. impotenter Mann *m.*

im|po|ten|za f. **1** Ohnmacht *f.*, Machtlosigkeit *f.*: ***~ economica, politica*** wirtschaftliche, politische Ohnmacht; ***ridurre qcn. all'~*** jdn außer Gefecht setzen; ***provare un senso di ~*** sich machtlos fühlen **2** MED. Impotenz *f.*

im|po|ve|ri|men|to m. Verarmung *f.*, Verelendung *f.*: ***~ di una lingua*** Verarmung einer Sprache; ***~ intellettuale*** geistige Verarmung.

im|po|ve|ri|re *(impoverisco, impoverisci)* **I** tr. **1** verarmen lassen: ***il colonialismo ha impoverito il terzo mondo*** der Kolonialismus hat die dritte Welt verarmen lassen **2** AGR. aus‿laugen, aus‿mergeln: ***~ un terreno con una coltura intensiva*** einen Boden durch intensiven Anbau auslaugen **II** intr. (aus. *essere*) e pronom. **impoverirsi** verarmen, arm werden: ***il lessico si impoverisce*** der Wortschatz verarmt.

im|pra|ti|ca|bi|le agg. **1** ungangbar, unbegehbar; *(con un veicolo)* unbefahrbar: ***un sentiero ~*** ein unbegehbarer Weg; ***il passo è ~ senza catene*** der Pass ist ohne Schneeketten unbefahrbar **2** SPORT unbespielbar: ***campo da calcio ~*** unbespielbares Fußballfeld **3** *(inattuabile)* nicht ausführbar, nicht realisierbar: ***un progetto ~*** ein nicht ausführbares Projekt. **im|pra|ti|ca|bi|li|tà** f. **1** Unbegehbarkeit *f.*; *(con un veicolo)* Unbefahrkeit *f.* **2** *(di campo da gioco)* Unbespielbarkeit *f.*

im|pra|ti|chi|re *(impratichisco, impratichisci)* **I** tr. ein‿arbeiten: ***~ qcn. in un mestiere*** jdn in einen Beruf einarbeiten **II** pronom. ***-rsi in, di qcs.*** mit etw. vertraut werden: ***-rsi nell'uso del computer*** mit dem Computer vertraut werden; ***-rsi di un luogo*** mit einem Ort vertraut werden.

im|pre|ca|re intr. *(impreco, imprechi;* aus. *avere)* fluchen: ***~ contro qcn., qcs.*** auf, über jdn, etw. fluchen; ***mettersi a ~*** zu fluchen an‿fangen. **im|pre|ca|ti|vo** agg. ***frase -a*** Fluch *m.* **im|pre|ca|zio|ne** f. Fluch *m.*: ***lanciare -i contro qcn.*** Flüche gegen jdn aus‿stoßen.

im|pre|ci|sa|bi|le agg. unbestimmbar: ***quantità ~*** unbestimmbare Menge.

im|pre|ci|sa|to agg. unbestimmt, ungewiss: ***un numero ~ di partecipanti*** eine unbestimmte Zahl von Teilnehmern.

im|pre|ci|sio|ne f. Ungenauigkeit *f.*: ***l'~ di un metodo*** die Ungenauigkeit einer Methode; ***nel testo ci sono molte -i*** im Text stecken viele Ungenauigkeiten.

im|pre|ci|so agg. **1** ungenau, unpräzise: ***informazioni -e*** ungenaue Informationen; ***indicazioni -e*** unpräzise (*o* ungenaue) Angaben; ***esprimersi in modo ~*** sich ungenau aus‿drücken; ***un orologio ~*** eine ungenaue Uhr; ***essere ~ in qcs., nel fare qcs.*** bei etw. ungenau sein **2** *(sfocato)* unscharf: ***un'immagine dai contorni -i*** ein unscharfes Bild.

im|pre|gna|men|to m. Imprägnation *f.*, Imprägnierung *f.*

im|pre|gna|re *(impregno, impregni)* **I** tr. **1** tränken, durchtränken: ***~ un fazzoletto di profumo*** ein Tuch mit Parfum tränken **2** TECN. imprägnieren, durchtränken **3** *(di odori)* erfüllen, schwängern (anche FIG.): ***le rose impregnavano l'aria del loro profumo*** die Rosen erfüllten die Luft mit ihrem Duft; ***la stanza era impregnata di fumo*** das Zimmer war von Zigarettenrauch geschwängert **4** VETER. trächtig machen **II** pronom. **impregnarsi 1** sich voll saugen; ***la spugna si impregna d'acqua*** der Schwamm saugt sich mit Wasser voll **2** *(di odori, profumi)* haften bleiben: ***gli abiti le si sono impregnati di odore di fritto*** der Geruch von Frittüre blieb an ihren Kleidern haften (*o* die Kleider riechen nach Frittüre).

im|pre|gna|to p.pass. agg. **1** → **impregnare 2** durchnässt, durchtränkt: ***una camicia -a di sudore*** ein von Schweiß durchnässtes Hemd **3** *(di odori)* ***essere ~ di qcs.*** nach etw. riechen **4** *(saturo)* geschwängert, erfüllt (anche FIG.): ***~ di fumo*** rauchgeschwängert; ***un'atmosfera -a di odio*** eine hasserfüllte Atmosphäre. **im|pre|gna|zio|ne** f. Impregnation *f.*

im|pren|di|bi|le agg. **1** SPORT unhaltbar: ***tiro ~*** unhaltbarer Schuss **2** *(inespugnabile)* uneinnehmbar.

im|pren|di|to|re m. Unternehmer *m.*: ***grande, piccolo ~*** Großunternehmer *m.*, Kleinunternehmer *m.*; ***associazione degli -i*** Unternehmerverband *m.* **im|pren|di|to|ri|a** f. Unternehmertum *n.* **im|pren|di|to|ria|le** agg. unternehmerisch, Unternehmungs-, Unternehmer-: ***spirito ~*** Unternehmergeist *m.*; ***classe ~*** Unternehmerschaft *f.*; ***attività ~*** Unternehmertätigkeit *f.*; ***politica ~*** Unternehmenspolitik *f.* **im|pren|di|tri|ce** f. Unternehmerin *f.*

im|pre|pa|ra|to agg. unvorbereitet: ***la notizia mi coglie ~*** die Nachricht trifft mich unvorbereitet; ***un professore ~*** ein unvorbereiteter Lehrer; ***andare all'esame ~*** unvorbereitet in die Prüfung gehen. **im|pre|pa|ra|zio|ne** f. mangelnde Vorbereitung *f.*

im|pre|sa f. **1** Unternehmen *n.*, Unterfangen *n.*: ***partecipare a, abbandonare un'~*** an einem Unternehmen teil‿nehmen, ein Unternehmen auf‿geben; ***un'~ ardua, rischiosa*** ein schwieriges, riskantes Unterfangen; SCHERZ. ***è stata un'~ ottenere un appuntamento*** einen Termin zu bekommen, war ein schwieriges Unterfangen **2** *(azienda)* Unternehmen *n.*, Betrieb *m.*: ***piccola, media, grande ~*** Kleinunternehmen *n.* (*o* Kleinbetrieb *m.*), Mittelbetrieb *m.* (*o* mittleres Unternehmen), Großunternehmen *n.* (*o* Großbetrieb *m.*); ***~ privata, pubblica*** Privatunternehmen *n.*, öffentliches Unternehmen; ***fondare, dirigere, rilevare, liquidare un'~*** ein Unternehmen gründen, leiten, übernehmen, liquidieren; ***nazionalizzare, privatizzare le -e*** die Unternehmen verstaatlichen, privatisieren **3** pl. *(gesta)* Heldentaten *pl.*: ***narrare le -e di qcn.*** jds Heldentaten erzählen ◆ ***~ artigianale*** Handwerksbetrieb *m.*; ***~ commerciale*** Handelsunternehmen *n.*; ***~ di costruzioni*** Bauunternehmen *n.*; ***~ a conduzione familiare*** Familienbetrieb *m.*; ***~ industriale*** Industriebetrieb *m.*; ***libertà d'~*** Unternehmerfreiheit *f.*; ***~ di pompe funebri*** Bestattungsinstitut *n.*, Beerdigungsinstitut *n.*; ***~ di pulizie*** Reinigungsunternehmen *n.*; ***~ di spedizioni*** Speditionsunternehmen *n.*; ***~ a partecipazione statale*** Unternehmen mit staatlicher Beteiligung.

im|pre|sa|rio m. *(-ri)* **1** Unternehmer *m.* **2** *(titolare)* Inhaber *m.*: ***~ di pompe funebri*** Inhaber eines Beerdigungsinstituts **3** TEATR. Agent *m.*, ANT. Impresario *m.*

im|pre|scin|di|bi|le agg. unabdingbar, unumgänglich: ***premesse -i*** unabdingbare Voraussetzungen.

im|pre|scrit|ti|bi|le agg. unverjährbar: ***diritto, crimine ~*** unverjährbares Recht, Verbrechen.

im|pre|sen|ta|bi|le agg. nicht präsentabel: ***essere ~*** nicht präsentabel sein; ***avere un aspetto ~*** unmöglich aus‿sehen.

im|pres|sio|na|bi|le agg. **1** empfindlich, erregbar, impressionabel **2** FOT. belichtbar, empfindlich: ***pellicola ~*** belichtbarer Film. **im|pres|sio|na|bi|li|tà** f. **1** Empfindlichkeit *f.*, Reizbarkeit *f.* **2** FOT. Belichtbarkeit *f.*, Empfindlichkeit *f.*

im|pres|sio|nan|te agg. **1** *(che stupisce)* eindrucksvoll, beeindruckend: ***somiglianza ~*** beeindruckende Ähnlichkeit **2** *(che spaventa)* erschütternd, erschreckend: ***un numero ~ di incidenti*** eine erschütternde Anzahl von Unfällen; ***uno spettacolo ~*** eine erschreckende Szene.

im|pres|sio|na|re I tr. **1** *(turbare)* erschüttern: ***la notizia lo ha molto impressionato*** die Nachricht hat ihn sehr erschüttert; ***la vista del sangue la impressiona*** sie kann kein Blut sehen **2** *(fare un effetto)* ***~ qcn.*** einen Eindruck auf jdn machen, auf jdn wirken: ***~ favorevolmente, sfavorevolmente qcn.*** einen guten, schlechten Eindruck auf jdn machen **3** FOT. belichten: ***~ una pellicola*** einen Film belichten **II** pronom. **impressionarsi 1** sich beeindrucken lassen: ***si impressiona facilmente*** er ist leicht zu beeindrucken **2** FOT. belichtet werden. **im|pres|sio|na|to** p.pass. agg. **1** → **impressionare 2** beeindruckt: ***rimanere ~ da (di fronte a) qcs.*** von etw. beeindruckt sein.

im|pres|sio|ne f. **1** Eindruck *m.*, Impression *f.*: ***fare, lasciare, ricevere, suscitare un'~*** einen Eindruck machen, hinterlassen, gewinnen, erwecken; ***dà l'~ di essere sicuro di sé*** er erweckt den Eindruck, selbstsicher zu sein; ***~ generale*** Gesamteindruck *m.*; ***una vaga, gradevole, profonda ~ di qcn.*** ein unbestimmter, angenehmer, tiefer Eindruck von jdm; ***ho l'~ che...*** ich habe den Eindruck, dass...; ***dare un'~ di morbido*** einen Eindruck von Weichheit vermitteln **2** *(l'imprimere)* Eindrücken *n.*, Eindruck *m.*: ***l'~ di un sigillo*** das Eindrücken (*o* der Eindruck) eines Siegels **3** TIP. Druck *m.* ◆ ***che ~!*** wie eklig! ***fare ~ su qcn.*** jdm imponieren; ***-i di viaggio*** Reiseeindrücke *pl.*

im|pres|sio|ni|smo m. Impressionismus *m.* **im|pres|sio|ni|sta** *(-i,-e)* **I** agg. impressionistisch: ***quadro, pittura ~*** impressionistisches Bild, impressionistische Malerei **II** m. e f. Impressionist *m.* (-in *f.*). **im|pres|sio|ni|sti|co** agg. *(-ci,-che)* impressionistisch: ***tecnica -a*** impressionistische Technik.

im|pres|so p.pass. agg. **1** → **imprimere 2** eingeprägt, eingedrückt ◆ ***un ricordo ~ nella memoria*** eine bleibende Erinnerung.

im|pre|sta|re tr. leihen, borgen: ***~ qcs. a qcn.*** jdm etw. leihen. **im|pre|sti|to** m. LING. Lehnwort *n.*

im|pre|ve|di|bi|le agg. unvorhersehbar, unabsehbar, unberechenbar: ***fattori -i*** unvorhersehbare Faktoren; ***una persona ~*** ein unberechenbarer Mensch; ***conseguenze -i*** unabsehbare Folgen. **im|pre|ve|di|bi|li|tà** f.inv. Unvorhersehbarkeit *f.*, Unabsehbarkeit *f.*, Unberechenbarkeit *f.* **im|pre|ve|di|bil|men|te** avv. unabsehbar, unvorhersehbar, unberechenbar.

im|pre|vi|den|te agg. unvorsichtig. **im|pre|vi|den|te|men|te** avv. unvorsichtig. **im|pre|vi|den|za** f. Unvorsichtigkeit *f.*

im|pre|vi|sto I agg. unvorhergesehen, ungeahnt: ***difficoltà, circostanze -e*** unvorhergesehene Schwierigkeiten, Umstände **II** m. Unvorhergesehene *n.*, Zwischenfall *m.*: ***affrontare un ~*** sich mit etwas Unvorhergesehenem auseinander setzen; ***c'è stato un ~*** es kam zu einem Zwischenfall ◆ ***salvo -i*** wenn nichts dazwischenkommt.

im|pre|zio|si|re tr. *(impreziosisco, impreziosisci)* verzieren, bereichern, wertvoller gestalten (anche FIG.); ***~ il proprio stile*** an seinem Stil feilen.

im|pri|gio|na|men|to m. Einkerkerung *f.*, ANT. Verwahrung *f.*

im|pri|gio|na|re tr. **1** gefangen setzen, ein‿kerkern; COLLOQ. ein‿sperren, hinter Gitter bringen: ***~ i colpevoli*** die Täter (*o* die Schuldigen) einsperren **2** FIG. ein‿schließen: ***la neve li imprigionò nel paese*** der Schnee schloss sie im Dorf ein **3** *(immobilizzare)* ein‿klemmen. **im|pri|gio|na|to** p.pass. agg. **1** → **imprigionare 2** ***essere ~ sotto, in qcs.*** unter, in etw. (D) eingeklemmt sein.

im|pri|ma|tur m.inv. **1** Imprimatur *n.*, Druckerlaubnis *f.*: ***ottenere l'~*** die Druckerlaubnis erhalten; ***dare l'~ a qcs.*** etw. imprimieren **2** FIG. *(approvazione)* Zustimmung *f.*; SCHERZ. Segen *m.*

im|pri|me|re *(impressi; impresso)* **I** tr. **1** prägen, ein‿prägen, ein‿drücken: ***~ l'effigie dell'imperatore sulle monete*** das Bild des Kaisers auf Münzen prägen; ***~ nitide orme sulla sabbia*** deutliche Spuren in den Sand eindrücken; FIG. ***~ qcs. nel ricordo*** sich etw. ins Gedächtnis einprägen **2** *(con il fuoco)* ein‿brennen, auf‿brennen: ***~ un marchio a un animale*** einem Tier ein Zeichen einbrennen **3** *(dare movimento)* übertragen: ***~ velocità a qcs.*** etw. beschleunigen **II** pronom. **imprimersi** sich ein‿prägen: ***-rsi nel ricordo di qcn.*** sich jdm ins Gedächtnis einprägen.

im|print|ing m.inv. Prägung *f.*

im|pro|ba|bi|le agg. unwahrscheinlich: ***è ~ che arrivi*** es ist unwahrscheinlich, dass er kommt. **im|pro|ba|bi|li|tà** f.inv. Unwahrscheinlichkeit *f.*

im|pro|bo agg. **1** *(malvagio)* boshaft, böswillig **2** *(duro, faticoso)* hart, mühsam: ***lavoro ~*** harte Arbeit.

im|pro|cra|sti|na|bi|le agg. unaufschiebbar.

im|pro|dut|ti|vi|tà f. **1** Unproduktivität *f.*, Ertraglosigkeit *f.*: ***l'~ di un'impresa*** die Unproduktivität einer Firma **2** *(inutilità)* Unergiebigkeit *f.* **im|pro|dut|ti|vo** agg. unproduktiv, unergiebig, unfruchtbar (anche FIG.): ***terreno ~*** unfruchtbares Land; ***investimento ~*** unproduktive Investition; ***una discussione -a*** eine unproduktive Diskussion.

1.im|pron|ta f. **1** Abdruck *m.*: ***l'~ dei denti, del pollice*** der Gebiss-, Daumenabdruck; ***l'~ di un piede sulla sabbia*** der Abdruck eines Fußes (*o* Fußabdruck) im Sand **2** *(digitale)* Fingerabdruck *m.*: ***prendere le -e a qcn.*** jds Fingerabdrücke nehmen; ***lasciare le -e sul bicchiere*** Fingerabdrücke auf dem Glas hinterlassen; ***cancellare le ~*** die Fingerabdrücke entfernen **3** *(orma)* Spur *f.*; *(di passi)* Fußspur *f.*: ***seguire le -e di passi sulla neve*** den Fußspuren im Schnee folgen **4** FIG. *(marchio, segno)* Stempel *m.*, Gepräge *n.*, Prägung *f.*: ***dare la propria ~ a qcs.*** etw. (D) seinen Stempel auf‿drücken (*o* etw. prägen); ***la città ha un'~ tutta particolare*** die Stadt hat ein ganz besonderes Gepräge; ***recare l'~ di qcn.*** jds Stempel tragen ◆ ***~ digitale*** Fingerabdruck *m.*

2.im|pron|ta, *all'~* aus dem Stegreif.

im|pron|ta|re I tr. verleihen: ***~ il volto a un'espressione corrucciata*** dem Gesicht einen grimmigen Ausdruck verleihen **II** intr. (aus. *essere*) e pronom. **improntarsi** einen Zug an‿nehmen: ***il suo volto si improntò a tristezza*** sein Gesicht nahm einen traurigen Zug (*o* Ausdruck) an.

im|pron|ti|tu|di|ne f. Frechheit *f.*, Aufdringlichkeit *f.*

im|pron|to, *all'~* aus dem Stegreif.

im|pro|nun|cia|bi|le, im|pro|nun|zia|bi|le agg. **1** unaussprechbar: ***nome ~*** unaussprechbarer Name **2** *(che non è lecito pronunciare)* unaussprechlich: ***parola ~*** unaussprechliches Wort.

im|pro|pe|rio m. *(-ri)* Schimpfwort *n.*, Schmähung *f.*; ***coprire qcn. di -ri*** jdn mit Schmähungen überhäufen.

im|pro|po|ni|bi|le agg. **1** undenkbar, nicht präsentierbar; ***soluzione ~*** nicht präsentierbare Lösung **2** DIR. unzulässig. **im|pro|po|ni|bi|li|tà** f.inv. **1** Undenkbarkeit *f.* **2** DIR. Unzulässigkeit *f.*

im|pro|pria|men|te avv. falsch, fälschlich: ***usare ~ un termine*** einen Begriff falsch benutzen.

im|pro|prie|tà f.inv. Schiefheit *f.*, Unangemessenheit *f.*: ***~ di un'espressione*** Schiefheit eines Ausdrucks; ***~ di linguaggio*** unpassende Wortwahl; ***parlare con ~*** sich unangemessen aus‿drücken.

im|pro|prio agg. *(-ri,-rie)* **1a** uneigentlich, unpassend, unangemessen: ***in senso ~*** im uneigentlichen Sinne; ***espressione, parola -a*** unpassender Ausdruck, unpassendes Wort; ***un giudizio ~*** ein unangemessenes Urteil; ***vestirsi in modo ~*** sich unpassend kleiden **b**

uso ~ missbräuchliche Verwendung; ***fare uso ~ di qcs.*** etw. missbräuchlich verwenden **2** MAT. unecht: ***frazione -a*** unechter Bruch.

im|pro|ro|ga|bi|le agg. unaufschiebbar: ***una scadenza ~*** ein unaufschiebbarer Termin. **im|pro|ro|ga|bi|li|tà** f. Unaufschiebbarkeit *f.*: ***l'~ di un impegno*** die Unaufschiebbarkeit einer Verpflichtung. **im|pro|ro|ga|bil|men|te** avv. unaufschiebbar.

im|pro|vi|do agg. LETT. unbedacht.

im|prov|vi|sa|men|te avv. plötzlich, unversehens.

im|prov|vi|sa|re I tr. improvisieren: ***~ un discorso*** eine Rede improvisieren; ***~ una cena*** ein Abendessen improvisieren **II** pronom. **improvvisarsi** spielen: ***-rsi cameriere, cuoco*** den Ober, den Koch spielen. **im|prov|vi|sa|ta** f. Überraschung *f.*; ***fare un'~*** einen Überraschungsbesuch machen. **im|prov|vi|sa|to** p.pass. agg. **1** → **improvvisare 2** *(senza pratica specifica)* Gelegenheits-: ***un cantante ~*** ein Gelegenheitssänger. **im|prov|vi|sa|to|re** m. **1** Improvisator *m.* **2** *(poeta)* Stegreifdichter *m.* **im|prov|vi|sa|zio|ne** f. **1** Improvisation *f.* **2** *(poesia)* Stegreifdichtung *f.*

im|prov|vi|so I agg. **1** plötzlich: ***fuga -a*** plötzliche Flucht; ***un'idea -a*** ein plötzlicher Einfall **2** *(inaspettato)* unerwartet: ***notizia -a*** unerwartete Nachricht **II** m. Impromptu *n.* ◆ ***all'~, d'~*** plötzlich.

im|pru|den|te I agg. unvorsichtig: ***decisione ~*** unvorsichtige Entscheidung **II** m. e f. Unvorsichtige *m.* e *f.* **im|pru|den|te|men|te** avv. unvorsichtig: ***guidare ~*** unvorsichtig fahren.

im|pru|den|za f. Unvorsichtigkeit *f.*: ***commettere un'~*** eine Unvorsichtigkeit begehen (*o* unvorsichtig sein).

im|pu|den|te I agg. unverschämt, frech: ***domanda, bugia ~*** unverschämte Frage, Lüge **II** m. e f. unverschämter Mensch *m.*: ***è proprio un ~, un'~*** er, sie ist wirklich unverschämt. **im|pu|den|te|men|te** avv. unverschämt.

im|pu|den|za f. Unverschämtheit *f.*: ***avere l'~ di fare qcs.*** die Unverschämtheit besitzen (*o* sich erdreisten), etw. zu tun; ***ebbe l'~ di negare i fatti*** er erdreistete sich, die Tatsachen zu leugnen.

im|pu|di|ci|zia f. Schamlosigkeit *f.* **im|pu|di|co** agg. *(-chi,-che)* schamlos, unkeusch.

im|pu|gna|bi|le agg. DIR. anfechtbar: ***sentenza ~*** anfechtbares Urteil. **im|pu|gna|bi|li|tà** f. DIR. Anfechtbarkeit *f.* **im|pu|gnan|te** m. Anfechter *m.*

1.im|pu|gna|re tr. zur Hand nehmen, ergreifen: ***~ la racchetta da tennis*** den Tennisschläger zur Hand nehmen; ***~ la spada*** das Schwert ergreifen ◆ ***~ le armi*** zu den Waffen greifen.

2.im|pu|gna|re tr. **1** DIR. an‿fechten, bestreiten: ***~ una deposizione, un testamento*** eine Aussage bestreiten, ein Testament anfechten; ***~ il licenziamento*** die Kündigung anfechten.

im|pu|gna|ti|va f. Anfechtung *f.* **im|pu|gna|ti|vo** agg. Anfechtungs-: ***azione -a*** Anfechtungsklage *f.*

im|pu|gna|tu|ra f. **1** Griff *m.*: ***l'~ del bastone, della spada, della pistola*** der Griff des Stocks, der Degengriff, der Pistolengriff **2** *(l'impugnare)* Ergreifen *n.*

im|pu|gna|zio|ne f. DIR. Anfechtung *f.*: ***l'~ di un testamento*** die Anfechtung eines Testaments; ***rinuncia all'~*** Verzicht auf Anfechtung; ***proporre un'~*** ein Rechtsmittel ein‿legen ◆ ***termine d'~*** Rechtsmittelfrist *f.*; ***~ di un contratto*** Vertragsanfechtung *f.*

im|pul|sio|ne f. MECC. Antrieb *m.*

im|pul|si|va|men|te avv. impulsiv: ***comportarsi ~*** sich impulsiv verhalten. **im|pul|si|vi|tà** f. Impulsivität *f.*: ***dominare, frenare l'~*** die Impulsivität zügeln.

im|pul|si|vo I agg. **1** impulsiv: ***essere ~ in qcs.*** in etw. (A) impulsiv sein; ***gesto ~*** impulsive Geste **2** MECC. antreibend, Antriebs-: ***moto ~*** Antriebsbewegung *f.* **II** m. impulsiver Mensch *m.*

im|pul|so m. **1** FIS. Impuls *m.*: ***~ elettrico, acustico*** elektrischer, akustischer Impuls; ***generare, inviare -i*** Impulse geben, senden **2** MECC. Antrieb *m.*; ***dare l'~ a un motore*** einen Motor an‿treiben **3** *(spinta)* Drang *m.*, Auftrieb *m.*: ***dare ~ al commercio*** dem Handel Auftrieb geben; ***~ creativo*** Schaffensdrang *m.* **4** FIG. PSIC. Trieb *m.*, Drang *m.*, Impuls *m.*: ***~ cieco, irresistibile, distruttivo*** blinder Trieb, unwiderstehlicher Drang, Zerstörungstrieb *m.*; ***avere l'~ di fare qcs.*** den Drang haben, etw. zu tun; ***cedere ai propri -i*** seinen Trieben nach‿geben; ***seguire l'~*** dem Impuls folgen ◆ ***agire d'~*** impulsiv handeln.

im|pu|ne|men|te avv. straffrei, ungestraft.

im|pu|ni|bi|le agg. nicht strafbar: ***reato ~*** nicht strafbares Vergehen. **im|pu|ni|tà** f. Straffreiheit *f.* **im|pu|ni|to** agg. straffrei, unbestraft: ***un reato ~*** ein unbestraftes Vergehen; ***uscirne ~*** straffrei davon‿kommen (*o* aus‿gehen).

im|pun|ta|re I intr. (aus. *avere*) stecken bleiben, stocken **II** pronom. **impuntarsi** sich versteifen, sich sträuben: ***-rsi su, contro qcs.*** sich auf etw. (A) versteifen, sich gegen etw. sträuben: ***-rsi su un'idea*** sich auf eine Idee versteifen; ***-rsi contro un'azione*** sich gegen ein Vorgehen sträuben; ***-rsi sui propri diritti*** auf seinem Recht bestehen. **im|pun|ta|tu|ra** f. Sturheit *f.*: ***la tua è solo un'~*** das ist reine Sturheit von dir.

im|pun|tu|ra f. **1** *(punto)* Steppstich *m.* **2** *(trapunto)* Stepperei *f.*, Steppnaht *f.* **im|pun|tu|ra|re** tr. (ab‿)steppen.

im|pu|par|si pronom. sich verpuppen.

im|pu|ri|tà f.inv. **1** *(l'essere impuro)* Unreinheit *f.* (anche FIG.): ***~ dell'aria*** Unreinheit der Luft; ***l'~ di una lingua*** die Unreinheit einer Sprache; ***~ dei costumi*** Unreinheit der Sitten **2** *(sostanza impura)* Unreinheit *f.*, Verunreinigung *f.*: ***liberare una sostanza dalle ~*** eine Substanz von Unreinheiten befreien.

im|pu|ro agg. unrein (anche FIG.): ***diamante ~*** unreiner Diamant; ***pensieri -i*** unreine Gedanken ◆ ***esse -a*** = S vor einem Konsonanten.

im|pu|ta|bi|le agg. **1** zurechenbar: ***~ a qcn., qcs.*** jdm, etw. zurechenbar; ***l'incidente è ~ a disattenzione*** der Unfall ist der Unaufmerksamkeit zuzuschreiben **2** *(responsabile)* verantwortlich: ***~ di reato*** für ein Vergehen verantwortlich; ***la compagnia è ~ di negligenza*** das Unternehmen hat sich eine Nachlässigkeit zuschulden kommen lassen. **im|pu|ta|bi|li|tà** f. Strafbarkeit *f.*, Schuldfähigkeit *f.*, Zurechenbarkeit *f.*

im|pu|ta|re tr. *(imputo)* **1** zu‿schreiben, an‿rechnen: ***~ la colpa a qcn.*** jdm die Schuld zuschreiben; ***~ una disgrazia alla fatalità*** ein Unglück dem Schicksal zuschreiben; COMM. ***~ un importo ad un conto*** einen Betrag einem Konto anrechnen **2** DIR. an‿klagen: ***~ qcn. di un delitto*** jdn eines Verbrechens anklagen.

im|pu|ta|to I p.pass. agg. **1** → **imputare 2** DIR. angeklagt: ***essere ~ di omicidio*** des Mordes angeklagt sein **II** m. Angeklagte *m.*: ***dichiarare l'~ non colpevole*** den Angeklagten für unschuldig erklären.

im|pu|ta|zio|ne f. **1** DIR. Anklage *f.*: ***sostenere un'~*** Anklage erheben; ***~ di omicidio*** Mordanklage *f.*; ***rispondere dell'~ di rapina*** sich wegen (der Anklage des) Raubes vor Gericht verantworten müssen **2** ECON. *(attribuzione di spese)* Anrechnung *f.* ◆ ***capo d'~*** Anklagepunkt *m.*

im|pu|tre|sci|bi|le agg. LETT. unverweslich. **im|pu|tri|di|men|to** m. Verwesung *f.* **im|pu|tri|di|re** intr. *(imputridisco, imputridisci*; aus. *essere)* **1** *(di cadavere)* verwesen **2** *(di cibi)* verfaulen **3** *(di fogliame e legno)* modern. **im|pu|tri|di|to** p.pass. agg. **1** → **imputridire 2** verfault, faulig: ***acqua -a*** fauliges Wasser **3** *(di legno, fogliame)* vermodert.

im|puz|zo|len|ti|re *(impuzzolentisco, impuzzolentisci)* tr. verpesten. **im|puz|zo|len|ti|to** p.pass. agg. **1** → **impuzzolentire 2** verpestet.

IMQ ⇒ *Istituto del Marchio di Qualità* Institut für Gütezeichen.

in prep. (artcl. **nel, nello, nella, nell'**; pl. **nei, negli, nelle**) **1a** *(stato in luogo)* in + dat.; auf + dat., zu + dat., an + dat.: ***abitare ~ centro, ~ periferia*** im Zentrum, an der Peripherie wohnen; ***vivere, risiedere ~ montagna, ~ campagna*** im Gebirge, auf dem Land wohnen; ***essere ~ ufficio*** im Büro sein; ***non c'è nessuno ~ casa*** es ist niemand zu Hause; ***tenere qcs. ~ mano*** etw. in der Hand halten; ***leggere qcs. ~ un libro, nella Bibbia*** etw. in einem Buch, in der Bibel lesen; ***queste piante vivono nell'acqua*** diese Pflanzen leben im Wasser; ***giocare ~ giardino, ~ strada*** im Garten, auf der Straße spielen **b** *(con nomi geografici)* in + dat.; *(con isole)* auf + dat.: ***vivere ~ Italia, ~ Svizzera, ~ Sicilia*** in Italien, in der Schweiz, auf Sizilien leben **c** *(con nomi di autori)* bei + dat.: ***~ Leopardi*** bei Leopardi **d** *(sopra, su)* auf + dat.: ***portare qcn. ~ spalla*** jdn auf dem Rücken tragen **e** FIG. ***perseverare ~ un errore*** bei einem Fehler beharren; ***avere fiducia ~ qcn.*** Vertrauen zu jdm haben; ***credere ~ Dio, nell'aldilà*** an Gott, ans Jenseits glauben; ***essere ~ discussione*** zur Diskussion stehen **2a** *(moto a luogo)* in + acc., auf + acc.: ***andare ~ città, ~ montagna, ~ campagna*** in die Stadt, in die Berge, aufs Land fahren; ***salire ~ macchina*** ins Auto steigen; ***entrare ~ casa*** ins Haus hinein‿gehen; ***entrare ~ porto*** in den Hafen ein‿laufen; ***andare ~ una direzione*** in eine Richtung gehen; ***mettere le mani ~ tasca*** die Hände in die Tasche stecken; ***appendere la giacca nell'armadio*** die Jacke in den Schrank hängen **b** *(con nomi geografici)* nach; *(con quelli che in tedesco richiedono l'articolo)* in + acc.: ***andare, trasferirsi ~ Inghilterra, ~ Svizzera, negli Stati Uniti*** nach England, in die Schweiz, in die Vereinigten Staaten fahren, ziehen **c** FIG. in + acc.: ***andare ~ collera*** in Zorn geraten (*o* kommen); ***mandare ~ estasi qcn.*** jdn in Ekstase versetzen; ***entrare ~ coma*** ins Koma fallen **3** *(moto entro luogo)* in + dat., durch + acc.: ***passeggiare nel parco*** im Park spazieren gehen; ***viaggiare ~ America*** durch Amerika reisen **4** *(con verbi che esprimono mutamento)* in + acc., auf + acc., zu + dat.: ***l'acqua si trasforma ~ ghiaccio*** das Wasser verwandelt sich in Eis; ***ridursi ~ polvere*** zu Staub werden; ***tradurre ~ tedesco*** ins Deutsche übersetzen; ***cambiare lire ~ dollari*** Lire in (*o* gegen) Dollar um‿tauschen; ***andare ~ pezzi*** in

Stücke gehen **5** *(tempo determinato)* in + dat., an + dat., zu + dat.: ***~ autunno, primavera*** im Herbst, Frühling; ***nel mese di maggio, ~ maggio*** im Monat Mai, im Mai; ***nel pomeriggio*** am Nachmittag; ***~ questo periodo, momento*** in dieser Zeit (*o* zur Zeit), in diesem Moment; ***nel 1990*** (im Jahre) 1990; ***~ età avanzata*** in fortgeschrittenem Alter **6** *(tempo continuato)* in + dat., innerhalb von + dat.: ***fare qcs. ~ due ore*** etw. in zwei Stunden tun; ***imparare una lingua ~ tre anni*** innerhalb von drei Jahren (*o* in drei Jahren) eine Sprache lernen **7a** *(modo; talvolta inglobato in avverbi)* in + dat.: ***essere ~ maniche di camicia, ~ pantofole*** im Hemdsärmeln, in Pantoffeln sein; ***i documenti sono ~ regola*** die Papiere sind in Ordnung; ***camminare ~ fila indiana*** im Gänsemarsch gehen; ***parlare ~ fretta*** schnell sprechen **b** *(condizione)* ***cadere ~ miseria*** in Not geraten **c** *(forma, aspetto)* ***riproduzione ~ miniatura*** Nachbildung in Miniatur **8** *(materia)* aus + dat.: ***~ bronzo, oro*** aus Bronze, Gold (*o* Bronze-, Gold-) **9** *(limitazione)* in + dat., an + dat., auf + dat.: ***andare male ~ inglese*** in Englisch schlecht sein; ***superare ~ altezza*** an Größe übertreffen; ***essere esperto ~ un settore*** auf einem Gebiet erfahren sein **10** *(mezzo)* mit + dat.: ***viaggiare ~ auto, treno*** mit dem Auto, Zug fahren **11** *(complemento predicativo)* zu + dat., in + acc.: ***prendere qcn. ~ moglie*** jdn zur Frau nehmen; ***offrire ~ sacrificio*** zum Opfer bringen; ***portare qcs. ~ dote, dono*** etw. in die Ehe ein‿bringen, als Geschenk bringen (*o* mit‿bringen) **12** *(quantità, misura)* in + acc., zu + dat.: ***tagliare ~ tre*** in drei Teile zerschneiden; ***essere ~ tre, quattro*** zu dritt, viert sein; ***~ quanti eravate?*** wie viele wart ihr? **13** *(in correlazione)* ***di... ~...*** von... zu...: ***di giorno ~ giorno*** von Tag zu Tag; ***di mano ~ mano*** von Hand zu Hand **14** *(preposto al cognome del marito)* ***la signora Rossi ~ Bianchi*** Frau Bianchi geborene Rossi **15** *(vantaggio)* zu + dat.: ***~ onore di qcn.*** zu jds Ehren **16** *(seguito da infinito; non tradotto)* ***insistere nel negare la propria colpa*** seine Schuld hartnäckig ab‿leugnen; ***il suo lavoro consiste nel correggere le bozze*** seine Arbeit besteht darin, Fahnen zu korrigieren ◆ ***venire ~ aiuto di qcn.*** jdm zu Hilfe kommen; ***avere ~ animo di fare qcs.*** vorhaben, etw. (A) zu tun; ***stare ~ ansia per qcn.*** sich um jdn Sorgen machen; ***~ apparenza*** dem Anschein nach, anscheinend; ***~ un attimo*** im Nu; ***~ base a*** aufgrund von, anhand von; ***~ braccio*** auf den, dem Arm: ***prendere, tenere ~ braccio un bambino*** ein Kind auf den Arm nehmen, auf dem Arm halten; *(in grembo)* ein Kind auf den Schoß nehmen, auf dem Schoß halten; ***~ calce*** unten (auf der Seite); ***~ cambio di qcs.*** (an)statt etw. (D), anstelle etw. (G); ***~ caso di*** im Falle von; ***nel caso in cui...*** wenn...; ***commerciare ~ qcs.*** mit etw. Handel treiben; ***~ compagnia di qcn.*** in jds Gesellschaft; ***~ conclusione*** schließlich; ***~ confronto a*** im Vergleich zu; ***~ diretta*** direkt, live: ***trasmissione ~ diretta*** Direktsendung *f.*, Live-Sendung *f.*; ***~ effetti*** tatsächlich; ***essere ~ errore*** Unrecht haben; ***~ fondo*** *(nella parte più bassa)* auf dem Grund; *(dietro)* hinten; *(alla fine)* am Ende; *(in conclusione)* im Grunde, letzten Endes; ***~ giornata*** im Laufe des Tages; ***avere ~ mente qcs.*** etw. im Sinn haben, etw. vor‿haben; ***stare ~ piedi*** stehen; ***~ pratica*** praktisch; ***di quando ~ quando*** ab und zu; ***~ rapporto a*** im Verhältnis zu; ***~ realtà*** eigentlich; ***~ relazione a qcs.*** in Bezug auf etw. (A); ***~ seguito a qcs.*** infolge etw. (G); ***avere qcn. ~ simpatia*** jdn nett finden; ***~ un sorso*** auf einen Zug, in einem Zug; ***portare, mettere ~ tavola*** auf den Tisch bringen; ***~ tempo*** rechtzeitig; ***~ teoria*** theoretisch; ***cadere ~ terra*** zu Boden fallen; ***mettersi ~ testa qcs.*** sich (D) etw. in den Kopf setzen, sich (D) etw. merken; ***essere ~ vacanza*** auf Urlaub sein; ***~ verità*** in Wirklichkeit, eigentlich; ***essere ~ viaggio*** auf Reisen sein; ***~ virtù di*** aufgrund etw. (G).

INA ⇒ *Istituto Nazionale Assicurazioni* Nationales Versicherungsinstitut.

i|nab|bor|da|bi|le agg. unzugänglich (anche FIG.).

i|na|bi|le agg. **1** unfähig, untauglich: ***dichiarare ~ qcn.*** jdn für untauglich erklären; ***essere ~ al lavoro*** erwerbsunfähig (*o* arbeitsunfähig) sein; ***~ al servizio militare*** wehrdienstuntauglich; ***~ a combattere*** kampfunfähig **2** *(invalido)* behindert.

i|na|bi|li|tà f. Unfähigkeit *f.*, Untauglichkeit *f.*: ***~ al lavoro, al servizio*** Arbeits-, Dienstunfähigkeit *f.*; ***~ parziale, permanente, temporanea, totale*** teilweise, ständige, zeitweise, völlige Untauglichkeit ◆ ***certificato d'~ al servizio*** Dienstunfähigkeitsnachweis *m.*

i|na|bi|li|ta|re tr. *(inabilito)* **1** unfähig (*o* untüchtig) machen; assol. ***la sordità inabilita alla guida*** Taubheit macht fahruntüchtig **2** DIR. für beschränkt geschäftsfähig erklären. **i|na|bi|li|ta|to I** p.pass. agg. **1** → **inabilitare 2** beschränkt geschäftsfähig; ***~ a compiere atti giuridici*** unfähig, Rechtsgeschäfte abzuschließen **II** m. beschränkt Geschäftsfähiger *m.*

i|na|bis|sa|men|to m. Untergang *m.* **i|na|bis|sa|re I** tr. versenken **II** pronom. **inabissarsi 1** unter‿gehen, versinken, sinken: ***la nave si è inabissata*** das Schiff ist versunken **2** FIG. versinken: ***-rsi in profonde riflessioni*** in tiefes Nachdenken versinken.

i|na|bi|ta|bi|le agg. unbewohnbar: ***una casa ~*** ein unbewohnbares Haus. **i|na|bi|ta|bi|li|tà** f. Unbewohnbarkeit *f.*: ***dichiarare l'~ di un edificio*** ein Gebäude für unbewohnbar erklären. **i|na|bi|ta|to** agg. LETT. unbewohnt, öd(e).

i|na|bro|ga|bi|le agg. unaufhebbar: ***diritti -i*** unauffhebbare Rechte.

i|nac|ces|si|bi|le agg. **1** unzugänglich, unerreichbar: ***una rupe ~*** ein unerreichbarer Felsen **2a** FIG. *(inavvicinabile)* unzugänglich: ***una persona ~*** ein unzugänglicher Mensch **b** *(incomprensibile)* unzugänglich, unverständlich: ***una teoria ~ ai più*** eine den meisten unverständliche Theorie **3** *(costosissimo)* unerschwinglich: ***prezzi -i*** unerschwingliche Preise. **i|nac|ces|si|bi|li|tà** f. Unzugänglichkeit *f.*

i|nac|cet|ta|bi|le agg. unannehmbar, inakzeptabel, unzumutbar: ***condizioni -i*** unannehmbare Bedingungen; ***un comportamento ~*** ein unzumutbares (*o* inakzeptables) Verhalten. **i|nac|cet|ta|bi|li|tà** f.inv. Unannehmbarkeit *f.*, Unzumutbarkeit *f.*

i|nac|cor|da|bi|le agg. **1** nicht zu bewilligen, nicht zu gewähren **2** MUS. nicht stimmbar.

i|nac|co|sta|bi|le agg. unzugänglich, unnahbar (anche FIG.).

i|na|cer|bi|re *(inacerbisco, inacerbisci)* **I** tr. **1** sauer machen **2** LETT. *(esacerbare)* verschärfern, verbittern: ***il ricordo inacerbisce il dolore*** die Erinnerung verschärft den Schmerz **II** pronom. **inacerbirsi 1** sauer werden **2** LETT. *(esacerbarsi)* sich verschärfen, sich erbittern. **i|na|ce|ti|re** *(inacetisco, inacetisci)* **I** intr. (aus. *essere*) **1** zu Essig werden, sauer werden **2** *(di vino)* um‿schlagen **II** tr. säuern, sauer werden lassen.

i|na|ci|di|men|to m. Säuerung *f.*

i|na|ci|di|re *(inacidisco, inacidisci)* **I** tr. **1** säuern, sauer machen: ***il caldo inacidisce la panna*** die Wärme macht die Sahne sauer **2** *(latte)* sauer werden lassen, stocken lassen **3** FIG. *(inasprire)* verbittern: ***la vecchiaia lo ha inacidito*** das Alter hat ihn verbittert **4** CHIM. *(acidificare)* säuern **II** intr. (aus. *essere*) e pronom. **inacidirsi 1** sauer werden **2** *(di latte)* sauer werden, stocken **3** *(di vino)* um‿schlagen **4** FIG. *(inasprirsi)* verbittern. **i|na|ci|di|to** p.pass. agg. **1** → **inacidire 2** sauer, Sauer-: ***latte ~*** Sauermilch *f.*, Dickmilch *f.* **3** FIG. *(inasprito)* verbittert, versauert, säuerlich: ***una zitella -a*** eine säuerliche Jungfer.

i|na|dat|ta|bi|le agg. **1** nicht anpassungsfähig **2** FIG. sich nicht anpassend; ***avere un carattere ~*** einen Charakter haben, der sich nicht anpasst. **i|na|dat|ta|bi|li|tà** f. mangelnde Anpassungsfähigkeit *f.*

i|na|dat|to agg. **1a** ungeeignet: ***~ a qcn., ~ per, a qcs.*** ungeeignet für jdn, zu (*o* für) etw.; ***un mezzo ~ a uno scopo*** ein zu einem Zweck ungeeignetes Mittel **b** *(incapace)* ***una persona -a al suo compito*** ein für seine Aufgabe ungeeigneter Mensch; ***essere ~ a comandare*** zum Kommandieren ungeeignet sein **2** *(inopportuno)* unpassend: ***indossare un abito ~*** ein unpassendes Kleid tragen.

i|na|de|gua|ta|men|te avv. **1** unzweckmäßig, unangemessen **2** *(insufficientemente)* unzulänglich. **i|na|de|gua|tez|za** f. **1** Unzweckmäßigkeit *f.*, Unangemessenheit *f.*: ***l'~ di uno strumento*** die Unzweckmäßigkeit eines Geräts **2** *(insufficienza)* Unzulänglichkeit *f.*: ***~ dei mezzi*** Unzulänglichkeit der Mittel.

i|na|de|gua|to agg. **1** unzweckmäßig, unangemessen: ***abbigliamento ~*** unzweckmäßige Kleidung **2** *(insufficiente)* unangemessen, unzulänglich: ***compenso ~ alla prestazione*** eine der Leistung unangemessene Bezahlung; ***una preparazione -a*** eine unzulängliche Vorbereitung.

i|na|dem|pien|te I agg. **1** COMM. säumig: ***debitore ~*** säumiger Schuldner **2** DIR. vertragsbrüchig: ***parte ~*** vertragsbrüchige Partei **II** m. e f. Vertragsbrüchige *m.* e *f.* ◆ ***essere ~ a un obbligo*** eine Pflicht nicht erfüllen. **i|na|dem|pien|za** f. Nichteinhaltung *f.*, Nichterfüllung *f.*: ***in caso di ~*** bei Nichterfüllung ◆ ***~ contrattuale*** Vertragswidrigkeit *f.* **i|na|dem|pi|men|to** m. → **inadempienza.**

i|na|dem|piu|to agg. unerfüllt.

i|naf|fer|ra|bi|le agg. **1** nicht zu greifen: ***essere ~*** nicht zu greifen sein; ***un bandito ~*** ein nicht zu greifender Bandit **2** *(incomprensibile)* unverständlich, unfassbar.

i|naf|fi|da|bi|le agg. unzuverlässig: ***una persona, un motore ~*** eine unzuverlässige Person, ein unzuverlässiger Motor. **i|naf|fi|da|bi|li|tà** f.inv. Unzuverlässigkeit *f.*

i|naf|fon|da|bi|le agg. unsinkbar.

i|na|gi|bi|le agg. **1** unbewohnbar, unbenutzbar: ***il teatro è ~ a causa di un incendio*** das Theater ist infolge eines Brandes unbenutzbar; ***dichiarare ~ un palazzo*** ein Gebäude für unbewohnbar erklären **2** *(di strada)* unbefahrbar: ***la strada è ~ per una frana*** die Straße ist infolge eines Erdrutsches unbefahrbar **3** *(di campo sportivo)* unbespielbar: ***un campo ~ a causa della pioggia*** ein aufgrund des

Regens unbespielbarer Platz. **i|na|gi|bi|li|tà** f. **1** Unbewohnbarkeit *f.*, Unbenutzbarkeit *f.* **2** *(di strada)* Unbefahrbarkeit *f.* **3** *(di campo sportivo)* Unbespielbarkeit *f.*

INAIL ⇒ *Istituto Nazionale per l'Assicurazione contro gli Infortuni sul Lavoro* Nationale Versicherungsanstalt für Arbeitsunfälle.

i|na|la|re tr. **1** MED. inhalieren: ~ ***vapori balsamici*** balsamische Dämpfe inhalieren **2** *(inspirare)* ein‿atmen: ~ ***gas tossici*** Giftgase einatmen. **i|na|la|to|re** m. Inhalationsapparat *m.* **i|na|la|to|rio** agg. *(-ri,-rie)* Inhalations-: ***apparecchio*** ~ Inhalationsapparat *m.*; ***trattamento*** ~ Inhalationsbehandlung *f.* **i|na|la|zio|ne** f. Inhalation *f.*; ***fare le -i*** inhalieren.

i|nal|be|ra|men|to m. **1** Aufpflanzen *n.* **2** *(moto di collera)* Zornausbruch *m.*, Wutanfall *m.* **i|nal|be|ra|re** *(inalbero)* **I** tr. auf‿pflanzen: ~ ***una bandiera*** eine Fahne aufpflanzen **II** pronom. **inalberarsi 1** sich auf‿bäumen: ***all'improvviso il cavallo si inalberò*** das Pferd bäumte sich plötzlich auf **2** *(adirarsi)* sich erzürnen, wütend werden.

i|na|lie|na|bi|le agg. unveräußerlich: ***bene, diritto*** ~ unveräußerliches Gut, Recht; ***proprietà*** ~ unveräußerlicher Besitz ◆ ***fondi -i*** eiserne Reserve. **i|na|lie|na|bi|li|tà** f. Unveräußerlichkeit *f.*: ***clausola di*** ~ Unveräußerlichkeitsklausel *f.*

i|nal|te|ra|bi|le agg. **1** beständig (anche FIG.): ***materiale*** ~ beständiges Material; ***amicizia*** ~ beständige Freundschaft **2** *(di colore)* echt **3** *(impassibile)* unerschütterlich. **i|nal|te|ra|bi|li|tà** f. **1** Beständigkeit *f.* (anche FIG.) **2** *(di colori)* Echtheit *f.* **3** *(impassibilità)* Unerschütterlichkeit *f.* **i|nal|te|ra|to** agg. unverändert: ***situazione, stima -a*** unveränderte Situation, Achtung.

i|nal|ve|a|re tr. *(inalveo)* in das Flussbett leiten. **i|nal|ve|a|zio|ne** f. Leitung *f.* in das Flussbett.

INAM ⇒ *Istituto Nazionale per l'Assicurazione contro le Malattie* Nationale Krankenversicherungsanstalt.

i|na|mi|da|re tr. *(inamido)* stärken: ~ ***colletti e polsini*** Kragen und Manschetten stärken. **i|na|mi|da|to** p.pass. agg. **1** → **inamidare 2** gestärkt: ***collo di camicia*** ~ gestärkter Hemdkragen **3** *(impettito)* steif. **i|na|mi|da|tu|ra** f. Stärken *n.*

i|nam|mis|si|bi|le agg. **1** DIR. unzulässig: ***prova, ricorso*** ~ unzulässiger Beweis, unzulässige Beschwerde; ***un'intromissione*** ~ eine unzulässige Einmischung **2** *(inaccettabile)* unzumutbar, unannehmbar: ***un contegno*** ~ ein unzumutbares Benehmen.

i|nam|mis|si|bi|li|tà f. DIR. Unzulässigkeit *f.*

i|na|mo|vi|bi|le agg. **1** unabsetzbar: ***funzionario, magistrato*** ~ unabsetzbarer Beamter, Richter **2** *(fisso)* nicht abnehmbar, festsitzend: ***protesi*** ~ festsitzende Prothese. **i|na|mo|vi|bi|li|tà** f. Unabsetzbarkeit *f.*

i|na|ne agg. LETT. vergeblich, nichtig: ***sforzo*** ~ vergebliche Anstrengung.

i|na|nel|la|re tr. **1** ringeln: ~ ***i capelli*** das Haar ringeln (*o* kräuseln) **2a** beringen: ~ ***le dita*** die Finger beringen **b** ORNIT. ~ ***un uccello*** einen Vogel beringen **3** *(ottenere uno dopo l'altro)* ~ ***una serie di vittorie*** einen Sieg nach dem anderen erringen (*o* einen Sieg an den anderen reihen). **i|na|nel|la|to** p.pass. agg. **1** → **inanellare 2** geringelt: ***capelli -i*** geringeltes Haar **3** *(ornato di anelli)* beringt: ***mano -a*** beringte Hand.

i|na|ni|ma|to agg. **1** unbelebt: ***materia -a*** unbelebte Materie **2** *(esanime)* leblos: ***un corpo*** ~ ein lebloser Körper.

i|na|ni|tà f. LETT. Inanität *f.*

i|nap|pa|ga|bi|le agg. unerfüllbar: ***desideri*** ~ unerfüllbare Wünsche. **i|nap|pa|ga|to** agg. unerfüllt, ungestillt: ***desiderio*** ~ unerfüllter Wunsch; ***una curiosità -a*** eine ungestillte Neugier.

i|nap|pel|la|bi|le agg. **1** endgültig, unumstößlich: ***decisione*** ~ endgültige Entscheidung **2** DIR. nicht berufungsfähig, unanfechtbar: ***sentenza*** ~ unanfechtbares Urteil. **i|nap|pel|la|bi|li|tà** f. **1** Endgültigkeit *f.*, Unumstößlichkeit *f.* **2** DIR. Unanfechtbarkeit *f.*

i|nap|pe|ten|te agg. appetitlos. **i|nap|pe|ten|za** f. Appetitlosigkeit *f.*, Inappetenz *f.*

i|nap|pli|ca|bi|le agg. unanwendbar, nicht anwendbar: ***una teoria*** ~ ***alla situazione reale*** eine auf die wirkliche Situation nicht anwendbare Theorie; DIR. ***disposizione*** ~ unanwendbare Bestimmung. **i|nap|pli|ca|bi|li|tà** f. Unanwendbarkeit *f.*

i|nap|prez|za|bi|le agg. **1** vernachlässigbar, unmerklich: ***differenza*** ~ unmerklicher Unterschied **2** *(inestimabile)* unschätzbar.

i|nap|pro|pria|to agg. unpassend: ***vestito*** ~ ***all'occasione*** für die Gelegenheit unpassendes Kleid; ***usare un termine*** ~ einen unpassenden Ausdruck gebrauchen.

i|nap|pun|ta|bi|le agg. tadellos, untadelig: ***il servizio è stato*** ~ der Service war tadellos; ***vestito*** ~ tadellose Kleidung; ***comportamento*** ~ untadeliges Benehmen; ***comportarsi in modo*** ~ sich tadellos verhalten. **i|nap|pun|ta|bi|li|tà** f. Untadeligkeit *f.*

i|nar|ca|men|to m. Krümmung *f.* **i|nar|ca|re** *(inarco, inarchi)* **I** tr. krümmen, wölben: ~ ***la schiena*** den Rücken krümmen **II** pronom. **inarcarsi 1** sich krümmen **2** *(imbarcarsi)* sich verbiegen ◆ ~ ***le sopracciglia*** die Augenbrauen hoch‿ziehen. **i|nar|ca|tu|ra** f. **1** Krümmung *f.* **2** METR. Enjambement *n.*, Zeilensprung *m.*

i|nar|gen|ta|re tr. versilbern.

i|na|ri|di|men|to m. Ausdörren *n.*, Versiegen *n.* (anche FIG.): ***l'~ della forza creativa*** das Versiegen der Schöpferkraft.

i|na|ri|di|re *(inaridisco, inaridisci)* **I** tr. aus‿dörren, aus‿trocknen: ***la calura ha inaridito i campi*** die Hitze hat die Felder ausgedörrt **II** intr. (aus. *essere*) e pronom. **inaridirsi 1** aus‿dörren, verdorren: ***la terra si inaridisce*** die Erde dörrt aus **2** FIG. versiegen, sich erschöpfen: ***la sua vena poetica si è inaridita*** seine dichterische Ader hat sich erschöpft. **i|na|ri|di|to** p.pass. agg. **1** → **inaridire 2** verdorrt, ausgetrocknet: ***campo, pozzo*** ~ verdorrtes Feld, ausgetrockneter Brunnen **3** FIG. verhärtet: ***cuore*** ~ verhärtetes Herz.

i|nar|re|sta|bi|le agg. unaufhaltsam: ~ ***declino*** unaufhaltsamer Niedergang; ***l'~ trascorrere degli anni*** das unaufhaltsame Vergehen (*o* der unaufhaltsame Lauf) der Jahre. **i|nar|re|sta|bi|li|tà** f. Unaufhaltsamkeit *f.*

i|nar|ri|va|bi|le agg. **1** unerreichbar, unzugänglich: ***una cima*** ~ ein unerreichbarer Gipfel **2** *(inavvicinabile)* unnahbar: ***una persona*** ~ ein unnahbarer Mensch **3** *(impareggiabile)* unvergleichlich: ***un artista*** ~ ein unvergleichlicher Künstler.

i|nar|ti|co|la|to agg. inartikuliert, unartikuliert: ***emettere suoni -i*** unartikulierte Laute von sich geben.

i|na|scol|ta|to agg. ungehört: ***le sue grida rimasero -e*** seine Rufe blieben (*o* verhallten) ungehört.

i|na|spet|ta|ta|men|te avv. unerwartet, plötzlich.

i|na|spet|ta|to agg. unerwartet, unvermutet: ***un arrivo*** ~ eine unerwartete Ankunft; ***una notizia -a*** eine unerwartete Nachricht; ***rivelare capacità -e*** unerwartete Fähigkeiten zeigen; ***questo mi giunge del tutto*** ~ das kommt mir völlig unerwartet.

i|na|spri|men|to m. **1** Verschärfung *f.*: ~ ***dei contrasti*** Verschärfung der Gegensätze; ~ ***della concorrenza*** Konkurrenzverschärfung *f.*; DIR. ~ ***della pena*** Strafverschärfung *f.*; ~ ***fiscale*** Steuerverschärfung *f.* **2** *(aumento)* Erhöhung *f.*, Verschärfung *f.*: ~ ***delle tariffe*** Tariferhöhung *f.* **3** FIG. *(indurimento)* Verhärtung *f.*: ~ ***del carattere*** Verhärtung des Charakters.

i|na|spri|re *(inasprisco, inasprisci)* **I** tr. **1** verschärfen: ~ ***una pena*** eine Strafe verschärfen **2** *(aumentare)* erhöhen: ~ ***le tasse, il dolore*** die Steuern, den Schmerz erhöhen **3** FIG. *(indurire)* verhärten, verbittern: ~ ***il carattere*** den Charakter verhärten; ***le delusioni l'hanno inasprito*** die Enttäuschungen haben ihn verbittert (*o* hart gemacht) **II** intr. (aus. *essere*) e pronom. **inasprirsi 1** sich verschärfen: ***lo scontro si inasprisce*** die Auseinandersetzung verschärft sich **2** *(aumentare)* zu‿nehmen: ***il freddo si inasprisce*** die Kälte nimmt zu **3** *(esasperarsi)* sich erbittern: ***gli animi si inaspriscono*** die Gemüter erbittern sich **4** *(di vino)* um‿schlagen, sauer werden, herb werden.

i|na|sta|re tr. auf‿pflanzen: ~ ***una bandiera, la baionetta*** eine Fahne, das Bajonett aufpflanzen.

i|nat|tac|ca|bi|le agg. **1** unangreifbar: ***una fortezza*** ~ eine unangreifbare Festung **2** FIG. untadelig, einwandfrei, unbescholten: ***una fama*** ~ ein untadeliger Ruf; ***persona*** ~ unbescholtene Person **3** *(resistente)* beständig: ~ ***agli acidi*** säurebeständig. **i|nat|tac|ca|bi|li|tà** f. **1** Unangreifbarkeit *f.* **2** FIG. Untadeligkeit *f.* **3** *(resistenza)* Beständigkeit *f.*

i|nat|ten|di|bi|le agg. unglaubwürdig: ***testimone*** ~ unglaubwürdiger Zeuge. **i|nat|ten|di|bi|li|tà** f. Unglaubwürdigkeit *f.*

i|nat|te|so agg. unerwartet; *(insperato)* unverhofft: ***ospite*** ~ unerwarteter Gast; ***visita, notizia -a*** unerwarteter Besuch, unerwartete Nachricht: ***arrivare*** ~ unerwartet kommen; ***incontro*** ~ unverhoffte Begegnung.

i|nat|tin|gi|bi|le agg. LETT. unerreichbar.

i|nat|ti|va|re tr. inaktivieren: ~ ***un bacillo*** einen Bazillus inaktivieren. **i|nat|ti|va|zio|ne** f. Inaktivierung *f.*

i|nat|ti|vi|tà f. Untätigkeit *f.*, Inaktivität *f.*: ***costringere qcn. all'~*** jdn zur Untätigkeit zwingen. **i|nat|ti|vo** agg. untätig, inaktiv: ***persona -a*** untätiger Mensch; ***vulcano*** ~ untätiger Vulkan; CHIM. ***sostanze -e*** inaktive Substanzen ◆ ***capitale*** ~ totes Kapital; ***stabilimento*** ~ stillgelegte Fabrik.

i|nat|tua|bi|le agg. undurchführbar: ***piani -i*** undurchführbare Pläne. **i|nat|tua|bi|li|tà** f. Undurchführbarkeit *f.*

i|nat|tua|le agg. inaktuell, unzeitgemäß. **i|nat|tua|li|tà** f. Inaktualität *f.*, Unzeitgemäßigkeit *f.*

i|nau|di|to agg. unerhört, unglaublich: ***con -a ferocia*** mit unerhörter Grausamkeit; ***è ~!*** das ist unerhört!

i|nau|gu|ra|le agg. Einweihungs-, Eröffnungs-: ***cerimonia, seduta, discorso ~*** Einweihungsfeier *f.* (*o* Eröffnungsfeierlichkeit *f.*), Eröffnungssitzung *f.*, Eröffnungsrede *f.* (*o* Eröffnungsansprache *f.*) ◆ *(di nave)* ***viaggio ~*** Jungfernfahrt *f.*

i|nau|gu|ra|re tr. *(inauguro)* **1** eröffnen; ***~ una mostra, una fiera*** eine Ausstellung, eine Messe eröffnen; ***~ l'anno accademico*** das akademische Jahr eröffnen; TEATR. ***~ la stagione*** die Saison eröffnen **2** *(edifici, monumenti)* ein‿weihen: ***~ un nuovo stadio*** ein neues Stadion einweihen.

i|nau|gu|ra|zio|ne f. **1** Eröffnung *f.*: ***l'~ dell'anno giudiziario avrà luogo...*** die Eröffnung des Gerichtsjahres findet ... statt **2** *(di edifici, monumenti)* Einweihung *f.* ◆ ***di ~*** Eröffnungs-; *(di edifici, monumenti)* Einweihungs-; ***cerimonia di ~*** Eröffnungsfeier *f.*, Einweihungsfeier *f.*

i|nau|ten|ti|co agg. *(-ci,-che)* unecht.

i|nav|ve|du|ta|men|te avv. **1** *(senza accortezza)* aus Unachtsamkeit **2** *(per disattenzione)* aus Versehen. **i|nav|ve|du|tez|za** f. Unachtsamkeit *f.*, Unbedachtheit *f.* **i|nav|ve|du|to** agg. unachtsam, unbedacht: ***decisione -a*** unbedachte Entscheidung.

i|nav|ver|ten|za f. Unachtsamkeit *f.*, Versehen *n.*: ***causare un incidente per ~*** aus Unachtsamkeit einen Unfall verursachen; ***commettere un errore per ~*** aus Versehen einen Fehler machen. **i|nav|ver|ti|bi|le** agg. unmerkbar. **i|nav|ver|ti|ta|men|te** avv. versehentlich, aus Versehen. **i|nav|ver|ti|to** agg. unbemerkt: ***passare ~*** unbemerkt bleiben.

i|nav|vi|ci|na|bi|le agg. **1** unnahbar: ***persona ~*** unnahbare Person **2** *(inaccessibile)* unzugänglich: ***prezzi -i*** unerschwingliche Preise.

i|na|zio|ne f. Untätigkeit *f.*

in|ca I m. e f. *(-s)* Inka *m.* (-frau *f.*) **II** agg.inv. Inka-: ***civiltà ~*** Inkakultur *f.*

in|ca|fo|ni|re *(incafonisco, incafonisci)* **I** tr. ***~ qcn.*** aus jdm einen Rüpel machen **II** pronom. **incafonirsi** ein Rüpel werden.

in|ca|glia|men|to m. **1** Strandung *f.* **2** FIG. Stocken *n.*: ***l'~ di un negoziato*** das Stocken einer Verhandlung.

in|ca|gliar|si pronom. *(mi incaglio, ti incagli)* **1** stranden: ***la nave si è incagliata davanti alla costa*** das Schiff ist vor der Küste gestrandet **2** FIG. stocken, ins Stocken geraten: ***il traffico si è incagliato*** der Verkehr hat gestockt; ***~ nel parlare*** beim Sprechen stocken; ***le trattative di pace si sono incagliate*** die Friedensverhandlungen sind ins Stocken geraten.

in|cai|co agg. *(-ci,-che)* Inka-: ***regno ~*** Inkareich *n.*

in|cal|ci|na|re tr. **1** mörteln: ***~ un muro*** eine Wand mörteln **2** AGR. kalken: ***~ il terreno*** den Boden kalken. **in|cal|ci|na|tu|ra** f. **1** Mörteln *n.* **2** AGR. Kalken *n.*

in|cal|co|la|bi|le agg. **1** unermesslich: ***ricchezza, distanza ~*** unermesslicher Reichtum, unermessliche Entfernung; ***danni -i*** unermesslicher Schaden **2** *(inestimabile)* unschätzbar: ***vantaggi -i*** unschätzbare Vorteile. **in|cal|co|la|bi|li|tà** f. Unermesslichkeit *f.*

in|cal|li|men|to m. **1** Verhornung *f.* **2** FIG. Verhärtung *f.*

in|cal|li|re *(incallisco, incallisci)* **I** tr. **1** schwielig machen **2** FIG. verhärten: ***le sofferenze l'hanno incallito*** die Leiden haben ihn verhärtet **II** pronom. **incallirsi 1** verhornen, Schwielen bekommen **2** FIG. verfallen: ***-rsi nel vizio*** dem Laster verfallen; ***-rsi negli ozi*** sich an den Müßiggang gewöhnen, im Müßiggang verharren.

in|cal|li|to p.pass. agg. **1** → **incallire 2** *(insensibile)* hart, gefühllos: ***cuore ~*** hartes Herz; ***criminale ~*** abgebrühter Verbrecher **3** *(calloso)* schwielig: ***mani -e*** schwielige Hände ◆ ***bevitore ~*** Gewohnheitstrinker *m.*; ***delinquente ~*** Berufsverbrecher *m.*; ***fumatore ~*** Kettenraucher *m.*; ***giocatore ~*** leidenschaftlicher Spieler; ***peccatore ~*** hartgesottener Sünder.

in|cal|zan|te agg. **1** *(insistente)* bedrängend: ***richieste -i*** bedrängende (*o* dringliche) Forderungen **2** *(in rapida successione)* sich überstürzend: ***parole -i*** sich überstürzende Worte.

in|cal|za|re I tr. **1** bedrängen: ***~ il nemico*** den Feind bedrängen; ***~ qcn. con richieste*** jdn mit Forderungen bedrängen **2** drängen (anche assol.): ***il tempo incalza*** die Zeit drängt **3** assol. *(in rapida successione)* sich überstürzen: ***gli avvenimenti incalzano*** die Ereignisse überstürzen sich **II** pronom. **incalzarsi** sich überstürzen: ***le notizie si incalzano*** die Nachrichten überstürzen sich.

in|ca|me|ra|bi|le agg. einziehbar: ***beni -i*** einziehbare Güter.

in ca|me|ra cha|ri|ta|tis avv. unter dem Siegel der Verschwiegenheit.

in|ca|me|ra|men|to m. Einziehung *f.* **in|ca|me|ra|re** tr. *(incamero)* **1** DIR. ein‿ziehen: ***~ il patrimonio di qcn.*** jds Vermögen einziehen **2** *(appropriarsi)* ***~ qcs.*** sich (D) etw. an‿eignen.

in|ca|mi|cia|re tr. *(incamicio, incamici)* verkleiden: ***~ una facciata con il marmo*** eine Fassade mit Marmor verkleiden.

in|cam|mi|nar|si pronom. **1** sich auf den Weg machen; ***~ verso casa*** sich auf den Heimweg machen **2** FIG. entgegen‿gehen: ***~ verso il successo*** dem Erfolg entgegengehen.

in|ca|na|glir|si pronom. *(m'incanaglisco, t'incanaglisci)* ein Schurke werden.

in|ca|na|la|men|to m. **1** Kanalisierung *f.*; *(effetto)* Kanalisation *f.*: ***l'~ delle acque*** die Kanalisierung des Gewässers **2** FIG. Leitung *f.*, Leiten *n.*, Lenken *n.*: ***~ del traffico*** das Lenken des Verkehrs.

in|ca|na|la|re I tr. **1** leiten, lenken: ***~ l'acqua nelle tubature*** das Wasser durch die Rohre leiten; ***~ l'acqua piovana*** das Regenwasser kanalisieren; ***~ il traffico su tre corsie*** den Verkehr in drei Fahrspuren lenken **2** FIG. lenken, kanalisieren: ***~ le forze verso un fine razionale*** die Kräfte auf ein rationales Ziel lenken; ***~ l'opinione pubblica*** die öffentliche Meinung kanalisieren **II** pronom. **incanalarsi 1** *(di acque)* in einen Kanal fließen **2** FIG. zusammen‿laufen, strömen: ***la folla s'incanalò verso la piazza*** die Menge strömte zum Platz. **in|ca|na|la|tu|ra** f. **1** Kanalisierung *f.* **2** *(canale)* Kanal *m.*

in|can|cel|la|bi|le agg. unauslöschlich: ***traccia, ricordo ~*** unauslöschliche Spur, Erinnerung. **in|can|cel|la|bil|men|te** avv. unauslöschlich.

in|can|cre|ni|re *(incancrenisco, incancrenisci)* **I** intr. (aus. *essere*) brandig werden, gangränös werden **II** pronom. **incancrenirsi 1** brandig werden, gangränös werden: ***la ferita si è incancrenita*** die Wunde ist brandig geworden **2** FIG. *(di male, vizio)* sich ein‿wurzeln, chronisch werden. **in|can|cre|ni|to** p.pass. agg. **1** → **incancrenire 2** brandig, gangränös: ***piaghe -e*** brandige Wunden **3** FIG. chronisch zerrüttet, geschädigt: ***una società -a*** eine chronisch zerrüttete Gesellschaft.

in|can|de|scen|te agg. **1** Glüh-, glühend: ***ferro ~*** glühendes Eisen **2** FIG. hitzig: ***dibattito, atmosfera ~*** hitzige Debatte, hitzige Atmosphäre. **in|can|de|scen|za** f. Glühen *n.*, FIS. Weißglut *f.*; ***lampada, luce a ~*** Glühlampe *f.*, Glühlicht *n.*

in|can|na|re tr. auf‿spulen: ***~ filato sul rocchetto*** Garn auf die Spule aufspulen. **in|can|na|to|io** m. *(-oi)* Spuler *m.*, Spulmaschine *f.* **in|can|na|to|re** m. Spuler *m.* **in|can|na|tri|ce** f. Spulerin *f.* **in|can|na|tu|ra** f. Spulen *n.*

in|can|nuc|cia|re tr. *(incannuccio, incannucci)* **1** mit Rohr umzäunen: ***~ il pollaio*** den Hühnerstall mit Rohr umzäunen **2** *(sostenere con cannucce)* mit Rohr(stöcken) stützen: ***~ i pomodori*** Tomaten mit Rohr stützen. **in|can|nuc|cia|ta** f. **1** Rohrzaun *m.* **2** *(sostegno)* Rohrgeflecht *n.* **in|can|nuc|cia|tu|ra** f. Rohrgeflecht *n.*

in|can|ta|men|to m. **1** Verzauberung *f.*, Bezauberung *f.*

in|can|ta|re I tr. verzaubern (anche FIG.), bezaubern, entzücken: ***~ qcn.*** jdn verzaubern; ***~ qcn. con la propria bellezza*** jdn durch seine Schönheit bezaubern; ***lasciarsi ~ da qcn., da qcs.*** sich von jdm, von etw. verzaubern lassen; ***~ serpenti*** Schlangen beschwören **II** pronom. **incantarsi 1** verzaubert sein: ***-rsi davanti a un paesaggio*** von einer Landschaft wie verzaubert sein **2** *(imbambolarsi)* vor sich hin starren, sich in Gedanken verlieren **3** *(incepparsi)* hängen bleiben: ***il disco si è incantato*** die Schallplatte ist hängen geblieben.

in|can|ta|to p.pass. agg. **1** → **incantare 2a** Zauber-, verzaubert: ***anello ~*** Zauberring *m.*; FIG. ***restare ~ ad ascoltare*** wie verzaubert zuhören **b** *(fatato)* verwunschen: ***castello ~*** verwunschenes Schloss; ***paese ~*** Wunderland *n.* **3** *(favoloso)* zauberhaft: ***paesaggio ~*** zauberhafte Landschaft.

in|can|ta|to|re I m. Zauberer *m.*; ***~ di serpenti*** Schlangenbeschwörer *m.* **II** agg. bezaubernd, entzückend: ***sorriso ~*** bezauberndes Lächeln. **in|can|ta|tri|ce** f. Zauberin *f.*

in|can|te|si|mo m. Zauber *m.*: ***fare un ~ a qcn.*** jdn verzaubern; ***rompere l'~*** den Zauber lösen; ***liberare qcn. da un ~*** jdn von einem Zauber erlösen, jdn entzaubern ◆ ***~ d'amore*** Liebeszauber *m.*; FIG. ***rompere l'~ a qcn.*** = jdn ernüchtern.

in|can|te|vo|le agg. bezaubernd, zauberhaft: ***ragazza ~*** bezauberndes Mädchen.

1.in|can|to m. Zauber *m.* (anche FIG.): ***compiere un ~*** einen Zauber an‿wenden; ***esercitare un ~ su qcn.*** einen Zauber auf jdn aus‿üben; FIG. ***l'~ di una notte stellata*** der Zauber einer Sternennacht ◆ ***quella ragazza è un ~*** das Mädchen ist bezaubernd; ***sparì (come) per ~*** er verschwand wie von, durch Zauberhand; ***il vestito le sta d'~*** das Kleid steht ihr zauberhaft.

2.in|can|to m. DIR. Versteigerung *f.*, Auktion *f.*: ***andare all'~*** zur Versteigerung kommen; ***comperare qcs. all'~*** etw. bei, auf einer Versteigerung erstehen; ***mettere qcs. all'~*** etw. versteigern.

in|ca|nu|ti|men|to m. Ergrauen *n.* **in|ca|nu|ti|re** intr. *(incanutisco, incanutisci*; aus. *essere)* ergrauen, grau(haarig) werden.

in|ca|pa|ce I agg. unfähig: ***essere ~ di fare qcs.*** unfähig sein, etw. zu tun; ***un lavoratore completamente ~*** ein völlig unfähiger Arbeiter; ~ ***di agire*** geschäftsunfähig; ~ ***di lavorare*** arbeitsunfähig, erwerbsunfähig; DIR. ***dichiarare qcn. ~ di intendere e di volere*** jdn für unzurechnungsfähig erklären **II** m. Versager *m.*, Nichtskönner *m.*: DIR. ***circonvenzione d'~*** Täuschung eines Unzurechnungsfähigen.

in|ca|pa|ci|tà f. Unfähigkeit *f.*: ~ ***di fare qcs.*** Unfähigkeit, etw. zu tun; ~ ***al lavoro, lavorativa*** Erwerbsunfähigkeit *f.*; DIR. ~ ***di intendere e di volere*** Unzurechnungsfähigkeit *f.*

in|ca|par|bi|r|si pronom. *(m'incaparbisco, t'incaparbisci)* eigensinnig werden, halsstarrig werden.

in|ca|po|ni|men|to m. Versteifen *n.* **in|ca|po|nir|si** pronom. *(m'incaponisco, t'incaponisci)* ~ ***in qcs.*** sich auf etw. (A) versteifen: ~ ***in un'idea*** sich auf eine Idee versteifen.

in|cap|pa|re intr. (aus. *essere*) ~ ***in qcs.*** in etw. (A) geraten; *(incontrare)* auf etw. (A) stoßen: ~ ***in mille difficoltà*** auf nicht endende Schwierigkeiten stoßen; ~ ***nella persona sbagliata*** an die falsche Person geraten; ~ ***in un errore*** einen Fehler machen; ~ ***in un posto di blocco*** auf eine Polizeisperre stoßen.

in|cap|pel|lar|si pronom. COLLOQ. gekränkt sein, pikiert sein: ~ ***per qcs.*** über etw. pikiert (*o* gekränkt) sein.

in|cap|pot|ta|re I tr. in einen Mantel hüllen **II** pronom. **incappottarsi** sich in einen Mantel hüllen.

in|cap|puc|cia|re *(incappuccio, incappucci)* **I** tr. **1** ~ ***qcn., qcs.*** jdm, etw. eine Kapuze auf‿setzen **2** FIG. bedecken: ***la neve incappuccia le cime dei monti*** der Schnee bedeckt die Bergspitzen **II** pronom. **incappucciarsi 1** sich eine Kapuze auf‿setzen **2** FIG. sich bedecken.

in|cap|puc|cia|to I p.pass. agg. **1** → **incappucciare 2** vermummt, eine Kapuze tragend, mit einer Kapuze: ***terroristi, dimostranti -i*** vermummte Terroristen, Demonstranten **3** FIG. mit Schnee bedeckt: ***monti -i di neve*** mit Schnee bedeckte Berge **II** m. *(membro del Ku-Klux-Klan)* = Mitglied *n.* des Ku-Klux-Klans.

in|ca|pret|ta|men|to m. = Fesselung *f.*, die zu Selbstdrosselung führt.

in|ca|pric|ciar|si pronom. *(mi incapriccio, ti incapricci)* **1** *(invaghirsi)* ~ ***di qcn.*** sich in jdn vernarren, COLLOQ. verknallen **2** ~ ***di qcs.*** sich auf etw. (A) kaprizieren.

in|cap|su|la|men|to m. **1** Einkapselung *f.* **2** MED. Überkronung *f.* **in|cap|su|la|re** tr. *(incapsulo)* **1** ein‿kapseln **2** MED. überkronen: ~ ***un dente*** einen Zahn überkronen.

in|car|ce|ra|men|to m. **1** Inhaftierung *f.*, ANT. Einkerkerung *f.* **2** MED. Einklemmen *n.*; ~ ***dell'ernia, della placenta*** eingeklemmter Bruch, eingeklemmte Plazenta. **in|car|ce|ra|re** tr. *(incarcero)* ein‿sperren: ~ ***qcn. per tre anni*** jdn für drei Jahre einsperren. **in|car|ce|ra|zio|ne** f. Inhaftierung *f.*, ANT. Einkerkerung *f.*

in|car|di|na|re *(incardino)* **I** tr. **1** in die Angeln hängen: ~ ***una porta*** eine Tür in die Angeln hängen **2** FIG. stützen: ~ ***il ragionamento su alcuni presupposti sicuri*** den Gedankengang auf einige sichere Voraussetzungen stützen **II** pronom. ***incardinarsi su qcs.*** sich auf etw. (A) stützen.

in|ca|ri|ca|re *(incarico, incarichi)* **I** tr. beauftragen, betrauen: ~ ***qcn. di qcs.*** jdn mit etw. beauftragen; ~ ***qcn. di fare qcs.*** jdn beauftragen, etw. zu tun **II** pronom. **incaricarsi** übernehmen: ***-rsi di qcs.*** etw. übernehmen; ***se ne incaricherà lui*** er wird es übernehmen.

in|ca|ri|ca|to I p.pass. agg. **1** → **incaricare 2** beauftragt: ~ ***di qcs.*** mit etw. beauftragt **II** m. Beauftragte *m.*: ~ ***speciale*** Sonderbeauftragte *m.* ◆ ***professore*** ~ Lehrbeauftragte *m.*; DIPL. ~ ***d'affari*** (diplomatischer) Geschäftsträger *m.*

in|ca|ri|co m. *(-chi)* **1** Auftrag *m.*: ~ ***permanente*** Dauerauftrag *m.*; ***per ~ di qcn.*** im Auftrag von jdm; ***dare, affidare un ~ a qcn.*** jdm einen Auftrag geben, erteilen; ***avere, assumersi l'~ di fare qcs.*** den Auftrag haben, übernehmen, etw. zu tun; ***portare a termine un*** ~ einen Auftrag erfüllen **2** *(carica)* Amt *n.*: ***assumere un*** ~ ein Amt übernehmen; ***lasciare un*** ~ ein Amt auf‿geben; ***sollevare qcn. da un*** ~ jdn seines Amtes entheben **3** SCOL. *(cattedra)* Lehrauftrag *m.*

in|car|na|re I tr. **1** verkörpern: ~ ***un ideale*** ein Ideal verkörpern **2** TEATR. dar‿stellen: ~ ***un personaggio*** eine Figur darstellen **II** pronom. **incarnarsi 1** sich verkörpern, verkörpert sein **2** RELIG. Fleisch werden, sich inkarnieren **3** → **incarnire.**

1.in|car|na|to p.pass. → **incarnare** ◆ ***il Figlio di Dio*** ~ der Fleisch gewordene Sohn Gottes.

2.in|car|na|to I agg. **1** *(colore)* fleischfarbig, fleischfarben **2** ART. inkarnat **II** m. **1** Fleischfarbe *f.*, Hautfarbe *f.*; *(del viso)* Teint *m.*: ***avere un bell'~*** einen schönen Teint haben **2** ART. Inkarnat *n.*

in|car|na|zio|ne f. **1** RELIG. Fleischwerdung *f.*, Inkarnation *f.*, Menschwerdung *f.* **2** FIG. Verkörperung *f.*: ***l'~ del male, del potere*** die Verkörperung des Bösen, der Macht.

in|car|ni|r|si pronom. *(mi incarnisco, ti incarnisci)* ein‿wachsen: ***mi si è incarnita un'unghia*** mir ist ein Nagel eingewachsen.

in|ca|ro|gni|re *(incarognisco, incarognisci)* intr. (aus. *essere*) e pronom. **incarognirsi 1** *(depravarsi)* verderben **2** *(impigrirsi)* faul werden **3** *(diventare cronico)* chronisch werden: ***una malattia che può -rsi*** eine Krankheit, die chronisch werden kann. **in|ca|ro|gni|to** p.pass. agg. **1** → **incarognire 2** chronisch: ***vizio*** ~ chronisches Laster.

in|car|ta|men|to m. Akte *f.*, Papiere *pl.*: ***gli -i necessari per la compravendita di un immobile*** die für den Verkauf einer Immobilie notwendigen Papiere.

in|car|ta|pe|co|ri|re *(incartapecorisco, incartapecorisci)* intr. (aus. *essere*) e pronom. **incartapecorirsi 1** runzlig werden: ***gli si è incartapecorita la pelle*** seine Haut ist runzlig geworden **2** FIG. verkalkt werden: ***gli si è incartapecorito il cervello*** sein Hirn ist schon ganz verkalkt. **in|car|ta|pe|co|ri|to** p.pass. agg. **1** → **incartapecorire 2** *(raggrinzito)* runzlig: ***viso*** ~ runzliges Gesicht **3** *(inaridito)* ***cervello*** ~ verkalktes Hirn.

in|car|ta|re I tr. ein‿packen, ein‿wickeln, in Papier wickeln: ~ ***un regalo*** ein Geschenk einpacken **II** pronom. **incartarsi 1** *(nel gioco delle carte)* nicht ablegen können **2** COLLOQ. *(confondersi)* durcheinander geraten, durcheinander kommen **3** COLLOQ. *(schiantarsi)* donnern, sich wickeln: ***-rsi contro un palo della luce*** gegen einen Lichtmast donnern, sich um einen Lichtmast wickeln. **in|car|to** m. **1** Einpacken *n.*, Einwickeln *n.* **2** *(involucro)* Verpackung *f.*, Papier *n.*: ***l'~ della cioccolata*** das Schokoladenpapier.

in|car|toc|cia|re tr. *(incartoccio, incartocci)* in Papier ein‿wickeln.

in|car|to|na|re tr. **1** in Kartons verpacken **2** *(nella rilegatura di libri)* kartonieren.

in|ca|sel|la|re tr. **1** in Kästchen ein‿tragen, in Kästchen stecken: ~ ***i numeri*** die Nummern in Kästchen eintragen; ~ ***la posta*** die Post in die Briefkästen stecken **2** FIG. ordnen: ~ ***le proprie nozioni*** seine Kenntnisse ordnen.

in|ca|si|na|re COLLOQ. **I** tr. durcheinander bringen: ***mi ha incasinato tutta la cucina*** er hat meine ganze Küche durcheinander gebracht **II** pronom. **incasinarsi 1** *(di persone)* überhaupt nichts mehr kapieren: ***mi sono incasinato facendo i conti*** ich habe bei der Rechnerei überhaupt nichts mehr kapiert **2** *(di cose)* verworren werden, chaotisch werden: ***la situazione si è ulteriormente incasinata*** die Situation ist noch chaotischer geworden. **in|ca|si|na|to** p.pass. agg. **1** → **incasinare 2** verworren, chaotisch: ***una situazione -a*** eine chaotische Situation; ***un archivio*** ~ ein chaotisches Archiv.

in|cas|sa|bi|le agg. **1** einbaubar: ***elettrodomestico*** ~ einbaubares Haushaltsgerät **2** BANC. einlösbar: ***assegno*** ~ einlösbarer Scheck.

in|cas|sa|re I tr. **1** *(mettere in casse)* in Kisten verpacken: ~ ***la merce*** die Ware in Kisten verpacken **2a** TECN. ein‿betten: ~ ***un cavo nella parete*** ein Kabel in die Wand einbetten **b** *(inserire)* ein‿bauen: ~ ***la lavastoviglie*** die Spülmaschine einbauen; ~ ***un armadio nel muro*** einen Schrank in die Wand einbauen **3a** *(riscuotere)* ein‿lösen: ~ ***un assegno*** einen Scheck einlösen; ~ ***una vincita*** einen Gewinn einlösen **b** *(introitare)* ein‿nehmen (anche assol.): ***oggi abbiamo incassato molto*** heute haben wir viel eingenommen **4** *(nel pugilato)* ein‿stecken (anche FIG.): ~ ***un colpo*** einen Schlag einstecken; ~ ***offese*** Beleidigungen einstecken **5** *(incastonare)* ein‿fassen, ein‿setzen: ~ ***una pietra in un bracciale*** einen Edelstein in ein Armband einsetzen **II** pronom. **incassarsi** sich ein‿schneiden, eingeschnitten sein: ***la strada s'incassa (profondamente) tra le montagne*** die Straße schneidet sich (tief) in die Berge ein.

in|cas|sa|to p.pass. agg. **1** → **incassare 2a** TECN. eingebettet: ***tubo*** ~ eingebettetes Rohr **b** *(inserito)* eingebaut: ***elettrodomestico*** ~ eingebautes Haushaltsgerät **3** *(riscosso)* eingelöst: ***assegno*** ~ eingelöster Scheck **4** *(incastonato)* eingefasst, eingesetzt: ***pietra -a*** eingefasster Edelstein **5** *(racchiuso da alti argini)* eingeschnitten: ***una valle profondamente -a*** ein tief eingeschnittenes Tal. **in|cas|sa|tu|ra** f. Vertiefung *f.*: ***ricavare un'~ nel muro*** eine Vertiefung in der Wand an‿bringen.

in|cas|so m. **1** COMM. Einnahme *f.*, Losung *f.* **2** *(riscossione)* Einlösung *f.*, Inkasso *n.*, Einzug *m.*: ~ ***di una vincita*** Einlösung eines Gewinnes; ~ ***di un assegno*** Einlösung eines Schecks (*o* Scheckinkasso *n.*); ***presentare qcs. per l'~, all'~*** etw. zum Inkasso (*o* zum Einzug) ein‿richten **3** *(inserimento)* Einbau *m.* ◆ ***da*** ~ Einbau-; ***mobili da*** ~ Einbaumöbel *pl.*; ***diritti d'~*** Inkassogebühren *pl.*; ~ ***giornaliero*** Tageseinnahme *f.*; ~ ***lordo*** Bruttoeinnahme *f.*; ~ ***netto*** Nettoeinnahme *f.*

in|ca|stel|la|tu|ra f. Gestell *n.*, Gerüst *n.*

in|ca|sto|na|re tr. **1** fassen, ein‿fassen, ein‿setzen: ***~ un diamante in un anello*** einen Diamanten in einen Ring einsetzen **2** FIG. *(adornare)* schmücken: ***~ nel dialogo molte sentenze*** den Dialog mit vielen Sentenzen schmücken.

in|ca|sto|na|tu|ra f. Fassung *f.*, Einfassung *f.*, Einsetzen *n.*

in|ca|stra|re I tr. **1** ineinander stecken **2** *(imprigionare)* ein‿klemmen **3a** FIG. *(coinvolgere)* verwickeln: ***farsi ~ in qcs.*** sich in etw. (A) verwickeln lassen **b** *(mettere alle strette)* in die Zange nehmen, fest‿nageln: ***~ qcn.*** jdn in die Zange nehmen **II** pronom. **incastrarsi 1** sich ineinander fügen: ***questi due pezzi si incastrano perfettamente*** diese zwei Teile fügen sich genau ineinander **2** *(rimanere incastrato)* stecken bleiben, hängen bleiben, sich ein‿klemmen: ***l'aquilone si è incastrato tra i rami*** der Drachen ist zwischen den Ästen hängen geblieben **3** *(incepparsi)* klemmen: ***il cassetto si è incastrato*** die Schublade klemmt.

in|ca|stra|to p.pass. agg. **1** → **incastrare 2** stecken geblieben, eingeklemmt; ***rimanere ~*** stecken bleiben; *(imprigionato)* eingeklemmt sein: ***il guidatore era ~ dietro il volante*** der Fahrer war hinter dem Steuerrad eingeklemmt. **in|ca|stra|tu|ra** f. → **incastro.**

in|ca|stro m. Einspannung *f.*, Einschnitt *m.* ◆ ***a ~*** zusammengesteckt; TECN. ***~ a coda di rondine*** Schwalbenschwanzverbindung *f.*; ***collegamento a ~*** Steckverbindung *f.*; ***~ a maschio e femmina*** Spundung *f.*; ***~ a pettine*** Kamm *m.*

in|ca|te|na|men|to m. **1** Kettung *f.* **2** RAR. *(concatenazione)* Verkettung *f.*

in|ca|te|na|re I tr. ketten, an‿ketten: ***~ un cane al recinto*** einen Hund an den Zaun ketten; ***~ i prigionieri*** die Gefangenen anketten; FIG. ***gli obblighi familiari lo incatenano*** seine familiären Pflichten nehmen ihn in Anspruch **II** pronom. **incatenarsi** sich an‿ketten.

in|ca|te|na|to p.pass. agg. **1** → **incatenare 2** gefesselt: ***essere ~ al letto*** ans Bett gefesselt sein **3** METR. Ketten-: ***rima -a*** Kettenreim *m.* ◆ ***Prometeo ~*** der gefesselte Prometheus. **in|ca|te|na|tu|ra** f. EDIL. Verankerung *f.*

in|ca|tra|ma|re tr. teeren, verteeren: ***~ una strada*** eine Straße teeren; ***~ una barca*** ein Boot verteeren. **in|ca|tra|ma|to** p.pass. agg. **1** → **incatramare 2** teerig, Teer-, teergetränkt: ***cartone ~*** Teerpappe *f.*

in|cat|ti|vi|re *(incattivisco, incattivisci)* **I** tr. verbittern, böse machen: ***le delusioni della vita lo hanno incattivito*** die Enttäuschungen des Lebens haben ihn verbittert **II** intr. *(marcire;* aus. *essere)* schlecht werden: ***un frutto che incattivisce subito*** eine Frucht, die sofort schlecht wird **III** pronom. **incattivirsi** verbittert sein, böse werden: ***nel corso degli anni si è incattivito*** im Lauf der Jahre ist er böse geworden.

in|cau|ta|men|te avv. unvorsichtig, unbedacht. **in|cau|to** agg. unvorsichtig, unbedacht: ***persona -a*** unvorsichtiger Mensch; ***risposta, azione -a*** unbedachte Antwort, Handlung.

in|ca|val|la|tu|ra f. Gebinde *n.*

in|ca|va|re tr. höhlen, aus‿höhlen: ***~ una pietra*** einen Stein aushöhlen. **in|ca|va|to** p.pass. agg. **1** → **incavare 2** FIG. eingefallen: ***occhi -i*** tief liegende Augen; ***guance -e*** eingefallene Wangen. **in|ca|va|tu|ra** f. Höhlung *f.*, Aushöhlung *f.*, Vertiefung *f.*

in|ca|vo m. **1** Höhlung *f.*, Aushöhlung *f.*, Vertiefung *f.*: Einschneidearbeit *f.* **2** ANAT. Höhle *f.*: ***~ dell'ascella*** Achselhöhle *f.* **3** SART. Ausschnitt *m.*

in|ca|vo|lar|si pronom. *(m'incavolo)* COLLOQ. stinksauer werden: ***~ per qcs. con qcn.*** wegen etw. auf jdn stinksauer werden. **in|ca|vo|la|to** p.pass. agg. COLLOQ. **1** → **incavolarsi 2** stinksauer: ***~ nero*** stocksauer; ***essere ~ nero con qcn. per qcs.*** wegen etw. auf jdn stocksauer sein. **in|ca|vo|la|tu|ra** f. COLLOQ. Stinkwut *f.*

in|caz|zar|si pronom. VOLG. stinkwütend werden: ***~ con qcn. per qcs.*** wegen etw. auf jdn stinkwütend werden. **in|caz|za|to** p.pass. agg. VOLG. **1** → **incazzarsi 2** stinkwütend; ***essere ~ con qcn. per qcs.*** wegen etw. eine Stinkwut auf jdn haben. **in|caz|za|tu|ra** f. VOLG. Stinkwut *f.*; ***prendersi un'~*** stinkwütend werden.

1.in|ce|de|re intr. (aus. *avere*) LETT. einher‿schreiten.

2.in|ce|de|re m. Einherschreiten *n.*, Gang *m.*: ***un ~ solenne*** ein majestätischer Gang.

in|ce|di|bi|le agg. nicht übertragbar, unübertragbar, unabtretbar: ***bene ~*** nicht übertragbares Gut.

in|cen|dia|re *(incendio, incendi)* **I** tr. **1** in Brand setzen, in Brand stecken: ***~ un edificio*** ein Gebäude in Brand setzen **2** FIG. entzünden, entflammen: ***~ gli animi*** die Gemüter entzünden **II** pronom. **incendiarsi 1** in Brand geraten, sich entzünden **2** FIG. sich entzünden, sich entflammen: ***la fantasia di qcn. si incendia per qcs.*** jds Fantasie entflammt sich für etw.

in|cen|dia|rio I agg. *(-ri,-rie)* **1** Brand-: ***proiettile ~*** Brandgeschoss *n.*; ***bomba -a*** Brandbombe *f.* **2** FIG. Brand-, Kampf-: ***discorso ~*** Brandrede *f.*; ***scritto ~*** Kampfschrift *f.* **II** m. *(-ri)* Brandstifter *m.*

in|cen|dio m. *(-di)* Brand *m.*: ***appiccare un ~*** einen Brand legen; ***appiccare un ~ a qcs.*** etw. in Brand setzen (*o* stecken); ***provocare, domare (spegnere), circoscrivere un ~*** einen Brand entfachen, löschen, begrenzen; ***è scoppiato un ~*** ein Brand ist ausgebrochen ◆ ***assicurazione contro gli -i*** Brandversicherung *f.* (*o* Feuerversicherung *f.*); ***~ di un bosco*** Waldbrand *m.*; ***causa dell'~*** Brandursache *f.*; ***~ doloso*** Brandstiftung *f.*; ***focolaio dell'~*** Brandherd *m.*; ***luogo dell'~*** Brandstelle *f.*; ***~ in una miniera*** Grubenbrand *m.*; ***pericolo d'~*** Brandgefahr *f.* (*o* Feuergefahr *f.*); ***prevenzione degli -i*** Brandverhütung *f.*; ***~ di vaste proporzioni*** Flächenbrand *m.*; ***vittima di un ~*** Brandopfer *n.*

in|ce|ne|ri|men|to m. **1** Einäscherung *f.* **2** *(di rifiuti)* Verbrennung *f.*: ***~ dei rifiuti*** Müllverbrennung *f.*; ***impianto di ~*** Müllverbrennungsanlage *f.* **in|ce|ne|ri|re** *(incenerisco, incenerisci)* **I** tr. **1** ein‿äschern: ***il fulmine ha incenerito la casa*** der Blitz hat das Haus eingeäschert **2** *(rifiuti)* verbrennen **3** FIG. vernichten: ***~ qcn. con un'occhiata*** jdn mit einem Blick vernichten **4** CHIM. veraschen **II** pronom. **incenerirsi** (zu) Asche werden. **in|ce|ne|ri|to|re** m. Verbrennungsofen *m.*, Müllverbrennungsofen *m.*; *(impianto)* Müllverbrennungsanlage *f.*

in|cen|sa|men|to m. **1** Beweihräucherung *f.*, Inzensation *f.* **2** FIG. Beweihräucherung *f.* **in|cen|sa|re I** tr. beweihräuchern (anche FIG.) **II** pronom. **incensarsi** sich beweihräuchern. **in|cen|sa|to|re** m. **1** Rauchfass *n.*, Weihrauchfass *n.*, Inzensator *m.* **2** FIG. *(adulatore)* Schmeichler *m.*

in|cen|so m. Weihrauch *m.*: ***bruciare l'~*** Weihrauch verbrennen.

in|cen|su|ra|bi|le agg. tadelfrei, tadellos: ***comportamento ~*** tadelloses Verhalten. **in|cen|su|ra|bi|li|tà** f. Unbescholtenheit *f.*

in|cen|su|ra|to agg. unbescholten.

in|cen|ti|va|re tr. **1** fördern: ***~ la ricerca*** die Forschung fördern **2** ECON. an‿kurbeln: ***~ la produzione*** die Produktion ankurbeln. **in|cen|ti|va|zio|ne** f. **1** Förderung *f.* **2** ECON. Ankurb(e)lung *f.*

in|cen|ti|vo m. **1** Ansporn *m.*: ***essere d'~*** ein Ansporn sein; ***un ~ a qcs.*** ein Ansporn zu etw. **2** ECON. Ankurb(e)lung *f.*, Anreiz *m.*: ***dare -i all'industria*** die Industrie an‿kurbeln ◆ ***-i finanziari*** finanzielle Anreize; ***~ fiscale*** steuerlicher Anreiz; ***premio d'~*** Anreizprämie *f.*; ***~ di produzione*** Produktionsprämie *f.*

in|cen|tra|re I tr. in den Mittelpunkt stellen: ***~ una discussione su un argomento*** ein Thema in den Mittelpunkt einer Diskussion stellen **II** pronom. **incentrarsi** sich drehen, im Mittelpunkt stehen: ***il racconto si incentra sul tema dell'infanzia*** die Erzählung dreht sich um das Thema der Kindheit (*o* im Mittelpunkt der Erzählung steht das Thema Kindheit).

in|cep|pa|men|to m. **1** MECC. Klemmen *n.* **2** *(di armi da fuoco)* Ladehemmung *f.*

in|cep|pa|re I tr. blockieren, hemmen: ***~ lo sviluppo di qcs.*** die Entwicklung von etw. blockieren, hemmen **II** pronom. **incepparsi 1** sich verklemmen, klemmen: ***la serratura della porta si è inceppata*** das Türschloss hat sich verklemmt **2** stehen bleiben: ***la stampante si inceppa facilmente*** der Drucker bleibt leicht stehen **3** *(di armi da fuoco)* Ladehemmung haben **4** *(balbettare)* ins Stottern geraten **5** SCHERZ. *(andare in tilt)* eine Ladehemmung haben. **in|cep|pa|to** p.pass. agg. **1** → **inceppare 2** *(di stile)* holperig.

in|ce|ra|re tr. **1** wachsen: ***~ il pavimento*** den Fußboden wachsen **2** *(impermeabilizzare)* ein‿wachsen. **in|ce|ra|ta** f. **1** *(tessuto)* Wachstuch *n.* **2** *(indumento)* Wachszeug *n.* **in|ce|ra|to** p.pass. agg. **1** → **incerare 2** Wachs-: ***tela -a*** Wachstuch *n.* **in|ce|ra|tu|ra** f. **1** Wachsen *n.*, Einwachsen *n.* **2** *(strato di cera)* Wachsschicht *f.*

in|ce|rot|ta|re tr. bepflastern: ***~ un ginocchio, una ferita*** ein Knie, eine Wunde bepflastern. **in|ce|rot|ta|to** p.pass. agg. **1** → **incerottare 2** bepflastert, mit Pflastern beklebt: ***essere tutto ~*** überall mit Pflastern beklebt sein.

in|cer|tez|za f. **1** Ungewissheit *f.*: ***essere, rimanere (restare) nell'~*** im Ungewissen (*o* in Ungewissheit) sein, bleiben; ***lasciare qcn. nell'~*** jdn im Ungewissen lassen **2** *(insicurezza)* Unsicherheit *f.*: ***l'~ di una notizia, del futuro*** die Unsicherheit einer Nachricht, der Zukunft; ***un momento di ~*** ein Augenblick der Unsicherheit; ***avere qualche ~*** etwas unsicher sein.

in|cer|to I agg. **1** unsicher: ***avvenire ~*** unsichere Zukunft; ***passi -i*** unsichere Schritte **2** *(non definito)* ungewiss: ***il risultato, l'esito dell'operazione è ancora ~*** der Ausgang, das Ergebnis der Operation ist noch ungewiss **3** *(indeciso)* unentschlossen, unsicher; ***essere ~ sul da farsi*** unentschlossen darüber sein, was zu tun ist **4** *(indeterminato)* unbestimmt: ***di colore ~*** von unbestimmbarer

Farbe **II** m. Ungewissheit *f.*, Ungewisse *n.* ◆ ***abbandonare, lasciare il certo per l'~*** sich auf unsicheren Boden begeben; ***luce -a*** schwaches Licht; ***gli -i del mestiere*** = die Risiken, die man in Kauf nehmen muss; ***tempo ~*** unsicheres Wetter.

in|ce|spi|ca|re intr. *(incespico, incespichi);* aus. *essere)* **1** stolpern: ***~ nel tappeto, in un gradino*** über den Teppich, über eine Stufe stolpern **2** *(balbettare)* sich verhaspeln.

in|ces|san|te agg. unaufhörlich, ununterbrochen, unablässig: ***pioggia ~*** unaufhörlicher Regen. **in|ces|san|te|men|te** avv. unaufhörlich, ununterbrochen, unablässig: ***piove ~ da giorni*** es regnet seit Tagen unaufhörlich.

in|ce|sto m. Blutschande *f.*, Inzest *m.*: ***commettere (un) ~*** Blutschande begehen. **in|ce|stuo|so** agg. blutschänderisch, inzestuös.

in|cet|ta f. **1** Aufkauf *m.*, Hamsterkauf *m.*; ***fare ~ di dischi rari*** seltene Platten auf‿kaufen; ***fare ~ di generi alimentari*** Lebensmittel hamstern **2** ***fare ~ di voti*** Stimmen fangen. **in|cet|ta|re** tr. **1** auf‿kaufen, horten; *(fare scorta di)* hamstern: ***~ una gran quantità di merce*** eine große Menge von Waren aufkaufen **2** *(voti)* fangen. **in|cet|ta|to|re** m. Aufkäufer *m.*, Hamsterer *m.*

in|chia|var|da|re tr. mit Ankerschrauben befestigen.

in|chia|vet|ta|re tr. MECC. verkeilen, fest‿keilen.

in|chie|sta f. **1** Umfrage *f.*; *(sondaggio)* Befragung *f.*, Rundfrage *f.*: ***fare un'~*** eine Umfrage machen; ***condurre un'~*** eine Umfrage durch‿führen **2** DIR. Untersuchung *f.*: ***ordinare un'~*** eine Untersuchung veranlassen (*o* an‿ordnen); ***aprire, avviare un'~*** eine Untersuchung ein‿leiten ◆ ***commissione d'~*** Untersuchungsausschuss *m.*, Ermittlungsausschuss *m.*; ***~ disciplinare*** Disziplinaruntersuchung *f.*; ***~ giornalistica*** *(sondaggio)* Umfrage *f.*; *(indagine su un argomento)* Zeitungsbericht *m.*; ***~ giudiziaria*** gerichtliche Untersuchung; ***~ lampo*** Blitzumfrage *f.*; ***~ tra i lettori*** Leserumfrage *f.*; ***~ parlamentare*** parlamentarische Untersuchung; ***~ preliminare*** Voruntersuchung *f.*; ***risultati dell'~*** Untersuchungsergebnisse *pl.*; ***~ tributaria*** Steuerfahndung *f.*

in|chi|na|re I tr. neigen: ***~ il capo di fronte, davanti a qcn., all'altare*** das Haupt vor jdm, vor dem Altar neigen **II** pronom. **inchinarsi 1** sich verneigen, sich verbeugen, sich zu‿neigen: ***-rsi davanti a qcn.*** sich jdm zuneigen, sich vor jdm verbeugen; ***-rsi leggermente*** sich leicht verneigen **2** FIG. sich verneigen: ***mi inchino al tuo sapere*** ich verneige mich vor deinem Wissen.

in|chi|no m. Verbeugung *f.*, Verneigung *f.*: ***fare un profondo ~ davanti a qcn.*** eine tiefe Verbeugung vor jdm machen; ***abbozzare un ~*** eine Verbeugung an‿deuten.

in|chio|da|men|to m. Nageln *n.*

in|chio|da|re I tr. **1** nageln, vernageln, fest‿nageln; *(chiudere)* zu‿nageln; *(applicare)* auf‿nageln: ***un quadro alla parete*** ein Bild an die Wand nageln; ***~ una cassa, una botte*** eine Kiste, ein Fass zunageln; ***~ una finestra*** ein Fenster vernageln; ***~ una modanatura*** eine Zierleiste aufnageln **2** FIG. fest‿nageln: ***~ qcn. alle proprie responsabilità*** jdn auf seine Verantwortungen festnageln; COLLOQ. ***le testimonianze lo hanno inchiodato*** die Zeugen haben ihn festgenagelt **3** FIG. *(immobilizzare)* fesseln: ***la malattia l'ha inchiodato al letto per settimane*** die Krankheit hat ihn wochenlang ans Bett gefesselt **II** intr. (aus. *avere*) COLLOQ. = scharf bremsen. **in|chio|da|tu|ra** f. **1** Nageln *n.* **2** *(insieme di chiodi)* Vernagelung *f.*, Nägel *pl.*

in|chio|stra|re tr. ein‿färben, schwärzen. **in|chio|stra|to|re** m. **1** Einfärber *m.* **2** *(rullo, macchinario)* Farbwalze *f.*, Farbwerk *n.* **in|chio|stra|zio|ne** f. Einfärbung *f.*

in|chio|stro m. **1** Tinte *f.*: ***~ nero, colorato, indelebile*** schwarze, farbige, unauslöschliche Tinte; ***asciugare l'~*** die Tinte trocknen; ***l'~ ha sbavato*** die Tinte ist verschmiert **2** TIP. Druckfarbe *f.*, Druckerschwärze *f.* ◆ ***~ di china*** Tusche *f.*; ***versare fiumi d'~ su qcs.*** über etw. (A) viel Tinte verspritzen (*o* verschwenden); ***macchia d'~*** Tintenklecks *m.*; ***nero come l'~*** pechschwarz; ***~ simpatico*** Geheimtinte *f.* (*o* unsichtbare Tinte); ***~ da stampa*** Druckfarbe *f.*, Druckerschwärze *f.*; ***~ per timbri*** Stempelfarbe *f.*

in|ciam|pa|re intr. (aus. *essere, avere*) **1** stolpern, straucheln: ***~ in qcs.*** über etw. (A) stolpern; ***~ in un gradino*** über eine Stufe stolpern **2** *(incespicare nel parlare)* sich verhaspeln ◆ ***~ nella legge*** = eine Gesetzesverletzung begehen. **in|ciam|po** m. Hindernis *n.*; ***essere d'~ a qcs., qcn.*** etw. behindern, jdm im Weg stehen; ***senza -i*** ohne Hindernisse.

in|ci|den|ta|le agg. **1** *(casuale)* zufällig **2** *(marginale)* beiläufig, nebensächlich: ***osservazione ~*** beiläufige Bemerkung; ***aspetto ~*** nebensächlicher Aspekt **3** DIR. Inzident-: ***questione ~*** Inzidentfrage *f.* **4** GRAMM. ***proposizione ~*** Zwischensatz *m.*, Schaltsatz *m.* **in|ci|den|tal|men|te** avv. **1** zufällig **2** *(per inciso)* beiläufig: ***detto ~*** beiläufig gesagt.

in|ci|den|ta|to agg. Unfall-: ***vettura -a*** Unfallwagen *m.*

1.in|ci|den|te m. **1** Unfall *m.*: ***avere un ~*** einen Unfall haben; COLLOQ. ***fare un ~*** einen Unfall bauen; ***~ grave, mortale*** schwerer, tödlicher Unfall; ***essere vittima di un ~*** Opfer eines Unfalls werden; ***morire in un ~*** bei einem Unfall um‿kommen; ***causare un ~*** einen Unfall verursachen; ***uscire indenne da un ~*** bei einem Unfall unverletzt davon‿kommen **2** FIG. Zwischenfall *m.*: ***~ diplomatico*** diplomatischer Zwischenfall; ***chiudere l'~*** den Zwischenfall ab‿schließen; ***~ di percorso*** belangloser Zwischenfall ◆ ***~ aereo*** Flugzeugunglück *n.*; ***~ d'auto*** Autounfall *m.*; ***conseguenze di un ~*** Unfallfolgen *pl.*; ***~ ferroviario*** Eisenbahnunglück *n.*; ***~ sul lavoro*** Arbeitsunfall *m.*; ***luogo dell'~*** Unfallstelle *f.*; ***~ nucleare*** Atomunfall *m.*; ***senza -i*** unfallfrei; ***~ stradale*** Verkehrsunfall *m.*

2.in|ci|den|te agg. einfallend: ***raggio ~*** einfallender Strahl (*o* Einfallstrahl *m.*); ***rette -i*** sich schneidende Geraden.

in|ci|den|za f. **1** FIS. Einfall *m.*: ***angolo d'~*** Einfallswinkel *m.* **2** FIG. *(peso)* Belastung *f.*, Auswirkung *f.*; ***avere ~ su qcs.*** sich auf etw. aus‿wirken.

1.in|ci|de|re tr. *(incisi, inciso)* **1** ein‿schneiden, ein‿kerben, ein‿ritzen: ***~ il proprio nome sulla corteccia di un albero*** seinen Namen in die Rinde ritzen; ***~ un segno su un albero*** ein Zeichen in den Baum einkerben **2** ART. TECN. ein‿gravieren, stechen; *(su pietra)* ein‿meißeln; *(all'acquaforte)* radieren: ***~ il nome su un anello*** den Namen in einen Ring eingravieren; ***~ su rame*** in Kupfer stechen; ***~ un nome su una lapide*** einen Namen in einen Grabstein einmeißeln **3** FIG. *(imprimere)* graben: ***~ qcs. nella memoria*** sich (D) etw. ins Gedächnis graben **4** ein‿spielen, auf‿nehmen: ***~ un disco*** eine Schallplatte einspielen.

2.in|ci|de|re intr. *(incisi, inciso;* aus. *avere)* **1** FIS. ein‿fallen: ***un raggio luminoso che incide sulla superficie*** ein auf die Oberfläche einfallender Lichtstrahl **2** *(gravare)* belasten, sich bemerkbar machen: ***~ sul bilancio*** sich in der Bilanz bemerkbar machen **3** *(influenzare)* beeinflussen, sich aus‿wirken: ***~ in modo negativo su qcn., qcs.*** sich negativ auf jdn, etw. auswirken; ***~ sulla personalità di qcn.*** jds Persönlichkeit beeinflussen.

in|ci|ne|ra|zio|ne f. Leichenverbrennung *f.*, Einäscherung *f.*

in|cin|ta agg.f. schwanger: ***una donna ~*** eine schwangere Frau; ***essere ~ di tre mesi*** in dritten Monat schwanger sein; ***rimanere ~*** schwanger werden.

in|ci|pien|te agg. beginnend, inzipient: ***paralisi ~*** beginnende Paralyse; ***calvizie ~*** beginnende Kahlköpfigkeit.

in|ci|pria|re *(inciprio, incipri)* **I** tr. ein‿pudern, pudern: ***~ una parrucca*** eine Perücke einpudern **II** pronom. **incipriarsi** sich pudern; ***-rsi il naso*** sich (D) die Nase pudern.

in|cir|ca, all'~ ungefähr, etwa, zirka.

in|ci|sio|ne f. **1** Schnitt *m.*, Einschnitt *m.*: ***fare, praticare un'~ profonda in qcs.*** einen tiefen Schnitt in etw. (A) machen, vornehmen **2** TECN. Gravierung *f.*; ART. Gravierkunst *f.* **3** *(opera d'incisione)* Gravüre *f.*; *(su rame)* Kupferstich *m.* **4** *(registrazione)* Aufnahme *f.*: ***~ su disco, su nastro*** Schallplattenaufnahme *f.*, Tonbandaufnahme *f.*

in|ci|si|vi|tà f. Wirksamkeit *f.*: ***~ dello stile*** Wirksamkeit des Stils. **in|ci|si|vo I** agg. **1** ***dente ~*** Schneidezahn *m.* **2** *(efficace)* wirksam, einprägsam: ***giudizio ~*** wirksames Urteil **II** m. Schneidezahn *m.*, MED. Inzisiv *m.*

in|ci|so m. GRAMM. Schaltsatz *m.* ◆ ***per ~*** beiläufig, nebenbei.

in|ci|so|re m. Stecher *m.*, Graveur *m.*: ***~ del rame*** Kupferstecher *m.*; ***~ di pietre preziose*** Steinschneider *m.*; ***~ di timbri*** Stempelschneider *m.* **in|ci|so|rio** agg. *(-ri, -rie)* Gravier-: ***arte -a*** Gravierkunst *f.*

in|ci|star|si pronom. **1** BIOL. sich in eine Zyste hüllen **2** MED. eine Zyste bilden **3** COLLOQ. *(fissarsi)* sich verbohren: ***~ su un'idea*** sich in eine Idee verbohren.

in|ci|su|ra f. Einschnitt *m.*, Inzisur *f.*

in|ci|ta|men|to m. **1** Antrieb *m.*: ***essere d'~ per i giovani*** ein Antrieb für die Jugendlichen sein **2** *(istigazione)* Aufhetzung *f.*, Anstiftung *f.*, Verleitung *f.*: ***~ alla resistenza*** Aufhetzung zum Widerstand; ***~ allo sciopero*** Anstiftung zum Streik.

in|ci|ta|re tr. *(incito)* **1** *(stimolare)* an‿treiben, auf‿fordern: ***~ qcn. a qcs.*** jdn zu etw. antreiben; ***~ qcn. a far presto*** jdn zur Eile antreiben **2** *(istigare)* auf‿hetzen, verleiten: ***~ qcn. alla ribellione*** jdn zur Rebellion aufhetzen; ***~ qcn. al male, al furto*** jdn zum Bösen, zum Diebstahl verleiten. **in|ci|ta|to|re I** m. Antreiber *m.* **II** agg. antreibend: ***gridi -i*** antreibende Rufe, Zurufe.

in|ci|trul|li|re → **rincitrullire.**

in|ciuc|car|si pronom. *(m'inciucco, t'inciucchi)* COLLOQ. sich besaufen: ***~ di vino*** sich mit Wein besaufen.

in|ci|vi|le I agg. **1** unzivilisiert, unkultiviert: ***popolo ~*** unzivilisiertes Volk; ***legislazione ~*** unzivilisierte Gesetzgebung **2** *(ineducato)* grob, ungesittet: ***persona ~*** grober Mensch; ***modi -i*** ungesittetes Benehmen **II** m. grober Mensch *m.*, unkultivierter Mensch *m.*

in|ci|vi|li|men|to m. Zivilisierung *f.* **in|ci|vi|li|re** *(incivilisco, incivilisci)* **I** tr. zivilisieren: ***~ i costumi*** die Sitten zivilisieren **II** pronom. **incivilirsi** zivilisiert werden.

in|ci|vil|men|te avv. unkultiviert: ***comportarsi ~*** sich unkultiviert benehmen. **in|ci|vil|tà** f.inv. **1** Unzivilisiertsein *n.* **2** *(villania)* Unkultur *f.* **3** Ungezogenheit *f.*, Unhöflichkeit *f.*: ***commettere un'~*** eine Ungezogenheit begehen.

in|clas|si|fi|ca|bi|le agg. **1** nicht klassifizierbar: ***pianta ~*** nicht klassifizierbare Pflanze **2** SCOL. nicht bewertbar: ***compito ~*** nicht bewertbare Klassenarbeit **3** FIG. ***comportamento ~*** unqualifizierbares, unmögliches Verhalten.

in|cle|men|te agg. **1** erbarmungslos: ***sentenza ~*** erbarmungsloses Urteil **2** *(avverso)* ungünstig, unfreundlich: ***tempo ~*** unfreundliches Wetter. **in|cle|men|te|men|te** avv. erbarmungslos. **in|cle|men|za** f. **1** Erbarmungslosigkeit *f.*, Härte *f.*: ***l'~ di un giudice*** die Erbarmungslosigkeit eines Richters **2** *(avversità)* Ungunst *f.*, Unfreundlichkeit *f.*: ***l'~ del momento*** die Ungunst des Augenblicks.

in|cli|na|bi|le agg. kippbar: ***piano ~*** kippbare Fläche. **in|cli|na|men|to** m. Neigen *n.*, Neigung *f.*

in|cli|na|re I tr. **1** neigen: ***~ il capo*** den Kopf neigen **2** *(reclinare)* schräg stellen, schräg legen, kippen: ***~ il sedile anteriore*** den Vordersitz kippen; ***~ la bottiglia per versare il vino*** die Flasche schräg halten, um den Wein einzuschenken **3** *(rendere incline)* geneigt stimmen: ***~ l'animo di qcn. al perdono*** jdn zur Verzeihung geneigt stimmen **II** intr. (aus. *avere*) **1** schräg (*o* schief) sein: ***il quadro inclina a sinistra*** das Bild hängt nach links **2** FIG. *(essere incline)* neigen: ***~ al perdono*** zum Verzeihen neigen; ***~ a credere che...*** zu der Annahme neigen, dass...; ***inclino a dargli ragione*** ich neige dazu, ihm Recht zu geben **III** pronom. **inclinarsi** sich neigen: ***-rsi a destra, in avanti, lateralmente*** sich nach rechts, nach vorn, zur Seite neigen.

in|cli|na|to p.pass. agg. **1** → **inclinare 2** schräg: ***tenere il capo ~*** den Kopf schräg halten **3** *(obliquo)* schief: ***piano ~*** schiefe Fläche **4** FIG. *(incline)* geneigt: ***~ al male*** zum Bösen geneigt.

in|cli|na|zio|ne f. Neigung *f.*: ***seguire le proprie -i*** seinen Neigungen folgen; ***~ allo studio, alla musica*** Neigung zum Studium, zur Musik; ***avere un'~ per qcn.*** zu jdm eine Neigung haben; ASTR. ***~ magnetica*** magnetische Neigung; MAT. ***~ di una retta*** Neigung einer Geraden, Inklination *f.* ◆ ***angolo d'~*** Neigungswinkel *m.*

in|cli|ne agg. geneigt: ***essere ~ a qcs.*** zu etw. geneigt sein, zu etw. neigen; ***non ~ al vizio*** dem Laster abgeneigt; ***essere ~ a fare qcs.*** geneigt sein, etw. zu tun.

in|cli|no|me|tro m. Neigungsmesser *m.*

in|cli|to agg. LETT. vortrefflich.

in|clu|de|re tr. *(inclusi, incluso)* **1** auf‿nehmen: ***~ qcs. in un elenco*** etw. in eine Liste aufnehmen **2a** *(comprendere)* ein‿schließen: ***la somma include il rimborso spese*** die Summe schließt die Spesen mit ein; ***sono stato incluso tra i soci*** ich wurde unter die Mitglieder aufgenommen; ***il Suo nome non è stato incluso nella lista*** Ihr Name steht nicht auf der Liste **b** *(tenere conto di)* ein‿beziehen: ***~ qcs. in una relazione*** etw. in einen Bericht mit einbeziehen **3** *(accludere)* bei‿legen, bei‿fügen: ***~ un assegno in una lettera*** einem Brief einen Scheck beilegen.

in|clu|sio|ne f. **1** Einbeziehung *f.*, Einschluss *m.*: ***con l'~ di qcs.*** mit Einbeziehung von etw., unter Einschluss von etw. **2** *(inserimento)* Aufnahme *f.*: ***l'~ di un nome in un elenco*** die Aufnahme eines Namens in eine Liste **3** MAT. Inklusion *f.* **in|clu|si|va|men|te** avv. einschließlich, inklusive.

in|clu|si|vo agg. einschließlich, inklusive: ***prezzo ~ dell'IVA*** Preis einschließlich der Mehrwertsteuer; ***costi -i del trasporto*** inklusive Transportkosten; ***disgiunzione -a*** nichtausschließende Disjunktion.

in|clu|so p.pass. agg. **1** → **includere 2** eingeschlossen, inbegriffen, inklusive: ***~ nel prezzo*** im Preis eingeschlossen (*o* einschließlich); ***fino al 17 gennaio ~*** bis (*o* einschließlich) 17. Januar; ***IVA -a*** inklusive Mehrwertsteuer; ***~ il servizio*** Bedienung inbegriffen; ***spese -e*** einschließlich (*o* inklusive) Kosten; ***-e le spese di spedizione*** inklusive Versandkosten; ***~ il trasporto*** einschließlich Fracht; MAT. ***insieme ~ in un altro*** in einer anderen enthaltene Menge **3** *(accluso)* beiliegend: ***Vi spediamo il pacco con -e le fotocopie*** wir senden Ihnen das Päckchen mit beiliegenden Fotokopien.

in|co|a|gu|la|bi|le agg. nicht gerinnungsfähig. **in|co|a|gu|la|bi|li|tà** f. Gerinnungsunfähigkeit *f.*

in|co|a|ti|vo agg. inchoativ: ***verbo ~*** inchoatives Verb.

in|coc|ca|re tr. *(incocco, incocchi)* auf‿legen: ***~ la freccia alla corda dell'arco*** den Pfeil auf die Sehne des Bogens (auf)legen.

in|coc|cia|re tr. *(incoccio, incocci)* COLLOQ. **1** *(sbattere contro)* ***~ qcn., qcs.*** auf jdn, etw. stoßen **2** *(incontrare)* zufällig treffen: ***l'ho incocciato al bar*** ich habe ihn zufällig an der Bar getroffen.

in|co|er|ci|bi|le agg. unbezwinglich: ***desiderio ~*** unbezwingliches Bedürfnis. **in|co|er|ci|bi|li|tà** f. Unbezwingbarkeit *f.*

in|co|e|ren|te agg. **1** *(senza coesione)* inkohärent, unzusammenhängend, zusammenhanglos; ***parole -i*** unzusammenhängende Worte; ***idee -i*** zusammenhanglose Gedanken **2** *(illogico, sconnesso)* inkonsequent, unschlüssig, widersprechend: ***comportamento ~*** inkonsequentes Verhalten; ***agire in modo ~*** inkonsequent handeln; ***teoria ~*** in sich unschlüssige Theorie; ***conclusioni -i con le premesse*** den Voraussetzungen widersprechende Schlüsse **3** FIS. nicht kohärent. **in|co|e|ren|te|men|te** avv. inkohärent.

in|co|e|ren|za f. **1** *(assenza di coesione)* Zusammenhanglosigkeit *f.*, Inkohärenz *f.*; ***~ del terreno*** mangelnde Bindigkeit des Bodens; ***~ nell'agire*** inkohärentes Handeln **2** *(illogicità)* Inkonsequenz *f.*, Unschlüssigkeit *f.*, Widersprüchlichkeit *f.*; ***l'~ di un'argomentazione*** die Unschlüssigkeit einer Beweisführung; ***un discorso pieno di -e*** eine Rede voller Widersprüche; ***~ nell'agire*** inkonsequentes Handeln.

in|co|glie|re intr. impers. *(incoglie, incolse;* aus. *essere)* LETT. ***mal gliene incolse*** ihm widerfuhr Übles.

in|co|gni|ta f. **1** MAT. Unbekannte *f.*: ***equazione a una ~, a più -e*** Gleichung mit einer Unbekannte, mit mehreren Unbekannten **2** *(mistero)* Rätsel *n.*: ***l'avvenire è pieno di -e*** die Zukunft steckt voller Rätsel; FIG. ***quell'uomo è per me un'~*** dieser Mann ist mir ein Rätsel **3** *(rischio)* Risiko *n.*: ***le -e di una scelta*** die Risiken einer Entscheidung.

in|co|gni|to I agg. unbekannt: ***terra -a*** unbekanntes Land **II** m.inv. Inkognito *n.*: ***mantenere (conservare), svelare l'~*** sein Inkognito wahren, enthüllen ◆ ***in ~*** inkognito.

in|col|lag|gio m. *(-gi)* Leimen *n.* **in|col|la|men|to** m. Leimen *n.*, Kleben *n.*

in|col|la|re I tr. **1** leimen, kleben: ***~ qcs. al muro, sulla carta*** etw. an die Mauer, auf das Papier kleben **2** FIG. drücken: ***~ il naso contro la vetrina*** die Nase gegen das Schaufenster drücken **II** pronom. **incollarsi 1** kleben: ***i francobolli si incollano bene*** die Briefmarken kleben gut **2** *(uno con l'altro)* kleben bleiben **3** FIG. ***-rsi a qcn., qcs.*** an jdm, etw. kleben; ***-rsi alla madre*** an der Mutter kleben.

in|col|la|to p.pass. agg. **1** → **incollare 2** ***~ a qcs.*** an etw. (D) geklebt ◆ ***stare (essere) ~ alla televisione*** vor dem Fernseher hängen, am Fernsehen kleben; ***spaghetti -i*** verklebte Nudeln. **in|col|la|tri|ce** f. Leimauftragmaschine *f.*, Anleimmaschine *f.*

1.in|col|la|tu|ra f. **1** Kleben *n.*, Leimen *n.* **2** *(superficie)* Klebstelle *f.*

2.in|col|la|tu|ra f. Halslänge *f.*: ***vincere di una ~*** um eine Halslänge siegen.

in|col|le|ri|re intr. *(incollerisco, incollerisci;* aus. *essere)* e pronom. **incollerirsi** in Zorn geraten, zornig werden: ***-rsi con qcn. per qcs.*** auf jdn wegen etw. zornig werden. **in|col|le|ri|to** p.pass. agg. **1** → **incollerire 2** zornig: ***essere ~ con qcn.*** auf jdn zornig sein.

in|col|ma|bi|le agg. **1** unüberwindlich, unüberbrückbar: ***distanza ~*** unüberwindlicher Abstand; ***lasciare un vuoto ~*** eine unausfüllbare Leere hinterlassen **2** *(irrecuperabile)* nicht aufholbar: ***vantaggio ~*** nicht aufholbarer Vorsprung. **in|col|ma|bi|li|tà** f. Unüberwindbarkeit *f.*

in|co|lon|na|men|to m. **1** *(di traffico)* Einordnen *n.* in Kolonnen **2** *(di cifre e simili)* Schreiben *n.* in Kolonnen **3** *(di soldati e simili)* Aufstellung *f.* in Kolonnen. **in|co|lon|na|re I** tr. **1** in Kolonnen ein‿ordnen; ***~ le cifre*** Ziffern in Kolonnen schreiben **2** MIL. in Reih und Glied (*o* in Kolonne) auf‿stellen **II** pronom. **incolonnarsi** Kolonnen bilden. **in|co|lon|na|to** p.pass. agg. **1** → **incolonnare 2** ***viaggiare -i*** Kolonne fahren.

in|co|lo|re, in|co|lo|ro agg. **1** farblos: ***liquido ~*** farblose Flüssigkeit **2** FIG. fade: ***vita ~*** fades Leben; ***uno stile, una persona ~*** ein fader Stil, Mensch.

in|col|pa|re I tr. beschuldigen: ***~ qcn. di qcs.*** jdn etw. (G) beschuldigen; ***~ qcn. di avere fatto qcs.*** jdn beschuldigen, etw. getan zu haben; ***~ il destino*** dem Schicksal die Schuld geben **II** pronom. **incolparsi 1** ***-rsi di qcs.*** die Schuld für etw. auf sich (A) nehmen **2** *(a vicenda)* sich gegenseitig beschuldigen.

in|col|pe|vo|le agg. schuldlos, unschuldig: ***essere ~ di qcs.*** an etw. (D) unschuldig sein; ***dichiarare qcn. ~*** jdn für unschuldig erklären; ***ritenere qcn. ~*** jdn für unschuldig halten. **in|col|pe|vo|lez|za** f. Schuldlosigkeit *f.* **in|col|pe|vol|men|te** avv. unschuldig.

in|col|to I agg. **1** unbebaut: ***terreno ~*** unbebautes Land (*o* Ödland *n.*) **2** *(trascurato)* ungepflegt: ***barba -a*** ungepflegter Bart **3** FIG. *(ignorante)* ungebildet **II** m. unbebautes Land *n.*

in|co|lu|me agg. unversehrt: ***rimanere ~*** unversehrt bleiben; ***mantenere ~ il proprio onore*** seine Ehre unversehrt wahren; ***uscire ~ da qcs.*** bei etw. unversehrt davon‿kommen. **in|co|lu|mi|tà** f. **1** Unversehrtheit *f.* **2** DIR. Unverletzlichkeit *f.*: ***garantire l'~ di qcn.*** jds Unverletzlichkeit gewährleisten.

in|com|ben|te agg. **1** bevorstehend: ***obbligo ~*** bevorstehende Pflicht; ***essere ~*** bevor‿stehen **2** *(imminente)* drohend: ***pericolo ~*** drohende Gefahr.

in|com|ben|za f. Obliegenheit *f.*, Auftrag *m.*: ***un'~ difficile*** eine schwierige Aufgabe; ***una triste ~*** eine traurige Aufgabe; ***dare un'~ a qcn.*** jdm einen Auftrag erteilen; ***ricevere un'~ da qcn.*** einen Auftrag von jdm erhalten; ***sbrigare un'~*** einen Auftrag erledigen; ***fare parte delle -e di qcn.*** zu jds Obliegenheiten gehören. **in|com|be|re** intr. *(incombei/incombetti)* **1** *(sovrastare)* drohen: ***~ su qcn., su qcs.*** jdm, etw. drohen; ***nube che incombe*** drohende Wolke **2** BUROCR. *(spettare)* obliegen: ***al comune incombe la manutenzione del verde pubblico*** der Gemeinde obliegt die Pflege der öffentlichen Grünflächen.

in|com|bu|sti|bi|le agg. nicht brennbar, feuerbeständig: ***materiale ~*** nicht brennbares Material. **in|com|bu|sti|bi|li|tà** f. Feuerbeständigkeit *f.* **in|com|bu|sto** agg. nicht verbrannt: ***residui -i*** nicht verbrannte Rückstände.

in|co|min|cia|re *(incomincio, incominci)* **I** tr. ***~ qcs.*** (mit) etw. beginnen (*o* an‿fangen): ***~ un lavoro*** eine Arbeit anfangen; ***~ a fare qcs.*** beginnen (*o* anfangen), etw. zu tun: ***~ a ridere*** anfangen, zu lachen (*o* zu lachen anfangen); ***~ ad aver fame*** (langsam) Hunger bekommen; ***incomincia a piovere*** es fängt an zu regnen; ***incomincio a perdere la pazienza*** ich verliere langsam die Geduld **II** intr. (aus. *essere*) beginnen, an‿fangen: ***lo spettacolo incomincia tardi*** die Vorstellung beginnt spät; ***oggi incominciano le vacanze*** heute beginnen die Ferien; ***è incominciata l'estate*** der Sommer hat angefangen; *(nello spazio)* ***di qui in poi incomincia la mia proprietà*** von hier an beginnt mein Grundbesitz.

in|com|men|su|ra|bi|le agg. **1** unermesslich (anche FIG.): ***distanza ~*** unermesslicher Abstand; ***l'~ valore della libertà*** der unermessliche Wert der Freiheit **2** MAT. inkommensurabel: ***grandezze, misure -i*** inkommensurable Größen, Maße. **in|com|men|su|ra|bi|li|tà** f. Unermesslichkeit *f.* (anche FIG.).

in|com|me|sti|bi|le agg. ungenießbar: ***fungo ~*** ungenießbarer Pilz.

in|com|mu|ta|bi|le agg. **1** DIR. unvertauschbar: ***pena ~*** unvertauschbare Strafe **2** LETT. *(immutabile)* unveränderlich, unabänderlich. **in|com|mu|ta|bi|li|tà** f. Unvertauschbarkeit *f.*

in|co|mo|da|re *(incomodo)* **I** tr. stören: ***mi dispiace di doverLa ~*** es tut mir Leid, Sie stören zu müssen **II** pronom. **incomodarsi** sich bemühen: ***non s'incomodi!*** bemühen Sie sich nicht!

in|co|mo|do m. Störung *f.*, Bemühung *f.*, Mühe *f.*: ***scusi l'~*** bitte, entschuldigen Sie die Störung; ***dare un ~ a qcn.*** jdn stören (*o* bemühen); ***togliere, levare l'~*** nicht länger stören wollen; ***prendersi l'~*** sich die Mühe machen; ***quanto vi devo per l'~?*** was schulde ich Ihnen für Ihre Bemühung? ◆ ***il terzo ~*** der ungelegene Dritte.

in|com|pa|ra|bi|le agg. unvergleichbar: ***sono due cose -i*** das sind zwei unvergleichbare Dinge; ***di una bellezza ~*** von unvergleichbarer Schönheit. **in|com|pa|ra|bi|li|tà** f. Unvergleichbarkeit *f.*, Unvergleichlichkeit *f.* **in|com|pa|ra|bil|men|te** avv. unvergleichbar, unvergleichlich: ***~ bello*** unvergleichlich schön.

in|com|pa|ti|bi|le agg. **1** unvereinbar, inkompatibel: ***essere ~ con qcs.*** mit etw. unvereinbar sein; ***due persone -i fra loro*** zwei nicht zueinander passende Menschen; ***idee, proposte -i*** unvereinbare Anschauungen, Vorschläge; ***cariche -i*** unvereinbare Ämter **2** INFORM. inkompatibel: ***sistema ~*** inkompatibles System.

in|com|pa|ti|bi|li|tà f. **1** Unverträglichkeit *f.*, Unvereinbarkeit *f.*: ***~ di opinioni, di carattere*** Unvereinbarkeit der Meinungen, der Charaktere; ***per ~ di carattere*** wegen unüberwindlicher Abneigung **2** MED. INFORM. Inkompatibilität *f.*: ***~ di due programmi*** Inkompatibilität zweier Programme.

in|com|pe|ten|te **I** agg. **1** nicht sachverständig, inkompetent: ***essere ~ in materia*** kein Fachmann sein **2** *(incapace)* unfähig: ***un tecnico ~*** ein unfähiger Techniker **3** DIR. unzuständig, nicht zuständig, inkompetent: ***magistrato ~*** unzuständiger Richter; ***tribunale ~*** unzuständiges (*o* nicht zuständiges) Gericht **II** m. unfähiger Mensch *m.*; ***in fatto di musica sei un ~*** von Musik verstehst du nichts.

in|com|pe|ten|za f. **1** mangelnder Sachverstand *m.*, Unkenntnis *f.*, Inkompetenz *f.* **2** *(incapacità)* Unfähigkeit *f.* **3** DIR. Unzuständigkeit *f.*, Inkompetenz *f.*: ***~ del giudice*** Unzuständigkeit des Gerichts; ***~ per la materia*** sachliche Unzuständigkeit; ***~ per territorio, territoriale*** örtliche (*o* gebietsmäßige) Unzuständigkeit *f.*; ***eccepire l'~*** die Unzuständigkeit geltend machen.

in|com|piu|tez|za f. Unvollständigkeit *f.* **in|com|piu|to** agg. unvollendet: ***romanzo ~*** unvollendeter Roman; ***la sua opera è rimasta -a*** sein Werk blieb unvollendet ◆ MUS. ***l'Incompiuta*** die Unvollendete.

in|com|ple|tez|za f. Unvollständigkeit *f.* **in|com|ple|to** agg. unvollständig: ***dati -i*** unvollständige Angaben; ***edizione -a*** unvollständige Ausgabe.

in|com|pren|si|bi|le agg. **1** unverständlich: ***parole -i*** unverständliche Wörter; ***parlare una lingua ~*** eine unverständliche Sprache reden; ***il suo comportamento è ~*** sein Verhalten ist unverständlich **2** *(illeggibile)* unleserlich: ***grafia ~*** unleserliche Handschrift; ***scrivere in modo ~*** unleserlich schreiben. **in|com|pren|si|bi|li|tà** f. **1** Unverständlichkeit *f.*: ***l'~ di una teoria*** die Unverständlichkeit einer Theorie **2** *(di grafia)* Unleserlichkeit *f.* **in|com|pren|si|bil|men|te** avv. unverständlich, unverständlicherweise.

in|com|pren|sio|ne f. Unverständnis *n.*, Verständnislosigkeit *f.*: ***~ tra coniugi*** Unverständnis (*o* mangelndes Verständnis) zwischen Eheleuten.

in|com|pre|so **I** agg. unverstanden: ***sentirsi ~*** sich unverstanden fühlen **II** m. ***sono un ~*** ich fühle mich unverstanden ◆ ***genio ~*** verkanntes Genie.

in|com|pres|si|bi|le agg. inkompressibel, nicht kompressibel. **in|com|pres|si|bi|li|tà** f. Inkompressibilität *f.*

in|com|pri|mi|bi|le agg. **1** un(be)zähmbar: ***un istinto ~*** ein unbezähmbarer Trieb **2** FIS. inkompressibel.

in|co|mu|ni|ca|bi|le agg. **1** nicht mitteilbar: ***notizia ~*** nicht mitteilbare Nachricht **2** *(inesprimibile)* unsäglich: ***dolore ~*** unsäglicher Schmerz. **in|co|mu|ni|ca|bi|li|tà** f. **1** Nichtmitteilbarkeit *f.*; *(inesprimibilità)* Unsäglichkeit *f.*: ***l'~ di una sensazione*** die Nichtmitteilbarkeit eines Gefühls **2** *(incapacità di comunicare)* Kontaktunfähigkeit *f.*; PSIC. Kontaktschwäche *f.*

in|con|ce|pi|bi|le agg. **1** unbegreiflich, unfassbar: ***decisione ~*** unbegreiflicher Entschluss; ***il pensiero gli è ~*** der Gedanke ist ihm unfassbar **2** *(impensabile)* undenkbar, unvorstellbar: ***è ~ che questo possa accadere*** es ist undenkbar, dass so etwas geschehen kann; ***è ~!*** nicht auszudenken! **in|con|ce|pi|bi|li|tà** f. Unbegreiflichkeit *f.*, Unvorstellbarkeit *f.*

in|con|ci|lia|bi|le agg. unvereinbar, unversöhnlich: ***contrasti -i*** unversöhnliche Gegensätze; ***punti di vista -i*** unvereinbare Anschauungen. **in|con|ci|lia|bi|li|tà** f. Unvereinbarkeit *f.*

in|con|clu|den|te agg. **1** unergiebig: ***persona ~*** = Mensch, der nie etwas fertig bringt **2** vergeblich, unnütz: ***un tentativo ~*** ein vergeblicher Versuch. **in|con|clu|den|za** f. Zusammenhanglosigkeit *f.* **in|con|clu|so** agg. unabgeschlossen, unvollständig: ***un accordo ~*** eine unvollständige Einigung.

in|con|cus|so agg. felsenfest, unerschütterlich.

in|con|di|zio|na|to agg. **1** bedingungslos: ***appoggio ~*** bedingungslose Unterstützung; ***resa -a*** bedingungslose Kapitulation **2** *(assoluto)* unbedingt: ***fiducia -a*** unbedingtes Vertrauen.

in|con|fes|sa|bi|le agg. **1** nicht eingestehbar: ***pensiero ~*** nicht eingestehbarer Gedanke **2** ***un peccato ~*** ein schändliches Vergehen. **in|con|fes|sa|to** agg. uneingestanden: ***avere un proposito ~*** einen uneingestandenen Zweck verfolgen; ***desideri -i*** uneingestandene Wünsche.

in|con|fon|di|bi|le agg. unverwechselbar, unverkennbar: ***voce ~*** unverwechselbare Stimme; ***passo ~*** unverwechselbarer Schritt; ***avere uno stile ~*** einen unverkennbaren Stil haben.

in|con|fu|ta|bi|le agg. unwiderlegbar, unanfechtbar: ***prova ~*** unwiderlegbarer Beweis; ***teoria ~*** unanfechtbare Theorie; ***giudizio ~*** unanfechtbares Urteil. **in|con|fu|ta|bi|li|tà** f. Unwiderlegbarkeit *f.*: ***~ di una teoria*** Unwiderlegbarkeit einer Theorie. **in|con|fu|ta|to** agg. unbestritten.

in|con|gruen|te agg. **1** nicht übereinstimmend, inkongruent, widersprüchlich: ***~ con qcs.*** mit etw. nicht übereinstimmend; ***comportamenti, opinioni, giudizi -i*** inkongruente, widersprüchliche Verhaltensweisen, Meinungen, Urteile **2** MAT. inkongruent: ***triangoli -i*** inkongruente Dreiecke.

in|con|gruen|za f. **1** Inkongruenz *f.*, mangelnde Übereinstimmung *f.*, Widersprüchlichkeit *f.*: ***~ di un discorso*** Inkongruenz einer Rede **2** MAT. Inkongruenz *f.* **3** *(contraddizione)* Widerspruch *m.*: ***resoconto pieno di -e*** Bericht voller Widersprüche.

in|con|gruo agg. unangemessen: ***compenso ~*** unangemessene Bezahlung.

in|co|no|sci|bi|le agg. unerkennbar (anche FILOS.): ***verità ~*** unerkennbare Wahrheit. **in|co|no|sci|bi|li|tà** f. Unerkennbarkeit *f.*

in|con|sa|pe|vo|le agg. unbewusst: ***~ di qcs.*** etw. (G) nicht bewusst; ***agire in modo ~*** unbewusst handeln; ***del tutto ~*** ahnungslos. **in|**

con|sa|pe|vo|lez|za f. Unbewusstheit *f.*: ***l'~ di un gesto*** die Unbewusstheit einer Geste. **in|con|sa|pe|vol|men|te** unbewusst: ***fare ~ la cosa giusta*** unbewusst das Richtige tun.

in|con|scia|men|te avv. unbewusst. **in|con|scio I** agg. *(-sci,-sce)* unbewusst: ***desiderio ~*** unbewusster Wunsch **II** m. Unbewusste *n.*: ***l' ~ collettivo*** das kollektive Unbewusste.

in|con|se|guen|te agg. inkonsequent, folgewidrig. **in|con|se|guen|te|men|te** avv. inkonsequent, folgewidrig. **in|con|se|guen|za** f. Inkonsequenz *f.*, Folgewidrigkeit *f.*

in|con|si|sten|te agg. **1** ***un materiale ~*** ein weiches, lockeres Material **2** FIG. haltlos, inkonsistent: ***una diceria ~*** haltloses Gerücht; ***persona ~*** haltlose Person; ***argomentazione ~*** unhaltbare Beweisführung. **in|con|si|sten|za** f. **1** Haltlosigkeit *f.* **2** *(mancanza di significato)* Gehaltlosigkeit *f.*, Gedankenarmut *f.*: ***l'~ di uno studio scientifico*** die Gehaltlosigkeit einer wissenschaftlichen Arbeit.

in|con|so|la|bi|le agg. untröstlich: ***dolore ~*** untröstlicher Schmerz.

in|con|sue|to agg. ungewohnt, ungewöhnlich: ***trattare qcn. con -a durezza*** jdn mit ungewöhnlicher Härte behandeln; ***fenomeno ~*** ungewöhnliches Phänomen.

in|con|sul|to agg. unüberlegt, unbesonnen: ***atto ~*** unbesonnene Tat; ***gesto ~*** unüberlegte Handlung.

in|con|ta|mi|na|tez|za f. Unberührtheit *f.* **in|con|ta|mi|na|to** agg. **1** *(inalterato)* unberührt, rein: ***natura -a*** unberührte Natur **2** *(non inquinato)* nicht verschmutzt, unverseucht: ***aria -a*** nicht verschmutzte Luft; ***acqua -a*** nicht verschmutztes Wasser; ***la zona è rimasta -a*** das Gebiet ist unverseucht geblieben.

in|con|te|ni|bi|le agg. unbändig, unbezwingbar: ***gioia, ira ~*** unbändige Freude, Wut.

in|con|ten|ta|bi|le agg. **1** unersättlich, unerfüllbar: ***avidità ~*** eine unersättliche Gier **2** *(molto esigente)* sehr anspruchsvoll: ***cliente, professore ~*** sehr anspruchsvoller Kunde, Professor. **in|con|ten|ta|bi|li|tà** f. **1** Unersättlichkeit *f.*, Unstillbarkeit *f.*: ***l'~ di un desiderio*** die Unstillbarkeit einer Sehnsucht **2** Unbefriedigtheit *f.*: ***l'~ della ricerca di perfezione*** die Unbefriedigtheit bei der Suche nach Vollkommenheit.

in|con|te|sta|bi|le agg. unbestreitbar, unanfechtbar: ***realtà ~*** unbestreitbare Tatsache; ***prove -i*** unbestreitbare Beweise. **in|con|te|sta|bi|li|tà** f. Unumstrittensein *n.*, Unanfechtbarkeit *f.* **in|con|te|sta|to** agg. unbestritten, unangefochten: ***una verità -a*** eine unbestrittene Wahrheit.

in|con|ti|nen|te I agg. **1** unmäßig, zügellos: ***~ nel mangiare, nel bere*** unmäßig im Essen, im Trinken **2** MED. inkontinent **II** m. **1** Unmäßige *m.* **2** MED. Inkontinente *m.* **in|con|ti|nen|za** f. **1** Unmäßigkeit *f.*, Zügellosigkeit *f.* **2** MED. Inkontinenz *f.*

in|con|tra|re I tr. **1** ***~ qcn.*** jdn treffen, jdm begegnen: ***ho incontrato un amico*** ich habe einen Freund getroffen (*o* ich bin einem Freund begegnet) **2a** ***~ qcs.*** auf etw. (A) stoßen: ***~ difficoltà, resistenza*** auf Schwierigkeiten, Widerstand stoßen **b** *(ottenere)* ***~ il favore della critica*** Anklang bei der Kritik finden; ***~ l'approvazione generale*** auf allgemeine Zustimmung stoßen **3** FIG. *(indovinare)* treffen: ***~ i gusti dei consumatori*** den Geschmack der Verbraucher treffen **4** assol. COLLOQ. an‿kommen: ***una moda che incontra (molto)*** eine Mode, die (sehr) gut ankommt **5a** *(incrociare)* ***~ qcs.*** etw. kreuzen, auf etw. (A) treffen: ***in questo punto la strada statale incontra la provinciale*** die Bundesstraße trifft an dieser Stelle auf die Landstraße; MAT. ***una retta incontra un segmento*** eine Gerade kreuzt ein Segment **b** FIG. kreuzen, begegnen: ***~ lo sguardo di qcn.*** jds Blick kreuzen **6** SPORT *(affrontare)* ***~ il campione in carica*** auf den Titelinhaber treffen; ***domani l'Italia incontrerà il Brasile*** morgen spielt Italien gegen Brasilien **II** pronom. **incontrarsi 1** sich treffen: ***-rsi con il direttore*** sich mit dem Direktor treffen; ***incontriamoci all'uscita*** treffen wir uns beim Ausgang; ***-rsi per una pizza*** sich auf eine Pizza treffen; ***i loro sguardi s'incontrarono*** ihre Blicke trafen sich **2** *(riunirsi)* zusammen‿treffen **3** *(incrociarsi)* sich kreuzen: MAT. ***due rette si incontrano*** zwei Geraden kreuzen sich **4** *(conoscersi)* sich kennen lernen **5** FIG. überein‿stimmen: ***i loro gusti non s'incontrano*** ihre Geschmäcker stimmen nicht überein **6** SPORT sich begegnen, aufeinander treffen ◆ ***~ una buona, cattiva accoglienza*** gut, schlecht aufgenommen werden; ***~ la morte*** den Tod finden; ***~ successo*** Erfolg haben.

in|con|tra|rio avv. COLLOQ. ***all'~*** verkehrt herum: ***fare tutto all'~*** alles verkehrt herum machen.

in|con|tra|sta|bi|le agg. **1** unbezwinglich: ***forza ~*** unbezwingliche Kraft **2** *(indiscutibile)* unanfechtbar, unbestreitbar: ***una verità ~*** eine unanfechtbare Wahrheit. **in|con|tra|sta|to** agg. unbestritten, unangefochten: ***dominio ~*** unbestrittene Herrschaft; ***vincitore ~*** unangefochtener Sieger.

1.in|con|tro m. **1** Begegnung *f.*, Treffen *n.*: ***avere, fissare, organizzare un ~*** ein Treffen haben, fest‿legen, vereinbaren: ***~ casuale*** zufällige Begegnung; ***fare un brutto ~*** eine unangenehme Begegnung haben **2** *(raduno)* Zusammenkunft *f.* **3** SPORT Begegnung *f.*, Match *n.*, Kampf *m.*; *(partita)* Spiel *n.*: ***disputare un ~*** ein Match aus‿tragen; ***~ fra due squadre*** Begegnung zwischen zwei Mannschaften ◆ SCHERZ. ***~ amoroso*** Schäferstündchen *n.*; ***~ di boxe*** Boxkampf *m.*; ***~ di calcio*** Fußballspiel *n.*; ***~ internazionale*** internationales Treffen; *(sport a squadre)* Länderspiel *n.*; ***punto d'~*** Treffpunkt *m.*; ***~ di tennis*** Tennismatch *n.*; ***~ al vertice*** Gipfeltreffen *n.*

2.in|con|tro avv. entgegen: ***~ al mattino, al sole*** dem Morgen, der Sonne entgegen; ***andare (farsi), correre ~ a qcn.*** jdm entgegen‿gehen, entgegen‿eilen; ***venire ~ a qcn.*** jdm entgegen‿kommen (anche FIG.); FIG. ***andare ~ a un rischio*** einem Risiko entgegengehen.

in|con|trol|la|bi|le agg. unkontrollierbar: ***un impulso ~*** ein unkontrollierbarer Drang.

in|con|trol|la|to agg. unkontrolliert, unbeherrscht: ***movimento ~*** unkontrollierte Bewegung; ***ira -a*** unbeherrschter Zorn ◆ ***voci -e*** wilde Gerüchte.

in|con|tro|ver|ti|bi|le agg. unumstößlich: ***sentenza ~*** unumstößlicher Richterspruch. **in|con|tro|ver|ti|bi|li|tà** f. Unumstößlichkeit *f.*

in|con|ve|nien|te m. **1** *(difficoltà)* Zwischenfall *m.*, Unannehmlichkeit *f.*: ***è sorto un ~*** es ist zu einem Zwischenfall gekommen; ***causare -i a qcn.*** jdm Unannehmlichkeiten bereiten; ***ovviare a un ~*** eine Unannehmlichkeit beseitigen **2** *(lato negativo)* Nachteil *m.*, Schattenseite *f.*: ***gli -i del mestiere*** die Schattenseiten des Berufs **3** *(guasto)* Störung *f.*, Panne *f.*: ***-i tecnici*** technische Störungen.

in|con|ver|ti|bi|le agg. inkonvertibel: ***valuta ~*** inkonvertible Währung.

in|co|rag|gia|men|to m. **1** *(esortazione)* Ermutigung *f.*; ***grida, parole d'~*** Zurufe, Worte der Ermutigung **2** *(stimolo)* Förderung *f.*: ***~ degli investimenti*** Förderung der Investitionen; ***~ all'esportazione*** Exportförderung *f.*

in|co|rag|gian|te agg. ermutigend: ***risultato ~*** ermutigendes Ergebnis; ***parole -i*** ermutigende Worte.

in|co|rag|gia|re tr. *(incoraggio, incoraggi)* **1** ***~ qcn.*** jdn ermutigen, jdm Mut machen: ***~ qcn. a qcs.*** jdn zu etw. ermutigen; ***~ qcn. a fare qcs.*** jdn ermutigen, etw. zu tun; ***~ qcn. con un applauso*** jdn durch Beifall ermutigen **2** *(favorire, incentivare)* fördern: ***~ un'iniziativa, la ricerca*** eine Initiative, die Forschung fördern **3** *(istigare)* verleiten: ***~ al male*** zum Bösen verleiten. **in|co|rag|gia|to|re** m. Förderer *m.*, Anhänger *m.*

in|cor|da|re I tr. **1** bespannen: ***~ una racchetta*** einen Schläger bespannen **2** *(uno strumento)* besaiten: ***~ una chitarra*** eine Gitarre besaiten **II** pronom. **incordarsi** *(di muscoli)* sich versteifen, steif werden. **in|cor|da|to** p.pass. agg. **1** → **incordare 2** bespannt **3** *(di strumento)* mit Saiten bezogen **4** *(di muscolo)* versteift. **in|cor|da|tu|ra** f. **1** Bespannung *f.* **2** *(di strumento)* Saitenbezug *m.*

in|cor|na|re tr. auf die Hörner nehmen, forkeln. **in|cor|na|ta** f. Stoß *m.* mit den Hörnern.

in|cor|ni|cia|re tr. *(incornicio, incornici)* **1** ein‿rahmen: ***far ~ un quadro, una foto*** ein Bild, ein Foto einrahmen lassen **2** FIG. umrahmen: ***i riccioli le incorniciano il volto*** die Locken umrahmen ihr Gesicht. **in|cor|ni|cia|tu|ra** f. **1** Einrahmen *n.* **2** *(cornice)* Rahmen *m.*

in|co|ro|na|re I tr. **1** krönen: ***~ qcn. imperatore*** jdn zum Kaiser krönen **2** *(con ghirlande)* ***~ qcn.*** jdm einen Kranz um‿hängen: ***~ qcn. d'alloro*** jdm einen Lorbeerkranz umhängen **II** pronom. **incoronarsi** sich krönen. **in|co|ro|na|zio|ne** f. Krönung *f.*

in|cor|po|ra|men|to m. → **incorporazione.**

in|cor|po|ra|re tr. *(incorporo)* **1** unter‿rühren, unter‿heben, vermengen: ***~ gli albumi*** das Eiweiß unterrühren **2** *(annettere)* ein‿verleiben, ein‿gemeinden, inkorporieren: ***~ un paese in una grande città*** ein Dorf in eine Großstadt eingemeinden; ***~ i territori conquistati nel regno*** die eroberten Gebiete dem Reich einverleiben (*o* inkorporieren). **in|cor|po|ra|zio|ne** f. **1** Vermengung *f.* **2** *(annessione)* Einverleibung *f.*, Eingemeindung *f.*, Inkorporation *f.*: ***~ di un territorio*** Einverleibung eines Gebietes.

in|cor|po|rei|tà f. Körperlosigkeit *f.*, Unstofflichkeit *f.* **in|cor|po|re|o** agg. körperlos, unstofflich: ***sostanza -a*** körperlose Substanz.

in|cor|reg|gi|bi|le agg. **1** nicht korrigierbar: ***un difetto ~*** ein nicht korrigierbarer Fehler **2** FIG. unverbesserlich: ***un ~ romantico*** ein unverbesserlicher Romantiker. **in|cor|reg|gi|bi|li|tà** f. Unverbesserlichkeit *f.*, Unkorrigierbarkeit *f.*

in|cor|re|re intr. *(incorsi, incorso*; aus. *essere)* geraten: ***~ in un pericolo*** in Gefahr geraten ◆ ***~ in un errore*** einen Fehler begehen; ***~ in una multa*** einen Strafzettel erhalten.

in|cor|rot|to agg. **1** unverwest, unverdorben **2** FIG. unbescholten, integer: ***un politico ~*** ein integrer Politiker. **in|cor|rut|ti|bi|le** agg. **1** unverderblich **2** FIG. unbestechlich: ***un giudice ~*** ein unbestechlicher Richter. **in|cor|rut|ti|bi|li|tà** f. Unbestechlichkeit *f.*

in|cor|sa|to|io m. *(-oi)* Nuthobel *m.*

in|co|scien|te I agg. **1** *(privo di sensi)* bewusstlos: ***rimanere ~*** bewusstlos sein **2** *(irresponsabile)* gewissenlos **3** *(non conscio)* unbewusst **II** m. gewissenloser Mensch *m.*; ***sei proprio un ~!*** du bist wirklich gewissenlos!

in|co|scien|za f. **1** Bewusstlosigkeit *f.*: ***in stato d'~*** in bewusstlosem Zustand **2** *(irresponsabilità)* Gewissenlosigkeit *f.*

in|co|stan|te I agg. **1** unbeständig, inkonstant: ***un rendimento ~*** eine unbeständige Leistung **2** *(di persona)* unbeständig, wankelmütig **II** m. wankelmütiger Mensch *m.* **in|co|stan|za** f. Unbeständigkeit *f.*, Wankelmütigkeit *f.*

in|co|sti|tu|zio|na|le agg. verfassungswidrig: ***provvedimento ~*** verfassungswidrige Maßnahme. **in|co|sti|tu|zio|na|li|tà** f. Verfassungswidrigkeit *f.*: ***accusare qcn. d'~*** jdm Verfassungswidrigkeit zur Last legen.

in|cra|vat|ta|to agg. mit Krawatte.

in|cre|a|to agg. LETT. unerschaffen.

in|cre|di|bi|le I agg. unglaublich: ***una storia ~*** eine unglaubliche Geschichte; ***una sfacciataggine ~*** eine unglaubliche Frechheit; ***~ ma vero*** unglaublich, aber wahr; ***velocità ~*** unglaubliche Geschwindigkeit; ***un tipo ~*** ein unglaublicher Typ **II** m. Unglaubliche *n.*: ***questa faccenda ha dell'~*** diese Angelegenheit hat etwas Unglaubliches an sich; ***l'~ è che...*** das Unglaubliche daran ist, dass... **in|cre|di|bi|li|tà** f. Unglaublichkeit *f.*, Unglaubwürdigkeit *f.*

in|cre|di|bil|men|te avv. unglaublich: ***~ bello*** unglaublich schön.

in|cre|du|li|tà f. Ungläubigkeit *f.*, Unglaube *m.*: ***fare qcs. tra l'~ generale*** etw. unter allgemeinem Staunen machen.

in|cre|du|lo agg. ungläubig: ***con espressione -a*** mit ungläubigem Ausdruck ◆ ***mostrarsi ~ di fronte a qcs.*** etw. nicht glauben wollen.

in|cre|men|ta|re tr. **1** steigern, erhöhen: ***~ le vendite, la produzione*** den Verkauf, die Produktion steigern **2** *(incentivare)* fördern: ***~ gli scambi culturali*** den kulturellen Austausch fördern.

in|cre|men|to m. **1** Steigerung *f.*, Erhöhung *f.*, Zuwachs *m.*: ***l'~ è del 7 %*** die Steigerung beträgt 7 %; ***un ~ del 10 %*** eine Steigerung von 10 % **2** *(incentivo)* Förderung *f.*; ***dare ~ a qcs.*** etw. fördern **3** MAT. Inkrement *n.* ◆ ***~ di capitale*** Kapitalerhöhung *f.*; ***~ demografico*** Bevölkerungszuwachs *m.*; ***~ del fatturato*** Umsatzsteigerung *f.*; ***~ di patrimonio*** Vermögenszuwachs *m.*; ***tasso d'~*** Zuwachsrate *f.*; ***~ di valore*** Wertzuwachs *m.*; ***~ delle vendite*** Verkaufssteigerung *f.*

in|cre|scio|so agg. bedauerlich, unerfreulich, misslich: ***un episodio ~*** ein bedauerlicher Vorfall; ***situazione -a*** missliche Lage.

in|cre|spa|men|to m. Kräuselung *f.*

in|cre|spa|re I tr. **1** krausen, kräuseln: ***~ un tessuto*** einen Stoff kräuseln; ***il vento increspava il mare*** der Wind kräuselte das Meer **2** *(corrugare)* kraus ziehen, runzeln: ***~ la fronte*** die Stirn runzeln **II** pronom. **incresparsi 1** sich krausen, sich kräuseln **2** *(corrugarsi)* sich runzeln. **in|cre|spa|to** p.pass. agg. **1** → **increspare 2** ***tessuto ~*** gekräuseltes Gewebe **3** *(di carta)* Krepp-: ***carta -a*** Krepppapier *n.*

in|cre|spa|tu|ra f. Kräuselung *f.*

in|cre|ti|ni|men|to m. Verblödung *f.* **in|cre|ti|ni|re** *(incretinisco, incretinisci)* **I** tr. verblöden **II** pronom. **incretinirsi** verblöden.

in|cri|mi|na|bi|le agg. anklagbar. **in|cri|mi|na|re** tr. *(incrimino)* an‿klagen, unter Anklage stellen, beschuldigen, inkriminieren: ***~ qcn. per qcs.*** jdn etw. (G) anklagen. **in|cri|mi|na|to** p.pass. agg. **1** → **incriminare 2** angeklagt, beschuldigt ◆ ***arma -a*** Tatwaffe *f.*; ***l'articolo ~*** der angefochtene Bericht. **in|cri|mi|na|zio|ne** f. Anklage *f.*, Anklageerhebung *f.*, Beschuldigung *f.*

in|cri|na|re I tr. **1a** ***~ qcs.*** einen Sprung in etw. (A) machen: ***~ un piatto*** einen Sprung in einen Teller machen **b** an‿brechen: ***~ una costa a qcn.*** jdm eine Rippe anbrechen **2** FIG. *(rovinare)* belasten, schädigen: ***~ un'amicizia*** eine Freundschaft belasten **II** pronom. **incrinarsi 1a** springen, einen Sprung bekommen: ***il bicchiere si è incrinato*** das Glas ist gesprungen (*o* hat einen Sprung bekommen) **b *(mi) si è incrinata una costa*** ich habe mir eine Rippe angebrochen **2** FIG. *(rovinarsi)* Risse bekommen: ***i nostri rapporti si sono incrinati*** unsere Beziehung hat Risse bekommen **3** *(di voce)* um‿kippen. **in|cri|na|tu|ra** f. **1** Sprung *m.*, Riss *m.* **2** *(difficoltà, motivo di crisi)* Riss *m.*

in|cro|cia|re *(incrocio, incroci)* **I** tr. **1** kreuzen: ***~ le braccia*** die Arme kreuzen; ***il sentiero incrocia la strada*** der Weg kreuzt die Straße; BIOL. ***~ due razze*** zwei Rassen kreuzen **2** *(incontrare)* über den Weg laufen, treffen: ***~ qcn. per strada*** jdn auf der Straße treffen; ***l'ho incrociato alla fiera, in piazza*** er ist mir auf der Messe, auf dem Platz über den Weg gelaufen **II** pronom. **incrociarsi 1** sich kreuzen: ***le due linee s'incrociano*** die zwei Linien kreuzen sich; FIG. ***i loro sguardi s'incrociarono*** ihre Blicke kreuzten sich **2** *(incontrarsi)* sich über den Weg laufen, sich treffen: ***ci siamo incrociati davanti alla posta*** wir sind uns vor der Post über den Weg gelaufen ◆ FIG. ***~ le armi*** die Waffen kreuzen; FIG. ***~ le braccia*** die Hände in den Schoß legen; *(scioperare)* = streiken; FIG. ***~ le dita*** die Daumen drücken; MAR. ***~ al largo*** auf offenem Meer kreuzen.

in|cro|cia|to p.pass. agg. **1** → **incrociare 2** Kreuz-: ***punto ~*** Kreuzstich *m.*; ***rima -a*** Kreuzreim *m.* (*o* gekreuzter Reim); ***fuoco ~*** Kreuzfeuer *n.*; ***parole -e*** Kreuzworträtsel *n.* ◆ ***a gambe -e*** im Schneidersitz.

in|cro|cia|to|re m. Kreuzer *m.*: ***~ lanciamissili*** Raketenkreuzer *m.*

in|cro|cio m. *(-ci)* **1** Kreuzung *f.*: ***~ di due binari*** Kreuzung von zwei Gleisen; ***~ di due razze*** Kreuzung von zwei Rassen; ***trovarsi all'~*** sich an der Kreuzung befinden **2** BIOL. *(ibrido)* Hybride *f.* e *m.* ◆ ***~ canalizzato*** Straßenkreuzung mit Abbiegespuren; SPORT ***~ dei pali*** Lattenkreuz *n.*; ***~ pericoloso*** gefährliche Straßenkreuzung; ***punto d'~*** Kreuzungspunkt *m.*; ***~ stradale*** Straßenkreuzung *f.*; *(con semaforo)* Ampelkreuzung *f.*

in|crol|la|bi|le agg. **1** einsturzsicher **2** FIG. unerschütterlich, unbeirrbar: ***fede ~*** unerschütterlicher Glaube; ***volontà ~*** unerschütterlicher Wille; ***sicurezza ~*** unbeirrbare Sicherheit.

in|cro|sta|men|to m. Verkrustung *f.*

in|cro|sta|re I tr. **1** verkrusten lassen: ***il calcare incrosta i metalli*** der Kalk lässt die Metalle verkrusten **2** ART. inkrustieren: ***~ un altare con pietre preziose*** einen Altar mit Edelsteinen inkrustieren **II** pronom. **incrostarsi** verkrusten, eine Kruste bilden: ***-rsi di qcs.*** mit etw. verkrusten. **in|cro|sta|tu|ra** f. Inkrustation *f.*, Inkrustierung *f.*: ***~ di marmo*** Inkrustation aus Marmor. **in|cro|sta|zio|ne** f. **1** Verkrustung *f.*: ***liberare dalle -i*** von Verkrustungen befreien; ***~ calcarea*** Kalkverkrustung *f.* **2** *(sedimento)* Ablagerung *f.*: ***~ salina*** Salzablagerung *f.* **3** ART. Inkrustation *f.*, Inkrustierung *f.*

in|cru|de|li|re intr. *(incrudelisco, incrudelisci;* aus. *essere, avere)* **1** (aus. *essere*) grausam werden, verrohen **2** *(infierire;* aus. *avere)* ***~ contro qcn.*** Grausamkeiten an jdm begehen (*o* verüben).

in|cru|di|men|to m. Verfestigung *f.*

in|cruen|to agg. unblutig: ***uno scontro ~*** ein unblutiges Gefecht; MED. ***intervento ~*** unblutiger Eingriff.

in|cu|ba|re tr. brüten, aus‿brüten. **in|cu|ba|tri|ce** f. **1** Brutkasten *m.*: ***mettere un neonato in ~*** ein Baby in den Brutkasten legen **2** ALLEV. Brutapparat *m.* **in|cu|ba|zio|ne** f. **1** ZOOL. Brüten *n.*: ***periodo d'~*** Brutzeit *f.* **2** MED. Inkubation *f.*: ***periodo d'~*** Inkubationszeit *f.* **3** FIG. Reifen *n.*, Ausreifung *f.*; ***questa crisi era in ~ da molto tempo*** diese Krise ist schon seit langem latent.

in|cu|bo m. Albtraum *m.*, Alb *m.* (anche FIG.): ***avere un ~*** einen Albtraum haben; ***questo esame è un ~ per me*** diese Prüfung ist ein Albtraum für mich; ***le feste in famiglia sono un vero ~*** Familienfeste sind ein wahrer Albtraum, zwischen Baum und Borke stecken.

in|cu|di|ne f. Amboss *m.* (anche ANAT.) ◆ ***essere tra l'~ e il martello*** zwischen Hammer und Amboss sein.

in|cu|la|re tr. VOLG. **1** in den Arsch ficken **2** FIG. *(fregare)* bescheißen. **in|cu|la|ta** f. VOLG. Beschiss *m.*

in|cul|ca|re tr. *(inculco, inculchi)* ein‿prägen, ein‿schärfen: ***~ qcs. in qcn.*** jdm etw. einprägen.

in|cul|tu|ra f. Unbildung *f.*, Unkultur *f.*

in|cu|na|bo|lo, in|cu|na|bu|lo m. Wiegendruck *m.*, Inkunabel *f.*

in|cu|ne|a|re *(incuneo)* **I** tr. verkeilen, ein‿keilen **II** pronom. **incunearsi 1** sich verkeilen **2** *(inserirsi, penetrare)* ein‿dringen.

in|cu|pi|re *(incupisco, incupisci)* **I** tr. **1** *(colori)* verdunkeln **2** FIG. düster, finster stimmen: ***la malattia lo ha incupito*** die Krankheit hat ihn düster gestimmt **II** pronom. **incupirsi** sich verfinstern, sich verdüstern: ***il cielo si è incupito*** der Himmel hat sich verdüstert; FIG. ***il suo volto s'incupì*** sein Gesicht verdüsterte sich.

in|cu|ra|bi|le agg. unheilbar: ***malattia ~*** unheilbare Krankheit; ***avere una malattia ~*** unheilbar krank sein; FIG. ***un vizio ~*** ein unheilbares Laster. **in|cu|ra|bi|li|tà** f. Unheilbarkeit *f.*

in|cu|ran|te agg. ungeachtet: ***~ dei giudizi altrui*** ungeachtet der Urteile anderer; ***~ del pericolo*** ungeachtet der Gefahr. **in|cu|ran|za** f. **1** *(noncuranza)* Unbekümmertheit *f.* **2** *(indifferenza)* Gleichgültigkeit *f.*

in|cu|ria f. Nachlässigkeit *f.*: ***per ~*** aus Nachlässigkeit.

in|cu|rio|si|re *(incuriosisco, incuriosisci)* **I** tr. neugierig machen: ***il***

titolo del libro m'incuriosisce der Titel des Buches macht mich neugierig **II** pronom. **incuriosirsi** neugierig werden.

in|cur|sio|ne f. **1** MIL. Einfall *m.*, Überraschungsangriff *m.*; ***~ aerea*** Luftangriff *m.* **2** *(irruzione)* Überfall *m.* **in|cur|so|re I** agg. einfallend, angreifend, Angriff-: ***aereo ~*** angreifendes Flugzeug *n.* **II** m. MIL. = Mitglied *n.* eines militärischen Angriffskommandos.

in|cur|va|men|to m. Biegung *f.*, Krümmung *f.* **in|cur|va|re I** tr. **1** biegen, verbiegen, krümmen: ***~ un'asta*** eine Stange verbiegen **2** krümmen: ***~ la schiena*** den Rücken krümmen **II** pronom. **incurvarsi 1** sich biegen, sich verbiegen: ***-rsi per il troppo peso*** sich unter der Last biegen **2** *(persona)* sich krümmen. **in|cur|va|tu|ra** f. Biegung *f.*, Krümmung *f.*

in|cu|sto|di|to agg. unbewacht: ***parcheggio ~*** unbewachter Parkplatz; ***guardaroba ~*** unbewachte Garderobe; ***lasciare ~*** unbewacht lassen ◆ ***passaggio a livello ~*** unbeschrankter Bahnübergang.

in|cu|te|re tr. *(incussi/incutei, incusso)* ein‿flößen: ***~ terrore, rispetto, soggezione*** Schrecken, Respekt, Scheu einflößen.

in|da|co I m. *(-chi)* **1** Indigo *m.* e *n.* **2** *(colore)* Indigoblau *n.* **II** agg.inv. indigoblau.

in|daf|fa|ra|to agg. beschäftigt: ***essere ~ in qcs.*** mit etw. beschäftigt sein; ***molto ~*** viel beschäftigt.

in|da|ga|bi|le agg. erforschbar.

in|da|ga|re *(indago, indaghi)* **I** tr. erforschen, untersuchen **II** intr. (aus. *avere*) ermitteln (anche assol.): ***~ su qcn., qcs.*** in etw. (D), gegen jdn ermitteln; ***la polizia indaga*** die Polizei ermittelt.

in|da|ga|to I p.pass. agg. **1** → **indagare 2** ermittelt **II** m. Person *f.*, gegen die ermittelt wird. **in|da|ga|to|re I** agg. forschend: ***sguardo ~*** forschender Blick **II** m. Erforscher *m.*

in|da|gi|ne f. **1** Nachforschung *f.*, Untersuchung *f.*: ***svolgere un'~*** eine Nachforschung an‿stellen; ***~ filologica, demoscopica*** philologische, demoskopische Untersuchung **2** DIR. Ermittlung *f.*, Untersuchung *f.*: ***~ della polizia*** polizeiliche Ermittlung; ***condurre un'~*** eine Ermittlung durch‿führen; ***fare, svolgere -i,*** Ermittlungen an‿stellen; ***concludere le -i*** die Ermittlungen ab‿schließen ◆ ***~ di massa*** Reihenuntersuchung *f.*; ***~ di mercato*** Marktforschung *f.*; ***~ metodica*** Durchforschung *f.*; DIR. ***-i preliminari*** Voruntersuchungen; ***risultato di un'~*** Untersuchungsergebnis *n.*; DIR. Ermittlungsergebnis *n.*; ***~ storica*** Geschichtsforschung *f.*

in|dar|no avv. LETT. vergebens, vergeblich.

in|de|bi|ta|men|te avv. **1** unrechtmäßig, missbräuchlich **2** *(illecitamente)* widerrechtlich: ***appropriarsi ~ di qcs.*** sich (D) etw. widerrechtlich an‿eignen **3** *(immeritatamente, ingiustamente)* unberechtigterweise, unverdienterweise, zu Unrecht: ***accusare qcn. ~*** jdn zu Unrecht beschuldigen.

in|de|bi|ta|men|to m. **1** Verschuldung *f.* **2** *(debito)* Verschuldung *f.*; Schulden *pl.*: ***avere un ~ di 500 000 marchi*** 500 000 DM Schulden haben; ***~ dello Stato*** Staatsverschuldung *f.* **in|de|bi|ta|re** *(indebito)* **I** tr. in Schulden bringen (*o* stürzen): ***l'acquisto dell'automobile lo ha indebitato*** der Kauf des Autos hat ihn in Schulden gestürzt **II** pronom. **indebitarsi** sich verschulden, sich in Schulden stürzen, Schulden machen: ***-rsi con qcn. per qcs.*** sich bei jdm wegen etw. verschulden; ***-rsi fino al collo*** sich bis über die Ohren (*o* bis zum Hals) verschulden.

in|de|bi|ta|to p.pass. agg. **1** → **indebitare 2** verschuldet: ***essere ~ con qcn., con una banca*** bei jdm, bei einer Bank verschuldet sein; ***essere ~ fino al collo*** bis über die Ohren (*o* bis zum Hals) in Schulden stecken.

in|de|bi|to agg. **1** unrechtmäßig, missbräuchlich: ***uso ~*** unrechtmäßiger Gebrauch **2** *(illecito)* widerrechtlich: ***appropriazione -a*** widerrechtliche Aneignung; *(di denaro)* Unterschlagung *f.* **3** *(immeritato, ingiusto)* unverdient.

in|de|bo|li|men|to m. Schwächung *f.*, Entkräftung *f.*: ***~ fisico*** körperliche Entkräftung.

in|de|bo|li|re *(indebolisco, indebolisci)* **I** tr. schwächen, entkräften: ***~ la resistenza dell'avversario*** den Widerstand des Gegners schwächen **II** pronom. **indebolirsi** schwach werden, Kräfte verlieren: ***-rsi per una malattia*** durch eine Krankheit Kräfte verlieren. **in|de|bo|li|to** p.pass. agg. **1** → **indebolire 2** geschwächt, schwach.

in|de|cen|te agg. **1** unanständig, ungehörig: ***comportamento, vestito ~*** unanständiges Benehmen, Kleid **2** *(vergognoso)* furchtbar schlecht: ***la strada è in uno stato ~*** die Straße ist in einem furchtbar schlechten Zustand ◆ ***prezzo ~*** unverschämter Preis. **in|de|cen|te|men|te** avv. unanständig. **in|de|cen|za** f. Unanständigkeit *f.* ◆ ***è un'~!*** das ist eine Schande!

in|de|ci|fra|bi|le agg. **1a** unentzifferbar, nicht entzifferbar: ***iscrizione, scrittura ~*** unentzifferbare Inschrift, Handschrift **b** *(di codice)* undechiffrierbar **2** *(incomprensibile)* unergründlich, unerforschlich: ***sguardo ~*** unerforschlicher Blick.

in|de|ci|sio|ne f. Unentschlossenheit *f.*, Unschlüssigkeit *f.*; ***avere un attimo, un momento d'~*** einen Moment lang unentschlossen sein.

in|de|ci|so agg. **1** *(non definito)* unentschieden, ungelöst **2** *(irresoluto, incerto)* unentschlossen, unschlüssig: ***è ~ sul da farsi*** er ist unentschlossen, was er tun soll.

in|de|cli|na|bi|le agg. **1** GRAMM. undeklinierbar **2** LETT. unumgänglich, unvermeidlich: ***invito ~*** unumgängliche Einladung.

in|de|co|ro|so agg. ungehörig, ungebührlich, unschicklich.

in|de|fes|sa|men|te avv. unermüdlich. **in|de|fes|so** agg. unermüdlich, unverdrossen: ***lavoratore ~*** unermüdlicher Arbeiter.

in|de|fet|ti|bi|le agg. LETT. **1** unvergänglich: ***amicizia ~*** unvergängliche Freundschaft **2** *(esente da difetti)* unfehlbar.

in|de|fi|ni|bi|le agg. undefinierbar, unbestimmbar: ***sensazione, colore, sapore ~*** undefinierbares Gefühl, undefinierbare Farbe, undefinierbarer Geschmack. **in|de|fi|ni|bi|li|tà** f. Undefinierbarkeit *f.*, Unbestimmbarkeit *f.* **in|de|fi|ni|tez|za** f. Unbestimmtheit *f.*

in|de|fi|ni|to agg. **1** unbestimmt, ungenau: ***ritardo ~*** unbestimmte Verspätung; ***di età -a*** unbestimmten Alters; MAT. ***integrale ~*** unbestimmtes Integral **2** *(sfocato)* verschwommen: ***contorni -i*** verschwommene Konturen **3** *(irrisolto)* ungelöst, unentschieden: ***lasciare -a una questione*** ein Problem ungelöst lassen **4** GRAMM. unbestimmt, Indefinit-: ***pronome ~*** Indefinitpronomen *n.*

in|de|for|ma|bi|le agg. unverformbar. **in|de|for|ma|bi|li|tà** f. Unverformbarkeit *f.*

in|de|gna|men|te avv. unwürdig, würdelos: ***comportarsi ~*** sich würdelos verhalten. **in|de|gni|tà** f.inv. **1** Unwürdigkeit *f.*, Würdelosigkeit *f.* **2** *(atto indegno)* würdelose Tat *f.*: ***commettere un'~*** eine würdelose Tat begehen.

in|de|gno agg. unwürdig, würdelos: ***essere ~ di qcn., qcs.*** jds, etw. (G) unwürdig sein; ***essere ~ di fare qcs.*** nicht würdig sein, etw. zu tun; ***trattamento ~*** unwürdige Behandlung; ***un comportamento ~ di persone civili*** ein für zivile Personen unwürdiges Benehmen ◆ DIR. ***~ a succedere*** erbunwürdig.

in|dei|scen|te agg. ***frutto ~*** Schließfrucht *f.*

in|de|le|bi|le agg. unauslöschlich (anche FIG.), unauslöschbar: ***segno ~*** unauslöschbares Zeichen; ***inchiostro ~*** unauslöschliche Tinte; ***ricordo ~*** unauslöschliche Erinnerung. **in|de|le|bi|li|tà** f. **1** Unauslöschbarkeit *f.* **2** *(di inchiostro)* Wasserunlöslichkeit *f.* **in|de|le|bil|men|te** avv. unauslöschlich, unauslöschbar.

in|de|li|ca|ta|men|te avv. taktlos. **in|de|li|ca|tez|za** f. Taktlosigkeit *f.*; ***commettere un'~ nei confronti di qcn.*** jdm gegenüber eine Taktlosigkeit begehen; ***agire con ~*** taktlos handeln.

in|de|li|ca|to agg. taktlos: ***essere ~ con, nei confronti di qcn.*** mit jdm, jdm gegenüber taktlos sein; ***osservazione, domanda -a*** taktlose Bemerkung, Frage.

in|de|mo|nia|to I agg. **1** (vom Teufel) besessen **2** *(scalmanato, esagitato)* wild: ***un bambino ~*** ein wildes Kind **II** m. **1** Besessene *m.* **2** *(persona irrequieta)* Wilde *m.*

in|den|ne agg. **1** unverletzt, unversehrt: ***uscire ~ da un incidente*** bei einem Unfall unverletzt davon‿kommen **2** *(intatto, non rovinato)* unversehrt, unbeschädigt.

in|den|ni|tà f.inv. **1** Entschädigung *f.*, Schaden(s)ersatz *m.*: ***ricevere un milione di ~*** eine Million (als) Entschädigung erhalten; ***accordare, concedere un'~*** Schadenersatz gewähren **2** *(compenso aggiuntivo)* Vergütung *f.*, Zulage *f.*: ***percepire, ricevere un'~*** eine Vergütung erhalten ◆ ***~ di alloggio*** Wohnungsgeld *n.*; ***~ di buonuscita*** Abfindung *f.*; ***~ carovita*** Teuerungszuschlag *m.*; ***diritto d'~*** Entschädigungsanspruch *m.*; ***~ di disoccupazione*** Arbeitslosenunterstützung *f.*; ***~ giornaliera*** Tagegeld *n.*; ***~ di licenziamento*** Kündigungsabfindung *f.*; Abgangsentschädigung *f.*; ***~ di malattia*** Krankengeld *n.*; ***~ di fine mandato*** Teilhaberversicherung *f.*; ***~ di maternità*** Mutterschaftszulage *f.*; ***~ mensa*** Verpflegungsgeld *n.*; ***~ di missione all'estero*** Auslandszulage *f.*, Auslandsvergütung *f.*; ***~ in caso di morte*** Sterbegeld *n.*; ***~ parlamentare*** Diäten *pl.*; ***~ di pericolo*** Gefahrenzulage *f.*; ***~ di fine rapporto*** → ***~ di buonuscita***; ***~ di rappresentanza*** Aufwandsentschädigung *f.*; ***~ speciale*** Sonderzulage *f.*; ***~ di trasferimento*** Umzugsentschädigung *f.*; ***~ di trasferta*** Tagegeld *n.*, Reisekostenvergütung *f.*; ***~ di lunga trasferta*** Trennungsgeld *n.*

in|den|niz|za|re tr. entschädigen, vergüten: ***~ qcn. di qcs.*** jdn für etw. entschädigen.

in|den|niz|zo m. **1** Entschädigung *f.*, Schaden(s)ersatz *m.*, Vergütung *f.*: ***ricevere un forte ~*** einen hohen Schadenersatz erhalten; ***versare, pagare un ~ a qcn.*** jdm Schadenersatz zahlen, leisten **2** *(somma di indennizzo)* Schaden(s)ersatz *m.* ◆ ***obbligo d'~*** Schadenersatzpflicht *f.*; ***pagamento di ~*** Schadenersatzleistung *f.*

in|den|tro avv. hinein ◆ ***all'~*** nach innen.

in|de|ro|ga|bi|le agg. **1** unumgänglich, unabdingbar: ***norma ~*** unabdingbare Vorschrift **2** *(improrogabile)* unaufschiebbar: ***termine ~*** unaufschiebbare Frist. **in|de|ro|ga|bil|men|te** avv. **1** auf unumgängliche (*o* unabdingbare) Weise **2** *(improrogabilmente)* unaufschiebbar, unaufschieblich.

in|de|scri|vi|bi|le agg. unbeschreiblich, unbeschreibbar: ***confusione ~*** unbeschreibliches Durcheinander; ***una gioia ~*** eine unbeschreibliche Freude.

in|de|si|de|ra|bi|le agg. unerwünscht. **in|de|si|de|ra|to** agg. unerwünscht, unwillkommen: ***ospite ~*** unwillkommener Gast; ***effetti -i*** unerwünschte Auswirkungen.

in|de|ter|mi|na|bi|le agg. unbestimmbar: ***periodo di tempo ~*** unbestimmbarer Zeitraum. **in|de|ter|mi|na|tez|za** f. **1** Unbestimmtheit *f.*: ***~ di un concetto*** Unbestimmtheit eines Begriffs **2** *(irresolutezza)* Unentschiedenheit *f.*, Unentschlossenheit *f.* **in|de|ter|mi|na|ti|vo** agg. unbestimmt: ***articolo ~*** unbestimmter Artikel. **in|de|ter|mi|na|to** agg. unbestimmt: ***luogo ~*** unbestimmter Ort; ***a tempo ~*** auf unbestimmte Zeit. **in|de|ter|mi|na|zio|ne** f. **1** Unbestimmtheit *f.*, Indetermination *f.* **2** *(irresolutezza)* Unentschlossenheit *f.*, Unentschiedenheit *f.* **3** FIS. ***principio d'~ di Heisenberg*** heisenbergsche Unschärferelation *f.*

in|de|ter|mi|ni|smo m. Indeterminismus *m.*

in|di avv. LETT. danach, sodann.

In|dia n.pr.f. Indien *n.*; ***le -e occidentali*** Westindien *n.* ◆ ***fico d'~*** Kaktusfeige *f.* **in|dia|ni|sta** m. e f. *(-i,-e)* Indianist *m.* (-in *f.*). **in|dia|ni|sti|ca** f. Indianistik *f.*

in|dia|no I agg. **1** indisch **2** *(amerindio)* indianisch, Indianer-: ***riserva -a*** Indianerreservat *n.*; ***tribù -a*** Indianerstamm *m.* **II** m. **1** Inder *m.* **2** *(d'America)* Indianer *m.* ◆ ***canapa -a*** indischer Hanf; ***fare l'~*** sich dumm stellen; ***camminare in fila -a*** im Gänsemarsch gehen; ***Oceano Indiano*** Indischer Ozean.

in|dia|vo|la|to agg. **1** besessen, vom Teufel geritten **2** *(scatenato, insopportabile)* höllisch, teuflisch, wild: ***un bambino ~*** ein kleiner Teufel; ***chiasso ~*** höllischer Lärm, Höllenspektakel *n.*

in|di|ca|bi|le agg. anzeigbar.

in|di|ca|re tr. *(indico, indichi)* **1** *(fare segno)* ***~ qcn., qcs. (con il dito)*** mit dem Finger auf jdn, etw. zeigen, deuten, weisen **2** *(segnalare)* zeigen: ***~ a qcn. un posto libero, l'uscita*** jdm einen freien Platz, den Ausgang zeigen; ***~ la strada a qcn.*** jdm den Weg zeigen (anche FIG.); ***l'orologio indica le cinque*** die Uhr zeigt fünf **3** *(rendere noto)* an_zeigen: ***il cartellino indica il prezzo*** das Schild zeigt den Preis an **4** *(suggerire)* empfehlen, an_geben: ***~ una cura*** eine Behandlung empfehlen; ***~ a qcn. un buon albergo*** jdm ein gutes Hotel empfehlen **5** *(denotare)* hin_weisen, hin_deuten: ***questo comportamento indica un profondo egoismo*** dieses Verhalten deutet auf einen ausgeprägten Egoismus hin **6** *(designare)* an_deuten: ***~ qcs. con un termine*** etw. mit einem Begriff andeuten. **in|di|ca|ti|va|men|te** avv. ungefähr, etwa: ***verrà a costare ~ sul milione*** es wird ungefähr eine Million kosten.

in|di|ca|ti|vo I agg. **1** bezeichnend: ***un fattore ~*** ein bezeichnender Faktor; ***è ~ che...*** es ist bezeichnend, dass... **2** *(approssimativo)* Richt-, ungefähr: ***valore, prezzo ~*** Richtwert *m.*, (empfohlener) Richtpreis *m.*; ***data -a*** ungefähres Datum **II** m. **1** GRAMM. Indikativ *m.*: ***~ presente*** Indikativ Präsens; ***all'~*** im Indikativ **2** TEL. Kennzahl *f.*: ***~ interurbano*** Ortsnetzkennzahl *f.*; ***~ nazionale*** Landeskennzahl *f.* ◆ GRAMM. ***modo ~*** Indikativ *m.*

in|di|ca|to p.pass. agg. **1** → **indicare 2** *(appropriato, adatto)* geeignet: ***questo film non è ~ per bambini*** der Film ist nicht geeignet (*o* ungeeignet) für Kinder; ***essere la persona -a per qcs.*** die geeignete Person für etw. sein.

in|di|ca|to|re I m. **1** Anzeiger *m.*: ***~ del livello dell'olio*** Anzeiger für den Ölstand; ***~ di livello del carburante*** Kraftstoffanzeiger *m.* **2** ECON. CHIM. TECN. Indikator *m.*: ***gli -i della qualità della vita*** die Indikatoren für die Lebensqualität; ***~ congiunturale*** Indikator für den Konjunkturverlauf; ***~ radioattivo*** radioaktiver Indikator **3** *(pubblicazione informativa)* Verzeichnis *n.* **II** agg. anzeigend, Anzeige- ◆ ***~ di direzione*** Fahrtrichtungsanzeiger *m.*; ***~ farmaceutico*** Arzneibuch *n.*; ***~ di fase*** Phasenmesser *m.*; ***~ ferroviario*** Zugfahrplan *m.*; ***~ di pressione*** Druckmesser *m.*; ***~ stradale*** Wegweiser *m.*

in|di|ca|zio|ne f. **1** Hinweis *m.*, Angabe *f.*: ***-i bibliografiche*** bibliographische Hinweise; ***dare un'~*** einen Hinweis geben; ***senza alcuna ~*** ohne jede Angabe; ***un'~ precisa*** eine genaue Angabe **2** *(direttiva)* Weisung *f.*: ***seguire le -i di qcn.*** jds Weisungen befolgen **3** *(istruzione)* Anleitung *f.*: ***fare qcs. su ~ di qcn.*** etw. unter jds Anleitung tun **4** *(segnalazione stradale)* Ausschilderung *f.* **5** MED. Indikation *f.* ◆ ***~ delle fonti*** Quellenangabe *f.*, Literaturangabe *f.*; ***~ di luogo*** Ortsangabe *f.*; ***~ di misura*** Maßangabe *f.*; ***~ di peso*** Gewichtsangabe *f.*; ***~ di prezzo*** Preisangabe *f.*

in|di|ce m. **1** *(dito)* Zeigefinger *m.*: ***indicare qcs. con l'~*** mit dem Zeigefinger auf etw. zeigen, deuten; ***portare l'~ alle labbra*** den Zeigefinger auf die Lippen legen; ***puntare l'~ contro qcn.*** den Zeigefinger gegen jdn erheben **2** *(lancetta)* Zeiger *m.*: ***~ del sismografo*** Zeiger des Seismographen **3** *(indizio)* Zeichen *n.*: ***essere ~ di qcs.*** Zeichen von etw. sein **4** EDIT. Inhaltsverzeichnis *n.*, Verzeichnis *n.*, Register *n.*, Index *m.*: ***~ alfabetico*** alphabetisches Verzeichnis **5** STOR. ***~ (dei libri proibiti)*** Index *m.* (der verbotenen Bücher): ***mettere all'~*** auf den Index setzen (anche FIG.); ***essere all'~*** auf dem Index stehen (anche FIG.) **6a** *(quota)* Index *m.*, Quote *f.*; Zahl *f.* **b** BANC. TECN. Index *m.* ◆ ***~ di affollamento*** Behausungsziffer *f.*; ***~ di alcalinità*** Alkali(ni)tätsindex *m.*; ***~ analitico*** Sachregister *n.*, Sachverzeichnis *n.*; ***~ d'ascolto*** Einschaltquote *f.*; ***~ per autore*** Autorenregister *n.*; ***~ delle azioni*** Aktienindex *m.*; ***~ di capoverso*** Spitzmarke *f.*; ***~ congiunturale*** Konjunkturindex *m.*; ***~ del costo del lavoro, della vita*** Lohnkostenindex *m.*, Lebenshaltungsindex *m.*; ***~ demografico*** Geburtenzahl *f.*; ***~ di esposizione*** Lichtwert *m.*; ***~ generale*** Generalindex *m.*; ***~ di gradimento*** Einschaltquote *f.*; ***messa all'~*** Indizierung *f.*; ***~ dei nomi*** Namenverzeichnis *n.*; ***~ di popolamento*** Besiedlungsindex *m.*; ***~ dei prezzi*** Preisindex *m.*; ***~ di produzione*** Produktionsindex *m.*; ***~ delle quotazioni*** Börsenindex *m.*, Kursindex *m.*; ***~ di rifrazione*** Brechungszahl *f.*; ***~ delle tavole*** Tafelverzeichnis *n.*

in|di|ci|bi|le agg. unsagbar, unsäglich (anche ENFAT.): ***gioia ~*** unsagbares Glück; ***soffrire pene -i*** unsagbare Schmerzen erleiden. **in|di|ci|bil|men|te** avv. unsagbar: ***essere ~ triste*** unsagbar traurig sein; ***rallegrarsi ~*** sich unsagbar freuen.

in|di|ciz|za|re tr. indexieren, an_gleichen: ***~ i salari, le pensioni, i prezzi*** die Löhne, die Renten, die Preise indexieren. **in|di|ciz|za|zio|ne** f. Indexierung *f.*, Angleichung *f.*: ***~ dei prezzi*** Preisindexierung *f.*; ***~ dei salari*** Lohnangleichung *f.*

in|die|treg|gia|re intr. *(indietreggio, indietreggi; aus. essere, avere)* **1** zurück_treten, zurück_gehen: ***~ di un passo*** einen Schritt zurücktreten **2** *(con veicolo)* zurück_setzen **3** *(davanti a ostacoli)* zurück_weichen (anche FIG.): ***~ davanti al nemico*** vor dem Feind zurückweichen; ***~ davanti a un problema*** vor einem Problem zurückweichen.

in|die|tro avv. **1a** *(moto a luogo)* rückwärts: ***fare un passo ~*** einen Schritt rückwärts machen; ***fare marcia ~*** rückwärts fahren; FIG. einen Rückzieher machen **b** *(in verbi composti)* zurück-: ***tornare ~*** zurück_kommen, zurück_kehren; ***tirarsi ~*** sich zurück_ziehen (anche FIG.); ***volgersi, voltarsi ~*** sich zurück_wenden, sich um_drehen; ***mettere ~ l'orologio*** die Uhr zurück_stellen **2a** *(stato in luogo)* im Rückstand, zurück: ***rimanere ~ con un pagamento, con un lavoro*** mit einer Zahlung, mit einer Arbeit im Rückstand sein; ***essere, restare ~ in una materia*** in einem Fach zurück sein **b** *(in verbi composti)* zurück-: ***rimanere ~*** zurück_bleiben (anche FIG.); ***lasciare ~ qcn., qcs.*** jdn, etw. zurück_lassen **3** *(in restituzione; in verbi composti)* zurück-: ***volere, dare, chiedere, mandare qcs. ~*** etw. zurück_wollen, zurück_geben, zurück_fordern, zurück_schicken ◆ ***~, fate largo!*** zurück_treten! ***all'~*** *(a ritroso)* rückwärts; *(sulla schiena)* nach hinten; ***camminare all'~*** rückwärts gehen; ***cadere all'~*** nach hinten fallen; ***lasciarsi ~ qcn.*** jdn hinter sich (D) lassen; ***l'orologio va, sta ~*** die Uhr geht nach; SART. ***punto ~*** Rückstich *m.*

in|di|fen|di|bi|le agg. unhaltbar (anche FIG.): ***posizione ~*** unhaltbare Position; ***tesi ~*** unhaltbare These; MIL. ***postazione ~*** unhaltbare Stellung.

in|di|fe|so agg. wehrlos, hilflos (anche FIG.): ***essere ~ nei confronti delle accuse di qcn.*** gegen jds Vorwürfe wehrlos sein; ***un bambino ~*** ein hilfloses Kind.

in|dif|fe|ren|te I agg. **1** gleichgültig, unberührt, indifferent: ***essere, rimanere ~ a (nei confronti di) qcn., qcs.*** gleichgültig gegenüber jdm, etw. sein, bleiben; ***mostrarsi ~*** sich gleichgültig geben, zeigen; ***la notizia lo lascia ~*** die Nachricht lässt ihn völlig unberührt; ***~ al dolore altrui*** gleichgültig gegenüber dem Leid anderer; ***rimanere ~*** gleichgültig bleiben **2** *(irrilevante)* egal, gleich, gleichgültig: ***la cosa mi è ~*** das ist mir egal; ***quel tipo non le è del tutto ~*** der Typ ist ihr nicht ganz gleichgültig; ***per lui è ~ quello che fai*** ihm ist es gleich, was du tust **3** CHIM. BIOL. FIS. indifferent: ***equilibrio ~*** indifferentes Gleichgewicht **II** m. e f. Gleichgültige *m.* e *f.*: ***fare l'~*** den Gleichgültigen spielen ◆ ***una somma non ~*** eine ganz schöne Summe. **in|dif|fe|ren|te|men|te** avv. ohne Unterschied, unterschiedslos.

in|dif|fe|ren|za f. Gleichgültigkeit *f.*, Indifferenz *f.*: ***mostrare ~ verso qcn.*** Gleichgültigkeit gegenüber jdm zeigen ◆ ***con ~*** gleichgültig; ***trattare qcn. con*** ~ jdm die kalte Schulter zeigen.

in|dif|fe|ren|zia|to agg. **1** unterschiedslos: ***trattamento*** ~ unterschiedslose Behandlung **2** undifferenziert: ***una critica -a*** eine undifferenzierte Kritik **3** BIOL. undifferenziert.

in|dif|fe|ri|bi|le agg. unaufschiebbar: ***appuntamento*** ~ unaufschiebbarer Termin. **in|dif|fe|ri|bi|li|tà** f. Unaufschiebbarkeit *f.*

in|di|ge|no I agg. **1** eingeboren: ***popolazione -a*** eingeborene Bevölkerung **2** *(locale)* einheimisch: ***cucina -a*** einheimische Küche **3** BOT. ZOOL. heimisch **II** m. **1** Eingeborene *m.* e *f.*: ***gli -i della Nuova Guinea*** die Eingeborenen Neuguineas **2** *(persona del luogo)* Einheimische *m.* e *f.*

in|di|gen|te I agg. **1** Not leidend: ***persona*** ~ Not leidender Mensch **2** *(bisognoso)* bedürftig **II** m. e f. **1** Notleidende *m.* e *f.*: ***aiutare gli -i*** den Notleidenden helfen **2** *(bisognoso)* Bedürftige *m.* e *f.* **in|di|gen|za** f. Elend *n.*: ***vivere nell'~*** im Elend leben.

in|di|ge|ri|bi|le agg. unverdaulich (anche FIG.): ***cibo*** ~ unverdauliche Speise. **in|di|ge|ri|bi|li|tà** f. Unverdaulichkeit *f.*

in|di|ge|stio|ne f. Verdauungsstörung *f.* ◆ ***fare ~ di qcs.*** sich mit etw. den Magen verderben, sich an etw. (D) überessen; FIG. ***fare ~ di romanzi*** bis zum Überdruss Romane lesen.

in|di|ge|sto agg. unverdaulich, schwer verdaulich (anche FIG.): ***cibo*** ~ schwer verdauliche Speise; ***libro*** ~ unverdauliches Buch; ***persona -a*** schwer verdaulicher Mensch.

in|di|gna|re I tr. empören, entrüsten: ***il suo comportamento m'indigna*** sein Benehmen empört mich **II** pronom. **indignarsi** sich empören, sich entrüsten: ***-rsi per qcs.*** sich wegen etw. (*o* über etw.) empören, entrüsten; ***-rsi per un affronto*** sich über eine Beleidigung entrüsten. **in|di|gna|to** p.pass. agg. **1** → **indignare 2** empört, entrüstet: ***essere ~ con qcn. per qcs.*** über jdn wegen etw. empört sein.

in|di|gna|zio|ne f. Empörung *f.*, Entrüstung *f.*: ***un urlo d'~*** ein Aufschrei der Empörung.

in|di|la|zio|na|bi|le agg. unaufschiebbar: ***un impegno*** ~ eine unauffschiebbare Verpflichtung.

in|di|men|ti|ca|bi|le agg. unvergesslich: ***ricordo, atmosfera*** ~ unvergessliche Erinnerung, Stimmung; ***lasciare un'impressione*** ~ einen unvergesslichen Eindruck hinterlassen.

in|di|mo|stra|bi|le agg. unbeweisbar: ***una teoria*** ~ eine unbeweisbare Theorie. **in|di|mo|stra|bi|li|tà** f. Unbeweisbarkeit *f.* **in|di|mo|stra|to** agg. unbewiesen: ***affermazione -a*** unbewiesene Behauptung.

in|dio I m. *(-di,-dios)* Indio *m.* **II** agg. *(-di,-die)* der Indios: ***artigianato*** ~ Handwerk der Indios.

in|di|pen|den|te I agg. **1** unabhängig, selbstständig: ***essere ~ da qcs.*** von etw. unabhängig sein; ***avere un carattere*** ~ einen unabhängigen Charakter haben; ***rendersi*** ~ sich selbstständig machen **2** *(non in relazione)* unabhängig: ***due eventi -i fra loro*** zwei voneinander unabhängige Vorgänge **3** POL. unabhängig, parteilos: ***giornale*** ~ unabhängige Zeitung **II** m. e f. Unabhängige *m.* e *f.*, Selbstständige *m.* e *f.*

in|di|pen|den|te|men|te avv. **1** unabhängig: ***~ da qcn., qcs.*** unabhängig von jdm, etw. **2** *(a prescindere da)* ***~ da qcs.*** abgesehen von etw.

in|di|pen|den|ti|smo m. Unabhängigkeitsbestrebung *f.*, Unabhängigkeits(be)streben *n.* **in|di|pen|den|ti|sta** *(-i,-e)* **I** m. e f. Verfechter *m.* (-in *f.*) der Unabhängigkeit; *(combattente)* Unabhängigkeitskämpfer *m.* (-in *f.*) **II** agg. Unabhängigkeits-: ***movimento*** ~ Unabhängigkeitsbewegung *f.* **in|di|pen|den|ti|sti|co** agg. *(-ci,-che)* → **indipendentista.**

in|di|pen|den|za f. Unabhängigkeit *f.*: ***combattere per l'~*** für die Unabhängigkeit kämpfen; ***concedere l'~ a un paese*** ein Land in die Unabhängigkeit entlassen; ***dichiarazione d'~*** Unabhängigkeitserklärung *f.*; ***guerra d'~*** Unabhängigkeitskrieg *m.*, Freiheitskrieg *m.*

in|di|re tr. *(indico, indici; indissi; indetto)* **1** *(assemblea, conferenza)* ein‿berufen, an‿beraumen, an‿setzen: ***~ una seduta*** eine Sitzung anberaumen **2** *(concorso, elezioni)* aus‿schreiben **3** *(sciopero)* aus‿rufen.

in|di|ret|ta|men|te avv. indirekt, mittelbar: ***qcs. riguarda qcn. solo*** ~ etw. betrifft jdn nur indirekt.

in|di|ret|to agg. indirekt (anche FIG.): ***imposte -e*** indirekte Steuern; ***discorso*** ~ indirekte (*o* abhängige) Rede; ***complemento*** ~ indirektes Objekt; ***proposizione interrogativa -a*** indirekter Fragesatz; ***rimprovero*** ~ indirekter Vorwurf ◆ ***per vie -e*** auf Umwegen.

in|di|riz|za|re I tr. **1** lenken, richten (anche FIG.): ***~ lo sguardo verso un punto*** den Blick auf einen Punkt richten; ***~ i propri sforzi alla realizzazione di una cosa*** seine Bestrebungen auf die Verwirklichung einer Sache richten; ***~ l'attenzione di qcn. su qcs.*** jds Aufmerksamkeit auf etw. lenken **2** *(avviare)* hin‿führen: ***~ qcn. a un mestiere*** jdn zu einem Beruf hinführen **3a** *(mandare)* verweisen: ***~ qcn. da un buon medico*** jdn an einen guten Arzt verweisen **b** *(spedire)* adressieren: ***~ la lettera a un amico*** einen Brief an einen Freund adressieren **II** pronom. **indirizzarsi** sich wenden, sich richten: ***-rsi a qcn. per qcs.*** sich an jdn wegen etw. (G) wenden; ***-rsi a un avvocato per un consiglio*** sich an einen Anwalt wegen eines Ratschlags wenden.

in|di|riz|za|rio m. *(-ri)* **1** Adressbuch *n.* **2** INFORM. Directory *n.*, Verzeichnis *n.*

in|di|riz|zo m. **1** Adresse *f.*, Anschrift *f.*: ***sbagliare*** ~ an die falsche Adresse kommen **2** *(orientamento, direzione)* Richtung *f.*: ***~ di studi*** Fachrichtung *f.* **3** INFORM. Adresse *f.*: ***~ di memoria*** Speicheradresse *f.* ◆ ***all'~ di*** an die Adresse von; ***~ del mittente*** Absender *m.*; ***~ politico*** politische Orientierung *f.*; ***~ di saluto*** Grußwort *n.*; ***~ telegrafico*** Drahtanschrift *f.*, Telegrammadresse *f.*

in|di|scer|ni|bi|le agg. ununterscheidbar.

in|di|sci|pli|na f. Disziplinlosigkeit *f.* **insdi|sci|pli|na|ta|men|te** avv. undiszipliniert. **in|di|sci|pli|na|tez|za** f. Undiszipliniertheit *f.* **in|di|sci|pli|na|to** agg. undiszipliniert, disziplinlos: ***una classe -a*** eine undisziplinierte Klasse.

in|di|scre|ta|men|te avv. indiskret. **in|di|scre|to** agg. indiskret: ***una domanda, persona -a*** eine indiskrete Frage, Person; ***non vorrei essere*** ~ ich möchte nicht indiskret sein.

in|di|scre|zio|ne f. Indiskretion *f.*, Taktlosigkeit *f.*: ***commettere un'~*** eine Indiskretion begehen; ***secondo -i...*** laut Indiskretionen...

in|di|scri|mi|na|ta|men|te avv. ohne Unterschied, unterschiedslos, wahllos: ***odiare tutti*** ~ alle ohne Unterschied hassen. **in|di|scri|mi|na|to** agg. unterschiedslos; ***fare uso ~ di qcs.*** etw. wahllos an‿wenden; ***fare uso ~ di pastiglie*** wahllos Tabletten (ein)nehmen.

in|di|scus|so agg. unbestritten: ***il capo, il vincitore*** ~ der unbestrittene Anführer, Sieger; ***prestigio*** ~ unbestrittenes Prestige; ***una superiorità -a*** unbestrittene Überlegenheit; ***i suoi meriti sono -i*** seine Verdienste sind unbestritten.

in|di|scu|ti|bi|le agg. unbestreitbar, unanfechtbar: ***affermazione*** ~ unanfechtbare Behauptung; ***è ~ che...*** es ist unbestritten, dass... **in|di|scu|ti|bil|men|te** avv. unbestreitbar, unanfechtbar: ***è stata ~ una bella festa*** es ist unbestreitbar ein schönes Fest gewesen.

in|di|spen|sa|bi|le I agg. unentbehrlich, unerlässlich, unabdingbar: ***essere ~ per qcn., per qcs.*** für jdn, etw. unentbehrlich sein; ***rendersi*** ~ sich unentbehrlich machen; ***è ~ che...*** es ist unerlässlich, dass... **II** m. Nötigste *n.*, Notwendige *n.*: ***limitarsi all'~*** sich aufs Nötigste beschränken ◆ ***l'~ per vivere*** das Lebensnotwendige; ***il minimo*** ~ das Allernötigste. **in|di|spen|sa|bi|li|tà** f. Unentbehrlichkeit *f.*, Unerlässlichkeit *f.*, Unabdingbarkeit *f.*

in|di|spet|ti|re *(indispettisco, indispettisci)* **I** tr. irritieren, verstimmen, (ver)ärgern **II** pronom. **indispettirsi** sich ärgern: ***-rsi per qcs.*** sich über etw. (A) ärgern. **in|di|spet|ti|to** p.pass. agg. **1** → **indispettire 2** verärgert, irritiert: ***essere ~ per qcs.*** über etw. verärgert sein.

in|di|spo|nen|te agg. **1** ärgerlich **2** *(di persona)* aufreibend.

in|di|spo|ni|bi|le agg. indisponibel, nicht verfügbar. **in|di|spo|ni|bi|li|tà** f. Nichtverfügbarkeit *f.*

in|di|spor|re tr. *(indispongo, indisponi; indisposi; indisposto)* irritieren, verstimmen: ***il suo comportamento mi indispone*** sein Verhalten irritiert mich. **in|di|spo|si|zio|ne** f. Unwohlsein *n.*, Unpässlichkeit *f.*: ***assente per*** ~ wegen Unpässlichkeit abwesend. **in|di|spo|sto** agg. unwohl, unpässlich; ***essere*** ~ sich unwohl fühlen.

in|dis|so|lu|bi|le agg. unauflösbar, unlösbar, untrennbar: ***un legame*** ~ ein unauflösbarer Bund; ***un'amicizia*** ~ eine untrennbare Freundschaft. **in|dis|so|lu|bi|li|tà** f. Unauflösbarkeit *f.*: ***l'~ del matrimonio*** die Unauflösbarkeit der Ehe. **in|dis|so|lu|bil|men|te** avv. unlösbar: ***essere ~ legati*** unlösbar verbunden sein.

in|di|stin|gui|bi|le agg. ununterscheidbar.

in|di|stin|ta|men|te avv. **1** ohne Unterschied, unterschiedslos, gleichermaßen: ***rivolgersi a tutti*** ~ sich an alle gleichermaßen wenden **2** *(vagamente)* undeutlich, vage: ***ricordare ~ qcs.*** sich undeutlich an etw. erinnern.

in|di|stin|to agg. undeutlich, vage, verschwommen: ***un ricordo, un mormorio*** ~ eine vage Erinnerung, ein undeutliches Gemurmel; ***foto -a*** undeutliches Foto; ***immagini, contorni -i*** verschwommene Bilder, Umrisse.

in|di|stri|ca|bi|le agg. undurchdringlich: ***groviglio*** ~ undurchdringliches Durcheinander.

in|di|strut|ti|bi|le agg. unzerstörbar, unverwüstlich: ***fede*** ~ unzerstörbarer Glaube; ***tessuto*** ~ unverwüstlicher Stoff. **in|di|strut|ti|bi|li|tà** f. Unzerstörbarkeit *f.*

in|di|stur|ba|to agg. ungestört: ***i ladri agirono -i*** die Diebe gingen ungestört vor.
in|di|via f. Endivie *f.*
in|di|vi|dua|bi|le agg. feststellbar, bestimmbar; ***una posizione ~ sulla mappa*** eine auf der Karte feststellbare Position; ***la causa è facilmente, difficilmente ~*** die Ursache kann leicht, schwer ausgemacht (*o* ergründet) werden.
in|di|vi|dua|le agg. **1** individuell, Individual-: ***libertà -i*** individuelle Freiheiten; ***diritto, sfera ~*** Individualrecht *n.*, Individualsphäre *f.*; ***bisogni -i*** individuelle Bedürfnisse **2** *(singolo)* Einzel-: ***lezione ~*** Einzelunterricht *m.*; ***contratto, reddito ~*** Einzelvertrag *m.*, Einzeleinkommen *n.*; ***trattamento ~*** Einzelbehandlung *f.*; SPORT ***competizione, disciplina, prestazione ~*** Einzelkampf *m.*, Einzeldisziplin *f.*, Einzelleistung *f.* ◆ ***quota ~*** Kopfquote *f.*
in|di|vi|dua|li|smo m. Individualismus *m.* **in|di|vi|dua|li|sta** *(-i,-e)* **I** m. e f. Individualist *m.* (-in *f.*) **II** agg. individualistisch: ***mentalità ~*** individualistische Mentalität. **in|di|vi|dua|li|sti|ca|men|te** avv. individualistisch. **in|di|vi|dua|li|sti|co** agg. *(-ci,-che)* individualistisch. **in|di|vi|dua|li|tà** f.inv. Individualität *f.* **in|di|vi|dua|liz|za|re** tr. individualisieren. **in|di|vi|dua|liz|za|zio|ne** f. Individualisierung *f.* **in|di|vi|dual|men|te** avv. **1** individuell **2** *(singolarmente)* einzeln.
in|di|vi|dua|re tr. **1** bestimmen, fest‿stellen: ***~ la posizione di qcs.*** die Position von etw. bestimmen **2** *(scoprire)* ermitteln, heraus‿finden: ***~ il colpevole*** den Täter ermitteln; ***~ le cause di qcs.*** die Ursachen von etw. herausfinden ◆ ***~ qcn. tra la folla*** jdn in der Menge entdecken. **in|di|vi|dua|zio|ne** f. **1** Bestimmung *f.* **2** *(identificazione)* Ermittlung *f.*: ***l'~ del colpevole*** die Ermittlung des Täters.
in|di|vi|duo m. Individuum *n.*, Einzelwesen *n.*, Wesen *n.*: ***garantire i diritti dell'~*** die Rechte des Individuums gewährleisten; ***un ~ sospetto*** ein verdächtiges Individuum ◆ ***variare da ~ a ~*** individuell verschieden sein.
in|di|vi|si|bi|le agg. **1** unteilbar: ***un possesso ~*** ein unteilbarer Besitz; ***numero ~*** unteilbare Zahl; DIR. ***cosa, obbligazione ~*** unteilbare Sache, Verbindlichkeit **2** *(inseparabile)* untrennbar, unzertrennlich: ***amici -i*** unzertrennliche Freunde. **in|di|vi|si|bi|li|tà** f. **1** Unteilbarkeit *f.* **2** *(inseparabilità)* Unzertrennlichkeit *f.*
in|di|vi|so agg. ungeteilt: ***beni -i*** ungeteilte Güter; ***patrimonio, capitale ~*** ungeteiltes Vermögen, Kapital.
in|di|zia|re tr. *(indizio)* verdächtigen. **in|di|zia|rio** agg. *(-ri,-rie)* indiziell, Indizien-: ***processo ~*** Indizienprozess *m.*; ***prova -a*** Indizienbeweis *m.*
in|di|zia|to I p.pass. agg. **1** → **indiziare 2** verdächtig, tatverdächtig **II** m. Verdächtige *m.*, Tatverdächtige *m.*
in|di|zio m. *(-zi)* **1** Anzeichen *n.*, Indiz *n.*: ***non ci sono -zi di miglioramento*** es gibt keine Anzeichen für eine Besserung **2** DIR. Indiz *n.*: ***basarsi su -zi*** sich auf Indizien stützen; ***vi sono gravi -zi contro di lui*** es liegen schwer wiegende Indizien gegen ihn vor.
in|di|zio|ne f. **1** Anberaumung *f.* **2** *(di gara, elezioni)* Ausschreibung *f.* **3** STOR. Indiktion *f.*
In|do n.pr.m. Indus *m.*
in|do|a|rio agg. *(-ri,-rie)* indoarisch.
in|do|ci|le agg. unfolgsam, unfügsam.
In|do|ci|na n.pr.f. Indochina *n.* **in|do|ci|ne|se I** agg. Indochina-: ***conflitto ~*** Indochinakrieg *m.* **II** m. e f. Indochinese *m.* (Indochinesin *f.*).
in|do|eu|ro|pe|i|sta m. e f. *(-i,-e)* Indogermanist *m.* (-in *f.*). **in|do|eu|ro|pe|i|sti|ca** f. Indogermanistik *f.* **in|do|eu|ro|pe|o I** agg. indoeuropäisch, indogermanisch: ***lingue -e*** indogermanische Sprachen **II** m. Indoeuropäische *n.*, Indogermanische *n.*
in|do|i|ra|ni|co agg. *(-ci,-che)* indoiranisch.
in|do|le f. Wesen *n.*, Art *f.*, Natur *f.*: ***~ socievole, gentile*** gesellige, freundliche Natur; ***avere un'~ vivace*** eine lebhafte Art haben; ***è nella sua ~*** es liegt in seiner Natur; ***una questione d'~ politica*** eine Frage politischer Natur; ***essere di ~ buona, cattiva*** gut, schlecht geartet sein.
in|do|len|te I agg. **1** träge: ***carattere ~*** träger Charakter **2** MED. indolent **II** m. träger Mensch *m.* **in|do|len|za** f. **1** Trägheit *f.* **2** MED. Indolenz *f.*
in|do|len|zi|men|to m. **1** (diffuse) Schmerzen *pl.*: ***avere un ~ a una gamba*** (diffuse) Schmerzen in einem Bein haben **2** *(per uno sforzo)* Muskelkater *m.*
in|do|len|zi|re *(indolenzisco, indolenzisci)* **I** tr. (diffuse) Schmerzen verursachen: ***l'umidità indolenzisce i muscoli*** die Feuchtigkeit verursacht Muskelschmerzen **II** pronom. **indolenzirsi** (diffuse) Schmerzen haben: ***mi si è indolenzita una gamba*** ich habe (diffuse) Schmerzen in einem Bein. **in|do|len|zi|to** p.pass. agg. **1** → **indolenzire 2** (diffus) schmerzend: ***gamba -a*** diffus schmerzendes Bein; ***sentirsi ~*** diffuse Schmerzen haben.
in|do|lo|re agg. schmerzlos: ***parto ~*** schmerzlose Geburt; ***terapia ~*** schmerzlose Therapie.
in|do|ma|bi|le agg. unbändig, unbezähmbar: ***una volontà ~*** ein unbezähmbarer Wille.
in|do|ma|ni m. ***l'~, all'~*** am nächsten Tag, am Tag darauf, am darauf folgenden Tag: ***disse che avrebbe telefonato l'~*** er sagte, dass er am nächsten Tag anrufen würde; ***rimandare qcs. all'~*** etw. auf den nächsten Tag verschieben; ***l'~ era una bella giornata*** am nächsten Tag war das Wetter schön; ***all'~ del suo arrivo*** am Tag nach seiner Ankunft.
in|do|mi|to agg. LETT. **1** ungezähmt, ungebändigt **2** FIG. ungebrochen, ungebeugt: ***con coraggio ~*** mit ungebrochenem Mut.
In|do|ne|sia n.pr.f. Indonesien *n.* **in|do|ne|sia|no I** agg. indonesisch **II** m. **1** Indonesier *m.* **2** *(lingua)* Indonesisch(e) *n.*
in|door [in'dɔr] agg.inv. Hallen-: ***torneo ~*** Hallenturnier *n.*
in|do|ra|men|to m. Vergoldung *f.* **in|do|ra|re I** tr. **1** vergolden (anche FIG.): ***il sole indora le cime delle montagne*** die Sonne vergoldet die Bergspitzen **2** GASTR. goldgelb braten **II** pronom. **indorarsi** golden werden ◆ ***~ la pillola*** die Pille versüßen. **in|do|ra|tu|ra** f. Vergoldung *f.*
in|dos|sa|re tr. **1** an‿ziehen: ***~ una giacca*** eine Jacke anziehen **2** *(avere indosso)* tragen, an‿haben: ***indossava un vestito elegante*** sie trug ein elegantes Kleid.
in|dos|sa|to|re m. **1** Dressman *m.*, Model *n.* **2** *(mobile)* Kleiderständer *m.* **in|dos|sa|tri|ce** f. Mannequin *n.*, Model *n.*
in|dos|so avv. ***avere ~*** tragen; ***mettere ~*** an‿ziehen.
In|do|stan n.pr.m. Hindustan *n.* **in|do|sta|no I** agg. hindustanisch **II** m. **1** *(abitante)* Hindu *m.* **2** *(lingua)* Hindustani *n.*
in|dot|to I p.pass. agg. **1** → **indurre 2** induziert, Induktions-: ***corrente -a*** Induktionsstrom *m.*; MED. ***disturbo ~*** Induktionsstörung *f.* **3** FIG. durch äußere Umstände bedingt; ***inflazione -a*** impartierte Inflation **II** m. EL. Anker *m.* ◆ ***sentirsi ~ a (fare) qcs.*** sich zu etw. bewogen fühlen; ECON. ***le imprese dell'~, l'~ automobilistico*** die Zulieferbetriebe der Automobilbranche.
in|dot|tri|na|men|to m. **1** Unterweisung *f.* **2** POL. Indoktrinierung *f.* **in|dot|tri|na|re** tr. **1** unterweisen: ***~ qcn. in qcs.*** jdn in etw. unterweisen **2** POL. indoktrinieren.
in|do|vi|na f. Wahrsagerin *f.* **in|do|vi|na|bi|le** agg. erratbar.
in|do|vi|na|re tr. **1** raten, erraten: ***~ una soluzione*** eine Lösung erraten; ***indovina!*** rat(e) mal! ***indovina che cos'è?*** rate mal, was das ist? ***non lo indovinerai mai!*** das rätst du nie! **2** *(azzeccare)* erraten, treffen: ***~ un accostamento di colori*** die richtige Farbkombination treffen; ***~ i gusti di qcn.*** jds Geschmack erraten **3** *(predire)* voraus‿sehen, voraus‿sagen: ***~ il futuro*** die Zukunft voraussagen ◆ ***ci vuol poco a ~*** da braucht man nicht lange zu raten; ***chi l'indovina è bravo!*** kein Mensch wird daraus klug! (*o* Hut ab vor dem, der das errät); ***indovinala, grillo!*** das weiß der Kuckuck! ***l'hai proprio indovinata!*** du hast den Nagel auf den Kopf getroffen! ***prova un po' a ~!*** dreimal darfst du raten! (*o* rate mal!); ***tirare a ~*** auf gut Glück antworten; ***non indovinarne una*** = alles falsch machen.
in|do|vi|nel|lo m. Rätsel *n.*: ***fare, proporre a qcn. un ~*** jdm ein Rätsel auf‿geben; ***risolvere -i*** Rätsel lösen ◆ ***indovina ~*** versuche das Rätsel zu lösen.
in|do|vi|no m. Wahrsager *m.*: ***consultare un ~*** einen Wahrsager zu Rate ziehen ◆ ***sei proprio un ~!*** du errätst aber auch alles!
in|dù I agg. Hindu-: ***tempio ~*** Hindutempel *m.* **II** m.inv. Hindu *m.*
in|dub|bia|men|te avv. zweifellos, zweifelsohne: ***avere ~ ragione*** zweifellos Recht haben. **in|dub|bio** agg. *(-bi,-bie)* unzweifelhaft, zweifelsfrei: ***uomo di ~ valore*** Mensch von zweifelsfreiem Wert. **in|du|bi|ta|bi|le** agg. unzweifelhaft, unbezweifelbar: ***verità ~*** unbezweifelbare Wahrheit. **in|du|bi|ta|bi|li|tà** f. Fraglosigkeit *f.* **in|du|bi|ta|bil|men|te** avv. unbezweifelbar. **in|du|bi|ta|to** agg. unzweifelhaft: ***dato ~*** unzweifelhafter Beweis.
in|du|gia|re *(indugio, indugi)* **I** intr. (aus. *avere*) **1** zögern: ***~ a fare qcs.*** zögern etw. zu tun; ***~ nella risposta*** mit der Antwort zögern; ***~ sulla porta*** auf der Türschwelle zögern; ***senza ~*** ohne zu zögern, unverzüglich **2** *(soffermarsi)* ***~ su qcs.*** bei etw. verweilen **II** pronom. **indugiarsi** sich verzögern, sich auf‿halten: ***-rsi con qcn.*** sich bei jdm aufhalten.
in|du|gio m. *(-gi)* Zögern *n.*: ***dopo molti -gi*** nach langem Zögern; ***frapporre, porre -gi*** zögern; ***senza ~*** unverzüglich ◆ ***rompere gli -gi*** zur Tat schreiten.
in|du|i|smo m. Hinduismus *m.* **in|du|i|sta** *(-i,-e)* **I** agg. hinduistisch **II** m. e f. Hindu *m.* e *f.* **in|du|i|sti|co** agg. *(-ci,-che)* hinduistisch.
in|dul|gen|te agg. nachsichtig, indulgent: ***essere ~ con qcn.*** gegen

jdn nachsichtig sein. **in|dul|gen|te|men|te** avv. nachsichtig. **in|dul|gen|za** f. **1** Nachsicht *f.*, Indulgenz *f.*: ***mostrare ~ verso qcn.*** mit jdm Nachsicht haben; ***usare ~ con qcn.*** mit jdm Nachsicht üben; ***trattare qcn. con ~*** jdn nachsichtig behandeln **2** TEOL. Ablass *m.*: ***~ plenaria*** vollkommener Ablass.

in|dul|ge|re intr. *(indulgo, indulgi; indulsi; indulto;* aus. *avere)* **1** nach_geben: ***~ a qcs.*** etw. (D) nachgeben; ***~ alla tentazione*** der Versuchung nachgeben **2** *(abbandonarsi)* frönen: ***~ al (vizio dell)-l'alcool*** dem Alkohol frönen. **in|dul|to** m. **1** Straferlass *m.*: ***concedere l'~*** (den) Straferlass gewähren **2** ECCL. Indult *m.* e *n.*

in|du|men|to m. Kleidungsstück *n.*; pl. Kleider *pl.*: ***togliere gli -i bagnati*** die nassen Kleider aus_ziehen ◆ ***-i estivi*** Sommerkleidung *f.*; ***-i intimi*** Unterwäsche *f.*; ***-i invernali*** Winterkleidung *f.*

in|du|ren|te I agg. Härte-, härtend **II** m. Härtemittel *n.*

in|du|ri|men|to m. **1** Verhärtung *f.*, Härtung *f.*: ***~ della calce*** Verhärtung des Kalkes **2** *(aumento di durezza)* Enthärtung *f.*; ***~ dell'acqua*** Wasserenthärtung *f.* **3** MED. ***~ di un organo*** Verhärtung *f.* eines Organs, Induration *f.*

in|du|ri|re *(indurisco, indurisci)* **I** tr. verhärten: ***il sole indurisce il terreno*** die Sonne verhärtet den Boden; FIG. ***~ il carattere*** hart werden **II** pronom. **indurirsi** (sich) verhärten, aus_härten, hart werden (anche FIG.): ***il cemento si indurisce in poche ore*** Zement härtet in wenigen Stunden aus. **in|du|ri|to** p.pass. agg. **1** → **indurire 2** verhärtet: ***cuore ~*** verhärtetes Herz.

in|dur|re *(induco, induci; indussi; indotto)* **I** tr. **1** ***~ qcn. a qcs.*** jdn zu etw. veranlassen, jdn zu etw. bewegen: ***~ qcn. a fare qcs.*** jdn veranlassen, etw. zu tun **2** *(istigare)* verleiten: ***~ qcn. in errore, al male*** jdn irreführen, zum Bösen verleiten; ***~ qcn. in tentazione*** jdn in Versuchung führen **3** *(suscitare)* führen: ***il farmaco induce sonnolenza*** das Medikament führt zu Müdigkeit **4** FILOS. TECN. induzieren **II** pronom. **indursi** sich entschließen: ***-rsi a parlare*** sich zum Sprechen entschließen.

in|du|stria f. **1** Industrie *f.*: ***impiantare un'~*** eine Industrie auf_bauen; ***il crescente sviluppo dell'~*** die wachsende Entwicklung der Industrie; ***lavorare nell'~*** in der Industrie arbeiten, tätig sein; ***grande, piccola ~*** Großindustrie *f.*, Kleinindustrie *f.*; ***l'~ del crimine*** Verbrecherwelt *f.*, Halbwelt *f.* **2** LETT. *(abilità)* Geschicklichkeit *f.* **3** LETT. *(operosità)* Betriebsamkeit *f.* ◆ ***~ accessoria*** Zulieferindustrie *f.*; ***~ aeronautica*** Flugzeugindustrie *f.*; ***~ alimentare*** Lebensmittelindustrie *f.*; ***~ automobilistica*** Automobilindustrie *f.*; ***~ di base*** Grundstoffindustrie *f.*; ***~ bellica*** Rüstungsindustrie *f.*; ***camera dell'~ e del commercio*** Industrie- und Handelskammer *f.*; ***capitano d'~*** Industriekapitän *m.*; ***~ chimica*** chemische Industrie; ***~ cinematografica*** Filmindustrie *f.*; ***~ dei beni di consumo*** Konsumgüterindustrie *f.*; ***~ editoriale*** Verlagswesen *n.*; ***~ energetica*** Energieindustrie *f.*; ***~ farmaceutica*** pharmazeutische Industrie, Pharmaindustrie *f.*; ***~ del freddo*** Tiefkühlindustrie *f.*; ***~ dei giocattoli*** Spielwarenindustrie *f.*; ***~ leggera*** → ***~ dei beni di consumo***; ***~ del legno*** Holzindustrie *f.*; ***~ manifatturiera*** verarbeitende Industrie; ***~ delle materie prime*** → ***~ di base***; ***~ meccanica*** Maschinenindustrie *f.*; ***~ mineraria*** Bergbau *m.*; ***~ pesante*** Schwerindustrie *f.*; ***~ petrolifera*** Erdölindustrie *f.*; ***~ primaria*** Landwirtschaft *f.*; ***~ secondaria*** Industrie *f.*; ***~ siderurgica*** Eisen- und Stahlindustrie *f.*; ***~ terziaria*** Dienstleistungsgewerbe *n.*; ***~ tessile*** Textilindustrie *f.*

in|du|stria|le I agg. Industrie-, industriell: ***crescita ~*** industrielles Wachstum; ***rivoluzione ~*** industrielle Revolution; ***processi -i*** industrielle Verfahren; ***città, zona, paesaggio ~*** Industriestadt *f.*, Industriegebiet *n.*, Industrielandschaft *f.*; ***settore ~*** Industriezweig *m.*, industrieller Sektor; ***design ~*** industrielle Formgebung, Industriedesign *n.*; ***impianto ~*** Industrieanlage *f.* **II** m. e f. Industrielle *m.* e *f.*: ***grande ~*** Großindustrielle *m.* e *f.* ◆ ***corrente ~*** Industriestrom *m.*; ***credito ~*** Industriekredit *m.*; ***gruppo ~*** Konzern *n.*; ***prodotto ~*** Industrieerzeugnis *n.*; ***rifiuti -i*** Industriemüll *m.*; ***su scala ~*** industriell; FIG. in großen Mengen; ***istituto tecnico-~*** Gewerbeschule *f.*

in|dus|trial de|sign [ɪn'dʌstrɪəl dɪ'zaɪn, *üblich* in'dustrial de'zain] m.inv. industrielle Formgebung *f.*, Industrial Design *n.*

in|du|stria|li|smo m. Industrialismus *m.*

in|du|strial|men|te avv. industriell: ***trasformare ~ le materie prime*** die Rohstoffe industriell verarbeiten.

in|du|stria|liz|za|re tr. industrialisieren: ***~ i paesi in via di sviluppo*** die Entwicklungsländer industrialisieren; ***~ la produzione di qcs.*** die Herstellung von etw. industrialisieren. **in|du|stria|liz|za|to** p.pass. agg. **1** → **industrializzare 2** industrialisiert, Industrie-: ***paesi -i*** Industrienationen; ***scarsamente ~*** industrieschwach. **in|du|stria|liz|za|zio|ne** f. Industrialisierung *f.*

in|du|striar|si pronom. *(m'industrio, t'industri)* sich bemühen, sich befleißigen: ***~ in qcs.*** sich um etw. bemühen; ***~ per trovare una soluzione*** sich bemühen, eine Lösung zu finden; ***ognuno s'industria come meglio può*** jeder bemüht sich, so gut er kann (*o* man tut, was man kann).

in|du|strio|sa|men|te avv. betriebsam, emsig. **in|du|strio|so** agg. betriebsam, emsig: ***un uomo ~*** ein betriebsamer Mensch; ***le -e formiche*** die emsigen Ameisen.

in|dut|tan|za f. Induktanz *f.* **in|dut|ti|va|men|te** avv. induktiv. **in|dut|ti|vi|tà** f. Induktivität *f.* **in|dut|ti|vo** agg. induktiv, Induktions-: ***metodo ~*** induktive Methode; ***circuito ~*** induktiver Kreis; ***dimostrazione -a*** Induktionsbeweis *m.*

in|dut|to|re I agg. induzierend: ***circuito ~*** induzierender Kreis **II** m. Induktor *m.*

in|du|zio|ne f. Induktion *f.*: ***~ matematica, magnetica*** mathematische, magnetische Induktion; ***procedere per ~*** induzieren, induktiv vor_gehen ◆ ***a ~*** Induktions-; ***~ elettrostatica*** Influenz *f.*

i|neb|bria|re → **inebriare.**

i|ne|be|ti|re *(inebetisco, inebetisci)* **I** tr. **1** *(incretinire)* verblöden lassen **2** *(stordire)* betäuben: ***il colpo alla testa lo inebetì*** der Schlag auf den Kopf betäubte ihn **II** pronom. **inebetirsi** verblöden.

i|ne|be|ti|to p.pass. agg. **1** → **inebetire 2** stumpfsinnig: ***sguardo ~*** stumpfsinniger Blick **3** *(stordito)* betäubt, benommen: ***rimanere ~ per lo spavento*** vor Schreck wie betäubt sein ◆ COLLOQ. ***non fare quella faccia -a!*** schau nicht so blöd drein!

i|ne|bria|men|to m. **1** Berauschen *n.*, Berauschung *f.* **2** *(ebbrezza)* Rausch *m.* (anche FIG.). **i|ne|brian|te** agg. berauschend: ***profumo ~*** berauschender Duft; FIG. ***musica ~*** berauschende Musik.

i|ne|bria|re *(inebrio, inebri)* **I** tr. berauschen (anche FIG.): ***il potere lo inebria*** die Macht berauscht ihn **II** pronom. **inebriarsi** sich berauschen: ***-rsi di qcs.*** sich an etw. (D) berauschen.

i|nec|ce|pi|bi|le agg. einwandfrei, tadellos: ***lavoro ~*** einwandfreie Arbeit; ***condotta ~*** tadelloses Benehmen. **i|nec|ce|pi|bi|li|tà** f. Tadellosigkeit *f.* **i|nec|ce|pi|bil|men|te** avv. einwandfrei, tadellos.

i|ne|dia f. Hunger *m.*: ***morire d'~*** hungers sterben; FIG. vor Langeweile sterben.

i|ne|di|fi|ca|bi|le agg. nicht bebaubar, unbebaubar: ***terreno ~*** nicht bebaubares Grundstück.

i|ne|di|to I agg. **1** unveröffentlicht: ***opera ~*** unveröffentlichtes Werk; ***autore ~*** unveröffentlichter Autor; FIG. ***notizia -a*** unveröffentlichte Nachricht **2** *(nuovo)* neu, neuartig: ***un ~ accostamento di colori*** eine völlig neue Farbkombination **II** m. unveröffentlichte Schrift *f.*

i|ne|du|ca|bi|le agg. unerziehbar. **i|ne|du|ca|ta|men|te** avv. unerzogen. **i|ne|du|ca|to** agg. unerzogen: ***ragazzo ~*** unerzogener Junge. **i|ne|du|ca|zio|ne** f. schlechte Erziehung *f.*

i|nef|fa|bi|le agg. unsagbar, unaussprechlich: ***gioia ~*** unaussprechliche Freude. **i|nef|fa|bi|li|tà** f. Unsagbare *n.*, Unaussprechliche *n.* **i|nef|fa|bil|men|te** avv. unsagbar, unaussprechlich.

i|nef|fet|tua|bi|le agg. undurchführbar, unausführbar: ***progetto ~*** undurchführbarer Plan. **i|nef|fet|tua|bi|li|tà** f. Undurchführbarkeit *f.*, Unausführbarkeit *f.* **i|nef|fet|tua|to** agg. undurchgeführt, unausgeführt.

i|nef|fi|ca|ce agg. unwirksam, wirkungslos: ***provvedimento ~*** unwirksame Maßnahme; ***cura ~*** wirkungslose Behandlung; ***stile ~*** wirkungsloser Stil. **i|nef|fi|ca|cia** f. Unwirksamkeit *f.*, Wirkungslosigkeit *f.*

i|nef|fi|cien|te agg. ineffizient, leistungsschwach: ***impianto ~*** leistungsschwache Anlage. **i|nef|fi|cien|za** f. Ineffizienz *f.*, Leistungsschwäche *f.*

i|ne|gua|glia|bi|le agg. unvergleichlich, unvergleichbar: ***talento ~*** unvergleichliches Talent; ***un record ~*** ein unerreichbarer Rekord. **i|ne|gua|glia|bi|li|tà** f. Unvergleichbarkeit *f.*; *(irraggiungibilità)* Unerreichbarkeit *f.*

i|ne|gua|glian|za f. **1** Ungleichheit *f.*: ***eliminare le -e*** Ungleichheiten beseitigen; ***~ sociale*** soziale Ungleichheit **2** *(irregolarità)* Unebenheit *f.*: ***-e del terreno*** Unebenheiten des Bodens.

i|ne|gua|glia|to agg. unerreicht: ***un record ~*** ein unerreichter Rekord.

i|ne|gua|le agg. **1** ungleich: ***forze -i*** ungleiche Kräfte; ***rendimento ~*** ungleiche Leistung; ***trattamento ~*** ungleiche Behandlung **2** *(discontinuo)* unbeständig, unausgeglichen: ***stile ~*** unausgeglichener Stil; ***andamento ~ delle vendite*** unbeständiger Verlauf des Absatzes **3** *(irregolare)* unregelmäßig: ***respiro ~*** unregelmäßiger Atem **4** *(non uniforme)* uneben: ***terreno ~*** unebener Boden.

i|ne|le|gan|te agg. **1** nicht elegant, unfein, geschmacklos: ***un gesto ~*** eine unfeine Geste **2** FIG. unbeholfen, plump: ***stile ~*** unbeholfener Stil. **i|ne|le|gan|za** f. Unfeinheit *f.*, Geschmacklosigkeit *f.*

i|ne|leg|gi|bi|le agg. unwählbar: ***essere ~ a una carica*** für ein Amt unwählbar sein. **i|ne|leg|gi|bi|li|tà** f. Unwählbarkeit *f.*, Nichtwählbarkeit *f.*

i|ne|lu|di|bi|le agg. unausweichlich: ***impegno ~*** unausweichliche Verpflichtung. **i|ne|lu|di|bi|li|tà** f. Unausweichlichkeit *f.*

i|ne|lut|ta|bi|le agg. unabwendbar, unvermeidbar, unumstößlich: ***un destino ~*** ein unabwendbares Schicksal. **i|ne|lut|ta|bi|li|tà** f. Unabwendbarkeit *f.*, Unvermeidlichkeit *f.*

i|ne|nar|ra|bi|le agg. unsagbar, unaussprechlich: ***avventure -i*** unsagbare Abenteuer.

i|ne|qui|vo|ca|bi|le agg. unmissverständlich, eindeutig: ***risposta, formulazione ~*** unmissverständliche Antwort, Formulierung; ***disdetta ~*** eindeutige Absage.

i|ne|ren|te agg. **1** ***~ a qcs.*** etw. (D) inhärent, innewohnend **2** *(concernente)* ***~ a qcs.*** etw. (A) betreffend, in Zusammenhang mit etw. (D). **i|ne|ren|za** f. Inhärenz *f.* **i|ne|ri|re** intr. (*inerisco, inerisci*; Partizip II und zusammengesetzte Zeiten fehlen) inne‿wohnen: ***inerire alla natura umana*** der menschlichen Natur innewohnen.

i|ner|me agg. wehrlos, unbewaffnet.

i|ner|pi|car|si pronom. *(mi inerpico, ti inerpichi)* **1** ***~ su qcs.*** an etw. (D) hoch‿klettern, an etw. (D) hinauf‿klettern **2** FIG. *(salire ripidamente)* sich empor‿ziehen: ***il sentiero si inerpica sulla montagna*** der Pfad zieht sich den Berg empor.

i|ner|te agg. **1** träge: ***massa ~*** träge Masse **2** CHIM. inert, reaktionsträge: ***gas ~*** inertes Gas *n.*; ***sostanza ~*** reaktionsträger Stoff ◆ ***capitale ~*** totes Kapital; TECN. ***materiale ~*** inerter Stoff *m.*; ***rimanere ~ al suolo*** bewegungslos am Boden bleiben; ***starsene ~ con le mani in mano*** untätig herum‿sitzen.

i|ner|zia f. Trägheit *f.* (anche MED.), Inertie *f.* ◆ ***forza d'~*** Beharrungsvermögen *n.*; FIG. ***per forza d'~*** aus reiner Gewohnheit; ***legge d'~*** Trägheitsgesetz *n.*; FIS. ***momento d'~*** Trägheitsmoment *n.*; ***oscillazione d'~*** Eigenschwingung *f.*; ***scuotere qcn. dall'~*** jdn aus seiner Trägheit auf‿rütteln. **i|ner|zia|le** agg. inertial: ***sistema ~*** Inertialsystem *n.*

i|ne|sat|tez|za f. **1** Unrichtigkeit *f.*: ***l'~ di un calcolo*** die Unrichtigkeit einer Berechnung **2** *(imprecisione)* Ungenauigkeit *f.*

1.i|ne|sat|to agg. **1** unrichtig, falsch: ***risultato ~*** ein unrichtiges Ergebnis **2** *(impreciso)* unrichtig, ungenau: ***notizia -a*** eine unrichtige Nachricht; ***indicazioni -e*** ungenaue Angaben.

2.i|ne|sat|to agg. *(non riscosso)* nicht eingezogen.

i|ne|sau|di|bi|le agg. unerfüllbar: ***desiderio ~*** unerfüllbarer Wunsch.

i|ne|sau|di|to agg. unerfüllt: ***rimanere ~*** unerfüllt bleiben.

i|ne|sau|ri|bi|le agg. unerschöpflich, unversiegbar: ***una fonte ~*** eine unerschöpfliche Quelle. **i|ne|sau|ri|bi|li|tà** f. Unerschöpflichkeit *f.*

i|ne|sau|sto agg. LETT. unerschöpflich, unermüdlich: ***generosità -a*** unermüdliche Großzügigkeit.

i|ne|scu|sa|bi|le agg. unentschuldbar, unverzeihlich: ***un comportamento ~*** ein unentschuldbares Verhalten; ***errore ~*** unverzeihlicher Fehler.

i|ne|se|gui|bi|le agg. unausführbar, undurchführbar: ***un ordine ~*** ein unausführbarer Befehl.

i|ne|si|gi|bi|le agg. uneinbringlich, unklagbar: ***un credito ~*** ein unklagbarer Kredit. **i|ne|si|gi|bi|li|tà** f. Uneinbringlichkeit *f.*, Unklagbarkeit *f.*

i|ne|si|sten|te agg. nicht bestehend, inexistent: ***un pericolo ~*** eine nicht bestehende Gefahr; ***il problema è ~*** das Problem besteht nicht. **i|ne|si|sten|za** f. Nichtbestehen *n.*, Inexistenz *f.*

i|ne|so|ra|bi|le agg. unerbittlich, erbarmungslos: ***essere ~ con qcn.*** unerbittlich mit jdm sein; ***destino, vendetta ~*** erbarmungsloses Schicksal, erbarmungslose Rache; ***un critico ~*** ein unerbittlicher Kritiker. **i|ne|so|ra|bi|li|tà** f. Unerbittlichkeit *f.*, Erbarmungslosigkeit *f.* **i|ne|so|ra|bil|men|te** avv. unerbittlich, erbarmungslos.

i|ne|spe|rien|za f. Unerfahrenheit *f.*

i|ne|sper|to agg. **1** unerfahren, unkundig: ***un ragazzo ~*** ein unerfahrener Junge **2** *(poco pratico)* ungeübt, ungeschult: ***mani -e*** ungeübte Hände; ***un meccanico ~*** ein ungeschulter Mechaniker; ***~ nel cucire*** im Nähen ungeübt.

i|ne|spia|to agg. ungesühnt: ***delitto ~*** ungesühntes Verbrechen.

i|ne|spli|ca|bi|le agg. unerklärlich, unerklärbar: ***fenomeno ~*** unerklärliches Phänomen. **i|ne|spli|ca|bi|li|tà** f. Unerklärlichkeit *f.*, Unerklärbarkeit *f.*

i|ne|splo|ra|bi|le agg. **1** unerforschlich, unergründbar (anche FIG.). **i|ne|splo|ra|to** agg. unerforscht (anche FIG.): ***territorio ~*** unerforschtes Gebiet.

i|ne|splo|so agg. nicht explodiert: ***una mina -a*** eine nicht explodierte Mine.

i|ne|spres|si|vi|tà f. Ausdruckslosigkeit *f.* **i|ne|spres|si|vo** agg. ausdruckslos: ***viso ~*** ausdrucksloses Gesicht. **i|ne|spres|so** agg. unausgedrückt: ***desiderio ~*** unausgedrückter Wunsch.

i|ne|spri|mi|bi|le agg. unausdrückbar, unaussprechlich: ***gioia ~*** unausdrückbare Freude; ***un sentimento ~*** ein unaussprechliches Gefühl.

i|ne|spu|gna|bi|le agg. uneinnehmbar: ***una fortezza ~*** eine uneinnehmbare Burg. **i|ne|spu|gna|bi|li|tà** f. Uneinnehmbarkeit *f.*

i|nes|sen|zia|le agg. unwesentlich.

i|ne|ste|ti|smo m. unästhetische Erscheinung *f.*

i|ne|sti|ma|bi|le agg. unschätzbar: ***un quadro dal valore ~*** ein Bild von unschätzbarem Wert.

i|ne|stin|gui|bi|le agg. **1** unlöschbar, nicht zu löschen: ***un fuoco ~*** ein unlöschbares Feuer **2** FIG. unüberwindbar, unstillbar: ***odio ~*** unüberwindbarer Hass; ***sete ~*** unstillbarer Durst **3** *(di debiti)* unablöslich, untilgbar.

i|ne|stir|pa|bile agg. unausrottbar: ***un vizio ~*** ein unausrottbares Laster.

i|ne|stri|ca|bi|le agg. unentwirrbar: ***nodo ~*** unentwirrbarer Knoten; ***un groviglio ~ di sentimenti*** ein unentwirrbares Durcheinander von Gefühlen.

i|net|ti|tu|di|ne f. Untauglichkeit *f.*, Ungeeignetsein *n.*: ***~ a qcs.*** Untauglichkeit zu etw.

i|net|to I agg. **1** untauglich, ungeeignet: ***essere ~ a qcs.*** für etw. untauglich sein **2** *(incapace)* unfähig: ***un amministratore ~*** ein unfähiger Verwalter **II** m. Nichtsnutz *m.*

i|ne|va|so agg. unabgeschlossen, unerledigt: ***una pratica -a*** eine unabgeschlossene Akte; ***corrispondenza -a*** Briefschulden (*o* unerledigte Korrespondenz).

i|ne|vi|ta|bi|le I agg. unvermeidbar, unausweichlich, unvermeidlich: ***una conseguenza ~*** eine unvermeidbare Folge **II** m. Unvermeidliche *n.*: ***rassegnarsi all'~*** sich in das Unvermeidliche fügen. **i|ne|vi|ta|bi|li|tà** f. Unvermeidbarkeit *f.* **i|ne|vi|ta|bil|men|te** avv. unvermeidbar, unausweichlich.

in ex|tre|mis agg. e avv. **1** im letzten Moment, gerade noch rechtzeitig: ***salvataggio ~*** Rettung im letzten Moment **2** *(in punto di morte)* in extremis ◆ ***battesimo ~*** Nottaufe *f.*

i|ne|zia f. Kleinigkeit *f.*, Belanglosigkeit *f.*, Lappalie *f.*: ***prendersela per un'~*** wegen einer Kleinigkeit beleidigt sein; ***è solo un'~*** es ist nur eine Lappalie; ***costare un'~*** so gut wie nichts kosten.

in|fa|got|ta|re I tr. **1** zu einem Bündel verschnüren **2** *(imbacuccare)* ein‿mummeln, ein‿packen: ***~ un bambino in uno scialle*** ein Kind in einen Schal einmummeln **3** *(rendere goffo)* plump machen: ***questo cappotto ti infagotta*** dieser Mantel macht dich plump **II** pronom. **infagottarsi** sich ein‿mummeln, sich ein‿packen. **in|fa|got|ta|to** p.pass. agg. **1** → **infagottare** **2** *(imbacuccato)* eingemummelt, eingepackt.

in|fal|li|bi|le agg. **1** unfehlbar, untrüglich: ***metodo ~*** unfehlbare Methode; ***un rimedio ~*** ein unfehlbares Heilmittel; ***istinto ~*** untrüglicher Instinkt **2** *(di mira)* treffsicher: ***un tiratore ~*** ein treffsicherer Schütze. **in|fal|li|bi|li|tà** f. Unfehlbarkeit *f.*: ***dogma dell'~ papale*** Unfehlbarkeitsdogma *n.* **in|fal|li|bil|men|te** avv. unfehlbar.

in|fa|man|te agg. entehrend, ehrenrührig: ***offesa, accusa ~*** ehrenrührige Klage, Beleidigung. **in|fa|ma|re I** tr. entehren, beschmutzen: ***~ l'onore di qcn.*** jds Ehre beschmutzen **II** pronom. **infamarsi** sich entehren, sich mit Schande (*o* mit Schmach) bedecken.

in|fa|ma|to|rio agg. *(-ri,-rie)* ehrenrührig: ***uno scritto ~*** eine ehrenrührige Schrift.

in|fa|me I agg. **1** infam, schändlich: ***un ~ traditore*** ein infamer Verräter; ***un'azione ~*** eine schändliche Tat **2** *(pessimo)* infam, scheußlich: ***un posto ~*** ein scheußlicher Ort **II** m. Schandkerl *m.*

in|fa|mia f. **1** Schmach *f.*, Schande *f.*: ***coprire qcn., coprirsi d'~*** jdn, sich mit Schimpf und Schande bedecken **2a** *(ignominia)* Infamie *f.* **b** *(azione infame)* Infamie *f.*, Schandtat *f.*: ***commettere un'~*** eine Schandtat begehen ◆ ***coperto d'~*** schandbedeckt, schmachbedeckt, schmachbeladen; ***marchio d'~*** Brandmal *n.*, Schandmal *n.* (anche FIG.); ***senza ~ e senza lode*** = mittelmäßig.

in|fa|mi|tà f.inv. **1** Infamie *f.*: ***l'~ delle sue parole*** die Infamie seiner Worte **2** *(azione infame)* Infamie *f.*, Schandtat *f.*

in|fan|ga|re *(infango, infanghi)* **I** tr. **1** mit Schlamm beschmutzen, mit Schlamm bedecken **2** FIG. in den Schmutz ziehen, besudeln: ***~ l'onore di qcn.*** jds Ehre in den Schmutz ziehen **II** pronom. **infangarsi** mit Schlamm beschmutzt sein: ***mi si sono infangati gli stivali*** meine Stiefel sind mit Schlamm beschmutzt. **in|fan|ga|to** p.pass. agg. **1** → **infangare** **2** schmutzig, schlammig: ***scarpe -e*** schlammige Schuhe.

1.in|fan|te m. e f. Kind *n.*

2.in|fan|te m. *(titolo di principe)* Infant *m.*

in|fan|ti|ci|da m. e f. *(-i,-e)* Kindesmörder *m.* (-in *f.*). **in|fan|ti|ci|dio** m. *(-di)* Kindesmord *m.*, Kindestötung *f.*

in|fan|ti|le agg. **1** kindlich, Kinder-, Kindes-: ***un animo ~*** ein kindliches Gemüt; ***volto ~*** Kindergesicht *n.* **2** *(puerile)* kindisch: ***com-***

portamento ~ kindisches Benehmen ◆ ***asilo*** ~ Kindergarten *m.*; ***criminalità*** ~ Kinderkriminalität *f.*; ***letteratura*** ~ Kinderliteratur *f.*; ***linguaggio*** ~ Kindersprache *f.*; ***malattia*** ~ Kinderkrankheit *f.*; ***mortalità*** ~ Kindersterblichkeit *f.*; ***psicologia*** ~ Kinderpsychologie *f.*; ***trauma*** ~ Kindheitstrauma *n.* **in|fan|ti|li|smo** m. **1** PSIC. Infantilismus *m.* **2** ESTENS. Infantilität *f.*

in|fan|zia f. **1** Kindheit *f.*: ***fin dall'~*** von Kindheit an, von Kindesbeinen an; ***un'~ triste*** eine traurige Kindheit **2** *(bambini)* Kinder *pl.*; ***~ abbandonata*** = Findelkinder *pl.* ◆ ***alimenti per l'~*** Kindernahrung *f.*; ***giardino d'~*** Kindergarten *m.*; ***prima ~*** Kleinkindalter *n.*; ***ricordi d'~*** Kindheitserinnerungen *pl.*; ***seconda ~*** Kindheit *f.*; ***tutela dell'~*** Kinderschutz *m.*

in|far|ci|re tr. *(infarcisco, infarcisci)* **1** GASTR. füllen, farcieren **2** FIG. *(inzeppare)* spicken, an‿reichen: ***~ un discorso di citazioni*** eine Rede mit Zitaten spicken. **in|far|ci|to** p.pass. agg. **1** → **infarcire** **2** GASTR. gefüllt ◆ ***essere ~ di qcs.*** vor etw. strotzen.

in|fa|ri|na|re **I** tr. **1** mit Mehl bestreuen (*o* bestäuben) **2** *(rivoltare nella farina)* in Mehl wenden: ***~ il pesce*** den Fisch in Mehl wenden **3** ESTENS. *(spolverare)* bestreuen: ***~ il dolce di zucchero vanigliato*** den Kuchen mit Vanillezucker bestreuen **4** FIG. bestäuben, weiß machen **II** pronom. **infarinarsi** sich mit Mehl beschmutzen ◆ PROV. ***chi va al mulino s'infarina*** wer Pech anfasst, besudelt sich.

in|fa|ri|na|tu|ra f. **1** Bestreuen *n.* **2** Wenden *n.* in Mehl **3** FIG. oberflächliche Kenntnisse *pl.*: ***avere un'~ di inglese*** oberflächliche Englischkenntnisse haben.

in|far|to m. Infarkt *m.*: ***avere un ~*** einen Infarkt haben; ***essere colpito da ~*** einen Infarkt erleiden; ***morire d'~*** an einem Herzinfarkt sterben, einem Herzinfarkt erliegen; ***provocare, indurre un ~*** einen Infarkt hervor‿rufen, MED. infarzieren ◆ ***~ cardiaco*** Herzinfarkt *m.*; ***~ del miocardio*** Myokardinfarkt *m.*; ***pericolo d'~*** Infarktgefahr *f.*; ***~ polmonare*** Lungeninfarkt *m.* **in|far|tua|to** m. Infarktpatient *m.*

in|fa|sti|di|re *(infastidisco, infastidisci)* **I** tr. belästigen, stören, ärgern: ***~ qcn. con le proprie continue lamentele*** jdn mit seinen ständigen Klagen belästigen; ***~ una donna*** eine Frau belästigen **II** pronom. **infastidirsi** sich ärgern, sich belästigt fühlen: ***-rsi per ogni sciocchezza*** sich über jede Kleinigkeit ärgern. **in|fa|sti|di|to** p.pass. agg. **1** → **infastidire** **2** verärgert: ***un'espressione -a*** eine verärgerte Miene.

in|fa|ti|ca|bi|le agg. unermüdlich. **in|fa|ti|ca|bi|li|tà** f. Unermüdlichkeit *f.* **in|fa|ti|ca|bil|men|te** avv. unermüdlich.

in|fat|ti **I** cong. **1** denn, nämlich: ***avevi ragione, ~ non è venuto*** du hattest Recht, er ist nämlich nicht gekommen **2** *(per confermare)* in der Tat, tatsächlich: ***sembri nervoso – ~ lo sono*** du scheinst nervös zu sein – das bin ich auch tatsächlich **II** avv. genau.

in|fa|tua|re *(infatuo)* **I** tr. begeistern: ***~ qcn. delle proprie idee*** jdn für seine Ideen begeistern **II** pronom. **infatuarsi** **1** *(invaghirsi)* sich vernarren: ***-rsi di qcn.*** sich in jdn vernarren **2** *(entusiasmarsi)* sich begeistern, schwärmen: ***-rsi di qcn., qcs.*** sich für jdn, etw. begeistern. **in|fa|tua|to** p.pass. agg. **1** → **infatuare** **2** begeistert, schwärmend: ***essere ~ di qcn., qcs.*** von jdm, etw. begeistert sein. **in|fa|tua|zio|ne** f. Begeisterung *f.*, Schwärmerei *f.*; ***avere, prendere un'~ per qcn.*** für jdn schwärmen.

in|fau|sto agg. unglückselig, unheilvoll, Unglücks-: ***giorno ~*** Unglückstag *m.*; ***notizia -a*** Unglücksnachricht *f.*; ***prognosi -a*** unheilvolle Prognose.

in|fe|con|di|tà f. Unfruchtbarkeit *f.* **in|fe|con|do** agg. unfruchtbar (anche FIG.): ***una donna -a*** eine unfruchtbare Frau; ***un terreno ~*** ein unfruchtbarer Boden.

in|fe|de|le **I** agg. **1** untreu, treulos: ***essere ~ a qcn.*** jdm untreu sein; ***marito, moglie ~*** untreuer Ehemann, untreue Ehefrau; ***un amico ~*** ein treuloser Freund **2** *(non conforme all'originale)* ungetreu, ungenau: ***traduzione ~*** ungenaue Übersetzung **3** RELIG. ungläubig **II** m. e f. Ungläubige *m.* e *f.*

in|fe|del|tà f.inv. **1** Untreue *f.*, Treulosigkeit *f.*: ***commettere un'~*** eine Treulosigkeit begehen; ***~ coniugale*** eheliche Untreue **2** *(non conformità all'originale)* Ungenauigkeit *f.*

in|fe|li|ce agg. **1** unglücklich: ***sentirsi ~*** sich unglücklich fühlen; ***essere ~ per qcs.*** über etw. unglücklich sein; ***un uomo ~*** ein unglücklicher Mensch; ***infanzia, amore ~*** unglückliche Kindheit, Liebe; ***essere terribilmente ~*** todunglücklich sein **2** *(fuori luogo)* unglücklich, unpassend: ***una battuta ~*** eine unpassende Bemerkung; ***una scelta ~*** eine unglückliche Wahl **3** *(malriuscito)* unglücklich, misslungen: ***un'impresa ~*** ein misslungenes Unternehmen **4** *(sfavorevole)* ungünstig: ***è una bella casa, ma si trova in una posizione un po' ~*** das Haus ist sehr schön, liegt aber ein bisschen ungünstig; ***clima ~*** ungünstiges Klima **II** m. e f. Unglückliche *m.* e *f.* **in|fe|li|ce|men|te** avv. unglücklich: ***il suo matrimonio è finito ~*** seine Ehe endete unglücklich.

in|fe|li|ci|tà f. Unglück *n.*; ***vivere nell'~*** ein unglückliches Leben führen.

in|fel|tri|men|to m. Verfilzen *n.*, Verfilzung *f.*

in|fel|tri|re *(infeltrisco, infeltrisci)* **I** tr. **1** filzig werden lassen: ***l'acqua calda infeltrisce la lana*** heißes Wasser lässt die Wolle filzig werden **2** TESS. walken **II** intr. (aus. *essere*) e pronom. **infeltrirsi** verfilzen: ***il maglione si è infeltrito*** der Pullover ist verfilzt.

in|fe|ren|za f. Folgerung *f.*, Schlussfolgerung *f.*

in|fe|rio|re **I** agg. (compar. di *basso*) **1** untere, Unter-: ***la parte ~ del quadro*** der untere Teil des Bildes; ***il cassetto ~*** die untere Schublade; ***i rami -i dell'albero*** die unteren Zweige des Baumes; ***il corso ~ del fiume*** der Unterlauf des Flusses; ***le città sull'Elba ~*** die Städte an der unteren Elbe; ***abitare al piano ~*** im unteren Stock wohnen; ***arti -i*** untere Gliedmaßen; ***labbro, mandibola ~*** Unterlippe *f.*, Unterkiefer *m.*; ***molare ~*** unterer Backenzahn **2a** *(di numero, misure)* niedriger: ***a temperature -i*** bei niedrigeren Temperaturen; ***a un prezzo ~*** zu einem niedrigeren Preis; ***il livello dell'acqua è ~ di un metro rispetto all'anno scorso*** der Wasserstand ist einen Meter niedriger (*o* tiefer) als letztes Jahr **b** *(di valore)* minderwertig, niedriger: ***merce di qualità ~*** Ware minderwertiger Qualität **3** *(più piccolo)* kleiner: ***una misura ~*** eine kleinere Größe **4** ***~ a qcs.*** unter etw. (D): ***un numero ~ a 100*** eine Zahl unter 100; ***di età ~ ai 16 anni*** unter 16 Jahren; ***i risultati sono -i alle aspettative*** die Ergebnisse bleiben hinter den Erwartungen zurück **II** m. e f. Untergebene *m.* e *f.* ◆ ***animali -i*** niedere Tiere; ***ceto ~*** Unterschicht *f.*; ***i ceti -i della società*** die niederen Gesellschaftsschichten; ***di ceto ~*** von niedrigerem Stand; ***essere ~ a qcn.*** jdm unterlegen sein; ***non essere ~ in nulla a qcn.*** jdm in nichts nach‿stehen; ***~ alla media*** unterdurchschnittlich; ***~ al previsto*** niedriger als erwartet; ***di rango ~*** von niedrigerem Rang; ***scuola media ~*** INTRAD. (sechstes bis achtes Schuljahr); ***sentirsi ~ a qcn.*** sich jdm unterlegen fühlen; ***ufficiali -i*** rangniedere Offiziere.

in|fe|rio|ri|tà f. **1** Unterlegenheit *f.*: ***~ economica, numerica*** wirtschaftliche, zahlenmäßige Unterlegenheit; ***trovarsi in condizione d'~ fisica, spirituale*** körperlich, geistig unterlegen sein **2** PSIC. Minderwertigkeit *f.*; ***sènso di ~*** Minderwertigkeitsgefühl *n.*; ***complesso d'~*** Minderwertigkeitskomplex *m.* **in|fe|rior|men|te** avv. unten, im unteren Teil.

in|fe|ri|re tr. *(inferisco, inferisci; infersi; inferto)* **1** versetzen: ***~ un colpo mortale*** einen tödlichen Schlag versetzen **2** *(dedurre)* folgern, schließen **3** MAR. *(fissare le vele)* an‿schlagen.

in|fer|me|ri|a f. Krankenstation *f.*, Krankensaal *m.*; MIL. Krankenstube *f.*

in|fer|mie|ra f. Krankenschwester *f.*, Krankenpflegerin *f.* ◆ ***~ generica, ausiliaria*** Schwesternhelferin *f.*; ***~ professionale*** Krankenschwester *f.* **in|fer|mie|re** m. Krankenpfleger *m.*

in|fer|mie|ri|sti|co agg. *(-ci,-che)* Pflege-, pflegerisch: ***personale ~*** Pflegepersonal *n.* ◆ ***assistenza -a*** Krankenpflege *f.*

in|fer|mi|tà f.inv. Gebrechen *n.*, Krankheit *f.*: ***soffrire di una grave ~*** an einem schweren Gebrechen leiden ◆ ***~ mentale*** Geisteskrankheit *f.*; ***~ permanente*** Dauerschaden *m.*

in|fer|mo **I** agg. krank: ***~ di mente*** geisteskrank **II** m. Kranke *m.*: ***visitare gli -i*** die Kranken besuchen ◆ RELIG. ***unzione degli -i*** Krankensalbung *f.*

in|fer|na|le agg. höllisch, Höllen- (anche FIG.): ***spiriti, pene -i*** Höllengeister, Höllenqualen; ***il fuoco ~*** das höllische Feuer; ***giornata ~*** höllischer Tag; ***baccano ~*** Höllenlärm *m.*, Mordskrach *m.*; ***sete ~*** Höllendurst *m.* ◆ ***caldo ~*** brütende Hitze, Affenhitze *f.*; ***macchina ~*** Höllenmaschine *f.* (anche FIG. COLLOQ.); ***pietra ~*** Höllenstein *m.*

in|fer|no m. **1a** Hölle *f.*: ***andare all'~*** in die Hölle kommen (*o* zur Hölle fahren); ***Inferno e Paradiso*** Himmel und Hölle; ***le fiamme dell'~*** die Flammen der Hölle **b** FIG. ***ora si scatena l'~*** jetzt ist die Hölle los; ***rendere la vita di qcn. un ~*** jdm das Leben zur Hölle machen **2a** LETT. *(nella Divina Commedia)* Inferno *n.*: ***l'Inferno dantesco*** das dantische Inferno **b** FIG. *(dramma)* ***l'~ della guerra, della droga*** das Inferno des Krieges, der Droge ◆ ***(va') all'~!*** (geh) zum Teufel! ***mandare qcn. all'~*** jdn zum Teufel jagen; ***d'~*** höllisch, Höllen-: ***una giornata, un baccano d'~*** ein höllischer Tag, ein Höllenlärm; ***soffrire le pene dell'~*** Höllenqualen aus‿stehen (*o* erleiden); ***vivere una vita d'~*** die Hölle auf Erden haben; PROV. ***la strada per l'~ è lastricata di buoni propositi*** der Weg zur Hölle ist mit guten Vorsätzen gepflastert.

in|fe|ro **I** agg. **1** unterweltlich **2** LETT. *(inferiore)* untere **II** m.pl. Unterwelt *f.* ◆ ***discesa agli -i*** Höllenfahrt *f.*

in|fe|ro|ci|re *(inferocisco, inferocisci)* **I** tr. wild machen: ***la fame inferocisce le belve*** Hunger macht die Tiere wild **II** intr. (aus. *avere*)

~ su qcn. gegen jdn wüten **III** pronom. **inferocirsi** wild werden.
in|fe|ro|ci|to p.pass. agg. **1** → **inferocire** **2** wütend, wild: ***se ne andò ~*** er ging wütend weg.
in|fer|ria|ta f. Eisengitter *n.*, Gitter *n.*: ***le -e della prigione*** die Gitter des Gefängnisses; ***mettere l'~ alle finestre*** die Fenster vergittern.
in|fer|to → **inferire.**
in|fer|vo|ra|men|to m. Ereiferung *f.*, Begeisterung *f.*
in|fer|vo|ra|re *(infervoro)* **I** tr. begeistern, erhitzen: ***il discorso infervorò gli animi*** die Rede erhitzte die Gemüter **II** pronom. **infervorarsi** sich ereifern, sich begeistern: ***-rsi per qcn., qcs.*** sich für jdn, etw. ereifern ◆ ***-rsi nel discorso*** sich in Hitze reden. **in|fer|vo|ra|to** p.pass. agg. **1** → **infervorare** **2** begeistert, eifrig; ***essere tutto ~ in una discussione*** sich in einer Diskussion ereifern.
in|fe|sta|men|to m. Befall *m.*, Verseuchung *f.* **in|fe|stan|te** **I** agg. befallend **II** f.pl. Unkraut *n.* ◆ ***pianta ~*** Unkraut *n.*
in|fe|sta|re tr. **1** heim‿suchen (anche FIG.): ***~ una zona*** ein Gebiet heimsuchen **2** *(di piante)* befallen: ***~ le coltivazioni*** die Anpflanzungen befallen.
in|fe|sta|to p.pass. agg. **1** → **infestare** **2** heimgesucht: ***una zona -a dagli squali*** eine von Haifischen heimgesuchte (*o* haifischverseuchte) Gegend **3** *(di piante)* ***una rosa -a dai parassiti*** eine von Parasiten befallene Rose ◆ ***~ da erbacce*** verkrautet; ***~ di mine*** minenverseucht; ***~ di pidocchi*** verlaust. **in|fe|sta|zio|ne** f. **1** Heimsuchung *f.* **2** Befall *m.*: ***~ parassitaria*** Parasitenbefall *m.* **3** MED. Verseuchung *f.*
in|fet|ta|re **I** tr. **1** MED. infizieren, an‿stecken: ***~ qcn. con il tifo*** jdn mit Typhus infizieren; ***l'ammalato ha infettato l'intero reparto*** der Kranke hat die ganze Station angesteckt **2** *(inquinare)* verseuchen, verpesten: ***gli scarichi delle macchine infettano l'aria*** die Autoabgase verpesten die Luft **3** FIG. *(corrompere)* verderben, korrumpieren: ***una dottrina che infetta la società*** eine Doktrin, die die Gesellschaft verdirbt **II** pronom. **infettarsi** sich infizieren, sich an‿stecken: ***la ferita si è infettata*** die Wunde hat sich infiziert; ***-rsi con un virus*** sich mit einem Virus infizieren.
in|fet|ti|vo **I** agg. Infektions-, ansteckend, infektiös: ***epatite -a*** infektiöse Hepatitis; ***malattia -a*** Infektionskrankeit *f.*; ***processo ~*** Infektionsprozess *m.* **II** m. Infizierte *m.* ◆ ***reparto -i*** Infektionsabteilung *f.*
in|fet|to agg. **1** infiziert: ***ferita -a*** infizierte Wunde; ***sangue ~*** infiziertes Blut **2** *(contaminato)* verseucht, verpestet: ***acque -e*** verseuchte Gewässer **3** FIG. *(corrotto)* verderbt, korrupt.
in|feu|da|men|to m. Belehnung *f.* **in|feu|da|re** **I** tr. belehnen: ***~ un castello a un cavaliere*** einen Ritter mit einem Schloss belehnen **II** pronom. **infeudarsi** Lehnsmann werden: ***-rsi a un principe*** eines Fürsten Lehnsmann werden. **in|feu|da|zio|ne** f. → **infeudamento.**
in|fe|zio|ne f. Infektion *f.*: ***trasmettere, contrarre un'~*** eine Infektion übertragen, sich (D) eine Infektion zu‿ziehen; ***contrarre un'~ da qcs., da qcn.*** sich mit etw., bei jdm infizieren; ***avere un'~ al dito*** eine Infektion am Finger haben; ***l'~ si propaga velocemente*** die Infektion breitet sich schnell aus ◆ ***focolaio d'~*** Infektionsherd *m.*; ***~ intestinale*** Darminfektion *f.*; ***pericolo d'~*** Infektionsgefahr *f.* ***~ polmonare*** Lungeninfektion *f.*; ***~ virale*** Virusinfektion *f.*
in|fiac|chi|men|to m. Entkräftung *f.*, Schwächung *f.*
in|fiac|chi|re *(infiacchisco, infiacchisci)* **I** tr. entkräften, schwächen, ermatten: ***la malattia lo ha infiacchito*** die Krankheit hat ihn geschwächt **II** pronom. **infiacchirsi** ermatten, schwach werden, erschlaffen: ***-rsi nell'ozio*** durch Müßiggang erschlaffen.
in|fia|la|re tr. in Ampullen füllen.
in|fiam|ma|bi|le **I** agg. **1** entflammbar, entzündlich: ***sostanza ~*** entflammbare Substanz; ***facilmente ~*** leicht entzündlich **2** *(con pericolo d'incendio)* feuergefährlich: ***la benzina è ~*** Benzin ist feuergefährlich **3a** FIG. entflammbar: ***un temperamento ~*** ein entflammbares Temperament **b** *(collerico)* hitzig, aufbrausend **II** m.pl. entflammbares Material *n.*: ***trasporto degli -i*** Transport von entflammbarem Material. **in|fiam|ma|bi|li|tà** f. Entflammbarkeit *f.*, Entzündbarkeit *f.*
in|fiam|ma|re **I** tr. **1a** an‿zünden, zünden, entzünden: ***~ le polveri*** das Pulver entzünden **b** MED. ***lo sfregamento ha infiammato la ferita*** durch die Reibung hat sich die Wunde entzündet **2** FIG. entflammen: ***~ il cuore di odio*** das Herz mit Hass entflammen; ***~ qcn. per un'idea*** jdn für eine Idee entflammen **3** *(far arrossire)* erhitzen, erröten lassen: ***l'ira gli infiammò il viso*** sein Gesicht errötete vor Zorn **II** pronom. **infiammarsi** **1** sich entzünden: ***la benzina s'infiamma facilmente*** Benzin entzündet sich leicht **2a** FIG. sich entflammen, entbrennen: ***-rsi di passione per qcn.*** in Leidenschaft für jdn (*o* zu jdm) entbrennen; ***-rsi di sdegno*** sich entrüsten **b** *(adirarsi)* auf‿brausen: ***s'infiamma facilmente*** er braust leicht auf **3** MED. sich entzünden: ***mi si è infiammata la gola*** mein Hals hat sich entzündet **4** *(arrossire)* erröten, rot werden: ***il viso le s'infiammò per la vergogna*** ihr Gesicht errötete vor Scham. **in|fiam|ma|to** p.pass. agg. **1** → **infiammare** **2** MED. entzündet: ***tonsille -e*** entzündete Mandeln **3** FIG. entflammt: ***~ dalla passione*** von Leidenschaft entflammt **4** *(arrossato)* rot: ***avere le guance -e*** rote Wangen haben.
in|fiam|ma|to|rio agg. *(-ri, -rie)* Entzündungs-, entzündlich: ***processo ~*** Entzündungsprozess *m.*
in|fiam|ma|zio|ne f. Entzündung *f.*: ***avere, prendersi un'~*** eine Entzündung haben, bekommen; ***~ alla gola, alle tonsille, alle vie respiratorie*** Hals-, Mandelentzündung *f.*, Entzündung der Atemwege; ***~ gengivale*** Zahnfleischentzündung *f.*
in|fia|sca|re tr. *(infiasco, infiaschi)* in Korbflaschen füllen.
in|fi|cia|re tr. *(inficio, infici)* **1** entwerten: ***~ i risultati con dati sbagliati*** die Ergebnisse durch falsche Daten entwerten **2** DIR. entkräften, für ungültig erklären: ***~ una testimonianza, una firma*** eine Zeugenaussage entkräften, eine Unterschrift für ungültig erklären.
in|fi|do agg. **1** unzuverlässig: ***una persona -a*** ein unzuverlässiger Mensch **2** *(malsicuro)* unsicher: ***luogo ~*** unsicherer Ort **3** LETT. *(infedele)* treulos, untreu.
in fie|ri agg. im Werden: ***un romanzo ~*** ein Roman im Werden.
in|fie|ri|re intr. *(infierisco, infierisci;* aus. *avere)* **1** ***~ contro, su qcn., qcs.*** sich (A) gegen jdn, etw. vergehen, an jdm, etw. eine Grausamkeit begehen **2** FIG. *(imperversare)* wüten: ***la peste infieriva*** die Pest wütete.
in|fig|ge|re *(infiggo, infiggi; infissi; infitto)* **I** tr. **1a** stoßen: ***gli infisse la spada nel petto*** er stieß ihm das Schwert in die Brust **b** *(nel suolo)* rammen: ***~ un palo nella terra*** einen Pfahl in die Erde rammen **2** FIG. ein‿prägen: ***~ qcs. a qcn. nella memoria*** jdm etw. ins Gedächtnis einprägen **II** pronom. **infiggersi** **1** ein‿dringen: ***gli si è infitta una spina nel dito*** ihm ist ein Dorn in den Finger (ein)gedrungen **2** FIG. sich ein‿prägen; ***parole che s'infiggono nella mente*** Worte, die sich ins Gedächtnis einprägen.
in|fi|la|re **I** tr. **1a** stecken: ***~ la chiave nella serratura*** den Schlüssel in das Schloss stecken; ***~ la spina nella presa*** den Stecker in die Steckdose stecken; ***~ una lettera tra due libri*** einen Brief zwischen zwei Bücher stecken **b** *(anelli)* an‿stecken **2** *(forando)* ein‿stechen, stechen: ***~ la forchetta nelle patate*** mit der Gabel in die Kartoffeln (ein)stechen; ***~ l'ago nella vena*** die Nadel in die Vene stechen **3** *(trafiggere)* durchbohren: ***~ il nemico con la lancia*** den Feind mit der Lanze durchbohren **4** *(perle)* auf‿reihen **5** *(nello spiedo)* auf‿spießen **II** pronom. **infilarsi** **1a** ein‿dringen, schlüpfen: ***la volpe si infila nella tana*** der Fuchs schlüpft in den Bau **b** *(entrare di soppiatto)* ***-rsi in un appartamento*** in eine Wohnung eindringen **c** ***mi si è infilata una scheggia nel dito*** ich habe mir einen Splitter in den Finger eingezogen **2** ***-rsi l'ago nella vena*** sich (D) die Nadel in die Vene stechen **3** *(indossare)* an‿ziehen: ***-rsi le scarpe, i pantaloni*** (sich [D]) die Schuhe, die Hose anziehen (*o* COLLOQ. in die Schuhe, in die Hose schlüpfen); ***-rsi una giacca*** eine Jacke über‿ziehen, COLLOQ. in die Jacke schlüpfen **4** *(mischiarsi a)* sich mischen: ***-rsi tra la folla, fra gli invitati*** sich unter die Menge, unter die Eingeladenen mischen ◆ ***~ (il filo nel)l'ago*** den Faden (in die Nadel) ein‿fädeln; ***~ il braccio sotto quello di qcn.*** sich bei jdm ein‿hängen; ***-rsi le dita nel naso*** in der Nase bohren; ***~ qcs. nel forno*** etw. in den Ofen schieben; ***~ una gaffe dietro l'altra*** einen Fauxpas nach dem anderen begehen; ***non infilarne una giusta*** aber auch alles falsch machen; ***~ la porta*** durch die Tür schlüpfen; ***~ la risposta esatta*** die richtige Antwort treffen; ***~ una serie di errori*** eine Reihe von Fehlern machen; ***-rsi sotto le coperte*** unter die Decke kriechen (*o* schlüpfen); ***~ una strada*** eine Straße nehmen.
in|fi|la|ta f. Reihe *f.*: ***un'~ di stanze*** eine Reihe von Zimmern ◆ ***d'~*** längsseits; MIL. ***colpire d'~*** mit Längsfeuer bestreichen.
in|fil|tra|men|to m. → **infiltrazione.**
in|fil|tra|re **I** tr. ein‿schleusen: ***~ degli agenti in un paese straniero*** Agenten in ein fremdes Land einschleusen **II** pronom. **infiltrarsi** **1a** ein‿dringen, infiltrieren: ***l'acqua s'infiltra nei muri*** das Wasser dringt in die Wände ein **b** *(nel suolo)* ein‿sickern: ***la pioggia s'infiltra nel terreno*** der Regen sickert in den Boden ein (*o* versickert im Boden) **2a** FIG. ein‿dringen: ***-rsi in un'organizzazione criminale*** in eine kriminelle Organisation eindringen (*o* eine kriminelle Organisation unterwandern) **b** *(di spie)* infiltrieren.
in|fil|tra|to **I** p.pass. agg. **1** → **infiltrare** **2** eingedrungen, eingeschleust: ***agente ~*** eingeschleuster Agent **II** m. Verbindungsmann *m.*, eingeschleuster Agent *m.*: ***prendere contatto con un ~***

mit einem Verbindungsmann Kontakt auf‿nehmen.

in|fil|tra|zio|ne f. **1** Eindringen *n.*, Einsickern *n.*, Infiltration *f.*: ***~ d'acqua*** Eindringen des Wassers; ***nel soffitto ci sono -i d'acqua*** in die Decke ist Wasser eingedrungen **2** FIG. Unterwanderung *f.*, Infiltration *f.*: ***~ di sovversivi nell'esercito*** Unterwanderung des Heeres durch Rebellen **3** MED. Infiltration *f.*

in|fil|za|re I tr. **1a** durchstechen, auf‿spießen, spießen: ***~ qcn. con qcs.*** jdn mit etw. aufspießen; ***~ qcs. sulla forchetta*** etw. auf die Gabel spießen **b** *(trafiggere)* durchbohren: ***~ qcn. con la spada*** jdn mit dem Schwert durchbohren **2** *(sullo spiedo)* auf‿spießen **3** *(perle)* auf‿fädeln: ***~ le perle con l'ago*** Perlen mit der Nadel auffädeln **II** pronom. **infilzarsi 1** sich auf‿spießen **2** *(a vicenda)* sich durchbohren ◆ ***~ bugie*** wie gedruckt lügen.

in|fil|za|ta f. COLLOQ. Reihe *f.*, Serie *f.* (anche FIG.): ***un'~ di scuse*** eine Reihe von Entschuldigungen. **in|fil|za|to** p.pass. agg. **1** → **infilzare 2** aufgespießt ◆ IRON. ***madonnina -a*** Unschuldsengel *m.*

in|fi|mo I agg. **1** unterst, niedrigst: ***gente di -a origine, di -a condizione*** Leute von bescheidenster Herkunft, von niedrigstem Rang **2** *(pessimo)* niedrigst, schlechtest, geringst: ***merce di -a qualità*** Ware von schlechtester Qualität **II** m. Geringste *m.*

in|fi|ne avv. **1** *(finalmente)* schließlich: ***~ mi aprì*** schließlich öffnete er mir **2** *(insomma)* vielleicht (einmal), eigentlich: ***~ si può sapere cosa vuoi?*** kann man vielleicht einmal wissen, was du willst?

in|fin|gar|dag|gi|ne f. **1** Arbeitsscheu *f.*, Trägheit *f.* **2** *(azione infingarda)* Drückebergerei *f.* **in|fin|gar|do I** agg. drückebergerisch **II** m. Drückeberger *m.*, Faulpelz *m.*

in|fin|gi|men|to m. LETT. Verstellung *f.*: ***senza -i*** ohne Verstellungen.

in|fi|ni|tà f. **1** Unendlichkeit *f.*: ***l'~ dell'universo*** die Unendlichkeit des Universums **2** *(grande quantità)* Unmenge *f.*, Unzahl *f.*: ***un'~ di gente, di amici*** eine Unmenge Leute, eine Unzahl Freunde; ***sapere un'~ di cose*** eine Unmenge wissen ◆ COLLOQ. ***durare un'~ (di tempo)*** unendlich dauern, eine Ewigkeit dauern.

in|fi|ni|ta|men|te avv. unendlich: ***mi dispiace ~*** es tut mir unendlich Leid ◆ ***la ringrazio ~*** tausend Dank.

in|fi|ni|te|si|ma|le agg. **1** unendlich klein, verschwindend klein: ***differenza ~*** verschwindend kleiner Unterschied **2** MAT. Infinitesimal-, infinitesimal: ***calcolo ~*** Infinitesimalrechnung *f.* **in|fi|ni|te|si|mo I** agg. unendlich klein, verschwindend klein, winzig: ***dose -a*** unendlich kleine Dosis **II** m. **1** Bruchteil *m.*: ***non possiedo neppure un ~ della sua cultura*** ich besitze nicht einmal einen Bruchteil seiner Bildung **2** MAT. infinitesimaler Teil *m.*

in|fi|ni|tez|za f. Unendliche *n.*

in|fi|ni|ti|va f. Infinitivsatz *m.* **in|fi|ni|ti|va|le** agg. Infinitiv-: ***costruzione ~*** Infinitivkonstruktion *f.* **in|fi|ni|ti|vo** agg. Infinitiv-: ***periodo ~*** Infinitivsatz *m.*

in|fi|ni|to I agg. **1** unendlich (anche MAT.): ***l'universo ~*** das unendliche Universum; ***con ~ amore, -a pazienza*** mit unendlicher Liebe, Geduld; MAT. ***la serie -a dei numeri*** die unendliche Reihe der Zahlen **2** *(innumerevole)* unzählig: ***superare -e difficoltà*** unzählige Schwierigkeiten überwinden **3** GRAMM. infinit: ***modo ~*** infinite Form **II** m. **1** Unendliche *n.* (anche MAT.): ***perdersi nell'~*** sich im Unendlichen verlieren; ***le parallele si incontrano all'~*** die Parallelen schneiden sich im Unendlichen; MAT. ***tendere all'~*** ins Unendliche gehen, dem Unendlichen zu‿streben **2** GRAMM. Infinitiv *m.*: ***~ presente, passato*** Infinitiv Präsens, Perfekt; ***~ sostantivato*** substantivierter Infinitiv; ***declinare un verbo all'~*** ein Verb in den Infinitiv setzen ◆ ***all'~*** endlos; ***andare avanti all'~*** bis ins Unendliche weiter‿gehen; ***ripetere qcs. all'~*** etw. endlos wiederholen; ***non possiamo rimanere qui all'~*** wir können nicht ewig hier bleiben; ***grazie -e*** tausend Dank; ***porgere -e scuse*** vielmals um Verzeihung bitten.

in|fi|noc|chia|re tr. *(infinocchio, infinocchi)* COLLOQ. übers Ohr hauen, beschummeln: ***farsi ~ da qcn.*** sich von jdm übers Ohr hauen lassen.

in|fioc|ca|re tr. *(infiocco, infiocchi)* mit Schleifen schmücken (*o* verzieren).

in|fioc|chet|ta|re tr. **1** mit Schleifen schmücken (*o* verzieren): ***~ un vestito*** ein Kleid mit Schleifen schmücken **2** FIG. *(stilistisch)* schmücken, aus‿schmücken, verschönern: ***~ un discorso di citazioni latine*** eine Rede mit lateinischen Zitaten schmücken.

in|fio|chi|re *(infiochisco, infiochisci)* **I** tr. schwächen **II** intr. (aus. *essere*) schwach (*o* matt) werden.

in|fio|ra|re tr. **1** mit Blumen schmücken: ***~ la tavola*** die Tafel mit Blumen schmücken **2** FIG. verschönern, aus‿schmücken: ***~ un testo di figure retoriche*** einen Text mit Redefiguren ausschmücken.

in|fio|re|scen|za f. Blütenstand *m.*, Infloreszenz *f.*

in|fio|ret|ta|re tr. aus‿schmücken, verzieren: ***~ un discorso*** eine Rede ausschmücken; ***~ una melodia*** eine Melodie verzieren. **in|fio|ret|ta|tu|ra** f. Ausschmückung *f.*, Verzierung *f.*: ***stile semplice, senza -e*** nüchterner Stil, ohne Ausschmückungen.

in|fir|ma|re tr. entkräften, für ungültig erklären: ***~ la deposizione di un imputato*** die Aussage eines Angeklagten entkräften; ***~ un atto*** ein Schriftstück für ungültig erklären.

in|fi|schiar|si pronom. *(m'infischio, t'infischi)* ***~ di qcn., di qcs.*** auf jdn, etw. pfeifen; ***~ di tutto e di tutti*** auf alles und alle pfeifen; ***me ne infischio!*** ich pfeife darauf!

in|fis|so f. **1** Blendrahmen *m.*, Rahmen *m.*: ***gli -i delle porte*** die Blendrahmen der Türen **2a** *(parte mobile di porte)* Türflügel *m.* **b** *(parte mobile di finestre)* Fensterflügel *m.* **3** LING. Infix *n.*

in|fit|ti|re *(infittisco, infittisci)* **I** tr. **1** dichter machen: ***~ la trama di un tessuto*** ein Gewebe dichter machen **2** FIG. häufiger werden lassen; ***~ le visite*** häufigere Besuche machen **II** pronom. **infittirsi 1a** dichter werden, sich verdichten; *(aumentare)* zu‿nehmen: ***la nebbia, il buio s'infittisce*** der Nebel verdichtet sich, die Dunkelheit nimmt zu **b** *(di pioggia)* stärker werden **2** *(infoltirsi)* dichter werden: ***la siepe si è infittita*** die Hecke ist dichter geworden ◆ FIG. ***il mistero s'infittisce*** das Geheimnis wird immer undurchsichtiger.

in|flac|ci|di|re *(inflaccidisco, inflaccidisci)* intr. (aus. *essere*) e pronom. **inflaccidirsi** erschlaffen, schlaff werden. **in|flac|ci|di|to** p.pass. agg. **1** → **inflaccidire 2** erschlafft, schlaff: ***pancia -a*** schlaffer Bauch; ***muscoli -i*** erschlaffte Muskeln.

in|fla|ti|vo, in|flat|ti|vo agg. inflationär, inflationistisch: ***tendenze -e*** inflationäre Tendenzen. **in|fla|zio|na|re** tr. inflationieren: ***~ la moneta*** die Währung inflationieren; ***~ il mercato con qcs.*** den Markt mit etw. inflationieren.

in|fla|zio|na|to p.pass. agg. **1** → **inflazionare 2** inflationiert: ***moneta -a*** inflationierte Währung **3a** FIG. entwertet: ***titolo di studio ~*** entwerteter Studientitel **b** *(abusato)* abgenützt, abgegriffen: ***un'espressione molto -a*** eine sehr abgegriffene Ausdrucksweise ◆ ***denaro ~*** Inflationsgeld *n.*

in|fla|zio|ne f. Inflation *f.* (anche FIG.): ***~ galoppante, strisciante, controllata*** galoppierende, schleichende, gesteuerte Inflation; ***frenare, combattere, contenere, controllare l'~*** die Inflation stoppen, bekämpfen, ein‿schränken, steuern; FIG. ***un'~ di laureati in medicina*** eine Inflation an Medizinern ◆ ***andamento dell'~*** Inflationsentwicklung *f.*; ***lotta all'~*** Inflationsbekämpfung *f.*; ***~ monetaria*** Währungsinflation *f.*; ***pericolo d'~*** Inflationsgefahr *f.*; ***tasso d'~*** Inflationsrate *f.*

in|fla|zio|ni|smo m. Inflationismus *m.* **in|fla|zio|ni|sti|co** agg. *(-ci, -che)* inflationistisch, inflatorisch, inflationär: ***provvedimento ~*** inflatorische Maßnahme; ***tendenza -a*** inflationäre Tendenz.

in|fles|si|bi|le agg. unflexibel, unbeugsam, unerschütterlich: ***persona ~*** unbeugsamer Mensch; ***volontà ~*** unerschütterlicher Wille.

in|fles|si|bi|li|tà f. Unbeugsamkeit *f.*, Unflexibilität *f.*

in|fles|sio|ne f. Tonfall *m.*: ***~ dialettale*** dialektaler Tonfall.

in|flig|ge|re tr. *(infliggo, infliggi; inflissi; inflitto)* verhängen, auf‿erlegen: ***~ una condanna a qcn.*** eine Strafe über jdn verhängen ◆ ***~ una dura lezione a qcn.*** jdm eine harte Lektion erteilen; ***~ una sconfitta a qcn.*** jdm eine Niederlage bei‿bringen.

in|flo|re|scen|za f. Infloreszenz *f.*

in|fluen|te agg. einflussreich: ***un personaggio ~ della politica*** eine politisch einflussreiche Person.

in|fluen|za f. **1** Einfluss *m.*, Beeinflussung *f.*: ***avere, esercitare ~ su qcn.*** Einfluss auf jdn aus‿üben; ***subire l'~ di qcn.*** unter jds Einfluss stehen **2** MED. Grippe *f.*: ***avere, prendere l'~*** die Grippe haben, bekommen ◆ ***epidemia d'~*** Grippeepidemie *f.*; ***sfera d'~*** Einflussbereich *m.*

in|fluen|za|bi|le agg. beeinflussbar.

in|fluen|za|le agg. Grippe-, grippal: ***epidemia ~*** Grippeepidemie *f.*; ***virus ~*** Grippevirus *n.*

in|fluen|za|re I tr. beeinflussen: ***la televisione influenza il comportamento dei giovani*** das Fernsehen beeinflusst das Verhalten der Jugendlichen; ***lasciarsi ~*** sich beeinflussen lassen **II** pronom. **influenzarsi 1** sich (gegenseitig) beeinflussen: ***fenomeni che s'influenzano a vicenda*** Phänomene, die sich gegenseitig beeinflussen **2** MED. die Grippe bekommen. **in|fluen|za|to** p.pass. agg. **1** → **influenzare 2** MED. ***essere ~*** die Grippe haben.

in|flu|i|re intr. *(influisco, influisci;* aus. *avere)* ***~ su qcs., qcn.*** auf etw. (A) ein‿wirken, jdn beeinflussen. **in|flus|so** m. Einfluss *m.* (anche ASTROL.): ***esercitare un ~ su qcn.*** Einfluss auf jdn aus‿üben; ***~ benefico, malefico*** guter, schlechter Einfluss.

in|fo|ca|re, in|fo|ca|to → **infuocare, infuocato.**

in|fo|gnar|si pronom. COLLOQ. sich stürzen, sich bringen: ***~ in qcs.*** sich in etw. (A) stürzen (*o* bringen); ***~ in una brutta situazione*** sich in eine schlimme Lage bringen.

in fo|lio I agg.inv. in folio, in Folioformat **II** m.inv. Folioformat *n.*
in|fol|ti|re *(infoltisco, infoltisci)* **I** tr. verdichten, dicht machen **II** pronom. **infoltirsi** sich verdichten, dicht werden.
in|fon|da|tez|za f. Unbegründetheit *f.*: ***l'~ di un sospetto, di un'accusa*** die Unbegründetheit eines Verdachtes, einer Anschuldigung; ***l'~ di una teoria, di una notizia*** die Unbegründetheit einer Theorie, einer Nachricht. **in|fon|da|to** agg. unbegründet: ***sospetto ~*** unbegründeter Verdacht; ***un'accusa -a*** eine grundlose Beschuldigung.
in|fon|de|re tr. *(infusi; infuso)* ein‿flößen: ***~ fiducia a qcn.*** jdm Vertrauen einflößen; *(coraggio)* zu‿sprechen.
in|for|ca|re tr. *(inforco, inforchi)* **1** auf‿gabeln **2** SPORT GERG. ein‿fädeln: ***~ (una porta)*** an einem Tor einfädeln ◆ ***~ la bicicletta*** sich aufs Rad schwingen; ***~ gli occhiali*** die Brille auf‿setzen.
in|for|ca|tu|ra f. Gabelung *f.*
in|for|ma|le agg. **1** informell, unförmlich, formlos: ***colloquio ~*** informelle Unterredung; ***saluto ~*** unförmliche Begrüßung **2** ART. informell: ***arte ~*** Informel *n.* **in|for|mal|men|te** avv. informell, unförmlich.
in|for|ma|re I tr. **1** unterrichten, benachrichtigen, informieren: ***~ qcn. di, su qcs.*** jdn über etw. (A) unterrichten (*o* informieren), von etw. benachrichtigen **2** *(conformare)* aus‿richten, richten: ***~ qcs. a qcs.*** etw. nach etw. ausrichten **II** pronom. **informarsi 1** sich erkundigen, sich informieren: ***-rsi su, di qcs. presso, da qcn.*** sich bei jdm nach etw. erkundigen, sich bei jdm über etw. (A) informieren **2a** *(conformarsi)* sich richten: ***-rsi a qcs.*** sich nach etw. richten **b** beruhen: ***la costituzione si informa ai principi della libertà*** die Verfassung beruht auf den Prinzipien der Freiheit.
in|for|ma|ti|ca f. Informatik *f.* **in|for|ma|ti|co I** agg. *(-ci, -che)* Informatik-: ***sistema ~*** Informatiksystem *n.* **II** m. *(-ci)* Informatiker *m.*
in|for|ma|ti|va f. Informationsschreiben *n.* **in|for|ma|ti|vo** agg. informativ, Informations-: ***articolo ~*** informativer Artikel; ***bollettino, materiale ~*** Informationsblatt *n.*, Informationsmaterial *n.*; ***sistema ~*** Informationssystem *n.* ◆ ***a titolo ~*** zur Information.
in|for|ma|tiz|za|re tr. computerisieren. **in|for|ma|tiz|za|zio|ne** f. Computerisierung *f.*
in|for|ma|to p.pass. agg. **1** → **informare 2** informiert, unterrichtet: ***essere bene, male ~*** gut, schlecht informiert sein; ***essere ~ dell'accaduto*** über den Vorfall unterrichtet sein.
in|for|ma|to|re m. Informant *m.*: ***~ della polizia*** Informant der Polizei.
in|for|ma|zio|ne f. Auskunft *f.*, Information *f.*: ***vorremmo un'~*** wir möchten eine Information; ***chiedere -i*** um Auskunft bitten; ***dare, fornire -i sul conto di qcn., qcs.*** über jdn, etw. Auskunft geben, erteilen; ***prendere, assumere, raccogliere -i su qcn., qcs.*** über jdn, etw. Auskünfte ein‿holen, über jdn, etw. Erkundigungen ein‿ziehen; ***per ulteriori -i rivolgersi alla nostra sede centrale*** für weitere Auskünfte wenden Sie sich an unseren Stammsitz ◆ ***diritto all'~*** Auskunftsrecht *n.*; ***elaborazione delle -i*** Informationsverarbeitung *f.*; ***~ genetica*** genetische Information; ***libertà di ~*** Informationsfreiheit *f.*; ***mezzi di ~*** Informationsmittel *pl.*; ***scambio di -i*** Informationsaustausch *m.*; ***teoria dell'~*** Informationstheorie *f.*; ***rivolgersi all'ufficio -i*** sich an das Informationsbüro (*o* Auskunftsbüro) wenden; ***-i utili*** nützliche Hinweise.
in|for|me agg. formlos, unförmig, ungestalt, gestaltlos: ***massa ~*** unförmige Masse; FIG. ***progetto ~*** gestaltloses Projekt.
in|for|mi|co|li|men|to m. Kribbeln *n.*
in|for|na|re tr. in den Ofen schieben. **in|for|na|ta** f. **1** Einschieben *n.* **2** *(quantità)* Schub *m.* (anche FIG.): ***è arrivata una nuova ~ di clienti*** ein neuer Schub Kunden ist eingetroffen; ***un'~ di amici*** ein Schub von Freunden.
in|for|tu|nar|si pronom. sich verletzen, einen Unfall haben: ***~ giocando a calcio*** sich beim Fußballspielen verletzen; ***~ sul lavoro*** sich bei der Arbeit (*o* am Arbeitsplatz) verletzen. **in|for|tu|na|to I** p.pass. agg. **1** → **infortunare 2** verletzt: ***giocatore, operaio ~*** verletzter Spieler, Arbeiter **II** m. Verletzte *m.*
in|for|tu|nio m. *(-ni)* Unfall *m.*: ***avere, subire un ~*** einen Unfall erleiden ◆ ***assicurazione contro gli -ni*** Unfallversicherung *f.*; ***~ sul lavoro*** Arbeitsunfall *m.*; ***polizza contro gli -ni*** Unfallpolice *f.*; ***prevenzione degli -ni*** Unfallverhütung *f.*, Unfallschutz *m.*; ***rischio d'~*** Unfallrisiko *n.*
in|for|tu|ni|sti|ca f., Unfallforschung *f.* **in|for|tu|ni|sti|co** agg. *(-ci, -che)* Unfall-: ***legislazione -a*** Unfallgesetzgebung *f.*
in|fos|sa|men|to m. Vertiefung *f.*: ***~ del terreno*** Vertiefung im Boden. **in|fos|sar|si** pronom. **1** ein‿sinken: ***in questo punto il terreno s'infossa*** der Boden sinkt an dieser Stelle ein **2** *(incavarsi)* ein‿fallen: ***le si sono infossate le guance*** ihre Wangen sind eingefallen. **in|fos|sa|to** p.pass. agg. **1** → **infossarsi 2** eingefallen: ***guance -e*** eingefallene Wangen **3** ***occhi -i*** tief liegende Augen.
in|fra|ci|di|re intr. *(infracidisco, infracidisci;* aus. *essere)* faulen, verfaulen.
in|fra|di|cia|men|to m. **1** Durchnässen *n.* **2a** *(di cibo)* Faulen *n.*, Verfaulen *n.* **b** *(di legno)* Morschwerden *n.* **in|fra|di|cia|re** *(infradicio, infradici)* **I** tr. **1** durchnässen **2a** *(far marcire)* verderben lassen, verfaulen lassen **b** *(legno)* morsch werden lassen **II** pronom. **infradiciarsi 1** nass werden **2a** *(marcire)* verderben, faulen, verfaulen **b** *(di legno)* morsch werden. **in|fra|di|cia|tu|ra** f. **1** Durchnässen *n.* **2a** *(di cibo)* Faulen *n.*, Verfaulen *n.* **b** *(di legno)* Morschheit *f.*
in|fra|di|to I agg.inv. ***sandalo ~*** Dianette *f.* **II** m. e f.inv. Dianette *f.*
in|fra(m)|met|te|re *(infra[m]misi, infra[m]messo)* **I** tr. dazwischen‿setzen; *(in orizzontale)* dazwischen‿legen; *(in verticale)* dazwischen‿stellen **II** pronom. **inframmettersi 1** dazwischen‿treten: ***erano amiche finché si è inframmesso un ragazzo*** sie waren Freundinnen, bis ein Junge dazwischentrat **2** *(immischiarsi)* sich ein‿mischen: ***si inframmette sempre nei nostri discorsi*** er mischt sich immer in unsere Gespräche ein.
in|fran|ge|re *(infrango, infrangi; infransi; infranto)* **I** tr. **1** zerbrechen: ***~ un vetro*** eine Glasscheibe zerbrechen **2** FIG. brechen: ***~ ogni resistenza*** jeglichen Widerstand brechen; ***~ la legge, un segreto*** das Gesetz, ein Geheimnis brechen **II** pronom. **infrangersi 1** zerbrechen (anche FIG.): ***i miei sogni di gloria s'infrangono*** meine Träume vom Ruhm zerbrechen **2** *(di onde)* sich brechen: ***le onde s'infrangono sulle rocce*** die Wellen brechen sich an den Felsen **3** *(di nave)* zerschellen.
in|fran|gi|bi|le agg. unzerbrechlich, bruchfest: ***vetro ~*** unzerbrechliches Glas.
in|fran|to p.pass. agg. **1** → **infrangere 2** zerbrochen: ***vetro ~*** zerbrochenes Glas **3** FIG. gebrochen: ***cuore ~*** gebrochenes Herz ◆ ***ideali -i*** zerstörte Ideale.
in|fra|ros|so agg. infrarot, Infrarot-: ***raggi -i*** Infrarotstrahlen.
in|fra|sca|re *(infrasco, infraschi)* **I** tr. **1** mit Zweigen stützen: ***~ i piselli*** die Erbsen mit Zweigen stützen **2** *(coprire)* mit Zweigen bedecken **II** pronom. **infrascarsi** sich zwischen Zweigen verbergen.
in|fra|scrit|to agg. unten angegeben, angeführt: ***clausole -e*** unten angegebene Klauseln.
in|fra|set|ti|ma|na|le agg. während der Woche, unter der Woche: ***chiusura ~ mercoledì*** mittwochs geschlossen.
in|fra|strut|tu|ra f. **1** Infrastruktur *f.*; ***~ primaria*** Erschließung *f.* **2** AER. Bodenorganisation *f.* **in|fra|strut|tu|ra|le** agg. infrastrukturell.
in|fra|suo|no m. Infraschall *m.*
in|frat|ta|re I tr. verstecken: ***~ una pratica*** eine Akte verstecken **II** pronom. **infrattarsi** sich verstecken.
in|fra|zio|ne f. **1** Verstoß *m.*: ***~ a qcs.*** Verstoß gegen etw.; ***commettere un'~ contro qcs.*** gegen etw. verstoßen; ***~ al codice stradale*** Verstoß gegen die Straßenverkehrsordnung; ***~ disciplinare*** Disziplinarvergehen *n.*; ***~ fiscale*** Steuervergehen *n.* **2** MED. Infraktion *f.*
in|fred|da|tu|ra f. Erkältung *f.*: ***prendersi un'~*** sich erkälten (*o* sich eine Erkältung zu‿ziehen).
in|fred|do|lir|si pronom. *(m'infreddolisco, t'infreddolisci)* frösteln, frieren. **in|fred|do|li|to** p.pass. agg. **1** → **infreddolirsi 2** frierend, fröstelnd; ***essere tutto ~*** frieren, frösteln.
in|fre|quen|te agg. nicht häufig, selten: ***fenomeno ~*** seltenes Phänomen.
in|frol|li|men|to m. Abhängen *n.*: ***l'~ della selvaggina*** das Abhängen des Wildbrets. **in|frol|li|re** *(infrollisco, infrollisci)* **I** tr. **1** ab‿hängen **2** FIG. erschlaffen, (an) Spannkraft verlieren **II** pronom. **infrollirsi** zart werden.
in|frut|te|scen|za f. Fruchtstand *m.*
in|frut|ti|fe|ro agg. **1** unfruchtbar **2** ECON. unverzinslich, zinslos: ***mutuo ~*** unverzinsliches Darlehen; ***conto ~*** zinsloses Konto.
in|frut|tuo|si|tà f. **1** Unfruchtbarkeit *f.*: ***~ di un terreno*** Unfruchtbarkeit eines Bodens **2** FIG. Erfolglosigkeit *f.*: ***~ di un tentativo*** Erfolglosigkeit eines Versuchs. **in|frut|tuo|so** agg. **1** unfruchtbar **2** ECON. unverzinslich: ***capitale ~*** unverzinsliches Kapital **3** FIG. vergeblich, erfolglos: ***ricerche -e*** vergebliche Nachforschungen.
in|fun|di|bo|lo, in|fun|di|bu|lo m. Trichter *m.* (anche ANAT.).
in|fun|gi|bi|le agg. unersetzlich, unvertretbar. **in|fun|gi|bi|li|tà** f. Unersetzlichkeit *f.*: ***~ di un bene*** Unersetzlichkeit eines Gutes.
in|fuo|ca|re *(infuoco, infuochi)* **I** tr. **1** zum Glühen bringen **2** FIG. *(infiammare)* entzünden, entflammen, erhitzen: ***~ gli animi*** die Gemüter entflammen **II** pronom. **infuocarsi 1** erglühen, glühend werden **2** FIG. *(infiammarsi)* sich erhitzen: ***-rsi in una discussione*** sich bei einer Diskussion erhitzen.

in|fuo|ca|to p.pass. agg. **1** → **infuocare 2** glühend, glühend heiß: *ferro ~* glühendes Eisen; *sabbia -a* glühend heißer Sand **3** FIG. erhitzt, hitzig: *un viso ~ dall'ira* ein vor Wut erhitztes Gesicht; *atmosfera, discussione -a* hitzige Stimmung, Diskussion; *parole -e* hitzige Worte.

in|fuo|ri I avv. *all'~* nach außen, hinaus, heraus; *una trave sporgente all'~* ein nach außen vorstehender Balken **II** prep. *all'~ di* bis auf + acc., außer + dat., mit Ausnahme + gen.; *all'~ di lui nessuno ne sa nulla* außer ihm weiß niemand etwas davon; *c'erano tutti all'~ di te* bis auf dich waren alle da.

in|fur|bir|si pronom. *(infurbisco, infurbisci)* schlau werden.

in|fu|ria|re *(infurio, infuri)* **I** intr. (aus. *essere*) wüten, toben, stürmen: *la tempesta infuria* der Sturm wütet; *il vento infuria sulla campagna* der Wind tobt über das Land **II** pronom. **infuriarsi** wütend (*o* zornig) werden, in Wut geraten: *se non gli si ubbidisce s'infuria* wenn man ihm nicht gehorcht, wird er wütend ◆ *far ~ qcn.* jdn in Wut bringen. **in|fu|ria|to** p.pass. agg. **1** → **infuriarsi 2** wütend: *toro ~* wütender Stier.

in|fu|si|bi|le agg. unschmelzbar. **in|fu|si|bi|li|tà** f. Unschmelzbarkeit *f.*

in|fu|sio|ne f. **1** Aufguss *m.*: *bustina per ~* Aufgussbeutel *m.* **2** MED. Infusion *f.*: *~ endovenosa* intravenöse Infusion; *~ sottocutanea* subkutane Infusion ◆ *lasciare il tè in ~* den Tee ziehen lassen.

in|fu|so I p.pass. agg. **1** → **infondere 2** TEOL. eingeflößt **II** m. Aufguss *m.*, Tee *m.*: *~ di erbe* Kräutertee; *~ di camomilla* Kamillentee; *~ di malva* Malventee; *~ per la tosse* Hustentee ◆ *avere la scienza -a* die Weisheit mit Löffeln gefressen haben.

ing. ⇒ *ingegnere* Ingenieur (Ing.).

in|gab|bia|re tr. *(ingabbio, ingabbi)* **1** in einen Käfig sperren, stecken: *~ un uccello* einen Vogel in einen Käfig sperren **2** FIG. ein‿sperren, ein‿lochen **3** *(case, navi)* ein‿rüsten. **in|gab|bia|tu|ra** f. EDIL. Skelettbau *m.*

in|gag|gia|re *(ingaggio, ingaggi)* **I** tr. **1a** ein‿stellen, an‿stellen, engagieren: *~ operai* Arbeiter einstellen; *~ un calciatore, un artista* einen Fußballspieler, einen Künstler engagieren **b** MAR. heuern, an‿mustern: *~ un equipaggio* eine Besatzung anmustern **c** *(reclutare)* an‿werben **2** *(iniziare)* eröffnen, beginnen: *~ battaglia* eine Schlacht beginnen **II** pronom. **ingaggiarsi** sich verwickeln, sich verschlingen.

in|gag|gio m. *(-gi)* **1a** Einstellung *f.*, Anstellung *f.*; *(di artisti, sportivi)* Engagement *n.* **b** MAR. Anmusterung *f.* **c** *(reclutamento)* Anwerbung *f.* **2** *(somma)* Gage *f.* **3** *(hockey)* Abschlag *m.*

in|ga|gliar|di|re *(ingagliardisco, ingagliardisci)* **I** tr. kräftigen, stärken **II** pronom. **ingagliardirsi** kräftig, stark werden: *con il moto il corpo s'ingagliardisce* durch Bewegung kräftigt sich der Körper.

in|gan|na|bi|le agg. leicht zu täuschen, gutgläubig. **in|gan|na|re I** tr. **1** *(indurre in errore)* täuschen, trügen: *~ l'avversario* den Gegner täuschen **2** *(deludere)* missbrauchen: *~ la fiducia altrui* das Vertrauen anderer missbrauchen **3** *(imbrogliare)* betrügen, hintergehen **II** pronom. **ingannarsi** sich täuschen, sich irren: *-rsi sul conto di qcn.* sich über jdn täuschen; *se non mi inganno* wenn ich mich nicht täusche ◆ *l'apparenza inganna* der Schein trügt; *~ l'attesa* sich die Wartezeit vertreiben; *~ il tempo* die Zeit tot‿schlagen.

in|gan|na|to|re I agg. trügerisch **II** m. Betrüger *m.* **in|gan|ne|vo|le** agg. trügerisch, täuschend: *speranze -i* trügerische Hoffnungen; *sicurezza ~* trügerische Sicherheit.

in|gan|ne|vol|men|te avv. trügerisch.

in|gan|no m. **1** *(imbroglio)* Betrug *m.* **2** *(illusione)* Täuschung *f.*, Trug *m.* ◆ MUS. *cadenza d'~* Trugschluss *m.*; *cadere in ~* getäuscht werden, einer Täuschung erliegen; *~ dei sensi* Sinnestäuschung *f.*; *subodorare l'~* die Falle wittern; *trarre in ~ qcn.* jdn täuschen, irre‿führen, hinters Licht führen.

in|gar|bu|glia|men|to m. Verwirrung *f.*, Durcheinander *n.*

in|gar|bu|glia|re *(ingarbuglio, ingarbugli)* **I** tr. **1** durcheinander bringen, verwickeln, verwirren: *~ i fili di una matassa* die Fäden eines Strangs durcheinander bringen **2** FIG. verkomplizieren, verwickeln: *~ una faccenda* eine Angelegenheit verkomplizieren **II** pronom. **ingarbugliarsi 1** sich verheddern, sich verwickeln **2** FIG. sich verwickeln, sich verkomplizieren: *la situazione s'ingarbuglia* die Situation verkompliziert sich **3** *(nel parlare)* sich verhaspeln: *-rsi nel rispondere* sich bei der Antwort verhaspeln. **in|gar|bu|glia|to** p.pass. agg. **1** → **ingarbugliare 2** verwickelt, verworren **3** *(complicato)* verwickelt, verzwickt: *faccenda -a* verwickelte Angelegenheit.

in|ge|gnar|si pronom. **1** sich ein‿setzen: *~ per qcs.* sich für etw. einsetzen; *~ a trovare una soluzione* sich dafür einsetzen, eine Lösung zu finden **2** *(arrabattarsi)* sich durch‿schlagen: *~ alla meglio* sich recht und schlecht durchschlagen.

in|ge|gne|re m. Ingenieur *m.* ◆ *~ aeronautico* Luftfahrtingenieur *m.*; *~ chimico* Chemotechniker *m.*; *~ civile* Bauingenieur *m.*; *~ elettronico* Elektronikingenieur *m.*; *~ elettrotecnico* Elektroingenieur *m.*; *~ meccanico* Maschinen(bau)ingenieur *m.*; *~ minerario* Bergbauingenieur *m.*; *~ navale* Schiffbauingenieur *m.*; *~ petrolifero* Erdölingenieur *m.*; *~ progettista* Projektingenieur *m.*

in|ge|gne|ri|a f. **1** Ingenieurwesen *n.* **2** *(facoltà)* Technische Hochschule *f.* ◆ *~ aeronautica* Flugzeugbau *m.*; *~ ambientale* Umwelttechnik *f.*; *~ chimica* Chemotechnik *f.*; *~ civile* Ingenieurbau *m.*; Bauingenieurwesen *n.*; *~ edile* Bautechnik *f.*; *~ elettronica* Elektronikingenieurwesen *n.*; *~ genetica* Gentechnik *f.*; *~ idraulica* Wasserbau *m.*; *~ industriale* Industriebau *m.*; *~ meccanica* Maschinenbau *m.*; *~ mineraria* Bergbau *m.*; *~ navale* Schiff(s)bau *m.*; *~ nucleare* Kerntechnik *f.*; *società d'~* Ingenieurgesellschaft *f.*; Ingenieurfirma *f.*; *~ stradale* Straßenbau *m.*; *~ dei trasporti* Transportwesen *n.*

in|ge|gne|ri|sti|co agg. *(-ci,-che)* Ingenieur-.

in|ge|gno m. **1** Geist *m.*, Verstand *m.*: *persona d'~* Mensch von Geist; *~ brillante* brillanter Geist; *opere dell'~* Geisteswerke **2** *(attitudine)* Begabung *f.*; Veranlagung *f.*; Talent *n.*: *~ musicale* musikalische Begabung (*o* Veranlagung); *mettere il proprio ~ a profitto* sein Talent aus‿nutzen **3** *(di chiave)* Bart *m.* ◆ *alzata d'~* Geistesblitz *m.*; *bell'~* Schöngeist *m.*; *con l'~* durch List; *corto d'~* langsam von Begriff; *opera d'~* geistreiches Werk *n.*; *prontezza d'~* Geistesgegenwart *f.*; PROV. *la necessità aguzza l'~* Not schärft den Geist.

in|ge|gno|sa|men|te avv. einfallsreich. **in|ge|gno|si|tà** f. Einfallsreichtum *m.*, Findigkeit *f.*, Ingeniosität *f.*

in|ge|gno|so agg. **1** einfallsreich, findig, erfinderisch, geistreich, ingeniös: *una persona -a* ein geistreicher Mensch **2** *(fatto con ingegno)* sinnreich: *un congegno ~* eine sinnreiche Vorrichtung; *un piano ~* ein gut durchdachter Plan.

in|ge|lo|si|re *(ingelosisco, ingelosisci)* **I** tr. eifersüchtig machen: *~ qcn.* jdn eifersüchtig machen; *un comportamento che ingelosisce* ein Benehmen, das Eifersucht erregt **II** pronom. **ingelosirsi** eifersüchtig werden: *-rsi di, per qcn., qcs.* auf jdn, etw. eifersüchtig werden; *-rsi per, dei successi altrui* auf die Erfolge anderer eifersüchtig werden.

in|gem|ma|re tr. **1** mit Edelsteinen besetzen **2** *(impreziosire)* schmücken, aus‿schmücken.

in|ge|ne|ra|re *(inero)* **I** tr. erzeugen, stiften, hervor‿rufen: *~ confusione* Verwirrung stiften; *~ inquietudine* Unruhe stiften **II** pronom. **ingenerarsi** entstehen, hervorgerufen werden: *l'errore si è ingenerato da un equivoco* der Fehler ist durch ein Missverständnis hervorgerufen worden.

in|ge|ne|ro|sa|men|te avv. engherzig, kleinlich. **in|ge|ne|ro|si|tà** f. Engherzigkeit *f.* **in|ge|ne|ro|so** agg. engherzig, kleinlich: *gesto ~* engherzige Handlung.

in|ge|ni|to agg. angeboren, innewohnend: *~ in qcn., qcs.* jdm, etw. angeboren, innewohnend; *le facoltà -e nell'uomo* die dem Menschen innewohnenden Fähigkeiten.

in|gen|te agg. beachtlich, hoch: *un'~ somma di denaro* eine beachtliche Geldsumme; *-i spese* beachtliche Geldausgaben; *subire -i perdite* hohe Verluste erleiden.

in|gen|ti|li|men|to m. Verfeinerung *f.*: *~ dei costumi* Verfeinerung der Sitten.

in|gen|ti|li|re *(ingentilisco, ingentilisci)* **I** tr. **1** verschönern: *il sorriso ingentilisce il suo volto* das Lächeln verschönert ihr Gesicht **2** *(raffinare)* verfeinern, veredeln: *~ gli animi* den Geist verfeinern **II** pronom. **ingentilirsi** *(raffinarsi)* sich verfeinern, veredeln.

in|ge|nui|tà f.inv. Naivität *f.*, Arglosigkeit *f.*, Gutgläubigkeit *f.*: *approfittare dell'~ di qcn.* jds Gutgläubigkeit aus‿nützen; *commettere un'~* arglos handeln.

in|ge|nuo I agg. naiv, arglos: *una domanda -a* eine naive Frage; *è stato così ~ da credergli* er ist so naiv gewesen, ihm zu glauben **II** m. naiver Mensch *m.*, Naivling *m.* ◆ *fare l'~* den Naiven spielen.
in|ge|nua|men|te avv. arglos, naiverweise: *credere ~ a qcs.* etw. arglos glauben.

in|ge|ren|za f. Einmischung *f.*: *non tollerare -e* keine Einmischung dulden; *~ indebita* unberechtigte Einmischung ◆ POL. *il principio della non ~* das Prinzip der Nichteinmischung.

in|ge|ri|men|to m. → **ingestione.**

in|ge|ri|re *(ingerisco, ingerisci)* **I** tr. ein‿nehmen, zu sich nehmen: *~ una sostanza nociva* eine giftige Substanz einnehmen **II** pronom. **ingerirsi** sich ein‿mischen: *-rsi nei fatti altrui* sich in die Angelegenheiten anderer einmischen; *-rsi negli affari interni di un altro stato* sich in die internen Angelegenheiten eines anderen Staates einmischen.

in|ges|sa|re tr. ein‿gipsen, in Gips legen: ~ ***un braccio*** einen Arm in Gips legen. **in|ges|sa|to** p.pass. agg. **1** → **ingessare** **2** eingegipst: ***gamba -a*** eingegipstes Bein; ***braccio*** ~ eingegipster Arm. **in|ges|sa|tu|ra** f. Gips *m.*, Gipsverband *m.*: ***togliere l'~*** den Gips ab‿nehmen.

in|ge|stio|ne f. Einnahme *f.*, Aufnahme *f.*: ~ ***di farmaci*** Einnahme von Medikamenten.

In|ghil|ter|ra n.pr.f. England *n.* ◆ ***Nuova*** ~ Neuengland *n.*

in|ghiot|ti|men|to m. Schlucken *n.*, Verschlucken *n.*

in|ghiot|ti|re tr. *(inghiottisco/inghiotto, inghiottisci/inghiotti)* verschlucken, hinunter‿schlucken, schlucken: ~ ***un boccone, una pastiglia*** einen Bissen, eine Tablette hinunterschlucken; ~ ***la saliva*** den Speichel hinunterschlucken; ~ ***le lacrime*** die Tränen hinunterschlucken; ***la nave fu inghiottita dalle onde*** das Schiff wurde von den Wellen verschluckt; ~ ***un patrimonio*** viel Geld schlucken. **in|ghiot|ti|to|io** m. *(-oi)* Karstbrunnen *m.*

in|ghip|po m. COLLOQ. Schwindel *m.*: ***scoprire l'~*** den Schwindel auf‿decken.

in|ghir|lan|da|re **I** tr. bekränzen, mit Girlanden schmücken **II** pronom. **inghirlandarsi** sich bekränzen, sich mit Girlanden schmücken.

in|gial|li|men|to m. Vergilben *n.*

in|gial|li|re *(ingiallisco, ingiallisci)* **I** tr. gelb färben **II** intr. (aus. *essere*) e pronom. **ingiallirsi** gelb werden, vergilben: ***le foglie si sono ingiallite*** die Blätter sind gelb geworden; ***la foto, la carta ingiallisce*** das Foto, das Papier vergilbt. **in|gial|li|to** p.pass. agg. **1** → **ingiallire** **2** vergilbt: ***foto -a*** vergilbtes Foto; ***giornali -i*** vergilbte Zeitungen.

in|gi|gan|ti|re *(ingigantisco, ingigantisci)* **I** tr. auf‿bauschen, übertreiben: ~ ***le difficoltà*** die Schwierigkeiten aufbauschen **II** pronom. **ingigantirsi** riesengroß werden: ***il problema si è ingigantito*** das Problem ist riesengroß geworden.

in|gi|noc|chiar|si pronom. *(mi inginocchio, ti inginocchi)* sich knien, sich hin‿knien, nieder‿knien: ~ ***davanti all'altare, davanti al re*** vor dem Altar, vor dem König niederknien. **in|gi|noc|chia|to** p.pass. agg. **1** → **inginocchiarsi** **2** kniend: ***una donna -a*** eine kniende Frau ◆ ***essere*** ~ knien. **in|gi|noc|chia|to|io** m. *(-oi)* Kniebank *f.*

in|gio|iel|la|re **I** tr. mit Schmuck behängen, mit Juwelen schmücken **II** pronom. **ingioiellarsi** Schmuck an‿legen, sich mit Schmuck behängen. **in|gio|iel|la|to** p.pass. agg. **1** → **ingioiellarsi** **2** mit Schmuck behängt: ***una donna -a*** eine mit Schmuck behängte Frau.

in|giù avv. ***all'~*** nach unten: ***guardare all'~*** nach unten schauen.

in|giu|di|ca|to agg. unbeurteilt.

in|giun|ge|re tr. *(ingiungo, ingiungi; ingiunsi; ingiunto)* auf‿fordern, an‿ordnen: ~ ***a qcn. di fare qcs.*** jdn auffordern, etw. zu tun (*o* jdm anordnen, etw. zu tun). **in|giun|ti|vo** agg. Mahn-: ***decreto*** ~ Mahnbescheid *m.* (*o* Vollstreckungsbescheid *m.*); ***procedimento*** ~ Mahnverfahren *n.*

in|giun|zio|ne f. Mahnung *f.*, Aufforderung *f.* ◆ ***decreto di*** ~ Mahnbescheid *m.*; ***fare*** ~ ***di pagamento*** zur Zahlung auf‿fordern; ~ ***di pagamento*** Zahlungsaufforderung *f.*; ***procedimento di*** ~ Mahnverfahren *n.*; ***tassa di*** ~ Mahngebühr *f.*

in|giu|ria f. Beleidigung *f.*, Schmähung *f.*: ***coprire qcn. di -e*** jdn mit Beleidigungen überhäufen ◆ ***le -e del tempo*** der Zahn der Zeit.

in|giu|ria|re *(ingiurio, ingiuri)* **I** tr. beleidigen, beschimpfen, schmähen **II** pronom. **ingiuriarsi** sich beleidigen.

in|giu|rio|sa|men|te avv. beleidigend: ***esprimersi ~ nei confronti di qcn.*** sich jdm gegenüber beleidigend äußern.

in|giu|rio|so agg. beleidigend: ***parole -e*** beleidigende Worte ◆ ***soprannome*** ~ Schimpfname *m.*

in|giu|sta|men|te avv. ungerechterweise, zu Unrecht: ***punire qcn.*** ~ jdn zu Unrecht bestrafen.

in|giu|sti|fi|ca|bi|le agg. unentschuldbar: ***ritardo, comportamento*** ~ unentschuldbare Verspätung, unentschuldbares Verhalten.

in|giu|sti|fi|ca|to agg. unbegründet, unentschuldigt: ***reazione -a*** unbegründete Reaktion; ***timori -i*** unbegründete Ängste; ***assenza -a*** unentschuldigtes Fehlen.

in|giu|sti|zia f. Unrecht *n.*, Ungerechtigkeit *f.*: ***commettere un'~*** ein Unrecht begehen; ***è un'~*** das ist eine Ungerechtigkeit.

in|giu|sto agg. ungerecht: ***un giudice, un verdetto*** ~ ein ungerechter Richter, ein ungerechtes Urteil; ***punizione -a*** ungerechte Strafe; ***essere ~ nei confronti di qcn.*** jdm gegenüber ungerecht sein.

in|gle|se **I** agg. englisch **II** m. e f. Engländer *m.* (-in *f.*) **III** m. *(lingua)* Englisch(e) *n.*: ***parlare*** ~ Englisch sprechen; ***insegnare, imparare l'~*** Englisch lehren, lernen ◆ ***andarsene all'~*** → ***filarsela all'~***; ~ ***americano*** Amerikanisch *n.*; TIP. ***carattere*** ~ englische Schreibschrift; ***chiave*** ~ Engländer *m.*; MUS. ***corno*** ~ Englischhorn *n.*; ***filarsela all'~*** sich (auf) Französisch verabschieden, verdrücken, empfehlen, auf Französisch Abschied nehmen; ***giardino all'~*** englischer Garten; ***maglia*** ~ Patentmuster *n.*; ***prato all'~*** englischer Rasen; ***sale*** ~ Magnesiumsulfat *n.*; ***sella (all')~*** Pritsche *f.*; ***trotto all'~*** Englischtraben *n.*; GASTR. INTRAD. ***zuppa*** ~ (Süßspeise aus Creme und in Likör getränkten Löffelbiskuits).

in|glo|ba|men|to m. Einverleibung *f.* **in|glo|ba|re** tr. ein‿verleiben: ***la città ha inglobato molti piccoli paesi*** der Stadt wurden viele kleine Dörfer einverleibt; ~ ***una ditta*** eine Firma übernehmen.

in|glo|rio|sa|men|te avv. ruhmlos, unrühmlich. **in|glo|rio|so** agg. ruhmlos, unrühmlich: ***avere una fine -a*** ein unrühmliches Ende nehmen.

in|glu|vie f.inv. ORNIT. Kropf *m.*

in|gob|bi|re *(ingobbisco, ingobbisci)* **I** tr. buckelig machen **II** intr. (aus. *essere*) e pronom. **ingobbirsi** buckelig werden. **in|gob|bi|to** p.pass. agg. **1** → **ingobbirsi** **2** buckelig.

in|go|ia|re tr. *(ingoio, ingoi)* **1** schlucken, hinunter‿schlucken: ~ ***una pillola*** eine Tablette schlucken; FIG. ~ ***un'umiliazione*** eine Demütigung hinunterschlucken; ***le onde ingoiarono la nave*** die Wellen verschluckten das Schiff **2** *(trangugiare)* hinunter‿schlingen, verschlingen: ~ ***il pranzo*** das Mittagessen hinunterschlingen ◆ ~ ***un boccone amaro, il rospo*** in den sauren Apfel beißen, eine bittere Pille schlucken.

in|gol|fa|men|to m. Absaufen *n.* **in|gol|fa|re** **I** tr. ab‿saufen lassen: ~ ***il motore*** den Motor absaufen lassen **II** pronom. **ingolfarsi** **1** ab‿saufen: ***il motore si è ingolfato*** der Motor ist abgesoffen **2** *(formare un'insenatura)* eine Bucht bilden. **in|gol|fa|to** p.pass. agg. **1** → **ingolfare** **2** abgesoffen: ***motore*** ~ abgesoffener Motor.

in|gol|la|re tr. hinunter‿schlingen.

in|go|lo|si|re *(ingolosisco, ingolosisci)* **I** tr. **1** naschhaft machen, Appetit machen **2** FIG. verlocken **II** pronom. **ingolosirsi** **1** naschhaft werden, Appetit bekommen **2** FIG. Lust (darauf) bekommen.

in|gom|bran|te agg. **1** sperrig, Platz raubend: ***un pacco, un armadio*** ~ ein sperriges Paket, ein sperriger Schrank; ***merci -i*** sperrige Güter (*o* Sperrgüter *pl.*); **2** *(invadente)* aufdringlich: ***un ospite*** ~ ein aufdringlicher Gast ◆ ***poco*** ~ Platz sparend; ***rifiuti -i*** Sperrmüll *m.* **in|gom|bra|re** tr. versperren, verstellen: ***le auto hanno ingombrato la strada*** die Autos haben die Straße versperrt.

1.in|gom|bro agg. **1** versperrt: ***strada -a di neve*** eine von Schnee versperrte Straße **2** *(pieno)* überhäuft: ***un tavolo ~ di carte*** ein mit Papier überhäufter Tisch.

2.in|gom|bro m. **1** Versperren *n.*; ***essere di*** ~ im Weg sein **2** *(spazio occupato)* Ausmaß *n.*: ***l'~ di un mobile*** die Ausmaße eines Möbelstücks; ***avere un ~ di un metro*** ein Ausmaß von einem Meter haben ◆ ***larghezza di*** ~ Breite *f.*; ***di poco*** ~ Platz sparend.

in|gom|ma|tu|ra f. Gummierung *f.*

in|gor|da|men|te avv. gierig: ***mangiare*** ~ gierig essen.

in|gor|di|gia f. **1** Gefräßigkeit *f.*, Gier *f.*; ***con*** ~ gierig **2** *(cupidigia)* Gier *f.* ~ ***di denaro*** Geldgier *f.*

in|gor|do agg. **1** gefräßig, gierig **2** *(avido)* gierig: ~ ***di denaro*** geldgierig; ~ ***di divertimenti*** vergnügungssüchtig.

in|gor|ga|re *(ingorgo, ingorghi)* **I** tr. verstopfen: ~ ***il lavandino*** das Waschbecken verstopfen **II** pronom. **ingorgarsi** **1** verstopfen: ***il lavandino, il tubo si è ingorgato*** das Waschbecken, das Rohr ist verstopft **2** *(di traffico)* sich stauen. **in|gor|ga|to** p.pass. agg. **1** → **ingorgare** **2** verstopft: ***lavandino*** ~ verstopftes Waschbecken; ***strada -a*** verstopfte Straße. **in|gor|go** m. *(-ghi)* **1** Verstopfung *f.* **2** *(di traffico)* Stau *m.*, Verkehrsstau *m.*: ***essere bloccati in un*** ~ im Stau stehen; ***si è formato un*** ~ ein Stau hat sich gebildet.

in|go|ver|na|bi|le agg. unregierbar: ***un paese*** ~ ein unregierbares Land. **in|go|ver|na|bi|li|tà** f. Nichtregierbarkeit *f.*

in|goz|za|men|to m. Mast *f.*, Mästen *n.* (anche FIG.).

in|goz|za|re **I** tr. **1** mästen: ~ ***un'oca*** eine Gans mästen; FIG. ~ ***gli ospiti*** die Gäste mästen **2a** *(tragugiare)* verschlingen, hinunter‿schlingen: ~ ***una fetta di torta*** ein Stück Kuchen verschlingen **b** *(ingoiare controvoglia)* hinunter‿würgen **II** pronom. **ingozzarsi** sich voll stopfen: ***-rsi di dolci*** sich mit Süßigkeiten voll stopfen.

in|gra|nag|gio m. *(-gi)* Getriebe *n.*, Räderwerk *n.*: FIG. ***essere solo una rotella dell'~*** nur ein Rädchen im Getriebe sein ◆ ~ ***cilindrico*** Stirnrad *n.*; ***comando a -i*** Zahnradantrieb *m.*; ~ ***conico*** Kegelrad *n.*; ~ ***del differenziale*** Ausgleichsgetriebe *n.*; FIG. ***finire negli -gi della burocrazia*** in die Maschinerie der Bürokratie geraten; ~ ***motore*** Antriebsrad *n.*; ***-gi dell'orologio*** Uhrwerk *n.*; ~ ***per la retromarcia*** Rücklaufrad *n.*; ~ ***riduttore*** Untersetzungsgetriebe *n.*; ***scatola degli -gi*** Räderkasten *m.*; ***trasmissione a -gi*** Zahnradübertragung *f.*; ~ ***a vite*** Schneckengetriebe *n.*

in|gra|na|re I intr. (aus. *essere*) **1** ineinander greifen, ein‿greifen: ***la ruota dentata non ingrana*** das Zahnrad greift nicht ein **2** *(cominciare a funzionare)* in Gang kommen, an‿laufen: ***non riuscire ad ~*** nicht richtig in Gang kommen; ***gli affari ingranano*** die Geschäfte kommen in Gang **II** tr. **1** eingreifen lassen **2** AUT. ein‿legen: ***~ la marcia*** den Gang einlegen.

in|gran|di|men|to m. **1** *(ampliamento)* Erweiterung *f.* **2** *(sviluppo)* Ausbau *m.*: ***l'~ della rete stradale*** der Ausbau des Straßennetzes **3** FOT. OTT. Vergrößerung *f.*: ***fare un ~ dal negativo*** von dem Negativ eine Vergrößerung machen ◆ ***lente d'~*** Vergrößerungsglas *n.*, Lupe *f.*

in|gran|di|re *(ingrandisco, ingrandisci)* **I** tr. **1a** vergrößern, erweitern: ***~ la propria azienda*** seine Firma vergrößern; FOT. ***~ una fotografia*** eine Aufnahme vergrößern **b** assol. ***la lente ingrandisce molto*** das Glas vergrößert stark **2** *(sviluppare)* aus‿bauen: ***~ una strada*** eine Straße ausbauen **3** FIG. *(esagerare)* übertreiben, auf‿bauschen: ***~ le difficoltà*** Schwierigkeiten aufbauschen **II** pronom. **ingrandirsi 1** sich vergrößern (anche FIG.): ***ci siamo ingranditi*** wir haben uns vergrößert **2** *(crescere)* wachsen, größer werden. **in|gran|di|to|re** m. Vergrößerungsapparat *m.*

in|gras|sag|gio m. *(-gi)* Schmierung *f.*: ***lavaggio e ~ auto*** Autowäsche und Schmierung.

in|gras|sa|men|to m. **1** MED. Verfettung *f.* **2** ALLEV. Mast *f.*: ***l'~ dei maiali*** die Mast von Schweinen **3** AGR. Düngung *f.* **in|gras|san|te** agg. **1** schmierfähig **2** ALLEV. ***cura ~*** Mastkur *f.*

in|gras|sa|re I tr. **1** dick machen (anche assol.): ***qcs. ingrassa qcn.*** etw. macht jdn dick; ***i dolci ingrassano, fanno ingrassare*** Süßigkeiten machen dick **2** ALLEV. mästen **3** AGR. düngen **4** MECC. schmieren, ab‿schmieren: ***~ un ingranaggio*** ein Getriebe schmieren; ***~ il motore*** den Motor abschmieren **II** intr. (aus. *essere*) e pronom. **ingrassarsi 1** dick(er) werden, zu‿nehmen: ***è ingrassato di sei chili*** er hat sechs Kilo zugenommen; ***tendere a ~*** zum Dickwerden neigen **2** FIG. *(arricchirsi)* sich bereichern: ***~ alle spalle degli altri*** sich auf Kosten anderer bereichern ◆ PROV. ***l'occhio del padrone ingrassa il cavallo*** = das Auge des Herrn macht die Kühe fett. **in| gras|sa|to|re** agg. **1** *(operaio)* Schmierer *m.* **2** TECN. Fettpresse *f.*

in|gras|so m. **1** Mast *f.*; ***mandare, mantenere all'~*** mästen (anche FIG.) **2** AGR. Düngung *f.* **3** *(concime)* Dünger *m.* ◆ ***bestiame da ~*** Mastvieh *n.*; ***maiale da ~*** Mastschwein *n.*; ***oca da ~*** Mastgans *f.*

in|gra|ta|men|te avv. undankbar.

in|gra|tic|cia|ta f. Flechtwerk *n.*

in|gra|ti|tu|di|ne f. Undankbarkeit *f.*, Undank *m.*

in|gra|to I agg. **1** undankbar: ***mostrarsi ~ verso qcn.*** sich jdm gegenüber undankbar zeigen; ***non essere così ~!*** sei nicht so undankbar! **2a** *(spiacevole)* undankbar (anche FIG.): ***un compito ~*** eine undankbare Aufgabe **b** *(sgradevole)* unangenehm: ***un ricordo ~*** eine unangenehme Erinnerung **II** m. undankbarer Mensch *m.*; ***sarebbe da -i se...*** es wäre undankbar, wenn...; ***è un ~!*** er ist undankbar! ◆ PROV. ***il mondo è ~*** = Undank ist der Welt Lohn.

in|gra|vi|da|men|to m. Schwängerung *f.*

in|gra|vi|da|re *(ingravido)* **I** tr. schwängern, schwanger machen **II** intr. (aus. *essere*) schwanger werden.

in|gra|zia|r|si pronom. *(m'ingrazio, t'ingrazi)* **1** ***~ qcn.*** jds Gunst erwerben, sich bei jdm beliebt machen **2** SPREG. sich ein‿schmeicheln: ***~ qcn. con belle parole*** sich bei jdm mit schönen Worten einschmeicheln.

in|gre|dien|te m. **1** Zutat *f.*: ***gli -i di una torta*** die Zutaten für einen Kuchen **2** *(componente)* Bestandteil *m.* **3** FARM. Ingredienz *f.*

in|gres|sio|ne f. Ingression *f.* **in|gres|si|vo** agg. ingressiv.

in|gres|so m. **1a** Eintritt *m.*, Zutritt *m.*, Eintreten *n.*: ***~ libero, a pagamento*** Eintritt frei, gegen Bezahlung; ***all'~ del presidente*** beim Eintritt des Präsidenten; ***l'~ è gratuito*** der Eintritt ist frei; ***vietato l'~*** Zutritt verboten; FIG. ***fare il proprio ~ in società*** sich Zutritt in die Gesellschaft verschaffen **b** *(per mezzi di trasporto)* Einfahrt *f.*: ***lasciare libero l'~*** Einfahrt freihalten **2** *(entrata)* Eingang *m.*: ***con ~ indipendente*** mit eigenem (*o* getrenntem) Eingang; ***all'~*** beim Eingang **3** *(anticamera)* Flur *m.*, Diele *f.*: ***aspettare nell'~*** im Flur warten **4** MIL. Einzug *m.*: ***l'~ delle truppe nella città*** der Einzug der Truppen in die Stadt ◆ ***biglietto d'~*** Eintrittskarte *f.*; ***~ laterale*** Seiteneingang *m.*; ***porta d'~*** Eingangstür *f.*; ***prezzo (del biglietto) d'~*** Eintrittspreis *m.*; ***~ principale*** Haupteingang *m.*; ***scala di ~*** Eingangstreppe *f.*; ELETTRON. ***segnale d'~*** Eingangssignal *n.*; ***~ di servizio*** Nebeneingang *m.*; ***fare un ~ solenne in un luogo*** in einen Ort feierlich ein‿ziehen.

in|gri|gi|re intr. *(ingrigisco, ingrigisci;* aus. *essere)* grau werden.

in|grip|pa|re intr. (aus. *essere*) e pronom. **ingripparsi** sich fest‿fressen: ***il motore si è ingrippato*** der Motor hat sich festgefressen.

in|grom|ma|re I tr. mit Weinstein überziehen **II** pronom. **ingrommarsi** sich mit Weinstein überziehen.

in|gros|sa|men|to m. **1** Verdickung *f.* **2** MED. *(rigonfiamento)* Anschwellung *f.*, Schwellung *f.*: ***~ delle tonsille*** Schwellung der Mandeln; ***~ del fegato, delle ghiandole*** Leberschwellung *f.*, Drüsenschwellung *f.*

in|gros|sa|re I tr. **1** dick machen **2** *(gonfiare)* an‿schwellen lassen: ***le piogge hanno ingrossato il fiume*** die Regenfälle haben den Fluss anschwellen lassen **3** *(accrescere di numero)* vergrößern, (ver)stärken: ***~ le file dei disoccupati*** die Reihen der Arbeitslosen vergrößern; ***~ le file di un partito, dell'esercito*** die Reihen einer Partei, des Heeres (ver)stärken **4** assol. auf‿tragen, dick machen: ***quel vestito ingrossa troppo*** das Kleid trägt zu sehr auf **II** intr. (aus. *essere*) e pronom. **ingrossarsi 1a** zu‿nehmen, dick(er) werden **b** *(di cose)* sich verdicken **2** *(gonfiarsi)* an‿schwellen, schwellen: ***gli si sono ingrossate le ghiandole*** seine Drüsen sind angeschwollen; ***il mare s'ingrossa*** das Meer schwillt an ◆ ***il respiro s'ingrossa*** der Atem geht schwerer. **in|gros|sa|tu|ra** f. → **ingrossamento.**

in|gros|so m. ***all'~* 1** Groß-, en gros: ***commercio all'~*** Großhandel *m.*; ***comprare all'~*** im Großhandel kaufen **2** *(all'incirca)* ungefähr.

in|gru|gna|re intr. (aus. *essere*) e pronom. **ingrugnarsi** schmollen. **in|gru|gna|to** p.pass. agg. **1** → **ingrugnare 2** schmollend; ***fare l'~ con qcn.*** mit jdm schmollen. **in|gru|gni|re** intr. *(ingrugnisco, ingrugnisci;* aus. *essere)* → **ingrugnare.**

in|gua|ia|re COLLOQ. *(inguaio, inguai)* **I** tr. in Schwierigkeiten bringen: ***~ qcn.*** jdn in Schwierigkeiten bringen **II** pronom. **inguaiarsi** in Schwierigkeiten geraten: ***-rsi fino al collo*** bis zum Hals in Schwierigkeiten geraten ◆ ***~ una ragazza*** ein Mädchen in andere Umstände bringen. **in|gua|ia|to** p.pass. agg. **1** → **inguaiare 2** in Schwierigkeiten steckend; ***trovarsi, essere ~*** in Schwierigkeiten stecken.

in|guai|na|re tr. **1** in die Scheide stecken, ein‿stecken: ***~ la spada*** das Schwert in die Scheide stecken. **in|guai|na|to** p.pass. agg. → **inguainare** ◆ ***essere ~ in un vestito*** in einem hautengen Kleid stecken.

in|gual|ci|bi|le agg. knitterfrei: ***tessuto ~*** knitterfreier Stoff.

in|guan|ta|re I tr. in Handschuhe stecken, Handschuhe über‿streifen **II** pronom. **inguantarsi** sich (D) Handschuhe an‿ziehen. **in|guan|ta|to** p.pass. agg. **1** → **inguantare 2a** behandschuht **b** *(di persona)* ***essere ~*** Handschuhe tragen.

in|gua|ri|bi|le agg. **1** unheilbar: ***malattia ~*** unheilbare Krankheit; ***essere ~*** unheilbar krank sein **2** FIG. *(incorreggibile)* unverbesserlich. **in|gua|ri|bil|men|te** avv. unverbesserlich.

in|gui|na|le agg. Leisten-: ***ernia ~*** Leistenbruch *m.*; ***regione ~*** Leistengegend *f.* **in|gui|ne** m. Leiste *f.*

in|gur|gi|ta|re tr. *(ingurgito)* **1** *(cibi)* hinunter‿schlingen **2** *(bevande)* hinunter‿kippen.

i|ni|bi|re *(inibisco, inibisci)* **I** tr. **1** *(vietare)* verbieten, untersagen **2** PSIC. hemmen: ***la sua presenza lo inibisce*** seine Anwesenheit hemmt ihn **II** pronom. **inibirsi** Hemmungen bekommen.

i|ni|bi|to I p.pass. agg. **1** → **inibire 2** gehemmt: ***comportamento ~*** gehemmtes Verhalten **II** m. gehemmter Mensch *m.* **i|ni|bi|to|re I** agg. Hemm-, hemmend **II** m. Hemmstoff *m.*

i|ni|bi|to|rio agg. *(-ri, -rie)* **1** *(che vieta)* verbietend, Verbots-: ***provvedimento ~*** verbietende Maßnahme **2** PSIC. hemmend, Hemm-: ***freno ~*** Hemmschwelle *f.* **i|ni|bi|zio|ne** f. **1** *(divieto)* Verbot *n.*, Untersagung *f.* **2** PSIC. Hemmung *f.*: ***soffrire di -i*** an Hemmungen leiden; ***con molte -i*** voller Hemmungen; ***senza -i*** hemmungslos.

i|ni|do|nei|tà f. Untauglichkeit *f.* **i|ni|do|ne|o** agg. untauglich: ***essere ~ per quel posto*** untauglich für den Posten sein; ***~ al servizio militare*** wehrdienstuntauglich.

i|niet|ta|bi|le agg. einspritzbar, injizierbar: ***medicinale ~ in vena*** in die Vene einspritzbares Medikament ◆ ***soluzione ~*** Injektionslösung *f.*

i|niet|ta|re I tr. **1** injizieren, ein‿spritzen: ***~ qcs. a qcn. nella vena, sotto cute*** jdm etw. in die Vene, subkutan spritzen; MECC. ***~ carburante*** Kraftstoff einspritzen **II** pronom. **iniettarsi** sich (D) injizieren, sich (D) spritzen: ***-rsi l'insulina*** sich Insulin spritzen. **i|niet|ta|to** p.pass. agg. **1** → **iniettare 2** FIG. ***occhi -i di sangue*** blutunterlaufene Augen. **i|niet|ti|vo** agg. **1** LING. ***suono ~*** Injektivlaut *m.* **2** MAT. injektiv.

i|niet|to|re m. Injektor *m.*; ***~ di carburante*** Einspritzdüse *f.*

i|nie|zio|ne f. **1** Injektion *f.*, COLLOQ. Spritze *f.*: ***~ endovenosa, intramuscolare, sottocutanea*** intravenöse, intramuskuläre, subkutane Injektion; ***fare, praticare un'~ a qcn.*** jdm eine Injektion machen, geben, verabreichen; ***farsi fare un'~*** eine Spritze bekommen **2** FIG.

Schuss *m.*: ***un '~ di coraggio, di entusiasmo*** ein Schuss Mut, Begeisterung **3** TECN. Einspritzung *f.* **4** MAT. injektive Abbildung *f.* ◆ EDIL. ***~ di cemento*** Zementeinspritzung *f.*; ***~ elettronica*** elektronische Einspritzung *f.*; ***motore a ~*** Einspritzmotor *m.*; ***pompa a ~*** Einspritzpumpe *f.*; ***siringa per -i*** Injektionsspritze *f.*

i|ni|mi|ca|re *(inimico, inimichi)* **I** tr. zum Feind machen: ***la sua sincerità gli ha inimicato il capo*** seine Ehrlichkeit hat ihm den Chef zum Feind gemacht **II** pronom. **inimicarsi** sich verfeinden, sich überwerfen: ***-rsi (con) qcn.*** sich mit jdm verfeinden.

i|ni|mi|ci|zia f. Feindschaft *f.*: ***attirarsi l'~ di qcn.*** sich jds Feindschaft zu‿ziehen; ***tra i due c'è ~*** zwischen den beiden herrscht Feindschaft.

i|ni|mi|ta|bi|le agg. unnachahmlich: ***un artista ~*** ein unnachahmlicher Künstler. **i|ni|mi|ta|to** agg. nicht nachgeahmt, nicht nachgemacht: ***un'impresa finora -a*** ein Unternehmen, das bisher noch nicht nachgemacht wurde.

i|nim|ma|gi|na|bi|le agg. unvorstellbar: ***bellezza ~*** unvorstellbare Schönheit.

i|nin|fiam|ma|bi|le agg. nicht entzündlich, nicht entzündbar: ***materiali -i*** nicht entzündliche Stoffe.

i|nin|fluen|te agg. ohne Einfluss: ***una testimonianza ~*** eine unerhebliche Zeugenaussage.

i|nin|tel|li|gi|bi|le agg. **1** unverständlich, unerklärlich: ***un ragionamento ~*** ein unverständlicher Gedankengang **2** *(indecifrabile)* unentzifferbar: ***scrittura ~*** unentzifferbare Schrift. **i|nin|tel|li|gi|bi|li|tà** f. **1** Unverständlichkeit *f.* **2** *(indecifrabilità)* Unentzifferbarkeit *f.*

i|nin|ter|rot|ta|men|te avv. ununterbrochen. **i|nin|ter|rot|to** agg. ununterbrochen: ***una serie -a*** eine ununterbrochene Reihe.

i|ni|qua|men|te avv. ungerecht, unbillig. **i|ni|qui|tà** f.inv. Ungerechtigkeit *f.*, Unbill *f.* **i|ni|quo** **I** agg. ungerecht, unbillig **II** m. ungerechter Mensch *m.*

i|ni|zia|bi|le agg. ***progetto ~*** Projekt, das begonnen werden kann.

i|ni|zia|le **I** agg. Anfangs-, anfänglich: ***dopo l'esitazione ~*** nach anfänglichem Zögern **II** f. **1** Anfangsbuchstabe *m.*: ***~ maiuscola, minuscola*** großer, kleiner Anfangsbuchstabe **2** *(del nome)* Initiale *f.*: ***ricamare le proprie -i su qcs.*** seine Initialen auf etw. (A) sticken ◆ BANC. ***capitale ~*** Anfangskapital *n.*, Startkapital *n.*; ***capitolo ~*** Anfangskapitel *n.*; ***fase ~*** Anfangsstadium *n.*; ***firmare qcs. con le -i*** etw. ab‿zeichnen; ***lettera ~*** Anfangsbuchstabe *m.*; ***stipendio ~*** Anfangsgehalt *n.*; ***velocità ~*** Anfangsgeschwindigkeit *f.* **i|ni|zial|men|te** avv. am Anfang, anfangs, zu Beginn.

i|ni|zia|re *(inizio, inizi)* **I** tr. **1** an‿fangen, beginnen: ***~ qcs.*** etw. beginnen; ***~ a fare qcs.*** beginnen, etw. zu tun **2** *(introdurre)* ein‿weihen, initiieren: ***~ qcn. alla massoneria*** jdn in die Freimaurerei einweihen **3** *(avviare)* ein‿führen, ein‿weisen: ***~ qcn. alla musica*** jdn in die Musik einführen **II** intr. (aus. *essere*) beginnen, an‿fangen: ***lo spettacolo inizia alle 18*** die Vorstellung beginnt um 18 Uhr ◆ ***~ un processo*** einen Prozess ein‿leiten; ***~ le trattative*** die Verhandlungen auf‿nehmen.

i|ni|zia|ti|co *(-ci,-che)* agg. Initiations-, Einführungs-: ***cerimonia, rito ~*** Initiationsfeier *f.*, Initiationsritus *m.*

i|ni|zia|ti|va f. **1** Initiative *f.*: ***fare qcs. di propria ~*** etw. aus eigener Initiative tun; ***prendere l'~*** die Initiative ergreifen; ***promuovere un'~*** eine Initiative fördern; ***non avere nessuna ~*** keine Initiative haben **2** *(intraprendenza)* Unternehmung *f.*: ***essere pieno d'~*** unternehmungslustig sein; ***spirito d'~*** Unternehmungsgeist *m.* **3** *(attività intrapresa)* Veranstaltung *f.*: ***~ culturale*** kulturelle Veranstaltung ◆ ***diritto d'~*** Initiativrecht *n.*; ***libera ~*** freies Unternehmertum; ***~ di pace*** Friedensinitiative *f.*; ***~ parlamentare*** Initiativantrag *m.*; ***per ~ di*** auf Initiative von; ***~ popolare*** Volksbegehren *n.*; ***~ privata*** Privatinitiative *f.*; ***~ promozionale*** Werbeaktion *f.*; ***di propria ~*** aus eigener Initiative; ***su ~ di*** auf Initiative von.

i|ni|zia|to **I** p.pass. agg. **1** → **iniziare** **2** ***essere ~ a qcs.*** in etw. (A) eingeweiht sein **II** m. Eingeweihte *m.*: ***un argomento accessibile solo agli -i*** ein nur für Eingeweihte zugängliches Thema.

i|ni|zia|to|re m. Initiator *m.*: ***l'~ di un movimento*** der Initiator einer Bewegung.

i|ni|zia|zio|ne m. **1** Initiation *f.* **2** FIG. Einweihung *f.*: ***~ alla politica*** Einweihung in die Politik.

i|ni|zio m. *(-zi)* Anfang *m.*, Beginn *m.*: ***all'~*** am Anfang, zu Beginn; ***all'~ di novembre*** Anfang November; ***avere ~*** an‿fangen, beginnen; ***dare ~ a qcs.*** mit etw. an‿fangen; ***dall'~ alla fine*** von Anfang bis Ende; ***fin dall'~*** von Anfang an; ***un ~ promettente*** ein viel versprechender Anfang; ***questo è solo l'~*** das ist erst der Anfang; ***gli -zi della rivoluzione*** der Beginn (*o* die Anfänge) der Revolution ◆ ***~ dell'anno*** Jahresanfang *m.*; ***battere il calcio d'~*** den Anstoß aus‿führen; ***~ dei lavori di costruzione*** Baubeginn *m.*; ***essere l'~ della fine*** der Anfang vom Ende sein; ***fischio d'~*** Anpfiff *m.*; ***~ della guerra*** Kriegsbeginn *m.*; ***nuovo ~*** Neubeginn *m.*; ***orario d'~*** Anfangszeit *f.*; ***~ dell'anno scolastico*** Schulbeginn *m.*; ***dare il segnale d'~*** das Startzeichen geben; ***~ della stagione*** Saisonbeginn *m.*

in lo|co agg.inv. e avv. an Ort und Stelle.

in|naf|fia|re, in|naf|fia|ta... → **annaffiare, annaffiata...**

in|nal|za|men|to m. **1** Errichtung *f.*, Bau *m.*: ***l'~ di un'impalcatura, di un monumento*** die Errichtung eines Gerüsts, eines Denkmals **2** *(elevazione)* Erhebung *f.*: ***~ al trono*** Thronerhebung *f.* **3** *(aumento)* Anstieg *m.*: ***~ della pressione, della temperatura*** Druckanstieg *m.*, Temperaturanstieg *m.*

in|nal|za|re **I** tr. **1** errichten, auf‿richten: ***~ un muro, una diga*** eine Mauer, einen Damm errichten; ***~ un monumento a qcn.*** jdm ein Denkmal errichten; ***~ un'impalcatura*** ein Gerüst auf‿bauen **2** *(elevare)* erheben: ***~ gli occhi al cielo*** die Augen zum Himmel erheben; ***~ qcn. al trono*** jdn auf den Thron erheben **3** *(far salire)* steigen lassen, erhöhen: ***la pioggia ha innalzato il livello dell'acqua*** der Regen hat den Wasserstand steigen lassen **II** pronom. **innalzarsi** **1** sich erheben, empor‿ragen: ***sulla piazza si innalza una torre*** auf dem Platz erhebt sich ein Turm **2** *(stagliarsi)* sich ab‿heben: ***le vette si innalzano contro il cielo*** die Gipfel heben sich gegen den Himmel ab; FIG. ***-rsi al di sopra della massa*** sich von der Masse abheben **3** *(salire)* sich erheben, empor‿steigen: ***si innalzava una colonna di fumo*** eine Rauchfahne stieg empor **4** *(aumentare)* steigen, an‿steigen: ***la temperatura si è innalzata*** die Temperatur ist gestiegen; ***il livello del fiume si è innalzato*** der Wasserstand des Flusses ist gestiegen ◆ ***~ qcn. agli onori dell'altare*** jdn heilig sprechen, selig sprechen; ***~ la bandiera*** die Flagge, die Fahne hissen; ***~ una preghiera*** ein Gebet sprechen.

in|na|mo|ra|men|to m. **1** *(l'innamorarsi)* Sichverlieben *n.* **2** *(l'essere innamorato)* Verliebtheit *f.*, Verliebtsein *n.*

in|na|mo|rar|si pronom. sich verlieben: ***~ di qcn.*** sich in jdn verlieben; ***si sono innamorati a prima vista*** sie haben sich auf den ersten Blick (ineinander) verliebt; ***~ di un paese*** sich in ein Land verlieben.

in|na|mo|ra|ta f. Verliebte *f.*

in|na|mo|ra|to **I** p.pass. agg. **1** → **innamorarsi** **2** verliebt: ***essere ~ di qcn.*** in jdn verliebt sein; ***perdutamente ~*** unsterblich (*o* hoffnungslos) verliebt; ***uno sguardo ~*** ein verliebter Blick; COLLOQ. ***~ cotto*** verknallt (*o* bis über beide Ohren verliebt); ***essere ~ alla follia*** wahnsinnig verliebt sein; ***essere ~ di un quadro*** in ein Bild verliebt sein **II** m. Verliebte *m.*

in|nan|zi **I** avv. weiter, voran: ***corse ~*** er eilte voran; ***tirare ~*** weiter‿gehen; FIG. durch‿kommen, weiter‿machen **II** agg.inv. vorhergehend: ***la mattina ~*** am vorhergehenden Morgen ◆ ***~ a qcn., qcs.*** vor jdm, etw.: ***~ agli occhi di qcn.*** vor jds Augen; ***d'ora ~*** von nun an, künftig; ***~ tempo*** vorzeitig; ***~ tutto*** vor allem, zunächst.

in|na|rio m. *(-ri)* Hymnar *n.*, Gesangbuch *n.*

in|na|ti|smo m. Nativismus *m.* **in|na|ti|sta** m. e f. *(-i,-e)* Nativist *m.* (-in *f.*).

in|na|to agg. **1** angeboren: ***avere un talento ~ per qcs.*** eine angeborene Begabung für etw. haben; ***doti -e*** angeborene Veranlagungen **2** *(spontaneo)* natürlich: ***un'-a generosità*** eine natürliche Großzügigkeit.

in|na|tu|ra|le agg. **1** unnatürlich: ***un colorito ~*** ein unnatürlicher Teint **2** *(artefatto)* gekünstelt, gezwungen: ***un comportamento ~*** ein gekünsteltes Benehmen; ***un'andatura ~*** ein gekünstelter Gang. **in|na|tu|ra|lez|za** f. Unnatürlichkeit *f.*, Unnatur *f.* **in|na|tu|ral|men|te** avv. unnatürlich.

in|ne|ga|bi|le agg. unleugbar, unbestreitbar: ***una verità ~*** eine unbestreitbare Wahrheit; ***un fatto ~*** eine unleugbare Tatsache; ***è ~ che...*** es ist unleugbar, dass...; ***un ~ miglioramento*** eine unbestreitbare Besserung.

in|neg|gian|te agg. jubelnd: ***una folla ~*** eine jubelnde Menschenmasse. **in|neg|gia|re** intr. *(inneggio, inneggi;* aus. *avere)* preisen, lobpreisen: ***~ a qcs.*** etw. preisen; ***~ a qcn.*** jdm zu‿jubeln.

in|ner|va|re tr. innervieren. **in|ner|va|zio|ne** f. Innervation *f.*

in|ner|vo|si|re *(innervosisco, innervosisci)* **I** tr. nervös machen, COLLOQ. nerven: ***questo rumore mi innervosisce*** dieser Lärm macht mich nervös **II** pronom. **innervosirsi** nervös werden.

in|ne|sca|men|to m. **1** Anködern *n.* **2** *(di ordigni)* Schärfen *n.*

in|ne|scan|te m. Zündstoff *m.*, Initialsprengstoff *m.*

in|ne|sca|re *(innesco, inneschi)* **I** tr. **1** ***~ l'amo*** an‿ködern, beködern **2** *(ordigni)* schärfen, scharf machen: ***~ una bomba*** eine Bombe schärfen **3** FIG. aus‿lösen, entfesseln: ***~ un processo irreversibile*** einen irreversiblen Prozess auslösen **II** pronom. **innescarsi** **1** *(di ordigni)* geschärft werden **2** FIG. ausgelöst werden: ***si è inne-***

scata una reazione a catena eine Kettenreaktion wurde ausgelöst. **in|ne|sca|to** p.pass. agg. **1** → **innescare 2** *(di amo)* angeködert, beködert **3** *(di ordigno)* scharf.

in|ne|sco m. *(-schi)* **1** Zündvorrichtung *f.*, Zünder *m.* **2** FIG. Auslöser *m.*, Auslösung *f.* ◆ ***carica d'~*** Initialzündung *f.*

in|ne|sta|re I tr. **1** AGR. veredeln, pfropfen: ***~ i meli*** die Apfelbäume veredeln **2** CHIR. transplantieren, verpflanzen **3** *(inoculare)* inokulieren: ***~ un vaccino a qcn.*** jdm einen Impfstoff inokulieren **4** *(inserire)* stecken, ein‿stecken: ***~ la spina nella presa*** den Stecker in die Steckdose stecken **5** AUT. ein‿legen: ***~ la retromarcia*** den Rückwärtsgang einlegen **6** FIG. *(inserire)* ein‿führen, ein‿fügen **II** pronom. **innestarsi 1** *(immettersi)* münden, ein‿münden: ***la via si innesta sulla strada principale*** der Weg mündet in die Hauptstraße **2** FIG. sich ein‿fügen: ***-rsi in una tradizione*** sich in eine Tradition einfügen ◆ ***~ la baionetta*** das Bajonett auf‿setzen; ***~ la frizione*** kuppeln; ***~ a marza*** pfropfen; ***~ a occhio*** inokulieren; ***~ la marcia sbagliata*** sich verschalten. **in|ne|sta|to|io** m. *(-oi)* Pfropfmesser *n.* **in|ne|sta|tu|ra** f. **1** Veredelung *f.* **2** *(punto d'innesto)* Pfropfstelle *f.*

in|ne|sto m. **1a** AGR. Veredelung *f.*, Pfropfen *n.* **b** *(parte da innestare)* Pfröpfling *m.*, Pfropfreis *n.* **2** CHIR. Transplantation *f.*, Verpflanzung *f.* **3** MECC. Schaltung *f.*; Kupplung *f.* ◆ ***leva d'~*** Schalthebel *m.*; AGR. ***mastice da ~*** Baumwachs *m.*; ELETTR. ***pannello da ~*** Einschub *m.*

in|ne|va|men|to m. **1** Verschneien *n.* **2** *(quantità di neve)* Schneedecke *f.*; Schneeverhältnisse *pl.* ◆ ***~ artificiale*** Beschneiung *f.*

in|ne|va|re I tr. ***~ una pista*** eine Piste beschneien **II** pronom. **innevarsi** verschneien. **in|ne|va|to** p.pass. agg. **1** → **innevare 2** verschneit, schneebedeckt, Schnee-: ***cime -e*** verschneite Gipfel; ***superficie -a*** Schneefläche *f.*

in|no m. Hymne *f.*, Loblied *n.*: ***intonare un ~ a qcn.*** ein Loblied auf jdn an‿stimmen ◆ ***~ alla gioia*** Hymne an die Freude; ***~ di lode*** Lobgesang *m.*, Lobeshymne *f.*; ***~ nazionale*** Nationalhymne *f.*; ***-i omerici*** homerische Hymnen; ***-i sacri*** geistliche Lieder; ***~ da stadio*** Stadiongesang *m.*

in|no|cen|te I agg. **1** unschuldig: ***dichiarare qcn., dichiararsi ~*** jdn, sich für unschuldig erklären; ***bambini -i*** unschuldige Kinder; ***spargere sangue ~*** unschuldiges Blut vergießen **2** *(fatto senza malizia)* harmlos, arglos: ***una domanda ~*** eine arglose Frage; ***una burla ~*** ein harmloser Scherz **3** *(puro)* unverdorben, rein: ***un'animo ~*** ein unverdorbenes Gemüt **II** m.e f. Unschuldige *m.* e *f.* ◆ ***aria ~*** Unschuldsmiene *f.*; ***strage degli Innocenti*** Bethlehemitischer Kindermord. **in|no|cen|te|men|te** avv. **1** unschuldig **2** *(candidamente)* arglos, naiv.

in|no|cen|ti|no m. Unschuldige *m.*: ***fare l'~*** den Unschuldigen spielen.

in|no|cen|ti|sta m. e f. *(-i,-e)* Verfechter *m.* (-in *f.*) der Unschuld eines Angeklagten.

in|no|cen|za f. Unschuld *f.*: ***l'~ di un bambino*** die Unschuld eines Kindes; ***dimostrare l'~ di un imputato*** die Unschuld eines Angeklagten beweisen; ***in tutta ~*** in aller Unschuld; ***l'età dell'~*** das Alter der Unschuld; ***beata ~!*** = wie kann man nur so naiv sein!

In|no|cen|zo n.pr.m. Innozenz *m.*

in|no|cui|tà f. Harmlosigkeit *f.*, Unschädlichkeit *f.* **in|no|cuo** agg. **1** unschädlich: ***un farmaco ~*** ein unschädliches Medikament **2** *(inoffensivo)* harmlos: ***uno scherzo ~*** ein harmloser Spaß.

in|no|gra|fi|a f. **1** Hymnografie *f.* **2** *(insieme degli inni)* Hymnendichtung *f.*

in|no|mi|na|bi|le agg. unaussprechlich: ***azione ~*** unaussprechliche Handlung. **in|no|mi|na|to I** agg. ungenannt, unbenannt: ***persona -a*** ungenannte Person **2** DIR. Innominat-: ***contratto ~*** Innominatvertrag *m.* **II** m. LETT. Ungenannte *m.*

in|no|va|men|to m. → **innovazione.**

in|no|va|re tr. erneuern: ***~ un ordinamento*** eine Ordnung erneuern. **in|no|va|ti|vo** agg. innovativ, Erneuerungs-: ***programma ~*** innovatives Programm; ***tendenza -a*** Erneuerungsbestreben *n.* **in|no|va|to|re I** agg. innovativ, Erneuerungs-: ***provvedimenti -i*** innovative Maßnahmen **II** m. Erneuerer *m.*

in|no|va|zio|ne f. **1** Erneuerung *f.*, Neuerung *f.*, Innovation *f.*: ***introdurre -i tecniche*** technische Neuerungen ein‿führen **2** SOCIOL. ECON. BOT. Innovation *f.*

in nu|ce agg.inv. e avv. in nuce.

in|nu|me|re, in|nu|me|re|vo|le agg. unzählig, zahllos: ***-i volte*** unzählige Male; ***-i morti, feriti*** unzählige Tote, Verletzte; ***-i esempi*** zahllose Beispiele; ***-i sforzi*** unzählige Anstrengungen.

i|noc|cul|ta|bi|le agg. **1** nicht zu verheimlichend: ***vizio ~*** nicht zu verheimlichendes Laster **2** DIR. nicht zu verschleiernd, nicht zu verdunkelnd: ***prove -i*** nicht zu verschleiernde Beweise.

i|no|cu|la|re tr. *(inoculo)* **1** ein‿impfen, impfen, inokulieren: ***~ qcs. in qcn.*** jdm etw. einimpfen; ***~ un siero in una cavia*** einem Versuchstier ein Serum einimpfen **2** FIG. ein‿impfen, ein‿pflanzen: ***~ a qcn. cattivi principi*** jdm schlechte Grundsätze einimpfen. **i|no|cu|la|zio|ne** f. Einimpfung *f.*, Impfung *f.*, Inokulation *f.* ◆ ***~ del terreno*** Bodeneinimpfung *f.*

i|no|do|re, i|no|do|ro agg. **1** geruchlos, geruchsfrei: ***gas ~*** geruchloses Gas **2** *(fiore)* nicht duftend ◆ ***viola -a*** Hundsveilchen *n.*

i|nof|fen|si|vo agg. harmlos, unschädlich: ***rendere ~ qcn., qcs.*** jdn, etw. unschädlich machen; ***animale ~*** harmloses Tier.

i|nol|tra|re I tr. **1** weiter‿leiten: ***~ la corrispondenza*** die Korrespondenz weiterleiten; ***~ un reclamo*** eine Beschwerde weiterleiten **2** *(presentare, spedire)* ein‿reichen: ***~ un'istanza, una domanda*** ein Gesuch, einen Antrag einreichen **II** pronom. **inoltrarsi 1** ein‿dringen: ***-rsi nella giungla*** in den Urwald eindringen.

i|nol|tra|to p.pass. agg. **1** → **inoltrare 2** *(avanzato)* fortgeschritten: ***età -a*** fortgeschrittenes (*o* vorgerücktes) Alter; ***a primavera -a*** im fortgeschrittenen Frühling ◆ ***a notte -a, a pomeriggio ~*** spät in der Nacht, spät am Nachmittag; ***fino a notte -a*** bis spät in die Nacht.

i|nol|tre avv. **1** außerdem, ferner: ***~ dichiaro che...*** ferner (*o* außerdem) erkläre ich, dass... **2** *(per di più)* darüber hinaus, überdies: ***un luogo bellissimo e ~ tranquillo*** ein wunderschöner und überdies ruhiger Ort.

i|nol|tro m. **1** Weiterleitung *f.*, Weiterleiten *n.*: ***~ della corrispondenza*** Weiterleitung der Korrespondenz **2** *(presentazione)* Einreichung *f.*: ***~ di una domanda*** Einreichung eines Antrags ◆ ***con preghiera d'~*** mit der Bitte um Weiterleitung.

i|non|da|re tr. **1** überschwemmen, überfluten: ***il fiume ha inondato la vallata*** der Fluss hat das Tal überschwemmt **2** *(bagnare copiosamente)* überströmen: ***le lacrime inondano il viso*** die Tränen überströmen das Gesicht **3** FIG. erfüllen, überfluten, durchfluten: ***le merci giapponesi inondano il mercato*** die japanischen Waren überfluten den Markt; ***la luce inonda la stanza*** das Licht durchflutet das Zimmer; ***la notizia mi ha inondato di gioia*** die Nachricht hat mich mit Freude erfüllt. **i|non|da|zio|ne** f. Überschwemmung *f.* (anche FIG.).

i|no|pe|ra|bi|le agg. inoperabel, nicht operierbar: ***tumore ~*** inoperabler Tumor.

i|no|pe|ran|te agg. hinfällig, unwirksam, wirkungslos: ***provvedimento ~*** wirkungslose Maßnahme; ***disposizioni -i*** hinfällige Bestimmungen.

i|no|pe|ro|si|tà f. Untätigkeit *f.* **i|no|pe|ro|so** agg. **1** untätig: ***persona -a*** untätiger Mensch **2** *(di capitale)* tot **3** *(di macchina)* stillgelegt.

i|no|pia f. Armut *f.*

i|no|pi|na|bi|le agg. unvorstellbar, undenkbar. **i|no|pi|na|to** agg. unvorhergesehen.

i|nop|por|tu|ni|tà f. **1** Unangemessenheit *f.*: ***l'~ della tua obiezione*** die Unangemessenheit deines Einwands **2** Ungelegenheit *f.* **i|nop|por|tu|no** agg. **1** unangemessen, unangebracht, unpassend: ***osservazione -a*** unangebrachte Bemerkung; ***occasione, momento ~*** unpassende Gelegenheit, unpassender Moment **2** *(di visita, ospite)* ungelegen.

i|nop|pu|gna|bi|le agg. **1** unwiderlegbar: ***tesi ~*** unwiderlegbare These **2** DIR. unanfechtbar: ***prova ~*** unanfechtbarer Beweis; ***sentenza ~*** unanfechtbares Urteil. **i|nop|pu|gna|bi|li|tà** f. **1** Unwiderlegbarkeit *f.* **2** DIR. Unanfechtbarkeit *f.*

i|nor|ga|ni|ci|tà f. **1** CHIM. anorganische Beschaffenheit *f.* **2** *(mancanza di organicità)* Zusammenhanglosigkeit *f.*

i|nor|ga|ni|co agg. *(-ci,-che)* **1** CHIM. anorganisch: ***composto ~*** anorganische Verbindung; ***chimica -a*** anorganische Chemie **2** *(mancante di organicità)* unorganisch: ***struttura -a di un discorso*** unorganischer Aufbau einer Rede.

i|nor|go|gli|re *(inorgoglisco, inorgoglisci)* **I** tr. stolz machen: ***la vittoria lo inorgoglisce*** der Sieg macht ihn stolz **II** pronom. **inorgoglirsi** stolz werden, Stolz empfinden: ***-rsi per un successo*** wegen eines Erfolges stolz werden.

i|nor|ri|di|re *(inorridisco, inorridisci)* **I** tr. entsetzen **II** intr. (aus. *essere*) erschaudern, sich entsetzen: ***a quella vista tutti inorridirono*** alle entsetzten sich bei diesem Anblick ◆ ***far ~*** entsetzen; ***un racconto che fa ~*** eine haarsträubende Erzählung.

i|no|si|na f. Inosin *n.* **i|no|si|te** f. Inosit *m.*

i|no|spi|ta|le agg. **1** ungastlich: ***gente ~*** ungastliche Leute **2** *(di regione)* unwirtlich. **i|no|spi|ta|li|tà** f. **1** Ungastlichkeit *f.* **2** *(di regione)* Unwirtlichkeit *f.*

i|nos|ser|va|bi|le agg. **1** nicht beobachtbar **2** *(che non si può rispettare)* nicht einhaltbar: ***norma ~*** nicht einhaltbare Vorschrift.

i|nos|ser|van|te agg. nicht beachtend, nicht befolgend: ***~ di qcs.*** etw. nicht beachtend; ***essere ~ delle regole*** die Regeln nicht beachten. **i|nos|ser|van|za** f. **1** Nichteinhaltung *f.*, Nichtbeachtung *f.*: ***~ della legge*** Nichtbeachtung des Gesetzes.

i|nos|ser|va|to agg. **1** unbemerkt, unbeachtet: ***passare ~*** unbemerkt bleiben **2** *(non rispettato)* nicht eingehalten: ***precetti -i*** nicht eingehaltene Regeln.

i|nos|si|da|bi|le agg. **1** nicht oxidierend; *(che non arrugginisce)* rostfrei: ***acciaio ~*** rostfreier Stahl, Edelstahl *m.* **2** FIG. unverwüstlich. **i|nos|si|da|bi|li|tà** f. Rostbeständigkeit *f.*

i|nox agg.inv. ***acciaio ~*** rostfreier Stahl, Edelstahl *m.*; ***pentola ~*** Edelstahltopf *m.*

in pri|mis avv. zuerst, zunächst.

INPS ⇒ *Istituto Nazionale di Previdenza Sociale* Nationale Sozialversicherungsanstalt.

in|put m.inv. **1** INFORM. Input *m.* e *n.*, Eingabe *f.* **2** ECON. Input *m.* e *n.* ◆ ***analisi ~-output*** Input-Output-Analyse *f.*; FIG. ***dare l'~ a qcs.*** etw. (D) den Anstoß geben.

in|qua|dra|men|to m. Einordnung *f.*: ***~ professionale, politico*** politische, berufliche Einordnung.

in|qua|dra|re I tr. **1** *(incorniciare)* ein‿rahmen **2** FIG. *(collocare in un contesto)* ein‿reihen, ein‿ordnen: ***~ un'opera in un periodo*** ein Kunstwerk zeitlich einordnen **3** FOT. CINEM. ins Bild nehmen: ***~ il viso*** das Gesicht ins Bild nehmen **4a** *(ordinare)* ein‿ordnen **b** MIL. ein‿teilen: ***~ le reclute nei vari reparti*** die Rekruten in die verschiedenen Abteilungen einteilen **c** BUROCR. ein‿stufen: ***~ nel livello retributivo più alto*** in die höchste Besoldungsgruppe einstufen **II** pronom. **inquadrarsi** sich ein‿fügen: ***-rsi in un processo di trasformazione*** sich in einen Wandlungsprozess einfügen; ***-rsi in uno schema fisso*** sich in ein festes Schema einfügen ◆ ***non riuscire a ~ qcn.*** jdn nicht einordnen können, aus jdm nicht schlau werden; ***essere inquadrato*** ins Bild kommen.

in|qua|dra|tu|ra f. **1** Bildausschnitt *m.*: ***~ suggestiva*** suggestiver Bildausschnitt **2** CINEM. *(ripresa)* Einstellung *f.*

in|qua|li|fi|ca|bi|le agg. **1** unqualifizierbar **2** FIG. unmöglich: ***comportarsi in modo ~*** sich unmöglich auf‿führen.

in|quar|ta|to agg. geviert: ***stemma ~*** geviertes Wappen.

in|quie|tan|te agg. **1** *(che turba)* beunruhigend: ***un ritardo ~*** eine beunruhigende Verspätung **2** *(che fa paura)* unheimlich: ***atmosfera ~*** unheimliche Atmosphäre.

in|quie|ta|re I tr. beunruhigen: ***questa situazione mi inquieta*** diese Situation beunruhigt mich **II** pronom. **inquietarsi 1** sich beunruhigen, sich sorgen: ***-rsi per qcs.*** sich wegen etw. beunruhigen; ***-rsi per una notizia*** sich wegen einer Nachricht beunruhigen **2** *(risentirsi)* sich auf‿regen: ***-rsi per qcs.*** sich über etw. (A), wegen etw. (G) aufregen.

in|quie|to agg. **1** unruhig, unstet: ***spirito ~*** unruhiger Geist **2** *(preoccupato)* beunruhigt, besorgt: ***essere ~ per qcs.*** über etw. (A) besorgt sein, wegen etw. (G) beunruhigt sein **3** *(risentito)* verärgert.

in|quie|tu|di|ne f. **1** Unruhe *f.*, Unrast *f.*: ***l'~ s'impadronisce di qcn.*** Unruhe überkommt jdn **2** *(preoccupazione)* Beunruhigung *f.*; ***destare ~*** beunruhigen.

in|qui|li|no m. **1** Mieter *m.*, Hausbewohner *m.* **2** *(subaffittuario)* Untermieter *m.* ◆ ***sindacato degli -i*** Mieterbund *m.*; ***tutela dell'~*** Mieterschutz *m.*

in|qui|na|men|to m. **1** Verschmutzung *f.*: ***~ delle acque*** Wasserverschmutzung *f.* **2** FIG. Verschleierung *f.*: ***~ delle prove*** Verschleierung der Beweise ◆ ***~ acustico*** Lärmbelastung *f.*; ***~ ambientale*** Umweltverschmutzung *f.*, Umweltbelastung *f.*; ***~ atmosferico*** Luftverschmutzung *f.*; ***~ marino*** Meeresverschmutzung *f.*, Meerwasserverschmutzung *f.*; ***~ nucleare*** radioaktive Verseuchung *f.*; ***~ da petrolio*** Ölpest *f.*; ***~ del suolo*** Bodenverseuchung *f.*

in|qui|nan|te I agg. umweltschädlich: ***sostanze -i*** umweltschädliche Stoffe; ***non ~*** umweltfreundlich, umweltschonend **II** m. umweltschädlicher Stoff *m.*

in|qui|na|re tr. **1** verschmutzen: ***~ l'aria, i mari*** die Luft, die Meere verschmutzen **2** FIG. verschleiern: ***~ un bilancio*** eine Bilanz verschleiern; ***~ le prove*** die Beweise verschleiern.

in|qui|ren|te I agg. ermittelnd, Ermittlungs-, Untersuchungs-: ***commissione ~*** Ermittlungsausschuss *m.*, Untersuchungsausschuss *m.*; ***magistrato ~*** Ermittlungsrichter *m.* **II** m. Ermittlungsbeamter *m.*: ***essere al vaglio degli -i*** von den Ermittlungsbeamten geprüft werden.

in|qui|si|re *(inquisisco, inquisisci)* **I** tr. Ermittlungen an‿stellen, ermitteln: ***~ qcn.*** gegen jdn ermitteln **II** intr. (aus. *avere*) nach‿forschen, ermitteln: ***~ su una vicenda*** in einer Sache ermitteln. **in|qui|si|ti|vo** agg. untersuchend. **in|qui|si|to I** p.pass. agg. **1** → **inquisire 2 *i politici -i*** die Politiker, gegen die ermittelt wird; ***qcn. è ~ per qcs.*** gegen jdn wird wegen etw. ermittelt **II** m. Person, gegen die ermittelt wird.

in|qui|si|to|re I agg. **1** forschend, Ermittlungs-, Untersuchungs-: ***sguardo ~*** forschender Blick **2** STOR. Inquisitions- **II** m. **1** Ermittler *m.* **2** STOR. Inquisitor *m.* ◆ ***da ~*** inquisitorisch; STOR. ***grande ~*** Großinquisitor *m.* **in|qui|si|to|rio** agg. *(-ri,-rie)* **1** Inquisitions-: ***processo ~*** Inquisitionsprozess *m.* **2** ESTENS. *(da inquisitore)* inquisitorisch.

in|qui|si|zio|ne f. Inquisition *f.* (anche FIG.): ***Santa ~*** Inquisition *f.*; ***~ spagnola*** spanische Inquisition.

in|sab|bia|men|to m. Versandung *f.*, Versanden *n.* (anche FIG.): ***l'~ di un processo*** die Versandung eines Prozesses.

in|sab|bia|re *(insabbio, insabbi)* **I** tr. **1** mit Sand bedecken **2a** *(celare)* vertuschen **b** *(bloccare)* im Sand verlaufen lassen **II** pronom. **insabbiarsi 1** versanden: ***il porto si è insabbiato*** der Hafen ist versandet **2** *(arenarsi)* auf Sand laufen: ***il battello si è insabbiato*** das Boot ist auf Sand gelaufen **3** FIG. versanden, im Sand verlaufen: ***la pratica si è insabbiata*** die Angelegenheit ist versandet.

in|sac|ca|men|to m. Einsacken *n.* **in|sac|ca|re** *(insacco, insacchi)* **I** tr. **1** ein‿sacken, in Säcke füllen **2** *(salumi)* in Häute ab‿füllen **II** pronom. **insaccarsi** *(per una caduta)* zusammen‿sacken. **in|sac|ca|to** m. Wurst *f.* **in|sac|ca|tri|ce** f. Einsackmaschine *f.*, Sackfüllmaschine *f.* **in|sac|ca|tu|ra** f. Einsacken *n.* **in|sac|chet|ta|re** tr. ein‿tüten. **in|sac|chet|ta|tri|ce** f. → **insaccatrice.**

in|sa|la|ta f. **1** Salat *m.*: ***piantare, coltivare, raccogliere, lavare, condire l'~*** Salat pflanzen, an‿bauen, ernten, waschen, an‿machen **2** Mischmasch *m.* ◆ ***cespo d'~*** Salatkopf *m.*, Kopf *m.* Salat; *(di forma allungata)* Staude *f.* Salat; ***~ di cetrioli*** Gurkensalat *m.*; ***foglia d'~*** Salatblatt *n.*; ***in ~*** -salat: **pomodori in ~** Tomatensalat *m.*; FIG. ***mangiarsi qcn. in ~*** leichtes Spiel mit jdm haben; ***~ mista*** gemischter Salat (*o* Salatteller *m.*); ***~ di pasta*** Nudelsalat *m.*; ***~ di patate*** Kartoffelsalat *m.*; ***~ di pollo*** Geflügelsalat *m.*; ***~ di riso*** Reissalat *m.*; ***~ russa*** INTRAD. (Art Kartoffelsalat mit Gemüse und Mayonnaise); ***~ verde*** grüner Salat. **in|sa|la|tie|ra** f. Salatschüssel *f.*

in|sa|li|va|re tr. mit Speichel befeuchten: ***~ le labbra*** die Lippen mit der Zunge an‿feuchten. **in|sa|li|va|zio|ne** f. Einspeichelung *f.*

in|sa|lu|bre agg. ungesund: ***clima ~*** ungesundes Klima. **in|sa|lu|bri|tà** f. Ungesundsein *n.*, Unzuträglichkeit *f.*

in|sa|lu|ta|to agg. ungegrüßt ◆ SCHERZ. ***partire ~ ospite*** = sich auf Französisch empfehlen.

in|sa|na|bi|le agg. **1** unheilbar **2** FIG. unüberwindbar, unüberbrückbar: ***conflitto ~*** unüberwindbarer Konflikt; ***contrasti -i*** unüberbrückbare Gegensätze. **in|sa|na|bi|li|tà** f. Unheilbarkeit *f.* **in|sa|na|bil|men|te** avv. unheilbar.

in|san|gui|na|re *(insanguino)* **I** tr. mit Blut beflecken: ***~ gli abiti*** die Kleider mit Blut beflecken; FIG. ***la guerra ha insanguinato il paese*** der Krieg hat viel Blut im ganzen Land fließen lassen **II** pronom. **insanguinarsi 1** sich mit Blut beflecken **2** FIG. Blut an den Händen haben.

in|sa|nia f. LETT. Wahnsinn *m.*; *(pazzia)* Geisteskrankheit *f.* **in|sa|no** agg. geisteskrank; ***gesto di ~*** Wahnsinnstat *f.*; ***~ di mente*** geisteskrank.

in|sa|po|na|re I tr. **1** ein‿seifen: ***~ il viso, le mani*** das Gesicht, die Hände einseifen **2** FIG. ***~ qcn.*** sich bei jdm ein‿schmeicheln **II** pronom. **insaponarsi 1** sich ein‿seifen **2 *-rsi qcs.*** sich etw. ein‿seifen: ***-rsi le mani*** sich die Hände einseifen. **in|sa|po|na|ta** f. schnelles Einseifen *n.*; ***darsi un'~*** sich schnell waschen. **in|sa|po|na|tu|ra** f. Einseifen *n.*

in|sa|po|re agg. geschmacklos.

in|sa|po|ri|re *(insaporisco, insaporisci)* **I** tr. schmackhaft machen; *(con spezie)* würzen: ***~ la minestra*** die Suppe schmackhaft machen **II** pronom. **insaporirsi** schmackhaft werden.

in|sa|po|ro agg. geschmacklos.

in|sa|pu|ta f. ***all'~ di qcn.*** ohne jds Wissen: ***all'~ dei suoi genitori*** ohne Wissen seiner Eltern; ***a sua ~*** ohne sein Wissen.

in|sa|tu|ro agg. ungesättigt: ***soluzione -a*** ungesättigte Lösung. **in|sa|zia|bi|le** agg. unersättlich, unstillbar (anche FIG.): ***fame ~*** unersättlicher Hunger; ***~ desiderio di sapere*** unersättlicher Wissensdrang. **in|sa|zia|bi|li|tà** f. Unersättlichkeit *f.* **in|sa|zia|bil|men|te** avv. unersättlich.

in|sca|to|la|men|to m. Eindosen *n.* **in|sca|to|la|re** tr. *(inscatolo)* ein‿dosen, in Konservendosen ein‿füllen: ***~ la carne*** Fleisch eindosen.

in|sce|na|re tr. inszenieren (anche FIG.): ***~ un furto*** einen Diebstahl inszenieren.

in|scin|di|bi|le agg. **1** untrennbar, nicht zu trennen: ***aspetti -i*** Aspekte, die nicht voneinander trennbar sind **2** *(indissolubile)* unlösbar: ***vincolo ~*** unlösbares Band. **in|scin|di|bi|li|tà** f. Untrennbarkeit *f.*

in|scrit|ti|bi|le agg. einbeschreibbar: ***poligono ~ in una circonferenza*** ein in einen Kreis einbeschreibbares Vieleck.

in|scri|ve|re *(inscrissi, inscritto)* **I** tr. ein‿beschreiben: ***~ una circonferenza in un poligono*** einen Kreis in ein Vieleck einbeschreiben **II** pronom. **inscriversi** an‿gehören, sich ein‿fügen: ***fatti che si inscrivono nel recente passato*** Ereignisse, die der jüngsten Vergangenheit angehören; ***problemi che si inscrivono in un contesto più ampio*** Probleme, die sich in einen breiteren Kontext einfügen. **in|scri|vi|bi|le** agg. einbeschreibbar. **in|scri|zio|ne** f. Einbeschreiben *n.*

in|sec|chi|re *(insecchisco, insecchisci)* **I** tr. aus‿trocknen **II** pronom. **insecchirsi** vertrocknen, verdorren.

in|se|dia|men|to m. **1** BUROCR. Antritt *m.*: ***l'~ di un nuovo governo*** der Antritt einer neuen Regierung; ***discorso d'~*** Antrittsrede *f.* **2** *(zona di stanziamento)* Siedlung *f.*: ***~ preistorico, romano*** prähistorische, römische Siedlung; ***~ industriale*** Industrieanlage *f.*

in|se|dia|re I tr. in ein Amt ein‿setzen: ***~ qcn. in una carica*** jdn in ein Amt einsetzen **II** pronom. **insediarsi 1** an‿treten: ***-rsi in una carica*** ein Amt antreten **2** *(stabilirsi)* sich an‿siedeln: ***i normanni si insediarono in Sicilia*** die Normannen siedelten sich in Sizilien an.

in|se|gna f. **1** *(stemma)* Wappen *n.*, Wappenschild *m.* e *n.*: ***le -e regali dei Savoia*** das Königswappen von Savoyen; ***l'~ della città di Firenze*** das Wappen der Stadt Florenz **2** *(di negozio)* Schild *n.*: ***~ di (una) trattoria*** Wirtshausschild *n.* **3** *(onorificenza)* Ehrenzeichen *n.*; ***fregiarsi dell'~ della Legion d'onore*** das Ehrenzeichen der Ehrenlegion tragen **4a** *(vessillo)* Banner *n.*, Fahne *f.*: ***abbandonare le -e*** Fahnenflucht begehen **b** *(stendardo)* Feldzeichen *n.* ◆ ***all'~ di*** im Zeichen (G): ***all'~ dell'amicizia*** im Zeichen der Freundschaft; ***-e imperiali*** kaiserliche Insignien; ***~ luminosa*** Leuchtreklame *f.*, Leuchtschrift *f.*; ***~ al neon*** Neonreklame *f.*; ***~ pubblicitaria*** Reklameschild *n.*

in|se|gna|men|to m. **1** Unterrichten *n.*, Unterricht *m.*: ***impartire un ~*** Unterricht erteilen; ***idoneo all'~ della matematica*** zum Unterrichten der Mathematik befähigt; ***~ in lingua straniera*** fremdsprachiger Unterricht **2** *(professione)* Lehrerberuf *m.*: ***dedicarsi all'~*** sich dem Lehrerberuf widmen **3** ESTENS. Lehre *f.*: ***seguire l'~ paterno*** den väterlichen Lehren folgen ◆ ***abilitazione all'~*** Lehrberechtigung *f.*; ***~ elementare*** Grundschulunterricht *m.*; ***esonerare qcn. dall'~ della religione*** jdn vom Religionsunterricht befreien; ***~ facoltativo*** Wahlfach *n.*; ***~ fondamentale*** Pflichtfach *n.*; ***~ interdisciplinare*** Gesamtunterricht *m.*; ***libertà d'~*** Lehrfreiheit *f.*; ***~ delle lingue straniere*** Fremdsprachenunterricht *m.*; ***materia d'~*** Unterrichtsfach *n.*; ***metodo d'~*** Unterrichtsmethode *f.*; ***~ obbligatorio*** → ***~ fondamentale***; ***~ opzionale*** → ***~ facoltativo***; ***~ pratico*** praktischer Unterricht; ***programma d'~*** Unterrichtsprogramm *n.*; ***~ scolastico*** Schulunterricht *m.*; ***~ della storia*** Geschichtsunterricht *m.*; ***~ teorico*** theoretischer Unterricht; ***trarre un ~ da qcs.*** eine Lehre aus etw. ziehen; ***~ universitario*** Hochschullehre *f.*

in|se|gnan|te I m. e f. Lehrer *m.* (-in *f.*) ◆ ***~ di educazione artistica*** Kunsterzieher *m.*; ***~ di liceo classico*** Gymnasiallehrer *m.*; ***~ di dizione*** Sprechlehrer *m.*; ***~ di scuola elementare*** Grundschullehrer *m.*; ***~ di ginnastica*** Sportlehrer *m.*; ***~ di liceo*** Studienrat *m.*; ***~ di lingua straniera*** Sprachlehrer *m.*; ***~ di matematica*** Mathematiklehrer *m.*; ***~ di musica*** Musiklehrer *m.*; ***~ di pianoforte*** Klavierlehrer *m.*; ***~ precario*** = nicht beamtete Lehrkraft (im öffentlichen Dienst); ***~ privato*** Privatlehrer *m.*; ***~ di istituto professionale*** Gewerbelehrer *m.*; ***~ di religione*** Religionslehrer *m.*; ***~ di ruolo*** beamtete Lehrkraft **II** agg. Lehr-: ***corpo ~*** Lehrkörper *m.*; ***personale ~*** Lehrerschaft *f.*

in|se|gna|re tr. **1** lehren, bei‿bringen: ***~ a qcn. a guidare, a nuotare*** jdn das Fahren, das Schwimmen beibringen; ***~ a qcn. ad amare la natura*** jdn lehren, die Natur zu lieben; ***~ le buone maniere a qcn.*** jdn gute Manieren beibringen; ***~ la strada a qcn.*** jdm den Weg zeigen; ESTENS. ***Lei mi insegna*** wie Sie wohl wissen **2** SCOL. unterrichten: ***~ una materia*** ein Fach unterrichten; ***~ in una scuola, all'università*** an einer Schule, an der Universität unterrichten.

in|se|gui|men|to m. **1** Verfolgung *f.*: ***lanciarsi all'~ di qcn.*** jds Verfolgung auf‿nehmen **2** *(caccia)* Hetzen *n.*; ***lanciare i cani all'~ di qcn., qcs.*** die Hunde auf jdn, etw. hetzen **3** SPORT Verfolgungsrennen *n.*

in|se|gui|re I tr. **1** verfolgen, nach‿jagen: ***~ un ladro, un fuggiasco*** einen Dieb, einen Flüchtigen verfolgen; ***~ una chimera, la fortuna, il piacere*** einer Schimäre, dem Glück, dem Vergnügen nachjagen **2** *(caccia)* verfolgen, hetzen **II** pronom. **inseguirsi** sich verfolgen.

in|se|gui|to|re I agg. verfolgend, Verfolger-: ***gruppo ~*** Verfolgergruppe *f.* **II** m. **1** Verfolger *m.* **2** SPORT Flieger *m.*

in|sel|la|re I tr. **1** durchhängen lassen **2** *(sellare)* auf‿satteln **II** pronom. **insellarsi 1** durch‿hängen **2** *(montare in sella)* sich in den Sattel schwingen.

in|sel|va|ti|chir|si pronom. *(mi inselvatichisco, ti inselvatichisci)* **1** verwildern **2** FIG. sich verhärten, verrohen.

in|se|mi|na|re tr. *(insemino)* besamen. **in|se|mi|na|zio|ne** f. Besamung *f.*: ***~ artificiale*** künstliche Besamung, künstliche Befruchtung.

in|se|na|tu|ra f. Bucht *f.*, Einbuchtung *f.*

in|sen|sa|tez|za f. **1** *(irragionevolezza)* Unbesonnenheit *f.* **2** *(mancanza di senso)* Unbesonnenheit *f.*, Unsinnigkeit *f.* **3** *(azione, discorso)* Unsinn *m.*: ***dire, fare -e*** Unsinn reden, machen.

in|sen|sa|to agg. **1** unbesonnen, sinnwidrig: ***azione -a*** unbesonnene Tat **2** *(privo di senso)* unbesonnen, unsinnig, sinnlos: ***parole -e*** sinnlose Worte; ***discorso ~*** unsinniges Gerede.

in|sen|si|bi|le I agg. **1** unempfindlich, MED. insensibel: ***~ al calore*** unempfindlich gegen Hitze; ***~ al dolore*** schmerzunempfindlich; ***per il freddo le mie dita sono diventate -i*** vor Kälte sind meine Finger gefühllos geworden **2** FIG. *(privo di sentimenti)* empfindungslos, gefühllos, unempfindlich: ***persona ~*** gefühlloser Mensch *m.*; ***rimanere ~*** gefühllos bleiben; ***essere ~ alle richieste altrui*** gegen die Bitten anderer unempfindlich sein **II** m. e f. gefühlloser Mensch; ***sei un ~!*** du hast kein Gefühl!

in|sen|si|bi|li|tà f. **1** Unempfindlichkeit *f.*, MED. Insensibilität *f.* **2** *(mancanza di sentimenti)* Empfindungslosigkeit *f.*, Gefühllosigkeit *f.*: ***mostrare ~ verso il dolore altrui*** Gefühllosigkeit gegenüber dem Leid anderer zeigen.

in|se|pa|ra|bi|le agg. **1** untrennbar: ***verbi -i*** untrennbare Verben **2** *(di persone)* unzertrennlich: ***amici -i*** unzertrennliche Freunde. **in|se|pa|ra|bi|li|tà** f. Untrennbarkeit *f.*

in|se|pol|to agg. unbegraben: ***cadavere ~*** unbegrabene Leiche.

in|se|que|stra|bi|le agg. unpfändbar.

in|se|ri|men|to m. **1** Einstecken *n.*: ***~ della spina nella presa*** das Einstecken des Steckers in die Steckdose **2** Einfügung *f.*, Einfügen *n.*: ***l'~ di un nuovo capitolo nel libro*** die Einfügung eines neuen Kapitels in das Buch **3** FIG. *(integrazione)* Anpassung *f.*, Eingliederung *f.*; ***avere problemi d'~ sul lavoro*** bei der Arbeit Eingliederungsprobleme haben **4** INFORM. Eingabe *f.*: ***~ dati*** Dateneingabe *f.* **5** *(messa in azione automatica)* Einschaltung *f.*; ***l'~ dell'allarme è automatico*** die Alarmanlage schaltet sich automatisch ein.

in|se|ri|re I tr. *(inserisco, inserisci)* **1** ein‿stecken, ein‿legen: ***~ la spina nella presa*** den Stecker in die Steckdose stecken; ***~ una cassetta nel registratore*** eine Kassette in den Rekorder einlegen; ***~ una lettera nella busta*** einen Brief in den Umschlag stecken **2** *(includere)* ein‿fügen, auf‿nehmen: ***~ una clausola in un contratto*** eine Klausel in einen Vertrag einfügen; ***~ un'annotazione in un testo*** eine Anmerkung in einen Text einfügen; ***~ un nome in una lista*** einen Namen in eine Liste aufnehmen **3** EL. ein‿schalten: ***~ l'allarme*** die Alarmanlage einschalten **4** INFORM. ein‿geben **5** ***~ un annuncio sul giornale*** ein Inserat in die Zeitung setzen **II** pronom. **inserirsi 1** sich ein‿fügen, FIG. sich ein‿schalten: ***l'omero si inserisce nella spalla*** der Oberarmknochen fügt sich in das Schultergelenk ein; ***-rsi in una discussione*** sich in eine Diskussion einschalten **2** *(integrarsi)* sich ein‿gliedern: ***-rsi in un ambiente nuovo*** sich in eine neue Umgebung eingliedern.

in|se|ri|to p.pass. agg. **1** → **inserire 2** eingefügt: ***ben ~ nel gruppo*** gut in der Gruppe eingefügt.

in|ser|to m. **1** *(fascicolo)* Beilage *f.*: ***~ a colori*** farbige Beilage **2** ABBIGL. Einsatz *m.*: ***un vestito con -i in pelle*** eine Jacke mit Ledereinsätzen ◆ ***~ culturale*** Kulturbeilage *f.*; ***~ della domenica*** Sonntagsbeilage *f.*; ***~ illustrato*** Bildbeilage *f.*; ***~ pubblicitario*** Insert *n.*; *(film e tv)* Werbespot *m.*

in|ser|vi|bi|le agg. unbrauchbar, unbenutzbar, nutzlos.

in|ser|vien|te m. e f. Bedienstete *m.* e *f.*, Diener *m.* (-in *f.*).

in|ser|zio|ne f. **1** Einfügung *f.*, Eintrag *m.*: ***~ di un nome in una lista*** Eintrag eines Namens in eine Liste; ***~ di una parola in una frase*** Einfügung eines Wortes in einen Satz **2** *(annuncio)* Inserat *n.*, Anzeige *f.*: ***fare un' ~*** ein Inserat auf‿geben; ***mettere un'~ sul giornale*** ein Inserat in die Zeitung setzen; ***leggere un'~*** eine Anzeige lesen; ***rispondere a un'~*** auf ein Inserat antworten **3** ANAT. Ansatz *m.* **in|ser|zio|ni|sta I** m. e f. *(-i,-e)* Inserent *m.* (-in *f.*) **II** agg.inv. inserierend: ***ditta ~*** inserierende Firma. **in|ser|zio|ni|sti|co** agg. *(-ci,-che)* Inserat-, Anzeige-.

in|set|ta|rio m. *(-ri)* Insektarium *n.*, Insektenhaus *n.*

in|set|ti|ci|da I agg.inv. Insekten-: ***polvere ~*** Insektenpulver *n.*; ***spray ~*** Insektenspray *m.* e *n.* **II** m. Insektizid *n.*, Insektenvertilgungsmittel *n.* **in|set|ti|fu|go I** agg. *(-ghi,-ghe)* insektenvertreibend **II** m. *(-ghi)* Insektenvertreibungsmittel *n.* **in|set|ti|vo|ro I** agg. Insekten fressend **II** m. Insektenfresser *m.*

in|set|to m. Insekt *n.* ◆ **~ parassita** Schadinsekt *n.*, Schädling *m.* **puntura d'~** Insektenstich *m.*; **~ xilofago** Holzkäfer *m.*

in|si|cu|rez|za f. Unsicherheit *f.*: **generare ~** Unsicherheit verursachen ◆ **fattore d'~** Unsicherheitsfaktor *m.*; **provare ~** sich unsicher fühlen; **senso di ~** Gefühl *n.* der Unsicherheit; **vivere nell'~ economica** in unsicheren finanziellen Verhältnissen leben.

in|si|cu|ro I agg. unsicher: **rendere qcn. ~** jdn unsicher machen (*o* jdn verunsichern); **sentirsi ~** sich unsicher fühlen; **una persona -a** ein unsicherer Mensch; **strada -a, ponte ~** unsichere Straße, Brücke; **posto di lavoro ~** unsicherer Arbeitsplatz **II** m. unsicherer Mensch *m.*

in|si|dia f. **1** Hinterhalt *m.*: **tendere -e** einen Hinterhalt legen; **sfuggire ad un'~** einem Hinterhalt entgehen **2** *(pericolo)* Gefahr *f.*, Tücke *f.*: **le -e del mare, della montagna** die Gefahren des Meers, des Gebirges; **temere le -e del destino** die Tücken des Schicksals fürchten **3** *(lusinga)* Verlockung *f.*: **le -e del consumismo** die Verlockungen der Konsumgesellschaft. **in|si|dia|re I** tr. gefährden, bedrohen: **~ l'onore di qcn.** jds Ehre gefährden **II** intr. (aus. *avere*) trachten: **~ alla vita di qcn.** jdm nach dem Leben trachten.

in|si|dio|so agg. **1** tückisch, gefährlich: **un pendio ~** ein gefährlicher Abhang; **un piano ~** ein tückischer Plan **2** *(capzioso)* verfänglich: **una domanda -a** eine verfängliche Frage. **in|si|dio|sa|men|te** avv. tückisch.

in|sie|me I avv. **1** *(in compagnia)* zusammen, miteinander: **andare al cinema ~** zusammen ins Kino gehen; **vivere ~** zusammen‿leben; **cenare ~** miteinander zu Abend essen; **due capi d'abbigliamento che stanno bene ~** zwei Kleidungsstücke, die gut zusammenpassen; **dormire ~** zusammen schlafen **2** *(contemporaneamente)* zugleich, gleichzeitig, auf einmal, zusammen: **parlano tutti ~** alle sprechen gleichzeitig; **i due treni sono partiti ~** die zwei Züge sind gleichzeitig abgefahren; **un film divertente e ~ istruttivo** ein lustiges und zugleich lehrreiches Buch **II** m. **1** Gesamtheit *f.*, Ganze *n.*: **l'~ dei dati** die Gesamtheit der Daten; **nell'~** alles in allem; **osservare qcs. nell'~** etw. als Ganzes betrachten **2** MAT. Menge *f.*: **~ finito** endliche Menge; **teoria degli -i** Mengenlehre *f.* ◆ **~ a, con qcn., qcs.** (zusammen) mit jdm, etw., mit jdm zusammen (*o* gemeinsam): **era ~ a suo padre** er war mit seinem Vater zusammen (*o* gemeinsam); **spedire il curriculum ~ con una foto** den Lebenslauf zusammen mit einem Foto schicken; **~ con il freddo è arrivata anche la neve** zusammen mit der Kälte ist auch der Schnee gekommen; **mettere ~ un discorso** eine Rede entwerfen; **una costruzione che non sta più ~** eine Konstruktion, die nicht mehr hält; **tutti ~** alle zusammen; **tutto ~** alles zusammen; **visione d'~** Überblick *m.*; **mantenere una visione d'~** einen Überblick über das Ganze behalten; **perdere la visione d'~** den Überblick verlieren.

in|sie|mi|sti|ca f. Mengenlehre *f.*

in|si|gne agg. hervorragend, ausgezeichnet, berühmt: **personalità ~** prominente Persönlichkeit; **~ pittore, scienziato** berühmter Maler, Wissenschaftler.

in|si|gni|fi|can|te agg. **1** bedeutungslos, insignifikant: **parole -i** bedeutungslose Worte **2** *(di nessun rilievo, valore)* unbedeutend, unerheblich: **somma ~** unbedeutende Summe; **un danno ~** ein unerheblicher Schaden; **un'opera d'arte ~** ein unbedeutendes Kunstwerk **3** *(poco espressivo)* nichts sagend: **volto, persona ~** nichts sagendes Gesicht, nichts sagende Person.

in|si|gni|fi|can|za f. Unwichtigkeit *f.*

in|si|gni|re tr. aus‿zeichnen: **~ qcn. di un titolo** jdn mit einem Titel auszeichnen; **~ qcn. della Legion d'Onore** jdn mit der Ehrenlegion auszeichnen.

in|si|gno|ri|re tr. belehnen.

in|si|la|men|to m. Silierung *f.*, Einlagerung *f.* im Silo. **in|si|la|re** tr. silieren, im Silo ein‿lagern.

in|sin|ce|ri|tà f. Unaufrichtigkeit *f.*, Unehrlichkeit *f.* **in|sin|ce|ro** agg. unaufrichtig, unehrlich: **essere ~ nei confronti di qcn.** jdm gegenüber unehrlich sein.

in|sin|da|ca|bi|le agg. **1** unkontrollierbar **2** *(inoppugnabile)* unanfechtbar, endgültig: **giudizio ~** unanfechtbares Urteil; **prova ~** unanfechtbarer Beweis **in|sin|da|ca|bi|li|tà** f. **1** Unkontrollierbarkeit *f.* **2** Unanfechtbarkeit *f.*

in|si|nuan|te agg. (ein)schmeichelnd, verlockend: **con parole -i** mit einschmeichelnden Worten.

in|si|nua|re I tr. **1** *(infilare)* stecken, (hin)ein‿stecken **2** *(far nascere)* erwecken, erregen: **~ un dubbio, un sospetto** in jdm einen Zweifel, einen Verdacht erwecken **3** *(accusare)* unterstellen: **cosa vorresti ~?** was willst du mir unterstellen? **4** DIR. an‿melden: **~ un credito** eine Forderung anmelden **II** pronom. **insinuarsi 1a** vor‿dringen, ein‿dringen, dringen (anche FIG.): **una lingua di mare si insinua nella terra ferma** eine Meereszunge dringt in das Festland ein **b** FIG. sich ein‿schleichen: **la sfiducia si insinuò nel suo cuore** Misstrauen schlich sich in ihr Herz ein **2** *(inserirsi subdolamente)* erschleichen, sich ein‿schleichen: **-rsi nelle grazie di qcn.** sich (D) jds Gunst erschleichen.

in|si|nua|zio|ne f. **1** Unterstellung *f.*; **fare -i sul conto di qcn.** jdm etw. unterstellen; **sono solo basse, sporche -i** das sind nur schmutzige Unterstellungen **2** DIR. **~ del credito** Forderungsanmeldung *f.*

in|si|pi|dez|za, in|si|pi|di|tà f. **1** Geschmacklosigkeit *f.*, Fadheit *f.* **2** FIG. Fadheit *f.*, Schalheit *f.*

in|si|pi|do agg. **1** geschmacklos, fade: **la minestra è -a** die Suppe ist geschmacklos **2** *(banale)* schal, langweilig: **una vita -a** ein schales Leben **3** *(di persona)* nichts sagend: **una persona -a** ein nichts sagender Mensch.

in|si|pien|te agg. unwissend, dumm. **in|si|pien|za** f. Unwissenheit *f.*, Dummheit *f.*

in|si|sten|te agg. **1** beharrlich, eindringlich, insistierend: **corteggiatore ~** beharrlicher Verehrer; **domande -i** beharrliche Fragen **2** *(continuo)* anhaltend, unaufhörlich: **pioggia ~** unaufhörlicher Regen. **in|si|sten|te|men|te** avv. beharrlich, eindringlich: **pregare qcn. ~** jdn eindringlich bitten.

in|si|sten|za f. **1** Eindringlichkeit *f.*, Insistenz *f.*: **la loro ~ mi ha convinto a partire** ihre Eindringlichkeit hat mich davon überzeugt abzufahren **2** *(pressione)* Drang *m.*: **cedere alle -e di qcn.** jds Drängen nach‿geben **3** *(persistenza)* Andauern *n.*: **l'~ del maltempo** das Andauern des schlechten Wetters ◆ **con ~** beharrlich, eindringlich: **chiedere qcs. con ~** etw. beharrlich verlangen; *(con persistenza)* unaufhörlich: **la pioggia batteva con ~ contro i vetri** der Regen klopfte unaufhörlich gegen die Scheiben.

in|si|ste|re intr. (aus. *avere*) **1** dringen: **~ per il pagamento immediato** auf sofortige Zahlung dringen **2** *(perseverare)* beharren, bestehen, insistieren: **~ in qcs.** auf etw. (D) beharren (*o* bestehen); **~ nella propria idea** auf seiner Meinung beharren; **~ con qcn. per qcs.** bei jdm auf etw. (D) bestehen; **è inutile ~** es hat keinen Sinn, darauf zu beharren; **non ~!** lass es sein! **se proprio insisti...** wenn du darauf bestehst... **3** EDIL. GEOM. an‿liegen.

in|si|to agg. **1** innewohnend; *(innato)* angeboren: **l'istinto di conservazione è ~ nell'uomo** der Überlebenstrieb ist dem Menschen angeboren; **le energie -e in una persona** einem Menschen innewohnende Kräfte **2** *(implicito)* implizit: **l'approvazione era -a nel suo commento** die Zustimmung ging implizit aus seinem Kommentar hervor.

in|sod|di|sfa|cen|te agg. unbefriedigend: **risultato ~** unbefriedigendes Ergebnis.

in|sod|di|sfat|to agg. **1** unbefriedigt, unzufrieden: **essere ~ di qcn., qcs.** mit jdm, etw. unzufrieden sein; **una casalinga -a** eine unzufriedene Hausfrau **2** *(non realizzato, incompiuto)* unerfüllt: **desiderio ~** unerfüllter Wunsch. **in|sod|di|sfa|zio|ne** f. Unzufriedenheit *f.*; **~ generale** allgemeine Unzufriedenheit; **provare ~** unzufrieden sein.

in|sof|fe|ren|te agg. unduldsam: **temperamento ~** unduldsamer Charakter ◆ **essere ~ all'autorità** eine Abneigung gegen Autorität haben. **in|sof|fe|ren|za** f. Unduldsamkeit *f.*; **provare ~ verso qcn., qcs.** gegen jdn, etw. unduldsam sein.

in|so|la|zio|ne f. **1** Sonneneinstrahlung *f.* **2** MED. Sonnenstich *m.*, Insolation *f.*: **prendere un'~** einen Sonnenstich bekommen **3** GEOL. Insolation *f.*, Sonneneinstrahlung *f.*

in|so|len|te I agg. frech, unverschämt **II** m. unverschämte Person *f.*

in|so|len|ti|re *(insolentisco, insolentisci)* **I** tr. beschimpfen, beleidigen: **~ i presenti** die Anwesenden beschimpfen **II** intr. **1** (aus. *essere*) frech werden **2** (aus. *avere*) **~ contro qcn.** jdn beschimpfen, beleidigen.

in|so|len|za f. **1** Frechheit *f.*; **rispondere con ~ a qcn.** jdm frech antworten **2** *(offesa)* Beleidigung *f.*: **coprire qcn. di -e** jdn mit Beleidigungen überschütten.

in|so|li|ta|men|te avv. ungewöhnlich: **fa ~ freddo, caldo** es ist ungewöhnlich kalt, heiß; **un consumo ~ alto** ein ungewöhnlich hoher Verbrauch. **in|so|li|to** agg. ungewöhnlich, unüblich, ungewohnt: **un comportamento ~** ein ungewohntes Verhalten; **una domanda, un'ora -a** eine ungewöhnliche Frage, eine ungewohnte Stunde; **è successo un fatto ~** etwas Ungewöhnliches ist passiert.

in|so|lu|bi|le agg. **1** unlösbar, unauflösbar: **problema, compito ~** unlösbares Problem, unlösbare Aufgabe **2** CHIM. unlöslich.

in|so|lu|bi|li|tà f. **1** Unlösbarkeit *f.*, Unauflösbarkeit *f.*: **l'~ di un problema** die Unlösbarkeit eines Problems **2** CHIM. Unlöslichkeit *f.*

in|so|lu|to agg. **1** ungelöst **2** CHIM. nicht gelöst **3** COMM. unbezahlt, ungelöst: ***debito ~*** unbezahlte Schulden.

in|sol|ven|te agg. zahlungsunfähig, insolvent: ***cliente ~*** zahlungsunfähiger Kunde; ***diventare ~*** zahlungsunfähig werden. **in|sol|ven|za** f. Insolvenz *f.*, Zahlungsunfähigkeit *f.* ◆ ***dichiarazione d'~*** Bankrotterklärung *f.*; DIR. ***~ fraudolenta*** betrügerische Verheimlichung der Zahlungsunfähigkeit; ***stato d'~*** Zahlungsunfähigkeit *f.*

in|sol|vi|bi|le agg. insolvent, zahlungsunfähig: ***debitore ~*** zahlungsunfähiger Schuldner. **in|sol|vi|bi|li|tà** f. Insolvenz *f.*, Zahlungsunfähigkeit *f.* ◆ ***assicurazione contro l'~*** Zahlungsunfähigkeitsversicherung *f.*

in|som|ma **I** avv. **1** *(in conclusione)* also, schließlich, somit: ***~ sei stato tu a rimetterci*** somit hast du drauf gezahlt **2** *(in breve)* kurz und gut **II** inter. (na) also, endlich ***~, sei pronto?!*** bist du endlich fertig? ***~, finiscila una buona volta!*** hör endlich auf damit! ◆ ***ma ~!*** also bitte! ***come stai? – ~...*** wie geht's dir? – na ja...

in|son|da|bi|le agg. unerforschlich, unergründlich (anche FIG.): ***mistero ~*** unergründliches Geheimnis.

in|son|ne agg. schlaflos: ***notti -i*** schlaflose Nächte. **in|son|nia** f. Schlaflosigkeit *f.*: ***soffrire d'~*** an Schlaflosigkeit leiden. **in|son|no|li|to** agg. schläfrig, verschlafen, schlaftrunken.

in|so|no|riz|zan|te **I** agg. schalldämmend, Schalldämm-, Lärmschutz-: ***materiale ~*** Schalldämmstoff *m.*; ***parete ~*** Lärm(schutz)wand *f.* **II** m. Lärmschutz *m.* **in|so|no|riz|za|re** tr. schalldicht machen. **in|so|no|riz|za|to** p.pass. agg. **1** → **insonorizzare** **2** schalldicht: ***ambiente ~*** schalldichter Raum. **in|so|no|riz|za|zio|ne** f. Schalldämmung *f.*, Lärmschutz *m.*

in|sop|por|ta|bi|le agg. unerträglich, unausstehlich: ***una persona ~*** eine unausstehliche (*o* unerträgliche) Person; ***un dolore ~*** ein unerträglicher Schmerz; ***oggi fa un caldo ~*** heute ist es unerträglich heiß; ***diventare ~*** unerträglich werden; ***rendere la vita ~ a qcn.*** jdm das Leben unerträglich machen.

in|sop|pri|mi|bi|le agg. ununterdrückbar: ***odio ~*** ununterdrückbarer Hass. **in|sop|pri|mi|bi|li|tà** f. Ununterdrückbarkeit *f.*

in|sor|gen|te agg. auftretend, eintretend: ***malattia ~*** auftretende Krankheit; ***aggravamento ~*** eintretende Verschlimmerung. **in|sor|gen|za** f. Auftreten *n.*

in|sor|ge|re intr. *(insorgo, insorgi; insorsi, insorto;* aus. *essere)* **1** sich erheben: ***~ contro qcn., qcs.*** sich gegen jdn, etw. erheben; ***~ contro l'oppressore*** sich gegen den Unterdrücker erheben **2** *(sopravvenire)* auf‿treten, entstehen: ***sono insorte delle difficoltà*** es sind Schwierigkeiten aufgetreten.

in|sor|mon|ta|bi|le agg. unüberwindbar, unüberwindlich: ***difficoltà, ostacoli -i*** unüberwindliche Schwierigkeiten, Hindernisse.

in|sor|to **I** p.pass. agg. **1** → **insorgere** **2** aufständisch: ***popoli -i*** aufständische Völker **II** m. Aufständische *m.*: ***reprimere gli -i*** die Aufständischen unterdrücken.

in|so|spet|ta|bi|le agg. **1** unverdächtig, über jeden Verdacht erhaben: ***persona ~*** unverdächtige Person **2** *(imprevisto)* unvermutet, ungeahnt: ***dar prova di un ~ sangue freddo*** unvermutete Kaltblütigkeit an den Tag legen. **in|so|spet|ta|bi|li|tà** f. Unverdächtigkeit *f.* **in|so|spet|ta|to** **1** unverdächtigt **2** *(imprevisto)* unvermutet, ungeahnt: ***generosità -a*** unvermutete Großzügigkeit.

in|so|spet|ti|re *(insospettisco, insospettisci)* **I** tr. ***~ qcn.*** jds (*o* bei jdm) Verdacht erregen; assol. ***atteggiamento che insospettisce*** Verdacht erregendes Verhalten (*o* Verhalten, das Verdacht erregt) **II** pronom. **insospettirsi** Verdacht schöpfen: ***~ per qcs.*** wegen etw. Verdacht schöpfen.

in|so|ste|ni|bi|le agg. **1** unhaltbar: ***ipotesi ~*** unhaltbare Hypothese **2** *(insopportabile)* untragbar: ***situazione ~*** untragbarer Zustand; *(di oneri, ecc.)* ***spese -i*** untragbare Ausgaben. **in|so|ste|ni|bi|li|tà** f. **1** Unhaltbarkeit *f.* **2** *(intollerabilità)* Untragbarkeit *f.*

in|so|sti|tu|i|bi|le agg. unersetzbar: ***persona ~*** unersetzbarer Mensch; ***consigli -i*** unersetzbare Ratschläge. **in|so|sti|tui|bi|li|tà** f. Unersetzbarkeit *f.*

in|soz|za|re **I** tr. **1** besudeln: ***~ un vestito*** ein Kleid besudeln **2** FIG. *(reputazione)* beflecken, beschmutzen: ***~ la memoria di qcn.*** jds Andenken beschmutzen **II** pronom. **insozzarsi** **1** sich besudeln **2** FIG. sich beschmutzen, sich beflecken: ***-rsi di qcs.*** sich mit etw. beschmutzen.

in|spe|ra|bi|le agg. unverhofft: ***fortuna ~*** unverhofftes Glück. **in|spe|ra|ta|men|te** avv. unverhoffterweise. **in|spe|ra|to** agg. unverhofft: ***avere un successo ~*** einen unverhofften Erfolg haben.

in|spes|si|men|to → **ispessimento**. **in|spes|si|re** → **ispessire**.

in|spie|ga|bi|le agg. unerklärlich, unerklärbar: ***fenomeno ~*** unerklärliches Phänomen; ***per motivi -i*** aus unerklärlichen Gründen. **in|spie|ga|bil|men|te** avv. unerklärlicherweise. **in|spie|ga|to** agg. unerklärt.

in|spi|ra|re tr. ein‿atmen: ***~ profondamente*** tief einatmen. **in|spi|ra|to|re** agg. MED. inspiratorisch: ***muscoli -i*** inspiratorische Muskeln. **in|spi|ra|to|rio** agg. *(-ri,-rie)* Atem-, inspiratorisch: ***movimenti -ri*** Atembewegungen *pl.* **in|spi|ra|zio|ne** f. Einatmung *f.*, Einatmen *n.*

in|sta|bi|le agg. **1a** unstabil, instabil: ***sedia ~*** unstabiler Stuhl **b** CHIM. FIS. instabil: ***legame ~*** instabile Verbindung **2** *(tempo)* unbeständig **3** FIG. labil: ***carattere ~*** labiler Charakter ◆ ***in equilibrio ~*** in einem labilen Gleichgewicht. **in|sta|bi|li|tà** f. **1a** Unstabilität *f.*, Instabilität *f.* **b** CHIM. FIS. Instabilität *f.* **2** *(del tempo)* Unbeständigkeit *f.* **3** *(di carattere)* Labilität *f.*

in|stal|la|re **I** tr. **1** installieren, ein‿bauen: ***~ il telefono*** das Telefon einbauen; ***~ l'impianto di riscaldamento*** die Heizung installieren **2** *(in una carica)* ein‿setzen; BUROCR. bestallen: ***~ qcn. in una carica*** jdn in ein Amt einsetzen **II** pronom. **installarsi** **1** sich nieder‿lassen, sich installieren: ***-rsi in un appartamento*** sich in einer Wohnung niederlassen **2** *(insediarsi)* sein Amt an‿treten. **in|stal|la|to|re** m. Installateur *m.*

in|stal|la|zio|ne f. **1** Installation *f.*, Einrichtung *f.*, Einbau *m.*: ***eseguire l'~ di un riscaldamento*** die Installation einer Heizung vor‿nehmen; ***~ di una sauna*** Einbau einer Sauna **2** *(impianto)* Anlage *f.*: ***~ elettronica*** elektronische Anlage ◆ ***costi d'~*** → ***spese d'~***; ***-i portuali*** Hafeneinrichtungen *pl.*; ***lavori d'~*** Installationsarbeiten *pl.*, Einbauarbeiten *pl.*; ***spese d'~*** Installationskosten *pl.*, Einbaukosten *pl.*

in|stan|ca|bi|le agg. unermüdlich: ***lavoratore ~*** unermüdlicher Arbeiter. **in|stan|ca|bi|li|tà** f. Unermüdlichkeit *f.*

in|stau|ra|re **I** tr. **1** auf‿nehmen, her‿stellen, schaffen: ***~ un relazione con qcn.*** eine Beziehung zu jdm aufnehmen; ***~ un buon rapporto con i vicini*** ein gutes Verhältnis zu den Nachbarn herstellen; ***~ rapporti d'affari*** Geschäftsverbindungen aufnehmen **2a** POL. errichten: ***~ la repubblica*** die Republik errichten **b** ***~ un governo*** eine Regierung ein‿setzen **3** FIG. *(introdurre)* ein‿führen: ***~ una nuova moda*** eine neue Mode einführen **II** pronom. **instaurarsi** sich her‿stellen, entstehen: ***si è instaurata un'atmosfera di tensione*** eine gespannte Atmosphäre hat sich hergestellt; ***si instaurò un regime dittatoriale*** eine Diktatur entstand. **in|stau|ra|to|re** m. Errichter *m.* **in|stau|ra|zio|ne** f. Schaffen *n.*, Errichtung *f.*: ***l'~ della monarchia costituzionale*** die Errichtung der konstitutionellen Monarchie.

in|ste|ri|li|re → **isterilire.**

in|stil|la|re → **istillare.**

in|stra|da|re → **istradare.**

in|sù avv. **1** hinauf, nach oben: ***guarda ~!*** schau mal nach oben! **2** *(in avanti, in poi)* ***da due anni, mesi ~*** ab zwei Jahren, Monaten ◆ ***naso all'~*** Stupsnase *f.*

in|su|bor|di|na|to agg. aufsässig, ungehorsam: ***truppe -e*** aufsässige Truppen. **in|su|bor|di|na|zio|ne** f. **1** Aufsässigkeit *f.*, Ungehorsam *m.* **2** DIR. MIL. Gehorsamsverweigerung *f.*, Insubordination *f.*: ***punire per ~*** wegen Gehorsamsverweigerung bestrafen.

in|suc|ces|so m. Misserfolg *m.*: ***destinato all'~*** zum Misserfolg verurteilt.

in|su|di|cia|re *(insudicio, insudici)* **I** tr. **1** bekleckern, besudeln: ***~ un vestito*** ein Kleid besudeln **2** FIG. *(reputazione...)* beschmutzen, beflecken: ***~ il buon nome di qcn.*** jds guten Ruf beschmutzen **II** pronom. **insudiciarsi** **1** sich schmutzig machen **2** *(compromettersi)* sich in Verruf bringen.

in|suf|fi|cien|te agg. **1** ungenügend, unzureichend: ***illuminazione ~*** unzureichende Beleuchtung; ***rifornimento ~*** unzureichende Versorgung **2** SCOL. mangelhaft; *(gravemente)* ungenügend: ***il compito di matematica è ~*** die Mathematikarbeit ist mangelhaft.

in|suf|fi|cien|te|men|te avv. unzureichend, nicht ausreichend: ***la stanza è illuminata ~*** das Zimmer ist unzureichend beleuchtet.

in|suf|fi|cien|za f. **1** Mangel *m.* **2** SCOL. Mangelhaft *n.*; *(grave)* Ungenügend *n.*: ***dare un'~*** eine Arbeit mit Mangelhaft benoten; ***dare un'~ a qcn.*** jdm ein Mangelhaft geben **3** MED. Versagen *n.*, Schwäche *f.*; Insuffizienz *f.* ◆ ***~ cardiaca*** Herzinsuffizienz *f.*, Herzschwäche *f.*; ***~ circolatoria*** Kreislaufschwäche *f.*; ***~ coronarica*** Koronarinsuffizienz *f.*; ***~ epatica*** Leberinsuffizienz *f.*; ***~ di prove*** Mangel an Beweisen; ***~ renale*** Niereninsuffizienz *f.*; ***~ respiratoria*** Atemnot *f.*

in|suf|fla|re tr. **1** blasen, ein‿blasen (anche MED.): ***~ aria in qcs.*** Luft in etw. (A) blasen **2** FIG. *(ispirare)* ein‿flößen: ***~ qcs. a qcn.*** jdm etw. einflößen. **in|suf|fla|zio|ne** f. Einblasen *n.*, Insufflation *f.*

in|su|la|re agg. Insel-, insular: ***clima ~*** insulares Klima ◆ ***Italia ~*** die italienischen Inseln. **in|su|la|ri|tà** f. Inselcharakter *m.*

in|su|li|na f. Insulin *n.*: ***iniettarsi l'~*** sich (D) Insulin spritzen. **in|su|**

li|ni|co agg. *(-ci,-che)* Insulin-: ***preparato ~*** Insulinpräparat *n.*; ***shock ~*** Insulinschock *m.*; ***carenza -a*** Insulinmangel *m.* **in|su|li|no|te|ra|pi|a** f. Insulintherapie *f.*, Behandlung *f.* mit Insulin.

in|sul|sag|gi|ne f. **1** *(di cose)* Abgeschmacktheit *f.*, Albernheit *f.* **2** *(di persone)* Fadheit *f.*, Geistlosigkeit *f.*

in|sul|so agg. **1** *(di cose)* abgeschmackt, platt, albern: ***fare complimenti -i*** abgeschmackte Komplimente machen; ***chiacchiere -e*** albernes Geschwätz **2** *(di persone)* geistlos, fade: ***persona -a*** geistloser Mensch **3** *(di cibi, sapori)* fade.

in|sul|tan|te agg. beleidigend.

in|sul|ta|re I tr. beleidigen, beschimpfen: ***~ qcn. per qcs.*** jdn wegen etw. beleidigen (*o* beschimpfen); ***~ la memoria di qcn.*** jds Andenken beleidigen **II** pronom. **insultarsi** sich beschimpfen, sich beleidigen. **in|sul|to** m. Beschimpfung *f.*, Beleidigung *f.*: ***lanciare un ~ a qcn.*** jdm eine Beleidigung zu‿fügen.

in|su|pe|ra|bi|le agg. **1** unüberwindlich, unüberwindbar (anche FIG.): ***difficoltà -i*** unüberwindliche Schwierigkeiten **2** *(eccezionale, imbattibile)* unübertrefflich, unschlagbar, nicht zu übertreffen: ***nel nuoto è ~*** im Schwimmen ist er unschlagbar.

in|su|pe|ra|to agg. unübertroffen; ***primato ~*** ein unübertroffener (*o* nie eingestellter) Primat.

in|su|per|bi|re *(insuperbisco, insuperbisci)* **I** tr. hochmütig machen, überheblich machen: ***i successi lo hanno insuperbito*** die Erfolge haben ihn hochmütig gemacht **II** pronom. **insuperbirsi** hochmütig werden, überheblich werden: ***-rsi per qcs.*** wegen etw. hochmütig (*o* überheblich) werden.

in|sur|re|zio|na|le agg. **1** aufständisch, Aufstands-: ***movimento ~*** Aufstandsbewegung *f.* **in|sur|re|zio|ne** f. Aufstand *m.*: ***~ popolare*** Volksaufstand *m.*

in|sus|si|sten|te agg. **1** inexistent, nicht bestehend **2** *(infondato)* unbegründet, grundlos: ***sospetto, prova ~*** unbegründeter Verdacht, Beweis ◆ ***accusa ~*** Unterstellung *f.* **in|sus|si|sten|za** f. **1** Inexistenz *f.*, Nichtbestehen *n.* **2** *(infondatezza)* Grundlosigkeit *f.*

in|ta|bar|ra|re I tr. in den Mantel hüllen **II** pronom. **intabarrarsi** sich ein‿mummen: ***-rsi in un cappotto*** sich in einen Mantel einmummen.

in|tac|ca|bi|le agg. angreifbar (anche FIG.).

in|tac|ca|re tr. *(intacco, intacchi)* **1** an‿greifen, an‿brechen (anche FIG.): ***la ruggine intacca il ferro*** Rost greift das Eisen an; ***~ le riserve, il proprio patrimonio*** die Reserven, das eigene Vermögen angreifen **2** *(incidere)* ein‿kerben: ***~ una lama*** eine Klinge einkerben **3** FIG. *(pregiudicare)* schaden: ***~ la reputazione di qcn.*** dem guten Ruf von jdm schaden. **in|tac|ca|tu|ra** f. **1** Einkerben *n.*, Kerben *n.* **2** *(tacca)* Kerbe *f.* **3** FAL. Zapfenfuge *f.* **in|tac|co** m. *(-chi)* Kerbe *f.*: ***fare un ~ nel legno*** eine Kerbe ins Holz schlagen.

in|ta|glia|re tr. *(intaglio, intagli)* **1** *(legno)* schnitzen **2** *(metallo)* stechen, gravieren **3** *(pietra)* hauen, meißeln. **in|ta|glia|to|re** m. **1** Schnitzer *m.* **2** *(di pietre e di metalli)* Graveur *m.*

in|ta|glio m. *(-gli)* **1a** *(su legno)* Schnitzen *n.*, Schnitzerei *f.* **b** *(su metallo)* Eingravieren *n.*; ***fare un ~ su metallo*** in Metall gravieren **2a** *(prodotto in legno)* Schnitzerei *f.*, Schnitzarbeit *f.*: ***~ in legno*** Holzschnitzerei *f.* **b** *(prodotto in metallo)* Gravur *f.* **3** *(tacca)* Kerbe *f.*, Einschnitt *m.*: ***la chiave ha tre -gli*** der Schlüssel hat drei Kerben.

in|tan|gi|bi|le agg. **1** unberührbar **2** FIG. unantastbar: ***diritto ~*** unantastbares Recht; ***eredità ~*** unantastbare Erbschaft. **in|tan|gi|bi|li|tà** f. **1** Unberührbarkeit *f.* **2** FIG. Unantastbarkeit *f.*

in|tan|to avv. **1** *(nel frattempo)* inzwischen, unterdessen, währenddessen: ***io vengo a prenderti, tu ~ preparati*** ich hole dich ab, mach dich inzwischen fertig; ***ascoltava la radio e ~ lavorava*** sie hörte Radio und arbeitete währenddessen **2** *(avversativo)* stattdessen, indessen, aber: ***ha promesso di lavorare e ~ esce con gli amici*** er hat versprochen zu arbeiten, stattdessen geht er mit seinen Freunden aus **3** *(conclusivo)* zu guter Letzt, schließlich: ***~ anche questa era fatta*** schließlich hatten wir auch das geschafft ◆ ***~ che*** während, solange: ***~ che aspetti guarda l'orario*** während du wartest, schau dir den Fahrplan an; ***per ~*** solange, bis dahin.

in|tar|la|re intr. (aus. *essere*) e pronom. **intarlarsi** wurmstichig werden. **in|tar|la|to** p.pass. agg. **1** → **intarlare** **2** wurmstichig. **in|tar|la|tu|ra** f. Wurmstich *m.*

in|tar|ma|tu|ra f. Mottenloch *n.*

in|tar|sia|re tr. *(intarsio, intarsi)* ein‿legen, intarsieren, mit Intarsien verzieren: ***~ un mobile*** ein Möbelstück mit Intarsien verzieren. **in|tar|sia|to** p.pass. agg. **1** → **intarsiare** **2** eingelegt, mit Intarsien verziert: ***~ in madreperla*** mit Perlmutt eingelegt. **in|tar|sia|to|re** m. Intarseur *m.* **in|tar|sia|tu|ra** f. Einlegearbeit *f.* **in|tar|sio** m. *(-si)* Einlegearbeit *f.*, Intarsie *f.*

in|ta|sa|men|to m. **1** Verstopfung *f.*: ***~ del lavandino*** Verstopfung des Ausgusses **2** *(del traffico)* Stau *m.*, Verstopfung *f.*

in|ta|sa|re I tr. verstopfen: ***~ una strada*** eine Straße verstopfen **II** pronom. **intasarsi** sich verstopfen: ***il tubo si è intasato*** das Rohr hat sich verstopft. **in|ta|sa|to** p.pass. agg. **1** → **intasare** **2** verstopft: ***ho il naso ~*** meine Nase ist verstopft; *(per il traffico)* ***il centro storico è ~ dalle auto*** die Altstadt ist von (den) Autos verstopft.

in|ta|sca|re tr. *(intasco, intaschi)* **1** ein‿stecken: ***~ la mancia*** das Trinkgeld einstecken **2** *(riscuotere)* kassieren, ein‿kassieren **3** *(arraffare)* ein‿streichen.

in|tat|to agg. **1** unversehrt, unberührt: ***la busta è ancora -a*** der Umschlag ist noch unberührt; FIG. ***onore ~, reputazione -a*** unversehrte Ehre, unversehrter Ruf **2** *(incontaminato)* unberührt: ***neve, natura -a*** unberührter Schnee, unberührte Natur **3** *(non danneggiato)* intakt: ***rimanere ~*** intakt bleiben; ***la carrozzeria è danneggiata, il motore è ~*** die Karosserie ist beschädigt, der Motor ist intakt **4** *(non intaccato)* unangetastet: ***capitale ~*** unangetastetes Kapital.

in|ta|vo|la|re tr. *(intavolo)* an‿knüpfen, auf‿nehmen: ***~ una conversazione*** ein Gespräch anknüpfen; ***~ delle trattative, una discussione su qcs.*** Verhandlungen, eine Diskussion über etw. aufnehmen (*o* eine Debatte über etw. an‿fangen, ein‿leiten).

in|ta|vo|la|tu|ra f. MUS. Tabulatur *f.*

in|te|ger|ri|mo agg. (superl. di *integro*) integer, unbestechlich: ***un funzionario ~*** ein unbestechlicher Beamter.

in|te|gra|bi|le agg. **1** ergänzbar, intergrierbar **2** MAT. integrierbar: ***funzione ~*** integrierbare Funktion.

in|te|gra|le I agg. **1** vollständig, ungekürzt: ***edizione ~*** vollständige Ausgabe; ***versione ~*** ungekürzte Fassung **2** *(di alimento)* Vollkorn-: ***riso ~*** Vollkornreis *m.*; ***farina, pasta, pane ~*** Vollkornmehl *n.*, Vollkornnudeln *pl.*, Vollkornbrot *n.* **3** *(radicale)* komplett, vollständig: ***rinnovamento ~*** komplette Erneuerung **4** MAT. integral, Integral-: ***calcolo, equazione ~*** Integralrechnung *f.*, Integralgleichung *f.* **II** m. MAT. Integral *n.* ◆ ***abbronzatura ~*** nahtlose Bräune; ***casco ~*** Integralhelm *m.*; ***cibi -i*** Vollwertkost *m.*; COLLOQ. ***cretino ~*** Blödmann *m.*; ***nudo ~*** völlige Nacktheit; ***trazione ~*** Vierradantrieb *m.*; ***veicolo a trazione ~*** Fahrzeug mit Vierradantrieb.

in|te|gra|li|smo m. Integralismus *m.*: ***~ islamico*** islamischer Integralismus. **in|te|gra|li|sta** m. e f. *(-i,-e)* Integralist *m.* (-in *f.*). **in|te|gra|li|sti|co** agg. *(-ci,-che)* integralistisch.

in|te|gra|li|tà f. Vollständigkeit *f.* **in|te|gral|men|te** avv. vollständig, ganz: ***riportare ~ una citazione*** ein Zitat vollständig an‿führen.

in|te|gran|te agg. integrierend: ***essere parte ~ di qcs.*** integrierender Bestandteil von etw. sein.

in|te|gra|re *(integro)* **I** tr. **1** ergänzen, vervollständigen: ***~ un testo lacunoso*** einen lückenhaften Text ergänzen; ***~ il personale di un ufficio*** das Personal eines Büros vervollständigen **2** *(inserire)* integrieren, ein‿gliedern: ***~ i disabili nella società*** die Behinderten in die Gesellschaft integrieren **3** MAT. integrieren **II** pronom. **integrarsi** **1** sich integrieren: ***-rsi in qcs.*** sich in etw. (A) integrieren; ***-rsi bene, facilmente*** sich gut, leicht integrieren **2** *(completarsi)* sich ergänzen.

in|te|gra|ti|vo agg. Zusatz-, integrativ: ***anno ~*** Zusatzjahr *n.*; ***assicurazione -a*** Zusatzversicherung *f.*; ***esame ~*** Zusatzprüfung *f.*; ***pensione -a*** Zusatzrente *f.*

in|te|gra|to I p.pass. agg. **1** → **integrare** **2** integriert: ELETTRON. ***circuito ~*** integrierte Schaltung **3** INFORM. speziell: ***software ~ per l'editoria*** spezielle Software für Textgestaltung **II** m. **1** Integrierte *m.* **2** SPREG. *(conformista)* Mitläufer *m.*

in|te|gra|to|re m. Zusatz *m.*: ***~ alimentare*** Nahrungszusatz *m.*

in|te|gra|zio|ne f. **1** Integration *f.* (anche MAT.): ***~ economica, europea*** wirtschaftliche, europäische Integration; ***~ razziale*** Rassenintegration *f.*; ***processo d'~*** Integrationsprozess *m.* **2** *(completamento)* Ergänzung *f.* ◆ ***cassa ~*** = Kurzarbeitergeldkasse *f.*

in|te|gri|tà f. **1** Unversehrtheit *f.*: ***~ fisica*** körperliche Unversehrtheit **2** FIG. *(incorruttibilità)* Integrität *f.*, Unbestechlichkeit *f.*

in|te|gro agg. **1** *(intero)* ganz **2** *(intatto)* unversehrt: ***confezione -a*** unversehrte Packung **3** *(non danneggiato)* unbeschädigt **4** FIG. *(incorruttibile)* integer, unbestechlich.

in|te|la|ia|re tr. *(intelaio, intelai)* rahmen, ein‿rahmen, ein‿fassen. **in|te|la|ia|tu|ra** f. **1** Rahmen *m.*, Gestell *n.*: ***l'~ di un quadro*** der Rahmen eines Bildes **2** *(l'intelaiare)* Rahmen *n.*, Einrahmen *n.*, Einfassen *n.* **3** *(di porte, finestre)* Blendrahmen *m.*, Zarge *f.* **4** EDIL. Gerippe *n.*, Gerüst *n.*: ***~ in cemento armato*** Gerippe aus Eisenbeton; ***~ in legno*** Fachwerk *n.* **5** AER. Gerippe *n.* **6** FIG. Struktur *f.*, Gerüst *n.*: ***l'~ di un romanzo*** die Struktur eines Romans.

in|tel|le|gi|bi|le → **intelligibile**.

in|tel|let|ti|vo agg. Verstandes-, Intelligenz-: ***facoltà -a*** Verstandesfähigkeit *f.*; ***quoziente ~*** Intelligenzquotient *m.*

in|tel|le̲t|to m. **1** Verstand *m.*, Intellekt *m.*: ***privo di ~*** ohne Verstand; ***perdere il ben dell'~*** den Verstand verlieren **2** TEOL. Einsicht *f.* **3** *(persona intelligente)* Geist *m.*, Denker *m.*

in|tel|let|tua̲|le I agg. **1** geistig, Denk-: ***attività, lavoro ~*** geistige Arbeit **2** *(colto)* intellektuell: ***ambienti -i*** intellektuelle Kreise **II** m. e f. Intellektuelle *m.* e *f.*; ***una cerchia di -i*** ein Kreis von Intellektuellen ◆ IRON. ***avere un'aria ~*** intellektuell wirken. **in|tel|let|tua|li̲|smo** m. Intellektualismus *m.* **in|tel|let|tua|li̲|sti|co** agg. *(-ci, -che)* intellektualistisch: ***atteggiamento ~*** intellektualistische Haltung. **in|tel|let|tua|li|tà** f. **1** Intellektualität *f.* **2** *(intellettuali)* Intelligenz *f.* **in|tel|let|tua|liz|za̲|re** tr. intellektualisieren. **in|tel|let|tua|liz|za|zio̲|ne** f. Intellektualisierung *f.* **in|tel|let|tual|me̲n|te** avv. geistig: ***essere ~ superiore a qcn.*** jdm geistig überlegen sein; ***una persona ~ vivace*** eine geistig rege Person. **in|tel|let|tua|lo̲i|de I** agg. pseudointellektuell **II** m. e f. Pseudointellektuelle *m.* e *f.*

in|tel|li|ge̲n|te agg. **1** intelligent: ***persona ~*** intelligenter Mensch; ***credersi ~*** sich (D) intelligent vor‿kommen; ***ritenere qcn. ~*** jdn für intelligent halten; ***poco ~*** nicht sehr intelligent; *(dotato di intelligenza artificiale)* ***macchina ~*** intelligente Maschine **2** *(che rivela intelligenza)* klug, intelligent: ***un'idea, una proposta ~*** ein kluger Gedanke, Vorschlag; ***un piano ~*** ein intelligenter Plan. **in|tel|li|gen|te|me̲n|te** avv. intelligent.

in|tel|li|ge̲n|za f. **1** Intelligenz *f.*: ***~ scarsa, media, acuta*** geringe, durchschnittliche, scharfe Intelligenz; ***dare prova di ~*** sich als intelligent erweisen **2** *(intelligibilità)* Verständlichkeit *f.*, Verständnis *n.*; ***un testo di difficile ~*** ein schwer verständlicher Text ◆ ***~ artificiale*** künstliche Intelligenz; ***grado d'~*** Intelligenzgrad *m.*; IRON. ***mostro d'~*** Intelligenzbestie *f.*; ***quoziente d'~*** Intelligenzquotient *m.*; ***test d'~*** Intelligenztest *m.*

in|tel|li|ghe̲n|zia f. **1** STOR. Intelligenzija *f.* **2** ESTENS. Intelligenz *f.*: ***esponente dell'~*** Angehöriger *m.* der Intelligenz.

in|tel|li|gi̲|bi|le I agg. verständlich: ***una scrittura difficilmente ~*** eine schwer verständliche Schrift **II** m. FILOS. intellektuell Erfassbare *n.* **in|tel|li|gi|bi|li|tà** f. Verständlichkeit *f.*

in|te|me|ra̲|to agg. LETT. unbescholten, untadelig.

in|tem|pe|ra̲n|te agg. unmäßig, maßlos, zügellos: ***essere ~ nel cibo*** unmäßig essen; ***stile di vita ~*** unmäßiger Lebensstil. **in|tem|pe|ra̲n|za** f. Unmäßigkeit *f.*, Maßlosigkeit *f.*, Zügellosigkeit *f.*

in|tem|pe̲|rie f.pl. Wetterunbilden *pl.*: ***essere esposto alle ~*** den Unbilden des Wetters (*o* den Wetterunbilden) ausgesetzt sein ◆ ***resistente alle ~*** wetterfest, wetterbeständig.

in|tem|pe|sti|vi|tà f. (zeitliche) Ungelegenheit *f.*; *(ritardo)* Verspätung *f.*: ***l' ~ dei soccorsi*** die Verspätung der Rettungsmannschaft. **in|tem|pe|sti̲|vo** agg. (zeitlich) ungelegen; *(in ritardo)* verspätet: ***un invito ~*** eine ungelegene Einladung.

in|ten|de̲n|te m. **1** MIL. Intendant *m.* **2** ***~ di finanza*** Finanzbeamte *m.* **in|ten|de̲n|za** f. **1** MIL. Intendanz *f.* **2** ***~ di finanza*** Finanzamt *n.*

in|te̲n|de|re I tr. **1** verstehen: ***~ qcs. al volo*** etw. auf Anhieb verstehen; ***fare, lasciare ~ qcs. a qcn.*** jdm etw. zu verstehen geben; ***cosa intendi per felicità?*** was verstehst du unter Glück? **2** *(avere intenzione di)* beabsichtigen, vor‿haben, die Absicht haben: ***non intendo cedere*** ich habe nicht vor nachzugeben; ***non intendeva offenderti*** er hatte nicht die Absicht, dich zu beleidigen **3** *(sentire)* vernehmen, hören: ***~ un rumore*** ein Geräusch vernehmen **II** pronom. **intendersi 1a** *(capirsi)* sich verstehen: ***intendiamoci...*** damit wir uns richtig verstehen... **b** *(andare d'accordo)* ***-rsi con qcn.*** sich mit jdm verstehen, mit jdm gut aus‿kommen; ***s'intendono alla perfezione*** sie verstehen sich glänzend (*o* sie kommen hervorragend miteinander aus) **2** *(comunicare)* sich verständigen: ***-rsi a gesti*** sich mit Gesten verständigen **3** *(essere esperto)* ***-rsi di qcs.*** sich in etw. (D) aus‿kennen, in etw. (D) Bescheid wissen: ***-rsi di musica, di pittura*** sich in der Musik, in der Malerei auskennen; ***una persona che se ne intende*** ein Mensch, der Bescheid weiß **4** *(accordarsi)* einig werden, sich einigen: ***non ci siamo intesi sul prezzo*** wir haben uns über den Preis nicht geeinigt **III** pronom. **interdersela 1** *(avere una relazione)* etwas haben: ***se la intendono*** sie haben etwas miteinander; ***se la intende col capo*** sie hat was mit dem Chef **2** *(complottare)* ***intendersela con qcn.*** mit jdm unter einer Decke stecken ◆ ***s'intende che...*** es versteht sich von selbst, dass...; ***dare a ~ qcs. a qcn.*** jdm etw. ein‿reden; ***cosa intendi dire (con questo)?*** was willst du (damit) sagen? was meinst du (damit)? ***cosa intendi fare?*** was hast du vor? ***~ qcs. male*** etw. missverstehen; ***non voler ~ ragione*** keine Vernunft an‿nehmen wollen; ***tanto per intenderci...*** damit wir uns nicht missverstehen...; DIR. ***capace, incapace d'~ e di volere*** zurechnungsfähig, unzurechnungsfähig; PROV. ***chi ha orecchi per ~, intenda!*** wer Ohren hat, höre!

in|ten|di|me̲n|to m. **1** *(intenzione)* Absicht *f.*, Intention *f.*: ***è mio ~ chiarire la questione*** es ist meine Absicht, die Frage zu klären **2** *(facoltà di comprendere)* Verständnis *n.*

in|ten|di|to̲|re m. Kenner *m.*: ***aria, sguardo da ~*** Kennermiene *f.*, Kennerblick *m.*; ***un vero ~*** ein wirklicher Kenner ◆ PROV. ***a buon ~ poche parole*** dem Kundigen genügt ein Wort.

in|te|ne|ri|me̲n|to m. Rührung *f.*, Gerührtsein *n.* **in|te|ne|ri̲|re** *(intenerisco, intenerisci)* **I** tr. **1** weich machen **2** FIG. rühren, erweichen **II intenerirsi 1** weich werden **2** FIG. gerührt sein ◆ ***farsi ~ (da qcs.)*** sich (durch etw.) erweichen lassen.

in|ten|sa|me̲n|te avv. intensiv: ***pensare ~ a qcn., qcs.*** an jdn, etw. intensiv denken; ***lavorare ~*** intensiv arbeiten.

in|ten|si|fi|ca̲|re *(intensifico, intensifichi)* **I** tr. intensivieren, steigern: ***~ la produzione, gli sforzi*** die Produktion, die Bemühungen intensivieren **II** pronom. **intensificarsi** intensiver werden, sich verstärken, an Stärke zu‿nehmen: ***il traffico si intensifica*** der Verkehr nimmt zu. **in|ten|si|fi|ca|zio̲|ne** f. Steigerung *f.*, Intensivierung *f.*

in|ten|si|tà f. **1a** Intensität *f.*: ***aumentare, diminuire d'~*** an Intensität zu‿nehmen, ab‿nehmen; ***l'~ di un profumo, di una tinta*** die Intensität eines Duftes, einer Farbe; ***l'~ del suo sentimento*** die Intensität seines Gefühls **b** *(di sguardo)* Eindringlichkeit *f.*, Intensität *f.* **2** FIS. EL. Stärke *f.*, Intensität *f.*: ***un suono dell'~ di un decibel*** ein Ton mit einer Stärke von einem Dezibel ◆ FIS. ***~ di campo*** Feldstärke *f.*; EL. ***~ di corrente*** Stromstärke *f.*; ***~ luminosa*** Lichtstärke *f.*; EL. ***~ del polo*** Polstärke *f.*; FIS. ***~ di radiazione*** Strahlungsintensität *f.*

in|ten|si̲|vo agg. intensiv, Intensiv-: ***allevamento ~*** Intensivhaltung *f.*; ***coltura -a*** Intensivanbau *m.*; ***corso ~*** Intensivkurs *m.*; ***cura, terapia -a*** Intensivbehandlung *f.*, Intensivtherapie *f.* ◆ LING. ***prefisso ~*** verstärkendes, intensivierendes Präfix; ***reparto di terapia -a*** Intensivstation *f.*

in|te̲n|so agg. **1a** intensiv: ***attività, vita -a*** intensive Tätigkeit, intensives Leben; ***luce -a*** intensives Licht; ***dolore ~*** intensiver Schmerz **b** *(di colori)* ***rosso ~*** intensives Rot **2** *(forte)* stark: ***odio, amore ~*** starker Hass, starke Liebe; ***calore ~*** starke Hitze **3** *(dello sguardo)* eindringlich.

in|ten|ta̲|bi|le agg. DIR. anstrengbar. **in|ten|ta̲|re** tr. an‿strengen, ein‿leiten: ***~ una causa a, contro qcn.*** eine Klage gegen jdn einleiten; ***~ un processo*** einen Prozess anstrengen. **in|ten|ta̲|to** p.pass. → **intentare** ◆ ***non lasciar nulla d'~*** nichts unversucht lassen.

1.in|te̲n|to agg. **1** beschäftigt: ***essere ~ a fare qcs.*** damit beschäftigt sein, etw. zu tun; ***essere ~ a leggere, a scrivere*** beim Lesen, beim Schreiben sein **2** *(rivolto)* gerichtet: ***occhi -i allo spettacolo*** auf die Vorführung gerichtete Augen; ***avere la mente -a a risolvere un problema*** die Gedanken auf die Lösung eines Problems gerichtet haben.

2.in|te̲n|to m. **1** Zweck *m.*: ***riuscire nell'~, raggiungere il proprio ~*** seinen Zweck erreichen; ***mirare a un ~*** einen Zweck verfolgen **2** *(intenzione)* Absicht *f.*: ***con l'~ di fare qcs.*** mit der Absicht, etw. zu tun ◆ ***dichiarazione di -i*** Willenserklärung *f.*

in|ten|zio|na̲|le agg. **1** absichtlich: ***offesa ~*** absichtliche Beleidigung **2** DIR. vorsätzlich: ***omicidio ~*** vorsätzlicher Mord. **in|ten|zio|na|li|tà** f. **1** Absichtlichkeit *f.* **2** DIR. Vorsätzlichkeit *f.* ◆ ***mancanza di ~*** Absichtslosigkeit *f.* **in|ten|zio|nal|me̲n|te** avv. **1** absichtlich; ***non l'ho fatto ~*** ich habe es nicht absichtlich getan **2** DIR. vorsätzlich. **in|ten|zio|na̲|to** agg. gesinnt: ***essere bene, male ~ verso qcn.*** jdm gegenüber freundlich, übel gesinnt sein; ***essere ~ a fare qcs.*** die Absicht haben, etw. zu tun.

in|ten|zio̲|ne f. **1** Absicht *f.*, Intention *f.*: ***avere (l') ~ di fare qcs.*** die Absicht haben, etw. zu tun; ***avere buone, cattive -i*** gute, böse Absichten haben; ***non è nelle mie -i*** es ist nicht meine Absicht; ***non corrisponde alle mie -i*** es entspricht nicht meinen Absichten **2** *(volontà)* Wille *m.*: ***avere la ferma ~ di fare qcs.*** den festen Willen haben, etw. zu tun ◆ ***che -i hai?*** was hast du vor? ***con ~*** absichtlich; ***avere una mezza ~ di fare qcs.*** mit dem Gedanken spielen, etw. zu tun; ***con le migliori -i*** mit den besten Absichten; ***~ omicida*** Tötungsabsicht *f.*; ***fare il processo alle -i*** jds Absichten verurteilen; ***senza ~*** unabsichtlich; PROV. ***di buone -i è lastricato l'inferno*** der Weg zur Hölle ist mit guten Vorsätzen gepflastert.

in|te|ra|ge̲n|te agg. interagierend, aufeinander wirkend. **in|te|ra|gi̲|re** intr. *(interagisco, interagisci*; aus. *essere)* **1** interagieren, in Wechselwirkung stehen: ***~ con qcs.*** mit etw. in Wechselwirkung stehen **2** PSIC. INFORM. interagieren.

in|ter|al|le|a̲|to agg. interalliiert.

in|te|ra|me̲n|te avv. ganz, vollständig.

in|te|ra̲r|ma, in|te|ra̲r|mi agg.inv. = unter Beteiligung mehrerer Truppengattungen.

in|te|ras|se m. Achsabstand *m.*
in|te|ra|to|mi|co agg. *(-ci,-che)* Atom-: ***distanza -a*** Atomabstand *m.*; ***legame ~*** Atomverbindung *f.*
in|te|rat|ti|va|men|te avv. auf Wechselwirkung beruhend. **in|te|rat|ti|vi|tà** f. Wechselwirkung *f.* **in|te|rat|ti|vo** agg. **1** in Wechselwirkung stehend **2** PSIC. INFORM. interaktiv, Interaktions-: ***gioco ~*** Interaktionsspiel *n.*
in|te|ra|zien|da|le agg. zwischenbetrieblich: ***accordo ~*** zwischenbetriebliche Vereinbarung.
in|te|ra|zio|ne f. **1** Wechselwirkung *f.*, Interaktion *f.*: FIS. ***~ debole, forte*** schwache, starke Wechselwirkung **2** PSIC. INFORM. Interaktion *f.*
1.in|ter|ca|la|re I agg. interkalar, Schalt-: ***giorno, mese ~*** Schalttag *m.*, Schaltmonat *m.*; AGR. ***coltura ~*** interkalares Wachstum **II** m. **1** Füllwort *n.* **2** *(ritornello)* Kehrreim *m.*
2.in|ter|ca|la|re tr. **1** ein‿fügen, ein‿schieben: ***~ illustrazioni al testo*** in den Text Illustrationen einfügen **2** *(nel parlare)* ein‿schieben: ***intercala di continuo "cioè"*** er schiebt dauernd „das heißt" ein.
in|ter|cam|bia|bi|le agg. austauschbar, auswechselbar: ***parti -i*** austauschbare Teile. **in|ter|cam|bia|bi|li|tà** f. Austauschbarkeit *f.*, Auswechselbarkeit *f.* **in|ter|cam|bia|bil|men|te** avv. austauschbar, auswechselbar. **in|ter|cam|bia|re** tr. *(intercambio, intercambi)* aus‿tauschen, aus‿wechseln.
in|ter|ca|pe|di|ne f. Zwischenraum *m.*, Hohlraum *m.*
in|ter|ca|te|go|ria|le agg. mehrere Kategorien (*o* Berufsgruppen) betreffend: ***contratto ~*** ein Vertrag, der mehrere Kategorien betrifft.
in|ter|ce|de|re intr. (*intercedei/intercedetti*; *interceduto*; aus. *avere*) sich verwenden, sich ein‿setzen: ***~ presso qcn. per qcs.*** sich bei jdm für etw. verwenden; ***~ a favore di qcn.*** sich für jdn verwenden; ***~ per la grazia di qcn.*** sich für jds Begnadigung einsetzen. **in|ter|ce|di|tri|ce** f. Fürsprecherin *f.*
in|ter|cel|lu|la|re agg. Zwischenzell-, Interzellular-, interzellulär: ***spazio ~*** Zwischenzellraum *m.*, Interzellularraum *m.*
in|ter|cer|vi|ca|le agg. interzervikal.
in|ter|ces|sio|ne f. **1** Fürsprache *f.*: ***per ~ di qcn.*** auf jds Fürsprache **2** DIR. Interzession *f.* **3** RELIG. Fürbitte *f.* **in|ter|ces|so|re** m. Fürsprecher *m.*
in|ter|cet|ta|men|to *m.* → **intercettazione. in|ter|cet|ta|re** tr. **1** ab‿fangen, auf‿halten: ***~ un aereo*** ein Flugzeug abfangen; ***~ il nemico*** den Feind aufhalten; ***~ una lettera*** einen Brief abfangen **2** ab‿hören: ***~ una conversazione telefonica, una notizia*** ein Telefongespräch, eine Nachricht abhören.
in|ter|cet|ta|to|re I agg. Abfang-: ***caccia ~*** Abfangjäger *m.* **II** m. **1** MIL. Abfangjäger *m.* **2** *(telefonico)* Abhörgerät *n.*
in|ter|cet|ta|zio|ne f. **1** Abfangen *n.*: ***~ di merci rubate*** Abfangen von gestohlenen Waren **2** *(telefonica)* Abhören *n.* **3** MIL. Aufhalten *n.*, Abfangen *n.* ◆ ***apparecchio d'~*** Abhörgerät *n.*
in|ter|cet|to|re m. Abfangjäger *m.*
in|ter|ci|ty [-'siti] **I** agg.inv. ***treno ~*** Intercityzug *m.* **II** m.inv. Intercity *m.*
in|ter|clas|si|smo m. = Prinzip *n.* der Solidarität zwischen den Klassen. **in|ter|clas|si|sta** *(-i,-e)* **I** m. e f. = Befürworter *m.* (-in *f.*) der Solidarität zwischen den Klassen **II** agg. → **interclassistico.** **in|ter|clas|si|sti|co** agg. *(-ci,-che)* klassenübergreifend: ***tendenze -che*** klassenübergreifende Tendenzen.
in|ter|co|lum|nio, in|ter|co|lun|nio m. *(-ni)* Säulenabstand *m.*, Interkolumnie *f.*
in|ter|co|mu|na|le agg. interkommunal.
in|ter|co|mu|ni|can|te agg. (miteinander) kommunizierend, miteinander in Verbindung stehend: ***stanze -i*** kommunizierende Zimmer.
in|ter|con|fes|sio|na|le agg. interkonfessionell. **in|ter|con|fes|sio|na|li|smo** m., **in|ter|con|fes|sio|na|li|tà** f. Interkonfessionalismus *m.*
in|ter|con|nes|sio|ne f. Verbindung *f.* ◆ ***elemento d'~*** Verbindungselement *n.* **in|ter|con|net|te|re** tr. *(interconnessi, interconnesso)* verbinden.
in|ter|con|so|nan|ti|co agg. *(-ci,-che)* zwischenkonsonantisch: ***vocale -a*** zwischenkonsonantischer Vokal.
in|ter|con|ti|nen|ta|le agg. interkontinental, Interkontinental-: ***volo ~*** interkontinentaler Flug (o Interkontinentalflug *m.*); MIL. ***missile ~*** Interkontinentalrakete *f.*
in|ter|cor|ren|te agg. **1** dazwischenliegend; ***gli anni -i tra le due guerre*** die zwischen den beiden Kriegen liegenden Jahre **2** MED. interkurrent.
in|ter|cor|re|re intr. *(intercorsi; intercorso;* aus. *essere)* **1** dazwischen‿liegen; ***tra le due guerre intercorrono vent'anni*** zwischen den beiden Kriegen liegen zwanzig Jahre **2** *(esserci)* bestehen: ***tra noi intercorrono buoni rapporti*** zwischen uns bestehen gute Beziehungen.
in|ter|co|sta|le agg. interkostal: ***dolore ~*** interkostaler Schmerz.
in|ter|cul|tu|ra|le agg. interkulturell.
in|ter|den|ta|le agg. MED. interdental ◆ ***filo ~*** Zahnseide *f.*; LING. ***suono ~*** Zwischenzahnlaut *m.*, Interdental *m.*
1.in|ter|det|to I p.pass. agg. **1** → **interdire 2** DIR. entmündigt **II** m. Entmündigte *m.*
2.in|ter|det|to agg. verblüfft, perplex: ***mi guardò ~*** er schaute mich verblüfft an; ***rimanere ~*** perplex sein.
3.in|ter|det|to m. RELIG. Interdikt *n.*
in|ter|di|gi|ta|le agg., ***membrana ~*** Schwimmhaut *f.*
in|ter|di|pen|den|te agg. voneinander abhängend, interdependent: ***una rete di fattori -i*** ein Netz interdependenter Faktoren.
in|ter|di|pen|den|za f. gegenseitige Abhängigeit *f.*, Interdependenz *f.*
in|ter|di|re tr. *(interdico, interdici; interdissi; interdetto)* **1** untersagen, verbieten: ***~ a qcn. di fare qcs., ~ qcn. dal fare qcs.*** jdm untersagen, etw. zu tun; ***~ (a qcn.) l'accesso, il passaggio*** (jdm) den Zugang, den Durchgang untersagen; ***~ qcn. dai pubblici uffici*** jdm die Bekleidung öffentlicher Ämter untersagen **2** DIR. entmündigen, ab‿erkennen: ***~ qcn. per infermità mentale*** jdn wegen Geisteskrankheit entmündigen.
in|ter|di|sci|pli|na|re agg. interdisziplinär. **in|ter|di|sci|pli|na|ri|tà** f. interdisziplinärer Charakter *m.*
in|ter|dit|to|rio agg. *(-ri,-rie)* Entmündigungs-, Aberkennungs-.
in|ter|di|zio|ne f. **1** Untersagung *f.*, Verbot *n.*: ***~ dai pubblici uffici*** Verbot der Bekleidung öffentlicher Ämter **2** DIR. Entmündigung *f.*, Aberkennung *f.*: ***~ dai diritti civili*** Aberkennung der bürgerlichen Ehrenrechte; ***~ legale*** Entmündigung kraft Gesetzes.
in|te|res|sa|men|to m. **1** Interesse *n.*: ***mostrare ~ per qcn., qcs.*** Interesse für jdn, etw. zeigen **2a** *(premura)* Bemühung *f.*: ***grazie all'~, per l'~ di qcn.*** dank jds Bemühung **b** *(intervento influente)* Verwendung *f.*: ***per ~ del Ministro*** auf Verwendung des Ministers hin.
in|te|res|san|te agg. interessant: ***un'esperienza, una serata ~*** eine interessante Erfahrung, ein interessanter Abend; ***rendersi ~*** sich interessant machen; ***raccontare cose -i*** Interessantes (*o* interessante Dinge) erzählen; ***ora la cosa si fa ~*** jetzt wird's interessant ◆ ***essere in stato ~*** in anderen Umständen sein.
in|te|res|sa|re I tr. **1** interessieren: ***questo libro interessa tutti*** dieses Buch interessiert alle; *(far intervenire)* ***~ qcn. al proprio caso*** jdn für seinen Fall interessieren **2** *(suscitare interesse)* ***~ qcn.*** jds Interesse wecken: ***si devono ~ i giovani alla lettura*** man muss das Interesse der Jugendlichen für die Lektüre wecken **3** *(riguardare)* betreffen, an‿gehen: ***un problema che interessa molti*** ein Problem, das viele betrifft; ***il maltempo interessa le regioni alpine*** das schlechte Wetter betrifft die Alpenregionen **4** *(colpire)* betreffen: ***le lesioni interessano il cervello*** die Verletzungen betreffen das Gehirn **5** ECON. *(cointeressare)* beteiligen: ***~ qcn. agli utili*** jdn am Gewinn beteiligen **II** intr. (aus. *essere*) **1** ***~ a qcn.*** jdn interessieren: ***non mi interessa!*** das interessiert mich nicht! ***ti può ~?*** interessiert dich das? ***quell'uomo le interessa*** der Mann interessiert sie **2** *(essere fondamentale)* ***~ a qcn.*** jdn an‿gehen, jdn betreffen: ***la salute interessa a tutti*** die Gesundheit geht alle an **III** pronom. **interessarsi 1** sich interessieren: ***-rsi di, a qcs.*** sich für etw. interessieren, an etw. (D) Interesse haben; ***di che cosa ti interessi?*** wofür interessierst du dich? **2** *(occuparsi, prendersi cura)* sich kümmern: ***-rsi a qcs.*** sich um etw. (A) kümmern; ***-rsi dei fatti altrui*** sich um fremde Angelegenheiten kümmern.
in|te|res|sa|ta|men|te avv. eigennützig: ***agire ~*** eigennützig handeln. **in|te|res|sa|to I** p.pass. agg. **1** → **interessare 2** interessiert: ***essere ~ a qcs.*** an etw. (D) interessiert sein; ***non ~*** uninteressiert **3** *(opportunista)* eigennützig: ***proposte -e*** eigennützige Vorschläge **4** *(coinvolto)* betroffen: ***le persone -e si rivolgano alle informazioni*** die betroffenen Personen möchten sich an die Information wenden **5** ECON. *(cointeressato)* beteiligt: ***essere ~ in un'impresa commerciale*** an einem Handelsunternehmen beteiligt sein **II** m. **1a** Interessent *m.* **b** *(richiedente)* Antragsteller *m.*: ***il certificato può essere ritirato solo dall'~*** die Bescheinigung kann nur vom Antragsteller abgeholt werden **2** *(persona coinvolta)* Betroffene *m.*, Betreffende *m.*
in|te|res|se m. **1** Interesse *n.*: ***mostrare ~ per qcs.*** für etw. Interesse zeigen; ***suscitare, destare l'~ di qcn.*** jds Interesse erregen, (er)wecken; ***avere ~ a fare qcs.*** das Interesse daran haben, etw. zu tun; ***non avere il minimo ~ per qcs.*** nicht das geringste Interesse an etw. (D) haben; ***perdere ~ per qcs.*** Interesse an etw. (D) verlieren;

fare qcs. per ~ etw. aus Interesse tun; ***agire negli, contro gli -i di qcn.*** in, gegen jds Interessen handeln; ***rappresentare, tutelare, ledere gli -i di qcn.*** jds Interessen vertreten, wahr‿nehmen, schädigen; ***è nell'~ di tutti noi (che)...*** es liegt in unser aller Interesse, dass...; ***qcs. va contro gli -i di qcn.*** etw. läuft jds Interessen zuwider; ***gli -i economici dello Stato*** die wirtschaftlichen Interessen des Staates; ***avere -i comuni, opposti*** gemeinsame, gegensätzliche Interessen haben; ***i nostri -i divergono, coincidono*** unsere Interessen gehen auseinander, stimmen überein; ***di ~ pubblico*** von öffentlichem Interesse; ***di grande, scarso ~*** von großem, geringem Interesse; ***nell'~ della comunità*** im Interesse der Gemeinschaft; ***essere oggetto d'~ generale*** Gegenstand des allgemeinen Interesses sein **2** ECON. Zins *m.*: ***un ~ del 10 %*** 10 % Zinsen; ***pagare l'~ del 3 % sull'importo totale*** 3 % Zinsen auf den Gesamtbetrag bezahlen; ***fruttare -i*** Zinsen tragen, bringen; ***prestare denaro a ~*** Geld gegen Zinsen leihen; ***~ maturato*** angefallene Zinsen; ***-i in crescita*** steigende Zinsen **3** *(tornaconto)* Eigennutz *m.*: ***agire per ~*** aus Eigennutz handeln ◆ ***a tasso d'~ agevolato*** zinsgünstig; ***area d'~*** Interessengebiet *n.*; ***~ privato in atti d'ufficio*** Amtsmissbrauch *m.*; ***-i attivi*** Aktivzinsen *pl.*; ECON. ***avere -i in qcs.*** an etw.(D) beteiligt sein; ***calcolo degli -i*** Zinsrechnung *f.*; ***~ composto*** Zinseszins *m.*; ***comunità d'-i*** Interessengemeinschaft *f.*; ***conflitto d'~*** Interessenkonflikt *m.*; ***~ convenzionale*** Vertragszinsen *pl.*; ***-i creditori*** Habenzinsen *pl.*; ***-i debitori*** Sollzinsen *pl.*; ***divieto d'~*** Zinsverbot *n.*; ***esente da -i*** zinsfrei; ***mancanza d'-i*** Interessenlosigkeit *f.*; ***matrimonio d'~*** Geldheirat *f.*; ***-i di mora*** Verzugszinsen *pl.*; ***~ nominale*** Nominalzins *m.*; ***pagamento degli -i*** Verzinsung *f.*; ***-i passivi*** Passivzinsen *pl.*; ***privo di ~*** interesselos; ***~ reale*** Realzins *m.*; ***riduzione degli -i*** Zinssenkung *f.*; ***~ semplici*** einfache Zinsen; ***sfera d'-i*** Interessensphäre *f.*; ***tasso d'~*** Zinssatz *m.*: ***ad alto, basso tasso d'~*** mit hohem Zinssatz, mit niedrigem Zinssatz (*o* zinsbillig); ***tutela degli -i*** Interessenvertretung *f.*

in|te|res|sen|za f. Beteiligung *f.*, Gewinnbeteiligung *f.*

in|te|ret|ni|co agg. *(-ci,-che)* verschiedener Ethnien: ***convivenza -a*** Zusammenleben verschiedener Ethnien; ***confine ~*** Grenze zwischen den verschiedenen Ethnien.

in|te|reu|ro|pe|o agg. innereuropäisch.

in|te|rez|za f. Gesamtheit *f.*, Ganzheit *f.*: ***giudicare qcs. nella sua ~*** etw. in seiner Ganzheit beurteilen.

in|ter|fac|cia f. *(-ce)* **1** Schnittstelle *f.* (anche FIG.) **2** INFORM. Oberfläche *f.* **in|ter|fac|cia|re** tr. *(interfaccio, interfacci)* über Schnittstellen verbinden.

in|ter|fa|col|tà agg.inv. fakultätsübergreifend.

in|ter|fe|ren|za f. **1** Interferenz *f.* (anche LING.) **2** *(al telefono)* Störgeräusch *n.* **3** *(intromissione)* Einmischung *f.*: ***non tollerare -e*** keine Einmischung dulden. **in|ter|fe|ri|re** intr. *(interferisco, interferisci*; aus. *avere)* **1** interferieren **2** *(intromettersi)* sich ein‿mischen: ***~ negli affari altrui*** sich in fremde Angelegenheiten einmischen; ***~ con i programmi di qcn.*** sich in jds Pläne einmischen.

in|ter|fe|ro|me|tri|a f. Interferometrie *f.* **in|ter|fe|ro|me|tro** m. Interferometer *n.*

in|ter|fe|ro|ne m. Interferon *n.*

in|ter|fo|glia|re tr. *(interfoglio, interfogli)* durch‿schießen, interfoliieren. **in|ter|fo|glia|tu|ra** f. Durchschießen *n.*, Interfoliierung *f.* **in|ter|fo|glio** m. *(-gli)* Durchschussblatt *n.*

in|ter|fo|no m. **1** Sprechanlage *f.* **2** *(in casa)* Haustelefon *n.*

in|ter|for|ze agg.inv. MIL. abteilungsübergreifend: ***esercitazione ~*** abteilungsübergreifendes Manöver.

in|ter|ga|lat|ti|co agg. *(-ci,-che)* intergalaktisch: ***materia -a*** intergalaktische Materie.

in|ter|gla|cia|le agg. zwischeneiszeitlich, interglazial ◆ ***periodo ~*** Interglazial *n.*, Interglazialzeit *f.*

in|ter|go|ver|na|ti|vo agg. zwischenstaatlich, Regierungs- ◆ ***accordo ~*** Regierungsabkommen *n.*; ***conferenza -a*** Regierungskonferenz *f.*; ***negoziati -i*** Regierungsverhandlungen *pl.*

in|te|riet|ti|vo agg. interjektionell. **in|te|rie|zio|ne** f. Ausrufewort *n.*, Interjektion *f.*

in|te|rim m.inv. Interim *n.* ◆ ***ad ~*** einstweilig, vorläufig, interimistisch, provisorisch: ***accordo ad ~*** interimistische Vereinbarung; ***governo ad ~*** Interimsregierung *f.*

in|te|ri|na|le agg. vorläufig, vorübergehend, Zwischen-: ***certificato (azionario) ~*** Zwischenschein *m.*; ***relazione ~*** Zwischenbericht *m.* ◆ ***lavoro ~*** Zeitarbeit *f.* **in|te|ri|na|to** m. Interim *n.*

in|te|rio|ra f.pl. Eingeweide *pl.*, Innereien *pl.*

in|te|rio|re agg. (compar. di *interno*) **1** innere, Innen-, innerlich: ***vita, mondo ~*** Innenleben *n.*, Innenwelt *f.*; ***tormento, tranquillità, equilibrio ~*** innere Qual, Ruhe, inneres Gleichgewicht; ***monologo ~*** innerer Monolog **2** *(che è dentro)* Innen-: ***parte ~*** Innenseite *f.*

in|te|rio|ri|tà f. Innerlichkeit *f.*

in|te|rio|riz|za|re tr. internalisieren, verinnerlichen: ***~ delle norme, un ruolo*** Normen, eine Rolle internalisieren. **in|te|rio|riz|za|zio|ne** f. Internalisierung *f.*, Verinnerlichung *f.*

in|te|rior|men|te avv. **1** innerlich: ***soffrire ~*** innerlich leiden; ***essere tranquilli ~*** innerlich ruhig sein **2** *(all'interno)* innen.

in|te|ri|sta I agg. *(-i,-e)* Inter-, der Fußballmannschaft Inter Mailand: ***giocatore ~*** Inter-Spieler *m.*; ***la squadra ~*** = die Fußballmannschaft von Inter Mailand **II** m. *(giocatore)* Inter-Spieler *m.*

in|ter|li|ne|a f. **1** Zeilenabstand *m.*: ***scrivere con l'~ doppia*** mit doppeltem Zeilenabstand schreiben; ***leva dell'~*** Zeilenschalter *m.*; ***regolatore dell'~*** Zeileneinsteller *m.* **2** *(laminetta)* Setzlinie *f.*

1.in|ter|li|ne|a|re agg. **1** Zeilen-: ***spazio ~*** Zeilenabstand *m.* **2** *(scritto nell'interlinea)* interlinear, Interlinear-: ***glossa, traduzione ~*** Interlinearglosse *f.*, Interlinearübersetzung *f.*

2.in|ter|li|ne|a|re tr. *(interlineo)* durchschießen. **in|ter|li|ne|a|tu|ra** f. Durchschießen *n.*

in|ter|lin|gua f. Interlingua *f.* **in|ter|lin|gui|sti|ca** f. Interlinguistik *f.* **in|ter|lin|gui|sti|co** agg. *(-ci,-che)* interlingual.

in|ter|lo|cu|to|re m. **1** Gesprächspartner *m.* **2** *(di trattativa)* Verhandlungspartner *m.* **in|ter|lo|cu|to|rio** agg. *(-ri,-rie)* Zwischen-: ***risposta -a*** Zwischenbescheid *m.*; ***fase -a*** Zwischenphase *f.* **in|ter|lo|qui|re** intr. *(interloquisco, interloquisci*; aus. *avere)* mit‿reden.

in|ter|lu|dio m. *(-di)* **1** Interludium *n.*, Zwischenspiel *n.* **2** *(pausa)* Interludium *n.*

in|ter|lu|nio m. *(-ni)* Interlunium *n.*, Neumond *m.*

in|ter|ma|scel|la|re agg. ***osso ~*** Zwischenkieferknochen *m.*

in|ter|me|dia|rio I agg. *(-ri,-rie)* vermittelnd, verbindend **II** m. *(-ri)* Vermittler *m.*, Mittelsperson *f.*, Mittelsmann *m.*: ***fare da ~*** vermitteln (*o* als Vermittler auf‿treten) ◆ ***~ d'affari*** Geschäftsvermittler *m.*; ***~ commerciale*** Handelsvermittler *m.* **in|ter|me|dia|zio|ne** f. Vermittlung *f.* ◆ ***attività di ~*** Vermittlungstätigkeit *f.*; ***operazione di ~*** Vermittlungsgeschäft *n.*

in|ter|me|dio I agg. *(-di,-die)* Zwischen-: ***punto, stadio, strato ~*** Zwischenpunkt *m.*, -stadium *n.*, -schicht *f.* **II** m. *(-di)* SPORT Zwischenzeit *f.*: ***avere un buon ~*** eine gute Zwischenzeit haben ◆ ***livello ~*** Zwischenstufe *f.*; SCOL. Mittelstufe *f.*; BIOL. MED. ***ospite ~*** Zwischenwirt *m.*; SPORT ***tempo ~*** Zwischenzeit *f.*

in|ter|mez|zo m. **1** MUS. Intermezzo *n.*; *(interludio)* Zwischenspiel *n.* **2** TEATR. Intermezzo *n.*, Zwischenspiel *n.*, Zwischenstück *n.*, Zwischenakt *m.* **3** *(pausa)* Pause *f.*

in|ter|mi|na|bi|le agg. endlos: ***una riunione ~*** eine endlose Sitzung.

in|ter|mi|ni|ste|ria|le agg. interministeriell: ***comitato ~*** interministerieller Ausschuss.

in|ter|mit|ten|te agg. intermittierend, wechselnd: ***febbre ~*** intermittierendes Fieber ◆ ***luce ~*** Blinklicht *n.* **in|ter|mit|ten|za** f. Intermittenz *f.* ◆ ***a ~*** intermittierend.

in|ter|mo|le|co|la|re agg. intermolekular.

in|ter|na|men|te avv. **1** innen **2** *(nell'intimo)* innerlich.

in|ter|na|men|to m. Internierung *f.*: ***campo di ~*** Internierungslager *n.* **in|ter|na|re** tr. internieren: ***~ qcn. in un campo, in un ospedale psichiatrico*** jdn in einem Lager, in einer psychiatrischen Anstalt internieren.

1.in|ter|na|to I p.pass. agg. → **internare II** m. Internierte *m.*

2.in|ter|na|to m. **1** Interner *m.* **2** *(medico)* Kliniker *m.* **3** *(edificio)* Internat *n.*

in|ter|na|zio|na|le agg. international: ***commissione, accordo ~*** internationaler Ausschuss, internationales Abkommen; ***fiera, congresso ~*** internationale Messe, internationaler Kongress; ***conferenza ~ sul disarmo*** internationale Abrüstungskonferenz; ***un artista di fama ~*** ein Künstler von internationalem Ruf ◆ ***acque -i*** internationale Gewässer; SPORT ***competizione ~*** Länderkampf *m.*; TEL. ***comunicazione ~*** Auslandsgespräch *n.*; ***diritto ~*** Völkerrecht *n.*, internationales Recht; SPORT ***incontro ~*** internationales Treffen; ***a livello ~*** international; ***politica ~*** Weltpolitik *f.*, internationale Politik; ***su scala ~*** auf internationaler Ebene; ***stampa ~*** Weltpresse *f.*; ***voli -i*** Auslandsflüge *pl.*

In|ter|na|zio|na|le f. Internationale *f.*: ***~ socialista*** sozialistische Internationale; ***Prima, Seconda ~*** Erste, Zweite Internationale.

in|ter|na|zio|na|li|smo m. Internationalismus *m.* **in|ter|na|zio|na|li|sta** *(-i,-e)* **I** m. e f. Internationalist *m.* (-in *f.*) **II** agg. → **internazionalistico. in|ter|na|zio|na|li|sti|co** agg. *(-ci,-che)* internationalistisch. **in|ter|na|zio|na|li|tà** f. Internationalität *f.* **in|ter|na|zio|na|liz|za|re I** tr. internationalisieren **II** pronom. **internazionalizzarsi** international werden, sich international aus‿breiten. **in|ter|na|zio|na|liz|za|zio|ne** f. Internationalisierung *f.* **in|ter|na|zio|nal|men|te** avv. international.

in|ter|ni|sta m. e f. *(-i,-e)* Internist *m.* (-in *f.*).
in|ter|no I agg. **1a** Innen-, intern: ***parte -a*** Innenseite *f.*; ***cortile ~*** Innenhof *m.*; ***scala -a*** interne Treppe (*o* Innentreppe *f.*); ***tasca -a*** Innentasche *f.*; ***contrasti -i*** interne Auseinandersetzungen; ***regolamento ~*** interne Regelung **b** innere: ***voce -a*** innere Stimme; ***emorragia -a*** innere Blutung; ***organi -i*** innere Organe **2** *(nazionale)* Binnen-, Inlands-: ***mercato, commercio ~*** Binnenmarkt *m.* (*o* Inlandsmarkt *m.*), Binnenhandel *m.* (*o* Inlandshandel *m.*) **3** *(di stato)* Innen-, innere: ***affari -i*** innere Angelegenheiten; ***politica -a*** Innenpolitik *f.*; ***ministero degli Interni*** Innenministerium *n.*; ***ministro degli Interni*** Innenminister *m.* **II** m. **1** Innere *n.*, Innenseite *f.*: ***l'~ di un edificio, di un'auto*** das Innere eines Gebäudes, eines Autos; ***l'~ di una regione*** das Innere eines Gebietes; ***~ imbottito*** gefütterte Innenseite; ***l'~ di una curva*** die Innenseite einer Kurve **2** *(ambiente)* Innenraum *m.*: ***un ~ luminoso*** ein heller Innenraum **3** pl. CINEM. Innenaufnahmen *pl.* **4a** TEL. Nebenstelle *f.*: ***passare un ~*** mit einer Nebenstelle verbinden **b** *(di casa)* Wohnungsnummer *f.* **5** SPORT Halbstürmer *m.* **6** *(in un collegio)* Interne *m.* **7** *(in un ospedale)* Assistenzarzt *m.* **8** FIG. *(animo)* Innere *n.*, Seele *f.* ◆ ***acque -e*** Binnengewässer *n.*; ***all'~*** Innen, auf der Innenseite; ***all'~ di una valigia*** im Inneren eines Koffers; ***all'~ del paese*** im Landesinneren; GEOM. ***angolo ~*** Innenwinkel *m.*; ***arredamento di -i*** Innenausstattung *f.*, Raumgestaltung *f.*; ***dall'~*** von innen; ***porta chiusa dall'~*** von innen abgeschlossene Tür; ***notizie dall'~*** Nachrichten aus dem Inland; ***fronte ~*** Heimatfront *f.*; ***mare ~*** Binnenmeer *n.*; ***medicina -a*** innere Medizin; ***medico ~*** Assistenzarzt *m.*; ***pittura di -i*** Interieurmalerei *f.*; ***prodotto ~ lordo*** Bruttoinlandsprodukt *n.*; CINEM. FOT. ***riprese -e*** Innenaufnahmen *pl.*; ***sconfitta -a*** Heimniederlage *f.*; ***studente ~*** interner Schüler; ***farmaco per uso ~*** Medikament zur inneren Anwendung; ***verso l'~*** nach innen; ***aprirsi verso l'~*** sich nach innen öffnen; ***spingersi verso l'~*** ins Landesinnere vordringen; SPORT ***vittoria -a*** Heimsieg *m.*; ***voli -i*** Inlandsflüge *pl.*
in|ter|no|dio m. *(-di)* Internodium *n.*
in|ter|no|gra|fa|to agg. ***busta -a*** innen bedruckter Briefumschlag.
in|te|ro I agg. ganz: ***fumare un ~ pacchetto di sigarette*** eine ganze Schachtel Zigaretten rauchen; ***l'-a nazione*** die ganze Nation; ***una notte -a*** eine ganze Nacht; ***girare l'Europa -a*** durch ganz Europa fahren; ***aspettare un'ora -a*** eine ganze Stunde warten; COLLOQ. ***i piatti sono ancora -i*** die Teller sind noch ganz; MAT. ***numero ~*** ganze Zahl **II** m. Ganze *n.* ◆ ***costume (da bagno) ~*** Badeanzug *m.*; ***latte ~*** Vollmilch *f.*; ***l'-a opera di Thomas Mann*** das Gesamtwerk Thomas Manns; ***per ~*** ganz; ***prezzo ~*** voller Preis; ***scrivere per ~*** aus‿schreiben.
in|te|ro|ce|a|ni|co agg. *(-ci,-che)* interozeanisch.
in|ter|par|la|men|ta|re agg. interparlamentarisch: ***commissione ~*** interparlamentarischer Ausschuss.
in|ter|pel|lan|te I agg. interpellierend **II** m. Interpellant *m.* **in|ter|pel|lan|za** f. Anfrage *f.*, Interpellation *f.*: ***presentare un'~*** eine Interpellation ein‿bringen ◆ ***~ parlamentare*** Parlamentsanfrage *f.*
in|ter|pel|la|re tr. **1** hinzu‿ziehen, befragen: ***~ un esperto*** einen Fachmann hinzuziehen **2** POL. interpellieren: ***il parlamento interpella il governo*** das Parlament bringt eine Interpellation an die Regierung ein, das Parlament interpelliert ◆ ***senza essere stato interpellato*** ungefragt. **in|ter|pel|la|to I** p.pass. agg. → **interpellare II** m. Befragte *m.*, Hinzugezogene *m.*
in|ter|per|so|na|le agg. zwischenmenschlich: ***rapporti -i*** zwischenmenschliche Beziehungen.
in|ter|pla|ne|ta|rio agg. *(-ri,-rie)* interplanetarisch.
In|ter|pol, In|ter|pol f. Interpol *f.*
in|ter|po|la|re tr. *(interpolo)* interpolieren. **in|ter|po|la|to|re** m. Interpolator *m.* **in|ter|po|la|zio|ne** f. Interpolation *f.*
in|ter|por|re *(interpongo, interponi; interposi; interposto)* **I** tr. **1** dazwischen‿legen, dazwischen‿schieben **2** geltend machen: ***~ la propria autorità*** seine Autorität geltend machen **3** DIR. ein‿legen, ein‿bringen: ***~ appello*** Berufung einlegen **II** pronom. **interporsi** ein‿greifen, sich ein‿schalten, sich stellen: ***-rsi come paciere*** sich als Friedensstifter einschalten; ***-rsi tra due litiganti*** in den Streit zwischen zweien eingreifen ◆ ***~ ostacoli*** Hindernisse in den Weg legen; ***~ tempo*** zögern.
in|ter|po|si|zio|ne f. Dazwischenlegen *n.*, Dazwischenschieben *n.*
in|ter|po|sto p.pass. agg. **1** → **interporre 2** dazwischenliegend ◆ ***per -a persona*** durch einen Dritten.
in|ter|pre|ta|bi|le agg. **1** interpretierbar, auslegbar, deutbar: ***un sogno facilmente ~*** ein leicht deutbarer Traum **2** TEATR. CINEM. darstellbar, spielbar **3** MUS. ***un brano difficilmente ~*** ein schwer zu interpretierendes (*o* spielendes) Musikstück. **in|ter|pre|ta|re** tr. *(interpreto)* **1a** interpretieren, aus‿legen, deuten: ***~ un testo*** einen Text interpretieren; ***~ la legge*** das Gesetz auslegen; ***~ la Sacra Scrittura*** die Heilige Schrift auslegen; ***~ l'oracolo, i sogni*** das Orakel, die Träume deuten **b** ESTENS. ***~ male un'osservazione*** eine Bemerkung falsch auslegen; ***~ male le parole di qcn.*** jds Worte falsch interpretieren; ***~ qcs. come un rimprovero*** etw. als Vorwurf interpretieren **2** TEATR. CINEM. spielen, dar‿stellen: ***~ l'Amleto*** den Hamlet darstellen **3** MUS. interpretieren: ***~ un brano musicale*** ein Musikstück interpretieren.
in|ter|pre|ta|ria|to m. Dolmetschen *n.*
in|ter|pre|ta|ti|vo agg. **1** Interpretations-, Deutungs-: ***errore ~*** Interpretationsfehler *m.*; ***metodo ~*** Interpretationsmethode *f.* **2** TEATR. CINEM. Darstellungs-: ***stile ~*** Darstellungsstil *m.* **3** MUS. Interpretations-.
in|ter|pre|ta|zio|ne f. **1** Interpretation *f.*, Deutung *f.*, Auslegung *f.*: ***~ corretta, errata*** richtige, falsche Auslegung; ***~ di una poesia*** Interpretation eines Gedichtes; ***questo testo si presta a molte -i*** dieser Text lässt viele Interpretationen zu **2** TEATR. CINEM. Darstellung *f.*, Spiel *n.* **3** MUS. Interpretation *f.*: ***la brillante ~ del violinista*** die brillante Interpretation des Geigers ◆ ***errore d'~*** Interpretationsfehler *m.*; ***~ giuridica*** Rechtsauffassung *f.*; ***~ della legge*** Gesetzesauslegung *f.*; ***~ della scrittura*** Schriftdeutung *f.*; ***~ dei sogni*** Traumdeutung *f.*; ***~ di un testo*** Textauslegung *f.*
in|ter|pre|te m. e f. **1** Ausleger *m.* (-in *f.*), Deuter *m.* (-in *f.*), Interpret *m.* (-in *f.*): ***un sottile ~ di poesie*** ein feinsinniger Interpret von Gedichten **2** *(traduttore)* Dolmetscher *m.* (-in *f.*): ***fare da ~*** dolmetschen; ***seguire una scuola per -i*** eine Dolmetscherschule besuchen; ***~ consecutivo*** Konsekutivdolmetscher *m.*; ***~ giurato*** vereidigter Dolmetscher; ***~ simultaneo*** Simultandolmetscher *m.*; ***~ di conferenza*** Konferenzdolmetscher *m.*; ***~ parlamentare*** Parlamentsdolmetscher *m.* **3** TEATR. CINEM. Darsteller *m.* (-in *f.*): ***~ principale*** Hauptdarsteller *m.* **4** MUS. Interpret *m.* (-in *f.*): ***il più grande ~ di musica barocca*** der bedeutendste Interpret barocker Musik **5** FIG. Sprachrohr *n.*; ***farsi ~ del malcontento generale*** die allgemeine Unzufriedenheit zur Sprache bringen.
in|ter|pun|ge|re tr. *(interpungo, interpungi)* interpunktieren.
in|ter|pun|zio|ne f. **1** Interpunktion *f.*, Zeichensetzung *f.* **2** MUS. Phrasierung *f.* ◆ ***segno d'~*** Satzzeichen *n.*, Interpunktionszeichen *n.*; ***mettere i segni d'~*** die Satzzeichen setzen.
in|ter|ra|men|to m. **1** Versenkung *f.*, Eingraben *n.* **2** *(il colmare di terra)* Aufschüttung *f.*
in|ter|ra|re tr. **1** versenken, ein‿senken, ein‿graben: ***~ un cavo*** ein Kabel versenken; ***~ un palo nel terreno*** einen Pfahl in die Erde einsenken **2** *(colmare di terra)* auf‿schütten. **in|ter|ra|to I** p.pass. agg. **1** → **interrare 2** Erd-: ***cavo ~*** Erdkabel *n.* **3** ***piano ~*** Souterrain *n.*, Kellergeschoss *n.* **II** m. Souterrain *n.*, Kellergeschoss *n.*: ***abitare in un ~*** in einem Souterrain wohnen.
in|ter|ra|zia|le agg. mehrere Rassen betreffend, zwischen den Rassen: ***relazioni, rapporti -i*** Beziehungen zwischen den Rassen.
in|ter|re|gio|na|le agg. überregional: ***congresso ~*** überregionale Konferenz ◆ ***treno ~*** Interregiozug *m.*, Fernzug *m.*
in|ter|re|gno m. Interregnum *n.*
in|ter|re|la|to agg. zusammenhängend. **in|ter|re|la|zio|ne** f. Wechselbeziehung *f.*, Wechselverhältnis *n.*
in|ter|ro|gan|te I agg. (an)fragend, befragend **II** m. Fragesteller *m.*, Befrager *m.*
in|ter|ro|ga|re *(interrogo, interroghi)* **I** tr. **1** befragen, aus‿fragen: ***~ qcn. su qcs.*** jdn über etw. ausfragen; FIG. ***~ la propria coscienza*** sein Gewissen befragen **2** SCOL. ab‿fragen, ab‿hören, prüfen: ***~ qcn. di, in letteratura, fisica*** jdn in Literatur, Physik abfragen **3** DIR. vernehmen, verhören: ***~ l'imputato*** den Angeklagten vernehmen; ***~ un testimone*** einen Zeugen verhören **II** pronom. **interrogarsi** sich fragen, sich (D) Fragen stellen, sich befragen: ***-rsi sul proprio futuro*** sich über seine Zukunft Fragen stellen.
in|ter|ro|ga|ti|vo I agg. **1** fragend: ***sguardo ~*** fragender Blick **2** GRAMM. Interrogativ-, Frage-: ***punto ~*** Fragezeichen *n.*; ***proposizione -a*** Interrogativsatz *m.*; ***proposizione ~ diretta, indiretta*** direkter, indirekter Fragesatz; ***pronome ~*** Interrogativpronomen *n.*, Fragefürwort *n.*; ***avverbio ~*** Interrogativadverb *n.* **II** m. **1** Frage *f.*: ***porre un ~*** eine Frage stellen **2a** FIG. Fragezeichen *n.*: ***la questione è ancora piena di -i*** die Angelegenheit ist noch voller Fragezeichen **b** *(persona)* Rätsel *n.*
in|ter|ro|ga|to|rio m. *(-ri)* Verhör *n.*, Vernehmung *f.*: ***subire un ~*** einer Vernehmung unterzogen werden; ***fare un ~*** ein Verhör an‿stellen (*o* eine Vernehmung ab‿halten); ***~ a porte chiuse*** Verhör unter Ausschluss der Öffentlichkeit; ***sottoporre qcn. a un ~*** jdn verhören.
in|ter|ro|ga|zio|ne f. **1** Befragung *f.*: ***fare un'~*** eine Befragung vor‿nehmen **2** SCOL. Abfragung *f.*, Prüfung *f.*: ***un'~ di filosofia, di ma-***

tematica eine Prüfung in Philosophie, in Mathematik **3** DIR. Vernehmung *f.*, Verhör *n.* **4** POL. kleine Anfrage *f.*: ***~ parlamentare*** parlamentarische Anfrage; ***presentare un'~ al governo*** eine kleine Anfrage an die Regierung richten.

in|ter|rom|pe|re *(interruppi; interrotto)* **I** tr. **1** unterbrechen: ***~ qcn., la comunicazione*** jdn, die Verbindung unterbrechen; ***~ il viaggio, una conversazione, la vacanza*** die Reise, ein Gespräch, den Urlaub unterbrechen; ***posso ~ un attimo?*** darf ich einen Augenblick unterbrechen? ***~ una strada*** eine Straße unterbrechen **2** *(sospendere)* ab‿brechen, ein‿stellen: ***~ l'allenamento, le trattative, la ricerca*** das Training, die Verhandlungen, die Suche abbrechen; ***~ l'attività*** den Betrieb einstellen; ***~ la gravidanza*** die Schwangerschaft abbrechen; ***~ una partita*** ein Spiel abbrechen **II** pronom. **interrompersi** sich unterbrechen, ab‿brechen: ***-rsi nel bel mezzo di una frase*** mitten im Satz abbrechen; ***la musica s'interruppe d'improvviso*** die Musik brach plötzlich ab.

in|ter|rot|to p.pass. agg. **1** → **interrompere 2** unterbrochen: ***sonno ~*** unterbrochener Schlaf; ***strada -a*** unterbrochene Straße; ***la comunicazione è -a*** die Verbindung ist unterbrochen.

in|ter|rut|to|re m. Schalter *m.*: ***premere l'~*** auf den Schalter drücken; ***azionare un ~*** einen Schalter betätigen; ***girare l'~*** den Schalter drehen ◆ ***~ d'avviamento*** Anlassschalter *m.*; ***~ d'emergenza*** Notschalter *m.*; ***leva dell'~*** Schalthebel *m.*; ***~ a levetta*** Kippschalter *m.*; ***~ della luce*** Lichtschalter *m.*; ***~ multiplo*** Stufenschalter *m.*, Serienschalter *m.*; ***~ a pedale*** Pedalschalter *m.*; ***~ principale*** Hauptschalter *m.*; ***~ a pulsante*** Druckknopfschalter *m.*; ***~ a scatto*** Knipsschalter *m.*; ***~ a tempo*** Zeitschalter *m.*

in|ter|ru|zio|ne f. Unterbrechung *f.*, Abbruch *m.*: ***~ del lavoro, del viaggio*** Unterbrechung der Arbeit, der Fahrt ◆ ***~ della corrente elettrica*** *(per guasto)* Stromausfall *m.*; *(per lavori)* Stromsperre *f.*; ***~ di gravidanza*** Schwangerschaftsabbruch *m.*; ***~ del ciclo produttivo*** Arbeitsausfall *m.*; ***~ pubblicitaria*** Werbeunterbrechung *f.*; ***~ dello sciopero*** Streikabbruch *m.*; ***senza ~*** andauernd, ununterbrochen.

in|ter|scam|bia|bi|le agg. austauschbar. **in|ter|scam|bio** m. *(-bi)* **1** Austausch *m.*: ***~ culturale*** kultureller Austausch **2** ECON. Handelsaustausch *m.*

in|ter|se|ca|re *(interseco, intersechi)* **I** tr. **1** schneiden: ***una retta che interseca il cerchio*** eine Gerade, die den Kreis schneidet **2** ESTENS. kreuzen: ***la strada interseca la ferrovia*** die Straße kreuzt die Eisenbahnlinie **II** pronom. **intersecarsi 1** sich schneiden: ***due rette che s'intersecano*** zwei Geraden, die sich schneiden **2** *(incrociarsi)* sich kreuzen.

in|ter|se|zio|ne f. **1** GEOM. Überschneidung *f.* **2** *(punto)* Schnittpunkt *m.*: ***l'~ fra due strade*** der Schnittpunkt zweier Straßen **3** MAT. *(insieme)* Schnittmenge *f.* ◆ ***linea di ~*** Schnittlinie *f.*; ***piano di ~*** Schnittebene *f.*; ***punto di ~*** Schnittpunkt *m.*

in|ter|stel|la|re agg. interstellar.

in|ter|sti|zia|le agg. **1** Zwischen-: ***spazio ~*** Zwischenraum *m.* **2** MED. BIOL. interstitiell.

in|ter|sti|zio m. *(-zi)* Zwischenraum *m.*: ***gli -zi tra le cellule, tra le rocce*** Zwischenraum zwischen den Zellen, den Felsen; ***-zi tra i denti*** Zahnzwischenräume *pl.*

in|ter|tem|po m. SPORT Zwischenzeit *f.*

in|ter|tri|gi|ne f. Intertrigo *f.*

in|ter|tro|pi|ca|le agg. zwischen den Tropen liegend.

in|te|rur|ba|na f. Ferngespräch *n.* **in|te|rur|ba|no** agg. Fern-: ***linea -a*** Fernleitung *f.*; ***trasporti -i*** Fernverkehr *m.*: ***telefonata -a*** Ferngespräch *n.* ◆ ***prefisso ~*** Ortsnetzkennzahl *f.*

in|ter|val|la|re tr. **1** staffeln: ***~ le partenze*** die Abfahrt(s)zeiten staffeln **2** *(alternare)* auf‿lockern, durchsetzen: ***~ un discorso con battute scherzose*** eine Rede mit scherzhaften Bemerkungen auflockern.

in|ter|val|lo m. **1** Abstand *m.*: ***a -i di due metri*** im Abstand von zwei Metern; ***~ di tempo*** Zeitabstand *m.*; ***a -i brevi, regolari*** in kurzen, regelmäßigen Abständen **2** *(pausa)* Pause *f.*: ***fare un ~*** eine Pause machen (*o* ein‿legen); ***cinque minuti di ~*** fünf Minuten Pause; ***l'~ tra due atti di una rappresentazione*** die Pause zwischen zwei Akten eines Schauspiels; ***suona l'~*** es klingelt zur Pause; ***~ di mezzogiorno*** Mittagspause *f.* **3a** MAT. Intervall *n.*: ***~ aperto, semiaperto, chiuso*** offenes, halboffenes, geschlossenes Intervall **b** MUS. ***~ eccedente*** übermäßiges Intervall; ***~ di quarta, quinta, sesta*** Quarte *f.*, Quinte *f.*, Sexte *f.*

in|ter|ve|ni|re intr. *(intervengo, intervieni; intervenni, intervenuto*; aus. *essere)* **1** ein‿greifen, ein‿schreiten: ***~ in una lotta, in una lite*** in einen Kampf, Streit eingreifen; ***la polizia intervenne contro i manifestanti*** die Polizei schritt gegen die Demonstranten ein **2** POL. intervenieren; ein‿treten: ***~ con le armi*** mit Waffengewalt intervenieren; ***gli Stati Uniti sono intervenuti nel conflitto*** die Vereinigten Staaten sind in den Konflikt eingetreten; ***l'ambasciatore è intervenuto presso il ministro degli Esteri*** der Botschafter intervenierte beim Außenminister **3** *(sopraggiungere)* hinzu‿kommen: ***è intervenuta una difficoltà*** eine Schwierigkeit ist hinzugekommen **4** *(partecipare, assistere)* teil‿nehmen: ***alla festa sono intervenute molte celebrità*** viele Berühmtheiten haben an dem Fest teilgenommen **5** *(in un dibattito)* ein‿greifen, sich ein‿schalten: ***~ in una discussione*** in eine Diskussion eingreifen **6** MED. einen Eingriff vor‿nehmen, operieren: ***~ sul fegato*** einen operativen Eingriff an der Leber vornehmen; ***dobbiamo ~ d'urgenza*** wir müssen dringend operieren ◆ ***~ sull'avversario*** gegen den Gegner vor‿gehen; ***~ a un convegno*** auf einer Tagung einen Vortrag halten; ***~ sul pallone*** den Ball spielen.

in|ter|ven|ti|smo m. Interventionismus *m.* **in|ter|ven|ti|sta** *(-i,-e)* **I** agg. ***politica ~*** Interventionspolitik *f.* **II** m. e f. Interventionist *m.* (-in *f.*). **in|ter|ven|ti|sti|co** agg. *(-ci,-che)* interventionistisch.

in|ter|ven|to m. **1** Eingriff *m.*, Eingreifen *n.*, Einschreiten *n.*: ***l'~ della polizia fu tempestivo*** das Eingreifen der Polizei kam rechtzeitig; ***~ dello Stato*** staatlicher Eingriff; ***~ risolutivo*** entscheidender Eingriff **2** POL. Intervention *f.*: ***~ armato, diplomatico*** bewaffnete, diplomatische Intervention; ***~ presso il governo*** Intervention bei der Regierung **3a** *(partecipazione a discussione)* Beitrag *m.*: ***il miglior ~ della serata*** der beste Beitrag des Abends **b** *(relazione)* Vortrag *m.* **4** MED. Eingriff *m.*: ***sottoporsi a un ~*** sich einem Eingriff unterziehen; ***eseguire un ~ chirurgico*** einen chirurgischen Eingriff vor‿nehmen ◆ ***~ falloso*** Foulspiel *n.*; ***grazie all'~ di...*** durch das Zutun von...; ***guerra d'~*** Interventionskrieg *m.* ***obbligo d'~*** Eingriffspflicht *f.*; ***politica del non ~*** Nichteinmischungspolitik *f.*; ***pronto ~*** Bereitschaftsdienst *m.*

in|ter|ve|nu|to I p.pass. agg. **1** → **intervenire 2** anwesend, erschienen **II** m. **1** Anwesende *m.*, Teilnehmer *m.*: ***gli -i alla cerimonia*** die Teilnehmer der Zeremonie **2** DIR. Erschienene *m.*, erschienene Partei *f.*

in|ter|ver|te|bra|le agg. Zwischenwirbel-: ***disco ~*** Zwischenwirbelscheibe *f.*

in|ter|vi|sta f. Interview *n.*: ***rilasciare un'~*** ein Interview geben; ***pubblicare un'~*** ein Interview veröffentlichen.

in|ter|vi|sta|re tr. **1** interviewen **2** *(compiere un'indagine)* befragen: ***~ la gente per strada*** die Leute auf der Straße befragen. **in|ter|vi|sta|to I** p.pass. agg. **1** → **intervistare 2** interviewt, befragt **II** m. Interviewte *m.* **in|ter|vi|sta|to|re** m. Interviewer *m.*

in|ter|vo|ca|li|co agg. *(-ci,-che)* zwischen Vokalen.

in|te|sa f. **1** Einverständnis *n.*, Einigung *f.*: ***giungere a un'~*** zu einer Einigung kommen; ***raggiungere un'~*** eine Einigung erzielen; ***un'~ tra due stati su una collaborazione futura*** ein Einigung zwischen zwei Staaten über eine künftige Zusammenarbeit; ***agire d'~ con qcn.*** im Einverständnis mit jdm handeln **2** POL. Bündnis *n.*, Entente *f.* ◆ ***come d'~*** wie vereinbart; ***darsi l'~*** Vereinbarungen treffen; ***tacita ~*** stillschweigendes Einverständnis; STOR. ***la Triplice Intesa*** die Tripelentente.

in|te|so p.pass. agg. **1** → **intendere 2** (ab)zielend, ausgerichtet: ***un discorso ~ a sedare gli animi*** eine Rede, die darauf abzielt (*o* ausgerichtet ist), die Gemüter zu beruhigen **3** LETT. *(intento)* bedacht: ***essere tutto ~ a trovare il consenso di tutti*** ganz darauf bedacht sein, die Zustimmung aller zu finden ◆ ***-i!*** einverstanden! ***male ~*** missverstanden, falsch verstanden; ***resta, rimane ~ che...*** es bleibt dabei, dass...

in|tes|se|re tr. **1** weben: ***~ un tappeto*** einen Teppich weben **2** *(fili)* weben, verweben ◆ ***~ una congiura*** eine Verschwörung an‿zetteln; ***~ le lodi di qcn.*** Lobreden über jdn verfassen.

in|tes|su|to p.pass. agg. **1** → **intessere 2** durchwirkt, durchwoben: ***un tessuto ~ di fili d'oro*** ein mit Goldfäden durchwirkter Stoff; FIG. ***un discorso ~ di banalità*** eine Rede voller Banalitäten.

in|te|sta|bi|le agg. überschreibbar: ***beni -i ai figli*** auf die Kinder überschreibbare Güter.

in|te|star|dir|si pronom. *(mi intestardisco, ti intestardisci)* sich versteifen, sich in den Kopf setzen: ***~ su qcs.*** sich auf etw. (A) versteifen; ***~ nel fare qcs.*** sich in den Kopf setzen, etw. zu tun.

in|te|sta|re I tr. **1** *(libro)* mit einer Überschrift versehen; *(busta)* mit Namen versehen; *(lettera)* mit Briefkopf versehen **2** DIR. ein‿tragen; *(trasferire la proprietà)* überschreiben: ***~ la casa alla propria moglie*** das Haus auf seine Frau überschreiben; ***~ un conto corrente a nome di qcn.*** ein Konto auf jds Namen eröffnen **II** pronom. **intestarsi** sich versteifen, sich in den Kopf setzen: ***-rsi su qcs.*** sich auf etw. (A) versteifen; ***-rsi a fare qcs.*** sich in den Kopf setzen, etw. zu tun ◆ ***~ un assegno a qcn.*** einen Scheck auf jds Namen aus‿stellen; ***~ un'automobile*** ein Auto auf jds Namen zu‿

lassen; **~ una via a qcn.** eine Straße nach jdm benennen.
in|te|sta|ta|rio m. *(-ri)* **1** Inhaber *m.*: **~ del conto** Kontoinhaber *m.* **2** *(proprietario)* Eigentümer *m.*: **~ di un appartamento** Eigentümer einer Wohnung.
1.in|te|sta|to p.pass. agg. **1** → **intestare 2 carta -a** Papier mit gedrucktem Briefkopf ◆ **essere ~ a qcn.** auf jds Namen laufen (*o* lauten).
2.in|te|sta|to agg. ohne Testament: **morire ~** ohne Testament sterben ◆ **ab ~** Intestat-; **erede ab ~** Intestaterbe *m.*; **successione ab ~** Intestaterbfolge *f.*
in|te|sta|zio|ne f. **1** *(l'intestare)* Eintragung *f.*; *(trasferimento di proprietà)* Überschreibung *f.* **2** *(dicitura)* Überschrift *f.*; *(di lettera)* Briefkopf *m.*; *(di giornale)* Zeitungskopf *m.*
in|te|sti|na|le agg. Darm-: **colica, emorragia, infezione, occlusione, tumore ~** Darmkolik *f.*, Darmblutung *f.*, Darminfektion *f.*, Darmverschluss *m.*, Darmkrebs *m.*; **disturbi -i** Darmbeschwerden; **flora (batterica) ~** Darmflora *f.*; **parassita ~** Darmparasit *m.*; **parete ~** Darmwand *f.*
1.in|te|sti|no agg. intern: **lotta -a** interner Konflikt.
2.in|te|sti|no m. Darm *m.*: **vuotare, liberare l'~** den Darm leeren; **avere l'~ pigro** einen trägen Darm haben ◆ **~ cieco** Blinddarm *m.*; **~ crasso** Dickdarm *m.*; **~ retto** Mastdarm *m.*; **~ tenue** Dünndarm *m.*
in|tie|pi|di|re *(intiepidisco, intiepidisci)* **I** tr. **1** lau(warm) machen **2** FIG. ab‿kühlen, ab‿schwächen **II** pronom. **intiepidirsi 1** lau(warm) werden **2** FIG. ab‿kühlen: **i loro rapporti si sono intiepiditi** ihre Beziehungen sind abgekühlt.
in|ti|ma|men|te avv. **1** zutiefst: **~ commosso** zutiefst betroffen; **essere ~ convinto di qcs.** fest von etw. überzeugt sein **2** *(strettamente)* eng: **fatti ~ connessi** eng miteinander in Zusammenhang stehende Tatsachen **3 conoscere qcn. ~** jdn sehr gut kennen; *(sessualmente)* mit jdm intim sein.
in|ti|ma|re tr. *(intimo* e *intimo)* **1** auf‿fordern, gebieten: **~ a qcn. di fare qcs.** jdm auffordern, etw. zu tun; **~ l'alt** Halt gebieten; **~ la resa al nemico** den Feind zur Kapitulation auffordern **2** DIR. auf‿fordern: **~ il pagamento, lo sfratto** zur Zahlung, zur Räumung auffordern.
in|ti|ma|zio|ne f. Aufforderung *f.*: **notificare un'~** eine Aufforderung zu‿stellen; **~ di pagamento** Zahlungsaufforderung *f.*; **~ di sfratto** Räumungsklage *f.*
in|ti|mi|da|to|rio agg. *(-ri,-rie)* einschüchternd: **discorso ~** einschüchternde Rede; **mezzo ~** Einschüchterungsmittel *n.*; **atti -ri** Einschüchterungsversuche *pl.* **in|ti|mi|da|zio|ne** f. Einschüchterung *f.*: **essere oggetto di -i** Einschüchterungen ausgesetzt sein; **cedere alle -i** sich einschüchtern lassen. **in|ti|mi|di|re** *(intimidisco, intimidisci)* **I** tr. ein‿schüchtern: **la tua presenza lo intimidisce** deine Anwesenheit schüchtert ihn ein **II** pronom. **intimidirsi** schüchtern werden.
in|ti|mi|smo m. Kult *m.* der Innerlichkeit. **in|ti|mi|sta** m. e f. *(-i,-e)* Dichter *m.* (-in *f.*) der Innerlichkeit. **in|ti|mi|sti|co** agg. *(-ci,-che)* **poesia -a** Dichtung der Innerlichkeit.
in|ti|mi|tà f.inv. Intimität *f.*, Vertrautheit *f.*: **l'~ della casa** die Intimität des Hauses; **l'~ della famiglia** die Vertrautheit der Familie; **essere in ~ con qcn.** mit jdm eng vertraut sein.
in|ti|mo I agg. **1** tief, innerste: **~ sentimento** innerstes Gefühl; **-a commozione** tiefe Rührung; **-a convinzione** tiefe Überzeugung **2** *(molto vicino)* vertraut, eng, intim: **amico ~** enger (*o* intimer) Freund; **parente ~** enger Verwandter; **essere ~ di qcn.** mit jdm eng vertraut sein **3** *(di ambiente)* gemütlich **II** m. **1** Innerste *n.*: **nel suo ~** in seinem tiefsten Inneren **2** *(amico)* Intimus *m.*, Vertraute *m.*; *(parente)* enger Angehöriger *m.*: **per pochi -i** im engsten Kreis ◆ **atmosfera -a** intime Atmosphäre; **biancheria -a** Unterwäsche *f.*, Unter(be)kleidung *f.*; **cena -a** romantisches Abendessen; **igiene -a** Intimhygiene *f.*; **rapporti -i** intime Beziehungen.
in|ti|mo|ri|re *(intimorisco, intimorisci)* **I** tr. (ver)ängstigen, ein‿schüchtern **II** pronom. **intimorirsi** sich ängstigen, sich fürchten.
in|tin|ge|re tr. *(intingo, intingi; intinsi; intinto)* ein‿tauchen, ein‿tunken: **~ il pane nel sugo, nel latte** das Brot in die Soße, in die Milch eintunken; **~ la penna nel calamaio** den Federhalter ins Tintenfass eintauchen; **~ il pennello nella vernice** den Pinsel in die Farbe eintauchen.
in|tin|go|lo m. **1** Soße *f.*, Tunke *f.* **2** ESTENS. = in einer Soße gekochte Speise *f.*
in|ti|riz|zi|men|to m. Erstarrung *f.* **in|ti|riz|zi|re** *(intirizzisco, intirizzisci)* **I** tr. starr machen, erstarren lassen **II** pronom. **intirizzirsi** starr werden, steif werden: **per il freddo mi si sono intirizzite le mani** vor Kälte sind meine Hände steif geworden. **in|ti|riz|zi|to** p.pass. agg. **1** → **intirizzire 2** starr, steif: **~ dal freddo** steif vor Kälte.
in|ti|to|la|re *(intitolo)* **I** tr. **1** betiteln, überschreiben: **~ un libro** ein Buch betiteln **2** *(dedicare)* benennen: **~ una via, una piazza a qcn.** eine Straße, einen Platz nach jdm benennen **II** pronom. **intitolarsi** den Titel tragen, betitelt sein: **il racconto si intitola...** die Erzählung trägt den Titel...; **come si intitola il film?** wie lautet der Titel des Films? **in|ti|to|la|zio|ne** f. **1** Betit(e)lung *f.*, Überschrift *f.* **2** *(di strade)* Benennung *f.*
in|toc|ca|bi|le I agg. unberührbar, unantastbar: **argomento ~** unantastbares Thema; **ideali -i** unantastbare Ideale; **risparmi -i** unantastbare Ersparnisse **II** m. Unberührbare *m.* (anche FIG.): **la casta degli -i** die Kaste der Unberührbaren.
in|tol|le|ra|bi|le agg. **1** unerträglich: **persona ~** unerträglicher Mensch; **situazione ~** unerträgliche Situation **2** *(inammissibile)* untragbar: **comportamento ~** untragbares Verhalten. **in|tol|le|ra|bi|li|tà** f. **1** Unerträglichkeit *f.* **2** *(inammissibilità)* Untragbarkeit *f.* **3** *(di farmaci)* Unverträglichkeit *f.*
in|tol|le|ran|te I agg. **1** intolerant: **un atteggiamento ~** eine intolerante Haltung; **essere ~ nei confronti di qcn.** jdm gegenüber intolerant sein **2** *(insofferente)* unduldsam: **mostrarsi ~** sich unduldsam zeigen **II** m. intoleranter Mensch *m.*
in|tol|le|ran|za f. **1** Intoleranz *f.* (anche FIG.): **~ politica** politische Intoleranz; **~ nei confronti di qcs., qcn.** Intoleranz gegen etw., jdn **2** *(insofferenza)* Unduldsamkeit *f.*
in|to|na|ca|re tr. *(intonaco, intonachi)* verputzen: **~ una parete** eine Wand verputzen. **in|to|na|ca|to|re** m. Verputzer *m.* **in|to|na|ca|tu|ra** f. Verputz *m.*, Verputzen *n.*
in|to|na|co m. *(-ci)* Verputz *m.*, Putz *m.*: **staccare l'~** den Putz entfernen; **rifare l'~** den Putz erneuern ◆ **prima mano d'~** Berapp *m.*; **dare la prima mano d'~** berappen; **~ della parete** Wand(ver)putz *m.*; **~ rustico** Rauhputz *m.*; **~ del soffitto** Deckenputz *m.*; EL. **sotto ~** unter Putz.
in|to|na|re I tr. **1** *(accordare)* stimmen: **~ uno strumento** ein Instrument stimmen **2** *(canto)* an‿stimmen, intonieren: **~ l'inno nazionale** die Nationalhymne anstimmen; FIG. **~ le lodi di qcn.** ein Loblied auf jdn anstimmen **3** *(armonizzare)* ab‿stimmen: **~ la camicia alla gonna** die Bluse auf den Rock abstimmen **II** pronom. **intonarsi** überein‿stimmen, stimmen: **il colore del tappeto s'intona con la tappezzeria** die Farbe des Teppichs stimmt mit der Tapete überein; **la cravatta non si intona al colore del vestito** die Krawatte passt farblich nicht zum Anzug.
in|to|na|to p.pass. agg. **1** → **intonare 2** gestimmt: **strumento ~** gestimmtes Instrument **3 essere ~ (di voce)** richtig singen **4** abgestimmt: **giacca -a alla gonna** auf den Rock abgestimmte Jacke; **colori ben -i tra loro** gut aufeinander abgestimmte Farben.
in|to|na|zio|ne f. **1** *(di strumento)* Stimmen *n.*, Tongebung *f.* **2** *(di canto)* Anstimmen *n.* **3** LING. Intonation *f.*, Tongebung *f.* **4** FIG. *(tono)* Ton *m.*: **~ polemica di un discorso** polemischer Ton einer Rede.
in|ton|so agg. **1** ungeschoren **2** *(di libro)* ungeschnitten **3** *(di libro non ancora letto)* druckfrisch.
in|ton|ti|men|to m. Betäubung *f.*, Benommenheit *f.*
in|ton|ti|re *(intontisco, intontisci)* **I** tr. betäuben, benommen machen: **la musica in discoteca mi intontisce** die Musik in der Disko macht mich benommen **II** pronom. **intontirsi** betäubt werden, benommen werden. **in|ton|ti|to** p.pass. agg. **1** → **intontire 2** betäubt, benommen: **rimanere ~** betäubt sein.
in|top|pa|re I intr. (aus. *essere*) stoßen, stolpern (anche FIG.): **~ in una difficoltà** auf eine Schwierigkeit stoßen **II** pronom. **intopparsi** fest‿sitzen, stolpern (anche FIG.).
in|top|po m. Hindernis *n.*: **senza -i** ohne Hindernisse; **tutto procede senza -i** alles läuft ohne Hindernisse; **arrendersi al primo ~** beim ersten Hindernis auf‿geben.
in|tor|bi|da|men|to m. Trübung *f.* (anche FIG.): **~ della coscienza** Bewusstseinstrübung *f.* **in|tor|bi|da|re** tr. *(intorbido)* **1** trüben, trübe machen: **le piogge intorbidano l'acqua del fiume** der Regen trübt das Wasser des Flusses **2** *(offuscare)* trüben, benebeln, umnebeln: **~ la vista** die Sicht trüben **II** pronom. **intorbidarsi** sich trüben (anche FIG.) ◆ **~ le acque** = absichtlich Verwirrung stiften. **in|tor|bi|di|men|to** → **intorbidamento. in|tor|bi|di|re** *(intorbidisco, intorbidisci)* → **intorbidare.**
in|tor|no I avv. **1** umher, herum: **avere gente ~** Leute um sich (herum) haben; **guardarsi ~** umher‿blicken, herum‿blicken; FIG. sich um‿sehen **2** **(tutto) ~** ringsum, ringsherum, rundherum, ringsumher: **tutto ~ c'è solo bosco** ringsherum ist nur Wald; **se ne stavano tutti lì ~** alle standen ringsherum **II** agg.inv. *(circostante)* umliegend, rundherum: **il paesaggio ~** die Landschaft rundherum; **i paesi ~** die umliegenden Dörfer ◆ **~ a** *(stato in luogo)* um, rund (*o* rings) um, um... herum: **~ alla città** um die Stadt herum; **porta-**

re un fazzoletto ~ al collo ein Tuch um den Hals tragen; *(moto a luogo)* um, um... herum: ***correre ~ a qcn., qcs.*** um jdn, etw. herum‿rennen; ***girare ~ a qcn.*** um jdn herum‿gehen; FIG. um jdn herum‿streichen; *(circa)* an (*o* um) die: ***dev'essere ~ ai 20 anni*** er wird um die 20 Jahre sein; ***costare ~ alle 10 000 lire*** um die 10 000 Lire kosten; *(tempo)* um, um...herum, gegen, zirka (*o* ungefähr) um: ***morì ~ al Novecento*** er starb um Neunzehnhundert; ***~ a Pasqua*** um Ostern herum; ***verrò ~ al 10 aprile*** ich werde um den 10. April herum kommen; ***vieni a prendermi ~ alle sette*** komm mich gegen sieben Uhr abholen; *(argomento)* über + acc., an + dat.: ***discutere ~ a una questione*** über ein Problem diskutieren; ***lavorare ~ a un progetto*** an einem Projekt arbeiten; ***avere (sempre) qcn.*** ~ (immer) jdn um sich haben; SPREG. jdn auf dem Hals haben; ***qui*** ~ hier in der Nähe; ***stare ~ a qcn.*** um jdn herum sein.

in|tor|pi|di|men|to m. **1** Einschlafen *n.*: ***l'~ delle membra*** das Einschlafen der Glieder **2** *(effetto)* Gefühllosigkeit *f.* **3** FIG. Abgestumpftheit *f.*, Stumpfheit *f.*

in|tor|pi|di|re *(intorpidisco, intorpidisci)* **I** tr. **1** gefühllos machen: ***il freddo intorpidisce le membra*** die Kälte macht die Glieder gefühllos **2** FIG. stumpf machen, gefühllos machen **II** pronom. **intorpidirsi** **1** gefühllos werden, ein‿schlafen: ***mi si è intorpidito il braccio*** mein Arm ist eingeschlafen **2** FIG. stumpf werden.

in|tos|si|ca|re *(intossico, intossichi)* **I** tr. **1** vergiften: ***il fumo intossica l'organismo*** das Rauchen vergiftet den Organismus **2** FIG. verderben **II** pronom. **intossicarsi** sich vergiften: ***-rsi con qcs.*** sich mit etw. vergiften; ***-rsi con cibi avariati*** sich mit verdorbenen Lebensmitteln vergiften. **in|tos|si|ca|to** **I** p.pass. agg. **1** → **intossicare** **2** vergiftet: ***avere i polmoni -i*** vergiftete Lungen haben **II** m. Vergiftete *m.* **in|tos|si|ca|zio|ne** f. Vergiftung *f.*: ***~ alimentare*** Lebensmittelvergiftung *f.*; ***~ da funghi*** Pilzvergiftung *f.*

in to|to avv. in toto, im Ganzen.

in|tra|cel|lu|la|re agg. intrazellular, intrazellulär.

in|tra|der|mi|co agg. *(-ci,-che)* intrakutan: ***iniezione -a*** intrakutane Injektion.

in|tra|dos|so m. **1** Leibung *f.* **2** *(di finestra)* äußere Fensterleibung *f.* **3** AER. Flügelunterseite *f.*

in|tra|du|ci|bi|le agg. unübersetzbar: ***espressione ~*** unübersetzbarer Ausdruck. **in|tra|du|ci|bi|li|tà** f. Unübersetzbarkeit *f.*

in|tral|cia|re **I** tr. behindern, hemmen: ***~ il traffico*** den Verkehr behindern; FIG. ***~ un'attività*** eine Tätigkeit behindern; ***~ il progresso*** den Fortschritt hemmen **II** pronom. ***-rsi (l'un l'altro)*** sich (gegenseitig) behindern (anche FIG.).

in|tral|cio m. *(-ci)* Hindernis *n.*: ***-ci burocratici*** bürokratische Hindernisse; ***essere d'~ a qcn.*** für jdn ein Hindernis sein (*o* jdm im Weg sein); ***creare, porre -ci*** Hindernisse schaffen, auf‿stellen (*o* Schwierigkeiten in den Weg legen).

in|tra|lic|cia|tu|ra f. Gitter *n.*

in|tral|laz|za|re intr. (aus. *avere*) Machenschaften treiben. **in|tral|laz|za|to|re** m. Ränkeschmied *m.* **in|tral|laz|zo** m. Machenschaften *pl.*: ***fare -i*** Machenschaften treiben.

in|tra|mez|za|re tr. dazwischen‿legen, ein‿legen, ein‿schieben: ***~ esempi nel discorso*** einige Beispiele in die Ausführungen einstreuen.

in|tra|mo|le|co|la|re agg. intramolekular.

in|tra|mon|ta|bi|le agg. unvergänglich, zeitlos: ***canzone ~*** unvergängliches Lied; ***arte ~*** zeitlose Kunst.

in|tra|mu|sco|la|re **I** agg. intramuskulär: ***iniezione ~*** intramuskuläre Injektion **II** f. intramuskuläre Injektion.

in|tran|si|gen|te **I** agg. unnachgiebig, unversöhnlich, intransigent: ***assumere un atteggiamento ~*** eine intransigente Haltung ein‿nehmen **II** m. e f. unnachgiebiger Mensch *m.* **in|tran|si|gen|za** f. Unnachgiebigkeit *f.*, Unversöhnlichkeit *f.*, Intransigenz *f.*

in|tran|si|ta|bi|le agg. unbefahrbar: ***valico ~*** unbefahrbarer Pass. **in|tran|si|ta|bi|li|tà** f. Unbefahrbarkeit *f.*

in|tran|si|ti|vo **I** agg. intransitiv: ***verbo ~*** intransitives Verb **II** m. Intransitiv *n.*; ***~ pronominale*** = reflexives Verb mit intransitiver Bedeutung.

in|trap|po|la|re tr. *(intrappolo)* **1** *(animali)* in einer Falle fangen: ***~ un topo*** eine Maus in einer Falle fangen **2** FIG. ***~ qcn.*** jdn herein‿legen, jdn in eine Falle locken; ***farsi ~ da qcn.*** sich in eine Falle locken lassen.

in|tra|pren|den|te **I** agg. unternehmend, unternehmungslustig, initiativ: ***carattere ~*** unternehmungslustiger Charakter; ***essere ~ con le donne*** die Initiative bei den Frauen übernehmen **II** m. e f. unternehmungslustiger Mensch *m.* **in|tra|pren|den|za** f. Unternehmungslust *f.*

in|tra|pren|de|re tr. *(intrapresi, intrapreso)* **1** unternehmen: ***~ un viaggio*** eine Reise unternehmen **2** *(carriera)* ein‿schlagen **3** *(studi)* ergreifen.

in|tra|sfe|ri|bi|le agg. **1** *(di malati)* nicht verlegbar **2** *(di funzionari)* nicht versetzbar **3** BANC. nicht übertragbar: ***assegno ~*** nicht übertragbarer Scheck. **in|tra|sfe|ri|bi|li|tà** f. **1** *(di malati)* Unverlegbarkeit *f.* **2** *(di funzionari)* Unversetzbarkeit *f.* **3** BANC. Unübertragbarkeit *f.*, Nichtübertragbarkeit *f.*

in|tra|spor|ta|bi|le agg. **1** nicht transportabel, nicht transportierbar **2** *(di malati)* nicht transportfähig.

in|trat|ta|bi|le agg. **1** unverträglich: ***una persona, un carattere ~*** ein unverträglicher Mensch, Charakter **2** *(di questione)* heikel, schwierig: ***argomento ~*** heikles Thema **3** *(di metallo)* schwer zu bearbeiten. **in|trat|ta|bi|li|tà** f. **1** Unverträglichkeit *f.* **2** *(di questione)* Schwierigkeit *f.*

in|trat|te|ne|re *(intrattengo, intrattieni; intrattenni; intrattenuto)* **I** tr. **1** unterhalten: ***~ gli ospiti, gli amici*** die Gäste, die Freunde unterhalten; ***~ relazioni diplomatiche, buoni rapporti con qcn.*** diplomatische Beziehungen, gute Beziehungen mit (*o* zu) jdm unterhalten; ***~ una relazione con qcn.*** ein Verhältnis mit (*o* zu) jdm unterhalten **2** *(discorrendo)* auf‿halten: ***~ qcn. su qcs.*** jdn mit etw. aufhalten **II** pronom. **intrattenersi** **1** verweilen: ***-rsi presso qcn.*** bei jdm verweilen **2** sich unterhalten: ***~ con gli amici*** sich mit den Freunden unterhalten **3** *(soffermarsi)* sich auf‿halten: ***non posso intrattenermi su queste piccolezze*** ich kann mich nicht bei diesen Kleinigkeiten aufhalten.

in|trat|te|ni|men|to m. Unterhaltung *f.* ◆ ***letteratura d'~*** Unterhaltungsliteratur *f.*; ***musica d'~*** Unterhaltungsmusik *f.*; ***programma d'~*** Unterhaltungsprogramm *n.* **in|trat|te|ni|to|re** m. Unterhalter *m.*, Entertainer *m.*

in|tra|u|te|ri|no agg. intrauterin, Intrauterin-: ***dispositivo ~*** Intrauterinpessar *n.*

in|tra|va|sco|la|re agg. intravaskular, intravaskulär.

in|tra|ve|de|re tr. *(intravidi; intravisto)* **1** (undeutlich) erkennen: ***~ qcs. nell'oscurità*** etw. in der Dunkelheit undeutlich erkennen **2** FIG. *(intuire)* ahnen, erahnen: ***~ una soluzione, una possibilità di salvezza*** eine Lösung, eine Rettungsmöglichkeit erahnen.

in|tra|ve|no|so agg. intravenös.

in|trec|cia|re *(intreccio, intrecci)* **I** tr. **1a** flechten, ein‿flechten: ***~ i capelli*** das Haar flechten; ***~ un nastro nei capelli*** ein Band in das Haar einflechten; ***~ canestri*** Körbe flechten **b** ***~ tappeti, reti*** Teppiche, Netze knüpfen **c** ***~ i fili in un nodo*** die Fäden zu einem Knoten verschlingen **2** FIG. *(allacciare, stringere)* an‿knüpfen: ***~ rapporti di amicizia con qcn.*** mit jdm freundschaftliche Beziehungen anknüpfen **3** FIG. verknüpfen: ***~ le fila di un racconto*** die Fäden einer Erzählung miteinander verknüpfen **II** pronom. **intrecciarsi** **1** sich verwickeln, sich verschlingen, sich verflechten: ***i fili si intrecciano formando un nodo*** die Fäden verschlingen sich zu einem Knoten; ***i rami s'intrecciano l'uno con l'altro*** die Zweige verflechten sich ineinander **2a** FIG. sich verflechten, sich vermischen: ***fantasia e realtà s'intrecciavano*** Fantasie und Wirklichkeit vermischten sich **b** *(alternarsi)* sich überschneiden ◆ ***~ le dita*** die Hände verschränken. **in|trec|cia|tu|ra** f. **1** Flechten *n.*, Verflechtung *f.* **2** *(prodotto)* Geflecht *n.*, Flechtwerk *n.*

in|trec|cio m. *(-ci)* **1** *(prodotto)* Geflecht *n.*, Flechtwerk *n.* **2** *(groviglio)* Gewirr *n.*, Verwick(e)lung *f.*: ***un ~ di corde*** ein Gewirr von Seilen **3** *(trama)* Handlung *f.*: ***fabula e ~*** Fabel und Handlung; ***~ di un film*** Handlung eines Films ◆ ***lavoro d'~*** Flechtarbeit *f.*, Knüpfarbeit *f.*

in|tre|pi|dez|za f. Unerschrockenheit *f.*, Furchtlosigkeit *f.*

in|tre|pi|da|men|te avv. unerschrocken, furchtlos. **in|tre|pi|do** agg. unerschrocken, furchtlos: ***animo ~*** furchtloser Geist.

in|tri|ca|re *(intrico, intrichi)* **I** tr. **1** verwirren: ***~ i fili di una matassa*** die Fäden eines Stranges verwirren **2** FIG. verkomplizieren **II** pronom. **intricarsi** **1** sich verwickeln, sich verwirren **2** FIG. kompliziert werden: ***la questione si va intricando*** das Problem wird immer komplizierter.

in|tri|ca|to p.pass. agg. **1** → **intricare** **2** FIG. verworren, verwickelt: ***caso, discorso ~*** verwickelter Fall, verworrene Rede; ***una storia -a*** eine verworrene Geschichte. **in|tri|co** m. *(-chi)* Gewirr *n.*, Wirrwarr *m.* (anche FIG.): ***un ~ di sensazioni*** ein Gewirr von Gefühlen.

in|tri|de|re tr. *(intrisi; intriso)* tränken, durchtränken ◆ ***~ di sudore*** durch‿schwitzen.

in|tri|gan|te **I** agg. **1** intrigant: ***comportamento ~*** intrigantes Verhalten **2** *(avvincente, coinvolgente)* spannend, anregend, faszinierend: ***sguardo ~*** faszinierender Blick; ***situazione ~*** spannende Situation **II** m. e f. Intrigant *m.* (-in *f.*).

in|tri|ga|re *(intrigo, intrighi)* **I** intr. (aus. *avere*) intrigieren, Ränke schmieden: ~ ***per ottenere una carica*** intrigieren, um ein Amt zu bekommen **II** tr. an‿regen, spannen, faszinieren: ***un film che intriga lo spettatore*** ein Film, der den Zuschauer anregt **III** pronom. **intrigarsi** sich ein‿mischen: ***-rsi nei fatti altrui*** sich in fremde Angelegenheiten einmischen.

in|tri|go m. *(-ghi)* **1** Intrige *f.*, Machenschaft *f.*: ***ordire un*** ~ eine Intrige spinnen; ***-ghi internazionali*** internationale Machenschaften **2** *(situazione intricata)* Verwicklung *f.* ◆ ~ ***amoroso*** verwickelte Liebschaft; ***commedia d'~*** Intrigendrama *n.*

in|trin|se|ca|men|te avv. **1** eigentlich, an und für sich **2** *(intimamente)* innerlich. **in|trin|se|car|si** pronom. **1** vertraut werden: ~ ***con qcn.*** mit jdm vertraut werden **2** *(immedesimarsi)* sich ein‿fühlen: ~ ***in qcn., qcs.*** sich in jdn, etw. einfühlen. **in|trin|se|ci|tà** f. Wesenheit *f.*

in|trin|se|co agg. *(-ci,-che)* **1** innewohnend, wesenseigen: ***qualità -a*** innewohnende Eigenschaft **2** *(reale)* wirklich ◆ ***valore*** ~ Sachwert *m.*

in|trip|par|si pronom. COLLOQ. sich voll stopfen.

in|trip|pa|to agg. GERG. **1** *(sotto l'effetto di una droga)* ***essere*** ~ auf dem Trip sein **2** ESTENS. *(appassionato)* abgefahren: ***essere ~ per la musica rock*** auf Rockmusik abfahren.

in|tri|so agg. durchnässt, durchtränkt (anche FIG.): ***abito ~ di pioggia*** vom Regen durchnässtes Kleid ◆ ~ ***di sudore*** durchgeschwitzt.

in|tri|sti|men|to m. Traurigwerden *n.*, Traurigkeit *f.* **in|tri|sti|re** intr. *(intristisco, intristisci;* aus. *essere)* **1** traurig werden **2** *(di piante)* verwelken, welken.

in|tro|dot|to p.pass. agg. **1** → **introdurre 2** eingeführt: ***essere ben ~ in un ambiente*** in einem Kreis gut eingeführt sein **3** *(esperto)* bewandert: ~ ***in qcs.*** in etw. (D) bewandert sein. **in|tro|du|ci|bi|le** agg. einführbar.

in|tro|dur|re *(introduco, introduci; introdussi; introdotto)* **I** tr. **1** ein‿führen, stecken, ein‿stecken: ~ ***la chiave nella toppa*** den Schlüssel in das Schlüsselloch stecken **2** *(far entrare)* ein‿lassen, ein‿treten lassen: ~ ***qcn. in casa*** jdn ins Haus (ein)lassen **3a** FIG. *(presentare)* ein‿führen: ~ ***qcn. in società, in un nuovo ambiente*** jdn in die Gesellschaft, in eine neue Umgebung einführen **b** *(istituire)* ein‿führen: ~ ***una moda*** eine Mode einführen; ~ ***innovazioni nell'agricoltura*** Neuerungen in die Landwirtschaft einführen **4** FIG. *(iniziare a qcs.)* ein‿führen, ein‿weisen: ~ ***qcn. a qcs.*** jdn in etw. (A) einführen; ~ ***qcn. allo studio della matematica*** jdn in das Mathematikstudium einführen; ~ ***qcn. all'esercizio di una professione*** jdn in einen Beruf einführen **5** COMM. *(importare)* ein‿führen: ~ ***merci di contrabbando*** Schmuggelwaren einführen **6a** *(avviare)* ein‿leiten: ~ ***un discorso*** eine Rede einleiten **b** GRAMM. ***congiunzione che introduce una proposizione secondaria*** Konjunktion, die einen Nebensatz einleitet **II** pronom. **introdursi 1** sich ein‿schleichen, ein‿dringen: ***-rsi furtivamente in una stanza*** sich heimlich in ein Zimmer (ein)schleichen **2** *(entrare in un ambiente)* Eintritt finden: ***-rsi in qcs.*** in etw. (A) Eintritt finden.

in|tro|dut|ti|vo agg. einleitend, einführend: ***discorso, capitolo*** ~ einleitendes Gespräch, Kapitel; ***parole -e*** einführende Worte. **in|tro|dut|to|re** m. Einführer *m.*

in|tro|du|zio|ne f. **1** Einführung *f.*: ***l'~ di un nuovo metodo*** die Einführung einer neuen Methode; ~ ***di un articolo sul mercato*** Einführung eines Artikels auf den Markt; ~ ***alle scienze*** Einführung in die Wissenschaften **2** *(prefazione)* Einleitung *f.*: ***l'~ di un libro*** die Einleitung eines Buches **3** *(inserimento)* Einführen *n.*: ***l'~ dell'ago nella vena*** das Einführen der Nadel in die Vene **4** INFORM. Eingabe *f.*: ***l'~ di dati nel computer*** die Eingabe von Daten in den Computer.

in|tro|fles|sio|ne f. Einstülpung *f.* **in|tro|fles|so** p.pass. agg. **1** → **introflettere 2** eingestülpt. **in|tro|flet|ter|si** pronom. sich ein‿stülpen.

in|tro|ie|zio|ne f. Introjektion *f.*

in|troi|ta|re tr. BUROCR. ein‿nehmen, ein‿ziehen. **in|troi|to** m. Einnahme *f.*: ~ ***annuo, giornaliero*** jährliche, tägliche Einnahmen.

in|tro|met|ter|si pronom. *(mi intromisi; intromesso)* **1** *(immischiarsi)* sich ein‿mischen, ein‿greifen: ~ ***in una faccenda*** sich in eine Angelegenheit einmischen **2** *(fra persone in lite)* dazwischen‿treten, sich ins Mittel legen: ~ ***tra due litiganti*** zwischen zwei Streitende treten.

in|tro|mis|sio|ne f. Einmischung *f.*, Eingriff *m.*: ***non tollerare -i*** keinerlei Einmischungen dulden; ~ ***nella vita privata*** Eingriff in das Privatleben.

in|tro|na|re tr. COLLOQ. betäuben, benommen machen: ***le sue chiacchiere mi hanno intronato*** sein Gerede hat mich benommen gemacht. **in|tro|na|to** p.pass. agg. COLLOQ. **1** → **intronare 2** benommen: ***sono uscito dalla discoteca tutto*** ~ ich bin ganz benommen aus der Diskothek herausgekommen.

in|tro|spet|ti|vo agg. introspektiv: ***analisi -a, metodo*** ~ introspektive Analyse, Methode. **in|tro|spe|zio|ne** f. Introspektion *f.*

in|tro|va|bi|le agg. unauffindbar: ***un articolo*** ~ ein unauffindbarer Artikel; ***il medico è*** ~ der Arzt ist unauffindbar.

in|tro|ver|sio|ne f. Introversion *f.* **in|tro|ver|so I** agg. introvertiert: ***un carattere*** ~ ein introvertierter Charakter **II** m. introvertierter Mensch *m.*

in|tru|fo|la|re *(intrufolo)* **I** tr. gleiten lassen: ~ ***la mano nella borsa di qcn.*** die Hand in jds Tasche gleiten lassen **II** pronom. **intrufolarsi** sich ein‿schleichen, sich ein‿schmuggeln, sich schmuggeln, sich schummeln: ***-rsi tra gl'invitati*** sich unter die Gäste schmuggeln; ***-rsi in casa di qcn.*** sich in jds Wohnung einschleichen; ***-rsi su una nave*** sich auf ein Schiff schmuggeln.

in|tru|glia|re tr. *(intruglio, intrugli)* **1** vermischen **2** *(vino)* (ver)panschen. **in|tru|glio** m. *(-gli)* **1** Gemisch *n.*; *(di liquidi)* Gebräu *n.*: ***un ~ schifoso*** ein widerliches Gebräu **2** *(cosa raffazzonata)* Mischmasch *m.* **3** *(imbroglio)* Schwindel *m.*

in|trup|pa|men|to m. **1** MIL. Anschluss *m.* an eine Truppe **2** ESTENS. *(in un gruppo)* Zusammenschluss *m.*

in|trup|pa|re I tr. **1** MIL. an eine Truppe an‿schließen **2** ESTENS. in eine Gruppe stecken: ***ci hanno intruppati in una comitiva*** sie haben uns in eine Reisegruppe gesteckt **II** pronom. **intrupparsi 1** MIL. sich der Truppe an‿schließen **2** SPREG. ***-rsi in qcs.*** = sich etw. (D) an‿schließen, sich zu etw. gesellen: ***-rsi nella maggioranza*** sich der Mehrheit anschließen.

in|tru|sio|ne f. **1** Eindringen *n.*: **2** *(ingerenza)* Einmischung *f.* **3** GEOL. Intrusion *f.* ◆ ***scusate l'~*** entschuldigen Sie die Störung. **in|tru|si|vo** agg. **1** GEOL. intrusiv: ***rocce -e*** intrusives Gestein **2** *(invadente)* aufdringlich. **in|tru|so** m. Eindringling *m.*: ***sentirsi un*** ~ sich als Eindringling fühlen.

in|tu|ba|re tr. intubieren. **in|tu|ba|zio|ne** f. Intubation *f.*

in|tu|i|bi|le agg. **1** ahnbar, fühlbar **2** *(prevedibile)* absehbar, voraussehbar: ***le conseguenze sono -i*** die Folgen sind absehbar; ***facilmente*** ~ leicht absehbar.

in|tu|i|re tr. *(intuisco, intuisci)* **1** ahnen, erahnen: ~ ***la soluzione, la portata di qcs.*** die Lösung, die Tragweite von etw. erahnen; ~ ***la verità*** die Wahrheit erahnen **2** *(indovinare)* durch‿schauen: ~ ***le intenzioni di qcn.*** jds Absichten durchschauen.

in|tui|ti|va|men|te avv. intuitiv. **in|tui|ti|vo I** agg. **1** intuitiv: ***conoscenza -a*** intuitives Verständnis; ***processo*** ~ intuitiver Prozess **2** *(facilmente comprensibile)* verständlich: ***è ~ che...*** es ist verständlich, dass... **II** m. intuitiver Mensch *m.*

in|tui|to m. Intuition *f.*: ***fidarsi del proprio*** ~ sich auf seine Intuition verlassen; ***farsi guidare dal proprio*** ~ sich von seiner Intuition leiten lassen; ***per*** ~ intuitiv. **in|tui|zio|ne** f. Intuition *f.*, Eingebung *f.*: ***avere un'~*** eine Intuition haben; ~ ***poetica*** dichterische Intuition; ***un'~ geniale*** eine geniale Eingebung.

in|tu|me|scen|za f. **1** BOT. Wucherung *f.* **2** MED. Intumeszenz *f.*

in|tur|gi|di|men|to m. Anschwellen *n.*, Schwellen *n.* **in|tur|gi|dir|si** pronom. *(mi inturgidisco, ti inturgidisci)* an‿schwellen, schwellen.

i|nu|gua|glia|bi|le, i|nu|gua|glia|bi|li|tà... → **ineguagliabile, ineguagliabilità...**

i|nu|li|na f. Inulin *n.*

i|nu|ma|ni|tà f. Unmenschlichkeit *f.*

i|nu|ma|no agg. **1** unmenschlich, inhuman: ***una pena -a*** eine inhumane Strafe **2** *(superiore alle capacità umane)* übermenschlich: ***sforzo*** ~ übermenschliche Anstrengung.

i|nu|ma|re tr. bestatten, beerdigen. **i|nu|ma|zio|ne** f. Bestattung *f.*, Beerdigung *f.*

i|nu|mi|di|men|to m. Befeuchten *n.*, Anfeuchten *n.*

i|nu|mi|di|re *(inumidisco, inumidisci)* **I** tr. **1** befeuchten, an‿feuchten: ~ ***un francobollo*** eine Briefmarke anfeuchten; ***la rugiada ha inumidito il prato*** der Tau hat die Wiese befeuchtet **2** *(biancheria)* besprengen, ein‿sprengen **II** pronom. **inumidirsi 1** feucht werden: ***il telo della tenda si è inumidito*** die Zeltplane ist feucht geworden **2** ***-rsi le labbra*** sich (D) die Lippen an‿feuchten. **i|nu|mi|di|to** p.pass. agg. **1** → **inumidire 2** feucht.

i|nur|ba|men|to m. Verstädterung *f.* **i|nur|ba|ni|tà** f. Ungeschliffenheit *f.* **i|nur|ba|no** agg. ungeschliffen, ungesittet: ***un comportamento*** ~ ein ungesittetes Verhalten.

i|nur|bar|si pronom. in die Stadt ab‿wandern, verstädtern.

i|nu|si|ta|to agg. ungewöhnlich: ***espressione -a*** ungewöhnlicher Ausdruck.

i|nu|ti|le agg. **1** unnütz, nutzlos, unnötig: ***sentirsi*** ~ sich unnütz fühlen: ***oggetti -i*** unnützes Zeug; ***attesa*** ~ unnötiges Warten; ***è del tutto*** ~ es ist völlig nutzlos **2** *(vano)* vergeblich, sinnlos, zwecklos: ***le mie raccomandazioni sono state -i*** meine Empfehlungen waren vergeblich; ***è ~ insistere*** es ist sinnlos, darauf zu bestehen; ***un tentativo ~*** ein vergeblicher Versuch; ***è stato tutto ~*** es war alles umsonst.

i|nu|ti|li|tà f. **1** Nutzlosigkeit *f.*: ***l'~ di un provvedimento*** die Nutzlosigkeit einer Maßnahme **2** Vergeblichkeit *f.*, Zwecklosigkeit *f.*: ***l'~ di uno sforzo*** die Vergeblichkeit einer Anstrengung.

i|nu|ti|liz|za|bi|le agg. unbrauchbar, unbenutzbar, nicht verwendbar: ***essere ormai ~*** mittlerweile unbrauchbar sein. **i|nu|ti|liz|za|to** agg. ungebraucht, unbenutzt, nicht verwendet: ***rimanere ~*** nicht verwendet werden; ***scorte -e*** nicht verwendete Vorräte. **i|nu|til|men|te** avv. **1** unnützerweise **2** *(invano)* vergebens, umsonst.

in|va|den|te I agg. aufdringlich: ***non essere così ~!*** sei doch nicht so aufdringlich! **II** m. aufdringlicher Mensch *m.* **in|va|den|za** f. Aufdringlichkeit *f.*

in|va|de|re tr. *(invasi, invaso)* **1** MIL. überfallen, ein‿fallen: ***~ un paese*** ein Land überfallen; ***le truppe invasero il paese*** die Truppen überfielen das Land; SCHERZ. ***~ la casa di qcn.*** in jds Haus einfallen **2** *(inondare)* überschwemmen (anche FIG.): ***il fiume ha invaso le campagne*** der Fluss hat das Land überschwemmt; ***le auto giapponesi hanno invaso il mercato*** die japanischen Autos haben den Markt überschwemmt **3** *(di fonti di luce)* durchfluten: ***la stanza fu invasa dalla luce del sole*** das Zimmer wurde vom Sonnenlicht durchflutet **4** *(assaltare in massa)* ***~ qcs.*** sich in etw. (D) verbreiten, auf etw. (A) stürmen, etw. überfluten: ***le zanzare invadono le risaie*** die Mücken verbreiten sich in den Reisfeldern her; ***i tifosi hanno invaso il campo di calcio*** die Fußballfans sind auf das Spielfeld gestürmt; ***una massa di turisti invade la città*** eine Touristenmenge überflutet die Stadt **5** *(diffondersi)* ***~ qcs.*** auf etw. über‿greifen: ***le fiamme invasero l'edificio*** die Flammen griffen auf das Gebäude über; ***il contagio invase il paese*** die Seuche griff auf das Land über **6** *(intromettersi)* sich ein‿mischen: ***~ il campo di qcn.*** sich in jds Bereich einmischen; ***~ la vita privata di qcn.*** sich in jds Privatleben einmischen (*o* in jds Privatleben ein‿brechen).

in|va|ghi|men|to m. Sichverlieben *n.*, Verliebtsein *n.* **in|va|ghir|si** pronom. *(m'invaghisco, t'invaghisci)* ***~ di qcn.*** sich in jdm verlieben (*o* verknallen).

in|va|gi|nar|si pronom. MED. sich ein‿stülpen.

in|va|li|ca|bi|le agg. unüberwindbar, unüberwindlich: ***una montagna ~*** ein unüberwindbarer Berg; ***difficoltà -i*** unüberwindliche Schwierigkeiten ◆ ***zona militare: limite ~*** Militärgebiet: Zutritt strengstens verboten. **in|va|li|ca|bi|li|tà** f. Unüberwindbarkeit *f.*

in|va|li|da|men|to m. Entkräftung *f.* **in|va|li|dan|te** agg. **1** DIR. für ungültig (*o* nichtig) erklärend **2** *(che rende invalido)* Invalidität verursachend: ***lesione ~*** Invalidität verursachende Verletzung.

in|va|li|da|re tr. *(invalido)* **1** DIR. für ungültig (*o* nichtig) erklären, entkräften: ***~ un contratto*** einen Vertrag für ungültig erklären; ***~ una prova*** einen Beweis entkräften; ***~ le votazioni*** die Wahlen für ungültig erklären **2** *(inficiare)* bestreiten, an‿fechten: ***~ una tesi*** eine These bestreiten. **in|va|li|da|zio|ne** f. → **invalidamento.**

in|va|li|di|tà f. **1** *(di persona)* Invalidität *f.* **2** DIR. Ungültigkeit *f.*, Rechtsungültigkeit *f.* ◆ ***assicurazione contro l'~*** Invalidenversicherung *f.*; DIR. ***dichiarazione di ~*** Ungültigkeitserklärung *f.*; ***grado di ~*** Invaliditätsgrad *m.*, Versehrtenstufe *f.*; ***~ al lavoro*** Arbeitsunfähigkeit *f.*; ***pensione d'~*** Invalidenrente *f.*; ***~ permanente*** Dauerinvalidität *f.*; ***~ temporanea*** vorübergehende Invalidität; ***~ totale*** Vollinvalidität *f.*

in|va|li|do I agg. **1** invalide: ***rimanere ~*** invalide werden **2** DIR. ungültig, nichtig **II** m. Invalide *m.* ◆ ***~ civile*** Zivilbeschädigte *m.*; ***grande ~*** Schwerbehinderte *m.*, Schwerbeschädigte *m.*; ***~ di guerra*** Kriegsversehrte *m.*; ***~ al lavoro*** arbeitsunfähig.

in|val|so agg. allgemein verbreitet: ***una consuetudine -a*** eine allgemein verbreitete Angewohnheit.

in|va|no avv. vergeblich, vergebens, umsonst: ***affaticarsi ~*** sich umsonst bemühen; ***supplicare ~ qcn.*** jdn vergeblich an‿flehen ◆ ***essere ~*** umsonst sein.

in|va|ria|bi|le agg. unveränderbar, unveränderlich (anche GRAMM.): ***grandezza ~*** unveränderbare Größe; ***aggettivo, sostantivo ~*** unveränderliches Adjektiv, Substantiv. **in|va|ria|bi|li|tà** f. Unveränderlichkeit *f.* **in|va|ria|bil|men|te** avv. konstant: ***rispondere ~ di no*** konstant mit nein antworten. **in|va|rian|te I** agg. unverändert **II** f. Invariante *f.* **in|va|rian|za** f. Invarianz *f.* **in|va|ria|to** agg. unverändert: ***le condizioni restano -e*** die Bedingungen bleiben unverändert.

in|va|sa|men|to m. Besessenheit *f.*

1.in|va|sa|re I tr. **1** besessen machen **2** ESTENS. *(afferrare)* übermannen, ergreifen, überwältigen: ***lasciarsi ~ da un sentimento*** sich von einem Gefühl überwältigen lassen **II** pronom. **invasarsi** sich entflammen: ***-rsi di un'idea*** sich für eine Idee entflammen.

2.in|va|sa|re tr. ein‿topfen: ***~ una pianta*** eine Pflanze eintopfen.

in|va|sa|to I p.pass. agg. **1** → **1.invasare 2a** *(posseduto)* besessen: ***~ dal demonio*** vom Teufel besessen **b** *(da sentimenti)* besessen, übermannt: ***essere ~ dalla gelosia*** von der Eifersucht besessen sein **II** m. **1** Besessene *m.* **2** *(fanatico)* Fanatiker *m.* **in|va|sa|tu|ra** f. **1** Eintopfen *n.* **2** MAR. Stapel *m.*

in|va|si → **invadere.**

in|va|sio|ne f. **1** Invasion *f.*, Einfall *m.*: ***l'~ del Kuwait*** die Invasion von Kuwait **2** FIG. Überschwemmung *f.*, Invasion *f.*: ***un' ~ di prodotti stranieri*** eine Überschwemmung mit ausländischen Produkten; ***un'~ di turisti*** eine Invasion von Touristen **3** *(flagello)* Plage *f.*: ***~ di cavallette, d'insetti*** Heuschreckenplage *f.*, Insektenplage *f.* ◆ ***-i barbariche*** Völkerwanderungen *pl.*; SPORT ***~ di campo*** Erstürmung *f.* des Spielfeldes.

in|va|so I p.pass. → **invadere II** m. **1** IDR. Fassungsvermögen *n.* **2** *(invasatura)* Eintopfen *n.*

in|va|so|re I agg. einfallend: ***esercito ~*** einfallendes Heer **II** m. Invasor *m.*, Eindringling *m.*

in|vec|chia|men|to m. **1** Altern *n.*, Alterung *f.*: ***l'~ della pelle*** das Altern der Haut **2** *(di vini)* Alterung *f.*, Lagerung *f.*: ***~ artificiale*** künstliche Alterung **3** *(della popolazione)* Überalterung *f.* **4** TECN. Alterung *f.* ◆ ***processo d'~*** Alterungsprozess *m.* (anche ENOL.); ***segno d'~*** Alterserscheinung *f.*

in|vec|chia|re *(invecchio, invecchi)* **I** tr. **1** altern lassen, älter machen: ***il dolore lo ha invecchiato*** der Schmerz hat ihn altern lassen **2** *(far sembrare vecchio)* älter machen: ***la barba lo invecchia*** der Bart macht ihn älter **3** *(vino)* altern (*o* lagern) lassen **II** intr. (aus. *essere*) **1** alt werden **2** *(di vino)* lagern **3** *(passare di moda)* veralten: ***un modello che non invecchia mai*** ein Modell, das nie veraltet **4** *(della popolazione)* vergreisen. **in|vec|chia|to** p.pass. agg. **1** → **invecchiare 2** gealtert: ***acquavite -a*** gealterter Schnaps ◆ ***avere l'aria -a*** alt aus‿sehen.

in|ve|ce avv. jedoch, dagegen, hingegen: ***volevo vederlo, ~ non c'era*** ich wollte ihn sehen, er war jedoch nicht da; ***a lui piace il pesce, ~ lei preferisce la carne*** er mag Fisch, sie hingegen zieht Fleisch vor; ***qui è già primavera, in Svizzera ~ nevica ancora*** hier ist schon Frühling, in der Schweiz dagegen schneit es noch ◆ ***~ di*** (an)statt + gen., an Stelle + gen.: ***prendi questo ~ di quello*** nimm das stattdessen; ***~ di mio fratello vado io da lui*** an Stelle meines Bruders gehe ich zu ihm; ***~ di lui è venuto il suo amico*** anstatt seiner kam sein Freund; ***preferisco che tu venga oggi ~ di domani*** mir ist lieber, dass du heute statt morgen kommst; ***~ che...*** (an)statt + inf.: ***giocava ~ che lavorare*** er spielte, anstatt zu arbeiten; ***andiamo al cinema ~ che in discoteca*** wir gehen ins Kino statt in die Diskothek.

in|vei|re intr. *(inveisco, inveisci*; aus. *avere)* schimpfen: ***~ contro qcn.*** auf jdn schimpfen.

in|ve|le|ni|re *(invelenisco, invelenisci)* **I** tr. vergiften, verbittern: ***le malignità lo hanno invelenito*** die Bosheiten haben ihn verbittert **II** pronom. **invelenirsi** verbittert werden: ***-rsi per i torti ricevuti*** wegen der erlittenen Ungerechtigkeiten verbittert werden. **in|ve|le|ni|to** p.pass. agg. **1** → **invelenire 2** verbittert, erbost.

in|ven|di|bi|le agg. unverkäuflich: ***campione ~*** unverkäufliches Muster. **in|ven|di|bi|li|tà** f. Unverkäuflichkeit *f.*

in|ven|di|ca|to agg. ungerächt: ***vittima -a*** ungerächtes Opfer.

in|ven|du|to I agg. nicht verkauft, unverkauft: ***prodotto ancora ~*** noch nicht verkauftes Produkt **II** m. unverkaufte Ware *f.*

in|ven|ta|re tr. **1** erfinden: ***Galilei inventò il cannocchiale*** Galilei erfand das Fernrohr; ***~ qcs. di sana pianta*** etw. frei erfinden (*o* etw. aus der Luft greifen) **2** *(escogitare)* ersinnen, (sich) aus‿denken: ***~ la trama di un romanzo*** (sich) die Handlung eines Romans ausdenken; ***~ una scusa*** sich (D) eine Ausrede ausdenken ◆ ***inventarne di tutti i colori*** = die unglaublichsten Dinge erfinden; ***~ frottole*** Märchen erzählen; ***le inventa tutte!*** was er sich nicht alles ausdenkt!

in|ven|ta|ria|re tr. *(inventario, inventari)* ***~ qcs.*** etw. inventarisieren, den Bestand von etw. auf‿nehmen: ***~ i libri di una biblioteca*** die Bücher einer Bibliothek inventarisieren; ***~ le merci in magazzino*** den Lagerbestand aufnehmen.

in|ven|ta|rio m. *(-ri)* **1** *(l'inventariare)* Inventur *f.*, Bestandsaufnahme *f.*: ***fare l'~*** Inventur (*o* Bestandsaufnahme) machen; ***chiuso per ~*** wegen Inventur geschlossen **2** DIR. *(elenco dei beni)* Inventar *n.*: ***fare l'~ di un patrimonio*** das Inventar eines Vermögens auf‿stellen ◆ FIG. ***con beneficio d'~*** unter Vorbehalt, mit Vorbehalt; ***compilazione d'~*** Inventaraufnahme *f.*; ***diritto d'~*** Inventarrecht *n.*; ***registro dell'~*** Inventarverzeichnis *n.*

in|ven|ta|to p.pass. agg. **1** → **inventare 2** erfunden, ausgedacht: ***una***

storia -a eine erfundene Geschichte.

in|ven|ti|va f., **in|ven|ti|vi|tà** f. Erfindungsgabe *f.*, Erfindungsreichtum *m.*; ***essere ricco d'~*** erfindungsreich sein; ***mancare d'~*** einfallslos sein. **in|ven|ti|vo** agg. Erfindungs-, erfinderisch: ***forza -a*** Erfindungskraft *f.*; ***spirito ~*** Erfindungsgeist *m.*

in|ven|to|re m. Erfinder *m.*

in|ven|zio|ne f. **1** Erfindung *f.*: ***fare, brevettare un'~*** eine Erfindung machen, patentieren; ***~ poetica*** dichterische Erfindung; ***l'~ della locomotiva a vapore*** die Erfindung der Dampfmaschine **2** *(idea, trovata)* Einfall *m.*, Erfindung *f.*: ***una bella ~*** ein guter Einfall **3** *(falsità)* Erfindung *f.* **4** MUS. Invention *f.* ◆ ***brevetto d'~*** Erfinderschutz *m.*, Erfinderpatent *n.*

in|ve|ra|men|to m. LETT. Verwirklichung *f.* **in|ve|rar|si** pronom. LETT. FILOS. sich verwirklichen.

in|ver|di|re *(inverdisco, inverdisci)* **I** tr. grün machen, grün werden lassen **II** intr. (aus. *essere*) e pronom. **inverdirsi** grün werden, (er)grünen: ***la campagna (si) è inverdita*** das Land ist grün geworden.

in|ve|re|con|dia f. LETT. Schamlosigkeit *f.* **in|ve|re|con|do** agg. schamlos: ***atto ~*** schamlose Handlung.

in|ver|na|le agg. winterlich, Winter-: ***freddo ~*** winterliche Kälte; ***temperature -i*** winterliche Temperaturen; ***abbigliamento, giacca ~*** Winterkleidung *f.*, Winterjacke *f.*; ***paesaggio, stagione, tempo, periodo ~*** Winterlandschaft *f.*, Wintersaison *f.*, Winterwetter *n.*, Winterzeit *f.* ◆ ***frutta ~*** Winterfrüchte *pl.*; ***giochi (olimpici) -i*** (Olympische) Winterspiele *pl.*; ***letargo ~*** Winterschlaf *m.*; ***olimpiadi -i*** Winterolympiade *f.*; ***orario ~*** Winterfahrplan *m.*; ZOOL. ***mantello ~*** Winterfell *n.*; MIL. ***quartiere ~*** Winterquartier *n.*; ***saldi -i*** Winterschlussverkauf *m.*; ***semestre ~*** *(università)* Wintersemester *n.*, *(scuola)* Winterhalbjahr *n.*; ***soccorso ~*** Winterhilfe *f.*; ***sport ~*** Wintersport *m.*; *(specialità)* Wintersportart *f.*; ***stazione climatica ~*** Winterkurort *m.*

in|ver|no m. Winter *m.*: ***un ~ mite, rigido*** ein milder, strenger Winter; ***è pieno ~*** es ist tiefer Winter; ***arriva l'~*** es wird Winter (*o* es wintert); ***d'~*** im Winter; ***in pieno ~*** mitten im Winter; ***nel cuore dell'~*** im tiefsten Winter; ***durante l'~*** über den Winter (*o* den Winter über), während des Winters; ***superare bene l'~*** gut über den Winter kommen ◆ ***adatto per l'~*** winterfest; ***giardino d'~*** Wintergarten *m.*; ***inizio dell'~*** Winteranfang *m.*; ***solstizio d'~*** Wintersonnenwende *f.*

in|ve|ro avv. LETT. wahrlich.

in|ve|ro|si|mi|glian|za f. Unwahrscheinlichkeit *f.*: ***l'~ di un racconto*** die Unwahrscheinlichkeit einer Erzählung.

in|ve|ro|si|mi|le **I** agg. **1** unwahrscheinlich, unglaublich: ***una notizia ~*** eine unglaubliche Nachricht; ***una fortuna ~*** ein unwahrscheinliches Glück; ***una folla ~*** eine unglaubliche Menge **II** m. Unwahrscheinliche *n.*; FIG. ***mangiare fino all'~*** unwahrscheinliche Mengen verdrücken; ***la cosa ha dell'~*** die Sache klingt unglaublich. **in|ve|ro|si|mil|men|te** avv. unwahrscheinlich.

in|ver|sa|men|te avv. umgekehrt: MAT. ***grandezze ~ proporzionali*** umgekehrt proportionale Größen.

in|ver|sio|ne f. **1** *(svolta, virata)* Wenden *n.* **2** MECC. TECN. Umkehr *f.* **3** GRAMM. CHIM. FIS. Inversion *f.* **4** MUS. Umkehrung *f.*, Inversion *f.* ◆ SPORT ***~ di campo*** Platzwechsel *m.*; ***divieto d'~*** Wenden verboten; EL. ***~ di fase*** Phasensprung *m.*; ***~ di marcia*** Wenden *n.*; MECC. Umschaltung *f.*; FIS. ELETTRON. ***~ di polarità*** Umpolung *f.*; ***punto di ~*** Wendepunkt *m.*; MAR. ***~ di rotta*** Kursänderung *f.* (anche FIG.); ***~ di tendenza*** Tendenzwende *f.*; FIS. ***~ termica*** Inversion *f.*; ***~ a U*** Wenden *n.*

in|ver|so **I** agg. **1** umgekehrt, invers: ***disporre in ordine ~*** in umgekehrter Reihenfolge ordnen; GRAMM. ***costruzione -a*** umgekehrte Wortstellung; MAT. ***in proporzione -a*** in umgekehrter Proportion; MAT. ***operazione, funzione -a*** umgekehrte Operation, Funktion **2** *(opposto)* entgegengesetzt: ***direzione -a*** entgegengesetzte Richtung **II** m. **1** Umgekehrte *n.*: ***all'~*** umgekehrt **2** *(contrario)* Gegenteil *n.*: ***fa sempre l'~ di quello che promette*** er macht immer das Gegenteil von dem, was er verspricht **3** MAT. Inverse *f.* ◆ FOT. ***processo ~*** Umkehrprozess *m.*

in|ver|so|re m. Inverter *m.*: AER. ***~ di spinta*** Schubumkehrvorrichtung *f.*

in|ver|ta|si f. Invertin *n.*

in|ver|te|bra|to **I** agg. wirbellos: ***animali -i*** wirbellose Tiere **II** m. Wirbellose *m.*

in|ver|ti|bi|le agg. umkehrbar.

in|ver|ti|re **I** tr. **1** um‿kehren, invertieren: ***~ l'ordine della graduatoria*** die Reihenfolge der Rangliste umkehren **2** *(scambiare)* vertauschen: ***~ le parti*** die Rollen vertauschen **3** *(disporre diversamente)* um‿stellen: ***~ l'ordine dei mobili*** die Möbel umstellen **II** pronom. **invertirsi** sich um‿kehren: ***la tendenza si è invertita*** die Tendenz hat sich umgekehrt ◆ ***~ la marcia*** wenden; ***~ la rotta*** auf Gegenkurs gehen (anche FIG.).

in|ver|ti|to **I** p.pass. agg. **1** → **invertire** **2** *(omosessuale)* invertiert **II** m. Invertierte *m.* ◆ ***carburatore ~*** Fallstromvergaser *m.*; ***rima -a*** Spiegelreim *m.*; CHIM. ***zucchero ~*** Invertzucker *m.* **in|ver|ti|to|re** m. Inverter *m.*: ***~ di corrente*** Polwender *m.*

in|ve|sti|bi|le agg. investierbar: ***capitale ~*** investierbares Kapital.

in|ve|sti|ga|bi|le agg. erforschbar.

in|ve|sti|ga|re *(investigo, investighi)* **I** tr. **1** erforschen: ***~ i fenomeni della natura*** die Naturphänomene erforschen **2** *(indagare)* untersuchen: ***~ i fatti per conoscere la verità*** die Tatsachen untersuchen, um die Wahrheit festzustellen **II** intr. (aus. *avere*) **1** nach‿forschen, nach‿gehen: ***~ su qcs.*** etw. (D) nachforschen **2** *(della polizia)* fahnden, ermitteln: ***~ su un caso di omicidio*** in einem Mordfall ermitteln.

in|ve|sti|ga|ti|vo agg. **1** Ermittlungs-: ***lavoro, procedimento ~*** Ermittlungsarbeit *f.*, Ermittlungsverfahren *n.* **2** *(di polizia)* Fahndungs-: ***apparato, nucleo ~*** Fahndungsapparat *m.*, Fahndungseinheit *f.* ◆ ***agente ~*** Detektiv *m.*; ***agenzia -a*** Detektivbüro *n.*

in|ve|sti|ga|to|re m. **1** Ermittlungsbeamte *m.*, Fahnder *m.*; *(detective)* Detektiv *m.*: ***far sorvegliare qcn. da un ~*** jdn durch einen Detektiv überwachen lassen **2** *(scienziato)* Forscher *m.* ◆ ***~ privato*** Privatdetektiv *m.*

in|ve|sti|ga|zio|ne f. **1** *(della polizia)* Fahndung *f.* **2a** *(esame)* Untersuchung *f.*: ***~ storica*** historische Untersuchung; ***~ giudiziaria*** gerichtliche Untersuchung **b** *(ricerca scientifica)* Forschung *f.*

in|ve|sti|men|to m. **1** ECON. Investition *f.*: ***fare, effettuare un buon ~*** eine gute Investition machen, vor‿nehmen; ***-i per un valore di 50 milioni di marchi*** Investitionen in Höhe von 50 Millionen DM; ***per ~*** investiv; ***spese per ~*** investive Ausgaben **2** *(incidente)* Anfahren *n.*; *(che provoca il decesso)* Überfahren *n.* ◆ ***beni d'~*** Investitionsgüter *pl.*; ***costi d'~*** Investitionskosten *pl.*; ***facilitazione d'~*** Investitionshilfe *f.*; ***fondo comune d'~*** Investmentfonds *m.*; ***piano d'~*** Investitionsvorhaben *n.*; ***politica degli -i*** Investitionspolitik *f.*; ***programma d'~*** Investitionsprogramm *n.*; ***quota di ~*** Investitionsquote *f.*; ***società di -i*** Investmentgesellschaft *f.*, Investmenttrust *m.*

in|ve|sti|re **I** tr. **1** an‿legen; investieren (anche FIG.): ***~ qcs. in qcs.*** etw. in etw. (A) anlegen; ***~ del denaro con profitto*** Geld nutzbringend investieren; FIG. ***~ molta energia, molto tempo in qcs.*** viel Kraft, viel Zeit in etw. (A) investieren **2** *(con veicolo)* an‿fahren; *(con decesso)* überfahren **3** FIG. *(aggredire)* ***~ qcn. di insulti, domande*** jdn mit Beleidigungen überhäufen, mit Fragen bestürmen **4** *(conferire ufficialmente)* übertragen: ***~ qcn. di una carica, di pieni poteri*** jdm ein Amt, volle Machtbefugnisse übertragen **II** pronom. **investirsi** sich identifizieren, sich hinein‿versetzen: ***-rsi di un ruolo*** sich mit einer Rolle identifizieren.

in|ve|sti|to **I** p.pass. agg. **1** → **investire** **2** investiert, angelegt: ***denaro ~ in titoli di stato*** in staatliche Wertpapiere investiertes Geld **II** m. Angefahrene *m.*; *(con conseguenze mortali)* Überfahrene *m.*

in|ve|sti|to|re m. **1** Unfallfahrer *m.* **2** ECON. Investor *m.*, Anleger *m.*

in|ve|sti|tu|ra f. Investitur *f.* ◆ STOR. ***lotta delle, per le -e*** Investiturstreit *m.*

in|ve|te|ra|to agg. **1** (tief) verwurzelt: ***consuetudini -e*** tief verwurzelte Sitten; ***odio ~*** tief sitzender Hass **2** *(incallito)* eingefleischt: ***un ~ bugiardo*** ein eingefleischter Lügner.

in|ve|tria|re tr. *(invetrio, invetri)* glasieren: ***~ le ceramiche*** Keramik glasieren. **in|ve|tria|ta** f. **1** *(vetrata)* Glasfenster *n.* **2** *(porta a vetri)* Glastür *f.*

in|vet|ti|va f. Schmähung *f.*, Invektive *f.*: ***lanciare, scagliare un'~ contro qcn.*** eine Schmähung gegen jdn aus‿stoßen; ***pronunciare, tenere un'~*** eine Schmährede halten.

in|via|re tr. **1** schicken: ***~ qcs. a qcn.*** jdm etw. schicken; ***~ una lettera, un saluto*** einen Brief, einen Gruß schicken; ***~ le truppe al fronte*** Truppen an die Front schicken **2** *(trasmettere)* senden, übersenden: ***~ a qcn. una notizia*** jdm eine Nachricht übersenden **3** *(per svolgere un incarico ufficiale)* senden, entsenden: ***~ un delegato ad un congresso*** einen Delegierten zu einem Kongress entsenden.

in|via|ta f. **1** Gesandte *f.* **2** *(giornalista)* Berichterstatterin *f.*

in|via|to **I** p.pass. agg. → **inviare** **II** m. **1** Gesandte *m.* **2** *(giornalista)* Berichterstatter *m.*: ***~ speciale*** Sonderberichterstatter *m.* **3** *(emissario)* Abgesandte *m.*

in|vi|dia f. Neid *m.*, Missgunst *f.*: ***per ~*** aus Neid; ***è pura ~*** das ist purer Neid; ***provare, nutrire ~ per qcn.*** jdm gegenüber Neid empfinden; ***suscitare l'~ di qcn., far ~ a qcn.*** jds Neid erregen; *(cosa in-*

vidiata) ***quest'auto è l'~ dei suoi amici*** um dieses Auto beneiden ihn all seine Freunde ◆ ***con*** ~ neidisch; ***l'~ è una cattiva consigliera*** Neid ist ein schlechter Ratgeber; ***crepare d'~*** vor Neid platzen; PSIC. ~ ***del pene*** Penisneid *m.*; ***roso dall'~*** neidzerfressen; ***una salute che fa, da fare*** ~ eine beneidenswerte Gesundheit; ***scoppiare dall'~*** → ***crepare d'~***; ***essere verde d'~*** gelb vor Neid sein.

in|vi|dia|bi|le agg. beneidenswert: ***aspetto*** ~ beneidenswertes Aussehen; ***trovarsi in una situazione*** ~ sich in einer beneidenswerten Lage befinden; ***poco*** ~ wenig beneidenswert.

in|vi|dia|re tr. *(invidio, invidi)* neiden, beneiden: ~ ***qcs. a qcn.*** jdm etw. neiden; ~ ***qcn. per qcs.*** jdn um etw. beneiden; ***non è da*** ~ er ist nicht zu beneiden; ***non ti invidio*** ich beneide dich nicht ◆ ***non aver nulla da ~ a qcn., qcs.*** jdm, etw. in nichts nach‿stehen.

in|vi|dio|so I agg. neidisch, neidvoll: ***essere ~ di qcn., qcs.*** auf jdn, etw. neidisch sein; ***sguardi -i*** neidvolle Blicke **II** m. Neider *m.*

in|vi|go|ri|men|to m. Kräftigung *f.*, Stärkung *f.* **in|vi|go|ri|re** *(invigorisco, invigorisci)* **I** tr. stark machen, kräftigen, stärken: ***la ginnastica invigorisce il corpo*** Gymnastik kräftigt den Körper **II** pronom. **invigorirsi** sich stärken, stark werden, sich kräftigen.

in|vi|lir|si pronom. *(mi invilisco, ti invilisci)* **1** den Mut verlieren **2** *(perdere reputazione)* an Ansehen verlieren.

in|vi|lup|pa|re I tr. ein‿hüllen, ein‿wickeln, wickeln: ~ ***il bambino in una coperta*** das Kind in eine Decke (ein)wickeln **II** pronom. **invilupparsi** sich wickeln, sich ein‿wickeln, sich ein‿hüllen: ***-rsi in un mantello*** sich in einen Mantel (ein)wickeln. **in|vi|lup|po** m. Umhüllung *f.*, Hülle *f.*

INVIM ⇒ *Imposta sull'Incremento di Valore dell'Immobile* Steuer auf die Wertsteigerung der Immobilien.

in|vin|ci|bi|le agg. **1** unbesiegbar: ***un atleta*** ~ ein unbesiegbarer Athlet **2** FIG. *(insuperabile)* unüberwindbar, unüberwindlich: ***difficoltà -i*** unüberwindliche Schwierigkeiten. **in|vin|ci|bi|li|tà** f. Unbesiegbarkeit *f.*

in|vio m. **1** Zusendung *f.*; *(di merci)* Sendung *f.*, Absendung *f.*; *(di persone)* Entsendung *f.*: ***l'~ di un pacco*** die Sendung eines Pakets; ***l'~ di una delegazione*** die Entsendung einer Delegation **2** INFORM. *(tasto)* Eingabetaste *f.* ◆ ~ ***anticipato*** Voreinsendung *f.*; ~ ***di campioni*** Probesendung *f.*, Mustersendung *f.*; ~ ***omaggio*** Geschenksendung *f.*; ***termine d'~*** Einsendetermin *m.*; ***termine ultimo d'~*** Einsendeschluss *m.*

in|vio|la|bi|le agg. unverletzlich, unverletzbar; unantastbar: ***segreto*** ~ unantastbares Geheimnis; ***diritto*** ~ unverletzbares Recht; ***la dignità dell'uomo è*** ~ die Würde des Menschen ist unantastbar. **in|vio|la|bi|li|tà** f. Unverletzlichkeit *f.*, Unantastbarkeit *f.* **in|vio|la|to** agg. unverletzt, unangetastet: ***diritti -i*** unverletzte (*o* unangetastete) Rechte ◆ ***fede -a*** ungeschwächter Glaube; ***promessa -a*** eingehaltenes Versprechen; ***partita a reti -e*** torloses Spiel.

in|vi|pe|rir|si pronom. *(mi inviperisco, ti inviperisci)* in Wut geraten, in Zorn geraten, wütend werden ◆ ***fare inviperire qcn.*** jdn zur Weißglut bringen. **in|vi|pe|ri|to** p.pass. agg. **1** → **inviperirsi 2** wütend, zornig.

in|vi|schia|re *(invischio, invischi)* **I** tr. **1** mit Vogelleim bestreichen **2** *(irretire)* verwickeln, ein‿wickeln **II** pronom. **invischiarsi** sich verwickeln ◆ ***lasciarsi ~ in un brutto affare*** sich in ein dunkles Geschäft verwickeln lassen. **in|vi|schia|to** p.pass. agg. **1** → **invischiare 2** verwickelt: ***essere ~ in uno scandalo*** in einen Skandal verwickelt sein.

in|vi|si|bi|le agg. **1** unsichtbar: ***cucitura*** ~ unsichtbare Naht **2** *(minuscolo)* kaum sichtbar, unbemerkbar: ***una macchiolina*** ~ ein kaum sichtbarer Fleck. **in|vi|si|bi|li|tà** f. Unsichtbarkeit *f.* **in|vi|si|bil|men|te** avv. unsichtbar.

in|vi|so agg. unbeliebt: ***rendersi ~ a tutti*** sich bei allen unbeliebt machen.

in|vi|tan|te agg. einladend, verlockend: ***una pietanza*** ~ eine verlockende Speise; ***un sorriso*** ~ ein einladendes Lächeln; ***una proposta*** ~ ein verlockendes Angebot.

in|vi|ta|re tr. **1** ein‿laden: ~ ***qcn. a pranzo, a cena*** jdn zum Mittagessen, zum Abendessen einladen; ~ ***qcn. a una festa, per un caffè, a teatro*** jdn zu einem Fest, zum Kaffee, ins Theater einladen **2** *(esortare)* auf‿fordern, ersuchen: ~ ***qcn. a fare qcs.*** jdn auffordern, etw. zu tun; ***lo invitò a seguirlo*** er forderte ihn auf, ihm zu folgen **3** *(invogliare)* ein‿laden: ***il bel tempo invita a una passeggiata*** das schöne Wetter lädt zum Spaziergehen ein **4** *(nel gioco delle carte)* ~ ***a cuori*** Herz bekennen ◆ FIG. ~ ***qcn. a nozze*** = jdm ein (ihm) sehr willkommenes Angebot machen.

in|vi|ta|to m. Gast *m.*, Eingeladene *m.*

in|vi|to m. **1** Einladung *f.*: ***ricevere, accettare un*** ~ eine Einladung erhalten, an‿nehmen; ***declinare un*** ~ eine Einladung ab‿lehnen; ***fare un ~ a qcn.*** jdn ein‿laden **2** *(biglietto)* Einladungskarte *f.*: ***spedire un*** ~ eine Einladungskarte schicken **3** *(esortazione, ordine)* Aufforderung *f.*: ***un ~ ad esibire i documenti*** eine Aufforderung, die Papiere vorzuzeigen **4** *(allettamento, richiamo)* Verlockung *f.*: ***non resistere all'~ di un'avventura*** der Verlockung eines Abenteuers nicht widerstehen können **5** *(nel gioco delle carte)* Einsatz *m.* **6** ARCH. Antrittsstufe *f.* ◆ FIG. ***qcs. è un ~ a nozze per qcn.*** = etw. ist jdm ein sehr willkommenes Angebot.

in vi|tro agg.inv. e avv. in vitro; ***fecondazione*** ~ In-vitro-Fertilisation *f.*

in|vo|ca|re tr. *(invoco, invochi)* **1a** an‿rufen: ~ ***il Signore*** den Herrn anrufen; ~ ***la grazia di Dio*** Gottes Gnade anrufen **b** *(implorare)* rufen, an‿flehen: ~ ***l'aiuto di qcn.*** jdn um Hilfe rufen; ~ ***qcn.*** jdn anflehen **2** *(richiedere)* fordern: ~ ***riforme*** Reformen fordern; ~ ***la pena di morte*** die Todesstrafe fordern **3** *(appellarsi a)* ~ ***qcs.*** sich auf etw. berufen: ~ ***un articolo di legge*** sich auf einen Gesetzesparagraphen berufen.

in|vo|ca|zio|ne f. **1** Anrufung *f.*, Flehen *n.*: ***restare sordo ad ogni*** ~ allem Flehen gegenüber taub bleiben **2** LETT. Invokation *f.*: ~ ***delle muse*** Museninvokation *f.* ◆ ~ ***d'aiuto*** Hilferuf *m.*

in|vo|glia|re tr. *(invoglio, invogli)* an‿regen, Lust erwecken, Lust erregen: ~ ***qcn. a riflettere*** jdn zum Nachdenken anregen; ***i prezzi bassi invogliano a comprare*** die niedrigen Preise regen zum Kauf an; ~ ***qcn. alla lettura*** jdn zur Lektüre anregen; ***il bel tempo mi invoglia a fare una passeggiata*** das schöne Wetter erweckt in mir die Lust, einen Spaziergang zu machen.

in|vo|lar|si pronom. verschwinden.

in|vol|ga|ri|men|to m. Vulgärwerden *n.* **in|vol|ga|ri|re** *(involgarisco, involgarisci)* **I** tr. vulgär (*o* ordinär) machen, ein vulgäres Aussehen verleihen: ***quel trucco la involgarisce*** diese Schminke verleiht ihr ein vulgäres Aussehen **II** intr. (aus. *essere*) e pronom. **involgarirsi** vulgär (*o* ordinär) werden.

in|vol|ge|re tr. *(involgo, involgi, involsi; involto)* ein‿wickeln, ein‿hüllen, hüllen: ~ ***qcn. in una coperta*** jdn in eine Decke hüllen.

in|vo|lo m. Start *m.*, Abflug *m.*

in|vo|lon|ta|ria|men|te avv. unabsichtlich: ***urtare qcs.*** ~ unabsichtlich gegen etw. stoßen. **in|vo|lon|ta|rie|tà** f. Absichtslosigkeit *f.* **in|vo|lon|ta|rio** agg. *(-ri,-rie)* unabsichtlich, ungewollt: ***sbaglio*** ~ ungewollter Fehler; ***offesa -a*** ungewollte Beleidigung ◆ ***muscoli -ri*** unwillkürliche Muskeln.

in|vol|ta|re tr. COLLOQ. ein‿wickeln, ein‿hüllen.

in|vol|ti|no m. Roulade *f.*, Röllchen *n.*: ***un ~ di prosciutto*** ein Schinkenröllchen; ~ ***di carne*** Fleischroulade *f.*; ~ ***di verdure*** Gemüseroulade *f.* ◆ ~ ***primavera*** Frühlingsrolle *f.*

in|vol|to m. **1** *(fagotto)* Bündel *n.* **2** *(involucro)* Hülle *f.*

in|vo|lu|cro m. Hülle *f.*; TECN. Mantel *m.*: ***togliere l'~*** die Hülle entfernen; ~ ***di carta, di plastica*** Papierhülle *f.*, Plastikhülle *f.* ◆ ~ ***fiorale*** Blütenhüllblatt *n.*; ~ ***gassoso*** Gashülle *f.*; ~ ***di piombo*** Bleimantel *m.*; ~ ***di protezione*** Schutzhülle *f.*

in|vo|lu|ti|vo agg. rückläufig, rückbildend: ***processo*** ~ rückläufige Entwicklung. **in|vo|lu|to** agg. verworren: ***discorso*** ~ verworrene Rede.

in|vo|lu|zio|ne f. **1** Rückentwicklung *f.*, Involution *f.*: ~ ***della società*** gesellschaftliche Involution **2** *(tortuosità)* Gewundenheit *f.*, Geschraubtheit *f.*: ~ ***di stile*** Geschraubtheit des Stils **3** BIOL. MED. Involution *f.*: ~ ***della specie*** Involution der Arten.

in|vul|ne|ra|bi|le agg. unverwundbar, unverletzlich: ***credersi*** ~ sich für unverwundbar halten. **in|vul|ne|ra|bi|li|tà** f. Unverwundbarkeit *f.*, Unverletzlichkeit *f.*

in|zac|che|ra|re *(inzacchero)* **I** tr. mit Schlamm beschmutzen **II** pronom. **inzaccherarsi** sich mit Schlamm beschmutzen.

in|za|vor|ra|re tr. mit Ballast beladen.

1.in|zep|pa|re tr. *(chiudere con zeppe)* verkeilen.

2.in|zep|pa|re tr. voll stopfen, voll pfropfen: ~ ***la valigia di vestiti*** den Koffer mit Kleidung vollstopfen.

in|zol|fa|re tr. schwefeln, aus‿schwefeln: ~ ***una botte*** ein Fass ausschwefeln. **in|zol|fa|to|io** m. *(-oi)* Schwefelverteiler *m.* **in|zol|fa|tu|ra** f. Schwefelung *f.*

in|zo|ti|chi|re *(inzotichisco, inzotichisci)* **I** tr. grob machen **II** intr. (aus. *essere*) pronom. **inzotichirsi** grob werden.

in|zuc|che|ra|re tr. *(inzucchero)* **1** zuckern **2** FIG. versüßen, mildern.

in|zup|pa|men|to m. Eintauchen *n.*, Einstippen *n.*

in|zup|pa|re I tr. **1** *(intingere)* tauchen, ein‿tauchen, stippen, ein‿stippen: ~ ***un biscotto nel caffè*** einen Keks in den Kaffee tauchen; ~ ***il pane nel latte*** Brot in die Milch stippen **2** *(infradiciare)* durchnässen: ***la pioggia inzuppa gli abiti*** der Regen durchnässt die Kleider **II** pronom. **inzupparsi 1** sich voll saugen **2** durchnässt werden.

in|zup|pa|to p.pass. agg. **1** → **inzuppare 2a** *(impregnato)* getränkt: ***una torta -a di liquore*** eine mit Likör getränkte Torte **b** *(fradicio)* nass, durchnässt: ***abiti -i*** durchnässte Kleider.

io I pron.pers. ich: ***(~) vorrei cambiare casa*** ich möchte umziehen; ***(~) vengo da Milano*** ich komme aus Mailand; *(tonico)* ***tu te ne infischi, ~ no*** du pfeifst drauf, ich aber nicht; ***non sono stato ~*** ich bin es nicht gewesen; ***ci penso ~*** das mache ich; ***faccio sempre tutto ~*** immer mache ich alles; ***~ e te*** ich und du; ***~ stesso, medesimo*** ich selbst; ***anch'~*** ich auch; ***neanch'~*** ich auch nicht; ***solo ~*** allein (*o* nur) ich; ***da un po' di tempo non sono più ~*** seit einiger Zeit erkenne ich mich selbst nicht wieder **II** m. Ich *n.*; *(se stesso)* Selbst *n.*: ***avere coscienza del proprio ~*** sich seiner selbst bewusst sein; ***pensare solo al proprio ~*** nur an das eigene Ich denken **2** FILOS. PSIC. Ich *n.*: ***~ e super ~*** Ich und Überich ◆ ***~ sottoscritto*** der Unterzeichnende.

io|da|to I agg. jodhaltig: ***acqua -a*** jodhaltiges Wasser **II** m. Jodat *n.* **io|di|co** agg. *(-ci,-che)* Jod-: ***acido ~*** Jodsäure *f.*; ***cura -a*** Jodkur *f.*

io|dio m.inv. Jod *n.*: ***tintura di ~*** Jodtinktur *f.* **io|di|smo** m. Jodvergiftung *f.*, Jodismus *m.* **io|do|for|mio** m. Jodoform *n.*

io|du|ro m. Jodid *n.*: ***~ d'argento*** Silberjodid *n.*

io|ga → **yoga.**

io|gurt → **yogurt.**

ioi|de I agg. ***osso ~*** Zungenbein *n.* **II** m. Zungenbein *n.*, Hyoid *n.*

io|le f. Jolle *f.*, Gig *f.*

iol|la f. Heckmaster *m.*, Jollenkreuzer *m.*

io|ne m. Ion *n.*: ***-i positivi, negativi*** positive, negative Ionen; ***acceleratore di -i*** Ionenbeschleuniger *m.*; ***scambio di -i*** Ionenaustausch *m.*

1.io|ni|co I agg. *(-ci,-che)* ionisch: ***capitello ~*** ionisches Kapitell; ***stile ~*** ionischer Stil; ***ordine ~*** ionische Säulenordnung; ***dialetto ~*** Ionisch *n.* **II** m. *(dialetto)* Ionisch(e) *n.*

2.io|ni|co agg. *(-ci,-che)* ionisch: ***litorale ~*** ionische Küste.

3.io|ni|co agg. *(-ci,-che)* CHIM. FIS. Ionen-: ***densità -a*** Ionendichte *f.*; ***fascio ~*** Ionenstrahl *m.*; ***legame ~*** Ionenbindung *f.*; ***migrazione -a*** Ionenwanderung *f.*

1.io|nio → **1.ionico.**

2.io|nio agg. *(-ni,-nie)* ionisch: ***mar ~*** Ionisches Meer.

3.io|nio m. CHIM. FIS. Ionium *n.*

Io|nio n.pr.m. Ionisches Meer *n.*

io|niz|zan|te agg. ionisierend: ***raggi -i*** ionisierende Strahlen. **io|niz|za|re** tr. ionisieren. **io|niz|za|zio|ne** f. Ionisation *f.*

io|no|fo|re|si f. → **ionoterapia. io|no|sfe|ra** f. Ionosphäre *f.* **io|no|te|ra|pi|a** f. Iontophorese *f.*, Ionophorese *f.*

IOR ⇒ *Istituto Opere di Religione* (Bankinstitut des Vatikans).

io|sa, a ~ in Hülle und Fülle.

io|ta m. Jota *n.*, Iota *n.* ◆ ***non cambiare di uno ~*** kein (*o* nicht ein, um kein) Jota ändern.

io|ta|ci|smo m. Jotazismus *m.*, Itazismus *m.*

i|pe|ra|ci|di|tà f. Übersäuerung *f.*

i|pe|ra|li|men|ta|zio|ne f. Überernährung *f.*

i|pe|rat|ti|vi|tà f. Überaktivität *f.* **i|pe|rat|ti|vo** agg. überaktiv, hyperaktiv.

i|per|ba|ri|co agg. *(-ci,-che)* hyperbar: ***camera -a*** hyperbare Kammer.

i|per|ba|to m. Hyperbaton *n.*

i|per|bo|le f. RET. MAT. Hyperbel *f.* **i|per|bo|li|co** agg. *(-ci,-che)* RET. MAT. hyperbolisch. **i|per|bo|loi|de** m. Hyperboloid *n.*

i|per|bo|re|o agg. hyperboreisch.

i|per|ca|lo|ri|co agg. *(-ci,-che)* kalorienreich.

i|per|ca|pa|ci|tà f. Überkapazität *f.*

i|per|con|su|mo m. Überverbrauch *m.*

i|per|cor|ret|ti|smo m. Überkorrektheit *f.* **i|per|cor|ret|to** agg. überkorrekt.

i|per|cri|ti|co agg. *(-ci,-che)* hyperkritisch, überkritisch.

i|per|dat|ti|li|a f. Hyperdaktylie *f.*

i|pe|rec|ci|ta|bi|le agg. übererregbar. **i|pe|rec|ci|ta|bi|li|tà** f. Übererregbarkeit *f.*

i|pe|re|mi|a f. Hyperämie *f.*

i|pe|re|ste|si|a f. Hyperästhesie *f.*

i|per|fun|zio|ne f. Hyperfunktion *f.*, Überfunktion *f.*

i|per|gli|ce|mi|a f. Hyperglykämie *f.* **i|per|gli|ce|mi|co** agg. *(-ci, -che)* hyperglykämisch.

I|pe|rio|ne n.pr.m. Hyperion *m.*

i|per|mer|ca|to m. Großsupermarkt *m.*

i|per|me|tro agg. hypermetrisch; ***verso ~*** Hypermeter *m.*

i|per|me|tro|pe I agg. weitsichtig, hypermetropisch **II** m. Weitsichtige *m.* **i|per|me|tro|pi|a** f. Weitsichtigkeit *f.*, Hypermetropie *f.*

i|per|nu|tri|zio|ne f. Überernährung *f.*

i|pe|ro|ne m. Hyperon *n.*

i|pe|ro|ni|mo m. Hyperonym *n.*

i|per|pla|si|a f. Hyperplasie *f.*

i|per|pro|tei|co agg. *(-ci,-che)* proteinreich: ***alimento ~*** proteinreiches Nahrungsmittel.

i|per|se|cre|zio|ne f. Drüsenüberfunktion *f.*

i|per|sen|si|bi|le agg. **1** überempfindlich: ***un ragazzo ~*** ein überempfindlicher Junge **2** MED. von Hyperästhesie betroffen. **i|per|sen|si|bi|li|tà** f. **1** Überempfindlichkeit *f.* **2** MED. Hyperästhesie *f.*

i|per|so|ni|co agg. *(-ci,-che)* hypersonisch, Überschall-: ***velocità -a*** Überschallgeschwindigkeit *f.*

i|per|so|sten|ta|to|re m. Klappe *f.*

i|per|spa|zio m. *(-zi)* mehrdimensionaler Raum *m.*

i|per|ten|sio|ne f. Bluthochdruck *m.*, Hypertonie *f.*, Hypertension *f.*: ***soffrire di ~*** an Bluthochdruck leiden. **i|per|ten|si|vo I** agg. Hypertonie-, hypertonisch: ***farmaco ~*** hypertonisches Arzneimittel **II** m. hypertonisches Arzneimittel *n.* **i|per|te|so I** agg. hypertonisch **II** m. Hypertoniker *m.*

i|per|te|sto m. Hypertext *m.* **i|per|te|stua|le** agg. Hypertext-.

i|per|ti|roi|de|o I agg. hyperthyreoid **II** m. hyperthyreoider Mensch. **i|per|ti|roi|di|smo** m. Hyperthyreose *f.*

i|per|to|ni|a f. Hypertonie *f.*

i|per|tri|co|si f. Hypertrichosis *f.*, Hypertrichose *f.*

i|per|tro|fi|a f. Hypertrophie *f.*: ***~ muscolare*** Muskelhypertrophie *f.* ***~ cardiaca*** Hypertrophie des Herzmuskels. **i|per|tro|fi|co** agg. *(-ci, -che)* hypertrophisch (anche FIG.).

i|pe|ru|ra|nio m. FILOS. überhimmlischer Ort *m.*

i|per|ven|ti|la|zio|ne f. Hyperventilation *f.*

i|per|vi|ta|mi|no|si f. Hypervitaminose *f.*

ip|no|lo|gi|a f. Schlafforschung *f.*

ip|no|si f. Hypnose *f.*: ***risvegliarsi dall'~*** aus der Hypnose erwachen; ***sottoporre qcn. a ~*** jdn in Hypnose versetzen. **ip|no|te|ra|pi|a** f. Hypnotherapie *f.* **ip|no|te|ra|pi|sta** m. e f. *(-i,-e)* Hypnotherapeut *m.* (-in *f.*).

ip|no|ti|co I agg. *(-ci,-che)* hypnotisch: ***stato ~*** hypnotischer Zustand; ***effetto ~*** hypnotische Wirkung; ***sguardo ~*** hypnotischer Blick **II** m. *(-ci)* Hypnotikum *n.*

ip|no|ti|smo m. Hypnotismus *m.* **ip|no|tiz|za|re** tr. hypnotisieren (anche FIG.). **ip|no|tiz|za|to|re** m. Hypnotiseur *m.*

i|po|a|ci|di|tà f. Säuremangel *m.*

i|po|a|cu|si|a f. Schwerhörigkeit *f.*

i|po|ca|lo|ri|co agg. *(-ci,-che)* kalorienarm: ***alimento ~*** kalorienarmes Nahrungsmittel.

i|po|cen|tro m. Hypozentrum *n.*

i|po|clo|ri|to m. Hypochlorit *n.* **i|po|clo|ro|so** agg. ***acido ~*** Hypochlorit *n.*

i|po|co|le|ste|ro|le|mi|a f. Hypocholesterinämie *f.*

i|po|con|dri|a f. **1** Hypochondrie *f.* **2** LETT. *(malinconia)* Trübsinn *m.*, Schwermut *f.* **i|po|con|dri|a|co I** agg. *(-ci,-che)* **1** hypochondrisch **2** *(malinconico)* trübsinnig, schwermütig **II** m. *(-ci)* Hypochonder *m.*

i|po|con|drio m. *(-ri)* Hypochondrium *n.*

i|po|cri|si|a f. Scheinheiligkeit *f.*, Heuchelei *f.*, Hypokrisie *f.* **i|po|cri|ta** *(-i,-e)* **I** agg. scheinheilig, heuchlerisch: ***comportamento ~*** scheinheiliges Verhalten **II** m. e f. Scheinheilige *m.* e *f.*, Heuchler *m.* (-in *f.*). **i|po|cri|ta|men|te** avv. scheinheilig, heuchlerisch.

i|po|der|ma m. Unterhaut *f.*, Hypoderm *n.* **i|po|der|mi|co** agg. *(-ci,-che)* hypodermatisch: ***iniezione -a*** Subkutanspritze *f.* **i|po|der|mo|cli|si** f. subkutane Infusion *f.*

i|po|e|ste|si|a f. Hypoästhesie *f.*

i|po|fi|sa|rio agg. *(-ri,-rie)* die Hypophyse betreffend: ***disfunzione -a*** Störung der Hypophyse. **i|po|fi|si** f. Hypophyse *f.*, Hirnanhangsdrüse *f.*

i|po|fun|zio|ne f. Unterfunktion *f.*, Hypofunktion *f.*

i|po|ga|stri|co agg. *(-ci,-che)* das Hypogastrium betreffend. **i|po|ga|strio** m. Hypogastrium *n.*

i|po|ge|o I agg. unterirdisch: ***fauna -a*** unterirdische Fauna **II** m. ***(sepolcro a) ~*** Hypogäum *n.*

i|po|gli|ce|mi|a f. Hypoglykämie *f.* **i|po|gli|ce|mi|co** agg. *(-ci,-che)* hypoglykämisch; ***coma ~*** Zuckerkoma *n.*

i|po|nu|tri|zio|ne f. Unterernährung *f.*

i|po|pla|si|a f. Hypoplasie *f.*

i|po|so|di|co agg. *(-ci,-che)* salzarm: ***alimento ~*** salzarmes Nahrungsmittel; ***sale ~*** natriumarmes Salz.

i|po|sol|fi|to m. Fixiersalz *n.*, Hyposulphit *n.*

i|po|sta|si f. Hypostase *f.*, Hypostasis *f.* **i|po|sta|ti|co** agg. *(-ci,-che)* hypostatisch. **i|po|sta|tiz|za|re** tr. hypostasieren.

i|po|sti|lo agg. ***sala -a*** Hypostylos *m.*

ipotalamico agg. *(-ci,-che)* den Hypothalamus betreffend. **ipotalamo** m. Hypothalamus *m.*
ipotassi f. Hypotaxe *f.* **ipotattico** agg. *(-ci,-che)* hypotaktisch: ***periodo ~*** hypotaktischer Satz.
ipoteca f. *(-che)* Hypothek *f.*: ***prima, seconda ~*** erste, zweite Hypothek; ***accendere, mettere un'~ su qcs.*** eine Hypothek auf etw. (A) auf‿nehmen; ***estinguere un'~*** eine Hypothek ab‿tragen (*o* tilgen); ***su questa casa grava un'~*** dieses Haus ist mit einer Hypothek belastet ◆ ***certificato d'~*** Hypothekenbrief *m.*; ***credito su ~*** Hypothekenkredit *m.*; ***libero da ~*** hypothekenfrei; FIG. ***mettere un'~ su qcs.*** = sich (D) etw. sichern; ***mutuo su ~*** Hypothekendarlehen *n.*; ***prestito su ~*** Darlehen auf Hypothek; ***vincolo dell'~*** Hypothekenhaftung *f.* **ipotecabile** agg. **1** mit einer Hypothek belastbar **2** FIG. vorausplanbar.
ipotecare tr. *(ipoteco, ipotechi)* hypothekarisch belasten, mit einer Hypothek belasten: ***~ una casa*** ein Haus mit einer Hypothek belasten; FIG. ***~ il futuro*** die Zukunft voraus‿planen.
ipotecario agg. *(-ri,-rie)* hypothekarisch, Hypotheken- ◆ ***azione -a*** Hypothekenklage *f.*; ***banca -a*** Hypothekenbank *f.*; ***credito ~*** Hypothekenforderung *f.*, Hypothekenkredit *m.*; ***debito ~*** Hypothekenschuld *f.*; ***imposta -a*** Hypothekensteuer *f.*; ***mutuo ~*** Hypothekendarlehen *n.*; ***onere ~*** Hypothekenlast *f.*; ***prestito ~*** Hypothekenanleihe *f.*; ***titolo ~*** Hypothekenbrief *m.*; ***vincolo ~*** Hypothekenbelastung *f.*
ipotensione f. Hypotonie *f.* **ipotensivo I** agg. hypotonisch: ***farmaco ~*** hypotonisches Arzneimittel **II** m. hypotonisches Arzneimittel *n.*
ipotenusa f. Hypotenuse *f.*
ipotermia f. Hypothermie *f.*
ipotesi f.inv. Vermutung *f.*, Hypothese *f.*: ***formulare un'~*** eine Vermutung auf‿stellen; ***l'~ più probabile*** die naheliegendste Hypothese; ***essere ancora nel campo delle ~*** sich noch im Bereich der Hypothese befinden ◆ ***~ di lavoro*** Arbeitshypothese *f.*; ***nell'~ che...*** gesetzt den Fall, dass...; ***nella migliore, peggiore delle ~*** bestenfalls, schlimmstenfalls; ***per ~*** hypothetisch; ***se per ~...*** nehmen wir an (*o* angenommen), dass...; MAT. ***vero per ~*** hypothetisch wahr ***~ di reato*** Verdacht *m.* auf eine Straftat.
ipoteso agg. hypotonisch.
ipoteticamente avv. hypothetisch. **ipotetico** agg. *(-ci,-che)* **1** hypothetisch: GRAMM. ***periodo ~*** hypothetischer Satz; ***periodo ~ dell'irrealtà*** Irrealis *m.* **2** *(eventuale)* hypothetisch, eventuell: ***un ~ lettore*** ein eventueller Leser.
ipotiposi f. Hypotypose *f.*
ipotiroideo I agg. hypothyroideisch **II** m. an Hyperthyreose leidender Mensch. **ipotiroidismo** m. Schilddrüsenunterfunktion *f.*, Hypothyreose *f.*
ipotizzabile agg. **1** annehmbar **2** *(immaginabile)* vorstellbar. **ipotizzare** tr. an‿nehmen, vermuten.
ipotonia f. Hypotonie *f.* **ipotonico** agg. *(-ci,-che)* hypotonisch.
ipotricosi f. Hypotrichosis *f.*, Hypotrichose *f.*
ipotrofia f. Hypotrophie *f.* **ipotrofico** agg. *(-ci,-che)* hypotroph.
ipovitaminosi f. Hypovitaminose *f.*
ippica f. Pferderennen *n.* ◆ ***datti all'~!*** lass lieber die Finger davon! **ippico** agg. *(-ci,-che)* Reit-: ***concorso ~*** Reitturnier *n.*
ippocampo m. Seepferdchen *n.*
ippocastano m. Rosskastanie *f.*
Ippocrate n.pr.m. Hippokrates *m.* **ippocratico** agg. *(-ci,-che)* hippokratisch: ***giuramento ~*** hippokratischer Eid.
ippodromo m. Pferderennbahn *f.*
ippoglosso m. Heilbutt *m.*
ippogrifo m. Hippogryph *m.*
Ippolito n.pr.m. Hippolyt *m.*
ippologia f. Pferdekunde *f.*, Hippologie *f.* **ippologo** m. *(-gi)* Hippologe *m.*
ippopotamo m. Nilpferd *n.*, Flusspferd *n.*
iprite f. Senfgas *n.*
IPS ⇒ *Istituto Poligrafico dello Stato* Staatsdruckerei.
ipsilon f. e m. Ypsilon *n.*
IPSOA ⇒ *Istituto Postuniversitario per lo Studio e l'Organizzazione Aziendale* postuniversitäres Institut für das Studium der Betriebsorganisation.
ipso facto avv. sofort, unverzüglich.
ipsometria f. Hypsometrie *f.* **ipsometro** m. Hypsometer *n.*
ira f. Zorn *m.*: ***suscitare l'~ di qcn.*** jds Zorn erregen; ***accendersi d'~*** in Zorn aus‿brechen ◆ ***essere accecato dall'~*** blind vor Wut sein; ***costare l'~ di Dio*** ein Vermögen kosten; ***successe l'~ di Dio*** da war die Hölle los; ***scatto d'~*** Zornausbruch *m.*
iracheno I agg. irakisch **II** m. Iraker *m.*
iracondia f. Jähzorn *m.* **iracondo** agg. jähzornig.
Irak n.pr.m. → **Iraq. irakeno** agg. → **iracheno.**
Iran n.pr.m. Iran *m.* **iraniano I** agg. iranisch **II** m. Iraner *m.* **iranico I** agg. *(-ci,-che)* iranisch: ***lingue -che*** iranische Sprachen **II** m. **1** Iraner *m.* **2** *(lingua)* Iranische *n.*; ***antico ~*** Altiranische *n.* **iranista** m. e f. *(-i,-e)* Iranist *m.* (-in *f.*). **iranistica** f. Iranistik *f.*
Iraq n.pr.m. Irak *m.*
irascibile agg. reizbar, jähzornig. **irascibilità** f. Reizbarkeit *f.*, Jähzorn *m.*
irato agg. zornig, erzürnt: ***essere ~ con qcn. per qcs.*** wegen etw. mit jdm erzürnt sein.
ire intr. *(ito*; aus. *essere)* LETT. → **andare** ◆ ***è bell'e ito*** das ist flöten gegangen.
irenico agg. *(-ci,-che)* irenisch. **irenismo** m. Irenik *f.* **irenistico** agg. *(-ci,-che)* irenisch.
ireos m.inv. Iris *f.*, Schwertlilie *f.*
IRI ⇒ *Istituto per la Ricostruzione Industriale* Institut für den industriellen Wiederaufbau.
iridacea f. Schwertliliengewächs *n.*
iridato agg. **1** regenbogenfarbig **2** *(ciclismo)* ***maglia -a*** Regenbogentrikot *n.* ◆ ***campione ~*** = Weltmeister *m.* im Radfahren.
iride *f.* **1** Regenbogen *m.*, Iris *f.*: ***colori dell'~*** Regenbogenfarben *pl.* **2** ANAT. Regenbogenhaut *f.*, Iris *f.* **3** BOT. Iris *f.*, Schwertlilie *f.* **iridescente** agg. irisierend, in Regenbogenfarben schillernd. **iridescenza** f. Schillern *n.*
iridio m. Iridium *n.*
iridologia f. Iridiologie *f.*, Augendiagnose *f.* **iridologo** m. *(-gi)* Iridologe *m.*, Augendiagnostiker *m.*
iris m.inv. Iris *f.*, Schwertlilie *f.*
Irlanda n.pr.f. Irland *n.*; ***~ del Nord*** Nordirland *n.* **irlandese I** agg. irisch, irländisch **II** m. e f. Ire *m.* (Irin *f.*), Irländer *m* (-in *f.*) **III** m. *(lingua)* Irisch(e) *n.*
irochese I agg. irokesisch **II** m. e f. Irokese *m.* (Irokesin *f.*).
ironia f. Ironie *f.*: ***dire qcs. con sottile, amara ~*** etw. mit feiner, bitterer Ironie sagen ◆ ***fare dell'~*** ironisch werden; ***~ socratica*** sokratische Ironie; ***~ della sorte*** Ironie des Schicksals.
ironicamente avv. ironisch: ***sorridere ~*** ironisch lächeln.
ironico agg. *(-ci,-che)* ironisch: ***sorriso, sguardo ~*** ironisches Lächeln, ironischer Blick; ***osservazione -a*** ironische Bemerkung ◆ ***persona -a*** Ironiker *m.*
ironizzare intr. (aus. *avere*) ironisieren: ***~ su qcs.*** etw. ironisieren.
iroso agg. **1** zornig: ***voce -a*** zornige Stimme **2** *(irascibile)* reizbar, jähzornig: ***carattere ~*** jähzorniger Charakter.
IRPEF ⇒ *Imposta sul Reddito delle Persone Fisiche* Einkommenssteuer für natürliche Personen.
IRPEG ⇒ *Imposta sul Reddito delle Persone Giuridiche* Körperschaftssteuer.
irraccontabile agg. nicht erzählbar: ***un episodio ~*** eine nicht erzählbare Episode.
irradiamento m. **1** Ausstrahlung *f.*, Bestrahlung *f.* **2** FIS. Strahlung *f.* ◆ ***~ solare*** Sonneneinstrahlung *f.*
irradiare *(irradio, irradi)* **I** tr. **1** bestrahlen: ***~ un tumore*** einen Tumor bestrahlen **2** *(emanare)* aus‿strahlen: ***~ calore, luce*** Wärme, Licht ausstrahlen; FIG. ***~ gioia, calma*** Freude, Ruhe ausstrahlen **3** *(illuminare)* strahlen, bescheinen: ***il sole irradia la Terra*** die Sonne bescheint die Erde **II** intr. (aus. *essere*) strahlen, aus‿strahlen **III** pronom. **irradiarsi** aus‿strahlen, (strahlenförmig) aus‿gehen: ***il dolore si irradia dalla testa al braccio*** der Schmerz strahlt vom Kopf in den Arm aus; ***le vie si irradiano dalla piazza*** die Straßen gehen vom Platz aus. **irradiato** p.pass. agg. **1** → **irradiare 2** bestrahlt. **irradiazione** f. **1** Strahlung *f.*, Ausstrahlung *f.* **2** *(esposizione a raggi)* Bestrahlung *f.*
irraggiamento m. **1** Ausstrahlung *f.* **2** FIS. Strahlung *f.* **irraggiare** tr. *(irraggio, irraggi)* **1** aus‿strahlen: ***~ calore*** Wärme ausstrahlen **2** *(illuminare)* bestrahlen, bescheinen: ***il sole irraggia la terra*** die Sonne bescheint die Erde.
irraggiungibile agg. unerreichbar: ***cima, meta ~*** unerreichbarer Gipfel, unerreichbares Ziel; ***un ideale ~*** ein unerreichbares Ideal. **irraggiungibilità** f. Unerreichbarkeit *f.*
irragionevole agg. **1** unvernünftig: ***persona ~*** eine unvernünftige Person **2a** *(infondato)* unbegründet: ***paura ~*** unbegründete Angst **b** *(eccessivo)* unangemessen: ***prezzo ~*** unangemessener Preis. **irragionevolezza** f. Unvernünftigkeit *f.*, Unvernunft *f.* **irragionevolmente** avv. unvernünftig: ***comportarsi ~*** sich unvernünftig verhalten.
irrancidimento m. Ranzigwerden *n.* **irrancidire** intr. *(irrancidisce*; aus. *essere)* ranzig werden. **irrancidito** p.pass. agg. **1** → **irrancidire 2** ranzig: ***burro ~*** ranzige Butter.

ir|rap|pre|sen|ta|bi|le agg. nicht aufführbar, unaufführbar: ***un dramma ~*** ein nicht aufführbares Drama.
ir|ra|zio|na|le I agg. **1** irrational, irrationell: ***una teoria ~*** eine irrationale Theorie; MAT. ***numeri -i*** irrationale Zahlen **2** *(irragionevole)* irrational, unvernünftig, vernunftwidrig: ***una persona ~*** ein irrationaler Mensch; ***comportamento ~*** irrationales Verhalten **3** *(non funzionale)* unrationell, nicht rationell: ***la suddivisione ~ di uno spazio*** die unrationelle Aufteilung eines Raumes **II** m. Irrationale *n.*
ir|ra|zio|na|li|smo m. Irrationalismus *m.* **ir|ra|zio|na|li|sta** *(-i,-e)* **I** m. e f. Vertreter *m.* (-in *f.*) des Irrationalismus **II** agg. irrational. **ir|ra|zio|na|li|sti|co** agg. *(-ci,-che)* irrational.
ir|ra|zio|na|li|tà f. Irrationalität *f.*, Vernunftwidrigkeit *f.*: ***l'~ di un comportamento*** die Irrationalität eines Verhaltens. **ir|ra|zio|nal|men|te** avv. **1** irrational, irrationell: ***comportarsi ~*** sich irrational verhalten **2** *(in modo non funzionale)* unrationell, nicht rationell.
ir|re|a|le agg. unwirklich, irreal: ***mondo ~*** irreale Welt; ***una situazione ~*** eine unwirkliche Situation; ***paesaggio ~*** irreale Landschaft. **ir|re|a|li|sti|co** agg. *(-ci,-che)* unrealistisch: ***ipotesi -a*** unrealistische Hypothese.
ir|re|a|liz|za|bi|le agg. **1** undurchführbar, unrealisierbar: ***progetto, impresa ~*** undurchführbarer Plan, undurchführbares Unternehmen **2** *(di desiderio, sogno)* unerfüllbar. **ir|re|a|liz|za|bi|li|tà** f. **1** Undurchführbarkeit *f.*, Unrealisierbarkeit *f.*: ***l'~ di un piano*** die Undurchführbarkeit eines Plans **2** *(di desiderio, sogno)* Unerfüllbarkeit *f.*
ir|re|al|tà f. Irrealität *f.*, Unwirklichkeit *f.*: ***l'~ di un'ipotesi*** die Irrealität einer Hypothese ◆ ***periodo ipotetico dell'~*** Irrealis *m.*
ir|re|cu|pe|ra|bi|le agg. **1** unwiederbringlich: ***tesoro ~*** unwiederbringlich verlorener Schatz; ***tranquillità ~*** unwiederbringliche Ruhe **2** *(di persona)* unrettbar; ***essere ~*** nicht mehr zu retten sein **3** ***crediti -i*** nicht beitreibbare Forderungen. **ir|re|cu|pe|ra|bi|li|tà** f. Unwiederbringlichkeit *f.* **ir|re|cu|pe|ra|bil|men|te** avv. unwiederbringlich.
ir|re|den|ti|smo m. Irredentismus *m.* **ir|re|den|tis|ta** *(-i,-e)* **I** m. e f. Irredentist *m.* (-in *f.*) **II** agg. irredentistisch. **ir|re|den|ti|sti|co** agg. *(-ci,-che)* irredentistisch: ***idee -che*** irredentistische Ideen; ***movimento ~*** Irredenta *f.*
ir|re|den|to agg. = unter fremder Herrschaft stehend: ***terre -e*** unter fremder Herrschaft stehende Gebiete.
ir|re|di|mi|bi|le agg. COMM. DIR. unkündbar: ***prestito, colpa ~*** unkündbare Anleihe, Schuld.
ir|re|fre|na|bi|le agg. unbändig, unbezähmbar, unaufhaltsam: ***odio, impulso ~*** unbändiger Hass, unbezähmbarer Impuls; ***ascesa ~*** unaufhaltsamer Aufstieg. **ir|re|fre|na|bi|li|tà** f. Unbändigkeit *f.*, Unbezähmbarkeit *f.*, Unaufhaltsamkeit *f.* **ir|re|fre|na|bil|men|te** avv. unbändig, unaufhaltsam.
ir|re|fu|ta|bi|le agg. unanfechtbar: ***prova ~*** unanfechtbarer Beweis. **ir|re|fu|ta|bi|li|tà** f. Unanfechtbarkeit *f.*
ir|reg|gi|men|ta|re tr. **1** einem Regiment ein‿gliedern, in ein Regiment ein‿ordnen **2** POL. gleich‿schalten.
ir|re|go|la|re I agg. **1** unregelmäßig, irregulär: ***viso ~*** unregelmäßiges Gesicht; ***verbi -i*** unregelmäßige Verben; ***polso ~*** unregelmäßiger Pulsschlag (*o* ungleichmäßiger Puls); ***poligono ~*** unregelmäßiges Vieleck **2** irregulär, ordnungswidrig: ***truppe -i*** irreguläre Truppen; ***procedura ~*** irreguläre Vorgehensweise; ***contratto ~*** irregulärer Vertrag **3** uneben, holprig: ***terreno ~*** unebener Boden **4** ***nuvolosità ~*** aufgelockerte Bewölkung **II** m. Irreguläre *m.*
ir|re|go|la|ri|tà f.inv. **1** Unregelmäßigkeit *f.* **2** Regelwidrigkeit *f.*, Ordnungswidrigkeit *f.*: ***commettere un'~*** eine Regelwidrigkeit begehen. **ir|re|go|lar|men|te** avv. unregelmäßig: ***respirare ~*** unregelmäßig atmen.
ir|re|li|gio|si|tà f. Irreligiosität *f.*, Religionslosigkeit *f.* **ir|re|li|gio|so** agg. irreligiös, nicht religiös, unreligiös.
ir|re|mo|vi|bi|le agg. unbeugsam, unerschütterlich: ***mostrarsi ~*** sich unerschütterlich zeigen. **ir|re|mo|vi|bi|li|tà** f. Unbeugsamkeit *f.*, Unerschütterlichkeit *f.*
ir|re|pa|ra|bi|le I agg. irreparabel, unersetzlich, nicht wieder gutzumachend: ***danno ~*** unersetzlicher Schaden; ***errore ~*** ein nicht wieder gutzumachender Fehler **II** m. Unvermeidliche *n.*: ***è accaduto l'~*** das Unvermeidliche ist eingetreten. **ir|re|pa|ra|bi|li|tà** f. Irreparabilität *f.*, Unersetzlichkeit *f.*
ir|re|pe|ri|bi|le agg. unauffindbar, unerreichbar: ***rendersi ~*** unerreichbar sein. **ir|re|pe|ri|bi|li|tà** f. Unauffindbarkeit *f.*, Unerreichbarkeit *f.*
ir|re|pren|si|bi|le agg. tadellos, untadelig, einwandfrei: ***condotta ~*** tadelloses Verhalten; ***un impiegato ~*** ein tadelloser Angestellter. **ir|re|pren|si|bi|li|tà** f. Tadellosigkeit *f.* **ir|re|pren|si|bil|men|te** avv. tadellos, untadelig, einwandfrei: ***comportarsi ~*** sich einwandfrei verhalten.
ir|re|pri|mi|bi|le agg. unbändig, unbezwingbar: ***gioia ~*** unbändige Freude.
ir|re|quie|tez|za f. Unruhe *f.*, Unrast *f.* **ir|re|quie|to** agg. unruhig, ruhelos: ***bambino ~*** unruhiges Kind; ***uno spirito ~*** ein unruhiger Geist. **ir|re|quie|tu|di|ne** f. Unruhe *f.*, Unrast *f.*
ir|re|si|sti|bi|le agg. unwiderstehlich: ***fascino ~*** unwiderstehlicher Reiz; ***un tipo ~*** ein unwiderstehlicher Typ; ***un impulso ~*** ein unwiderstehlicher Trieb. **ir|re|si|sti|bi|li|tà** f. Unwiderstehlichkeit *f.* **ir|re|si|sti|bil|men|te** avv. unwiderstehlich: ***essere attratto ~ da qcs.*** von etw. unwiderstehlich angezogen werden.
ir|re|so|lu|bi|le agg. unlösbar: ***problema ~*** unlösbares Problem.
ir|re|so|lu|tez|za f. Unentschlossenheit *f.* **ir|re|so|lu|to** agg. unentschlossen.
ir|re|spi|ra|bi|le agg. **1a** nicht atembar, MED. irrespirabel **b** *(in luoghi chiusi)* ***aria ~*** stickige Luft **2** FIG. *(insopportabile)* unerträglich: ***in quella famiglia c'era un clima ~*** in jener Familie herrschte ein unerträgliches Klima.
ir|re|spon|sa|bi|le agg. **1** unverantwortlich, verantwortungslos **2** DIR. unzurechnungsfähig. **ir|re|spon|sa|bi|li|tà** f. Unverantwortlichkeit *f.*, Verantwortungslosigkeit *f.* **ir|re|spon|sa|bil|men|te** avv. verantwortungslos: ***agire ~*** verantwortungslos handeln.
ir|re|strin|gi|bi|le agg. nicht einlaufend: ***tessuto ~*** nicht einlaufender Stoff.
ir|re|ti|men|to m. Umgarnung *f.* **ir|re|ti|re** tr. *(irretisco, irretisci)* **1** mit dem Netz fangen **2** FIG. umgarnen, ein‿wickeln: ***~ qcn. con belle parole*** jdn mit schönen Worten umgarnen; ***lasciarsi ~ dalle promesse di qcn.*** sich von jds Versprechungen einwickeln lassen.
ir|re|ve|ren|za → **irriverenza.**
ir|re|ver|si|bi|le agg. **1** irreversibel, nicht umkehrbar: ***processo ~*** irreversibler Prozess; CHIM. ***reazione ~*** irreversible Reaktion; ***danni -i al cervello*** irreversibler Gehirnschaden **2** *(non trasferibile)* nicht übertragbar: ***pensione ~*** nicht übertragbare Rente. **ir|re|ver|si|bi|li|tà** f. **1** Irreversibilität *f.*, Nichtumkehrbarkeit *f.* **2** *(non trasformabilità)* Nichtübertragbarkeit *f.* **ir|re|ver|si|bil|men|te** avv. irreversibel.
ir|re|vo|ca|bi|le agg. unwiderruflich: ***sentenza ~*** unwiderrufliches Urteil. **ir|re|vo|ca|bi|li|tà** f. Unwiderruflichkeit *f.* **ir|re|vo|ca|bil|men|te** avv. unwiderruflich. **ir|re|vo|ca|to** agg. unwiderrufen.
ir|ri|co|no|scen|te agg. undankbar.
ir|ri|co|no|sci|bi|le agg. unerkennbar, unkenntlich, nicht wieder zu erkennen: ***ritratto ~*** unkenntliches Porträt; ***essere ~ (dopo l'incidente)*** (nach dem Unfall) kaum wieder zu erkennen sein. **ir|ri|co|no|sci|bi|li|tà** f. Unkenntlichkeit *f.*, Unerkennbarkeit *f.*
ir|ri|de|re tr. *(irrisi; irriso)* LETT. verhöhnen, aus‿lachen.
ir|ri|du|ci|bi|le agg. **1** nicht herabsetzbar: ***prezzi -i*** nicht herabsetzbare Preise **2** unkürzbar, irreduzibel: MAT. ***frazione ~*** unkürzbarer Bruch; ***equazione ~*** irreduzible Gleichung **3** FIG. unbeugsam, unerbittlich: ***avversario ~*** unbeugsamer Gegner **4** MED. irreponibel: ***frattura ~*** irreponibler Bruch. **ir|ri|du|ci|bi|li|tà** f. **1** MAT. Irreduzibilität *f.*, Unkürzbarkeit *f.* **2** FIG. Unbeugsamkeit *f.* **ir|ri|du|ci|bil|men|te** avv. unverrückbar.
ir|ri|fe|ri|bi|le agg. unaussprechlich.
ir|ri|fles|si|vi|tà f. Unbedachtheit *f.* **ir|ri|fles|si|vo** agg. unbedacht, unüberlegt.
ir|ri|ga|bi|le agg. bewässerbar. **ir|ri|ga|men|to** m. → **irrigazione.**
ir|ri|ga|re tr. *(irrigo, irrighi)* **1** bewässern: ***~ i campi con un sistema di canali*** die Felder durch ein System von Kanälen bewässern **2** *(bagnare)* durchfließen: ***il Po irriga la Lombardia*** der Po durchfließt die Lombardei **3** MED. spülen ◆ ***~ a pioggia*** beregnen; ***~ a getto*** sprengen. **ir|ri|ga|to|re I** agg. Bewässerungs-, bewässernd: ***impianto ~*** Bewässerungsanlage *f.* **II** m. **1** Sprenger *m.* **2** MED. Irrigator *m.* ◆ ***~ da giardino*** Rasensprenger *m.*; ***~ a pioggia*** Regner *m.* **ir|ri|ga|to|rio** agg. *(-ri,-rie)* bewässernd, Bewässerungs-: ***sistema ~*** Bewässerungssystem *n.*
ir|ri|ga|zio|ne f. **1** Bewässerung *f.* **2** MED. Spülung *f.*, Irrigation *f.* ◆ ***impianto d'~*** Bewässerungsanlage *f.*; *(a pioggia)* Beregnungsanlage *f.*; *(per scorrimento)* Berieselungsanlage *f.*; ***~ a pioggia*** Beregnung *f.*; ***~ per scorrimento*** Berieselung *f.*; MED. ***~ vaginale*** Vaginalspülung *f.*; MED. ***~ della vescica*** Blasenspülung *f.*
ir|ri|gi|di|men|to m. **1** Versteifung *f.*: ***~ delle articolazioni*** Versteifung der Gelenke; FIG. ***~ di una posizione*** Versteifung auf eine Position **2** *(di clima, stagione)* Kälterwerden *n.* ◆ ***~ cadaverico*** Totenstarre *f.*, Leichenstarre *f.*; ***~ per il freddo*** Erstarrung *f.*; ***~ dei muscoli*** Muskelstarre *f.*; FIG. ***~ delle posizioni*** Frontverhärtung *f.*
ir|ri|gi|di|re *(irrigidisco, irrigidisci)* **I** tr. **1** steif machen, versteifen, erstarren lassen: ***il freddo irrigidisce le membra*** die Kälte lässt die

Glieder erstarren **2** FIG. *(impietrire)* erstarren lassen **3** *(inasprire)* verschärfen: ***~ una pena*** eine Strafe verschärfen **II** pronom. **irrigidirsi 1** versteifen, steif werden, erstarren: ***-rsi per il freddo*** vor Kälte steif werden **2** FIG. erstarren: ***-rsi per lo spavento*** vor Schreck erstarren **3** *(ostinarsi)* sich versteifen: ***-rsi in, su una posizione*** sich auf eine Position versteifen **4** *(di clima)* kälter werden ◆ MIL. ***-rsi sull'attenti*** stramm_stehen; ***~ i pugni*** die Fäuste ballen.

ir|ri|gi|di|to p.pass. agg. **1** → **irrigidire 2** steif, starr (anche FIG.): ***~ dal freddo, dallo spavento*** vor Kälte, vor Schreck starr **3** *(ostinato)* versteift: ***~ sulle proprie posizioni*** auf die eigenen Positionen versteift.

ir|ri|guar|do|sa|men|te avv. rücksichtslos. **ir|ri|guar|do|so** agg. rücksichtslos: ***atteggiamento ~*** rücksichtsloses Verhalten; ***essere ~ verso qcn.*** sich jdm gegenüber rücksichtslos benehmen.

ir|ri|guo agg. **1** Bewässerungs-: ***canale ~*** Bewässerungskanal *m.* **2** *(irrigato)* bewässert: ***campo ~*** bewässertes Feld.

ir|ri|le|van|te agg. **1** unerheblich, unbedeutend, irrelevant: ***particolare ~*** unerhebliches (*o* unbedeutendes) Detail **2** DIR. nicht relevant. **ir|ri|le|van|za** f. Irrelevanz *f.*, Unerheblichkeit *f.*

ir|ri|man|da|bi|le agg. unaufschiebbar.

ir|ri|me|dia|bi|le agg. **1** nicht wieder gutzumachend: ***errore ~*** nicht wieder gutzumachender Fehler **2** *(irrecuperabile)* unersetzlich: ***perdita ~*** unersetzlicher Verlust. **ir|ri|me|dia|bi|li|tà** f. Unersetzlichkeit *f.*, Unersetzbarkeit *f.* **ir|ri|me|dia|bil|men|te** avv. unrettbar, hoffnungslos: ***è ~ rovinato*** es ist hoffnungslos ruiniert.

ir|rin|trac|cia|bi|le agg. unauffindbar.

ir|ri|nun|cia|bi|le agg. unverzichtbar: ***diritto ~*** unverzichtbares Recht. **ir|ri|nun|cia|bi|li|tà** f. Unverzichtbarkeit *f.* **ir|ri|nun|cia|bil|men|te** avv. unverzichtbar. **ir|ri|nun|zia|bi|le** → **irrinunciabile. ir|ri|nun|zia|bi|li|tà** → **irrinunciabilità.**

ir|ri|pe|ti|bi|le agg. nicht wiederholbar, unwiederholbar: ***esperimento ~*** nicht wiederholbares Experiment; ***espressione ~*** unwiederholbarer Ausdruck; *(unico)* ***occasione, esperienza ~*** unwiederholbare Gelegenheit, Erfahrung. **ir|ri|pe|ti|bi|li|tà** f. Unwiederholbarkeit *f.*

ir|ri|pro|du|ci|bi|le agg. nicht reproduzierbar. **ir|ri|pro|du|ci|bi|li|tà** f. Nichtreproduzierbarkeit *f.*

ir|ri|sio|ne f. Verhöhnung *f.*, Verspottung *f.*

ir|ri|sol|to agg. ungelöst.

ir|ri|so|lu|to → **irresoluto.**

ir|ri|sol|vi|bi|le agg. unlösbar.

ir|ri|so|ria|men|te avv. spöttisch, höhnisch.

ir|ri|so|rio agg. *(-ri, -rie)* **1** spöttisch, höhnisch, verhöhnend: ***tono ~*** verhöhnender Ton **2** *(inadeguato)* lächerlich, Spott-: ***somma di denaro -a*** lächerliche Geldsumme; ***prezzo ~*** Spottpreis *m.*

ir|ri|spet|to|sa|men|te avv. respektlos: ***comportarsi ~ con qcn.*** sich jdm gegenüber respektlos benehmen. **ir|ri|spet|to|so** agg. respektlos: ***~ verso, nei confronti di qcn.*** jdm gegenüber respektlos.

ir|ri|ta|bi|le agg. **1** reizbar, erregbar: ***facilmente ~*** leicht reizbar **2** MED. irritabel, empfindlich: ***avere la pelle ~*** eine empfindliche Haut haben. **ir|ri|ta|bi|li|tà** f. **1** Reizbarkeit *f.*, Erregbarkeit *f.* **2** MED. Irritabilität *f.*, Empfindlichkeit *f.* **ir|ri|ta|men|to** m. → **irritazione.**

ir|ri|tan|te I agg. **1** irritierend: ***carattere ~*** irritierender Charakter **2** MED. reizend, Reiz-; ***essere ~ per gli occhi*** die Augen reizen; ***sostanza ~*** Reizstoff *m.* **3** *(fastidioso)* beißend: ***odore ~*** beißender Geruch **II** m. Reizstoff *m.*

ir|ri|ta|re *(irrito)* **I** tr. **1** reizen, irritieren: ***il suo comportamento mi irrita*** sein Verhalten irritiert mich **2** MED. reizen **II** pronom. **irritarsi 1** nervös werden: ***-rsi per qcn., per qcs.*** wegen jdm, etw. nervös werden **2** MED. gereizt werden: ***con il vento freddo la pelle si irrita*** durch den kalten Wind wird die Haut gereizt.

ir|ri|ta|to p.pass. agg. **1** → **irritare 2** gereizt: ***essere ~ con qcn. per qcs.*** auf jdn wegen etw. gereizt reagieren; MED. ***pelle -a*** gereizte Haut.

irri|ta|zio|ne f. **1** Reizung *f.*, Erregung *f.*, Irritation *f.*: ***provocare ~ in qcn.*** jdn irritieren; ***dar segni di ~*** irritiert wirken **2** MED. Reizung *f.*: ***~ cutanea*** Hautreizung *f.*

ir|ri|tua|le agg. nicht förmlich.

ir|ri|ve|la|bi|le agg. unenthüllbar.

ir|ri|ve|ren|te agg. respektlos: ***atteggiamento ~*** respektloses Verhalten. **ir|ri|ve|ren|za** f. Respektlosigkeit *f.*

ir|ro|bu|sti|men|to m. Kräftigung *f.*, Stärkung *f.*

ir|ro|bu|sti|re *(irrobustisco, irrobustisci)* **I** tr. stärken, kräftigen **II** pronom. **irrobustirsi** kräftiger werden: ***con gli anni s'irrobustirà*** mit den Jahren wird er kräftiger werden.

ir|ro|ga|re tr. *(irrogo, irroghi)* auf_erlegen: ***~ una pena*** eine Strafe auferlegen. **ir|ro|ga|zio|ne** f. Auferlegung *f.*

ir|rom|pe|re intr. *(irruppi; irrotto*; aus. *essere)* ein_brechen, ein_dringen; ***~ in un luogo*** in einen Ort eindringen.

ir|ro|ra|men|to m. → **irrorazione. ir|ro|ra|re** tr. **1** *(bagnare)* benetzen, benässen: ***le lacrime le irrorano il viso*** Tränen benässen ihr Gesicht **2a** *(annaffiare)* spritzen **b** AGR. *(con fertilizzanti)* bespritzen **3** BIOL. durchfließen, durchströmen: ***la linfa irrora i tessuti*** Lymphe durchströmt das Gewebe ◆ ***~ di sangue*** durchbluten. **ir|ro|ra|to|re** m. **1** Sprenger *m.* **2** *(macchina)* Spritzgerät *n.* **ir|ro|ra|zio|ne** f. **1** AGR. Spritzen *n.* **2** ANAT. ***~ sanguigna*** Durchblutung *f.*

ir|ruen|te agg. ungestüm, heftig: ***abbraccio ~*** ungestüme Umarmung; FIG. ***temperamento ~*** ungestümes Temperament. **ir|ruen|te|men|te** avv. ungestüm. **ir|ruen|to** → **irruente. ir|ruen|za** f. Ungestüm *n.*, Wucht *f.*: ***~ giovanile*** jugendliches Ungestüm; ***agire con ~*** ungestüm handeln.

ir|ru|vi|di|men|to m. Raumachen *n.*, Rauwerden *n.*

ir|ru|vi|di|re *(irruvidisco, irruvidisci)* **I** tr. **1** auf_rauen, rau machen: ***il freddo irruvidisce la pelle*** Kälte macht die Haut rau **2** FIG. hart machen **II** intr. (aus. *essere*) e pronom. **irruvidirsi 1** rau werden **2** FIG. *(indurirsi)* verhärten, hart werden: ***il suo cuore (si) è irruvidito*** sein Herz ist hart geworden (*o* ist verhärtet).

ir|ru|zio|ne f. Einbruch *m.*, Einbrechen *n.*; ***fare ~ in un luogo*** in einen Ort ein_brechen; ***fare ~ nell'appartamento di qcn.*** in jds Wohnung ein_brechen.

ir|su|ti|smo m. Hypertrichosis *f.*, Hypertrichose *f.*

ir|su|to agg. **1** behaart, haarig: ***petto ~*** haarige Brust **2** *(ispido)* stachelig: ***mento ~*** stacheliges Kinn.

ir|to agg. **1** borstig, struppig: ***barba -a*** borstiger Bart **2** *(ritto)* aufgestellt: ***col pelo ~*** mit aufgestelltem Fell **3** FIG. voll, voller: ***un ramo ~ di spine*** ein Zweig voller Dornen; FIG. ***impresa -a di difficoltà*** Unternehmen voller Schwierigkeiten.

i|sa|bel|la agg.inv. **1** ***color ~*** isabellfarben, isabellfarbig **2** ZOOL. ***cavallo ~*** Isabelle *f.*

I|sa|bel|la n.pr.f. Isabel *f.*, Isabella *f.*

I|sac|co n.pr.m. Isaak *m.*

i|sa|go|no I agg. isogonal **II** m. Isogon *n.*

I|sa|ia n.pr.m. Iesaias *m.*, Jesaja *m.*

i|sche|le|tri|re *(ischeletrisce)* **I** tr. **1** zum Skelett ab_magern lassen: ***la malattia lo ha ischeletrito*** die Krankheit hat ihn zum Skelett abmagern lassen **II** intr. (aus. *essere*) e pronom. **ischeletrirsi 1** zum Skelett ab_magern **2** *(di alberi)* kahl werden.

i|sche|mi|a f. Ischämie *f.*, Blutleere *f.*: ***~ cerebrale*** Blutleere des Gehirns. **i|sche|mi|co** agg. *(-ci, -che)* ischämisch, blutleer.

i|schial|gi|a f. Ischialgie *f.*, Ischias *m.* **i|schia|ti|co** agg. *(-ci, -che)* ischiadisch, Ischias-: ***nervo ~*** Ischiasnerv *m.*, Hüftnerv *m.*

i|schio m. *(ischi)* Sitzbein *n.*

1.i|scrit|to I p.pass. agg. **1** → **iscrivere 2a** angemeldet: ***i ragazzi -i al liceo*** die am Gymnasium angemeldeten Jungen **b** UNIV. eingeschrieben **3** *(registrato)* eingetragen **II** m. **1** Eingeschriebene *m.*; ***gli -i a, di un corso*** die Kursteilnehmer **2** *(membro)* Mitglied *n.*: ***gli -i a, di un partito*** die Mitglieder einer Partei.

2.i|scrit|to agg. ***per ~*** schriftlich; ***mettere qcs. per ~*** etw. schriftlich nieder_legen.

i|scri|ve|re *(iscrissi; iscritto)* **I** tr. **1** *(registrare)* ein_tragen: ***~ qcn., qcs. in una lista*** jdn, etw. in eine Liste eintragen; ***~ le spese nel bilancio di una ditta*** die Ausgaben in die Bilanz einer Firma eintragen **2a** an_melden: ***~ qcn. a scuola, a un corso*** jdn in der Schule, zu einem Kurs anmelden **b** UNIV. *(immatricolare)* ein_schreiben **3** *(incidere)* ein_ritzen: ***~ le iniziali nella corteccia di un albero*** die Initialen in die Rinde eines Baumes einritzen **II** pronom. **iscriversi 1a** sich an_melden: ***-rsi a scuola, a una gara*** sich in der Schule, zu einem Wettbewerb anmelden **b** UNIV. *(immatricolarsi)* sich immatrikulieren, sich ein_schreiben: ***-rsi all'università*** sich an der Universität immatrikulieren **2** *(diventare membro)* bei_treten: ***-rsi a un club*** einem Verein beitreten.

i|scri|zio|ne f. **1** *(registrazione)* Eintragung *f.*, Eintrag *m.*: ***~ alle liste elettorali*** Eintrag in die Wählerlisten; DIR. ***~ d'ufficio*** amtlicher Eintrag **2a** *(ammissione)* Anmeldung *f.*: ***l'~ a scuola, alla gara*** die Anmeldung in der Schule, zum Wettbewerb **b** UNIV. *(immatricolazione)* Einschreibung *f.* **3** *(incisione)* Inschrift *f.* **4** *(ingresso come membro)* Beitritt *m.*, Aufnahme *f.* ◆ ***domanda d'~*** Aufnahmegesuch *n.*; ***modulo d'~*** Anmeldeformular *n.*; ***quota d'~*** Einschreibegebühr *f.*; UNIV. ***rinnovo d'~*** Rückmeldung *f.*; ***~ runica*** Runeninschrift *f.*; ***~ rupestre*** Felsinschrift *f.*; ***~ sepolcrale*** Grabinschrift *f.*; ***tassa d'~*** Anmeldegebühr *f.*; UNIV. Einschreibegebühr *f.*; ***termine d'~*** Anmeldefrist *f.*

ISEF ⇒ *Istituto Superiore di Educazione Fisica* (italienische Sporthochschule).

I|si|do|ro n.pr.m. Isidor *m.*

I|si|de n.pr.f. Isis *f.*

i|slam, i|slam m. Islam *m.* **i|sla|mi|co** agg. *(-ci,-che)* islamisch: ***ci-viltà -a*** islamische Kultur. **i|sla|mi|smo** m. Islamismus *m.* **i|sla|mi|sta** m. e f. *(-i,-e)* Islamforscher *m.* (-in *f.*). **i|sla|mi|sti|ca** f. Islamforschung *f.* **i|sla|miz|za|re I** tr. islamisieren **II** pronom. **islamizzarsi** zum Islam übertreten. **i|sla|miz|za|zio|ne** f. Islamisation *f.*

I|slan|da n.pr.f. Island *n.* **i|slan|de|se I** agg. isländisch **II** m. e f. **1** Isländer *m.* (-in *f.*) **III** m. *(lingua)* Isländisch(e) *n.*

i|sma|e|li|ta *(-i,-e)* **I** agg. ismaelitisch **II** m. e f. Ismaelit *m.* (-in *f.*).

i|sma|i|li|ta *(-i,-e)* **I** agg. ismailitisch **II** m. e f. Ismailit *m.* (-in *f.*).

i|so|ba|ra f. Isobare *f.* **i|so|ba|ri|co** agg. *(-ci,-che)* isobar: ***processo ~*** isobarischer Vorgang. **i|so|ba|ro** agg. isobar.

i|so|ba|ta f. Isobathe *f.* **i|so|bu|ta|no** m. Isobutan *n.*

i|so|cli|na f. Isokline *f.* **i|so|cro|ma|ti|co** agg. *(-ci,-che)* isochromatisch: ***lenti -che*** isochromatische Linsen.

i|so|cro|ni|smo m. Isochronismus *m.* **i|so|cro|no** agg. **1** FIS. isochron: ***oscillazioni -e*** isochrone Schwankungen **2** GEOGR. ***linea -a*** Isochrone *f.*

i|so|fo|na f. Isophone *f.*

i|so|ga|me|te m. Isogamet *m.* **i|so|ga|mi|a** f. Isogamie *f.*

i|so|glos|sa f. Isoglosse *f.* **i|so|ie|ta** f. Isohyete *f.* **i|so|ip|sa** f. Isohypse *f.*

i|so|la f. Insel *f.* (anche FIG.): ***vivere su un'~*** auf einer Insel leben; ***-e Hawaii*** Hawaii-Inseln *pl.*; FIG. ***un'~ di tranquillità*** eine Insel der Ruhe; ANAT. ***-e del Langerhans*** Langerhansinseln ◆ ***~ artificiale*** Bohrinsel *f.*; ***~ corallina*** Koralleninsel *f.*; ***~ linguistica*** Sprachinsel *f.*; ***~ pedonale*** Fußgängerzone *f.*; ***~ spartitraffico*** Verkehrsinsel *f.*; ***~ vulcanica*** Vulkaninsel *f.*

i|so|la|bi|le agg. isolierbar: ***virus non ~*** nicht isolierbares Virus; ***termicamente ~*** wärmeisolierbar.

i|so|la|men|to m. **1a** Absonderung *f.*, Zurückgezogenheit *f.*, Isolierung *f.*, Isolation *f.*: ***vivere nel più completo ~*** in völliger Zurückgezogenheit leben **b** *(culturale)* Isolation *f.*: ***~ di un paese*** Isolation eines Landes **2** TECN. Isolierung *f.*: ***~ termoacustico*** thermoakustische Isolierung **3** *(reparto di ospedale)* Isolierstation *f.*: ***mettere un malato in ~*** einen Kranken auf die Isolierstation legen (*o* einen Kranken isolieren) **4** *(detenzione carceraria)* Isolationshaft *f.*; *(cella)* Isolierzelle *f.*: ***mettere qcn. in ~*** jdn in die Isolierzelle bringen ◆ ***~ acustico*** Schallschutz *m.*, Schallisolierung *f.*; ***cella d'~*** Isolierzelle *f.*; ***~ dal freddo*** Kälteisolation *f.*; ***reparto d'~*** Isolierstation *f.*; ***~ termico*** Wärmeisolierung *f.*, Wärmeschutz *m.*

i|so|la|no agg. **I** Insel-, insular: ***cultura -a*** Inselkultur *f.* **II** m. Inselbewohner *m.*

i|so|lan|te I agg. isolierend, Isolier-: ***materiale ~*** Isolierstoff *m.*; ***pannello ~*** Isolierplatte *f.* **II** m. Isolierstoff *m.* ◆ ***nastro ~*** Isolierband *n.*; ***~ termico*** Wärmeisolierstoff *m.*

i|so|la|re *(isolo)* **I** tr. **1** isolieren: ***~ un ammalato, uno stato*** einen Kranken, eine Nation isolieren; ***~ un isotopo radioattivo*** einen radioaktiven Isotop isolieren; ***~ un virus*** ein Virus isolieren **2** *(estrarre)* heraus‿lösen: ***~ una frase dal contesto*** einen Satz aus seinem Zusammenhang herauslösen **II** pronom. **isolarsi** sich isolieren, sich ab‿sondern: ***-rsi dal mondo*** sich von der Außenwelt absondern.

i|so|la|ta|men|te avv. **1** *(separatamente)* isoliert, für sich: ***considerare qcs. ~*** etw. für sich betrachten **2** *(singolarmente)* einzeln: ***esaminare ~ i singoli casi*** jeden Fall einzeln betrachten **3** *(da soli)* allein: ***agire ~*** allein handeln ◆ ***~ da qcs.*** getrennt von etw.

1.i|so|la|to p.pass. agg. **1** → **isolare 2** *(di luogo)* isoliert, abgeschieden, abgelegen: ***vivere in un luogo ~*** an einem abgelegenem Ort leben **3** *(distinto)* Einzel-: ***caso ~*** Einzelfall *m.*

2.i|so|la|to m. Häuserblock *m.*, Block *m.*; ***fare il giro dell'~*** um den Block gehen.

i|so|la|to|re m. Isolator *m.* ◆ ***~ passante*** Durchführungsisolator *m.*; ***~ di porcellana*** Porzellanisolator *m.*; ***~ a sospensione*** Hängeisolator *m.*; ***~ a tazza*** Isolatorglocke *f.*

i|so|la|zio|ni|smo m. Isolationismus *m.* **i|so|la|zio|ni|sta** *(-i,-e)* **I** agg. Isolations-: ***politica ~*** Isolationspolitik *f.* **II** m. e f. Isolationist *m.* (-in *f.*). **i|so|la|zio|ni|sti|co** agg. *(-ci,-che)* → **isolationista.**

i|so|let|ta f. Inselchen *n.* **i|so|lot|to** m. mittelgroße Insel *f.*

i|so|me|ri|a f. Isomerie *f.*: ***~ di struttura*** Strukturisomerie *f.* **i|so|me|ri|co** agg. *(-ci,-che)* isomerisch. **i|so|me|ro** m. Isomere *n.*

i|so|me|tri|a f. Isometrie *f.* **i|so|me|tri|co** agg. *(-ci,-che)* isometrisch: ***contrazioni -che*** isometrische Kontraktionen; ***linea -a*** isometrische Linie.

i|so|mor|fi|smo m. Isomorphismus *m.* **i|so|mor|fo** agg. isomorph.

i|so|sce|le agg. gleichschenklig: ***triangolo ~*** gleichschenkliges Dreieck.

i|so|sil|la|bi|co agg. *(-ci,-che)* gleichsilbig. **i|so|sil|la|bi|smo** m. Gleichsilbigkeit *f.*

i|so|sta|si|a f. Isostasie *f.* **i|so|sta|ti|co** agg. *(-ci,-che)* isostatisch.

i|so|ter|ma f. Isotherme *f.* **i|so|ter|mi|a** f. Isothermie *f.* **i|so|ter|mi|co** agg. *(-ci,-che)* isothermisch.

i|so|to|no m. Isoton *n.*

i|so|to|pi|a f. Isotopie *f.* **i|so|to|pi|co** agg. *(-ci,-che)* isotopisch, Isotopen-: ***diagnostica -a*** Isotopendiagnostik *f.* **i|so|to|po** m. Isotop *n.*: ***scambio di -i*** Isotopenaustausch *m.*; ***~ radioattivo*** Radioisotop *n.*

i|so|tro|ne m. Isotron *n.*

i|so|tro|pi|a f. Isotropie *f.* **i|so|tro|pi|co** agg. *(-ci,-che)*, **i|so|tro|po** agg. isotrop.

I|sot|ta n.pr.f. Isolde *f.*: ***Tristano e ~*** Tristan und Isolde.

i|sot|te|ri m.pl. Termiten *pl.*, Isopteren *pl.*

i|spa|ni|co agg. *(-ci,-che)* hispanisch: ***popolazioni -che*** hispanische Bevölkerungen. **i|spa|ni|smo** m. Hispanismus *m.* **i|spa|ni|sta** m. e f. *(-i,-e)* Hispanist *m.* (-in *f.*). **i|spa|niz|zan|te** agg. hispanisierend. **i|spa|niz|za|zio|ne** f. Hispanisierung *f.*

i|spa|no I agg. **1** althispanisch **2** *(di civiltà spagnola)* hispanisch **II** m. Hispanier *m.* **i|spa|no-a|me|ri|ca|no** agg. **1** spanisch-amerikanisch: ***guerre -e*** spanisch-amerikanische Kriege **2** *(dell'America Latina)* lateinamerikanisch: ***lingue -e*** lateinamerikanische Sprachen. **i|spa|no|fo|no** agg. Spanisch sprechend.

i|spes|si|men|to m. Verdickung *f.*

i|spes|si|re *(ispessisco, ispessisci)* **I** tr. verstärken, verdicken: ***~ uno strato di cemento*** eine Betonschicht verstärken **II** pronom. **ispessirsi** dicker werden, stärker werden: ***il muro si ispessisce*** die Mauer wird stärker ◆ ***far ~ un sugo*** eine Soße an‿dicken.

i|spet|ti|vo agg. Inspektions-: ***controllo ~*** Inspektionskontrolle *f.* ◆ ***visita -a*** Inspektion *f.*

i|spet|to|ra|to m. **1** Aufsichtsamt *n.*, Aufsichtsbehörde *f.* **2** *(ufficio e grado di ispettore)* Inspektorat *n.* ◆ ***~ all'edilizia*** Bauaufsichtsbehörde *f.*; ***~ del lavoro*** Gewerbeaufsichtsamt *n.*; ***medico dell'~ del lavoro*** Gewerbearzt *m.*

i|spet|to|re m. **1** Inspektor *m.* **2** MIL. Inspekteur *m.* ◆ ***~ capo*** Hauptinspekteur *m.*; ***~ di polizia*** Polizeiinspektor *m.*; ***~ di produzione*** Produktionsleiter *m.*; ***~ scolastico*** Schulinspektor *m.*; ***~ tributario*** Steueraufseher *m.* **i|spet|tri|ce** f. Inspektorin *f.*

i|spe|zio|na|re tr. **1** inspizieren, überprüfen: ***~ una scuola*** eine Schule inspizieren; ***~ una valigia, un'auto*** einen Koffer, ein Auto inspizieren **2** MIL. mustern.

i|spe|zio|ne f. **1a** Inspektion *f.*, Inspizierung *f.*, Kontrolle *f.*: ***chiedere un'~*** eine Inspektion (*o* Kontrolle) verlangen; ***subire un'~*** einer Inspektion unterzogen werden **b** *(supervisione)* Überprüfung *f.* **2** MED. Untersuchung *f.* ◆ ***~ amministrativa*** Verwaltungskontrolle *f.*; ***~ alle armi*** Waffenkontrolle *f.*; MIL. ***capitano di ~*** Hauptmann *m.* vom Dienst; DIR. ***~ corporale*** Leibesvisitation *f.*; ***diritto di ~*** Recht *n.* auf Einblick, Einblicksrecht *n.*; ***~ doganale*** zollamtliche Kontrolle *f.* (*o* Visitation *f.*); ***giro d'~*** Inspektionsrunde *f*; ***~ sanitaria*** Gesundheitskontrolle *f.*; ***~ scolastica*** Schulinspektion *f.*

i|spi|dez|za f. **1** Borstigkeit *f.* **2** FIG. *(scontrosità)* Borstigkeit *f.*, Kratzbürstigkeit *f.*

i|spi|do 1 borstig, struppig **2** FIG. *(scontroso)* borstig, kratzbürstig **3** *(di barba)* stachelig.

i|spi|ra|re I tr. **1** *(destare)* ein‿flößen, erwecken: ***~ simpatia, fiducia, paura*** Sympathie, Vertrauen, Angst einflößen **2** *(stimolare)* inspirieren: ***l'amore ispira i poeti*** die Liebe inspiriert die Dichter; ***questo genere di musica non mi ispira*** diese Art von Musik inspiriert mich nicht **3** *(influenzare, orientare)* beeinflussen: ***le risposte dell'imputato erano ispirate dall'avvocato*** die Antworten des Angeklagten waren vom Anwalt beeinflusst **4** COLLOQ. *(dare affidamento)* Vertrauen ein‿flößen: ***è un tipo che non mi ispira*** er ist ein Typ, der mir kein Vertrauen einflößt **II** pronom. **ispirarsi 1 *-rsi a qcs.*** von etw. inspiriert werden **2** *(basarsi su qcs.)* ***-rsi a qcs.*** sich an etw. (A) an‿lehnen, sich von etw. inspirieren lassen; ***-rsi a un modello*** sich an ein Modell anlehnen; ***leggi che si ispirano al diritto naturale*** Gesetze, die sich an das Naturrecht anlehnen.

i|spi|ra|to p.pass. agg. **1** → **ispirare 2** beseelt: ***essere ~ da qcs.*** von etw. beseelt sein; ***poeta ~*** beseelter Dichter **3** *(ricco di ispirazione)* inspiriert.

i|spi|ra|to|re I agg. **1** einflößend, eingebend, anregend: ***principio ~*** zugrunde liegendes Prinzip **2** *(di ispirazione artistica)* inspirierend: ***musa -trice*** inspirierende Muse **II** m. Anstifter *m.*, Anreger *m.*

i|spi|ra|zio|ne f. **1** Inspiration *f.*, Eingebung *f.*: ***cercare l'~*** eine Inspiration suchen; ***trarre ~ da qcs.*** sich durch etw. inspirieren (*o* an_regen) lassen; ***prendere ~ da qcn.*** von jdm inspiriert (*o* angeregt) werden; ***~ divina*** göttliche Eingebung **2** *(idea brillante)* Eingebung *f.*: ***mi è venuta un'~*** ich habe eine Eingebung **3** *(tendenza)* Tendenz *f.*, Richtung *f.*: ***d'~ socialista*** mit sozialistischer Tendenz **4** *(inspirazione)* Einatmung *f.*

I|sra|e|le n.pr.m. Israel *n.* **i|sra|e|lia|na** f. Israeli *f.* **i|sra|e|lia|no I** agg. israelisch **II** m. Israeli *m.* **i|sra|e|li|ta** *(-i,-e)* **I** m. e f. *(-i,-e)* Israelit *m.* (-in *f.*) **II** agg. → **isreaelitico. i|sra|e|li|ti|co** agg. *(-ci, -che)* israelitisch.

is|sa inter. ruck: ***oh ~!*** ho (*o* hau) ruck!

is|sa|re I tr. **1** *(innalzare)* hissen: ***~ l'ancora*** den Anker hissen; ***~ una bandiera*** eine Fahne hissen **2** *(sollevare)* heben: ***~ un carico su una nave*** ein Frachtgut auf ein Schiff heben **II** pronom. **issarsi** sich hoch_ziehen: ***-rsi a cavallo*** sich auf das Pferd hochziehen.

ISS ⇒ *Istituto Superiore di Sanità* Oberste Gesundheitsbehörde.

is|so|po m. Ysop *m.*

i|stal|la|re → **installare. i|stal|la|to** → **installato. i|stal|la|zio|ne** → **installazione.**

i|sta|mi|na f. Histamin *n.* **i|sta|mi|ni|co** agg. *(-ci,-che)* Histamin-.

i|stan|ta|ne|a f. Momentbild *n.*, Schnappschuss *m.*

i|stan|ta|nei|tà f. Augenblicklichkeit *f.*

i|stan|ta|ne|a|men|te avv. sofort, unverzüglich.

i|stan|ta|ne|o agg. augenblicklich, sofortig: ***morte -a*** sofortiger Tod; ***effetto*** ~ sofortige Wirkung; ***reazione -a*** sofortige Reaktion ◆ ***caffè ~*** Instantkaffee *m.*; ***fotografia -a*** Momentaufnahme *f.*, Momentbild *n.*; FIS. ***velocità -a*** momentane Geschwindigkeit.

i|stan|te m. Augenblick *m.*: ***durò un ~*** es dauerte einen Augenblick; ***nell'~ in cui lo ho visto*** im Augenblick, als ich ihn sah ◆ ***all'~*** im Augenblick; ***un ~ dopo*** im nächsten Augenblick (*o* Moment); ***torno fra un ~*** ich komme gleich wieder; ***in un ~*** augenblicklich, in einem Nu; ***ad ogni ~*** jeden Augenblick; ***in questo ~*** in diesem Augenblick; ***nello stesso ~*** im gleichen Augenblick (*o* Moment); ***fino all'ultimo ~*** bis zum letzten Moment.

i|stan|za f. **1** Antrag *m.*, Eingabe *f.*, Gesuch *n.*: ***appoggiare, accogliere un'~*** einen Antrag befürworten, genehmigen; ***presentare, respingere un'~*** ein Gesuch ein_reichen, ab_lehnen **2** *(grado di giudizio)* Instanz *f.* **3** *(sollecitazione)* Drängen *n.*: ***cedere alle -e di qcn.*** jds Drängen nach_geben **4a** *(esigenza)* Anspruch *m.* **b** *(necessità)* Notwendigkeit *f.*, Erfordernis *f.*: ***-e sociali*** soziale Erfordernisse ◆ ***a ~ di qcn.*** auf jds Ansuchen (*o* Verlangen); PSIC. ***~ di controllo*** Kontrollinstanz *f.*; ***~ di divorzio*** Scheidungsantrag *m.*; ***fare*** ~ ein Gesuch ein_reichen; ***giudice di prima ~*** Amtsrichter *m.*; ***~ di grazia*** Begnadigungsgesuch *n.*; ***in prima ~*** in erster Instanz; ***~ di ricorso*** Beschwerdeinstanz *f.*; ***in seconda ~*** in zweiter Instanz; ***su ~ di qcn.*** auf jds Ansuchen (*o* Verlangen); ***~ di legittima suspicione*** Befangenheitsantrag *m.*; ***tribunale di prima ~*** Amtsgericht *n.*; ***in ultima ~*** in der letzten Instanz; FIG. endgültig.

ISTAT ⇒ *Istituto centrale di statistica* (entspricht dem Statistischen Bundesamt).

i|stau|ra|re → **instaurare.**

i|ste|rec|to|mi|a f. Hysterektomie *f.*: ***~ totale*** Totaloperation *f.* **i|ste|re|si** f. Hysterese *f.*, Hysteresis *f.*: ***~ magnetica*** magnetische Hysterese.

i|ste|ri|a f. Hysterie *f.*

i|ste|ri|ca|men|te avv. hysterisch. **i|ste|ri|co I** agg. *(-ci,-che)* hysterisch: ***crisi -a*** hysterischer Anfall; ***risata -a*** hysterisches Lachen **II** m. *(-ci)* Hysteriker *m.*

i|ste|ri|li|men|to m. **1** Unfruchtbarwerden *n.*; ***l'~ di un terreno*** das Unfruchtbarwerden des Bodens **2** FIG. Versiegen *n.*: ***l'~ dell'immaginazione*** das Versiegen der Einbildungskraft.

i|ste|ri|li|re *(isterilisco, isterilisci)* **I** tr. unfruchtbar machen **II** pronom. **isterilirsi 1** unfruchtbar werden **2** FIG. versiegen, verkümmern: ***le sue idee si sono isterilite*** seine Ideen sind versiegt.

i|ste|ri|smo m. Hysterie *f.*; ***~ collettivo*** Massenhysterie *f.*; *(atto)* ***non sopporto più i suoi -i*** ich kann sein hysterisches Verhalten nicht mehr ertragen.

i|ste|ro|to|mi|a f. Hysterotomie *f.*

i|sti|ga|men|to m. → **istigazione.**

i|sti|ga|re tr. *(istigo, istighi)* an_stiften, hetzen, auf_hetzen, verleiten: ***~ qcn. a commettere un reato*** jdn dazu anstiften, ein Verbrechen zu begehen; ***~ qcn. all'omicidio*** jdn zu einem Mord anstiften; ***~ gli uni contro gli altri*** die einen gegen die anderen aufhetzen; ***~ alla guerra*** zum Krieg hetzen (*o* Kriegshetze betreiben); ***~ al furto*** zum Diebstahl verleiten.

i|sti|ga|to|re I agg. aufwieglerisch: ***gesto ~*** aufwieglerische Geste **II** m. Anstifter *m.*, Aufwiegler *m.*

i|sti|ga|zio|ne f. Anstiftung *f.*, Aufwiegelung *f.*, Verleitung *f.*: ***~ a commettere reato*** Verleitung zu einer strafbaren Handlung; ***~ a delinquere*** Anstiftung zum Verbrechen; ***~ alla prostituzione*** Verleitung zur Prostitution; ***~ al suicidio*** Anstiftung zum Selbstmord.

i|stil|la|re tr. **1** träufeln, ein_träufeln: ***~ del collirio nell'occhio*** Tropfen ins Auge einträufeln **2** *(suscitare)* ein_flößen: ***~ l'odio in qcn.*** jdm Hass einflößen.

i|stin|ti|va|men|te avv. **1** instinktiv **2** *(con impulsività)* triebhaft: ***comportarsi ~*** sich triebhaft verhalten. **i|stin|ti|vi|tà** f. **1** Instinktivität *f.* **2** *(impulsività)* Triebhaftigkeit *f.*

i|stin|ti|vo agg. **1** instinktiv: ***comportamento ~*** instinktives Verhalten; ***avversione -a*** instinktive Abneigung **2** *(impulsivo)* triebhaft.

i|stin|to m. **1** Instinkt *m.*: ***lasciarsi guidare dal proprio ~*** sich von seinem Instinkt leiten lassen; ***fidarsi del proprio ~*** seinem Instinkt vertrauen; ***seguire il proprio ~*** seinem Instinkt folgen; ***avere un ~ infallibile*** einen untrüglichen Instinkt haben **2** *(impulso)* Trieb *m.* **3a** *(propensione)* Neigung *f.* **b** *(attitudine)* Begabung *f.* ◆ ***agire d'~*** instinktiv handeln; ***~ di autoconservazione*** Selbsterhaltungstrieb *m.*; ***bassi -i*** niedrige Instinkte; ***d'~*** instinktiv (*o* gefühlsmäßig); ***~ materno*** mütterlicher Instinkt; ***~ migratorio*** Wandertrieb *m.*; ***per ~*** instinktiv; ***~ primordiale*** Urinstinkt *m.*; ***privo d'~*** instinktlos; ***reagire d'~*** instinktiv reagieren; ***~ riproduttivo*** Fortpflanzungstrieb *m.*; ***~ sessuale*** Geschlechtstrieb *m.* (*o* Sexualtrieb *m.*).

i|sti|tu|i|re tr. *(istituisco, istituisci)* **1** gründen, stiften: ***~ una scuola*** eine Schule gründen; ***~ un premio letterario*** einen Literaturpreis stiften; ***~ un ordine*** einen Orden gründen; ***~ una borsa di studio*** ein Stipendium stiften **2** DIR. ein_setzen, ernennen: ***~ una commissione*** eine Kommission einsetzen; ***~ qcn. erede di un patrimonio*** jdn zum Erben eines Vermögens einsetzen; ***~ qcn. proprio erede*** jdn zu seinem Erben ernennen **3** *(stabilire)* an_stellen, auf_stellen: ***~ un confronto*** einen Vergleich anstellen.

i|sti|tu|ti|vo agg. Gründungs-: ***norme -e*** Gründungsnormen *pl.*

i|sti|tu|to m. **1** Institut *n.*, Anstalt *f.*, Heim *n.*: ***~ per la ricerca atomica*** Institut für Atomforschung; ***~ di filosofia*** Institut für Philosophie; ***dirigere un ~*** ein Institut leiten **2** DIR. *(istituzione)* Institution *f.*: ***~ della proprietà*** die Institution des Eigentums; ***~ del divorzio*** die Institution der Scheidung ◆ ***~ bancario*** Bankhaus *n.*; ***~ di bellezza*** Schönheitssalon *m.*; ***biblioteca d'~*** Institutsbibliothek *f.*; ***capo d'~*** Institutsleiter *m.*; ***~ per ciechi*** Blindenheim *n.*, Blindenanstalt *f.*; ***~ commerciale*** Handelsschule *f.*; ***~ di correzione*** Erziehungsanstalt *f.*; ***~ di credito*** Kreditanstalt *f.* (*o* Kreditinstitut *n.*); ***~ di credito fondiario*** Bodenkreditanstalt *f.*; ***~ di credito immobiliare*** Bausparkasse *f.*; ***~ di diritto pubblico*** Anstalt *f.* des öffentlichen Rechts; ***~ finanziario*** Geldinstitut *n.*; ***~ geriatrico*** Altenpflegeheim *n.*; ***~ magistrale*** = Schulzweig *m.* für Grundschullehrer; ***~ nautico*** Navigationsschule *f.*; ***~ di pena*** Straf(vollzugs)anstalt *f.*; ***~ professionale*** Gewerbeschule *f.*; ***~ professionale alberghiero*** Hotelfachschule *f.*; ***~ religioso*** Alumnat *n.*, Klosterschule *f.*; ***~ di ricerca*** Forschungsanstalt *f.*; ***~ scolastico*** Lehranstalt *f.*; ***~ sperimentale*** Versuchsanstalt *f.*; ***~ tecnico*** Technikum *n.*; ***~ tecnico commerciale*** höhere Handelsschule *f.*; ***~ universitario*** Universitätsinstitut *n.*

i|sti|tu|to|re m. **1** Gründer *m.*, Stifter *m.*: ***~ di un ordine religioso*** Ordensgründer *m.*, Gründer eines Ordens **2** *(precettore)* Hauslehrer *m.* **i|sti|tu|tri|ce** f. Hauslehrerin *f.*

i|sti|tu|zio|na|le agg. **1** institutionell; ***crisi ~*** Krise der Institutionen; ***riforma ~*** institutionelle Reform **2** *(fondamentale)* Grund-: ***corso ~*** Grundkurs *m.* **i|sti|tu|zio|na|liz|za|re I** tr. institutionalisieren: ***~ una prassi*** ein Verfahren institutionalisieren **II** pronom. **istituzionalizzarsi** sich institutionalisieren. **i|sti|tu|zio|na|liz|za|zio|ne** f. Institutionalisierung *f.* **i|sti|tu|zio|nal|men|te** avv. institutionell.

i|sti|tu|zio|ne f. **1** Institution *f.*, Gründung *f.*, Einrichtung *f.*: ***l'~ di una borsa di studio*** die Einrichtung eines Stipendiums **2a** *(ente)* Institution *f.*, Einrichtung *f.*: ***devolvere il proprio denaro a un'~*** sein Geld einer Institution zu_wenden; ***~ culturale*** kulturelle Einrichtung **b** *(fondazione)* Stiftung *f.*: ***un'~ pubblica, ecclesiastica*** eine öffentliche, kirchliche Stiftung **3** *(istituto)* Institution *f.*: ***la dignità delle -i*** die Würde der Institutionen **4** *(basi)* Grundlagen *pl.*: ***-i di diritto pubblico*** Grundlagen des öffentlichen Rechts ◆ FIG. ***diventare un'~*** eine Institution werden; ***~ di erede*** Erbeinsetzung *f.*

ist|mi|co agg. *(-ci,-che)* isthmisch: STOR. ***giochi -ci*** Isthmien *pl.* **ist|mo** m. **1** GEOGR. Isthmus *m.*; ***~ di Panama*** die Landenge von Panama **2** ANAT. Isthmus *m.*, Verengung *f.*

i|sto|gram|ma m. Histogramm *n.*

i|sto|lo|gi|a f. Histologie *f.*, Gewebelehre *f.* **i|sto|lo|gi|co** agg. *(-ci, -che)* histologisch, Gewebe-: ***esame ~*** Gewebeuntersuchung *f.*

i|sto|lo|go m. *(-gi)* Histologe *m.* **i|sto|pa|to|lo|gi|a** f. Histopatologie *f.*

i|sto|ria|re tr. bemalen, aus‿malen: ***~ le pareti di una chiesa*** die Wände einer Kirche ausmalen. **i|sto|ria|to** p.pass. agg. **1** → **istoriare 2** bemalt, bebildert.

i|stra|da|re I tr. **1** leiten, führen: ***~ il traffico in una direzione*** den Verkehr in eine Richtung führen **2** *(avviare)* ein‿führen: ***~ qcn. in una professione*** jdn in einen Beruf einführen **3** DIR. ***~ una pratica*** einen Vorgang zur Bearbeitung weiter‿leiten **II** pronom. **istradarsi** sich richten, sich wenden.

I|stria n.pr.f. Istrien *n.* **i|stria|no I** agg. istrianisch **II** m. **1** *(abitante)* Istrianer *m.* **2** *(dialetto)* Istrianisch *n.*

i|stri|ce m. **1** ZOOL. Stachelschwein *n.* **2** *(persona scontrosa)* Igel *m.* ◆ ***avere i capelli come un ~*** Haare wie ein Igel haben.

i|strio|ne m. Komödiant *m.* (anche FIG.): ***non fare l'~!*** spiel nicht den Komödianten! **i|strio|ne|sco** agg. *(-chi,-che)* komödiantenhaft. **i|strio|ni|co** agg. *(-ci,-che)* **1** schauspielerisch, Schauspiel- **2** SPREG. komödiantenhaft. **i|strio|ni|smo** m. Komödiantentum *n.*

i|stru|i|re *(istruisco, istruisci)* **I** tr. **1** belehren, aus‿bilden, unterweisen: ***~ qcn. in qcs.*** jdn in etw. (D) unterweisen **2** *(dare istruzioni)* an‿weisen: ***~ qcn. affinché faccia qcs.*** jdn anweisen, etw. zu tun; ***~ qcn. a dovere*** jdn genauestens anweisen **3** DIR. ein‿leiten, an‿strengen: ***~ un'azione legale, un processo contro qcn.*** ein Verfahren, einen Prozess gegen jdn anstrengen **II** pronom. **istruirsi** sich bilden: ***-rsi con la lettura*** sich durch Lesen bilden.

i|stru|i|to p.pass. agg. **1** → **istruire 2** gebildet: ***una persona -a*** eine gebildete Person.

i|strut|ti|vo agg. lehrreich, erzieherisch: ***un gioco, libro ~*** ein lehrreiches Spiel, Buch.

i|strut|to|re I agg. Ausbildungs- **II** m. Lehrer *m.*, Ausbilder *m.*, Instrukteur *m.*: ***~ di guida, di nuoto, di volo*** Fahr-, Schwimm-, Fluglehrer *m.*; ***~ sportivo, di educazione fisica*** Sportlehrer *m.* ◆ DIR. ***giudice ~*** Untersuchungsrichter *m.*

i|strut|to|ria f. Ermittlungsverfahren *n.*, Ermittlung *f.*; *(inchiesta)* Untersuchung *f.*, Untersuchungsverfahren *n.*: ***avviare un'~ a carico di qcn.*** ein Ermittlungsverfahren gegen jdn ein‿leiten; ***lo svolgimento dell'~*** der Gang der Ermittlungen (*o* der Untersuchungen); ***~ sommaria*** gerichtliche Untersuchung; ***in fase di ~*** während des Ermittlungsverfahren ◆ ***procedimento d'~*** Ermittlungsverfahren *n.*; ***rimettere la causa in ~*** das Verfahren an die Untersuchungsinstanz zurück‿verweisen.

i|strut|to|rio agg. *(-ri,-rie)* Ermittlungs-, Untersuchungs-: ***atto, procedimento ~*** Ermittlungsakte *f.*, -verfahren *n.*; ***sentenza -a*** Untersuchungsurteil *n.*; ***segreto ~*** Untersuchungsgeheimnis *n.* ◆ ***in via -a*** im Ermittlungsverfahren.

i|stru|zio|ne f. **1** Unterrichtswesen *n.*, Bildungswesen *n.*: ***~ privata, pubblica*** privates, öffentliches Unterrichtswesen **2** *(cultura)* Ausbildung *f.*, Bildung *f.*: ***ricevere un'~ pratica, teorica*** eine praktische, theoretische Ausbildung bekommen; ***avere una buona ~*** eine gute Ausbildung haben **3a** pl. Anweisungen *pl.*, Instruktionen *pl.*: ***impartire, ricevere -i*** Anweisungen erteilen, erhalten; ***attenersi alle -i*** sich an die Anweisungen halten; ***seguire le -i*** die Anweisungen befolgen **b** Anweisung *f.*, Anleitung *f.*: ***-i per l'uso*** Bedienungsanleitung *f.*, Gebrauchsanweisung *f.*; ***-i per il montaggio*** Bauanleitung *f.* **4** DIR. Untersuchung *f.* ◆ ***conforme alle -i*** weisungsgemäß; ***~ elementare*** Grundschulbildung *f.*; ***foglio d'-i*** Merkblatt *n.*; ***grado d'~*** Bildungsstand *m.*; ***livello d'~*** Bildungsstufe *f.*; ***Ministero della Pubblica Istruzione*** Kultusministerium *n.*; ***~ obbligatoria*** Schulpflicht *f.*; ***~ primaria*** Grundschulbildung *f.*; ***~ scolastica*** Schulbildung *f.*; ***~ secondaria*** höhere Schulbildung; ***~ universitaria*** Hochschulbildung *f.*

i|stu|pi|di|men|to m. Verdummen *n.*, Verdummung *f.* **i|stu|pi|di|re** *(istupidisco, istupidisci)* **I** tr. **1** verblöden, dumm machen, verdummen **2** FIG. *(intontire)* betäuben: ***il colpo l'ha istupidito*** der Schlag hat ihn betäubt **II** pronom. **istupidirsi 1** verblöden, dumm werden, verdummen **2** *(rimanere intontito)* betäubt werden. **i|stu|pi|di|to** p.pass. agg. **1** → **istupidire 2** verdummt **3** *(intontito)* betäubt.

I|ta|lia n.pr.f. Italien *n.*: ***~ centrale, meridionale, settentrionale*** Mittel-, Süd-, Norditalien *n.*; ***~ -Germania 4 a 3*** Italien-Deutschland 4 zu 3 ◆ ***~ insulare*** = italienische Inseln. **i|ta|lia|ni|smo** m. Italianismus *m.* **i|ta|lia|ni|sta** m. e f. *(-i,-e)* Italianist *m.* (-in *f.*). **i|ta|lia|ni|tà** f. italienische Art *f.*, italienischer Charakter *m.*

i|ta|lia|niz|za|re I tr. italianisieren **II** pronom. **italianizzarsi** sich italianisieren. **i|ta|lia|niz|za|to** p.pass. agg. **1** → **italianizzare 2** italianisiert. **i|ta|lia|niz|za|zio|ne** f. Italianisierung *f.*

i|ta|lia|no I agg. italienisch: ***cucina, moda -a*** italienische Küche, Mode; ***ristorante ~*** italienisches Restaurant; ***la Svizzera -a*** die italienische Schweiz; ***la nazionale -a*** die italienische Nationalmannschaft **II** m. **1** *(abitante)* Italiener *m.* **2** *(lingua)* Italienisch(e) *n.*: ***parlare correttamente l'~*** korrekt Italienisch sprechen; ***parla ~?*** sprechen Sie Italienisch? ***come si dice in ~?*** wie heißt das auf Italienisch? ***tradurre qcs. dall'~, in ~*** etw. vom (*o* aus dem) Italienischen, ins Italienische übersetzen ◆ ***all'-a*** italienisch; *(alla maniera italiana)* nach italienischer Art; ***mangiare all'-a*** italienisch essen; SPORT ***girone all'~*** Ausscheidung *f.* in Gruppen; ***esame, insegnante d'~*** Italienischprüfung *f.*, Italienischlehrer *m.*

i|ta|li|co I agg. *(-ci,-che)* **1** STOR. italisch: ***lingue -che*** italische Sprachen **2** LETT. italienisch **II** m. *(-ci)* Italer *m.*, Italiker *m.* ◆ TIP. ***carattere ~*** Kursivschrift *f.* **i|ta|lio|ta** *(-i,-e)* **I** agg. großgriechisch **II** m. Italiot *m.* (-in *f.*).

i|ta|lo|a|me|ri|ca|no I agg. italoamerikanisch **II** m. Italoamerikaner *m.* **i|ta|lo|fi|lo I** agg. italienfreundlich **II** m. Italienfreund *m.* **i|ta|lo|fo|bo I** agg. italienfeindlich **II** m. Italienfeind *m.* **i|ta|lo|fo|no** agg. Italienisch sprechend.

ITC ⇒ *Istituto Tecnico Commerciale* (höhere Handelsschule).

i|ter m.inv. Dienstweg *m.*, Amtsweg *m.*: ***la perizia segue il normale ~*** das Gutachten geht den normalen Dienstweg ◆ ***~ burocratico*** Dienstweg *m.*; ***~ legislativo*** Gesetzgebungsweg *m.*; ***~ parlamentare*** parlamentarischer Weg.

i|te|ra|bi|le agg. LETT. wiederholbar. **i|te|ra|re** tr. iterieren ◆ UNIV. ***~ un esame*** = mehrere Prüfungen in einem Fach ab‿legen. **i|te|ra|ta|men|te** avv. wiederholt. **i|te|ra|ti|vo** agg. **1** wiederholend **2** LING. iterativ, Iterativ- ◆ ***verbo ~*** Iterativum *n.*, iteratives Verb. **i|te|ra|zio|ne** f. Iteration *f.* ◆ UNIV. ***~ di un esame*** = Ablegen *n.* mehrerer Prüfungen in einem Fach.

i|ti|ne|ran|te agg. wandernd, Wander-: ***mostra, teatro ~*** Wanderausstellung *f.*, Wanderbühne *f.*

i|ti|ne|ra|rio m. *(-ri)* Route *f.*, Weg *m.*: ***scegliere, seguire un ~*** eine Route wählen (*o* nehmen), einer Route folgen ◆ ***~ di marcia*** Marschroute *f.*; ***~ di viaggio*** Reiseweg *m.*

ITIS ⇒ *Istituto Tecnico Industriale Statale* (staatliche Fachoberschule für technisch industrielle Berufe).

ITSOS ⇒ *Istituto Tecnico di Stato per il Turismo* (staatliche Fachoberschule für Tourismus).

it|ter|bio m. Ytterbium *n.*

it|te|ri|co I agg. *(-ci,-che)* ikterisch, gelbsüchtig **II** m. *(-ci)* an Gelbsucht Erkrankte *m.* **it|te|ri|zia** f. Ikterus *m.*, Gelbsucht *f.* ◆ COLLOQ. ***far venire l'~ a qcn.*** jdn zur Weißglut bringen. **it|te|ro** m. → **itterizia.**

it|ti|co agg. *(-ci,-che)* Fisch-: ***fauna -a*** Fischwelt *f.*; ***mercato ~*** Fischmarkt *m.*

it|tio|col|la f. Fischleim *m.*

it|tio|lo m. Ichthyol *m.* **it|tio|lo|gi|a** f. Ichthyologie *f.*, Fischkunde *f.* **it|tio|lo|gi|co** agg. *(-ci,-che)* ichthyologisch. **it|tio|lo|go** m. *(-gi)* Ichthyologe *m.*, Fischkundler *m.*

it|tio|sau|ro m. Ichthyosaurus *m.*

it|tio|si f. Ichthyosis *f.*, Fischschuppenkrankheit *f.*

it|ti|ta *(-i,-e)* **I** agg. hethitisch: ***arte ~*** hethitische Kunst **II** m. e f. Hethiter *m.* (-in *f.*).

it|trio m. Yttrium *n.*

IUD, Iud ⇒ *Intrauterine Device* intrauterines Verhütungsmittel (IUV).

iu|ge|ro m. Joch *n.*

Iu|go|sla|via → **Jugoslavia. iu|go|sla|vo** → **jugoslavo.**

iu|gu|la|re ... → **giugulare ...**

iu|nior → **junior.**

ius|si|vo LING. **I** agg. Jussiv- **II** m. Jussiv *m.*

iu|ta f. Jute *f.* **iu|ti|fi|cio** m. *(-ci)* Jutespinnerei *f.*

IVA ⇒ *Imposta sul Valore Aggiunto* Mehrwertsteuer (MwSt.).

I|van n.pr.m. Iwan *m.*

i|vi avv. LETT. **1** dort **2** *(nelle citazioni)* ebenda, ebendort ◆ ***~ compreso*** einschließlich.

I|vo n.pr.m. Ivo *m.*, Iwo *m.*

J

j, J f. e m.inv. j, J *n.*: ***una J maiuscola, una j minuscola*** ein großes J, ein kleines j.
jack [dʒæk] m.inv. **1** EL. Anschaltklinke *f.* **2** *(nei giochi di carte)* Bube *m.*
jac|quard [ʒa'ka:r] **I** agg.inv. Jacquard-: ***tessuto ~*** Jacquardgewebe *n.* **II** m.inv. Jacquard *m.*
Jah|vé n.pr.m. Jahwe *m.*, Jahve *m.*
jazz [dʒæz, dʒɛz, dʒɛts] **I** agg.inv. Jazz-: ***musica, concerto ~*** Jazzmusik *f.*, -konzert *n.* **II** m.inv. Jazz *m.* **jazz-band** [-b\jnd] f.inv. Jazzband *f.* **jaz|zi|sta** [dʒɛd'dzi-,dʒad'dzi-,dʒɛt'tsi-,dʒad'tsi-] m. e f. *(-i,-e)* Jazzer *m.* (-in *f.*), Jazzmusiker *m.* (-in *f.*). **jaz|zi|sti|co** [dʒɛd'dzi-,dʒad'dzi-,dʒɛt'tsi-,dʒad'tsi-] agg. *(-ci,-che)* Jazz-: ***concerto ~*** Jazzkonzert *n.*
jeans [dʒins] **I** m.inv. **1** *(tela)* Jeansstoff *m.* **2** pl. *(pantaloni)* Jeans *pl.* **II** agg.inv. Jeans-: ***gonna ~*** Jeansrock *m.*
Je|ho|va n.pr.m. Jehova *m.*
jer|sey ['dʒə:zɪ, *üblich* 'dʒɛrsi] m.inv. Jersey *m.*
jet [dʒet] m.inv. Jet *m.*
jet-set [dʒ-] m.inv., **jet-so|ci|ety** [dʒet sə'saɪətɪ] f.inv. Jet-set *m.*
jihad [dʒi'had] f.inv. Dschihad *m.*
jingle ['dʒɪŋgəl] m.inv. Jingle *m.*
jo|del m.inv. Jodeln *n.*, Jodel *m.*
jog|ging ['dʒɒgɪŋ, *üblich* 'dʒɔggiŋ(g)] m.inv. Jogging *n.*; ***fare ~*** joggen.

joint-ven|ture [dʒɔɪnt 'ventʃə] f.inv. Joint Venture *n.*
jol|ly ['dʒɒlɪ, *üblich* 'dʒɔlli] m.inv. **1** Joker *m.* **2** FIG. Mädchen *n.* für alles: ***fare da ~*** Mädchen für alles sein **3** SPORT = auf mehreren Positionen einsetzbarer Spieler *m.*
joule [dʒaʊl, dʒu:l] m.inv. Joule *n.*
joy|stick ['dʒɔɪstɪk] m.inv. Joystick *m.*
ju|do, ju|dò [dʒ-] m. Judo *n.*: ***presa di ~*** Judogriff *m.* **ju|do|i|sta** m. e f. *(-i,-e)* Judosportler *m.* (-in *f.*). **ju|do|ka** m. e f.inv. Judoka *m.* e *f.*
ju|go|sla|va f. Jugoslawin *f.* **Ju|go|sla|via** n.pr.f. Jugoslawien *n.* **ju|go|sla|vo** **I** agg. jugoslawisch **II** m. Jugoslawe *m.*
ju|jit|su [dʒu'dʒitsu] m.inv. Dschiu-Dschitsu *n.*, Jiu-Jitsu *n.*
juke-box ['dʒu:k bɒks, *üblich* dʒu'bɔks] m.inv. Juke-box *f.*, Musikautomat *m.*
jum|bo, jum|bo-jet ['dʒʌmbəʊdʒet, *üblich* dʒumbo'dʒɛt, dʒambo'dʒɛt] m.inv. Jumbojet *m.*
jun|ghia|no agg. von Jung: ***teoria -a*** Theorie von Jung.
ju|nior **I** agg.inv. junior **II** m.inv. Junior *m.*
ju|ta f.inv. Jute *f.* ◆ ***di ~*** Jute-; ***sacco di ~*** Jutesack *m.*
Jut|land n.pr.m. Jütland *n.*
ju|ven|ti|no **I** agg. von Juventus Turin: ***i giocatori -i*** die Fußballspieler von Juventus Turin; ***la squadra -a*** = die Fußballmannschaft Juventus Turin **II** m. **1** *(tifoso)* Fan *m.* von Juventus Turin **2** *(giocatore)* Fußballspieler *m.* von Juventus Turin.

K

k, K f. e m.inv. k, K *n.*: ***una K maiuscola, una k minuscola*** ein großes K, ein kleines k.
kaf|kia|no agg. **1** von Kafka, Kafkas: ***l'opera -a*** Kafkas Werk **2** FIG. kafkaesk.
Kai|ser m.inv. Kaiser *m.*
ka|la|shni|kov [ka'laʃnikof] m.inv. Kalaschnikow *f.*
Kam|ciat|ka n.pr.f. Kamtschatka *n.*
ka|mi|ka|ze m.inv. Kamikaze *m.*
kan|tia|no agg. kantisch.
ka|pò m.inv. Kapo *m.*
ka|pok m.inv. Kapok *m.*
kap|pa f. e m.inv. k, K *n.*; *(greca)* Kappa *n.*
ka|ra|ki|ri m. Harakiri *n.* (anche FIG.): ***fare*** ~ Harakiri machen, begehen.
ka|ra|o|ke m. Karaoke *n.*
ka|ra|tè, ka|ra|te m. Karate *n.* **ka|ra|te|ka** m. e f.inv. Karateka *m.* e *f.*, Karatekämpfer *m.* (-in *f.*).
kart m.inv. Kart *m.*
kar|ti|smo m. Karting *n.* **kar|ti|sta** m. e f. *(-i,-e)* Kartler *m.* (-in *f.*).
ka|sba f. Kasba(h) *f.*
ka|sher → **kosher.**
Kash|mir [-ʃ-] n.pr.m. Kaschmir *n.* **kash|mir** m.inv. Kaschmir *m.*; ***un maglione di*** ~ Kaschmirpullover *m.*
ka|yak m.inv. Kajak *m.*
Ka|za|ki|stan n.pr.m. Kasachstan *n.* **ka|za|ko** **I** agg. kasachisch **II** m. **1** Kasache *m.* **2** *(lingua)* Kasachisch *n.*
ke|fir m.inv. Kefir *m.*
kel|vin m.inv. Kelvin *n.* ◆ ***scala*** ~ Kelvinskala *f.*
ken|do m. Kendo *n.*
Ke|nia n.pr.m. Kenia *n.* **ke|nio|ta** *(-i,-e)* **I** agg. kenianisch **II** m. e f. Kenianer *m.* (-in *f.*).
ke|ple|ria|no agg. keplersch. **Ke|ple|ro** n.pr.m. Kepler *m.* ◆ ***le leggi di*** ~ die keplerschen Gesetze.
ker|mes|se [-'mɛs] f.inv. **1** Kirmes *f.*, Kirchweih *f.* **2** ESTENS. Trubel *m.*
ketch|up ['ketʃʌp] m.inv. Ketschup *m.* e *n.*
key|ne|sia|no **I** agg. keynesianisch **II** m. Keynesianer *m.*
key|word ['ki:wə:d, 'ki:word] f.inv. Schlüsselwort *n.*
khmer **I** agg.inv. Khmer- **II** m.inv. **1** Khmer *m.*: ~ ***rossi*** rote Khmer **2** *(lingua)* Khmer *n.*
kib|butz m.inv. Kibbuz *m.*
kid|nap|ping ['kɪdnæpɪŋ] m.inv. Kidnapping *n.*
Kiev n.pr.f. Kiew *n.*
Ki|li|man|gia|ro n.pr.m. Kilimandscharo *m.*
kil|ler m. e f.inv. Killer *m.*
ki|lo|byte [-'baɪt] m.inv. Kilobyte *n.*
kilt m.inv. Kilt *m.*; *(per donna)* Schottenrock *m.*
ki|mo|no m.inv. Kimono *m.*; ***manica (a)*** ~ Kimonoärmel *m.*
ki|ne|sio|lo|gi|a f. Kinesiologie *f.* **ki|ne|sio|te|ra|pi|a** f. Kinesiotherapie *f.*
kip|pur m.inv. Jom Kippur *m.*
kirsch [kɪrʃ] m.inv. Kirsch *m.*, Kirschwasser *n.*
kit m.inv. **1** *(insieme di pezzi)* Satz *m.*; *(di costruzione)* Bausatz *m.* **2** *(astuccio)* Set *n.*: ~ ***di pronto soccorso*** Erste-Hilfe-Set.
kitsch [kɪtʃ] **I** agg.inv. kitschig **II** m.inv. Kitsch *m.*
ki|wi ['kiwi, 'kivi] m.inv. **1** BOT. Kiwi *f.* **2** ZOOL. Kiwi *m.*
knock-down [nɔk'daun] m.inv. Knock-down *m.*
knock-out [nɔ'kaut] m.inv. Knock-out *m.*
know how [noʊ 'haʊ] m.inv. Know-how *n.*
KO, k.o. [kappa 'ɔ] m. k. o. *m.*, K. o. *m.*: ~ ***tecnico*** technischer K. o.; ***vincere, perdere per*** ~ durch K. o. gewinnen, verlieren ◆ ***andare (finire), essere*** ~ k. o. gehen, sein; ***mandare, mettere qcn.*** ~ jdn k. o. schlagen.
ko|a|la m.inv. Koala *m.*
koi|nè f.inv. Koine *f.*
kol|choz, kol|choz m.inv. Kolchose *f.*, Kolchos *m.* e *n.*
ko|los|sal, ko|los|sal m.inv. Kolossalfilm *m.*
ko|re f. *(-rai)* Kore *f.*
ko|sher [ka'ʃɛ:r] agg.inv. koscher: ***cibo*** ~ koschere Kost; ***ristorante*** ~ koscheres Restaurant.
krap|fen ['krapfən, *üblich* 'krafen] m.inv. Krapfen *m.*
kung fu m.inv. Kung-Fu *n.*
Ku|wait [ku'weit, ku'vait] n.pr.m. Kuwait *n.* **ku|wai|tia|no** **I** agg. kuwaitisch **II** m. Kuwaiter *m.*

L

l, L f. e m.inv. l, L *n.*: ***una L maiuscola, una l minuscola*** ein großes L, ein kleines l.

l ⇒ *lunghezza* Länge (L).

1.la I artc.det. f. (pl. *le*) **1** die, der, das: ***~ signora*** die Frau; ***l'amica*** die Freundin; ***~ stella*** der Stern; ***~ casa*** das Haus; ***~ mia nonna*** meine Großmutter; ***ho visto ~ maestra*** ich habe die Lehrerin gesehen **2** *(davanti a cognomi illustri; non tradotto)* ***~ Deledda vinse il premio Nobel*** Deledda gewann den Nobelpreis **3** *(davanti a titoli di studio, onorifici; non tradotto)* ***~ dottoressa Bianchi*** (Frau) Doktor Bianchi; ***~ principessa Sissi*** Prinzessin Sissi **4** COLLOQ. REGION. *(davanti a nomi propri femminili)* die: ***~ Gina*** die Gina **5** *(in espressioni di tempo; anche non tradotto)* ***~ settimana scorsa*** letzte Woche; ***~ mattina va a scuola*** morgens geht er zur Schule **II** pron.pers. f. **1** *(complemento oggetto)* sie, ihn, es: ***~ vedrò domani*** ich sehe sie morgen; ***portamela subito!*** bring sie mir sofort! ***l'ho incontrata poco fa*** ich habe sie vor kurzem getroffen; ***c'è una casa, ~ vedi?*** dort ist ein Haus, siehst du es? ***ho una mela, ~ vuoi?*** ich habe einen Apfel, willst du ihn? **2** *(complemento oggetto; forma di cortesia)* Sie: ***~ prego, si sieda*** bitte nehmen Sie Platz; ***~ ringrazio, dottore*** ich danke Ihnen, Herr Doktor **3** *(in espressioni ellittiche; per lo più non tradotto)* ***smettila!*** hör damit auf! COLLOQ. ***l'ha fatta grossa*** da hat er etwas angestellt; ***non ~ spunterà facilmente*** da wird er es nicht leicht haben; COLLOQ. ***me ~ son vista brutta*** das hätte böse ausgehen können; COLLOQ. ***farcela*** es schaffen; COLLOQ. ***non ce ~ faccio più*** ich kann nicht mehr; ***per farla breve*** kurz und gut; PROV. ***chi ~ dura ~ vince*** Beharrlichkeit führt zum Ziel.

2.la m. MUS. A *n.* ◆ ***~ bemolle*** As *n.*; ***~ bemolle maggiore*** As-Dur *n.*; ***~ bemolle minore*** As-Moll *n.*; ***dare il ~*** den Ton an‿geben (anche FIG.).; ***~ diesis*** Ais *n.*; ***~ diesis minore*** Ais-Moll *n.*; ***~ maggiore*** A-Dur *n.*; ***~ minore*** A-Moll *n.*

là avv. **1** *(stato in luogo)* dort, da: ***sta' fermo ~*** bleib dort stehen; ***~ si stava bene*** dort war es angenehm **2** *(moto a luogo)* dahin, dorthin: ***domani andremo ~*** morgen gehen wir dorthin **3** *(moto da luogo)* daher, dorther: ***vengo da ~*** ich komme von dorther ◆ ***al di ~ di qcs.*** *(stato in luogo)* jenseits etw. (G), auf der anderen Seite etw. (G); *(moto a luogo)* auf die andere Seite etw. (G); ***al di ~ dell'oceano*** jenseits des Ozeans; MIL. ***alto ~!*** halt! wer da? ***chi è ~?*** wer ist da? MIL. ***chi va ~?*** wer da? ***~ dentro*** *(stato in luogo)* dort (*o* da) drinnen; *(moto a luogo)* da (*o* dort) hinein; ***di ~*** da(hin), dort(hin): ***è passato (per) di ~*** er ist dort vorbeigekommen, vorbeigegangen; ***spostalo di qua, non di ~*** rücke es hierher, nicht dorthin; ***non vuol andar via di ~*** er will von dort nicht weg‿gehen; ***essere di ~*** drüben sein; ***andare di ~*** hinüber‿gehen; ***da dove venite? – di, da ~*** woher kommt ihr? von dort; FIG. COLLOQ. ***essere più di ~ che di qua*** mehr tot als lebendig sein; ***sono problemi di ~ da venire*** es sind Probleme, die erst noch bevorstehen; ***via di ~!*** weg da! ***eccoli ~!*** da sind sie ja! ***ehi ~!*** he! ***fin ~*** bis dorthin: ***è arrivato fin ~*** er ist bis dorthin gekommen; ***~ fuori*** *(stato in luogo)* dort draußen; *(moto a luogo)* dort hinaus; ***guarda ~ che confusione!*** schau mal hin, was für ein Durcheinander! ***andare in ~*** vorwärts‿gehen; ***(non) andare, spingersi troppo in ~*** (nicht) zu weit gehen (anche FIG.); ***fare un passo in ~*** zur Seite treten; COLLOQ. ***tirarsi, farsi (un po') più in ~*** rück mal (ein Stück) weiter; FIG. ***non andare molto in ~*** nicht weit darüber hinaus‿gehen; ***essere in ~ con gli anni*** in fortgeschrittenem Alter sein; FIG. ***ci vediamo più in ~*** wir treffen uns irgendwann einmal; FIG. ***le consegne avverranno più in ~*** die Lieferungen erfolgen demnächst; ***(un po') qua e (un po') ~*** hier und dort; ***correre (di) qua e (di) ~*** hin und her rennen; ***da qua (o qui) a ~*** von hier bis dort; ***chi è quello ~?*** wer ist denn das da? ***~ sopra*** *(stato in luogo)* dort (*o* da) oben; *(moto a luogo)* dort (*o* da) hinauf; ***~ sotto*** *(stato in luogo)* dort unten; *(moto a luogo)* dort hinunter; COLLOQ. ***ma va' ~!*** ach was!

la|ba|ro m. Standarte *f.*

lab|bro m. (-*a* f.pl.) **1** Lippe *f.*: ***-a rosse, sottili, carnose, screpolate rote***, schmale, dicke, aufgesprungene Lippen; ***con il sorriso sulle -a*** mit einem Lächeln auf den Lippen; ***aprire, chiudere, serrare le -a*** die Lippen öffnen, schließen, zusammen‿pressen; ***arricciare, schiudere, storcere le -a*** die Lippen kräuseln, spitzen, verziehen; ***inumidirsi, leccarsi le -a*** sich (D) die Lippen an‿feuchten, lecken; ***protendere il ~ inferiore*** die Unterlippe vor‿schieben; ***mordicchiarsi il ~ inferiore*** an der Unterlippe nagen; ***portare qcs. alle -a*** etw. an die Lippen setzen; ***leggere (qcs.) sulle -a (di qcn.)*** (jdm etw.) von den Lippen ab‿lesen; ***dalle mie -a non uscì una parola*** kein Wort kam über meine Lippen; ***le parole gli morirono sulle -a*** die Worte erstarben ihm auf den Lippen **2** ANAT. Schamlippe *f.*: ***grandi, piccole -a*** große, kleine Schamlippen **3** *(margine; -i m.pl.)* Rand *m.*: ***i -i di una ferita*** die Ränder einer Wunde ◆ ***cantare a fior di -a*** = ganz leise singen; ***un sorriso a fior di -a*** = ein leichtes Lächeln auf den Lippen; ***a forma di ~*** lippenförmig; ***~ inferiore*** Unterlippe *f.*; ***~ leporino*** Hasenscharte *f.*; ***dal ~ leporino*** hasenschartig; ***mordersi le -a*** sich (D) auf die Lippen beißen (anche FIG.); FIG. ***pendere dalle -a di qcn.*** an jds Lippen hängen; ***~ pendulo*** Hängelippe *f.*; ***~ superiore*** Oberlippe *f.*

la|bel|la|to agg. lippenförmig: ***fiore ~*** lippenförmige Blüte. **la|bel|lo** m. = lippenförmiges Blütenblatt *n.* (der Orchideen).

la|bia|le I agg. labial, Labial-: ***consonante ~*** Labiallaut *m.* **II** f. Labial *m.*, Lippenlaut *m.* **la|bia|liz|za|re I** tr. labialisieren **II** pronom. **labializzarsi** zu einem Labiallaut werden: ***n di fronte a p e b si labializza*** n vor p und b wird zu einem Labiallaut. **la|bia|liz|za|zio|ne** f. Labialisierung *f.*

la|bia|ta f. Labiate *f.*, Lippenblütler *m.* **la|bia|to** agg. lippenförmig.

la|bi|le agg. **1** *(fugace)* flüchtig: ***-i tracce*** flüchtige Spuren; ***una ~ impressione*** ein flüchtiger Eindruck **2** *(evanescente)* schwach: ***ricordo, memoria ~*** schwache Erinnerung, schwaches Gedächtnis **3** PSIC. labil: ***una persona (psico)~*** ein (psychisch) labiler Mensch **4** CHIM. instabil: ***composto ~*** instabile Verbindung ◆ ***di memoria ~*** gedächtnisschwach. **la|bi|li|tà** f. Labilität *f.*: ***~ psichica*** psychische Labilität ◆ ***~ di memoria*** Gedächtnisschwäche *f.* **la|bil|men|te** avv. labil.

la|bio|den|ta|le I agg. labiodental; ***consonante ~*** Labiodentallaut *m.* **II** f. Labiodental *m.* **la|bio|let|tu|ra** f. Lippenlesen *n.* **la|bio|ve|la|re I** agg. labiovelar; ***consonante ~*** Labiovelarlaut *m.* **II** f. Labiovelarlaut *m.*

la|bi|rin|ti|co agg. *(-ci,-che)* **1** labyrinthisch: ***quartiere ~*** labyrinthisches Viertel **2** FIG. *(tortuoso)* verworren: ***ragionamento ~*** verworrener Gedankengang **3** MED. Labyrinth-. **la|bi|rin|ti|te** f. Labyrinthentzündung *f.*, Entzündung *f.* des Innenohrs.

la|bi|rin|to m. **1** Irrgarten *m.*; Labyrinth *n.* (anche ANAT.): ***il ~ di Creta*** das Labyrinth von Kreta **2** FIG. Gewirr *n.*, Labyrinth *n.*: ***un ~ di strade*** ein Labyrinth von Straßen ◆ ***~ di specchi*** Lachkabinett *n.*

la|bo|ra|to|rio m. *(-ri)* **1** Labor *n.* **2** *(di artigiano)* Werkstatt *f.* ◆ ***analisi di ~*** Laboruntersuchung *f.*; ***animale da ~*** Versuchstier *n.*; ***assistente di ~*** Laborant *m.* (-in *f.*); ***~ chimico*** Chemielabor *n.*; ***esperimento di ~*** Laborversuch *m.*; ***~ di falegnameria*** Tischlerwerkstatt *f.*; ***~ di fisica*** Physiklabor *n.*; ***~ fotografico*** Fotolabor *n.*; ***~ linguistico*** Sprachlabor *n.*; ***~ di oreficeria*** Goldschmiedewerkstatt *f.*; ***reperto di ~*** Laborbefund *m.*; ***~ di ricerca*** Forschungslabor *n.*; ***~ di sartoria*** Schneiderwerkstatt *f.*; ***~ spaziale*** Raumlabor *n.*; ***~ sperimentale*** Versuchslabor *n.*; ***tecnico di ~*** Labortechniker *m.*

la|bo|rio|sa|men|te avv. fleißig, emsig.

la|bo|rio|si|tà f. **1** Arbeitsamkeit *f.*, Emsigkeit *f.*, Fleiß *m.*: ***premiare la ~ di qcn.*** jds Fleiß belohnen **2** *(operosità)* Betriebsamkeit *f.*: ***la ~ del popolo giapponese*** die Betriebsamkeit des japanischen Volkes **3** *(fatica)* Mühsamkeit *f.*: ***la ~ delle trattative*** die Mühsamkeit der Verhandlungen.

la|bo|rio|so agg. **1** fleißig, arbeitsam, emsig: ***api -e*** fleißige Bienen; ***vita -a*** arbeitsames Leben **2** *(faticoso)* mühsam, schwierig: ***digestione, parto ~*** mühsame Verdauung, schwierige Geburt.

la|bra|ce m. Seebarsch *m.*

la|bra|dor m.inv. Labrador *m.*

La|bra|dor n.pr.m. Labrador *n.*: ***corrente del ~*** Labradorstrom *m.*

la|bra|do|ri|te f. Labradorit *m.*

la|bu|ri|smo m. Labourismus *m.* **la|bu|ri|sta** *(-i,-e)* **I** agg. Labour-: ***partito ~*** Labour-Partei *f.*; ***politica ~*** Politik *f.* der Labour-Partei **II** m. **1** Mitglied *n.* der Labour-Partei **2** *(sostenitore)* Anhänger *m.* der Labour-Partei. **la|bu|ri|sti|co** agg. *(-ci,-che)* des Labourismus: ***dottrine -che*** Doktrinen des Labourismus.

lac|ca f. *(-che)* **1** Lack *m.*: ***~ incolore, opaca, lucida*** farbloser, matter, glänzender Lack; ***mettere, stendere, spruzzare la ~ su qcs.*** auf etw. (A) Lack auf‿tragen, streichen, spritzen **2** *(colorante scarlatto)* roter Lack *m.* **3** *(oggetto)* Lackarbeit *f.*: ***le -che giapponesi*** die japanischen Lackarbeiten ◆ ***~ per capelli*** Haarlack *m.*, Haarspray *m.*; ***colore a ~*** Lackfarbe *f.*; ***~ del Giappone*** Japanlack *m.*; ***~ per unghie*** Nagellack *m.*

lac|ca|re *(lacco, lacchi)* **I** tr. lackieren, lacken **II** pronom. ***-rsi qcs.*** sich (D) etw. lackieren: ***-rsi le unghie*** sich (D) die Fingernägel lackieren.

lac|ca|to p.pass. agg. **1** → **laccare 2** lackiert: ***unghie -e*** lackierte Nägel; ***mobili -i*** lackierte Möbel; ***~ di fresco*** frisch lackiert ◆ ***detergente per superfici -e*** Lackreiniger *m.* **lac|ca|to|re** m. Lackierer *m.*

lac|ca|tu|ra f. Lackierung *f.* ◆ ***arte cinese della ~*** chinesische Lackkunst; ***laboratorio di ~*** Lackierwerkstatt *f.*

lac|chè m.inv. Lakai *m.* (anche SPREG.).

lac|cio m. *(-ci)* **1** Schlinge *f.*: ***prendere qcn., qcs. al ~*** jdn, etw. mit einer Schlinge fangen; FIG. jdn in die Falle locken; ***tendere -ci alla selvaggina*** Schlingen für das Wild aus‿legen **2a** *(cordoncino di pelle o stoffa)* Schnürriemen *m.*, Schnur *f.*: ***allentare, annodare, chiudere i -ci di un cappuccio*** die Schnürriemen einer Kapuze lockern, verknoten, zu‿ziehen **b** *(di scarpa)* Schnürsenkel *m.*, Schuhband *n.* **3** MED. ***~ emostatico*** Abschnürband *n.* ◆ FIG. ***cadere nel ~*** in die Falle gehen; FIG. ***mettere il ~ (intorno) al collo a qcn.*** jdm die Schlinge um den Hals legen; FIG. ***rimanere preso al ~ da qcn.*** jdm ins Netz gehen; ***scarpe con i -ci*** Schnürschuhe *pl.*; ***stivali con i -ci*** Schnürstiefel *pl.*

lac|cio|lo m. **1** kleine Schlinge *f.* **2** *(insidia)* Falle *f.*

la|ce|de|mo|ne LETT. **I** agg. lakedämonisch **II** m. Lakedämonier *m.*

la|ce|ran|te agg. **1** zerreißend **2** *(molto intenso)* ***un urlo ~*** ein markerschütternder (*o* gellender) Schrei.

la|ce|ra|re *(lacero)* **I** tr. **1** zerreißen: ***~ un vestito, un pezzo di carta*** ein Kleid, ein Stück Papier zerreißen; ***uno sparo lacerò il silenzio*** ein Schuss zerriss die Stille **2** *(tormentare)* quälen: ***essere lacerato dai dubbi*** von Zweifeln gequält werden **II** pronom. **lacerarsi** zerreißen: ***la stoffa si è lacerata*** der Stoff ist zerrissen.

la|ce|ra|zio|ne f. **1** Zerreißen *n.* **2** MED. *(esterna)* Wunde *f.*; *(interna)* Riss *m.*; ***~ cutanea*** Hautwunde *f.*; ***~ muscolare*** Muskelriss *m.* **la|ce|ro** agg. **1** zerrissen, zerfetzt: ***abito ~*** zerrissenes Kleid **2** *(cencioso)* zerlumpt: ***soldati -i*** zerlumpte Soldaten.

la|ce|ro-con|tu|so agg. ***ferita -a*** Platzwunde *f.*

la|cer|to m. **1** ANAT. Armmuskel *m.* **2** LETT. *(brandello di carne)* Stück *n.* Fleisch.

La|co|nia n.pr.f. Lakonien *f.* **la|co|ni|ca|men|te** avv. lakonisch: ***rispondere ~*** lakonisch antworten. **la|co|ni|ci|tà** f. Lakonik *f.*, Lakonismus *m.* **la|co|ni|co** agg. *(-ci,-che)* **1** lakonisch: ***risposta -a*** lakonische Antwort **2** *(di persona)* wortkarg.

la|cri|ma f. **1** Träne *f.* **2** *(goccia)* Tropfen *m.*: ***una ~ di vino*** ein Tropfen Wein ◆ ***-e amare*** bittere Tränen; ***asciugarsi le -e*** sich die Tränen ab‿trocknen; ***bagnato di -e*** tränennass; ***piangere a calde -e*** heiße Tränen vergießen, weinen; ***-e di coccodrillo*** Krokodilstränen; ***commosso fino alle -e*** zu Tränen gerührt; ***con le -e agli occhi*** mit Tränen in den Augen; ***-e di dolore*** Schmerzenstränen; ***avere le -e facili*** nahe am Wasser gebaut haben; ***un fiume di -e*** ein Tränenstrom *m.*; ***-e di gioia*** Freudentränen *pl.*; ***ingoiare le -e*** die Tränen hinunter‿schlucken; ***avere le -e agli occhi*** Tränen in den Augen haben; ***reprimere le -e*** die Tränen unterdrücken; ***ridere fino alle -e*** Tränen lachen; ***rompere in -e*** in Tränen aus‿brechen; ***sciogliersi in -e*** sich in Tränen auf‿lösen; ***scoppiare in -e*** in Tränen aus‿brechen; ***avere le -e in tasca*** nahe am Wasser gebaut haben; ***piangere tutte le proprie -e*** sich die Augen aus‿weinen; ***valle di -e*** Jammertal *n.*; ***versare -e*** Tränen vergießen.

la|cri|ma|le agg. Tränen-: ***condotto ~*** Tränennasengang *m.*; ***ghiandola ~*** Tränendrüse *f.*; ***liquido ~*** Tränenflüssigkeit *f.*; ***osso ~*** Tränenbein *n.*; ***sacco ~*** Tränensack *m.*

la|cri|ma|re *(lacrimo)* intr. (aus. *avere*) tränen: ***mi lacrimano gli occhi*** mir tränen die Augen. **la|cri|ma|to|rio** agg. *(-ri,-rie)* → **lacrimale.**

la|cri|ma|zio|ne f. Tränen *n.*, Tränenfluss *m.*

la|cri|me|vo|le agg. rührselig: ***una storia, un film ~*** eine rührselige Geschichte, ein rührseliger Film.

la|cri|mo|ge|no I agg. Tränen-: ***gas ~*** Tränengas *n.*; ***candelotto ~*** Tränengaspatrone *f.* **II** m. Tränengasbombe *f.*

la|cri|mo|so agg. **1** tränend, tränenfeucht: ***occhi -i*** tränende Augen **2a** *(triste)* traurig **b** SPREG. rührselig.

la|cua|le agg. See-, Binnensee-: ***navigazione ~*** Binnenseeschifffahrt *f.*

la|cu|na f. **1** Lücke *f.*: ***avere delle (gravi) -e in matematica*** (große) Lücken in Mathematik haben; ***colmare una ~*** eine Lücke aus‿füllen **2** FILOL. Lakune *f.*, Lücke *f.*, Textlücke *f.*: ***integrare una ~ di un testo*** die Lücke eines Textes füllen **3** ANAT. Lakune *f.* ◆ ***~ culturale*** Bildungslücke *f.*; ***~ legislativa*** Gesetzeslücke *f.*; ***~ della memoria*** Gedächtnislücke *f.*; ***~ di mercato*** Marktlücke *f.*

la|cu|na|re m. Kassette *f.*: ***soffitto a -i*** Kassettendecke *f.*

la|cu|no|so agg. lückenhaft: ***preparazione -a*** lückenhafte Vorbereitung; ***ricordi -i*** lückenhafte Erinnerungen; ***testo ~*** lückenhafter Text.

la|cu|stre agg. See-: ***fauna ~*** Seefauna *f.*; ***paesaggio ~*** Seelandschaft *f.* ◆ ***abitazione ~*** Pfahlbau *m.*

la|da|no m. Hausen *m.*

lad|do|ve cong. LETT. **1** *(avversativa)* wo, während: ***hai parlato ~ era meglio tacere*** du hast gesprochen, während es besser gewesen wäre zu schweigen **2** *(qualora)* falls, im Falle dass: ***~ tu non potessi venire, avvisami*** falls du nicht kommen kannst, sag mir Bescheid; ***~ fosse necessario lo farei*** sollte es sich als notwendig erweisen, würde ich es tun.

la|di|na f. Ladinerin *f.* **la|di|no I** agg. ladinisch **II** m. **1** *(abitante)* Ladiner *m.* **2** *(lingua)* Ladinisch *n.*, Ladinische *n.*

La|di|sla|o n.pr.m. Ladislaus *m.*

la|dra f. Diebin *f.* **la|dre|ri|a** f. Dieberei *f.* **la|dre|sco** agg. *(-chi,-che)* diebisch, Diebes-: ***impresa -a*** diebisches Unternehmen.

la|dro I m. **1** Dieb *m.*: ***qui sono entrati i -i*** hier ist eingebrochen worden; ***dare del ~ a qcn.*** jdn als Dieb bezeichnen **2** *(persona disonesta)* Halsabschneider *m.*: ***in quel negozio sono dei -i*** in diesem Geschäft sind Halsabschneider **II** agg. diebisch ◆ ***al ~!*** haltet den Dieb! ***~ di automobili*** Autodieb *m.*; ***banda di -i*** Diebesbande *f.*; ***~ di cavalli*** Pferdedieb *m.*; ***gazza -a*** diebische Elster; ***giocare a guardie e -i*** Räuber und Gendarm spielen; ***~ in guanti gialli*** = Hochstapler *m.*; ***~ di polli*** Hühnerdieb *m.*; ***~ di professione*** professioneller Dieb; ***a prova di ~*** diebessicher; ***~ di strada*** Straßenräuber *m.*; ***vergognarsi come un ~*** sich in Grund und Boden schämen; ***essere vestito come un ~*** = schlampig gekleidet sein; PROV. ***l'occasione fa l'uomo ~*** Gelegenheit macht Diebe.

la|dro|ci|nio m. *(-ni)* Diebstahl *m.*

la|dro|ne m. **1** Räuber *m.*, Straßenräuber *m.* **2** BIBL. Schächer *m.*: ***il buon ~*** der gute Schächer. **la|dro|ne|ri|a** f. Räuberei *f.*, Dieberei *f.* **la|drun|co|lo** m. kleiner Dieb *m.*

la|dy ['lɛdi] f.inv. Lady *f.*

la|ger ['lager] m.inv. Konzentrationslager *n.*, KZ *n.*; ESTENS. ***metodi da ~*** KZ-Methoden.

lag|giù avv. dort unten, da unten: ***la casa ~*** das Haus dort unten; ***andare fin ~*** bis nach dort unten gehen; ***venire da ~*** von dort unten kommen; ***il fiume scorre ~ nella valle*** der Fluss fließt dort unten im Tal; ***da ~ si vede la casa*** von dort unten sieht man das Haus; COLLOQ. ***~ nei paesi caldi*** unten (*o* drunten) in den heißen Ländern.

la|ghet|to m. kleiner See *m.*, Weiher *m.*

la|gna f. **1** Gejammer *n.* **2a** *(discorso noioso)* Leier *f.* **b** *(musica noiosa)* Leiermusik *f.* **3** *(persona noiosa)* Quengler *m.*

la|gnan|za f. Klage *f.*, Beschwerde *f.*: ***presentare -e*** Klagen vor‿bringen.

la|gnar|si pronom. **1** sich beklagen, sich beschweren: ***~ con qcn. di qcn., qcs.*** sich bei jdm über jdn, etw. beklagen; ***~ per qcs.*** sich wegen etw. beschweren **2** *(emettere lamenti)* jammern.

la|gno|so agg. **1** jammernd **2** *(noioso)* todlangweilig.

la|go m. *(-ghi)* **1** See *m.*: ***la città è situata sul ~*** die Stadt liegt am See; ***fare un bagno nel ~*** im See baden; ***attraversare il ~ a nuoto*** über den See schwimmen; ***passare le vacanze al ~*** die Ferien am See verbringen **2** *(pozza)* Lache *f.*: ***un ~ di sangue*** eine Blutlache ◆ ***~ alpino*** Bergsee *m.*; ***~ artificiale*** Stausee *m.*, künstlicher See; ***Lago Balaton*** Plattensee *m.*; ***~ carsico*** Karstsee *m.*; ***il Lago dei cigni*** der Schwanensee; ***Lago di Como*** Comer See; ***Lago di Costanza*** Bodensee *m.*; ***~ craterico*** Kratersee *m.*, Maar *n.*; ***Lago di Garda*** Gardasee *m.*; ***~ glaciale*** Glazialsee *m.*; ***Lago d'Iseo*** Iseosee *m.*; ***Lago Lemano*** Genfer See *m.*; ***Lago di Lugano*** Luganer See *m.*; ***Lago Maggiore*** Lago Maggiore *m.*, ANT. Langensee *m.*; ***~ di mon-***

tagna Gebirgssee *m.*; ***~ morenico*** Moränensee *m.*; ***Lago dei Quattro Cantoni*** Vierwaldstätter See *m.*; ***~ salato*** Salzsee *m.*; ***sponda del ~*** Seeufer *n.*; ***essere in un ~ di sudore*** schweißgebadet sein; ***Lago Tanganica*** Tanganjikasee *m.*; ***~ tettonico*** tektonischer See; ***Lago Trasimeno*** Trasimenischer See *m.*; ***~ vulcanico*** Kratersee *m.*, Maar *n.*

la|gri|ma → **lacrima.**

la|gu|na f. Lagune *f.* **la|gu|na|re I** agg. Lagunen-: ***città ~*** Lagunenstadt *f.*; ***fauna ~*** Lagunenfauna *f.* **II** m. INTRAD. (Angehöriger einer italienischen Landungstruppe).

lai m.pl. LETT. Wehklage *f.*

L'A|ia → **Aia.**

lai|ca|le agg. Laien-, weltlich: ***condizione ~*** Laienstand *m.* **lai|ca|to** m. **1** Laienstand *m.*, Laientum *n.* **2** *(insieme dei laici)* Laientum *n.*

lai|ci|smo m. Laizismus *m.* **lai|ci|sta** *(-i,-e)* **I** m. e f. Laizist *m.* (-in f.) **II** agg. laizistisch. **lai|ci|sti|co** agg. *(-ci,-che)* laizistisch.

lai|ci|tà f. Laientum *n.* **lai|ciz|za|re I** tr. **1** verweltlichen: ***~ la scuola*** die Schule verweltlichen **2** *(clero)* laisieren **II** pronom. **laicizzarsi** verweltlichen: ***la società si laicizza*** die Gesellschaft verweltlicht. **lai|ciz|za|zio|ne** f. **1** Verweltlichung *f.* **2** *(di clero)* Laisierung *f.*

lai|co I agg. *(-ci,-che)* **1** Laien-: ***predicatore, frate ~*** Laienprediger *m.*, Laienbruder *m.* (*o* Klosterbruder *m.*); ***suora -a*** Laienschwester *f.*; ***apostolato ~*** Laienapostolat *n.* **2** *(che si ispira al laicismo)* weltlich: ***avere idee -che*** weltlich gesinnt sein **II** m. *(-ci)* **1** Laie *m.* **2** *(frate laico)* Laienbruder *m.* **3** *(laicista)* Laizist *m.* ◆ ***partiti -ci*** religionslose Parteien; ***scuola -a*** kirchenneutrale Schule; ***Stato ~*** kirchenunabhängiger Staat.

lai|dez|za f. **1** Schmutzigkeit *f.* **2** *(oscenità)* Unflätigkeit *f.*, Unanständigkeit *f.* **lai|do** agg. **1** schmutzig **2** *(osceno)* unflätig, unanständig. **lai|du|me** m. Schmutz *m.*

lal|la|zio|ne f. Lallen *n.*: ***periodo di ~*** Lallperiode *f.*

1.la|ma f. Klinge *f.*: ***~ affilata, senza filo*** scharfe, stumpfe Klinge; ***affilare una ~*** eine Klinge schleifen; ***~ a un taglio, a due tagli*** einschneidige, zweischneidige Klinge; ***~ seghettata*** gesägte Klinge ◆ ***~ del bastone da hockey*** Schlägerblatt *n.*; ***~ del bulldozer*** Planierschild *m.*; FIG. ***essere una buona ~*** ein Meister der Fechtkunst sein; ***~ del coltello*** Messerklinge *f.*; FIG. ***~ a doppio taglio*** zweischneidige Angelegenheit; ***~ della falce*** Sensenblatt *n.*; ***~ delle forbici*** Scherenblatt *n.*; ***~ di luce*** Streiflicht *n.*; ***~ dei pattini*** Schlittschuhkufe *f.*; ***~ della sega*** Sägeblatt *n.*; ***~ della spada*** Schwertklinge *f.*; ***~ della vanga*** Spatenblatt *n.*

2.la|ma m. ZOOL. Lama *n.*

3.la|ma m. RELIG. Lama *m.*

4.la|ma f. *(terreno paludoso)* Sumpfland *n.*

la|mai|co agg. *(-ci,-che)* lamaistisch. **la|ma|i|smo** m. Lamaismus *m.* **la|ma|i|sti|co** agg. *(-ci,-che)* lamaistisch.

la|man|ti|no m. Lamantin *m.*

la|mar|cki|smo m. Lamarckismus *m.*

la|ma|re tr. ab‿ziehen, ab‿schleifen: ***~ un parquet*** ein Parkett abziehen.

lam|ba|da f. Lambada *m.* e *f.*

lamb|da f. Lambda *n.* ◆ AUT. ***sonda a ~*** Lambdasonde *f.* **lamb|da|ci|smo** m. Lambdazismus *m.*

Lam|ber|to n.pr.m. Lamprecht *m.*

lam|bic|ca|men|to m. Grübeln *n.*, Grübelei *f.*

lam|bic|car|si pronom. *(mi lambicco, ti lambicchi)* grübeln, nach‿grübeln: ***~ su qcs.*** über etw. (A) nachgrübeln ◆ ***~ il cervello per qcs.*** sich den Kopf über etw. (A) zerbrechen. **lam|bic|ca|to** p.pass. agg. **1** → **lambiccarsi 2** gekünstelt, geschraubt: ***stile ~*** gekünstelter Stil. **lam|bic|ca|tu|ra** f. Grübelei *f.*

lam|bi|re tr. *(lambisco, lambisci)* **1** (zart) lecken: ***l'agnellino mi ha lambito la mano*** das Lämmchen hat mir die Hand geleckt **2** *(di fiamma)* lecken, umzüngeln: ***le fiamme lambiscono il tetto*** die Flammen umzüngeln das Dach **3** *(di acqua)* bespülen, umspülen: ***le onde lambiscono la spiaggia*** die Wellen bespülen das Ufer; ***il mare lambisce le rocce*** das Meer umspült die Felsen.

lam|boi|de|o agg. Lambda-: ANAT. ***sutura -a*** Lambdanaht *f.*

lam|bru|sco m. *(-schi)* Lambrusco *m.*

la|mé m.inv. Lamé *m.*: ***abito di ~*** Lamékleid *n.*

la|mel|la f. Lamelle *f.*, Blättchen *n.* ◆ ZOOL. ***~ branchiale*** Kiemenblättchen *n.*; FOT. ***diaframma a -e*** Lamellenverschluss *m.* **la|mel|la|re** agg. **1** lamellenförmig, lamellar: ***struttura ~*** lamellenförmige Struktur **2** MINER. blätterig. **la|mel|la|to** agg. lamellar. **la|mel|li|bran|chi** m.pl. Lamellibranchiata *pl.*

la|men|ta|re I tr. **1** beklagen, beweinen: ***~ la morte di qcn.*** jds Tod beklagen; ***~ gravi perdite*** schwere Verluste beklagen **2** *(reclamare per)* sich beschweren: ***~ un disservizio*** sich über eine mangelhafte Dienstleistung beschweren **3** *(accusare)* klagen: ***~ un forte mal di capo*** über starke Kopfschmerzen klagen **II** pronom. **lamentarsi 1** stöhnen, klagen: ***-rsi nel sonno*** im Schlaf stöhnen; ***-rsi per il mal di denti*** über Zahnschmerzen klagen **2** *(lagnarsi)* sich beklagen, sich beschweren, jammern: ***-rsi delle, per le tasse*** über die Steuern klagen, sich über die Steuern beklagen; ***non mi posso ~*** ich kann mich nicht beklagen; ***ha sempre qcs. di cui -rsi*** er jammert immer über etw.

la|men|ta|zio|ne f. **1** pl. BIBL. Klagelieder *pl.*: ***-i di Geremia*** Klagelieder Jeremiä **2** IRON. Gejammer *n.*

la|men|te|la f. **1** Klage *f.*, Gejammer *n.*: ***continue -e*** ewiges Gejammer **2** *(rimostranza)* Beschwerde *f.*

la|men|te|vo|le agg. **1** klagend, jammernd **2** *(degno di compassione)* beklagenswert, kläglich, jämmerlich: ***una sorte ~*** ein jämmerliches Schicksal.

la|men|to m. **1** Klage *f.* (anche LETT.): ***un ~ silenzioso, straziante*** eine stille, herzzerreißende Klage; ***~ funebre*** Totenklage *f.*; ***prorompere in -i*** in Klagen aus‿brechen **2** *(di animali)* Winseln *n.* **3** MUS. Lamento *n.*

la|men|to|sa|men|te avv. klagend, jammernd.

la|men|to|so agg. klagend, jammernd: ***in tono ~*** in klagendem Ton; ***voce -a*** klagende Stimme.

la|met|ta f. Klinge *f.*: ***~ da barba*** Rasierklinge *f.*

la|mie|ra f. Blech *n.*: ***incurvare, martellare, raddrizzare la ~*** das Blech biegen, hämmern, aus‿beulen ◆ ***~ di alluminio*** Aluminiumblech *n.*; ***~ per carrozzerie*** Karosserieblech *n.*; ***~ di ferro*** Eisenblech *n.*; ***~ grossa*** Grobblech *n.*; ***~ ondulata*** Wellblech *n.*; ***~ perforata*** Lochblech *n.*; ***~ di protezione*** Schutzblech *n.*; ***~ di rame*** Kupferblech *n.*; ***~ sottile*** Feinblech *n.*; ***~ stagnata*** Zinkblech *n.*; ***~ striata*** Riffelblech *n.*; ***~ di zinco*** Zinkblech *n.* **la|mie|ri|no** m. Feinblech *n.*

la|mi|na f. **1** Blatt *n.*, Folie *f.*, Platte *f.* **2** ANAT. Platte *f.* **3** BOT. Lamina *f.*, Blattspreite *f.* **4** *(degli sci)* Kante *f.*: ***far affilare le -e*** die Kanten schleifen lassen ◆ ***~ d'acciaio*** Stahlkante *f.*; ***~ d'ardesia*** Schieferplatte *f.*; ANAT. ***~ cribrosa*** Siebplatte *f.*; ***molla a ~*** Federblatt *n.*; ***~ d'oro*** Goldblatt *n.*; ANAT. ***~ ossea*** Knochenhaut *f.*

1.la|mi|na|re agg. **1** blättchenförmig **2** FIS. laminar: ***corrente ~*** Laminarströmung *f.* **3** BOT. Lamina-.

2.la|mi|na|re tr. *(lamino)* **1** *(sottoporre a laminazione)* walzen: ***~ a caldo, a freddo*** warmwalzen, kaltwalzen **2** *(sottoporre a laminatura)* laminieren.

1.la|mi|na|to p.pass. agg. **1** → **2.laminare 2** gewalzt, Walz-: ***lamiera -a*** Walzblech *n.*; ***acciaio ~*** Walzstahl *m.*

2.la|mi|na|to m. Walzerzeugnis *n.* ◆ ***~ d'acciaio*** Walzstahl *m.*; ***~ metallico*** Walzmetall *n.*, gewalztes Metall; ***~ plastico*** Laminat *n.*, Schichtpressstoff *m.* **la|mi|na|to|io** m. *(-oi)* Walzwerk *n.* **la|mi|na|to|re** m. Walzwerker *m.* **la|mi|na|tu|ra** f. **1** Laminierung *f.* **2** *(degli sci)* Kantenschleifen *n.* **la|mi|na|zio|ne** f. Walzen *n.*, Auswalzen *n.*

lam|pa|da f. **1** Lampe *f.*: ***accendere, spegnere una ~*** eine Lampe ein‿schalten, aus‿schalten **2** COLLOQ. ***~ abbronzante*** UV-Lampe *f.*; ***fare la ~*** sich auf die Sonnenbank legen ◆ ***~ di Aladino*** Aladins Wunderlampe *f.*; ***~ alogena*** Halogenlampe *f.*; ***~ da campeggio*** Campinglampe *f.*; ***~ a carburo*** Karbidlampe *f.*; ***~ da dentista*** Behandlungslampe *f.*; ***~ a gas*** Gaslampe *f.*; ***~ a incandescenza*** Glühlampe *f.*; ***~ a raggi infrarossi*** Infrarotlampe *f.*; ***~ da lavoro*** Arbeitslampe *f.*; ***~ da lettura*** Leselampe *f.*; ***~ a morsetto*** Klemmlampe *f.*; ***~ al neon*** Neonlampe *f.*; ***~ a olio*** Öllampe *f.*; ***~ a petrolio*** Petroleumlampe *f.*; ***~ per saldare*** Lötlampe *f.*, Lötbrenner *m.*; ***~ per segnalazioni*** Signallampe *f.*; ***~ a stelo*** Stehlampe *f.*; ***~ da tavolo*** Tischlampe *f.*; ***~ tubolare fluorescente*** Leuchtstoffröhre *f.*; ***~ a raggi UVA*** ultraviolette Lampe; ***~ votiva*** ewiges Licht.

lam|pa|da|rio m. *(-ri)* **1** Hängelampe *f.*, Deckenlampe *f.* **2** *(a bracci, in cristallo)* Kronleuchter *m.*, Kristalllüster *m.* ◆ ***~ da cucina*** Küchenlampe *f.*; ***~ a globo*** Kugelleuchte *f.*

lam|pa|di|na f. Glühbirne *f.*, Birne *f.*: ***avvitare, svitare una ~*** eine Glühbirne ein‿schrauben (*o* ein‿drehen), aus‿schrauben; ***si è bruciata la ~*** die Glühbirne ist durchgebrannt; ***sostituire una ~ bruciata*** eine durchgebrannte Glühbirne ersetzen (o erneuern); ***~ da 100 Watt*** 100-Watt-Birne *f.* ◆ FIG. ***finalmente gli si è accesa la ~*** endlich ist ihm ein Licht aufgegangen.

lam|pan|te agg. **1** offensichtlich, einleuchtend: ***una prova ~*** ein offensichtlicher Beweis; ***è ~!*** das ist doch offensichtlich! **2** ***olio ~*** Lampenöl *n.*

lam|pa|ra f. **1** *(lampada)* Nachtleuchte *f.*: ***pescare a ~*** mit der Nachtleuchte fischen **2** *(barca)* Boot *n.* für Nachtfischfang **3** *(rete)* Netz *n.* zum Nachtfischfang.

lam|peg|gia|men|to m. **1** *(di lampi)* Blitzen *n.*; Wetterleuchten *n.*

2 *(di fari)* Blinken *n.* **lam|peg|gian|te** agg. Blink-: ***luce ~*** Blinklicht *n.*

lam|peg|gia|re intr. *(lampeggio, lampeggi;* aus. *avere, essere)* **1** blitzen, funkeln (anche FIG.): ***gli occhi le lampeggiavano d'ira*** ihre Augen blitzten (*o* funkelten) vor Zorn **2** *(di fari)* blinken: ***~ con gli abbaglianti*** mit dem Fernlicht blinken; ***~ a qcn.*** jdn an‿blenden **3** impers. ***lampeggia*** es blitzt; *(senza tuono)* es wetterleuchtet: ***ha lampeggiato tutta la notte*** es hat die ganze Nacht geblitzt.

lam|peg|gia|to|re m. **1** Blinker *m.*: ***~ d'emergenza*** Warnblinker *m.* **2** ***~ elettronico*** Elektronenblitzgerät *n.*

1.lam|peg|gio m. *(-gi)* **1** Blitzen *n.* **2** AUT. Blinken *n.*

2.lam|peg|gi|o m. *(-gii)* Aufleuchten *n.*

lam|pio|na|io m. *(-nai)* Laternenanzünder *m.* **lam|pion|ci|no** m. Lampion *m.*, Papierlaterne *f.* ◆ ***~ giapponese*** Japanlampe *f.* **lam|pio|ne** m. Laterne *f.*, Straßenlaterne *f.* ◆ ***~ a gas*** Gaslaterne *f.*; ***luce dei -i*** Laternenlicht *n.*

lam|po I m. Blitz *m.* (anche FOT.) **II** agg. **1** Blitz-: ***guerra ~*** Blitzkrieg *m.*; ***visita ~*** Blitzbesuch *m.* **2** ***chiusura, cerniera ~*** Reißverschluss *m.* ◆ ***correre come un ~*** wie ein geölter Blitz rennen; FIG. ***avere un ~ di genio*** einen Geistesblitz (*o* Gedankenblitz) haben; ***in un ~*** blitzschnell, im Nu; FOT. ***~ al magnesio*** Magnesiumlicht *n.*; ***passare in un ~*** blitzschnell vorbei‿gehen.

lam|po|ne I m. **1** *(frutto)* Himbeere *f.* **2** *(pianta)* Himbeerstrauch *m.* **II** agg. himbeer-, Himbeer-: ***rosso ~*** himbeerrot; ***color ~*** Himbeerfarbe *f.* ◆ ***gelato al ~*** Himbeereis *n.*; ***marmellata di -i*** Himbeermarmelade *f.*; ***succo di ~*** Himbeersaft *m.*; ***torta di -i*** Himbeertorte *f.*

lam|pre|da f. Lamprete *f.*

la|na f. Wolle *f.*: ***di lana*** Woll-, aus Wolle, wollen; ***filare la ~*** Wolle spinnen ◆ ***~ d'acciaio*** Stahlwolle *f.*; ***ago da ~*** Sticknadel *f.*; ***~ di alpaca*** Alpakawolle *f.*; ***~ d'angora*** Angorawolle *f.*; FIG. ***essere una buona ~*** ein Spitzbube sein; ***~ cachemire*** Kaschmirwolle *f.*; ***cappotto di ~*** Wollmantel *m.*; ***coperta di ~*** Wolldecke *f.*; ***fibra di ~*** Wollfaser *f.*; ***filato di ~*** Wollgarn *n.*; ***filo di ~*** Wollfaden *m.*; ***gomitolo di ~*** Wollknäuel *n.*; ***~ greggia*** Naturwolle *f.*; ***~ di legno*** Holzwolle *f.*; ***maglione di ~*** Wollpullover *m.*; ***marchio di pura ~ vergine*** Wollsiegel *n.*; ***materasso di ~*** Wollmatratze *f.*; ***~ mélange*** melierte Wolle; ***~ merino*** Merinowolle *f.*; ***misto ~*** Mischwolle *f.*; ***~ mohair*** Mohairwolle *f.*; ***~ pettinata*** gekämmte Wolle; ***pura ~ vergine*** reine Schurwolle; ***discutere di una questione di ~ caprina*** sich um des Kaisers Bart streiten; ***~ rigenerata*** Reißwolle *f.*; ***~ di roccia*** Gesteinsfaser *f.*, Gesteinswolle *f.*; ***sciarpa di ~*** Wollschal *m.*; ***~ di vetro*** Glaswolle *f.*, Schaumglas *n.*

lan|ca f. *(-che)* REGION. = Seitenarm *m.* eines Flusses.

lan|ce|o|la|to agg. lanzettlich, lanzettförmig, Lanzen-: ***foglie -e*** lanzettförmige Blätter; ***felce -a*** Lanzenfarn *m.*

lan|cet|ta f. **1a** Zeiger *m.*, Uhrzeiger *m.*: ***~ dei minuti*** Minutenzeiger *m.*; ***~ dei secondi*** Sekundenzeiger *m.*; ***~ delle ore*** Stundenzeiger *m.* **b** *(di strumenti)* Zeiger *m.* **2** *(bisturi)* Lanzette *f.*

1.lan|cia f. *(-ce)* **1** Lanze *f.*: ***scagliare una ~*** eine Lanze werfen **2** *(di estintore)* Strahlrohr *n.* ◆ ***colpo di ~*** Lanzenstoß *m.*; ***punta di ~*** Lanzenspitze *f.*; FIG. ***partire ~ in resta*** drauflos‿gehen; ***spezzare una ~ in favore di qcn.*** für jdn eine Lanze brechen.

2.lan|cia f. *(-ce)* Boot *n.*, Kutter *m.*: ***~ di salvataggio*** Rettungsboot *n.*

lan|cia|fiam|me m.inv. Flammenwerfer *m.*

lan|cia|fio|ci|na I agg.inv. ***cannoncino ~*** Harpunenkanone *f.* **II** m.inv. Harpunengeschütz *n.*

lan|cia|gra|na|te m.inv. Granatwerfer *m.*

lan|cia|mi|ne m.inv. Minenwerfer *m.*

lan|cia|mis|si|li I agg.inv. ***rampa ~*** Raketenabschussrampe *f.* **II** m.inv. Raketenwerfer *m.*

lan|cia|raz|zi I agg.inv. Raketen-: ***pistola ~*** Raketenpistole *f.* **II** m. **1** Raketenwerfer *m.*, Werfer *m.* **2** *(per segnalazioni)* Leuchtpistole *f.* ◆ ***~ anticarro*** Panzerfaust *f.*

lan|cia|re *(lancio, lanci)* **I** tr. **1** schleudern, werfen: ***~ un sasso, un giavellotto*** einen Stein, einen Speer werfen **2a** FIG. aus‿stoßen: ***~ un grido, una bestemmia*** einen Schrei, einen Fluch ausstoßen **b** *(occhiata)* zu‿werfen **3** MIL. ab‿schießen, ab‿werfen: ***~ una freccia, un razzo*** einen Pfeil, eine Rakete abschießen; ***~ una bomba*** eine Bombe abwerfen **4** COMM. lancieren, auf den Markt bringen (*o* werfen): ***~ un prodotto sul mercato*** ein Produkt auf den Markt bringen (*o* werfen); ***~ un attore*** einen Schauspieler lancieren **5** INFORM. ***~ un programma*** ein Programm ein‿geben (*o* ein‿speichern) **II** pronom. **lanciarsi 1** sich stürzen, sich werfen: ***-rsi contro qcn., qcs.*** sich jdm, etw. entgegenwerfen; ***-rsi su qcn., qcs.*** sich auf jdn, etw. stürzen, werfen; ***-rsi fuori dalla porta*** zur Tür hinaus‿stürzen **2** *(dall'alto)* ab‿springen: ***-rsi con il paracadute*** mit dem Fallschirm abspringen; ***-rsi dal trampolino*** von einem Sprungbrett springen **3** FIG. sich stürzen: ***-rsi in qcs.*** sich auf, in etw. (A) stürzen: ***-rsi in un'impresa*** sich in ein Unternehmen stürzen; ***prima non aveva il coraggio, ora si è lanciato*** anfangs hatte er nicht den Mut, aber jetzt hat er sich hineingestürzt ◆ ***~ un'accusa a qcn.*** eine Anschuldigung gegen jdn vor‿bringen; ***-rsi all'attacco*** zum Angriff schreiten; ***~ un cavallo al galoppo*** ein Pferd in Galopp bringen; ***-rsi all'inseguimento di qcn.*** jds Verfolgung auf‿nehmen; ***~ una moda*** eine neue Mode lancieren, verbreiten; ***~ il pallone*** *(con le mani)* den Ball werfen; *(con i piedi)* den Ball schießen; ***~ una proposta*** einen Vorschlag machen; ***~ una sfida a qcn.*** jdn heraus‿fordern.

lan|cia|sa|go|le m.inv. Raketenapparat *m.* **lan|cia|si|lu|ri** m.inv. Torpedoausstoßrohr *n.*; ***~ poppiero*** Heckrohr *n.*

lan|cia|to p.pass. agg. **1** → **lanciare 2** *(di veicolo)* ***arrivare ~*** angerast kommen **3** in voller Fahrt (anche FIG.) ◆ ***essere ~ verso il successo*** auf dem Erfolgskurs sein; ***cantante, scrittore ~*** erfolgreicher Sänger, Schriftsteller. **lan|cia|to|re** m. Werfer *m.* ◆ ***~ di coltelli*** Messerwerfer *m.*; ***~ del disco*** Diskuswerfer *m.*; ***~ di giavellotto*** Speerwerfer *m.*; ***~ di martello*** Hammerwerfer *m.*

lan|cie|re m. Lanzenreiter *m.*

Lan|cil|lot|to m. LETT. Lancelot *m.*

lan|ci|nan|te agg. stechend: ***dolore ~*** stechender Schmerz.

lan|cio m. *(-ci)* **1** Wurf *m.*: ***~ di un sasso*** Steinwurf *m.* **2** *(dall'alto)* Absprung *m.* **3** SPORT *(calcio)* Zuspiel *n.*; *(baseball)* Wurf *m.* **4** *(di missili, siluri)* Abschuss *m.*, Abwurf *m.* **5** *(pubblicitario)* Lancierung *f.*, Verbreitung *f.* ◆ ***base di ~*** Raketenabschussbasis *f.*, Abschussbasis *f.*; ***~ di bombe*** Bombenabwurf *m.*; ***~ del disco*** Diskuswerfen *n.*, Diskuswurf *m.*; ***~ del giavellotto*** Speerwerfen *n.*; ***impianto di ~*** Ablaufanlage *f.*; Ablaufstellwerk *n.*; INFORM. ***~ iniziale*** Ureingabe *f.*; ***~ del martello*** Hammerwerfen *n.*; ***~ col paracadute*** Fallschirmabsprung *m.*; ***~ del peso*** Kugelstoßen *n.*; ***peso al ~*** Startgewicht *n.*; ***razzo di ~*** Startrakete *f.*; ***spese di ~*** Anlaufkosten *pl.*; ***stadio di ~*** Startstufe *f.*; ***torre di ~*** Raketenmontageturm *m.*; ***trampolino di ~*** Sprungbrett *n.*

lan|da f. Heide *f.*, Heideland *n.*; LETT. Ebene *f.*

lan|dò m.inv. Landauer *m.*

la|ne|ri|e f. Wollwaren *pl.* **la|net|ta** f. **1** leichter Wollstoff *m.* **2** *(misto cotone)* Mischwolle *f.* **3** *(di animali da pelliccia)* Flaum *m.*

lan|gra|vio m. *(-vi)* Landgraf *m.*

lan|guen|te agg. schmachtend. **lan|gui|da|men|te** avv. schmachtend.

lan|gui|do agg. **1** *(debole)* matt, schwach **2** schmachtend: ***sguardo ~*** schmachtender Blick; ***voce -a*** schmachtende Stimme; ***occhi -i*** schmachtende Augen ◆ ***musica -a*** Schnulze *f.*

lan|gui|re intr. *(languisco/languo; languisci/langui;* aus. *avere)* **1** schmachten, vergehen (anche FIG.): ***~ per la fame*** vor Hunger vergehen; ***~ in prigione*** im Kerker schmachten **2** *(struggersi)* ***~ di desiderio*** sich vor Verlangen verzehren **3** *(arrestarsi)* stocken: ***la conversazione langue*** die Unterhaltung stockt.

lan|guo|re m. **1** Mattigkeit *f.*, Schwäche *f.*: ***un profondo ~*** eine tiefe Mattigkeit **2** ***~ di stomaco*** Leeregefühl *n.* im Magen **3** *(struggimento)* Sehnsucht *f.*; Schmachten *n.*: ***sguardo pieno di ~*** schmachtender Blick. **lan|guo|ro|so** agg. schmachtend.

la|nic|cio m. *(-ci)* Staubfluse *f.*, Staubflocke *f.*

la|nie|re m. Wollwarenfabrikant *m.* **la|nie|ro** agg. Woll-: ***industria -a*** Wollindustrie *f.* **la|ni|fi|cio** m. *(-ci)* Wollspinnerei *f.*; *(tessitoria)* Wollweberei *f.*

la|ni|na f. → **lanetta.**

la|no|li|na f. Lanolin *n.*, Wollfett *n.*

la|no|si|tà f. Wolligkeit *f.* **la|no|so** agg. wollig.

lan|ta|na f. BOT. Schneeball *m.*, Schlinge *f.*

lan|ta|ni|de f. Lanthanid *n.* **lan|ta|nio** m. Lanthan *n.*

lan|ter|na f. **1** Laterne *f.* **2a** *(di faro)* Feuer *n.* **b** ESTENS. Leuchtturm *m.*: ***~ di Genova*** der Leuchtturm von Genua **3** CINEM. Lampengehäuse *n.* **4** ARCH. Laterne *f.*, Dachaufsatz *m.* ◆ ***~ a candelotto*** Windlicht *n.*; ***~ cieca*** Blendlaterne *f.*; FIG. ***prendere lucciole per -e*** = etw. verwechseln; ***dare a intendere lucciole per -e*** jdm ein X für ein U vor‿machen; ***~ magica*** Laterna magica *f.*; ***~ da palcoscenico*** Rampenlicht *n.*; ***~ a vento*** Windlicht *n.*, Sturmlaterne *f.*

lan|ter|ni|no m. kleine Laterne *f.* ◆ ***cercare qcs. col ~*** etw. mit der Laterne (*o* mit der Lupe) suchen; COLLOQ. ***cercarsele col ~*** es sich schwer machen.

la|nu|gi|ne f. Flaum *m.* **la|nu|gi|no|so** agg. flaumig: ***guance, foglie -e*** flaumige Wangen, Blätter.

lan|zi|che|nec|co m. *(-chi)* Landsknecht *m.*

La|o|co|on|te n.pr.m. Laokoon *m.*

la|o|tia|no, la|o|zia|no I agg. laotisch **II** m. Laote *m.*

la|pa|lis|sia|no agg. offensichtlich, auf der Hand liegend ◆ ***verità -a*** Binsenwahrheit *f.*
la|pa|ro|sco|pi|a f. Laparoskopie *f.* **la|pa|ro|sco|pio** m. *(-pi)* Laparoskop *n.* **la|pa|ro|to|mi|a** f. Laparotomie *f.* **la|pa|ro|to|mi|co** agg. *(-ci,-che)* laparotomisch: ***taglio ~*** laparotomischer Schnitt.
la|pi|da|re tr. *(lapido)* **1** steinigen **2** FIG. an‿prangern, geißeln.
la|pi|da|ria|men|te avv. lapidar. **la|pi|da|rio I** agg. *(-ri,-rie)* **1** Stein-: ***incisione -a*** Steininschrift *f.* **2** *(relativo alle incisioni)* Steinmetz-: ***arte -a*** Steinmetzkunst *f.* **3** FIG. Lapidar-, lapidar, bündig: ***stile ~*** Lapidarstil *m.*; ***giudizio ~*** lapidares Urteil; ***risposta -a*** bündige Antwort **II** m. *(-ri)* **1** *(collezione di epigrafi)* Inschriftensammlung *f.* **2** *(operaio)* Steinmetz *m.* ◆ TIP. ***caratteri -i*** Lapidarschrift *f.*
la|pi|da|tu|ra f. → **lappatura.**
la|pi|da|zio|ne f. Steinigung *f.*
la|pi|de f. **1** Grabstein *m.* **2** *(sui muri)* Gedenktafel *f.*, Gedenkstein *m.*: ***scoprire una ~ ai caduti*** einen Gedenkstein für die Gefallenen enthüllen.
la|pil|lo m. Lapillus *m.*
la|pin [la'pɛ̃] m.inv. Kanin *n.*
la|pis m.inv. **1** Bleistift *m.* **2** *(colorato)* Farbstift *m.*, Buntstift *m.* ◆ ***~ copiativo*** Kopierstift *m.*; ***~ emostatico*** Alaunstift *m.*, Blutstiller *m.*; ***~ rosso e blu*** Blaurotstift *m.*
la|pi|slaz|zu|li, la|pi|slaz|zu|lo m. Lapislazuli *m.*, Lasurstein *m.*
1.lap|pa|re intr. (aus. *avere*) schlappern.
2.lap|pa|re tr. läppen. **lap|pa|tu|ra** f. Läppen *n.* ◆ ***~ ad immersione*** Tauchläppen *n.*; ***~ libera*** spitzenloses Läppen *n.*; ***pasta per ~*** Läpppaste *f.*; ***pietra per ~*** Läppstein *m.*; ***~ ad ultrasuoni*** Ultraschallbearbeitung *f.*
lap|po|ne, lap|po|ne I agg. lappländisch **II** m. e f. Lappe *m.* (Läppin *f.*) **III** m. *(lingua)* lappländische Sprache *f.* **Lap|po|nia** n.pr.f. Lappland *n.*
la|psus m.inv. Lapsus *m.*, Versprecher *m.*: ***fare un ~*** einen Lapsus machen; ***a qcn. è sfuggito un ~*** jdm ist ein Versprecher unterlaufen ◆ ***~ calami*** Schreibfehler *m.*; ***~ linguae*** Lapsus Linguae *m.*; ***~ memoriae*** Gedächtnislücke *f.*
lar|del|la|re tr. spicken: ***~ un arrosto*** einen Braten spicken; FIG. ***~ un testo di spropositi*** einen Text mit Fehlern spicken. **lar|del|la|tu|ra** f. Spicken *n.* **lar|del|lo** m. Speckstreifen *m.*
lar|do m. Speck *m.* ◆ ***nuotare nel ~*** im Fett schwimmen; ***essere una palla di ~*** ein Fettkloß sein; PROV. ***tanto va la gatta al ~ che ci lascia lo zampino*** der Krug geht so lange zum Brunnen, bis er bricht. **lar|do|so** agg. speckig (anche SCHERZ.).
lar|ga|men|te avv. **1** *(ampiamente)* weit: ***~ diffuso*** weit verbreitet **2** *(generosamente)* reichlich, großzügig: ***ricompensare ~ qcn.*** jdn reichlich belohnen **3** *(diffusamente)* weitgehend, ausführlich: ***un tema ~ dibattuto*** ein ausführlich diskutiertes Thema.
large ['larʒ] agg.inv. large.
lar|gheg|gia|re intr. *(largheggio, largheggi*; aus. *avere)* freigebig, großzügig sein: ***~ in qcs.*** mit etw. freigebig (*o* großzügig) sein: ***~ nelle lodi*** mit Lob großzügig sein; ***~ nelle mance*** reichlich Trinkgeld geben; ***~ nelle spese*** Geld verschwenden.
lar|ghet|to I m. Larghetto *m.* **II** agg. larghetto.
lar|ghez|za f. **1** Breite *f.*: ***una ~ di 10 m*** eine Breite von 10 m; ***misurare 10 m di ~*** 10 m breit sein; ***~ di un fiume, di una strada, di una finestra*** Breite eines Flusses, einer Straße, eines Fensters; *(diametro)* ***la ~ di un foro*** die Breite eines Loches **2** *(ampiezza)* Weite *f.* (anche FIG.): ***la ~ di un vestito*** die Weite eines Kleides **3** *(generosità)* Großzügigkeit *f.* **4** *(indulgenza)* Nachsicht *f.*; ***giudicare qcn., qcs. con ~*** jdn, etw. mit Nachsicht beurteilen ◆ RAD. TELEV. ***~ di banda*** Bandbreite *f.*; ***~ della facciata*** Frontbreite *f.*; ***~ di fianchi*** Hüftweite *f.*; ***in ~*** der Breite nach; ***crescere in ~*** in die Breite wachsen; ***~ di torace*** Brustweite *f.*; ***~ di vedute*** Aufgeschlossenheit *f.*
lar|gi|re tr. *(largisco, largisci)* spenden, stiften. **lar|gi|zio|ne** f. **1** Spenden *n.* **2** *(cosa largita)* Spende *f.*, Stiftung *f.*: ***fare generose -i alla chiesa*** der Kirche großzügige Spenden machen.
lar|go I agg. *(-ghi,-ghe)* **1** breit: ***una scrivania molto -a*** ein sehr breiter Schreibtisch; ***una strada -a sette metri*** eine sieben Meter breite Straße; ***un'asse -a un metro*** ein ein Meter breites Brett; ***fianchi -ghi*** breite Hüften **2** *(ampio)* weit: ***un ~ spazio, orizzonte*** ein weiter Raum, Horizont; SART. ***maniche -ghe, pantaloni -ghi*** weite Ärmel, Hosen; ***~ in vita, di spalle*** in der Taille, an der Schulter (zu) weit; ***maglione a collo ~*** Pullover mit weitem Kragen **3** *(grande)* groß: ***una -a parte dei presenti*** ein großer Teil der Anwesenden; ***in -a parte*** zum großen Teil; ***in -a misura*** in großem Ausmaß, in großem Umfang; ***vincere con ~ margine*** mit großem Vorsprung siegen; ***un ~ margine di profitto*** eine große Gewinnspanne; ***trovare (un) ~ consenso*** großen Anklang, breiten Konsens finden; ***godere di ~ favore*** sich großer Beliebtheit erfreuen; ***fare ~ uso di qcs.*** ausgiebigen Gebrauch von etw. machen **4** *(lento)* locker: ***fasciatura troppo -a*** zu lockerer Verband; ***nodo ~*** lockerer Knoten **5** *(di vocali)* aufgeschlossen **6** FIG. *(generoso)* großzügig: ***un insegnante ~ nei voti*** ein in der Benotung großzügiger Lehrer **7** FIG. *(indulgente)* nachsichtig **II** m. *(-ghi)* **1** *(larghezza)* Breite *f.*: ***per il ~*** der Breite nach **2a** *(mare aperto)* offene See *f.*: ***andare, spingersi al ~*** in, auf die offene See hinaus‿fahren **b** ***nuotare al ~*** weit hinaus‿schwimmen; ***spingersi al ~ (nuotando)*** sich (schwimmend) weit hinauswagen **3** *(slargo)* Platz *m.* **4** MUS. Largo *n.* ◆ ***al ~ di Napoli*** auf der Höhe von Neapel; ***stare alla -a da qcn., qcs.*** sich von jdm, etw. fern halten; ***andare ~*** *(di indumenti)* zu weit sein; ***generi di ~ consumo*** Massenware *f.*; ***prendere le curve -ghe*** die Kurven weit nehmen; ***denti -ghi*** auseinander stehende Zähne; ***farsi ~ (tra la folla)*** sich einen Weg (durch die Menge) bahnen; FIG. ***farsi ~ nella vita*** sich im Leben durch‿kämpfen; ***fate ~!*** Platz da! ***dai fianchi -ghi, ~ di fianchi*** breithüftig; ***a gambe -ghe*** breitbeinig; ***~ ai giovani!*** freie Bahn der Jugend! ***gira al ~!*** mach, dass du weiterkommst! ***girare al ~ da qcn., qcs.*** um jdn einen Bogen machen; ***largo!*** Platz da! ***in lungo e in ~ (per il lungo e per il ~)*** überall; ***essere più ~ che lungo*** mehr in die Breite als in die Höhe gehen, mehr breit als lang sein; ***essere di manica -a, ~ di manica*** *(generoso)* großzügig sein; *(indulgente)* ein Auge zu‿drücken; ***prendere il ~*** in See stechen; FIG. das Weite suchen; ***prenderla -a*** weit aus‿holen; ***di ~ respiro*** *(completo)* umfassend; *(lungimirante)* weitsichtig; ***su -a scala*** in großem Umfang; ***con le spalle -ghe, ~ di spalle*** breitschulterig; FIG. ***avere le spalle -ghe*** allerlei aus‿halten können; ***stare -ghi*** *(comodi)* Platz haben; *(da seduti)* bequem sitzen; ***essere di -ghe vedute*** aufgeschlossen sein.
la|ri|ce m. Lärche *f.*
la|rin|ga|le I agg. **1** MED. Kehlkopf-, laryngeal **2** LING. Kehlkopf-: ***consonante ~*** Kehlkopflaut *m.* **II** f. Kehlkopflaut *m.*, Laryngal *m.* **la|rin|ge** f. Kehlkopf *m.*, Larynx *m.* **la|rin|gec|to|mi|a** f. Laryngektomie *f.* **la|rin|ge|o, la|rin|ge|o** agg. laryngeal. **la|rin|gi|te** f. Kehlkopfentzündung *f.*, Laryngitis *f.* **la|rin|go|ia|tra** m. e f. *(-i,-e)* Laryngologe *m.* (-login *f.*). **la|rin|go|ia|tri|a** f. Laryngologie *f.* **la|rin|go|sco|pi|a** f. Laryngoskopie *f.* **la|rin|go|sco|pio** m. *(-pi)* Laryngoskop *n.* **la|rin|go|to|mi|a** f. Laryngotomie *f.* **la|rin|go|tra|che|i|te** f. Laryngotracheitis *f.*
La|rio n.pr.m. Comer See *m.*, Lario *m.*
lar|va f. **1** Larve *f.*: ***~ di un insetto*** Larve eines Insekts **2** FIG. Schatten *m.*: ***essere una ~ umana*** sein eigener Schatten sein **3** LETT. *(fantasma)* Gespenst *n.* ◆ ***~ della farfalla*** Schmetterlingslarve *f.*
lar|va|le agg. larval, Larven-: ***stadio ~*** Larvenstadium *n.*; FIG. Anfangsstadium *n.*
lar|va|re tr. verhüllen. **lar|va|ta|men|te** avv. verhüllt. **lar|va|to** p.pass. agg. **1** → **larvare 2** *(velato)* versteckt, verhüllt: ***minacce -e*** versteckte Drohungen.
la|sa|gne f.pl. INTRAD. (breite Bandnudeln, mit Hackfleisch und Béchamelsoße überbacken).
la|sca f. *(-sche)* Weißfisch *m.*
la|sca|re tr. *(lasco, laschi)* fieren.
la|scia|pas|sa|re m.inv. Passierschein *m.*
la|scia|re *(lascio, lasci)* **I** tr. **1** lassen: ***mi lascia sempre solo*** er lässt mich immer allein; ***~ la valigia al deposito bagagli*** den Koffer in der Gepäckaufgabe lassen; ***~ un pacco in portineria*** ein Paket beim Pförtner lassen **2** *(smettere di tenere)* los‿lassen: ***~ la presa*** loslassen; ***lasciami!*** lass mich los! **3** *(dimenticare)* lassen, liegen lassen: ***~ gli occhiali sul tavolo*** die Brille auf dem Tisch liegen lassen; ***~ la borsetta sul tram*** die Tasche in der Straßenbahn liegen lassen **4a** *(abbandonare)* verlassen: ***~ il proprio paese*** sein Land verlassen; ***~ la propria ragazza*** seine Freundin verlassen; ***è tardi, ti devo ~*** es ist spät, ich muss dich verlassen **b** hinterlassen: ***il compianto dott. Rossi lascia moglie e figli*** der verstorbene Dr. Rossi hinterlässt Frau und Kinder **c** liegen lassen: ***~ il castello sulla destra*** das Schloss rechts liegen lassen **5** *(rinunciare)* auf‿geben: ***~ il lavoro, un incarico*** die Arbeit, ein Amt aufgeben; ***~ gli studi*** von der Schule gehen; *(università)* das Studium aufgeben **6** *(far rimanere un segno)* hinterlassen (anche FIG.): ***~ un'impronta nella neve*** eine Spur im Schnee hinterlassen **7** *(permettere)* lassen: ***suo padre non la lascia uscire di sera*** ihr Vater lässt sie abends nicht aus‿gehen; ***lascialo parlare!*** lass ihn doch reden! **8** *(fare scendere)* ab‿setzen: ***lasciami alla fermata del tram*** setz mich an der Haltestelle ab **9** *(vendere)* lassen: ***glielo lascio per 10 marchi*** ich lass es Ihnen für 10 Mark **10** *(avanzare)* übrig lassen: ***lasciami una fetta di torta*** lass mir ein Stück Torte übrig **11** *(in eredità)* hinterlassen: ***~ tutto ai poveri*** alles den Armen hinterlassen **II** pronom. **lasciarsi 1** sich trennen, auseinander gehen: ***Marco e Paola si sono lasciati*** Marco und Paola haben sich getrennt **2** ***-rsi fare qcs. da***

qcn. sich von jdm etw. machen lassen: ***-rsi convincere*** sich überzeugen lassen; ***-rsi prendere dall'ira*** von Wut ergriffen werden ◆ ***~ acceso*** *(luce)* brennen lassen; *(elettrodomestici)* an‿lassen; ***~ accesa la radio*** das Radio anlassen; ***lascia andare*** lass es gut sein; ***lascia andare le spiegazioni!*** lass die Erklärungen! ***-rsi andare*** sich gehen lassen; ***-rsi andare alla disperazione, all'ira*** sich von der Verzweiflung packen lassen, in Zorn geraten; ***~ aperto*** offen lassen; ***~ in asso qcn.*** jdn im Stich lassen, jdn sitzen lassen (*o* hängen lassen); ***non ~ niente al caso*** nichts dem Zufall überlassen; ***~ correre*** ein Auge zu‿drücken; ***~ le cose come stanno*** alles beim Alten lassen; ***~ a desiderare*** zu wünschen übrig lassen; ***~ detto qcs.*** etw. aus‿richten lassen; ***lascialo dire!*** lass ihn aussprechen! ***~ qcn. nel dubbio*** jdn im Zweifel lassen; ***~ qcs. in eredità a qcn.*** jdm etw. als Erbschaft hinterlassen; ***lascia fare a me*** lass mich das machen; ***~ qcn. nei guai*** jdn im Stich lassen; ***~ indietro*** zurück‿lassen; ***~ indietro gli altri corridori*** die anderen Läufer ab‿hängen; FIG. ***~ indietro un lavoro*** eine Arbeit zurück‿stellen; ***~ indifferente qcn.*** jdn unbeeindruckt (*o* kalt) lassen; ***~ intendere qcs. a qcn.*** jdm etw. zu verstehen geben; ***non ~ niente di intentato*** nichts unversucht lassen; ***~ libero qcn.*** jdn frei‿lassen; ***~ una mancia*** ein Trinkgeld geben; ***~ un messaggio a qcn.*** jdm eine Nachricht hinterlassen; ***~ qcs. a metà*** etw. halb fertig liegen lassen; ***~ in pace*** in Ruhe lassen; ***~ qcn., qcs. da parte*** jdn, etw. beiseite lassen; ***-rci le penne*** *(soccombere)* den Kürzeren ziehen; *(morire)* ins Gras beißen; ***~ perdere*** es bleiben lassen; ***lasciamo perdere!*** lassen wir das (sein)! ***o prendere o ~*** entweder... oder...; ***~ il segno*** Spuren hinterlassen; ***mi sono lasciato sfuggire che...*** mir ist herausgerutscht, dass...; ***~ qcs. in sospeso*** etw. offen lassen; ***-rsi alle spalle qcs.*** etw. hinter sich lassen, zurück‿lassen; ***~ ogni speranza*** jede Hoffnung auf‿geben; ***~ stare qcn.*** jdn in Ruhe lassen; ***lasciamo stare!*** lassen wir das (sein)! ***~ il tempo che trova*** von keinem Nutzen sein (*o* überflüssig sein); PROV.: ***chi lascia la via vecchia per la nuova sa quel che lascia ma non sa quel che trova*** ein Spatz in der Hand ist besser als eine Taube auf dem Dach; ***vivi e lascia vivere*** leben und leben lassen.

la|scia|ta, ***ogni ~ è persa*** = versäumt ist verloren.

la|sci|to m. Hinterlassenschaft *f.*

la|sci|via f. **1** Laszivität *f.*, Anstößigkeit *f.* **2** *(lussuria)* Laszivität *f.*, Geilheit *f.* **la|sci|vo** agg. **1** lasziv, anstößig **2** *(lussurioso)* geil.

la|sco agg. *(-schi,-sche)* los, lose: ***cavo ~*** loses Tau.

la|ser I m.inv. Laser *m.* **II** agg.inv. Laser-: ***raggio ~*** Laserstrahl *m.*; ***stampante ~*** Laserdrucker *m.*; ***armi ~*** Laserwaffen *pl.* **la|ser|te|ra|pi|a** f. Lasertherapie *f.*

las|sa|ti|vo I agg. abführend, Abführ-: ***gocce -e*** Abführtropfen **II** m. Abführmittel *n.*

las|si|smo m. **1** Nachlässigkeit *f.*, Laxheit *f.* **2** TEOL. Laxismus *m.* **las|si|sta** *(-i,-e)* **I** agg. nachlässig, lax **II** m. e f. nachlässiger Mensch. **las|si|sti|co** agg. *(-ci,-che)* nachlässig, lax.

1.las|so agg. **1** *(stanco)* müde **2** *(infelice)* unglücklich, elend; ***ohi me ~!*** ich Armer!

2.las|so agg. los, lose, locker: ***nodo ~*** lockerer Knoten.

3.las|so m.inv. ***~ di tempo*** Zeitspanne *f.*; ***dopo un breve ~ di tempo*** nach kurzer Zeit.

las|sù avv. **1** *(stato in luogo)* dort oben, da oben: ***da ~ si gode un'ottima vista*** von dort oben genießt man eine sehr schöne Aussicht; ***guarda ~!*** sieh mal da oben! ***~ in Lapponia*** dort oben in Lappland **2** *(moto a luogo)* dort hinauf, da hinauf: ***andiamo ~*** gehen wir dort hinauf; ***fin ~*** bis dort hinauf.

la|stra f. **1** Platte *f.* (anche FOT.) **2** MED. Röntgenbild *n.*: ***fare una ~ a qcs.*** etw. röntgen; COLLOQ. ***farsi le -e*** sich röntgen lassen **3** TIP. Druckplatte *f.* ◆ ***~ di alluminio*** Aluminiumplatte *f.*; ***~ di ardesia*** Schieferplatte *f.*; ***~ di cemento armato*** Stahlbetonplatte *f.*; ***~ fotografica*** Fotoplatte *f.*; ***~ di gesso*** Gipsplatte *f.*; ***~ di ghiaccio*** Eisscholle *f.*; ***~ di marmo*** Marmorplatte *f.*; ***~ di pietra*** Steinplatte *f.*; ***~ di rame*** Kupferplatte *f.*; ***~ di rivestimento*** Abdeckplatte *f.*; FOT. ***~ a specchio*** Hochglanzfolie *f.*; ***~ di vetro*** Glasscheibe *f.*; ***~ di zinco*** Zinkplatte *f.*

la|stri|ca|re tr. *(lastrico, lastrichi)* pflastern. **la|stri|ca|to I** p.pass. agg. **1** → **lastricare 2** gepflastert: ***~ d'oro*** mit Gold gepflastert; FIG. ***~ di difficoltà*** mit Schwierigkeiten gepflastert. **la|stri|ca|to|re** m. Pflasterer *m.*, Pflästerer *m.* **la|stri|ca|tu|ra** f. Pflasterung *f.*

la|stri|co m. *(-chi)* Straßenpflaster *n.* ◆ ***finire, ridursi sul ~*** an den Bettelstab kommen; ***gettare, lasciare qcn. sul ~*** jdn an den Bettelstab bringen.

la|stro|ne m. Felswand *f.*

la|ten|te agg. latent, schwelend: ***malattia ~*** latente Krankheit; ***pericolo ~*** latente Gefahr; ***conflitto ~*** schwelender Konflikt.

la|ten|za f. Latenz *f.*: PSIC. ***periodo di ~*** Latenzperiode *f.*; MED. ***tempo di ~*** Latenzzeit *f.*; ***trovarsi allo stadio di ~*** sich im Stadium der Latenz befinden.

la|te|ra|le I agg. **1** seitlich, Seiten-, lateral: ***entrata (ingresso), uscita, porta ~*** Seiteneingang *m.*, Seitenausgang *m.*, Seitentür *f.*; ***movimento, posizione ~*** Seitenbewegung *f.*, Seitenlage *f.*; ***strada ~*** Seitenstraße *f.*; ***navata ~*** Seitenschiff *n.*; ***tasca ~*** Seitentasche *f.*; MED. ***ramo ~ di una arteria*** lateraler Ast einer Arterie **2** *(collaterale)* Neben-: ***figura ~*** Nebenfigur *f.* **3** LING. Lateral-: ***consonante ~*** Laterallaut *m.* **II** f. **1** LING. Lateral *m.* **2** SPORT Läufer *m.*: ***gioca da ~ destro*** er spielt als rechter Läufer ◆ SPORT ***fallo ~*** Seitenaus *n.*, Aus *n.*; ***mandare in fallo ~*** ins Aus spielen; SPORT ***linea ~*** Seitenauslinie *f.*; ***rimessa ~*** Einwurf *m.*; GEOM. ***superficie ~*** Seitenfläche *f.*

la|te|ra|li|tà f. **1** seitliche Lage *f.*, seitliche Position *f.* **2** FISIOL. Lateralität *f.* **la|te|ral|men|te** avv. seitlich.

la|te|ra|nen|se agg. Lateran-: ***patti -i*** Lateranverträge; ***concilio ~*** Laterankonzil *n.*

la|te|ri|te f. Laterit *m.* **la|te|ri|zio I** agg. *(-zi,-zie)* Ziegel-: ***materiale ~*** Ziegelsteine *pl.* **II** m. *(-zi)* Ziegel *m.*: ***fabbrica di -zi*** Ziegelei *f.*

la|ti|ce f. Pflanzenmilch *f.*, Latex *m.*

la|ti|fo|glia f. Laubbaum *m.*

la|ti|fon|di|sta m. e f. *(-i,-e)* Großgrundbesitzer *m.* (-in *f.*). **la|ti|fon|do** m. **1** Großgrundbesitz *m.* **2** STOR. Latifundium *n.*

la|ti|na|men|te avv. lateinisch.

la|ti|neg|gian|te agg. latinisierend: ***stile ~*** latinisierender Stil. **la|ti|ni|smo** m. Latinismus *m.* **la|ti|ni|sta** m. e f. *(-i,-e)* Latinist *m.* (-in *f.*).

la|ti|ni|tà f. **1** südländischer Charakter *m.*: ***la ~ di una tradizione*** der südländische Charakter einer Tradition **2** *(pertinenza alla lingua latina)* Latinität *f.*, lateinischer Charakter *m.*: ***la ~ di un costrutto*** die Latinität einer Konstruktion; ***aurea ~*** goldene Latinität **3** *(epoca classica)* römische Klassik *f.*: ***la tarda ~*** die späte römische Klassik.

la|ti|niz|za|re I tr. latinisieren **II** pronom. **latinizzarsi** = die südländischen Gebräuche und Sitten an‿nehmen. **la|ti|niz|za|zio|ne** f. Latinisierung *f.*

la|tin lo|ver ['latin lɔver] m.inv. Latin Lover *m.*

la|ti|no I agg. **1** *(dell'antica Roma)* römisch: ***la civiltà -a*** die römische Kultur **2** *(della lingua latina)* lateinisch: ***lingua -a*** lateinische Sprache; ***scrittura -a*** lateinische Schrift **3** ECCL. römisch-katholisch: ***rito ~*** römisch-katholischer Ritus **4** *(neolatino)* südländisch, Latein-: ***temperamento ~*** südländisches Temperament **II** m. **1** *(romano)* Römer *m.* **2** *(lingua)* Latein *n.*: ***~ classico, medievale*** klassisches, mittelalterliches Latein; ***studiare, sapere, parlare il ~*** Latein lernen, können, sprechen; ***un testo in ~*** ein lateinischer Text **3** *(del popolo neolatino)* Südländer *m.* ◆ ***America Latina*** Lateinamerika *n.*; ***croce -a*** lateinisches Kreuz; ***esame di ~*** Lateinprüfung *f.*; ***lezione di ~*** Lateinstunde *f.*; ***paesi -i*** südliche Länder *pl.*; FIG. ***parlare ~*** Chinesisch sprechen; ***professore di ~*** Lateinlehrer *m.*; ***tardo ~*** Spätlatein *n.*; ***vela -a*** Lateinersegel *n.*; ***~ volgare*** Vulgärlatein *n.*

la|ti|no|a|me|ri|ca|no I agg. lateinamerikanisch: ***letteratura -a*** lateinamerikanische Literatur **II** m. Lateinamerikaner *m.*

la|ti|tan|te I agg. flüchtig: ***essere ~*** flüchtig sein, untergetaucht sein, in den Untergrund gegangen sein **II** m. e f. Untergetauchte *m.* e *f.* **la|ti|tan|za** f. Flüchtigsein *n.*, Untergetauchtsein *n.*: ***darsi alla ~*** in den Untergrund gehen. **la|ti|ta|re** intr. (*latito*; aus. *avere*) fehlen: ***la giustizia latita*** die Gerechtigkeit fehlt.

la|ti|tu|di|na|le agg. latitudinal, Breiten-: ***coordinata ~*** Breitengrad *m.* **la|ti|tu|di|nal|men|te** avv. latitudinal.

la|ti|tu|di|ne f. Breite *f.*: ***~ nord, sud*** nördliche, südliche Breite; ***sopra il, sotto il 30° (di) ~ sud*** auf, unter 30° südlicher Breite; *(grado)* ***trovarsi al 40° grado di ~*** auf dem 40. Breitengrad liegen; ***a tutte le -i*** auf allen Breitengraden; ESTENS. ***alle nostre -i non crescono le palme*** in unseren Breiten wachsen keine Palmen ◆ ***~ celeste*** Himmelsbreite *f.*

1.la|to agg. weit; FIG. ***in senso ~*** im weiteren Sinn.

2.la|to m. **1** Seite *f.* (anche FIG.): ***l'altro ~ della strada*** die andere Seite der Straße; ***i due -i di una moneta*** die zwei Seiten einer Münze; GEOM. ***i -i di un quadrato*** die Seiten eines Vierecks; ***dormire sul ~ destro*** auf der rechten Seite schlafen; ***fotografare qcn. di ~*** jdn von der Seite fotografieren; ***vedere il ~ buono di qcn.*** jds gute Seite sehen; ***il ~ migliore di qcn.*** jds beste Seite; ***vedere una cosa dal suo ~ peggiore*** die schlechteste Seite einer Sache sehen; ***esaminare qcs. da tutti i -i*** etw. von allen Seiten untersuchen **2** *(punto di vista)* Gesichtspunkt *m.*: ***dal ~ politico, morale*** vom politischen, moralischen Gesichtspunkt aus; ***da, sotto tutti i -i*** in jeder Hinsicht ◆ ***a ~ di qcn.*** neben jdm, an jds Seite; SPORT ***mandare, mettere a ~*** ins Aus spielen; ***d'altro ~*** andererseits; ***girarsi***

dall'altro ~ sich auf die andere Seite drehen; *~ anteriore* Vorderseite *f.*; *da un ~* von einer Seite; *spostarsi da un ~* zur Seite rücken; *da un ~..., dall'altro ~...* einerseits..., andererseits...; *avere il proprio ~ debole* seine schwache Seite haben; *dal ~ destro (stato in luogo)* auf der rechten Seite; *(moto da luogo)* von der rechten Seite, von rechts; *sul ~ destro (stato in luogo)* auf der rechte Seite; *(moto a luogo)* auf die rechte Seite; *di ~* Seiten-, seitlich; *mettere qcs. di ~* etw. seitlich stellen; *spostarsi di ~* zur Seite rücken; *~ inferiore* Unterseite *f.*; *parenti dal ~ della madre* Verwandte mütterlicherseits; *in, da ogni ~* überall; *parenti dal ~ del padre* Verwandte väterlicherseits; *~ posteriore* Hinterseite *f.*; *dal ~ sinistro (stato in luogo)* auf der linken Seite; *(moto da luogo)* von der linken Seite, von links; *sul ~ sinistro (stato in luogo)* auf der linken Seite; *(moto a luogo)* auf die linke Seite; *~ superiore* Oberseite *f.*

la|to|mi|e, la|to|mie f.pl. Latomien *pl.*: *le ~ di Siracusa* die Latomien von Syrakus.

la|to|re m. Überbringer *m.*: *~ della presente* Überbringer dieses Briefes.

la|tra|re intr. (aus. *avere*) kläffen. **la|tra|to** m. Gekläff(e) *n.*

la|tri|a f. Verehrung *f.*

la|tri|na f. Latrine *f.* ◆ *pulizia delle -e* Latrinenreinigung *f.*

la|tro|ci|nio m. *(-ni)* Diebstahl *m.*

lat|ta f. **1** *(lamiera)* Blech *n.*: *lavorare la ~* Blech walzen **2** *(recipiente)* Blechkanister *m.*; *una ~ di benzina* ein Blechkanister mit Benzin **3** *(barattolo)* Blechdose *f.*, Dose *f.*: *una ~ di olio* eine Dose Öl ◆ *scatola di ~* Blechdose *f.*; *tamburo di ~* Blechtrommel *f.*

lat|ta|ia f. Milchfrau *f.* **lat|ta|io** m. *(-tai)* Milchmann *m.*

lat|tan|te I agg. saugend **II** m. **1** Säugling *m.* **2** SCHERZ. SPREG. Wickelkind *n.* ◆ *alimentazione per -i* Säuglingsnahrung *f.*

lat|ta|si f. Laktase *f.*

lat|ta|zio|ne f. Laktation *f.*, Milchabsonderung *f.*

lat|te I m. Milch *f.*: *una tazza, un bicchiere di ~* eine Tasse, ein Glas Milch; *~ fresco, pastorizzato, condensato* frische, pasteurisierte, kondensierte Milch; *~ scremato, parzialmente scremato, acido* entrahmte, halbfette (*o* teilentrahmte), saure Milch; *~ appena munto* kuhwarme Milch; *far riscaldare il ~* Milch (an‿)wärmen, erhitzen; *tirare il ~* Milch ab‿pumpen **II** agg.inv. *bianco, color ~* milchweiß ◆ *alimentazione a base di ~* Milchnahrung *f.*; *bestiame da ~* Milchvieh *n.*; *bicchiere da ~* Milchglas *n.*; *bidone del ~* Milchkanne *f.*; *bollitore per il ~* Milchtopf *m.*; *bottiglia del ~* Milchflasche *f.*; *bricco del ~* Milchkännchen *n.*; *~ di calce* Milchbrühe *f.*; *~ di capra* Ziegenmilch *f.*; *caramella al ~* Milchbonbon *n.*; *cartone del ~* Milchtüte *f.*; *centrale del ~* Milchhof *m.*; *centrifuga per il ~* Milchzentrifuge *f.*; *cioccolato al ~* Milchschokolade *f.*, Vollmilchschokolade *f.*; *~ di cocco* Kokosmilch *f.*; *~ condensato* Kondensmilch *f.*, Dosenmilch *f.*; *~ a lunga conservazione* haltbare Milch, H-Milch *f.*; *dare il ~ al bambino (al seno)* das Kind stillen; *(col biberon)* dem Kind Milch geben; *dentatura da ~* Milchgebiss *n.*; *dente da ~* Milchzahn *m.*; *~ detergente* Reinigungsmilch *f.*; *~ di fico* Feigenmilchsaft *m.*; *fior di ~* Rahm *m.*; *fratello di ~* Milchbruder *m.*; *gelato al ~* Milcheis *n.*; FIG. *far venire il ~ alle ginocchia a qcn.* = jdn an‿öden; *~ intero* Vollmilch *f.*; FIG. *avere ancora il ~ sulle labbra* noch nicht ganz trocken hinter den Ohren sein; *~ magro* Magermilch *f.*; *maialino da ~* Spanferkel *n.*; *~ di mandorle* Mandelmilch *f.*; *~ materno* Muttermilch *f.*; *~ di mucca* Kuhmilch *f.*; *mucca da ~* Milchkuh *f.*; *panino al ~* Milchbrötchen *n.*; *~ di pecora* Schafmilch *f.*; *~ in polvere* Milchpulver *n.*, Trockenmilch *f.*; *produzione di, del ~* Milcherzeugung *f.*; FIG. *puzzare ancora di ~* noch nicht ganz trocken hinter den Ohren sein; *riso al ~* Milchreis *m.*; *scodella del ~* Milchnapf *m.*; *secchio del ~* Milcheimer *m.*; *~ di soia* Sojamilch *f.*; *~ solare* Sonnenmilch *f.*; *sorella di ~* Milchschwester *f.*; FIG. *succhiare qcs. col ~* etw. mit der Muttermilch ein‿saugen; *togliere il ~ a qcn.* jdn entwöhnen; FIG. *piangere sul ~ versato* = unnütze Tränen vergießen; *vitello da ~* Milchkalb *n.*; *zuppa di ~* Milchsuppe *f.*

lat|te|mie|le m. **1** = Milch mit Honig **2** FIG. *essere tutto ~ con qcn.* jdm Honig um den Mund schmieren.

lat|te|o agg. **1** Milch-: *dieta -a* Milchdiät *f.*; *secrezione -a* Milchabsonderung *f.* **2** *(simile al latte)* milchig: *carnagione -a* milchige Hautfarbe ◆ *crosta -a* Milchschorf *m.*; *farina -a* Nährmehl *n.*; *febbre -a* Milchfieber *n.*; *montata -a* Einschießen *n.* der Milch, Milcheinschuss *m.*; *Via Lattea* Milchstraße *f.*

lat|te|ri|a f. **1** *(negozio)* Milchgeschäft *n.* **2** *(stabilimento)* Molkerei *f.*

lat|te|scen|te agg. LETT. milchig.

lat|ti|ce m. Pflanzenmilch *f.*, Latex *m.*

lat|ti|cel|lo m. Buttermilch *f.*

lat|ti|ci|nio, lat|ti|ci|no m. Milchprodukt *n.*

lat|ti|co agg. *(-ci,-che)* Milch-: *acido ~* Milchsäure *f.*; *fermenti -ci* Milchsäurebakterien *pl.*

lat|tie|ra f. **1** *(bricco)* Milchkännchen *n.* **2** *(bidone)* Milchkanne *f.* **lat|tie|ro** agg. Milch-: *produttività -a* Milchleistung *f.* **lat|tie|ro|ca|se|a|rio** agg. *industria -a* Industrie für Molkereiprodukte.

lat|ti|fe|ro agg. **1a** Milch-, Milch gebend: *vacca -a* Milchkuh *f.* **b** BOT. *pianta -a* Milch absondernde Pflanze **2** ANAT. Milch führend; *canale ~* Milchgang *m.*

lat|ti|gi|no|so agg. **1** milchig: *liquido ~* milchige Flüssigkeit **2** BOT. *pianta -a* Milch absondernde Pflanze.

lat|ti|me m. Milchschorf *m.*

lat|ti|na f. Dose *f.*: *aprire una ~* eine Dose öffnen; *una ~ di olio* eine Dose Öl ◆ *birra in ~* Dosenbier *n.*

lat|to|al|bu|mi|na f. Laktalbumin *n.*, Milcheiweiß *n.*

lat|to|ba|cil|lo m. Milchsäurebakterie *f.*

lat|to|fla|vi|na f. Laktoflavin *n.*

lat|to|ne m. → **lattonzo.**

lat|to|nie|re m. Klempner *m.*, Blechschmied *m.* ◆ *mestiere di ~* Klempnerhandwerk *n.*; *officina di ~* Klempnerwerkstatt *f.*

lat|ton|zo, lat|ton|zo|lo m. **1** *(maialino da latte)* Spanferkel *n.* **2** *(vitello da latte)* Milchkalb *n.*

lat|to|sco|pio m. *(-pi)* Laktoskop *n.*

lat|to|sio m. Milchzucker *m.*, Laktose *f.*

lat|tu|ga f. Kopfsalat *m.* ◆ *~ romana* Sommerendivie *f.*

lau|da f. *(-i)* **1** Lobgesang *m.* **2** pl. RELIG. Laudes *pl.*

lau|da|no m. Laudanum *n.*

lau|da|ti|vo agg. LETT. Lob-, lobend: *canto ~* Lobgesang *m.*; *discorso ~* Lobrede *f.*

lau|de → **lauda.**

lau|ra|ce|e f.pl. Lorbeergewächs *n.*

lau|re|a f. Hochschulabschluss *m.*, Diplom *n.*; *(nelle facoltà umanistiche)* Magister (Artium) *m.*: *conseguire la ~* einen Hochschulabschluss (*o* ein Diplom) erwerben; COLLOQ. *prendere la ~ in ingegneria* sein Diplom als Ingenieur machen; *avere la ~ in medicina* fertiger Mediziner sein; *conferire la ~ a qcn.* jdm das Diplom verleihen; FIG. *tenere la ~ nel cassetto* = das Hochschulstudium beruflich nicht nutzen ◆ *~ breve* = Hochschulabschluss nach einem kurzen Studiengang; *diploma di ~* Hochschulabschluss *m.*; *esame di ~* Diplomprüfung *f.*; *(nelle facoltà umanistiche)* Magisterprüfung *f.*; *ricevere la ~ ad honorem* den Ehrendoktor verliehen bekommen; *tesi di ~* Diplomarbeit *f.*; *(nelle facoltà umanistiche)* Magisterarbeit *f.*; *titolo di ~* Studientitel *m.*

lau|re|an|do I m. Examenskandidat *m.*, Diplomand *m.* **II** agg. *studente ~* Diplomand *m.*

lau|re|a|re *(laureo, laurei)* **I** tr. **1** *~ qcn.* jdm das Diplom verleihen **2** LETT. *(eleggere)* küren **II** pronom. **laurearsi 1** = einen Hochschulabschluss (*o* ein Diplom an einer Universität) erwerben; *-rsi a pieni voti* sein Studium mit Auszeichnung ab‿schließen; *si è laureato in medicina con 110 e lode* = er hat sein Medizinstudium mit Auszeichnung abgeschlossen **2** FIG. *(ottenere un titolo)* erringen: *-rsi campione italiano* den italienischen Meistertitel erringen.

lau|re|a|to I p.pass. agg. **1** → **laureare 2** Diplom-, diplomiert: *essere ~ in psicologia* Diplompsychologe (*o* diplomierter Psychologe) sein **3** LETT. *poeta ~* (mit dem Lorbeerkranz) gekrönter Dichter *m.* **II** m. Akademiker *m.*

1.lau|ren|zia|no agg. **1** von San Lorenzo **2** von Lorenzo il Magnifico.

2.lau|ren|zia|no agg. GEOL. laurentisch: *formazione montuosa -a* laurentische Gebirgsbildung.

lau|re|ta|no agg. lauretanisch: *litania -a* Lauretanische Litanei.

lau|ro m. LETT. **1** Lorbeer(baum) *m.* **2** FIG. Lorbeerkranz *m.* ◆ *~ del vincitore* Siegerlorbeer *m.*

lau|ta|men|te avv. reich(lich): *ricompensare qcn. ~* jdn reich belohnen; *mangiare ~* reichlich essen. **lau|to** agg. reich: *fare -i guadagni* reiche Gewinne erzielen; *-a mancia* großzügiges Trinkgeld; *(per ritrovamento di oggetti)* großzügige Belohnung; *~ pranzo* Schmaus *m.*

la|va f. Lava *f.*: *~ incandescente, liquida, solidificata* glühende, flüssige, erstarrte Lava ◆ *fiume, colata di ~* Lavastrom *m.*

la|va|bian|che|ri|a f. Waschmaschine *f.*: *lavare in ~* mit (*o* in) der Waschmaschine waschen; *caricare la ~* die Waschmaschine füllen.

la|va|bi|le agg. **1** waschecht, Wasch-, (ab)waschbar: *tessuti -i* waschbare Stoffe; *colore ~* waschechte Farbe; *tappezzeria ~* abwaschbare Tapete; *pelle, seta, velluto ~* Waschleder *n.*, Waschseide *f.*, Waschsamt *m.* **2** *(che si toglie con l'acqua)* auswaschbar: *macchie -i* auswaschbare Flecken ◆ *~ in lavatrice* waschmaschinenfest; *~ a mano* (für) Handwäsche (*o* mit der Hand zu waschen).

la|va|bo m. 1 Waschbecken *n.* 2 *(treppiede con catino e brocca)* Waschtisch *m.* 3 LIT. Lavabo *n.*
la|va|cro m. LETT. 1 Waschung *f.* 2a ESTENS. *(luogo)* Badezimmer *n.* b *(recipiente)* Badewanne *f.* 3 FIG. Läuterung *f.* ◆ **~ di sangue** Martyrium *n.*; LIT. **Santo ~** = Taufe *f.*
la|vag|gio m. *(-gi)* 1 Waschen *n.*, Wäsche *f.*, Reinigung *f.*: **~ della macchina** Wagenwäsche *f.*, Autowäsche *f.* 2 MED. Spülung *f.* 3 MINER. Schlämmen *n.* 4 FOT. Wässerung *f.* ◆ **~ del cervello** Gehirnwäsche *f.*; **~ gastrico** Magenspülung *f.*; **~ in lavatrice** Maschinenwäsche *f.*; **~ a mano** Handwäsche *f.*; **~ del motore** Motorwäsche *f.*; **~ dell'oro** Goldwäsche *f.*; **programma di ~** Waschprogramm *n.*; **~ a secco** chemische Reinigung, Trockenreinigung *f.*
la|va|gna f. 1 GEOL. Schiefer *m.* 2 Tafel *f.*: **scrivere qcs. alla (o sulla) ~** etw. an die Tafel schreiben; **cancellare la ~** die Tafel wischen; **andare alla ~** an die Tafel gehen; **vieni alla ~!** komm an die Tafel! **chiamare qcn. alla ~** jdn an die Tafel holen ◆ **~ bianca** weiße Tafel; **~ luminosa** Overheadprojektor *m.* (*o* Tageslichtprojektor *m.*); **~ magnetica** Magnettafel *f.*; **~ a muro** Wandtafel *f.*
la|va|mac|chi|ne m.inv. Autowäscher *m.*
1.la|van|da f. Waschung *f.*; MED. Spülung *f.* ◆ **~ gastrica** Magenspülung *f.*; **fare una ~ gastrica a qcn.** jdn den Magen aus‿pumpen; **~ vaginale** Scheidenspülung *f.*
2.la|van|da f. 1 BOT. Lavendel *m.* 2 *(profumo)* Lavendel *m.*, Lavendelwasser *n.*
la|van|da|ia f. Wäscherin *f.*, Waschfrau *f.* ◆ **ginocchio della ~** Rheumaknie *n.*; **linguaggio da ~** Waschfrauenjargon *m.*
la|van|de|ri|a f. 1 Wäscherei *f.*: **portare qcs. in ~** etw. in die Wäscherei bringen; **ritirare qcs. dalla ~** etw. aus der Wäscherei holen 2 *(stanza)* Waschküche *f.* ◆ **~ automatica** Waschsalon *m.*; **~ a gettoni** Waschsalon *m.*; **~ a secco** Trockenreinigung *f.*
la|van|di|no m. Waschbecken *n.*
la|va|piat|ti I m.inv. Tellerwäscher *m.* II f.inv. 1 Tellerwäscherin *f.* 2 *(lavastoviglie)* Spülmaschine *f.*
la|va|re I tr. 1 waschen; *(stoviglie)* spülen: **~ i piatti** das Geschirr spülen; **~ la macchina** das Auto waschen; **~ i panni** die Wäsche waschen; **~ i capelli a qcn.** jdm die Haare waschen 2 *(strofinando)* putzen: **~ il pavimento, le scale, i vetri** den Boden, die Treppe, Fenster putzen 3 FIG. *(riscattare)* sühnen: **~ un'offesa col sangue** eine Beleidigung mit Blut sühnen II pronom. **lavarsi** 1 sich waschen 2a **-rsi qcs.** sich (D) etw. waschen: **-rsi i capelli** sich die Haare waschen b **-rsi i denti** sich die Zähne putzen ◆ SCHERZ. **-rsi come i gatti** Katzenwäsche machen; FIG. **lavarsene le mani** seine Hände in Unschuld waschen; **~ i panni sporchi in famiglia** die schmutzige Wäsche nicht vor anderen Leuten waschen; **~ a secco** chemisch reinigen, trocken‿reinigen; **~ via lo sporco** den Dreck weg‿waschen.
la|va|sec|co m. e f.inv. chemische Reinigung *f.*, Trockenreinigung *f.*
la|va|sto|vi|glie f.inv. Spülmaschine *f.*
la|va|ta f. Abwaschen *n.*, Waschen *n.* ◆ FIG. **dare una ~ di capo a qcn.** jdm den Kopf waschen; **ricevere una ~ di capo** den Kopf gewaschen bekommen; **darsi una ~ veloce** eine Katzenwäsche machen.
la|va|ti|vo m. 1 Klistier *n.*, Darmeinlauf *m.* 2 FIG. *(scansafatiche)* Drückeberger *m.*, Faulpelz *m.*
la|va|to|io m. *(-oi)* 1 Waschküche *f.* 2 *(vasca)* Waschtrog *m.*
la|va|tri|ce f. Waschmaschine *f.*: **lavare in ~** in der Waschmaschine waschen; **caricare, svuotare la ~** die Waschmaschine füllen, leeren; **mettere i panni in ~** die Wäsche in die Waschmaschine stecken ◆ **~ a caricamento anteriore** Frontlader *m.*; **centrifuga della ~** Wäscheschleuder *f.*; **lavabile in ~** waschmaschinenfest; **risciacquo della ~** Spülgang *m.*
la|va|tu|ra f. 1 Waschen *n.*, Wäsche *f.* 2 *(acqua)* Spülwasser *n.*, Waschwasser *n.* ◆ **una minestra che sembra ~ di piatti** eine Suppe, die wie Spülwasser schmeckt.
la|va|ve|tri m. e f.inv. 1a Fensterputzer *m.* (-in *f.*) b *(dei vetri d'auto)* Autoscheibenputzer *m.* (-in *f.*) 2 *(spatola)* Fensterputzgerät *n.*
la|vel|lo m. Spülbecken *n.*, Waschbecken *n.* ◆ **gruppo ~** kombinierte Küchenspüle.
la|vi|co agg. *(-ci,-che)* Lava-: **colata -a** Lavastrom *m.*
la|vo|ra|bi|le agg. bearbeitbar, verarbeitbar; *(di terreno)* bestellbar: **un materiale facilmente ~** ein leicht bearbeitbares Material.
la|vo|rac|cio m. *(-ci)* 1 Schwerstarbeit *f.* 2 *(lavoro fatto male)* Stümperei *f.*, Pfuscherei *f.*
la|vo|ran|te m. e f. Arbeiter *m.* (-in *f.*) ◆ **~ a domicilio** Heimarbeiter *m.*; **primo ~** Hauptarbeiter *m.*, erster Arbeiter.
la|vo|ra|re I intr. (aus. *avere*) 1 arbeiten: **~ in una fabbrica, per una ditta, per il comune, alle poste** in einer Fabrik, für eine Firma, bei der Gemeinde, bei der Post arbeiten; **~ a un progetto** an einem Projekt arbeiten 2 *(funzionare)* funktionieren: **il motore lavora perfettamente** der Motor funktioniert perfekt 3 *(di negozio ecc.)* laufen: **un negozio che lavora poco** ein Geschäft, das nicht gut läuft II tr. 1 bearbeiten: **~ il legno, il marmo** Holz, Marmor bearbeiten; **~ la terra** den Boden bearbeiten 2 *(impastare)* durch‿kneten: **~ l'impasto per il dolce** den Kuchenteig durchkneten III pronom. **-rsi qcn.** jdn bearbeiten ◆ **~ d'ago e filo** eine Näharbeit verrichten; FIG. **far ~ il cervello** den Grips an‿strengen; **~ a cottimo** im Akkord arbeiten; **~ di fantasia** fantasieren; **~ qcn. ai fianchi** *(pugilato)* jdm mit Körpertreffern ein‿decken; FIG. = jdn unablässig attackieren; **~ di fino** Feinarbeit verrichten; **~ giorno e notte** Tag und Nacht arbeiten; **~ per la gloria** um (einen) Gotteslohn arbeiten; **~ di gomito** sich mit den Ellenbogen einen Weg bahnen; FIG.; **~ a maglia** stricken; **~ come un mulo** wie ein Pferd (*o* Ochse) arbeiten; COLLOQ. **~ come un negro** wie ein Kuli (*o* ein Pferd) arbeiten; **~ in nero** schwarz‿arbeiten; **~ a ore** stundenweise arbeiten; **~ part time** halbtags arbeiten; **~ per qcn.** *(alle dipendenze)* bei jdm arbeiten; *(per conto)* für jdn arbeiten; **~ in proprio** selbstständig arbeiten; **~ sodo** hart arbeiten; FIG. **~ sott'acqua** heimlich arbeiten; **~ all'uncinetto** häkeln; **~ per vivere** durch Arbeit seinen Lebensunterhalt verdienen.
la|vo|ra|ti|vo agg. 1 Arbeits-: **orario ~** Arbeitszeit *f.*; **giornata, settimana -a** Arbeitstag *m.*, Arbeitswoche *f.* 2 *(da lavorare)* **terreno ~** Ackerland *n.* ◆ **attività -a** Erwerbstätigkeit *f.*; **attività -a a scopo di lucro** Gelderwerb *m.*; **capacità -a** Arbeitskraft *f.*
la|vo|ra|to I p.pass. agg. 1 → **lavorare 2a** bearbeitet, verarbeitet: **metallo ~** bearbeitetes Metall b *(coltivato)* bebaut, bestellt c *(finito)* Fertig-: **prodotto ~** Fertigprodukt *n.* II m. Fabrikat *n.*, Fertigware *f.* ◆ **maglione ~ a macchina** maschinengestrickter Pullover; **~ a mano** handgearbeitet; **~ in oro** in Gold ausgeführt (*o* gearbeitet); **pietra -a** geschliffener Stein; **terreno ~** Ackerland *n.*
la|vo|ra|to|re I agg. Arbeiter-, Werk-, werktätig: **classe -trice** Arbeiterklasse *f.*; **studente ~** werktätiger Student II m. 1 *(chi lavora)* Berufstätige *m.*, Werktätige *m.* 2 *(dipendente)* Arbeitnehmer *m.* 3 ESTENS. Arbeiter *m.*: **è un gran ~** er ist ein guter Arbeiter; **~ indefesso** rastloser (*o* unermüdlicher) Arbeiter ◆ **~ agricolo** Landarbeiter *m.*; **~ autonomo** Selbstständige *m.*, Freischaffende *m.*; **~ avventizio** Gelegenheitsarbeiter *m.*; **~ a cottimo** Akkordarbeiter *m.*; **~ dipendente** Arbeitnehmer *m.*; **~ edile** Bauarbeiter *m.*; **~ dell'industria** Industriearbeiter *m.*; **~ in nero** Schwarzarbeiter *m.*; **~ a orario ridotto** Kurzarbeiter *m.*; **sindacato dei -i** Arbeitergewerkschaft *f.*; **~ specializzato** Facharbeiter *m.*; **~ stagionale** Saisonarbeiter *m.*; **statuto dei -i** Arbeitnehmerstatut *n.*; **~ straniero** Gastarbeiter *m.*; **~ subordinato** Lohnabhängige *m.*; **~ a tempo parziale, pieno** Teilzeitbeschäftigte *m.*, Vollzeitarbeiter *m.*; **~ tessile** Textilarbeiter *m.*; **tutela dei -i** Arbeitnehmerschutz *m.*
la|vo|ra|zio|ne f. 1 Bearbeitung *f.*, Verarbeitung *f.*: **~ buona, scadente** gute, mangelhafte Bearbeitung 2 *(produzione)* Herstellung *f.*: **la ~ di un film** die Herstellung eines Films ◆ **~ a caldo** Heißbearbeitung *f.*; **~ del cuoio** Lederverarbeitung *f.*; **essere in ~** in Arbeit sein; **fase di ~** Arbeitsgang *m.*; **~ a freddo** Kaltbearbeitung *f.*; **~ a mano** Handarbeit *f.*; **~ dei metalli** Metallverarbeitung *f.*; **pausa di ~** Drehpause *f.*
la|vo|ret|to m. kleine (*o* kurze) Arbeit *f.*, Job *m.*: **cercare un ~ per le ferie** einen Ferienjob suchen ◆ ESTENS. **hai fatto davvero un bel ~** du hast eine schöne Arbeit geliefert.
la|vo|ric|chia|re intr. *(lavoricchio, lavoricchi*; aus. *avere)* 1 *(lavorare di mala voglia)* lustlos arbeiten 2 *(lavorare occasionalmente)* jobben, gelegentlich arbeiten.
la|vo|ri|o m. 1 andauernde Tätigkeit 2a *(intrigo)* Machenschaften *pl.* b *(sobillazione)* Wühlarbeit *f.*
la|vo|ro m. 1 Arbeit *f.*: **un ~ interessante, monotono** eine interessante, monotone Arbeit; **~ intellettuale** Geistesarbeit *f.*, geistige Arbeit; **compiere, eseguire, sbrigare un ~** eine Arbeit aus‿führen, verrichten, erledigen; **fare il proprio ~** seine Arbeit tun; **fare un buon ~** gute Arbeit leisten; **avere molto ~** viel Arbeit haben; **buttarsi nel ~** sich in die Arbeit stürzen 2 *(occupazione retribuita)* Arbeit *f.*, Arbeitsstelle *f.*: **andare, essere al ~** zur Arbeit gehen (*o* fahren), bei der Arbeit sein; **cercare, trovare un ~** eine Arbeit suchen, finden; **perdere il ~** eine Arbeit verlieren 3a *(prodotto, opera)* Arbeit *f.*, Werk *n.*: **~ accurato, fatto (eseguito) a mano** sorgfältige, handgefertigte Arbeit; **consegnare, ultimare (finire), completare un ~** eine Arbeit liefern, beenden, vollenden; **un ~ in bronzo, in marmo** ein Werk aus Bronze, in Marmor b *(opera letteraria)* **pubblicare un ~** eine Arbeit veröffentlichen; **gli ultimi -i di Calvino** die letzten Werke von Calvino 4 FIS. Arbeit *f.*: **~ motore** Motorarbeit *f.* 5 *(di agenti naturali)* Wirkung *f.*, Einwirkung *f.*: **il ~ dei venti, delle acque** die Einwirkung der Winde, der Gewässer ◆

abito da ~ Arbeitsanzug *m.*; ***~ autonomo*** selbstständige Arbeit; IRON. ***hai fatto proprio un bel ~!*** da hast du etwas Schönes angerichtet! ***-i di bonifica*** Meliorationsarbeiten *pl.*; ***~ dei campi*** Feldarbeit *f.*; ***cavaliere del ~*** INTRAD. (Titel für besondere Verdienste im Bereich der Arbeit); ***cena, colazione di ~*** Arbeitsessen *n.*; ***~ di concetto*** = Büroarbeit *f.*; ***consulente del ~*** Arbeitsberater *m.*; ***contratto di ~*** Arbeitsvertrag *m.*; ***-i in corso*** Baustelle *f.*; ***costo del ~*** Arbeitskosten *pl.*; ***~ a cottimo*** Akkordarbeit *f.*; ***datore di ~*** Arbeitgeber *m.*; ***~ dipendente*** Arbeit *f.* im Angestelltenverhältnis; ***diritto del ~*** Arbeitsrecht *n.*; ***domanda di ~*** Arbeitsgesuch *n.*; ***-i domestici*** Hausarbeit *f.*; ***doppio ~*** zweite Arbeit (*o* Nebenberuf *m.*); ***~ di equipe*** Gruppenarbeit *f.* (*o* Teamwork *f.*); ***a ~ finito*** bei Fertigstellung *f.*; ***~ fisso*** feste Arbeit; ***forza ~*** Arbeitskraft *f.*; FIS. ***~ di una forza*** Arbeit *f.*; ***-i forzati*** Zwangsarbeit *f.*; ***gruppo di ~*** Arbeitsgemeinschaft *f.*; ***~ di gruppo*** Gruppenarbeit *f.*; ***~ d'intarsio*** Intarsienarbeit *f.*, Einlegearbeit *f.*; ***ispettorato del ~*** Gewerbeaufsichtsamt *n.*; ***~ a maglia*** Strickarbeit *f.*, COLLOQ. Strickzeug *n.*; ***magistratura del ~*** Arbeitsgericht *n.*; ***maniaco del ~*** arbeitswütig; ***~ manuale*** Handarbeit *f.*; ***-i di manutenzione*** Wartungsarbeit *f.*, Instandhaltungsarbeit *f.*; ***medicina del ~*** Arbeitsmedizin *f.*; ***mercato del ~*** Arbeitsmarkt *m.*; ***lasciare il ~ a metà*** nur halbe Arbeit machen; ***mettersi al ~*** sich ans Werk machen; ***~ minorile*** Jugendarbeit *f.*; ***~ minuzioso*** Kleinarbeit *f.*; ***mondo del ~*** Arbeitswelt *f.*; ***-i in muratura*** Mauerarbeiten *pl.*; ***~ nero*** Schwarzarbeit *f.*; ***il ~ nobilita l'uomo*** Arbeit adelt den Menschen; ***~ notturno*** Nachtarbeit *f.*; ***offerta di ~*** Arbeitsangebot *n.*; ***orario di ~*** Arbeitszeit *f.*; ***~ a orario ridotto*** Kurzarbeit *f.*; ***posto di ~*** Arbeitsplatz *m.*; ***~ di precisione*** Präzisionsarbeit *f.*; ***-i pubblici*** öffentliche Arbeiten; ***rapporto di ~*** Arbeitsverhältnis *n.*; ***un ~ di responsabilità*** eine verantwortungsreiche Tätigkeit; ***-i di restauro*** Restauration *f.*; ***~ di ricamo*** Stickarbeit *f.*; ***~ saltuario*** Gelegenheitsarbeit *f.*; ***secondo ~ → doppio ~***; ***restare senza ~*** nichts zu tun haben; *(disoccupati)* arbeitslos sein; ***~ sommerso → ~ nero***; ***~ specializzato*** Facharbeit *f.*; ***~ di squadra*** Gruppenarbeit *f.*, Teamarbeit *f.*; ***~ stagionale*** Saisonarbeit *f.*; ***stanza da ~*** Arbeitszimmer *n.*; ***-i stradali*** Straßenbauarbeiten *pl.*; ***~ straordinario*** Überstunden *pl.*; ***~ teatrale*** Theaterstück *n.*; ***~ a tempo pieno, parziale*** Ganztagsarbeit *f.*, Teilzeitarbeit *f.*; ***tribunale del ~*** Arbeitsgericht *n.*; ***ufficio del ~*** Arbeitsamt *n.*; ***~ all'uncinetto*** Häkelarbeit *f.*; ***vivere del proprio ~*** von seiner Hände Arbeit leben.

lay-out ['lei'aut] m.inv. **1** Layout *n.* **2** *(disposizione)* Anordnung *f.*

la|zia|le I agg. Latiums **II** m. e f. Bewohner *m.* (-in *f.*) Latiums.

La|zio n.pr.m. Latium *n.*

la|zo m.inv. Lasso *n.*: ***prendere al ~*** mit dem Lasso fangen (*o* ein‿fangen).

la|zu|li|te f. Lazulith *m.*

laz|za|ret|to m. Seuchenkrankenhaus *n.* **Laz|za|ro** n.pr.m. Lazarus *m.*

laz|za|ro|na|ta f. Gaunerei *f.* **laz|za|ro|ne** m. **1** Faulenzer *m.* **2** *(mascalzone)* Gauner *m.*, Schuft *m.*, Schurke *m.*

laz|zo m. **1** *(azione comica)* Schwank *m.*, Posse *f.* **2** *(motto scherzoso)* Witz *m.* ◆ ***frizzi e -i*** Possenreißerei *f.*

le I artc.det.f.pl. **1** die: ***~ signore*** die Frauen **2** *(davanti a nomi di gruppi insulari)* die: ***~ Azzorre*** die Azoren; ***~ Hawaii*** die Hawaii-Inseln **3** *(per indicare le ore)* ***sono ~ sei*** es ist sechs Uhr **II** pron.pers. f.sing. **1** *(compl. di termine)* ihr: ***non ~ hai detto nulla?*** hast du ihr nichts gesagt? ***cosa ~ regali?*** was schenkst du ihr? ***parlandole così, la ferisci*** wenn du so mit ihr sprichst, beleidigst du sie; ***la rivista è sul tavolo, puoi darle un'occhiata*** die Zeitschrift liegt auf dem Tisch, du kannst einen Blick hineinwerfen **2** *(compl. di termine; forma di cortesia)* Ihnen: ***~ comunicherò presto il referto degli esami*** ich werde Ihnen den Befund bald mit‿teilen **III** pron.pers. f.pl. **1** *(compl.ogg.)* sie: ***io non ~ conosco*** ich kenne sie nicht; ***guardandole mi sono accorto che...*** als ich sie ansah, bemerkte ich, dass...; ***non ~ avevo mai viste così entusiaste*** ich hatte sie noch nie so begeistert gesehen; ***queste cose ce ~ avevi già dette*** das hattest du uns schon gesagt **2** *(in espressioni ellittiche; per lo più non tradotto)*: ***~ pensa, studia, inventa tutte!*** was er sich nicht alles ausdenkt! ***te ~ dò*** ich knall dir eine! ***guarda che ~ prendi*** pass auf, sonst setzt es was.

leader ['lider] **I** m.inv. **1** Führer *m.*: ***~ di un partito*** Führer einer Partei; ***~ dei palestinesi*** Palästinenserführer; ***avere la stoffa del ~*** eine Führernatur sein **2** SPORT *(in classifica)* Tabellenführer *m.*, Spitzenführer *m.* **II** agg.inv. führend: ***azienda ~*** führendes Unternehmen; ***prodotto ~ nel settore delle macchine utensili*** Marktführer *m.* auf dem Gebiet der Werkzeugmaschinen. **leader|ship** ['liderʃip] f.inv. Führung *f.*: ***la ~ di un movimento*** die Führung einer Bewegung.

le|a|le agg. **1** aufrichtig, ehrlich, lauter; *(corretto)* fair: ***persona ~*** aufrichtiger Mensch; ***concorrenza ~*** lauterer Wettbewerb; ***avversario, combattimento ~*** fairer Gegner, Kampf **2** *(fedele)* treu, loyal: ***amico ~*** loyaler Freund.

le|a|li|smo m. Loyalität *f.*, Regierungstreue *f.* **le|a|li|sta** agg. *(-i,-e)* loyal: ***truppe -e*** loyale Truppen.

le|al|men|te avv. **1** aufrichtig, ehrlich; *(correttamente)* fair **2** *(fedelmente)* treu, loyal: ***combattere ~*** treu ergeben kämpfen.

le|al|tà f. **1** *(correttezza)* Aufrichtigkeit *f.*, Loyalität *f.*, Fairness *f.*: ***~ di un comportamento*** Loyalität eines Verhaltens; ***dar prova di ~*** sich fair zeigen **2** *(fedeltà)* Treue *f.*, Loyalität *f.*: ***~ verso qcn.*** Loyalität gegen jdn; ***~ di un amico*** Loyalität eines Freundes; ***~ d'animo*** innerliche Treue.

le|ar|do I agg. grauscheckig **II** m. Grauschimmel *m.*

leasing ['lizing] m.inv. Leasing *n.*: ***~ automobilistico, immobiliare*** Auto-, Immobiliarleasing *n.*; ***affittare in ~*** etw. leasen.

leb|bra f. **1** Lepra *f.*, Aussatz *m.* **2** BOT. Schorf *m.* ◆ ***fuggire qcn. come la ~*** jdn wie die Pest meiden. **leb|bro|sa|rio** m. *(-ri)* Leprosarium *n.*, Krankenhaus *n.* für Leprakranke. **leb|bro|so I** agg. aussätzig, leprakrank **II** m. Leprakranke *m.*, Aussätzige *m.* (anche FIG.).

le|ca|nio m. *(-ni)* Schildlaus *f.*

lec|ca|cu|lo m. e f.inv. VOLG. Schleimscheißer *m.* (-in *f.*), Arschkriecher *m.* (-in *f.*).

lec|ca-lec|ca m.inv. Lutscher *m.*

lec|ca|men|to m. Lecken *n.*, Belecken *n.*

lec|ca|pie|di m. e f.inv. SPREG. Speichellecker *m.* (-in *f.*).

lec|car|da f. Fettfänger *m.*, Fettpfanne *f.*

lec|ca|re *(lecco, lecchi)* **I** tr. **1** lecken; *(per incollare)* an‿lecken: ***~ il gelato*** Eis lecken; ***~ un francobollo*** eine Briefmarke anlecken; ***il cane mi lecca la mano*** der Hund leckt an meiner (*o* leckt mir die) Hand; ***la gatta lecca i piccoli*** die Katze leckt die Jungen **2** *(leccar via)* auf‿lecken: ***la gatta lecca il latte dal pavimento*** die Katze leckt die Milch vom Boden auf **3** FIG. *(adulare)* ***~ qcn.*** jdm schmeicheln, jdm um den Bart gehen (*o* streichen) **4** *(curare eccessivamente)* FIG. auf‿putzen: ***~ il proprio abbigliamento*** die eigene Kleidung aufputzen **II** pronom. **leccarsi 1** sich (D) lecken, sich (D) ab‿lecken: ***-rsi le dita, le labbra*** sich die Finger, die Lippen ablecken; ***-rsi i baffi*** sich die Lippen lecken (anche FIG.); ***-rsi le ferite*** sich die Wunden lecken (anche FIG.) **2** FIG. *(farsi bello)* sich schniegeln, sich heraus‿putzen ◆ VOLG. ***~ il culo a qcn.*** jdm in den Arsch kriechen; FIG. ***~ i piedi, le scarpe a qcn.*** jdm die Stiefel lecken.

lec|ca|ta f. Lecken *n.*, Ablecken *n.*: ***dare una ~ a qcs.*** etw. (A) ab‿lecken (*o* lecken). **lec|ca|to** p.pass. agg. **1 → leccare 2** FIG. *(affettato)* geglättet, poliert **3** *(di persona molto curata)* geschniegelt, geleckt. **lec|ca|tu|ra** f. **1** Lecken *n.*, Ablecken *n.* **2** FIG. *(adulazione)* Schmeichelei *f.* **3** FIG. *(affettazione)* Affektiertheit *f.*

lec|ce|to m. Steineichenwald *m.*

lec|chi|no m. Kriecher *m.*, Schleimer *m.*

lec|cio m. *(-ci)* Steineiche *f.*

lec|cor|ni|a f. Leckerbissen *m.*, Delikatesse *f.*: ***un tavolo imbandito di -e*** ein Tisch voller Leckerbissen.

le|ci|ti|na f. Lezithin *n.* ◆ ***~ di soia*** Sojalezithin *n.*

le|ci|to I agg. **1** erlaubt, gestattet, zulässig: ***essere ~ a qcn.*** jdm erlaubt sein; ***attività -a*** erlaubte Tätigkeit; ***atto ~*** erlaubte (*o* zulässige) Handlung; ***sciopero ~*** (rechtlich) zulässiger Streik; ***(non) tutto è ~*** (nicht) alles ist erlaubt; ***a lui tutto è ~*** ihm ist alles erlaubt **2** *(giustificato)* berechtigt: ***domanda -a*** berechtigte Frage **II** m. Erlaubte *n.*, Zulässige *n.*: ***nei limiti del ~*** im Rahmen des Zulässigen ◆ ***causa -a*** rechtmäßiger Grund; ***dove è diretta, se mi è ~?*** wohin gehen Sie, wenn ich fragen darf?

lec|tio bre|vis ['lektsjo-] f.inv. verkürzter Unterricht *m.*, Lectio brevis *f.*

le|de|re tr. *(lesi, leso)* verletzen, schädigen (anche FIG.): ***il proiettile ha leso organi vitali*** die Kugel hat lebenswichtige Organe verletzt; ***~ i diritti di qcn.*** jds Rechte verletzen; ***~ gli interessi di qcn.*** jds Interessen schädigen.

1.le|ga *(-ghe)* f. **1** Liga *f.*, Bund *m.*, Bündnis *n.*: ***stringersi in una ~*** sich zu einem Bündnis zusammen‿schließen **2** *(associazione)* Verband *m.*, Vereinigung *f.* **3** *(combriccola)* Bande *f.*, Clique *f.*: ***essere della ~*** zur Clique gehören ◆ STOR. ***~ anseatica*** Hanse *f.*, Hansebund *m.*; ***~ difensiva*** Verteidigungsbündnis *n.*; ***~ doganale*** Zollvereinigung *f.*; ***far ~ contro qcn.*** gegen jdn ein Bündnis schließen; ***far ~ con qcn.*** sich mit jdm zusammen‿tun; ***~ monetaria*** Währungsübereinkommen *n.*; STOR. ***~ delle nazioni*** Völkerbund *m.*; ***~ Nord*** Liga Nord; ***~ sindacale*** Gewerkschaftsbund *m.*; ***unirsi in una ~*** sich verbünden.

2.le|ga f. *(-ghe)* METALL. Legierung *f.*: **~ *in argento*** Silberlegierung *f.* ◆ ***di bassa ~*** *(d'oro)* niedriger Goldgehalt; *(d'argento)* niedriger Silbergehalt; FIG. von niedrigem Niveau, minderwertig; ***di buona ~*** *(d'oro)* hoher Goldgehalt; *(d'argento)* hoher Silbergehalt; FIG. von guter Qualität; ***fare ~*** legieren; **~ *leggera*** Leichtmetalllegierung *f.*; **~ *tipografica*** Schriftmetall *n.*, Letternmetall *n.*

3.le|ga f. *(-ghe) (unità di misura)* Meile *f.* ◆ **~ *marina*** Seemeile *f.*; ***gli stivali delle sette -ghe*** die Siebenmeilenstiefel.

le|gac|cio m. *(-ci)* Schnürband *n.* ◆ *(maglia)* ***punto ~*** Rechtsmasche *f.*

le|ga|le I agg. **1** *(concernente il diritto)* rechtlich, Rechts-: ***l'aspetto ~ di un problema*** der rechtliche Aspekt eines Problems; ***questione ~*** Rechtsfrage *f.* **2** *(fissato per legge)* gesetzlich, Gesetz-: ***rappresentante ~*** gesetzlicher Vertreter **3** *(conforme alla legge)* legal: ***azione ~*** legale Handlung **4** *(giudiziario)* Gerichts-: ***procedura ~*** Gerichtsverfahren *n.*; ***atti, spese -i*** Gerichtsakten *pl.*, Gerichtskosten *pl.* **5** *(di avvocato)* Anwalts-, Rechtsanwalts-: ***studio ~*** (Rechts)anwaltsbüro *n.* **II** m. **1** *(consulente)* Rechtsbeistand *m.*, Rechtsberater *m.* **2** *(avvocato)* Rechtsanwalt *m.*: ***rivolgersi a un ~*** sich an einen Rechtsanwalt wenden ◆ ***armi -i*** rechtliche Mittel; ***carta ~*** Stempelpapier *n.*; ***consulente ~*** Rechtsbeistand *m.*, Rechtsberater *m.*; ***valido a tutti gli effetti -i*** rechtsgültig; ***medicina ~*** Gerichtsmedizin *f.*; ***medico ~*** Gerichtsarzt *m.*; ***mezzi -i*** Rechtsmittel *pl.*; ***numero ~*** beschlussfähige Anzahl; ***ora ~*** Sommerzeit *f.*; ***via ~*** Rechtsweg *m.*: ***per vie -i*** auf dem Rechtsweg; ***adire le vie -i, passare a vie -i*** den Rechtsweg beschreiten.

le|ga|li|smo m. Legalismus *m.* **le|ga|li|sta** *(-i,-e)* **I** agg. legalistisch **II** m. e f. gesetzestreuer Mensch *m.* **le|ga|li|sti|co** agg. *(-ci,-che)* legalistisch: ***atteggiamento ~*** legalistische Einstellung.

le|ga|li|tà f. Gesetzlichkeit *f.*, Legalität *f.*: **~ *di un provvedimento*** Gesetzlichkeit einer Maßnahme; ***agire nei limiti della ~*** im Rahmen der Legalität handeln; ***ai limiti estremi della ~*** an der Grenze der Legalität; ***vivere al di fuori della ~*** außerhalb der Legalität leben ◆ ***principio di ~*** Legalitätsprinzip *n.* **le|ga|li|ta|rio** *(-ri, -rie)* agg. gesetzlich, legal.

le|ga|liz|za|re tr. **1** *(autenticare)* amtlich beglaubigen, legalisieren: **~ *un atto, un documento*** eine Urkunde beglaubigen; **~ *un certificato*** eine Bescheinigung legalisieren **2** *(regolarizzare, rendere legale)* gesetzmäßig machen, legalisieren: **~ *un rapporto di lavoro*** ein Arbeitsverhältnis legalisieren; **~ *l'uso di stupefacenti*** den Drogenkonsum legalisieren. **le|ga|liz|za|to** p.pass. agg. **1** → **legalizzare 2** beglaubigt, legalisiert: ***atto ~*** beglaubigte Urkunde; ***copia conforme -a*** übereinstimmende und legalisierte (*o* beglaubigte) Abschrift. **le|ga|liz|za|zio|ne** f. Beglaubigung *f.*, Legalisierung *f.*: **~ *giudiziaria*** gerichtliche Beglaubigung ◆ ***tassa di ~*** Beglaubigungsgebühr *f.*

le|gal|men|te avv. **1** gesetzlich, gesetzmäßig **2** *(per vie legali)* gerichtlich: ***procedere ~*** gerichtlich vor‿gehen.

le|ga|me m. **1** Bindung *f.*, Verbindung *f.* (anche CHIM. FIS.): ***avere un forte ~ con qcn.*** eine starke Bindung zu jdm haben; **~ *paterno, materno*** Vater-, Mutterbindung *f.*; ***avere un ~ di amicizia con qcn.*** jdm, mit jdm freundschaftlich verbunden sein **2** *(nesso)* Verbindung *f.*: ***non vi è alcun ~ fra i due avvenimenti*** zwischen den beiden Ereignissen besteht keine Verbindung ◆ **~ *di amicizia*** Freundschaftsbund *m.*; **~ *ionico*** Ionenverbindung *f.*; ***-i di parentela*** verwandtschaftliche Bande.

le|ga|men|to m. **1** Verbindung *f.* **2** ANAT. Band *n.*: ***stirarsi un ~*** sich ein Band zerren **3** LING. Bindung *f.* ◆ **~ *crociato del ginocchio*** Kreuzband *m.*; **~ *inguinale*** Leistenband *m.*; ***rottura dei -i*** Bänderriss *m.*; **~ *dell'utero*** Mutterband *n.*; ***vocale di ~*** Bindevokal *f.*

le|gan|te I agg. bindend, Binde-: ***materiale ~*** Bindemittel *n.* **II** m. **1** Bindemittel *n.*, Binder *m.*: **~ *idraulico*** hydraulisches Bindemittel **2** GASTR. Bindemittel *n.* **3** METALL. Legierungselement *n.*

1.le|ga|re *(lego, leghi)* **I** tr. **1a** binden: **~ *un mazzo di fiori*** einen Blumenstrauß binden **b** *(legare insieme)* zusammen‿binden: **~ *i capelli con un nastro*** das Haar mit einem Band zusammenbinden **2 ~ *a qcs.*** an etw. (A) an‿binden, fesseln; *(con una catena)* an etw. (A) an‿ketten: **~ *qcn. a un albero*** jdn an einen Baum fesseln; **~ *la bicicletta al cancello*** das Fahrrad an das Gitter anketten; **~ *la barca alla riva*** das Boot am Ufer anbinden **3** *(per chiudere)* zu‿binden, verschnüren, zu‿schnüren: **~ *un sacco*** einen Sack zubinden; **~ *un pacco*** ein Paket verschnüren; **~ *le scarpe a un bambino*** einem Kind die Schuhe zuschnüren **4a** FIG. *(vincolare)* binden, verpflichten: **~ *con una promessa*** durch ein Versprechen verpflichten; **~ *con un giuramento*** mit einem Eid binden **b** *(unire)* binden: ***l'amicizia che mi lega a voi*** die Freundschaft, die mich an euch bindet **5** *(connettere)* verbinden: **~ *due concetti tra loro*** zwei Begriffe miteinander verbinden **6** *(rilegare)* binden, ein‿binden: **~ *un libro*** ein Buch binden **7** GASTR. binden: **~ *un sugo*** eine Soße binden **8** METALL. legieren: **~ *rame e bronzo*** Kupfer und (*o* mit) Zink legieren **9** MUS. binden, legato spielen **II** intr. (aus. *avere*) **1** METALL. eine Legierung ein‿gehen: ***questi metalli non legano*** diese Metalle gehen keine Legierung ein **2** *(di colori)* zueinander passen **3** FIG. Freundschaft schließen: **~ *con qcn.*** mit jdm Freundschaft schließen; ***ha legato facilmente con i nuovi vicini*** er hat mit den neuen Nachbarn leicht Freundschaft geschlossen **III** pronom. **legarsi 1a** sich binden: ***-rsi a qcn., qcs.*** sich an jdn, etw. binden: ***è troppo giovane per -rsi*** er ist zu jung, um sich zu binden **b** *(vincolarsi)* sich binden, sich verpflichten **2** CHIM. METALL. sich verbinden: ***il ferro si lega con il calcio*** Eisen verbindet sich mit Kalzium ◆ **~ *il cane alla catena*** den Hund an die Kette legen; **~ *in fascio*** bündeln; ***legarsela al dito*** es sich hinter die Ohren schreiben; **~ *le mani a qcn.*** jdm die Hände binden; ***matto, pazzo da ~*** vollkommen verrückt.

2.le|ga|re tr. *(lego, leghi)* DIR. vermachen, hinterlassen.

le|ga|ta|rio m. *(-ri)* Legatar *m.*

le|ga|ti|zio agg. *(-zi,-zie)* gesandtschaftlich.

1.le|ga|to I p.pass. agg. **1** → **legare 2a** gebunden: ***essere ~ a qcs.*** an etw. (A) gebunden sein **b** ***portare i capelli -i*** die Haare zusammengebunden tragen **3a** FIG. verbunden, gebunden, -gebunden: ***essere ~ da amicizia a qcn.*** jdm freundschaftlich verbunden sein; **~ *alla tradizione*** traditionsgebunden **b** *(vincolato)* gebunden: **~ *a, da una promessa*** an ein Versprechen gebunden; **~ *a, da un giuramento*** an einen Eid gebunden **4** *(impacciato)* verkrampft: ***essere ~ nei movimenti*** in den Bewegungen verkrampft sein **5** *(dipendente da)* -abhängig: **~ *al contesto*** kontextabhängig **II** m. MUS. Legato *n.* ◆ **~ *alla catena*** angekettet; FIG. ***essere -i a filo doppio*** = eng verbunden sein; FIG. ***qcn. ha le mani -e*** jdm sind die Hände gebunden; ***essere ~ sentimentalmente a qcn.*** mit jdm liiert sein.

2.le|ga|to m. Legat *m.*, Gesandte *m.*: **~ *pontificio*** päpstlicher Gesandte.

3.le|ga|to m. DIR. Vermächtnis *n.*, Legat *n.*; ***fare un ~ a qcn.*** jdm etw. vermachen.

le|ga|to|re m. Buchbinder *m.* **le|ga|to|ri|a** f. Buchbinderei *f.* **le|ga|tri|ce** f. Umschnürmaschine *f.* ◆ **~ *per paglia*** Strohbinder *m.*

le|ga|tu|ra f. **1** *(di pacco)* Verschnürung *f.* **2** *(fasciatura)* Verband *m.*: ***una ~ stretta, lenta*** ein enger, lockerer Verband; ***stringere, allentare una ~*** einen Verband enger an‿legen, lockern **3** *(rilegatura)* Einband *m.* **4** MUS. Bindebogen *m.*, Ligatur *f.* **5** *(incastonatura)* Einfassung *f.* ◆ **~ *in brossura*** Broschur *f.*; **~ *in cartone*** Pappeinband *m.*; **~ *in pelle*** Ledereinband *m.*; **~ *in mezza pelle*** Halbledereinband *m.*; **~ *a spirale*** Spiraleinband *m.*; **~ *in tela*** Leineneinband *m.*

le|ga|zio|ne f. Gesandschaft *f.*; Legation *f.*: ***consigliere di ~*** Legationsrat *m.*; ***segretario di ~*** Legationssekretär *m.*

le|gen|da f.inv. Legende *f.*

leg|ge f. **1** Gesetz *n.*: ***discutere una ~*** über ein Gesetz beraten; ***approvare (varare), applicare una ~*** ein Gesetz verabschieden, an‿wenden; ***emanare (promulgare), abrogare una ~*** ein Gesetz erlassen, auf‿heben; ***infrangere (violare), trasgredire, eludere la ~*** das Gesetz brechen, übertreten, umgehen; ***contravvenire a una ~*** gegen ein Gesetz verstoßen; ***far passare una ~*** ein Gesetz durch‿bringen; ***richiamarsi a una ~*** sich auf ein Gesetz berufen; ***interpretare una ~*** ein Gesetz aus‿legen; ***rispettare una ~*** ein Gesetz ein‿halten; ***una ~ entra in vigore, decade, è decaduta*** ein Gesetz tritt in Kraft, außer Kraft, ist außer Kraft; ***tutti sono uguali davanti alla ~*** vor dem Gesetz sind alle gleich; ESTENS. **~ *non scritta*** ungeschriebenes Gesetz; ***la ~ della domanda e dell'offerta*** das Gesetz von Angebot und Nachfrage **2** *(diritto)* Recht *n.*, Rechtswissenschaft *f.* **3** UNIV. Jura *n.*: ***studiare ~*** Jura studieren; ***studente di ~*** Jurastudent *m.*; ***facoltà di ~*** juristische Fakultät ◆ FIG. **~ *abrogativa*** aufhebendes Gesetz; **~ *agraria*** Agrargesetz *n.*; **~ *amministrativa*** Verwaltungsgesetz *n.*; **~ *antitrust*** Kartellgesetz *n.*; ***braccio della ~*** Arm (*o* Hand) des Gesetzes; **~ *civile*** Zivilgesetz *n.*; ***contravvenzione della ~*** Gesetzesübertretung *f.*; ***decreto ~*** Rechtsverordnung *f.*; **~ *delega*** Ermächtigungsgesetz *n.*; ***deroga alla ~*** Derogation *f.*; FIG. ***dettar ~*** den Ton an‿geben, das Regiment führen; ***disegno di ~*** Gesetzentwurf *m.*, Gesetzesvorlage *f.*; **~ *sul divorzio*** Ehescheidungsgesetz *n.*; ***dottore in ~*** Doktor der Rechtswissenschaft; **~ *elettorale*** Wahlgesetz *n.*; **~ *finanziaria*** Finanzgesetz *n.*; **~ *fiscale*** Steuergesetz *n.*; **~ *fisica*** physikalisches Gesetz; **~ *fonetica*** phonetisches Gesetz; ***la ~ del più forte*** das Gesetz des Stärkeren; ***la ~ della giungla*** das Gesetz des Dschungels; **~ *di gravità*** Gesetz der Schwerkraft; ASTR. ***-i di Keplero*** keplersche Gesetze; ***la lettera della ~*** der Gesetzeswortlaut *m.* (*o* der Buchstabe des Gesetzes); **~ *marziale*** Standrecht *n.*; **~ *di mercato*** Marktgesetz *n.*; **~ naturale, della natura** Naturgesetz *n.*; FIS. **-i di Newton** newtonsche Gesetze; **in nome della ~** im Namen des Gesetzes; **a norma di ~** laut Gesetz (*o* von Gesetzes wegen); **per ~** gesetzlich, nach dem Gesetz; **~ ponte** Überbrückungsgesetz *n.*; **progetto di ~** Gesetzentwurf *m.*; **proposta di ~** Gesetzesantrag *m.*; **~ quadro** Rahmengesetz *n.*; **-i razziali** Rassengesetze *pl.*; **~ sanitaria** Gesundheitsgesetz *n.*; MAT. **~ di similitudine** Ähnlichkeitssatz *m.*; **-i speciali** Sondergesetze *pl.*; **~ sulla stampa** Pressegesetz *n.*; **~ stralcio** Übergangsgesetz *n.*; **~ del taglione** Talionslehre *f.*; BIBL. **Tavole della Legge** Gesetzestafeln *pl.*; **a termini di ~** laut Gesetz; **uomo di ~** Jurist *m.*; **secondo le -i vigenti** nach den geltenden Gesetzen; PROV. **fatta la ~, trovato l'inganno** jedes Gesetz hat seine Hintertür.

leg|gen|da f. **1** Legende *f.*: **diventare una ~, entrare nella ~** zur Legende werden; **~ popolare** Volkslegende *f.*; **la ~ di re Artù** die Artussage **2** FIG. Geschichte *f.* **3** → **legenda. leg|gen|da|rio** agg. *(-ri,-rie)* legendär, sagenhaft: **un'impresa -a** ein legendäres Unternehmen.

leg|ge|re *(leggo, leggi; lessi; letto)* tr. **1** lesen (anche assol.): **~ un racconto, uno spartito, una carta geografica** eine Erzählung, Partitur, Landkarte lesen; **~ qcs. con attenzione, in fretta, da cima a fondo** etw. aufmerksam, schnell, von Anfang bis Ende lesen; **~ qcs. sul giornale, in un libro** etw. in der Zeitung, in einem Buch lesen; **~ ad alta voce, a bassa voce** laut, leise lesen; **imparare a ~** lesen lernen; **saper ~** lesen können; **insegnare a ~ a qcn.** jdm das Lesen bei‿bringen; **ho letto qualcosa in proposito, al riguardo** ich habe darüber etwas, davon gelesen; **ho letto tutto quell'autore** ich habe alles von diesem Autor gelesen; **la scritta non si legge, si legge ancora** die Schrift ist nicht lesbar (*o* ist unlesbar), ist noch zu lesen (*o* ist noch lesbar); FIG. **~ qcs. negli occhi di qcn.** etw. in jds Augen lesen (*o* etw. an jds Augen ab‿lesen) **2** *(a un pubblico)* vor‿lesen: **~ una favola a qcn.** jdm ein Märchen vorlesen **3** *(interpretare)* aus‿legen, deuten, verstehen: **~ un testo in chiave ironica** einen Text ironisch verstehen; **~ un avvenimento alla luce di qcs.** einen Vorfall vor dem Hintergrund von etw. deuten **4a** INFORM. ab‿lesen, dekodifizieren **b** *(di sensore)* ab‿tasten ◆ **addormentarsi leggendo** beim Lesen ein‿schlafen; **~ le carte** die Karten legen; **~ le carte a qcn.** jdm die Karten lesen; **un testo facile, difficile da ~** ein leicht, schwer zu lesender Text; **un elenco di libri da ~** eine Leseliste; **te lo si legge in faccia, in fronte** das sieht man dir an; **leggasi... (leggi...)** das heißt...; **~ la mano a qcn.** jdm aus der Hand lesen; **~ la musica** Noten lesen; **(saper) ~ nel pensiero** Gedanken lesen können; **~ tra le righe** zwischen den Zeilen lesen.

leg|ge|rez|za f. **1** Leichtheit *f.*, Leichtigkeit *f.* **2** *(sconsideratezza)* Leichtsinn *m.*, Leichtsinnigkeit *f.*, Leichtfertigkeit *f.*: **commettere un'imperdonabile ~** einen sträflichen Leichtsinn begehen; **è stata una grossa ~ da parte sua** es war eine große Leichtsinnigkeit von ihm ◆ **comportarsi con ~** leichtsinnig handeln.

leg|ger|men|te avv. **1** leicht: **tamponare ~ una ferita** eine Wunde leicht tamponieren **2** *(poco)* leicht, etwas: **in modo ~ diverso** etwas anders; **~ più grande, più piccolo** etwas größer, kleiner.

leg|ge|ro I agg. **1a** leicht: **un bagaglio ~** ein leichtes Gepäck; **essere ~ come una piuma** leicht wie ein Feder (*o* federleicht) sein; **con passo ~** mit leichtem Schritt **b** *(non spesso)* **abiti -i, scarpe -e** leichte Kleider, Schuhe; **una coperta -a** eine leichte Decke **c** *(non grasso)* **cibi -i** leichte Kost; **mangiare qcs. di ~** etwas Leichtes essen **d** *(debole, non intenso)* **una -a scossa di terremoto** ein leichter Erdstoß; **una -a brezza** eine leichte Brise; **un ~ rumore** ein schwaches Geräusch; **un ~ profumo di menta** ein leichter Duft von Minze **e** *(non grave)* **una ferita -a** eine leichte Verletzung; **una forma -a di influenza** eine leichte Grippe; **un ~ malessere, mal di testa** ein leichtes Unwohlsein, leichte Kopfschmerzen **f** *(non faticoso o poco impegnativo)* **un lavoro ~** eine leichte Arbeit; **un film, libro ~** ein leichter Film, ein leichtes Buch **g** *(minimo, lieve)* **avere un ~ difetto di pronuncia** einen leichten Sprachfehler haben; **con un ~ imbarazzo** mit leichter Verlegenheit **h** FIG. *(facile)* **una ragazza -a** ein leichtes Mädchen **2** *(di bevanda)* leicht, dünn: **un tè ~** ein leichter (*o* dünner) Tee **3** *(piccolo)* leicht, klein; *(minimo)* gering: **un ~ miglioramento** eine leichte Besserung; **un ~ aumento dei prezzi** eine leichte Preiserhöhung; **una -a differenza** ein geringer Unterschied; **un ~ ritardo** eine geringe Verspätung **II** avv. leicht: **essere vestito ~** leicht bekleidet (*o* angezogen) sein ◆ **prendere qcs. alla -a** etw. auf die leichte Schulter nehmen; **atletica -a** Leichtathletik *f.*; **armi -e** leichte Waffen; **artiglieria -a** leichte Artillerie; **a cuor ~** leichtsinnig; **droghe -e** leichte Drogen; **industria -a** Leichtindustrie *f.*; **lega -a** Leichtmetalllegierung *f.*; **musica -a** Unterhaltungsmusik *f.* (*o* U-Musik *f.*); SPORT **pesi -i** Leichtgewicht *n.*; **peso ~** Leichtgewichtler *m.*; **sigarette -e** leichte Zigaretten; FIG. **sentirsi (più) ~** sich erleichtert fühlen; **avere il sonno ~** einen leichten Schlaf haben; **tenersi ~** leicht essen.

leg|gia|dra|men|te agg. anmutig, lieblich. **leg|gia|dri|a** f. Anmut *f.*, Lieblichkeit *f.*; **con ~** mit Anmut, anmutig.

leg|gia|dro agg. anmutig, lieblich: **movenze -e** anmutige Bewegungen; **una figura -a** eine liebliche Gestalt; **una -a fanciulla** ein anmutiges Mädchen.

leg|gi|bi|le agg. **1** leserlich, lesbar: **firma ~** leserliche Unterschrift **2** *(di stile e contenuto)* lesbar. **leg|gi|bi|li|tà** f. Lesbarkeit *f.*, Leserlichkeit *f.* **leg|gi|bil|men|te** avv. lesbar, leserlich. **leg|gic|chia|re** → **leggiucchiare.**

leg|gi|o m. **1** Lesepult *n.* **2** *(per spartiti)* Notenständer *m.*

leg|giuc|chia|re tr. *(leggiucchio, leggiucchi)* **1** *(a stento)* schlecht lesen **2** *(senza impegno)* flüchtig lesen: **~ il giornale** die Zeitung flüchtig lesen.

le|ghi|sta *(-i,-e)* **I** agg. der Liga Nord: **governo ~** Regierung der Liga Nord **II** m. e f. = Mitglied *n.* (*o* Anhänger *m.*, -in *f.*) der Liga Nord.

le|gi|fe|ra|re intr. *(legifero;* aus. *avere)* Gesetze erlassen; **diritto di ~** Gesetzgebungsrecht *n.* **le|gi|fe|ra|to|re** m. Gesetzgeber *m.* **le|gi|fe|ra|zio|ne** f. Gesetzgebung *f.*

le|gio|na|rio I agg. *(-ri,-rie)* Legions-: **truppe -rie** Legionstruppen *pl.*; **soldato ~** Legionssoldat *m.* **II** m. *(-ri)* **1** STOR. Legionar *m.* **2** *(della Legione straniera)* Legionär *m.* ◆ **morbo del ~** Legionärskrankheit *f.*

le|gio|ne f. **1** Legion *f.* (anche STOR.) **2** FIG. Menge *f.*: **una ~ di domestici** eine Menge Diener ◆ **legion d'onore** Ehrenlegion *f.*; **~ straniera** Fremdenlegion *f.* **le|gio|nel|la, le|gio|nel|lo|si** f. Legionärskrankheit *f.*

le|gi|sla|ti|vo agg. **1** legislativ, gesetzgebend, Gesetzgebungs-: **organo, potere, sistema ~** gesetzgebendes Organ, legislative Gewalt, Gesetzgebungssystem *n.*; **assemblea -a** gesetzgebende Versammlung **2** *(relativo alle leggi)* gesetzgeberisch: **provvedimento ~** gesetzgeberische Maßnahme ◆ **vuoto ~** Gesetzeslücke *f.*

le|gi|sla|to|re m. Gesetzgeber *m.* **le|gi|sla|tu|ra** f. **1** *(periodo)* Legislatur *f.*, Legislaturperiode *f.* **2** *(assemblea legislativa)* gesetzgebende Versammlung **3** ANT. *(attività)* Legislatur *f.*, Gesetzgebung *f.*

le|gi|sla|zio|ne f. Legislatur *f.* Gesetzgebung *f.*: **~ edilizia, fiscale, scolastica, sociale** Bau-, Steuer-, Schul-, Sozialgesetzgebung *f.*; **~ del lavoro** Arbeitsgesetzgebung *f.*; **~ penale** Strafgesetzgebung *f.*

le|git|ti|ma f. Pflichtteil *m.* **le|git|ti|ma|men|te** avv. **1** legitim, rechtmäßig: **andare ~ al potere** legitim an die Macht kommen **2** *(fondatamente)* zu Recht, berechtigterweise: **si può ~ dubitare della sua onestà** man kann zu Recht an seiner Aufrichtigkeit zweifeln.

le|git|ti|ma|re tr. *(legittimo)* **1** legitimieren: **~ un figlio** ein Kind legitimieren; **~ qcn. alla tutela di qcn.** jdn als jds Vormund legitimieren **2** *(giustificare)* rechtfertigen: **niente può ~ la sua condotta** nichts kann sein Verhalten rechtfertigen. **le|git|ti|ma|rio** m. *(-ri)* Noterbe *m.*

le|git|ti|ma|zio|ne f. Legitimation *f.*, Legitimieren *n.* ◆ **~ attiva** Aktivlegitimation *f.*, Sachbefugnis *f.*; **~ all'azione** Sachbefugnis *f.*, Sachlegitimation *f.*; **carta di ~** Legitimationskarte *f.*; **documento di ~** Legitimationsurkunde *f.*; **~ passiva** Passivlegitimation *f.*, Sachbefugnis *f.*

le|git|ti|mi|smo m. Legitimismus *m.* **le|git|ti|mi|sta** m. e f. *(-i,-e)* Legitimist *m.* (-in *f.*). **le|git|ti|mi|sti|co** agg. *(-ci,-che)* legitimistisch.

le|git|ti|mi|tà f. **1** Legitimität *f.*, Rechtmäßigkeit *f.*: **contestazione, controllo della ~** Anfechtung der Rechtmäßigkeit, Rechtmäßigkeitsprüfung *f.* **2** *(fondatezza)* Berechtigung *f.* ◆ **ricorso di ~** Rechtsbeschwerde *f.*; **vizio di ~** Mangel *m.* der Rechtmäßigkeit.

le|git|ti|mo agg. **1** legitim, rechtmäßig: **governo, sovrano ~** legitime Regierung, legitimer Herrscher; **~ erede, figlio, successore** rechtmäßiger Erbe, legitimes (*o* eheliches) Kind, gesetzlicher Nachfolger; **~ proprietario** rechtmäßiger Eigentümer; **uso ~** rechtmäßiger Gebrauch **2** *(lecito)* legitim, berechtigt: **una richiesta -a** eine legitime Forderung; **dubbio, interesse ~** berechtigter Zweifel, legitimes Interesse ◆ **-a difesa** Notwehr *f.*; **agire per -a difesa** aus Notwehr handeln; **-a suspicione** Befangenheit *f.*

le|gna f. Holz *n.*: **~ fresca, da ardere** Frischholz *n.*, Brennholz *n.*; **raccogliere, far ~** Holz sammeln; **spaccare la ~** Holz hacken; **mettere, aggiungere ~ al fuoco** Holz auf das Feuer legen, nach‿legen; FIG. Öl ins Feuer gießen. **le|gna|ia** f. Holzschuppen *m.* **le|gna|io|lo** m. Holzfäller *m.*

le|gna|me m. Holz *n.*, Nutzholz *n.*: **~ grezzo, semilavorato, stagionato, squadrato** unverarbeitetes, halbverarbeitetes, abgelagertes Holz, Kantholz *n.*; **un carico di ~** eine Ladung Holz; **una catasta**

di ~ ein Holzstoß ◆ commerciante in ~ Holzhändler *m.*; ~ da costruzione Bauholz *n.*; ~ da impiallacciatura Furnierholz *n.*
le|gna|re tr. COLLOQ. vermöbeln.
le|gna|ta f. COLLOQ. Stockschlag *m.* ◆ prendere qcn. a -e jdn verprügeln; prendere un sacco di -e eine Tracht Prügel bekommen.
le|gno m. **1** Holz *n.*: ~ di abete, ciliegio, noce, mogano Tannen-, Kirsch-, Nuss-, Mahagoniholz *n.*; ~ grezzo, pressato unverarbeitetes Holz, Pressholz *n.*; ~ duro, dolce Hart-, Weichholz *n.* **2** pl. MUS. Holzblasinstrumente *pl.* ◆ ~ compensato Sperrholz *n.*; di ~ hölzern, Holz-: scala, scheggia di ~ Holzleiter *f.* (*o* hölzerne Leiter), Holzsplitter *m.*; gamba di ~ Holzbein *n.*; ~ marezzato Maserholz *n.*; pasta di ~ Ganzstoff *m.*, Papiermasse *f.*; SPREG. testa di ~ Holzkopf *m.*
le|gno|si|tà f. hölzerne Beschaffenheit *f.* **le|gno|so** agg. hölzern (anche FIG.): movimenti -i hölzerne Bewegungen.
le|gu|le|io m. (-ei) Winkeladvokat *m.*
le|gu|me m. Hülsenfrucht *f.* **le|gu|mi|na** f. Legumin *n.* **le|gu|mi|no|se** f.pl. Hülsenfrüchtler *pl.*, Leguminosen *pl.*
lei I pron.pers. f. **1** sie: ho visto lui, ma non ~ ich habe ihn, aber nicht sie gesehen; ~ è andata via sie ist weggegangen; da qualche tempo non è più ~ seit einiger Zeit ist sie nicht mehr dieselbe; l'ho detto a ~ ich habe es (zu) ihr gesagt; vado con ~ ich gehe mit ihr; l'ho fatto per ~ ich habe es für sie getan; fra me e ~ non ci sono buoni rapporti zwischen mir und ihr besteht kein gutes Verhältnis; la proposta viene da ~ der Vorschlag kommt von ihr; da ~ non me lo sarei aspettato von ihr hätte ich das nicht erwartet; andiamo da ~ gehen wir zu ihr **2** di ~ (*con valore possessivo*) ihr: i fratelli di ~ ihre Brüder; gli occhi di ~ incontrarono quelli di lui ihr Blick traf den seinen **II** pron.pers. m. e f. (in Briefen groß geschrieben) Sie *pl.*: ~ sembra molto stanco, stanca Sie sehen sehr müde aus; ~ è molto gentile Sie sind sehr nett; ~ cosa ne pensa? was denken Sie darüber? cercavo proprio ~! genau Sie habe ich gesucht! a ~ non dirò proprio nulla! Ihnen werde ich gar nichts sagen! non voglio niente da ~! ich will nichts von Ihnen! verrò da ~ più tardi! ich komme später zu Ihnen! da ~ non mi faccio dire certe cose! so etwas lasse ich mir von Ihnen nicht sagen! vengo con ~! ich komme mit Ihnen! questa lettera è per ~! dieser Brief ist für Sie! dopo di ~! nach Ihnen! come da Lei richiesto, Le inviamo il nostro ultimo catalogo auf Ihre Anfrage senden wir Ihnen unseren neuesten Katalog **III** m. usare il ~ siezen; mi dia del Lei! siezen Sie mich! darsi del ~ sich siezen **IV** f. COLLOQ. **1** Sie *f.*: un lui e una ~ ein Er und eine Sie **2** (*compagna, fidanzata*) la sua ~ seine Freundin.
leit|mo|tiv ['laitmotif] m.inv. Leitmotiv *n.*
lem|bo m. Zipfel *m.*: il ~ della coperta, della gonna der Zipfel der Decke, der Rockzipfel ◆ ~ di cielo Stückchen Himmel; MED. ~ cutaneo Hautfetzen *m.*; ~ di terra Landstreifen *m.*
lem|ma m. **1** Stichwort *n.*, Lemma *n.* **2** MAT. FILOS. Lemma *n.* **lem|ma|rio** m. (-ri) Stichwortverzeichnis *n.* **lem|ma|tiz|za|re** tr. als Stichwort auf‿nehmen.
lem|me lem|me avv. = ganz langsam.
lem|ming m.inv. Lemming *m.*
lem|na f. Entengrütze *f.*
le|mu|re m. Lemur *m.*
le|na f. Eifer *m.*; lavorare di buona ~ eifrig arbeiten.
len|ci I agg.inv. Filz-: bambola ~ Filzpuppe *f.* **II** m. Filz *m.* ◆ panno ~ Molton *m.*
len|di|ne m. e f. Nisse *f.* **len|di|no|so** agg. nissig.
le|ne agg. consonante ~ Lenis *f.*
le|ni|men|to m. Linderung *f.*, Milderung *f.*
Le|nin|gra|do n.pr.m. Leningrad *n.*
le|ni|ni|smo m. Leninismus *m.* **le|ni|ni|sta** (-i,-e) **I** agg. leninistisch **II** m. e f. Leninist *m.* (-in *f.*).
le|ni|re tr. (*lenisco, lenisci*) lindern: ~ il dolore den Schmerz lindern. **le|ni|ti|vo I** agg. lindernd, schmerzstillend, Linderungs- **II** m. Linderungsmittel *n.*, schmerzstillendes Mittel *n.*
le|no|ci|nio m. (-ni) Zuhälterei *f.* **le|no|ne** m. Zuhälter *m.*
len|ta|men|te avv. langsam.
len|te f. **1** Linse *f.*: ~ concava, convessa Konkav-, Konvexlinse *f.* **2** (*degli occhiali*) Glas *n.*: cambiare le -i agli occhiali die Brillengläser wechseln **3** (*lente a contatto*) Linse *f.*, Kontaktlinse *f.*: -i morbide, rigide weiche, harte Linsen; -i permanenti, monouso (usa e getta) Langzeitlinsen *pl.*, Wegwerflinsen *pl.*; portare le -i Linsen (*o* Kontaktlinsen) tragen; mettere, togliere le -i die Linsen ein‿setzen, heraus‿nehmen **4** (*lente d'ingrandimento*) Lupe *f.*: leggere qcs. con la ~ etw. mit der Lupe lesen ◆ ~ bifocale Bifokalglas *n.*; -i a contatto Kontaktlinsen *pl.*; ~ fotocromatica fotochromatische Linse; ~ d'ingrandimento Lupe *f.*, TECN. Vergrößerungsglas *n.*; ~ menisco-convergente konvergente Konkavkonvexlinse; ~ menisco-divergente zerstreuende Konkavkonvexlinse; ~ multifocale Multifokalglas *n.*; ~ piano-concava Plankonkavlinse *f.*; ~ piano-convessa Plankonvexlinse *f.*
len|tez|za f. Langsamkeit *f.* ◆ con ~ langsam.
len|tic|chia f. **1** Linse *f.*: minestra di -e Linsensuppe *f.* **2** COLLOQ. (*lentiggine*) Sommersprosse *f.* ◆ FIG. dare via qcs. per un piatto di -e etw. für ein Linsengericht her‿geben.
len|ti|co|la|re agg. linsenförmig, lentikular, lentikulär.
len|tig|gi|ne f. Sommersprosse *f.* **len|tig|gi|no|so** agg. sommersprossig: viso ~ sommersprossiges Gesicht.
len|ti|sco m. (-schi) Mastixstrauch *m.*
len|to I agg. **1** langsam: essere ~ come una lumaca langsam wie eine Schnecke sein; traffico ~ langsamer Verkehr; ritmo ~ langsamer Rhythmus; digestione -a langsame Verdauung; morte -a langsamer Tod (anche FIG.); essere ~ nel parlare, nell'apprendere langsam sprechen, im Lernen sein **2** (*allentato*) locker: nodo ~ lockerer Knoten; fune -a lockeres Seil **II** avv. langsam **III** m. MUS. Blues *m.*: ballare un ~ einen Blues tanzen ◆ acqua -a stehendes Gewässer; a fuoco ~ auf kleiner Flamme.
len|za f. **1** Angelschnur *f.* **2** FIG. COLLOQ. Spitzbub *m.*
len|zuo|lo m. (-i m.pl. e -a f.pl.) Betttuch *n.*; ~ di sopra, di sotto Überschlaglaken *n.*, Betttuch *n.* (*o* Laken *n.*); ~ di cotone Baumwollbettlaken *n.*; ~ a una piazza, a due piazze Betttuch *n.* für ein Einzel-, Doppelbett; ~ con angoli Spannbetttuch *n.*: infilarsi sotto le -a unter die Decke schlüpfen ◆ essere bianco come un ~ kreidebleich sein; ~ funebre Leichentuch *n.*
le|o|nar|de|sco agg. (-schi,-sche) leonardesk, im Stil Leonardos.
Le|o|nar|do n.pr.m. Leonhard *m.*, Leonard *m.*
le|on|ci|no m. Löwenjunge *n.*
le|o|ne m. **1a** Löwe *m.*: battersi come un ~ wie ein Löwe kämpfen; avere un coraggio da -i einen Löwenmut haben **b** ASTROL. essere nato nel, sotto il segno del ~ im Zeichen des Löwen geboren sein; essere del ~, un ~ (ein) Löwe sein **2** FIG. i giovani -i della finanza die jungen Stars der Finanz ◆ ~ marino Seelöwe *m.*; far la parte del ~ sich (D) den Löwenanteil sichern; ~ di San Marco Markuslöwe *m.*; sentirsi un ~ = sich fühlen, als ob man Bäume ausreißen könnte; PROV. meglio un giorno da -i che cento da pecora = besser ein Tag als Held gelebt, als hundert Jahre als Feigling.
Le|o|ne n.pr.m. Leo *m.*
le|o|nes|sa f. Löwin *f.* ◆ la ~ d'Italia = Brescia. **le|o|ni|no** agg. Löwen-: chioma -a Löwenmähne *f.*; forza -a Bärenkraft *f.* ◆ DIR. patto ~ leoninischer Vertrag.
Le|o|no|ra n.pr.f. Leonore *f.*
le|o|par|do m. Leopard *m.*: pelle, pelliccia di ~ Leopardenfell *n.*, -pelz *m.*; ~ delle nevi Schneeleopard *m.*
Le|o|pol|do n.pr.m. Leopold *m.*
le|pi|dez|za f. LETT. **1** Scharfsinn *m.* **2** (*facezia*) Witz *m.*
le|pi|do agg. LETT. scharfsinnig, geistvoll, geistreich: risposta -a geistreiche Antwort.
le|pi|dot|te|ro m. Lepidoptere *m.*, Schmetterling *m.*, Schuppenflügler *m.*
le|pi|sma f. Silberfischchen *n.*
Le|pon|ti|ne, (Alpi) ~ Lepontinische Alpen *pl.*
le|po|ri|no, labbro ~ Hasenscharte *f.*
le|pre f. Hase *m.*: andare a caccia di -i Hasen jagen gehen ◆ ~ alpina Schneehase *m.*, Alpenhase *m.*; ~ arrosto Hasenbraten *m.*; ~ comune Feldhase *m.*; correre come una ~ wie ein Wiesel laufen, rennen; essere pauroso come una ~ ein Hasenfuß sein; ~ in salmì Hasenpfeffer *m.*; ~ variabile → ~ alpina. **le|prot|to** m. Häslein *n.*
lep|to|ne m. Lepton *n.*
lep|to|spi|ra f. Leptospire *f.* **lep|to|spi|ro|si** f. Leptospirose *f.*
ler|cio agg. (-ci,-ce) völlig verdreckt, dreckig: un vestito, un pavimento ~ ein völlig verdrecktes Kleid, ein völlig verdreckter Fußboden. **ler|ciu|me** m. Dreck *m.*, Schmutz *m.*
le|sbi|ca f. (-che) Lesbierin *f.* **le|sbi|co** agg. (-ci,-che) lesbisch: amore ~ lesbische Liebe. **le|sbio I** LETT. agg. (-bi,-bie) lesbisch **II** m. (-bi) Lesbier *m.* **le|sbi|smo** m. lesbische Liebe *f.* **Le|sbo** n.pr.f. Lesbos *n.*
le|se|na f. Lisene *f.*
le|si|na f. **1** Schusterahle *f.*, Pfriem *m.* **2** FIG. (*taccagneria*) Knauserei *f.*, Knickerigkeit *f.* **3** ESTENS. (*taccagno*) Knauser *m.*, Geizhals *m.*
le|si|na|re (*lesino*) **I** tr. ~ qcs. an, mit etw. sparen, mit etw. kargen; non lesina lodi er spart nicht mit Lob **II** intr. (aus. *avere*) ~ su qcs. an, mit etw. sparen, mit etw. kargen; ~ sul cibo am Essen sparen; non lesina sul denaro er kargt nicht mit Geld ◆ ~ il centesimo jeden Pfenning dreimal um‿drehen.

le|sio|na|re I tr. beschädigen: ***il terremoto ha lesionato alcuni edifici*** das Erdbeben hat einige Gebäude beschädigt II pronom. **lesionarsi** beschädigt werden. **le|sio|na|to** p.pass. agg. 1 → **lesionare** 2 beschädigt: ***edificio*** ~ beschädigtes Gebäude.

le|sio|ne f. 1 Beschädigung *f.*, Schaden *m.* 2 MED. Verletzung *f.*, Läsion *f.*: ~ ***interna*** innere Verletzung 3 *(crepa)* Riss *m.*: ~ ***di un muro*** Riss in einer Mauer ◆ ~ ***cerebrale*** Gehirnverletzung *f.*; ~ ***(personale) colposa, dolosa*** fahrlässige, vorsätzliche Körperverletzung; ~ ***personale*** Körperverletzung *f.*; ~ ***(del midollo) spinale*** Rückenmarkverletzung *f.*

le|si|vo agg. schädigend: ***atto*** ~ schädigende Handlung.

le|so p.pass. agg. I → **ledere** 2 beschädigt 3 MED. verletzt: ***arto*** ~ verletzter Körperteil ◆ ***delitto di -a maestà*** Majestätsbeleidigung *f.*; DIR. ***la parte -a*** der Geschädigte (*o* die geschädigte Partei).

les|sa|re tr. kochen, garen: ~ ***le patate, la carne*** die Kartoffeln, das Fleisch kochen. **les|sa|tu|ra** f. Kochen *n.*

les|se|ma m. Lexem *n.* **les|se|ma|ti|ca** f. Lexematik *f.*

les|si|ca|le agg. lexikal ◆ ***patrimonio*** ~ Vokabelschatz *m.*, Wortschatz *m.* **les|si|ca|liz|za|re** tr. lexikalisieren. **les|si|ca|liz|za|zio|ne** f. Lexikalisierung *f.*

les|si|co m. *(-ci)* 1 Wortschatz *m.*, Lexik *f.*: ~ ***attivo, passivo*** aktiver, passiver Wortschatz; ~ ***inglese*** englischer Wortschatz 2 *(dizionario)* Lexikon *n.*: ~ ***della matematica*** Lexikon der Mathematik; ~ ***enciclopedico*** enzyklopädisches Lexikon ◆ ~ ***di base*** Grundwortschatz *m.*; ~ ***dello sport*** Sportterminologie *f.*

les|si|co|gra|fi|a f. Lexikographie *f.* **les|si|co|gra|fi|co** agg. *(-ci, -che)* lexikographisch. **les|si|co|gra|fo** m. Lexikograph *m.*

les|si|co|lo|gi|a f. Lexikologie *f.* **les|si|co|lo|gi|co** agg. *(-ci,-che)* lexikologisch. **les|si|co|lo|go** m. *(-gi)* Lexikologe *m.*

les|so I agg. gekocht, gegart, Koch- II m. Kochfleisch *n.*, Gesottene *n.* ◆ ***cuocere a*** ~ kochen, garen; ***carne -a*** Kochfleisch *n.*; ***pesce*** ~ Kochfisch *m.*; FIG. ***occhi da pesce*** ~ = blicklose Augen; ***pollo*** ~ Suppenhuhn *n.*

le|sto agg. flink, behende: ***dita -e*** flinke Finger; ***persona -a*** flinker Mensch ◆ ***alla -a*** schnell; ***essere*** ~ ***di mano*** lange Finger haben; ~ ***di mente*** geistig gewandt.

le|sto|fan|te m. Betrüger *m.*

le|ta|le agg. tödlich, letal: ***malattia, ferita*** ~ tödliche Krankheit, Verletzung: ***veleno, dose*** ~ tödliches Gift, tödliche Dosis; ***conseguenze -i*** tödliche Folgen; ***avere un effetto*** ~ tödlich wirken; ***avere un esito*** ~ tödlich verlaufen. **le|ta|li|tà** f. Sterblichkeit *f.*, Letalität *f.* ◆ ***quoziente di*** ~ Sterblichkeitsrate *f.*

le|ta|ma|io m. *(-ai)* 1 Misthaufen *m.* 2 *(luogo sudicio)* Schweinestall *m.*, Saustall *m.* **le|ta|ma|re** tr. düngen, misten: ~ ***il campo*** den Acker düngen. **le|ta|ma|zio|ne** f. Misten *n.*, Düngen *n.*

le|ta|me m. Mist *m.* ◆ ***mucchio di*** ~ Misthaufen *m.*

le|tar|gi|a f. Lethargie *f.* **le|tar|gi|co** agg. *(-ci,-che)* lethargisch ◆ ***animali -ci*** Winterschläfer *pl.*; FIG. ***sonno*** ~ bleierner Schlaf.

le|tar|go m. *(-ghi)* 1 Winterschlaf *m.*: ***andare, essere in*** ~ in den Winterschlaf gehen, Winterschlaf halten 2 MED. Lethargie *f.* 3 *(sonno profondo)* Tiefschlaf *m.* 4 *(stato di inerzia)* Trägheit *f.*

le|ti|zia f. Fröhlichkeit *f.*, Heiterkeit *f.*; ***un animo pieno di*** ~ ein fröhliches Gemüt.

Le|ti|zia n.pr.f. Letitia *f.*

let|ta f. Überlesen *n.*, Überfliegen *n.*, (rasches) Durchlesen *n.*; ***dare una*** ~ ***a qcs.*** etw. überfliegen.

let|te|ra f. 1 Buchstabe *m.*: ***una parola di sei -e*** ein Wort mit sechs Buchstaben; ***una*** ~ ***latina, greca, gotica, cirillica*** ein lateinischer, griechischer, gotischer, kyrillischer Buchstabe; ~ ***maiuscola, minuscola*** Groß-, Kleinbuchstabe *m.* 2a *(missiva)* Brief *m.*: ***scrivere, dettare, firmare una*** ~ einen Brief schreiben, diktieren, unterschreiben; ***affrancare, chiudere, spedire, imbucare, recapitare una*** ~ einen Brief frankieren, zu‿kleben, ab‿schicken, ein‿werfen, zu‿stellen; ***ricevere, aprire una*** ~ einen Brief erhalten, öffnen; ***rispondere a una*** ~ einen Brief beantworten; ***le -e di Cicerone*** Ciceros Briefe b BUROCR. Schreiben *n.*: ***Vi ringraziamo per la Vostra*** ~ ***del...*** wir danken Ihnen für Ihr Schreiben vom... 3a pl. Literatur *f.*, Literaturwissenschaft *f.*: ***le belle -e*** die schöne Literatur; ***dedicarsi alle -e*** sich der Literaturwissenschaft widmen b UNIV. Sprach- und Literaturwissenschaft *f.*, Philologie *f.*: ***-e classiche, moderne*** klassische, moderne Philologie ◆ ~ ***di accompagnamento*** Begleitbrief *m.*, Begleitschreiben *n.*; ~ ***d'addio*** Abschiedsbrief *m.*; ~ ***d'affari*** Geschäftsbrief *m.*; ***alla*** ~ wörtlich; ***tradurre alla*** ~ wörtlich übersetzen; ***prendere qcs. alla*** ~ etw. wörtlich nehmen; ***eseguire un ordine alla*** ~ einen Befehl streng nach Vorschrift befolgen; ~ ***d'amore*** Liebesbrief *m.*; ~ ***anonima*** anonymer Brief; ~ ***aperta*** offener Brief; ~ ***assicurata*** Wertbrief *m.*; ~ ***di auguri*** Glückwunschadresse *f.*; ***buca delle -e*** Briefkasten *m.*; ***carta da -e, da*** ~ Briefpapier *n.*; ***cassetta delle -e*** Briefkasten *m.*; ~ ***circolare*** Rundschreiben *n.*; ~ ***commerciale*** Handelsbrief *m.*; ~ ***di condoglianze*** Kondolenzbrief *m.*; ~ ***di credito*** Kreditbrief *m.*, Akkreditiv *n.*; ***a -e cubitali*** in Großbuchstaben, fett gedruckt; ***un titolo a -e cubitali*** eine fett gedruckte Schlagzeile, eine Balkenüberschrift; ~ ***di dimissioni*** Kündigungsschreiben *n.*; ~ ***al direttore*** Leserbrief *m.*; ~ ***di disdetta*** Kündigungsschreiben *n.*; ~ ***esplosiva*** Briefbombe *f.*; ~ ***espresso*** Eilbrief *m.*; ***(facoltà di) -e e filosofia*** philosophische Fakultät; ~ ***iniziale*** Anfangsbuchstabe *m.*; ~ ***di intenti*** Absichtserklärung *f.*; ~ ***di licenziamento*** Kündigungsschreiben *n.*; ~ ***luminosa*** Leuchtbuchstabe *m.*; ~ ***minatoria*** Drohbrief *m.*; ***rimanere*** ~ ***morta*** wirkungslos bleiben; ~ ***pastorale*** Pastoralbrief *m.*, Hirtenbrief *m.*; ***per*** ~ brieflich; ~ ***di presentazione*** Referenz *f.*; ***professore di -e*** Italienischlehrer *m.*; ~ ***di protesta*** Protestschreiben *n.*; ~ ***raccomandata*** Einschreiben *n.*, Einschreibebrief *m.*; ~ ***di raccomandazione*** Empfehlungsschreiben *n.*; ~ ***di reclamo*** Beschwerdebrief *m.*; ~ ***di ringraziamento*** Dankschreiben *n.*; ***scambio di -e*** Briefwechsel *m.*; ~ ***di sollecito*** Mahnschreiben *n.*, Mahnbrief *m.*; ***-e trasferibili*** Abreibebuchstaben *pl.*; ***uomo di -e*** Literat *m.*; ~ ***di vettura*** Frachtbrief *m.*; ~ ***per via aerea*** Luftpostbrief *m.*

let|te|ra|le agg. 1 wörtlich: ***traduzione, interpretazione*** ~ wörtliche Übersetzung, Auslegung; ***nel senso*** ~ ***del termine*** im wörtlichen Sinn 2 MAT. ***calcolo*** ~ Buchstabenrechnung *f.* **let|te|ral|men|te** avv. 1 wörtlich: ***tradurre*** ~ ***una frase*** einen Satz wörtlich übersetzen; ***citare*** ~ wörtlich zitieren 2 *(nel vero senso della parola)* buchstäblich, im wahrsten Sinn des Wortes: ***nell'incidente l'auto si è*** ~ ***distrutta*** bei dem Unfall wurde der Wagen buchstäblich zerstört; ***nel terremoto la casa fu*** ~ ***rasa al suolo*** bei dem Erdbeben wurde das Haus im wahrsten Sinne des Wortes dem Erdboden gleichgemacht.

let|te|ra|ria|men|te avv. literarisch.

let|te|ra|rie|tà f. literarischer Charakter *m.*

let|te|ra|rio agg. *(-ri,-rie)* 1 literarisch, Literatur-: ***corrente -a*** literarische Strömung; ***critico*** ~ Literaturkritiker *m.*; ***genere, linguaggio*** ~ literarische Gattung (*o* Literaturgattung *f.*), Literatursprache *f.*; ***opera, rivista -a*** literarisches Werk, Literaturzeitschrift *f.*; ***premio*** ~ Literaturpreis *m.*; ***la scena, vita -a*** die literarische Szene, das literarische Leben 2 *(ricercato)* gehoben, bildungssprachlich: ***stile*** ~ gehobener Stil; ***espressione -a*** bildungssprachlicher Ausdruck ◆ ***proprietà -a*** Verlagsrecht *n.*; ***talento*** ~ schriftstellerische Begabung; ***dal punto di vista*** ~ literarisch.

let|te|ra|to m. Literat *m.*

let|te|ra|tu|ra f. 1 Literatur *f.*: ~ ***classica, contemporanea, moderna*** klassische, zeitgenössische, moderne Literatur; ~ ***tedesca, straniera*** deutsche, fremdsprachige Literatur; ~ ***di fantascienza, dell'orrore*** Sciencefictionliteratur *f.*, Horrorliteratur *f.*; ~ ***infantile, per i giovani*** Kinder-, Jugendliteratur *f.*; ~ ***d'evasione, d'intrattenimento*** Trivial-, Unterhaltungsliteratur *f.* 2 *(bibliografia)* Literatur *f.*, Schrifttum *n.*; *(di opere letterarie)* Sekundärliteratur *f.*, Literatur *f.*: ***la*** ~ ***su Goethe*** die Literatur zu Goethe; ***su questo argomento c'è una vasta*** ~ zu diesem (*o* über dieses) Thema gibt es eine umfangreiche Literatur ◆ ***-e comparate*** vergleichende Literaturwissenschaften; ~ ***comparatistica*** Komparatistik *f.*; ~ ***popolare*** Volksdichtung *f.*; ~ ***specializzata*** Fachliteratur *f.*; ***storia della*** ~ Literaturgeschichte *f.*; ***storico della*** ~ Literarhistoriker *m.*, Literaturhistoriker *m.*

let|tie|ra f. Streu *f.*: ~ ***per gatti*** Katzenstreu *f.*

let|ti|ga f. *(-ghe)* 1 STOR. Sänfte *f.* 2 *(barella)* Tragbahre *f.*, Krankenbahre *f.* **let|ti|ghie|re** m. 1 STOR. Sänftenträger *m.* 2 *(barelliere)* Krankenträger *m.*

let|ti|no m. 1 Bettchen *n.*, (kleines) Bett *n.*: ~ ***per bambini*** Kinderbett *n.* 2a *(del medico)* Liege *f.*: ***sdraiarsi, sedersi sul*** ~ sich auf die Liege legen, setzen b *(dello psicanalista)* Couch *f.* 3 COLLOQ. *(seduta di lettino solare)* Sitzung *f.*, Bestrahlung *f.*, Sonnenbank *f.*: ***un*** ~ ***costa...*** eine Sitzung kostet...; ***20 minuti di*** ~ 20 Minuten Sonnenbank ◆ ~ ***da campeggio*** Campingliege *f.*; ~ ***da campo*** Feldbett *n.*; ~ ***solare*** Sonnenbank *f.*; ~ ***da spiaggia*** Liege *f.*

1.let|to m. 1 Bett *n.*: ~ ***singolo, matrimoniale (a una piazza, due piazze)*** Einzel-, Doppelbett *n.* (*o* Ehebett *n.*); ***camera a due, tre -i*** Zwei-, Dreibettzimmer n.; ***(ri)fare, disfare il*** ~ das Bett machen, ab‿ziehen; ***andare a*** ~ ins (*o* zu) Bett gehen, schlafen gehen; ***alzarsi, scendere dal*** ~ auf‿stehen, aus dem Bett steigen; ***essere a*** ~ im Bett liegen; ***mettere qcn. a*** ~ jdn ins (*o* zu) Bett bringen; ***buttare qcn. giù dal*** ~ jdn aus dem Bett holen (*o* werfen) 2 GEOL. Lager *n.*, Bank *f.* 3a *(di fiume)* Flussbett *n.*, Bett *n.* b *(di valle)* Talsohle *f.* 4 FIG. *(matrimonio)* Ehe *f.*: ***figlio di primo, di secondo*** ~ Kind aus erster, zweiter Ehe ◆ ***andare a*** ~ ***con qcn.*** mit jdm ins

Bett gehen (*o* mit jdm schlafen); ***bagnare il*** ~ das Bett ein‿nässen (*o* nässen); AGR. ~ ***caldo*** Warmbeet *n.*; ~ ***da campo*** Feldbett *n.*; ~ ***a castello*** Etagenbett *n.*, Stockbett *n.*; ~ ***di colata*** Gießbett *n.*; ***divano*** ~ Schlafcouch *f.*, Bettcouch *f.*, Couchbett *n.*; ~ ***di dolore*** Krankenlager *n.*; COLLOQ. ***farla a*** ~ ins Bett machen; FIG. ~ ***di fiori*** = rosige Situation; ***andare a*** ~ ***con le galline*** mit den Hühnern schlafen gehen; ***mettersi a*** ~ ins (*o* zu) Bett gehen; *(per malattia)* das Bett hüten (müssen); ***mobile*** ~ Schrankbett *n.*, Klappbett *n.*; ***morire nel proprio*** ~ = eines natürlichen Todes sterben; ~ ***di morte*** Sterbebett *n.*, Totenbett *n.*; ~ ***pieghevole*** Klappbett *n.*; ***portarsi a*** ~ ***qcn.*** mit jdm ins Bett gehen (*o* steigen); ***posto*** ~ Bett *n.*; ~ ***di Procuste*** Prokrustesbett *n.*; ~ ***rifatto*** gemachtes Bett; ***essere in un*** ~ ***di rose*** auf Rosen gebettet sein; AGR. ~ ***di semina*** Saatbeet *n.*; FIG. ***essere in un*** ~ ***di spine*** = ein hartes Dasein haben; ~ ***ungueale*** Nagelbett *n.*; ***vagone*** ~ Schlafwagen *m.*

2.let|to → **leggere.**

let|to|ne I agg. lettisch **II** m. e f. Lette *m.* (Lettin *f.*) **III** m. *(lingua)* Lettisch(e) *n.* **Let|to|nia** n.pr.f. Lettland *n.*

let|to|ra|to m. **1** EDIT. UNIV. Lektorat *n.* **2** *(lezione)* Lektoratskurs *m.*: ***frequentare i -i*** die Lektoratskurse besuchen.

let|to|re m. **1** Leser *m.*: ***un*** ~ ***di giornali, di gialli*** ein Zeitungsleser, Krimileser; ***un*** ~ ***attento, critico*** ein aufmerksamer, kritischer Leser; ~ ***accanito*** Leseratte *f.* **2** *(chi legge ad altri)* Vorleser *m.* **3** UNIV. EDIT. RELIG. Lektor *m.*: ~ ***madrelingua*** muttersprachlicher Lektor; ~ ***d'inglese*** Lektor für englische Sprache **4** TECN. Leser *m.*, Abtaster *m.*, Ableser *m.* **5** *(di CD)* CD-Player *m.* ◆ ~ ***di banda (perforata)*** Lochstreifenabtaster *m.*; ~ ***di microfilm*** Mikrofilmlesegerät *n.*; ~ ***ottico*** Klarschriftleser *m.*; ~ ***di schede*** Kartenleser *m.*, Kartenabtaster *m.* **let|tri|ce** f. **1** Leserin *f.* **2** *(chi legge ad altri)* Vorleserin *f.* **3** UNIV. EDIT. RELIG. Lektorin *f.*

let|tu|ra f. **1a** Lesen *n.*, Lektüre *f.*: ~ ***di libri, riviste*** das Lesen (*o* die Lektüre) von Büchern, Illustrierten; ~ ***delle labbra, del pensiero*** Lippen-, Gedankenlesen *n.*; ***una*** ~ ***attenta, superficiale, critica*** eine aufmerksame, oberflächliche, kritische Lektüre; ***consigliare la*** ~ ***di un libro*** ein Buch zur Lektüre empfehlen; ***a una prima*** ~ beim ersten Lesen; ***la*** ~ ***è il suo passatempo preferito*** das Lesen ist sein liebster Zeitvertreib; ***il piacere della*** ~ das Lesevergnügen **b** *(ad alta voce)* Vorlesen *n.* **c** TEATR. Lesen *n.*; ***prova di*** ~ Leseprobe *f.* **2** *(testo)* Lektüre *f.*, Lesestoff *m.* : ***non è una*** ~ ***per bambini*** es ist keine Lektüre für Kinder; ***-e amene*** Unterhaltungslektüre *f.* **3** *(discorso letto in pubblico)* Lesung *f.*: ***una*** ~ ***dal Nuovo Testamento*** eine Lesung aus dem Neuen Testament **4** *(interpretazione)* Deutung *f.*: ~ ***di un fenomeno*** Deutung eines Phänomens **5** TECN. Ablesen *n.*; Ablesung *f.*: ~ ***del contatore*** Ablesen des Zählers **6** FILOL. Lesart *f.* ◆ ~ ***di bozze*** Korrekturlesen *n.*; ***chiave di*** ~ Schlüssel *m.*; ***dare*** ~ ***di qcs.*** etw. verlesen; ***dare*** ~ ***di un'ordinanza*** eine Verordnung verlesen; ***un romanzo di difficile, facile*** ~ ein schwer, leicht lesbarer Roman; ***dare in*** ~ ***un libro*** ein Buch verleihen; EDIT. ein Buch lektorieren lassen; ***essere in*** ~ ausgeliehen sein; EDIT. lektoriert werden; ***-e per l'infanzia*** Kinderliteratur *f.*, Kinderbücher *pl.*; ***libro di*** ~ Lesebuch *n.*; ***in prima, seconda*** ~ in erster, zweiter Lesung; ***sala di*** ~ Lesesaal *m.* **let|tu|ri|sta** m. e f. *(-i,-e)* Ableser *m.* (-in *f.*).

leu|ce|mi|a f. Leukämie *f.*, Blutkrebs *m.*: ~ ***fulminante*** galoppierende Leukämie. **leu|ce|mi|co I** agg. *(-ci,-che)* leukämisch **II** m. *(-ci)* Leukämiekranke *m.*

leu|ci|na f. Leucin *f.*

leu|co|ci|ta m. Leukozyt *m.* **leu|co|ci|ta|rio** agg. *(-ri,-rie)* Leukozyten-: ***formula -a*** Leukozytenformel *f.* **leu|co|ci|to** → **leucocita.** **leu|co|ci|to|si** f. Leukozytose *f.*

leu|co|der|mi|a f. Leukodermie *f.* **leu|co|ma** m. Leukom *n.*

leu|co|pe|ni|a f. Leukopenie *f.* **leu|co|pla|si|a** f. Leukoplakie *f.*

leu|cor|re|a f. Leukorrhö(e) *f.*, Weißfluss *m.*

1.le|va f. **1** Hebel *m.* (anche FIG.): FIS. ~ ***di primo genere (tipo)*** zweiarmiger Hebel; FIS. ~ ***di secondo, terzo genere (tipo)*** einarmiger Hebel; ***azionare una*** ~ einen Hebel betätigen **2** *(sbarra)* Brechstange *f.*, Brecheisen *n.* **3** *(stimolo)* Antrieb *m.*: ***il denaro è una*** ~ ***potente*** Geld ist ein starker Antrieb ◆ ~ ***articolata*** Gelenkhebel *m.*; ~ ***di avviamento*** Auslösehebel *m.*; ***braccio della*** ~ Hebelarm *m.*; ~ ***del cambio*** Schaltknüppel *m.*; ~ ***di comando*** Bedienungshebel *m.* (*o* Schalthebel *m.*), AER. Steuerknüppel *m.*; ~ ***di disinnesto*** Ausrückhebel *m.*, Ausrücker *m.*; ***fare*** ~ ***su qcs.*** sich auf etw. stützen, etw. ausnutzen; ***fare*** ~ ***su qcn.*** auf jdn ein‿wirken; ***fare*** ~ ***sui sentimenti di qcn.*** an jds Gefühle appellieren; ~ ***del freno*** Bremshebel *m.*; ~ ***della frizione*** Kupplungshebel *m.*; ***fulcro della*** ~ Hebeldrehpunkt *m.*; ~ ***a mano*** Handhebel *m.*; ~ ***a pedale*** Tritthebel *m.*; ***avere in mano le -e del potere*** an den Schalthebeln der Macht sitzen; ~ ***di scambio*** Weichenhebel *m.*; ***sistema di -e*** Hebelsystem *n.*

2.le|va f. **1a** Einberufung *f.* **b** *(coscrizione obbligatoria)* Wehrpflicht *f.* **c** *(servizio militare)* Wehrdienst *m.*: ***finire la*** ~ den Wehrdienst beenden **2a** Eingezogenen *pl.*: ***la*** ~ ***di quest'anno è numerosa*** die Eingezogenen sind dieses Jahr zahlreich **b** *(classe)* Jahrgang *m.*: ***la*** ~ ***del 1975*** der Jahrgang 1975 **3** ESTENS. pl. *(generazioni)* Generationen *pl.*: ***le nuove -e*** die neuen Generationen ◆ ***chiamare alla*** ~ ein‿berufen; ***di*** ~ wehrpflichtig; ***essere di*** ~ einberufen werden; ~ ***in massa*** Massenaushebung *f.*; ***obbligo di*** ~ Wehrpflicht *f.*; ***servizio di*** ~ Wehrdienst *m.*; ***visita di*** ~ Musterung *f.*

le|va|bi|le agg. abnehmbar.

le|van|te I agg. aufgehend: ***sole*** ~ aufgehende Sonne **II** m. **1** Osten *m.*: ***il vento soffia da*** ~ der Wind weht von Osten **2** *(vento)* Ostwind *m.* **3** *(paesi del Mediterraneo orientale)* Levante *f.* ◆ ***a*** ~ ***di*** östlich von; ***mare di*** ~ levantinisches, östliches Mittelmeer; ***Paese del Sol*** ~ Land der aufgehenden Sonne; ***saponaria di*** ~ Feuernelke *f.*; ***vento di*** ~ Ostwind *m.*

le|van|ti|no I agg. **1** levantinisch **2** FIG. *(scaltro)* gerissen: ***mercante*** ~ gerissener Händler **II** m. **1** Levantiner *m.* **2** *(persona scaltra)* gerissener Mensch *m.*

1.le|va|re I tr. **1a** *(alzare)* heben, hoch‿heben: ~ ***un braccio (in alto)*** einen Arm (hoch)heben; ~ ***il capo*** den Kopf heben **b** *(elevare)* erheben, richten: ~ ***gli occhi al cielo*** die Augen zum Himmel erheben; ~ ***una preghiera a Dio*** ein Gebet zu Gott richten **2** *(togliere)* entfernen, weg‿nehmen, fort‿nehmen, nehmen: ~ ***una macchia dal vestito*** einen Fleck(en) aus dem Kleid entfernen; ~ ***un giocattolo al bambino*** dem Kind ein Spielzeug wegnehmen; ~ ***il piede dall'acceleratore*** den Fuß vom Gaspedal nehmen **3** *(estrarre)* ziehen, heraus‿ziehen: ~ ***un dente*** einen Zahn ziehen; ~ ***un chiodo*** einen Nagel herausziehen; ~ ***il tappo a una bottiglia*** den Korken aus einer Flasche herausziehen **4** *(sottrarre)* ab‿ziehen, ab‿rechnen, ab‿zählen: ~ ***una somma dal totale*** einen Betrag von der Gesamtsumme abziehen **5** *(placare)* stillen: ~ ***la fame, la sete*** den Hunger, den Durst stillen **II** pronom. **levarsi 1** *(alzarsi)* auf‿stehen: ***-rsi dal letto*** aus dem Bett aufstehen; ***-rsi da tavola*** vom Tisch aufstehen; ***-rsi a parlare*** zum Sprechen aufstehen **2a** *(di vento)* sich erheben, auf‿kommen: ***si levò un vento impetuoso*** (ein) starker Wind kam auf **b** *(di aereo)* ab‿heben **3** FIG. *(ribellarsi)* sich erheben: ***-rsi in armi contro qcn., qcs.*** sich bewaffnet gegen jdn, etw. erheben **4a** *(ergersi)* sich erheben, empor‿ragen: ***-rsi su qcs.*** sich über etw. (D) erheben, über etw. (D) emporragen: ***le montagne si levano alte sopra al lago*** die Berge ragen hoch über dem See empor **b** FIG. stehen, sich erheben: ***-rsi su, sopra qcn., qcs.*** über jdm, etw. (D) stehen, sich über jdn, etw. erheben: ***-rsi sopra le miserie umane*** sich über das menschliche Elend erheben **5a** *(indumenti)* aus‿ziehen, ab‿legen: ***-rsi la giacca*** die Jacke ausziehen; ***-rsi il cappotto*** den Mantel ablegen **b** *(cappello)* ab‿nehmen **6** *(sorgere)* ***il sole si leva alle sette*** die Sonne geht um sieben Uhr auf ◆ ~ ***l'ancora*** den Anker lichten; ***-rsi in aria*** in die Luft steigen; sich in die Luft erheben; ~ ***il bollore*** zu sieden (*o* zu kochen) beginnen; ***-rsi un capriccio*** sich seine Launen ab‿gewöhnen; ***-rsi in difesa di qcn.*** = jdn verteidigen; ~ ***il disturbo a qcn.*** jdn nicht länger belästigen wollen; ~ ***il fiato*** den Atem rauben; ~ ***un grido*** einen Schrei aus‿stoßen; ~ ***un lamento*** in Klagen aus‿brechen; ~ ***di mezzo qcn.*** jdn beseitigen; ***-rsi di mezzo*** verschwinden; ***levati di mezzo!*** geh aus dem Weg! ***-rsi il pane di bocca*** sich (D) etw. vom Munde ab‿sparen; ~ ***la parola di bocca*** das Wort aus dem Munde nehmen; ***-rsi dai piedi*** verschwinden; ***levati dai piedi!*** hau ab! ~ ***il saluto a qcn.*** jdn nicht mehr grüßen; FIG. ~ ***le tende*** die Zelte ab‿brechen; ~ ***qcs. dalla testa a qcn.*** jdm etw. aus‿reden (*o* aus‿treiben); ***-rsi qcn., qcs. dalla testa*** sich jdn, etw. aus dem Kopf schlagen; ***levatelo dalla testa!*** schlag dir das aus dem Kopf! ***-rsi di torno*** verschwinden (*o* sich aus dem Staub machen); ~ ***qcn. di torno*** sich jdn vom Hals schaffen; ***levati di torno!*** bleib mir vom Leibe! ***-rsi in volo*** (zum Flug) ab‿heben, ab‿fliegen.

2.le|va|re m. **1** Aufgang *m.*: ***al*** ~ ***del sole*** bei Sonnenaufgang **2** MUS. Auftakt *m.*: ***movimento in*** ~ Auftaktbewegung *f.*

le|va|ta f. **1** Aufgang *m.*, Aufgehen *n.*: ***la*** ~ ***del sole*** der Aufgang der Sonne **2** *(dal letto)* Aufstehen *n.*: ***la*** ~ ***è alle sei*** Aufstehen um sechs Uhr **3** *(della posta)* Leerung *f.* **4** *(di merci)* Bezug *m.* (von staatlicher Ware) **5** *(di cassa)* Auffüllen *n.* des Kassenbestandes **6** BOT. Aufgehen *n.* ◆ ***fare una*** ~ ***di scudi contro qcn.*** = gegen jdn offen protestieren.

le|va|tac|cia f. *(-ce)* = frühes Aufstehen *n.* ◆ ***fare una*** ~ mit den Hühnern auf‿stehen.

le|va|to p.pass. agg. **1** → **levare 2** *(alzato)* aufgeblieben; ***rimase*** ~ ***ad attenderla*** er blieb auf, um auf sie zu warten **3** *(tolto)* abgesehen von: ~ ***quel difetto, è una brava persona*** abgesehen von jenem

Fehler ist er ein guter Mensch ◆ ***fuggire (o darsela) a gambe -e*** Hals über Kopf fliehen.

le|va|to|io agg. *(-oi)* ***ponte ~*** Zugbrücke *f.*, Fallbrücke *f.*

le|va|tor|so|li m.inv. Entkerner *m.*

le|va|tri|ce f. Hebamme *f.*

le|va|tu|ra f. Niveau *n.*, Format *n.*: ***~ morale*** geistiges Niveau; ***persona di ~*** ein Mensch von Format; ***di una certa ~*** von gewissem Niveau; ***di grande, scarsa ~*** von hohem, niedrigem Niveau.

Le|vi n.pr.m. Levi *m.*: ***la tribù di ~*** der Stamm Levi.

le|via|ta|no m. Leviathan *m.*

le|vi|ga|re tr. *(levigo, levighi)* **1** schleifen, ab‿schleifen: ***~ con la carta vetrata*** mit Sandpapier schleifen **2** *(lucidare)* polieren. **le|vi|ga|tez|za** f. Schliff *m.* Glätte *f.* ◆ ***~ di stile*** geschliffener Stil, stilistische Glätte.

le|vi|ga|to p.pass. agg. **1** → **levigare 2** glatt: ***superficie, pelle -a*** glatte Oberfläche, Haut **3** *(di stile)* geschliffen: ***prosa -a*** geschliffene Prosa. **le|vi|ga|tri|ce** f. **1** Schleifmaschine *f.* **2** CART. Kalander *m.* **le|vi|ga|tu|ra** f. Schleifen *n.*, Abschleifen *n.* **le|vi|ga|zio|ne** f. **1** Schleifen *n.*: ***la ~ del marmo*** das Schleifen des Marmors **2** GEOL. Schliff *m.*

le|vi|ta m. Levit *m.*

le|vi|tà f. LETT. Leichtigkeit *f.*

le|vi|ta|re intr. (aus. *avere*) schweben. **le|vi|ta|zio|ne** f. Levitation *f.*

le|vi|ti|co I agg. *(-ci,-che)* levitisch **II** m. Levitikus *m.*

le|vo|gi|ro agg. linksdrehend.

le|vrie|re, le|vrie|ro m. Windhund *m.*, Windspiel *n.*

le|vu|lo|sio m. Fruchtzucker *m.*, Lävulose *f.*

le|zio|na|rio m. *(-ri)* Lektionar *n.*

le|zio|ne f. **1** Unterrichtsstunde *f.*, Unterricht *m.*; UNIV. Vorlesung *f.*: ***andare a ~*** zum Unterricht gehen; ***assistere a una ~*** dem Unterricht bei‿wohnen; ***avere due ore di ~*** zwei Stunden Unterricht haben; ***dare, prendere -i private*** Privatstunden geben, nehmen; ***fare ~*** unterrichten; UNIV. eine Vorlesung halten; ***~ di ballo*** Tanzstunde *f.*; ***fine delle -i*** Unterrichtsschluss *m.*; ***inizio delle -i*** Unterrichtsbeginn *m.*; ***~ di storia*** Geschichtsunterricht *m.* **2** *(ciò che si studia)* Unterrichtsstoff *m.*, Lektion *f.*: ***non sapere la ~*** den Unterrichtsstoff nicht gelernt haben; ***ripetere la ~*** das Gelernte wiederholen **3** *(capitolo di libri scolastici)* Lektion *f.*, Abschnitt *m.*: ***essere alla decima ~*** bei der zehnten Lektion sein **4** FIG. Lehre *f.*, Lektion *f.*: ***un'amara ~*** eine bittere Lektion; ***ti serva di ~*** das soll dir eine Lehre sein; ***dare una bella ~ a qcn.*** jdm eine Lehre erteilen **5** FILOL. Lesart *f.* **6** ECCL. Lektion *f.*

le|zio|sag|gi|ne f. **1** Affektiertheit *f.*, Geziertheit *f.* **2** *(atto lezioso)* Affektiertheit *f.*, Geziere *n.* **le|zio|si|tà** f. Affektiertheit *f.*, Geziertheit *f.* **le|zio|sa|men|te** agg. geziert: ***comportarsi ~*** sich geziert benehmen. **le|zio|so** agg. affektiert, geziert: ***modi -i*** gezierte Art; ***fanciulla -a*** affektiertes Mädchen.

lez|zo m. **1** Gestank *m.* **2** FIG. Schmutz *m.*: ***marcire nel ~*** im Schmutz verfaulen.

1.li artc.det.pl. BUROCR. ***Roma, ~ 12 novembre*** Rom, (den) 12. November.

2.li pron.pers.m.pl. sie: ***~ ho visti ieri*** ich habe sie gestern gesehen; ***eccoli!*** da sind sie! ***~ ho comprati io*** ich habe sie gekauft.

lì avv. **1** *(stato in luogo)* dort, da: ***resta ~*** bleib dort; ***~ dentro*** dort drinnen; ***~ sopra*** dort oben; ***su di ~*** da hinauf; ***è ~ da vari giorni*** er ist seit mehreren Tagen dort; ***viaggia molto: oggi è qui, domani è ~*** er reist viel: heute ist er hier, morgen ist er da; ***guarda ~!*** schau mal da! ***passare per di ~*** dort vorbei‿gehen, vorbei‿kommen **2** *(moto a luogo)* dorthin, dahin: ***la settimana prossima andiamo ~*** nächste Woche gehen wir dorthin; ***da qui a ~ sono 100 metri*** von hier bis dort sind es 100 Meter; ***~ dentro*** dort hinein; ***fin ~*** bis dorthin; ***mettiti ~*** stell dich dorthin **3** *(moto da luogo)* dorther, daher: ***vengo da ~*** ich komme von dorther ◆ ***di ~ a poco*** nach kurzer Zeit; ***eccolo ~*** da ist er ja! ***fermo ~!*** halt! ***(non) finisce ~*** damit ist es (nicht) getan; ***ha 50 anni o giù di ~*** er ist um die fünfzig Jahre; ***guarda ~ come ti sei conciato!*** wie siehst du denn aus! ***era ~ ~ per dirglielo, poi ha cambiato idea*** er war nahe dran, es ihr zu sagen, aber dann hat er es sich anders überlegt; ***~ per ~*** auf der Stelle; ***quella ~*** die da; ***quello ~*** der da; ***non è ancora mezzogiorno, ma siamo ~*** es ist noch nicht Mittag, aber viel fehlt nicht mehr; ***siamo sempre ~, non riusciamo ad andare d'accordo*** es ist immer dasselbe, wir kommen einfach nicht miteinander aus; ***via di ~!*** weg da!

lia|na f. Liane *f.*

Lia|na n.pr.f. Liane *f.*

li|ba|gio|ne f. **1** Trankopfer *n.* **2** SCHERZ. Trinkgelage *n.*, Zecherei *f.*

li|ba|ne|se I agg. libanesisch **II** m. e f. Libanese *m.* (Libanesin *f.*). **Li|ba|no** n.pr.m. Libanon *m.*: ***cedro del ~*** Libanonzeder *f.*

li|ba|re tr. **1** RELIG. als Trankopfer dar‿bringen **2** LETT. nippen ◆ ***~ all'amore*** auf die Liebe an‿stoßen. **li|ba|zio|ne** → **libagione.**

lib|bra f. Pfund *n.*: ***un sacco di tre -e*** ein Sack von drei Pfund; ***a -e*** pfundweise.

li|bec|cia|ta f. Südweststrom *m.* **li|bec|cio** m. **1** Südwestwind *m.* **2** *(sudovest)* Südwesten *m.*

li|bel|li|sta m. e f. *(-i,-e)* Pamphletist *m.* (-in *f.*). **li|bel|lo** m. Pamphlet *n.*, Schmähschrift *f.*

li|bel|lu|la f. Libelle *f.*; ***muoversi come una ~*** = sich graziös bewegen.

li|be|ral ['liberal] agg.inv. liberal. **li|be|ral-de|mo|cra|ti|co I** agg. *(-ci,-che)* freidemokratisch **II** m. *(-ci)* Freidemokrat *m.*

li|be|ra|le I agg. **1** *(generoso)* hochherzig, großzügig: ***gesto ~*** großzügige Geste **2** *(di grande apertura mentale)* frei, freiheitlich, liberal: ***educazione ~*** freie Erziehung **3** POL. liberal: ***movimento ~*** liberale Bewegung **II** m. e f. **1** *(del partito liberale)* Liberale *m. e f.* **2** *(sostenitore del liberalismo)* Liberalist *m.* (-in *f.*) ◆ ***arti -i*** freie Künste.

li|be|ra|leg|gian|te agg. liberalisierend.

li|be|ra|li|smo m. Liberalismus *m.* ◆ ***~ economico*** Freihandel *m.*; ***fautore del ~*** Verfechter *m.* des Liberalismus; Liberalist *m.* **li|be|ra|li|sti|co** agg. *(-ci,-che)* liberalistisch.

li|be|ra|li|tà f.inv. **1** Großzügigkeit *f.*, Freigebigkeit *f.* **2** *(atto liberale)* Liberalität *f.* **li|be|ra|liz|za|re** tr. liberalisieren: ***~ le esportazioni*** die Exporte liberalisieren. **li|be|ra|liz|za|zio|ne** f. Liberalisierung *f.*: ***~ degli scambi*** Liberalisierung des Handels; ***~ dell'aborto*** Liberalisierung der Abtreibung.

li|be|ral|so|cia|li|smo m. Sozialliberalismus *m.* **li|be|ral|so|cia|li|sta** *(-i,-e)* **I** agg. sozialliberal **II** m. e f. Sozialliberale *m.* e *f.*

li|be|ra|men|te avv. **1** frei: ***le merci circolano ~*** die Waren zirkulieren frei; ***decidere ~*** frei entscheiden; ***agire ~*** frei handeln; ***disporre ~ di qcs.*** über etw. (A) frei verfügen; ***~ tratto da Handke*** frei nach Handke **2** *(apertamente)* frei, offen, freimütig: ***parlane pure ~*** sprich ruhig offen darüber; ***esprimere ~ le proprie convinzioni*** seine Überzeugungen frei (*o* offen) heraus sagen.

li|be|ra|re *(libero)* **I** tr. **1** befreien, frei‿lassen, frei‿machen: ***~ qcn. dalla schiavitù*** jdn aus der Sklaverei befreien; ***~ gli schiavi*** die Sklaven freilassen; ***~ qcn. dalle catene*** jdn von seinen Fesseln befreien; ***~ il popolo dalla dittatura*** das Volk von der Diktatur befreien; ***~ qcn. dalla prigione*** jdn aus dem Gefängnis befreien; ***~ qcn. dal dolore*** jdn von seinen Schmerzen befreien; ***~ un ostaggio*** eine Geisel freilassen **2** *(sciogliere da un vincolo)* erlösen, erlassen, entbinden: ***~ qcn. da una promessa*** jdn von einem Versprechen entbinden; ***~ da un obbligo*** jdn einer Verpflichtung entbinden (*o* aus einer Verpflichtung entlassen); ***~ qcn. da un incantesimo*** jdn von einem Zauber erlösen **3** *(sgombrare)* ab‿räumen, aus‿räumen, räumen: ***~ una stanza*** ein Zimmer ausräumen; ***~ la strada da un ostacolo*** ein Hindernis aus dem Weg räumen; ***~ un campo dalle pietre*** Steine aus einem Acker räumen; ***~ un incrocio*** eine Kreuzung räumen **4** ECON. flüssig machen: ***~ il capitale*** das Kapital flüssig machen **5** CHIM. frei‿setzen: ***~ energia*** Energie freisetzen **II** pronom. **liberarsi 1** sich befreien, sich frei‿machen: ***-rsi di qcn.*** sich von jdm befreien; ***-rsi da un impegno, dai pregiudizi*** sich von einer Verpflichtung, von Vorurteilen freimachen; ***-rsi da un peso*** sich von einer Last befreien **2** *(diventare libero)* frei werden: ***l'appartamento si è liberato*** die Wohnung ist frei geworden **3** CHIM. frei werden, freigesetzt werden: ***nella reazione si libera calore*** bei der Reaktion wird Wärme freigesetzt ◆ ***-rsi dall'alcol*** vom Alkohol weg‿kommen; ***~ l'intestino*** den Darm entleeren.

li|be|ra|to|re I agg. befreiend, Befreiungs-: ***esercito ~*** Befreiungsarmee *f.* **II** m. Befreier *m.* **li|be|ra|to|rio** agg. *(-ri,-rie)* **1** befreiend: ***risata -a, pianto ~*** befreiendes Lachen, Weinen **2** ECON. DIR. schuldbefreiend: ***pagamento ~*** schuldbefreiende Zahlung; ***ricevuta -a*** Ausgleichsquittung *f.*

li|be|ra|zio|ne f. **1** Befreiung *f.*: ***la ~ da una dominazione straniera*** die Befreiung von einer Fremdherrschaft **2a** *(rilascio)* Freilassung *f.*: ***~ di ostaggi*** Freilassung der Geisel **b** *(scarcerazione)* Entlassung *f.*: ***la ~ di un detenuto dal carcere*** die Entlassung eines Gefangenen aus dem Gefängnis **3** MIL. *(da un assedio)* Entsatz *m.*, Entsetzung *f.* **4** FIG. *(sollievo)* Erlösung *f.*, Befreiung *f.*: ***~ da un incubo*** die Befreiung (*o* Erlösung) von einem Alptraum; ***la sua partenza fu una ~ per tutti*** seine Abreise war für alle eine Erlösung **5** ECON. *(di azioni)* Einzahlung *f.* **6** CHIM. Freisetzung *f.* ◆ ***festa della Liberazione*** = italienischer Nationalfeiertag; ***guerra di ~*** Befreiungskrieg *m.*, Freiheitskrieg *f.*; ***movimento di ~*** Befreiungsbewegung *f.*; ***teologia della ~*** Befreiungstheologie *f.*

li|ber|co|lo m. Büchlein *n.*

Li|be|ria n.pr.f. Liberia *n.* **li|be|ria|no I** agg. liber(ian)isch **II** m. Liberi(an)er *m.*

li|be|ri|smo m. Freihandel *m.*, freie Wirtschaft *f.* **li|be|ri|sta** *(-i,-e)* **I** agg. Freihandels-: ***politica*** **~** Freihandelspolitik *f.* **II** m. e f. Befürworter *m.* (-in *f.*) der freien Wirtschaft. **li|be|ri|sti|co** agg. *(-ci, -che)* Freihandels-: ***teoria -a*** Freihandelstheorie *f.*

li|be|ro I agg. frei: ***è ancora ~ questo posto?*** ist dieser Platz noch frei? ***sei ~ domani?*** bist du morgen frei? ***~ da pregiudizi*** vorurteilsfrei; ***~ da preoccupazioni, doveri*** frei von Sorgen, Verpflichtungen; ***essere ~ di fare qcs.*** frei sein, etw. zu tun; ***avere le mani -e*** die Hände frei haben; ***sei ~ di scegliere*** dir steht die Wahl frei **II** m. **1** Freie *m.* **2** SPORT Libero *m.* ◆ ***avere ~ accesso*** freien Zutritt haben; ***~ arbitrio*** freier Wille, Willensfreiheit *f.*; ***~ come l'aria*** frei wie ein Vogel; SPORT ***battitore ~*** Libero *m.*; ***cambio ~*** freier Wechselkurs; ***fare campeggio ~*** wild zelten; ***avere campo ~*** freie Hand haben; ***carta -a*** stempelfreies Papier, ungestempeltes Papier; ***~ cittadino*** freier Staatsbürger; ***esercizi a corpo ~*** Freiübung *f.*; ***ginnastica a corpo ~*** Kürturnen *n.*; ***-a economia di mercato*** freie Marktwirtschaft; ***~ da imposte*** steuerfrei; ***ingresso ~*** freier Eintritt; ***lasciare ~ qcn.*** jdn frei‿lassen; ***lasciare ~ qcn. di fare qcs.*** jdm frei‿stellen, etw. zu tun; ***disegnare a mano -a*** freihändig zeichnen; ***mercato ~*** freier Markt; ***neutroni -i*** freie Neutronen; ***lasciare ~ il passaggio*** den Durchgang frei‿halten; *(avviso per veicoli)* Einfahrt frei‿halten; ***~ pensatore*** Freidenker *m.* (*o* Freigeist *m.*); ***~ pensiero*** freier Gedanke (*o* freies Denken); ***essere a piede ~*** auf freiem Fuß sein; ***~ professionista*** Freiberufler *m.*; ***a ruota -a*** frei von der Leber weg; ***~ scambio*** Freihandel *m.*; ***avere -a scelta*** freie Wahl haben; ***dare ~ sfogo ai propri sentimenti, alla fantasia*** seinen Gefühlen, der Fantasie freien Lauf lassen; CHIM. ***allo stato ~*** im freien Zustand; SPORT ***stile ~*** Freistil *m.* (*o* Kraulstil *m.*); ***fare i 100 metri a stile ~*** 100 Meter Freistil schwimmen; ***tempo ~*** Freizeit *f.*; ***tiro ~*** Freiwurf *m.*; ***traduzione -a*** freie Übersetzung; ***via -a*** freier Weg; FIG. ***dare via -a a qcn.*** jdm grünes Licht geben.

li|be|ro|scam|bi|smo m. Freihandel *m.*

li|ber|tà f.inv. Freiheit *f.*: ***lasciare a qcn. piena ~*** jdm völlige Freiheit lassen; ***limitare la ~ di qcn.*** jds Freiheit ein‿schränken; ***lottare per la ~*** für die Freiheit kämpfen; ***morire per la ~*** für die Freiheit sterben; ***conquistare la ~*** die Freiheit erringen; ***intaccare la ~ di qcn.*** jds Freiheit an‿tasten; ***privare qcn. della ~*** jdn seiner Freiheit berauben ◆ ***~ d'associazione*** Vereinigungsfreiheit *f.* (*o* Assoziations-, Koalitionsfreiheit *f.*); ***~ di azione*** Handlungsfreiheit *f.*; ***~ dal bisogno*** Bedürfnislosigkeit *f.*; ***~ su cauzione*** Freilassung *f.* gegen Kaution; ***~ di coscienza*** Gewissensfreiheit *f.*; ***~ di costumi*** Freiheit *f.* der Sitten; ***~ di culto*** Kultusfreiheit *f.*, Religionsfreiheit *f.*; ***giorno di ~*** freier Tag; ***~ d'informazione*** Informationsfreiheit *f.*; ***~ interiore*** innere Freiheit; ***mancanza di ~*** Unfreiheit *f.*; ***mettere qcn. in ~*** jdn in Freiheit setzen; ***mettersi in ~*** es sich bequem machen; ***~ di movimento*** Bewegungsfreiheit *f.*; ***~ di opinione*** Meinungsfreiheit *f.*; ***avere un'ora di ~*** eine Stunde frei haben; ***~ di parola*** Redefreiheit *f.*; ***~ di pensiero*** Gedankenfreiheit *f.*; ***~ personale*** persönliche Freiheit; ***prendersi la ~ di fare qcs.*** sich die Freiheit nehmen, etw. zu tun; ***prendersi delle ~ con qcn.*** sich (D) jdm gegenüber Freiheiten heraus‿nehmen; ***~ provvisoria*** vorläufige Freilassung; ***rimettere in ~ qcn.*** jdn freilassen (*o* jdn aus der Haft entlassen); ***~ di scelta*** die Freiheit der Wahl; ***~ di sciopero*** Streikfreiheit *f.*; ***~ sessuale*** sexuelle Freiheit; ***~ di stampa*** Pressefreiheit *f.*; ***statua della ~*** Freiheitsstatue *f.*; ***tribunale della ~*** = Organ *n.* der italienischen Rechtsprechung, das über die Aufhebung der Untersuchungshaft entscheidet; ***~ vigilata*** Freiheit *f.* unter Polizeiaufsicht; ***viva la ~!*** es lebe die Freiheit! ***~ di voto*** Wahlfreiheit *f.*

li|ber|ta|rio I agg. *(-ri,-rie)* libertär: ***spirito ~*** libertärer Geist **II** m. *(-ri)* libertärer Mensch *m.*

li|ber|ti|ci|da *(-i,-e)* **I** agg. freiheitsgefährdend, freiheitsfeindlich: ***leggi -e*** freiheitsgefährdende Gesetze **II** m. e f. Freiheitsmörder *m.* (-in *f.*), Freiheitsfeind *m.* (-in *f.*). **li|ber|ti|ci|dio** m. *(-di)* Attentat *n.* auf die Freiheit.

li|ber|ti|nag|gio m. *(-gi)* Libertinage *f.*, Zügellosigkeit *f.* **li|ber|ti|ni|smo** m. Libertinismus *m.*, Freidenkertum *n.*

li|ber|ti|no I agg. **1** *(dissoluto)* zügellos, ausschweifend: ***condurre una vita -a*** ein zügelloses Leben führen **2** FILOS. POL. *(del libertinismo)* freidenkerisch: ***idee -e*** freidenkerische Ideen **3** STOR. *(di schiavo)* freigelassen **II** m. **1** zügelloser Mensch *m.* **2** FILOS. POL. Libertin *m.*, Freigeist *m.*, Freidenker *m.* **3** STOR. *(schiavo liberato)* Freigelassene *m.*

li|ber|to m. Freigelassene *m.*

li|ber|ty I agg.inv. ***stile ~*** Jugendstil *m.*: ***mobili ~*** Jugendstilmöbel *pl.* **II** m.inv. Jugendstil *m.*; *(in Austria)* Sezession *f.*: ***una mostra sul ~*** eine Jugendstilausstellung; ***una facciata ~*** eine Jugendstilfassade.

Li|bia n.pr.f. Libyen *n.* **li|bi|co I** agg. *(-ci,-che)* libysch: ***guerra -a*** libyscher Krieg; ***deserto ~*** Libysche Wüste **II** m. *(-ci)* Libyer *m.*

li|bi|di|co agg. *(-ci,-che)* libidinös: ***stimoli -ci*** libidinöse Triebe.

li|bi|di|ne f. **1** Geilheit *f.*, Lüsternheit *f.*: DIR. ***atti di ~*** Unzucht *f.* **2** FIG. *(avidità)* Begierde *f.*; ***~ di potenza*** Machtgier *f.* **3** COLLOQ. ***è una ~!*** das ist geil! **li|bi|di|no|sa|men|te** avv. lüstern. **li|bi|di|no|so I** agg. **1** geil, lüstern: ***individuo ~*** geiler Kerl; ***sguardi -i*** lüsterne Blicke **2** PSIC. libidinös **3** COLLOQ. geil.

li|bi|do f. Libido *f.*

li|bra|io m. *(-ai)* Buchhändler *m.* **li|bra|rio** agg. *(-ri,-rie)* Buch-, Bücher-: ***commercio ~*** Buchhandel *m.*; ***arte -a*** Buchkunst *f.*; ***mercato ~*** Büchermarkt *m.*

li|brar|si pronom. schweben: ***~ in aria*** in der Luft schweben; ***~ in volo*** *(di uccello)* auf‿fliegen; *(di velivolo senza motore)* gleiten. **li|bra|to** p.pass. agg. **1** → **librarsi 2** schwebend: ***uccelli -i in aria*** in der Luft schwebende Vögel ◆ ***volo ~*** Gleitflug *m.*

li|bre|ri|a f. **1a** *(mobile)* Bücherschrank *m.*: ***una ~ in noce*** ein Bücherschrank aus Nussholz **b** *(scaffale)* Bücherregal *n.* **2** *(negozio)* Buchhandlung *f.* **3** *(raccolta di libri)* Bibliothek *f.*: ***una ~ ricchissima*** eine sehr umfangreiche Bibliothek ◆ ***~ antiquaria*** Antiquariat *n.*; ***~ a muro*** Bücherwand *f.*; ***~ scolastica*** Schulbuchhandlung *f.*; ***~ specializzata*** Fachbuchhandlung *f.*; ***~ universitaria*** Universitätsbuchhandlung *f.*

li|bre|sco agg. *(-schi,-sche)* SPREG. Bücher-: ***cultura, erudizione -a*** Bücherweisheit *f.*, Buchwissen *n.*

li|bret|ti|sta m. e f. *(-i,-e)* Librettist *m.* (-in *f.*), Textdichter *m.* (-in *f.*). **li|bret|ti|sti|ca** f. Librettistik *f.*, Textdichtung *f.*

li|bret|to m. **1a** Büchlein *n.*, kleines Buch *n.* **b** *(taccuino)* kleines Heft *n.* **2** *(documento ufficiale)* Heft *n.*, Schein *m.* **3** MUS. *(d'opera)* Libretto *n.*, Textbuch *n.* ◆ ***~ per appunti*** Notizbuch *n.*; ***~ degli assegni*** Scheckheft *n.*, Scheckbuch *n.*; ***~ di circolazione*** Kraftfahrzeugschein *m.*, Fahrzeugbrief *m.*; ***~ di istruzioni*** Gebrauchsanweisung *f.*; ***~ di lavoro*** Arbeitspapiere *pl.*; ***~ della mutua*** Krankenschein *m.*; ***~ al portatore*** Inhabersparbuch *n.*; ***~ di risparmio*** Spar(kassen)buch *n.*; ***~ di risparmio postale*** Postsparbuch *n.*; ***~ sanitario*** Krankenschein *m.*; ***~ universitario*** Studienbuch *n.*

li|bro m. **1** Buch *n.*: ***un ~ di 150 pagine*** ein Buch von 150 Seiten; ***~ avvincente, illustrato, illeggibile, usato, esaurito*** spannendes, illustriertes, unlesbares, gebrauchtes, vergriffenes Buch; ***~ rilegato in pelle, in tela*** in Leder, in Leinen gebundenes Buch; ***~ di chimica, di storia*** Chemie-, Geschichtsbuch *n.*; ***aprire, chiudere un ~*** ein Buch auf‿schlagen, zu‿schlagen; FIG. ***divorare un ~*** ein Buch verschlingen; COLLOQ. ***non aprire un ~*** kein Buch an‿rühren; ***sfogliare, consultare un ~*** in einem Buch blättern, nach‿schlagen; ***rilegare, pubblicare, recensire un ~*** ein Buch binden, heraus‿geben, besprechen; ***essere immerso nei -i*** in seine Bücher versunken sein; ***star curvo sui -i*** über den Büchern sitzen **2** *(parte di opera)* Buch *n.*: ***il terzo ~ dell'Eneide*** das dritte Buch der Äneis **3** COMM. *(registro)* Verzeichnis *n.*, Buch *n.* **4** BOT. Bast m. ◆ FIG. ***essere un ~ aperto per qcn.*** ein aufgeschlagenes, offenes Buch für jdn sein; ***~ d'arte*** Kunstbuch *n.*; ***~ per bambini*** Kinderbuch *n.*; *(illustrato)* Bilderbuch *n.*; ***~ bianco*** Weißbuch *n.*; ***~ di bordo*** Bordbuch *n.*, Logbuch *n.*; ***~ in brossura*** Broschüre *f.*, Paperback *n.*; ***-i canonici*** kanonische Bücher; FIG. ***essere un ~ chiuso*** ein Buch mit sieben Siegeln sein; ***club del ~*** Buchgemeinschaft *f.*; COMM. ***~ delle commissioni*** Auftragsbuch *n.*; ***~ contabile*** Kassenbuch *n.*, Geschäftsbuch *n.*, Rechnungsbuch *n.*; ***copertina del ~*** Buchdeckel *m.*; ***~ di cucina*** Kochbuch *n.*; ***dorso del ~*** Buchrücken *m.*; ***~ degli esercizi*** Übungsbuch *n.*, Arbeitsbuch *n.*; ***fiera del ~*** Buchmesse *f.*; ***~ giallo*** Krimi *m.*; COMM. ***~ degli inventari*** Inventarverzeichnis *n.*; ***~ di lettura*** Lesebuch *n.*; ***-i liturgici*** liturgische Bücher; COMM. ***~ mastro*** Hauptbuch *n.*; COMM. ***mettere a ~*** in die Bücher ein‿tragen; STOR. ***~ dei morti*** Totenbuch *n.*; ***~ nero*** schwarze Liste; ***essere nel, sul ~ nero*** auf der schwarzen Liste stehen; RELIG. ***~ d'ore*** Stundenbuch *n.*; FIG. ***il ~ d'oro*** das Goldene Buch; ***~ paga*** Lohnliste *f.*; ***~ di preghiere*** Gebetbuch *n.*; ***recensione di -i*** Buchbesprechung *f.*; ***rilegatura del ~*** Bucheinband *m.*; ***-i sacri*** die Heilige Schrift; ***scala a ~*** Stehleiter *f.*; ***~ scolastico*** Schulbuch *n.*; COMM. ***-i sociali*** Aktienbuch *n.*; ***~ dei sogni*** Traumbuch *n.*; ***stampa di -i*** Buchdruck *m.*; ***parlare come un ~ stampato*** wie gedruckt sprechen; ***~ tascabile*** Taschenbuch *n.*; COMM. ***tenere i -i*** die Geschäftsbücher führen; ***~ di testo*** Lehrbuch *n.*

li|bro-gio|co m. *(libri-gioco)* Spielbuch *n.*

li|can|tro|pi|a f. **1** Verwandlung *f.* in einen Werwolf **2** MED. Lykanthropie *f.*, Lykomanie *f.* **li|can|tro|po** m. Werwolf *m.*

li|ca|o|ne m. Lykaon *m.*

li|c|cio m. *(-ci)* Litze *f.*

li|ce|a|le I agg. gymnasial, Gymnasial-: ***insegnante ~*** Gymnasiallehrer *m.* (-in *f.*) **II** m. e f. Gymnasiast *m.* (-in *f.*).

li|cei|tà f. Zulässigkeit *f.*, Erlaubtheit *f.*: ***la ~ di un comportamento*** die Zulässigkeit eines Verhaltens.

li|cen|za f. **1** *(permesso)* Erlaubnis *f.*, Genehmigung *f.*: ***dare a qcn. ~ di fare qcs.*** jdm die Erlaubnis geben, etw. zu tun; ***chiedere (a qcn.) ~ di fare qcs.*** (jdn) um Erlaubnis bitten, etw. zu tun; ***chiedere ~ di parlare*** um das Wort bitten; ***con Vostra ~*** mit Ihrer Erlaubnis **2a** *(autorizzazione ufficiale)* Lizenz *f.*, Erlaubnis *f.*, Genehmigung *f.*: ***richiedere, acquisire, detenere, trasferire, revocare, ritirare una ~*** eine Lizenz beantragen, erwerben, besitzen, übertragen, zurück‿ziehen, entziehen; ***concedere una ~ a qcn.*** jdm eine Lizenz erteilen (*o* gewähren); ***~ di importazione*** Einfuhrlizenz *f.* (*o* Einfuhrerlaubnis *f.*); ***~ edilizia*** Baugenehmigung *f.* **b** *(documento)* Lizenz *f.*, Schein *m.*; *(concessione)* Konzession *f.*: ***~ di caccia, pesca*** Jagd-, Angelschein *m.*; ***~ per la vendita di alcolici*** Schankkonzession *f.*; COMM. ***~ di esercizio*** Gewerbeschein *m.* **3** FIG. Freiheit *f.*: ***prendersi ~ di fare qcs.*** sich die Freiheit nehmen, etw. zu tun; ***prendersi troppe -e*** sich (D) zu viele Freiheiten erlauben (*o* heraus‿nehmen) **4** MIL. Urlaub *m.*: ***andare in ~*** den Urlaub an‿treten; ***chiedere due giorni di ~*** zwei Tage Urlaub beantragen; ***~ ordinaria, straordinaria*** Urlaub *m.*, Sonderurlaub *m.*; ***~ premio*** Sonderurlaub *m.* als Belohnung; ***~ di convalescenza*** Genesungsurlaub *m.* **5** SCOL. Abschluss *m.*; *(attestato)* Abschlusszeugnis *n.*; COLLOQ. ***prendere la ~ elementare, media, superiore*** den Grundschulabschluss, den Hauptschulabschluss, das Abitur machen; ***avere la ~ elementare, media*** das Grundschulabschlusszeugnis, Hauptschulabschlusszeugnis haben **6** LETT. *(commiato)* Abschied *m.*: ***prendere ~ da qcn.*** von jdm Abschied nehmen ◆ ***con ~ parlando...*** wenn ich offen reden darf, ...; ***concessione di ~*** Lizenzvergabe *f.*; Lizenzierung *f.*; ***contratto di ~*** Lizenzvertrag *m.*; ***datore di ~*** Lizenzgeber *m.*; SCOL. ***diploma di ~*** Entlassungszeugnis *n.*; ***edizione su ~*** Lizenzausgabe *f.*; SCOL. ***esame di ~*** Abschlussprüfung *f.*; MIL. ***foglio di ~*** Urlaubsschein *m.*; ***concedere, dare qcs. in ~*** etw. lizenzieren; ***militare in ~*** Urlauber *m.*; ***~ di navigazione*** Schiffszertifikat *n.*; ***numero di ~*** Lizenznummer *f.*; ***~ obbligatoria*** Zwangslizenz *f.*; ***~ poetica*** dichterische Freiheit; ***fabbricare qcs. su ~ straniera*** etw. in fremder Lizenz her‿stellen; ***tassa di ~*** Lizenzgebühr *f.*; ***titolare di ~*** Lizenzinhaber *m.*

li|cen|zia|bi|le agg. kündbar; ***non ~*** unkündbar.

li|cen|zia|men|to m. Kündigung *f.*, Entlassung *f.*: ***~ di manodopera*** Entlassung von Arbeitskräften; ***annunciare il ~ a qcn.*** jdm die Kündigung aus‿sprechen; ***~ senza preavviso (o in tronco)*** fristlose Kündigung; ***~ per raggiunti limiti di età*** Entlassung wegen Erreichung der Altersgrenze; ***impugnare il ~*** die Kündigung an‿fechten ◆ ***indennità di ~*** Kündigungsentschädigung *f.*; ***lettera di ~*** Kündigungsschreiben *n.*; ***~ di massa*** Massenentlassung *f.*; ***motivo di, del ~*** Kündigungsgrund *m.*; ***preavviso di ~*** Kündigungsfrist *f.*

li|cen|zia|re I tr. **1** ***~ qcn.*** jdm kündigen, jdn entlassen; ***essere licenziato*** gekündigt werden; ***~ qcn. in tronco*** jdm fristlos kündigen **2** *(accomiatare)* entlassen **3** TIP. ***~ le bozze, un libro per la stampa*** die Korrekturbögen, ein Buch zum Druck frei‿geben **II** pronom. **licenziarsi 1** kündigen: ***-rsi dal lavoro*** (bei seinem Arbeitgeber) kündigen; ***-rsi il 3 Aprile*** zum 3. April kündigen **2** LETT. *(congedarsi)* sich verabschieden: ***-rsi dagli amici*** sich von den Freunden verabschieden.

li|cen|zia|ta|rio m. *(-ri)* Lizenzträger *m.*

li|cen|zia|to I p.pass. agg. **1** → **licenziare 2** entlassen **3** SCOL. schulentlassen **II** m. **1** Entlassene *m.* **2** SCOL. Schulentlassene *m.*

li|cen|zio|sa|men|te avv. freizügig, zügellos. **li|cen|zio|si|tà** f.inv. Freizügigkeit *f.*, Zügellosikeit *f.*; ***comportarsi con ~*** sich freizügig verhalten. **li|cen|zio|so** agg. freizügig, zügellos: ***costumi -i*** zügellose Sitten; ***condurre una vita -a*** ein freizügiges Leben führen.

li|ce|o m. **1** Gymnasium *n.*: ***~ classico, linguistico, scientifico*** humanistisches, neusprachliches, naturwissenschaftliches Gymnasium; ***andare al ~*** aufs Gymnasium gehen (*o* das Gymnasium besuchen) **2** STOR. Lykaion *n.* ◆ ***~ artistico*** = höhere Kunstschule; ***studente di ~*** Gymnasiast *m.*

li|che|ne m. Flechte *f.*

li|ci|ta|re intr. *(licito;* aus. *avere)* an einer Versteigerung teil‿nehmen. **li|ci|ta|zio|ne** f. **1** *(asta)* Versteigerung *f.*, Lizitation *f.* **2** *(nel bridge)* Bieten *n.*, Lizitation *f.* ◆ DIR. ***~ privata*** freihändige Vergabe.

li|co|po|dio m. *(-di)* Bärlapp *m.*

1.Li|dia n.pr.f. Lydia *f.*

2.Li|dia n.pr.f. *(regione)* Lydien *n.* **li|dio** *(-di e -dii)* **I** agg. lydisch **II** m. **1** Lyd(i)er *m.* **2** *(lingua)* lydische Sprache *f.*

li|do m. **1** Lido *m.*: ***il Lido di Venezia*** der Lido von Venedig **2** *(spiaggia)* Strand *m.* **3** LETT. *(terra)* Gestade *n.*: ***tornare ai patri -i*** zu den heimischen Gestaden zurück‿kehren ◆ SCHERZ. ***prendere il volo per altri -i*** in fremde Länder ziehen; ***partire per ignoti -i*** = in die weite Welt reisen.

Liech|ten|stein n.pr.m. Liechtenstein *n.*

Lied [lid] m. *(-er)* Lied *n.*: ***i -er di Mahler*** Mahlers Lieder. **lie|de|ri|sti|ca** f. Lieder *pl.*, Lied *n.*: ***la ~ romantica*** das romantische Lied. **lie|de|ri|sti|co** agg. *(-ci,-che)* Lied-, Lieder-: ***serata -a*** Liederabend *m.*

lie|tez|za f. Frohmut *m.*, Frohsinn *m.*

lie|to agg. **1** fröhlich, froh: ***viso ~*** fröhliches Gesicht; ***essere ~ di qcs.*** sich über etw. (A) freuen; ***~ di conoscerLa!*** es freut mich, Sie kennenzulernen; *(nelle presentazioni)* ***molto ~!*** angenehm! sehr erfreut! **2** *(che rende lieti)* freudig, erfreulich: ***~ evento*** freudiges Ereignis; ***una -a notizia*** eine erfreuliche Nachricht; ***~ fine*** Happy End *n.*; ***film a ~ fine*** Film mit Happy End; ***avere un ~ fine*** zu einem Happy End kommen.

lie|ve agg. **1** leicht, sanft: ***tocco ~*** leichte Berührung; ***~ pendenza*** sanfte Steigung; ***con ~ costrizione*** mit sanfter Gewalt; ***provare un ~ disagio*** ein leichtes Unbehagen spüren; ***un ~ malessere*** ein leichtes Unwohlsein; ***~ scossa sismica*** leichter Erdstoß; ***un ~ alito di vento*** ein zarter Windhauch **2** *(trascurabile)* gering, geringfügig: ***una ~ mancanza*** eine geringfügige Verfehlung; ***di ~ entità*** geringfügig; ***una ~ differenza*** ein geringer Unterschied.

lie|ve|men|te avv. **1** leicht, sanft: ***la farfalla si posa ~ sul fiore*** der Schmetterling setzt sich sanft auf die Blume **2** *(poco, appena)* leicht, etwas: ***~ più grave*** etwas ernster; ***~ più chiaro*** leicht heller.

lie|vi|tà f. Leichtigkeit *f.*, Sanftheit *f.*

lie|vi|ta|re intr. *(lievito;* aus. *essere)* **1** auf‿gehen: ***la pasta del pane lievita*** der Brotteig geht auf; ***far ~ la pasta del pane*** den Brotteig aufgehen lassen **2** FIG. an‿steigen: ***i prezzi lievitano*** die Preise steigen an. **lie|vi|ta|to** p.pass. agg. **1** → **lievitare 2** ***pasta -a*** Hefeteig *m.*; ***pasta non -a*** nicht aufgegangener Teig. **lie|vi|ta|zio|ne** f. **1** Aufgehen *n.*; ***a ~ naturale*** mit natürlichem Treibmittel **2** FIG. Anstieg *m.*: ***la ~ dei prezzi*** der Anstieg der Preise.

lie|vi|to m. Hefe *f.* ◆ ***~ di birra*** Bierhefe *f.*; ***~ in polvere*** Backpulver *n.*

lift|ing m.inv. Lifting *n.* ◆ ***~ facciale*** Facelifting *n.*; COLLOQ. ***farsi il ~*** sich liften lassen.

light ['lait] agg.inv. light.

li|gio agg. *(-gi,-gie)* treu, gebunden; ***~ al dovere*** pflichttreu; ***~ alla linea del partito*** linientreu; ***~ alle tradizioni*** traditionsgebunden.

li|gnag|gio m. *(-gi)* Herkunft *f.*: ***d'alto ~*** von adliger Herkunft.

li|gne|o agg. **1** hölzern, Holz-: ***statua -a*** Holzstatue *f.* **2** *(simile al legno)* holzartig. **li|gni|fi|ca|re** *(lignifico, lignifichi)* **I** tr. verholzen lassen **II** pronom. **lignificarsi** verholzen. **li|gni|fi|ca|zio|ne** f. Verholzung *f.* **li|gni|na** f. Lignin *n.*

li|gni|te f. Lignit *m.*

li|gu|re I agg. ligurisch: ***Mar Ligure*** Ligurisches Meer **II** m. e f. Ligurier *m.* (-in *f.*) ◆ ***riviera ~*** Riviera *f.* **Li|gu|ria** n.pr.f. Ligurien *n.*

li|gu|stro m. Liguster *m.*

li|lia|ce|e f.pl. Liliengewächs *n.*

li|la I agg.inv. fliederfarben, fliederfarbig, lila, lilafarben: ***un abito ~*** ein lila Kleid **II** m.inv. Fliederfarbe *f.*

lil|là m.inv. Flieder *m.*, Lila *n.*

lil|li|pu|zia|no I agg. liliputanisch (anche FIG.); ***ometto ~*** Liliputaner *m.* **II** m. Liliputaner *m.*

li|ma f. Feile *f.* ◆ ***~ bastarda*** Schruppfeile *f.*; ***~ dolce*** Schlichtfeile *f.*; Polierfeile *f.*; ***~ per ferro*** Eisenfeile *f.*; ***~ grossa*** Grobfeile *f.*; FIG. ***fare un lavoro, lavorare di ~*** aus‿feilen, feilen; ***~ per legno*** Holzfeile *f.*; ***~ piatta*** Flachfeile *f.*; ***~ quadra*** Vierkantfeile *f.*; ***~ rotonda*** Rundfeile *f.*; ***~ tonda*** Lochfeile *f.*; ***~ per unghie*** Nagelfeile *f.*

Li|ma n.pr.f. Lima *n.*

li|mac|cio m. *(-ci)* Schlamm *m.* **li|mac|cio|so** agg. **1** schlammig: ***fiume, fondo ~*** schlammiger Fluss, Grund **2** FIG. *(oscuro)* trübe: ***stile ~*** trüber Stil.

li|ma|re I tr. **1** feilen **2** FIG. feilen, aus‿feilen: ***~ un testo*** an einem Text feilen **II** pronom. ***limarsi qcs.*** sich (D) etw. feilen: ***-rsi le unghie*** sich die Fingernägel feilen. **li|ma|to|re** m. Feiler *m.* **li|ma|tri|ce** f. Feilmaschine *f.* **li|ma|tu|ra** f. **1** Feilen *n.* **2** *(polvere)* Feilstaub *m.*: ***~ di ferro*** Eisenfeilstaub *m.*

lim|bo m. Limbus *m.*, Vorhölle *f.*

1.li|met|ta f. kleine Feile *f.*; ***~ per unghie*** Nagelfeile *f.*

2.li|met|ta f. BOT. Limette *f.*

li|mi|na|re agg. Grenz-: ***valore ~*** Grenzwert *m.* **li|mi|ne** m. LETT. Schwelle *f.*

li|mi|ta|bi|le agg. begrenzbar, beschränkbar.

1.li|mi|ta|re m. **1** *(soglia)* Schwelle *f.* **2** *(limite)* Rand *m.*; ***al ~ del bosco*** am Waldrand.

2.li|mi|ta|re *(limito)* **I** tr. **1** ein‿grenzen, ein‿frieden: ***~ il campo con un recinto*** den Acker mit einem Zaun eingrenzen (*o* einfrieden) **2** FIG. beschränken, ein‿schränken, begrenzen: ***~ le importazioni*** die Einfuhren einschränken; ***~ la velocità*** die Geschwindigkeit begrenzen; ***~ i danni*** Schäden begrenzen; ***~ la libertà, i diritti di qcn.*** jds Freiheit, Rechte einschränken; ***~ qcn. in qcs.*** jdn in etw. (D) beschränken **II** pronom. **limitarsi** sich beschränken, sich ein‿schränken: ***-rsi all'essenziale*** sich auf das Notwendigste (*o* Wesentliche) beschränken; ***-rsi in qcs.*** sich bei etw. einschränken; ***-rsi nel fumare*** sich beim Rauchen einschränken; ***-rsi (nelle spese)*** sich (bei den Ausgaben) einschränken; ***-rsi a dire qcs.*** nur etw. sagen; ***mi limiterò a dire che...*** ich werde nur sagen, dass...

li|mi|ta|ta|men|te avv. beschränkt, ausschließlich: ***~ a questo campo*** beschränkt auf (*o* ausschließlich für) dieses Gebiet; ***~ ai nostri mezzi*** im Rahmen unserer Mittel.

li|mi|ta|tez|za f. Beschränktheit *f.*, Begrenztheit *f.*: ***~ di mezzi*** Beschränktheit der Mittel; ***~ mentale*** Engstirnigkeit *f.*, Borniertheit *f.*

li|mi|ta|ti|vo agg. einschränkend: ***clausola -a*** einschränkende Klausel; ***provvedimento ~*** einschränkende Maßnahme.

li|mi|ta|to p.pass. agg. **1** → **limitare 2** beschränkt, begrenzt: ***periodo di tempo ~*** beschränkter Zeitraum; ***disporre di mezzi -i*** nur über begrenzte Mittel verfügen; ***avere possibilità -e*** begrenzte Möglichkeiten haben; ***scelta -a*** begrenzte Auswahl; ***guadagno ~*** beschränkter Gewinn; ***offerta -a*** begrenztes Angebot; ***di uso ~*** von beschränkter Verwendbarkeit; ***garanzia -a*** begrenzte Bürgschaft, Garantie; *(di assicurazione)* begrenzter Versicherungsschutz; ***società a responsabilità -a*** Gesellschaft mit beschränkter Haftung; ***edizione a tiratura -a*** Ausgabe mit begrenzter Auflage; *(mentalmente)* ***avere un orizzonte ~*** einen beschränkten Horizont haben; ***è un ragazzo ~*** er ist ein beschränkter Junge.

li|mi|ta|to|re m. Begrenzer *m.* ◆ ***~ di corrente*** Strombegrenzer *m.*

li|mi|ta|zio|ne f. **1** Beschränkung *f.*, Begrenzung *f.*: ***essere soggetto a -i*** Beschränkungen unterworfen sein **2** *(restrizione)* Einschränkung *f.*: ***senza -i*** ohne Einschränkungen; ***approvare qcs. senza -i*** etw. uneingeschränkt billigen; ***imporre (delle) -i*** Einschränkungen auf‿erlegen ◆ ***~ degli armamenti*** Rüstungsbeschränkung *f.*; ***~ della concorrenza*** Wettbewerbsbeschränkung *f.*; ***~ dei consumi*** Konsumbeschränkung *f.*; ***~ all'esportazione*** Ausfuhrbeschränkung *f.*; ***~ della libertà*** Einschränkung der Freiheit (*o* Freiheitsbeschränkung *f.*); ***~ delle nascite*** Geburtenbeschränkung *f.*; ***~ alla produzione*** Produktionsbeschränkung *f.*; ***~ del rischio*** Risikobegrenzung *f.*; ***~ delle spese*** Ausgabenbeschränkung *f.*; ***~ di tempo*** Zeitbegrenzung *f.*; ***~ al traffico*** Verkehrsbeschränkung *f.*; ***~ della velocità*** Geschwindigkeitsbegrenzung *f.*, Tempolimit *n.*

li|mi|te I m. **1a** Grenze *f.* (anche FIG.): ***i -i di un terreno*** die Grenzen eines Grundstücks; ***porre dei -i*** Grenzen setzen; FIG. ***darsi, porsi dei -i*** sich (D) Grenzen setzen; ***riconoscere i propri -i*** seine Grenzen kennen; ***non conoscere, avere -i*** keine Grenzen kennen; ***stare nei -i*** sich in Grenzen halten; ***(oltre)passare i -i*** die Grenzen überschreiten; ***passare ogni ~*** das Maß voll machen **b** *(dell'area di rigore)* ***punizione dal ~*** Freistoß an der Strafraumgrenze **2** SPORT *(record)* Rekord *m.*: ***abbassare un ~*** einen Rekord verbessern; ***eguagliare un ~*** einen Rekord ein‿stellen (*o* egalisieren) **3** MAT. Grenzwert *m.* **II** agg. Grenz-, äußerst: ***caso ~*** Grenzfall *m.*; ***prezzo ~*** äußerster Preis ◆ ***al ~*** *(al massimo)* höchstens; *(nel peggiore dei casi)* schlimmstenfalls; ***al ~ posso venire domani*** schlimmstenfalls kann ich morgen kommen; ***~ di carico*** Höchstlast *f.*; ***entro certi -i*** in einem bestimmten Rahmen; ***~ di età*** Altersgrenze *f.*; ***per raggiunti -i di età*** wegen Erreichung der Altersgrenze; ***fuori tempo ~*** außerhalb der vorgeschriebenen Frist; *(nei giochi)* außerhalb der vorgegebenen Zeit; ***~ di guardia*** oberste Grenze; Alarmstufe *f.*; ***nei -i della legge*** innerhalb des gesetzlich Erlaubten; ***~ massimo*** Höchstgrenze *f.*; ***anche la pazienza ha un ~!*** auch meine Geduld hat ihre Grenzen! ***~ di peso*** Höchstlast *f.*; ***nei -i del possibile*** im Rahmen des Möglichen; ***al ~ delle sue possibilità*** bis zum Äußersten; ***senza -i*** grenzenlos; ***-i di tempo*** Zeitgrenze *f.*; ***senza -i di tempo*** ohne zeitliche Beschränkung; ***c'è un ~ a tutto*** alles hat seine Grenzen; ***~ di velocità*** Tempolimit *n.*; ***velocità ~*** Höchstgeschwindigkeit *f.*

li|mi|tro|fo agg. angrenzend: ***zone -e*** angrenzende Gebiete.

lim|no|lo|gi|a f. Seenkunde *f.*, Limnologie *f.* **lim|no|lo|go** m. *(-gi)* Limnologe *m.*

li|mo m. **1** Schlamm *m.* **2** GEOL. Schlick *m.*; ***deposito di ~*** Schlickablagerung *f.*

li|mo|na|ia f. Gewächshaus *n.* für Zitronenbäumchen.

li|mo|na|re intr. (aus. *avere*) COLLOQ. schmusen.

li|mo|na|ta f. Zitronenlimonade *f.* **li|mon|ci|na** f. Zitronenkraut *n.*

li|mo|ne I m. Zitrone *f.*; *(albero)* Zitronenbaum *m.*: ***buccia, scorza di ~*** Zitronenschale *f.*; ***succo di ~*** Zitronensaft *m.*; ***tè al ~*** Tee mit Zitrone; FIG. ***spremere qcn. come un ~*** jdn wie eine Zitrone aus‿pressen **II** agg.inv. ***giallo ~*** zitronengelb. **li|mo|ne|to** m. Zitronenhain *m.*

li|mo|ni|te f. Limonit *m.*

li|mo|so agg. schlammig, schlickerig, schlickig: ***acque -e*** schlammiges Gewässer; ***terreno ~*** schlickiger Boden.

li|mou|si|ne [limu'zin] f.inv. Limousine *f.*

lim|pi|dez|za f., **lim|pi|di|tà** f. Klarheit *f.* (anche FIG.): ***la ~ di un ragionamento*** die Klarheit eines Gedankens.

lim|pi|do agg. **1** klar: ***acqua -a*** klares Wasser; FIG. ***voce, mente -a*** klare Stimme, klarer Verstand; ***sguardo ~*** offener Blick **2** *(schietto)* offenherzig.

lin|ce f. Luchs *m.*; FIG. ***avere occhi di ~*** Luchsaugen haben.

1.lin|ce|o agg. luchsäugig: ***avere occhi -i*** Luchsaugen haben.

2.lin|ce|o m. Mitglied *n.* der Akademie der Lincei.

lin|ciag|gio m. *(-gi)* Lynchjustiz *f.*, Lynchmord *m.*: ***sottrarre qcn. al ~*** jdn der Lynchjustiz entziehen; ***fare, commettere un ~*** einen Lynchmord begehen ◆ ***~ morale*** Rufmord *m.*

lin|cia|re tr. *(lincio, linci)* lynchen: ***~ qcn.*** jdn lynchen ◆ ***~ moralmente qcn.*** Rufmord an jdm betreiben.

Lin|da n.pr.f. Linda *f.*

lin|dez|za f. Sauberkeit *f.*, Reinlichkeit *f.*

lin|do agg. sauber, reinlich, rein (anche FIG.): ***una tovaglia -a*** eine saubere Tischdecke; ***una casa -a*** ein reinliches Haus; ***avere un aspetto ~*** sauber aus‿sehen. **lin|du|ra** f. → **lindezza.**

li|ne|a f. **1a** Linie *f.*: ***~ retta, curva, spezzata*** gerade, krumme, gebrochene Linie; ***~ verticale, orizzontale, tratteggiata, continua*** senkrechte, waagerechte, gestrichelte, durchgehende Linie; ***tracciare una ~*** eine Linie ziehen; ***discendere in ~ diretta da qcn.*** in direkter Linie von jdm ab‿stammen; ***in ~ ascendente, discendente*** in aufsteigender, absteigender Linie; ***le -e della mano*** die Linien der Hand; ***un'auto dalla ~ aerodinamica, giovane*** ein Auto mit einer aerodynamischen, jungen Linie **b** MIL. ***essere in prima ~*** in vorderster Linie stehen (anche FIG.); ***sfondare le -e nemiche*** die feindlichen Linien durchbrechen **2** FIG. *(condotta)* Linie *f.*: ***attenersi a una ~*** sich an eine Linie halten; ***sostenere, seguire una ~*** eine Linie vertreten, verfolgen; ***discostarsi dalla ~ del partito*** von der Parteilinie ab‿weichen; ***adottare una ~ dura*** eine harte Linie vertreten **3** pl. Züge *pl.*: ***a grandi -e*** in groben Zügen (*o* Umrissen); ***le -e fondamentali di un romanzo*** die Grundzüge eines Romans; ***nelle -e essenziali*** in wesentlichen Zügen **4** *(figura)* Figur *f.*, Linie *f.*: ***avere una bella ~*** eine gute Figur haben; ***badare alla ~*** auf die (schlanke) Linie achten; ***mantenere la ~*** eine schlanke Linie behalten **5a** *(di mezzi pubblici)* Linie *f.*: ***la ~ 60*** die Linie 60; ***istituire, sopprimere una ~*** eine Linie ein‿richten, still‿legen **b** *(tratto)* Strecke *f.*: ***la ~ Milano-Cremona*** die Strecke Mailand-Cremona **6** ABBIGL. Schnitt *m.*: ***una giacca di ~ sportiva*** eine Jacke mit sportlichem Schnitt **7** EL. TEL. Leitung *f.*: ***la ~ è libera, occupata, interrotta*** die Leitung ist frei, besetzt, unterbrochen; ***è caduta la ~*** wir sind unterbrochen worden; ***la ~ è sovraccarica*** die Leitung ist überlastet; ***avere qcn. in ~*** jdn in der Leitung haben **8** *(serie)* Serie *f.*, Linie *f.*: ***una ~ di prodotti per la casa*** eine Serie von Haushaltsprodukten; ***~ di bellezza*** Serie von (aufeinander abgestimmten) Schönheitsprodukten **9** BIOL. Abstammung *f.*: ***~ pura*** reine Abstammung ◆ ***~ aerea*** Fluglinie *f.*; EL. Freileitung *f.*; ***aereo di ~*** Linienflugzeug *n.*; EL. ***~ di alimentazione*** Hauptleitung *f.*; Zuleitung *f.*; ***5 km in ~ d'aria*** 5 km Luftlinie; SPORT ***~ di arrivo*** Ziellinie *f.*; SPORT ***~ d'attacco*** Angriffslinie *f.*; ***autobus di ~*** Linienbus *m.*; ***~ cadetta*** Nebenlinie *f.*; ***~ di carico*** Belastungsgrenze *f.*; ***~ di condotta*** Richtschnur *f.*; ***~ di confine*** Grenzlinie *f.*; BANC. ***~ di credito*** Kreditlinie *f.*; ***~ del cuore*** Herzlinie *f.*; MIL. ***~ difensiva*** Verteidigungslinie *f.*; ***~ doganale*** Zollgrenze *f.*; ***avere qualche ~ di febbre*** erhöhte Temperatur haben, etwas Fieber haben; ***~ ferroviaria*** Eisenbahnlinie *f.*; SPORT ***~ di fondo*** Grundlinie *f.*; *(nel calcio)* Torlinie *f.*; FIS. ***~ di forza*** Kraftlinie *f.*; MAR. ***~ di galleggiamento*** Wasserlinie *f.*; INFORM. ***in ~*** on line; ***~ isobara*** Isobare *f.*; ***~ isoterma*** Isotherme *f.*; ***in ~ di massima*** grundsätzlich, im Prinzip; ***in ~ materna*** mütterlicherseits; SPORT ***~ di metà campo*** Mittellinie *f.*; ***nave di ~*** Linienschiff *n.*; ***~ di navigazione*** Schifffahrtslinie *f.*; SPORT ***~ di partenza*** Startlinie *f.*; ***in ~ paterna*** väterlicherseits; EL. ***~ principale*** Hauptlinie *f.*; ***in ~ di principio*** prinzipiell; ***resti in ~*** bleiben Sie am Apparat; GEOM. ***~ retta*** Gerade *f.*; ***in ~ retta*** geradlinig; FIG. ***passare in seconda ~*** in den Hintergrund treten; nicht mehr die Hauptrolle spielen; ***~ di separazione*** Trennlinie *f.*; ***servizio di ~*** Linienverkehr *m.* (*o* Liniendienst *m.*); ***~ spartitraffico*** Mittellinie *f.*; TIP. ***~ di stampa*** Druckzeile *f.*; ***~ telefonica*** Fernsprechleitung *f.*; ***~ telegrafica*** Telegrafenleitung *f.*; ***~ dell'alta tensione*** Hochspannungsleitung *f.*; ***~ tranviaria*** Straßenbahnlinie *f.*; ***su tutta la ~*** auf der ganzen Linie (anche FIG.); ***~ della vita*** Lebenslinie *f.*; ***volo di ~*** Linienflug *m.*

li|ne|a|men|ti m.pl. **1** Züge *pl.*, Gesichtszüge *pl.*: ***~ fini, regolari, irregolari*** feine, regelmäßige, unregelmäßige Gesichtszüge **2** FIG. Grundrisse *pl.*, Grundzüge *pl.*: ***~ di anatomia*** Grundrisse der Anatomie; ***~ di storia romana*** Grundzüge der römischen Geschichte.

li|ne|a|re agg. **1** linear: ***misure -i*** lineare Größen **2** FIG. eindeutig, klar: ***uno stile, un discorso ~*** ein klarer Stil, ein eindeutiges Gespräch ◆ FIS. ***acceleratore ~*** Linearbeschleuniger *m.*; MAT. ***equazione ~*** lineare Gleichung; ***funzione ~*** lineare Funktion. **li|ne|a|ri|tà** f. Linearität *f.* **li|ne|a|tu|ra** f. Liniierung *f.*

li|ne|et|ta f. **1** *(nei composti)* Bindestrich *m.* **2** *(nel discorso diretto)* Gedankenstrich *m.*

li|ne|ri|a f. **1** Leinenwaren *pl.* **2** *(negozio)* Leinenwarenhandlung *f.*

lin|fa f. **1** ANAT. Lymphe *f.* **2** BOT. Saft *m.*, Pflanzensaft *m.* ◆ ***~ vitale*** Lebenssaft *m.*

lin|fa|de|ni|te f. Drüsenentzündung *f.*, Lymphadenitis *f.* **lin|fa|ti|co** *(-ci,-che)* **I** agg. lymphatisch, Lymph-: ***vaso ~*** Lymphbahn *f.*, Lymphgefäß *n.*; ***ganglio, ghiandola, sistema ~*** Lymphknoten *m.*, Lymphdrüse *f.*, Lymphgefäßsystem *n.* **II** m. an Lymphatismus Leidender *m.* **lin|fa|ti|smo** m. Lymphatismus *m.* **lin|fo|a|de|ni|te** → **linfadenite.**

lin|fo|ci|to m. Lymphozyt *m.* **lin|fo|ci|to|si** f. Lymphozytose *f.* **lin|fo|dre|nag|gio** m. *(-gi)* Lymphdrainage *f.* **lin|fo|ge|no** agg. lymphogen. **lin|fo|ghian|do|la** f. Lymphdrüse *f.* **lin|fo|gra|fi|a** f. Lymphographie *f.* **lin|fo|ma** m. Lymphom(a) *n.* **lin|fo|no|do** m. Lymphknoten *m.*

lin|ge|rie [lɛ̃ʒə'riː] f.inv. Damenunterwäsche *f.*

lin|got|to m. **1** Block *m.*: ***~ d'acciaio*** Stahlblock *m.* **2** *(di metallo non ferroso)* Barren *m.*: ***~ d'argento*** Silberbarren *m.*; ***~ d'oro*** Goldbarren *m.*; ***oro in -i*** Barrengold *n.* **3** TIP. Reglette *f.*

lin|gua f. **1a** Zunge *f.* (anche FIG.): ***mostrare, tirare fuori la ~*** die Zunge zeigen, heraus‿strecken; ***schioccare la ~*** mit der Zunge schnalzen; ***avere la ~ bianca, sporca, patinosa*** eine belegte Zunge haben; ***scottarsi la ~*** sich die Zunge verbrennen; ***mordersi la ~*** sich auf die Zunge beißen (anche FIG.); FIG. ***~ tagliente, mordace*** scharfe, spitze Zunge; FIG. ***avere la ~ lunga, biforcuta*** eine lose, gespaltene Zunge haben; FIG. ***con la ~ di fuori*** mit heraushängender Zunge **b** GASTR. ***~ in salsa verde*** Zunge mit Petersiliensauce **2** *(linguaggio)* Sprache *f.*: ***conoscere, parlare, capire, sapere, padroneggiare una ~*** eine Sprache kennen, sprechen, verstehen, können, beherrschen; ***tradurre qcs. da una ~ all'altra*** etw. aus einer Sprache in die andere übersetzen; ***~ italiana, tedesca*** italienische, deutsche Sprache; ***-e classiche, moderne, affini*** klassische, neuere, verwandte Sprachen; ***~ colta*** gehobene Sprache; ***~ morta, viva, parlata, scritta*** tote, lebende, gesprochene, geschriebene Sprache; ***-e germaniche, romanze, slave*** germanische, romanische, slawische Sprachen; ***-e indoeuropee, semitiche*** indoeuropäische, semitische Sprachen; ***insegnare -e*** Sprachen unterrichten; ***apprendimento di una ~*** Erlernung einer Sprache; ***studiare una ~*** eine Sprache lernen; *(all'università)* ***studiare -e*** Sprachen studieren; FIG. ***parlare -e diverse*** verschiedene Sprachen sprechen ◆ ***~ amministrativa*** Amtssprache *f.*; ***~ d'arrivo*** Zielsprache *f.*; BOT. ***~ di bue*** Leberpilz *m.*; ***~ commerciale*** Handelssprache *f.*; ***~ comune*** Gemeinsprache *f.*; ***conoscenza delle -e*** Sprachkenntnisse *pl.*; ***corso di ~*** Sprachkurs *m.*; ***~ diplomatica*** Diplomatensprache *f.*; ***~ di fuoco*** Flammenzunge *f.*; GASTR. ***~ di gatto*** Katzenzunge *f.*; ***~ glaciale*** Gletscherzunge *f.*; ***insegnante di ~*** Sprachlehrer *m.*; ***~ letteraria*** Literatursprache *f.*; ***lezione di ~*** Sprachunterricht *m.*; ***~ madre*** Muttersprache *f.*; FIG. ***mala ~*** böse Zunge; ***~ materna*** Muttersprache *f.*; ***in ~ originale*** in Originalsprache; FIG. ***parlare solo perché si ha la ~ (in bocca)*** nur reden, um die Luft zu bewegen; ***~ parlata*** Umgangssprache *f.*; ***~ di partenza*** Ausgangssprache *f.*; FIG. ***non avere peli sulla ~*** kein Blatt vor den Mund nehmen; SCHERZ. ***hai perso la ~?*** hast du die Sprache verloren? ***essere portato per le -e*** sprachbegabt sein; FIG. ***ce l'ho sulla punta della ~*** es liegt mir auf der Zunge; GASTR. ***~ salmistrata (in salmì)*** Pökelzunge *f.*; ***scuola di -e*** Sprachenschule *f.*; ***seconda ~*** Zweitsprache *f.*; ***storia della ~*** Sprachgeschichte *f.*; ***~ straniera*** Fremdsprache *f.*; ***studente di -e*** Fremdsprachenstudent *m.*; ***paesi di ~ tedesca*** deutschsprachige Länder; FIG. ***tenere a freno la ~*** die Zunge im Zaum halten; ***~ di terra*** Landzunge *f.*; ***~ ufficiale*** Amtssprache *f.*; PROV. ***la ~ batte dove il dente duole*** wes das Herz voll ist, des geht der Mund über.

lin|guac|cia f. *(-ce)* **1** *(malalingua)* böse Zunge *f.*, Lästermaul *n.* **2** *(smorfia)* ***fare le -ce*** die Zunge heraus‿strecken.

lin|guac|ciu|to I agg. **1** *(che ha la lingua lunga)* geschwätzig **2** *(maldicente)* lästerlich **II** m. böse Zunge *f.*, Lästermaul *n.*

lin|guag|gio m. *(-gi)* **1** Sprache *f.*: ***un ~ elevato, ricercato*** eine gehobene, gewählte Sprache; ***~ popolare*** Volkssprache *f.*; ***il ~ della musica*** die Sprache der Musik; ***~ scientifico*** Sprache der Wissenschaft **2** *(modo di esprimersi)* Ausdrucksweise *f.*: ***~ ricercato, scurrile*** gewählte, ordinäre Ausdrucksweise ◆ ***~ burocratico*** Amtssprache *f.*; ***~ del corpo*** Körpersprache *f.*; ***~ corrente*** Alltagssprache *f.*; ***disturbo del ~*** Sprachstörung *f.*; ***~ economico*** Wirtschaftssprache *f.*; ***~ erudito*** Gelehrtensprache *f.*; ***~ figurato*** Bildersprache *f.*; ***filosofia del ~*** Sprachphilosophie *f.*; ***~ dei fiori*** Blumensprache *f.*; ***~ gestuale*** Gebärdensprache *f.*; ***~ giuridico*** Rechtssprache *f.*; ***~ infantile*** Kindersprache *f.*; ***~ macchina*** Maschinensprache *f.*; INFORM. ***~ di programmazione*** Programmiersprache *f.*; ***~ della pubblicità*** Werbesprache *f.*; ***~ settoriale*** Fachsprache *f.*; ***~ simbolico*** Symbolsprache *f.*; ***~ dei sordomuti*** Taubstummensprache *f.*; ***~ tecnico*** Fachsprache *f.*

lin|gua|le agg. **1** ANAT. lingual: ***arteria ~*** linguale Ader **2** FON. Zungen-: ***consonante ~*** Zungenlaut *m.*

lin|guet|ta f. **1** kleine Zunge *f.*, Zünglein *n.* **2** *(di scarpe)* Zunge *f.* **3** *(di buste)* Lasche *f.* **4** FAL. Spund *m.* **5** MECC. Feder *f.*: ***~ e scanalatura*** Feder und Nut. **lin|gui|for|me** agg. zungenförmig.

lin|gui|ne f.pl. INTRAD. (feine spaghettiähnliche Nudelsorte).

lin|gui|sta m. e f. *(-i,-e)* Sprachforscher *m.* (-in *f.*), Linguist (-in *f.*).

lin|gui|sti|ca f. Sprachwissenschaft *f.*, Linguistik *f.*: ***~ comparata, contrastiva, generale*** vergleichende, kontrastive, allgemeine Sprachwissenschaft; ***~ descrittiva, pragmatica, storica*** deskriptive (*o* beschreibende), pragmatische, historische Linguistik; ***~ diacronica, sincronica*** diachronische, synchronische Linguistik; ***~ computazionale*** Computerlinguistik *f.*; ***~ testuale*** Textlinguistik *f.*

lin|gui|sti|ca|men|te avv. sprachlich: ***~ parlando*** unter sprachlichem Gesichtspunkt.

lin|gui|sti|co agg. *(-ci,-che)* **1** sprachlich, Sprach-: ***aspetti -ci*** sprachliche Aspekte; ***competenza, sensibilità -a*** Sprachkompetenz *f.*, Sprachgefühl *n.*; ***area, isola -a*** Sprachgebiet *n.*, Sprachinsel *f.*; ***legge, norma -a*** Sprachgesetz *n.*, Sprachnorm *f.*; ***uso ~*** Sprachgebrauch *m.* **2** *(della linguistica)* sprachwissenschaftlich, linguistisch ◆ ***famiglia -a*** Sprachfamilie *f.*; ***geografia -a*** Sprachgeographie *f.*; ***liceo ~*** neusprachliches Gymnasium; ***prestito ~*** Lehnwort *n.*

li|nie|ro agg. Leinen-: ***produzione -a*** Leinenproduktion *f.*; ***industria -a*** Leinenindustrie *f.* **li|ni|fi|cio** m. *(-ci)* Leinenweberei *f.*

li|ni|men|to m. Einreibemittel *n.*

Lin|ne|o n.pr.m. Linné *m.*

li|no m. **1** Leinen *m.*: ***di ~*** leinen, Leinen-; ***lenzuola di ~*** leinene Bettwäsche **2** *(pianta)* Flachs *m.*; Lein *m.* ◆ ***abito di ~*** Leinenkleid *n.*, Leinenanzug *m.*; ***asciugamano di ~*** Leinenhandtuch *n.*; ***biancheria di ~*** *(per letto)* Leinenbettzeug *n.*; *(intima)* Leinenunterwäsche *f.*; ***camicia di ~*** Leinenhemd *n.*; ***campo di ~*** Flachsfeld *n.*; ***olio di ~*** Leinöl *n.*; ***semi di ~*** Leinsamen *pl.*, Leinsaat *f.*; ***tessitore di ~*** Leinenweber *m.*; ***tessitura del ~*** Leinenweberei *f.*; ***tessuto di ~*** Leinenstoff *m.*; ***tovaglia di ~*** Leinentischdecke *f.*

li|no|lei|co agg. *(-ci,-che)* Linol-: ***acido ~*** Linolsäure *f.*

li|no|le|o|gra|fi|a f. Linolschnitt *m.* **li|no|le|um** m. Linoleum *n.*

li|no|ti|pi|a f. Linotypesatz *m.* **li|no|ti|pi|sta** m. e f. *(-i,-e)* Zeilensetzer *m.* (-in *f.*) **li|no|type** [-taɪp] f.inv. Linotype *f.*

lio|cor|no m. Einhorn *n.*

lio|fi|liz|za|re tr. gefrier‿trocknen. **lio|fi|liz|za|to I** p.pass. agg. **1** → **liofilizzare 2** gefriergetrocknet: ***alimento ~*** gefriergetrocknetes Lebensmittel; ***caffè ~*** gefriergetrockneter Kaffee **II** m. gefriergetrocknetes Lebensmittel *n.*, Gefriertrocknungsprodukt *n.* **lio|fi|liz|za|zio|ne** f. Gefriertrocknung *f.* Liophylisation *f.*

lio|na|to agg. ***cavallo ~*** Falbe *m.*

Li|pa|ri n.pr.f.pl. ***Isole ~*** Liparische Inseln.

li|pa|si f.inv. Lipase *f.*

li|pe|mi|a f. Lipämie *f.*

li|pi|de m. Lipid *n.* **li|pi|di|co** *(-ci,-che)* agg. Fett-: ***strato ~*** Fettschicht *f.*

li|piz|za|no m. ***cavallo ~*** Lipizzaner *m.*

li|poi|de I agg. lipoid **II** m. Lipoid *n.* **li|po|li|si** f. Lipolyse *f.* **li|po|ma** m. Lipom(a) *n.* **li|po|sar|co|ma** m. Liposarkom *n.* **li|po|so|lu|bi|le** agg. fettlöslich. **li|po|so|ma** m. Liposom *n.* **li|po|su|zio|ne** f. Absaugen *n.* von Fettgewebe.

lip|pa f. INTRAD. (Spiel, bei dem ein Holzstab in der Luft getroffen und weit weggeschlagen werden muss).

Li|psia n.pr.f. Leipzig *n.*
li|qua|me m. Jauche *f.*
li|que|fa|re *(liquefaccio/liquefò/liquefo, liquefai, liquefà/liquefa, liquefanno/liquefano; liquefeci; liquefatto)* **I** tr. **1** verflüssigen, flüssig machen: **~ l'aria** die Luft verflüssigen **2** *(fondere)* schmelzen: **~ il burro** die Butter schmelzen **3** FIG. *(sperperare)* verschwenden: **~ un patrimonio** ein Vermögen verschwenden **II** pronom. **liquefarsi 1** sich verflüssigen: **l'aria si liquefà sotto pressione** die Luft verflüssigt sich unter Druck **2** *(sciogliersi)* schmelzen: **la neve si liquefà al sole** der Schnee schmilzt in der Sonne; **il burro si liquefà** die Butter schmilzt **3** FIG. *(dissiparsi)* zusammen‿schmelzen.
li|que|fat|to p.pass. agg. **1** → **liquefare 2** *(liquido)* verflüssigt, flüssig, Flüssig-: **gas ~** verflüssigtes Gas, Flüssiggas *n.*; **metallo ~** flüssiges Metall **3** *(sciolto)* geschmolzen: **neve -a** geschmolzener Schnee.
li|que|fa|zio|ne f. **1** Verflüssigung *f.*: **~ del carbone, del gas** Kohlenverflüssigung *f.*, Gasverflüssigung *f.* **2** *(fusione)* Schmelzung *f.*, Schmelzen *n.*
li|que|ri|zia → **liquirizia.**
li|que|scen|te agg. schmelzend. **li|que|scen|za** f. Liqueszenz *f.*
li|qui|da|bi|le agg. **1** auszahlbar, begleichbar, bezahlbar: **fattura ~** begleichbare Rechnung **2** *(per cessata attività)* liquidierbar: **ditta ~** liquidierbare Firma **3** ESTENS. *(pagabile)* begleichbar, tilgbar: **debito ~** begleichbare Schuld **4** *(risolvibile)* lösbar: **la questione è facilmente ~** das Problem ist leicht lösbar.
li|qui|da|re tr. *(liquido)* **1a** aus‿zahlen, begleichen, liquidieren: **~ una fattura** eine Rechnung begleichen; **~ una pensione, un'eredità** eine Rente, eine Erbschaft auszahlen **b** *(cessare l'attività di)* liquidieren: **~ un'impresa** ein Unternehmen liquidieren **2** ESTENS. *(pagare)* begleichen, tilgen: **~ un debito** eine Schuld begleichen **3** *(svendere)* aus‿verkaufen: **~ i fondi di magazzino** die Restbestände ausverkaufen **4** *(concludere, risolvere)* lösen, vom Tisch räumen: **~ una questione** eine Frage vom Tisch räumen **5** *(sbarazzarsi di)* ab‿fertigen: **~ qcn. con una scusa** jdn mit einer Entschuldigung abfertigen **6** *(vincere facilmente)* beseitigen: **~ l'avversario** den Gegner beseitigen **7** *(uccidere)* aus dem Weg räumen, liquidieren.
li|qui|da|to|re m. Liquidator *m.*: **~ di società** Liquidator einer Gesellschaft.
li|qui|da|zio|ne f. **1** *(di un'impresa)* Liquidation *f.* **2** *(indennità di fine rapporto)* Abfindung *f.*: **dare, pagare, anticipare la ~ a qcn.** jdm die Abfindung geben, zahlen, voraus‿zahlen **3** *(svendita)* Ausverkauf *m.* ◆ **capitale di ~** Liquidationsmasse *f.*; **~ dei debiti** Entschuldung *f.*; **~ forfettaria** Pauschalisierung *f.*; **~ forzosa** Zwangsliquidation *f.*; **~ mensile** monatliche Abrechnung *f.*; **operazione di ~** Abwicklungsverfahren *n.*; **~ di sinistro** Schadenabwicklung *f.*, Schadenersatzleistung *f.*; **~ di fine stagione** Saisonausverkauf *m.*; **~ di stipendio** Gehaltsauszahlung *f.*; **~ totale** Räumungsverkauf *m.*, Totalausverkauf *m.*; **valore di ~** Liquidationswert *m.*
li|qui|di|tà f. **1** FIS. Flüssigkeit *f.*: **~ di un corpo** Flüssigkeit eines Körpers **2** ECON. Liquidität *f.*
li|qui|do I agg. **1** flüssig, Flüssig-: **stato ~** flüssiger Zustand; **gas, carburante ~** flüssiges Gas, flüssiger Treibstoff; **lava -a** flüssige Lava; **detersivo, sapone ~** flüssiges Waschmittel, flüssige Seife (*o* Flüssigseife *f.*); **una salsa troppo -a** eine zu flüssige Soße **2a** ECON. flüssig, liquid(e): **capitale ~** flüssiges Kapital; **denaro ~** flüssiges Geld **b** *(di impresa)* liquid(e), zahlungsfähig **3** LING. liquid **II** m. **1** Flüssigkeit *f.*; **può ingerire solo -i** er kann nur Flüssiges zu sich nehmen **2** ECON. Bargeld *n.*, flüssiges Geld: **avere disponibilità di -i** flüssige Gelder haben ◆ **~ per ammortizzatori** Stoßdämpferöl *n.*; **~ amniotico** Fruchtwasser *n.*; **consonante -a** Fließlaut *m.*; **cristallo ~** Flüssigkristall *m.*; **dieta -a** flüssige Nahrung, Saftkur *f.*; **~ per i freni** Bremsflüssigkeit *f.*; **~ gelatinoso** Glibber *m.*; **~ refrigerante** Kühlflüssigkeit *f.*, Kühlmittel *n.*; **~ seminale** Samenflüssigkeit *f.*; FON. **suono ~** Liquidlaut *m.*; **valore ~** Barwert *m.*
li|qui|ri|zia f. Lakritz *n.* ◆ **bastoncino di ~** Lakritz(en)stange *f.*; **caramella alla ~** Lakritz(en)bonbon *n.*; **radice di ~** Süßwurzel *f.*
li|quor m.inv. Liquor *m.*
li|quo|re m. Likör *m.*: **~ d'arancia** Orangenlikör *m.*; FARM. **~ di erbe** Kräuterlikör *m.*; **bicchierino da ~** Likörglas *n.* **li|quo|re|ri|a** f. **1** Likörfabrik *f.* **2** *(spaccio)* Likörausschank *m.* **li|quo|ro|so** agg. Likör-: **vino ~** Likörwein *m.*
1.li|ra f. **1** *(italiana)* Lira *f.*: **cambiare mille -e** tausend Lire wechseln: **vendere qcs. a mille -e** etw. für tausend Lire verkaufen; **un francobollo da 600 -e** eine Briefmarke zu 600 Lire **2** *(unità monetaria di vari paesi)* Pfund *n.*: **~ egiziana, libanese, turca** Ägyptisches, Libanesisches, Türkisches Pfund **3** ESTENS. *(denaro)* Pfennig *m.*: **non avere una ~** keinen Pfennig haben; **non valere una ~** keinen Heller (*o* Pfennig) wert sein ◆ **~ israeliana** Neuer Schenkel; **~ italiana** italienische Lira; **~ sterlina** Pfund *n.* Sterling.
2.li|ra f. **1** MUS. Leier *f.* **2** STOR. Lyra *f.* ◆ **uccello ~** Leierschwanz *m.*
li|ri|ca f. *(-che)* **1** Lyrik *f.*, Poesie *f.* **2** *(componimento)* lyrische Dichtung *f.*, Gedicht *n.*: **una ~ di Leopardi** ein Gedicht von Leopardi **3** MUS. Opernmusik *f.*: **~ verdiana** Verdis Opernmusik **4** MUS. *(componimento)* Gesang(s)stück *n.*: **una ~ di Schumann** ein Gesangstück von Schumann ◆ **~ pura** reine Lyrik; **~ corale** Gesangstück für Chor.
li|ri|ca|men|te avv. lyrisch. **li|ri|ci|tà** f. **1** lyrischer Charakter *m.* **2** MUS. Lyrismus *m.* **li|ri|ciz|za|re** tr. lyrisieren.
li|ri|co I agg. *(-ci,-che)* **1** lyrisch (anche FIG.): **poesia -a** lyrische Dichtung **2** MUS. Oper(n)-: **cantante ~** Opernsänger *m.*; **musica -a** Opernmusik *f.*; **stagione -a** Opernsaison *f.*; **teatro ~** Opernhaus *n.* **II** m. *(-ci)* Lyriker *m.*, lyrischer Dichter *m.*
li|rio|den|dro m. Tulpenbaum *m.*
li|ri|smo m. **1** lyrischer Charakter *m.*, Lyrismus *m.* **2** ESTENS. Gefühlsbetonung *f.*; **scrivere con ~** gefühlsbetont schreiben.
Li|sa n.pr.f. Lise *f.*, Liese *f.*
Li|sbo|na n.pr.f. Lissabon *n.* **li|sbo|ne|se I** agg. aus Lissabon **II** m. e f. Lissabonner *m.* (-in *f.*).
li|sca f. *(-sche)* **1** Gräte *f.* **2** FAM. *(difetto di pronuncia)* Lispeln *n.*: **avere la ~** lispeln ◆ **~ di pesce** Fischgräte *f.*; **a ~ di pesce** in (*o* mit) Fischgrätmuster; **pieno di -sche** grätig, voller Gräten; **senza -sche** grätenlos, ohne Gräten; **togliere le -sche** entgräten.
li|scia f. *(-sce)* **1** Lederscheibe *f.* **2** CART. Satinierkalander *m.*, Glättwerk *n.*
li|scia|men|to m. **1** Glätten *n.*, Glättung *f.* **2** TESS. CART. Kalandern *n.*, Kalandrieren *n.* **3** FIG. *(adulazione)* Schmeichelei *f.*
li|scia|re *(liscio, lisci)* **I** tr. **1** glätten: **~ un'asse di legno, un tessuto** ein Holzbrett, einen Stoff glätten **2** *(accarezzare)* streicheln: **~ il pelo a un gatto** einer Katze das Fell streicheln **3** *(rifinire)* **~ qcs.** etw. aus‿feilen, an etw. (A) feilen: **~ un lavoro** an einem Text feilen **4** FIG. *(adulare)* **~ qcn.** jdm schmeicheln **5** IRON. *(bastonare, picchiare)* verprügeln **6** SPORT *(nel calcio)* streifen **II** pronom. **lisciarsi 1** sich lecken, sich putzen **2** *(accarezzarsi)* **-rsi la barba** sich (D) den Bart glatt streichen (*o* sich über den Bart streichen) **3** FIG. *(agghindarsi)* sich heraus‿putzen, sich schniegeln ◆ FIG. **~ il pelo a qcn.** jdm um den Bart gehen, jdm Honig um den Mund schmieren.
li|scia|ta f. **1** Glätten *n.*, Glättung *f.*; **darsi una ~ ai capelli** sich (D) die Haare glatt streichen **2** FIG. Schmeichelei *f.* **li|scia|to** p.pass. agg. **1** → **lisciare 2** glatt, geglättet **3** FIG. *(agghindato)* herausgeputzt, geschniegelt. **li|scia|tri|ce** f. Glättwerk *n.* **li|scia|tu|ra** f. **1** Glätten *n.* (anche MECC.) **2** CART. Kalandrieren *n.*, Glätten *n.* **3** FIG. *(adulazione)* Schmeichelei *f.*
li|scio I agg. *(-sci,-sce)* **1** glatt: **superficie -a** glatte Oberfläche; **pelle -a** glatte Haut; **capelli -sci** glattes Haar; **carta -a** glattes Papier; **muscolatura -a** glatte Muskulatur **2** *(privo di ornamenti)* schlicht: **abito ~** schlichtes Kleid; **mobile ~** schlichtes Möbelstück **3a** *(di bevanda alcolica)* pur: **un whisky ~** ein Whisky pur **b** *(non corretto)* ohne Alkohol **c** *(non gassato)* **acqua minerale -a** Mineralwasser ohne Kohlensäure **II** m. *(-sci)* **1** *(ballo)* Gesellschaftstanz *m.* **2** SPORT Fehlschuss *m.*: **fare un ~** einen Fehlschuss machen ◆ **affare ~** glattes Geschäft; **è andato tutto ~, gli è andata -a** es ist alles glatt gegangen (*o* verlaufen); **ballo ~** Gesellschaftstanz *m.*; **cuscinetto ~** Gleitlager *n.*; **filare ~ (come l'olio)** wie geschmiert gehen (*o* laufen); **passarla -a** heil davon‿kommen; **~ come uno specchio** spiegelglatt.
li|sci|va, li|sci|via f. Lauge *f.* **li|sci|via|re** tr. *(liscivio, liscivi)* **1** ab‿laugen, laugen **2** CHIM. aus‿laugen. **li|sci|via|tu|ra** f. Ablaugung *f.*, Laugung *f.* **li|sci|via|zio|ne** f. CHIM. Auslaugung *f.*, Laugung *f.*
li|sco|so agg. grätig.
li|ser|gi|co agg. *(-ci,-che)* **acido ~** Lysergsäure *f.*
li|seu|se [li'zø:z] f.inv. Bettjacke *f.*, Bettjäckchen *n.*
li|si f. Lysis *f.* ◆ **~ batterica** Bakterienlysis *f.*
li|si|na f. **1** Lysin *f.* **2** BIOL. Lysine *f.*
li|so agg. abgenutzt, abgetragen: **abito ~** abgetragenes Kleid.
li|so|for|mio m. Lysoform *n.*
li|so|zi|ma m. Lysozym *n.*
li|sta f. **1** *(striscia)* Streifen *m.*: **una ~ di cuoio** ein Lederstreifen **2** *(elenco)* Liste *f.*: **compilare, fare una ~** eine Liste auf‿stellen (*o* an‿legen); **mettere, inserire qcn., qcs. in (una) ~** jdn auf eine Liste setzen, in eine Liste ein‿tragen; **essere in ~** auf der Liste sein, stehen **3** *(menu)* Speisekarte *f.*, Karte *f.* ◆ **~ di, d'attesa** Warteliste *f.*; **~ dei candidati** Kandidatenliste *f.*; **~ civile** Zivilliste *f.*; **iscriversi nelle -e di collocamento** sich arbeitslos melden, sich

beim Arbeitsamt (als Arbeit Suchender) melden; ***compagno di ~*** Wahllistenpartner *m.*; ***~ elettorale*** Wählerliste *f.*, Wahlliste *f.*; ***~ degli invitati*** Gästeliste *f.*; ***~ di leva*** Aushebungsliste *f.*; ***~ nera*** schwarze Liste: ***essere sulla ~ nera*** auf der schwarzen Liste stehen; ***~ dei nomi*** Namensverzeichnis *n.*; ***~ dei prezzi*** Preisliste *f.*; ***~ di proscrizione*** Proskriptionsliste *f.*; ***~ della spesa*** Einkaufsliste *f.*; ***~ dei vini*** Weinkarte *f.*

li|sta|re tr. **1** mit Streifen versehen **2** *(bordare)* umranden **3** EDIT. versteifen ◆ ***~ a lutto*** mit Trauerrand versehen. **li|sta|tu|ra** f. **1** Umrandung *f.* **2** EDIT. Versteifung *f.*

li|stel|lo m. **1** Leiste *f.* **2** *(ornamentale)* Zierleiste *f.*

li|sti|no m. Liste *f.* ◆ ***~ di borsa*** Kurszettel *m.*; ***prezzo di ~*** Listenpreis *m.*; ***~ (dei) prezzi*** Preisliste *f.*

li|ta|ni|a f. Litanei *f.* (anche FIG.): ***recitare, cantare una ~*** eine Litanei beten, singen; FIG. ***ripetere sempre la solita ~*** immer dieselbe Litanei herunter‿beten (*o* wiederholen).

li|tan|tra|ce m. Steinkohle *f.*

li|tchi [-tʃi] m.inv. Litschi *f.*, Litschipflaume *f.*

li|te f. Streit *m.*: ***~ violenta, aspra, sanguinosa*** heftiger, erbitterter, blutiger Streit; ***scoppia una ~*** ein Streit bricht aus; ***attaccare ~ con qcn.*** einen Streit mit jdm an‿fangen; ***essere in ~ con qcn.*** mit jdm im Streit liegen; ***appianare, comporre, definire una ~*** einen Streit schlichten, bei‿legen, entscheiden; ***immischiarsi in una ~*** sich in einen Streit ein‿mischen; ***degenerare in ~*** in einen Streit aus‿arten ◆ ***~ giudiziaria*** Rechtsstreit *m.*; ***le parti in ~*** die streitenden Parteien; ***~ pendente*** schwebender Rechtsstreit; ***scatenare una ~*** einen Streit vom Zaun brechen.

li|ti|a|si f.inv. Steinkrankheit *f.*, Lithiasis *f.*

1.li|ti|co agg. *(-ci,-che)* steinern.

2.li|ti|co agg. *(-ci,-che)* CHIM. auflösend.

li|ti|gan|te m. e f. Streitende *m.* e *f.* ◆ PROV. ***fra i due -i il terzo gode*** wenn zwei sich streiten, freut sich der Dritte.

li|ti|ga|re intr. *(litigo, litighi;* aus. *avere)* streiten, (sich) zanken: ***~ con qcn. per qcs.*** mit jdm um etw. streiten, (sich) mit jdm um (*o* über) etw. (A) zanken; ***mettersi a ~ con qcn.*** mit jdm in Streit geraten.

li|ti|ga|ta f. Streit *m.*, Zank *m.* COLLOQ. Krach *m.*: ***fare una bella ~*** einen schönen Streit haben.

li|ti|gio m. *(-gi)* Streit *m.*, Zank *m.*: ***ci sono frequenti -gi tra i due fratelli*** es gibt häufig Streit (*o* Zank) zwischen den beiden Geschwistern.

li|ti|gio|sa|men|te avv. streitsüchtig. **li|ti|gio|si|tà** f. Streitsucht *f.*, Streitlust *f.*, Zanksucht *f.* **li|ti|gio|so** agg. **1** streitsüchtig, streitlustig, zanksüchtig: ***carattere ~*** streitsüchtiger Charakter **2** *(controverso)* umstritten.

li|tio m. Lithium *n.*

li|tis|con|sor|te m. e f. Streitgenosse *m.* (-genossin *f.*). **li|tis|con|sor|zio** m. *(-zi)* Streitgemeinschaft *f.*

li|to|fo|to|gra|fi|a f. Photolithographie *f.*

li|to|gra|fa|re tr. *(litografo)* lithographieren. **li|to|gra|fi|a** f. Lithographie *f.*: ***~ a colori*** Farblithographie *f.* **li|to|gra|fi|co** agg. *(-ci, -che)* lithographisch. **li|to|gra|fo** m. Lithograph *m.*, Steindrucker *m.*

li|to|li|si f. Litholyse *f.*

li|to|lo|gi|a f. Lithologie *f.* **li|to|lo|gi|co** agg. *(-ci,-che)* lithologisch. **li|to|lo|go** m. *(-gi)* Lithologe *m.*

li|to|po|ne m. Lithopone *f.*

li|to|ra|le I agg. litoral, Litoral-, Küsten-: ***fauna, flora ~*** Litoralfauna *f.*, Litoralflora *f.*; ***città ~*** Küstenstadt *f.* **II** m. Litoral *n.*, Seeküste *f.*

li|to|ra|ne|o agg. litoral, Küsten-: ***strada -a*** Küstenstraße *f.* ◆ GEOGR. ***cordone ~*** Nehrung *f.*

li|to|sfe|ra f. Lithosphäre *f.*

li|to|te f. Litotes *f.*

li|to|te|ca f. *(-che)* Mineraliensammlung *f.*

li|to|to|mi|a f. Lithotomie *f.*

li|to|tri|psi|a f. Lithotripsie *f.*

li|to|tri|to|re m. Lithotripter *m.*

li|tro m. Liter *m.*: ***un ~ di acqua*** ein Liter Wasser; ***mezzo ~*** halber Liter; ***un quarto di ~*** ein Viertelliter, ein viertel Liter; ***una capacità di 1000 -i*** eine Kapazität von 1000 Litern; ***questa auto fa 20 km con un ~*** dieses Auto verbraucht einen Liter auf 20 km (*o* macht 20 km mit einem Liter) ◆ ***a -i*** literweise; ***vendere qcs. a -i*** etw. literweise verkaufen; ***bere vino a -i*** literweise Wein trinken; ***bottiglia da un ~*** Literflasche *f.*; ***potenza per ~*** Literleistung *f.*

lit|to|re m. Liktor *m.*

lit|to|ri|na f. Triebwagen *m.*

lit|to|rio I agg. *(-ri,-rie)* **1** Liktoren-: ***fascio ~*** Liktorenbündel *n.* **2** *(fascista)* = faschistisch **II** m. *(-ri)* **1** Liktorenbündel *n.* **2** *(partito fascista)* = faschistische Partei *f.* Italiens.

Li|tua|nia n.pr.f. Litauen *n.* **li|tua|no I** agg. litauisch **II** m. **1** Litauer *m.* **2** *(lingua)* Litauisch *n.*, Litauische *n.*

li|tur|gi|a f. **1** Liturgie *f.*, Gottesdienst *m.*: ***~ cattolica, romana, ambrosiana*** katholische, römische, ambrosianische Liturgie **2** *(rituale)* Ritual *n.* **li|tur|gi|co** agg. *(-ci,-che)* liturgisch, gottesdienstlich, Kirchen-: ***anno, calendario ~*** Kirchenjahr *n.*, Kirchenkalender *m.*; ***colori, libri -ci*** liturgische Farben, Bücher; ***formule -che*** liturgische Formeln.

liu|ta|io m. *(-ai)* **1** *(fabbricante di liuti)* Lautenbauer *m.* **2** *(fabbricante di strumenti a corde)* Hersteller *m.* von Saiteninstrumenten **3** *(fabbricante di violini)* Geigenbauer *m.* **liu|te|ri|a** f. **1** Geigenbau *m.* **2** *(laboratorio)* Geigenbauerwerkstatt *f.* **liu|ti|sta** m. e f. *(-i,-e)* Lautenspieler *m.* (-in *f.*), Lautenist *m.* (-in *f.*). **liu|to** m. Laute *f.*: ***suonare il ~*** (die) Laute spielen.

live [laiv] agg.inv. live, Live-: ***registrato ~*** live übertragen; ***registrazione ~*** Livemitschnitt *m.*; ***trasmissione ~*** Livesendung *f.*

li|vel|la f. Wasserwaage *f.*, Libelle *f.* ◆ ***~ a bolla d'aria*** Wasserwaage *f.*

li|vel|la|men|to m. **1** Ebnen *n.*, Ebnung *f.*, Einebnung *f.*, Planierung *f.* **2** FIG. Ausgleich *m.*, Angleichung *f.*: ***~ sociale*** sozialer Ausgleich; ***~ degli stipendi, dei prezzi*** Angleichung der Gehälter, der Preise.

li|vel|la|re I tr. **1** ebnen, ein‿ebnen, planieren: ***~ un terreno*** einen Boden ebnen **2** FIG. aus‿gleichen, an‿gleichen: ***~ le diseguaglianze sociali*** soziale Unterschiede ausgleichen; ***~ gli stipendi, i prezzi*** die Gehälter, die Preise angleichen **3** TOPOGR. nivellieren **II** pronom. **livellarsi 1** sich ebnen **2** FIG. sich aus‿gleichen, sich an‿gleichen. **li|vel|la|to|re** agg. **1** planierend **2** FIG. ausgleichend: ***una politica -trice*** eine ausgleichende Politik. **li|vel|la|tri|ce** f. Planierraupe *f.* **li|vel|la|zio|ne** f. Nivellierung *f.*

li|vel|lo m. **1a** Stand *m.*: ***raggiungere il ~ più alto*** den höchsten Stand erreichen **b** *(altezza)* Höhe *f.*: ***a ~ della strada, del terreno*** auf Straßenhöhe, Bodenhöhe **2** *(grado, condizione)* Niveau *n.*, Stufe *f.*, Ebene *f.*: ***~ intellettuale, sociale, culturale*** geistiges, soziales, kulturelles Niveau (*o* Bildungsstand *m.*, Kulturstufe *f.*); ***~ finanziario, economico*** finanzielle, wirtschaftliche Lage; ***una rappresentazione di alto ~*** eine Darbietung von hohem Niveau; ***ad alto, al massimo ~*** auf höherer, höchster Ebene; ***al ~ più basso*** auf der untersten Stufe; ***essere ad un alto, basso, allo stesso ~*** auf einer hohen, niedrigen, auf der gleichen Stufe stehen; ***mettersi al ~, allo stesso ~ di qcn.*** sich mit jdm auf eine Stufe, auf dieselbe Ebene stellen; ***abbassarsi al ~ di qcn.*** sich auf jds Niveau herab‿lassen (*o* herab‿steigen); ***scendere a un ~ più basso*** auf ein niedrigeres Niveau herab‿sinken **3** GEOL. Schicht *f.*: ***curva di ~*** Schichtlinie *f.*, Höhenlinie *f.* **4** FIS. Pegel *m.*: ***~ di rumore*** Rauschpegel *m.*; ***misuratore di ~*** Pegelmesser *m.* ◆ ***a ~ federale, ministeriale*** auf Bundesebene, auf Ministerebene; ***a ~ teorico, organizzativo*** theoretisch, organisatorisch; EDIL. ***a ~*** bündig; ***~ dell'acqua*** Wasserstand *m.*, Wasserspiegel *m.*; ***il ~ dell'acqua nel serbatoio*** der Wasserstand im Tank; ***il ~ dell'acqua si è abbassato*** der Wasserspiegel ist gesunken; ***~ massimo (dell'acqua) di un fiume*** höchster Wasserstand eines Flusses; ***~ barometrico*** Barometerstand *m.*; ***differenza di ~*** Niveauunterschied *m.*; ***~ elementare*** Grundstufe *f.*; ***~ di faglia*** Sprunghöhe *f.*; ***~ freatico*** Grundwasserspiegel *m.*; ***~ di guardia*** Alarmstufe *f.*; ***~ della scala idrometrica*** Pegelhöhe *f.*, Pegelstand *m.*; ***indicatore del ~ dell'acqua, della benzina, dell'olio*** Wasserstandsanzeiger *m.*, Tankuhr *f.* (*o* Benzinuhr *f.*), Ölstandsanzeiger *m.*; ***~ intermedio*** Zwischenstufe *f.*; SCOL. Mittelstufe *f.*; ***~ linguistico*** Sprachniveau *n.*, Sprachebene *f.*; ***~ del mare*** Meeresspiegel *m.*; ***sopra, sotto il ~ del mare*** über, unter dem Meeresspiegel; SPORT ***massimo ~*** Meisterklasse *f.*; ***~ occupazionale*** Beschäftigungsgrad *m.*; ***passaggio a ~*** Bahnübergang *m.*, Eisenbahnübergang *m.*, Schienenübergang *m.*; ***passaggio a ~ senza barriere, incustodito*** unbeschrankter, unbewachter Bahnübergang; ***prestazione ad alto ~*** Spitzenleistung *f.*; ***~ dei prezzi*** Preisniveau *n.*, Preisstand *m.*; ***~ di produttività, di produzione*** Produktivitätsstufe *f.*, Produktionsstand *m.*; ***~ retributivo*** Gehaltsstufe *f.*; ***~ salariale*** Lohnniveau *n.*; ***~ scolastico*** Schulstufe *f.*; ***~ di sicurezza*** Sicherheitsgrenze *f.*; ***~ stilistico*** Stilebene *f.*; ***~ di vita*** Lebensstandard *m.*, Lebensniveau *n.*

li|vi|dez|za f. bläuliche Färbung *f.*

li|vi|do I agg. **1** blau, bläulich: ***orecchie, labbra -e*** blaue Ohren, Lippen; ***diventare ~ per il freddo*** vor Kälte blau an‿laufen **2** *(pallido)* fahl: ***una faccia -a di paura*** ein vor Angst fahles Gesicht **3** *(plumbeo)* bleiern: ***un cielo ~*** ein bleierner Himmel **II** m. blauer Fleck *m.*: ***avere un ~ sul braccio*** einen blauen Fleck am Arm haben; ***farsi un ~*** einen blauen Fleck bekommen; ***pieno di -i*** voller blauer Flecke.

Li|vio n.pr.m. Livius *m.*

li|vo|ne I agg. livländisch **II** m. Livländer *m.* **Li|vo|nia** n.pr.f. Livland *n.*

li|vo|re m. Neid *m.*, Missgunst *f.*: ***un animo pieno di ~*** eine von Missgunst erfüllte Seele.

li|vor|ne|se I agg. livornesisch **II** m. e f. Livorneser *m.* (-in *f.*). **Li|vor|no** n.pr.f. Livorno *n.*

li|vre|a f. **1** Livree *f.*: ***un autista in ~*** ein Chauffeur in Livree **2** ZOOL. Kleid *n.*: ***~ estiva, invernale, nuziale*** Sommerkleid *n.*, Winterkleid *n.*, Hochzeitskleid *n.*

liz|za f. **1** Turnierplatz *m.* **2** *(gara)* Wettkampf *m.* ◆ ***scendere, entrare in ~*** zum Kampf an‿treten; FIG. zum Entscheidungskampf an‿treten.

LL.AA. ⇒ *Loro Altezze* Eure Hohheiten.

LL.PP. ⇒ *Lavori Pubblici* öffentliche Arbeiten.

l.m. ⇒ *livello del mare* Meeresspiegel.

ln ⇒ *logaritmo naturale* natürlicher Logarithmus.

lo I artc.det.m.sing. (pl. *gli*) **1** der, die, das: ***~ specchio, schiaffo, xilofono*** der Spiegel, die Ohrfeige, das Xylophon; ***l'amico*** der Freund; ***ho visto ~ psicologo*** ich habe den Psychologen gesehen **2a** *(davanti a cognomi illustri; non tradotto)* ***~ Spontini*** Spontini **b** *(davanti a titoli di studio, onorifici)* ***l'avvocato Rossi*** Rechtsanwalt Rossi **3** COLLOQ. REGION. *(davanti a nomi propri maschili)* der: ***~ Stefano, l'Andrea*** der Stephan, der Andreas **II** pron.pers.m.sing. **1** *(complemento oggetto)* ihn, sie, es: ***l'ho incontrato ieri*** ich habe ihn gestern getroffen; ***mi hanno regalato un gatto. ~ hai già visto?*** ich habe eine Katze geschenkt bekommen. Hast du sie schon gesehen? ***ecco il mare. ~ vedi?*** dort ist das Meer. Siehst du es? ***~ aspetto da un'ora*** ich warte seit einer Stunde auf ihn; ***l'ho incontrato*** ich bin ihm begegnet **2** *(ciò)* es, das: ***non ~ dire*** sag es nicht; ***~ sapevo già*** das wusste ich schon; ***~ capisci?*** verstehst du das? ***io sono sincero, tu non ~ sei*** ich bin ehrlich, du bist es nicht ◆ ***per ~ meno*** zumindest, wenigstens; ***per ~ più*** meistens, meisthin.

lo|ba|re agg. lobär, lobulär. **lo|ba|to** agg. lappig: ***foglia -a*** lappiges Blatt.

lob|bia f. INTRAD. (weicher Herrenhut aus Filz mit einer Vertiefung im Kopfteil).

lob|bi|smo m. Lobbyismus *m.* **lob|bi|sta** m. e f. *(-i,-e)* Lobbyist *m.* (-in *f.*). **lob|bi|sti|co** agg. *(-ci,-che)* lobbyistisch. **lob|by** f.inv. Lobby *f.*

lo|be|lia f. Lobelie *f.*, Lobelia *f.*

lo|bo m. **1** Lappen *m.*: ***~ destro, sinistro*** rechter, linker Lappen **2** ARCH. Pass *m.* ◆ ***~ cerebrale*** Gehirnlappen *m.*; ***~ epatico*** Leberlappen *m.*; ***~ dell'orecchio*** Ohrläppchen *n.*; ***~ polmonare*** Lungenflügel *m.*

lo|bo|to|mi|a m. Lobotomie *f.* **lo|bo|to|miz|za|re** tr. ~ ***qcn.*** bei jdm eine Lobotomie vor‿nehmen.

lo|bu|la|re agg. lobulär, Lappen-: ***struttura ~*** Lappenstruktur *f.*

1.lo|ca|le I agg. Lokal-, lokal, örtlich: ***popolazione ~*** örtliche Bevölkerung *f.*; ***autorità, ente, imposta ~*** örtliche Behörde, Gebietskörperschaft *f.*, Lokalsteuer *f.*; ***costumi -i*** örtliche Sitten; ***cronaca, giornale, notiziario, pagina (di cronaca), stampa ~*** Lokalbericht *m.*, Lokalblatt *n.* (*o* -zeitung *f.*), Lokalnachrichten *pl.*, Lokalseite *f.*, Lokalpresse *f.*; ***anestesia ~*** örtliche Betäubung, Lokalanästhesie *f.*; ***avverbio ~*** lokales Adverb **II** m. **1** Eingeborene *m.* **2** FERR. Nahverkehrszug *m.* **III** f. MED. Lokalanästhesie *f.*, örtliche Betäubung *f.* ◆ ***emittente ~*** Ortssender *m.*; ***far mente ~ su qcs.*** sich auf etw. konzentrieren; ***ora ~*** Ortszeit *f.*; ***pioggia ~*** Strichregen *m.*; ***storia ~*** Landesgeschichte *f.*; ***studioso di storia ~*** Lokalforscher *m.*; ***traffico ~*** Ortsverkehr *m.*; ***treno ~*** Nahverkehrszug *m.*; ***per uso ~*** zur örtlichen Anwendung.

2.lo|ca|le I m. **1** Raum *m.*, Zimmer *n.*: ***un appartamento di cinque -i*** eine Fünfzimmerwohnung; ***affittare, ammobiliare un ~*** einen Raum mieten, möblieren **2** *(luogo di ritrovo)* Lokal *n.*: ***~ equivoco, accogliente, esclusivo, raffinato*** anrüchiges, gemütliches, exklusives, gepflegtes Lokal; ***un ~ ben frequentato*** ein gut etabliertes Lokal; ***un ~ molto frequentato*** ein gut besuchtes Lokal ◆ ***~ da ballo*** Tanzlokal *n.*; ***~ caldaia*** Heizungskeller *m.*, Kesselraum *m.*; *(sulle navi)* ***~ caldaie*** Heizungsraum *m.*; ***~ gay*** Schwulenlokal *n.*; ***~ notturno*** Nachtlokal *n.*

lo|ca|li|tà f.inv. Ort *m.*, Ortschaft *f.* ◆ ***~ climatica*** Kurort *m.*; ***~ marina*** Küstenort *m.*; ***~ turistica*** Fremdenverkehrsort *m.*

lo|ca|liz|za|bi|le agg. lokalisierbar: ***facilmente ~*** leicht lokalisierbar.

lo|ca|liz|za|re I tr. **1** lokalisieren: ***~ un giacimento di petrolio*** ein Erdölvorkommen lokalisieren **2** *(circoscrivere)* ein‿grenzen, begrenzen: ***~ un'epidemia*** eine Epidemie eingrenzen **II** pronom. **localizzarsi** sich beschränken: ***l'infezione si localizza nel fegato*** die Infektion beschränkt sich auf die Leber. **lo|ca|liz|za|to** p.pass. agg. **1** → **localizzare 2** *(circoscritto)* beschränkt. **lo|ca|liz|za|zio|ne** f. Lokalisierung *f.*

lo|cal|men|te avv. örtlich, lokal.

lo|can|da f. Gasthaus *n.*, Wirtshaus *n.* **lo|can|die|ra** f. Wirtin *f.*, Gastwirtin *f.* **lo|can|die|re** m. Wirt *m.*, Gastwirt *m.*

lo|can|di|na f. (kleines) Plakat *n.*

lo|ca|re tr. *(loco, lochi)* vermieten, verpachten. **lo|ca|ta|rio** m. *(-ri)* Mieter *m.*, Pächter *m.*

1.lo|ca|ti|vo agg. DIR. Miet-: ***canone ~*** Mietgeld *n.*; ***valore ~*** Mietwert *m.*

2.lo|ca|ti|vo GRAMM. **I** agg. ***caso ~*** Lokativ *m.* **II** m. Lokativ *m.*

lo|ca|ti|zio agg. *(-zi,-zie)* → **1.locativo.**

lo|ca|to|re m. Vermieter *m.*, Verpächter *m.*: ***il ~ di un appartamento*** der Vermieter einer Wohnung; ***il ~ di un negozio*** der Verpächter eines Geschäfts.

lo|ca|zio|ne f. **1** Vermietung *f.*; ***dare in ~*** vermieten; ***prendere in ~*** mieten **2** *(contratto)* Mietvertrag *m.*: ***firmare, rinnovare, rescindere, prolungare la ~*** den Mietvertrag unterschreiben, erneuern, kündigen, verlängern **3** *(di terreni)* Verpachtung *f.* ◆ ***canone di ~*** Mietgeld *n.*; ***~ coatta*** Zwangsmiete *f.*; ***contratto di ~*** Mietvertrag *m.*; ***diritto di ~*** Mietrecht *n.*; ***durata della ~*** Mietdauer *f.*; ***~ d'opera*** Arbeitsverdingungsvertrag *m.*; ***~ perpetua*** Ewigpacht *f.*

lo|co, *in ~* am Ort; ***in alto ~*** an höchster Stelle.

lo|co|mo|ti|va f. Lokomotive *f.*: FIG. ***la ~ dello sviluppo*** die Lokomotive der Entwicklung; ***fare da ~*** die Lokomotive sein ◆ ***~ diesel*** Diesellokomotive *f.*; ***~ elettrica*** elektrische Lokomotive; ***~ di manovra*** Rangierlokomotive *f.*; ***sbuffare come una ~*** (wie eine Lokomotive) schnaufen; ***~ a vapore*** Dampflokomotive *f.*

lo|co|mo|to|re I agg. Bewegungs-: ***apparato ~*** Bewegungsapparat *m.* **II** m. elektrische Lokomotive *f.*

lo|co|mo|to|rio agg. *(-ri,-rie)* lokomotorisch, Bewegungs-: ***soffrire di disturbi -ri*** an lokomotorischen Störungen leiden.

lo|co|mo|to|ri|sta m. Lokomotivführer *m.* **lo|co|mo|tri|ce** f. elektrische Lokomotive *f.*

lo|co|mo|zio|ne Fortbewegung *f.* ◆ ***mezzo di ~*** Fahrzeug *n.*

lo|cu|lo m. **1** Grabnische *f.* **2** *(celletta di vespaio)* Zelle *f.*

lo|cu|sta f. **1** Heuschrecke *f.* **2a** *(persona avida)* habsüchtiger Mensch *m.* **b** *(persona molesta)* Nervensäge *f.*

lo|cu|ti|vo agg. lokutiv. **lo|cu|to|re** m. LING. Sprecher *m.* **lo|cu|to|rio** agg. *(-ri,-rie)* LING. lokutionär, lokutiv: ***atto ~*** lokutionärer (*o* lokutiver) Akt.

lo|cu|zio|ne f. Redewendung *f.*, Redensart *f.*, Wendung *f.*: ***~ avverbiale, congiuntiva*** adverbiale, konjunktionale Wendung.

lo|da|bi|le agg. lobenswert, löblich.

lo|da|re I tr. **1** loben: ***~ qcn. per la sua onestà*** jdn für seine Ehrlichkeit loben **2** RELIG. preisen, loben, lob‿preisen: ***~ il Signore*** den Herrn preisen **II** pronom. **lodarsi** sich loben ◆ ***sia lodato il cielo!*** dem Himmel sei Lob und Dank! ***sia lodato Gesù Cristo – sempre sia lodato*** gelobt sei Jesus Christus – in Ewigkeit, amen; PROV. ***chi si loda s'imbroda*** Eigenlob stinkt.

lo|da|ti|vo agg. lobend, Lob-, preisend: ***discorso ~*** Lobrede *f.*

lo|de f. Lob *n.*: ***ottenere, ricevere -i*** Lob erhalten, bekommen; ***-i sperticate*** übertriebenes Lob; ***cantare le -i di Dio*** Gottes Lob singen; ***tessere le -i di qcn.*** jds Lob singen ◆ ***con ~*** summa cum laude; ***degno di ~*** lobenswürdig; ***dieci e ~*** (eins) mit Auszeichnung; ***in ~ di qcn.*** zu jds Lobe; ***senza infamia e senza ~*** = mittelmäßig; ***parole di ~*** Lobesworte *pl.*; ***rendere ~ al Signore*** Gott Lob spenden; ***tornare a ~ di qcn.*** jdm zum Lobe gereichen; ***a ~ del vero*** der Wahrheit zu Ehren.

lo|den m.inv. **1** *(tessuto)* Loden *m.* **2** *(cappotto)* Lodenmantel *m.*

lo|de|vo|le agg. lobenswert, löblich: ***è ~ per la sua diligenza*** sein Fleiß ist lobenswert; ***un'iniziativa ~*** eine lobenswerte Initiative. **lo|de|vol|men|te** avv. lobenswert, löblich.

lo|do m. Schiedsspruch *m.*

lo|do|la f. Lerche *f.*

loft m.inv. Loft *m.*

lo|ga|rit|mi|co agg. *(-ci,-che)* logarithmisch, Logarithmen-.

lo|ga|rit|mo m. Logarithmus *m.*: ***tavola dei -i*** Logarithmentafel *f.*; ***~ decimale*** Zehnerlogarithmus *m.*; ***il ~ in base dieci di mille è tre*** der Logarithmus von tausend zur Basis zehn ist drei.

log|get|ta f. ARCH. kleine Loggia *f.*

log|gia f. *(-ge)* **1** ARCH. Loggia *f.* **2** REGION. *(balcone)* Balkon *m.* **3** *(massoneria)* Loge *f.*: ***Gran ~*** Großloge *f.*; ***~ massonica*** Freimaurerloge *f.*; ***appartenere a una ~*** einer Loge an‿gehören **4**

ANAT. Höhle *f.* ◆ ~ ***renale*** Nierenlager *n.*
log|gia|to f. Loggia *f.*, Laubengang *m.*, Bogengang *m.*
log|gio|ne m. Galerie *f.*: ***i fischi del*** ~ die Pfiffe von der Galerie. **log|gio|ni|sta** m. e f. *(-i,-e)* Zuschauer *m.* (-in *f.*) der Galerie.
lo|gi|ca f. Logik *f.*: ***la*** ~ ***di Aristotele*** die aristotelische Logik; ~ ***formale, matematica*** formale, mathematische Logik; ~ ***ferrea*** zwingende Logik; ***seguire una determinata*** ~ einer bestimmten Logik folgen; ***andare contro ogni*** ~ jeder Logik widersprechen; ***un discorso privo di (ogni)*** ~ eine Rede bar jeder Logik ◆ ***a fil di*** ~ logischerweise; ***a rigor di*** ~ strenggenommen; ***secondo la mia*** ~ meiner Auffassung nach.
lo|gi|ca|men|te avv. **1** logisch: ***ragionare*** ~ logisch denken **2** *(ovviamente, com'è naturale)* logischerweise, logisch: ***l'hai insultato e lui,*** ~, ***si è offeso*** du hast ihn beschimpft und er ist logischerweise beleidigt.
lo|gi|ci|smo m. Logizismus *m.* **lo|gi|ci|tà** f. Logik *f.*, Logizität *f.*: ***la*** ~ ***di un ragionamento*** die Logik eines Gedankengangs.
lo|gi|co I agg. *(-ci,-che)* logisch: ***principio*** ~ logischer Grundsatz; ***deduzione, conseguenza, argomentazione -a*** logische Schlussfolgerung, Folge, Beweisführung; ***nesso*** ~ logischer Zusammenhang; *(ovvio)* ***la cosa più -a sarebbe chiedergli scusa*** am logischsten wäre es, sich bei ihm zu entschuldigen; ***è*** ~***!*** das ist doch logisch! **II** m. *(-ci)* Logiker *m.* ◆ ***analisi -a*** Satzanalyse *f.*; ***senza filo*** ~ unlogisch; ***mente -a*** logisch denkender Kopf.
lo|gi|sti|ca f. Logistik *f.* **lo|gi|sti|co** agg. *(-ci,-che)* logistisch, Logistik-: ***servizi -ci*** logistische Dienste; ***problemi -ci*** logistische Probleme.
lo|glio m. *(-gli)* Lolch *m.* ◆ FIG. ***separare il grano dal*** ~ die Spreu vom Weizen trennen.
lo|go m. *(-ghi)* Logo *m.* e *n.*, Signet *n.*, Markenzeichen *n.*
lo|go|gra|fo m. Logograph *m.*
lo|go|gri|fo m. Logogriph *m.*, Buchstabenrätsel *n.*
lo|go|pa|ti|a f. Sprachstörung *f.*
lo|go|pe|di|a f. Logopädie *f.*, Sprachheilkunde *f.* **lo|go|pe|di|co** agg. *(-ci,-che)* logopädisch. **lo|go|pe|di|sta** m. e f. *(-i,-e)* Logopäde *m.* (-pädin *f.*).
lo|go|ple|gi|a f. Logoplegie *f.*, Logoplägie *f.*
lo|go|ra|bi|le agg. abnutzbar, verschleißbar. **lo|go|ra|bi|li|tà** f. Abnutzbarkeit *f.*, Verschleißbarkeit *f.*
lo|go|ra|men|to m. **1** *(usura)* Abnutzung *f.*, Verschleiß *m.*: ***il*** ~ ***di una macchina*** die Abnutzung einer Maschine; ***essere sottoposto a un forte*** ~ einem starken Verschleiß unterliegen **2** FIG. Aufreibung *f.*, Zermürbung *f.*; *(di nervi)* Zerrüttung *f.* ◆ MIL. ***azione di*** ~ Zermürbungsaktion *f.*; ***processo di*** ~ Abnutzungsprozess *m.*; ***segni di*** ~ Verschleißerscheinungen *pl.*; ***tattica di*** ~ Zermürbungstaktik *f.*
lo|go|ran|te agg. **1** abnutzend, verschleißend **2** FIG. zermürbend, aufreibend: ***attesa*** ~ zermürbendes Warten; ***una guerra*** ~ ein zermürbender Krieg; ***un'attività*** ~ eine aufreibende Tätigkeit.
lo|go|ra|re *(logoro)* **I** tr. **1** ab‿nutzen, verschleißen; *(camminando)* ab‿treten: ~ ***il tappeto*** den Teppich abnutzen (*o* abtreten); ~ ***(gl)i pneumatici*** die Reifen verschleißen (*o* ab‿fahren); ~ ***i polsini, le scarpe*** die Manschetten, die Schuhe verschleißen **2** FIG. verschleißen, zermürben: ~ ***le proprie forze*** seine Kräfte verschleißen; ***le preoccupazioni lo logorano*** Sorgen zermürben ihn; ~ ***la resistenza nemica*** die feindliche Widerstandsfähigkeit zermürben **II** pronom. **logorarsi 1** sich verschleißen, sich ab‿nutzen: ***-rsi con l'uso*** sich bei Gebrauch abnutzen; ***i vestiti si logorano*** Kleider nutzen sich ab **2** FIG. sich verschleißen, sich zermürben, sich auf‿reiben: ***-rsi per il troppo lavoro*** sich durch zuviel Arbeit aufreiben **3** ***-rsi qcs.*** etw. verschleißen, zerrütten: ***-rsi la salute*** seine Gesundheit zerrütten; ***-rsi i nervi*** die Nerven verschleißen.
lo|go|ri|o m. **1** Verschleiß *m.*, Abnutzung *f.*: ***il*** ~ ***delle parti meccaniche*** die Abnutzung der mechanischen Teile **2** FIG. Aufreibung *f.*, Zerrüttung *f.*, Zermürbung *f.*: ~ ***dei nervi*** Nervenzerrüttung *f.*
lo|go|ro agg. **1a** abgenutzt, verschlissen: ***questo cappotto è*** ~ dieser Mantel ist abgenutzt **b** *(a forza di camminare)* ***tappeto*** ~ abgenutzter (*o* abgetretener) Teppich; ***scarpe -e*** verschlissene (*o* abgelaufene) Schuhe **c** *(per sfregamento)* verschlissen, abgewetzt: ***la giacca è -a sui gomiti*** die Jacke ist an den Ellenbogen abgewetzt **2** FIG. aufgerieben, zerrüttet: ***avere i nervi -i*** zerrüttete Nerven haben **3** *(superato)* überholt: ***concetti -i*** überholte Begriffe.
lo|gor|re|a f. **1** MED. Logorrhöe *f.* **2** ESTENS. Geschwätzigkeit *f.* **lo|gor|roi|co** agg. *(-ci,-che)* **1** MED. an Logorrhöe leidend **2** ESTENS. geschwätzig.
lo|gos m.inv. Logos *m.*
lo|go|te|ra|pi|a f. Logotherapie *f.* **lo|go|te|ra|pi|sta** m. e f. *(-i,-e)* Logotherapeut *m.* (-in *f.*).
lo|go|ti|po m. Signet *n.*, Markenzeichen *n.*
Loi|ra n.pr.f. Loire *f.*
lo|li|ta f. Lolita *f.*
lol|la f. Spreu *f.*
lom|bag|gi|ne f. Hexenschuss *m.*, Lumbago *f.*
Lom|bar|di|a n.pr.f. Lombardei *f.* **lom|bar|do I** agg. lombardisch: ***la pianura -a*** die lombardische Ebene **II** m. **1** Lombarde *m.* **2** *(dialetto)* Lombardisch(e) *n.* ◆ ***Lega -a*** Liga *f.* der Lombardei. **Lom|bar|do-Ve|ne|to** n.pr.m. STOR. Lombardo-Venetien *n.*
lom|ba|re agg. Lenden-, Lumbal-: ***anestesia, puntura*** ~ Lumbalanästhesie *f.*, -punktion *f.*; ***vertebra, regione*** ~ Lendenwirbel *m.*, -gegend *f.*
lom|ba|ta f. Lendenstück *n.*
lom|bo m. **1** Lende *f.* **2** pl. *(fianchi)* Hüften *pl.* ◆ ***bistecca di*** ~ Lendensteak *n.*; ***avere buoni -i*** = kräftig sein. **lom|bo|sa|cra|le** agg. lumbosakral.
lom|bri|co m. *(-chi)* Regenwurm *m.* **lom|bri|col|tu|ra** f. Regenwurmzucht *f.*
lon|di|ne|se I agg. Londoner **II** m. e f. Londoner *m.* (-in *f.*). **Lon|dra** n.pr.f. London *n.* ◆ ***fumo di*** ~ rauchgrau.
lon|ga ma|nus f.inv. verlängerter Arm *m.*
lon|ga|ni|me agg. **1** *(generoso)* großmütig, großzügig **2** *(paziente)* langmütig, duldsam. **lon|ga|ni|mi|tà** f. **1** *(generosità)* Großmut *f.*, Großzügigkeit *f.* **2** *(pazienza)* Langmut *f.*, Duldsamkeit *f.*
long drink ['lɔŋ'drink] m.inv. Longdrink *m.*
lon|ge|vi|tà f. Langlebigkeit *f.* **lon|ge|vo** agg. langlebig.
lon|gi|li|ne|o I agg. **1** langgliedrig **2** ESTENS. schlank **II** m. **1** langgliedriger Mensch *m.* **2** ESTENS. schlanker Mensch *m.*
lon|gi|tu|di|na|le agg. **1** *(della longitudine)* longitudinal, Longitudinal- **2** *(della lunghezza)* Längs-: ***taglio*** ~ Längsschnitt *m.* **lon|gi|tu|di|nal|men|te** avv. der Länge nach.
lon|gi|tu|di|ne f. Länge *f.*: ***trovarsi a 20 gradi di*** ~ ***est*** auf zwanzig Grad östlicher Länge liegen ◆ ***grado di*** ~ Längengrad *m.*
lon|go|bar|do I agg. langobardisch, Langobarden- **II** m. Langobarde *m.*
long play|ing ['lɔŋ'pleiiŋ] m.inv. Langspielplatte *f.*
lon|guet|te [-gɛt] agg.inv. wadenlang: ***gonna*** ~ wadenlanger Rock.
lon|ta|na|men|te avv. weit, entfernt: ~ ***imparentato*** entfernt verwandt; ***assomigliare*** ~ ***a qcn.*** jdm entfernt ähnlich sehen; ***non pensarci neanche*** ~ auch nicht im Entferntesten daran denken.
lon|ta|nan|za f. **1** *(grande distanza)* Ferne *f.*: ***in*** ~ in der Ferne **2** *(assenza)* Abwesenheit *f.*: ***durante la sua*** ~ während seiner Abwesenheit.
lon|ta|no I agg. **1** *(di spazio)* fern, weit, entfernt: ***paesi -i*** ferne Länder; ***non molto*** ~ nicht weit entfernt; ***la stazione è -a 300 metri*** der Bahnhof liegt 300 Meter weit entfernt **2** ~ ***da qcn., qcs.*** weit (entfernt) von jdm, etw.: ***la scuola è -a da casa*** die Schule ist weit entfernt von zu Hause; ***è molto*** ~ ***da qui*** es ist sehr weit von hier (entfernt) **3** *(di tempo)* fern: ***in un*** ~ ***futuro*** in ferner Zukunft; ***un passato*** ~ ferne Vergangenheit; ***le vacanze sono ancora -e*** der Urlaub ist noch fern; ***in epoca -a*** vor langer Zeit **II** avv. weit (entfernt): ***andare*** ~ weit weg gehen; ***abitare*** ~ ***da qcn.*** von jdm weit entfernt wohnen; ***guardare*** ~ in die Ferne blicken; ***riconoscere qcn. da*** ~ jdn schon von weitem erkennen ◆ ***alla -a*** vage, flüchtig; ***prendere qcs. alla -a*** bei etw. weit aus‿holen; FIG. ***andare*** ~ es weit bringen; ***se continui così non andrai molto*** ~ wenn du so weitermachst, kommst du nicht weit; ***da*** ~ in weiter Ferne (*o* von weitem); ***viene da molto*** ~ er kommt von sehr weit her; ***essere ben*** ~ ***da credere qcs.*** weit entfernt davon sein, etw. zu glauben; ***essere*** ~ ***mille miglia da qcs.*** Lichtjahre von etw. entfernt sein; ***-a parentela*** entfernte Verwandtschaft; ***una -a probabilità*** eine geringe Wahrscheinlichkeit; FIG. ***puntare*** ~ seine Ziele hoch stecken; ***una -a somiglianza*** eine entfernte Ähnlichkeit; ***tenersi*** ~ ***da qcn., qcs.*** sich von jdm, etw. fern halten; FIG. ***vedere*** ~ weitsichtig sein; ~ ***dal vero*** weit von der Wahrheit entfernt; PROV. ~ ***dagli occhi,*** ~ ***dal cuore*** aus den Augen, aus dem Sinn; ***chi va piano, va sano e va*** ~ geh immer schön langsam, verlang nicht zuviel, so kommst du zwar später, doch sicher ans Ziel (*o* gut Ding will Weile haben).
lon|tra f. Fischotter *m.*, Otter *m.*: ~ ***marina*** Seeotter *m.*
1.lon|za f. GASTR. Lendenstück *n.*; geräuchertes Lendenfleisch *n.*
2.lon|za f. ZOOL. Pantherkatze *f.*, Schneeleopard *m.*
look [luk, *üblich* luk] m.inv. Look *m.*, Aussehen *n.*: COLLOQ. ***cambiare*** ~ seinen Look (*o* sein Aussehen) verändern.
lop|pa f. **1** Spreu *f.*: ***separare il grano dalla*** ~ die Spreu vom Weizen trennen **2** *(scoria metallica)* Schlacke *f.*
lo|qua|ce agg. **1** gesprächig, redselig **2** *(eloquente)* beredt; ***occhiata*** ~ viel sagender Blick. **lo|qua|ce|men|te** avv. **1** gesprächig, red-

selig **2** *(eloquentemente)* beredt. **lo|qua|ci|tà** f. Gesprächigkeit *f.*, Redseligkeit *f.*

lo|que|la f. LETT. **1** Redeweise *f.* **2** *(lingua)* Sprache *f.*

lord m.inv. Lord *m.*

lor|da|re I tr. beschmutzen, besudeln **II** pronom. **lordarsi** sich beschmutzen, sich besudeln: ***-rsi di qcs.*** sich mit etw. beschmutzen.

lor|do I agg. **1** LETT. besudelt: ***~ di fango, sangue*** schlamm-, blutbesudelt **2** *(complessivo)* roh, Brutto-, Roh-: ***incasso ~*** Bruttoeinnahme *f.*; ***peso ~*** Rohgewicht *n.* (*o* Bruttogewicht *n.*); ***prodotto nazionale ~*** Bruttosozialprodukt *n.*; ***reddito ~*** Bruttoeinkommen *n.*; ***ricavo ~, utile*** Rohertrag *m.*, Bruttoverdienst *m.* **II** m. Brutto(gehalt) *n.*, Brutto(einkommen) *n.*: ***calcolare qcs. al ~*** etw. brutto berechnen.

lor|do|si f. Hohlkreuz *n.*, MED. Lordose *f.*: ***avere la ~*** ein Hohlkreuz haben; ***soffrire di ~*** an einem Hohlkreuz leiden.

lor|du|me m. LETT. Unrat *m.*, Dreck *m.* **lor|du|ra** f. **1** LETT. Besudelung *f.* **2** FIG. Verderbtheit *f.*

Lo|re|na n.pr.f. Lothringen *n.* **lo|re|ne|se I** agg. lothringisch, Lothringer **II** m. e f. Lothringer *m.* (-in *f.*).

Lo|ren|za n.pr.f. Laurentia *f.* **Lo|ren|zo** n.pr.m. Lorenz *m.*; STOR. Laurentius *m.* ◆ ***~ il Magnifico*** Lorenzo der Prächtige.

lor|gnet|te f. Lorgnette *f.*

lo|ri m.inv. Lori *m.*

lo|ri|ca f. *(-che)* **1** STOR. Brustpanzer *m.* **2** ZOOL. Panzer *m.* **lo|ri|ca|to** m. Panzertierchen *pl.*

lo|ro I pron.pers. pl. **1** sie: ***~ vanno al cinema, noi no*** sie gehen ins Kino, wir nicht; ***sono ~ i responsabili*** sie sind dafür verantwortlich; ***ho scelto proprio ~*** gerade sie habe ich gewählt; ***neanche ~*** auch sie nicht; ***persino ~!*** sogar sie! ***non sembrano più ~*** sie scheinen nicht mehr dieselben zu sein; ***a ~*** (zu) ihnen; ***da ~*** *(provenienza)* von ihnen; *(moto a luogo)* zu ihnen; ***da ~ non me lo sarei mai aspettato*** von ihnen hätte ich das nie erwartet; ***con ~*** mit ihnen; ***è uno di ~*** er ist einer von ihnen; ***per ~*** für sie; ***se fossi in ~*** wenn ich an ihrer Stelle wäre; BUROCR. ***il di ~ padre*** ihr Vater **2** *(forma di cortesia)* Sie: ***come ~ preferiscono*** wie Sie wünschen; ***come piace a ~*** wie es Ihnen gefällt; ***dopo di ~*** nach Ihnen; (in Briefen groß geschrieben) ***con la presente rendiamo Loro noto che...*** hiermit teilen wir Ihnen mit, dass... **II** agg.poss. **1** ihr: ***la ~ casa*** ihr Haus; ***i ~ libri*** ihre Bücher; ***il ~ cane*** ihr Hund; ***la ~ madre*** ihre Mutter **2** *(forma di cortesia)* Ihr: ***ringraziamo per la ~ gentile offerta*** wir danken Ihnen für Ihre freundliche Einladung **III** pron.poss. ihr: ***la nostra casa è più grande della ~*** unser Haus ist größer als ihres ◆ ***è un'altra delle ~*** es ist wieder einmal typisch für sie; ***beati ~*** die Glücklichen! ***vogliono sempre dire la ~*** sie müssen immer ihren Senf dazugeben; ***i ~*** ihre Eltern; ANT. ***lor signori*** die Herren, die Herrschaften; ***io sto dalla ~*** ich stehe auf ihrer Seite; ***vivono del ~*** sie leben von ihren Einkünften.

lo|san|ga f. *(-ghe)* Rhombus *m.*, Raute *f.* (anche ARALD.).

lo|sca|men|te avv. finster. **lo|sco I** agg. *(-schi,-sche)* finster, krumm: ***~ individuo*** finsterer Typ; ***affari -schi*** krumme Geschäfte; ***uno sguardo ~*** ein finsterer Blick; ***in modo ~*** auf die krumme Tour **II** avv. finster: ***guardare qcn. ~*** jdn finster an‿schauen.

los|so|dro|mi|a f. Loxodrome *f.* **los|so|dro|mi|co** agg. *(-ci,-che)* loxodromisch.

Lo|ta|rio n.pr.m. Lothar *m.*

lo|to m. **1** Lotos *m.*: ***fiore di ~*** Lotosblume *f.*, Lotosblüte *f.* **2** *(posizione yoga)* Lotossitz *m.*

lot|ta f. **1** Kampf *m.*: ***una ~ disperata, impari, una dura ~*** ein verzweifelter, ungleicher, schwerer Kampf; ***essere in ~ contro qcn.*** einen Kampf mit jdm aus‿tragen; ***incitare qcn. alla ~*** jdn zum Kampf an‿stacheln (*o* an‿treiben); ***vincere una ~*** einen Kampf gewinnen; ***una ~ tra due persone*** ein Kampf zwischen zwei Menschen; ***~ tra i sessi*** Kampf zwischen den Geschlechtern **2** SPORT Ringen *n.*, Ringkampf *m.*: ***fare la ~*** ringen; ***~ greco-romana*** Ringen im griechisch-römischen Stil ◆ ***~ armata*** bewaffneter Kampf; ***passare alla ~ armata*** zum bewaffneten Kampf über‿gehen; ***~ clandestina*** Untergrundkampf *m.*; ***~ di classe*** Klassenkampf *m.*; ***compagno di ~*** Mitkämpfer *m.* (*o* Kampfgenosse *m.*); ***~ corpo a corpo*** Nahkampf *m.*; ***~ al crimine*** Verbrechensbekämpfung *f.*; ***~ contro la droga*** Rauschgiftbekämpfung *f.*; ***~ per l'esistenza*** Daseins-, Existenzkampf *m.* (*o* Kampf *m.* ums Dasein); ***~ per l'indipendenza*** Freiheitskampf *m.* (*o* Unabhängigkeitskampf *m.*); ***~ per le investiture*** Investiturstreit *m.*; ***~ libera*** Freistilringen *n.*; ***~ di liberazione*** Befreiungskampf *m.*; ***~ partigiana*** Partisanenkampf *m.*; ***~ per il potere*** Machtkampf *m.*; ***~ senza quartiere*** Kampf auf Leben und Tod; ***-e razziali*** Rassenkämpfe *pl.*; ***essere in ~ con se stessi*** mit sich (selbst) kämpfen; ***-e sindacali*** Gewerkschaftskämpfe; ***~ per la sopravvivenza*** Überlebenskampf *m.*; ***in ~ con(tro) il tempo*** gegen die Zeit kämpfen; ***~ per la vita*** Lebenskampf *m.*; ***~ per la vita e per la morte*** Kampf auf Leben und Tod.

lot|ta|re intr. (aus. *avere*) **1** kämpfen, bekämpfen: ***~ per, contro qcn., qcs.*** für, gegen jdn, etw. kämpfen (*o* jdn, etw. bekämpfen); ***~ per la libertà*** für die Freiheit kämpfen; ***~ contro la morte*** gegen den Tod kämpfen; ***~ contro il sonno*** gegen den Schlaf kämpfen; ***~ contro il male, l'ingiustizia*** das Übel, die Ungerechtigkeit bekämpfen; ***~ per una causa persa*** für eine verlorene Sache kämpfen; ***~ con un coltello*** mit einem Messer kämpfen; ***~ per il controllo*** um die Vormachtstellung kämpfen **2** SPORT ringen ◆ ***~ corpo a corpo*** Mann gegen Mann kämpfen; SPORT clinchen.

lot|ta|to|re m. **1** Kämpfer *m.* **2** SPORT Ringer *m.*

lot|te|ri|a f. Lotterie *f.*: ***giocare alla ~*** in der Lotterie spielen; ***vincere alla ~*** in der Lotterie gewinnen ◆ ***~ di beneficienza*** Wohltätigkeitslotterie *f.*; ***biglietto della ~*** Lotterielos *n.*

lot|tiz|za|re tr. **1** parzellieren, in Parzellen auf‿teilen: ***~ un terreno*** Land in Parzellen aufteilen **2** FIG. SPREG. ***~ le cariche*** Ämteraufteilung (zwischen den Parteien) betreiben; ***~ le reti televisive tra i partiti*** die Fernsehsender unter den Parteien aufteilen. **lot|tiz|za|to|re** m. Aufteiler *m.* **lot|tiz|za|zio|ne** f. Parzellierung *f.*; parzelliertes Land *n.* **2** FIG. SPREG. Ämteraufteilung *f.* (zwischen den Parteien).

1.lot|to m. **1** *(parte)* Teil *m.* e *n.*: ***l'eredità fu divisa in quattro -i*** das Erbe wurde in vier Teile aufgeteilt **2** *(partita di merce)* Partie *f.*: ***un ~ di vestiti*** eine Partie Kleidungsstücke **3** *(appezzamento)* Parzelle *f.*: ***un ~ di terreno*** eine Parzelle **4** *(in Borsa)* Paket *n.*: ***un ~ di cento azioni*** ein Aktienpaket von hundert Stück.

2.lot|to m. Lotto *n.*, Zahlenlotterie *f.*: ***giocare al ~*** Lotto spielen; ***giocare un numero al ~*** eine Nummer beim Lotto spielen; ***vincere al ~*** im Lotto gewinnen ◆ ***estrazione del ~*** Ziehung der Lottozahlen; ***ricevitore del ~*** Kollekteur *m.*; ***schedina del ~*** Lottoschein *m.*; ***è (come vincere) un terno al ~*** das ist reine Glückssache, das ist wie ein Sechser im Lotto; ***vincere un terno al ~*** einen Hauptgewinn im Lotto haben; FIG. das große Los ziehen.

lo|ve sto|ry ['lʌv 'stɔːrɪ, *üblich* 'lov 'stori] f.inv. Liebesaffäre *f.*, Lovestory *f.*

lo|zio|ne f. Wasser *n.*, Lotion *f.* ◆ ***~ per capelli*** Haarwasser *n.*; ***~ dopobarba*** Rasierwasser *n.*; ***~ per il viso*** Gesichtswasser *n.*

LP m.inv. LP *f.*

LSD m.inv. LSD *n.*

lu|bri|ci|tà f. Schlüpfrigkeit *f.* **lu|bri|co** agg. *(-ci,-che)* **1** LETT. schlüpfrig, glitschig **2** FIG. *(osceno)* schlüpfrig.

lu|bri|fi|can|te I agg. schmierfähig, Schmier-: ***sostanza ~*** Schmiermittel *n.*; ***grasso, olio ~*** Schmierfett *n.*, Schmieröl *n.*; ***pellicola ~*** Schmierfilm *m.* **II** m. Schmiere *f.*, Schmiermittel *n.*; ***potere ~*** Schmierfähigkeit *f.* **lu|bri|fi|ca|re** tr. *(lubrifico, lubrifichi)* schmieren, ab‿schmieren. **lu|bri|fi|ca|zio|ne** f. Schmierung *f.*, Schmieren *n.*

Lu|ca n.pr.m. Lukas *m.*

Lu|ca|nia n.pr.f. Lukanien *n.* **lu|ca|no I** agg. lukanisch **II** m. Lukaner *m.*

luc|chet|to m. Hängeschloss *n.*, Vorhängeschloss *n.*, Anhängeschloss *n.*: ***mettere un ~ alla porta*** ein Vorhängeschloss an der Tür an‿bringen; ***aprire, chiudere il ~*** das Vorhängeschloss auf-, zumachen (*o* öffnen, schließen); FIG. ***mettere il ~ alla bocca a qcn.*** jdm ein Schloss vor den Mund legen (*o* hängen).

luc|ci|can|te agg. glänzend, glitzernd, funkelnd. **luc|ci|ca|re** intr. *(luccico, luccichi*; aus. *essere, avere)* glänzen, glitzern, funkeln: ***l'oro luccica*** das Gold glänzt; ***le stelle luccicano*** die Sterne glitzern (*o* funkeln); ***gli luccicavano gli occhi*** seine Augen glänzten ◆ PROV. ***non è tutto oro quel che luccica*** es ist nicht alles Gold, was glänzt.

luc|ci|chi|o m. Funkeln *n.*, Gefunkel *n.*, Schimmern *n.*

luc|ci|co|ne m. dicke Träne *f.*: ***avere i -i agli occhi*** dicke Tränen in den Augen haben.

luc|ci|co|re m. Gefunkel *n.*, Schimmern *n.*

luc|cio m. *(-ci)* Hecht *m.*

luc|cio|la f. **1** Leuchtkäfer *m.*, COLLOQ. Glühwürmchen *n.* **2** *(prostituta)* Straßenmädchen *n.* **3** *(maschera di teatro o cinema)* Platzanweiser *m.* ◆ FIG. ***prendere -e per lanterne*** = sich vertun; ***dare a intendere -e per lanterne*** jdm etw. (*o* ein X für ein U) vor‿machen.

lu|ce f. **1** Licht *n.*: ***assorbire, riflettere la ~*** das Licht absorbieren, reflektieren; ***le piante hanno bisogno di ~*** Pflanzen brauchen Licht; ***avere la ~ negli occhi*** (vom Licht) geblendet sein; ***la ~ di una candela, di una lampada*** das Kerzen-, Lampenlicht; FIG. ***la ~ della verità*** das Licht der Wahrheit **2** *(luce elettrica)* Strom *m.*, Licht *n.*: ***accendere, spegnere la ~*** das Licht ein‿schalten, aus‿schalten; ***è andata via la ~*** der Strom (*o* das Licht) ist ausgefallen; ***case senza ~*** Häuser ohne Strom (*o* ohne Licht) **3a** ARCH. Lichte *f.*, lichte Weite *f.*: ***la ~ di un arco, di un ponte*** die lichte Weite eines Bogens, einer Brücke **b** TECN. ***la ~ di un tubo*** die lichte Weite eines Rohres **4** EDIL. Fenster *n.*: ***un bagno senza ~*** ein fensterloses Bad ◆ ***-i abbaglianti*** Fernlicht *n.*; ***alle prime -i dell'alba*** im (*o* beim) Morgengrauen, bei Tagesanbruch; ***-i anabbaglianti*** Abblendlicht *n.*; ***anno ~*** Lichtjahr *n.*; ***-i d'arresto*** Bremslicht *n.*; ***~ artificiale*** künstliches Licht, Kunstlicht *n.*; ***~ bianca*** weißes Licht; ***bolletta della ~*** Stromrechnung *f.*; ***mettere qcn. in buona ~*** jdn ins rechte Licht rücken; ARCH. ***~ di campata*** Spannweite *f.*; ***mettere qcn. in cattiva ~*** jdn in ein schlechtes Licht rücken; ***cono di ~*** Lichtkegel *m.*; ***dare alla ~*** zur Welt bringen; ***~ diffusa*** zerstreutes (*o* diffuses) Licht, Streulicht *n.*; ***effetti di ~*** Lichteffekte *pl.*; ART. ***effetto di ~*** Glanzlicht *n.*; ***~ elettrica*** elektrisches Licht; ***-i di emergenza*** Warnblinkanlage *f.*, Warnblinker *m.*; ***Luce Eterna*** Ewiges Licht; ***mettere qcn., qcs. sotto falsa ~*** jdn, etw. in ein falsches Licht rücken; ***far ~ (a qcn.)*** (jdm) Licht machen; FIG. ***far ~ su qcs.*** etw. auf‿decken (*o* auf‿klären); ***fascio di ~*** Lichtbündel *n.*; ***alla ~ dei fatti*** in Anbetracht der Tatsachen; ***-i fendinebbia*** Nebelschlussleuchte *f.*; ***~ fluorescente*** Fluoreszenzlicht *n.*; ***fonte di ~*** Lichtquelle *f.*; ***~ a gas*** Gaslicht *n.*; ***gettare ~ su qcs.*** Licht in etw. (A) bringen; ***~ del giorno*** Tageslicht *n.*; ***~ infrarossa*** Infrarotlicht *n.*; ***-i di ingombro*** Begrenzungslichter *pl.*; ***~ intermittente*** Blinklicht *n.*; ***interruttore della ~*** Lichtschalter *m.*; ***~ lunare*** Mondlicht *n.*; ***mettere in ~ qcs.*** Licht in etw. bringen; ***mettersi in ~*** sich hervortun; ***~ naturale*** Tageslicht *n.*; ***~ al neon*** Neonlicht *n.*; ***vedere qcs. sotto una ~ nuova*** etw. in einem anderen Licht sehen; ***è la ~ dei suoi occhi*** sie ist sein Augenstern; ***palo della ~*** Lichtmast *m.*; ***essere in piena ~*** voll im Licht stehen; ***portare alla ~ qcs.*** etw. ans Tageslicht bringen; ***-i di posizione*** Standlicht *n.*; MAR.AER. Positionslicht *n.*; ***brillare di ~ propria*** aus sich selbst leuchten; FIG. mit seinen eigenen Leistungen glänzen; ***~ del quadro (del cruscotto)*** Armaturenbrettbeleuchtung *f.*; ***raggio di ~*** Lichtstrahl *m.*; ***~ di retromarcia*** Rückfahrscheinwerfer *m.*; ***le -i della ribalta*** das Rampenlicht; ***brillare di ~ riflessa*** im reflektierten Licht (eines Sterns) leuchten; FIG. sich mit fremden Federn schmücken; ***riportare qcs. alla ~*** etw. ans Licht bringen; ***cinema a -i rosse*** Rotlichtkino *n.* (*o* Sexkino *n.*); ***film a -i rosse*** Sexfilm *m.*; ***sensibile alla ~*** lichtempfindlich; ***la ~ del sole*** das Sonnenlicht; ***chiaro come la ~ del sole*** sonnenklar; ***agire alla ~ del sole*** offen handeln; ***~ ultravioletta*** ultraviolettes Licht; ***unità di ~*** Lichteinheit *f.*; FIG. ***vedere la ~*** das Licht der Welt erblicken; ***velocità della ~*** Lichtgeschwindigkeit *f.*; ***venire alla ~*** *(nascere)* das Licht der Welt erblicken; *(emergere)* ans Licht kommen.

lu|cen|te agg. glänzend, blank. **lu|cen|tez|za** f. Glanz *m.*

lu|cer|na f. **1** Lampe *f.*: ***~ a olio*** Öllampe *f.* **2** COLLOQ. *(cappello)* Zweispitz *m.*

Lu|cer|na n.pr.f. Luzern *n.*

lu|cer|na|rio m. *(-ri)* Dachfenster *n.*, Oberlicht *n.*

lu|cer|to|la f. **1** Eidechse *f.* **2** *(pelle)* Eidechs(en)leder *n.*: ***cintura di ~*** ein Gürtel aus Eidechsenleder ◆ ***pelle di ~*** Eidechs(en)leder *n.*

lu|che|ri|no m. Zeisig *m.*

Lu|ci|a n.pr.f. Lucia *f.*, Lucie *f.*, Luzia *f.*, Luzie *f.*

Lu|cia|no n.pr.m. Lucianus *m.*

lu|ci|da|lab|bra m.inv. Lipgloss *n.*: ***mettersi, darsi il ~*** Lipgloss auf‿tragen. **lu|ci|dan|te** agg. Polier-: ***cera ~*** Polierwachs *m.*

lu|ci|da|re *(lucido)* **I** tr. **1** polieren; *(pavimenti)* bohnern: ***~ la carrozzeria, l'argenteria*** die Karosserie, das Silber polieren; ***~ qcs. a specchio*** etw. spiegelblank polieren **2** *(disegni)* pausen **II** pronom. **lucidarsi** polieren, sich (D) polieren: ***-rsi le scarpe*** seine Schuhe (*o* sich die Schuhe) polieren ◆ ***panno per ~*** Poliertuch *n.*; ***sostanza per ~*** Poliermittel *n.*; ***spazzola per ~*** Polierbürste *f.* **lu|ci|da|to|re** m. Polierer *m.* **lu|ci|da|tri|ce** f. **1** Bohnermaschine *f.*; ***passare la ~*** bohnern **2** TECN. Poliermaschine *f.*; ***~ automatica*** Polierautomat *m.* **lu|ci|da|tu|ra** f. **1** Polieren *n.* **2** *(di disegni)* Durchpausen *n.* **lu|ci|dez|za** f. Glanz *m.*

lu|ci|di|tà f. **1** klarer Verstand *m.*: ***conservare la propria ~*** einen klaren Verstand behalten **2** *(razionalità)* Nüchternheit *f.*: ***vedere una situazione con ~*** eine Situation nüchtern betrachten; ***ragionare con ~*** nüchtern durch‿denken (*o* überlegen).

lu|ci|do **I** agg. **1** glänzend: ***pavimento ~*** glänzender Fußboden; ***pelle -a*** glänzende Haut; ***occhi -i*** glänzende Augen **2** ***essere ~ (di mente)*** bei vollem Verstand sein **3** *(razionale)* nüchtern: ***un ~ esame della questione*** eine nüchterne Untersuchung der Angelegenheit **II** m. **1** Politur *f.*, Poliermittel *n.*; ***dare il ~ a qcs.*** etw. polieren **2** *(disegno)* Pause *f.*: ***fare un ~ di qcs.*** etw. pausen **3** *(per lavagna luminosa)* Klarsichtfolie *f.* ◆ FOT. ***carta -a*** Hochglanzpapier *n.*; ***~ da scarpe*** Schuhcreme *f.*; ***~ come uno specchio*** spiegelblank; ***tirare qcs. a ~*** etw. auf Hochglanz polieren; ***tirato a ~*** auf Hochglanz poliert; FIG. *(di persona)* herausgeputzt.

lu|ci|fe|ri|no agg. luziferisch, teuflisch. **Lu|ci|fe|ro** n.pr.m. **1** Luzifer *m.* **2** *(stella di Venere)* Morgenstern *m.*

lu|ci|gno|lo m. Docht *m.*

Lu|cin|da n.pr.f. Luzinda *f.*, Lucinde *f.*

Lu|cio n.pr.m. Lucius *m.*, Luzius *m.*

lu|cio|per|ca m.inv. e f. *(-che)* Zander *m.*

lu|cra|re **I** tr. gewinnen, verdienen **II** intr. (aus. *avere*) ***~ su qcs.*** einen Verdienst aus etw. ziehen. **lu|cra|ti|vo** agg. Gewinn bringend, lukrativ, einträglich: ***un'attività -a*** eine lukrative Tätigkeit.

Lu|cre|zia n.pr.f. Lukretia *f.* **Lu|cre|zio** n.pr.m. Lukrez *m.*

lu|cro m. Gewinn *m.*: ***fare qcs. a scopo di ~*** etw. zu Gewinnzwecken (*o* um Gewinn zu erzielen) tun ◆ ***~ cessante*** Gewinnausfall *m.*; ***a, senza scopo di ~*** aus Erwerbszweck, nicht aus (*o* ohne) Erwerbszweck; ***impresa a scopo di ~*** Erwerbsunternehmen *n.* **lu|cro|si|tà** f. Einträglichkeit *f.* **lu|cro|so** agg. Gewinn bringend, einträglich.

lu|cul|lia|no agg. lukullisch: ***fare un banchetto ~*** lukullisch (*o* fürstlich) speisen.

lud|di|sta m. e f. *(-i,-e)* Maschinenstürmer *m.* (-in *f.*).

lu|di|brio m. *(-bri)* Spott *m.*, Hohn *m.*, Gespött *n.*: ***esporre al pubblico ~*** zum Gespött der Leute machen; ***essere il ~ di tutti*** zum Gespött aller Leute werden.

lu|di|co agg. *(-ci,-che)* spielerisch, Spiel-: ***attività -che*** Spielaktivitäten *pl.*; ***atteggiamento ~*** spielerisches Verhalten. **lu|do** m. STOR. Spiel *n.*: ***-i circensi*** zirzensische Spiele. **lu|do|te|ca** f. *(-che)* Spiel(i)othek *f.* **lu|do|te|ra|pi|a** f. Spieltherapie *f.*

Lu|do|vi|co n.pr.m. Ludwig *m.*

lu|e f. **1** MED. Syphilis *f.*, Lues *f.* **2** FIG. *(rovina)* Verfall *m.* **3** LETT. *(epidemia)* Epidemie *f.* **lue|ti|co** **I** agg. *(-ci,-che)* syphilitisch, luetisch **II** m. *(-ci)* Syphilitiker *m.*

lu|ga|ne|ga f. INTRAD. (norditalienische Wurst).

Lu|ga|no n.pr.m. Lugano *n.* ◆ ***Lago di ~*** Luganer See *m.*

lu|glio m. Juli *m.*: ***a, in ~*** im Juli; ***all'inizio, alla fine di ~*** Anfang, Ende Juli; ***a metà ~*** Mitte Juli; ***il primo, il due (di) ~*** der erste, der zweite Juli; ***tornerò il 15 ~*** ich komme am 15. Juli zurück.

lu|gu|bre agg. **1** finster, düster, schaurig: ***discorsi -i*** düstere Reden **2** *(funebre)* Trauer-, traurig: ***un ~ spettacolo*** ein trauriger Anblick.

lui **I** pron.pers. m. **1** er: ***~ è andato via*** er ist weggegangen; ***ho visto lei, ma non ~*** ich habe sie, aber nicht ihn gesehen; ***la proposta viene da ~*** der Vorschlag kommt von ihm; ***da qualche tempo non è più ~*** seit einiger Zeit ist er nicht mehr derselbe; ***l'ho dato a ~*** ich habe es ihm gegeben; ***andiamo da ~*** gehen wir zu ihm; ***da ~ non me lo sarei mai aspettato*** von ihm hätte ich das nicht erwartet **2** ***di ~*** *(con valore possessivo)* sein: ***la di ~ sorella*** seine Schwester; ***gli occhi di ~ incontrarono quelli di lei*** ihre Blicke begegneten sich **II** m. COLLOQ. **1** Er *m.*: ***un ~ e una lei*** ein Er und eine Sie **2** *(compagno, fidanzato)* ***il suo ~*** ihr Freund.

lu|i|gi m.inv. Louis *m.* ◆ ***~ d'oro*** Louisdor *m.*

Lu|i|gi n.pr.m. Ludwig *m.*, Alois *m.* **Lu|i|gia** n.pr.f. Aloisia *f.* **Lui|gi|no** n.pr.m. Luis *m.*, Lutz *m.*

Lu|i|sa n.pr.f. Luise *f.*

lu|ma|ca f. *(-che)* Schnecke *f.* (anche FIG.): ***essere (lento come) una ~*** langsam wie eine Schnecke sein ◆ ***andare a -che*** Schnecken suchen; ***~ senza guscio*** Nacktschnecke *f.*; ***a passo di ~*** im Schneckentempo.

lu|ma|chel|la f. ***calcare a ~*** Muschelkalk *m.*

lu|ma|co|ne m. **1** Schnecke *f.* **2** FIG. *(pigrone)* Bummelant *m.*

lu|me m. **1** Lampe *f.*, Leuchte *f.*: ***accendere il ~*** die Lampe ein‿schalten; ***tener acceso il ~*** die Lampe brennen lassen **2** ESTENS. *(luce)* Licht *n.*, Schein *m.*: ***fare ~*** Licht machen **3** FIG. *(consiglio)* Rat *m.*: ***chiedere -i a qcn.*** jds Rat ein‿holen **4** pl. LETT. *(occhi)* Augen *pl.* **5** ANAT. Lumen *n.*, Lichtung *f.* ◆ ***~ arterioso*** Arterienlumen *n.*; ***cena a ~ di candela*** Abendessen *n.* bei Kerzenschein (*o* Kerzenlicht); ***~ a gas*** Gaslampe *f.*; ***~ intestinale*** Darmlumen *n.*; ***~ di luna*** Mondlicht *n.*, Mondschein *m.*; ***uomo di molti -i*** hochgebildeter Mensch; ***a ~ di naso*** schätzungsweise; ***~ degli occhi*** Augenlicht *n.*; ***~ a petrolio*** Petroleumlampe *f.*; ***perdere il ~ della ragione*** den Verstand verlieren; ***perdere il ~ degli occhi*** die Fassung verlieren; FIG. ***reggere il ~*** der ungelegene (*o* ungebetene) Dritte sein; ***secolo dei -i*** Zeitalter *n.* der Aufklärung; FIG. ***arrivare a -i spenti*** = gegen Ende ein‿treffen.

lu|meg|gia|men|to m. **1** Beleuchtung *f.* **2** *(cartografia)* Schattierung *f.* **lu|meg|gia|re** tr. *(lumeggio, lumeggi)* **1** auf‿hellen **2** *(cartografia)* schattieren **3** *(dar rilievo)* hervor‿heben: ***~ un avvenimento*** ein Ereignis hervorheben. **lu|meg|gia|tu|ra** f. **1** Aufhellung *f.* **2** *(cartografia)* Schattierung *f.*

lu|men m.inv. Lumen *n.*

lu|me|no|me|tro m. Lichtstrommesser *m.*

lu|mi|a f. Limette *f.*, Limonelle *f.*

lu|mi|ci|no m. **1** Lämpchen *n.* **2** *(funebre)* Grablicht *n.* ◆ ***cercare qcs. col ~*** etw. mit der Laterne suchen; ***essere al ~*** im Sterben liegen; ***essere ridotto al ~*** in den letzten Zügen liegen.

lu|mi|na|re m. Größe *f.*, Leuchte *f.*: ***un ~ della medicina, della scienza*** eine Größe der Medizin, der Wissenschaft.

lu|mi|na|ria f. **1** Festbeleuchtung *f.* **2** ESTENS. Lichtermeer *n.*

lu|mi|ne|scen|te agg. Leucht-: ***sostanza, tubo, vernice ~*** Leuchtstoff *m.*, Leuchtröhre *f.*, Leuchtfarbe *f.* **lu|mi|ne|scen|za** f. Lumineszenz *f.*

lu|mi|ni|smo m. Lichteffektmalerei *f.*; ***il ~ del Tintoretto*** Tintorettos Lichteffekte. **lu|mi|ni|sti|co** agg. *(-ci,-che)* Licht-: ***effetti -ci*** Lichteffekte *pl.*

lu|mi|no m. **1** Grablicht *n.* **2** *(lampada a olio)* Öllämpchen *n.* ◆ ***~ da notte*** Nachtlicht *n.*; ***~ a olio*** Öllämpchen *n.*; ***~ perpetuo*** Grablicht *n.*, ewiges Licht.

lu|mi|no|si|tà f. **1** Helligkeit *f.* **2** *(di colori)* Leuchtkraft *f.* **3** FOT. Lichtstärke *f.* **4** FIS. Leuchtkraft *f.*

lu|mi|no|so agg. **1** leuchtend, Leucht-: ***segnale ~*** Leuchtsignal *n.*; ***insegna -a*** Leuchtschrift *f.*; FIG. ***occhi -i*** leuchtende Augen **2** *(di luce)* Licht-: ***raggio ~*** Lichtstrahl *m.*; ***sorgente -a*** Lichtquelle *f.* **3** *(pieno di luce)* hell: ***stanza -a*** helles Zimmer **4** FIG. *(radioso)* strahlend: ***sorriso ~*** strahlendes Lächeln **5** FIG. *(grandioso)* hervorragend, glänzend: ***idea -a*** glänzende Idee; ***~ esempio di altruismo*** glänzendes Beispiel von Selbstlosigkeit.

lu|na f. Mond *m.*: ***la luna sorge, tramonta*** der Mond geht auf, unter; ***~ calante, crescente*** abnehmender, zunehmender Mond; LETT. *(mese)* ***passarono molte -e prima che tornasse*** viele Monde vergingen, bevor er zurückkehrte ◆ ***abbaiare alla ~*** den Mond an‿bellen; ***andare a -e*** launisch, launenhaft sein; ***avere la ~*** schlechter Laune sein, schlecht gelaunt sein; ***chiaro di ~*** Mondschein *m.*; FIG. ***con questi chiari di ~*** = in diesen schwierigen (*o* schlechten) Zeiten; ***chiedere la ~*** = das Unmögliche verlangen; ***falce di ~*** Mondsichel *f.*; ***fasi della ~*** Mondphasen *pl.*; ***a forma di ~*** mondförmig; ***le -e di Giove*** die Monde des Jupiter; FAM. ***mal di ~*** *(licantropia)* Mondsüchtigkeit *f.*; ***mari della ~*** Mondmeere *pl.*; ***mezza ~*** Halbmond *m.*; *(coltello)* Wiegemesser *n.*; ***a mezza ~*** halbmondförmig; ***~ di miele*** Flitterwochen *pl.*, Honigmond *m.*; ***essere ancora nel mondo della ~*** noch nicht geboren sein; ***~ nuova*** Neumond *m.*; ***pesce ~*** Mondfisch *m.*; ***~ piena*** Vollmond *m.*; ***faccia di ~ piena*** Vollmondgesicht *n.*; ***pietra di ~*** Mondstein *m.*; ***far vedere (o mostrare) a qcn. la ~ nel pozzo*** jdm ein X für ein U vor‿machen; ***il sorgere della ~*** der Mondaufgang; ***avere la ~ storta*** schlechter Laune sein; ***avere la testa nella ~*** = (ganz) in Gedanken verloren sein; ***il tramonto della ~*** der Monduntergang; ***avere la ~ di traverso*** schlechter Laune sein; ***vieni dalla ~ ?*** kommst du vom Mond? ***vivere nella ~ (o nel mondo della ~)*** hinter dem Mond leben; ***volere la ~ (incartata)*** nach den Sternen greifen.

lu|na park m.inv. Vergnügungspark *m.*

lu|na|re agg. Mond-: ***mese, anno ~*** Mondmonat *m.*, Mondjahr *n.*; ***cratere, paesaggio ~*** Mondkrater *m.*, Mondlandschaft *f.*; ***mari, rocce -i*** Mondmeere *pl.*, Mondgestein *n.*; ***eclissi, fase, orbita ~*** Mondfinsternis *f.*, Mondphase *f.*, Mondbahn *f.* (*o* Mondorbit *m.*); ***macchie -i*** Mondflecken *pl.*; ***modulo, satellite, sonda ~*** Mondlandefähre *f.*, Mondsatellit *m.*, Mondsonde *f.* ◆ ***alone ~*** Hof *m.* des Mondes; ***pallore ~*** Wachsbleiche *f.*; ***rotazione ~*** Rotation *f.* (*o* Drehung *f.*) des Mondes.

lu|na|ria f. Mondviole *f.*, Silberblatt *n.*

lu|na|rio m. *(-ri)* Kalender *m.*, Almanach *m.* ◆ ***sbarcare il ~ (con qcs.)*** (mit etw.) über die Runden kommen, seine Existenz fristen.

lu|na|ti|co I agg. *(-ci,-che)* **1** launenhaft, unbeständig: ***carattere ~*** launenhafter Charakter **2** *(stravagante)* wunderlich **II** m. *(-ci)* **1** launenhafter Mensch *m.*, unbeständiger Mensch *m.* **2** *(stravagante)* wunderlicher Mensch *m.*

lu|na|zio|ne m. Mondumlauf *m.*, Lunation *f.*

lunch ['lʌntʃ] m.inv. Lunch *m.* ◆ ***fare il ~*** lunchen.

Lu|ne|bur|go n.pr.f. Lüneburg *n.*

lu|ne|dì m.inv. Montag *m.*: ***ci incontriamo ~*** wir treffen uns am Montag; ***~ 25 Agosto*** Montag, den 25. August; ***la notte tra ~ e martedì*** die Nacht von Montag auf Dienstag; ***tutti i, ogni ~*** jeden Montag; ***~ prossimo, scorso*** nächsten, vergangenen (*o* letzten) Montag; ***un ~*** eines Montags, an einem Montag; ***un ~ sì e uno no*** jeden zweiten Montag ◆ ***~ dell'Angelo*** Ostermontag *m.*; ***di ~*** montags; ***edizione del ~*** Montagsausgabe *f.*; ***il ~*** montags; ***~ di Pasqua*** Ostermontag *m.*; ***~ pomeriggio*** Montagnachmittag *m.*

lu|net|ta f. **1** Lünette *f.* **2a** *(affresco)* Lünettenbild *n.* **b** *(bassorilievo)* Lünettenrelief *n.* **3** *(finestra)* halbmondförmiges Fenster *n.* **4** MIL. *(fortificazione rinascimentale)* Lünette *f.* **5** *(nelle botti)* Daube *f.* **6** *(nelle calzature)* Kappe *f.* **7** SPORT Freiwurfraum *m.*; ***tiro dalla ~*** Freiwurf *m.* **8** ANAT. Möndchen *n.* **9** LIT. Lunula *f.*

lun|gag|gi|ne f. Langatmigkeit *f.*, Schwerfälligkeit *f.* ◆ ***-i burocratiche*** Amtsschimmel *m.*

lun|ga|men|te avv. lange: ***parlare ~*** lange reden; ***masticare ~ qcs.*** lange an etw. (D) kauen; ***attendere ~ una risposta*** lange auf eine Antwort warten.

lun|gar|no m. Arnopromenade *f.*

lun|ghez|za f. **1** *(spazio)* Länge *f.*: ***la ~ del lato di un triangolo*** die Länge einer Dreiecksseite; ***10 metri di ~*** 10 Meter Länge; ***avere una ~ di un metro*** ein(en) Meter lang sein; ***misurare 3 metri di ~*** eine Länge von 3 Metern haben (*o* 3 Meter lang sein); ***questa corda ha una ~ di 2 metri*** dieses Seil ist 2 Meter lang; ***di media ~*** von mittlerer Länge; ***svilupparsi in ~*** sich in die Länge erstrecken; ***percorrere un paese per tutta la sua ~*** ein Land in seiner ganzen Länge durchfahren **2** *(tempo)* Dauer *f.*, Länge *f.*: ***la ~ di un discorso*** die Dauer einer Rede; ***la ~ di un viaggio*** die Dauer einer Reise; ***la ~ di una seduta*** die Dauer einer Sitzung; ***la ~ del giorno*** die Länge des Tages **3** *(lentezza)* Langsamkeit *f.* **4** SPORT Länge *f.*: ***vincere per una ~*** um eine Länge siegen ◆ ***~ focale*** Brennweite *f.*; MAR. ***~ fuori tutto*** Gesamtlänge *f.*, Größtlänge *f.*; ***~ media*** Durchschnittslänge *f.*; FIS. ***~ d'onda*** Wellenlänge *f.*; ***~ totale*** Gesamtlänge *f.*

lun|gi avv. LETT. fern, fernab: ***non molto ~ da qui*** nicht weit entfernt von hier; ***~ da me una simile idea!*** das liegt mir völlig fern! ***sono (ben) ~ dal fare questo*** ich bin weit davon entfernt, das zu tun.

lun|gi|mi|ran|te I agg. weitsichtig, weitblickend: ***politica, provvedimento ~*** weitblickende Politik, Maßnahme **II** m. weitsichtiger (*o* weit blickender) Mensch *m.* **lun|gi|mi|ran|za** f. Weitsicht *f.*, Weitblick *m.*: ***la ~ di un provvedimento, di un discorso*** die Weitsicht einer Maßnahme, einer Rede.

lun|go I agg. *(-ghi,-ghe)* **1** *(nello spazio)* lang: ***~ un metro*** einen Meter lang; ***il ponte è ~ 10 m*** die Brücke ist 10 m lang; ***una -a lista di nomi*** eine lange Namenliste; ***capelli -ghi*** lange Haare (*o* langes Haar); ***barba -a*** langer Bart; ***gonna -a*** langer Rock; ***maniche -ghe*** lange Ärmel; ***pantaloni -ghi*** lange Hose; ***unghie -ghe*** lange Nägel **2** *(nel tempo)* lang, lange andauernd: ***un ~ inverno*** ein langer Winter; ***una -a attesa*** ein langes Warten; ***una -a seduta*** eine lange Sitzung; ***una -a passeggiata*** ein langer Spaziergang; ***da ~ tempo*** seit langer Zeit; ***nota, sillaba, vocale -a*** lange Note, Silbe, langer Vokal; ***non sarà una cosa -a*** es wird nicht lange dauern; ***sarebbe ~ da spiegare*** es würde lange dauern, das zu erklären **3** *(alto)* hoch gewachsen, lang: ***un ragazzo ~ e magro*** ein langer, magerer Junge **4** COLLOQ. *(lento)* langsam: ***essere ~ nel mangiare*** langsam essen **5** *(allungato)* dünn: ***brodo ~*** dünne (*o* wässrige) Suppe; ***caffè ~*** dünner Kaffee **II** m.inv. **1** Länge *f.*: ***per il ~*** der Länge nach **2** ABBIGL. ***il ~ è tornato di moda*** lang ist wieder Mode; ***essere in ~*** lang tragen **3** *(persona alta)* Lange *m.* **III** avv. weit: ***tirare ~*** weit schießen **IV** prep. **1a** *(nello spazio; stato in luogo)* entlang + gen., längs + gen.: ***~ il fiume crescono alti alberi*** entlang des Flusses wachsen hohe Bäume **b** *(moto a luogo)* entlang + acc., längs + gen.: ***camminare ~ un muro*** die Mauer entlang gehen **2** *(nel tempo)* hindurch + acc., während + gen.: ***ha parlato ~ tutto il viaggio*** er hat während der ganzen Reise gesprochen; ***la sua fama è rimasta ~ tutto il 16º secolo*** sein Ruhm hat das ganze 16. Jahrhundert hindurch angedauert ◆ ***a ~*** lange; ***più a ~*** länger; ***più a ~ di tutti*** am längsten; ***a ~ andare*** auf die Dauer; ***andare per le -ghe*** sich in die Länge ziehen; ***navigazione di ~ corso*** Hochseeschifffahrt *f.*; ***di, da -a data*** älteren Datums; ***un amico di -a data*** = ein alter Freund; ***questo la dice -a*** das besagt viel; ***cadere ~ disteso*** der Länge nach (*o* COLLOQ. längelang) hin‿fallen; ***fare la faccia -a*** ein langes Gesicht machen; ***farla -a*** viel(e) Worte machen; ***di gran -a*** lange, bei weitem, weitaus: ***di gran -a più intelligente*** wesentlich intelligenter; ***di gran -a meno interessante*** längst nicht so interessant; ***essere più ~ che largo*** mehr in die Breite als in die Höhe gehen, mehr breit als lang sein; ***in ~ e in largo*** überall; ***avere la lingua -a*** eine lose Zunge haben; ***avere le mani -ghe*** *(essere manesco)* handgreiflich werden; *(rubare)* lange Finger haben; *(toccare le donne)* die Finger nicht bei sich behalten; *(essere influente)* einen langen Arm haben; ***fare, avere il muso ~*** ein langes Gesicht machen; ***avere le orecchie -ghe*** ein Esel sein; SPORT ***palla -a*** *(oltre il bersaglio)* zu weiter Ball; *(lancio lungo)* langer Pass; ***fare il passo più ~ della gamba*** = sich übernehmen; COLLOQ. ***non lo guardo quanto è ~*** den würdige ich keines Blickes; ***salto in ~*** Weitsprung *m.*; ***saperla -a*** mit allen Wassern gewaschen sein; ***a -a scadenza*** langfristig; ***sillaba -a*** lange Silbe; ***la realizzazione del progetto è pre-***

vista in tempi -ghi die Realisierung des Projektes ist langfristig vorgesehen; ***a ~ termine*** langfristig; ***tirare in, per le -ghe (tirare le cose in ~)*** in die Länge ziehen; ***tiro ~*** weiter Schuss.

lun|go|de|gen|te **I** agg. langzeitkrank **II** m. e f. Langzeitkranke *m.* e *f.* ◆ ***ospedale per -i*** Langzeitkrankenhaus *n.* **lun|go|de|gen|za** f. Langzeitkrankheit *f.*

lun|go|fiu|me m. Uferstraße *f.*, Uferpromenade *f.* **lun|go|la|go** m. *(-ghi)* Seepromenade *f.* **lun|go|ma|re** m. Strandpromenade *f.*

lun|go|me|trag|gio m. *(-gi)* Spielfilm *m.*

lun|go|ne m. SCHERZ. **1** *(persona alta)* lange Latte *f.* **2** *(persona lenta)* lahme Ente *f.*

lun|go|te|ve|re m.inv. Tiberpromenade *f.*

lu|ni|so|la|re agg. lunisolar.

lu|not|to m. Heckscheibe *f.*, Rückfenster *n.*; ***~ termico*** heizbare Heckscheibe *f.*

lu|nu|la f. ANAT. Möndchen *n.*

luo|go m. *(-ghi)* **1a** Ort *m.*, Platz *m.*: ***~ aperto al pubblico*** der Öffentlichkeit zugänglicher Ort; ***questo non è il ~ adatto*** dies ist nicht der geeignete Ort; ***incontrarsi nel ~ stabilito*** sich am vereinbarten Ort treffen; ***~ pubblico*** öffentlicher Ort **b** *(località)* Örtlichkeit *f.*: ***essere pratico del ~*** mit den Örtlichkeiten vertraut sein **2** *(spazio)* Stätte *f.*, Raum *m.*: ***in un ~ chiuso*** in einem geschlossenen Raum; ***i -i santi*** die heiligen Stätten; ***~ sacro*** geweihte Stätte **3** *(punto)* Stelle *f.*, Ort *m.*: ***nel ~ citato*** an der zitierten Stelle, am angeführten Ort; ***in certi -ghi del libro*** an bestimmten Stellen des Buches ◆ ***in un ~ aperto*** im Freien; ***aver ~*** statt‿finden; ***avverbio di ~*** Lokaladverb *n.*; TEATR. ***~ dell'azione*** Schauplatz *m.* der Handlung; ***complemento di ~*** Ortsbestimmung *f.*; ***complemento di stato in ~*** lokale Umstandsbestimmung; ***complemento di moto a ~*** lokale Umstandsbestimmung der Richtung; ***complemento di moto da ~*** lokale Umstandsbestimmung der Herkunft; ***~ comune*** Gemeinplatz *m.*, Klischeewort *n.*; ***~ di culto*** Kultstätte *f.*; ***dare ~ a qcs.*** zu etw. Anlass geben; ***del ~*** *(locale)* örtlich, des Ortes, lokal: ***autorità, tradizioni del ~*** örtliche Behörde, lokale Traditionen; *(indigeno)* ortsansässig: ***essere del ~*** ortsansässig sein; ***~ del delitto*** Tatort *m.*; ***~ di destinazione*** Bestimmungsort *m.*; ***~ di divertimento*** Vergnügungsort *m.*; DIR. ***esserci ~ a*** Veranlassung bestehen zu; ***fare ~*** Platz machen; ***essere fuori ~*** fehl am Platz sein, unangebracht sein; ***un'espressione fuori ~*** ein unangemessener (*o* unangebrachter) Ausdruck; ***la gente del ~*** die Einheimischen; ***~ geometrico*** geometrischer Ort; ***in ~ di*** an Stelle von, anstelle: ***è venuto lui in ~ del fratello*** anstelle seines Bruders kam er; *(con verbo all'infinito)* anstatt: ***in ~ di ringraziarlo, lo ha insultato*** anstatt ihm zu danken, hat er ihn beleidigt; ***~ dell'incontro*** Treffpunkt *m.*; ***~ di nascita*** Geburtsort *m.*; ***in nessun ~*** nirgends, nirgendwo; ***per ogni ~*** überall; ***~ di origine*** Ursprungsort *m.*; ***~ di pena*** Strafanstalt *f.*; ***~ di perdizione*** Ort *m.* der Verderbnis; ***in primo ~*** erstens, zuerst, an erster Stelle; DIR. ***non ~ a procedere*** Einstellung *f.* des Verfahrens; ***in qualche ~*** irgendwo; ***~ di residenza*** Wohnsitz *m.*; ***in secondo ~*** zweitens, an zweiter Stelle; ***~ di soggiorno*** Aufenthaltsort *m.*; ***sul ~*** an Ort und Stelle; ***a tempo e ~*** am rechten Ort und zur rechten Zeit; ***~ di un testo*** Textstelle *f.*; ***in ultimo ~*** zuletzt; ***unità di ~*** Einheit *f.* des Ortes; ***~ di villeggiatura*** Fremdenverkehrsort *m.*

luo|go|te|nen|te m. **1** Statthalter *m.* **2** *(vice)* Stellvertreter *m.* **luo|go|te|nen|za** f. Statthalterschaft *f.*

lu|pa f. **1** Wölfin *f.*: ***~ capitolina*** kapitolinische Wölfin **2a** FIG. LETT. *(prostituta)* = Dirne *f.* **b** *(donna molto sensuale)* = sehr sinnliche Frau *f.* ◆ ***mal della ~*** Wolfshunger *m.*, Heißhunger *m.* **lu|pac|chiot|to** m. Wolfsjunge *n.*, Wölfchen *n.*

lu|pa|na|re m. LETT. Freudenhaus *n.*, Bordell *n.*

lu|pa|ra f. **1** *(cartuccia)* grober Schrot *m.* **2** *(fucile)* Jagdgewehr *n.* mit abgesägtem Lauf ◆ ***~ bianca*** INTRAD. (Mafiamord, bei dem das Opfer nie gefunden wird).

lu|pe|sco agg. *(-schi,-sche)* wölfisch, Wolfs-: ***fame -a*** Wolfshunger *m.* **lu|pet|to** m. **1** Wolfsjunge *n.*, Wölfchen *n.* **2** *(scout)* Wölfling *m.* **3** ABBIGL. Stehkragenpullover *m.*

lu|pi|nel|la f. Esparsette *f.*

1.lu|pi|no agg. wölfisch, Wolfs-.

2.lu|pi|no m. Lupine *f.* **lu|pi|no|si** f. VETER. Lupinose *f.* Lupinenkrankheit *f.*

lu|po m. Wolf *m.*: ***i -i ululano*** die Wölfe heulen ◆ ***in bocca al ~*** Hals- und Beinbruch; ***cane ~*** Wolfshund *m.*; ***fame da ~*** Bärenhunger *m.*, Wolfshunger *m.*; ***mangiare come un ~*** wie ein Scheunendrescher essen; ***~ mannaro*** Werwolf *m.*; ***~ di mare*** Seebär *m.*; ***pelliccia di ~*** Wolfspelz *m.*; ***tempo da -i*** Hundewetter *n.*; PROV. ***il ~ perde il pelo ma non il vizio*** die Katze lässt das Mausen nicht; ***chi pecora si fa, il ~ (se) la mangia*** wer sich zum Lamm macht, den fressen die Wölfe.

lup|po|le|to m. Hopfenfeld *n.* **lup|po|li|na** f. Lupulin *n.* **lup|po|lo** m. Hopfen *m.*

lu|pus m.inv. Lupus *m.*

lu|ri|do agg. **1** verdreckt, versaut: ***vestito ~*** verdrecktes Kleid **2** FIG. dreckig, elend: ***~ imbroglione*** elender Schwindler; ***~ maiale*** Dreckschwein *n.* **lu|ri|du|me** m. Dreck *m.*, Schweinerei *f.*

Lu|sa|zia n.pr.f. Lausitz *f.*

lu|sco, *tra il ~ e il brusco* *(nella luce del crepuscolo)* im Dämmerlicht; *(in una situazione incerta)* = in einer unsicheren Situation; *(di espressione del volto)* = halb sanft, halb streng.

lu|sin|ga f. *(-ghe)* **1** Schmeichelei *f.*: ***cedere alle -ghe di qcn.*** jds Schmeicheleien nach‿geben **2** LETT. Täuschung *f.*

lu|sin|ga|re *(lusingo, lusinghi)* **I** tr. **1** schmeicheln: ***il tuo giudizio mi lusinga*** dein Urteil schmeichelt mir; ***~ la vanità di qcn.*** jds Eitelkeit schmeicheln; ***lo lusinga il fatto che...*** es schmeichelt ihm, dass... **2** *(allettare)* locken, verlocken: ***lo hanno lusingato con false promesse*** man hat ihn mit falschen Versprechungen verlockt **II** pronom. **lusingarsi** hoffen, sich ein‿bilden: ***mi lusingo di aver fatto un buon lavoro*** ich bilde mir ein, eine gute Arbeit geleistet zu haben. **lu|sin|ga|to** p.pass. agg. **1** → **lusingare** **2** geschmeichelt: ***sentirsi ~*** sich geschmeichelt fühlen.

lu|sin|ghe|vo|le agg. schmeichelnd: ***parole -i*** schmeichlerische Worte.

lu|sin|ghie|ro agg. **1** schmeichelhaft, schmeichlerisch: ***giudizio ~*** schmeichelhaftes Urteil; ***complimenti -i*** schmeichelhafte Komplimente; ***parole -e*** schmeichelhafte Worte **2** *(soddisfacente)* erfreulich: ***un risultato ~*** ein erfreuliches Ergebnis **3** *(allettante)* vollauf zufriedenstellend: ***un'offerta -a*** ein vollauf zufriedenstellendes Angebot.

Lu|si|ta|nia n.pr.f. Lusitanien *n.* **lu|si|ta|no** **I** agg. **1** STOR. lusitanisch **2** LETT. *(portoghese)* portugiesisch **II** m. **1** STOR. Lusitaner *m.* **2** LETT. *(portoghese)* Portugiese *m.*

lus|sa|re **I** tr. verrenken, aus‿renken, aus‿kugeln **II** pronom. **lussarsi** **1** verrenken, aus‿renken: ***la caviglia si è lussata*** das Fußgelenk ist verrenkt **2** ***-rsi qcs.*** sich (D) etw. verrenken, sich (D) etw. aus‿kugeln, sich (D) etw. aus‿renken: ***-rsi il braccio, la spalla*** sich den Arm, die Schulter verrenken (*o* ausrenken, auskugeln).

lus|sa|tu|ra f., **lus|sa|zio|ne** f. Verrenkung *f.*, Ausrenkung *f.*, Luxation *f.*: ***procurarsi una ~*** sich eine Verrenkung zu‿ziehen ◆ ***~ dell'anca*** Hüftluxation *f.*; ***~ della spalla*** Schulterverrenkung *f.*

lus|sem|bur|ghe|se **I** agg. luxemburgisch, Luxemburger **II** m. e f. Luxemburger (-in *f.*) **III** m. *(lingua)* Letzebuergesch *n.*, Luxemburgisch *n.* **Lus|sem|bur|go** n.pr.m. Luxemburg *n.*

lus|so m. **1a** Luxus *m.*, Prunk *m.*: ***vivere nel ~*** im Luxus leben **b** *(spesa eccessiva)* ***è un ~ che non possiamo permetterci*** so einen Luxus können wir uns nicht leisten; ***concedersi il ~ di fare qcs.*** sich den Luxus leisten, etw. zu tun; ***qcs. non è più un ~*** etw. ist kein Luxus mehr **2** *(dovizia)* Aufwand *m.*: ***con gran ~ di energia*** mit großem Aufwand an Energie ◆ ***albergo di ~*** Luxushotel *n.*; ***ci è andata di ~*** = wir haben großes Glück gehabt; ***appartamento di ~*** Luxuswohnung *f.*; ***auto di ~*** Luxusauto *n.*; ***bene di ~*** Luxusartikel *m.*; ***edizione di ~*** Luxusausgabe *f.*

lus|suo|sa|men|te avv. luxuriös, prunkvoll: ***vestire ~*** luxuriös gekleidet sein; ***un appartamento ~ arredato*** eine luxuriös (*o* prunkvoll) eingerichtete Wohnung.

lus|suo|so agg. **1** luxuriös, Luxus-: ***auto -a*** luxuriöser Wagen, Luxuswagen *m.*; ***appartamento ~*** luxuriöse Wohnung, Luxuswohnung *f.* **2** *(costoso)* kostspielig.

lus|su|reg|gian|te agg. **1** üppig: ***vegetazione ~*** üppige Vegetation **2** *(di stile)* barock. **lus|su|reg|gia|re** intr. (aus. *avere*) üppig sein.

lus|su|ria f. Unzucht *f.* **lus|su|rio|so** agg. unzüchtig.

lu|stra|re tr. (auf Hochglanz) polieren: ***~ gli stivali, i pavimenti*** die Stiefel, die Fußböden polieren ◆ ***-rsi gli occhi*** seine Augen weiden, laben; ***~ le scarpe a qcn.*** = jdm schmeicheln. **lu|stra|scar|pe** m.inv. Schuhputzer *m.* **lu|stra|ta, *dare una ~ a qcs.*** etw. kurz polieren. **lu|stra|tu|ra** f. Polieren *n.*

lu|stra|zio|ne f. Lustration *f.*

lu|stri|no m. Flitter *m.*, Paillette *f.*

1.lu|stro **I** agg. spiegelblank, glänzend: ***pavimento ~*** spiegelblanker Boden; ***occhi -i*** glänzende Augen; ***scarpe -e*** auf Hochglanz polierte Schuhe **II** m. **1** Glanz *m.* **2** *(lucido)* Politur *f.*: ***dare il ~ ai mobili*** die Möbel mit Möbelpolitur polieren **2a** *(prestigio)* Ruhm *m.*, Ehre *f.*: ***dare ~ alla patria*** seinem Vaterland Ehre machen **b** *(vanto)* Stolz *m.*: ***è il ~ della famiglia*** er ist der Stolz der Familie.

2.lu|stro m. LETT. Jahrfünft *n.*

lu|te|i|na f. **1** Lutein *n.* **2** BIOL. Progesteron *n.*, Gelbkörperhormon *n.*

lu|te|o agg. **1** LETT. gelb **2** ANAT. gelb, Gelb-: ***macula -a*** gelber Fleck; ***corpo ~*** Gelbkörper *m.*

lu|te|ra|ne|si|mo m. Luthertum *n.* **lu|te|ra|no I** agg. lutherisch: ***chiesa, fede -a*** lutherische Kirche, lutherischer Glaube **II** m. Lutheraner *m.* **Lu|te|ro** n.pr.m. Luther *m.* ◆ ***Bibbia di ~*** Lutherbibel *f.*
lu|te|zio m. Lutetium *n.*
lu|to|te|ra|pi|a f. Schlammtherapie *f.*
lu|tre|o|la f. Nerz *m.*, Sumpfotter *m.*
lut|to m. **1** Trauer *f.*: ***in segno di ~*** zum Zeichen der Trauer; ***proclamare un giorno di ~*** einen Tag Trauer an‿ordnen; ***portare, prendere, deporre il ~*** Trauer tragen, an‿legen, ab‿legen; ***essere in ~ per qcs.*** um etw. trauern **2** *(avvenimento luttuoso)* Trauerfall *m.*: ***la guerra ha provocato gravi -i*** der Krieg hat viele Opfer gefordert; ***~ di famiglia*** Trauerfall in der Familie ◆ ***anno di ~*** Trauerjahr *n.*; ***carta listata a ~*** Trauerkarte *f.*; ***chiuso per ~*** wegen Todesfall geschlossen; PSIC. ***elaborazione del ~*** Trauerarbeit *f.*; ***lettera listata a ~*** Trauerbrief *m.*; ***~ nazionale*** Staatstrauer *f.*; ***osservare il ~*** die Trauerzeit ein‿halten; ***partecipare al ~ di qcn.*** jdm sein Beileid aus‿sprechen; ***periodo di ~*** Trauerzeit *f.*; ***~ stretto*** strenge Einhaltung der Trauer; ***velo da ~*** Trauerschleier *m.*; ***vestire a ~*** Trauer tragen; ***vestiti da ~*** Trauerkleidung *f.* **lut|tuo|so** agg. schmerzlich, Trauer-: ***evento ~*** Trauerfall *m.*; ***notizia -a*** Trauernachricht *f.*
lu|tu|len|to agg. LETT. schlammig.
lux m.inv. Lux *n.* **lux|me|tro** m. Luxmeter *n.*
ly|cra f.inv. Lycra *n.*

M

m, M f. e m.inv. m, M *n.*: ***una M maiuscola, una m minuscola*** ein großes M, ein kleines m.
m. ⇒ **1** *morto* verstorben **2** *mese* Monat (M.).
1.ma I cong. **1** aber, jedoch, doch: ***pensavo che fosse felice, ~ mi sbagliavo*** ich dachte, er sei glücklich, aber ich habe mich geirrt; ***le ho scritto, ~ non mi ha risposto*** ich habe ihr geschrieben, doch sie hat mir nicht geantwortet **2** *(preceduto da negazione)* sondern: ***non vedrò lui, ~ lei*** ich werde nicht ihn, sondern sie sehen; ***non solo..., ~ anche...*** nicht nur..., sondern auch... **3** *(in apertura di frase)* aber: ***~ parliamo d'altro*** aber sprechen wir von etwas anderem **4** *(esclamativo)* doch, aber: ***~ se l'ho visto io!*** ich habe es doch selbst gesehen! ***~ sei pazzo?!*** du bist wohl verrückt! **5** *(interrogativo)* denn: ***~ come mai?*** wieso denn? ***~ come è successo?*** wie ist denn das passiert? **II** m. Aber *n.*: ***non c'è ~ che tenga*** da gibt es kein Wenn und Aber ◆ ***~ insomma!*** also bitte! ***~ no!*** aber nein! *(davvero?)* echt! ***~ sì!*** doch!
2.ma → **mah.**
ma|ca|bro agg. makaber: ***spettacolo ~*** makaberes Schauspiel ◆ ***danza -a*** Totentanz *m.*
ma|ca|co m. *(-chi)* **1** Makak *m.* **2** SPREG. Tollpatsch *m.*
ma|ca|dam m. Makadam *m.* e *n.* **ma|ca|da|miz|za|re** tr. makadamisieren.
ma|ca|o|ne m. Schwalbenschwanz *m.*
Mac|ca|bei n.pr.m.pl. Makkabäer *pl.* **mac|ca|be|o** m. Trottel *m.*
mac|ca|rel|lo m. Makrele *f.*
mac|car|ti|smo m. McCarthyismus *m.*
mac|ché inter. ach was, ach woher: ***~, non è vero!*** ach was, das stimmt doch nicht! ***hai dei soldi? – ~, sono al verde!*** hast du Geld? – ach woher, ich bin blank!
mac|che|ro|ni m.pl. Makkaroni *pl.*: ***~ al pomodoro*** Makkaroni mit Tomatensoße ◆ FIG. ***cascare, piovere come il cacio sui ~*** = wie gerufen kommen.
mac|che|ro|ni|co agg. *(-ci,-che)* makkaronisch: ***poesia -a*** makkaronische Dichtung; ***latino ~*** makkaronisches Latein; ESTENS. ***parlare un inglese ~*** = Englisch radebrechen.
1.mac|chia f. **1** Fleck *m.*: ***rimuovere, togliere una ~*** einen Fleck entfernen; ***farsi una ~ sui pantaloni*** (sich [D]) einen Fleck auf die Hose machen; ***avere una ~ sui pantaloni*** einen Fleck auf der Hose haben **2** FIG. Makel *m.*: ***senza ~*** ohne Makel (*o* makellos) ◆ ***~ d'acqua*** Wasserfleck *m.*; ***~ d'erba*** Grasfleck *m.*; ***~ d'inchiostro*** Tintenfleck *m.*; ***~ ipostatica*** Totenfleck *m.*; ***-e lunari*** Mondflecken *pl.*; ***~ mongolica*** Mongolenfleck *m.*; ***~ d'olio*** Ölfleck *m.*; FIG. ***espandersi a ~ d'olio*** sich zusehends aus‿breiten; ***un cavaliere senza ~ e senza paura*** ein Ritter ohne Furcht und Tadel; ***~ di ruggine*** Rostfleck *m.*; MED. ***~ sacrale*** Sakralfleck *m.*; ***~ di sangue*** Blutfleck *m.*; ***~ solare*** Sonnenfleck *m.*; ***~ di sudore*** Schweißfleck *m.*; ***~ d'umidità*** Feuchtigkeitsfleck *m.*; ***~ d'unto*** Fettfleck *m.*; ***~ di vernice*** Farbfleck *m.*
2.mac|chia f. Macchia *f.*: ***~ mediterranea*** mediterrane Macchia ◆ FIG. ***darsi alla ~*** = die Flucht ergreifen.
mac|chia|io|li m.pl. INTRAD. (toskanische Künstlergruppe der zweiten Hälfte des 19. Jahrhunderts).
mac|chia|re *(macchio, macchi)* **I** tr. **1** beflecken (anche FIG.): ***~ la gonna di salsa di pomodoro*** den Rock mit Tomatensoße beflecken; ***~ l'onore, il nome di qcn.*** jds Ehre, Ruf beflecken **2** *(liquidi)* ***~ il caffè*** einen Schuss Milch in den Kaffee geben **II** intr. (aus. *avere*) klecksen: ***la penna macchia*** der Füller kleckst **III** pronom. **macchiarsi 1** sich beschmutzen, sich bekleckern: ***-rsi di inchiostro*** sich mit Tinte beschmutzen **2** FIG. ***-rsi di qcs.*** sich (D) etw. zuschulden kommen lassen: ***-rsi di un delitto*** sich ein Verbrechen zuschulden kommen lassen. **mac|chia|to** p.pass. agg. **1** → **macchiare 2** ***caffè ~*** Kaffee mit ein wenig Milch **3** *(di animali)* ***mantello ~*** geflecktes (*o* scheckiges) Fell.
mac|chiet|ta f. **1** → **macchiolina 2** Skizze *f.*, Entwurf *m.* **3** *(caricatura)* Karikatur *f.* **4** TEATR. komische Figur *f.* **5** *(persona ridicola)* komischer Vogel *m.*
mac|chiet|ta|re tr. sprenkeln, besprenkeln. **mac|chiet|ta|to** p.pass. agg. **1** → **macchiettare 2** sprenkelig, gesprenkelt: ***tessuto ~ di giallo*** gelb gesprenkelter Stoff.
mac|chiet|ta|tu|ra f. Scheckung *f.*
mac|chiet|ti|sta m. e f. *(-i,-e)* Karikaturist *m.* (-in *f.*). **mac|chiet|ti|sti|co** agg. *(-ci,-che)* komisch.
mac|chi|na f. **1a** Maschine *f.*: ***~ elettrica, idraulica*** elektrische, hydraulische Maschine; ***mettere in funzione, fermare una ~*** eine Maschine in Betrieb nehmen, stoppen **b** FIG. Roboter *m.*, Maschine *f.*: ***muoversi come una ~*** sich wie ein Roboter bewegen; ***non sono mica una ~!*** ich bin doch keine Maschine! **2** *(macchina da scrivere)* Schreibmaschine *f.*, Maschine *f.*: ***battere qcs. a ~*** etw. mit der Maschine schreiben (*o* etw. tippen); ***scrivere a ~*** Maschine schreiben, tippen **3** COLLOQ. *(auto)* Auto *n.*, Wagen *m.*: ***~ da corsa*** Rennwagen *m.*; ***~ utilitaria, di lusso*** Kleinwagen *m.*, Luxuswagen *m.*; ***andare in ~*** mit dem Auto fahren; ***salire in ~*** ins Auto ein‿steigen; ***scendere dalla ~*** aus dem Auto aus‿steigen **4** *(apparato)* Apparat *m.*, Maschinerie *f.*: ***la ~ amministrativa, della burocrazia, dello Stato*** der Verwaltungsapparat, die Maschinerie der Bürokratie, der Staatsapparat ◆ ***a ~*** maschinen-: ***cucito a ~*** maschinengenäht; ***maglia fatta a ~*** maschinengestrickter Pullover; ***scritto a ~*** maschinengeschrieben; ***fatto a ~*** maschinell gefertigt; ***~ agricola*** Landmaschine *f.*; TIP. ***andare in ~*** in Druck gehen; ***~ del caffè*** Kaffeemaschine *f.*; ***~ da caffè espresso*** Espressomaschine *f.*; ***~ compositrice*** Setzmaschine *f.*; ***~ per cucire*** Nähmaschine *f.*; ***~ fotografica*** Fotoapparat *m.*; ***~ fresatrice*** Fräsmaschine *f.*; ***~ da guerra*** Kriegsmaschine *f.*; ***~ infernale*** Höllenmaschine *f.*; ***linguaggio ~*** Maschinensprache *f.*; ***~ motrice*** Kraftmaschine *f.*; MAR. ***personale di ~*** Bordpersonal *n.*; ***~ da presa*** Filmkamera *f.*; MAR. ***sala -e*** Maschinenraum *m.*; ***~ da, per scrivere*** Schreibmaschine *f.*; ***~ del tempo*** Zeitmaschine *f.*; ***~ a trasferta*** Transfermaschine *f.*; ***~ umana*** menschlicher Körper; ***~ usata*** Gebrauchtwagen *m.*; ***~ utensile*** Werkzeugmaschine *f.*; ***~ a vapore*** Dampfmaschine *f.*; ***~ della verità*** Lügendetektor *m.*
mac|chi|na|le agg. mechanisch: ***un gesto ~*** eine mechanische Bewegung.
mac|chi|na|re tr. *(macchino)* an‿zetteln (anche assol.): ***~ qcs. contro qcn.*** etw. gegen jdn anzetteln.
mac|chi|na|rio m. *(-ri)* Maschinen *pl.*, Maschinerie *f.*: ***~ teatrale*** Bühnenmaschinerie *f.*
mac|chi|na|ta f. COLLOQ. *(carico di lavatrice)* Maschine *f.*: ***fare una ~*** eine Maschine waschen.
mac|chi|na|zio|ne f. Machinationen *pl.*, Anzettelung *f.*, Machenschaften *pl.*: ***sventare una ~*** Machenschaften (*o* Machinationen) vereiteln.
mac|chi|net|ta f. **1** kleine Maschine **2a** COLLOQ. *(del caffè)* Kaffeemaschine *f.* **b** *(per i denti)* Zahnspange *f.* ◆ ***parlare come una ~*** wie ein Wasserfall (*o* ein Buch) reden. **mac|chi|ni|na** f. **1** *(modellino)* Spielzeugauto *n.* **2** *(di autopista)* (kleines) Auto *n.* **3** *(auto a pedali)* Tretauto *n.* **4** *(dell'autoscontro)* Autoskooter *m.* **5** *(nelle giostre)* Karussellauto *n.*
mac|chi|ni|smo m. Maschinerie *f.*
mac|chi|ni|sta m. e f. *(-i,-e)* **1** FERR. Lokomotivführer *m.* (-in *f.*) **2** MAR. Maschinist *m.* (-in *f.*) **3** TEATR. TELEV. Maschinenmeister *m.* (-in *f.*).
mac|chi|no|sa|men|te avv. kompliziert. **mac|chi|no|si|tà** f. Kompliziertheit *f.* **mac|chi|no|so** agg. **1** verwickelt, kompliziert: ***piano ~*** verwickelter Plan **2** *(poco chiaro)* umständlich, unübersichtlich.
mac|chio|li|na f. Fleckchen *n.*, kleiner Fleck *m.*
ma|ce|do|ne I agg. makedonisch, mazedonisch: ***falange ~*** makedonische Phalanx **II** m. e f. Makedonier *m.* (-in *f.*), Mazedonier *m.*

(-in *f.*) **III** m. *(lingua)* Makedonische *n.*, Mazedonische *n.* ◆ ***Alessandro il Macedone*** Alexander der Große.
ma|ce|do|nia f. **1** Obstsalat *m.* **2** FIG. Mischmasch *m.*
Ma|ce|do|nia n.pr.f. Makedonien *n.*, Mazedonien *n.*
ma|ce|do|ni|co agg. *(-ci,-che)* makedonisch.
ma|cel|la|bi|le agg. schlachtbar, Schlacht-.
ma|cel|la|io m. *(-ai)* **1** Schlächter *m.*, Metzger *m.*, Fleischer *m.*: ***andare dal ~*** zum Metzger (*o* in die Metzgerei) gehen **2** FIG. Metzger *m.*: ***quel chirurgo è proprio un ~!*** der Chirurg ist ein richtiger Metzger!
ma|cel|la|re tr. schlachten, ab‿schlachten (anche FIG.): ***~ il maiale*** das Schwein schlachten. **ma|cel|la|to|re** m. Schlächter *m.* **ma|cel|la|zio|ne** f. Schlachten *n.*, Schlachtung *f.*: ***animali pronti per la ~*** zum Schlachten bestimmtes Vieh ◆ ***di fresca ~*** aus frischer Schlachtung; ***permesso di ~*** Schlachterlaubnis *f.*
ma|cel|le|ri|a f. Metzgerei *f.*, Fleischerei *f.*: ***~ bovina, equina*** auf Rinderfleisch spezialisierte Metzgerei, Pferdemetzgerei *f.*
ma|cel|lo m. **1** Schlachthaus *n.*, Schlachthof *m.*: ***portare le bestie al ~*** das Vieh zum Schlachthof bringen **2** *(strage)* Abschlachtung *f.*, Gemetzel *n.*, Metzelei *f.*: ***l'artiglieria fece un ~*** die Artillerie hat ein Gemetzel angerichtet **3** COLLOQ. *(disastro)* Katastrophe *f.*, Chaos *n.*: ***il compito in classe è stato un ~*** die Klassenarbeit war eine Katastrophe; ***ha fatto un ~ in cucina*** er hat in der Küche ein Chaos angerichtet **4** COLLOQ. *(grande quantità)* Haufen *m.*, Menge *f.*: ***c'era un ~ di gente*** es war ein Haufen Leute da ◆ ***andare al ~*** dem Untergang entgegen‿gehen; ***bestie da ~*** Schlachtvieh *n.*; FIG. SPREG. ***carne da ~*** Kanonenfutter *n.*; ***mandare qcn. al ~*** jdn ins Verderben schicken; ***andare come una pecora al ~*** sich wie ein Lamm zur Schlachtbank führen lassen.
ma|ce|ra|re *(macero)* **I** tr. **1** ein‿legen; ***~ la carne nel vino*** Fleisch in Wein einlegen **2** BIOL. CHIM. mazerieren, auf‿weichen **3** TESS. rösten, rotten: ***~ la canapa*** Hanf rösten **4** *(tormentare)* kasteien, züchtigen **II** pronom. **macerarsi 1** auf‿weichen, mürbe werden **2** FIG. *(rodersi)* sich verzehren: ***-rsi dall'invidia*** sich vor Neid verzehren. **ma|ce|ra|to** p.pass. agg. **1** → **macerare 2** verzehrt: ***un volto ~ dalla sofferenza*** ein schmerzverzerrtes Gesicht. **ma|ce|ra|to|io** m. *(-oi)* Röstgrube *f.* **ma|ce|ra|zio|ne** f. **1a** Einlegen *n.* **b** Aufweichen *n.* **2** BIOL. CHIM. Mazeration *f.* **3** TESS. Röstung *f.*, Rottung *f.* **4** *(mortificazione)* Kasteiung *f.*
ma|ce|rie f.pl. Trümmer *pl.*, Schutt *m.*: ***la città è ridotta a un cumulo di -e*** die Stadt ist ein einziger Trümmerhaufen; ***rimanere, essere sepolto sotto le -e*** unter dem Schutt (*o* den Trümmern) begraben werden, sein.
1.ma|ce|ro m. Einstampfung *f.*: ***mandare qcs. al ~*** etw. ein‿stampfen lassen ◆ ***carta da ~*** Altpapier *n.*, Makulatur *f.*
2.ma|ce|ro agg. **1** *(macerato)* aufgeweicht **2** *(decomposto)* verrottet **3** *(bagnato)* durchnässt **4** *(spossato)* zerschlagen.
ma|che|te [-tʃe-] m.inv. Machete *f.*
ma|chia|vel|li|ca|men|te avv. machiavellistisch. **ma|chia|vel|li|co** agg. *(-ci,-che)* machiavellistisch: ***un piano ~*** ein machiavellistischer Plan. **ma|chia|vel|li|smo** m. Machiavellismus *m.*
ma|chi|smo [-tʃi-] m. Machismo *m.*, Chauvinismus *m.* **ma|cho I** agg.inv. chauvinistisch, Macho-: ***atteggiamento ~*** chauvinistisches Verhalten, Machoverhalten *n.* **II** m.inv. Chauvinist *m.*, Macho *m.*
ma|ci|gno m. **1** Fels *m.*, Felsblock *m.* **2** *(pietra arenaria)* Bruchstein *m.* ◆ ***cuor di ~*** ein Herz aus Stein; ***essere un ~*** hartnäckig sein; FIG. ***pesante come un ~*** stinklangweilig.
ma|ci|len|to agg. abgezehrt, mager, abgemagert: ***avere un'aria -a*** mitgenommen aus‿sehen. **ma|ci|len|za** f. Abgezehrtheit *f.*, Hagerkeit *f.*
ma|ci|na f. **1** Mühle *f.*, Mühlstein *m.*: ***la ~ gira*** die Mühle dreht sich (*o* klappert) **2** *(mulino)* Mühle *f.*: ***portare il grano alla ~*** das Korn zur Mühle bringen **3** *(azione del macinare)* Mahlen *n.*: ***la ~ del grano*** das Mahlen des Korns.
ma|ci|na|caf|fè m.inv. Kaffeemühle *f.* **ma|ci|na|pe|pe** m.inv. Pfeffermühle *f.*
ma|ci|na|re tr. *(macino)* **1** mahlen, zermahlen: ***~ il grano, il caffè*** Getreide, Kaffee mahlen **2** *(carne)* durch den Fleischwolf drehen **3** *(olive)* pressen ◆ ***~ chilometri*** Kilometer fressen; ***~ soldi*** Geld verschleudern; PROV. ***acqua passata non macina più*** = Vergangenes soll man ruhen lassen, Geschehenes lässt sich nicht ungeschehen machen. **ma|ci|na|to I** p.pass. agg. **1** → **macinare 2a** gemahlen: ***pepe ~*** gemahlener Pfeffer **b** ***carne -a*** Hackfleisch *n.* **II** m. **1** Gemahlene *n.*; ***tassa sul ~*** Mahlsteuer *f.* **2** *(carne)* Gehackte *n.*, Hackfleisch *n.*: ***un chilo di ~*** ein Kilo Gehacktes. **ma|ci|na|to|io** m. *(-oi)* Mühle *f.*, Mühlwerk *n.* **ma|ci|na|tu|ra, ma|ci|na|zio|ne** f. Mahlen *n.*, Ausmahlung *f.*
ma|ci|ni|no m. **1** (kleine) Mühle *f.*, Handmühle *f.*: ***~ del caffè, del pepe*** Kaffee-, Pfeffermühle *f.* **2** *(auto malandata)* Kiste *f.*, Karre *f.*
ma|ci|ste m. Herkules *m.*
ma|ciul|la f. TESS. Breche *f.* **ma|ciul|la|re** tr. **1** TESS. brechen: ***~ la canapa, il lino*** Hanf, Leinen brechen **2** *(stritolare)* zerquetschen, zerfetzen: ***la granata gli ha maciullato una gamba*** die Granate hat sein Bein zerfetzt.
ma|cò m.inv. Mako *f.*, *m.* e *n.*
ma|cra|mè m.inv. Makramee *n.*
ma|cro|bio|ti|ca f. Makrobiotik *f.* **ma|cro|bio|ti|co** agg. *(-ci,-che)* makrobiotisch: ***ristorante ~*** makrobiotisches Restaurant; ***dieta -a*** makrobiotische Ernährung; ***seguire una dieta -a*** sich makrobiotisch ernähren.
ma|cro|ce|fa|li|a f. Makrozephalie *f.* **ma|cro|ce|fa|lo I** agg. makrozephal **II** m. Makrozephale *m.*
ma|cro|ci|to m. Makrozyt *m.*
ma|cro|cli|ma m. Makroklima *n.* **ma|cro|co|smo** m. Makrokosmos *m.*
ma|cro|e|co|no|mi|a f. Makroökonomie *f.* **ma|cro|e|co|no|mi|co** agg. *(-ci,-che)* makroökonomisch: ***analisi -a*** makroökonomische Analyse.
ma|cro|fo|to|gra|fi|a f. Makrofotografie *f.* **ma|cro|i|stru|zio|ne** f. Makrobefehl *m.*, Makroinstruktion *f.*
ma|cro|mo|le|co|la f. Makromolekül *n.* **ma|cro|mo|le|co|la|re** agg. makromolekular.
ma|cro|sco|pi|ca|men|te avv. makroskopisch. **ma|cro|sco|pi|co** agg. *(-ci,-che)* **1** makroskopisch **2** FIG. riesig, grob, schwer; ***un errore ~*** ein grober Fehler.
ma|cro|si|ste|ma m. Makrosystem *n.* **ma|cro|spo|ra** f. Megaspore *f.*, Makrospore *f.* **ma|cro|strut|tu|ra** f. Makrostruktur *f.*
ma|cu|la f. **1** Fleck *m.*: ***~ lutea*** gelber Fleck; ***~ germinativa*** Keimfleck *m.* **2** FIG. Makel *m.*
1.ma|cu|la|re tr. LETT. *(maculo)* beflecken.
2.ma|cu|la|re agg. ASTR. ANAT. Flecken-.
ma|cu|la|to p.pass. agg. **1** → **1.maculare 2** gefleckt, fleckig, scheckig: ***il mantello ~ del leopardo*** das gefleckte Fell des Leoparden ◆ ***salamandra -a*** Feuersalamander *m.* **ma|cu|la|tu|ra** f. Makulatur *f.*
ma|cum|ba f. Macumba *f.*
Ma|da|ga|scar n.pr.m. Madagaskar *n.*
ma|da|ma f. **1** Madame *f.*, SCHERZ. gnädige Frau *f.* **2** GERG. *(polizia)* Schmiere *f.*: ***chiamare la ~*** die Schmiere rufen. **ma|da|mi|gel|la** f. gnädiges Fräulein *n.*
Mad|da|le|na n.pr.f. Magdalena *f.*, Magdalene *f.*
made ['meid] agg.inv. made, hergestellt. **made in Italy** m.inv. = italienische Produkte *pl.*: ***il ~ ha avuto molto successo quest'anno*** italienische Produkte hatten in diesem Jahr großen Erfolg.
ma|de|ra m. Madeirawein *m.*
Ma|de|ra n.pr.f. Madeira *f.*
ma|dia f. Backtrog *m.*
ma|di|do agg. nass, gebadet: ***~ di sudore*** schweißgebadet, schweißnass.
ma|die|re m. Bodenwrange *f.*
ma|don|na f. **1** RELIG. Madonna *f.*: ***invocare la ~*** die Madonna an‿rufen; ***la ~ di Lourdes, di Fatima*** die Madonna von Lourdes, von Fatima; ***la ~ addolorata*** die schmerzensreiche Madonna **2** ART. Madonna *f.*, Marienbild *n.*: ***una ~ di Raffaello*** eine Madonna von Raphael **3** ANT. Dame *f.*, Frau *f.*: ***~ Beatrice*** Frau Beatrix ◆ ***~!*** ach du meine Güte! COLLOQ. ***avere le -e*** = sehr sauer sein; ***~ con bambino*** Maria (*o* Madonna) mit dem Kinde; ***da ~*** madonnenhaft, Madonnen-: ***viso da ~*** Madonnengesicht *n.*; ***immagine della ~*** Madonnenbild *n.*; ***~ santa!*** Jesus Maria! **ma|don|na|ro** m. **1** Madonnenmaler *m.*; *(di statuette)* Madonnenschnitzer *m.* **2** *(nelle processioni)* Madonnenträger *m.* **ma|don|ni|na** f. **1** kleines Madonnenbild *n.* **2** *(statuetta)* kleine Madonnenfigur *f.* ◆ ***~ infilzata*** Unschuldsengel *m.*
ma|dor|na|le agg. grob, riesig, gewaltig: ***errore, svista ~*** grober Fehler, Schnitzer.
ma|dras m.inv. Madras *m.*; ***giacca di ~*** Madrasjacke *f.*
ma|dre f. **1** Mutter *f.*: ***diventare ~*** Mutter werden; ***fare da ~ a qcn.*** jdm die Mutter ersetzen **2** RELIG. Schwester *f.*, Mutter *f.*: ***~ Teresa*** Mutter Theresa **3** *(dell'aceto)* Essigmutter *f.* **4** *(matrice)* Mutter *f.* **5** FIG. *(causa, origine)* Quelle *f.*, Ursprung *m.*: ***l'ignoranza è ~ di errori*** Ignoranz ist die Quelle von Fehlern ◆ ***~ dell'aceto*** Essigmutter *f.*; ***~ adottiva*** Adoptivmutter *f.*; ***~ badessa*** Äbtissin *f.*; ***casa ~*** COMM. Stammhaus *n.*, Mutterhaus *n.*; RELIG. Mutterhaus *n.*; ***chiesa ~*** Mutterkirche *f.*; ***~ coraggio*** Mutter Courage; ***~ di Dio*** Muttergottes *f.*; ANAT. ***dura ~*** Dura (mater) *f.*, harte Hirnhaut *f.*; ***~ di famiglia*** Hausmutter *f.*; ***idea ~*** Hauptidee *f.* (*o* Grundgedanke *m.*);

lingua ~ Muttersprache *f.*; ~ ***natura*** Mutter Natur; ~ ***naturale*** leibliche Mutter; ***essere orfano di*** ~ mutterlos sein; ***da, per parte di*** ~ mütterlicherseits; ANAT. ***pia*** ~ weiche Gehirnhaut; ***ragazza*** ~ ledige Mutter; ***regina*** ~ Königinmutter *f.*; ***ricevuta a*** ~ ***e figlia*** Quittung mit Durchschlag; ***roccia*** ~ Muttergestein *n.*; ***Santa Madre Chiesa*** Heilige Kirche; ***scena*** ~ Hauptszene *f.*; FIG. ***fare una scena*** ~ ***a qcn.*** jdm eine Szene machen; ***seconda*** ~ Pflegemutter *f.*; ~ ***snaturata*** Rabenmutter *f.*; ~ ***superiora*** Oberin *f.*; ~ ***terra*** Mutter Erde.

ma|dre|lin|gua **I** f. Muttersprache *f.*: ***è di*** ~ ***inglese*** seine Muttersprache ist Englisch **II** m. e f. Muttersprachler *m.* (-in *f.*). **III** agg. muttersprachlich: ***insegnante*** ~ muttersprachlicher Lehrer.

ma|dre|pa|tria f. Mutterland *n.*

ma|dre|per|la f. Perlmutt *n.*: ***bottone di*** ~ Perlmuttknopf *m.* **ma|dre|per|la|ce|o** agg. perlmuttern, perlmutterartig.

ma|dre|po|ra f. Madrepore *f.*, Steinkoralle *f.* **ma|dre|po|ri|co** agg. *(-ci,-che)* Madreporen-.

ma|dre|sel|va f. Echtes Geißblatt *n.*, Jelängerjelieber *n.*, Heckenkirsche *f.*

ma|dre|vi|te f. Muttergewinde *n.*, Innengewinde *n.*

ma|dri|ga|le m. Madrigal *n.* **ma|dri|ga|li|sta** m. e f. *(-i,-e)* Madrigalist *m.* (-in *f.*). **ma|dri|ga|li|sti|co** agg. *(-ci,-che)* Madrigal-: ***coro*** ~ Madrigalchor *m.*; ***musica -a*** Madrigalmusik *f.*; ***stile*** ~ Madrigalstil *m.*

ma|dri|le|no **I** agg. Madrider **II** m. Madrider *m.*

ma|dri|na f. **1** Patin *f.*: ***essere la*** ~ ***di qcn., fare da*** ~ ***a qcn.*** jds Patin sein, bei jdm Patin stehen; ~ ***di battesimo, di cresima*** Taufpatin *f.*, Firmpatin *f.* **2** ESTENS. Ehrengast *m.*: ***fare da*** ~ ***a qcs.*** bei etw. Ehrengast sein.

ma|e|stà f. **1** Majestät *f.*, Erhabenheit *f.*: ***la*** ~ ***delle Alpi*** die Majestät der Alpen; ~ ***di portamento*** Erhabenheit der Haltung **2** *(titolo reale)* Majestät *f.*: ***sua*** ~ ***la regina*** Ihre Majestät die Königin; ***sua*** ~ ***il re*** Seine Majestät der König **3** ART. Maestà *f.* ◆ ***Vostra Maestà*** Eure Majestät; ***delitto di lesa*** ~ Majestätsbeleidigung *f.*

ma|e|sto|sa|men|te avv. majestätisch, imposant. **ma|e|sto|si|tà** f. Erhabenheit *f.*, Majestät *f.* **ma|e|sto|so** agg. majestätisch, imposant.

ma|e|stra f. **1** Lehrerin *f.* **2** FIG. Meisterin *f.*, Künstlerin *f.*; ***è una*** ~ ***nel cucinare*** sie ist eine Kochkünstlerin ◆ MAR. ***albero di*** ~ Großbaum *m.*; ~ ***d'asilo*** Kindergärtnerin *f.*; ***vela di*** ~ Großsegel *n.*, Hauptsegel *n.*; PROV. ***la storia è*** ~ ***di vita*** die Geschichte ist die Lehrmeisterin des Lebens.

ma|e|stra|le **I** m. Mistral *m.* **II** agg. ***vento*** ~ Mistral *m.*

ma|e|stran|ze f.pl. Arbeiterschaft *f.* ◆ ***-e di minatori*** Knappschaft *f.*; ***-e portuali*** Hafenarbeiterschaft *f.*; ***-e specializzate*** Facharbeiterschaft *f.*

ma|e|stri|a f. Meisterschaft *f.*, Meisterhaftigkeit *f.*: ***suonare un pezzo con grande*** ~ ein Stück mit großer Meisterschaft spielen.

ma|e|stro **I** m. **1** Meister *m.*, Lehrmeister *m.*, Lehrer *m.*: ***Socrate fu il*** ~ ***di Platone*** Sokrates war Platons Lehrer; FIG. ***il dolore è*** ~ ***di virtù*** der Schmerz ist der Lehrmeister der Tugend **2** *(di scuola)* Lehrer *m.*: ~ ***di terza*** Lehrer der dritten (Klasse) **3** *(modello)* Vorbild *n.*: ***essere un*** ~ ***di eleganza*** ein Vorbild an Eleganz sein **4** *(esperto)* Meister *m.*: ***un*** ~ ***nel proprio campo*** ein Meister seines Faches; IRON. ***è un*** ~ ***nel trovare delle scuse*** er ist ein Meister im Erfinden von Ausreden **5** *(grande artista)* Meister *m.*: ***i -i della pittura italiana*** die Meister der italienischen Malerei **6** *(chi dirige operai)* Meister *m.* **7** MUS. Maestro *m.*: ***il*** ~ ***Abbado*** Maestro Abbado **II** agg. **1** *(abile)* meisterhaft, Meister-: ***mano -a*** Meisterhand *f.* **2** *(principale)* Haupt-: ***strada -a*** Hauptstraße *f.*; EDIL. ***trave -a*** Hauptstützbalken *m.* **3** MAR. Groß-: ***albero*** ~ Großmast *m.* ◆ ~ ***d'armi*** Fechtmeister *m.*; ~ ***artigiano*** Handwerksmeister *m.*; MAR. ~ ***d'ascia*** Schiffszimmermann *m.*; ~ ***di canto*** Gesang(s)lehrer *m.*; STOR. ***-i cantori*** Meistersinger *pl.*; ~ ***di cappella*** Kapellmeister *m.*; ~ ***di cerimonia*** Zeremonienmeister *m.*; ~ ***concertatore*** Korrepetitor *m.*, Repetitor *m.*; ~ ***del coro*** Chorleiter *m.*; ***da*** ~ Meister-: ***colpo (da)*** ~ Meisterstück *n.*; ***lavoro da*** ~ Meisterarbeit *f.*; FIG. ***un tiro da*** ~ Meisterschuss *m.*; FIG. ***darsi arie da*** ~ schulmeistern; ~ ***di danza*** Tanzlehrer *m.*; ~ ***(di scuola) elementare*** Grundschullehrer *m.*; ~ ***falegname*** Tischlermeister *m.* (*o* Schreinermeister *m.*); ***Gran Maestro*** Großmeister *m.*; BIBL. ***il Maestro*** der Meister; ~ ***muratore*** Maurermeister *m.*; ***muro*** ~ Hauptmauer *f.*; ~ ***di musica*** Musiklehrer *m.*; ~ ***di nuoto*** Schwimmlehrer *m.*; ORNIT. ***penna -a*** Schwungfeder *f.*; ~ ***di scacchi*** Schachmeister *m.*; ~ ***di sci*** Skilehrer *m.*; ~ ***di tennis*** Tennislehrer *m.*; ~ ***venerabile*** Logenmeister *m.*; ~ ***zen*** Zenmeister *m.*; PROV. ***nessuno nasce*** ~ es ist noch kein Meister vom Himmel gefallen; ***dall'opera si riconosce il*** ~ am Werk erkennt man den Meister.

ma|fia f. Mafia *f.*: ~ ***siciliana*** sizilianische Mafia; ~ ***della droga*** Drogenmafia *f.*; FIG. ***la*** ~ ***dei critici letterari*** die Mafia der Literaturkritiker. **ma|fio|si|tà** f. Mafiosohaftigkeit *f.* **ma|fio|so** **I** agg. Mafia-: ***metodi -i*** Mafiamethoden *pl.*; ***delitto*** ~ Mafiaverbrechen *n.*; ***un'organizzazione -a*** eine Mafiaorganisation **II** m. Mafioso *m.*

ma|ga f. *(-ghe)* **1** Zauberin *f.* **2** *(prestigiatrice)* Zauberkünstlerin *f.* **3** *(ammaliatrice)* Verführerin *f.*, Circe *f.* **4** FIG. *(maestra)* Künstlerin *f.*: ***una*** ~ ***in cucina*** eine Kochkünstlerin.

ma|ga|gna f. **1** *(imperfezione)* Mangel *m.*, Defekt *m.*: ***un motore con qualche*** ~ ein Motor mit einigen Defekten; ***essere pieno di -e*** mit Mängeln behaftet sein; ***scoprire delle -e*** Mängel auf‿decken **2** *(acciacco)* Gebrechen *n.*: ***le -e dell'età*** die Gebrechen des Alters.

ma|ga|ri **I** inter. **1a** schön wär's: ***hai vinto?*** – ~! hast du gewonnen? – schön wär's! **b** *(volentieri)* und ob: ***vorresti fare un viaggio?*** – ~! möchtest du eine Reise machen? – und ob! **2** *(volesse il cielo)* wenn es doch: ~ ***fosse vero!*** wenn es doch wahr wäre! ~ ***piovesse!*** wenn es doch regnen würde! **II** avv. **1a** *(forse)* vielleicht: ~ ***verrò domani*** vielleicht werde ich morgen kommen **b** *(probabilmente)* wahrscheinlich **2** *(persino)* sogar: ***lo pagherei*** ~ ***anche un milione*** ich würde dafür sogar eine Million bezahlen **III** cong. **1** *(anche se)* auch wenn, selbst wenn: ***devo finire il lavoro,*** ~ ***dovesse durare tutta la notte*** ich muss die Arbeit fertig machen, selbst wenn es die ganze Nacht dauern sollte **2** *(piuttosto)* lieber..., als dass...: ~ ***faccio scoppiare uno scandalo, ma non gliela faccio passare liscia*** lieber löse ich einen Skandal aus, als dass ich ihn heil davon‿kommen lasse.

ma|ga|zine ['mægəzin] m.inv. Magazin *n.*, Zeitschrift *f.*

ma|gaz|zi|nag|gio m. *(-gi)* **1** *(deposito)* Lagerung *f.* **2** *(somma)* Lagergebühr *f.* ◆ ***operazione di*** ~ Einlagerung *f.*

ma|gaz|zi|nie|re m. Lagerarbeiter *m.* ◆ ***capo*** ~ Lagerverwalter *m.*, Lagerist *m.*

ma|gaz|zi|no m. **1** Lager *n.*: ***avere merce in*** ~ Waren auf (*o* im) Lager haben; ***mettere le merci in*** ~ Waren auf Lager legen (*o* Waren ein‿lagern); ***rifornire il, fare l'inventario del*** ~ das Lager ergänzen, auf‿nehmen; ~ ***ben assortito, ben fornito*** gut sortiertes, gut beschicktes Warenlager **2** *(insieme delle merci)* Lagerbestand *m.* **3** pl. *(emporio)* Kaufhaus *n.*, Warenhaus *n.* ◆ ***capacità di un*** ~ Lagerkapazität *f.*; ***consistenza di*** ~ Lagerbestand *m.*; ~ ***di deposito*** Lagerhalle *f.*; ***disponibilità di*** ~ Lagerbestand *m.*; ***eccedenza di*** ~ Lagerüberschuss *m.*; ***fondo di*** ~ Reststück *n.*, Restbestand *m.*, COLLOQ. Ladenhüter *m.*; ***franco*** ~ ab (*o* frei) Lager; ***-i generali*** öffentliche Lagerhäuser; ***giacenza di*** ~ Lagerbestand *m.*; ***grandi -i*** Kaufhäuser *pl.*; ***inventario di*** ~ Lagerinventur *f.*; ~ ***di legname*** Holzlager *n.*; ***merce di, in*** ~ Lagerware *f.*; ~ ***merci*** Warenlager *n.*; ***permanenza (delle merci) in*** ~ Lagerfrist *f.*; ***sosta in*** ~ Lagerung *f.*; ~ ***spedizioni*** Versandlager *n.*; ***spese di*** ~ Lagerkosten *pl.*; ***tenuta a*** ~ Lagerhaltung *f.*

Mag|de|bur|go **I** n.pr.m. *(regione)* Magdeburg *n.* **II** n.pr.f. *(città)* Magdeburg *n.*

Ma|gel|la|no n.pr.m. Magellan *m.* ◆ ***Stretto di*** ~ Magellanstraße *f.*

ma|gen|ta **I** agg.inv. ***color*** ~ Magenta-, Anilinrot *n.* **II** m.inv. Magenta-, Anilinrot *n.*

mag|ge|se **I** m. **1** Brache *f.*, Brachfeld *n.* **II** agg. Mai-: ***olive -i*** Maioliven *pl.*; ***fieno*** ~ Maiheu *n.* ◆ ***tenere un campo a*** ~ einen Acker brach‿legen; ***un campo (tenuto) a*** ~ ein brachliegender Acker; ***essere, restare a*** ~ brach‿liegen; ***burro*** ~ Grasbutter *f.*

mag|gio m. Mai *m.*: ***a (o in)*** ~ im Mai; ***all'inizio, alla fine di*** ~ Anfang, Ende Mai; ***a metà*** ~ Mitte Mai; ***il primo, il due (di)*** ~ der erste, der zweite Mai; ***tornerò il 15*** ~ am 15. Mai komme ich zurück.

mag|gio|cion|do|lo m. Goldregen *m.*

1.mag|gio|li|no m. Maikäfer *m.*

2.mag|gio|li|no m. COLLOQ. AUT. Käfer *m.*

mag|gio|ra|na f. Majoran *m.*

mag|gio|ran|za f. Mehrheit *f.*: ***la*** ~ ***della popolazione*** die Mehrheit der Bevölkerung; ***essere in*** ~ in der Mehrheit sein; ***avere, raggiungere la*** ~ die Mehrheit haben, erringen; POL. ***approvare, vincere a larga, stretta*** ~ mit großer, knapper Mehrheit bewilligen, gewinnen; ***eleggere a*** ~ mit Mehrheit wählen; ~ ***assoluta, relativa, semplice, schiacciante*** absolute, relative, einfache, überwältigende Mehrheit; ~ ***qualificata, richiesta*** qualifizierte, erforderliche Mehrheit; ~ ***parlamentare*** parlamentarische Mehrheit ◆ ECON. ~ ***azionaria*** Aktienmehrheit *f.*; ECON. ***azionista di*** ~ Hauptaktionär *m.*; ~ ***di capitale*** Kapitalmehrheit *f.*; GRAMM. ***comparativo di*** ~ Aufwärtssteigerung *f.*; ***decisione (presa) a*** ~ Mehrheitsbeschluss *m.*, Mehrheitsentscheidung *f.*; ~ ***governativa*** Mehrheitsregierung *f.*; ***gruppo di*** ~ Mehrheitsgruppe *f.*; ECON. ***partecipazione di*** ~ Mehrheitsbeteiligung *f.*; ***partito di*** ~ Mehrheitspartei *f.*; ***principio di*** ~ Mehrheitsprinzip *n.*; ***la*** ~ ***silenziosa*** die schweigende

Mehrheit; ***votazione a*** ~ Mehrheitsabstimmung *f.*, Mehrheitswahl *f.*; ~ ***dei voti*** Stimmenmehrheit *f.*; ***voto di*** ~ Mehrheitsstimme *f.*

mag|gio|ra|re tr. erhöhen: ~ ***il prezzo del 5 %*** den Preis um 5 % erhöhen; MAT. ~ ***una funzione*** eine Funktion erhöhen.

mag|gio|ra|sca|to m., **mag|gio|ra|sco** m. *(-schi)* Ältestenrecht *n.*, Majorat *n.* ◆ ***signore del*** ~ Majoratsherr *m.*

mag|gio|ra|ta f. **1** *(nel cinema)* Busenstar *f.* **2** SCHERZ. kurvenreiche Frau *f.* **mag|gio|ra|to** p.pass. agg. **1** → **maggiorare 2** erhöht: ***prezzi -i*** erhöhte Preise **3** TECN. *(potenziato)* frisiert: ***motore*** ~ frisierter Motor **4** COLLOQ. kurvenreich: ***donna -a*** kurvenreiche Frau.

mag|gio|ra|zio|ne f. Zuschlag *m.*, Erhöhung *f.*, Zulage *f.* ◆ ~ ***d'imposta*** Steuerzuschlag *m.*; ~ ***di, del prezzo*** Preiserhöhung *f.*, Preisaufschlag *m.*; ~ ***di stipendio*** Gehaltszulage *f.*; ***tasso di*** ~ Zuschlagssatz *m.*, Zuschlag *m.*

mag|gior|do|mo m. **1** Butler *m.* **2** STOR. Hausmeier *m.* ◆ ~ ***di palazzo*** Oberhofmeister *m.*

mag|gio|re (compar. di *grande*) **I** agg. **1a** *(più grande)* größer: ***una quantità ~ del previsto*** eine größere Menge als vorgesehen **b** *(il più grande)* größte: ***la maggior parte*** der größte Teil; ***il ~ edificio del quartiere*** das größte Gebäude des Viertels **2a** *(più alto, di grado superiore)* höher: ***ho pagato una cifra*** ~ ich habe einen höheren Betrag bezahlt; ECCL. ***ordini -i*** höhere Weihen **b** *(il più alto, di grado massimo)* größte, höchste: ***la quota ~ spetta a te*** der größte Anteil geht an dich; ***la ~ autorità del paese*** die höchste Autorität des Dorfes **3a** *(più lungo)* länger: ***in un triangolo l'ipotenusa è ~ dei cateti*** in einem Dreieck ist die Hypotenuse länger als die Seiten **b** *(il più lungo)* längste: ***il lato ~ di un poligono*** die längste Seite eines Vielecks **4a** *(più importante)* wichtiger **b** *(principale)* größte, bedeutendste, Haupt-: ***i -i poeti del secolo*** die bedeutendsten Dichter des Jahrhunderts; ***il Dante*** ~ das Hauptwerk von Dante **5a** MUS. *(di note, tonalità)* Dur-, -Dur: ***accordo, scala*** ~ Durakkord *m.*, Durtonleiter *f.*; ***do, do diesis*** ~ C-Dur *n.*, Cis-Dur *n.* **b** *(di intervalli)* groß: ***intervallo*** ~ große Pause; ***terza*** ~ große Terz **6** *(di età)* älter, größer: ***fratello, sorella*** ~ älterer (*o* größerer) Bruder, ältere (*o* größere) Schwester; ***è ~ di lui di un anno*** sie ist ein Jahr älter als er; ***Catone*** ~ Cato der Ältere **II** m. e f. **1** Älteste *m.* e *f.*, Größte *m.* e *f.*: ***il ~ dei nostri figli*** das Älteste unserer Kinder **2** MIL. Major *m.* ◆ ***altare*** ~ Hauptaltar *m.*, Hochaltar *m.*; ***andare per la*** ~ das Rennen machen; ***arti -i*** bildende Künste; ***gli astri -i*** die großen Sterne; FIG. die großen Stars; ***devi usare ~ attenzione*** du musst besser auf‿passen; ***il bene*** ~ das größte (*o* höchste) Glück; ***caporal*** ~ Obergefreite *m.*; STOR. ***il Maggior Consiglio di Venezia*** der Große Rat von Venedig; ~ ***età*** Volljährigkeit *f.*, Mündigkeit *f.*; ***forza*** ~ höhere Gewalt: ***per cause di forza*** ~ auf Grund höherer Gewalt; ***general*** ~ Generalmajor *m.*; ~ ***offerente*** Meistbietende *m.*; ***opere -i*** Hauptwerk *n.*; ***l'Orsa Maggiore*** der Große Bär; ***ospedale*** ~ Kreiskrankenhaus *n.*; ***a maggior ragione*** um so mehr; ***sergente*** ~ Feldwebel *m.*; MIL. ***stato Maggiore*** Oberkommando *n.*; ESTENS. *(gruppo dirigente)* Führung *f.*

mag|gio|ren|ne I agg. volljährig: ***diventare*** ~ volljährig werden **II** m. e f. Volljährige *m.* e *f.*

mag|gio|ren|te m. Prominente *m.*: ***i -i della città*** die Prominenten (*o* Prominenz) einer Stadt.

mag|gio|ri|ta|rio agg. *(-ri,-rie)* Majoritäts-, Mehrheits-: ***principio*** ~ Mehrheitsprinzip *n.*; ***sistema (elettorale)*** ~ Mehrheitswahlrecht *n.*

mag|gior|men|te avv. **1** *(di più)* mehr, um so mehr: ***tengo ~ a te che a lui*** ich mache mir mehr aus dir als aus ihm; ***contribuire ~ alle spese*** den größten Teil der Ausgaben übernehmen **2** *(più di tutto)* am meisten: ***le zone ~ colpite dall'alluvione*** die von der Überschwemmung am meisten betroffenen Gebiete.

ma|gi|a f. **1** Magie *f.*, Zauberei *f.*: ***praticare la*** ~ Magie betreiben; ***credere alla*** ~ an Zauberei glauben; ~ ***bianca, nera*** weiße, schwarze Magie **2** *(incantesimo)* Zauber *m.*; ***fare una ~ a qcn.*** jdn verzaubern **3** FIG. *(fascino)* Zauber *m.*, Magie *f.*, Reiz *m.*: ***la ~ dei colori, dei suoni*** der Zauber der Farben, der Töne; ***la ~ di uno sguardo*** der Reiz eines Blicks; ***la ~ delle parole*** die Magie der Worte ◆ ~ ***d'amore*** Liebeszauber *m.*; ***arte della*** ~ Zauberkunst *f.*; ***libro di*** ~ Zauberbuch *n.*; ***come per*** ~ wie durch Zauberhand.

ma|gia|ro I agg. madjarisch, Madjaren- **II** m. Madjar *m.*

ma|gi|ca|men|te avv. magisch: ***essere attratto ~ da qcn., qcs.*** von jdm, etw. magisch angezogen werden. **ma|gi|co** agg. *(-ci,-che)* magisch, Zauber-: ***possedere poteri -ci*** magische Kräfte (*o* Zauberkräfte) besitzen; ***la -a sfera di cristallo*** die magische Kristallkugel; FIG. ***la -a luce della luna*** das magische Mondlicht; FIG. ***sguardo*** ~ magischer Blick; ***bacchetta, formula, parola -a*** Zauberstab *m.*, Zauberformel *f.*, Zauberwort *n.*; ***effetto, filtro*** ~ Zauberwirkung *f.*, Zaubertrank *m.* ◆ ***flauto*** ~ Zauberflöte *f.*; ***numeri -ci*** magische Zahlen; ELETTRON. ***occhio*** ~ magisches Auge; ***quadrato*** ~ magisches Quadrat; ***tappeto*** ~ fliegender Teppich.

ma|gio, ***i Re Magi*** die Heiligen Drei Könige.

ma|gio|ne f. LETT. Heim *n.*

ma|gi|ste|ro m. **1a** *(professione)* Lehrberuf *m.*: ***esercitare il*** ~ den Lehrberuf aus‿üben **b** *(insegnamento)* Lehre *f.* **2** *(insegnamento autorevole)* Lehramt *n.*: ***il ~ della chiesa*** das Lehramt (der Kirche) ◆ UNIV. ***facoltà di*** ~ = pädagogische Hochschule.

ma|gi|stra|le agg. **1** *(eccellente, da maestro)* virtuos, meisterhaft, Meister-: TEATR. ***un'interpretazione*** ~ ein meisterhaftes Spiel; ***opera*** ~ Meisterleistung *f.* **2** IRON. schulmeisterlich: ***parlare in tono*** ~ in schulmeisterlichem Ton sprechen ◆ ***istituto*** ~ = Schulzweig *m.* für Grundschullehrer(innen); ***scuola*** ~ = Schulzweig *m.* für Kindergärtner(innen). **ma|gi|stral|men|te** avv. virtuos, meisterhaft: ***eseguire ~ un lavoro*** eine Arbeit meisterhaft aus‿führen.

ma|gi|stra|to m. Richter *m.*: ~ ***di cassazione*** Richter an einem Kassationshof ◆ ~ ***delle acque*** Gewässeraufsichtsbehörde *f.*

ma|gi|stra|tu|ra f. **1** Richteramt *n.*: ***esercitare la*** ~ das Richteramt aus‿üben; ***accedere alla*** ~ das Richteramt an‿treten **2** *(insieme dei magistrati)* Richterschaft *f.*: ***la ~ italiana*** die italienische Richterschaft; ***l'autonomia della*** ~ die Unabhängigkeit der Richter.

ma|glia f. **1** Masche *f.*: ***lavorare, fare una ~ a diritto, a rovescio*** eine rechte, linke Masche stricken; ***aumentare, calare, avviare le -e*** Maschen zu‿nehmen, ab‿nehmen, auf‿nehmen (*o* an‿schlagen); ***aumentare di cinque -e*** fünf Maschen zu‿nehmen; ***riprendere, lasciare cadere una*** ~ eine Masche (wieder) auf‿nehmen, fallen lassen **2** pl. FIG. Maschen *pl.*, Netz *n.*: ***sgusciare tra le -e della legge*** durch die Maschen des Gesetzes schlüpfen; *(trame)* ***cadere nelle -e di una congiura*** in das Netz einer Verschwörung geraten **3a** ABBIGL. Pullover *m.*: ~ ***di lana, di cotone*** Pullover aus Wolle, aus Baumwolle; ***mettersi, cambiarsi la*** ~ sich (D) den Pullover an‿ziehen, den Pullover wechseln **b** *(maglietta intima)* Unterhemd *n.* **4** SPORT Trikot *n.*: ***scambiarsi le -e al termine della partita*** die Trikots am Ende des Spiels aus‿tauschen; ~ ***della società, della squadra*** Vereins-, Mannschaftstrikot *n.*; ***il giocatore con la ~ numero 9*** der Spieler mit der Nummer 9 **5** *(anello di catena)* Glied *n.*, Kettenglied *n.* ◆ ~ ***d'acciaio*** Stahlkettenglied *n.*; *(nel lavorare all'uncinetto)* ~ ***alta*** Stäbchen *n.*; *(nel lavorare all'uncinetto)* ~ ***altissima*** doppeltes Stäbchen; SPORT ~ ***azzurra*** = italienisches Nationaltrikot; SART. ~ ***bassa*** feste Masche; ~ ***del cingolo*** Raupenglied *n.*; ~ ***di ciniglia*** Nickipullover *m.*; ~ ***a collo alto*** Rollkragenpullover *m.*; STOR. ***corazza a*** ~ Kettenhemd *n.*; STOR. ***cotta di*** ~ Panzerhemd *n.*; ~ ***diritta*** rechte Masche; ***a ~ fitta*** engmaschig; ***giacca di*** ~ Strickjacke *f.*; SPORT ***la ~ gialla*** das gelbe Trikot; *(l'atleta)* = Führender *m.* der Tour de France; ***gonna di*** ~ Strickrock *m.*; ***a ~ grossa*** grobmaschig; ***indumenti di*** ~ Strickwaren *pl.*; SPORT ~ ***iridata*** Regenbogentrikot *n.*; ***a ~ larga*** weitmaschig; ***lavorare a*** ~ stricken; ***lavoro a*** ~ Strickarbeit *f.*, COLLOQ. Strickzeug *n.*; ~ ***a molla*** = ringförmiger Kettenverschluss; ***rete a*** ~ Maschennetz *n.*; SPORT ***la ~ rosa*** das rosa Trikot; *(l'atleta)* = Führender *m.* des Giro d'Italia; ~ ***rovescia*** linke Masche; ~ ***tubolare*** Rundstricken *n.*; ***lavorare a ~ tubolare*** rund‿stricken.

ma|glia|ia f. **1** Strickerin *f.* **2** *(venditrice)* Strickwarenhändlerin *f.* **ma|glia|io** m. *(-ai)* **1** Stricker *m.* **2** *(venditore)* Strickwarenhändler *m.* **ma|glia|ro** m. **1** Hausierer *m.* **2** ESTENS. *(truffatore)* Schwindler *m.* **ma|glie|ri|a** f. **1** Strickerei *f.* **2** *(negozio)* Strickwarengeschäft *n.* **3** *(tessuti e lavori a maglia)* Strickwaren *pl.* ◆ ***articoli di*** ~ Strickwaren *pl.*; ***capo di*** ~ Strickware *f.*; ***filo per*** ~ Strickgarn *n.*; ***macchina per*** ~ Strickmaschine *f.* **ma|glie|ri|sta** *(-i,-e)* **1** Strickwarenhersteller *m.* (-in *f.*) **2** Stricker *m.* (-in *f.*). **ma|gliet|ta** f. **1** T-Shirt *n.* **2** *(intima)* Unterhemd *n.* **3** *(del fucile)* Ring *m.* **4** *(asola)* Öse *f.* **ma|gli|fi|cio** m. *(-ci)* Strickwarenfabrik *f.* **ma|gli|na** f. Trikot *m.*

ma|glio m. *(-gli)* **1** MECC. Gesenkhammer *m.* **2** *(martello)* Holzhammer *m.* **3a** *(nell'hockey)* Schläger *m.* **b** *(nella pallamaglio)* Hammer *m.*, Schlagholz *n.*

ma|glio|ne m. (dicker) Pullover *m.*: ***indossare un ~ pesante, fatto a mano*** einen dicken, handgestrickten Pullover tragen ◆ ~ ***da sci*** Skipullover *m.*

mag|ma m. Magma *n.* (anche FIG.): ~ ***lavico*** magmatische Lavamasse *f.* **mag|ma|ti|co** agg. *(-ci,-che)* magmatisch, Magma- (anche FIG.): ***gas -ci*** magmatische Gase; ***rocce -che*** magmatische Gesteine; ***massa -a*** Magmamasse *f.* **mag|ma|ti|smo** m. Magmatismus *m.*

ma|gnac|cia m. *(-ci)* REGION. SPREG. Zuhälter *m.*

ma|gna|ni|ma|men|te avv. großmütig, großzügig. **ma|gna|ni|mi|tà** f. Großmut *f.*, Großzügigkeit *f.* ◆ ***con*** ~ großmütig, großzügig.

ma|gna|ni|mo **I** agg. großmütig, großzügig: ***atteggiamento ~*** großzügige Haltung; ***essere ~ con i bisognosi*** großzügig zu den Notleidenden sein **II** m. großmütiger (*o* großzügiger) Mensch *m.*

ma|gna|te m. Magnat *m.* (anche STOR.): ***~ della finanza, dell'industria automobilistica*** ein Magnat der Finanz, der Autoindustrie. **ma|gna|ti|zio** agg. *(-zi,-zie)* Magnaten-: ***famiglia -a*** Magnatenfamilie *f.*

ma|gne|sia f. Magnesia *f.*, Magnesiumoxid *n.* ◆ ***~ calcinata*** Magnesia *f.*, Magnesiumoxid *n.*; ***~ effervescente*** Brausemagnesia *f.*; ***~ usata*** → ***~ calcinata.***

ma|gne|sio m. Magnesium *n.* ◆ ***lampada al ~*** Magnesiumlampe *f.*; ***lampo al ~*** Magnesiumblitzlicht *n.*; ***solfato di ~*** Magnesiumsulfat *n.*

ma|gne|si|te f. Magnesit *m.*

ma|gne|te m. Magnet *n.*: ***~ artificiale, naturale*** künstlicher, natürlicher Magnet ◆ ***~ d'accensione*** Zündmagnet *m.*; ***~ d'avviamento*** Anlassmagnet *m.*; ***~ elettrico*** Elektromagnet *m.*; ***~ elevatore*** Hubmagnet *m.*; ***~ induttore*** Feldmagnet *m.*; ***~ permanente*** Dauermagnet *m.*

ma|gne|ti|ca|men|te avv. magnetisch: ***attirare a sé ~ tutti gli sguardi*** alle Blicke magnetisch auf sich ziehen.

ma|gne|ti|co agg. *(-ci,-che)* **1** magnetisch, Magnet-: ***polo ~*** magnetischer Pol **2** FIG. anziehend: ***sguardo ~*** anziehender Blick ◆ ***ago ~*** Magnetnadel *f.*; ***campo ~*** Magnetfeld *n.*; ***forza -a*** magnetische Anziehungskraft *f.*; ASTR. ***inclinazione -a*** magnetische Neigung *f.*; ***nastro ~*** Magnetband *n.*; *(musicale)* Tonband *n.*

ma|gne|ti|smo m. **1** Magnetismus *m.*: ***~ residuo*** remanenter Magnetismus, Restmagnetismus *m.*; ***~ animale*** animalischer, tierischer Magnetismus **2** FIG. magnetische Kraft *f.*: ***il ~ di uno sguardo*** die magnetische Kraft eines Blickes ◆ ***~ terrestre*** Erdmagnetismus *m.*

ma|gne|ti|te f. Magnetit *m.*, Magneteisenstein *m.*

ma|gne|tiz|za|bi|le agg. magnetisierbar. **ma|gne|tiz|za|re** **I** tr. **1a** magnetisieren: ***~ un ago*** eine Nadel magnetisieren **b** *(ipnotizzare)* magnetisieren: ***~ un paziente*** einen Patienten magnetisieren **2** FIG. *(affascinare)* an‿ziehen, magnetisieren: ***~ il proprio pubblico*** sein Publikum magnetisieren **II** pronom. **magnetizzarsi** sich magnetisieren. **ma|gne|tiz|za|zio|ne** f. Magnetisierung *f.*

ma|gne|to|chi|mi|ca f. Magnetochemie *f.* **ma|gne|to|fo|no** m. Magnetophon *n.* **ma|gne|to|me|tro** m. Magnetometer *n.* **ma|gne|to|ot|ti|ca** f. Magnetooptik *f.* **ma|gne|to|sfe|ra** f. Magnetosphäre *f.* **ma|gne|to|sta|ti|ca** f. Magnetostatik *f.*

ma|gni|fi|ca|men|te avv. großartig, prächtig: ***ha risolto ~ il problema*** er hat das Problem großartig gelöst; ***essere vestito ~*** prächtig angezogen sein.

ma|gni|fi|ca|re *(magnifico, magnifichi)* **I** tr. verherrlichen: ***~ la bellezza della natura*** die Schönheit der Natur verherrlichen **II** pronom. **magnificarsi** ein Loblied auf sich selbst anstimmen.

ma|gni|fi|cen|za f. **1a** Pracht *f.*, Prunk *m.*: ***la ~ di un palazzo*** die Pracht eines Palastes; ***una festa di una ~ unica*** ein Fest von einmaliger Pracht **b** ENFAT. reine Pracht *f.*: ***una villa che è una ~*** eine Villa, die eine reine Pracht ist **2** *(munificenza)* Großzügigkeit *f.*, Freigebigkeit *f.*: ***la ~ dei signori rinascimentali*** die Großzügigkeit der Feudalherren der Renaissance.

ma|gni|fi|co agg. *(-ci,-che)* **1** großartig: ***fare -che promesse*** großartige Versprechungen machen **2** *(bellissimo)* herrlich: ***una giornata -a*** ein herrlicher Tag; ***versi -ci*** herrliche Verse **3** *(di persona)* großzügig, großmütig ◆ ***fare il ~*** großartig auf‿treten; ***idea -a*** tolle Idee; ***Lorenzo il ~*** Lorenzo der Prächtige; ***~ Rettore*** Rector Magnificus *m.* (*o* Magnifikus *m.*).

ma|gni|lo|quen|te agg. **1** *(di oratore)* wortgewandt **2** *(di stile)* geschwollen, hochtrabend: ***stile ~*** geschwollener Stil; ***prosa ~*** hochtrabende Prosa. **ma|gni|lo|quen|za** f. Schwülstigkeit *f.*: ***esprimersi con ~*** sich in einem schwülstigen Stil aus‿drücken.

ma|gni|tu|di|ne f. **1** Magnitudo *f.* **2** GEOL. Magnitude *f.*

ma|gno agg. LETT. groß ◆ ***Alessandro Magno*** Alexander der Große; ***aula -a*** Auditorium maximum *n.*; ***Carlo Magno*** Karl der Große; ***in pompa -a*** in voller Pracht.

ma|gno|lia f. Magnolie *f.* **ma|gno|lia|ce|a** f. Magnoliengewächs *n.*

ma|gnum m.inv. Magnum *f.* ◆ ***44-~*** 44 Magnum *f.*

ma|go m. *(-ghi)* **1** Zauberer *m.*, Magier *m.*: ***il ~ Merlino*** der Zauberer Merlin **2** *(prestigiatore)* Zauberkünstler *m.* **3** *(persona molto abile)* Künstler *m.*, Meister *m.*; ***essere un ~ del colore*** ein Farbkünstler sein.

ma|go|ne m. Kummer *m.*, Sorge *f.*: ***avere il ~*** einen großen Kummer haben.

Ma|gon|za n.pr.f. Mainz *n.*

ma|gra m. Niedrigwasser *n.*: ***il fiume è in ~*** der Fluss hat (*o* führt) Niedrigwasser ◆ ***di ~*** mager, dürr: ***tempi, anni di ~*** magere Zeiten, Jahre; COLLOQ. ***fare una ~*** sich (bis auf die Knochen) blamieren.

ma|gra|men|te avv. mager.

Ma|greb n.pr.m. Maghreb *m.* **ma|gre|bi|no** **I** agg. maghrebinisch: ***regione -a*** maghrebinisches Gebiet **II** m. Maghrebiner *m.*

ma|grez|za f. **1** Magerkeit *f.*: ***di una ~ impressionante*** von beeindruckender Magerkeit **2** FIG. *(scarsità, penuria)* Dürftigkeit *f.*, Spärlichkeit *f.*: ***~ di guadagni*** Dürftigkeit der Gewinne.

ma|gro **I** agg. **1** mager, dünn: ***persona -a*** magerer Mensch **2** *(senza grassi)* fettarm, mager, Mager-: ***latte, formaggio ~*** Magermilch *f.*, magerer Käse; ***brodo, condimento ~*** fettarme Brühe, Würze; ***carne -a*** mageres Fleisch **3** *(poco fertile)* mager: ***terreno ~*** magerer Boden **4** *(scarso)* dürftig, mager: ***un ~ compenso, guadagno*** eine dürftige Bezahlung, ein magerer Gewinn; ***-a ricompensa*** dürftige Belohnung; ***~ raccolto*** magere Ernte **5** *(insufficiente)* schwach, mager: ***-a consolazione, soddisfazione*** magerer Trost, schwache Befriedigung; ***una -a scusa*** eine schwache Ausrede **II** m. **1** magerer (*o* dünner) Mensch *m.* **2** *(carne magra)* mageres Fleisch *n.*: ***comprare due chili di ~*** zwei Kilo mageres Fleisch kaufen ◆ ***~ come un'acciuga*** dürr (*o* dünn) wie ein Hering; ***~ come un chiodo*** spindeldürr sein; ***falso ~*** schlank erscheinende Person; ***giorni di ~*** Fastentage *pl.*; ***mangiare di ~*** fasten; ***ravioli di ~*** Ravioli mit Gemüsefüllung; BIBL. ***gli anni delle vacche -e*** die sieben mageren Jahren (anche FIG.).

mah inter. **1** hm: ***è tornato? – ~, non lo so*** ist er zurückgekommen? – hm, das weiß ich nicht **2** *(rassegnazione)* nun einmal: ***~, purtroppo è così*** das ist nun einmal leider so.

mai **I** avv. **1** nie, niemals: ***non l'ho ~ visto*** ich habe ihn (noch) nie gesehen; ***non è ~ soddisfatto*** er ist nie zufrieden; ***non lo incontro ~*** ich treffe ihn nie; ***~ sentito*** nie gehört; ***chiedigli scusa! – ~!*** bitte ihn um Entschuldigung! – niemals! **2** *(qualche volta)* jemals: ***hai ~ visto una cosa del genere?*** hast du jemals so etwas gesehen? ***se ~ dovessi avere l'occasione*** wenn du jemals die Gelegenheit haben solltest **3** *(rafforzativo; talvolta non tradotto)* bloß, wohl, je: ***dove ~ sarà andato?*** wo ist er bloß hingegangen? ***perché ~ dovrebbe aver detto una cosa del genere*** warum sollte er (wohl) so etwas gesagt haben; ***chi l'avrebbe ~ pensato!*** wer hätte das je gedacht! **4** *(in espressioni comparative)* denn je: ***adesso mi pento più che ~*** jetzt bereue ich es mehr denn je; ***gli affari vanno peggio che ~*** die Geschäfte gehen schlechter denn je ◆ ***quant'altri ~*** wie nur einer; ***caso ~*** gegebenenfalls; ***come ~*** wieso, warum; ***come non ~*** wie nie zuvor; ***il giorno del ~*** der Nimmerleinstag; ***meno che ~*** weniger denn je; ***~ più*** nie mehr (*o* nie wieder); ***~ e poi ~*** nie und nimmer; ***quando ~ mi ha aiutato*** wann hat er mir jemals geholfen; ***quanto ~ spiacevole, inopportuno*** äußerst unangenehm, ungelegen; ***non sia ~*** da sei Gott vor (*o* Gott bewahre); ***non sia ~ detto*** um Gottes Willen; PROV. ***meglio tardi che ~*** besser spät als nie.

ma|ia|la|ta f. FAM. Schweinerei *f.*: ***fare una ~*** eine Schweinerei machen.

ma|ia|le m. **1** Schwein *n.*: ***ingrassare, allevare, macellare -i*** Schweine mästen, züchten, schlachten; ***il ~ grugnisce*** das Schwein grunzt **2** *(carne)* Schweinefleisch *n.*, Schwein *n.* **3** FIG. Schwein *n.*, Sau *f.*: ***comportarsi come un ~*** sich wie ein Schwein benehmen ◆ ***~ d'acqua*** Wasserschwein *n.*; ***coda (a ricciolo) di ~*** Ringelschwanz *m.*; ***di ~*** Schweins-, Schweine-: ***arrosto, cotoletta, lombata, zampetto di ~*** Schweinebraten *m.*, Schweinekotolett *n.*, Schweinelende *f.*, Schweinsfuß *m.*; ***~ domestico*** Hausschwein *n.*; ***~ di razza*** Zuchtschwein *n.*; ***setola di ~*** Schweinsborste *f.* **ma|ia|le|sco** agg. *(-schi, -sche)* schweinisch: FIG. ***comportamento ~*** schweinisches Verhalten; ***grugnito ~*** das Grunzen eines Schweins. **ma|ia|li|no** n. Ferkel *n.* ◆ ***~ da latte*** Spanferkel *n.*; ***sei un ~ !*** du Ferkel!

ma|ieu|ti|ca f. Mäeutik *f.* **ma|ieu|ti|ca|men|te** avv. mäeutisch. **ma|ieu|ti|co** agg. *(-ci,-che)* mäeutisch: ***metodo ~*** mäeutische Methode.

main|frame ['meɪnfreɪm] m.inv. Großrechner *m.*

ma|io|li|ca f. *(-che)* Fayence *f.*, Majolika *f.*: ***le -che di Delft*** Delfter Fayencen *pl.* ◆ ***collezione di -che*** Fayencensammlung *f.*; ***stufa di ~*** Kachelofen *m.* **ma|io|li|ca|re** tr. *(maiolico, maiolichi)* verkacheln, kacheln. **ma|io|li|ca|to** **I** p.pass. agg. **1** → **maiolicare** **2** gekachelt, Kachel-: ***stufa -a*** Kachelofen *m.* **II** m. gekachelte Wand *f.*

ma|io|ne|se f. Mayonnaise *f.*, Majonäse *f.*

Ma|ior|ca n.pr.f. Mallorca *n.* ◆ ***Palma di ~*** Palma de Mallorca.

mais m.inv. Mais *m.*: ***coltivare ~*** Mais an‿pflanzen ◆ ***di ~*** Mais-: ***amido, chicco, farina di ~*** Maisstärke *f.*, Maiskorn *n.*, Maismehl *n.*

maî|tre ['mɛtr] m.inv. **1** Maître *m.* **2** *(maggiordomo)* Butler *m.*

maî|tres|se [mɛ'trɛs] f.inv. Puffmutter *f.*

ma|iu|sco|la f. Großbuchstabe *m.* ◆ ***tasto delle -e*** Umschalttaste *f.*

ma|iu|sco|let|to m. Kapitälchen *n.*

ma|iu|sco|lo I agg. **1** großgeschrieben, groß, Groß-: ***I -a*** großes I; ***lettera -a*** Großbuchstabe *m.* **2** FIG. Riesen-, riesig; ***prestazione -a*** Riesenleistung *f.* **II** m. Großbuchstaben *pl.*: ***scrivere in ~*** in Großbuchstaben schreiben.

ma|jo|ret|te [-ʒɔ'rɛt] f.inv. Majorette *f.*

make-up ['meikʌp, *üblich* mei'kap] m.inv. Make-up *n.*

ma|la f. COLLOQ. (accorc. *malavita*) Unterwelt *f.*, Verbrecherwelt *f.*

Ma|lac|ca n.pr.f. Malakka *n.*

ma|lac|cet|to agg. unwillkommen: ***ospite, dono ~*** unwillkommener Gast, unwillkommenes Geschenk.

ma|lac|cor|ta|men|te avv. unvorsichtig, unbesonnen. **ma|lac|cor|tez|za** f. Unvorsichtigkeit *f.*; *(azione)* Unbesonnenheit *f.* **ma|lac|cor|to I** agg. unvorsichtig, unachtsam; *(di azione)* unbesonnen: ***gesto ~*** unbesonnene Geste **II** m. unvorsichtiger Mensch *m.*

ma|la|chi|te f. **1** Malachit *m.* **2** *(pigmento verde)* Malachitgrün *n.*, Neugrün *n.*

ma|la|co|lo|gi|a f. Malakologie *f.*

ma|la|cre|an|za f. Unhöflichkeit *f.*, Plumpheit *f.*

ma|la|fat|ta f. *(malefatte)* Untat *f.*, Übeltat *f.*: ***combinare delle malefatte*** Untaten begehen; ***riparare alle malefatte di qcn.*** jds Untaten wieder gut‿machen; ***pagare, scontare le proprie malefatte*** für seine Untaten bezahlen, büßen.

ma|la|fe|de f. **1** Böswilligkeit *f.*: ***dimostrare la ~ di qcn.*** jds Böswilligkeit beweisen; ***essere in ~*** böswillig handeln **2** DIR. böse Absicht *f.*: ***agire in ~*** in böser Absicht handeln.

ma|laf|fa|re, ***di ~*** = von üblem Ruf ◆ ***casa di ~*** Freudenhaus *n.*; ***donna di ~*** Dirne *f.*; ***gente di ~*** Gesindel *n.*

ma|la|ge|vo|le agg. unwegsam: ***strada ~*** unwegsame Straße.

ma|la|gra|zia f. Grobheit *f.*, Patzigkeit *f.*; ***rispondere con ~*** patzig antworten.

ma|la|lin|gua f. *(malelingue)* böse Zunge *f.*, Klatschmaul *n.*: ***non ascoltare le malelingue*** nicht auf die Klatschmäuler hören.

ma|lan|da|to agg. heruntergekommen, in einem schlechten Zustand: ***casa -a*** heruntergekommenes Haus; *(di persona)* ***un vecchio ~*** ein heruntergekommener Alter; ***avere un aspetto ~*** heruntergekommen aus‿sehen; COLLOQ. ***essere un po' ~*** schlecht beieinander sein.

ma|lan|dri|na|ta f. Schelmerei *f.*, Schurkerei *f.* **ma|lan|dri|no I** m. **1** Gauner *m.*, Schurke *m.* **2** SCHERZ. Spitzbube *m.* **II** agg. **1** unehrlich: ***gente -a*** unehrliche Leute **2** SCHERZ. spitzbübisch, schelmisch: ***sguardo ~*** schelmischer Blick.

ma|la|ni|mo m. Missgunst *f.*, Feindseligkeit *f.*; ***con ~*** missgünstig; ***avere ~ contro qcn.*** jdm gegenüber missgünstig sein ◆ ***di ~*** widerwillig.

ma|lan|no m. **1** *(malattia)* Krankheit *f.*, Leiden *n.*: ***prendersi un ~*** sich (D) eine Krankheit zu‿ziehen **2** *(disgrazia)* Unglück *n.*, Unheil *n.*: ***gli è capitato un ~*** ihm ist ein Unglück zugestoßen.

ma|la|pa|ra|ta f. *(maleparate)* COLLOQ. Gefahr *f.*, gefährliche Situation *f.*: ***vista la ~ se ne andò*** angesichts der Gefahr zog er sich zurück.

ma|la|pe|na, *a ~* mit Mühe und Not, mit knapper Not: ***riesce a ~ a tirare avanti*** er kommt mit Mühe und Not über die Runden; ***tenersi in piedi a ~*** sich mit Mühe und Not auf den Beinen halten können.

ma|la|ria f. Malaria *f.* **ma|la|ri|co I** agg. *(-ci,-che)* **1** Malaria-: ***febbre -a*** Malariafieber *n.*; ***zona -a*** Malariagebiet *n.* **2** *(affetto da malaria)* malariakrank **II** m. *(-ci)* Malariakranke *m.*

ma|la|sor|te f. *(malesorti)* Unglück *n.*, Missgeschick *n.*: ***essere perseguitato dalla ~*** vom Unglück verfolgt sein.

ma|las|sor|bi|men|to m. schlechte Resorption *f.*

ma|la|ti|cio agg. *(-ci,-ce)* kränklich: ***un bambino ~*** ein kränkliches Kind; ***avere un aspetto ~*** kränklich aus‿sehen.

ma|la|to I agg. krank: ***cadere ~*** krank werden, erkranken; ***essere, darsi ~*** krank sein, sich krank melden; ***pianta -a*** kranke Pflanze; FIG. ***mente, fantasia -a*** kranker Geist, kranke Fantasie **II** m. Kranke *m.*: ***curare, assistere un ~*** einen Kranken behandeln, pflegen ◆ ***~ d'amore*** krank vor Liebe; ***~ di cuore*** herzkrank; ***economia -a*** kranke Wirtschaft; ***essere ~ di qcs.*** an etw. (D) leiden; ***~ di fegato*** leberkrank; ***~ grave*** schwer krank; ***un ~ grave*** ein Schwerkranker; ***gravemente ~*** schwer krank; ***il ~ immaginario*** der eingebildete Kranke; ***~ infettivo*** Infizierte *m.*; ***~ di invidia*** krank vor Neid; ***~ di mente*** geisteskrank; ***un ~ di mente*** ein Geisteskranker; ***~ di nervi*** nervenkrank; ***società -a*** kranke Gesellschaft; ***sole ~*** blasse Sonne.

ma|lat|ti|a f. Krankheit *f.*: ***~ lieve, grave, mortale*** leichte, schwere, tödliche Krankheit; ***~ contagiosa, cronica*** ansteckende, chronische Krankheit; ***contrarre una ~*** sich (D) eine Krankheit zu‿ziehen; ***prevenire una ~*** einer Krankheit vor‿beugen; ***curare, trasmettere una ~*** eine Krankheit behandeln, übertragen; ***soffrire di una ~*** an einer Krankheit leiden; ESTENS. ***l'invidia è una brutta ~*** (der) Neid ist eine schlimme Krankheit ◆ ***~ da benessere*** Zivilisationskrankheit *f.*; ***decorso della ~*** Krankheitsverlauf *m.*; FIG. ***~ diplomatica*** diplomatische Krankheit; ***~ ereditaria*** Erbkrankheit *f.*; ***fare una ~ di qcs.*** von etw. krank werden; ***indennità di ~*** Krankengeld *n.*; ***~ infantile*** Kinderkrankheit *f.*; ***~ infettiva*** Infektionskrankheit *f.*; ***~ invalidante*** eine Invalidität verursachende Krankheit; ***~ mentale*** Geisteskrankheit *f.*; ***mettersi in ~*** sich krank‿schreiben lassen; ***~ nervosa*** Nervenkrankheit *f.*; ***~ della pelle*** Hautkrankheit *f.*; ***~ delle piante*** Pflanzenkrankheit *f.*; ***~ polmonare*** Lungenkrankheit *f.*; ***~ professionale*** Berufskrankheit *f.*; ***la ~ del secolo*** die Krankheit des Jahrhunderts; ***~ senile*** Alterskrankheit *f.*; ***~ del sonno*** Schlafkrankheit *f.*; ***~ venerea*** Geschlechtskrankheit *f.*

ma|lau|gu|ra|ta|men|te avv. unglückseligerweise. **ma|lau|gu|ra|to** agg. unglückselig, verhängnisvoll: ***un ~ giorno*** ein unglückseliger Tag; ***un ~ incidente*** ein verhängnisvoller Unfall ◆ ***nella -a ipotesi che...*** in dem nicht sehr wünschenswerten Fall, dass... **ma|lau|gu|rio** m. *(-ri)* schlechtes Vorzeichen *n.*: ***essere di ~*** ein schlechtes Vorzeichen sein ◆ ***uccello del ~*** Schwarzmaler *m.*

ma|la|vi|ta f. Verbrecherwelt *f.*, Unterwelt *f.*: ***il gergo della ~*** der Jargon der Unterwelt; ***darsi alla ~*** zum Verbrecher werden. **ma|la|vi|to|so I** agg. Verbrecher-: ***ambienti -i*** Verbrecherkreise *pl.* **II** m. Verbrecher *m.*

ma|la|vo|glia f. Unlust *f.*, Widerwille(n) *m.*: ***non nascondere la propria ~*** seinen Widerwillen nicht verbergen; ***di ~*** mit Unlust (*o* unlustig), mit Widerwillen (*o* widerwillig).

ma|lav|ve|du|ta|men|te avv. unbedachterweise, unüberlegt. **ma|lav|ve|du|to** agg. unbedachtsam, unüberlegt: ***un comportamento ~*** eine unüberlegte Handlungsweise.

Ma|la|y|sia n.pr.f. Malaysia *n.*

mal|bian|co m. *(-chi)* Mehltau *m.*

mal|ca|pi|ta|to I agg. ungelegen; *(disgraziato)* unglücklich **II** m. Unglückselige *m.*

mal|con|cio agg. *(-ci,-ce)* **1** *(di vestiti)* abgetragen, abgenutzt **2** *(di persona)* übel (*o* arg) zugerichtet; ***uscire ~ da una zuffa*** bei einer Schlägerei übel zugerichtet werden.

mal|con|ten|to I agg. unzufrieden **II** m. **1** unzufriedener Mensch *m.* **2** *(scontentezza)* Unzufriedenheit *f.*: ***suscitare il ~ generale*** allgemeine Unzufriedenheit aus‿lösen.

mal|co|stu|me m. Unsitte *f.*, Unmoral *f.*: ***~ dilagante*** um sich greifende Unsitte; ***combattere il ~*** die Unmoral bekämpfen; ***il ~ politico*** die politischen Unsitten.

mal|de|stro agg. ungeschickt: ***un tentativo ~*** ein ungeschickter Versuch; ***un guidatore ~*** ein ungeschickter Fahrer.

mal|di|cen|te I agg. lästernd, lästerlich **II** m. Lästerer *m.* **mal|di|cen|za** f. **1** Lästern *n.* **2** *(discorso)* Lästerei *f.*, übles Gerede *n.*: ***sono tutte -e*** das ist alles übles Gerede.

mal|di|spo|sto agg. übel gesinnt: ***essere ~ nei confronti di, verso qcn.*** jdm übel gesinnt sein.

Mal|di|ve n.pr.f.pl. Malediven *pl.*

1.ma|le avv. (compar. *peggio*; superl. *malissimo*/*pessimamente*) **1** schlecht, schlimm, übel: ***trattare ~ qcn.*** jdn schlecht behandeln; ***parlare ~ di qcn.*** schlecht über jdn sprechen; ***pensare ~ di qcn.*** schlecht von jdm denken; ***sentirsi, comportarsi ~*** sich schlecht fühlen, benehmen; ***dormire, vivere, parlare ~*** schlecht schlafen, leben, sprechen; ***abituarsi ~*** eine schlechte Gewohnheit an‿nehmen; ***riuscire ~*** schlecht gelingen; ***vederci ~*** schlecht sehen; ***vestirsi ~*** sich schlecht kleiden; ***gli affari vanno ~*** die Geschäfte gehen schlecht; ***la linea è disturbata, La sento ~*** die Leitung ist gestört, ich höre Sie schlecht; ***~! molto ~!*** schlecht! sehr schlecht! **2** *(erroneamente)* falsch, nicht recht, nicht richtig: ***interpretare ~*** falsch auf‿fassen; ***aver capito ~ qcs.*** etw. falsch verstanden haben **3** *(usato come negazione)* kaum: ***invidia mal celata*** kaum verhüllter Neid ◆ ***andare ~*** schlecht aus‿fallen, gehen: ***l'esame è andato ~*** die Prüfung ist schlecht ausgegangen; ***mi è andata ~*** ich habe Pech gehabt; ***mal che vada*** schlimmstenfalls; ***bene o ~*** wohl oder übel; ***bene o ~ ce la faremo*** irgendwie werden wir es schon schaffen; ***cominciamo ~!*** das fängt ja gut an! ***mal fatto*** schlecht gemacht, stümperhaft; *(deforme)* schlecht gebaut; ***finire ~*** *(di persona)* übel, schlecht gehen; *(di cosa)* schlecht (*o* übel) aus‿gehen; ***la lavatrice funziona ~*** die Waschmaschine funktioniert nicht richtig; ***guardare ~ qcn.*** jdn schief an‿sehen; ***mettersi ~*** eine üble Wende nehmen; ***le cose si mettono ~ per noi*** die Dinge nehmen eine üble Wende; REGION. ***mica ~*** nicht (gar) schlecht; ***niente ~*** nicht schlecht (*o* übel); ***mal pagato*** unterbezahlt, schlecht bezahlt; ***passarsela ~*** schlecht dran sein; ***se la passa ~*** es geht ihm schlecht, er ist schlecht dran; *di ~ in peggio* immer schlimmer, immer schlechter; *andare di ~ in peggio* immer schlechter werden; *prendere ~ qcs.* etw. schlecht auf‿nehmen; *prendere ~ una curva* eine Kurve schlecht nehmen; *mal ridotto* in schlechtem Zustand; *(di persona)* arg zugerichtet; *rimanere ~* enttäuscht sein; *rispondere ~ (scortesemente)* unfreundlich antworten; *(sfacciatamente)* frech antworten; *mal riuscito* misslungen; *non sarebbe ~ affrettarci* es wäre nicht schlecht, wenn wir uns beeilen würden; *stare ~* sich schlecht fühlen; *star ~ di salute* bei schlechter Gesundheit sein; *(non adattarsi)* schlecht aus‿sehen, schlecht passen: *queste scarpe stanno ~ con il vestito* diese Schuhe passen schlecht zum Kleid; *questo colore ti sta ~* diese Farbe steht dir schlecht; *(essere sconveniente)* sich nicht gehören: *sta ~ parlare a bocca piena* es gehört sich nicht, mit vollem Mund zu sprechen; *(essere scarso) star ~ a quattrini* schlecht bei Kasse sein; *mal tenuto* verwahrlost; *trovarsi ~ con qcn.* mit jdm schlecht aus‿kommen; *trovarsi ~ in una situazione, in un luogo* sich in einer Situation, an einem Ort unwohl fühlen; *la vedo ~* das kann nicht gut aus‿gehen; *mal vestito* schlecht gekleidet; *mal visto* unbeliebt, schlecht angesehen; *volere ~ a qcn.* jdm übel wollen; *non volermi ~* sei mir nicht böse.

2.ma|le m. **1** Böse *n.*, Übel *n.*: *fuggire, sconfiggere il ~* das Böse meiden, besiegen; *distinguere il bene dal ~* Gut und Böse unterscheiden; *liberaci dal ~* erlöse uns von dem Übel; *un ~ necessario* ein notwendiges Übel; *scegliere il minore dei -i* das kleinere Übel wählen **2** *(danno, sventura)* Schlechte *n.*, Schlimme *n.*: *augurare del ~ a qcn.* jdm Schlechtes wünschen; *la sua partenza è stata un ~ per tutti noi* seine Abreise war schlimm für uns alle **3** *(malattia)* Krankheit *f.*, Leiden *n.*: *il ~ lo ha consumato* das Leiden hat ihn zermürbt; *un ~ incurabile* eine unheilbare Krankheit; *avere un brutto ~* eine schlimme Krankheit haben **4** *(dolore)* Schmerzen *pl.*, Weh *n.*: *dove ha ~?* wo haben Sie Schmerzen? wo tut es weh? *ho ~ a una gamba* ich habe Schmerzen im Bein, mein Bein tut weh ◆ *mal d'amore* Liebeskummer *m.*; *andare a ~* verderben, schlecht werden; *mal d'aria* Luftkrankheit *f.*; *mal d'auto* Autokrankheit *f.*; *aversela a ~* es übel nehmen; *aversene a ~ per qcs.* etw. übel nehmen; *mal caduco* Fallsucht *f.*; *mal di denti* Zahnschmerzen *pl.*, Zahnweh *n.*; *esserci qcs. di ~* etw. Schlimmes dabei sein; *che ~ c'è?* was ist schon (Schlimmes) dabei? *non c'è niente, nulla di ~* da ist nichts Schlimmes dabei; *non c'è ~* ganz gut; *come stai? – non c'è ~* wie geht's? – ganz gut; *fare ~ (dolere)* wehtun, schmerzen: *mi fa ~* es tut mir weh; *(nuocere alla salute)* schaden, nicht gut tun: *troppo sole fa ~* zuviel Sonne tut nicht gut; *(sbagliare)* schlecht daran tun: *faresti ~ a cambiare idea* du tätest schlecht daran, deine Meinung zu ändern; *hai fatto ~ a parlare così* du hast schlecht daran getan, so etwas zu sagen; *fare (del) ~ a qcn.* jdm wehtun; FIG. *le tue parole mi hanno fatto ~* deine Worte haben mir wehgetan (*o* mich verletzt); *farsi ~* sich (D) wehtun: *è caduto e si è fatto ~* er ist hingefallen und hat sich wehgetan; *agire a fin di ~* (etw.) in böser Absicht tun; *mal francese* Franzosenkrankheit *f.*; *mal di mare* Seekrankheit *f.*; *meno ~* Gott sei Dank; *mettere ~ (seminare zizzania)* Zwietracht stiften; *mal di montagna* Höhenkrankheit *f.*; *non far ~ a una mosca* keiner Fliege etw. zuleide tun; *~ oscuro* unergründliches Leiden; *mal di pancia* Bauchschmerzen *pl.*; *poco ~!* auch gut! das macht nichts! *portare ~* Unglück bringen; *mal sottile* Schwindsucht *f.*; *~ di testa* Kopfschmerzen *pl.*; PROV. *mal comune mezzo gaudio* geteiltes Leid ist halbes Leid; *a -i estremi estremi rimedi* auf einen groben Klotz gehört ein grober Keil; *non tutto il ~ vien per nuocere* durch Schaden wird man klug.

ma|le|det|ta|men|te avv. COLLOQ. verdammt, furchtbar, verflucht: *sono ~ stanca* ich bin verdammt müde.

ma|le|det|to I p.pass. agg. **1** → **maledire 2a** verdammt, verflucht: *anima -a* verdammte Seele; *giorno ~* verfluchter Tag; *~ il giorno che ti ho incontrato!* verflucht sei der Tag, an dem ich dich getroffen habe! **b** ESTENS. verdammt, verflucht, furchtbar: *una paura -a* eine verdammte Angst; *un caldo ~* eine verdammte Hitze **II** m. Verdammte *m.* Verfluchte *m.*; *~, me la pagherà!* verdammter Kerl, das wird er mir büßen!

ma|le|di|re tr. *(maledico, maledici; maledissi; maledetto)* verdammen, verfluchen: *Dio maledisse Caino* Gott verfluchte Kain; *~ la sorte* sein Schicksal verfluchen.

ma|le|di|zio|ne I f. Fluch *m.*, Verwünschung *f.* (anche FIG.): *scagliare, mandare una ~ a qcn.* jdm eine Verwünschung hinterher‿rufen; *la siccità è stata una ~* die Trockenheit ist ein Fluch gewesen **II** inter. verdammt: *~! ho lasciato la porta aperta* verdammt! ich habe die Tür aufgelassen.

ma|le|du|ca|to I agg. ungezogen, flegelhaft: *un bambino ~* ein ungezogenes Kind; *è stato molto ~ con me* er hat sich mir gegenüber sehr ungezogen verhalten **II** m. Flegel *m.*, Lümmel *m.*

ma|le|du|ca|zio|ne f. Ungezogenheit *f.*, Flegelhaftigkeit *f.*; *che ~!* wie ungezogen! *è ~ interrompere chi sta parlando* es ist ein Zeichen von schlechter Erziehung, jdn beim Sprechen zu unterbrechen.

ma|le|fat|ta → **malafatta.**

ma|le|fi|cio m. *(-ci)* Hexerei *f.*, Hexenwerk *n.*: *essere vittima di un ~* Opfer einer Hexerei (*o* einer bösen Macht) sein.

ma|le|fi|co agg. *(-ci,-che)* unheilvoll, Unheil stiftend, schädlich: *un uomo ~* ein Unheil stiftender Mensch; *influsso ~* schädlicher Einfluss.

ma|le|o|do|ran|te agg. übel riechend: *rifiuti -i* übel riechende Abfälle.

ma|ler|ba f. Unkraut *n.*: *crescere come la ~* wie Unkraut wachsen ◆ PROV. *la ~ non muore mai* Unkraut vergeht (*o* verdirbt) nicht.

ma|le|se I agg. malaiisch: *archipelago ~* Malaiischer Archipel; *penisola ~* Malaiische Halbinsel **II** m. e f. Malaie *m.* (Malaiin *f.*) **III** m. *(lingua)* Malaiisch(e) *n.* **Ma|le|sia** n.pr.f. **1** Malaysia *n.* **2** *(penisola malese)* Malaya *n.*

ma|les|se|re m. **1** Unwohlsein *n.*, Übelkeit *f.*: *leggero ~* leichtes Unwohlsein (*o* Unpässlichkeit) **2** *(inquietudine, disagio)* Unbehagen *n.*, Missbehagen *n.*; *sensazione di ~* unbehagliches Gefühl.

ma|le|vo|len|za f. Übelwollen *n.*, Missgunst *f.* ◆ *con ~* boshaft. **ma|le|vo|lo** agg. boshaft, übel gesinnt, missgünstig: *giudizio ~* boshaftes Urteil; *con intenzione -a* in böser Absicht.

mal|fa|ma|to agg. anrüchig, verrufen: *locale, quartiere ~* verrufenes Lokal, Viertel.

mal|fat|to I agg. **1** schlecht gemacht, stümperhaft: *un lavoro ~* eine stümperhafte Arbeit **2** *(deforme)* schlecht gebaut **II** m. **1** Übeltat *f.*; *(ingiustizia)* Unrecht *n.*: *riparare al ~* ein Unrecht wieder gut‿machen **2** pl. GASTR. INTRAD. (Spinatklöße mit Semmelbröseln und Parmesan). **mal|fat|to|re** m. Übeltäter *m.*, Missetäter *m.*; *(malvivente)* Verbrecher *m.*: *banda di -i* Verbrecherbande *f.*

mal|fer|mo agg. **1** locker, wackelig: *~ sulle gambe* wackelig auf den Beinen **2** *(debole)* schwach: *salute -a* schwache Gesundheit.

mal|fi|da|to, mal|fi|den|te I agg. misstrauisch **II** m. misstrauischer Mensch *m.*

mal|fi|do agg. unzuverlässig.

mal|for|ma|to agg. missgebildet: *neonato, organo ~* missgebildetes Baby, Organ. **mal|for|ma|zio|ne** f. Missbildung *f.*: *~ congenita* angeborene Missbildung.

mal|fran|ce|se m. ANT. Franzosenkrankheit *f.*

mal|ga f. *(-ghe)* **1** *(pascolo)* Alm *f.* **2** *(casa)* Alm *f.*, Almhütte *f.*

mal|gar|bo m. **1** Ungeschicklichkeit *f.* **2** *(sgarbo)* Unhöflichkeit *f.*

mal|ga|scio I agg. *(-sci,-sce)* madagassisch **II** m. **1** *(-sci)* Madagasse *m.* **2** *(lingua)* Madagassische *n.*

mal|go|ver|no m. Misswirtschaft *f.*, Lotterwirtschaft *f.*

mal|gra|di|to agg. unwillkommen, unerwünscht: *un complimento ~* ein unwillkommenes Kompliment.

mal|gra|do I avv. *mio, tuo, loro ~* gegen meinen, deinen, ihren Willen **II** prep. trotz + gen.: *~ la pioggia* trotz des Regens **III** cong. obwohl, obgleich: *~ lo avessi ammonito...* obwohl ich ihn davor gewarnt hatte... ◆ *~ tutto* trotz allem.

ma|lia f. **1** Zauberei *f.*, Hexerei *f.* **2** *(fascino)* Zauber *m.*, Reiz *m.* **ma|liar|da** f. bezaubernde Frau *f.* **ma|li|ar|do** agg. bezaubernd: *sorriso ~* bezauberndes Lächeln.

ma|li|gna|re intr. (aus. *avere*) klatschen, hecheln: *~ su qcn., qcs.* über jdn, etw. klatschen.

ma|li|gni|tà f. **1** Bosheit *f.*, Boshaftigkeit *f.*, Gehässigkeit *f.*: *~ diabolica* teuflische Boshaftigkeit; *con ~* boshaft; *dire ~ su qcn.* Bosheiten über jdn verbreiten **2** MED. Bösartigkeit *f.*, Malignität *f.* **3** LETT. *(dannosità, sfavore)* Ungunst *f.*

ma|li|gno I agg. **1a** boshaft, böse, gehässig: *una donna -a* ein gehässiges Weib; *sguardo ~* böser Blick; *spirito ~* böser Geist; *critico ~* boshafter Kritiker; *insinuazione -a* boshafte (*o* gehässige) Anschuldigung **b** *(contento del danno altrui)* schadenfroh, hämisch **2** MED. bösartig, maligne: *tumore ~* bösartiger Tumor; *cellule -e* bösartige Zellen **3** LETT. *(avverso)* ungünstig **II** m. Bösewicht *m.*, Heimtücker *m.* ◆ *il Maligno* der Böse.

ma|lin|co|ni|a f. **1** Melancholie *f.*, Schwermut *f.*, Trübsinn *m.*: *far venire la ~* melancholisch stimmen; *lo colse una profonda ~* eine tiefe Schwermut erfasste ihn; *sprofondare nella ~* in Trübsinn (*o* Tiefsinn) verfallen; *struggente ~* verzehrende Melancholie **2** PSIC. Melancholie *f.*

ma|lin|co|ni|co agg. *(-ci,-che)* melancholisch, schwermütig, trübsinnig: *temperamento ~* melancholisches Temperament; *melodia -a* melancholische Melodie; *atmosfera -a* trübsinnige Stimmung.

ma|lin|cuo|re, *a* ~ schweren Herzens; ***rifiutò a*** ~ er lehnte schweren Herzens ab.
ma|lin|for|ma|to agg. schlecht informiert.
ma|lin|ten|zio|na|to I agg. übel gesinnt: ***essere ~ verso qcn.*** jdm übel gesinnt sein **II** m. Übelgesinnte *m.*
ma|lin|te|so I agg. missverstanden **II** m. Missverständnis *n.*: ***chiarire un*** ~ ein Missverständnis auf‿klären.
ma|lio|so agg. bezaubernd: ***un sorriso*** ~ ein bezauberndes Lächeln.
ma|li|zia f. **1** Arglist *f.*, Hinterlist *f.*, Heimtücke *f.* **2** *(furberia)* Trick *m.*: ***le -e del mestiere*** die Tricks des Berufs **3** Schelmische *n.*: ***la ~ di uno sguardo*** das Schelmische eines Blicks ◆ ***agire con, senza*** ~ arglistig, ohne Hintergedanken handeln; ***essere senza*** ~ harmlos sein. **ma|li|zio|si|tà** f. Bosheit *f.* **ma|li|zio|so** agg. **1** maliziös, boshaft, (heim)tückisch, hinterlistig: ***domanda -a*** tückische Frage **2** *(birichino)* schelmisch: ***un sorriso*** ~ ein schelmisches Lächeln.
mal|le|a|bi|le agg. gestaltbar, formbar, gefügig (anche FIG.): ***poco*** ~ nicht (*o* wenig) formbar, FIG. wenig elastisch; ***un carattere*** ~ ein formbarer Charakter. **mal|le|a|bi|li|tà** f. Gestaltbarkeit *f.*, Formbarkeit *f.*
mal|le|o|la|re agg. Knöchel-: ***frattura*** ~ Knöchelbruch *m.* **mal|le|o|lo** m. Knöchel *m.*
mal|le|va|do|re m. Bürge *m.*: ***farsi ~ di qcn., qcs.*** für jdn, etw. bürgen (*o* für jdn, etw. als Bürge ein‿treten). **mal|le|va|do|ri|a** f., **mal|le|ve|ri|a** f. Bürgschaft *f.*
ma|llo m. grüne Schale *f.*
mal|lop|po m. **1** *(fagotto)* Bündel *n.* **2** GERG. *(refurtiva)* Beute *f.*: ***restituire il*** ~ die Beute zurück‿geben; ***scappare col*** ~ mit der Beute ab‿hauen **3a** COLLOQ. *(peso)* ***ho un ~ sullo stomaco*** mir liegt es wie ein Stein im Magen; ***questo libro è un vero*** ~ dieses Buch ist ein schwerer Brocken **b** *(mucchio)* ***avere un bel ~ da studiare*** einen Haufen zu lernen haben.
mal|me|na|re tr. verprügeln.
mal|mes|so agg. **1** verwahrlost: ***una casa -a*** ein verwahrlostes Haus **2** *(trasandato, sciatto)* schlampig, ungepflegt **3** *(malato)* sehr krank ◆ *(in cattive acque)* ***trovarsi piuttosto*** ~ ziemlich schlecht dran sein.
mal|na|to agg. niederträchtig, gemein.
mal|no|to agg. wenig bekannt.
mal|nu|tri|to agg. unterernährt. **mal|nu|tri|zio|ne** f. Unterernährung *f.*
ma|lo agg. schlecht, böse ◆ REGION. ***-a femmina*** = Prostituierte *f.*; ***trattare in ~ modo*** schlecht behandeln; ***cadere in ~ modo*** dumm hin‿fallen; ***-a morte*** plötzlicher Tod; ***vista la -a parata*** angesichts der Gefahr; ***prendere qcs. in -a parte*** etw. schlecht auf‿nehmen; ***trovarsi a mal partito*** in der Klemme sitzen (*o* stecken); ***ridurre qcn. a mal partito*** jdn übel zu‿richten.
ma|loc|chio m. *(-chi)* böser Blick *m.* ◆ ***gettare il ~ su qcn.***, COLLOQ. ***fare il ~ a qcn.*** jdn verhexen; ***guardare, vedere di*** ~ feindselig an‿sehen.
ma|lo|ra f. Verderben *n.*, Unglück *n.* ◆ ***alla ~!*** zum Teufel! ***andare in*** ~ vor die Hunde gehen; ***ma va' in malora!*** geh doch zum Teufel! ***della*** ~ verdammt, verflucht; ***un caldo della*** ~ eine verdammte Hitze; ***fa un freddo della*** ~ es friert Stein und Bein; ***finire in*** ~ ein schlechtes Ende nehmen; ***in ~!*** zum Teufel!
ma|lo|re m. Unwohlsein *n.*, Anfall *m.*; ***essere colto da improvviso*** ~ einen plötzlichen Anfall bekommen, haben.
mal|pa|ga|to agg. unterbezahlt, schlecht bezahlt: ***lavoro*** ~ schlecht bezahlte Arbeit.
mal|par|ti|to, *ridurre qcn. a* ~ jdn übel zu‿richten; ***trovarsi a*** ~ in der Klemme sitzen (*o* stecken).
mal|pen|san|te agg. schlecht denkend.
mal|ri|dot|to agg. **1** in schlechtem Zustand, ruiniert **2** *(di persona)* arg zugerichtet: ***essere*** ~ schlecht dran sein.
mal|riu|sci|to agg. misslungen: ***tentativo*** ~ misslungener Versuch.
mal|sa|no agg. **1** ungesund: ***clima, aspetto*** ~ ungesundes Klima, Aussehen **2** FIG. krankhaft: ***ambizione -a*** krankhafter Ehrgeiz; ***pensieri -i*** krankhafte Gedanken.
mal|si|cu|ro agg. **1** unsicher, wackelig, schwankend: ***un pontile*** ~ ein wackeliger Bootssteg **2** *(inattendibile)* unzuverlässig.
mal|ta f. Mörtel *m.* ◆ ***~ aerea*** Luftmörtel *m.*; ***~ di calce*** Kalkmörtel *m.*; ***~ idraulica*** Wassermörtel *m.*; ***~ da intonaco*** Putzmörtel *m.*; ***~ liquida*** dünner Mörtel; ***~ a presa rapida*** schnell bindender Mörtel; ***~ refrattaria*** feuerfester Mörtel.
Mal|ta n.pr.f. Malta *n.* ◆ ***croce di*** ~ Malteserkreuz *n.*; ***cavaliere di*** ~ Malteserritter *m.*
mal|ta|glia|ti m.pl. INTRAD. (unregelmäßig geschnittene Nudeln).
mal|ta|si f. Maltase *f.*
mal|tem|po m. schlechtes Wetter *n.*, Unwetter *n.*: ***uscire col*** ~ bei schlechtem Wetter aus‿gehen; ***danni causati dal*** ~ Unwetterschäden.
mal|te|nu|to agg. verwahrlost.
mal|te|ri|a f. Mälzerei *f.*
mal|te|se I agg. maltesisch: ***arcipelago*** ~ maltesischer Archipel **II** m. e f. Malteser *m.* (-in *f.*) **III** m. *(lingua)* Maltesisch *n.* ◆ ***cane*** ~ Malteser *m.*; ***febbre*** ~ Maltafieber *n.*
mal|thu|sia|ne|si|mo m. Malthusianismus *m.* **mal|thu|sia|no** agg. Malthus-.
mal|to m. Malz *n.* ◆ ***birra doppio*** ~ Doppelmalzbier *n.*
mal|tol|to m. unrecht erworbenes Gut *n.*, zu Unrecht Erworbene *n.*: ***restituire il*** ~ das zu Unrecht Erworbene zurück‿geben.
mal|to|sio m. Malzzucker *m.*, Maltose *f.*
mal|trat|ta|men|to m. Misshandlung *f.*, Quälerei *f.*: ***-i nei confronti di minori*** Kindesmisshandlung *f.*; ***subire -i*** misshandelt werden; ***~ degli animali*** Tierquälerei *f.* **mal|trat|ta|re** tr. **1** *(persone, animali)* misshandeln, quälen **2** *(oggetti)* schlecht behandeln **3** *(a parole)* verreißen ◆ FIG. ***~ un autore*** = einen Autor verreißen; ***~ una lingua*** eine Sprache radebrechen.
ma|lu|mo|re m. **1** schlechte Laune *f.*, Missmut *m.* **2** *(dissapore)* Zwietracht *f.*: ***creare dei -i*** Zwietracht stiften **3** *(malcontento)* Unzufriedenheit *f.*, Unmut *m.* ◆ ***essere di*** ~ schlechter Laune (*o* schlecht gelaunt) sein; ***mettere di*** ~ schlecht gelaunt machen.
ma|lva I f. Malve *f.* **II** agg. ***color*** ~ malvenfarben, malvenfarbig. **mal|va|ce|e** f.pl. Malvengewächse *pl.*
mal|va|gio I agg. *(-gi,-ge)* **1** böse, niederträchtig, gemein **2** COLLOQ. schlecht, übel: ***questo sugo non è*** ~ diese Soße ist nicht schlecht (*o* übel) **II** m. Bösewicht *m.* **mal|va|gi|tà** f. Bosheit *f.*, Niedertracht *f.*: ***commettere una*** ~ eine Niedertracht begehen.
mal|va|si|a f. Malvasier *m.*
mal|ver|sa|re tr. veruntreuen, unterschlagen. **mal|ver|sa|to|re** m. Veruntreuer *m.*, Unterschlager *m.* **mal|ver|sa|zio|ne** f. Veruntreuung *f.*, Unterschlagung *f.*: ***~ di denaro pubblico*** Amtsunterschlagung *f.*, Veruntreuung im Amt.
mal|ve|sti|to agg. schlecht gekleidet.
mal|vi|sto agg. unbeliebt, schlecht angesehen: ***essere ~ dai colleghi*** bei den Kollegen schlecht angesehen sein.
mal|vi|ven|te m. Verbrecher *m.*, Übeltäter *m.*: ***banda di -i*** Verbrecherbande *f.* **mal|vi|ven|za** f. Verbrecherwelt *f.*, Unterwelt *f.*
mal|vo|len|tie|ri avv. ungern: ***fare qcs.*** ~ etw. ungern tun.
1.mal|vo|le|re tr. ***farsi ~ da qcn.*** sich bei jdm unbeliebt machen ◆ ***prendere qcn. a*** ~ gegen jdn eine Aversion haben.
2.mal|vo|le|re m. **1** Übelwollen *n.* **2** *(avversione)* Aversion *f.*
mal|vo|ne m. Roter Eibisch *m.*, Stockrose *f.*
mam|bo m.inv. Mambo *m.*
mam|ma f. Mutti *f.*, Mama *f.* ◆ ***cocco di*** ~ Muttersöhnchen *n.*; ***festa della*** ~ Muttertag *m.*; ***essere sempre attaccato alla gonna della*** ~ ständig an Mutters Rockzipfel hängen; ***~ mia!*** ach du meine Güte! ***nudo come ~ l'ha fatto*** splitternackt.
mam|ma|lo|gi|a f. Mammologie *f.*
mam|ma|luc|co m. *(-chi)* Tölpel *m.*, Schwachkopf *m.*
mam|ma|na f. Engelmacherin *f.*
mam|ma|rio agg. *(-ri,-rie)* Brust-: ***ghiandole -e*** Brustdrüsen *pl.* (*o* Milchdrüsen *pl.*).
mam|mel|la f. **1** Brust *f.* **2** *(di animali)* Zitze *f.*
mam|mel|lo|ne m. Kogel *m.*
mam|mi|fe|ro I m. Säugetier *n.*, Säuger *m.* **II** agg. Säuge-: ***animale*** ~ Säugetier *n.*
mam|mil|la|re agg. brustförmig.
mam|mi|na f. **1** Mutti *f.*, Mami *f.* **2** SCHERZ. Mütterchen *n.*
mam|mi|smo m. **1** *(dei figli)* = übertriebene Anhänglichkeit *f.* an die Mutter **2** *(delle madri)* = übertriebene Mutterliebe *f.*
mam|mo|gra|fi|a f. Mammographie *f.* **mam|mo|gra|fi|co** agg. *(-ci,-che)* ***esame*** ~ Mammographie *f.*
mam|mo|la I f. Veilchen *n.* **II** agg. ***viola*** ~ Märzveilchen *n.* ◆ FIG. ***arrossire come una*** ~ rot werden wie eine Tomate.
mam|mo|lo|gi|a f. Mammologie *f.*
mam|mo|na f. Mammon *m.*
1.mam|mo|ne, *gatto* ~ = Ungeheuer *n.*
2.mam|mo|ne m. Muttersöhnchen *n.*
mam|mut m.inv. Mammut *n.*
man|age|ment ['mæjnɪdʒmənt] m. Management *n.*
man|ag|er ['mænɪdʒə, *üblich* 'manadʒer] m. e f.inv. Manager *m.* (-in *f.*) ◆ ***donna*** ~ Managerin *f.* **ma|na|ge|ria|le** agg. Manager- ◆ ***capacità*** ~ Führungskapazität *f.*; ***doti -i*** Führungsfähigkeit *f.*; ***gestione*** ~ Management *n.*; ***stile*** ~ Managerstil *m.* **ma|na|ge|ria|li|tà** f. Führungsfähigkeit *f.*

ma|na|ta f. Schlag *m.* mit der Hand: ***dare una ~ a qcn.*** jdm einen Schlag mit der Hand geben.
man|ca f. linke Seite *f.*; ***voltare a ~*** links ab‿biegen ◆ ***a destra e a ~*** überall.
man|ca|men|to m. Schwächeanfall *m.*: ***avere un ~*** einen Schwächeanfall haben.
man|can|te agg. **1** fehlend: ***le pagine -i di un libro*** die fehlenden Seiten eines Buches; ***sostituire le parti -i*** die fehlenden Teile ersetzen **2** *(privo)* mangelnd: ***~ di qcs.*** an etw. (D) mangelnd: ***un ragionamento ~ di logica*** eine Argumentation, der es an Logik mangelt.
man|can|za f. **1** Mangel *m.*: ***per ~ di qcs.*** aus Mangel an etw. (D), mangels etw. (G); ***per ~ di esperienza, di fondi*** aus Mangel an Erfahrung, an Mitteln (*o* mangels Erfahrung, Mittel); ***rilevare le -e di qcs.*** die Mängel von etw. auf‿decken; ***supplire, ovviare a una ~*** einem Mangel ab‿helfen **2** *(colpa)* Fehler *m.*: ***commettere una ~*** einen Fehler begehen ◆ ***~ di denaro*** Geldmangel *m.*; ***in ~ di meglio*** in Ermangelung eines Besseren; ***per ~ di prove*** aus Mangel an Beweisen; ***sentire la ~ di qcn., qcs.*** jdn, etw. vermissen; ***~ di tatto*** Taktlosigkeit *f.*; ***~ di tempo*** Zeitmangel *m.*
man|ca|re *(manco, manchi)* **I** intr. **1a** (aus. *essere*) fehlen: ***manca il pane*** das Brot fehlt; ***non manca niente*** es fehlt (an) nichts; ***mancano le prove*** es fehlt an Beweisen, es fehlen Beweise; ***mi mancano il tempo e i soldi*** mir fehlen Zeit und Geld; ***non le fa ~ nulla*** er lässt es ihr an nichts fehlen; ***è mancato poco che cadessi*** es fehlte nicht viel und ich wäre hingefallen; ***non manca di coraggio, di iniziativa*** ihm fehlt es nicht an Mut, an Initiative **b** *(in espressioni di tempo o di spazio)* sein, fehlen: ***mancano solo dieci minuti alla fine del film*** es sind nur noch zehn Minuten bis zum Ende des Filmes; ***che ore sono? – manca un quarto alle due*** wieviel Uhr ist es? – es ist viertel vor zwei; ***ormai manca poco*** es fehlt nicht mehr viel; ***mancano 2 km*** es sind noch 2 km **2** *(esaurirsi;* aus. *essere)* schwinden, nach‿lassen: ***mi sento ~ le forze*** ich fühle meine Kräfte schwinden **3** *(di corrente, acqua;* aus. *essere)* aus‿fallen: ***è mancata la luce*** der Strom ist ausgefallen **4** *(essere lontano o assente;* aus. *essere)* weg‿bleiben, weg sein: ***~ da casa da 2 anni*** seit 2 Jahren von zu Hause weg sein **5** *(suscitare rimpianto;* aus. *essere)* fehlen: ***mi manca la mia ragazza, il mio paese*** meine Freundin, mein Land fehlt mir (*o* ich vermisse meine Freundin, mein Land); ***ti sono mancato?*** habe ich dir gefehlt? **6** *(morire;* aus. *essere)* versterben, sterben: ***è mancato improvvisamente*** er ist plötzlich verstorben **7a** *(tralasciare;* aus. *avere)* versäumen, unterlassen: ***~ di fare qcs.*** versäumen, etw. zu tun; ***non mancherò*** ich werde es nicht versäumen **b** *(venire meno a;* aus. *avere)* ***~ a qcs.*** etw. nicht halten, ein‿halten: ***~ a una promessa, alla parola data*** ein Versprechen, das gegebene Wort nicht halten; ***~ agli impegni presi*** seine Verpflichtungen nicht einhalten **8** *(sbagliare;* aus. *avere)* einen Fehler begehen: ***~ nei confronti di qcn.*** jdm gegenüber einen Fehler begehen **II** tr. **1** verfehlen: ***~ il bersaglio, la palla, il goal*** das Ziel, den Ball, das Tor verfehlen **2** *(perdere)* verpassen: ***~ un'occasione*** eine Gelegenheit verpassen ◆ ***ci mancherebbe altro!*** das wäre ja noch schöner! ***~ all'appello*** beim Appell fehlen; ***~ a un appuntamento*** zu einer Verabredung nicht kommen; ***gli manca il fiato*** ihm geht der Atem aus; ***a quel cane manca solo la parola*** diesem Hund fehlt nur noch, dass er reden könnte; ***ci mancava anche questa!*** das fehlte noch! ***~ di rispetto a qcn.*** es jdm gegenüber an Respekt fehlen lassen; ***gli manca una rotella*** er hat nicht alle Tassen im Schrank; ***sentirsi ~*** einen Schwächeanfall haben; FIG. ***sentirsi ~ la terra sotto i piedi*** den Boden unter den Füßen verlieren; ***gli manca un venerdì*** → ***gli manca una rotella.***
man|ca|to p.pass. agg. **1** → **mancare 2** *(andato a vuoto)* missglückt, verfehlt, fehlgeschlagen, Fehl-: ***colpo ~*** Fehlschuss *m.*; ***~ omicidio*** missglückter Mordversuch **3** *(di persona)* verhindert: ***un attore ~*** ein verhinderter Schauspieler ◆ ***-a accettazione*** Nichtannahme *f.*; ***-a consegna*** Nichtlieferung *f.*; ***~ guadagno*** Verdienstausfall *m.*; ***un'occasione -a*** eine verpasste Gelegenheit; ***~ pagamento*** Nichtzahlung *f.*; ***per ~ pagamento*** wegen nicht erfolgter Zahlung; ***~ riconoscimento*** Nichtanerkennung *f.*
man|che [mãːʃ] f.inv. **1** SPORT Durchgang *m.* **2** *(nei giochi di carte)* Runde *f.*
man|che|ste|ria|no [-tʃ-] agg. ECON. ***liberismo ~*** Manchestertum *n.*
man|chet|te [-ˈʃɛt] f.inv. **1** GIORN. = kleine Werbung *f.* am Rand der Kopfleiste **2** EDIT. Buchbinde *f.*
man|che|vo|le agg. unzureichend, mangelhaft: ***resoconto ~*** unzureichender Bericht; ***giudizio ~*** mangelhaftes Urteil.
man|che|vo|lez|za f. **1** *(insufficienza)* Mangelhaftigkeit *f.* **2** *(difetto)* Fehler *m.*, Mangel *m.*: ***un lavoro pieno di -e*** eine Arbeit voller Fehler **3** *(scorrettezza)* Verfehlung *f.*, Fehltritt *m.*: ***compiere una ~*** einen Fehltritt begehen.
man|cia f. *(-ce)* **1** Trinkgeld *n.*: ***dare, ricevere una ~*** ein Trinkgeld geben, bekommen **2** *(ricompensa)* Belohnung *f.* ◆ ***~ competente*** Finderlohn *m.*; ***generosa, lauta ~*** großzügiges Trinkgeld; *(per ritrovamento di oggetti)* großzügige Belohnung.
man|cia|ta f. Hand *f.* voll: ***una ~ di riso*** eine Hand voll Reis ◆ ***a -e*** mit vollen Händen.
man|ci|na f. linke Hand *f.*: ***scrivere con la ~*** mit der linken Hand schreiben ◆ ***a ~*** links. **man|ci|ni|smo** m. Linkshändigkeit *f.* **man|ci|no I** agg. **1** linkshändig: ***essere ~*** linkshändig sein; ***un tennista ~*** ein linkshändiger Tennisspieler **2** FIG. tückisch: ***tiro, colpo ~*** tückischer Streich **II** m. Linkshänder *m.*
man|ciù I agg.inv. mandschurisch **II** m. e f.inv. Mandschu *m.* e *f.* **III** m. *(lingua)* Mandschurisch(e) *n.* **Man|ciu|ria** n.pr.f. Mandschurei *f.*
man|co avv. COLLOQ. nicht mal, auch nicht: ***non aveva ~ mille lire*** er hatte nicht mal tausend Lire ◆ ***~ a farlo apposta*** wie es der Teufel so will; ***~ a dirlo!*** das würde gerade noch fehlen! ***~ per idea!*** nicht mal im Traum!
man|da|men|ta|le agg. DIR. Bezirks-: ***carcere ~*** Bezirksgefängnis *n.* **man|da|men|to** m. Bezirk *m.*
man|dan|te m. e f. **1** Auftraggeber *m.* (-in *f.*): ***il ~ di un delitto*** der Auftraggeber eines Verbrechens **2** DIR. Mandant *m.* (-in *f.*).
man|da|ran|cio m. *(-ci)* Klementine *f.*
man|da|re tr. **1** schicken, senden, übersenden: ***~ una lettera*** einen Brief schicken; ***farsi ~ qcs.*** *(per posta)* sich (D) etw. zusenden lassen; ***~ i saluti, un messaggio a qcn.*** jdm Grüße, eine Nachricht übersenden; ***~ la merce per ferrovia*** die Waren mit der Bahn schicken; ***~ i bambini a letto, a scuola*** die Kinder ins Bett, in die Schule schicken; ***~ qcn. a fare qcs.*** jdn aus‿schicken, etw. zu tun; ***~ qcn. a fare la spesa*** jdn zum Einkaufen schicken; ***~ qcn. per legna*** jdn schicken, Holz zu holen; ***~ a chiamare qcn.*** nach jdm schicken; ***lo mandarono come pretore in provincia*** sie schickten ihn als Amtsrichter in die Provinz **2a** *(emettere)* aus‿stoßen: ***~ un grido*** einen Schrei ausstoßen **b** aus‿strahlen, aus‿strömen: ***questa lampada manda una luce tenue*** diese Lampe strahlt ein gedämpftes Licht aus; ***la stufa manda calore*** der Ofen strahlt Wärme aus; ***~ un buon profumo, un cattivo odore*** einen guten Duft, einen üblen Geruch ausströmen **3** *(dirigere)* leiten: ***~ le acque in un fossato*** das Wasser in eine Grube leiten; ***~ il gas nelle tubazioni*** Gas in die Rohre leiten **4a** COLLOQ. *(lasciare andare)* lassen (gehen): ***il papà non ci manda al cinema*** Papa lässt uns nicht ins Kino **b** herumlaufen lassen: ***~ i figli malvestiti*** die Kinder schlecht gekleidet herumlaufen lassen ◆ ***~ all'aria qcs.*** etw. platzen lassen; ***~ avanti*** fort‿führen; ***~ avanti un lavoro, un progetto*** eine Arbeit, ein Projekt fort‿führen (*o* an, mit etw. weiter‿machen); ***~ avanti un'azienda*** ein Unternehmen leiten; ***~ avanti la casa*** den Haushalt führen; ***~ avanti la famiglia*** für die Familie sorgen; ***~ avanti una pratica*** einen Fall bearbeiten; ***~ avanti la baracca*** den Laden schmeißen; ***~ un bacio a qcn.*** jdm eine Kusshand zu‿werfen; ***~ qcn. al Creatore*** jdn ins Jenseits befördern; COLLOQ. ***~ dentro qcn.*** jdn ins Gefängnis stecken; ***~ qcn. al diavolo*** jdn zum Teufel schicken; ***che Dio ce la mandi buona!*** Gott sei uns gnädig! ***~ a dire qcs. a qcn.*** jdm etw. ausrichten lassen; ***gli mandarono a dire di fare presto*** sie ließen ihm ausrichten, er möge sich beeilen; ***non ~ a dire le cose*** kein Blatt vor den Mund nehmen; ***~ a effetto qcs.*** etw. zu Ende bringen; ***~ qcn. da Erode a Pilato*** jdn von Pontius zu Pilatus laufen lassen; ***~ in esilio*** ins Exil schicken; ***~ in estasi qcn.*** jdn in Ekstase versetzen; ***~ a fondo*** untergehen lassen; FIG. scheitern lassen; ***~ alla forca*** zum Galgen verurteilen; ***~ in fumo*** platzen lassen; ***~ fuori qcn.*** jdn hinaus‿schicken; ***~ giù qcs.*** etw. hinunter‿schlucken, schlucken (anche FIG.); ***non ~ giù un'offesa*** eine Beleidigung nicht schlucken; ***~ in malora*** zunichte machen; ***~ a memoria qcs.*** etw. auswendig lernen; ***~ qcn. all'altro mondo*** jdn ins Jenseits befördern; ***~ a monte*** scheitern lassen; ***~ a morte*** zum Tode verurteilen; ***~ in onda*** senden, übertragen; COLLOQ. ***~ qcn. a quel paese*** jdn zum Teufel schicken; ***~ in pezzi*** in Stücke zerschlagen; ***~ a picco qcs.*** etw. platzen lassen; ***~ a prendere qcn., qcs.*** jdn, etw. abholen lassen; ***~ al rogo*** zum Scheiterhaufen verurteilen; ***~ a rotoli*** platzen lassen; ***~ in rovina*** ruinieren, zugrunde richten; ***~ a spasso qcn.*** *(licenziare)* jdn auf die Straße setzen (*o* werfen); ***~ su qcs.*** etw. hinauf‿schicken (*o* herauf‿schicken); ***~ via*** weg‿ schicken; *(eliminare)* beseitigen; ***lo ha mandato via in malo modo*** er hat ihn unfreundlich weggeschickt; ***~ via un inquilino*** einem Mieter kündigen; ***~ via il cattivo odore*** den schlechten Geruch beseitigen;

COLLOQ. *(spedire)* ab‿schicken, auf‿geben; ~ ***in visibilio*** in Entzücken versetzen.

1.man|da|ri|no **I** m. STOR. Mandarin *m.* **II** agg. Mandarin- ◆ ***cinese*** ~ = chinesische Schriftsprache.

2.man|da|ri|no m. BOT. **1** Mandarine *f.* **2** *(albero)* Mandarinenbaum *m.*

man|da|ta f. **1** Sendung *f.*: ***una ~ di merci*** eine Warensendung; ***ricevere qcs. in più -e*** etw. in mehreren Sendungen erhalten **2** *(di chiave)* Umdrehung *f.*; ***chiudere la porta a doppia ~*** die Tür zweimal ab‿schließen **3** TESS. Schuss *m.*

man|da|ta|rio **I** agg. *(-ri,-rie)* Mandatar-: ***potenza -a*** Mandatarmacht *f.*; ***stato ~*** Mandatarstaat *m.* (*o* Mandatsstaat *m.*) **II** m. *(-ri)* **1** DIR. Mandatar *m.*, Beauftragte *m.*: ***agire in veste di ~*** als Beauftragter handeln; ***~ commerciale*** Geschäftsbeauftragte *m.* **2** STOR. Mandatar *m.*

man|da|to m. **1** Mandat *n.*, Auftrag *m.*: ***~ parlamentare, politico*** parlamentarisches, politisches Mandat; ***~ scritto*** schriftlicher Auftrag; ***accettare, assumere, ricevere un ~*** ein Mandat an‿nehmen, über‿nehmen, erhalten; ***affidare, conferire un ~*** ein Mandat erteilen; ***deporre il ~*** das Mandat nieder‿legen; ***eseguire un ~*** einen Auftrag aus‿führen; ***revocare un ~*** einen Auftrag widerrufen **2** DIR. Mandat *n.*, Beauftragung *f.*, Bescheid *m.*: ***~ del tribunale*** Gerichtsbescheid *m.* **3** STOR. Mandat *n.* ◆ ***~ amministrativo*** behördliche Verfügung; ***~ d'arresto*** Haftbefehl *m.*; ***~ di cattura*** Haftbefehl *m.*; ***~ di comparizione*** Vorladung *f.*; ***conferimento di un ~*** Mandatserteilung *f.*; ***decadenza del ~*** Mandatsverlust *m.*; ***durata del ~ elettivo*** Mandatsperiode *f.*; ***esecuzione del ~*** Mandatsausführung *f.*; ***~ fiduciario*** Treuhandschaft *f.*; ***agire nei limiti del proprio ~*** auftragsgemäß handeln; ***~ di pagamento*** Zahlungsauftrag *m.*; ***~ di perquisizione*** Durchsuchungsbefehl *m.*; ***rinnovare un ~*** wieder wählen; ***su ~ di*** im Auftrag von; ***territorio sotto ~ britannico*** britisches Mandatsgebiet.

man|di|bo|la f. Unterkiefer *m.* **man|di|bo|la|re** agg. Unterkiefer-: ***osso ~*** Unterkieferknochen *m.*

man|do|la f. Mandola *f.* **man|do|li|ni|sta** m. e f. *(-i,-e)* Mandolinenspieler *m.* (-in *f.*). **man|do|li|no** m. Mandoline *f.*

man|dor|la f. **1** Mandel *f.* **2** *(di altri frutti)* Kern *m.*: ***~ del pesco*** Pfirsichkern *m.* ◆ ***a ~*** mandelförmig, Mandel-; ***latte di -e*** Mandelmilch *f.*; ***occhi a ~*** Mandelaugen *pl.*; ***olio di -e*** Mandelöl *n.*; ***pasta di ~*** Rohmarzipan *n.* **man|dor|la|to** **I** agg. Mandel-: ***cioccolato ~*** Mandelschokolade *f.*; ***fichi -i*** Feigen mit Mandeln **II** m. Mandelkuchen *m.*, Mandelgebäck *n.* **man|dor|lo** m. Mandelbaum *m.*; ***-i in fiore*** Mandelblüte *f.*

man|dra|go|la, man|dra|go|ra f. Alraunwurzel *f.*

man|dria f. Herde *f.*: ***~ di bestiame, buoi, bisonti*** Vieh-, Ochsen-, Büffelherde *f.* **man|dria|no** m. Viehhüter *m.*

man|dril|lo m. **1** ZOOL. Mandrill *m.* **2** FIG. SCHERZ. Lüstling *m.*, Lustmolch *m.*

man|dri|no m. **1** MECC. Spindel *f.* **2** *(attrezzo per allargare i tubi)* Dorn *m.* **3** *(dispositivo di serraggio)* Futter *n.*

man|du|ca|re tr. *(manduco, manduchi)* ANT. speisen.

ma|ne f. ANT. ***da ~ a sera*** von morgens bis abends.

ma|neg|ge|vo|le agg. handlich, wendig, handhabbar: ***apparecchio ~*** handliches Gerät. **ma|neg|ge|vo|lez|za** f. Handlichkeit *f.*, Wendigkeit *f.*, Handhabbarkeit *f.*: ***la ~ di un veicolo*** die Wendigkeit eines Fahrzeuges; ***scarsa ~*** Unhandlichkeit *f.* **ma|neg|gia|bi|le** agg. → **maneggevole.**

ma|neg|gia|re tr. *(maneggio, maneggi)* **1** *(usare)* ***~ qcs.*** etw. handhaben, mit etw. hantieren (*o* um‿gehen); ***facile, difficile da ~*** einfach, schwer zu handhaben; ***saper ~ qcs. abilmente, con destrezza*** mit etw. geschickt umzugehen wissen; ***~ un'arma, il pennello*** eine Waffe, den Pinsel handhaben **2** *(impastare)* kneten: ***~ la creta*** den Ton kneten **3** *(padroneggiare)* beherrschen: ***~ la lingua, lo stile*** die Sprache, den Stil beherrschen **4** *(cavalli)* zu‿reiten ◆ ***~ con cura*** sorgfältig behandeln; ***~ denaro*** mit Geld zu tun haben.

1.ma|neg|gio m. *(-gi)* **1** Hantieren *n.*, Handhabung *f.*, Gebrauch *m.*: ***~ delle armi*** Waffengebrauch *m.* **2a** *(addestramento di cavalli)* Zureiten *n.* **b** *(luogo)* Manege *f.* **3** *(intrallazzo)* Umtrieb *m.*: ***-gi politici*** politische Umtriebe; ***i -gi dei nemici*** Umtriebe des Feindes ◆ ***con abili -gi*** mit Griffen und Kniffen; ***scuola di ~*** Reitschule *f.*

2.ma|neg|gi|o m. Hantieren *n.*

ma|neg|gio|ne m. Intrigant *m.*, Ränkeschmied *m.*

ma|ne|sco agg. *(-schi,-sche)* handgreiflich, tätlich: ***un tipo ~*** ein Typ, der schnell handgreiflich wird; ***diventare ~*** handgreiflich werden; ***essere ~*** ein loses Handgelenk haben.

ma|net|ta f. **1** TECN. Handhebel *m.* **2** pl. Handschellen *pl.*: ***mettere le -e a qcn.*** jdm Handschellen an‿legen ◆ COLLOQ. ***andare a ~*** mit Vollgas rasen; ***governo delle -e*** = Polizeistaat *m.*

man|for|te, ***dare, prestare ~ a qcn.*** jdm die Stange halten, jdn tatkräftig unterstützen.

man|fri|na f. COLLOQ. Leier *f.*: ***è sempre la solita ~*** es ist immer die alte (*o* dieselbe) Leier ◆ ***far la ~*** etw. in die Länge ziehen.

man|ga|na|to m. Manganat *n.*: ***~ di sodio*** Natriummanganat *n.*

man|ga|nel|la|re tr. ***~ qcn.*** jdn knüppeln (*o* nieder‿knüppeln), auf jdn ein‿knüppeln. **man|ga|nel|la|ta** f. Schlag *m.* mit dem Knüppel, Knüppelschlag *m.* **man|ga|nel|lo** m. Schlagstock *m.*, Knüppel *m.*, Gummiknüppel *m.*

man|ga|ne|se m. Mangan *n.* **man|ga|ni|co** agg. *(-ci,-che)* Mangan-: ***acido ~*** Mangansäure *f.*

man|ga|no m. **1** TESS. Mangel *f.*: ***~ a caldo*** Heißmangel *f.*, Wäschemangel *f.* **2** STOR. Katapult *n.*, Wurfmaschine *f.*

man|ge|rec|cio agg. *(-ci,-ce)* essbar, Speise-: ***funghi -ci*** Speisepilze (*o* essbare Pilze). **man|ge|ri|a** f. Bestechungsgeld *n.*, unterschlagenes Geld *n.*

man|gia|bi|le agg. essbar: ***è appena ~*** das ist kaum essbar.

man|gia|di|schi m.inv. tragbarer Plattenspieler *m.* **man|gia|na|stri** m.inv. kleiner Kassettenrecorder *m.*

man|gia|pa|ne m.inv. Tagedieb *m.*, Taugenichts *m.* ◆ ***~ a tradimento*** = Schmarotzer *m.*

man|gia|pa|ta|te m.inv. **1** Kartoffelfresser *m.* **2** SCHERZ. = Deutsche *m.*

man|gia|pre|ti m.inv. Pfaffenverächter *m.*, Pfaffenhasser *m.*

1.man|gia|re *(mangio, mangi)* **I** tr. **1a** essen (anche assol.): ***~ carne, verdura, frutta*** Fleisch, Gemüse, Obst essen; ***~ qualcosa, un boccone*** etwas, einen Happen essen; ***~ come un uccellino*** wie ein Spatz essen; ***andare a ~*** zum Essen gehen; ***~ di gusto, in fretta*** mit Appetit, schnell (*o* hastig) essen; ***~ al ristorante*** im Restaurant essen **b** *(di animali)* fressen **2** *(nella dama, agli scacchi)* nehmen: ***~ una pedina, la regina*** einen Stein, die Dame nehmen **3a** *(corrodere)* zerfressen: ***la ruggine mangia il ferro*** Rost zerfrisst Eisen **b** *(terreno)* verschlingen **4** COLLOQ. assol. *(speculare)* ***~ su qcs.*** seinen Vorteil aus etw. ziehen, heraus‿schlagen **5a** FIG. *(prendere)* nehmen: ***gli strozzini gli hanno mangiato tutto*** die Wucherer haben ihm alles genommen **b** *(dissipare)* auf‿brauchen, verschwenden, verschleudern **II** pronom. **mangiarsi** **1** essen, COLLOQ. verdrücken: ***-rsi un piatto di pasta*** einen Teller Nudeln essen **2** FIG. *(sperperare)* auf‿brauchen, verschwenden, verschleudern: ***-rsi il patrimonio*** sein Vermögen verschwenden; ***si è mangiato tutto al gioco*** er hat alles im Spiel verloren ◆ ***-rsi l'avversario*** seinen Gegner zunichte machen; ***~ qcn. di baci*** jdn ab‿küssen; ***~ in bianco*** = Diät essen; ***~ alla carta*** à la carte essen; ***~ a crepapelle*** Unmengen (*o* wie ein Scheunendrescher) essen; ***dar da ~ a qcn.*** jdn füttern; ***far da ~*** das Essen machen; ***farsi da ~*** sich (D) etwas kochen; ***-rsi il fegato (per la rabbia)*** sich vor Wut in den Bauch beißen; ***~ la foglia*** = sich nicht hereinlegen lassen; ***~ di magro*** fasten; ***-rsi le mani*** sich schwarz ärgern; ***~ qcn. con gli occhi*** jdn mit den Augen verschlingen; ***~ a quattro palmenti*** schlingen; ***~ pane a tradimento*** schmarotzen (*o* sich aushalten lassen); ***-rsi le parole*** nuscheln; ***sputare nel piatto dove si mangia*** = jdm, etw. gegenüber undankbar sein; ***~ per tre*** für drei essen; ***~ a ufo*** schmarotzen; ***-rsi le unghie*** an den Fingernägeln kauen; ***~ vivo qcn.*** jdn zur Schnecke machen; PROV. ***l'appetito vien mangiando*** der Appetit kommt beim Essen; ***lupo non mangia lupo*** eine Krähe hackt der anderen kein Auge aus; ***pesce grosso mangia pesce piccolo*** die großen Fische fressen die kleinen.

2.man|gia|re m. **1** Essen *n.*: ***portare il ~ in tavola*** das Essen auf den Tisch bringen; ***controllarsi nel ~*** mit dem Essen auf‿passen; ***una persona difficile nel ~*** ein schlechter Esser **2** *(cibi)* Kost *f.*, Speisen *pl.*: ***gli piace il ~ semplice*** er mag einfache Kost ◆ ***bianco ~*** INTRAD. (Süßspeise aus Milch, Mehl, Mandeln und Zucker).

man|gia|ri|no m. Delikatesse *f.*

man|gia|sol|di **I** agg.inv. ***macchinetta ~*** Spielautomat *m.*, SCHERZ. einarmiger Bandit **II** m.inv. = jd, der sein Gehalt zu Unrecht bekommt.

man|gia|ta f. (großes) Essen *n.*; ***farsi una bella ~*** ausgiebig (*o* ordentlich) essen; ***che ~!*** das war vielleicht ein Essen! **man|gia|to|ia** f. Futterkrippe *f.* (anche FIG.). **man|gia|to|re** m. Esser *m.*: ***essere un gran ~*** ein tüchtiger Esser sein; ***i cinesi sono -i di riso*** Chinesen sind Reisesser ◆ ***~ di fuoco*** Feuerschlucker *m.*; ***~ di spade*** Schwertschlucker *m.*

man|gia|u|fo m. e f.inv. Schmarotzer *m.* (-in *f.*).

man|gi|me m. Tierfutter *n.*, Futter *n.*: ***~ per pesci, uccelli*** Fisch-, Vogelfutter *n.*; ***~ integrato*** Vollwertfutter *n.*

man|gio|ne m. COLLOQ. Vielfraß *m.*

man|giuc|chia|re tr. *(mangiucchio, mangiucchi)* naschen.

man|go m. *(-ghi)* **1** Mango *f.* **2** *(albero)* Mangobaum *m.*

man|gro|via f. Mangrove *f.*
man|gu|sta f. Manguste *f.*, Mungo *m.*
ma|ni pl. Manen *pl.*: ***propiziarsi i ~*** der Manen Gunst erwerben, sich (D) die Manen günstig stimmen.
ma|ni|a 1 PSIC. Wahn *m.*, Wahnsinn *m.*, Manie *f.*: ***soffrire di strane -e*** an seltsamen Manien leiden; ***~ di persecuzione*** Verfolgungswahn *f.*; ***~ omicida*** Tötungswahn *m.*; ***~ di grandezza*** Größenwahnsinn *m.* 2 ESTENS. Sucht *f.*, Manie *f.*, Fimmel *m.*: ***a qcn. prende la ~ di qcs.*** etw. wird für jdn zur Manie; ***per lui è diventata una ~*** bei ihm ist es zur Manie geworden; ***sviluppare una ~ per qcs.*** eine Manie für etw. entwickeln; ***~ dell'ordine, della pulizia*** Ordnungs-, Putzfimmel *m.*; ***ha la ~ di criticare, delle belle auto*** er hat die Manie zu kritisieren, eine Manie für schöne Autos; ***avere la ~ della lettura, del collezionismo*** die Lese-, Sammelwut haben ◆ ***~ ossessiva*** Iteration *f.*
ma|nia|ca|le agg. manisch: ***comportamento ~*** manisches Verhalten; ESTENS. ***ordine, puntualità ~*** manische Ordnung, Pünktlichkeit.
ma|ni|a|co I agg. *(-ci,-che)* 1 PSIC. manisch, wahnsinnig: ***forma -a*** manische Form; ***furore ~*** manische (*o* wahnsinnige) Wut 2 FIG. fanatisch **II** m. *(-ci)* 1 Wahnsinnige *m.* 2 COLLOQ. *(maniaco sessuale)* (sexueller) Triebtäter *m.*: ***essere assalita da un ~*** von einem Triebtäter überfallen werden **3a** FIG. Fanatiker *m.*: ***~ dell'ordine, della puntualità*** Ordnungs-, Pünktlichkeitsfanatiker *m.* **b** *(appassionato)* ***un ~ del calcio*** ein Fanatiker des Fußballs, ein Fußballfanatiker ◆ ***~ dell'abbronzatura*** Sonnenanbeter *m.*; ***~ dell'eleganza*** Putzsüchtige *m.*; ***~ del lavoro*** Workaholic *m.*; ***~ sessuale*** (sexueller) Triebtäter *m.*
ma|ni|a|co-de|pres|si|vo agg. manisch-depressiv: ***sindrome, psicosi -a*** manisch-depressives Syndrom, manisch-depressive Psychose.
ma|ni|ca f. *(-che)* 1 Ärmel *m.*: ***~ corta, lunga, mezza ~*** kurzer, langer Ärmel, Halbärmel *m.*; ***vestito a ~ corta, lunga, a mezza ~*** ein Kleid mit kurzem, langem Ärmel (*o* ein kurz-, langärm(e)liges Kleid), ein Kleid mit halbem Arm; ***vestito senza -che*** ärmelloses Kleid; ***~ alla raglan*** Raglanärmel *m.*; ***~ a tre quarti*** Dreiviertelärmel *m.*; ***rimboccarsi le -che*** die Ärmel hoch‿krempeln (anche FIG.); ***tirare qcn. per la ~*** jdn am Ärmel ziehen **2** TECN. Sack *m.*: ***~ a vento*** Windsack *m.*; ***~ rimorchiata*** Luftsack *m.* ◆ ***~ antincendio*** Feuerlöschschlauch *m.*; ***~ d'aria*** Lufthose *f.*; ***avere un asso nella ~*** einen Trumpf in der Hand haben; ***una ~ di botte*** eine Tracht Prügel; ***in -che di camicia*** in Hemdsärmeln (*o* hemdsärmelig); ***una ~ di delinquenti*** eine Verbrecherbande; ***essere di ~ larga*** großzügig sein; FIG. ***mezze -che*** = kleiner Angestellter; ***essere nella ~ di qcn.*** in jds Gunst stehen; ***questo è un altro paio di -che*** das ist ein anderes Paar Schuhe; ***essere di ~ stretta*** geizig sein; ***~ di ventilazione*** Dunstschlauch *m.*
Ma|ni|ca n.pr.f. ***(canale della) ~*** Ärmelkanal *m.*
ma|ni|ca|ret|to m. Leckerbissen *m.*: ***preparare -i*** Leckerbissen machen.
ma|ni|che|i|smo Manichäismus *m.* **ma|ni|che|o I** agg. manichäisch **II** m. Manichäer *m.*
ma|ni|chet|ta f. 1 *(mezza manica)* Ärmelschoner *m.*, Ärmelschützer *m.* 2 TECN. *(tubo)* Schlauch *m.* ◆ ***~ antincendio*** Feuerlöschschlauch *m.*
ma|ni|chi|no m. **1a** Puppe *f.*; *(per vetrina)* Schaufensterpuppe *f.* **b** *(di sartoria)* Schneiderpuppe *f.* **c** *(per pittori)* Gliederpuppe *f.* 2 FIG. Hampelmann *m.*, Marionette *f.* 3 *(dei test di collisione)* Dummy *m.* ◆ ***sembrare un ~*** wie eine Modepuppe aus‿sehen.
ma|ni|co m. *(-ci)* **1a** *(impugnatura)* Griff *m.*: ***il ~ del coltello, dell'ombrello*** der Messergriff, der Schirmgriff **b** *(stretto e lungo)* Stiel *m.*: ***il ~ della padella, della scopa*** der Pfannen-, Besenstiel **2** *(ansa)* Henkel *m.*: ***il ~ della borsa, della pentola, della tazza*** der Taschen-, Topf-, Tassenhenkel; ***un cesto con due -ci*** ein Korb mit zwei Henkeln; ***prendere la tazza per il ~*** die Tasse am Henkel fassen **3** *(di strumenti a corda)* Hals *m.*: ***il ~ della chitarra, del violino*** der Gitarren-, Geigenhals **4a** VOLG. *(pene)* Schwanz *m.* **b** *(amante)* Stecher *m.* ◆ ***avere il coltello dalla parte del ~*** das Heft in der Hand haben (*o* behalten), am längeren Hebel sitzen; FIG. ***il difetto è nel ~*** = den Fehler macht der Mensch, nicht sein Werkzeug; ***sembrare un ~ di scopa*** steif wie ein Besenstiel da‿stehen; ***sembra che abbia ingoiato un ~ di scopa*** er scheint einen Besenstiel verschluckt zu haben.
ma|ni|co|mia|le agg. Irrenanstalt-, psychiatrisch: ***struttura ~*** psychiatrische Anstalt.
ma|ni|co|mio m. *(-mi)* Irrenanstalt *f.*, Irrenhaus *n.* (anche FIG.): ***rinchiudere, internare qcn. in ~*** jdn in die Irrenanstalt (*o* ins Irrenhaus) ein‿weisen; ***finire in ~*** ins Irrenhaus kommen; ***mandare, far andare qcn. al ~*** jdn ins Irrenhaus bringen (anche FIG.); ***questa casa è un ~*** dieses Haus ist ein Irrenhaus; ***sembra di essere al ~*** man kommt sich vor wie im Irrenhaus ◆ ***~ criminale, giudiziario*** geschlossene Anstalt für Kriminelle; COLLOQ. ***pronto per il ~*** irrenhausreif; COLLOQ. ***roba da ~*** Wahnsinn *m.*
ma|ni|cot|to m. 1 ABBIGL. Muff *m.* 2 TECN. *(segmento di tubo)* Muffe *f.*
ma|ni|cu|re [-'kyr] f.inv. Maniküre *f.*; ***fare la ~ a qcn.*** jdn maniküren; ***farsi la ~*** sich maniküren (*o* Maniküre machen); ***farsi la ~ alle unghie*** seine Fingernägel maniküren; *(persona)* ***fare la ~, lavorare come ~ da un parrucchiere*** als Maniküre bei einem Friseur arbeiten. **ma|ni|cu|ri|sta** f. Maniküre *f.*
ma|nie|ra f. 1 Art *f.*, (Art und) Weise *f.*: ***la ~ di fare qcs.*** die Art und Weise, etw. zu tun; ***agire alla stessa ~*** auf die gleiche Art und Weise handeln; ***comportarsi in ~ semplice, piacevole, signorile, brusca, rozza*** sich einfach, angenehm, vornehm, schroff, grob verhalten 2 pl. Manieren *pl.*: ***ma che -e sono queste! che -e!*** was für Manieren sind das! ***belle -e!*** das sind ja schöne Manieren! ***una persona di buone -e*** ein Mensch mit guten Manieren; ***non avere buone -e, avere cattive -e*** keine Manieren haben, schlechte Manieren haben; ***insegnare le buone -e a qcn.*** jdm gute Manieren bei‿bringen; ***dimenticare le buone -e*** die guten Manieren zu Hause lassen 3 ART. Manier *f.*, Stil *m.*: ***la ~ di Giotto*** die Manier Giottos ◆ ***alla ~ di Picasso*** in der Manier (*o* im Stil) von Picasso; ***alla ~ americana, francese*** amerikanisch, französisch; *(secondo il costume di)* ***comportarsi alla ~ dei contadini*** sich wie ein Bauer verhalten; ***ognuno pensa alla sua ~*** jeder denkt auf seine Art; ***ognuno alla sua ~*** jeder nach seiner Art (*o* auf seine Weise); ***in una ~ o nell'altra*** so oder so; ***trattare qcn. con le buone, le cattive -e*** jdn gut, schlecht behandeln; ***in ~ che*** damit (*o* sodass); ***parla chiaro in ~ che tutti ti capiscano*** sprich deutlich, damit (*o* sodass) dich alle verstehen; ***con ~*** sorgfältig; ***quadro, poesia di ~*** manieriertes Bild, Gedicht; ***un artista di ~*** ein manierierter Künstler; ***usare le -e forti*** schweres Geschütz auf‿fahren; ***in nessuna ~*** in keiner Weise; ART. ***Monet (di) prima ~*** früher Monet; ***un comunista prima ~*** ein Kommunist der guten alten Zeit; ***alla, nella solita ~*** auf die übliche Art und Weise; ***in tal ~*** auf diese Weise; ***in tutte le -e*** auf jede (ordentliche) Art und Weise; ***~ di vita*** Lebensweise *f.*
ma|nie|ra|to agg. manieriert (anche FIG.): ***stile ~*** manierierter Stil. **ma|nie|ri|smo** m. Manierismus *m.* **ma|nie|ri|sta** m. e f. *(-i,-e)* Manierist *m.* (-in *f.*) ◆ ***pittore ~*** Manierist *m.* **ma|nie|ri|sti|ca|men|te** avv. manieristisch. **ma|nie|ri|sti|co** agg. *(-ci,-che)* manieristisch: ***corrente -a*** manieristische Bewegung.
ma|nie|ro m. LETT. Schloss *n.*; *(nel Medioevo)* Burg *f.*
ma|nie|ro|so agg. 1 *(affettato)* geziert, gekünstelt 2 *(complimentoso)* schmeichelhaft: ***discorsi -i*** schmeichelhafte Reden.
ma|ni|fat|tu|ra f. 1 Manufaktur *f.*, Erzeugnis *n.* **2a** *(produzione)* Produktion *f.*; *(lavorazione)* Verarbeitung *f.* **b** *(di abiti)* Konfektion *f.* 3 *(stabilimento)* Manufaktur *f.*, Fabrik *f.* **ma|ni|fat|tu|rie|re** m. Manufakturist *m.* **ma|ni|fat|tu|rie|ro** agg. Manufaktur-, Verarbeitungs-: ***industria -a*** Manufakturbetrieb *m.*, Verarbeitungsindustrie *f.*
ma|ni|fe|sta|men|te avv. 1 *(apertamente)* offen: ***agire ~*** offen handeln 2 *(esplicitamente)* deutlich: ***parlare ~*** deutlich sprechen.
ma|ni|fe|stan|te m. e f. Demonstrant *m.* (-in *f.*).
ma|ni|fe|sta|re I tr. **1a** *(esprimere)* ***~ qcs.*** etw. (D) Ausdruck verleihen, etw. äußern: ***~ i propri sentimenti*** seinen Gefühlen Ausdruck verleihen; ***~ la propria opinione*** seine Meinung äußern **b** *(esternare)* aus‿drücken, zum Ausdruck bringen: ***~ la propria gratitudine, gioia*** seine Dankbarkeit, Freude ausdrücken 2 *(mostrare)* zeigen, deutlich machen: ***quell'atto manifesta il suo vero volto*** die Handlung zeigt sein wahres Gesicht; ***~ forza d'animo*** Willensstärke zeigen; ***~ le proprie intenzioni*** seine Absichten deutlich machen **II** intr. (aus. *avere*) demonstrieren: ***~ contro qcs., in favore di*** (*o* ***per***) ***qcs.*** gegen, für etw. demonstrieren; ***~ per solidarietà con qcn.*** aus Solidarität mit jdm demonstrieren **III** pronom. **manifestarsi** 1 *(dimostrarsi)* sich erweisen: ***-rsi amico*** sich als Freund erweisen 2 *(mostrarsi)* sich zeigen, deutlich werden: ***i sintomi della malattia si manifestano tardi*** die Symptome der Krankheit zeigen sich spät; ***la sua personalità si manifesta attraverso le sue opere*** seine Persönlichkeit zeigt sich in seinen Werken 3 *(apparire)* auf‿treten: ***questi fenomeni si manifestano raramente*** diese Erscheinungen treten selten auf.
ma|ni|fe|sta|zio|ne f. **1a** *(espressione)* Ausdruck *m.*: ***la ~ di un concetto*** der Ausdruck eines Begriffs **b** *(prova)* Ausdruck *m.*, Zeichen *n.*: ***~ di affetto, gioia*** Zeichen der Zuneigung, Freude 2 *(rivelazione)* Enthüllung *f.*: ***la ~ di un segreto*** die Enthüllung eines

Geheimnisses **3** *(apparizione)* Auftreten *n.*: ***la ~ di un fenomeno*** das Auftreten einer Erscheinung **4** *(sintomo)* Symptom *n.*, Anzeichen *n.*: ***la febbre è una ~ della malattia*** das Fieber ist ein Symptom der Krankheit **5** *(spettacolo)* Veranstaltung *f.*: ***una ~ ufficiale, culturale*** eine offizielle, kulturelle Veranstaltung; ***~ musicale, sportiva*** Musik-, Sportveranstaltung *f.* **6** *(corteo)* Demonstration *f.*: ***~ dei lavoratori, degli studenti*** Arbeiter-, Studentendemonstration *f.*; ***una ~ contro la guerra, per la pace*** eine Demonstration gegen den Krieg, für den Frieden (*o* eine Friedensdemonstration) ◆ ***~ celebrativa*** Feierstunde *f.*; ***divieto di ~*** Demonstrationsverbot *n.*; ***~ di piazza*** öffentliche Demonstration, Straßendemonstration *f.*; ***~ di protesta*** Protestkundgebung *f.*

ma|ni|fe|sti|no m. Flugblatt *n.*, Kleinplakat *n.*: ***distribuire -i*** Flugblätter verteilen.

1.ma|ni|fe|sto agg. **1** *(palese)* offensichtlich: ***errore ~*** offensichtlicher Fehler; ***colpa -a*** offensichtliche Schuld **2** *(esplicito, chiaro)* deutlich: ***rendere ~*** deutlich machen; ***dare segni -i di qcs.*** deutliche Anzeichen für etw. erkennen lassen.

2.ma|ni|fe|sto m. **1** Plakat *n.*: ***~ elettorale, pubblicitario, teatrale*** Wahl-, Werbe-, Theaterplakat *n.*; ***attaccare -i*** Plakate an‿kleben **2** *(scritto programmatico)* Manifest *n.*: ***concepire un ~ politico*** ein politisches Manifest verfassen; ***il Manifesto del partito comunista*** das Manifest der Kommunistischen Partei; ***il Manifesto futurista*** das futuristische Manifest ◆ MAR. ***~ di carico*** Manifest *n.*

ma|ni|glia f. **1a** Griff *m.*, Haltegriff *m.*: ***afferrare la ~*** sich am Griff fest‿halten **b** *(di veicoli)* Türgriff *m.* **2** *(di porta)* Türklinke *f.*: ***girare la ~*** die Türklinke drücken **3** MAR. Schäkel *m.* ◆ GINN. ***cavallo con -e*** Seitpferd *n.* (mit Pauschen), Pauschenpferd *n.* **ma|ni|glio|ne** m. ***~ antipanico*** Antipaniktürgriff *m.*, Antipaniktüröffner *m.*

ma|ni|gol|do m. Gauner *m.*, Spitzbube *m.*

ma|nio|ca f. *(-che)* Maniok *m.*

ma|ni|po|la|bi|le agg. **1** knetbar **2** FIG. manipulierbar.

ma|ni|po|la|re tr. *(manipolo)* **1** *(lavorare)* kneten, bearbeiten: ***~ la creta, un impasto*** Ton kneten, eine Knetmasse bearbeiten **2** *(maneggiare)* ***~ qcs.*** mit etw. hantieren (*o* um‿gehen), etw. handhaben **3** *(sostanze radioattive)* mit dem Manipulator handhaben **4a** *(adulterare)* verfälschen: ***~ alimenti*** Lebensmittel verfälschen **b** *(vino)* panschen **5** *(manovrare)* bedienen, betätigen **6a** *(manomettere)* manipulieren: ***~ il contachilometri*** den Kilometerzähler manipulieren **b** FIG. ***~ prezzi, dati*** Preise, Daten manipulieren; ***~ una notizia, l'opinione pubblica*** eine Nachricht, die Öffentlichkeit manipulieren **7** MED. ein‿renken **8** *(massaggiare)* massieren. **ma|ni|po|la|to** p.pass. agg. **1** → **manipolare 2** FIG. manipuliert: ***prezzi -i*** manipulierte Preise; ***informazione -a*** manipulierte Information. **ma|ni|po|la|to|re** m. **1** Manipulant *m.* (anche FIG.) **2** TECN. Manipulator *m.* ◆ ***~ d'imbrogli*** = Betrüger *m.*

ma|ni|po|la|zio|ne f. **1** Manipulation *f.*: FIG. ***~ delle masse*** Manipulation der Massen **2** *(massaggio)* Massage *f.* ◆ ***~ dei dati*** Datenmanipulation *f.*; ***~ elettorale*** Wahlmanipulation *f.*; ***~ genetica*** Genmanipulation *f.*

ma|ni|po|lo m. **1** STOR. Manipel *m.* **2** LETT. Schar *f.*: ***un ~ di soldati*** eine Schar Soldaten **3** *(mannello)* Ährenbündel *n.* **4** *(di abito liturgico)* Manipel *m.* e *f.*

ma|ni|scal|co m. *(-chi)* **1** Hufschmied *m.* **2** STOR. Marschall *m.*

man|na f. **1** BIBL. BOT. Manna *n.* e *f.* **2** FIG. Himmelsbrot *n.*, Geschenk *n.*: ***la pioggia è una vera ~ per la campagna*** der Regen ist ein wahres Geschenk des Himmels für das Land ◆ ***aspettare (che piova) la ~ dal cielo*** warten, dass einem die gebratenen Tauben in den Mund fliegen.

man|nag|gia inter. REGION. verflixt: ***~ la miseria!*** verflixt noch mal! ***~ a te!*** verdammt! verflixt!

man|na|ia f. **1** Beil *n.*: ***la ~ del boia, del macellaio*** das Henkersbeil, Hackbeil **2** *(lama di ghigliottina)* Fallbeil *n.* ◆ FIG. ***essere sotto la ~*** durch den Fleischwolf gedreht werden.

man|na|ro, ***lupo ~*** Werwolf *m.*

man|nel|la f., **man|nel|lo** m. Ährenbündel *n.*

man|ne|quin [man'kɛ̃] f.inv. Mannequin *n.*

man|ni|te f. Mannit *m.*

ma|no f. **1** Hand *f.*: ***~ destra, sinistra*** rechte, linke Hand; ***~ callosa, grassoccia, tozza, scarna*** schwielige, fette, kurze, knochige Hand; ***~ esperta*** geschickte Hand; ***aprire, chiudere le -i*** die Hände öffnen, schließen; ***fregarsi, lavarsi le -i*** sich die Hände reiben, waschen; ***dare, stringere la ~ a qcn.*** jdm die Hand geben, drücken (*o* schütteln) **2** *(lato)* Seite *f.*, Hand *f.*: ***a ~ destra, sinistra*** rechter, linker Hand **3** *(direzione di marcia)* Fahrtrichtung *f.*: ***tenere la ~*** in der vorgeschriebenen Richtung fahren **4** ART. *(tratto, stile)* Stil *m.*, Hand *f.*: ***~ inconfondibile*** unverwechselbarer Stil; ***si riconosce la ~ del maestro*** man erkennt die Hand des Meisters **5** *(di colore)* Anstrich *m.*, Schicht *f.*: ***dare due -i di vernice*** zwei Schichten Lack auf‿tragen; ***dare una ~ di bianco, l'ultima ~*** einen weißen Anstrich, den letzten Anstrich geben **6a** *(nei giochi di carte: presa, giro)* Runde *f.*: ***fare una ~ a poker*** eine Runde Poker spielen; ***chi è di ~?*** wer spielt aus? ***passare la ~*** eine Runde aus‿setzen; ***giocare l'ultima ~*** das letzte Blatt aus‿spielen **b** *(turno)* Reihe *f.*: ***essere di ~*** an der Reihe sein ◆ ***a ~*** *(manualmente)* per Hand; ***lavare a ~*** mit der Hand waschen; ***a ~ a ~*** → ***man ~***; ***mettere le -i addosso a qcn.*** jdn befingern; *(picchiare)* gegen jdn handgreiflich werden; *(molestare)* (jdm gegenüber) zudringlich werden; FIG. ***alla ~*** verfügbar; *(pronto)* bereit; *(di persona)* umgänglich; ***denaro alla ~*** verfügbares Geld; ***una persona alla ~*** ein umgänglicher Mensch; ***passaporti alla ~*** Pässe bereit‿halten; ***-i in alto!*** Hände hoch! ***alzare le -i*** *(in segno di resa)* die Hände hoch‿heben; ***alzare le -i su qcn.*** Hand an jdn legen; ***votazione per alzata di ~*** Wahl durch Handzeichen (*o* Handheben); ***rapina a ~ armata*** bewaffneter Raubüberfall; FIG. ***mettere le -i avanti*** sich ab‿sichern; REGION. ***baciamo, bacio le -i!*** küss die Hand! ***bagaglio a ~*** Handgepäck *n.*; ***far man bassa (di qcs.)*** (bei etw.) ganz schön ab‿räumen, aus‿plündern; ***battere le -i*** (in die Hände) klatschen; ***battere le -i a qcn.*** jdm applaudieren; FIG. ***ha le -i bucate*** das Geld rinnt ihm durch die Finger; FIG. ***essere in buone -i*** in guten Händen sein; ***cadere nelle -i di, in ~ a qcn.*** jdm in die Hände (*o* in jds Hände) fallen; FIG. ***calcare la ~*** zu weit gehen; FIG. ***mettersi le -i nei capelli*** sich (D) die Haare raufen; ***finire in cattive -i*** in schlechte Hände geraten; FIG. ***chiedere la ~ di una ragazza*** um die Hand eines Mädchens an‿halten (*o* bitten); ***colpo di ~*** Handstreich *m.*; FIG. ***concedere la ~ della propria figlia a qcn.*** jdm die Hand seiner Tochter gewähren; ***essere, andare contro ~*** auf der falschen Seite sein, in Gegenrichtung fahren; ***prendere il coraggio a due -i*** = seinen ganzen Mut zusammen‿nehmen; ***mettersi una ~ sulla coscienza*** mit sich ins Gericht gehen; ***dare una ~ a qcn.*** jdm zur Hand gehen; ***la ~ di Dio*** Gottes Hand; ***essere nelle -i di Dio*** in Gottes Hand sein; ***dorso della ~*** Handrücken *m.*; ***a due -i*** zweihändig; FIG. ***essere nelle -i di qcn.*** in jds Händen (*o* Gewalt) sein; SPORT ***fallo di ~*** Handspiel *n.*; FIG. ***farci la ~*** sich daran gewöhnen; COLLOQ. ***fare le -i*** Maniküre machen; ***-i di fata*** geschickte Hände; ***fatto a ~*** handgemacht; *(di maglia)* handgestrickt; ***con ~ ferma*** mit ruhiger Hand, FIG. mit fester Hand; ***~ di fondo*** Grundanstrich *m.*; ***dare man forte a qcn.*** jdn tatkräftig unterstützen, jdm Vorschub leisten; ***forzare la ~ a qcn.*** jdn zwingen; ***qcn. ha le -i di pasta frolla*** jdm rutscht alles aus den Händen; ***mettere la ~ sul fuoco per qcn.*** für jdn die Hand ins Feuer legen; ***fuori ~*** abseits, abgelegen, abgeschieden; ***gioco di ~*** Zaubertrick *m.*; ***giù le -i (da qcs.)*** Hände weg (von etw.); ***a -i giunte*** mit gefalteten Händen; ***imporre le -i*** die Hand auf‿legen; ***stare con le -i in ~*** die Hände in den Schoß legen; ***largo di ~*** großzügig (*o* freigebig); ***lavarsene le -i*** seine Hände in Unschuld waschen; ***ha le -i legate*** ihm sind die Hände gebunden; ***avere la ~ leggera*** feinfühlig sein; ***leggere la ~*** aus der Hand lesen; ***essere lesto di ~*** lange Finger haben; ***a ~ libera*** freihändig; ***avere le -i lunghe*** *(essere manesco)* handgreiflich werden; *(rubare)* lange Finger haben; *(toccare le donne)* die Finger nicht bei sich behalten; *(essere influente)* einen langen Arm haben; ***man ~*** allmählich (*o* nach und nach); ***man ~ che*** während; ***menare le -i*** handgreiflich werden; ***mettere ~ a qcs.*** Hand an etw. (A) an‿legen; ***mettere ~ al portafogli*** in die Tasche greifen; ***mettere le -i su qcs.*** sich etw. an‿eignen; ***mettersi nelle -i di qcn.*** sich jdm an‿vertrauen; ***mordersi le -i*** = sich schwarz ärgern; ***fare la ~ morta*** zudringlich werden; ***~ nella ~*** Hand in Hand; STOR. ***~ nera*** Schwarze Hand; ***~ d'opera*** Arbeitskräfte *pl.*; ***palmo della ~*** Handfläche *f.*; ***passare di ~ in ~*** durch viele Hände (*o* von Hand zu Hand) gehen; FIG. ***avere le -i in pasta*** die Hände (*o* die Finger) im Spiel haben; ***per ~ di qcn.*** durch die Hand von jdm (*o* durch jdn); ***prendere, tenere qcn. per ~*** jdn an der Hand nehmen, halten; ***avere qcs. per le -i*** etw. vorliegen haben; FIG. ***a qcn. capita qcs. per le -i*** jd bekommt etw. in die Hände; ***avere la ~ pesante*** hart, kräftig zu‿schlagen; FIG. hartan‿fassen; FIG. ***a piene -i*** mit vollen Händen; ***a portata di ~*** bei der Hand, griffbereit; FIG. ***tenere le -i a posto*** die Hände bei sich behalten; FIG. ***prendere la ~ a qcs.*** in etw. (D) Übung bekommen; FIG. ***farsi, lasciarsi prendere la ~*** die Kontrolle verlieren; ***di prima ~*** aus erster Hand; ***notizia di prima ~*** Nachricht aus erster Hand; FIG. ***mi prudono le -i*** es juckt mich in den Fingern; FIG. ***(operazione) -i pulite*** (Operation) saubere Hände; ***qua la ~!*** Hand darauf! ***a quattro -i*** vierhändig; ***prendere qcn. con le -i nel sacco*** jdn auf frischer Tat ertappen; ***di seconda ~*** aus zweiter Hand; ***automobile, libro di seconda ~*** Gebrauchtwagen *m.*, gebrauchtes Buch; FIG. ***farsi sfuggire di ~ qcs.*** über etw. (A) die Kontrolle verlieren; ***la situazione gli è sfuggita di ~*** er hat die Kontrolle über die Situation verloren;

essere in -i sicure in sicheren Händen sein; ***avere la situazione in ~*** Herr der Lage sein; ***avere qcs. sotto ~*** etw. bei der Hand haben; ***sporcarsi le -i*** sich die Hände schmutzig machen (anche FIG.); ***avere le -i sporche*** schmutzige Hände haben (anche FIG.); ***su le -i!*** Hände hoch! ***tendere la ~ a qcn.*** jdm die Hand reichen; FIG. = jdm helfen; ***tenere qcs. in ~*** etw. in der Hand haben (anche FIG.); ***tener ~ a qcn.*** jdn unterstützen; ***toccare qcs. con ~*** etw. am eigenen Leib erfahren (*o* sich etw. [G] vergewissern); FIG. ***venire alle -i*** handgreiflich werden; ***a -i vuote*** mit leeren Händen; ***restare a -i vuote*** leer aus‿gehen; ***presentarsi a -i vuote*** mit leeren Händen kommen; PROV. ***scherzo di ~ scherzo di villano*** = wer handgreiflich wird, ist ein Grobian; ***-i fredde, cuore caldo*** = kalte Hände, heißes Herz; ***una ~ lava l'altra*** eine Hand wäscht die andere.

ma|no|do|pe|ra f. Arbeitskräfte *pl.*, Arbeiter *pl.*: ***~ qualificata, non qualificata*** gelernte, ungelernte Arbeitskräfte; ***~ specializzata*** Fachkräfte *pl.*; ***~ straniera*** Gastarbeiter *pl.*; ***~ occasionale*** Gelegenheitsarbeiter *pl.*; ***~ salariata*** Lohnabhängige *pl.*

ma|no|me|tro m. Druckmesser *m.*, Manometer *n.* ◆ ***~ dell'aria*** Luftdruckmesser *m.*; ***~ a colonna di liquido*** Flüssigkeitsmanometer *n.*; ***~ ad aria compressa*** Pressluftdruckanzeiger *m.*; ***~ dell'olio*** Öldruckmesser *m.*, Öldruckanzeiger *m.*; ***~ per pneumatici*** Reifendruckprüfer *m.*

ma|no|met|te|re tr. *(manomisi; manomesso)* **1a** auf‿brechen: ***la serratura è stata manomessa*** das Schloss ist aufgebrochen worden; ***~ un cassetto*** eine Schublade aufbrechen **b** *(danneggiare)* beschädigen: ***~ un antifurto*** eine Alarmanlage beschädigen **2** *(falsificare)* fälschen: ***~ una lettera, un documento*** einen Brief, ein Dokument fälschen **3** FIG. *(violare)* verletzen: ***~ un diritto altrui*** fremdes Recht verletzen **4** STOR. frei‿lassen ◆ ***~ una tomba*** ein Grab plündern.

ma|no|mis|sio|ne f. **1a** Aufbrechen *n.* **b** *(falsificazione)* Fälschung *f.*: ***~ di documenti*** Fälschung von Dokumenten **2** FIG. *(violazione)* Verletzung *f.* **3** STOR. *(liberazione di schiavo)* Freilassung *f.*

ma|no|mor|ta f. DIR. **1** Tote Hand *f.* **2** *(beni inalienabili)* unveräußerliche Güter *pl.* ◆ SCHERZ. ***fare la ~*** = zudringlich werden.

ma|no|po|la f. **1** *(di apparecchio)* Drehknopf *m.* **2** *(impugnatura)* Griff *m.*, Handgriff *m.*: ***la ~ del manubrio*** der Griff des Lenkers **3a** *(guanto)* Fausthandschuh *m.*, Fäustling *m.*: ***~ imbottita*** gefütterter Fausthandschuh **b** *(nella scherma)* Stulpe *f.* **c** STOR. *(nell'armatura)* Panzerhandschuh *m.* **4** *(risvolto)* Ärmelaufschlag *m.*: ***~ di pelliccia*** ein pelzbesetzter Ärmelaufschlag **5** *(maniglia)* Handgriff *m.* ◆ ***~ a bottone*** Drucktaste *f.*; ***~ di comando*** Betätigungsknopf *m.*; ***~ di sintonia*** Abstimmknopf *m.*

ma|no|scrit|to I agg. handgeschrieben: ***cronaca -a*** handgeschriebene Chronik **II** m. Manuskript *n.*: ***~ autografo*** eigenhändiges Manuskript; ***~ miniato*** in Miniatur geschriebenes Manuskript; ***un ~ del Leopardi*** eine Handschrift von Leopardi ◆ ***catalogo dei -i*** Manuskriptkatalog *m.*

ma|no|va|lan|za f. **1** *(lavoratori)* Hilfsarbeiterschaft *f.* **2** *(lavoro)* Hilfsarbeit *f.* **3** *(manodopera non qualificata)* Arbeitskräfte *pl.* **4** *(in organizzazioni criminali)* Handlanger *m.* ◆ ***lavoro di bassa ~*** niedrige Arbeit. **ma|no|va|le** m. **1** Hilfsarbeiter *m.*, Handlanger *m.* **2** ESTENS. *(chi fa lavori umili)* Handlanger *m.*

ma|no|vel|la f. **1** Kurbel *f.*: ***girare la ~*** die Kurbel drehen ◆ ***albero a ~*** Kurbelwelle *f.*; ***~ d'avviamento*** Anlasskurbel *f.*, Andrehkurbel *f.*; ***dare il primo giro di ~*** = die Dreharbeiten beginnen; ***~ a gomito*** Gelenkhebel *m.*; ***meccanismo a ~*** Kurbelgetriebe *n.*

ma|no|vra f. **1** Bedienung *f.* **2** *(guida, timone)* Steuerung *f.* **3** FERR. Rangieren *n.* **4** MIL. Manöver *n.*, Übung *f.* **5** *(provvedimento)* Maßnahmen *pl.*, Vorkehrungen *pl.*: ***~ economica*** wirtschaftliche Maßnahmen; ***-e parlamentari*** parlamentarische Maßnahmen **6** *(intrigo)* Täuschungsmanöver *n.*, Machenschaft *f.*: ***oscure -e*** dunkle (*o* obskure) Machenschaften **7** MAR. *(cavo)* Tau *n.* **8** SPORT Spielzug *m.*: ***una bella ~ a centrocampo*** ein schöner Spielzug im Mittelfeld ◆ ***~ di accerchiamento*** Umzingelungsmanöver *n.*; ***~ di agganciamento*** Kopplungsmanöver *n.*; *(di astronavi)* Dockingmanöver *n.*; ***~ di alleggerimento*** Entlastungsmanöver *n.*; ***~ di atterraggio*** Landemanöver *n.*; ***binario di ~*** Rangiergleis *n.*; ***~ di borsa*** Börsenmanöver *n.*; ***cabina di ~*** Führerkabine *f.*; ***-e correnti*** laufendes Gut; ***-e di corridoio*** Lobbyismus *m.*; ***~ a distanza*** Fernsteuerung *f.*; ***~ diversiva*** Ablenkungsmanöver *n.*; ***-e dormienti*** stehendes Gut; ***errore di ~*** Bedienungsfehler *m.*; ***far ~*** FERR. rangieren; AUT. MAR. manövrieren; ***-e fisse*** stehendes Gut; ***grandi -e*** große Manöver; ***~ in immersione*** Tauchmanöver *n.*; ***treni in ~*** rangierende Züge; ***margine di ~*** Handlungsspielraum *m.*; ***~ degli scambi*** Bedienung *f.* (*o* Stellung *f.*) der Weichen; ***~ speculativa*** Spekulationsmanöver *n.*

ma|no|vra|bi|le agg. **1** manövrierfähig, steuerfähig **2** *(maneggevole)* wendig **3** FIG. *(di persona)* lenkbar, beeinflussbar. **ma|no|vra|bi|li|tà** f. **1** Manövrierfähigkeit *f.*, Lenkbarkeit *f.*; ***quest'auto ha una buona ~*** dieses Auto ist gut lenkbar **2** *(maneggevolezza)* Wendigkeit *f.* **3** FIG. *(di persona)* Lenkbarkeit *f.*, Beeinflussbarkeit *f.*

ma|no|vra|re I tr. **1** bedienen, betätigen **2a** *(guidare)* steuern, führen: ***~ un treno, una nave, un aereo*** einen Zug führen, ein Schiff, ein Flugzeug steuern **b** *(auto)* lenken **3a** FERR. rangieren **b** *(scambi)* stellen **4** FIG. lenken: ***~ una persona, un'assemblea, una situazione*** einen Menschen, eine Sitzung, eine Situation lenken; ***~ le masse*** die Massen lenken **II** intr. (aus. *avere*) **1** AUT. MAR. manövrieren **2** FERR. rangieren **3** MIL. ein Manöver ab‿halten **4** FIG. manövrieren: ***~ per ottenere un incarico*** manövrieren, um einen Lehrauftrag zu bekommen. **ma|no|vra|to** p.pass. agg. **1** → **manovrare 2** MIL. Bewegungs-: ***guerra -a*** Bewegungskrieg *m.* **3** ECON. Plan-, gelenkt: ***economia -a*** Planwirtschaft *f.* ◆ SPORT ***gioco ~*** Spiel *n.* mit vielen Pässen. **ma|no|vra|to|re** m. **1** Fahrzeugführer *m.*; *(di treno)* Rangierer *m.*; *(scambista)* Weichensteller *m.*; *(di tram)* Straßenbahnführer *m.* **2** FIG. Organisator *m.*

man|ro|ve|scio m. *(-sci)* **1** Ohrfeige *f.* (mit dem Handrücken): ***dare, allungare un ~*** eine Ohrfeige geben **2** *(nella scherma)* Hieb *m.* von rechts nach links.

man|sar|da f. **1** *(tetto)* Mansarde *f.* **2** *(stanza)* Dachstube *f.*, Dachzimmer *n.* **man|sar|da|to** agg. ausgebaut: ***tetto ~*** ausgebautes Dach.

man|sio|ne f. Aufgabe *f.*: ***affidare a qcn. una difficile ~*** jdm eine schwere Aufgabe an‿vertrauen; ***non rientra nelle mie -i*** das gehört nicht zu meinen Aufgaben ◆ ***-i direttive*** Führungsaufgaben *pl.*; ***impiegato con -i direttive*** leitender Beamter.

man|sue|to agg. **1** sanft, duldsam: ***mostrarsi ~ verso qcn.*** jdn duldsam behandeln; mit jdm sanft um‿gehen; ***un uomo buono e ~*** ein guter und sanfter Mensch; ***sguardo ~*** sanfter Blick; ***occhi -i*** sanfte Augen; ***carattere ~*** sanfter Charakter; ***indole -a*** sanfte Natur; ***animo ~*** sanftes Gemüt **2** *(di animale)* zahm: ***cane ~*** zahmer Hund. **man|sue|tu|di|ne** f. **1** Sanftheit *f.*, Milde *f.* **2** *(di animale)* Zahmheit *f.*

man|te|ca f. **1** ANT. Pomade *f.* **2** *(impasto)* Brei *m.* **man|te|ca|re** tr. *(manteco, mantechi)* verrühren, glatt rühren. **man|te|ca|to I** p.pass. agg. **1** → **mantecare 2** glatt verrührt: ***burro ~*** glatt verrührte Butter **II** m. *(gelato)* Softeis *n.*

man|tel|la f. **1** Cape *n.*, Umhang *m.* **2** *(mantello)* Mantel *m.*

man|tel|la|ta f. Packwerk *n.*

man|tel|li|na f. **1** Pelerine *f.* **2** *(soprabito militare)* Schulterumhang *m.*

man|tel|lo m. **1** Mantel *m.*, Umhang *m.*: ***avvolgersi in un ampio ~*** sich in einen weiten Mantel hüllen **2** FIG. Decke *f.* **3a** ZOOL. Fell *n.*: ***~ pezzato*** geschecktes Fell; ***~ baio*** rotbraunes Fell **b** *(di uccelli)* Federkleid *n.* **c** *(di mollusco)* Mantel *m.* **4** GEOL. Erdmantel *m.* **5** *(cerebrale)* Pallium *n.* **6** TECN. *(copertura)* Mantel *m.*: ***il ~ di un tubo, di un cavo*** der Mantel eines Rohres, eines Kabels ◆ ***~ araldico*** Wappenmantel *m.*; ***~ da cocchiere*** Kutschermantel *m.*; ZOOL. ***~ estivo*** Sommerfell *n.*, Sommerkleid *n.*; ZOOL. ***~ invernale*** Winterfell *n.*, Winterkleid *n.*; ***Madonna col ~*** Schutzmantelmadonna *f.*; ***~ di neve*** Schneedecke *f.*; ***~ purpureo*** Purpurmantel *m.*; ***~ a ruota*** Radmantel *m.*; ***~ terrestre*** Erdmantel *m.*

man|te|ne|re *(mantengo, mantieni; mantenni; mantenuto)* **I** tr. **1** (er)halten, aufrecht‿erhalten, wahren: ***~ la freschezza dei colori*** die Frische der Farben erhalten; ***~ il lustro della famiglia*** den Ruhm einer Familie aufrechterhalten; ***~ i contatti con qcn.*** den Kontakt mit jdm aufrechterhalten; ***~ l'ordine, la pace, il calore*** Ordnung, den Frieden, die Wärme halten; ***~ la disciplina*** Disziplin wahren **2** *(tener fede)* ein‿halten, halten: ***~ la parola data*** das gegebene Wort (ein)halten; ***~ una promessa*** ein Versprechen halten **3** *(conservare)* behaupten, halten: ***~ la propria posizione*** seine Position behaupten; ***~ un primato*** einen Rekord halten **4** *(sostenere finanziariamente)* unterhalten, erhalten, aus‿halten: ***~ la propria famiglia, un esercito*** seine Familie, eine Armee unterhalten; ***farsi ~ da qcn.*** sich von jdm aushalten lassen **II** pronom. **mantenersi 1** sich halten, bleiben: ***-rsi giovane*** sich jung halten; ***-rsi in forma*** in Form bleiben (*o* sich fit halten); ***-rsi in buona salute*** gesund bleiben; ***il tempo si mantiene bello, stabile*** das Wetter bleibt schön, stabil **2** *(finanziarsi)* für seinen Unterhalt sorgen: ***-rsi con uno stipendio*** mit einem Gehalt für seinen Unterhalt sorgen; ***-rsi agli studi*** sein Studium selbst finanzieren ◆ ***-rsi bene*** sich gut halten (*o* rüstig sein); ***~ la calma*** (die) Ruhe bewahren (*o* behalten); ***~ le distanze*** Abstand halten (*o* Distanz wahren); ***-rsi fedele a qcn.*** jdm treu bleiben; ***~ la propria opinione*** bei seiner Meinung bleiben; ***~ il massimo riserbo*** äußerste Zurückhaltung wahren;

~ *un segreto* ein Geheimnis wahren; **~ *segreto qcs.*** etw. geheim halten; **~ *in vita qcn., qcs.*** jdn, etw. am Leben halten.
man|te|ni|men|to m. **1** Erhaltung *f.*, Aufrechterhaltung *f.*: **~ *dell'equilibrio militare*** Erhaltung des militärischen Gleichgewichts; **~ *dell'ordine*** Aufrechterhaltung der Ordnung **2** *(sostentamento)* Unterhalt *m.*: ***provvedere al ~ dei propri figli*** für den Unterhalt seiner Kinder sorgen **3** *(manutenzione)* Erhaltung *f.*, Instandhaltung *f.*: **~ *degli edifici pubblici*** Instandhaltung der öffentlichen Gebäude; **~ *di una casa*** Erhaltung eines Hauses **4** *(conservazione)* Beibehaltung *f.*, Aufrechterhaltung *f.*: **~ *di un diritto*** die Beibehaltung eines Rechts ◆ ***costi di ~*** Erhaltungskosten *pl.*, Instandhaltungskosten *pl.*; **~ *della famiglia*** Familienunterhalt *m.*; **~ *gratuito*** Gnadenbrot *n.*; ***spese di ~*** → ***costi di ~***.
man|te|nu|ta f. Mätresse *f.* **man|te|nu|to** m. Gigolo *m.*
man|ti|ce m. **1** Blasebalg *m.*, Balg *m.*: ***tirare il ~*** den Balg auseinander ziehen **2** MUS. Balg *m.* **3** FERR. Faltenbalg *m.*, Balg *m.* **4** *(di carrozza, auto)* Verdeck *n.* ◆ ***soffiare come un ~*** wie eine Lokomotive schnaufen.
man|ti|de f. Fangheuschrecke *f.* ◆ **~ *religiosa*** Gottesanbeterin *f.*
man|ti|glia f. Mantille *f.*
man|tis|sa f. Mantisse *f.*
man|to m. **1** Mantel *m.* **2** ZOOL. Fell *n.* **3** *(strato)* Decke *f.*, Kleid *n.* **4** FIG. *(finzione)* Deckmantel *m.*: ***sotto il ~ dell'altruismo*** unter dem Deckmantel der Nächstenliebe ◆ **~ *d'asfalto*** Asphaltdecke *f.*; **~ *bitumato*** Bitumendecke *f.*; **~ *nevoso*** Schneedecke *f.*; **~ *purpureo*** Purpurmantel *m.*; **~ *regale*** Königsmantel *m.*; **~ *stradale*** Straßenbelag *m.*, Straßendecke *f.*; **~ *del tetto*** Dachhaut *f.*; **~ *di vegetazione*** Pflanzendecke *f.*
Man|to|va n.pr.f. Mantua *n.* **man|to|va|na** f. **1** ARCH. Lambrequin *m.* **2** *(di tenda)* Querbehang *m.*, Lambrequin *m.* **3** GASTR. INTRAD. (Sandkuchen mit Mandeln und Pinienkernen). **man|to|va|no I** agg. mantuanisch **II** m. **1** Mantuaner *m.* **2** *(dialetto)* mantuanischer Dialekt *m.*
man|tra m.inv. Mantra *n.*
1.ma|nua|le agg. Hand-, manuell: ***lavoro, abilità ~*** Handarbeit *f.*, Handfertigkeit *f.*; ***cambio ~*** manuelle Gangschaltung.
2.ma|nua|le m. **1** Handbuch *n.*: ***consultare un ~*** in einem Handbuch nach‿schlagen; **~ *di diritto*** juristisches Handbuch; **~ *di fotografia*** Handbuch der Fotografie; ***il ~ del computer*** das Handbuch für Computer **2** SCOL. UNIV. Lehrbuch *n.* **~ *di storia, di filosofia*** Lehrbuch der Geschichte, der Philosophie **3** MUS. *(tastiera)* Manual(e) *n.* ◆ ***da ~*** wie es im Buche steht.
ma|nua|li|sti|ca f. einschlägige Literatur *f.* **ma|nua|li|sti|co** agg. *(-ci,-che)* **1** lehrbuchhaft, lehrbuchartig **2** SPREG. *(nozionistico)* ***cultura -a*** Buchstabengelehrsamkeit *f.*
ma|nua|li|tà f. Handfertigkeit *f.* **ma|nual|men|te** avv. von (*o* per) Hand, manuell: ***azionare ~ un dispositivo*** eine Vorrichtung manuell in Gang setzen.
ma|nu|brio m. *(-bri)* **1** Lenker *m.*, Lenkstange *f.* **2** SPORT Hantel *f.* ◆ **~ *della bicicletta*** Fahrradlenker *m.*; **~ *da corsa*** Rennlenker *m.*
ma|nu|fat|to I agg. handgefertigt, handgemacht **II** m. **1** Manufaktur *f.* **2** ARCHEOL. Artefakt *n.*: ***-i del Paleolitico*** Artefakte aus dem Paläolithikum.
ma|nu|ten|go|lo m. **1** Helfershelfer *m.* **2** *(ruffiano)* Kuppler *m.*
ma|nu|ten|zio|ne f. **1** Wartung *f.*, Instandhaltung *f.*, Unterhaltung *f.*; ***provvedere alla ~ di qcs.*** etw. warten **2** *(lavori)* Wartungsarbeit *f.*: **~ *ordinaria, straordinaria*** ordentliche, außerordentliche Wartungsarbeit ◆ DIR. ***azione di ~*** Besitzerhaltungsklage *f.*; ***contratto di ~*** Wartungsvertrag *m.*; ***lavoro di ~*** Wartungsarbeit *f.*, Instandhaltungsarbeit *f.*; ***obbligo di ~*** Unterhaltungspflicht *f.*; ***piccola ~*** Schönheitsreparaturen *pl.*; ***che non richiede ~*** wartungsfrei; ***spese di ~*** Wartungskosten (*o* Unterhaltungskosten) *pl.*
man|zo m. **1** Rind *n.* **2** GASTR. Rind *n.*, Rindfleisch *n.* ◆ ***di ~*** Rind-, Rinder-: ***carne di ~*** Rindfleisch *n.*; ***filetto, spezzatino, arrosto di ~*** Rinderfilet *n.*, Rindergulasch *n.*, Rinderbraten *m.*
man|zo|nia|no I agg. von Manzoni: ***lo stile ~*** der Stil von Manzoni **II** m. Anhänger *m.* von Manzoni.
ma|o|i|smo m. Maoismus *m.* **ma|o|i|sta** *(-i,-e)* **I** agg. maoistisch: ***ideologia ~*** maoistische Ideologie **II** m. e f. Maoist *m.* (-in *f.*). **ma|o|i|sti|co** agg. *(-ci,-che)* maoistisch.
ma|o|met|ta|no I agg. mohammedanisch **II** m. Mohammedaner *m.* **ma|o|met|ti|smo** m. Mohammedanismus *m.* **Ma|o|met|to** n.pr.m. Mohammed *m.*
ma|o|ri I agg.inv. maorisch **II** m. e f.inv. Maori *m.* e *f.* **III** m. *(lingua)* Maori *n.*
map|pa f. **1** Plan *m.*: ***disegnare una ~*** einen Plan zeichnen; ***la ~ della città*** der Stadtplan **2** FIG. bildliche Darstellung *f.* ◆ **~ *catastale*** Katasterkarte *f.*; **~ *citologica*** zytologische Chromosomenkarte; **~ *cromosomica*** Chromosomenkarte *f.*; **~ *del tesoro*** Schatzplan *m.*
map|pa|mon|do m. **1** Globus *m.* **2** *(planisfero)* Weltkarte *f.* ◆ **~ *celeste*** Himmelsglobus *m.*
ma|quil|la|ge [maki'jaʒ] m.inv. Make-up *n.*
ma|ra|bù m. Marabu *m.*
ma|ra|but|to m. Marabut *m.*
ma|ra|cas f.pl. Maracas *pl.*
ma|ra|chel|la f. Lausbubenstreich *m.*
ma|ra|cu|jà f.inv. Maracuja *f.*
ma|ra|già m.inv. Maharadscha *m.*
ma|ra|ma|glia → **marmaglia.**
ma|ra|mal|deg|gia|re intr. (aus. *avere*) = über Wehrlose her‿fallen. **ma|ra|mal|do** m. = jd, der über Wehrlose herfällt.
ma|ra|me|o inter. ätsch ◆ ***fare ~ a qcn.*** jdm eine lange Nase machen.
ma|ran|go|ne m. Kormoran *m.*, Scharbe *f.*
ma|ran|ta f. Pfeilwurz *f.*
ma|ra|sca f. *(-sche)* Sauerkirsche *f.*, Weichselkirsche *f.* **ma|ra|schi|no** m. Maraschino *m.* **ma|ra|sco** m. *(-schi)* Sauerkirsche *f.*
ma|ra|sma m. **1** MED. Marasmus *m.* **2** *(grande confusione)* Chaos *n.*
ma|ras|so m. Kreuzotter *f.*
ma|ra|to|na f. Marathon *m.*, Marathonlauf *m.* (anche ESTENS.): ***correre la ~*** den Marathon laufen; **~ *di ballo*** Tanzmarathon *m.* **Ma|ra|to|na** n.pr.f. Marathon *n.* ◆ ***la battaglia di ~*** die Schlacht bei Marathon. **ma|ra|to|ne|ta** m. e f. *(-i,-e)* Marathonläufer *m.* (-in *f.*).
Mar|bur|go n.pr.m. Marburg *n.*
1.mar|ca f. *(-che)* **1** Marke *f.*: ***non abbiamo, non trattiamo questa ~*** diese Marke führen wir nicht; **~ *di auto, di sigarette, di scarpe*** Auto-, Zigaretten-, Schuhmarke *f.* **2** *(contromarca)* Marke *f.*, Garderobenmarke *f.* **3** *(genere)* Art *f.*: ***un attentato di ~ terrorista*** ein Attentat terroristischer Art (*o* Prägung) ◆ **~ *da bollo*** Gebührenmarke *f.*, Steuermarke *f.*, Stempelmarke *f.*; MAR. **~ *di bordo libero*** Ladelinie *f.*; **~ *concorrente*** Konkurrenzmarke *f.*; ***di ~*** Marken-: ***articolo, merce di ~*** Markenartikel *m.*, Markenware *f.*; ***le grandi -che della moda*** die großen Namen der Mode; ***prodotti non di ~*** weiße Produkte.
2.mar|ca f. *(-che)* STOR. Mark *f.* ◆ **~ *del Brandeburgo*** Mark Brandenburg; **~ *orientale*** Ostmark *f.*
mar|ca|men|to m. Deckung *f.*; **~ *a uomo, a zona*** Mann-, Raumdeckung *f.*
mar|can|to|nio m. *(-ni)* SCHERZ. Mordskerl *m.*
mar|ca|pia|no m. Gurtgesims *n.*
mar|ca|re tr. *(marco, marchi)* **1** markieren, kennzeichnen: **~ *qcs. con qcs.*** etw. mit etw. kennzeichnen (*o* markieren); **~ *i fazzoletti con le proprie iniziali*** Taschentücher mit seinen Initialen kennzeichnen; ZOOL. **~ *il territorio*** sein Revier markieren **2** *(accentuare)* hervor‿heben, heben: **~ *i contorni di un disegno*** die Umrisse einer Zeichnung hervorheben; **~ *la voce*** die Stimme heben **3a** SPORT markieren, decken, bewachen: **~ *stretto un avversario*** einen Gegenspieler eng decken **b** *(segnare)* erzielen, markieren: **~ *un goal*** ein Tor erzielen; assol. **~ *all'ultimo minuto*** ein Tor in der letzten Minute erzielen ◆ **~ *visita*** MIL. sich krankmelden; SCHERZ. *(darsi malato)* krankfeiern.
mar|ca|si|te, mar|cas|si|te f. Markasit *m.*
mar|ca|ta|men|te avv. betont, ausgeprägt: ***una parlata ~ regionale*** eine betont dialektale Ausdrucksweise. **mar|ca|to** p.pass. agg. **1** → **marcare 2** markiert, gekennzeichnet **3** *(rilevato)* ausgeprägt: ***un ~ accento straniero*** ein ausgeprägt fremdländischer Akzent.
mar|ca|to|re m. **1** *(chi segna un goal)* Torschütze *m.* **2** *(chi marca un avversario)* Bewacher *m.*, Deckungsspieler *m.* **mar|ca|tri|ce** f. Auszeichnungsmaschine *f.* **mar|ca|tu|ra** f. **1** Markierung *f.*, Kennzeichnung *f.* **2** SPORT Deckung *f.*: **~ *a uomo, a zona*** Mann-, Raumdeckung *f.* **3** *(goal)* Tor *n.*; ***aprire le -e*** den Torreigen eröffnen.
Mar|cel|la n.pr.f. Marcella *f.*, Marzella *f.* **Mar|cel|lo** n.pr.m. Marcellus *m.*, Marzellus *m.*
mar|ce|scen|te agg. faulend. **mar|ce|scen|za** f. Fäulnis *f.* **mar|ce|sci|bi|le** agg. verweslich.
Mar|che n.pr.f.pl. ***le ~*** die Marken.
mar|che|sa f. **1** Marquise *f.* **2** *(in Italia)* Marchesa *f.* **mar|che|sa|to** m. Marquisat *n.* **mar|che|se** m. **1** Marquis *m.* **2** *(in Italia)* Marchese *m.* **mar|che|si|na** f. = Tochter *f.* eines Marchese. **mar|che|si|no** m. = Sohn *m.* eines Marchese.
mar|chet|ta f. **1** Marke *f.*: ***attaccare le -e*** die Marken kleben **2** COLLOQ. Strichjunge *m.*, Stricher *m.* ◆ COLLOQ. ***fare -e*** an‿schaffen gehen (*o* auf den Strich gehen). **mar|chet|ta|ro** m. REGION. COLLOQ. Strichjunge *m.*, Stricher *m.*
mar|chia|no agg. grob: ***un errore ~*** ein grober Fehler.

mar|chia|re tr. *(marchio, marchi)* 1 markieren, kennzeichnen 2 *(bestiame)* ~ ***un animale*** einem Tier ein Zeichen ein‿brennen 3 *(bollare)* brandmarken: ***è stato marchiato come traditore*** er wurde als Verräter gebrandmarkt ◆ ~ ***a fuoco qcs.*** etw. (D) ein Zeichen ein‿brennen, etw. mit einem Brandmal versehen. **mar|chia|tu|ra** f. Markierung *f.*, Kennzeichnung *f.* ◆ ~ ***a fuoco*** Brandzeichen *n.*

mar|chi|gia|no I agg. aus den Marken **II** m. 1 Einwohner *m.* der Marken 2 *(dialetto)* Dialekt *m.* der Marken.

mar|chin|ge|gno m. = komplizierter Mechanismus *m.*

mar|chio m. *(-chi)* 1 Zeichen *n.* **2a** ALLEV. Brandzeichen *n.*, Zeichen *n.*: ***imprimere un ~ a un animale*** einem Tier ein Zeichen ein‿brennen **b** *(strumento)* Brandeisen *n.* 3 COMM. Warenzeichen *n.*, Markenzeichen *n.* **4a** *(su metalli preziosi)* Stempel *m.*, Beschauzeichen *n.*: ***imprimere un ~ su qcs.*** etw. (D) einen Stempel auf‿drücken **b** *(strumento)* Prägestempel *m.* ◆ ~ ***di autenticità*** Echtheitszeichen *n.*; ~ ***brevettato*** eingetragenes Warenzeichen; ~ ***commerciale*** Handelsmarke *f.*; ~ ***di controllo*** Prüfzeichen *n.*; ~ ***depositato*** eingetragenes Warenzeichen; ~ ***di fabbrica*** Firmenzeichen *n.*, Fabrikmarke *f.*, Warenzeichen *n.*; ***tutela del ~ di fabbrica*** Zeichenschutz *m.*; ~ ***a fuoco*** Brandzeichen *n.*; ~ ***di garanzia*** Garantiezeichen *n.*, Gewährszeichen *n.*; ~ ***di identificazione*** Erkennungszeichen *n.*; ~ ***d'impresa*** Geschäftszeichen *n.*; ~ ***d'infamia*** Brandmal *n.*, Schandmal *n.* (anche FIG.); ~ ***protetto*** geschütztes Warenzeichen; ~ ***di qualità*** Gütezeichen *n.*; ~ ***registrato*** eingetragenes Warenzeichen; ~ ***di riconoscimento*** Erkennungszeichen *n.*; ~ ***di zecca*** Münzzeichen *n.*

mar|cia f. *(-ce)* 1 POL. MIL. MUS. Marsch *m.*: ***mettersi in ~*** sich in Marsch setzen; ***iniziare una ~*** einen Marsch an‿treten; ***essere in ~ per il fronte*** auf dem Marsch zur Front sein; ***la ~ su Roma*** der Marsch auf Rom; ***suonare una ~*** einen Marsch spielen 2 *(movimento di veicoli)* Fahrt *f.* 3 AUT. Gang *m.*: ***innestare la ~*** den Gang ein‿legen; ***cambiare ~*** schalten 4 SPORT Gehen *n.* ◆ ~ ***avanti*** Vorwärtsgang *m.*; ***colonna in ~*** Marschkolonne *f.*; ~ ***per i diritti civili*** Bürgerrechtsmarsch *m.*; ***equipaggiamento di ~*** Marschgepäck *n.*; ~ ***in folle*** Leerlauf *m.*; ~ ***funebre*** Trauermarsch *m.*; ***in ~!*** Marsch! ~ ***indietro*** Rückwärtsgang *m.*; ***fare ~ indietro*** rückwärts fahren; FIG. einen Rückzieher machen; ***passare a una ~ inferiore*** herunter‿schalten; ***mettere in ~ qcs.*** etw. in Betrieb (*o* in Gang) setzen; ~ ***militare*** Militärmarsch *m.*; ~ ***notturna*** Nachtmarsch *m.*; ~ ***nuziale*** Hochzeitsmarsch *m.*; ~ ***per la pace*** Friedensmarsch *m.*; FIG. ***avere una ~ in più*** mehr darauf haben; ~ ***di protesta*** Protestmarsch *m.*; ***la ~ di Radetzky*** Radetzkymarsch *m.*; ***a ritmo di ~*** im Marschtempo; ***senso di ~*** Fahrtrichtung *f.*, *(a piedi)* Laufrichung *f.*; ***passare a una ~ superiore*** hoch‿schalten; ~ ***trionfale*** Triumphmarsch *m.*

mar|cia|pie|de m. 1 Gehweg *m.*, Bürgersteig *m.*: ***salire sul ~*** auf den Bürgersteig gehen; *(con veicolo)* auf den Bürgersteig fahren; ***scendere dal ~*** vom Bürgersteig herunter‿gehen; *(con veicolo)* vom Bürgersteig fahren 2 *(in stazione)* Bahnsteig *m.* ◆ COLLOQ. ***battere il ~*** auf den Strich (*o* auf die Straße) gehen.

mar|cia|re intr. *(marcio, marci;* aus. *avere)* 1 marschieren: ~ ***al passo, a tempo*** im Gleichschritt, im Takt marschieren; ~ ***in corteo*** im Zug mit‿marschieren 2 *(di veicoli)* im Konvoi fahren 3 SCHERZ. *(rigare dritto)* spuren ◆ FIG. ***fare ~ qcn.*** jdn an der Leine halten; REGION. ***lui ci marcia*** er nutzt das aus. **mar|cia|to|re** m. Geher *m.*; ESTENS. ***essere un buon ~*** gut zu Fuß sein.

mar|cio I agg. *(-ci,-ce)* **1a** faul, verfault: ***frutta, carne -a*** faules Obst, Fleisch; ***uova -ce*** faule Eier; ***mele -ce*** verfaulte Äpfel **b** *(di legno)* morsch 2 COLLOQ. *(suppurato)* vereitert 3 FIG. *(corrotto)* verdorben: ***società -a*** verdorbene Gesellschaft; ~ ***fino al midollo*** bis in die Fingerspitzen verdorben **II** m. Verfaulte *n.*, Angefaulte *n.*, Faule *n.*: ***togliere il ~ da qcs.*** das Faule von etw. weg‿schneiden ◆ ***esserci del ~*** etwas faul sein; ***qui sotto c'è del ~*** darunter ist etwas faul; ***c'è del ~ in Danimarca*** etwas ist faul im Staate Dänemark; FIG. ***mela -a*** = verdorbenes Individuum innerhalb einer Gruppe; ***avere torto ~*** vollständig im Unrecht sein.

mar|ci|re intr. *(marcisco, marcisci;* aus. *essere)* verfaulen ◆ FIG. ~ ***in prigione*** im Gefängnis verschmachten. **mar|ci|ta** f. Rieselfeld *n.* **mar|ciu|me** m. 1 Fäulnis *f.* (anche FIG.) 2 BOT. Rost *m.*

mar|co m. *(-chi)* Mark *f.*: ***moneta da un ~*** Markstück *n.*; ***banconota da dieci -chi*** Zehnmarkschein *m.*; STOR. ~ ***orientale*** Ostmark *f.*

Mar|co n.pr.m. Markus *m.*

mar|co|ni|sta m. e f. *(-i,-e)* Funker *m.* (-in *f.*).

mar|co|ni|te|ra|pi|a f. Kurzwellentherapie *f.*

ma|re m. 1 Meer *n.*, See *f.*: ~ ***calmo, piatto*** ruhige See; ~ ***mosso, agitato*** bewegte, aufgewühlte See; ***gettare qcs. in ~*** etw. ins Meer werfen; ***cadere in ~*** ins Meer fallen; ***andare al ~*** ans Meer (*o* an die See) fahren; ***passare le vacanze al ~*** die Ferien am Meer verbringen; ***avere la casa al ~*** ein Haus am Meer haben; ***una casa sul ~*** ein Haus direkt am Meer; ***mettersi in ~*** in See stechen; ***solcare il ~, andare per ~*** zur See gehen; ***in balia del ~*** dem Meer ausgeliefert 2 *(grande quantità)* Meer *n.*, Menge *f.*: ***un ~ di case*** ein Meer von Häusern; ***un ~ d'erba, di sabbia*** eine unendliche Grasfläche, Sandfläche (*o* ein Meer von Gras, Sand); ***un ~ di gente*** eine Menge Leute ◆ ***acqua di ~*** Meerwasser *n.*; FIG. ***portare acqua al ~*** Brennholz in den Wald tragen; ***alto ~*** hohe See, Hochsee *f.*; ***pesca d'alto ~*** Hochseefischerei *f.*; ***in alto ~*** auf hoher See; FIG. ***essere ancora in alto ~*** = noch weit vom Ziel entfernt sein; ~ ***aperto*** auf offener See; ***aria di ~*** Seeluft *f.*; ***città di ~*** Stadt am Meer; ***correre il ~*** Seeräuber sein; ~ ***corto*** leichter Seegang; ~ ***forza 4*** Seestärke 4; MIL. ***forze di terra e di ~*** Land- und Seestreitkräfte *pl.*; ***frutti di ~*** Meeresfrüchte *pl.*; ***la furia del ~*** das Toben des Meeres; ***gente di ~*** Seeleute *pl.*; ***gettare a ~ qcs.*** = etw. sein lassen, etw. auf‿geben; FIG. ***una goccia nel ~*** ein Tropfen auf dem heißen Stein; ~ ***grosso*** schwere See (*o* hoher Seegang); ***un ~ di guai*** ein Meer von Schwierigkeiten; ~ ***interno*** Binnenmeer *n.*; ***versare un ~ di lacrime*** Tränenströme vergießen; ***livello del ~*** Meeresspiegel *m.*; ***essere a 800 m sul livello del ~*** 800 m über dem Meeresspiegel (*o* dem Meer) liegen; ***lupo di ~*** Seebär *m.*; ***Mar Mediterraneo*** Mittelmeer *n.*; ***promettere -i e monti (a qcn.)*** (jdm) goldene Berge versprechen; ***Mar Morto*** Totes Meer; FIG. ***questa casa è un porto di ~*** in diesem Haus geht es wie in einem Taubenschlag zu; ***tenere il ~*** seefest sein; FIG. ***cercare qcs. per ~ e per terra*** = etw. in allen Ecken suchen; ***uomo di ~*** Seemann *m.*; ***uomo in ~!*** Mann über Bord! ***via ~*** auf dem Seeweg; ***vista a, sul ~*** Blick aufs Meer; ***camera con vista sul ~*** Zimmer mit Meeresblick.

ma|re|a f. **1a** Gezeiten *pl.*: ***studiare il fenomeno delle -e*** das Phänomen der Gezeiten untersuchen; ***l'influsso della luna sulla ~*** der Einfluss des Mondes auf die Gezeiten **b** *(alta)* Flut *f.*: ***la ~ sale, si alza*** die Flut steigt (*o* wächst); ***la ~ cala, si abbassa*** die Flut sinkt 2 FIG. Menge *f.*, Flut *f.*, Strom *m.*, Sturm *m.*: ***una ~ di gente*** eine ungeheure Menschenmenge (*o* ein Menschenstrom); ***una ~ di lettere, di proteste*** eine Flut von Briefen, ein Proteststurm ◆ ***alta, bassa ~*** Flut *f.*, Ebbe *f.*; ***con l'alta, la bassa ~*** bei Flut, Ebbe; ***corrente di ~*** Gezeitenstrom *m.*; ~ ***nera*** Ölpest *f.*; ***onda, ondata di ~*** Gezeitenwelle *f.*

ma|reg|gia|ta f. Sturmflut *f.*

ma|rem|ma f. Seemarsch *f.* ◆ ~ ***toscana*** Maremmen *pl.* **Ma|rem|ma** n.pr.f. Maremmen *pl.* **ma|rem|ma|no I** agg. Maremmen- **II** m. Maremmenbewohner *m.*

ma|re|mo|to m. Seebeben *n.*

ma|ren|go m. *(-ghi)* Marengo *m.*

ma|re|o|gra|fo m. Pegel *m.*

ma|re|scial|lo m. 1 Feldwebel *m.*: ~ ***capo*** Oberfeldwebel *m.*; ~ ***maggiore*** Stabsfeldwebel *m.* 2 *(capo supremo dell'esercito)* Marschall *m.*: ***bastone di ~*** Marschallstab *m.*

ma|ret|ta f. 1 leichter Seegang *m.* 2 FIG. gespannte Atmosphäre *f.*: ***c'è ~ in ufficio*** im Büro herrscht eine gespannte Atmosphäre.

ma|rez|za|re tr. 1 ädern, adern, mit Äderung versehen 2 *(legno, marmo)* masern, mit Maserung versehen 3 *(tessuti)* moirieren. **ma|rez|za|to** p.pass. agg. 1 → **marezzare** 2 geädert, geadert 3 *(legno, marmo)* gemasert, Maser-: ***legno ~*** Maserholz *n.* 4 *(tessuti)* moiriert. **ma|rez|za|tu|ra** f. 1 Äderung *f.*, Aderung *f.* 2 *(del legno, del marmo)* Maserung *f.* 3 *(di tessuti)* Moirieren *n.* 4 *(marezzo)* Maserung *f.*; *(di tessuti)* Moiré *n.* **ma|rez|zo** m. 1 Maserung *f.*; *(di tessuti)* Moiré *n.* 2 *(vernice)* marmorartiger Anstrich *m.*

mar|ga|ri|na f. Margarine *f.*

mar|ghe|ri|ta f. 1 BOT. Margerite *f.*: ***sfogliare una ~*** die Blütenblätter einer Margerite aus‿zupfen; ***mazzo di -e*** Margeritenstrauß *m.* 2 *(nella macchina per scrivere)* Typenrad *n.* ◆ ~ ***gialla*** Ochsenauge *n.*; MAR. ***nodo (a) ~*** Seilverkürzung *f.*; ***pizza ~*** INTRAD. (mit Tomaten und Mozzarella belegte Pizza); ***torta ~*** Sandkuchen *m.*

Mar|ghe|ri|ta n.pr.f. Margarete *f.*, Margareta *f.*

mar|ghe|ri|ti|na f. Wucherblume *f.*

mar|gi|na|le I agg. 1 Rand-, marginal: ***zona ~*** Randgebiet *n.*; ***note -i*** Randnotizen *pl.* 2 *(secondario)* Neben-, Rand-, marginal, nebensächlich: ***figura ~*** Randfigur *f.*; ***questione ~*** Nebensache *f.*; ***osservazione ~*** Randbemerkung *f.*; ***fenomeno ~*** Randerscheinung *f.*; ***attività ~*** Nebenbeschäftigung *f.* 3 SOCIOL. Rand-, marginal: ***frange, gruppi -i*** Randgruppen *pl.* 4 ECON. Grenz-: ***costi -i*** Grenzkosten *pl.*; ***profitto ~*** Grenznutzen *m.* **II** m. *(emarginato)* Außenseiter *m.* **mar|gi|na|li|tà** f. 1 Nebensächlichkeit *f.* 2 SOCIOL. Marginalität *f.* **mar|gi|nal|men|te** avv. am Rande: ***toccare un argomento solo ~*** ein Thema nur am Rande streifen.

mar|gi|na|re tr. *(margino)* rändern. **mar|gi|na|to|re** m. *(di macchi-*

na per scrivere) Randsteller *m.* **mar|gi|na|tu|ra** f. TIP. Steg *m.*

mar|gi|ne m. **1** *(bordo)* Rand *m.* **2** TIP. Steg *m.* **3** *(avanzo, residuo)* Spanne *f.* ◆ ***a*** ~ am Rande; ***annotazione a*** ~ Randbemerkung *f.*; ~ ***commerciale*** Handelsspanne *f.*; ~ ***di copertura*** Deckungsgrenze *f.*; ~ ***di credito*** Kreditgrenze *f.*; ~ ***di cucitura*** Bundsteg *m.*; ~ ***esterno*** Außenrand *m.*, TIP. Außensteg *m.*; ~ ***di una ferita*** Wundrand *m.*; ~ ***fogliare*** Blattrand *m.*; ~ ***di guadagno*** Gewinnspanne *f.*; ~ ***inferiore*** unterer Rand, TIP. Fußsteg *m.*; ~ ***di interesse*** Zinsspanne *f.*; ~ ***interno*** Innenrand *m.*; ***vincere con largo*** ~ mit großem Vorsprung siegen; ***ai -i della legalità*** am Rand der Legalität; ~ ***della pagina*** Seitenrand *m.*; ~ ***di produttività*** Leistungsgrenze *f.*; ~ ***di profitto*** Gewinnspanne *f.*, Verdienstspanne *f.*; ~ ***di rendimento*** Leistungsgrenze *f.*; ***vivere ai -i della società*** am Rand der Gesellschaft leben; ~ ***della strada*** Straßenrand *m.*; ~ ***di tempo*** Zeitspanne *f.*; ~ ***di testa*** Kopfsteg *m.*; ~ ***di utile*** Gewinnspanne *f.*

mar|got|ta f. Ableger *m.*, Absenker *m.*

mar|gra|via|to m. Markgrafschaft *f.* **mar|gra|vio** m. *(-vi)* Markgraf *m.*

Ma|ri|a n.pr.f. Maria *f.* ◆ ~ ***la cattolica*** Maria die Katholische; ***figlie di*** ~ Töchter Mariens; ~ ***santissima!*** Jesses Maria! Jesus, Maria (und Josef)! ***servi di*** ~ Serviten *pl.*; ***la Vergine*** ~ die Jungfrau Maria; ~ ***Vergine!*** Jesses Maria!

Ma|ri|a Lu|i|sa n.pr.f. Marieluise *f.*, Marielies *f.*, Marlies *f.*

Ma|ri|a Mad|da|le|na n.pr.f. Maria Magdalena *f.*

Ma|rian|na n.pr.f. Marianne *f.*

Ma|rian|ne n.pr.pl. Marianen *pl.*: ***fossa delle*** ~ Marianengraben *m.*

ma|ria|no agg. marianisch: ***Congregazioni Mariane*** Marianische Kongregationen; ***mese*** ~ Marienmonat *m.*

Ma|ri|a Te|re|sa n.pr.f. Marietheres *f.*; STOR. Maria Theresia *f.*

ma|ri|jua|na f. Marihuana *n.*

Ma|ri|le|na n.pr.f. Marlene *f.*

ma|ri|na f. **1** *(litorale)* Küste *f.*: ***passeggiare per la*** ~ am Meer spazieren gehen; ***la*** ~ ***veneta*** die venezianische Küste **2** *(quadro)* Seestück *n.*, Marine *f.*: ***pittore di -e*** Marinemaler *m.* **3** MAR. MIL. Marine *f.*: ***entrare in*** ~ zur Marine gehen; ***essere in*** ~ bei der Marine sein ◆ ***aviazione della, di*** ~ Marineluftwaffe *f.*; ~ ***da diporto*** Privatwasserfahrzeuge *pl.*; ***fante di*** ~ Marineinfanterist *m.*; ~ ***da guerra*** Kriegsmarine *f.*; ~ ***italiana*** italienische Marine; ~ ***mercantile*** Handelsmarine *f.*; ***Ministero della Marina mercantile*** Marineministerium *n.*; ~ ***militare*** Kriegsmarine *f.*; ***ufficiale di*** ~ Marineoffizier *m.*; ***uniforme della*** ~ Marineuniform *f.*

ma|ri|na|io m. *(-ai)* **1** Seemann *m.* **2** MIL. Matrose *m.* ◆ ~ ***d'acqua dolce*** Binnenschiffer *m.*; SCHERZ. Landratte *f.*; ***berretto da*** ~ Matrosenmütze *f.*; FIG. ***promessa da*** ~ = leeres Versprechen; ***sacco da*** ~ Seesack *m.*; ***uniforme da*** ~ Matrosenuniform *f.*

ma|ri|na|ra f. **1** Matrosenanzug *m.* **2** *(cappello)* Strohhut *m.* ◆ ***berretto alla*** ~ Schiffermütze *f.*; ***blusa alla*** ~ Matrosenbluse *f.*; ***colletto alla*** ~ Matrosenkragen *m.*; ***nodo alla*** ~ Schifferknoten *m.*; GASTR. ***risotto alla*** ~ Reis *m.* mit Meeresfrüchten; ***vestito alla*** ~ Matrosenanzug *m.*

ma|ri|na|re tr. **1** GASTR. marinieren: ~ ***nell'aceto*** in Essig marinieren; ***far*** ~ ***qcs.*** etw. marinieren **2** SCOL. COLLOQ. schwänzen: ~ ***la scuola, la lezione*** die Schule, den Unterricht schwänzen.

ma|ri|na|re|sco agg. *(-schi,-sche)* Seemanns-: ***canzone, espressione -a*** Seemannslied *n.* (*o* Schifferlied *n.*), Seemannsausdruck *m.*; ***gergo*** ~ Seemannssprache *f.*; ***usanza -a*** Seemannsbrauch *m.*

ma|ri|na|ro agg. **1** *(marittimo)* See-: ***città, repubblica -a*** Seestadt *f.*, Seerepublik *f.* **2** *(di, da marinaio)* Seefahrer-: ***abitudini -e*** Seefahrergewohnheiten *pl.*; ***popolo*** ~ Seefahrervolk *n.*

ma|ri|na|ta f. Marinade *f.*: ***mettere qcs. in*** ~ etw. in (eine) Marinade ein‿legen. **ma|ri|na|to** p.pass. agg. **1** → **marinare 2** GASTR. mariniert: ***aringhe -e*** marinierte Heringe. **ma|ri|na|tu|ra** f. Marinieren *n.*

ma|ri|ne [mə'rin, *üblich* ma'rin] m. (inv. e *-s*) Marineinfanterist *m.*

ma|ri|ne|ri|a f. Seewesen *n.*

ma|ri|ni|smo m. Marinismus *m.* **ma|ri|ni|sta** m. e f. *(-i,-e)* Marinist (-in *f.*). **ma|ri|ni|sti|co** agg. *(-ci,-che)* marinistisch.

ma|ri|no I agg. **1** Meer(es)-, See-: ***acqua, corrente -a*** Meerwasser *n.*, Meeresströmung *f.*; ***abissi -i*** Meerestiefen *pl.*; ***fondo*** ~ Meeresboden *m.*; ***animali -i, piante -e*** Meerestiere *pl.*, Meerespflanzen *pl.*; ***sale*** ~ Meersalz *n.* **2** *(sul mare)* See-, am Meer: ***città -a*** Seestadt *f.*; ***località, colonia -a*** am Meer gelegener Ort, Kinderferienheim am Meer **II** m. Seewind *m.* ◆ ***biologia -a*** Meeresbiologie *f.*; ***blu*** ~ marineblau; MAR. ***miglio*** ~ Seemeile *f.*

ma|rio|lo m. **1** Gauner *m.* **2** SCHERZ. *(monello)* Spitzbube *m.*

ma|rio|lo|gi|a f. Mariologie *f.* **ma|rio|lo|gi|co** agg. *(-ci,-che)* mariologisch.

ma|rio|net|ta f. **1** Marionette *f.* **2** FIG. Hampelmann *m.*: ***fare la*** ~ den Hampelmann spielen ◆ ***spettacolo di, delle -e*** Marionettenspiel *n.*; ***teatro delle -e*** Marionettentheater *n.* **ma|rio|net|ti|sta** m. e f. *(-i,-e)* Marionettenspieler *m.* (-in *f.*). **ma|rio|net|ti|sti|co** agg. *(-ci,-che)* marionettenhaft, Marionetten-: ***stile*** ~ Marionettenstil *m.*

ma|ri|ta|le agg. ehemännlich: ***dignità*** ~ ehemännliche Würde; ***doveri -i*** ehemännliche Pflichten. **ma|ri|tal|men|te** avv. wie Eheleute: ***convivere*** ~ wie Eheleute zusammen‿leben.

ma|ri|ta|re I tr. **1** verheiraten: ~ ***una figlia con qcn.*** eine Tochter mit jdm (*o* an jdn) verheiraten **2** BOT. verbinden, verkoppeln **II** pronom. **maritarsi 1** sich verheiraten, SCHERZ. sich bemannen: ***-rsi con qcn.*** sich mit jdm verheiraten **2** assol. heiraten: ***si sono maritati ieri*** sie haben gestern geheiratet. **ma|ri|ta|to** p.pass. agg. **1** → **maritare 2** verheiratet: ***donna -a*** verheiratete Frau.

ma|ri|to m. Mann *m.*, Ehemann *m.*: ***vivere come*** ~ ***e moglie*** wie Mann und Frau (in eheähnlicher Gemeinschaft) leben; ***essere*** ~ ***e moglie*** Eheleute sein; ***dichiarare qcn.*** ~ ***e moglie*** jdn zu Mann und Frau erklären; ***prendere*** ~ jdn zum Mann nehmen (*o* jdn heiraten); ***trovare*** ~ einen Mann finden; SCHERZ. ***andare a caccia di un*** ~ sich einen Ehemann angeln ◆ ***ragazza (in età) da*** ~ heiratsfähiges Mädchen; PROV. ***tra moglie e*** ~ ***non mettere il dito*** = man soll sich nicht in einen Ehestreit ein‿mischen.

ma|ri|toz|zo m. INTRAD. (süßes Hefegebäck mit Rosinen und Pinienkernen).

ma|rit|ti|mo I agg. See-, maritim; ***fauna -a*** maritime Fauna; ***clima*** ~ Seeklima *n.*, maritimes Klima; ***commercio, trasporto*** ~ Seehandel *m.*, Seefracht *f.*; ***città, località -a*** Seestadt *f.* **II** m. Seemann *m.* (-leute *pl.*): ***sciopero dei -i*** Streik *m.* der Seeleute ◆ ***blocco*** ~ Seesperre *f.*; ***diritto*** ~ Seerecht *n.*; ***pino*** ~ Strandkiefer *m.*; ***porto*** ~ Seehafen *m.*; ***servizio meteorologico*** ~ Seewetterdienst *m.*; ***servizio di salvataggio*** ~ Seenotrettungsdienst *m.*; ***traffico*** ~ Seeverkehr *m.*; ***regolamento del traffico*** ~ Seestraßenordnung *f.*

mar|ket|ing ['mɑ:kɪtɪŋ, *üblich* 'marketing] m.inv. Marketing *n.* ◆ ***ricerca di*** ~ Marktforschung *f.*, Marketing-Research *n.*; ***strategia di*** ~ Marketingstrategie *f.*

mar|ma|glia m. **1** *(gentaglia)* Gesindel *n.* **2** *(orda)* Horde *f.*: ***una*** ~ ***di ragazzini*** eine Horde Jungen.

mar|mel|la|ta f. Marmelade *f.*: ***fare, preparare la*** ~ Marmelade kochen; ***spalmare la*** ~ ***sul pane*** Marmelade aufs Brot streichen ◆ ~ ***di albicocche*** Aprikosenmarmelade *f.*; ~ ***di arance*** Orangenmarmelade *f.*; ~ ***di ciliegie*** Kirschmarmelade *f.*; ~ ***di cotogne*** Quittenmarmelade *f.*; ~ ***di fragole*** Erdbeermarmelade *f.*; ~ ***di frutta*** Fruchtmarmelade *f.*; ~ ***di more*** Brombeermarmelade *f.*; ***pane e*** ~ Marmeladenbrot *n.*; ~ ***di pesche*** Pfirsichmarmelade *f.*; ~ ***di prugne*** Pflaumenmarmelade *f.*; ***ripieno di*** ~ Marmeladenfüllung *f.*; ***vasetto di*** ~ Marmeladenglas *n.*

mar|met|ta f. Fliese *f.*

mar|mi|fe|ro agg. Marmor-: ***cava -a*** Marmorbruch *m.* **mar|mi|sta** m. Marmorschleifer *m.*

mar|mit|ta f. **1** *(pentolone)* Kessel *m.*, großer Topf *m.* **2** AUT. Auspuff(topf) *m.* ◆ ~ ***catalitica*** Katalysator *m.*; ***automobile con*** ~ ***catalitica*** Katalysatorauto *n.*; GEOL. ***-e dei giganti*** Riesentöpfe *pl.*, Riesenkessel *pl.*; GEOL. ~ ***glaciale*** Gletschertopf *m.* **mar|mit|to|ne** m. SCHERZ. = unbeholfener Soldat *m.*

mar|mo m. **1** Marmor *m.*: ***di*** ~ aus Marmor; ~ ***scolpito, levigato*** gehauener, geschliffener Marmor; ***levigare il*** ~ den Marmor schleifen; ***lavorare il*** ~ Marmor bearbeiten **2a** *(oggetto artistico)* Marmorbild *n.* **b** *(lapide)* Marmortafel *f.* ◆ ***blocco di*** ~ Marmorblock *m.*; ***busto di*** ~ Marmorbüste *f.*; ~ ***di Carrara*** Carraramarmor *m.*; ***cava di*** ~ Marmorbruch *m.*; ***colonna di*** ~ Marmorsäule *f.*; FIG. ***essere di*** ~ → ***essere duro come il*** ~; ***diventare di*** ~ zur Salzsäule erstarren; ***essere duro come il*** ~ hart wie Stein sein; ~ ***finto*** Stuckmarmor *m.*; ***freddo come il*** ~ eiskalt; ***lavoro in*** ~ Marmorarbeit *f.*; ***lastra di*** ~ Marmorplatte *f.*; FIG. ***essere diventato un pezzo di*** ~ eiskalt geworden sein; ***scala di*** ~ Marmortreppe *f.*; ***scultura di*** ~ Marmorskulptur *f.*; ***simile al*** ~ marmorartig; ***statua di*** ~ Marmorbild *n.*; ***tavolo di*** ~ Marmortisch *m.*

mar|moc|chio m. *(-chi)* Knirps *m.*

mar|mo|re|o agg. **1** marmorn, Marmor-: ***lapide, statua -a*** Marmortafel *f.*, Marmorbild *n.*; FIG. ***un pallore*** ~ eine marmorne Blässe **2** *(simile al marmo)* marmorartig: ***durezza -a*** marmorartige Härte. **mar|mo|riz|za|re** tr. marmorieren. **mar|mo|riz|za|to** p.pass. agg. **1** → **marmorizzare 2** marmoriert, Marmor-: ***legno*** ~ marmoriertes Holz. **mar|mo|riz|za|zio|ne** f. Marmorierung *f.*

mar|mot|ta f. **1** Murmeltier *n.*: FIG. ***dormire come una*** ~ wie ein Murmeltier schlafen **2** FIG. *(dormiglione)* Schlafmütze *f.*

mar|na f. Mergel *m.* ◆ ***cava di*** ~ Mergelgrube *f.* **mar|no|so** agg.

merg(e)lig, Mergel-: ***argilla -a*** mergeliger Ton; ***terreno ~*** Mergelboden *m.*
ma|roc|chi|na|re tr. zu Maroquin verarbeiten: ***~ pelle di capra*** Ziegenleder zu Maroquin verarbeiten.
1.ma|roc|chi|no **I** agg. marokkanisch **II** m. Marokkaner *m.*
2.ma|roc|chi|no m. *(cuoio)* Maroquin *n.*
Ma|roc|co n.pr.m. Marokko *n.*
ma|ro|ni|ta *(-i,-e)* **I** agg. maronitisch: ***rito ~*** maronitischer Ritus **II** m. e f. Maronit *m.* (-in *f.*).
ma|ro|so m. Brecher *m.*, Sturzwelle *f.*
mar|pio|ne m. COLLOQ. Schlitzohr *n.*
mar|ra f. **1** AGR. Hacke *f.* **2** MAR. Ankerspitze *f.*
mar|ra|no m. **1** STOR. Mar(r)ane *m.* **2** FIG. *(villano)* Flegel *m.*
mar|ron|ci|no agg. bräunlich. **mar|ro|ne** **I** m. **1** Marone *f.*, Esskastanie *f.* **2** *(albero)* Edelkastanie *f.* **3** *(colore)* Braun *n.*: ***vestirsi in, di ~*** sich in Braun kleiden **4** pl. VOLG. Eier *pl.* **II** agg. braun ◆ ***~ chiaro*** hellbraun; ***colorare di ~*** braun färben; ***diventare ~*** braun werden; ***~ rossiccio*** rotbraun; ***~ scuro*** dunkelbraun (*o* schwarzbraun).
mar|ron gla|cé [-'se] m.inv. glasierte Marone *f.*
mar|sa|la m.inv. Marsala *m.*, Marsalawein *m.*: ***~ secco*** trockener Marsala. **mar|sa|la|to** agg. ***vino ~*** Marsala-ähnlicher Wein *m.*
marsc', marsch ['marʃ] inter. marsch: ***avanti, ~!*** vorwärts, marsch! SCHERZ. ***a letto, ~!*** ab ins Bett, marsch!
Mar|shall ['marʃal] STOR. ***piano ~*** Marshallplan *m.*; GEOGR. ***isole ~*** Marshallinseln *pl.*
Mar|si|glia n.pr.f. Marseille *n.* **mar|si|glie|se** **I** agg. Marseiller, aus (*o* von) Marseille **II** m. e f. Marseiller *m.* (-in *f.*) **III** f. *(inno nazionale)* Marseillaise *f.*: ***intonare la ~*** die Marseillaise an‿stimmen.
mar|si|na f. Frack *m.*
mar|su|pia|le **I** agg. Beutel-: ***orso ~*** Beutelbär *m.* **II** m.pl. Beuteltiere *pl.*, Marsupialia *pl.* **mar|su|pio** m. *(-pi)* **1** ZOOL. Beutel *m.* **2** *(sacca per bambino)* Tragebeutel *m.* **3** *(borsetta legata alla vita)* Gürteltasche *f.*
Mar|ta n.pr.f. Martha *f.*, Marthe *f.*
mar|te m. **1** LETT. *(guerra)* Mars *m.* **2** ANT. *(martedì)* Dienstag *m.* ◆ ***campo di ~*** Marsfeld *n.*; PROV. ***di venere e di ~ non si sposa e non si parte*** = freitags und dienstags soll man weder heiraten noch verreisen.
Mar|te n.pr.m. MITOL. ASTR. Mars *m.*
mar|te|dì m.inv. Dienstag *m.*: ***arrivo (il) ~*** ich komme am Dienstag an; ***ogni ~*** jeden Dienstag; ***di, il ~*** dienstags; ***da ~ prossimo*** ab kommenden Dienstag; ***da ~ scorso*** seit vorigem Dienstag; ***un ~*** eines Dienstags ◆ ***~ grasso*** Faschingsdienstag *m.*; ***~ mattina*** Dienstagmorgen *m.*; ***di, il ~ mattina*** dienstagmorgens; ***~ pomeriggio*** Dienstagnachmittag *m.*; ***di, il ~ pomeriggio*** dienstagnachmittags; ***~ sera*** Dienstagabend *m.*; ***di, il ~ sera*** dienstagabends.
mar|tel|la|men|to m. **1** Hämmern *n.* **2** *(il colpire)* Klopfen *n.*: ***il ~ delle tempie*** das Klopfen der Schläfen ◆ ***~ dell'artiglieria*** Trommelfeuer *n.*; ***~ consumistico*** Konsumterror *m.*; ***essere sottoposto ad un ~ di domande*** einem Trommelfeuer von Fragen ausgesetzt sein. **mar|tel|lan|te** agg. hämmernd (anche FIG.): ***pubblicità ~*** hämmernde Werbung ◆ COLLOQ. ***musica ~*** Bumsmusik *f.*
mar|tel|la|re **I** tr. **1** hämmern: ***~ la lamiera, il ferro*** Blech, Eisen hämmern; ***~ a freddo, a caldo*** kalt, heiß hämmern **2** *(colpire ripetutamente)* hämmern, ein‿hämmern: ***~ qcn., qcs.*** auf jdn, etw. einhämmern; ***~ coi pugni la porta*** (mit den Fäusten) an die Tür hämmern **3a** FIG. *(assillare)* überschütten, überhäufen: ***~ qcn. di domande*** jdn mit Fragen überschütten **b** *(tormentare)* quälen: ***la gelosia lo martella*** die Eifersucht quält ihn **4** MIL. mit Trommelfeuer belegen: ***~ il nemico con l'artiglieria*** den Feind mit Trommelfeuer belegen **II** intr. (aus. *avere*) hämmern (anche FIG.): ***la pioggia martellava sui vetri della finestra, sul tetto*** der Regen hämmerte an die Fensterscheiben, auf das Dach; ***il cuore gli martellava per la paura*** sein Herz hämmerte vor Angst ◆ ***~ di colpi l'avversario*** den Gegner mit Schlägen ein‿decken; ***sentirsi ~ le tempie*** hämmernde Schläfen haben.
mar|tel|la|ta f. **1** Hammerschlag *m.*; ***darsi una ~ sul dito*** sich mit dem Hammer auf den Finger schlagen **2** FIG. harter Schlag *m.*: ***la notizia fu per lui una ~ al cuore*** die Nachricht war ein harter Schlag für ihn. **mar|tel|la|to** p.pass. agg. **1** → **martellare 2a** gehämmert: ***vaso di rame ~*** Vase aus gehämmertem Kupfer; MUS. ***note -e*** gehämmerte Noten **b** *(sfaccettato)* facettiert: ***cristallo ~*** facettierter Kristall. **mar|tel|la|to|re** m. Hammerschmied *m.* **mar|tel|la|tu|ra** f. Hämmern *n.*
mar|tel|let|to m. **1** *(del pianoforte)* Hammer *m.* **2** MED. Perkussionshammer *m.* **3** *(di macchina da scrivere)* Typenhebel *m.* **4** *(di sveglia)* Hämmerchen *n.* **mar|tel|li|na** f. **1** *(da muratore)* Krönelhammer *m.* **2** *(da scultore)* Krönel *m.* **3** *(da saldatore)* Schlackenhammer *m.* **mar|tel|li|o** m. Gehämmer *n.*, dauerndes Hämmern *n.*
mar|tel|lo m. **1a** Hammer *m.*: ***lavorare di ~*** hämmern; ***battere con il ~*** hämmern; ***piantare un chiodo con il ~*** mit dem Hammer einen Nagel ein‿schlagen; ***brandire il ~*** den Hammer schwingen **b** SPORT Hammer *m.*: ***lanciare il ~*** den Hammer werfen **c** ANAT. Hammer *m.* **2** *(di porta)* Türklopfer *m.* **3** *(di campana)* Klöppel *m.* ◆ ***~ da calzolaio*** Schuhmacherhammer *m.*; ***~ cesellatore*** Punzhammer *m.*; ***colpo di ~*** Hammerschlag *m.*; ***dita a ~*** Hammerzehe *f.*; ***~ da fabbro*** Schmiedehammer *m.*; ***falce e ~*** Hammer und Sichel; ***~ da falegname*** Tischlerhammer *m.*; ***~ da ghiaccio*** Eishammer *m.*; ***essere tra l'incudine e il ~*** zwischen Hammer und Amboss sein; ***lancio del ~*** Hammerwerfen *n.*; MED. ***~ percussore*** Reflexhammer *m.*; ***~ perforatore*** Bohrhammer *m.*; ***pesce ~*** Hammerhai *m.*; ***~ pneumatico*** Presslufthammer *m.*; ***~ da roccia*** Steinhammer *m.*; ***suonare a ~*** Sturm läuten; ***testa del ~*** Hammerkopf *m.*
mar|ti|net|to m. **1** MECC. Hebebock *m.*, Winde *f.*: ***~ idraulico*** hydraulische Winde (*o* hydraulischer Hebebock); ***~ a vite*** Schraubenwinde *f.*; ***~ pneumatico*** Luftheber *m.* **2** AUT. Autoheber *m.*, Kraftfahrzeugwinde *f.*
mar|tin|ga|la f. **1** Schößchenschlaufe *f.* **2** EQUIT. Martingal *n.*
Mar|ti|ni|ca n.pr.f. Martinique *n.* **mar|ti|ni|ca|no** agg. Martinique-, aus Martinique.
mar|ti|nic|ca f. Radbremse *f.*, Wagenbremse *f.*
Mar|ti|no n.pr.m. Martin *m.*
mar|tin pe|sca|to|re m. Eisvogel *m.*
mar|ti|re m. e f. Märtyrer *m.* (-in *f.*): ***~ della libertà*** Märtyrer für die Freiheit; ***i primi -i cristiani*** die frühchristlichen Märtyrer; ***morire da ~*** als Märtyrer sterben; FIG. ***fare il ~*** den Märtyrer spielen.
mar|ti|rio m. *(-ri)* **1** Märtyrium *n.*, Märtyrertod *m.*: ***subire il ~*** den Märtyrertod erleiden; ***il ~ di San Sebastiano*** das Märtyrium des heiligen Sebastian **2** FIG. Qual *f.*, Marter *f.*, Pein *f.*: ***che ~!*** welche (*o* was für eine) Qual! **mar|ti|riz|za|re** tr. **1** martern **2** FIG. quälen, peinigen. **mar|ti|ro|lo|gio** m. *(-gi)* Martyrologium *n.*
mar|to|ra f. Marder *m.*; ***pelliccia di ~*** Marderfell *n.*
mar|to|ria|re **I** tr. **1** martern **2** FIG. peinigen, quälen: ***~ qcn. con lamentele continue*** jdn mit ständigen Klagen quälen **II** pronom. **martoriarsi** **1** sich martern **2** FIG. sich quälen.
mar|xia|no agg. marxsche, von Marx. **mar|xi|smo** m. Marxismus *m.* **mar|xi|smo-le|ni|ni|smo** m. Marxismus-Leninismus *m.* **mar|xi|sta** *(-i,-e)* **I** m. e f. Marxist *m.* (-in *f.*) **II** agg. marxistisch: ***dottrina ~*** marxistische Lehre. **mar|xi|sti|co** agg. *(-ci,-che)* marxistisch.
mar|za m. Edelreis *n.*, Pfropfreis *n.*
mar|za|io|la f. Knäkente *f.*
mar|za|pa|ne m. Marzipan *n.*
mar|zia|le agg. **1** militärisch; martialisch, kriegerisch: ***aspetto ~*** martialisches Aussehen; ***passo ~*** militärischer Schritt (*o* Gang) **2** FARM. eisenhaltig: ***preparato ~*** eisenhaltiges Präparat ◆ ***arti -i*** Kampfsportarten *pl.*; ***corte ~*** Kriegsgericht *n.*, Standgericht *n.*; ***legge ~*** Standrecht *n.*; ***tintura ~*** Magnesiumtinktur *f.* **mar|zia|li|tà** f. kriegerisches Wesen *n.*
mar|zia|no **I** m. **1** Marsbewohner *m.*, Marsmensch *m.* **2** FIG. Sonderling *m.* **II** agg. Mars-: ***pianeta ~*** Marsplanet *m.* **mar|zio** agg. *(-zi, -zie)* Mars-: STOR. ***campo ~*** Marsfeld *n.*
mar|zo m. März *m.*: ***a, in ~*** im März; ***all'inizio, alla fine di ~*** Anfang, Ende März; ***a metà ~*** Mitte März; ***il primo, il due (di) ~*** der erste, der zweite (*o* am ersten, zweiten) März; ***il 21 ~ inizia la primavera*** am 21. März ist Frühlingsanfang ◆ ***le Idi di ~*** die Iden des März.
mar|zo|li|no **I** agg. März-, märzlich **II** m. *(formaggio di pecora)* Schafskäse *m.*; *(di bufala)* Büffelkäse *m.* ◆ ***frumento ~*** Sommerweizen *m.*; ***grano ~*** Sommergetreide *n.*; ***neve -a*** Märzschnee *m.*; ***vento ~*** Märzwind *m.*
ma|scal|zo|na|ta f. Schurkerei *f.*, Lumperei *f.*, Gaunerei *f.* **ma|scal|zo|ne** m. Schurke *m.*, Gauner *m.*, Lump *m.*
ma|sca|ra m.inv. Wimperntusche *f.*, Mascara *m.*: ***mettersi il ~*** sich die Wimpern tuschen.
ma|scar|po|ne m. INTRAD. (fetthaltiger, süßer Frischkäse aus der Lombardei).
ma|scel|la f. Kiefer *m.*: ***~ superiore, inferiore*** Ober-, Unterkiefer *m.*; ***~ forte, volitiva*** vorstehender, eckiger Unterkiefer. **ma|scel|la|re** agg. Kiefer-: ***articolazione, nervo ~*** Kiefergelenk *n.*, Kiefernerv *m.*
ma|sche|ra f. **1** Maske *f.* (anche FIG.): ***mettersi, nascondersi dietro (a) una ~*** eine Maske auf‿setzen, sich hinter einer Maske verstecken; ***avere una ~ sul volto*** maskiert sein; ***strappare la ~ a qcn.*** jdm die Maske herunter‿reißen; FIG. jdn demaskieren; ***gettare la ~*** die Maske fallen lassen (anche FIG.) **2a** *(travestimento)* Kos-

tüm *n.*: ***mettere, indossare una ~*** ein Kostüm an_legen, tragen; ***mettersi in ~*** sich kostümieren; ***affittare una ~ per carnevale*** ein Karnevalskostüm leihen **b** *(persona travestita)* verkleidete (*o* kostümierte) Person *f.* **3** *(maschera popolare)* Maske *f.*: ***Gianduia è la tipica ~ di Torino*** Gianduia ist die typische Turiner Maske **4** *(del cinema)* Platzanweiser *m.* **5** TECN. Schutzschirm *m.* **6** INFORM. Maske *f.* ◆ ***~ per anestesia*** Narkosemaske *f.*; ***~ antigas*** Gasmaske *f.*; ***~ antismog*** Atemmaske *f.*; ***~ per apicoltori*** Bienenschleier *m.*, Imkerschleier *m.*; ***ballo in ~*** Maskenball (*o* Kostümball *m.*); ***~ di bellezza*** Schönheitsmaske *f.*, Gesichtsmaske *f.*; ***~ chirurgica*** Arztmaske *f.* (*o* Mundtuch *n.*); ***~ comica*** komische Figur; ***il suo volto era una ~ di dolore*** sein Gesicht war schmerzverzogen; ***festa in ~*** Maskenfest *n.*; ***~ in gesso*** Gipsmaske *f.*; ***mezza ~*** Halbmaske *f.*; ***~ mortuaria*** Totenmaske *f.*; ***~ per ossigeno*** Sauerstoffmaske *f.*; ***~ da pagliaccio*** Clownsmaske *f.*; ***~ protettiva*** Schutzmaske *f.*; ***~ del radiatore*** Kühlerverkleidung *f.*; ***~ respiratoria*** Atemmaske *f.*; ***~ per saldatore*** Schweißermaske *f.*; ***essere una ~ di sangue*** ein blutüberströmtes Gesicht haben; ***~ da scherma*** Fechtmaske *f.*; ***sfilata delle -e*** Karnevalsumzug *m.*; ***~ subacquea*** Tauchermaske *f.*; ***~ tragica*** tragische Maske.

ma|sche|ra|men|to m. **1** Maskierung *f.*, Verkleidung *f.* **2** FIG. Verschleierung *f.*, Täuschung *f.*: ***il ~ delle proprie intenzioni*** die Verschleierung seiner Absichten; ***raggiungere i propri scopi mediante ~*** seine Zwecke durch Täuschung erreichen **3** MIL. *(mimetizzazione)* Tarnung *f.*

ma|sche|ra|re *(maschero)* **I** tr. **1** verkleiden; *(il viso)* maskieren: ***~ qcn. da Arlecchino*** jdn als Harlekin verkleiden **2** *(dissimulare)* bemänteln, verschleiern, maskieren: ***~ le proprie intenzioni, debolezze*** seine Absichten, seine Schwächen bemänteln; ***~ la paura con l'aggressività*** seine Angst mit Aggressivität maskieren; ***~ un errore*** einen Fehler bemänteln **3** MIL. *(mimetizzare)* tarnen (anche FIG.): ***~ la propria intenzione*** seine Absichten tarnen **II** pronom. **mascherarsi 1** sich maskieren, sich verkleiden: ***-rsi per carnevale*** sich zu Karneval verkleiden; ***-rsi da fata*** sich als Fee verkleiden **2** FIG. sich aus_geben, sich tarnen: ***-rsi da benefattore*** sich als Wohltäter ausgeben.

ma|sche|ra|ta f. **1** Maskenzug *m.*: ***la ~ è arrivata fino in piazza*** der Maskenzug ist bis zum Platz gekommen **2** *(messa in scena)* Theater *n.*: ***è tutta una ~*** das ist reines Theater.

ma|sche|ra|ta|men|te avv. versteckt, verdeckt. **ma|sche|ra|to** p.pass. agg. **1** → **mascherare 2** Masken-, maskiert: ***ballo ~*** Maskenball *m.*; ***festa -a*** Maskenfest *n.*; ***banditi -i*** maskierte Verbrecher; ***uomo ~*** maskierter Mann. **ma|sche|ra|tu|ra** f. **1** Verkleidung *f.*, Maskierung *f.* **2** TECN. Maskierung *f.*

ma|sche|ri|na f. **1** Halbmaske *f.* **2** *(persona travestita)* verkleideter (*o* kostümierter) Mensch *f.*; *(bambino)* maskiertes Kind *n.* **3** *(di animali)* Maske *f.*: ***un gatto grigio con una ~ bianca*** eine graue Katze mit weißer Maske **4** *(di scarpe)* Kappe *f.* **5** *(schermo)* Schutzmaske *f.* **6** *(per disegno)* Schablone *f.*, Maske *f.* ◆ ***~ asettica*** Schutzmaske *f.*; ***ti conosco ~!*** Freundchen, ich kenne dich! ***~ copriradiatore*** Kühlerhaube *f.*, Kühlerverkleidung *f.*

ma|sche|ro|ne m. **1** ARCH. Maskaron *m.*: ***fontana con un ~ di pietra*** Brunnen mit Steinmaskaron **2** *(viso deforme)* Grimasse *f.*, Fratze *f.*

ma|schiac|cio m. *(-ci)* SCHERZ. halber Junge *m.*

ma|schia|re tr. *(maschio, maschi)* ***~ qcs.*** in etw. (A) ein Gewinde bohren.

ma|schiet|ta f. burschikoses Mädchen *n.* ◆ ***capelli alla ~*** Bubikopf *m.* **ma|schiet|to** m. (kleiner) Junge *m.*: ***è un bel ~!*** es ist ein schöner Junge!

ma|schi|le I agg. **1a** männlich, Männer-: ***sesso ~*** männliches Geschlecht **b** *(di, da uomo)* ***abito ~*** Herrenanzug *m.*; ***voce ~*** Männerstimme *f.* **2** SPORT Herren-: ***torneo ~*** Herrenturnier *n.*; ***doppio, singolo ~*** Herrendoppel *n.*, Herreneinzel *n.* **3** SCOL. Jungen-, Knaben-: ***scuola ~*** Jungenschule *f.* **4** GRAMM. männlich, maskulin: ***sostantivo, articolo ~*** männliches Substantiv, männlicher Artikel **II** m. GRAMM. Maskulinum *n.*

ma|schi|li|smo m. Chauvinismus *m.* **ma|schi|li|sta I** agg. *(-i,-e)* chauvinistisch: ***atteggiamento ~*** chauvinistisches Verhalten **II** m. *(-i)* Chauvinist *m.*, Macho *m.*: COLLOQ. ***sporco ~!*** Scheißchauvi! **ma|schi|li|sti|co** agg. *(-ci,-che)* chauvinistisch.

1.ma|schio I m. *(-schi)* **1** *(di animale)* Männchen *n.*: ***il ~ della tigre*** das Tigermännchen; ***un ~ da riproduzione*** ein männliches Zuchttier **2** *(bambino, ragazzo)* Junge *m.*: ***-schi e femmine*** Jungen und Mädchen; ***hanno avuto un ~*** sie haben einen Jungen bekommen **3** *(uomo)* Mann *m.* **4a** TECN. *(di un incastro)* Feder *f.*: ***~ e femmina*** Feder und Nut **b** *(arnese per filettare)* Gewindebohrer *m.* **II** agg. *(-schi,-schie)* **1** männlich **2** *(virile)* männlich, mannhaft, maskulin: ***voce -a*** männliche Stimme ◆ ***~ dell'anatra*** Erpel *m.* (*o* Enterich *m.*); ***cane ~*** Rüde *m.*; ***~ per dadi*** Mutterbohrer *m.*; ***da ~, da -schi*** männlich; ***felce ~*** Schildfarn *m.*, Wurmfarn *m.*; ***figlio ~*** Sohn *m.*; ***gatto ~*** Kater *m.*; ***~ dell'oca*** Gänserich *m.*; ***~ della ruota*** Radachse *f.*; ***~ del timone*** Steuerachse *f.*

2.ma|schio m. *(-schi)* Hauptturm *m.*, Bergfried *m.*

ma|sco|li|ni|tà f. Männlichkeit *f.*, Mannhaftigkeit *f.* **ma|sco|li|niz|za|re I** tr. vermännlichen **II** pronom. **mascolinizzarsi** männlich werden, sich vermännlichen. **ma|sco|li|niz|za|zio|ne** f. Vermännlichung *f.*, Maskulinisierung *f.* **ma|sco|li|no** agg. männlich, maskulin: ***tratti -i*** männliche Züge; ***donna -a*** maskuline Frau.

ma|scot|te [-ˈkɔt] f.inv. Maskottchen *n.*, Maskotte *f.*: ***essere la ~ di una squadra*** das Maskottchen einer Mannschaft sein.

ma|ser m.inv. Molekularverstärker *m.*, Maser *m.*

ma|sna|da f. **1** Horde *f.*, Bande *f.*, Rotte *f.*: ***una ~ di delinquenti*** eine Horde von Verbrechern; SCHERZ. ***una ~ di adolescenti chiassosi*** eine lärmende Rotte von Halbwüchsigen **2** STOR. = römisches Gesinde *n.* **ma|sna|die|re** m. **1** LETT. Räuber *m.* **2** ESTENS. Gauner *m.*: ***faccia da ~*** Gaunervisage *f.*

ma|so m. REGION. Bauernhof *m.*, Hof *m.*

ma|so|chi|smo m. Masochismus *m.* **ma|so|chi|sta** m. e f. *(-i,-e)* Masochist *m.* (-in *f.*). **ma|so|chi|sti|co** agg. *(-ci,-che)* masochistisch: ***piacere ~*** masochistische Lust.

ma|so|ni|te f. Holzfaserplatte *f.*, Spanplatte *f.*

mas|sa f. **1a** Masse *f.* (anche FIS.): ***~ informe*** unförmige Masse **b** *(popolazione)* ***educare le -e*** die Massen erziehen **2** *(grande quantità)* Masse *f.*, Menge *f.*, Haufen *m.*: ***una ~ di libri, di rottami*** ein Haufen Bücher, Schrott; ***una ~ di delinquenti*** eine Menge Verbrecher; ***una ~ di turisti, di gente*** eine Masse von Touristen, von Leuten **3** EL. Erdung *f.*, Erdleitung *f.* ◆ ***~ d'aria*** Luftmasse *f.*; ***~ atomica*** Atommasse *f.*; ***~ di carne*** Fleischkloß *m.*; ***~ cerebrale*** Hirnmasse *f.*, Gehirnsubstanz *f.*; ***collegamento a ~*** Erdung *f.*; ***collegare a ~*** erden; ***mezzi di comunicazione di ~*** Massenmedien *pl.*; ***consumo di ~*** Massenkonsum *m.*; ***~ critica*** kritische Masse; ***cultura di ~*** Massenkultur *f.*; ***~ ereditaria*** Erbmasse *f.*; ***~ fallimentare*** Konkursmasse *f.*; ***far ~*** zusammen_strömen; ***~ gravitazionale*** schwere Masse; ***in ~*** in Massen, massenhaft: ***arruolarsi in ~*** sich massenhaft freiwillig melden; ***condannare in ~*** massenhaft verurteilen; ***~ inerte, inerziale*** träge Masse; ***mettere a ~*** → ***collegare a ~***; ***movimento di ~*** Massenbewegung *f.*; ***numero di ~*** Massenzahl *f.*; ***partito di ~*** Massenpartei *f.*; ***~ pesante*** → ***~ gravitazionale***; ***produzione di ~*** Massenherstellung *f.*; ***~ relativistica*** bewegte Masse; FIS. ***~ a riposo*** Ruhemasse *f.*; ***turismo di ~*** Massentourismus *m.*; ***unità di ~*** Masseneinheit *f.*

mas|sa|cran|te agg. strapaziös, enorm anstrengend: ***un lavoro ~*** eine strapaziöse Arbeit.

mas|sa|cra|re tr. **1** massakrieren, nieder_metzeln: ***~ i prigionieri*** die Gefangenen massakrieren **2** *(malmenare)* massakrieren; ***~ qcn. di botte*** jdn brutal zusammen_schlagen **3** *(logorare)* zermürben: ***questo lavoro mi ha massacrato*** diese Arbeit hat mich zermürbt. **mas|sa|cra|to|re** m. Schlächter *m.*, Mörder *m.*

mas|sa|cro m. **1** Massaker *n.*, Gemetzel *n.*: ***fare un ~*** ein Massaker an_richten **2** FIG. Strapaze *f.*: ***il viaggio in queste condizioni è un ~*** unter diesen Bedingungen ist die Reise eine einzige Strapaze.

mas|sag|gia|re tr. *(massaggio, massaggi)* massieren. **mas|sag|gia|to|re** m. **1** Masseur *m.* **2** *(apparecchio)* Massagegerät *n.* **mas|sag|gia|tri|ce** f. **1** Masseurin *f.* **2** *(prostituta)* Masseuse *f.* **mas|sag|gio** m. *(-gi)* Massage *f.*; ***fare un ~ a qcn.*** jdn massieren; ***~ energico, delicato*** kräftiges, sanftes Massieren ◆ ***~ cardiaco*** Herzmassage *f.*

mas|sa|ia f. Hausfrau *f.*

mas|sa|io m. *(-ai)*, **mas|sa|ro** m. Landwirt *m.*

mas|sel|la|re tr. zu Masseln verarbeiten. **mas|sel|la|tu|ra** f. Verarbeitung *f.* zu Masseln. **mas|sel|lo** m. **1** METALL. Massel *f.* **2** EDIL. Werkstein *m.* **3** *(legno)* Kernholz *n.*, Massivholz *n.*: ***un tavolo in ~ di noce*** ein Tisch aus massivem Nussbaum.

mas|se|ri|a f. **1** Bauernhof *m.* **2** *(casa colonica)* Bauernhaus *n.*

mas|se|ri|zie f.pl. **1** Hausrat *m.* **2** SCHERZ. Siebensachen *pl.*

mas|se|te|re I m. Kaumuskel *m.* **II** agg. ***muscolo ~*** Kaumuskel *m.*

mas|sic|cia|men|te avv. massiv.

mas|sic|cia|ta f. Bettung *f.*

mas|sic|cio I agg. *(-ci,-ce)* **1** massiv: ***d'oro ~*** aus massivem Gold; ***questo tavolo è in noce ~*** dieser Tisch ist massiv Nuss **2** *(solido)* kräftig, massiv: ***edificio ~*** massives Bauwerk; ***essere di corporatura -a*** einen kräftigen Körperbau haben **3** FIG. enorm: ***una -a partecipazione di pubblico*** eine enorme Publikumsbeteiligung **II** m. *(-ci)* Massiv *n.*, Gebirgsmassiv *n.*: ***Massiccio Centrale*** Zentralmassiv *n.*

mas|si|fi|ca|re tr. *(massifico, massifichi)* vermassen. **mas|si|fi|ca|zio|ne** f. Vermassung *f.*

1.mas|si|ma f. **1** Maxime *f.*, Leitspruch *m.*; *(motto)* Denkspruch *m.* **2** ESTENS. *(principio)* Grundsatz *m.*: ***è buona ~ dormire otto ore al giorno*** es ist ein guter Grundsatz, acht Stunden am Tag zu schlafen ◆ ***di ~*** grundsätzlich; ***accordo di ~*** grundsätzliche Einigung; ***in linea di ~*** grundsätzlich, im Prinzip.

2.mas|si|ma f. **1** *(temperatura)* Höchsttemperatur *f.* **2** MED. *(pressione)* Höchstwert *m.*

mas|si|ma|le I agg. maximal, Höchst- **II** m. **1** *(limite massimo)* Höchstgrenze *f.*: ***~ di copertura*** Haftungshöchstgrenze *f.* **2** *(importo massimo)* Maximalbetrag *m.*, Höchstbetrag *m.*, Höchstsumme *f.*: ***assicurarsi per un ~ di cento milioni di lire*** sich mit einer Höchstsumme von hundert Millionen Lire versichern.

mas|si|ma|li|smo m. **1** Politik *f.* der Höchstforderung, Maximalismus *m.* **2** ESTENS. Radikalismus *m.* **mas|si|ma|li|sta** m. **1** Hardliner *m.*, Maximalist *m.* **2** ESTENS. Radikale *m.* **mas|si|ma|li|sti|co** agg. *(-ci,-che)* **1** maximalistisch **2** ESTENS. radikal.

mas|si|ma|men|te avv. hauptsächlich.

Mas|si|mi|lia|no n.pr.m. Maximilian *m.*

mas|si|miz|za|re tr. maximieren.

mas|si|mo (superl. di *grande*) **I** agg. **1** größte, maximal: ***con la -a cura*** mit größter Sorgfalt; ***godere della -a fiducia*** größtes Vertrauen genießen; ***una questione della -a importanza*** eine Angelegenheit von größter Bedeutung; ***il nostro ~ poeta*** unser größter Dichter; ***la capienza -a di un teatro*** das maximale Fassungsvermögen eines Theaters **2** *(più elevato)* höchste, Höchst-: ***il livello ~ di un fiume*** der höchste Wasserstand eines Flusses; ***temperatura -a*** Höchsttemperatur *f.*; ***velocità -a consentita*** zulässige Höchstgeschwindigkeit **II** m. **1** Höchst-: ***condannare al ~ della pena*** zur Höchststrafe verurteilen; ***ottenere il ~ dei voti*** die Höchstnote erhalten; ***raggiungere il ~ della velocità*** die Höchstgeschwindigkeit erreichen **2** COLLOQ. Spitze *f.*, Nonplusultra *n.*: ***per la carne questo ristorante è il ~*** für Fleischgerichte ist dieses Restaurant Spitze ◆ ***al ~*** höchstens; *(al più tardi)* spätestens; *(nel peggiore dei casi)* schlimmstenfalls; ***le -e autorità cittadine*** die obersten städtischen Behörden; ***~ comune divisore*** größter gemeinsamer Teiler; ***in -a parte*** größtenteils, zum größten Teil; SPORT ***peso ~*** Schwergewicht *n.*, Schwergewichtler *m.*; *(categoria)* ***pesi -i*** Schwergewicht *n.*; ***una persona degna del ~ rispetto*** eine äußerst achtenswerte Person; ***ottenere il ~ risultato col minimo sforzo*** das bestmögliche Ergebnis mit geringstem Einsatz erzielen; ***il tempo ~ per la prova è di un'ora*** die Prüfungsdauer beträgt maximal eine Stunde; ***arrivare fuori tempo ~*** nach der vorgegebenen Höchstzeit eintreffen.

Mas|si|mo n.pr.m. **1** Max *m.* **2** STOR. Maximus *m.*

mas|si|vo agg. massiv, stark, groß.

mass me|dia [-'midıə, -'media] m.pl. Massenmedien *pl.* **mass|me|dio|lo|go** m. *(-gi)* Massenmedien-Experte *m.*

mas|so m. Felsblock *m.*: ***un ~ ostruisce la strada*** ein Felsblock versperrt die Straße ◆ ***attenzione, caduta -i*** Achtung, Steinschlag; ***duro come un ~*** steinhart; ***~ erratico*** erratischer Block, Findling *m.*, Findlingsblock *m.*

mas|so|ne m. Freimaurer *m.* **mas|so|ne|ri|a** f. Freimaurerei *f.* **mas|so|ni|co** agg. *(-ci,-che)* freimaurerisch, Freimaurer-: ***loggia -a*** Freimaurerloge *f.*

mas|so|te|ra|pi|a f. Massagebehandlung *f.* **mas|so|te|ra|pi|co** agg. *(-ci,-che)* Massage-. **mas|so|te|ra|pi|sta** m. e f. *(-i,-e)* Masseur *m.* (-in *f.*).

ma|stal|gi|a f. Brustschmerzen *pl.* **ma|stec|to|mi|a** f. Mastektomie *f.*, Brustamputation *f.*

ma|stel|lo m. Bütte *f.*, Bottich *m.*, Holzwanne *f.*: ***un ~ di panni sporchi*** ein Bottich voll schmutziger Wäsche.

ma|ster m.inv. **1** Master *m.*: ***ha un ~ in economia*** er hat einen Master in Wirtschaft **2** TECN. Originalaufnahme *f.*

ma|sti|ca|bi|le agg. kaubar.

ma|sti|ca|re tr. *(mastico, mastichi)* **1** kauen: ***~ la carne*** das Fleisch kauen; ***~ tabacco*** Tabak kauen; ***~ rumorosamente*** geräuschvoll kauen **2** *(borbottare)* murmeln: ***~ una scusa, una risposta*** eine Entschuldigung, eine Antwort murmeln **3a** COLLOQ. *(parlare)* radebrechen, sprechen: ***~ un po' il tedesco*** das Deutsche nur radebrechen; ***non mastica una parola di inglese*** er spricht kein Wort Englisch **b** *(materia)* ***la fisica la mastico male*** = Physik ist nicht meine Stärke ◆ ***~ amaro*** in den sauren Apfel beißen; FIG. ***~ male qcs.*** etw. schwer ertragen; ***~ veleno*** vor Wut schäumen.

ma|sti|ca|to|rio agg. *(-ri,-rie)* Kau-: ***apparato ~*** Kauapparat *m.* **ma|sti|ca|tu|ra** f. **1** Gekaute *n.* **2** *(masticazione)* Kauen *n.* **ma|sti|ca|zio|ne** f. **1** Kauen *n.* **2** CHIM. Mastizierung *f.*, Kneten *n.*

ma|sti|ce m. **1** *(adesivo)* Kitt *m.* **2** *(resina)* Mastix *m.*

ma|sti|no m. **1** Mastiff *m.*: ***~ napoletano*** italienischer Mastiff **2** FIG. Bullenbeißer *m.*

ma|sti|te f. Brustdrüsenentzündung *f.*, Mastitis *f.*

ma|sto|don|te m. **1** Mastodon *n.* **2** FIG. Koloss *m.* **ma|sto|don|ti|co** agg. *(-ci,-che)* kolossal, riesig: ***costruzione -a*** riesiges Bauwerk.

ma|stoi|de f. Warzenfortsatz *m.* (des Schläfenbeins), Mastoid *n.* **ma|stoi|de|o** agg. Warzenfortsatz-, mastoideus. **ma|stoi|di|te** f. Mastoiditis *f.*

ma|stro I m. Meister *m.*: ***~ falegname*** Tischlermeister *m.* **II** agg. ***libro ~*** Hauptbuch *n.* ◆ SCHERZ. ***~ impicca*** = Henker *m.*

ma|stur|ba|re I tr. masturbieren **II** pronom. **masturbarsi** masturbieren. **ma|stur|ba|to|rio** agg. *(-ri,-rie)* masturbatorisch. **ma|stur|ba|zio|ne** f. Masturbation *f.*, Selbstbefriedigung *f.* ◆ ***~ mentale*** geistige Selbstbefriedigung.

ma|ta|dor m.inv. Matador *m.*

ma|tas|sa f. Knäuel *n.*: ***una ~ di lana*** ein Wollknäuel; ***imbrogliare, dipanare (sbrogliare) la ~*** das Knäuel bilden, entwirren; FIG. die Angelegenheit durcheinander bringen, in Ordnung bringen; ***trovare il bandolo della ~*** etw. am richtigen Ende an‿fassen. **ma|tas|si|na** f. kleines Knäuel *n.*

match [mɛtʃ] m.inv. Match *n.*

match ball ['mɛtʃ bol] m.inv. Matchball *m.*

match point ['mɛtʃ point] m.inv. Matchpoint *m.*

ma|te m.inv. **1** BOT. Matepflanze *f.* **2** *(infuso)* Mate *m.*

ma|te|ma|ti|ca f. Mathematik *f.* ◆ ***~ analitica*** analytische Mathematik; ***~ applicata*** angewandte Mathematik; ***~ attuariale*** Versicherungsmathematik *f.*; ***~ elementare*** elementare Mathematik; ***esame di ~*** Mathematikprüfung *f.*; ***~ finanziaria*** Finanzmathematik *f.*; ***insegnante di ~*** Mathematiklehrer *m.*; ***se la ~ non è un'opinione*** nach Adam Riese; ***~ pura*** reine Mathematik.

ma|te|ma|ti|ca|men|te avv. **1** mathematisch **2** ESTENS. absolut, hundertprozentig: ***essere ~ sicuro di qcs.*** sich etw. (G) hundertprozentig sicher sein. **ma|te|ma|ti|co I** agg. *(-ci,-che)* **1** mathematisch: ***formule -che*** mathematische Formeln **2** ESTENS. absolut, hundertprozentig: ***certezza -a*** absolute Gewissheit **II** m. *(-ci)* Mathematiker *m.*

ma|te|ras|sa|io m. *(-ai)* Matratzenmacher *m.* **ma|te|ras|si|no** m. **1** SPORT Matte *f.* **2** *(materassino gonfiabile)* Luftmatratze *f.*

ma|te|ras|so m. Matratze *f.*: ***rifare i -i*** die Matratzen auf‿polstern ◆ ***~ di crine*** Rosshaarmatratze *f.*; ***~ di lana*** Wollmatratze *f.*; ***~ a molle*** Federkernmatratze *f.*; ***~ ortopedico*** orthopädische Matratze; ***~ a una piazza*** Einzelbettmatratze *f.*; ***~ a due piazze*** Doppelbettmatratze *f.*

ma|te|ria f. **1** *(sostanza)* Stoff *m.*, Materie *f.*: ***~ organica*** organischer Stoff, organische Materie; ***~ inorganica*** unorganischer Stoff, unorganische Materie; ***~ liquida*** flüssiger Stoff; ***~ altamente infiammabile*** leicht entflammbarer Stoff; ***conservazione della ~*** Erhaltung der Materie **2** FILOS. Materie *f.*: ***lo spirito e la ~*** der Geist und die Materie **3** ANAT. Substanz *f.*: ***~ grigia*** graue Substanz **4** *(argomento)* Thema *n.*, Stoff *m.*, Gegenstand *m.*: ***entrare in ~*** zum Thema kommen; ***esaurire la ~*** das Thema erschöpfen **5** *(disciplina)* Fach *n.*: ***-e letterarie, scientifiche*** literarische, naturwissenschaftliche Fächer; ***approfondire, studiare una ~*** ein Fach vertiefen, studieren; ***conoscere una ~*** in einem Fach Bescheid wissen **6** *(occasione)* Anlass *m.*: ***offrire ~ ai pettegolezzi*** Anlass zu Klatsch geben ◆ ***~ cerebrale*** Gehirnsubstanz *f.*; ***~ complementare*** Nebenfach *n.*; ***~ d'esame*** Prüfungsfach *n.*; ***~ facoltativa*** Wahlfach *n.*, wahlfreies Fach; ***in ~*** auf dem Gebiet; ***in ~ economica*** auf wirtschaftlichem Gebiet; ***non so nulla in ~*** ich weiß nichts auf dem Gebiet; ***in ~ di diritto costituzionale è un esperto*** auf dem Gebiet des Verfassungsrechts ist er ein Fachmann; ***~ grassa*** Fettstoff *m.*, ***indice per ~*** Sachregister *n.*; ***~ di insegnamento*** Unterrichtsfach *n.*, ***~ obbligatoria*** Pflichtfach *n.*; ***~ plastica*** Kunststoff *m.*; ***~ prima*** Rohstoff *m.*; ***~ seconda*** Sekundärstoff *m.*; ***~ solida*** Feststoff *m.*; ***struttura della ~*** Stoffstruktur *f.*; ***~ di studio*** Studienfach *n.*; ***trasformazione della ~ in energia*** Umwandlung *f.* der Materie in Energie.

ma|te|ria|le I agg. **1** materiell, stofflich: ***sostanza ~*** stoffliche Substanz; ***aiuto, necessità ~*** materielle Hilfe, materielles Bedürfnis; ***interessi, beni, danni, vantaggi -i*** materielle Interessen, Güter, Schäden, Vorteile; ***il valore puramente ~ di un oggetto*** der rein materielle Wert eines Gegenstandes **2** *(grossolano)* grob: ***persona ~*** grober Mensch **II** m. Material *n.*: ***~ scadente, pregiato*** minderwertiges, hochwertiges Material; ***raccogliere ~ per un libro*** Material für ein Buch sammeln ◆ ***~ d'archivio*** Archivalien *pl.*; ***~ bellico*** Kriegsmaterial *n.*; ***costi -i*** materielle Kosten; ***~ da costruzione*** Baumaterial *n.*, Baustoff *m.*; ***~ didattico*** Lehrmaterial *n.*; ***difetto del ~*** Materialfehler *m.*; ***~ documentario*** dokumentarisches Material *n.*; ~ ***elettrico*** elektrisches Material; ***errore*** ~ praktischer Fehler; ***esame dei -i*** Materialprüfung *f.*, Werkstoffprüfung *f.*; ~ ***grezzo*** Rohmaterial *n.*; ~ ***iconografico*** Bildmaterial *n.*; ~ ***inerte*** inerter Stoff; ~ ***infiammabile*** entflammbares Material; ~ ***informativo*** Informationsmaterial *n.*; ~ ***isolante*** Isoliermaterial *n.*; ~ ***di partenza*** Ausgangsmaterial *n.*; ~ ***propagandistico*** Propagandamaterial *n.*; ~ ***pubblicitario*** Werbematerial *n.*; ~ ***radioattivo*** radioaktives Material; ~ ***di recupero*** Recyclingmaterial *n.*, Rückgut *n.*; ***resistenza dei -i*** Werkstofffestigkeit *f.*; FERR. ~ ***rotabile*** Rollmaterial *n.* (*o* rollendes Material); ~ ***di scarto*** Ausschussmaterial *n.*; ***scienza dei -i*** Werkstoffkunde *f.*; ~ ***scolastico*** Lehrmaterial *n.*; ~ ***sintetico*** synthetisches Material; ***non avere il tempo*** ~ nicht die erforderliche Zeit haben; ~ ***termoplastico*** Thermoplast *n.*; ~ ***umano*** menschliche Ressourcen.

ma|te|ria|li|smo m. Materialismus *m.*: ~ ***dialettico, storico*** dialektischer, historischer Materialismus. **ma|te|ria|li|sta** *(-i,-e)* **I** m. e f. Materialist *m.* (-in *f.*) **II** agg. materialistisch. **ma|te|ria|li|sti|ca|men|te** avv. materialistisch. **ma|te|ria|li|sti|co** agg. *(-ci,-che)* materialistisch: ***una concezione -a*** eine materialistische Weltanschauung; ***una persona -a*** ein materialistischer Mensch.

ma|te|ria|li|tà f. **1** Materialität *f.*, Körperlichkeit *f.* **2** *(grossolanità)* Grobheit *f.* **ma|te|ria|liz|za|re** **I** tr. materialisieren **II** pronom. **materializzarsi** **1** sich materialisieren: ***lo spirito si è materializzato*** der Geist hat sich materialisiert **2** *(acquistare concretezza)* konkret werden; ***il progetto si è materializzato*** das Projekt hat konkrete Gestalt angenommen. **ma|te|ria|liz|za|zio|ne** f. Materialisation *f.*

ma|te|rial|men|te avv. **1** materiell: ***aiutare ~ qcn.*** jdn materiell unterstützen **2** *(assolutamente)* praktisch: ***è ~ impossibile*** das ist praktisch unmöglich. **ma|te|ria|lo|ne** m. plumper Mensch *m.*

ma|ter|na|men|te avv. mütterlich: ***comportarsi*** ~ sich mütterlich verhalten.

ma|ter|ni|tà f.inv. **1** Mutterschaft *f.* **2** MED. Entbindungsstation *f.* **3** *(congedo)* Schwangerschaftsurlaub *m.*; ***essere, mettersi in*** ~ Schwangerschaftsurlaub haben, nehmen ◆ ***congedo per*** ~ Schwangerschaftsurlaub *m.*; ***le gioie della*** ~ die Mutterfreuden; ***reparto*** ~ Entbindungsstation *f.*; ***tutela della*** ~ Mutterschutz *m.*

ma|ter|no agg. **1** mütterlich, Mutter-: ***cure -e*** mütterliche Pflege; ***amore, istinto*** ~ Mutterliebe *f.*, mütterlicher Instinkt; ***eredità -a*** mütterliches Erbteil; ***latte*** ~ Muttermilch *f.* **2** *(da parte di madre)* mütterlicherseits: ***la nonna -a*** die Großmutter mütterlicherseits ◆ PSIC. ***figura -a*** Mutterbild *n.*; ***grembo*** ~ Mutterleib *m.*; ***lingua -a*** Muttersprache *f.*; ***scuola -a*** Kindergarten *m.*

Ma|til|de n.pr.f. Mathilde *f.*

ma|ti|née f.inv. Matinee *f.*, Vormittagsvorstellung *f.*; *(al pomeriggio)* Nachmittagsvorstellung *f.*

ma|ti|ta f. Stift *m.*, Bleistift *m.*: ***temperare una*** ~ einen Bleistift spitzen, an‿spitzen; ***disegnare, scrivere a*** ~ mit Bleistift zeichnen, schreiben; ~ ***spuntata, appuntita*** stumpfer, spitzer Bleistift; ~ ***dura, morbida*** harter, weicher Bleistift ◆ ~ ***da carpentiere*** Zimmermannsbleistift *m.*; ~ ***colorata*** Buntstift *m.*; ~ ***copiativa*** Kopierstift *m.*; ***disegno a*** ~ Bleistiftzeichnung *f.*; ~ ***emostatica*** blutstillender Stift; ~ ***per le labbra*** Konturenstift *m.*; ***mozzicone di*** ~ Bleistiftstummel *m.*; ~ ***per gli occhi*** Kajalstift *m.*; ~ ***per le sopracciglia*** Augenbrauenstift *m.*

ma|trac|cio m. *(-ci)* Kolben *m.*

ma|triar|ca|le agg. matriarchalisch: ***società*** ~ matriarchalische Gesellschaft. **ma|triar|ca|to** m. Matriarchat *n.*

ma|tri|ca|ria f. Kamille *f.*

ma|tri|ce f. **1** TIP. TECN. Matrize *f.* **2a** *(di biglietto)* Stammabschnitt *m.*, Kontrollabschnitt *m.* **b** *(di assegno)* Stammregister *n.* **3** *(origine)* Ursprung *m.*, Herkunft *f.*: ~ ***culturale*** kultureller Ursprung **4** MAT. Matrix *f.* **5** *(utero)* Gebärmutter *f.* ◆ ANAT. ~ ***dell'unghia*** Nagelbett *n.*

ma|tri|ci|da m. e f. *(-i,-e)* Muttermörder *m.* (-in *f.*). **ma|tri|ci|dio** m. *(-di)* Muttermord *m.*

ma|tri|co|la f. **1a** Verzeichnis *n.*, Register *n.* **b** UNIV. Matrikel *f.* **c** MIL. Stammrolle *f.* **2a** *(numero)* Seriennummer *f.* **b** UNIV. Matrikelnummer *f.* **3a** *(studente)* Erstsemester *m.* **b** ESTENS. Neuling *m.* **ma|tri|co|la|re** agg. Matrikel-: ***numero*** ~ Matrikelnummer *f.* ◆ ***foglio*** ~ Personalblatt *n.*

ma|tri|co|la|to agg. abgefeimt: ***ladro, bugiardo*** ~ abgefeimter Dieb, Lügner.

ma|tri|gna f. Stiefmutter *f.* ◆ ***comportarsi con qcn. da*** ~ jdn stiefmütterlich behandeln; ***natura*** ~ stiefmütterliche Natur.

ma|tri|li|ne|a|re agg. matrilinear. **ma|tri|li|ne|a|ri|tà** f. Matrilinearität *f.*

ma|tri|mo|nia|le agg. Ehe-, Heirats-, ehelich ◆ ***agenzia*** ~ Heiratsvermittlungsbüro *n.*; ***consulente*** ~ Eheberater *m.*; ***contratto*** ~ Ehevertrag *m.*; ***crisi*** ~ Ehekrise *f.*; ***diritto*** ~ Eherecht *n.*; ***doveri -i*** eheliche Pflichten; ***inserzione*** ~ Heiratsanzeige *f.*; ***letto*** ~ Ehebett *n.*; ***stanza*** ~ Doppelzimmer *n.*; ***vincolo*** ~ Ehebund *m.*; ***vita*** ~ Eheleben *n.* **ma|tri|mo|nia|li|sta** m. e f. *(-i,-e)* Eherechtler *m.* (-in *f.*).

ma|tri|mo|nio m. *(-ni)* **1** Ehe *f.*, Heirat *f.*: ~ ***ben riuscito, fallito*** geglückte, gescheiterte Ehe; ***dopo tre anni di*** ~ nach drei Jahren Ehe; ***il sacro vincolo del*** ~ das heilige Band der Ehe; ~ ***civile, religioso*** standesamtliche, kirchliche Heirat; ~ ***morganatico*** morganatische Heirat; ***un ~ combinato dai parenti*** eine von den Verwandten gestiftete Heirat; ***contrarre ~ con qcn.*** mit jdm die Ehe schließen; ***annullare, sciogliere un*** ~ eine Ehe annullieren, auf‿lösen; ***consumare il*** ~ die Ehe vollziehen; ***unire due persone in*** ~ zwei Personen ehelich vereinen; ***unirsi in*** ~ in den Stand der Ehe ein‿treten **2** *(cerimonia)* Hochzeit *f.*: ***celebrare un*** ~ eine Hochzeit feiern; ***partecipare a un*** ~ auf eine Hochzeit gehen ◆ ~ ***d'amore*** Liebesheirat *f.*; ***annullamento del*** ~ Annullierung *f.* der Ehe, Eheaufhebung *f.*; ~ ***in bianco*** nicht vollzogene Ehe; ***certificato di*** ~ Heiratsurkunde *f.*, Trauschein *m.*; ***chiedere in ~ qcn.*** um jds Hand an‿halten; ~ ***non consumato*** nicht vollzogene Ehe; ***contratto di*** ~ Ehevertrag *m.*, Ehekontrakt *m.*; ~ ***di convenienza*** Vernunftheirat *f.*, Vernunftehe *f.*; ***dare in*** ~ zur Frau geben; ***impedimento al*** ~ Eheverbot *n.*; ~ ***di interesse*** Geldheirat *f.*; ~ ***misto*** Mischehe *f.*; ***partecipazione di*** ~ Heiratsanzeige *f.*; ~ ***per procura*** Ferntrauung *f.*; ***promessa di*** ~ Eheversprechen *n.*; ~ ***rato e consumato*** geschlossene und vollzogene Ehe; ~ ***riparatore*** Mussehe *f.*; ***sacramento del*** ~ Ehesakrament *n.*; ***scioglimento del*** ~ Eheauflösung *f.*

ma|triz|za|re intr. (aus. *avere*) der Mutter ähneln.

ma|tro|na f. Matrone *f.* **ma|tro|na|le** agg. matronenhaft: ***aspetto*** ~ matronenhaftes Aussehen.

ma|tro|ne|o m. Galerie *f.*, Empore *f.*

1.mat|ta f. *(carta da gioco)* Joker *m.*

2.mat|ta f. Verrückte *f.*, Wahnsinnige *f.*

mat|tac|chio|ne m. Spaßvogel *m.*

mat|ta|na f. **1** Laune *f.* ***gli è presa la*** ~ ihm ist der verrückte Einfall gekommen **2** ***fare -e*** Verrücktheiten machen.

mat|tan|za f. **1** = Abschlachten von Thunfischen **2** *(massacro)* Abschlachten *n.*

mat|ta|re tr. **1** schachmatt setzen **2** töten, schlachten.

mat|ta|rel|lo → **matterello.**

mat|ta|ta f. Tollheit *f.*

mat|ta|to|io m. *(-oi)* Schlachthaus *n.*, Schlachthof *m.*

mat|ta|to|re m. **1** Schlächter *m.* **2** TEATR. CINEM. Matador *m.* (anche FIG.).

Mat|te|o n.pr.m. Matthäus *m.* ◆ ***Vangelo di, secondo*** ~ Matthäusevangelium *n.*, Evangelium nach Matthäus; ***passione secondo*** ~ Matthäuspassion *f.*

mat|te|rel|lo m. Nudelholz *n.*: ***stendere, spianare la pasta con il*** ~ den Teig mit dem Nudelholz aus‿rollen.

Mat|ti|a n.pr.m. Matthias *m.* ◆ ~ ***Corvino*** Matthias Corvinus.

mat|ti|na f. **1** Morgen *m.*: ***una ~ fresca, grigia*** ein kühler, trüber (*o* grauer) Morgen; ***ogni ~, tutte le -e*** jeden Morgen; ***la ~ dopo, seguente*** am nächsten Morgen; ***lunedì*** ~ am Montagvormittag; ***una ~ di maggio*** ein Maimorgen; ***la ~ del...*** am Morgen des... **2** *(tarda mattinata)* Vormittag *m.* ◆ ***alla, di*** ~ morgens; ***alle sette di*** ~ um sieben Uhr morgens; ***domani*** ~ morgen früh; ***ieri*** ~ gestern Morgen; ***di ~ presto*** früh am Morgen; ***di prima*** ~ frühmorgens; ***questa*** ~ heute Morgen; ***dalla ~ alla sera*** von morgens bis abends; ***dalla sera alla*** ~ = im Nu, in einem Nu.

mat|ti|na|le agg. Morgen-: ***aria*** ~ Morgenluft *f.*

mat|ti|na|ta f. Vormittag *m.*: ***una ~ gelida, piovosa*** ein kalter, regnerischer Vormittag; ***una ~ faticosa*** ein anstrengender Vormittag; ***perdere tutta la*** ~ den ganzen Vormittag verlieren; ***in tarda*** ~ am späten Vormittag; ***trascorrere la ~ lavorando*** den Vormittag mit Arbeiten verbringen; ***verrò in*** ~ ich werde im Laufe des Vormittags kommen.

mat|ti|nie|ro **I** agg. früh aufstehend **II** m. Frühaufsteher *m.*

mat|ti|no m. Morgen *m.*: ***primo*** ~ früher Morgen; ***di buon*** ~ am frühen Morgen ◆ ***sul fare del*** ~ im (*o* beim) Morgengrauen; ***giornale del*** ~ Tageszeitung *f.*; ***stella del*** ~ Morgenstern *m.*; PROV.: ***il buon giorno si vede dal*** ~ = einen guten Tag erkennt man am Morgen; ***il ~ ha l'oro in bocca*** Morgenstund hat Gold im Mund.

1.mat|to **I** agg. **1** verrückt, wahnsinnig, irre: ***diventare, fingersi*** ~ verrückt werden, spielen; FIG. ***mi fai diventare*** ~ du machst mich verrückt; ***ma sei ~?*** bist du verrückt geworden? ***fossi ~!*** ich bin doch nicht verrückt! ***quel tipo è mezzo, un po'*** ~ der Typ ist halb, ein bisschen verrückt; ***avere una voglia -a di fare qcs.*** eine wahnsinnige Lust haben, etw. zu tun **2** *(falso)* falsch, unecht: ***gioiello ~*** unechtes Schmuckstück **II** m. Verrückte *m.*, Wahnsinnige *m.*: ***urlare, guidare come un ~*** wie ein Verrückter schreien, fahren ◆ ***andare ~ per qcn., qcs.*** verrückt nach jdn, etw. sein; ***cose da -i!*** reiner Wahnsinn! ***fare il ~*** verrückt spielen; ***gabbia di -i*** Narrenhaus *n.*; ***essere ~ da legare*** vollkommen verrückt (*o* übergeschnappt) sein; ***mi piace da -i*** das gefällt mir wahnsinnig gut; ***farsi -e risate*** wie verrückt lachen; ***roba da -i!*** unglaublich! ***tempo ~*** verrücktes Wetter; ***essere una testa -a*** Flausen im Kopf haben.

2.mat|to agg. ***scacco ~*** Schachmatt *n.*; ***dare scacco ~ a qcn.*** jdn schachmatt setzen.

mat|toi|de m. Spinner *m.*

mat|to|na|re tr. mit Backsteinen pflastern.

mat|to|na|ta f. **1** Schlag *m.* mit einem Ziegelstein; ***mi è arrivata una ~ in testa*** ich habe einen Ziegelstein auf den Kopf bekommen **2** *(cosa noiosa e pesante)* sterbenslangweilige Angelegenheit *f.*

mat|to|na|to I p.pass. agg. **1** → **mattonare 2** Backstein-, mit Backsteinen gepflastert **II** m. Backsteinboden *m.* **mat|to|na|tu|ra** f. Pflasterung *f.* mit Backsteinen.

mat|to|ne I m. **1** Ziegel *m.*, Ziegelstein *m.*, Backstein *m.*: ***~ cotto*** gebrannter Ziegel **2a** *(persona noiosa)* Langweiler *m.* **b** *(film, libro noioso)* Schinken *m.*; ***la conferenza sarà un ~*** die Konferenz wird eine langweilige Angelegenheit sein **II** agg. ***rosso, color ~*** ziegelrot ◆ ***~ cavo*** → ***~ forato***; ***~ da costruzione*** Bauziegel *m.*; ***~ crudo*** Rohziegel *m.*; ***~ forato*** Lochstein *m.*, Hohlstein *m.*; ***~ pieno*** Vollziegel *m.*; ***pizza al ~*** Holzofenpizza *f.*; ***pollo al ~*** Hähnchen im Römertopf; ***~ refrattario*** Ofenstein *m.*, Schamottstein *m.*, Schamottziegel *m.*; COLLOQ. ***qcn. ha un ~ sullo stomaco*** jdm liegt etw. wie Blei im Magen.

mat|to|nel|la f. **1** Fliese *f.*, Kachel *f.*: ***rivestire una parete di -e*** eine Wand fliesen **2** *(oggetto a forma di mattonella)* Brikett *n.* **3** *(sponda del biliardo)* Bande *f.* ◆ ***~ di carbone*** Kohlenbrikett *n.*; ***~ di minerale*** Erzbrikett *n.*; ***~ di torba*** Torfbrikett *n.*

mat|tu|ti|no I agg. Morgen-, morgendlich: ***aria, brezza -a*** Morgenluft *f.*, Morgenbrise *f.* **II** m. **1** Morgengebet *n.* **2** *(suono della campana)* Morgengeläut *n.* ◆ ***stella -a*** Morgenstern *m.*

ma|tu|ra f. COLLOQ. (accorc. *maturità*) Abi *n.*

ma|tu|ran|do m. Abiturient *m.*; AUSTR. Maturant *m.*

ma|tu|ra|re I intr. (aus. *essere*) **1** reifen, reif werden (anche FIG.): ***il grano matura a giugno*** das Korn wird im Juni reif; ***il vino matura nella botte*** der Wein reift im Fass; *(di persone)* ***le ragazze maturano prima dei ragazzi*** Mädchen reifen früher als Jungen; ***dopo quell'esperienza è maturato*** nach jener Erfahrung ist er reifer geworden **2** ESTENS. reif werden: ***la situazione sta maturando*** die Situation wird reif; ***i tempi stanno maturando*** die Zeit wird reif **3** *(giungere a una data condizione)* reifen: ***l'ascesso matura*** der Abszess reift **4** ECON. fällig sein: ***gli interessi sono maturati*** die Zinsen sind fällig **II** tr. **1** reifen lassen, reif werden lassen: ***questo sole matura in fretta il grano*** diese Sonne lässt das Korn schnell reifen; *(di persone)* ***le vicissitudini della vita lo hanno maturato prima del tempo*** die Wechselfälle des Lebens haben ihn früh reif werden lassen **2** ESTENS. reifen lassen: ***~ un'idea, una decisione*** eine Idee, eine Entscheidung reifen lassen ◆ ***~ le ferie*** Urlaubsanspruch (*o* Anrecht auf Urlaub) haben.

ma|tu|ra|zio|ne f. **1** Reifen *n.*, Reifwerden *n.* (anche FIG.): ***~ mentale*** geistiges Reifen **2** ECON. Fälligkeit *f.*

ma|tu|ri|tà f.inv. **1** Reife *f.* (anche FIG.): ***la ~ di un frutto*** die Reife einer Frucht; FIG. ***giungere alla ~*** zur Reife kommen **2** *(esame di maturità)* Abitur *n.*: ***dare, passare la ~*** das Abitur machen, bestehen ◆ ***~ artistica*** Abitur an der höheren Kunstschule; ***~ civile*** Volljährigkeit *f.*; ***~ classica*** Abitur am humanistischen Gymnasium; ***esame di ~*** Abiturprüfung *f.*, Abitur *n.*, Reifeprüfung *f.*; ***essere nel pieno della ~*** auf dem Höhepunkt der Blüte sein; ***poesie della ~*** Spätdichtung *f.*; ***mostrare scarsa ~*** nicht sehr reif scheinen, mangelnde Reife zeigen; ***~ scientifica*** Abitur am naturwissenschaftlichen Gymnasium; ***~ sessuale*** Geschlechtsreife *f.*

ma|tu|ro agg. **1** reif (anche FIG.): ***una pesca molto -a*** ein sehr reifer Pfirsich; ***formaggio ~*** reifer Käse; *(di persona)* ***un signore ~*** ein reifer Herr; ***essere molto ~ per la propria età*** sehr reif für sein Alter sein; ***in età -a*** im reifen Alter; *(pronto)* ***essere ~ per qcs.*** für etw. reif sein; ***non essere ~ per un incarico*** für ein Amt nicht reif sein; ESTENS. ***un giudizio ~*** ein reifes Urteil; ***un popolo ~ per la libertà*** ein für die Freiheit reifes Volk; MED. ***foruncolo ~*** ein reifer Furunkel **2** ECON. fällig ◆ ***il candidato è ~*** der Kandidat hat das Abitur (*o* die Hochschulreife); ***~ per la mietitura*** schnittreif, erntereif; ***parto ~*** termingerechte Geburt; ***~ per la scuola*** schulreif; ***~ sessualmente*** geschlechtsreif; ***vino ~*** ausgereifter Wein.

ma|tu|sa m.inv. COLLOQ. alter Knabe *m.*, alter Kauz *m.*

ma|tu|sa|lem|me m.inv. Methusalem *m.*: ***essere un ~*** = alt wie Methusalem sein.

Ma|tu|sa|lem|me n.pr.m. Methusalem m. ◆ ***dai tempi di ~*** zu Methusalems Zeiten; ***essere vecchio come ~*** so alt wie Methusalem sein, steinalt sein; ***essere più vecchio di ~*** aus der Mottenkiste stammen.

Mau|ri|ta|nia n.pr.f. Mauretanien *n.* **mau|ri|ta|no I** agg. mauretanisch **II** m. Mauretanier *m.*

Mau|ri|zio n.pr.m. Moritz *m.*

mau|so|le|o m. **1** Mausoleum *n.*, Grabdenkmal *n.* **2** *(casa piena di cimeli)* Museum *n.*

ma|xi agg.inv. Maxi-: ***moda ~*** Maximode *f.*; ***gonna ~*** Maxirock *m.*

ma|xi|cap|pot|to m. Maximantel *m.* **ma|xi|gon|na** f. Maxirock *m.*

ma|xil|lo|fac|cia|le agg. ***chirurgia ~*** Kieferchirurgie *f.*

ma|xi|pro|ces|so m. Mammutprozess *m.*

ma|xi|ta|glia f. Übergröße *f.*

ma|ya I agg.inv. Maya-: ***civiltà ~*** Mayakultur *f.* **II** m. e f.inv. *(abitante)* Maya *m.* e *f.* **III** m. *(lingua)* Mayasprache *f.*

ma|zur|ca f. *(-che)*, **ma|zur|ka** f. Mazurka *f.*

maz|za f. **1** *(bastone)* Knüppel *m.* **2** *(bastone di comando)* Befehlsstab *m.* **3** *(di strumenti a percussione)* Schlägel *m.*, Klöppel *m.* **4** *(martello)* Vorschlaghammer *m.* **5** REGION. COLLOQ. ***non capire una ~*** nur Bahnhof verstehen; ***non fare una ~*** keinen Finger krumm machen ◆ ***~ da baseball*** Baseballschläger *m.*; ***~ d'Ercole*** Herkuleskeule *f.*; ***~ di San Giuseppe*** Oleander *m.*; ***~ da golf*** Golfschläger *m.*

maz|za|ta f. Schlag *m.* (anche FIG.): ***la notizia fu una terribile ~*** die Nachricht war ein schwerer Schlag.

maz|ze|ran|ga f. *(-ghe)* Bodenstampfer *m.*, Handramme *f.*

1.maz|zet|ta f. **1** *(martello)* Hammer *m.*; *(per pietre)* Steinhammer *m.* **2** MIN. Schlägel *m.*, Fäustel *m.* **3** *(piccolo bastone)* kleiner Stock *m.*

2.maz|zet|ta f. **1** Banknotenbündel *m.* **2** ESTENS. Schmiergeld *n.*: ***ricevere delle -e*** Schmiergelder ein‿kassieren, kassieren; ***scandalo di, delle -e*** Schmiergeldaffäre *f.*

1.maz|zie|re m. Stabträger *m.*, Tamburmajor *m.*

2.maz|zie|re m. *(nel gioco delle carte)* Kartengeber *m.*

maz|zo m. **1** Bündel *n.* **2** *(di fiori)* Strauß *m.*, Blumenstrauß *m.* **3** *(di carte)* Kartenspiel *n.* ◆ ***a ~*** im Bündel; ***alzare il ~*** die Karten ab‿heben; ***~ di chiavi*** Schlüsselbund *m.*; ***fare il ~*** die Karten mischen; FIG. ***mettere tutto in un ~*** alles in einen Topf werfen.

maz|zo|la|re tr. *(mazzolo)* mit dem Holzhammer schlagen. **maz|zo|la|ta** f. Schlag *m.* mit dem Holzhammer.

maz|zo|li|no m. Sträußchen *n.*: ***appuntarsi un ~*** sich (D) ein Sträußchen an‿stecken.

maz|zuo|lo m. **1** Holzhammer *m.* **2** *(per strumento a percussione)* Klöppel *m.*, Schlägel *m.*

M.C.D. ⇒ *massimo comun divisore* größter gemeinsamer Teiler (g. g. T., ggT).

m.c.m. ⇒ *minimo comune multiplo* kleinstes gemeinsames Vielfaches (k. g. V., kgV).

me pron.pers. **1** *(complemento oggetto)* mich: ***cercano ~*** sie suchen mich; ***chiamavano ~, non Paolo*** sie haben mich, nicht Paul gerufen **2** *(complemento introdotto da preposizione)* mich, mir: ***ha parlato di ~*** er hat von mir (*o* über mich) gesprochen; ***dallo a ~*** gib es mir; ***a ~ non importa*** das interessiert mich nicht; ***da ~ non avrà nulla*** von mir wird er nichts bekommen; ***qualcosa è cambiato in ~*** etwas hat sich in mir geändert **3a** *(nome del predicato)* ich: ***lui non è come ~*** er ist nicht wie ich; ***sembra ~*** er sieht wie ich aus **b** *(nelle espressioni comparative)* ***è vecchio come ~*** er ist so alt wie ich; ***ne sa quanto ~*** er weiß so viel wie ich **4** *(forma atona variante di* **mi** *davanti alle forme pronominali atone: la, le, li, lo, ne)* ***~ li ha restituiti*** er hat sie mir zurückgegeben; ***~ lo disse*** er sagte es mir; ***~ ne andai*** ich ging fort **5** *(enclitico)* ***risparmiamelo!*** spare mir das! ***portamelo!*** bring es mir! ***cerca di ricordarmelo!*** versuch mich daran zu erinnern! ***dimmelo*** sag es mir ◆ ***beato ~!*** ich Glücklicher! ***non ti preoccupare, faccio da ~*** mach dir keine Sorgen, ich mache es selbst; ***fra ~ e ~*** vor mich hin; ***per ~*** *(per quanto mi riguarda)* was mich betrifft; ***povero ~*** ich Armer! ***(in) quanto a ~*** was mich betrifft (*o* angeht); ***secondo ~*** meiner Meinung nach; ***~ stesso*** mich selbst, mir selbst; ***tra ~ e ~*** vor mich hin.

me|an|dro m. **1** Mäander *m.*: ***i -i di un fiume*** die Mäander eines Flusses **2a** pl. ESTENS. Labyrinth *n.*, FIG. Irrweg *m.*: ***i -i di un castello*** das Labyrinth eines Schlosses; ***nei -i della burocrazia*** in den Irrwegen der Bürokratie **b** ***i -i della mente umana*** die verschlungenen Wege des menschlichen Geistes.

me|a|to m. Gang *m.*: **~ acustico (esterno)** äußerer Gehörgang ◆ **~ nasale** Nasenkanal *m.*
MEC *Mercato Comune Europeo* Gemeinsamer Markt.
me|c|ca f. Paradies *n.*, Eldorado *n.* ◆ SCHERZ. **venire dalla ~** aus den Wolken fallen; *(comportarsi o vestirsi in modo strano)* sich seltsam benehmen, kleiden. **Mec|ca** n.pr.f. Mekka *n.*
mec|ca|ni|ca f. *(-che)* **1** Mechanik *f.*: **le leggi della ~** die Gesetze der Mechanik *f.* **2** *(tecnologia)* Mechanik *f.*, Maschinenbau *m.*: **essere appassionato di ~** eine Leidenschaft für Mechanik haben; **questo meccanismo è un capolavoro di ~** dieser Mechanismus ist ein Wunderwerk der Mechanik **3** *(meccanismo)* Mechanismus *m.*, Getriebe *n.*, Mechanik *f.*: **spiegare la ~ di un orologio** den Mechanismus einer Uhr erklären; **questo pianoforte ha una buona ~** dieses Klavier hat eine gute Mechanik **4** *(dinamica)* Hergang *m.*: **la ~ di un incidente** der Hergang eines Unfalls ◆ **~ celeste** Himmelsmechanik *f.*; **~ dei fluidi** Strömungslehre *f.*; **la ~ del gioco** der Spielablauf *m.*; **~ di precisione** Feinmechanik *f.*; **~ quantistica** Quantenmechanik *f.*; **~ razionale** rationale Mechanik *f.*
mec|ca|ni|ca|men|te avv. **1** mechanisch: **mulino azionato ~** mechanisch betriebene Mühle **2** FIG. unwillkürlich, automatisch, mechanisch: **accarezzarsi ~ la barba** sich unwillkürlich über den Bart streichen.
mec|ca|ni|ci|smo m. **1** Mechanismus *m.* **2** *(meccanicità)* mechanischer Charakter *m.* **mec|ca|ni|ci|sta** *(-i,-e)* **I** agg. mechanistisch **II** m. e f. Mechanist *m.* (-in *f.*). **mec|ca|ni|ci|sti|ca|men|te** avv. mechanistisch. **mec|ca|ni|ci|sti|co** agg. *(-ci,-che)* mechanistisch: **dottrina -a** mechanistische Lehre.
mec|ca|ni|ci|tà f. mechanischer Charakter *m.*
mec|ca|ni|co I agg. *(-ci,-che)* **1** mechanisch: **apparecchio ~** mechanisches Gerät; **guasto ~** mechanische Störung; *(eseguito con l'aiuto di macchine)* **calcolo ~** maschinelle Rechnung **2** FIG. unwillkürlich, mechanisch: **gesto ~** unwillkürliche Geste; **camminare è un'azione -a** Gehen ist eine mechanische Handlung; **ripetizione -a** mechanische Wiederholung; **(un) lavoro ~** (eine) mechanische Arbeit **3** *(attinente alla meccanica)* die Mechanik betreffend **II** m. *(-ci)* **1a** Mechaniker *m.*: **~ di precisione** Feinmechaniker *m.* **b** *(per auto)* Automechaniker *m.* **2** *(officina)* Werkstatt *f.*: **portare la macchina dal ~** das Auto in die Werkstatt bringen.
mec|ca|ni|smo m. **1a** Mechanismus *m.*, Getriebe *n.*: **il ~ di un registratore** der Mechanismus eines Kassettenrecorders; **~ idraulico** hydraulisches Getriebe; **~ semplice, complicato** einfacher, komplizierter Mechanismus **b** *(che crea movimento)* Laufwerk *n.*: **il ~ di un orologio** das Laufwerk einer Uhr **2** FIG. Ablauf *m.*: **il ~ di un gioco** der Ablauf eines Spieles **3** PSIC. Mechanismus *m.* ◆ **~ di difesa** Abwehrmechanismus *m.*; **~ della memoria** Erinnerungsmechanismus *m.*; **~ di mercato** Marktmechanismus *m.*
mec|ca|niz|za|re I tr. mechanisieren: **~ l'agricoltura** die Landwirtschaft mechanisieren **II** pronom. **meccanizzarsi 1** mechanisiert werden: **il lavoro tende a -rsi** die Arbeit wird zunehmend mechanisiert **2** COLLOQ. *(motorizzarsi)* sich einen fahrbaren Untersatz zu‿legen. **mec|ca|niz|za|to** p.pass. agg. **1** → **meccanizzare 2 reparto ~** motorisierte Einheit. **mec|ca|niz|za|zio|ne** f. Mechanisierung *f.*
mec|ca|no|gra|fi|a m. (automatische) Datenverarbeitung *f.* **mec|ca|no|gra|fi|co** agg. *(-ci,-che)* Datenverarbeitungs-: **centro ~** Datenverarbeitungszentrum *n.*
me|ce|na|te m. Mäzen *m.*, Gönner *m.*: **il ~ di un artista** der Mäzen eines Künstlers. **Me|ce|na|te** n.pr.m. Maecenas *m.* **me|ce|na|ti|smo** m. Mäzenatentum *n.*, Gönnerschaft *f.*
mè|che [mɛʃ] f.inv. Strähne *f.*, Strähnchen *n.*
me|co pron. ANT. LETT. mit mir.
me|da|glia f. Medaille *f.*: **insignire qcn. di una ~** jdn mit einer Medaille aus‿zeichnen; **ricevere, vincere una ~** eine Medaille erhalten (*o* bekommen), gewinnen; **~ d'argento, di bronzo, d'oro** Silber-, Bronze-, Goldmedaille *f.* ◆ **~ commemorativa** Gedenkmünze *f.*; **~ al merito** Verdienstmedaille *f.*; **~ olimpica** Olympiamedaille *f.*; FIG. **il rovescio della ~** die Kehrseite der Medaille; **~ al valor civile** Lebensrettungsmedaille *f.*, Rettungsmedaille *f.*; **~ al valor militare** Tapferkeitsmedaille *f.*; PROV. **ogni ~ ha il suo rovescio** jedes Ding hat zwei Seiten. **me|da|glie|re** m. **1** Medaillensammlung *f.* **2** *(mobile)* Medaillenschrank *m.* **3** SPORT Medaillenspiegel *m.*
me|da|gliet|ta f. **1** kleine Medaille *f.* **2** RELIG. (kleine) Heiligenmedaille *f.* **3** *(del cane)* Hundemarke *f.* **4** POL. = goldene Erkennungsmarke *f.* der Abgeordneten des italienischen Parlaments.
me|da|glio|ne m. **1** Medaillon *n.* (anche GASTR.): **~ di vitello** Kalbsmedaillon *n.* **2** *(profilo biografico)* Porträt *n.*
me|de|si|mo I agg. **1** *(anteposto)* derselbe, dieselbe, dasselbe, gleich: **avere il ~ scopo** dasselbe Ziel haben; **abbiamo visto il ~ film** wir haben denselben Film gesehen **2** *(posposto)* selbst: **verrà lui ~** er wird selbst kommen **II** pron. **1** derselbe, dieselbe, dasselbe: **il ~ affermò che...** derselbe behauptete, dass... **2** *(la stessa cosa)* dasselbe: **tutti dissero il ~** alle sagten dasselbe.
1.me|dia f. **1** Durchschnitt *m.*: **fare, rilevare la ~** den Durchschnitt berechnen, ermitteln; **scendere sotto la ~** unter den Durchschnitt sinken **2** MAT. Mittel *n.*, Mittelwert *m.*: **~ aritmetica** arithmetischer Mittelwert, arithmetisches Mittel **3** ESTENS. *(norma)* Mittelmaß *n.*, Rahmen *m.*: **differire dalla ~** aus dem Rahmen fallen; **emergere rispetto alla ~** über das Mittelmaß hinaus‿ragen; **non superare la ~** über das Mittelmaß nicht hinaus‿kommen **4** SCOL. Notendurchschnitt *m.*: **avere una buona ~** einen guten Notendurchschnitt haben; **essere promosso con la ~ del 7** mit dem Notendurchschnitt 7 versetzt werden **5** *(tipo di scuola)* INTRAD. (sechstes bis achtes Schuljahr) ◆ **~ annua** Jahresdurchschnitt *m.*; **~ dei dividendi** Durchschnittsdividende *f.*; **~ giornaliera** Tagesdurchschnitt *m.*; **in ~** durchschnittlich (*o* im Durchschnitt); **inferiore alla ~** unterdurchschnittlich; SPORT **~ inglese** = englische Punktwertung (bei Fußballturnieren, wonach Heim- und Auswärtsspiele unterschiedlich bewertet werden); **~ oraria** Stundendurchschnitt *m.*, mittlere Stundengeschwindigkeit; MAT. **~ ponderata** gewogenes arithmetisches Mittel; **superiore alla ~** überdurchschnittlich; **~ delle temperature** Durchschnittstemperatur *f.*; **~ trimestrale** Vierteljahresdurchschnitt *m.*
2.me|dia ['midɪə, 'media] m.pl. Medien *pl.*
me|dia|le agg. medial: **verbi -i** mediale Verbformen.
me|dia|men|te avv. durchschnittlich, im Durchschnitt.
me|dia|na f. **1** Mittellinie *f.* **2** SPORT Läuferreihe *f.* **3** STATIST. Medium *n.*
me|dia|ni|ci|tà f. Mediumcharakter *m.* **me|dia|ni|co** agg. *(-ci,-che)* medial: **poteri -ci** mediale Kräfte; **fenomeni -ci** mediale Phänomene. **me|dia|ni|smo** m. mediale Phänomene *pl.* **me|dia|ni|tà** f. mediale Fähigkeit *f.*
me|dia|no I agg. Mittel-, mittlere: **linea -a** Mittellinie *f.*; **asse ~** Mittelachse *f.* **II** m. SPORT Läufer *m.*, Mittelfeldspieler *m.*: **giocare come ~** als Läufer spielen; **~ destro, sinistro** rechter, linker Läufer ◆ **~ esterno** Außenläufer *m.*; **piano ~** Medianebene *f.*; **ponte ~** Mitteldeck *n.*; **suono ~** Inlaut *m.*
me|dian|te prep. durch + acc., mittels + gen.: **essere assunto ~ agenzia** durch eine Agentur eingestellt werden; **proteggere una casa ~ un sistema di sicurezza** ein Haus mittels einer Sicherheitsanlage schützen.
me|dia|re *(medio, medi)* **I** tr. **1** vermitteln: **~ una controversia** in einer Auseinandersetzung vermitteln **2** FILOS. **~ un concetto** einen Begriff relativieren **II** intr. (aus. *avere*) vermitteln, als Vermittler auf‿treten: **~ tra le parti** zwischen den Parteien vermitteln.
me|dia|sti|no m. MED. Mittelfell *n.*, Mediastinum *n.*
me|dia|to p.pass. agg. **1** → **mediare 2** mittelbar, Vermittler-: **effetto, valore ~** mittelbare Wirkung, mittelbarer Wert; **posizione -a** Vermittlerrolle *f.*
me|dia|to|re I m. **1** Vermittler *m.*, Mittelsperson *f.*; *(di immobili)* Makler *m.*: **agire da ~** als Vermittler auf‿treten; **fare da ~** vermitteln; **prendere i contatti tramite un ~** über eine Mittelsperson Kontakt auf‿nehmen **2** *(a scopo di matrimonio)* Heiratsvermittler *m.* **II** agg. vermittelnd, Vermittlungs-: **azione -trice** vermittelnde Tat ◆ **agente ~** Vermittlungsvertreter *m.*; **~ di borsa** Börsenmakler *m.*; **~ di capitali** Geldvermittler *m.*; **~ commerciale** Handelsmakler *m.* (*o* Handelsvermittler *m.*); **~ pubblico** amtlich zugelassener Makler. **me|dia|tri|ce** f. Vermittlerin *f.*; *(di immobili)* Maklerin *f.*
me|dia|zio|ne f. **1** Vermittlung *f.*: **tentare la ~ tra due avversari** die Vermittlung zwischen zwei Gegnern versuchen; **fare opera di ~** als Vermittler ein‿treten; **proposta di ~** Vermittlungsvorschlag *m.* **2** *(a scopo di matrimonio)* Heiratsvermittlung *f.*, Ehevermittlung *f.* **3** *(provvigione)* Vermittlungsgebühr *f.*, Maklergebühr *f.* **4** POL. Mediation *f.*: **~ per la pace** eine Frieden stiftende Mediation.
me|di|ca f. *(-che)* Schneckenklee *m.*
me|di|ca|bi|le agg. behandelbar.
me|di|ca|men|to m. Arznei *f.*, Medikament *n.* **me|di|ca|men|to|so** agg. Arznei-, Heil-: **sostanza -a** Arzneistoff *m.*; **argilla -a** Heilerde *f.*
me|di|ca|re *(medidichi)* **I** tr. (ärztlich) behandeln, verarzten: **~ una ferita** eine Wunde behandeln; **~ una mano** eine Hand behandeln (*o* verarzten); **~ qcn. ambulatoriamente** jdn ambulant behandeln **II** pronom. **medicarsi** sich (selbst) behandeln.
me|di|ca|stro m. Medikaster *m.*, Kurpfuscher *m.*
me|di|ca|to p.pass. agg. **1** → **medicare 2** *(asettico)* steril: **cerotto ~**

steriles Pflaster **3** *(medicamentoso)* Heil-: ***bagno*** **~** Heilbad *n.*

me|di|ca|zio|ne f. **1** *(trattamento)* (ärztliche) Behandlung *f.* **2** *(fasciatura)* Verband *m.*: **~ *asettica*** steriler Verband; ***cambiare, togliere la*** **~** den Verband wechseln, ab‿nehmen **3** *(dentistica)* Einlage *f.*: ***rimuovere la*** **~** die Einlage entfernen ◆ MIL. ***posto di*** **~** Verband(s)platz *m.*

me|di|ce|o agg. mediceisch.

me|di|ci|na f. **1** Medizin *f.*; *(scienza)* Heilkunde *f.*: ***studiare*** **~** Medizin studieren; ***iscriversi a*** **~** sich in Medizin ein‿schreiben; ***le diverse specialità di*** **~** die verschiedenen Fachbereiche der Medizin; ***dottore in*** **~** Doktor der Medizin **2** *(medicinale)* Medikament *n.*, Arznei *f.*, Medizin *f.*: ***prendere una*** **~** ***contro la tosse*** eine Arznei gegen Husten nehmen; ***prescrivere, somministrare a qcn. una*** **~** jdm eine Medizin verordnen, verabreichen; ***la*** **~** ***fa subito effetto*** die Medizin wirkt sofort **3** FIG. Medizin *f.*: ***essere una buona*** **~** ***per qcs.*** eine heilsame Medizin für etw. sein ◆ **~ *alternativa*** alternative Medizin; **~ *di base*** Allgemeinmedizin *f.*; ***esercitare la*** **~** den Arztberuf aus‿üben; ***facoltà di*** **~** medizinische Fakultät; **~ *generale*** Allgemeinmedizin *f.*; **~ *interna*** innere Medizin; ***reparto di*** **~ *interna*** innere Abteilung *f.*; **~ *del lavoro*** Arbeitsmedizin *f.*; **~ *legale*** Gerichtsmedizin *f.*; **~ *naturale*** Naturheilkunde *f.*; **~ *nucleare*** Nuklearmedizin *f.*; **~ *preventiva*** Präventivmedizin *f.*; **~ *sociale*** Sozialmedizin *f.*; **~ *spaziale*** Raumfahrtmedizin *f.*; **~ *sportiva*** Sportmedizin *f.*; ***studente di*** **~** Medizinstudent *m.* (*o* Mediziner *m.*); ***trattato di*** **~** medizinische Abhandlung; **~ *tropicale*** Tropenmedizin *f.*; **~ *ufficiale*** Schulmedizin *f.*; ***uomo di*** **~** Mediziner *m.*; PROV. ***il tempo è la miglior*** **~** die Zeit heilt alle Wunden.

me|di|ci|na|le I agg. medizinisch, Heil-, Arznei-: ***bevanda, pianta*** **~** Heiltrank *m.*, Arzneipflanze *f.*; ***erbe -i*** Heilkräuter *pl.*; ; ***prodotti -i*** medizinische Produkte **II** m. Medikament *n.*, Arzneimittel *n.*: ***-i scaduti*** verfallene Medikamente; ***un*** **~** ***per uso interno*** ein Medikament zur inneren Anwendung; ***tolleranza nei confronti di un*** **~** Toleranz (*o* gute Verträglichkeit) eines Medikaments; **~ *venduto dietro presentazione di ricetta medica*** rezeptpflichtiges Arzneimittel; **~ *da banco*** rezeptfreies Arzneimittel ◆ ***caramelle -i*** Kräuterbonbons *pl.*

me|di|co I agg. *(-ci,-che)* **1** medizinisch: ***congresso*** **~** medizinischer Kongress; ***rivista -a*** medizinische Zeitschrift **2** *(del medico)* ärztlich, Arzt-: ***assistenza, prescrizione -a*** ärztliche Versorgung, Verschreibung; ***cure -che*** ärztliche Behandlung; ***parcella -a*** Arztrechnung *f.* **II** m. *(-ci)* Arzt *m.*: ***andare dal*** **~** zum Arzt gehen; ***avere un appuntamento dal*** **~** einen Termin beim Arzt haben; ***consultare, chiamare il*** **~** den Arzt konsultieren, holen; ***essere in cura da un*** **~** ärztlich behandelt werden; ***farsi visitare da un*** **~** sich ärztlich untersuchen lassen; ***prendere appuntamento dal*** **~** sich beim Arzt an‿melden ◆ **~ *allopatico*** Allopath *m.*; **~ *aziendale*** Betriebsarzt *m.*; **~ *di base*** Allgemeinarzt *m.*, praktischer Arzt; ***bollettino*** **~** Krankenbericht *m.*; **~ *di bordo*** Schiffsarzt *m.*; ***borsa del*** **~** Arzttasche *f.*; **~ *di campagna*** Landarzt *m.*; ***certificato*** **~** ärztliches Attest (*o* Zeugnis); **~ *chirurgo*** Chirurg *m.*; **~ *condotto*** Amtsarzt *m.*, Kreisarzt *m.*; ***consulto*** **~** Konsilium *n.*; ***essere sotto controllo*** **~** unter ärztlicher Aufsicht stehen; **~ *di corte*** Hofarzt *m.*; **~ *curante*** behandelnder Arzt; **~ *di famiglia*** Hausarzt *m.*; **~ *di fiducia*** Hausarzt *m.*; **~ *fiscale*** Vertrauensarzt *m.*; **~ *generico*** Allgemeinarzt *m.*, praktischer Arzt; **~ *di guardia*** Bereitschaftsarzt *m.*, Dienst habender Arzt; ***guardia -a*** ärztlicher Bereitschaftsdienst (*o* Notdienst); **~ *di pronto intervento*** Rettungsarzt *m.*; **~ *legale*** Gerichtsarzt *m.*; **~ *militare*** Militärarzt *m.*, Feldarzt *m.*; **~ *della mutua*** Kassenarzt *m.*; **~ *omeopatico*** Homöopath *m.*; ***ordine dei -ci*** Ärztekammer *f.*; **~ *ospedaliero*** Krankenhausarzt *m.*; **~ *primario*** Chefarzt *m.*; AUSTR. Primararzt *m.*; ***rapporto*** **~** Krankenbericht *m.*; ***soccorso*** **~** ärztliche Hilfe; **~ *specialista*** Facharzt *m.*; **~ *sportivo*** Sportarzt *m.*; ***studio*** **~** Arztpraxis *f.*; **~ *di turno*** Dienst habender Arzt; ***ufficiale*** **~** Militärarzt *m.*; **~ *veterinario*** Tierarzt *m.*; ***dal punto di vista*** **~** medizinisch; PROV. ***il tempo è un gran*** **~** die Zeit heilt alle Wunden.

me|die|tà f. LETT. Mittelstellung *f.*

me|die|va|le agg. mittelalterlich (anche SPREG.): ***storia*** **~** mittelalterliche Geschichte; SCOL. UNIV. Mittlere Geschichte; ***superstizioni -i*** mittelalterlicher Glaube ◆ ***età, periodo*** **~** Mittelalter *n.* **me|die|va|li|sta** m. e f. *(-i,-e)* Mediävist *m.* (-in *f.*). **me|die|va|li|sti|ca** f. Mediävistik *f.* **me|die|va|li|sti|co** agg. *(-ci,-che)* mittelalterlich, mediäval. **me|die|vi|sta** → **medievalista.**

me|dio I agg. *(-di,-die)* **1a** Mittel-, mittlere: ***parte -a, punto*** **~** mittlerer Teil, Punkt; ***valore*** **~** Mittelwert *m.* **b** *(di media grandezza)* ***azienda -a*** Mittelbetrieb *m.* **2** *(nella media, che risulta da una media)* Durchschnitts-, durchschnittlich, Mittel-, mittlere: ***durata -a della vita*** durchschnittliche Lebensdauer; ***età, statura -a*** Durchschnittsalter *n.*, Mittelgröße *f.*; ***un uomo di -a statura*** ein Mensch mittlerer Größe; ***produzione -a*** durchschnittliche Produktion (*o* Durchschnittsproduktion *f.*); ***costi -i*** Durchschnittskosten *pl.*; ***guadagno, importo, reddito*** **~** Durchschnittsverdienst *m.*, Durchschnittsbetrag *m.*, Durchschnittseinkommen *n.*; ***velocità -a*** Durchschnittsgeschwindigkeit *f.* **3** GRAMM. medial: ***verbo*** **~** mediales Verb; ***alla forma -a*** im Medium **4** LING. stimmhaft: ***consonante -a*** stimmhafter Verschlusslaut **II** m. **1** *(dito)* Mittelfinger *m.* **2** GRAMM. Medium *n.* **3** MAT. Innenglied *n.* ◆ ***ceto*** **~** Mittelstand *m.*, Mittelschicht *f.*; ***credito a lungo e*** **~** ***termine*** lang- und mittelfristiger Kredit; ***di -a difficoltà*** mittelschwer; ***dito*** **~** Mittelfinger *m.*; ***Medio Evo*** Mittelalter *n.*; ***intelligenza -a*** Durchschnittsintelligenz *f.*; ***l'italiano*** **~** der Durchschnittsitaliener *m.*; ***licenza -a*** = Pflichtschulabschluss *m.* nach acht Schuljahren; ***onde -die*** Mittelwellen *pl.*; ***Medio Oriente*** Mittlerer Osten; SPORT ***peso*** **~** Mittelgewicht *n.*, Mittelgewichtler *m.*; *(categoria)* ***pesi -di*** Mittelgewicht *n.*; ***proporzione -a*** Durchschnittsverhältnis *n.*; ***a -a scadenza*** mittelfristige Laufzeit; ***scuola -a (inferiore)*** INTRAD. (sechstes bis achtes Schuljahr); ***scuola -a superiore*** höhere Schule (neuntes bis dreizehntes Schuljahr). ***tasso*** **~** ***(ponderato)*** (gewogener) Durchschnittssatz *m.*; ***temperatura -a*** Durchschnittstemperatur *f.*; ***a*** **~** ***termine*** mittelfristig; MAT. ***termine*** **~** ***di una proporzione*** Innenglied *n.* einer Proportion; FILOS. ***termine*** **~** ***(di un sillogismo)*** Medius *m.*

me|dio|cre I agg. mittelmäßig, mäßig: ***un romanzo*** **~** ein mittelmäßiger Roman; ***intelligenza*** **~** mittelmäßige Intelligenz; ***rendimento*** **~** mittelmäßige Leistung; ***reddito*** **~** mittelmäßiges (*o* mittelhohes) Einkommen **II** m. mittelmäßiger Mensch *m.*

me|dio|cre|di|to m. mittelfristiger Kredit *m.*

me|dio|cre|men|te avv. mittelmäßig: ***sciare*** **~** mittelmäßig Ski fahren. **me|dio|cri|tà** f. Mittelmäßigkeit *f.*, Mittelmaß *n.*, Mediokrität *f.*: ***non uscire dalla*** **~** über das Mittelmaß nicht hinaus‿kommen ◆ ***aurea*** **~** goldener Mittelweg.

me|dio|e|va|le → **medievale. Me|dio|e|vo** m. Mittelalter *n.* (anche SPREG.): ***alto*** **~** Hochmittelalter *n.* (*o* frühes Mittelalter); ***basso*** **~** spätes Mittelalter.

me|dio|la|ti|no I agg. mittellateinisch **II** m. Mittellatein *n.*

me|dio|leg|ge|ro I agg. Halbmittel- **II** m. Halbmittelgewichtler *m.*

me|dio|lo|go m. *(-gi)* → **massmediologo.**

me|dio|mas|si|mo I agg. ***peso*** **~** Halbschwergewicht *n.* **II** m. Halbschwergewichtler *m.*

me|dio|pas|si|vo agg. medial, mediopassiv.

me|dio|rien|ta|le agg. Nahost-: ***conflitto*** **~** Nahostkonflikt *m.*; ***questione*** **~** Nahostfrage *f.*

me|dio|te|ca f. *(-che)* Mediothek *f.*

me|di|ta|bon|do agg. nachdenklich, besinnlich: ***espressione -a*** nachdenkliche Miene; ***starsene lì*** **~** nachdenklich da‿sitzen; ***trascorrere ore -e*** besinnliche Stunden verbringen.

me|di|ta|re *(medito)* **I** tr. **1** **~ *qcs.*** über etw. (A) nach‿denken **2** *(avere in mente, progettare)* **~ *qcs.*** auf etw. (A) sinnen, etw. planen: **~ *vendetta, la fuga*** auf Rache, Flucht sinnen **3** assol. meditieren: **~ *tutto il giorno*** den ganzen Tag meditieren **II** intr. (aus. *avere*) nach‿sinnen, nach‿denken: **~ *su, intorno a qcs.*** über etw. (A) nachsinnen (*o* nachdenken); **~ *su una questione difficile*** über eine schwierige Frage nachdenken.

me|di|ta|ta|men|te avv. **1** überlegt: ***agire, parlare*** **~** überlegt handeln, sprechen **2** *(di proposito)* absichtlich: ***l'ho detto*** **~** ich habe es absichtlich gesagt.

me|di|ta|ti|vo agg. besinnlich; *(di persona)* nachdenklich: ***vita -a*** besinnliches Leben; ***carattere*** **~** nachdenklicher Charakter. **me|di|ta|to** p.pass. agg. **1** → **meditare 2** wohl bedacht, (wohl) durchdacht: ***una decisione -a*** eine durchdachte Entscheidung.

me|di|ta|zio|ne f. Meditation *f.*: **~ *religiosa, trascendentale*** religiöse, transzendentale Meditation; ***raccogliersi in*** **~** sich der Meditation hin‿geben; ***sprofondare in*** **~** in Meditation versinken; ***essere assorto in*** **~** in Meditation versunken sein.

me|di|ter|ra|ne|o agg. mediterran, Mittelmeer-: ***popoli, paesi -i*** mediterrane Völker, Mittelmeerländer; ***clima*** **~** Mittelmeerklima *n.*; ***macchia -a*** mediterrane Macchia ◆ ***anemia -a*** Mittelmeeranämie *f.*; ***mar Mediterraneo*** Mittelmeer *n.* **Me|di|ter|ra|ne|o** n.pr.m. Mittelmeer *n.* ◆ ***area del*** **~** Mittelmeerraum *m.*; ***paesi del*** **~** Mittelmeerländer *pl.*

me|dium m. e f.inv. Medium *n.*: ***fare da*** **~** ***in una seduta spiritica*** Medium bei einer spiritistischen Sitzung sein.

me|du|sa f. Qualle *f.*, Meduse *f.* ◆ **~ *degli abissi*** Tiefseemeduse *f.*; **~ *a ombrello*** Schirmqualle *f.*; **~ *urticante*** Nesselqualle *f.* **Me|du|sa** n.pr.f. Meduse *f.* ◆ FIG. ***volto della*** **~** Medusenblick *m.*; ***testa di*** **~** Medusenhaupt *n.*

meet|ing ['mitıŋ] m.inv. **1** Meeting *n.*, Treffen *n.*: ***organizzare un ~*** ein Meeting veranstalten **2** SPORT Veranstaltung *f.*, Begegnung *f.*: ***~ di atletica leggera*** Leichtathletikveranstaltung *f.* **meet|ing point** m.inv. Treffpunkt *m.*
Me|fi|sto|fe|le n.pr.m. Mephistopheles *m.*, Mephisto *m.* **me|fi|sto|fe|li|co** agg. *(-ci,-che)* mephistophelisch: ***riso ~*** mephistophelisches Lachen.
me|fi|ti|co agg. *(-ci,-che)* **1a** *(malsano)* schlecht: ***aria -a*** schlechte Luft **b** *(fetido)* stinkend, übel riechend: ***esalazioni -che*** übel riechende Ausdünstungen **2** FIG. *(corrotto)* verdorben: ***ambiente ~*** verdorbenes Milieu.
mega|byte ['megəbaıt, *üblich* -'bait] m.inv. Megabyte *n.*
me|ga|ce|ro m. Megaceros *m.*
me|ga|ci|clo m. Megahertz *n.*
me|ga|con|cer|to m. COLLOQ. Megakonzert *n.*
me|ga|fa|rad m.inv. Megafarad *n.*
me|ga|fo|no m. Megaphon *n.*
me|ga|ga|lat|ti|co agg. *(-ci,-che)* COLLOQ. **1** *(enorme)* Riesen-, riesig: ***casa, somma -a*** Riesenhaus *n.*, Riesensumme *f.* **2** SCHERZ. *(altissimo)* Mega-: ***direttore ~*** Megadirektor *m.*
me|ga|hertz m.inv. Megahertz *n.*
me|ga|li|te m. Megalith *m.* **me|ga|li|ti|co** agg. *(-ci,-che)* megalithisch, Megalith-: ***mura -che*** megalithische Mauern; ***tomba -a*** Megalithgrab *n.*; ***civiltà -a*** Megalithkultur *f.*
me|ga|lo|ma|ne I agg. größenwahnsinnig: ***ambizioni -i*** größenwahnsinnige Ambitionen **II** m. e f. Größenwahnsinnige *m.* e *f.* **me|ga|lo|ma|ni|a** f. Größenwahn *m.*, Megalomanie *f.*
me|ga|lo|po|li f.inv. Megalopolis *f.*, Megalopole *f.*
me|ga|ohm m.inv. Megaohm *n.*
me|ga|ron m.inv. Megaron *n.*
me|ga|ton m.inv., **me|ga|to|ne** m. Megatonne *f.*
me|gat|te|ra f. Buckelwal *m.*
me|ga|volt m.inv. Megavolt *n.*
me|ga|watt m.inv. Megawatt *n.*
me|ge|ra f. Megäre *f.*
me|glio (compar. di *bene*) **I** avv. **1a** besser: ***da solo lavora ~*** allein arbeitet er besser; ***con gli occhiali stavi ~*** mit der Brille sahst du besser aus; ***le cose non possono andare ~*** es könnte nicht besser laufen; ***oggi sto ~*** heute geht es mir besser; ***faresti ~ a ripensarci*** du würdest besser daran tun, es dir noch einmal zu überlegen **b** ***è ~ preparato di te*** er ist besser vorbereitet als du **2** *(superlativo)* am besten: ***è lui (quello) che parla ~*** er spricht am besten (*o* er ist derjenige, der am besten spricht) **II** agg.inv. **1** besser: ***è, sarebbe ~ mantenere la calma*** es ist, es wäre besser, die Ruhe zu bewahren; ***è ~ che venga*** es ist besser, (wenn) er kommt; ***questo sembra ~ dell'altro*** das scheint besser als das andere; ***che cosa è ~ fare?*** was ist besser zu tun? ***credo che sarebbe ~ andare*** ich glaube, wir sollten besser gehen **2** *(superlativo)* am besten: ***è ~ non parlare*** am besten ist es, nichts zu sagen **III** pron.inv. ***(non) c'è di ~*** es gibt (nichts) Besseres; ***ne abbiamo di ~*** wir haben Bessere, Besseres **IV** m. Beste *n.*: ***questo è il ~ che si possa dire*** das ist das Beste, was man sagen kann; ***si è preso il ~*** er hat sich das Beste genommen; ***il ~ deve ancora venire*** das Beste kommt noch; ***il ~ del ~*** das Beste vom Besten; ***dare il ~ di sé*** sein Bestes geben ◆ ***al ~*** so gut wie möglich: ***si espresse al ~ delle sue possibilità*** er drückte sich so gut wie möglich aus; ***alla ~*** so gut es geht; ***andare per il ~*** gut gehen; ***avere la ~*** die Oberhand gewinnen (*o* haben); COLLOQ. ***alla bell'e ~*** so gut es geht; ***di bene in ~*** immer besser; ***cambiare in ~*** sich verbessern (*o* immer besser werden); ***non chiedo di ~*** nichts wäre mir lieber; ***~ così!*** um so besser! ***~ di così, che vuoi?*** was willst du, es könnte nicht besser sein; ***per ~ dire*** besser (*o* genauer, richtiger) gesagt; ***in mancanza di ~*** mangels eines Besseren, in Ermangelung eines Besseren; ***mettersi per il ~*** sich zum Besseren wenden; ***niente di ~*** nichts Besseres; ***non hai (niente) di ~ da fare, da dire?*** hast du nichts Besseres zu tun, zu sagen? ***per il ~*** zum Besten (*o* auf die beste Weise); ***~ per lui!*** um so besser für ihn! ***il ~ possibile*** das Bestmögliche; ***fare del proprio ~*** sein Bestes tun; ***qualcosa di ~*** etwas Besseres; ***quanto di ~*** einer (*o* eine, eines) der besten: ***questo prodotto è quanto di ~ offra il mercato*** dieses Produkt ist eines der besten, das der Markt zu bieten hat; ***~ riuscito*** bestgelungen; ***tanto ~!*** um so besser! PROV. ***~ tardi che mai*** besser spät als nie.
me|io|si f. Meiose *f.*
me|la f. **1** Apfel *m.*: ***~ aspra, bacata, marcia*** saurer, wurmstichiger, verfaulter Apfel; ***raccogliere, sbucciare -e*** Äpfel pflücken, schälen; ***mordere una ~*** in einen Apfel beißen **2** *(oggetto a forma di mela)* ***~ dell'innaffiatoio*** Gießkannenbrause *f.* ◆ FIG. ***essere una ~ bacata*** ein schwarzes Schaf sein; ***bianco e rosso come una ~*** rotbäckig; ***buccia di ~*** Apfelschale *f.*; ***conserva di -e*** Apfelkompott *n.*; ***~ cotogna*** Quitte *f.*; ***~ delizia*** Golden Delicious *m.*; ***~ al forno*** Bratapfel *m.*; ***gelatina di -e*** Apfelgelee *m.* e *n.*; FIG. ***~ marcia*** = verdorbenes Individuum innerhalb einer Gruppe; ***mousse di -e*** Apfelmus *n.*; ***~ renetta*** Renette *f.*; ***sidro di -e*** Apfelwein *m.*, Zider *m.*, Apfelcidre *m.*; ***strudel di -e*** Apfelstrudel *m.*; ***succo di ~*** Apfelsaft *m.*; ***~ da tavola*** Tafelapfel *m.*; ***torta di -e*** Apfelkuchen *m.*; ***verde ~*** apfelgrün; PROV. ***una ~ al giorno leva il medico di torno*** = ein Apfel am Tag hält die Ärzte fern.
me|la|gra|na f. *(melagrane)* Granatapfel *m.*
me|la(m)|mi|na f. Melamin *n.* **me|lam|mi|ni|co** agg. *(-ci,-che)* Melamin-: ***resina -a*** Melaminharz *n.*; ***carta -a*** Melaminpapier *n.*
me|lan|co|li|a, me|lan|co|ni|a f. LETT. Melancholie *f.*, Schwermut *f.* **me|lan|co|ni|co I** agg. *(-ci,-che)* melancholisch: ***rendere, diventare ~*** melancholisch machen, werden **II** m. Melancholiker *m.*
Me|la|ne|sia n.pr.f. Melanesien *n.* **me|la|ne|sia|no I** agg. melanesisch **II** m. Melanesier *m.*
me|lan|ge [-'lanʒ] **I** m.inv. Melange *f.* **II** agg. ***(di) colore ~*** meliert.
me|lan|go|la f. Pomeranze *f.* **me|lan|go|lo** m. *(albero)* Pomeranze *f.*, Pomeranzenbaum *m.*
Me|la|nia n.pr.f. Melanie *f.*
me|la|ni|na f. Melanin *n.* **me|la|ni|smo** m. Melanismus *m.* **me|la|no|ma** m. Melanom *n.* **me|la|no|si** f. Melanose *f.*
me|lan|za|na I f. Aubergine *f.* **II** agg. ***color ~*** aubergine(farben) ◆ ***-e alla parmigiana*** INTRAD. (mit Tomatensoße und geriebenem Parmesankäse im Ofen überbackene Auberginenscheiben).
me|la|ran|cia f. *(-ce)* Orange *f.*, Apfelsine *f.* **me|la|ran|cio** m. *(-ci)* Apfelsinenbaum *m.*
me|las|sa f. Melasse *f.*
me|la|to agg. **1** mit Honig gesüßt **2** FIG. honigsüß, süßlich.
Mel|chior|re n.pr.m. Melchior *m.*
me|len|sag|gi|ne f. Einfältigkeit *f.* **me|len|so** agg. **1** *(tardo)* einfältig: ***un servitore ~*** ein einfältiger Diener **2** *(stucchevole)* süßlich: ***discorso ~*** süßliche Rede **3** *(spento)* stumpf, schwach: ***sorriso ~*** stumpfes Lächeln; ***sguardo ~*** stumpfer Blick.
me|le|to m. Apfelhain *m.*
1.me|li|ca → **meliga.**
2.me|li|ca f. Melik *f.* **me|li|co I** agg. *(-ci,-che)* melisch: ***poesia -a*** melische Dichtkunst **II** m. *(-ci)* melischer Dichter *m.*
me|li|ga f. *(-ghe)* **1** Mohrenhirse *f.* **2** REGION. Mais *m.*
me|li|na f. SPORT GERG. ***fare ~*** das Spiel verzögern.
me|li|sma m. Melisma *n.*
me|lis|sa f. Melisse *f.*
mel|li|fe|ro agg. LETT. Honig-: ***ape -a*** Honigbiene *f.* **mel|li|fi|ca|re** intr. *(mellifico, mellifichi*; aus. *avere)* Honig liefern. **mel|li|fi|ca|zio|ne** f. Honigherstellung *f.*
mel|li|flui|tà f. Süßlichkeit *f.* **mel|li|fluo** agg. süßlich: ***un fare ~*** ein süßliches Gehabe.
mel|li|to m. mit Honig gesüßter Sirup *m.* ◆ ***diabete ~*** Diabetes mellitus *m.*
mel|ma f. **1** Schlamm *m.* **2** FIG. Schmutz *m.*: ***sprofondare nella ~*** im Schmutz versinken (*o* versumpfen). **mel|mo|si|tà** f. Schlammigsein *n.* **mel|mo|so** agg. schlammig: ***strada -a*** schlammiger Weg.
me|lo m. Apfelbaum *m.* ◆ ***~ cotogno*** Quittenbaum *m.*; ***fiore di ~*** Apfelblüte *f.*; ***~ selvatico*** Holzapfelbaum *m.*
me|lo|di|a f. **1** Melodie *f.*: ***una ~ dolce, allegra, malinconica*** eine süße, heitere, melancholische Melodie; ***fischiettare, canticchiare una ~*** eine Melodie pfeifen, trällern **2** *(motivo)* Melodie *f.*, Weise *f.*; ***~ popolare*** Volksweise *f.*, volkstümliche Weise **3** LING. Sprachmelodie *f.*: ***la ~ di una frase*** die Sprachmelodie eines Satzes.
me|lo|di|ca|men|te avv. melodisch. **me|lo|di|co** agg. *(-ci,-che)* **1** melodisch, Melodi(en)-: ***poesia -a*** melodisches Gedicht; ***strumento ~*** Melodieinstrument *n.*; ***genere ~*** melodische Art **2** *(di suoni)* Ton-: ***sequenza -a*** Tonfolge *f.*
me|lo|dio|si|tà f. **1** Melodienreichtum *m.* **2** FIG. Wohlklang *m.* **me|lo|dio|so** agg. **1** MUS. *(armonico)* melodisch: ***canto ~*** melodischer Gesang **2** FIG. *(dal suono dolce)* melodiös, wohlklingend: ***una voce -a*** eine melodiöse Stimme.
me|lo|dram|ma m. Melodram(a) *n.* ◆ FIG. ***frase, eroe da ~*** melodramatischer Satz, Held.
me|lo|dram|ma|ti|ca|men|te avv. melodramatisch. **me|lo|dram|ma|ti|ci|tà** f. Melodramatik *f.* **me|lo|dram|ma|ti|co** agg. *(-ci,-che)* melodramatisch (anche FIG.): ***che scena -a!*** was für eine melodramatische Szene!
me|lo|gra|no m. Granatapfelbaum *m.*
me|lo|ma|ne m. e f. Musikbesessene *m.* e *f.* **me|lo|ma|ni|a** f. Musikbesessenheit *f.*
me|lo|ne m. Melone *f.*; *(cantalupo)* Honigmelone *f.*

me|los m.inv. LETT. Melos *n.*

mem|bra|na f. **1** Membran *f.* (anche TECN.) **2** *(pergamena)* Pergament *n.* ◆ BIOL. ***~ cellulare*** Zellmembran *f.*; ORNIT. ***~ interdigitale*** Schwimmhaut *f.*; MUS. ***~ del tamburo*** Trommelfell *n.*; MED. ***~ timpanica*** Trommelfell *n.*

mem|bra|na|ce|o agg. **1** membranartig: ***organo ~*** membranartiges Organ **2** Pergament-: ***codice ~*** Pergamentkodex *m.* **mem|bra|ni|for|me** agg. membranartig. **mem|bra|no|fo|no** m. Membranophon *n.* **mem|bra|no|so** agg. membranartig, häutig: ***rivestimento ~*** membranartige Hülle.

mem|bra|tu|ra f. **1** ANAT. Gliederbau *m.*: ***~ robusta*** kräftiger Gliederbau **2a** ARCH. *(disposizione di elementi)* Gliederung *f.* **b** *(elemento singolo)* Glied *n.*

mem|bro m. (*-i* m.pl. e *-a* f.pl.) **1a** (pl. *-i*) Mitglied *n.*: ***un ~ della famiglia, di un'accademia*** ein Mitglied der Familie, einer Akademie; ***~ ordinario*** ordentliches Mitglied; ***diventare ~ di un partito*** Mitglied einer Partei werden (*o* einer Partei bei‿treten) **b** *(elemento costitutivo)* Glied *n.*: ***~ di un'equazione, di una proposizione*** Glied einer Gleichung, eines Satzes **2** ANAT. (pl. *-i*) (männliches) Glied *n.* **3** (pl. *-a*) Glieder *pl.*, Gliedmaßen *pl.*: ***avere -a robuste, esili*** kräftige Glieder haben, zartgliedrig sein; ***tremare in tutte le -a*** an allen Gliedern zittern ◆ ***~ a ~*** gliedweise; ***~ del clero*** Kleriker *m.*; ***~ di una commissione*** Ausschussmitglied *n.*; ***~ di una comunità*** Gemeindemitglied *n.*; ***~ di una delegazione*** Delegationsmitglied *n.*; ***dolore alle -a*** Gliederschmerz *m.*; ***~ di famiglia*** Familienmitglied *n.*; ***~ fondatore*** Gründungsmitglied *n.*; ***~ giurato*** Juror *m.*; ***~ del governo*** Regierungsmitglied *n.*; ***~ onorario*** Ehrenmitglied *n.*; ***paese ~*** *(di federazione, organizzazione)* Mitgliedsland *n.*; ***~ del parlamento*** Parlamentsmitglied *n.*; ***~ di partito*** Parteimitglied *n.*; ***~ del sindacato*** Gewerkschaftsmitglied *n.*; ***stato ~*** *(di federazione, organizzazione)* Mitgliedsstaat *m.*; ***~ virile*** männliches Glied.

me|men|to m.inv. **1** LETT. Memento *n.* **2** SCHERZ. *(ammonizione)* Mahnruf *m.* **3** *(appunto scritto)* Denkzettel *m.*: ***dare un ~ a qcn.*** jdm einen Denkzettel verpassen.

me|mo|ra|bi|le agg. denkwürdig: ***un avvenimento ~*** ein denkwürdiges Ereignis. **me|mo|ran|do** agg. → **memorabile.**

me|mo|ran|dum m.inv. **1** Denkschrift *f.*, Memorandum *n.* **2** *(agenda)* Notizbuch *n.*

me|mo|ra|re tr. *(memoro)* memorieren.

me|mo|re agg. eingedenk: ***essere ~ di qcs.*** etw. (G) eingedenk sein.

me|mo|ria f. **1** Gedächtnis *n.*: ***avere una buona ~*** ein gutes Gedächtnis haben; ***perdere la ~*** das Gedächtnis verlieren; ***richiamare qcs. alla ~*** sich (D) etw. ins Gedächtnis zurück‿rufen; ***la ~ mi abbandona*** mein Gedächtnis lässt mich im Stich; ***cancellare qcs. dalla ~*** etw. aus dem Gedächtnis streichen **2a** *(ricordo)* Erinnerung *f.*, Andenken *n.*: ***di questo fatto ho soltanto una pallida ~*** daran habe ich nur eine schwache Erinnerung; ***le rovine sono una ~ del passato*** die Ruinen sind eine Erinnerung an die Vergangenheit; ***serbare buona ~ di qcn.*** jdn in guter Erinnerung behalten (*o* ein gutes Andenken an jdn bewahren) **b** *(oggetto che ricorda)* Andenken *n.* **3** *(annotazione)* Notiz *f.*: ***tenere, prendere ~*** sich Notizen machen **4** pl. *(biografia)* Memoiren *pl.*: ***scrivere le proprie -e*** seine Memoiren schreiben; ***le -e di Goldoni*** die Memoiren Goldonis **5** pl. *(documenti)* Dokumente *pl.* **6** DIPL. Denkschrift *f.*, Memorandum *n.* **7** DIR. Eingabe *f.*, Memoire *n.* **8** INFORM. Speicher *m.* ◆ ***a ~*** auswendig: ***sapere, imparare qcs. a ~*** etw. auswendig wissen, lernen; ***suonare, disegnare qcs. a ~*** etw. aus dem Gedächtnis spielen, zeichnen; ***alla ~ di qcn.*** zu jds Andenken; INFORM. ***~ ausiliaria*** Hilfsspeicher *m.*; ***~ breve*** Kurzzeitgedächtnis *n.*; INFORM. ***capacità di ~*** Speicherkapazität *f.*; ***avere una ~ da elefante*** ein Elefantengedächtnis haben; COLLOQ. ***~ di ferro*** Bombengedächtnis *n.*; ***a futura ~*** = zur Beweissicherung; ***in ~ di qcn.*** zum Gedenken an jdn: ***in ~ dei caduti*** zum Gedenken an die Gefallenen; ***se la ~ non mi inganna*** wenn mich die Erinnerung nicht täuscht; ***lapide alla ~*** Gedenktafel *f.*; INFORM. ***~ di lavoro*** Arbeitsspeicher *m.*; ***~ a lungo termine*** Langzeitgedächtnis *n.*; INFORM. ***~ magnetica*** Magnetspeicher *m.*; ***medaglia alla ~*** Gedenkmedaille *f.*; ***monumento alla ~*** Denkmal *n.*; ***perdita della ~*** Gedächtnisschwund *m.*; INFORM. ***~ principale*** Hauptspeicher *m.*; ***rinfrescare la ~ a qcn.*** jdm das Gedächtnis auf‿frischen; ***scrittore di -e*** Memoirenschreiber *m.*; INFORM. ***~ secondaria*** Nebenspeicher *m.*; ***~ storica*** Geschichtsbewusstsein *n.*; INFORM. ***~ tampone, temporanea*** Pufferspeicher *m.*; ***a ~ d'uomo*** seit Menschengedenken; ***~ visiva*** visuelles Gedächtnis; ***vuoto di ~*** Gedächtnislücke *f.*

me|mo|ri|al [mɪˈmɔːrial, *üblich* meˈmorial] m.inv. Memorial *n.*

me|mo|ria|le m. **1** Memoiren *pl.* **2** *(di difesa)* Verteidigungsschrift *f.* **3** *(di petizione)* Eingabe *f.* **4** *(di supplica)* Bittschrift *f.* **me|mo|ria|li|sta** m. e f. *(-i,-e)* Memoirenschreiber *m.* (-in *f.*).

me|mo|riz|za|re tr. **1** ***~ qcs.*** sich etw. ein‿prägen **2** INFORM. speichern. **me|mo|riz|za|zio|ne** f. **1** Einprägen *n.*, Memorieren *n.* **2** INFORM. Speicherung *f.*

me|na|bò m.inv. Layout *n.*; ***~ bianco*** Blindband *m.*

me|na|de f. Mänade *f.*

me|na|di|to, ***conoscere, sapere qcs. a ~*** etw. im Schlaf kennen, wissen; ***ripetere qcs. a ~*** etw. wie am Schnürchen wiederholen.

mé|na|ge [meˈnaʒə] m.inv. **1** *(andamento familiare)* Familienleben *n.* **2** *(economia familiare)* Haushaltsführung *f.* **3** *(ampolliera)* Menage *f.* ◆ ***~ matrimoniale*** Eheführung *f.*; ***~ a tre*** Dreiecksverhältnis *n.*

me|na|gra|mo m. e f. REGION. Unglücksbringer *m.* (-in *f.*).

me|nar|ca m. *(-chi)* Menarche *f.*

me|na|re I tr. **1** *(condurre)* führen, leiten: ***questa strada mena in città*** diese Straße führt in die Stadt; FIG. ***~ un'esistenza tranquilla*** ein ruhiges Leben führen **2** *(agitare)* eifrig bewegen; ***~ la coda*** mit dem Schwanz wedeln **3** *(assestare)* versetzen: ***~ un ceffone a qcn.*** jdm eine Ohrfeige versetzen **4** COLLOQ. *(picchiare)* verprügeln, vermöbeln: ***~ qcn. per bene*** jdn gehörig verprügeln **II** pronom. **menarsi** sich verprügeln ◆ ***non ~ il can per l'aia!*** schiebe es nicht auf die lange Bank! ***~ la danza*** das Zepter schwingen; ***~ la lingua*** eine böse Zunge haben; ***~ qcs. per le lunghe*** etw. in die Länge ziehen; ***~ le mani*** handgreiflich werden; COLLOQ. ***menarsela per qcs.*** = sich um etw. unnötige Probleme machen; ***~ qcn. per il naso*** jdn an der Nase herum‿führen.

me|na|ro|la f. Bohrwinde *f.*, Bohrkurbel *f.*

me|na|ta f. COLLOQ. **1** Vermöbelung *f.*, Verprügeln *n.* **2** *(situazione ripetitiva)* Lied *n.*, Leier *f.*: ***è sempre la stessa ~*** es ist immer das alte Lied **3** *(spettacolo noioso)* Schinken *m.*: ***questo film è una ~*** dieser Film ist ein Schinken.

men|da f. Mangel *m.*, Fehler *m.*

men|da|ce agg. lügenhaft. **men|da|ci|tà** f. Lügenhaftigkeit *f.*

men|de|le|vio m. *(-vi)* Mendelevium *n.*

men|de|lia|no agg. mendelsch: ***leggi -e*** mendelsche Gesetze. **men|de|li|smo** m. Mendelismus *m.*

men|di|can|te I agg. bettelnd **II** m. e f. Bettler *m.* (-in *f.*).

men|di|ca|re *(mendico, mendichi)* **I** tr. ***~ qcs.*** etw. erbetteln, um etw. (A) betteln; FIG. ***~ un po' di affetto*** um etwas Zuneigung betteln **II** intr. (aus. *avere*) betteln. **men|di|ci|tà** f. Bettelei *f.*

men|di|co I agg. *(-chi,-che)* an den Bettelstab gekommen **II** m. *(-chi)* Bettler *m.*

me|ne|fre|ghi|smo m. COLLOQ. Wurstigkeit *f.* **me|ne|fre|ghi|sta** *(-i,-e)* COLLOQ. **I** agg. wurstig: ***comportamento ~*** wurstiges Benehmen **II** m. e f. wurstiger Mensch *m.*

me|ne|ghi|no I agg. = Mailänder, mailändisch **II** m. = Mailänder *m.*

me|ne|strel|lo m. Minstrel *m.*, Hofsänger *m.*, Spielmann *m.*

menhir, men|hir m.inv. Menhir *m.*, Hinkelstein *m.*

me|nin|ge f. Hirnhaut *f.* ◆ ***spremersi le -i*** sein Hirn an‿strengen.

me|nin|ge|o, me|nin|ge|o agg. Hirnhaut-: ***infiammazione -a*** Hirnhautentzündung *f.* **me|nin|gi|te** f. Gehirnhautentzündung *f.*, Meningitis *f.* ◆ ***~ cerebrospinale*** zerebrospinale Gehirnhautentzündung *f.*; ***~ epidemica*** epidemische Gehirnhautentzündung; ***~ virale*** Virus-Gehirnhautentzündung *f.* **me|nin|gi|ti|co** agg. *(-ci, -che)* Meningitis-. **me|nin|go|coc|co** m. *(-chi)* Meningokokkus *m.*

me|ni|sco m. *(-schi)* ANAT. FIS. OTT. Meniskus *m.*, Meniscus *m.*

me|no (compar. di *poco*) **I** avv. **1a** weniger, nicht so: ***un tragitto ~ lungo*** ein nicht so langer Weg; ***lavorare ~*** weniger arbeiten; ***adesso guadagno (di) ~*** jetzt verdiene ich weniger; ***~ lo vedo meglio è*** je weniger ich ihn sehe, desto besser ist es; ***più lo conosco e ~ mi piace*** je besser ich ihn kenne, desto weniger gefällt er mir **b** ***~ di...*** weniger als..., nicht so wie...: ***il rame è ~ prezioso dell'argento*** Kupfer ist nicht so wertvoll wie Silber; ***è ~ intelligente di me*** er ist weniger intelligent als ich; ***~ di quanto pensassi*** weniger als ich dachte **2** *(superlativo)* am wenigsten: ***la via ~ pericolosa*** der am wenigsten gefährliche Weg, der ungefährlichste Weg **II** agg.inv. weniger: ***c'era ~ gente*** es waren weniger Leute da; ***fare ~ fatica*** sich weniger ab‿mühen **III** prep. **1** *(tranne)* außer + dat.: ***c'erano tutti ~ lui*** außer ihm waren alle da; ***tutti i giorni ~ il martedì*** jeden Tag außer Dienstag; ***hai pensato a tutti ~ che a me*** du hast an alle gedacht außer an mich **2** MAT. minus, weniger: ***tre ~ uno fa due*** drei weniger (*o* minus) eins macht zwei; *(temperatura)* ***~ due*** minus zwei Grad (*o* zwei Grad minus); *(di ore)* ***sono le otto ~ un quarto*** es ist Viertel vor acht **IV** m. **1** ***il ~*** das Mindeste: ***è il ~ che potesse capitargli*** das ist das Mindeste, was ihm passieren könnte **2** MAT. Minuszeichen *n.* ◆ ***a ~ che*** es sei denn; ***chi più chi ~*** der eine mehr, der andere weniger; ***non essere da ~*** *(essere simile)* auch nicht anders sein; *(essere inferiore)* nicht unterlegen sein; **non di ~** dennoch; **in men che non si dica** in null Komma nichts; **fare a ~ di qcn., qcs.** ohne jdn, etw. aus‿kommen (*o* auf jdn, etw. verzichten); **non poter fare a ~ di qcs., qcn.** ohne jdn, etw. nicht auskommen können; **non poter fare a ~ di fare qcs.** nicht umhin können, etw. zu tun; **in ~** weniger; **in ~ di due ore si arriva** in weniger als zwei Stunden kommt man an; **~ che mai** weniger denn je; **~ male!** Gott sei Dank! **men che ~** noch viel weniger; **niente di ~ che** nicht weniger als; **~ di niente** überhaupt nichts; **non so se l'abbia fatto o ~** ich weiß nicht, ob er das getan hat oder nicht; **per lo ~** *(a dir poco)* immerhin; *(almeno)* mindestens; **più o ~** mehr oder weniger; **parlare del più e del ~** sich über dieses und jenes unterhalten; **né più né ~** nicht mehr und nicht weniger; **poco più poco ~** ungefähr; **quanto ~** mindestens, zumindest; **senza ~** unbedingt; **tanto ~** noch viel weniger; **uno più uno ~** einer mehr oder weniger; **venir ~** ohnmächtig werden; **venir ~ a qcs.** etw. vernachlässigen; **venir ~ a una promessa** ein Versprechen nicht ein‿halten.

me|no|ma|re tr. *(menomo)* **1** eine Behinderung verursachen; *(mutilare)* verstümmeln **2** *(danneggiare, peggiorare)* beeinträchtigen. **me|no|ma|to I** p.pass. agg. **1** → **menomare 2** behindert; *(mutilato)* verstümmelt **3** *(danneggiato, peggiorato)* Beeinträchtigung *f.*

me|no|ma|zio|ne f. **1a** Behinderung *f.*: **~ fisica** körperliche Behinderung **b** *(mutilazione)* Verstümmelung *f.*; **subire una ~** verstümmelt werden **2** *(danneggiamento, peggioramento)* Beeinträchtigung *f.*

me|no|pau|sa f. Wechseljahre *pl.*, MED. Klimakterium *n.*, Menopause *f.*: **entrare in ~** in die Wechseljahre kommen; **essere in ~** in den Wechseljahren sein; **disturbi della ~** Wechseljahrebeschwerden *pl.*

me|nor|ra|gi|a f. Menorrhagie *f.*

me|nor|re|a f. Menorrhö(e) *f.*, Menorrhoe *f.*

me|no|sta|si, me|no|sta|si|a f. Menostase *f.*

men|sa f. **1** Tafel *f.*, Tisch *m.*: **sedersi a ~** sich zu Tisch setzen; **~ imbandita** gedeckter Tisch **2** ESTENS. *(pasto)* Mahl *n.*: **~ frugale, lauta** bescheidenes, üppiges Mahl **3a** *(locale)* Kantine *f.*: **mangiare alla ~** in der Kantine essen **b** *(sulle navi)* Messe *f.* **c** UNIV. Mensa *f.*: **andare alla ~** zur Mensa gehen ◆ **~ aziendale** Werkskantine *f.*; **~ comunale** Gemeindeküche *f.*; **~ eucaristica** heiliges Abendmahl; **~ scolastica** Schulspeisung *f.*; **~ (degli) ufficiali** Offizierskantine *f.*; **~ universitaria** Mensa *f.*

men|sce|vi|co I agg. *(-chi,-che)* menschewistisch **II** m. *(-chi)* Menschewik *m.*, Menschewist *m.*

men|si|le I agg. **1** Monats-, monatlich: **tessera, abbonamento ~** Monatskarte *f.*, Monatsabonnement *n.*; **affitto ~** Monatsmiete *f.*; **salario ~** Monatsgehalt *n.* (*o* Monatslohn *m.*) **2** *(che dura un mese)* einmonatlich: **impiego ~** einmonatliche Stellung **II** m. **1** Monatsgeld *n.*, Monatsgehalt *n.* **2** *(rivista)* Monatsschrift *f.*

men|si|li|tà f.inv. **1** Monatsgeld *n.*, Monatsgehalt *n.*, Monatslohn *m.*: **tredicesima ~** dreizehntes Monatsgehalt, Weihnachtsgeld *n.* **2** *(periodicità mensile)* monatliche Periodizität *f.* **3** *(rata mensile)* Monatsrate *f.* **men|sil|men|te** avv. monatlich, jeden Monat: **essere pagato ~** monatlich bezahlt werden.

men|so|la f. **1** ARCH. Konsole *f.* **2** *(mobile)* Konsole *f.*, Wandbrett *n.* **3** *(nell'arpa)* Wirbel *m.* ◆ **~ d'angolo** Eckbrett *n.*; **~ per libri** Bücherbrett *n.*

men|ta f. Minze *f.* ◆ **caramella alla ~** Pfefferminzbonbon *n.*; **liquore di ~** Pfefferminz(likör) *m.*; **~ piperita** Pfefferminze *f.*; **tè alla ~** Pfefferminztee *m.*

men|ta|le agg. **1** geistig, Geistes-, mental: **malattia, disturbo ~** Geisteskrankheit *f.*, Geistesstörung *f.*; **essere un ritardato ~** geistig behindert sein **2** *(fatto a mente)* geistig, Kopf-: **calcolo ~** Kopfrechnen *n.* **3** *(silenzioso)* still, heimlich: **preghiera ~** stilles Gebet ◆ **abitudine ~** Denkgewohnheit *f.*; **apertura ~** Aufgeschlossenheit *f.*; **deficienza ~** Geistesschwäche *f.*; **età ~** Intelligenzalter *n.* (*o* geistiger Stand); **pigrizia ~** Denkfaulheit *f.*; **riserva ~** innere Reserve, innerer Vorbehalt.

men|ta|li|tà f.inv. Mentalität *f.*: **la ~ dei popoli latini** die Mentalität der romanischen Völker ◆ **avere una ~ aperta** geistig aufgeschlossen sein; **cambiare ~** um‿denken; **~ infantile** Infantilität *f.*; **~ ristretta** Engstirnigkeit *f.* **men|tal|men|te** avv. **1** geistig, mental: **~ squilibrato** geistig gestört **2** *(a mente)* im Kopf, innerlich: **calcolare ~** im Kopf rechnen.

men|te f. **1** *(intelletto)* Geist *m.*, Verstand *m.*: **~ geniale** genialer Geist; **affaticare la ~** den Geist ermüden; **~ pronta, acuta, vivace** schneller, scharfer, lebhafter Verstand; **concentrare la ~** den Verstand zusammen‿nehmen; **educare la ~** den Verstand bilden; **la ~ umana** der menschliche Verstand (*o* die menschliche Vernunft); **ragionare con il cuore e non con la ~** auf das Herz und nicht auf den Verstand hören **2** *(memoria)* Gedächtnis *n.*, Sinn *m.*: **avere in ~ qcs.** etw. im Sinn haben; **venire in mente a qcn.** jdm in den Sinn kommen, jdm ein‿fallen; **mi è uscito, passato di ~** es ist mir aus dem Sinn gekommen, ich habe es vergessen; **scolpito nella ~** ins Gedächtnis eingegraben **3** *(persona)* Kopf *m.*: **essere una bella ~** ein heller Kopf sein; **una ~ superiore** ein kluger Kopf ◆ **a ~** auswendig; **avere in ~** im Kopf haben; **il braccio e la ~** = planender Kopf und Ausführender; **avere una ~ calcolatrice** einen berechnenden Geist haben; **a ~ fredda** bei klarem Verstand; **fare ~ locale** sich konzentrieren; **a ~ lucida** nüchtern (*o* mit, bei klarem Verstand); **malato di ~** geisteskrank; **mettersi in ~ di fare qcs.** sich in den Kopf setzen, etw. zu tun; **vedere qcs. con gli occhi della ~** etw. vor Augen haben; **non mi è passato neppure per la ~** ich habe überhaupt nicht dran gedacht; **porre ~ a qcs.** sein Denken auf etw. (A) richten; **che cosa ti salta in ~** was fällt dir denn ein? **sano di ~** geistig gesund; **avere la ~ sconvolta** durcheinander sein; **tenere a ~** im Kopf behalten.

men|te|cat|to I agg. schwachsinnig **II** m. Schwachsinniger *m.*; **povero ~!** armer Trottel!

men|ti|na f. Pfefferminzbonbon *n.*

men|ti|re intr. *(mento/mentisco, menti/mentisci*; aus. *avere)* lügen; **~ a qcn.** jdn an‿lügen, jdn belügen ◆ ANT. **~ per la gola** unverschämt lügen; **~ per ~, ~ sapendo di ~** bewusst lügen; **non saper ~** nicht lügen können. **men|ti|to** p.pass. agg. **1** → **mentire 2** falsch, erheuchelt: **sotto -e spoglie** verkleidet; FIG. unter falschem Namen. **men|ti|to|re** m. **I** m. Lügner *m.* **II** agg. lügnerisch, Lügner-.

men|to m. Kinn *n.*: **~ volitivo, a punta** energisches, spitzes Kinn ◆ **doppio ~** Doppelkinn *m.*; SCHERZ. **l'onor del ~** = der Bart; **~ pronunciato** energisches Kinn; **punta del ~** Kinnspitze *f.*; **~ sfuggente** fliehendes Kinn.

men|to|lo m. Menthol *n.*

men|to|nie|ra f. **1** Kinnhalter *m.*, Kinnstütze *f.* **2** *(di casco)* Kinnriemen *m.*

men|to|re m. Mentor *m.*: **essere il ~ di qcn.** jds Mentor sein.

men|tre cong. **1** während: **accadde ~ ero via** es geschah, während ich weg war; **~ uno parlava, l'altro rideva** während der eine sprach, lachte der andere **2** *(avversativo)* und dabei: **ha smesso, ~ avrebbe dovuto continuare** er hat aufgehört, und dabei hätte er weiter‿machen sollen **3** *(finché)* solange: **parti ~ sei ancora in tempo** fahr weg, solange noch Zeit ist ◆ **in quel, questo ~** in jenem, diesem Augenblick.

men|tuc|cia f. *(-ce)* Polei *m.*, Poleiminze *f.*

me|nu [-'ny, *üblich* -'nu] m.inv. **1a** *(lista)* Speisekarte *f.* **b** *(vivande)* Menü *n.*: **un ~ raffinato** ein raffiniertes Menü **2** INFORM. Menü *n.* ◆ **~ del giorno** Tageskarte *f.*

men|zio|na|re tr. erwähnen, nennen: **~ un autore** einen Autor erwähnen; **~ un avvenimento** ein Ereignis erwähnen. **men|zio|na|to** p.pass. agg. **1** → **menzionare 2** erwähnt: **trovare ~ qcn., qcs.** jdn, etw. erwähnt finden; **come sopra ~** wie oben genannt (*o* erwähnt).

men|zio|ne f. **1** Erwähnung *f.*: **~ onorevole** ehrenvolle Erwähnung; **far ~ di qcs.** etw. erwähnen; **trovare ~ di qcn., qcs. in un libro** in einem Buch jdn, etw. erwähnt finden **2** BUROCR. Vermerk *m.*: **~ nel casellario giudiziario** Vermerk im Strafregister.

men|zo|gna f. Lüge *f.*: **accusare qcn. di una ~** jdn einer Lüge bezichtigen; **-e ignobili, spudorate** gemeine, unverschämte Lügen; **un articolo pieno di -e** ein Artikel voller Lügen. **men|zo|gne|ro** agg. **1** *(di persona)* lügnerisch **2** *(di cosa)* erlogen: **una storia -a** eine erlogene Geschichte **3** *(ingannevole)* trügerisch: **illusione -a** trügerische Illusion.

me|ra|vi|glia f. **1** Verwunderung *f.*: **destare ~** Verwunderung erregen; **con mia grande ~** zu meiner großen Verwunderung; **essere pieno di ~** sehr verwundert sein (*o* voller Verwunderung sein) **2a** *(prodigio)* Wunder *n.*: **le -e del creato** die Wunder der Schöpfung **b** ESTENS. Wunderwerk *n.*: **~ della tecnica** Wunderwerk der Technik **3** BOT. Wunderblume *f.* ◆ **andare a ~** wunderbar klappen; **che ~!** wie (wunder) schön! **che ~ di collana!** was für eine wunderschöne Kette! COLLOQ. **canta, suona che è una ~** er singt, spielt wunderschön; **dire -e di qcn., qcs.** von jdm, etw. (*o* über jdn, etw.) Wunder erzählen; **mi fa ~ che...** es (ver)wundert mich, dass...; **fare -e** Wunder wirken; **le -e della natura** die Naturwunder; SCHERZ. **essere l'ottava ~ del mondo** das achte Weltwunder sein; **paese delle -e** Wunderland *n.*; **raccontare -e di qcn., qcs.** von jdm, etw. (*o* über jdn, etw.) Wunder erzählen; **le sette -e del mondo** die sieben Weltwunder; **qcs. sta a ~ a qcn.** *(di abito)* jdm steht etw. ausgezeichnet.

me|ra|vi|glia|re *(meraviglio, meravigli)* **I** tr. (ver)wundern: **questo mi meraviglia** das verwundert mich; **una decisione che meraviglia** eine Entscheidung, die verwundert; **mi meraviglia che...** es wundert mich, dass... **II** pronom. **meravigliarsi** sich wundern: ***-rsi di qcn., qcs.*** sich über jdn, etw. wundern; ***mi meraviglio di te*** ich wundere mich über dich; ***non c'e da -rsi*** kein Wunder; ***-rsi molto, non poco*** sich sehr wundern, nicht schlecht staunen. **me|ra|vi|glia|to** p.pass. agg. **1** → **meravigliare** **2** verwundert: ***essere ~ da, di qcn., qcs.*** über jdn, etw. verwundert sein.

me|ra|vi|glio|sa|men|te avv. wunderbar, fantastisch. **me|ra|vi|glio|so I** agg. wunderbar, wunderschön: ***paesaggio ~*** wunderbare Landschaft; ***un bambino ~*** ein wunderschönes Kind **II** m. Wunderbare *n.*

mer|can|te m. Händler *m.* ◆ ***~ d'arte*** Kunsthändler *m.*; ***~ di cavalli*** Pferdehändler *m.*; ***~ in fiera*** INTRAD. (ein Kartenspiel); ***fare orecchie da ~*** = sich taub stellen; ***~ di schiavi*** Sklavenhändler *m.*; ***~ di seta*** Seidenhändler *m.*

mer|can|teg|gia|men|to m. Handeln *n.*, Feilschen *n.* : ***~ di qcs.*** Feilschen um etw.

mer|can|teg|gia|re *(mercanteggio, mercanteggi)* **I** intr. (aus. *avere*) handeln, feilschen, mauscheln: ***~ su qcs.*** um etw. handeln, feilschen: ***~ sul prezzo di un prodotto*** um den Preis eines Produktes handeln **II** tr. verschachern: ***~ la propria dignità*** seine Würde verschachern. **mer|can|te|sco** agg. *(-schi,-sche)* kaufmännisch, Handels-, Geschäfts-: ***istinto ~*** kaufmännischer Instinkt; ***spirito ~*** Geschäftssinn *m.*

mer|can|ti|le I agg. **1** Handels-: ***marina ~*** Handelsmarine *f.*; ***flotta ~*** Handelsflotte *f.*; ***nave ~*** Handelsschiff *n.*; ***porto ~*** Handelshafen *m.*; ***città ~*** Handelsstadt *f.* **2** *(da mercante)* Geschäfts-, kaufmännisch: ***spirito, mentalità ~*** Geschäftssinn *m.* **II** m. Handelsschiff *n.*, Frachter *m.* **mer|can|ti|li|smo** m. Merkantilismus *m.* **mer|can|ti|li|sta** *(-i,-e)* **I** agg. merkantilistisch **II** m. e f. Merkantilist *m.* (-in *f.*). **mer|can|ti|li|sti|co** agg. *(-ci,-che)* merkantilistisch.

mer|can|zi|a f. **1** Ware *f.*: ***un magazzino pieno di -e*** ein Lager voller Waren; FIG. SCHERZ. ***saper vendere la propria ~*** sich gut verkaufen (*o* etwas an den Mann bringen) können **2** *(roba)* Zeug *n.*, Kram *m.*

mer|ca|ti|no m. **1** Wochenmarkt *m.*, Markt *m.* **2** *(mercato delle pulci)* Flohmarkt *m.* **3** ECON. Freiverkehr *m.*

mer|ca|to m. **1** Markt *m.* (anche ECON.): ***andare al ~*** auf den Markt gehen; ***fare la spesa al ~*** auf dem Markt ein‿kaufen; ***vasto ~*** breiter Markt; ***conquistare un nuovo ~*** einen neuen Markt erobern; ***espandere il ~*** den Markt vergrößern; ***inondare il ~*** den Markt überschwemmen; ***introdurre (immettere) qcs. sul ~*** einen Artikel auf den Markt bringen; ***lanciare qcs. sul ~*** etw. auf den Markt bringen, werfen; ***il ~ è saturo*** der Markt ist übersättigt; SCHERZ. ***non siamo mica al ~ !*** wir sind doch nicht auf dem Jahrmarkt! **2** SPREG. Schacher *m.*: ***far ~ di cose sacre*** mit sakralen Gegenständen Schacher treiben ◆ ***~ agrario*** Agrarmarkt *m.*; ***analisi di ~*** Marktanalyse *f.*; ***~ aperto*** offener Markt; ***~ attivo*** lebhafter Markt; ***avere ~*** einen Markt finden, sich verkaufen; ***~ azionario*** Aktienmarkt *m.*; ***~ del bestiame*** Viehmarkt *m.*; ***a buon ~*** billig, preiswert; FIG. ***cavarsela a buon ~*** glimpflich davon‿kommen; ***~ dei cambi*** Devisenmarkt *m.*; ***~ dei capitali*** Kapitalmarkt *m.*; ***per qcs. non c'è ~*** für etw. gibt es keinen Markt; ***~ Comune Europeo*** Gemeinsamer Markt; ***a condizioni di ~*** zu Marktbedingungen; ***~ di consumo*** Verbrauchermarkt *m.*; ***~ coperto*** Markthalle *f.*; ***far ~ del proprio corpo*** = sich prostituieren; ***~ depresso*** gedrückter Markt; ***~ delle divise*** → ***~ dei cambi***; ***~ al dettaglio*** Einzelhandel *m.*; ***economia di ~*** Marktwirtschaft *f.*; ***~ estero*** Auslandsmarkt *m.*; ***~ fermo*** gesättigter (*o* flauer) Markt; ***~ finanziario*** Kapitalmarkt *m.*; ***~ fondiario*** Immobilienmarkt *m.* (*o* Grundstücksmarkt *m.*); ***~ generale*** Großmarkt *m.*; ***giorno di ~*** Markttag *m.*; ***immissione sul ~*** Markteinführung *f.*; ***~ immobiliare*** Immobilienmarkt *m.* (*o* Grundstücksmarkt *m.*); ***~ all'ingrosso*** Großmarkt *m.*; ***~ internazionale*** Weltmarkt *m.*; ***~ interno*** Binnenmarkt *m.*; ***~ del lavoro*** Arbeitsmarkt *m.*; ***leader sul ~*** Marktführer *m.*; ***leggi di ~*** Marktgesetze *pl.*; ***~ libero*** freier Markt; ***~ delle materie prime*** Rohstoffmarkt *m.*; ***~ mondiale*** Weltmarkt *m.*; ***~ monetario*** Geldmarkt *m.*; ***~ nero*** Schwarzmarkt *m.*; ***~ dell'oro*** Goldmarkt *m.*; ***~ ortofrutticolo*** Obst- und Gemüsemarkt *m.*; ***~ del pesce*** Fischmarkt *m.*; ***~ petrolifero*** Erdölmarkt *m.*; ***piazza del ~*** Marktplatz *m.*; ***prezzo di ~*** Marktpreis *m.*; ***~ delle pulci*** Flohmarkt *m.*; ***quota di ~*** Marktanteil *m.*; ***ricerca di ~*** Marktforschung *f.*; ***~ rionale*** Wochenmarkt *m.*; ***~ settimanale*** Wochenmarkt *m.*; ***situazione di ~*** Marktlage *f.*; ***~ stabile*** stabile Marktlage; ***~ dei titoli*** Wertpapierbörse *f.*; ***~ ufficiale*** offizieller Markt; ***valore di ~*** Marktwert *m.*; ***~ valutario*** Devisenmarkt *m.*

mer|ce f. **1** Ware *f.*, Gut *n.*: ***~ deperibile, deteriorata*** verderbliche, beschädigte Ware; ***~ scadente, pregiata, di qualità*** minderwertige, kostbare Ware, Qualitätsware *f.*; ***un carico di -i*** ein Transport Waren; ***scarico delle -i*** Entladung der Waren; ***la ~ a magazzino*** die Ware im Lager; ***tenere una ~*** eine Ware führen; ***spedire, ritirare, rifiutare la ~*** die Ware versenden, ab‿holen, ab‿lehnen **2** FIG. Gut *n.*: ***l'onestà è una ~ rara*** Ehrlichkeit ist ein seltenes Gut ◆ ***~ in balle*** Ballenware *f.*; ***borsa -i*** Warenbörse *f.*; ***carro -i*** Güterwagen *m.*; ***consegna della ~*** Warenausgabe *f.*; ***~ di contrabbando*** Schmuggelware *f.*; ***deposito -i*** Warenlager *n.*; ***~ a dogana*** Zollgut *n.*; ***~ d'esportazione*** Exportware *f.*, Ausfuhrgut *n.*; ***esportazione di -i*** Warenausfuhr *f.*; ***~ di importazione*** Importware *f.*; ***importazione di -i*** Wareneinfuhr *f.*; ***~ ingombrante*** Sperrgut *n.*; ***~ a licenza*** einfuhrgenehmigungspflichtige Ware; ***~ di magazzino*** Lagerware *f.*; ***magazzino -i*** Warenlager *n.*; ***partita di ~*** Warenpartie *f.*; ***~ resa*** Retourware *f.*; ***scalo -i*** Güterbahnhof *m.*, Ausladebahnhof *m.*; ***~ di scarto*** Ausschussware *f.*; FIG. ***una ~ che scotta*** heiße Ware; ***~ venduta sottocosto*** Schleuderware *f.*; ***spedizione della ~*** Warensendung *f.*; ***treno -i*** Güterzug *m.*

mer|cé LETT. **I** f. Gnade *f.*: ***chiedere ~*** um Gnade flehen; ***essere alla ~ di qcn.*** jdm auf Gnade oder Ungnade ausgeliefert sein; ***rimettersi alla ~ di qcn.*** sich jds Gnade unterwerfen **II** prep. dank, durch: ***~ il suo aiuto*** dank seiner Hilfe; ***~ vostra*** dank (*o* durch) euch.

mer|ce|de f. LETT. Belohnung *f.*, Lohn *m.*: ***dare la giusta ~*** eine angemessene Belohnung geben.

mer|ce|na|rio I agg. *(-ri,-rie)* **1** Söldner-: ***truppe -rie*** Söldnertruppen **2** SPREG. käuflich, kommerziell; *(corruttibile)* bestechlich: ***amore ~*** käufliche Liebe; ***uno scrittore ~*** ein kommerzieller Schriftsteller **II** m. *(-ri)* **1** Söldner *m.* **2** SPREG. Söldling *m.*, Mietling *m.*

mer|ce|o|lo|gi|a f. Warenkunde *f.* **mer|ce|o|lo|gi|co** agg. *(-ci,-che)* warenkundlich: ***analisi -a*** warenkundliche Analyse. **mer|ce|o|lo|go** m. *(-gi)* Experte *m.* für Warenkunde.

mer|ce|ri|a f. **1** pl. *(articoli da cucito)* Kurzwaren *pl.* **2** *(negozio)* Kurzwarenhandlung *f.*

mer|chan|dis|ing ['mə:tʃəndaɪzɪŋ] m. Merchandising *n.*

mer|cia|io m. *(-ai)* Kurzwarenhändler *m.*

mer|ci|fi|ca|re tr. *(mercifico, mercifichi)* kommerzialisieren: ***~ l'arte*** die Kunst kommerzialisieren. **mer|ci|fi|ca|zio|ne** f. Kommerzialisierung *f.*: ***la ~ dei rapporti umani*** die Kommerzialisierung menschlicher Beziehungen.

mer|ci|mo|nio m. *(-ni)* Schacher *m.*: ***fare ~ di qcs.*** mit etw. Schacher treiben.

mer|co|le|dì m.inv. Mittwoch *m.*: ***arrivo ~*** ich komme am Mittwoch an; ***ogni ~*** jeden Mittwoch; ***di ~, il ~*** mittwochs; ***da ~ prossimo, scorso*** ab kommenden Mittwoch, seit vorigem Mittwoch; ***un ~*** eines Mittwochs ◆ ***~ delle ceneri*** Aschermittwoch *m.*; ***~ mattina*** Mittwochmorgen *m.*; ***di, il ~ mattina*** mittwochmorgens; ***~ pomeriggio*** Mittwochnachmittag *m.*; ***di, il ~ pomeriggio*** mittwochnachmittags; ***~ sera*** Mittwochabend *m.*; ***di, il ~ sera*** mittwochabends.

1.mer|cu|ria|le f. COMM. Marktbericht *m.*

2.mer|cu|ria|le f. BOT. Bingelkraut *n.*

3.mer|cu|ria|le agg. FARM. Quecksilber-: ***unguento ~*** quecksilberhaltige Salbe.

mer|cu|ria|no agg. ASTR. Merkur-.

mer|cu|rio m. Quecksilber *n.* ◆ ***colonnina di ~*** Quecksilbersäule *f.*; ***intossicazione da ~*** Quecksilbervergiftung *f.*

Mer|cu|rio n.pr.m. Merkur *m.*

mer|da I f. Scheiße *f.* **II** inter. Scheiße! ◆ VOLG. ***fare una figura di ~*** = sich bis auf die Knochen blamieren; VOLG. ***essere nella ~*** in der Scheiße sitzen (*o* stecken); ***essere nella ~ fino al collo*** bis zum Hals in der Scheiße stecken; VOLG. ***pezzo di ~*** Scheißkerl *m.*; ***tempo di ~*** Scheißwetter *n.* **mer|do|so** agg. dreckig.

me|ren|da f. **1** kleine Zwischenmahlzeit *f.*, Snack *m.*; AUSTR. Jause *f.*: ***far ~*** vespern; ***cosa c'è per ~?*** was gibt es als kleine Zwischenmahlzeit? **2** *(per la scuola)* Schulbrot *n.*, Pausenbrot *n.*: ***mettere la ~ nella cartella*** das Schulbrot in die Tasche stecken ◆ ***~ al sacco*** Picknick *n.*; ***c'entra come i cavoli a ~*** das passt wie die Faust aufs Auge. **me|ren|di|na** f. = (abgepackter süßer) Snack *m.*

me|re|tri|ce f. Metze *f.*, Dirne *f.*

me|ri|dia|na f. **1** *(orologio)* Sonnenuhr *f.* **2** ASTR. Mittagslinie *f.* **me|ri|dia|no I** agg. Mittags-: ***luce -a*** Mittagslicht *n.*; ***ora -a*** Mittagszeit *f.* **II** m. Meridian *m.*: ***~ magnetico*** magnetischer Meridian ◆ ***~ celeste*** Himmelsmeridian *m.*; ***~ terrestre*** Erdmeridian *m.*; ***~ zero*** Nullmeridian *m.*

me|ri|dio|na|le I agg. **1** südlich, Süd-: ***Europa, Italia ~*** Südeuropa *n.*, Süditalien *n.*; ***regione ~*** südliche Region **2** *(dell'Italia meridionale)* süditalienisch: ***questione ~*** süditalienischen Frage **II** m. **1**

Südländer *m.* 2 *(dell'Italia)* Süditaliener *m.*
me|ri|dio|na|li|smo m. 1 INTRAD. (Eintreten für die Lösung der süditalienischen Frage) 2 LING. süditalienischer Ausdruck *m.* **me|ri|dio|na|li|sta** m. e f. = Fachmann *m.* (-frau *f.*) für süditalienische Probleme.
me|ri|dio|ne m. 1 Süden *m.*: ***una finestra rivolta a ~*** ein nach Süden gelegenes Fenster; ***il ~ della Francia, d'Europa*** Südfrankreich *n.*, der Süden Europas 2 *(Italia meridionale)* Süditalien *n.*
me|rig|gio m. *(-gi)* LETT. Mittag *m.*, Mittagszeit *f.*, Mittagsstunde *f.*
me|rin|ga f. *(-ghe)* Baiser *n.*, Meringe *f.* **me|rin|ga|to** agg. Baiser-: ***torta -a*** Baisertorte *f.*
me|ri|no(s) I m. 1 Merino *m.*, Merinoschaf *n.* 2 *(lana)* Merinowolle *f.* **II** agg.inv. Merino-: ***lana ~*** Merinowolle *f.*
me|ri|ste|ma m. Meristem *n.*
me|ri|ta|re *(merito)* **I** tr. 1 verdienen: ***~ la fiducia di qcn.*** jds Vertrauen verdienen; ***~ una punizione, un premio*** eine Strafe, eine Auszeichnung verdienen; ***ecco quello che ti meriti*** das hast du verdient 2 *(valere)* wert sein: ***questo quadro non merita la cifra richiesta*** dieses Bild ist die verlangte Summe nicht wert 3 *(procurare)* ein‿tragen, ein‿bringen: ***le sue capacità gli meritarono il successo*** seine Fähigkeiten haben ihm Erfolg eingebracht **II** intr. (aus. *avere*) sich lohnen, wert sein; ***non merita che se ne parli*** es ist nicht wert, dass man darüber spricht **III** pronom. **meritarsi** (sich) verdienen: ***si merita proprio una bella lezione*** er hat wirklich eine Abreibung verdient; ***questo voto non se lo meritava*** diese Note hat er nicht verdient ◆ ***non merita conto*** es ist nicht der Mühe wert; ***se lo merita!*** das geschieht ihm ganz recht! **me|ri|ta|ta|men|te** avv. verdientermaßen. **me|ri|ta|to** p.pass. agg. 1 → **meritare** 2 verdient: ***castigo ~*** verdiente Strafe; ***~ successo*** verdienter Erfolg; ***~ riposo*** verdiente Ruhe.
me|ri|te|vo|le agg. 1 verdient, verdienstvoll: ***studente ~*** verdienstvoller Schüler 2 *(degno)* -wert, -würdig: ***~ di lode*** lobenswert.
me|ri|to m. 1 Verdienst *n.*: ***dare a qcn. il ~ di qcs., rendere ~ a qcn. di qcs.*** jdm etw. als Verdienst an‿rechnen; ***andare a ~ di qcn.*** jds Verdienst sein; ***è ~ suo se...*** es ist sein Verdienst, dass... 2 *(pregio)* Vorzug *m.*: ***avere dei -i*** Vorzüge haben; ***il suo maggior ~ è la modestia*** sein größter Vorzug ist die Bescheidenheit; ***la conferenza ebbe il ~ di essere breve*** die Konferenz hatte den Vorzug, kurz zu sein 3 *(aspetto sostanziale)* Kern *m.*, Hauptsache *f.*: ***entrare nel ~ della questione*** zum Kern der Sache (*o* zur Hauptsache) kommen ◆ ***di ~*** verdienstvoll; ***persona di ~*** verdienstvoller Mensch; ***Dio ve ne renda ~*** vergelt's (euch) Gott; ***farsi ~ di qcs.*** sich einer Sache rühmen; ***in ~ a*** bezüglich + gen, in Bezug auf + acc; ***in ~ a ciò non mi ha riferito nulla*** er hat mich diesbezüglich nicht unterrichtet; ***medaglia al ~*** Verdienstmedaille *f.*; SPORT ***a pari ~*** punktgleich: ***classificarsi secondi a pari ~*** sich punktgleich auf dem zweiten Platz platzieren; ***per ~ tuo*** dank dir (*o* es ist dir zu verdanken); ***prendersi il ~ di qcs.*** die Lorbeeren für etw. ernten; ***secondo il ~, i -i*** nach Verdienst.
me|ri|to|cra|ti|co agg. *(-ci,-che)* Leistungs-: ***criterio ~*** Leistungsprinzip *n.*; ***società -a*** Leistungsgesellschaft *f.* **me|ri|to|cra|zi|a** f. Leistungsprinzip *n.*
me|ri|to|rio agg. *(-ri,-rie)* verdienstvoll: ***azione -a*** verdienstvolle Tat.
mer|la|re tr. mit Zinnen versehen. **mer|la|to** p.pass. agg. 1 → **merlare** 2 ***torre -a*** mit Zinnen versehener Turm. **mer|la|tu|ra** f. Zinnen *pl.*
mer|let|ta|ia f. 1 Spitzenklöpplerin *f.* 2 *(venditrice)* Spitzenverkäuferin *f.* **mer|let|ta|re** tr. mit Spitzen besetzen: ***~ la biancheria*** die Wäsche mit Spitzen besetzen. **mer|let|ta|tu|ra** f. 1 Besetzen *n.* mit Spitzen 2 *(guarnizione)* Spitzenbesatz *m.*
mer|let|to m. Spitze *f.* ◆ ***~ ad ago*** Nähspitze *f.*; ***centrino di ~*** Spitzendeckchen *n.*; ***~ a fuselli*** Klöppelspitze *f.*; ***~ a mano*** handgeklöppelte Spitze.
Mer|li|no n.pr.m. Merlin *m.*: ***il mago ~*** der Zauberer Merlin.
1.mer|lo m. 1 ZOOL. Amsel *f.* 2 FIG. Dummkopf *m.*, Dumme *m.*: ***ha trovato il ~ che gli dà i soldi*** er hat einen Dummen gefunden, der ihm das Geld gibt.
2.mer|lo m. ARCH. Zinne *f.*
mer|luz|zo m. 1 Kabeljau *m.* 2 COLLOQ. *(nasello)* Seehecht *m.* ◆ ***olio di fegato di ~*** Dorschlebertran *m.*, Lebertran *m.*
me|ro agg. LETT. rein, pur: ***per -a curiosità*** aus reiner Neugier; ***una -a coincidenza*** ein reiner Zufall.
me|ro|vin|gi|co agg. *(-ci,-che)* merowingisch. **me|ro|vin|gio I** agg. *(-gi,-ge)* merowingisch **II** m. *(-gi)* Merowinger *m.*
me|sa|ta f. COLLOQ. 1 *(paga)* Monatslohn *m.* 2 *(canone)* Monatsgeld *n.* 3 *(affitto)* Monatsmiete *f.*: ***pagare due -e d'affitto*** zwei Monatsmieten zahlen.
me|scal m.inv. Meskal *m.*, Agavenbranntwein *m.*
me|sca|li|na f. Meskalin *n.*
me|sce|re tr. 1 *(mesco, mesci; mescei, mescesti; mesciuto)* ein‿schenken, ein‿gießen: ***~ il vino*** Wein einschenken, ***~ da bere agli invitati*** den Gästen einschenken 2 assol. nach‿schenken: ***mesci ancora una volta*** schenk noch einmal nach.
me|schi|na|men|te avv. 1 *(grettamente)* kleinlich, engherzig, gemein 2 *(miseramente)* kläglich 3 *(infelicemente)* unglücklich.
me|schi|ni|tà f.inv. Kleinlichkeit *f.*, Hinterhältigkeit *f.*, Gemeinheit *f.*: ***la ~ di un'azione*** die Gemeinheit einer Handlung; ***~ d'animo*** Engherzigkeit *f.*; ***dire delle ~ sul conto di qcn.*** über jdn Gemeinheiten sagen.
me|schi|no agg. 1 *(gretto)* kleinlich, engherzig, gemein: ***persona -a*** kleinlicher Mensch; ***idee -e*** kleinliche Ideen 2 *(misero)* kläglich: ***fare una figura -a*** eine klägliche Figur ab‿geben 3 ANT. *(infelice)* arm, unglücklich: ***~ me!*** ich Arme!
me|sci|ta f. 1 Ausschenken *n.*: ***~ del vino*** Weinausschank *m.* 2 *(bottega)* Ausschank *m.* ◆ ***banco di ~*** Schanktisch *m.* **me|sci|to|re** m. Schankwirt *m.*
me|sco|la f. Mischung *f.* **me|sco|la|men|to** m. Mischung *f.*, Vermischung *f.* **me|sco|lan|za** f. Mischung *f.*, Vermengung *f.*: ***fare una ~ di qcs.*** etw. mischen, vermischen; ***~ di stili*** Vermischung der Stile ◆ ***~ di colori*** Farbmischung *f.*; ***~ razziale*** Rassenmischung *f.*
me|sco|la|re *(mescolo)* **I** tr. 1 (ver)mischen, vermengen: ***~ le carte*** die Spielkarten mischen; ***~ i colori*** die Farben mischen; ***~ l'insalata*** den Salat mischen; ***~ il vino con l'acqua*** Wein mit Wasser mischen; ***~ la calce con la sabbia*** Kalk mit Sand vermischen (*o* vermengen); ***~ bene tutti gli ingredienti*** alle Zutaten gut miteinander vermengen 2 *(rimestare)* rühren, um‿rühren: ***~ lo zucchero nel caffè*** den (gezuckerten) Kaffee umrühren; ***~ farina, uova e zucchero*** Mehl mit Eiern und Zucker verrühren; ***~ la minestra con un cucchiaio*** die Suppe mit einem Kochlöffel umrühren **II** pronom. **mescolarsi** sich mischen, sich vermischen: ***l'acqua non si mescola con l'olio*** Wasser mischt sich nicht mit Öl; ***-rsi tra la folla*** sich unter die Menge mischen.
me|sco|la|ta f. 1 Mischen *n.* 2 Umrühren *n.* ◆ ***dare una ~ al sugo*** die Soße um‿rühren; ***dare una ~ alle carte*** die Karten (schnell) mischen. **me|sco|la|to|re** m. Mischer *m.*, Mischapparat *m.*: ***~ della ghisa*** Roheisenmischer *m.* **me|sco|li|o** m. dauerndes Mischen *n.*
me|se m. Monat *m.*: ***il ~ scorso, prossimo*** letzten, nächsten Monat; ***ogni ~*** jeden Monat; ***ogni tre -i*** alle drei Monate; ***tra due -i*** in zwei Monaten; ***un ~ fa*** vor einem Monat; ***entro un ~*** innerhalb eines Monats, in Monatsfrist; ***di ~ in ~*** von Monat zu Monat; ***~ per ~*** monatsweise; ***l'otto del ~*** am Achten des Monats; ***alla fine, all'inizio del ~*** am Monatsende, am Monatsanfang; ***alla metà del ~*** in der Monatsmitte; ***fino alla fine del ~*** bis zum Ende des Monats; ***nel ~ di agosto*** im August; ***non lo vedo da -i*** ich habe ihn seit Monaten nicht gesehen; ***quel bambino ha 4 -i*** das Kind ist vier Monate alt; ***essere (incinta) di tre -i*** im dritten Monat (schwanger) sein ◆ ***tre -i d'affitto*** drei Monatsmieten; ***al ~*** monatlich, im Monat: ***quanto guadagni al ~?*** wie viel verdienst du im Monat? ***il 22 del corrente ~*** am 22. des laufenden Monats; ***~ lunare*** Mondmonat *m.*; ***~ mariano*** Marienmonat *m.*; ***un bambino nato di sette -i*** ein Siebenmonatskind; ***i primi del ~*** Monatsanfang *m.*; ***tre -i di stipendio*** drei Monatsgehälter.
me|sen|ce|fa|lo m. Mittelhirn *n.*
me|sen|te|re m. Mesenterium *n.*, Gekröse *n.*
me|sme|ri|co agg. *(-ci,-che)* mesmerisch. **me|sme|ri|smo** m. Mesmerismus *m.*
me|so|car|pio, me|so|car|po m. *(-pi)* Mesokarp(ium) *n.*
me|so|ce|fa|li|a f. Mesozephalie *f.* **me|so|ce|fa|lo I** m. Mesozephale *m.* **II** agg. mesozephal.
me|so|li|ti|co I agg. *(-ci,-che)* mesolithisch **II** m. Mesolithikum *n.*
me|so|ne m. Meson *n.*
Me|so|po|ta|mia n.pr.f. Mesopotamien *n.* **me|so|po|ta|mi|co I** agg. *(-ci,-che)* mesopotamisch **II** m. *(-ci)* Mesopotamier *m.*
me|so|sfe|ra f. Mesosphäre *f.*
me|so|te|ra|pi|a f. Mesotherapie *f.*
me|so|zoi|co I agg. *(-ci,-che)* mesozoisch **II** m. Mesozoikum *n.*
1.mes|sa f. Messe *f.*, Gottesdienst *m.*: ***celebrare, dire la ~*** eine Messe halten, lesen; ***servire (la) ~*** ministrieren, bei der Messe dienen; ***andare a ~*** zur Messe gehen; ***ascoltare la ~*** die Messe hören; ***far dire una ~ per qcn.*** eine Messe für jdn lesen lassen; ***partecipare alla ~*** an der Messe teil‿nehmen ◆ ***~ bassa*** Stillmesse *f.*; ***~ al campo*** Feldmesse *f.*; ***~ cantata*** Hochamt *n.*; ***~ funebre*** Totenmesse *f.*; ***~ di mezzanotte*** Mitternachtsmesse *f.*; ***~ di Natale*** Christmesse *f.*, Christmette *f.*; ***~ nera*** schwarze Messe; ***~ di Pasqua*** Ostermesse *f.*; ***~ pontificale*** Pontifikalamt *n.*; ***prima ~*** Frühmesse *f.*; ***la Santa ~*** die

heilige Messe; ~ ***solenne*** Hochamt *n.*; ~ ***di suffragio*** Seelenamt *n.*; ~ ***vespertina*** Abendmesse *f.*

2.mes|sa f., ~ ***in atto*** Vollziehung *f.*; ~ ***in azione*** Inbetriebsetzung *f.*, Inbetriebnahme *f.*; ~ ***in conto*** Inrechnungstellung *f.*; ~ ***in fase*** Phaseneinstellung *f.*; ~ ***a fuoco*** Scharfeinstellung *f.*; ~ ***in macchina*** Drucklegung *f.*; ~ ***in mare*** Aussetzung *f.*; ~ ***in moto*** Ingangsetzen *n.*; ~ ***in musica*** Vertonung *f.*; ~ ***in opera*** Installation *f.*; ~ ***in orbita*** Beförderung *f.* in die Umlaufbahn; ~ ***in piega*** Legen *n.*; ***fare la ~ in piega*** (die Haare) legen; ~ ***a piombo*** Abloten *n.*; ~ ***in pratica*** Realisierung *f.*; ~ ***a punto*** Einstellung *f.*; ~ ***in scena*** Inszenierung *f.*; ~ ***a terra*** Erdung *f.*; ~ ***a terra di sicurezza*** Sicherheitserdung *f.*

mes|sag|ge|ri|a f. Transportgesellschaft *f.*: ~ ***postale*** Bahnpost *f.*

mes|sag|ge|ro m. Bote *m.* ◆ ~ ***d'amore*** Liebesbote *m.*; ~ ***di pace*** Friedensbote *m.*; ~ ***postale*** Frachtdienstarbeiter *m.*; ~ ***di sventura*** Unglücksbote *m.*

mes|sag|gio m. *(-gi)* **1a** Nachricht *f.*: ***lasciare un ~ a qcn.*** jdm eine Nachricht hinterlassen; ***mandare un ~ a qcn.*** jdm eine Nachricht zukommen lassen; ~ ***segreto, cifrato*** geheime, verschlüsselte Nachricht; ***ricevere un ~ da qcn.*** eine Nachricht von jdm erhalten **b** ***registrare un ~ sulla segreteria (telefonica)*** eine Nachricht auf dem Anrufbeantworter auf‿nehmen; ***si prega di lasciare un ~ (dopo il segnale acustico)*** hinterlassen Sie bitte eine Nachricht (nach dem Pfeifton) **2** *(solenne)* Botschaft *f.*: ***un ~ di benvenuto*** eine Willkommensbotschaft; ***indirizzare un ~ a qcn.*** eine Botschaft an jdn richten; ***leggere il ~ del presidente*** die Botschaft des Präsidenten verlesen; ***il ~ evangelico*** die christliche Botschaft; ~ ***politico*** politische Botschaft **3** *(contenuto)* Aussage *f.*: ***il ~ di un film*** die Aussage eines Films ◆ ~ ***augurale*** Glückwünsche *pl.*, Begrüßungsrede *f.*, Glückwunschadresse *f.*; ~ ***in bottiglia*** Flaschenpost *f.*; ~ ***di cordoglio*** Beileidsbezeigung *f.*, Beileidsschreiben *n.*; ~ ***di fine anno*** Neujahrsbotschaft *f.*; ~ ***pubblicitario*** Werbetext *m.*; RAD. TELEV. Werbespot *m.*, Werbedurchsage *f.*; ~ ***radio*** Funkspruch *m.*

mes|sa|le m. Messbuch *n.*, Missal *n.*

Mes|sa|li|na n.pr.f. Messalina *f.*

mes|se f. **1** Getreide *n.*, Korn *n.*: ~ ***matura*** reifes Getreide; ~ ***ondeggiante*** wogendes Getreide; ***le bionde -i*** goldgelbes Getreide **2** *(raccolto)* Ernte *f.*: ***una ~ abbondante, scarsa*** eine reichliche, magere Ernte ◆ FIG. ***una larga ~ di consensi*** eine breite Zustimmung.

mes|se|re m. ANT. mein Herr *m.*

mes|si|a m. **1** RELIG. Messias *m.*: ***aspettare il ~*** den Messias erwarten **2** FIG. Erlöser *m.*, Befreier *m.*; ***aspettare qcn. come il ~*** = jdn sehnlichst erwarten. **mes|sia|ne|si|mo** → **messianismo. mes|sia|ni|ci|tà** f. messianischer Charakter *m.* **mes|sia|ni|co** agg. *(-ci,-che)* messianisch: ***profezie -che*** messianische Prophezeiungen; ***ebrei -ci*** messianische Juden. **mes|sia|ni|smo** m. Messianismus *m.*

mes|si|ca|no I agg. mexikanisch: ***cucina -a*** mexikanische Küche; ***ristorante ~*** mexikanisches Restaurant **II** m. **1** Mexikaner *m.* **2** *(lingua)* Mexikanisch(e) *n.* **Mes|si|co** n.pr.m. Mexiko *n.* ◆ ***Città del ~*** Mexiko-Stadt *f.*, Mexiko *n.*

mes|sin|sce|na f. **1** Inszenierung *f.*: ***una ~ suggestiva*** eine eindrucksvolle Inszenierung **2** FIG. Theater *n.*: ***il suo pianto era solo una ~*** seine Tränen waren nur Theater.

1.mes|so p.pass. → **mettere** ◆ ***ben ~*** *(di buona stazza)* robust; *(ben vestito)* gut angezogen; ***mal ~*** → **malmesso.**

2.mes|so m. LETT. **1** Bote *m.*: ~ ***del Cielo*** Himmelsbote *m.*; ~ ***di Dio*** Gottesbote *m.* **2** *(di ente pubblico)* Amtsdiener *m.* ◆ ~ ***comunale*** Gemeindediener *m.*; ~ ***notificatore*** Zustellungsbeamte *m.*; ~ ***del tribunale*** Gerichtsdiener *m.*

me|sta|re I tr. um‿rühren, rühren, mischen: ~ ***la polenta*** die Polenta umrühren; ~ ***la calce*** den Zement mischen **II** intr. (aus. *avere*) *(intrigare)* Ränke schmieden. **me|sta|to|re** m. Intrigant *m.*, Ränkeschmied *m.*

me|sti|ca f. *(-che)* **1** Grundierung *f.* **2** *(mescolanza di colori)* Grundfarbe *f.*

me|sti|can|za f. REGION. gemischter Salat *m.*

me|sti|ca|re tr. **1** *(preparare la tela)* grundieren **2** *(mescolare i colori)* mischen. **me|sti|ca|to|re** m. Farbenmischer *m.* **me|sti|che|ri|a** f. Malgeschäft *n.* **me|sti|chi|no** m. Spachtel *m.*, Spatel *m.*

me|stie|ran|te m. Pfuscher *m.*, Stümper *m.*

me|stie|re m. **1** Handwerk *n.*, *(non manuale)* Beruf *m.*: ~ ***faticoso, facile, redditizio*** schwerer, leichter, einträglicher Beruf; ***il ~ di calzolaio, fabbro, sarto*** das Schuster-, Schmiede-, Schneiderhandwerk; ***esercitare, imparare, intraprendere un ~*** ein Handwerk (*o* einen Beruf) aus‿üben, erlernen, ergreifen; ***cambiare ~*** den Beruf wechseln; ***conoscere il proprio ~*** sein Handwerk kennen; ***che ~ fa?*** was ist er von Beruf? **2** *(pratica)* Übung *f.* ◆ ***il ~ più antico del mondo*** das älteste Gewerbe der Welt; ***a ciascuno il suo ~*** Schuster, bleib bei deinen Leisten; ***di ~ fa l'avvocato, il medico*** er ist Anwalt, Arzt von Beruf; ***delinquente di ~*** Gewohnheitsverbrecher *m.*; ***donna di ~*** Prostituierte *f.*; ***fare il cascamorto di ~*** ein wahrer Süßholzraspler sein; ***essere del ~*** vom Fach sein (*o* Fachmann sein); REGION. ***fare i -i*** die Hausarbeit machen; ***fare un ~ di qcs.*** aus etw. ein Gewerbe (*o* etw. zum Geschäft) machen; ***ferri del ~*** Handwerkszeug *n.*, Utensilien *pl.*; ***gli incerti del ~*** die Risiken, die man in Kauf nehmen muss; ***essere nuovo del ~*** neu in dem Beruf (o in der Branche) sein; ***essere padrone del ~*** sein Fach beherrschen; ***il pericolo è il suo ~*** das Risiko gehört zu seinem Beruf; ***ridurre l'arte ad un ~*** aus der Kunst ein Geschäft machen; ***rubare il ~ a qcn.*** jdm ins Handwerk pfuschen; ***sbagliare ~*** seinen Beruf verfehlen; ***i trucchi del ~*** die nötigen Tricks.

me|stie|ri, ANT. ***essere, far ~*** notwendig sein.

me|sti|zia f. Wehmut *f.*, Wehmütigkeit *f.*: ***essere invaso dalla ~*** von Wehmut ergriffen sein; ***una profonda ~ lo colse*** eine tiefe Wehmut erfasste ihn. **me|sto** agg. wehmütig, traurig, betrübt: ***volto ~*** trauriges Gesicht; ***sguardo ~*** trauriger Blick ◆ ***nel ~ ricordo*** im stillen Gedenken.

me|sto|la f. **1** Schöpfkelle *f.* **2** *(del muratore)* Maurerkelle *f.* ◆ ~ ***bucata*** Schaumlöffel *m.* **me|sto|la|ta** f. **1** *(colpo)* Schlag *m.* mit der Schöpfkelle **2** *(contenuto)* ***una ~ di minestra*** ein Schlag Suppe. **me|sto|lo** m. Schöpfkelle *f.*, Suppenkelle *f.* ◆ ~ ***bucato*** Schaumlöffel *m.*

me|strua|le agg. menstrual, Menstruations- ◆ ***ciclo ~*** Menstruationszyklus *m.*; ***dolori -i*** Menstruationsbeschwerden *pl.*; ***flusso ~*** Monatsblutung *f.* **me|strua|ta** agg.f. ***donna ~*** menstruierende Frau.

me|strua|zio|ne f. Menstruation *f.*, Regel *f.*, Periode *f.*: ***avere le -i*** seine Menstruation (*o* COLLOQ. seine Tage) haben; ***avere le -i regolari*** eine regelmäßige Menstruation (*o* Blutung) haben; ***le -i sono in ritardo*** meine Menstruation ist noch nicht eingetreten, die Menstruation ist überfällig. **me|struo** m. Menstruation *f.*

me|ta f. **1a** Ziel *n.*: ***prefiggersi una ~*** sich ein Ziel setzen; ***condurre, giungere, arrivare alla ~*** zum Ziel führen, ans Ziel gelangen, ans Ziel kommen; ***non lasciarsi distogliere dalla propria ~*** sich von seinem Ziel nicht ab‿bringen lassen; ***tendere verso una ~*** ein Ziel an‿streben **b** ***la ~ di un'escursione, di un pellegrinaggio, di un viaggio*** das Ziel eines Ausflugs, einer Wallfahrt, einer Reise **2** SPORT *(nel rugby)* Mal *n.* ◆ SPORT ***area di ~*** Malfeld *n.*; ***assenza di ~*** Ziellosigkeit *f.*; ~ ***finale*** Endziel *n.*; ~ ***lontana*** Fernziel *n.*; ~ ***principale*** Hauptziel *n.*; ***senza ~*** ziellos; ~ ***vicina*** Nahziel *n.*

me|tà f.inv. **1** *(una di due parti uguali)* Hälfte *f.*: ***le due ~ di una mela*** die zwei Hälften eines Apfels; ***la ~ di 10 è 5*** die Hälfte von 10 ist 5; ***far combaciare due ~*** zwei Hälften zusammen‿passen; ***la seconda ~ dell'Ottocento*** die zweite Hälfte des neunzehnten Jahrhunderts; ***la prima ~ di aprile*** die erste Aprilhälfte; ***ha buttato via ~ della frutta*** er hat die Hälfte des Obstes weggeworfen; ***in ~ tempo*** in der Hälfte der Zeit **2** *(punto, momento di demarcazione)* Mitte *f.*, Hälfte *f.*: ***a ~ (del) libro, (della) pagina*** in der Mitte des Buches, auf der Hälfte der Seite; ***rotto a ~*** in der Mitte gebrochen; ***a ~ mese*** in der Mitte des Monats **3** MUS. *(nota minima)* halbe Note *f.* ◆ ***a ~*** halb, zur Hälfte; ~ ***(dell') anno*** Halbjahr *n.*; ***una buona ~*** gut die Hälfte; SPORT ~ ***campo*** Spielfeldhälfte *f.*, Hälfte *f.*; *(linea centrale)* Mittellinie *f.*; ***dire le cose a ~*** Andeutungen machen (*o* sich nur vage aus‿drücken); ***diventare la ~*** um die Hälfte zusammen‿schrumpfen; FIG. = ab‿magern; ***dividere a, per ~*** halbieren; COLLOQ. ***la mia dolce ~*** meine bessere Hälfte; ~ ***e ~*** halb und halb; ***fare ~ e ~*** halb und halb (*o* halbe-halbe) machen; ***fare a ~ con qcn.*** mit jdm gerecht teilen; ***finito a ~*** halb fertig; ~ ***lana, ~ cotone*** halb Wolle, halb Baumwolle; ***lasciare qcs. a ~*** etw. halb fertig liegen lassen; ***per ~*** zur Hälfte, halb: ***i costi sono sostenuti per ~ dallo stato e per ~ dai cittadini*** die Kosten werden je zur Hälfte vom Staat und von den Bürgern getragen; ***un vestito (per) ~ bianco (per) ~ nero*** ein halb weißes, halb schwarzes Kleid; ***piantare qcs. a ~*** → ***lasciare qcs. a ~***; ***pieno a ~*** halb voll; ***a ~ prezzo*** zum halben Preis; ***ridursi alla ~*** um die Hälfte zusammen‿schrumpfen; ***a ~ strada*** auf halbem Weg; ***vero solo a (o per) ~*** nur halb wahr; ~ ***vuoto*** halb leer; PROV. ***chi ben comincia è già a ~ dell'opera*** frisch gewagt ist halb gewonnen.

me|ta|ba|si f. Metabasis *f.*

me|ta|bo|li|ca|men|te avv. metabolisch. **me|ta|bo|li|co** agg. *(-ci, -che)* metabolisch: ***processo ~*** metabolischer Prozess. **me|ta|bo|li|smo** m. Metabolismus *m.*, Stoffwechsel *m.* **me|ta|bo|li|ta** m. Metabolit *n.* **me|ta|bo|liz|za|re** tr. assimilieren (anche FIG.).

me|ta|car|po m. Mittelhand *f.*

me|ta|do|ne m. Methadon *n.*

me|ta|fi|si|ca f. Metaphysik *f.* **me|ta|fi|si|ca|men|te** avv. metaphysisch. **me|ta|fi|si|co I** agg. *(-ci,-che)* **1** metaphysisch: ***poesia, pittura -a*** metaphysische Dichtung, Malerei **2** FIG. abstrus **II** m. *(-ci)* Metaphysiker *m.*

me|ta|fo|ni|a f. Umlaut *m.*

me|ta|fo|ra f. Metapher *f.* ◆ ***fuor di ~*** unverblümt, deutlich; ***parlare per -e*** durch die Blume sprechen. **me|ta|fo|ri|ci|tà** f. metaphorischer Charakter *m.* **me|ta|fo|ri|co** agg. *(-ci,-che)* metaphorisch: ***in senso ~*** in metaphorischem Sinn.

me|ta|ga|las|sia f. Metagalaxis *f.*

me|tal de|tec|tor m.inv. Metallsuchgerät *n.*, Metalldetektor *m.*

me|ta|lin|guag|gio m. *(-gi)* Metasprache *f.* **me|ta|lin|gui|sti|ca** f. Metalinguistik *f.* **me|ta|lin|gui|sti|co** agg. *(-ci,-che)* metalinguistisch.

me|tal|la|ro m. Heavy-Metal-Rocker *m.*, Heavy-Metal-Fan *m.*

me|tal|li|ca|men|te avv. metallisch.

me|tal|li|co agg. *(-ci,-che)* **1** *(di metallo)* Metall-, metallen: ***oggetto ~*** Gegenstand aus Metall; ***filo ~*** Metallfaden *m.*; ***lega -a*** Metalllegierung *f.* **2** FIG. metallisch: ***suono ~*** metallischer Klang; ***voce -a*** metallische Stimme; ***blu ~*** metallblau.

me|tal|li|fe|ro agg. **1** erzhaltig, Erz-: ***minerale ~*** erzhaltiges Gestein **2** *(che contiene metallo)* metallhaltig ◆ ***giacimento ~*** Erzvorkommen *n.*; ***miniera -a*** Erzbergwerk *n.*

me|tal|liz|za|re tr. metallisieren. **me|tal|liz|za|to** p.pass. agg. **1** → **metallizzare 2** metallisiert **3** *(di colore, vernice)* metallic, Metallic-: ***blu ~*** metallic blau; ***vernice, verniciatura -a*** Metalliclackierung *f.* **me|tal|liz|za|zio|ne** f. Metallisierung *f.*

me|tal|lo m. Metall *n.*: ***lavorare, temprare i -i*** Metalle verarbeiten, härten ◆ ***~ comune*** unedles Metall; ***(fatto) di ~*** aus Metall; STOR. ***età dei -i*** Metallzeit *f.*; ***~ ferroso*** Eisenmetall *n.*; ***~ non ferroso*** Nichteisenmetall *n.*; ***~ grezzo*** Rohmetall *n.*; ***lamina di ~*** Metallfolie *f.*, Walzmetall *n.*; ***lastra di ~*** Metallplatte *f.*; ***lavorazione dei -i*** Metallverarbeitung *f.*; ***lavoro in ~*** Metallarbeit *f.*; ***~ leggero*** Leichtmetall *n.*; ***lingotto di ~*** Metallblock *m.*; ***~ nobile*** Edelmetall *n.*; ***non ~*** Nichtmetall *n.*; ***~ pesante*** Schwermetall *n.*; ***~ prezioso*** Edelmetall *n.*; FIG. ***il vile ~*** = das Geld.

me|tal|lo|gra|fi|a f. Metallographie *f.*

me|tal|loi|de m. Metalloid *n.*, Nichtmetall *n.*

me|tal|lur|gi|a f. Metallurgie *f.*, Hüttenkunde *f.* **me|tal|lur|gi|co I** agg. *(-ci,-che)* metallurgisch, Metall-, Hütten-: ***forni -ci*** Hochöfen; ***stabilimento ~*** Hüttenwerk *n.*, Metallhüttenwerk *n.*; ***operaio ~*** Metallarbeiter *m.* **II** m. *(-ci)* Hüttenarbeiter *m.* ◆ ***industria -a*** Metallindustrie *f.* (*o* Metall verarbeitende Industrie). **me|tal|lur|gi|sta** m. e f. *(-i,-e)* Metallurge *m.* (Metallurgin *f.*).

me|tal|mec|ca|ni|co I agg. *(-ci,-che)* Metall- und Maschinenbau-: ***industria -a*** Metall verarbeitende Industrie *f.* **II** m. Metallarbeiter *m.*; COLLOQ. Metaller *m.*: ***sindacato dei -i*** Industriegewerkschaft *f.* der Metallarbeiter.

me|ta|me|ri|a f. Metamerie *f.* **me|ta|me|ro** m. **1** BIOL. Metameren *pl.* **2** CHIM. metamere Verbindung *f.*

me|ta|mor|fi|co agg. *(-ci,-che)* **1** *(di metamorfosi)* metamorphisch **2** GEOL. metamorph: ***rocce -che*** metamorphe Gesteine. **me|ta|mor|fi|smo** m. Metamorphose *f.*

me|ta|mor|fo|si f. **1** BIOL. Metamorphose *f.*: ***compiere una ~*** eine Metamorphose durch‿machen; ***la ~ del bruco in farfalla*** die Metamorphose der Raupe in einen Schmetterling **2** FIG. Verwandlung *f.*, Metamorphose *f.*: ***subire una ~*** eine Metamorphose (*o* Verwandlung) durch‿machen.

me|ta|ni|fe|ro agg. Methan-: ***giacimento ~*** Methanvorkommen *n.*

me|ta|niz|za|re tr. **1** *(fornire di metano)* mit Erdgas versorgen: ***~ un quartiere*** ein Stadtviertel mit Erdgas versorgen **2** *(adattare al metano)* auf Erdgas um‿stellen: ***~ un impianto*** eine Anlage auf Erdgas umstellen. **me|ta|niz|za|zio|ne** f. **1** *(rifornimento di metano)* Versorgung *f.* mit Erdgas **2** *(adattamento al metano)* Umstellung *f.* auf Erdgas.

me|ta|no m. Methan *n.*; *(combustibile)* Erdgas *n.*: ***passare al ~*** zu Erdgas übergehen ◆ ***gas ~*** Methangas *n.*; ***impianto a ~*** erdgasbetriebene Anlage; ***riscaldamento a ~*** Erdgasheizung *f.* **me|ta|no|dot|to** m. Methanpipeline *f.*, Erdgaspipeline *f.*

me|ta|no|lo m. Methanol *n.* ◆ ***intossicazione da ~*** Methanolvergiftung *f.*

me|ta|pla|si|a f. Metaplasie *f.*

me|ta|pla|sma m. Metaplasma *n.*

Me|ta|pon|to n.pr.f. Metapont *n.*

me|ta|psi|chi|ca f. Metapsychik *f.* **me|ta|psi|chi|co** agg. *(-ci,-che)* metapsychisch.

me|ta|sta|si f.inv. Metastase *f.* **me|ta|sta|ti|co** agg. *(-ci,-che)* metastatisch. **me|ta|sta|tiz|za|re** intr. (aus. *avere*) e pronom. **metastatizzarsi** metastasieren.

me|ta|sto|ria f. **1** *(realtà atemporale)* Metahistorie *f.* **2** *(studio della storiografia)* Historik *f.* **me|ta|sto|ri|ci|tà** f. Metahistorizität *f.* **me|ta|sto|ri|co** agg. *(-ci,-che)* *(atemporale)* metahistorisch, zeitlos.

me|ta|tar|so m. Mittelfuß *m.*; ***osso del ~*** Mittelfußknochen *m.*

me|ta|te|si f. Metathese *f.*, Metathesis *f.*

me|ta|zoi m.pl. Metazoen *pl.*

me|tem|psi|co|si f. Metempsychose *f.*

me|te|o I agg.inv. ***bollettino ~*** Wetterbericht *m.* **II** m.inv. Wetterbericht *m.* **me|te|o|e|co|lo|gi|a** f. Klimaökologie *f.*

me|te|o|ra f. Meteor *m.*; *(stella cadente)* Sternschnuppe *f.*; ***pioggia di -e*** Meteorstrom *m.*; FIG. ***è passato come una ~*** er ist wie ein Meteor vorübergezogen ◆ ***la sua fortuna è stata una ~*** sein Glücksstern ist schnell verloschen.

1.me|te|o|ri|co agg. *(-ci,-che)* ASTR. **1** meteorisch: ***fenomeno ~*** meteorisches Phänomen **2** *(di meteorite)* Meteor-, meteoritisch; ***ferro ~*** Meteoreisen *n.*

2.me|te|o|ri|co agg. *(-ci,-che)* MED. Meteorismus-: ***disturbi -ci*** Blähungen. **me|te|o|ri|smo** m. Meteorismus *m.*, Blähsucht *f.*

me|te|o|ri|te m. e f. Meteorit *m.*: ***sciami di -i*** Schwärme von Meteoriten. **me|te|o|ri|ti|co** agg. *(-ci,-che)* meteoritisch.

me|te|o|ro|gra|fi|a f. Meteorographie *f.* **me|te|o|ro|gra|fo** m. Meteorograph *m.*

me|te|o|ro|lo|gi|a f. Meteorologie *f.* **me|te|o|ro|lo|gi|ca|men|te** avv. meteorologisch. **me|te|o|ro|lo|gi|co** agg. *(-ci,-che)* meteorologisch, Wetter- ◆ ***bollettino ~*** Wetterbericht *m.*; ***carta -a*** Wetterkarte *f.*; ***condizioni -che*** Wetterlage *f.*; ***previsioni -che*** Wettervorhersage *f.*; ***servizio ~*** Wetterdienst *m.*; ***stazione -a*** Wetterwarte *f.*, Wetterstation *f.* **me|te|o|ro|lo|go** m. *(-gi)* Meteorologe *m.*

me|te|o|ro|pa|ti|a f. Wetterfühligkeit *f.*, Meteoropathologie *f.* **me|te|o|ro|pa|ti|co I** agg. *(-ci,-che)* wetterfühlig, meteoropathisch **II** m. *(-ci)* Meteoropath *m.*, wetterfühliger Mensch *m.*

me|tic|cio I m. *(-ci)* **1** Mestize *m.* **2** ZOOL. Mischling *m.* **II** agg. *(-ci, -ce)* **1** Mestizen- **2** ZOOL. Mischlings-: ***cane ~*** Mischlingshund *m.*

me|ti|co|lo|sa|men|te avv. gewissenhaft, genau. **me|ti|co|lo|si|tà** f. **1** Gewissenhaftigkeit *f.*, Sorgfältigkeit *f.* **2** *(minuziosità)* Genauigkeit *f.*

me|ti|co|lo|so agg. **1** *(diligente)* gewissenhaft, sorgfältig: ***un impiegato ~*** ein gewissenhafter Angestellter; ***lavoro ~*** sorgfältige Arbeit; ***precisione -a*** große Sorgfalt **2** *(scrupoloso, pignolo)* penibel, peinlich genau: ***un ordine ~*** eine penible Ordnung; ***una pulizia -a*** eine peinlich genaue Sauberkeit.

me|ti|le m. Methyl *n.* **me|ti|le|ne** m. Methylen *n.*; ***blu di ~*** Methylenblau *n.* **me|ti|li|co** agg. *(-ci,-che)* Methyl-: ***alcol ~*** Methylalkohol *m.*

me|to|di|ca f. Methodik *f.* **me|to|di|ca|men|te** avv. methodisch. **me|to|di|ci|tà** f. Methodik *f.*: ***~ nel lavoro*** Methodik bei der Arbeit.

me|to|di|co I agg. *(-ci,-che)* methodisch, systematisch: ***studio ~*** methodisches Studium; ***non ~*** unmethodisch; ***vita -a*** geordnetes Leben **II** m. *(-ci)* Methodiker *m.* ◆ ***indagine -a*** Durchforschung *f.*

me|to|di|smo m. Methodismus *m.* **me|to|di|sta** *(-i,-e)* **I** m. e f. Methodist *m.* (-in *f.*) **II** agg. Methodisten-: ***chiesa ~*** Methodistenkirche *f.*

me|to|di|sti|co agg. *(-ci,-che)* methodistisch.

me|to|do m. **1** Methode *f.*: ***~ pratico, collaudato, infallibile*** praktische, erprobte, sichere Methode; ***introdurre, adottare un ~ nuovo*** eine neue Methode ein‿führen, an‿wenden; ***usare -i sbrigativi, drastici*** oberflächliche, drastische Methoden an‿wenden; ***procedere, agire secondo un certo ~*** nach einer bestimmten Methode vor‿gehen, handeln; ***osservare, seguire un ~*** einer Methode folgen; ***avere i propri -i*** seine (eigene) Methode haben **2a** *(manuale con esercizi graduati)* Übungsbuch *n.*: ***~ di lingua tedesca*** Übungsbuch der deutschen Sprache **b** MUS. Schule *f.*: ***~ di teoria e solfeggio*** Schule für Theorie und Solfeggio ◆ ***~ di allenamento*** Trainingsmethode *f.*; ***~ anticoncezionale*** Verhütungsmethode *f.*; ***avere ~*** methodisch sein, vorgehen; ***non avere ~*** unmethodisch sein; ***~ di collaudo*** Prüfmethode *f.*; ***~ comparativo*** vergleichende Methode; ***con ~*** methodisch; ***lavorare con ~*** methodisch arbeiten; ***~ deduttivo*** deduktive Methode; ***~ didattico*** Lehrmethode *f.*; ***~ educativo*** Erziehungsmethode *f.*; ***~ globale*** Ganzheitsmethode *f.*; ***~ induttivo*** induktive Methode; ***~ d'insegnamento*** Unterrichtsmethode *f.*; ***~ di lavorazione*** Fertigungsmethode *f.*; ***~ di lavoro*** Arbeitsmethode *f.*; ***mancanza di ~*** Planlosigkeit *f.*; MUS. ***~ di pianoforte*** Klavierschule *f.*; ***privo di ~*** planlos (*o* unmethodisch);

~ produttivo Produktionsmethode *f.*; GEOGR. ***~ di proiezione*** Projektionsverfahren *n.*; TOPOGR. ***~ di rilevamento*** Messverfahren *n.*; ***senza ~*** planlos, unsystematisch; ***~ sperimentale*** Versuchsmethode *f.*; ***~ terapeutico*** Heilmethode *f.*

me|to|do|lo|gi|a f. Methodologie *f.*, Methodenlehre *f.*: ***~ delle scienze sociali*** Methodenlehre der Sozialwissenschaften. **me|to|do|lo|gi|ca|men|te** avv. methodologisch. **me|to|do|lo|gi|co** agg. *(-ci, -che)* methodologisch.

me|to|ni|mia, me|to|ni|mi|a f. Metonymie *f.* **me|to|ni|mi|co** agg. *(-ci,-che)* metonymisch.

me|to|pa f. Metope *f.*

me|trag|gio m. *(-gi)* **1** *(misurazione in metri)* Messen nach Metern **2** *(lunghezza in metri)* Länge in Metern ◆ ***a ~*** meterweise, am laufenden Meter; ***film a lungo, corto ~*** Spielfilm *m.*, Kurzfilm *m.*; ***stoffa a ~*** Meterware *f.*

me|tra|tu|ra f. **1** ***~ di una stoffa*** Stoffmenge *f.* **2** *(ampiezza in metri)* Ausmaß *n.*, Größe *f.*: ***appartamenti di diversa ~*** Wohnungen verschiedenen Ausmaßes.

me|tri|ca f. Metrik *f.*, Verslehre *f.*: ***~ accentuativa*** akzentuierende Metrik; ***la ~ dell'Ariosto*** die Metrik von Ariost; ***la ~ greca*** die griechische Metrik. **me|tri|co** agg. *(-ci,-che)* **1** Mess-: ***sistema ~*** Messsystem *n.*; ***sistema ~ decimale*** Dezimalsystem *n.* **2** *(della metrica)* metrisch: ***schema ~*** metrisches Schema.

1.me|tro m. **1** Meter *m.* e *n.*: ***lungo, largo, profondo due -i*** zwei Meter lang, breit, tief; ***a mille -i di altezza*** in tausend Meter Höhe; ***una distanza di 5 -i*** eine Entfernung von 5 Metern; ***misurare al ~*** nach Metern bemessen **2** *(strumento)* Metermaß *n.* **3** *(criterio)* Maß *n.*, Maßstab *m.*: ***giudicare tutti con lo stesso ~*** alle nach demselben Maßstab messen; ***adottare un ~ severo*** einen strengen Maßstab an_legen **4** METR. Versmaß *n.*, Metrum *n.* ◆ ***~ campione*** Eichmeter *n.*; ***~ cubo*** Kubikmeter *m.*; ***~ a nastro*** Messband *n.*; ***~ pieghevole*** Zollstock *m.*; ***~ quadrato, quadro*** Quadratmeter *m.*; ***prezzo al ~ quadro*** Quadratmeterpreis *m.*; ***quanto costa al ~ quadro?*** was kostet der Quadratmeter? ***~ da sarto*** Metermaß *n.*; ***~ al secondo*** Meter je Sekunde; ***~ di valutazione*** Bewertungsmaßstab *m.*; ***un ~ alla volta*** meterweise.

2.me|tro f.inv. COLLOQ. (accorc. *metropolitana*) U-Bahn *f.*

me|trò m.inv. COLLOQ. U-Bahn *f.*

me|tro|lo|gi|a f. **1** Metrologie *f.* **2** METR. Metrik *f.* **me|tro|lo|gi|co** agg. *(-ci,-che)* metrologisch.

me|tro|no|mo m. Metronom *n.*

me|tro|not|te m.inv. Nachtwächter *m.*

me|tro|po|li f.inv. Weltstadt *f.*, Metropole *f.* **me|tro|po|li|ta** m. Metropolit *m.*

me|tro|po|li|ta|na f. Untergrundbahn *f.*, U-Bahn *f.*: ***prendere la ~*** die U-Bahn nehmen; ***salire sulla ~*** in die U-Bahn ein_steigen; ***scendere dalla ~*** aus der U-Bahn aus_steigen; ***scendere in ~*** zur U-Bahn hinunter_gehen ◆ ***~ leggera*** Stadtbahn *f.*, S-Bahn *f.*; ***linea della ~*** U-Bahn-Linie *f.*; ***rete della ~*** U-Bahn-Netz *n.*; ***stazione della ~*** U-Bahn-Station *f.*

me|tro|po|li|ta|no agg. **1** weltstädtisch, Großstadt-: ***popolazione -a*** Großstadtbevölkerung *f.*; ***traffico ~*** Großstadtverkehr *m.*; ***area -a*** Ballungsgebiet *n.* **2** *(di un metropolita)* Metropolitan-: ***chiesa -a*** Metropolitankirche *f.*

me|tror|ra|gi|a f. Metrorrhagie *f.*

met|te|re *(misi; messo)* **I** tr. **1** setzen; *(collocare verticalmente)* stellen; *(orizzontalmente)* legen: ***~ un vaso, un piatto, un mazzo di chiavi sul tavolo*** eine Vase, einen Teller auf den Tisch stellen, einen Schlüsselbund auf den Tisch legen; ***~ una pentola sul fuoco*** einen Topf aufs Feuer stellen (*o* setzen); ***~ il libro nello scaffale*** das Buch ins Regal stellen; ***~ qcs. nel cassetto*** etw. in die Schublade legen; ***~ la mano sulla spalla a qcn.*** jdm die Hand auf die Schulter legen; ***~ un braccio intorno alle spalle, alla vita di qcn.*** jdm den Arm um die Schultern, um die Taille legen **2** *(mettere seduto)* setzen; *(sdraiato)* legen; *(in piedi)* stellen: ***~ il bambino nella culla, sul seggiolone, nel girello*** das Kind in die Wiege legen, auf den Hochstuhl setzen, in den Laufstall stellen **3a** *(attaccare)* befestigen, an_bringen, fest_machen: ***~ una targa alla porta*** ein Schild an der Tür befestigen **b** *(appendere)* hängen, an_hängen: ***~ un foglietto in bacheca*** einen Zettel ans schwarze Brett hängen (*o* am schwarzen Brett aus_hängen) **c** *(incollare)* kleben, an_kleben: ***~ un'etichetta a qcs.*** ein Etikett auf etw. (A) kleben **4** *(designare)* stellen, setzen: ***~ qcn. alla direzione di un'impresa, a capo di un partito*** jdn an die Spitze eines Unternehmens, einer Partei stellen **5a** *(infilare)* stecken, COLLOQ. tun: ***~ la spina nella presa*** den Stecker in die Steckdose stecken; ***~ le mani in tasca*** die Hände in die Taschen stecken (*o* tun) **b** COLLOQ. *(aggiungere)* tun: ***~ zucchero nel caffè*** Zucker in den Kaffee tun **6** *(apporre)* setzen: ***~ una firma su un documento*** eine Unterschrift unter eine Urkunde setzen **7** *(incutere, infondere)* machen: ***~ paura, coraggio a qcn.*** jdm Angst, Mut machen; ***~ sete, fame*** Durst, Hunger machen **8a** *(indossare)* an_ziehen; *(in testa)* auf_setzen: ***~ una giacca, le scarpe*** eine Jacke, die Schuhe anziehen; ***~ un cappello*** einen Hut aufsetzen **b** um_tun: ***~ una sciarpa, una cintura*** einen Schal, einen Gürtel umtun **9** *(supporre)* an_nehmen: ***mettiamo (o metti) che...*** angenommen, dass... **10** *(installare)* ein_bauen, an_schließen: ***~ il riscaldamento centralizzato*** eine Zentralheizung einbauen **11** *(azionare)* ein_legen: ***~ la prima, la retromarcia*** den ersten Gang, den Rückwärtsgang einlegen **12** COLLOQ. *(confrontare)* vergleichen; ***vuoi ~ questo ristorante con quella bettola?*** du wirst doch nicht dieses Restaurant mit jener Spelunke da vergleichen wollen! **II** intr. (aus. *avere*) **1** *(sfociare)* münden: ***il fiume mette in mare*** der Fluss mündet ins Meer **2** *(immettere)* führen: ***l'uscio mette sul cortile*** der Ausgang führt in den Hof **III** pronom. **mettersi** **1a** sich stellen: ***mettiti lì e non muoverti!*** stell dich dorthin und rühr dich nicht von der Stelle! ***-rsi sulla punta dei piedi*** sich auf die Zehenspitzen stellen **b** *(sdraiarsi)* sich legen: ***-rsi a letto*** sich ins Bett legen **c** *(sedersi)* sich setzen: ***-rsi sul divano*** sich auf das Sofa setzen; ***-rsi a tavola*** sich zu Tisch setzen **2** *(portare)* nehmen: ***-rsi la mano davanti alla bocca*** die Hand vor den Mund nehmen **3** *(infilare)* stecken: ***-rsi le dita nel naso*** den Finger in die Nase stecken **4a** *(indossare)* ***-rsi la giacca, le scarpe*** sich die Jacke, die Schuhe an_ziehen; ***-rsi in costume da bagno*** sich den Badeanzug an_ziehen **b** *(in testa)* ***-rsi il berretto*** sich die Mütze auf_setzen **c** ***-rsi una sciarpa, una cintura*** sich (D) einen Schal, einen Gürtel umtun **5** *(iniziare)* ***-rsi a fare qcs.*** an_fangen, etw. zu tun: ***-rsi a ridere, a studiare*** zu lachen, lernen anfangen **6a** *(evolversi)* sich entwickeln: ***vediamo come si mettono le cose*** warten wir mal ab, wie sich die Dinge entwickeln **b** ***-rsi bene, male*** schlecht, gut stehen ◆ ***-rsi d'accordo (con qcn.)*** sich (mit jdm) einigen, (mit jdm) einig werden; ***~ l'acqua per il tè*** Teewasser auf_setzen; ***~ qcn. a proprio agio*** jdm seine Befangenheit nehmen; ***-rsi a proprio agio*** es sich (D) gemütlich machen; ***~ allegria*** heiter (*o* fröhlich) stimmen; ***~ un annuncio sul giornale*** eine Anzeige in die Zeitung setzen; ***~ ad asciugare*** zum Trocknen auf_hängen; ***~ all'asta*** versteigern; ***~ in atto qcs.*** etw. in die Tat um_setzen, etw. wahr machen; ***~ al bando*** verbannen; ***-rsi in cammino*** sich auf den Weg machen; ***~ in chiaro qcs.*** etw. klar_stellen; ***~ in circolazione*** in Umlauf bringen; ***~ qcn. in collegio*** jdn ins Internat geben, tun; COLLOQ. ***-rsi con qcn.*** sich mit jdm zusammen_tun; ***~ a confronto*** gegenüber_stellen; ***~ in contatto*** in Verbindung setzen; ***-rsi in contatto*** sich in Verbindung setzen, Kontakt auf_nehmen; ***~ in conto qcs.*** etw. in Rechnung ziehen, etw. (D) Rechnung tragen (anche FIG.); ***~ al corrente*** unterrichten (*o* Bescheid geben); FIG. ***~ qcn. in croce*** jdn quälen; ***~ i denti*** Zähne bekommen (*o* zahnen); FIG. ***~ dentro qcn.*** jdn ein_lochen, ein_buchten; ***~ a dieta*** auf Diät setzen; ***~ qcn. a disagio*** jdm Unbehagen bereiten, jdn befangen machen; ***~ in discussione qcs.*** etw. zur Diskussion (*o* zur Debatte) stellen; *(mettere in dubbio)* etw. in Frage stellen; ***~ in disordine*** in Unordnung bringen; ***~ a disposizione*** zur Verfügung stellen; ***~ in dubbio*** an_zweifeln (*o* in Zweifel ziehen); ***~ in evidenza*** hervor_heben, heraus_stellen; MAT. aus_klammern; ***-rsi in fila*** sich in die Reihe stellen; *(in coda)* sich in die Warteschlange ein_reihen; ***~ le foglie*** Blätter bekommen, sich belauben, aus_treiben; ***~ fretta a qcn.*** jdn zur Eile an_treiben; ***~ in fuga*** vertreiben, in die Flucht schlagen; ***~ in funzione*** in Betrieb nehmen; ***-rsi in funzione*** sich ein_schalten (*o* funktionieren); ***~ in gioco*** aufs Spiel setzen; ***~ in giro una voce*** ein Gerücht in Umlauf bringen (*o* setzen); ***~ giù*** ab_stellen: ***~ giù le valigie*** die Koffer ab_stellen; *(abbassare)* ***~ giù la cornetta*** den Hörer auf_legen; ESTENS. ***~ giù due righe*** ein paar Zeilen schreiben; COLLOQ. ***metterla giù dura*** = etw. dramatisieren (*o* etw. übertreiben); ***metti giù le mani!*** nimm deine Hände weg! ***~ giudizio*** Vernunft an_nehmen; ***-rsi nei guai*** in Schwierigkeiten geraten; ***~ insieme (denaro)*** (Geld) zusammen_legen; COLLOQ. ***-rsi insieme a qcn.*** → ***-rsi con qcn.***; ***~ a letto*** ins Bett bringen; ***~ in libertà*** frei_lassen; ***~ in luce*** deutlich machen; ***~ mano a qcs.*** an etw. (A) Hand an_legen; ***metterci*** *(impiegarci)* brauchen; *(dimostrare)* zeigen, dran_setzen: ***quanto ci metti a finire?*** wie lange brauchst du, um fertig zu werden? ***ci metti di più in auto che in treno*** mit dem Auto brauchst du länger als mit dem Zug; ***metterci entusiasmo, tutta la buona volontà*** Begeisterung zeigen, all seinen guten Willen dransetzen; ***~ al mondo*** zur Welt bringen; ***~ in mostra*** vor_zeigen, zeigen; ***-rsi in mostra*** sich in den Vordergrund drängen, sich in Szene setzen; ***~ in moto*** in Gang setzen; FIG. in Bewegung setzen; ***-rsi in moto*** *(di auto, motore)* an_springen; FIG. sich in Bewegung setzen; ***~ a nudo*** auf_decken (*o* enthüllen); ***~ in***

ombra in den Schatten stellen; **~ *in orbita*** in eine Umlaufbahn bringen; **~ *in ordine*** Ordnung machen (*o* schaffen); **~ *qcs. in ordine*** etw. in Ordnung bringen; ***-rsi in ordine*** sich zurecht‿machen; **~ *da parte*** *(provviste, soldi)* auf die Seite legen; FIG. *(rancori ecc.)* bei Seite lassen; ***-rsi nei pasticci*** → ***-rsi nei guai***; **~ *in pericolo*** in Gefahr bringen; **~ *piede (in un luogo)*** seinen Fuß (in einen Ort) setzen; FIG. **~ *in piedi qcs.*** etw. auf die Beine stellen; **~ *qcn. alla porta*** jdn vor die Tür setzen; **~ *a posto*** Ordnung machen; *(sistemare)* **~ *le cose a posto*** die Dinge in Ordnung bringen; *(dare una lezione)* **~ *a posto qcn.*** jdn zurecht‿weisen; **~ *in pratica*** in die Praxis (*o* Tat) um‿setzen; **~ *alla prova*** auf die Probe stellen; **~ *qcs. a dura prova*** etw. auf eine harte Probe stellen; **~ *radici*** Wurzeln schlagen (anche FIG.); **~ *a repentaglio*** aufs Spiel setzen; ***-rsi alla ricerca di qcs.*** sich auf die Suche nach etw. machen; **~ *in salvo*** in Sicherheit bringen; ***-rsi sdraiato*** sich hin‿legen; ***-rsi a sedere, seduto*** sich hin‿setzen; FIG. **~ *sotto qcn.*** *(investire)* jdn überfahren; *(sconfiggere)* jdn schlagen; *(trattare severamente)* jdn an die Kandare nehmen; **~ *qcs. sottosopra*** etw. auf den Kopf stellen; COLLOQ. **~ *su*** *(aprire)* auf‿machen; **~ *su un locale*** ein Lokal aufmachen; *(fondare)* gründen; **~ *su famiglia*** eine Familie gründen; *(ingrassare)* **~ *su peso, chili*** zu‿nehmen; *(aizzare)* **~ *su qcn. contro qcn.*** jdn gegen jdn auf‿hetzen (*o* auf‿bringen); REGION. *(sul fornello)* auf‿setzen; **~ *su il caffè*** den Kaffee aufsetzen; COLLOQ. **~ *sul secondo, terzo (canale)*** auf das zweite, dritte Programm schalten; **~ *a tacere qcs.*** etw. vertuschen; **~ *il telefono*** das Telefon legen; FIG. **~ *qcs. in testa a qcn.*** jdm etw. in den Kopf setzen; ***mettercela tutta*** alles daran‿setzen; **~ *in vendita*** zum Verkauf bringen; **~ *a verbale*** zu Protokoll nehmen; **~ *via (in ordine)*** auf‿räumen; *(da parte)* auf die Seite legen; ***-rsi in viaggio*** sich auf die Reise begeben.

meu|blé [mø-] agg.inv. ***albergo ~*** = Pension *f.* ohne Frühstück.

mez|za f. **1** halbe Stunde, halb: ***sono le quattro e ~*** es ist halb fünf **2** *(mezzogiorno e mezzo)* halb eins.

mez|za|cal|zet|ta f. *(mezzecalzette)* = halbe Portion *f.*

mez|za|car|tuc|cia f. *(mezzecartucce)* Niete *f.*

mez|za|dri|a f. Halbpacht *f.*: ***a ~*** in Halbpacht. **mez|za|dro** m. Halbpächter *m.*

mez|za|la f. *(-i* e *mezze ali)* SPORT **~ *destra, sinistra*** Halbrechte *m.*, Halblinke *m.*

mez|za|lu|na f. *(mezzelune* e *mezze lune)* **1** Halbmond *m.*: **~ *turca*** türkischer Halbmond; **~ *rossa*** Roter Halbmond **2** *(arnese da cucina)* Wiegemesser *n.*

mez|za|ma|ni|ca f. *(mezzemaniche)* **1** Ärmelschoner *m.* **2** SPREG. Büromensch *m.*

mez|za|na f. Kupplerin *f.*

mez|za|ni|no m. Zwischengeschoss *n.*, Halbgeschoss *n.*, Mezzanin *n.*

mez|za|no I agg. mittlere, Mittel-: ***il figlio ~*** der mittlere Sohn **II** m. Kuppler *m.*

mez|za|not|te f. *(mezzenotti)* Mitternacht *f.*: ***verso ~*** gegen Mitternacht; ***prima di, dopo ~*** vor, nach Mitternacht; ***è ~ in punto*** es ist Punkt Mitternacht; ***l'orologio suona la ~*** die Uhr schlägt Mitternacht ◆ ***a ~*** um Mitternacht; *(ogni mezzanotte)* mitternachts: ***messa di ~*** Mitternachtsmesse *f.*; ***sole di ~*** Mitternachtssonne *f.*

mez|z'a|ria, *a ~* auf halber Höhe; ***la lampada è sospesa a ~*** die Lampe hängt auf halber Höhe; FIG. ***discorsi a ~*** unklare (*o* missverständliche) Aussagen.

mez|z'a|sta, *bandiera a ~* Fahne auf Halbmast.

mez|za|tin|ta f. *(mezzetinte)* Zwischenfarbe *f.* ◆ FIG. ***non usare mezzetinte*** kein Blatt vor den Mund nehmen.

mez|ze|ri|a f. Mittelstreifen *m.*

1.mez|zo I agg. halb: ***-a mela, porzione*** halber Apfel, halbe Portion; ***una -a dozzina di uova*** ein halbes Dutzend Eier; **~ *metro, litro, chilo*** ein halber Meter, Liter, ein halbes Kilo; ***a -a via*** auf halbem Weg; FIG. ***fare una -a promessa a qcn.*** jdm ein halbes Versprechen ab‿geben **II** avv. halb: **~ *addormentato*** halb eingeschlafen **III** m. **1** Hälfte *f.*: ***due -i fanno un intero*** zwei Hälften ergeben ein Ganzes **2** *(punto centrale)* Mitte *f.* **3** MAT. ***un ~*** ein Halb *n.* ◆ ***andarci di ~*** hineingezogen werden; ***nel bel ~ della festa*** auf dem Höhepunkt des Festes; ***una -a calzetta*** = ein halbes Würstchen; ***-a cartuccia*** Niete *f.*; ***c'era -a città*** die halbe Stadt war da; ***corsia di ~*** Mittelspur *f.*; ***è successo un ~ disastro*** es gab fast ein Unglück; ***di -a età*** mittleren Alters, in mittlerem Alter; ***l'acqua arriva a -a gamba*** das Wasser reicht bis zur Wade, bis an die Waden; ***lavorare -a giornata*** halbtags arbeiten; ***il giusto ~*** der goldene Mittelweg; ***avere una -a idea di fare qcs.*** mit dem Gedanken spielen, etw. zu tun; ***in ~ a qcs.*** *(stato in luogo)* in der Mitte etw. (G), mitten in etw. (D), mitten auf etw. (D); *(moto a luogo)* in die Mitte etw. (G), mitten in etw. (A), mitten auf etw. (A): ***in ~ alla foresta*** mitten im Wald; ***mettere il portacenere in ~ al tavolo*** den Aschenbecher in die Mitte des Tisches stellen; FIG. ***in ~ a questo rumore*** bei diesem Lärm; ***vivere in ~ al lusso*** im Luxus leben; FIG. ***trovarsi in ~ alla strada*** auf der Straße sitzen; ***in ~ ai lupi*** in der Pampa; ***lasciare qcs. a ~*** etw. halb fertig liegen lassen; ***levare di ~ qcn.*** jdn beseitigen; ***-a luna*** Halbmond *m.*; ***essere ~ matto*** halb verrückt sein; ***mettere di ~ qcn.*** jdn hinein‿ziehen; ***mettersi in ~*** dazwischen‿treten, sich ein‿mischen; ***non gli piacciono le -e misure*** er mag keine halben Sachen; ***c'era ~ mondo*** es waren eine Menge Leute da; ***essere ~ morto*** halb tot sein; ***nel ~ di qcs.*** → ***in ~ a qcs.***; **~ *pieno*** halb voll; ***-a stagione*** Übergangszeit *f.*; COLLOQ. ***-a tacca*** kleine Nummer; ***parlare senza -i termini*** die Dinge beim Namen nennen; ***togliersi di ~*** aus dem Weg gehen; ***uno e ~*** eineinhalb; ***via di ~*** Mittelweg *m.*; ***cercare, trovare una via di ~*** einen Mittelweg suchen, finden; ***parlare a -a voce*** halblaut sprechen; **~ *vuoto*** halb leer.

2.mez|zo m. **1** Mittel *n.*: ***-i leciti, illeciti*** erlaubte, unerlaubte Mittel; ***con ogni ~*** mit allen Mitteln; ***lavorare con -i insufficienti*** mit unzureichenden Mitteln arbeiten; ***ricorrere a tutti i -i*** alle Mittel ein‿setzen; ***non avere -i*** keine Mittel haben; ***con -i propri*** mit eigenen Mitteln; ***usare ogni ~ per...*** alle Mittel versuchen, um... **2a** *(veicolo)* Fahrzeug *n.* **b** *(mezzo pubblico)* öffentliches Verkehrsmittel *n.*: ***andare al lavoro con i -i*** mit öffentlichen Verkehrsmitteln zur Arbeit fahren; ***sciopero dei -i*** Streik der öffentlichen Verkehrsmittel ◆ ***a ~*** durch: ***a ~ stampa, corriere*** durch die Presse, durch einen Boten; ***a ~ posta*** durch die Post, per Post; **~ *anfibio*** Amphibienfahrzeug *n.*; ***-i audiovisivi*** audiovisuelle Mittel; GRAMM. ***complemento di ~*** Modalbestimmung *f.*; ***-i di comunicazione di massa*** Massenkommunikationsmittel *pl.*; **~ *corazzato*** Panzerwagen *m.*; ***-i espressivi*** Ausdrucksmittel *pl.*; ***-i finanziari*** Geldmittel *pl.*, finanzielle Mittel; ***-i di fortuna*** Behelfsmittel *pl.*; ***-i legali*** Rechtsmittel *pl.*; ***mancanza di -i*** Mittellosigkeit *f.*; **~ *di pagamento*** Zahlungsmittel *n.*; ***per ~ di qcn., qcs.*** durch jdn, etw.: ***per ~ di un amico*** durch einen Freund; **~ *privato*** Privatfahrzeug *n.*; ***privo di -i*** ohne Mittel, mittellos; ***-i di produzione*** Produktionsmittel *pl.*; ***-i pubblicitari*** Werbemittel *pl.*; ***-i di salvataggio*** Rettungsmittel *pl.*; MIL. **~ *da sbarco*** Landungsfahrzeug *n.*; ***senza -i, sprovvisto di -i*** ohne Mittel, mittellos; ***-i di sussistenza*** Lebensunterhalt *m.*; **~ *di trasporto*** Transport-, Beförderungsmittel *n.*; *(per persone)* Verkehrsmittel *n.*; PROV. ***il fine giustifica i -i*** der Zweck heiligt die Mittel.

mez|zo|bu|sto m. *(mezzibusti)* **1** Büste *f.* **2** TELEV. SCHERZ. Fernsehansager *m.*, Sprecher *m.* ◆ ***ritratto a ~*** Brustbild *n.*

mez|zo|dì m. → **mezzogiorno.**

mez|zo|fon|di|sta m. e f. *(-i,-e)* Mittelstreckenläufer *m.* (-in *f.*). **mez|zo|fon|do** m. Mittelstreckenlauf *m.*

mez|zo|gior|no m. **1** Mittag *m.*: ***a ~*** am (*o* zu) Mittag, mittags; ***verso ~*** gegen Mittag; ***prima di, dopo ~*** vor, nach Mittag **2** *(sud)* Süden *m.*: ***casa esposta a ~*** ein nach Süden liegendes Haus ◆ ***l'orologio batte ~*** die Uhr schlägt Mittag; ***il ~ d'Italia*** Süditalien *n.*; **~ *e mezzo*** halb eins; ***è ~ in punto*** es ist Punkt zwölf.

mez|zo|guan|to m. *(mezziguanti)* fingerloser Handschuh *m.*

mez|zo|ma|ri|na|io m. *(mezzimarinai)* Bootshaken *m.*

mez|zo|pun|to m. Gobelinstich *m.*

mez|zo|ra f. halbe Stunde *f.* **mez|zo|ret|ta** f. COLLOQ. halbe Stunde *f.*: ***ci vorrà ancora una ~*** es dauert noch ungefähr eine halbe Stunde.

mez|zo|ri|lie|vo m. Halbrelief *n.*

mez|zo|san|gue m.inv. **1** *(di cavalli)* Halbblut *n.* **2** *(meticcio)* Mischling *m.*, Halbblut *n.*

mez|zo|ser|vi|zio m. *(-zi)* Halbtagshilfe *f.*

mez|zo|so|pra|no m. *(mezzosoprani* o *mezzisoprani)* Mezzosopran *m.*

mez|zo|ton|do m.inv. Halbrundplastik *f.*

mez|zuc|cio m. *(-ci)* fauler Trick *m.*, faules Mittel *n.*: ***ricorrere a dei -ci*** faule Tricks an‿wenden.

1.mi pron.pers. sing. **1** *(complemento oggetto)* mich: ***il rumore ~ disturba*** der Lärm stört mich; *(enclitico)* ***lasciami in pace!*** lass mich in Ruhe! ***seguimi!*** folge mir! ***era felice di rivedermi*** er war glücklich, mich wieder zu sehen **2** *(complemento di termine)* mir: **~ *ha regalato un libro*** er hat mir ein Buch geschenkt; **~ *sembra che piova*** mir scheint, es regnet; *(enclitico)* ***dammi il giornale*** gib mir die Zeitung; ***restituendomi il libro mi ringraziò*** als er mir das Buch zurückgab, bedankte er sich bei mir; ***telefonami!*** ruf mich an! **3** *(con verbi pronominali)* mich, mir: **~ *pettino*** ich kämme mich; **~ *vergogno*** ich schäme mich; **~ *lavo i piedi*** ich wasche mir die Füße **4** *(pleonastico)* ***statemi bene!*** lasst es euch gut gehen! ***salutami tuo fratello*** grüße deinen Bruder von mir ◆ ***eccomi!*** hier bin ich!

2.mi m.inv. MUS. E, e *n.*: **~ *maggiore, minore*** E-Dur *n.*, e-Moll *n.*; **~ *bemolle*** es *n.*; **~ *bemolle maggiore, minore*** Es-Dur *n.*, es-Moll *n.*

3.mi m. *(lettera greca)* My *n.*

MIA ⇒ *Mostra internazionale dell'arredamento* Internationale Möbelmesse.

mia|go|la|men|to m. Miauen *n.* **mia|go|la|re** intr. *(miagolo;* aus. *avere)* **1** miauen: ***il gatto miagola*** die Katze miaut **2** *(lamentarsi)* jammern. **mia|go|la|ta** f. (andauerndes) Miauen *n.* **mia|go|li|o** m. Miauen *n.*

mial|gi|a f. Myalgie *f.*

mia|o I inter. miau **II** m. Miauen *n.*

mia|sma m. **1** Miasma *n.*, Gifthauch *m.* **2** *(odore cattivo)* Gestank *m.* **mia|sma|ti|co** agg. *(-ci,-che)* miasmatisch.

mia|ste|ni|a f. Muskelschwäche *f.*, Myasthenie *f.* **mia|to|ni|a** f. Myatonie *f.*

MIB ⇒ *Milano Indice Borsa* Börsenindex Mailand.

1.mi|ca avv. COLLOQ. **1** *(rafforzativo di negazione)* ja, doch, gar: ***non sono ~ stato io*** ich bin es doch nicht gewesen; ***questo vino non è ~ male*** dieser Wein ist gar nicht schlecht; ***non sono ~ un bambino*** ich bin doch kein Kind **2** *(non)* (gar) nicht, kein: **~ *male*** nicht übel, nicht schlecht; **~ *male quella ragazza*** gar nicht schlecht das Mädchen; **~ *tanto*** nicht sehr, nicht besonders; **~ *scherzo!*** das ist durchaus kein Witz! **3** *(in frasi interrogative)* zufällig: ***hai ~ visto il mio ombrello?*** du hast nicht zufällig meinen Schirm gesehen? ***non sarà ~ successo qualcosa?*** es wird doch nichts passiert sein.

2.mi|ca f. MINER. Glimmer *m.* **mi|ca|ce|o** agg. glimmerig.

mi|ca|do → **mikado.**

mi|ca|sci|sto m. Glimmerschiefer *m.*

mic|cia f. *(-ce)* Zündschnur *f.*, Lunte *f.*: ***accendere la ~*** die Lunte an_zünden; FIG. ***dar fuoco alla ~*** die Lunte an das Pulverfass legen.

mi|ce|lio m. Myzel(ium) *n.*

Mi|ce|ne n.pr.m. Mykenä *n.*, Mykene *n.* **mi|ce|ne|o** agg. mykenisch: ***civiltà -a*** mykenische Kultur; ***scrittura -a*** mykenische Schrift.

mi|ce|te m. Pilz *m.*, Myzet *m.* **mi|ce|to|lo|gi|a** f. → **micologia.**

Mi|chel|a n.pr.f. Michaela *f.*

mi|che|lan|gio|le|sco agg. *(-schi,-sche)* **1** von Michelangelo **2** *(nello stile di Michelangelo)* im Stil Michelangelos.

Mi|che|le n.pr.m. Michael *m.*

mi|chet|ta f. REGION. Semmel *f.*

mi|ci|dia|le agg. **1** tödlich: ***arma, veleno ~*** tödliche Waffe, tödliches Gift **2** *(insopportabile)* mörderisch: ***un caldo ~*** eine mörderische Hitze.

mi|ci|no m. FAM. Kätzchen *n.* **mi|cio** m. *(-ci)* FAM. Mieze *f.* **mi|cio|ne** m. FAM. große Katze *f.*

mi|co|bat|te|rio m. *(-ri)* Mykobakterium *n.*

mi|co|lo|gi|a f. Mykologie *f.*, Pilzkunde *f.* **mi|co|lo|gi|co** agg. *(-ci,-che)* mykologisch, pilzkundlich. **mi|co|lo|go** m. *(-gi)* Mykologe *m.*

mi|co|si f.inv. Mykose *f.*, Pilzkrankheit *f.* **mi|co|ti|co** agg. *(-ci,-che)* mykologisch.

mi|cra|gna f. REGION. = Armut *f.*, Not *f.* **mi|cra|gno|so** agg. REGION. = arm.

mi|cro|am|pe|re [-ɑ̃'pɛr, *üblich* -am'pɛr] m.inv. Mikroampere *n.* **mi|cro|a|na|li|si** f.inv. Mikroanalyse *f.*

mi|cro|bi|co agg. *(-ci,-che)* mikrobiell: ***infezione -a*** mikrobielle Infektion.

mi|cro|bi|lan|cia f. *(-ce)* Mikrowaage *f.*

mi|cro|bio → **microbo.**

mi|cro|bio|lo|gi|a f. Mikrobiologie *f.* **mi|cro|bio|lo|go** m. *(-gi)* Mikrobiologe *m.*

mi|cro|bo m. **1** Mikrobe *f.*, Mikrobion *n.* **2** SPREG. Wurm *m.*

mi|cro|cal|co|la|to|re m. → **microcomputer.** **mi|cro|ca|me|ra** f. Kleinbildkamera *f.* **mi|cro|cas|set|ta** f. Mikrokassette *f.*

mi|cro|ce|fa|li|a f. Mikrozephalie *f.* **mi|cro|ce|fa|lo I** agg. mikrozephal **II** m. Mikrozephale *m.*

mi|cro|chip [-'tʃip] m.inv. Mikrochip *m.*

mi|cro|chi|rur|gi|a f. Mikrochirurgie *f.* **mi|cro|chi|rur|gi|co** agg. *(-ci,-che)* mikrochirurgisch.

mi|cro|cir|cui|to m. Mikroschaltung *f.*, Miniaturschaltung *f.*

mi|cro|ci|ta, mi|cro|ci|to m. Mikrozyt *m.*

mi|cro|cli|ma m. Mikroklima *n.*, Kleinklima *n.*

mi|cro|coc|co m. *(-chi)* Mikrokokkus *m.*

mi|cro|com|put|er [-'pju-] m.inv. Mikrocomputer *m.*

mi|cro|co|smo m. Mikrokosmos *m.* (anche FIG.): ***il ~ di un artista*** der Mikrokosmos eines Künstlers.

mi|cro|cri|mi|na|li|tà f. Kleinkriminalität *f.*

mi|cro|cri|stal|li|no agg. mikrokristallin.

mi|cro|de|lin|quen|za → **microcriminalità.**

mi|cro|e|co|no|mi|a f. Mikroökonomie *f.*

mi|cro|e|le|men|to m. Spurenelement *n.*

mi|cro|e|let|tro|ni|ca f. Mikroelektronik *f.*

mi|cro|fa|rad m.inv. Mikrofarad *n.*

mi|cro|fi|che [-'fiʃ] f.inv. Mikrofiche *m.* e *n.*

mi|cro|film m.inv. Mikrofilm *m.* **mi|cro|fil|ma|re** tr. einen Mikrofilm auf_nehmen: **~ *un codice*** einen Code auf Mikrofilm aufnehmen.

mi|cro|fi|si|ca f. Mikrophysik *f.*

mi|cro|fi|to m. Mikrophyt *m.*

mi|cro|fo|ni|co agg. *(-ci,-che)* Mikrofon-, mikrofonisch. **mi|cro|fo|ni|sta** m. e f. *(-i,-e)* Mikrofontechniker *m.* (-in *f.*), Tontechniker *m.* (-in *f.*).

mi|cro|fo|no m. Mikrofon *n.*: ***parlare, cantare al ~*** ins Mikrofon sprechen, singen; ***chiamare qcn. al ~*** jdn ans Mikrofon bitten ◆ **~ *a bobina mobile*** Tauchspulenmikrofon *n.*; **~ *a colonna*** Ständermikrofon *n.*; **~ *a mano*** Handmikrofon *n.*; **~ *a nastro*** Bandmikrofon *n.*; **~ *pendente*** Hängemikrofon *n.*; **~ *unidirettivo*** Richtmikrofon *n.*

mi|cro|fo|to|gra|fi|a f. Mikrofotografie *f.*

mi|cro|gram|mo m. Mikrogramm *n.*

mi|cro|let|to|re m. Lesegerät *n.*

mi|cro|lin|gua f. Fachsprache *f.*

mi|cro|me|li|a f. Mikromelie *f.*

mi|cro|me|tri|a f. Mikrometrie *f.* **mi|cro|me|tri|co** agg. *(-ci,-che)* mikrometrisch.

1.mi|cro|me|tro m. Mikrometer *n.* ◆ **~ *di profondità*** Tiefenmikrometer *n.*; **~ *oculare*** Okularmikrometer *n.*

2.mi|cro|me|tro m. Mikrometer *n.*

mi|cro|mo|to|re m. Kleinstmotor *m.*

mi|cron m.inv. Mikron *n.*

Mi|cro|ne|sia n.pr.f. Mikronesien *n.*

mi|cro|on|da f. Mikrowelle *f.*: ***forno a -e*** Mikrowellengerät *n.* **mi|cro|on|de** m. COLLOQ. *(forno)* Mikrowelle *f.*

mi|cro|or|ga|ni|smo m. Mikroorganismus *m.*

mi|cro|pro|ces|so|re m. Mikroprozessor *m.*

mi|cro|pro|gram|ma m. Mikroprogramm *n.*

mi|cro|sche|da f. Mikrokarte *f.*

mi|cro|sco|pi|a f. Mikroskopie *f.*

mi|cro|sco|pi|co agg. *(-ci,-che)* **1** mikroskopisch: ***esame ~*** mikroskopische Untersuchung; ***analisi -a*** mikroskopische Analyse; ***organismo ~*** mikroskopischer Organismus **2** *(minuscolo)* winzig, mikroskopisch: ***una macchiolina -a*** ein winziger Fleck.

mi|cro|sco|pio m. *(-pi)* Mikroskop *n.*: ***guardare, osservare qcs. al ~*** etw. durch das Mikroskop betrachten, etw. unter dem Mikroskop untersuchen; FIG. etw. unter die Lupe nehmen ◆ **~ *elettronico*** Elektronenmikroskop *n.*; **~ *ottico*** optisches Mikroskop.

mi|cro|se|con|do m. Mikrosekunde *f.*

mi|cro|si|sma m. mikroseismische Bodenunruhe *f.* **mi|cro|si|smi|co** agg. *(-ci,-che)* mikroseismisch.

mi|cro|si|ste|ma m. Mikrosystem *n.*

mi|cro|sol|co m. *(-chi)* Mikrorille *f.*; *(disco)* Langspielplatte *f.*

mi|cro|son|da f. Mikrosonde *f.*

mi|cro|spi|a f. Minispion *m.*, Abhörwanze *f.* **mi|cro|spo|ra** f. Mikrosporie *f.* **mi|cro|strut|tu|ra** f. Mikrostruktur *f.* **mi|cro|te|le|fo|no** m. Sprechhörer *m.*

Mi|da n.pr.m. Midas *m.*

mi|di I agg.inv. Midi-: ***gonna ~*** Midirock *m.* **II** f.inv. Midirock *m.*

mi|dol|la f. Krume *f.*, Brotinnere *n.*

mi|dol|la|re agg. Rückenmark-: ***infezione ~*** Rückenmark(s)entzündung *f.*

mi|dol|lo m. *(-a* f.pl.) **1** Mark *n.* (anche BOT.): **~ *allungato*** verlängertes Rückenmark ◆ ***essere bagnato fino al ~*** bis auf die Knochen durchnässt sein; **~ *di bue*** Rindermark *n.*; ***fino al ~*** bis ins Mark; **~ *osseo*** Knochenmark *n.*; ***essere senza ~*** ohne Rückgrat sein; **~ *spinale*** Rückenmark *n.*; ***spremere qcn. fino al ~*** jdn bis aufs Blut aus_saugen.

mi|dri|a|si f. Pupillenerweiterung *f.*, Mydriasie *f.*

mi|e, miei → **mio.**

mie|le I m. Honig *m.*: **~ *denso*** dickflüssiger Honig; **~ *puro, selvatico*** naturreiner, wilder Honig **II** agg. ***color ~*** honigfarben; ***giallo ~*** honiggelb ◆ **~ *d'acacia*** Akazienhonig *m.*; **~ *d'api*** Bienenhonig *m.*; **~ *di bosco*** Waldhonig *m.*; **~ *di castagno*** Kastanienhonig *m.*; **~ *centrifugato*** Schleuderhonig *m.*; ***dolce come il~*** honigsüß; **~ *di favo*** Wabenhonig *m.*; ***luna di ~*** Flitterwochen *pl.*, Honigmond *m.*; ***es-***

sere attratto da qcs. come le mosche dal ~ von etw. angezogen sein wie die Motten vom Licht; ***~ di tiglio*** Lindenhonig *m.*; ***essere tutto ~*** zuckersüß sein.

mie|len|ce|fa|li|te f. Myelenzaphalitis *f.* **mie|len|ce|fa|lo** m. Myelenzephalon *n.*, Markhirn *n.* **mie|li|na** f. Myelin *f.* **mie|li|ni|co** agg. *(-ci,-che)* Myelin-, Mark-: ***guaina -a*** Markscheide *f.*; ***fibra nervosa -a*** markhaltige Nervenfaser *f.* **mie|li|niz|za|zio|ne** f. Myelinisation *f.*, Markbildung *f.* **mie|li|te** f. Rückenmark(s)entzündung *f.*, Myelitis *f.* **mie|lo|ma** m. Myelom *n.* **mie|lo|si** f. Myelose *f.*

mie|lo|so agg. süßlich (anche FIG.).

mie|te|re tr. **1** mähen, ernten: ***~ il grano*** das Korn mähen **2** FIG. hinweg‿raffen, ernten: ***~ vite umane*** Menschenleben hinwegraffen; ***~ allori*** Lorbeeren ernten; ***~ successi*** Beifall ernten.

mie|ti|le|ga f. *(-ghe)*, **mie|ti|le|ga|tri|ce** f. Mähbinder *m.*

mie|ti|to|re I m. Mäher *m.*, Schnitter *m.* **II** agg. vernichtend: ***la peste -trice di morte*** = die alles vernichtende Pest. **mie|ti|treb|bia, mie|ti|treb|bia|tri|ce** f. Mähdrescher *m.* **mie|ti|tri|ce** f. **1** Mäherin *f.*, Schnitterin *f.* **2** *(macchina)* Erntemaschine *f.*, Mähmaschine *f.*, Mäher *m.*

mie|ti|tu|ra f. **1** Mähen *n.* **2** *(periodo)* Erntezeit *f.* **3** *(raccolto)* Ernte *f.*, Getreideernte *f.*: ***~ scarsa*** magere Ernte ◆ ***pronto per la ~*** schnittreif.

mi|glia|io m. *(-a* f.pl.*)* Tausend *n.*: ***un ~ di persone*** etwa tausend Personen; ***eravamo circa un ~*** wir waren um die tausend; ***ammontare a qualche ~*** in die Tausende gehen; ***un ~ di lire*** circa tausend Lire; ***a -a*** zu Tausenden.

1.mi|glio m. *(-a* f.pl.*)* Meile *f.* ◆ ***essere lontani mille -a dalla verità*** meilenweit von der Wahrheit entfernt sein; ***lungo un ~*** unendlich lang; ***~ marino*** Seemeile *f.*; ***~ quadrato*** Quadratmeile *f.*; ***~ terrestre*** englische Meile; FIG. ***qcs. si vede lontano un ~*** etw. sieht man meilenweit.

2.mi|glio m. BOT. Hirse *f.* ◆ ***pappa di ~*** Hirsebrei *m.*; ***granello di ~*** Hirsekorn *n.*

mi|glio|ra|bi|le agg. verbesserbar, verbesserungsfähig.

mi|glio|ra|men|to m. Verbesserung *f.*, Besserung *f.*: ***apportare un ~*** eine Besserung bringen; ***indurre -i*** eine Besserung bewirken; ***riscontrare un ~*** eine Besserung fest‿stellen; ***un ~ delle condizioni economiche*** eine Verbesserung der wirtschaftlichen Lage; ***in via di ~*** auf dem Weg der Besserung; ***~ di qualità*** Qualitätssteigerung *f.*; ***un ~ passeggero, netto, sensibile*** eine vorübergehende, deutliche, merkliche Besserung.

mi|glio|ra|re I tr. bessern, verbessern: ***~ la propria condizione*** seine Lage verbessern; ***~ il proprio stile*** seinen Stil verbessern; ***~ il proprio record*** seinen Rekord brechen (*o* verbessern); ***~ un record di 3 secondi*** einen Rekord um 3 Sekunden verbessern; ***~ la propria conoscenza linguistica*** seine Sprachkenntnisse verbessern **II** intr. (aus. *essere*) **1** besser werden, sich (ver)bessern: ***lo studente è molto migliorato in inglese*** der Schüler hat sich in Englisch sehr verbessert; ***domani il tempo migliorerà*** morgen wird das Wetter besser werden **2** *(ristabilirsi)* besser gehen: ***il malato migliora di giorno in giorno*** dem Kranken geht es von Tag zu Tag besser **III** pronom. **migliorarsi** sich (ver)bessern.

mi|glio|ra|ti|vo agg. Verbesserungs-, Besserungs-: ***provvedimento ~*** Verbesserungsmaßnahme *f.*

mi|glio|re (compar. e superl. di *buono*) **I** agg. **1a** besser: ***rendere qcs. ~*** etw. besser machen; ***una situazione ~*** eine bessere Lage; ***un albergo ~*** ein besseres Hotel; ***ieri il tempo era ~*** gestern war das Wetter besser; ***questo film è ~ di quell'altro*** dieser Film ist besser als der andere; ***lottare per un futuro ~*** für eine bessere Zukunft kämpfen; ***il suo io ~*** sein besseres Ich **b** *(come superlativo relativo)* beste: ***la mia ~ amica*** meine beste Freundin; ***il ~ allievo*** der beste Schüler; ***è il libro ~ che abbia mai letto*** das ist das beste Buch, das ich je gelesen habe; ***la parte ~ di me*** meine beste Seite; ***negli anni -i*** in den besten Jahren; ***la cosa ~ (da fare) è aspettare*** das Beste ist zu warten; ***ritengo che la cosa ~ sia...*** ich halte es für das Beste,...; ***della ~ qualità*** von bester Qualität; ***è la persona ~*** er ist der Beste **2a** *(più conveniente)* günstiger: ***comprare a un prezzo ~*** zu einem günstigeren Preis ein‿kaufen **b** *(il più conveniente)* günstigste: ***questa è l'offerta ~*** das ist das günstigste Angebot **II** m. e f. Beste *m.* e *f.*: ***nel suo campo è il, la ~*** auf seinem Gebiet ist er der Beste, ist sie die Beste; ***il ~ della classe*** der Beste in der Klasse (*o* der Klassenbeste) ◆ ***(con) i miei -i auguri*** (mit) meine(n) besten Glückwünsche(n); ***i -i auguri di buon compleanno!*** meine besten Glückwünsche zum Geburtstag! ***nel ~ dei casi*** im besten Fall, bestenfalls; ***essere nella forma ~*** in Bestform (*o* Topform) sein; ***con le -i intenzioni*** mit den besten Absichten; ***nel modo ~*** so gut wie möglich; ***il ~ offerente*** der Meistbietende; SPORT ***realizzare il miglior tempo*** Bestzeit laufen, fahren, schwimmen...; ***passare a miglior vita*** in die ewige (*o* zur ewigen) Ruhe ein‿gehen. **mi|glio|ri|a** f. Verbesserung *f.*: ***opere di ~*** Restaurationsarbeiten *pl.*; ***apportare delle -e a un terreno*** einen Boden meliorieren. **mi|glio|ri|smo** m. Meliorismus *m.*

mi|gnat|ta f. **1** ZOOL. Blutegel *m.* **2** *(seccatore)* Klette *f.* **3** *(usuraio)* Blutsauger *m.*

mi|gno|lo I agg. ***dito ~ della mano*** kleiner Finger; ***dito ~ del piede*** kleine Zehe **II** m. *(della mano)* kleiner Finger *m.*; *(del piede)* kleine Zehe *f.*

mi|gnon agg.inv. Klein-, klein: ***lampadina ~*** kleine Glühlampe ◆ ***pasticceria ~*** Kleingebäck *n.*

mi|gnot|ta f. VOLG. Hure *f.*, Nutte *f.* ◆ ***figlio di una ~*** Hurensohn *m.*

mi|gran|te agg. **1** wandernd, Wander- **2** ZOOL. Zug-: ***uccello ~*** Zugvogel *m.* **3** MED. Wander-: ***rene ~*** Wanderniere *f.*

mi|gra|re intr. (aus. *avere*) **1** wandern **2** ZOOL. ziehen: ***gli uccelli migrano verso il Sud*** die Vögel ziehen nach Süden.

mi|gra|to|re agg. Wander-, Migrations-: ***flusso ~*** Migrationsfluss *m.*; ***istinto ~*** Wandertrieb *m.*; ***uccello ~*** Zugvogel *m.* **mi|gra|to|rio** agg. *(-ri,-rie)* Wander-, Migrations-: ***fenomeno, movimento ~*** Migrationsphänomen *n.*, Wanderungsbewegung *f.*; ***ondata -a*** Migrationswelle *f.*

mi|gra|zio|ne f. Wanderung *f.*, Migration *f.*: ***~ dei popoli*** Völkerwanderung *f.*; ***~ dei merluzzi*** Kabeljauwanderung *f.*; CHIM. ***~ di ioni*** Ionenwanderung *f.*; FIS. ***~ dei poli*** Polmigration *f.*; MED. ***~ di un rene*** Nephroptose *f.*

mi|ka|do m. Mikado *n.*

mi|la|ne|se I agg. Mailänder-, mailändisch **II** m. e f. Mailänder *m.* (-in *f.*) **III** m. *(dialetto)* Mailändisch(e) *n.* **IV** f. GASTR. Mailänder Schnitzel *n.* ◆ ***cotoletta alla ~*** Mailänder Schnitzel *n.*; ***risotto alla ~*** Risotto mit Safran. **mi|la|ni|sta I** agg. *(-i,-e)* von AC Mailand: ***i giocatori -i*** Fußballspieler von AC Mailand; ***squadra ~*** = die Fußballmannschaft von AC Mailand **II** m. *(giocatore)* Fußballspieler *m.* von AC Mailand. **Mi|la|no** n.pr.f. Mailand *n.* ◆ ***editto di ~*** Mailänder Edikt; ***~ Centrale*** Mailand Hauptbahnhof *m.*

Mi|le|to n.pr.f. Milet *n.*

mi|liar|da|rio I agg. *(-ri,-rie)* **1** Milliarden- **2a** *(di persona)* milliardenschwer **b** ESTENS. *(straricco)* millionenschwer: ***petroliere ~*** ein millionenschwerer Erdölindustrieller **II** m. *(-ri)* **1** Milliardär *m.* **2** *(chi è straricco)* Millionär *m.* ◆ ***furto ~*** Millionenraub *m.*; ***schedina -a*** Millionentippschein *m.*; ***una villa da -ri*** eine Millionenvilla. **mi|liar|de|si|mo I** agg. milliardste **II** m. **1** Milliardste *m.* **2** *(miliardesima parte)* Milliardstel *n.*

mi|liar|do m. Milliarde *f.*: ***subire un furto di due -i*** um zwei Milliarden bestohlen werden; ***danni per -i*** Schäden in Milliardenhöhe; FIG. ***aver ripetuto qcs. un ~ di volte*** etw. hunderttausendmal wiederholt haben.

1.mi|lia|re agg. Meilen-: ***pietra ~*** Meilenstein *m.* (anche FIG.); ***essere una pietra ~ nella storia della scienza*** ein Meilenstein in der Wissenschaftsgeschichte sein.

2.mi|lia|re agg. Miliar-, miliar: ***tubercolosi ~*** Miliartuberkulose *f.* ◆ ***febbre ~*** Frieselfieber *n.*

mi|lieu [-'ljø] m.inv. Milieu *n.*: ***~ culturale*** kulturelles Milieu.

mi|lio|na|rio I agg. *(-ri,-rie)* **1** millionenschwer: ***imprenditore ~*** millionenschwerer Unternehmer **2** *(somma)* Millionen-: ***importo ~*** Millionenbetrag *m.* **II** m. *(-ri)* Millionär *m.*

mi|lio|ne m. Million *f.*: ***tre -i di abitanti, di dollari*** drei Millionen Einwohner, Dollar; ***subire danni per -i*** Schäden in Millionenhöhe erleiden ◆ FIG. ***l'ho visto un ~ di volte*** ich habe es hunderttausendmal gesehen. **mi|lio|ne|si|mo I** agg. millionste **II** m. **1** Millionste *m.* **2** *(milionesima parte)* Millionstel *n.*

mi|li|tan|te I agg. militant, kämpferisch: ***scrittore ~*** militanter Schriftsteller; RELIG. ***chiesa ~*** militante Kirche **II** m. e f. Aktivist *m.* (-in *f.*); aktiver Kämpfer *m.* (aktive -in *f.*): ***un ~ di un partito*** ein aktiver Kämpfer einer Partei. **mi|li|tan|za** f. Militanz *f.*, Aktivismus *m.*: ***~ in un partito*** die Militanz in einer Partei.

1.mi|li|ta|re I agg. Militär-, militärisch: ***disciplina, rigore ~*** militärische Disziplin, Strenge; ***saluto ~*** militärischer Gruß; ***accademia, tribunale ~*** Militärakademie *f.*, -gericht *n.*; ***base ~*** Militärstützpunkt *m.* **II** m. Soldat *m.*: ***fare il ~*** Soldat sein ◆ ***aeronautica ~*** Luftwaffe *f.*; ***~ di carriera*** Berufssoldat *m.*; ***carriera ~*** Militärlaufbahn *f.*; ***colpo di stato ~*** Militärputsch *m.*; ***~ di leva*** Wehrpflichtige *m.*; ***manovra ~*** Manöver *n.*, Truppenmanöver *n.*; ***portamento ~*** stramme Haltung *f.*; ***fare, prestare il servizio ~*** den Wehrdienst leisten; ***vita ~*** Soldatenleben *n.*

2.mi|li|ta|re intr. (aus. *avere*) **1** Wehrdienst leisten: ***~ nell'aeronautica*** bei der Luftwaffe Wehrdienst leisten **2** ESTENS. sich ein‿setzen, aktiv sein: ***~ a favore di qcn., qcs.*** sich für jdn, etw. einsetzen; ***~ in un movimento*** in einer Bewegung aktiv sein; ***~ in un partito***

aktives Mitglied einer Partei sein **3** *(di argomentazioni)* sprechen: **~ *a favore di qcn.*** für jdn sprechen.
mi|li|ta|re|sco agg. *(-schi,-sche)* soldatisch, Soldaten-: ***linguaggio ~*** Soldatensprache *f.*
mi|li|ta|ri|smo m. Militarismus *m.* **mi|li|ta|ri|sta** *(-i,-e)* **I** agg. militaristisch: ***atteggiamento ~*** militaristische Haltung **II** m. e f. Militarist *m.* (-in *f.*). **mi|li|ta|ri|sti|co** agg. *(-ci,-che)* militaristisch.
mi|li|ta|riz|za|re tr. **1** militarisieren: **~ *un partito*** eine Partei militarisieren **2** *(fortificare)* (militärisch) befestigen: **~ *una zona*** ein Gebiet befestigen. **mi|li|ta|riz|za|zio|ne** f. Militarisierung *f.*: ***di una zona, di un partito*** die Militarisierung eines Gebiets, einer Partei.
mi|li|tar|men|te avv. **1** militärisch: ***salutare ~*** militärisch grüßen; ***occupare ~ un paese*** ein Land militärisch besetzen; ***una zona ~ ben difesa*** ein militärisch gut verteidigtes Gebiet **2** ESTENS. soldatisch, streng: ***essere educato ~*** streng erzogen werden.
mi|li|tas|sol|to m. → **militesente.**
mi|li|te m. **1** Soldat *m.*: ***il Milite Ignoto*** der Unbekannnte Soldat **2** *(soldato di particolari corpi)* Angehörige *m.*
mi|li|te|sen|te I agg. (von der Wehrpflicht) freigestellt **II** m. von der Wehrpflicht Freigestellte *m.*
mi|li|zia f. **1** Militär *n.*: ***abbandonare la ~*** das Militär verlassen **2a** *(truppe speciali)* Miliz *f.* **b** *(esercito)* Armee *f.*, Heer *n.* **c** *(polizia in alcuni paesi dell'Est)* Miliz *f.* ◆ ***-e ausiliarie*** Hilfstruppen *pl.*; ***~ civica*** Bürgerwehr *f.*; ***~ confinaria*** Grenzpolizei *f.*; ***~ equestre*** Reitermiliz *f.*; ***~ ferroviaria*** Bahnpolizei *f.*; ***-e irregolari*** irreguläre Truppen *pl.*; ***-e mercenarie*** Söldnertruppen *pl.*; ***~ nazionale*** Nationalmiliz *f.*; ***~ popolare*** Volksarmee *f.*; ***~ terrestre*** Landheer *n.*; ***~ territoriale*** Landwehr *f.* **mi|li|zia|no** m. Milizsoldat *m.*, Milizionär *m.*
mil|lan|ta|re I tr. **~ *qcs.*** mit etw. prahlen: **~ *nobili origini*** mit adeliger Herkunft prahlen **II** pronom. **~ *di qcs.*** mit etw. prahlen. **mil|lan|ta|to** p.pass. agg. **1** → **millantare** ◆ **~ *credito*** vorgespiegelter Kredit. **mil|lan|ta|to|re** m. Prahler *m.*, Angeber *m.* **mil|lan|te|ri|a** f. Prahlerei *f.*
mil|le I agg.inv. tausend: **~ *metri*** tausend Meter; ***pagina ~*** Seite tausend; ***in ~*** zu tausend; FIG. ***avere ~ cose da fare*** tausend Dinge zu tun haben; ***Le faccio ~ scuse*** entschuldigen Sie bitte tausendmal; **~ *grazie*** tausend Dank; ***te lo ho già detto ~ volte*** das habe ich dir schon tausendmal gesagt **II** m. Tausend *f.* e *n.* ◆ ***l'anno ~*** das Jahr Tausend; ***biglietto da ~*** Tausendlireschein *m.*; ***queste ~ sono mie*** dieser Tausender gehört mir; ***le ~ e una notte*** Tausendundeine Nacht; ***per ~*** pro mille, pro tausend; **~ *e non più ~*** noch ein Jahrtausend wird es nicht mehr geben; ***uno su ~*** einer pro tausend.
mil|le|fo|glie m.inv. INTRAD. (Blätterteigschnitte mit Creme).
mil|le|na|rio I agg. *(-ri,-rie)* **1** tausendjährig: ***cultura -a*** tausendjährige Kultur **2** *(con ricorrenza millenaria)* tausendjährlich **II** m. *(-ri)* Tausendjahrfeier *f.*: ***celebrare il ~ della fondazione di una città*** die Tausendjahrfeier einer Stadt begehen. **mil|le|na|ri|smo** m. Chiliasmus *m.*, Millenarismus *m.* **mil|le|na|ri|sta** *(-i,-e)* **I** agg. chiliastisch **II** m e f. Chiliast *m.* (-in *f.*). **mil|le|na|ri|sti|co** agg. *(-ci, -che)* chiliastisch: ***dottrina -a*** chiliastische Lehre.
mil|len|nio m. *(-ni)* Jahrtausend *n.*: ***il secondo ~ a.C.*** das zweite Jahrtausend v. C.
mil|le|pie|di m.inv. Tausendfüßler *m.*
mil|le|si|mo agg. **I** tausendste **II** m. **1** Tausendste *m.* **2** Tausendstel *n.*: **~ *di secondo*** Tausendstelsekunde *f.* **2** MAT. Tausender *m.*
mil|li|bar m.inv. Millibar *n.*
mil|li|gram|mo m. Milligramm *n.* **mil|li|li|tro** m. Tausendstelliter *m.* e *n.*
mil|li|me|tra|re tr. in Millimeter unterteilen. **mil|li|me|tra|to** p.pass. agg. **1** → **millimetrare 2** ***carta -a*** Millimeterpapier *n.*
mil|li|me|tri|co agg. *(-ci,-che)* **1** Millimeter- **2** *(lungo un millimetro)* millimeterlang, millimetergroß **3a** FIG. *(estremamente preciso)* Millimeter-, millimetergenau: ***precisione -a*** Millimeterpräzision *f.*; ***manovra -a*** Millimeterarbeit *f.*; SPORT ***passaggio ~*** millimetergenauer Pass **b** *(piccolissimo)* millimeterlang, millimetergroß.
mil|li|me|tro m. Millimeter *m.*: **~ *quadrato*** Quadratmillimeter *m.*
mil|li|se|con|do m. Tausendstelsekunde *f.*
mil|li|volt m.inv. Millivolt *n.*
mi|lord m.inv. Mylord *m.* (anche SCHERZ.).
mil|za f. Milz *f.*
mi|ma f. Mimin *f.* **mi|ma|re** tr. mimen, nach‿ahmen: **~ *un personaggio, una scena*** eine Figur, eine Szene nachahmen.
mi|me|si f. **1** FIL. Mimesis *f.*, Mimese *f.* **2** *(imitazione)* Nachahmung *f.*
mi|me|ti|ca f. *(-che)* **1** Nachahmungskunst *f.* **2** MIL. Tarnanzug *m.* **mi|me|ti|ca|men|te** avv. mimetisch.
mi|me|ti|co agg. *(-ci,-che)* **1** *(imitativo)* Nachahmungs-: ***abilità -a*** Nachahmungsfähigkeit *f.* **2** ZOOL. mimetisch **3** *(mimetizzante)* Tarn-: ***tuta -a*** Tarnanzug *m.*; ***colore ~*** Tarnfarbe *f.*; ***vernice -a*** Tarnanstrich *m.*
mi|me|ti|smo m. **1** BIOL. Mimikry *f.* **2** FIG. Anpassungsfähigkeit *f.*, Anpassungsvermögen *n.*, Mimikry *f.*: **~ *politico, ideologico*** politische, ideologische Anpassungsfähigkeit *f.*
mi|me|tiz|za|re I tr. tarnen: **~ *un carro armato*** einen Panzer tarnen **II** pronom. **mimetizzarsi 1** sich tarnen: ***-rsi con foglie e rami*** sich mit Blättern und Zweigen tarnen **2** ZOOL. sich (der Umgebung) an‿passen: ***il camaleonte si mimetizza perfettamente*** das Chamäleon passt sich seiner Umgebung vollkommen an **3** FIG. sich an‿passen: ***-rsi politicamente*** sich politisch anpassen. **mi|me|tiz|za|to** p.pass. agg. **1** → **mimetizzare 2** Tarn-: ***nascondiglio ~*** Tarnversteck *n.* **mi|me|tiz|za|zio|ne** f. **1** Tarnung *f.* **2** ZOOL. Mimese *f.*
mi|mi|ca f. Mimik *f.*: ***essere dotati di una ~ molto espressiva*** eine ausdrucksvolle Mimik haben ◆ **~ *facciale*** Mimik *f.*; **~ *corporea*** Gestik *f.* **mi|mi|ca|men|te** avv. mimisch. **mi|mi|co** agg. *(-ci,-che)* mimisch: ***azione -a*** mimische Handlung; ***linguaggio ~*** mimische Sprache; ***muscoli -ci*** mimische Muskeln. **mi|mo** m. **1a** Mime *m.* **b** *(nel teatro greco)* Mimus *m.* **c** SPREG. *(istrione)* Komödiant *m.*, Possenreißer *m.* **2** *(spettacolo)* Pantomime *f.*
mi|mo|sa f. **1** Mimose *f.* **mi|mo|sa|ce|e** pl. Mimosengewächse *pl.*
Min. ⇒ *Ministro* Minister (Min.).
mi|na f. **1** Mine *f.*: ***far scoppiare (o brillare) una ~*** eine Mine explodieren lassen **2** *(cavità)* Bohrloch *n.* **3** *(di matita)* Bleistiftmine *f.*, Mine *f.* ◆ **~ *anticarro*** Panzerabwehrmine *f.*; **~ *antiuomo*** Antipersonenmine *f.*; **~ *a contatto*** Tretmine *f.*; **~ *di graffite*** Graphitmine *f.*; **~ *magnetica*** Magnetmine *f.*; **~ *di ricambio*** Ersatzmine *f.*; **~ *sottomarina*** Unterwassermine *f.*; **~ *terrestre*** Landmine *f.*; FIG. ***essere una ~ vagante*** ein wandeldes Pulverfass sein.
mi|nac|cia f. *(-ce)* **1** Drohung *f.*: ***costringere qcn. con le -ce*** jdn durch Drohungen zwingen **2** *(pericolo)* Gefahr *f.*: **~ *di terremoto*** Erdbebengefahr *f.*; **~ *di aborto*** Abortgefahr *f.* **3** *(danno)* Gefährdung *f.*; ***il fumo è una ~ per la salute*** Rauchen gefährdet die Gesundheit.
mi|nac|cia|re tr. *(minaccio, minacci)* **1** an‿drohen, drohen, bedrohen: **~ *qcn.*** jdm drohen (*o* jdn bedrohen); **~ *qcn. di qcs.*** jdm mit etw. drohen; **~ *qcn. di morte*** jdm mit dem Tod drohen.; **~ *di denunciare qcn.*** jdm drohen, ihn anzuzeigen **2** FIG. gefährden, drohen: ***la guerra minaccia la stabilità economica*** der Krieg gefährdet die wirtschaftliche Stabilität; ***la situazione minaccia di aggravarsi*** die Lage droht sich zu verschlechtern; ***minaccia un temporale*** es droht ein Gewitter. **mi|nac|cio|sa|men|te** avv. bedrohlich.
mi|nac|cio|so agg. **1** drohend: ***sguardo ~*** drohender Blick **2** *(pericoloso)* bedrohlich: ***la situazione divenne sempre più -a*** die Lage wurde immer bedrohlicher.
mi|na|re tr. **1** MIL. verminen: **~ *un ponte*** eine Brücke verminen **2a** FIG. *(insidiare, scalzare)* unterminieren, untergraben: **~ *l'autorità di qcn., le istituzioni dello stato*** jds Autorität, die staatlichen Institutionen untergraben **b** *(compromettere)* **~ *qcs.*** etw. (D) schaden, etw. bedrohen: **~ *la salute*** der Gesundheit schaden; **~ *un matrimonio*** eine Ehe bedrohen.
mi|na|re|to m. Minarett *n.*
mi|na|to p.pass. agg. **1** → **minare 2** Minen-: ***campo ~*** Minenfeld *n.*; ***zona -a*** Minensperrgebiet *n.* **3** FIG. *(compromesso)* angegriffen: ***salute gravemente -a*** stark angegriffene Gesundheit ◆ FIG. ***terreno ~*** tückisches Feld.
mi|na|to|re m. Bergmann *m.*, Knappe *m.* ◆ ***corporazione di -i*** Knappschaft *f.*; ***lampada da ~*** Grubenlampe *f.*
mi|na|to|rio agg. *(-ri,-rie)* Droh-; ***gesto ~*** Drohgebärde *f.*; ***lettera -a*** Drohbrief *m.*; ***messaggio ~*** Drohung *f.*; ***telefonata -a*** Drohanruf *m.*
min|chia f. VOLG. REGION. **I** f. Schwanz *m.* **II** inter. **~*!*** Scheiße! Mist! ◆ ***che ~ fai?*** was für einen Scheiß machst du? ***che ~ vuoi?*** was willst du, du Arsch? **min|chia|ta** f. VOLG. REGION. Scheiß *m.*, Scheißdreck *m.*, Furz *m.* **min|chio|ne** m. VOLG. REGION. Idiot *m.* **min|chio|ne|ria** f. VOLG. REGION. Scheiß *m.*
mi|ne|ra|le I m. Mineral *n.* **II** agg. mineralisch, Mineral-: ***composti -i*** mineralische Verbindungen; ***regno ~*** das Reich der Mineralien ◆ ***acido ~*** Mineralsäure *f.*; ***acqua ~*** Mineralwasser *n.*; ***acqua ~ (non) gassata*** Mineralwasser *n.* mit, ohne Kohlensäure; ***collezione di -i*** Mineraliensammlung *f.*; ***concime ~*** Mineraldünger *m.*; **~ *di ferro*** Eisenerz *n.*; ***fibra ~*** Mineralfaser *f.*; ***olii -i*** Mineralöle *pl.*; ***sali -i*** Mineralsalze *pl.*; ***sorgente di acqua ~*** Mineralquelle *f.*; ***sostanza ~*** Mineralstoff *m.*; ***tipo di ~*** Mineralart *f.*
mi|ne|ra|liz|za|re tr. mineralisieren. **mi|ne|ra|liz|za|zio|ne** f. Mineralisation *f.*, Mineralisierung *f.*

mi|ne|ra|lo|gi|a f. Mineralogie *f.* **mi|ne|ra|lo|gi|co** agg. *(-ci,-che)* mineralogisch. **mi|ne|ra|lo|gi|sta** m. e f. *(-i,-e)* Mineraloge *m.* (-login *f.*).

mi|ne|ra|rio agg. *(-ri, rie)* **1** *(di miniera)* Bergbau-, Berg-, Bergwerks- **2** *(di minerali)* Erz- ◆ ***concessione -a*** Förderungsgenehmigung *f.*; ***diritto ~*** Bergrecht *n.*; ***distretto ~*** Bergbaurevier *n.*; ***giacimento ~*** Erzvorkommen *n.*; ***industria -a*** Steinkohlenbergbau *m.*; ***ingegnere ~*** Bergbauingenieur *m.*; ***prodotto ~*** Bergbauprodukt *n.*; ***produzione -a*** Bergbauproduktion *f.*; ***scienza -a*** Bergbaukunde *f.*; ***sfruttamento ~*** Erzgewinnung *f.*; ***società -a*** Bergwerksgesellschaft *f.*; ***tecnica -a*** Bergbautechnik *f.*; ***zona -a*** Bergbaugebiet *n.*

mi|ner|va m.inv. Zündholz *n.*

Mi|ner|va n.pr.f. Minerva *f.*

mi|ne|stra f. Suppe *f.*: ***~ asciutta, in brodo*** (o ***lunga***)***, insipida, saporita*** dicke, dünne, fade, schmackhafte Suppe; ***un piatto di ~*** ein Teller Suppe; ***~ di fagioli, patate, verdure*** Bohnen-, Kartoffel-, Gemüsesuppe *f.*; ***cuocere, mangiare la ~*** die Suppe kochen, essen ◆ FIG. ***è un'altra ~*** = das ist etwas ganz anderes; ***cucchiaio da ~*** Suppenlöffel *m.*; ***~ del giorno*** Tagessuppe *f.*; FIG. ***guadagnarsi la ~*** sich das tägliche Brot verdienen; ***~ di pasta*** Nudelsuppe *f.*; ***~ di pollo*** Hühnersuppe *f.*; FIG. ***~ riscaldata*** aufgewärmter Kaffee; ***~ di riso*** Reissuppe *f.*; ***~ in scatola*** Dosensuppe *f.*; FIG. ***trovare la ~ già scodellata*** sich ins gemachte Nest setzen; ***~ di semolino*** Grießsuppe *f.*; FIG. ***è sempre la solita ~*** es ist immer die alte Geschichte; ***mangiare la ~ in testa a qcn.*** = jdm überlegen sein; PROV. ***o mangiar questa ~ o saltar dalla finestra!*** friss Vogel oder stirb!

mi|ne|stri|na f. Nudelsuppe *f.* **mi|ne|stro|ne** m. **1** GASTR. Minestrone *f.* **2** FIG. Durcheinander *n.*; ***far di tutto un ~*** alles durcheinander bringen.

min|gher|li|no agg. **1** schmächtig: ***un tipo ~*** ein schmächtiger Kerl **2** FIG. dürftig: ***un risultato ~*** ein dürftiges Ergebnis.

mi|ni **I** agg.inv. Mini-: ***gonna ~*** Minirock *m.* **II** f.inv. Minirock *m.* **mi|ni|a|bi|to** m. Minikleid *n.*

mi|ni|ap|par|ta|men|to m. kleines Apartment *n.*

mi|nia|re tr. *(minio, mini/minii)* mit Miniaturen verzieren **mi|nia|to** p.pass. agg. **1** → **miniare** **2** mit Miniaturen verziert: ***codice ~*** mit Miniaturen verzierter Kodex. **mi|nia|to|re** m. Miniaturmaler *m.*

mi|nia|tu|ra f. **1** Miniaturmalerei *f.* **2** *(illustrazione)* Miniatur *f.*: ***~ gotica*** gotische Miniatur; ***un codice ricco di -e*** ein an Miniaturen reicher Kodex ◆ ***in ~*** Modell-: ***ferrovia, nave in ~*** Modelleisenbahn *f.*, -schiff *n.*; ***quel bambino sembra il padre in ~*** = der Junge ist seinem Vater wie aus dem Gesicht geschnitten; ***versione in ~*** Miniaturausgabe *f.* **mi|nia|tu|ri|sta** m. e f. *(-i,-e)* Miniaturmaler *m.* (-in *f.*). **mi|nia|tu|ri|sti|co** agg. *(-ci,-che)* **1** *(dell'arte della miniatura)* Miniatur- **2** FIG. *(particolareggiato)* detailliert: ***descrizione -a*** detaillierte Beschreibung.

mi|nia|tu|riz|za|re tr. miniaturisieren. **mi|nia|tu|riz|za|to** p.pass. agg. **1** → **miniaturizzare** **2** miniaturisiert: ***microfono ~*** miniaturisiertes Mikrophon; ***circuito ~*** miniaturisierte Schaltung. **mi|nia|tu|riz|za|zio|ne** f. Miniaturisierung *f.*

mi|ni|bar m.inv. Minibar *f.*

mi|ni|ba|sket m.inv. Minibasketball *m.*

mi|ni|bus m.inv. Kleinbus *m.*

mi|ni|cal|co|la|to|re → **minicomputer.**

mi|ni|cas|set|ta f. Minikassette *f.*

mi|ni|com|put|er [-kəm'pjutə, *üblich* -kom'pjuter] m.inv. Kleincomputer *m.*, Minicomputer *m.*

mi|ni|di|sco m. *(-schi)* Diskette *f.*

mi|nie|ra f. **1** Mine *f.*, Bergwerk *n.*, Grube *f.*: ***aprire, sfruttare, chiudere una ~*** eine Mine erschließen, aus‿beuten, still‿legen (*o* schließen); ***lavorare, scendere in ~*** in der Grube arbeiten, in die Grube ein‿fahren; ***una ~ abbandonata*** ein verlassenes Bergwerk **2** FIG. unerschöpfliche Quelle *f.*: ***quell' uomo è una ~ d'inform zioni*** der Mann ist eine unerschöpfliche Informationsquelle ◆ ***~ d'argento*** Silbermine *f.*; ***~ di carbone*** Kohlenbergwerk *n.*; ***~ a cielo aperto*** Tagebau *m.*; ***~ di diamanti*** Diamantmine *f.*; ***disgrazia in ~*** Grubenunglück *n.*; ***esplosione in ~*** Grubenexplosion *f.*; ***~ di ferro*** Erzbergwerk *n.*; ***galleria della ~*** Bergwerksstollen *m.*; ***incendio in ~*** Grubenbrand *m.*; ***~ d'oro*** Goldmine *f.* (anche FIG.); ***~ di salgemma*** Salzbergwerk *n.*

mi|ni|golf m. Minigolf *n.*

mi|ni|gon|na f. Minirock *m.*: ***ragazza in ~*** Mädchen im Minirock.

mi|ni|ma f. **1** MUS. Minima *f.*, halbe Note *f.* **2** METEOR. Tiefsttemperatur *f.* **3** COLLOQ. *(pressione minima)* diastolischer Blutdruck *m.*: ***la ~ è un po' alta, bassa*** der diastolische Blutdruck ist ein bisschen hoch, niedrig **4** *(pensione)* Mindestrente *f.*

mi|ni|ma|le agg. Mindest-: ***tariffa ~*** Mindesttarif *m.* ◆ ***arte ~*** Minimal Art *f.*

mi|ni|ma|li|smo m. Minimalismus *m.* **mi|ni|ma|li|sta** *(-i,-e)* **I** m. e f. Minimalist *m.* (-in *f.*) **II** agg. minimalistisch. **mi|ni|ma|li|sti|co** agg. *(-ci,-che)* minimalistisch.

mi|ni|ma|men|te avv. **1** *(in misura minima)* im Geringsten: ***non mi interessa ~*** das interessiert mich nicht im Geringsten; ***non incidere ~ sul prezzo*** sich nicht im Geringsten auf den Preis aus‿wirken **2** *(per niente, affatto)* überhaupt nicht, keineswegs: ***non pensa ~ agli altri*** er denkt überhaupt nicht an die anderen.

mi|ni|mar|ket m.inv. kleiner Supermarkt *m.*

mi|ni|mas|si|mo m. MAT. minimaler Höchstwert *m.*, Minimax *m.*

mi|ni|miz|za|re tr. **1a** *(ridurre al minimo)* auf ein Minimum senken (*o* reduzieren): ***~ i costi*** die Kosten auf das Minimum senken **b** MAT. minimieren: ***~ una funzione*** eine Funktion minimieren **2** FIG. *(sminuire)* bagatellisieren, verniedlichen: ***~ un problema*** ein Problem bagatellisieren.

mi|ni|mo (superl. di *piccolo*) **I** agg. **1** geringst, gering, Mindest-: ***il ~ pretesto*** der geringste Vorwand; ***non avere il ~ interesse, la -a voglia, la -a idea*** nicht das geringste Interesse, die geringste Lust, die geringste Vorstellung (*o* die blasseste Ahnung) haben; ***al ~ sospetto, rumore*** beim geringsten Verdacht, Geräusch; ***una -a parte del pubblico rimase in sala*** nur ein geringer Teil des Publikums blieb im Saal; ***ogni -a cosa lo disturba*** jede Kleinigkeit stört ihn **2** *(piccolissimo)* minimal: ***differenza, perdita -a*** minimaler Unterschied, Verlust; ***di -a importanza*** von minimaler Bedeutung **3** *(il più basso)* Tiefst- **II** m. **1** Minimum *n.*: ***un ~ di prudenza, sicurezza*** ein Minimum an Vorsicht, Sicherheit; ***ridurre i costi al ~*** die Kosten auf ein Minimum reduzieren; ***essere sotto il ~*** unter dem Minimum liegen; METEOR. ***~ barometrico*** barometrisches Minimum; ***non avere un ~ di riconoscenza per qcn.*** nicht die geringste Dankbarkeit für jdn haben; ***è il ~ che ci si possa aspettare*** das ist das Mindeste, was man erwarten kann; ***un ~ di rischio*** ein minimales Risiko **2** AUT. Standgas *n.*: ***tenere, regolare il ~*** das Standgas halten, ein‿stellen; ***far girare il motore al ~*** den Motor leer laufen lassen **3** *(salario)* Mindestlohn *m.*: ***il ~ garantito*** der garantierte Mindestlohn **4** FIN. *(valore più basso)* Tiefstwert *m.*: ***i recenti -i del mercato azionario*** die jüngsten Tiefstwerte des Aktienmarktes ◆ ***al ~*** mindestens; ***come ~*** zumindest, wenigstens; ***contributo ~*** Mindestbeitrag *m.*; ***distanza -a*** Mindestabstand *m.*; MAT. ***~ comune divisore*** kleinster gemeinsamer Teiler; ***senza il ~ dubbio*** ohne den geringsten Zweifel; ***durata -a*** Mindestdauer *f.*; ***età -a*** Mindestalter *n.*; ***formato ~*** Mindestformat *n.*; ***grandezza -a*** Mindestgröße *f.*; ***importo ~*** Mindestbetrag *m.*; ***il ~ indispensabile*** das Allernötigste; ***livello ~*** Tiefstand *m.*; ***mettere al ~ la fiamma, il gas*** die Flamme, das Gas klein stellen; MAT. ***~ comune multiplo*** kleinstes gemeinsames Vielfaches; ***numero ~*** Mindestanzahl *f.*; ***offerta -a*** Mindest(an)gebot *n.*; ***in -a parte*** zu einem geringen Teil; ***nei -i particolari*** in allen Einzelheiten; ***~ della pena*** Mindeststrafe *f.*; ***pensione -a*** Mindestrente *f.*; SPORT ***peso ~*** Mindestgewicht *n.*; MED. ***pressione -a*** diastolischer Blutdruck; ***prezzo ~*** Mindestpreis *m.*; ***programma ~*** Minimalprogramm *n.*; ***richiesta -a*** Mindestforderung *f.*; ***salario ~*** Mindestlohn *m.*; ***ottenere il massimo col ~ sforzo*** das Bestmögliche mit geringstem Aufwand erzielen; ***(non) fare il ~ sforzo per...*** sich (nicht) die geringste Mühe geben, um...; ***tariffa -a*** Mindesttarif *m.*; ***tassazione -a*** Mindestbesteuerung *f.*; ECON. ***tasso ~*** Mindestsatz *m.*; ***temperatura -a*** Tiefsttemperatur *f.*; ***tempo ~*** Mindestzeit *f.*; MAT. ***ridurre una frazione ai -i termini*** einen Bruch auf die einfachste Form (*o* kleinstmöglich) kürzen; FIG. ***ridurre qcs. ai -i termini*** etw. auf die einfachste Formel bringen; FIG. ***ridursi ai -i termini*** an einem Tiefpunkt an‿kommen; ***velocità -a*** Mindestgeschwindigkeit *f.*

mi|ni|mo|sca m.inv. Junior-Fliegengewicht *n.*

mi|nio **I** m. Mennige *f.* **II** agg. ***rosso ~*** mennigrot.

mi|ni|ste|ria|le **I** agg. **1** *(di ministero)* ministerial, ministeriell, Ministerial-, Minister- **2** *(di governo)* Kabinetts- **II** m. Ministerialbeamte *m.* ◆ ***autorizzazione ~*** ministerielle Genehmigung; ***circolare ~*** ministerielles Rundschreiben; ***commissione ~*** Ministerialausschuss *m.*; ***consigliere ~*** Ministerialrat *m.*; ***crisi ~*** Kabinettskrise *f.*; ***decreto ~*** Ministerialerlass *m.*; ***funzionario ~*** Ministerialbeamte *m.*; ***incarico ~*** Ministeramt *n.*; ***a livello ~*** auf Ministerebene; ***provvedimento ~*** ministerielle Maßnahme; ***rimpasto ~*** Kabinettsumbildung *f.*

mi|ni|ste|ro m. **1** *(dicastero)* Ministerium *n.*: ***detenere un ~*** einem Ministerium präsidieren **2** *(governo, gabinetto)* Regierung *f.*, Kabinett *n.*: ***formare il ~*** das Kabinett bilden **3** *(carica di ministro)* Ministeramt *n.* **4** *(edificio)* Ministerium *n.* **5** DIR. ***Pubblico Ministero*** Staatsanwalt *m.* **6** *(missione)* Mission *f.*, Sendung *f.* **7** ANTIQ. *(ufficio, incarico)* Amt *n.* ◆ ***~ dell'agricoltura e delle foreste*** Land- und Forstwirtschaftsministerium *n.*; ***~ dell'ambiente*** Umweltministerium *n.*; ~ ***dei beni culturali*** (italienisches) Ministerium für Kulturgüter; ~ ***del bilancio*** Staatshaushaltsministerium *n.*; ~ ***del commercio con l'estero*** Außenhandelsministerium *n.*; ~ ***competente*** zuständiges Ministerium *n.*; ~ ***della difesa*** Verteidigungsministerium *n.*; ~ ***dell'economia*** Wirtschaftsministerium *n.*; ~ ***degli (affari) esteri*** Auswärtiges Amt (*o* Außenministerium *n.*); ~ ***delle finanze*** Finanzministerium *n.*; ~ ***di grazia e giustizia*** (italienisches) Justizministerium *n.*; ~ ***dell'industria e del commercio*** Industrie- und Handelsministerium *n.*; ~ ***degli (affari) interni*** Innenministerium *n.*; ~ ***della pubblica istruzione*** Kultusministerium *n.*; ~ ***dei lavori pubblici*** (italienisches) Ministerium für öffentliche Bauvorhaben; ~ ***del lavoro e della previdenza sociale*** (italienisches) Arbeits- und Sozialministerium *n.*; LETT. ~ ***di pace*** Friedensmission *f.*; ~ ***delle poste e telecomunicazioni*** Ministerium für das Post- und Fernmeldewesen; ~ ***sacerdotale*** Kirchenamt *n.*; ~ ***della sanità*** Gesundheitsministerium *n.*; ~ ***del tesoro*** Schatzministerium *n.*; ~ ***di transizione*** Übergangsministerium *n.*; ~ ***dei trasporti*** Verkehrsministerium *n.*; ~ ***del turismo e dello spettacolo*** (italienisches) Ministerium für Fremdenverkehr und öffentliche Veranstaltungen.

mi|ni|stro m. Minister *m.* (anche RELIG.) ◆ ~ ***per l'agricoltura e foreste*** Minister für Land- und Forstwirtschaft; ~ ***dell'ambiente*** Umweltminister *m.*; ~ ***dei beni culturali*** (italienischer) Minister *m.* für Kulturgüter; ~ ***del bilancio*** Staatshaushaltsminister *m.*; ~ ***del commercio con l'estero*** Außenhandelsminister *m.*; ***consiglio dei -i*** Ministerrat *m.*, Kabinett *n.*; ~ ***del culto*** Priester *m.*; ~ ***della difesa*** Verteidigungsminister *m.*; ~ ***degli (affari) esteri*** Außenminister *m.*; ~ ***della famiglia*** Familienminister *m.*; ~ ***delle finanze*** Finanzminister *m.*; ~ ***di grazia e giustizia*** (italienischer) Justizminister *m.*; ~ ***dell'industria*** (italienischer) Industrieminister; ~ ***degli interni*** Innenminister *m.*; ~ ***della pubblica istruzione*** Kultusminister *m.*, AUSTR. Unterrichtsminister *m.*; ~ ***dei lavori pubblici*** (italienischer) Minister für öffentliche Bauvorhaben; ~ ***del lavoro*** Arbeitsminister *m.*; ~ ***della marina mercantile*** (italienischer) Minister für Handelsschifffahrt; ~ ***di pace*** Friedensstifter *m.*; ~ ***plenipotenziario*** Regierungsbevollmächtigte *m.*; ~ ***senza portafoglio*** Minister ohne Portefeuille (*o* ohne Geschäftsbereich); ~ ***delle poste e telecomunicazioni*** Minister *m.* für das Post- und Fernmeldewesen; ***primo*** ~ Premierminister *m.*; ~ ***della sanità*** Gesundheitsminister *m.*; ~ ***del tesoro*** Schatzminister *m.*; ~ ***dei trasporti*** Verkehrsminister *m.*

mi|noi|co agg. *(-ci,-che)* minoisch.

mi|no|ran|za f. Minderheit *f.*: ***tutelare le -e*** die Minderheiten schützen; ~ ***etnica, religiosa, linguistica*** ethnische, religiöse, sprachliche Minderheit ◆ GRAMM. ***comparativo di*** ~ Abwärtssteigerung *f.*; ***essere in*** ~ in der Minderheit (*o* Minderzahl) sein; ***tutela delle -e*** Minderheitenschutz *m.*

mi|no|ra|to I agg. behindert **II** m. Behinderte *m.*: ~ ***mentale*** geistig Behinderter; ~ ***fisico*** Körperbehinderte *m.*

mi|no|ra|zio|ne f. **1a** *(riduzione)* Herabsetzung *f.*: ***la ~ dei prezzi*** die Herabsetzung der Preise **b** *(limitazione)* Einschränkung *f.* **2** *(handicap)* Behinderung *f.*: ~ ***fisica*** körperliche Behinderung.

mi|no|re (compar. di *piccolo*) **I** agg. **1a** *(più piccolo)* kleiner: ***volume, estensione*** ~ kleineres Volumen, Ausmaß; MAT. ~ ***di...*** kleiner als... **b** *(il più piccolo)* kleinste **2a** *(più contenuto)* geringer: ***peso*** ~ geringeres Gewicht; ***forza*** ~ geringere Kraft; ***un numero ~ di iscrizioni*** eine geringere Anzahl an Einschreibungen **b** *(il più contenuto)* geringste **3a** *(inferiore)* niedriger: ***fare un'offerta*** ~ ein niedrigeres Angebot machen **b** niedrigste **4a** *(più breve)* kürzer **b** *(il più breve)* ***nel minor tempo possibile*** in der kürzestmöglichen Zeit **5** *(più giovane)* jünger: ***suo fratello*** ~ sein jüngerer Bruder **6** FIG. *(di secondaria importanza, non rilevante)* zweitrangig, kleiner: ***problema*** ~ kleineres Problem; ***scrittore*** ~ zweitrangiger Schriftsteller; ***le opere -i*** die zweitrangigen Werke (o Werke geringerer Bedeutung) **7** MUS. Moll-, -Moll: ***do*** ~ c-Moll; ***accordo, scala*** ~ Mollakkord *m.*, Molltonleiter *f.* **II** m. **1** Jüngere *m.*: ***Catone*** ~ Cato der Jüngere **2** *(minorenne)* Minderjährige *m.* **3** *(di artista)* zweitrangiger Künstler *m.* ◆ ***arti -i*** *(medioevo)* niedere Zünfte; *(arti applicate)* angewandte Künste; ***assistenza ai -i*** Jugendhilfe *f.*; ***frati -i*** Minoriten *pl.*; ***il male ~, il ~ dei mali*** das kleinere Übel; ***tribunale dei -i*** Jugendgericht *n.*; ***vietato ai -i di anni 18*** für Jugendliche unter 18 Jahren verboten.

mi|no|ren|ne I agg. minderjährig **II** m. e f. Minderjährige *m.* e *f.*

mi|no|ri|le agg. jugendlich, Jugend-: ***delinquente*** ~ jugendlicher Straftäter: ***carcere, tribunale*** ~ Jugendstrafanstalt *f.*, Jugendgericht *n.*; ***delinquenza*** ~ Jugendkriminalität *f.* ◆ ***età*** ~ Minderjährigkeit *f.*, Unmündigkeit *f.*; ***lavoro*** ~ Kinderarbeit *f.*

mi|no|ri|ta m. Minorit *m.*

mi|no|ri|tà f. Minderjährigkeit *f.*, Unmündigkeit *f.*

mi|no|ri|ta|rio agg. *(-ri,-rie)* Minderheits-: ***corrente -a*** Minderheitsbewegung *f.*; ***delibera, mozione -a*** Minderheitsbeschluss *m.*, Minderheitsantrag *m.*; ***governo*** ~ Minderheitsregierung *f.*; ***partecipazione -a*** Minderheitsbeteiligung *f.*, Minderheitspaket *n.* ◆ ***socio*** ~ Teilhaber *m.* mit Aktienminderheit.

Mi|nos|se n.pr.m. Minos *m.* **Mi|no|tau|ro** n.pr.m. Minotaurus *m.*

mi|nuen|do m. Minuend *m.*

mi|nuet|to m. Menuett *n.*

mi|nu|sco|la f. Kleinbuchstabe *m.*, Minuskel *f.* **mi|nu|sco|lo** agg. **1** klein, Klein-: ***a -a*** kleines a; ***lettera -a*** Kleinbuchstabe *m.* **2** *(piccolissimo)* winzig klein, winzig: ***un nasino*** ~ eine winzige Nase; ***una -a imperfezione*** ein winzig kleiner Fehler ◆ ***in*** ~ klein-; ***scritto in*** ~ kleingeschrieben.

mi|nus ha|bens m. e f. *(minus habentes)* **1** DIR. Unzurechnungsfähige *m.* e *f.* **2** ESTENS. Schwachkopf *m.*

mi|nu|ta f. Konzept *n.*

mi|nu|ta|glia f. Kram *m.*

mi|nu|ta|men|te avv. **1** klein: ***tagliare la carne*** ~ das Fleisch klein (*o* in kleine Stücke) schneiden **2** *(minuziosamente)* genauestens, eingehend.

mi|nu|te|ri|a f. **1** *(ninnoli)* Nippsachen *pl.* **2** *(negli orologi)* Gehwerk *n.*

mi|nu|tez|za f. Kleinheit *f.*

1.mi|nu|to agg. **1** *(molto piccolo)* winzig **2** *(fine)* fein: ***lineamenti -i*** feine Gesichtszüge; ***pioggia -a*** feiner Regen **3** *(di piccola entità)* klein: ***spese -e*** kleine Ausgaben **4** *(esile)* zierlich: ***un bambino*** ~ ein zierliches Kind **5** *(minuzioso)* ausführlich, minutiös ◆ ***al*** ~ Einzel-: ***vendita, commercio al*** ~ Einzelhandel *m.*

2.mi|nu|to m. Minute *f.*: ***mancano due -i a...*** (es sind) noch zwei Minuten bis... ◆ ***contare i -i*** die Minuten zählen; ***avere i -i contati*** = es eilig haben; ***da un*** ~ seit einer Minute; ***di ~ in*** ~ jeden Augenblick; ***in un*** ~ in einem Augenblick, im Nu; ***lancetta dei -i*** Minutenzeiger *m.*; ***hai un ~ libero?*** hast du eine Minute Zeit? ***per un*** ~ *(durata)* eine Minute lang; *(scarto di tempo)* um eine Minute; ***ho perso il treno per un*** ~ ich haben den Zug um eine Minute verpasst; ***non avere un ~ da perdere*** keine Minute zu verlieren haben; ~ ***primo*** Minute *f.*; ~ ***secondo*** Sekunde *f.*; ***spaccare il*** ~ auf die Minute genau sein; ***tra un*** ~ in einer Minute; *(tra un istante)* in einem Augenblick.

mi|nu|zia f. **1** Kleinigkeit *f.*, Lappalie *f.*: ***badare alle -e*** auf Kleinigkeiten achten **2** → **minuziosità**. **mi|nu|zio|sag|gi|ne** f. **1** → **minuziosità 2** *(minuzia)* Kleinigkeit *f.* **mi|nu|zio|sa|men|te** avv. **1** minuziös, peinlich genau **2** *(scrupolosamente)* genau. **mi|nu|zio|si|tà** f. peinliche Genauigkeit *f.*

mi|nu|zio|so agg. **1** minuziös, peinlich genau: ***ricerca -a*** minuziöse Untersuchung **2** *(scrupoloso)* genau, gewissenhaft: ***esaminatore*** ~ genauer Prüfer.

mi|nuz|zo|lo m. Stückchen *n.*

min|zio|ne f. Harnlassen *n.*

mi|o (f. *mia*; m.pl. *miei*; f.pl. *mie*) **I** agg.poss. **1** mein, meine: ~ ***padre, il ~ papà*** mein Vater; ***mia madre, la mia mamma*** meine Mutter; ***la -a casa*** mein Haus; ***le mie speranze, i miei progetti*** meine Hoffnungen, Pläne; ***ho rivisto un ~ amico*** ich habe einen Freund von mir wieder gesehen; ***l'auto di ~ fratello, di mia sorella*** das Auto meines Bruders, meiner Schwester **2** *(in posizione predicativa)* meiner, meines, meine: ***questo cappello è*** ~ dieser Hut ist meiner; ***l'auto, la giacca è mia*** das Auto ist meines, die Jacke ist meine **II** pron.poss. meiner, meines, meine; ***questo cappello è come il*** ~ dieser Hut ist wie meiner; ***questa valigia non è la mia*** dieser Koffer ist nicht meiner ◆ ***caro*** ~ mein Lieber; ***a casa mia*** bei mir zu Hause; ***ho il direttore dalla mia*** ich habe den Direktor auf meiner Seite; ***voglio dire la mia*** ich will meine Meinung äußern; ***questa mia per comunicarvi...*** hiermit teile ich Ihnen mit...; ***i miei*** meine Eltern (*o* meine Familie); ***di ~ pugno*** eigenhändig; ***in vece mia*** an meiner Stelle; ***di mia volontà*** aus freiem Willen.

mio|car|di|co agg. *(-ci,-che)* Myokard-, Herzmuskel-. **mio|car|dio** m. Herzmuskel *m.*, Myokard *n.*; ***infarto del*** ~ Myokardinfarkt *m.* **mio|car|di|te** f. Myokarditis *f.*, Herzmuskelentzündung *f.*

mio|ce|ne m. Miozän *n.* **mio|ce|ni|co** agg. *(-ci,-che)* miozän.

mio|lo|gi|a f. Myologie *f.*, Muskellehre *f.*

mio|ma m. Myom *n.*

mio|pa|ti|a f. Myopathie *f.*, Muskelerkrankung *f.*

mi|o|pe I agg. **1** kurzsichtig, MED. myop, myopisch **2** FIG. kurzsichtig **II** m. e f. kurzsichtiger Mensch *m.*, MED. Myop *m.*

mio|pi|a f. **1** Kurzsichtigkeit *f.*, MED. Myopie *f.* **2** FIG. Kurzsichtigkeit *f.*

mi|o|si f. Miosis *f.*

mio|so|ti|de f. e m. Myosotis *f.*, Vergissmeinnicht *n.*

mi|ra f. **1a** Ziel *n.*: ***prendere la ~*** zielen; ***sbagliare ~*** das Ziel verfehlen; ***avere una buona, cattiva ~*** gut, schlecht zielen **b** FIG. Ziel *n.*: ***la sua unica ~ è il potere*** die Macht ist sein einziges Ziel; ***-e ambiziose*** ehrgeizige Ziele haben **2** *(tacca)* Kimme *f.* ◆ ***avere di ~ qcs.*** etw. zum Ziel haben; ***avere delle -e su qcn., qcs.*** es auf jdn, etw. abgesehen haben; ***cannocchiale di ~*** Zielfernrohr *n.*, Visierfernrohr *n.*; ***dispositivo di ~*** Zielvorrichtung *f.*, Visiereinrichtung *f.*; ***prendere di ~ qcn.*** jdn aufs Korn (*o* ins Visier) nehmen; ***tacca di ~*** Kimme *f.*

mi|ra|bi|le agg. wundervoll, wundersam. **mi|ra|bi|lia** m. *e* f.pl. Wunderdinge *pl.* **mi|ra|bo|lan|te** agg. höchst erstaunlich.

mi|ra|co|la|re tr. durch ein Wunder heilen. **mi|ra|co|la|to I** p.pass. → **miracolare II** m. = durch ein Wunder geheilter Mensch *m.* ◆ ***~ dalla sorte*** = wie durch ein Wunder gerettet.

mi|ra|co|lo m. Wunder *n.*: ***fare -i*** Wunder wirken; FIG. ***una crema che fà -i*** eine Creme, die Wunder wirkt; ***come per ~*** wie durch ein Wunder; ***i -i della scienza*** die Wunder der Wissenschaft ◆ ***corte dei -i*** FIG. = verrufener (*o* berüchtigter) Ort *m.*; ***~ economico*** Wirtschaftswunder *n.*; ***fede nei -i*** Wunderglaube *m.*; ***gridare al ~*** (offiziell) von einem Wunder sprechen; sehr erstaunt sein; ***raccontare vita, morte e -i di qcn.*** = jds ganzes Leben erzählen; ***ho preso il treno per ~*** es ist ein reines Wunder, dass ich den Zug noch erreicht habe.

mi|ra|co|lo|so agg. Wunder-: ***cura -a*** Wunderkur *f.*

mi|rag|gio m. *(-gi)* **1** Luftspiegelung *f.* **2** FIG. *(illusione)* Illusion *f.*, Vorspiegelung *f.*: ***~ di facili guadagni*** Illusion des schnellen Verdienstes.

mi|ra|re I tr. LETT. an‿sehen, betrachten **II** intr. (aus. *avere*) **1** zielen: ***~ al cuore*** aufs Herz zielen **2** FIG. *(aspirare)* streben, an‿streben: ***~ a qcs.*** nach etw. streben, etw. anstreben; ***~ a fare qcs.*** anstreben, etw. zu tun; ***~ al successo*** nach Erfolg streben; ***~ a fare carriera*** eine Karriere anstreben **III** pronom. **mirarsi** LETT. sich betrachten, sich bewundern: ***-rsi allo specchio*** sich im Spiegel betrachten ◆ ***~ in alto*** hoch hinaus‿wollen.

mi|ra|to p.pass. agg. **1** → **mirare 2** gezielt: ***un intervento ~*** ein gezielter Eingriff.

mi|ri|a|de f. Myriade *f.*: ***-i di stelle*** Myriaden Sterne (*o* von Sternen).

mi|ria|gram|mo m. Myriagramm *n.*

mi|ria|me|tro m. Myriameter *m.*

mi|ria|po|de m. Myriapode *m.*, Tausendfüßler *m.*

mi|rin|ge f. Trommelfell *n.* **mi|rin|gi|te** f. Myringitis *f.*

mi|ri|no m. **1** *(di arma da fuoco)* Visier *n.*, Korn *n.*: ***essere nel ~ di qcn.*** in jds Visier sein, jdm ins Visier geraten **2** FOT. Sucher *m.*, Bildsucher *m.* ◆ ***~ a cannocchiale*** Fernrohraufsatz *m.*; ***~ prismatico*** Prismensucher *m.*; ***~ a reflex*** Reflexsucher *m.*; ***~ a visione diretta*** Rahmensucher *m.*

mi|ri|sti|ca f. *(-che)* Muskatnussbaum *m.*

mir|me|co|fa|go m. *(-gi)* Ameisenfresser *m.* **mir|me|co|lo|gi|a** f. Myrmekologie *f.*

mir|ra f. Myrrhe *f.*

mir|te|to m. Myrtenhain *m.*

mir|til|lo m. Heidelbeere *f.*, Blaubeere *f.* ◆ ***marmellata, crostata di -i*** Blaubeermarmelade *f.*, Blaubeerkuchen *m.*; ***~ rosso*** Preiselbeere *f.*

mir|to m. Myrte *f.* ◆ ***ghirlanda di ~*** Myrtenkranz *m.*; ***olio di ~*** Myrtenöl *n.*

mi|san|dri|a f. Misandrie *f.*

mi|san|tro|pi|a f. Misanthropie *f.*, Menschenfeindlichkeit *f.* **mi|san|tro|pi|co** agg. *(-ci,-che)* misanthropisch, menschenfeindlich.

mi|san|tro|po I m. Misanthrop *m.*, Menschenfeind *m.* **II** agg. misanthropisch, menschenfeindlich.

mi|sce|la f. **1** Mischung *f.*, Gemisch *n.*: ***una ~ di carburante e aria*** eine Mischung (*o* ein Gemisch) aus Kraftstoff und Luft; FIG. ***una ~ di povertà e di ignoranza*** eine Mischung aus Armut und Ignoranz **2** *(carburante)* Gemisch *n.* ◆ ***~ di caffè*** Kaffeemischung *f.*; ***~ dei colori*** Farbmischung *f.*; ***~ esplosiva*** explosive Mischung (anche FIG.); ***~ frigorifera*** Kältemischung *f.*; ***~ gassosa*** Gasgemisch *n.*; ***~ magra, povera*** armes Gemisch; ***rapporto di ~*** Mischungsverhältnis *n.*; ***~ ricca*** reiches Gemisch, fettes Gemisch; ***~ tonante*** Knallgas *n.* **mi|sce|la|bi|le** agg. mischbar.

mi|sce|la|re tr. mischen, vermischen: ***~ diverse qualità di caffè*** verschiedene Kaffeesorten mischen. **mi|sce|la|to** p.pass. agg. **1** → **miscelare 2** gemischt.

mi|sce|la|to|re I agg. Misch-: ***macchina -trice*** Mischmaschine *f.* **II** m. **1** *(recipiente)* Mixer *m.* **2** *(di rubinetto)* Mischbatterie *f.* **3** TELEV. Mischpult *n.* **mi|sce|la|tu|ra, mi|sce|la|zio|ne** f. Mischen *n.*, Mischung *f.*

mi|scel|la|ne|a f. **1** LETT. Gemisch *n.* **2** *(raccolta di saggi)* Miszellen *pl.*, Miszellaneen *pl.*, Sammelwerk *n.* **mi|scel|la|ne|o** agg. Sammel-: ***opera -a*** Sammelwerk *n.*

mi|schia f. **1** Gewühl *n.*, Gedränge *n.*: ***gettarsi nella ~*** sich ins Gewühl stürzen **2** SPORT Gedränge *f.* ◆ ***essere al di fuori della ~, tenersi fuori dalla ~*** sich aus etw. heraus‿halten.

mi|schia|re *(mischio, mischi)* **I** tr. mischen, vermischen: ***~ il vino con l'acqua*** Wein mit Wasser mischen; ***~ le carte*** die Karten mischen **II** pronom. **mischiarsi 1** sich mischen, sich vermischen: ***l'acqua non si mischia con l'olio*** Wasser mischt sich nicht mit Öl; ***-rsi tra la folla*** sich unter die Menge mischen **2** *(immischiarsi)* sich ein‿mischen: ***-rsi in qcs.*** sich in etw. (A) einmischen. **mi|schia|ta** f. Mischen *n.*; ***dare una ~ alle carte*** die Karten mischen. **mi|schia|to** p.pass. e agg. **1** → **mischiare 2** gemischt: ***carte -e*** gemischte Karten.

mi|sci|bi|le agg. mischbar. **mi|sci|bi|li|tà** f. Mischbarkeit *f.*

mi|sco|no|sce|re tr. *(misconosco, misconosci; misconobbi; misconosciuto)* nicht an‿erkennen, ab‿erkennen, verkennen: ***~ i meriti di qcn.*** jds Verdienste nicht anerkennen. **mi|sco|no|sciu|to** p.pass. agg. **1** → **misconosciuto 2** verkannt.

mi|scre|den|te I agg. ungläubig **II** m. e f. Ungläubige *m.* e *f.* **mi|scre|den|za** f. Unglaube *m.*

mi|scu|glio m. *(-gli)* Mischung *f.*, Vermischung *f.*, Gemisch *n.*: ***un ~ di stili*** eine Mischung von Stilen, eine Stilmischung; ***un ~ di gente diversa*** ein Gemisch verschiedenster Leute; ***un ~ di lingue*** ein Sprachgemisch; ***~ di colori, di odori*** Farbmischung *f.*, Duftmischung *f.*; ***~ di spezie*** Gewürzmischung *f.*

mi|se [miz] f.inv. **1** *(modo di vestire)* Stil *m.* **2** *(abito)* Kleid *n.*: ***indossare una ~ stravagante*** ein extravagantes Kleid an‿haben.

mi|se|ra|bi|le I agg. **1** erbärmlich, kläglich, elend: ***il paese è in condizioni -i*** das Land befindet sich in einem erbärmlichen Zustand; ***vita ~*** elendes Leben **2** *(spregevole)* elend, gemein: ***~ imbroglione*** elender Schwindler; ***un ~ traditore*** ein gemeiner Verräter; ***una ~ bugia*** eine gemeine Lüge **3** *(scarso)* armselig, erbärmlich, dürftig: ***stipendio ~*** armseliges Gehalt; ***un ~ aiuto*** eine dürftige Hilfe **II** m. e f. Elende *m.* e *f.*; ***sei un ~!*** du bist ein elender Schurke!

mi|se|ra|men|te avv. erbärmlich, kläglich, armselig, ärmlich: ***vivere ~*** armselig leben; ***il tentativo è ~ fallito*** der Versuch ist kläglich gescheitert; ***vestito ~*** ärmlich gekleidet.

mi|se|ran|do agg. erbärmlich, beklagenswert: ***un aspetto ~*** ein erbärmliches Aussehen; ***un caso ~*** ein beklagenswerter Fall.

mi|se|re|vo|le agg. erbärmlich, beklagenswert, armselig: ***condurre una vita ~*** ein armseliges Leben führen.

mi|se|ria f. **1** Elend *n.*, Armut *f.*, Not *f.*: ***vivere, morire in ~*** in Armut leben, sterben; ***ridursi in ~*** in Not geraten; ***ridurre qcn. in ~*** jdn ins Elend stürzen **2a** *(inezia)* Kleinigkeit *f.*, Lappalie *f.*: ***litigare per una ~*** wegen einer Kleinigkeit streiten **b** *(debolezza)* Schwäche *f.*: ***le -e dell'uomo*** die Schwächen des Menschen; ***nascondere le proprie -e*** seine Schwächen verbergen **3** BOT. Tradeskantie *f.* ◆ ***cadere in ~*** in Not geraten; ***guadagnare una ~*** eine lächerliche Summe verdienen; ***nella ~ più nera*** in bitterer Armut; ***pagare qcn. una ~*** jdm einen Hungerlohn zahlen; ***pagare qcs. una ~*** etw. zu einem Spottpreis kaufen; ***per la ~!*** Donnerwetter! ***piangere ~*** jammern; ***porca ~!*** verdammt noch mal!

mi|se|ri|cor|dia I f. Barmherzigkeit *f.*, Erbarmen *n.*: ***usare ~ verso qcn.*** mit jdm Erbarmen haben; ***implorare la ~ di qcn.*** jdn um Erbarmen bitten; ***la ~ divina*** die Barmherzigkeit Gottes **II** inter. barmherziger Gott ◆ ***senza ~*** erbarmungslos; ***picchiare qcn. senza ~*** jdn erbarmungslos schlagen. **mi|se|ri|cor|dio|sa|men|te** avv. barmherzig: ***agire ~ nei confronti di qcn.*** jdm gegenüber barmherzig handeln. **mi|se|ri|cor|dio|so** agg. barmherzig: ***un giudice, un gesto ~*** ein barmherziger Richter, eine barmherzige Geste.

mi|se|ro agg. (superl. *miserrimo* o *miserissimo*) **1** erbärmlich, kläglich, armselig, kümmerlich: ***condurre una vita -a*** ein armseliges Leben führen (*o* ein kümmerliches Dasein fristen); ***fare una fine -a*** ein erbärmliches Ende nehmen; ***i -i resti*** die kläglichen Überreste; ***il raccolto è stato ~*** die Ernte fiel mager aus: ***un ~ stipendio*** ein kläglicher Lohn; ***una -a cena*** ein armseliges Abendessen; ***fare una -a figura*** eine klägliche Figur abgeben; ***mi restano solo queste -e mille lire*** ich habe nur noch diese armseligen tausend Lire **2** *(di abito)* vergammelt: ***una giacca -a*** eine vergammelte Jacke ◆ ***~ me!*** ich Armer!

mi|ser|ri|mo → **misero.**

mis|fat|to m. Missetat *f.*: ***compiere un ~*** eine Missetat begehen.

mi|si|rz|zi m. Stehaufmännchen *n.*

mi|so|ga|mi|a f. Misogamie *f.*

mi|so|gi|ni|a f. Misogynie *f.*, Frauenfeindlichkeit *f.* **mi|so|gi|no I**

agg. misogyn, frauenfeindlich **II** m. Misogyn *m.*, Frauenfeind *m.*
mi|so|ne|i|smo m. Scheu *f.* vor Neuerung. **mi|so|ne|i|sta** *(-i,-e)* **I** m. e f. Gegner *m.* (-in *f.*) von Neuerungen **II** agg. neuerungsfeindlich. **mi|so|ne|i|sti|co** agg. *(-ci,-che)* neuerungsfeindlich.
miss f.inv. Miss *f.*: *~ Italia* Miss Italien.
mis|sag|gio m. *(-gi)* Mixen *n.*, Mix *m.*: *~ di vari brani musicali* Mix verschiedener Musikstücke ◆ *apparecchio per il ~* Bildmischer *m.*; *impianto di ~* Mischanlage *f.*; *tavolo di ~* Mischpult *n.*; *tecnico del ~* Bildmischer *m.* **mis|sa|re** tr. mixen, mischen: *~ suoni e immagini* Töne und Bilder mischen.
mis|si|le m. Rakete *f.*: *lanciare un ~* eine Rakete starten ◆ *~ antiaereo* Flugabwehrrakete *f.*; *~ anticarro* Panzerabwehrrakete *f.*; *~ antimissile* Antiraketenrakete *f.*; *~ aria-aria* Luft-Luft-Rakete *f.*; *~ aria-terra* Luft-Boden-Rakete *f.*; *~ atomico* Atomrakete *f.*; *~ balistico* ballistische Rakete *f.*; *base di lancio per -i* Raketenstartanlage *f.*; *~ a corto raggio* Kurzstreckenrakete *f.*; *~ da crociera* Marschflugkörper *m.*; *dotato di -i* raketenbestückt; *~ guidato* Lenkflugkörper *m.*; *~ intercontinentale* Interkontinentalrakete *f.*; *~ lunare* Mondrakete *f.*; *~ a lunga gittata* Langstreckenrakete *f.*; *~ a media gittata* Mittelstreckenrakete *f.*; *~ monostadio* Einstufenrakete *f.*; *~ polistadio* Mehrstufenrakete *f.*; *propellente per -i* Raketentreibstoff *m.*; *rampa (di lancio) per -i* Raketenabschussrampe *f.*; *~ spaziale* Weltraumrakete *f.*; *stadio di ~* Raketenstufe *f.*; *~ teleguidato* ferngelenkte Rakete; *~ terra-aria* Boden-Luft-Rakete *f.*; *~ terra-terra* Boden-Boden-Rakete *f.*; *~ a testata multipla* Rakete mit Mehrfachsprengkopf; *~ vettore* Trägerrakete *f.*
mis|si|li|sti|ca f. Raketenforschung *f.*, Raketentechnik *f.* **mis|si|li|sti|co** agg. *(-ci,-che)* Raketen-: *attacco ~* Raketenangriff *m.*; *base -a* Raketenbasis *f.*
mis|si|no I agg. **1** der MSI (italienische neofaschistische Partei) **2** ESTENS. neofaschistisch **II** m. **1** Anhänger *m.* der MSI **2** ESTENS. Neofaschist *m.*
mis|sio|na|rio I agg. *(-ri,-rie)* missionarisch, Missions- **II** m. *(-ri)* Missionar *m.*: *farsi ~* Missionar werden ◆ *giornata -a* Missionstag *m.*; *ospedale ~* Missionskrankenhaus *n.*; *prete ~* Missionspriester *m.*, Missionar *m.*; *scuola -a* Missionsschule *f.*; *spirito ~* Missionarsgeist *m.*; *suora -a* Missionsschwester *f.*; *vocazione -a* Berufung zum Missionar.
mis|sio|ne f. **1** Auftrag *m.*, Mission *f.*: *affidare una ~ a qcn.* jdm einen Auftrag geben; *svolgere una ~* einen Auftrag aus‿führen; *essere membro di una ~* Mitglied einer Mission sein; *inviare una ~* eine Mission entsenden; *la ~ italiana all'ONU* die italienische Mission bei der UNO **2a** RELIG. Mission *f.*: *~ cattolica* katholische Mission **b** *(edificio)* Mission *f.*, Missionsstation *f.* **3** FIG. Lebensaufgabe *f.*: *proporsi qcs. come una ~* sich etw. zur Lebensaufgabe machen; *insegnare per lei è una ~* Unterrichten ist für sie eine Lebensaufgabe ◆ *~ archeologica* archäologische Mission; *~ compiuta!* Auftrag ausgeführt! *~ diplomatica* diplomatischer Auftrag, diplomatische Mission; *indennità di ~* Dienstreisevergütung *f.*; *~ di pace* Friedensauftrag *m.*, Friedensmission *f.*; *~ segreta* Geheimauftrag *m.*, geheime Mission; *~ speciale* Spezialauftrag *m.* **mis|sio|no|lo|gi|a** f. Missionswissenschaft *f.*
mis|si|va f. LETT. Schreiben *n.*
mi|ster m.inv. **1** SPORT Fußballtrainer *m.* **2** *(vincitore di concorsi di bellezza)* Mister *m.*; *~ muscolo* Muskelprotz *m.*
mi|ste|ri|co agg. *(-ci,-che)* Mysterien-: *riti -ci* Mysterienriten.
mi|ste|rio|sa|men|te avv. mysteriös, geheimnisvoll. **mi|ste|rio|si|tà** f. Geheimnisvolle *n.*
mi|ste|rio|so I agg. mysteriös, geheimnisvoll: *malattia ~* mysteriöse Krankheit; *(nascosto) avere poteri -i* geheimnisvolle Kräfte besitzen; *(enigmatico, inspiegabile) fenomeni -i* mysteriöse Phänomene; *in modo ~* auf geheimnisvolle Weise; *in circostanze -e* unter geheimnisvollen Umständen **II** m. **1** mysteriöser Mensch *m.*; *fare il ~* geheimnisvoll tun **2** *(misteriosità)* Geheimnisvolle *n.*
mi|ste|ro m. **1** *(fatto inspiegabile)* Mysterium *n.*: *il ~ della vita, della natura* das Mysterium des Lebens, der Natur; RELIG. *il ~ della fede, della Trinità, dell'Incarnazione* das Mysterium des Glaubens, der Dreieinigkeit, der Menschwerdung **2a** *(segreto)* Geheimnis *n.*: *sciogliere, chiarire, fare luce su un ~* ein Geheimnis erraten, enträtseln, auf‿decken; *non fare ~ di qcs.* aus etw. kein Geheimnis machen **b** *(enigma)* Rätsel *n.*: *qcs. resta un ~* etw. bleibt ein Rätsel; *per me è un ~* das ist mir ein Rätsel; *trovarsi davanti a un ~* vor einem Rätsel stehen; *ecco la chiave del ~!* das ist des Rätsels Lösung! *pieno di -i* geheinmnisvoll **3** STOR. TEATR. Mysterienspiel *n.* **4** pl. STOR. Mysterien *pl.*: *-i eleusini* Eleusinien.
mi|sti|ca f. **1a** RELIG. Mystik *f.*: *la ~ cristiana* die christliche Mystik **b** *(letteratura)* mystische Literatur *f.* **2** FIG. Mystizismus *m.* **mi|sti|cheg|gian|te** agg. mystizistisch: *religiosità ~* mystizistische Religiosität. **mi|sti|ci|smo** m. Mystizismus *m.* **mi|sti|ci|tà** f. mystischer Charakter *m.*
mi|sti|co I agg. *(-ci,-che)* **1** *(della mistica)* mystisch (anche FIG.): *amore ~* mystische Liebe **2** *(del misticismo)* mystizistisch **II** m. *(-ci)* Mystiker *m.* ◆ *golfo ~* Orchesterversenkung *f.*
mi|sti|fi|can|te agg. täuschend, verfälschend: *una versione ~ dei fatti* eine verfälschende Darstellung der Tatsachen.
mi|sti|fi|ca|re tr. *(mistifico, mistifichi)* **1** *(falsificare)* verfälschen: *~ la verità* die Wahrheit verfälschen **2** *(ingannare)* täuschen.
mi|sti|fi|ca|to|re I agg. verfälschend **II** m. **1** *(falsificatore)* Verfälscher *m.* **2** *(ingannatore)* Täuscher *m.* **mi|sti|fi|ca|to|rio** agg. *(-ri, -rie)* täuschend.
mi|sti|fi|ca|zio|ne f. **1** *(travisamento)* Verfälschung *f.*: *la ~ della storia* die Verfälschung der Geschichte **2** *(inganno)* Täuschung *f.*
mi|sti|li|ne|o agg. *(-ei,-ee)* gemischtlinig.
mi|sti|lin|gue agg. gemischtsprachig, mehrsprachig: *regione ~* gemischtsprachiges (*o* mehrsprachiges) Gebiet.
mi|sto I agg. Misch-, gemischt: *~ a qcs.* mit etw. gemischt; *gioia -a a dolore* mit Schmerz gemischte Freude; *insalata, frutta -a* gemischter Salat, gemischtes Obst; *affettato ~* gemischter Aufschnitt; *classe, scuola -a* gemischte Klasse, Schule; POL. *governo ~* gemischtes Parlament; MAT. *numero ~* gemischte Zahl; SPORT *un doppio ~* ein gemischtes Doppel **II** m. **1** Mischung *f.*: *un ~ di sapori* eine Mischung verschiedener Geschmäcke; *un ~ di fantasia e realtà* eine Mischung aus Fantasie und Wirklichkeit **2** *(miscuglio)* Gemisch *n.*: *un ~ di gesso, sabbia e calce* ein Gemisch aus Gips, Sand und Kalk ◆ *filato ~* Mischgarn *n.*; *~ alla griglia* Mixed Grill *m.*; *~ lana* Mischwolle *f.*; *matrimonio ~* Mischehe *f.*; *popolazione -a* Mischvolk *n.*; *razza -a* Mischrasse *f.*, ANTROP. Mischvolk *n.*; *di sangue ~* Halbblut *m.*; *~ seta* Halbseide *f.*
mi|strà m. Anislikör *m.*
mi|stral m.inv. Mistral *m.*
mi|stu|ra f. Mischung *f.* (anche FIG.): *una ~ di ipocrisia e vizio* eine Mischung aus Heuchelei und Laster ◆ *vino di ~* gepanschter Wein.
mi|su|ra f. **1** Maß *n.*; *(dimensione)* Ausmaß *n.*, Abmessung *f.*; *(misurazione)* Messung *f.*, Maßnehmen *n.*: *le -e di un mobile, di una stanza* die Ausmaße eines Möbelstücks, eines Zimmers; *-e approssimative* annähernde Maße; *~ abbondante, giusta, scarsa* großzügiges, genaues, knappes Maßnehmen; *eseguire una ~ accurata* eine genaue Messung vor‿nehmen; *~ metrica* metrisches Maß; *prendere le -e a qcn., qcs.* jdn, etw. messen; *prendere le -e ai fianchi* die Hüften messen; *~ colma, rasa* gehäuftes, gestrichenes Maß **2** *(taglia)* Größe *f.*: *pantaloni ~ 46* Hosen in Größe 46; *di una sola ~* nur in einer Größe; *di tutte le -e* in allen Größen; *che ~ porti?* welche Größe trägst (*o* hast) du? *non è della mia ~* das passt mir nicht **3** *(provvedimento)* Maßnahme *f.*: *prendere le opportune -e* die geeigneten Maßnahmen ergreifen; *introdurre, adottare -e radicali* einschneidende Maßnahmen ein‿leiten, treffen **4** *(possibilità)* Möglichkeit *f.*: *conoscere la propria ~* die eigenen Möglichkeiten kennen **5a** SPORT Mensur *f.*: *chiudere la ~* Mensur schließen **b** *(nel calcio) tiro fuori ~* Fehlschuss *m.* **6** MUS. *(battuta)* Takt *m.* ◆ *a ~* maßgenau, maßgerecht; *a ~ d'uomo* menschengerecht; *~ di altezza* Höhenmaß *n.*; *~ di angolo* Winkelmaß *n.*; FIG. *avere ~* maßvoll sein; *non avere ~* maßlos sein; *-e da bambino* Kindergrößen *pl.*; MUS. *~ binaria* Zweiertakt *m.*; *~ campione* Eichmaß *n.*; *~ di capacità* Hohlmaß *n.*; *-e cautelari* Schutzmaßnahmen *pl.*; *in una (qual) certa ~* in gewissem Maß; *~ coercitiva* Zwangsmaßnahme *f.*; *~ del collo* Halsweite *f.*; FIG. *colmare la ~* das Maß voll machen; *la ~ è colma!* das Maß ist voll! *con ~* maßvoll; FIG. *non conoscere alcuna ~* kein Maß kennen; *in ~ crescente* in zunehmendem Maß; *nella ~ in cui...* in dem Maße, in dem... (*o* wie...); *~ disciplinare* Disziplinarmaßnahme *f.*; *~ d'emergenza* Notmaßnahme *f.*; *~ dei fianchi* Hüftweite *f.*; ABBIGL. *~ intermedia* Zwischengröße *f.*; *~ di larghezza* Breitenmaß *n.*; *~ di lunghezza* Längenmaß *n.*; *in ~ maggiore* in höherem Maße; *in ~ minore* in kleinerem Maße; *mezza ~* Mittelmaß *n.*; FIG. *applicare mezze -e* halbherzige Maßnahmen an‿wenden; *senza mezze -e* geradeheraus; FIG. *non avere né modo né ~* weder Maß noch Ziel kennen; *~ nominale* Nennmaß *n.*; *~ numerica* Zahlmaß *n.*; *oltre ~* maßlos; *oltre ogni ~* über alle Maßen; FIG. *passare la ~* das Maß überschreiten; *usare due pesi e due -e* mit zweierlei Maß messen; *prendere le -e del caso* situationsbedingte Maßnahmen ergreifen; *~ di prevenzione* Präventivmaßnahme *f.*; MUS. *~ di tre quarti* Dreivierteltakt *m.*; *-e restrittive* Restriktionsmaßnahmen *pl.*; *~ richiesta* Sollmaß *n.*; *~ di risanamento* Sanierungsmaßnahme *f.*; *~ sanitaria* gesundheitliche Maßnahme; *avere il senso della ~* maßvoll sein; *essere senza ~* maßlos (*o* unmäßig) sein; *-e di sicurezza* Si-

cherheitsmaßnahmen; ***sistema di ~*** Messsystem *n.*; ***-e di sostegno*** Förderungsmaßnahmen *pl.*; ***~ delle spalle*** Schulterbreite *f.*; ***~ standard*** Einheitsmaß *n.*; ***nella stessa ~*** gleichermaßen; ***~ straordinaria*** Sondermaßnahme *f.*; ***strumento di ~*** Messgerät *n.*, Messinstrument *n.*; ***(fatto) su ~*** nach Maß (gefertigt); ABBIGL. auf Maß (*o* maßgeschneidert); ***un abito su ~*** ein maßgeschneidertes Kleid; ***lavorazione su ~*** Maßarbeit *f.*; FIG. ***essere fatto su ~ per qcn.*** jdm auf den Leib geschnitten sein; ***quell'appartamento sembra fatto su ~ per loro*** diese Wohnung scheint ihnen wie auf den Leib geschnitten zu sein; ***~ di superficie*** Flächenmaß *n.*; FIG. ***essere tagliati a una stessa ~*** aus dem gleichen Holz geschnitzt sein; MUS. ***~ ternaria*** Dreiertakt *m.*; ***in ugual ~*** in gleichem Maß; ABBIGL. ***~ unica*** Einheitsgröße *f.*; ***unità di ~*** Maßeinheit *f.*; ***l'uomo è la ~ di tutte le cose*** der Mensch ist das Maß aller Dinge; ***~ di velocità*** Geschwindigkeitsmaß *n.*; ***vincere di (stretta) ~*** knapp gewinnen.

mi|su|ra|bi|le agg. messbar: ***una distanza facilmente ~*** ein leicht messbarer Abstand ◆ ***grandezza ~*** Messgröße *f.* **mi|su|ra|bi|li|tà** f. Messbarkeit *f.*

mi|su|ra|re I tr. **1** messen; *(determinare l'estensione)* aus‿messen: ***~ la larghezza di un mobile*** die Breite eines Möbelstücks messen; ***~ una stanza*** ein Zimmer ausmessen; ***~ la pressione, la febbre*** den Blutdruck, das Fieber messen; ***~ il consumo del gas*** den Gasverbrauch messen; FIG. ***~ le proprie forze, il proprio coraggio*** seine Kräfte, seinen Mut messen **2** *(indossare)* an‿probieren: ***hai misurato la giacca?*** hast du die Jacke anprobiert? **3** FIG. *(valutare)* ab‿schätzen: ***~ un rischio*** ein Risiko abschätzen **4** FIG. *(contenere)* ein‿schränken: ***~ i consumi*** den Verbrauch einschränken **II** intr. (aus. *avere*) messen, groß sein: ***la stanza misura 2,80 m in altezza*** das Zimmer misst 2,80 m in der Höhe; ***il terreno misura 2 m x 3*** das Grundstück ist 2 x 3 m groß **III** pronom. **misurarsi 1** sich messen: ***-rsi con qcn.*** sich mit jdm messen; ***-rsi in una gara*** sich in einem Wettkampf messen **2** *(moderarsi)* sich ein‿schränken: ***-rsi nelle spese*** sich bei den Ausgaben einschränken ◆ ***~ con il compasso*** ab‿zirkeln; ***~ a occhio*** mit den Augen ab‿schätzen; ***~ le parole*** die Worte ab‿wägen; FIG. ***~ i passi*** mit gemessenen Schritten gehen; FIG. ***~ la stanza a grandi passi*** das Zimmer mit großen Schritten durchmessen; ***~ il peso di qcs.*** etw. ab‿wiegen; FIG. ***~ le scale*** die Treppe hinunter‿purzeln; COLLOQ. ***~ uno schiaffo a qcn.*** jdm eine Ohrfeige verpassen.

mi|su|ra|ta|men|te avv. maßvoll. **mi|su|ra|tez|za** f. Mäßigung *f.*, Mäßigkeit *f.*

mi|su|ra|to p.pass. agg. **1** → **misurare 2** *(moderato)* maßvoll, mäßig: ***gioia, persona -a*** mäßige Freude, maßvoller Mensch **3** *(sobrio)* gemessen, gemäßigt: ***essere ~ nel parlare*** gemessen sprechen; ***una politica -a*** eine gemäßigte Politik.

mi|su|ra|to|re m. **1** *(persona)* Vermesser *m.* **2** *(strumento)* Messgerät *n.*, Anzeiger *m.*, Messer *m.* ◆ ***~ del livello dell'acqua*** Wasserstandsanzeiger *m.*; ***~ di coordinate*** Planzeiger *m.*; ***~ di frequenza*** Frequenzmesser *m.*; MED. ***~ di pressione*** Blutdruckmesser *m.*; ***~ di radioattività*** Geigerzähler *m.*; ***~ di velocità*** Geschwindigkeitsmesser *m.*

mi|su|ra|zio|ne f. Messung *f.*: ***effettuare una ~ precisa*** eine genaue Messung vornehmen (*o* durch‿führen) ◆ ***dati di ~*** Messdaten *pl.*; ***errore di ~*** Messfehler *m.*; ***metodo di ~*** Messverfahren *n.*; MED. ***~ della pressione*** Messung *f.* des Blutdrucks; ***tecnica di ~*** Messtechnik *f.*; ***~ del terreno*** Erdvermessung *f.*

mi|su|ri|no m. **1** *(recipiente)* Messbecher *m.* **2** *(cucchiaino)* Messlöffel *m.*

mi|te agg. **1** *(temperato)* mild (anche FIG.): ***clima, inverno ~*** mildes Klima, milder Winter; ***una sentenza ~*** ein mildes Urteil **2** *(bonario, dolce)* sanft: ***carattere, sguardo ~*** sanfter Charakter, sanfter Blick; ***animale ~*** sanftes Tier **3** *(moderato)* mäßig: ***calore ~*** mäßige Hitze ◆ ***essere ~ come un agnello*** geduldig wie ein Lamm sein; ***venire a più -i consigli*** = ein‿lenken, leisere Töne an‿schlagen.

mi|tez|za f. **1** Milde *f.*: ***la ~ del clima*** die Milde des Klimas **2** *(dolcezza, mansuetudine)* Sanftheit *f.*: ***la ~ di uno sguardo*** die Sanftheit eines Blickes.

mi|ti|ci|tà f. mythischer Charakter *m.*

mi|ti|co agg. *(-ci,-che)* **1** *(del mito)* mythisch: ***eroe ~*** mythischer Held **2** *(leggendario)* sagenhaft, legendär: ***i -ci anni Sessanta*** die legendären sechziger Jahre **3** *(utopistico)* utopisch: ***una -a città del futuro*** eine utopische Stadt der Zukunft **4** COLLOQ. außergewöhnlich: ***un'impresa -a*** ein außergewöhnliches Unternehmen; GERG. ***~!*** wahnsinnig!

mi|ti|ga|bi|le agg. linderbar, abschwächbar.

mi|ti|ga|re I tr. *(mitigo, mitighi)* **1** *(rendere più mite, placare)* mildern: ***~ una pena*** eine Strafe mildern; ***~ l'ira di qcn.*** jds Zorn mildern **2** *(alleviare)* mildern, lindern: ***~ le sofferenze di qcn.*** jds Leiden mildern **II** pronom. **mitigarsi** sich mildern. **mi|ti|ga|zio|ne** f. **1** Milderung *f.* **2** *(alleviamento)* Milderung *f.*, Linderung *f.*

mi|ti|li|col|tu|ra f. Miesmuschelzucht *f.* **mi|ti|lo** m. Miesmuschel *f.*

mi|tiz|za|re tr. zum Mythos machen (anche FIG.). **mi|tiz|za|zio|ne** f. Mythisierung *f.*

mi|to m. **1** Mythos *m.*, Mythus *m.* (anche FIG.): ***i -i greci*** die griechischen Mythen; ***il ~ di Dionisio*** der Dionysosmythos; ***sfatare un ~*** einen Mythos zerstören; ***fare di qcn. un ~*** jdn zum Mythos machen; ***diventare un ~*** zum Mythos werden; ***il ~ della tecnologia, della razza ariana*** der Mythos der Technologie, der arischen Rasse **2** *(utopia)* Utopie *f.*: ***l'uguaglianza perfetta tra gli uomini è un ~*** die völlige Gleichheit unter den Menschen ist eine Utopie.

mi|to|con|drio m. *(-dri)* Mitochondrie *f.*

mi|to|gra|fi|a f. Mythenforschung *f.* **mi|to|gra|fo** m. Mythenforscher *m.*

mi|to|lo|gi|a f. **1** Mythologie *f.*: ***~ nordica, greca*** nordische, griechische Mythologie **2** *(studio dei miti)* Mythenforschung *f.* **mi|to|lo|gi|ca|men|te** avv. mythologisch. **mi|to|lo|gi|co** agg. *(-ci,-che)* **1** mythologisch **2** FIG. *(mitico)* sagenhaft: ***personaggio ~*** sagenhafte Figur. **mi|to|lo|gi|sta** m. *(-i)*, **mi|to|lo|go** m. *(-gi)* Mythologe *m.*

mi|to|ma|ne m. e f. Mythomane *m.* (-manin *f.*). **mi|to|ma|ni|a** f. Mythomanie *f.*

mi|to|po|ie|si f. Mythenbildung *f.* **mi|to|po|ie|ti|co** agg. *(-ci,-che)* Mythen bildend.

mi|to|si f. Mitose *f.*

1.mi|tra f. RELIG. Mitra *f.*, Bischofsmütze *f.*; ***conferire la ~ a qcn.*** jdm die Bischofswürde verleihen.

2.mi|tra m. Maschinenpistole *f.*

mi|tra|glia f. **1a** *(raffica di mitragliatrice)* Maschinengewehrfeuer *n.* **b** *(insieme di proiettili)* Feuerstoß *m.* **2** GERG. Maschinengewehr *n.*, MG *n.* **3** FIG. ***parlare a ~*** ohne Punkt und Komma reden.

mi|tra|glia|men|to m. **1** Maschinengewehrfeuer *n.* **2** FIG. Bombardierung *f.*, Bombardement *n.*: ***un ~ di insulti*** eine Bombardement von Schimpfworten.

mi|tra|glia|re tr. **1** unter Maschinengewehrfeuer nehmen **2** FIG. COLLOQ. bombardieren, löchern: ***~ qcn. di domande*** jdn mit Fragen löchern. **mi|tra|glia|ta** f. Maschinengewehrfeuer *n.*

mi|tra|glia|to|re agg. Maschinen-: ***fucile ~*** Maschinenpistole *f.* **mi|tra|glia|tri|ce** f. **1** Maschinengewehr *n.* **2** SCHERZ. ***sembrare una ~*** ohne Punkt und Komma reden. **mi|tra|glie|ra** f. schweres Maschinengewehr *n.* **mi|tra|glie|re** m. Maschinengewehrschütze *m.* **mi|tra|gliet|ta** f. Handfeuerwaffe *f.*

mi|tra|i|smo m. Mithra(s)kult *m.*

mi|tra|le agg. mitral, Mitral-: ***valvola ~*** Mitralklappe *f.* **mi|tra|li|co** agg. *(-ci,-che)* Mitral-, Mitralklappen-: ***insufficienza -a*** Mitralinsuffizienz *f.* (*o* Herzklappenfehler *m.*); ***stenosi -a*** Mitralklappenstenose *f.*

Mi|tri|da|te n.pr.m. Mithridates *m.* **mi|tri|da|ti|smo** m. = Gewöhnung *f.* an Gift.

Mit|te|leu|ro|pa n.pr.f. Mitteleuropa *n.* **mit|te|leu|ro|pe|o** agg. mitteleuropäisch: ***cultura -a*** mitteleuropäische Kultur.

mit|ten|te m. Absender *m.*: ***rispedire qcs. al ~*** etw. an den Absender zurück‿schicken; ***la lettera tornò al ~*** der Brief ging an den Absender zurück ◆ ***~ sconosciuto*** unbekannter Absender.

mix, mi|xa|ge [-'aʒ] m.inv. Mix *m.*: ***un ~ di vari prodotti*** ein Mix aus verschiedenen Produkten. **mi|xa|re** tr. mixen, mischen: ***~ testi e musica*** Texte und Musik mischen.

mi|xe|de|ma m. Myxödem *n.*

mi|xer m.inv. **1** Mixbecher *m.* **2** *(frullatore)* Mixer *m.*: ***sbattere le uova nel ~*** Eier im Mixer verquirlen **3** *(barman)* Barmixer *m.* **4a** TECN. CINEM. RAD. Mixer *m.*, Tonmischer *m.* **b** *(addetto al missaggio)* Tonmischer *m.*

mi|xo|ma|to|si f. Myxomatose *f.* **mi|xo|mi|ce|te** m. Myxomyzet *m.*

mne|mo|ni|ca f. Mnemonik *f.*, Mnemotechnik *f.* **mne|mo|ni|ca|men|te** avv. mnemonisch.

mne|mo|ni|co agg. *(-ci,-che)* **1** Erinnerungs-, Gedächtnis-, mnemonisch: ***espediente ~*** Merksatz *m.*, Gedächtnisstütze *f.*; ***sforzo ~*** mnemonische Anstrengung **2** *(poco ragionato)* mechanisch: ***studio ~*** mechanisches Lernen. **mne|mo|tec|ni|ca** f. Mnemotechnik *f.* **mne|mo|tec|ni|co** agg. *(-ci,-che)* mnemotechnisch: ***esercizi, sussidi -ci*** mnemotechnische Übungen, Hilfsmittel.

mo avv. REGION. nun, jetzt.

mo' m. ***a ~ di qcs.*** auf die Art (*o* Weise) etw. (G); wie etw.; ***a ~ di qcn.*** auf die Art (*o* Weise) jds; wie jd; ***strisciare a ~ di serpente*** sich wie eine Schlange schlängeln ◆ ***a ~ di esempio*** beispielsweise; ***a ~ di fiocco*** quastenförmig; ***a ~ di spiegazione*** erläuterungsweise.

mo|bi|le I agg. **1** beweglich: ***struttura ~*** bewegliche Struktur; ***beni -i*** bewegliche Güter; ***feste -i*** bewegliche Feiertage; ***caratteri -i*** bewegliche Lettern **2** MIL. mobil **3** *(che si muove incessantemente)* unstet: ***occhi molto -i*** unsteter Blick **4** *(duttile, vivace)* beweglich, lebhaft: ***ingegno ~*** beweglicher Geist **II** m. **1a** Möbelstück *n.* **b** pl. Möbel *pl.*: ***-i da cucina, per ufficio*** Küchen-, Büromöbel; ***-i componibili, imbottiti*** Anbaumöbel, Polstermöbel; ***-i rustici*** Bauernmöbel **2** *(corpo)* beweglicher Körper *m.* **III** f. MIL. ***la Mobile*** = das mobile Einsatzkommando der Polizei ◆ ***~ d'antiquariato*** antikes Möbelstück; ***~ bar*** Hausbar *f.*; ***carattere ~*** unbeständiger Charakter; ***-i da incasso*** Einbaumöbel *pl.*; ***~ letto*** Klappbett *n.*; ***negozio di -i*** Möbelgeschäft *n.*; ***orario ~*** gleitende Arbeitszeit; ***prezzo ~*** Gleitpreis *m.*; ***primo ~*** neunte Himmelssphäre *f.*; ***rene ~*** Wanderniere *f.*; ***ricchezza ~*** bewegliches Vermögen *n.*; ***sabbie -i*** Treibsand *m.*; FIG. ***finire nelle sabbie -i*** = in eine ausweglose Lage geraten; ***scala ~*** Rolltreppe *f.*; ECON. gleitende Lohnskala *f.*; ***Squadra Mobile*** = mobiles Einsatzkommando der Polizei; ***~ in stile*** Stilmöbel *n.*; ***tariffa ~*** Staffeltarif *m.*

mo|bi|lia f. Mobiliar *n.*: ***rinnovare la ~*** das Mobiliar erneuern.

mo|bi|lia|re agg. ECON. Mobiliar-: ***patrimonio ~*** Mobiliarvermögen *n.*; ***credito, debito ~*** Mobiliarkredit *m.*, -schuld *f.*; ***ipoteca ~*** Mobiliarhypothek *f.*; ***assicurazione ~*** Mobiliarversicherung *f.* ◆ ***mercato ~*** Effektenmarkt *m.*; ***patrimonio ~*** bewegliches Vermögen; ***vendita ~*** Fahrniskauf *m.*

mo|bi|lie|re m. Möbelhändler *m.* **mo|bi|li|fi|cio** m. *(-ci)* Möbelfabrik *f.* **mo|bi|lio** m. → **mobilia.**

mo|bi|li|tà f. **1** Beweglichkeit *f.*: ***la ~ del corpo umano*** die Beweglichkeit des menschlichen Körpers **2** *(instabilità)* Unbeständigkeit *f.*: ***~ di carattere*** Unbeständigkeit des Charakters **3** *(vivacità)* Lebhaftigkeit *f.*, Beweglichkeit *f.* **4** ECON. SOCIOL. Mobilität *f.*: ***~ sociale*** soziale Mobilität; ***~ del lavoro*** Arbeitsmobilität *f.*; ***~ professionale*** Berufsmobilität *f.* ◆ ***~ articolare*** Gelenkigkeit *f.*

mo|bi|li|ta|re I tr. mobilisieren (anche FIG.): ***~ l'esercito, le truppe*** die Armee, die Truppen mobilisieren; ***~ le masse*** die Massen mobilisieren; ***~ tutte le proprie forze, energie*** alle seine Kräfte, Energien mobilisieren; ECON. ***~ il capitale*** das Kapital mobilisieren (*o* flüssig machen) **II** pronom. **mobilitarsi 1** sich in Bewegung setzen **2** *(darsi da fare)* aktiv werden: ***-rsi contro qcn., qcs., a favore di qcn., qcs.*** gegen, für jdn, etw. aktiv werden.

mo|bi|li|ta|zio|ne f. **1** Mobilisieren *n.* (anche FIG.): ***la ~ dell'opinione pubblica, delle masse*** das Mobilisieren der öffentlichen Meinung, der Massen **2** MIL. Mobilmachung *f.*: ***ordinare la ~*** die Mobilmachung an‿ordnen; ***~ civile*** Mobilmachung der Zivilisten; ***~ generale*** allgemeine Mobilmachung *f.*; ***~ di guerra*** Kriegsmobilmachung *f.* **3** ECON. Mobilisierung *f.*: ***~ di capitale*** Mobilisierung von Kapital ◆ ***ordine di ~*** Mobilmachungsbefehl *m.*

mo|bi|liz|za|re tr. **1** mobilisieren, beweglich machen: ***~ un braccio*** einen Arm mobilisieren **2** ECON. mobilisieren, flüssig machen: ***~ il capitale*** das Kapital flüssig machen. **mo|bi|liz|za|zio|ne** f. Mobilisierung *f.*: ***la ~ di una gamba*** die Mobilisierung eines Beines.

mo|bil|men|te avv. beweglich.

mo|ca I m. Mokka *m.* **II** f. Mokkamaschine *f.*

mo|cas|si|no m. Mokassin *m.*

moc|cio m. *(-ci)* Nasenschleim *m.*, COLLOQ. Rotz *m.*

moc|cio|so I agg. **1** verschleimt, schleimig, COLLOQ. rotzig: ***naso ~*** verschleimte Nase **II** m. COLLOQ. Rotzbengel *m.*, Rotznase *f.*

moc|co|lo m. **1** Kerzenstummel *m.* **2** *(scolatura di cera)* Wachstropfen *m.* **3** COLLOQ. *(moccio)* Rotz *m.* **4** COLLOQ. *(bestemmia)* potz Blitz! ◆ ***reggere il ~*** = der ungelegene Dritte sein; ***tirare -i*** fluchen; ***tirare -i contro qcn.*** auf jdn schimpfen.

mo|da f. Mode *f.*: ***~ femminile, maschile*** Damen-, Herrenmode *f.*; ***seguire la ~*** mit der Mode gehen ◆ ***alla ~*** modisch; ***alta ~*** Haute Couture *f.*; ***andare di ~*** modisch (*o* Mode) sein; ***casa di ~*** Modehaus *n.*; ***creatore di ~*** Modeschöpfer *m.*; ***essere, diventare, passare, tornare di ~*** modern (*o* modisch) sein, in Mode kommen, aus der Mode kommen, wieder in Mode kommen; ***disegnatore di ~*** Modedesigner *m.*; ***fuori ~*** altmodisch; ***essere di gran ~*** (die) große Mode sein; ***mondo della ~*** Modewelt *f.*; ***~ pronta*** Konfektion *f.*; ***rivista di ~*** Modezeitschrift *f.*; ***salone di ~*** Modesalon *m.*; ***sfilata di ~*** Mode(n)schau *f.*; ***vestirsi all'ultima ~*** sich nach der neuesten Mode kleiden.

mo|da|le agg. **1** Modal-: ***verbo, proposizione ~*** Modalverb *n.*, Modalsatz *m.* **2** FILOS. Modal-, Modalitäten-: ***logica ~*** Modallogik *f.* **3** MUS. modal.

mo|da|li|tà f.inv. **1** Beschaffenheit *f.* **2a** *(condizione)* Bedingung *f.*: ***le ~ di un contratto*** die Bedingungen eines Vertrags; ***~ di consegna, di pagamento*** Liefer-, Zahlungsbedingungen **b** *(regola)* Bestimmung *f.*: ***le ~ previste dalla legge*** die gesetzlichen Bestimmungen **3** FILOS. Modalität *f.* ◆ ***~ d'uso*** Gebrauchsanleitung *f.*

mo|da|na|re tr. *(modano)* mit Zierleisten versehen. **mo|da|na|to|re** m. Hersteller *m.* von Zierleisten. **mo|da|na|tu|ra** f. Zierleiste *f.*

mo|del|la f. **1** Modell *n.*: ***far da ~ a qcn.*** jdm Modell stehen (*o* sitzen) **2** *(indossatrice)* Mannequin *n.*

mo|del|la|bi|le agg. modellierbar, formbar. **mo|del|la|men|to** m. Modellieren *n.*

mo|del|la|re I tr. **1a** modellieren: ***~ una statua*** eine Statue modellieren **b** *(plasmare)* formen: ***~ l'argilla*** Ton formen **2** ESTENS. *(dar forma a)* zur Geltung bringen: ***un vestito che modella la figura*** ein Kleid, das die Figur zur Geltung bringt **3** FIG. *(riprodurre, imitare)* nach‿bilden: ***~ il proprio stile su quello dei classici*** seinen Stil dem der Klassiker nachbilden **II** pronom. **modellarsi 1** Form an‿nehmen **2** FIG. sich orientieren: ***-rsi su qcs.*** sich an etw. (D) orientieren: ***-rsi su un esempio*** sich an einem Vorbild orientieren.

mo|del|la|to I p.pass. agg. **1** → **modellare 2** modelliert **II** m. **1** SCULT. Modellierung *f.*: ***il ~ di una statua*** die Modellierung einer Statue **2** PITT. Plastizität *f.*: ***il ~ dei dipinti di Leonardo*** die Plastizität der Bilder Leonardos. **mo|del|la|to|re I** agg. modellierend, formend, Form- **II** m. Modellierer *m.* **mo|del|la|tri|ce** f. Modelliererin *f.* **mo|del|la|tu|ra, mo|del|la|zio|ne** f. Modellierung *f.*, Formung *f.*

mo|del|li|no m. Modell *n.* ◆ ***~ di aereo*** Modellflugzeug *n.*; ***~ di treno*** Modelleisenbahn *f.*

mo|del|li|smo m. Modellbau *m.*: ***essere appassionato di ~*** leidenschaftlicher Modellbauer sein. **mo|del|li|sta** m. e f. *(-i,-e)* **1** *(nella moda)* Modezeichner *m.* (-in *f.*) **2** *(nel modellismo)* Modellbauer *m.* (-in *f.*). **mo|del|li|sti|ca** f. Modellbau *m.* **mo|del|li|sti|co** agg. *(-ci,-che)* Modellbau-, Modell-: ***semantica -a*** Modellsemantik *f.*

mo|del|lo I m. **1a** *(esempio)* Modell *n.*, Vorbild *n.*: ***ispirarsi a un ~*** sich an ein Modell an‿lehnen; ***prendere qcn. a ~*** jdn zum Vorbild nehmen; ***un ~ di eleganza, di tolleranza*** ein Vorbild an Eleganz, Toleranz; ***Socrate fu il ~ di Platone*** Sokrates war Platons Vorbild **b** ***il ~ di una nuova legge*** das Modell eines neuen Gesetzes **2a** Modell *n.*: ***lavorare come ~*** als Modell arbeiten; ***fare da ~ a qcn.*** jdm Modell sitzen (*o* stehen) **b** *(prototipo)* ***l'ultimo ~*** das neueste Modell; ***il ~ più venduto*** das meistverkaufte Modell; ***un nuovo ~ di auto*** ein neues Automodell; ***il ~ di un edificio, di una chiesa, di un motore idraulico*** das Modell eines Gebäudes, einer Kirche, eines hydraulischen Motors; ***il ~ di un atomo, di una proteina*** das Modell eines Atoms, eines Proteins **3** *(abito)* Modell(kleid) *n.*; ***un ~ che non invecchia mai*** ein Modell, das nie veraltet **4** *(cartamodello)* Muster *n.*, Schnittmuster *n.*: ***ho tagliato la gonna seguendo il ~*** ich habe den Rock nach dem Schnittmuster zugeschnitten **5** BUROCR. Vordruck *m.*, Formular *n.*: ***~ 740, 730, 101, 201*** = Vordruck für die Einkommenssteuererklärung **II** agg.inv. Muster-, vorbildlich: ***azienda, fattoria ~*** Musterbetrieb *m.*, Musterfarm *f.*; ***un impiegato ~*** ein vorbildlicher Angestellter ◆ ***~ atomico*** Atommodell *n.*; ***~ brevettato*** eingetragenes Modell; ***~ in cartone*** Pappmodell *n.*; ***~ di cera*** Wachsmodell *n.*; ***~ comportamentale*** Verhaltensmuster *n.*; ***~ di comunicazione*** Kommunikationsmodell *n.*; ***~ estivo*** Sommermodell *n.*; ***~ di fine serie*** Auslaufmodell *n.*; ***~ in gesso*** Gipsmodell *n.*; ***~ invernale*** Wintermodell *n.*; SCHERZ. ***marito ~*** Mustergatte *m.*; ***~ di nave*** Schiffsmodell *n.*; ***~ nucleare*** Kernmodell *n.*; ***scolaro ~*** Musterschüler *m.*; ***~ sperimentale*** Versuchsmodell *n.*; ***~ standard*** Standardmodell *n.*

mo|dem m.inv. Modem *n.*

mo|de|ra|re *(modero)* **I** tr. **1** mäßigen, ein‿schränken, herab‿setzen: ***~ la velocità*** die Geschwindigkeit herabsetzen; ***~ le spese*** die Kosten einschränken; ***~ l'impazienza, lo sdegno*** seine Ungeduld, die Empörung mäßigen **2** *(regolare)* temperieren, moderieren: ***~ una trasmissione*** eine Sendung moderieren **II** pronom. **moderarsi** sich mäßigen, Maß halten: ***-rsi nel bere, nel mangiare*** sich im Trinken, Essen mäßigen ◆ ***~ i termini*** Worte mäßigen. **mo|de|ra|ta|men|te** avv. mäßig, gemäßigt: ***bere, fumare ~*** mäßig trinken, rauchen. **mo|de|ra|tez|za** f. Maß *n.*, maßvolles Verhalten *n.*

mo|de|ra|ti|smo m. POL. gemäßigte Haltung *f.*

mo|de|ra|to I p.pass. agg. **1** → **moderare 2** maßvoll, mäßig: ***spesa -a*** mäßige Ausgaben; ***essere ~ nel mangiare*** beim Essen mäßig sein; ***cuocere a fuoco ~*** etw. bei mäßiger Hitze backen; ***fare uso ~ di qcs.*** einen mäßigen Gebrauch von etw. machen **3** POL. gemäßigt: ***l'ala -a del partito*** der gemäßigte Flügel der Partei **4** MUS. moderato **II** m. POL. Gemäßigte *m.* **mo|de|ra|to|re I** agg. mäßigend: ***esercitare un'influenza -trice su qcn., qcs.*** einen mäßigenden Einfluss auf jdn, etw. aus‿üben **II** m. **1** Diskussionsleiter *m.*, Moderator *m.* **2** FIS. Moderator *m.*

mo|de|ra|zio|ne f. Mäßigung *f.*, Mäßigkeit *f.*, Zurückhaltung *f.*: ***esortare qcn. alla ~*** jdn zur Mäßigung mahnen; ***avere ~ in qcs.*** Zurückhaltung in etw. (D) üben; ***usare della ~ in qcs.*** bei (*o* in) etw.

Maß halten; ◆ ***con*** ~ mäßig, maßvoll; ***mangiare, bere con*** ~ mäßig essen, trinken; ***senza*** ~ maßlos.

mo|der|na|men|te avv. modern: ***attrezzare ~ un albergo*** ein Hotel modern aus‿statten; ***vestirsi*** ~ sich modern kleiden.

mo|der|ni|smo m. Modernismus *m.* **mo|der|ni|sta I** agg. modernistisch **II** m. e f. *(-i,-e)* Modernist *m.* (-in *f.*). **mo|der|ni|sti|co** agg. *(-ci,-che)* modernistisch.

mo|der|ni|tà f. **1** *(l'essere moderno)* Modernität *f.* **2** *(l'epoca moderna)* Moderne *f.*

mo|der|niz|za|re I tr. modernisieren: ~ ***gli impianti*** die Anlagen modernisieren; ~ ***le istituzioni*** die Institutionen modernisieren **II** pronom. **modernizzarsi** sich modernisieren. **mo|der|niz|za|zio|ne** f. Modernisierung *f.*

mo|der|no I agg. **1** modern: ***autore*** ~ moderner Autor; ***un vestito di taglio*** ~ ein Kleid modernen Schnitts; ***le più -e tecnologie*** die hochmodernen Technologien; ***società -a*** moderne Gesellschaft; ***arte, storia -a*** moderne Kunst, Geschichte; ***età -a*** Neuzeit *f.*; ***dell'età -a*** neuzeitlich **2** LING. Neu-: ***greco*** ~ Neugriechische *n.*; ***alto tedesco*** ~ Neuhochdeutsche *n.*; *(aggettivo)* neuhochdeutsch; ***filologo*** ~ Neuphilologe *m.* **II** m. **1** Moderne *n.* **2** *(uomo dei nostri tempi)* moderner Mensch *m.*

mo|de|sta|men|te avv. bescheiden: ***vivere*** ~ bescheiden leben; ***comportarsi*** ~ sich bescheiden benehmen ◆ ~***!*** bei aller Bescheidenheit!

mo|de|stia f. **1** Bescheidenheit *f.*, Anspruchslosigkeit *f.*: ***falsa*** ~ falsche Bescheidenheit **2** *(pudore)* Wohlanständigkeit *f.*: ***un comportamento che offende la*** ~ ein Verhalten, das die Wohlanständigkeit verletzt **3a** *(limitatezza di mezzi)* Bescheidenheit *f.*, Mäßigkeit *f.*: ***vivere con*** ~ bescheiden leben **b** *(esiguità)* ***la ~ del suo stipendio*** die Bescheidenheit seines Gehalts ◆ ~ ***a parte*** bei aller Bescheidenheit; ***senza*** ~ unbescheiden.

mo|de|sto agg. **1** bescheiden, anspruchslos: ***una persona -a*** ein anspruchsloser Mensch; ***un atteggiamento*** ~ eine bescheidene Haltung; ***a mio ~ parere*** meiner bescheidenen Ansicht nach **2** *(pudico)* wohlanständig **3** *(mediocre)* bescheiden, durchschnittlich: ***tenore di vita*** ~ bescheidener Lebensstandard; ***avere -e origini*** aus bescheidenen Verhältnissen stammen; ***risultato*** ~ bescheidenes Ergebnis.

mo|di|ci|tà f. Mäßigkeit *f.*: ***la ~ di una spesa*** die Mäßigkeit einer Ausgabe. **mo|di|co** agg. *(-ci,-che)* mäßig: ***a prezzi -ci*** zu mäßigen Preisen; ***a -ci interessi*** mit mäßig hohen Zinsen.

mo|di|fi|ca f. *(-che)* Änderung *f.*, Veränderung *f.*: ***apportare una ~ a qcs.*** eine Änderung an etw. (A) vor‿nehmen ◆ ***salvo -che*** Änderungen vorbehalten. **mo|di|fi|ca|bi|le** agg. veränderbar, abänderbar. **mo|di|fi|ca|bi|li|tà** f. Veränderbarkeit *f.*

mo|di|fi|ca|re *(modifico, modifichi)* **I** tr. **1** ändern, verändern : ~ ***una legge*** ein Gesetz ändern; ~ ***la rotta*** den Kurs ändern; ~ ***il proprio modo di vivere*** seinen Lebensstil ändern; ~ ***un programma*** ein Programm ändern; ~ ***un testo*** einen Text verändern **2** BIOL. modifizieren **II** pronom. **modificarsi** sich ändern, sich verändern: ***-rsi con il tempo*** sich mit der Zeit ändern. **mo|di|fi|ca|to|re I** agg. verändernd **II** m. Veränderer *m.*

mo|di|fi|ca|zio|ne f. Änderung *f.*, Veränderung *f.*, Modifikation *f.* ◆ ~ ***del corso di un fiume*** Begradigung *f.* eines Flusslaufes; ~ ***della costituzione*** Verfassungsänderung *f.*; ~ ***di legge*** Gesetzesänderung *f.*; ~ ***del mercato*** Marktänderung *f.*; ~ ***del programma*** Programmänderung *f.*; ~ ***dello statuto*** Statutenänderung *f.*

mo|di|sta f. Modistin *f.*, Hutmacherin *f.* **mo|di|ste|ri|a** f. Damenhutgeschäft *n.*

mo|do m. **1** Art *f.*, Weise *f.*, Art und Weise *f.*, Modus *m.*: ***pensare, leggere, parlare in un certo*** ~ auf eine bestimmte (Art und) Weise denken, lesen, reden; ***reagire in ~ impulsivo, brusco*** impulsiv, grob reagieren; ***comportarsi in un certo*** ~ sich auf eine gewisse Art (und Weise) benehmen; ***in ~ amichevole*** auf freundschaftliche Art und Weise; ***nel ~ giusto*** auf die richtige Art und Weise (*o* richtig); ***in ~ strano*** auf eine merkwürdige Art und Weise; ***ha uno strano ~ di ridere*** sie hat eine merkwürdige Art zu lachen; ***in questo*** ~ auf diese (Art und) Weise; ***trovare il giusto ~ di fare qcs.*** den richtigen Modus finden; ***voglio risolvere la faccenda a ~ mio*** ich will die Angelegenheit auf meine Art lösen; ***a ~ suo sa essere simpatico*** auf seine Art kann er sympathisch sein **2** *(espediente)* Mittel *n.*, Weg *m.*: ***troveremo il ~ di uscire di qui*** wir werden einen Weg finden, um hier herauszukommen; ***non c'è ~ di convincerlo*** es gibt kein Mittel (*o* es ist unmöglich), ihn zu überzeugen; ***aiutarsi in tutti i -i*** alle möglichen Mittel zu Hilfe nehmen **3** *(occasione)* Gelegenheit *f.*, Möglichkeit *f.*: ***avere, non aver ~ di fare qcs.*** die, keine Gelegenheit haben, etw. zu tun; ***dar ~ a qcn. di fare qcs.*** jdm die Möglichkeit geben, etw. zu tun; ***non mancano i -i*** es fehlt nicht an Möglichkeiten **4** GRAMM. Modus *m.*: ~ ***condizionale, congiuntivo, indicativo*** Konditional *m.*, Konjunktiv *m.*, Indikativ *m.* **5** *(comportamento)* Benehmen *n.*, Umgangsform *f.*, Art *f.*: ***avere -i cortesi*** höfliche Umgangsformen, eine höfliche Art haben; ***ma che -i!*** was für ein Benehmen! was für eine Art! **6** MUS. Tongeschlecht *n.*: ~ ***maggiore*** Dur-Tongeschlecht *n.* **7** DIR. Modalität *f.*: ***il ~ apposto a una donazione, a una disposizione testamentaria*** die Modalität einer Schenkung, einer testamentarischen Verfügung ◆ ***una persona a*** ~ eine anständige Person; ***in un ~ o nell'altro*** irgendwie; ***avverbio di*** ~ Modaladverb *n.*; ***avere bei -i*** gute Umgangsformen haben; ***in un certo qual*** ~ irgendwie, gewissermaßen; ***in che ~?*** wie? auf welche Weise? ***ciascuno a suo*** ~ jeder auf seine Art; ***complemento di*** ~ Ortsangabe *f.*; ***di ~ che*** sodass; ~ ***di dire*** Redensart *f.*; ***per ~ di dire*** gewissermaßen, sozusagen; ***c'è ~ e ~*** es geht auch auf andere Weise; ***fare in ~ che*** etw. so ein‿richten, dass; ~ ***di fare*** Art *f.*; ***in ~ che, in ~ da*** sodass; ***in malo*** ~ unhöflich (*o* grob); ***nel ~ migliore*** aufs Beste; ***fare le cose con ~ e misura*** die Dinge mit Maß und Ziel an‿gehen; ***in nessun*** ~ auf keine Weise; *(in nessun caso)* auf keinen Fall; ***ad ogni*** ~ auf jeden Fall (*o* jedenfalls); ***oltre*** ~ überaus; ~ ***di pagamento*** Zahlungsweise *f.*; ***in particolar*** ~ besonders; ***in qualche*** ~ irgendwie; *(alla bell'e meglio)* so gut es geht; ***in qualunque*** ~ egal wie; ***senza*** ~ grenzenlos, maßlos; ***in special*** ~ besonders; ***pensare allo stesso*** ~ gleich denken; ***in tutti i -i*** mit allen Mitteln; *(comunque)* auf jeden Fall; ***a mio ~ di vedere, secondo il mio ~ di vedere*** meiner Ansicht nach; ~ ***di vivere*** Lebensweise *f.*

mo|du|la|bi|le agg. modulierbar.

1.mo|du|la|re tr. *(modulo)* modulieren.

2.mo|du|la|re agg. Modul-, modular: ***costruzione*** ~ Modulbauweise *f.*; ***programma*** ~ Modulprogramm *n.* ◆ ***sistema*** ~ Baukastensystem *n.*

mo|du|la|rio m. *(-ri)* Formularsammlung *f.*

mo|du|la|to p.pass. agg. **1** → **modulare 2** ***voce -a*** modulierte Stimme.

mo|du|la|to|re I m. Modulator *m.*, Modler *m.* **II** agg. modulatorisch, Modulations- ◆ ~ ***a anello*** Ringmodulator *m.*; ~ ***di frequenza*** Frequenzmodler *m.*; ~ ***di luce*** Lichtmodulator *m.*

mo|du|la|zio|ne f. FIS., MUS. Modulation *f.* ◆ ~ ***d'ampiezza*** Amplitudenmodulation *f.*; ~ ***armonica*** harmonische Modulation; ~ ***catodica*** Kathodenmodulation *f.*; ~ ***di fase*** Phasenmodulation *f.*; ~ ***di frequenza*** Frequenzmodulation *f.*, Frequenzmodulierung *f.*; ~ ***degli impulsi*** Pulsmodulation *f.*

mo|du|li|sti|ca f. **1** *(tecnica)* Formulardruck *m.* **2** *(insieme di moduli)* Formulare *pl.*

mo|du|lo m. **1** Formular *n.*, Formblatt *n.*, Vordruck *m.*: ***compilare, riempire un*** ~ ein Formular aus‿füllen **2** *(canone, norma)* Regel *f.*: ***-i di vita*** Lebensregel **3** ARCH. MAT. FIS. INFORM. Modul *n.* **4** *(elemento singolo)* ***il ~ di una libreria*** der Teil einer Regalwand ◆ ~ ***d'acqua*** Wassereinheitsmaß *n.*; ~ ***di alimentazione*** *(del telefono)* Versorgungsmodul *n.*; *(della televisione)* Regelmodul *n.*; ~ ***audio*** Tonmodul *n.*; ~ ***in bianco*** Blankett *n.*; ~ ***di comando*** Kommandokapsel *f.*; ***(carta a)*** ~ ***continuo*** Endlosformular *n.*; ~ ***di domanda*** Antragsformular *n.*; ~ ***di elasticità*** Elastizitätsmodul *n.*; ~ ***d'iscrizione*** Einschreibeformular *n.*; ~ ***lunare*** Mond(lande)fähre *f.*; ~ ***di propulsione*** Antriebsmodul *n.*; ~ ***di servizio*** Servicemodul *n.*; ~ ***di sottoscrizione*** Zeichnungsschein *m.*; ~ ***di versamento*** Überweisungsformular *n.*

mo|dus vi|ven|di m.inv. Modus vivendi *m.*

mo|fe|ta f. Mofette *f.*

mof|fet|ta f. Skunk *m.*, Stinktier *n.*

mo|ga|no I m. **1** Mahagonibaum *m.* **2** *(legno)* Mahagoniholz *n.*; ***mobile in*** ~ Mahagonimöbel *n.* **II** agg. ***(color)*** ~ mahagonibraun.

mog|gio m. *(-gi)* **1** Scheffel *m.*: ***nascondersi sotto il*** ~ sich verborgen halten; ***mettere la fiaccola sotto il*** ~ sein Licht unter den Scheffel stellen **2** *(antica misura per cereali)* Malter *m.* e *n.*

mo|gio agg. *(-gi,-ge e -gie)* ***(mogio)*** ~ niedergeschlagen, bedrückt.

mo|glie f. *(-gli)* Ehefrau *f.*, Frau *f.*: ***cercar*** ~ eine Frau suchen; ***dare, chiedere, prendere qcn. in*** ~ jdn zur Frau geben, um jds Hand an‿halten, jdn zur Frau nehmen; ***ha preso*** ~ er hat sich verheiratet; ***avere ~ e figli*** Frau und Kind haben; ***marito e*** ~ Mann und Frau ◆ PROV. ***tra ~ e marito non mettere il dito*** = man soll sich nicht in einen Ehestreit ein‿mischen; ~ ***e buoi dei paesi tuoi*** bleibe im Lande und nähre dich redlich.

mo|hair [-'ɛr] m.inv. Mohair *m.*, Mohär *m.*

mo|hi|ca|no, moi|ca|no I m. Mohikaner *m.* **II** agg. Mohikaner- ◆ ***l'ultimo dei -i*** der letzte Mohikaner.

mo|i|na f. Schmeichelei *f.*: ***fare le -e a qcn.*** jdm schmeicheln; ***fare la*** ~ katzbuckeln.

mo|ka → **moca.**
mol → **mole.**
mo|la f. **1** *(del mulino)* Mühlstein *m.* **2** TECN. Schleifstein *m.*, Schleifscheibe *f.* ◆ *~ a disco* Tellerscheibe *f.*; *~ a smeriglio* Schmirgelscheibe *f.*
mo|la|le agg. molar, Molar-.
1.mo|la|re tr. schleifen: *~ il vetro* Glas schleifen.
2.mo|la|re I agg. **1** *(di mola)* Schleif-: *pietra ~* Schleifstein *m.* **2** *dente ~* Backenzahn *m.* **II** m. Backenzahn *m.*
3.mo|la|re agg. CHIM. Molar-, molar ◆ *concentrazione ~* Molarität *f.*; *di uguale concentrazione ~* gleichmolar. **mo|la|ri|tà** f. Molarität *f.*
mo|la|to|re m. Schleifer *m.* **mo|la|tri|ce** f. Schleifmaschine *f.* **mo|la|tu|ra** f. **1** Schleifen *n.* **2** *(risultato)* Schliff *m.*
mo|laz|za f. **1** *(macina)* Mühlstein *m.* **2** EDIL. Mischmaschine *f.*, Mischtrommel *f.*
Mol|da|va n.pr.f. Moldau *f.* **Mol|da|via** n.pr.f. Moldau *f.*, Moldawien *n.* **mol|da|vo I** agg. moldauisch **II** m. Moldauer *m.*
1.mo|le f. **1a** *(dimensione)* enormes Ausmaß *n.*, (enormer) Umfang *m.*: *la ~ di un libro* der (enorme) Umfang eines Buches; *la ~ di un elefante* die enormen Ausmaße eines Elefanten; *la ~ di un edificio* die enormen Ausmaße eines Gebäudes **b** *(quantità)* (enorme) Menge *f.*: *una gran ~ di lavoro* eine enorme Menge Arbeit; *mi cadde addosso con tutta la sua ~* er ist mit seinem vollen Gewicht auf mich gefallen **2** ARCH. Burg *f.*, Riesenbau *m.*: *la ~ adriana* die Engelsburg.
2.mo|le f. CHIM. Mol *n.*
mo|le|co|la f. **1** Molekül *n.*: *una ~ d'acqua, d'idrogeno* ein Wassermolekül, Wasserstoffmolekül; *~ polare* polares Molekül **2** ESTENS. Glied *n.*: *ogni famiglia è una ~ sociale* jede Familie ist ein Glied der Gesellschaft ◆ *~ lineare* Linearmolekül *n.* **mo|le|co|la|re** agg. Molekular-: *peso ~* Molekulargewicht *n.*; *biologia, genetica ~* Molekularbiologie *f.*, -genetik *f.*
mo|le|sta|re tr. **1** belästigen; *(disturbare)* stören: *~ una ragazza* ein Mädchen belästigen; *~ il sonno di qcn.* jds Schlaf stören **2** *(tormentare)* plagen: *essere molestato dal mal di denti* von Zahnschmerzen geplagt sein. **mo|le|sta|to|re** m. Störenfried *m.* ◆ *~ sessuale* Sittenstrolch *m.*
mo|le|stia f. **1** *(fastidio)* Plage *f.*, Lästigkeit *f.*: *arrecare ~ a qcn.* jdn belästigen **2** *(azione molesta)* Belästigung *f.*: *sopportare le -e di qcn.* jds Belästigungen ertragen; *-e sessuali* sexuelle Belästigungen. **mo|le|sto** agg. lästig: *una persona -a* eine lästige Person; *rumori -i* lästige Geräusche.
mo|lib|de|no m. Molybdän *n.*
mo|li|nel|lo → **mulinello.**
mo|li|ni|smo m. Molinismus *m.*
mo|li|no → **mulino.**
mo|li|sa|no I agg. aus Molise **II** m. **1** Einwohner *m.* des Molise **2** *(dialetto)* Dialekt *m.* des Molise. **Mo|li|se** n.pr.m. Molise *n.*
mo|li|to|re m. **1** Müller *m.* **2** *(macchina)* Mühle *f.* **mo|li|to|rio** agg. *(-ri)* Mühlen-; *industria -a* Müllerei *f.* **mo|li|tu|ra** f. Mahlen *n.*
mol|la f. **1a** Feder *f.* **b** *(di materassi, divani)* Sprungfeder *f.* **c** *(dell'orologio)* Uhrfeder *f.* **2** FIG. Antrieb *m.*, Ansporn *m.*: *la ~ del guadagno* der Antrieb, Gewinn zu machen **3** pl. *(pinze)* Zange *f.* ◆ *a ~* Feder-; *contatto a ~* Federkontakt *m.*; *~ d'arresto* Sperrfeder *f.*; *~ a balestra* Blattfeder *f.*; *caricamento a ~* Federaufzug *m.*; FIG. *far scattare la ~* den Stein ins Rollen bringen; *~ a flessione* Biegungsfeder *f.*; *-e per il fuoco* Feuerzange *f.*; *materasso a -e* Federkernmatratze *f.*; *~ dell'orologio* Uhrfeder *f.*; FIG. *prendere qcn., qcs. con le -e* jdn, etw. mit Samthandschuhen an‿fassen; *~ di richiamo* Rückzugfeder *f.*; *scattare come una ~* wie eine Feder los‿schnellen; *~ di sospensione* Aufhängefeder *f.*; *~ a spirale* Spiralfeder *f.*; *~ a torsione* Torsionsfeder *f.*; *valvola a ~* Federventil *n.*; *-e per lo zucchero* Zuckerzange *f.*
mol|lac|cio|ne m. Waschlappen *m.*
mol|la|re I tr. **1a** *(lasciare andare)* los‿lassen: *~ una fune* einen Strick loslassen **b** *(allentare)* locker lassen, lockern: *~ la presa* den Griff lockern **2** COLLOQ. *(abbandonare)* sitzen lassen: *~ la fidanzata* die Verlobte sitzen lassen **3** COLLOQ. *(appioppare)* verpassen, aus‿teilen: *~ un ceffone a qcn.* jdm eine Ohrfeige verpassen **II** intr. (aus. *avere*) **1** *(cedere)* nach‿geben, locker‿lassen: *~ dopo una lunga resistenza* erst nach langem Widerstand nachgeben **2** *(smettere)* auf‿hören: *quando comincia, non molla più* wenn er einmal anfängt, hört er nicht mehr auf ◆ *~ l'ancora* den Anker (aus‿)werfen; *~ gli ormeggi* die Leinen los‿machen; *molla l'osso!* Finger weg! COLLOQ. *tira e molla* Hin und Her; *basta con questo tira e molla!* Schluss mit diesem Hin und Her! *~ le vele* die Segel setzen.

mol|le I agg. **1** weich, locker: *cera ~* weiches Wachs; *palato ~* weicher Gaumen; *pieghe -i* weiche Falten; *-i forme* weiche Formen; ANAT. *tessuti -i* lockere Gewebe **2** *(bagnato)* nass, durchnässt: *~ di pioggia* vom Regen durchnässt; *~ di sudore* schweißnass **3** FIG. weichlich, verweichlicht: *carattere ~* weichlicher Charakter; *vita ~* verweichlichtes Leben **4** LING. palatal **II** m. Weiche *n.*: *dormire sul ~* weich schlafen; *camminare sul ~* auf einem aufgeweichten Boden laufen ◆ *mettere la biancheria a ~* die Wäsche ein‿weichen.
mol|leg|gia|men|to m. Federn *n.*
mol|leg|gia|re *(molleggio, molleggi)* **I** intr. (aus. *avere*) federn: *il materasso molleggia bene* die Matratze federt gut **II** tr. federn, eine Federung an‿bringen: *~ bene una vettura* ein Auto gut federn **III** pronom. **molleggiarsi** federn: *-rsi sulle gambe* in den Knien federn. **mol|leg|gia|to** p.pass. agg. **1** → **molleggiare 2** gefedert, federnd: *un'auto ben -a* ein gut gefedertes Auto; *passo ~* federnder Schritt.
mol|leg|gio m. *(-gi)* Federung *f.*: *il ~ di una poltrona* die Federung eines Sessels; *un auto con un buon ~* ein gut gefedertes Auto.
mol|le|men|te avv. schlaff: *abbandonarsi ~ su un divano* sich schlaff auf die Couch fallen lassen.
mol|let|ta agg. **1** Klammer *f.* **2** *pl. (pinze)* Zange *f.* ◆ *~ per, da bucato* Wäscheklammer *f.*; *~ per capelli* Haarspange *f.*; *-e per il ghiaccio* Eiszange *f.*; *-e per lo zucchero* Zuckerzange *f.*
mol|let|to|ne m. Molton *m.*
mol|lez|za f. **1** Weichheit *f.*: *~ d'animo* Weichheit des Gemüts **2** pl. Vergnügungen *pl.*: *vivere nelle -e* den Vergnügungen nach‿gehen.
mol|li|ca f. *(-che)* **1** Brotinnere *n.*, Krume *f.* **2** pl. *(briciole)* Krümel *pl.*, Brotkrümel *pl.*
mol|lic|cio I agg. *(-ci,-ce)* aufgeweicht, weich: *terreno ~* aufgeweichter Boden **II** m. *(-ci)* Weiche *n.*; *camminare sul ~* auf einem aufgeweichten Boden laufen.
mol|lo agg. COLLOQ. weich ◆ *mettere a ~ la biancheria* die Wäsche ein‿weichen; *tenere qcs. a ~* etw. einweichen lassen; *pappa -a* Schlappschwanz *m.*
mol|lu|schi|col|to|re m. Muschelzüchter *m.* **mol|lu|schi|col|tu|ra** f. Muschelzüchtung *f.* **mol|lu|sco** m. *(-schi)* **1** Weichtier *n.*, Molluske *f.*, Muschel *f.* **2** SPREG. Schlappschwanz *m.*
mo|lo m. **1** Hafenmole *f.*, Mole *f.*, Kaimauer *f.* **2** *(banchina)* Pier *m.*
mo|los|so m. Molosser *m.*
mo|lo|tov I f.inv. Molotowcocktail *m.* **II** agg.inv. *bottiglia ~* Molotowcocktail *m.*
mol|te|pli|ce agg. **1** vielfach, vielfältig, vielseitig; *struttura ~* vielseitige Struktur **2** *(numeroso)* zahlreich: *-i offerte di lavoro* zahlreiche Arbeitsangebote; *la questione presenta -i aspetti* die Angelegenheit hat zahlreiche Aspekte. **mol|te|pli|ci|tà** f. **1** Vielfältigkeit *f.*, Vielfalt *f.*: *la ~ delle sensazioni* die Vielfältigkeit der Empfindungen; *la ~ di significati di una parola* die Vielfältigkeit einer Wortbedeutung; *~ di soluzioni* Vielfalt an Lösungen **2** *(moltitudine)* Vielzahl *f.*: *~ di farfalle rare* Vielzahl seltener Schmetterlinge.
mol|ti|pli|ca f. *(-che)* **1** TECN. Übersetzung *f.* **2** COLLOQ. Multiplikation *f.* **mol|ti|pli|ca|bi|le** agg. multiplizierbar. **mol|ti|pli|can|do** m. Multiplikand *m.*
mol|ti|pli|ca|re *(moltiplico, moltiplichi)* **I** tr. **1** multiplizieren: *~ un numero per un altro* eine Zahl mit einer anderen multiplizieren **2** FIG. vervielfachen, vervielfältigen, vermehren: *~ gli sforzi* die Anstrengungen vervielfältigen; *~ i guadagni* den Gewinn vervielfachen **II** pronom. **moltiplicarsi** sich vermehren; sich vervielfachen: *si è moltiplicato il numero dei contagi* die Zahl der Ansteckungen hat sich vervielfacht ◆ *crescete e moltiplicatevi* wachset und vermehret euch. **mol|ti|pli|ca|ti|vo** agg. Multiplikativ-.
mol|ti|pli|ca|to|re I agg. Multiplikativ- **II** m. **1** MAT. Multiplikator *m.* **2** MECC. Übersetzungsgetriebe *n.* **3** FIS. Vervielfacher *m.* ◆ *~ di elettroni* Elektronenvervielfacher *m.*; *~ di frequenza* Frequenzvervielfacher *m.*; *~ di tensione* Spannungsvervielfacher *m.*
mol|ti|pli|ca|zio|ne f. **1** MAT. Multiplikation *f.*: *eseguire, fare una ~* eine Multiplikation durch‿führen **2** FIG. Vermehrung *f.*, Vervielfältigung *f.*: *~ vegetativa* vegetative Vermehrung; *~ delle difficoltà* Vervielfachung der Schwierigkeiten ◆ *la ~ dei pani e dei pesci* die wunderbare Brotvermehrung.
mol|ti|tu|di|ne f. **1** Vielzahl *f.*, Menge *f.*: *una ~ di insetti* eine Vielzahl von Insekten; *una ~ di pensieri* eine Vielzahl von Gedanken **2** *(folla)* Menge *f.*, Masse *f.*: *una ~ si radunò nella piazza* eine Menge Leute kam auf dem Platz zusammen.
mol|to (compar. *più*, superl. *moltissimo*) **I** agg. **1a** viel: *~ spazio* viel

Raum; ***spendere ~ denaro*** viel Geld aus_geben; ***-e idee*** viele Ideen; ***avere -i pregi*** viele Vorteile haben; ***è venuta -a gente*** viele Leute sind gekommen **b** ENFAT. ***ha speso ~, ma ~ denaro*** er hat wirklich sehr viel Geld ausgegeben; ***dopo -i e -i anni*** nach sehr vielen Jahren **2** *(grande)* groß: ***~ talento*** großes Talent; ***-a noia*** große Langeweile; ***la tua visita mi ha fatto ~ piacere*** dein Besuch hat mich sehr gefreut **3** *(di tempo)* lange: ***dopo ~ tempo*** nach langer Zeit **4** *(di distanza)* weit: ***manca ancora -a strada?*** ist es noch sehr weit? **II** avv. **1** *(quantità)* viel: ***mangia ~*** er isst viel; ***lo hai pagato ~?*** hast du viel dafür bezahlt? *(spesso)* ***va ~ al cinema*** er geht viel ins Kino **2** *(intensità)* sehr: ***la ama ~*** er liebt sie sehr; ***mi piace ~ il giardinaggio*** ich mag Gartenarbeit sehr; ***ho ~ desiderato il tuo ritorno*** ich habe mich sehr nach deiner Rückkehr gesehnt **3** *(con compar.)* viel: ***suo fratello è ~ migliore di lui*** sein Bruder ist viel besser als er; ***è ~ più vecchio di me*** er ist viel älter als ich; ***ne voglio ~ meno*** ich möchte sehr viel weniger davon; ***così è ~ meglio*** das ist schon viel besser **4** *(con agg. e avv.)* sehr: ***è ~ strano*** es ist sehr seltsam; ***~ bello*** sehr schön; ***~ rapidamente*** sehr schnell; ***l'hai fatto ~ male*** das hast du sehr schlecht gemacht **5** *(di tempo)* lange: ***ho aspettato ~*** ich habe lange gewartet **6** *(di distanza)* weit: ***non c'è ~ da qui alla stazione*** von hier ist es nicht weit bis zum Bahnhof **III** pron. **molto** viel; pl. **molti, molte** viele: ***ho ~ da fare*** ich habe viel zu tun; ***hai degli spiccioli? – non -i*** hast du Kleingeld? – nicht viel; ***hanno fatto ~ per lui*** sie haben viel für ihn getan; ***la sua amicizia vuol dire ~ per me*** seine Freundschaft bedeutet mir sehr viel; ***c'è ~ di buono in lui*** in ihm ist viel Gutes; ***avrei ~ da dire a riguardo*** ich hätte diesbezüglich sehr viel zu sagen; ***non ne so ~*** davon weiß ich nicht viel; ***né ~ né poco*** weder viel noch wenig; ***-i credono nell'astrologia*** viele glauben an die Astrologie; ***-i di loro*** viele von ihnen; ***eravamo in -i*** wir waren viele **IV** m. **molto** Viele *n.* ◆ ***essere ~ avanti*** weit voraus sein; ***-e cose*** viel; ***da ~*** seit langem; COLLOQ. ***di ~*** sehr viel; ***questa casa è meglio, ma di ~!*** dieses Haus ist wirklich sehr viel besser; ***a dir ~*** höchstens; ***~ dopo*** viel später; ***è ~ (tempo)*** es ist lange her; ***è ~ che non lo vedo*** ich habe ihn schon lange (*o* seit langer Zeit) nicht mehr gesehen; ***fra non ~*** in Kürze; ***~ fumo e poco arrosto*** viel Lärm um nichts; ***è già ~ se viene*** es wäre schon viel, wenn er kommen würde; ***-e grazie!*** vielen Dank! ***essere ~ indietro*** weit zurück sein; ***ti manca ~ a finire?*** dauert es noch lange, bis du fertig bist? ***metterci ~*** lange brauchen; ***per ~ (tempo)*** lange; ***ne avrai ancora per ~?*** brauchst du noch lange? ***~ prima*** viel früher; ***non ci vuole ~ a capirlo*** es gehört nicht viel dazu, um das zu verstehen.

Mo|luc|che n.pr.f.pl. Molukken *pl.*

mo|men|ta|ne|a|men|te avv. augenblicklich, momentan.

mo|men|ta|ne|o agg. **1** augenblicklich, momentan: ***miglioramento ~*** momentane Besserung **2** *(passeggero)* vorübergehend: ***dolore ~*** vorübergehender Schmerz.

mo|men|to m. **1** *(istante)* Moment *m.*, Augenblick *m.*: ***hai un ~ di tempo (per me)?*** hast du einen Moment Zeit (für mich)? ***tutto è successo in un ~*** alles ist in einem Augenblick geschehen; ***smettila di mangiare per un ~!*** hör mal einen Moment auf zu essen! ***smetti (per) un ~ di parlare*** sei einen Moment still; ***un ~ d'incertezza*** ein Augenblick der Unsicherheit; ***in un ~ di collera*** in einem Moment der Wut; ***in un brutto ~*** in einem ungünstigen Augenblick **2** *(circostanza, occasione)* Moment *m.*, Zeitpunkt *m.*: ***cogliere, non cogliere (perdere) il ~ favorevole*** den rechten Moment erwischen, verpassen; ***ora è il ~ di agire*** jetzt ist der richtige Moment, etwas zu tun; ***non è il ~ di scherzare*** dies ist nicht der richtige Zeitpunkt, um Witze zu machen; ***questo è il suo ~*** dies ist sein großer Moment; ***un ~ solenne*** ein feierlicher Moment; ***al ~ giusto*** im richtigen Moment; ***quando sarà il ~ lo farò*** wenn es so weit ist, werde ich es tun **3** *(periodo, tempo)* Zeit *f.*, Periode *f.*: ***è un ~ di sfiducia verso le istituzioni*** es ist eine Periode des Misstrauens gegenüber den Institutionen; ***è stato un brutto ~*** es war eine schwere Zeit; ***-i difficili*** schwere Zeiten **4** COLLOQ. *(piccola quantità)* ein bisschen, etwas: ***spostati un ~ più a destra*** rück ein bisschen (weiter) nach rechts **5** FIS. Moment *n.*: ***~ magnetico*** magnetisches Moment ◆ ***a -i*** *(fra poco)* gleich; *(per poco)* beinahe; ***sarà qui a -i*** er wird gleich da sein; ***a -i mi faceva cadere*** seinetwegen wäre ich beinahe hingefallen; ***a -i ride e a -i piange*** mal lacht er, mal weint er; ***al ~*** zur Zeit; COMM. ***al ~ della consegna*** bei Lieferung; ***al ~ di...*** gerade als...; ***al ~ di dirtelo...*** gerade als ich es dir sagen wollte...; ***in un altro ~*** ein anderes Mal; FIS. ***~ angolare*** Drall *m.*; ***da un ~ all'altro*** jeden Augenblick (*o* jeden Moment); *(all'improvviso)* von heute auf morgen; ***da questo ~ (in poi)*** von jetzt ab; ***da quel ~ (in poi)*** seit dieser Zeit; ***dal ~ che...*** da...; ***dal ~ che piove non esco*** da es regnet, gehe ich nicht aus; ***del ~*** des Augenblicks: ***il politico, il fatto del ~*** der Politiker, das Ereignis des Augenblicks; ***di ~ in ~*** jeden Augenblick; ***la sua malattia peggiorava di ~ in ~*** seine Krankheit verschlechterte sich zusehends; ***un ~ fa*** vor kurzem (*o* gerade eben); ***fino a quel ~*** bis dahin; ***fino a questo ~*** bis jetzt; ***fin da questo ~*** von jetzt an; FIS. ***~ di una forza*** Kraftmoment *n.*; ***fra un ~*** gleich; MECC. ***~ frenante*** Bremsmoment *n.*; FIS. ***~ d'inerzia*** Trägheitsmoment *n.*; ***non avere un ~ libero*** keine freie Minute haben; MUS. ***~ musicale*** Moment musical *n.*; ***nel ~ in cui*** in dem Moment, als...; COLLOQ. ***è in uno dei suoi -i no*** = er ist zur Zeit schlechter Laune; ***ogni ~*** ständig; ***per il ~*** fürs erste; *(momentaneamente)* momentan; ***non c'è un ~ da perdere*** wir haben keine Zeit zu verlieren; ***in un primo ~*** zuerst (*o* anfänglich); ***in qualsiasi, qualunque ~*** jederzeit; ***in questo ~*** in diesem Augenblick, momentan; *(proprio ora)* gerade eben; ***l'ho detto in questo ~*** ich habe es gerade (eben) gesagt; ***sul ~*** in dem Moment; MECC. ***~ torcente*** Drehmoment *n.*; ***tutti i -i*** dauernd; ***all'ultimo ~*** im letzten Moment; ***un ~!*** einen Moment! (*o* einen Augenblick!); ***in un ~*** sofort: ***finiremo in un ~*** wir werden sofort fertig sein; COLLOQ. ***uscire, entrare un ~*** kurz hinaus_gehen, hinein_gehen.

mo|na|ca f. *(-che)* **1** Nonne *f.*, Ordensschwester *f.*; ***farsi ~*** ins Kloster gehen; ***convento di -che*** Nonnenkloster *n.*

mo|na|ca|le agg. **1** klösterlich: ***condurre una vita ~*** ein klösterliches Leben führen (anche FIG.); ***rigore ~*** klösterliche Strenge (anche FIG.) **2** *(di monaco)* Mönchs-; *(di monaca)* Nonnen-: ***abito ~*** Mönchskutte *f.*; *(di monaca)* Nonnentracht *f.*; ***ordine ~*** Mönchsorden *m.*; *(di monache)* Nonnenorden *m.*; ***velo ~*** Schleier *m.* **mo|na|ca|to** m. *(di monaco)* Mönchstum *n.*; *(di monaca)* Nonnentum *n.* **mo|na|ca|zio|ne** f. Einkleidung *f.*

mo|na|cen|se → **monachese.**

mo|na|chel|la f. **1** junge Nonne *f.* **2** ZOOL. Bachstelze *f.*

mo|na|che|se I agg. Münch(e)ner **II** m. e f. Münch(e)ner *m.* (-in *f.*).

mo|na|che|si|mo m. Mönchstum *n.*, Mönchswesen *n.* **mo|na|chi|na** f. **1** Nönnchen *n.* **2** FIG. IRON. Unschuldsengel *m.*: ***con quell'aria da ~*** mit ihrer Unschuldsmiene **3** ZOOL. Säbelschnäbler *m.* **mo|na|co** m. *(-ci)* Mönch *m.*: ***-ci buddisti*** buddhistische Mönche ◆ ***~ benedettino*** Benedektinermönch *m.*; ***cella di ~*** Mönchszelle *f.*; ***~ cluniacense*** Kluniazenser *m.*; PROV. ***l'abito non fa il ~*** die Kutte macht noch keinen Mönch.

1.Mo|na|co n.pr.f. ~ ***(di Baviera)*** München *n.*

2.Mo|na|co n.pr.m. Monaco *n.*: ***Principato di ~*** Fürstentum *n.* Monaco.

mo|na|de f. Monade *f.*; ***teoria delle -i*** Monadenlehre *f.* **mo|na|di|smo** m. Monadenlehre *f.*

mo|nar|ca m. *(-chi)* Monarch *m.*

mo|nar|chi|a f. Monarchie *f.* ◆ ***~ assoluta*** absolute Monarchie; ***~ costituzionale*** konstitutionelle Monarchie; ***~ per diritto divino*** Monarchie *f.* von Gottes Gnaden; ***~ elettiva*** Wahlmonarchie *f.*; ***~ ereditaria*** Erbmonarchie *f.*; ***~ illuminata*** aufgeklärte Monarchie.

mo|nar|chi|co I agg. *(-ci,-che)* **1** monarchisch: ***potere ~*** monarchische Macht **2** *(che sostiene la monarchia)* monarchistisch: ***partito ~*** monarchistische Partei **II** m. *(-ci)* Monarchist *m.* ◆ ***stato ~*** Monarchie *f.*

mo|na|ste|ro m. Kloster *n.*: ***entrare in ~*** ins Kloster gehen.

mo|na|sti|co agg. *(-ci,-che)* Kloster-, klösterlich, monastisch: ***beni -ci*** klösterlicher Besitz; ***rigore ~*** klösterliche Strenge (anche FIG.); ***condurre una vita -a*** ein klösterliches Leben führen (anche FIG.) ◆ ***abito ~*** *(di monaco)* Mönchskutte *f.*; *(di monaca)* Nonnentracht *f.*; ***ordine ~*** *(di monaci)* Mönchsorden *m.*; *(di monaca)* Frauenorden *m.*; ***regola -a*** Klosterregel *f.*

mo|nat|to m. Leichenträger *m.*

Mon|ce|ni|sio n.pr.m. Mont Cenis *m.*: ***passo del ~*** Mont-Cenis-Pass *m.*

mon|che|ri|no m. Armstumpf *m.*

mon|co I agg. *(-chi,-che)* verstümmelt (anche FIG.): ***gamba, persona -a*** verstümmeltes Bein, verstümmelter Mensch; ***mano -a delle dita*** Hand ohne Finger; ***essere ~ di un braccio, di una gamba*** einen Arm, ein Bein verloren haben; ***discorso ~*** verstümmelte Rede **II** m. *(-chi)* Krüppel *m.*

mon|co|ne m. Stumpf *m.*, Stummel *m.* ◆ ***~ di braccio*** Armstumpf *m.*; ***~ di dente*** Zahnstumpf *m.*; ***~ di gamba*** Beinstumpf *m.*

mon|da f. Unkrautvernichtung *f.* auf Reisfeldern.

mon|da|na f. Freudenmädchen *n.* **mon|da|na|men|te** avv. mondän.

mon|da|ni|tà f. **1** *(secolarità)* Weltlichkeit *f.* **2a** *(frivolezza)* Mondänität *f.*: ***la ~ dell'alta società*** die Mondänität der Highsociety; ***darsi alla ~*** ein mondänes Leben führen **b** *(divertimento)* mondänes Vergnügen *n.* **3** *(bel mondo)* Highsociety *f.*, obere Gesellschaftsschicht *f.*

mon|da|no agg. **1a** *(dell'alta società, frivolo)* mondän, gesellschaftlich: ***ricevimento ~*** Empfang der großen Welt; ***vita -a*** mondänes Leben; ***gusto ~*** mondäner Geschmack **b** *(di persona)* mondän, weltmännisch, lebemännisch: ***gente -a*** mondäne Leute **2** *(di questo mondo)* irdisch, weltlich: ***beni -i*** irdische Güter; ***piaceri -i*** weltliche Freuden ◆ ***cronista ~*** Klatschkolumnist *m.*; ***pettegolezzi -i*** Gesellschaftsklatsch *m.*

mon|da|re I tr. **1** *(sbucciare)* schälen: ***~ il riso, la frutta*** den Reis, das Obst schälen; ***~ l'orzo*** die Gerste dreschen **2** *(di verdure)* putzen: ***~ l'insalata*** den Salat putzen **3** FIG. LETT. *(purificare)* läutern: ***~ lo spirito*** den Geist läutern; ***~ l'anima dai peccati*** die Seele von den Sünden reinigen **II** pronom. **mondarsi** sich läutern. **mon|da|tu|ra** f. **1** Schälen *n.*: ***la ~ del riso*** das Schälen des Reises **2** *(pulitura)* Reinigung *f.*, Putzen *n.*

mon|dez|za|io m. *(-ai)* REGION. **1a** Müllabladeplatz *m.*; *(letamaio)* Misthaufen *m.* **b** ESTENS. *(luogo sporco)* Schweinestall *m.* **2a** FIG. *(luogo corrotto)* Lasterhöhle *f.* **b** *(cumulo di cose turpi)* Haufen *m.*: ***un ~ di calunnie*** ein Haufen Verleumdungen.

mon|dia|le I agg. **1** Welt-, weltweit: ***di importanza ~*** von weltweiter Bedeutung **2** COLLOQ. *(straordinario)* super, spitze: ***sei stato ~!*** du bist super (*o* spitze) gewesen! **II** m.pl. Weltmeisterschaft *f.* ◆ ***atlante ~*** Weltatlas *m.*; ***avvenimento ~*** Weltereignis *n.*; ***banca ~*** Weltbank *f.*; ***-i di calcio*** Fußballweltmeisterschaft *f.*; ***campionato ~*** Weltmeisterschaft *f.*; ***campione ~*** Weltmeister *m.*; ***commercio ~*** Welthandel *m.*; ***crisi ~*** Weltkrise *f.*; ***crisi economica ~*** Weltwirtschaftskrise *f.*; ***economia ~*** Weltwirtschaft *f.*; ***esposizione ~*** Weltausstellung *f.*; ***fama ~*** Weltberühmtheit *f.*; ***di fama ~*** weltberühmt; ***stella di fama ~*** Weltstar *m.*; ***guerra ~*** Weltkrieg *m.*; ***la prima e la seconda guerra ~*** der Erste und der Zweite Weltkrieg; ***impero ~*** Weltreich *n.*; ***letteratura ~*** Weltliteratur *f.*; ***mercato ~*** Weltmarkt *m.*; ***opinione pubblica ~*** Weltöffentlichkeit *f.*; ***organizzazione ~*** Weltorganisation *f.*; ***organizzazione ~ della sanità*** Weltgesundheitsorganisation *f.*; ***pace ~*** Weltfrieden *m.*; ***congresso ~ per la pace*** Weltfriedenskongress *m.*; ***politica ~*** Weltpolitik *f.*; ***potenza ~*** Weltmacht *f.*; ***prima ~*** Welturaufführung *f.*; ***primatista ~*** Weltrekordler *m.*; ***primato ~*** Weltrekord *m.*, Weltbestleistung *f.*; ***detentore di un primato ~*** Weltrekordinhaber *m.*; ***situazione ~*** Weltlage *f.*; ***successo ~*** Welterfolg *m.*; SPORT ***titolo ~*** Weltmeistertitel *m.*

mon|dia|liz|za|re tr. weltweit aus‿dehnen. **mon|dia|liz|za|zio|ne** f. weltweite Ausdehnung *f.*

mon|dial|men|te avv. weltweit; ***scienziato ~ noto*** weltbekannter Wissenschaftler.

mon|di|na f. Unkrautjäterin *f.* (auf Reisfeldern).

1.mon|do agg. LETT. **1** *(pulito)* sauber **2** *(sbucciato)* geschält **3** FIG. *(puro)* rein ◆ ***~ da peccati*** frei von Sünden.

2.mon|do m. **1a** Welt *f.*: ***la creazione del ~*** die Erschaffung der Welt; ***la montagna più alta del ~*** der höchste Berg der Welt; ***andare per il ~*** durch die Welt ziehen; ***girare il ~*** um die Welt reisen; ***fuggire il ~*** weltabgewandt leben; ***il ~ dei greci, dei romani*** die Welt der Griechen, der Römer; ***il ~ antico*** die Welt der Antike; ***il ~ di un bambino*** die Welt eines Kindes; ***lottare per un ~ migliore*** für eine bessere Welt kämpfen; ***apparteniamo a -i diversi*** uns trennen Welten **b** FIG. ***è la cosa più bella del ~*** das ist die schönste Sache der Welt; ***vecchio come il ~*** uralt **c** FILOS. ***il ~ sensibile*** die sinnliche Welt; ***il ~ sovrasensibile*** die übersinnliche Welt; ***il ~ delle idee*** die Welt der Ideen **2** *(umanità)* Menschheit *f.*: ***rivolgersi al ~*** sich an die Menschheit wenden **3** *(gioco)* Kästchenhüpfen *n.* **4a** FIG. *(gran quantità)* Menge *f.*: ***avere un ~ di cose da fare*** eine Menge zu tun haben; ***sapere un ~ di cose*** allerhand wissen **b** *(molto)* großartig: ***divertirsi un ~*** sich großartig (*o* köstlich) amüsieren ◆ ***~ degli affari*** Geschäftswelt *f.*; ***al ~*** auf der Welt; ***per niente al ~*** um nichts auf der Welt; ***non c'è persona al ~ che ti possa aiutare*** es gibt absolut niemanden, der dir helfen kann; ***altro ~*** Jenseits *n.*; ***andare all'altro ~*** das Zeitliche segnen; ***mandare qcn. all'altro ~*** jdn ins Jenseits befördern; ***cose dell'altro ~!*** was du nicht sagst! ***~ animale*** Tierwelt *f.*; ***il bel ~*** die bessere Gesellschaft; ***~ cane!*** Mist! ***essere, andare in capo al ~*** am Ende der Welt sein, bis ans Ende der Welt gehen; ***cascasse il ~!*** selbst wenn die Welt untergehen sollte! ***~ del cinema*** Kinowelt *f.*; ***cittadino del ~*** Weltbürger *m.*; ***da che ~ è ~*** = seit undenklichen Zeiten; ***~ economico*** Wirtschaft *f.*; ***~ della finanza*** Finanzwelt *f.*; ***fine del ~*** Weltuntergang *m.*; FIG. ***essere la fine del ~*** sagenhaft sein; ***questa moto è la fine del ~*** dieses Motorrad ist sagenhaft; ***è successa la fine del ~*** es ist ein totales Chaos ausgebrochen; ***non è mica la fine del ~!*** davon geht die Welt nicht unter! ***vivere fuori dal ~*** weltfremd sein; ***giro del ~*** Weltreise *f.*; ***~ interiore*** Innenwelt *f.*; ***~ del lavoro*** Arbeitswelt *f.*; ***mettere al ~*** auf die Welt bringen; ***mezzo ~*** halbe Welt; ***ha girato mezzo ~*** er ist um die halbe Welt gereist; *(molta gente)* eine Menge Leute; ***c'era mezzo ~*** es waren eine Menge Leute da; *(tutti)* alle Welt; ***lo sa mezzo ~*** das weiß alle Welt; ***mettere in moto mezzo ~*** Himmel und Hölle in Bewegung setzen; ***~ della moda*** Modewelt *f.*; ***il Nuovo Mondo*** die Neue Welt; ***crede di essere il padrone del ~*** = er glaubt wohl, hier den Ton angeben zu können; ***tutto il ~ è paese*** es wird überall mit Wasser gekocht; ***com'è piccolo il ~!*** so klein ist die Welt! ***~ politico*** Welt der Politik; ***vivere nel proprio ~*** in seiner eigenen Welt leben; ***il Quarto Mondo*** die Vierte Welt; ***rinunciare al ~*** auf das weltliche Leben verzichten; ***saper stare al ~*** zu leben wissen; ***~ terreno*** irdische Welt; ***il Terzo Mondo*** die Dritte Welt; ***paesi del Terzo Mondo*** Dritte-Welt-Länder *pl.*; ***~ ultraterreno*** überirdische Welt; ***uomo di ~*** Mann von Welt; ***così va il ~*** das ist der Lauf der Welt; ***il Vecchio Mondo*** die Alte Welt; ***venire al ~*** auf die Welt kommen; ***in che ~ vivi?*** wo lebst du eigentlich? PROV. ***il mondo è bello perché è vario*** = die Welt ist schön, weil sie vielseitig ist.

mon|do|vi|sio|ne f. ***in ~*** weltweit; ***trasmettere in ~*** weltweit übertragen; ***trasmissione in ~*** weltweite Übertragung.

mo|ne|ga|sco I agg. *(-schi,-sche)* monegassisch **II** m. *(-schi)* Monegasse *m.*

mo|nel|le|ri|a f. **1** Schelmerei *f.*, Schalkhaftigkeit *f.* **2** *(azione)* Schelmenstreich *m.*, Lausbubenstreich *m.* **mo|nel|le|sco** agg. *(-schi, -sche)* schelmisch, schalkhaft: ***comportamento ~*** schelmisches Verhalten. **mo|nel|lo** m. **1** Straßenjunge *m.* **2** ESTENS. Schelm *m.*, Lausbube *m.*

mo|ne|ma m. *(-i)* Monem *n.*

mo|ne|ta f. **1** Münze *f.*, Geldstück *n.*: ***~ da un marco*** Einmarkstück *n.*; ***falsificare -e*** Münzen fälschen; ***coniare una ~*** eine Münze prägen; ***mettere fuori corso una ~*** eine Münze außer Kurs setzen; ***collezionare -e*** Münzen sammeln; ***~ romana*** römische Münze **2** *(spiccioli)* Kleingeld *n.*: ***non avere ~*** kein Kleingeld haben; ***hai un po' di ~?*** hast du etwas Kleingeld? ***può darmi mille lire in ~?*** können Sie mir tausend Lire in Kleingeld wechseln? **3** *(valuta)* Währung *f.*, Geld *n.*: ***la ~ tedesca*** die deutsche Währung **4** *(mezzo di pagamento)* Zahlungsmittel *n.*: ***usare qcs. come ~*** etw. als Zahlungsmittel verwenden ◆ ***~ d'argento*** Silbermünze *f.*; ***~ bancaria*** Bankgeld *n.*; FIG. ***prendere qcs. per buona ~*** etw. für bare Münze nehmen; ***~ cartacea*** Papiergeld *n.*; ***~ in circolazione*** Geld *n.* im Umlauf; ***collezione di -e*** Münzsammlung *f.*; ***~ commemorativa*** Gedenkmünze *f.*; ***~ contante*** Bargeld *n.*; ***~ di conto*** Kontowährung *f.*; ***~ fuori corso*** außer Kurs gesetztes Geld; ***~ debole*** schwache (*o* weiche) Währung; ***~ falsa*** Falschgeld *n.*; ***~ forte*** starke Währung, Hartwährung *f.*; ***~ legale*** gesetzliches Geld; ***mercato delle -e*** Münzmarkt *m.*; ***~ metallica*** Münzgeld *n.*; ***~ d'oro*** Goldmünze *f.*; ***~ di rame*** Kupfermünze *f.*; ***rivalutazione della ~*** Geldaufwertung *f.*; ***pagare in ~ sonante*** in klingender Münze bezahlen; ***~ spicciola*** Kleingeld *n.*; FIG. ***(ri)pagare qcn. con la sua stessa ~*** es jdm mit gleicher Münze heim‿zahlen (*o* zurück‿zahlen); ***svalutazione della ~*** Geldabwertung *f.*; ***la vile ~*** das gemeine Geld.

mo|ne|ta|bi|le agg. **1** *(di metalli)* münzbar **2** *(valutabile in denaro)* in Geldwert schätzbar. **mo|ne|ta|re** tr. **1** *(di metalli)* münzen **2** *(valutare in denaro)* Geldwert verleihen.

mo|ne|ta|rio agg. *(-ri,-rie)* Münz-, Geld-, Währungs- ◆ ***accordo ~*** Währungsabkommen *n.*; ***corso ~*** Geldkurs *m.*; ***Fondo ~ internazionale*** Internationaler Währungsfonds; ***legge -a*** Münzrecht *n.*; ***mercato ~*** Geldmarkt *m.*; ***ordinamento ~*** Währungsordnung *f.*; ***politica -a*** Währungspolitik *f.*; ***riforma -a*** Währungsreform *f.*; ***serpente ~*** Währungsschlange *f.*; ***sistema ~*** Währungssystem *n.*; ***unità -a*** Währungseinheit *f.*; ***valore ~*** Geldwert *m.* **mo|ne|ta|ri|smo** m. Monetarismus *m.* **mo|ne|ta|ri|sta** *(-i,-e)* **I** m. e f. Monetarist *m.* (-in *f.*) **II** agg. monetaristisch. **mo|ne|ta|ri|sti|co** agg. *(-ci,-che)* monetaristisch.

mo|ne|ta|zio|ne f. Münzung *f.*

mo|ne|ti|na f. kleine Münze *f.* ◆ ***tirare una ~ in aria*** auf Kopf oder Zahl spielen.

mo|ne|tiz|za|re tr. in Geld um‿wandeln, monetisieren.

mon|gol|fie|ra f. Heißluftballon *m.*, Montgolfiere *f.*

Mon|go|lia n.pr.f. Mongolei *f.* **mon|go|li|co** agg. *(-ci,-che)* **1** mongolisch **2** *(simile ai mongoli)* Mongolen-: ***occhi -ci*** Mongolenaugen. **mon|go|li|de I** agg. mongolid **II** m. Mongolide *m.*

mon|go|li|smo m. Mongolismus *m.* **mon|go|lo I** agg. mongolisch: ***popolazioni -e*** mongolische Völker **II** m. **1** Mongole *m.* **2** *(dialetto)* Mongolisch(e) *n.* **mon|go|loi|de I** agg. **1** ETNOL. mongolid **2** MED. mongoloid **II** m. MED. Mongoloide *m.*

mon|go|me|ri m.inv. Dufflecoat *m.*

Mo|ni|ca n.pr.f. Monika *f.*

mo|ni|le m. **1** *(collana)* Halsband *n.*, Halskette *f.* **2** *(gioiello)* Schmuckstück *n.*

mo|ni|smo m. Monismus *m.* **mo|ni|sti|co** agg. *(-ci,-che)* monistisch.
mo|ni|to m. Mahnung *f.*
mo|ni|tor m.inv. **1** Monitor *m.*, Überwachungsgerät *n.*: ***~ cardiaco*** Herzüberwachungsgerät *n.* **2** TELEV. INFORM. Kontrollbildschirm *m.*, Videomonitor *m.* **mo|ni|to|rag|gio** m. *(-gi)* **1** Überwachung *f.* (über Bildschirm): ***~ esterno, interno*** externe, interne Überwachung **2** ESTENS. *(controllo)* Überwachung *f.*: ***~ dei prezzi*** Überwachung der Preisentwicklung. **mo|ni|to|ra|re** tr. *(monitoro)* überwachen.
mo|ni|to|re m. ANTIQ. Monitor *m.* (anche MIL.) **mo|ni|to|rio** agg. *(-ri,-rie)* mahnend, Mahn-: ***lettera -a*** Mahnbrief *m.*
mon|na f. ANT. Frau *f.*; ***~ Lisa*** Mona Lisa.
mo|no|as|se agg. einachsig, Einachs-: ***rimorchio ~*** Einachsanhänger *m.*
mo|no|a|to|mi|co agg. *(-ci,-che)* einatomig: ***molecola -a*** einatomiges Molekül. **mo|no|ba|si|co** agg. *(-ci,-che)* einbasig, einbasisch. **mo|no|bloc|co I** agg.inv. Block-: ***motore ~*** Blockmotor *m.* **II** m. *(-chi)* **1** AUT. Zylinderblock *m.* **2** *(di cucina)* Einbauküche *f.*
mo|no|ca|me|ra f. Einzimmerwohnung *f.* **mo|no|ca|me|ra|le** agg. Einkammer-: ***sistema ~*** Einkammersystem *n.* **mo|no|ca|me|ra|li|smo** m. Einkammersystem *n.*
mo|no|cel|lu|la|re agg. einzellig. **mo|no|ci|lin|dri|co** agg. *(-ci,-che)* Einzylinder-: ***motore ~*** Einzylindermotor *m.* **mo|no|ci|to** m. Monozyt *m.*
mo|no|co|lo I agg. einäugig **II** m. **1** *(lente)* Monokel *n.*: ***portare il ~*** ein Monokel tragen **2** *(canocchiale)* Fernrohr *n.* **mo|no|co|lo|re** agg.inv. **1** einfarbig **2** POL. ***governo ~*** Einparteienregierung *f.* **mo|no|col|tu|ra** f. Monokultur *f.*: ***la ~ impoverisce il terreno*** die Monokultur laugt den Boden aus. **mo|no|cor|de** agg. eintönig: ***discorso ~*** eintönige Rede.
mo|no|co|ti|le|do|ne I agg. einkeimblättrig, monokotyl **II** f.pl. Monokotyle *pl.*, Monokotyledone *pl.*
mo|no|cro|ma|ti|co agg. *(-ci,-che)* **1** einfarbig, monochrom **2** FIS. monochromatisch. **mo|no|cro|ma|ti|smo** m. **1** PITT. Monochromismus *m.* **2** MED. Monochromasie *f.* **mo|no|cro|mi|a** f. Monochromismus *m.* **mo|no|cro|mo, mo|no|cro|mo** agg. einfarbig, monochrom.
mo|no|cu|la|re agg. monokular.
mo|no|cul|tu|ra → **monocoltura.**
mo|no|di|a f. Monodie *f.* **mo|no|di|co** agg. *(-ci,-che)* monodisch, einstimmig.
mo|no|di|re|zio|na|le agg. unidirektional. **mo|no|do|se** agg.inv. ***confezione ~*** Einerpackung *f.* **mo|no|e|li|ca** agg.inv. Einpropeller-. **mo|no|fa|se** agg.inv. einphasig, Einphasen-: ***corrente ~*** Einphasenstrom *m.* **mo|no|fi|si|smo** m. Monophysitismus *m.* **mo|no|fi|si|ta** *(-i,-e)* **I** agg. monophysitisch **II** m. e f. Monophysit (-in *f.*). **mo|no|fo|ni|co** agg. *(-ci,-che)* monophon: ***registrazione -a*** monophone Aufnahme.
mo|no|fo|ra I agg.f. einbogig **II** f. einbogiges Fenster *n.*
mo|no|ga|mi|a f. Monogamie *f.* **mo|no|ga|mi|co** agg. *(-ci,-che)* monogamisch. **mo|no|ga|mo I** agg. monogam **II** m. Monogame *m.*
mo|no|ge|ne|si f. Monogenetik *f.* **mo|no|ge|ne|ti|co** agg. *(-ci,-che)* monogenetisch.
mo|no|gra|fi|a f. Monographie *f.* **mo|no|gra|fi|co** agg. *(-ci,-che)* monographisch: ***corso ~*** monographischer Kurs. **mo|no|gram|ma** m. *(-i)* Namenszeichen *n.*, Monogramm *n.*
mo|no|ki|ni m.inv. Topless *m.*
mo|no|lin|gue agg.inv. einsprachig: ***dizionario ~*** einsprachiges Wörterbuch.
mo|no|li|ti|ca|men|te avv. monolithisch. **mo|no|li|ti|co** agg. *(-ci,-che)* **1** monolithisch (anche FIG.): ***colonna -a*** monolithische Säule; ***partito ~*** monolithische Partei **2** *(incrollabile)* unerschütterlich: ***carattere ~*** unerschütterlicher Charakter. **mo|no|li|ti|smo** m. Unerschütterlichkeit *f.*: ***il ~ di un'ideologia*** die Unerschütterlichkeit einer Ideologie. **mo|no|li|to** m. Monolith *m.*
mo|no|lo|ca|le m. Einzimmerwohnung *f.*
mo|no|lo|ga|re intr. *(monologo, monologhi*; aus. *avere)* **1** einen Monolog vor‿tragen **2** *(parlare da soli)* Selbstgespräche führen. **mo|no|lo|go** m. *(-ghi)* Monolog *m.*, Selbstgespräch *n.*: ***~ interiore*** innerer Monolog.
mo|no|man|da|ta|rio agg. *(-ri,-rie)*: ***agente ~*** Handelsvertreter *m.*
mo|no|ma|ni|a f. Monomanie *f.* **mo|no|ma|ni|a|co I** agg. *(-ci,-che)* monomanisch **II** m. *(-ci)* Monomane *m.*
mo|no|me|ro I agg. monomer **II** m. Monomere *n.* **mo|no|mio** m. *(-mi)* Monom *n.* **mo|no|mo|to|re I** agg. einmotorig **II** m. einmotoriges Flugzeug *n.* **mo|no|nu|cle|a|to** agg. einkernig. **mo|no|nu|cle|o|si** f. Mononukleose *f.*
mo|no|par|ti|ti|co agg. *(-ci,-che)* Einpartei(en)-: ***regime ~*** Einparteienregierung *f.* **mo|no|par|ti|ti|smo** m. Einparteiensystem *n.*
mo|no|pat|ti|no m. Roller *m.*; ***andare in ~*** (mit dem) Roller fahren. **mo|no|pet|to I** agg.inv. einreihig **II** m.inv. Einreiher *m.* **mo|no|pla|no** m. Eindecker *m.*: ***~ ad ala bassa*** Tiefdecker *m.* **mo|no|ple|gi|a** f. Monoplegie *f.* **mo|no|po|li** m.inv. Monopoly *n.*
mo|no|po|lio m. *(-li)* Monopol *n.* (anche FIG.): ***esercitare un ~*** ein Monopol aus‿üben; ***detenere il ~ di una merce*** das Monopol für eine Ware haben; ***la scienza non è più ~ dei soli uomini*** die Wissenschaft ist nicht mehr das Monopol der Männer; ***la verità non è ~ di nessuno*** die Wahrheit ist niemand(e)s Monopol ◆ ***~ commerciale*** Handelsmonopol *n.*; ***detentore di ~*** Monopolinhaber *m.*; ***~ finanziario*** Finanzmonopol *n.*; ***generi di ~*** staatliche Monopolwaren; ***~ imperfetto*** teilweises Monopol; ***~ di mercato*** Marktmonopol *n.*; ***~ nazionale*** staatliches Monopol *n.*; ***~ perfetto*** vollständiges Monopol; ***posizione di ~*** Monopolstellung *f.*; ***~ postale*** Postmonopol *n.*; ***prezzo di ~*** Monopolpreis *m.*; ***~ di stato*** Staatsmonopol *n.*; ***~ dei tabacchi*** Tabakmonopol *n.*
mo|no|po|li|sta m. e f. *(-i,-e)* Monopolist *m.* (-in *f.*). **mo|no|po|li|sti|co** agg. *(-ci,-che)* monopolistisch: ***una politica -a*** eine monopolistische Politik. **mo|no|poliz|za|re** tr. monopolisieren (anche FIG.): ***~ l'attenzione*** die Aufmerksamkeit monopolisieren. **mo|no|po|liz|za|to|re I** m. Monopolist *m.* **II** agg. monopolistisch, Monopol-. **mo|no|po|liz|za|zio|ne** f. Monopolisierung *f.*
mo|no|po|sto I agg.inv. einsitzig: ***motocicletta ~*** einsitziges Motorrad, Solomaschine *f.* **II** m. Einsitzer *m.*, Monoposto *m.* **mo|no|re|at|to|re** m. Eindüsenflugzeug *n.* **mo|no|red|di|to** agg. mit einem (einzigen) Einkommen: ***famiglia ~*** Familie mit einem einzigen Einkommen. **mo|no|ro|ta|ia I** agg. Einschienen-: ***ferrovia ~*** Einschienenbahn *f.* **II** f. Einschienenbahn *f.*: ***trasporti su ~*** Beförderung auf Einschienenbahn ◆ ***~ sopraelevata*** Einschienenhochbahn *f.* **mo|no|sac|ca|ri|de** m. Monosaccharid *n.*
mo|no|scì m.inv. Einbrettski *m.* **mo|no|scoc|ca** f. selbsttragende Karosserie *f.* **mo|no|sco|pio** m. *(-pi)* Testbild *n.*
mo|no|se|mi|a f. Monosemie *f.* **mo|no|se|mi|co** agg. *(-ci,-che)* monosem. **mo|no|sil|la|bi|co** agg. *(-ci,-che)* einsilbig. **mo|no|sil|la|bo I** agg. einsilbig **II** m. einsilbiges Wort *n.* ◆ ***rispondere a -i*** einsilbig antworten. **mo|nos|si|do** m. Monoxid *n.* ◆ ***~ di carbonio*** Kohlenmonoxid *n.*
mo|no|te|i|smo m. Monotheismus *m.* **mo|no|te|i|sta** *(-i,-e)* **I** agg. monotheistisch **II** m. e f. Monotheist *m.* (-in *f.*). **mo|no|te|i|sti|co** agg. *(-ci,-che)* monotheistisch.
mo|no|te|ma|ti|co agg. *(-ci,-che)* monothematisch. **mo|no|ti|pi|a** f. Monotypie *f.* **mo|no|ti|po** m. Monotypie *f.*
mo|no|to|ni|a f. Eintönigkeit *f.*, Monotonie *f.*: ***la ~ di un film*** die Monotonie eines Films.
1.mo|no|to|no agg. **1** monoton, eintönig: ***vita -a*** monotones Leben **2** *(noioso)* langweilig: ***discorso ~*** langweilige Rede.
2.mo|no|to|no agg. monoton: ***funzione -a*** monotone Funktion.
mo|no|tre|mi m.pl. Monotremen *pl.* **mo|not|ton|ga|zio|ne** f. Monophthongierung *f.* **mo|not|ton|go** m. *(-ghi,-ghe)* Monophthong *m.*
mo|no|type [-'taip] f.inv. Monotype® *f.*
mo|no|u|so agg.inv. Einweg- ◆ ***bottiglia ~*** Einwegflasche *f.*; ***confezione ~*** Einwegverpackung *f.*; ***lenti ~*** Einweglinsen; ***siringa ~*** Einwegspritze *f.*
mo|no|va|len|te agg. einwertig, monovalent: ***legame ~*** monovalente Verbindung; ***siero ~*** einwertiges Serum. **mo|no|va|len|za** f. Einwertigkeit *f.*, Monovalenz *f.* **mo|no|vo|lu|me I** agg.inv. einbändig **II** f. AUT. Auto *n.* mit Einraumkarrosserie.
mo|no|vu|la|re agg. eineiig. **mo|no|zi|go|te** agg. monozygot: ***gemelli -i*** monozygote Zwillinge. **mo|no|zi|go|ti|co** → **monozigote.**
mons. ⇒ *monsignore* Monsignore (Mgr.).
mon|si|gno|re m. Monsignore *m.*
mon|so|ne m. Monsun *m.*: ***~ estivo*** Sommermonsun *m.*; ***~ invernale*** Wintermonsun *m.* **mon|so|ni|co** agg. *(-ci,-che)* Monsun-, monsunisch: ***piogge -che*** Monsunregen.
mon|ta f. **1** Decken *n.*, Deckung *f.*: ***portare un animale alla ~*** ein Tier zum Decken bringen **2** EQUIT. Reiten *n.*: ***sistema inglese di ~*** englische Reitart.
mon|ta|ca|ri|chi m.inv. Lastenaufzug *m.*, Warenaufzug *m.*
mon|tag|gio m. *(-gi)* **1a** Montage *f.* **b** *(installazione)* Einbau *m.* **2** CINEM. Montage *f.*, Schnitt *m.* ◆ ***catena di ~*** Fließband *n.*; ***istruzioni per il ~*** Bauanleitung *f.*
mon|ta|gna f. **1** Berg *m.*: ***scalare una ~*** einen Berg besteigen **2** *(zona montuosa)* Gebirge *n.*, Berge *pl.*: ***amare più la ~ del mare*** die Berge mehr als das Meer lieben; ***andare in ~*** in die Berge (*o* ins

Gebirge) fahren 3 FIG. Berg *m.*, Haufen *m.*: ***una ~ di lavoro, di compiti*** ein Haufen Arbeit, Hausaufgaben; ***mangiare una ~ di dolci*** haufenweise Süßigkeiten essen; ***una ~ di rifiuti*** ein Müllberg ◆ ***alta*** ~ Hochgebirge *n.*; ***attrezzatura da*** ~ Bergausrüstung *f.*; ***il discorso della*** ~ die Bergpredigt; ***essere grande come una*** ~ riesengroß sein; ***mal di*** ~ Höhenkrankheit *f.*; ***media*** ~ Mittelgebirge *n.*; ~ ***rocciosa*** Felsenberg *m.*; ***Montagne Rocciose*** Rocky Mountains *pl.*; ***-e russe*** Achterbahn *f.*; ***villaggio di*** ~ Bergdorf *n.*; PROV. ***la ~ partorisce il topolino*** = viel Lärm um nichts; ***se la ~ non va a Maometto, Maometto andrà alla ~*** wenn der Berg nicht zum Propheten kommt, so muss der Prophet zum Berge kommen. **Mon|ta|gna**, STOR. ***la*** ~ die Bergpartei. **mon|ta|gno|so** agg. gebirgig, Gebirgs-, Berg-: ***regione -a*** gebirgiges Gebiet, Bergland *n.*

mon|ta|let|ti|ghe m.inv. Krankenhausaufzug *m.*

mon|ta|na|ra f. Gebirgsbewohnerin *f.*, Gebirglerin *f.* **mon|ta|na|ro I** agg. Gebirgs-, Berg-: ***popolazione -a*** Gebirgsbevölkerung *f.*; ***canti -i*** Berglieder **II** m. **1** Gebirgsbewohner *m.*, Gebirgler *m.* **2** FIG. *(uomo rude)* Grobian *m.*

mon|ta|ni|smo m. Montanismus *m.* **mon|ta|ni|sta** m. e f. *(-i,-e)* Montanist *m.* (-in *f.*). **mon|ta|ni|sti|co** agg. *(-ci,-che)* montanistisch.

mon|ta|no agg. Berg-: ***comunità -a*** Berggemeinschaft *f.*

mon|tan|te I agg. steigend **II** m. **1** Pfosten *m.*, Pfeiler *m.*, TECN. Runge *f.*: ***i -i di uno scaffale*** die Pfosten eines Regals **2** *(nel calcio)* Torpfosten *m.*: ***la palla ha sfiorato il ~ sinistro*** der Ball hat den linken Torpfosten gestreift **3** *(nel pugilato)* Aufwärtshaken *m.*, Uppercut *m.* **4** FIN. Betrag *m.* ◆ ~ ***compensativo*** Ausgleichsbetrag *m.*; ~ ***di finestra*** Fenstersäule *f.*; ***marea*** ~ Flut *f.*; ~ ***della porta*** Türrahmen *m.*; ~ ***trasversale*** Querstrebe *f.*

mon|ta|re I intr. (aus. *essere*) steigen: ~ ***in bicicletta, a cavallo*** aufs Fahrrad, Pferd steigen; ~ ***in treno*** in den Zug steigen; ~ ***sulla scala*** auf die Leiter steigen; ***il livello delle acque è montato*** der Wasserstand ist gestiegen; FIG. ***gli è montato il sangue in testa*** ihm ist das Blut zu Kopf gestiegen **II** tr. **1** *(cavalcare)* reiten: ~ ***un purosangue*** ein Vollblut reiten **2** *(fecondare)* decken **3** FIG. *(gonfiare)* auf‿bauschen: ~ ***un fatto, una notizia*** einen Vorfall, eine Nachricht aufbauschen **4a** TECN. montieren: ~ ***una macchina*** eine Maschine montieren; ~ ***l'antenna sul tetto*** die Antenne auf das Dach montieren; ~ ***un portapacchi, un'impalcatura*** einen Gepäckträger, ein Gerüst montieren **b** CINEM. ~ ***un film*** einen Film montieren **5** *(di astri)* auf‿gehen **6** *(incastonare)* ein‿fassen, fassen, ein‿setzen: ~ ***una pietra preziosa in un anello*** einen Edelstein in einen Ring einsetzen **7** *(incorniciare)* rahmen: ~ ***una stampa*** einen Druck rahmen **8** GASTR. schlagen: ~ ***l'albume, la panna*** das Eiweiß, die Sahne schlagen; ~ ***a neve*** zu Schnee schlagen **III** pronom. ***montarsi la testa (per qcs.)*** sich etw. zu Kopf steigen lassen ◆ ~ ***in bestia*** in Rage kommen (*o* geraten), aus der Haut fahren; ~ ***in cattedra*** dozieren; ~ ***in collera*** sich in Wut hinein‿steigern; ~ ***su tutte le furie*** in Wut kommen; ~ ***la, di guardia*** Wache beziehen; GASTR. ~ ***a neve*** zu Eischnee schlagen, steif schlagen; ***panna da*** ~ Schlagsahne *f.*; ~ ***i pneumatici su una macchina*** einen Wagen bereifen; ~ ***sul pulpito*** = sich als Besserwisser auf‿spielen; ~ ***in superbia*** sich aufs hohe Ross setzen; ~ ***la tenda*** das Zelt auf‿bauen.

mon|ta|ta f. ~ ***lattea*** Einschießen *n.* der Milch.

mon|ta|to p.pass. agg. **1** → **montare 2** GASTR. ***panna -a*** Schlagsahne *f.*; ***albumi -i a neve*** zu Eischnee geschlagenes Eiweiß, steif geschlagenes Eiweiß **2** GERG. eingebildet, aufgeblasen.

mon|ta|to|re m. **I** m. **1** TECN. Montagearbeiter *m.*, Monteur *m.* **2** *(di film)* Cutter *m.* **II** agg. Montage-: ***meccanico*** ~ Montagemechaniker *m.*; ***macchina -trice*** Montagemaschine *f.*

mon|ta|tu|ra f. **1** *(supporto)* Gestell *n.*: ~ ***degli occhiali*** Brillengestell *n.* **2** *(montaggio)* Montage *f.*, Zusammenbau *m.* **3** *(incastonatura)* Fassung *f.* **4** FIG. *(esagerazione)* Aufbauschung *f.*: ***la ~ di un fatto*** die Aufbauschung eines Tatbestands.

mon|ta|vi|van|de m.inv. Speisenaufzug *m.*

mon|te m. **1** Berg *m.*: ***i piedi, la cima di un ~*** der Fuß, der Gipfel eines Berges **2** FIG. *(grande quantità)* Haufen *m.*, Menge *f.*: ***avere un ~ di cose da fare*** eine Menge zu tun haben **3** *(nel gioco delle carte)* Talon *m.* **4** *(in chiromanzia)* Handballen *m.* ◆ ***a*** ~ aufwärts, bergauf; FIG. ***risolvere un problema a*** ~ ein Problem von Grund auf lösen; ***andare a*** ~ ins Wasser fallen; ***Monte Bianco*** Montblanc *m.*; ~ ***di credito su pegno*** Leihhaus *n.* (*o* Pfandanstalt *f.*); ***Monte Everest*** Mount Everest *m.*; ***mandare a ~ qcs.*** etw. über den Haufen werfen; ***mandare a ~ un progetto*** einen Plan scheitern lassen; ***-i metalliferi*** Erzgebirge *n.*; ~ ***ore*** BUROCR. Stundenzahl *f.*; SCOL. Stundendeputat *n.*; ~ ***dei pegni*** Pfandleihe *f.*; ***per -i e per valli*** über Berg und Tal; ~ ***di pietà*** Leihhaus *n.*; ~ ***premi*** Gesamtgewinn *m.*; ***promettere mari e -i (a qcn.)*** (jdm) goldene Berge versprechen; ~ ***di Venere*** Venusberg *m.*

mon|te|bian|co m. *(-chi)* INTRAD. (kegelförmige Süßspeise aus Kastaniencreme und Schlagsahne).

mon|te|ne|gri|na f. Montenegrinerin *f.* **mon|te|ne|gri|no** m. **I** agg. montenegrinisch **II** m. Montenegriner *m.*

mon|te|pre|mi m.inv. gesamte Gewinnsumme *f.*, Gewinnausschüttung *f.*

mont|go|me|ry m.inv. Dufflecoat *m.*

mon|to|na|to agg. abgerundet.

mon|to|ne m. **1** Hammel *m.*, Schafbock *m.*, Widder *m.*: ***arrosto di ~*** Hammelbraten *m.*; ***carne di ~*** Hammelfleisch *n.*; ***cosciotto di ~*** Hammelkeule *f.*; ***pelle di ~*** Schafleder *n.* **2** MIL. Sturmblock *m.* **3** *(giaccone)* Mantel aus Schaffell.

mon|tuo|si|tà f.inv. Gebirgigkeit *f.*

mon|tuo|so agg. Gebirgs-, Berg-, gebirgig: ***catena -a*** Bergkette *f.* (*o* Kettengebirge *n.*); ***massiccio*** ~ Bergmassiv *n.*; ***paesaggio*** ~ Gebirgslandschaft *f.*; ***regione -a*** gebirgige Gegend.

mon|tu|ra f. Montur *f.*

mo|nu|men|ta|le agg. **1** Denkmals-, Monumental-: ***iscrizione*** ~ Denkmalsinschrift *f.*; ***cimitero*** ~ Monumentalfriedhof *m.* **2** *(enorme)* monumental, riesig: ***letto*** ~ riesiges Bett; ***opera*** ~ monumentales Werk. **mo|nu|men|ta|li|tà** f. Monumentalität *f.*, Großartigkeit *f.*

mo|nu|men|to m. Monument *n.*, Denkmal *n.*: ***erigere un ~ a qcn.*** jdm ein Denkmal errichten; ***fare un ~ a qcn.*** jdm ein Denkmal setzen; ***inaugurare un*** ~ ein Denkmal enthüllen; ***i -i delle civiltà antiche*** die Denkmäler der antiken Kulturen ◆ ~ ***architettonico*** Baudenkmal *n.*; ~ ***ai caduti*** Gefallenendenkmal *n.*, Kriegerdenkmal *n.*; ~ ***commemorativo*** Gedenkstätte *f.*; ~ ***funerario*** Grabmal *n.*; ~ ***letterario*** Literaturdenkmal *n.*; ~ ***nazionale*** Nationaldenkmal *n.* (*o* Nationalmonument *n.*); ~ ***storico*** Kulturdenkmal *n.*

mo|quet|te [mo'kɛt] f.inv. Teppichboden *m.*

1.mo|ra f. DIR. Verzug *m.*; *(somma)* Verzugszinsen *pl.*: ***pagare una ~ di lire 10 000*** 10 000 Lire Verzugszinsen zahlen; ***cadere in*** ~ in Verzug geraten, kommen; ***mettere in*** ~ in Verzug setzen; ***essere in ~ con il pagamento*** mit der Zahlung im Verzug sein ◆ ~ ***nella consegna*** Lieferungsverzug *m.*; ***interessi di*** ~ Verzugszinsen *pl.*

2.mo|ra f. BOT. *(di gelso)* Maulbeere *f.*; *(di rovo)* Brombeere *f.*

mo|ra|le I agg. **1** moralisch, Moral-, sittlich, Sitten-: ***qualità -i*** sittliche Eigenschaften; ***giudizio*** ~ moralisches Urteil; ***danno*** ~ moralischer Schaden; ***aiuto, sostegno*** ~ moralische Hilfe, moralischer Halt; ***obbligo, dovere*** ~ moralische Verpflichtung, Pflicht; ***ricatto*** ~ moralischer Zwang; ***forza*** ~ sittliche Kraft; ***abito*** ~ moralische Haltung; ***precetto*** ~ sittliches Gebot; ***statura*** ~ moralische Größe; ***avere senso*** ~ moralisches Empfinden haben; ***dare una valutazione ~ su qcs.*** etw. moralisch werten; ***legge, codice*** ~ Sittengesetz *n.*, Sittenkodex *m.* (*o* Moralkodex *m.*); *(dei costumi)* ***decadenza*** ~ sittlicher Verfall, Sittenverfall *m.*; *(conforme alla morale)* ***persona*** ~ moralischer Mensch; ***lettura*** ~ moralische Lektüre **2** FILOS. Moral-, Sitten-: ***filosofia*** ~ Moralphilosophie *f.*, Sittenlehre *f.* **II** f. Moral *f.*, Sittlichkeit *f.*: ***una ~ severa*** eine strenge Moral; ***agire, giudicare secondo la*** ~ nach moralischen Kriterien handeln, urteilen; ***andare contro la ~ dominante (corrente)*** gegen die herrschende Moral verstoßen; ***la ~ cristiana, borghese*** die christliche, bürgerliche Moral **III** m. Stimmung *f.*, Moral *f.*: ***sollevare il ~ a qcn.*** jds Stimmung heben; ***essere giù, su di*** ~ schlechter, guter Stimmung sein; ***ho il ~ a terra*** meine Stimmung ist gleich null; ***il ~ della squadra è alto*** die Moral der Mannschaft ist gut ◆ ***offendere la ~ comune*** gegen die herrschende Moral verstoßen; ***ente*** ~ gemeinnützige Körperschaft; ***fare la ~ a qcn.*** jdm eine Moralpredigt halten (*o* jdm ins Gewissen reden); ***la ~ della favola*** die Moral der Geschichte; ***profilo*** ~ Charakterbild *n.*; ***schiaffo*** ~ moralische Ohrfeige; ***scienze -i*** Geisteswissenschaften *pl.*; ***senza*** ~ unmoralisch; ***trarre la ~ da qcs.*** aus etw. eine Lehre ziehen; ***vincitore*** ~ moralischer Sieger.

mo|ra|leg|gian|te agg. moralistisch. **mo|ra|leg|gia|re** tr. *(moraleggio, moraleggi)* SPREG. moralisieren; den Moralisten spielen; Moralpredigten halten.

mo|ra|li|smo m. Moralismus *m.* (anche FILOS.).

mo|ra|li|sta *(-i,-e)* **I** agg. moralistisch **II** m. e f. **1** Moralist *m.* (-in *f.*): ***i -i francesi del '700*** die französischen Moralisten des 18. Jahrhunderts **2** SPREG. Sittenrichter *m.* **mo|ra|li|sti|co** agg. *(-ci,-che)* moralistisch: ***atteggiamento*** ~ moralistische Haltung; ***affermazioni -che*** moralistische Äußerungen. **mo|ra|li|tà** f. Moralität *f.*, Sittlichkeit *f.* **mo|ra|liz|za|re** tr. versittlichen; ~ ***i costumi*** moralische Sitten ein‿führen.

mo|ra|liz|za|to|re I agg. versittlichend: ***azione -trice*** versittlichende Wirkung **II** m. Moralprediger *m.*

mo|ra|liz|za|zio|ne f. Versittlichung *f.*
mo|ral|men|te avv. moralisch, sittlich: ***sostenere qcn. ~*** jdn moralisch unterstützen; ***essere ~ forti*** sittlich gefestigt sein; ***~ impossibile*** moralisch unannehmbar ◆ ***essere ~ a terra*** einen seelischen Tiefpunkt haben.
mo|ra|to|ria f. **1** DIR. Moratorium *n.*, Zahlungsaufschub *m.*, Nachsichtsfrist *f.*: ***dichiarare una ~*** ein Moratorium ergehen lassen; ***concedere una ~*** einen Aufschub gewähren **2** ESTENS. *(sospensione)* Stundung *f.* ◆ ***rischio di ~*** Moratoriumsrisiko *n.*; ***~ degl'interessi*** Zinsenmoratorium *n.* **mo|ra|to|rio** agg. *(-ri,-rie)* aufschiebend, Verzugs-: ***interessi -ri*** Verzugszinsen.
Mo|ra|via n.pr.f. Mähren *n.* **mo|ra|vo I** agg. mährisch **II** m. Mähre(r) *m.*
mor|bi|da|men|te avv. weich: ***atterrare ~*** weich landen.
mor|bi|dez|za f. Weichheit *f.*, Zartheit *f.*: ***~ di carattere*** Weichheit des Charakters; ***~ di tinte*** Zartheit der Farben. **mor|bi|do** agg. weich, zart: ***letto, cuscino ~*** weiches Bett, Kissen; ***mani -e, pelle -a*** zarte Hände, zarte Haut; ***un abito ~*** ein weich fallendes Kleid; ***il tocco ~ di un pianista*** der weiche Anschlag eines Pianisten; ***profilo ~*** weicher Umriss ◆ ***cadere, dormire sul ~*** weich fallen, schlafen.
mor|bi|li|tà f. Morbidität *f.*
mor|bil|lo m. Masern *pl.*: ***avere, prendere il ~*** Masern haben, bekommen. **mor|bil|lo|so** agg. Masern-.
mor|bo m. Krankheit *f.*, Morbus *m.*: ***~ di Parkinson, di Pott, di Basedow*** parkinsonsche, pottsche Krankheit, Basedowkrankheit; ***~ di Alzheimer*** Alzheimerkrankheit *f.*; ***~ gallico*** Franzosenkrankheit *f.* (*o* Syphilis *f.*); ***il ~ si è diffuso rapidamente tra la popolazione*** die Krankheit hat sich schnell unter der Bevölkerung ausgebreitet.
mor|bo|sa|men|te avv. krankhaft. **mor|bo|si|tà** f.inv. Morbosität *f.*, Krankhaftigkeit *f.*; Morbidität *f.* **mor|bo|so** agg. krankhaft (anche FIG.): ***pallore ~*** krankhafte Blässe; ***relazione -a*** krankhafte Beziehung; ***curiosità -a*** krankhafte Neugier.
mor|chia f. Ölhefe *f.*, Ölschlamm *m.*, Bodensatz *m.*
mor|dac|chia f. Maulkorb *m.*
mor|da|ce agg. **1** bissig, ätzend: ***acido ~*** ätzende Säure **2** FIG. *(pungente, caustico)* scharf, spitz, bissig: ***risposta ~*** bissige Antwort; ***critico ~*** scharfer Kritiker; ***lingua ~*** spitze Zunge. **mor|da|ci|tà** f. Bissigkeit *f.*, Schärfe *f.*: ***la ~ di un epigramma*** die Bissigkeit eines Epigramms.
mor|den|te I agg. beißend, scharf: ***freddo ~*** beißende Kälte **II** m. **1** Beizmittel *n.*, Beize *f.* **2** MUS. Mordent *m.*: ***~ superiore*** Schneller *m.*; ***~ inferiore*** Mordent **3** *(incisività, grinta)* Kampfgeist *m.*: ***avere ~*** Kampfgeist besitzen ◆ ***privare qcs. di ~*** etw. (D) den Stachel nehmen; ***una storia senza ~*** eine Geschichte ohne Würze.
mor|de|re I tr. *(morsi, morso)* **1** beißen; *(addentare)* ***~ qcs.*** etw. an‿beißen, in etw. (A) beißen: ***~ una mela, un panino*** in einen Apfel, in ein Brötchen beißen; ***un cane l'ha morso alla gamba*** ein Hund hat ihm ins Bein gebissen **2** COLLOQ. *(di insetti)* stechen: ***mi ha morso una zanzara*** mich hat eine Mücke gestochen **3** *(corrodere)* zersetzen, zerfressen, an‿greifen: ***un acido che corrode i metalli*** eine Säure, die Metalle zersetzt (*o* zerfrisst) **II** pronom. **mordersi** sich beißen: ***-rsi le labbra*** sich auf die Lippen beißen; ***-rsi la lingua*** sich auf die Zunge beißen (anche FIG.); ***-rsi le mani (dalla rabbia)*** = sich schwarz ärgern ◆ ***i pneumatici mordono l'asfalto*** die Reifen haften (*o* kleben geradezu) auf dem Asphalt; ***oggi il freddo morde*** heute ist es beißend kalt; ***~ il freno*** sich zügeln (*o* sich im Zaum halten); ***~ la polvere*** ins Gras beißen; PROV. ***can che abbaia non morde*** Hunde, die bellen, beißen nicht.
mor|dic|chia|re I tr. kauen, nagen: ***~ la matita*** am Bleistift kauen **II** pronom. ***mordicchiarsi le unghie*** an den Nägeln kauen; ***-rsi il labbro*** an der Lippe nagen.
mo|rel|lo I agg. schwarz **II** m. *(cavallo)* Rappe *m.*
mo|re|na f. Moräne *f.*: ***~ glaciale*** Gletschermoräne *f.* **mo|re|ni|co** agg. *(-ci,-che)* Moränen-: ***lago ~*** Moränensee *m.*
mo|ren|te I agg. sterbend, im Sterben liegend: ***sole ~*** untergehende Sonne **II** m. e f. Sterbende *m.* e *f.*
mo|re|sco agg. *(-chi,-che)* maurisch: ***arco ~*** Hufeisenbogen *m.*; ***stile ~*** maurischer Stil; ***civiltà -a*** maurische Kultur; ***arte -a*** maurische Kunst.
mo|re so|li|to avv. wie üblich, wie immer.
mo|ret|ta f. **1** ZOOL. Reiherente *f.* **2** *(ragazza bruna)* Brünette *f.* **3** *(ragazza nera)* Negermädchen *n.*
mo|ret|to I agg. brünett **II** m. **1** brünetter Junge *m.* **2** *(ragazzo nero)* Negerjunge *m.*
mo|re u|xo|rio avv. in wilder Ehe: ***convivere ~*** in wilder Ehe leben.
mor|fe|ma m. Morphem *n.*: ***~ libero, legato*** freies, gebundenes Morphem. **mor|fe|ma|ti|co** agg. *(-ci,-che)* morphematisch.
Mor|fe|o n.pr.m. Morpheus *m.*: ***abbandonarsi tra le braccia di ~*** in Morpheus Armen ruhen (*o* liegen).
mor|fi|na f. Morphin *n.*, Morphium *n.* **mor|fi|ni|smo** m. Morphinismus *m.* **mor|fi|no|ma|ne I** agg. morphiumsüchtig **II** m. e f. Morphiumsüchtige *m.* e *f.* **mor|fi|no|ma|ni|a** f. Morphiumsucht *f.*
mor|fo|fo|ne|ma m. Morphophonem *n.* **mor|fo|fo|ne|ma|ti|ca** f. Morphophonemik *f.* **mor|fo|fo|no|lo|gi|a** f. Morphophonologie *f.*
mor|fo|ge|ne|si f. Morphogenesis *f.*, Morphogenie *f.*
mor|fo|lo|gi|a f. LING. BIOL. Morphologie *f.*: ***~ animale, vegetale*** Tiermorphologie *f.*, Pflanzenmorphologie *f.*; ***~ di un territorio*** Bodenbeschaffenheit *f.* **mor|fo|lo|gi|co** agg. *(-ci,-che)* morphologisch.
mor|fo|no|lo|gi|a f. Morphonologie *f.*
mor|fo|sin|tas|si f. Morphosyntax *f.* **mor|fo|sin|tat|ti|co** agg. *(-ci, -che)* morphosyntaktisch.
Mor|ga|na n.pr.f. Morgana *f.* ◆ ***Fata ~*** Luftspiegelung *f.* (*o* Fata Morgana *f.*). **mor|ga|na|ti|co** agg. *(-ci,-che)* morganatisch: ***matrimonio ~*** morganatische Ehe (*o* Ehe zur linken Hand).
mo|ri|a f. **1** Massensterben *n.*: ***~ di pesci*** Massensterben der Fische, Fischsterben *n.* **2** BOT. Sterben *n.*: ***~ di alberi*** Baumsterben *n.*
mo|ri|bon|do I agg. sterbend, im Sterben liegend, todkrank: ***persona -a*** todkranker Mensch **II** m. Sterbende *m.*, Todkranke *m.*: ***essere ~*** im Sterben liegen; ***assistere i -i*** Todkranke pflegen.
mo|ri|ge|ra|ta|men|te avv. sittsam, enthaltsam, wohlanständig. **mo|ri|ge|ra|tez|za** f. Sittsamkeit *f.*, Enthaltsamkeit *f.*, Wohlanständigkeit *f.*: ***essere un vero esempio di ~*** ein Musterbeispiel für (*o* an) Wohlanständigkeit sein. **mo|ri|ge|ra|to** agg. sittsam, enthaltsam, wohlanständig: ***persona -a*** wohlanständiger Mensch; ***costumi -i*** wohlanständige Sitten.
mo|rio|ne m. Morion *m.*
mo|ri|re intr. *(muoio, muori, moriamo, morite, muoiono*; fut. *morirò*, LETT. *morrò*; congiunt.pres. *muoia*; congiunt.pass. *morissi*; pass.rem. *morii*; p.pres. *morente*; p.pass. *morto*; ger. *morendo*; aus. *essere)* **1a** sterben: ***gli è morta la nonna*** seine Großmutter ist gestorben; ***~ serenamente, nel sonno, dopo lunghe sofferenze, in seguito alle ferite*** friedlich, im Schlaf, nach langem Leiden, an den Folgen der Verletzungen sterben; ***~ di morte naturale, violenta*** eines natürlichen, gewaltsamen Todes sterben; ***~ di malattia, di infarto*** an einer Krankheit, an Herzinfarkt sterben; ***~ all'età di, a trent'anni*** im Alter von, mit dreißig Jahren sterben; ***~ per la patria, per la libertà*** für das Vaterland, die Freiheit sterben; ***~ da valoroso*** den Heldentod sterben **b** *(di piante)* ein‿gehen: ***il glicine è morto*** die Glyzinie ist eingegangen **2** *(per una disgrazia)* um‿kommen, ums Leben kommen, verunglücken: ***nell'incidente sono morti due bambini*** bei dem Unfall sind zwei Kinder tödlich verunglückt; ***~ in un incidente*** bei einem Unfall ums Leben kommen; ***nell'alluvione sono morte centinaia di persone*** bei der Überschwemmung sind Hunderte von Menschen umgekommen; ***~ in montagna*** in den Bergen tödlich verunglücken **3a** FIG. *(scomparire, estinguersi)* aus‿sterben: ***queste usanze stanno lentamente morendo*** diese Bräuche sterben langsam aus **b** *(declinare)* zu Ende gehen: ***il giorno sta morendo*** der Tag geht zu Ende **c** *(di suoni)* verklingen: ***la voce andava morendo*** die Stimme verklang **d** *(spegnersi)* ersterben: ***il sorriso gli morì sulle labbra*** das Lächeln erstarb auf seinen Lippen **e** *(di fiamma)* erlöschen: ***il fuoco sta morendo*** das Feuer erlischt **4** impers. FIG. COLLOQ. ***meglio di così si muore*** = das könnte man nicht besser machen; ***più bello, più brutto, più grande di così si muore!*** schöner, hässlicher, größer geht es nicht mehr! ◆ COLLOQ. ***~ ammazzato*** getötet, ermordet werden; ***~ assiderato*** erfrieren; ***~ avvelenato*** durch Gift sterben; ***~ (solo) come un cane*** einsam und verlassen sterben; ***~ sul colpo*** auf der Stelle tot sein; ***~ coi conforti della religione*** mit den heiligen Sakramenten versehen sterben; FIG. ***~ di crepacuore*** an Kummer sterben; ***~ di curiosità*** vor Neugier sterben; COLLOQ. ***da ~*** wahnsinnig; ***bello, difficile da ~*** wahnsinnig schön, schwer; ***triste da ~*** todtraurig; ***un caldo da ~*** eine Mordshitze; COLLOQ. ***mi piace da ~*** das gefällt mir wahnsinnig gut; COLLOQ. ***ti voglio bene da ~*** ich liebe dich über alles; ***lasciare ~ il discorso*** das Thema fallen lassen; ***~ di fame*** an Hunger sterben (*o* hungers sterben, den Hungertod sterben); FIG. *(avere molta fame)* vor Hunger sterben, um‿fallen; *(essere in miseria)* ein Hungerdasein führen; ***~ di freddo*** erfrieren; ***~ in guerra*** (im Krieg) fallen; ***lasciarsi ~*** = dem Tod keinen Widerstand entgegen‿setzen; ***~ come le mosche*** wie die Fliegen sterben; FIG. ***~ sul nascere*** von Anfang an scheitern; ***~ di noia*** vor Langeweile sterben; ***~ di parto*** bei der Geburt eines Kindes sterben; ***~ di paura*** vor Angst sterben; ***mi sento ~ al pensiero di...*** der Gedanke daran bringt mich um...; ***~ di rabbia*** vor Wut platzen; ***far ~ qcn. di rabbia*** jdn fürchterlich ärgern; ***~ dal ridere***

sich tot‿lachen; **sentirsi ~** sich sterbenselend fühlen; FIG. **a vederlo mi sentii ~** als ich ihn sah, wäre ich am liebsten im Erdboden versunken; **~ di sete** verdursten; **~ dal, di sonno** hundemüde sein; **~ di stenti** im Elend sterben; **~ di vecchiaia** an Altersschwäche sterben; **~ dalla voglia (di fare qcs.)** wahnsinnig Lust haben, (etw. zu tun); **vorrei ~ se è vero!** ich will auf der Stelle tot umfallen, wenn das wahr ist! PROV. **chi non muore si rivede!** = ja, wen sieht man denn da wieder!

mo|ri|tu|ro I agg. LETT. todgeweiht II m. LETT. Todgeweihte *m.*

mor|mo|ne m. e f. Mormone *m.* (-monin *f.*). **mor|mo|ni|co** agg. *(-ci,-che)* Mormonen-: **movimento ~** Mormonenbewegung *f.* **mor|mo|ni|smo** m. Mormonenlehre *f.*

mor|mo|ra|re *(mormoro)* I intr. (aus. *avere*) 1a murmeln b *(di fronde, acque)* rauschen: **gli alberi mormorano al vento** die Bäume rauschen im Wind; **il torrente mormora** der Bach rauscht 2 *(bisbigliare con disapprovazione)* raunen: **il pubblico cominciò a ~** das Publikum begann zu raunen 3 *(spettegolare)* munkeln: **~ su qcs., sul conto di qcn.** über etw., über jdn munkeln; **si mormora che...** es wird gemunkelt, dass... II tr. murmeln: **~ qcs. tra sé e sé** etw. vor sich hin murmeln; **~ qcs. tra i denti** etw. in sich hinein murmeln; **~ qcs. a qcn. nell'orecchio** jdm etw. ins Ohr flüstern. **mor|mo|ra|to|re** m. jd, der munkelt, Miesmacher *m.* **mor|mo|ra|zio|ne** f. Gemunkel *n.*

mor|mo|ri|o m. 1a Murmeln *n.* b *(fruscio, gorgoglio)* Rauschen *n.*: **il ~ del bosco, delle acque** das Rauschen des Waldes, des Gewässers 2 *(brontolio)* Raunen *n.*: **il ~ della folla** das Raunen der Menge.

1.mo|ro I agg. 1 *(negro)* schwarz, Neger- 2 *(di capelli)* dunkelhaarig; *(di carnagione)* dunkelhäutig 3 *(dei mori)* maurisch II m. 1a *(negro)* Schwarze *m.*, Neger *m.* b *(abitante dell'Africa del Nord)* Maure *m.* 2a *(di capelli)* Dunkelhaarige *m.* b *(di carnagione)* Dunkelhäutige *m.* ◆ **nero come un ~** mohrenschwarz; **(marrone) testa di ~** dunkelbraun.

2.mo|ro m. BOT. Maulbeerbaum *m.*

mo|ro|sa f. REGION. Freundin *f.*

mo|ro|si|tà f. Säumigkeit *f.*

1.mo|ro|so m. REGION. Geliebte *m.*

2.mo|ro|so agg. DIR. säumig: **debitore ~** säumiger Schuldner.

mor|ra f. Mora *f.*

mor|sa f. 1 MECC. Schraubstock *m.*: **serrare, fissare qcs. in una ~** etw. in einen Schraubstock spannen 2 ESTENS. *(stretta, presa)* Klammergriff *m.*; **la ~ delle sue mani** der eiserne Griff seiner Hände 3 FIG. Zange *f.*, Zwangslage *f.*: **trovarsi stretto in una ~** sich in einer Zwangslage befinden; **stringere qcn. nella ~** jdn in die Zange nehmen; **la ~ del gelo** eisige (*o* klirrende) Kälte ◆ **ganascia della ~** Schraubstockbacke *f.*; **~ per tubi** Rohrschraubstock *m.*

morse ['mɔrs] I agg.inv. **(alfabeto) ~** Morsealphabet *n.* II m. Morsealphabet *n.*; **telegrafare (o trasmettere) in ~** morsen ◆ **apparecchio ~** Morseapparat *m.*; **codice ~** Morsealphabet *n.*; **segnale ~** Morsezeichen *n.*

mor|set|to m. 1 TECN. Zwinge *f.* 2 EL. Klemme *f.* ◆ **~ della batteria** Batterieklemme *f.*; **~ per cavi** Kabelklemme *f.*; **~ da falegname** Schraubzwinge *f.*; **~ isolante** Lüsterklemme *f.*; **~ negativo** Minusklemme *f.*; **~ positivo** Positivklemme *f.*

mor|si|ca|re *(morsico, morsichi)* I tr. 1 beißen: **il cane lo ha morsicato nella gamba** der Hund hat ihn ins Bein gebissen 2 *(pungere)* COLLOQ. stechen II pronom. **morsicarsi** sich (D) beißen: **-rsi le labbra** sich (D) auf die Lippen beißen. **mor|si|ca|tu|ra** f. 1 *(morso)* Biss *m.* 2 *(di insetto)* Stich *m.* ◆ **~ di una pulce** Flohbiss *m.*; **~ di vipera** Vipernbiss *m.*; **~ di zanzara** Mückenstich *m.*

mor|so m. 1a *(morsicatura)* Biss *m.* b *(di insetto)* Stich *m.* 2 *(boccone)* Bissen *m.*: **un ~ di pane** ein Bissen Brot; **mangiare a grandi, piccoli -i** große, kleine Bissen nehmen 3 FIG. Qual *f.*; **i -i della fame** quälender Hunger 4 *(parte della briglia)* Kandare *f.*, Gebissstange *f.*: **mettere il ~ al cavallo** dem Pferd die Kandare an‿legen; FIG. **mettere il ~ a qcn.** jdn an die Kandare nehmen (*o* jdm Zügel an‿legen); FIG. **allentare il ~** die Zügel lockern; FIG. **stringere il ~** die Zügel straffer an‿ziehen 5 MECC. **~ della tenaglia** Backen *pl.* einer Zange ◆ **dare un ~ a qcs.** etw. an‿beißen; **~ di serpente** Schlangenbiss *m.*; **staccare con un ~** ab‿beißen; **strappare con un ~** (mit einem Biss) heraus‿reißen; **~ di vipera** Vipernbiss *m.*

mor|ta|del|la f. Mortadella *f.*

mor|ta|io m. *(-ai)* 1 *(recipiente)* Mörser *m.*: **sminuzzare qcs. in un ~** etw. in einem Mörser zerreiben; FIG. **pestare l'acqua nel ~** Wasser mit einem Sieb schöpfen 2 MIL. Mörser *m.*, Granatwerfer *m.*: **sparare con un ~** mit einem Mörser schießen.

mor|ta|le I agg. 1 tödlich, Tod(es)-: **malattia, offesa, scontro ~** tödliche Krankheit, tödliche Beleidigung, tödlicher Zusammenstoß; FIG. **odio, noia ~** tödlicher Hass, tödliche Langeweile 2 *(soggetto a morire, della morte)* sterblich: **l'uomo è ~** der Mensch ist sterblich; **spoglie -i** sterbliche Überreste 3a *(caduco)* vergänglich b *(umano)* menschlich: **vita ~** menschliches Leben II m. e f. Sterbliche *m.* e *f.*: **un comune ~** ein gemeiner Sterblicher ◆ **colpo ~** tödlicher Schlag; *(con arma da fuoco)* Todesschuss *m.*; **conseguenza ~** Todesfolge *f.*; **ferita ~** tödliche Wunde *f.*; **incidente ~** tödlicher Unfall; **avere un incidente ~** tödlich verunglücken; **nemico ~** Todfeind *m.*; **pallore ~** Totenblässe *f.*; **paura ~** Sterbensangst *f.*; **peccato ~** Todsünde *f.*; **salto ~** Salto mortale *m.*; FIG. **fare i salti -i** = sich förmlich zerreißen; **trappola ~** Todesfalle *f.*; FIG. tödliche Falle.

mor|ta|li|tà f. Sterblichkeit *f.* ◆ **indice di ~** Sterblichkeitsrate *f.*; **~ infantile** Kindersterblichkeit *f.*; **~ neonatale** Säuglingssterblichkeit *f.*; **~ legata al parto** Müttersterblichkeit *f.*; **quoziente di ~** Sterblichkeitsrate *f.*; **~ senile** Alterssterblichkeit *f.* **mor|tal|men|te** avv. tödlich: **colpire qcn. ~** jdn tödlich treffen; **annoiarsi ~** sich tödlich langweilen; **essere ferito ~** tödlich verletzt sein; **investire qcn. ~** jdn tot‿fahren; **~ noioso** todlangweilig.

mor|ta|ret|to m. Böller *m.* ◆ **sparare i -i** böllern; **sparo di -i** Böllerschuss *m.*

mor|ta|sa f. Zapfen *m.*

mor|te f. 1a Tod *m.*, Sterben *n.*: **~ prematura, violenta, atroce, immediata** früher, gewaltsamer, qualvoller, unmittelbarer Tod; **~ clinica, naturale** klinischer, natürlicher Tod; **affrontare la, scampare alla ~** dem Tod entgegentreten, entgehen; **sfidare, vincere la ~** den Tod heraus‿fordern, besiegen; **andare incontro, essere votato alla ~** dem Tode entgegen‿gehen, verfallen sein; **scontare, pagare qcs. con la ~** etw. mit dem Tod bezahlen; **lottare, scherzare con la ~** mit dem Tod ringen, spielen; **la ~ è sopravvenuta improvvisamente** der Tod ist plötzlich eingetreten b *(di piante e animali)* Eingehen *n.* 2 FIG. *(fine, scomparsa)* Ende *n.*: **la ~ di un'istituzione** das Ende einer Institution 3 *(grave afflizione)* tödlicher Schmerz ◆ **a ~** tödlich, zu Tode; **ferire a ~** tödlich verletzen; **spaventato, offeso a ~** zu Tode erschrocken, tödlich beleidigt; **a ~!** Tod! **~ al tiranno!** Tod dem Tyrannen! **annoiarsi a ~** sich zu Tode langweilen; **arrabbiarsi a ~** sich tot‿ärgern; **~ accidentale** Unfalltod *m.*; **andare alla ~** in den Tod gehen; **anniversario della ~** Todestag *m.*; **~ apparente** Scheintod *m.*; **~ per assideramento** Erfrierungstod *m.*; COLLOQ. **avercela a ~ con qcn.** jdn auf (*o* für) den Tod nicht aus‿stehen (*o* leiden) können; **atto di ~** Todeserklärung *f.*; **fare una bella ~** einen schönen Tod haben; **braccio della ~** Todestrakt *m.*; **fare una brutta ~** einen schlimmen Tod erleiden; **brutto come la ~** hässlich wie die Nacht; **in caso di ~** im Todesfall; **causa della ~** Todesursache *f.*; **certificato di ~** Sterbeurkunde *f.* (*o* Totenschein *m.*); **~ civile** Entmündigung *f.*; **condanna a ~** Todesurteil *n.* (anche FIG.); **condannare a ~** zum Tode verurteilen; **~ sulla croce** Kreuzestod *m.*; **avere la ~ nel cuore** zu Tode betrübt sein; **dare la ~ a qcn.** jdn töten; **darsi la ~** sich das Leben nehmen; **desiderio di ~** Todessehnsucht *f.*; **disprezzo della ~** Todesverachtung *f.*; **~ eroica** Heldentod *m.*; **~ eterna** ewige Verdammnis; **vedere la ~ in faccia** dem Tod ins Auge sehen; **aver visto la ~ in faccia** dem Tod ins Angesicht gesehen haben; **~ per fame** Hungertod *m.*; **finché ~ non vi separi** bis dass der Tod euch scheidet; **fino alla ~** bis in den Tod; **~ della foresta** Waldsterben *n.*; **in ~ di** in memoriam; **in ~ di Carlo Imbonati** in memoriam Carlo Imbonati; **sul letto di ~** auf dem Sterbebett; **essere in lutto per la ~ di qcn.** um jdn trauern; **mandare a ~ qcn.** jdn in den Tod schicken; **minaccia di ~** Morddrohung *f.*; FIG. **la ~ nera** der schwarze Tod; **ora della ~** Todesstunde *f.*; **ogni ~ di papa** = alle heiligen Zeiten; **paura della ~** Todesangst *f.*; **pena di ~** Todesstrafe *f.*; **pericolo di ~** Lebensgefahr *f.*; **sembrare la ~ in persona** wie der leibhaftige Tod aus‿sehen; **presentimento di ~** Todesahnung *f.*; **essere in punto di ~** im Sterben liegen; **fare testamento in punto di ~** das Testament auf dem Sterbebett machen; **~ sul rogo** Feuertod *m.*; **non sapere di che ~ si deve morire** = sein Schicksal nicht kennen; **sentenza di ~** Todesurteil *n.*; **silenzio di ~** Totenstille *f.*; **simile alla ~** totenähnlich; **~ per soffocamento** Erstickungstod *m.*; **squadrone della ~** Todesschwadron *f.*; **la sua ~ è la panna** das schmeckt am besten mit Sahne; FIG. **fare la ~ del topo** = dem Tod in die Arme getrieben werden; COLLOQ. **sembrare la ~ in vacanza** wie eine Leiche auf Urlaub (*o* wie der leibhaftige Tod) aus‿sehen; **~ di, per vecchiaia** Tod *m.* aus Altersschwäche; **è questione di vita o di ~** es geht um Leben und Tod; **essere tra la vita e la ~** zwischen Leben und Tod schweben; **avere potere di vita o di ~ su qcn.** = Macht über jds Leben und Tod haben; PROV. **la ~ non guarda in faccia a nessuno** = für den Tod sind alle Menschen gleich; **a tutto c'è un rimedio fuorché alla ~** gegen den Tod ist kein Kraut gewachsen.

mor|tel|la f. Myrte *f.*
mor|ti|fe|ro agg. LETT. tödlich, todbringend: ***veleno ~*** todbringendes Gift.
mor|ti|fi|can|te agg. demütigend.
mor|ti|fi|ca|re *(mortifico, mortifichi)* **I** tr. **1** demütigen: ***l'osservazione lo ha mortificato*** die Äußerung hat ihn gedemütigt **2** *(reprimere con la penitenza)* kasteien: ***~ la carne*** sich körperlich kasteien **II** pronom. **mortificarsi** sich beschämt fühlen: ***-rsi per un rimprovero*** sich wegen einer Vorhaltung tief beschämt fühlen.
mor|ti|fi|ca|to p.pass. agg. **1** → **mortificare** **2** beschämt: ***sentirsi ~*** sich tief beschämt fühlen.
mor|ti|fi|ca|zio|ne f. **1** Demütigung *f.*: ***per me è stata una grande ~*** für mich war es eine große Demütigung **2** *(penitenza)* Kasteiung *f.*
mor|to **I** p.pass. agg. **1** → **morire** **2a** tot: ***dichiarare qcn. (clinicamente) ~*** jdn für (klinisch) tot erklären; ***essere un uomo ~*** ein toter Mann sein; ***vivo o ~*** tot oder lebendig; ***essere più ~ che vivo*** mehr tot als lebendig sein; ***foglie -e*** totes Laub **b** FIG. ***lingua, stagione -a*** tote Sprache, Zeit **3** *(di piante)* abgestorben, tot: ***albero ~*** abgestorbener Baum **II** m. Tote *m.*: ***seppellire, cremare un ~*** einen Toten begraben, ein‿äschern; ***resuscitare un ~*** einen Toten auf‿erwecken (anche FIG. SCHERZ.); ***nel terremoto ci sono stati molti -i*** bei dem Erdbeben gab es viele Tote ◆ ***angolo ~*** toter Winkel; ***binario ~*** stillgelegtes Gleis; ***cadere ~*** tot um‿fallen; ***sembrare un ~ che cammina*** wie ein wandelnder Leichnam aus‿sehen; ***campana a ~*** Totenglocke *f.*; ***capitale ~*** totes Kapital; ***città -a*** ausgestorbene (*o* tote) Stadt; ***culto dei -i*** Totenkult *m.*; ***dare per ~*** tot‿sagen; ***fare il ~*** den toten Mann machen; ***fingersi ~*** sich tot stellen; ***giorno dei -i*** Allerseelentag *m.*; ***rimanere lettera -a*** wirkungslos bleiben; DIR. ***mano -a*** Tote Hand; FIG. ***fare la mano -a*** = zudringlich werden; ***Mar Morto*** Totes Meer; ***messa da ~*** Totenmesse *f.*; ***mezzo ~*** halb tot; ***~ sul nascere*** von Anfang an zum Scheitern verurteilt; ***bambino nato ~*** tot geborenes Kind; ***natura -a*** Stillleben *n.*; ***ore -e*** leere Stunden; ***pallido come un ~*** totenblass; ***~ di paura*** halb tot vor Angst; ***peso ~*** Totlast *f.*, Eigengewicht *n.*; FIG. ***essere un peso ~ per qcn.*** jdm ein Klotz am Bein sein; ***essere a un punto ~*** an einem toten Punkt angekommen sein; ***regno dei -i*** Totenreich *n.*; ***per poco non ci scappava il ~*** beinahe wäre jd draufgegangen; FIG. ***~ e sepolto*** (tot und) begraben; ***~ di sonno*** todmüde; ***~ stecchito*** auf der Stelle tot; ***suonare a ~*** die Totenglocke läuten; ***vegliare un ~*** die Totenwache halten; ***volere ~ qcn.*** jds Kopf wollen.
mor|to|rio m. *(-ri)* **1** Trauerfeier *f.* **2** FIG. *(ambiente senza brio)* lahme Gesellschaft *f.*: ***quella festa era un vero ~*** das Fest war wirklich lahm, tödlich langweilig.
mor|tua|rio agg. *(-ri,-rie)* Leichen-, Todes-, Toten-: ***annuncio ~*** Todesanzeige *f.*; ***camera -a*** Leichenhalle *f.*; ***maschera -a*** Totenmaske *f.*
mo|ru|la f. Morula *f.*
mor|va f. Rotz *m.*, Rotzkrankheit *f.*
Mo|sa n.pr.f. Maas *f.*
mo|sai|ci|sta m. e f. *(-i,-e)* Mosaikmaler (-in *f.*), Mosaizist *m.* (-in *f.*).
1.mo|sai|co m. *(-ci)* **1** Mosaik *n.* **2** FIG. Vielfalt *f.*: ***un ~ di razze, di culture*** eine Vielfalt von Rassen, Kulturen ◆ ***a ~*** mosaikartig; ***decorato a ~*** mosaikverziert; ***pavimento a ~*** Mosaikfußboden *m.*; ***tessera di ~*** Mosaikstein *m.*
2.mo|sai|co agg. *(-ci,-che)* mosaisch: ***legge, religione -a*** mosaisches Gesetz, mosaische Religion.
mo|sca f. *(-che)* Fliege *f.* ◆ ***essere una ~ bianca*** ein weißer Rabe sein; ***~ della carne*** Fleischfliege *f.*; ***~ cavallina*** Pferdebremse *f.*, Pferdefliege *f.*; ***giocare a ~ cieca*** Blindekuh spielen; ***non fare male a una ~*** keiner Fliege etw. zuleide tun; ***morire come le -e*** wie die Fliegen dahin‿sterben; ***far saltare la ~ al naso a qcn.*** jdn in Wut bringen; ***noioso come una ~*** lästig wie eine Schmeißfliege; ***pesca a ~*** Angeln *n.* mit der Fliege; ***pescare con la ~*** mit der Fliege angeln; ***peso ~*** Fliegengewicht *n.*; ***restare con un pugno di -e*** mit leeren Händen aus‿gehen, das Nachsehen haben; ***~ delle stalle*** Stallfliege *f.*; ***~ tse tse*** Tsetsefliege *f.*; ***non si sente volare una ~*** es ist so still, dass man eine Stecknadel fallen hören könnte; ***zitto e ~!*** halt den Mund!
Mo|sca n.pr.f. Moskau *n.*
mo|sca|cie|ca f. Blindekuh *f.*: ***giocare a ~*** Blindekuh spielen.
mo|scar|di|no m. **1** Haselmaus *f.* **2** *(mollusco)* Moschuspolyp *m.*
mo|sca|tel|lo **I** m. **1** *(vitigno)* Muskateller *m.* **2** *(vino)* Muskatellerwein *m.*, Muskateller *m.* **II** agg. ***uva -a*** Muskateller *m.*
mo|sca|to **I** m. Muskateller *m.* **II** agg. Muskat-: ***uva -a*** Muskateller *m.*; ***noce -a*** Muskatnuss *f.*
mo|sce|ri|no m. **1** kleine Fliege *f.* **2** FIG. *(persona minuta)* Knirps *m.* ◆ ***~ dell'aceto*** Essigfliege *f.*
mo|sche|a f. Moschee *f.*
mo|schet|ta|ta f. Musketenschuss *m.*
mo|schet|tie|re m. Musketier *m.* **mo|schet|to** m. **1** Karabiner *m.* **2** STOR. Muskete *f.*
1.mo|schet|to|ne m. Karabinerhaken *m.*, Karabiner *m.*
2.mo|schet|to|ne m. ORNIT. Uferschnepfe *f.*
mo|schi|ci|da **I** agg. Fliegen tötend, Fliegen- **II** m. Fliegen tötendes Mittel *n.* ◆ ***carta ~*** Fliegenfänger *m.*, Fliegenpapier *n.* **mo|schi|no** m. kleine Fliege *f.*
mo|scio agg. *(-sci,-sce)* **1** weich, schlaff: ***colletto ~*** weicher Kragen; ***cappello ~*** Schlapphut *m.* **2** *(fiacco)* schlapp: ***un tipo ~*** ein schlapper Typ; ***avere un'aria -a*** schlapp wirken **3** ***erre -a*** schwaches R *n.*: ***avere l'erre -a*** ein schwaches R haben
mo|sco m. *(-schi)* Moschustier *n.*
mo|sco|ne m. **1** ZOOL. Brummer *m.* **2** *(pattino)* Wasserschlitten *m.* **3** FIG. FAM. lästiger Verehrer *m.*
Mo|sco|va n.pr.f. Moskwa *f.*
mo|sco|vi|ta *(-i,-e)* **I** agg. moskauisch, moskowitisch **II** m. e f. Moskauer *m.* (-in *f*), Moskowiter *m.* (-in *f.*).
Mo|sè n.pr.m. Moses *m.*
Mo|sel|la n.pr.f. Mosel *f.* ◆ ***vino della ~*** Moselwein *m.*
mos|sa f. **1** Bewegung *f.*: ***~ fulminea*** blitzschnelle Bewegung; ***alzarsi con rapida ~*** mit einer raschen Bewegung auf‿stehen; ***fare una ~ con il capo*** eine Bewegung mit dem Kopf machen **2** *(azione)* Handlung *f.*: ***fare una ~ avventata*** sich zu einer unbedachten Handlung hin‿reißen lassen **3** GIOC. Zug *m.*: ***~ geniale, astuta, decisiva, vincente*** genialer, listiger, entscheidender, erfolgreicher Zug; ***il nero vince in tre -e*** Schwarz gewinnt in drei Zügen **4** *(movimento di fianchi)* Hüftbewegung *f.* ◆ COLLOQ. ***darsi una ~*** zur Tat schreiten (*o* sich einen Ruck geben); ***datti una ~!*** schick dich! ***fare una ~ falsa*** einen Fehltritt begehen, einen falschen Zug tun; ***intuire le -e dell'avversario*** die Manöver des Gegners voraus‿sehen; ***~ di karatè*** Karateschlag *m.*; ***parare le -e dell'avversario*** die gegnerischen Manöver ab‿wehren; ***prendere le -e da qcs.*** von etw. seinen Ausgang nehmen; ***fare la prima ~*** zuerst ziehen; FIG. den Anfang machen; ***seguire le -e di qcn.*** jdn beschatten.
mos|sie|re m. Starter *m.*
mos|so p.pass. agg. **1** → **muovere** **2** bewegt: ***mare ~*** bewegtes Meer **3** *(ondulato)* gewellt: ***capelli -i*** gewelltes Haar **4** ***foto -a*** verwackeltes Foto **5** ***terreno ~*** umgegrabener Boden.
mo|stac|cio m. *(-ci)* Maul *n.*, Schnauze *f.*
mo|star|da f. Senf *m.* ◆ ***~ di Cremona*** INTRAD. (in Senfsirup eingelegte Früchte).
mo|sto m. Most *m.*: ***~ di mele, d'uva*** Apfelmost *m.*, Traubenmost *m.*
mo|stra f. **1** Schau *f.*: ***essere in ~*** zur Schau stehen (*o* ausgestellt sein) **2** *(esposizione)* Ausstellung *f.*: ***allestire, organizzare, visitare, inaugurare una ~*** eine Ausstellung auf‿bauen, organisieren, besuchen, eröffnen **3** *(fiera)* Messe *f.*, Ausstellung *f.* ◆ ***~ d'arte*** Kunstausstellung *f.*; ***far bella ~ di sé*** zur Schau stehen; ***~ canina*** Hundeschau *f.*; ***catalogo della ~*** Ausstellungskatalog *m.*; ***~ cinematografica*** Filmfestival *n.*; ***~ collettiva*** Kollektivausstellung *f.*; ***~ commemorativa*** Gedenkausstellung *f.*; ***far ~ di qcs.*** etw. zur Schau stellen; ***~ fotografica*** Fotoausstellung *f.*; ***~ itinerante*** Wanderausstellung *f.*; ***~ mercato*** Verkaufssausstellung *f.*; ***mettere in ~ qcs.*** etw. zur Schau stellen (*o* aus‿stellen); ***mettersi in ~*** sich in Szene setzen; ***~ permanente*** ständige Ausstellung (*o* Dauerausstellung *f.*); ***~ personale*** Einzelausstellung *f.*; ***~ di pittura, di quadri*** Gemäldeausstellung *f.*; ***~ di scultura*** Ausstellung *f.* von Skulpturen; ***~ zootecnica*** Tierschau *f.*
mo|stra|re **I** tr. **1** zeigen: ***~ la strada a qcn.*** jdm den Weg zeigen; ***~ i documenti alla polizia*** der Polizei die Papiere vor‿zeigen; ***~ a dito qcn.*** mit dem Finger auf jdn zeigen; ***~ il funzionamento di qcs.*** die Arbeitsweise von etw. zeigen; ***ti mostro come fare, come si fa*** ich zeige dir, wie man's macht; ***~ le gambe*** Bein zeigen; ***~ i denti*** die Zähne zeigen; ***~ la lingua*** die Zunge zeigen **2** *(manifestare)* zeigen, erkennen lassen: ***~ i propri sentimenti*** seine Gefühle zeigen; ***~ interesse per qcs.*** Interesse für etw. zeigen; ***~ indifferenza*** Gleichgültigkeit zeigen; ***~ stanchezza*** Müdigkeit erkennen lassen; ***~ le proprie intenzioni*** seine Absichten zu erkennen geben **3** *(fingere)* ***~ di...*** so tun, als ob...: ***mostra di non vederlo*** er tut so, als ob er ihn nicht sähe **II** pronom. **mostrarsi** **1** sich zeigen: ***il sole si mostra tra le nuvole*** die Sonne zeigt sich zwischen den Wolken; ***-rsi in pubblico*** sich in der Öffentlichkeit zeigen **2** *(dimostrarsi)* sich zeigen, sich erweisen: ***-rsi gentile verso qcn.*** sich jdm gegenüber freundlich erweisen; ***-rsi degno di qcn., qcs.*** sich jds, etw. würdig erweisen; ***si è mostrato all'altezza della situazione*** er hat gezeigt, dass er der Situation gewachsen ist ◆ ***essere mostrato a***

dito öffentlich angeprangert werden; **~ i pugni** mit der Fäusten drohen; **~ in viso la delusione** die Enttäuschung im Gesicht geschrieben haben.

mo|stri|cia|to|lo m. kleines Monster *n.*

mo|stri|na f. Kragenspiegel *m.*

mo|stro m. **1** Monstrum *n.*, Ungeheuer *n.*, Scheusal *n.*: ***i -i della mitologia*** die mythologischen Ungeheuer; ***un ~ a sette teste*** ein siebenköpfiges Ungeheuer; ***incubi popolati di -i*** Albträume voller Ungeheuer; *(persona bruttissima)* ***che -i di amiche hai!*** was für Scheusale sind deine Freundinnen! *(autore di efferatezze)* ***un ~ di ferocia*** ein grausames Ungeheuer; ***la polizia ha arrestato il ~*** die Polizei hat das Ungeheuer (*o* den Unhold) festgenommen **2** *(essere con forti anomalie)* Missgeburt *f.*: ***partorire un ~*** eine Missgeburt zur Welt bringen **3** *(fenomeno)* Ausbund *m.*: ***un ~ di bravura*** ein Ausbund an Tüchtigkeit; IRON. ***un ~ di intelligenza*** eine Intelligenzbestie ◆ ***i -i delle fiabe*** die Märchenungeheuer; ***~ marino*** Meeresungeheuer *n.*; ***~ sacro*** = unantastbare Persönlichkeit.

mo|struo|sa|men|te avv. ungeheuerlich.

mo|struo|si|tà f.inv. **1** Monstrosität *f.* **2** FIG. Grausamkeit *f.*: ***la ~ di un delitto*** die Ungeheuerlichkeit eines Verbrechens; ***commettere una ~*** eine Ungeheuerlichkeit (*o* Grausamkeit) begehen.

mo|struo|so agg. **1** monströs, Monster-, scheußlich: ***esseri -i*** Monstren *pl.*; ***delitto ~*** scheußliches Verbrechen **2** *(orrendo)* fürchterlich; ***naso ~*** unförmige (*o* unnatürlich große) Nase **3** *(eccezionale)* ungeheuer, außerordentlich: ***un'intelligenza -a*** eine ungeheure (*o* außerordentliche) Intelligenz.

mo|ta f. Schlamm *m.*, Kot *m.*

mo|tel m.inv. Motel *n.*

mo|ti|li|tà f. Motilität *f.*: ***~ intestinale*** Motilität des Darms.

mo|ti|va|re tr. **1** *(causare)* motivieren, verursachen: ***la lite è stata motivata dalla gelosia di lei*** der Streit ist durch ihre Eifersucht verursacht worden **2** *(spiegare)* begründen: ***~ una decisione, una sentenza*** eine Entscheidung, ein Urteil begründen **3** *(stimolare)* motivieren, an‿regen: ***~ qcn. a impegnarsi di più*** jdn zu größerem Einsatz motivieren. **mo|ti|va|to** p.pass. agg. **1** → **motivare** **2** *(fondato)* begründet: ***parere ~*** begründete Annahme **3** *(stimolato)* motiviert: ***essere ~*** motiviert sein; ***alunno poco ~*** nicht sehr motivierter Schüler. **mo|ti|va|zio|na|le** agg. Motiv-: ***ricerca ~*** Motivforschung *f.*

mo|ti|va|zio|ne f. **1** Begründung *f.*, Motivation *f.*: ***dare una ~ del proprio comportamento*** sein Verhalten begründen; ***~ politica*** politische Motivation **2** PSIC. Motivation *f.* ◆ ***~ di una sentenza*** Urteilsbegründung *f.*

mo|ti|vo m. **1** *(ragione)* Grund *m.*: ***addurre un ~*** einen Grund an‿führen; ***avere ~ di...*** Grund haben zu...; ***per -i di famiglia*** aus familiären Gründen; ***per futili -i*** aus belanglosen Gründen; ***per -i gravi*** aus schwer wiegenden Gründen; ***per -i di salute*** aus gesundheitlichen Gründen; ***per quale ~?*** aus welchem Grund? **2** ARTE *(soggetto)* Motiv *n.*, Sujet *n.*: ***questo pittore predilige -i paesaggistici*** dieser Maler bevorzugt landschaftliche Motive **3** *(tema)* Motiv *n.* (anche MUS.): ***il ~ della provvidenza in Manzoni*** das Motiv der Vorsehung bei Manzoni; ***~ orecchiabile*** eingängiges Motiv **4** *(disegno)* Muster *n.*, Motiv *n.*: ***~ geometrico*** geometrisches Muster ◆ ***~ conduttore*** Leitmotiv *n.*; ***dar ~ di...*** Anlass geben zu...; ***il ~ dominante di un'opera*** das Hauptmotiv eines Werkes; ***~ floreale*** Blumenmuster *n.*; ***è per me ~ di gioia*** es ist für mich eine Freude; ***~ giuridico, legale*** Rechtsgrund *m.*; ***per nessun ~*** aus keinem Grund; ***~ ornamentale*** ornamentales Motiv, Ornament *n.*; ***~ per cui*** weshalb; ***il rischio è troppo grave, ~ per cui rinuncio*** das Risiko ist zu groß, weshalb ich lieber verzichte; ***per questo ~*** aus diesem Grund; ***senza (alcun) ~*** grundlos; ***è per me ~ di soddisfazione*** es ist mir eine Genugtuung; ***non è un ~ sufficiente per...*** das ist kein ausreichender Grund, um...

1.mo|to m. **1** Bewegung *f.*: ***il ~ dei pianeti*** die Bewegung der Planeten; MUS. ***~ ascendente, discendente*** aufsteigende, absteigende Bewegung; ***fare un po' di ~*** sich etw. Bewegung verschaffen; ***hai bisogno di ~*** du brauchst Bewegung **2** *(gesto)* Geste *f.*: ***avere un ~ di stizza, di impazienza*** eine ärgerliche, ungeduldige Geste machen **3** *(impulso)* Regung *f.*, Anwandlung *f.*: ***~ dell'animo*** Gefühlsregung *f.*; ***~ di compassione*** Mitleidsregung; ***un ~ di gelosia*** eine Anwandlung von Eifersucht **4** *(sommossa)* Unruhe *f.*: ***i -i del 1821*** die Unruhen des Jahres 1821 ◆ ***~ uniformemente accelerato*** gleichmäßig beschleunigte Bewegung; ***complemento di ~ a luogo*** Lokalergänzung *f.* im Akkusativ; MUS. ***con ~*** con Moto; ***~ curvilineo*** krummlinige Bewegung; ***essere in ~*** *(di veicolo)* in Bewegung sein; TECN. in Betrieb sein (*o* laufen); ***mettere in ~ l'auto*** das Auto an‿lassen; ***mettere in ~ un motore*** einen Motor in Gang bringen; ***mettersi in ~*** sich in Bewegung setzen; ***mettere in ~ le indagini*** die Ermittlungen in Gang bringen; ***~ per inerzia*** Auslaufen *n.*; ***~ ondoso*** Seegang *m.*; ***~ pendolare*** Pendelbewegung *f.*; ***~ perpetuo*** Perpetuum mobile *n.*; ***~ rettilineo*** geradlinige Bewegung; ***~ uniformemente ritardato*** gleichförmig verzögerte Bewegung; ***~ rotatorio*** Kreisbewegung *f.*, Rotationsbewegung *f.*, Drehbewegung *f.*; ***~ uniforme*** gleichförmige Bewegung; ***~ vario*** ungleichförmige Bewegung; ***verbi di ~*** Verben der Bewegung.

2.mo|to f.inv. → **motocicletta.**

mo|to|a|ra|tri|ce f. Motorpflug *m.*

mo|to|bar|ca f. *(-che)* Motorboot *n.*

mo|to|car|ro m. dreirädriges Fahrzeug *n.*, Dreirad *n.* **mo|to|car|roz|zet|ta** f. Beiwagen *m.*, Seitenwagen *m.*

mo|to|ci|clet|ta f. Motorrad *n.*: ***andare in ~*** Motorrad fahren; ***fare un giro in ~*** eine Runde auf dem Motorrad drehen; ***avviare la ~*** das Motorrad an‿treten (*o* an‿werfen) ◆ ***~ da corsa*** Rennmaschine *f.*; ***~ da cross*** Cross-Motorrad *n.* **mo|to|ci|cli|smo** m. Motorradsport *m.* **mo|to|ci|cli|sta** m. e f. *(-i,-e)* Motorradfahrer *m.* (-in *f.*). **mo|to|ci|cli|sti|co** agg. *(-ci,-che)* Motorrad-: ***corsa -a*** Motorradrennen *n.*

mo|to|ci|clo m. Kraftrad *n.*

mo|to|ci|ster|na f. Tankmotorschiff *n.*

mo|to|col|ti|va|to|re m. Motorhackmaschine *f.*

mo|to|co|raz|za|to agg. Panzer-.

mo|to|cross m.inv. Moto-Cross *n.* **mo|to|cros|si|sta** m. e f. *(-i,-e)* Moto-Cross-Fahrer *m.* (-in *f.*).

mo|to|dro|mo m. Motodrom *n.*

mo|to|e|li|ca f. *(-che)* Triebwerk *n.*

mo|to|fal|cia|tri|ce f. Motormähmaschine *f.*

mo|to|fur|go|ne m. Dreirad *n.*, Dreiradlieferwagen *m.*

mo|to|lan|cia f. *(-ce)* Motorboot *n.*

mo|to|nau|ta m. e f. *(-i,-e)* Motorbootfahrer *m.* (-in *f.*). **mo|to|nau|ti|ca** f. *(-che)* **1** Motorschifffahrt *f.* **2** SPORT Motorbootsport *m.* **mo|to|nau|ti|co** agg. *(-ci,-che)* Motorboot-: ***gara -a*** Motorbootrennen *n.*

mo|to|na|ve f. Motorschiff *n.*

mo|to|pe|sche|rec|cio m. *(-ci)* Fischkutter *m.*, Kutter *m.* **mo|to|pom|pa** f. Motorpumpe *f.* **mo|to|pro|pul|so|re I** agg. Antriebs-, Trieb-: ***gruppo ~*** Antriebsaggregat *n.*, Triebwerk *n.* **II** m. Triebwerk *n.*

mo|to|ra|du|no m. Motorradfahrertreffen *n.*

mo|to|re I agg. Trieb-, Antriebs-, Motor-: ***albero ~*** Motorwelle *f.*, Antriebswelle *f.*; ***forza, ruota -trice*** Antriebskraft *f.*, Antriebsrad *n.*; ***organo ~*** Triebwerk *n.* **II** m. **1** Motor *m.*: ***~ rumoroso, silenzioso*** laut, leise laufender Motor; ***avviare, spegnere il ~*** den Motor an‿lassen, ab‿stellen; ***far girare il ~ a pieno regime, al minimo*** den Motor auf vollen Touren, im Leerlauf laufen lassen; ***mandare il ~ su di giri*** den Motor hoch‿jagen; ***il ~ si ingolfa*** der Motor säuft ab **2** FIG. Triebwerk *n.*, Motor *m.*, Triebfeder *f.*: ***il guadagno è il ~ di molte attività*** der Gewinn ist die Triebfeder vieler Aktivitäten ◆ ***a ~*** Motor-; ***veicolo a ~*** Motorfahrzeug *n.*; ***congegno azionato a ~*** von einem Motor angetriebener Mechanismus; ***a un ~*** einmotorig; ***~ anteriore*** Frontmotor *m.*; ***~ asincrono*** Asynchronmotor *m.*; ***~ aspirato*** selbstansaugender Motor *m.* (*o* Saugmotor *m.*); ***asse ~*** Antriebsachse *f.*; ***~ ausiliario*** Hilfsmotor *m.*; ***barca a ~*** Motorboot *n.*; ***~ a benzina*** Benzinmotor *m.*; ***blocco ~*** Motorblock *m.*; ***~ boxer*** Boxermotor *m.*; ***~ a carburazione*** Vergasermotor *m.*; ***~ a quattro cilindri*** Vierzylindermotor *m.*; ***~ a più cilindri*** Mehrzylindermotor *m.*; ***~ a combustione interna*** Verbrennungsmotor *m.*; ***~ a cilindri contrapposti*** Boxermotor *m.*; ***~ a corrente continua*** Gleichstrommotor *m.*; ***~ a due tempi*** Zweitaktmotor *m.* (*o* Zweitakter *m.*); ***~ elettrico*** Elektromotor *m.*; ***~ Diesel*** Dieselmotor *m.*; ***freno ~*** Getriebebremse *f.*, Motorbremse *f.*; ***~ fuoribordo*** Außenbordmotor *m.*; ***~ a gas*** Gasmotor *m.*; ***~ a getto*** Düsentriebwerk *n.*; ***~ idraulico*** Wasserkraftmaschine *f.*; ***~ incorporato*** Einbaumotor *m.*; ***~ a induzione*** Induktionsmotor *m.*; ***~ a iniezione*** Einspritzmotor *m.*; ***~ in linea*** Reihenmotor *m.*; ***~ lineare*** Linearmotor *m.*; ***~ monoblocco*** Blockmotor *m.*; ***~ a ciclo Otto*** Ottomotor *m.*; ***~ posteriore*** Heckmotor *m.*; ***~ a quattro tempi*** Viertaktmotor *m.* (*o* Viertakter *m.*); ***~ raffreddato, con raffreddamento ad acqua, aria*** wassergekühlter, luftgekühlter Motor; ***~ a reazione*** Düsentriebwerk *n.*; ***~ a scoppio*** Verbrennungsmotor *m.*; ***~ sincrono*** Synchronmotor *m.*; ***~ a stantuffo rotante*** Drehkolbenmotor *m.*; ***~ termico*** Wärmekraftmaschine *f.*; ***~ trifase*** Drehstrommotor *m.*; ***~ turbo*** Turbomotor *m.*; ***~ a V*** V-Motor *m.*; ***vano ~*** Motorraum *m.*

mo|to|ret|ta f. Motorroller *m.*

mo|to|ri|no m. Mofa *n.*

mo|to|rio agg. *(-ri,-rie)* Bewegungs-, motorisch: ***apparato ~*** Bewe-

gungsapparat *m.*; ***riflessi -i*** motorische Reflexe.
mo|to|ri|smo m. Motorsport *m.*, Kraftfahrsport *m.*
mo|to|ri|sta m. Mechaniker *m.* ◆ ***~ di aereo*** Bordmechaniker *m.* **mo|to|ri|sti|ca** f. Motorenbau *m.* **mo|to|ri|sti|co** agg. *(-ci,-che)* Motorsport-: ***gara -a*** Motorsportrennen *n.*
mo|to|riz|za|re I tr. motorisieren: ***~ un reparto militare*** eine militärische Einheit motorisieren **II** pronom. **motorizzarsi** sich ein Fahrzeug zu‿legen; COLLOQ. sich motorisieren. **mo|to|riz|za|to** agg. motorisiert, Motor-: ***essere ~*** motorisiert sein; ***barca -a*** Motorboot *n.*; ***truppe -e*** motorisierte Truppen. **mo|to|riz|za|zio|ne** f. **1** Motorisierung *f.* **2** ***ufficio della ~ civile*** Kraftfahrzeugzulassungsstelle *f.*
mo|to|sca|fo m. Motorboot *n.* ◆ ***~ da competizione*** Rennboot *n.*; ***~ da crociera*** Motorjacht *f.*
mo|to|scooter [-'skutɛ *üblich* -'skuter] m.inv. Roller *m.*, Motorroller *m.*
mo|to|se|ga f. *(-ghe)* Motorsäge *f.* **mo|to|si|lu|ran|te** f. Schnelltorpedoboot *n.* **mo|to|slit|ta** f. Motorschlitten *m.* **mo|to|tor|pe|di|nie|ra** f. Torpedoboot *n.* **mo|to|ve|det|ta** f. Schnellboot *n.*
mo|to|ve|i|co|lo m. Kraftrad *n.*
mo|to|ve|lie|ro m. Motorsegelschiff *n.*
mo|to|ve|lo|dro|mo m. Rennbahn *f.*
mo|to|zap|pa f. Motorhackmaschine *f.* **mo|to|zat|te|ra** f. Lastkahn *m.*
mo|tri|ce f. **1** Zugmaschine *f.*, Kraftmaschine *f.* **2** FERR. Triebwagen *m.* ◆ ***~ a vapore*** Dampfmaschine *f.*; ***~ tranviaria*** Triebwagen *m.*
mo|tri|ci|tà f. Motorik *f.*
mot|teg|gia|men|to m. Spötteln *n.*, Spöttelei *f.* **mot|teg|gia|re** *(motteggio, motteggi)* **I** intr. (aus. *avere*) scherzen, witzeln **II** tr. spötteln. **mot|teg|gia|to|re** m. Spötter *m.* **mot|teg|gio** m. *(-gi)* Spott *m.*, Spöttelei *f.*
mot|tet|to m. Motette *f.*
mot|to m. **1** ***~ (di spirito)*** Witz *m.* **2** *(breve sentenza)* Motto *n.*, Wahlspruch *m.* **3** ***non fare, non proferire ~*** kein Wort sagen; ***senza far ~*** ohne ein Wort zu sagen ◆ ***~ araldico*** Wappenspruch *m.*
mo|tu|le|so I agg. körperlich behindert **II** m. körperlich Behinderte *m.*
mountain bike ['mauntın 'baik *üblich* 'maunten 'baik] f.inv. Mountainbike *n.*
mouse ['maʊs *üblich* 'maus] m.inv. Maus *f.*
mous|se [mus] f.inv. Mousse *f.*
mo|ven|te m. Beweggrund *m.*, Motiv *n.*, Anlass *m.*: ***il ~ di un delitto*** das Motiv eines Verbrechens; ***il ~ di una lite*** der Anlass eines Streits.
mo|ven|za f. **1** Bewegung *f.*: ***una ragazza dalle -e aggraziate*** ein Mädchen mit anmutigen Bewegungen **2** *(stile, andamento)* Stilrichtung *f.*
mo|vi|men|ta|re tr. beleben: ***~ una festa*** ein Fest beleben; ECON. ***~ il mercato*** den Markt beleben. **mo|vi|men|ta|to** p.pass. agg. **1** → **movimentare 2** bewegt: ***una vita, una serata -a*** ein bewegtes Leben, ein bewegter Abend.
mo|vi|men|to m. **1** Bewegung *f.*: ***~ goffo, brusco*** ungeschickte, heftige Bewegung; ***~ volontario, involontario*** willkürliche, unwillkürliche Bewegung; ***~ del capo, della mano*** Kopf-, Handbewegung *f.*; ***fare, compiere un ~*** eine Bewegung machen, aus‿führen; ***essere, mettere in ~*** in Bewegung sein, setzen **2** *(corrente, organizzazione)* Bewegung *f.*: ***~ artistico, letterario, politico*** künstlerische, literarische, politische Bewegung; ***~ insurrezionale, rivoluzionario*** aufständische, revolutionäre Bewegung; ***~ operaio, studentesco*** Arbeiter-, Studentenbewegung *f.*; ***~ femminista, giovanile, sindacale*** Frauen-, Jugend-, Gewerkschaftsbewegung *f.*; ***~ antinucleare, ecologista, pacifista*** Antiatomkraftbewegung *f.*, Umweltschutzbewegung *f.* (*o* Ökologiebewegung *f.*), Friedensbewegung *f.* **3a** *(animazione)* Belebtheit *f.*, Treiben *n.* **b** *(traffico)* Verkehr *m.* **4** MUS. Satz *m.* ◆ ***~ di capitali*** Kapitalverkehr *m.*, Kapitalbewegung *f.*; ***~ di cassa*** Kassenverkehr *m.*, Kassenumsatz *m.*; ***~ circolare*** Kreisbewegung *f.*; ***~ clandestino*** Untergrundbewegung *f.*; ***~ di conto*** Kontobewegung *f.*; ***-i di conto corrente*** Kontokorrentverkehr *m.*; ***la polizia controlla tutti i suoi -i*** die Polizei beobachtet ihn auf Schritt und Tritt; ***~ per i diritti civili*** Bürgerrechtsbewegung *f.*; ***~ federalista europeo*** Europabewegung *f.*; ***~ ferroviario*** Eisenbahnverkehr *m.*; ***~ di liberazione*** Freiheitsbewegung *f.*; ***~ di liberazione della donna*** Frauenemanzipationsbewegung *f.*; ***libertà di ~*** Bewegungsfreiheit *f.*; ***~ meccanico*** automatische Bewegung; ***~ di merci*** Warenverkehr *m.*, Warenumschlag *m.*; ***~ ondulatorio*** Wellenbewegung *f.*; ***~ di protesta*** Protestbewegung *f.*; ECON. ***~ al rialzo*** Haussebewegung *f.*; ECON. ***~ al ribasso*** Baissebewegung *f.*; ***~ riformatore*** Reformbewegung *f.*; ***~ rotatorio*** Kreisbewegung *f.*; ***~ di truppe*** Truppenbewegung *f.*; ***~ viaggiatori*** Personenverkehr *m.*
mo|vio|la f. **1** CINEM. TELEV. Schneidetisch *m.* **2** *(rallentatore)* Zeitlupe *f.*: ***rivedere una scena alla ~*** eine Szene noch einmal in Zeitlupe sehen.
mo|za|ra|bi|co agg. *(-ci,-che)* mozarabisch.
mo|zam|bi|ca|no I agg. mosambikanisch **II** m. Mosambikaner *m.*
Mo|zam|bi|co n.pr.m. Moçambique *n.*, Mosambik *n.*
mo|zar|tia|no agg. Mozart-; *(nello stile di Mozart)* mozartisch: ***opera -a*** Mozartoper *n.*; ***drammaticità -a*** mozartische Theatralik.
mo|zio|ne f. Antrag *m.*, SVIZZ. Motion *f.*: ***presentare una ~*** einen Antrag stellen; ***approvare, respingere, bocciare una ~*** einem Antrag statt‿geben, einen Antrag ab‿lehnen, nieder‿stimmen; ***~ di fiducia, di sfiducia*** Vertrauens-, Misstrauensantrag *m.*; ***~ d'ordine*** = Antrag *m.* auf Änderung der Tagesordnung.
moz|za|fia|to agg. atemberaubend.
moz|za|re tr. ab‿schneiden, ab‿schlagen ◆ ***~ il fiato a qcn.*** jdm den Atem verschlagen.
moz|za|rel|la f. Mozzarella *m.* ◆ ***~ in carrozza*** INTRAD. (Mozzarella zwischen zwei Brotscheiben, der paniert und ausgebacken wird).
moz|zet|ta f. Mozzetta *f.*
moz|zi|ca|re tr. *(mozzico, mozzichi)* REGION. beißen.
moz|zi|co m. *(-chi)* REGION. Biss *m.*; ***dare un ~ a qcs.*** etw. an‿beißen, in etw. (A) beißen.
moz|zi|co|ne m. Stummel *m.*: ***~ di matita, sigaretta, sigaro*** Bleistift-, Zigaretten-, Zigarrenstummel *m.*
1.moz|zo agg. **1** abgeschnitten, abgeschlagen **2** *(incompleto)* ***parole, frasi -e*** Wort-, Satzfetzen *pl.* ◆ ***fucile a canne -e*** = Gewehr *n.* mit abgesägtem Lauf.
2.moz|zo m. MAR. Schiffsjunge *m.*
3.moz|zo m. MECC. Nabe *f.* ◆ ***~ di ruota*** Nabe *f.*, Radnabe *f.*; ***~ a scatto libero*** Freilaufnabe *f.*
MR ⇒ **1** *Magnifico Rettore* Rector magnificus, Universitätsrektor **2** ECCL. *Molto Reverendo* Hochwürden.
MSI ⇒ *Movimento Sociale Italiano* (italienische neofaschistische Partei).
muc|ca f. *(-che)* Kuh *f.*: ***~ da latte*** Milchkuh *f.*
muc|chio m. *(-chi)* **1** Haufen *m.*: ***un ~ di fieno, ghiaia, sabbia*** ein Heu-, Kies-, Sandhaufen **2** FIG. Menge *f.*, Haufen *m.*: ***costare un ~ di soldi*** einen Haufen Geld kosten; ***un ~ di bugie*** ein Haufen Lügen; ***dire un ~ di sciocchezze*** einen Haufen Dummheiten sagen; ***avere un ~ di cose da fare, da imparare*** eine Menge zu tun, zu lernen haben ◆ ***colpire nel ~*** blindlings zu‿schlagen.
mu|cil|la|gi|ne f. Pflanzenschleim *m.*, Schleim *m.* **mu|cil|la|gi|no|so** agg. schleimig.
mu|co m. *(-chi)* Schleim *m.*: ***secernere ~*** schleimen (*o* Schleim ab‿sondern); ***~ nasale*** Nasenschleim *m.* **mu|co|sa** f. Schleimhaut *f.* **mu|co|so** agg. schleimig.
mu|da f. Mauser *f.*: ***fare la ~*** sich mausern.
mu|ez|zin m.inv. Muezzin *m.*
muf|fa f. Schimmel *m.*, Schimmelpilz *m.*: ***fare la ~*** schimmeln; FIG. versauern; ***prendere odore di ~*** schimmeligen Geruch an‿nehmen; ***odorare, sapere di ~*** schimmelig riechen, schmecken ◆ ***macchia di ~*** Stockfleck *m.*; ***~ a pennello*** Pinselschimmel *m.*; ***strato di ~*** Schimmelbelag *m.*
muf|fi|re intr. *(muffisco, muffisci*; aus. *essere)* RAR. (ver)schimmeln ◆ FIG. ***~ in casa*** zu Hause versauern.
muf|fo|la f. **1** Fausthandschuh *m.* **2** TECN. Muffel *f.*: ***forno a ~*** Muffelofen *m.*
muf|fo|so agg. schimmelig, verschimmelt.
mu|flo|ne m. Mufflon *m.*
mug|ghia|re intr. *(mugghio, mugghi*; aus. *avere)* **1** muhen **2a** ESTENS. *(urlare di dolore)* brüllen **b** *(di vento)* heulen **c** *(di mare)* tosen. **mug|ghio** m. *(-ghi)* Muhen *n.*
mug|gi|ne m. Meeräsche *f.*
mug|gi|re intr. *(muggisco, muggisci*; aus. *avere)* muhen. **mug|gi|to** m. Muhen *n.*
mu|ghet|to m. **1** BOT. Maiglöckchen *n.* **2** MED. Schwämmchen *pl.*
mu|gna|io m. *(-ai)* Müller *m.*
mu|go m. *(-ghi)* Latschenkiefer *f.*, Krummholzkiefer *f.*
mu|go|la|re intr. *(mugolo*; aus. *avere)* **1** winseln **2** *(gemere)* stöhnen. **mu|go|li|o** m. Winseln *n.*, Gewinsel *n.*
mu|gu|gna|re intr. (aus. *avere*) brummen, knurren. **mu|gu|gno** m. Brummen *n.*, Gebrumme *n.*
mu|jahe|ddin, mu|jahi|din [-dʒai-] m.inv. Mudschahed *m.*
mu|lat|ta f. Mulattin *f.*
mu|lat|tie|ra f. Saumpfad *m.* **mu|lat|tie|re** m. Maultiertreiber *m.*

mu|lat|tie|ro agg. **1** *(adatto ai muli)* Saum-: ***strada -a*** Saumpfad *m.* **2** *(inerente ai muli)* Maultier-.
mu|lat|to I agg. Mulatten-: ***bambino ~*** Mulattenkind *n.* **II** m. Mulatte *m.*
mu|li|e|bre agg. LETT. weiblich.
mu|li|na|re I tr. wirbeln **II** intr. (aus. *avere*) **1** wirbeln **2** FIG. herum‿schwirren: ***strani pensieri gli mulinavano in testa*** seltsame Gedanken schwirrten ihm im Kopf herum.
mu|li|nel|lo m. **1** Wirbel *m.*; *(d'acqua)* Strudel *m.*: ***fare ~ con qcs.*** etw. kreisen lassen **2** PESC. Rolle *f.* **3** *(girandola)* Papierwindmühle *f.* ◆ TECN. ***~ a coppe*** Schalenkreuz *n.*; ***~ idrometrico*** Messflügel *m.*
mu|li|no m. Mühle *f.* ◆ ***~ ad acqua*** Wassermühle *f.*; ***~ a cilindri*** Walzenmühle *f.*; ***~ per granaglie*** Schrotmühle *f.*; ***~ idraulico*** Wassermühle *f.*; ***~ a martelli*** Hammermühle *f.*; ***~ a pendolo*** Pendelmühle *f.*; ***ruota del ~*** Mühlrad *n.*; ***tirare l'acqua al proprio ~*** sein Schäfchen ins Trockene bringen; ***~ a urto*** Schlagmühle *f.*; ***~ a vento*** Windmühle *f.*; FIG. ***combattere contro i -i a vento*** gegen (*o* mit) Windmühlen, gegen Windmühlenflügel (*o* mit Windmühlenflügeln) kämpfen; PROV. ***chi va al ~ s'infarina*** wer Pech anfasst, besudelt sich.
mu|lo m. Maulesel *m.*: ***a dorso di ~*** auf dem Rücken eines Maultieres, auf einem Maulesel; ***essere testardo come un ~*** störrisch wie ein Esel sein; ***lavorare come un ~*** wie ein Ochse (*o* wie ein Pferd) arbeiten; ***essere carico come un ~*** wie ein Packesel beladen sein.
mul|ta f. **1** Geldstrafe *f.*: ***~ per eccesso di velocità*** Geldstrafe wegen überhöhter Geschwindigkeit; ***prendere, fare una ~*** eine Geldstrafe auferlegt bekommen, verhängen **2** *(somma pagata)* Bußgeld *n.*: ***pagare una ~*** ein Bußgeld bezahlen.
mul|ta|re tr. mit einer Geldstrafe (*o* mit einem Bußgeld) belegen: ***~ qcn. per sosta vietata*** jdn wegen unerlaubten Parkens (*o* Falschparken) mit einer Geldstrafe belegen.
mul|ti|co|lo|re agg. vielfarbig, mehrfarbig. **mul|ti|cul|tu|ra|le** agg. multikulturell. **mul|ti|di|men|sio|na|le** agg. multidimensional. **mul|ti|di|sci|pli|na|re** agg. multidisziplinär. **mul|ti|fat|to|ria|le** agg. multifaktoriell. **mul|ti|fo|ca|le** agg. mit mehreren Brennpunkten. **mul|ti|for|me** agg. vielgestaltig, vielfältig.
mul|ti|fun|zio|na|le agg. multifunktional. **mul|ti|fun|zio|na|li|tà** f. Multifunktionalität *f.* **mul|ti|fun|zio|ne** agg. multifunktional.
mul|ti|la|te|ra|le agg. **1** vielseitig, mehrseitig **2** *(di più parti)* multilateral: ***accordo ~*** multilaterales Abkommen. **mul|ti|lin|gue** agg. mehrsprachig, vielsprachig.
mul|ti|me|dia|le agg. multimedial, Multimedia-: ***sistema, spettacolo ~*** Multimediasystem *n.*, Multimediaveranstaltung *f.* **mul|ti|me|dia|li|tà** f. *(tecnica)* Medienverbund *m.*; *(sistemi multimediali)* Multimedia *n.*
mul|ti|me|tro m. Vielfachmessgerät *n.*, Multimeter *n.*
mul|ti|mi|liar|da|rio I agg. *(-ri,-rie)* milliardenschwer (anche ESTENS.) **II** m. *(-ri)* Multimilliardär *m.* **mul|ti|mi|lio|na|rio** m. **I** agg. *(-ri,-rie)* millionenschwer (anche ESTENS.) **II** m. *(-ri)* Multimillionär *m.*
mul|ti|na|zio|na|le I agg. multinational: ***gruppo ~*** multinationaler Konzern **II** f. multinationale Gesellschaft *f.*, Gruppe *f.*
mul|ti|pa|ra f. Multipara *f.*, Pluripara *f.*
mul|ti|plo I agg. mehrfach, Mehrfach-: ***frattura -a*** mehrfacher Bruch; ***gravidanza -a*** mehrfache Schwangerschaft; ***presa -a*** Mehrfachsteckdose *f.* **II** m. Vielfache *n.*: ***10 è ~ di 2*** 10 ist ein Vielfaches von 2; ***minimo comune ~*** kleinstes gemeinsames Vielfaches ◆ ***numero ~*** Vielfache *n.*; ***sclerosi -a*** multiple Sklerose.
mul|ti|po|la|re agg. mehrpolig, multipolar (anche FIG.). **mul|ti|po|la|ri|tà** f. Mehrpoligkeit *f.*
mul|ti|pro|ces|so|re m. Großrechner *m.* **mul|ti|pro|gram|ma|zio|ne** f. Multi-Task *n.* **mul|ti|pro|prie|tà** f.inv. **1** DIR. gemeinschaftlicher Besitz *m.*, Gesamteigentum *n.* **2** *(condominio)* Miteigentum *n.* **mul|ti|raz|zia|le** agg. mehrrassig, multiethnisch: ***società ~*** multiethnische Gesellschaft; ***patrimonio genetico ~*** mehrrassiges Erbgut ◆ ***cultura ~*** Mischkultur *f.* **mul|ti|re|gio|na|le** agg. mehrere Regionen betreffend, multiregional. **mul|ti|sa|la, mul|ti|sa|le** agg.inv. e m. (anche f.) ***(cinema) ~*** Kino mit mehreren Sälen. **mul|ti|sta|dio** agg.inv. Mehrstufen-: ***missile ~*** Mehrstufenrakete *f.* **mul|ti|uso** agg.inv. vielseitig verwendbar, Allzweck-: ***coltello ~*** Allzweckmesser *n.*
mum|mia f. **1** Mumie *f.* **2** FIG. verknöcherte Alte *f.* **mum|mi|fi|ca|re** *(mummifico, mummifichi)* **I** tr. mumifizieren **II** pronom. **mummificarsi 1** mumifizieren **2a** FIG. *(fossilizzarsi)* verknöchern **b** *(di cose)* verstauben: ***istituzioni che si mummificano*** verstaubte Institutionen. **mum|mi|fi|ca|zio|ne** f. Mumifizierung *f.*
mun|ge|re tr. *(mungo, mungi; munsi; munto)* **1** melken: ***~ una mucca*** eine Kuh melken **2** FIG. ab‿knöpfen: ***~ quattrini a qcn.*** jdm Geld abknöpfen. **mun|gi|to|io** m. *(-toi)* Melkstand *m.* **mun|gi|to|re** m. Melker *m.* **mun|gi|tri|ce** f. **1** Melkerin *f.* **2** *(macchina)* Melkmaschine *f.*, Melkanlage *f.* **mun|gi|tu|ra** f. Melken *n.*: ***~ manuale, meccanica*** Handmelken *n.*, maschinelles Melken.
mu|ni|ci|pa|le agg. **1** Gemeinde-: ***consiglio ~*** Gemeinderat *m.*; ***scuole -i*** Gemeindeschulen; ***guardie -i*** Gemeindepolizei *f.* **2** SPREG. *(campanilistico)* lokalpatriotisch: ***lotte -i*** lokalpatriotische Kämpfe. **mu|ni|ci|pa|le|sco** agg. *(-schi,-sche)* lokalpatriotisch. **mu|ni|ci|pa|li|smo** m. Lokalpatriotismus *m.* **mu|ni|ci|pa|li|sti|co** agg. *(-ci,-che)* lokalpatriotisch. **mu|ni|ci|pa|li|tà** f. *(di città)* Stadtrat *m.*; *(di piccolo centro)* Gemeinderat *m.*
mu|ni|ci|pa|liz|za|re tr. kommunalisieren: ***~ un'azienda*** einen Betrieb kommunalisieren. **mu|ni|ci|pa|liz|za|ta** f. städtischer Betrieb *m.* **mu|ni|ci|pa|liz|za|to** p.pass. agg. **1** → **municipalizzare 2** ***azienda -a*** städtischer Betrieb *m.* **mu|ni|ci|pa|liz|za|zio|ne** f. Kommunalisierung *f.*
mu|ni|ci|pio m. *(-pi)* **1** Gemeinde *f.*, Gemeindeverwaltung *f.* **2** *(sede)* Rathaus *n.*; *(di piccolo centro)* Gemeindehaus *n.*: ***recarsi in ~*** zum Rathaus (*o* zur Gemeinde) gehen ◆ ***sposarsi in ~*** standesamtlich heiraten.
mu|ni|fi|cen|za f. Freigebigkeit *f.*, Großzügigkeit *f.* **mu|ni|fi|co** agg. *(-ci,-che)* freigebig: ***gesto ~*** freigebige Geste.
mu|ni|re *(munisco, munisci)* **I** tr. **1** aus‿statten, versehen: ***~ qcn., qcs. di qcs.*** jdn, etw. mit etw. ausstatten (*o* versehen): ***~ qcn. di lasciapassare*** jdn mit einem Passierschein versehen **2** LETT. *(fortificare)* befestigen: ***~ i confini*** die Grenzen befestigen **II** pronom. **munirsi** sich aus‿rüsten, sich rüsten, sich wappnen (anche FIG.): ***-rsi di coraggio, pazienza*** sich mit Mut, Geduld wappnen.
mu|ni|zio|ne f. Munition *f.* ◆ ***deposito di -i*** Munitionslager *n.*; ***fabbrica di -i*** Munitionsfabrik *f.*; ***-i navali*** Schiffsmunition *f.*
muo|ve|re *(mossi; mosso)* **I** tr. **1** bewegen: ***non riesco a ~ la testa*** ich kann den Kopf nicht bewegen; ***il vento muove le foglie*** der Wind bewegt die Blätter; ***quale forza muove l'universo?*** welche Kraft bewegt das Universum? **2a** *(spostare)* rücken, verrücken: ***~ una sedia dal suo posto*** einen Stuhl von seinem Platz rücken **b** *(nei giochi di società)* ziehen: ***~ una pedina*** einen Stein ziehen; assol. ***chi muove per primo?*** wer zieht zuerst? **3** *(mettere in funzione)* an‿treiben, in Bewegung setzen: ***~ una ruota, un meccanismo*** ein Rad, einen Mechanismus antreiben **4** FIG. ***~ qcn. a pietà*** jds Mitleid erregen **5** *(spingere)* leiten: ***fu mosso da interessi personali*** er wurde von persönlichen Interessen geleitet **II** intr. (aus. *essere, avere*) **1** ziehen: ***le truppe muovono alla volta del fronte*** die Truppen ziehen an die Front **2a** *(partire)* aus‿gehen: ***il sentiero muove dal paese*** der Pfad geht vom Dorf aus; ***il corteo muove da Piazza del Duomo*** der Umzug geht vom Domplatz aus **b** FIG. ***~ da premesse discutibili*** von zweifelhaften Voraussetzungen aus‿gehen **III** pronom. **muoversi 1a** sich bewegen: ***far fatica a -rsi*** sich kaum bewegen können; ***non muoverti!*** beweg dich nicht! ***il treno finalmente comincia a -rsi*** der Zug setzt sich endlich in Bewegung **b** FIG. sich aus‿kennen, sich (sicher) bewegen: ***-rsi bene in una città*** sich in einer Stadt gut auskennen; ***-rsi bene in certi ambienti*** sich in bestimmten Kreisen sicher bewegen **2** *(allontanarsi)* weg‿gehen, sich entfernen: ***-rsi da un posto*** sich von einem Platz entfernen; ***non -rsi mai da casa*** nie aus dem Haus gehen **3** FIG. *(sbrigarsi)* sich beeilen: ***muoviti! siamo in ritardo*** beeile dich! wir sind spät dran **4** FIG. *(adoperarsi)* ***nonostante la gravità della situazione nessuno si mosse*** trotz der schwierigen Lage unternahm niemand etwas ◆ ***~ un'accusa a qcn.*** eine Anklage gegen jdn erheben; ***~ causa*** eine Klage an‿strengen; ***~ guerra a qcn.*** gegen jdn den Krieg eröffnen; FIG. jdm den Krieg erklären; ***~ incontro a qcn.*** jdm entgegen‿gehen; ***~ i primi passi*** die ersten Schritte tun; FIG. in den Kinderschuhen stecken; ***~ rimproveri a qcn.*** jdm Vorwürfe machen; ***~ qcn. a sdegno*** jdn empören.
mu|ra|glia f. **1** Mauer *f.*, Mauerwerk *n.* **2** ALP. Felswand *f.* **3** FIG. *(barriera)* Mauer *f.* ◆ ***la Muraglia cinese, la grande Muraglia*** die Chinesische Mauer. **mu|ra|glio|ne** m. (hohe) Mauer *f.*
mu|ra|io|la f. Schuttglaskraut *n.*
mu|ra|le agg. Wand-: ***pittura ~*** Wandmalerei *f.* ◆ ***giornale ~*** Wandzeitung *f.*; ***manifesto ~*** Plakat *n.*; ***pubblicità ~*** Plakatwerbung *f.* **mu|ra|les** m.pl. Murales *pl.*
mu|ra|re I tr. **1** *(fissare a muro)* mauern, ein‿mauern: ***~ gli infissi*** Türen und Fenster mauern; ***~ una mensola*** eine Konsole in die Wand einmauern **2** *(chiudere con un muro)* mauern, zu‿mauern, in die Mauer ein‿lassen: ***~ una porta*** eine Tür zumauern **II** pronom. **murarsi** FIG. ***-rsi in casa*** sich verbarrikadieren ◆ ***~ a secco*** trocken (*o* ohne Mörtel) mauern; ***~ vivo qcn.*** jdn lebendig einmauern.

mu|ra|rio agg. *(-ri,-rie)* Mauer-: ***opera -a*** Mauerwerk *n.*

mu|ra|to|re m. Maurer *m.* ◆ ***apprendista ~*** Maurergeselle *m.*; ***cazzuola da ~*** Maurerkelle *f.*; ***corporazione dei -i*** Maurerzunft *f.*; ***franco ~*** → ***libero muratore***; ***lavoro da ~*** Maurerarbeit *f.*; ***libero ~*** Freimaurer *m.*; ***mestiere del ~*** Maurerhandwerk *n.*

mu|ra|tu|ra f. **1** Mauern *n.* **2** *(lavoro di muratura)* Mauerwerk *n.*, Mauer *f.*: ***~ di cemento, di pietra*** Zement-, Steinmauerwerk *n.* ◆ ***in ~*** gemauert: ***caminetto in ~*** gemauerter Kamin; ***~ a secco*** Trockenmauerwerk *n.*

mu|re|na f. Muräne *f.* **mu|re|ni|di** m.pl. Muraenidae *pl.*

mu|ret|to m. Mäuerchen *n.*, kleine Mauer *f.*

mu|ria|ti|co, *acido* ~ Salzsäure *f.*

mu|ric|cio|lo m. **1** kleine Mauer *f.* **2** *(del giardino)* Gartenmauer *f.*

mu|ri|ce m. Purpurschnecke *f.*

mu|ri|di m.pl. Mäuse *pl.*

mu|ro m. *(-i* m.pl. e *-a* f.pl.*)* **1a** (pl. *-i*) Mauer *f.*: ***un ~ di mattoni, di (in) pietra*** eine Ziegel-, Steinmauer; ***costruire (erigere), abbattere (demolire) un ~*** eine Mauer errichten, ein‿reißen (*o* ab‿reißen); ***la caduta del ~ di Berlino*** der Fall der Berliner Mauer **b** FIG. ***erigere un ~ di silenzio*** eine Mauer des Schweigens errichten; ***un ~ di odio*** eine Mauer aus Hass **2** *(parete*; pl. *-a)* Wand *f.*, Mauer *f.*: ***piantare un chiodo nel ~*** einen Nagel in die Mauer (*o* in die Wand) schlagen; ***fra le quattro -a domestiche*** in seinen vier Wänden; ***chiudersi tra le quattro -a*** sich in die eigenen vier Wände zurück‿ziehen **3** *(di città*; pl. *-a)* Stadtmauer *f.*, Mauer *f.*: ***le -a circondano la città*** die Mauer umgibt die Stadt; ***-a romane*** römische Stadtmauer; ***fuori le -a*** außerhalb der Stadtmauer **4** *(sci)* Steilhang *m.* **5** SPORT Block *m.*: ***fare ~*** blocken, einen Block stellen ◆ ***armadio a ~*** Wandschrank *m.*; ***~ di cemento*** Betonwand *f.*; ***-a ciclopiche*** Zyklopenmauer *f.*; ***~ di cinta*** Einfriedungsmauer *f.*, Umfassungsmauer *f.*; ***(s)battere la testa contro il ~*** sich den Kopf an der Wand stoßen; *(per la disperazione)* mit dem Kopf gegen die Wand rennen; ***~ divisorio*** Trennwand *f.*; ***~ esterno*** Außenwand *f.*; ***~ di gomma*** Gummiwand *f.*; ***~ maestro*** tragende Wand; ***mettere qcn. al ~*** jdn an die Wand stellen; ***~ di nebbia*** Nebelwand *f.*; ***anche i -i hanno orecchie*** auch die Wände haben Ohren; ***parlare al ~*** gegen eine Wand reden; ***~ perimetrale*** Außenmauer *f.*; ***~ del pianto*** Klagemauer *f.*; ***~ portante*** Hauptmauer *f.*; ***~ a secco*** Trockenmauer *f.*; ***~ di sostegno*** Stützmauer *f.*; ***~ del suono*** Schallmauer *f.*; FIG. ***trovarsi con le spalle al ~*** an die Wand gedrängt sein; ***mettere qcn. con le spalle al ~*** jdn an die Wand drängen; ***~ tagliafuoco*** Brandmauer *f.*

mu|sa f. **1** Muse *f.* **2** *(ispirazione)* Inspiration *f.* **3** *(poesia)* Dichtkunst *f.* **Mu|sa** n.pr.f. Muse *f.*

mu|schia|to agg. Moschus-; ***olio ~*** Moschusöl *n.* ◆ ***bue ~*** Moschusochse *m.*; ***topo ~*** Bisamratte *f.*

mu|schio m. *(-schi)* Moos *n.*: ***cuscino, tappeto di ~*** Moospolster *m.*, Moosteppich *m.* ◆ ***coperto di ~*** moosbedeckt; ***coprirsi di ~*** sich bemoosen.

mu|sco → **muschio.**

mu|sco|la|re agg. muskulär, Muskel-: ***fibra, tessuto ~*** Muskelfaser *f.*, -gewebe *n.*; ***forza, lavoro, tono ~*** Muskelkraft *f.*, -arbeit *f.*, -tonus *m.*; ***atrofia, distrofia ~*** Muskelatrophie *f.* (*o* Muskelschwund *m.*), Muskeldystrophie *f.*; ***crampo, rigidità, strappo, tensione ~*** Muskelkrampf *m.*, -starre *f.*, -riss *m.*, -verspannung *f.*

mu|sco|la|tu|ra f. Muskulatur *f.*: ***avere una ~ robusta*** eine kräftige Muskulatur haben; ***~ liscia, striata*** glatte, quer gestreifte Muskulatur *f.*

mu|sco|lo m. **1a** Muskel *m.*: ***contrarre, rilasciare un ~*** einen Muskel an‿spannen (*o* spannen), entspannen; ***-i volontari, involontari, lisci, striati*** willkürliche, unwillkürliche, glatte, quer gestreifte Muskeln **b** pl. *(forza)* ***quello ha i -i!*** der hat aber Muskeln! **2** *(taglio di carne)* Muskelstück *n.* **3** ZOOL. Muschel *f.* ◆ ***~ bicipite*** Bizeps *m.*; ***~ deltoide*** Deltamuskel *m.*; ***~ elevatore*** Heber *m.*; ***~ frontale*** Stirnmuskel *m.*; ***mister ~*** Muskelprotz *m.*; ***mostrare i -i*** die Muskeln spielen lassen; ***~ tricipite*** Trizeps *m.*; ***essere tutto -i*** nur aus Muskeln bestehen. **mu|sco|lo|si|tà** f. **1** muskulöse Beschaffenheit *f.* **2** *(parte muscolosa)* Muskulatur *f.* **mu|sco|lo|so** agg. muskulös: ***donna -a*** muskulöse Frau.

mu|sco|so agg. bemoost, moosbedeckt.

mu|se|o m. Museum *n.* ◆ ***~ d'arte moderna*** Museum *n.* für moderne Kunst; ***~ dell'automobile*** Automobilmuseum *n.*; ***~ delle cere*** Wachsfigurenkabinett *n.*; ***guardiano, guida del ~*** Museumsaufseher *m.*, Museumsführer *m.*; ***pezzo da ~*** Museumsstück *n.* (anche FIG.); ***~ del Risorgimento*** Museum *n.* des Risorgimento; ***~ di scienze naturali*** naturwissenschaftliches Museum; ***~ di storia naturale*** naturgeschichtliches Museum; ***~ della tecnica*** technisches Museum. **mu|se|o|gra|fi|a** f. Museumswesen *n.* **mu|se|o|gra|fi|co** agg. *(-ci,-che)* das Museumswesen betreffend.

mu|se|ruo|la f. Maulkorb *m.*: ***mettere la ~ al cane*** dem Hund den Maulkorb an‿legen; FIG. ***mettere la ~ a qcn.*** jdm einen Maulkorb an‿legen.

mu|set|ta f. Futterbeutel *m.*

mu|set|to m. **1a** ZOOL. Schnäuzchen *n.* **b** *(di persona)* Gesicht *n.*: ***che bel ~!*** so ein hübsches Gesicht! **2a** GERG. *(di aerei)* Bug *m.* **b** AUT. Vorderteil *m.* eines Autos, SCHERZ. Nase *f.*

mu|si|ca f. *(-che)* **1** Musik *f.*: ***~ classica, sinfonica, sacra, operistica (lirica), liturgica*** klassische, sinfonische, geistliche Musik, Opernmusik *f.*, Kirchenmusik *f.*; ***~ militare, popolare, zigana*** Militär-, Volks-, Zigeunermusik *f.*; ***~ jazz, pop, rock*** Jazz-, Pop-, Rockmusik *f.*; ***~ da film, da discoteca*** Film-, Diskomusik *f.*; ***~ per organo, pianoforte*** Orgel-, Klaviermusik *f.*; ***studiare ~*** Musik studieren; ***~ corale, orchestrale, strumentale*** Chor-, Orchester-, Instrumentalmusik *f.*; ***fare ~*** (Musik) spielen, musizieren; ***una ~ celestiale*** eine himmlische Musik; COLLOQ. ***una ~ da sballo*** eine flippige Musik; ***avere talento per la ~*** eine Begabung für Musik haben; ***avere la ~ nel sangue*** Musik im Blut haben; ***scrivere la ~ per un film*** die Musik zu einem Film komponieren; ***mettere qcs. in ~*** etw. vertonen; ***saper leggere la ~*** Noten lesen können; **2** FIG. *(suono armonioso)* lieblicher Klang *m.*, liebliche Klänge *pl.*, Musik *f.* ◆ ***~ di accompagnamento*** begleitende Musik, Begleitmusik *f.*; ***amante della ~*** Musikfreund *m.* (-in *f.*); ***aula di ~*** Musiksaal *m.*; ***~ per balletto*** Ballettmusik *f.*; ***~ da ballo*** Tanzmusik *f.*; ***~ barocca*** Barockmusik *f.*; FIG. ***cambiare ~*** andere Saiten auf‿ziehen; ***~ da camera*** Kammermusik *f.*; ***carta da ~*** Notenpapier *n.*; ***~ conviviale*** Tafelmusik *f.*; ***~ dodecafonica*** Zwölftonmusik *f.*; ***~ elettronica*** elektronische Musik; ***~ di fondo*** Hintergrundmusik *f.*; ***~ leggera*** Unterhaltungsmusik *f.* (*o* U-Musik *f.*); ***lezione di ~*** Musikunterricht *m.*; *(ora di musica)* Musikstunde *f.*; ***libro di ~*** Musikbuch *n.*; ***maestro di ~*** Musiklehrer *m.*; ***~ maestro!*** Musik, bitte! FIG. es kann losgehen! ***negozio di ~*** Musikgeschäft *n.*; ***questa è ~ per le mie orecchie!*** das ist Musik in meinen Ohren! ***~ a programma*** Programmmusik *f.*; ***quaderno di ~*** Notenheft *n.*; ***scuola di ~*** Musikschule *f.*; FIG. COLLOQ. ***sempre la solita, stessa ~*** immer die alte Leier; ***storia della ~*** Musikgeschichte *f.*; ***teoria della ~*** Musiktheorie *f.* **mu|si|ca|bi|le** agg. vertonbar.

mu|si|cal ['mjuzıkəl, *üblich* 'mjiuzikol] m.inv. Musical *n.*

mu|si|ca|le agg. **1** musikalisch, Musik- **2** *(con inclinazione per la musica)* musikalisch, musikbegabt: ***talento, orecchio ~*** musikalisches Talent, musikalisches Gehör; ***critico, rivista ~*** Musikkritiker *m.*, -zeitschrift *f.*; ***brano, intermezzo ~*** Musikstück *n.*, -einlage *f.*; ***note, strumenti -i*** Musiknoten, -instrumente **3** ESTENS. *(armonioso)* melodiös, klangvoll: ***una voce, lingua ~*** eine melodiöse Stimme, Sprache; ***versi -i*** klangvolle Verse.

mu|si|ca|li|tà f. Musikalität *f.* **mu|si|cal|men|te** avv. musikalisch: ***essere dotato ~*** musikalisch begabt sein.

mu|si|can|te m. e f. Musikant *m.* (-in *f.*).

mu|si|ca|re tr. *(musico, musichi)* vertonen.

mu|si|cas|set|ta f. Musikkassette *f.*

mu|sic-hall ['mjuzık 'hɔ:l] m.inv. Varieté *n.*

mu|si|chet|ta f. (anspruchslose) Musik *f.*, Melodie *f.*

mu|si|ci|sta m. e f. *(-i,-e)* **1** Musiker *m.* (-in *f.*) **2** *(compositore)* Komponist *m.* (-in *f.*).

mu|si|co m. *(-ci)* Musiker *m.*; ***~ di corte*** Hofmusiker *m.*

mu|si|co|fi|lo m. Musikfreund *m.* **mu|si|co|gra|fo** m. Musikkritiker *m.*

mu|si|co|lo|gi|a f. Musikwissenschaft *f.*, Musikologie *f.* **mu|si|co|lo|gi|co** agg. *(-ci,-che)* musikwissenschaftlich. **mu|si|co|lo|go** m. *(-gi)* Musikwissenschaftler *m.*, Musikologe *m.*

mu|si|co|ma|ne m. e f. Musikfanatiker *m.* (-in *f.*). **mu|si|co|te|ra|pi|a** f. Musiktherapie *f.*

mu|si|vo agg. Musiv-, Mosaik-: ***argento, oro ~*** Musivsilber *n.*, -gold *n.*; ***lavoro ~*** Musivarbeit *f.* (*o* Mosaik *n.*); ***arte -a*** Mosaikkunst *f.*

mu|so m. **1** Maul *n.*, Schnauze *f.*: COLLOQ. ***rompere, spaccare il ~ a qcn.*** jdm in die Schnauze hauen; COLLOQ. FIG. ***dare un pugno sul ~ a qcn.*** jdm eins aufs Maul geben **2** COLLOQ. *(broncio)* Schnute *f.*, Schmollmund *m.*: ***tenere, avere il ~*** einen Schmollmund ziehen; ***fare, mettere il ~*** einen Schmollmund machen, eine Schnute ziehen **3a** ESTENS. *(di aeroplano)* Bug *m.* **b** AUT. Vorderteil *m.*, SCHERZ. Nase *f.* ◆ COLLOQ. ***brutto ~*** übler Typ; ***in giro ci sono certi brutti -i*** üble Typen sind unterwegs; ***dire qcs. a qcn. sul ~*** jdm etw. ins Gesicht sagen; ***a ~ duro*** mit eiserner Stirn; ***storcere il ~*** den Mund verziehen. **mu|so|ne** m. COLLOQ. **1** Griesgram *m.*, Sauertopf *m.* **2** *(chi tiene il broncio)* beleidigte Leberwurst *f.*

mus|sa|re intr. (aus. *avere*) moussieren, perlen.

mus|so|la, mus|so|li|na f. Musselin *m.*
mus|so|li|nia|no agg. mussolinisch.
mus|sul|ma|no → **musulmano.**
must [mʌst] m.inv. Muss *n.*: ***è un ~ per la gente dell'alta società*** das ist ein Muss für die Leute der Highsociety.
mu|stac|chio m. *(-chi)* Schnauzbart *m.*, Schnauzer *m.*: ***lisciarsi, arricciarsi i -chi*** sich den Schnauzbart glätten, zwirbeln.
mustang [mus'tang] m.inv. Mustang *m.*
mu|ste|li|di m.pl. Marder *pl.*
mu|sul|ma|na f. Moslime *f.*, Muslime *f.*, Muselmanin *f.* **mu|sul|ma|ne|si|mo** m. Islam *m.*
mu|sul|ma|no I agg. moslemisch, muselmanisch: ***la religione -a*** die moslemische Religion **II** m. Moslem *m.*, Muselman *m.*, Muslim *m.*
1.mu|ta f. **1** Wechsel *m.*, Wechseln *n.*; ***una ~ di biancheria*** Wäsche zum Wechseln; ***darsi la ~*** sich ab‿wechseln **2a** ZOOL. *(nei rettili)* Häutung *f.* **b** *(negli uccelli)* Mauser *f.* **3** *(tuta da subacqueo)* Taucheranzug *m.* **4** MIL. Ablösung *f.* ◆ ***~ del pelo*** Fellwechsel *m.*; ***~ del vino*** Umfüllen *n.* des Weines; ***~ della voce*** Stimmbruch *m.*
2.mu|ta f. Koppel *f.*; VENAT. Meute *f.*: ***una ~ di cani da slitta*** eine Koppel Schlittenhunde.
3.mu|ta f. *(donna muta)* Stumme *f.*
mu|ta|bi|le agg. **1** wandelbar, veränderlich **2** *(incostante)* wechselhaft, unbeständig ◆ ***essere di umore ~*** launenhaft sein. **mu|ta|bi|li|tà** f. **1** Wandelbarkeit *f.*, Veränderlichkeit *f.* **2** Wechselhaftigkeit *f.*, Unbeständigkeit *f.*
mu|ta|ge|no I agg. mutagen **II** m. Mutagen *n.*
mu|ta|men|to m. **1a** *(cambiamento)* Wechsel *m.*, Änderung *f.*: ***~ delle stagioni*** Wechsel der Jahreszeiten; ***~ di forma*** Formwechsel *m.* **b** *(del vento)* Drehen *n.* **2** *(trasformazione, modifica)* Veränderung *f.*, Änderung *f.*, Wandel *m.*; *(svolta)* Wende *f.*: ***un ~ improvviso, radicale*** ein plötzlicher, radikaler Wandel; ***~ di opinione, del modo di pensare*** Meinungsänderung *f.*, Wandel der Einstellung; ***~ di tendenza*** Trendwende *f.*; ***~ del destino*** Schicksalswende *f.* **3** LING. Wandel *m.*: ***~ fonetico, linguistico, semantico*** Laut-, Sprach-, Bedeutungswandel *m.* ◆ ***~ della voce*** Stimmbruch *m.*
mu|tan|de f.pl. Unterhose *f.*: ***~ di lana, seta*** Woll-, Seidenunterhose *f.*; ***~ da donna, uomo*** Damen-, Herrenunterhose *f.*; ***portare le ~*** eine Unterhose tragen ◆ ***~ elastiche*** Miederhose *f.*; ***in ~*** in Unterhosen; ***un paio di ~*** eine Unterhose.
mu|tan|di|ne f.pl. **1** *(da donna)* Slip *m.* **2** *(da bambino)* Kinderhöschen *n.* ◆ ***~ da bagno*** Badehose *f.*; ***~ elastiche*** Miederhöschen *n.*; ***~ igieniche*** Monatshöschen *n.*; ***~ per pannolini*** Windelhose *f.*; ***~ di plastica*** Gummihöschen *n.*
mu|tan|do|ni m.pl. halblange Unterhose *f.*, SCHERZ. Liebestöter *m.*
mu|tan|te m. e f. Mutant *m.* (-e *f.*).
mu|ta|re I tr. **1** *(cambiare)* wechseln: **2** *(modificare, trasformare)* ändern; *(nell'intimo)* verändern: ***~ la propria opinione, il proprio atteggiamento*** seine Meinung, Haltung ändern; ***~ stile di vita*** den Lebensstil ändern; ***questa esperienza lo ha mutato*** dieses Erlebnis hat ihn verändert **3** *(trasformare)* verwandeln: ***il principe fu mutato in ranocchio*** der Prinz wurde in einen Frosch verwandelt (*o* verzaubert) **II** intr. (aus. *essere)* **1** wechseln, sich ändern; *(nell'essenza)* sich verändern: ***il suo umore muta molto velocemente*** seine Stimmung wechselt sehr schnell; ***il tempo, il vento è mutato*** das Wetter hat gewechselt (*o* hat sich geändert), die Windrichtung hat sich geändert **2** *(subire una svolta)* sich wenden: ***la situazione è mutata a suo vantaggio*** die Situation hat sich zu seinen Gunsten gewendet **III** pronom. **mutarsi** sich verwandeln: ***-rsi in qcs.*** sich in etw. (A) verwandeln ◆ ***-rsi d'abito*** sich um‿ziehen; FIG. ***mutar bandiera secondo il vento*** die Fahne nach dem Wind drehen (*o* hängen); ***~ in meglio, in peggio*** sich verbessern (*o* sich zum Besseren wenden), sich verschlechtern; ZOOL. ***~ la pelle*** sich häuten; ORNIT. ***~ le penne*** (sich) mausern; FIG. ***~ registro*** andere Saiten auf‿ziehen; ***col ~ dei tempi*** im Wandel der Zeit; ***~ il vino*** den Wein um‿füllen; ***~ la voce*** mutieren, im Stimmbruch sein.
mu|ta|zio|na|le agg. die Genmutation betreffend.
mu|ta|zio|ne f. **1** *(cambiamento)* Wechsel *m.*, Änderung *f.* **2** *(trasformazione)* Wandel *m.*, Veränderung *f.* **3** MED. Mutation *f.*; ***~ genetica*** Genmutation *f.* (*o* Erbänderung); ***subire una ~*** mutieren.
mu|te|vo|le agg. **1** *(che si trasforma)* wandelbar: ***l'aspetto ~ delle cose*** der wandelbare Aspekt der Dinge, die wandelbare Erscheinung der Dinge **2a** *(volubile)* wechselhaft: ***carattere ~*** wechselhafter Charakter; ***avere opinioni -i*** in seinen Ansichten wechselhaft sein **b** *(incostante)* unbeständig, wechselhaft: ***clima ~*** unbeständiges Klima ◆ ***essere di umore ~*** launenhaft sein. **mu|te|vo|lez|za** f. **1** Wandelbarkeit *f.* **2** *(volubilità)* Wechselhaftigkeit *f.* **mu|te|vol|men|te** avv. wechselhaft.
mu|ti|la|re tr. *(mutilo)* verstümmeln (anche FIG.): ***l'esplosione lo ha mutilato di una mano*** bei der Explosion hat er eine Hand verloren; FIG. ***~ un testo*** einen Text verstümmeln.
mu|ti|la|to I p.pass. agg. **1** → **mutilare 2** *(di persona)* verstümmelt, körperbeschädigt **II** m. Körperbeschädigte *m.*, Verstümmelte *m.* ◆ ***essere ~ di un braccio, ~ di una gamba*** einen verstümmelten Arm, ein verstümmeltes Bein haben; ***~ di guerra*** Kriegsversehrte *m.* (*o* Kriegsbeschädigte *m.*); ***~ del lavoro*** Arbeitsinvalide *m.*
mu|ti|la|zio|ne f. Verstümmelung *f.* (anche FIG.): ***~ di guerra*** Kriegsverstümmelung *f.*; ***subire una ~*** verstümmelt werden; ***riportare la ~ di un arto*** ein Gliedmaß verlieren.
mu|ti|lo agg. verstümmelt: ***codice ~*** verstümmelter Kodex.
mu|ti|smo m. **1** Stummheit *f.* **2** *(silenzio)* Schweigen *n.*: ***chiudersi in un ostinato ~*** sich in hartnäckiges Schweigen hüllen.
mu|to I agg. **1a** stumm: ***~ dalla nascita*** von Geburt an stumm; ***~ di paura*** stumm vor Angst; ***il telefono è, resta ~*** das Telefon ist, bleibt stumm **b** FON. ***consonante -a*** stummer Konsonant; ***suono ~*** stummer Laut **2** *(senza parole)* sprachlos: ***~ per lo stupore*** sprachlos vor Staunen **3** *(silenzioso)* schweigend: ***in -a attesa*** in schweigender Erwartung; ***stette ~ ad ascoltare*** er hörte schweigend zu **II** m. **1** Stumme *m.* **2** *(film)* Stummfilm *m.* ◆ ***alfabeto ~*** Zeichensprache *f.*; ***atlante ~*** stummer Atlas; ***cartina (geografica) -a*** stumme Karte; ***cinema, film ~*** Stummfilm *m.*; ***~ come un pesce*** stumm wie ein Fisch; ***rendere qcn. ~*** jdn verstummen lassen (anche FIG.); FIG. ***restare, rimanere ~*** verstummen; ***rimanere ~ per la vergogna*** vor Scham verstummen; ***scena -a*** stummes Spiel; ***fare scena -a*** kein Wort heraus‿bringen; ***servo ~*** stummer Diener; ***~ come una tomba*** verschwiegen wie ein Grab.
mu|tria f. überhebliche Miene *f.*
mu|tua f. Krankenkasse *f.*, Krankenversicherung *f.*; *(ente statale)* gesetzliche Krankenversicherung *f.*: ***~ privata*** private Krankenversicherung; ***iscriversi alla ~*** = sich bei einer gesetzlichen Krankenkasse versichern; ***pagare la ~*** den Krankenversicherungsbeitrag bezahlen ◆ ***essere in ~*** krankgeschrieben sein; ***libretto della ~*** Krankenschein *m.*; ***medico della ~*** Kassenarzt *m.*; ***mettersi in ~*** sich krankschreiben lassen; ***paziente della ~*** Kassenpatient *m.* (-in *f.*).
1.mu|tua|bi|le agg. kassenzulässig: ***farmaco ~*** kassenzulässiges Medikament.
2.mu|tua|bi|le agg. ECON. leihbar: ***importo ~*** leihbarer Betrag.
mu|tua|li|smo m. Mutualismus *m.*
mu|tua|li|sti|co agg. *(-ci,-che)* **1** wechselseitig, gegenseitig: ***principio ~*** Prinzip der Wechselseitigkeit **2** *(della mutua)* Krankenkassen-, Kranken-, kassenärztlich: ***ente ~*** Krankenkasse *f.*, Krankenversicherung *f.*; ***assistenza -a*** gesetzliche Krankenversicherung; ***prestazioni -che*** Leistungen der Krankenkasse **3** BIOL. den Mutualismus betreffend.
mu|tua|li|tà f. Wechselseitigkeit *f.*, Gegenseitigkeit *f.*; ***~ assicurativa*** Versicherung auf Gegenseitigkeit.
mu|tua|men|te avv. gegenseitig, wechselseitig.
mu|tuan|te I agg. Kredit-: ***ente ~*** Kreditanstalt *f.* **II** m. e f. Kreditgeber *m.* (-in *f.*), Darlehensgeber *m.* (-in *f.*), Darleiher *m.* (-in *f.*).
mu|tua|re tr. *(mutuo)* **1a** *(prendere in prestito)* entleihen: ***~ una somma da qcn.*** eine Summe von jdm entleihen **b** *(dare in prestito)* verleihen **2** FIG. entlehnen, nach‿ahmen: ***~ lo stile dai classici*** den Stil der Klassiker nachahmen; ***~ una parola da un'altra lingua*** ein Wort aus einer anderen Sprache entlehnen.
mu|tua|ta|rio m. *(-ri)* Darlehensnehmer *m.*
1.mu|tua|to p.pass. agg. **1** → **mutuare 2** ***capitale ~*** Darlehen *n.*
2.mu|tua|to I m. Kassenpatient *m.* **II** agg. Kassen-: ***paziente ~*** Kassenpatient *m.*
1.mu|tuo agg. gegenseitig, wechselseitig.
2.mu|tuo m. Darlehen *n.*, Kredit *m.*: ***accendere (contrarre), estinguere un ~*** ein Darlehen auf‿nehmen, tilgen; ***concedere un ~ a qcn.*** jdm ein Darlehen gewähren; ***~ infruttifero, garantito, a breve, lunga scadenza*** zinsloses, gedecktes, kurz-, langfristiges Darlehen ◆ ***accensione di un ~*** Aufnahme *f.* eines Darlehens; ***~ (a tasso) agevolato*** zinsgünstiger Kredit; ***~ bancario*** Bankdarlehen *n.*, Bankkredit *m.*; ***concessione di un ~*** Darlehensgewährung *f.*; ***condizioni del ~*** Darlehensbedingungen *pl.*; ***contratto di ~*** Darlehensvertrag *m.*; ***~ edilizio*** Baudarlehen *n.*; ***importo di un ~*** Darlehensbetrag *m.*; ***interesse sul ~*** Darlehenszins *m.*; ***~ ipotecario*** Hypothekarkredit *m.*; ***~ speciale*** Sonderdarlehen *n.*

N

n, N f. e m.inv. n, N *n.*: ***una N maiuscola, una n minuscola*** ein großes N, ein kleines n.
n. ⇒ *numero* Nummer (Nr.).
na|bab|bo m. Nabob *m.* (anche FIG.) ◆ ***vivere da ~*** wie ein Fürst leben.
Na|bu|co|do|no|sor n.pr.m. Nebukadnezar *m.*
nac|che|ra f. **1** Kastagnette *f.* **2** ZOOL. Perlmutt *n.*
Na|dia n.pr.f. Nadia (*o* Nadja) *f.*
na|dir m.inv. Nadir *m.*, Fußpunkt *m.*
naf|ta f. Naphta *n.*; *(per motori)* Dieselkraftstoff *m.* ◆ ***combustione a ~*** Ölfeuerung *f.*; ***forno a ~*** Ölofen *m.*; ***motore a ~*** Dieselmotor *m.*
naf|ta|li|na f. **1** CHIM. Naphtalin *n.* **2** *(tarmicida)* Mottenkugel *f.*: ***puzzare di ~*** nach Mottenkugeln riechen; ***mettere qcs. sotto ~*** etw. ein‿motten ◆ SCHERZ. ***tenere qcs. sotto ~*** = etw. eifersüchtig hüten.
naf|te|ne m. Naphthene *pl.* **naf|to|lo** m. Naphthole *pl.*
1.na|ia f. ZOOL. Kobra *f.*, Naja *f.*
2.na|ia f. GERG. Barras *m.*, Bund *m.*: ***essere sotto la ~*** beim Barras sein; ***dover fare la ~*** zum Barras müssen; ***non aver fatto la ~*** nicht beim Barras gewesen sein.
na|ia|de f. Najade *f.*, Wassernymphe *f.*
na|if I agg.inv. naiv: ***pittura ~*** naive Kunst (*o* Malerei) **II** m.inv. naiver Maler *m.*: ***i primi ~*** die ersten naiven Maler.
nai|lon → **nylon.**
Na|mi|bia n.pr.f. Namibia *n.* **na|mi|bia|no I** agg. namibisch **II** m. Namibier *m.*
nan|chi|no m. TESS. Nanking *m.* **Nan|chi|no** n.pr.m. Nanking *n.*
nan|dù m.inv. Pampasstrauß *m.*, Nandu *m.*
na|ne|rot|to|lo m. Zwerglein *n.*
na|ni|smo m. Nanismus *m.*, Zwergwuchs *m.*: ***essere affetti da ~*** an Nanismus leiden.
nan|na f. FAM. Heia *f.*: ***fare la ~*** heia machen; ***andare a ~*** in die Heia gehen; ***mettere qcn. a ~*** jdn ins Heiabettchen legen ◆ ***ninna ~*** Wiegenlied *n.*
na|no I agg. zwergenhaft, Zwerg-: ***barboncino ~*** Zwergpudel *m.*; ***razza -a*** Zwergform *f.*; ***pianta -a*** Zwergpflanze *f.*; ***ruggine -a*** Zwergrost *m.*; ***stella -a*** Zwergstern *m.* **II** m. Zwerg *m.*: ***i -i del circo*** die Zirkuszwerge; ***Biancaneve e i sette -i*** Schneewittchen und die sieben Zwerge.
na|no|fa|rad m.inv. Nanofarad *n.*
na|no|se|con|do m. Nanosekunde *f.*
na|os m.inv. Naos *m.*
na|palm m.inv. Napalm *n.*: ***bomba al ~*** Napalmbombe *f.*
na|po|le|o|ne m. **1** *(moneta)* Napoleondor *m.* **2** *(bicchiere da cognac)* Schwenkglas *n.* **Na|po|le|o|ne** n.pr.m. Napoleon *m.* **na|po|le|o|ni|co** agg. *(-ci,-che)* napoleonisch: ***vittorie -che*** napoleonische Siege.
na|po|le|ta|na f. **1** neapolitanische Kaffeemaschine *f.* **2** *(pizza)* INTRAD. (mit Tomaten, Käse und Sardellen belegte Pizza).
na|po|le|ta|no I agg. neapolitanisch, Neapolitaner- **II** m. **1** *(abitante)* Neapolitaner *m.* **2** *(dialetto)* Neapolitanisch(e) *n.* ◆ ***alla -a*** auf neapolitanische Art; ***pizza alla -a*** INTRAD. (mit Tomaten, Käse und Sardellen belegte Pizza).
Na|po|li n.pr.f. Neapel *n.*
nap|pa f. **1** Quaste *f.*, Troddel *f.* **2** *(pelle morbidissima)* Nappaleder *n.* **3** SCHERZ. *(nasone)* Zinken *m.* **nap|pi|na** f. kleine Quaste *f.*, kleine Troddel *f.*
nar|ci|si|smo m. Narzissmus *m.* **nar|ci|si|sta** m. e f. *(-i,-e)* Narzisst *m.* (-in *f.*). **nar|ci|si|sti|co** agg. *(-ci,-che)* narzisstisch: ***comportamento, atteggiamento ~*** narzisstisches Verhalten.
1.nar|ci|so BOT. Narzisse *f.*
2.nar|ci|so m. Narziss *m.*: ***quel ragazzo è proprio un ~*** der Junge ist ein echter Narziss.
nar|co|dol|la|ri m.pl. Narkodollars *pl.* **nar|co|les|si|a** f. Narkolepsie *f.* **nar|co|ma|ni|a** f. Narkomanie *f.* **nar|co|si** f. Narkose *f.*, Betäubung *f.* **nar|co|te|ra|pi|a** f. Schlafkur *f.*, Heilschlaf *m.*, Schlaftherapie *f.* **nar|co|test** m.inv. Drogentest *m.*
nar|co|ti|co I agg. *(ci,-che)* narkotisch, betäubend: ***sostanza -a*** betäubende (*o* narkotische) Substanz **II** m. *(-ci)* Narkosemittel *n.*, Narkotikum *n.*, Betäubungsmittel *n.*: ***somministrare un ~ a qcn.*** jdm ein Betäubungsmittel verabreichen; ***prendere un ~*** ein Betäubungsmittel ein‿nehmen ◆ ***legge sui -ci*** Betäubungsmittelgesetz *n.*; ***(squadra) Narcotici*** Rauschgiftdezernat *n.*
nar|co|tiz|za|re tr. **1** unter Narkose setzen, narkotisieren, betäuben: ***~ il paziente prima dell'operazione*** den Patienten vor der Operation unter Narkose setzen **2** FIG. betäuben. **nar|co|tiz|za|zio|ne** f. **1** Narkotisierung *f.*, Betäubung *f.* **2** *(effetto)* Narkose *f.*, Betäubung *f.*
nar|co|traf|fi|can|te m. Rauschgifthändler *m.* **nar|co|traf|fi|co** m. *(-ci)* Rauschgifthandel *m.*
nar|do m. Narde *f.* ◆ ***olio di ~*** Nardenöl *n.*; ***~ comune*** Lavendel *m.*
nar|ghi|lè m.inv. Nargileh *f.* e *n.*, Wasserpfeife *f.*
na|ri|ce f. Nasenloch *n.*; *(di animali)* Nüster *f.*
nar|ra|bi|le agg. erzählbar: ***un evento difficilmente ~*** ein schwer erzählbares Ereignis.
nar|ra|re I tr. erzählen: ***~ una storia (su qcn., qcs.)*** eine Geschichte (über jdn, etw.) erzählen **II** intr. (aus. *avere*) erzählen, berichten: ***mi narrò delle sue esperienze*** er erzählte mir von seinen Erfahrungen.
nar|ra|ti|va f. **1** Belletristik *f.*, Kunstprosa *f.*; *(scienza)* Narrativik *f.*: ***la ~ contemporanea*** die zeitgenössische Belletristik **2** DIR. Darlegung *f.* (*o* Bericht *m.*) des Tatbestandes ◆ ***~ fantastica*** Lügendichtung *f.*
nar|ra|ti|vo agg. erzählerisch, narrativ, narratorisch: ***avere un grosso talento ~*** ein großes erzählerisches Talent besitzen; ***forme -e*** narrative Formen; ***poesia -a*** epische (*o* erzählende) Dichtung; ***un testo a carattere ~*** ein Text narratorischen Charakters ◆ ***presente ~*** historisches Präsens.
nar|ra|to|lo|gi|a f. Narrativik *f.*, Erzähltheorie *f.* **nar|ra|to|lo|gi|co** agg. *(-ci,-che)* erzähltheoretisch.
nar|ra|to|re m. Erzähler *m.*: ***è un bravo ~*** er ist ein guter Erzähler; ***un ~ contemporaneo*** ein zeitgenössischer Erzähler; ***i -i italiani del Novecento*** die italienischen Erzähler des zwanzigsten Jahrhunderts.
nar|ra|zio|ne f. Erzählung *f.*, Geschichte *f.* ◆ ***l'arte della ~*** die Erzählkunst; ***il filo della ~*** der Faden der Erzählung; ***~ in prima persona*** Icherzählung *f.*
nar|te|ce m. **1** ARCH. Narthex *m.* **2** *(scrigno per unguenti)* Kästchen *n.*
nar|va|lo m. Narwal *m.*
NAS ⇒ *Nucleo Antisofisticazioni* (Sondereinheit der Karabinieri gegen Lebensmittelfälschung).
na|sa|le I agg. nasal, Nasen-: ***fosse -i, setto ~*** Nasenhöhlen *pl.*, Nasenscheidewand *f.*; ***plastica ~*** Nasenplastik *f.*; ***suono ~*** Nasallaut *m.*; ***voce ~*** nasale Stimme **II** f. Nasal *m.*, Nasallaut *m.* **na|sa|li|tà** f. nasaler Ton *m.* **na|sa|liz|za|re** tr. nasalieren: ***~ una vocale*** einen Vokal nasalieren. **na|sa|liz|za|zio|ne** f. Nasalierung *f.* **na|sa|ta** f. Schlag *m.* auf die Nase.
na|scen|te agg. anbrechend: ***il giorno ~*** der anbrechende Tag; ***astro ~*** aufgehender Stern ◆ CHIM. ***stato ~*** Status nascendi *m.*
1.na|sce|re intr. *(nasco, nasci; nacqui; nato*; aus. *essere)* **1a** geboren werden: ***è nato il 10 marzo*** er wurde am 10. März geboren; ***~ maschio, femmina*** als Junge, Mädchen geboren werden **b** ***le è nato un bambino*** sie hat ein Kind bekommen **2** *(di ovipari)* aus‿schlüpfen **3** *(di piante, fiori)* sprießen, keimen **4** *(di astri)* auf‿gehen: ***il sole nasce a oriente*** die Sonne geht im Osten auf **5** *(di fiumi)* entspringen: ***la Moldava nasce dalla Selva Boema*** die Moldau

entspringt im Böhmerwald **6** FIG. *(iniziare)* beginnen: ***la nostra amicizia è nata tanti anni fa*** unsere Freundschaft begann vor vielen Jahren **7a** FIG. *(sorgere)* entstehen, entspringen: ***da questo diverbio è nata una stretta collaborazione*** aus dieser Diskussion entstand eine enge Zusammenarbeit; ***dall'ignoranza nasce l'orgoglio*** aus Unwissenheit entsteht Stolz; ***la ditta è nata nel 1847*** die Firma wurde 1847 gegründet; ***mi nacque un dubbio*** in mir stieg ein Zweifel auf **b** *(avere origine)* seinen Ursprung haben ◆ ***~ bene*** aus gutem Haus kommen; ***far ~ in qcn. l'idea di fare qcs.*** jdn auf die Idee bringen, etw. zu tun; ***mi nacque un'idea felice*** mir kam eine gute Idee; ***far ~ qcs. dal nulla*** etw. aus dem Nichts auf‿bauen; ***~ prematuro*** eine Frühgeburt sein, zu früh geboren werden; ***sentir ~ la speranza dentro di sé*** Hoffnung in sich auf‿steigen spüren; ***~ di sette mesi*** ein Siebenmonatskind sein; ***l'ho visto ~*** ich kenne ihn seit seiner Geburt; PROV. ***da cosa nasce cosa*** eins kommt zum andern.

2.na|sce|re m. **1** Entstehung *f.*: ***il ~ di una civiltà*** die Entstehung einer Kultur **2** Aufgang *m.*: ***al ~ del sole*** bei Sonnenaufgang ◆ ***soffocare qcs. sul ~*** etw. im Keim ersticken.

na|sci|ta f. **1** Geburt *f.*: ***alla ~*** bei der Geburt; ***(fin) dalla ~*** von Geburt an; ***essere ciechi dalla ~*** von Geburt an blind (*o* blind geboren) sein; ***tedesco di ~*** Deutscher von Geburt; ***la ~ di Cristo*** Christi Geburt **2** *(di piante)* Sprießen *n.* **3** *(di astri)* Aufgehen *n.* **4a** *(inizio)* Anfang *m.* **b** *(origine)* Ursprung *m.*, Entstehung *f.*: ***la ~ di un partito, di un movimento letterario*** die Entstehung einer Partei, einer literarischen Bewegung ◆ ***anno di ~*** *(di persone)* Geburtsjahr *n.*; *(di cose e fatti)* Entstehungsjahr *n.*; ***certificato di ~*** Geburtsurkunde *f.*; ***controllo delle -e*** Geburtenkontrolle *f.*; ***data di ~*** Geburtsdatum *n.*; ***diritto di ~*** Geburtsrecht *n.*; ***luogo di ~*** Geburtsort *m.*; ***essere di ~ nobile*** von adliger Herkunft sein; ***uguale per ~*** ebenbürtig.

na|sci|tu|ro I agg. ungeboren **II** m. ungeborenes Kind *n.*; Ungeborene *n.*: ***l'attesa per il ~*** das Warten auf das (ungeborene) Kind; ***determinare il sesso del ~*** das Geschlecht des Ungeborenen fest‿stellen.

na|scon|da|rel|lo m. REGION. Versteckspiel *n.*; ***giocare a ~*** Versteck(en) spielen.

na|scon|de|re *(nascosi; nascosto)* **I** tr. **1** verstecken: ***~ la refurtiva*** das Diebesgut verstecken; FIG. ***~ la testa sotto la sabbia*** den Kopf in den Sand stecken **2a** *(celare)* verbergen: ***~ il viso tra le mani*** sein Gesicht in den Händen verbergen; ***la nebbia nasconde la cima dei monti*** der Nebel verbirgt die Berggipfel **b** FIG. ***~ a qcn. le proprie intenzioni*** vor jdm seine Absichten verbergen; ***~ a qcn. la verità*** vor jdm die Wahrheit verbergen; ***~ la propria identità*** seine Identität verbergen; ***~ il proprio disappunto*** seinen Missmut verbergen; ***~ i propri sentimenti*** seine Gefühle verbergen; ***~ un terribile segreto*** ein schreckliches Geheimnis verbergen **II** pronom. **nascondersi 1** sich verstecken: ***-rsi dietro una colonna*** sich hinter einer Säule verstecken **2** *(celarsi)* sich verbergen: ***dietro l'aggressività si nasconde spesso la timidezza*** hinter der Aggressivität verbirgt sich oft Schüchternheit ◆ ***-rsi dietro a un dito*** = Ausflüchte suchen.

na|scon|di|glio m. *(-gli)* Versteck *n.*

na|scon|di|no m. Versteckspiel *n.*: ***giocare a ~*** Versteck(en) spielen.

na|sco|sta|men|te avv. heimlich. **na|sco|sto** p.pass. agg. **1** → **nascondere 2** versteckt, verborgen: ***rimanere ~*** im Verborgenen bleiben: ***avere delle qualità -e*** verborgene Qualitäten haben ◆ ***di ~*** heimlich; ***di ~ da qcn.*** hinter jds Rücken.

na|sel|lo m. Seehecht *m.*

na|sie|ra f. *(per buoi)* Nasenring *m.* **na|si|no** m. Näschen *n.*; ***~ all'insù*** Stupsnase *f.*

na|so m. **1** Nase *f.*: ***soffiarsi il ~*** sich schneuzen (*o* sich die Nase putzen); ***avere il ~ chiuso*** eine verstopfte Nase haben; ***avere il ~ che cola*** jdm läuft die Nase; ***perdere sangue dal ~*** aus der Nase bluten; ***parlare col ~*** durch die Nase sprechen **2** *(di cane)* Schnauze *f.* ◆ ***a (lume di) ~*** schätzungsweise; ***andare a ~*** nach dem Gefühl gehen; ***arricciare il ~*** die Nase rümpfen; ***avere ~ per qcs.*** eine Nase für etw. haben; ***non ricordarsi dalla bocca al ~*** ein Gedächtnis wie ein Sieb haben; ***avere buon ~*** eine gute (*o* feine) Nase haben; ***cacciare il ~ dappertutto*** seine Nase in alles (*o* in alle Töpfe) stecken; ***fazzoletto da ~*** Taschentuch *n.*; ***ficcare il ~ dappertutto*** → ***cacciare il ~ dappertutto***; ***ficcare il ~ negli affari altrui*** anderen Leuten in die Töpfe gucken, seine Nase in fremde Angelegenheiten stecken; SCHERZ. ***~ francese*** Himmelfahrtsnase *f.*; ***non mettere il ~ fuori (dalla porta)*** = nicht aus dem Haus gehen; ***~ all'insù*** Himmelfahrtsnase *f.*; ***menare qcn. per il ~*** jdn an der Nase herum‿führen; ***far saltare la mosca al ~ a qcn.*** jdm auf der Nase herum‿tanzen; ***lasciare qcn. con un palmo di ~*** jdn mit langer Nase abziehen lassen; ***rimanere con un palmo di ~*** in die Luft (*o* in den Mond) gucken; ***~ a patata*** Kartoffelnase *f.*; ***prendere qcn. per il ~*** jdn an der Nase herum‿führen; ***farla sotto il ~ a qcn.*** = jdn aus‿schmieren; ***mettere qcs. sotto il ~ a qcn.*** jdm etw. unter die Nase halten; ***storcere il ~ per qcs.*** die Nase über etw. (A) rümpfen; ***non vedere più in là del proprio ~*** nicht über die Nasenspitze hinaus‿sehen.

na|so|ne m. **1** dicke Nase *f.*, SCHERZ. Zinken *m.* **2** *(persona)* jd mit einer dicken Nase; ***è proprio un ~*** der hat vielleicht einen Zinken.

nas|sa f. Fischreuse *f.*, Reuse *f.*: ***~ per anguille*** Aalreuse *f.*

na|sti|a f. Nastie *f.*

na|stra|tri|ce f. **1** Auftragmaschine *f.* für Klebestreifen **2** *(per cavi)* Bandwickler *m.*

na|stri|for|me agg. Band-: ***verme ~*** Bandwurm *m.*

na|stri|no m. MIL. Ordensband *n.*

na|stro m. Band *n.*: ***raccogliere i capelli con un ~*** die Haare mit einem Band zusammen‿halten; ***tagliare il ~ a una inaugurazione*** das Band bei einer Eröffnung durch‿schneiden; ***registrare qcs. su ~ (magnetico)*** etw. auf Band auf‿nehmen; ***cancellare un ~ (magnetico)*** ein Band löschen; ***riavvolgere un ~ (magnetico)*** ein Band zurück‿spulen ◆ ***a ~*** Band-; ***metro a ~*** Bandmaß *n.*; ***sega a ~*** Bandsäge *f.*; ***~ abrasivo*** Schleifband *n.*; ***~ adesivo*** Klebeband *n.*; ***rotolo di ~ adesivo*** Kleberolle *f.*; ***~ di arrivo*** Zielband *n.*; ***~ azzurro*** blaues Band; ***~ biadesivo*** beidseitiges Klebeband; ***~ del cappello*** Hutband *n.*; ***~ di corona funebre*** Kranzschleife *f.*; ***~ isolante*** Isolierband *n.*; ***~ magnetico*** Magnetband *n.*; *(musicale)* Tonband *n.*; ***~ di Möbius*** Möbiusband; ***~ della macchina da scrivere*** Farbband *n.*; ***~ trasportatore*** Förderband *n.*, Transportband *n.*

na|stro|te|ca f. *(-che)* Phonotek *f.*

na|stur|zio m. *(-zi)* Kresse *f.*

na|su|to agg. großnasig.

na|ta|le I agg. Geburts-, Heimat-: ***città ~*** Geburtsstadt *f.*; ***terra ~*** Heimatland *n.* **II** m.pl. Geburt *f.*: ***di alti, nobili -i*** von hoher, ad(e)liger Geburt; ***la città che diede i -i a Schiller*** die Stadt, in der Schiller geboren wurde.

Na|ta|le m. Weihnachten *n.*, Weihnacht *f.*: ***fare, passare il ~ in famiglia*** Weihnachten mit (*o* in) der Familie feiern; ***a, per ~*** zu Weihnachten ◆ ***albero di ~*** Weihnachtsbaum *m.*; ***Babbo ~*** Weihnachtsmann *m.*; ***buon ~!*** fröhliche (*o* frohe) Weihnachten! ***durare da ~ a Santo Stefano*** von zwölf bis mittags dauern; ***vacanze di ~*** Weihnachtsferien *pl.*; ***vigilia di ~*** Heiligabend *m.*, Weihnachtsabend *m.*; PROV. ***~ con i tuoi, Pasqua con chi vuoi*** = Weihnachten feiere man im Familienkreis, Ostern, mit wem man mag.

Na|ta|li|a n.pr.f. Natalie *f.*

na|ta|li|tà f. STAT. Natalität *f.*; *(tasso)* Geburtenziffer *f.*, Geburtenzahl *f.*: ***la ~ è aumentata*** die Geburtenzahl hat zugenommen ◆ ***ad alta, a bassa ~*** geburtenstark, geburtenschwach; ***quoziente, tasso di ~*** Geburtenziffer *f.* (*o* Geburtenzahl *f.*).

na|ta|li|zio agg. *(-zi,-zie)* weihnachtlich, Weihnachts-: ***acquisti -zi*** Weihnachtseinkäufe *pl.*; ***periodo ~, gratifica -a*** Weihnachszeit *f.*, Weihnachtsgeld *n.*; ***vacanze -e*** Weihnachtsferien *pl.*

na|tan|te I agg. schwimmend: ***mina ~*** Seemine *f.* **II** m. Wasserfahrzeug *n.* **na|ta|to|ia** f. **1** Flosse *f.* **2** Schwimmgliedmaße *f.* **na|ta|to|rio** agg. *(-ri,-rie)* Schwimm-: ***vescica -a*** Schwimmblase *f.*

na|ti|ca f. *(-che)* Gesäßbacke *f.*

na|ti|o agg. **1** Geburts-, Heimat-: ***casa -a*** Geburtshaus *n.*; ***città -a*** Geburtsstadt *f.*; ***terra -a*** Heimatland *n.* **2** *(congenito)* angeboren.

na|ti|vi|tà f. Geburt *f.*: ***la ~ di Cristo, di Maria*** Christi, Mariä Geburt (anche ART.). **na|ti|vo I** agg. **1** Geburts-: ***paese ~*** *(luogo)* Geburtsort *m.*; *(nazione)* Geburtsland *n.* **2** *(originario)* gebürtig, stammend: ***essere ~ di Torino*** aus Turin gebürtig sein **3** CHIM. gediegen **II** m. Eingeborene *m.*; *(delle colonie)* Native *m.*

na|to I p.pass. agg. **1** → **nascere 2** geboren: ***essere ~ per fare il commerciante*** zum Kaufmann geboren sein; ***essere un commerciante ~*** ein geborener Kaufmann sein **II** m. Geborene *m.*; ***i -i del 1930*** der Jahrgang 1930 ◆ ***non ancora ~*** ungeboren; ***appena ~*** neugeboren; ***essere ~ con la camicia*** ein Sonntagskind (*o* ein Glückspilz) sein; ***~ cieco*** von Geburt an blind; ***~ da buona famiglia*** aus guter Familie; COLLOQ. ***non essere ~ ieri*** nicht von gestern sein; ***~ morto*** tot geboren; ***un ~ morto*** ein Totgeborener; ***il primo ~*** der Erstgeborene; COLLOQ. ***~ e sputato*** wie aus dem Gesicht geschnitten; ***è suo padre ~ e sputato*** er ist seinem Vater wie aus dem Gesicht geschnitten; SCHERZ. ***è ~ stanco*** = er ist schon müde auf die Welt gekommen; ***~ sotto una buona stella*** unter einem guten Stern geboren; ***~ vivo*** lebend geboren; ***un ~ vivo*** ein Lebendgeborener.

na|tri|ce f. Ringelnatter *f.*

na|tron m. Natron *n.*

nat|ta f. MED. Grützbeutel *m.*, Atherom *n.*

na|tu|ra f. **1** Natur *f.*: ***amare, esplorare, osservare la ~*** die Natur lieben, erforschen, beobachten; ***~ incontaminata*** unberührte Natur; ***le bellezze della ~*** die Schönheiten der Natur; ***l'oro si trova in ~*** Gold kommt in der Natur vor; *(indole)* ***una ~ malinconica*** eine schwermütige Natur; ***questa è la mia ~*** so bin ich eben; ***essere nella ~ di qcs., qcn.*** in der Natur von etw., in jds Natur liegen; *(essere)* ***quella ragazza è una ~ tranquilla*** das Mädchen ist eine ruhige Natur **2a** *(qualità)* Beschaffenheit *f.*: ***la ~ del terreno*** die Bodenbeschaffenheit **b** *(tipo)* Natur *f.*, Art *f.*: ***la ~ dell'argomento*** die Natur des Themas; ***avere problemi di ~ economica*** Probleme wirtschaftlicher Natur haben **3** *(genitali)* Geschlechtsteile *pl.* ◆ ***amante della ~*** Naturfreund *m.*; ***vivere a contatto con la ~*** naturverbunden leben; ***contro ~*** naturwidrig, widernatürlich; ***di ~*** von Natur aus; ***di ~ è calmo*** von Natur aus ist er ruhig; ***un dono di ~*** ein Naturtalent *n.*; ***filosofia della ~*** Naturphilosophie *f.*; ***leggi di ~*** Naturgesetze *pl.*; ***madre ~*** Mutter Natur; ***~ morta*** Stillleben *n.*; ***pagamento in ~*** Zahlung *f.* in Naturalien; ***per ~*** von Natur aus; ***pigro per ~*** von Natur aus faul; ***i tre regni della ~*** die drei Naturreiche; ***uno scherzo di, della ~*** eine Laune der Natur; ***scienze della ~*** Naturwissenschaften *pl.*; ***una seconda ~*** eine zweite Natur; ***secondo ~*** naturgemäß; ***stato di ~*** Naturzustand *m.*; ***tornare alla ~*** zur Natur zurück‿kehren.

na|tu|ra|le I agg. **1** Natur-, natürlich: ***fenomeno ~*** natürliches Phänomen (*o* Naturphänomen *n.*, Naturerscheinung *f.*) **2** *(che si ha per natura)* natürlich, naturgemäß, Natur-: ***necessità -i*** natürliche Bedürfnisse; ***il corso ~ delle cose*** der natürliche Gang der Dinge **3** *(innato)* natürlich, angeboren: ***avere un'inclinazione ~ per qcs.*** eine natürliche Neigung für etw. haben **4** *(spontaneo)* natürlich, spontan, ungezwungen: ***si comporta in modo molto ~*** er hat ein sehr natürliches (*o* spontanes, ungezwungenes) Benehmen **5** *(genuino)* natürlich, echt: ***biondo ~*** naturblond; ***fiori -i*** echte Blumen **6** *(ovvio)* natürlich, selbstverständlich: ***è ~ che un padre aiuti un figlio*** es ist natürlich, dass ein Vater seinem Sohn hilft; ***~!*** natürlich! **7** MUS. MAT. natürlich: ***numero ~*** natürliche Zahl **II** m.pl. *(indigeni)* Eingeborene *pl.* ◆ ***acqua ~*** stilles Wasser; ***al ~*** GASTR. nature; *(a grandezza naturale)* in Lebensgröße (*o* in natürlicher Größe); *(come è in natura)* nach der Natur; ***ritratto al ~*** Bild *n.* nach der Natur; ***colori -i*** natürliche Farben; ***confini -i*** natürliche Grenzen; ***diritto ~*** Naturrecht *n.*, natürliches Recht; ***fibra ~*** Naturfaser *f.*; ***figlio ~*** uneheliches Kind; ***forze -i*** Naturgewalten; ***gas ~*** Erdgas *n.*; ***giudice ~*** gesetzlicher Richter; ***a grandezza ~*** in Lebensgröße (*o* in natürlicher Größe); ***legge ~*** Naturgesetz *n.*; ***morire di morte ~*** eines natürlichen Todes sterben; ***selezione ~*** natürliche Selektion; ***sostanza ~*** Naturstoff *m.*; ***allo stato ~*** im Naturzustand; ***storia ~*** Naturgeschichte *f.*; ***vita natural durante*** das ganze Leben lang.

na|tu|ra|lez|za f. Natürlichkeit *f.*: ***~ dei movimenti*** Natürlichkeit der Bewegungen; ***con ~*** natürlich (*o* ungezwungen); ***fare qcs. con grande ~*** etw. vollkommen natürlich tun; ***comportarsi con ~*** sich natürlich verhalten; ***una scena descritta con ~*** eine mit Ungezwungenheit (*o* ganz ungezwungen) beschriebene Szene.

na|tu|ra|li|smo m. Naturalismus *m.* **na|tu|ra|li|sta** *(-i,-e)* **I** m. e f. **1** Naturforscher *m.* (-in *f.*) **2** ART. FILOS. Naturalist *m.* (-in *f.*) **II** agg. naturverbunden: ***politica ~*** naturverbundene Politik.

na|tu|ra|li|sti|co agg. *(-ci,-che)* **1** naturwissenschaftlich: ***ricerche -che*** naturwissenschaftliche Forschungen **2** FILOS. LETT. Natur-, naturalistisch: ***romanzo ~*** naturalistischer Roman; ***rappresentazione -a*** naturalistische Darstellung; ***filosofia -a*** naturalistische Philosophie.

na|tu|ra|liz|za|re I tr. ein‿bürgern, naturalisieren: ***essere naturalizzato cittadino americano*** in den USA eingebürgert werden **II** pronom. **naturalizzarsi 1** eingebürgert werden, eine Staatsbürgerschaft an‿nehmen: ***-rsi italiano*** die italienische Staatsbürgerschaft annehmen **2** BIOL. sich naturalisieren, sich ein‿bürgern.

na|tu|ra|liz|za|zio|ne f. **1** Einbürgerung *f.*, Naturalisierung *f.*, Naturalisation *f.*: ***ottenere la ~*** eingebürgert werden **2** BIOL. Naturalisierung *f.*, Einbürgerung *f.*

na|tu|ral|men|te avv. **1** natürlich, von Natur aus: ***è ~ dotato*** er ist von Natur aus begabt **2** *(spontaneo)* natürlich, ungezwungen: ***si è comportato ~*** er hat sich natürlich verhalten **3** *(certamente)* natürlich, selbstverständlich: ***posso fare una telefonata? ~!*** darf ich telefonieren? natürlich! ***~ sarete nostri ospiti*** ihr werdet natürlich unsere Gäste sein.

na|ture [-'tyr] agg.inv. natürlich: ***una bellezza ~*** eine natürliche Schönheit.

na|tu|ri|smo m. Freikörperkultur *f.*, Naturismus *m.*; *(nudismo)* Nudismus *m.* **na|tu|ri|sta** *(-i,-e)* **I** m. e f. Anhänger *m.* (-in *f.*) der Freikörperkultur, Naturist *m.* (-in *f.*); *(nudista)* Nudist *m.* (-in *f.*) **II** agg. ***movimento ~*** Bewegung *f.* für Freikörperkultur. **na|tu|ri|sti|co** agg. *(-ci,-che)* Freikörper-.

nau|fra|ga|re intr. *(naufrago, naufraghi)* **1** (aus. *essere*) unter‿gehen: ***la nave naufragò davanti alla costa*** das Schiff ging vor der Küste unter **2** *(di persone*; aus. *avere)* Schiffbruch erleiden **3** FIG. (aus. *essere, avere*) scheitern, Schiffbruch erleiden: ***i suoi tentativi sono miseramente naufragati*** ihre Versuche sind kläglich gescheitert.

nau|fra|gio m. *(-gi)* **1** Schiffbruch *m.* **2** FIG. Scheitern *n.*: ***il ~ di un matrimonio*** das Scheitern einer Ehe ◆ ***fare ~*** Schiffbruch erleiden; FIG. ***fare ~ in un porto*** = kurz vor dem Ziel scheitern.

nau|fra|go m. *(-ghi)* Schiffbrüchige *m.*

nau|se|a f. **1** Übelkeit *f.*: ***qcn. ha la ~*** jdm ist übel; ***qcs. dà la ~ a qcn.*** etw. ekelt jdn an; ***avere, provare un senso di ~*** ein Gefühl der Übelkeit haben; ***mangiare fino alla ~*** bis zum Erbrechen essen **2** FIG. Ekel *m.*, Überdruss *m.*: ***ripetere qcs. fino alla ~*** etw. bis zum Überdruss wiederholen.

nau|se|a|bon|do agg. ekelhaft (anche FIG.): ***odore, sapore ~*** ekelhafter Geruch, Geschmack; ***ipocrisia -a*** ekelhafte Heuchelei.

nau|se|an|te agg. ekelhaft, widerlich (anche FIG.): ***un atteggiamento ~*** eine widerliche Haltung. **nau|se|a|re** tr. **1** Übelkeit erregen **2** FIG. an‿ekeln, an‿widern; ***un comportamento che nausea*** ein widerliches Verhalten.

nau|se|a|to p.pass. agg. **1** → **nauseare 2** FIG. ***essere ~ da qcn., qcs.*** von jdm, etw. angewidert sein.

nau|ti|ca f. **1** Schifffahrt *f.*: ***~ da diporto*** private Schifffahrt **2** *(cognizioni)* Schifffahrtskunde *f.*, Nautik *f.* **3** *(attrezzature)* Schiffszubehör *n.*: ***negozio di ~*** Geschäft für Schiffszubehör ◆ ***Salone della ~*** Bootsausstellung *f.*

nau|ti|co agg. *(-ci,-che)* nautisch ◆ ***carta -a*** Seekarte *f.*; ***club ~*** Segelklub *m.*; ***sport ~*** Wassersport *m.*

na|va|le agg. See-: ***potenza ~*** Seemacht *f.*; ***forze -i*** Seestreitkräfte ◆ ***accademia ~*** Marineakademie *f.*; ***battaglia ~*** Seeschlacht *f.*; *(gioco)* Schiffeversenken *n.* **na|val|mec|ca|ni|ca** f. Schiffsbau *m.*

na|va|ta f. Kirchenschiff *n.*, Schiff *n.* ◆ ***a tre, cinque -e*** mit drei, fünf Schiffen; ***~ centrale*** Mittelschiff *n.*; ***~ laterale*** Seitenschiff *n.*; ***~ trasversale*** Querschiff *n.*

na|ve f. Schiff *n.*: ***imbarcarsi su una ~*** sich ein‿schiffen; ***prendere la ~*** mit dem Schiff fahren; ***~ in avaria*** beschädigtes Schiff ◆ ***~ ammiraglia*** Flaggschiff *n.*, Admiralsschiff *n.*; ***~ atomica*** Atomschiff *n.*; ***~ da cabotaggio*** Küstenschiff *n.*; ***~ da carico*** Frachtschiff *n.*; ***~ cisterna*** Tanker *m.*; ***~ corsara*** Kaperschiff *n.*; ***~ costiera*** Küstenschiff *n.*; ***~ dragamine*** Minensuchboot *n.*; ***~ fattoria*** Walfangmutterschiff *n.*; ***~ di linea*** Linienschiff *n.*; ***~ mercantile*** Handelsschiff *n.*; ***~ ospedale*** Lazarettschiff *n.*; ***~ passeggeri*** Passagierschiff *n.*; ***~ portaerei*** Flugzeugträger *m.*; ***~ posacavi*** Kabelleger *m.*; ***~ a propulsione nucleare*** atombetriebenes Schiff *n.*; ***~ rompighiaccio*** Eisbrecher *m.*; ***~ da sbarco*** Landungsschiff *n.*; ***~ scuola*** Schulschiff *n.*; ***~ spaziale*** Raumschiff *n.*; ***~ traghetto*** Fährschiff *n.*; ***~ da trasporto*** Transportschiff *n.*; ***~ a vapore*** Dampfschiff *n.*, Dampfer *m.*; ***~ a vela*** Segelschiff *n.*

na|vet|ta f. **1** TESS. Schiffchen *n.* **2** ***~ (spaziale)*** Raumfähre *f.* **3** *(mezzo di trasporto)* Verbindung *f.*: ***la ~ dall'areoporto alla stazione*** die Verbindung vom Flughafen zum Bahnhof ◆ FIG. ***far ~*** = hin und her pendeln; ***servizio ~*** Verbindung *f.*; ***treno ~*** Verbindungszug *m.*

na|vi|cel|la f. **1** *(di mongolfiera)* Korb *m.* **2** ***~ (spaziale)*** Raumkapsel *f.*

na|vi|ga|bi|le agg. schiffbar: ***canale ~*** schiffbarer Kanal. **na|vi|ga|bi|li|tà** f. **1** Schiffbarkeit *f.* **2a** *(requisiti per navigare)* MAR. Seetüchtigkeit *f.* **b** AER. Flugtüchtigkeit *f.*

na|vi|gan|te I m. e f. Seefahrer *m.* (-in *f.*) **II** agg. **1** MAR. Schiffs-: ***personale ~*** Schiffspersonal *n.* **2** AER. Flug-: ***personale ~*** Flugpersonal *n.*

na|vi|ga|re *(navigo, navighi)* **I** intr. (aus. *avere*) **1** zur See fahren: ***ho navigato per molti anni*** ich bin viele Jahre lang zur See gefahren; ***~ lungo il fiume*** auf dem Fluss fahren **2a** *(di natante)* fahren: ***il battello naviga contro corrente*** das Schiff fährt stromaufwärts **b** *(a vela)* segeln: ***Colombo navigò verso Occidente*** Kolumbus segelte nach Westen **c** AER. fliegen: ***~ ad alta quota*** in großer Höhe fliegen **3** *(di materiali e merci)* transportiert werden **4** FIG. ziehen, schweben: ***le nubi navigano nel cielo*** die Wolken schweben am Himmel **5** INFORM. GERG. *(in reti telematiche)* surfen: ***~ in una rete*** durch ein Datennetz surfen **II** tr. befahren: ***~ gli oceani*** die Ozeane befahren ◆ FIG. ***~ in cattive acque*** = sich in einer üblen Lage befinden; ***~ col vento in poppa*** vor dem Wind segeln; FIG. ***~ secondo il vento*** sein Mäntelchen nach dem Winde hängen.

na|vi|ga|to p.pass. agg. **1** → **navigare 2** lebenserfahren: ***persona -a***

lebenserfahrener Mensch.

na|vi|ga|to|re m. **1** Seefahrer *m.*, Seemann *m.*, Schiffer *m.*: *~ solitario* einsamer Seefahrer **2** *(chi traccia le rotte)* Navigator *m.*, Nautiker *m.* **3** *(automobilismo)* Beifahrer *m.*

na|vi|ga|zio|ne f. **1a** Schifffahrt *f.* **b** AER. Luftfahrt *f.* **2** *(tecnica)* Navigation *f.* ◆ *~ aerea* Luftfahrt *f.*; *atto di ~* Navigationsakte *f.*; *~ di cabotaggio* Küstenschifffahrt *f.*; *~ costiera* Küstenfahrt *f.*; *~ da diporto* Vergnügungsschifffahrt *f.*; *diritto di ~* Schifffahrtsrecht *n.*; AER. Luftrecht *n.*; *~ fluviale* Flussschifffahrt *f.*; *~ in immersione* Tauchfahrt *f.*; *~ interna* Binnenschifffahrt *f.*; *~ di linea* Linienschifffahrt *f.*; *~ di lungo corso* große Fahrt; *~ marittima* Seeschifffahrt *f.*; *~ ad alta quota* Höhennavigation *f.*; *~ in superficie* Überwasserfahrt *f.*; *~ a vapore* Dampfschifffahrt *f.*; *~ a vela* Segelfahrt *f.*

na|vi|glio m. *(-gli)* **1** Flotte *f.*, Schiffe *pl.* **2** *(canale)* Schifffahrtskanal *m.* ◆ *~ da diporto* Vergnügungsschiffe *pl.*, Ausflugsdampfer *pl.*, Ausflugsschiffe *pl.*; *~ fluviale* Binnenflotte *f.*; *~ da guerra* Kriegsflotte *f.*; *~ mercantile* Handelsflotte *f.*

na|za|re|no I agg. aus Nazareth: *Gesù ~* Jesus aus Nazareth **II** m. Nazarener *m.*

na|zi|fa|sci|smo m. Nazifaschismus *m.*: *la lotta al ~* der Kampf gegen den Nazifaschismus. **na|zi|fa|sci|sta** *(-i,-e)* **I** m. e f. Nazifaschist *m.* (-in *f.*) **II** agg. nazifaschistisch: *violenza ~* nazifaschistische Gewalt.

na|zio|na|le I agg. **1** National-: *squadra ~* Nationalmannschaft *f.* **2** *(dello Stato)* Staats-: *biblioteca ~* Staatsbibliothek *f.* **II** f. **1** SPORT Nationalmannschaft *f.*: *giocare in ~* in der Nationalmannschaft spielen; *la ~ di calcio* die Fußballnationalmannschaft *f.*; COLLOQ. Nationalelf *f.* **2** pl. *(marca di sigarette)* INTRAD. (vom italienischen Staat produzierte Zigarettenmarke) ◆ *assemblea ~* Volksversammlung *f.*, Nationalversammlung *f.*; *squadra ~ di calcio* Fußballnationalmannschaft *f.*, COLLOQ. Nationalelf *f.*; *collettività ~* Volksgemeinschaft *f.*; *colori -i* Landesfarben *pl.* (*o* Nationalfarben *pl.*); *confine ~* Staatsgrenze *f.*; *costume ~* Volkstracht *f.*, Landestracht *f.*; *epopea ~* Volksepos *n.*; *eroe ~* Nationalheld *m.*; *festa ~* Nationalfeiertag *m.* (*o* Staatsfeiertag *m.*); *guardia ~* Nationalgarde *f.*; *inno ~* Nationalhymne *f.*; *lingua ~* Landessprache *f.*; *lutto ~* Volkstrauertag *m.* (*o* Staatstrauer *f.*); *mercato ~* Binnenmarkt *m.*; *museo ~* Nationalmuseum *n.*; *parco ~* Nationalpark *m.*; *patrimonio ~* Volksvermögen *n.*; *prodotto ~* Nationalprodukt *n.*; *prodotto ~ lordo* Bruttosozialprodukt *n.*; *record ~* Landesrekord *m.*; *reddito ~* Volkseinkommen *n.*; *sentimento ~* Nationalbewusstsein *n.*; *stampa ~* inländische Presse; *stemma ~* Landeswappen *n.*; *traffico ~* Binnenverkehr *m.*; *valuta ~* Landeswährung *f.*

na|zio|na|li|smo m. Nationalismus *m.* **na|zio|na|li|sta** *(-i,-e)* **I** m. e f. Nationalist *m.* (-in *f.*) **II** agg. nationalistisch: *movimento ~* nationalistische Bewegung; *politica ~* nationalistische Politik. **na|zio|na|li|sti|co** agg. *(-ci,-che)* nationalistisch: *concezione -a* nationalistische Weltanschauung.

na|zio|na|li|tà f.inv. **1** Staatsangehörigkeit *f.*, Nationalität *f.*: *di ~ spagnola* spanischer Nationalität; *cambiare (la) ~* die Staatsangehörigkeit wechseln **2** *(nazione)* Nation *f.*, Land *n.*: *gente di tutte le ~* Leute aus aller Herren Länder ◆ *principio di ~* Nationalitätsprinzip *n.*

na|zio|na|liz|za|re tr. verstaatlichen: *~ le banche, l'industria elettrica* die Banken, die Elektroindustrie verstaatlichen. **na|zio|na|liz|za|zio|ne** f. Verstaatlichung *f.*: *la ~ dei pubblici servizi, dell'energia elettrica* die Verstaatlichung der öffentlichen Versorgungsbetriebe, der Energieversorgung.

na|zio|nal|po|po|la|re agg. völkisch.

na|zio|nal|so|cia|li|smo m. Nationalsozialismus *m.* **na|zio|nal|so|cia|li|sta** *(-i,-e)* **I** m. e f. Nationalsozialist *m.* (-in *f.*) **II** agg. nationalsozialistisch: *regime ~* nationalsozialistisches Regime. **na|zio|nal|so|cia|li|sti|co** agg. *(-ci,-che)* nationalsozialistisch.

na|zio|ne f. **1** Nation *f.*: *l'ascesa di una ~ a grande potenza* der Aufstieg einer Nation zur Großmacht **2** *(stato)* Staat *m.*, Land *n.* ◆ *clausola della ~ più favorita* Meistbegünstigungsklausel *f.*; STOR. *Società delle Nazioni* Völkerbund *m.*; *-i in via di sviluppo* Entwicklungsländer; *Nazioni Unite* Vereinte Nationen *pl.*

na|zi|skin m. e f.inv. Skinhead *m.*

na|zi|smo m. Nationalsozialismus *m.*; SPREG. Nazismus *m.*

na|zi|sta *(-i,-e)* **I** m. e f. Nationalsozialist *m.* (-in *f.*); SPREG. Nazi *m.* **II** agg. nationalsozialistisch, Nazi-: *crimine ~* Naziverbrechen *n.*; SPREG. nazistisch; *gli anni della barbarie ~* die Jahre des Naziterrors ◆ *Germania ~* Nazideutschland *n.*; *periodo ~* Nazizeit *f.*; *regime ~* Naziherrschaft *f.*; *saluto ~* deutscher Gruß, Hitlergruß *m.* **na|zi|sti|co** agg. *(-ci,-che)* nazionalsozialistisch, Nazi-; SPREG. nazistisch: *metodi -ci* Nazimethoden *pl.*

N.d.A. ⇒ *nota dell'autore* Anmerkung des Verfassers (Anm. d. Verf.).

N.d.R. ⇒ *nota della redazione* Anmerkung der Redaktion (Anm. d. Red.).

'ndran|ghe|ta f. INTRAD. (mundartliche Bezeichnung der kalabrischen Mafia).

N.d.T. ⇒ *nota del traduttore* Anmerkung des Übersetzers (Anm. d. Ü.).

1.ne I pron. **1** *(di persona; con prep. e pron.pers.; anche non tradotto)* *l'ho conosciuto e ~ ho parlato al direttore* ich habe ihn kennen gelernt und mit dem Direktor über ihn gesprochen; *se ~ è subito innamorato* er hat sich sofort in sie verliebt; *eccone uno (di loro)* hier ist einer von ihnen **2** *(di cosa; anche non tradotto)* darüber, davon, dazu, damit, darunter, einige, welche: *cosa ~ dici?* was sagst du dazu? *cosa ~ pensi?* was meinst du dazu? *non ~ ho voglia* ich habe keine Lust dazu; *se ~ parla molto* man spricht viel darüber; *gliene do due* ich gebe ihm zwei davon; *non ~ so nulla* ich weiß nichts davon; *dammene ancora* gib mir noch etwas (davon); *~ ho abbastanza* ich habe genug (davon); *~ soffri molto?* leidest du sehr darunter? *non ~ vale la pena* es lohnt sich nicht; *~ sono rimasti due* es sind noch zwei übrig geblieben; *non ~ posso più!* ich kann nicht mehr! *non me ~ importa* das interessiert mich nicht; *che ~ dici della mia nuova macchina?* was sagst du zu meinem neuen Auto? *~ hai ancora di lamette? – sì, ~ ho ancora* hast du noch Rasierklingen? – ja, ich habe noch welche; *hai dello zucchero? no, non ~ ho* hast du Zucker? nein, ich habe keinen; *non ~ sono sicuro* ich bin mir nicht sicher; *non farmene una colpa* gib mir nicht die Schuld daran; *~ ha fin troppe di idee!* Ideen hat er wirklich genug! *farne di tutti i colori* es bunt treiben **II** avv. *(di luogo; anche enclitico)* *non te ~ andare!* geh nicht fort! *andiamocene da qui* lasst uns von hier fortgehen; *starsene a casa* zu Hause bleiben; *vattene!* geh weg!

2.ne prep. LETT. in: *è scritto ~ "Il capitale"* das steht im „Kapital".

NE ⇒ *nordest* Nordost (NO).

né cong. **1** und nicht, auch nicht: *non lo conosco ~ lo voglio conoscere* ich kenne ihn nicht und will ihn auch nicht kennen lernen **2** *(in correlazione)* *~... ~...* weder... noch...: *non mangia ~ carne ~ pesce* er isst weder Fleisch noch Fisch; *~ qui ~ lì* weder hier noch dort.

ne|an|che I avv. **1** *(e così pure)* auch nicht: *io non ci vado e ~ tu* ich gehe nicht hin und du auch nicht; *~ io* ich auch nicht **2** *(persino... non)* nicht einmal: *~ a un amico diresti certe cose* nicht einmal einem Freund würdest du solche Sachen erzählen **3a** *(neppure, affatto)* überhaupt nicht: *non voglio ~ pensarlo* daran will ich überhaupt nicht denken; *non ci penso ~!* ich denke nicht im Geringsten daran! *non mi piace ~ un po'* es gefällt mir überhaupt nicht (*o* ganz und gar nicht) **b** *(seguito da artc.indet.)* überhaupt kein: *sono rimasto senza ~ un soldo* ich habe überhaupt keinen Groschen mehr **4** COLLOQ. *(davanti ad avv. e agg.)* gar nicht: *non fa ~ tanto freddo* es ist gar nicht so kalt; *non è ~ brutta* sie ist gar nicht so hässlich; *non è ~ vero!* das ist gar nicht wahr! **II** cong. **1** *(e perfino non)* nicht einmal: *non mi ha pagato e ~ ringraziato* er hat mich nicht bezahlt und sich nicht einmal bei mir bedankt **2** *(neppure se)* auch, ... nicht: *~ se volessi (o volendo) potrei aiutarti* auch wenn ich wollte, könnte ich dir nicht helfen.

ne|an|der|ta|lia|no agg. *uomo ~* Neandertaler *m.*

neb|bia f. Nebel *m.* (anche FIG.): *~ fitta* dichter Nebel; *c'è ~* es herrscht Nebel (*o* es nebelt); *la ~ scende, cala, si alza, sale, si dirada, si dilegua, si infittisce* Nebel kommt auf, der Nebel fällt, hebt sich, lichtet sich, löst sich auf, verdichtet sich; *la ~ grava sulla città* Nebel liegt über der Stadt; *perdersi nella ~* sich im Nebel verirren; *c'è ~ con visibilità inferiore ai 60 metri* es herrscht Nebel mit einer Sichtweite unter 60 Metern; FIG. *la ~ dell'ignoranza* der Nebel der Unwissenheit ◆ *~ autunnale* Herbstnebel *m.*; *banco di ~* Nebelbank *f.*; *cappa di ~* Nebelglocke *f.*; *in caso di ~* bei Nebel; *coltre di ~* Nebeldecke *f.*; *cortina di ~* Nebelschleier *m.*; FIG. *dissolversi come la ~* sich in nichts auf‿lösen; *formazione di ~* Nebelbildung *f.*; *~ mattutina* Morgennebel *m.*; *muro di ~* Nebelwand *f.*; *~ di novembre* Novembernebel *m.*; *senza ~* nebelfrei; MAR. *sirena da ~* Nebelhorn *n.* **neb|bio|li|na** f. leichter Nebel *m.*

ne(b)|bio|lo m. INTRAD. (Rotwein aus Piemont).

neb|bio|ne m. dichter (*o* starker) Nebel *m.* **neb|bio|si|tà** f. **1** Nebel *m.*: *la ~ della giornata* der anhaltende Nebel an diesem Tag **2** FIG. Verschwommenheit *f.* **neb|bio|so** agg. **1** neblig **2** FIG. *(confuso)* verschwommen, nebelhaft, unklar.

ne|bu|liz|za|re tr. **1** zerstäuben **2** AGR. sprühen. **ne|bu|liz|za|to|re I** m. **1** Zerstäuber *m.* **2** AGR. Sprühgerät *n.* **II** agg. Nebel-: *ugello ~*

Nebeldüse *f.* **ne|bu|liz|za|zio|ne** f. **1** Zerstäubung *f.* **2** AGR. Sprühen *n.*

ne|bu|lo|sa f. Nebel *m.*: **~ *planetaria*** planetarischer Nebel ◆ **~ *di Andromeda*** Andromedanebel *m.*; **~ *di Orione*** Orionnebel *m.*; ***-e oscure*** Dunkelwolken; **~ *a spirale*** Spiralnebel *m.*

ne|bu|lo|si|tà f. **1** Nebligsein *n.* **2** FIG. Unklarheit *f.*: ***la ~ di un ragionamento*** die Unklarheit eines Gedankengangs.

ne|bu|lo|so agg. **1** neblig **2** FIG. *(non chiaro)* nebulos, nebulös, verschwommen: ***progetto ~*** nebulöses Projekt.

ne|ces|saire [-sɛ'sɛr] m.inv. Necessaire *n.* ◆ **~ *da cucito*** Necessaire *n.*; **~ *per le unghie*** Nagelnecessaire *n.*; **~ *da viaggio*** Reisenecessaire *n.*

ne|ces|sa|ria|men|te avv. unbedingt, notwendigerweise: ***deve ~ andare dal medico*** er muss unbedingt zum Arzt gehen; ***non ~*** nicht notwendigerweise (*o* nicht unbedingt).

ne|ces|sa|rio **I** agg. *(-ri, -rie)* **1** *(indispensabile)* notwendig, erforderlich: ***essere ~ per qcn., qcs.*** für jdn, zu etw. notwendig sein; ***ritenere qcs. ~*** etw. für notwendig halten; ***è ~ l'assoluto riposo*** vollkommene Ruhe ist erforderlich; FILOS. ***le conseguenze -rie di una premessa*** die notwendigen Folgen einer Voraussetzung; ***un male ~*** ein notwendiges Übel **2** *(occorrente)* nötig, notwendig: ***il denaro ~ a un acquisto*** das zum Kauf nötige Geld; ***prendere le -rie precauzioni*** die notwendigen Vorsichtsmaßnahmen ergreifen; ***usare tutta la prudenza -a*** die notwendige Vorsicht üben; ***le cure -rie*** die notwendige Behandlung; ***non era ~!*** das wäre doch nicht nötig gewesen! **3** *(dovuto)* gebührend: ***trattare qcn. con il ~ riguardo*** jdn mit dem gebührenden Respekt behandeln **4** DIR. Not-: ***erede ~*** Noterbe *m.* **5** *(in costruzioni impers.)* unbedingt: ***è ~ terminare il lavoro*** es ist (unbedingt) notwendig, die Arbeit zu beenden; ***è ~ fare, che si faccia qcs.*** es muss (unbedingt) etw. unternommen werden; ***è proprio ~ dirglielo (che glielo diciamo)?*** müssen wir es ihm unbedingt sagen? **II** m.inv. **1** *(indispensabile)* Notwendige *n.*: ***limitarsi al ~*** sich auf das Notwendigste beschränken; ***preparare il ~ per il viaggio*** das Notwendige für die Reise vorbereiten; ***accontentarsi del ~*** sich mit dem Notwendigsten zufrieden geben **2** *(occorrente)* Nötige *n.*: ***predisporre il ~*** das Nötige veranlassen; ***essere privo del ~*** am Nötigsten Mangel haben ◆ **~ *per natura*** naturnotwendig; ***non ~*** unnötig; ***lo stretto ~*** das Allernotwendigste (*o* das Allernötigste).

ne|ces|si|tà f.inv. **1** Notwendigkeit *f.*: ***riconoscere la ~ di qcs.*** die Notwendigkeit von etw. ein_sehen **2** *(bisogno)* Bedürfnis *n.*: **~ *di qcs.*** Bedarf an etw. (D); **~ *corporali*** physiologische Bedürfnisse **3** *(indigenza)* Not *f.*: ***rubare per ~*** aus Not stehlen; ***piegarsi alla ~*** der Not gehorchen; ***spinto dalla ~*** der Not gehorchend (*o* notgedrungen) ◆ ***avere ~ di qcs.*** etw. benötigen; ***in caso di ~*** im Bedarfsfall (*o* wenn nötig); ***di ~*** notwendigerweise; **~ *naturale*** Naturnotwendigkeit *f.*; ***essere, trovarsi nella ~ di fare qcs.*** sich gezwungen sehen, etw. zu tun; ***per ~*** aus Not; ***bene di prima ~*** Bedarfsartikel *m.*; **~ *primarie*** Grundbedürfnisse; DIR. ***stato di ~*** Notstand *m.*; **~ *vitale*** Lebensnotwendigkeit *f.*; PROV. ***far di ~ virtù*** aus der Not eine Tugend machen; ***la ~ aguzza l'ingegno*** Not macht erfinderisch.

ne|ces|si|ta|re *(necessito)* **I** intr. (aus. *essere*) **1** *(aver bisogno)* **~ *di qcs.*** etw. brauchen, benötigen: ***necessito del vostro aiuto*** ich brauche eure Hilfe **2** *(essere necessario)* notwendig sein, benötigt werden: ***necessita l'intervento della polizia*** das Eingreifen der Polizei ist notwendig; ***necessitano soccorsi*** Hilfe wird benötigt **II** tr. erfordern: ***la situazione necessita un'attenta analisi*** die Situation erfordert eine sorgfältige Analyse. **ne|ces|si|ta|to** p.pass. agg. **1** → **necessitare** **2** gezwungen: ***mi sento ~ a fare qcs.*** ich fühle mich gezwungen, etw. zu tun.

ne|cro|bi|o|si f. Nekrobiose *f.*

ne|cro|fa|gi|a f. Nekrophagie *f.* **ne|cro|fa|go** **I** agg. *(-gi,-ghe)* nekrophag, Aas fressend **II** m. *(-gi)* Nekrophage *m.*, Aasfresser *m.*

ne|cro|fi|li|a f. Nekrophilie *f.*, Leichenschändung *f.* **ne|cro|fi|lo** **I** agg. nekrophil **II** m. Nekrophile *m.*, Leichenschänder *m.*

ne|cro|fo|bi|a f. Nekrophobie *f.*

ne|cro|fo|ro m. Totengräber *m.* (anche ENTOM.).

ne|cro|lo|gi|a f. **1** *(scritto o discorso)* Nekrolog *m.*, Nachruf *m.* **2** *(annuncio)* Todesanzeige *f.* **ne|cro|lo|gi|co** agg. *(-ci,-che)* Todes-.

ne|cro|lo|gio m. *(-gi)* **1** *(registro)* Nekrologium *n.* **2** *(annuncio)* Todesanzeige *f.*: ***mettere, far pubblicare un ~ su un giornale*** eine Todesanzeige in die Zeitung setzen, in der Zeitung veröffentlichen lassen. **ne|cro|lo|gi|sta** m. e f. *(-i,-e)* Nekrologschreiber *m.* (-in *f.*).

ne|cro|po|li f.inv. ARCHEOL. Nekropole *f.*, Nekropolis *f.*

ne|cro|sco|pi|a f. Nekropsie *f.*, Leichenschau *f.* **ne|cro|sco|pi|co** agg. *(-ci,-che)* Leichen-: ***esame ~*** Leichenschau *f.*

ne|cro|si f. Nekrose *f.*, Gewebstod *m.* **ne|cro|ti|co** agg. *(-ci,-che)* nekrotisch. **ne|cro|tiz|za|re** **I** tr. ab_sterben lassen: **~ *un tessuto*** ein Gewebe absterben lassen **II** pronom. **necrotizzarsi** ab_sterben. **ne|cro|tiz|za|to** p.pass. agg. **1** → **necrotizzare** **2** abgestorben.

ne|er|lan|de|se **I** agg. niederländisch **II** m. e f. Niederländer *m.* (-in *f.*) **III** m. *(lingua)* **1** Niederländisch(e) *n.*

ne|fan|dez|za f. **1** Schändlichkeit *f.* **2** *(atto)* Frevel *m.*, Freveltat *f.*, Schandtat *f.* **ne|fan|do** agg. frevel, frevelhaft: ***azione -a*** frevle Tat (*o* Freveltat *f.*).

ne|fa|sto agg. Unglücks-, unheilvoll: ***giorno ~*** Unglückstag *m.*; ***impresa -a*** unheilvolles Unternehmen.

1.ne|fri|te f. MINER. Nephrit *m.*

2.ne|fri|te f. MED. Nephritis *f.*, Nierenentzündung *f.* **ne|fri|ti|co** **I** agg. *(-ci,-che)* **1** *(relativo alla nefrite)* Nephritis-, Nieren-: ***dolori -ci*** Nierenschmerzen *pl.* **2** *(malato di nefrite)* an Nephritis leidend **II** m. *(-ci)* an Nephritis Leidende *m.* **ne|froi|de** agg. nierenförmig.

ne|fro|li|to m. Nierenstein *m.* **ne|fro|lo|gi|a** f. Nephrologie *f.* **ne|fro|lo|go** m. *(-gi)* Nephrologe *m.* **ne|fro|pa|ti|a** f. Nierenkrankheit *f.* **ne|fro|pa|ti|co** **I** agg. *(-ci,-che)* nierenkrank **II** m. *(-ci)* Nierenkranke *m.* **ne|fro|si** f. Nephrose *f.*

ne|ga|re *(nego, neghi)* **I** tr. **1** *(rifiutare, smentire)* leugnen, negieren, ab_streiten: **~ *la propria colpa*** seine Schuld leugnen; **~ *la paternità*** die Vaterschaft leugnen; **~ *l'evidenza*** das Offensichtliche leugnen; **~ *l'esistenza di Dio*** die Existenz Gottes leugnen; **~ *un fatto*** eine Tatsache negieren (*o* abstreiten); **~ *di aver fatto qcs.*** abstreiten (*o* leugnen), etw. getan zu haben; ***questo non si può ~*** das lässt sich nicht leugnen (*o* verleugnen); ***non si può ~ che...*** es ist nicht zu leugnen, dass...; ***non posso ~ che...*** ich kann nicht leugnen, dass... **2** *(non concedere)* verweigern, versagen: **~ *un'autorizzazione*** eine Genehmigung verweigern; **~ *la cittadinanza, il consenso a qcn.*** jdm die Staatsbürgerschaft, seine Zustimmung verweigern; **~ *il proprio aiuto a qcn.*** jdm seine Hilfe versagen **3** DIR. *(togliere)* ab_sprechen: **~ *a qcn. i diritti civili*** jdm die bürgerlichen Rechte absprechen **4** GRAMM. negieren, verneinen: **~ *una frase*** einen Satz negieren **5a** assol. leugnen: ***nega ostinatamente*** sie leugnet hartnäckig **b** *(dire di no)* verneinen: ***alla sua domanda negò*** seine Frage verneinte er **II** pronom. **negarsi** sich versagen: ***-rsi a qcn.*** sich jdm versagen ◆ ***farsi ~ al telefono*** sich am Telefon verleugnen lassen.

ne|ga|ti|va f. **1** ablehnende Haltung *f.*: ***mantenersi sulla ~*** eine ablehnende Haltung einnehmen **2** FOT. Negativ *n.*, Negativbild *n.* **3** GRAMM. Verneinungssatz *m.*

ne|ga|ti|va|men|te avv. **1** negativ: ***influire ~ su qcn.*** jdn negativ beeinflussen; ***esprimersi ~ su qcs.*** sich negativ zu etw. äußern; ***porsi ~ nei confronti di qcn., di fronte a qcs.*** jdm, etw. negativ gegenüber stehen; ***rispondere ~*** eine negative Antwort geben **2** *(senza esito)* ergebnislos: ***l'indagine si concluse ~*** die Ermittlungen verliefen ergebnislos.

ne|ga|ti|vi|tà f. Negativität *f.*

ne|ga|ti|vo **I** agg. **1** negativ: ***il lato ~ di una cosa*** die negative Seite einer Sache; ***giudizio, esito ~*** negatives Urteil, negatives Ergebnis; ***il test di gravidanza è ~*** der Schwangerschaftstest ist negativ; ***gli esami del sangue hanno dato esito ~*** der Bluttest ergab einen negativen Befund; ***una esperienza -a*** eine negative Erfahrung; ***influsso ~ degli astri*** negativer Einfluss der Sterne **2** GRAMM. Verneinungs- **II** m. FOT. Negativ *n.*, Negativbild *n.* **III** avv. *(nei messaggi radio)* negativ ◆ ***aspetto ~*** Negativum *n.*, negativer Aspekt; ***avverbio ~*** Verneinungsadverb *n.*; EL. ***carica -a*** negative Ladung; ECON. ***congiuntura -a*** rückläufige Konjunktur; ***elemento ~*** Negativum *n.*; ***esempio ~*** Negativbeispiel *n.*; ***immagine -a*** Negativimage *n.*; MAT. ***numeri -i*** negative Zahlen; GRAMM. ***particella -a*** Verneinungspartikel *f.*; ***pellicola -a*** Negativfilm *m.*; FIS. ***polo ~*** Minuspol *m.*; GRAMM. ***proposizione -a*** Verneinungssatz *m.*; MAT. ***segno ~*** Minuszeichen *n.*; ***teologia -a*** negative Theologie; POL. ***voto ~*** Neinstimme *f.*, Gegenstimme *f.*

ne|ga|to p.pass. agg. **1** → **negare** **2** unbegabt: ***essere ~ per qcs.*** für, zu etw. unbegabt sein.

ne|ga|to|ne, ne|ga|tro|ne m. Negatron *n.*

ne|ga|zio|ne f. **1** Leugnung *f.*, Negierung *f.* **2** *(rifiuto, diniego)* Verweigerung *f.*, Versagung *f.* **3** FIG. Verkehrung *f.*, Negation *f.*: ***la ~ della morale dominante*** die Negation der herrschenden Moral **4** FILOS. GRAMM. MAT. Verneinung *f.*, Negation *f.*; *(particella negativa)* Negation *f.*, Verneinungspartikel *f.*, Verneinungswort *n.*: ***la ~ di un valore, di un'espressione*** die Negation eines Wertes, einer Aussage ◆ ***avverbio di ~*** Verneinungsadverb *n.*

ne|ghit|to|si|tà f. LETT. Trägheit *f.*, Faulheit *f.* **ne|ghit|to|so** agg. LETT. träge, faul.

ne|glet|to agg. **1** *(trascurato)* vernachlässigt **2** *(sciatto)* nachlässig, schlampig.

ne|gli → **in.**
né|gli|gé [-gli'ʒe] m.inv. Negligé *n.*: ***in ~*** im Negligé.
ne|gli|gen|te [-gli-] agg. **1** nachlässig, schlampig: ***essere ~ nel vestire*** sich nachlässig (*o* schlampig) kleiden; ***scolaro ~*** schlampiger Schüler; ***impiegato ~*** nachlässiger Angestellter **2** *(disattento)* fahrlässig: ***agire in modo ~*** fahrlässig handeln. **ne|gli|gen|te|men|te** avv. **1** nachlässig **2** *(con trascuratezza)* fahrlässig.
ne|gli|gen|za f. Nachlässigkeit *f.*, Fahrlässigkeit *f.*: ***commettere una ~*** eine Nachlässigkeit begehen; ***da imputare a ~*** der Nachlässigkeit zuzuschreiben; ***per ~*** fahrlässig.
ne|gos|sa f. Kescher *m.*
ne|go|zia|bi|le agg. **1** verhandlungsfähig: ***un accordo ~*** ein verhandlungsfähiges Abkommen **2** COMM. handelsfähig, marktfähig, käuflich: ***bene non ~*** nicht käufliches Gut **3a** BANC. bankfähig, begebbar: ***cambiale ~*** bankfähiger Wechsel; ***effetto ~*** begebbares Wertpapier **b** ***~ in borsa*** börsenfähig: ***valori -i in borsa*** börsenfähige Wertpapiere.
ne|go|zia|bi|li|tà f. **1** Verhandlungsfähigkeit *f.* **2** COMM. Handelsfähigkeit *f.*, Käuflichkeit *f.*, Lieferbarkeit *f.*: ***certificato di ~*** Lieferbarkeitsbescheinigung *f.* **3** BANC. Bankfähigkeit *f.*, Begebbarkeit *f.*; ***~ in borsa*** Börsenfähigkeit *f.*
ne|go|zia|le agg. rechtsgeschäftlich, Geschäfts-, Vertrags-: ***accordo ~*** rechtsgeschäftliche Vereinbarung; ***base ~*** Geschäftsgrundlage *f.*
ne|go|zian|te m. e f. Händler *m.* (-in *f.*), Kaufmann *m.* (Kauffrau *f.*): ***~ all'ingrosso*** Großhändler *m.*; ***~ al minuto*** Kleinhändler *m.*; ***~ di vini*** Weinhändler *m.*
ne|go|zia|re *(negozio, negozi)* **I** tr. **1** verhandeln: ***~ la pace*** über die Friedensbedingungen verhandeln **2** ECON. handeln, aus_handeln: ***~ il prezzo di qcs.*** den Preis für etw. aushandeln; ***~ azioni in borsa*** Aktien an der Börse handeln; ***disposto a ~*** verhandlungsbereit **II** intr. (aus. *avere*) Handel treiben, handeln.
ne|go|zia|to I p.pass. agg. **1** → **negoziare 2** verhandelt, ausgehandelt: ***pace -a*** verhandelter Frieden **II** m. Verhandlung *f.*, Unterhandlung *f.*: ***essere in -i con qcn.*** mit jdm in Verhandlung stehen; ***entrare in, intavolare un ~*** die Verhandlungen auf_nehmen; ***apertura, ripresa, rottura, esito dei -i*** Aufnahme, Wiederaufnahme, Abbruch, Ergebnis der Verhandlungen; ***i -i tra governo e sindacati*** die Verhandlungen zwischen Regierung und Gewerkschaften ◆ ***-i bilaterali*** bilaterale Verhandlungen; ***-i doganali*** Zollverhandlungen *pl.*; ***-i monetari*** Währungsverhandlungen *pl.*; ***oggetto dei -i*** Verhandlungsgegenstand *m.*; ***-i di pace*** Friedensverhandlungen *pl.*; ***-i preliminari*** Vorverhandlungen *pl.*; ***tavolo dei -i*** Verhandlungstisch *m.*
ne|go|zia|to|re m. Verhandlungspartner *m.*, Unterhändler *m.*
ne|go|zia|zio|ne f. **1** *(trattativa diplomatica)* Unterhandlung *f.* **2** ECON. Handel *m.*; Begebung *f.*, Negoziation *f.* ◆ ***~ in borsa*** Börsenhandel *m.*; ***~ di borsa*** Börsengeschäft *n.*; ***~ sui cambi*** Geldmarktgeschäft *n.*; ***~ per contanti*** Kassageschäft *n.*; ***credito di ~*** Negoziationskredit *m.*; ***~ di titoli*** Wertpapierhandel *m.*
ne|go|zio m. *(-zi)* **1** *(locale)* Geschäft *n.*, Laden *m.*: ***aprire, rilevare, gestire, chiudere un ~*** ein Geschäft eröffnen, übernehmen, führen, auf_geben **2** *(affare)* Geschäft *n.*, Handel *m.*: ***concludere un ~*** ein Geschäft ab_schließen **3** LETT. Tätigkeit *f.*, Beschäftigung *f.* ◆ ***~ di abbigliamento*** Bekleidungsgeschäft *n.*; ***~ bilaterale*** zweiseitiges Rechtsgeschäft *n.*; ***catena di -i*** Ladenkette *f.*; ***~ al dettaglio*** Einzelhandelsgeschäft *n.*; ***direttore di ~*** Geschäftsführer *m.*; ***~ fiduciario*** Treuhandgeschäft *n.*; ***~ di frutta e verdura*** Obst- und Gemüseladen *m.*; ***~ giuridico*** Rechtsgeschäft *n.*; ***~ all'ingrosso*** Großhandel *m.*; ***~ al minuto*** Einzelhandelsgeschäft *n.*; ***~ specializzato*** Fachgeschäft *n.*; ***~ di sport*** Sportgeschäft *n.*; ***titolare di ~*** Geschäftsinhaber *m.* (-in *f.*).
ne|gri|de agg. negrid. **ne|grie|ro I** m. **1** STOR. Sklavenhändler *m.* **2** FIG. Sklaventreiber *m.*, Ausbeuter *m.* **II** agg. Sklavenhändler-: ***nave -a*** Sklavenhändlerschiff *n.* **ne|gri|tu|di|ne** f. Negritude *f.*
ne|gro I agg. schwarz, Neger-: ***la razza -a*** die schwarze Rasse; ***cultura -a*** Negerkultur *f.*; ***la popolazione -a d'America*** die schwarze Bevölkerung Amerikas **II** m. **1** Schwarze *m.*, Neger *m.* **2** *(scrittore)* Ghostwriter *m.* ◆ ***lavorare come un ~*** wie ein Pferd arbeiten.
ne|gro|a|me|ri|ca|no agg. afroamerikanisch: ***cultura -a*** afroamerikanische Kultur. **ne|groi|de I** agg. negroid **II** m. e f. Negroide *m.* e *f.*
ne|gro|man|te m. e f. Zauberer *m.* (Zauberin *f.*), Schwarzkünstler *m.* (-in *f.*). **ne|gro|man|ti|co** agg. *(-ci,-che)* Zauber-, Schwarzkünstler-. **ne|gro|man|zi|a** f. Zauberei *f.*, schwarze Kunst *f.*
ne|gus m.inv. Negus *m.*
nei, nel, nel|l', nel|la, nel|lo → **in.**
ne|ma|to|de m. Nematode *m.*, Fadenwurm *m.*
nem|bo m. Nimbus *m.*, Nimbuswolke *f.* **nem|bo|stra|to** m. Nimbostratus *m.*
Ne|me|si n.pr.f. Nemesis *f.* **ne|me|si** f.inv. Nemesis *f.*; ***la ~ storica*** die ausgleichende Gerechtigkeit der Geschichte.
ne|mi|co I m. *(-ci)* Feind *m.*: ***essere ~ di qcn.*** jds Feind sein; ***farsi dei -ci*** sich Feinde machen; ***accerchiare il ~*** den Feind umzingeln; ***aggirare il ~*** den Feind umgehen; ***passare al ~*** zum Feind überlaufen; ***sconfiggere, sopraffare il ~*** den Feind besiegen, überwältigen **II** agg. *(-ci,-che)* **1** feindlich, feindselig, Feindes-: ***assalto ~*** feindlicher Angriff; ***esercito ~*** feindliches Heer; ***territorio ~*** Feindesland *n.* **2** *(avverso)* feindlich, widrig: ***sorte -a*** widriges Schicksal **3** FIG. abgeneigt: ***essere ~ dei pettegolezzi*** dem Klatsch abgeneigt sein **4** *(nocivo)* schädlich: ***i grassi sono -ci del fegato*** Fett ist für die Leber schädlich ◆ ***essere acerrimo ~ di qcn.*** jds Todfeind sein; ***attenzione, il ~ ti ascolta*** Vorsicht, Feind hört mit; ***~ dichiarato*** erklärter Feind; ***~ giurato*** Erzfeind *m.*; ***~ mortale*** Todfeind *m.*; ***~ numero uno*** Hauptfeind *m.*; ***~ pubblico*** Staatsfeind *m.*; PROV. ***a ~ che fugge, ponti d'oro*** dem fliehenden Feind soll man goldene Brücken bauen; ***molti -ci, molto onore*** viel Feind, viel Ehr.
nem|me|no avv. e cong. → **neanche.**
ne|nia f. **1** *(canto funebre)* Totenklage *f.* **2** *(cantilena)* Kantilene *f.* **3** *(ninnananna)* Wiegenlied *n.* **4** FIG. *(discorso noioso)* Leier *f.*
ne|o m. **1a** *(sul corpo)* Leberfleck *m.* **b** *(sul viso)* Schönheitsfleck *m.* **c** *(finto)* Schönheitspflästerchen *n.* **2** FIG. *(difetto)* Schönheitsfehler *m.*
ne|o|a|van|guar|dia f. Neoavantgarde *f.*
ne|o|ca|pi|ta|li|smo m. = Entwicklungsphase *f.* des Kapitalismus nach dem Zweiten Weltkrieg.
ne|o|clas|si|ci|smo m. Klassizismus *m.*; *(nel Novecento)* Neoklassizismus *m.* **ne|o|clas|si|ci|sta** m. e f. *(-i,-e)* Klassizist *m.* (-in *f.*); *(nel Novecento)* Neoklassizist *m.* (-in *f.*). **ne|o|clas|si|ci|sti|co** agg. *(-ci,-che)* klassizistisch; *(nel Novecento)* neoklassizistisch.
ne|o|clas|si|co I agg. *(-ci,-che)* klassizistisch: ***gusto ~*** klassizistischer Geschmack; ***stile ~*** klassizistischer Stil; *(nel Novecento)* neoklassizistisch **II** m. *(-ci)* **1** Klassizismus *m.* **2** *(artista)* Klassizist *m.*; *(nel Novecento)* Neoklassizist *m.*
ne|o|co|lo|nia|li|smo m. Neokolonialismus *m.* **ne|o|co|lo|nia|li|sti|co** agg. *(-ci,-che)* neokolonialistisch.
ne|o|cri|ti|ci|smo m. → **neokantismo.**
ne|o|dar|vi|ni|smo m. Neodarwinismus *m.*
ne|o|di|mio m. Neodym *n.*
ne|o|di|plo|ma|to I agg. ***studente ~*** Abiturient *m.* **II** m. Abiturient *m.*; *(di scuola parauniversitaria)* frisch Diplomierte *m.*
ne|o|e|brai|co I agg. *(-ci,-che)* neuhebräisch **II** m. Neuhebräisch(e) *n.*
ne|o|e|let|to I agg. neu gewählt: ***il presidente ~*** der neu gewählte Präsident; ***i deputati -i*** die neu gewählten Abgeordneten **II** m. Neugewählte *m.*
ne|o|el|le|ni|co I agg. *(-ci,-che)* neugriechisch **II** m. Neugriechisch(e) *n.*
ne|o|fa|sci|smo m. Neofaschismus *m.* **ne|o|fa|sci|sta** *(-i,-e)* **I** agg. neofaschistisch **II** m. e f. Neofaschist *m.* (-in *f.*).
ne|o|fi|ta, ne|o|fi|to m. *(-ti)* **1** RELIG. Neophyt *m.*, Neugetaufte *m.* **2** ESTENS. Neuling *m.*
ne|o|for|ma|zio|ne f. **1** MED. Neubildung *f.* **2** LING. Neologismus *m.*
ne|o|ge|ne m. Neogen *n.*, Jungtertiär *n.*
ne|o|go|ti|co I agg. *(-ci,-che)* neugotisch **II** m. Neugotik *f.*
ne|o|gram|ma|ti|co I m. *(-ci)* Junggrammatiker *m.* **II** agg. *(-ci,-che)* junggrammatisch.
ne|o|gre|co I agg. *(-ci,-che)* neugriechisch: ***letteratura -a*** neugriechische Literatur **II** m. Neugriechisch(e) *n.*
ne|o|he|ge|lia|no I m. Neuhegelianer *m.*, Junghegelianer *m.* **II** agg. neuhegelianisch. **ne|o|he|ge|li|smo** m. Neuhegelianismus *m.*
ne|o|kan|tia|no I m. Neukantianer *m.* **II** agg. neukantianisch. **ne|o|kan|ti|smo** m. Neukantianismus *m.*
ne|o|la|ti|no agg. romanisch: ***lingue -e*** romanische Sprachen; ***popoli -i*** romanische Völker.
ne|o|lau|re|a|to I agg. ***giovane ~*** Jungakademiker *m.*; COLLOQ. frisch gebacken: ***un medico ~*** ein frisch gebackener Arzt **II** m. Jungakademiker *m.*: ***gli sbocchi professionali per i -i*** die beruflichen Möglichkeiten für Jungakademiker.
ne|o|li|be|ra|li|smo, ne|o|li|be|ri|smo m. Neoliberalismus *m.*
ne|o|li|ti|co I agg. *(-ci,-che)* neolithisch, jungsteinzeitlich **II** m. Neolithikum *n.*, Jungsteinzeit *f.*
ne|o|lo|gi|smo m. Neologismus *m.*, Neubildung *f.*
ne|o|mar|xi|smo m. Neomarxismus *m.* **ne|o|mar|xi|sta** agg. *(-i,-e)* neomarxistisch.
ne|on m.inv. **1** Neon *n.*: ***lampada, tubo al ~*** Neonlampe *f.*, Neon-

röhre *f.* **2** *(lampada)* Neonlampe *f.*

ne|o|na|ta|le agg. Neugeborenen-: ***periodo*** ~ Säuglingsphase *f.*; ***mortalità*** ~ Neugeborenensterblichkeit *f.*

ne|o|na|to I m. Neugeborene *m.*, Säugling *m.*: ***allattare, svezzare un*** ~ einen Säugling stillen, (von der Brust) entwöhnen; ***corredino per*** ~ Säuglingsausstattung *f.* **II** agg. **1** neugeboren: ***un bambino*** ~ ein neugeborenes Kind **2** *(di recente origine)* neu, jung, neu gegründet: ***il*** ~ ***partito*** die neu gegründete Partei. **ne|o|na|to|lo|gi|a** f. Neonatologie *f.* **ne|o|na|to|lo|go** m. *(-gi)* Neonatologe *m.*

ne|o|na|zi|smo m. Neonazismus *m.* **ne|o|na|zi|sta** *(-i,-e)* **I** agg. neonazistisch **II** m. e f. Neonazi *m.* e *f.*

ne|o|pa|ga|ne|si|mo m. Neuheidentum *n.*

ne|o|pa|ten|ta|to m. Führerscheinneuling *m.*

ne|o|pla|si|a f. Neoplasma *n.*; ESTENS. Tumor *m.*

ne|o|pla|sti|co agg. *(-ci,-che)* Tumor-, Krebs-: ***formazione -a*** Krebsgeschwulst *f.*

ne|o|pla|to|ni|co I agg. *(-ci,-che)* neuplatonisch **II** m. *(-ci)* Neuplatoniker *m.* **ne|o|pla|to|ni|smo** m. Neuplatonismus *m.*

ne|o|po|si|ti|vi|smo m. Neopositivismus *m.* **ne|o|po|si|ti|vi|sta** *(-i,-e)* **I** agg. neopositivistisch **II** m. e f. Neopositivist *m.* (-in *f.*). **ne|o|po|si|ti|vi|sti|co** agg. *(-ci,-che)* neopositivistisch.

ne|o|re|a|li|smo m. Neoverismus *m.*, Neorealismus *m.* **ne|o|re|a|li|sta** *(-i,-e)* **I** agg. neoveristisch, neorealistisch: ***il cinema*** ~ das neoveristische Kino **II** m. e f. Neoverist *m.* (-in *f.*), Neorealist *m.* (-in *f.*). **ne|o|re|a|li|sti|co** agg. *(-ci,-che)* neoveristisch, neorealistisch.

ne|o|sco|la|sti|ca f. Neuscholastik *f.* **ne|o|sco|la|sti|co I** agg. *(-ci,-che)* neuscholastisch **II** m. *(-ci)* Neuscholastiker *m.*

ne|o|te|sta|men|ta|rio agg. *(-ri,-rie)* neutestamentlich.

ne|o|to|mi|smo m. Neuscholastik *f.* **ne|o|to|mi|sta** *(-i,-e)* **I** m. e f. Neuscholastiker *m.* (-in *f.*) **II** agg. neuscholastisch. **ne|o|to|mi|sti|co** agg. *(-ci,-che)* neuscholastisch.

ne|o|ze|lan|de|se I agg. neuseeländisch, Neuseeländer **II** m. e f. Neuseeländer *m.* (-in *f.*).

ne|o|zoi|co I m. Neozoikum *n.* **II** agg. *(-ci,-che)* neozoisch.

ne|pa f. Wasserskorpion *m.*

Ne|pal n.pr.m. Nepal *n.* **ne|pa|le|se I** agg. nepalesisch **II** m. e f. Nepaler *m.* (-in *f.*), Nepalese *m.* (Nepalesin *f.*) **III** m. *(lingua)* Nepali *n.*

ne|pi|tel|la f. Bergminze *f.*

Ne|po|mu|ce|no n.pr.m. Nepomuk *m.*

ne|po|ti|smo m. Nepotismus *m.*, Vetternwirtschaft *f.* **ne|po|ti|sta** m. e f. *(-i,-e)* Nepotist *m.* (-in *f.*). **ne|po|ti|sti|co** agg. *(-ci,-che)* nepotistisch.

nep|pu|re avv. e cong. → **neanche.**

ne|qui|zia f. LETT. Bosheit *f.*, Boshaftigkeit *f.*

ne|ra|stro agg. schwärzlich: ***liquido*** ~ schwärzliche Flüssigkeit.

ne|raz|zur|ro I agg. **1** schwarzblau, blauschwarz **2** SPORT von Inter Mailand: ***i giocatori -i*** die Fußballspieler von Inter Mailand; ***la squadra -a*** = die Fußballmannschaft von Inter Mailand **II** m. Fußballspieler *m.* von Inter Mailand.

ner|ba|ta f. **1** Peitschenhieb *m.* **2** *(bastonata)* Schlag *m.*

ner|bo m. **1** Peitsche *f.* **2** FIG. *(colonna portante)* (harter) Kern *m.*, Rückgrat *n.*: ***il*** ~ ***dell'esercito*** der harte Kern des Heeres; ***un uomo senza*** ~ ein Mensch ohne Rückgrat.

ner|bo|ru|to agg. **1** nervig, sehnig, muskulös: ***braccia -e*** muskulöse Arme **2** *(forte)* kräftig, stark.

ne|rei|de f. Nereide *f.*

Ne|re|o n.pr.m. Nereus *m.*

ne|ret|to I m. **1** TIP. Halbfettdruck *m.*, Halbfettschrift *f.* **2** GIORN. = Artikel *m.* in Fettdruck **II** agg. Halbfettdruck-: ***carattere*** ~ Halbfettdruckschrift *f.* ◆ ***in*** ~ halbfett; ***lettera in*** ~ halbfetter Buchstabe; ***stampare qcs. in*** ~ etw. halbfett drucken.

ne|ro I agg. **1** schwarz: ***un abito, un inchiostro, un gatto*** ~ ein schwarzes Kleid, eine schwarze Tinte, Katze; ***capelli -i*** schwarze Haare; ~ ***come la notte*** schwarz wie die Nacht **2** *(sporco)* schmutzig, dreckig: ***mani -e*** schmutzige Hände **3a** *(fascista)* faschistisch **b** *(neofascista)* neofaschistisch **II** m. **1** Schwarz *n.*, Schwarze *n.*: ***vestire di*** ~ sich in Schwarz (*o* schwarz) kleiden; ***il*** ~ ***ti dona*** Schwarz steht dir gut **2** *(negro)* Schwarze *m.*: ***i -i d'America*** die Schwarzen Amerikas **3a** *(giocatore che ha i pezzi neri)* Schwarz *n.*: ***il*** ~ ***muove e vince*** Schwarz zieht und gewinnt **b** *(nella roulette)* Noir *n.*: ***puntare sul*** ~ auf Noir setzen **4** BOT. Schwarzfäule *f.* **5** *(fascista)* Faschist *m.* ◆ ***acque -e*** Abwässer *pl.*; ***Africa -a*** Schwarzafrika *f.*; ***anima -a*** schwarze Seele; ***bestia -a*** Schreckgespenst *n.*; ***essere la bestia -a di qcn.*** ein Schreckgespenst für jdn sein; ***in bianco e*** ~ schwarzweiß, Schwarzweiß-: ***film, fotografia in bianco e*** ~ Schwarzweißfilm *m.*, Schwarzweißaufnahme *f.* (*o* -fotografie *f.*); ***far vedere a qcn. (il)*** ~ ***per (il) bianco*** jdm ein X für ein U vor‿machen; ***dire oggi bianco e domani*** ~ einmal hü und einmal hott sagen; ***mettere qcs.*** ~ ***su bianco*** etw. schriftlich geben, schwarz auf weiß geben; ***bilancio*** ~ aktive Bilanz; ***borsa -a*** Schwarzhandel *m.*; ***caffè*** ~ schwarzer Kaffee; STOR. ***camicia -a*** Schwarzhemd *n.*; ~ ***come il carbone*** kohlrabenschwarz; ***il continente*** ~ der Schwarze Kontinent; ~ ***come un corvo*** rabenschwarz; ***cronaca -a*** = Verbrechens- und Unfallberichte; ***fondi -i*** Schwarzgelder *pl.*; ***giornata*** ~ Unglückstag *m.*; ***in*** ~ Schwarz-, schwarz-: ***lavorare, lavoratore in*** ~ schwarz‿arbeiten, Schwarzarbeiter *m.*; *(in attivo)* ***essere in*** ~ schwarze Zahlen schreiben (*o* einen Aktivsaldo haben); ***lavoro (in)*** ~ Schwarzarbeit *f.*; ***libro*** ~ schwarze Liste; ***magia -a*** schwarze Magie (*o* Kunst); ***il Mar Nero*** das Schwarze Meer; ***mercato*** ~ Schwarzmarkt *m.*; ***messa -a*** schwarze Messe; FIG. ***occhio*** ~ blaues Auge; ***fare un occhio*** ~ ***a qcn.*** jdm ein blaues Auge schlagen; ***dagli occhi -i*** schwarzäugig; ***occhiali -i*** dunkle Brille; FIG. ***oro*** ~ schwarzes Gold, flüssiges Gold; FIG. ***una pagina -a*** ein dunkler Tag; ***pane*** ~ Schwarzbrot *n.*; POL. ***pantera -a*** Schwarzer Panther; ~ ***come la pece*** pechschwarz; FIG. ***pecora -a*** schwarzes Schaf; ***periodo*** ~ Pechsträhne *f.*; ***pista -a*** neofaschistische Spur; *(sci)* schwarze Piste; ***pozzo*** ~ Senkgrube *f.*; ***romanzo*** ~ Horrorroman *m.*; ~ ***di seppia*** Sepia *f.*; ~ ***da stampa*** Druckerschwärze *f.*; ***terrorismo*** ~ Rechtsterrorismus *m.*; ***essere di umore*** ~ schlechter Laune sein; ***umorismo*** ~ schwarzer Humor; ***l'uomo*** ~ der schwarze Mann; *(nel gioco di carte)* der schwarze Peter; ***uva -a*** blaue Trauben; FIG. ***vedere tutto*** ~ alles schwarz sehen; ***vino*** ~ Rotwein *m.*; ***essere*** ~ ***in volto*** eine finstere Miene machen.

ne|ro|fu|mo m. Ruß *m.*

ne|ro|la f., **ne|ro|li** m. Neroliöl *n.*

Ne|ro|ne n.pr.m. Nero *m.* **ne|ro|nia|no** agg. neronisch.

ner|va|to agg. gerippt.

ner|va|tu|ra f. **1** ENTOM. BOT. Nervatur *f.* **2** ARCH. MECC. Rippe *f.* **3** *(di libri)* Buchrückenverzierung *f.* ◆ ~ ***a croce*** Kreuzrippe *f.*; ~ ***delle foglie*** Blattader *f.*; ~ ***di rinforzo*** Verstärkungsrippe *f.*

ner|vi|no agg. Nerven-: ***gas*** ~ Nervengas *n.*

ner|vo m. **1** Nerv *m.* **2** COLLOQ. *(tendine)* Sehne *f.* **3** BOT. Blattader *f.* ◆ ~ ***acustico*** Gehörnerv *m.*, Hörnerv *m.*; ***che -i!*** verflixt! ***crisi di -i*** Nervenkrise *f.*; ***dare ai, sui -i a qcn.*** jdm auf die Nerven gehen (*o* fallen); ***guerra di -i*** Nervenkrieg *m.*; ~ ***motorio*** motorischer Nerv; ~ ***ottico*** Sehnerv *m.*; ***avere i -i a fior di pelle*** die Nerven (bis) zum Zerreißen gespannt haben; ***avere i -i a pezzi*** mit den Nerven fertig sein; ***avere i -i saldi*** eiserne Nerven haben; ***avere uno scatto di -i*** die Nerven verlieren, aus‿rasten; ~ ***sciatico*** Ischiasnerv *m.*, Hüftnerv *m.*; FIG. ~ ***scoperto*** wunder Punkt; ***-i scossi*** zerrüttete Nerven; ***soffrire di -i*** schwache Nerven haben; ***urtare i -i a qcn.*** jdm auf die Nerven fallen; ~ ***vago*** Vagus *m.*; ***far venire i -i a qcn.*** jdm auf die Nerven gehen.

ner|vo|sa|men|te avv. nervös, unruhig: ***camminare*** ~ ***su e giù per la stanza*** nervös im Zimmer auf und ab gehen. **ner|vo|si|smo** m. Nervosität *f.*: ***c'era*** ~ es herrschte Nervosität; ***dare segni di*** ~ Anzeichen von Nervosität erkennen lassen; ***il suo*** ~ ***si trasmise agli altri*** seine Nervosität übertrug sich auf die anderen.

ner|vo|si|tà f. **1** → **nervosismo** **2** *(incisività)* Knappheit *f.*, Bündigkeit *f.*: ***la*** ~ ***di un discorso, di uno stile*** die Knappheit einer Rede, eines Stils.

ner|vo|so I agg. **1** Nerven-, nervlich: ***affaticamento*** ~ nervliche Anstrengung; ***tensione -a*** Nervenanspannung *f.*, nervöse Spannung **2** *(irascibile, che mostra nervosismo)* nervös: ***essere*** ~ nervös sein; ***il caffè mi rende*** ~ Kaffee macht mich nervös; ***risata -a*** nervöses Lachen **3** *(asciutto, scattante)* sehnig, nervig **4** FIG. *(incisivo)* knapp, bündig: ***stile*** ~ knapper Stil **II** m. Nervosität *f.* ◆ ***cellula -a*** Nervenzelle *f.*; ***centro*** ~ Nervenkern *m.*; ***choc*** ~ Nervenschock *m.*; ***esaurimento*** ~ Nervenzusammenbruch *m.*; ***fibra -a*** Nervenfaser *f.*; ***avere una guida -a*** einen nervösen Fahrstil haben; ***malattia -a*** Nervenkrankheit *f.*; ECON. ***mercato*** ~ labiler Börsenmarkt; ***plesso*** ~ Nervenplexus *m.*; ***farsi prendere dal*** ~ nervös werden; ***sistema*** ~ Nervensystem *n.*; ***sistema*** ~ ***centrale*** Zentralnervensystem *n.*; ***tic*** ~ nervöse Zuckungen *pl.*; ***far venire il*** ~ ***a qcn.*** jdn nervös machen.

ne|spo|la f. Mispel *f.*; ~ ***del Giappone*** Japanische Mispel, Wollmispel *f.* ◆ PROV. ***col tempo e con la paglia maturano le -e*** mit Geduld und Zeit kommt man weit. **ne|spo|lo** m. Mispel *f.*, Mispelbaum *m.*; ~ ***del Giappone*** Japanische Mispel, Wollmispel *f.*

nes|so m. **1** Zusammenhang *m.*, Verbindung *f.*, Nexus *m.*: ~ ***logico, causale*** logischer, kausaler Zusammenhang; ***stabilire un*** ~ ***tra due cose*** zwei Dinge miteinander in Zusammenhang bringen **2** LING. Verbindung *f.* **3** PALEOGR. Ligatur *f.* ◆ ***senza*** ~ zusammenhanglos.

Nes|so n.pr.m. Nessus *m.* ◆ ***camicia di ~*** Nessusgewand *n.*, Nessushemd *n.*

nes|su|no I agg.indef. **1a** kein, keine: ***non c'era -a ragazza*** kein Mädchen war dabei; ***non c'è -a fretta*** es besteht keine Eile; ***non c'è nessun dubbio*** es besteht kein Zweifel **b** *(con aggettivi possessivi)* keiner, keine, keines: ***-a mia proposta è stata accettata*** keiner meiner Vorschläge ist angenommen worden; ***non ho visto -a mia amica*** ich habe keine meiner Freundinnen gesehen **2** *(preceduto da "senza")* jeglich, jede: ***senza -a fretta*** ohne jegliche Eile **3** *(qualche)* irgendein, irgendeine: ***hai -a idea?*** hast du irgendeine Idee? **II** pron.indef. **1a** niemand: ***non è venuto ~*** niemand ist gekommen; ***~ è perfetto*** niemand ist vollkommen; ***spero che ~ se ne accorga*** ich hoffe, dass es niemand bemerkt; ***non ho visto ~*** ich habe niemanden gesehen; ***non dirlo a ~!*** sag es niemandem! ***non ubbidisce a ~*** er hört auf niemanden **b** *(riferito a persona o cosa già nominata)* keiner, keine, kein(e)s: ***nel cinema c'erano molti posti, ma ~ era libero*** im Kino gab es viele Plätze, aber keiner war frei; ***ho cercato un regalo adatto a lui, ma non ne ho trovato ~*** ich habe ein für ihn passendes Geschenk gesucht, aber keins gefunden **2** *(con partitivi)* keiner, keine, keines: ***~ dei nostri amici*** keiner unserer Freunde **3a** *(qualcuno)* jemand: ***senza che ~ se ne accorgesse*** ohne dass es jemand bemerkte **b** *(in interrogazioni)* jemand: ***c'è ~?*** ist hier jemand? ***ha telefonato ~ per me?*** hat jemand für mich angerufen? ◆ ***in nessun caso*** auf keinen Fall, keinesfalls; ***(non) essere ~*** ein Nichts sein; ***da -a parte*** nirgendwo, nirgends; ***figli di ~*** Findelkinder *pl.*; ***in nessun luogo*** nirgendwo, nirgends; ***in nessun modo*** in keiner Weise; ***terra di ~*** Niemandsland *n.*; ***di nessun valore*** wertlos.

Ne|sto|re n.pr.m. Nestor *m.* **ne|sto|ria|ne|si|mo** m. Nestorianismus *m.* **ne|sto|ria|no I** agg. nestorianisch **II** m. Nestorianer *m.*

net m.inv. Netz *n.*

net|ta|men|te avv. **1** klar, deutlich: ***essere ~ inferiore*** klar unterlegen sein **2** *(con decisione)* entschieden: ***essere ~ contrario a qcs.*** entschieden gegen etw. sein.

net|ta|pie|di m.inv. Fußmatte *f.*, Fußabtreter *m.*

1.net|ta|re m. Nektar *m.* ◆ ***~ degli dei*** Göttertrank *m.*

2.net|ta|re tr. LETT. putzen: ***~ le verdure, le scarpe*** das Gemüse, die Schuhe putzen.

net|ta|rio m. *(-ri)* Nektarium *n.*, Honigdrüse *f.*

net|tez|za f. **1** *(pulizia)* Sauberkeit *f.*, Reinheit *f.*; FIG. Reinheit *f.* **2** *(precisione)* Klarheit *f.*, Deutlichkeit *f.* ◆ ***~ urbana*** städtische Müllabfuhr; ***camion della ~ urbana*** Müllauto *n.* (*o* Müllwagen *m.*).

net|to I agg. **1** *(pulito)* sauber, rein (anche FIG.): ***coscienza -a*** reines Gewissen **2** *(chiaro)* eindeutig, klar, glatt: ***-a maggioranza*** eindeutige Mehrheit; ***~ vantaggio*** eindeutiger Vorsprung; ***~ miglioramento*** klare Verbesserung; ***~ rifiuto*** glatte Ablehnung **3** *(definito)* scharf: ***profilo, contorno ~*** scharfes Profil, scharfer Umriss **4a** ECON. Rein-, Netto-: ***prezzo ~*** Nettopreis *m.*; ***guadagno, stipendio ~*** Reingewinn *m.*, Nettogehalt *n.*; ***reddito ~*** Nettoeinkommen *n.*, Nettoverdienst *m.*; ***fatturato, importo, utile ~*** Nettoumsatz *m.*, Nettobetrag *m.*, Nettoertrag *m.* (*o* Reinertrag *m.*) **II** avv. deutlich: ***parlare chiaro e ~*** klar und deutlich sprechen **III** m. *(importo netto)* Nettobetrag *m.* ◆ ***al ~*** netto; ***al ~ di*** nach Abzug von: ***al ~ delle spese, delle imposte*** nach Abzug der Kosten, der Steuern; ***di ~*** klar, deutlich; ***peso ~*** Nettogewicht *n.*; ***tagliare di ~*** (glatt) ab‿trennen; ***tagliare ~*** kurzen Prozess machen; ***taglio ~*** glatter Schnitt; FIG. Schlussstrich *m.*; ***dare un taglio ~ a qcs.*** unter etw. einen Schlussstrich ziehen.

net|tu|nio m. CHIM. Neptunium *n.*

Net|tu|no n.pr.m. Neptun *m.*

net|tur|bi|no m. Müllmann *m.*, Straßenkehrer *m.*

net|work [-wɑːk] m.inv. Network *n.*

neu|ma m. Neume *f.*

neu|ra|le agg. neural, Nerven-. **neu|ri|te** f. Neuritis *f.*, Nervenentzündung *f.*

neu|ro f. COLLOQ. Klapsmühle *f.*: ***finire alla ~*** in der Klapsmühle landen. **neu|ro|bio|lo|gi|a** f. Neurobiologie *f.* **neu|ro|chi|rur|gi|a** f. Neurochirurgie *f.* **neu|ro|chi|rur|gi|co** agg. *(-ci,-che)* neurochirugisch. **neu|ro|chi|rur|go** m. *(-ghi)* Neurochirurg *m.* **neu|ro|fi|sio|lo|gi|a** f. Neurophysiologie *f.* **neu|ro|let|ti|co I** agg. *(-ci,-che)* neuroleptisch **II** m. *(-ci)* Neuroleptikum *n.*

neu|ro|lo|gi|a f. Neurologie *f.*, Nervenheilkunde *f.* **neu|ro|lo|gi|co** agg. *(-ci,-che)* neurologisch: ***esami -ci*** neurologische Untersuchungen; ***reparto ~*** neurologische Abteilung. **neu|ro|lo|go** m. *(-gi)* Neurologe *m.*, Nervenarzt *m.*

neu|ro|ma m. Neurom *n.*

neu|ro|na|le agg. Neuron-. **neu|ro|ne** m. Neuron *n.*, Nervenzelle *f.*

neu|ro|pa|ti|a f. Neuropathie *f.*, Nervenkrankheit *f.* **neu|ro|pa|ti|co I** agg. *(-ci,-che)* neuropathisch **II** m. *(-ci)* Neuropath *m.* **neu|ro|pa|to|lo|gi|a** f. Neuropathologie *f.* **neu|ro|pa|to|lo|gi|co** agg. *(-ci,-che)* neuropathologhisch. **neu|ro|pa|to|lo|go** m. *(-gi)* Neuropathologe *m.*

neu|ro|psi|chia|tra m. e f. *(-i,-e)* Neuropsychiater *m.* (-in *f.*). **neu|ro|psi|chia|tri|a** f. Neuropsychiatrie *f.*: ***~ infantile*** Kinderneuropsychiatrie *f.* **neu|ro|psi|chia|tri|co** agg. *(-ci,-che)* neuropsychiatrisch. **neu|ro|psi|co|lo|gi|a** f. Neuropsychologie *f.*

neu|ro|to|mi|a f. Nervenschnitt *m.*, Neurotomie *f.*

neu|ro|to|ni|co I agg. *(-ci,-che)* nervenstärkend, nervenkräftigend **II** m. *(-ci)* nervenstärkendes Mittel *n.*

neu|ro|tos|si|co I agg. *(-ci,-che)* Nervengift- **II** m. *(-ci)* Nervengift *n.*

neu|ro|tra|smet|ti|to|re m. Neurotransmitter *m.* **neu|ro|tra|smis|sio|ne** f. Neurotransmission *f.*

neu|rot|te|ri m.pl. Neuropteren *pl.*, Netzflügler *pl.*

neu|ro|ve|ge|ta|ti|vo agg. neurovegetativ; ***sistema ~*** vegetatives Nervensystem *n.*

neu|tra|le agg. neutral: ***mantenersi ~*** neutral bleiben; ***osservatore, stato, luogo ~*** neutraler Beobachter, Staat, Ort. **neu|tra|li|smo** m. Neutralismus *m.* **neu|tra|li|sta** *(-i,-e)* **I** agg. neutralistisch, Neutralitäts-: ***politica ~*** Neutralitätspolitik *f.* **II** m. e f. Neutralist *m.* (-in *f.*).

neu|tra|li|tà f. Neutralität *f.* (anche FIS. chim.): ***proclamare, conservare, osservare, violare la ~*** die Neutralität erklären, wahren, ein‿halten, verletzen; ***~ armata*** bewaffnete Neutralität ◆ ***dichiarazione di ~*** Neutralitätserklärung *f.*; ***violazione della ~*** Neutralitätsverletzung *f.*

neu|tra|liz|za|bi|le agg. neutralisierbar: ***sostanza ~*** neutralisierbarer Stoff.

neu|tra|liz|za|re I tr. **1** *(rendere vano)* neutralisieren, unwirksam machen: ***~ un attacco*** einen Angriff neutralisieren; ***~ un veleno*** ein Gift neutralisieren **2** DIR. neutralisieren, neutral machen: ***~ un paese*** ein Land neutralisieren **3** CHIM. MED. neutralisieren **4** SPORT *(non computare)* neutralisieren: ***~ cinque minuti di una corsa*** ein Rennen für fünf Minuten neutralisieren **II** pronom. **neutralizzarsi** **1** *(annullarsi reciprocamente)* sich gegenseitig auf‿heben: ***le due forze si sono neutralizzate*** die beiden Kräfte haben sich gegenseitig aufgehoben **2** *(perdere efficacia)* ab‿klingen: ***gli effetti della sostanza si neutralizzano dopo un'ora*** die Wirkung des Stoffes klingt nach einer Stunde ab. **neu|tra|liz|za|zio|ne** f. Neutralisierung *f.*, Neutralisation *f.*

neu|tri|no m. Neutrino *n.*

neu|tro I agg. **1** neutral: ***colore, campo ~*** neutrale Farbe, neutrales Spielfeld; ***giocare in campo ~*** auf neutralem Platz spielen; ***reazione, soluzione -a*** neutrale Reaktion, Lösung **2** EL. ungeladen **3** GRAMM. sächlich, neutral: ***di genere ~*** sächlichen Geschlechts **II** m. **1** EL. Nullleiter *m.* **2** GRAMM. Neutrum *n.* ◆ ***conduttore ~*** Nullleiter *m.*; ***lucido (da scarpe) ~*** farblose Schuhcreme; ***sapone ~*** hautneutrale Seife; ***di sapore ~*** geschmacksneutral.

neu|tro|ne m. Neutron *n.* ◆ ***bomba al ~*** Neutronenbombe *f.* **neu|tro|ni|co** agg. *(-ci,-che)* Neutronen-.

ne|va|io m. *(-ai)* **1** *(accumulo di neve)* Firn *m.* **2** *(terreno innevato)* Firnfeld *n.* **ne|va|to I** agg. **1** *(simile a neve)* schneeig **2** *(coperto di neve)* schneebedeckt **3** *(bianco come la neve)* schneeweiß **II** m. Firn *m.*

ne|ve f. **1** Schnee *m.*: ***~ alta, artificiale, fresca, farinosa, marcia*** Tief-, Kunst-, Neu-, Pulver-, Pappschnee *m.*; ***la ~ cade, si scioglie*** der Schnee fällt, schmilzt; ***spalare la ~*** Schnee schaufeln **2** GERG. *(cocaina)* Schnee *m.* ◆ ***l'abominevole uomo delle -i*** der Schneemensch *m.*; ***bianco come la ~*** schneeweiß; ***bollettino della ~*** Schneebericht *m.*; ***bufera di ~*** Schneesturm *m.*; ***fiocco di ~*** Schneeflocke *f.*; ***gatto delle -i*** Schneekatze *f.*, Schneeraupe *f.*; ***manto di ~*** Schneedecke *f.*; ***montare gli albumi a ~*** das Eiweiß zu Schnee schlagen; ***occhiali da ~*** Skibrille *f.*; ***palla di ~*** Schneeball *m.*; ***-i perenni*** ewiger Schnee; ***pneumatico da ~*** M-und-S-Reifen *m.*; ***pupazzo di ~*** Schneemann *m.*; ***racchette da ~*** Schneeschuh *m.*, Schneereifen *m.*; ***tormenta di ~*** Schneegestöber *n.*

ne|vi|ca|re intr.impers. *(nevica*; aus. *essere, avere)* **1** schneien: ***nevica a larghe falde*** es schneit dicke Flocken (*o* in dicken Flocken); ***nevica forte*** es schneit heftig **2** SCHERZ. ***gli è nevicato sui capelli*** = er ist grau geworden. **ne|vi|ca|ta** f. Schneefall *m.*: ***un'abbondante ~*** ein starker Schneefall. **ne|vi|schio** m. *(-schi)* Schneeregen *m.*

ne|vo m. Leberfleck *m.*

ne|vo|si|tà f. Schneemenge *f.*: ***la ~ di una regione*** die Schneemenge (in) einer Region. **ne|vo|so** agg. **1** Schnee-: ***manto ~*** Schneedecke *f.*; ***tempo ~*** Schneewetter *n.* **2** *(coperto di neve)* schneebedeckt: ***cime -e*** schneebedeckte Bergspitzen.

ne|vral|gi|a f. Neuralgie *f.*, Nervenschmerz *m.*; **~ *del trigemino*** Trigeminusneuralgie *f.* **ne|vral|gi|co** agg. *(-ci,-che)* neuralgisch, Nerven-: ***dolore*** **~** Nervenschmerz *m.*, neuralgischer Schmerz ◆ ***punto*** **~** neuralgischer Punkt (anche FIG.).
ne|vras|se m. Zentralnervensystem *n.*
ne|vra|ste|ni|a f. Neurasthenie *f.*, Nervenschwäche *f.*
ne|vra|ste|ni|co I agg. *(-ci,-che)* **1** neurasthenisch, nervenschwach **2** ESTENS. hysterisch **II** m. *(-ci)* **1** Neurastheniker *m.* **2** ESTENS. COLLOQ. Nervenbündel *n.*
ne|vri|te → **neurite.**
ne|vro|si f. Neurose *f.*: **~ *d'angoscia, cardiaca, ossessiva*** Angst-, Herz-, Zwangsneurose *f.*
ne|vro|ti|co I agg. *(-ci,-che)* PSIC. neurotisch (anche ESTENS.): ***comportamento*** **~** neurotisches Verhalten **II** m. *(-ci)* PSIC. Neurotiker *m.* (anche ESTENS.).
nev|ve|ro inter. nicht wahr: ***sei stato tu, ~?*** du bist es gewesen, nicht wahr?
newton ['njuton] m.inv. Newton *n.* ◆ ***legge, numero di Newton*** newtonsches Gravitationsgesetz, newtonsche Zahl. **new|to|nia|no** agg. newtonsch.
new|yor|che|se, new|yor|ke|se [njujork-] **I** agg. New-Yorker: ***cittadino*** **~** New-Yorker Bürger *m.* **II** m. e f. New-Yorker *m.* (-in *f.*).
1.ni I avv. COLLOQ. jein **II** m. Jein *n.*: ***basta con tutti questi*** **~** jetzt reicht es mit dem ewigen Jein.
2.ni m. *(lettera greca)* Ny *n.*
Nia|ga|ra n.pr.m. Niagara *m.*: ***le cascate del*** **~** die Niagarafälle.
nib|bio m. *(-bi)* Milan *m.*; *(reale)* Gabelweihe *f.*
ni|be|lun|gi|co agg. *(-ci,-che)* Nibelungen-: ***il ciclo*** **~** die Nibelungensage *f.* **ni|be|lun|go** m. *(-ghi* e *-gi)* Nibelunge *m.* ◆ ***l'anello del Nibelungo*** der Ring des Nibelungen; ***la canzone dei -ghi*** das Nibelungenlied; ***la leggenda dei -ghi*** die Nibelungensage.
Ni|ca|ra|gua n.pr.m. Nicaragua *n.* **ni|ca|ra|gue|gno, ni|ca|ra|guen|se I** agg. nicaraguanisch **II** m. e f. Nicaraguaner *m.* (-in *f.*).
nic|chia f. **1** Nische *f.* **2** *(nelle rocce)* Felsnische *f.* **3** FIG. ruhiges Plätzchen *n.* **4** *(impiego sicuro)* = ruhiger Arbeitsplatz *m.* ◆ **~ *ecologica*** ökologische Nische; ***fare la ~ a qcn.*** jdm einen ruhigen Posten verschaffen; **~ *di mercato*** Marktlücke *f.*
nic|chia|re intr. *(nicchio, nicchi*; aus. *avere)* zögern, unschlüssig sein, COLLOQ. fackeln: ***ha nicchiato un po', ma poi ha accettato*** er hat zwar etwas gezögert, aber dann hat er zugestimmt.
Nic|co|lò n.pr.m. Nikolaus *m.*
Ni|ce|a n.pr.n. Nicäa *n.* ◆ ***Concilio di*** **~** Nicänisches Konzil. **ni|ce|no** agg. nicänisch: ***credo*** **~** Nicänisches Glaubensbekenntnis.
ni|chel m. Nickel *n.* **ni|che|la|re** tr. *(nichelo)* vernickeln. **ni|che|la|tu|ra** f. Vernick(e)lung *f.*
ni|che|li|no m. Nickelmünze *f.*
ni|chi|li|smo m. Nihilismus *m.* **ni|chi|li|sta** *(-i,-e)* **I** m. e f. Nihilist *m.* (-in *f.*) **II** agg. nihilistisch. **ni|chi|li|sti|co** agg. *(-ci,-che)* nihilistisch: ***atteggiamento*** **~** nihilistische Haltung.
ni|ckel → **nichel.**
Ni|co|de|mo n.pr.m. Nikodemus *m.*
Ni|co|la n.pr.m. Nikolaus *m.* **Ni|co|let|ta** n.pr.f. Nicole *f.* **Ni|co|lò** n.pr.m. Nikolaus *m.*
Ni|co|si|a n.pr.f. Nikosia *n.*
ni|co|ti|na f. Nikotin *n.* ◆ ***contenuto di*** **~** Nikotingehalt *m.*; ***a basso contenuto di*** **~** nikotinarm; ***senza*** **~** nikotinfrei. **ni|co|ti|ni|co** agg. *(-ci,-che)* Nikotin-: ***acido*** **~** Nikotinsäure *f.* **ni|co|ti|ni|smo** m. Nikotinvergiftung *f.*, Nikotinismus *m.*
nic|ta|lo|pe I agg. tagblind, nyktalop **II** m. tagblinder Mensch *m.* **nic|ta|lo|pi|a** f. Nachtsichtigkeit *f.*, Tagblindheit *f.*, Nyktalopie *f.* **nic|ta|lo|po** → **nictalope.**
nic|to|fo|bi|a f. Nyktophobie *f.*, Nachtangst *f.*
ni|dia|ta f. **1** *(covata)* Brut *f.*: ***una ~ di uccelli*** eine Vogelbrut **2** *(di mammiferi)* Wurf *m.*: ***una ~ di topi*** ein Mäusewurf **3** ESTENS. *(di bambini)* Kinderschar *f.*: ***ha una bella*** **~** sie hat eine ganz nette Kinderschar.
ni|di|fi|ca|re intr. *(nidifico, nidifichi*; aus. *avere)* nisten, ein Nest bauen. **ni|di|fi|ca|zio|ne** f. Nestbau *m.*, Nisten *n.*: ***la ~ delle rondini non è ancora cominciata*** die Schwalben haben noch nicht mit dem Nestbau begonnen.
ni|do m. **1a** Nest *n.*: **~ *di cicogna*** Storchennest *n.*; **~ *di calabroni, vespe*** Hornissen-, Wespennest *n.*; ***fare il*** **~** das Nest bauen; ***cadere dal*** **~** aus dem Nest fallen **b** *(di rapace)* Horst *m.*: **~ *d'aquila*** Adlerhorst *m.* **2** ESTENS. *(focolare)* Nest *n.*, heimischer Herd *m.*: ***tornare al proprio*** **~** an den heimischen Herd zurück‿kehren; ***farsi il*** **~** sich (D) ein Nest bauen **3** *(asilo)* Krippe *f.*: ***portare il bambino al*** **~** das Kind in die Krippe bringen ◆ **~ *d'amore*** Liebesnest *n.*; ***a ~ d'ape*** gesmokt; ***asilo*** **~** Kinderkrippe *f.*; **~ *di delinquenti*** Diebesnest *n.*; **~ *di rondine*** Schwalbennest *n.* (anche GASTR.); **~ *di scoiattoli*** Kobel *m.*; **~ *di uccello*** Vogelnest *n.*; BOT. Nestwurf *m.*; **~ *di vipere*** Schlangennest *n.*; FIG. Natternbrut *f.* (*o* Otterngezücht *n.*).
ni|el|la|re tr. niellieren. **ni|el|la|tu|ra** f. Niellierung *f.* **ni|el|lo** m. Niello *n.*
nien|te I pron.indef. **1** nichts: ***non so*** **~** ich weiß nichts; ***non è successo*** **~** es ist nichts passiert; ***non avere ~ addosso*** nichts an‿haben; ***non gli va mai bene*** **~** ihm passt nie etwas; ***a ~ è valso il suo intervento*** sein Eingreifen hat nichts genützt; **~ *di nuovo, di interessante*** nichts Neues, Interessantes; ***la situazione non promette ~ di buono*** die Situation verspricht nichts Gutes **2** *(qualcosa)* etwas, nichts: ***ti serve ~?*** brauchst du etwas? ***avete ~ da dire?*** habt ihr nichts zu sagen? **3a** *(poca cosa)* nichts, eine Kleinigkeit: ***e questo è ancora ~!*** und das ist noch gar nichts! ***quello che hai visto è ~ in confronto al resto*** was du gesehen hast, ist noch nichts im Vergleich zum Rest; ***si arrabbia per*** **~** er regt sich wegen nichts (*o* wegen jeder Kleinigkeit) auf; ***questo ti pare ~?*** scheint dir das eine Kleinigkeit? **b** *(nulla di serio)* nichts Ernstes: ***è ammalato, ma pare non sia*** **~** er ist krank, aber es scheint nichts Ernstes zu sein **4** *(con valore limitativo)* nichts (Besonderes): ***cosa c'è che non va? – ~, sono preoccupato per l'esame*** was ist denn los? – nichts Besonderes, ich mache mir nur wegen der Prüfung Sorgen **II** agg.inv. kein, COLLOQ. null: ***da domani ~ sigarette*** ab morgen keine Zigaretten mehr; **~ *paura!*** keine Angst! COLLOQ. ***non ho ~ fame*** ich habe null Hunger **III** m. **1** Nichts *n.*: ***creazione dal*** **~** Schöpfung aus dem Nichts; ***è venuto su dal*** **~** er hat sich aus dem Nichts hochgearbeitet **2** *(cosa da poco)* Kleinigkeit *f.*: ***basta un ~ per impaurirlo*** eine Kleinigkeit genügt, um ihn zu verängstigen **IV** avv. **1** ***non c'entro*** **~** ich habe damit nichts zu tun **2** *(affatto)* überhaupt nicht, absolut nicht: ***non è ~ vero*** das ist überhaupt nicht wahr **3** *(in espressioni ellittiche)* ***speravamo di convincerlo, ma lui*** **~** wir hofften, ihn zu überzeugen, aber es war nichts zu machen; ***tutti lo chiamavano, ma lui*** **~** alle riefen ihn, aber er zeigte keine Reaktion ◆ **~ *affatto*** (ganz und) gar nicht; ***nient'altro*** nichts anderes; ***nient'altro che*** nur, nichts anderes als; ***non era nient'altro che una mosca*** es war nur eine Fliege; ***non avere ~ a che fare con qcn., qcs.*** mit jdm, etw. nichts zu tun haben; ***un bel*** **~** nichts und wieder nichts; ***buono a*** **~** nichtsnutzig; ***un buono a*** **~** ein Nichtsnutz; ***come se ~ fosse*** als ob nichts geschehen wäre; ***ha sollevato il tavolo come*** **~** er hat den Tisch wie nichts hochgehoben; ***da*** **~** geringfügig, leicht: ***un incidente da*** **~** ein leichter Unfall; ***è una cosa da*** **~** es ist nur eine Kleinigkeit; ***di*** **~** gern geschehen (*o* nichts zu danken); **~ *di*** **~** absolut nichts; ***un tipo che non dice*** **~** ein nichtssagender Typ; ***il dolce far*** **~** das süße Nichtstun; ***non fa*** **~** *(non importa)* das macht nichts; ***se non volete venire con noi non fa*** **~** es macht nichts, wenn ihr nicht mit‿kommen wollt; ***non fare*** **~** *(non avere effetto)* nicht wirken: ***le medicine non gli hanno fatto*** **~** die Medikamente haben bei ihm nicht gewirkt; ***quando arrivò il medico non c'era più ~ da fare*** als der Arzt kam, war nichts mehr zu machen; ***non c'è ~ da fare, dovrai licenziarlo*** da kann man nichts machen, du musst ihn entlassen; ***non farsene ~ di qcs.*** mit etw. nichts anfangen können; ***non me ne faccio ~ della tua compassione*** von deinem Mitleid habe ich nichts; ***non se ne fa*** **~** es wird nichts daraus; ***non farsi*** **~** sich (D) nicht weh tun; ***per quella faccenda ancora ~ di fatto*** in dieser Angelegenheit hat sich noch nichts getan; ***finire in*** **~** sich in nichts auf‿lösen; ***in un*** **~** im Nu; **~ *male*** nicht schlecht; **~ *(di) meno che*** nichts weniger als; ***meno di*** **~** überhaupt nichts; ***non metterci*** **~** nicht lange brauchen; ***per ~ al mondo*** um nichts auf der Welt; ***non per*** **~** nicht umsonst: ***ha un bel fisico, non per ~ passa i pomeriggi in palestra*** er ist gut gebaut, nicht umsonst verbringt er seine Nachmittage im Fitnesscenter; ***non l'ho pagato*** **~** ich habe es spottbillig bekommen; ***per*** **~** überhaupt nicht, absolut nicht: ***la cosa non mi piace per*** **~** die Sache gefällt mir überhaupt nicht; ***questo abito non ti sta per ~ male*** dieses Kleid steht dir wirklich nicht schlecht; *(invano)* umsonst: ***ho fatto tutta questa strada per*** **~** ich habe den ganzen Weg umsonst gemacht; *(gratis)* umsonst: ***ha fatto il lavoro per*** **~** er hat die Arbeit umsonst gemacht; ***non poterci fare*** **~** nichts daran ändern können; *(non essere responsabile)* nichts dafür können; ***se ~ ~*** wenn nur.
nien|te|di|me|no ANT., **nien|te|me|no,** COLLOQ. **nien|te|po|po|di|me|no I** avv. **1a** *(rif. a cosa)* nichts Geringeres als: **~ *che una Rolls-Royce*** nichts Geringeres als ein Rolls-Royce **b** *(rif. a persona)* niemand Geringerer als: ***è venuto ~ che il presidente*** niemand Geringerer als der Präsident ist gekommen **2** *(persino)* sogar **II** inter. echt: ***mi è costato un milione – ~!*** ich habe eine Million dafür bezahlt – echt!
nietz|schia|ne|si|mo [nitʃ-] m. Philosophie *f.* Nietzsches. **nietz|**

schia|no I agg. Nietzsches: ***la filosofia -a*** die Philosophie Nietzsches **II** m. Nietzscheanhänger *m.*
ni|fe m. Nife *n.*, Nifekern *m.*
Ni|ger n.pr.m. Niger *m.*
Ni|ge|ria n.pr.f. Nigeria *n.* **ni|ge|ria|no I** agg. nigerianisch **II** m. Nigerianer *m.*
ni|ge|ri|no I agg. nigrisch **II** m. Nigrer *m.*
night-club ['naɪtklʌb] m.inv. Nightclub *m.*, Nachtklub *m.*
Ni|lo n.pr.m. Nil *m.*: ~ ***Azzurro, Bianco*** Blauer, Weißer Nil. **ni|lo|ta** m. e f. *(-i,-e)* Nilote *m.* e *f.* **ni|lo|ti|co** agg. *(-ci,-che)* nilotisch.
nim|bo m. LETT. **1** Lichtschein *m.* **2** *(aureola)* Nimbus *m.*, Heiligenschein *m.*
nin|fa f. **1** MITOL. ZOOL. Nymphe *f.* **2** FIG. LETT. liebliches Mädchen *n.* ◆ ~ ***di lago*** Seenymphe *f.*; ~ ***delle sorgenti*** Quellnymphe *f.* **nin|fa|le I** agg. LETT. nymphenhaft, Nymphen- **II** m. Nymphendichtung *f.*
nin|fe|a f. Seerose *f.*, Wasserrose *f.* ◆ ~ ***bianca*** weiße Seerose; ~ ***gialla*** (gelbe) Teichrose *f.*, Mummel *f.*
nin|fe|o m. Nymphäum *n.*
nin|fet|ta f. frühreifes Mädchen *n.*
nin|fo|ma|ne f. Nymphomanin *f.* **nin|fo|ma|ni|a** f. Nymphomanie *f.*
nin|na f. INFANT. ***fare la*** ~ Heia machen. **nin|na|nan|na I** f. **1** Schlaflied *n.*, Wiegenlied *n.*; ***cantare la ~ a un bambino*** ein Kind in den Schlaf singen **2** MUS. Wiegenlied *n.* **II** INTER. ***~, ninna oh!*** eiapopeia! **nin|na|re** tr. in den Schlaf lullen: ~ ***il bambino*** das Kind in den Schlaf lullen.
nin|nol|lo m. **1** pl. *(gingilli)* Nippsachen *pl.* **2** *(giocattolo)* Spielzeug *n.* für Kleinkinder.
nio|bio m. Niob *n.*, Niobium *n.*
ni|pio|lo|gi|a f. Säuglingsmedizin *f.*
ni|po|te m. e f. **1** *(di nonni)* Enkel *m.* (-in *f.*), Enkelsohn *m.* (Enkeltochter *f.*); *(senza specificazione del sesso)* Enkelkind *n.* **2** *(di zii)* Neffe *m.* (Nichte *f.*) **3** pl. LETT. *(discendenti)* Nachkommen *pl.*
nip|po|ni|co agg. *(-ci,-che)* japanisch.
nir|va|na m.inv. Nirwana *n.* ◆ FIG. ***raggiungere il*** ~ = einen Zustand völliger Ruhe (*o* Ausgeglichenheit) erreichen. **nir|va|ni|co** agg. *(-ci,-che)* Nirwana-, des Nirwana.
ni|stag|mo m. Nystagmus *m.*, Augenzittern *n.*
ni|ti|da|men|te avv. **1** scharf **2** *(chiaramente)* klar: ***pronunciare ~ le parole*** die Worte klar aus‿sprechen.
ni|ti|dez|za f. **1** Schärfe *f.*: ~ ***dei contorni, dell'immagine*** Konturen-, Bildschärfe *f.* **2a** *(limpidezza)* Klarheit *f.*: ***la ~ dell'aria*** die Klarheit der Luft **b** FIG. Klarheit *f.*, Reinheit *f.*: ~ ***di stile*** stilistische Reinheit.
ni|ti|do agg. **1** *(ben delineato)* scharf: ***una fotografia -a*** ein scharfes Foto; ***contorni -i*** scharfe Umrisse **2a** *(chiaro)* klar: ***colori -i*** klare Farben **b** FIG. klar, rein: ***ricordo, stile*** ~ klare Erinnerung, reiner Stil **3** *(senza fruscio)* rauscharm: ***una registrazione -a*** eine rauscharme Aufnahme.
ni|to|re m. LETT. Klarheit *f.* (anche FIG.).
ni|tra|re tr. nitrieren. **ni|tra|ta|re** tr. nitrierhärten. **ni|tra|ta|zio|ne** f. Nitratdüngung *f.* **ni|tra|to** m. Nitrat *n.* ◆ ~ ***di ammonio*** Ammoniumnitrat *n.*; ~ ***d'argento*** Silbernitrat *n.*; FARM. Höllenstein *m.*; ~ ***di calcio*** Kalziumnitrat *n.*; ~ ***di potassio*** Kalisalpeter *m.*, Kaliumnitrat *n.*; ~ ***di sodio*** salpetersaures Natron. **ni|tra|tu|ra** f. → **nitratazione. ni|tra|zio|ne** f. Nitrierung *f.* **ni|tri|co** agg. *(-ci,-che)* Salpeter-: ***acido*** ~ Salpetersäure *f.* **ni|tri|fi|ca|re** tr. *(nitrifico, nitrifichi)* nitrifizieren. **ni|tri|fi|ca|zio|ne** f. Nitrifikation *f.*
ni|tri|le m. Nitril *n.*
ni|tri|re intr. *(nitrisco, nitrisci*; aus. *avere)* wiehern.
1.ni|tri|to m. Wiehern *n.*, Gewieher *n.*: ***emettere un*** ~ ein Wiehern aus‿stoßen.
2.ni|tri|to m. CHIM. Nitrit *n.*
ni|tro I m. **1** Salpeter *m.*, Nitrum *n.*; ~ ***del Cile*** Chilesalpeter *m.* **II** f. accorc. → **nitroglicerina** ◆ ***gruppo*** ~ Nitrogruppe *f.* **ni|tro|ben|zo|lo** m. Nitrobenzol *n.* **ni|tro|cel|lu|lo|sa** f. Nitrozellulose *f.*; ***vernice alla*** ~ Nitrolack *m.* **ni|tro|de|ri|va|to** m. Nitroderivat *n.* **ni|tro|fo|sfa|to** m. Phosphatsalpeter *m.* **ni|tro|ge|no** m. Nitrogen *n.*, Nitrogenium *n.* **ni|tro|gli|ce|ri|na** f. Nitroglyzerin *n.* **ni|tro|grup|po** m. Nitrogruppe *f.*
ni|tro|so agg. salpeterhaltig, salpetrig, Salpeter-: ***acido, ossido*** ~ Salpetersäure *f.*, salpetriges Oxid.
ni|tru|ro m. Nitrid *n.*
nit|ti|tan|te, ***membrana*** ~ Nickhaut *f.*
ni|u|no LETT. → **nessuno.**
ni|va|le agg. **1** LETT. *(nevoso)* schneereich: ***paesaggio*** ~ schneereiche Landschaft **2** GEOGR. *(delle nevi)* nival, Schnee-: ***clima*** ~ nivales Klima; ***flora*** ~ Schneeflora *f.*; ***limite, zona*** ~ Schneegrenze *f.*, Schneegebiet *n.* **ni|ve|o** agg. LETT. schneeweiß: ***carnagione -a*** schneeweiße Haut.
ni|vo|me|tro m. Nivometer *n.*
Niz|za n.pr.f. Nizza *n.* **niz|zar|do I** agg. nizzaisch, Nizzaer **II** m. Nizzaer *m.* ◆ ***insalata -a*** Nizzaer Salat *m.*
nn ⇒ *non numerato* ohne Numerierung.
NN ⇒ *nomen nescio* nomen nescio (N.N.) ◆ ***figlio di*** ~ Kind *n.* unbekannter Eltern.
NNE ⇒ *nord-nordest* Nordnordost (NNO).
NNO ⇒ *nord-nordovest* Nordnordwest (NNW).
NO ⇒ *nordovest* Nordwest (NW).
no I avv. **1** *(in risposte negative)* nein: ***ci sei andato? – ~!*** bist du hingegangen? – nein! ***~, grazie*** nein, danke **2a** *(contrapposto a espressioni affermative)* nicht: ***vieni o ~?*** kommst du mit oder nicht? ***interessante o ~, devi leggere il libro*** ob das Buch nun interessant ist oder nicht, du musst es lesen **b** *(in espressioni negative ellittiche)* ***spero, credo di*** ~ ich hoffe, glaube nicht; ***sembra di*** ~ scheinbar nicht; ***lei mangia il pesce, lui*** ~ sie isst Fisch, er nicht **3** *(retorico)* nicht, oder: ***te l'avevo detto, ~?*** ich habe es dir doch gesagt, nicht (wahr)? ***lo farai, ~?*** du wirst es doch tun, oder? **4** rafforz. ***oh ~, questa non ci voleva!*** oh nein, auch das noch! ***eh ~, adesso basta!*** also, jetzt reicht es aber! ***~, così non va*** nein, so geht's nicht **II** m.inv. **1** Nein *n.*: ***un ~ chiaro e tondo*** ein eindeutiges Nein; COLLOQ. ***un bel*** ~ ein glattes Nein; ***essere tra il sì e il*** ~ zwischen Ja und Nein schwanken; ***essere incline più al sì che al*** ~ eher Ja als Nein sagen; ***decidersi per il*** ~ sich für Nein entscheiden **2** *(voto contrario)* Neinstimme *f.*, Gegenstimme *f.* **III** agg.inv. COLLOQ. schlecht: ***una giornata*** ~ ein schlechter Tag ◆ ***anzi che*** ~ ausgesprochen; ***una persona strana anzi che*** ~ ein ausgesprochen merkwürdiger Mensch; ***assolutamente ~!*** absolut nicht! ***~ di certo!*** gewiss nicht! bestimmt nicht! ***come ~!*** aber sicher! natürlich! ***~ davvero*** wirklich nicht; ***dire (di) ~ a qcs.*** zu etw. Nein sagen; ***non saper dire di*** ~ nicht Nein sagen können; ***non dico di*** ~ das schließe ich nicht aus (*o* das gebe ich zu); ***ma ~!*** aber nein! *(davvero?)* echt! ***ora sì, ora*** ~ mal ja, mal nein; ***(e) perché ~?*** und warum nicht? ***~ e poi ~!*** nein und abermals nein! ***proprio ~!*** wirklich nicht! ***rispondere di*** ~ mit Nein antworten, Nein sagen; COLLOQ. ***se*** ~ sonst, wenn nicht; ***smettila, se ~ ti picchio!*** hör auf damit, sonst setzt es was! ***sbrigati, se ~ perdi il treno!*** beeile dich, sonst verpasst du den Zug! ***sì o no?*** ja oder nein? ***sei d'accordo, sì o ~?*** bist du damit einverstanden oder nicht? ***sì e*** ~ mehr oder weniger; *(circa)* ungefähr: ***ci saranno sì e ~ cento persone*** es werden ungefähr hundert Personen dort sein; ***peserà sì e ~ un chilo*** es wiegt etwa ein Kilo; ***uno sì e uno*** ~ jeder Zweite: ***leggere una riga sì e una*** ~ jede zweite Zeile lesen; ***un giorno sì uno*** ~ jeden zweiten Tag; ***votare*** ~ für Nein stimmen.
no m.inv. ***teatro (del)*** ~ No-Spiel *n.*
No|bel, No|bel, m.inv. **1** *(premio)* Nobelpreis *m.*: ***conferire il ~ per la medicina, per la pace a qcn.*** jdn mit dem Nobelpreis für Medizin, mit dem Friedensnobelpreis aus‿zeichnen **2** *(detentore)* Nobelpreisträger *m.*: ***è un ~ della fisica*** er ist Nobelpreisträger in Physik ◆ ***fondazione*** ~ Nobelstiftung *f.*; ***premio*** ~ Nobelpreis *m.*
no|be|lio m. Nobelium *n.*
no|bil|don|na f. Adlige *f.*; STOR. Edeldame *f.*, Edelfrau *f.*
no|bi|le I agg. **1** Adels-, ad(e)lig: ***essere*** ~ adlig (*o* von Adel) sein; ***venire da una famiglia*** ~ aus einer adeligen Familie (*o* Adelsfamilie) kommen; ***stirpe*** ~ Adelsgeschlecht *n.*; ***di -i origini, natali*** von adliger Herkunft, Geburt **2** FIG. vornehm, edel, Edel-: ***essere animato di -i sentimenti*** von edlen Gefühlen beseelt sein; ***avere un animo*** ~ ein edles Gemüt haben; ***di animo*** ~ edelmütig; ***azione*** ~ edle Tat **3** CHIM. METALL. Edel-: ***gas, metallo*** ~ Edelgas *n.*, -metall *n.* **II** m. e f. Adlige *m.* e *f.* ◆ ***non*** ~ unedel.
no|bi|lia|re agg. ad(e)lig, Adels-: ***titolo, ceto*** ~ Adelstitel *m.*, Adelsstand *m.*
no|bi|li|ta|re *(nobilito)* **I** tr. **1** adeln (anche FIG.): ***il lavoro nobilita l'uomo*** Arbeit adelt den Menschen **2** TECN. veredeln: ***~ i metalli*** Metalle veredeln **II** pronom. **nobilitarsi** sich erheben. **no|bi|li|ta|zio|ne** f. **1** Adelung *f.* **2** FIG. Veredelung *f.*
no|bil|men|te avv. edel, nobel: ***agire*** ~ nobel handeln.
no|bil|tà f. **1** Adel *m.* **2** FIG. Adel *m.*, Vornehmheit *f.*, Noblesse *f.* ◆ ***alta*** ~ Hochadel *m.*, hoher Adel; ***di alta*** ~ hochad(e)lig; ***~ d'animo*** Seelenadel *m.*; ***antica*** ~ Uradel *m.*, alter Adel; ***di antica*** ~ altad(e)lig; ***~ di corte*** Hofadel *m.*; ***~ feudale*** Feudaladel *m.*; STOR. ***~ guerriera*** Kriegeradel *m.*; ***~ di sangue*** Erbadel *m.*; ***~ di spada*** Schwertadel *m.*; ***~ terriera*** Landadel *m.*; ***~ di toga*** Dienstadel *m.* **no|bi|luo|mo** m. *(nobiluomini)* Adlige *m.*, STOR. Edelmann *m.*
noc|ca f. *(-che)* Knöchel *m.*, Fingerknöchel *m.*
noc|chie|re, noc|chie|ro m. **1** LETT. Steuermann *m.* **2** MIL. Bootsmann *m.*

noc|chie|ru|to agg. knorrig. **noc|chio** m. *(-chi)* Knorren *m.*
noc|cio|la I f. Haselnuss *f.*: ***raccogliere -e*** Haselnüsse ernten **II** agg.inv. ***(color)*** ~ haselnussbraun ◆ ***cioccolata alle -e*** Haselnussschokolade *f.* **noc|cio|la|to** m. Nussschokolade *f.*, Haselnussschokolade *f.* **noc|cio|le|to** m. Haselnusspflanzung *f.* **noc|cio|li|na** f. kleine Haselnuss *f.* ◆ ~ ***americana*** Erdnuss *f.*
1.noc|cio|lo m. **1** Kern *m.*, Stein *m.*: ~ ***di ciliegia, pesca, oliva*** Kirsch-, Pfirsich-, Olivenkern *m.* **2** FIG. Kern *m.*, Kernpunkt *m.*: ***questo è il ~ della questione*** das ist der Kern des Problems; ***venire al ~*** zum Kern der Sache kommen; ***il ~ duro*** der harte Kern **3** NUCL. Kern *m.* ◆ ***frutta con il ~*** Kernobst *n.*, Steinobst *n.*; NUCL. ***fusione del ~*** Kernschmelze *f.*; ~ ***del reattore*** Reaktorkern *m.*; ***senza ~*** kernlos; ***togliere il ~ a qcs.*** etw. entsteinen (*o* entkernen).
2.noc|cio|lo m. **1** Haselnussstrauch *m.*, Haselnuss *f.* **2** *(legno)* Haselnussholz *n.* ◆ ~ ***di Dalmazia*** Lambertsnuss *f.*
no|ce I m. **1** *(albero)* Walnussbaum *m.*, Nussbaum *m.* **2** *(legno)* Nussbaum *m.* **II** f. **1** Walnuss *f.*, Nuss *f.*: ***rompere le -i*** Nüsse knacken **2** GASTR. *(di vitello)* Nuss *f.* **3** *(pezzetto)* Stückchen *n.*: ***una ~ di burro*** ein Stückchen Butter **III** agg. nuss-: ***color ~*** nussbraun ◆ ~ ***di betel*** Betelnuss *f.*; ~ ***brasiliana*** Paranuss *f.*; ~ ***di cocco*** Kokosnuss *f.*; ***a forma di ~*** nussförmig; ***guscio di ~*** Nussschale *f.*, FIG. *(barchetta)* Nussschale *f.*, *(casetta)* Puppenheim *n.*; ~ ***delle Maldive*** Seychellennuss *f.*; ~ ***moscata*** Muskatnuss *f.*; ***pesca ~*** Nektarine *f.*; ~ ***di vitello*** Kalbsnuss *f.*; ~ ***vomica*** Brechnuss *f.*, Speinuss *f.*, *(barchetta)* Nussschale *f.*; *(casetta)* Puppenheim *n.*
no|cel|la f. Handknöchel *m.*
no|ce|pe|sca f. *(-che)* Nektarine *f.* **no|ce|pe|sco** m. *(-chi)* Nektarinenbaum *m.*
no|ce|to m. Nussbaumpflanzung *f.*
no|ci|no m. Nusslikör *m.*
no|ci|vi|tà f. Schädlichkeit *f.* **no|ci|vo** avv. schädlich, schädigend, Schad-: ~ ***per l'ambiente*** umweltschädlich; ~ ***per la salute*** gesundheitsschädlich; ~ ***per le piante*** Pflanzen schädigend; ***sostanza -a*** Schadstoff *m.*; ***effetto ~*** Schadwirkung *f.*; ***essere ~ a qcs.*** etw. (D) schaden.
NOCS ⇒ *Nucleo Operativo Centrale di Sicurezza* (Spezialeinsatzgruppe der Karabinieri).
no|cu|men|to m. LETT. *(atto)* Schädigung *f.*; *(danno)* Schaden *m.*: ***essere di ~ a qcn., qcs.*** jdm, etw. zum Schaden gereichen (*o* jdm, etw. schädlich sein).
no|da|le agg. Knoten- ◆ FIG. ***punto ~*** Kernpunkt *m.*
no|del|lo m. **1** ZOOL. Knöchel *m.* **2** BOT. Knoten *m.*, Nodus *m.*
no|do m. **1** Knoten *m.*: ~ ***semplice, doppio, stretto*** einfacher, doppelter, fester Knoten; ***fare, sciogliere, stringere un ~*** einen Knoten machen, lösen, zu‿ziehen (*o* fest‿ziehen); ***farsi un ~ al fazzoletto*** sich einen Knoten ins Taschentuch machen (anche FIG.) **2** *(del legno)* Knoten *m.*, Ast *m.* **3** FIG. *(punto nodale)* Kernpunkt *m.*, Kern *m.* **4** FIG. *(vincolo)* Band *n.*: ***il ~ matrimoniale*** das Band der Ehe **5** MAT. Knoten *m.*, Knotenpunkt *m.* **6** MAR. Knoten *m.*: ***la nave fa 30 -i*** das Schiff fährt (mit) 30 Knoten ◆ ***avere -i nei capelli*** verfilztes Haar haben; ~ ***della cravatta*** Krawattenknoten *m.*; ***farsi il ~ alla cravatta*** sich die Krawatte um‿binden; ~ ***ferroviario*** Eisenbahnknotenpunkt *m.*; ***avere un ~ alla, in gola*** einen Kloß im Hals haben; ~ ***gordiano*** gordischer Knoten; ~ ***linfatico*** Lymphknoten *m.*; ~ ***marinaro, da marinaio*** Schifferknoten *m.*; ~ ***piano*** Kreuzknoten *m.*, Weberknoten *m.*; ~ ***scorsoio*** Schlaufe *f.*; ~ ***stradale*** Verkehrsknotenpunkt *m.*; PROV. ***tutti i -i vengono al pettine*** es ist nichts so fein gesponnen, es kommt doch ans Licht der Sonnen.
no|do|si|tà f.inv. **1** Knorrigkeit *f.* **2** MED. Knötchenbildung *f.*
no|do|so agg. knotig, Knoten-: ***bastone ~*** Knotenstock *m.*; ESTENS. ***mani -e*** knotige Hände ◆ MED. ***eritema ~*** Knötchenausschlag *m.*
no|du|lo m. **1** MED. Knötchen *n.*: ***un ~ al seno*** ein Knötchen in der Brust **2** GEOL. Klümpchen *n.* **no|du|lo|so** agg. **1** knotenförmig **2** GEOL. klümpchenförmig.
no|e|ma m. **1** LING. Noem *n.* **2** FILOS. Noema *n.*
no|e|si f. Noesis *f.* **no|e|ti|co** agg. *(-ci,-che)* noetisch.
noi pron.pers. **1** *(soggetto)* wir: ***(~) siamo d'accordo*** wir sind damit einverstanden; *(pluralis maiestatis)* ***(~) concediamo la grazia*** wir gewähren Gnade **2** *(oggetto e in complementi indiretti)* uns: ***ha visto te, ma non ~*** er hat dich, aber nicht uns gesehen; ***da ~*** *(provenienza)* von uns; *(stato in luogo)* bei uns **3** *(impersonale)* man: ***se (~) pensiamo che...*** wenn man bedenkt, dass... ◆ ~ ***altri*** wir.
no|ia f. **1** Langeweile *f.*: ***scacciare la ~*** die Langeweile vertreiben; ***morire di ~*** vor Langeweile sterben; ***una ~ mortale*** eine tödliche Langeweile **2a** *(persona noiosa)* langweiliger Mensch *m.*: ***che ~ che sei!*** was bist du (für) ein Langweiler! **b** *(cosa noiosa)* langweilige Sache *f.*: ***che ~!*** so etwas Langweiliges! ***che ~ quel film!*** was für ein langweiliger Film! **3** *(fastidio)* Störung *f.*: ***il caldo mi dà ~*** die Hitze stört mich; ***dare ~ a qcn.*** jdn stören **4** pl. Unannehmlichkeiten *pl.*: ***non voler avere -e*** keine Unannehmlichkeiten haben wollen; ***avere -e con la polizia*** Unannehmlichkeiten mit der Polizei haben; ***procurare delle -e a qcn.*** jdm Unannehmlichkeiten bereiten ◆ ***avere a ~ qcs.*** etw. satt haben; ***ripetere qcs. fino alla ~*** etw. bis zum Überdruss wiederholen; ***qcn., qcs. mi viene a ~*** ich bin, werde jds, etw. überdrüssig.
no|ial|tri pron. pers., rafforz. → **noi.**
no|io|si|tà f. Langweiligkeit *f.* **no|io|so** agg. **1** langweilig; ~ ***da morire, mortalmente ~*** todlangweilig (*o* sterbenslangweilig *o* geisttötend) **2a** *(fastidioso)* lästig **b** *(di bambino)* quengelig.
no|leg|gia|re tr. *(noleggio, noleggi)* **1a** *(prendere a nolo)* aus‿leihen, mieten: ~ ***una macchina, una barca*** ein Auto, ein Boot mieten; ~ ***gli sci*** Ski ausleihen **b** *(per il trasporto di persone e merci)* chartern **2a** *(dare a nolo)* verleihen, vermieten: ~ ***biciclette*** Fahrräder verleihen **b** *(per il trasporto di persone e merci)* verchartern. **no|leg|gia|to|re** m. Verleiher *m.*: ~ ***di film, di auto*** Film-, Autoverleiher *m.*
no|leg|gio m. *(-gi)* **1a** Vermietung *f.*, Verleih *m.*: ~ ***di sci, di videocassette*** Ski-, Videoverleih *m.* **b** *(luogo)* Verleih *m.*: ***riportare l'auto al ~*** das Auto zum Verleih zurück‿bringen **2** *(prezzo)* Leihgebühr *f.*; *(di veicoli)* Mietpreis *m.* ◆ ***a ~*** mietweise; ***auto a ~*** Mietauto *n.* (*o* Leihauto *n.*); ***prendere a ~*** leihen (*o* mieten); ~ ***barche*** Bootsverleih *m.*; ***contratto di ~*** Mietvertrag *m.*, *(per il trasporto di persone)* Chartervertrag *m.*; ~ ***costumi*** Kostümverleih *m.*
no|len|te, ***volente o ~*** wohl oder übel.
no|lo m. **1** Vermietung *f.*, Verleih *m.*; ***dare a ~*** verleihen, vermieten; ***prendere a ~*** leihen, mieten **2** *(prezzo)* Leihgebühr *f.*; *(di veicoli)* Mietpreis *m.* **3** *(prezzo di trasporto)* Fracht *f.*, Charterfracht *f.*
no|ma|de I agg. wandernd, nomadisch, Nomaden-: ***popolazioni -i*** Nomadenvölker; ***vita ~*** Wander-, Nomadenleben *n.*; ***pastore ~*** Wanderhirt *m.* **II** m. e f. Nomade *m.* (Nomadin *f.*); *(zingaro)* Zigeuner *m.* (-in *f.*); ***vita da -i*** Nomaden-, Wanderleben *n.*; ***campo -i*** Zigeunerlager *n.* **no|ma|di|smo** m. Nomadentum *n.*
no|me m. **1** *(di persona)* Name *m.*: ~ ***e cognome*** Vor- und Nachname (*o* Familienname, Zuname); ***indicare ~, indirizzo e numero di telefono*** Namen, Adresse und Telefonnummer an‿geben; ***qual è il Suo ~?*** wie ist Ihr Name? **2** *(di oggetto)* Name *m.*, Bezeichnung *f.*: ***conosci il ~ di questa pianta?*** kennst du den Namen dieser Pflanze? ***questo farmaco è in commercio sotto -i diversi*** dieses Medikament ist unter verschiedenen Namen (*o* Bezeichnungen) im Handel **3** *(reputazione)* Name *m.*, Ruf *m.*: ***farsi un cattivo ~*** sich (D) einen schlechten Ruf erwerben; ***infangare il buon ~ della famiglia*** den guten Namen der Familie in den Schmutz ziehen; ***fare onore al proprio ~*** seinem Namen Ehre machen; ***farsi un ~ come avvocato*** sich als Rechtsanwalt einen Namen machen; ***godere buon ~*** sich eines guten Rufes erfreuen; *(persona eminente)* ***erano presenti alcuni dei più bei -i dello spettacolo*** es waren einige der berühmtesten Namen des Showgeschäfts anwesend **4** GRAMM. Nomen *n.* ◆ ***a ~ di qcn.*** in jds Namen; ***essere intestato a ~ di qcn.*** auf jds Namen eingetragen sein; ***presentarsi a ~ di qcn.*** sich im Namen von jdm vor‿stellen; ~ ***d'arte*** Künstlername *m.*; ~ ***astratto*** Abstraktum *n.*; ~ ***di battaglia*** Deckname *m.*, Tarnname *m.*; ~ ***di battesimo*** Taufname *m.*; ***chiamare le cose col proprio ~*** die Dinge beim (richtigen) Namen nennen; ~ ***collettivo*** Sammelbezeichnung *f.*, Kollektivum *n.*; ~ ***commerciale*** Handelsname *m.*; ~ ***composto*** zusammengesetztes Substantiv; ~ ***comune*** Gattungsname *m.*, Gattungsbezeichnung *f.*; ~ ***comune di cosa, animale, persona*** Gattungsbezeichnung für Dinge, Tiere, Personen; ~ ***concreto*** Konkretum *n.*; ***conoscere solo di ~*** nur dem Namen nach kennen; ***dare dei -i a qcn.*** jdn beschimpfen; ***di ~*** namens; ***una ragazza di ~ Laura*** ein Mädchen namens Laura; ***sotto falso ~*** unter falschem Namen; ***fare -i*** Namen nennen; ***fare i -i dei complici*** die Namen der Komplizen nennen; ***di ~ e di fatto*** nicht nur dem Namen nach; ***fuori i -i!*** heraus mit den Namen! ***in ~ di*** im Namen von; ***agire in ~ di qcn.*** in jds Namen handeln; ***in ~ della legge*** im Namen des Gesetzes; ***in ~ di Dio*** in Gottes Namen; ***in ~ del Padre*** im Namen des Vaters; ***per ~*** beim, mit dem Vornamen; ~ ***del predicato*** Prädikatsnomen *n.*; ~ ***proprio*** Eigenname *m.*; ***rispondere al ~ di Mario Rossi*** Mario Rossi heißen; ~ ***scientifico*** wissenschaftliche Bezeichnung; ***senza ~*** namenlos.
no|me|a f. Ruf *m.*: ***avere una brutta ~*** einen schlechten Ruf haben; ***avere la ~ di disonesto*** als unehrlich verschrien sein.
no|men|cla|to|re I m. **1** *(persona)* Terminologe *m.* **2** *(repertorio)* Nomenklatur *f.*, Nomenklator *m.* **II** agg. nomenklatorisch ◆ ***lessico ~*** Nomenklatur *f.* **no|men|cla|tu|ra** f. Nomenklatur *f.*
no|men|kla|tu|ra f. Nomenklatura *f.*

no|mi|gno|lo m. Spitzname *m.*: ***affibbiare un ~ a qcn.*** jdm einen Spitznamen an‿hängen.

no|mi|na f. **1** Ernennung *f.*, Nominierung *f.*: ***~ a capo del governo*** Ernennung zum Regierungschef; ***~ ministeriale*** Ernennung zum Minister; ***ricevere la ~ a direttore*** zum Direktor ernannt werden **2** SCOL. Einstellung *f.*: ***ottenere una ~*** als Lehrer eingestellt werden ◆ ***atto, decreto di ~*** Ernennungsurkunde *f.*; ***di fresca ~*** frisch ernannt; ***lettera di ~*** Ernennungsschreiben *n.* **no|mi|na|bi|le** agg. **1** nennbar **2** *(degno di nomina)* ernennbar.

no|mi|na|le **1** Nominal-: ***frase, forma ~*** Nominalsatz *m.*, Nominalform *f.*; ***suffisso ~*** Nominalsuffix *n.* **2** *(per nome)* Namens-: ***appello ~*** Namensaufruf *m.* **3a** TECN. Nenn-, Nominal-, nominell: ***carico, frequenza, potenza ~*** Nennlast *f.*, Nennfrequenz *f.*, Nennleistung *f.*; ***corrente, tensione ~*** Nennstrom *m.*, Nennspannung *f.* **b** ECON. Nenn-, Nominal-: ***importo, reddito, salario ~*** Nominalbetrag *m.*, Nominaleinkommen *n.*, Nominallohn *m.*; ***valore ~*** Nennwert *m.* (*o* Nominalwert *m.* **4** *(solo di nome)* nur dem Titel nach: ***presidente solo ~*** Präsident, nur dem Titel nach ◆ ***flessione ~*** Deklination *f.*; ***predicato ~*** Prädikatsnomen *n.*; ***stile ~*** Nominalstil *m.*

no|mi|na|li|smo m. Nominalismus *m.* **no|mi|na|li|sta** *(-i,-e)* **I** m. e f. Nominalist *m.* (-in *f.*) **II** agg. nominalistisch. **no|mi|na|li|sti|co** agg. *(-ci,-che)* nominalistisch. **no|mi|na|liz|za|re** tr. nominalisieren. **no|mi|na|liz|za|zio|ne** f. Nominalisierung *f.*

no|mi|nal|men|te avv. dem Namen nach, nominell.

no|mi|na|re tr. **1** *(citare)* nennen, erwähnen: ***~ spesso qcn.*** jdn oft erwähnen **2** *(conferire la nomina)* ernennen, nominieren; ***~ qcn. presidente*** jdn zum Präsidenten ernennen; ***~ una commissione*** einen Ausschuss ernennen ◆ ***mai sentito ~*** nie gehört; ***non ~ il nome di Dio invano*** du sollst den Namen des Herrn, deines Gottes, nicht missbrauchen.

no|mi|na|ta|men|te avv. **1** *(per nome)* namentlich **2** FIG. *(espressamente)* ausdrücklich, besonders.

nom|i|na|tion [nɒmɪneɪʃən, *üblich* nomi'nɛʃon] f.inv. Nominierung *f.*: ***un film che ha ottenuto otto ~*** ein Film, der acht Nominierungen bekommen hat; ***ottenere la ~ democratica alla presidenza*** zum demokratischen Präsidentschaftskandidaten nominiert werden.

no|mi|na|ti|vo **I** agg. **1** ***caso ~*** Nominativ *m.* **2** ECON. Namens-, namentlich: ***titolo ~*** Namenspapier *n.* **3** *(per nome)* Namen-: ***elenco ~*** Namenliste *f.* **II** m. **1** *(caso)* Nominativ *m.* **2** BUROCR. Namen *m.*: ***lasciare a qcn. il proprio ~*** jdm seinen Namen geben.

no|mo|gra|fi|a f. Nomographie *f.*

no|mo|gram|ma m. Nomogramm *n.*

non avv. **1** *(con verbo)* nicht: ***~ piove*** es regnet nicht; ***~ farti più vedere*** lass dich nicht mehr blicken; ***~ crederai sul serio a ciò che dice?*** du glaubst doch das nicht im Ernst, was er sagt? **2** *(con sostantivo)* kein, keine: ***~ ho tempo*** ich habe keine Zeit; ***~ c'è alcun dubbio*** es besteht kein Zweifel **3** *(con aggettivi e avverbi)* nicht, kein: ***un'impresa ~ facile*** kein leichtes Unternehmen; ***una domanda ~ pertinente*** eine nicht dazugehörende Frage; ***vieni, ma ~ troppo tardi*** komm, aber nicht zu spät; ***~ tutti gli uomini sono malvagi*** nicht alle Menschen sind böse; ***~ male*** nicht schlecht; ***~ poco*** nicht wenig; ***~ chiaro*** nicht klar; ***~ sempre*** nicht immer; ***~ senza*** nicht ohne; ***~ pochi*** nicht wenige **4** *(con complemento indiretto)* nicht: ***~ di sera*** nicht abends; ***~ per me*** nicht für mich **5** *(nella doppia negazione; non tradotto)* ***~ so nulla*** ich weiß nichts; ***~ è venuto nessuno*** es ist niemand gekommen **6** *(pleonastico)* ***che cosa ~ farebbe per quella donna!*** was täte er nicht für diese Frau! ***per poco ~ ci ha rimesso la pelle*** er wäre fast ums Leben gekommen ◆ ***~ ancora*** noch nicht; ***~ appena*** sobald; ***~ c'è di che*** nichts zu danken; ***se ~ che*** aber; ***partecipano giovani e ~*** es nehmen Jugendliche und auch andere teil; ***~ fiori, ma opere di bene*** keine Blumen, sondern Spenden (für wohltätige Zwecke); ***~ indifferente*** beachtlich; ***~ di meno*** dennoch, nichtdestoweniger; ***devi farlo adesso, ~ quando ti fa comodo*** du sollst es gleich tun, nicht wenn es dir passt; ***un (certo) ~ so che*** ein gewisses Etwas *n.*; ***~ è vero?*** nicht wahr?

no|na f. **1** LIT. None *f.* **2** STOR. *(ora)* neunte Stunde *f.* **3a** MUS. *(intervallo)* None *f.* **b** *(accordo)* Nonenakkord *m.* ◆ ***la ~ di Beethoven*** Beethovens Neunte.

no|na|ge|na|rio m. *(-ri)* → **novantenne.**

non ag|gres|sio|ne f. ***patto di ~*** Nichtangriffspakt *m.*

non al|li|ne|a|men|to m. Blockfreiheit *f.* **non al|li|ne|a|to** **I** agg. blockfrei **II** m. blockfreies Land *n.*

non bel|li|ge|ran|te agg. nicht Krieg führend: ***stati -i*** nicht Krieg führende Staaten. **non bel|li|ge|ran|za** f. Nichtbeteiligung *f.* am Krieg.

non|cha|lan|ce [-ʃa'lans] f.inv. Nonchalance *f.*: ***con ~*** mit Nonchalance; ***ostentare ~*** Nonchalance zeigen.

non|ché cong. **1** sowie, und auch: ***inviterò lui, ~ la moglie*** ich werde ihn sowie seine Frau ein‿laden **2** *(tanto meno)* geschweige denn.

non|con|for|mi|smo m. Nonkonformismus *m.* **non|con|for|mi|sta** *(-i,-e)* **I** m. e f. Nonkonformist *m.* (-in *f.*) **II** agg. nonkonformistisch. **non|con|for|mi|sti|co** agg. *(-ci,-che)* nonkonformistisch.

non cre|den|te **I** agg. nichtgläubig, ungläubig **II** m. e f. Nichtgläubige *m.* e *f.*, Ungläubige *m.* e *f.*

non|cu|ran|te agg. **1** ohne Rücksicht: ***~ di qcn., qcs.*** ohne Rücksicht auf jdn, etw.: ***~ della famiglia, si mise in viaggio*** ohne Rücksicht auf die Familie fuhr er ab **2** *(trascurato, disordinato)* nachlässig, unordentlich: ***è ~ nel proprio lavoro*** er ist in seiner Arbeit nachlässig. **non|cu|ran|za** f. **1** Gleichgültigkeit *f.*: ***ostentare ~*** Gleichgültigkeit zeigen **2** *(trascuratezza)* Nachlässigkeit *f.*

non|di|me|no cong. dennoch, nichtsdestoweniger: ***non so se ce la farò, ~ tenterò*** ich weiß nicht, ob ich es schaffen werde, dennoch werde ich es versuchen.

non es|se|re m. Nichtsein *n.*

non fu|ma|to|re m. Nichtraucher *m.*: ***scompartimento per -i*** Nichtraucherabteil *n.* **non fu|ma|tri|ce** f. Nichtraucherin *f.*

non in|ter|ven|to m. Nichteinmischung *f.*: ***politica del ~*** Nichteinmischungspolitik *f.*

non io m. Nicht-Ich *n.*

non men|zio|ne f. = keine Eintragung *f.* ins Strafregister.

non-me|tal|lo m. Nichtmetall *n.*

non|na f. **1** Großmutter *f.*; FAM. Oma *f.*, Großmama *f.*: ***~ materna, paterna*** Großmutter mütterlicherseits, väterlicherseits; ***~ Anna*** Oma Anna **2** *(donna anziana)* Alte *f.*; FAM. Oma *f.* **non|ni|na** f. Großmütterchen *n.*, Großmütterlein *n.* **non|ni|no** m. Großväterchen *n.*, Großväterlein *n.*

non|ni|smo m. MIL. GERG. = schikanöses Verhalten *n.* der Dienstältesten gegenüber den Rekruten.

non|no m. **1** Großvater *m.*, FAM. Opa *m.*, Großpapa *m.*: ***~ materno, paterno*** Großvater mütterlicherseits, väterlicherseits; ***~ Piero*** Opa Peter **2** pl. *(nonno e nonna)* Großeltern *pl.* **3** *(uomo anziano)* Alte *m.*; FAM. Opa *m.* **4** MIL. GERG. Dienstälteste *m.* ◆ COLLOQ. ***(sì,) mio ~!*** von wegen! ***è calda l'acqua? – eh, mio ~! è gelida!*** ist das Wasser warm? – von wegen (warm), eiskalt ist es!

non|nul|la m.inv. Kleinigkeit *f.*: ***prendersela per un ~*** sich über jede Kleinigkeit auf‿regen.

no|no **I** agg. neunte: ***~ posto*** neunter Platz; ***al ~ posto*** auf dem neunten Platz; ***al ~ piano*** im neunten Stock; ***elevare un numero alla -a potenza*** eine Zahl in die neunte Potenz erheben; ***una scossa del ~ grado*** *(della scala Mercalli)* ein Erdbeben mit dem Wert 9 (auf der Mercalliskala) **II** m. **1** Neunte *m.*: ***è il ~ da sinistra*** er ist der Neunte von links; ***è arrivato ~*** er ist Neunter geworden **2** *(frazione)* Neuntel *n.*: ***cinque -i*** fünf Neuntel **III** avv. neuntens ◆ ***Pio ~*** Pius der Neunte.

no|no|stan|te **I** prep. trotz + gen.: ***è uscito ~ la pioggia*** trotz des Regens ist er ausgegangen; ***~ tutto mi è simpatico*** trotz allem ist er mir sympathisch; ***ciò ~*** trotzdem **II** cong. obwohl, obgleich: ***~ glielo avessi chiesto, non ha eseguito il lavoro*** obwohl ich ihn darum gebeten hatte, hat er die Arbeit nicht erledigt.

non pro|fes|sio|na|le agg. **1** *(amatoriale)* Liebhaber-, Amateur-: ***calcio ~*** Amateurfußball *m.* **2** *(di scarsa professionalità)* unprofessionell, nicht professionell.

non pro|li|fe|ra|zio|ne f. Nonproliferation *f.*; ***~ delle armi*** Nichtweitergabe *f.* von Atomwaffen; ***trattato di ~ nucleare*** Atomsperrvertrag *m.* (*o* Kernwaffensperrvertrag *m.*).

non plus ul|tra m.inv. Nonplusultra *n.*: ***il ~ della tecnologia*** das Nonplusultra der Technologie.

non|sense ['nɒnsns, *üblich* 'nɔnsens] m.inv. Nonsens *m.* **non|sen|so, non sen|so** m.inv. Unsinn *m.*: ***è un ~ comprare libri e non leggerli*** es ist (ein) Unsinn, Bücher zu kaufen und sie nicht zu lesen.

non so che m.inv. gewisses Etwas *n.*: ***quella donna ha un certo ~*** diese Frau hat ein gewisses Etwas; ***c'è un ~ di strano nel suo comportamento*** er verhält sich irgendwie seltsam.

non stop agg.inv. Non-Stop-: ***volo ~*** Non-Stop-Flug *m.*

non|ti|scor|dar|di|mé m. Vergissmeinnicht *n.*

non u|den|te m. e f. Gehörlose *m.* e *f.*

non ve|den|te m. e f. Blinde *m.* e *f.*

non|vio|len|to, non vio|len|to **I** agg. gewaltlos: ***movimento ~*** gewaltlose Bewegung; ***rivoluzione -a*** gewaltlose Revolution **II** m. Anhänger *m.* der Gewaltlosigkeit. **non|vio|len|za, non vio|len|za** f. Gewaltlosigkeit *f.*

no|ra|dre|na|li|na f. Noradrenalin *n.*

Nor|ber|to n.pr.m. Norbert *m.*

nor|ci|ne|ri|a f. REGION. Schweineschlachterei *f.* **nor|ci|no** m. REGION. Schweineschlachter *m.*

nord **I** m. **1** Norden *m.*: ***a ~ di*** im Norden von; ***da, verso ~*** von, nach Norden; ***una camera esposta a ~*** ein nach Norden gelegenes Zimmer; ***popolazioni giunte dal ~*** aus dem Norden zugewanderte Völker; ***il Nord del Brasile*** der Norden Brasiliens **2** *(Italia Settentrionale)* Norditalien *n.* **3** ESTENS. *(paesi industrializzati)* ***il ~ del mondo*** = die Industriestaaten (der nördlichen Halbkugel) **II** agg.inv. Nord-: ***la parete ~ di un edificio, di una montagna*** die Nordwand eines Gebäudes, eines Berges ◆ ***ala ~ dell'edificio*** Nordflügel *m.* des Gebäudes; ***America del Nord*** Nordamerika *n.*; ***finestra esposta a ~*** Nordfenster *n.*; POL. ***Lega Nord*** Liga Nord; ***Mare del Nord*** Nordsee *f.*; ***polo Nord*** Nordpol *m.*; ***lo squilibrio economico tra il ~ e il sud del mondo*** das wirtschaftliche Ungleichgewicht zwischen Nord- und Südhalbkugel.

Nor|da|fri|ca n.pr.m. Nordafrika *n.* **nor|da|fri|ca|no** **I** agg. nordafrikanisch: ***paesi -i*** nordafrikanische Länder **II** m. Nordafrikaner *m.*

Nor|da|me|ri|ca n.pr.m. Nordamerika *n.* **nor|da|me|ri|ca|no** **I** agg. nordamerikanisch **II** m. Nordamerikaner *m.*

nor|dest **I** m. Nordosten *m.*: ***a ~ di*** im Nordosten von; ***da, verso ~*** von, nach Nordosten **II** agg. nordöstlich.

nor|deu|ro|pe|o **I** agg. nordeuropäisch: ***i popoli -i*** die nordeuropäischen Völker **II** m. Nordeuropäer *m.*

nor|di|co agg. *(-ci,-che)* **1** nordisch, nordländisch: ***usanze, lingue -che*** nordische Sitten, Sprachen **2** ESTENS. nordeuropäisch.

nor|di|sta *(-i,-e)* **I** agg. **1** STOR. nordstaatlich **2** *(di paese diviso in due)* Nord-: ***il governo ~*** die Regierung des Nordens **II** m. e f. **1** STOR. Nordstaatler *m.* (-in *f.*) **2** *(di paese diviso in due)* Nord-: ***i -i della Corea*** die Nordkoreaner.

nor|doc|ci|den|ta|le agg. nordwestlich.

nor|do|rien|ta|le agg. nordöstlich.

nor|do|vest **I** m. Nordwesten *m.*: ***a ~ di*** im Nordwesten von; ***da, verso ~*** von, nach Nordwesten **II** agg. nordwestlich.

no|ria f. Eimerbagger *m.*

No|rim|ber|ga n.pr.f. Nürnberg *n.* ◆ ***il processo di ~*** die Nürnberger Prozesse.

nor|ma f. **1** *(regola)* Norm *f.*, Anweisung *f.*: ***seguire la ~*** der Norm folgen; ***agire secondo una ~*** nach einer Norm vor‿gehen; ***stabilire una ~*** eine Norm fest‿setzen; ***valere come ~*** als Norm gelten; ***-e morali*** moralische Normen **2** *(istruzione scritta)* Vorschrift *f.*: ***attenersi alle -e*** sich an die Vorschriften halten **3** *(criterio, principio)* Bestimmung *f.* **4** *(consuetudine)* Gewohnheit *f.*, Angewohnheit *f.* **5** STAT. Norm *f.* ◆ ***-e antinfortunistiche*** Vorschriften *pl.* zur Unfallverhütung; ***è buona ~ che...*** es ist Sitte, dass...; ***conforme alle -e CE*** den EG-Normen entsprechend; ***-e di circolazione*** Verkehrsvorschriften *pl.*, Verkehrsregeln *pl.*; ***come di ~*** wie üblich; ***-e di comportamento*** Verhaltensregeln *pl.*; ***~ consuetudinaria*** Gewohnheitsrecht *n.*; ***di ~*** üblicherweise; ***~ DIN*** DIN-Norm *f.*; ***fuori della ~*** außergewöhnlich; ***~ giuridica*** Rechtsnorm *f.*, Rechtsvorschrift *f.*; ***~ interna*** Werknorm *f.*; ***~ ISO*** ISO-Norm *f.*; ***a ~ di legge*** laut Gesetz (*o* von Gesetzes wegen); ***un impianto a ~ di legge*** eine den gesetzlichen Bestimmungen entsprechende Anlage; ***~ procedurale*** Verfahrensnorm *f.*; ***~ scritta*** schriftlich niedergelegte Vorschrift; ***-e di sicurezza*** Sicherheitsvorschriften *pl.*; ***-e transitorie*** Übergangsbestimmungen *pl.*; ***-e tributarie*** Steuervorschriften *pl.*; ***-e per l'uso*** Gebrauchsanweisungen *pl.*; ***-e vigenti*** geltende Vorschriften; ***proporsi qcs. come ~ di vita*** sich etw. zur Lebensregel machen.

nor|ma|le **I** agg. normal: ***in condizioni -i*** unter normalen Umständen; ***una persona ~*** ein normaler Mensch; ***appetito ~*** normaler Appetit; ***pulsazioni -i*** normaler Pulsschlag; COLLOQ. ***quello non è mica tanto ~*** der ist doch nicht ganz normal; MAT. *(perpendicolare)* ***una retta ~ a un piano*** eine zu einer Ebene normale (*o* senkrechte) Gerade **II** f. **1** MAT. Normale *f.* **2** BUROCR. Norm *f.*: ***una ~ del Ministero*** eine ministerielle Norm **III** m. Normale *n.*; ***fuori dal ~*** nicht normal ◆ ***benzina ~*** Normalbenzin *n.*; ***inferiore al ~*** unterdurchschnittlich; CHIM. ***soluzione ~*** echte Lösung; ***superiore al ~*** überdurchschnittlich; ***tariffa ~*** Normaltarif *m.*; ALP. ***(via) ~*** markierter Wanderweg.

nor|ma|li|tà f. Normalität *f.*; ***rientrare nella ~*** wieder zur Normalsituation zurückkehren; ***la situazione è tornata alla ~*** die Lage hat sich wieder normalisiert.

nor|ma|liz|za|re **I** tr. **1** *(rendere normale)* normalisieren **2** TECN. *(standardizzare)* normen, vereinheitlichen, normieren: ***~ la procedura di un collaudo*** ein Prüfverfahren normen **II** pronom. **normalizzarsi** sich normalisieren, normal werden. **nor|ma|liz|za|to** p.pass. agg. **1** → **normalizzare** **2** *(standardizzato)* genormt: ***grandezze -e*** genormte Größen; ***lettera -a*** Standardbrief *m.* **nor|ma|liz|za|zio|ne** f. **1** Normalisierung *f.* **2** TECN. *(standardizzazione)* Normung *f.*, Normierung *f.*, Vereinheitlichung *f.* ◆ ***comitato per la ~*** Normenausschuss *m.*; ***~ linguistica*** Sprachlenkung *f.*

nor|mal|men|te avv. **1** normal: ***non comportarsi ~*** sich nicht normal verhalten **2** *(generalmente)* normalerweise.

Nor|man|di|a n.pr.f. Normandie *f.* ◆ ***lo sbarco in ~*** die Großlandung in der Normandie. **nor|man|no** **I** agg. **1** *(della Normandia)* der Normandie **2** STOR. normannisch **II** m. **1** Einwohner *m.* der Normandie **2** STOR. Normanne *m.*

nor|ma|ti|va f. Regelung *f.*, Vorschriften *pl.*, Bestimmungen *pl.*, Normalien *pl.*; ***secondo la ~ vigente*** gemäß den geltenden Bestimmungen ◆ ***~ sulle pensioni*** Rentenversicherungsgesetz *n.*; ***~ sul pubblico impiego*** Dienstrecht *n.* für die Beamten und Angestellten im öffentlichen Dienst; ***~ urbanistica*** städtebauliche Vorschriften. **nor|ma|ti|vo** agg. normativ, maßgebend: ***potere, accordo ~*** normative Macht, Vereinbarung; ***grammatica -a*** normative Grammatik ◆ ***condizioni -e*** Norm(ativ)bedingungen; ***contratto ~*** Rahmentarif *m.* (*o* Manteltarif *m.*); ***disposizioni, prescrizioni -e*** Normativbestimmungen.

nor|mo|gra|fo m. Schablone *f.*

nor|mo|ti|po **I** agg. normosom **II** m. normosome Person *f.*

Nor|na n.pr.f. Norne *f.*, Schicksalsgöttin *f.*

nor|re|no **I** agg. altnordisch **II** m. *(lingua)* Altnordisch(e) *n.*

nor|ve|ge|se **I** agg. norwegisch **II** m. e f. *(abitante)* Norweger *m.* (-in *f.*) **III** m. *(lingua)* Norwegisch(e) *n.* **Nor|ve|gia** n.pr.f. Norwegen *n.*

no|so|co|mio m. *(-mi)* ANT. Krankenhaus *n.* **no|so|fo|bi|a** f. Nosophobie *f.* **no|so|lo|gi|a** f. Nosologie *f.*, Krankheitslehre *f.* **no|so|lo|gi|co** agg. *(-ci,-che)* nosologisch.

nos|si|gno|ra avv. **1** nein, meine Dame **2** IRON. nein, meine Liebe **3** *(rafforzativo)* aber nein. **nos|si|gno|re** avv. **1** nein, mein Herr **2** IRON. nein, mein Lieber **3** *(rafforzativo)* aber nein.

no|stal|gi|a f. **1** Sehnsucht *f.*, Heimweh *n.*: ***avere ~ di qcn., qcs.*** Sehnsucht (*o* Heimweh) nach jdm, etw. haben; ***~ della giovinezza*** sich nach seiner Jugend zurück‿sehnen; ***soffrire di ~*** an Heimweh leiden **2** *(del passato)* Nostalgie *f.* ◆ ***~ di casa, della patria*** Heimweh *n.* **no|stal|gi|ca|men|te** avv. nostalgisch.

no|stal|gi|co **I** agg. *(-ci,-che)* **1** sehnsüchtig, sehnsuchtsvoll: ***desiderio ~*** sehnsüchtiger Wunsch **2** *(che soffre di nostalgia)* heimwehkrank: ***un bambino ~*** ein heimwehkrankes Kind **3** *(rivolto al passato)* nostalgisch: ***ambienti -ci*** nostalgische Kreise; ***tendenze -che*** nostalgische Tendenzen **II** m. *(-ci)* Nostalgiker *m.*

no|stra|no agg. **1** heimisch: ***formaggio ~*** heimischer Käse **2** *(tipico di noi)* für uns typisch: ***la simpatia -a*** die für uns typische Sympathie ◆ ***alla (maniera) -a*** nach Hausmacherart.

no|stro (f. *nostra*; m.pl. *nostri*; f.pl. *nostre*) **I** agg.poss. **1** unser, unsere: ***~ fratello*** unser Bruder; ***-a sorella*** unsere Schwester; ***la -a macchina*** unser Auto; ***i -i desideri*** unsere Wünsche; ***le -e speranze*** unsere Hoffnungen; ***un ~ amico*** einer unserer Freunde (*o* ein Freund von uns); ***questo ~ insegnante*** dieser Lehrer von uns; ***alcuni -i parenti*** einige unserer Verwandten; ***i -i migliori auguri*** unsere besten Glückwünsche; ***di ~ padre*** unseres Vaters; ***di -a madre*** unserer Mutter; ***del ~ bambino*** unseres Kindes; ***l'auto dei -i amici, delle -e amiche*** das Auto unserer Freunde, unserer Freundinnen; ***a ~ zio*** unserem Onkel; ***a -a zia*** unserer Tante; ***alle -e colleghe*** unseren Kolleginnen; ***ai -i colleghi*** unseren Kollegen; ***ieri ho visto ~ nonno, -a nonna e i -i cugini*** gestern habe ich unseren Großvater, unsere Großmutter und unsere Cousins gesehen; ***il ~ (caro) Giovanni*** unser (lieber) Giovanni; COLLOQ. ***beviamoci il ~ caffè*** trinken wir unseren (gewohnten) Kaffee; ***tutti abbiamo i -i difetti*** jeder Mensch hat seine Fehler; ***a casa -a*** bei uns zu Hause **2** *(in posizione predicativa)* unserer, unseres, unsere: ***questa (valigia) è -a*** das ist unserer; ***questa (macchina) è -a*** das ist unseres; ***questo (gatto) è ~*** das ist unsere **3** LETT. *(pl. maiestatico)* Unser: ***la Maestà -a*** Unsere Majestät **II** pron.poss. **1** *(preceduto da artc.det.)* unserer, unseres, unsere: ***la vostra volontà è anche la -a*** euer Wille ist auch der unsere; ***accompagno a casa il vostro bambino e il ~*** ich bringe euer Kind und unseres nach Hause; ***la loro scuola si trova in centro, invece la -a è in periferia*** ihre Schule befindet sich im Zentrum, unsere dagegen am Stadtrand; ***i -i erano tempi duri*** unsere Zeiten waren hart **2** *(in espressioni ellittiche)* ***non vogliamo spendere del ~*** wir wollen das Unsere (*o* unser Eigentum) nicht angreifen; ***dateci il ~*** gebt uns, was uns gehört (*o* zusteht); ***ci accontentiamo del ~*** wir begnügen uns mit dem, was wir haben; ***i -i*** die Unsrigen; ***la vittoria è stata dei -i*** die Unsrigen haben den Sieg davongetragen; ***arrivano i -i!*** MIL. hier kommen die Unsrigen! SCHERZ. hier kommt Verstärkung! ***stare dalla -a*** auf unserer Seite sein; ***avere qcn. dalla -a*** jdn auf unserer Seite haben; ***sei dei -i?*** machst du auch mit? ***non sei più dei -i?*** bist du nicht mehr mit von der Partie? ***dire la -a*** unsere Meinung (dazu) sagen; ***anche noi abbiamo le -e*** auch wir haben viel Kummer (*o* Sorgen); COMM. ***la -a del 3 aprile*** unser Schreiben vom 3. April ◆ ***a ~ avviso*** unserer Meinung nach; ***per causa*** (*o* ***colpa***) ***-a*** unsertwegen; ***padre ~...*** Vater unser...; ***il padre ~*** das Vaterunser; ***abbiamo fatto la -a parte*** wir haben unseren Teil (*o* das Unsere) getan; ***da parte -a*** unsererseits; ***di ~ pugno*** von unserer Hand; ***ai -i tempi*** in unserer Zeit; *(passati)* zu unserer Zeit; ***in vece -a*** an unserer Stelle; ***lo abbiamo fatto di -a volontà*** wir haben es aus freiem Willen getan.

no|stro|mo m. Bootsmann *m.*

no|ta f. **1** *(appunto)* Notiz *f.*; ***prendere ~ di qcs.*** sich etw. notieren (*o* auf‿schreiben *o* vor‿merken) **2** *(segno caratteristico)* Merkmal *n.*, Kennzeichen *n.*: ***~ tipica*** typisches Merkmal **3a** MUS. Note *f.* (anche FIG.): ***le sette -e musicali*** die sieben Noten; ***-e alte, basse*** hohe, tiefe Noten; ***tenere una ~*** eine Note halten, aus‿halten; FIG. ***~ personale*** persönliche Note; ***portare una ~ di allegria, di colore*** eine fröhliche, bunte Note geben **b** *(suono)* Ton *m.*: ***~ calante*** fallender Ton **4** *(elenco)* Liste *f.*; ***mettersi in ~ per gli esami*** sich für die Prüfungen ein‿tragen **5** *(giudizio)* Beurteilung *f.*: ***~ di merito*** positive Beurteilung **6a** *(annotazione in testi)* Anmerkung *f.*: ***~ del traduttore*** Anmerkung des Übersetzers; ***~ illustrativa*** erläuternde Anmerkung; ***edizione ricca di -e*** reich kommentierte Ausgabe **b** *(osservazione)* Bemerkung *f.* **7** SCOL. Verweis *m.*; *(sul registro)* Eintrag *m.*, Eintragung *f.*: ***prendere una ~*** einen Verweis bekommen; ***~ sul registro*** Eintrag im Klassenbuch **8** *(conto)* Rechnung *f.* ◆ ***~ di accredito*** Gutschrift *f.*; ***~ di addebito*** Lastschrift *f.*, Debetnote *f.*; ***~ di biasimo*** Tadel *m.*; ***blocco per -e*** Notizblock *m.*, Schreibblock *m.*; FIG. ***dire qcs. a chiare -e*** etw. klar und deutlich sagen; ***~ di commento*** Erläuterung *f.*; COMM. ***~ di consegna*** Lieferschein *m.*; COMM. ***~ di copertura*** Deckungsbestätigung *f.*; ***degno di ~*** bemerkenswert; ***le dolenti -e*** = das Traurige an der Sache (*o* das Unangenehme daran); ***~ introduttiva*** Einleitung *f.*; ***~ degli invitati*** Gästeliste *f.*; ***~ marginale*** Randbemerkung *f.*; MUS. ***mettere in ~*** in Musik setzen (*o* vertonen); FIG. ***~ negativa*** Negative *n.*; MUS. ***~ di passaggio*** Übergangsnote *f.*; FIG. ***~ positiva*** Positive *n.*; ***-e a piè di pagina*** Fußnote *f.*; ***~ dei prezzi*** Preisliste *f.*; COMM. ***prima ~*** erste Niederschrift; *(quaderno)* Primanota *f.* (*o* Kladde *f.*); ***~ della spesa*** Einkaufsliste *f.*; ***~ spese*** Spesenabrechnung *f.*; ***una ~ stonata*** eine falsche Note; FIG. = etw. nicht Passendes; COMM. ***~ di vendita*** Kassenzettel *m.*

no|ta be|ne m.inv. Notabene *n.*

no|ta|bi|le m. **1** prominente Persönlichkeit *f.* **2** pl. Prominenz *f.*: ***erano presenti tutti i -i della città*** die gesamte Prominenz der Stadt war anwesend.

no|ta|io m. *(-ai)* Notar *m.*; *(donna)* Notarin *f.*: ***~ rogante*** amtierender Notar ◆ ***autenticato da un ~*** notariell beglaubigt; ***sostituto del ~*** Notariatsvertreter *m.*

no|ta|re tr. **1** *(contrassegnare)* an‿streichen: ***~ gli errori di un compito*** die Fehler in einer Klassenarbeit anstreichen **2** *(elencare, prendere nota)* auf‿schreiben, schreiben: ***~ le spese, i nomi dei presenti*** die Ausgaben, die Namen der Anwesenden aufschreiben; ***~ qcs. sul diario*** etw. ins Tagebuch schreiben **3** *(osservare, accorgersi)* bemerken, merken: ***non ~ nulla di strano*** nichts Seltsames bemerken; ***la casa è un po' sporca, ma non si nota*** das Haus ist zwar etwas schmutzig, aber man merkt es nicht; ***non l'ho notato*** ich habe es nicht bemerkt (*o* es ist mir nicht aufgefallen) ◆ ***far ~ qcs. a qcn.*** jdn auf etw. (A) aufmerksam machen; ***far ~ a qcn. che...*** jdn darauf aufmerksam machen, dass...; ***farsi ~*** auf‿fallen; ***farsi ~ da qcn.*** jdn auf sich (A) aufmerksam machen; ***allontanarsi senza farsi ~*** sich unbemerkt entfernen.

no|ta|ria|le agg. → **notarile. no|ta|ria|to** m. Notariat *n.* **no|ta|ri|le** agg. notariell, Notariats-: ***archivio ~*** Notariatsarchiv *n.*; ***atto, autentica, certificato ~*** notarielle Urkunde, Beglaubigung, Bescheinigung; ***collegio ~*** Notariatskollegium *n.*; ***spese -i*** Notariatskosten *pl.* ◆ ***copia ~*** notariell beglaubigte Abschrift; ***studio ~*** Notariat *n.*; ***assistente in uno studio ~*** Notariatsgehilfe *m.* (-gehilfin *f.*); ***ufficio ~*** Notariat *n.*

no|ta|zio|ne f. **1** *(segnatura)* Anstreichen *n.*: ***la ~ degli errori*** das Anstreichen der Fehler **2** FIG. *(commento, osservazione)* Anmerkung *f.*, Bemerkung *f.*: ***~ marginale*** Randbemerkung *f.* **3** MUS. Notation *f.*: ***~ mensurale*** Mensuralnotation *f.* **4** *(sistema di segni)* Zeichensprache *f.*

no|tes m.inv. Notizbuch *n.*

no|te|vo|le agg. **1** *(degno di nota)* bemerkenswert: ***fare -i progressi*** bemerkenswerte Fortschritte machen **2** *(rilevante)* beträchtlich: ***una ~ differenza*** ein beträchtlicher Unterschied. **no|te|vol|men|te** avv. bemerkenswert, beträchtlich.

no|ti|fi|ca f. *(-che)* → **notificazione.**

no|ti|fi|ca|re tr. *(notifico, notifichi)* **1** *(comunicare)* mit‿teilen, bekannt machen **2** DIR. zu‿stellen: ***~ una citazione, un'ingiunzione di pagamento*** eine Vorladung, eine Zahlungsaufforderung zustellen **3a** BUROCR. *(dichiarare)* erklären: ***~ i (propri) redditi*** sein Einkommen erklären **b** *(registrare)* melden: ***~ il cambio di residenza alla polizia*** den Wechsel des Wohnsitzes polizeilich melden.

no|ti|fi|ca|zio|ne f. **1** *(comunicazione)* Mitteilung *f.*, Bekanntmachung *f.*: ***ricevere una ~*** eine Mitteilung erhalten **2** DIR. Zustellung *f.*: ***procedere alla ~*** die Zustellung veranlassen; ***~ di un'ingiunzione*** Zustellung einer Mahnung **3** *(registrazione)* Meldung *f.*: ***~ del cambio di residenza*** Meldung des Wohnungswechsels ◆ ***~ di ammenda*** Bußgeldbescheid *m.*; ***atto di ~*** Zustellungsurkunde *f.*; ***~ d'ufficio*** Amtszustellung *f.*

no|ti|zia f. **1a** Nachricht *f.*: ***buone, cattive -e*** gute, schlechte Nachrichten; ***ultime -e, -e fresche*** neueste Nachrichten; ***-e in arrivo*** eingehende Nachrichten; ***~ di prima mano*** Nachricht aus erster Hand; ***ricevere, trasmettere, confermare, smentire, alterare una ~*** eine Nachricht erhalten, übermitteln, bestätigen, widerrufen, verfälschen; ***non avere -e di qcn.*** keine Nachricht von jdm haben; ***chiedere -e di qcn., di qcs.*** sich nach jdm, über etw. (A) erkundigen; ***spero di ricevere presto tue -e*** ich hoffe, bald von dir zu hören; ***attendiamo vostre -e*** wir erwarten Nachricht von euch (*o* wir warten auf eure Nachrichten) **b** *(novità)* Neuigkeit *f.*: ***ho due -e per te*** ich habe zwei Neuigkeiten für dich **2** GIORN. Meldung *f.*, Nachricht *f.*; *(breve)* Notiz *f.*: ***ultime -e*** letzte Meldungen; ***-e ufficiali, ufficiose*** offizielle, offiziöse Meldungen; ***dare una ~ alla radio*** eine Nachricht im Rundfunk bringen; ***diffondere una ~ alla televisione*** eine Nachricht durch das Fernsehen verbreiten; ***-e trasmesse ogni ora*** stündliche Nachrichten **3** *(breve indicazione)* Angabe *f.*: ***alcune -e bibliografiche*** einige bibliographische Angaben; ***-e particolareggiate*** genaue Angaben ◆ ***~ d'agenzia*** Agenturmeldung *f.*; ***dare -e di sé*** von sich hören lassen; ***~ in esclusiva*** Exklusivbericht *m.*; ***~ falsa*** Falschmeldung *f.*; FIG. ***fare ~*** = Aufsehen erregen; ***~ flash*** Kurzmeldung *f.*, Kurznachricht *f.*; ***fuga di -e*** Durchsickern *n.* von Nachrichten; ***~ funesta*** Trauerbotschaft *f.*; ***giunge ~ che...*** es wird gemeldet, dass...; ***-e dall'interno*** Inlandsnachrichten *pl.*; ***~ lieta*** Freudenbotschaft *f.*; ***~ di morte*** Todesnachricht *f.*; ***~ raccapricciante*** Greuelnachricht *f.*; ***~ sensazionale*** Sensationsnachricht *f.* (*o* Sensationsmeldung *f.*); ***~ sportiva*** Sportnachricht *f.*; ***~ di stampa*** Pressebericht *m.*; ***~ terribile*** Schreckensnachricht *f.* (*o* Schreckensmeldung *f.*).

no|ti|zia|rio m. *(-ri)* **1** GIORN. Nachrichten *pl.* **2** *(pubblicazione)* Bulletin *n.*: ***~ bibliografico*** bibliographisches Bulletin ◆ ***~ cittadino*** Stadtanzeiger *m.*; ***~ flash*** Kurznachrichten *pl.*; ***~ locale*** Lokalnachrichten *pl.*; ***~ del mattino*** Frühnachrichten *pl.*; ***~ della notte*** Spätnachrichten *pl.*; ***~ regionale*** Regionalnachrichten *pl.*; ***~ della sera*** Abendnachrichten *pl.*; ***~ sportivo*** Sportnachrichten *pl.*; ***~ del traffico*** Verkehrsfunk *m.*; ***trasmissione del ~*** Nachrichtensendung *f.*

no|to I agg. **1** bekannt: ***un viso ~*** ein bekanntes Gesicht; ***rendere ~ qcs.*** etw. bekannt machen; ***risultare ~ a qcn.*** jdm bekannt vor‿kommen: ***un delinquente ~ alla polizia*** ein der Polizei bekannter Verbrecher **2** *(famoso)* berühmt, bekannt **II** m. Bekannte *n.* ◆ ***ampiamente ~*** weit bekannt; ***ben ~*** wohl bekannt; ***~ a tutta la città*** stadtbekannt; ***com'è ~*** wie allgemein bekannt; ***~ a tutto il mondo*** weltbekannt; ***~ da tempo*** altbekannt; ***tristemente ~*** berüchtigt; ***~ a tutti*** allbekannt; ***universalmente ~*** weltbekannt.

no|to|ria|men|te avv. bekanntlich.

no|to|rie|tà f. Bekanntheit *f.*, Berühmtheit *f.*: ***procurare a qcn. una grande ~*** jdm zu großer Bekanntheit verhelfen; ***giungere improvvisamente alla ~*** zu plötzlichem Ruhm gelangen.

no|to|rio agg. *(-ri, -rie)* (allgemein) bekannt ◆ DIR. ***atto ~*** Notorietätsurkunde *f.*

not|tam|bu|li|smo m. Nachtschwärmerei *f.*

not|tam|bu|lo I agg. **1** nachtschwärmerisch **2** ANT. *(sonnambulo)* nachtwandlerisch **II** m. **1** Nachtschwärmer *m.*, Nachtmensch *m.* **2** ANT. *(sonnambulo)* Nachtwandler *m.*

not|ta|ta f. Nacht *f.*: ***è stata una ~ di pioggia*** es war eine verregnete Nacht ◆ COLLOQ. ***fare ~*** sich die Nacht um die Ohren schlagen (*o* die Nacht zum Tage machen). **not|ta|tac|cia** f. *(-ce)* schlechte Nacht *f.*

not|te I f. Nacht *f.*: ***una ~ buia, serena*** eine finstere, sternenklare Nacht; ***passare una ~ tranquilla, insonne, movimentata*** eine ruhige, schlaflose, unruhige Nacht verbringen; ***il malato non passerà la ~*** der Kranke wird die Nacht nicht überstehen; ***ieri, domani ~*** gestern, morgen Nacht; ***la ~ prima, dopo*** die Nacht zuvor, danach;

la ~ scorsa, questa ~ letzte Nacht, heute Nacht; ***la ~ fra sabato e domenica*** die Nacht von Samstag auf Sonntag; ***si fa ~*** es wird Nacht; ***cala la ~*** die Nacht bricht herein; COLLOQ. ***abbiamo fatto ~*** = es ist spät geworden **II** agg.inv. ***blu ~*** nachtblau ◆ ***~ d'amore*** Liebesnacht *f.*; STOR. ***~ di San Bartolomeo*** Bartholomäusnacht *f.*; ***berretto da ~*** Schlafmütze *f.*, Nachthaube *f.*; ***~ bianca*** → ***~ polare***; ***biancheria per la ~*** Nachtwäsche *f.*; ***~ in bianco*** = schlaflose Nacht; ***fare (passare) una ~ in bianco*** eine schlaflose (*o* durchwachte) Nacht verbringen; ***buona ~!*** gute Nacht! SCHERZ. das war's dann wohl! (*o* und Schluss!); ***augurare la buona ~ a qcn.*** jdm eine gute Nacht wünschen; ***bacio della buona ~*** Gutenachtkuss *m.*; ***al calar della ~*** bei Einbruch der Nacht (*o* der Dunkelheit); ***camicia da ~*** Nachthemd *n.*; STOR. ***la ~ dei lunghi coltelli*** die Nacht der langen Messer; ***comodino da ~*** Nachttisch *m.*, Nachtschränkchen *n.*; ***crema da ~*** Nachtcreme *f.*; ***~ dei cristalli*** Reichskristallnacht *f.*; ***cuffia da ~*** Nachthaube *f.*; ***nel cuore della ~*** mitten in der Nacht; ***di ~*** nachts; ***sono le tre di ~*** es ist drei Uhr nachts; ***durante la ~*** während der Nacht (*o* über Nacht); GIORN. ***edizione della ~*** Nachtausgabe *f.*; ***~ estiva*** Sommernacht *f.*; FIG. ***la ~ eterna*** die ewige Ruhe; ***sul far della ~*** bei Einbruch der Nacht; ***~ fatta*** tiefe Nacht; ***a ~ fonda*** in tiefer (*o* tiefster) Nacht, spät in der Nacht; ***fino a ~ fonda*** bis (tief) in die Nacht hinein; ***giorno e ~*** Tag und Nacht; ***lavorare giorno e ~*** Tag und Nacht arbeiten; ***far di ~ giorno*** die Nacht zum Tag machen; ***ci corre quanto dal giorno alla ~*** das ist ein Unterschied wie Tag und Nacht; ***~ di San Giovanni*** Johannisnacht *f.*; ***infermiera di ~*** Nachtschwester *f.*; ***a ~ inoltrata*** spät in der Nacht; ***~ di San Lorenzo*** Nacht der Laurentiusschwärme; ***~ di luna*** Mondnacht *f.*; ***~ illuminata dalla luna*** mondhelle Nacht; ***le mille e una ~*** Tausendundeine Nacht; ***~ di Natale*** Weihnachtsnacht *f.*; ***peggio che andar di ~*** vom Regen in die Traufe kommen; ***~ polare*** Polarnacht *f.*; ***la prima ~*** Hochzeitsnacht *f.* (*o* die erste Nacht); ***la Notte Santa*** die Heilige Nacht; ***~ di San Silvestro*** Silvesternacht *f.*; ***~ stellata*** Sternennacht *f.*; ***a tarda ~*** spätnachts; ***tavolino da ~*** Nachttisch *m.*; ***~ tempestosa*** Sturmnacht *f.*; ***nella ~ dei tempi*** in grauer Vorzeit; ***turno di ~*** Nachtschicht *f.*; ***(per) tutta la ~*** die ganze Nacht (über); ***stare su, in piedi tutta la ~*** die ganze Nacht lang auf‿bleiben; ***~ di Valpurga*** Walpurgisnacht *f.*; ***vaso da ~*** Nachttopf *m.*; PROV. ***la ~ porta consiglio*** kommt Zeit, kommt Rat; ***di ~ tutti i gatti sono bigi*** in der Nacht sind alle Katzen grau.

not|te|tem|po avv. nachts, in der Nacht, bei Nacht: ***i ladri si sono introdotti in casa ~*** die Diebe sind nachts (*o* in der Nacht) in das Haus eingedrungen.

not|ti|lu|ca f. *(-che)* Meerleuchte *f.*

1.not|to|la f. **1** *(pipistrello)* Abendsegler *m.* **2** *(civetta)* Eule *f.* ◆ ***portare -e ad Atene*** Eulen nach Athen tragen.

2.not|to|la f. **1** TECN. Klinke *f.* **2** *(nella sega)* Knebel *m.* **not|to|li|no** m. Klinke *f.*

not|tur|na f. SPORT abends ausgetragenes Spiel *n.*; ***giocare in ~*** bei Flutlicht spielen.

not|tur|no I agg. nächtlich, Nacht-: ***cielo ~*** nächtlicher Himmel, Nachthimmel *m.*; ***quiete -a*** nächtliche Stille; ***animale ~*** Nachttier *n.*; ***guardiano, lavoro, servizio ~*** Nachtwächter *m.*, Nachtarbeit *f.*, Nachtdienst *m.*; ***locale ~*** Nachtlokal *n.*; ***tariffa -a*** Nachttarif *m.*; ***vita -a*** Nachtleben *n.*; ***volo ~*** Nachtflug *m.* **II** m. **1** MUS. Nocturne *n.*, Notturno *n.*, Nachtstück *n.* **2** PITT. Nachtstück *n.*

no|tu|la f. Rechnung *f.*

no|va f. Nova *f.*

no|van|ta I agg.inv. neunzig: ***~ giorni, pagine*** neunzig Tage, Seiten; ***avere novant'anni*** neunzig (Jahre alt) sein; ***fra ~ giorni*** in neunzig Tagen; *(posposto)* ***a pagina ~*** auf Seite neunzig **II** m. **1a** Neunzig *f.*: ***puntare sul ~*** auf die Neunzig setzen **b** *(bus, tram)* ***prendere il ~*** die Neunzig nehmen **2** pl. *(novant'anni)* ***avvicinarsi ai ~*** auf die neunzig zu‿gehen; ***aver superato i ~*** die neunzig überschritten haben (*o* über neunzig sein); ***essere vicino ai ~*** an die neunzig sein **3** *(il 1990)* das Jahr 1990: ***è nato nel '90*** er ist 90 geboren; ***questo fatto risale al ~*** dieses Ereignis geht auf das Jahr 1990 zurück ◆ ***gli anni ~*** die neunziger Jahre; ***di novant'anni*** neunzigjährig; ***contare fino a ~*** bis neunzig zählen; ***essere del ~, '90*** *(di persone)* 90 geboren sein; *(di prodotti, vini)* Jahrgang 90 sein; *(di film, canzoni)* aus dem Jahr 1990 sein; GEOM. ***a ~ gradi*** Neunziggrad-; FIG. ***pezzo da ~*** hohes Tier; ***~ volte*** neunzigmal; PROV. ***la paura fa ~*** die Angst lässt Flügel wachsen. **no|van|ta|mi|la I** agg.inv. neunzigtausend **II** f.inv. Neunzigtausend *f.* **no|van|ten|ne I** agg. neunzigjährig **II** m. e f. Neunzigjährige *m.* e *f.*, Neunziger *m.* (-in *f.*).

no|van|te|si|mo I agg. neunzigste: ***al ~ posto*** auf dem neunzigsten Platz; SPORT ***segnare al ~ minuto*** in der neunzigsten Minute ein Tor schießen **II** m. **1** Neunzigste *m.* **2** *(frazione)* Neunzigstel *n.*

no|van|ti|na f. **1** (etwa) neunzig: ***una ~ di persone*** ungefähr neunzig Personen **2** *(età)* neunzig: ***essere sulla ~*** um (*o* an) die neunzig sein.

no|va|zio|ne f. Novation *f.*

no|ve I agg.inv. neun: ***avere ~ anni*** neun (Jahre alt) sein; ***fra ~ giorni*** in neun Tagen; ***ogni ~ giorni*** alle neun Tage; ***entro ~ giorni*** binnen neun Tagen; ***il muro è alto ~ metri*** die Mauer ist neun Meter hoch; *(posposto)* ***a pagina ~*** auf Seite neun; ***i primi ~*** die ersten neun **II** m.inv. **1a** Neun *f.*: ***puntare sul ~*** auf die Neun setzen; ***contare fino a ~*** bis neun zählen **b** *(tram, bus)* ***prendere il ~*** die Neun nehmen **c** *(carta)* ***il ~ di cuori*** die Herzneun; ***scartare un ~*** eine Neun ab‿legen **d** *(voto)* ***prendere un ~ in matematica*** = eine Eins in Mathematik bekommen **2** *(giorno del mese)* Neunte *m.*: ***il ~ (di) maggio*** der neunte Mai; ***tornerò il ~ di maggio*** ich komme am neunten Mai zurück; ***oggi è il ~*** heute ist der Neunte **III** f.pl. neun Uhr, neun: ***alle ~*** um neun (Uhr); ***sono le ~, le ~ e mezzo*** es ist neun Uhr, halb zehn; ***le ~ meno un quarto, le ~ e un quarto*** (ein) Viertel vor, nach neun ◆ ***di ~ anni*** neunjährig; ***in ~*** zu neunt; ***di ~ mesi*** neunmonatig, Neunmonats-; ***incinta di ~ mesi*** im neunten Monat schwanger; ***a, di ~ piani*** neunstöckig; ***prova del ~*** = Prüfung eines arithmetischen Resultats; FIG. stichhaltiger Beweis; ***~ volte*** neunmal.

no|ve|cen|te|sco agg. *(-schi,-sche)* aus dem zwanzigsten Jahrhundert, des zwanzigsten Jahrhunderts. **no|ve|cen|te|si|mo I** agg. neunhundertste **II** m. **1** Neunhundertste *m.* **2** *(frazione)* Neunhundertstel *n.* **no|ve|cen|ti|smo** m. ART. Novecento *n.* **no|ve|cen|ti|sta** m. e f. *(-i,-e)* **1a** *(scrittore)* Schriftsteller *m.* (-in *f.*) des zwanzigsten Jahrhunderts **b** *(artista)* Künstler *m.* (-in *f.*) des zwanzigsten Jahrhunderts **2** *(studioso)* Experte *m.* (Expertin *f.*) für das zwanzigste Jahrhundert.

no|ve|cen|to I agg.inv. **1** neunhundert: ***fra ~ giorni*** in neunhundert Tagen **2** ART. ARRED. Stil *m.* des zwanzigsten Jahrhunderts **II** m.inv. **1** Neunhundert *f.* **2** *(anno)* Jahr *n.* Neunhundert. **No|ve|cen|to** m.inv. **1** zwanzigstes Jahrhundert *n.*: ***la storia del ~*** die Geschichte des zwanzigsten Jahrhunderts; ***la filosofia del ~ francese*** die französische Philosophie des zwanzigsten Jahrhunderts **2** *(di arte e letteratura italiana)* Novecento *n.*

no|vel|la f. **1** Novelle *f.*: ***scrivere -e*** Novellen schreiben **2** LETT. Botschaft *f.* ◆ ***la Buona Novella*** die Frohe Botschaft; ***raccolta di -e*** Novellensammlung *f.*; ***volume di -e*** Novellenband *m.* **no|vel|la|re** intr. (aus. *essere*) **1** Novellen erzählen **2** ANT. erzählen. **no|vel|la|to|re** m. **1** Erzähler *m.* von Novellen **2** *(novelliere)* Novellist *m.*, Novellendichter *m.* **no|vel|let|ta** f. MUS. Novellette *f.* **no|vel|lie|re** m. Novellist *m.*, Novellendichter *m.*

no|vel|li|no I agg. frisch gebacken: ***un medico ~*** ein frisch gebackener Arzt **II** m. Neuling *m.*

no|vel|li|sti|ca f. Novellistik *f.* **no|vel|li|sti|co** agg. *(-ci,-che)* novellistisch.

no|vel|lo agg. neu, Früh-, frisch: ***patate -e*** neue Kartoffeln (*o* Frühkartoffeln *pl.*) ◆ ***pollo ~*** Hühnchen *n.*, junges Huhn; ***sposi -i*** frisch verheiratete Eheleute, ANT. Jungvermählte; ***stagione -a*** Frühling *m.*; ***vino ~*** neuer Wein.

no|vem|bre m. November *m.*: ***a (o in) ~*** im November; ***all'inizio, alla fine di ~*** Anfang, Ende November; ***a metà ~*** Mitte November; ***il primo, il due (di) ~*** der erste, der zweite November; ***tornerò il 15 (di) ~*** am 15. November komme ich zurück. **no|vem|bri|no** agg. November-: ***nebbia -a*** Novembernebel *m.*

no|ve|na f. Novene *f.*

no|ve|na|rio I agg. *(-ri,-rie)* neunsilbig: ***verso ~*** neunsilbiger Vers **II** m. *(-ri)* Neunsilbner *m.*

no|ven|na|le agg. **1** neunjährig **2** *(che ricorre ogni nove anni)* neunjährlich. **no|ven|ne I** agg. neunjährig **II** m. e f. Neunjährige *m.* e *f.* **no|ven|nio** m. *(-ni)* neun Jahre *pl.*

no|ve|ra|re tr. *(novero)* **1** auf‿zählen **2** *(rievocare)* ANT. erinnern: ***~ qcn., qcs.*** an jdn, etw. erinnern. **no|ve|ro** m. **1** *(numero)* Zahl *f.* **2** *(gruppo)* Kreis *m.*: ***essere nel ~ degli amici più fidati*** zum engsten Freundeskreis gehören.

no|vi|lu|nio m. *(-ni)* Neumond *m.*

no|vi|tà f.inv. **1a** Neuheit *f.*, Neusein *n.*: ***la ~ di un'invenzione*** die Neuheit einer Erfindung **b** *(cosa nuova)* Neuheit *f.*: ***l'ultima ~ sul mercato dei computer*** die letzte Neuheit auf dem Computermarkt; ***~ editoriali*** Neuerscheinungen (auf dem Buchmarkt); ***una ~ tecnica*** eine technische Neuheit; ***le ultime ~ letterarie, della moda*** die letzten literarischen, modischen Neuheiten (*o* Neuerscheinungen); ***essere aperto a tutte le ~*** allen Neuheiten gegenüber offen sein **2** *(notizia)* Neuigkeit *f.*: ***raccontare, riferire, portare, sapere una ~*** eine Neuigkeit erzählen, berichten, mit‿bringen (*o* bringen), wissen ◆ ***ci sono ~?*** gibt's was Neues? IRON. ***nessuna ~!*** das ist nichts Neues!

no|vi|zia|to m. **1** RELIG. Noviziat *n.* **2** *(periodo di apprendistato)* Lehrzeit *f.*, Einarbeitungszeit *f.* **no|vi|zia** f. **1** Novizin *f.* **2** ESTENS. Neuling *m.* **no|vi|zio** m. *(-zi)* **1** Novize *m.* **2** ESTENS. Neuling *m.*

no|vo|ca|i|na f. Novocain *f.*

no|zio|ne f. **1** Kenntnis *f.*: ***avere qualche ~ di qcs.*** oberflächliche (*o* unzureichende) Kenntnisse von etw. haben; ***avere -i specifiche in un settore*** fachliche Kenntnisse auf einem Gebiet haben; ***-i di chimica, di musica, di letteratura*** Chemie-, Musik-, Literaturkenntnisse **2** *(concetto)* Begriff *m.*: ***~ di tempo, di spazio*** Zeitbegriff *m.*, Raumbegriff *m.* ◆ ***-i di base*** Grundkenntnisse *pl.*; ***-i elementari*** Elementarkenntnisse (*o* Grundkenntnisse) *pl.*; ***-i scolastiche*** Schulkenntnisse *pl.*; ***~ del tempo*** Zeitgefühl *n.*: ***non avere, perdere la ~ del tempo*** kein Zeitgefühl haben, das Zeitgefühl verlieren.

no|zio|ni|smo m. Buchstabengelehrsamkeit *f.*, Buchstabenweisheit *f.* **no|zio|ni|sta** m. e f. *(-i,-e)* Buchstabengelehrte *m.* e *f.* **no|zio|ni|sti|co** agg. *(-ci,-che)* angelernt: ***conoscenza -a*** angelerntes Wissen; ***insegnamento ~*** auf Faktenwissen beschränkter Unterricht.

noz|ze f.pl. Hochzeit *f.*: ***celebrare le ~*** Hochzeit feiern; ***fissare la data delle ~*** das Hochzeitsdatum fest‿setzen ◆ FIG. ***andare a ~*** = etw. sehr gern tun; ***~ d'argento*** Silberhochzeit *f.*, silberne Hochzeit; BIBL. ***le ~ di Cana*** die Hochzeit zu Kana; SCHERZ. ***convolare a (giuste) ~*** in den Hafen der Ehe ein‿laufen; ***convolare a (giuste) ~ con qcn.*** mit jdm im Hafen der Ehe landen; ***~ di diamante*** diamantene Hochzeit; ***festa di ~*** Hochzeitsfest *n.*; ***fare le ~ con i fichi secchi*** = etw. mit geringstmöglichem Aufwand erreichen wollen; ***giorno delle ~*** Hochzeitstag *m.*; FIG. ***invitare a ~ qcn.*** = jdm ein (ihm) sehr willkommenes Angebot machen; ***qcs. è un invito a ~ (per qcn.)*** = etw. ist jdm ein sehr willkommenes Angebot; ***~ d'oro*** goldene Hochzeit; ***pranzo di ~*** Hochzeitsmahl *n.* (*o* hochzeitliches Essen); ***regalo di ~*** Hochzeitsgeschenk *n.*; ***in seconde ~*** in zweiter Ehe; ***testimone di ~*** Trauzeuge *m.*; ***viaggio di ~*** Hochzeitsreise *f.*

ns ⇒ *nostro* unser.

NT ⇒ **1** *Nuovo Testamento* Neues Testament (N. T.) **2** BANC. *non trasferibile* nicht übertragbar.

NU ⇒ **1** *Nazioni Unite* Vereinte Nationen (VN) **2** *Nettezza Urbana* (Städtische Müllabfuhr und Straßenreinigung).

nuan|ce [nɥ'ãs, *üblich* nu'ans] f.inv. Nuance *f.*

nu|be f. **1** Wolke *f.* **2** FIG. *(offuscamento)* Schleier *m.*: ***una ~ di mistero*** ein Schleier des Geheimnisses ◆ ***banco di -i*** Wolkenbank *f.*; ***cappa di -i*** Wolkendecke *f.*; ***formazione di -i*** Wolkenbildung *f.*; ***~ di fumo*** Rauchwolke *f.*; ***~ di gas*** Gaswolke *f.*; ***~ di polvere*** Staubwolke *f.*; ***senza -i*** wolkenlos; ***~ temporalesca*** Gewitterwolke *f.*; ***~ tossica*** Giftwolke *f.*; ***velo di -i*** Wolkenschleier *m.*

Nu|bia n.pr.f. Nubien *n.* **nu|bia|no I** agg. nubisch **II** m. Nubier *m.*

nu|bi|fra|gio m. *(-gi)* Wolkenbruch *m.*

nu|bi|le I agg. ledig, unverheiratet **II** f. ledige Frau, Ledige *f.*

nu|ca f. *(-che)* Genick *n.*, Nacken *m.* ◆ ***colpo alla ~*** Genickschuss *m.*

nu|cle|a|re I agg. Kern-, Atom-, Nuklear-, nuklear, atomar: ***disarmo ~*** nukleare Abrüstung; ***minaccia ~*** atomare Bedrohung **II** m. Atomkraft *f.* ◆ ***arma ~*** Atomwaffe *f.*; ***centrale ~*** Atomkraftwerk *n.*, Kernkraftwerk *n.*; ***combustibile ~*** Kernbrennstoff *m.*, Brennstoff *m.*; ***energia ~*** Kernenergie *f.*, Atomenergie *f.*, Kernkraft *f.*; ***esperimento ~*** Atomtest *m.*; ***esplosione ~*** Kernexplosion *f.*, nukleare Explosion; ***era ~*** Atomzeitalter *n.*; ***famiglia ~*** Kernfamilie *f.*; ***fisica ~*** Atomphysik *f.*; ***fisico ~*** Kernphysiker *m.*; ***fissione ~*** Kernspaltung *f.*; ***fusione ~*** Kernfusion *f.* (*o* Kernverschmelzung *f.*); ***guerra ~*** nuklearer Krieg (*o* Atomkrieg *m.*); ***incidente ~*** Atomunfall *m.*; ***industria ~*** Atomindustrie *f.* (*o* Nuklearindustrie *f.*); ***medicina ~*** Nuklearmedizin *f.*; ***stati non -i*** kernwaffenlose Staaten; ***potenza ~*** Atommacht *f.* (*o* Nuklearmacht *f.*); ***reattore ~*** Atomreaktor *m.* (*o* Kernreaktor *m. o* Atommeiler *m.*); ***ricerca ~*** Kernforschung *f.*; ***stati -i*** Kernwaffenstaaten (*o* Atomclub *m.*); ***testata ~*** Atomsprengkopf *m.*

nu|cle|a|si f. Nuklease *f.* **nu|cle|i|co** agg. *(-ci,-che)* ***acido ~*** Nukleinsäure *f.* **nu|cle|i|na** f. Nuklein *n.*, Nukleoproteid *n.*

nu|cle|o m. **1** FIS. BIOL. Kern *m.* (anche FIG.): ***il ~ del problema, di una teoria*** der Kern des Problems, einer Theorie; ***il ~ originario di un'organizzazione*** der ursprüngliche Kern einer Organisation **2** *(unità, reparto)* Einheit *f.*: ***~ antidroga*** Einheit der Drogenfahndung ◆ ***~ dell'atomo*** Atomkern *m.*; ***~ della cellula*** Zellkern *m.*; ***~ familiare*** Familie *f.*, Haushalt *m.*; ***~ magnetico*** Magnetkern *m.*; ***~ terrestre*** Erdkern *m.* **nu|cle|o|lo** m. Nukleolus *m.*, Kernkörperchen *n.* **nu|cle|o|ne** m. Nukleon *n.* **nu|cle|o|ni|ca** f. Nukleotik *f.* **nu|cle|o|ti|de** m. Nukleotid *n.*

nu|di|smo m. Nudismus *m.*, Freikörperkultur *f.* **nu|di|sta** *(-i,-e)* **I** m. e f. Nudist *m.* (-in *f.*) **II** agg. Nackt-: ***spiaggia ~*** Nacktbadestrand *m.* **nu|di|tà** f.inv. **1** Nacktheit *f.* **2** pl. Schamteile *pl.*

nu|do I agg. **1** nackt, bloß: ***un corpo, un bimbo ~*** ein nackter Körper, ein nacktes Kind; ***spogliarsi ~*** sich nackt aus‿ziehen; ***fare il bagno ~*** nackt baden; ***a torso ~*** mit bloßem (*o* nacktem) Oberkörper **2** *(spoglio)* kahl, nackt, -los: ***parete -a*** nackte (*o* kahle) Wand; ***una stanza -a*** ein kahler Raum **II** m. Akt *m.*: ***disegnare, dipingere un ~*** einen Akt zeichnen, malen; ***~ di donna*** weiblicher Akt ◆ ***~ e crudo*** klipp und klar (*o* unverblümt); ***la realtà -a e cruda*** die nackte Wirklichkeit; ***fotografia di ~*** Aktfoto *n.*; ***~ integrale*** vollkommene Nacktheit; ***a mani -e*** mit bloßen Händen; ***mettere a ~ qcs.*** etw. bloß‿legen (*o* entblößen); ***mezzo ~*** halbnackt; ***modello di ~*** Aktmodell *n.*; ***a occhio ~*** mit bloßem Auge; ***pittore di -i*** Aktmaler *m.*; ***a piedi -i*** barfuß (*o* mit bloßen Füßen); ***-a proprietà*** bloßes (*o* nacktes) Eigentum; ***dormire sulla -a terra*** auf dem nackten Boden schlafen; ***seppellire nella -a terra*** in der bloßen Erde begraben; ***~ come un verme*** splitter(faser)nackt.

nu|go|lo m. **1** LETT. Wolke *f.* **2** *(gran numero)* Menge *f.*, Unmenge *f.*: ***un ~ di frecce*** eine Menge Pfeile.

nul|la I pron. **1** nichts: ***non so ~*** ich weiß nichts; ***non è successo ~*** es ist nichts passiert; ***non gli va bene ~*** ihm passt nichts; ***non avere ~ a che fare con qcn.*** nichts mit jdm zu tun haben; ***a ~ è valso il suo intervento*** sein Eingreifen hat nichts genützt; ***~ di nuovo, di buono, di interessante*** nichts Neues, Gutes, Interessantes; ***quello che hai visto è ~ in confronto al resto*** was du gesehen hast ist noch nichts verglichen mit dem Rest; ***e questo non è ancora ~*** und das ist noch lange nicht alles; ***non mi importa ~ dei suoi soldi*** ich mache mir nichts aus seinem Geld; ***non poterci fare ~*** *(non avere colpa)* nichts dafür können; *(non poter agire)* nichts daran ändern können **2** *(qualcosa)* (irgend)etwas, nichts: ***ti serve ~?*** brauchst du (irgend)etwas? ***avete ~ da dire?*** habt ihr nichts (dazu) zu sagen? **3** *(poca cosa)* Kleinigkeit *f.*: ***questo ti pare ~?*** ist das eine Kleinigkeit für dich? ***si arrabbia per ~*** er regt sich wegen nichts (*o* jeder Kleinigkeit) auf **4** *(con valore limitativo)* nichts (Besonderes): ***cosa c'è che non va? – ~, sono preoccupato per l'esame*** was ist denn los? – nichts, ich bin wegen der Prüfung besorgt **II** m. **1** Nichts *n.* (anche FILOS.): ***creazione dal ~*** Schöpfung aus dem Nichts; ***è venuto su dal ~*** er hat sich aus dem Nichts hochgearbeitet **2** *(cosa da poco)* Kleinigkeit *f.*: ***basta un ~ per impaurirlo*** eine Kleinigkeit reicht, um ihn zu verängstigen **III** avv. **1** überhaupt nichts: ***non c'entro ~*** ich habe damit überhaupt nichts zu tun **2a** ***per ~*** überhaupt nicht, absolut nicht: ***non è per ~ vero*** das ist überhaupt nicht wahr; ***la cosa non mi piace per ~*** die Sache gefällt mir überhaupt nicht; COLLOQ. ***non ho fame per ~*** ich habe überhaupt keinen Hunger **b** *(invano)* umsonst: ***ho fatto tutta questa strada per ~*** ich habe den ganzen Weg umsonst gemacht **c** *(gratis)* umsonst: ***l'ho avuto per ~*** ich habe es umsonst bekommen ◆ ***null'altro che*** nichts anderes als, nur; ***un bel ~*** nichts und wieder nichts; ***essere buono a ~*** zu nichts nutz(e) (*o* zu gebrauchen) sein, zu nichts taugen; ***un buono a ~*** ein Nichtsnutz, ein Taugenichts; ***è una cosa da ~*** es ist nur eine Kleinigkeit; ***da ~*** geringfügig, leicht: ***un incidente da ~*** ein leichter Unfall; ***di ~*** gern geschehen (*o* nichts zu danken); ***~ di ~*** absolut nichts; ***non fa ~*** *(non importa)* das, es macht nichts: ***se non volete venire con noi non fa ~*** es macht nichts, wenn ihr nicht mitkommen wollt; ***non fare ~*** *(non avere effetto)* nicht wirken: ***le medicine non gli hanno fatto ~*** die Medikamente haben bei ihm nicht gewirkt; ***quando arrivò il medico non c'era più ~ da fare*** als der Arzt kam, war nichts mehr zu machen; ***non c'è ~ da fare: devi licenziarlo*** da kann man nichts ändern, du musst ihn entlassen; ***non farsene ~ (di qcs.)*** (mit etw.) nichts an‿fangen können; ***non se ne fa ~*** daraus wird nichts; ***non farsi ~*** sich überhaupt nicht weh tun, unversehrt davon kommen: ***la macchina è andata distrutta, ma lui non si è fatto ~*** sein Auto hat Totalschaden, aber er ist unversehrt davongekommen; ***per quella faccenda ancora ~ di fatto*** in dieser Angelegenheit hat sich noch nichts getan; ***finire in ~*** zu nichts führen; ***fare come se ~ fosse*** so tun, als ob nichts wäre; ***se ne è andato come se ~ fosse*** er ist weggegangen, als ob nichts geschehen wäre; ***meno di ~*** überhaupt nichts; ***per ~ al mondo*** um nichts auf der Welt; ***non per ~*** *(non a caso)* nicht umsonst: ***ha un bel fisico, non per ~ passa i pomeriggi in palestra*** er ist gut gebaut, nicht umsonst verbringt er seine Nachmittage im Fitnesscenter; ***molto rumore per ~*** viel Lärm um nichts.

nul|la|fa|cen|te m. e f. Nichtstuer *m.*

nul|la o|sta, nul|la|o|sta m.inv. Genehmigung *f.*, Erlaubnis *f.*: ***concedere il ~*** die Genehmigung erteilen.

nul|la|te|nen|te I agg. mittellos, unbemittelt, unvermögend: ***essere ~*** unbemittelt sein **II** m. e f. Mittellose *m.* e *f.*, Unbemittelte *m.* e *f.*

nul|li|fi|ca|re tr. *(nullifico, nullifichi)* für nichtig (*o* ungültig) erklären.

nul|li|pa|ra I agg. die nicht geboren hat II f. Nullipara *f.*

nul|li|tà f.inv. 1 DIR. Nichtigkeit *f.*, Ungültigkeit *f.*, Nullität *f.*: ***la ~ di un matrimonio, di un contratto*** die Ungültigkeit einer Ehe, die Nichtigkeit eines Vertrags; ***opporre la ~*** die Nichtigkeit geltend machen, nichtig erklären; ***impugnare di ~ un documento*** die Gültigkeit eines Dokuments bestreiten 2 *(persona che non vale niente)* Null *f.*: ***essere una ~*** eine Null sein; ***sentirsi una ~*** sich wie eine Null fühlen ◆ ***~ assoluta*** absolute Nichtigkeit *f.*; ***causa di ~*** Ungültigkeitsgrund *m.*; ***~ di forma*** Formnichtigkeit *f.* (*o* Ungültigkeit *f.* wegen Formmangel); ***~ parziale*** teilweise Nichtigkeit; ***a pena di ~*** bei (sonstiger) Nichtigkeit; ***~ sanabile*** heilbare Nichtigkeit.

nul|lo agg. 1 nichtig, ungültig: ***dichiarare ~*** für nichtig (*o* ungültig) erklären; ***rendere ~*** ungültig machen; ***contratto ~*** ungültiger Vertrag; ***matrimonio ~*** ungültige Ehe; ***scheda -a*** ungültige Stimme; ***sentenza -a*** nichtiges Urteil; ***~ e senza effetto*** null und nichtig 2 *(inesistente)* gleich null: ***il guadagno è quasi ~*** der Gewinn ist fast gleich null 3 SPORT unentschieden: ***incontro ~*** unentschiedenes Spiel 4 LETT. *(nessuno)* kein, keine.

nu|me m. LETT. 1a Gott *m.*, Gottheit *f.*: ***i -i dell'Olimpo*** die Götter des Olymps; ***~ tutelare*** Schutzgott *m.* b *(volontà di dio)* Numen *n.* 2 *(personalità eminenti)* Größe *f.*: ***i -i della scienza*** die Größen der Wissenschaft.

nu|me|ra|bi|le agg. zählbar.

nu|me|ra|le agg. I Zahlen-: ***sistema ~*** Zahlensystem *n.* II m. *(aggettivo)* Zahlwort *n.*, Numerale *n.* ◆ ***~ cardinale*** Kardinalzahl *f.*; ***~ ordinale*** Ordnungszahl *f.*

nu|me|ra|re tr. *(numero)* nummerieren, beziffern: ***~ le pagine di un libro*** die Seiten eines Buches nummerieren. **nu|me|ra|to** p.pass. agg. 1 → **numerare** 2 ***posti -i*** nummerierte Plätze. **nu|me|ra|to|re** I m. 1 MAT. Zähler *m.* 2 *(macchinario)* Numerateur *m.* II agg. Zahl-: ***rullo ~*** Zahlrolle *f.*

nu|me|ra|zio|ne f. 1 Nummerierung *f.*, Bezifferung *f.*, Benummerung *f.*: ***~ continua*** fortlaufende Nummerierung 2 *(numeri)* Zahlen *pl.*: ***~ araba, romana*** arabische, römische Zahlen; ***~ decimale*** Dezimalzahlen *pl.* **nu|me|ri|ca|men|te** avv. zahlenmäßig, numerisch.

nu|me|ri|co agg. *(-ci,-che)* Zahlen-, zahlenmäßig, numerisch: ***calcolo ~, equazione -a*** numerische Rechnung, Zahlengleichung *f.*; ***serie -a*** Zahlenfolge *f.* (*o* Zahlenreihe *f.*); ***codice ~*** Zahlencode *m.*; ***colonna -a*** Zahlenkolonne *f.*; ***grandezza -a*** Zahlengröße *f.*; ***superiorità -a*** zahlenmäßige Überlegenheit; ***mettere in ordine ~*** Zahlen der Größe nach ordnen.

nu|me|ro m. 1 MAT. Zahl *f.*: ***~ pari, dispari*** gerade, ungerade Zahl; ***~ cardinale, ordinale*** Kardinalzahl *f.*, Ordnungszahl *f.*; ***~ di tre, di quattro cifre*** dreistellige, vierstellige Zahl; ***-i arabi, romani*** arabische, römische Zahlen; ***-i naturali, relativi*** natürliche, relative Zahlen; ***-i razionali, irrazionali*** rationale, irrationale Zahlen; ***-i reali, immaginari*** reelle, imaginäre Zahlen; ***~ complesso, trascendente*** komplexe, transzendente Zahl 2a Nummer *f.*: ***~ civico, telefonico*** Hausnummer *f.*, Telefonnummer *f.*; *(telefonico)* ***il ~ è occupato*** die Nummer ist besetzt; ***fare, selezionare un ~*** eine Nummer wählen; ***sbagliare (il) ~*** sich verwählen; *(civico)* ***abitare al ~ 7*** auf Nummer sieben wohnen b *(di scarpe)* Nummer *f.*, Schuhgröße *f.*: ***che ~ porti?*** welche Schuhgröße hast du? ***mi può dare un ~ in più?*** können Sie mir die Schuhe eine Nummer größer geben? 3 *(edizione)* Ausgabe *f.*: ***l'ultimo ~ di una rivista*** die letzte Ausgabe einer Zeitschrift; ***~ speciale*** Sonderausgabe *f.* 4 *(quantità)* Anzahl *f.*: ***un gran ~ di invitati*** eine große Anzahl von Gästen; ***un certo ~ di persone*** ein gewisse Anzahl von Personen; ***~ legale*** beschlussfähige Anzahl 5 GRAMM. Numerus *m.* 6 *(esibizione)* Nummer *f.*: ***eseguire il proprio ~*** seine Nummer aus‿führen, vor‿führen; ***un ~ di ballo*** eine Tanznummer *f.* ◆ ***~ atomico*** Atomzahl *f.*; ***avere dei -i per qcs.*** das Zeug zu etw. haben; ***~ di Avogadro*** avogadrosche Zahl; ***~ di camera*** Zimmernummer *f.*; ***~ chiuso*** Numerus clausus *m.*; ***~ di codice (in carte di credito)*** Geheimnummer *f.*; ***dare i -i*** *(del lotto)* die Lottozahlen angeben; FIG. = spinnen; ***di ~*** genau (*o* gezählt); ***ne ha mangiate tre di ~*** er hat genau drei davon gegessen; ***erano cinque di ~*** es waren fünf an der Zahl; ***~ di fabbricazione*** Werknummer *f.*; ***fare ~*** die Zahl voll machen; ***~ frazionario*** Bruchzahl *f.*; ***~ di giri*** Drehzahl *f.*; ***giocare un ~*** auf eine Zahl setzen; ***in gran ~*** zahlreich, in großer Zahl; ***il maggior ~*** der Großteil; ***~ di matricola*** Matrikelnummer *f.*; ***persona con molti -i*** ein Mensch mit vielen Qualitäten; ***~ di ottano*** Oktanzahl *f.*; ***non essere nel ~ dei più*** nicht mehr am Leben sein; ***essere nel ~ dei prescelti*** zum Kreis der Auserwählten gehören; ***~ di protocollo*** Protokollnummer *f.*; ***~ quantico*** Quantenzahl *f.*; ***~ reciproco*** Reziprokzahl *f.*; ***~ sacro*** heilige Zahl; ***~ di serie*** Seriennummer *f.* (*o* laufende Nummer); ***~ di targa*** Autokennzeichen *n.* (*o* Autonummer *f.*); ***~ di telaio*** Fahrgestellnummer *f.*; COLLOQ. ***è un disonesto ~ uno*** er ist ein Betrüger ersten Ranges; ***~ di varietà*** Varieteenummer *f.*; ***~ verde*** Rufnummer *f.* zum Nulltarif; EDIT. ***~ zero*** Nullnummer *f.*

nu|me|ro|lo|gi|a f. Zahlensymbolik *f.*

nu|me|ro|si|tà f. große Anzahl *f.*, Menge *f.* **nu|me|ro|so** agg. zahlreich, groß: ***famiglia -a*** große Familie; ***-i incidenti*** zahlreiche Unfälle.

Nu|mi|dia n.pr.f. Numidien *n.* **nu|mi|di|co** agg. *(-ci,-che)* numidisch.

nu|mi|sma|ti|ca f. Numismatik *f.*, Münzkunde *f.* **nu|mi|sma|ti|co** I agg. *(-ci,-che)* numismatisch, münzkundlich, Münz-: ***collezione -a*** Münzsammlung *f.* II m. *(-ci)* Numismatiker *m.*

num|mo|la|ria f. Pfennigkraut *n.*

num|mu|li|te f. Nummulit *m.* **num|mu|li|ti|co** agg. *(-ci,-che)* Nummulit-: ***rocca -a*** Nummulitgestein *n.*

nun|cu|pa|ti|vo agg. ***testamento ~*** mündliches Testament *n.*

nun|zia|tu|ra f. Nuntiatur *f.*

nun|zio m. *(-zi)* 1 RELIG. Nuntius *m.*: ***~ apostolico, pontificio*** Apostolischer Nuntius 2 LETT. *(messaggero)* Bote *m.* 3 LETT. *(notizia)* Botschaft *f.*

nuo|ce|re intr. (pres. *nuoccio, nuoci, nuoce, nociamo, nocete, nuocciono*; imperf. *nuocevo*; fut. *nuocerò*; pass.rem. *nocqui*; congiunt. pres. *nuoccia*; congiunt.pass. *nocessi*; p.pass. *nuociuto*; aus. *avere*) schaden, schädlich sein: ***questo nuoce alla sua reputazione*** das schadet seinem Ruf; ***mettere qcn. nell'impossibilità di ~*** jdn unschädlich machen; ***il fumo nuoce alla salute*** Rauchen schadet der Gesundheit ◆ ***non poter ~ a qcn.*** jdm nichts an‿haben können; PROV. ***non tutto il male vien per ~*** durch Schaden wird man klug; ***tentar non nuoce*** versuchen kostet nichts.

nuo|ra f. Schwiegertochter *f.* ◆ PROV. ***parlare a ~ perchè suocera intenda*** den Sack schlagen und den Esel meinen.

nuo|ta|re tr. e intr. (aus. *avere*) schwimmen: ***~ verso la riva, verso la boa*** ans Ufer, zur Boje schwimmen; ***~ sott'acqua*** unter Wasser schwimmen; ***saper ~*** schwimmen können; ***imparare a ~*** schwimmen lernen; ***~ i 100 metri rana, stile libero*** 100 Meter Brust, Kraul schwimmen; ***~ con la corrente, contro corrente*** mit dem Strom (*o* stromabwärts), gegen den Strom schwimmen; ***~ al largo, verso il largo*** weit draußen, weit nach draußen schwimmen; ESTENS. ***la verdura nuotava nell'olio*** das Gemüse schwamm im Öl; FIG. ***i piedi nuotano nelle scarpe*** = die Schuhe sind viel zu groß ◆ ***~ nell'abbondanza*** im Überfluss leben; ***~ a crawl*** kraulen; ***~ a, sul dorso*** auf dem Rücken schwimmen; ***~ a delfino*** delphin‿schwimmen; ***~ a farfalla*** im Schmetterlingsstil schwimmen; ***~ nell'oro*** im Geld schwimmen; ***~ come un pesce*** wie ein Fisch schwimmen; ***~ a rana*** brust‿schwimmen.

nuo|ta|ta f. 1 Schwimmen *n.*; ***farsi una bella ~*** ausgiebig schwimmen; ***fare una lunga ~*** lange schwimmen 2 *(stile)* Schwimmstil *m.*

nuo|ta|to|re m. Schwimmer *m.*: ***~ di fondo*** Langstreckenschwimmer *m.*; ***essere un buon ~*** ein guter Schwimmer sein.

nuo|to m. Schwimmen *n.* ◆ ***a ~*** schwimmend; ***attraversare la Manica, un fiume a ~*** den Ärmelkanal, einen Fluss durchschwimmen; ***fare un tratto a ~*** eine Strecke schwimmen; ***abbiamo raggiunto l'isola a ~*** wir sind zur Insel geschwommen; ***~ agonistico*** Schwimmsport *m.*; ***campionato di ~*** Schwimmmeisterschaft *f.*; ***corso di ~*** Schwimmkurs *m.*; ***gara di ~*** Schwimmwettkampf *m.* (*o* Wettschwimmen *n.*); ***istruttore di ~*** Schwimmlehrer *m.*; ***~ pinnato*** Schwimmen mit Schwimmflossen; ***~ sincronizzato*** Synchronschwimmen *n.*; ***stile di ~*** Schwimmstil *m.*; ***~ subacqueo*** Sporttauchen *n.*

nuo|va f. Nachricht *f.*, Neuigkeit *f.*: ***ricevere buone -e*** gute Nachrichten erhalten ◆ PROV. ***nessuna ~, buona ~*** keine Nachricht, gute Nachricht.

Nuo|va Ca|le|do|nia n.pr.f. Neukaledonien *n.*

Nuo|va Delhi n.pr.f. Neu Delhi *n.*

Nuo|va Gui|ne|a n.pr.f. Neuguinea *n.*

nuo|va|men|te avv. wieder, noch einmal: ***è stato ~ bocciato*** er ist schon wieder durchgefallen.

Nuo|va Sco|zia n.pr.f. Neuschottland *n.*

Nuo|va York n.pr.f. New York *n.*

Nuo|va Ze|lan|da n.pr.f. Neuseeland *n.*

Nuo|ve E|bri|di n.pr.f.pl. Neue Hebriden *pl.*

nuo|vo I agg. 1 neu, Neu-: ***vino ~*** neuer Wein; ***vestito ~*** neues Kleid; ***casa -a*** neues Haus; ***essere come ~*** (so gut) wie neu sein; ***-a costruzione*** Neubau *m.*; ***appartamento di -a costruzione*** Neubauwohnung *f.*; ***-a edizione, stesura*** Neuauflage *f.* (*o* Neuausgabe *f.*), Neufassung *f.*; ***~ ordinamento*** Neuordnung *f.*; ***~ socio*** neues Mitglied; ***il ~ vescovo*** der neue Bischof; *(che inizia)* ***il ~ anno*** das neue

Jahr; ***cominciare una -a vita*** ein neues Leben beginnen; *(sconosciuto)* ***un sentimento ~*** ein neues (*o* unbekanntes) Gefühl; ***il suo viso non mi è ~*** sein Gesicht ist mir nicht neu **2** *(ulteriore)* weiter, erneut: ***un ~ dolore*** ein weiterer Schmerz; ***-i disordini*** erneute Unruhen **3** *(altro)* zweite: ***una -a Duse*** eine zweite Duse **II** m. Neue *n.*: ***qualcosa, niente di ~*** etwas, nichts Neues; ***hai saputo qualcosa di ~?*** hast du etwas Neues erfahren? ***il vecchio e il ~*** das Alte und das Neue; ***il fascino del ~*** der Reiz des Neuen ◆ ***~ acquisto*** Neuerwerb *m.*; ***felice anno ~!*** frohes neues Jahr! ***-a apertura*** Neueröffnung *f.*; ***~ arrivato*** Neuankömmling *m.*; ***di ~*** wieder, erneut; ***essere ~ a qcn.*** jdm neu sein; ***essere ~ alla vita militare*** neu beim Militär sein; ***è ~ a un lavoro di questo tipo*** eine solche Arbeit ist für ihn neu; ***-a frontiera*** New Frontier *f.*; ***-a generazione*** junge Generation; ***giungere ~*** neu sein; ***questa mi giunge -a, mi giunge ~*** das klingt mir völlig neu (*o* kommt mir völlig neu vor); ***luna -a*** Neumond *m.*; ***essere ~ del mestiere*** neu in dem Beruf (*o* in der Branche) sein; ***~ ricco*** Neureiche *m.*; ***rimettere a ~*** erneuern; *(persone)* ***questo soggiorno all'estero lo ha rimesso a ~*** nach diesem Aufenthalt im Ausland ist er wie neugeboren; ***nulla, niente di ~ sotto il sole*** nichts Neues unter der Sonne; ***~ di zecca*** (funkel)nagelneu; PROV. ***anno ~, vita -a*** = im neuen Jahr wird alles besser werden.

nu|ra|ghi m.pl. Nurag(h)en *pl.* **nu|ra|gi|co** agg. *(-ci,-che)* Nuragen-.

nurse [nɜrs] f.inv. Nurse *f.*, Kindermädchen *n.* **nurse|ry** [-ərɪ] f.inv. Säuglingszimmer *n.*

nu|tria f. Nutria *f.*

nu|tri|ce f. **1** Amme *f.* **2** LETT. Ernährerin *f.*, Nährmutter *f.* (anche FIG.): ***la Grecia fu ~ della cultura occidentale*** Griechenland war die Nährmutter der abendländischen Kultur.

nu|tri|en|te agg. nahrhaft, gehaltreich, gehaltvoll: ***la banana è ~*** Bananen sind nahrhaft; ***crema ~*** Nährcreme *f.*

nu|tri|men|to m. Nahrung *f.* (anche FIG.): ***dare ~*** Nahrung geben; ***trarre ~ da qcs.*** sich von etw. nähren; ***il latte materno è il migliore ~ dei neonati*** Muttermilch ist die beste Nahrung für Säuglinge; FIG. ***un buon libro è ~ per lo spirito*** ein gutes Buch ist Nahrung für den Geist.

nu|tri|re I tr. **1** nähren, ernähren: ***~ un bambino*** ein Kind ernähren; ***~ qcn. artificialmente*** jdn künstlich ernähren; ***il terreno nutre le piante*** der Boden nährt die Pflanzen; ***~ la pelle*** die Haut mit Nährstoffen versorgen **2** FIG. nähren, hegen: ***~ odio, amore, speranza, dubbi*** Hass, Liebe, Hoffnung, Zweifel nähren (*o* hegen); ***~ sospetti su (nei confronti di) qcn.*** gegen jdn einen Verdacht nähren (*o* hegen); ***~ fiducia in qcn.*** jdm Vertrauen schenken; ***~ sentimenti ostili verso qcn.*** jdm feindlich gesinnt sein; ***~ lo spirito*** den Geist nähren **3** assol. nahrhaft sein **II** pronom. **nutrirsi** sich nähren, sich ernähren: ***-rsi di bacche*** sich von Beeren nähren.

nu|tri|ti|vo agg. Nähr-: ***apporto, valore ~*** Nährwert *m.*; ***sostanza -a*** Nährstoff *m.*; ***povero di sostanze -e*** nährstoffarm; ***contenuto ~*** Nährstoffgehalt *m.*; ***ricco di principi -i*** nährstoffreich.

nu|tri|to p.pass. agg. **1** → **nutrire 2** FIG. ansehnlich: ***un ~ gruppo di visitatori*** eine ansehnliche Gruppe von Besuchern ◆ ***un bambino ben ~*** ein gut genährtes Kind; SCHERZ. *(grassottello)* ein wohlgenährtes Kind; ***una cagna magra e mal ~*** eine magere, unterernährte Hündin.

nu|tri|zio|na|le agg. Ernährungs-: ***problemi -i*** Ernährungsprobleme *pl.* **nu|tri|zio|ne** f. Ernährung *f.* ◆ ***fisiologia della ~*** Ernährungsphysiologie *f.*; ***scienza della ~*** Ernährungswissenschaft *f.* **nu|tri|zio|ni|sta** m. e f. *(-i,-e)* Ernährungswissenschaftler *m.* (-in *f.*).

nu|vo|la f. Wolke *f.*: ***-e bianche, grige, sparse*** weiße, graue, aufgelockerte Wolken ◆ ***acchiappar -e*** Grillen fangen; ***cadere dalle -e*** aus allen Wolken fallen; ***coperto di -e*** wolkenverhangen; ***una ~ di fumo*** eine Rauchwolke; ***una ~ di polvere*** eine Staubwolke; ***senza -e*** wolkenlos; ***avere la testa tra le -e*** in den Wolken schweben (*o* auf Wolken, über den Wolken schweben); ***vivere nelle -e*** über (*o* in) den Wolken schweben, im Wolkenkuckucksheim leben. **nu|vo|la|glia** f. Gewölk *n.* **nu|vo|lo** agg. REGION. bedeckt, wolkig. **nu|vo|lo|si|tà** f. Bewölkung *f.*: ***~ in aumento*** zunehmende Bewölkung; ***~ sparsa*** aufgelockerte Bewölkung. **nu|vo|lo|so** agg. bedeckt, wolkig: ***cielo ~*** bedeckter Himmel.

nu|zia|le agg. Trau-, Hochzeits-: ***anello ~*** Trauring *m.*; ***banchetto, marcia ~*** Hochzeitsmahl *n.*, Hochzeitsmarsch *m.*; BIOL. ***livrea ~*** Hochzeitskleid *n.* **nu|zia|li|tà** f. Eheschließungsziffer *f.*; ***quoziente di ~*** Eheschließungsquotient *m.*

ny|lon [ˈnaɪlɒn, *üblich* ˈnailon] m.inv. Nylon® *n.*; ***calze di ~*** Nylonstrümpfe *pl.*

O

o, O f. e m.inv. o, O *n.*: ***una O maiuscola, una o minuscola*** ein großes O, ein kleines o.

1.o cong. **1** oder: ***ora ~ mai più*** jetzt oder nie; ***ci andremo nel pomeriggio ~ stasera*** wir gehen heute Nachmittag oder heute Abend hin **2** *(correlativo)* **~ ... ~** entweder ... oder: ***è stato ~ il cane ~ il gatto*** es war entweder der Hund oder die Katze; ***~ la borsa ~ la vita*** Geld oder Leben **3** *(altrimenti)* sonst: ***fai come ti dico ~ te ne pentirai*** tu, was ich dir sage, sonst wird es dir noch Leid tun **4** *(esplicativo)* oder, das heißt, nämlich: ***la Città Eterna, ~ Roma*** die Ewige Stadt, nämlich Rom.

2.o inter. oh: ***~ Signore, aiutami tu!*** o Herr, steh mir bei! ***~ voi di casa!*** hallo, ist hier jemand?

O ⇒ *Ovest* West (W).

o|a|si f.inv. Oase *f.* (anche ESTENS.): ***un'~ di pace*** eine Oase der Ruhe ◆ ***~ fiscale*** Steueroase *f.*

ob|be|dien|te agg. **1** gehorsam **2** *(di bambini, animali)* folgsam.

ob|be|dien|za f. **1** Gehorsam *m.*: ***agire per ~*** aus Gehorsam handeln; ***ridurre qcn. all'~*** jdn zum Gehorsam zwingen; ***~ cieca*** blinder Gehorsam **2** *(di bambini, animali)* Folgsamkeit *f.* **3** RELIG. Obedienz *f.*; ***far voto di ~*** das Gelübde des Gehorsams ab‿legen ◆ ***rifiuto d'~*** Gehorsamsverweigerung *f.*

ob|be|di|re intr. *(obbedisco, obbedisci; aus. avere)* gehorchen: ***~ ai genitori*** den Eltern gehorchen; ***~ ciecamente a qcn.*** jdm blind gehorchen; ***il cane obbedisce al padrone*** der Hund gehorcht seinem Herrn; ***~ a un ordine*** einem Befehl gehorchen; ***farsi ~*** sich Gehorsam verschaffen; ***~ alla propria coscienza*** seinem Gewissen folgen; ***~ alle leggi*** die Gesetze befolgen.

ob|biet|ta|re → **obiettare.**

ob|biet|ti|vo → **obiettivo.**

ob|bli|gan|te agg. **1** verbindlich: ***clausola ~*** verbindliche Klausel **2** *(gentile)* zuvorkommend: ***un fare ~*** ein zuvorkommendes Verhalten.

ob|bli|ga|re *(obbligo, obblighi)* **I** tr. **1** verpflichten: ***~ al servizio militare*** zum Wehrdienst verpflichten; ***il suo giuramento lo obbliga all'obbedienza*** sein Eid verpflichtet ihn zum Gehorsam; ***la vostra cortesia mi obbliga*** ich bin euch für eure Freundlichkeit sehr verpflichtet **2** *(costringere)* zwingen: ***~ qcn. a dimettersi*** jdn zum Rücktritt zwingen; ***mi hanno obbligato a restare con loro*** sie haben mich gezwungen, bei ihnen zu bleiben **II** pronom. **obbligarsi** sich verpflichten: ***-rsi per contratto*** sich vertraglich verpflichten; ***non chiedere favori per non -rsi*** um keinen Gefallen bitten, um sich niemandem verpflichtet zu fühlen ◆ ***~ a letto*** ans Bett fesseln.

ob|bli|ga|to p.pass. agg. **1** → **obbligare 2a** verpflichtet: ***essere ~ a qcs.*** zu etw. verpflichtet sein **b** *(inevitabili)* unumgänglich: ***misure -e*** unumgängliche Maßnahmen **3** *(grato)* verbunden, zu Dank verpflichtet: ***sentirsi ~ verso qcn.*** jdm zu Dank verpflichtet sein; ***le sarei molto ~ se...*** ich wäre Ihnen sehr verbunden, wenn... **4** *(obbligatorio)* vorgeschrieben: ***percorso ~*** vorgeschriebener Weg (anche FIG.) **5** MUS. obligat ◆ ***~ a letto*** ans Bett gefesselt; ***passaggio ~*** einzig möglicher Weg; FIG. unumgänglicher (*o* obligatorischer) Schritt; ***scelta -a*** Zwangsentscheidung *f.*

ob|bli|ga|to|ria|men|te avv. gezwungenermaßen. **ob|bli|ga|to|rie|tà** f. Pflicht *f.*

ob|bli|ga|to|rio agg. *(-ri,-rie)* Pflicht-, obligatorisch: ***essere ~*** Pflicht sein ◆ ***assicurazione -a*** Pflichtversicherung *f.*; ***fermata -a*** planmäßige Haltestelle; ***istruzione -a*** Schulpflicht *f.*; ***lettura -a*** Pflichtlektüre *f.*; ***materia -a*** Pflichtfach *n.*; ***servizio militare ~*** Wehrpflicht *f.*; ***vaccinazione -a*** Pflichtimpfung *f.*, (gesetzlich) vorgeschriebene Impfung.

ob|bli|ga|zio|na|rio agg. *(-ri,-rie)* Obligations-, Obligationen- ◆ ***debito ~*** Obligationenschuld *f.*; ***mercato ~*** Obligationsmarkt *m.* (*o* Rentenmarkt *m.*); ***prestito ~*** Obligationsanleihe *f.*; ***titolo ~*** Obligation *f.*

ob|bli|ga|zio|ne f. **1** Verpflichtung *f.*, Verbindlichkeit *f.* (anche DIR.): ***contrarre -i*** Verpflichtungen übernehmen, ein‿gehen; ***adempiere a un'~*** eine Verpflichtung erfüllen; ***liberare da un'~*** von einer Verbindlichkeit befreien **2** ECON. Anleihe *f.*, Obligation *f.*, Schuldverschreibung *f.*: ***emettere -i*** Anleihen (*o* Schuldverschreibungen, Obligationen) aus‿geben ◆ ***~ bancaria*** Bankschuldverschreibung *f.*; ***~ contrattuale*** Vertragsverpflichtung *f.*; ***~ convertibile*** Wandelschuldverschreibung *f.* (*o* Wandelobligation *f.*); ***emissione di -i*** Obligationenausgabe *f.*; ***-i estere*** Auslandsanleihen *pl.*; ***~ non garantita*** Schuldverschreibung *f.*; ***~ giuridica*** Rechtsverbindlichkeit *f.*; ***~ indicizzata*** Indexobligation *f.* (*o* Indexanleihe *f.*); ***~ ipotecaria*** Pfandverschreibung *f.*, Pfandbrief *m.*; ***~ al portatore*** Inhaberschuldverschreibung *f.*; ***~ privilegiata*** Vorzugsobligation *f.* (*o* Prioritätsobligation *f.*); ***~ quotata in borsa*** an der Börse notierte Anleihe; ***~ solidale*** Gesamtverbindlichkeit *f.*; Gesamtverpflichtung *f.*; ***-i statali*** Staatsschuldpapiere (*o* Staatsanleihen) *pl.* **ob|bli|ga|zio|ni|sta** m. e f. *(-i,-e)* Schuldverschreibungsinhaber *m.* (-in *f.*), Obligationär *m.* (-in *f.*).

ob|bli|go m. *(-ghi)* Pflicht *f.*, Verpflichtung *f.*; ***avere l'~ di fare qcs.*** die Pflicht haben, etw. zu tun (*o* verpflichtet sein, etw. zu tun); ***avere degli -ghi verso qcn.*** jdm gegenüber Verpflichtungen haben; ***sentirsi in ~ verso qcn.*** sich jdm gegenüber verpflichtet fühlen; ***adempiere, assolvere un ~*** eine Pflicht erfüllen, einer Verpflichtung nach‿kommen; ***assumere un ~*** eine Verpflichtung übernehmen; ***liberare, sciogliere qcn. da un ~*** jdn aus einer Verpflichtung entlassen ◆ ***~ di acquisto*** Kaufzwang *m.*; ***-ghi contrattuali*** vertragliche Verpflichtungen; ***~ di coscienza*** Gewissenspflicht *f.*; ***~ di denuncia*** Anzeigepflicht *f.*, Meldepflicht *f.*; ***d'~*** Pflicht-, obligatorisch, vorgeschrieben; ***ovunque per guidare l'automobile è d'~ la patente*** für das Autofahren besteht überall Führerscheinpflicht; ***è d'~ l'abito da sera*** Abendkleidung ist Pflicht; ***sorriso d'~*** gezwungenes Lächeln; ***frasi d'~*** Höflichkeitsfloskeln *pl.*; ***le feste d'~*** *(di precetto)* gesetzliche Feiertage; ***fare ~ a qcn. di qcs.*** jdm etw. auf‿erlegen; ***è fatto ~ di...*** es ist Pflicht...; ***~ di frequenza*** Anwesenheitspflicht *f.*; ***-i di leva, ~ del servizio militare*** Wehrpflicht *f.*; ***adempiere agli -i militari*** die Wehrpflicht ab‿leisten; ***avere l'~ morale di fare qcs.*** sich moralisch verpflichtet fühlen, etw. zu tun; ***avere un ~ di riconoscenza verso qcn.*** jdm Dank schulden; ***~ scolastico*** Schulpflicht *f.*; ***frequentare la scuola dell'~*** die Pflichtschuljahre absolvieren; ***~ della vaccinazione*** Impfpflicht *f.*; ***venir meno a un ~*** eine Pflicht versäumen.

ob|bro|brio m. *(-bri)* **1** Schande *f.*, Schmach *f.*: ***è l'~ della famiglia*** er ist die Schande der Familie; ***subire l'~ del carcere*** die Schmach des Gefängnisses erleiden **2** ESTENS. Scheußlichkeit *f.*, Schandfleck *m.*: ***questa discarica è un ~ del paesaggio*** diese Mülldeponie ist ein Schandfleck in der Landschaft; ***questa costruzione è proprio un ~*** dieses Bauwerk ist eine wahre Scheußlichkeit; ***quella cravatta è un ~*** diese Krawatte ist unmöglich (*o* schrecklich).

ob|bro|brio|sa|men|te avv. **1** schändlich, schmachvoll **2** ESTENS. schrecklich, unmöglich.

ob|bro|brio|so agg. **1** schändlich, schmachvoll: ***azione -a*** schändliche (*o* schmachvolle) Tat; ***la strada è in uno stato ~*** die Straße ist in einem schändlichen Zustand **2** ESTENS. schrecklich, unmöglich: ***un vestito ~*** ein unmögliches (*o* schreckliches) Kleid.

o|be|li|sco m. *(-schi)* Obelisk *m.*

o|be|ra|re tr. *(obero)* überladen, überlasten: ***~ qcn. di lavoro*** jdn mit Arbeit überlasten. **o|be|ra|to** p.pass. agg. **1** → **oberare 2** überlastet, überladen, überhäuft: ***essere ~ di lavoro*** mit Arbeit überhäuft sein ◆ ***~ di debiti*** überschuldet.

o|be|si|tà f. Fettsucht *f.*, Fettleibigkeit *f.* **o|be|so** **I** agg. fettleibig **II** m. Fettleibige *m.*

o|bi|ce m. Haubitze *f.*

o|biet|ta|re tr. **1** ein‿wenden, entgegnen: ***non avere nulla da ~*** nichts einzuwenden haben **2** assol. Einwände haben, Einwände erheben: ***~ su tutto*** gegen alles Einwände haben (*o* erheben).

o|biet|ti|va|men|te avv. objektiv, sachlich: ***giudicare qcn. ~*** jdn objektiv beurteilen; ***qcs. è ~ giusto, sbagliato*** etw. ist sachlich richtig, falsch.
o|biet|ti|vi|tà f. Objektivität *f.*, Sachlichkeit *f.*: ***l'~ di un giudizio*** die Objektivität eines Urteils; ***illustrare qcs. con ~*** etw. objektiv dar‿stellen; ***mancare di ~*** nicht objektiv sein; ***giudicare con ~*** objektiv beurteilen.
o|biet|ti|vo **I** agg. objektiv, sachlich: ***giudizio ~*** objektives Urteil; ***un'analisi -a dell'accaduto*** eine objektive (*o* sachliche) Analyse des Geschehenen **II** m. **1** OTT. Objektiv *n.* **2** *(scopo)* Ziel *n.* (anche MIL.): ***raggiungere un ~*** ein Ziel erreichen; ***porsi un ~*** sich (D) ein Ziel setzen; ***i suoi -i sono chiari*** seine Ziele sind offensichtlich; ***colpire, centrare l'~*** das Ziel treffen; FIG. das Ziel erreichen; ***individuare, mancare l'~*** das Ziel bestimmen, verfehlen ◆ ***~ civile*** nichtmilitärisches Ziel; ***~ a focale variabile*** Varioobjektiv *n.*; ***~ grandangolare*** Weitwinkelobjektiv *n.*, ***~ intercambiabile*** Wechselobjektiv *n.*; ***~ militare*** militärisches Ziel; ***~ panoramico*** Panoramaobjektiv *n.*; ***~ zoom*** Zoomobjektiv *n.*
o|biet|to|re m. **1** ***~ (di coscienza)*** Wehrdienstverweigerer *m.*, Kriegsdienstverweigerer *m.* **2** *(medico)* = Arzt *m.*, der aus Gewissensgründen keine Abtreibungen vornimmt.
o|bie|zio|ne f. **1** Einwand *m.*, Widerspruch *m.*: ***sollevare, muovere un'~*** einen Einwand erheben; ***non avere -i*** keine Einwände haben; ***ci sono -i?*** gibt es Einwände? ***obbedire senza fare ~*** widerspruchslos gehorchen **2** DIR. Einspruch *m.*, Einwand *m.*: ***sollevare -i*** Einspruch ein‿legen; ***respingere un'~*** einen Einwand verwerfen (*o* zurück‿weisen) ◆ ***~ di coscienza*** Wehrdienstverweigerung *f.*, Kriegsdienstverweigerung *f.*; *(di medico)* = Weigerung *f.* aus Gewissensgründen, Abtreibungen vorzunehmen.
o|bi|to|rio m. *(-ri)* Leichenschauhaus *n.*, Leichenhaus *n.*
o|bla|ti|vo agg. = selbstlos.
o|bla|to m. Oblate *m.*
o|bla|to|re m. **1** Spender *m.*, Stifter *m.* **2** DIR. = Entrichter *m.* einer Geldbuße. **o|bla|zio|ne** f. **1** Spende *f.*, Stiftung *f.* **2** LIT. Oblation *f.* **3** DIR. = freiwillige Entrichtung *f.* einer Geldbuße.
o|bli|a|re tr. LETT. vergessen. **o|bli|o** m. Vergessenheit *f.*: ***cadere nell'~*** in Vergessenheit geraten.
o|bli|qua|men|te avv. **1** schräg, schief **2** *(in modo sleale)* unehrlich, unlauter. **o|bli|qui|tà** f. **1** Schrägheit *f.*: ***l'~ di una retta rispetto al piano*** die Schrägheit einer Geraden zu einer Ebene **2** *(slealtà)* Unehrlichkeit *f.*, Unlauterkeit *f.*
o|bli|quo agg. **1** schräg, schief: ***linea -a*** schräge Linie; ***piano ~*** schiefe Ebene **2** *(non diretto)* indirekt **3** *(sleale)* unehrlich, unlauter: ***mire -e*** unlautere Ziele **4** GRAMM. ***caso ~*** abhängiger Fall, obliquer Kasus ◆ ***per vie -e*** auf Umwegen; ***venire a sapere qcs. per vie -e*** etw. auf Umwegen erfahren.
o|bli|te|ra|re *(oblìtero)* **I** tr. **1** LETT. *(cancellare)* verwischen **2** *(annullare)* entwerten: ***~ un francobollo, un biglietto*** eine Briefmarke, einen Fahrschein entwerten **3** MED. veröden, obliterieren **II** pronom. **obliterarsi** sich verschließen, sich verstopfen. **o|bli|te|ra|to|re** m., **o|bli|te|ra|tri|ce** f. Fahrscheinentwerter *m.* **o|bli|te|ra|zio|ne** f. **1** Entwertung *f.* **2** MED. Verödung *f.*, Obliteration *f.*
o|blò m.inv. **1** Bullauge *n.* **2** *(di lavatrice)* Waschmaschinenfenster *n.*
o|blo|mo|vi|smo m. Oblomowerei *f.*
o|blun|go agg. *(-ghi,-ghe)* länglich: ***vassoio ~*** längliches Tablett.
ob|nu|bi|la|men|to m. Trübung *f.* (anche PSIC.): ***~ della vista*** Trübung der Augen; ***~ della coscienza*** Bewusstseinstrübung *f.* **ob|nu|bi|la|re** tr. *(obnùbilo)* trüben: ***~ l'intelletto*** den Verstand trüben.
o|bo|e m. Oboe *f.* **o|bo|i|sta** m. e f. *(-i,-e)* Oboist *m.* (-in *f.*).
o|bo|lo m. Obolus *m.*: ***dare il proprio ~*** seinen Obolus entrichten.
ob|so|le|scen|te agg. veraltet. **ob|so|le|scen|za** f. **1** Veralten *n.* **2** ECON. Entwertung *f.*
ob|so|le|to agg. veraltet, obsolet: ***vocabolo ~*** veraltetes Wort.
ob|tor|to col|lo avv. gegen den Willen.
oc, *lingua d'~* Altprovenzalisch *n.*
OC ⇒ *Onde Corte* Kurzwelle (KW).
o|ca f. *(oche)* Gans *f.* (anche FIG.): ***quella ragazza è un'~*** dieses Mädchen ist eine (dumme) Gans ◆ ***ecco fatto il becco all'~*** fertig ist die Laube; ***fegato d'~*** Gänseleber *f.*; ***gioco dell'~*** INTRAD. (Würfelspiel); ***fare un giro dell'~*** = umsonst laufen; ***passo dell'~*** Stechschritt *m.*; ***avere la pelle d'~*** eine Gänsehaut haben; ***mi fa venire la pelle d'~*** davon bekomme ich eine Gänsehaut; ***penna d'~*** Gänsefeder *f.*; ***piumino d'~*** Daune *f.*, Gänsedaune *f.*; *(giacca imbottita)* Daunenjacke *f.*; ***~ selvatica*** Wildgans *f.*, Graugans *f.*
o|cag|gi|ne f. Albernheit *f.*, Dummheit *f.*
o|ca|ri|na f. Okarina *f.*
oc|ca|mi|smo m. Ockhamismus *m.*
oc|ca|sio|na|le agg. **1** Gelegenheits-, gelegentlich: ***rovesci -i*** gelegentliche Schauer (*o* vereinzelte Regenschauer); ***rapporti (sessuali) -i*** gelegentlicher (sexueller) Kontakt; ***bevitore, fumatore ~*** Gelegenheitstrinker *m.*, -raucher *m.*; ***lavoro ~*** Gelegenheitsarbeit *f.* **2** *(fortuito)* zufällig: ***incontro ~*** zufällige Begegnung ◆ ***clientela ~*** Laufkundschaft *f.* **oc|ca|sio|na|li|smo** m. Okkasionalismus *m.* **oc|ca|sio|nal|men|te** avv. **1** gelegentlich: ***~ veniva a trovarci*** er kam uns gelegentlich besuchen **2** *(fortuitamente)* zufällig. **oc|ca|sio|na|re** tr. **1** ***~ qcs.*** zu etw. Gelegenheit geben **2** *(causare)* veranlassen, verursachen.
oc|ca|sio|ne f. **1a** Gelegenheit *f.*: ***cogliere, perdere un'~*** eine Gelegenheit nutzen, verpassen; ***cogliere l'~ al volo*** die Gelegenheit beim Schopf packen; ***se si presenta l'~*** wenn sich die Gelegenheit bietet; ***avere l'~ di fare qcs.*** die Gelegenheit haben, etw. zu tun; ***lasciarsi sfuggire una buona ~*** sich (D) eine günstige Gelegenheit entgehen lassen; ***alla prima ~*** bei der ersten Gelegenheit **b** *(cosa a prezzo vantaggioso)* ***questo computer è una (vera) ~*** dieser Computer ist eine günstige Gelegenheit **2** pl. *(offerte speciali)* günstige Angebote (*o* Gelegenheiten) *pl.*: ***in questo periodo ci sono molte -i*** zur Zeit gibt es viele günstige Angebote **3** *(circostanza)* Gelegenheit *f.*, Anlass *m.*: ***in -i particolari*** bei besonderen Anlässen (*o* Gelegenheiten); ***in quell'~ si è comportato male*** bei der Gelegenheit hat er sich schlecht benommen **4** *(motivo)* Anlass *m.*, Grund *m.*: ***dare a qcn. ~ di qcs.*** jdn Anlass zu etw. geben; ***la spartizione del bottino è stata ~ di litigio*** die Aufteilung der Beute war ein Anlass zum Streit **4** COMM. Okkasion *f.*, Gelegenheitskauf *m.* ◆ ***acquisto d'~*** Gelegenheitskauf *m.*; ***all'~*** bei Gelegenheit; ***auto d'~*** günstiger Gebrauchtwagen; ***banco delle -i*** Wühltisch *m.*; ***in ~ di qcs.*** anlässlich (*o* aus Anlass) etw. (G.); ***in ~ del suo compleanno*** anlässlich (*o* aus Anlass) seines Geburtstags; ***per l'~ ho messo un abito elegante*** zur Feier des Tages habe ich mich elegant angezogen; ***poesia d'~*** Gelegenheitsgedicht *n.*; ***vetrina delle -i*** Schaufenster *n.* mit Sonderangeboten; PROV. ***l'~ fa l'uomo ladro*** Gelegenheit macht Diebe.
oc|ca|so m. LETT. **1** Sonnenuntergang *m.* **2** *(occidente)* Westen *m.* **3a** FIG. *(declino)* Untergang *m.* **b** *(morte)* Tod *m.*
oc|chia|ia f. **1** *(cavità)* Augenhöhle *f.*: ***le -e del teschio*** die Augenhöhlen des Schädels **2** pl. *(segni sotto gli occhi)* Augenringe *pl.*, Ränder *pl.*, Augenschatten *pl.*: ***avere profonde -e*** dunkle Ränder um die Augen haben.
oc|chia|le ANT. **I** agg. Augen-: ***vetro ~*** Augenglas *n.* **II** m. **1** optisches Gerät *n.* **2** *(lente da occhio)* Einglas *n.*, Monokel *n.* **oc|chia|let|to** m. **1** Lorgnette *f.* **2** *(monocolo)* Monokel *n.*
oc|chia|li m.pl. Brille *f.*: ***un paio di -i*** eine Brille; ***mettersi (o inforcare), togliersi gli -i*** sich (D) die Brille auf‿setzen, ab‿nehmen; ***portare gli -i*** eine Brille tragen ◆ ***~ acustici*** Brille mit eingebautem Hörgerät; ***~ bifocali*** Bifokalbrille *f.*; ***~ correttivi*** Brille *f.*; ***~ forti*** starke Brille *f.*; ***~ da ghiacciaio*** Gletscherbrille *f.*; ***~ per leggere, da lettura*** Lesebrille *f.*; ***~ da miope*** Brille für Kurzsichtige; ***~ da neve*** Schneebrille *f.*; ***~ da nuotatore*** Schwimmbrille *f.*; ***portatore di ~*** Brillenträger *m.*; ***~ da presbite*** Brille für Weitsichtige; ***~ protettivi, di protezione*** Schutzbrille *f.*; ***~ da saldatore*** Schweißerbrille *f.*; ***serpente dagli ~*** Brillenschlange *f.*; ***~ da sole*** Sonnenbrille *f.*; ***~ a stanghetta*** Bügelbrille *f.*; ***~ a stringinaso*** Kneifer *m.*, Zwicker *m.*; ***~ da subacqueo*** Taucherbrille *f.*; ***~ da vista*** Brille *f.*
oc|chia|li|no → **occhialetto.**
oc|chia|lu|to **I** agg. bebrillt **II** m. Brillenträger *m.*
1.oc|chia|ta f. Blick *m.* ◆ ***dare un'~ a qcn., qcs.*** auf jdn, etw. einen Blick werfen; *(tener d'occhio)* auf jdn, etw. Acht‿geben: ***dare un'~ al giornale*** einen Blick in die Zeitung werfen; ***dare una rapida ~ a qcs.*** einen kurzen (*o* schnellen) Blick auf etw. (A) werfen; ***dai un'~ ai bambini*** gib auf die Kinder Acht; ***fulminare qcn. con un'~*** jdm einen vernichtenden Blick zu‿werfen; ***scambiarsi un'~ d'intesa*** einen Blick des Einverständnisses miteinander wechseln; ***lanciare un'~ a qcn., qcs.*** jdm, etw. einen Blick zu‿werfen; ***lanciare un'~ di rimprovero a qcn.*** jdn mit vorwurfsvollem Blick an‿schauen; ***squadrare qcn. con un'~*** jdn mit einem Blick messen.
2.oc|chia|ta f. ZOOL. Seebrasse *f.*
oc|chia|tac|cia f. *(-ce)* scheeler Blick *m.*
oc|chia|to agg. augenförmig, mit Augenflecken verziert: ***le penne -e del pavone*** die mit Augenflecken verzierten Federn des Pfaus.
oc|chieg|gia|re *(occhieggio, occhieggi)* **I** tr. ***~ qcn.*** nach jdm äugeln, mit jdm liebäugeln; ***~ una ragazza*** nach einem Mädchen äugeln **II** intr. (aus. *avere*) hervor‿schauen: ***le margherite occhieggiano fra l'erba*** die Margeriten schauen aus dem Gras hervor.
oc|chiel|la|tri|ce f. Ösen(einsetz)maschine *f.* **oc|chiel|la|tu|ra** f. **1** *(l'occhiellare)* Ösenmachen *n.* **2** *(insieme di occhielli)* Ösen *pl.*, Ösenreihe *f.*; *(di abito)* Knopflochreihe *f.*

oc|chiel|lo m. 1 Knopfloch *n.*: *portare un fiore all'~* eine Blume im Knopfloch tragen; *infilarsi un fiore all'~* sich eine Blume ins Knopfloch stecken 2 *(di rinforzo)* *~ metallico* Öse *f.* 3 TIP. Schmutztitel *m.* 4 GIORN. Aufhänger *m.* ◆ FIG. *l'artista è il fiore all'~ della sua città* der Künstler ist das Aushängeschild seiner Stadt; *quel premio letterario, il suo ultimo romanzo è il suo fiore all'~* dieser Literaturpreis ist sein Aushängeschild, sein letzter Roman ist sein Glanzstück.

oc|chiet|to m. Äuglein *n.* ◆ *fare l'~ a qcn.* jdm zu‿zwinkern.

oc|chio m. *(-chi)* 1 Auge *n.*: *-chi azzurri, chiari, scuri* blaue, helle, dunkle Augen; *-chi incavati* tief liegende Augen; *-chi iniettati di sangue* blutunterlaufene Augen; *aprire, chiudere gli -chi* die Augen öffnen, schließen; *a -chi chiusi, aperti* mit geschlossenen, offenen Augen; *sbarrare, spalancare gli -chi* die Augen auf‿reißen; *stropicciarsi gli -chi* sich die Augen reiben; *strizzare l'~* mit den Augen zwinkern; *strizzare l'~ a qcn.* jdm zu‿zwinkern; *guardarsi negli -chi* sich in die Augen sehen; *cieco da un ~* auf einem Auge blind; *vederci da un ~* auf einem Auge sehen; *qcn. ha le lacrime agli -chi* jdm stehen die Tränen in den Augen; *non riesco a tenere gli -chi aperti (o mi si chiudono gli -chi) per il sonno* mir fallen die Augen vor Müdigkeit zu; *lo ha visto con i suoi -chi* er hat es mit seinen eigenen Augen gesehen 2 *(sguardo)* Blick *m.*: *gettare l'~ su qcs.* einen Blick auf etw. werfen; *seguire qcn. con gli -chi* jdm mit dem Blick folgen (*o* jdm nach‿sehen, jdm nach‿blicken); *alzare gli -chi al cielo* den Blick zum Himmel erheben; *alzare, abbassare gli -chi* den Blick heben, senken; *voltare l'~* den Blick ab‿wenden 3 *(buco)* Loch *n.*, Öhr *n.*, Öffnung *f.*: *il formaggio Emmental ha molti -chi* der Emmentaler Käse hat viele Löcher 4 BOT. *(gemma)* Auge *n.*: *-chi della patata* Augen der Kartoffel 5 TIP. Schriftbild *n.* 6 *(come esclamazione)* *~!* pass auf! *~ al gradino!* Vorsicht, Stufe! ◆ *a ~* nach Augenmaß, schätzungsweise, ungefähr; *tenere gli -chi aperti* die Augen auf‿halten (*o* offen halten); *sognare a -chi aperti* mit offenen Augen träumen; FIG. *a qcn. si aprono gli -chi* jdm gehen die Augen auf; FIG. *aprire gli -chi alla luce* das Licht der Welt erblicken; *aprire gli -chi a qcn.* jdm die Augen öffnen; *-chi d'Argo* Argusaugen *pl.*; *~ artificiale* künstliches Auge *n.*; *avere ~* Augenmaß besitzen; *in un batter d'~* im Nu, in einem Augenblick; *il bianco dell'~* das Weiße im Auge; *~ bovino* Glotzauge *n.*; *-chi del brodo* Fettaugen *pl.*; *~ di bue* Ochsenauge *n.*; GASTR. Spiegelei *n.*; TEATR. Spotlight *n.*; *vedere qcn., qcs. di buon ~* jdm wohlgesinnt sein, etw. (D) positiv gegenüber‿stehen; *avere (un) buon ~* ein gutes Augenmaß haben; *avere buoni -chi* gute Augen haben; *cadere sotto gli -chi* unter die Augen kommen; *cavare gli -chi a qcn.* jdm die Augen aus‿kratzen; *cavarsi gli -chi* sich (D) die Augen verderben; FIG. *(morire) chiudere gli -chi* die Augen schließen; FIG. *chiudere gli -chi a qcn.* jdm die Augen schließen; FIG. *non chiudere ~* kein Auge zu‿tun (*o* zu‿machen); FIG. *chiudere un ~ su qcs.* bei etw. ein Auge zu‿drücken; FIG. *a -chi chiusi* (wie) im Schlaf; *(ciecamente)* blind, in blindem Vertrauen; *~ di un ciclone* Auge eines Wirbelsturms; FIG. *essere, trovarsi nell'~ del ciclone* im Kreuzfeuer stehen; *~ clinico* geübtes Auge (des Arztes); FIG. Kennerblick *m.*; *guardare qcn. con la coda dell'~* jdn aus den Augenwinkeln beobachten; *a colpo d'~* auf den ersten Blick; ZOOL. *~ composto* Facettenauge *n.*; *costare un ~ (della testa)* ein Heidengeld kosten; *non credere ai propri -chi* seinen eigenen Augen nicht trauen; *a ~ e croce* über den Daumen gepeilt; *dare nell'~* ins Auge fallen, auf‿fallen; *fare gli -chi dolci a qcn.* jdm schöne Augen machen; *essere tutt'-chi* seine Augen überall haben; *fare l'~ a qcs.* = sein Auge an etw. (A) gewöhnen; *fino agli -chi* bis über die Ohren; *avere gli -chi foderati di prosciutto* Tomaten auf den Augen haben; *essere come il fumo negli -chi* = sehr lästig sein (*o* auf die Nerven gehen); *vedere qcn. come fumo negli -chi* bei jdm rot sehen; *~ di gatto* Katzenauge *n.*; *-chi gonfi di pianto* verweinte Augen; *leggere qcs. negli -chi di qcn.* jdm etw. an den Augen ab‿lesen; *avere ~ di lince* Augen wie ein Luchs haben; EL. *~ magico* magisches Auge; *vedere di mal ~ qcn.* jdm gegenüber missgünstig sein; *~ a mandorla* Mandelauge *n.*; *mangiare qcn. con gli -chi* jdn mit den Augen verschlingen; *gli -chi della mente* das geistige Auge; *mettere gli -chi su (addosso a) qcn., su qcs.* auf jdn, etw. ein Auge werfen; *agli -chi del mondo* in den Augen der Welt; *fare un ~ nero a qcn.* jdm ein blaues Auge schlagen; *a ~ nudo* mit bloßem Auge; *con gli -chi fuori dalle orbite* mit weit aufgerissenen Augen; *non avere né -chi, né orecchi* weder sehen, noch hören; *-chi del pavone* Pfauenaugen *pl.*; *perdere d'~* aus den Augen verlieren; *non perdere d'~ qcn.* jdn nicht aus den Augen lassen; *a perdita d'~* so weit das Auge reicht; *~ di pernice* Hühnerauge *n.*; FOT. *~ di pesce* Fischauge *n.*; *~ pesto* Veilchen *n.*; *piantare gli -chi addosso a qcn.* jdn an‿glotzen; *gettare la polvere negli -chi* Sand in die Augen streuen; *-chi porcini* Schweinsäuglein *pl.*; *come un pugno in un ~* wie die Faust aufs Auge; *a quattr'-chi* unter vier Augen; *avere quattro -chi* = eine Brillenschlange sein; *rifarsi gli -chi* das Auge laben; *avere un ~ di riguardo per qcn.* = jdn bevorzugen, jdn bevorzugt behandeln; *saltare all'~* ins Auge fallen (*o* springen); *sgranare gli -chi* große Augen machen; *sognare a -chi aperti* mit offenen Augen träumen; *sotto gli -chi di qcn.* vor jds Augen; *avere qcs. sott'~* etw. vor Augen haben; *spendere un ~ (della testa)* ein Heidengeld aus‿geben; *~ spento* erloschener Blick; *~ strabico* Schielauge *n.*; *guardare con tanto d'-chi* große Augen machen; *fare tanto d'-chi* die Augen auf‿reißen; *tenere d'~ qcn.* jdn im Auge behalten; *~ del tifone* Auge des Taifuns; *~ di tigre* Tigerauge *n.*; *~ di triglia* Glupschaugen *pl.*; *far l'~ di triglia a qcn.* jdn an‿schmachten; *essere tutt'-chi* ganz Auge sein; *~ di vetro* Glasauge *n.*; *a vista d'~* zusehends; *anche l'~ vuole la sua parte* das Auge will auch seinen Teil; PROV. *~ non vede, cuore non duole* was ich nicht weiß, macht mich nicht heiß; *~ per ~, dente per dente* Auge um Auge, Zahn um Zahn; *lontano dagli -chi, lontano dal cuore* aus den Augen, aus dem Sinn; *quattro -chi vedono meglio di due* vier Augen sehen mehr als zwei; *l'~ del padrone ingrassa il cavallo* das Auge des Herrn macht die Kühe fett.

oc|chio|li|no, *fare l'~ a qcn.* jdm zu‿zwinkern.

oc|chio|ne m. 1 pl. große Augen *pl.* 2 ZOOL. Triel *m.* 3 *(nei traini)* Anhängeröse *f.*, Zugöse *f.*

oc|chiu|to agg. 1 vieläugig 2 ESTENS. *(con macchie a forma di occhio)* mit augenförmigen Flecken 3 FIG. *(vigile)* wachsam.

oc|ci|den|ta|le I agg. 1 West-, westlich: *mondo ~* westliche Welt; *i paesi, popoli -i* die westlichen Länder, Völker; *Africa, Asia, Europa ~* Westafrika *n.*, -asien *n.*, -europa *n.*; *costa ~* Westküste *f.*; *lato, versante ~* Westseite *f.*, westlicher Hang 2 *(di civiltà)* westlich, abendländisch, okzidental **II** m. Bewohner *m.* der westlichen Welt ◆ *blocco ~* Westblock *m.*; *cultura ~* abendländische Kultur; *fronte ~* Westfront *f.*; *Indie -i* Westindien *pl.*; *nord ~* nordwestlich; *potenze -i* Westmächte *pl.*; *sud ~* südwestlich.

oc|ci|den|ta|li|smo m. 1 Eurozentrismus *m.* 2 POL. Abendlandsideologie *f.* **oc|ci|den|ta|li|sta** m. e f. *(-i,-e)* Anhänger *m.* (-in *f.*) der Abendlandsideologie. **oc|ci|den|ta|liz|za|re I** tr. verwestlichen **II** pronom. **occidentalizzarsi** sich verwestlichen. **oc|ci|den|ta|liz|za|zio|ne** f. Verwestlichung *f.*

oc|ci|den|te m. 1 Westen *m.*: *venire da ~* aus dem Westen kommen; *guardare a ~* nach Westen schauen; *viaggiare verso ~* nach Westen reisen; *una finestra esposta a ~* ein nach Westen gerichtetes Fenster; *la Francia è a ~ della Germania* Frankreich liegt westlich von Deutschland; 2 *(di civiltà)* Westen *m.*, Abendland *n.*, Okzident *m.*: *il tramonto dell'~* der Untergang des Abendlandes 3 POL. Westen *m.* ◆ *Impero Romano d'Occidente* weströmisches Reich.

oc|ci|pi|ta|le agg. okzipital; *osso ~* Hinterhauptbein *n.* **oc|ci|pi|te** m. Hinterkopf *m.*

oc|ci|ta|ni|co I agg. *(-ci,-che)* okzitanisch **II** m. okzitanische Sprache *f.*

oc|clu|de|re tr. *(occlusi; occluso)* 1 verschließen, verstopfen: *i rifiuti occlusero le fognature* die Abfälle verstopften die Kanalisation 2 MED. veröden: *~ un vaso sanguigno* ein Blutgefäß veröden.

oc|clu|sio|ne f. 1 MED. Okklusion *f.*, Verschluss *m.*, Verödung *f.*: *~ intestinale* Darmverschluss *m.*; *l'~ di vene (varicose)* die Verödung von Krampfadern; *~ di un vaso sanguigno* Gefäßverstopfung *f.* 2 METEOR. Okklusion *f.* 3 LING. Verschluss *m.* 4 ANAT. Okklusion *f.*

oc|clu|si|va f. Verschlusslaut *m.*, Okklusiv *m.* **oc|clu|si|vo** agg. 1 verschließend 2 LING. okklusiv ◆ *consonante -a* Verschlusslaut *m.*, Okklusiv *m.*

oc|clu|so p.pass. agg. 1 → **occludere** 2 METEOR. CHIM. Okklusions-, okkludiert: *materiale ~* Okklusionsmaterial *n.*

oc|cor|ren|te I agg. erforderlich, nötig, notwendig: *il tempo ~ per completare il lavoro* die zur Beendung der Arbeit nötige Zeit; *il materiale ~ per la lavorazione* das für die Verarbeitung notwendige Material **II** m. 1 Nötige *n.*, Notwendige *n.*: *portare con sé tutto l'~* alles Notwendige mit‿nehmen; *l'~ per scrivere* das Schreibzeug 2 LETT. *(ciò che accade)* Geschehen *n.*, Ereignis *n.*, Vorkommnis *n.*

1.oc|cor|ren|za f. Bedarf *m.*, Bedarfsfall *m.*: *secondo le -e* nach Bedarf; *premunirsi per ogni ~* für jeden Bedarfsfall gewappnet sein ◆ *all'~* bei Bedarf, im Bedarfsfall, nötigenfalls; *(eventualmente)* gegebenenfalls: *all'~ andiamo a piedi* nötigenfalls gehen wir zu Fuß; *all'~ mi rivolgerò a Lei* gegebenenfalls werde ich mich an Sie wenden.

2.oc|co|ren|za f. LING. Okkurrenz *f.*

oc|cor|re|re intr. (aus. *essere*) 1 *qcs. occorre a qcn.* jd braucht (*o* benötigt) etw., etw. ist für jdn notwendig (*o* erforderlich): ***mi occorrono molti soldi*** ich brauche viel Geld; ***ci occorre una vostra conferma entro fine mese*** wir benötigen Ihre Bestätigung bis Monatsende; ***per andare in Russia occorre un visto*** um nach Russland zu fahren, braucht man ein Visum; ***per questo lavoro occorre molto tempo*** für diese Arbeit ist viel Zeit notwendig (*o* braucht man viel Zeit); ***non occorrono prove*** Beweise sind nicht notwendig **2** impers. *(si deve)* ***occorre (che)...*** man muss..., es ist notwendig...: ***occorre saper aspettare*** man muss abwarten können; ***per prevenire i raffreddori occorre coprirsi bene*** um Erkältungen vorzubeugen, muss man sich warm anziehen; ***occorre far presto*** man muss sich beeilen (*o* Eile ist geboten) **3** *(succedere)* passieren, geschehen: ***è occorsa una disgrazia*** ein Unglück ist passiert (*o* geschehen) ◆ ***non occorre agitarsi*** kein Grund zur Aufregung.

oc|cul|ta|bi|le agg. zu verbergen. **oc|cul|ta|men|te** avv. heimlich, im Verborgenen.

oc|cul|ta|men|to m. **1a** Verbergen *n.*, Verstecken *n.*: ***~ di cadavere*** das Verbergen einer Leiche **b** DIR. ***~ di documenti, di testamento*** Urkunden-, Testamentsunterschlagung *f.* **2** FIG. Verheimlichung *f.*, Verschleierung *f.*, Verdunk(e)lung *f.*: ***~ di manovra*** Verdunkelung eines Manövers ◆ ***pericolo di ~ delle prove*** Verdunkelungsgefahr *f.*

oc|cul|ta|re I tr. **1** verbergen, verstecken: ***~ una prova*** einen Beweis verbergen; ***~ la refurtiva*** die Beute verstecken **2** FIG. verheimlichen, verschleiern, verdunkeln: ***~ la verità*** die Wahrheit verheimlichen; ***~ un fatto*** eine Tat verdunkeln **3** ASTR. verfinstern: ***la luna ha occultato il sole*** der Mond hat die Sonne verfinstert **II** pronom. **occultarsi** sich verbergen, sich verstecken. **oc|cul|ta|zio|ne** f. **1** Verbergung *f.*, Verheimlichung *f.* **2** ASTR. Verfinsterung *f.*; ***~ solare*** Sonnenfinsternis *f.*

oc|cul|ti|smo m. Okkultismus *m.* **oc|cul|ti|sta** m. e f. *(-i,-e)* Okkultist *m.* (-in *f.*). **oc|cul|ti|sti|co** agg. *(-ci,-che)* okkultistisch: ***pratiche -che*** okkultistische Praktiken.

oc|cul|to I agg. **1** okkult: ***forze -e*** okkulte Kräfte **2** *(segreto)* geheim, versteckt: ***pensieri -i, ragioni -e*** geheime Gedanken, Gründe; ***cause -e*** versteckte Ursachen; ***fondi -i*** Geheimfonds *pl.*; ***scienze -e*** Geheimwissenschaft *f.*; ECON. ***persuasione -a*** versteckte Überredung **II** m. Okkulte *n.*: ***il mondo dell'~*** die Welt des Okkulten.

oc|cu|pa|bi|le agg. besetzbar, einnehmbar.

oc|cu|pan|te I agg. Besatzungs-, besetzend, Okkupations-: ***esercito, potenza ~*** Besatzungsheer *n.* (*o* Okkupationsheer *n.*), Besatzungsmacht *f.* (*o* Okkupationsmacht *f.*) **II** m. e f. **1** *(di veicoli)* Insasse *m.* (Insassin *f.*): ***gli -i dello scompartimento*** die Insassen des Zugabteils **2** *(di case)* Bewohner *m.* (-in *f.*): ***il primo ~*** der erste Bewohner; ***~ abusivo*** Hausbesetzer *m.* **3** MIL. Besatzungsmacht *f.*, Okkupationsmacht *f.*

oc|cu|pa|re (*occupo*) **I** tr **1a** *(abusivamente)* besetzen: ***~ una casa, una fabbrica*** ein Haus, eine Fabrik besetzen **b** MIL. besetzen, okkupieren; *(conquistare)* ein‿nehmen: ***~ un paese*** ein Land besetzen; ***le truppe hanno occupato la capitale*** die Truppen haben die Hauptstadt eingenommen **2** *(abitare)* bewohnen: ***~ due stanze*** zwei Zimmer bewohnen **3a** *(rivestire)* bekleiden, inne‿haben: ***~ una carica, un posto di grande responsabilità*** ein Amt bekleiden, einen verantwortungsvollen Posten innehaben **b** ***~ un posto di guardiano notturno*** als Nachtwächter beschäftigt sein **4a** *(spazio)* ein‿nehmen, weg‿nehmen: ***l'armadio occupa molto spazio*** der Schrank nimmt viel Platz weg **b** INFORM. ***~ spazio in memoria*** Speicherplatz belegen **c** FIG. ***~ la mente*** seinen Geist beschäftigen **5** *(impiegare)* beschäftigen, an‿stellen: ***quella fabbrica occupa 100 persone*** jene Fabrik beschäftigt 100 Personen; ***~ molta gente in una ditta*** viele Leute in einer Firma beschäftigen **6** *(impegnare)* beschäftigen: ***il nuovo lavoro lo occupa tutto il giorno*** die neue Arbeit beschäftigt ihn den ganzen Tag; ***~ i bambini con un gioco*** die Kinder mit einem Spiel beschäftigen **7a** *(tener occupato)* besetzen, belegen: ***~ un posto sul treno*** einen Platz im Zug besetzen; ***~ un tavolo*** einen Tisch besetzen **b** *(per altri)* belegen: ***~ due posti*** zwei Sitze belegen **8** *(trascorrere)* verbringen: ***~ le giornate leggendo*** die Tage lesend verbringen **9** *(essere collocato)* belegen: ***~ il terzo posto*** den dritten Platz belegen **II** pronom. **occuparsi 1 *-rsi di qcs.*** sich mit etw. beschäftigen, befassen: ***-rsi di politica*** sich mit Politik befassen **2** *(prendersi cura)* ***-rsi di qcn., qcs.*** sich um jdn, etw. kümmern; ***-rsi dell'educazione dei propri figli*** sich um die Erziehung seiner Kinder kümmern ◆ MIL. ***~ il massimo grado*** den höchsten Rang ein‿nehmen (*o* bekleiden); ***occupati dei fatti tuoi!*** kümmere dich um deine Angelegenheiten!

oc|cu|pa|to I p.pass. agg. **1** → **occupare 2** besetzt, belegt: ***la toilette è -a*** die Toilette ist besetzt; ***tenere ~ qcs.*** etw. besetzt halten; ***stanza -a*** belegtes Zimmer; MIL. ***paese ~*** besetztes Land; *(illegalmente)* ***casa, scuola -a*** besetztes Haus, besetzte Schule **3** *(impegnato)* beschäftigt: ***essere molto ~*** sehr beschäftigt sein; ***tenere ~ qcn.*** jdn beschäftigen **4** *(di telefono)* ***il numero è ~*** die Nummer ist belegt; ***dà (segnale di) ~*** da ist das Besetztzeichen; ***segnale di ~*** Besetztzeichen *n.* **II** m. *(chi ha un posto di lavoro)* Beschäftigte *m.*, Berufstätige *m.*

oc|cu|pa|zio|na|le agg. Beschäftigungs-: ***crisi ~*** Beschäftigungskrise *f.*; ***livello ~*** Beschäftigungsgrad *m.*; ***politica, programma ~*** Beschäftigungspolitik *f.*, -programm *n.*

oc|cu|pa|zio|ne f. **1** Besetzung *f.*, Okkupation *f.* (anche MIL.): ***~ di uno stabile, di una fabbrica*** die Besetzung eines Gebäudes, einer Fabrik; ***~ del paese nemico*** die Besetzung des feindlichen Landes **2** *(lavoro)* Beschäftigung *f.* **3** *(posti di lavoro)* Arbeitsplätze *pl.*: ***difendere l'~*** die Arbeitsplätze verteidigen ◆ ***calo dell'~*** Beschäftigungsrückgang *m.*; ***~ di case*** Hausbesetzung *f.*; ***~ fissa*** feste Anstellung; ***livello dell'~*** Beschäftigungsgrad *m.*; ***avere molte -i*** viel beschäftigt sein; ***piena ~*** Vollbeschäftigung *f.*; ***~ preferita*** Lieblingsbeschäftigung *f.*; ***prima ~*** Erstanstellung *f.*; ***~ quotidiana*** tägliche Beschäftigung; ***~ secondaria*** Nebenbeschäftigung *f.*; ***senza ~*** unbeschäftigt, arbeitslos; ***~ serale*** Feierabendbeschäftigung *f.*; ***~ stagionale*** Saisonbeschäftigung *f.*; MIL. ***statuto d'~*** Besatzungsstatut *n.*; ***tasso di ~*** Beschäftigungsrate *f.*; ***~ a tempo determinato, indeterminato*** befristete Beschäftigung, Dauerbeschäftigung *f.*; ***~ a tempo parziale, a tempo pieno*** Teilzeitbeschäftigung *f.*, Vollzeitbeschäftigung *f.*; ***truppe d'~*** Besatzungstruppen *pl.*; ***zona d'~*** Besatzungszone *f.*

O|ce|a|nia n.pr.f. Ozeanien *n.*

o|ce|a|ni|co agg. *(-ci,-che)* **1** ozeanisch: ***fauna -a*** ozeanische Fauna *f.*; ***clima ~*** ozeanisches Klima **2** *(immenso)* ***folla -a*** Menschenmeer *n.*

o|ce|a|ni|na f. LETT. Meer(es)-: ***ninfa -a*** Meeresnymphe *f.*

o|ce|a|no m. **1** Ozean *m.*, Weltmeer *n.* ◆ ***~ Atlantico*** Atlantischer Ozean, Atlantik *m.*; ***~ Indiano*** Indischer Ozean; ***~ Pacifico*** Pazifischer (*o* Stiller) Ozean **2** FIG. Meer *n.*, Unmenge *f.*, Menge *f.*: ***un ~ di spropositi*** eine Menge Unsinn.

o|ce|a|no|gra|fi|a f. Meereskunde *f.*, Ozeanographie *f.* **o|ce|a|no|gra|fi|co** agg. *(-ci,-che)* meereskundlich, ozeanographisch: ***museo ~*** ozeanographisches Museum. **o|ce|a|no|gra|fo** m. Meereskundler *m.*, Ozeanograph *m.*

o|cel|lo m. **1** Punktauge *n.*, Ozelle *f.* **2** *(macchia)* Auge *n.*

o|ce|lot [os'lo] m.inv. Ozelot *m.*

o|chet|ta f. **1a** Gänschen *n.* **b** FIG. dumme Gans *f.* **2** *(recipiente)* Schnabeltasse *f.* ◆ FAM. *(del mare)* ***fare le -e*** schäumen.

o|cra I f. **1** Ocker *m.* e *n.* **2** *(colore)* Ockerfarbe *f.*, Ockergelb *n.* **II** agg.inv. ***(color) ~*** ocker, ockerfarbig.

OCSE ⇒ *Organizzazione per la Cooperazione e lo Sviluppo Economico* Organisation für wirtschaftliche Zusammenarbeit und Entwicklung (OECD).

oc|to|po|di m.pl. Oktopoden *pl.*

oc|to|pus m.inv. Krake *m.*

o|cu|la|re I agg. Aug(en)-: ***bagno ~*** Augenbad *n.*; ***globo ~*** Augapfel *m.* **II** m. *(lente)* Okular(glas) *n.* ◆ ***testimone ~*** Augenzeuge *m.* (-zeugin *f.*).

o|cu|la|tez|za f. Umsicht *f.*, Besonnenheit *f.*

o|cu|la|to agg. umsichtig, besonnen: ***scelta -a*** besonnene Wahl; ***amministrazione -a*** umsichtige Verwaltung.

o|cu|li|sta m. e f. *(-i,-e)* Augenarzt *m.* (-ärztin *f.*). **o|cu|li|sti|ca** f. Augenheilkunde *f.* **o|cu|li|sti|co** agg. *(-ci,-che)* augenärztlich: ***studio ~*** augenärztliche Praxis; ***terapia -a*** augenärztliche Behandlung.

o|da|li|sca f. *(-sche)* Odaliske *f.*

od|di|o inter. o Gott: ***~, ci mancava anche questa!*** o Gott, das fehlte noch!

o|de f. Ode *f.*

O.d.G. ⇒ *ordine del giorno* Tagesordnung.

o|dia|re *(odio, odi)* **I** tr. **1** hassen: ***~ qcn. con tutta l'anima*** jdn aus tiefster Seele hassen; ***~ a morte qcn., qcs.*** jdn, etw. auf den Tod hassen **2** *(detestare)* verabscheuen, nicht leiden können: ***~ i pettegolezzi, le ingiustizie*** Klatschereien, Ungerechtigkeiten verabscheuen **II** pronom. **odiarsi 1** sich hassen; ***mi odio per quello che ho fatto*** ich finde es selbst hassenswert, was ich gemacht habe **2** *(l'un l'altro)* sich hassen, sich nicht leiden können: ***quei due si odiano a morte*** die beiden hassen sich tödlich. **o|dia|to** p.pass. agg. **1** → **odiare 2** verhasst: ***l'~ tiranno*** der verhasste Tyrann.

o|dier|na|men|te avv. heutzutage, heutigentags.

o|die|r|no agg. 1 *(di oggi)* heutig: ***comunicato ~*** heutiger Bescheid; ***in data -a*** am heutigen Tag 2 *(attuale)* heutig, jetzig, gegenwärtig: ***le scoperte -e*** die heutigen Entdeckungen.

O|di|no n.pr.m. Odin *m.*, Wodan *m.*, Wotan *m.*

o|dio m. *(odi)* Hass *m.*: ***~ cieco, irrefrenabile, mortale, viscerale*** blinder, unbändiger, tödlicher, leidenschaftlicher Hass; ***provare ~ verso qcn.*** gegen jdn Hass empfinden; ***covare (un) ~ profondo per qcn.*** jdm gegenüber abgrundtiefen Hass hegen; ***essere accecato dall'~*** blind vor Hass sein; ***accumulare ~ (dentro di sé)*** Hass in sich an‿stauen (*o* an‿sammeln); ***attirarsi l'~ di qcn.*** sich (D) jds Hass zu‿ziehen; ***attizzare l'~ di qcn.*** jds Hass schüren; ***l'~ divampa*** Hass lodert auf ◆ ***amore-~*** Hassliebe *f.*; ***~ di classe*** Klassenhass *m.*; ***avere in ~ qcn.*** jdn hassen; ***essere in ~ a qcn.*** von jdm gehasst werden; ***venire in ~ a qcn.*** sich bei jdm verhasst machen; ***pieno d'~*** hasserfüllt; ***il seme dell'~*** die Saat des Hasses.

o|dio|si|tà f. Abscheulichkeit *f.*

o|dio|so agg. abscheulich, verabscheuenswert, hassenswert: ***persona -a*** verabscheuenswerte Person; ***lavoro ~*** abscheuliche Arbeit.

o|dis|se|a f. Odyssee *f.*: ***la sua vita fu una lunga ~*** sein Leben war eine einzige Odyssee; ***l'~ dei naufraghi*** die Odyssee der Schiffbrüchigen.

O|do|a|cre n.pr.m. Odoaker *m.*

o|don|tal|gi|a f. Zahnschmerzen *pl.*, Zahnweh *n.* **o|don|tal|gi|co** I agg. *(-ci,-che)* Zahnschmerz-, Zahn-: ***rimedio ~*** Zahnschmerzmittel *n.* II m. *(-ci)* Zahnschmerzmittel *n.*

o|don|to|ia|tra m. e f. *(i-,e)* Zahnarzt *m.* (-ärztin *f.*). **o|don|to|ia|tri|a** f. Zahnheilkunde *f.*, Zahnmedizin *f.* **o|don|to|ia|tri|co** agg. *(-ci,-che)* zahnärztlich, Zahnarzt-: ***studio ~*** Zahnarztpraxis *f.*; ***clinica -a*** Zahnklinik *f.*

o|don|to|lo|gi|a f. Zahnmedizin *f.*, Odontologie *f.* **o|don|to|lo|gi|co** agg. *(-ci,-che)* odontologisch, zahnmedizinisch. **o|don|to|me|tri|a** f. Odontometrie *f.* **o|don|to|sto|ma|to|lo|gi|a** f. Odontostomatologie *f.* **o|don|to|tec|ni|ca** f. Zahntechnik *f.* **o|don|to|tec|ni|co** I m. *(-ci)* Zahntechniker *m.* II agg. *(-ci,-che)* zahntechnisch, Zahn-: ***laboratorio ~*** zahntechnisches Labor.

o|do|ra|re I tr. 1 riechen: ***~ un fiore*** an einer Blume riechen 2 FIG. *(subodorare)* wittern: ***~ l'inganno*** den Betrug wittern II intr. (aus. *avere*) riechen, duften: ***le rose odorano gradevolmente*** die Rosen duften angenehm; ***~ di pulito, di buono*** sauber, gut riechen; ***~ di cipolla*** nach Zwiebeln riechen.

o|do|ra|to m. Geruch(ssinn) *m.*

o|do|re m. 1 Geruch *m.*: ***uno strano ~*** ein merkwürdiger Geruch; ***~ forte, acre, nauseante, persistente*** starker, strenger, widerlicher, lang anhaltender Geruch; ***~ dolciastro, pungente, penetrante*** süßlicher, stechender, aufdringlicher Geruch; ***~ di fogna, fumo, gas*** Kloaken-, Rauch-, Gasgeruch *m.*; ***sentire ~ di qcs.*** etw. riechen; ***non sentire nessun ~*** keinerlei Geruch wahr‿nehmen; ***riconoscere qcs. dall'~*** etw. am Geruch erkennen; ***c'è ~, si sente ~ di cipolla*** es riecht nach Zwiebeln; ***un buon ~, un cattivo ~*** ein Wohlgeruch, ein übler Geruch; ***avere un buon ~, un cattivo ~*** gut, übel riechen 2 pl. *(erbe aromatiche)* Gewürzkräuter *pl.* 3 FIG. *(sentore)* Witterung *f.* ◆ ***avere ~ di qcs.*** nach etw. riechen; FIG. etw. wittern; ***non avere ~*** geruchlos sein; ***~ di bruciato*** Brandgeruch *m.*; ***~ di chiuso*** abgestandene Luft; ***~ di cucina*** Küchengeruch *m.*; ***sento ~ di guai*** ich ahne Unheil; ***~ di guerra*** Kriegsanzeichen *pl.*; ***in ~ di santità*** im Ruf der Heiligkeit; FIG. ***sentire ~ di soldi*** Geld wittern.

o|do|ri|fe|ro agg. LETT. duftend.

o|do|ri|no m. Düftchen *n.*, (köstlicher) Geruch *m.* (anche IRON.); ***dalla cucina arriva un ~ delizioso*** aus der Küche kommt ein köstlicher Geruch.

o|do|ro|so agg. wohlriechend, duftend, Duft-: ***essenza -a*** Duftessenz *f.*

OECE ⇒ *Organizzazione Europea di Cooperazione Economica* Europäischer Wirtschaftsrat (OEEC).

off agg.inv. 1 *(su interruttori)* off, aus 2 *(alternativo)* ***teatro ~*** alternatives Theater.

of|fen|de|re *(offesi, offeso)* I tr. 1 beleidigen, kränken, verletzen: ***~ qcn. con il proprio comportamento*** jdn durch sein Verhalten kränken; ***~ qcn. nell'onore*** jdn in seiner Ehre verletzen; ***non vorrei offenderti*** ohne dich beleidigen zu wollen 2a verletzen, beleidigen: ***~ l'amor proprio di qcn.*** jdn in seiner Eitelkeit kränken; ***~ il pudore*** das Schamgefühl verletzen; ***~ la vista, l'udito*** das Auge, das Ohr beleidigen b FIG. ***~ il buon gusto, il decoro*** gegen den guten Geschmack, den Anstand verstoßen; ***~ la legge*** gegen das Gesetz verstoßen 3 *(lesionare)* verletzen, schädigen: ***~ gli organi vitali*** lebenswichtige Organe verletzen II pronom. **offendersi** 1 *(sentirsi offeso)* beleidigt, gekränkt sein: ***-rsi con qcn. per qcs.*** mit jdm wegen etw. beleidigt sein; ***-rsi facilmente*** leicht (*o* schnell) beleidigt sein; ***non offenderti se ti dico quello che penso*** sei nicht beleidigt, wenn ich dir sage, was ich denke; ***-rsi per niente*** wegen jeder Kleinigkeit beleidigt sein 2 *(ingiuriarsi)* sich gegenseitig beleidigen.

of|fen|si|va f. Offensive *f.*, Angriff *m.*: ***sferrare un'~*** zum Angriff über‿gehen; ***prendere l'~, passare all'~*** zur Offensive über‿gehen; ***~ di pace*** Friedensangebot *n.* (*o* Friedensoffensive *f.*).

of|fen|si|vo agg. 1 beleidigend, kränkend, verletzend: ***parole -e, discorso ~*** beleidigende Worten, Rede; ***atteggiamento ~*** beleidigendes Verhalten 2 MIL. offensiv, Angriffs-, Offensiv-: ***guerra -a*** Offensivkrieg *m.*, Angriffskrieg *m.*; ***manovra -a*** Angriffsmanöver *n.* **of|fen|so|re** m. 1 Beleidiger *m.* 2 *(aggressore)* Angreifer *m.*

of|fe|ren|te m. Bieter *m.*: ***il miglior ~*** Meistbietende *m.*; ***vendere qcs. al miglior ~*** etw. meistbietend (*o* dem Meistbietenden) versteigern; ***aggiudicato al maggior ~*** dem Meistbietenden zugeschlagen.

of|fer|ta f. 1 Angebot *n.* (anche ECON.): ***fare, ricevere, rifiutare un'~*** ein Angebot machen, erhalten, ab‿lehnen; ***un'~ più alta, più bassa*** ein höheres, niedrigeres Angebot; ***un'~ di qcs.*** ein Angebot an (*o* von) etw.; ***oggi i pomodori sono in ~*** die Tomaten sind heute im Angebot; ***sottoporre un' ~ a qcn.*** jdm ein Angebot unterbreiten; ***~ allettante*** verlockendes Angebot 2 *(obolo)* Spende *f.*: ***raccogliere, fare -e*** Spenden sammeln, geben; ***chiedere un' ~*** um eine Spende bitten; ***un'~ cospicua*** eine beträchtliche Spende ◆ ***~ di acquisto*** Kaufangebot *n.*; ***~ all'asta*** Gebot *n.* (*o* Ausbietung *f.*); ***~ alla chiesa*** Kirchgeld *n.*; ***~ condizionata*** bedingtes Angebot; ***~ di denaro*** Geldspende *f.*; ***domanda e ~*** Angebot und Nachfrage; ***la legge della domanda e dell'~*** das Gesetz von Angebot und Nachfrage; ***~ eccessiva*** Überangebot *n.*; ***~ d'impiego*** Stellenangebot *n.*; ***~ di lavoro*** Arbeitsangebot *n.*; ***~ massima*** Höchst(an)gebot *n.*; ***~ di merce*** Warenangebot *n.*; ***~ minima*** Mindest(an)gebot *n.*; ***termine presentazione ~*** Termin *m.* (*o* Frist *f.*) für die Angebotsabgabe; ***~ di prova*** Beweisantrag *m.*; ***in riferimento alla Vostra ~ del...*** Bezug nehmend auf Ihr Angebot vom...; ***in risposta alla Sua ~*** in Erwiderung Ihres Angebots; ***~ di sacrificio*** Opfergabe *f.*; ***~ speciale*** Sonderangebot *n.*; ***ultima ~*** letztes Angebot; ***~ votiva*** Weihgabe *f.*

of|fer|to → **offrire.**

of|fer|to|rio m. *(-ri)* Offertorium *n.*

of|fe|sa f. 1 Beleidigung *f.*, Kränkung *f.*, Verletzung *f.*: ***perdonare, vendicare un'~*** eine Beleidigung verzeihen, rächen; ***~ al pudore*** Verletzung des Schamgefühls; ***~ alla pubblica decenza*** Verletzung des öffentlichen Anstands 2 MIL. Angriff *m.* ◆ ***~ dell'onore*** Ehr(en)beleidigung *f.*; ***senza ~!*** nichts für ungut! ***~ a pubblico ufficiale*** Beamtenbeleidigung *f.*

of|fe|so I p.pass. agg. 1 → **offendere** 2 *(risentito)* beleidigt, gekränkt: ***essere ~ a morte*** tödlich beleidigt sein 3 *(lesionato)* verletzt: ***la gamba -a*** das verletzte Bein II m. Beleidigte *m.*, Gekränkte *m.*: ***fare l'~*** den Beleidigten (*o* die beleidigte Leberwurst) spielen.

of|fi|cian|te I agg. zelebrierend II m. Zelebrant *m.*, Offiziant *m.* **of|fi|cia|re** tr. e intr. *(officio, offici*; aus. *avere*) zelebrieren.

of|fi|ci|na f. Werkstatt *f.*, Werkstätte *f.* ◆ ***~ assistenza clienti*** Kundendienstwerkstatt *f.*; ***~ autorizzata*** Vertragswerkstatt *f.*; ***~ da campo*** Feldwerkstatt *f.*; ***~ da fabbro*** Schlosserei *f.* (*o* Schlosserwerkstatt *f.*); ***~ meccanica*** Autowerkstatt *f.*; ***~ di produzione*** Fertigungsbetrieb *m.*; ***~ di riparazione*** Reparaturwerkstatt *f.*; *(per auto)* Autowerkstatt *f.*

of|fi|ci|na|le agg. Arznei-, Heil-: ***pianta ~*** Heilpflanze *f.*

off-li|mits agg.inv. off limits.

off-line [-'lain] agg.inv. offline-.

of|fri|re *(offrii/offersi; offerto)* I tr. 1a an‿bieten, bieten: ***~ una sigaretta, un impiego a qcn.*** jdm eine Zigarette, eine Stelle anbieten; ***~ a qcn. aiuto, sostegno*** jdm Hilfe, Unterstützung anbieten; ***~ facilitazioni, vantaggi*** Vergünstigungen, Vorteile bieten; ***~ i propri servizi a qcn.*** jdm seine Dienste anbieten; ***~ alloggio, rifugio a qcn.*** jdm Unterkunft, Zuflucht bieten; ***~ qcs. da bere, da mangiare*** etw. zum Trinken, Essen anbieten; ***~ la presidenza a qcn.*** jdm den Vorsitz anbieten b FIG. bieten: ***~ uno spettacolo desolante*** ein Bild des Jammers bieten c *(merci)* bieten, anbieten: ***~ qcs. a buon prezzo*** etw. zu einem günstigen Preis anbieten 2a *(pagare)* zahlen, spendieren: ***~ una birra a qcn.*** jdm ein Bier spendieren; ***oggi offri tu la cena*** heute zahlst du das Abendessen b assol. ***offro io*** ich lad dich ein (*o* ich bezahle) 3 *(fornire)* liefern: ***~ l'occasione di fare qcs.*** die Gelegenheit liefern, etw. zu tun; ***~ materia di conversazione a qcn.*** jdm Gesprächsstoff liefern II pronom. **offrirsi** 1 sich an‿bieten: ***-rsi di fare qcs.*** sich anbieten, etw. zu tun; ***si offrì di***

pagare per tutti er bot sich an, für alle zu bezahlen **2a** *(prospettarsi)* sich bieten: ***mi si è offerta una nuova possibilità di lavoro*** eine neue Arbeitsmöglichkeit hat sich mir geboten **b** *(mostrarsi)* ***ai nostri occhi si offrì un quadro spaventoso*** ein schreckliches Bild bot sich unseren Augen **3** *(presentarsi)* sich an‿bieten, sich melden: ***-rsi come interprete*** sich als Dolmetscher anbieten; ***-rsi volontario*** sich freiwillig melden ◆ ***~ qcs. in cambio*** etw. zum Tausch anbieten; ***offre la casa*** mit Empfehlung des Hauses; ***offre la ditta*** das bezahlt die Firma; ESTENS. das geht auf meine Kosten; ***~ il fianco alle critiche di qcn.*** jdm Anlass zur Kritik geben; ***~ all'incanto*** aus‿bieten (*o* zum Versteigern an‿bieten); ***quello che offre il mercato*** was der Markt bietet; ***~ qcs. in opzione*** zum Bezug anbieten; LETT. ***~ il petto alle armi nemiche*** die Brust den feindlichen Waffen dar‿bieten; ***chi offre di più?*** wer bietet mehr? ***~ una ricompensa per qcs.*** eine Belohnung für etw. aus‿setzen; ***~ sacrifici agli dei*** den Göttern Opfer dar‿bringen; ***~ qcs. in vendita*** zum Verkauf anbieten.

off-set **I** m.inv. Offsetdruck *m.* **II** agg.inv. Offsetdruck-: ***stampa ~*** Offsetdruck *m.*; *(procedimento)* Offsetdruckverfahren *n.*; ***macchina ~*** Offsetdruckmaschine *f.*

off-shore [-'ʃɔr] **I** agg.inv. offshore, Offshore-: ECON. ***acquisti, commessa ~*** Offshorekäufe *pl.*, Offshoreauftrag *m.*; ***ricerche petrolifere ~*** Offshorebohrung *f.* **II** m.inv. **1** MAR. *(gara motonautica)* Offshorerennen *n.* **2** *(motoscafo)* Offshoreboot *n.*

of|fu|sca|men|to m. Verdunkelung *f.*, Trübung *f.*

of|fu|sca|re *(offusco, offuschi)* **I** tr. verdunkeln, trüben (anche FIG.): ***le nubi offuscano il sole*** die Wolken verdunkeln die Sonne; ***~ la felicità di qcn.*** jds Glück trüben; ***~ la fama di qcn.*** jds Ruhm trüben; ***gli anni offuscano la memoria*** mit den Jahren trübt sich das Gedächtnis **II** pronom. **offuscarsi** **1** sich verdunkeln, sich ein‿trüben: ***il cielo si offusca*** der Himmel trübt sich ein **2** *(attenuarsi, annebbiarsi)* verblassen: ***il ricordo si è offuscato*** die Erinnerung ist verblasst ◆ ***gli si è offuscata la vista*** ihm wurde schwarz vor Augen.

o|fi|di m.pl. Schlangen *pl.* **o|fi|di|smo** m. Vergiftung *f.* durch Schlangengift.

of|tal|mi|a f. Augenentzündung *f.*, Ophthalmie *f.* **of|tal|mi|co** agg. *(-ci,-che)* Augen-, ophthalmisch: ***ospedale ~*** Augenklinik *f.* **of|tal|mo|lo|gi|a** f. Augenheilkunde *f.*, Ophthalmologie *f.* **of|tal|mo|lo|go** m. *(-gi)* Ophthalmologe *m.*, Augenarzt *m.* **of|tal|mo|sco|pi|a** f. Augenspiegelung *f.*, Ophthalmoskopie *f.* **of|tal|mo|sco|pio** m. *(-pi)* Augenspiegel *m.*, Ophthalmoskop *n.*

og|get|ti|sti|ca f. Geschenk- und Haushaltsartikel *pl.*

og|get|ti|va f. GRAMM. Objektsatz *m.*

og|get|ti|va|men|te avv. **1** *(di fatto)* faktisch: ***essere ~ impossibile*** faktisch unmöglich sein **2** *(con imparzialità)* objektiv, sachlich: ***è difficile giudicare qcs. ~*** es ist schwer, etw. objektiv zu beurteilen.

og|get|ti|va|re **I** tr. objektivieren, versachlichen, vergegenständlichen **II** pronom. **oggettivarsi** sich vergegenständlichen. **og|get|ti|va|zio|ne** f. Objektivierung *f.*, Versachlichung *f.*, Vergegenständlichung *f.*

og|get|ti|vi|smo m. Objektivismus *m.* **og|get|ti|vi|tà** f. Objektivität *f.*, Sachlichkeit *f.*

og|get|ti|vo agg. objektiv, sachlich: ***realtà -a*** objektive Realität; ***un parere, un giudizio ~*** eine objektive Meinung, ein objektives Urteil ◆ GRAMM. ***proposizione -a*** Objektsatz *m.*

og|get|to m. **1** Gegenstand *m.*: ***un ~ in metallo*** ein Gegenstand aus Metall **2** FILOS. GRAMM. Objekt *n.* **3** FIG. *(materia)* Gegenstand *m.*, Objekt *n.* ◆ ***complemento ~*** Akkusativobjekt *n.*; ***~ del contratto*** Gegenstand des Vertrags; ***~ della conversazione*** Gesprächsgegenstand *m.*; ***~ della disputa*** Streitobjekt *n.*; ***la donna ~*** die Frau als Objekt; ***essere ~ di attenzione, critica*** Gegenstand der Aufmerksamkeit, der Kritik sein; ***~ d'imposta*** Steuerobjekt *n.*; COMM. ***in ~*** oben genannt; ***con riferimento a quanto indicato in ~*** mit Bezug auf das Obengenannte; ***avere per ~*** zum Gegenstand haben; ***~ delle ricerche*** Forschungsobjekt *n.*; ***ufficio -i smarriti*** Fundbüro *n.*; ***~ d'uso comune*** Gebrauchsgegenstand *m.*; ***~ d'uso personale*** Gegenstand für den persönlichen Gebrauch; ***~ di valore*** Wertgegenstand *m.*; ***~ volante non identificato*** unbekanntes fliegendes Objekt.

og|get|tua|le agg. Objekt-: ***arte ~*** Objektkunst *f.*; ***artista ~*** Vertreter *m.* der Objektkunst; ***libido ~*** Objektlibido *f.* **og|get|tua|li|tà** f. Gegenständlichkeit *f.*

og|gi **I** avv. **1** heute: ***parte ~*** er fährt heute ab; ***quanti ne abbiamo ~?*** den Wievielten haben wir heute? der Wievielte ist heute? **2** *(oggigiorno)* heutzutage: ***~ i giovani non hanno più rispetto per niente*** heutzutage haben die Jugendlichen vor nichts mehr Respekt **II** m. Heute *n.* ◆ ***~ come*** wie es heute steht; ***da ~ in poi*** (*o* ***a partire da ~***) von heute an (*o* ab heute); ***di ~*** heutig, von heute: ***il giornale, la gioventù di ~*** die Zeitung, die Jugend von heute (*o* die heutige Zeitung, Jugend); ***la moda di ~*** die heutige Mode; ***dall'~ al domani*** von heute auf morgen; ***entro ~*** bis heute; ***al giorno d'~*** heutzutage; ***~ a otto*** heute in acht Tagen; ***per ~ basta*** Schluss für heute; ***~ pomeriggio*** heute Nachmittag; ***~ stesso*** heute noch; ***a tutt'~*** bis zum heutigen Tage.

og|gi|dì, og|gi|gior|no avv. heutzutage.

o|gi|va f. **1** ARCH. Kreuzrippe *f.* **2a** MIL. Kopf *m.*, Sprengkopf *m.* **b** *(di missile)* Raketenkopf *m.* ◆ ***~ atomica*** Atomsprengkopf *m.*; ***volta a ~*** Spitzbogen *m.* **o|gi|va|le** agg. spitzbogig, Spitzbogen-, ogival: ***finestra ~*** Spitzbogenfenster *n.*; ***arco ~*** Spitzbogen *m.*; ***stile ~*** Ogivalstil *m.*

o|gni agg.inv. **1** jeder: ***~ giorno va a scuola*** jeden Tag geht er zur (*o* in die) Schule; ***essere a proprio agio in ~ situazione*** jeder Situation gewachsen sein; ***persone di ~ età*** Leute jeden Alters; ***assaggiare un pezzo di ~ torta*** von jedem Kuchen ein Stück probieren **2** *(distributivo)* alle, jeder: ***~ 10 km*** alle 10 km; ***~ ora*** jede Stunde; ***~ mezz'ora*** alle halbe Stunde; ***l'autobus parte ~ venti minuti*** der Bus fährt alle zwanzig Minuten; ***~ tre giorni*** jeden dritten Tag; ***uno ~ dieci*** jeder Zehnte ◆ ***~ ben di Dio*** alles, was das Herz begehrt; ***in ~ caso*** auf jeden Fall; ***~ cosa*** alles; ***per ~ dove*** überall; *(moto)* überallhin; ***con ~ mezzo*** mit allen Mitteln; ***in ~ modo*** unbedingt; ***ad ~ modo*** jedenfalls (*o* auf jeden Fall); ***in ~ momento*** jederzeit; ***ad ~ piè sospinto*** ständig; ***~ tanto*** ab und zu (*o* hin und wieder *o* von Zeit zu Zeit).

o|gni|qual|vol|ta cong. jedesmal wenn: ***~ viene, litighiamo*** jedesmal wenn er kommt, gibt es Streit.

O|gnis|san|ti m. Allerheiligen *n.*

o|gno|ra avv. immer, dauernd.

o|gnu|no pron. jedermann, jeder: ***~ di voi*** jeder von euch; ***~ ha i suoi problemi*** jeder hat seine Probleme.

oh inter. o, oh, ach: ***~ povero te!*** oh, du Armer! ***~ che bravo*** oh, wie tüchtig!

ohé inter. he, heda: ***~, c'è nessuno?*** hallo! ist hier jemand?

ohi inter. au, aua, ach, auweh: ***~ me infelice!*** weh mir Armen! (*o* ach, ich Arme!); ***~, che male!*** aua, tut das weh! ***~ là!*** he, du (*o* ihr) da!

ohi|bò inter. **1** *(espressione di nausea e indignazione)* pfui: ***~! non me lo sarei mai aspettato*** pfui! das hätte ich nie erwartet **2** *(di ammirazione e stupore)* oho.

ohi|mè inter. oh weh, weh mir, ach je: ***~! e ora come si fa?*** oh weh! (*o* ach je) und was mache ich nun?

ohm m. Ohm *n.* **ohm|me|tro** m. Widerstandsmesser *m.*, Ohmmeter *n.*

oibò → **ohibò.**

OIC ⇒ *Organizzazione Internazionale del Commercio* Internationale Handelsorganisation.

o|i|dio m. *(-di)* Mehltau *m.*

oïl, ***lingua d'~*** Altfranzösisch *n.*

OIL ⇒ *Organizzazione Internazionale del Lavoro* Internationale Arbeitsorganisation (IAO).

o.k. → **okay.**

o|ka|pi m. Okapi *n.*

okay [-'kɛi] **I** inter. okay **II** m.inv. Okay *n.*: ***dare l'~*** sein Okay geben.

OL ⇒ *Onde Lunghe* Langwellen (LW).

o|là inter. hier da, he da.

O|lan|da n.pr.f. Holland *n.*

o|lan|de|se **I** agg. holländisch, niederländisch **II** m. e f. Holländer *m.* (-in *f.*), Niederländer *m.* (-in *f.*) **III** m. **1** *(lingua)* Holländisch(e) *n.*, Niederländisch(e) *n.* **2** *(formaggio)* Edamer *m.* ◆ MUS. ***l'Olandese volante*** der Fliegende Holländer.

o|lé inter. olé.

o|le|a|ce|o agg. ölig.

o|le|an|dro m. Oleander *m.*

o|le|a|rio agg. *(-ri,-rie)* Öl-: ***mercato ~*** Ölmarkt *m.*

o|le|a|stro m. Oleaster *m.* **o|le|a|to** agg. Öl-: ***carta -a*** Ölpapier *n.* **o|lei|co** agg. *(-ci,-che)* Öl-: ***acido ~*** Ölsäure *f.* **o|le|i|co|lo** agg. Olivenanbau-. **o|lei|col|to|re** m. Olivenbauer *m.* **o|lei|col|tu|ra** f. Olivenanbau *m.* **o|le|i|fe|ro** agg. ölhaltig, Öl-: ***seme ~*** Ölsaat *f.* **o|lei|fi|cio** m. *(-ci)* Ölfabrik *f.* **o|le|i|na** f. Olein *n.*

o|le|o|dot|to m. Erdölleitung *f.*, Ölleitung *f.*, Pipeline *f.*

o|le|o|gra|fi|a f. **1** Öldruck *m.* **2** SPREG. *(dipinto privo di gusto)* kitschiges Bild *n.*, kitschige Darstellung *f.* **o|le|o|gra|fi|co** agg. *(-ci,-che)* **1** öldruckartig, Öldruck- **2** SPREG. *(privo di gusto)* kitschig.

o|le|o|si|tà f. öliger Charakter *m.*, ölige Konsistenz *f.* **o|le|o|so** agg. **1** ölhaltig, Öl-: ***seme ~*** Ölsaat *f.* **2** *(simile a olio)* ölig.

o|lez|zan|te agg. duftig, wohlriechend. **o|lez|za|re** intr. (aus. *avere*) duften. **o|lez|zo** m. **1** Duft *m.*, Wohlgeruch *m.* **2** SCHERZ. Gestank *m.*

ol|fat|ti|vo agg. Geruchs-: ***sensibilità -a*** Geruchsempfindlichkeit *f.*; ***organi -i*** Geruchsorgane. **ol|fat|to** m. Geruch *m.*, Geruchssinn *m.* **ol|fat|to|rio** agg. *(-ri,-rie)* Geruchs-: ***nervo ~*** Geruchsnerv *m.*, Riechnerv *m.*

o|lia|re tr. **1** ölen, ein‿ölen **2** *(lubrificare)* schmieren (anche FIG.). **o|lia|ta** f. ***dare un'~ a qcs.*** etw. ölen. **o|lia|to** p.pass. agg. **1** → **oliare 2** geölt, eingeölt **3** *(lubrificato)* geschmiert. **o|lia|to|re** m. Ölkännchen *n.* **o|lia|tu|ra** f. Ölen *n.*, Einölen *n.* **o|lie|ra** f. Ölflasche *f.*, Ölfläschchen *n.*

o|li|fan|te m. Olifant *m.*

o|li|gar|ca m. Oligarch *m.* **o|li|gar|chi|a** f. Oligarchie *f.* **o|li|gar|chi|co I** agg. *(-ci,-che)* oligarchisch **II** m. *(-ci)* Oligarch *m.*

o|li|go|ce|ne m. Oligozän *n.*

o|li|go|ci|te|mi|a f. Oligozythämie *f.*, Oligoglobulie *f.*

o|li|go|cra|zi|a f. Oligokratie *f.*

o|li|go|e|le|men|to m. Spurenelement *n.*

o|li|go|e|mi|a f. Oligämie *f.*

o|li|go|fre|ni|a f. Oligophrenie *f.*

o|li|go|mi|ne|ra|le agg. mit geringem Mineralgehalt.

o|li|go|po|lio m. *(-li)* Oligopol *n.* **o|li|go|po|li|sti|co** agg. *(-ci,-che)* oligopolistisch.

o|li|go|sper|mi|a f. Oligospermie *f.*

o|li|gu|ri|a f. Oligurie *f.*

O|lim|pia n.pr.f. Olympia *f.*

o|lim|pi|a|de f. Olympiade *f.*: ***-i estive, invernali*** Sommerolympiade *f.*, Winterolympiade *f.*

o|lim|pi|ci|tà f. olympische Heiterkeit *f.*

1.o|lim|pi|co agg. *(-ci,-che)* **1** olympisch **2** FIG. olympisch, göttergleich, himmlisch: ***calma -a*** olympische Ruhe.

2.o|lim|pi|co agg. *(-ci,-che)* olympisch, Olympia-: ***primato ~*** olympischer Rekord ◆ ***disciplina -a*** olympische Disziplin; ***fuoco ~*** olympisches Feuer; ***giochi -ci*** olympische Spiele; ***medaglia -a*** Olympiamedaille *f.*; ***oro ~*** olympisches Gold; ***stadio ~*** Olympiastadion *n.*; ***villaggio ~*** Olympiadorf *n.*

o|lim|pio|ni|co I agg. *(-ci,-che)* Olympia-: ***campione ~*** Olympiasieger *m.*; ***squadra -a*** Olympiamannschaft *f.* **II** m. *(-ci)* Olympionike *m.* ◆ ***costume ~*** Schwimmanzug *m.*

o|lim|po m. Spitze *f.*, Olymp *m.*; ***entrare nell'~ della finanza*** in die Finanzaristokratie gelangen. **O|lim|po** n.pr.m. Olymp *m.*

o|lio m. *(oli)* **1** Öl *n.*: ***condire con ~*** mit Öl an‿machen; ***friggere qcs. nell'~*** etw. in Öl braten; AUT. ***cambiare l'~*** das Öl wechseln **2** PITT. Ölgemälde *n.* ◆ ***a ~*** Öl-; ***dipinto a ~*** Ölgemälde *n.*; ***colori a ~*** Ölfarben; ***~ animale*** tierisches Öl; ***~ di semi di arachide*** Erdnussöl *n.*; ***asticella dell'~*** Ölmessstab *m.*; ***~ da bagno*** Badeöl *n.*; ***~ di balena*** Walfischtran *m.*; ***cambio dell'~*** Ölwechsel *m.*; ***~ combustibile*** Heizöl *n.*, Brennöl *n.*; ***coppa dell'~*** Ölwanne *f.*; ***~ esausto*** Altöl *n.*; ***oli essenziali, eterei*** ätherische Öle; ***~ extravergine di oliva*** kaltgepresstes Olivenöl; FIG. ***gettare ~ sul fuoco*** Öl ins Feuer gießen; ***~ di semi di girasole*** Sonnenblumenöl *n.*; ***una birra che va giù come l'~*** ein süffiges Bier; ***qui ci vuole ~ di gomito*** hier braucht es zwei starke (*o* kräftige) Arme, hier muss man in die Hände spucken; ***~ grezzo*** Rohöl *n.*; ***lampada ad ~*** Öllampe *f.*; ***~ di lino*** Leinöl *n.*; ***liscio come l'~*** spiegelglatt, glatt; ***va tutto liscio come l'~*** es geht wie geschmiert; ***mare liscio come l'~*** spiegelglattes Meer; ***è andato tutto liscio come l'~*** es ist alles glatt gegangen; ***livello dell'~*** Ölstand *m.*; ***indicatore del livello dell'~*** Ölstandsanzeiger *m.*; ***~ lubrificante*** Schmieröl *n.*; ***macchia d'~*** Ölfleck *m.*; ***a macchia d'~*** zusehends; ***estendersi a macchia d'~*** sich zusehends aus‿breiten; ***~ di mais*** Maiskeimöl *n.*; ***~ di mandorle*** Mandelöl *n.*; ***~ di fegato di merluzzo*** Lebertran *m.*; ***oli minerali*** Mineralöle, Erdöle; ***nuotare nell'~*** in Öl schwimmen; ***la verdura nuota nell'~*** das Gemüse schwimmt im Öl; ***~ di oliva*** Olivenöl *n.*; ***~ paglierino (o di paraffina)*** Paraffinöl *n.*; ***~ di pesce*** Fischöl *n.*; ***pittura ad ~*** Ölmalerei *f.*; ***pressione dell'~*** Öldruck *m.*; ***spia della pressione dell'~*** Öldruckkontrollampe *f.*; ***~ di ricino*** Rizinusöl *n.*; ***~ santo*** heilige Öle *pl.*; TECN. ***separatore dell'~*** Ölabscheider *m.*; ***~ di soia*** Sojaöl *n.*; ***~ solare*** Sonnenöl *n.*; ***sott'~*** in Öl; ***funghi sott'~*** in Öl eingelegte Pilze; ***sardine sott'~*** Ölsardinen; ***strato d'~*** Ölfilm *m.*; ***~ vegetale*** Pflanzenöl *n.*

o|li|smo m. Holismus *m.* **o|li|sti|co** agg. *(-ci,-che)* Ganzheits-, ganzheitlich, holistisch: ***teoria -a*** ganzheitliche Theorie; ***approccio ~*** ganzheitliche Betrachtungsweise; ***medicina -a*** Ganzheitsmedizin *f.*

o|li|va I f. Olive *f.*: ***battere, torchiare, snocciolare le -e*** Oliven ab‿schlagen, pressen, entkernen **II** agg.inv. ***color ~*** oliv(en)farben, oliv(en)farbig; ***verde ~*** olivgrün, oliv ◆ ***-e al forno*** = im Ofen gebackene Oliven; ***olio d'~*** Olivenöl *n.*; ***olio d'~ extravergine*** kaltgepresstes Olivenöl; ***raccolta delle -e*** Olivenernte *f.*; ***-e in salamoia*** (in Salzwasser) eingelegte Oliven.

o|li|va|gno m. Ölweide *f.*

o|li|va|stro agg. oliv(en)farben, oliv(en)farbig: ***pelle -a*** olivenfarbene (*o* bräunliche) Haut.

o|li|ve|to m. Olivenhain *m.* **o|li|vi|co|lo** agg. den Olivenanbau betreffend. **o|li|vi|col|to|re** m. Olivenbauer *m.* **o|li|vi|col|tu|ra** f. Olivenanbau *m.*

o|li|vi|na f. Olivin *n.*

o|li|vo m. Ölbaum *m.*, Olivenbaum *m.* ◆ ***~ benedetto*** geweihter Ölzweig; ***domenica degli Olivi*** Palmsonntag *m.*; ***legno d'~*** Olivenholz *n.*; ***monte degli Olivi*** Ölberg *m.*; ***ramoscello d'~*** Ölzweig *m.*; FIG. ***portare, porgere un ramoscello d'~*** = ein Friedensangebot machen.

ol|mio m. Holmium *n.*

ol|mo m. **1** Ulme *f.* **2** ***(legno d')~*** Ulmenholz *n.*

o|lo|cau|sto m. **1** RELIG. Brandopfer *n.*; ***offrirsi in ~*** sein Leben opfern **2** *(sterminio, distruzione)* Holocaust *m.*: ***l'~ del popolo ebraico*** der Holocaust des jüdischen Volkes: ***il terrore dell'~ atomico*** die Furcht vor dem atomaren Holocaust.

o|lo|ce|fa|lo m. Seedrache *m.*

o|lo|ce|ne m. Holozän *n.* **o|lo|ce|ni|co** agg. *(-ci,-che)* holozän.

O|lo|fer|ne n.pr.m. Holofernes *m.*

o|lo|fra|sti|co agg. *(-ci,-che)* holophrastisch.

o|lo|gra|fi|a f. Holographie *f.* **o|lo|gra|fi|co** agg. *(-ci,-che)* holographisch. **o|lo|gra|fo** agg. holographisch, eigenhändig: ***testamento ~*** eigenhändiges Testament.

o|lo|gram|ma m. Hologramm *n.*

o|lo|na f. Segeltuch *n.*

o|lo|tu|ria f. Seegurke *f.*, Holothurie *f.*

OLP ⇒ *Organizzazione per la Liberazione della Palestina* palästinensische Befreiungsorganisation (PLO).

ol|trag|gia|re tr. *(oltraggio, oltraggi)* schwer beleidigen, schmähen.

ol|trag|gio m. *(-gi)* **1** schwere Beleidigung *f.*, Schmähung *f.*: ***vendicare, riparare un ~*** sich für eine Beleidigung rächen, entschuldigen; ***subire, ricevere un ~*** schwer beleidigt werden **2** FIG. Schaden *m.*: ***gli -gi del tempo*** die Schäden der Zeit ◆ ***~ al pudore*** Erregung *f.* öffentlichen Ärgernisses; ***~ a pubblico ufficiale*** Beamtenbeleidigung *f.* **ol|trag|gio|sa|men|te** avv. beleidigend. **ol|trag|gio|so** agg. beleidigend, schmähend: ***discorso ~*** beleidigende Rede.

ol|tral|pe I avv. jenseits der Alpen: ***vivere ~*** jenseits der Alpen leben **II** m. ***d'~*** jenseits der Alpen: ***i costumi d'~*** die Sitten jenseits der Alpen.

ol|tran|za, ***a ~*** bis zum Äußersten: ***resistere a ~*** bis zum Äußersten widerstehen; ***combattimento a ~*** Kampf *m.* bis zum Äußersten ◆ ***sciopero a ~*** unbegrenzter Streik.

ol|tran|zi|smo m. Extremismus *m.* **ol|tran|zi|sta** m. e f. *(-i,-e)* Extremist *m.* (-in *f.*). **ol|tran|zi|sti|co** agg. *(-ci,-che)* extremistisch: ***condotta politica -a*** extremistisches politisches Verhalten.

ol|tre I avv. **1** *(di spazio; più in là)* weiter: ***passare ~*** weiter‿gehen; ***andare ~*** weiter‿gehen (*o* weiter‿fahren) **2** *(di tempo; più a lungo)* länger: ***non posso aspettare ~*** ich kann nicht länger warten **3** *(di quantità; più)* mehr als, mehr: ***~ la metà*** mehr als die Hälfte; ***5 chili e ~*** 5 Kilo und mehr **II** prep. **1a** *(di spazio; al di là)* jenseits + gen.: ***~ il fiume, il cancello, le Alpi*** jenseits des Flusses, des Tors, der Alpen **b** *(moto a luogo)* über + acc. (anche FIG.): ***fuggire ~ confine, ~ oceano*** über die Grenze, den Ozean fliehen; ***questo va ~ ogni mia possibilità, ogni previsione*** das überschreitet meine Möglichkeiten, das übertrifft jede Vorhersage **2** *(di quantità; più)* über, mehr als: ***percorrere ~ cento chilometri*** mehr als hundert Kilometer fahren; ***una città con ~ un milione di abitanti*** eine Stadt mit über einer Million Einwohnern; ***~ un mese fa*** vor mehr als einem Monat **3a** *(di tempo; più a lungo)* länger als: ***~ mezzogiorno*** *(tempo determinato)* nach 12 Uhr; *(durata)* bis nach 12 Uhr; ***aspettare ~ un'ora*** länger als eine Stunde warten **b** ***da ~*** seit mehr als: ***non ci vediamo da ~ vent'anni*** wir haben uns seit mehr als zwanzig Jahren nicht gesehen **4** *(in aggiunta, all'infuori)* ***~ a*** außer + dat.: ***chi è venuto, ~ a te?*** wer ist außer dir noch gekommen? ***~ a lei non c'era nessuno*** außer ihr war niemand da **5** ***~ che*** nicht nur... sondern auch: ***~ che scorretto, è anche maleducato*** er ist nicht nur unkorrekt, sondern auch frech ◆ ***~ (a) ciò*** überdies (*o* außerdem, zudem); ***essere ~ i quaranta*** über vierzig sein; ***~ ogni dire*** unsagbar; ***è ricco ~ ogni dire*** er ist unsagbar reich; ***~ al dovuto*** über Gebühr; ***non insistere ~*** nicht weiter darauf beharren; ***~ il lecito*** über das Erlaubte hinaus; ***~ ogni limite*** grenzenlos; ***~ misu-***

ra maßlos; più ~ weiter weg; ~ a questo darüber hinaus; ~ a questo voglio raccontarti ancora altre cose darüber hinaus will ich dir noch etwas anderes erzählen; non spingersi ~ nicht darüber hinaus‿gehen (anche FIG.); FIG. andare troppo ~ das Spiel zu weit treiben.

ol|tre|ché cong. nicht nur... sondern auch: ~ bello è anche utile es ist nicht nur schön, sondern auch nützlich; ~ pagarlo, lo ha anche ringraziato er hat ihn nicht nur bezahlt, sondern sich auch bei ihm bedankt.

ol|tre|cor|ti|na avv. 1 *(stato in luogo)* jenseits des Eisernen Vorhangs 2 *(moto a luogo)* auf die andere Seite des Eisernen Vorhangs ◆ paesi d'~ Länder jenseits des Eisernen Vorhangs.

ol|tre|fron|tie|ra avv. 1 *(stato in luogo)* jenseits der Grenze 2 *(moto a luogo)* über die Grenze.

ol|tre|ma|ni|ca I avv. 1 *(stato in luogo)* jenseits des Ärmelkanals: rifugiarsi ~ jenseits des Ärmelkanals Zuflucht suchen 2 *(moto a luogo)* über den Ärmelkanal II agg.inv. jenseits des Ärmelkanals ◆ popolazione d'~ Bevölkerung jenseits des Ärmelkanals.

ol|tre|ma|re I avv. 1 *(stato in luogo)* in Übersee: vivere ~ in Übersee leben 2 *(moto a luogo)* nach Übersee: viaggiare ~ nach Übersee reisen II m.inv. *(colore)* Ultramarin *n.* III agg.inv. blu ~ ultramarin ◆ da, d'~ aus Übersee: venire d'~ aus Übersee kommen; di, d'~ überseeisch, in Übersee: colonia d'~ überseeische Kolonie; paesi d'~ Länder in Übersee.

ol|tre|ma|ri|no agg. 1 *(d'oltremare)* Übersee-: terre -e Überseeländer 2 *(colore)* azzurro ~ ultramarin.

ol|tre|mi|su|ra avv. überaus, über die Maßen.

ol|tre|mo|do avv. überaus, äußerst: un comportamento ~ sfacciato ein überaus unverschämtes Verhalten; essere ~ scontento äußerst unzufrieden sein.

ol|tre|mon|da|no agg. übernatürlich: esistenza -a übernatürliche Existenz.

ol|tre|o|ce|a|no avv. 1 *(stato in luogo)* in Übersee 2 *(moto a luogo)* nach Übersee: emigrare ~ nach Übersee aus‿wandern ◆ da, d'~ aus Übersee: venire d'~ aus Übersee kommen; di, d'~ überseeisch: costumi d'~ überseeische Sitten.

ol|tre|pas|sa|bi|le agg. überschreitbar; limite non ~ unüberschreitbare Grenze.

ol|tre|pas|sa|re tr. überschreiten, hinaus‿gehen: ~ il confine die Grenze überschreiten; SPORT ~ la metà del campo die Mitte des Spielfeldes überschreiten; FIG. ~ i limiti das Maß überschreiten (*o* über die Grenzen hinausgehen) ◆ ~ lo sbarramento durch die Sperre gehen.

ol|tre|pò I avv. jenseits des Flusses Po II m.inv. = Gebiet *n.* jenseits des Flusses Po.

ol|tre|tom|ba m.inv. Jenseits *n.* ◆ voce d'~ Grabesstimme *f.*

ol|tre|tut|to avv. außerdem.

OM ⇒ 1 *Ordinanza Ministeriale* (ministerielle Verordnung) 2 FIS. *Onde Medie* Mittelwelle (MW).

o|mac|cio|ne m. Bulle *m.*

o|mag|gia|re tr. *(omaggio, omaggi)* LETT. ~ qcn. jdm huldigen.

o|mag|gio m. *(-gi)* 1a Huldigung *f.*, Ehrerbietung *f.*: rendere ~ a qcn. jdm seine Ehrerbietung erweisen (*o* dar‿bringen), jdm huldigen; porgere i propri -gi a qcn. jdm seine Ehrerbietung bezeigen b STOR. Huldigung *f.* 2 LETT. *(dono)* Geschenk *n.* ◆ fare atto di ~ seine Ergebenheit bezeigen; biglietto (in) ~ Freikarte *f.*, Ehrenkarte *f.*; buono ~ Geschenkbonus *m.* (*o* Bon *m.*); campione ~ Gratisprobe *f.*; confezione ~ Werbegeschenk *n.*; copia (in) ~ Freiexemplar *n.*; ~ della ditta Werbegeschenk *n.*; rendere a qcn. l'estremo ~ jdm die letzte Ehre erweisen; fare ~ di qcs. a qcn. jdm etw. zum Geschenk machen; ~ floreale Blumengruß *m.*; in ~ als Geschenk; ricevere qcs. in ~ da qcn. etw. von jdm geschenkt (*o* als Geschenk) bekommen; BUROCR. invio ~ Geschenksendung *f.*; i miei -gi! (meine) Hochachtung!

o|ma|ro m. Hummer *m.*

o|ma|so, o|ma|so m. Blättermagen *m.*, Omasus *m.*

om|be|li|ca|le agg. Nabel-: fascia ~ Nabelbinde *f.*; ernia ~ Nabelbruch *m.*; cordone ~ Nabelschnur *f.*, Nabelstrang *m.* ◆ tagliare il cordone ~ a un neonato ein Neugeborenes ab‿nabeln (*o* einem Neugeborenen die Nabelschnur durch‿trennen, ab‿binden); taglio del cordone ~ Abnabelung *f.*

om|be|li|co m. *(-chi)* Nabel *m.*, Bauchnabel *m.*: l'~ del mondo der Nabel der Welt.

om|bra f. 1a Schatten *m.*: questa pianta ama l'~ diese Pflanze liebt Schatten; la luce e l'~ Licht und Schatten; le -e si allungano die Schatten werden länger; le -e della sera die abendlichen Schatten; FIG. c'è un'~ nel suo passato ein Schatten liegt auf seiner Vergangenheit; FIG. dissipare le -e die Schatten vertreiben b *(figura indistinta)* un'~ si aggirava furtiva nel giardino ein flüchtiger Schatten huschte durch den Garten 2 FIG. *(traccia)* Spur *f.*, Funke *m.*: un'~ di speranza ein Funke Hoffnung; non c'è ~ di verità nelle sue parole in seinen Worten ist kein Funken Wahrheit 3 FIG. *(velo)* Hauch *m.*: un'~ di tristezza ein Hauch von Traurigkeit 4 FIG. *(difesa)* Schutz *m.*: all'~ della fede, della legge, della notte im Schutz des Glaubens, des Gesetzes, der Nacht 5 PITT. *(ombreggiatura)* Schattierung *f.*; tratteggiare le -e schattieren ◆ all'~ im Schatten: sedere all'~ im Schatten sitzen; 40 gradi all'~ 40 Grad im Schatten; *(moto a luogo)* in den Schatten: sdraiarsi all'~ sich in den Schatten legen; allenamento contro l'~ Schattenboxen *n.*; bandiera ~ billige Flagge *f.*; -e cinesi Schattenspiel *n.*; cono d'~ Schattenkegel *m.*; dar corpo alle -e sich in Hirngespinste verrennen; FIG. correre dietro alle -e (einem) Schatten nach‿jagen; essere l'~ di qcn. jdm wie ein Schatten folgen; essere l'~ di se stessi der Schatten seiner selbst sein; fare ~ a qcn., qcs. jdm, etw. (D) Schatten spenden; farsi ~ con qcs. sich mit etw. Schatten beschaffen; FIG. gettare ~ su qcs. einen Schatten auf etw. (A) werfen; governo ~ Schattenkabinett *n.*; OTT. immagine d'~ Schattenbild *n.*; lato in, all' ~ Schattenseite *f.*; FIG. mettere qcn. in ~ jdn in den Schatten stellen; mezz'~ Halbschatten *m.*; ministro ~ Schattenminister *m.*; COLLOQ. non è rimasta neanche l'~ = es ist nichts übrig geblieben; FIG. nell'~ im Dunkeln (*o* im Verborgenen); agire nell'~ im Verborgenen handeln; dileguarsi nell'~ im Dunkeln verschwinden; FIG. lasciare qcn., qcs. nell'~ jdn, etw. im Dunkeln lassen; FIG. restare nell'~ im Dunkeln (*o* im Verborgenen) bleiben; tramare nell'~ hinter den Kulissen intrigieren; FIG. vivere nell'~ abgeschieden leben (*o* ein anonymes Leben führen); aver paura della propria ~ sich vor seinem eigenen Schatten fürchten; OTT. ~ portata Kernschatten *m.*; proiettare la propria ~ su qcs. seinen Schatten auf etw. (A) werfen; FIS. ~ propria Körperschatten *m.*; *(ricamo)* punto ~ Schattenstich *m.*; non avere l'~ di un quattrino keinen roten Heller haben; regno delle -e Schattenreich *n.*; seguire qcn. come un'~ jdm wie ein Schatten folgen; senz'~ di dubbio ohne den geringsten Zweifel; senz'~ di sospetto ohne den leisesten Verdacht; senz'~ di timore ohne eine Spur von Furcht; teatro delle -e Schattentheater *n.*; trarre dall'~ ans Licht bringen; zona d'~ schattige Stelle; FIG. Schattengebiet *n.*; FIG. Dunkelzone *f.*

om|bra|re tr. 1 LETT. *(fare ombra)* beschatten 2 PITT. schattieren.

om|breg|gia|men|to m. → ombreggiatura.

om|breg|gia|re tr. *(ombreggio, ombreggi)* 1 beschatten, überschatten: gli alberi ombreggiano il viale die Bäume beschatten die Allee 2 ART. COSMET. schattieren: ~ un disegno eine Zeichnung schattieren; ~ le guance die Wangen(knochen) schattieren. **om|breg|gia|to** p.pass. agg. 1 → ombreggiare 2 schattig, beschattet: giardino ~ schattiger Garten 3 ART. TIP. schattiert. **om|breg|gia|tu|ra** f. 1 Beschattung *f.* 2 ART. COSMET. Schattierung *f.*

om|brel|la f. 1 BOT. Dolde *f.* 2 REGION. Schirm *m.* **om|brel|la|io** m. *(-ai)* 1 Schirmmacher *m.* 2 *(riparatore)* Schirmflicker *m.* 3 *(venditore)* Schirmhändler *m.* **om|brel|la|ta** f. Schlag *m.* mit dem Schirm; prendere a -e qcn. mit dem Schirm auf jdn ein‿schlagen.

om|brel|li|fe|ra f. Doldengewächs *n.*

om|brel|li|fi|cio m. *(-ci)* Schirmfabrik *f.* **om|brel|li|for|me** agg. 1 schirmförmig 2 BOT. doldenförmig. **om|brel|li|no** m. 1 Schirmchen *n.* 2 *(parasole)* Sonnenschirmchen *n.*

om|brel|lo m. 1 Regenschirm *m.*, Schirm *m.*: aprire, chiudere l'~ den Schirm auf‿spannen, schließen; ripararsi sotto l'~ sich unter den Schirm stellen 2 FIG. Schirm *m.* ◆ ~ aereo Flugzeugdeckung *f.*; ~ atomico atomarer Schutz; ~ automatico Automatikschirm *m.*; ~ da donna Damenschirm *m.*; fodero dell'~ Schirmhülle *f.*; ~ pieghevole Taschenschirm *m.*; pino a ~ Schirmpinie *f.*; ~ da uomo Herrenschirm *m.*

om|brel|lo|ne m. Sonnenschirm *m.* ◆ ~ da giardino Gartenschirm *m.*

om|bret|to m. Lidschatten *m.*: mettersi l'~ Lidschatten auf‿tragen.

om|bri|na f. Umber *m.*, Schattenfisch *m.*

om|bri|na|le m. Gat(t) *n.*

om|bro|si|tà f. 1 Schattenreichtum *m.*: l'~ di un luogo der Schattenreichtum eines Ortes 2a FIG. *(di persone)* Argwohn *m.* b *(di cavalli)* Scheu *f.* **om|bro|so** agg. 1 schattig: luogo ~ schattiger Ort 2a FIG. *(di persona)* argwöhnisch, misstrauisch b *(di cavalli)* scheu.

ombuds|man m.inv. Ombudsmann *m.*

o|me|ga, o|me|ga m. e f.inv. Omega *n.* ◆ dall'alfa all'~ von A bis Z.

o|me|let|te [-'lɛt] f.inv. Omelett *n.* ◆ ~ al prosciutto Schinkenomelett *n.*

o|me|li|a f. 1 Homilie *f.*, Predigt *f.*: tenere l'~ die Predigt halten 2 FIG. SCHERZ. Predigt *f.*, Moralpredigt *f.*

o|men|to m. ANAT. Netz *n.*
o|me|o|pa|ta m. e f. *(-i,-e)* Homöopath *m.* (-in *f.*). **o|me|o|pa|ti|a** f. Homöopathie *f.* **o|me|o|pa|ti|ca|men|te** avv. homöopatisch.
o|me|o|pa|ti|co agg. *(-ci,-che)* homöopatisch: ***rimedi -ci*** homöopatische Mittel ◆ ***dose -a*** homöopathische Dosis; FIG. verschwindend kleine Menge.
o|me|o|sta|si f. Homöostase *f.* **o|me|o|sta|ti|co** agg. *(ci,-che)* homöostatisch: ***sistema ~*** homöostatisches System.
o|me|o|te|leu|to m. Homöoteleuton *n.*
o|me|ra|le agg. Schulter-, Oberarm-: ***arteria ~*** Oberarmarterie *f.*
o|me|ri|co agg. *(-ci,-che)* homerisch: ***poemi -ci*** homerische Epen; ***questione -a*** homerische Frage; ***inni -ci*** homerische Hymnen; ***risata -a*** homerisches Gelächter; FIG. ***appetito ~*** unersättlicher Appetit. **O|me|ro** n.pr.m. Homer *m.*
o|me|ro m. **1** Oberarmknochen *m.* **2** *(spalla)* Schulter *f.*: ***avere buoni -i*** starke Schultern haben.
o|mer|tà f. INTRAD. (Gesetz des Nichtssehens, Nichtshörens, Nichtsredens).
o|mes|so → **omettere.**
o|met|te|re tr. *(omisi; omesso)* aus‿lassen: ***~ un particolare*** ein Detail auslassen; ***~ di fare qcs.*** etw. unterlassen.
o|met|to m. **1** kleiner Mann *m.*: ***sei proprio un ~!*** du bist schon ein richtiger kleiner Mann! **2** *(gruccia)* Kleiderbügel *m.*
OMI ⇒ *Organizzazione Marittima Internazionale* Internationale Schifffahrtsgesellschaft.
o|mi|ciat|to|lo m. Knirps *m.*
o|mi|ci|da *(-i,-e)* **I** agg. mörderisch, Tötungs-, Mord-: ***follia ~*** Blutrausch *m.*; ***intenzioni -e*** Tötungsabsichten; ***mano ~*** mörderische Hand **II** m. e f. Mörder *m.* (-in *f.*). **o|mi|ci|dio** m. *(-di)* Mord *m.*, Tötung *f.*: ***commettere un ~*** einen Mord begehen ◆ ***accusa di ~*** Anklage *f.* wegen Mord; ***~ bianco*** = tödlicher Arbeitsunfall wegen unzureichender Sicherheitsmaßnahmen; ***~ colposo*** fahrlässige Tötung; ***concorso in ~*** Beihilfe *f.* zum Mord; ***~ doloso*** vorsätzliche Tötung (*o* Totschlag *m.*); ***duplice ~*** Doppelmord *m.*; ***~ plurimo*** mehrfacher Mord; ***~ premeditato*** vorsätzlicher Mord; ***~ preterintenzionale*** Körperverletzung *f.* mit Todesfolge; ***processo per ~*** Mordprozess *m.*; ***~ a scopo di rapina*** Raubmord *m.*; ***essere sospettato di ~*** unter Mordverdacht stehen; ***sospetto di ~*** Mordverdacht *m.*; ***squadra -i*** Mordkommission *f.*; ***tentato ~*** Tötungsversuch *m.*, Mordversuch *m.*; ***~ volontario*** vorsätzlicher Totschlag.
o|mi|cron m.inv. Omikron *n.*
o|mi|le|ti|ca f. Homiletik *f.* **o|mi|le|ti|co** agg. *(-ci,-che)* homiletisch.
o|mi|ni|de m. Hominide *m.*
o|mi|no → **ometto.**
o|mis|sio|ne f. Auslassung *f.*, Unterlassung *f.*, Versäumnis *n.*: ***l'~ di una frase*** die Auslassung eines Satzes; ***~ volontaria, involontaria*** wissentliche, unwissentliche Unterlassung; ***ho riscontrato una serie di -i nel resoconto*** im Bericht habe ich eine Reihe von Auslassungen (*o* Lücken) festgestellt ◆ ***peccato di ~*** Unterlassungssünde *f.*; ***reato di ~*** Unterlassungsdelikt *n.*; ***salvo errori e -i*** Irrtum vorbehalten; ***~ di soccorso*** unterlassene Hilfeleistung.
o|mis|sis **I** avv. ceteris omissis **II** m.inv. ESTENS. Auslassung *f.*, Lücke *f.*: ***una relazione ricca di ~*** ein Bericht voller Auslassungen.
om|ni|bus m.inv. Omnibus *m.*
o|mo|fi|li|a f. Homophilie *f.*
o|mo|fo|ni|a f. **1** LING. Gleichlaut *m.* **2** MUS. Homophonie *f.* **o|mo|fo|ni|co** agg. *(-ci,-che)* **1** LING. gleich lautend, homophon **2** MUS. homophon. **o|mo|fo|no** **I** agg. **1** LING. gleich lautend, homophon **2** MUS. homophon **II** m. Homophon *n.*
o|mo|ga|mi|a f. Homogamie *f.*
o|mo|ge|ne|a|men|te avv. homogen, gleichmäßig. **o|mo|ge|nei|tà** f. Homogenität *f.*, Gleichmäßigkeit *f.*
o|mo|ge|neiz|za|re tr. homogenisieren. **o|mo|ge|neiz|za|to** **I** agg. homogenisiert **II** m. **1** Babynahrung *f.* **2** *(vasetto)* Gläschen *n.*, Babynahrung *f.* **o|mo|ge|neiz|za|zio|ne** f. Homogenisation *f.*, Homogenisierung *f.*
o|mo|ge|ne|o agg. homogen, einheitlich, gleichartig: ***corpi -i*** gleichartige Körper; ***grandezze -e*** einheitliche Größen; ***un miscuglio ~*** ein homogenes Gemisch; ***un gruppo ~*** eine homogene Gruppe; ***composto ~*** homogene Verbindung.
o|mo|ge|niz|za|re, o|mo|ge|niz|za|to... → **omogeneizzare, omogeneizzato...**
o|mo|gra|fo **I** agg. homographisch **II** m. **1** *(non omofono)* Homograph *n.* **2** *(omografo e omofono)* Homonym *n.* **o|mo|gram|ma** m. Homogramm *n.*
o|mo|lo|ga|re **I** tr. **1** zu‿lassen: ***~ il prototipo di un motore*** den Prototyp eines Motors zulassen **2** DIR. bestätigen **3a** SPORT offiziell an‿erkennen: ***~ un primato*** einen Rekord offiziell anerkennen **b** *(di macchine da corsa)* homologieren **4** FIG. vereinheitlichen, homogen machen: ***la televisione ha omologato la lingua*** das Fernsehen hat die Sprache vereinheitlicht **II** pronom. **omologarsi** sich an‿passen: ***-rsi ai modelli della società*** sich den Modellen der Gesellschaft anpassen.
o|mo|lo|ga|to p.pass. agg. **1** → **omologare** **2** zugelassen: ***casco ~*** amtlich zugelassener Helm; ***questa automobile è -a per cinque*** dieses Auto ist für fünf Personen zugelassen **3** TECN. typengeprüft **4** DIR. bestätigt **5a** SPORT offiziell anerkannt **b** *(di macchine da corsa)* homologiert **6** FIG. vereinheitlicht, homogen: ***comportamento ~*** vereinheitlichtes Verhalten; ***cultura -a*** homogene Kultur.
o|mo|lo|ga|zio|ne f. **1** Zulassung *f.*: ***l'~ del prototipo di un motore*** die Zulassung des Prototyps eines Motors **2** DIR. Bestätigung *f.* **3a** SPORT offizielle Anerkennung *f.*: ***~ di un primato*** (offizielle) Anerkennung eines Rekords **b** *(di macchine da corsa)* Homologation *f.* **4** TECN. Typprüfung *f.* **5** FIG. Vereinheitlichung *f.*: ***~ dei comportamenti sociali*** Vereinheitlichung des sozialen Verhaltens ◆ ***sentenza di ~*** Bestätigungsentscheid *m.*
o|mo|lo|gi|a f. Homologie *f.* **o|mo|lo|go** agg. *(-ghi,-ghe)* homolog: ***punti -ghi*** homologe Punkte.
o|mo|mor|fi|smo m. Homomorphismus *m.*
o|mo|ni|ma f. Namensschwester *f.* **o|mo|ni|mi|a** f. Gleichnamigkeit *f.*, Namensgleichheit *f.*, Homonymie *f.*: ***un caso di ~*** ein Fall von Namensgleichheit. **o|mo|ni|mi|co** agg. *(-ci,-che)* homonymisch. **o|mo|ni|mo** **I** agg. **1** gleichnamig: ***due località -e*** zwei gleichnamige Orte **2** LING. homonym **II** m. **1** Namensvetter *m.* **2a** LING. Homonym *n.* **b** *(non omofono)* Homograph *n.*
o|mo|ses|sua|le **I** agg. homosexuell **II** m. e f. Homosexuelle *m.* e *f.* **o|mo|ses|sua|li|tà** f. Homosexualität *f.*: ***~ latente*** latente Homosexualität.
o|mo|sfe|ra f. Homosphäre *f.*
o|mot|te|ro m. Pflanzensauger *m.*, Gleichflügler *m.*
o|mo|zi|go|si f. Homozygotie *f.*, Reinerbigkeit *f.* **o|mo|zi|go|te** **I** agg. homozygot, reinerbig **II** m. Homozygote *m.*, Reinerbige *m.*
OMS ⇒ *Organizzazione Mondiale della Sanità* Weltgesundheitsorganisation (WHO).
o|mun|co|lo m. **1** Knirps *m.* **2** ALCH. Homunkulus *m.*
on agg. on, an.
o|na|gro m. Onager *m.*
o|na|ni|smo m. Onanie *f.* **o|na|ni|sta** m. e f. *(-i,-e)* Onanist *m.* (-in *f.*).
on|cia f. *(-ce)* **1** Unze *f.* **2** *(minima quantità)* Quäntchen *n.*, Fünkchen *n.*: ***non avere un'~ di giudizio*** kein Fünkchen Verstand haben. **on|cia|le** **I** agg. Unzial-: ***lettera ~*** Unzialbuchstabe *f.*; ***scrittura ~*** Unzialschrift *f.* **II** f. Unziale *f.*, Unzialschrift *f.*
on|co|ge|ne|si f. Onkogenese *f.*, Tumorbildung *f.* **on|co|ge|no** agg. onkogen. **on|co|lo|gi|a** f. Onkologie *f.* **on|co|lo|gi|co** agg. *(-ci,-che)* onkologisch: ***reparto ~*** onkologische Station *f.* (*o* Krebsstation *f.*). **on|co|lo|go** m. *(-gi)* Onkologe *m.* **on|co|te|ra|pi|a** f. Krebstherapie *f.*
on|da f. **1** Welle *f.*: ***~ lunga, alta*** lange, hohe Welle; ***le -e dei suoi capelli sono naturali*** sein Haar ist von Natur aus gewellt; ***farsi le -e*** sich das Haar in Wellen legen lassen; ***distribuire il colore a -e*** die Farbe wellenförmig auftragen **2** FIG. *(insieme agitato di sentimenti)* Welle *f.*, Flut *f.*: ***l'~ dei ricordi lo sommerse*** eine Flut von Erinnerungen überkam ihn **3** FIG. *(movimento fluttuante)* Wogen *n.*: ***l'~ della folla*** das Wogen der Menschenmenge ◆ ***a -e*** wellig, wellenförmig; ***andare a -e*** schwanken; ***andare in ~*** gesendet werden, auf Sendung gehen; ***essere in balia delle -e*** den Wellen ausgeliefert sein; RAD. ***-e corte*** Kurzwellen *pl.*; ***cresta dell'~*** Wellenkamm *m.*; FIG. ***essere sulla cresta dell'~*** = auf dem Gipfel des Erfolgs sein; FIS. ***-e elettromagnetiche*** elektromagnetische Wellen; ***gamma d'~*** Wellenbereich *m.*; ***-e hertziane*** Hertz'sche Wellen; ***-e luminose*** Lichtwellen *pl.*; FIG. ***~ lunga*** Auswirkungen *pl.*; RAD. ***-e lunghe*** Langwellen *pl.*; ***lunghezza d'~*** Wellenlänge *f.*; ***mandare in ~*** senden, aus‿strahlen; ***-e medie*** Mittelwellen *pl.*; ***~ nera*** Ölteppich *m.*; ***~ portante*** Trägerwelle *f.*; ***-e radio*** Funkwellen *pl.*; FIG. ***seguire l'~*** mit dem Strom schwimmen; ***~ sismica*** Erdbebenwelle *f.*; ***-e sonore*** Schallwellen *pl.*; ***~ trasversale*** transversale Welle; RAD. ***-e ultracorte*** Ultrakurzwellen *pl.*; ***~ d'urto*** Stoßwelle *f.*; ***~ verde*** grüne Welle.
on|da|ta f. Welle *f.* (anche FIG.): ***un'~ capovolse l'imbarcazione*** eine Welle brachte das Boot zum Kentern; ***un'~ di entusiasmo*** eine Welle der Begeisterung ◆ ***a -e*** in Strömen: ***i turisti arrivarono a -e*** die Touristen kamen in Strömen; ***~ di arresti*** Verhaftungswelle *f.*; ***~ di caldo*** Hitzewelle *f.*; ***~ di freddo*** Kältewelle *f.*; ***~ di maltempo*** Schlechtwetterperiode *f.*; ***~ migratoria*** Migrationswelle *f.*; ***~ di proteste*** Protestwelle *f.*; ***~ terroristica*** Terrorwelle *f.*
on|de LETT. **I** avv. woher: ***~ vieni?*** woher kommst du? ***tornò ~ era***

partito er kehrte dorthin zurück, woher er gekommen war **II** pron.rel. wovon, woraus: ***~ si deduce che...*** woraus folgt, dass... **III** cong. damit, um... zu: ***Le scrivo ~ informarLa che...*** ich schreibe Ihnen, um Ihnen mitzuteilen, dass... **IV** m. ***averne ben ~*** seine Gründe dafür haben.

on|deg|gia|men|to m. Wogen *n.*, Schwanken *n.*, Schaukeln *n.*: ***l'~ di una barca*** das Schaukeln eines Bootes; ***l'~ della folla*** das Wogen der Menge. **on|deg|gian|te** agg. wogend, schwankend: ***andatura ~*** wiegender Gang; ***opinioni -i*** schwankende Meinungen; ***folla ~*** wogende Menge.

on|deg|gia|re intr. (aus. *avere*) **1** wogen: ***il lago ondeggia*** der See wogt; ***la folla ondeggiava per le strade*** die Menge wogte in den Straßen; ***~ al vento*** im Wind schwanken **2** *(oscillare)* schwanken, schaukeln: ***la barca ondeggia*** das Boot schaukelt; ***l'ubriaco ondeggiava*** der Betrunkene schwankte; ***~ tra la speranza e il timore*** zwischen Hoffnung und Furcht schwanken **3** *(vacillare)* wackeln, wanken; ***la pila di libri ondeggiò e cadde*** der Bücherstapel geriet ins Schwanken und fiel um.

on|di|na f. **1** Undine *f.* **2** *(nuotatrice esperta)* Wasserratte f.

on|do|so agg. **1** Wellen-: ***moto ~*** Wellengang *m.* **2** *(pieno di onde)* wogend: ***mare ~*** wogendes Meer.

on|du|lan|te agg. **1** wogend **2** MED. schwankend: ***febbre ~*** schwankendes Fieber.

on|du|la|re *(ondulo)* **I** tr. wellen; *(di capelli)* ondulieren: ***~ i capelli*** sich das Haar wellen (*o* ondulieren) lassen; ***~ la lamiera*** das Blech wellen **II** intr. (aus. *avere*) LETT. wogen.

on|du|la|to agg. wellenförmig, wellig, Well(en)-: ***capelli -i*** welliges (*o* onduliertes) Haar; ***terreno ~*** welliges Gelände; ***linea -a*** Wellenlinie *f.*; ***lamiera -a*** Wellblech *n.*; ***cartone ~*** Wellpappe *f.*

on|du|la|to|re m. Wechselrichter *m.*, Inverter *m.*

on|du|la|to|rio agg. *(-ri,-rie)* **1** wellenförmig, wellenartig **2** FIS. Wellen-, undulatorisch: ***movimento ~*** Wellenbewegung *f.*; ***meccanica -a*** Wellenmechanik *f.* **3** *(di terremoto)* mit Stoßwellen in horizontaler Richtung ◆ FIS. ***teoria -a*** Undulationstheorie *f.*

on|du|la|zio|ne f. **1** Wölbung *f.*: ***~ del terreno*** Wölbung des Geländes **2** *(di capelli)* Wellen *pl.* **3** FIS. Wellenbewegung *f.*, Undulation *f.*

on|du|re|gno I agg. honduranisch **II** m. Honduraner *m.*

o|ne|ra|re tr. belasten: ***~ qcn. di qcs.*** jdn mit etw. belasten; ***~ qcn. di tasse*** jdn steuerlich belasten.

o|ne|ra|to I p.pass. agg. **1** → **onerare 2** belastet **II** m. DIR. Belastete *m.* ◆ ***~ di debiti*** verschuldet.

o|ne|re m. Last *f.*, Belastung *f.*: ***assumersi un ~*** eine Last auf sich nehmen; ***ripartire gli -i*** die Lasten verteilen ◆ ***~ contrattuale*** vertragliche Belastung *f.*; ***-i deducibili*** absetzbare Lasten; ***esente da -i*** lastenfrei; ***-i finanziari*** finanzielle Lasten (*o* Passivzinsen *pl.*); ***~ fiscale*** Steuerbelastung *f.*; ***~ ipotecario*** Hypothekenlast *f.*; ***l'onore e l'~*** die Ehre und die Bürde; ***~ della prova*** Beweislast *f.* (*o* Beweispflicht *f.*); ***ripartizione degli -i*** Lastenverteilung *f.*; ***-i sociali*** Soziallasten *pl.*; ***fiscalizzazione degli -i sociali*** Fiskalisierung der Soziallasten. **o|ne|ro|si|tà** f. Last *f.*, Belastung *f.* **o|ne|ro|so** agg. **1** belastend, drückend: ***incarico ~*** belastender Auftrag; ***condizioni -e*** belastende Bedingungen **2** DIR. entgeltlich: ***contratto ~*** entgeltlicher Vertrag; ***negozio ~*** entgeltliches Geschäft.

o|ne|stà f. **1** Ehrlichkeit *f.*, Aufrichtigkeit *f.*, Rechtschaffenheit *f.*: ***dubitare dell'~ di qcn.*** an jds Ehrlichkeit (*o* Aufrichtigkeit) zweifeln; ***l'~ del venditore*** die Ehrlichkeit des Verkäufers; ***~ intellettuale*** intellektuelle Rechtschaffenheit **2** *(virtuosità)* Sittsamkeit *f.* **o|ne|sta|men|te** avv. ehrlich, aufrichtig, anständig: ***comportarsi ~*** sich anständig benehmen; ***riconoscere ~ di aver sbagliato*** ehrlich zugeben, sich geirrt zu haben; ***~, la penso diversamente*** ehrlich gesagt bin ich anderer Meinung. **o|ne|sto I** agg. **1** ehrlich, aufrichtig, rechtschaffen: ***persona -a*** ehrlicher Mensch; ***condurre una vita -a*** ein rechtschaffenes Leben führen; ***intenzioni -e*** ehrliche Absichten; ***un negoziante ~*** ein rechtschaffener Geschäftsmann; ***una faccia -a*** ein ehrliches Gesicht; ***fare un discorso ~*** aufrichtig (*o* offen) sprechen **2** *(virtuoso)* sittsam: ***donna -a*** sittsame Frau **3** *(giusto)* angemessen, gerecht: ***prezzo ~*** angemessener Preis **4** *(obiettivo)* sachlich: ***una critica -a*** eine sachliche Kritik **II** m. **1** ehrlicher Mensch *m.*, aufrichtiger Mensch *m.* **2** *(onestà)* Ehrlichkeit *f.*, Aufrichtigkeit *f.*

o|ni|ce f. Onyx *m.*

o|ni|co|fa|gi|a f. Onychophagie *f.*, Nägelkauen *n.*

o|ni|co|si f. Onychose *f.*

o|ni|ri|co agg. *(-ci,-che)* **1** Traum-, traumhaft: ***visione -a*** Traumbild *n.* **2** *(irreale)* irreal, unwirklich. **o|ni|ri|smo** m. optische Halluzinationszustände *pl.*

o|ni|ro|lo|gi|a f. Traumforschung *f.*

o|ni|sco m. *(-schi)* Mauerassel *f.*

on line ['lain] agg.inv. online.

on|ni|com|pren|si|vo agg. allumfassend.

on|ni|pos|sen|te, on|ni|po|ten|te I agg. allmächtig, omnipotent: ***Dio ~*** allmächtiger Gott; ***un sovrano ~*** ein omnipotenter Herrscher **II** m. ***l'Onnipotente*** der Allmächtige. **on|ni|po|ten|za** f. Allmacht *f.*, Omnipotenz *f.*: ***l'~ divina*** die Allmacht Gottes; ***l'~ del denaro*** die Allmacht des Geldes ◆ ***delirio di ~*** Allmächtigkeitswahn *m.*

on|ni|pre|sen|te agg. allgegenwärtig, omnipräsent (anche SCHERZ.). **on|ni|pre|sen|za** f. Allgegenwart *f.*, Omnipräsenz *f.*: ***l'~ di Dio*** die Allgegenwart Gottes ◆ PSIC. ***delirio di ~*** Omnipräsenzwahn *m.*

on|ni|scien|te agg. allwissend: SCHERZ. ***non sono mica ~!*** ich bin doch nicht allwissend. **on|ni|scien|za** f. Allwissenheit *f.*

on|ni|veg|gen|te agg. allsehend. **on|ni|veg|gen|za** f. = Fähigkeit *f.*, alles zu sehen.

on|ni|vo|ro I agg. omnivor, alles fressend **II** m. Omnivore *m.*, Allesfresser *m.*

o|no|ma|sio|lo|gi|a f. Onomasiologie *f.*, Bezeichnungslehre *f.* **o|no|ma|sio|lo|gi|co** agg. *(-ci,-che)* onomasiologisch.

o|no|ma|sti|ca f. Onomastik *f.*, Namenkunde *f.*, Onomatologie *f.* **o|no|ma|sti|co I** agg. *(-ci,-che)* **1** namenkundlich, onomatologisch: ***lessico ~*** onomatologischer Wortschatz **2** Namens-: ***giorno ~*** Namenstag *m.* **II** m. *(-ci)* Namenstag *m.*: ***festeggiare l'~ di qcn.*** jds Namenstag feiern; ***oggi è il mio ~*** ich habe heute Namenstag; ***(auguri di) buon ~!*** alles Gute zum Namenstag!

o|no|ma|to|pe|a f. Onomatopöie *f.*, Lautmalerei *f.* **o|no|ma|to|pei|co** agg. *(-ci,-che)* onomatopoetisch, lautmalend: ***parola -a*** lautmalendes Wort.

o|no|ni|de f. Hauhechel *f.*

o|no|ra|bi|le agg. ehrbar: ***persone -i*** ehrbare Leute. **o|no|ra|bi|li|tà** f. Ehrbarkeit *f.*, Ehrenhaftigkeit *f.*: ***offendere l'~ di qcn.*** jds Ehrbarkeit verletzen.

o|no|ran|za f. Ehrung *f.*; ***tributare -e a qcn.*** jdm Ehren erweisen ◆ ***-e funebri*** Totenehrung *f.*

o|no|ra|re tr. **1** ehren: ***~ il padre e la madre*** Vater und Mutter ehren; ***la sua fiducia mi onora*** sein Vertrauen ehrt mich; ***il tuo coraggio ti onora*** dein Mut ehrt dich; ***~ la memoria di qcn.*** jds Andenken ehren; ***~ la nazione con le proprie azioni*** der Nation durch seine Taten Ehre machen **2** ***~ qcn. di, con qcs.*** jdn mit etw. beehren; ***~ qcn. di una visita, della propria presenza*** jdn mit seinem Besuch, mit seiner Anwesenheit beehren **3** *(adempiere)* ein‿halten, nach‿kommen: ***~ i propri impegni*** seinen Verpflichtungen nachkommen **4** *(pagare)* honorieren: ***~ una cambiale*** einen Wechsel honorieren.

1.o|no|ra|rio agg. *(-ri,-rie)* Ehren-: ***carica -a*** Ehrenamt *n.*; ***cittadinanza -a*** Ehrenbürgerschaft *f.*; ***concedere a qcn. la cittadinanza -a*** jdm das Ehrenbürgerrecht verleihen; ***cittadino, console ~*** Ehrenbürger *m.*, Ehrenkonsul *m.*; ***monumento ~*** Ehrendenkmal *n.*; ***presidente, socio ~*** Ehrenpräsident *m.*, Ehrenmitglied *n.*

2.o|no|ra|rio m. *(-ri)* Honorar *n.*: ***stabilire, pagare un ~*** ein Honorar fest‿setzen, aus‿zahlen ◆ ***~ del medico*** Arzthonorar *n.*

o|no|ra|to p.pass. agg. **1** → **onorare 2** ehrenhaft, ehrbar: ***persona, famiglia, vita -a*** ehrenhafter Mensch, ehrenhafte Familie, ehrenhaftes Leben; ***professione -a*** ehrbarer Beruf ◆ ***~ (di conoscerla)*** es ist mir eine Ehre (Sie kennen zu lernen); ***sentirsi ~ per qcs.*** sich wegen etw. geehrt fühlen; ***-a società*** *(in Campania)* = Kamorra *f.*; *(in Sicilia)* = Mafia *f.*

o|no|re m. **1** Ehre *f.*: ***salvare, perdere, offendere l'~*** die Ehre retten, verlieren, verletzen; ***giurare sul proprio ~*** bei seiner Ehre schwören; ***avere l'~ di fare qcs.*** die Ehre haben, etw. zu tun; IRON. ***a che cosa dobbiamo l'~?*** wie kommen wir zu der Ehre? **2** pl. *(onorificenza)* Ehrung *f.* **3** pl. *(titoli)* Auszeichnungen *pl.*: ***-i accademici*** akademische Auszeichnungen ◆ ***innalzare agli -i dell'altare*** heilig sprechen, selig sprechen; ***attentare all'~ di qcn.*** jds Ehre gefährden; ***fare gli -i di casa*** die Honneurs machen; ***cercare ricchezze e -i*** auf der Suche nach Reichtum und Ehren sein; ***che ~!*** welche Ehre; ***codice d'~*** Ehrenkodex *m.*; ***assurgere agli -i della cronaca*** Schlagzeilen machen; ***damigella d'~*** Brautjungfer *f.*; ***delitto d'~*** Ehrendelikt *n.*; ***essere l'~ della famiglia*** = der Familie Ehre machen; ***estremi -i*** die letzte Ehre: ***rendere gli estremi -i a qcn.*** jdm die letzte Ehre erweisen; ***fare ~ a qcn., qcs.*** jdm, etw. Ehre machen: ***questa azione non ti fa ~*** diese Tat macht dir keine Ehre; ***fare ~ al proprio nome*** seinem Namen Ehre machen; ***fare ~ alla propria firma*** seinen Verpflichtungen nach‿kommen; ***fare ~ al pranzo*** sich das Essen schmecken lassen; ***farsi ~ in qcs.*** in etw. zu Ehren kommen; ***ferito nell'~*** in der Ehre verletzt; ***-i funebri*** die letzte Ehre; ***è stato un grande ~, fare la sua conoscenza*** es war eine große Ehre, ihn kennen zu lernen; giurì d'~ Ehrengericht *n.*; guardia d'~ Ehrenwache *f.*, Ehrengarde *f.*; in ~ di qcn. zu jds Ehren; erigere un monumento in ~ di qcn. ein Denkmal zu jds Ehren errichten; legion d'~ Ehrenlegion *f.*; l'onor del mento = die Manneszierde; ~ al merito! Ehre, wem Ehre gebührt; -i militari militärische Ehren; l'~ e l'onere die Ehre und die Bürde; ospite d'~ Ehrengast *m.*; palco d'~ Ehrenloge *f.*; parola d'~ Ehrenwort *n.*; parola d'~! auf Ehre! dare la propria parola d'~ sein Ehrenwort geben; posto d'~ *(a tavola)* Ehrenplatz *m.*; SPORT = zweiter Platz; questione d'~ Ehrensache *f.*, Ehrenhandel *m.*; rendere ~ a qcn. jdm eine Ehre erweisen; senso dell'~ Ehrgefühl *n.*: il mio (senso) dell'~ me lo impedisce mein Ehrgefühl verbietet mir das; uomo d'~ Ehrenmann *m.* (*o* Mann von Ehre); *(mafioso)* = Mafioso *m.*; a onor del vero um der Wahrheit die Ehre zu geben; Vostro Onore Euer Ehren.

o|no|re|vo|le I agg. ehrenvoll, ehrenhaft: comportamento ~ ehrenvolles Verhalten; pace ~ ehrenvoller Friede; menzione ~ ehrenvolle Erwähnung; morte ~ ehrenhafter Tod; raggiungere un compromesso ~ einen ehrenvollen Kompromiss schließen **II** m. e f. Abgeordnete *m.* e *f.* **o|no|re|vol|men|te** avv. ehrenvoll: comportarsi ~ sich ehrenvoll verhalten; accogliere qcn. ~ jdn ehrenvoll empfangen.

o|no|ri|fi|cen|za f. **1** Ehrung *f.* **2** *(decorazione)* Auszeichnung *f.*, Orden *m.*: insignire qcn. di un'~, conferire un'~ a qcn. jdm einen Orden verleihen. **o|no|ri|fi|co** agg. *(-ci,-che)* Ehren-: titolo ~ Ehrentitel *m.*; carica -a Ehrenamt *n.*; compenso ~ Ehrengehalt *n.* ◆ a titolo ~ ehrenamtlich.

on|ta f. **1** *(disonore)* Schande *f.*, Schmach *f.*: subire l'~ di una grave sconfitta die Schmach einer schweren Niederlage erleiden; recare ~ a qcn. jdm eine Schmach zu‿fügen; un'~ incancellabile eine unauslöschliche Schande **2** *(offesa)* Beleidigung *f.*: lavare l'~ nel sangue eine Beleidigung blutig rächen ◆ a ~ di qcs. trotz, ungeachtet etw. (G); a ~ del divieto trotz (*o* ungeachtet) des Verbotes.

on|ta|no m. Erle *f.*

on|to|ge|ne|si f. Ontogenese *f.* **on|to|ge|ne|ti|co** agg. *(-ci,-che)* ontogenetisch.

on|to|lo|gi|a f. Ontologie *f.* **on|to|lo|gi|co** agg. *(-ci,-che)* ontologisch. **on|to|lo|gi|smo** m. Ontologismus *m.*

ONU ⇒ *Organizzazione delle Nazioni Unite* Vereinte Nationen (UNO).

o|nu|sto agg. LETT. beladen; ~ di gloria ruhmbedeckt.

o|o|ga|mi|a f. Oogamie *f.* **o|o|ge|ne|si** f. Oogenese *f.* **o|o|go|nio** m. *(-ni)* Oogonium *n.*

OO pp ⇒ *Opere Pubbliche* Öffentliche Bauvorhaben.

OPA ⇒ *Offerta Pubblica d'Acquisto* Öffentliches Kaufangebot.

o|pa|ci|tà f. **1** Undurchsichtigkeit *f.* (anche FIG.): ~ di un materiale Undurchsichtigkeit eines Materials; ~ di un discorso Undurchsichtigkeit einer Rede **2** *(mancanza di lucentezza)* Mattheit *f.* **3** FOT. Opazität *f.* **4** *(di suoni)* Dumpfheit *f.* **o|pa|ciz|za|re I** tr. **1** undurchsichtig machen **2** *(rendere privo di lucentezza)* mattieren **3** MED. mit Kontrastmitteln sichtbar machen **II** pronom. opacizzarsi undurchsichtig werden. **o|pa|ciz|za|zio|ne** f. **1** Mattierung *f.* **2** MED. Kontrastmittelanwendung *f.* **o|pa|co** agg. *(-chi,-che)* **1** opak, undurchsichtig **2** *(che non riflette luce)* matt, glanzlos, stumpf (anche FIG.): marmo ~ matter Marmor; tessuto ~ glanzloser Stoff; sguardo ~ stumpfer Blick **3** *(di suoni)* dumpf ◆ rendere ~ mattieren; specchio ~ blinder Spiegel; vetro ~ Trübglas *n.*, Milchglas *n.*

o|pa|le m. Opal *m.* **o|pa|le|scen|te** agg. opaleszent, opalisierend: liquido ~ opaleszente Flüssigkeit. **o|pa|le|scen|za** f. Opaleszenz *f.*

o|pa|li|na f. **1** *(vetro)* Opalglas *n.* **2** *(tessuto di cotone)* Opal *m.* **3** *(cartoncino semilucido)* Glanzkarton *m.* **o|pa|li|no** agg. opalen, Opal-. **o|pa|liz|za|re** tr. opalisieren.

o|pe le|gis avv. e agg.inv. (kraft) eines Gesetzes.

o|pen I agg.inv. offen: torneo ~ offenes Turnier; *(di biglietto aereo, navale, ferroviario)* offen **II** m.inv. SPORT Open *n.*

open space [speɪs] m.inv. Großraumbüro *n.*

o|pe|ra f. **1a** Werk *n.*, Arbeit *f.*: compiere un'~ buona, meritoria ein gutes, verdienstvolles Werk tun; compiere la propria ~ sein Werk vollbringen; l'~ educatrice della scuola die Erziehungsarbeit der Schule; l'~ creatrice di Dio das schöpferische Werk Gottes **b** *(prodotto)* Werk *n.*, Arbeit *f.*: l'~ del poeta das Werk des Dichters; esporre le -e di un pittore die Arbeiten eines Malers aus‿stellen; raccolta di -e classiche Sammlung klassischer Werke; ~ giuridica, filosofica juristisches, philosophisches Werk **2** *(effetto)* Wirkung *f.*: l'~ dei farmaci risulta troppo blanda die Wirkung der Medikamente ist zu schwach **3** *(costruzione)* Bau *m.*, Bauwerk *n.* **4** *(tessuto)* Muster *n.*; tessuto a ~ gemusterter Stoff **5** MUS. Oper *f.*; *(teatro)* Oper *f.*, Opernhaus *n.*: andare all'~ in die Oper gehen; libretto d'~ Libretto einer Oper ◆ mettersi all'~ sich ans Werk machen (*o* an die Arbeit machen); essere all'~ am Werk sein; ~ d'arte Kunstwerk *n.*; -e assistenziali Hilfswerke *pl.*, Wohlfahrtspflege *f.*; ~ di bonifica Melioration *f.*; ~ buffa Opera buffa *f.* (*o* komische Oper); -e campali Feldverteidigungsanlagen *pl.*; -e di carità Werke der Nächstenliebe (*o* Liebe); ~ commissionata Auftragswerk *n.*; -e complete sämtliche Werke; con l'~ di mittels; ~ di consultazione Nachschlagewerk *n.*; contratto d'~ Werkvertrag *m.*; fare ~ di convincimento presso qcn. jdn zu überzeugen suchen; -e di demolizione Abbrucharbeiten *pl.*; -e difensive Verteidigungsanlagen *pl.*; ~ edita veröffentlichtes Werk; elenco delle -e Werkverzeichnis *n.*; essere ~ di qcn. jds Werk sein: la distruzione del paesaggio è ~ dell'uomo die Zerstörung der Landschaft ist das Werk des Menschen; il danno non è ~ mia der Schaden ist nicht mein Werk; -e di fortificazione Befestigungswerk *n.*; ~ giovanile Jugendwerk *n.*; giudicare qcn. dalle -e e non dalle parole jdn nach seinem Handeln und nicht nach seinen Worten beurteilen; mettere in ~ un proposito ein Vorhaben in die Tat um‿setzen; ~ inedita unveröffentlichtes Werk; ~ di legname Holzbau *m.*; -e in legno Holzarbeiten *pl.*; ~ lirica Oper *f.*; mano d'~ Arbeitskraft *f.*; ~ della maturità Spätwerk *n.*; ~ morta totes Werk; ~ muraria Mauerwerk *n.*; ~ omnia Gesamtwerk *n.*; fare ~ di pace Friedensarbeit machen; per ~ di durch; per ~ sua dank seiner; -e pie fromme Werke; -e postume nachgelassene Werke; prestare la propria ~ a favore di qcn. sich für jdn verwenden; prestatore d'~ Arbeitnehmer *m.*; ~ prima Erstlingswerk *n.*; l'~ dei pupi Marionettentheater *n.*; -e servili niedere Arbeiten; ~ universitaria Studentenwerk *n.*; valersi dell'~ altrui jds Dienste in Anspruch nehmen; ~ viva lebendes Werk; PROV. chi ben comincia è a metà dell'~ frisch gewagt ist halb gewonnen.

o|pe|ra|bi|le agg. operierbar, operabel. **o|pe|ra|bi|li|tà** f. Operierbarkeit *f.*, Operabilität *f.*

o|pe|ra|ia f. Arbeiterin *f.*

o|pe|ra|io I m. *(-ai)* Arbeiter *m.*: fare l'~ Arbeiter sein; ~ non qualificato ungelernter Arbeiter **II** agg. *(-ai,-aie)* Arbeiter-: ape -a Arbeitsbiene *f.* ◆ ambiente ~ Arbeitermilieu *n.*; ~ avventizio Hilfsarbeiter *m.*; classe -a Arbeiterklasse *f.*; ~ edile Bauarbeiter *m.*; ~ di fonderia Gießereiarbeiter *m.*, Gießer *m.*; ~ meccanico Mechaniker *m.*; ~ metallurgico Hüttenarbeiter *m.*; ~ alla catena di montaggio Fließbandarbeiter *m.*; movimento ~ Arbeiterbewegung *f.*; partito ~ Arbeiterpartei *f.*; ~ della penna = Schriftsteller *m.*; ~ del pennello = Maler *m.*; ~ portuale Hafenarbeiter *m.*; prete ~ Arbeiterpriester *m.*; quartiere ~ Arbeiterviertel *n.*; questione -a Arbeiterfrage *f.*; rivolta -a Arbeiteraufstand *m.*; ~ siderurgico Stahlarbeiter *m.*; sindacato ~ Arbeitergewerkschaft *f.*; ~ specializzato Facharbeiter *m.*; ~ tessile Textilarbeiter *m.* **o|pe|ra|i|smo** m. = Interessenvertretung *f.* der Arbeiterklasse.

o|pe|ran|te agg. **1** wirksam, wirkend **2** *(valido)* gültig, rechtsgültig: diventare ~ rechtsgültig werden.

o|pe|ra|re *(opero)* **I** intr. (aus. *avere*) **1** *(essere attivo)* tätig sein, wirken: ~ nel settore alimentare in der Lebensmittelbranche tätig sein; ~ in un paese come missionario in einem Land als Missionär wirken; ~ per il futuro di qcn. für jds Zukunft wirken **2** *(produrre un effetto)* wirken: un veleno che opera lentamente ein langsam wirkendes Gift **3** *(agire)* handeln, operieren: ~ bene, male gut, schlecht handeln; ~ nell'altrui interesse im Interesse anderer handeln **4** MIL. operieren, vor‿gehen **II** tr. **1** *(fare, compiere)* vollbringen, bewirken: ~ miracoli Wunder vollbringen; ~ il bene, il male Gutes, Böses vollbringen; ~ un cambiamento einen Wandel bewirken **2** *(sottoporre a intervento chirurgico)* operieren: ~ qcn. allo stomaco jdn am Magen operieren **III** pronom. operarsi **1** *(compiersi)* sich vollziehen: si è operato in lui un gran cambiamento in ihm hat sich ein großer Wandel vollzogen **2** COLLOQ. *(sottoporsi a intervento chirurgico)* sich operieren lassen: -rsi di appendicite sich am Blinddarm operieren lassen.

o|pe|ra|ti|va|men|te avv. operativ, wirksam. **o|pe|ra|ti|vi|smo** m. Operativismus *m.* **o|pe|ra|ti|vi|tà** f. Operativität *f.*, Wirksamkeit *f.*

o|pe|ra|ti|vo agg. **1** *(vigente)* wirksam, gültig, operativ: essere ~ wirksam sein **2** *(esecutivo)* Vollstreckungs-: ordine ~ Vollstreckungsbefehl *m.* **3** MIL. operativ, Operations- ◆ base -a Operationsbasis *f.*; codice ~ Anwenderprogramm *n.*, Anwendungsprogramm *n.*; criteri -i Durchführungskriterien *pl.*; efficienza -a Einsatzbereitschaft *f.*; piano ~ Einsatzplan *m.*; ricerca -a Unternehmensforschung *f.* (*o* Operations-Research *f.*); sistema ~ Betriebssystem *n.*; MIL. teatro ~ Kriegsschauplatz *m.*; unità -a Einsatzkommando *n.*

o|pe|ra|to I p.pass. agg. **1** → **operare 2** operiert : ***il paziente ~*** der operierte Patient **3** TESS. gemustert, Muster-: ***tela, maglia -a*** gemusterter Stoff, Pullover **II** m. **1** Operierte *m.* **2** *(insieme delle azioni svolte)* Wirken *n.*, Werk *n.*: ***approvare l'~ di qcn.*** jds Werk zustimmen; ***render conto del proprio ~*** über seine Handlungen Rechenschaft ab‿legen.

o|pe|ra|to|re m. **1** Fachmann *m.*, Techniker *m.* **2** ECON. Makler *m.* **3** MAT. INFORM. Operator *m.* ◆ ***~ di Borsa*** Börsenmakler *m.*, Börsenagent *m.*; ***~ ecologico*** Straßenreiniger *m.*; ***~ economico*** Wirtschaftsmakler *m.*; ***~ finanziario*** Finanzmakler *m.*; ***~ di pace*** Friedensstifter *m.*; ***riservato agli -i*** nur für Firmenvertreter; ***~ scolastico*** Angestellter *m.* im Schuldienst; ***~ sociale*** Sozialarbeiter *m.*; ***~ del suono*** Tontechniker *m.*; ***~ televisivo*** Kameramann *m.*; ***~ in titoli*** Effektenmakler *m.*; ***~ turistico*** Reiseveranstalter *m.*, Fachmann *m.* für Touristik.

o|pe|ra|to|rio agg. *(-ri,-rie)* operativ, Operations-: ***sala -a*** Operationssaal *m.*; ***tavolo ~*** Operationstisch *m.*

o|pe|ra|tri|ce f. **1** Fachfrau *f.*, Technikerin *f.* **2** ECON. Maklerin *f.* **3** INFORM. Operatorin *f.* **4** TEL. Telefonistin *f.* ◆ ***~ sociale*** Sozialarbeiterin *f.*; ***~ turistica*** Reiseveranstalterin *f.*

o|pe|ra|zio|na|le agg. operational.

o|pe|ra|zio|ne f. **1** *(procedimento)* Vorgang *m.*, Verfahren *n.* **2** ECON. Geschäft *n.* **3** *(azione coordinata)* Operation *f.*, Aktion *f.*: ***~ militare*** militärische Operation; ***~ "mari puliti"*** Aktion *f.* „Saubere Meere" **4** MED. Operation *f.*: ***subire un'~*** operiert werden; ***sottoporsi a un'~*** sich einer Operation unterziehen; ***eseguire un'~*** eine Operation durch‿führen **5** *(impresa)* Operation *f.*, Unternehmung *f.*, Unternehmen *n.*: ***un'~ difficile*** eine schwierige Unternehmung **6** MAT. Rechenart *f.*, Operation *f.*: ***le quattro -i*** die vier Grundrechenarten ◆ ***~ bancaria*** Bankgeschäft *n.*; ***~ di Borsa*** Börsengeschäft *n.*; ***~ di carico e scarico*** Ver- und Ausladen *n.*; ***~ commerciale*** Handelsgeschäft *n.*; ***~ di conversione*** Umtauschaktion *f.*; ***~ di credito*** Kreditverkehr *m.*; ***~ al dettaglio*** Detailgeschäft *n.*; ***~ elettorale*** Wahlvorgang *m.*; ***~ finanziaria*** Finanzgeschäft *n.*; ***~ immobiliare*** Immobiliengeschäft *n.*; ***~ all'ingrosso*** Engrosgeschäft *n.*; INFORM. ***~ logica*** logische Verknüpfung; ***~ di montaggio*** Montagevorgang *m.*; ***~ di polizia*** Polizeiaktion *f.*; ***~ di salvataggio*** Rettungsaktion *f.*; ***~ a termine*** Liefergeschäft *n.* (*o* Termingeschäft *n.*); ***~ di vendita*** Verkaufsgeschäft *n.*; ***~ di verifica*** Prüfverfahren *n.*

o|pe|ra|zio|ni|smo m. → **operativismo.**

o|per|co|lo m. Deckel *m.*, Samendeckel *m.*: ***~ della branchia*** Kiemendeckel *m.*

o|pe|ret|ta f. **1** LETT. kleines Werk *n.*, kleine Dichtung *f.* **2** MUS. Operette *f.* ◆ ***cantante di ~*** Operettensänger *m.*; ***da ~*** Operetten- (*o* operettenhaft); ***matrimonio da ~*** eine operettenhafte Ehe; ***musica da ~*** Operettenmusik *f.*; ***stato da ~*** Operettenstaat *m.*

o|pe|ret|ti|sta m. e f. *(-i,-e)* Operettenkomponist *m.* (-in *f.*). **o|pe|ret|ti|sti|co** agg. *(-ci,-che)* Operetten-, operettenhaft.

o|pe|ri|sta m. e f. *(-i,-e)* Opernkomponist *m.* (-in *f.*). **o|pe|ri|sti|co** agg. *(-ci,-che)* Opern-: ***musica -a*** Opernmusik *f.*; ***stagione -a*** Opernsaison *f.*; ***concerto ~*** Opernkonzert *n.*

o|pe|ro|si|tà f. Fleiß *m.*, Arbeitsamkeit *f.* **o|pe|ro|so** agg. fleißig, arbeitsam, emsig: ***un uomo ~*** ein fleißiger Mensch; ***formiche -e*** emsige Ameisen; ***una vita -a*** ein arbeitsames Leben.

o|pi|fi|cio m. *(-ci)* Fabrik *f.*, Werkstätte *f.*, Werk *n.*

o|pi|mo agg. LETT. **1** fett **2** *(ricco, fertile)* fruchtbar, ertragreich: ***terra -a*** fruchtbares Land.

o|pi|na|bi|le agg. diskutierbar, fraglich: ***giudizio ~*** bestreitbares Urteil. **o|pi|na|bi|li|tà** f. Diskutierbarkeit *f.*, Fraglichkeit *f.*

o|pi|na|re tr. e intr. (aus. *avere*) meinen.

o|pi|nio|ne f. Meinung *f.*, Ansicht *f.*: ***esprimere, sostenere la propria ~*** seine Meinung äußern, vertreten; ***avere un'~ buona, cattiva su qcn., qcs.*** eine gute, schlechte Meinung über jdn, etw. haben; ***chiedere a qcn. la sua ~*** jdn nach seiner Meinung fragen; ***condividere l'~ di qcn.*** jds Meinung teilen; ***essere dell'~ che...*** der Meinung sein, dass...; ***essere della stessa ~*** derselben Meinung sein; ***essere di -i diverse, contrarie*** verschiedener Meinung, entgegengesetzter Ansicht sein; ***cambiare ~*** seine Meinung ändern; ***formarsi un'~ su qcn., qcs.*** sich (D) eine Meinung über jdn, etw. bilden; ***rimanere della propria ~*** bei seiner Meinung bleiben; ***~ precostituita*** vorgefasste Meinung ◆ ***avere un'alta ~ di sé*** eine hohe Meinung von sich selbst haben; ***~ comune*** allgemeine Meinung; ***~ corrente*** landläufige Meinung: ***~ diffusa*** verbreitete Meinung; ***libertà di ~*** Meinungsfreiheit *f.*; ***la matematica non è un'~*** Mathematik ist keine Ansichtssache; ***l'~ pubblica*** die öffentliche Meinung; ***è questione di -i*** das ist Ansichtssache; ***scambio di -i*** Meinungsaustausch *m.*; ***secondo la mia ~*** meiner Meinung nach; ***sondaggio d'~*** Meinungsforschung *f.* (*o* Meinungsumfrage *f.*).

o|pi|nio|ni|sta m. e f. *(-i,-e)* Kolumnist *m.* (-in *f.*).

op|là inter. hopp, hops, hopsala.

o|pli|ta, o|pli|te m. Hoplit *m.*

o|pos|sum m.inv. **1** ZOOL. Opossum *n.*; ***~ acquatico*** Schwimmbeutler *m.* **2** *(pelliccia)* Opossum *m.*

op|pia|ce|o I agg. Opium-, opiumhaltig: ***sostanza -a*** opiumhaltiger Stoff **II** m. opiumhaltiger Stoff *m.*

op|pia|to I agg. opiumhaltig, mit Opium vermischt **II** m. Opiat *n.*

op|pio m. Opium *n.*: ***fumare ~*** Opium rauchen; ***assumere dell'~*** Opium nehmen ◆ ***dipendenza da ~*** Opiumsucht *f.*; ***fumatore d'~*** Opiumraucher *m.*; ***fumeria d'~*** Opiumhöhle *f.*; ***guerra dell'~*** Opiumkrieg *m.*; ***la religione è l'~ dei popoli*** Religion ist Opium für das Volk; ***traffico d'~*** Opiumhandel *m.*

op|pio|fa|go m. *(-gi)* Opiumesser *m.* **op|pio|fa|gi|a** f. = gewohnheitsmäßiges Opiumessen *n.* **op|pio|ma|ne** m. e f. Opiumsüchtige *m.* e *f.* **op|pio|ma|ni|a** f. Opiumsucht *f.*

op|po|nen|te I agg. gegnerisch **II** m. e f. **1** *(chi si oppone)* Opponent *m.* (-in *f.*), Gegner *m.* (-in *f.*) **2** *(chi presenta opposizione)* Antragsgegner *m.* (-in *f.*), Einsprecher *m.* (-in *f.*).

op|po|ni|bi|le agg. **1** einwendbar **2** DIR. entgegenstellbar, entgegensetzbar. **op|po|ni|bi|li|tà** f. **1** Einwendbarkeit *f.* **2** DIR. Entgegenhaltbarkeit *f.*, Geltendmachung *f.*

op|por|re *(oppongo, opponi; opposi; opposto)* **I** tr. **1** *(contrapporre)* entgegen‿stellen: ***~ ostacoli*** Hindernisse in den Weg legen **2** FIG. entgegen‿setzen: ***~ la propria opinione*** seine Meinung entgegensetzen; ***~ la ragione alla forza*** der Gewalt Vernunft entgegensetzen **II** pronom. **opporsi 1** sich entgegen‿stellen: ***il pollice si oppone alle altre dita*** der Daumen kann sich den anderen Fingern gegenüberstellen; ***-rsi con tutte le forze all'invasione*** sich mit äußerster Kraft gegen die Invasion wehren **2** *(contrastare)* sich entgegen‿setzen, sich widersetzen, opponieren: ***-rsi ai desideri di qcn., a una decisione*** sich jds Wünschen, einem Beschluss widersetzen; ***-rsi apertamente a un provvedimento*** sich einer Maßnahme offen widersetzen **3** DIR. Einspruch erheben: ***-rsi a qcs.*** gegen etw. Einspruch erheben; ***mi oppongo!*** (ich erhebe) Einspruch! ◆ ***~ resistenza a qcn., a qcs.*** jdm, etw. Widerstand leisten; ***~ un veto contro qcs.*** gegen etw. ein Veto ein‿legen.

op|por|tu|na|men|te avv. **1** *(adeguatamente)* angemessen **2** *(convenientemente)* gelegen.

op|por|tu|ni|smo m. Opportunismus *m.*: ***fare qcs. per ~*** etw. aus Opportunismus tun. **op|por|tu|ni|sta** m. e f. *(-i,-e)* Opportunist *m.* (-in *f.*). **op|por|tu|ni|sti|ca|men|te** avv. opportun. **op|por|tu|ni|sti|co** agg. *(-ci,-che)* opportunistisch: ***comportamento ~*** opportunistisches Verhalten.

op|por|tu|ni|tà f.inv. **1** *(convenienza)* Angemessenheit *f.*, Opportunität *f.*: ***l'~ di un intervento*** die Angemessenheit einer Maßnahme **2** *(occasione)* Gelegenheit *f.*: ***dare un'~ a qcn.*** jdm eine Gelegenheit geben (*o* bieten); ***cogliere un'~*** eine Gelegenheit nützen; ***non lasciarsi sfuggire un'~*** sich keine Gelegenheit entgehen lassen; ***perdere un'~*** eine Gelegenheit verpassen. **op|por|tu|no** agg. **1** *(adeguato, idoneo)* angemessen, opportun: ***comportamento, discorso ~*** angemessenes Verhalten, angemessene Rede **2** *(conveniente)* angebracht: ***ritengo ~ che tu vada*** ich halte es für angebracht, dass du gehst **3** *(propizio)* günstig, richtig: ***al momento ~*** im richtigen Moment (*o* zum richtigen Zeitpunkt) **4** *(adatto)* geeignet: ***usare mezzi -i*** geeignete Mittel verwenden ◆ ***a un'ora -a*** zu gelegener Stunde; ***visita poco -a*** ungelegener Besuch.

op|po|si|ti|vo agg. oppositiv.

op|po|si|to|re m. Opponent *m.*, Gegner *m.*: ***un accanito, fermo ~*** ein streitbarer, entschiedener Opponent ◆ ***~ di governo*** Regierungsgegner *m.*; ***~ di regime*** Regimegegner *m.*, Regimekritiker *m.*

op|po|si|zio|ne f. **1** *(obiezione)* Widerspruch *m.*: ***incontrare l'~ di qcn. a qcs.*** auf jds Widerspruch zu etw. stoßen **2** *(contrasto)* Gegensatz *m.*: ***essere in ~ (con, a qcs.)*** im Gegensatz (zu etw.) stehen **3** DIR. Einspruch *m.*: ***fare, sollevare un'~ a qcs.*** Einspruch gegen etw. erheben **4** POL. Opposition *f.*: ***una forte, aperta, radicale ~*** eine starke, offene, kompromisslose (*o* radikale) Opposition (*o* Frontstellung *f.*); ***fare ~*** Opposition (be)treiben (*o* opponieren); ***stare, essere all'~ rispetto a qcs.*** zu etw. in Opposition stehen; ***passare all'~*** zur Opposition übergehen; ***dalle file dell'~*** aus den Reihen der Opposition; ASTR. ***la luna è in ~ con il sole*** der Mond steht in Opposition zur Sonne ◆ ***capo dell'~*** Oppositionsführer *m.*; EL. ***~ di fase*** Gegenphase *f.*; ***~ fonologica*** phonologische Opposition; ***giornale dell'~*** oppositionelle Zeitung; ***governo di ~*** Gegenregierung *f.*; ***partito d'~*** Oppositionspartei *f.*

op|po|sto I p.pass. agg. **1** → **opporre 2** *(posto di fronte)* gegenüberliegend: ***passare sul marciapiede ~*** auf den gegenüberliegenden

Bürgersteig wechseln 3 (contrario) entgegengesetzt: tendenze -e entgegengesetzte Tendenzen; in direzione -a in entgegengesetzter Richtung; all'estremità -a am entgegengesetzten Ende 4 (contrastante) gegensätzlich: opinioni -e gegensätzliche Meinungen 5 MAT. ungleichnamig 6 BOT. gegenständig II m. 1 (contrario) Gegenteil n.: è l'~ del fratello er ist das Gegenteil seines Bruders 2 FILOS. FIS. Gegensatz m.: conciliare gli -i Gegensätze aus‿gleichen; gli -i si attraggono die Gegensätze ziehen sich an 3 LING. Gegensatzwort n. ◆ all'~ im Gegenteil; angolo ~ al vertice Scheitelwinkel m.; corsia -a Gegenfahrbahn f.; diametralmente ~ diametral entgegengesetzt; lato ~ Gegenseite f.; parte -a Gegenseite f.; FIS. polo ~ Gegenpol m.

op|pres|sio|ne f. 1 Unterdrückung f.; (dittatura) Diktatur f.: vivere sotto l'~ militare unter einer Militärdiktatur leben 2 FIG. Beklemmung f.; sentire un'~ al petto ein Beklemmungsgefühl in der Brust haben; mi dà un senso di ~ es wirkt beklemmend (o bedrückend) auf mich ◆ ~ al cuore Herzbeklemmung f.; senso di ~ Beklemmungsgefühl n.; ~ straniera Fremdherrschaft f.

op|pres|si|vo agg. unterdrückend, unterdrückerisch. **op|pres|so** I p.pass. agg. 1 → opprimere 2 unterdrückt: popoli -i unterdrückte Völker 3 FIG. beklommen: sentirsi ~ sich beklommen fühlen II m. Unterdrückte m. ◆ ~ dalla colpa schuldbeladen; ~ dalla tristezza von Traurigkeit erfüllt.

op|pres|so|re I m. Unterdrücker m.: ribellarsi all'~ gegen den Unterdrücker rebellieren II agg. unterdrückend: un tiranno ~ di ogni manifestazione libera dello spirito ein Tyrann, der jede freie Geistesregung unterdrückt.

op|pri|men|te agg. 1a drückend: aria, afa ~ drückende Luft, Schwüle b FIG. bedrückend, beklemmend: silenzio ~ bedrückendes Schweigen; una sensazione ~ ein beklemmendes Gefühl 2 (insopportabile) unerträglich: lavoro ~ unerträgliche Arbeit.

op|pri|me|re tr. (oppressi; oppresso) 1 unterdrücken: ~ le minoranze Minderheiten unterdrücken 2 (gravare) überlasten: essere oppresso dal lavoro von Arbeit überlastet sein 3 (affliggere) belasten: le preoccupazioni lo opprimono seine Sorgen belasten ihn 4 (soffocare) zu schaffen machen: il caldo lo opprime die Hitze macht ihm zu schaffen.

op|pu|gna|bi|le agg. anfechtbar: testamento ~ anfechtbares Testament. **op|pu|gna|bi|li|tà** f. Anfechtbarkeit f.

op|pu|gna|re tr. an‿fechten: ~ una clausola di contratto eine Vertragsklausel anfechten. **op|pu|gna|zio|ne** f. Anfechtung f.

op|pu|re cong. 1 oder: stai zitto ~ te ne vai bleib still oder geh weg 2 (in caso contrario) sonst: devi sbrigarti, ~ perderai il treno du musst dich beeilen, sonst verpasst du den Zug.

op|ta|re intr. (aus. avere) 1 sich entscheiden: ~ per qcs. sich für etw. entscheiden 2 DIR. POL. ECON. optieren: ~ per qcn., qcs. für jdn, etw. optieren.

op|ti|mum m.inv. Optimum n.: raggiungere l'~ di qcs. das Optimum an etw. (D) erreichen; un atleta all'~ della sua forma ein Sportler in seiner Höchstform.

op|tion|al [-pʃo-] m.inv. Extra n.: con tutti gli ~ mit allen Extras; compresi gli ~ die Extras einbegriffen.

op|to|e|let|tro|ni|ca f. Optronik f.

op|to|me|tri|a f. Optometrie f. **op|to|me|tri|sta** m. e f. (-i,-e) Optometriker m. (-in f.). **op|to|me|tro** m. Optometer n.

o|pu|len|to agg. LETT. 1 üppig, opulent: vegetazione -a üppige Vegetation; condurre una vita -a ein üppiges Leben führen; un seno ~ ein üppiger Busen 2 FIG. (ridondante) schwülstig: stile ~ schwülstiger Stil. **o|pu|len|za** f. LETT. 1 Üppigkeit f., Opulenz f.; con ~ opulent, üppig 2 FIG. (ridondanza) Schwülstigkeit f.

o|pun|zia f. Opuntie f.

o|pu|sco|lo m. Broschüre f., Prospekt m.: distribuire un ~ einen Prospekt verteilen ◆ ~ informativo Aufklärungsschrift f.; ~ pubblicitario Werbeprospekt m.

op|zio|na|le agg. wahlfrei, fakultativ: materia ~ wahlfreies Fach (o Wahlfach n.). **op|zio|ne** f. 1 (libertà di scelta) Wahlfreiheit f.: riservarsi facoltà d'~ sich Wahlfreiheit vorbehalten 2 DIR. ECON. Option f.: avere l'~ su qcs. die Option auf etw. (A) haben ◆ ~ di acquisto Kaufoption f.; diritto d'~ Optionsrecht n. (o Bezugsrecht n.); ~ monetaria Währungsoption f.; ~ di vendita Verkaufsoption f.; ~ zero Nulloption f.

or → 2.ora.

1.o|ra f. 1a Stunde f.: un'~ di sole, di intervallo eine Stunde Sonne, Pause; segnare le -e die Stunden an‿zeigen, zeigen; battere, suonare le -e die Stunden schlagen; le prime -e del giorno, della notte die ersten Stunden des Tages, der Nacht; è un'~ che aspetto! ich warte schon seit einer Stunde; le -e volano die Stunden vergehen wie im Flug; minuti che paiono -e Minuten, die wie Stunden erscheinen b (tempo) Zeit f.: -e rubate alla famiglia Zeit, die der Familie entzogen wurde 2 ESTENS. (momento) Stunde f., Moment m., Augenblick m.: l'~ della rivolta, della verità die Stunde der Revolte, der Wahrheit; è giunta l'~ di fare qcs. die Stunde ist gekommen, etw. zu tun 3 RELIG. Hora f.: recitare le -e die Horen verrichten ◆ a -e stundenweise; albergo a -e Stundenhotel n.; donna a -e Putzfrau f. (o Putzhilfe f.); pagare a -e nach Stunden bezahlen; lavorare a -e nach Stunden (o stundenweise) arbeiten; a 160 km all'~ mit 160 Stundenkilometern; 30 DM (al)l'~ 30 DM pro Stunde; -e antimeridiane Vormittagsstunden pl.; anzi ~ vor der Zeit; ~ di apertura Öffnungszeit f.; ~ d'aria Hofgang m.; la sua ~ è arrivata seine letzte Stunde hat geschlagen; di buon'~ früh(zeitig); alla buon'~! nun gerade! un'~ di cammino eine Stunde Fußweg; ~ canonica Stundengebet n., Hora f.; COLLOQ. fare le centocinquanta -e = Kurse für Arbeiter zum Erwerb des Hauptschulabschlusses besuchen; che ~ è? che -e sono? wie spät (o wie viel Uhr) ist es? a che ~? um wie viel Uhr? ~ di chiusura (di ufficio) Büroschluss m.; (di negozio) Ladenschluss(zeit) f.; (di bar) Polizeistunde f.; ~ civile Normalzeit f.; ha le -e contate seine Stunden sind gezählt; da un'~ all'altra in kurzer Zeit (o stündlich); di ~ in ~ von Augenblick zu Augenblick; -e diurne Tagesstunden pl.; è ~ di fare qcs. es ist Zeit, etw. zu tun; IRON. era ~! es war höchste Zeit! (o endlich!); COLLOQ. fare ~ sich die Zeit vertreiben; ~ del fuso orario Zonenzeit f.; IRON. impiegarci un'~ per fare qcs. (zu) lang für etw. brauchen; a un'~ insolita zu ungewohnter Stunde; lancetta delle -e Stundenzeiger m.; ~ lavorativa, di lavoro Arbeitsstunde f.; ~ legale Sommerzeit f.; ~ di lezione Unterrichtsstunde f.; -e libere Freizeit f.; RELIG. libro d'-e Stundenbuch n.; ~ locale Ortszeit f.; un'~ di macchina eine Autostunde; a un'~ di macchina eine Autostunde entfernt; -e del mattino Morgenstunden pl.; ~ media mittlere Sonnenzeit; metterci un'~ per fare qcs. eine Stunde für etw. brauchen; IRON. zu lang für etw. brauchen; mezz'~ halbe Stunde; tra mezz'~ in einer halben Stunde; ogni mezz'~ alle halbe Stunde; un'~ e mezza eineinhalb (o anderthalb) Stunden; ~ della morte Todesstunde f.; -e notturne Nachtstunden; ogni ~ jede Stunde (o stündlich); ad ogni ~ del giorno zu jeder Tagesstunde; un'~ di orologio eine geschlagene (o volle) Stunde; le otto -e der Achtstundentag; per -e e -e stundenlang; lavorare per due -e zwei Stunden (lang) arbeiten; COLLOQ. fare le -e piccole = es (nachts) sehr spät werden lassen; -e pomeridiane Nachmittagsstunden pl.; ~ di pranzo Mittagszeit f.; ~ di punta Hauptverkehrszeit f. (o Stoßzeit f.); quarto d'~ Viertelstunde f.; un'~ e tre quarti eindreiviertel Stunden; a quest'~ um diese Zeit; un'~ scarsa eine knappe Stunde; -e della sera Abendstunden pl.; ~ siderale Sternzeit f.; ~ solare Sonnenzeit f.; alla solita ~ zur gewohnten Stunde (o Uhrzeit); a una stessa ~ gleichzeitig (o zur gleichen Stunde); ~ straordinaria Überstunde f.; la sua ~ è suonata seine (letzte) Stunde hat geschlagen; a tarda ~ zu später Stunde; un'~ di treno eine Zugstunde; a tutte le -e jederzeit (o immer); ~ di ufficio Bürozeit f.; dell'ultima ~ neuest...; notizie dell'ultima ~ neueste Nachrichten; non vedere l'~ di fare qcs. es nicht abwarten können, etw. zu tun; essere aperto ventiquattr'-e su ventiquattro vierundzwanzig Stunden (o durchgehend) geöffnet sein; un'~ di volo eine Flugstunde; l'ora X die Stunde X; l'~ zero die Stunde null.

2.o|ra I avv. 1 jetzt, nun: ~ non posso uscire ich kann jetzt nicht weg; ~ sto meglio jetzt geht es mir besser; ~ arrivo io! jetzt komme ich! e ~, cosa accadrà? und was wird nun geschehen? ~ vedrà di cosa sono capace! nun wird er sehen, wozu ich fähig bin! ~ è un anno che... nun ist ein Jahr vergangen, seit... (o nunmehr ist es ein Jahr, seit...) 2a ESTENS. (al momento) im Augenblick b (oggi) heute: ~ tutto sembra più facile che nel passato heute scheint alles leichter als früher 3 (poco fa, appena) eben, gerade jetzt: l'ho chiamato ~ ich habe ihn eben angerufen 4 (tra poco) sofort, gleich: ~ vengo ich komme sofort (o gleich); ~! aspetta un attimo gleich! wart einen Moment! 5 (in correlazione) ~... ~... (ein)mal..., (ein)mal..., bald..., bald...: ~ piange ~ ride einmal weint er, einmal lacht er; ~ dice sì, ~ dice no mal sagt er ja, mal nein; vuole ~ questo, ~ quello mal will er dies, mal das; ~ qui, ~ là bald hier, bald dort II cong. 1 (con valore avversativo) nun aber: credi di aver capito, ~ ti dimostro che non è vero du glaubst, es verstanden zu haben, nun beweise ich dir aber, dass das nicht stimmt 2a (con valore introduttivo) nun: ~ avvenne che... nun geschah, dass...; ~ dovete sapere che... nun müsst ihr aber wissen, dass... b (con valore conclusivo) also: ti ho detto tutto, ~ che cosa ne pensi? ich habe dir alles gesagt, also, was meinst du dazu? ~, si consideri la mia posizione man möge also meine Stellung berücksichtigen 3 ~ che nun, wenn: ~ che ci penso... nun, wenn ich darüber nachdenke... ◆ d'~ in avanti von jetzt an, ab jetzt; ~ come ~ unter diesen Umständen; ***e ~?*** und jetzt? ***e ~ cosa facciamo?*** und was machen wir jetzt? ***fin d'~*** von jetzt an; ***per ~*** im Augenblick (*o* zur Zeit); *(in questo momento)* im Moment; ***per ~ grazie*** erstmal vielen Dank; ***d'~ in poi*** von jetzt an (*o* von nun an); ***prima d'~*** zuvor; ***or ~*** gerade eben (*o* soeben); ***~ sì che hai ragione*** jetzt hast du aber Recht; ***solo ~*** erst jetzt; ***alcuni mesi or sono*** es sind nun einige Monate her.

o|ra|co|la|re agg. **1** orakelhaft **2** FIG. *(pomposo)* feierlich: ***tono ~*** feierlicher Ton. **o|ra|co|leg|gia|re** intr. *(oracoleggio, oracoleggi*; aus. *avere)* orakeln.

o|ra|co|lo m. **1** Orakel *n.* (anche FIG.): ***l'~ di Delfi*** das Orakel von Delphi; ***interrogare, interpretare l'~*** das Orakel befragen, deuten (*o* aus‿legen); ***parlare come un ~*** wie ein Orakel sprechen (*o* reden) **2** *(persona autorevole)* Autorität *f.* ◆ ***responso dell'~*** Orakelspruch *m.*; ***sede dell'~*** Orakelstätte *f.*

o|ra|fo I m. Goldschmied *m.* **II** agg. Goldschmiede-: ***arte -a*** Goldschmiedekunst *f.*

o|ra|le I agg. **1** *(della bocca)* Mund- **2** *(espresso a voce)* mündlich: ***esame, tradizione ~*** mündliche Prüfung, Überlieferung **3** LING. MED. oral: ***suoni -i*** orale Laute **II** m. mündliche Prüfung *f.*: ***sostenere gli -i*** die mündliche Prüfung ab‿legen ◆ ***cavità ~*** Mundhöhle *f.*; ***esercizio di comprensione ~*** Hörverständnisübung *f.*; ***fase ~*** Oralphase *f.*; ***igiene ~*** Mundpflege *f.*; ***mucosa ~*** Mundschleimhaut *f.*; ***rapporto ~*** Oralverkehr *m.*; ***per via ~*** oral; ***da prendere per via ~*** oral ein‿nehmen. **o|ra|li|tà** f. **1** mündliche Überlieferung *f.*: ***l'~ della cultura folclorica*** die mündliche Überlieferung der Volkskultur **2** PSIC. Oralität *f.* **o|ral|men|te** avv. oral.

o|ra|ma|i → **ormai.**

o|ran|go m. *(-ghi)*, **o|ran|gu|tan** m.inv. Orang-Utan *m.*

o|ran|te LETT. **I** agg. betend **II** m. e f. Beter *m.* (-in *f.*). **o|ra|re** intr. (aus. *avere*) LETT. beten.

o|ra|rio I agg. *(-ri,-rie)* **1** Stunden-, Zeit- **2** *(relativo alle ore)* stündlich: ***produzione -a*** stündliche Produktion **II** m. *(-ri)* **1** Stunde *f.*, Zeit *f.* **2** *(prospetto, tabella)* Plan *m.*; *(di mezzi di trasporto)* Fahrplan *m.*; *(di aereo)* Flugplan *m.*: ***consultare l'~ ferroviario*** im Eisenbahn-Zugfahrplan nach‿sehen; ***il treno è arrivato in ~*** der Zug ist fahrplanmäßig eingetroffen (*o* angekommen) ◆ ***~ di apertura*** Öffnungszeit *f.*; ***~ degli arrivi*** Ankunftstafel *f.*; ***~ di arrivo*** Ankunftszeit *f.*; ***chilometro ~*** Stundenkilometer *m.*; ***a 100 chilometri -i*** mit 100 Stundenkilometern; ***~ di chiusura*** *(di ufficio)* Büroschluss *m.*; *(di negozio)* Ladenschluss *m.*, Ladenschlusszeit *f.*; *(di bar)* Polizeistunde *f.*; ***compenso ~*** Stundenhonorar *n.*; ***(fare) ~ continuato*** durchgehend geöffnet (sein); ***disco ~*** Parkscheibe *f.*; ***~ diurno*** Tagesstunden *pl.*; FERR. ***~ estivo*** Sommerfahrplan *m.*; ***~ feriale*** an Wochentagen gültiger Fahrplan; ***~ festivo*** *(di mezzi di trasporto)* an Sonn- und Feiertagen gültiger Fahrplan; *(di musei, negozi)* Öffnungszeiten an Sonn- und Feiertagen; ECCL. ***~ delle funzioni*** Gottesdienstzeiten *pl.*; ***fuori ~*** außerhalb der Arbeitszeit (*o* über die Arbeitszeit hinaus); ***fuso ~*** Zeitzone *f.*; ***in ~*** pünktlich; FERR. fahrplanmäßig, planmäßig; FERR. ***~ invernale*** Winterfahrplan *m.*; ***~ di lavoro*** Arbeitszeit *f.*; ***~ (di lavoro) ridotto*** verkürzte Arbeitszeit; ***~ (di lavoro) flessibile*** gleitende (*o* flexible) Arbeitszeit; ***~ delle lezioni*** SCOL. Stundenplan *m.*; UNIV. Vorlesungsplan *m.*; ***~ marittimo*** Schiffsliste *f.*; ***media -a*** Stundendurchschnitt *m.*; ***miglio marino ~*** Knoten *m.*; ***~ notturno*** Nachtstunden *pl.*; ***paga -a*** Stundenlohn *m.*; ***~ di partenza*** Abfahrtszeit *f.*; ***~ delle partenze*** Abfahrtstafel *f.*; ***~ di ricevimento*** Sprechstunde *f.*; ***lavoro a ~ ridotto*** Kurzarbeit *f.*; ***fare ~ ridotto*** kurz‿arbeiten; ***riduzione dell'~ di lavoro*** Arbeitszeitverkürzung *f.*; ***segnale ~*** Zeitzeichen *n.*; TEL. Zeitansage *f.*; ***senso ~*** Uhrzeigersinn *m.*; ***in senso ~*** im Uhrzeigersinn; ***~ di servizio*** Dienstzeit *f.*; ***~ (di apertura) degli sportelli*** Schalterstunden *pl.*; ***tabella -a*** Zeitplan *m.*; ***tariffa -a*** Stundentarif *m.*; ***~ tascabile*** Taschenfahrplan *m.*; ***~ di ufficio*** Bürozeit *f.*; ***velocità -a*** Stundengeschwindigkeit *f.*; *(del medico in ospedale)* ***~ di visita*** Visite *f.*; ***~ delle visite*** Besuchszeit *f.*

o|ra|ta f. Goldbrasse *f.*

o|ra|to|re m. **1** Redner *m.*; *(dell'antichità)* Orator *m.*: ***un grande ~*** ein großer Redner; ***essere un buon, pessimo ~*** ein guter, miserabler Redner sein **2** ANT. *(ambasciatore)* Abgesandte *m.* **3** ANT. *(orante)* Beter *m.*

o|ra|to|ria f. **1** Redekunst *f.*: ***~ sacra, civile, forense*** religiöse, zivile, gerichtliche Redekunst **2** *(eloquenza)* Beredsamkeit *f.*: ***presentare qcs. con grande ~*** etw. mit großer Beredsamkeit dar‿legen **3** *(insieme di orazioni e oratori)* Rhetorik *f.* **o|ra|to|ria|le** agg. **1** MUS. *(di oratorio)* Oratorium-: ***brani -i*** Oratoriumsstücke *pl.* **2** TEATR. *(nello stile dell'oratoria)* gesprochen: ***versione ~*** gesprochene Version.

1.o|ra|to|rio agg. *(-ri,-rie)* Rede-: ***arte -a*** Redekunst *f.*; ***stile ~*** Redestil *m.*; ***abilità -a*** Redegewandtheit *f.*

2.o|ra|to|rio m. *(-ri)* **1** ARCH. MUS. Oratorium *n.* **2** *(di parrocchia cattolica)* (Katholische) Jugendfreizeit *f.*; ***frequentare l'~*** die Katholische Jugendfreizeit besuchen.

O|ra|zi n.pr.m.pl. Horatier *pl.*

o|ra|zia|no agg. Horaz-, horazisch. **O|ra|zio** n.pr.m. Horaz *m.*

o|ra|zio|ne f. **1** Rede *f.*: ***le -i di Cicerone*** die Reden des Cicero **2** *(preghiera)* Gebet *n.*: ***recitare le -i*** die Gebete sprechen; ***essere in ~*** beim Gebet sein ◆ ***~ funebre*** Grabrede *f.*, Leichenrede *f.*, Trauerrede *f.*; ***libro di -i*** Gebetbuch *n.*; ***~ del mattino*** Morgengebet *n.*; ***~ della sera*** Abendgebet *n.*

or|be|ne cong. LETT. also, nun: ***~ la conclusione può essere una sola*** also (*o* nun,) es kann nur eine Schlussfolgerung geben; ***~, alziamoci ed andiamocene*** also (*o* nun,) lasst uns aufstehen und gehen.

or|bet|ti|no m. Blindschleiche *f.*

or|bi|ta f. **1** ASTR. Umlaufbahn *f.*: ***lanciare, mettere in ~*** in eine Umlaufbahn bringen **2** FIG. Bereich *m.*: ***restare nell'~ delle proprie competenze*** im Bereich seiner Kompetenzen bleiben **3** ANAT. Augenhöhle *f.* ◆ ***attrarre nella propria ~*** unter seinen Einfluss bringen; ***~ circolare*** Kreisbahn *f.*; ***~ di un elettrone*** Elektronenbahn *f.*; ***~ ellittica*** Ellipsenbahn *f.*; FIG. ***con gli occhi fuori dalle -e*** mit weit aufgerissenen Augen; ***l'~ di un pianeta attorno al sole*** die Bahn eines Planeten um die Sonne; ***~ di un satellite*** Satellitenbahn *f.*; ***~ terrestre*** Erdumlaufbahn *f.*

or|bi|ta|le I agg. **1** *(di orbita)* Umlauf-: ***velocità ~*** Umlaufgeschwindigkeit *f.* **2** *(di orbita oculare)* Augenhöhlen-: ***arterie -i*** Augenhöhlenarterien **II** m. FIS. CHIM. Orbital *n.* ◆ ***stazione ~*** Raumstation *f.* **or|bi|tan|te** agg. umlaufend: ***satellite ~*** umlaufender Satellit.

or|bi|ta|re intr. *(orbito*; aus. *essere)* umlaufen, kreisen (anche FIG.): ***~ attorno a qcn., qcs.*** um jdn, etw. kreisen (*o* jdn, etw. umlaufen, sich um jdn, etw. bewegen); ***la Terra orbita intorno al Sole*** die Erde umkreist (*o* bewegt sich um) die Sonne; ***una grande nazione attorno a cui orbitano molti piccoli stati*** ein großes Land, in dessen Einflusssphäre viele kleine Staaten liegen.

or|bo I agg. **1** *(cieco)* blind **2** *(guercio)* halb blind, auf einem Auge blind **3** LETT. -los: ***~ del padre*** vaterlos **II** m. **1** Blinde *m.* **2** *(guercio)* Halbblinde *m.* ◆ FIG. ***dare botte da -i*** blindlings drauflos‿schlagen.

or|ca f. *(-che)* **1** Schwertwal *m.* **2** *(mostro)* Ungeheuer *n.*

Or|ca|di n.pr.f.pl. Orkneyinseln *pl.*

or|ches|sa f. **1** Ungeheuer *n.* **2** ESTENS. *(donna brutta)* Ungeheuer *n.*; *(donna cattiva)* Hexe *f.*

or|che|stra f. **1** ARCHEOL. Orchestra *f.* **2** *(nei teatri)* Orchesterraum *m.*, Orchester *n.* **3** *(insieme dei suonatori)* Orchester *n.* ◆ ***~ d'archi*** Streichorchester *n.*; ***~ barocca*** Barockorchester *n.*; ***~ da camera*** Kammerorchester *n.*; ***direttore d'~*** Dirigent *m.*, Orchesterleiter *m.*; ***~ filarmonica*** philharmonisches Orchester; ***~ sinfonica*** Symphonieorchester *n.*, Sinfonieorchester *n.* **or|che|stra|le I** agg. orchestral, Orchester- **II** m. Orchestermusiker *m.* **or|che|stra|re** tr. **1** orchestrieren **2** FIG. organisieren: ***~ una campagna pubblicitaria*** eine Werbekampagne organisieren. **or|che|stra|zio|ne** f. **1** Orchestrierung *f.* **2** FIG. Organisierung *f.* **or|che|stri|na** f. Kapelle *f.* ◆ ***~ da ballo*** Tanzkapelle *f.*

or|chi|de|a f. Orchidee *f.*

or|chi|te f. Hodenentzündung *f.*, Orchitis *f.*

or|cio m. *(-ci)* Tonkrug *m.* **or|cio|lo, or|ciuo|lo** m. Krüglein *n.*

or|co m. *(-chi)* **1** Ungeheuer *n.*, Scheusal *n.* (anche FIG.): ***sembrare un ~*** wie ein Ungeheuer aus‿sehen; ***voce da ~*** Bärenstimme *f.* **Or|co** n.pr.m. **1** MITOL. Orcus *m.*, Orkus *m.* **2** *(inferi)* Orkus *m.*, Unterwelt *f.*

or|da f. Horde *f.* (anche SPREG.).: ***-e barbariche*** barbarische Horden ◆ SPREG. ***un'~ di turisti*** eine Touristenhorde.

or|da|li|a f. Ordal *n.*

or|di|gno m. **1** Sprengkörper *m.*: ***~ nucleare*** Nuklearsprengkörper *m.* **2** *(arnese strano)* komisches Ding *n.*, komisches Zeug *n.*

or|di|na|bi|le agg. **1** einzuordend **2** *(commissionabile)* bestellbar.

or|di|na|le I agg. Ordinal-, Ordnungs-: ***numero ~*** Ordinalzahl *f.* **II** m. Ordinalzahl *f.*

or|di|na|men|to m. Ordnung *f.*: ***~ politico*** politische Ordnung ◆ ***~ amministrativo*** Verwaltungsordnung *f.*; ***~ civile*** Zivilordnung *f.*; ***~ disciplinare*** Disziplinarordnung *f.*; ***~ economico*** Wirtschaftsordnung *f.*; ***~ giuridico*** Rechtsordnung *f.*; ***~ militare*** Militärordnung *f.*; ***~ professionale*** Berufsordnung *f.*; ***~ scolastico*** Schulordnung *f.*; ***~ sindacale*** Gewerkschaftsordnung *f.*; ***~ territoriale*** Raumordnung *f.*

or|di|nan|te m. e f. Besteller *m.* (-in *f.*).

or|di|nan|za f. Erlass *m.*: ***presentare un'~*** einen Erlass vor‿legen ◆ ***divisa d'~*** Dienstuniform *f.*; ***~ ministeriale*** Ministererlass *m.*; ***pistola d'~*** Dienstpistole *f.*; ***soldato d'~*** Ordonnanz *f.*
or|di|na|re tr. *(ordino)* **1** *(mettere in ordine)* ordnen: ***~ un archivio*** ein Archiv ordnen **2a** *(comandare)* befehlen, an‿ordnen: ***~ a qcn. di fare qcs.*** jdm anordnen, etw. zu tun; ***~ la ritirata*** den Rückzug befehlen **b** *(prescrivere)* verschreiben, verordnen: ***~ una cura*** eine Kur verordnen **3** *(richiedere)* bestellen: ***~ una partita di merci*** eine Warenpartie bestellen; ***~ un caffè*** einen Kaffee bestellen; ***~ qcs. per telefono*** etw. telefonisch bestellen; ***i signori hanno già ordinato?*** haben die Herrschaften schon bestellt? **4** ECCL. weihen: ***~ qcn. sacerdote*** jdn zum Priester weihen.
or|di|na|ria|men|te avv. allgemein, gewöhnlich.
or|di|na|rie|tà f. **1** Gewöhnlichkeit *f.*, Alltäglichkeit *f.* **2** *(scarsa qualità)* Minderwertigkeit *f.* **3** *(volgarità)* Vulgarität *f.*
or|di|na|rio I agg. *(-ri,-rie)* **1** gewöhnlich: ***affari di -a amministrazione*** gewöhnliche Verwaltungsangelegenheiten; FIG. ***di -a amministrazione*** alltäglich (*o* nichts Außergewöhnliches) **2** *(di scarsa qualità)* ordinär, minderwertig: ***un tessuto ~*** ein minderwertiger Stoff **3** *(normale)* (ganz) gewöhnlich, ordinär: ***un uomo del tutto ~*** ein ganz gewöhnlicher Mensch; ***gusti -ri*** ordinärer Geschmack **4** *(volgare)* ordinär **5** DIR. ordentlich: ***assemblea -a*** ordentliche Versammlung; ***socio ~*** ordentliches Mitglied; ***tribunale ~*** ordentliches Gericht **II** m. UNIV. RELIG. Ordinarius *m.* ◆ ***d'~*** gewöhnlich, üblicherweise; ***fuori dall'~*** außergewöhnlich, außerordentlich; ***più dell'~*** mehr als gewöhnlich; ***prezzo ~*** Ordinärpreis *m.*; ***professore ~*** ordentlicher Professor; ***treno ~*** planmäßiger Zug; ***uscire dall'~*** das gewöhnliche Maß überschreiten.
1.or|di|na|ta f. Ordnen *n.*; ***dare un'~ ai libri*** die Bücher ordnen.
2.or|di|na|ta f. MAT. Ordinate *f.* ◆ ***asse delle -e*** Ordinatenachse *f.*
or|di|na|ta|men|te avv. ordentlich, ordnungsgemäß.
or|di|na|ti|vo I agg. ordnend, Ordnungs-: ***principio ~*** Ordnungsprinzip *m.* **II** m. Auftrag *m.*, Bestellung *f.*: ***fare un ingente ~*** einen großen Auftrag vergeben.
or|di|na|to p.pass. agg. **1** → ordinare **2** aufgeräumt, ordentlich: ***cassetto ~*** aufgeräumte Schublade; ***società -a*** ordentliche Gesellschaft **3** *(di persona)* ordentlich **4** *(commissionato)* geordnet ◆ ***vita -a*** ordentliches (*o* geregeltes) Leben; ***tenere ~*** in Ordnung halten. **or|di|na|to|re I** agg. ordnend, Ordnungs-: ***criterio ~*** Ordnungsprinzip *n.*; ***mente, intelligenza -trice*** ordnender Verstand, ordnende Intelligenz **II** m. Ordner *m.*
or|di|na|zio|ne f. **1** Order *f.*, Auftrag *m.*, Bestellung *f.*: ***annullare un'~*** einen Auftrag stornieren **2** *(in locali pubblici)* Bestellung *f.*; ***fare un'~*** bestellen **3** RELIG. Ordination *f.* ◆ ***su ~*** auf Bestellung.
or|di|ne m. **1a** Ordnung *f.*: ***in ~ cronologico, alfabetico*** in chronologischer, alphabetischer Ordnung; ***l'~ della natura*** die Ordnung der Natur **b** *(di persona)* ***essere in ~*** in Ordnung sein; ***mettersi in ~*** sich zurecht‿machen **2** *(quiete pubblica)* Ordnung *f.*, Ruhe *f.*: ***un paese dove vige l'~*** ein Land, in dem Ordnung herrscht; ***tutelare l'~*** die öffentliche Ordnung aufrecht‿erhalten; ***mantenere l'~*** die (öffentliche) Ruhe bewahren; ***ristabilire l'~*** die Ordnung wieder her‿stellen; ***turbare l'~ (pubblico)*** die öffentliche Ruhe stören **3** *(insieme di elementi)* ***primo, secondo ~ di posti in platea*** erste, zweite Sitzreihe im Parkett **4** *(categoria)* Natur *f.*, Bedeutung *f.*, Ordnung *f.*: ***questioni di ~ pratico*** Fragen praktischer Natur; ***di ~ generale*** allgemeiner Bedeutung; ***di ~ legale, morale*** gesetzlicher, moralischer Natur; ***equazioni del primo, secondo ~*** Gleichungen erster, zweiter Ordnung; ***un numero dell'~ delle centinaia di migliaia*** eine Zahl in der Größenordnung von Hunderttausenden **5** *(associazione)* Verband *m.* **6** *(ordini sacri)* Weihen *pl.*: ***prendere gli -i*** die (heiligen) Weihen empfangen; ***-i minori*** niedere Weihen **7** *(comando)* Befehl *m.*: ***dare l'~ di ...*** den Befehl geben zu ...; ***~ scritto, tassativo*** schriftlicher, bindender Befehl; ***ricevere, eseguire un ~*** einen Befehl erhalten, aus‿führen; ***impartire un ~*** einen Befehl erteilen; ***ricevere l'~ di fare qcs.*** den Befehl bekommen, etw. zu tun **8** COMM. Auftrag *m.*, Bestellung *f.*: ***fare un ~*** einen Auftrag vergeben ◆ ***~ d'acquisto*** Kaufauftrag *m.*; ***agli -i!*** zu Befehl! ***essere agli -i di qcn.*** jdm untergeordnet sein; ***sono ai Suoi -i*** ich stehe Ihnen zur Verfügung; ***in ~ di altezza*** der Größe nach; ***amante dell'~*** ordnungsliebend; ***~ di arresto*** Haftbefehl *m.*; ***spiccare, emettere un ~ di arresto*** einen Haftbefehl erlassen; SPORT ***~ d'arrivo*** Einlauf *m.*; ***~ degli avvocati*** Anwaltskammer *f.*, Rechtsanwaltskammer *f.*; ***ritirarsi in buon ~*** den geordneten Rückzug an‿treten; MIL. ***~ chiuso*** geschlossene Formation; ***~ di colonne*** Säulenreihe *f.*; ***~ di comparizione*** Vorladung *f.*; ***con ~*** geordnet; ***esporre, narrare con ~*** der Reihe nach berichten; ***procedere con ~*** der Reihe nach vorgehen; ***~ di consegna*** Lieferauftrag *m.*; ***~ corinzio*** korinthische Säulenordnung; ***~ costituito*** bestehende Ordnung; ***~ di denti*** Zahnreihe *f.*; ***in ~ di difficoltà crescente*** nach dem Schwierigkeitsgrad; ***~ dorico*** dorische Säulenordnung; ***~ economico mondiale*** Weltwirtschaftsordnung *f.*; ***fare ~*** Ordnung machen (*o* auf‿räumen); ***fino a nuovo ~*** bis auf weiteres; MIL. bis auf Widerruf, bis auf weiteren Befehl; ***forze dell'~*** Ordnungskräfte *pl.*; ***~ gerarchico*** Rangordung *f.*; ***~ della Giarrettiera*** Hosenbandorden *m.*; ***~ del giorno*** Tagesordnung *f.*; ***mettere qcs. all'~ del giorno*** etw. auf die Tagesordnung setzen; ***togliere qcs. dall'~ del giorno*** etw. von der Tagesordnung ab‿setzen; ***passare all'~ del giorno*** zur Tagesordnung übergehen; ***essere all'~ del giorno*** auf der Tagesordnung stehen; FIG. an der Tagesordnung sein; ***~ di grandezza*** Größenordnung *f.*; ***~ di idee*** Ideenkreis *m.* (*o* Denkweise *f.*); ***mettersi nell'~ di idee che...*** sich darauf ein‿stellen, dass...; ***in ~*** in Ordnung; ***in ~ a qcs.*** in (*o* unter) Bezug auf etw. (A); ***d'infimo ~*** minderwertig; ***in ~ di marcia*** in Marschordnung; ***~ dei medici*** Ärztekammer *f.*; ***per ~ di merito*** nach Verdienst; ***mettere ~*** Ordnung schaffen; ***mettere in ~*** (ein‿)ordnen; ***mettere in ~ una stanza*** ein Zimmer auf‿räumen; COLLOQ. ***mettere in ~ un motore*** einen Motor herrichten; ***~ numerico*** Anordnung nach Nummern; ***numero d'~*** Ordnungsnummer *f.*; ***~ di pagamento*** Zahlungsauftrag *m.*; ***parola d'~*** Parole *f.*, Kennwort *n.*; SPORT ***~ di partenza*** Startaufstellung *f.*; ***per ~ di*** auf Anordnung von, im Auftrag von; ***narrare per ~*** der Reihe nach berichten; ***di prim'~*** erstklassig; ***~ professionale*** Berufsverband *m.*; ***~ pubblico*** öffentliche Ordnung; ***richiamare qcn. all'~*** jdn zur Ordnung rufen; ***secondo gli -i*** auftragsgemäß; ***di second'~*** zweitrangig; ***servizio d'~*** Ordnungsdienst *m.*; ***in ~ sparso*** verstreut; ***su ~ di*** auf Befehl von; ***per ~ superiore*** in höherem Auftrag (*o* auf höheren Befehl); ***~ dei templari*** Tempelorden *m.*, Templerorden *m.*; ***di terz'~*** drittklassig, dritter Wahl; ***tutori dell'~*** Ordungshüter *pl.*; ***ai vostri -i*** zu Ihren Diensten.
or|di|re tr. *(ordisco, ordisci)* **1** TESS. zetteln **2** FIG. *(imbastire)* entwerfen, entwickeln: ***~ un piano*** einen Plan entwerfen **3** *(tramare)* an‿zetteln, spinnen, schmieden: ***~ una congiura contro qcn.*** eine Verschwörung gegen jdn anzetteln; ***~ un intrigo*** eine Intrige spinnen. **or|di|to** m. **1** TESS. Zettel *m.*, Kette *f.* **2** *(intrico)* Gewirr *n.* **3** FIG. *(intreccio)* Handlung *f.* **or|di|to|re** m. Anstifter *m.*, Anzettler *m.* **or|di|tu|ra** f. **1** TECN. Dachstuhl *m.* **2** LETT. Grundlinien *pl.*, Aufbau *m.*: ***l'~ di un poema*** der Aufbau eines Gedichts **3** FIG. Anzetteln *n.*
o|rec|chia f. **1** Ohr *n.* **2** *(in libri e quaderni)* Eselsohr *n.*
o|rec|chia|bi|le agg. einprägsam: ***motivo ~*** einprägsame Melodie. **o|rec|chia|bi|li|tà** f. Einprägsamkeit *f.*
o|rec|chian|te I agg. **1a** *(che canta a orecchio)* nach dem Gehör singend **b** *(che suona)* nach dem Gehör spielend **2** ESTENS. stümperhaft **II** m. e f. **1a** *(chi canta a orecchio)* nach dem Gehör singender Mensch *m.* **b** *(chi suona)* nach dem Gehör spielender Mensch *m.* **2** ESTENS. Stümper *m.* (-in *f.*). **o|rec|chia|re** tr. *(orecchio, orecchi)* **1** sich (D) an‿hören **2** *(cantare a orecchio)* nach dem Gehör singen **3** *(conoscere superficialmente)* nach‿plappern.
o|rec|chiet|ta f. **1** kleines Ohr *n.* **2** ANAT. Vorhof *m.* **3** INTRAD. (Nudelsorte aus Apulien).
o|rec|chi|no m. Ohrring *m.*: ***portare gli -i*** Ohrringe tragen; ***mettere, togliere gli -i*** die Ohrringe an‿stecken, ab‿nehmen (*o* heraus‿nehmen) ◆ ***-i ad anello*** ringförmige Ohrringe; ***-i a buco*** Ohrstecker *pl.*; ***-i a clip*** Klipps *pl.*; ***~ pendente*** Ohrgehänge *n.*; ***-i a perno*** → ***-i a buco***; ***-i a vite*** Ohrringe mit Schraubverschluss.
o|rec|chio m. *(-chi* m.pl. e *-chie* f.pl.) **1** Ohr *n.*: ***bisbigliare all'~ di qcn.*** jdm ins Ohr flüstern; ***tapparsi le -chie*** sich die Ohren zu‿halten; ***mi si sono tappate le -chie*** meine Ohren haben sich verstopft **2** MUS. Gehör *n.*: ***a ~*** nach dem Gehör ◆ ***apri bene le -chie!*** sperr die Ohren auf! ***~ assoluto*** absolutes Gehör; ***avere ~ (musicale)*** musikalisch sein; FIG. ***avere ~ per qcs.*** ein (feines) Ohr für etw. haben; ***avere ~ per le lingue*** = für Fremdsprachen begabt sein; ***non credere alle proprie -chie*** seinen eigenen Ohren nicht trauen; ***drizzare le -chie*** die Ohren spitzen; ***duro d'-i*** schwerhörig; ***entrare da un ~ e uscire dall'altro*** zum einen Ohr hinein und zum anderen wieder hinaus‿gehen; ***far l'~ a qcs.*** sein Ohr an etw. (A) gewöhnen; ***mi fischiano le -chie*** es saust mir in den Ohren (*o* ich habe Ohrensausen); FIG. mir klingen die Ohren; ***giungere all'~ di qcn.*** jdm zu Ohren kommen; ***~ interno*** Innenohr *n.*; ***mal d'-chi*** Ohrenschmerzen *pl.*; ***~ medio*** Mittelohr *n.*; ***fare -chi da mercante*** = sich taub stellen; ***porgere, prestare ~ a qcn.*** jdm Gehör schenken, sein Ohr leihen; ***avere le -chie foderate di prosciutto*** Watte (*o* Bohnen) in den Ohren haben; ***mettere una pulce nell'~ a qcn.*** jdm einen Floh ins Ohr setzen; ***~ relativo*** relatives Gehör; ***da questo ~ non ci sente*** auf dieser Seite ist er schwerhörig; FIG. auf diesem Ohr hört er nicht; ***-chie a sventola*** Segelohren *pl.*; ***tendere l'~*** horchen; ***tirare gli -chi, le -chie a qcn.*** jdm die Ohren lang ziehen;

dare una tiratina d'-chi a qcn. jdm die Ohren lang ziehen; ***essere tutt'-chi*** ganz Ohr sein; ***venire all'~ di qcn.*** jdm zu Ohren kommen; PROV. ***chi ha -chi per intendere intenda*** wer Ohren hat zu hören, der höre. **o|rec|chio|ne** m. **1** großes Ohr *n.* **2** ZOOL. Ohrenfledermaus *f.* **3** pl. COLLOQ. Ziegenpeter *m.*, Mumps *m.* **o|rec|chiu|to** agg. langohrig.

o|re|fi|ce m. Juwelier *m.*, Goldschmied *m.* **o|re|fi|ce|ri|a** f. **1** *(arte)* Goldschmiedekunst *f.* **2** *(laboratorio)* Goldschmiedewerkstatt *f.*; *(negozio)* Juweliergeschäft *n.*

O|re|ste n.pr.m. Orestes *m.*

o|ret|ta f. Stündchen *n.*

or|fa|no I agg. verwaist; ***essere ~ di madre, di padre*** mutterlos, vaterlos sein; ***rimanere ~*** verwaisen **II** m. Waisenkind *n.* **or|fa|no|tro|fio** m. *(-fi)* Waisenhaus *n.*

Or|fe|o n.pr.m. Orpheus *m.* **or|fi|co** agg. *(-ci,-che)* **1** orphisch (anche FIG.): ***culto ~*** orphischer Kult; ***poesia -a*** orphische Dichtung. **or|fi|smo** m. Orphismus *m.*

or|gan|di(s) m.inv. Organdy *m.*

or|ga|net|to m. **1** Drehorgel *f.* **2** *(piccola fisarmonica)* Ziehharmonika *f.*, Akkordeon *n.*

or|ga|ni|ca|men|te avv. organisch. **or|ga|ni|ci|smo** m. Organizismus *m.* **or|ga|ni|ci|sti|co** agg. *(-ci,-che)* organizistisch. **or|ga|ni|ci|tà** f. **1** BIOL. Organizität *f.* **2** *(unità)* Einheitlichkeit *f.*

or|ga|ni|co I agg. *(-ci,-che)* organisch: ***formare un tutto ~*** ein organisches Ganzes bilden; ***essere ~ a qcs.*** ein organischer Bestandteil von etw. sein, sich organisch in etw. (A) ein‿fügen **II** m. *(-ci)* Personal *n.*: ***aumentare, ridurre l'~*** das Personal verstärken, ab‿bauen ◆ ***chimica -a*** organische Chemie; ***concime ~*** Kompost *m.*; ***deperimento ~*** Kräfteverfall *m.*; ***malattia -a*** organisches Leiden; ***materia -a*** lebende Materie; ***pianta -a*** Stellenplan *m.*; ***posto in ~*** Planstelle *f.*; ***racconto ~*** organisch aufgebaute Erzählung; ***rifiuti -ci*** organischer Abfall.

or|ga|ni|gram|ma m. Organigramm *n.*

or|ga|ni|no m. Drehorgel *f.*, Leierkasten *m.*

or|ga|ni|smo m. **1** Organismus *m.* (anche FIG.): ***~ politico*** politischer Organismus **2** *(corpo)* Körper *m.*: ***~ sano*** gesunder Körper ◆ ***~ amministrativo*** Verwaltungsapparat *m.*; ***~ pluricellulare*** Vielzeller *m.*; ***~ statale*** Staatsorganismus *m.*; ***~ umano*** menschlicher Organismus; ***~ unicellulare*** Einzeller *m.*; ***~ vegetale*** pflanzlicher Organismus; ***~ vivente*** lebender Organismus.

or|ga|ni|sta m. e f. *(-i,-e)* Organist *m.* (-in *f.*), Orgelspieler *m.* (-in *f.*). **or|ga|ni|sti|co** agg. *(-ci,-che)* Orgel-: ***musica -a*** Orgelmusik *f.*; ***concerto ~*** Orgelkonzert *n.*

or|ga|niz|za|re I tr. organisieren: ***~ una festa*** eine Party organisieren **II** pronom. **organizzarsi 1** sich ein‿richten: ***-rsi per, in vista di qcs.*** sich auf etw. (A) einrichten **2** *(associarsi)* sich organisieren: ***-rsi in cooperative*** sich in Genossenschaften organisieren **3** BIOL. sich entwickeln. **or|ga|niz|za|ti|vo** agg. organisatorisch, Organisations-: ***avere spirito ~*** Organisationstalent haben; ***problemi -i*** Organisationsprobleme *pl.*; ***comitato ~*** Organisationsausschuss *m.* **or|ga|niz|za|to** p.pass. agg. **1** → **organizzare 2** organisiert: ***criminalità -a*** organisiertes Verbrechertum **3** *(efficiente)* effizient ◆ ***viaggio ~*** Pauschalreise *f.* **or|ga|niz|za|to|re I** m. Veranstalter *m.*, Organisator *m.* **II** agg. Organisations-: ***comitato ~*** Organisationsausschuss *m.*

or|ga|niz|za|zio|ne f. **1** Organisation *f.*, Veranstaltung *f.*: ***l'~ di una festa, di un concerto*** die Veranstaltung einer Party, eines Konzerts; ***~ ineccepibile, carente*** tadellose, mangelnde Organisation **2** *(ente, associazione)* Organisation *f.* ◆ ***~ aziendale*** Betriebsorganisation *f.*; ***~ di categoria*** Standesorganisation *f.*; ***~ clandestina*** Untergrundorganisation *f.*; ***~ commerciale*** Handelsorganisation *f.*; ***~ di copertura*** Tarnorganisation *f.*; ***~ criminale*** kriminelle Organisation; ***~ del lavoro*** Organisation der Arbeit; ***~ militare*** militärische Organisation; ***~ sindacale*** Gewerkschaft *f.*; ***~ del tempo libero*** Freizeitgestaltung *f.*; ***~ terroristica*** Terrororganisation *f.*

or|ga|no m. **1** Organ *n.*: ***trapiantare, donare un ~*** ein Organ verpflanzen, spenden **2** MUS. Orgel *f.* **3** DIR. POL. Organ *n.* ◆ ***~ amministrativo*** Verwaltungsorgan *n.*; ***canna d'~*** Orgelpfeife *f.*; ***concerto per ~*** Orgelkonzert *n.*; ***~ consultorio*** Beratungsorgan *n.*; ***~ di controllo*** Kontrollorgan *n.*; ***~ deliberante*** Beschlussorgan *n.*; ***~ della digestione*** Verdauungsorgan *n.*; ***~ direttivo*** leitendes Organ; ***donazione di -i*** Organspende *f.*; ***~ elettrico*** elektrische Orgel; ***~ elettronico*** Elektronenorgel *f.*; ***~ escretore*** Ausscheidungsorgan *n.*; ***~ esecutivo*** ausführendes Organ; ***~ fonatorio*** Stimmorgan *n.*; ***~ idraulico*** Wasserorgel *f.*; ***~ d'informazione*** Informationsorgan *n.*; ***-i interni*** innere Organe; ***~ motorio*** Fortbewegungsorgan *n.*; ***musica per ~*** Orgelmusik *f.*; ***~ olfattivo*** Geruchsorgan *n.*; ***~ di partito*** Parteiorgan *n.*; ***prelievo di un ~*** Organentnahme *f.*; ***~ respiratorio*** Atmungsorgan *n.*; ***~ riproduttivo*** Fortpflanzungsorgan *n.*; ***~ sensoriale*** Sinnesorgan *n.*; ***-i sessuali*** Sexual-, Geschlechtsorgane *pl.*; ***~ (di) stampa*** Presseorgan *n.*; ***~ del tatto*** Tastorgan *n.*; ***trapianto d'-i*** Organtransplantation *f.*; ***~ dell'udito*** Hörorgan *n.*; ***~ di vigilanza*** Aufsichtsorgan *n.*; ***~ della vista*** Sehorgan *n.*; ***-i vitali*** lebenswichtige Organe.

or|ga|no|ge|ne|si f. Organogenese *f.* **or|ga|no|ge|no** agg. organogen.

or|ga|no|gra|fi|a f. Organographie *f.* **or|ga|no|gra|fi|co** agg. *(-ci,-che)* organographisch.

or|ga|no|let|ti|co agg. *(-ci,-che)* (durch die Sinne) wahrnehmbar.

or|ga|no|lo|gi|a f. Organologie *f.*

or|ga|no|me|tal|lo m. organisches Metall *n.*

or|ga|no|sco|pi|a f. Organspiegelung *f.*

or|gan|za f. Organza *m.*

or|gan|zi|no m. Organsin *m.* e *n.*

or|ga|smo m. **1** Orgasmus *m.* **2** ESTENS. *(agitazione)* Aufregung *f.*, Erregung *f.*: ***mettersi in ~*** in Aufregung geraten; ***essere in ~*** erregt sein.

or|gia f. *(-ge)* **1** Orgie *f.*: ***darsi alle -ge*** Orgien feiern **2** FIG. Bad *n.*, Fülle *f.*: ***un'~ di luce*** ein Lichtbad *n.* (*o* ein Lichtermeer *n.*); ***~ di sangue*** Blutbad *n.* **or|gia|sti|co** agg. *(-ci,-che)* orgiastisch: ***riti -ci*** orgiastische Riten; ***feste -che*** orgiastische Feste.

or|go|glio m. *(-gli)* Stolz *m.*, Hochmut *m.*: ***~ smisurato, ferito*** übertriebener, verletzter Stolz; ***~ paterno*** väterlicher Stolz; ***essere l'~ della famiglia*** der (ganze) Stolz der Familie sein; ***i suoi bambini sono il suo più grande ~*** seine Kinder sind sein größter Stolz; ***avere il proprio ~*** seinen Stolz haben ◆ ***ferire qcn. nell'~*** jdn in seinem Stolz verletzen; ***sentirsi ferito nell'~*** sich in seinem Stolz gekränkt (*o* verletzt) fühlen; ***gonfiarsi d'~*** sich vor Stolz blähen; ***con il petto gonfio d'~*** mit stolzgeschwellter Brust; ***~ nazionale*** Nationalstolz *m.*; ***peccare di ~*** überheblich werden; ***un uomo pieno d'~*** ein stolzerfüllter Mensch; ***essere pieno d'~ per qcn., qcs.*** voller Stolz auf jdn, etw. sein; ***riporre il proprio ~ in qcn., qcs.*** in jdn, etw. seinen (ganzen) Stolz setzen. **or|go|glio|sa|men|te** avv. stolz.

or|go|glio|so agg. **1** *(fiero)* stolz: ***essere ~ di qcn., qcs.*** auf jdn, etw. stolz sein; ***ne sono ~!*** ich bin stolz darauf! **2** *(altezzoso)* hochmütig: ***una risposta -a*** eine hochmütige Antwort.

o|rien|ta|bi|le agg. einstellbar, ausrichtbar, verstellbar; kippbar: ***antenna ~*** ausrichtbare Antenne; ***un sedile ~*** ein kippbarer Sitz.

o|rien|ta|le I agg. **1** Ost-, östlich: ***lato, parte, zona ~*** Ostseite *f.*, Ostteil *m.*, Ostgebiet *n.*; ***vento ~*** Ostwind *m.*; ***costa ~*** Ostküste *f.*; ***paesi, popoli -i*** östliche Länder, Völker **2** *(del medio oriente)* orientalisch, Orient-; ANT. morgenländisch: ***musica, danza ~*** orientalische Musik, orientalischer Tanz; ***stoffe, tappeti -i*** orientalische Stoffe, Orientteppiche *pl.* **3** *(dell'estremo oriente)* asiatisch: ***lingue -i*** asiatische Sprachen **II** m. e f. Orientale *m.* (Orientalin *f.*); ANT. Morgenländer *m.* ◆ ***Africa ~*** Ostafrika *n.*; ***Asia ~*** Ostasien *n.*; ***blocco ~*** Ostblock *m.*; ***paese del blocco ~*** Ostblockland *n.* (*o* Ostblockstaat *m.*); ***chiesa ~*** Ostkirche *f.*; ***Europa ~*** Osteuropa *n.*; ***fronte ~*** Ostfront *f.*; ***Germania ~*** Ostdeutschland *n.*; ***nord ~*** nordöstlich; ***sud ~*** südöstlich; ***tedesco ~*** ostdeutsch; *(sostantivo)* Ostdeutsche *m.*

o|rien|ta|leg|gian|te agg. orientalisierend.

o|rien|ta|li|sta m. e f. *(-i,-e)* Orientalist *m.* (-in *f.*). **o|rien|ta|li|sti|ca** f. Orientalistik *f.* **o|rien|ta|li|sti|co** agg. *(-ci,-che)* orientalistisch.

o|rien|ta|liz|za|re I tr. orientalisieren **II** pronom. **orientalizzarsi** orientalisch werden, orientalisieren. **o|rien|ta|liz|za|zio|ne** f. Veröstlichung *f.*

o|rien|ta|men|to m. **1** Orientierung *f.*: ***perdere l'~*** die Orientierung verlieren **2** *(posizione)* Ausrichtung *f.*, Richtung *f.* (anche FIG.) **3** *(indirizzo)* Beratung *f.* ◆ ***nuovo ~*** Neuorientierung *f.*; ***~ politico*** politische Richtung; ***~ professionale*** Berufsberatung *f.*; ***~ scolastico*** Schulberatung *f.*; ***senso dell'~*** Orientierungssinn *m.*, Ortssinn *m.*; ***avere un buon senso dell'~*** einen guten Orientierungssinn haben; ***consulenza per l'~ agli studi*** Studienberatung *f.*

o|rien|ta|re I tr. **1** aus‿richten, richten, lenken: ***~ l'antenna verso Sud*** die Antenne nach Süden richten; ***~ le vele secondo il vento*** die Segel nach dem Wind richten **2** *(indirizzare)* orientieren, aus‿richten, lenken: ***~ le proprie capacità su qcs.*** seine Tätigkeiten auf etw. (A) ausrichten **II** pronom. **orientarsi 1** sich orientieren, sich richten: ***-rsi facilmente*** sich leicht orientieren; ***-rsi in un dedalo di strade*** sich in einem Straßengewirr orientieren; ***-rsi con la bussola, la carta, le stelle*** sich nach dem Kompass, der Karte, den Sternen richten **2** FIG. *(raccapezzarsi)* sich zurecht‿finden: ***-rsi nel nuovo lavoro*** sich an einem neuen Arbeitsplatz zurechtfinden **3**

(indirizzarsi) sich zu‿wenden: ***-rsi verso una certa professione*** sich einem bestimmten Beruf zuwenden.

o|rien|ta|ti|va|men|te avv. zur Orientierung; *(circa)* ungefähr. **o|rien|ta|ti|vo** agg. Orientierungs-: ***indagine -a*** Orientierungsuntersuchung *f.*; ***a livello ~*** zur Orientierung. **o|rien|ta|to** p.pass. agg. **1** → **orientare 2** orientiert, gerichtet (anche FIG.): ***appartamento ~ a sud*** nach Süden gerichtete Wohnung; ***~ a sinistra*** linksorientiert (*o* linksgerichtet).

o|rien|ta|zio|ne f. Orientierung *f.*

o|rien|te m. **1** Orient *m.*, Morgenland *n.*: ***i profumi dell'~*** die Düfte des Orients; ***civiltà dell'~*** orientalische Kultur **2** *(est)* Osten *m.*: ***attacchi nemici da ~*** feindliche Angriffe aus dem Osten **3** *(nella massoneria)* Orient *m.*: ***grande ~*** großer Orient ◆ ***a ~ di*** östlich von: ***la Grecia è a ~ dall'Italia*** Griechenland liegt östlich von Italien; ***il Medio Oriente*** der Mittlere Osten; ***l'Estremo Oriente*** der Ferne Osten; ***Impero Romano d'~*** Oströmisches Reich; ***vento che spira da ~*** Ostwind *m.*; ***il Vicino Oriente*** Nahost (*o* der Nahe Osten).

o|ri|fi|zio m. *(-zi)* Öffnung *f.*, Mund *m.*: ***~ uterino*** Gebärmuttermund *m.*

o|ri|ga|mi m.inv. Origami *n.*

o|ri|ga|no m. **1** *(pianta)* Origanum *n.*, Dost *m.* **2** *(spezia)* Origano *m.*

o|ri|gi|na|le I agg. **1a** original, Original-: ***in lingua ~*** in Originalfassung; ***testo ~*** Originaltext *m.*; ***un modello ~ di Chanel*** ein Originalmodell von Chanel **b** *(autentico)* echt, original **2** *(delle origini)* ursprünglich **3** ESTENS. *(bizzarro, particolare)* originell: ***un artista ~*** ein origineller Künstler; ***un vestito ~*** ein originelles Kleid **II** m. **1** Original *n.*, Urschrift *f.* **2** ESTENS. *(tipo bizzarro)* Original *n.*◆ ***conforme all'~*** originalgetreu; ***peccato ~*** *(di Adamo ed Eva)* Sündenfall *m.*; *(rif. all'uomo)* Erbsünde *f.* **o|ri|gi|na|li|tà** f. **1** *(autenticità)* Echtheit *f.* **2** *(bizzarria)* Originalität *f.*

o|ri|gi|nal|men|te avv. originell.

o|ri|gi|na|re *(origino)* **I** tr. verursachen, hervor‿rufen **II** intr. (aus. *essere*) e pronom. **originarsi** seinen Ursprung haben, her‿rühren: ***dal primo errore si originano gli altri*** aus dem ersten Fehler rühren auch alle späteren her. **o|ri|gi|na|ria|men|te** avv. ursprünglich. **o|ri|gi|na|rio** agg. *(-ri,-rie)* **1** gebürtig, stammend: ***essere ~ di Roma*** ein gebürtiger Römer sein; ***essere ~ dell'Italia settentrionale*** aus Norditalien stammen **2** *(delle origini)* ursprünglich: ***perdere l'-a bellezza*** die ursprüngliche Schönheit verlieren.

o|ri|gi|ne f. **1a** Ursprung *m.*, Anfang *m.*: ***l'~ del mondo, della vita*** der Ursprung der Welt, des Lebens; ***le -i dell'umanità*** die Anfänge der Menschheit **b** *(fonte)* Quelle *f.* **2** *(provenienza)* Herkunft *f.*, Abstammung *f.*: ***di ~ italiana*** italienischer Herkunft; ***di ~ contadina*** bäuerlicher Herkunft; ***di ~ nobile*** adliger Abstammung; ***~ psicosomatica*** psychosomatische Ursache **3** MAT. ***~ di una semiretta*** Ursprung *m.* einer Halbgeraden **4** *(causa)* Ursache *f.*, Ursprung *m.*: ***l'~ della lite*** die Ursache des Streits ◆ ***all'~*** anfangs, am Anfang; ***alle -i*** zu Beginn; ***avere ~ da qcs.*** von etw. aus‿gehen; ***certificato d'~*** Herkunftsbescheinigung *f.*, Ursprungszeugnis *n.*; ***Cristianesimo delle -i*** Urchristentum *n.*; ***dare ~ a qcs.*** etw. verursachen; ***denominazione di ~ controllata*** kontrollierte Herkunftsbezeichnung; ***essere all'~ di qcs.*** einer Sache zugrunde liegen; ***in ~*** ursprünglich, am Anfang; ***paese d'~*** Herkunftsland *n.*, Ursprungsland *n.*; ***prendere, trarre ~ da qcs.*** in etw. (D) seinen Ursprung haben.

o|ri|glia|re intr. *(origlio, origli*; aus. *avere)* horchen, lauschen: ***~ alla porta*** an der Tür horchen.

o|ri|na f. Urin *m.*, Harn *m.* **o|ri|na|le** m. Urinal *n.* **o|ri|na|re I** intr. (aus. *avere*) urinieren, Harn lassen, harnen **II** tr. harnen, aus‿scheiden. **o|ri|na|to|io** m. *(-oi)* Pissoir *n.*

O|ri|no|co n.pr.m. Orinoko *m.*

O|rio|ne n.pr.m. Orion *m.*

o|rit|te|ro|po m. Erdferkel *n.*

o|riun|do I m. **1** (von) ... Abstammung: ***è un ~ italiano*** er ist (von) italienischer Abstammung **2** *(calciatore)* = naturalisierter ausländischer Fußballspieler *m.* (italienischer Abstammung) **II** agg. stammend, -stämmig: ***~ di Napoli*** aus Neapel stammend; ***~ tedesco*** deutschstämmig (*o* deutscher Abstammung).

o|riz|zon|ta|le I agg. waag(e)recht, horizontal: ***posizione ~*** waagerechte Lage **II** f. **1** SPORT Horizontale *f.* **2** *(nei cruciverba)* Waag(e)rechte *f.* ◆ ***cambio a leva ~*** Revolverschaltung *f.*; ***formato ~*** Querformat *n.*; ECON. ***integrazione ~*** horizontale Integration; ***retta ~*** Waag(e)rechte *f.*, Horizontale *f.*; ***sezione ~*** Querschnitt *m.*; ***spostamento ~*** Horizontalverschiebung *f.*; ***trave ~*** Rähm *m.*

o|riz|zon|tal|men|te avv. horizontal, waag(e)recht.

o|riz|zon|ta|re I tr. orientieren **II** pronom. **orizzontarsi 1** sich orientieren **2** *(raccapezzarsi)* sich zurecht‿finden.

o|riz|zon|te m. **1** Horizont *m.*; MAR. Kimm *f.*, Kimmung *f.*: ***apparire, scomparire all'~*** am Horizont erscheinen, verschwinden; ***dietro l'~*** hinter dem Horizont; ***alto sull'~*** hoch über dem Horizont; ***basso all'~*** tief am Horizont **2** FIG. Horizont *m.*: ***avere un ~ limitato*** einen begrenzten Horizont haben; ***si aprono nuovi -i*** neue Horizonte eröffnen sich; ***~ politico*** politischer Horizont; ***allargare, restringere i propri -i*** seinen Horizont erweitern, verengen; ***gli -i della scienza, della tecnica*** die Horizonte der Wissenschaft, der Technik ◆ ***~ artificiale*** künstlicher Horizont; ***~ astronomico*** wahrer Horizont; ***giro d'~*** Umschau *f.*, Rundschau *f.*

ORL ⇒ *Otorinolaringoiatra* Hals-Nasen-Ohrenarzt (HNO-Arzt).

Or|lan|do n.pr.m. Roland *m.*

or|la|re tr. **1** *(fare l'orlo)* ein‿säumen, säumen **2** ANT. *(circondare)* umranden. **or|la|to|re** m. Säumer *m.* **or|la|tri|ce** f. **1** Säumerin *f.* **2** *(macchina)* Säummaschine *f.* **or|la|tu|ra** f. **1** Einsäumen *n.*, Säumen *n.* **2** *(bordo)* Rand *m.*

or|lo m. **1** *(bordo, margine)* Rand *m.*: ***l'~ del bicchiere*** der Rand des Glases; ***all'~ del prato, del bosco*** am Rand der Wiese (*o* am Wiesenrand), am Rand des Waldes (*o* am Waldrand); ***pieno fino all'~*** bis zum Rande voll (*o* randvoll); ***riempire un bicchiere fino all'~*** ein Glas bis zum Rand füllen; ***essere sull'~ di un precipizio*** am Rande eines Abgrundes stehen; FIG. ***essere sull'~ della pazzia, del fallimento*** am Rande des Wahnsinns sein, des Ruins stehen; ***portare qcn. sull'~ della disperazione, del fallimento*** jdn an den Rand der Verzweiflung, des Ruins bringen **2** *(di tessuto)* Saum *m.*: ***imbastire, cucire l'~*** den Saum heften, nähen: ***fare l'~ ai pantaloni, a una tovaglia*** die Hose, eine Tischdecke säumen; ***puntare l'~ con gli spilli*** den Saum mit Stecknadeln ab‿stecken; ***avere l'~ scucito*** einen aufgetrennten Saum haben; ***l'~ della gonna, dei pantaloni*** der Rock-, Hosensaum ◆ ***~ a giorno*** Hohlsaum *m.*; ***senza ~*** ungesäumt.

or|lon m. Orlon® *n.*

or|ma f. **1** Spur *f.*, Fußstapfe *f.* (anche FIG.); *(di animali)* Fährte *f.*: ***seguire le -e di qcn.*** jds Spuren folgen; FIG. in jds Fußstapfen (*o* Spuren) treten; ***fiutare le -e*** die Spuren wittern; ***lasciare le proprie -e sul terreno*** seine Spuren auf dem Boden hinterlassen; FIG. ***lasciare la propria ~*** seine Spur hinterlassen **2** pl. *(vestigia, resti)* Reste *pl.*: ***le -e del passato*** die Reste der Vergangenheit.

or|mai avv. **1** nun, jetzt: ***~ è troppo tardi*** jetzt ist es schon zu spät; ***~ è fatta*** es ist nun einmal geschehen **2** *(già)* schon, bereits: ***Pasqua era ~ alle porte*** Ostern stand schon vor der Tür; ***~ è un uomo!*** er ist schon ein Mann! ***~ manca da una settimana*** sie fehlt schon seit einer Woche; ***sono ~ due mesi che...*** es ist bereits zwei Monate her, dass...; ***sbraita ~ da un'ora*** er schreit schon seit einer Stunde.

or|meg|gia|re *(ormeggio, ormeggi)* **I** tr. vertäuen, fest‿machen: ***~ una barca, una nave*** ein Boot, ein Schiff vertäuen **II** pronom. ***-rsi in porto*** das Boot im Hafen fest‿machen.

or|meg|gio m. *(-gi)* **1** Vertäuung *f.*, Verankerung *f.* **2** pl. *(cavi, catene)* Halteleinen *pl.*, Leinen *pl.*: ***mollare gli -gi*** die Leinen los‿machen **3** *(luogo)* Ankerplatz *m.* ◆ ***essere all'~*** vertäut sein; ***boa di ~*** Ankerboje *f.*; ***palo di ~*** Duckdalben *m.*

or|mo|na|le agg. hormonal, Hormon-: ***disfunzione ~*** Hormonstörung *f.*; ***equilibrio ~*** Hormonhaushalt *m.* **or|mo|ne** m. Hormon *n.*; ***cura di -i*** Hormonkur *f.* **or|mo|ni|co** agg. *(-ci,-che)* → **ormonale.** **or|mo|no|te|ra|pi|a** f. Hormontherapie *f.*

or|na|men|ta|le agg. Zier-, ornamental: ***disegno ~*** ornamentales Muster; ***motivi -i*** ornamentale Motive, Ziermotive; ***piante -i*** Zierpflanzen *pl.* ◆ ***avere una funzione ~*** zum Schmuck (*o* zur Verzierung) dienen; ***stile ~*** Ornamentenstil *m.*

or|na|men|ta|zio|ne f. Verzierung *f.*, Ornamentik *f.*

or|na|men|to m. Schmuck *m.*, Verzierung *f.*, Ornament *n.*: ***servire da ~*** zum Schmuck (*o* zur Verzierung) dienen; ***sovraccarico di -i*** mit Verzierungen überladen; ***-i architettonici*** architektonische Ornamente; ***-i musicali*** musikalische Verzierungen ◆ ***-i retorici*** Redeblumen *pl.*

or|na|re I tr. schmücken, verzieren: ***~ le pareti con quadri*** die Wände mit Bildern schmücken; ***~ un balcone con fiori*** einen Balkon mit Blumen schmücken; ***~ un abito con ricami*** ein Kleid mit Stickereien verzieren **II** pronom. **ornarsi** sich schmücken: ***-rsi di gioielli*** sich mit Juwelen schmücken.

1.or|na|to p.pass. agg. **1** → **ornare 2** verziert, geschmückt: ***vestito ~ di pizzi*** mit Spitzen verziertes Kleid; ***riccamente ~*** reich (*o* reichlich) verziert **3** FIG. elegant: ***prosa -a*** elegante Prosa.

2.or|na|to m. **1** ARCH. *(ornamentazione)* Ornamentik *f.*, Verzierungen *pl.* **2** *(arte del disegno)* Ornamentik *f.*

or|nel|lo m. Mannaesche *f.*, Blumenesche *f.*

or|ni|to|fi|li|a f. Ornithophilie *f.*, Ornithogamie *f.* **or|ni|to|fi|lo** agg.

ornithophil; ***impollinazione -a*** Ornithophilie *f.* (*o* Ornithogamie *f.*). **or|ni|to|lo|gi|a** f. Ornithologie *f.*, Vogelkunde *f.* **or|ni|to|lo|gi|co** agg. *(-ci,-che)* ornithologisch, Vogel-: ***osservatorio*** ~ Vogelwarte *f.*; ***museo*** ~ ornithologisches Museum. **or|ni|to|lo|go** m. *(-gi)* Ornithologe *m.*

or|ni|to|man|zi|a f. Vogelschau *f.*

or|ni|to|rin|co m. *(-chi)* Schnabeltier *n.*, Ornitorhynchus *m.*

o|ro I m. **1** Gold *n.*: ~ ***grezzo, lavorato, a 24 carati*** unbearbeitetes, bearbeitetes, 24-karätiges Gold **2** pl. *(oggetti in oro)* Goldwaren *pl.* **3** pl. *(nel gioco delle carte)* Schellen *pl.* **II** agg.inv. *(colore)* golden, goldfarben, goldfarbig ◆ COLLOQ. ***affare d'~*** Bombengeschäft *n.*; ***albo d'~*** Goldenes Buch; ***anello d'~*** Goldring *m.*; ***anno d'~*** goldenes Jahr; ~ ***antico*** Altgold *n.*; ~ ***basso*** niederkarätiges Gold; ~ ***bianco*** Weißgold *n.*; ***biondo*** ~ goldblond; ***capelli d'~*** goldblondes Haar; ***cercatore d'~*** Goldgräber *m.*, Goldsucher *m.*; ***prendere qcs. per ~ colato*** etw. für bare Münze nehmen; ***contenente*** ~ goldhaltig; ***corona d'~*** Goldkrone *f.*; ***corsa all'~*** Jagd nach Gold; ECON. ***corso dell'~*** Goldkurs *m.*; ***avere un cuore d'~*** ein goldenes Herz haben; ***una persona dal cuore d'~*** ein herzensguter Mensch; ***dente d'~*** Goldzahn *m.*; ***estrazione dell'~*** Goldgewinnung *f.*; ***età dell'~*** goldenes Zeitalter; ***febbre dell'~*** Goldfieber *n.*; ***filo d'~*** Goldfaden *m.*; ***filone d'~*** Goldader *f.*; ***foglia d'~*** Goldblatt *n.*; ~ ***giallo*** Gelbgold *n.*; ***giallo*** ~ goldgelb; ***in*** ~ golden, Gold-, aus Gold; ***lamina d'~*** Goldfolie *f.*, Goldblatt *n.*; ~ ***in lamine*** Blattgold *n.*; ~ ***di bassa lega*** niederkarätiges Gold; ~ ***in lingotti*** Barrengold *n.*; ***lingotto d'~*** Goldbarren *m.*; STOR. ***luigi d'~*** Louisdor *m.*; ***marco*** ~ Goldmark *f.*; ~ ***massiccio*** massives Gold; ***un orologio d'~ massiccio*** eine massiv goldene Uhr; ~ ***matto*** Mattgold *n.*; ***medaglia d'~*** Goldmedaille *f.*; ***miniera d'~*** Goldmine *f.*; ***(nemmeno) per tutto l'~ del mondo*** (nicht) um alles in der Welt; ***moneta d'~*** Goldmünze *f.*; ~ ***musivo*** Musivgold *n.*; STOR. ***napoleone d'~*** Napoleondor *m.*; ~ ***nero*** flüssiges Gold; ***nozze d'~*** goldene Hochzeit; ***nuotare nell'~*** im Geld schwimmen; ***(perdere) un'occasione d'~*** = eine einmalige Gelegenheit (verpassen); ***l'~ olimpico*** das olympische Gold; ***parole d'~*** goldene Worte; ***pepita d'~*** Goldklumpen *m.*; ***periodo d'~*** Blütezeit *f.*; ***pagare, comprare, vendere qcs. a peso d'~*** = etw. sehr teuer bezahlen, kaufen, verkaufen; FIG. ***pioggia d'~*** Goldregen *m.*; ***una placca d'~*** eine Goldplatte; ***placcare qcs. d'~, in*** ~ etw. vergolden; ***placcatura in*** ~ Vergoldung *f.*; ***polvere d'~*** Goldstaub *m.*; ***prezzo dell'~*** Goldpreis *m.*; ~ ***puro*** Feingold *n.* (*o* reines Gold); ***ragazzo d'~*** Goldjunge *m.*; ~ ***del Reno*** Rheingold *n.*; ***ricamo in*** ~ Goldstickerei *f.*; ***rivestimento in*** ~ Goldauflage *f.*; ~ ***rosso*** Rotgold *n.*; ***secolo d'~*** Blütezeit *f.*; ***sete dell'~*** Goldgier *f.*; ***sogni d'~!*** träum süß! ECON. ***titolo dell'~*** Goldgehalt *n.*; ***avere l'ugola d'~*** Gold in der Kehle haben; ***gallina dalle uova d'~*** Goldesel *m.* (*o* Dukatenesel *m.*); ***qcs. vale*** ~ etw. ist Gold wert; ***qcn., qcs. vale tant'~ quanto pesa*** = jd, etw. ist sehr wertvoll; ***valuta*** ~ Goldwährung *f.*; ***il vello d'~*** das Goldene Vlies; ***vena d'~*** Goldader *f.*; ***d'~ vero*** echtgolden; ***il vitello d'~*** das Goldene Kalb; ~ ***zecchino*** Dukatengold *n.*; PROV. ***non è tutto ~ quello che luccica*** es ist nicht alles Gold, was glänzt; ***la parola è d'argento, il silenzio è d'~*** Reden ist Silber, Schweigen ist Gold; ***il mattino ha l'~ in bocca*** Morgenstund' hat Gold im Mund.

o|ro|fa|rin|ge f. Schlund *m.*

o|ro|ge|ne|si f. Orogenese *f.* **o|ro|ge|ne|ti|co** agg. *(-ci,-che)* orogenetisch.

o|ro|gra|fi|a f. Orographie *f.* **o|ro|gra|fi|co** agg. *(-ci,-che)* orographisch. **o|ro|i|dro|gra|fi|a** f. Orohydrographie *f.* **o|ro|i|dro|gra|fi|co** agg. *(-ci,-che)* orohydrographisch.

o|ro|lo|ge|ri|a f. **1** *(meccanismo)* Uhrwerk *n.* **2** *(arte)* Uhrmacherei *f.* **3** *(negozio)* Uhrengeschäft *n.* ◆ ***bomba a*** ~ Zeitbombe *f.* **o|ro|lo|gia|io** m. *(-ai)* Uhrmacher *m.*

o|ro|lo|gio m. *(-gi)* Uhr *f.*: ***caricare, regolare, spostare, mettere avanti, mettere indietro l'~*** die Uhr auf‿ziehen, stellen, verstellen, vor‿stellen, zurück‿stellen; ***guardare l'~*** auf die Uhr sehen; ***l'~ funziona (cammina), va indietro, va avanti, è fermo, è giusto*** die Uhr läuft, geht nach, geht vor, steht, geht richtig; ***l'~ batte le ore, fa tic tac*** die Uhr schlägt, tickt; ***il mio ~ segna, fa le 9.00*** nach (*o* auf) meiner Uhr ist es neun Uhr; ***un ~ che spacca il minuto*** eine Uhr, die auf die Sekunde genau geht ◆ ~ ***ad acqua*** Wasseruhr *f.* (*o* Wasserzähler *m.*); ~ ***analogico*** Analoguhr *f.*; ~ ***atomico*** Atomuhr *f.*; ~ ***a batteria*** batteriebetriebene Uhr; ~ ***biologico*** biologische Uhr; ~ ***del campanile*** Kirchturmuhr *f.* (*o* Turmuhr *f.*); ***cassa dell'~*** Uhrgehäuse *n.*; *(di orologi a muro)* Uhrenkasten *m.*; ***catena dell'~*** Uhrkette *f.*; ***cinturino dell'~*** Uhrarmband *n.*; ~ ***da cucina*** Küchenuhr *f.*; ~ ***a cucù*** Kuckucksuhr *f.*; ~ ***con datario*** Kalenderuhr *f.*; ~ ***digitale*** Digitaluhr *f.*; FIG. ***essere un ~*** *(di meccanismo)* genau laufen; *(di persona)* pünktlich auf die Minute sein; ***fabbrica di -i*** Uhrenfabrik *f.*; ***industria degli -i*** Uhrenindustrie *f.*; ***lancetta dell'~*** Uhrzeiger *m.*; FIG. ***stare con l'~ in mano*** mit der Uhr in der Hand da‿stehen; ***meccanismo dell'~*** Uhrwerk *n.*; ***molla dell'~*** Uhrenfeder *f.*; ***un'ora di ~*** eine volle (*o* geschlagene) Stunde; ~ ***a, da parete*** Wanduhr *f.*; ~ ***a pendolo*** Standuhr *f.* (*o* Pendeluhr *f.*); ~ ***da polso*** Armbanduhr *f.*; ~ ***di precisione*** Präzisionsuhr *f.*; ***puntuale come un*** ~ pünktlich auf die Minute; ~ ***al quarzo*** Quarzuhr *f.*; ~ ***a ripetizione*** Repetieruhr *f.*; ~ ***solare*** Sonnenuhr *f.*; ~ ***subacqueo*** Taucheruhr *f.*; ~ ***da tasca*** Taschenuhr *f.*; ***taschino per l'~*** Uhrtasche *f.*; ~ ***da tavolo*** Stutzuhr *f.*; ***avere un ~ in testa*** eine innere Uhr haben; ~ ***timbratore*** Stechuhr *f.* (*o* Stempeluhr *f.*); ~ ***della torre*** Turmuhr *f.*; ***vetro dell'~*** Uhrglas *n.*

o|ro|ni|mo m. Bergname *m.*

o|ro|sco|po m. Horoskop *n.*: ***fare l'~ a qcn.*** jdm das Horoskop stellen.

or|pel|la|re tr. LETT. **1** mit Flitter verzieren **2** FIG. (mit bloßem Schein) täuschen. **or|pel|lo** m. LETT. **1** *(similoro)* Flittergold *n.*, Rauschgold *n.* **2** *(fronzolo)* Flitter *m.* **3** FIG. Blendwerk *n.*, Schein *m.*

or|ren|da|men|te avv. schrecklich, entsetzlich. **or|ren|do** agg. **1** *(che desta orrore)* grauenvoll, gräulich, entsetzlich: ***un delitto*** ~ ein gräuliches Verbrechen; ***una morte -a*** ein entsetzlicher Tod **2** *(pessimo)* schrecklich: ***un film*** ~ ein schrecklicher Film; ***comportarsi in maniera -a*** sich schrecklich benehmen.

or|ri|bi|le agg. **1** *(orrendo, spaventoso)* grauenvoll, schrecklich, entsetzlich, abscheulich: ***fare una fine*** ~ ein schreckliches (*o* entsetzliches) Ende nehmen; ***una scena*** ~ ein abscheulicher Anblick **2** *(pessimo)* schrecklich; COLLOQ. grauenhaft: ***tempo*** ~ schreckliches (*o* grauenhaftes) Wetter **3** *(disgustoso)* ekelhaft, abscheulich: ***un sapore*** ~ ein ekelhafter Geschmack; ***un odore*** ~ ein abscheulicher Geruch. **or|ri|bil|men|te** avv. grauenvoll, schrecklich.

or|ri|do I agg. schrecklich, grausig, schauderhaft **II** m. Schreckliche *n.*, Grausige *n.*: ***gusto dell'~*** Hang *m.* zum Grausigen **2** *(precipizio)* Schlucht *f.*

or|ri|pi|lan|te agg. **1** haarsträubend, grauenvoll: ***un'avventura*** ~ ein haarsträubendes Abenteuer **2** *(sgradevole)* schrecklich: ***un personaggio*** ~ ein schrecklicher Kerl. **or|ri|pi|la|zio|ne** f. Haarsträuben *n.*

or|ro|re m. **1a** *(raccapriccio)* Entsetzen *n.*, Schauder *m.*: ***fare, destare (suscitare)*** ~ Entsetzen erregen, hervor‿rufen; ***avere, provare ~ per qcs.*** vor etw. Entsetzen empfinden, schaudern **b** *(avversione)* Abscheu *f.*, Horror *m.*: ***avere ~ di qcs.*** einen Horror vor etw. (*o* vor etw. Abscheu) haben (*o* etw. verabscheuen); ***avere in ~ qcs.*** einen Horror vor etw. haben (*o* etw. verabscheuen) **2** pl. *(evento orrendo)* Gräuel *m.*: ***gli -i della guerra*** die Gräuel des Krieges **3** COLLOQ. *(cosa o persona bruttissima)* Hässlichkeit *f.*; ***una statua che è un*** ~ eine Statue von fürchterlicher Hässlichkeit (*o* eine fürchterlich hässliche Statue) ◆ ***film dell'~*** Horrorfilm *m.*; ***letteratura dell'~*** Horrorliteratur *f.*; ***un sacro*** ~ ein heiliger Schauer; ***storia dell'~*** Horrorgeschichte *f.*

or|sa f. **1** ZOOL. Bärin *f.* **2** ASTR. ***Orsa minore*** Kleiner Bär *m.*; ***Orsa maggiore*** Großer Bär *m.*

or|sac|chiot|to m. **1** kleiner Bär *m.*, Bärchen *n.* **2** *(pupazzo)* Teddybär *m.*

or|sag|gi|ne f. Bärbeißigkeit *f.*

or|set|to m. **1** Bärchen *n.* **2** *(pupazzo)* Teddybär *m.* **3** ZOOL. ~ ***lavatore*** Waschbär *m.*

or|so m. **1** Bär *m.*; ***ballare, muoversi come un*** ~ täppisch tanzen, sich täppisch bewegen **2** FIG. Eigenbrötler *m.*; ***essere un*** ~ bärbeißig sein ◆ ~ ***ammaestrato*** Tanzbär *m.*; ~ ***bianco*** Eisbär *m.*; ~ ***bruno*** Braunbär *m.*; ~ ***grigio*** Grislibär *m.*; ~ ***nero*** Schwarzbär *m.*; ~ ***polare*** Eisbär *m.*; PROV. ***(non si deve) vendere la pelle dell'~ prima di averlo ucciso, prima che sia morto*** man soll das Fell des Bären nicht verteilen, bevor man ihn erlegt hat.

Or|so|la n.pr.f. Ursula *f.*

or|sù inter. LETT. wohlan.

or|tag|gio m. *(-gi)* Gemüse *n.*: ***coltivare -gi*** Gemüse an‿bauen.

or|ten|sia f. Hortensie *f.*

or|ti|ca f. *(-che)* Brennnessel *f.* ◆ FIG. ***gettare qcs. alle -che*** etw. an den Nagel hängen; ***gettare la tonaca alle -che*** den Talar an den Nagel hängen; FIG. ***un luogo dove crescono le -che*** = ein völlig verwilderter Ort.

or|ti|can|te agg. **1** Nessel-: ***pianta*** ~ Nesselpflanze *f.* **2** ESTENS. brennend: ***liquido*** ~ brennende Flüssigkeit.

or|ti|ca|ria f. Nesselsucht *f.*, Urtikaria *f.*

or|ti|cel|lo m. Gärtchen *n.* ◆ FIG. ***coltivare il proprio*** ~ sein eigenes Süppchen kochen. **or|ti|co|lo** agg. Gartenbau-, gärtnerisch; ***produzione -a*** Gemüseanbau *m.* **or|ti|col|to|re** m. Gemüsegärtner *m.* **or|ti|col|tu|ra** f. Gartenbau *m.*

Or|ti|sei n.pr.m. St. Ulrich *m.*

or|ti|vo agg. Gemüse-, Garten-: *insalata, verdura -a* Gartensalat *m.*, Gartengemüse *n.*; *piante -e* Gemüsepflanzen; *terreno ~* Gartenanlage *f.*

Ort|les n.pr.m. Ortler *m.*; *gruppo dell'~* Ortlergruppe *f.*

or|to m. Gemüsegarten *m.*: *zappare, concimare, innaffiare l'~* den Gemüsegarten hacken, düngen, gießen; *~ botanico* botanischer Garten.

or|to|cen|tro m. Orthozentrum *n.*

or|to|cla|sio m. Orthoklas *m.*, Feldspat *m.*

or|to|cro|ma|ti|co agg. *(-ci,-che)* orthochromatisch. **or|to|cro|ma|ti|smo** m. Orthochromasie *f.*

or|to|don|ti|co agg. *(-ci,-che)* kieferorthopädisch. **or|to|don|zi|a** f. Kieferorthopädie *f.*

or|to|dos|si|a f. Orthodoxie *f.* (anche ESTENS.): *l'~ cattolica* die katholische Orthodoxie; *deviare dall'~* von der Orthodoxie ab‿weichen. **or|to|dos|so** I agg. orthodox (anche ESTENS.): *chiesa -a* orthodoxe Kirche; *principi -i* orthodoxe Prinzipien II m. Orthodoxe *m.* ◆ *greco-~* griechisch-orthodox; *medicina -a* Schulmedizin *f.*; *non ~* unorthodox; *russo-~* russisch-orthodox.

or|to|e|pi|a f. Orthoepie *f.*, Orthoepik *f.*; *manuale di ~* orthoepisches Handbuch. **or|to|e|pi|co** agg. *(-ci,-che)* orthoepisch.

or|to|fo|ni|a f. Sprachtherapie *f.* **or|to|fo|ni|co** agg. *(-ci,-che)* sprachtherapeutisch. **or|to|fo|ni|sta** m. e f. *(-i,-e)* Sprachheilpädagoge *m.* (-gogin *f.*).

or|to|fre|ni|a f. Rehabilitation *f.* der geistig Behinderten; Sonderpädagogik *f.* für geistig Behinderte.

or|to|frut|ti|co|lo agg. Obst- und Gemüse-: *mercato ~* Obst- und Gemüsemarkt *m.* **or|to|frut|ti|col|tu|ra** f. Obst- und Gemüsebau *m.*

or|to|ge|ne|si f. Orthogenese *f.* **or|to|ge|ne|ti|co** agg. *(-ci,-che)* orthogenetisch.

or|to|go|na|le agg. orthogonal, rechtwink(e)lig: *proiezione ~* orthogonale Projektion; *retta ~ a un piano* orthogonale Gerade zu einer Ebene. **or|to|go|na|li|tà** f. Orthogonalsein *n.* **or|to|go|nal|men|te** avv. orthogonal.

or|to|gra|fi|a f. Orthographie *f.*, Rechtschreibung *f.*: *errore di ~* Rechtschreibfehler *m.* **or|to|gra|fi|ca|men|te** avv. orthographisch. **or|to|gra|fi|co** agg. *(-ci,-che)* orthographisch, Rechtschreib-: *dizionario ~* Rechtschreib(e)buch *n.*

or|to|la|no m. 1 *(coltivatore)* Gemüsegärtner *m.* 2 *(commerciante)* Gemüsehändler *m.* 3 ZOOL. Ortolan *m.*

or|to|mer|ca|to m. Obst- und Gemüsemarkt *m.*

or|to|pe|di|a f. Orthopädie *f.*: *essere ricoverato in ~* in, auf der Abteilung für Orthopädie liegen.

or|to|pe|di|co I agg. *(-ci,-che)* orthopädisch, Orthopädie-: *materasso ~* orthopädische Matratze; *scarpe -che* orthopädische Schuhe; *istituto, reparto ~* orthopädische Klinik, Orthopädieabteilung *f.* II m. *(-ci)* 1 *(medico)* Orthopäde *m.* 2 *(chi costruisce e vende apparecchi ortopedici)* Orthopädist *m.* ◆ *busto ~* Stützkorsett *n.*

or|to|sco|pi|a f. Orthoskopie *f.* **or|to|sco|pi|co** agg. *(-ci,-che)* orthoskopisch. **or|to|sco|pio** m. *(-pi)* Orthoskop *n.*

or|tot|te|ro m. Orthoptere *f.*, Orthopteron *n.*

or|tot|ti|ca f. Orthoptik *f.* **or|tot|ti|co** I agg. *(-ci,-che)* orthoptisch II m. *(-ci)* Orthoptist *m.* **or|tot|ti|sta** m. e f. *(-i,-e)* Orthoptist *m.* (-in *f.*).

or|vie|to m. INTRAD. (Weißwein aus Umbrien).

or|za f. 1 *(corda)* Luvbrasse *f.* 2 *(fianco sopravvento)* Luv *f.*, Luvseite *f.*; *all'~* luvwärts; *andare all'~* luven.

or|za|io|lo m. Gerstenkorn *n.*

or|za|re intr. (aus. *avere*) an‿luven, luven.

1.or|za|ta f. Mandelmilch *f.*

2.or|za|ta f. MAR. Anluvmanöver *n.*, Luven *n.*

or|zo m. Gerste *f.* ◆ *caffè d'~* Malzkaffee *m.*; *fiocchi d'~* Gerstenflocken *pl.*; *~ mond(at)o* Graupe *f.*; *~ perlato* Perlgraupe *f.*, Rollgerste *f.*

o|san|na I inter. hos(i)anna: *~ nell'alto dei cieli* Hos(i)anna im höchsten Himmel II m.inv. 1 Hos(i)anna *n.* 2 ESTENS. Jubelruf *m.*, Freudenschrei *m.*: *gli ~ della folla* die Jubelrufe der Menge.

o|san|na|re I intr. (aus. *avere*) 1 hos(i)anna singen 2 ESTENS. zu‿jubeln: *il popolo osannava al re* das Volk jubelte dem König zu II tr. bejubeln, umjubeln: *il vincitore fu osannato dalla folla* der Sieger wurde von der Menge bejubelt.

o|sa|re tr. wagen: *non ~ pensare, credere, sperare qcs.* (es) nicht zu denken, zu glauben, zu hoffen wagen ◆ *come osa?* was erlauben Sie sich! *oserei dire che...* ich würde fast sagen, dass...; *~ l'impossibile* das Unmögliche wagen; *nessuno ha mai osato tanto* niemand hat je so viel gewagt.

1.o|scar m.inv. 1 CINEM. Oscar *m.*: *vincere l'~* den Oscar gewinnen 2a *(attore premiato)* Oscargewinner *m.* b *(film premiato)* mit dem Oscar ausgezeichneter Film *m.* 3 FIG. erster Preis *m.*: *l'~ della cortesia* der erste Preis für Höflichkeit.

2.O|scar n.pr.m. Oskar *m.*

o|sce|ni|tà f.inv. 1 Obszönität *f.*: *l'~ di un discorso* die Obszönität einer Rede 2 *(atto o detto)* Obszönität *f.*; *(battuta oscena)* Zote *f.*: *un libro pieno di ~* ein Buch voller Obszönitäten; *scrivere ~* Obszönitäten schreiben; *dire delle ~* Zoten reißen ◆ *questo quadro è un'~* dieses Bild ist obszön.

o|sce|no agg. 1a obszön: *barzellette -e* obszöne Witze; *spettacolo ~* obszöne Darbietung b *(indecente)* unanständig: *vestirsi in modo ~* sich unanständig kleiden 2 *(orribile)* fürchterlich, grauenhaft: *un edificio ~* ein fürchterlicher Bau ◆ *atti -i* Unzucht *f.*

o|scil|lan|te agg. 1 schwingend, oszillierend 2 FIG. schwankend: *opinioni -i* schwankende Meinungen; *quotazioni -i* schwankende Kurse.

o|scil|la|re intr. (aus. *avere*) 1 schwingen, oszillieren: *il pendolo oscilla* das Pendel schwingt 2 FIG. schwanken: *i prezzi oscillano* die Preise schwanken; *~ tra due possibilità* zwischen zwei Möglichkeiten schwanken; ECON. *~ liberamente* frei schwanken; *che oscilla liberamente* freischwankend. **o|scil|la|to|re** m. Oszillator *m.* ◆ *~ quarzo* Schwingquarz *m.* (*o* Piezoquarz *m.*); *~ a rilassamento* Kippschaltung *f.* **o|scil|la|to|rio** agg. *(-ri,-rie)* 1 schwingend, oszillierend: *moto ~* schwingende Bewegung 2 FIG. schwankend: *andamento ~ delle quotazioni* schwankender Kursverlauf.

o|scil|la|zio|ne f. 1 Schwingung *f.*, Oszillation *f.* 2 FIG. Schwankung *f.*, Schwanken *n.* ◆ *frequenza di ~* Schwingungszahl *f.*; *~ del pendolo* Pendelschwingung *f.*; *~ dei prezzi* Preisschwankung *f.*; *~ delle quotazioni* Kursschwankung *f.*; *-i di temperatura* Temperaturschwankungen *pl.*

o|scil|lo|gra|fo m. Oszillograph *m.* **o|scil|lo|gram|ma** m. Oszillogramm *n.* **o|scil|lo|me|tri|a** f. Oszillometrie *f.* **o|scil|lo|me|tro** m. Oszillograph *m.* **o|scil|lo|sco|pio** m. *(-pi)* Oszilloskop *n.*

o|sco I agg. *(-sci e -schi,-sche)* oskisch II m. *(-sci e -schi)* 1 Osker *m.* 2 *(lingua)* Oskisch(e) *n.*

o|scu|la|re tr. *(osculo)* 1 oskulieren 2 LETT. SCHERZ. küssen. **o|scu|la|to|re** agg. Oskulations-; *cerchio ~* Krümmungskreis *m.* **o|scu|la|zio|ne** f. Oskulation *f.*

o|scu|ra|men|te avv. 1 unklar: *parlare ~* unklar sprechen 2 *(senza fama)* im Dunkel: *vivere ~* im Dunkel leben.

o|scu|ra|men|to m. 1 Verdunk(e)lung *f.*, Verfinsterung *f.*: *l'~ notturno di una città* die nächtliche Verdunkelung einer Stadt 2 *(ottenebramento)* Trübung *f.* ◆ *~ delle facoltà mentali* Schwinden der geistigen Fähigkeiten; *un'improvviso ~ della vista* ein plötzliches Nachlassen der Sehkraft.

o|scu|ran|ti|smo m. Obskurantismus *m.* **o|scu|ran|ti|sta** *(-i,-e)* I m. e f. Obskurant *m.* (-in *f.*) II agg. rückschrittlich: *politica ~* rückschrittliche Politik. **o|scu|ran|ti|sti|co** agg. *(-ci,-che)* rückschrittlich: *tendenza -a* rückschrittliche Tendenz.

o|scu|ra|re I tr. 1 verdunkeln, verfinstern: *~ una stanza* ein Zimmer verdunkeln; *le nubi oscurano il cielo* die Wolken verdunkeln den Himmel 2 *(schermare)* ab‿dunkeln: *~ una luce* ein Licht abdunkeln 3 FIG. *~ qcs.* einen Schatten auf etw. (A) werfen: *~ la fama di qcn.* einen Schatten auf jds Ruf werfen II pronom. **oscurarsi** sich verdunkeln, sich verfinstern: *il cielo si oscura* der Himmel verdunkelt sich; *tra le due scene il palcoscenico si oscurò* zwischen den beiden Szenen verdunkelte sich die Bühne; *si è oscurato in volto* seine Miene hat sich verfinstert ◆ *~ una fotografia* eine Fotografie ab‿dunkeln; *~ una stazione televisiva* einen Fernsehsender ab‿schalten; *la vista si oscura* die Sehkraft lässt nach.

o|scu|ri|tà f. 1 Dunkelheit *f.*, Finsternis *f.*: *abituare gli occhi all'~* die Augen an die Dunkelheit gewöhnen 2 *(incomprensibilità)* Unverständlichkeit *f.*: *l'~ di un libro* die Unverständlichkeit eines Buchs 3 *(mancanza di notorietà)* *vivere nell'~* ein unbeachtetes Leben führen; *uscire dall'~* zu Berühmtheit gelangen; *~ di natali* dunkle (*o* obskure) Abkunft 4 *(mancanza di cognizioni)* Unwissenheit *f.*; *vivere nell'~ di tutto* von nichts wissen.

o|scu|ro I agg. 1 dunkel, finster: *cielo ~* dunkler Himmel; *notte -a* finstere Nacht; *l'~ Medioevo* das finstere Mittelalter 2 *(incerto)* unsicher: *affrontare un ~ domani* einer unsicheren Zukunft entgegen‿gehen 3 *(poco chiaro)* unklar, dunkel: *esprimersi in un linguaggio ~* sich in einer unklaren Sprache aus‿drücken; *i punti -i di un discorso* die dunklen Stellen einer Rede; *-i presagi* dunkle Vorahnungen; *vivere tempi -i* in finsteren Zeiten leben; *avere un'idea -a di qcs.* eine dunkle Vorstellung von etw. haben 4 *(non* *noto)* dunkel, unbekannt: ***un avvenimento ancora ~*** ein noch dunkles (*o* unbekanntes) Ereignis; ***-i natali*** obskure (*o* dunkle) Abkunft **5** *(sospetto)* obskur, dunkel: ***una vicenda -a*** eine obskure Angelegenheit; ***un ~ passato*** eine dunkle Vergangenheit **6** FIG. dunkel, finster: ***i secoli -i della nostra storia*** die dunklen Jahrhunderte unserer Geschichte **II** m. Dunkel *n.*, Dunkelheit *f.* ◆ ***camera -a*** Dunkelkammer *f.*; ***essere all'~ di qcs.*** von etw. keine Ahnung haben; ***tenere qcn. all'~ di qcs.*** jdn über etw. im Dunklen lassen.

o|sé agg.inv. gewagt: ***film ~*** gewagter Film.

o|smio m. Osmium *n.*

o|smo|si f. **1** Osmose *f.* **2** FIG. Austausch *m.*: ***l'~ tra due culture*** der intensive Austausch zwischen zwei Kulturen. **o|smo|ti|co** agg. *(-ci,-che)* osmotisch: ***pressione -a*** osmotischer Druck.

o|spe|da|le m. Krankenhaus *n.*: ***dimettere qcn. dall'~*** jdn aus dem Krankenhaus entlassen; ***essere in ~*** im Krankenhaus liegen; ***portare, ricoverare qcn. all'~*** jdn ins Krankenhaus bringen, ein‿liefern ◆ ***~ da campo*** Feldlazarett *n.*; SCHERZ. ***essere un ~ ambulante*** = dauernd krank sein; ***fare un mese di ~*** ein Monat lang im Krankenhaus liegen; FIG. ***mandare qcn. all'~*** jdn krankenhausreif schlagen; ***~ militare*** Lazarett *n.*; ***~ pediatrico*** Kinderkrankenhaus *n.*; ***~ psichiatrico*** psychiatrische Klinik; ***~ traumatologico*** Unfallkrankenhaus *n.*

o|spe|da|lie|ro I agg. Krankenhaus- **II** m. **1** Beschäftigte *m.* im Krankenhaus **2** RELIG. Hospitaliter *m.* ◆ ***complesso ~*** Krankenhauskomplex *m.*; ***degenza -a*** Krankenhausaufenthalt *m.*; ***medico ~*** Krankenhausarzt *m.*; ***personale ~*** Krankenhauspersonal *n.*; ***pratica -a*** Klinikum *n.*; *(nelle assicurazioni)* ***rimborso spese -e*** Rückerstattung der Krankenhauskosten.

o|spe|da|liz|za|re tr. ins Krankenhaus ein‿liefern. **o|spe|da|liz|za|zio|ne** f. Einlieferung *f.* ins Krankenhaus.

o|spi|ta|le agg. gastfreundlich, gastlich: ***famiglia ~*** gastfreundliche Familie; ***un paese ~*** ein gastliches Land; ***un'accoglienza ~*** ein gastlicher Empfang.

o|spi|ta|li|tà f. **1** Gastfreundschaft *f.*, Gastfreundlichkeit *f.*: ***chiedere ~ a qcn.*** jdn um Gastfreundschaft (*o* Aufnahme) bitten; ***offrire ~ a qcn.*** jdm Gastfreundschaft an‿bieten; ***trovare ~ presso qcn.*** bei jdm Gastfreundschaft finden; ***approfittare dell'~ di qcn.*** jds Gastfreundschaft beanspruchen **2** FIG. Raum *m.*: ***un giornale che dà ~ alle opinioni di tutti*** eine Zeitung, die den Ansichten aller Raum bietet.

o|spi|tan|te I agg. **1** beherbergend **2** SPORT einheimisch, Heim-, Platz-: ***squadra ~*** Heimmannschaft *f.* (o Gastgebermannschaft *f.*) **II** m. e f. **1** Gastfreund *m.* (-in *f.*) **III** f. SPORT Heimmannschaft *f.*, Gastgeber *m.*

o|spi|ta|re tr. (*ospito*) **1** zu Gast haben: ***~ una squadra*** eine Mannschaft zu Gast haben **2** *(alloggiare)* unter‿bringen, beherbergen: ***~ degli amici per qualche giorno*** Freunde für einige Tage beherbergen **3a** ESTENS. *(contenere)* beherbergen: ***l'edificio ospita una mostra*** das Gebäude beherbergt eine Ausstellung; ***una città che ospita molti turisti*** eine Stadt, die viele Touristen zu Gast hat **b** *(dare spazio)* Raum bieten: ***un giornale che ospita opinioni diverse*** eine Zeitung, die verschiedenen Meinungen Raum bietet.

o|spi|te I m. e f. **1** *(chi ospita)* Gastgeber *m.* (-in *f.*): ***un ~ perfetto*** ein perfekter Gastgeber **2** *(persona ospitata)* Gast *m.*: ***essere ~ di qcn.*** jds Gast sein; ***avere -i a pranzo*** Gäste zum Mittagessen haben; ***~ gradito, inatteso, indesiderato, fisso*** willkommener, unangemeldeter, unerwünschter, ständiger Gast **3** BIOL. Wirt *m.* **II** agg. Gast-: ***paese, squadra ~*** Gastland *n.*, -mannschaft *f.* ◆ ***libro degli -i*** Gästebuch *n.*; ***~ d'onore*** Ehrengast *m.*; ***~ pagante*** Payingguest *m.*; ***partirsene insalutato ~*** sich auf Französisch empfehlen; PROV. ***l'~ è come il pesce, dopo tre giorni puzza*** dreitägiger Fisch taugt auf keinem Tisch, und dreitägiger Gast wird einem oft zur Last.

o|spi|zio m. *(-zi)* Heim *n.*; *(per anziani)* Altenheim *n.*, Altersheim *n.* ◆ ***~ per gli orfani*** Waisenhaus *n.*; ***~ per i poveri*** Armenhaus *n.* (*o* Armenheim *n.*).

os|sa|la|to m. Oxalat *m.* **os|sa|li|co** agg. *(-ci,-che)* ***acido ~*** Oxalsäure *f.*, Kleesäure *f.*; ***sale ~*** Kleesalz *n.*

os|sa|me m. LETT. Knochenhaufen *m.*

os|sa|rio m. *(-ri)* Beinhaus *n.*, Ossarium *n.*

os|sa|tu|ra f. **1a** Knochenbau *m.*: ***l'~ del capo*** der Knochenbau des Schädels **b** *(scheletro)* Gerippe *n.* **2** *(intelaiatura)* Gerüst *n.*: ***l'~ di un ponte*** das Gerüst einer Brücke **3** FIG. ***l'~ di un romanzo*** der Aufbau eines Romans.

os|se|i|na f. Ossein *n.*

os|se|o agg. Knochen-, knöchern: ***frattura -a*** Knochenbruch *m.*; ***tessuto ~*** Knochengewebe *n.*

os|se|quia|re tr. *(ossequio, ossequi)* ***~ qcn.*** jdm Hochachtung entgegen‿bringen: ***~ il nuovo capufficio*** dem neuen Chef Hochachtung entgegenbringen. **os|se|quien|te** agg. LETT. ehrfürchtig: ***essere ~ a un superiore*** einem Höherstehenden gegenüber Ehrfurcht zeigen, erweisen ◆ ***~ alle leggi*** gesetzestreu.

os|se|quio m. *(-qui)* **1** *(rispetto)* Ehrerbietung *f.*, Hochachtung *f.*: ***rendere ~ a qcn.*** jdm Hochachtung entgegen‿bringen; ***(gradisca) i miei -qui!*** mit vorzüglicher Hochachtung! **2** *(saluti)* Empfehlungen *pl.*: ***i miei -qui*** meine Empfehlungen; ***porga i miei -qui a suo marito*** meine besten Empfehlungen an ihren Gatten ◆ ***in atto di ~*** ehrerbietig; ***con -qui*** hochachtungsvoll; ***espressione di ~*** Ehrerbietung *f.*; ***in ~ alla legge*** gesetzestreu.

os|se|quio|sa|men|te avv. hochachtungsvoll. **os|se|quio|si|tà** f. **1** Ehrerbietigkeit *f.* **2** SPREG. Unterwürfigkeit *f.*

os|se|quio|so agg. **1** ehrerbietig: ***impiegato ~*** ehrerbietiger Angestellter; ***parole -e*** ehrerbietige Worte **2** *(sottomesso)* unterwürfig.

os|ser|va|bi|le agg. beobachtbar: ***fenomeno ~ a occhio nudo*** mit bloßem Auge zu beobachtendes Phänomen.

os|ser|van|te I agg. **1** beachtend, befolgend: ***~ di qcs.*** etw. beachtend; ***uomo ~ della legge*** gesetzestreuer Mensch **2** RELIG. strenggläubig: ***ebreo, cattolico ~*** strenggläubiger Jude, Katholik **3** ESTENS. *(di chi segue le disposizioni di un partito e sim.)* linientreu **4** ECCL. ***frati -i*** Observanten *pl.* **II** m. e f. **1** strenggläubiger Mensch *m.* **2** ECCL. Observant *m.* (-in *f.*).

os|ser|van|za f. **1** Beachtung *f.*, Befolgung *f.*: ***in ~ alle disposizioni*** unter Beachtung der Vorschriften **2** *(adempimento)* Erfüllung *f.*, Einhaltung *f.*: ***l'~ dei doveri*** die Erfüllung der Pflichten; ***l'~ delle clausole contrattuali*** die Einhaltung der Vertragsbedingungen **3** RELIG. Strenggläubigkeit *f.*; ***di stretta ~*** strenggläubig **4** ECCL. Observanz *f.* ◆ BUROCR. ***con perfetta ~*** mit vorzüglicher Hochachtung.

os|ser|va|re tr. **1** *(esaminare)* beobachten, betrachten: ***~ qcs. con sguardo attento*** etw. mit aufmerksamem Blick betrachten; ***~ attentamente una figura*** eine Figur genau betrachten; ***~ qcs. da vicino*** etw. aus nächster Nähe betrachten; ***~ un processo di crescita*** einen Wachstumsprozess beobachten; ***~ una sostanza al microscopio*** eine Substanz durch das Mikroskop betrachten; ***~ il mercato del lavoro*** den Arbeitsmarkt beobachten; ***~ la situazione economica*** die wirtschaftliche Lage beobachten **2** *(notare)* bemerken, fest‿stellen: ***~ cambiamenti sorprendenti*** erstaunliche Veränderungen feststellen **3** *(obiettare)* ein‿wenden: ***non avere nulla da ~*** nichts einzuwenden haben **4** *(rispettare)* befolgen, beachten, ein‿halten: ***~ le leggi, le regole*** die Gesetze, die Vorschriften befolgen; ***~ un divieto*** ein Verbot befolgen (*o* beachten *o* einhalten); ***~ la distanza di sicurezza*** den Sicherheitsabstand einhalten; ***~ un termine, una scadenza*** einen Termin, eine Frist einhalten; ***~ una dieta rigida*** eine strenge Diät befolgen; ***~ il digiuno*** das Fasten einhalten **5** *(notare)* ***far ~ a qcn. qcs.*** jdn auf etw. (A) aufmerksam machen; ***far ~ a qcn. i suoi errori*** jdn auf seine Fehler aufmerksam machen ◆ ***sentirsi osservato*** sich beobachtet fühlen; ***~ la massima discrezione*** strengste Diskretion bewahren.

os|ser|va|to|re I agg. beobachtend, betrachtend: ***occhio ~*** beobachtender Blick; ***una mente -trice*** ein genau beobachtender Verstand **II** m. **1** Beobachter *m.*, Betrachter *m.*; ***un ~ acuto, imparziale*** ein scharfer, neutraler Beobachter; ***a sinistra dell'~*** links vom Betrachter; ***essere presente in veste di ~*** als Beobachter anwesend sein **2** ASTR. Observator *m.*

os|ser|va|to|rio m. *(-ri)* Observatorium *n.* ◆ ***~ astronomico*** Sternwarte *f.*, astronomische Beobachtungsstation; ***~ metereologico*** Wetterwarte *f.* (*o* meteorologische Beobachtungsstation); ***~ solare*** Sonnenobservatorium *n.*

os|ser|va|zio|ne f. **1** Beobachtung *f.*, Betrachtung *f.*: ***~ scrupolosa, accurata*** gewissenhafte, sorgfältige Betrachtung; ***~ astronomica, meterorologica*** astronomische, meteorologische Beobachtung **2** *(controllo)* Beobachtung *f.*: ***tenere un paziente sotto ~*** einen Patienten unter Beobachtung halten; ***essere in ~*** unter Beobachtung sein **3** *(considerazione, giudizio)* Bemerkung *f.*: ***un'~ acuta*** eine scharfsinnige Bemerkung; ***fare un'~ su qcs.*** eine Bemerkung über etw. machen ◆ ***campo d'~*** Beobachtungsfeld *n.*; ***posto d'~*** Beobachtungsposten *m.*; ***ricevere un'~*** einen Tadel erhalten; ***spirito d'~*** Beobachtungsgabe *f.*

os|ses|sio|nan|te agg. **1** zwanghaft: ***ricordo ~*** zwanghafte Erinnerung **2** PSIC. obsessiv. **os|ses|sio|na|re** tr. **1** quälen: ***essere ossessionato dai ricordi*** von Erinnerungen gequält werden **2** *(infastidire)* plagen, quälen: ***~ qcn. con continue domande*** jdn mit ständigen Fragen plagen, quälen.

os|ses|sio|ne f. **1** PSIC. Obsession *f.*, Zwangsvorstellung *f.*, Zwangserscheinung *f.* **2** ESTENS. Besessenheit *f.*: ***avere l'~ della gelosia*** von Eifersucht besessen sein; ***questa pubblicità è un'~*** diese Werbung

ist ein Alptraum; ***essere ordinato fino all'~*** einen Ordnungswahn haben **3** SCHERZ. *(assillo)* ***sei la mia ~!*** du bist eine Strafe für mich.
os|ses|si|va|men|te avv. zwanghaft. **os|ses|si|vi|tà** f. Wahn *m.*: ***l'~ di un comportamento*** die Zwanghaftigkeit einer Verhaltensweise.
os|ses|si|vo agg. **1** PSIC. Zwangs-, obsessiv: ***nevrosi -a*** Zwangsneurose *f.*; ***rituale ~*** zwanghaftes Ritual; ***sintomo ~*** zwangsneurotisches Symptom **2** ESTENS. quälend: ***pensiero ~*** quälender Gedanke **3** *(assillante)* ***una musica dal ritmo ~*** eine Musik mit hektischem Rhythmus.
os|ses|so I agg. besessen (anche FIG.) **II** m. Besessene *m.* (anche FIG.) ◆ COLLOQ. ***gridare come un ~*** wie ein Besessener (*o* wie am Spieß) schreien.
os|si|a cong. das heißt, oder auch, beziehungsweise: ***la matematica, ~ la scienza dei numeri*** die Mathematik, das heißt, die Wissenschaft von den Zahlen.
os|si|a|ci|do m. Sauerstoffsäure *f.*
Os|sian n.pr.m. Ossian *m.* **os|sia|ni|co** agg. *(-ci,-che)* ossianisch: ***poesia -a*** ossianisches Poem.
os|si|ci|no m. Knöchelchen *n.*: ***-i dell'orecchio medio*** Gehörknöchelchen *pl.*
os|si|da|bi|le agg. oxydierbar, oxidierbar. **os|si|da|bi|li|tà** f. Oxydierbarkeit *f.*, Oxidierbarkeit *f.* **os|si|dan|te I** agg. oxydierend, oxidierend, Oxydations-, Oxidations- **II** m. Oxydationsmittel *n.*, Oxidationsmittel *n.* **os|si|da|re** *(ossido)* **I** tr. oxydieren, oxidieren: ***~ il ferro*** das Eisen oxidieren **II** pronom. **ossidarsi** oxydieren, oxidieren: ***l'oro non si ossida*** Gold oxydiert (*o* oxidiert) nicht.
os|si|da|si f. Oxydase *f.*, Oxidase *f.*
os|si|da|ti|vo agg. oxidativ, oxidativ: ***processo ~*** oxidativer Prozess. **os|si|da|zio|ne** f. Oxydation *f.*, Oxidation *f.*; ***~ del ferro esposto all'aria*** Oxidation des der Luft ausgesetzten Eisens; ***resistente all'~*** oxidationsbeständig.
os|si|dia|na f. Obsidian *m.*
os|si|do m. Oxyd *n.*, Oxid *n.* ◆ ***~ di azoto*** Stickoxid *n.*; ***~ di carbonio*** Kohlenoxid *n.*; ***~ cobaltico*** Kobaltoxid *n.*; ***~ di ferro*** Eisenoxid *n.*; ***~ di rame*** Kupferoxid *n.*; ***~ di zinco*** Zinkoxid *n.*
os|si|do|ri|du|zio|ne f. ***reazione di ~*** Reduktions-Oxidations-Reaktion *f.*
os|si|dri|co agg. *(-ci,-che)* Sauerstoff-: ***fiamma -a*** Schneidbrenner *m.*; ***cannello ~*** Sauerstoffgebläse *n.*
os|si|dri|le m. Hydroxylgruppe *f.* **os|si|dri|li|co** agg. *(-ci,-che)* Hydroxyl-.
os|si|e|mo|glo|bi|na f. Oxyhämoglobin *n.*
os|si|fi|ca|re *(ossifico, ossifichi)* **I** tr. verknöchern, ossifizieren **II** pronom. **ossificarsi 1** verknöchern **2** MED. Knochen bilden. **os|si|fi|ca|zio|ne** f. **1** MED. Knochenbildung *f.*, Ossifikation *f.* **2** FIG. Verknöcherung *f.*
os|si|ge|na|re *(ossigeno)* **I** tr. **1** ***~ qcs.*** etw. mit Sauerstoff an‿reichern, etw. (D) Sauerstoff zu‿führen: ***~ una soluzione*** eine Lösung mit Sauerstoff anreichern **2** *(arieggiare)* ***~ una stanza*** ein Zimmer lüften **3** *(decolorare)* bleichen, blondieren: ***~ i capelli*** die Haare bleichen **4** FIG. *(sostenere)* finanziell unterstützen: ***~ l'edilizia*** die Bauwirtschaft unterstützen **II** pronom. **ossigenarsi 1** COLLOQ. frische Luft tanken: ***andare in montagna a -rsi*** im Gebirge frische Luft tanken **2** *(decolorarsi)* ***-rsi i capelli*** sich (D) die Haare bleichen. **os|si|ge|na|to** p.pass. agg. **1** → **ossigenare 2** sauerstoffhaltig, sauerstoffreich **3** *(decolorato)* wasserstoffblond ◆ ***acqua -a*** Wasserstoffsuperoxid *n.*; ***bionda -a*** Wasserstoffblondine *f.* **os|si|ge|na|to|re** m. Sauerstoffapparat *m.* **os|si|ge|na|zio|ne** f. **1** Sauerstoffanreicherung *f.* **2** *(di capelli)* Bleichen *n.*, Blondieren *n.*
os|si|ge|no m. Sauerstoff *m.* ◆ ***~ atmosferico*** Luftsauerstoff *m.*; ***aver bisogno di ~*** FIG. *(sfogarsi)* Luft brauchen; *(necessitare di mezzi)* = finanzielle Unterstützung benötigen; ***bombola di ~*** Sauerstoffflasche *f.*; ***camera a ~*** Sauerstoffzelt *n.*; ***carenza di ~*** Sauerstoffarmut *f.*; ***dare ~ a qcn.*** jdn mit Sauerstoff versorgen; FIG. jdm unter die Arme greifen; *(sostenere economicamente)* jdm finanziell unter die Arme greifen; ***~ liquido*** flüssiger Sauerstoff; ***mancanza di ~*** Sauerstoffmangel *m.*; ***maschera ad ~*** Sauerstoffmaske *f.*; ***serbatoio di ~*** Sauerstofftanker *m.*; ***tenda a ~*** Sauerstoffzelt *n.*
os|si|ge|no|te|ra|pi|a f. Sauerstoffbehandlung *f.*
os|si|mo|ro m. Oximoron *n.*, Oxymoron *n.*
os|si|to|ci|na f. Oxytocin *n.*
os|si|to|na f. Oxytonon *n.* **os|si|to|no** agg. endsilbenbetont, oxytoniert.
os|siu|ro m. Madenwurm *m.*
os|so m. *(-i* m.pl. e *-a* f.pl.*)* **1** (pl. *-a*) Knochen *m.*; ANT. REGION. Bein *n.*: ***-a lunghe, piatte, corte, sottili*** lange, flache, kurze, zierliche Knochen; ***-a fratturate*** gebrochene Knochen; ***-a deboli, dure, fragili*** weiche, harte, brüchige Knochen; ***mi fanno male tutte le -a*** mir tun alle Knochen weh **2** *(resti*; pl. *-a)* Gebein *n.*: ***qui giacciono le -a dei caduti*** hier ruhen die Gebeine der Gefallenen **3** *(nocciolo*; pl. *-i)* Stein *m.*, Kern *m.*: ***l'~ della pesca*** der Pfirsichkern, der Pfirsichstein ◆ ***aggiustare le -a a qcn.*** jdm die Ohren lang ziehen; FIG. ***avere le -a rotte*** todmüde (*o* ganz kaputt) sein; ***-a del bacino*** Beckenknochen *pl.*; ***essere bagnato fino alle -a*** bis auf die Haut durchnässt (*o* nass) sein; ***~ di balena*** Fischbein *n.*; ***~ per il bollito*** Suppenknochen; ***bottone d'~*** Hornknopf *m.*; ***in carne e -a*** leibhaftig; ***rompersi l'~ del collo*** sich (D) den Hals (*o* das Genick) brechen; ***~ del cranio*** Schädelknochen *m.*; ***manico d'~*** knöcherner Griff; FIG. ***un ~ duro*** eine harte Nuss; ***fare economia fino all'~*** bis zum Äußersten sparen; ***farsi le -a*** sich die Hörner ab‿stoßen; ***~ con midollo*** Markknochen *m.*; ***molla l'~!*** Finger weg! COLLOQ. ***ce l'ha nelle -a*** das ist ihm in Fleisch und Blut übergegangen; ***ridotto pelle e -a*** nur Haut und Knochen sein; ***pettine d'~*** Hornkamm *m.*; ***le mie povere -a!*** meine armen Glieder! ***ridotto all'~*** minimal; ***ridurre all'~*** = auf das Allerwesentlichste beschränken (*o* reduzieren); ***rompere le -a a qcn.*** jdm die Knochen kaputtschlagen; ***rosicchiare un ~*** einen Knochen ab‿nagen; ***senza ~*** knochenlos; ***bistecca con, senza ~*** Steak mit, ohne Knochen; ***~ di seppia*** Sepiaknochen *m.*; ***spolpare un ~*** einen Knochen ab‿nagen; ***sputa l'~!*** spuck's aus! ***essere tutt'-a*** knochendürr sein.
os|so|bu|co m. *(ossibuchi)* Hachsensteak *n.*
os|su|to agg. knochig, knöch(e)rig: ***viso ~*** knochiges Gesicht.
o|sta|co|la|re *(ostacolo)* **I** tr. (be)hindern: ***~ qcn. in qcs.*** jdn bei, in etw. (D) behindern; ***~ qcn. nel lavoro*** jdn an der Arbeit hindern; ***~ un progetto*** sich einem Plan entgegen‿stellen; ***~ il traffico*** den Verkehr behindern **II** pronom. **ostacolarsi** sich behindern: ***-rsi reciprocamente in qcs.*** sich bei etw. gegenseitig behindern ◆ ***~ la vista*** die Sicht versperren.
o|sta|co|li|sta I m. e f. *(-i,-e)* Hürdenläufer *m.* (-in *f.*) **II** m. *(cavallo)* Springpferd *n.*
o|sta|co|lo m. **1** Hindernis *n.*: ***superare un ~*** ein Hindernis überwinden (anche FIG.); ***aggirare, oltrepassare un ~*** ein Hindernis umgehen, überspringen; ***essere d'~ a qcn., qcs.*** für jdn, etw. (*o* jdm, etw.) ein Hindernis sein; ***imbattersi in un ~*** auf ein Hindernis stoßen; ***sgomberare la via da un ~*** ein Hindernis aus dem Weg räumen **2** *(difficoltà)* Schwierigkeit *f.*: ***incontrare -i*** auf Schwierigkeiten stoßen **3** SPORT Hürde *f.* ◆ ***-i al commercio*** Handelshindernisse *pl.*; ***corsa a -i*** Hürdenlauf *m.*; EQUIT. Hindernisrennen *n.*
o|stag|gio m. *(-gi)* Geisel *f.*: ***prendere qcn. in ~*** jdn als (*o* zur) Geisel nehmen ◆ ***presa in ~*** Geiselnahme *f.*; ***scambio di -gi*** Geiselaustausch *m.*
o|ste m. Gastwirt *m.*, Wirt *m.* ◆ ***fare i conti senza l'~*** die Rechnung ohne den Wirt machen.
o|steg|gia|men|to m. Anfeindung *f.* **o|steg|gia|re** tr. *(osteggio, osteggi)* ***~ qcn., qcs.*** jdn, etw. bekämpfen, sich jdm, etw. widersetzen: ***~ un'iniziativa*** eine Initiative bekämpfen; ***~ l'ascesa politica di qcn.*** sich jds politischem Aufstieg in den Weg stellen.
o|ste|i|te f. Knochenentzündung *f.*, Ostitis *f.*
o|stel|lo m. Herberge *f.* ◆ ***~ della gioventù*** Jugendherberge *f.*
o|sten|so|rio m. *(-ri)* Monstranz *f.*
o|sten|ta|re tr. **1** zur Schau stellen, hervor‿kehren: ***~ le proprie ricchezze*** seinen Reichtum zur Schau stellen **2** ESTENS. *(fingere)* vor‿täuschen, heucheln: ***~ tranquillità, disinteresse*** Gelassenheit, Desinteresse vortäuschen. **o|sten|ta|ta|men|te** avv. ostentativ. **o|sten|ta|to** p.pass. agg. **1** → **ostentare 2** zur Schau gestellt **3** *(accentuato)* ostentativ: ***con -a indifferenza*** mit ostentativer Gleichgültigkeit; ***in modo ~*** ostentativ. **o|sten|ta|to|re** m. Prahler *m.*, Angeber *m.*; SPREG. Poseur *m.*
o|sten|ta|zio|ne f. **1** Ostentation *f.*, Großtun *n.*, Zurschaustellung *f.*; ***con ~*** ostentativ **2** *(affettazione, finzione)* Vortäuschung *f.*: ***~ di sicurezza*** Vortäuschung von Sicherheit.
o|ste|o|al|gi|a f. Ostealgie *f.*
o|ste|o|bla|sto m. Osteoblast *m.* **o|ste|o|ge|ne|si** f. Knochenbildung *f.* **o|ste|o|lo|gi|a** f. Osteologie *f.*, Knochenkunde *f.*
o|ste|o|ma m. Osteom *n.*
o|ste|o|ma|la|ci|a f. Osteomalazie *f.*, Knochenerweichung *f.* **o|ste|o|mie|li|te** f. Knochenmarkentzündung *f.*, Ostitis *f.* **o|ste|o|pa|ti|a** f. Knochenleiden *n.* **o|ste|o|pla|sti|ca** f. Osteoplastik *f.* **o|ste|o|po|ie|ti|co** agg. *(ci,-che)* Knochen bildend. **o|ste|o|po|ro|si** f. Osteoporose *f.* Knochenbrüchigkeit *f.* **o|ste|o|sar|co|ma** m. Osteosarkom *n.* **o|ste|o|sin|te|si** f. Osteosynthese *f.* **o|ste|o|to|mi|a** f. Osteotomie *f.*
o|ste|ri|a I f. **1** Gastwirtschaft *f.*, Wirtshaus *n.*; COLLOQ. Kneipe *f.*: ***~ di***

paese Dorfkneipe *f.* 2 *(in Italia)* Osteria *f.* 3 *(locanda)* Gasthof *m.* II inter. Donnerwetter ◆ ***canzone da ~*** Gassenhauer *m.*; FIG. ***fermarsi alla prima ~*** das Erstbeste nehmen, mit dem Ersten zufrieden sein.

o|stes|sa f. Wirtin *f.*

o|ste|tri|ca f. *(-che)* Hebamme *f.*, Geburtshelferin *f.* **o|ste|tri|cia** f. Geburtshilfe *f.*, Obstetrik *f.* **o|ste|tri|co** I agg. *(-ci,-che)* Geburts-, Entbindungs-: ***clinica -a*** Entbindungsklinik *f.* II m. *(-ci)* Geburtshelfer *m.*

o|stia f. I Oblate *f.*; ***consacrare l'~*** die Hostie weihen (*o* konsekrieren) II inter. Sakrament.

o|sti|co agg. *(-ci,-che)* 1 hart, schwierig: ***materia -a*** schwieriges Fach; ***compito ~*** schwierige Aufgabe; ***tema ~*** schwieriges Thema 2 *(caparbio)* trotzig, eigenwillig.

o|sti|le agg. feindselig, feindlich: ***essere ~ a qcn., qcs.*** jdm, etw. Feind sein (*o* jdn, etw. ab‿lehnen); ***comportamento, dichiarazione ~*** feindselige Haltung, Äußerung; ***~ agli uomini, alle donne*** männerfeindlich, frauenfeindlich.

o|sti|li|tà f.inv. 1 Feindseligkeit *f.*, Feindschaft *f.*: ***mostrare ~ verso qcn., qcs.*** sich jdm, etw. gegenüber feindlich zeigen; ***avvertire l'~ di qcn.*** jds Feindseligkeit spüren; ***attirarsi l'~ di qcn.*** sich jds Feindschaft zu‿ziehen 2 pl. MIL. Feindseligkeiten *pl.*: ***aprire, sospendere, riprendere le ~*** die Feindseligkeiten eröffnen, ein‿stellen, wieder aufnehmen; ***l'inizio delle ~*** der Beginn der Feindseligkeiten. **o|stil|men|te** avv. feindselig.

o|sti|nar|si pronom. sich versteifen, beharren: ***-rsi a fare qcs.*** sich darauf versteifen, etw. zu tun; ***-rsi a difendere qcn.*** jdn hartnäckig verteidigen; ***-rsi a non rispondere*** beharrlich schweigen.

o|sti|na|ta|men|te avv. hartnäckig, eigensinnig.

o|sti|na|tez|za f. → **ostinazione.**

o|sti|na|to I agg. 1 eigensinnig, beharrlich: ***una persona -a*** eine eigensinnige Person 2a *(tenace)* hartnäckig: ***tosse -a*** hartnäckiger Husten; ***silenzio ~*** hartnäckiges Schweigen; ***ricerca -a*** eingehende Forschung b *(insistente)* nachdrücklich: ***domande -e*** nachdrückliche Fragen 3 *(incorreggibile)* unbelehrbar II m. Starrkopf *m.*, Dickkopf *m.* **o|sti|na|zio|ne** f. Hartnäckigkeit *f.*, Beharren *n.*: ***negare qcs. con ~*** etw. beharrlich leugnen.

o|stra|ci|smo m. 1 STOR. Ostrazismus *m.*, Scherbengericht *n.* 2 ESTENS. *(bando)* Verbannung *f.*, Ächtung *f.* 3 *(azione tesa a ostacolare qcn.)* Boykott *m.*: ***subire l'~*** boykottiert werden; ***dare l'~, fare ~ a qcn.*** jdn boykottieren. **o|stra|ciz|za|re** tr. 1 verbannen 2 *(boicottare)* boykottieren.

o|stre|ga inter. Donnerwetter.

o|stri|ca f. *(-che)* Auster *f.*: ***~ perlifera*** Perlenauster *f.* ◆ ***essere chiuso come un'~*** verschlossen wie eine Auster sein; ***stare attaccato a qcn. come l'~ allo scoglio*** wie eine Klette an jdm hängen; ***uovo all'~*** rohes Ei mit Zitrone. **o|stri|ca|io** m. *(-ai)* Austernverkäufer *m.* **o|stri|col|tu|ra** f. Austernzucht *f.*

o|stro m. LETT. Purpur *m.*; ESTENS. *(drappo tinto di porpora)* Purpurgewand *n.*

o|stro|go|to I agg. 1 ostgotisch 2 ESTENS. barbarisch, wandalisch II m. 1 Ostgote *m.* 2 SCHERZ. *(lingua incomprensibile)* Kauderwelsch *n.*

o|struen|te agg. verstopfend, hemmend.

o|stru|i|re *(ostruisco, ostruisci)* I tr. 1 *(sbarrare)* versperren: ***~ il passaggio a qcn.*** jdm den Weg versperren; ***la frana ha ostruito la strada*** der Bergrutsch hat den Weg versperrt 2 *(otturare)* verstopfen: ***~ un condotto*** ein Rohr verstopfen II pronom. **ostruirsi** sich verstopfen. **o|stru|i|to** p.pass. agg. 1 → **ostruire** 2 versperrt, verstopft. **o|strut|ti|vo** agg. verstopfend, hemmend.

o|stru|zio|ne f. 1 Verstopfung *f.*, Sperrung *f.*, Sperre *f.*: ***l'~ di un passaggio*** die Sperrung eines Durchgangs; ***rimuovere l'~*** die Sperre weg‿räumen 2 SPORT ***(fallo di) ~*** Sperre *f.* 3 MED. Verschluss *m.* 4 MIL. Sperre *f.* ◆ ***fare ~*** Widerstand leisten. **o|stru|zio|ni|smo** m. 1 POL. Obstruktion *f.*: ***fare ~*** Obstruktionspolitik betreiben 2 ESTENS. Behinderung *f.*: ***fare ~*** absichtlich behindern 3 SPORT Sperre *f.*

o|stru|zio|ni|sta m. e f. *(-i,-e)* Obstruktionist *m.* (-in *f.*).

o|stru|zio|ni|sti|co agg. *(-ci,-che)* 1 Obstruktions-, Verschleppungs-, Verzögerungs-: ***politica -a*** Obstruktionspolitik *f.*; ***manovra -a*** Verschleppungsmanöver *n.* 2 SPORT Verzögerungs-.

o|tal|gi|a f. Otalgie *f.*, Ohrenschmerz *m.* **o|tal|gi|co** agg. *(-ci,-che)* otalgisch, Ohrenschmerz-.

o|tar|da f. Großtrappe *m.* e *f.*

o|ta|ria f. Ohrenrobbe *f.*

O|tel|lo n.pr.m. Othello *m.*

o|ti|te f. Ohrenentzündung *f.*, Otitis *f.*

o|to|ia|tra m. e f. *(-i,-e)* Ohrenarzt *m.* (-ärztin *f.*) **o|to|ia|tri|co** agg. *(-ci,-che)* ohrenärztlich. **o|to|ia|tri|a** f. Ohrenheilkunde *f.*, Otiatrie *f.*

o|to|pa|ti|a f. Ohrenerkrankung *f.*

o|to|ri|no m. HNO-Arzt *m.*

o|to|ri|no|la|rin|go|ia|tra m. e f. *(-i,-e)* Hals-Nasen-Ohren-Arzt *m.* (-Ärztin *f.*). **o|to|ri|no|la|rin|go|ia|tri|a** f. Hals-Nasen-Ohren-Heilkunde *f.* **o|to|ri|no|la|rin|go|ia|tri|co** agg. *(-ci,-che)* Hals-Nasen-Ohren-.

o|tor|ra|gi|a f. Otorrhagie *f.*, Ohrblutung *f.*; ***avere un'~*** aus dem Ohr bluten. **o|tor|re|a** f. Otorrhö(e) *f.* **o|to|scle|ro|si** f. Otosklerose *f.* **o|to|sco|pi|a** f. Otoskopie *f.* **o|to|sco|pio** m. *(-pi)* Otoskop *n.*, Ohrenspiegel *m.*

o|tre f. Schlauch *m.* ◆ ***essere pieno come un'~*** bis zum Rand voll sein; ***essere un ~ di vino*** ein Säufer sein.

o|tri|co|lo m. Säckchen *n.*

ot|ta|e|dri|co agg. *(-ci,-che)* oktaedrisch, achtflächig. **ot|ta|e|dro** m. Oktaeder *n.*, Achtflächner *m.*

ot|ta|go|na|le agg. achteckig, oktogonal. **ot|ta|go|no** m. Achteck *n.*, Oktogon *n.*

ot|ta|no m. Oktan *n.*; ***numero di -i*** Oktanzahl *f.*

ot|tan|ta I agg.inv. achtzig: ***~ pagine, giorni*** achtzig Seiten, Tage; ***avere ~ anni*** achtzig Jahre alt sein; ***fra ~ giorni*** in achtzig Tagen; ***a pagina ~*** auf Seite achtzig; ***~ persone su cento*** achtzig Personen von hundert II m. 1a Achtzig *f.*: ***puntare sull'~*** auf die Achtzig setzen; ***contare fino a ~*** bis achtzig zählen b *(tram, bus)* ***prendere l'~ per andare a scuola*** die Achtzig nehmen, um zur Schule zu fahren c *(ottant'anni)* ***avvicinarsi agli ~*** auf die achtzig zu‿gehen; ***aver superato gli ~*** die achtzig überschritten haben (*o* über achtzig sein); ***essere vicino agli ~*** an die achtzig sein 2 *(il 1980)* das Jahr 1980: ***è nato nell'~*** er ist 80 geboren; ***questo fatto risale agli ~*** dieses Ereignis geht auf die achtziger Jahre zurück ◆ ***gli anni ~*** die achtziger Jahre; ***di ottant'anni*** achtzigjährig; ***essere dell'~, dell'80*** *(di persone)* 80 geboren sein; *(di prodotti, vini)* Jahrgang 80 sein; *(di film, canzoni)* aus dem Jahr 1980 sein; ***~ volte*** achtzigmal.

ot|tan|te m. Oktant *m.*

ot|tan|ten|ne I agg. achtzigjährig II m. e f. Achtzigjährige *m.* e *f.* **ot|tan|ten|nio** m. *(-ni)* achtzig Jahre *pl.*

ot|tan|te|si|mo I agg. achtzigst... II m. 1 Achtzigste *m.* 2 *(frazione)* Achtzigstel *n.*

ot|tan|ti|na f. 1 etwa achtzig: ***un'~ di persone*** ungefähr (*o* etwa) achtzig Personen 2 *(età)* achtzig: ***avere un'~ di anni, essere sull'~*** um die achtzig sein; ***aver superato l'~*** die achtzig überschritten haben.

ot|ta|ti|vo I agg. optativ, Wunsch-: ***proposizione -a*** Wunschsatz *m.* II m. Optativ *m.*, Wunschform *f.*

ot|ta|va f. 1 REL. Oktav *f.* 2 MUS. Oktave *f.*: ***un'~ più bassa, più alta*** eine Oktave tiefer, höher; ***prendere un'~*** eine Oktave spannen; ***trasportato di un'~, di due -e*** zweigestrichen, dreigestrichen 3 METR. Oktave *f.*

ot|ta|va|rio m. *(-ri)* Oktav *f.*

Ot|ta|via n.pr.f. Octavia *f.*, Oktavia *f.*

Ot|ta|via|no n.pr.m. Octavianus *m.*, Octavian *m.*

ot|ta|vi|no m. Pikkoloflöte *f.*

ot|ta|vo I agg. achte: ***Carlo ~*** Karl der Achte; ***l'~ secolo*** das achte Jahrhundert; ***l'-a rima*** der achte Reim; ***l'-a meraviglia*** das achte Weltwunder II m. 1 Achte *m.* 2 *(frazione)* Achtel *n.*: ***due -i*** zwei Achtel 3 *(in tipografia)* Oktav-: ***volume, edizione in ~*** Oktavband *m.*, Oktavausgabe *f.* ◆ ***-i di finale*** Achtelfinale *n.*

ot|tem|pe|ran|te agg. folgend. **ot|tem|pe|ran|za** f. Beachtung *f.*, Befolgung *f.*: ***in ~ a una disposizione, alla legge*** unter Befolgung einer Anordnung, des Gesetzes. **ot|tem|pe|ra|re** *(ottempero)* intr. (aus. *avere*) nach‿kommen, erfüllen: ***~ a un desiderio, a un ordine*** einen Wunsch erfüllen, einer Anordnung nachkommen.

ot|te|ne|bra|men|to m. 1 Verfinsterung *f.*, Verdunkelung *f.* 2a FIG. Trübung *f.*, Umnebelung *f.* b *(per pazzia)* Umnachtung *f.*

ot|te|ne|bra|re *(ottenebro)* I tr. 1 verdunkeln, verfinstern 2a FIG. trüben: ***i pregiudizi ottenebrano il buon senso*** die Vorurteile trüben den gesunden Menschenverstand b *(per pazzia)* umnachten II pronom. **ottenebrarsi** sich verdunkeln, sich verfinstern, sich ein‿trüben: ***il cielo si ottenebra*** der Himmel trübt sich ein.

ot|te|ne|bra|to p.pass. agg. 1 → **ottenebrare** 2 verdunkelt, getrübt, umnachtet: ***una mente -a dalla follia*** vom Wahnsinn getrübter (*o* umnachteter) Geist.

ot|te|ne|re tr. *(ottengo, ottieni; ottenni; ottenuto)* 1a *(conseguire)* erhalten, erzielen: ***~ un permesso*** eine Genehmigung erhalten; ***~ dei buoni risultati, buone prestazioni*** gute Resultate, Leistungen erreichen (*o* erzielen); ***~ la maggioranza dei voti*** die Stimmenmehrheit erhalten; ***~ grossi profitti*** hohe Gewinne erzielen; ***~ una***

settimana di proroga eine Woche Frist erhalten; ***~ la vittoria su qcn.*** den Sieg über jdn erringen **b** *(ricevere)* bekommen, erhalten: ***non ~ risposta*** keine Antwort bekommen; ***~ un posto*** eine Stelle bekommen; ***non ~ la comunicazione*** keine Verbindung erhalten; ***~ una borsa di studio*** ein Stipendium bekommen; ***~ in prestito*** leihweise erhalten **2** *(conquistare)* gewinnen: ***~ molti seggi alle elezioni*** bei den Wahlen viele Mandate gewinnen; ***~ il favore di qcn.*** jds Gunst gewinnen **3** *(ricavare)* erhalten: ***dalle barbabietole si ottiene lo zucchero*** aus Rüben erhält man Zucker; CHIM. ***~ un composto*** eine Verbindung erhalten.

ot|te|ni|bi|le agg. **1** *(ricavabile)* erhältlich **2** *(conseguibile)* erreichbar, erzielbar.

ot|te|ni|men|to m. **1** Erhaltung *f.* **2** *(conseguimento)* Erreichung *f.*, Erlangung *f.*

ot|ten|tot|to I agg. hottentottisch **II** m. Hottentotte *m.* **III** m. *(lingua)* Hottentottisch *n.*

ot|tet|to m. Oktett *n.*

ot|ti|ca f. **1** FIS. Optik *f.*: ***~ fisica, elettronica*** physikalische Optik, Elektronenoptik *f.* **2** *(complesso di lenti)* Optik *f.*, optisches System *n.*: ***l'~ di questo cannocchiale è perfetta*** die Optik dieses Fernrohrs ist perfekt **3** FIG. *(punto di vista)* Anschauung *f.*, Gesichtswinkel *m.*, Gesichtspunkt *m.*: ***un'~ deformata*** eine verzerrte Anschauung; ***visto in quest'~*** von diesem Gesichtspunkt aus betrachtet; ***mettersi nell'~ di fare qcs.*** sich darauf ein‿stellen, etw. zu tun.

ot|ti|co I agg. *(-ci,-che)* **1** Seh-: ***nervo ~*** Sehnerv *m.*; ***asse ~*** Sehachse *f.* **2** FIS. optisch, Licht-: ***strumento ~*** optisches Instrument; ***lettore ~*** optischer Leser; ***fibra -a*** optische Faser; ***illusione -a*** optische Täuschung; ***effetto ~*** optischer Effekt **II** m. *(-ci)* Optiker *m.*

Ot|ti|lia n.pr.f. Ottilie *f.*

ot|ti|ma|le agg. optimal: ***livello ~ di produzione*** optimales Produktionsniveau; ***preparazione atletica ~*** optimales athletisches Training. **ot|ti|ma|men|te** avv. ausgezeichnet, hervorragend, bestens, sehr gut.

ot|ti|ma|te m. Optimat *m.*

ot|ti|mi|smo m. Optimismus *m.* **ot|ti|mi|sta** *(-i,-e)* **I** m. e f. Optimist *m.* (-in *f.*) **II** agg. optimistisch. **ot|ti|mi|stico** agg. *(-ci,-che)* optimistisch.

ot|ti|miz|za|re tr. optimieren: ***~ un processo produttivo*** ein Produktionsverfahren optimieren. **ot|ti|miz|za|zio|ne** f. Optimierung *f.*

ot|ti|mo (superl. di *buono*) **I** agg. **1** best..., sehr gut: ***in -a salute*** bei bester Gesundheit; ***essere in -a forma*** in bester Form (*o* in Höchstform) sein; ***di ~ umore*** bei bester Laune; ***in ~ stato*** in bestem (*o* sehr gutem) Zustand; ***prezzi -i*** sehr günstige Preise; ***~! andiamo pure!*** sehr gut! gehen wir ruhig! **2** *(eccellente)* vortrefflich, ausgezeichnet: ***un'-a memoria*** ein ausgezeichnetes Gedächtnis; ***un ~ rimedio*** ein vortreffliches Mittel **II** m.inv. **1** *(punto massimo)* Optimum *n.*: ***raggiungere l'~*** das Optimum erreichen **2** SCOL. *(voto)* sehr gut ◆ ECON. ***~ paretiano*** Pareto-Optimum *n.*

ot|to I agg.inv. acht: ***avere ~ anni*** acht (Jahre alt) sein; ***fra ~ giorni*** in acht Tagen; ***ogni ~ giorni*** alle acht Tage; ***entro ~ giorni*** binnen acht Tagen; ***la casa è alta ~ metri*** das Haus ist acht Meter hoch; *(posposto)* ***a pagina ~*** auf Seite acht; ***i primi ~*** die ersten acht **II** m.inv. **1a** Acht *f.*: ***puntare sull'~*** auf die Acht setzen; ***contare fino a ~*** bis acht zählen; ***fare un ~ (pattinando) sul ghiaccio*** eine Acht auf dem Eis laufen **b** *(tram, bus)* ***prendere l'~*** die Acht nehmen **c** *(carta)* ***l'~ di quadri*** die Kreuzacht; ***scartare l'~*** die Acht ab‿legen **2** *(voto)* = Zwei *f.*: ***prendere un ~ in tedesco*** eine Zwei in Deutsch bekommen **3** *(giorno del mese)* Achte *m.*: ***l'~ di aprile*** der achte April; ***partirò l'~ di aprile*** ich fahre am achten April ab; ***oggi è l'~*** heute ist der Achte **4** SPORT *(imbarcazione)* Achter *m.* **III** f.pl. acht Uhr, acht: ***alle ~*** um acht (Uhr); ***sono le ~, le ~ e mezzo*** es ist acht, halb neun; ***le ~ meno un quarto, le ~ e un quarto*** (ein) Viertel vor, nach acht ◆ ***di ~ anni*** achtjährig; ***con ~ braccia*** achtarmig; ***dell'~ per cento*** achtprozentig; TIP. ***corpo ~*** Petitschrift *f.*; ***dare gli ~ giorni*** mit acht Tagen Frist (*o* mit gesetzlicher Kündigungsfrist) kündigen; ***di ~ giorni*** achttägig; ***~ giorni ieri*** gestern vor acht Tagen; ***essere in ~*** zu acht sein; ***a intervalli di ~ ore*** in achtstündlichen Abständen; ***di ~ lati*** achtseitig; ***di ~ mesi*** achtmonatig, Achtmonats-; ***bambino nato di ~ mesi*** Achtmonatskind *n.*; ***incinta di ~ mesi*** im achten Monat schwanger; ***~ e mezzo*** achteinhalb; ***oggi a ~*** heute in acht Tagen; ***giornata (lavorativa) di ~ ore*** Achtstundentag *m.*; ***di ~ pagine*** achtseitig; ***a, di ~ piani*** achtstöckig; ***in quattro e quattr'~*** in null Komma nichts; ***di ~ righe*** achtzeilig; ***di ~ sillabe*** achtsilbig; ***treno delle ~*** Achtuhrzug *m.*; ***~ volte*** achtmal, achtfach: ***ingrandire qcs. (di) ~ volte*** etw. achtfach vergrößern; ***~ volante*** Achterbahn *f.*; ***in ~ volumi*** achtbändig.

ot|to|bre m. Oktober *m.*: ***a, in ~*** im Oktober; ***all'inizio, alla fine di ~*** Anfang, Ende Oktober; ***a metà ~*** Mitte Oktober; ***il primo, il due (di) ~*** der erste, der zweite Oktober; ***tornerò il 10 ~*** ich komme am 10. Oktober zurück. **ot|to|bri|no** agg. Oktober-: ***sole ~*** Oktobersonne *f.*

ot|to|cen|te|sco agg. *(-schi,-sche)* **1** aus dem neunzehnten Jahrhundert, des neunzehnten Jahrhunderts **2** SPREG. *(antiquato)* überholt: ***una mentalità -a*** eine überholte Mentalität.

ot|to|cen|te|si|mo I agg. achthundertste **II** m. **1** Achthundertste *m.* **2** *(frazione)* Achthundertstel *n.*

ot|to|cen|ti|sta m. e f. *(-i,-e)* **1a** *(scrittore)* Schriftsteller *m.* (-in *f.*) des neunzehnten Jahrhunderts **b** *(artista)* Künstler *m.* (-in *f.*) des neunzehnten Jahrhunderts **2** *(studioso)* Erforscher *m.* (-in *f.*) des neunzehnten Jahrhunderts **3** SPORT Achthundertmeterläufer *m.* (-in *f.*).

ot|to|cen|to I agg.inv. achthundert **II** m.inv. **1** Achthundert *f.* **2** pl. SPORT ***gli ~*** die achthundert Meter.

Ot|to|cen|to m.inv. neunzehntes Jahrhundert *n.*; *(nell'arte e nella letteratura italiana)* das Ottocento: ***la pittura dell'~*** die Malerei des neunzehnten Jahrhunderts; ***la letteratura dei primi dell'~*** die Literatur des frühen neunzehnten Jahrhunderts.

ot|to|ma|na f. **1** Ottomanin *f.*, Osmanin *f.* **2** *(divano)* Ottomane *f.* **ot|to|ma|no I** agg. **1** *(turco)* ottomanisch, osmanisch: ***l'impero ~*** das Osmanische Reich **2** ***tessuto ~*** Ottoman *m.* **II** m. **1** Ottomane *m.*, Osmane *m.* **2** TESS. Ottoman *m.*

ot|to|mi|la m.inv. ALP. Achttausender *m.*

ot|to|na|re tr. vermessingen, mit Messing überziehen. **ot|to|na|tu|ra** f. Vermessingung *f.*, Messingschicht *f.*

ot|to|na|rio I agg. *(-ri,-rie)* achtsilbig: ***verso ~*** achtsilbiger Vers **II** m. *(-ri)* Achtsilbner *m.*

ot|to|ne m. **1** Messing *n.*: ***candelabro, letto, maniglia, targhetta di ~, in ~*** Messingleuchter *m.*, -bett *n.*, -griff *m.*, -schild *n.* **2** pl. MUS. Blechblasinstrumente *pl.* ◆ ***giallo ~*** messinggelb.

Ot|to|ne n.pr.m. Otto *m.*

Ot|to|ni n.pr.m.pl. STOR. Ottonen *pl.* **ot|to|nia|no** agg. ottonisch.

ot|to|po|de m. Oktopode *m.*

ot|to|ti|po m. Sehtesttafel *f.*

ot|to|vo|lan|te m. Achterbahn *f.*

ot|tua|ge|na|rio I agg. *(-ri,-rie)* achtzigjährig **II** m. *(-ri)* Achtzigjährige *m.*

ot|tun|de|re tr. *(ottusi; ottuso)* ab‿stumpfen (anche FIG.): ***~ la mente*** die Sinne abstumpfen. **ot|tun|di|men|to** m. Abstumpfung *f.*

ot|tu|pli|ca|re tr. *(ottuplico, ottuplichi)* achtfach vergrößern. **ot|tu|plo I** agg. achtfach **II** m. Achtfache *n.*

ot|tu|ra|men|to m. Verstopfung *f.*

ot|tu|ra|re I tr. **1a** verstopfen: ***~ lo scarico*** den Ausfluss verstopfen **b** *(con sostanza pastosa)* aus‿schmieren: ***~ una fessura con gesso*** eine Fuge mit Gips ausschmieren **c** *(con sostanza liquida)* aus‿gießen: ***~ i buchi con catrame*** Löcher mit Teer ausgießen **2** *(denti)* plombieren, füllen **II** pronom. **otturarsi** verstopfen: ***il lavandino si è otturato*** das Waschbecken ist verstopft. **ot|tu|ra|to** p.pass. agg. **1** → **otturare** **2** verstopft: ***tubo ~*** verstopftes Rohr **3** *(di dente)* plombiert, gefüllt.

ot|tu|ra|to|re m. **1** ARM. Gewehrschloss *n.* **2** FOT. Kameraverschluss *m.* ◆ ***~ a fessura*** Schlitzverschluss *m.*; ***~ a iride*** Lamellenverschluss *m.*; ***lamella dell'~*** Verschlusslamelle *f.*; ***~ a tendina*** Jalousieverschluss *m.* **ot|tu|ra|zio|ne** f. **1** Verstopfung *f.* **2** *(di dente)* Plombe *f.*, Füllung *f.* ◆ ***~ per amalgama*** Amalgamfüllung *f.*; ***~ di dente*** Zahnfüllung *f.*; ***~ in oro*** Goldfüllung *f.*

ot|tu|sa|men|te avv. stumpfsinnig.

ot|tu|san|go|lo agg. stumpfwink(e)lig.

ot|tu|si|tà f. Beschränktheit *f.*, Stumpfsinnigkeit *f.*

ot|tu|so agg. **1** GEOM. stumpf: ***angolo ~*** stumpfer Winkel **2a** FIG. *(non acuto)* stumpfsinnig: ***sguardo ~*** stumpfsinniger Blick **b** *(chiuso)* beschränkt, borniert: ***mentalità -a*** bornierte Mentalität **3** *(di suono)* dumpf.

out [aut] **I** agg.inv. out: ***un personaggio ~*** eine Persönlichkeit, die out ist; FIG. ***essere ~*** out sein **II** m.inv. SPORT **1** Aus *n.* **2** *(nella boxe)* ***dare l'~*** aus‿zählen **III** inter. **1** *(nel tennis)* out **2** *(nella boxe)* Aus.

out|put ['autput] m.inv. Output *m.* e *n.*, Ausgabe *f.*

out|sid|er [aut'saider] m.inv. Außenseiter *m.*

ou|ver|tu|re [uvɛr'ty:r] f.inv. Ouvertüre *f.*

o|va|ia f., **o|va|io** m. *(-ai)* Eierstock *m.*

o|va|io|la agg. ***gallina ~*** Legehenne *f.*

o|va|le I agg. oval **II** m. Oval *n.*

o|va|liz|za|re I tr. oval machen **II** pronom. **ovalizzarsi** **1** oval werden **2** MECC. unrund werden. **o|va|liz|za|to** p.pass. agg. **1** → **ovaliz-**

zare 2 oval **3** MECC. unrund: ***cilindro ~*** unrunder Zylinder. **o|va|liz|za|zio|ne** f. Unrundwerden *n.*
o|va|ri|co agg. *(-ci,-che)* **1** ANAT. ovarial, Ovarial-, Eierstock-: ***tumore ~*** Ovarialtumor *m.*; ***disfunzione -a*** Eierstockdisfunktion *f.*; ***cisti -a*** Ovarialzyste *f.* **2** BOT. Fruchtknoten-.
o|va|ri|ec|to|mi|a f. Ovariektomie *f.*
o|va|rio m. *(-ri)* **1** BOT. Fruchtknoten *m.*, Ovarium *n.* **2** ANAT. Eierstock *m.*, Ovarium *n.*
o|vat|ta f. Watte *f.*: ***imbottire qcs. con ~*** etw. mit Watte polstern (*o* füttern); ***mettersi l'~ nelle orecchie*** sich Watte in die Ohren stopfen ◆ ***batuffolo di ~*** Wattebausch *m.*; ***imbottitura di ~*** Wattierung *f.*
o|vat|ta|re tr. **1** wattieren, mit Watte füttern **2** FIG. *(smorzare)* dämpfen. **o|vat|ta|to** p.pass. agg. **1** → **ovattare 2** FIG. *(attutito)* gedämpft: ***suoni -i*** gedämpfte Laute. **o|vat|ta|tu|ra** f. Wattierung *f.*
o|va|zio|ne f. Ovation *f.*: ***tributare un'~ a qcn.*** jdm Ovationen dar‿bringen.
o|ve LETT. **I** avv. *(stato in luogo)* wo; *(moto a luogo)* wohin **II** cong. **1** *(con valore condizionale)* falls, wenn: ***~ non fosse possibile*** falls es nicht möglich sein sollte **2** *(con valore avversativo)* während.
o|ver|dose ['ouvədous, *üblich* over'dɔze] f. Überdosis *f.*: ***morire per ~*** an einer Überdosis sterben.
o|ver|drive [-draiv] m.inv. Overdrive *m.* **o|ver|size** [-saiz] **I** agg.inv. übergroß **II** m.inv. Übergröße *f.*
o|vest I m.inv. West *m.*, Westen *m.*: ***andare a, giungere da ~*** nach Westen fahren (*o* gehen), aus Westen kommen; ***vivere nell'~*** im Westen leben; ***vento proveniente da ~*** von (*o* aus) West(en) kommender Wind (*o* Westwind *m.*); ***la tensione tra est e ~*** die Spannung zwischen Ost und West; ***gente dell'Ovest*** Leute aus dem Westen; ***i paesi dell'Ovest*** die westlichen Länder **II** agg.inv. westlich: ***in direzione ~*** in westlicher Richtung ◆ ***a ~*** westlich: ***la città è più a ~*** die Stadt liegt weiter westlich; ***Berlino Ovest*** Westberlin; ***a ~ di qcs.*** westlich etw. (G) (*o* von etw.); ***a ~ di Monaco*** westlich von München; ***a ~ della montagna*** westlich des Gebirges; ***esposizione a ~*** Westlage *f.*; ***Ovest dell'Europa*** Westeuropa *n.*; ***Germania Ovest*** Westdeutschland *n.*; ***lato ~*** Westseite *f.*; ***~-nordovest*** Westnordwest *m.*; ***parete ~*** Westwand *f.*; ***~-sudovest*** Westsüdwest *m.*; ***vento da ~*** Westwind *m.*; ***verso ~*** westwärts; ***nella zona ~ di Francoforte*** im Westen Frankfurts.
o|vet|to m. kleines Schokoladenei *n.*
o|vi|dia|no agg. ovidisch. **O|vi|dio** n.pr.m. Ovid *m.*
o|vi|le m. Schafstall *m.* ◆ FIG. ***tornare all'~*** heim‿kehren, zurück‿kehren.
o|vi|no I agg. Schaf-: ***carne -a*** Schaffleisch *n.*; ***allevamento ~*** Schafzucht *f.* **II** m.pl. Schafe *pl.*; ***allevamento di -i*** Schafzucht *f.*
o|vi|pa|ro I agg. ovipar, Eier legend **II** m. ovipares Tier *n.*
o|vo|cel|lu|la f. Eizelle *f.*, Ovum *n.*
o|vo|ge|ne|si f. Entstehung *f.* der Eizelle.
o|voi|da|le agg. eiförmig, oval; ***forma ~*** Eiform *f.*
o|vo|lac|cio m. *(-ci)* Fliegenpilz *m.*
o|vo|lo m. **1** Kaiserling *m.* **2** ARCH. Eierstab *m.* ◆ ***~ malefico*** Fliegenpilz *m.*
o|vo|po|si|to|re m. Legeapparat *m.*
o|vo|vi|a f. ovale Seilbahnkabine *f.*
o|vo|vi|vi|pa|ro I agg. ovovivipar **II** m. ovovivipares Tier *n.*
1.o|vu|la|re agg. **1** BOT. die Samenanlage betreffend **2** *(ovale)* oval, eiförmig.
2.o|vu|la|re intr. *(ovulo*; aus. *avere)* ANAT. den Eisprung haben.
o|vu|la|to|rio agg. *(-ri,-rie)* Ovulations-: ***ciclo ~*** Ovulationszyklus *m.*
o|vu|la|zio|ne f. Ovulation *f.*, Eisprung *m.*
o|vu|lo m. **1** ANAT. Eizelle *f.* **2** BOT. Samenanlage *f.* **3** FARM. Scheidenzäpfchen *n.* **4** *(fungo)* Kaiserling *m.* **5** ARCH. Eierstab *m.* ◆ ***~ malefico*** Fliegenpilz *m.*
o|vun|que avv. LETT. **1** *(stato in luogo)* wo auch immer; *(moto a luogo)* wohin auch immer: ***ti seguirò ~ tu vada*** ich werde dir folgen, wohin auch immer du gehst **2** *(dappertutto)* überall; *(moto a luogo)* überallhin.
ov|ve|ro cong. **1** *(cioè, ossia)* beziehungsweise: ***il Grande Carro, ~ l'Orsa Maggiore*** der Große Wagen, beziehungsweise der Große Bär **2** *(oppure)* oder. **ov|ve|ro|si|a** cong. LETT. beziehungsweise.
ov|via|bi|le agg. wiedergutmachbar: ***errore ~*** wiedergutmachbarer Fehler.
ov|via|men|te avv. **1** *(certamente)* natürlich, selbstverständlich: ***~ no!*** selbstverständlich nicht! **2** *(evidentemente)* offensichtlich.
ov|via|re intr. *(ovvio, ovvii*; aus. *avere)* ab‿helfen, beheben: ***~ a qcs.*** etw. (D) abhelfen; ***~ a un inconveniente, a una mancanza*** einem Missstand, einem Mangel abhelfen.
ov|vie|tà f.inv. **1** *(evidenza)* Offensichtlichkeit *f.* **2** *(banalità)* Banalität *f.*
ov|vio agg. *(-vi,-vie)* **1** *(prevedibile)* natürlich, selbstverständlich: ***è ~ che...*** es ist selbstverständlich, dass...; ***una risposta -a*** eine selbstverständliche Antwort **2** *(evidente)* offensichtlich: ***per -vi motivi*** aus offensichtlichen Gründen **3** *(banale)* banal: ***una conversazione -a*** ein banales Gespräch ◆ ***cosa -a*** Selbstverständlichkeit *f.*; ***è ~!*** das ist klar!
o|xo|nien|se agg. LETT. von (*o* aus) Oxford.
o|ze|lot m.inv. Ozelot *m.*
o|zia|re intr. *(ozio, ozi*; aus. *avere)* müßig gehen, müßig sein, faulenzen: ***~ tutto il giorno*** den ganzen Tag müßig gehen (*o* faulenzen).
o|zio m. *(ozi)* **1** Müßiggang *m.*: ***trascorrere la vita nell'~*** sein Leben mit Müßiggang verbringen; ***abbandonarsi all'~*** sich dem Müßiggang hin‿geben **2** *(riposo)* Muße *f.*, Mußestunde *f.*: ***nei momenti di ~ mi dedico alla lettura*** in meinen Mußestunden lese ich; ***~ forzato*** Muße wider Willen ◆ ***ozi letterari*** literarische Mußestunden; COLLOQ. ***poltrire nell'~*** auf der faulen Haut liegen; ***starsene nell'~, stare in ~*** müßig sein; ***vita d'ozi*** müßiges Leben; PROV. ***l'~ è il padre dei vizi*** Müßiggang ist aller Laster Anfang.
o|zio|sag|gi|ne f. Müßiggang *m.*
o|zio|sa|men|te avv. **1** müßig **2** *(vanamente)* nutzlos, zwecklos; ***conversare ~*** über Nichtigkeiten reden. **o|zio|si|tà** f. Müßigkeit *f.* **o|zio|so I** agg. müßig, müßiggängerisch: ***una persona, una vita -a*** ein müßiggängerischer Mensch, ein müßiges Leben; ***giornate, parole -e*** müßige Tage, müßige Worte; ***starsene lì ~*** müßig herum‿stehen **II** m. Müßiggänger *m.*
o|zo|ni|co agg. *(-ci,-che)* Ozon-.
o|zo|niz|za|re tr. ozonisieren: ***~ l'acqua*** Trinkwasser ozonisieren. **o|zo|niz|za|to|re** m. Ozonisator *m.* **o|zo|niz|za|zio|ne** f. Ozonisierung *f.*
o|zo|no m. Ozon *m.* e *n.* ◆ ***buco dell'~*** Ozonloch *n.*; ***contenente ~*** ozonhaltig; ***contenuto di ~*** Ozongehalt *m.*; ***ricco di ~*** ozonreich; ***strato di ~*** Ozonschicht *f.*
o|zo|no|sfe|ra f. Ozonosphäre *f.*, Ozonschicht *f.* **o|zo|no|te|ra|pi|a** f. Ozontherapie *f.*

P

p, P f. e m.inv. p, P *n.*: ***una P maiuscola, una p minuscola*** ein großes P, ein kleines p.

p. ⇒ *pagina* Seite (S.).

P ⇒ *parcheggio* Parkplatz (P).

PA ⇒ **1** *Posta Aerea* Luftpost (LP) **2** *Pubblica Amministrazione* Öffentliche Verwaltung (Ö.V.).

pa|ca m.inv. Paka *n.*

pa|ca|re *(paco, pachi)* **I** tr. beruhigen **II** pronom. **pacarsi** sich beruhigen.

pa|ca|ta|men|te avv. gelassen: ***parlare, rispondere ~*** gelassen sprechen, antworten. **pa|ca|tez|za** f. Gelassenheit *f.*: ***rispondere con ~*** mit Gelassenheit antworten.

pa|ca|to p.pass. agg. **1** → **pacare 2** gelassen, ruhig: ***persona -a*** gelassener Mensch; ***voce, risposta -a*** gelassene Stimme, Antwort.

pac|ca f. *(-che)* Klaps *m.*, Schlag *m.*: ***una ~ sulla spalla*** ein Schlag auf die Schulter; ***dare una ~ sulla spalla a qcn.*** jdm auf die Schulter klopfen.

pac|chet|to m. **1a** Päckchen *n.*, Paket *n.*: ***fare un ~*** ein Päckchen fertig machen; ***un ~ di caramelle*** ein Päckchen Bonbons **b** *(contenitore)* Schachtel *f.*, Päckchen *n.* **2** ECON. INFORM. SPORT Paket *n.* ◆ ***~ azionario*** Aktienpaket *n.*; ***~ di controllo*** → ***~ di maggioranza***; ***~ fiscale*** Steuerpaket *n.*; ***~ di leggi*** Gesetzespaket *n.*; ***~ di maggioranza*** Mehrheitspaket *n.*; ***passaggio di ~*** Paketwechsel *m.*, Übergang *m.* eines Aktienpakets; ***~ di proposte*** Vorschlagspaket *n.*; ***~ di sigarette*** Zigarettenschachtel *f.*; ***fumare un ~ di sigarette al giorno*** eine Schachtel Zigaretten am Tag rauchen; ***tenda a ~*** Faltgardine *f.*; ***~ turistico*** Pauschalreise *f.*

pac|chia f. COLLOQ. **1** angenehmes Leben *n.* **2** ESTENS. *(circostanza fortunata)* Glücksfall *m.*, Glück *n.*, COLLOQ. gefundenes Fressen *n.* ◆ ***che ~!*** *(che fortuna)* so ein Glück! (*o* welch ein Glücksfall! *o* das ist ein gefundenes Fressen!); *(che piacere)* herrlich!

pac|chia|na|ta f. Geschmacklosigkeit *f.* **pac|chia|ne|ri|a** f. Geschmacklosigkeit *f.*

pac|chia|no agg. geschmacklos, ordinär: ***arredamento, abito ~*** geschmacklose Einrichtung, geschmackloses Kleid; ***gusto ~*** ordinärer Geschmack.

pac|cia|ma|re tr. mulchen. **pac|cia|ma|tu|ra** f. Mulchen *n.* **pac|cia|me** m. Mulch *m.*

pac|co m. *(-chi)* Paket *n.*: ***confezionare, incartare, scartare, aprire un ~*** ein Paket packen, ein‿schlagen, aus‿packen, auf‿machen; ***consegnare, ricevere un ~*** ein Paket auf‿geben, bekommen; ***spedire un ~ a qcn.*** jdm ein Paket schicken; ***un ~ di libri*** ein Paket Bücher ◆ ***accettazione -i*** Paketannahme *f.*; ***~ aereo*** Luftpostpaket *n.*; ***consegna -chi*** Paketausgabe *f.*, Paketschalter *m.*; ***~ dono*** Geschenkpackung *f.*; ***~ postale*** Postpaket *n.*; ***~ viveri*** Lebensmittelpaket *n.*

pac|cot|ti|glia f. Schund *m.*, Ausschussware *f.*

pa|ce f. **1** Friede(n) *m.*: ***negoziare, concludere la ~*** einen Frieden aus‿handeln (*o* über den Frieden verhandeln), Frieden schließen; ***firmare, violare (o rompere) la ~*** den Frieden unterzeichnen, brechen; ***assicurare, cercare, mantenere, offrire la ~*** den Frieden sichern, suchen, bewahren, an‿bieten; ***chiedere la ~*** um Frieden bitten; ***essere in ~ con se stessi*** mit sich selbst in Frieden leben; ***~ onorevole, disonorevole, armata, duratura, stabile*** ehrenvoller, unehrenhafter, bewaffneter, dauerhafter, stabiler Frieden; ***mettere ~ (fra due nemici)*** (zwischen zwei Gegnern) Frieden stiften **2** *(tranquillità)* Ruhe *f.*, Frieden *m.*: ***~ domestica*** häuslicher Frieden; ***che ~ in questo bosco!*** welche Ruhe in diesem Wald! ◆ ***per amor di ~*** um des lieben Friedens willen; ***andate in ~*** gehet hin in Frieden; ***~ all'anima sua*** seine Seele ruhe in Frieden; ***appello alla ~*** Friedensappell *m.*; ***con buona ~ di...*** mit jds Duldung (*o* Erlaubnis); ***condizioni di ~*** Friedensbedingungen *pl.*; ***conferenza di ~*** Friedenskonferenz *f.*; ***mettersi il cuore in ~*** sich darein‿finden, sich ab‿finden, sich zufrieden geben; ***non dare ~ a qcn.*** jdm keine Ruhe lassen: ***questo pensiero non mi dà ~*** dieser Gedanke lässt mir keine Ruhe; ***darsi ~*** = resignieren; ***non darsi ~*** nicht zur Ruhe kommen; ***~ eterna*** ewiger Frieden; ***fare la ~ con qcn.*** sich mit jdm versöhnen; ***giudice di ~*** Friedensrichter *m.*; ***~ interiore*** Seelenfrieden *m.*; ***lasciare in ~ qcn.*** jdn in Frieden lassen: ***lasciami in ~!*** lass mich in Frieden (*o* Ruhe)! ***~ mondiale*** Weltfrieden *m.*; ***~ negoziata*** Verhandlungsfrieden *m.*; ***negoziati di ~*** Friedensverhandlungen *pl.*; ***(premio) Nobel per la ~*** Friedensnobelpreis *m.*; ***offerta di ~*** Friedensangebot *n.*; ***periodo di ~*** Friedenszeiten *pl.*; ***politica di ~*** Friedenspolitik *f.*; ***~ preliminare*** Präliminarfrieden *m.*; ***riposa in ~!*** ruhe in Frieden! ***avere raggiunto la ~ dei sensi*** jenseits aller sinnlicher Anfechtungen sein; ***~ separata*** Separatfrieden *m.*; ***~ sociale*** sozialer Frieden; ***stipulazione della ~*** Friedensschluss *m.*; ***trattative di ~*** Friedensverhandlungen *pl.*; ***trattato di ~*** Friedensvertrag *m.*; ***non trovare ~*** keine Ruhe finden; ***violazione della ~*** Friedensbruch *m.*; ***la ~ sia con voi!*** Friede sei mit euch! ***~ di Westfalia*** Westfälischer Friede.

pace-mak|er ['peɪsmeɪkə] m.inv. Herzschrittmacher *m.*

pa|chi|der|ma m. **1** Dickhäuter *m.* **2a** *(persona grossa)* Nilpferd *n.* **b** *(persona insensibile)* Elefant *m.*: ***avere la delicatezza di un ~*** sich wie ein Elefant im Porzellanladen benehmen.

pa|chi|sta|no I agg. pakistanisch **II** m. Pakistaner *m.*

pa|cie|re m. Versöhner *m.*, Frieden(s)stifter *m.*; ***fare da ~ tra due litiganti*** zwei Streitende wieder versöhnen.

pa|ci|fi|ca|bi|le agg. versöhnbar.

pa|ci|fi|ca|men|te avv. friedlich: ***risolvere ~ un contrasto*** einen Streit auf friedlichem Wege bei‿legen; ***occupare ~ un paese*** ein Land friedlich besetzen.

pa|ci|fi|ca|re *(pacifico, pacifichi)* **I** tr. **1** befrieden: ***~ un paese*** ein Land befrieden **2** *(riconciliare)* versöhnen: ***~ qcn. con qcn.*** jdn mit jdm versöhnen **II** pronom. **pacificarsi 1** sich versöhnen: ***-rsi con qcn.*** sich mit jdm versöhnen; ***dopo la lite si sono pacificati*** nach dem Streit haben sie sich versöhnt **2** *(placarsi)* sich beruhigen: ***il suo animo si è pacificato*** sein Gemüt hat sich beruhigt. **pa|ci|fi|ca|to|re I** agg. Frieden(s)- **II** m. Frieden(s)stifter *m.* ◆ ***intervento ~*** Vermittlungsaktion *f.* **pa|ci|fi|ca|zio|ne** f. **1** Befriedung *f.* **2** *(riconciliazione)* Versöhnung *f.*

pa|ci|fi|co agg. *(-ci,-che)* **1** friedlich: ***nazione -a*** friedliches Land; ***coesistenza, protesta -a*** friedliche Koexistenz, gewaltloser Protest ***persona -a*** friedlicher Mensch; ***animo ~*** friedliches Gemüt; ***intenzioni -che*** friedliche Absichten; ***condurre una vita -a*** ein friedliches Leben führen **2** *(non violento)* gewaltlos: ***una protesta -a*** ein gewaltloser Protest **3** FIG. *(fuori discussione)* selbstverständlich: ***è ~ che...*** es ist selbstverständlich, dass... ◆ ***Oceano Pacifico*** Pazifischer (*o* Stiller) Ozean. **Pa|ci|fi|co** n.pr.m. Pazifik *m.*: ***la guerra nel ~*** der Krieg im Pazifik.

pa|ci|fi|smo m. **1** Pazifismus *m.* **2** ESTENS. *(amore della pace)* Friedensliebe *f.* **pa|ci|fi|sta** *(-i,-e)* **I** agg. pazifistisch: ***pensiero ~*** pazifistisches Denken; ***dimostrazione ~*** pazifistische Demonstration **II** m. e f. Pazifist *m.* (-in *f.*) ◆ ***movimento ~*** Friedensbewegung *f.* **pa|ci|fi|sti|co** agg. *(-ci,-che)* pazifistisch.

pa|cioc|co|ne m. gutmütiger Mensch *m.*

pa|cio|so agg. friedlich.

pack m.inv. Packeis *n.*

pack|fong m.inv. Packfong *n.*

pa|da|no agg. Po-: ***Pianura Padana*** Poebene *f.*

pa|del|la f. **1** Pfanne *f.*: ***cuocere qcs. in ~*** etw. in der Pfanne braten **2** *(per malati)* Schieber *m.* **3** *(macchia)* Fettfleck *m.* ◆ ***~ antiaderente*** Teflonpfanne *f.*; ***cadere dalla ~ nella brace*** vom Regen in die Traufe kommen; ***manico della ~*** Pfannenstiel *m.*; ***~ di rame*** Kupferpfanne *f.*

pa|del|la|ta f. **1** Pfanne *f.* voll **2** *(colpo con una padella)* Schlag *m.* mit einer Pfanne.

pa|di|glio|ne m. **1a** Pavillon *m.*, Halle *f.*: ***il nostro stand è nel ~ 3***

unser Stand ist in Halle 3 **b** *(di ospedale)* Gebäude *n.* **2** *(tenda)* Pavillon *m.* **3** ANAT. **~ *auricolare*** Hörmuschel *f.* **4** AUT. Wagendach *n.* ◆ **~ *di caccia*** Jagdpavillon *m.*; **~ *fieristico*** Messehalle *f.*; **~ *di letto*** Betthimmel *m.*; ***letto a ~*** Himmelbett *n.*; ***tetto a ~*** Walmdach *n.*

Pa|do|va n.pr.f. Padua *n.* **pa|do|va|no I** agg. paduanisch **II** m. Paduaner *m.*

pa|dre m. **1** Vater *m.*: ***essere un buon ~*** ein guter Vater sein; ***diventare ~*** Vater werden; ***~ di tre bambini*** Vater von drei Kindern; ***~ affettuoso, rigido, all'antica*** zärtlicher, strenger, altmodischer Vater; ***essere come un ~ per qcn.*** wie ein Vater für jdn sein; ***firma del ~ o di chi ne fa le veci*** Unterschrift des Vaters oder seines Stellvertreters **2** pl. *(antenati)* Väter *pl.*, Vorfahren *pl.*: ***la terra dei -i*** das Land der Väter **3** *(fondatore)* Vater *m.*, Begründer *m.*: ***i -i della costituzione*** die Väter des Grundgesetzes **4a** ECCL. Vater *m.* **b** *(monaco)* Pater *m.* **5** RELIG. Vater *m.*: ***nel nome del Padre, del Figlio e dello Spirito Santo*** im Namen des Vaters, des Sohnes und des Heiligen Geistes; ***Padre nostro che sei nei cieli*** Vater unser, der du bist im Himmel; ***Dio Padre*** Gott Vater ◆ ***~ adottivo*** Adoptivvater *m.*; ***-i della Chiesa*** Kirchenväter *pl.*; STOR. ***-i coscritti*** Senatoren *pl.*; ***~ eterno*** Ewiger Vater; ***~ di famiglia*** Familienvater *m.*; ***fare da ~ a qcn.*** an jdm Vaterstelle vertreten; ***di ~ in figlio*** vom Vater auf den Sohn; ***usi tramandati di ~ in figlio*** über Generationen hinweg überlieferte Bräuche; ***~ gesuita*** Jesuitenpater *m.*; ***orfano di ~*** vaterlos; ***~ padrone*** = herrschsüchtiger Vater; ***da parte di ~*** väterlicherseits; ***~ della patria*** Vater der Nation; STOR. ***i -i pellegrini*** die Pilgerväter; ***~ putativo*** vermeintlicher Vater (*o* Putativvater *m.*); ***Santo Padre*** Heiliger Vater; ***~ snaturato*** Rabenvater *m.*; ***~ spirituale*** geistlicher Vater, Seelsorger *m.*; ***~ superiore*** Prior *m.*; ***è tutto suo ~*** er ist ganz der Vater; PROV. ***l'ozio è il ~ dei vizi*** Müßiggang ist aller Laster Anfang; ***tale ~ tale figlio*** wie der Vater, so der Sohn.

pa|dre|no|stro m. Vaterunser *n.*: ***recitare il ~*** das Vaterunser beten.

pa|dre|ter|no m. Gottvater *m.*, Ewiger Vater *m.* ◆ ***credersi il ~*** sich ein‿bilden, Wunder was zu sein (*o* sich für etwas ganz Besonderes halten).

pa|dri|no m. **1** Pate *m.*: ***fare da ~ a qcn.*** bei jdm Pate stehen; ***avere qcn. come ~*** jdn zum Paten haben **2** *(di duello)* Sekundant *m.* **3** *(della mafia)* Pate *m.* ◆ ***~ di battesimo*** Taufpate *m.*; ***~ di cresima*** Firmpate *m.*

pa|dro|na|le agg. herrschaftlich, Herren-: ***casa ~*** Herrenhaus *n.*

pa|dro|nan|za f. Beherrschung *f.*: ***perdere la ~ di sé*** die Selbstbeherrschung verlieren; ***acquistare ~ di una tecnica*** sich eine Technik an‿eignen; ***avere ~ di una lingua*** eine Sprache beherrschen; ***perfetta ~ della lingua*** perfekte Sprachbeherrschung.

pa|dro|na|to m. Arbeitgeberschaft *f.*

pa|dron|ci|no m. **1** junger Herr *m.* **2** *(piccolo imprenditore)* Kleinunternehmer *m.* **3** *(autotrasportatore)* selbstständiger LKW-Fahrer *m.*; *(tassista)* Taxifahrer *m.* mit eigenem Wagen.

pa|dro|ne m. **1** Eigentümer *m.*, Besitzer *m.*: ***il ~ della casa*** der Hauseigentümer; ***il ~ della fabbrica*** der Fabrikbesitzer; ***il ~ del cane*** der Besitzer des Hundes (*o* der Hundebesitzer); ***~ di un terreno*** Grundbesitzer *m.* **2** *(datore di lavoro)* Arbeitgeber *m.*, Herr *m.*, Herrschaft *f.*: ***chiedere un aumento al ~*** den Arbeitgeber um eine Gehaltserhöhung bitten **3** ESTENS. Herrscher *m.*: ***essere ~ assoluto dell'impero*** der absolute Herrscher des Reiches sein; ***essere ~ di una lingua, del proprio mestiere*** eine Sprache, sein Fach beherrschen; ***rimanere ~ della situazione*** Herr der Situation bleiben ◆ ***~ di casa*** Hausherr *m.*; *(per l'affittuario)* Hauswirt *m.*; ***uniti contro il ~*** vereint gegen die Unternehmer; ***qcn. è ~ di fare qcs.*** jd hat die freie Wahl (*o* jdm steht es frei), etw. zu tun; ***farla da ~*** den Herrn spielen; ***padre ~*** = herrschsüchtiger Vater; ***~ di schiavi*** Sklavenhalter *m.*; ***essere ~ di sé*** sein eigener Herr sein; RELIG. ***il mio Signore e ~*** mein Herr und Gebieter; COLLOQ. ***lavorare sotto ~*** = Arbeitnehmer sein; PROV. ***l'occhio del ~ ingrassa il cavallo*** das Auge des Herrn macht die Kühe fett. **pa|dro|neg|gia|re** tr. *(padroneggio, padroneggi)* beherrschen.

pa|el|la [-'eʎa] f.inv. Paella *f.*

pa|e|sag|gio m. *(-gi)* **1** Aussicht *f.*, Panorama *n.*: ***dalla finestra si gode un bellissimo ~*** aus dem Fenster genießt man eine wunderschöne Aussicht **2** GEOGR. PITT. Landschaft *f.*: ***ammirare, deturpare il ~*** die Landschaft bewundern, verschandeln; ***i -gi di Friedrich*** Friedrichs Landschaften ◆ ***~ alpino*** Alpenlandschaft *f.*; ***~ autunnale*** Herbstlandschaft *f.*; ***~ industriale*** Industrielandschaft *f.*; ***~ invernale*** Winterlandschaft *f.*; ***~ lunare*** Mondlandschaft *f.*; ***~ montano*** Gebirgslandschaft *f.*; ***~ naturale*** Naturlandschaft *f.*; FIG. ***il ~ politico*** die politische Landschaft; ***tutela del ~*** Landschaftspflege *f.* **pa|e|sag|gi|sta** m. e f. *(-i,-e)* Landschaftsmaler *m.* (-in *f.*).

pa|e|sag|gi|sti|co agg. *(-ci,-che)* landschaftlich: ***bellezze -che*** landschaftliche Schönheiten; ***una regione magnifica dal punto di vista ~*** eine landschaftlich herrliche Gegend.

pa|e|sa|no I agg. ländlich, dörflich, Dorf-: ***cucina -a*** ländliche Küche; ***festa -a*** Dorffest *n.* **II** m. **1** Dorfbewohner *m.*, Landsmann *m.* **2** *(compaesano)* Landsmann *m.*

pa|e|se m. **1** Land *n.*: ***-i caldi*** tropische Länder; ***amare il proprio ~*** sein Land lieben **2** *(piccolo centro abitato)* Dorf *n.*: ***~ di montagna*** Gebirgsdorf *n.*; ***andare in ~*** ins Dorf gehen ◆ ***al mio, tuo ~*** bei mir, dir zu Hause; ***ritornare al (proprio) ~*** zurück nach Hause kommen; ***il bel Paese*** = Italien *n.*; ***di ~*** dörflich: ***vicende, usanze di ~*** dörfliche Ereignisse, Sitten; ***-i dell'est*** osteuropäische Länder; ***~ natale*** Geburtsland *n.*; ***~ d'origine*** Herkunftsland *n.*, Ursprungsland *n.*; ***mandare qcn. a quel ~*** jdn zum Kuckuck schicken; ***~ reale*** = die Bürger (des Landes); ***~ in via di sviluppo*** Entwicklungsland *n.*; ***~ del Terzo Mondo*** Dritte-Welt-Land *n.*; PROV. ***tutto il mondo è ~*** es wird überall mit Wasser gekocht; ***~ che vai usanza che trovi*** andere Länder, andere Sitten.

pa|e|sel|lo, pa|e|si|no m. Dörfchen *n.*, Dörflein *n.*; COLLOQ. Provinznest *n.* **pa|e|su|co|lo** m. Quetsche *f.*, Kaff *n.*

Pa|e|si Ba|schi n.pr.m.pl. Baskenland *n.*

Pa|e|si Bas|si n.pr.m.pl. Niederlande *pl.*

pa|e|si|sta m. e f. *(-i,-e)* → **paesaggista. pa|e|si|sti|co** agg. *(-ci,-che)* → **paesaggistico.**

paf|fu|tel|lo agg. pummelig, pausbäckig. **paf|fu|to** agg. pummelig, pausbäckig, rundbäckig: ***viso ~*** pausbäckiges Gesicht; ***bambino ~*** rundbäckiges Kind.

pag. ⇒ *pagina* Seite (S.).

pa|ga I f. *(-ghe)* **1** Lohn *m.*, Löhnung *f.*, Arbeitslohn *m.*, Entlohnung *f.*: ***aumentare, ridurre la ~*** den Lohn erhöhen, kürzen (*o* senken); ***la ~ ammonta a...*** der Lohn beträgt... **2** MAR. Heuer *f.* **3** MIL. Sold *m.* **II** agg.inv. Lohn- ◆ ***aumento della ~*** Lohnerhöhung *f.*; ***~ base*** Grundlohn *m.*, Ecklohn *m.*; ***busta ~*** Lohntüte *f.*; ***cedolino di ~*** Gehaltsabrechnung *f.*, Lohnzettel *m.*; ***~ a cottimo*** Akkordlohn *m.*; ***~ da fame*** Hungerlohn *m.*; ***~ giornaliera*** Tagelohn *m.*; ***giorno di ~*** Zahltag *m.* (*o* Lohntag *m.*); ***libro ~*** Lohnliste *f.*; ***~ lorda*** Bruttolohn *m.*; ***~ minima*** Mindestlohn *m.* (*o* Festlohn *m.*); ***~ oraria*** Stundenlohn *m.*; ***prospetto ~*** Lohnstreifen *m.*; ***riduzione della ~*** Lohnkürzung *f.*; ***ritenuta sulla ~*** Lohnabzug *m.*; ***~ settimanale*** Wochenlohn *m.*; ***~ sindacale*** tariflicher Lohn; ***~ sociale*** Soziallohn *m.*; ***ufficio ~*** Lohnbüro *n.* **pa|ga|bi|le** agg. zahlbar, bezahlbar, auszahlbar: ***~ in anticipo*** im Voraus zahlbar; ***~ all'ordine di...*** zahlbar an Order von...; ***~ al portatore*** zahlbar an Überbringer; ***~ alla presentazione, alla consegna*** zahlbar bei Vorlage, Lieferung; ***~ a rate*** in Raten zahlbar; ***~ a vista*** auf Sicht zahlbar; ***~ due mesi a vista*** nach zwei Monate Sicht zahlbar ◆ ***cambiale ~ a vista*** Sichtwechsel *m.*; ***~ con versamento*** einzahlbar.

pa|ga|ia f. **1** *(a una pala)* Stechpaddel *n.*, Pagaie *f.* **2** *(a due pale)* Paddel *n.* **pa|ga|ia|re** intr. *(pagaio, pagai;* aus. *avere)* paddeln.

pa|ga|men|to m. Zahlung *f.*, Bezahlung *f.*: ***effettuare, dilazionare un ~*** eine Zahlung leisten, auf‿schieben; ***ricevere, accettare qcs. in ~*** etw. als Zahlung bekommen, an‿nehmen; ***dare qcs. in ~*** etw. in Zahlung geben; ***~ a 30 giorni*** Zahlung innerhalb von 30 Tagen ◆ ***a ~*** gegen Bezahlung: ***ingresso a ~*** Eintritt gegen Bezahlung; ***accordo di ~*** Zahlungsabkommen *n.*; ***agevolazione di ~*** Zahlungserleichterung *f.*; ***~ anticipato*** Vorauszahlung *f.*; ***~ a mezzo assegno*** Scheckzahlung *f.*; ***~ avvenuto*** erfolgte Zahlung; ***avviso di ~*** Zahlungsaufforderung *f.*; ***bilancia dei -i*** Zahlungsbilanz *f.*; ***~ a mezzo bonifico*** Bezahlung *f.* durch (*o* per) Überweisung; ***causale del ~*** Zahlungsgrund *m.*; ***condizioni di ~*** Zahlungsbedingungen *pl.*; ***~ alla consegna*** Lieferung *f.* gegen Nachnahme; ***~ in contanti*** Barzahlung *f.*, Zahlung *f.* in bar; ***~ in contrassegno*** Zahlung *f.* gegen Nachnahme; ***data di ~*** Zahlungstermin *m.*; ***dietro ~*** entgeltlich; ***dilazione di ~*** Zahlungsaufschub *m.*; ***distinta di ~*** Einzahlungsbeleg *m.*; ***~ contro documenti*** Zahlung *f.* (*o* Kasse *f.*) gegen Dokumente; ***facilitazione di ~*** Zahlungserleichterung *f.*; ***~ forfettario*** Pauschalzahlung *f.*; ***ingiunzione di ~*** Zahlungsaufforderung *f.*, Zahlungsbefehl *m.*; ***mancato ~*** Nichtbezahlung *f.*; ***per mancato ~*** wegen nicht erfolgter Zahlung; ***mezzo di ~*** Zahlungsmittel *n.*; ***modalità di ~*** Zahlungsbedingung *f.*; ***~ in natura*** Zahlung *f.* in Naturalien; ***obbligo di ~*** Zahlungsverpflichtung *f.*; ***ordine di ~*** Zahlungsauftrag *m.*; ***piazza di ~*** Zahlstelle *f.*; ***~ a rate, rateale*** Ratenzahlung *f.*, Teilzahlung *f.*; ***ricevuta di ~*** Quittung *f.*; ***ricupero dei -i*** Zahlungseinzug *m.*; ***ritardo nel ~*** Zahlungsverzug *m.*; ***scadenza di ~*** Zahlungsfrist *f.*; ***~ alla scadenza*** Zahlung innerhalb der Zahlungsfrist; ***~ scaduto*** fällige Zahlung; ***a titolo di ~*** zur Bezahlung.

pa|ga|neg|gian|te agg. heidnisch. **pa|ga|ne|si|mo** m. Heidentum *n.*, Paganismus *m.* **pa|ga|no I** agg. heidnisch: ***religione -a*** heidnische Religion **II** m. Heide *m.*

pa|gan|te agg. zahlend: ***pubblico ~*** zahlendes Publikum.

pa|ga|re tr. *(pago, paghi)* **1** zahlen, bezahlen: ***~ il conto, la camera, una multa*** die Rechnung, das Zimmer, eine Strafe (be)zahlen; ***~ qcn. per qcs.*** jdn für etw. bezahlen; ***~ qcs. a qcn.*** jdm (*o* an jdn) etw. zahlen; ***quanto l'hai pagato?*** wie viel hast du dafür bezahlt? ***~ un prezzo troppo alto*** einen zu hohen Preis zahlen (anche FIG.); ***~ il 5 % d'interessi*** 5 % Zinsen zahlen; ***~ qcs. in anticipo, a rate*** im Voraus, in Raten bezahlen; ***~ in contanti, con assegno*** bar, mit Scheck bezahlen **2** assol. zahlen: ***in questo caso l'assicurazione non paga*** in diesem Fall zahlt die Versicherung nicht; ***il debitore deve ~*** der Schuldner muss zahlen; ***~ in dollari*** in (*o* mit) Dollars zahlen ◆ ***~ un acconto di 500 marchi*** eine Anzahlung von 500 Mark leisten; ***~ da bere*** einen aus‿geben; ***il delitto non paga*** Verbrechen zahlt sich nicht aus; ***ha pagato caro questo errore*** dieser Fehler ist ihm teuer zu stehen gekommen; ***far ~ caro qcs. a qcn.*** jdm etw. heim‿zahlen; ***~ il fio*** büßen, sühnen; ***~ con la stessa moneta*** es jdm mit gleicher Münze heim‿zahlen; COLLOQ. ***non so cosa pagherei per...*** was würde ich nicht alles dafür geben, um...; ***~ qcs. di persona*** persönlich für etw. ein‿stehen; ***questa me la paghi!*** das sollst du (mir) büßen! ***~ qcs. salato*** einen gesalzenen Preis für etw. zahlen; ***~ qcs. con la vita*** etw. mit dem Leben bezahlen; PROV. ***chi rompe paga (e i cocci sono suoi)*** = der Schuldige muss auch die Rechnung zahlen; ***a ~ e morire c'è sempre tempo*** = mit dem Bezahlen und dem Sterben hat es keine Eile.

pa|ga|to|re m. Zahler *m.*: ***~ moroso*** säumiger Zahler ◆ ***ufficiale ~*** Zahlmeister *m.*

pa|gel|la f. **1** ***~ scolastica*** Schulzeugnis *n.* (*o* Zeugnis *n.*) **2** *(valutazione)* Benotung *f.*

pa|gel|lo m. Meerbrasse *f.*

pag|get|to m. Page *m.* ◆ ***capelli alla ~*** Pagenkopf *m.* **pag|gio** m. *(-gi)* Page *m.* ◆ ***capelli alla ~*** Pagenkopf *m.*

pa|ghe|rò m.inv. Schuldschein *m.*

pa|gi|na f. **1** Seite *f.* (anche FIG.): ***un volume di cinquecento -e*** ein Band mit fünfhundert Seiten; ***strappare una ~ dal quaderno*** eine Seite aus dem Heft heraus‿reißen; ***studiare a memoria le prime tre -e*** die ersten drei Seiten auswendig lernen **2** *(passo, brano)* Stelle *f.*, Stück *n.*: ***le -e migliori di un autore, della narrativa italiana*** die besten Stücke eines Autors, der italienischen Erzählkunst **3** FIG. *(episodio)* Abschnitt *m.*, Episode *f.*: ***una ~ fondamentale, gloriosa nella storia di un paese*** ein wichtiger, ruhmreicher Abschnitt der Geschichte eines Landes **4** BOT. Spreite *f.* ◆ ***~ bianca*** leere Seite; ***~ doppia*** Doppelseite *f.*; ***-e gialle*** gelbe Seiten; BOT. ***~ inferiore*** untere Blattspreite *f.*; ***nota a piè di ~*** Fußnote *f.*; ***prima ~*** Titelseite *f.*; ***~ scritta*** beschriebene Seite; ***~ sportiva*** Sportseite *f.*; BOT. ***~ superiore*** obere Blattspreite; ***terza ~*** Feuilleton *n.*; FIG. ***voltare ~*** einen neuen Abschnitt beginnen; *(in trasmissioni televisive)* ein neues Thema an‿schneiden.

pa|gi|na|tu|ra f. Paginierung *f.* **pa|gi|na|zio|ne** f. **1** Paginierung *f.* **2** *(impaginazione)* Umbruch *m.*

pa|glia f. **1** Stroh *n.*: ***ammucchiare la ~*** Stroh auf‿schütten; ***dormire sulla ~*** auf Streu schlafen **2** *(singolo stelo)* Strohhalm *m.*: ***usare una ~ per cannuccia*** einen Strohhalm zum Trinken benützen **3** TECN. Riefe *f.* ◆ ***balla di ~*** Strohballen *m.*; ***~ in balle*** Pressstroh *n.*; ***borsa di ~*** Strohtasche *f.*; ***capanna di ~*** Strohhütte *f.*; ***cappello di ~*** Strohhut *m.*; ***cappello di ~ (di Firenze)*** Florentinerhut *m.*; ***avere la coda di ~*** = ein schlechtes Gewissen haben; *(essere suscettibile)* leicht beleidigt sein; ***color ~*** strohgelb; ***fascio di ~*** Strohbund *m.*; ***~ di ferro*** Stahlwolle *f.*; ***fibra di ~*** Strohfaser *f.*; ***~ e fieno*** INTRAD. (gelbe und grüne Eiernudeln); ***filo di ~*** Strohhalm *m.*; FIG. ***fuoco di ~*** Strohfeuer *n.*; FIG. ***mettere la ~ accanto al fuoco*** = mit dem Feuer spielen; ***~ intrecciata*** Strohgeflecht *n.*; ***lettiera di ~*** Streu *f.*; ***~ di piselli*** Erbsenstroh *n.*; ***~ di riso*** Reisstroh *n.*; ***sacco di ~*** Strohsack *m.*; ***tetto di ~*** Strohdach *n.*; ***uomo di ~*** Strohmann *m.*; PROV. ***con il tempo e la ~ maturano le nespole*** mit Geduld und Zeit kommt man weit.

pa|gliac|ce|sco agg. *(-schi,-sche)* narrenhaft.

pa|gliac|cet|to m. Strampelhose *f.*

pa|gliac|cia|ta f. **1** Narrenposse *f.* **2** *(azione poco seria)* Blödsinn *m.*: ***fare -e*** Blödsinn machen. **pa|gliac|cio** m. *(-ci)* **1** *(di circo)* Clown *m.* **2** *(buffone)* Narr *m.*, Clown *m.*

pa|glia|io m. *(-ai)* **1** Strohhaufen *m.* **2** *(edificio)* Scheune *f.* ◆ FIG. ***cercare un ago in un, nel ~*** eine Stecknadel im Heuhaufen suchen; ***cane da ~*** Hofköter *m.*; FIG. ***dar fuoco al ~*** Öl ins Feuer gießen.

pa|glie|ric|cio m. *(-ci)* **1** Strohsack *m.* **2** *(giaciglio)* Strohlager *n.* **pa|glie|ri|no** agg. ***giallo ~*** strohgelb; ***vino giallo ~*** strohgelber Wein; ***biondo ~*** strohblond.

pa|gliet|ta f. **1** *(cappello)* Strohhut *m.* **2** *(di ferro)* Stahlwolle *f.*

pa|gliuz|za f. **1** Strohhalm *m.* **2** *(d'oro)* Goldsplitter *m.*

pa|gnot|ta m. Brotlaib *m.* ◆ ***lavorare per la ~*** für das tägliche Brot arbeiten.

pa|go agg. *(-ghi,-ghe)* zufrieden, erfüllt: ***~ di qcs.*** durch etw. erfüllt, mit etw. zufrieden; ***essere ~ della propria condizione*** mit seiner Lage zufrieden sein.

pa|go|da f. Pagode *f.* ◆ ***tetto a ~*** Pagodendach *n.*

pa|gu|ro m. Einsiedlerkrebs *m.*

pail|let|te [-'jɛt] f.inv. Paillette *f.*

pa|io m. *(-a* f.pl.) **1** Paar *n.*: ***un ~ di scarpe*** ein Paar Schuhe **2** *(oggetto formato da due parti non separabili)* ***un ~ di forbici, di calzoni, di occhiali*** eine Schere, eine Hose, eine Brille **3** *(numero limitato, non precisabile)* ein paar, einige, wenige, etwa zwei: ***tra un ~ d'ore*** in ein paar Stunden; ***da un ~ d'anni*** seit wenigen (*o* ein paar) Jahren; ***tra un ~ d'anni*** in einigen Jahren; ***pesa un ~ di chili*** es wiegt etwa zwei Kilo ◆ ***sono una coppia e un ~*** sie sind ein unzertrennliches Paar; ***un bel ~ di gambe*** schöne Beine; FIG. ***essere un altro ~ di maniche*** ein anderes Paar Schuhe sein; ***un ~ di volte*** ein paarmal, ein paar Mal(e).

pa|io|lo m. Kessel *m.*

Pa|ki|stan n.pr.m. Pakistan *n.* **pa|ki|sta|no** **I** agg. pakistanisch **II** m. Pakistaner *m.*

pa|la f. **1** Schaufel *f.*; ***scavare con la ~*** schaufeln **2** TECN. Schaufel *f.*, Flügel *m.* **3** ART. ***~ d'altare*** Altarbild *n.* ◆ ***~ da carbone*** Kohlenschaufel *f.*; ***~ di elica*** Propellerblatt *n.*; ***~ da fornaio, da forno*** Schieber *m.*; ***~ meccanica*** Schürfkübelwagen *m.*; ***~ di mulino*** Mühlenflügel *m.*; ***~ di mulino a vento*** Windmühlenflügel *m.*; ***~ da neve*** Schneeschaufel *f.*; ***~ di remo*** Ruderblatt *n.*, Riemenblatt *n.*; ***~ di rotore*** Rotorblatt *n.*; ***~ di timone*** Steuerblatt *n.*

pa|la|di|no m. **1** Paladin *m.* **2a** *(difensore)* Beschützer *m.*: ***ergersi a ~ degli oppressi*** sich als Beschützer der Unterdrückten auf‿spielen **b** *(propugnatore)* Verfechter *m.*: ***un ~ della libertà*** ein Verfechter der Freiheit.

pa|la|fit|ta f. Pfahlbau *m.* **pa|la|fit|ti|co|lo** **I** agg. Pfahl-: ***civiltà -a*** Pfahlkultur *f.* **II** m. **1** *(abitante)* Pfahlbaubewohner *m.* **2** *(costruttore)* Pfahlbauer *m.*

pa|la|fre|nie|re m. Reitknecht *m.* **pa|la|fre|no** m. Reitpferd *n.*

pa|la|mi|ta f. Bonito *m.*

pa|la|mi|te, pa|la|mi|to m. Langleine *f.*

1.pa|lan|ca f. *(-che)* **1** *(trave)* Planke *f.* **2** MAR. Laufplanke *f.* **3** *(antica fortificazione)* Palissadenwerk *n.*

2.pa|lan|ca f. *(-che)* **1** Soldo *m.* **2** REGION. COLLOQ. *(denaro)* Kies *m.*

1.pa|lan|chi|no m. Palankin *m.*, Tragsessel *m.*

2.pa|lan|chi|no m. *(leva)* Hebebaum *m.*

pa|lan|dra|na f. **1** langer Überrock *m.* **2** SCHERZ. Kittel *m.*, weites Kleid *n.*, Zelt *n.*

pa|la|sport m.inv. Sporthalle *f.*

pa|la|ta f. **1** Schaufel *f.* voll: ***una ~ di neve*** eine Schaufel voll Schnee **2** *(colpo)* Hieb *m.* mit der Schaufel **3** SPORT Ruderschlag *m.* ◆ ***a -e*** haufenweise; ***ha soldi a -e*** er besitzt einen Haufen Geld; ***guadagnare, fare soldi a -e*** Geld scheffeln.

pa|la|ta|le **I** agg. **1** ANAT. Gaumen- **2** LING. Palatal-; ***consonante -e*** Gaumenlaut *m.* **II** f. Palatal *m.*, Gaumenlaut *m.*

pa|la|ta|liz|za|re **I** tr. palatalisieren **II** pronom. **palatalizzarsi** palatalisiert werden. **pa|la|ta|liz|za|zio|ne** f. Palatalisierung *f.*

Pa|la|ti|na|to m. Pfalz *f.* ◆ ***~ bavarese*** → ***~ superiore***; ***~ elettorale*** Kurpfalz *f.*; ***~ inferiore, renano*** Rheinland-Pfalz *f.*; ***~ superiore*** Oberpfalz *f.*; ***vino del ~*** Pfälzer Wein *m.*

1.pa|la|ti|no agg. **1** *(di palazzo imperiale)* Hof-: ***cappella -a*** Hofkapelle *f.* **2** *(del colle Palatino)* palatinisch: ***colle ~*** palatinischer Hügel ◆ STOR. ***conte ~*** Pfalzgraf *m.*; ***guardia -a*** päpstliche Garde.

2.pa|la|ti|no agg. ANAT. Gaumen-: ***velo ~*** Gaumensegel *n.*

Pa|la|ti|no n.pr.m. Palatin *m.*

pa|la|to m. **1** ANAT. Gaumen *m.*: ***~ duro, molle*** harter (*o* knöcherner), weicher Gaumen **2** *(gusto)* Gaumen *m.*, Geschmack *m.*: ***avere un ~ fine*** einen feinen Gaumen haben; ***stuzzicare il ~*** den Gaumen kitzeln, dem Gaumen schmeicheln. **pa|la|to|schi|si** f. gespaltener Gaumen *m.*

pa|laz|zet|to m. ***~ dello sport*** Sporthalle *f.*

pa|laz|zi|na f. **1** *(abitazione signorile)* Herrenhaus *n.* **2** ESTENS. Mehrfamilienhaus *n.* **pa|laz|zi|na|ro** m. Baulöwe *m.*

pa|laz|zo m. **1** Palast *m.*, Palais *n.*; *(in Italia)* Palazzo *m.*: ***un ~ del '700*** ein Palast aus dem 18. Jahrhundert **2a** *(edificio)* Gebäude *n.* **b** *(condominio)* Wohnhaus *n.*, Mietshaus *n.*: ***abita nel mio stesso ~*** er wohnt im selben Haus wie ich; ***gli anonimi -i di periferia*** die anonymen Mietshäuser am Stadtrand **3** ESTENS. *(corte)* Hof *m.* **4a** FIG. *(governo)* Regierung *f.*: ***critiche della piazza contro il ~*** Kritik des Volkes gegen die Regierung **b** *(i potenti)* Machthaber *pl.* ◆ ***~ del comune*** Rathaus *n.*; ***congiura di ~*** = Palastrevolution *f.*; ~ ***dei congressi*** Kongresspalast *m.*; ~ ***dei dogi*** Dogenpalast *m.*; ~ ***ducale*** Herzogspalast *m.*; ~ ***per esposizioni*** Ausstellungsgebäude *n.*; ~ ***del ghiaccio*** Eispalast *m.*; ~ ***di giustizia*** Gerichtsgebäude *n.*; ~ ***d'inverno*** Winterpalast *m.*; ~ ***presidenziale*** Präsidentenpalast *m.*; ~ ***principesco*** Fürstenschloss *n.*; ~ ***reale*** Königspalast *m.*; ~ ***dello sport*** Sporthalle *f.*

pal|chet|to m. **1** *(asse)* Regalbrett *n.* **2** TEATR. Loge *f.* **3** GIORN. Glosse *f.*

pal|co m. *(-chi)* **1** *(tribuna)* Tribüne *f.*: ***allestire, montare un ~ per un comizio elettorale*** eine Tribüne für eine Wahlveranstaltung auf‿bauen **2** *(impalcatura)* Gerüst *n.* **3** *(palcoscenico)* Bühne *f.*: ***salire sul ~*** die Bühne betreten **4** TEATR. Loge *f.*: ***prenotare un ~*** eine Loge reservieren; ***avere il posto in un ~*** in einer Loge sitzen **5** MAR. *(sulle galee)* Ruderreihe *f.* **6** *(corna di cervidi)* Geweihstange *f.* ◆ ~ ***delle autorità*** Prominentenloge *f.*; ~ ***in galleria*** Rangloge *f.*; ~ ***di giustizia*** Blutgerüst *n.*, Schafott *n.*; ~ ***d'onore*** Ehrenloge *f.*; ~ ***di proscenio*** Proszeniumsloge *f.*

pal|co|sce|ni|co m. *(-ci)* **1** Bühne *f.* **2** ESTENS. *(teatro)* Bühne *f.*, Theater *n.* **3** *(arte teatrale)* Schauspielkunst *f.*, Schauspielerei *f.*: ***amare il ~*** die Schauspielerei lieben ◆ ***calcare il ~*** auf den Brettern (*o* auf der Bühne) stehen; ~ ***a elevatore*** Hebebühne *f.*; ~ ***girevole*** Drehbühne *f.*; ~ ***scorrevole*** Schiebebühne *f.*

pa|le|o|an|tro|po|lo|gi|a f. Paläoanthropologie *f.* **pa|le|o|bio|lo|gi|a** f. Paläobiologie *f.* **pa|le|o|bo|ta|ni|ca** f. Paläobotanik *f.* **pa|le|o|ce|ne** m. Paläozän *n.* **pa|le|o|cli|ma|to|lo|gi|a** f. Paläoklimatologie *f.* **pa|le|o|cri|stia|no** agg. frühchristlich: ***arte -a*** frühchristliche Kunst. **pa|le|o|e|co|lo|gi|a** f. Paläoökologie *f.* **pa|le|o|et|no|lo|gi|a** f. Paläoethnologie *f.* **pa|le|o|ge|o|gra|fi|a** f. Paläogeographie *f.*

pa|le|o|gra|fi|a f. Handschriftenkunde *f.*, Paläographie *f.*: ~ ***medioevale*** mittelalterliche Paläographie. **pa|le|o|gra|fi|co** agg. *(-ci, -che)* paläographisch. **pa|le|o|gra|fo** m. Paläograph *m.*

pa|le|o|li|ti|co I agg. *(-ci,-che)* paläolithisch **II** m. Paläolithikum *n.* ◆ ***uomo del ~*** Paläolithiker *m.*

pa|le|on|to|lo|gi|a f. Paläontologie *f.* **pa|le|on|to|lo|gi|co** agg. *(-ci, -che)* paläontologisch. **pa|le|on|to|lo|go** m. *(gi/ghi)* Paläontologe *m.*

pa|le|o|zoi|co I agg. *(-ci,-che)* paläozoisch **II** m. Pläozoikum *n.* **pa|le|o|zo|o|lo|gi|a** f. Paläozoologie *f.*

pa|ler|mi|ta|no I agg. palerm(itan)isch, Palermer **II** m. Palermer *m.*, Palermitaner *m.*

pa|le|sa|re I tr. offenbaren, dar‿legen: ~ ***i propri sentimenti, le proprie intenzioni*** seine Gefühle, seine Absichten offenbaren (*o* darlegen) **II** pronom. **palesarsi** sich offenbaren.

pa|le|se agg. offensichtlich: ***soddisfazione ~*** offensichtliche Genugtuung; ***contraddizione ~*** offensichtlicher Widerspruch; ***è ormai ~ che...*** es ist nunmehr offensichtlich, dass... ◆ ***essere prova ~ di qcs.*** ein eindeutiger Beweis für etw. sein; ***far ~ qcs.*** etw. offenbaren (*o* dar‿legen). **pa|le|se|men|te** avv. offensichtlich.

Pa|le|sti|na n.pr.f. Palästina *n.* **pa|le|sti|ne|se I** agg. palästinensisch, palästinisch **II** m. e f. Palästinenser *m.* (-in *f.*) ◆ ***questione ~*** Palästinenserfrage *f.*

pa|le|stra f. **1** Turnhalle *f.* **2** *(a pagamento)* Fitnesscenter *n.*: ***andare in ~*** ins Fitnesscenter gehen **3** *(esercizio)* Muskeltraining *n.*; ***fare un'ora di ~ al giorno*** eine Stunde pro Tag die Muskeln trainieren **4** FIG. Schule *f.*: ***la ~ della vita*** die Schule des Lebens; ***la scuola è ~ di vita*** in der Schule lernt man fürs Leben ◆ ~ ***di roccia*** Klettergarten *m.*

pa|let|no|lo|gi|a f. Paläoethnologie *f.* **pa|let|no|lo|gi|co** agg. *(-ci, -che)* paläoethnologisch. **pa|let|no|lo|go** m. *(-gi)* Paläoethnologe *m.*

pa|le|tot [-l'to] m.inv. → **paltò**.

pa|let|ta f. **1** (kleine) Schaufel *f.*; *(dei bambini)* Sandschaufel *f.* **2** MECC. Schaufel *f.* ◆ ~ ***del capostazione*** Kelle *f.* (*o* Signalscheibe *f.*); ~ ***da cucina*** Bratenwender *m.*; ~ ***per dolci*** Tortenheber *m.*; ~ ***per l'immondizia*** Kehrichtschaufel *f.*; ~ ***della polizia*** Kelle *f.*

pa|let|ta|ta f. **1** Schaufel *f.* (voll): ***una ~ di sabbia*** eine Schaufel (voll) Sand **2** *(colpo di paletta)* Schlag *m.* mit einer Schaufel.

pa|let|tiz|za|re tr. palettieren, auf einer Palette stapeln.

pa|let|to m. **1** Pflock *m.*: ***piantare un ~ nel terreno*** einen Pflock in die Erde treiben **2** *(di porte, finestre)* Riegel *m.*: ***chiudere con il ~*** den Riegel vor‿schieben **3** *(nello sci)* Torstange *f.* ◆ ~ ***di legno*** Holzpflock *m.*; ~ ***della tenda*** Zeltpflock *m.*

pa|li|fi|ca|re *(palifico, palifichi*; aus. *avere)* pfählen: ~ ***nel terreno*** den Baugrund pfählen. **pa|li|fi|ca|zio|ne** f. **1** Pfählen *n.* **2** EDIL. Pfahlwerk *n.* **3** EL. TELEV. Masten *pl.*

pa|li|na f. Bake *f.*, Absteckpfahl *m.*

pa|lin|dro|mo I agg. vorwärts und rückwärts lesbar **II** m. Palindrom *n.*

pa|lin|ge|ne|si f. Palingenese *f.*

pa|li|no|di|a f. Palinodie *f.*

pa|lin|se|sto m. **1** *(codice)* Palimpsest *m.* e *n.* **2** TELEV. Programmierung *f.*

pa|lio m. Palio *m.*: ***il ~ di Siena*** der Palio von Siena; ***vincere il ~*** den Palio gewinnen ◆ ***essere in ~*** als Preis ausgesetzt sein; ***mettere in ~*** als Preis aus‿setzen.

pa|liot|to m. **1** *(dell'altare)* Antependium *n.* **2** *(paramento)* Altardecke *f.*

pa|lis|san|dro m. Palisander *m.*, Palisanderholz *n.*; ***di ~*** palisandern.

pa|liz|za|ta f. Palisade *f.*: ***erigere una ~*** eine Palisade errichten ◆ ***recinto a ~*** Palisadenzaun *m.* (*o* Pfahlzaun *m.*).

pal|la f. **1** Ball *m.*: ***giocare a ~*** Ball spielen; ***afferrare, calciare la ~*** den Ball auf‿fangen, treten; ***rimettere la ~ in gioco*** den Ball ein‿werfen (*o* den Ball wieder ins Spiel bringen); ***tirare la ~ in rete*** den Ball ins Tor schießen; SPORT ***intercettare, schiacciare, tagliare, mancare la ~*** den Ball ab‿fangen, schmettern, schneiden, verfehlen; ***la ~ rimbalza dal suolo*** der Ball springt vom Boden auf; ***prendere la ~ al volo*** den Ball (in der Luft) fangen; ***colpire la ~ al volo*** den Ball im Flug treffen **2** *(sfera, proiettile)* Kugel *f.*: ~ ***di bronzo, di ferro, di vetro*** Bronze-, Eisen-, Glaskugel *f.* **3** VOLG. *(frottola)* Märchen *pl.*: ***raccontare -e*** Märchen erzählen (*o* flunkern) **4** VOLG. *(testicoli)* Eier *pl.* **5** ARCH. *(di cupola, guglia)* Knauf *m.* ◆ ***a ~*** kugelig; ***occhi a ~*** runde Augen; ~ ***di acciaio (per la demolizione)*** Abrissbirne *f.*; SPORT ~ ***alta*** Flugball *m.*; *(nel calcio)* ~ ***alta sopra la traversa*** Schuss *m.* über die Latte; VOLG. ***avere le -e*** = resolut und unerschrocken auf‿treten; FIG. ***prendere, cogliere la ~ al balzo*** die Gelegenheit beim Schopf packen; ~ ***basca*** Pelota *f.*; ~ ***base*** Baseball *m.*; SPORT ~ ***bassa*** Flachball *m.*; POL. ~ ***bianca*** Jastimme *f.*; ~ ***di biliardo*** Billardkugel *f.*; SPORT ~ ***buona*** guter Ball; ~ ***di cannone*** Kanonenkugel *f.*; VOLG. ***che -e!*** ich hab die Schnauze voll! (*o* so'n Scheiß!); ***(non) essere in ~*** (nicht) in Form sein; ~ ***del forzato*** Eisenkugel *f.*; ~ ***di fuoco*** Feuerball *m.*; SPORT ~ ***fuori*** Ausball *m.*; ***gioco con la ~*** Ballspiel *n.*; VOLG. ***far girare le -e a qcn.*** jdm auf die Eier (*o* auf den Sack) gehen; ~ ***da golf*** Golfball *m.*; ~ ***di gomma*** Gummiball *m.*; COLLOQ. ~ ***di lardo*** Fettsack *m.*; FIG. ***porre la ~ in mano di qcn.*** = jdm die Möglichkeit geben, etw. zu tun; ~ ***medica*** Medizinball *m.*; COLLOQ. ~ ***del mondo*** Erdkugel *f.* (*o* Globus *m.*); POL. ~ ***nera*** Neinstimme *f.*; ~ ***di neve*** Schneeball *m.*; ***fare a -e di neve*** eine Schneeballschlacht machen; COLLOQ. ~ ***dell'occhio*** Augapfel *m.*; ***passaggio della ~*** Ballabgabe *f.*; ***passare la ~ a qcn.*** jdm den Ball ab‿geben (*o* jdm zu‿spielen); FIG. jdm den schwarzen Peter zu‿schieben (*o* zu‿spielen); ***pesce ~*** Kugelfisch *m.*; FIG. ***avere una ~ al piede*** einen Klotz am Bein haben; ***essere una ~ al piede per qcn.*** jdm ein Klotz am Bein sein; ***mettere la ~ al piede a qcn.*** jdm einen Knüppel zwischen die Beine werfen; VOLG. ***averne le -e piene*** die Schnauze (gestrichen) voll haben; GIOC. ~ ***prigioniera*** Völkerball *m.*; ***ricezione della ~*** Ballannahme *f.*; ~ ***di rimbalzo*** Abpraller *m.*; VOLG. ***rompere le -e a qcn.*** jdm auf die Eier gehen (*o* auf den Sack fallen); VOLG. ***rompersi le -e*** = sich (zu Tode) langweilen; *(averne abbastanza)* die Schnauze voll haben; VOLG. ***essere una rottura di -e*** *(scocciatura)* eine Nerverei sein; *(essere noioso)* stinklangweilig sein; SPORT *(nel calcio)* ~ ***scodellata*** Schiedsrichterball *m.*; ***sentirsi in ~*** sich in Form fühlen; SPORT ~ ***di servizio*** Aufschlagball *m.*; SPORT ~ ***smorzata*** Stoppball *m.*; ***sparare a ~*** scharf schießen; VOLG. ***stare sulle -e a qcn.*** jdm auf die Eier gehen; ~ ***da tennis*** Tennisball *m.*; SPORT ~ ***vibrata*** Schleuderball *m.*

pal|la|ba|se f.inv. Baseball *m.* **pal|la|ca|ne|stro** f. Basketball *m.*, Korbball *m.*: ***giocare a ~*** Basketball spielen.

Pal|la|de n.pr.f. Pallas *f.*

pal|la|dia|no agg. palladianisch, von Palladio.

1.pal|la|dio I agg. *(-di,-die)* LETT. der Pallas Athene **II** m. Palladion *n.*, Palladium *n.*

2.pal|la|dio m. CHIM. Palladium *n.*

pal|la|ma|no f. Handball *m.*

pal|la|mu|ro f.inv. Mauerball *m.*

Pal|lan|te n.pr.m. Pallas *m.*

pal|la|nuo|ti|sta m. e f. *(-i,-e)* Wasserballer *m.* (-in *f.*). **pal|la|nuo|to** f. Wasserball *m.* **pal|la|vo|li|sta** m. e f. *(-i,-e)* Volleyballspieler *m.* (-in *f.*). **pal|la|vo|lo** f. Volleyball *m.*

pal|leg|gia|men|to m. **1** → **palleggio 2** FIG. gegenseitiges Zuschieben *n.*

pal|leg|gia|re *(palleggio, palleggi)* **I** intr. (aus. *avere*) mit dem Ball üben, Ballübungen machen: ~ ***di testa, di piede*** Ballübungen mit dem Kopf, Fuß machen **II** tr. **1** hin und her werfen, hin und her spielen **2** ESTENS. in der Hand wiegen: ~ ***una lancia*** einen Speer in der Hand wiegen **III** pronom. **palleggiarsi** sich (D) gegenseitig zu‿schieben: ***-rsi la responsabilità*** sich gegenseitig die Verantwortung zuschieben.

pal|leg|gia|to|re m. ***buon ~*** Spieler *m.* mit gutem Ballgefühl; *(abile nel dribbling)* Dribbelkünstler *m.* **pal|leg|gio** m. *(-gi)* **1a** *(controllo di palla)* Ballgefühl *n.*, Ballführung *f.* **b** *(esercizi con la palla)* Ballübung *f.*; ***fare -gi*** mit dem Ball üben **c** *(scambio di palla)* Ballwechsel *m.* **2** FIG. gegenseitiges Zuschieben *n.*: ***il ~ della colpa*** das gegenseitige Zuschieben der Schuld.

pal|let m.inv. Palette *f.*: ***accatastare qcs. su ~*** etw. auf Paletten stapeln; ***merci su ~*** palettierte Ladungen. **pal|let|tiz|za|re** tr. palettieren.

pal|let|to|ne m. große Schrotkugel *f.*; ***caricare a -i*** mit grobem Schrot laden; ***sparare a -i*** mit grobem Schrot schießen.

pal|lia|ti|vo I agg. FARM. palliativ, schmerzlindernd **II** m. **1** FARM. Palliativum *n.*, Linderungsmittel *n.* **2** FIG. Trostpflaster *n.*

pal|lia|to agg. LETT. das Pallium tragend: ***statua -a*** das Pallium tragende Statue.

pal|li|da|men|te avv. blass, bleich. **pal|li|dez|za** f. Blässe *f.*, Bleichheit *f.* **pal|li|dic|cio** agg. *(-ci,-ce)* blässlich.

pal|li|do agg. **1** blass, bleich: ***essere ~ in viso*** ein blasses Gesicht haben; ***cielo ~*** blasser Himmel; ***-a luna*** blasser Mond; ***~ per lo spavento*** bleich vor Schreck; ***non avere la più -a idea di qcs.*** keine blasse (*o* nicht die blasseste) Ahnung von etw. haben **2** *(di colore)* zart-; ***azzurro, giallo, rosa ~*** zartblau (*o* blassblau), zartgelb, zartrosa ◆ ***~ come un morto*** totenblass (*o* leichenblass); ***i pellerossa e i visi -i*** die Rothäute und die Bleichgesichter. **pal|li|duc|cio** agg. *(-ci,-ce)* blässlich.

pal|li|na f. **1** kleine Kugel *f.*, Kügelchen *n.* **2** *(bilia)* Murmel *f.*: ***giocare a -e*** mit Murmeln spielen ◆ ***~ di gelato*** Eiskugel *f.*; ***~ (dell'albero) di Natale*** Weihnachtskugel *f.*; ***~ da ping-pong*** Tischtennisball *m.*; ***~ della roulette*** Roulettekugel *f.*; ***~ da tennis*** Tennisball *m.*; ***~ termicida*** Mottenkugel *f.*; ***~ di vetro*** Glaskugel *f.* (*o* Glasmurmel *f.*).

pal|li|no m. **1** *(nel biliardo e nelle bocce)* Zielkugel *f.*, Setzkugel *f.* **2a** FIG. COLLOQ. *(mania)* Fimmel *m.*, fixe Idee *f.*; ***ha il ~ delle auto*** er hat einen Autofimmel; ***~ della moda, della pulizia*** Mode-, Sauberkeitsfimmel *m.* (*o* Putzfimmel *m.*) **b** *(hobby)* Lieblingsbeschäftigung *f.*: ***ha il ~ della pesca*** Fischen ist seine Lieblingsbeschäftigung **3** pl. VENAT. *(proiettile)* Schrot *m.*, Schrotkugel *f.*: ***una scarica di -i*** eine Ladung Schrot; ***sparare a -i*** mit Schrot schießen **4** pl. *(pois)* Tupfen *pl.*; ***un vestito a -i rossi*** ein rot getupftes Kleid ◆ ***carica a -i*** Schrotladung *f.*; ***cartuccia a -i*** Schrotpatrone *f.*; ***fucile a -i*** Schrotflinte *f.*; ***~ di piombo*** Bleischrot *m.*; ***tiro a -i*** Schrotschuss *m.*

pal|lio m. *(-li)* Pallium *n.*

pal|li|sta m. e f. *(-i,-e)* VOLG. **1** Flunkerer *m.* **2** *(fanfarone)* Aufschneider *m.*

pal|lo|na|io m. *(-ai)*, **pal|lo|na|ro** m. COLLOQ. **1** Luftballonverkäufer *m.* **2** REGION. SCHERZ. Aufschneider *m.*

pal|lo|na|ta f. **1** Schuss *m.* (eines Balls); ***ricevere una ~ in faccia*** einen Ball ins Gesicht bekommen **2** FIG. COLLOQ. Lüge *f.*, Märchen *n.*

pal|lon|ci|no m. **1** Luftballon *m.*: ***far volare i -i*** Luftballons aufsteigen lassen **2** *(lampioncino)* kleiner Papierlampion *m.* **3** *(per la prova dell'alcol)* Prüf-, Pusteröhrchen *n.*; COLLOQ. ***fare la prova del ~*** in die Tüte blasen müssen ◆ ***maniche a ~*** Puffärmel *pl.*

pal|lo|ne m. **1** Ball *m.*, Ballon *m.*: ***calciare, respingere (o parare), stoppare il ~*** den Ball kicken, ab‿wehren (*o* halten), stoppen **2** ***~ aerostatico*** Freiballon *m.*, Ballon *m.*: ***un viaggio in ~*** eine Reise im Ballon ◆ ***~ da calcio*** Fußball *m.*; ***~ di cuoio*** Lederball *m.*; AER. ***~ frenato*** Fesselballon *m.*; ***giocare al ~*** Fußball spielen; ***gioco del ~*** Fußballspiel *n.*; FIG. ***gonfiarsi come un ~*** sich auf‿blasen; FIG. COLLOQ. ***~ gonfiato*** aufgeblasener Kerl; COLLOQ. ***essere nel ~*** = vollkommen verwirrt (*o* durcheinander) sein; ***andare nel ~*** alles durcheinander bringen (*o* ins Schleudern geraten); ***mandare qcn. nel ~*** jdn ins Schleudern bringen; ***~ da pallamano*** Handball *m.*; ***~ da pallanuoto*** Wasserball *m.*; ***~ da pallavolo*** Volleyball *m.*; ***partita di ~*** Fußballspiel *n.*; ***~ da rugby*** Rugbyball *m.*; MIL. ***sbarramento di -i*** Ballonsperre *f.*; ***~ sonda*** Versuchsballon *m.* (*o* Radiosonde *f.*); COLLOQ. ***avere la testa come un ~*** den Kopf voll haben; COLLOQ. ***fare la testa come un ~ a qcn.*** jdn voll schwatzen; ***~ di vetro*** Glaskolben *m.*

pal|lo|net|to m. Flugball *m.*, Lob *m.*, Heber *m.*

pal|lo|re m. Blässe *f.*; ***~ mortale, cadaverico*** Totenblässe *f.*, Leichenblässe *f.*

pal|lo|so agg. COLLOQ. stinklangweilig.

pal|lot|to|la f. **1** *(piccola palla)* Kügelchen *n.*: ***fare -e di carta*** Papierkügelchen drehen **2** *(proiettile)* Geschosskugel *f.*, Kugel *f.*: ***colpito da una ~ vagante*** von einer verirrten Kugel getroffen; ***le -e sibilano nell'aria*** die Kugeln pfeifen durch die Luft ◆ ***~ di carta*** Papierkügelchen *n.*; ***~ dum dum*** Dumdumgeschoss *n.*; ***~ esplosiva*** Sprenggeschoss *n.*; ***~ di fucile*** Gewehrkugel *f.*; ***perforare con -e*** durch‿schießen; ***pioggia di ~*** Kugelhagel *m.*; ***~ di piombo*** Bleikugel *f.*; ***~ di pistola*** Pistolenkugel *f.*; ***sparare a ~*** scharf schießen; ***~ tracciante*** Leuchtspurgeschoss *n.*; SCHERZ. ***volavano le -e*** die Luft war eisenhaltig.

pal|lot|to|lie|re m. Rechenbrett *n.*

1.pal|ma f. **1** ANAT. Handteller *m.*, Handfläche *f.*: ***rivolgere le -e all'insù*** die Handflächen nach oben drehen; ***giungere le -e*** die Hände falten **2** ZOOL. Schwimmhaut *f.* ◆ ***portare qcn. in ~ di mano*** jdn auf Händen tragen.

2.pal|ma f. **1** BOT. Palme *f.* **2** FIG. *(vittoria)* Siegespalme *f.*, Palme *f.*: ***ottenere, riportare la ~*** die Siegespalme davon‿tragen; ***gli spetta la ~*** ihm gebührt die Palme ◆ ***~ della cera*** Karnaubapalme *f.*; ***~ da cocco*** Kokospalme *f.*; ***cuori di ~*** Palmherzen *pl.*; ***~ da datteri*** Dattelpalme *f.*; ***domenica delle -e*** Palmsonntag *m.*; ***~ dum*** Dumpalme *f.*; ***foglia di ~*** Palmblatt *n.*; RELIG. ***~ del martirio*** Märtyrerkrone *f.*; ***~ nana*** Zwergpalme *f.*; ***~ da olio*** Ölpalme *f.*; ***olio di ~*** Palmöl *n.* (*o* Palmfett *n.*); ***~ d'oro (di Cannes)*** Goldene Palme; ***ramo di ~*** Palmwedel *m.*; RELIG. Palmzweig *m.*; ***~ reale*** Königspalme *f.*; ***seme di ~*** Palmkern *m.*; ***varietà di ~*** Palmenart *f.*

pal|ma|ce|e f.pl. Palmen *pl.*

pal|ma|re agg. **1** ANAT. Hand-: ***muscolo ~*** Handmuskel *m.* **2** FIG. *(evidente)* klar und deutlich: ***una verità ~*** eine offenkundige Wahrheit.

pal|ma|to agg. **1** ZOOL. Schwimm-: ***piede ~*** Schwimmfuß *m.* **2** BOT. gefingert: ***foglia -a*** gefingertes Blatt.

pal|men|to m. **1a** *(macina)* Mühlstein *m.* **b** *(mulino)* Mühle *f.* **2** *(vasca dell'uva)* Kelterwanne *f.* ◆ ***mangiare a quattro -i*** wie ein Scheunendrescher essen.

pal|me|to m. Palmenhain *m.*

pal|mi|pe|de I agg. Schwimm-: ***uccello ~*** Schwimmvogel *m.* **II** m. Schwimmvogel *m.*

pal|mi|zio m. *(-zi)* Palme *f.*; ***serra di -zi*** Palmenhaus *n.*

pal|mo m. **1a** *(distanza)* Handbreit *f.*: ***è caduto un ~ di neve*** es ist eine Handbreit Schnee gefallen **b** *(misura modesta)* ***alto due -i*** zwei Spannen hoch; ***possedere un ~ di terra*** einen Streifen Land besitzen **2** COLLOQ. *(palma della mano)* Handteller *m.*, Handfläche *f.* ◆ ***(a) ~ a ~*** Schritt für Schritt; ***conoscere un luogo (a) ~ a ~*** einen Ort wie seine Westentasche kennen; ***perlustrare qcs. ~ a ~*** etw. Zoll für Zoll durchsuchen; ***non cedere nemmeno di un ~*** keine Handbreit weichen; ***grande un ~*** handgroß; ***largo un ~*** handbreit; ***lungo un ~*** handlang; ***profondo un ~*** knöcheltief; ***rimanere con un ~ di naso*** in die Luft (*o* in den Mond) gucken; ***non riuscire a vedere a un ~ dal naso*** die Hand nicht vor den Augen sehen können.

pa|lo m. **1a** Pfahl *m.*: ***piantare un ~*** einen Pfahl ein‿schlagen; ***conficcare un ~ nel terreno*** einen Pfahl in den Boden rammen; ***legare la bicicletta a un ~*** das Fahrrad an einen Pfahl schließen **b** *(pilone)* Mast *m.* **2a** *(calcio)* Pfosten *m.*, Torpfosten *m.*: ***colpire (o prendere) il ~*** den Pfosten treffen **b** *(tiro contro il palo)* Pfostenschuss *m.* **3** GERG. Schmiere *f.*: ***fare il ~*** Schmiere stehen ◆ *(nell'ippica)* ***~ di arrivo*** Zielpfosten *m.*; ***diritto come un ~*** kerzengerade; *(nel calcio)* ***fare ~*** den Pfosten treffen; ***restare fermo al ~*** = nicht starten; ***~ di fondazione*** Fundierungspfahl *m.*; ***saltare di ~ in frasca*** vom Hundertsten ins Tausendste kommen (*o* vom Hölzchen aufs Stöckchen kommen); ***incrocio dei -i*** Lattenkreuz *n.*; ***~ della luce*** Lichtmast *m.*; ***~ di ormeggio*** Duckdalben *m.*; *(nell'ippica)* ***~ di partenza*** Startpfosten *m.*; *(nel calcio)* ***~ della porta*** Torpfosten *m.*; ***~ di recinto*** Zaunpfahl *m.*; ***restare al ~*** = eine gute Gelegenheit verpassen; ***~ di sostegno*** Stützpfahl *m.*; *(nel calcio)* ***stare fra i -i*** zwischen den Pfosten stehen; ***supplizio del ~*** Pfählen *n.*; ***~ del telegrafo*** Telegrafenmast *m.*; ***~ della tenda*** Zeltstange *f.*; ***~ della tortura*** Marterpfahl *m.*

pa|lom|ba f. REGION. Holztaube *f.*

pa|lom|ba|ro m. Taucher *m.* ◆ ***casco da ~*** Taucherhelm *m.*

pa|lom|bo m. **1** ITTIOL. Glatthai *m.* **2** ORNIT. REGION. Ringeltaube *f.*

pal|pa|bi|le agg. **1** tastbar, palpabel **2** *(evidente)* handgreiflich, offensichtlich, deutlich: ***prova ~*** handgreiflicher Beweis; ***errore ~*** deutlicher Fehler. **pal|pa|bi|li|tà** f. **1** Tastbarkeit *f.* **2** *(evidenza)* Deutlichkeit *f.*

pal|pa|men|to m. Betasten *n.* **pal|pa|re** tr. **1** befühlen, betasten: ***~ una stoffa*** einen Stoff befühlen **2** MED. palpieren, ab‿tasten: ***~ il fegato*** die Leber abtasten. **pal|pa|ta** f. Betasten *n.* ◆ ***dare una ~ a qcn.*** jdn betatschen. **pal|pa|zio|ne** f. **1** Betasten *n.* **2** MED. Palpation *f.*

pal|pe|bra f. Lid *n.*, Augenlid *n.*: ***abbassare le -e*** die Augenlider senken; ***sbattere le -e*** mit den Lidern flattern; ***le -e si appesantiscono*** die Lider werden schwer ◆ ***~ inferiore*** Oberlid *n.*; ***~ superiore*** Unterlid *n.* **pal|pe|bra|le** agg. Lid-: ***orlo ~*** Lidrand *m.*; ***rima ~*** Lidspalte *f.*

pal|peg|gia|men|to m. Befühlen *n.*, Betasten *n.* **pal|peg|gia|re** tr. *(palpeggio, palpeggi)* befühlen, betasten.

pal|pi|tan|te agg. **1** schlagend, klopfend: ***cuore ~ (di gioia)*** (vor Freude) schlagendes Herz **2** *(che si muove, sussultante)* zuckend: ***membra ancora -i*** noch zuckende Glieder **3** *(fremente)* bebend: ***~ di amore*** vor Liebe bebend ◆ ***di ~ attualità*** von brennender Aktualität.

pal|pi|ta|re intr. *(palpito; aus. avere)* **1** *(pulsare)* schlagen, pochen: ***il cuore palpita*** das Herz pocht **2** *(avere il batticuore)* Herzklopfen haben **3** *(fremere)* beben: ***~ di desiderio, di paura*** vor Verlangen, Angst beben. **pal|pi|ta|zio|ne** f. **1** MED. Palpitation *f.* **2** *(agitazione)* Erregung *f.*

pal|pi|to m. **1** Herzschlag *m.*: ***-i frequenti*** beschleunigter Herzschlag **2** *(fremito)* Beben *n.* **3** *(agitazione)* Erregung *f.* ◆ ***~ d'amore*** Liebeserregung *f.*; ***~ di gioia*** Regung *f.* der Freude.

pal|po m. ZOOL. Palpe *f.*

pal|tò m.inv. Wintermantel *m.*, Mantel *m.* **pal|ton|ci|no** m. **1** Kindermantel *m.* **2** *(soprabito femminile)* Damenmantel *m.*

pa|lu|da|men|to m. **1** STOR. Paludamentum *n.* **2** *(manto)* festlicher Überwurf *m.* **3** pl. *(ornamenti stilistici sovrabbondanti)* Schwulst *m.*

pa|lu|da|re I tr. **1** einen Überwurf um‿legen **2** festlich kleiden **II** pronom. **paludarsi** sich heraus‿putzen, sich festlich kleiden. **pa|lu|da|to** p.pass. agg. **1** → **paludare 2** feierlich (*o* festlich) gekleidet, herausgeputzt **3** *(ampolloso)* schwülstig: ***stile ~*** schwülstiger Stil.

pa|lu|de f. Sumpf *m.*, Moor *n.*: ***prosciugare una ~*** einen Sumpf trocken‿legen; ***bonificare una ~*** ein Moor urbar machen; FIG. ***la ~ del vizio, della corruzione*** der Sumpf des Lasters, der Korruption.

pa|lu|di|co|lo agg. Sumpf-: ***pianta -a*** Sumpfpflanze *f.*

pa|lu|di|smo m. Malaria *f.*

pa|lu|do|so agg. Sumpf-, Moor-, sumpfig, moorig: ***terreno ~*** Sumpfboden *m.*, Moorboden *m.*; ***zona -a*** mooriges Gebiet (*o* Sumpfgebiet *n.*) ◆ ***diventare ~*** versumpfen.

pa|lu|stre agg. Sumpf-, Moor- ◆ ***canna ~*** Ried *n.*; ***paesaggio ~*** Moorlandschaft *f.*, Moorboden *m.*; ***pianta ~*** Sumpfpflanze *f.*; ***regione ~*** Moorland *n.*; ***terreno ~*** Moorboden *m.*

pam|pa f. Pampa *f.*

pam pam inter. INFANT. piff, paff.

pam|phlet [pam'flɛ] m.inv. Pamphlet *n.*, Streitschrift *f.*: ***scrivere un ~ contro qcn.*** ein Pamphlet gegen jdn schreiben. **pam|phlet|ti|sta** m. e f. *(-i,-e)* Pamphletist *m.* (-in *f.*). **pam|phlet|ti|sti|co** agg. *(-ci,-che)* pamphletistisch.

pam|pi|no m. Weinblatt *n.*

Pan n.pr.m. Pan *m.* ◆ ***flauto di ~*** Panflöte *f.*

pa|na|ce|a f. Allheilmittel *n.*, Panazee *f.*

pa|na|fri|ca|no agg. panafrikanisch. **pa|na|fri|ca|ni|smo** m. Panafrikanismus *m.*

pa|na|ma m.inv. Panamahut *m.*

Pa|na|ma n.pr.f. Panama *n.* ◆ ***canale di ~*** Panamakanal *m.*; ***istmo di ~*** Landenge *f.* von Panama. **pa|na|me|gno I** agg. panamaisch **II** m. Panamaer *m.* **pa|na|men|se I** agg. panamaisch **II** m. e f. Panamaer *m.* (-in *f.*).

pa|na|me|ri|ca|ni|smo m. Panamerikanismus *m.* **pa|na|me|ri|ca|no** agg. panamerikanisch.

pa|na|ra|bi|smo m. panarabische Bewegung *f.*, Panarabismus *m.* **pa|na|ra|bo** agg. panarabisch.

pa|na|re tr. panieren: ***~ una cotoletta*** ein Kotelett panieren.

pa|na|sia|ti|co agg. *(-ci,-che)* panasiatisch.

pa|na|te|ne|e f.pl. Panathenäen *pl.*

pan|ca f. *(-che)* Bank *f.* ◆ ***~ ad angolo*** Eckbank *f.*; ***~ della chiesa*** Kirchenbank *f.*; ***~ da giardino*** Gartenbank *f.*; ***(stare a) scaldare le -che*** erfolglos die Schulbank drücken; *(oziare)* auf der faulen Haut liegen.

pan|cac|cio m. *(-ci)* Pritsche *f.*, Bank *f.*

pan|car|ré m.inv. Toastbrot *n.*

pan|ce|ra → **panciera.**

pan|cet|ta f. **1** Bauchspeck *m.*, Bauchfleisch *n.*: ***~ affumicata*** geräucherter Speck **2** *(pancia)* Bäuchlein *n.*: ***metter su ~*** ein Bäuchlein an‿setzen; ***avere la ~*** ein Bäuchlein haben ◆ COLLOQ. ***smaltire la ~*** ab‿specken.

pan|chet|ta f., **pan|chet|to** m. **1** Schemel *m.* **2** *(poggiapiedi)* Fußbank *f.*

pan|chi|na f. **1a** Bank *f.*: ***sedersi su una ~*** sich auf eine Bank setzen **b** *(di parco)* Parkbank *f.* **c** *(da giardino)* Gartenbank *f.* **2a** SPORT Reservebank *f.*, Ersatzbank *f.*, Bank *f.*, Reserve *f.*: ***stare in ~*** auf der Reservebank sitzen; ***essere lasciato in ~*** als Reserve(spieler) aufgestellt (*o* nominiert) sein; ***fare ~*** auf der Reservebank sitzen; ***avere una ~ lunga, corta*** = viele, wenige Auswechselspieler haben **b** *(allenatore)* Trainer *m.*: ***gli ordini, le decisioni della ~*** die Anweisungen, die Entscheidungen des Trainers; ***sedere sulla ~ di una squadra*** = Trainer einer Mannschaft sein.

pan|chi|na|ro m. GERG. Auswechselspieler *m.*, Ersatzspieler *m.* ◆ ***fare il ~*** auf der Reservebank sitzen.

pan|cia f. *(-ce)* **1** Bauch *m.*: ***~ grossa*** dicker Bauch; ***la ~ di una bottiglia*** der Bauch einer Flasche **2** *(rotondità)* Rundung *f.*: ***la ~ della (lettera) a*** die Rundung des a ◆ ***avere la ~*** einen Bauch haben; ***dolori di ~*** Bauchschmerzen *pl.*; *(di muro)* ***far (la) ~*** sich wölben; ***a ~ in giù*** auf dem Bauch; ***dormire a ~ in giù*** auf dem Bauch schlafen; ***grattarsi la ~*** auf der faulen Haut liegen; ***mal di ~*** Bauchschmerzen *pl.*; ***avere mal di ~*** Bauchschmerzen haben; ***ho mal di ~*** mir tut der Bauch weh; ***mettere su ~*** einen Bauch an‿setzen; ***la ~ di una nave*** der Schiffsbauch; ***avere la ~ piena*** einen vollen Bauch haben; ***~ prominente*** vorstehender Bauch *m.*; ***riempirsi la ~*** sich den Bauch voll schlagen; ***stare a ~ all'aria*** auf der faulen Haut liegen; ***a ~ in su*** auf dem Rücken; ***dormire a ~ in su*** auf dem Rücken schlafen; ***tenersi la ~ per le risa*** sich vor Lachen den Bauch halten; ***stare a ~ a terra*** auf dem Bauch liegen; ***tirare in dentro la ~*** den Bauch ein‿ziehen; ***avere la ~ vuota*** einen leeren Bauch haben (*o* nichts im Bauch haben).

pan|cia|ta f. **1** Bauchklatscher *m.*: ***prendere una ~*** einen Bauchklatscher machen **2** *(scorpacciata)* Fresserei *f.*

pan|cie|ra f. Leibbinde *f.*, Bauchbinde *f.*

pan|ci|no m. Bäuchlein *n.*

pan|ciol|le REGION. ***stare in ~*** auf der faulen Haut liegen.

pan|cio|ne m. **1** *(persona grassa)* Dicke *m.*, Dickwanst *m.* **2** *(pancia grossa)* dicker Bauch *m.* **3** *(di donna incinta)* ***avere il ~*** (hoch)-schwanger sein.

pan|ciot|to m. Weste *f.* ◆ ***taschino del ~*** Westentasche *f.*

pan|ciu|to agg. **1** mit Bauch; ***persona -a*** dickbäuchiger Mensch **2** *(di cose)* bauchig: ***vaso ~*** bauchige Vase; ***bottiglia -a*** bauchige Flasche.

pan|co|ne m. **1** Bohle *f.* **2** *(banco di lavoro)* Werkbank *f.* **3** MUS. Windlade *f.*

pan|cot|to m. Brotsuppe *f.*

pan|cra|zio m. *(-zi)* Pankration *n.*

Pan|cra|zio n.pr.m. Pankratius *m.*, Pankraz *m.*

pan|cre|as m.inv. Bauchspeicheldrüse *f.*, Pankreas *n.*

pan|cre|a|ti|co agg. *(-ci,-che)* Pankreas-, Bauchspeicheldrüsen-: ***succo ~*** Bauchspeichel *m.* (*o* Pankreassekret *n.*). **pan|cre|a|ti|na** f. Pankreatin *n.* **pan|cre|a|ti|te** f. Pankreatitis *f.*

pan|cri|stia|no agg. gesamtchristlich.

pan|cro|ma|ti|co agg. *(-ci,-che)* panchromatisch.

pan|da m.inv. **1** ***~ gigante*** Bambusbär *m.*, Panda *m.* **2** ***~ minore*** Katzenbär *m.*, Panda *m.*

pan|da|no m. Schraubenbaum *m.*, Schraubenpalme *f.*

pan|de|mi|a f. Pandemie *f.* **pan|de|mi|co** agg. *(-ci,-che)* pandemisch.

pan|de|mo|nio m. *(-ni)* Höllenspektakel *m.*, Höllenlärm *m.* ◆ ***qui si è scatenato il ~*** hier ist der Teufel los.

pan|det|te f.pl. Pandekten *pl.*

pan|di|spa|gna m.inv. INTRAD. (Kuchen aus Sandteig).

pan|dit m.inv. Biskuit(teig) *m.*

Pan|do|ra n.pr.f. Pandora *f.* ◆ ***il vaso di ~*** die Büchse der Pandora.

pan|do|ro m. INTRAD. (italienischer Weihnachtskuchen).

1.pa|ne m. **1** Brot *n.*: ***infornare, sfornare il ~*** das Brot in den Ofen schieben, aus dem Ofen holen; ***cuocere il ~*** Brot backen; ***~ fresco, raffermo, stantio, secco*** frisch gebackenes, altbackenes, altes, trockenes Brot; ***un pezzo (o tozzo) di ~*** ein Stück Brot; ***una fetta di ~*** eine Scheibe Brot; ***tre chili di ~*** drei Kilo Brot **2a** *(pezzo)* Stück *n.*, Päckchen *n.*, Laib *m.*: ***un ~ di burro*** ein Päckchen Butter **b** *(lingotto)* Barren *m.* ◆ ***tenere qcn. a ~ e acqua*** jdn bei Wasser und Brot halten; ***albero del ~*** Brotfruchtbaum *m.*; ***~ azzimo*** ungesäuertes Brot (*o* Matze *f.*, Matzen *m.*); ***~ bianco*** Weißbrot *n.*; ***~ biscottato*** Zwieback *m.*; ***levare a qcn. il ~ di bocca*** jdm noch das Hemd aus‿ziehen; ***levarsi, togliersi il ~ di bocca*** sich das Brot (*o* jeden Bissen) vom Mund ab‿sparen; ***essere buono come il ~*** herzensgut sein; ***essere come ~ e cacio*** ein Herz und eine Seele sein; ***~ a cassetta*** Kastenbrot *n.*; ***non è ~ per i tuoi denti*** das ist nicht dein Fall; ***trovar ~ per i propri denti*** an etw. (D) zu kauen haben; ***rendere pan per focaccia*** Gleiches mit Gleichem vergelten; ***pan grattato*** Paniermehl *n.*, REGION. Semmelbrösel *pl.*; ***guadagnarsi***

il ~ sich sein Brot verdienen; ***impastare il ~*** den Brotteig kneten; ***~ al latte*** Milchbrot *n.*; ***lungo quanto un giorno senza ~*** = unerträglich lang; ***mancare il ~*** nichts zu essen haben; ***~ di metallo*** Metallbarren *m.*; ***~ misto*** Mischbrot *n.*; ***misurare il ~ a qcn.*** jdn kurz halten; ***~ nero*** Schwarzbrot *n.*; ***pasta di ~*** Brotteig *m.*; ***pan pepato*** Pfefferkuchen *m.*; ***il nostro ~ quotidiano*** unser tägliches Brot; ***distinguere il pan dai sassi*** die Spreu vom Weizen trennen; ***~ di segale*** Roggenbrot *n.*; ***~ di semola*** Weizengrießbrot *n.*; ***~ di Spagna*** INTRAD. (Kuchen aus Sandteig); ***~ di terra*** Erdballen *m.*; ***mangiare ~ a tradimento*** schmarotzen; ***vendere qcs. per un tozzo di ~*** etw. für einen Apfel und ein Ei verkaufen; ***mangiare il ~ a ufo*** ein Tagedieb sein; ***dire ~ al ~ e vino al vino*** das Kind beim rechten Namen nennen; ***pan di zucchero*** Zuckerhut *m.*; PROV. ***se non è zuppa è pan bagnato*** = das sind nur verschiedene Seiten der gleichen Sache; ***non di solo ~ vive l'uomo*** der Mensch lebt nicht vom Brot allein.

2.pa|ne m. MECC. Gewinde *n.*

pa|ne|gi|ri|co m. *(-ci)* **1a** STOR. Panegyrikus *m.*, Lobgedicht *n.* **b** *(in onore di un santo)* Lobrede *f.* auf einen Heiligen **2** FIG. Loblied *n.*, Lobrede *f.*: ***fare, intessere il ~ di qcn.*** ein Loblied auf jdn an‿stimmen. **pa|ne|gi|ri|sta** m. e f. *(-i,-e)* **1** Panegyriker *m.* **2** FIG. Lobredner *m.* (-in *f.*).

pa|nel|le|ni|co agg. *(-ci,-che)* panhellenisch, allgriechisch: ***feste -che*** panhellenische Feste. **pa|nel|le|ni|smo** m. Panhellenismus *m.*

pa|nel|lo m. Ölkuchen *m.*, Presskuchen *m.*

pa|ne|rec|cio → **patereccio.**

pa|net|te|ri|a f. Bäckerei *f.*, Bäckerladen *n.* **pa|net|tie|re** m. Bäcker *m.* ◆ ***andare dal ~*** zur Bäckerei gehen.

pa|net|to m. **1** Päckchen *n.*: ***~ di burro*** ein Päckchen Butter **2** TEATR. Beifall *m.* auf offener Bühne.

pa|net|to|ne m. INTRAD. (traditioneller italienischer Weihnachtskuchen).

pa|neu|ro|pe|o agg. paneuropäisch.

pan|fi|lo m. **1** Jacht *f.*, Yacht *f.* **2** STOR. *(nave da guerra)* Kriegsgaleere *f.*

pan|flet|ti|sta m. e f. *(-i,-e)* Pamphletist *m.* (-in *f.*). **pan|flet|ti|sti|co** agg. *(-ci,-che)* pamphletistisch.

pan|for|te m. INTRAD. (Mandel- und Früchtebrot aus Siena).

pan|ger|ma|ne|si|mo, pan|ger|ma|ni|smo m. Pangermanismus *m.* **pan|ger|ma|ni|sta** m. e f. *(-i,-e)* Pangermanist *m.* (-in *f.*). **pan|ger|ma|ni|sti|co** agg. *(-ci,-che)* pangermanistisch, alldeutsch.

pan|go|li|no m. Schuppentier *n.*

pan|grat|ta|to m. Paniermehl *n.*, REGION. Semmelbrösel *pl.*

pa|nia f. **1** Vogelleim *m.* **2** FIG. *(allettamento, lusinga)* Verlockung *f.*; ***cadere nella ~ di qcn.*** jdm auf den Leim gehen.

1.pa|ni|co I agg. *(-ci,-che)* **1** panisch, panikartig: ***timor ~*** panische Angst **2** LETT. *(della natura)* Natur-: ***poesia -a*** Naturhymnik *f.* **II** m. *(-ci)* Panik *f.*: ***creare, scatenare il ~*** Panik erzeugen, aus‿lösen; ***essere colto da ~*** von Panik ergriffen werden; ***il ~ esplose*** (die) Panik brach aus; ***il ~ lo sopraffece*** Panik überkam ihn; ***farsi prendere dal ~*** in Panik geraten.

2.pa|ni|co m. *(-chi)* BOT. Kolbenhirse *f.*

pa|nie|ra f. Korb *m.*, Tragkorb *m.* **pa|nie|ra|ta** f. Korb *m.* (voll): ***una ~ di ciliege*** ein Korb (voll) Kirschen.

pa|nie|re m. **1a** Korb *m.*: ***un ~ colmo di frutta*** ein Korb voll Obst; ***un ~ pieno di funghi, di uova*** ein Korb voller Pilze, Eier **b** *(quantità)* Korb *m.* voll **2** ECON. Warenkorb *m.*: **3** MECC. Trommel *f.*: ***~ di centrifuga*** Schleudertrommel *f.* ◆ ***~ monetario*** Währungskorb *m.*; ***punto ~*** Korbmuster *n.*; ***~ della spesa*** Einkaufskorb *m.*; ***rompere le uova nel ~ a qcn.*** jdm einen Strich durch die Rechnung machen; ***~ delle valute*** Währungskorb *m.* **pa|nie|ri|no** m. Körbchen *n.*

pa|ni|fi|ca|re *(panifico, panifichi)* **I** tr. zu Brot verbacken **II** intr. (aus. *avere*) Brot backen. **pa|ni|fi|ca|to|re** m. Bäcker *m.*, Brotbäcker *m.* **pa|ni|fi|ca|zio|ne** f. Brotbacken *n.*

pa|ni|fi|cio m. *(-ci)* **1** *(negozio)* Bäckerei *f.* **2** *(stabilimento)* Brotfabrik *f.*

pa|ni|for|te m. Tischlerplatte *f.*

pa|ni|no m. Brötchen *n.*, REGION. Semmel *f.*: ***farsi un ~*** sich ein Brötchen machen; ***spalmare un ~ di marmellata*** ein Brötchen mit Marmelade bestreichen; ***~ imbottito*** belegtes Brötchen ◆ ***~ al formaggio*** Käsebrötchen *n.*; ***~ imburrato*** Butterbrötchen *n.*; ***~ al latte*** Milchbrötchen *n.*; ***~ all'olio*** Brötchen aus Ölteig; ***~ con semi di papavero*** Mohnbrötchen *n.*; ***~ al prosciutto*** Schinkenbrötchen *n.*; ***~ al salame*** Salamibrötchen *n.*; ***~ con salsiccia*** Wurstbrot *n.*; ***~ di segale*** Roggenbrötchen *n.*

pa|ni|no|te|ca f. *(-che)* = Lokal *n.*, in dem hauptsächlich belegte Brötchen verkauft werden.

pa|nio|ne m. Leimrute *f.*

pa|ni|sla|mi|co agg. *(-ci,-che)* panislamisch: ***conferenza -a*** panislamische Konferenz. **pa|ni|sla|mi|smo** m. Panislamismus *m.*

pan|lo|gi|smo m. Panlogismus *m.*

1.pan|na f. Sahne *f.*, REGION. Rahm *m.*, Obers *n.*: ***~ acida*** saure Sahne, REGION. Sauerrahm *m.*; ***montare la ~*** die Sahne schlagen; ***caffè, gelato con ~*** Kaffee, Eis mit Sahne ◆ ***torta alla ~*** Sahnetorte *f.*; *(come condimento)* ***alla ~*** in Sahnesoße; ***color ~*** naturweiß, cremeweiß; ***~ cotta*** INTRAD. (Art Sahnepudding); ***~ da cucina*** = dicke Sahne (zum Kochen); ***~ liquida*** flüssige Sahne *f.*; ***~ montata*** Schlagsahne *f.*

2.pan|na f. MAR. Beidrehen *n.* ◆ ***mettere in ~*** bei‿drehen.

pan|ne m.inv. Panne *f.*: ***essere in ~*** eine Panne haben.

pan|neg|gia|men|to m. **1** Drapierung *f.* **2** PITT. Faltenwurf *m.* **pan|neg|gia|re** intr. *(panneggio, panneggi*; aus. *avere)* drapieren. **pan|neg|gia|to I** p.pass. agg. **1** → **panneggiare 2** drapiert **II** m. → **panneggio.**

pan|neg|gio m. *(-gi)* **1** Drapierung *f.* **2** PITT. Faltenwurf *m.*

pan|nel|lo m. **1** Tafel *f.*, Brett *n.*, Platte *f.*, Paneel *n.* **2** EDIL. Feld *n.* **3** ART. Paneel *n.* ◆ ***~ acustico*** Schallbrett *n.* ; ***~ per affissioni*** Anschlagbrett *n.*; ***~ di comando*** Armaturenbrett *n.*, Schaltbrett *n.* (*o* Schalttafel *f.*); ***~ di controllo*** Schalttafel *f.*; ***~ insonorizzante*** Dämmplatte *f.*; ***~ isolante*** Isolierplatte *f.*; ***~ di legno*** Holztafel *f.*; ***~ portastrumenti*** Armaturenbrett *n.* (*o* Instrumententafel *f.*); EL. ***~ di prese*** Steckbrett *n.*; ***~ radiante*** Plattenheizkörper *m.*; ***~ solare*** Sonnenkollektor *m.*; *(di satellite)* Sonnensegel *n.*

pan|ni|cel|lo m. Tuchlappen *m.*, Lappen *m.* ◆ ***-i caldi*** warme Umschläge; FIG. Trostpflaster *n.*

pan|ni|co|lo m. Gewebe *n.*: ***~ adiposo*** Unterhautfettgewebe *n.*

pan|no m. **1** *(tessuto)* Wollstoff *m.* **2** *(pezzo di stoffa)* Lappen *m.*, Tuch *n.*: ***coprire qcs. con un ~*** etw. mit einem Tuch bedecken **3** pl. Wäsche *f.*, Kleider *pl.*: ***lavare i -i*** die Wäsche waschen ◆ ***bianco come un ~ lavato*** totenblass (*o* kreideweiß); ***cappotto di ~*** Wollstoffmantel *m.*; ***non vorrei essere nei suoi -i*** ich möchte nicht in seiner Haut stecken; ***-i estivi*** Sommerkleidung *f.*; ***-i invernali*** Winterkleidung *f.*; ***~ di lana*** wollenes Tuch; ***lavare i -i sporchi in famiglia*** die schmutzige Wäsche nicht vor anderen Leuten waschen; ***mettersi nei -i di qcn.*** sich in jds Lage versetzen; ***mettiti nei miei -i!*** versetz dich in meine Lage! ***~ per la polvere*** Staubtuch *n.*; ***~ per (pulire) le scarpe*** Schuhlappen *m.*; ***non stare più nei propri -i*** = außer sich vor Freude sein; ***~ per stirare*** Bügeltuch *n.*; ***tagliare i -i addosso a qcn.*** jdn durch‿hecheln;

pan|noc|chia f. **1** BOT. Rispe *f.* **2** GASTR. Maiskolben *m.*: ***-e arrostite, bollite*** geröstete, gekochte Maiskolben **3** ZOOL. Heuschreckenkrebs *m.*

pan|no|la|no m. REGION. Wolldecke *f.*

pan|no|li|no m. **1** *(per neonati)* Windel *f.*; *(con mutandina)* Höschenwindel *f.*: ***cambiare il ~ a un bambino*** dem Kind die Windeln wechseln (*o* das Kind trocken‿legen); ***mettere il ~ a un bambino*** ein Baby wickeln **2** *(assorbente)* Damenbinde *f.* **pan|no|lo|ne** m. Windel *f.* für Erwachsene.

Pan|no|nia n.pr.f. Pannonien *n.*

pa|no|plia f. **1** STOR. Rüstung *f.* **2** *(trofeo d'armi)* Waffentrophäe *f.*

pa|no|ra|ma m. **1** Panorama *n.*, Ausblick *m.*: ***~ marino, lacustre*** Ausblick aufs Meer, auf den See; ***ammirare il ~*** das Panorama (*o* den Ausblick) bewundern; ***dalla torre si gode uno splendido ~*** vom Turm aus genießt man ein herrliches Panorama **2** *(visione d'insieme)* Überblick *m.*, Übersicht *f.*, Überschau *f.*: ***tracciare un ~ di qcs.*** einen Überblick über etw. geben; ***il ~ della letteratura contemporanea*** das Panorama der zeitgenössischen Literatur **3** TEATR. Panorama *n.* ◆ ***~ complessivo*** Gesamtübersicht *f.* ***il ~ economico*** die wirtschaftliche Lage.

pa|no|ra|mi|ca f. *(-che)* **1a** FOT. Panoramafoto *n.* **b** CINEM. Panoramaaufnahme *f.* **2** *(visione d'insieme)* Überblick *m.*, Gesamtansicht *f.* **3** *(strada)* Panoramastraße *f.* **4** MED. Röntgenaufnahme *f.* des ganzen Gebisses.

pa|no|ra|mi|co agg. *(-ci,-che)* **1** Panorama-, Aussichts-: ***strada, terrazza, veduta -a*** Panoramastraße *f.*, Panoramaterrasse *f.*, Panoramablick *m.* **2** *(di visione d'insieme)* übersichtlich, umfassend ◆ ***obiettivo ~*** Panoramaobjektiv *n.*; ***rassegna -a*** Querschnitt *m.*; ***ripresa -a*** Panoramaaufnahme *f.*; ***schermo ~*** Breitwand *f.*

pan|pe|pa|to m. Pfefferkuchen *m.*

pan|psi|chi|smo m. Panpsychismus *m.*

pan|ro|man|zo agg. gesamtromanisch.

pan|sé f.inv. Stiefmütterchen *n.*

pan|ses|sua|li|smo m. Pansexualismus *m.*

pan|sla|vi|smo m. Panslawismus *m.* **pan|sla|vi|sta** m. e f. *(-i,-e)*

Panslawist *m.* (-in *f.*). **pan|sla|vi|sti|co** agg. *(-ci,-che)* panslawistisch.
pan|ta|col|lant m.pl. Leggings *pl.* **pan|ta|gon|na** f. Hosenrock *m.*
pan|ta|grue|li|co agg. *(-ci,-che)* **1** Riesen-, sehr stark; ***di dimensioni -che*** riesengroß (*o* von riesigem Ausmaß) **2** ESTENS. *(vorace)* gefräßig ◆ ***appetito ~*** Riesenhunger *m.*; ***pranzo ~*** Gelage *n.*
pan|ta|lo|na|ia f. Hosenschneiderin *f.* **pan|ta|lo|na|io** m. *(-ai)* Hosenschneider *m.*
pan|ta|lon|ci|ni m.pl. Shorts *pl.*, kurze Hose *f.* ◆ ***~ da bagno*** Badehose *f.*; ***~ da ciclista*** Radlerhosen *pl.*
pan|ta|lo|ne I pl. Hose *f.*, Hosen *pl.*: ***infilarsi i -i*** in eine Hose steigen (*o* sich eine Hose an‿ziehen); ***togliersi i -i*** sich die Hose aus‿ziehen; ***tirarsi giù i -i*** die Hosen herunter‿lassen; ***-i lunghi, stretti, di lana*** lange, enge, wollene Hose; ***un paio di -i bianchi*** eine weiße Hose **II** agg.inv. Hosen- ◆ ***-i da cavallerizzo*** Reithose *f.*; ***-i da donna*** Damenhose *f.*; ***gamba dei -i*** Hosenbein *n.*; ***gonna ~*** Hosenrock *m.*; ***gruccia da -i*** Hosenspanner *m.*; ***-i di pelle*** Lederhose *f.*; ***piega dei -i*** Bügelfalte *f.*; ***portare i -i*** Hosen tragen; FIG. die Hosen an‿haben; ***-i con risvolto*** Hosen mit Umschlag; ***-i da sci*** Skihose *f.*; ***tailleur ~*** Hosenanzug *m.*; ***-i da uomo*** Herrenhose *f.*; ***-i di velluto a coste*** Cordsamthose *f.*
Pan|ta|lo|ne n.pr.m. Pantalone *m.* ◆ ***tanto paga ~*** = du zahlst es ja nicht.
pan|ta|no m. **1** Morast *m.* **2** *(fango)* Sumpf *m.*: ***la pioggia ha reso la strada un ~*** der Regen hat die Straße in einen einzigen Sumpf verwandelt **3** FIG. Sumpf *m.*
pan|ta|no|so agg. morastig, schlammig, sumpfig.
pan|te|de|sco agg. *(-schi,-sche)* gesamtdeutsch.
pan|te|ga|na f. Wasserratte *f.*
pan|te|i|smo m. Pantheismus *m.* **pan|te|i|sta** m. e f. *(-i,-e)* Pantheist *m.* (-in *f.*). **pan|te|i|sti|co** agg. *(-ci,-che)* pantheistisch.
pan|te|on → **pantheon.**
pan|te|ra f. **1** Panther *m.*: ***~ nera*** Schwarzer Panther **2** *(donna aggressiva)* Wildkatze *f.* **3** GERG. *(macchina della polizia)* Streifenwagen *m.* der Polizei ◆ ***agile come una ~*** gewandt wie ein Panther; STOR. ***Pantere Nere*** Black Panthers; ***la Pantera*** = italienische Studentenbewegung von 1990.
pan|the|on m.inv. Pantheon *n.* (anche ESTENS.)
pan|to|don|ti|di m.pl. Schmetterlingsfische *pl.*
pan|to|fa|gi|a f. Pantophagie *f.* **pan|to|fa|go I** agg. *(-gi,-ghe)* pantophag **II** m. *(-gi)* Pantophage *m.*
pan|to|fo|la f. Pantoffel *m.*, Hausschuh *m.* ◆ ***mettersi le -e*** Pantoffeln an‿ziehen; FIG. zum Stubenhocker werden.
pan|to|fo|la|io I m. *(-ai)* Stubenhocker *m.* **II** agg. *(-ai,-aie)* Verzicht-: ***politica -a*** Verzichtpolitik *f.*
pan|to|fo|le|ri|a f. Hausschuhfabrik *f.*; *(negozio)* Geschäft *n.* für Hausschuhe.
pan|to|fo|li|na f. Schläppchen *n.*, Pantöffelchen *n.*
pan|to|gra|fo m. **1** Storchschnabel *m.*, Pantograph *m.* **2** EL. Stromabnehmer *m.*
pan|to|mi|ma f. **1a** Pantomime *f.* **b** *(genere)* Pantomimik *f.* **2** *(gesticolazione)* Gebärdensprache *f.*, Zeichensprache *f.* **3** *(messinscena)* Theater *n.*: ***non bisogna credergli, è solo una ~!*** glaube ihm nicht, es ist nur Theater! **pan|to|mi|mi|co** agg. *(-ci,-che)* pantomimisch. **pan|to|mi|mo** m. **1** Pantomime *m.* **2** *(pantomima)* Pantomime *f.*
pants [pɛnts] m.pl. Hotpants *pl.*
pan|za|na f. Lüge *f.*, Märchen *n.*: ***raccontare -e*** Märchen erzählen.
pan|za|nel|la f. INTRAD. (Brotscheiben mit Öl, Salz, Essig, Tomaten und Kräutern).
pan|za|rot|to → **panzerotto.**
pan|zer m.inv. **1** MIL. Panzer *m.* **2** FIG. *(persona molto determinata)* = jemand, der über Leichen geht.
pan|ze|rot|to m. INTRAD. (gefüllte Teigtasche).
Pa|o|la n.pr.f. Paula *f.* **Pa|o|li|na** n.pr.f. Pauline *f.*
pa|o|li|no agg. paulinisch.
Pa|o|lo n.pr.m. Paul *m.*
pa|o|lot|to m. **1** RELIG. Pauliner *m.* **2** FIG. SPREG. Frömmler *m.*
pa|o|naz|zo I agg. purpurrot **II** m. Purpurrot *n.* ◆ ***diventare ~ in viso*** einen hochroten Kopf bekommen.
pa|pa m. Papst *m.* ◆ ***andare a Roma e non vedere il ~*** in Rom gewesen sein und nicht den Papst gesehen haben; ***a ogni morte di ~*** alle Jubeljahre, alle heiligen Zeiten; ***~ nero*** Ordensgeneral *m.* der Jesuiten; ***stare come un ~*** wie Gott in Frankreich leben; ***udienza del ~*** päpstliche Audienz (*o* Audienz *f.* beim Papst); PROV. ***morto un ~ se ne fa un altro*** = niemand ist unersetzlich.
pa|pà m.inv. Papa *m.*, Vati *m.* ◆ ***festa del ~*** Vatertag *m.*; ***figlio di ~*** Vatersöhnchen *n.*
pa|pa|bi|le I agg. **1** zum Papst wählbar **2** ESTENS. wählbar **II** m. **1** Papstanwärter *m.*, Papstkandidat *m.*, Papabili *pl.* **2** ESTENS. Anwärter *m.*
pa|pa|ia f. **1** Papayafrucht *f.* **2** *(albero)* Papayabaum *m.*
pa|pa|le agg. päpstlich: ***benedizione, stemma, udienza ~*** päpstlicher Segen, päpstliches Wappen, päpstliche Audienz ◆ ***~ papale*** (*o* ***alla ~***) klipp und klar; ***gli dissi ~ papale che doveva andarsene*** ich sagte ihm klipp und klar, dass er gehen sollte.
pa|pa|li|na f. Käppchen *n.*
pa|pa|li|no I agg. päpstlich, Papst-: ***truppe -e*** päpstliche Truppen **II** m. **1** Papist *m.* **2** *(soldato)* päpstlicher Soldat *m.*
pa|pa|raz|zo m. = aufdringlicher Pressefotograf *m.*
pa|pa|ri|no m. Vati *m.*, Papi *m.*
pa|pa|to m. **1** Papsttum *n.* **2** *(dignità papale)* Papstwürde *f.*, Papat *m.* e *n.*: ***essere elevato al ~*** zur Papstwürde erhoben werden **3** *(periodo)* Amtszeit *f.* eines Papstes: ***il ~ di Paolo VI*** die Amtszeit von Papst Paul VI.
pa|pa|ve|ra|ce|e f.pl. (Gattung *f.* der) Mohngewächse *pl.*
pa|pa|ve|ri|na f. Papaverin *n.*
pa|pa|ve|ro m. **1** Mohn *m.*, Papaver *m.* **2** FIG. *(pezzo grosso)* großes Tier *n.*, hohes Tier *n.*: ***i -i della finanza*** die hohen Tiere der Finanzwelt ◆ ***~ da oppio*** Schlafmohn *m.*; ***~ selvatico*** Klatschmohn *m.*; ***seme di ~*** Mohnsamen *m.*
pa|pa|ya → **papaia.**
pa|pe|ra f. **1** junge Gans *f.* **2** *(errore)* Versprecher *m.*; ***fare, prendere una ~*** sich versprechen ◆ ***camminare a ~*** watscheln.
pa|per|back ['peipərbɛk] m.inv. Paperback *n.*
pa|pe|ri|ne f.pl. flache Schuhe *pl.*, Schuhe *pl.* mit flachem Absatz.
Pa|pe|ri|no n.pr.m. Donald Duck *m.*
pa|pe|ro m. Gänserich *m.*
Pa|pe|ro|ne n.pr.m. **1** ***zio ~*** Onkel *m.* Dagobert **2** FIG. Milliardär *m.*
pa|pes|sa f. Päpstin *f.* ◆ ***vivere come una ~*** wie eine Fürstin leben.
pa|pi|lio|na|ce|e f.pl. Schmetterlingsblütler *pl.*, Papilionaceae *pl.*
pa|pil|la f. **1** ANAT. Papille *f.* **2** BOT. Papilla *f.* ◆ ***~ gustativa*** Geschmacksknospe *f.*; ***~ ottica*** blinder Fleck. **pa|pil|la|re** agg. papillar, warzenförmig.
pa|pil|lo|ma m. *(-i)* Papillom *n.*
pa|pil|lon [-'jɔ̃] m.inv. Fliege *f.*
pa|pil|lo|so agg. papillar.
pa|pi|ro m. **1** *(pianta)* Papyrusstaude *f.* **2** *(materiale)* Papyrus *m.* **3** *(testo)* Papyrustext *m.*: ***decifrare un ~*** einen Papyrustext entziffern **4a** SCHERZ. *(scritto prolisso)* Abhandlung *f.* **b** *(lettera lunga)* Epistel *f.* ◆ ***foglio di ~*** Papyrusblatt *n.*; ***raccolta di -i*** Papyrussammlung *f.*; ***rotolo di ~*** Papyrusrolle *f.* **pa|pi|ro|lo|gi|a** f. Papyrologie *f.*, Papyruskunde *f.* **pa|pi|ro|lo|go** m. *(-gi)* Papyrologe *m.*
pa|pi|smo m. Papismus *m.* **pa|pi|sta** *(-i,-e)* **I** m. e f. Papist *m.* (-in *f.*) **II** agg. papistisch ◆ ***essere più -i del papa*** päpstlicher sein als der Papst.
pap|pa f. **1** Brei *m.* **2** *(poltiglia)* Pampe *f.*, Brei *m.* ◆ ***~ di avena*** Haferbrei *m.*; ***essere ~ e ciccia*** ein Herz und eine Seele sein; ***il risotto è diventato una ~*** der Risotto ist pampig geworden; ***mangiare la ~ in capo a qcn.*** = jdm überlegen sein; ***~ di miglio*** Hirsebrei *m.*; ***~ molle*** Waschlappen *m.*; ***~ reale*** Gelee *n.* royale; ***~ di semolino*** Grießbrei *m.*; FIG. ***trovare la ~ pronta, fatta*** alles auf einem silbernen Tablett serviert bekommen.
pap|pa|fi|co m. *(-chi)* Vorbramsegel *n.*
pap|pa|gal|le|sca|men|te avv. papageienhaft; ***ripetere qcs. ~*** etw. wie ein Papagei nach‿plappern. **pap|pa|gal|le|sco** agg. *(-schi, -sche)* papageienhaft: ***un'imitazione -a*** eine papageienhafte Nachahmung.
pap|pa|gal|li|no m. Sittich *m.*
pap|pa|gal|li|smo m. **1** *(imitazione)* Nachahmerei *f.* **2** *(l'importunare)* Anmache *f.*
pap|pa|gal|lo m. **1** Papagei *m.*: ***ripetere tutto come un ~, a ~*** alles wie ein Papagei nach‿plappern **2** *(chi importuna le donne per strada)* Anmacher *m.*; *(in Italia)* Papagallo *m.* **3** *(orinale)* Harnflasche *f.* ◆ ***becco di ~*** Papageienschnabel *m.*; ***~ cinerino*** Jako *m.*
pap|pa|gor|gia f. *(-ge)* Doppelkinn *n.*: ***avere la ~*** ein Doppelkinn haben.
pap|pa|mol|la REGION., **pap|pa|mol|le** m. e f.inv. Waschlappen *m.*
pap|par|del|la f. **1** pl. INTRAD. (Bandnudelart): ***-e al sugo di lepre*** Bandnudeln mit Hasenragout **2** COLLOQ. Litanei *f.*, Gelaber *n.*: ***non la finisce più con la sua ~*** sein Gelaber hört gar nicht mehr auf.
pap|pa|re tr. COLLOQ. **1** verschlingen **2** *(appropriarsi illecitamente)* ein‿stecken: ***s'è pappato tutti gli utili*** er hat den ganzen Gewinn eingesteckt **3** assol. *(fare guadagni illeciti)* in die eigene Tasche wirtschaften. **pap|pa|ta** f. COLLOQ. **1** Esserei *f.* **2** *(guadagno illecito)* unredlicher Gewinn *m.*

pap|pa|ta|ci m.inv. Pappatacimücke *f.* ◆ ***febbre da ~*** Pappatacifieber *n.*

pap|pa|to|re m. COLLOQ. **1** Vielfraß *m.* **2** *(scroccone)* Schmarotzer *m.* **pap|pa|to|ria** f. **1** großes Essen *n.* **2** *(guadagno illecito)* unredlicher Gewinn *m.*

pap|pi|na f. **1** Breichen *n.* **2** *(impiastro di semi di lino)* Leinsamenumschlag *m.* **3** COLLOQ. *(ramanzina)* Standpauke *f.* **4a** COLLOQ. *(cazzotto)* Boxer *m.* **b** SPORT *(tiro a rete)* = scharfer Torschuss *m.*

pap|po m. Schirm *m.*

pap|po|ne m. **1** COLLOQ. Vielfraß *m.* **2** GERG. Zuhälter *m.*

pa|pri|ca, pa|pri|ka f. Paprika *m.*

pap-test m.inv. Abstrich *m.* (zur Krebsfrüherkennung).

pa|pua I agg.inv. Papua-: ***lingue ~*** Papuasprachen **II** m. e f.inv. Papua *m.* e *f.* **pa|pua|no I** agg. papuanisch **II** m. Papua *m.*

Pa|pu|a-Nuo|va Gui|ne|a n.pr.f. Papua-Neuginea *n.*

pa|pua|so agg. e m. → **papuano.**

pa|pu|la f. Papel *f.*, Papula *f.*

par. ⇒ *paragrafo* Paragraph (Par.).

pa|ra f. Paragummi *n.* ◆ ***suola di ~*** Kreppsohle *f.*

pa|rà m.inv. Para *m.*, Fallschirmjäger *m.*

pa|ra|ba|si f. Parabase *f.*

pa|ra|bel|lum m.inv. Parabellum® *f.*, Parabellumpistole *f.*

pa|ra|bi|le agg. haltbar: ***tiro ~*** haltbarer Schuss.

pa|ra|bio|si f. Parabiose *f.*

1.pa|ra|bo|la f. **1** MAT. Parabel *f.*: ***costruire una ~*** eine Parabel konstruieren; ***il ramo di una ~*** der Ast einer Parabel **2** *(traiettoria)* Bahn *f.* **3** FIG. ***raggiungere il vertice della propria ~*** seinen Höhepunkt erreichen; ***essere in ~ discendente*** im Niedergang, Abstieg begriffen sein ◆ ***~ di un proiettile*** Geschossbahn *f.*

2.pa|ra|bo|la f. BIBL. Gleichnis *f.*, Parabel *f.*: ***la ~ del figliol prodigo*** das Gleichnis vom verlorenen Sohn; ***la ~ del buon pastore*** das Gleichnis vom guten Hirten; ***la ~ del buon samaritano*** die Parabel vom barmherzigen Samariter.

pa|ra|bo|li|co agg. *(-ci,-che)* parabolisch, Parabol- ◆ ***antenna -a*** Parabolantenne *f.*; ***curva -a*** Steilkurve *f.*; ***moto ~*** parabolische Bewegung; ***specchio ~*** Parabolspiegel *m.*

pa|ra|bo|loi|de m. Paraboloid *n.*

pa|ra|bor|do m.inv. Fender *m.*, Scheuerleiste *f.*

pa|ra|brez|za m.inv. Windschutzscheibe *f.* ◆ ***~ avvolgente*** Panoramascheibe *f.*

pa|ra|ca|du|ta|re I tr. **1** *(cose)* mit dem Fallschirm ab‿werfen: ***~ rifornimenti*** Nachschub (mit dem Fallschirm) abwerfen **2** *(persone)* mit dem Fallschirm ab‿setzen **II** pronom. **paracadutarsi** mit dem Fallschirm ab‿springen: ***-rsi su un'isola*** mit dem Fallschirm auf eine Insel abspringen.

pa|ra|ca|du|te m.inv. Fallschirm *m.*: ***lanciarsi col ~*** mit dem Fallschirm ab‿springen; ***il ~ si apre automaticamente*** der Fallschirm öffnet sich automatisch ◆ ***~ dorsale*** Rückenfallschirm *m.*; FIG. ***fare da ~ a qcn.*** jdm Rückendeckung bieten; ***~ frenante*** Bremsschirm *m.*; ***lancio con il ~*** Fallschirmabsprung *m.*

pa|ra|ca|du|ti|smo m. **1** MIL. Fallschirmspringen *n.* **2** SPORT Fallschirmsport *m.*

pa|ra|ca|du|ti|sta m. e f. *(-i,-e)* **1** Fallschirmspringer *m.* (-in *f.*) **2** MIL. Fallschirmjäger *m.* (-in *f.*): ***essere nei -i*** bei den Fallschirmjägern sein (*o* dienen). **pa|ra|ca|du|ti|sti|co** agg. *(-ci,-che)* Fallschirm-.

pa|ra|cal|li m.inv. Hühneraugenring *m.*

pa|ra|ca|mi|no m. Ofenschirm *m.*

pa|ra|car|ro m. Prellstein *m.*

Pa|ra|cel|so n.pr.m. Paracelsus *m.*

pa|ra|cen|te|si, pa|ra|cen|te|si f. Punktion *f.*

pa|ra|ci|ne|si|a f. Parakinese *f.*

pa|ra|cle|to, pa|ra|cli|to m. Paraklet *m.*

pa|ra|cu|lo m. REGION. Schlauberger *m.*

pa|ra|den|ti m.inv. Mundschutz *m.*, Zahnschutz *m.*

pa|ra|den|to|si f. Paradontose *f.*

pa|ra|dig|ma m. Paradigma *n.*: ***il ~ di un verbo*** das Paradigma eines Verbs ◆ ***~ morale*** moralisches Beispiel *n.*, Vorbild *n.*; ***mutamento di ~*** Paradigmawechsel *m.* **pa|ra|dig|ma|ti|co** agg. *(-ci, -che)* paradigmatisch ◆ ***esempio ~*** Paradebeispiel *n.*

pa|ra|di|se|a f. Paradiesvogel *m.*

pa|ra|di|si|a|co agg. *(-ci,-che)* himmlisch, paradiesisch: ***gioia -a*** paradiesische Freude.

pa|ra|di|so m. Paradies *n.*, Himmel *m.*: ***andare in ~*** in den Himmel kommen; ***questo luogo è un ~*** dieser Ort ist ein wahres Paradies; ***guadagnarsi il ~*** sich das Paradies verdienen ◆ ***~ artificiale*** = Drogenparadies *n.*; ***avere dei santi in ~*** = einen Schutzengel haben; ***la cacciata dal ~*** die Vertreibung aus dem Paradies; ***volere andare in ~ in carrozza*** = etw. auf dem Silbertablett serviert bekommen wollen; ***di ~*** paradiesisch; ***musica di ~*** paradiesische Musik; ***volere stare in ~ a dispetto dei santi*** = um jeden Preis bleiben wollen; ***~ fiscale*** Steuer(flucht)paradies *n.*; ***~ perduto*** verlorenes Paradies; ***pesce ~*** Paradiesfisch *m.*; ***le porte del ~*** die Pforten des Himmels; ***sentirsi in ~*** sich wie im Himmel fühlen; ***il ~ in terra*** der Himmel auf Erden; ***~ terrestre*** irdisches Paradies *n.*, Paradies *n.* auf Erden; ESTENS. *(luogo meraviglioso)* Paradies *n.*; ***uccello del ~*** Paradiesvogel *m.*

pa|ra|dos|sa|le agg. paradox, widersinnig: ***un'affermazione ~*** eine paradoxe Äußerung. **pa|ra|dos|sa|li|tà** f. Paradoxie *f.* **pa|ra|dos|sal|men|te** avv. paradox, paradoxerweise.

pa|ra|dos|so m. Paradox(on) *n.*

pa|ra|fa f. Paraphe *f.*

pa|ra|fan|go m. *(-ghi)* AUT. Kotflügel *m.*; *(di mezzi a due ruote)* Schutzblech *n.*: ***ammaccare il ~*** den Kotflügel verbeulen; ***la ruota frega contro il ~*** das Rad schleift am Schutzblech (*o* das Schutzblech berührt das Rad).

pa|ra|fa|re tr. paraphieren. **pa|ra|fa|si|a** f. Paraphasie *f.* **pa|ra|fa|tu|ra** f. Paraphierung *f.*

pa|ra|fer|na|le agg. ***bene ~*** Vorbehaltsgut *m.*

pa|raf|fa → **parafa. pa|raf|fa|re** → **parafare. pa|raf|fa|tu|ra** → **parafatura.**

pa|raf|fi|na f. Paraffin *n.* ◆ ***candela di ~*** Paraffinkerze *f.*; ***di ~*** paraffinisch; ***prova del guanto di ~*** Paraffinprobe *f.*; ***olio di ~*** Paraffinöl *n.* **pa|raf|fi|ni|co** agg. *(-ci,-che)* paraffinisch.

pa|ra|fra|sa|re tr. *(parafraso)* paraphrasieren, umschreiben.

pa|ra|fra|si f. Paraphrase *f.*, Umschreibung *f.*; ***fare la ~ di qcs.*** etw. paraphrasieren (*o* umschreiben).

pa|ra|fra|sti|co agg. *(-ci,-che)* paraphrastisch.

pa|ra|ful|mi|ne m. Blitzableiter *m.* ◆ FIG. ***fare da ~*** als Blitzableiter dienen; ***non sono il tuo ~!*** ich bin doch nicht dein Blitzableiter.

pa|rag|gi m.pl. ***nei ~*** in der Nähe, in der Umgebung; ***nei ~ dell'ospedale*** in der Nähe des Krankenhauses; ***c'è una piscina qui nei ~?*** gibt es hier in der Umgebung ein Schwimmbad? ***in quei ~*** in jener Gegend.

pa|ra|go|na|bi|le agg. vergleichbar: ***essere ~ a, con qcn., qcs.*** mit jdm, etw. vergleichbar sein (*o* sich mit jdm, etw. vergleichen lassen); ***non ~*** unvergleichbar.

pa|ra|go|na|re I tr. **1** vergleichen, gegenüber‿stellen: ***~ qcn., qcs. con qcn., qcs.*** jdn, etw. mit jdm, etw. vergleichen **2** *(ritenere simile)* gleich‿setzen: ***~ qcn., qcs. a qcn., qcs.*** jdn, etw. jdm, etw. gleichsetzen; ***~ la donna a un fiore*** die Frau einer Blume gleichsetzen (*o* mit einer Blume vergleichen) **II** pronom. **paragonarsi** sich vergleichen: ***-rsi a qcn.*** sich mit jdm vergleichen; ***non mi posso -rmi a lei*** mit ihr kann ich mich nicht vergleichen.

pa|ra|go|ne m. Vergleich *m.*: ***un ~ improprio*** ein schiefer (*o* hinkender) Vergleich; ***fare un ~*** einen Vergleich an‿stellen (*o* ziehen); ***a ~ di*** im Vergleich zu; ***senza ~*** unvergleichlich; ***non c'è ~!*** das ist doch kein Vergleich! ***non reggere il ~ con qcn., qcs.*** den Vergleich mit jdm, etw. nicht aus‿halten; ***il ~ non regge*** (*o* ***non sta in piedi***) der Vergleich hinkt ◆ ***pietra di ~*** Probierstein *m.*, FIG. Prüfstein *m.*; ***essere una pietra di ~ per qcn., qcs.*** ein Prüfstein für jdn, etw. sein; ***termine di ~*** Vergleichsmaßstab *m.* (*o* Vergleichsgröße *f.*); ***a titolo di ~*** vergleichsweise.

pa|ra|gra|fa|re tr. *(paragrafo)* paragraphieren.

pa|ra|gra|fo m. **1** Abschnitt *m.*, Absatz *m.* **2** DIR. Paragraph *m.*, Absatz *m.*: ***modificare, eliminare un ~*** einen Paragraphen ändern, beseitigen; ***applicare un ~ a un caso*** einen Paragraphen auf einen Fall an‿wenden; ***~ per ~*** absatzweise; ***si legge al ~ X*** das ist unter Paragraph X zu lesen; ***venire condannato secondo il ~ X*** nach Paragraph X verurteilt werden **3** *(segno)* Paragraphzeichen *n.*

pa|ra|gram|ma m. Paragramm *n.*

pa|ra|gua|ia|no → **paraguayano. Pa|ra|guay** n.pr.m. Paraguay *n.* **pa|ra|gua|ya|no I** agg. paraguayisch **II** m. Paraguayer *m.*

pa|ra|la|lia f. Paralalie *f.*

pa|ra|les|si|a f. Paralexie *f.*

pa|ra|li|po|me|ni m.pl. Paralipomena *pl.*

pa|ra|li|si f. **1** Lähmung *f.*, Paralyse *f.*: ***~ progressiva, totale*** progressive Paralyse, beidseitige Lähmung **2** FIG. Lähmung *f.*, Lahmlegung *f.*: ***la ~ della vita politica*** die Lähmung des politischen Lebens; ***la ~ della produzione*** die Lahmlegung der Produktion; ***la ~ del traffico*** das Zusammenbrechen (*o* der Zusammenbruch) des Verkehrs **3** VETER. Lähme *f.* ◆ ***~ cardiaca*** Herzstillstand *m.*; ***~ facciale*** Gesichtslähmung *f.*; ***~ respiratoria*** Atemlähmung *f.*; ***~ spinale*** Spinalparalyse *f.*

pa|ra|li|ti|co I agg. *(-ci,-che)* gelähmt **II** m. *(-ci)* Gelähmte *m.*, Paralytiker *m.*

pa|ra|liz|za|re tr. **1** lähmen, paralysieren: ***~ i muscoli*** die Muskeln lähmen **2** FIG. lahm legen, still‿legen: ~ ***la vita politica*** das politische Leben lahm legen; ***il temporale ha paralizzato le comunicazioni telefoniche*** das Gewitter hat die Telefonverbindungen lahm gelegt; ***l'incidente ha paralizzato il traffico*** der Unfall brachte den Verkehr zum Stillstand. **pa|ra|liz|za|to** p.pass. agg. **1** → **paralizzare 2** gelähmt, paralysiert: ***essere ~ dal lato sinistro, destro*** linksseitig, rechtsseitig gelähmt sein; ***un braccio ~*** ein gelähmter Arm; ***essere ~ al braccio destro*** auf dem rechten Arm gelähmt sein; ***avere l'anca -a*** eine gelähmte Hüfte haben; ***essere ~ da un lato*** auf einer Seite gelähmt sein **3** FIG. lahm gelegt, zum Stillstand gebracht ◆ ***rimanere, essere ~ dalla paura*** vor Schreck wie gelähmt sein (*o* schreckensstarr sein).

pa|ral|las|se f. Parallaxe *f.* **pa|ral|lat|ti|co** agg. *(-ci,-che)* parallaktisch.

pa|ral|le|la f. **1** GEOM. Parallele *f.*: ***tracciare la ~ di una retta*** zu einer Geraden die Parallele ziehen **2** pl. GINN. Barren *m.*: ***eseguire un esercizio alle -e*** eine Übung am Barren aus‿führen; ***volteggiare alle -e*** einen Überschlag am Barren machen ◆ ***postulato delle -e di Euclide*** Parallelenaxiom *n.*; SPORT ***-e asimmetriche*** Stufenbarren *m.*

pa|ral|le|la|men|te avv. parallel: ***due linee corrono ~*** zwei Linien verlaufen parallel; ***svolgersi ~ a qcs.*** parallel mit etw. verlaufen; ***~ agli studi di legge frequenta il conservatorio*** parallel zum Jurastudium besucht er das Konservatorium.

pa|ral|le|le|pi|pe|do m. Parallelepiped(on) *n.*, Rechtkant *n.*, Quader *m.*

pa|ral|le|li|smo m. Parallelität *f.* (anche GEOM.); Parallelismus *m.* (anche RET.).

pa|ral|le|lo I agg. parallel, parallel laufend, Parallel-: ***essere ~ a qcs.*** zu (*o* mit) etw. parallel (ver)laufen; ***la strada correva -a al fiume*** die Straße verlief parallel zum Fluss; ***sviluppi -i*** parallele Entwicklungen **II** m. **1** GEOM. Parallelkreis *m.* **2** GEOGR. Breitenkreis *m.*, Parallelkreis *m.* **3** FIG. Parallele *f.*, Vergleich *m.*: ***fare un ~ con qcs.*** eine Parallele zu etw. ziehen; ***istituire un ~*** einen Vergleich an‿stellen ◆ ***caso ~*** Parallelfall *m.*; ***classe -a*** Parallelklasse *f.*; ***in ~*** parallel; EL. ***collegamento in ~*** Parallelschaltung *f.*, Neben(einander)schaltung *f.*; ***linea -a*** Parallellinie *f.*; MUS. ***moto ~*** Parallele *f.*; ***movimento ~*** Parallelbewegung *f.*; ***proiezione -a*** Parallelprojektion *f.*; ***rette -e*** parallele Geraden; ***slalom ~*** Parallelslalom *m.*; ***spostamento ~*** Parallelverschiebung *f.*; ***strada -a*** Parallelstraße *f.*; ***tonalità ~*** Paralleltonart *f.*

pa|ral|le|lo|gram|ma, pa|ral|le|lo|gram|mo m. Parallelogramm *n.*; ***~ delle forze*** Kräfteparallelogramm *n.*

pa|ra|lo|gi|a f. Paralogie *f.* **pa|ra|lo|gi|smo** m. Paralogismus *m.*

pa|ra|lu|ce m.inv. **1** Sonnenblende *f.* **2** FOT. Gegenlichtblende *f.*

pa|ra|lu|me m. Lampenschirm *m.*, Schirm *m.*

pa|ra|ma|gne|ti|co agg. *(-ci,-che)* paramagnetisch. **pa|ra|ma|gne|ti|smo** m. Paramagnetismus *m.*

pa|ra|me|cio m. *(-ci)* Pantoffeltierchen *n.*

pa|ra|me|di|co I agg. *(-ci,-che)* ***personale ~*** medizinisches Hilfspersonal **II** m. *(-ci)* medizinischer Assistent *m.*

pa|ra|men|to m. Parament *n.* ◆ ***-i pontificali*** Pontifikalien *pl.*; ***-i sacerdotali*** Ornat *m.*; ***-i sacri*** Paramente *pl.*

pa|ra|me|tri|co agg. *(-ci,-che)* Parameter-. **pa|ra|me|tro** m. **1** MAT. FIS. Parameter *m.* **2** FIG. Maßstab *m.*: ***secondo i propri -i*** nach seinen Maßstäben; ***diventare un ~*** zum Maßstab werden.

pa|ra|mez|za|le m. Kielschwein *n.*

pa|ra|mi|li|ta|re agg. paramilitärisch: ***organizzazione ~*** paramilitärische Organisation.

pa|ra|mo|sche m.inv. Fliegenglocke *f.*

pa|ra|na|sa|le agg. ***seno ~*** Nasennebenhöhle *f.*, Nebenhöhle *f.*; ***seno ~ frontale*** Stirnhöhle *f.*

pa|ran|co m. *(-chi)* Flaschenzug *m.* ◆ ***~ a catena*** Kettenzug *m.*; ***~ differenziale*** Differenzialflaschenzug *m.*; ***~ a fune*** Drahtseilflaschenzug *m.*

pa|ra|ne|ve m.inv. **1** TECN. Schneeschutz *m.* **2** *(per sciatori)* Schneegamasche *f.*

pa|ra|nin|fo m. **1** STOR. Brautführer *m.* **2a** *(sensale)* Heiratsvermittler *m.* **b** *(mezzano)* Kuppler *m.*

pa|ra|no|ia f. **1** PSIC. Paranoia *f.* **2** COLLOQ. Horror *m.*: ***avere la ~ di qcs.*** einen Horror vor etw. haben; ***andare, cadere in ~*** aus‿flippen.

pa|ra|noi|co I agg. *(-ci,-che)* **1** paranoid **2** COLLOQ. ausgeflippt: ***idee -che*** ausgeflippte Ideen **II** m. *(-ci)* Paranoiker *m.*

pa|ra|noi|de agg. paranoid.

pa|ra|nor|ma|le I agg. **1** übersinnlich, paranormal: ***fenomeni -i*** paranormale Phänomene; ***poteri -i*** übernatürliche Kräfte **2** MED. nicht ganz normal **II** m. Übersinnliche *n.*, Paranormale *n.*

pa|ra|oc|chi m.inv. Scheuklappe *f.*: FIG. ***avere, mettersi i ~*** Scheuklappen haben (*o* tragen), auf‿setzen.

pa|ra|o|lio m.inv. Ölabdichtung *f.*

pa|ra|on|de m.inv. Wellenbrecher *m.*

pa|ra|o|rec|chi, pa|ra|o|rec|chie m.inv. Ohrenschützer *m.*

pa|ra|pal|le m.inv. Kugelfang *m.*

pa|ra|pen|di|o m.inv. **1** *(paracadute)* Paraglider *m.* **2** *(sport)* Paragliding *n.*: ***praticare il ~*** Paragliding treiben; ***scuola di ~*** Schule *f.* für Paragliding.

pa|ra|pet|to m. **1** Geländer *n.*: ***sporgersi dal ~*** sich über das Geländer lehnen **2** MAR. Reling *f.* **3** MIL. Brustwehr *f.*

pa|ra|pi|glia m. Durcheinander *n.*

pa|ra|ple|gi|a f. Paraplegie *f.*, Querschnitt(s)lähmung *f.*, doppelseitige Lähmung *f.* **pa|ra|ple|gi|co I** agg. *(-ci,-che)* querschnitt(s)gelähmt **II** m. *(-ci)* Paraplegiker *m.*, Querschnitt(s)gelähmte *m.*

pa|ra|psi|chi|co agg. *(-ci,-che)* parapsychisch.

pa|ra|psi|co|lo|gi|a f. Parapsychologie *f.* **pa|ra|psi|co|lo|gi|co** agg. *(-ci,-che)* parapsychologisch: ***fenomeno ~*** Psiphänomen *n.* **pa|ra|psi|co|lo|go** m. *(-gi)* Parapsychologe *m.*

pa|ra|re I tr. **1** *(ornare)* schmücken: ***~ qcs. a festa*** etw. festlich schmücken **2** *(riparare, proteggere)* schützen: ***~ gli occhi dal sole*** die Augen vor der Sonne schützen **3** *(bloccare)* ab‿wehren, parieren: ***~ un colpo*** einen Schlag abwehren; SPORT ***~ un tiro*** einen Schuss abwehren (*o* halten) **II** intr. (aus. *avere*) ***voler andare a ~*** hinaus‿wollen; ***dove vuoi andare a ~?*** worauf willst du hinaus? **III** pronom. **pararsi 1a** *(proteggersi)* sich schützen **b** FIG. ***-rsi le spalle*** sich (D) den Rücken frei‿halten **2** *(apparire all'improvviso)* sich in den Weg stellen: ***qcs. si para davanti a qcn.*** jdm stellt sich etw. in den Weg **3** LIT. sich (D) die Messgewänder an‿legen **4** *(vestirsi bene)* sich heraus‿putzen.

pa|ra|sar|ti|e m.inv. Rüste *f.*

pa|ra|scin|til|le m.inv. **1** Funkenfänger *m.* **2** FERR. Funkenkammer *f.*

pa|ra|sco|la|sti|co agg. *(-ci,-che)* ***attività -che*** nicht zum Lehrplan gehörende schulische Aktivitäten.

pa|ra|sim|pa|ti|co I agg. *(-ci,-che)* parasympathisch: ***sistema nervoso ~*** parasympathisches Nervensystem **II** m. Parasympathikus *m.*

pa|ra|so|le m.inv. **1** Sonnenschirm *m.* **2** FOT. Sonnenblende *f.*

pa|ra|spi|go|lo m. Kantenschutz *m.*

pa|ra|spruz|zi m.inv. Spritzschutz *m.*

pa|ras|si|ta *(-i,-e)* **I** agg. Schmarotzer- **II** m. *(-i)* **1** ZOOL. Schädling *m.*, Parasit *m.*, Schmarotzer *m.* **2** m. e f. *(-i,-e)* FIG. Schmarotzer *m.* ◆ ***animale ~*** Schmarotzertier *n.*; ***~ delle piante forestali*** Forstschädling *m.*; ***~ degli alberi da frutta*** Obstbaumschädling *m.*; ***insetto ~*** Schadinsekt *n.* (*o* Schädling *m.*); ***~ intestinale*** Darmparasit *m.*; ***~ del legno*** Holzschädling *m.*; ***pianta ~*** Schmarotzerpflanze *f.*; ***~ delle piante*** Pflanzenschädling *m.*

pa|ras|si|ta|rio agg. *(-ri,-rie)* parasitär, parasitisch.

pa|ras|si|ti|smo m. Parasitismus *m.*, Schmarotzertum *n.* (anche FIG.).

pa|ras|si|to|lo|gi|a f. Parasitologie *f.*

pa|ras|si|to|si f. Parasitose *f.*

pa|ra|sta|ta|le I agg. halbstaatlich (*o* unter staatlicher Aufsicht, Beteiligung) **II** m. halbstaatlicher Angestellte *m.*

pa|ra|sta|to m. **1** halbstaatliche Anstalten *pl.* **2** *(personale)* Gesamtheit *f.* der halbstaatlichen Angestellten (*o* der mittelbar staatlichen Angestellten).

pa|ra|stin|chi m.inv. Schienbeinschützer *m.*

1.pa|ra|ta f. **1** *(calcio)* Abwehr *f.* **2** *(scherma, pugilato)* Parade *f.*: ***eseguire una ~*** eine Parade schlagen (*o* aus‿führen) ◆ ***~ di mano*** Handabwehr *f.*; ***~ di piede*** Fußabwehr *f.*; ***~ di pugno*** Faustabwehr *f.*; ***~ a tuffo*** Flugparade *f.*

2.pa|ra|ta f. Parade *f.*: ***fare una ~*** eine Parade ab‿halten; ***sfilare in ~*** paradieren ◆ ***da ~*** Parade-; FIG. *(da gran gala)* Prunk-; ***cavallo da ~*** Paradepferd *n.*; ***carrozza da ~*** Prunkwagen *m.*; ***~ del cambio della guardia*** Wachtparade *f.*; FIG. ***vista la mala ~*** angesichts der Gefahr (*o* die Gefahr witternd) ***~ militare*** Militärparade *f.*; ***~ navale*** Flottenparade *f.*; ***passo di ~*** Paradeschritt *m.*; ***a passo di ~*** im Paradeschritt; ***~ delle truppe*** Truppenparade *f.*; ***uniforme di ~*** Paradeuniform *f.*

pa|ra|tas|si f. Parataxe *f.* **pa|ra|tas|si|a** f. Parataxie *f.*

pa|ra|tat|ti|co agg. *(-ci,-che)* ***periodo ~*** beigeordnete Sätze.

pa|ra|ti|a f. **1** MAR. Schott *n.*: ***chiudere le -e!*** die Schotten schließen! ***-e stagne!*** Schotten dicht! **2** EDIL. Schottwand *f.*

pa|ra|ti|fo m. Paratyphus *m.*

pa|ra|ti|roi|de f. Nebenschilddrüse *f.*

pa|ra|to m. **1** Ausstattung *f.* **2** ***carta da -i*** Tapete *f.*

pa|ra|to|ia f. Schleuse *f.*, Wehr *n.*

pa|ra|u|ni|ver|si|ta|rio agg. *(-ri,-rie)* hochschulähnlich, hochschulmäßig, auf Universitätsniveau: ***corso*** ~ Kurs *m.* auf Universitätsniveau.

pa|ra|ur|ti m.inv. **1** Stoßstange *f.* **2** FERR. Puffer *m.*

pa|ra|va|lan|ghe m.inv. Lawinenschutz *m.*, Lawinenverbauung *f.*

pa|ra|ven|to m. **1** Wandschirm *m.*, spanische Wand *f.* **2** FIG. *(copertura)* Vorwand *f.*: ***fare (o servire) da*** ~ als Vorwand dienen.

par|boiled [-boild] agg.inv. parboiled.

Par|ca n.pr.f. *(-che)* Parze *f.*

par|ca|men|te avv. **1** *(modestamente)* bescheiden **2** *(misuratamente)* mäßig.

par|cel|la f. **1a** *(nota delle spese)* Honorarforderung *f.*, Honorar *n.*: ***pagare la ~ all'avvocato*** das Honorar des Rechtsanwaltes bezahlen (*o* begleichen) **b** *(fattura)* Rechnung *f.*: ***presentare la*** ~ die Rechnung unterbreiten **2** *(particella di terreno)* Parzelle *f.*: ***~ catastale*** Grundbuchparzelle *f.* ◆ ***~ del medico*** Arztrechnung *f.* **par|cel|la|re** agg. **1** *(di particelle di terreno)* Parzellen-: ***catasto*** ~ Parzellenkataster *m.* e *n.* **2** MED. beschränkt, partiell.

par|cel|la|zio|ne f. Parzellierung *f.*

par|cel|liz|za|re tr. **1** *(terreni)* parzellieren **2** ESTENS. in einzelne Schritte unterteilen. **par|cel|liz|za|zio|ne** f. **1** *(di terreni)* Aufteilung *f.* (*o* Unterteilung *f.*) in Parzellen **2** ESTENS. Aufteilung *f.*: ***~ di un lavoro*** Aufteilung einer Arbeit in einzelne Schritte.

par|cheg|gia|re tr. *(parcheggio, parcheggi)* **1** parken: ***~ in doppia fila, in divieto di sosta*** in doppelter Reihe, im Parkverbot parken; ***~ in modo corretto*** vorschriftsmäßig parken; ***non riuscire a trovare un posto per*** ~ keinen Parkplatz finden **2** COLLOQ. *(collocare provvisoriamente)* ab‿geben, ab‿laden: ***~ i figli dai vicini*** die Kinder bei den Nachbarn abgeben ◆ ***posto per*** ~ Parkraum *m.*

par|cheg|gia|to|re m. **1** *(chi parcheggia)* Parker *m.* **2** *(posteggiatore)* Parkwächter *m.*: ***~ abusivo*** illegaler Parkwächter.

par|cheg|gio m. *(-gi)* **1** Parkplatz *m.*: ***le auto in sosta nel*** ~ die auf dem Parkplatz abgestellten Autos **2** *(il parcheggiare)* Parken *n.*; ***effettuare un ~ perfetto*** perfekt ein‿parken **3** FIG. *(transizione)* Übergang *m.* ◆ ***area di*** ~ Parkplatz *m.*; FIG. Abstellplatz *m.*; ***~ per automobili*** Autoparkplatz *m.*; COLLOQ. ***buco di*** ~ Parklücke *f.*; ***~ custodito*** bewachter Parkplatz; ***divieto di*** ~ Parkverbot *n.*; *(sul cartello)* Parken verboten; ***durata del*** ~ Parkdauer *f.*; ***governo di*** ~ Übergangsregierung *f.*; ***~ incustodito*** unbewachter Parkplatz; ***~ libero*** Parken frei; ***limitazione di*** ~ Parkbeschränkung *f.*; ***mancanza di -i*** Parkplatzmangel *m.*; ***~ multipiano*** Parkhaus *n.*; AEROSP. ***orbita di*** ~ Parkbahn *f.*; ***~ a pagamento*** gebührenpflichtiger Parkplatz; ***~ regolamentato*** Kurzparkzone *f.*; ***~ riservato ai clienti*** Kunden-, Gästeparkplatz *m.*; ***~ sotterraneo*** Tiefgarage *f.*; ***tariffa di*** ~ Parkgebühr *f.*; ***zona di*** ~ Parkzone *f.*

par|chet|ta|tu|ra f. Parkettieren *n.*

par|chet|ti|sta m. e f. *(-i,-e)* Parkettleger *m.* (-in *f.*).

par|chi|me|tro m. Parkuhr *f.*, Parkometer *m.* e *n.*: ***mettere le monete nel*** ~ die Münzen in die Parkuhr ein‿werfen.

1.par|co m. *(-chi)* Park *m.*: ***~ pubblico, privato*** öffentlicher, privater Park; ***andare al, passeggiare nel*** ~ in den Park gehen, im Park spazieren gehen; ***fare una passeggiata nel*** ~ einen Spaziergang im Park machen ◆ ***~ automezzi*** Fuhrpark *m.*, Fahrzeugpark *m.*, Wagenpark *m.*; ***~ del castello*** Schlosspark *m.*; ***~ comunale*** Stadtpark *m.*; ***~ dei divertimenti*** Vergnügungspark *m.*; ***~ giochi*** Spielplatz *m.*; ***~ macchine*** Wagenpark *m.*, Fuhrpark *m.*, Fahrzeugpark *m.*; ***~ munizioni*** Munitionslager *n.*; ***muro del*** ~ Parkmauer *f.*; ***~ naturale*** Naturpark *m.*; ***~ nazionale*** Naturschutzpark *m.*, Nationalpark *m.*; ***paesaggio del*** ~ Parklandschaft *f.*; ***panchina del*** ~ Parkbank *f.*; ***~ rotabile*** Fuhrpark *m.*; ***~ rottami*** Schrottplatz *m.*; ***~ safari*** Safaripark *m.*; ***~ tecnologico*** Technologiepark *m.*; ***viale del*** ~ Parkweg *m.*

2.par|co agg. *(-chi,-che)* **1a** *(sobrio)* bescheiden, karg: ***una -a cena*** ein bescheidenes Abendessen **b** *(moderato)* mäßig: ***~ nel mangiare*** mäßig beim Essen **2** *(parsimonioso)* sparsam: ***~ nello spendere*** sparsam (beim Ausgeben); ***~ di parole*** wortkarg.

par|don inter. **1** *(per chiedere scusa)* Pardon, Verzeihung **2** *(per chiedere permesso)* gestatten Sie.

pa|rec|chio I agg. *(-chi,-chie)* **1** (ziemlich) viel: ***c'è -a gente*** es sind ziemlich viele Leute da; ***hai fatto -chi errori*** du hast viele Fehler gemacht; ***devo sbrigare ancora -chie cose*** ich habe noch allerlei zu erledigen **2** *(di tempo)* (ziemlich) lange: ***non lo vedo da ~ tempo*** ich habe ihn seit langem nicht mehr gesehen (*o* ich habe ihn schon länger nicht mehr gesehen) **II** pron. *(-chi,-chie)* **1a** *(molto; di tempo)* lange: ***è già ~ che esco regolarmente con loro*** ich gehe schon seit langem regelmäßig mit ihnen aus **b** *(di quantità)* (ziemlich) viel: ***ho ~ da fare*** ich habe (ziemlich) viel zu tun; ***ha bevuto*** ~ er hat (ziemlich) viel getrunken **c** *(di spazio)* weit: ***c'è ~ da qui a casa tua?*** ist es sehr weit zu dir? **2** pl. *(molte persone)* mehrere, (ziemlich) viele: ***(in) -chi lo affermano*** (ziemlich) viele behaupten es; ***-chi di voi*** viele von euch **III** avv. **1** *(di quantità)* (ziemlich) viel, sehr: ***ho lavorato*** ~ ich habe viel gearbeitet; ***mi piace*** ~ es gefällt mir sehr; ***~ costoso*** ziemlich (*o* sehr) teuer; ***sono ~ stanco*** ich bin ziemlich müde; COLLOQ. ***è ~ giovane*** er ist ziemlich (*o* sehr) jung **2** *(di tempo)* lange: ***ti ho aspettato*** ~ ich habe lange auf dich gewartet ◆ ***-chie centinaia*** zighundert; ***-chie cose*** vielerlei (*o* allerlei); ***di -chi giorni*** mehrtägig; ***per -chi giorni*** tagelang; ***~ migliaia*** zigtausend; ***di -chie ore*** mehrstündig.

pa|reg|gia|men|to m. Ausgleichen *n.*, Ausgleich *m.*; ***~ di un conto*** Kontoausgleich *m.*

pa|reg|gia|re *(pareggio, pareggi)* **I** tr. **1** *(livellare)* ebnen: ***~ il terreno*** den Boden ebnen **2a** *(tagliare allo stesso livello)* gleichmäßig schneiden: ***~ l'erba*** das Gras gleichmäßig schneiden **b** *(tagliare pari)* gerade schneiden: ***~ la frangetta*** den Pony gerade schneiden **c** *(portare allo stesso livello)* auf gleiche Höhe (*o* Länge) bringen; ***~ le gambe del tavolo*** die Tischbeine auf gleiche Länge bringen **3** COMM. aus‿gleichen, bilanzieren: ***~ il dare con l'avere*** Soll und Haben ausgleichen (*o* bilanzieren) **4** FIG. *(eguagliare)* ***~ qcn. in qcs.*** jdm in etw. (D) gleich‿kommen **II** intr. (aus. *avere*) SPORT unentschieden spielen: ***~ con, contro qcn.*** gegen jdn unentschieden spielen **III** pronom. **pareggiarsi** sich aus‿gleichen ◆ FIG. ***~ i conti con qcn.*** mit jdm ab‿rechnen.

pa|reg|gio m. *(-gi)* **1** COMM. Ausgleich *m.*, Bilanzierung *f.* **2a** SPORT *(raggiungimento della parità)* Ausgleich *m.*, Gleichstand *m.*: ***raggiungere il*** ~ den Gleichstand her‿stellen **b** *(situazione o risultato di parità)* Unentschieden *n.* ◆ ***~ del bilancio*** Haushaltsausgleich *m.*; SPORT ***essere in*** ~ unentschieden stehen; SPORT ***finire in*** ~ unentschieden enden; ***gol del*** ~ Ausgleichstor *n.* (*o* Ausgleichstreffer *m.*); ***in*** ~ ausgeglichen; SPORT unentschieden; ***non in*** ~ unausgeglichen; ***bilancio non in*** ~ unausgeglichene Bilanz.

pa|ren|chi|ma m. Parenchym *n.* **pa|ren|chi|ma|ti|co** agg. *(-ci, -che)* Parenchym-: ***tessuto*** ~ Parenchymgewebe *n.*

pa|ren|ta|do m. Verwandtschaft *f.*: ***conoscere tutto il*** ~ die ganze Verwandtschaft kennen lernen.

pa|ren|ta|le agg. LETT. **1** verwandtschaftlich; *(dei genitori)* elterlich: ***autorità*** ~ elterliche Autorität **2** *(ereditario)* Erb-, erblich: ***malattia*** ~ erbliche Krankheit.

pa|ren|te m. e f. Verwandte *m.* e *f.*: ***un vostro*** ~ einer eurer Verwandten (*o* ein Verwandter von euch); ***~ di secondo, terzo grado*** Verwandter zweiten, dritten Grades ◆ ***~ acquisito*** angeheirateter Verwandter; ***essere ~ di qcn.*** mit jdm verwandt sein; ***essere -i*** miteinander verwandt sein; ***~ alla lontana*** entfernter (*o* weitläufiger) Verwandter; ***-i da parte di madre*** Verwandte mütterlicherseits; ***-i da parte di padre*** Verwandte väterlicherseits; ***-i prossimi, stretti*** enge, nahe Verwandte; ***visita ai -i*** Verwandtenbesuch *m.*; ***fare una visita ai -i*** einen Verwandtenbesuch machen (*o* die Verwandten besuchen); ***aspettare -i in visita*** Verwandtenbesuch erwarten.

pa|ren|te|la f. **1** Verwandtschaft *f.*: ***~ legittima, naturale*** natürliche Verwandtschaft; ***~ collaterale, diretta*** Verwandtschaft in Seitenlinie, in direkter Linie **2** FIG. *(affinità)* Verwandtschaft *f.*, Ähnlichkeit *f.*: ***~ linguistica*** linguistische Verwandtschaft ◆ ***~ fra cognati*** Schwägerschaft *f.*; ***grado di*** ~ Verwandtschaftsgrad *m.*; ***legami di*** ~ verwandtschaftliche Bande; ***avere legami di*** ~ verwandtschaftlich verbunden sein; ***rapporto di*** ~ Verwandtschaftsverhältnis *n.*; ***~ spirituale*** Geistesverwandtschaft *f.*

pa|ren|te|ra|le agg. parenteral: ***nutrizione*** ~ parenterale Ernährung.

pa|ren|te|si f.inv. **1** Klammer *f.*: ***~ aperta, chiusa*** offene Klammer, geschlossene Klammer; ESCLAM. Klammer auf, Klammer zu; ***~ tonda, quadra, graffa*** runde, eckige, geschweifte Klammer; ***(essere) in*** ~ in Klammern (stehen); ***mettere, racchiudere qcs. tra*** ~ etw. in Klammern setzen (*o* etw. ein‿klammern); ***portare qcs. fuori*** ~ etw. aus‿klammern; ***aprire una*** ~ eine Klammer auf‿machen; ***chiudere una*** ~ eine Klammer schließen **2** FIG. *(osservazione)* Zwischenbemerkung *f.*: ***aprire una*** ~ eine Zwischenbemerkung ein‿schieben; ***chiudere una*** ~ eine Zwischenbemerkung beenden; ***fare una*** ~ eine Zwischenbemerkung machen; ***(detto) tra*** ~ nebenbei bemerkt **3** *(intervallo)* Pause *f.*: ***dopo la ~ estiva*** nach der Sommerpause.

pa|ren|te|ti|co agg. *(-ci,-che)* eingeschoben.

pa|re|o m. Pareo *m.*

1.pa|re|re intr. *(paio, pari, pariamo, parete, paiono*; fut. *parrò*; congiunt.pres. *paia*, congiunt.pass. *paressi*; pass.rem. *parvi*; condiz. *parrei*; p.pres. *parvente*, p.pass. *parso*; ger. *parendo*; aus. *essere*) **1** *(sembrare)* scheinen, aus‿sehen: ***pareva un bravo ragazzo*** er schien ein anständiger Junge zu sein; ***pare facile, ma non lo è*** es ist gar nicht so einfach, wie es scheint; ***mi pare che non si dica così*** mir scheint, dass man das so nicht sagt; ***pare che voglia piovere*** es sieht nach Regen aus; ***pare che farà freddo*** es sieht so aus, als ob es kalt würde; ***mi pareva strano!*** das kam mir doch gleich so komisch vor! ***mi pareva (bene)!*** das hatte ich mir doch gleich gedacht! ***pare impossibile*** man sollte es nicht für möglich halten; ***mi pare un tipo onesto*** er macht mir einen ehrlichen Eindruck; ***paiono stare tutti bene*** offensichtlich geht es allen gut **2** *(assomigliare)* aus‿sehen: ***pare uno spettro*** er sieht wie ein Gespenst aus; COLLOQ. ***pare tutta sua madre*** sie ist ganz ihre Mutter **3** *(ritenere, credere)* glauben, meinen: ***mi pare che...*** ich glaube, dass...; ***non mi pare*** ich glaube nicht; ***che te ne pare?*** was meinst du dazu? (*o* was hältst du davon?); ***se ti pare*** wenn du meinst; ***mi pare di sì, di no*** ich glaube schon, ich glaube nicht; ***non ti pare?*** meinst du nicht auch? ***fa' un po' come ti pare!*** mach was du willst! ◆ ***così pare!*** so sieht es aus! ***ma Le pare!*** (aber) ich bitte Sie! *(risposta a ringraziamenti e scuse)* keine Ursache! bitte sehr! ***fare quello che pare e piace*** tun, wozu man Lust und Laune hat; ***a quanto pare*** anscheinend; ***non (mi) pare vero*** ich kann es kaum glauben.

2.pa|re|re m. Meinung *f.*, Urteil *n.*: ***chiedere, sentire il ~ di qcn.*** jdn nach seiner Meinung fragen, jds Meinung hören; ***esprimere il proprio ~ riguardo a qcs.*** seine Meinung zu etw. äußern; ***dare il proprio ~ a qcn. su qcs.*** jdm seine Meinung zu etw. sagen; ***cambiare ~*** seine Meinung ändern; ***essere di ~ diverso, uguale, contrario*** anderer, gleicher, entgegengesetzter Meinung sein; ***essere del ~ che...*** der Meinung sein, dass...; ***rimanere del proprio ~*** bei seiner Meinung bleiben ◆ ***a mio ~*** meiner Meinung nach (*o* meines Erachtens); ***-i discordi*** Meinungsverschiedenheiten *pl.*; ***~ di un esperto*** Meinung eines Experten, Gutachten *n.* Gutachterurteil *n.*; ***~ legale*** Rechtsgutachten *n.*; ***secondo il mio modesto ~*** meiner bescheidenen Ansicht nach.

pa|re|si f. Parese *f.*, Lähmung *f.* ◆ ***~ facciale*** Gesichtslähmung *f.*; ***~ nervosa*** Nervenlähmung *f.*

pa|re|te f. **1** Wand *f.*: ***~ spoglia, disadorna, decorata*** kahle, schmucklose, verzierte Wand; ***intonacare, verniciare, tappezzare una ~*** ein Wand tünchen, streichen, tapezieren; ***innalzare, abbattere una ~*** eine Wand auf‿richten, ein‿reißen; ***appendere un quadro alla ~*** ein Bild an die Wand hängen; ***sulle -i ci sono delle fotografie*** an den Wänden hängen einige Fotos; ***le -i di una grotta*** die Wände einer Grotte; ***le -i di una scatola*** die Seiten einer Schachtel **2** ALP. Bergwand *f.*, Felswand *f.*: ***scalare una ~*** eine Bergwand ersteigen ◆ ***~ per affissioni*** Plakatwand *f.*; ***calendario da ~*** Wandkalender *m.*; ***~ cellulare*** Zellwand *f.*; ***~ dipinta*** Wandmalerei *f.*; ***~ divisoria*** Scheide-, Trennwand *f.*; FIG. ***tra le -i domestiche*** in den eigenen vier Wänden; ***~ doppia*** Doppelwand *f.*; ***a doppia ~*** doppelwandig; ***~ (a) est*** Ostwand *f.*; ***~ esterna*** Außenwand *f.*; ***fregio alla ~*** Wandfries *m.*; ***~ frontale*** Frontwand *f.* (*o* Vorderwand *f.*); ***gancio alla ~*** Wandhaken *m.*; ***~ di ghiaccio*** Gletscherwand *f.*; ***~ insonorizzante*** Lärmschutzwand *f.*; ***~ intestinale*** Darmwand *f.*; ***intonaco della ~*** Wandverputz *m.*, Wandputz *m.*; ***~ di legno*** Holzwand *f.*; ***~ a libreria*** Bücherwand *f.* (*o* Regalwand *f.*); ***dalle -i lisce*** glattwandig; ***~ (a) nord*** Nordwand *f.*; ***orologio a ~*** Wanduhr *f.*; ***~ (a) ovest*** Westwand *f.*; ***~ posteriore*** Rückwand *f.*; ***~ protettiva*** Schutzwand *f.*; ***rivestimento della ~*** Wandverkleidung *f.*; ***~ rocciosa*** Felswand *f.*; ***~ rocciosa scoscesa*** Steilwand *f.*; ***~ scorrevole*** Schiebewand *f.*; ***dalle ~ sottili*** dünnwandig; ***specchio da ~*** Wandspiegel *m.*; ***dalle -i spesse*** dickwandig; ***~ dello stomaco*** Magenwand *f.*; ***~ (a) sud*** Südwand *f.*; ***~ vascolare*** Gefäßwand *f.*; ***~ di vetro*** Glaswand *f.*

pa|re|ti|mo|lo|gi|a f. Volksetymologie *f.* **pa|re|ti|mo|lo|gi|co** agg. *(-ci,-che)* volksetymologisch.

par|go|lo m. LETT. Knabe *m.*, Kind *n.*

1.pa|ri I agg.inv. **1a** *(uguale)* gleich, ebenbürtig: ***essere ~ di età*** gleich alt (*o* gleichaltrig) sein; ***essere ~ di statura*** gleich groß sein; ***essere ~ per condizione sociale*** von gleichem sozialen Stand sein; ***essere ~ in bellezza*** gleich schön sein (*o* von gleicher Schönheit sein); ***essere di ~ peso*** das gleiche Gewicht haben (*o* gleich schwer sein); ***avere ~ diritti e ~ doveri*** gleiche Rechte und gleiche Pflichten haben; ***nessuno gli è ~*** niemand ist ihm ebenbürtig; ***mostrò un coraggio ~ alla sua astuzia*** er war gleichermaßen mutig wie schlau; ***un importo ~ a tutto il suo stipendio*** ein Betrag, der seinem ganzen Lohn entspricht **b** SPORT pari: ***le due squadre hanno ~ possibilità*** die Chancen der beiden Mannschaften stehen pari **2** *(di livello uniforme)* gleichmäßig: ***strada, superficie ~*** gleichmäßige Straße, Oberfläche **3** MAT. gerade: ***numero ~*** gerade Zahl; ***giorni ~*** = Dienstag, Donnerstag, Samstag; ***pagine ~*** gerade Seitenzahlen **4a** FIG. quitt; SPORT unentschieden: ***essere ~ con qcn.*** mit jdm quitt sein; ***ora siamo ~!*** jetzt sind wir quitt! ***la partita è ~*** das Spiel steht unentschieden; ***a quanto siamo? due ~*** wie steht's? Zwei zu zwei **b** ECON. ausgeglichen: ***conti ~*** ausgeglichene Konten **5** FIG. LETT. *(all'altezza)* gewachsen: ***essere ~ a qcs.*** etw. (D) gewachsen sein; ***essere ~ al proprio compito*** seiner Aufgabe gewachsen sein **6** ANAT. paarweise vorhanden: ***organi ~*** paarweise vorhandene Organe **II** avv. **1** gleich; *(allo stesso livello)* gleichmäßig: ***erba tagliata ~*** gleichmäßig geschnittenes Gras **2** SPORT unentschieden: ***finire ~*** unentschieden enden **3** FIN. *(borsa)* pari: ***alla ~*** al pari; ***sotto, sopra la ~*** über, unter pari **III** m. Gleichgestellte *m.*, Ebenbürtige *m.*: ***un tuo ~*** ein dir Gleichgestellter ◆ ***al ~ di*** (so)wie; ***tu sei colpevole al ~ degli altri*** du bist genauso daran schuld wie die anderen; ***alla ~*** gleichberechtigt; ***ragazza alla ~*** Au-pair-Mädchen *n.*; ***lavoro alla ~*** Au-pair-Stelle *f.*; *(in condizione di parità)* ***essere alla ~*** gleich‿stehen; ECON. ***andare a ~*** aus‿gleichen; ***battere qcn. ad armi ~*** jdn mit seinen eigenen Waffen schlagen; ***non avere ~*** einzigartig sein; ***cambio alla ~*** Parikurs *m.*; ***da par suo*** ihm gemäß; ***dignità di ~*** Peerswürde *f.*; ***con ~ diritti*** gleichberechtigt; *(gioco)* ***~ e dispari*** = italienisches Fingerspiel; ***far ~ e dispari*** = aus‿losen; SPORT ***essere ~*** gleich‿stehen; ECON. ***essere in ~*** keine Rückstände haben; SPORT ***far ~*** unentschieden spielen; ***di ~ grado*** gleichrangig (o an Rang ebenbürtig); SOCIOL. ***gruppo dei ~*** Peergroup *f.*; ***di ~ importanza*** gleichrangig; ECON. ***in ~*** ausgeglichen; ***chiudere il bilancio in ~*** die Bilanz ausgeglichen (*o* im Ausgleich) ab‿schließen; ***a ~ merito*** punktgleich; COLLOQ. ***mettersi in ~ con lo studio*** den Lernstoff nach‿holen; ***un mio ~*** meinesgleichen; ***i nostri ~*** unseresgleichen; ***pari ~*** Wort für Wort; ***copiare qcs. pari ~*** etw. Wort für Wort ab‿schreiben; ***di ~ passo*** im Gleichschritt (*o* gleich schnell); ***andare di ~ passo*** im Gleichschritt gehen; FIG. Hand in Hand gehen; ***far ~ e patta*** miteinander quitt sein; ***saltare a piè ~*** mit geschlossenen Füßen springen; FIG. ***saltare qcs. a piè ~*** *(omettere)* etw. (glatt) aus‿lassen; *(ignorare)* sich über etw. (A) hinweg‿setzen; ***puntare sul ~*** auf pair setzen; ***punteggio ~*** Punktgleichheit *f.*; ***senza ~*** unvergleichlich; ***bello senza ~*** unvergleichlich schön; ***essere senza ~*** = einmalig sein; ***una sua ~*** ihresgleichen; ***un suo ~*** seinesgleichen; ***un Suo ~*** Ihresgleichen; ***~ trattamento*** Gleichbehandlung *f.*; ***trattare qcn. da ~ a ~*** jdn wie seinesgleichen behandeln; ***un tuo ~*** deinesgleichen; ***un vostro ~*** euresgleichen; ***un Vostro ~*** Ihresgleichen.

2.pa|ri m.inv. **1** POL. Lord *m.*, Mitglied *n.* des Oberhauses **2** STOR. *(di Francia)* Pair *m.*; *(di Gran Bretagna)* Peer *m.* ◆ ***Camera dei ~*** Oberhaus *n.*

pa|ria m.inv. Paria *m.*

Pa|ri|de n.pr.m. Paris *m.*

pa|rie|ta|le agg. **1** Wand-: ***pittura, dipinto ~*** Wandmalerei *f.*, Wandbild *n.*; ***iscrizioni -i*** Wandinschriften *pl.* **2** ANAT. parietal, Parietal-, Scheitel-: ***sutura ~*** parietale Naht; ***osso ~*** Scheitelbein *n.*

pa|rie|ta|ria f. Glaskraut *n.*

pa|ri|fi|ca f. *(-che)* Gleichstellung *f.*: ***ottenere la ~*** die Gleichstellung erreichen. **pa|ri|fi|ca|re** tr. *(parifico, parifichi)* **1** gleich‿stellen: ***~ gli operai con gli impiegati*** die Arbeiter mit den Angestellten gleichstellen **2** *(scuola)* staatlich anerkennen. **pa|ri|fi|ca|to** p.pass. agg. **1** → **parificare 2** staatlich anerkannt: ***scuola -a*** staatlich anerkannte Schule. **pa|ri|fi|ca|zio|ne** f. **1** Gleichstellung *f.* **2** *(di scuola)* staatliche Anerkennung *f.*: ***la ~ di una scuola*** die staatliche Anerkennung einer Schule.

Pa|ri|gi n.pr.f. Paris *n.* **pa|ri|gi|no I** agg. Pariser, pariserisch: ***moda -a*** Pariser Mode **II** m. Pariser *m.*

pa|ri|glia f. **1** Paar *n.* **2** *(di cavalli)* Gespann *n.* mit zwei Pferden: ***carrozza a due -e*** Vierspänner **3** *(nel gioco dei dadi)* Pasch *m.* ◆ FIG. ***rendere la ~ a qcn.*** Gleiches mit Gleichem vergelten.

pa|ri|gra|do I agg.inv. gleichen Grades, gleichgradig **II** m. e f. Gleichgestellte *m.* e *f.*

pa|ri|men|ti avv. LETT. COMM. gleichfalls, ebenfalls: ***Vi facciamo rilevare ~ che...*** wir weisen Sie gleichfalls daraufhin, dass...

pa|rio agg. *(-ri,-rie)* parisch: ***marmo ~*** parischer Marmor.

pa|ri|pen|na|to agg. paarig gefiedert.

pa|ri|sil|la|bo I agg. **1** METR. gleichsilbig **2** GRAMM. parisyllabisch **II** m. **1** METR. Gleichsilbner *m.* **2** GRAMM. Parisyllabum *n.*

pa|ri|tà f. **1** *(uguaglianza)* Gleichheit *f.* **2** *(di diritti)* Gleichberechtigung *f.*: ***il principio di ~ uomo-donna*** das Prinzip der Gleichberechtigung von Mann und Frau **3** SPORT Unentschieden *n.*, Gleichstand *m.*: ***essere in ~*** im Gleichstand sein (*o* unentschieden sein); ***concludersi in ~*** unentschieden aus‿gehen (*o* mit einem Unentschieden enden) **4** ECON. Parität *f.* ◆ ***~ aurea*** Goldparität *f.*; ***~ dei cambi, cambiaria*** Währungsparität *f.*; ***a ~ di condizioni*** bei gleichen Bedingungen; ***~ dei coniugi*** Gleichberechtigung der Ehepartner; ***~ di diritti*** Gleichberechtigung *f.*; ***a ~ di merito*** bei glei-

chem Verdienst; ~ ***monetaria*** Währungsparität *f.*; ~ ***di rango*** Ranggleichheit *f.*; ~ ***salariale*** Lohngleichheit *f.*; ~ ***di trattamento*** Gleichbehandlung *f.*; ***a ~ di voti*** bei Stimmengleichheit *f.* **pa|ri|ta|rio** agg. *(-ri,-rie)* Gleich-, gleich: ***trattamento ~*** Gleichbehandlung *f.*
pa|ri|te|ti|ca|men|te avv. paritätisch. **pa|ri|te|ti|co** agg. *(-ci,-che)* paritätisch: ***commissioni -che*** paritätische Kommissionen.
par|ka m.inv. Parka *m.*
Par|kin|son n.pr.m. ***morbo di ~*** parkinsonsche Krankheit *f.*
par|kin|so|nia|no I agg. ***sindrome -a*** Parkinsonsyndrom *f.* **II** m. Parkinsonkranker *m.* **par|kin|so|ni|smo** m. Parkinsonismus *m.*
1.par|la|men|ta|re I agg. parlamentarisch, Parlament- **II** m. **1** Parlamentarier *m.*, Parlamentsmitglied *n.*; *(in Germania)* Abgeordnete *m.* **2** *(inviato a trattare durante la guerra)* Parlamentär *m.*, Unterhändler *m.* ◆ ***bandiera ~*** Parlamentärflagge *f.*; ***commissione ~*** parlamentarischer Ausschuss *m.*; ***democrazia ~*** parlamentarische Demokratie *f.*; ***dibattito ~*** Parlamentsdebatte *f.*; ***~ europeo*** Europaparlamentarier *m.* (*o* Europaabgeordnete *m.*); ***immunità ~*** Immunität *f.*; ***maggioranza ~*** parlamentarische Mehrheit *f.*; ***mandato ~*** parlamentarisches Mandat *n.* (*o* Abgeordnetenmandat *n.*); ***procedura ~*** parlamentarisches Verfahren *n.*; ***regime ~*** parlamentarisches System; ***repubblica ~*** parlamentarische Republik *f.*; ***riforma ~*** Parlamentsreform *f.*; ***seduta ~*** Parlamentssitzung *f.*; ***seggio ~*** Abgeordnetensitz *m.*
2.par|la|men|ta|re intr. (aus. *avere*) verhandeln, unterhandeln; ANT. parlamentieren: ***~ con qcn.*** mit jdm verhandeln. **par|la|men|ta|rio** m. *(-ri,-rie)* → **1.parlamentare.**
par|la|men|ta|ri|smo m. Parlamentarismus *m.*
par|la|men|ti|no m. kleine Führungsgruppe *f.*
par|la|men|to m. **1** Parlament *n.*: ***convocare, sciogliere il ~*** das Parlament ein͜berufen, auf͜lösen; ***il ~ accorda qcs.*** das Parlament bewilligt etw.; ***sedere in ~*** einen Sitz im Parlament haben; ***essere eletto al ~*** ins Parlament gewählt werden; ***i due rami del ~*** die beiden Kammern des Parlaments; ***chiedere la fiducia al ~*** dem Parlament die Vertrauensfrage stellen **2** *(edificio)* Parlament *n.*, Parlamentsgebäude *n.* ◆ ***~ europeo*** Europaparlament *n.*; *(in Germania)* ***~ regionale*** Landesparlament *n.*
par|lan|te I agg. **1** *(che parla)* sprechend: ***bambola ~*** sprechende Puppe **2** FIG. *(molto espressivo)* sprechend, ausdrucksvoll: ***ritratto ~*** ausdrucksvolles Portrait **3** *(evidente)* einleuchtend, viel sagend: ***prove -i*** einleuchtende Beweise **II** m. e f. Sprecher *m.* (-in *f.*).
par|lan|ti|na f. **1** FAM. Redseligkeit *f.* **2** *(lingua sciolta)* Gesprächigkeit *f.*, Zungenfertigkeit *f.* ◆ ***avere una bella ~*** zungenfertig sein; COLLOQ. ein flottes Mundwerk haben.
1.par|la|re I intr. (aus. *avere*) **1** sprechen, reden: ***~ a, con qcn.*** zu, mit jdm sprechen; ***~ di qcn., qcs.*** von jdm, etw. (*o* über jdn, etw.) sprechen (*o* reden); ***imparare a ~*** sprechen lernen; ***ha solo 2 anni, ma parla già bene*** er ist erst 2 Jahre alt, spricht aber schon gut; ***~ sottovoce, a voce alta*** leise, laut sprechen; ***ehi, sto parlando con te!*** he, ich sprech mit dir! ***~ in televisione*** im Fernsehen sprechen; ***ne parliamo poi*** darüber sprechen wir später; ***se ne parla tra un anno*** darüber reden wir in einem Jahr; ***tutti ne parlano*** alle reden darüber **2** *(comunicare, esprimersi)* reden, sprechen, sich verständigen: ***~ con le mani*** mit den Händen sprechen; ***~ con il linguaggio dei segni*** sich durch Zeichensprache verständigen **3** FIG. *(riferire, raccontare)* berichten, erzählen, beschreiben: ***gliene hai già parlato?*** hast du ihm schon davon erzählt? ***nel suo romanzo l'autore parla del periodo fra le due guerre*** in seinem Roman beschreibt der Autor die Zeit zwischen den beiden Kriegen; ***tutti i giornali parlano del processo*** alle Zeitungen berichten über den Prozess **4** FIG. *(essere espressivo, significativo)* sprechen: ***i fatti parlano da soli*** die Tatsachen sprechen für sich; ***il Creato parla di Dio*** aus der Schöpfung spricht Gott **5** *(ricordare)* erinnern: ***~ di qcn., qcs.*** an jdn, etw. erinnern; ***tutto in quella casa parla di lei*** alles in diesem Haus erinnert an sie **II** tr. sprechen, sich aus͜drücken: ***~ una lingua straniera*** eine Fremdsprache sprechen; ***non saper ~ inglese*** kein Englisch sprechen (*o* können); ***l'esperanto è parlato persino in Cina*** sogar in China wird Esperanto gesprochen; ***qui si parla tedesco*** hier spricht man Deutsch **III** pronom. **parlarsi** miteinander sprechen: ***dopo quel litigio non si sono più parlati*** nach jenem Streit haben sie nicht mehr miteinander gesprochen; ***ci siamo parlati al telefono*** wir haben miteinander telefoniert ◆ ***parlarsi addosso*** = sich gern reden hören; FIG. ***~ arabo*** Chinesisch sprechen; ***bada a come parli!*** pass auf, was du sagst! ***~ bene di qcn.*** gut von jdm (*o* über jdn) sprechen: ***si può ~ solo bene di lui*** man kann nur Gutes über ihn sagen; ***~ a braccio*** aus dem Stegreif sprechen (*o* frei sprechen); ***~ a caso*** unüberlegt daher͜reden; *(al telefono)* ***con chi parlo?*** wer ist am Apparat? ***~ chiaro*** offen reden; ***~ alla coscienza di qcn.*** jdm ins Gewissen reden; ***~ al cuore*** das Herz an͜sprechen; ***~ tra i denti*** zwischen den Zähnen sprechen; ***~ difficile*** sich kompliziert aus͜drücken; ***far ~ di sé*** von sich reden machen; ***far ~ qcn.*** jdn zum Reden bringen; ***~ in modo forbito*** gewandt sprechen; ***generalmente parlando*** ganz allgemein gesagt; ***~ di gola*** gurgelnd sprechen; FAM. ***ho parlato italiano?*** habe ich mich klar ausgedrückt? ***~ a fior di labbra*** flüstern (*o* etwas [zwischen den Zähnen] murmeln); ***lasciar ~ qcn.*** jdn zu Wort kommen lassen; ***~ male*** sich unkorrekt aus͜drücken; ***~ male di qcn.*** jdm Böses nach͜sagen (*o* schlecht über jdn, von jdm sprechen); ***parla come mangi!*** drück dich einfach aus! ***~ al muro*** gegen eine Wand sprechen; ***~ di naso*** näseln; ***non se ne parla nemmeno!*** (das) kommt überhaupt nicht in Frage! ***non parliamone più!*** kein Wort mehr davon! COLLOQ. Schwamm drüber! ***non me ne parli (lo so bene)!*** das brauchen Sie mir nicht zu sagen! ***~ agli occhi*** die Augen an͜sprechen; ***ha parlato l'oracolo*** das Orakel hat gesprochen; FIG. ***~ ostrogoto*** Chinesisch sprechen; ***per non ~ di*** ganz zu schweigen von; ***~ del più e del meno*** sich über dieses und jenes unterhalten; ***se le cose stanno così, non parlo più*** wenn das so ist, sage ich nichts mehr! ***~ al plurale*** = im Namen aller sprechen; ***pronto, chi parla?*** hallo, wer ist am Apparat? ***~ in punta di forchetta*** sich geschwollen aus͜drücken; ***~ a quattr'occhi con qcn.*** mit jdm unter vier Augen sprechen; ***~ con ricercatezza*** sich gewählt aus͜drücken; ***con rispetto parlando*** mit Verlaub gesagt; ***~ tra sé e sé*** vor sich hin sprechen; ***senti chi parla!*** hört, hört! ***~ da solo*** mit sich selbst sprechen; ***~ come un libro stampato*** sich gehoben aus͜drücken (*o* druckreif sprechen); ***(~) tanto per ~*** um des Redens willen sprechen; ***~ a vanvera*** drauflos͜reden, ***~ al vento*** in den Wind sprechen.
2.par|la|re m. **1** Sprechweise *f.*, Ausdrucksweise *f.*: ***un ~ gentile*** eine freundliche Sprechweise; ***questo è un ~ ambiguo*** das ist eine zweideutige Ausdrucksweise **2** *(chiacchiere)* Gerede *n.*: ***se ne fece un gran ~*** es gab ein großes Gerede darum. **par|la|ta** f. **1** *(modo di parlare)* Sprechweise *f.*, Redeweise *f.*: ***~ toscana*** toskanische Sprechweise **2** *(dialetto)* Dialekt *m.*
par|la|to I p.pass. agg. **1** → **parlare 2** Sprach-: ***l'uso della lingua -a*** der allgemeine Sprachgebrauch; ***lingua -a*** Umgangssprache *f.* **3** ***film ~*** Tonfilm *m.* **II** m. **1** *(lingua parlata)* Umgangssprache *f.*: ***la sintassi del ~*** die Syntax der Umgangssprache **2** *(film)* Gesprochene *n.* **3** MUS. Rezitativ *n.*
par|la|to|re m. Redner *m.*: ***essere un gran ~*** *(parlare bene)* ein guter Redner sein; *(parlare molto)* redselig sein. **par|la|to|rio** m. *(-ri)* Besuchszimmer *n.*
par|lot|ta|re intr. (aus. *avere*) tuscheln. **par|lot|ti|o** m. Getuschel *n.*: ***si udiva un continuo ~*** man hörte ein ständiges Getuschel.
par|luc|chia|re tr. *(parlucchio, parlucchi)* radebrechen: ***parlucchio un po' di tedesco*** ich radebreche ein bisschen Deutsch.
par|mi|gia|na f. GASTR. INTRAD. ***alla ~*** (mit Parmesankäse und Tomatensoße): ***melanzane alla ~*** INTRAD. (mit Tomatensoße und geriebenem Parmesankäse im Ofen überbackene Auberginenscheiben).
par|mi|gia|no I agg. parmaisch, parmesanisch **II** m. **1** *(abitante)* Parmaer *m.*, Parmesaner *m.* **2** *(formaggio)* Parmesan(käse) *m.*: ***grattugiare il ~*** Parmesan(käse) reiben ◆ ***scaglie di ~*** (dünne) Parmesan(käse)schnitzel *pl.*
par|na|so m. Dichtung *f.*: ***il ~ greco*** die griechische Dichtung. **Par|na|so** n.pr.m. Parnass *m.* **par|nas|sia|no I** agg. des französischen Parnass: ***poeta ~*** Dichter *m.* des französischen Parnass **II** m. Parnassien *m.*
pa|ro|di|a f. **1** Parodie *f.* (anche MUS.): ***~ di un film, di un romanzo, di un attore*** die Parodie eines Films, eines Romans, eines Schauspielers; ***mettere in ~*** parodieren **2** FIG. *(caricatura)* Parodie *f.*, Karikatur *f.*: ***la ~ di un professore*** die Parodie eines Lehrers ◆ ***fare la ~ di qcn.*** jdn parodieren; ***messa ~*** Parodiemesse *f.* **pa|ro|dia|re** tr. *(parodio, parodi)* parodieren: ***~ un uomo politico*** einen Politiker parodieren. **pa|ro|di|co** agg. *(-ci,-che)* parodistisch, Parodien-. **pa|ro|di|sta** m. e f. *(-i,-e)* Parodist *m.* (-in *f.*). **pa|ro|di|sti|co** agg. *(-ci,-che)* parodistisch.
pa|ro|don|to → **periodonto.**
pa|ro|la f. **1** Wort *n.*: ***~ di origine celtica*** Wort keltischen Ursprungs; ***cosa vuol dire questa ~?*** was heißt dieses Wort? ***cercare una ~ nel dizionario*** ein Wort im Wörterbuch nach͜schlagen; ***una ~ di cinque lettere*** ein Wort mit fünf Buchstaben; ***-e di conforto, di sdegno, d'amore*** Worte des Trostes, der Empörung, der Liebe **2** *(il parlare)* Sprache *f.*, Wort *n.*: ***perdere, riacquistare la ~*** die Sprache verlieren, wieder͜erlangen; ***prendere, passare (o dare), togliere, chiedere la ~*** das Wort ergreifen, geben, entziehen, ums Wort bitten; ***scambiare due -e con qcn.*** einige Worte mit jdm wechseln; ***rivolgere la ~ a qcn.*** das Wort an jdn richten; ***volevo aggiungere***

due -e ich wollte noch kurz etwas hinzu‿fügen; ***la ~ alla difesa!*** die Verteidigung hat das Wort! **3** *(consiglio, ammaestramento)* Rat *m.*, Wort *n.*: ***ascoltare, seguire la ~ di qcn.*** jds Rat an‿hören (*o* befolgen), auf jds Wort hören **4** *(promessa)* Wort *n.*, Versprechen *n.*: ***ti do la mia ~!*** ich gebe dir mein Wort! ***mantenere la ~ data*** sein Wort halten; ***ti credo sulla ~*** ich glaube dir aufs Wort; ***prendere qcn. in ~*** jdn beim Wort nehmen ◆ ***essere buoni a -e*** schön reden können; ***~ d'accesso*** Passwort *n.*; ***in altre -e*** mit anderen Worten; ***non avere -e*** jdm fehlen die Worte; ***mettere, spendere una buona ~ per qcn.*** ein gutes Wort für jdn ein‿legen; ***non ho capito una ~*** ich habe kein Wort verstanden; ***~ chiave*** Schlüsselwort *n.*; ***chiedere la ~*** sich zu Wort melden; ***~ composta*** zusammengesetztes Wort; ***-e crociate*** Kreuzworträtsel *n.*; ***~ derivata*** abgeleitetes Wort *n.*; ***di ~*** verlässlich: ***una persona di ~*** ein verlässlicher Mensch; ***~ di Dio*** Gottes Wort; ***avere la ~ facile*** redegewandt (*o* zungenfertig) sein; ***far ~ di qcs.*** ein Wort über etw. fallen lassen; ***non far ~ di qcs.*** über etw. kein Wort verlauten lassen (*o* verlieren); ***fatti, non -e*** den Worten sollten Taten folgen; ***~ di galantuomo*** Ehrenwort *n.*; ***gioco di -e*** Wortspiel *n.*; ***giro di -e*** Umschreibung *f.*; ***non ho -e*** mir fehlen die Worte; ***in ~*** besagt: ***la persona, la questione in ~*** besagte Person, besagtes Problem; ***essere in ~ con qcn.*** bei jdm im Wort sein; ***-e incrociate*** → ***-e crociate***; ***lasciare senza -e*** wortlos lassen; ***libertà di ~*** Redefreiheit *f.*; ***~ magica*** Zauberwort *n.*; ***male -e*** böse Worte; *(parolacce)* Schimpfwörter; ***prendere qcn. a male -e*** jdn beschimpfen; ***mancare alla ~ data*** sein Wort nicht halten; ***mettere le -e in bocca a qcn.*** jdm die Worte in den Mund legen; ***misurare le -e*** seine Worte genau ab‿wägen; ***(non) essere di molte -e*** (nicht) viel reden; ***~ d'ordine*** Parole *f.*, Kennwort *n.*; ***~ d'onore*** Ehrenwort *n.*; ESCLAM. auf Ehre! ***-e d'oro*** goldene Worte; ***passare ~*** es weiter‿sagen; ***~ per ~*** Wort für Wort; ***pesare le -e*** seine Worte genau ab‿wägen; ***essere di poche -e*** wortkarg sein; ***-e sante*** weise Worte; ***nel vero senso della ~*** im wahrsten Sinne des Wortes; ***restare senza -e*** sprachlos sein; ***una ~ tira l'altra*** ein Wort gibt das andere; ***mi hai tolto la ~ di bocca*** du hast mir das Wort aus dem Mund genommen; ***avere l'ultima ~*** das letzte Wort haben; ***non è ancora detta l'ultima ~*** das letzte Wort ist noch nicht gesprochen; ***è una ~!*** das ist leichter gesagt als getan! ***-e al vento*** unnütze Worte; ***sono solo vuote -e*** das sind nur leere Worte; PROV. ***la ~ è d'argento, il silenzio è d'oro*** Reden ist Silber, Schweigen ist Gold.

pa|ro|lac|cia f. *(-ce)* Schimpfwort *n.*: ***dire -ce*** Schimpfwörter gebrauchen.

pa|ro|la|io I m. *(-ai)* Wortemacher *m.*, Schwätzer *m.* **II** agg. *(-ai,-aie)* schwatzhaft: ***critica -a*** schwatzhafte Kritik.

pa|ro|lie|re m. Texter *m.*

pa|ro|li|na f. Wörtchen *n.* ◆ ***devo dirti due -e*** *(come confidenza)* ich hab dir etwas zu sagen; *(come rimprovero)* ich habe noch ein Wörtchen mit dir zu reden; ***~ dolce*** Kosewort *n.*

pa|ro|lo|na f., **pa|ro|lo|ne** m. großes Wort *n.*: ***un discorso infarcito di -e, -i*** eine mit großen Worten gespickte Rede.

pa|ro|ni|mo m. Paronymon *n.*

pa|ro|no|ma|sia f. Paronomasie *f.*

pa|ros|si|smo m. **1** MED. GEOL. Paroxysmus *m.* **2** FIG. *(esasperazione)* Übersteigerung *f.* ◆ ***portare qcs. fino al ~*** etw. auf die Spitze treiben. **pa|ros|si|sti|ca|men|te** avv. übersteigernd. **pa|ros|si|sti|co** *(-ci,-che)* agg. **1** MED. paroxymal: ***fase -a*** paroxymale Phase **2** GEOL. Paroxysmus- **3** FIG. *(esasperato)* übersteigert: ***odio ~*** übersteigerter Hass.

pa|ros|si|to|na f. Paroxytonon *n.*

pa|ro|ti|de f. Parotis *f.*, Ohrspeicheldrüse *f.* **pa|ro|ti|te** f. Mumps *m.*, Parotitis *f.*

par|quet [-kɛ] m.inv. Parkett *n.*: ***mettere, lamare il ~*** das Parkett verlegen, ab‿ziehen; ***pavimentare a ~*** parkettieren.

par|ri|ci|da m. e f. *(-i,-e)* **1** Vatermörder *m.* (-in *f.*) **2** FIG. *(traditore della patria)* Vaterlandsverräter *m.* (-in *f.*). **par|ri|ci|dio** m. *(-di)* **1** Vatermord *m.* **2** FIG. LETT. *(tradimento della patria)* Vaterlandsverrat *m.*

par|roc|chet|to m. **1** Sittich *m.* **2** MAR. Fockmastsegel *n.*

par|roc|chia f. **1** Pfarrei *f.*: ***una ~ di 3000 anime*** eine Pfarrei von 3000 Seelen **2** *(edificio)* Pfarrhaus *n.* **3** *(comunità parrocchiale)* Pfarre *f.*, Pfarrgemeinde *f.* **4** FIG. Gruppe *f.*, SPREG. Clique *f.*, Bande *f.*: ***essere della stessa ~*** zur selben Gruppe gehören. **par|roc|chia|le** agg. Pfarr-: ***comunità, consiglio ~*** Pfarrgemeinde *f.*, Pfarrgemeinderat *m.*; ***registro ~*** Pfarrbuch *n.* **par|roc|chia|no** m. Mitglied *n.* einer Pfarrgemeinde.

par|ro|co m. *(-ci)* Pfarrer *m.*

par|ruc|ca f. *(-che)* Perücke *f.*: ***portare una ~*** eine Perücke tragen; ***mettersi una ~*** sich (D) eine Perücke auf‿setzen ◆ ***~ di capelli veri*** Echthaarperücke *f.*; ***~ a codino*** Zopfperücke *f.*; ***~ con i riccioli*** Allongeperücke *f.*

par|ruc|chie|ra f. Friseuse *f.*, Coiffeuse *f.* **par|ruc|chie|re** m. Friseur *m.* ◆ ***~ da donna*** Damenfriseur *m.*; ***~ da uomo*** Herrenfriseur *m.*

par|ruc|chi|no m. Perücke *f.*, Herrenperücke *f.*

par|ruc|co|ne m. alter Zopf *m.*

par|sec m.inv. Parsec *n.*

par|si|mo|nia f. **1** Sparsamkeit *f.*; ***vivere con ~*** sparsam leben **2** FIG. *(sobrietà)* Genügsamkeit *f.*, Bescheidenheit *f.*; ***narrare con ~ di parole*** in wenigen Worten erzählen.

par|si|mo|nio|sa|men|te avv. sparsam. **par|si|mo|nio|so** agg. sparsam: ***persona, vita -a*** sparsamer Mensch, sparsames Leben.

par|si|smo m. Parsismus *m.*

par|tac|cia f. *(-ce)* Verweis *m.*: ***fare una ~ a qcn.*** jdm einen Verweis erteilen (*o* jdn heftig an‿fahren).

par|te f. **1a** Teil *m.*: ***tagliare la torta in otto -i*** den Kuchen in acht gleiche Teile teilen; ***tre -i di farina e due di acqua*** drei Teile Mehl und zwei Teile Wasser; ***(una) ~ dell'incasso*** ein Teil der Einnahmen; ***fare le -i di qcs.*** etw. auf‿teilen; ***ognuno ha la propria ~ di responsabilità*** jeder hat seinen Teil Verantwortung; ***le -i del mondo*** die Erdteile; ***le -i di un congegno*** die Teile eines Mechanismus; ***massaggiare la ~ dolorante*** den schmerzenden Körperteil (*o* die schmerzende Stelle) massieren **b** *(sezione)* Abschnitt *m.*: ***il corso si articola in tre -i*** der Kurs ist in drei Abschnitte unterteilt **2** *(quota)* Anteil *m.*: ***ciascuno ha avuto la sua ~*** jeder hat seinen Anteil bekommen; ***rinunciare alla propria ~ di guadagno*** auf seinen Gewinnanteil verzichten **3** *(luogo)* Gegend *f.*: ***se passi da queste -i vieni a trovarmi*** wenn du hier in die Gegend kommst, besuch mich; ***dalle -i di Assisi*** in der Gegend von Assisi; ***dalle vostre -i*** bei euch; ***da queste -i si usa così*** hierzulande ist man es so gewohnt **4** *(direzione)* Richtung *f.*: ***è fuggito da quella ~*** er ist in diese Richtung geflüchtet; ***da che ~ andiamo?*** in welche Richtung gehen wir? **5** *(lato)* Seite *f.*: ***~ destra, sinistra*** rechte, linke Seite; ***~ di sopra, di sotto*** Ober-, Unterseite *f.*; ***~ anteriore, posteriore*** Vorderseite *f.* (*o* Vorderteil *m.*), Rückseite *f.* (*o* Rückenteil *m.*) **6** *(ruolo)* Rolle *f.*: ***avere, interpretare una ~ in un film*** eine Rolle in einem Film haben, spielen; ***ha avuto la ~*** er hat die Rolle bekommen; ***imparare la ~ a memoria*** die Rolle auswendig lernen; ***la ~ di Mirandolina*** die Rolle der Mirandolina; ***una ~ prestigiosa, secondaria*** eine wichtige Rolle, eine Nebenrolle; FIG. ***fare una ~ meschina*** eine klägliche Rolle spielen **7a** MUS. Part *m.*, Stimme *f.*: ***la ~ del solista*** der Solopart *m.*; ***la ~ dei violini*** die Geigenstimme *f.*; ***provare a -i separate*** die Stimmen getrennt proben **b** *(partitura)* Partitur *f.*: ***leggere le -i*** die Partitur lesen; ***eseguire senza le -i*** ohne Partitur (*o* Noten) spielen **8** *(partito, fazione)* Partei *f.*, Seite *f.*: ***le -i in lotta*** die kämpfenden Parteien; ***essere di ~ guelfa*** auf der Seite der Welfen stehen; ***prendere le -i di qcn.*** jds, für jdn Partei ergreifen; ***stare dalla ~ di qcn.*** auf jds Seite stehen; ***da che ~ stai?*** auf welcher Seite stehst du? **9** DIR. Partei *f.*: ***le -i in lite*** die streitenden Parteien; ***accordo tra le -i*** Vereinbarung *f.* (o Abkommen *n.*) zwischen den Parteien ◆ ***a ~*** getrennt, separat, extra; ***le spese di viaggio sono a ~*** die Reisekosten sind nicht inbegriffen; ***questa è una questione a ~*** das ist eine Angelegenheit für sich; ***a ~ il tempo la vacanza è stata bella*** abgesehen vom Wetter war der Urlaub schön; ***a ~ il fatto che...*** abgesehen davon, dass...; ***d'altra ~*** ander(er)seits; ***non avere né arte né parte*** weder Wissen noch Geld haben; ***~ avversa*** Gegenpartei *f.*, Gegenseite *f.*; ***-i basse*** Unterleib *m.*; ***essere ~ in causa*** der Betroffene sein; ***~ cinematografica*** Filmrolle *f.*; ***costituirsi ~ civile*** Nebenklage (*o* Privatklage) erheben; ***~ contraente*** Vertragspartner *m.*, Vertragspartei *f.*; ***~ convenuta*** beklagte Partei; ***-i del corpo*** Körperteile; ***non so da che ~ incominciare*** ich weiß nicht, womit ich anfangen soll; ***da ~ di*** von, seitens, von Seiten; ***questi fiori sono da ~ di un ammiratore*** diese Blumen kommen von einem Bewunderer; ***da ~ mia*** meinerseits; ***di ~*** parteiisch; ***giudizio di ~*** parteiisches Urteil; ***da ~ di madre, padre*** mütterlicherseits, väterlicherseits; ***-i del discorso*** Wortarten *pl.*; ***distribuzione delle -i*** Rollenbesetzung *f.*, Rollenverteilung *f.*; ***far ~ di qcs.*** zu etw. gehören (*o* etw. [D] an‿gehören); ***il mobile fa ~ dell'eredità*** das Möbelstück gehört zur Erbschaft; ***fare ~ del consiglio di facoltà*** Mitglied des Fakultätsrats sein; ***far ~ a qcn. di qcs.*** jdn über etw. (A) unterrichten; ***fare una ~ a qcn.*** jdm eine Szene machen; ***farsi da ~*** zur Seite treten; *(defilarsi)* sich zurück‿ziehen; ***in gran ~*** zum größten Teil, zum Großteil; ***in ~*** zum Teil, teilweise; ***si è rimesso solo in ~ dalla malattia*** er hat sich nur zum Teil von der Krankheit erholt; DIR. ***~ intervenuta*** erschienene Partei; ***fare la ~ del leone*** den Löwenanteil bekommen, sich (D) den Löwenanteil sichern; ***~ lesa*** Geschädigte *m.*, geschädigte Partei; ***la***

maggior ~ der Großteil, die Mehrzahl, die Mehrheit; ***la maggior ~ del tempo*** die meiste Zeit; ***in massima*** ~ zum größten Teil; ***mettere qcn. a ~ di qcs.*** jdn über (*o* von) etw. unterrichten; ***mettere da*** ~ ab_legen, beiseite legen; *(risparmiare)* auf die Seite legen; ***anche l'occhio vuole la sua*** ~ das Auge isst auch mit; ***passare da ~ a*** ~ durch_bohren; ***percorrere un paese da ~ a*** ~ durch das ganze Land fahren; ***in piccola*** ~ zum kleineren Teil; ***prendere ~ a qcs.*** an etw. teil_nehmen; ***prendere ~ a una discussione*** an einer Diskussion teil_nehmen (*o* sich an einer Diskussion beteiligen); ~ ***principale*** Hauptrolle *f.*; ***fare la propria*** ~ *(fare il proprio dovere)* seine Pflicht tun; *(dare il proprio contributo)* seinen Beitrag leisten; ***da qualche*** ~ irgendwo; *(moto a luogo)* irgendwohin; *(moto da luogo)* irgendwoher; ***da qualche ~ sarà pur finito*** irgendwo wird er schon sein; ***da un anno, da un po' di tempo a questa*** ~ seit einem Jahr, seit einiger Zeit; ***-i di ricambio*** Ersatzteile *pl.*; ***scherzi a*** ~ Scherz beiseite; ***-i sociali*** Sozialpartner; ***essere al di sopra delle -i*** über den Parteien stehen; ~ ***teatrale*** Theaterrolle *f.*; ~ ***televisiva*** Fernsehrolle *f.*; ***da tutte le -i*** überall; ***arrivano da tutte le -i*** sie kommen von überall her; ***da una ~..., dall'altra...*** einerseits..., andererseits...; ***fare la ~ della vittima*** das Opfer spielen.

par|te|ci|pan|te **I** m. e f. Teilnehmer *m.* (-in *f.*): ***i -i a una manifestazione*** die Teilnehmer an einer Veranstaltung **II** agg. teilnehmend, Teilnehmer- ◆ ~ ***a una gara d'appalto*** Submittent *m.*; ~ ***a un concorso*** Wettbewerbsteilnehmer *m.*; ~ ***a un corso*** Kursteilnehmer *m.*; ~ ***a una gara*** Wettkämpfer *m.*; ***lista dei -i*** Teilnehmerliste *f.*; ***numero dei -i*** Teilnehmerzahl *f.*

par|te|ci|pa|re *(partecipo)* **I** intr. (aus. *avere*) **1** *(prendere parte)* teil_nehmen, sich beteiligen: ~ ***a un gioco, a una trasmissione televisiva*** an einem Spiel, an einer Fernsehsendung teilnehmen; ~ ***a una discussione*** sich an einer Diskussion beteiligen **2** *(essere partecipe)* Anteil nehmen, teil_haben: ~ ***al dolore, al lutto, alla gioia di qcn.*** an jds Schmerz, Trauer, Freude Anteil nehmen **3** *(contribuire)* bei_steuern: ~ ***a un regalo con 10 marchi*** zu einem Geschenk 10 Mark beisteuern **II** tr. *(rendere noto)* mit_teilen, bekannt geben, an_zeigen: ~ ***il proprio fidanzamento*** seine Verlobung bekannt geben ◆ ***hanno partecipato...*** es wirkten mit...; ~ ***agli utili*** am Gewinn partizipieren.

par|te|ci|pa|ti|vo agg. beteiligend, Beteiligungs-.

par|te|ci|pa|zio|ne f. **1** Teilnahme *f.*, Beteiligung *f.*: ~ ***a un'azione*** Beteiligung an einer Tat; ~ ***attiva*** aktive Beteiligung **2** *(coinvolgimento emotivo)* Anteilnahme *f.*: ~ ***al dolore di qcn.*** Anteilnahme an jds Schmerz; ***con viva*** ~ mit aufrichtiger Anteilnahme **3** *(biglietto)* Mitteilung *f.*, Anzeige *f.*: ~ ***di matrimonio, di nascita*** Heiratsanzeige *f.*, Geburtsanzeige *f.* **4** ECON. Beteiligung *f.*, Teilhaberschaft *f.*, Partizipation *f.*: ~ ***statale*** staatliche Beteiligung **5** FILOS. Partizipation *f.* ◆ ~ ***azionaria*** Aktienbeteiligung *f.*; ~ ***maggioritaria*** Mehrheitsbeteiligung *f.*; ***quota di*** ~ Kapitalanteil *m.*, Geschäftsanteil *m.*; ~ ***agli utili*** Gewinnbeteiligung *f.*

par|te|ci|pe agg. beteiligt, teilhaft, teilnehmend: ***essere, diventare ~ di qcs.*** an etw. (D) teil_haben (*o* partizipieren); ***essere ~ della gioia, del dolore di qcn.*** an jds Freude, Schmerz Anteil nehmen (*o* teil_haben); ***rendersi*** ~ teil_nehmen; ***rendere ~ qcn.*** jdn teilhaben lassen.

par|teg|gia|re intr. *(parteggio, parteggi*; aus. *avere)* Partei nehmen, Partei ergreifen: ~ ***per qcn.*** für jdn Partei nehmen (*o* zu jdm halten).

par|te|no|ge|ne|si f. Parthenogenese *f.*, Jungfernzeugung *f.*: ***per*** ~ parthenogenetisch. **par|te|no|ge|ne|ti|co** agg. *(-ci,-che)* parthenogenetisch.

Par|te|no|ne n.pr.m. Parthenon *m.*

par|te|no|pe|o **I** agg. parthenopeisch **II** m. Parthenopeier *m.*

par|ten|za f. **1** Abreise *f.*, Abfahrt *f.*; *(di aereo)* Abflug *m.*: ***essere in*** ~ vor der Abreise stehen; ***il treno è in ~ dal primo binario*** der Zug fährt von Gleis 1 ab; ***alla ~ del treno*** bei Abfahrt des Zuges; ***anticipare, rimandare la ~ di qualche ora*** die Abreise um einige Stunden vor_verlegen, verschieben **2** *(il mettersi in cammino)* Aufbruch *m.*: ***essere di*** ~ im Aufbruch begriffen sein; ***segnale di*** ~ Aufbruch(s)signal *n.* **3** *(inizio)* Anfang *m.* **4** SPORT MECC. Start *m.*: ***dare il segnale di*** ~ den Startschuss ab_geben (*o* das Startsignal geben); ~ ***da fermo, lanciata*** stehender, fliegender Start ◆ ~ ***anticipata*** vorzeitige Abfahrt; ***binario di*** ~ Abfahrt(s)gleis *n.*; SPORT ~ ***dai blocchi*** Tiefstart *m.*; ***data di*** ~ Abreisetermin *m.*; ***falsa*** ~ Frühstart *m.* (*o* Fehlstart *m.*); ***franco*** ~ frei ab Werk; ***giorno di*** ~ Abreisetag *m.*; ***lingua di*** ~ Ausgangssprache *f.*; ***orario di*** ~ Abfahrtszeit *f.*; ***punto di*** ~ Ausgangspunkt *m.*; ***siamo di nuovo al punto di*** ~ wir sind wieder am Ausgangspunkt; FIG. wir stehen wieder ganz am Anfang; ***tabellone delle*** ~ Abfahrtstafel *f.*; ***timbro di*** ~ Aufgabestempel *m.*

par|ter|re [-'tɛr] m.inv. **1** *(pianterreno)* Parterre *n.* **2** TEATR. Parterre *m.* **3** *(aiuola)* Blumenbeet *n.*

par|ti|cel|la f. **1** FIS. Teilchen *n.*, Partikel *n.* e *f.*: ***-e elementari*** Elementarteilchen *n.* **2** GRAMM. Partikel *f.* **3** DIR. Parzelle *f.* ◆ ~ ***avverbiale*** Adverbialpartikel *f.*; ~ ***catastale*** Grundbuchparzelle *f.* (*o* Katasterparzelle *f.*); ~ ***fondiaria*** Grundparzelle *f.* (*o* Grundstücksparzelle *f.*); ~ ***negativa*** Negationspartikel *f.*; ~ ***pronominale*** Pronominalpartikel *f.* **par|ti|cel|la|re** agg. **1** FIS. Teilchen-: ***radiazione*** ~ Teilchenstrahlung *f.* **2** DIR. parzelliert, Parzellen-; ***mappa*** ~ Katasterkarte *f.*

par|ti|ci|na f. kleine Rolle *f.*: ***avere una ~ in un film*** in einem Film eine kleine Rolle haben.

par|ti|ci|pia|le agg. partizipial, Partizipial-. **par|ti|ci|pio** m. *(-pi)* Partizip *n.*: ~ ***presente, passato*** Partizip Präsens *n.* (*o* erstes Partizip), Partizip Perfekt *n.* (*o* zweites Partizip).

par|ti|co|la f. **1** Hostie *f.* **2** *(particella)* Partikel *f.*

par|ti|co|la|re **I** agg. **1** *(specifico, determinato)* bestimmt, besonder, spezifisch: ***segni -i*** besondere Kennzeichen; ***usi -i di un paese*** besondere Sitten eines Landes; ***una ~ marca di rossetto*** eine bestimmte Lippenstiftmarke **2** *(fuori del comune, speciale)* besonder, Sonder-: ***una bellezza*** ~ eine besondere Schönheit; ***un caso*** ~ ein Sonderfall *m.* **3** *(strano, insolito, bizzarro)* merkwürdig, sonderbar, eigentümlich: ***abitudini -i*** eigentümliche Angewohnheiten; ***gusti -i*** sonderbarer Geschmack **II** m. Einzelheit *f.*, Detail *n.*: ***un ~ trascurabile*** eine vernachlässigbare Einzelheit; ***un lavoro curato fin nei minimi -i*** eine in allen Einzelheiten ausgeführte Arbeit; ***descrivere qcs. fin nei minimi -i*** etw. bis in die kleinsten Einzelheiten schildern; ***lasciarsi sfuggire un*** ~ eine Einzelheit übersehen; ***scendere, entrare in -i*** auf Einzelheiten ein_gehen (*o* ins Detail gehen).

par|ti|co|la|reg|gia|re tr. *(particolareggio, particolareggi)* in allen Einzelheiten schildern. **par|ti|co|la|reg|gia|ta|men|te** avv. ausführlich in allen Einzelheiten: ***raccontare qcs.*** ~ in allen Einzelheiten (*o* etw. groß und breit) erzählen. **par|ti|co|la|reg|gia|to** p.pass. agg. **1** → **particolareggiare** **2** ausführlich, detailliert.

par|ti|co|la|ri|smo m. **1** *(favoritismo)* Begünstigung *f.*, Bevorzugung *f.* **2** POL. Partikularismus *m.* **3** *(parzialità)* Parteilichkeit *f.* **par|ti|co|la|ri|sti|co** agg. *(-ci,-che)* **1** parteilich **2** POL. partikularistisch.

par|ti|co|la|ri|tà f.inv. **1** *(caratteristica)* Besonderheit *f.*, Eigentümlichkeit *f.* **2** *(dettaglio)* Einzelheit *f.*, Detail *n.*

par|ti|co|lar|men|te avv. **1** *(molto)* besonders: ***un'offerta ~ vantaggiosa*** ein besonders günstiges Angebot; ***un quadro non ~ bello*** ein nicht besonders schönes Bild; ***non sta ~ bene*** ihm geht es nicht besonders gut **2** *(principalmente)* insbesondere: ***questo riguarda ~ i pensionati*** das betrifft insbesondere die Rentner.

par|ti|gia|ne|ri|a f. Parteilichkeit *f.* **par|ti|gia|no** **I** m. **1** Partisan *m.*, Widerstandskämpfer *m.* **2** *(fautore)* Verfechter *m.* **II** agg. **1** *(di parte)* parteiisch **2** *(della resistenza)* Partisanen-: ***lotta -a*** Partisanenkampf *m.*

par|ti|re **I** intr. (aus. *essere*) **1a** *(a piedi)* los_gehen; *(con un veicolo)* ab_fahren, ab_reisen: ~ ***alle 9*** um 9 Uhr abfahren; ~ ***per Roma*** nach Rom abreisen; ~ ***per un viaggio*** auf Reisen gehen (*o* abreisen); ~ ***per le vacanze*** in Urlaub fahren **b** *(di veicolo)* ab_fahren: ***il treno delle 8 parte dal binario 3*** der 8-Uhr-Zug fährt auf Gleis 3 ab; ~ ***in orario*** pünktlich abfahren **c** *(di aereo)* ab_fliegen, starten **2** SPORT starten **3a** *(mettersi in moto)* los_gehen **b** *(avviarsi)* ***far ~ la macchina*** das Auto an_lassen; ***far ~ il giradischi*** den Plattenspieler an_stellen; ***la macchina non parte per il freddo*** der Wagen springt wegen der Kälte nicht an **4** *(avere origine, cominciare)* aus_gehen, beginnen, an_fangen, stammen: ~ ***da un presupposto*** von einer Voraussetzung ausgehen; ***l'idea parte da lui*** die Idee geht von ihm aus; ***la proposta parte da lui*** der Vorschlag stammt von ihm; ***una fila di alberi che parte dal bordo del campo*** eine Baumreihe, die am Feldrand beginnt; ***il ricamo parte dall'attaccatura della manica*** die Stickerei beginnt am Ärmelansatz **5** COLLOQ. *(rompersi)* kaputt_gehen: ***il televisore è partito*** der Fernseher ist kaputtgegangen **6** COLLOQ. ab_gehen, los_gehen: ***mi è partito un bottone*** mir ist ein Knopf abgegangen; ***è partito un colpo*** ein Schuss ist losgegangen **II** pronom. **partirsene** ab_fahren, ab_reisen ◆ ***a ~ da*** seit, ab, von...an: ***a ~ da oggi*** ab heute; ~ ***per la guerra*** in den Krieg ziehen; ~ ***militare*** ein_rücken; ~ ***dal nulla*** bei null an_fangen; ~ ***in quarta*** los_stürzen; COLLOQ. ~ ***di testa*** aus_flippen; PROV. ~ ***è un po' morire*** Scheiden tut weh.

par|ti|ta f. **1a** Spiel *n.*, Partie *f.*: ***giocare, vincere, perdere, disputare, fare una*** ~ ein Spiel spielen, gewinnen, verlieren, aus_tragen, machen; ***la ~ finì 3 a 0*** das Spiel endete 3:0; ***fare una ~ a biliardo, a bocce, a poker, a scacchi*** eine Partie Billard, Boccia, Poker, Schach spielen **b** SPORT Spiel *n.*, Match *n.*: ~ di calcio, di tennis Fußballspiel *n.*, Tennismatch *n.*; assistere a una ~ bei einem Spiel zu‿sehen **2** *(quantità)* Posten *m.*, Partie *f.*: una ~ di frutta, di stoffe ein Posten Obst, Stoffe; una ~ di camicie, scarpe eine Partie Hemden, Schuhe **3** ECON. Buchführung *f.*, Buchhaltung *f.*: ~ semplice, doppia einfache, doppelte Buchführung *f.* **4** MUS. Partita *f.* ◆ abbandonare la ~ = auf‿geben; ~ amichevole Freundschaftsspiel *n.*; andare alla ~ ins Fußballstadion gehen; ~ di andata Hinspiel *n.*; ~ di caccia Jagdpartie *f.*; ~ di campionato Meisterschaftsspiel *n.*; ~ in, fuori casa Heimspiel *n.*, Auswärtsspiel *n.*; COMM. ~ corrente laufender Posten; essere della ~ mit von der Partie sein; COMM. ~ di giro durchlaufender Posten; inizio della ~ Spielbeginn *m.*; ~ IVA Mehrwertsteuernummer *f.*; ~ di ritorno Rückspiel *n.*, Rückkampf *m.*; sospensione della ~ Spielabbruch *m.*; dare ~ vinta a qcn. = jdm gegenüber nach‿geben.

par|ti|ta|rio m. *(-ri)* Kontenbuch *n.*, Postenbuch *n.*

par|ti|ti|co agg. *(-ci,-che)* Partei-. **par|ti|ti|smo** m. Parteienübermacht *f.*

par|ti|ti|vo **I** agg. partitiv, Partitiv-, Teilungs-: genitivo ~ partitiver Genitiv: articolo ~ Teilungsartikel *m.* **II** m. Partitiv *m.*

1.par|ti|to p.pass. **1** → partire ◆ COLLOQ. è (proprio) ~ er ist nicht mehr ganz klar im Kopf; *(ubriaco)* er ist blau.

2.par|ti|to m. **1** Partei *f.*: iscriversi a un ~ einer Partei bei‿treten; uscire dal ~ aus der Partei aus‿treten **2** FIG. *(persona da sposare)* Partie *f.*: essere un buon ~ per qcn. eine gute Partie für jdn sein; mi sembra un buon ~ er scheint mir eine gute Partie ◆ ala di ~ Parteiflügel *m.*; appartenenza a un ~ Parteizugehörigkeit *f.*; non so a che ~ appigliarmi = ich weiß nicht, was ich tun soll; ~ d'azione Aktionspartei *f.*; ~ di centro Zentrumspartei *f.*; ~ di destra Rechtspartei *f.*; direzione del, di ~ Parteiführung *f.*; finanziamento dei -i Parteienfinanzierung *f.*; ~ giacobino Jakobinerpartei *f.*; -i di governo Regierungsparteien *pl.*; all'interno del ~ parteiintern; ~ dei lavoratori Arbeiterpartei *f.*; leader del, di ~ Parteiführer *m.*; macchina di ~ Parteiapparat *m.*; ridurre qcn. a mal ~ jdn übel zurichten; membro del, di ~ Parteimitglied *n.*; -i di opposizione Oppositionsparteien *pl.*; organo di ~ Parteiorgan *n.*; politica di ~ Parteipolitik *f.*; ~ popolare Volkspartei *f.*; prendere ~ Partei ergreifen; per ~ preso von vornherein, vorsätzlich; programma di ~ Parteiprogramm *n.*; segretario di ~ Parteisekretär *m.*; ~ di sinistra Linkspartei *f.*; tessera del ~ Parteibuch *n.*; mettere la testa a ~ Vernunft an‿nehmen (*o* zur Vernunft kommen); trovarsi a mal ~ = sich in einer schwierigen Lage befinden, übel dran sein; uomo di ~ Parteimensch *m.*; vertice del ~ Parteispitze *f.*

par|ti|to|cra|ti|co agg. *(-ci,-che)* Partei(en)-: regime ~ Parteienherrschaft *f.* **par|ti|to|cra|zi|a** f. Parteienherrschaft *f.*

par|ti|tu|ra f. Partitur *f.*, Notentext *m.*, Notenbuch *n.*: ~ d'orchestra Partitur *f.*; suonare, cantare senza ~ ohne Noten spielen, singen.

par|ti|zio|ne f. Teilung *f.*, Aufteilung *f.*

part|ner ['pa:tnə, 'partner] m. e f.inv. Partner *m.* (-in *f.*): il suo ~ nella danza, sulla scena, nel film ihr Partner beim Tanzen, auf der Bühne, im Film; un ~ fisso, occasionale ein ständiger Partner, ein Gelegenheitspartner ◆ cambio di ~ Partnerwechsel *m.*; ~ commerciale Geschäftspartner *m.*; SPORT ~ nel doppio Doppelpartner *m.* (-in *f.*); paese ~ Partnerland *n.*, Partnerstaat *m.*; scelta del ~ Partnerwahl *f.* **part|ner|ship** [-ʃip] f.inv. **1** *(condizione di partner)* Partnerschaft *f.* **2** *(collaborazione)* Zusammenarbeit *f.* **3** *(alleanza)* Bündnis *n.*: la ~ atlantica das westliche Verteidigungsbündnis.

1.par|to m. **1** Geburt *f.*, Entbindung *f.*: avere un ~ difficile eine schwere Geburt haben **2** FIG. Geburt *f.*, Produkt *n.*: ~ letterario literarisches Produkt; la stesura del dizionario è stato un ~ difficile das Verfassen des Lexikons war eine schwere Geburt ◆ ~ in, nell'acqua Unterwassergeburt *f.*; ~ cesareo Kaiserschnitt *m.*; ~ gemellare Zwillingsgeburt *f.*; ~ indolore schmerzlose Geburt; ~ indotto, pilotato (künstlich) eingeleitete Geburt; ~ plurigemellare Mehrlingsgeburt *f.*; ~ podalico Steißgeburt *f.*; un ~ della fantasia ein Produkt der Fantasie; ~ prematuro Frühgeburt *f.*; ~ a rischio Risikogeburt *f.*; sala ~ Kreißsaal *m.*; ~ tardivo Spätgeburt *f.*; ~ trigemino Drillingsgeburt *f.*

2.par|to m. STOR. Parther *m.*

par|to|rien|te **I** agg. gebärend **II** f. Gebärende *f.*

par|to|ri|re *(partorisco, partorisci)* tr. **1a** gebären (anche assol.): ~ due gemelli Zwillinge gebären; partorirà tra due mesi sie wird in zwei Monaten gebären **b** *(di animali)* werfen (anche assol.): la cagna ha partorito (quattro cuccioli) die Hündin hat (vier Junge) geworfen **2** *(produrre)* hervor‿bringen, erzeugen: ~ un nuovo libro ein neues Buch hervorbringen; la violenza partorisce odio die Gewalt erzeugt (*o* gebiert) Hass.

part time ['pɑ:t 'taim, *üblich* par'taim] **I** agg.inv. Teilzeit-: lavoro ~ Teilzeitarbeit *f.*, Teilzeitbeschäftigung *f.* **II** avv. halbtags: lavorare ~ halbtags arbeiten **III** m.inv. Teilzeitarbeit *f.*, Teilzeitbeschäftigung *f.*

par|ty m.inv. Party *f.*, Fest *n.*: dare un ~ eine Party geben; essere invitato a un ~ zu einer Party eingeladen sein; andare a un ~ zu einer Party gehen.

pa|ru|re [-'ry:r] f.inv. **1** *(di gioielli)* Set *n.* **2** *(di biancheria)* Garnitur *f.*

pa|ru|si|a f. Parusie *f.*

par|ve|nu [-və'ny] m.inv. Emporkömmling *m.*, Arrivierte *m.*, Parvenü *m.*

par|ven|za f. Anschein *m.*, Schein *m.*: una ~ di normalità ein Anschein von Normalität; una ~ di legalità ein Schein von Legalität; in ~ è giusto dem Anschein nach stimmt es.

par|zia|le **I** agg. **1** Teil-, partiell: visione, accordo, importo ~ Teilansicht *f.*, Teilvereinbarung *f.*, Teilbetrag *m.*; successo ~ Teilerfolg *m.*; eclissi ~ Teilfinsternis *f.*, partielle Finsternis; invalidità ~ Teilinvalidität *f.* **2** *(non obiettivo)* parteiisch: giudice, giudizio ~ parteiischer Richter, parteiisches Urteil **II** m. SPORT Zwischenergebnis *n.* **par|zia|li|tà** f. Parteilichkeit *f.*; giudicare qcs. con ~ etw. parteiisch beurteilen. **par|zial|men|te** avv. teilweise: ~ distrutto teilweise zerstört ◆ ~ scremato halbfett.

pa|sce|re *(pasco, pasci; pascetti/pascei; pasciuto)* **I** tr. **1** fressen, ab‿grasen: ~ l'erba Gras fressen **2** *(condurre al pascolo)* weiden, auf die Weide führen: ~ le mucche Kühe weiden **3** FIG. *(alimentare)* bilden: ~ la mente den Geist bilden **II** intr. (aus. *avere*) weiden: le pecore pascono die Schafe weiden **III** pronom. **pascersi** sich (er)nähren: -rsi di qcs. sich von etw. (er)nähren **2** FIG. sich hin‿geben: -rsi di illusioni sich Illusionen hingeben ◆ ~ gli occhi das Auge erfreuen (*o* entzücken).

pa|scià m.inv. Pascha *m.* ◆ vivere da, come un ~ wie die Made im Speck (*o* wie ein Fürst) leben.

pa|sciu|to p.pass. agg. **1** → pascere **2** (ben) ~ wohlgenährt.

pa|sco|la|re *(pascolo)* **I** tr. weiden, hüten: il pastore pascola le capre der Hirt weidet die Ziegen **II** intr. (aus. *avere*) weiden, grasen: le pecore pascolano die Schafe weiden.

pa|sco|lo m. Weide *f.*: condurre al ~ zur Weide treiben (*o* auf die Weide führen) ◆ bestiame al ~ Weidevieh *n.*; diritto di ~ Weiderecht *n.*; divieto di ~ Weideverbot *n.*; ~ grasso fette Weide; ~ magro Hutung *f.* (*o* magere Weide); ~ di (alta) montagna Almweide *f.*; terreno da ~ Weideland *n.*

pa|squa f. **1** Ostern *n.*: a Pasqua zu Ostern; Pasqua alta, bassa späte, frühes Ostern **2** *(nell'ebraismo)* Passah *n.*, Passahfest *n.* ◆ buona Pasqua! frohe (*o* fröhliche) Ostern! felice come una ~ überglücklich; Isola di Pasqua Osterinsel *f.*; lunedì di Pasqua Ostermontag *m.*; uovo di Pasqua Osterei *n.*; pulizie di Pasqua Frühjahrsputz *m.*; PROV. Natale con i tuoi, Pasqua con chi vuoi = Weihnachten feiere man im Familienkreis, Ostern mit wem man mag. **pa|squa|le** agg. österlich, Oster-: vacanze -i Osterferien *pl.*; agnello ~ Osterlamm *n.*; periodo ~ Osterzeit *f.* **pa|sque|t|ta** f. Ostermontag *m.*

pa|squi|na|ta f. Pasquill *n.*

pas|sa, e ~ gut: avrà trent'anni e ~ sie wird gut dreißig Jahre alt sein; pesa un quintale e ~ er wiegt gut zwei Zentner.

pas|sa|bi|le agg. annehmbar, leidlich, passabel: un film ~ ein annehmbarer Film; un albergo ~ ein passables Hotel; ha un aspetto ~ er sieht passabel aus. **pas|sa|bil|men|te** avv. annehmbar, leidlich, passabel: suona ~ il pianoforte er spielt annehmbar (*o* passabel) Klavier.

pas|sa|ca|glia f. Passacaglia *f.*

pas|sa|ca|vo m. **1** MAR. Lippklampe *f.* **2** EL. Kabeldurchgang *m.*

pas|sag|gio m. *(-gi)* **1a** Vorbeigehen *n.*, Vorbeiziehen *n.*: il ~ di un corteo das Vorbeiziehen eines Umzugs **b** *(di veicoli)* Vorbeifahren *n.*: il ~ di un treno das Vorbeifahren eines Zuges **c** *(di aereo)* Vorbeifliegen *n.* **d** *(di soldati)* Vorbeimarsch *m.*: ~ delle truppe Vorbeimarsch der Truppen **2a** *(il passare attraverso)* Durchgehen *n.* **b** *(di veicoli)* Durchfahren *n.*, Durchfahrt *f.* **3** *(in un viaggio)* Durchreise *f.*: il ~ dei turisti in città die Durchreise der Touristen durch die Stadt **4** *(luogo)* Durchgang *m.*: aprire un ~ einen Durchgang öffnen; chiudere, impedire, bloccare, controllare il ~ den Durchgang schließen, verhindern, versperren, kontrollieren; ~ stretto, largo, comodo enger, breiter, bequemer Durchgang **5** *(attraversamento)* Übergang *m.*: il ~ delle Alpi, del fiume der Übergang über die Alpen, den Fluss **6** *(traffico)* Verkehr *m.*: c'è un notevole ~ es herrscht reger Verkehr **7** *(traversata in nave)* Überfahrt *f.*: un lungo ~ eine lange Überfahrt **8** *(cambiamento)* Übergang *m.*, Wechsel *m.*: il ~ dall'infanzia alla giovinezza, dalla veglia al sonno, dal giorno alla notte der Übergang von der Kindheit zur Jugend, vom Wachen zum Schlafen, vom Tag zur Nacht; ***il ~ dal caldo al freddo*** der Wechsel von heiß auf kalt; SCOL. ***il ~ da una classe a un'altra*** der Klassenwechsel; ***~ dallo studio al lavoro*** Übergang vom Studium in den Beruf **9** *(brano)* Passage *f.*: ***citare dei -gi da un testo*** Passagen aus einem Buch zitieren; ***i -gi più belli di un romanzo*** die schönsten Passagen eines Romans; MUS. ***un ~ difficile*** eine schwierige Passage **10** SPORT Pass *m.*, Zuspielen *n.*, Zuspiel *n.*, Ballabgabe *f.*: ***fare un ~*** einen Pass spielen; ***~ al portiere*** Pass zum Torhüter; ***~ lungo, corto*** langer, kurzer Pass; ***~ di piede, di testa*** Zuspiel mit dem Fuß, mit dem Kopf **11** *(per un viaggio)* Mitfahrgelegenheit *f.*: ***chiedere un ~ a qcn.*** jdn bitten, mit_fahren zu dürfen; ***offrire un ~ a qcn.*** jdm eine Mitfahrgelegenheit an_bieten; ***vuole un ~?*** wollen Sie mitfahren? ***dare un ~ a qcn.*** jdn (im Auto) mit_nehmen **12** ASTR. Durchgang *m.*: ***il ~ di una cometa*** der Durchgang eines Kometen ◆ ***~ aereo*** Flugpassage *f.*; ***aprirsi un ~ tra la folla*** sich einen Weg durch die Menge bahnen; SPORT ***~ in avanti*** Vorwärtspass *m.*; ***~ di categoria*** Neueinstufung *f.*, Höherstufung *f.*; ***cliente di ~*** Gelegenheitskunde *m.*; ***~ del confine*** Grenzübergang *m.* (*o* Überschreiten *n.* der Grenze); ***essere di ~*** auf dem Sprung sein, kurz vorbeigekommen sein; *(in un viaggio)* auf der Durchreise sein; *(di sfuggita)* ***vedere la città solo di ~*** die Stadt nur flüchtig sehen; ***accennare qcs. solo di ~*** etw. beiläufig erwähnen; ***fase di ~*** Übergangsphase *f.*; ***~ di grado*** Rangwechsel *m.*; SPORT ***~ all'indietro*** Rückpass *m.*; ***lasciare libero il ~*** den Durchgang frei_halten; *(di veicoli)* Einfahrt frei_halten; ***~ a livello*** Bahnübergang *m.*, Eisenbahnübergang *m.*, Schienenübergang *m.*: ***~ a livello custodito, incustodito*** beschrankter, unbeschrankter (*o* ungesicherter) Bahnübergang; ***locale di ~*** Durchgang *m.*; ***~ obbligato*** einzig möglicher Weg; FIG. unumgänglicher (*o* obligatorischer) Schritt; ECON. ***~ di pacchetto*** Paketwechsel *m.*; ***~ pedonale*** Zebrastreifen *m.*, Fußgängerübergang *m.*; ***~ dei poteri*** Machtübergabe *f.*; SPORT ***~ in profondità*** Steilpass *m.*; ***~ di proprietà*** Eigentumsübertragung *f.*; ***punto di ~*** Übergangsstelle *f.*; ***~ sotterraneo*** unterirdischer Gang; ***turista di ~*** Durchreisende *m.* e *f.*; ***vietato il ~*** Durchgang verboten; *(in auto)* Durchfahrt verboten.

pas|sa|ma|ne|ri|a f. **1** Posament *n.* **2** *(negozio)* Posamenterie *f.*

1.pas|sa|ma|no m. *(nastro)* Borte *f.*, Posament *n.*

2.pas|sa|ma|no m. Kette *f.*: ***fare (il) ~ per scaricare qcs.*** eine Kette bilden, um etw. auszuladen.

pas|sa|mon|ta|gna m.inv. Kopfschützer *m.*

pas|san|te I m. e f. Passant *m.* (-in *f.*): ***rivolgersi a un ~*** sich an einen Passanten wenden **II** m. **1** ABBIGL. Schlaufe *f.* **2** ***~ ferroviario*** Verbindungslinie *f.*

pas|sa|pa|ta|te m.inv. Kartoffelpresse *f.*

pas|sa|por|to m. Pass *m.*, Reisepass *m.*: ***rilasciare, rinnovare, chiedere, ritirare il ~*** den Pass aus_stellen, erneuern lassen, beantragen, ein_ziehen; ***mostrare il ~*** den Pass vor_zeigen; ***controllare i -i*** die Pässe kontrollieren; ***~ tedesco*** deutscher Pass; ***~ scaduto*** abgelaufener Pass ◆ ***~ collettivo*** Sammelpass *m.*; ***controllo (dei) -i*** Passkontrolle *f.*; ***~ diplomatico*** Diplomatenpass *m.*; ***~ individuale*** Einzelpass *m.*; ***numero di ~*** Passnummer *f.*; ***~ sanitario*** Gesundheitspass *m.*; ***ufficio -i*** Passamt *n.* (*o* Passstelle *f.*).

1.pas|sa|re I intr. (aus. *essere*) **1a** vorbei_gehen: ***~ di lato a qcs.*** an etw. (D) vorbeigehen; ***vedere qcn. ~*** jdn vorbeigehen sehen **b** *(di veicoli)* vorbei_fahren, durch_fahren: ***~ sotto un ponte*** unter einer Brücke durchfahren **c** *(di velivoli)* vorbei_fliegen: ***è passato un elicottero*** ein Hubschrauber ist vorbeigeflogen **2** *(sfilare)* vorbei_ziehen: ***il corteo è già passato*** der Umzug ist schon vorbeigezogen **3a** *(attraversare)* gehen: ***~ per i campi, per una strada*** durch die Felder, eine Straße gehen **b** *(di veicoli)* fahren: ***il treno passa da Bologna*** der Zug fährt über Bologna; ***~ dal centro*** durchs Zentrum fahren **c** *(di fiumi)* fließen: ***il Reno passa per Colonia*** der Rhein fließt durch Köln **4** *(visitare brevemente)* vorbei_kommen: ***~ da qcn.*** bei jdm vorbeikommen; ***~ a salutare qcn.*** bei jdm vorbeischauen **5a** *(entrare)* herein_kommen: ***~ dalla finestra*** durch das Fenster hereinkommen **b** *(uscire)* heraus_kommen: ***~ dalla porta*** aus der Tür herauskommen **6** *(essere tramandato)* über_gehen: ***qcs. passa a qcn.*** etw. geht auf jdn über; ***l'azienda è passata al figlio*** der Betrieb ist auf den Sohn übergegangen **7** *(cambiare)* über_gehen: ***~ da qcs. a qcs.*** von etw. zu etw. übergehen; ***~ da un argomento a un altro*** von einem Thema zum anderen übergehen; ***~ dal pianto al riso*** vom Weinen ins Lachen kommen **8** *(trascorrere)* vergehen: ***come passa il tempo!*** wie die Zeit vergeht! ***sono passati cinque anni*** fünf Jahre sind vergangen **9** *(scadere)* ab_laufen: ***il termine è passato*** die Frist ist abgelaufen **10** *(intercorrere)* bestehen: ***ci passa una bella differenza*** es besteht ein großer Unterschied **11a** *(essere approvato)* durch_kommen: ***la legge è passata*** das Gesetz ist durchgekommen **b** SPORT ***~ in finale*** ins Endspiel kommen **12a** *(cessare)* vorbei sein, vergehen: ***il mal di testa è passato*** die Kopfschmerzen sind vorbei; ***mi è passato l'appetito*** mir ist der Appetit vergangen; ***il temporale è passato*** das Gewitter ist vorbei **b** *(calmarsi)* sich beruhigen: ***gli passerà*** er wird sich schon beruhigen! **13a** *(essere considerato)* gelten: ***~ per qcn., qcs.*** als jd, etw. gelten; ***passa per un genio*** er gilt als Genie **b** ***farsi ~ per qcn.*** sich als etw. hin_stellen, sich als etw. aus_geben; ***farsi ~ per ingenuo*** sich als naiv hinstellen; ***farsi ~ per dottore*** sich als Doktor ausgeben **c** ***far ~ qcn. per qcs.*** jdn als etw. hin_stellen; ***far ~ qcn. per bugiardo*** jdn als Lügner hinstellen; ***far ~ qcn. per stupido*** jdn als Dummkopf hinstellen **14a** *(lasciare passare)* ***far ~*** vorbei_lassen; ***scusi, mi fa ~?*** Entschuldigung, darf ich mal durch (*o* vorbei)? **b** *(far filtrare)* durch_lassen: ***non far ~ il freddo*** keine Kälte durchlassen **II** tr. **1** *(attraversare)* ***~ qcs.*** über etw. (A) gehen, etw. (A) überschreiten, passieren: ***~ la frontiera*** die Grenze überschreiten; assol. ***senza documenti non si può ~*** ohne Ausweis kann man nicht passieren **2** *(superare)* überschreiten: ***~ la cinquantina*** die fünfzig überschreiten; ***~ il metro*** über einen Meter groß sein **3** *(dare)* reichen, weiter_geben: ***~ il pane a qcn.*** jdm das Brot reichen; ***~ una pratica a qcn.*** jdm eine Akte reichen; ***guarda le foto e passale*** schau dir die Fotos an, und gib sie weiter **4** *(pagare)* zahlen: ***~ uno stipendio*** ein Gehalt zahlen **5** *(al telefono)* verbinden, geben: ***mi passi il signor Rossi!*** verbinden Sie mich mit Herrn Rossi; ***ti passo mio fratello*** ich gebe dir meinen Bruder **6** *(di tempo)* verbringen, verleben: ***~ l'estate al mare*** den Sommer am Meer verbringen; ***~ l'infanzia in campagna*** die Kindheit auf dem Land verleben **7** *(approvare)* durch_bringen: ***~ una legge*** ein Gesetz durchbringen **8** *(trasferire)* versetzen: ***~ qcn. a un altro ufficio, a un altro incarico*** jdn in ein anderes Büro, auf einen anderen Posten versetzen **9a** *(infilare)* stecken: ***~ la mano tra le sbarre*** die Hand durch das Gitter stecken **b** *(far)* ***~ qcs. sotto la porta*** etw. unter der Tür durch_schieben **c** *(far)* ***qcs. in qcs.*** etw. durch etw. ziehen; ***~ il filo nella cruna dell'ago*** den Faden durch das Nadelöhr ziehen **10** *(trafiggere)* durchbohren, durchstechen: ***~ qcn. con la spada*** jdn mit dem Schwert durchbohren **11a** GASTR. passieren, durch_passieren: ***~ i pomodori*** Tomaten passieren **b** *(patate)* pürieren **c** *(in padella)* an_braten **d** ***~ qcs. nell'uovo*** etw. in geschlagenem Ei wenden **12** SPORT zu_spielen (anche ASSOL.): ***~ (la palla) a qcn.*** jdm (den Ball) zuspielen **13** *(a carte)* passen; ***passo!*** ich passe **III** pronom. **passarsi 1** ***-rsi qcs.*** sich gegenseitig etw. geben **2** ***-rsi una mano sulla fronte*** sich mit der Hand über die Stirn fahren **3** ***passarsela bene, male*** gute, schlechte Zeiten durch_machen; ***come te la passi?*** wie geht's dir? ◆ DIR. ***~ gli alimenti*** Unterhalt (*o* Alimente) zahlen, leisten; ***~ agli atti*** zu den Akten legen; ***~ attraverso qcs.*** etw. durch_machen; ***~ attraverso molte difficoltà*** viele Schwierigkeiten durchmachen; ***~ la cera*** bohnern (*o* Bohnerwachs auf_tragen); ***passo e chiudo*** Ende der Durchsage; ***ne ho passate di tutti i colori*** ich habe alles Mögliche und Unmögliche mitgemacht; ***~ il compito in classe a qcn.*** jdn während der Klassenarbeit abschreiben lassen; ***~ alla concorrenza*** zur Konkurrenz ab_wandern; ***~ davanti a qcn.*** jdn überholen; ***e passa*** → **passa**; ***~ un esame*** eine Prüfung bestehen (*o* COLLOQ. schaffen); DIR. ***~ in giudicato*** Rechtskraft erlangen (*o* rechtskräftig werden); ***~ di grado*** befördert werden; ***~ a guado un torrente*** durch einen Bach durch_waten; ***~ un guaio*** Schlimmes durchmachen; SPORT ***~ all'indietro*** zurück_spielen; ***~ inosservato*** unbemerkt bleiben; ***~ ogni limite*** das Maß voll machen; ***passarla liscia*** heil davon_kommen ***mi è passato di mente*** das ist mir entfallen (*o* ich habe es vergessen); ***~ di moda*** altmodisch werden (*o* aus der Mode kommen); ***~ al nemico*** zum Feind überlaufen; ***~ la notte da qcn.*** bei jdm übernachten; ***non passerà la notte*** er wird die Nacht nicht überleben (*o* überstehen); ***~ un fiume a nuoto*** über den Fluss schwimmen, einen Fluss durch_schwimmen; ***~ un ordine*** einen Auftrag erteilen; ***~ parola*** (das Wort) weiter_geben; ***~ qcn. da parte a parte*** jdn durchbohren; ***per questa volta passi*** diesmal mag es noch durchgehen; ***~ a prendere qcn.*** jdn ab_holen; ***~ un brutto quarto d'ora*** einige schlimme Minuten durchleben; ***~ in rassegna qcs.*** etw. Revue passieren lassen; ***~ con il rosso*** bei Rot über die Kreuzung fahren; ***~ di ruolo*** eine Planstelle bekommen; ***~ il segno*** die Grenze überschreiten; ***~ qcs. sotto silenzio*** etw. mit Stillschweigen übergehen; ***~ sopra*** *(sorvolare)* überfliegen; ***l'aereo passa sopra Berlino*** das Flugzeug überfliegt Berlin; ***~ sopra a qcs.*** über etw. (A) gehen; *(con veicolo)* über etw. (A) fahren; FIG. über etw. hinweg_gehen (*o* über etw. hinweg_sehen); ***~ alla storia*** in die Geschichte ein_gehen; ***~ lo straccio (su qcs.)*** (etw.) ab_wischen; ***~ per la testa*** durch den Kopf fahren; ***non mi passa neanche per la testa!*** ich denke nicht im Geringsten daran; ***non gliene lascia ~ una*** er lässt ihm nichts durchgehen;

~ *qcs. al vaglio* etw. prüfen; ~ *alle vie di fatto* zur Tat schreiten; ~ *una visita medica* sich einer ärztlichen Untersuchung unterziehen; ~ *a miglior vita* das Zeitliche segnen; *a qcn. passa la voglia di fare qcs.* jdm vergeht die Lust, etw. zu tun.

2.pas|sa|re, *con il* ~ *del tempo, degli anni* im Laufe der Zeit (*o* mit der Zeit), im Laufe der Jahre.

pas|sa|ta f. **1** Wischen *n.* **2** GASTR. Püree *n.* ◆ *dare una* ~ *a qcs. con lo straccio* mit dem Staubtuch (*o* Scheuertuch) über etw. wischen, etw. auf‿wischen; *dare una* ~ *al giornale* die Zeitung überfliegen; *di* ~ flüchtig; *dare una* ~ *con il ferro da stiro a qcs.* etw. kurz auf‿bügeln; ~ *di patate* Kartoffelpüree *n.*; ~ *di verdure* Gemüsepüree *n.*; *dare una* ~ *di vernice a qcs.* etw. an‿streichen.

pas|sa|tem|po m. Zeitvertreib *m.*: *leggere è il suo* ~ Lesen ist sein Zeitvertreib; *fare qcs. per* ~ etw. zum Zeitvertreib tun ◆ ~ *preferito* Lieblingsbeschäftigung *f.*

pas|sa|ti|smo m. Traditionalismus *m.* **pas|sa|ti|sta** m. e f. *(-i,-e)* Traditionalist *m.* (-in *f.*).

pas|sa|to I p.pass. agg. **1** → **passare 2a** vergangen, vorbei: *cose -e* Dinge, die vorbei sind; *in tempi -i* in vergangenen Zeiten **b** *sono le dodici* ~ es ist kurz nach zwölf **3** *(scorso)* vorig, letzt: *l'amministrazione -a* vorige Verwaltung; *nella -a stagione* in der vorigen Jahreszeit; *l'anno* ~ letztes Jahr **4** FIG. *(sfiorito)* verblüht: *bellezza -a* verblühte Schönheit **5** *(andato a male)* nicht mehr ganz frisch (*o* faulig): *mele ormai -e* nicht mehr ganz frische Äpfel **II** m. **1** Vergangenheit *f.* (anche GRAMM.): *rimpiangere il* ~ der Vergangenheit nach‿trauern; *il* ~ *non torna più* die Vergangenheit kehrt nicht zurück; *avere un* ~ *losco* eine finstere Vergangenheit haben **2** GASTR. Püree *n.* ◆ *è acqua -a* das ist Schnee von gestern; *participio* ~ Partizip Perfekt; ~ *pericolo* überstandene Gefahr; ~ *prossimo* Perfekt *n.*; ~ *remoto* INTRAD. (Vergangenheitstempus der italienischen Verben); ~ *di verdura* durchpassiertes Gemüse.

pas|sa|to|ia f. Läufer *m.*

pas|sa|tut|to m.inv. Passiermaschine *f.* **pas|sa|ver|du|ra, pas|sa|ver|du|re** m.inv. Passiergerät *n.* **pas|sa|vi|van|de** m.inv. Durchreiche *f.*

pas|seg|ge|ro I agg. vorübergehend: *mal di testa, miglioramento* ~ vorübergehende Kopfschmerzen, vorübergehende Besserung; *amicizie -e* flüchtige Freundschaften **II** m. **1a** Reisende *m.*, Passagier *m.*: *i -i di un aereo* die Passagiere eines Flugzeuges **b** *(di nave)* Passagier *m.* **2** *(di auto)* Insasse *m.* **3** *(di taxi, treni, mezzi pubblici)* Fahrgast *m.* ◆ ~ *clandestino* blinder Passagier; *trasporto -i* Personenbeförderung *f.*

pas|seg|gia|re intr. *(passeggio, passeggi*; aus. *avere)* spazieren gehen, gehen: ~ *per il bosco* im Wald spazieren gehen.

pas|seg|gia|ta f. **1a** Spaziergang *m.*: *è l'ora della* ~ es ist Zeit für den Spaziergang; *fare una* ~ spazieren gehen **b** *(con veicolo)* Spazierfahrt *f.* **2** *(luogo in cui si passeggia)* Promenade *f.*, Spazierweg *m.*: *panchina lungo la* ~ die Bank auf dem Spazierweg; ~ *a mare* Strandpromenade *f.* **3** FIG. *(cosa facile)* Kinderspiel *n.* ◆ ~ *per la città* Stadtbummel *m.*; ~ *spaziale* Raumspaziergang *m.*

pas|seg|gia|tri|ce f. Strichmädchen *n.*

pas|seg|gi|no m. Kinderwagen *m.*, Sportwagen *m.*; *(pieghevole)* Buggy *m.*

pas|seg|gio m. *(-gi)* **1** Spaziergang *m.* **2** *(luogo in cui si passeggia)* Promenade *f.* **3** *(gente che passeggia)* Spaziergänger *pl.*: *guardare il* ~ sich die Spaziergänger an‿sehen ◆ *andare a* ~ spazieren gehen; einen Spaziergang machen; *bastone da* ~ Spazierstock *m.*

pas|se-par|tout [paspar'tu] m.inv. **1** Hauptschlüssel *m.* **2** *(cornice)* Passepartout *n.*

pas|se|ra f. **1** Braunelle *f.* **2** VOLG. Muschi *f.* ◆ ~ *di mare* Flunder *f.*

pas|se|ra|cei pl. Sperlingsvögel *pl.*

pas|se|rel|la f. **1** MAR. AER. Steg *m.*, Gangway *f.* **2** TEATR. Rampe *f.* **3** *(per sfilate)* Laufsteg *m.* ◆ ~ *d'approdo* Anlegesteg *m.*; *fare la* ~ vor den Vorhang treten; ~ *di imbarco* Flugsteig *m.*; ~ *di sbarco* Landungssteg *m.*; ~ *telescopica* Fluggastbrücke *f.*

pas|se|ri|for|mi → **passeracei.**

pas|se|ri|na f. VOLG. Muschi *f.*

pas|se|ro m. Sperling *m.*, Spatz *m.* ◆ ~ *domestico* Hausspatz *m.*

pas|se|rot|to m. **1** Spätzchen *n.* **2** *(rif. a bambino piccolo)* Knopf *m.*, REGION. Schneck *m.* **3** FIG. *(svista)* Schnitzer *m.*: *fare, prendere un* ~ einen Schnitzer machen **4** *(indovinello)* = Rätsel *n.*

pas|set|ti|ni m.pl. *camminare a* ~ trippeln.

pas|si m.inv. Passierschein *m.*

pas|si|bi|le agg. **1** *(suscettibile)* unterworfen: *essere* ~ *di qcs.* etw. (D) unterworfen sein **2** *(punibile)* strafbar: ~ *di qcs.* strafbar mit etw.; *essere* ~ *di reclusione* mit Gefängnis strafbar sein; *reato* ~ *di pena* strafbares Vergehen ◆ *il prezzo è* ~ *di aumento* der Preis kann erhöht werden.

pas|si|flo|ra f. Passionsblume *f.*

pas|sim avv. passim, an verschiedenen Stellen.

pas|si|no m. Sieb *n.*

pas|sio|na|le I agg. leidenschaftlich, Leidenschafts-: *una donna* ~ eine leidenschaftliche Frau ◆ *delitto* ~ Eifersuchtsdelikt *n.*; *slancio* ~ leidenschaftlicher Elan; *temperamento* ~ leidenschaftliches Temperament **II** m. leidenschaftlicher Typ. **pas|sio|na|li|tà** f. Leidenschaftlichkeit *f.* **pas|sio|nal|men|te** avv. leidenschaftlich.

pas|sio|ne f. **1a** Leidenschaft *f.*: ~ *sfrenata, violenta* ungezügelte, heftige Leidenschaft; *provare, nutrire una (ardente)* ~ *per qcn., qcs.* eine (glühende) Leidenschaft für jdn, etw. empfinden; *avere una* ~ *per qcn.* jdn leidenschaftlich lieben; *essere accecato dalla* ~ von der Leidenschaft geblendet sein; *ardere di* ~ vor Leidenschaft brennen; *essere preso da un'intensa* ~ *per qcn.* von einer heftigen Leidenschaft für jdn erfasst werden; *essere schiavo delle proprie -i* ein Sklave seiner Leidenschaften sein **b** *(grande interesse, inclinazione)* ~ *per il ballo, la caccia* Tanz-, Jagdleidenschaft *f.*; *la lettura è la sua* ~ Lesen ist seine Leidenschaft (*o* er liest leidenschaftlich gern); *la pizza è la sua* ~ er isst leidenschaftlich gern Pizza **2** RELIG. Passion *f.*: *la* ~ *di Nostro Signore Gesù Cristo* die Passion Unseres Herrn Jesus Christus **3** *(idolo)* Schwarm *m.*: *questo cantante è la* ~ *di molte ragazze* dieser Sänger ist der Schwarm vieler Mädchen ◆ ~ *amorosa* leidenschaftliche Liebe; *con* ~ leidenschaftlich (gern): *lavorare, leggere con* ~ leidenschaftlich gern arbeiten, lesen; *dedicarsi con* ~ *a qcs.* sich etw. (D) mit ganzer Hingabe (*o* leidenschaftlich) widmen; *domenica di* ~ Passionssonntag *m.*; ~ *giovanile* Jugendliebe *f.*; ~ *secondo Giovanni* Johannespassion *f.*; *mistero della* ~ Passionsspiel *n.*; *settimana di* ~ Passionswoche *f.*; *tempo di* ~ Passionszeit *f.*

pas|si|sta m. Radrennfahrer *m.*

pas|si|to I agg.: *vino* ~ Likörwein *m.* **II** m. Likörwein *m.*

pas|si|va|men|te avv. passiv.

pas|si|van|te agg. **1** GRAMM. passivisch **2** CHIM. passivierend.

pas|si|vi|tà f.inv. **1** Passivität *f.* **2** ECON. Passiva *pl.*, Verbindlichkeiten *pl.*: ~ *a breve, lungo termine* kurzfristige, langfristige Verbindlichkeiten.

pas|si|vo I agg. **1** passiv: *atteggiamento* ~ passives Verhalten; *resistenza -a* passiver Widerstand **2** GRAMM. passivisch, Passiv-: *verbo* ~ passivisches Verb **3** ECON. passiv, Passiv-, Verlust-: *bilancio, saldo* ~ passive Bilanz, Passivsaldo *m.*; *voce -a* Passivposten *m.*; *interessi -i* Passivzinsen *pl.* **II** m. **1** GRAMM. Passiv *n.*: *il verbo è al* ~ das Verb steht im Passiv; *costruire una frase al* ~ einen Satz passivisch konstruieren **2a** ECON. Soll *n.*, Passiva *pl.* **b** *(sezione)* Passivseite *f.* **3** *(deficit)* Defizit *n.*; *(perdita)* Verlust *m.*: *avere un* ~ *di 10 miliardi* ein Defizit von 10 Milliarden haben; *chiudere in* ~ mit Verlust (*o* mit Defizit) ab‿schließen **4** SPORT *(reti subite)* = Anzahl *f.* der erhaltenen Tore ◆ *fumo* ~ passives Rauchen (*o* Mitrauchen), Passivrauchen *n.*; *registrare al* ~ passivieren; FIG. einen Misserfolg erleben; DIR. *soggetto* ~ passive Person; *vendita in* ~ Verkauf mit Verlust;

1.pas|so m. **1a** Schritt *m.*: ~ *lungo, corto* langer, kurzer (*o* kleiner) Schritt; *rumore di -i strascicati* Geräusch von schlurfenden Schritten; *sentire i -i di qcn.* jds Schritte hören **b** *(distanza) da qui alla finestra ci sono tre -i* von hier bis zum Fenster sind es drei Schritte; *la stazione è a due -i* der Bahnhof ist nur einige Schritte (o einen Katzensprung) entfernt **c** FIG. *un* ~ *importante* ein wichtiger Schritt; *un* ~ *doloroso, ma necessario* ein schmerzlicher, aber notwendiger Schritt **2** *(andatura)* Schritt *m.*, Tritt *m.*, Gang *m.*: ~ *lento, svelto, deciso* langsamer, schneller, entschlossener Gang **3** *(orma)* Fußspur *f.*, Fußstapfen *m.*: *seguire i -i di qcn.* in jds Fußstapfen treten **4** *(ballo)* Schritt *m.*, Tanzschritt *m.* **5** *(brano)* Ausschnitt *m.*, Passus *m.*; ~ *della Bibbia* Bibelstelle *f.* **6** MECC. Abstand *m.*, Steigung *f.* **7** CINEM. Abstand *m.*; ESTENS. Breite *f.* **8** MIL. ~*!* im Gleichschritt, Marsch! ◆ *essere a un* ~ *dalla separazione, dalla soluzione, dalla vittoria* kurz vor der Trennung, vor der Lösung, vor dem Sieg stehen; *al* ~ im Tritt; *andare al* ~ im Gleichschritt gehen; EQUIT. im Schritt gehen; *essere, stare al* ~ *coi tempi* mit der Zeit (*o* mit der Mode) gehen; *allungare il* ~ den Schritt beschleunigen, schneller gehen; *fare un* ~ *avanti* einen Schritt vor‿treten; FIG. Fortschritte machen; *camminare di buon* ~ zügig gehen; *cedere il* ~ *a qcn.* jdm den Vortritt lassen, jdm Durchlass gewähren; *a* ~ *di danza* im Tanzschritt; MECC. ~ *di dentatura* Zahnteilung *f.*; ~ *diplomatico* Demarche *f.*, diplomatischer Schritt; FIG. *compiere il* ~ *estremo* = Selbstmord begehen; *fare un* ~ *falso* einen Fehler begehen; *con* ~ *felpato* auf leisen Sohlen; *fare -i da gigante* Riesenschritte machen; FIG. riesige Fortschritte machen; *il grande* ~ der entscheidende Schritt; *a grandi -i* mit großen Schritten; *guidare i -i di qcn.* jdn führen; *fare un* ~ *indietro* einen Schritt zurück‿gehen; FIG. einen Rückzieher machen; ***camminare a ~ di lumaca*** im Schneckentempo gehen; ***fare il ~ più lungo della gamba*** = sich übernehmen; ***muovere un ~*** einen Schritt tun; ***muovere i primi -i*** die ersten Schritte tun; FIG. in den Kinderschuhen stecken; ***film a ~ normale*** Normalfilm *m.*; ***a ogni ~*** auf Schritt und Tritt; ***~ di parata*** Paradeschritt *m.*; ***andare di pari ~*** im Gleichschritt (o gleich schnell) gehen; FIG. Hand in Hand gehen; ***passo (a) passo*** schrittweise; ***perdere il ~*** aus dem Schritt kommen; ***fare il primo ~*** den ersten Schritt tun (anche FIG.); ***e via di questo ~*** und so weiter; ***se continua di questo ~*** wenn es so weitergeht; ***film a ~ ridotto*** Schmalfilm *m.*; ***~ delle ruote*** Achsabstand *m.*; ***segnare il ~*** auf der Stelle treten; FIG. nicht von der Stelle kommen (*o* stocken) ***tenere il ~*** den Schritt halten; ***tornare sui propri -i*** zurück‿gehen; FIG. es sich noch einmal überlegen; ***andare, avanzare a ~ d'uomo*** im Schritttempo fahren; ***a ~ di valzer*** im Walzerschritt; ***~ di un veicolo*** Achsabstand *m.*; ***~ di una vite*** Schraubengang *m.*

2.pas|so m. **1** *(passaggio)* Durchgang *m.*, Durchfahrt *f.*, Weg *m.*: ***aprirsi il ~ tra la folla*** sich (D) einen Weg durch die Menge bahnen **2** *(valico)* Pass *m.*: ***~ del Gottardo*** St.-Gotthard-Pass *m.* ◆ ***~ carrabile, carraio*** Einfahrt *f.*; *(nella segnaletica)* ***~ carrabile*** Einfahrt freihalten! ***lasciare libero il ~*** Einfahrt frei‿halten; ***uccelli di ~*** Zugvögel *pl.*

3.pas|so agg. *(secco)* trocken, getrocknet ◆ ***uva -a*** Rosinen *pl.*

pass|word [-wɔd] f.inv. Passwort *n.*

pa|sta f. **1** Nudeln *pl.*, Teigwaren *pl.*: ***~ fresca, fatta in casa*** frische, hausgemachte Nudeln; ***buttare, scolare la ~*** die Nudeln ins Wasser geben, ab‿gießen **2a** *(impasto con farina)* Teig *m.*: ***lavorare, spianare la ~*** den Teig kneten, ausrollen **b** ESTENS. Paste *f.*: ***~ d'acciughe*** Sardellenpaste *f.* **3a** pl. INTRAD. (Gebäck mit Cremefüllung oder Fruchtbelag) **b** *(paste secche)* Teegebäck *n.* **4** *(polpa di frutti)* Fleisch *n.* **5** FIG. *(indole)* Natur *f.* ◆ ***~ in bianco*** = Nudelgericht *n.* mit Butter und Parmesankäse; ***~ al brodo*** = in Brühe gekochte Nudeln; ***~ dentifricia*** Zahnpasta *f.*; ***~ e fagioli*** INTRAD. (Bohnensuppe mit Einlage); ***~ frolla*** → **pastafrolla**; ***~ di legno*** Ganzstoff *m.*, Papiermasse *f.*; ***~ lievitata*** Hefeteig *m.*; ***avere le mani in ~*** die Hände (*o* die Finger) im Spiel haben; ***~ al pomodoro, al ragù*** Nudeln *pl.* mit Tomatensoße, mit Hackfleischsoße; ***~ per saldare*** Lötpaste *f.*; ***~ sfoglia*** Blätterteig *m.*; ***essere fatti della stessa ~*** aus dem gleichen Holz geschnitzt sein; ***è una ~ d'uomo*** er ist ein herzensguter Mensch; ***~ all'uovo*** Eiernudeln *pl.*

pa|sta|frol|la f. Mürbeteig *m.* ◆ FIG. ***essere di ~*** ein Waschlappen sein; ***qcn. ha le mani di ~*** jdm rutscht alles aus den Händen.

pa|sta|sciut|ta f. Pasta asciutta *f.*, Nudeln *pl.*: ***~ col pomodoro*** Nudeln mit Tomatensoße.

pa|steg|gia|re intr. *(pasteggio, pasteggi*; aus. *avere)* speisen, essen: ***~ a ostriche e champagne*** Austern und Champagner speisen; ***~ con vino*** Wein zum Essen trinken.

pa|stel|la f. dünnflüssiger Teig *m.*

pa|stel|lo **I** m. **1** Pastell *n.* **2** *(matita)* Buntstift *m.*, Pastellstift *m.* **3** FIG. *(dipinto)* Pastell(bild) *n.* **II** agg.inv. Pastell-: ***colore ~*** Pastellfarbe *f.* ◆ ***-i a cera*** Wachsmalstifte *f.*; ***pittura a ~*** Pastellmalerei *f.*; ***rosa ~*** Pastellrosa *n.*

pa|stet|ta f. **1** dünnflüssiger Teig **2a** FIG. *(broglio elettorale)* Wahlbetrug *m.* **b** ESTENS. *(imbroglio)* Betrug *m.*

pa|stic|ca f. *(-che)* Pastille *f.*

pa|stic|ce|re → **pasticciere.**

pa|stic|ce|ri|a f. **1** Konditorei *f.* **2** *(pasticcini)* Gebäck *n.* ◆ ***~ fresca*** Gebäck *n.* (mit Cremefüllung oder Fruchtbelag); ***~ secca*** Teegebäck *n.*

pa|stic|cia|re tr. *(pasticcio, pasticci)* **1** verpfuschen: ***~ un disegno*** eine Zeichnung verpfuschen **2** *(sporcare)* beschmieren: ***~ un libro*** ein Buch beschmieren. **pa|stic|cia|to** p.pass. agg. **1** → **pasticciare** **2** GASTR. mit Tomaten, Fleischsoße und Käse überbacken.

pa|stic|cie|re m. Konditor *m.*, Feinbäcker *m.*

pa|stic|ci|no m. Gebäckstück *n.* ◆ ***-i freschi*** Gebäck *n.* (mit Cremefüllung oder Fruchtbelag); ***-i secchi*** Teegebäck *n.*; ***-i di pasta sfoglia*** Blätterteiggebäck *n.*; ***-i da tè*** Teegebäck *n.*

pa|stic|cio m. *(-ci)* **1** GASTR. Pastete *f.* **2** FIG. *(lavoro mal eseguito)* Pfuscherei *f.*, Stümperei *f.*, Schluderarbeit *f.*: ***fare -ci*** pfuschen; ***non fare -ci!*** mach keine Pfuscherei! ***quel quadro è un ~*** dieses Bild ist gepfuscht **3** FIG. *(guaio)* Schlamassel *m.*, Patsche *f.*: ***essere nei -ci*** im Schlamassel sitzen; ***lasciare qcn. nei -ci*** jdn in der Patsche sitzen lassen; ***mettersi, trovarsi nei -ci*** in die Patsche geraten, in der Patsche sitzen; ***cacciarsi in un ~*** sich (D) eine schöne Suppe ein‿brocken; ***togliere qcn. dai -ci*** jdm aus der Patsche helfen; ***che ~!*** da haben wir den Schlamassel! **4** MUS. Potpourri *n.* ◆ ***guarda che ~ hai combinato!*** da haben wir den Salat! ***~ di lepre*** Hasenauflauf *m.*; ***~ di maccheroni*** Makkaroniauflauf *m.*; ***~ di fegato d'oca*** Gänseleberpastete *f.*

pa|stic|cio|ne m. Pfuscher *m.*

pa|sti|che [-'tiʃ] m.inv. Pastiche *m.*

pa|stie|ra f. INTRAD. (Mürbeteigtorte mit Ricotta-Getreide-Füllung und kandierten Früchten).

pa|sti|fi|ca|re *(pastifico, pastifichi)* **I** tr. zu Teig verarbeiten **II** intr. (aus. *avere*) Teigwaren her‿stellen. **pa|sti|fi|ca|zio|ne** f. Teigwarenherstellung *f.*

pa|sti|fi|cio m. *(-ci)* **1** Teigwarenfabrik *f.* **2** *(negozio)* Teigwarengeschäft *n.*

pa|sti|glia f. **1** Tablette *f.*: ***prendere la ~ a digiuno*** die Tablette auf nüchternen Magen nehmen; ***sciogliere una ~ in un bicchiere d'acqua*** eine Tablette in einem Glas Wasser auf‿lösen **2** MECC. Belag *m.* ◆ ***~ di aspirina*** Aspirintablette *f.*; ***~ per dormire*** Schlaftablette *f.*; ***~ effervescente*** Brausetablette *f.*; ***~ del freno*** Bremsbelag *m.*; ***~ per il mal di gola*** Halsschmerztablette *f.*; ***~ alla menta*** Pfefferminzbonbon *n.*; ***~ per il mal di testa*** Kopfschmerztablette *f.*; ***~ per la tosse*** Hustenbonbon *n.*

pa|sti|na f. Suppennudeln *pl.*: ***~ in brodo*** Brühe mit Suppennudeln.

pa|sti|na|ca f. *(-che)* **1** Pastinak *m.*, Pastinake *f.* **2** ITTIOL. Feuerflunder *f.*

pa|sto m. Mahlzeit *f.*, Essen *n.*: ***consumare, saltare un ~*** eine Mahlzeit zu sich nehmen, überspringen; ***preparare i -i*** die Mahlzeiten zu‿bereiten; ***prendere una medicina prima dei -i, lontano dai -i*** vor, im Abstand zu den Mahlzeiten ein Medikament zu sich nehmen; ***~ caldo, freddo*** warmes, kaltes Essen; ***~ abbondante, frugale*** reichliches, karges Essen; ***fare due, tre -i al giorno*** zweimal, dreimal täglich essen (*o* täglich zwei oder drei Mahlzeiten zu sich nehmen) ◆ ***buono ~*** Essensmarke *f.*; ***~ completo*** vollständiges Menü; ***dare in ~ alle belve*** den Raubtieren zum Fraß vor‿werfen; FIG. ***dare qcs. in ~ alla stampa*** der Presse etw. zu‿spielen; ***mangiare fuori ~*** zwischen den Mahlzeiten essen; ***~ di mezzogiorno*** Mittagessen *n.*; ***ora dei -i*** *(al lavoro)* Tischzeit *f.*; *(a casa)* Essenszeit *f.*; ***vino da ~*** Tafelwein *m.*

pa|sto|ia f. **1** Weideleine *f.*; ***mettere le -e ai cavalli*** die Pferde an‿binden (*o* an‿pflocken) **2** FIG. Fessel *f.*, Behinderung *f.*: ***-e burocratiche*** bürokratische Behinderungen.

pa|sto|ne m. **1** Kleienfutter *n.*: ***dare il ~ ai polli*** den Hühnern das Kleienfutter geben **2** *(cibo troppo cotto)* verkochte Speise **3** FIG. SPREG. Mischmasch *m.* **4** GIORN. Presseschau *f.*

pa|sto|ra|le **I** agg. LETT. **1** Schäfer-, Hirten-, pastoral **2** ECCL. seelsorgerisch: ***attività ~*** seelsorgerische Tätigkeit; ***servizio ~*** seelsorgerischer Dienst **II** f. **1** *(lettera)* Hirtenbrief *m.* **2** MUS. Pastorale *n.* **III** m. *(bastone)* Hirtenstab *m.*, Pastorale *n.* ◆ ***commedia ~*** Schäferspiel *n.*; ***dramma ~*** Schäferspiel *n.*, Hirtenspiel *n.*, Pastorale *n.*; ***poema ~*** Schäfergedicht *n.*; ***poesia ~*** Hirtengedicht *n.*, Schäfergedicht *n.*; *(genere)* Hirtendichtung *f.*, Schäferdichtung *f.*; ***romanzo ~*** Schäferroman *n.*; ***sinfonia ~*** Pastorale *f.*; ***teologia ~*** Pastoraltheologie *f.*; ***visita ~*** Visitation *f.*

pa|sto|re m. **1a** Hirt *m.* (anche FIG.) **b** *(di pecore)* Schäfer *m.* **2a** RELIG. Pfarrer *m.*, Pastor *m.*: ***~ anglicano*** anglikanischer Pfarrer; ***insediare un ~*** einen Pfarrer ordinieren **b** FIG. *(sacerdote)* Hirt *m.* **3** ***cane (da) ~*** Schäferhund *m.*: ***~ tedesco*** deutscher Schäferhund **4** *(membro dell'Accademia dell'Arcadia)* Arkadier *m.* ◆ ***abito da ~*** Lutherrock *m.*; ***~ di anime*** Seelenhirt *m.*; ***~ bergamasco*** INTRAD. (Bergamasker Schäferhund); BOT. ***borsa del ~*** Hirtentäschelkraut *n.*; BIBL. ***la parabola del Buon Pastore*** das Gleichnis vom guten Hirten; ***casa del ~ (protestante)*** Pfarrhaus *n.*; ***~ donna*** Pfarrerin *f.*, Pastorin *f.*; ***~ laico*** Laienprediger *m.*; ***~ metodista*** Methodistenpfarrer *m.*; ***~ nomade*** Wanderhirt *m.*; ***~ scozzese*** schottischer Schäferhund *m.*

1.pa|sto|rel|la f. **1** Hirtenmädchen *n.* **2** *(membro dell'Accademia dell'Arcadia)* Arkadierin *f.*

2.pa|sto|rel|la f. LETT. Pastorelle *f.*

pa|sto|rel|lo m. Hirtenknabe *m.*

pa|sto|ri|zia f. Viehzucht *f.*; *(di pecore)* Schafzucht *f.*; *(di capre)* Ziegenzucht *f.* **pa|sto|ri|zio** agg. *(-zi, -zie)* Viehzucht-: ***prodotti -zi*** Viehzuchtprodukte.

pa|sto|riz|za|re tr. pasteurisieren: ***~ il latte*** die Milch pasteurisieren. **pa|sto|riz|za|zio|ne** f. Pasteurisation *f.*

pa|sto|si|tà f. **1** Dickflüssigkeit *f.*, Breiigkeit *f.* **2** PITT. Pastosität *f.* **3** FIG. Weichheit *f.*

pa|sto|so agg. **1** dickflüssig, breiig: ***materiale ~*** dickflüssiges Material; ***consistenza -a*** breiige Konsistenz **2** FIG. *(morbido)* weich **3** PITT. pastos **4** ENOL. vollmundig, samtig: ***vino ~*** vollmundiger Wein.

pa|stra|no m. schwerer Mantel *m.*

pa|stroc|chio m. *(-chi)* COLLOQ. Kuddelmuddel *m.* e *n.*, Geschmiere n., Schmiererei f.

pa|stu|ra f. 1 (il pascolare) Weiden n. 2 (luogo del pascolo) Weide f., Weideland n.: portare le mucche alla ~ die Kühe auf die (o zur) Weide treiben 3 PESC. Ködermischung f. ◆ terreno tenuto a ~ Weideland n. **pa|stu|ra|re** tr. 1 (pascolare) zur Weide treiben: ~ il bestiame das Vieh zur Weide treiben 2 PESC. die Ködermischung aus_werfen.

pa|tac|ca f. (-che) 1 wertlose Münze f.; non valere una ~ keinen roten Heller wert sein 2 (oggetto falso, di poco valore) Fälschung f., gefälschter Gegenstand m. 3 COLLOQ. IRON. (medaglia) Plakette f. 4 COLLOQ. (macchia) Fettfleck m.: un vestito pieno di -che ein Kleid voller Fettflecken.

Pa|ta|go|nia n.pr.f. Patagonien n. **pa|ta|go|ne** m. Patagonier m. **pa|ta|go|ni|co** agg. (-ci,-che) patagonisch.

pa|ta|ri|a f. Pataria f. **pa|ta|ri|no** m. Anhänger m. der Pataria.

pa|ta|ta f. Kartoffel f.: piantare, cavare, raccogliere le -e Kartoffeln an_bauen (o ziehen), aus_buddeln (o graben), ernten; pelare (le) -e Kartoffeln schälen; (cotte) Kartoffeln pellen; lessare le -e Kartoffeln kochen; schiacciare le -e Kartoffeln zerdrücken (o durch ein Sieb pressen) ◆ ~ americana Süßkartoffel f. (o Batate f.); amido di -e Kartoffelstärke f.; -e arrostite, arrosto Bratkartoffeln pl., REGION. Röstkartoffeln pl.; FIG. ~ bollente heißes Eisen; passare la ~ bollente a qcn. jdm den schwarzen Peter zu_spielen (o zu_schieben); -e bollite Pellkartoffeln; (senza buccia) Salzkartoffeln; buccia di ~ Kartoffelschale f.; campo di -e Kartoffelacker m.; -e al cartoccio Folienkartoffeln pl.; crocchetta di -e Krokette f.; ~ dolce Süßkartoffel f. (o Batate f.); -e farinose mehlige Kartoffeln; -e non farinose fest kochende Kartoffeln; fecola di -e Kartoffelmehl n.; -e al forno Backkartoffeln pl.; -e fritte Pommes frites pl.; contorno di -e fritte Pommes frites als Beilage; frittella di -e Kartoffelpuffer m.; gnocco di -e Gnocchi pl. aus. Kartoffelteig; impasto di -e Kartoffelteig m.; insalata di -e Kartoffelsalat m.; -e da insalata Salatkartoffeln pl.; -e lesse Salzkartoffeln pl., gekochte Kartoffeln; minestra di -e Kartoffelsuppe f.; naso a ~ Kartoffelnase f.; -e novelle neue Kartoffeln, Frühkartoffeln pl.; -e al prezzemolo Petersilienkartoffeln pl.; purè di ~ Kartoffelbrei m., Kartoffelpüree n.; raccolta delle -e Kartoffelernte f.; sacco di -e Kartoffelsack m., Sack m. Kartoffeln; sembrare un sacco di -e plump (o schwerfällig) wirken; ~ da semina Saatkartoffel f.; spirito di ~ blöder Witz; tubero della ~ Kartoffelknolle f. **pa|ta|ti|col|tu|ra** f. Kartoffelanbau m.

pa|ta|ti|na f. 1 Kartöffelchen n. 2 (patatine confezionate) Kartoffelchip m., Chip m.: un sacchetto di -e eine Tüte Kartoffelchips 3 FIG. COLLOQ. Pummelchen n. ◆ -e fritte Pommes frites pl.; naso a ~ Kartoffelnäschen n.

pa|ta|trac I inter. krach II m.inv. COLLOQ. 1 Krach m.; è successo un ~! es gab ein heilloses Durcheinander! 2 FIG. (fallimento) Pleite f.

pa|ta|vi|no I agg. LETT. paduanisch; (di Padova) Paduaner II m. Paduaner m.

pat|chou|li [-tʃu-] m.inv. 1 Patschuli n. 2 (essenza) Patschuliöl n.

patch|work ['pætʃwɔ:k] I m.inv. Patchwork n. II agg.inv. Patchwork-: coperta ~ Patchworkdecke f.

pa|té m.inv. Pastete f.: ~ di fegato, di fegato d'oca, d'olive Leber-, Gänseleber-, Olivenpastete f.

pa|tel|la f. 1 ANAT. Kniescheibe f., Patella f. 2 ZOOL. Napfschnecke f. **pa|tel|la|re** agg. Patellar-: riflesso ~ Patellarreflex m., Kniesehnenreflex m.

pa|te|ma m. Kummer m., seelischer Schmerz m. ◆ ~ d'animo Seelenschmerz m.; fare, dire qcs. senza -i d'animo etw. ruhigen Gewissens (o mit ruhigem Gewissen) tun, sagen.

pa|te|na f. Patene f.

pa|ten|ta|to agg. 1 (munito di patente) mit Führerschein (versehen) 2 COLLOQ. ausgemacht: imbecille, bugiardo ~ ausgemachter Idiot, Lügner.

1.pa|ten|te agg. LETT. offenkundig, klar (erkennbar): ingiustizia ~ offenkundige Ungerechtigkeit; STOR. lettera ~ Patent n.

2.pa|ten|te f. 1 (concessione) Lizenz f., Schein m. 2 (di guida) Führerschein m.: prendere, rinnovare, rilasciare la ~ den Führerschein machen, erneuern lassen, ausstellen (o erteilen); esibire, ritirare la ~ a qcn. jdm den Führerschein vor_zeigen, entziehen ◆ bollo per ~ Gebührenmarke f. für den Führerschein; ~ di caccia Jagdschein m.; FIG. dare a qcn. la ~ di ladro jdn öffentlich zum Dieb stempeln; esame per la ~ Fahrprüfung f.; COLLOQ. fare la ~ den Führerschein machen; ~ di guida Führerschein m., Fahrerlaubnis f.; ~ di pilota Pilotenschein m.; ritiro della ~ Führerscheinentzug m.; MAR. ~ sanitaria Gesundheitsattest n.; guida senza ~ Schwarzfahrt f.; chi guida senza ~ Schwarzfahrer m.; guidare senza ~ schwarz_fahren (o ohne Führerschein fahren); sospensione della ~ Fahrverbot n. (o Entzug m. der Fahrerlaubnis).

pa|ten|ti|no m. beschränkte Genehmigung f.; (licenza) Lizenz f., Schein m.: ~ di caccia Jagdschein m.; ~ di guida provisorischer Führerschein.

pa|ter m.inv. Vaterunser n.: recitare il ~ das Vaterunser beten.

pa|te|ra f. Opferschale f.

pa|te|rec|cio m. (-ci) Fingerentzündung f.; COLLOQ. Fingerwurm m.

pa|ter fa|mi|lias m.inv. Paterfamilias m., Familienoberhaupt n.

pa|ter|na|le f. Strafpredigt f.: fare la ~ a qcn. jdm eine Strafpredigt halten (o jdm die Leviten lesen).

pa|ter|na|li|smo m. 1 Paternalismus m. 2 ESTENS. Politik f. der Bevormundung. **pa|ter|na|li|sta** m. e f. (-i,-e) Paternalist m. (-in f.). **pa|ter|na|li|sti|co** agg. (-ci,-che) paternalistisch.

pa|ter|na|men|te avv. väterlich.

pa|ter|ni|tà f.inv. 1a Vaterschaft f.: riconoscere, disconoscere, negare (rifiutare), contestare, accertare la ~ die Vaterschaft an_erkennen, ab_erkennen, bestreiten, an_fechten, fest_stellen; ~ legittima, naturale eheliche, nichteheliche Vaterschaft b (nome) Name m. des Vaters 2 FIG. Urheberschaft f., Autorschaft f.: contestare la ~ di un'opera die Urheberschaft eines Werkes bestreiten ◆ accertamento della ~ Vaterschaftsbestimmung f.; azione di accertamento della ~ Vaterschaftsklage f.; dichiarazione di ~ Vaterschaftserklärung f.; disconoscimento della ~ Nichtanerkennung f. der Vaterschaft; presunzione di ~ Vaterschaftsvermutung f.

pa|ter|no agg. 1 (del padre) Vater-, väterlich: consiglio ~ väterlicher Rat 2 (da parte di padre) väterlicherseits: nonna -a Großmutter väterlicherseits; zio ~ Onkel väterlicherseits 3 FIG. (da padre) väterlich: gesto ~ väterliche Geste; affetto ~ väterliche Liebe; casa -a Vaterhaus n.; legame ~ Vaterbindung f.

pa|ter|no|stro m. 1 Vaterunser n., Paternoster n.: recitare dieci -i zehn Vaterunser beten 2 (grano del rosario) Rosenkranzperle f. 3 pl. INTRAD. (kleine zylinderförmige Nudeln, besonders für Suppen geeignet) ◆ COLLOQ. sapere qcs. come il ~ etw. aus dem Effeff können.

pa|te|ti|ca|men|te avv. pathetisch. **pa|te|ti|ci|tà** f. Pathetischsein n.

pa|te|ti|co I agg. (-ci,-che) 1 pathetisch: sinfonia -a pathetische Symphonie; stile ~ pathetischer Stil; parlare in tono ~ pathetisch sprechen 2a (commovente) ergreifend, rührend: una vicenda -a eine ergreifende Geschichte b (svenevole) rührselig 3 (disarmante) sinnlos, vergeblich: uno sforzo ~ eine vergebliche Mühe 4 ANAT. nervo ~ vierter Hirnnerv m. II m. (-ci) 1 Pathetische n.: andare sul, cadere nel ~ pathetisch werden 2 (persona svenevole) rührseliger Mensch m.

pa|te|ti|smo m. Pathetik f., Rührseligkeit f.

pa|thos m.inv. Pathos n.: parlare con ~ esagerato mit übersteigertem Pathos sprechen.

pa|ti|bo|la|re agg. Galgen-: faccia ~ Galgenvogel m. (o Verbrechergesicht n.).

pa|ti|bo|lo m. Schafott n.: condurre qcn. al ~ jdn zum Schafott führen; salire, finire sul ~ das Schafott besteigen, auf dem Schafott enden; morte sul ~ Tod auf dem Schafott ◆ andare al ~ auf dem Schafott enden; SCHERZ. pare che debba andare al ~ = er tut so, als warte der Henker auf ihn; palco del ~ Richtblock m., Richtbühne f.

pa|ti|men|to m. Leiden n., Schmerz m.: -i dello spirito Seelenschmerzen.

pa|ti|na f. 1a (strato sottile) dünne Schicht f., Belag m.: ~ sulla lingua Belag auf der Zunge b (pellicola) Film m.: ~ di grasso Fettfilm m. 2 (sui metalli) Patina f., Edelrost m. 3 CART. Satiniermittel n. 4 FIG. (apparenza superficiale) äußerer Schein m. ◆ ~ di ghiaccio dünne Eisschicht; ~ di polvere Staubschicht f.; FIG. la ~ del tempo die Spuren der Zeit.

pa|ti|na|re tr. (patino) 1 (metalli) patinieren 2 CART. satinieren. **pa|ti|na|to** p.pass. agg. 1 → patinare 2 patiniert: metallo ~ patiniertes Metall 3 FIG. künstlich: la bellezza -a delle dive die künstliche Schönheit der Stars ◆ carta -a Kunstdruckpapier n. **pa|ti|na|tu|ra** f. 1 Patinieren n. 2 CART. Satinage f.

pa|ti|no|so agg. belegt: lingua -a belegte Zunge.

pa|tio m.inv. Patio m., Innenhof m.

pa|ti|re I intr. (aus. avere) leiden; ~ di stomaco magenkrank sein; ~ per qcn. für jdn leiden (o mit jdm mit_leiden) II tr. 1 (subire) erleiden: ~ una sconfitta, grandi avversità eine Niederlage, großes Ungemach erleiden 2 (soffrire) leiden: ~ il freddo, il caldo unter der Kälte, der Hitze leiden; ~ la fame, la sete, la miseria Hunger, Durst, Not leiden; ~ le pene dell'inferno Höllenqualen leiden; il grano ha patito la siccità das Getreide hat durch die Trockenheit Schaden gelitten 3 (sopportare) ertragen: non poter ~ qcs. etw. nicht ertragen können.

pa|ti|to I p.pass. agg. 1 → **patire** 2 abgezehrt, kränklich: ***un bambino*** ~ ein Kind mit abgezehrtem Gesicht (*o* ein kränkliches Kind) II m. *(appassionato)* Fanatiker *m.*, Fan *m.*: ~ ***di calcio*** Fußballfan *m.*; ***un ~ del jazz*** ein Jazzfanatiker.

pa|to|fi|sio|lo|gi|a f. Pathophysiologie *f.*

pa|to|fo|bi|a f. Pathophobie *f.*, Hypochondrie *f.*

pa|to|ge|ne|si f. Pathogenese *f.* **pa|to|ge|ne|ti|co** agg. *(-ci,-che)* pathogenetisch. **pa|to|ge|no** agg. pathogen, krankheitserregend: ***germe*** ~ krankheitserregender Keim (*o* Krankheitskeim *m.*).

pa|tois [-'twa] m.inv. Patois *n.*

pa|to|lo|gi|a f. Pathologie *f.* **pa|to|lo|gi|ca|men|te** avv. pathologisch. **pa|to|lo|gi|co** agg. *(-ci,-che)* pathologisch, krankhaft: ***anatomia -a*** pathologische Anatomie; ***caso*** ~ pathologischer Fall (anche FIG.). **pa|to|lo|go** m. *(-gi)* Pathologe *m.*

pa|to|psi|co|lo|gi|a m. Pathopsychologie *f.*

pa|tos → **pathos.**

pa|tria f. 1a *(nazione)* Vaterland *n.*: ***difendere la*** ~ sein Vaterland verteidigen; ***il suolo della*** ~ der Boden des Vaterlands; ***esiliare qcn. dalla*** ~ jdn aus seinem Vaterland verbannen b *(regione, terra)* Heimat *f.*, Heimatland *n.* 2 *(città nativa)* Heimatstadt *f.*, Geburtsstadt *f.* 3 ESTENS. *(luogo d'origine)* Herkunftsort *m.*, Heimat *f.*: ***Bologna è la ~ dei tortellini*** Bologna ist die Heimat der Tortellini ◆ ***amor di*** ~ Vaterlandsliebe *f.*; ***difensore della*** ~ Vaterlandsverteidiger *m.*; ~ ***d'elezione*** Wahlheimat *f.*; ***madre*** ~ Mutterland *n.*; ***nostalgia per la*** ~ Heimweh *n.*; ~ ***d'origine*** Urheimat *f.*; ***nessuno è profeta in*** ~ der Prophet gilt nichts in seinem Vaterland; ***ritornare in*** ~ in die Heimat (*o* ins Vaterland) zurück‿kehren; FIG. ***la sua seconda*** ~ seine zweite Heimat; ***senza*** ~ heimatlos (*o* vaterlandslos); ***traditore della*** ~ Vaterlandsverräter *m.*

pa|triar|ca m. *(-chi)* 1 Oberhaupt *n.* 2 BIBL. Patriarch *m.*, Erzvater *m.*: ***età dei -chi*** Zeitalter *n.* der Erzväter 3 ECCL. Patriarch *m.*; ***sede dei -chi*** Patriarchensitz *m.* **pa|triar|ca|le** agg. Patriarchal-, patriarchalisch, Patriarchen-: ***società, ordine*** ~ patriarchalische Gesellschaft, patriarchalische Ordnung ◆ ***chiesa*** ~ Patriarchalkirche *f.* **pa|triar|ca|to** m. Patriarchat *n.* (anche ECCL.).

pa|tri|ci|da → **parricida.**

pa|tri|gno m. Stiefvater *m.*

pa|tri|li|ne|a|re agg. patrilinear.

pa|tri|mo|nia|le I agg. Vermögens- II f. Vermögenssteuer *f.* ◆ ***amministrazione*** ~ Vermögensverwaltung *f.*; ***asse*** ~ Gesamtvermögen *n.*; ***beni -i*** Erbgüter (*o* Vermögensgüter); ***consulenza*** ~ Vermögensberatung *f.*; ***diritto*** ~ Vermögensrecht *n.*; ***entità*** ~ Vermögenswert *m.*; ***gestione*** ~ Vermögensverwaltung *f.*; ***imposta*** ~ Vermögenssteuer *f.*; ***investimento*** ~ Vermögensanlage *f.*; ***rendita*** ~ Einkünfte *pl.* aus Vermögen; ***riserva*** ~ Vermögensrücklage *f.*; ***situazione*** ~ Vermögenslage *f.*; ***stato*** ~ *(bilancio)* Bilanz *f.*; *(situazione)* Vermögenslage *f.*

pa|tri|mo|nio m. *(-ni)* 1 Vermögen *n.*: ***il ~ di un'azienda*** das Vermögen einer Firma; ~ ***cospicuo, incalcolabile*** ansehnliches, unermessliches Vermögen; ***accumulare, conservare, ereditare, amministrare un*** ~ ein Vermögen an‿häufen, zusammen‿halten, erben, verwalten; ***dissipare l'intero*** ~ das ganze Vermögen durch‿bringen, sein Hab und Gut verprassen; ***dilapidare, intaccare il*** ~ das Vermögen vergeuden, an‿greifen; ***confiscare il ~ di qcn.*** jds Vermögen beschlagnahmen; FIG. ***costa un ~!*** das kostet ein Vermögen! 2a FIG. *(insieme di elementi accumulati nel tempo)* Bestand *m.*, Gut *n.* b *(ricchezza)* Schätze *pl.* ◆ ***amministrazione del*** ~ Vermögensverwaltung *f.*; ~ ***artistico*** Kunstschätze *pl.*; ~ ***d'azienda*** Betriebsvermögen *n.*; ~ ***in capitali*** Kapitalvermögen *n.*; ~ ***circolante*** Umlaufvermögen *n.*; ~ ***complessivo*** Gesamtvermögen *n.*; ~ ***comune*** Allgemeinbesitz *m.*, Gemeingut *n.*; ~ ***cromosomico*** Chromosomensatz *m.*; ~ ***culturale*** Kulturgut *n.*; ~ ***disponibile*** Aktivvermögen *n.*; ~ ***ecclesiastico*** Kirchengut *n.*; ~ ***ereditario*** Erbgut *n.*, Erbmasse *f.*; ~ ***fallimentare*** Konkursmasse *f.*; ~ ***familiare*** Familienvermögen *n.*; ~ ***finanziario*** Finanzvermögen *n.*; ~ ***fondiario*** Grundbesitz *m.*; ~ ***forestale*** Waldbestand *m.*; ***formazione del*** ~ Vermögensbildung *f.*; ~ ***genetico*** Erbgut *n.*; ~ ***ideologico*** Gedankengut *n.*; ~ ***immobiliare*** Grundvermögen *n.*; ~ ***immobilizzato*** Anlagevermögen *n.*; ~ ***imponibile*** steuerpflichtiges Vermögen; ***imposta sul*** ~ Vermögenssteuer *f.*; ***incremento del*** ~ Vermögenszuwachs *m.*; ~ ***industriale*** Industrievermögen *n.*; ~ ***ittico*** Fischbestand *m.*; ~ ***di leggende*** Sagenschatz *m.*; ~ ***lessicale*** Wortschatz *m.*, Vokabelschatz *m.*; ~ ***linguistico*** Sprachgut *n.*; ~ ***mobiliare*** Mobiliarvermögen *n.*; ~ ***nazionale*** Volksvermögen *n.*; ~ ***personale*** Eigenvermögen *n.*; ~ ***privato*** Privatvermögen *n.*; ~ ***pubblico*** Staatseigentum *n.*; ***ripartizione del*** ~ Vermögensverteilung *f.*; ~ ***separato*** Sondervermögen *n.*; FIG. ~ ***spirituale*** geistiges Gut; ~ ***dello stato*** Staatseigentum *n.* (*o* Staatsvermögen *n.*); ***stima del*** ~ Vermögensschätzung *f.*; ***svalutazione del*** ~ Vermögensentwertung *f.*; ***tassazione del*** ~ Vermögensbesteuerung *f.*; ***valore del*** ~ Vermögenswert *m.*; ~ ***zootecnico*** Viehbestand *m.*

pa|trio agg. *(-tri,-trie)* 1a *(natio)* heimatlich: ***suolo*** ~ heimatlicher Boden; ***tornare ai -tri lidi*** in die alte Heimat zurück‿kehren b *(della patria)* Vaterlands-, vaterländisch: ***amor*** ~ Vaterlandsliebe *f.* 2 *(paterno)* väterlich ◆ ***-a potestà*** elterliche Gewalt; ***esercitare, perdere la -a potestà*** das Sorgerecht aus‿üben, verlieren.

pa|trio|ta m. e f. *(-i,-e)* 1 Patriot *m.* (-in *f.*) 2 COLLOQ. *(compatriota)* Landsmann *m.*

pa|triot|ti|ca|men|te avv. patriotisch.

pa|triot|ti|co agg. *(-ci,-che)* 1 *(di patriota)* patriotisch, vaterländisch: ***spirito, canto*** ~ patriotische Gesinnung, patriotisches Lied; ***essere animato da, avere sentimenti -ci*** patriotisch gesinnt sein 2 *(ispirato da amore patriottico)* vaterlandsliebend.

pa|triot|ti|smo m. Patriotismus *m.*, Vaterlandsliebe *f.*

pa|tri|sti|ca f. Patristik *f.* **pa|tri|sti|co** agg. *(-ci,-che)* patristisch.

Pa|tri|zia n.pr.f. Patricia *f.*, Patrizia *f.*

pa|tri|zia|to m. 1 STOR. Patriziat *n.* 2 ESTENS. Adel *m.*, Aristokratie *f.*

pa|tri|zio I agg. *(-zi,-zie)* 1 STOR. patrizisch, Patrizier-: ***stirpe, casa -a*** Patriziergeschlecht *n.*, Patrizierhaus *n.* 2 *(nobile)* adelig, Adels-: ***di sangue*** ~ von adeligem Blut; ***famiglia -a*** Adelsfamilie *f.* II m. *(-zi)* 1 STOR. Patrizier *m.* 2 *(nobile)* Adelige *m.*, Aristokrat *m.*

Pa|tri|zio n.pr.m. Patrick *m.*, Patrizius *m.*

pa|tro|ci|nan|te I agg. verteidigend; ***avvocato*** ~ Verteidiger *m.* II m. Verteidiger *m.*, Sachwalter *m.*

pa|tro|ci|na|re tr. 1a DIR. verteidigen, vertreten: ~ ***la causa di qcn.*** jds Sache verteidigen b assol. Rechtsbeistand leisten 2 FIG. *(appoggiare)* unterstützen: ~ ***una manifestazione*** eine Kundgebung unterstützen.

pa|tro|ci|na|to|re m. 1 DIR. *(legale)* Rechtsbeistand *m.*; *(difensore)* Verteidiger *m.*, Sachwalter *m.* 2a FIG. Fürsprecher *m.*: ***farsi ~ di una giusta causa*** Fürsprecher einer gerechten Sache sein b *(di iniziativa)* Schirmherr *m.*

pa|tro|ci|nio m. *(-ni)* 1 STOR. Patrozinium *n.* 2 DIR. Verteidigung *f.*, Rechtsbeistand *m.* 3a FIG. *(appoggio)* Unterstützung *f.* b *(di iniziativa)* Schirmherrschaft *f.*: ***sotto il (o col) ~ di qcn.*** unter jds Schirmherrschaft ◆ ***gratuito*** ~ Prozesskostenhilfe *f.*; ***obbligo del*** ~ Anwaltszwang *m.*

Pa|tro|clo n.pr.m. Patroklos *m.*

pa|tro|lo|gia f. 1 Patristik *f.*, Patrologie *f.* 2 *(insieme degli scritti)* Werke *pl.* der Kirchenväter. **pa|tro|lo|go** m. *(-gi)* Patrologe *m.*

pa|tron m.inv. Organisator *m.*, Veranstalter *m.*

pa|tro|na f. Patrona *f.*, Patronin *f.*, Beschützerin *f.*

pa|tro|na|le agg. Patronats-: ***festa*** ~ Patronatsfest *n.* des Patrons.

pa|tro|na|to m. 1 Patronat *n.*, Schirmherrschaft *f.*: ***sotto l'alto ~ del capo dello stato*** unter der Schirmherrschaft des Staatsoberhaupts 2 *(istituzione)* Hilfswerk *n.*, Fürsorgewerk *n.* ◆ ~ ***scolastico*** Schulfürsorgewerk *n.*

pa|tro|ni|mi|a f. Patronymie *f.* **pa|tro|ni|mi|co** I agg. *(-ci,-che)* patronymisch II m. *(-ci)* Patronymikon *n.*, Patronymikum *n.*

pa|tro|no m. 1 RELIG. Schutzheilige *m.*, Patron *m.*: ***San Francesco è il ~ d'Italia*** Franziskus ist der Schutzheilige Italiens (*o* der heilige Franziskus ist der Patron Italiens) 2 STOR. Patron *m.* 3 *(di iniziativa)* Schirmherr *m.* 4 DIR. Rechtsbeistand *m.*: ~ ***di parte civile*** Rechtsbeistand des Privatklägers.

1.pat|ta f. 1 *(di pantaloni)* Hosenschlitz *m.* 2 *(di tasca)* Taschenklappe *f.*

2.pat|ta f. *(pareggio)* Unentschieden *n.*; *(a scacchi)* Remis *n.* ◆ ***fare*** ~ unentschieden spielen; *(negli scacchi)* patt sein; FIG. ***essere pari e*** ~ quitt sein.

pat|teg|gia|bi|le agg. aushandelbar: ***armistizio*** ~ aushandelbarer Waffenstillstand. **pat|teg|gia|men|to** m. Aushandeln *n.*: ~ ***della pena*** Aushandeln einer Strafe.

pat|teg|gia|re *(patteggio, patteggi)* I tr. aus‿handeln; ~ ***la resa*** die Kapitulationsbedingungen aushandeln II intr. (aus. *avere*) 1 verhandeln: ~ ***col nemico*** mit dem Feind verhandeln 2 *(scendere a compromessi)* sich auf einen Kompromiss ein‿lassen: ~ ***con qcn.*** sich mit jdm auf einen Kompromiss einlassen ◆ ~ ***con la propria coscienza*** sein Gewissen beruhigen.

pat|teg|gia|to|re m. Unterhändler *m.*

pat|tern ['pæ-] m.inv. Pattern *n.*

pat|ti|na f. 1 SART. Klappe *f.* 2 *(per pavimenti)* Filzlappen *m.*

pat|ti|nag|gio m. *(-gi)* 1 *(su ghiaccio)* Eislauf *m.*, Schlittschuhlaufen *n.* 2 *(su rotelle)* Rollschuhlauf *m.* ◆ ~ ***artistico*** Eiskunstlauf *m.*, Figurenlaufen *n.*; *(a rotelle)* Rollkunstlauf *m.*; ~ ***a coppie*** Paarlauf *m.*; ***esercizi di*** ~ Kürlauf *m.*; ***esibizione di*** ~ Schaulaufen *n.*;

~ ***individuale*** Sololauf *m.*, Einzellauf *m.*; ***pista di ~*** Kunsteisbahn *f.*; *(a rotelle)* Rollschuhbahn *f.*; ***~ di velocità*** Eisschnelllauf *m.*

pat|ti|na|re intr. *(pattino*; aus. *avere)* **1a** *(su ghiaccio)* Eis laufen, Schlittschuh laufen **b** *(su rotelle)* Rollschuh laufen **2** *(nello sci)* sich im Schlittschuhschritt bewegen **3** *(di auto)* schleudern.

pat|ti|na|to|re m. **1** *(su ghiaccio)* Eisläufer *m.*, Schlittschuhläufer *m.* **2** *(su rotelle)* Rollschuhläufer *m.* **pat|ti|na|tri|ce** f. **1** *(su ghiaccio)* Eisläuferin *f.*, Schlittschuhläuferin *f.* **2** *(su rotelle)* Rollschuhläuferin *f.*

1.pat|ti|no m. **1** *(da ghiaccio)* Schlittschuh *m.* **2** *(a rotelle)* Rollschuh *m.* **3** *(di slitta, aereo)* Kufe *f.* **4** TECN. Gleitschuh *m.* ◆ ***~ del freno*** Bremsschuh *m.*

2.pat|ti|no m. kleines H-förmiges Ruderboot *n.* ◆ ***~ a pedali*** Tretboot *n.*

pat|to m. **1** Vereinbarung *f.*, Abmachung *f.*: ***fare un ~ con qcn.*** eine Vereinbarung mit jdm treffen; ***stare ai -i*** sich an die Vereinbarungen halten **2** POL. Pakt *m.*, Bündnis *n.*: ***stringere un ~*** einen Pakt schließen; ***violare un ~*** ein Bündnis verletzen ◆ ***a ~ che...*** unter der Voraussetzung (*o* Bedingung), dass...; ***a un ~*** unter einer Bedingung; STOR. ***~ d'acciaio*** Stahlpakt *m.*; ***~ di non aggressione*** Nichtangriffspakt *m.*; ***~ di alleanza*** Bündnis *n.*; ***~ d'amicizia*** Freundschaftsvertrag *m.*; BIBL. ***antico ~*** Alter Bund *m.* (*o* Altes Testament *n.*); ***Patto Atlantico*** Nordatlantikpakt *m.*; ***fare il ~ con il diavolo*** sich dem Teufel verschreiben; ***~ difensivo*** Verteidigungspakt *m.*; ***~ leonino*** leoninischer Vertrag; ***a nessun ~*** unter keiner Bedingung (*o* auf keinen Fall); BIBL. ***nuovo ~*** Neuer Bund *m.* (*o* Neues Testament *n.*); ***~ di pace*** Friedensbündnis *n.*; ***scendere a -i con qcn.*** mit jdm einen Kompromiss schließen; ***~ sociale*** Gesellschaftsvertrag *m.*; ***~ tripartito*** Dreimächtepakt *m.*; ***Patto di Varsavia*** Warschauer Pakt *m.*; PROV. ***-i chiari, amicizia lunga*** = klare Abmachungen erhalten die Freundschaft.

pat|tu|glia f. **1** Patrouille *f.*, Streife *f.* **2** ESTENS. Trupp *m.*: ***una ~ di tifosi*** ein Trupp Fußballfans ◆ ***~ aerea*** Fliegerstaffel *f.*; ***~ avanzata*** Vortrupp *m.*; ***essere di ~*** Streifendienst haben (*o* auf Patrouille sein); ***~ di polizia*** Polizeistreife *f.*; ***~ radiocomandata*** Funkstreife *f.*; ***~ di ricognizione*** Spähtrupp *m.*; ***~ stradale*** Verkehrsstreife *f.*

pat|tu|glia|men|to m. Patroullieren *n.*

pat|tu|glia|re intr. e tr. *(pattuglio, pattugli*; aus. *avere)* patroullieren: ***~ una città*** durch eine Stadt patroullieren; ***i soldati pattugliavano le strade*** die Soldaten patroullierten durch die Straßen.

pat|tu|i|re tr. *(pattuisco, pattuisci)* vereinbaren, ab‿machen: ***~ la resa*** die Kapitulation vereinbaren; ***~ le condizioni di pagamento*** die Zahlungsbedingungen vereinbaren. **pat|tu|i|to** p.pass. agg. **1** → **pattuire** **2** abgemacht, vereinbart: ***prezzo ~*** vereinbarter Preis.

pat|tui|zio|ne f. **1** Vertragsabschluss *m.* **2** *(patto)* Vereinbarung *f.*, Abmachung *f.*

pat|tu|me m. Müll *m.*, Abfall *m.*

pat|tu|mie|ra f. Mülleimer *m.*, Abfalleimer *m.*: ***gettare qcs. nella ~*** etw. in den Mülleimer werfen ◆ ***~ a pedale*** Treteimer *m.*

pa|tur|nie *f.pl.* COLLOQ. schlechte Laune *f.* ◆ ***avere le ~*** schlecht gelaunt sein; ***far venire le ~ a qcn.*** jdm die Laune verderben.

pau|pe|ri|smo m. **1** *(ideale di povertà)* Armut *f.*, Armutsgebot *n.*: ***il ~ francescano*** das Armutsgebot der Franziskaner **2** *(condizione di povertà)* Verarmung *f.*, Verelendung *f.*, Pauperismus *m.* **pau|pe|ri|sti|co** agg. *(-ci,-che)* **1** *(relativo all'ideale di povertà)* Armuts-: ***ideale ~*** Armutsideal *n.* **2** *(relativo a condizioni di povertà)* Verarmungs-.

pa|u|ra f. Angst *f.*, Furcht *f.*: ***(non) avere ~*** (keine) Angst haben; ***aver ~ di qcs., qcn.*** Angst vor etw., jdm haben; ***avere ~ che...*** befürchten, dass...; ***avere ~ di fare qcs.*** Angst haben, etw. zu tun; ***ho ~ che la colpa sia proprio sua*** ich fürchte, dass es seine Schuld ist; ***mettere, incutere, far ~ a qcn.*** jdm Angst ein‿jagen; ***prendere ~*** es mit der Angst zu tun bekommen; ***tremare di ~*** vor Angst zittern; ***vincere la ~*** seine Angst besiegen; ***dominare la ~*** mit seiner Angst fertig werden; ***~ cieca, matta, terribile,*** blinde, wahnsinnige, furchtbare Angst ◆ ***brivido di ~*** Schauder *m.* der Angst; ***cavaliere senza macchia e senza ~*** Ritter ohne Furcht und Tadel; ***che ~!*** o Schreck! ***da far ~*** erschreckend; ***brutto da far ~*** erschreckend hässlich; ***magro da far ~*** erschreckend mager; ***un tempaccio da far ~*** ein schauderhaftes Wetter; ***avere una ~ del diavolo*** eine Höllenangst haben; COLLOQ. ***farsela sotto dalla ~*** sich vor Angst in die Hosen machen; ***~ dell'ignoto*** Angst vor dem Unbekannten; ***morire di ~*** vor Angst sterben; ***~ della morte*** Todesangst *f.*; ***essere mezzo morto di ~*** halb tot vor Angst sein; ***niente ~!*** keine Angst! ***non aver ~ di niente e di nessuno*** vor nichts und niemandem Angst haben; ***ho ~ di no*** ich fürchte, nein; ***per ~ di fare qcs.*** aus Angst, etw. zu tun; ***per ~ che...*** aus Angst, dass...; ***una persona piena di -e*** eine sehr ängstliche Person; ***lasciarsi prendere dalla ~*** von Angst gepackt werden; ***un uomo senza ~*** ein Mann, der keine Angst kennt; ***ho ~ di sì*** ich glaube leider, ja, ich fürchte doch; ***vivere nella ~*** in Angst und Schrecken leben; ***~ del vuoto*** Angst vor dem Leeren; PROV. ***la ~ fa novanta*** Angst lässt Flügel wachsen.

pau|ro|sa|men|te avv. fürchterlich.

pau|ro|so agg. **1** ängstlich, furchtsam: ***un bambino ~*** ein ängstliches Kind **2** *(che incute paura)* fürchterlich, furchtbar, erschreckend: ***un incidente ~*** ein furchtbarer Unfall **3** *(straordinario)* unglaublich: ***una memoria -a*** ein unglaubliches Gedächtnis.

pau|sa f. Pause *f.* (anche MUS.): ***fare una ~*** eine Pause machen; ***concedersi una breve ~*** sich (D) eine kurze Pause gönnen; ***venti minuti di ~*** zwanzig Minuten Pause; ***fare una ~ alla fine di ogni frase*** am Ende jedes Satzes eine Pause machen; ***non avere mai un momento di ~*** nie einen Moment Ruhe haben ◆ ***~ (per il) caffè*** Kaffeepause *f.*; ***~ di croma*** Achtelpause *f.*; ***~ estiva*** Sommerpause *f.*; ***~ di lavoro*** Arbeitspause *f.*; ***~ di mezzogiorno*** Mittagspause *f.*; ***~ di riflessione*** Denkpause *f.*; ***~ di semiminima*** Viertelpause *f.*

pa|va|na f. Pavane *f.*

pa|ven|ta|re LETT. **I** tr. fürchten: ***~ i rischi di un'impresa*** die Risiken eines Unternehmens fürchten **II** intr. sich fürchten.

pa|ve|sa|re tr. beflaggen, bewimpeln.

1.pa|ve|se **I** agg. aus Pavia **II** m. e f. **1** Einwohner *m.* (-in *f.*) von Pavia **2** *(dialetto)* Dialekt *m.* von Pavia ◆ ***zuppa ~*** INTRAD. (Fleischbrühe mit Ei, gerösteten Brotscheiben und Käse).

2.pa|ve|se m. **1** *(scudo)* Pavese *f.* **2** MAR. Flaggengala *f.*: ***alzare il gran ~*** Flaggengala an‿legen.

Pa|ve|se n.pr.m. Gegend *f.* um Pavia.

pa|vi|da|men|te avv. ängstlich, furchtsam. **pa|vi|di|tà** f. Ängstlichkeit *f.*, Furchtsamkeit *f.* **pa|vi|do** agg. ängstlich, furchsam: ***cuore ~*** furchtsames Herz.

pa|vi|men|ta|re tr. **1** den Fußboden verlegen **2a** *(strada)* pflastern, zu‿pflastern, pflastern **b** *(con calcestruzzo)* zu‿betonieren ◆ ***~ con assi*** dielen; ***~ a parquet*** parkettieren.

pa|vi|men|ta|to|re m. Fußbodenleger *m.*, Bodenleger *m.*

pa|vi|men|ta|zio|ne f. **1a** Fußbodenverlegen *n.* **b** *(di strade)* Pflasterung *f.* **2a** *(pavimento)* Fußboden *m.* **b** *(manto stradale)* Straßenpflaster *n.*, Straßendecke *f.* ◆ ***~ d'asfalto*** Asphaltdecke *f.*; ***~ di calcestruzzo*** Betondecke *f.*; ***~ di cemento*** Zementglattstrich *m.*; ***~ in legno*** Holzpflaster *n.*; ***~ in macadam*** Makadamdecke *f.*; ***~ in mattoni*** Ziegelpflaster *n.*

pa|vi|men|ti|sta m. **1** Fußbodenleger *m.* **2** *(di strade)* Pflasterer *m.*

pa|vi|men|to m. **1** Fußboden *m.*, Boden *m.*, Bodenbelag *m.*: ***lucidare, lavare il ~*** den Boden wachsen, wischen **2** ANAT. Boden *m.*: ***~ pelvico*** Beckenboden *m.* ◆ ***~ di assi*** Dielenboden *m.*; ***~ in cemento*** Zementboden *m.*; ***~ di ceramica*** Fußboden aus Keramikfliesen; ***~ in cotto*** Fußboden aus Terrakottafliesen; ***~ in legno*** Holzfußboden *m.*; ***~ di marmo*** Marmorfußboden *m.*; ***~ di mattoni*** Backsteinboden *m.*; ***~ a mosaico*** Mosaikfußboden *m.*; ***~ stradale*** Straßendecke *f.* (*o* Straßenpflaster *n.*).

pa|von|cel|la f. Kiebitz *m.*

pa|vo|ne m. Pfau *m.*: ***il ~ fa la ruota*** der Pfau schlägt ein Rad; FIG. ***essere un ~*** ein (eitler) Pfau sein ◆ ***blu ~*** pfauenblau; FIG. ***fare il ~*** sich auf‿plustern (*o* sich spreizen wie ein Pfau); ***femmina del ~*** Pfauhenne *f.*; ***maschio del ~*** Pfauhahn *m.*; ***penna di ~*** Pfauenfeder *f.*; ***ruota di ~*** Pfauenrad *n.*; ***trono del ~*** Pfauenthron *m.*; ***verde ~*** pfauengrün.

pa|vo|neg|giar|si pronom. *(mi pavoneggio, ti pavoneggi)* sich auf‿plustern, sich spreizen wie ein Pfau.

pa|vo|nes|sa f. Pfauhenne *f.*

pa|vo|nia f. Nachtpfauenauge *n.*

pay-tv ['peɪ tɪ'vɪ, peiti'vu] f.inv. Pay-TV *f.*

pa|zien|ta|re intr. (aus. *avere*) Geduld haben, sich gedulden: ***dovrai ~ ancora un po'*** du wirst dich noch einen Moment gedulden müssen.

pa|zien|te **I** agg. geduldig: ***un ~ lavoro di ricerca*** eine geduldige Forschungsarbeit **II** m. e f. Patient *m.* (-in *f.*) ◆ ***~ a rischio*** Risikopatient *m.*; ***~ privato*** Privatpatient *m.* **pa|zien|te|men|te** avv. geduldig, mit Geduld: ***sopportare qcs. ~*** etw. mit Geduld ertragen.

pa|zien|za f. **1** Geduld *f.*: ***avere ~*** Geduld haben; ***un lavoro che richiede ~*** eine Arbeit, die Geduld erfordert (*o* verlangt); ***mettere a dura prova la ~ di qcn.*** jds Geduld auf eine harte Probe stellen **2** *(per esprimere rassegnazione)* ***~!*** so ist es eben! ***fosse interessante, ~, ma non lo è*** wenn es wenigstens interessant wäre, aber davon kann keine Rede sein; ***armarsi di ~*** sich mit Geduld wappnen ◆ ***abbia ~, ma questo non è il modo di fare!*** entschuldigen Sie bitte, aber das ist keine Art und Weise! ***~ di un certosino, di Giobbe*** Engelsgeduld *f.*; ***gioco di ~*** Geduldsspiel *n.*; ***la (mia) ~ ha un limite*** auch meine Geduld hat ihre Grenzen; ***perdere la ~*** die

Geduld verlieren; *ora ho proprio perso la ~!* jetzt reicht es aber! *porta ~!* Geduld! COLLOQ. *santa ~!* meine Güte! *avere la ~ di un santo* himmlische Geduld haben; *far scappare la ~ a qcn.* jdn dazu bringen, die Geduld zu verlieren, COLLOQ. jdn auf die Palme bringen; *mi scappa la ~* mir reißt die Geduld, COLLOQ. mir platzt der Kragen; PROV. *la ~ è la virtù dei forti* = Geduld ist die Tugend der Starken.

paz|za|men|te avv. **1** wahnsinnig, irr(e), verrückt **2** *(moltissimo)* wahnsinnig, umheimlich, närrisch, unsinnig: *amare ~ qcn.* jdn wie wahnsinnig lieben; COLLOQ. jdn unheimlich lieben; *innamorarsi ~ di qcn.* sich in jdn, etw. vernarren; *essere ~ innamorato di qcn.* unsinnig in jdn verliebt sein.

paz|ze|rel|lo agg. närrisch ◆ *tempo ~* Aprilwetter *n.* **paz|ze|rel|lo|ne I** agg. verrückt, närrisch **II** m. verrückter Typ *m.*

paz|ze|sco agg. *(-schi,-sche)* **1** verrückt; *(insensato)* wahnsinnig, irrsinnig: *un'idea, un'impresa -a* eine verrückte Idee, ein irrsinniges Unternehmen **2** COLLOQ. *(eccessivo)* wahnsinnig, irrsinnig, Wahnsinns-, Irrsinns-: *avere una fame, sete -a* wahnsinnigen (*o* irrsinnigen) Hunger, Durst haben; *un lavoro ~* eine Wahnsinnsarbeit; *caldo ~* Wahnsinnshitze *f.*, Irrsinnshitze *f.*; *fa un caldo ~* es ist irrsinnig (*o* wahnsinnig) heiß; *~!* ein Wahnsinn! *guadagnare somme -sche* ein Wahnsinnsgeld verdienen; *è nevicato in modo ~* es hat wie wahnsinnig geschneit; *divertimento ~* Pfundsspaß *m.* (*o* Mordsgaudi *f.*, Mordsspaß *m.*).

paz|zi|a f. Wahnsinn *m.*, Irrsinn *m.*, Verrücktheit *f.*: *cadere in preda alla ~* dem (*o* in) Wahnsinn verfallen; *essere in preda alla ~* dem Wahnsinn verfallen sein; *commettere una ~* etwas Verrücktes tun; *è una ~!* das ist Wahnsinn! *attacco di ~* Wahnsinnsanfall *m.*; *sarebbe una ~ cedere adesso* es wäre Irrsinn, jetzt nachzugeben; *questa sera voglio fare -e* heute Abend will ich einen Riesenspaß haben ◆ *momento di ~* Kurzschlussreaktion *f.*; *accesso di ~* Wahnsinnsanfall *m.*

paz|zo I agg. verrückt, wahnsinnig, irre: *diventare, fingersi ~* verrückt werden, spielen; FIG. *mi fai diventare ~* du machst mich verrückt; *ma sei ~?* bist du verrückt geworden? *essere ~ di qcn.* nach jdm (*o* auf jdn) verrückt sein; *dichiarare ~ qcn.* jdn für verrückt erklären; *avere una voglia -a di fare qcs.* eine wahnsinnige Lust haben, etw. zu tun **II** m. Verrückte *m.*, Wahnsinnige *m.*, Irre *m.*: *urlare, guidare come un ~* wie ein Verrückter schreien, fahren ◆ *~ d'amore* liebestoll; *amore ~* Vernarrtheit *f.*; *andare ~ per qcs.* auf etw. (A) verrückt sein; *cose da -i!* reiner Wahnsinn! *~ di dolore* wahnsinnig vor Schmerz; *diventare ~ di dolore* vor Schmerz irre (*o* wahnsinnig) werden; *essere ~ di gioia* außer sich vor Freude sein (*o* närrisch vor Freude sein); *infuriarsi come un ~* wie ein Wilder toben; *essere innamorato ~ di qcn.* auf jdn (*o* nach jdm) verrückt sein; *~ da legare* total verrückt (*o* übergeschnappt), *~ scatenato* vollkommen übergeschnappt; *fare spese -e* ein Wahnsinngeld aus‿geben; *tempo ~* verrücktes Wetter; *urlare come un ~* wie ein Wahnsinniger schreien; PROV. *i fanciulli e i -i profetizzano* Kinder und Narren sprechen die Wahrheit. **paz|zoi|de I** agg. verrückt **II** m. Verrückte *m.*

PDS ⇒ *Partito Democratico della Sinistra* Demokratische Partei der Linken.

pe|a|na m. *(inv.* e *-i)* Paian *m.*, Päan *m.*

pe|ca|ri m.inv. Pekari *n.*

pec|ca f. *(-che)* Fehler *m.*, Mangel *m.*

pec|ca|mi|no|si|tà f. Sündhaftigkeit *f.* **pec|ca|mi|no|so** agg. sündhaft, sündig: *pensieri -i* sündhafte Gedanken; *vita -a* sündiges Leben.

pec|ca|re intr. *(pecco, pecchi*; aus. *avere)* sündigen, sich versündigen: *~ contro qcn., qcs.* sich an jdm, etw. versündigen; *~ contro le leggi di Dio* gegen Gottes Gebote sündigen; *~ in pensieri, parole, opere* in Gedanken, Worten, Werken sündigen; *~ di superbia* durch Hochmut sündigen; ESTENS. *~ di presunzione, d'ingratitudine* überheblich, undankbar sein.

pec|ca|to m. **1** Sünde *f.*: *commettere ~* eine Sünde begehen; *cadere in ~* in Sünde geraten; *vivere nel ~* in Sünde leben; *confessare i propri -i* seine Sünden beichten (*o* bekennen); *pentirsi dei propri -i* seine Sünden bereuen; *espiare i propri -i* seine Sünden büßen; *rimettere i peccati a qcn.* jdm seine Sünden vergeben; *assolvere qcn. dai -i* jdm seine Sünden erlassen **2** *(per esprimere rammarico)* schade: *~!* schade! *~ che tu non possa venire* schade, dass du nicht kommen kannst; *~ per i bicchieri rotti* schade um die kaputten Gläser; *un vero ~ per lui* um ihn ist es schade ◆ *brutto come il ~* hässlich wie die Sünde; *i sette -i capitali* die sieben Hauptsünden; *~ di gioventù* Jugendsünde *f.*; *~ di gola* Naschsucht *f.*; *~ grave* schwere Sünde; *~ mortale* Todsünde *f.*; *~ di omissione* Unterlassungssünde *f.*; *~ originale (di Adamo ed Eva)* Sündenfall *m.*; *(rif. all'uomo)* Erbsünde *f.*; *remissione dei -i* Sündenvergebung *f.*; *~ veniale* lässliche Sünde.

pec|ca|to|re m. Sünder *m.*: *un ~ incallito* ein hartgesottener Sünder ◆ PROV. *si dice il peccato ma non il ~* man geißelt die Sünde, nicht aber den Sünder.

pe|ce f. Pech *n.*: *nero come la ~* pechschwarz.

pe|cet|ta f. *(cerotto)* Heftpflaster *n.*

pech|blen|da [pek-] f. Pechblende *f.*

pe|chi|ne|se I agg. Pekinger **II** m. e f. Pekinger *m.* (-in *f.*) **III** m. *(cane)* Pekinese *m.* **Pe|chi|no** n.pr.f. Peking *n.*

pe|cia|rio m. *(-ri)* Manuskriptenaufbewahrer *m.*

pe|co|ra f. **1** Schaf *n.* (anche FIG.) ◆ *allevamento di -e* Schafzucht *f.*; *~ guidaiola* Leithammel *m.*; *lana di ~* Schafwolle *f.*; *latte di ~* Schaf(s)milch *f.*; *essere la ~ nera* das schwarze Schaf sein; *pelle di ~* Schafleder *n.*; *vello di ~* Schaffell *n.*; PROV. *chi ~ si fa il lupo se la mangia* wer sich zum Schaf macht, den fressen die Wölfe.

pe|co|rag|gi|ne f. **1** Herdentrieb *m.* **2** *(viltà)* Feigheit *f.*

pe|co|ra|io m. *(-ai)* **1** Schäfer *m.*, Schafhirt *m.* **2** FIG. ungehobelter Kerl *m.*, Rüpel *m.*

pe|co|rec|cio I agg. *(-ci,-ce)* ordinär **II** m. *(-ci)* **1** *(letame)* Schafgeruch *m.* **2** FIG. Verwicklung *f.*; *trovarsi in un bel ~* im Schlamassel sitzen.

pe|co|rel|la f. **1** Schäflein *n.*, Schäfchen *n.*: FIG. *la ~ smarrita* das verirrte Schaf **2** *(nuvola)* Schäfchen *n.*, Schäfchenwolke *f.* ◆ PROV. *cielo a -e, acqua a catinelle* = auf Schäfchenwolken folgt Regen.

pe|co|ri|no I agg. Schaf- **II** m. Schafskäse *m.*

pe|co|ro|ne m. Herdentier *n.* (anche FIG.).

pec|ti|na f. Pektin *n.* **pec|ti|no|sio** m. Pektinzucker *m.* **pec|to|sio** m. Pektinzucker *m.*

pe|cu|la|to m. Amtsveruntreuung *f.*, Amtsunterschlagung *f.*

pe|cu|lia|re agg. charakteristisch, eigen, eigenartig: *questo comportamento è ~ in lui* dieses Verhalten ist charakteristisch für ihn; *una caratteristica ~* eine besondere Eigenschaft. **pe|cu|lia|ri|tà** f.inv. Charakteristik *f.*, Besonderheit *f.*, Eigenheit *f.*, Eigentümlichkeit *f.*, Eigenart *f.*: *presentare delle ~* Besonderheiten auf‿weisen.

pe|cu|lio m. *(-li)* **1** ANT. *(gregge)* Viehherde *f.* **2** *(gruzzolo)* Ersparnisse *pl.*

pe|cu|nia f. Geld *n.* **pe|cu|nia|rio** agg. *(-ri,-rie)* Geld-: *sanzione (o pena) -a* Geldstrafe *f.*; *prestazione -a* Leistung in Geld.

pe|dag|gio m. *(-gi)* **1** Gebühr *f.*: *~ autostradale* Autobahngebühr *f.*; AUSTR. Mautgebühr *f.*; *soggetto a ~* gebührenpflichtig; AUSTR. mautpflichtig; AUSTR. *strada a ~* Mautstraße *f.* **2** STOR. Straßenzoll *m.*, Wegegeld *n.*

pe|da|go|gi|a f. Pädagogik *f.*, Erziehungswissenschaft *f.*: *facoltà di ~* pädagogische Fakultät; *~ sociale* Sozialpädagogik *f.*; *~ dell'età scolastica* Schulpädagogik *f.* **pe|da|go|gi|ca|men|te** avv. pädagogisch, erzieherisch. **pe|da|go|gi|co** agg. *(-ci,-che)* pädagogisch, erzieherisch, Erziehungs-: *metodo ~* Erziehungsmethode *f.*; *l'intento ~ di un romanzo* die pädagogischen Absichten eines Romans. **pe|da|go|gi|sta** m. e f. *(-i,-e)* Pädagoge *m.* (-gin *f.*), Erziehungswissenschaftler *m.* **pe|da|go|go** m. *(-ghi)* Pädagoge *m.*

pe|da|la|bi|le agg. Fahrrad-: *strada ~* Fahrradweg *m.* **pe|da|la|re** intr. (aus. *avere*) in die Pedale treten; *~ con forza* sich in die Pedale legen.

pe|da|la|ta f. Pedaltritt *m.*, Tritt *m.*: *una ~ vigorosa* ein kräftiger Tritt.

pe|da|le m. Pedal *n.* (anche MUS.): *schiacciare il ~* das Pedal treten; *togliere il piede dal ~* den Fuß vom Pedal nehmen; *prima premere il ~ della frizione poi innestare la marcia* zuerst das Kupplungspedal treten, dann schalten; MUS. *usare troppo il ~* zuviel auf das Pedal treten ◆ *a ~* (o *-i)* Tret-, Fuß-; *pattumiera a ~* Treteimer *m.*; *barca a -i* Tretboot *n.*; *auto a -i* Tretauto *n.*; *comando del cambio a ~* Fußschaltung *f.*; *freno a ~* Fußbremse *f.*; *interruttore a ~* Fußschalter *m.*, Pedalschalter *m.*; *meccanismo a ~* Tretwerk *n.*; *~ dell'acceleratore* Gaspedal *n.*; *~ armonico* Orgelpunkt *m.*; *~ di avviamento* Kickstarter *m.*; *~ del calzolaio* Knieriemen *m.*; MUS. *~ di combinazione* Doppelpedal *n.*; *corsa del ~* Pedalweg *m.*; MUS. *~ di espressione* Schweller *m.*; *~ del freno* Bremspedal *n.*; *~ della frizione* Kupplungspedal *n.*; *~ dell'organo* Orgelpedal *n.*; *perno a ~* Pedalachse *f.*; *~ del pianoforte* Klavierpedal *n.*

pe|da|leg|gia|re intr. *(pedaleggio, pedaleggi*; aus. *avere)* MUS. treten.

pe|da|lie|ra f. **1** Pedale *pl.* **2** MUS. Pedalklaviatur *f.*, Pedal *n.*

pe|da|li|no m. REGION. Socke *f.*

pe|da|lò m.inv. Tretboot *n.*, Pedalo *n.*

pe|da|na f. **1** Trittbrett *n.* **2** SPORT Sprungbrett *n.*, Schwungbrett *n.* **3** SART. Vorstoß *m.* ◆ *~ della cattedra* Podest *n.*; *~ elastica* Federbrett *n.*; *~ dell'oratore* Rednerpult *n.*; SPORT *~ per il salto (in lun-*

go, triplo) Sprungbalken *m.* (für den Weitsprung, Dreisprung); ***~ da scherma*** Fechtbahn *f.*

pe|dan|te I agg. **1** *(pignolo e seccante)* pedantisch, pedantisch, schulmeisterlich **2** *(che si attiene scrupolosamente al significato delle parole)* wortklauberisch **II** m. e f. Pedant *m.* (-in *f.*), Wortklauber *m.* (-in *f.*) ◆ ***fare il ~*** pedantisch sein. **pe|dan|teg|gia|re** intr. *(pedanteggio, pedanteggi;* aus. *avere)* schulmeistern. **pe|dan|te|men|te** avv. pedantisch. **pe|dan|te|ri|a** f. **1** *(pignoleria)* Schulmeisterei *f.*, Pedanterie *f.* **2** *(cavillosità)* Wortklauberei *f.* **pe|dan|te|sco** agg. *(-chi,-che)* pedantisch, oberlehrerhaft, schulmeisterlich. **pe|dan|ti|smo** m. Pedantismus *m.*

pe|da|ta f. **1** Fußtritt *m.*, Tritt *m.*: ***prendere qcn. a -e*** jdm Fußtritte geben **2** *(di scalino)* Trittstufe *f.* **3** *(orma)* Fußspur *f.*

pe|de|mon|ta|no agg. **1** am Fuße einer Bergkette (*o* eines Gebirgsstockes) liegend **2** LETT. *(piemontese)* piemontesisch.

pe|de|ra|sta m. Päderast *m.* **pe|de|ra|sti|a** f. Päderastie *f.*

pe|de|stre agg. gewöhnlich, banal.

pe|dia|tra m. e f. *(-i,-e)* Kinderarzt *m.* (-ärztin *f.*), Pädiater *m.* (Pädiaterin *f.*). **pe|dia|tri|a** f. **1** Kinderheilkunde *f.*, Pädiatrie *f.* **2** ***(reparto di) ~*** Kinderstation *f.* **pe|dia|tri|co** agg. *(-ci,-che)* pädiatrisch; ***ospedale ~*** Kinderkrankenhaus *n.*

1.pe|di|cel|lo m. REGION. Pickel *m.*

2.pe|di|cel|lo m. **1** BOT. Blütenstängel *m.*, Blütenstiel *m.* **2** ZOOL. Ambulakralfüßchen *n.*

pe|di|cu|lo|si f. Pediculosis *f.*

pe|di|cu|re [-kyr] **1** m. e f.inv. Fußpfleger (-in *f.*) **2** f. *(trattamento)* Fußpflege *f.*, Pediküre *f.*

pe|di|gree [-gri] m.inv. Stammbaum *m.*, Pedigree *m.*

pe|di|lu|vio m. *(-vi)* Fußbad *n.*

pe|di|na f. **1** Spielstein *m.*; *(negli scacchi)* Bauer *m.*: ***muovere una ~*** mit einem Stein ziehen (*o* einen Stein ziehen); ***mangiare, soffiare una ~*** einen Stein (*o* eine Figur) schlagen **2** FIG. *(persona con ruolo puramente esecutivo)* Handlanger *m.* ◆ ***essere una ~ nelle mani di qcn.*** jds Werkzeug sein.

pe|di|na|men|to m. Beschattung *f.*

pe|di|na|re I tr. beschatten, bespitzeln, nach‿schleichen: ***far ~ qcn.*** jdn beschatten lassen **II** intr. (aus. *avere*) *(di uccelli selvatici)* fort‿trippeln. **pe|di|na|to|re** m. Beschatter *m.*

pe|dis|se|quo agg. **1** sklavisch: ***imitatore ~*** sklavischer Nachahmer **2** *(di traduzione)* wortgetreu, wortwörtlich.

pe|di|vel|la f. Tretkurbel *f.*

pe|do|fi|li|a f. Pädophilie *f.* **pe|do|fi|lo** m. Pädophile *m.*

1.pe|do|lo|gi|a f. AGR. Bodenkunde *f.*, Pedologie *f.*

2.pe|do|lo|gi|a f. Pädologie *f.*

pe|do|lo|gi|co agg. *(-ci,-che)* bodenkundlich, pedologisch.

pe|do|na|le agg. Fußgänger-: ***zona*** (o ***isola***) ***~*** Fußgängerzone *f.*; ***strisce -i*** Zebrastreifen *pl.* (*o* Fußgängerübergang *m.*). **pe|do|na|liz|za|re** tr. zur Fußgängerzone machen.

pe|do|ne m. **1** Fußgänger *m.* **2** *(negli scacchi)* Bauer *m.*

pe|duc|cio m. *(-ci)* **1** Fuß *m.* **2** ARCH. Kragstein *m.*

pe|du|la, pe|du|la f. Wanderschuh *m.*, Bergschuh *m.*

pe|dun|co|la|re agg. Stiel-. **pe|dun|co|la|to** agg. gestielt, Stiel-.

pe|dun|co|lo m. BOT. ZOOL. ANAT. Stiel *m.*, Stängel *m.*

peel|ing ['piliŋ] m.inv. Peeling *n.*, Schälung *f.*: ***fare un ~*** ein Peeling machen.

peg|gio (compar. di *male*) **I** avv. *(in modo peggiore)* schlechter, schlimmer; *(con valore di superlativo)* am schlechtesten: ***sta ~ di ieri*** ihm geht es schlechter als gestern; ***con gli occhiali vedo ~*** mit der Brille sehe ich schlechter; ***guida ~ di prima*** er fährt schlechter als vorher; ***è ~ preparato di te*** er ist schlechter vorbereitet als du; ***cambiare in ~*** sich verschlechtern **II** agg. schlechter, schlimmer: ***oggi il tempo è ~ di ieri*** heute ist das Wetter schlechter als gestern; ***questo sembra ~ dell'altro*** das sieht schlimmer aus als das andere; ***è ~ non dire niente*** es ist schlimmer, nichts zu sagen; ***non arrabbiarti, altrimenti sarà ~*** reg dich nicht auf, sonst wird alles nur noch schlimmer **III** m. Schlechteste *n.*, Schlimmste *n.*: ***essere preparato al ~*** auf das Schlimmste gefasst sein; ***il ~ deve ancora venire*** es kommt noch schlimmer; ***il ~ è passato*** das Schlimmste ist überstanden; ***prepariamoci al ~*** bereiten wir uns aufs Schlimmste vor; ***è quanto di ~ potesse capitarmi*** es ist das Schlimmste, was mir passieren konnte ◆ ***alla ~*** *(nel peggiore dei casi)* im schlimmsten Fall; *(male)* recht und schlecht; ***andare ~*** schlechter werden; ***avere la ~*** den kürzeren ziehen; ***c'è (anche) di ~*** es gibt auch Schlimmeres; ***andare di male in ~*** immer schlimmer werden; ***alla meno ~*** recht und schlecht; ***~ di così si muore*** noch schlechter kann es nicht werden; ***non c'è niente di ~ che...*** es gibt nichts Schlimmeres als...; ***~ che andar di notte*** schlimmer denn je; ***~ per te (lui, voi, loro)!*** selber Schuld! ***sempre ~*** immer schlimmer; ***tanto ~!*** um so schlimmer! ***il tempo volge al ~*** das Wetter wird schlechter.

peg|gio|ra|men|to m. Verschlechterung *f.*, Verschlimmerung *f.*: ***riscontrare un notevole ~*** eine beachtliche Verschlimmerung bemerken.

peg|gio|ra|re I tr. verschlechtern, verschlimmern: ***~ la situazione*** die Lage verschlechtern; ***un raffreddore ha peggiorato la sua malattia*** eine Erkältung hat seine Krankheit verschlimmert; ***la nebbia ha peggiorato la viabilità*** der Nebel hat die Fahrsicherheit beeinträchtigt **II** intr. (aus. *essere*) sich verschlechtern, schlechter werden, sich verschlimmern: ***è peggiorato*** es geht ihm schlechter; ***il suo stato di salute è peggiorato all'improvviso*** sein Gesundheitszustand hat sich plötzlich verschlechtert; ***le sue condizioni sono peggiorate*** sein Zustand hat sich verschlimmert; ***il tempo è peggiorato*** das Wetter hat sich verschlechtert.

peg|gio|ra|ti|vo I agg. pejorativ, abwertend **II** m. Pejorativum *n.*

peg|gio|re (compar. e superl. di *cattivo*) **I** agg. **1** schlechter, schlimmer: ***rendere ~ qcs.*** etw. schlimmer machen; ***una situazione ~*** eine schlimmere Situation; ***ieri il tempo era ~*** gestern war das Wetter schlechter; ***questo libro è ~ di quello*** dieses Buch ist schlechter als jenes; ***non c'è cosa ~ dell'invidia*** es gibt nichts Schlimmeres als Neid **2** *(come superlativo relativo)* schlechtest, schlimmst: ***il mio ~ nemico*** mein schlimmster Feind; ***nel ~ dei casi, nella ~ delle ipotesi*** im schlimmsten Fall; ***la mia parte ~*** meine schlechteste Seite; ***la cosa ~*** das Schlimmste; ***è l'individuo ~ che conosca*** ich kenne keinen schlechteren Menschen; ***è il ~ insulto che abbia mai ricevuto*** das ist die schlimmste Beleidigung, die man mir je angetan hat **II** m. Schlechteste *m.*; *(moralmente)* Übelste *m.*, Schlimmste *m.*: ***il ~ della classe*** der Schlimmste der Klasse.

pe|gno m. **1** Pfand *n.*, Verpfändung *f.*: ***dare, prendere, accettare qcs. in ~*** etw. als (*o* zum Pfand) geben, behalten, nehmen; ***chi perde paga ~*** wer verliert, muss ein Pfand geben **2** *(prova)* Unterpfand *n.*: ***~ d'amore*** Liebespfand *n.*; ***un ~ della mia fedeltà*** ein Pfand meiner Treue ◆ ***atto di ~*** Pfandschein *m.*; ***banco dei -i*** Pfandhaus *n.*, Leihhaus *n.*; ***diritto di ~*** Pfandrecht *n.*; ***oggetto dato in ~*** Pfandgegenstand *m.*; ***prestito su ~*** Pfandleihe *f.*; ***riscatto di un ~*** Pfandeinlösung *f.*; ***a titolo di ~*** pfandweise.

pe|io|te m. Peyotl *m.*, Peyote *m.*

pe|la|gia|ne|si|mo m. Pelagianismus *m.* **pe|la|gia|no** m. Pelagianer *m.*

pe|la|gi|co agg. *(-ci,-che)* pelagisch, pelagial: ***fauna, flora -a*** pelagische Pflanzen, Tiere. **pe|la|go** m. *(-ghi)* LETT. hohe See *f.*

pe|la|me m. Fell *n.*

pe|lan|dro|ne m. COLLOQ. Nichtstuer *m.*, Faulpelz *m.*

pe|la|pa|ta|te m.inv. Kartoffelschäler *m.*

pe|la|re I tr. **1** *(sbucciare)* schälen: ***~ le patate*** *(crude)* die Kartoffeln schälen; *(bollite)* die Kartoffeln pellen; ***~ una mela*** einen Apfel schälen; ***~ cipolle*** Zwiebeln enthäuten (*o* schälen) **2** *(spennare)* rupfen: ***~ un pollo*** ein Huhn rupfen **3** *(togliere la pelle)* häuten: ***~ un coniglio*** ein Kaninchen häuten (*o* einem Kaninchen die Haut ab‿ziehen) **4** *(tagliare i capelli a zero)* kahl scheren; ***mi hanno pelato ben bene*** ich bin vollständig geschoren worden **5** COLLOQ. *(lasciare senza soldi)* aus‿nehmen: ***in quel locale ti pelano*** in diesem Lokal nehmen sie dich aus; ***~ qcn. al gioco*** jdn beim Spiel aus‿nehmen **II** pronom. **pelarsi** das Haar verlieren, kahl werden ◆ ***avere una bella gatta da ~*** eine harte Nuss zu knacken haben; ***dare a qcn. una bella gatta da ~*** jdm eine harte Nuss zu knacken geben; ***prendersi una bella gatta da ~*** sich ein undankbares Geschäft auf‿laden.

pe|lar|go|nio m. *(-ni)* Pelargonie *f.*

pe|la|sgi|co agg. *(-ci,-che)* pelasgisch.

pe|la|ta f. **1** ***dare una ~ a qcs.*** etw. schnell schälen **2** SCHERZ. Glatze *f.*, Glatzkopf *m.*

pe|la|to I p.pass. agg. **1** → **pelare 2** *(calvo)* haarlos, kahl: ***testa -a*** kahler Kopf **3** *(senza buccia)* geschält: ***pomodori -i*** geschälte Tomaten **II** m. pl. geschälte Tomaten *pl.*: ***una scatola di -i*** eine Dose geschälte Tomaten.

pe|la|tu|ra f. **1** Enthaaren *n.*, Ausrupfen *n.* **2** *(lo spennare)* Rupfen *n.* **3** *(il togliere la pelle)* Häuten *n.* **4** *(l'essere pelato)* Kahlheit *f.*

pel|lac|cia f. *(-ce)* **1** *(persona resistente)* zähe Natur *f.* **2** *(persona senza scrupoli)* eiskalter Typ *m.* ◆ ***avere la ~ dura*** ein dickes Fell haben; ***essere una ~*** nicht unterzukriegen sein.

pel|la|gra f. Pellagra *n.*

pel|la|me m. Lederwaren *pl.*, Leder *n.*: ***negozio di -i*** Lederwarengeschäft *n.*

pel|le f. **1** Haut *f.*: ***~ secca, grassa, liscia*** trockene, fette, glatte Haut; ***~ rugosa, screpolata, arrossata, vellutata*** faltige, rissige, gerötete, samtige Haut; ***crema per -i secche*** Creme für trockene Haut; ***la ~***

croccante del pollo die knusprige Haut des Hähnchens 2a *(di animali)* Fell *n.*; Haut *f.*: *cambiare la ~* sich häuten b *(pelle conciata, cuoio)* Leder *n.*: *oggetti in ~* Lederwaren; *conciare la ~* die Häute gerben; *rilegare un libro in ~* ein Buch in Leder binden; *borsa, cintura, giubbotto, guanti di, in ~* Ledertasche *f.*, -gürtel *m.*, -jacke *f.*, -handschuhe *pl.* 3 *(buccia)* Schale *f.*, Pelle *f.*: *~ del fico* Feigenschale *f.*; *~ della mela* Apfelschale *f.*; *~ della pesca* Pfirsichhaut *f.*; *la ~ delle mandorle, del pomodoro* die Haut der Mandeln, der Tomate; *la ~ della salsiccia* die Wursthaut ◆ *amici per la ~* = unzertrennliche Freunde; *~ di camoscio* Wildleder *n.*; *~ di coccodrillo* Krokodilleder *n.*; *colore della ~* Hautfarbe *f.*; *cura della ~* Hautpflege *f.*; *avere la ~ dura* ein dickes Fell haben; *fare la ~ a qcn.* jdn um die Ecke bringen; *finta ~* Kunstleder *n.*; *avere i nervi a fior di ~* die Nerven (bis) zum Zerreißen gespannt haben; *giocare sulla ~ di qcn.* jds Leben gefährden; *giocarsi la ~* Gift darauf nehmen; *lasciarci la ~* ums Leben kommen; FIG. *levare la ~ a qcn.* jdn quälen; *malattia della ~* Hautkrankheit *f.*; *una crema che nutre la ~* eine Creme, die die Haut mit Nährstoffen versorgt; *avere la ~ d'oca* eine Gänsehaut haben; *mi viene la ~ d'oca* ich bekomme eine Gänsehaut; *essere ~ e ossa* Haut und Knochen sein; *rilegato in ~* ledergebunden; *rilegatura in ~* Ledereinband *m.*; *riportare la ~ a casa* mit heiler Haut davon‿kommen; *rischiare la ~* das Leben riskieren; *salvare la ~* seine Haut retten, mit heiler Haut davon‿kommen; *salvare la ~ a qcn.* jdm das Leben retten; *aderente come una seconda ~* hauteng; *non stare più nella ~* es nicht mehr aushalten können; *non stare più nella ~ per l'impazienza* vor Ungeduld platzen; *~ d'uovo* feinstes Musselin; *vendere cara la ~* sein Leben (*o* seine Haut) teuer verkaufen; *non voler essere nella ~ di qcn.* nicht in jds Haut stecken wollen; *volume in ~* Lederband *m.*

pel|le|gri|nag|gio m. *(-gi)* Pilgerfahrt *f.*, Wallfahrt *f.*: *andare in ~* pilgern, auf Wallfahrt gehen; *~ a Roma* Wallfahrt nach Rom; *luogo di ~* Wallfahrtsort *m.*; *recarsi in ~ alla Mecca* nach Mekka pilgern; *iniziare un ~* eine Pilgerschaft an‿treten.

pel|le|gri|no I m. Pilger *m.*, Wallfahrer *m.*; ANT. Waller *m.* II agg. 1 *(ramingo)* umherirrend 2 *(straniero)* fremd 3 *(strano)* eigentümlich, seltsam: *idee, usanze -e* seltsame Gedanken, Bräuche ◆ *bastone da ~* Pilgerstab *m.*; *corteo di -i* Pilgerzug *m.*; *falco ~* Wanderfalke *m.*; *padre ~* Pilgervater *m.*; *schiera di -i* Pilgerschar *f.*

pel|le|ros|sa m. e f.inv. Rothaut *f.*

pel|let m.inv. Pellets *pl.*

pel|let|te|ri|a f. 1 *(oggetti in pelle)* Lederwaren *pl.* 2a *(fabbrica)* Lederwarenfabrik *f.* b *(negozio)* Lederwarengeschäft *n.*

pel|let|tiz|za|re tr. pelletisieren.

pel|li|ca|no m. Pelikan *m.*

pel|lic|ce|ri|a f. 1 *(lavorazione)* Kürschnerei *f.* 2 *(articoli in pelliccia)* Pelzwaren *pl.* 3 *(fabbrica)* Kürschnerei *f.* 4 *(negozio)* Pelzgeschäft *n.*

pel|lic|cia f. *(-ce)* 1 Fell *n.*; *(pelle lavorata)* Pelz *m.*: *berretto, collo di ~* Pelzmütze *f.* (*o* -kappe *f.*), Pelzkragen *m.* 2 *(indumento)* Pelz *m.*, Pelzmantel *m.*: *portare una ~* einen Pelz tragen ◆ *animale da ~* Pelztier *n.*; *~ di astracan* Astrachan *m.*; *~ di castoro* Biberfell *n.*; *(indumento)* Biberpelz *m.*; *commercio di -e* Pelzhandel *m.*; *~ ecologica* Webpelz *m.*, Pelzimitation *f.*; *~ di ermellino* Hermelin *m.*; *~ estiva* Sommerfell *n.* (*o* Sommerkleid *n.*); *~ di foca* Seal(mantel) *m.*; *guanto foderato di ~* Pelzhandschuh *m.*; *guarnizione di ~* Pelzbesatz *m.*; *~ invernale* Winterfell *n.* (*o* Winterkleid *n.*); *~ di leopardo* Leopardenfell *n.*; *(indumento)* Leopardenpelz *m.*; *~ di martora* Marderfell *n.*; *(indumento)* Marderpelz *m.*; *~ di opossum* Opossum *m.*; *~ di persiano* Persianerpelz *m.*; *~ sintetica* Webpelz *m.*, Pelzimitation *f.*; *~ di visone* Nerzfell *n.*; *(indumento)* Nerzmantel *m.*; *~ di volpe* Fuchs *m.*; *(indumento)* Fuchs(pelz) *m.*; *~ di zibellino* Zobel *m.*; *(indumento)* Zobel(pelz) *m.*

pel|lic|cia|io m. *(-ai)* 1 *(conciatore)* Kürschner *m.* 2 *(negoziante)* Pelzhändler *m.* 3 ENTOM. Pelzkäfer *m.*

pel|lic|ciot|to m. Pelzjäckchen *n.*

pel|li|ci|na f. Häutchen *n.*: *~ dell'unghia* Nagelhäutchen *n.*

pel|li|co|la f. 1 *(sottile membrana)* Film *m.*, Folie *f.*: *una ~ sottilissima* eine hauchdünne Folie; *rivestire qcs. di ~ trasparente* etw. mit einem transparenten Film überziehen 2 CINEM. FOT. Film *m.*: *impressionare una ~* einen Film belichten; *(fare) sviluppare una ~* einen Film entwickeln (lassen); *la ~ è sovraesposta* der Film ist überbelichtet ◆ *~ (trasparente) per alimenti* Frischhaltefolie *f.*; *avvolgere qcs. nella ~ per alimenti* etw. in Frischhaltefolie ein‿packen; *avanzamento della ~* Filmtransport *m.*; *~ in bianco e nero* Schwarzweißfilm *m.*; *bobina di ~* Filmspule *f.*; *~ cinematografica* Filmrolle *f.*; *(opera cinematografica)* Film *m.*; *~ a colori* Farbfilm *m.*; *~ per diapositive* Diafilm *m.*; *~ impressionabile* belichtbarer Film; *~ sensibile all'infrarosso* Infrarotfilm *m.*; *~ invertibile* Umkehrfilm *m.*; *~ lubrificante* Schmierfilm *m.*; *~ negativa* Negativfilm *m.*; *~ negativa a colori* Negativfarbfilm *m.*; *~ a passo normale* Normalfilm *f.*; *~ piana* Planfilm *m.*; *~ di plastica* Kunststofffolie *f.* (*o* Plastikfolie *f.*); *~ di plastica trasparente* Klarsichtfolie *f.*; *~ protettiva* Schutzfilm *m.*; *una ~ a passo ridotto* Schmalfilm *m.*; *rullino di ~* Rollfilm *m.*; *~ da sedici millimetri* Sechzehnmillimeterfilm *m.*; *~ sensibile* empfindlicher Film; *~ di sicurezza* Sicherheitsfilm *m.*

pel|li|co|la|re agg. filmartig, häutchenartig ◆ *effetto ~* Hauteffekt *m.*, Stromverdrängung *f.*

pel|li|ros|sa → **pellerossa.**

pel|lu|ci|do agg. lichtdurchlässig, durchscheinend.

pe|lo m. 1 Haar *n.*: *-i sulle gambe* Haare auf den Beinen; *-i delle ascelle, della barba* Achselhaar *n.*, Barthaare *pl.*; *-i di cane, gatto* Hunde-, Katzenhaare 2 *(pelliccia)* Fell *n.*: *rinnovare, drizzare il ~* das Fell erneuern, sträuben; *perdere il ~* haaren; *spazzolare il ~* das Fell bürsten; *~ raso, lucido, arruffato, duro, ispido* glattes, glänzendes, struppiges, hartes, stacheliges Fell; *~ liscio, morbido, rado, ruvido, setoloso, sottile* glattes, weiches, schütteres, raues, seidiges, dünnes Fell 3 *(di acqua)* Wasseroberfläche *f.*: *sul ~ dell'acqua* auf der Wasseroberfläche; *a ~ d'acqua* an der Wasseroberfläche 4 BOT. Pflanzenhaar *n.*, Härchen *n.* 5a *(di lana ecc.)* Fluse *f.*: *un maglione che perde (o lascia) i -i* ein Pullover, der flust (*o* fusselt) b *(di tappeti ecc.)* Flor *m.* ◆ *~ di cammello* Kamelhaar *n.*; *cavalcare a ~* = ohne Sattel reiten; *fare ~ e contropelo a qcn.* jdn mit und gegen den Strich rasieren; FIG. kein gutes Haar an jdm lassen; *a ~ corto* kurzhaarig; *crescita del ~* Haarwuchs *m.*; *a un ~ da* knapp vor; *a un ~ dalla vittoria* ganz knapp vor dem Sieg; *~ estivo* Sommerfell *n.*, Sommerkleid *n.*; *~ invernale* Winterfell *n.*, Winterkleid *n.*; *lasciarci il ~* sich (D) die Finger verbrennen; *non aver -i sulla lingua* kein Blatt vor den Mund nehmen; FIG. *lisciare il ~ a qcn.* jdm um den Bart gehen, jdm Honig um den Mund schmieren; *a ~ lungo* langhaarig, Langhaar-: *bassotto a ~ lungo* Langhaardackel *m.*; *c'è mancato un ~ che perdessimo* das ging haarscharf an einer Niederlage vorbei; *muta del ~* Fellwechsel *m.*; *per un ~* um ein Haar (*o* um Haaresbreite); *per un ~ non sono caduto* um ein Haar wäre ich hingefallen; *ho perso il treno per un ~* ich habe den Zug um ein Haar verpasst; *di primo ~* milchbärtig (anche FIG.); BOT. *-i radicali* Wurzelfasern *pl.*; *sacco a ~* Schlafsack *m.*; *selvaggina di ~* Haarwild *n.*; *avere il ~ sullo stomaco* = skrupellos sein; *~ del tasso* Dachshaar *n.*; *cercare il ~ nell'uovo* ein Haar in der Suppe finden; BOT. *-i urticanti* Nesselfasern *pl.*; PROV. *il lupo perde il ~ ma non il vizio* die Katze lässt das Mausen nicht.

pe|lo|ba|te m. Krötenfrosch *m.*

pe|lo|pon|ne|si|a|co I agg. *(-ci,-che)* peloponnesisch: *guerra -a* Peloponnesischer Krieg II m. *(-ci)* Peloponnesier *m.*

Pe|lo|pon|ne|so n.pr.m. Peloponnes *m.*

pe|lo|sel|la f. Habichtskraut *n.*

pe|lo|si|tà f. Behaartsein *n.* **pe|lo|so** agg. 1 behaart, haarig: *molto ~* dicht behaart, stark behaart 2 *(morbida)* pelzig ◆ *orsacchiotto ~* Zottelbär *m.* (*o* Plüschbär *m.*).

pe|lo|ta f. Pelota *f.*

pel|tro m. Hartzinn *n.*, Zinn *n.*

pe|luc|co m. *(-chi)* Fussel *f.*; *fare i -chi* fusseln.

pe|lu|che [pəˈlyʃ, *üblich* peˈluʃ] m. 1 Plüsch *m.* 2 *(animaletto)* Plüschtier *n.* ◆ *di ~* plüschig, plüschen, Plüsch-; *orso di ~* Plüschbär *m.*

pe|lu|ria f. Flaum *m.* (anche BOT.).

pel|vi f. Becken *n.*: *~ renale* Nierenbecken *n.* **pel|vi|co** agg. *(-ci, -che)* Becken-: *cavità -a* Beckenhöhle *f.*; *osso ~* Beckenknochen *m.*

pe|na f. 1 Leid *n.*, Qual *f.*, Pein *f.*: *una ~ enorme* ein unermessliches Leid; *confidare la propria ~ a qcn.* jdm sein Leid klagen; *qcs. procura ~ a qcn.* etw. bereitet jdm Pein; *questa situazione mi da molta ~* das macht mir große Pein 2 *(pietà)* Mitleid *n.*: *a vederlo ridotto così sento una gran ~* ihn in diesem Zustand zu sehen, erweckt in mir großes Mitleid 3 *(sanzione)* Strafe *f.*: *infliggere una ~ a qcn.* über jdn eine Strafe verhängen; *scontare una ~* eine Strafe verbüßen; *ridurre una ~ a qcn.* jdm seine Strafe mildern; *per questo delitto il codice commina una ~ tra i due e i cinque anni* für dieses Vergehen droht das Gesetzbuch eine Gefängnisstrafe von zwei bis fünf Jahren an; *condonare (o sospendere) una ~ a qcn.* jdm eine Strafe erlassen (*o* aus‿setzen); *(temporaneamente)* auf‿schieben; *qcs. è passibile di ~* etw. steht unter Strafe; *prevedere una ~ per qcs.* etw. unter Strafe stellen; *eseguire una ~* eine Strafe voll‿strecken; ◆ *~ accessoria* Nebenstrafe *f.*; *aggravamento della ~* Strafverschärfung *f.*; *-e d'amore* Liebesqualen *pl.*; *essere un'anima in ~* eine gequälte Seele sein; *annullamento del-*

la ~ Strafaufhebung *f.*; ***attenuazione della ~*** Strafmilderung *f.*; ***cancellazione della ~*** Straftilgung *f.*, Straferlass *m.*; ***comminazione della ~*** Strafandrohung *f.*; ***commutazione della ~*** Strafumwandlung *f.*; ***condono della ~*** Straferlass *m.*; ***~ corporale*** körperliche Strafe, ANT. Leibesstrafe *f.*; ***darsi ~ per qcn.*** sich um jdn bemühen; ***darsi ~ di fare qcs.*** sich den Umstand machen, etw. zu tun; ***non si dia ~ di venire*** machen Sie sich nicht den Umstand zu kommen; ***~ detentiva*** Freiheitsstrafe *f.*; ***esecuzione della ~*** Strafvollzug *m.*, Strafvollstreckung *f.*; ***espiazione della ~*** Strafverbüßung *f.*; ***causa estintiva della ~*** Strafaufhebungsgrund *m.*; ***~ eterna*** ewige Verdammnis; COLLOQ. ***far ~*** unmöglich (*o* erbärmlich) sein; ***questo compito fa ~*** diese Hausaufgabe ist unmöglich; ***-e dell'inferno*** Höllenstrafe *f.*; FIG. ***soffrire le -e dell'inferno*** Höllenqualen aus‿stehen (*o* erleiden); ***~ l'interdizione dai pubblici uffici*** wird mit Verlust der Amtsfähigkeit bestraft; ***istituto di ~*** Strafanstalt *f.* (*o* Strafvollzugsanstalt *f.*); ***a mala ~*** mit Müh und Not (*o* mit knapper Not); ***~ di morte*** Todesstrafe *f.*; ***~ pecuniaria*** Geldstrafe *f.*; ***~ principale*** Hauptstrafe *f.*; ***riduzione della ~*** Strafnachlass *m.*; ***sospensione della ~*** Strafaussetzung *f.*; *(temporanea)* Strafaufschub *m.*; ***sotto ~ di*** unter Strafe von (*o* unter Strafandrohung von); ***~ spirituale*** seelische Pein (*o* Qual); ***stare in ~ per qcn.*** um jdn in Sorge sein; ***(non) ne vale la ~*** es lohnt sich (nicht); ***non vale neanche la ~ parlarne*** es ist nicht der Rede wert.

pe|na|le I agg. strafrechtlich, Straf- II f. Strafgeld *n.*, Bußgeld *n.*; *(per violazione di contratto)* Konventionalstrafe *f.*, Vertragsstrafe *f.*; *(per recessione da contratto)* Reugeld *n.*; ***pagare una ~*** eine Strafe zahlen ◆ ***azione ~*** strafrechtliche Klage; ***casellario ~*** Strafregister *n.*; ***caso ~*** Straffall *m.*; ***causa ~*** Strafsache *f.*; ***certificato ~*** Strafregisterauszug *m.*; ***codice ~*** Strafgesetzbuch *n.*; ***codice ~ militare*** Militärstrafgesetzbuch *n.*; ***colonia ~*** Strafkolonie *f.*; ***~ convenzionale*** Konventionalstrafe *f.*; ***diritto ~*** Strafrecht *n.*; ***diritto ~ doganale*** Zollstrafrecht *n.*; ***fedina ~*** Führungszeugnis *n.*; ***giudice ~*** Strafrichter *m.*; ***giurisdizione ~*** Strafgerichtsbarkeit *f.*; ***giustizia ~*** Strafjustiz *f.*; ***irrilevanza ~*** Geringfügigkeit *f.*; ***legge ~*** Strafgesetz *n.*; ***legislazione ~*** Strafgesetzgebung *f.*; ***ordinanza ~*** Strafbefehl *m.* (*o* Strafverfügung *f.*); ***precedente ~*** Vorstrafe *f.*; ***procedimento ~*** Strafverfahren *n.*; ***codice di procedura ~*** Strafprozessordnung *f.*; ***processo ~*** Strafprozess *m.*; ***responsabilità ~*** strafrechtliche Verantwortung; ***sanzione ~*** Buße *f.*; ***sezione ~*** Strafkammer *f.* (*o* Strafsenat *m.*); ***tribunale ~*** Strafgericht *n.*

pe|na|li|sta m. e f. *(-i,-e)* Strafrechtler *m.* (-in *f.*). **pe|na|li|sti|co** agg. *(-ci,-che)* strafrechtlich, Straf-.

pe|na|li|tà f.inv. 1 Strafgeld *n.*, Reugeld *n.* 2 SPORT Strafe *f.* ◆ ***~ contrattuale*** Konventionalstrafe *f.* (*o* Vertragsstrafe *f.*); ***minuto di ~*** Strafminute *f.*; ***punto di ~*** Strafpunkt *m.* (*o* Minuspunkt *m.*); ***~ in tempo*** Zeitstrafe *f.*; EQUIT. Strafzeit *f.*

pe|na|liz|za|re tr. 1 bestrafen, sanktionieren 2 FIG. benachteiligen 3 SPORT strafen. **pe|na|liz|za|zio|ne** f. 1 Strafe *f.* 2 FIG. Benachteiligung *f.* ◆ ***punto di ~*** Strafpunkt *m.* (*o* Minuspunkt *m.*).

pe|nal|men|te avv. strafrechtlich: ***perseguibile ~*** strafrechtlich verfolgbar; ***perseguire qcn. ~*** jdn strafrechtlich verfolgen.

pen|al|ty m.inv. Penalty *m.*

pe|na|re intr. (aus. *avere*) 1 *(soffrire)* leiden: ***ha finito di ~*** er hat aufgehört zu leiden 2 *(faticare)* sich ab‿mühen, sich ab‿quälen, sich quälen: ***~ a fare un lavoro, i compiti*** sich mit einer Arbeit, Hausaufgabe quälen; ***~ a raggiungere la meta*** sich ans Ziel quälen 3 *(sopportare molto)* (viel) durch‿machen ◆ COLLOQ. ***quanto mi ha fatto ~!*** er hat mir zu schaffen gemacht.

pe|na|ti m.pl. Penaten *pl.*

pen|co|la|re intr. *(pencolo*; aus. *avere)* wanken, schwanken (anche FIG.).

pen|da|glio m. *(-gli)* Anhängsel *n.*, Gehänge *n.*, Anhänger *m.* ◆ ***~ da forca*** Galgenstrick *m.*, Galgenvogel *m.*

pen|dant [pan-] m.inv. Pendant *n.*, RAR. Seitenstück *n.*, Gegenstück *n.*: ***il ~ di qcs.*** das Pendant zu etw.; ***fare da ~ a qcs., fare ~ con qcs.*** das Pendant zu etw. bilden (*o* sein).

pen|den|te I agg. 1 hängend, Hänge-: ***lampada ~*** Hängelampe *f.*; ***orecchino ~*** Ohrgehänge *n.* 2 *(inclinato)* schief, abfallend: ***la torre ~*** der schiefe Turm 3 *(irrisolto)* offen, ungelöst: ***controversia, questione ~*** offene Kontroverse, Frage 4 DIR. schwebend, anhängig: ***affari -i*** schwebende Geschäfte; ***carico ~*** bestehende strafrechtliche Belastung; ***crediti -i*** ausstehende Forderungen, Außenstände *pl.*; ***processo ~*** anhängiges (*o* schwebendes) Verfahren II m. 1 Anhänger *m.* 2 *(orecchino)* Ohrgehänge *n.*

pen|den|za f. 1 *(inclinazione)* Gefälle *n.*; *(in salita)* Steigung *f.*; *(in discesa)* Neigung *f.*: ***una forte, lieve ~*** ein starkes, sanftes Gefälle; ***una ~ di 10 gradi*** ein Gefälle von 10 Grad; ***la ~ della strada è di 10 gradi*** das Gefälle der Straße beträgt 10 Grad; ***un terreno in ~*** ein abfallendes Gelände 2 *(pendio)* Abhang *m.* 3 DIR. schwebende Sache *f.*: ***risolvere, regolare una ~*** eine schwebende Sache in Ordnung bringen; ***~ giudiziaria*** Rechts(an)hängigkeit *f.* 4 COMM. Schuld *f.*: ***regolare una ~*** eine Schuld begleichen ◆ ***linea di massima ~*** Falllinie *f.*

pen|de|re intr. (aus. *avere*) 1 hängen, herunter‿hängen: ***la lampada pende sul tavolo*** die Lampe hängt über dem Tisch; ***~ fuori dalla finestra*** aus dem Fenster heraushängen 2 *(essere inclinato)* hängen, sich neigen, schief stehen: ***la torre di Pisa pende*** der Turm von Pisa steht schief; ***~ da un lato*** sich nach einer Seite neigen 3 *(essere sospeso)* schweben 4 *(propendere)* neigen: ***~ per il no*** zum Nein neigen ◆ FIG. ***far ~ la bilancia*** den Ausschlag geben; ***~ dalle labbra di qcn.*** an jds Lippen hängen.

pen|di|ce f. Hang *m.*, Abhang *m.*, Hanglage *f.*: ***alle -ci del Monte Bianco*** auf den Abhängen des Montblanc.

pen|di|o m. 1 *(pendenza)* Gefälle *n.* 2a *(luogo in pendenza)* Abhang *m.*, Halde *f.* b *(pendice)* Hang *m.*: ***rotolare lungo il ~*** den Hang hinunter‿rollen; ***tirare la slitta su per il ~*** den Schlitten den Hang hinauf‿ziehen ◆ ***discesa su ~*** Hangabfahrt *f.*

pen|do|la f. Pendeluhr *f.*

1.pen|do|la|re intr. *(pendolo*; aus. *avere)* pendeln (anche FIG.).

2.pen|do|la|re I agg. pendelartig, Pendel-: ***assale ~*** Pendelachse *f.*; ***moto ~*** Pendelbewegung *f.* II m. e f. Pendler *m.* (-in *f.*); ***fare il ~ tra Milano e Torino*** zwischen Mailand und Turin pendeln ◆ ***traffico ~*** Pendelverkehr *m.*

pen|do|la|ri|smo m. Pendeln *n.* **pen|do|la|ri|tà** f. Pendeln *n.*, Pendelphänomen *n.*

1.pen|do|li|no m. *(di maghi)* Pendel *n.*

2.pen|do|li|no m. INTRAD. (Hochgeschwindigkeitszug mit aktiver Kurvenneigung).

3.pen|do|li|no m. ZOOL. Beutelmeise *f.*

pen|do|lo m. 1 Pendel *n.*: ***il ~ oscilla, sta fermo*** das Pendel schwingt, steht still 2 *(filo a piombo)* Senklot *n.*, Perpendikel *m.* e *n.* ◆ ***~ di Foucault*** foucaultsches Pendel; ***~ matematico*** mathematisches Pendel; ***movimento del ~*** Pendelbewegung *f.*; ***~ orizzontale*** Horizontalpendel *n.*; ***orologio a ~*** Pendeluhr *f.*; *(con base a terra)* Standuhr *f.*; ***orologio a ~ da tavolo*** Stutzuhr *f.*; ***~ dell'orologio*** Uhrpendel *n.* (*o* Pendel *n.*); ***oscillazione del ~*** Pendelschwingung *f.*; ***ampiezza di oscillazione del ~*** Pendelausschlag *m.*

pen|du|lo agg. 1 hängend, Hänge-: ***labbro ~*** Hängelippe *f.* 2 ANAT. ***velo ~*** Velum *n.* (*o* Gaumensegel *n.*).

pe|ne m. Penis *m.* ◆ PSIC. ***invidia del ~*** Penisneid *m.*

Pe|ne|lo|pe n.pr.f. Penelope *f.* ◆ ***tela di ~*** Penelopearbeit *f.*

pe|ne|pia|no m. Fastebene *f.*, Peneplain *f.*

pe|ne|tra|bi|le agg. 1 durchdringbar 2 FIG. ergründbar. **pe|ne|tra|bi|li|tà** f. 1 Durchdringbarkeit *f.* 2 FIG. Ergründbarkeit *f.*

pe|ne|tra|li m.pl. 1a *(di tempio)* Innerste *n.*, Allerheiligste *n.* b *(di casa)* Innenraum *m.* 2 FIG. Innerste *n.*

pe|ne|tran|te agg. penetrant, stechend, durchdringend: ***odore ~*** penetranter Geruch; ***freddo ~*** durchdringende Kälte; ***dolore, sguardo ~*** durchdringender Schmerz, Blick; *(incisivo)* ***parole -i*** eindringliche Worte. **pe|ne|tran|za** f. Penetranz *f.*

pe|ne|tra|re *(penetro)* I intr. (aus. *essere*) 1 ein‿dringen, dringen: ***l'umidità penetra attraverso i muri*** die Feuchtigkeit dringt durch die Wände; ***i ladri sono penetrati in casa*** die Einbrecher sind ins Haus eingedrungen 2 *(di luce)* durch‿scheinen II tr. ergründen, durch‿bohren, bohren: ***~ il significato di qcs., un segreto*** die Bedeutung von etw., eines Geheimnisses ergründen; ***~ qcn. con lo sguardo*** jdn mit Blicken durchbohren.

pe|ne|tra|zio|ne f. 1 Eindringen *n.* (anche FIG.) 2 *(di un prodotto sul mercato)* Vor-, Durchdringen *n.* 3 *(attitudine a capire)* ***è dotato di una singolare capacità di ~*** er verfügt über außerordentlichen Scharfsinn ◆ ***forza di ~*** Durchschlagskraft *f.*

pe|ni|cil|li|na f. Penicillin (*o* Penizillin) *n.* **pe|ni|cil|lo** m. Pinselschimmel *m.*

pe|nin|su|la|re agg. Halbinsel- ◆ ***l'Italia ~*** die italienische Halbinsel.

pe|ni|so|la f. 1 Halbinsel *f.*: ***~ italiana, iberica*** italienische, iberische Halbinsel 2 *(Italia)* Italien *n.* ◆ ***~ appenninica*** Apenninenhalbinsel *f.*; ***~ balcanica*** Balkanhalbinsel *f.*; ***~ del Sinai*** Sinaihalbinsel *f.*

pe|ni|ten|te I agg. 1 reuig, reuevoll: ***anima ~*** reuevolle Seele; ***peccatore ~*** reuiger Sünder 2 *(che fa penitenza)* büßend, bußfertig II m. e f. 1 *(chi fa penitenza)* Büßer *m.* (-in *f.*), Büßende *m.* e *f.* 2 *(chi si confessa)* Beichtkind *n.* ◆ ***ordine dei -i*** Büßerorden *m.*

pe|ni|ten|za f. 1 Reue *f.* 2 *(espiazione)* Buße *f.*: ***sottoporsi a dure -e*** sich strengen Bußen unterwerfen; ***fare ~ per i propri peccati*** für seine Sünden büßen; ***recitare il rosario per ~*** den Rosenkranz zur auferlegten Buße beten 3a GIOC. Strafe *f.*: ***chi arriva ultimo fa una ~*** wer als Letzter kommt, wird bestraft b *(castigo)* Buße *f.*,

Strafe *f.*: ***imporre a qcn. una*** ~ jdm eine Strafe auferlegen; ***per ~ stasera non mangerai il dolce*** zur Strafe bekommst du heute Abend keinen Nachtisch ◆ ***atto di*** ~ Bußübung *f.*; ***giorno di*** ~ Bußtag *m.*

pe|ni|ten|zia|le agg. Buß-: ***liturgia*** ~ Bußgottesdienst *m.*; ***salmi -i*** Bußpsalmen *pl.*; ***predica*** ~ Bußpredigt *f.*

pe|ni|ten|zia|rio **I** agg. *(-ri,-rie)* Straf-: ***sistema*** ~ Strafvollzug *m.* **II** m. *(-ri)* Haftanstalt *f.*, Vollzugsanstalt *f.*, Strafanstalt *f.*; STOR. Zuchthaus *n.*

pen|na f. **1** Feder *f.*; *(piumaggio)* Gefieder *n.*: ***mettere le -e*** Federn bekommen; ***mutare le -e*** das Gefieder wechseln **2** *(per scrivere)* Feder *f.*, Schreibfeder *f.*: ***intingere la ~ nel calamaio*** die Feder ins Tintenfass tauchen; ***mettere mano alla*** ~ zur Feder greifen; ***essere un maestro della*** ~ ein Meister der Feder sein; ***il libro è uscito dalla sua*** ~ das Buch ist aus seiner Feder geflossen **3** *(della freccia)* Fiederung *f.* **4** *(del martello)* Pinne *f.*, Finne *f.* **5a** *(scrittore)* Schriftsteller *m.* **b** Journalist *m.* **6** MAR. Nock *n.* **7** pl. GASTR. INTRAD. (mittellange, röhrenförmige Nudeln) ◆ ***a*** ~ mit der Feder; ***amica di*** ~ Brieffreundin *f.*; ***amico di*** ~ Brieffreund *m.*; ~ ***biro*** Kugelschreiber *m.*; ***cane da*** ~ Hühnerhund *m.*; ~ ***di cappello*** Hutfeder *f.*; ~ ***caudale*** Schwanzfeder *f.*; ~ ***della coda*** Stoßfeder *f.*; ***-e copritrici*** Deckfedern *pl.*; ***costola della*** ~ Federkiel *m.*; ~ ***di gallo*** Hahnenfeder *f.*; ***lasciarci le -e*** *(soccombere)* den Kürzeren ziehen; *(morire)* ins Gras beißen; *(andare in rovina)* vor die Hunde gehen; ~ ***luminosa*** Lichtstift *m.*; ~ ***maestra*** Schwungfeder *f.*; ***lasciare qcs. nella*** ~ = etw. ungeschrieben lassen; ***-e nere*** Alpini *pl.*; ~ ***d'oca*** Gänsefeder *f.*; ~ ***ottica*** Lichtstift *m.*; ~ ***di pavone*** Pfauenfeder *f.*; FIG. ***coprirsi con le -e del pavone*** sich mit fremden Federn schmücken; ***-e remiganti*** Schwungfedern *pl.*; ***rimetterci le -e*** → ***lasciarci le -e***; ~ ***a sfera*** Kugelschreiber *m.*; ~ ***stilografica*** Füllfederhalter *m.*; ***-e timoniere*** Steuerfedern *pl.*; ***tratto di*** ~ Federstrich *m.*

pen|nac|chio m. *(-chi)* **1** Federbusch *m.*, Busch *m.*, Panasch *m.*: ***il ~ dei corazzieri*** der Federbusch der Kürassiere **2** ARCH. Zwickel *m.* ◆ ~ ***dell'elmo*** Helmbusch *m.*; ~ ***di fumo*** Rauchfahne *f.*, Rauchschwade *f.*

pen|na|co|li|no m. ARCH. Birnstab *m.*

pen|na|io|lo m. SPREG. Schreiberling *m.*

pen|na|rel|lo m. Filzstift *m.*, Farbstift *m.*: ~ ***a punta fine, media*** Filzstift mit feiner, mittelfeiner Spitze.

1.pen|na|to agg. **1** Feder-, federförmig **2** BOT. gefiedert: ***foglia -a*** gefiedertes Blatt.

2.pen|na|to m. Hippe *f.*

pen|nec|chio m. *(-chi)* Spinnrocken *m.*, Kunkel *f.*

pen|nel|la|re tr. (be)pinseln: ~ ***una superficie di giallo*** eine Oberfläche gelb bepinseln ◆ ~ ***una vernice*** einen Lack (*o* eine Farbe) auf‿tragen.

pen|nel|la|ta f. **1a** Pinselstrich *m.*: ***dare l'ultima*** ~ den letzten Pinselstrich an‿bringen **b** ESTENS. Pinselführung *f.*: ***una ~ sicura*** eine sichere Pinselführung **2** FIG. *(tratto)* Strich *m.*, Zug *m.*: ***descrivere con poche -e*** in wenigen Zügen beschreiben.

pen|nel|la|tu|ra f. MED. Pinseln *n.*, Bepinseln *n.*; ***fare -e in gola*** den Rachen pinseln.

pen|nel|les|sa f. Malerpinsel *m.*, Flachpinsel *m.*

pen|nel|li|fi|cio m. *(-ci)* Pinselfabrik *f.*

pen|nel|lo m. **1** Pinsel *m.*: ***intingere il*** ~ den Pinsel ein‿tauchen; ***stendere il colore con il*** ~ mit dem Pinsel die Farbe auf‿tragen; ***tavolozza e*** ~ Palette und Pinsel **2** *(pittore)* Maler *m.* **3** *(argine)* Buhne *f.* ◆ ***a*** ~ perfekt; ***andare, stare a*** ~ haargenau passen (*o* wie angegossen) passen, tadellos sitzen; ***arte del*** ~ Malkunst *f.*; ~ ***da barba*** Rasierpinsel *m.*; ~ ***da cucina*** Küchenpinsel *m.*; ~ ***elettronico*** Elektronenbündel *n.*; ***a forma di*** ~ pinselartig; ~ ***da imbianchino*** Streichbürste *f.*; FIS. ~ ***luminoso*** Lichtbündel *n.*; ***maneggiare il*** ~ = malen können; ~ ***a punta*** Haarpinsel *m.*; ~ ***di setole*** Haarpinsel *m.*; ~ ***di tasso*** Dachspinsel *m.*; ~ ***da trucco*** Puderpinsel *m.*; ***tuffo a*** ~ Fußsprung *m.*

pen|ni|chel|la f. Mittagsschläfchen *n.*, Schläfchen *n.*, Nickerchen *n.*: ***fare una*** ~ ein Mittagsschläfchen machen.

pen|ni|no m. Feder *f.*, Schreibfeder *f.* ◆ ~ ***da disegno*** Zeichenfeder *f.*; ~ ***per inchiostro di china*** Tuschfeder *f.*; ~ ***d'oro*** Goldfeder *f.*

pen|ni|ven|do|lo m. Schmock *m.*

pen|no|ne m. **1** Fahnenstange *f.* **2** MAR. Rah(e) *m.* **3** *(stendardo)* Banner *m.*, Reiterstandarte *f.* ◆ ~ ***di trinchetto*** Fockrahe *f.*; ~ ***di velaccio*** Bramstenge *f.*

pen|nu|to **I** agg. gefiedert: ***animali -i*** gefiederte Tiere **II** m. Vogel *m.*

pen|ny m.inv. Penny *m.*

pe|nom|bra f. Halbschatten *m.*: ***in*** ~ im Halbschatten.

pe|no|sa|men|te avv. peinlich. **pe|no|si|tà** f.inv. **1** *(tristezza)* Traurigkeit *f.* **2** *(imbarazzo)* Peinlichkeit *f.* **3** *(miseria)* Kläglichkeit *f.*

pe|no|so agg. **1** *(triste)* traurig: ***un storia -a*** eine traurige Geschichte **2** *(doloroso)* schmerzlich: ***mi è ~ doverle comunicare che...*** es ist mir schmerzlich, Ihnen mitteilen zu müssen, dass... **3** *(sgradevole)* unangenehm **4** *(imbarazzante)* peinlich, betreten **5** *(miserevole)* kläglich: ***uno spettacolo*** ~ ein klägliches Schauspiel.

pen|sa|bi|le agg. denkbar; ***non è ~ che faccia questo*** es ist undenkbar, dass er das tut.

pen|san|te agg. denkend: ***l'uomo è un essere*** ~ der Mensch ist ein denkendes Wesen.

pen|sa|re **I** intr. (aus. *avere*) **1** denken: ~ ***a qcn., qcs.*** an jdn, etw. denken: ~ ***al futuro*** an die Zukunft denken; ***ho pensato molto alle sue parole*** ich habe viel an seine Worte gedacht; ***pensavo agli ultimi giorni che ho trascorso là*** ich dachte an die letzten Tage, die ich dort verbracht habe; ***non fa che ~ a quella donna*** er denkt nur noch an diese Frau; ***pensa solo a se stesso*** er denkt nur an sich; ***non ci avevo pensato*** daran hatte ich nicht gedacht; ***a che cosa pensi?*** woran denkst du? **2** *(riflettere)* ~ ***a qcs.*** über etw. (A) nach‿denken, sich (D) etw. überlegen: ***ci devo*** ~ ich muss es mir überlegen; ***pensaci bene prima di decidere!*** bevor du entscheidest, überleg es dir gut! ***per ~ ho bisogno di silenzio*** zum Nachdenken brauche ich Ruhe **3** *(provvedere)* sich kümmern: ~ ***a qcn., qcs.*** sich um jdn, etw. kümmern; ***tu pensa al vino, a tutto il resto penso io*** kümmere du dich um den Wein, ich besorge dann schon den Rest; ***pensa agli affari tuoi*** kümmere dich um deinen Kram **II** tr. **1** *(ritenere, credere)* denken, glauben: ***penso che non ce la faremo a finire in tempo*** ich glaube, wir schaffen es nicht, rechtzeitig fertig zu werden; ***penso che sia meglio partire subito*** ich denke, es ist besser, gleich abzufahren; ***penso di lavorare ancora un po'*** ich glaube, ich arbeite noch ein bisschen **2** *(avere un'opinione)* ~ ***qcs. di qcn., qcs.*** etw. über jdn denken (*o* von jdm etw. halten), etw. denken: ***che cosa ne pensi?*** was hältst du davon? **3** *(immaginare)* sich vor‿stellen: ***pensa un po' che fortuna!*** stell dir mal vor, was für ein Glück! ***pensa, è così alto e ha solo due anni!*** stell dir mal vor – er ist schon so groß und erst zwei Jahre alt! **4** *(rivolgere)* ***un modello pensato per un pubblico esigente*** ein für ein anspruchsvolles Publikum gedachtes Modell **5** *(avere in programma)* gedenken, vor‿haben: ***cosa pensi di fare?*** was gedenkst du zu tun (*o* was hast du vor)? ***pensò di partire*** er gedachte abzureisen ◆ ~ ***bene di qcn.*** gut über jdn denken; ***una ne fa e cento ne pensa*** er hat immer Überraschungen auf Lager (*o* er kann gar nicht so viel anstellen, wie er sich ausdenkt); ***dare da*** ~ zu denken geben; ***è una faccenda che dà da*** ~ diese Angelegenheit gibt zu denken; ***e ~ che...*** und wenn man bedenkt, dass...; ***far*** ~ zu denken geben; ~ ***male di qcn.*** schlecht über jdn denken; ***pensa e ripensa*** nach langer Überlegung (*o* nach langem Hin- und Herüberlegen); ***pensa alla salute!*** lass dir keine grauen Haare wachsen!

pen|sa|ta f. Einfall *m.*: ***avere una bella*** ~ einen glücklichen Einfall haben. **pen|sa|to** p.pass. agg. **1** → **pensare** **2** ***ben*** ~ gut durchdacht, wohl überlegt.

pen|sa|to|io m. *(-oi)* SCHERZ. = Ort *m.* zum Nachdenken.

pen|sa|to|re m. Denker *m.*: ***libero*** ~ Freidenker *m.*

pen|sée [pɑ̃'se] f.inv. Stiefmütterchen *n.*

pen|sie|ri|no m. **1** SCOL. kurzer Aufsatz *m.* **2** *(regalino)* Kleinigkeit *f.*, kleine Aufmerksamkeit *f.* ◆ ***fare un ~ su qcs.*** mit etw. liebäugeln; ***farci un*** ~ etw. in Erwägung ziehen.

pen|sie|ro m. **1** Gedanke *m.*: ***uno strano*** ~ ein merkwürdiger Gedanke; ***-i ricorrenti, preoccupanti*** wiederkehrende, beunruhigende Gedanken; ***un ~ delicato*** ein feinfühliger Gedanke; ***andare col ~ a qcn., qcs.*** seine Gedanken auf jdn, etw. richten; ***riandare col ~ a qcs.*** mit den Gedanken auf etw. zurück‿kommen; ***fissare il ~ su qcn., qcs.*** seine Gedanken auf jdn, etw. konzentrieren (*o* richten); ***correre col ~ a qcs.*** etw. in Gedanken ab‿schätzen; ***essere assorto in profondi -i*** tief in Gedanken versunken sein; ***leggere nel ~ a qcn.*** jds Gedanken lesen; ***sei sempre nei miei -i*** du bist immer in meinen Gedanken **2** *(insegnamento)* Gedanke *m.*, Lehre *f.*: ***i suoi -i sono raccolti in un volume*** seine Lehren sind in einem Band gesammelt; ***il ~ di Platone*** Platons Lehre; ***travisare il ~ di qcn.*** jds Gedanken verstümmeln **3** *(opinione)* Meinung *f.*: ***non conosco il suo*** ~ ich kenne seine Meinung nicht; ***modificare, esprimere, tacere il proprio*** ~ seine Meinung ändern, äußern, verschweigen **4** *(il pensare)* Denken *n.*, Denkvermögen *n.*: ***il ~ è proprio dell'uomo*** das Denkvermögen ist dem Menschen zu Eigen; ***nel ~ sta la nostra vera forza*** im Denkvermögen steckt unsere wirkliche Kraft **5** *(preoccupazione)* Sorge *f.*: ***essere, stare in ~ per qcn., qcs.*** um jdn, etw. in Sorge sein, sich um jdn, etw. Sorgen machen; ***un ~ che non mi lascia dormire*** eine Sorge, die mir schlaflose Nächte bereitet; ***il bene della patria fu il suo unico*** ~ das Wohl des Vaterlandes war seine einzige Sorge **6** *(dono)* Aufmerksamkeit *f.*, Kleinigkeit *f.*: ***un ~ gentile*** eine nette Aufmerksamkeit; ***è solo un ~*** es ist nur eine Kleinigkeit ◆ ***accarezzare un ~*** mit einem Gedanken spielen (*o* sich mit einem Gedanken tragen); ***basta il ~*** der bloße Gedanke genügt; ***è il ~ che conta*** es zählt der bloße Gedanke; ***non dare -i*** keine Schwierigkeiten machen; ***darsi ~ per qcn., qcs.*** sich um jdn, etw. Sorgen machen; ***libertà di ~*** Gedankenfreiheit *f.*; ***avere molti -i*** viel um die Ohren haben; ***il ~ della morte*** der Gedanke an den Tod; ***rapido come il ~*** schnell wie der Blitz; ***senza -i*** sorglos, sorgenfrei; ***lascia da parte simili -i!*** so etwas solltest du nicht einmal denken! ***essere sopra ~*** gedankenverloren sein; ***uomo di ~*** Denker *m.*; ***volgere il ~ a qcn., qcs.*** an jdn, etw. denken.

pen|sie|ro|si|tà f. Versunkenheit *f.*, Versonnenheit *f.*, Nachdenklichkeit *f.* **pen|sie|ro|so** agg. **1** nachdenklich **2** *(preoccupato)* besorgt.

pen|si|le I agg. **1** *(appeso)* Hänge-: ***armadietto ~*** Hängeschrank *m.* **2** *(sopra una terrazza)* hängend: ***giardino ~*** hängender Garten **3** *(sollevato da terra)* Schwib-: ***arco ~*** Schwibbogen *m.* **II** m. Hängeschrank *m.*

pen|si|li|na f. Schutzdach *n.*; *(di stazione)* Bahnsteigdach *n.*, Bahnsteigüberdachung *f.*

pen|sio|na|bi|le agg. **1** Renten-; *(di dipendente pubblico)* Pensions-: ***età ~*** Rentenalter *n.*, Pensionsalter *n.* **2** *(che può essere computato per la pensione)* ruhegehaltsfähig: ***reddito ~*** ruhegehaltsfähiges Einkommen; ***indennità ~*** ruhegehaltsfähige Bezüge **3** *(che può andare in pensione)* pensionierbar, pensionsberechtigt: ***dipendente ~*** pensionsberechtigter Angestellter. **pen|sio|na|men|to** m. Ruhestand *m.*; *(di dipendenti pubblici)* Pensionierung *f.* ◆ ***~ anticipato*** Frühpensionierung *f.* (*o* vorzeitiger Ruhestand); ***domanda di ~*** Antrag *m.* auf Pensionierung; ***età di ~*** Rentenalter *n.* (*o* Pensionsalter *n.*); ***~ posticipato*** verspäteter Ruhestand.

pen|sio|nan|te m. e f. Pensionsgast *m.*

pen|sio|na|re tr. verrenten, pensionieren, in den Ruhestand versetzen.

pen|sio|na|ta f. Rentnerin *f.*, Rentenempfängerin *f.*; *(statale)* Pensionärin *f.*, BUROCR. Pensionsberechtigte *f.*

pen|sio|na|to I p.pass. agg. **1** → **pensionare 2** pensioniert, im Ruhestand **II** m. **1** Rentner *m.*, Rentenempfänger *m.*; *(statale)* Pensionär *m.*; BUROCR. Pensionsberechtigte *m.* **2** *(alloggio)* Wohnheim *n.* ◆ ***~ per anziani*** Seniorenheim *n.* (*o* Altenheim *n.*); ***~ giovanile*** Jugendheim *n.*; ***piccolo ~*** Kleinrentner *m.*; ***~ sociale*** Sozialrentner *m.*

pen|sio|ne f. **1** *(somma)* Rente *f.*, Ruhegeld *n.*; *(per dipendenti pubblici)* Pension *f.*: ***assegnare, liquidare, riscuotere, percepire una ~*** eine Rente bewilligen, aus‿zahlen, beziehen, bekommen **2** *(condizione)* Ruhestand *m.*; *(di dipendenti pubblici)* Pension *f.*: ***essere in ~*** im Ruhestand sein; ***andare, entrare in ~*** in den Ruhestand gehen, treten; ***mandare, collocare qcn. in ~*** jdn in den Ruhestand versetzen (*o* jdn in Pension schicken) **3** *(prestazione di vitto e alloggio)* Pension *f.*: ***essere, stare, vivere a ~ da, presso qcn.*** bei jdm in Pension sein, leben; ***tenere a ~ qcn.*** jdn in Pension haben ◆ ***adeguamento delle -i*** Rentenanpassung *f.*; ***~ di anzianità*** Alterspension *f.*; ***aumento delle -i*** Rentenerhöhung *f.*; ***~ per cani*** Hundehotel *n.*; ***~ completa*** Vollpension *f.*; ***diritto alla ~*** Pensions-, Rentenanspruch *m.*, Pensionsberechtigung *f.*: ***maturare il diritto alla ~*** einen Rentenanspruch haben; ***età della ~*** Rentenalter *n.*; ***fondo -i*** Pensionsfonds *m.*; ***~ di guerra*** Kriegsbeschädigtenrente *f.*; ***~ integrativa*** Zusatzrente *f.*; ***~ di invalidità*** Invalidenrente *f.*; ***titolare di una ~ di invalidità*** Invalidenrentner *m.*; ***legge sulle -i*** Pensionsgesetz *n.*; ***liquidazione della ~*** Rentenauszahlung *f.*; ***maturo per la ~*** pensionsreif; ***mezza ~*** Halbpension *f.*; ***~ minima*** Mindestrente *f.*; ***pagamento della ~*** Rentenzahlung *f.*; ***~ previdenziale*** Fürsorgerente *f.*; ***~ di reversibilità*** Hinterbliebenenrente *f.*; ***riforma delle -i*** Rentenreform *f.*; ***~ sociale*** Sozialrente *f.*; ***titolare di ~*** Rentenempfänger *m.*, Pensionsempfänger *m.*; ***~ di vecchiaia*** Altersruhegeld *n.*, Altersrente *f.*, Alterspension *f.*; ***~ vitalizia*** lebenslängliche Rente, Leibrente *f.*

pen|sio|ni|sti|co agg. *(-ci,-che)* Renten-, Pensions-: ***riforma -a*** Rentenreform *f.*; ***sistema ~*** Rentensystem *n.*; ***accantonamento ~*** Pensionsrückstellungen *pl.*

pen|so m. **1** STOR. Pensum *n.* **2** *(punizione)* Strafaufgabe *f.*

pen|so|so agg. nachdenklich: ***carattere ~*** nachdenklicher Charakter; ***avere un'aria -a*** nachdenklich aus‿sehen.

pen|ta|e|dro m. Pentaeder *n.*, Fünfflächner *m.* **pen|ta|e|dri|co** agg. *(-ci,-che)* pentaedrisch, fünfflächig.

pen|ta|go|na|le agg. pentagonal, fünfeckig, fünfkantig. **pen|ta|go|no** m. Pentagon *n.*, Fünfeck *n.*

Pen|ta|go|no m. Pentagon *n.*

pen|ta|gram|ma m. Notenliniensystem *n.* **pen|ta|gram|ma|to** agg. Noten-: ***foglio ~*** Notenblatt *n.*

pen|ta|lo|ba|to agg. fünfblätt(e)rig.

pen|ta|lo|bo m. ARCH. Fünfpass *m.*

pen|ta|me|tro m. Pentameter *m.*

pen|ta|no m. Pentan *n.*

pen|ta|par|ti|ti|co agg. *(-ci,-che)* Fünfparteien-: ***governo ~*** Fünfparteienregierung *f.*; ***coalizione -a*** Fünfparteienkoalition *f.* **pen|ta|par|ti|to** m. *(governo)* Fünfparteienregierung *f.*; *(coalizione)* Fünfparteienkoalition *f.*

pen|ta|po|li f.inv. Pentapolis *f.*

pen|tar|chi|a f. Pentarchie *f.*

pen|ta|sil|la|bo agg. fünfsilbig.

Pen|ta|teu|co n.pr.m. Pentateuch *m.*

pen|ta|thlon m.inv. Pentathlon *n.*, Fünfkampf *m.*: ***~ moderno*** moderner Fünfkampf. **pen|ta|tle|ta** m. e f. *(-i,-e)* Fünfkämpfer *m.* (-in *f.*). **pen|ta|tlon** → **pentathlon.**

pen|ta|to|ni|co agg. *(-ci,-che)* pentatonisch: ***scala -a*** pentatonische Tonleiter.

pen|ta|va|len|te agg. fünfwertig.

pen|te|co|sta|le I agg. Pfingst-: ***movimento ~*** Pfingstbewegung *f.* **II** m. Pfingstler *m.*

Pen|te|co|ste f. Pfingsten *n.*: ***a, fino a, dopo ~*** zu, bis, nach Pfingsten ◆ ***domenica di ~*** Pfingstsonntag *m.*; ***feste di ~*** Pfingstfeiertage *pl.*; ***lunedì di ~*** Pfingstmontag *m.*; ***periodo di ~*** Pfingstzeit *f.*; ***settimana di ~*** Pfingstwoche *f.*; ***vacanze di ~*** Pfingstferien *pl.*

Pen|te|si|le|a n.pr.f. Penthesilea *f.*

pen|ti|men|to m. **1** Reue *f.*: ***non mostrare segno di ~*** keine Spur von Reue zeigen; ***provare sincero ~ per qcs.*** ehrliche Reue über etw. (A) empfinden (*o* fühlen), etw. ehrlich bereuen **2** ESTENS. *(ripensamento)* Meinungsänderung *f.*

pen|tir|si pronom. bereuen: ***~ di qcs.*** etw. bereuen; ***~ dei propri peccati*** seine Sünden bereuen; ***~ (amaramente) di avere fatto qcs.*** (bitter) bereuen, etw. getan zu haben; ***te ne pentirai (un giorno)!*** das wirst du noch bereuen!

pen|ti|ti|smo m. INTRAD. (Bereitschaft inhaftierter Terroristen oder Mafiosi, mit der Justiz zusammenzuarbeiten).

pen|ti|to I p.pass. agg. **1** → **pentirsi 2** reuig, reuevoll: ***peccatore ~*** reuiger Sünder **II** m. **1** reuiger Mensch *m.* **2** *(collaboratore di giustizia)* = Kollaborateur *m.* der Justiz.

pen|to|la f. **1** Topf *m.*, Kochtopf *m.*: ***mettere la ~ sul fuoco*** den Topf auf das Feuer setzen (*o* stellen); ***mettere il coperchio sulla ~*** den Deckel auf den Topf tun **2** *(pentolata)* Topf *m.*: ***una ~ di minestrone, di patate*** ein Topf (mit) Gemüsesuppe, ein Topf Kartoffeln ◆ ***~ d'acciaio*** Edelstahltopf *m.*; ***~ per l'arrosto*** Bräter *m.*; FIG. ***qualcosa bolle in ~*** hier wird etwas ausgekocht; FIG. ***ogni ~ ha il suo coperchio*** jeder Topf findet seinen Deckel; COLLOQ. ***essere una ~ di fagioli*** = ständig nörgeln (*o* ein Nörgler sein); FIS. ***~ di Papin*** Papintopf *m.*; ***~ a pressione*** Dampfkochtopf *m.*, Druckkochtopf *m.*, Schnellkochtopf *m.*; ***~ da stufato*** Schmortopf *m.*; ***~ di terracotta*** Tontopf *m.*; PROV. ***il diavolo fa le -e ma non i coperchi*** es ist nichts so fein gesponnen, es kommt doch ans Licht der Sonnen.

pen|to|lac|cia f. ***(gioco della) ~*** Topfschlagen *n.* **pen|to|la|me** m. Töpfe *pl.*, Kochtöpfe *pl.*

pen|to|la|ta f. **1** *(contenuto)* Topf *m.* (voll): ***una ~ di fagioli*** ein Topf (voll) Bohnen **2** *(colpo di pentola)* Schlag *m.* mit einem Topf.

pen|to|li|no m. **1** Töpfchen *n.*, kleiner Topf *m.* **2** *(contenuto)* Töpfchen *n.* (voll): ***un ~ di brodo*** ein Töpfchen (voll) Suppe. **pen|to|lo|ne** m. großer Topf *m.*

pe|nul|ti|mo I agg. vorletzt, zweitletzt: ***la -a pagina*** die vorletzte Seite; ***la -a volta*** das vorletzte Mal; ***-a sillaba*** vorletzte Silbe **II** m. Vorletzte *m.*, Zweitletzte *m.*; *(per età)* Zweitjüngste *m.*: ***il ~ della fila*** der Vorletzte in der Reihe; ***il ~ dei fratelli*** der Zweitjüngste der Geschwister.

pe|nu|ria f. Mangel *m.*: ***~ di medicinali, d'acqua*** Mangel an Medikamenten, Wassermangel *m.* (*o* Wassernot *f.*); ***c'è ~ di capitali*** es mangelt an Kapitalien.

pen|zo|lan|te agg. **1** heraushängend: ***lingua ~*** heraushängende Zunge **2** *(sospeso)* baumelnd.

pen|zo|la|re intr. *(penzolo*; aus. *avere)* baumeln: ***far ~ le gambe*** die Beine baumeln lassen; ***~ dalla forca*** am Galgen baumeln; ***lasciare ~ le braccia*** die Arme baumeln lassen.

pen|zo|lo|ni I agg.inv. **1** heraushängend: ***con la lingua ~*** mit heraushängender Zunge **2** *(sospeso)* baumelnd: ***con le gambe, le braccia ~*** mit baumelnden Beinen, Armen **II** avv. hängend, baumelnd; ***rimanere ~ a una corda*** an einem Seil hängen (*o* baumeln).

pe|on m. *(-es)* Peon *m.*

pe|o|nia f. Pfingstrose *f.*, Päonie *f.*

pe|pa|io|la f. **1** *(portapepe)* Pfefferstreuer *m.* **2** *(macinapepe)* Pfeffermühle *f.*

pe|pa|re tr. mit Pfeffer würzen, pfeffern. **pe|pa|to** p.pass. agg. **1** → **pepare 2a** gepfeffert, pfeffrig, Pfeffer-: ***un sugo ~*** eine gepfefferte Soße; ***pan ~*** Pfefferkuchen *m.* **b** FIG. gepfeffert: ***una risposta -a*** eine gepfefferte Antwort.

pe|pe m. **1** Pfeffer *m.*: ***~ verde, rosso, bianco, nero*** grüner, roter, weißer, schwarzer Pfeffer; ***un pizzico di ~*** eine Prise Pfeffer; ***condire qcs. con olio, sale e ~*** etw. mit Öl, Salz und Pfeffer würzen; ***macinare, aggiungere il ~*** Pfeffer mahlen, zu‿geben **2** FIG. Pfeffer *m.*, Schwung *m.*: ***qcs. è senza ~*** etw. hat keinen Schwung; ***la trasmissione non ha ~*** die Sendung hat keinen Pfeffer ◆ ***~ di Caienna*** Cayennepfeffer *m.*; ***filetto al ~*** Pfeffersteak *n.*; ***~ di Giamaica*** Nelkenpfeffer *m.* (*o* Piment *m.*); ***~ in grani*** Pfefferkörner *pl.*; ***grano di ~*** Pfefferkorn *n.*; ***~ macinato*** gemahlener Pfeffer; ***macinino per il ~*** Pfeffermühle *f.*; ***pianta del ~*** Pfefferstrauch *m.*; ***sale e ~*** *(di capelli)* grau meliert; TESS. Pfeffer und Salz; ***stoffa sale e ~*** Stoff mit Pfeffer-und-Salz-Muster; COLLOQ. ***(essere) tutto ~*** Pfeffer im Hintern haben; ***una ragazza tutto ~*** ein temperamentvolles Mädchen.

1.pe|pe|ri|no m. temperamentvoller Mensch *m.*; *(bambino)* Frechdachs *m.*

2.pe|pe|ri|no m. GEOL. Pfefferstein *m.*, Peperin *m.*

pe|pe|ro|na|ta f. INTRAD. (Gericht aus gedünsteten Paprikaschoten, Zwiebeln und Tomaten).

pe|pe|ron|ci|no m. (scharfer) Paprika *m.*, Chili *m.*, Chilischote *f.*: ***~ piccante*** scharfer Paprika; ***mettere il ~ dappertutto*** auf, in alles (scharfen) Paprika tun (*o* alles paprizieren); ***spaghetti con aglio, olio e ~*** Spaghetti mit Knoblauch, Öl und Chilischoten ◆ ***-i sott'olio*** in Öl eingelegte Peperoni; FIG. COLLOQ. ***essere un ~*** Pfeffer im Hintern haben.

pe|pe|ro|ne m. **1a** Paprikaschote *f.*, Paprika *m.*: ***-i ripieni*** gefüllte Paprika; ***-i al forno*** im Ofen gebackene Paprika **b** *(pianta)* Paprika *m.* **3** SCHERZ. *(naso)* Gurke *f.*, Zinken *m.* ◆ ***diventare rosso come un ~*** rot wie eine Tomate werden.

pe|pie|ra f. Pfefferstreuer *m.*, Pfeffernäpfchen *n.*

pe|pi|ta f. Klumpen *m.*; ***~ d'oro*** Goldklumpen *m.*

pe|plo m. Peplos *m.*, Peplon *n.*

pep|po|la f. Bergfink *m.*

pep|si|na f. Pepsin *n.* **pep|ti|co** agg. (-ci,-che) peptisch.

pep|ti|de m. Peptid *n.* **pep|to|ne** m. Pepton *n.*

per I prep. **1a** *(moto per luogo)* durch + acc., über + acc.: ***entrare ~ la finestra*** durch das Fenster herein‿kommen; ***passare ~ Firenze*** über Florenz fahren; ***passare ~ una piazza*** über einen Platz gehen; ***vagare ~ la città*** durch die Stadt irren **b** *(luogo circoscritto)* in + dat., auf + dat.: ***cercare qcn. ~ tutta la casa*** jdn im ganzen Haus suchen; ***passeggiare ~ i boschi*** in den Wäldern spazieren gehen; ***correre ~ i prati*** auf den Wiesen herum‿laufen **2** *(stato in luogo)* auf + dat.: ***star seduto ~ terra*** auf dem Boden sitzen; ***~ la strada, le scale*** auf der Straße, Treppe **3a** *(moto a luogo)* zu + dat.: ***la strada ~ l'ospedale*** die Straße zum Krankenhaus **b** *(con paesi, città)* nach + dat., in + acc.: ***partire ~ Roma, la Svizzera*** nach Rom, in die Schweiz fahren; ***il treno ~ la Francia*** der Zug nach Frankreich **4a** *(di tempo determinato; con festività)* zu + dat.: ***~ Pasqua, Natale*** zu Ostern, Weihnachten **b** *(con giorni precisi)* an + dat.: ***~ lunedì, quel giorno arriverà la merce*** (am) Montag, an diesem Tag kommt die Ware an **c** *(circa, verso)* gegen + acc.: ***~ le sei sono da voi*** gegen sechs bin ich bei euch **5a** *(di tempo continuato)* für + acc.: ***vado in Germania ~ due mesi a studiare il tedesco*** ich fahre für zwei Monate nach Deutschland, um Deutsch zu lernen; ***rimarrà a Roma ancora ~ poco*** er wird noch kurze Zeit in Rom bleiben **b** *(posposto)* lang + acc., über + acc.: ***ha piovuto ~ tre giorni*** es hat drei Tage lang geregnet; ***ho lavorato ~ tutta la notte*** ich habe die ganze Nacht über (*o* lang) gearbeitet; ***ha parlato ~ ore*** er hat stundenlang geredet **6** *(vantaggio e svantaggio)* für + acc., zu + dat.: ***faccio tutto questo ~ te*** ich mache das alles für dich; ***prega ~ noi!*** bete für uns! ***2 a 0 ~ l'Italia*** 2 zu 0 für Italien; ***un danno ~ l'economia*** ein Schaden für die Wirtschaft; ***i compiti sono ~ la settimana prossima*** die Hausaufgaben sind für nächste Woche; ***l'ho fatto ~ il tuo bene*** ich habe es zu deinem Besten getan; ***l'amore ~ qcn.*** die Liebe zu jdm **7** *(prezzo e stima)* für + acc.: ***~ quella cifra trovo di meglio*** für diesen Betrag finde ich etwas Besseres; ***comprare qcs. ~ diecimila lire, ~ poco*** etw. für zehntausend Lire, für wenig Geld kaufen **8** MAT. ***moltiplicare, dividere ~ due*** mit zwei multiplizieren, durch zwei teilen; ***3 ~ 3 fa 9*** 3 mal 3 ist 9 **9** *(modo o maniera; spesso tradotto con avverbio)* ***~ contorno prendo dell'insalata*** als Beilage nehme ich Salat; ***arrivare ~ primo*** als Erster an‿kommen; ***il nome comincia ~ T*** der Name beginnt mit T; ***chiamare ~ nome*** mit Namen an‿sprechen **10** *(sostituzione e scambio)* für + acc., anstatt + gen., anstelle + gen.; *(con pronome)* an jds Stelle; *(a causa di)* wegen + gen.: ***ti ho scambiato ~ tuo fratello*** ich habe dich für deinen Bruder gehalten; ***lo farai tu ~ me*** du wirst es an meiner Stelle tun; ***l'ha lasciato ~ un altro*** sie hat ihn wegen eines anderen verlassen **11** *(distributivo; spesso tradotto con avverbio)* auf + acc., je + acc., für + acc.: ***1 litro di benzina ~ 15 chilometri*** 1 Liter Benzin auf (*o* je) 15 Kilometer; ***due biglietti d'ingresso ~ ciascuno*** zwei Eintrittskarten für jeden; ***mese ~ mese*** Monat für Monat; ***giorno ~ giorno*** Tag für Tag; ***parcheggiare ~ file*** reihenweise parken **12a** *(misura o estensione)* ***correre ~ 10 chilometri*** 10 Kilometer (weit) laufen; ***la pianura si estende ~ molti chilometri*** die Ebene breitet sich kilometerweit aus **b** *(non tradotto)* ***abbiamo vinto ~ 5 a 1*** wir haben 5 zu 1 gewonnen **13** *(finale)* für + acc.: ***una stoffa ~ abiti invernali*** ein Stoff für Winterkleider; ***è già tutto pronto ~ la cena*** es ist schon alles für das Abendessen vorbereitet **14a** *(causale)* wegen + gen., für + acc.: ***condannare ~ omicidio*** wegen Mordes verurteilen; ***un'attrice famosa ~ i suoi capricci*** eine für ihre Kapricen berühmte Schauspielerin; ***~ amore*** aus Liebe; ***uccidere ~ vendetta*** aus Rache töten **b** *(indipendente dalla volontà)* vor + dat., aus + dat.: ***è verde ~ la rabbia*** er ist rot vor Wut; ***gridare ~ il dolore*** vor Schmerz schreien **15a** *(strumentale)* an + dat.: ***prendere la tazza ~ il manico*** die Tasse am Henkel fassen; ***parlare con qcn. ~ telefono*** mit jdm am Telefon sprechen **b** *(a mezzo di)* per: ***spedire ~ posta, treno, corriere*** per Post, Zug, Kurierdienst schicken; ***~ telefono*** per Telefon, telefonisch **16** *(limitativo)* für + acc.: ***~ questa volta*** für dieses Mal; ***~ te è troppo pesante*** für dich ist es zu schwer; ***grande ~ la sua età*** groß für sein Alter; ***~ quanto ne so io*** soviel ich weiß; ***~ quel che mi riguarda*** was mich betrifft; ***~ me ti sbagli*** meiner Meinung nach irrst du dich **17** *(predicativo)* als: ***ho solo te ~ amico*** ich habe nur dich als Freund; ***dare qcs. ~ scontato*** etw. als selbstverständlich voraus‿setzen **18** *(in esclamazioni)* ***~ bacco!*** Donnerwetter! ***~ la miseria!*** Donnerwetter! verdammt noch mal! ***~ carità!*** um Gottes willen! **II** cong. *(seguito da infinito)* **1** *(consecutivo)* als dass..., um... zu: ***è troppo bello ~ essere vero*** es ist zu schön, um wahr zu sein (*o* als dass es wahr sein könnte) **2** *(finale)* um... zu: ***vado in Germania ~ imparare la lingua*** ich fahre nach Deutschland, um die Sprache zu lernen; ***non ho tempo ~ riposarmi*** ich habe keine Zeit zum Ausruhen **3** *(causale)* weil, da: ***lo hanno punito ~ aver disobbedito*** sie haben ihn bestraft, weil er nicht gehorcht hat **4** *(concessiva)* ***~ bello, buono che sia...*** so schön, gut es auch sein mag... **5** *(limitativa)* zwar: ***~ mangiare mangia, ma non ingrassa*** er isst zwar, aber er wird nicht dick; ***~ andare va, ma è una vecchia carretta*** es fährt zwar, aber es ist eine alte Kiste ◆ ***~ adesso*** vorläufig, im Augenblick; ***~ amore*** aus Liebe; ***~ l'appunto*** jawohl, genau; ***~ aria*** in der Luft; ***~ caso*** zufällig, durch Zufall; ***il 10 ~ cento*** 10 Prozent; ***un tasso di interesse del 15 ~ cento*** ein 15-prozentiger Zinssatz, ein Zinssatz von 15 Prozent; ***sapere qcs. ~ certo*** etw. ganz sicher wissen; ***~ esempio*** zum Beispiel; ***~ il fatto che...*** weil...; ***~ favore*** bitte; ***te lo chiedo ~ favore*** ich bitte dich darum; ***finire ~ fare qcs.*** am Ende (*o* schließlich) doch etw. tun; ***ho finito ~ farlo*** am Ende habe ich es doch getan; ***~ gradi*** schrittweise; ***~ male che vada*** im schlimmsten Fall; ***~ il momento*** fürs Erste, im Augenblick; *(momentaneamente)* momentan; ***~ ora*** vorläufig, im Augenblick; ***~ di più*** um so mehr, darüber hinaus; ***~ lo più*** meistens; ***~ poco non me ne dimenticavo*** fast (*o* beinahe) hätte ich es vergessen; ***~ poco non mi investiva*** fast (*o* beinahe) hätte er mich überfahren; ***~ di qua*** hier lang; ***~ quanto si sforzi, non ce la farà*** so sehr er sich auch anstrengt, er wird es nicht schaffen; ***~ quanto sia capace, questo compito è troppo difficile*** so tüchtig er auch sein mag, diese Aufgabe ist zu schwierig; ***sta ~ nevicare*** es wird gleich schneien; ***stiamo ~ andare al cinema*** wir gehen gleich ins Kino; ***stavo ~ uscire*** ich war dabei auszugehen; ***~ tempo*** rechtzeitig; ***~ traverso*** quer; ***volta ~ volta*** von Mal zu Mal; ***un po' ~ volta*** nach und nach; ***uno ~ volta*** der Reihe nach.

pe|ra f. **1** Birne *f.*: ***-e cotte*** gedünstete Birnen **2** GERG. *(iniezione)* Schuss *m.*, Druck *m.*: ***farsi una ~*** sich (D) einen Schuss setzen (*o* drücken, machen) **3** *(clistere)* Klistierspritze *f.* ◆ ***a ~*** birnenförmig; SCHERZ. ***ragionamento a ~*** zusammenhangsloser Gedankengang; ***~ burrona*** Schmalzbirne *f.*; ***~ butirra*** Butterbirne *f.*; ***confettura di -e*** Birnenkonfitüre *f.* (*o* Birnenmarmelade *f.*); COLLOQ. ***cadere come una ~ cotta*** wie ein Sack hin‿fallen; *(innamorarsi)* sich über beide Ohren verlieben; *(lasciarsi ingannare)* (ganz schön) herein‿fallen; ***sei una ~ cotta!*** du bist 'ne Pflaume! ***grappa di -e*** Birnenwasser *n.*, Birnenschnaps *m.*; ***~ moscatella*** Muskatellerbirne *f.*; ***succo di ~*** Birnensaft *m.*; PROV. ***quando la ~ è matura cade da sé*** = wenn der Apfel reif ist, fällt er von selbst vom Baum.

pe|ra|tro avv. 1 *(del resto)* übrigens 2 *(però)* aber 3 *(d'altra parte)* allerdings.
per|bac|co inter. potz Blitz, Donnerwetter, Donnerkeil.
per|be|ne I agg.inv. 1 anständig, ordentlich, rechtschaffen: ***un carattere ~*** ein anständiger Charakter; ***una ragazza ~*** ein anständiges Mädchen; ***una famiglia ~*** eine anständige Familie 2 *(aristocratico)* vornehm II avv. 1 anständig: ***comportarsi ~*** sich anständig benehmen 2 *(con cura)* sorgfältig, genau. **per|be|ni|smo** m. Spießbürgertum *n.* **per|be|ni|sta** m. e f. *(-i,-e)* Spießbürger *m.* (-in *f.*). **per|be|ni|sti|co** agg. *(-ci,-che)* spießbürgerlich.
per|bo|ra|to m. Perborat *n.*
per|ca|le m. Perkal *m.*
per|cal|li|na f., **per|cal|li|no** m. Perkalin *n.*
per|cen|ti|le m. Perzentil *n.*
per|cen|to I m. RAR. → **percentuale** II avv. ***il 50 ~*** 50 Prozent; ***sconto del 3 ~*** 3 Prozent Skonto, Skonto von 3 Prozent, dreiprozentiges Skonto.
per|cen|tua|le I agg. Prozent-, prozentual II f. 1 MAT. Anteil *m.*, Prozentsatz *m.*, Quote *f.*: ***la ~ dei disoccupati si aggira sul 7 %, è salita, è scesa*** die Arbeitslosenquote beläuft sich auf 7 %, ist gestiegen, ist gesunken 2 *(contenuto)* Gehalt *m.* 3 *(compenso)* Provision *f.*: ***incassare la ~ su qcs.*** die Provision für etw. kassieren; ***chiedere la ~ spettante*** seine Prozente verlangen ◆ ***~ d'acqua*** Wassergehalt *m.*; ***ad alta ~*** hochprozentig; ***~ di aumento*** Zuwachsrate *f.*, Wachstumsrate *f.*; ***a bassa ~*** niedrigprozentig; ***calcolo (in) ~*** Prozentrechnung *f.*; ***~ dei disoccupati*** Arbeitslosenquote *f.*; ***~ di grasso*** Fettgehalt *m.*; ***guadagno ~*** Prozentgewinn *m.*; ***~ di incidenti*** Unfallquote *f.*; ***~ della popolazione*** Bevölkerungsanteil *m.*; ***~ di provvigione*** Provisionssatz *m.*; ***punto ~*** Prozentpunkt *m.*; ***~ dei recidivi*** Rückfallquote *f.* (*o* Rückfallsatz *m.*); ***~ (dei rifiuti) di scarto*** Ausschussquote *f.*; ***~ di successi*** Erfolgsquote *f.*; ***~ di suicidi*** Selbstmordrate *f.*; ***tasso ~*** Prozentsatz *m.*; ***valore ~*** Prozentwert *m.*; ***~ di vendita*** Absatzquote *f.* **per|cen|tual|men|te** avv. prozentual.
per|cen|tua|liz|za|re tr. prozentuieren.
per|ce|pi|bi|le agg. 1a wahrnehmbar, perzeptibel, spürbar: ***un rumore ~*** ein wahrnehmbares Geräusch b *(riconoscibile)* merkbar, merklich, wahrnehmbar: ***un fruscio, una differenza appena ~*** ein kaum merkliches Zeichen, merkbarer Unterschied; ***non ~*** unmerkbar, unmerklich 2 COMM. beziehbar: ***somma ~*** beziehbare Summe. **per|ce|pi|bi|li|tà** f. Wahrnehmbarkeit *f.*, Perzeptibilität *f.*
per|ce|pi|re tr. *(percepisco, percepisci)* 1a *(sentire)* wahr‿nehmen, spüren: ***~ un odore*** einen Geruch wahrnehmen; ***~ qcs. attraverso i sensi, in modo confuso*** etw. sinnlich, verschwommen wahrnehmen b *(di suoni)* vernehmen: ***~ richiami di aiuto*** Hilferufe vernehmen 2 FILOS. PSIC. wahr‿nehmen, perzipieren 3 *(accorgersi, intuire)* merken, wahrnehmen: ***~ un pericolo*** eine Gefahr wahrnehmen; ***ha percepito il mio disagio*** er hat mein Missbehagen (*o* Unbehagen) gemerkt 4 *(captare)* auf‿fangen: ***~ uno sguardo*** einen Blick auffangen 5 COMM. *(riscuotere)* beziehen: ***~ una rendita*** eine Rente beziehen.
per|cet|ti|bi|le agg. 1 wahrnehmbar, spürbar, empfindbar: ***una differenza ~*** ein wahrnehmbarer (*o* spürbarer) Unterschied 2 *(di suoni)* vernehmlich, hörbar. **per|cet|ti|bi|li|tà** f. Wahrnehmbarkeit *f.* **per|cet|ti|vi|tà** f. 1 Wahrnehmungsvermögen *n.* 2 *(di suoni)* Hörbarkeit *f.* **per|cet|ti|vo** agg. wahrnehmend, perzeptiv, Wahrnehmungs-: ***capacità -a*** Wahrnehmungsvermögen *n.*; ***processo ~*** Wahrnehmungsprozess *m.*
per|cet|to|re m. Bezieher *m.*
per|ce|zio|ne f. 1 Wahrnehmung *f.* 2 FILOS. PSIC. Wahrnehmung *f.*, Perzeption *f.*: ***la ~ della realtà, di un rumore*** die Wahrnehmung der Wirklichkeit, eines Geräusches 3 *(riscossione)* Bezug *m.*, Beziehen *n.* ◆ ***~ dei colori*** Farbwahrnehmung *f.*; ***~ degli odori*** Geruchsempfindung *f.*; ***~ sensoriale*** Sinneswahrnehmung *f.*; ***~ dello spazio*** Raumwahrnehmung *f.*; ***~ del suono*** akustische Wahrnehmung; ***~ tattile*** Tastempfindung *f.*; ***~ uditiva*** Gehörsinn *m.*
per|ché I avv. 1 warum, wieso, weshalb, weswegen: ***~ non vuoi dirmelo?*** warum willst du es mir nicht sagen? ***~ ridi?*** warum lachst du? ***vuole sapere ~ l'hai fatto*** er will wissen, warum du es getan hast; ***non capisco ~ mai hai detto una cosa simile*** ich verstehe nicht, wieso du so etwas gesagt hast; ***"devo partire subito" – "~?"*** „ich muss sofort ab‿fahren" – „warum?" 2 *(a che scopo?)* wozu: ***"mi occorrono le forbici" – "~?"*** „ich brauche eine Schere" – „wozu?" 3 *(per che cosa?)* wofür II cong. 1a *(poiché)* weil, denn: ***oggi resto a casa ~ non mi sento bene*** heute bleibe ich zu Hause, weil ich mich nicht wohl fühle b *(nelle risposte)* ***"~ hai mentito?" – "~ avevo paura"*** „warum hast du gelogen?" – „weil ich Angst hatte" 2 *(affinché)* damit: ***adoperarsi ~ si trovi un'intesa*** sich ein‿setzen, damit eine Einigung gefunden wird; ***ti avverto ~ tu lo sappia*** ich warne dich, damit du es weißt; ***bisogna sempre pungolarla ~ faccia qualcosa*** man muss sie immer antreiben, damit sie etwas tut 3 *(tanto da, da)* als dass: ***l'acqua era troppo fredda ~ si potesse fare il bagno*** das Wasser war zu kalt, als dass man hätte baden können; ***è troppo tardi ~ tu possa rimediare all'errore*** es ist zu spät, als dass du diesen Fehler wieder gutmachen könntest III m.inv. Grund *m.*, Warum *n.*: ***porsi dei ~*** sich Fragen stellen; ***senza un ~*** ohne Grund (*o* grundlos); ***spiegami il ~ di tutto questo*** erkläre mir den Grund für all das; ***obbedire senza tanti ~*** gehorchen, ohne lange zu fragen; ***bisogna rispondere ai ~ di un bambino*** man muss auf die Fragen eines Kindes antworten; ***quanti ~!*** so viele Fragen! ***per tutto c'è un ~*** alles hat einen Grund ◆ ***chissà ~*** wer weiß warum; ***~ mai?*** wieso? ***~ no?*** warum nicht? ***~ no!*** darum! ***~ poi?*** warum denn? ***~ sì!*** darum!
per|ciò cong. deshalb, daher, darum, deswegen: ***non è venuto, ~ non ho potuto parlargli*** er ist nicht gekommen, deshalb habe ich nicht mit ihm reden können; ***non rispondeva nessuno, ~ me ne sono andata*** niemand antwortete, deshalb bin ich gegangen; ***minaccia pioggia, ~ mi porto l'ombrello*** es droht Regen, deshalb nehme ich den Schirm mit; ***ha poca esperienza, ~ fa molti errori*** er hat wenig Erfahrung, deswegen macht er viele Fehler; ***ah, ~ è così di cattivo umore!*** ach, deswegen ist er so schlecht gelaunt!
per|clo|ra|to m. Perchlorat *n.* **per|clo|ri|co** agg. *(-ci,-che)* Perchlor-: ***acido ~*** Perchlorsäure *f.* **per|clo|ru|ro** m. Perchlorid *n.*
per|co|me I cong. wie II m. ***il perché e il ~*** das Warum und Weshalb; ***chiedere il perché e il ~*** nach dem Warum und Weshalb fragen.
per|cor|ren|za f. Strecke *f.* ◆ ***record di ~ (di un giro di corsa)*** Rundenrekord *m.* (*o* Rundenzeit *f.*); ***tempo di ~*** Fahrzeit *f.*; ***treno locale a rapida ~*** Nahschnellverkehrszug *m.*; ***treno a lunga ~*** Fern(verkehrs)zug *m.*
per|cor|re|re tr. *(percorsi; percorso)* 1 zurück‿legen: ***~ un tragitto*** eine Strecke zurücklegen; ***~ l'autostrada*** auf der Autobahn fahren; ***~ la strada in un'ora*** den Weg in einer Stunde zurücklegen; ***~ un chilometro a piedi*** einen Kilometer zu Fuß gehen; ***~ un cammino*** einen Weg begehen 2 *(attraversare; con veicolo)* durchfahren; *(con aereo)* befliegen: ***~ la città*** die Stadt durchfahren ◆ ***~ tutti i gradi della carriera*** alle Stufen der Karriere durchlaufen; ***~ tutte le istanze*** durch alle Instanzen gehen.
per|cor|ri|bi|le agg. befahrbar, zurücklegbar: ***strada ~*** befahrbare Straße; ***tragitto ~ in tre ore*** in drei Stunden zurücklegbare Strecke. **per|cor|ri|bi|li|tà** f. Befahrbarkeit *f.*; ***informazioni sulla ~ delle strade*** Straßenzustandsbericht *m.*
per|cor|so m. Strecke *f.*, Route *f.*, Lauf *m.*: ***fare un lungo ~*** eine lange Strecke fahren; ***scegliere il ~ più breve*** die kürzeste Route wählen; ***indicare il ~*** den Weg zeigen; ***coprire un ~ in un'ora*** eine Strecke in einer Stunde zurück‿legen; ***un ~ tortuoso*** eine kurvenreiche Strecke; ***~ in salita, in discesa*** ansteigende, abfallende Strecke; ***il ~ di un autobus*** der Streckenverlauf eines Busses; ***il ~ di una gara ciclistica*** die Strecke eines Radrennes ◆ ***~ breve*** Kurzstrecke *f.*; ***~ ferroviario*** Eisenbahnlinie *f.*; ***~ fuoristrada*** Geländefahrt *f.*; ***~ di gara automobilistica*** Rennstrecke *f.*; ***~ di lettura*** Interpretationsansatz *m.*; ***~ lungo*** Langstrecke *f.*; ***~ di prova*** Versuchsstrecke *f.*; ***~ tranviario*** Straßenbahnlinie *f.*
per|cos|sa f. Schlag *m.*, Hieb *m.* **per|cuo|te|re** I tr. *(percossi; percosso)* 1 schlagen, hauen, verprügeln: ***~ a sangue*** blutig schlagen II pronom. **percuotersi** sich schlagen, sich prügeln: ***-rsi il petto*** sich an die Brust schlagen.
per|cus|sio|ne f. 1 *(colpo)* Schlag *m.*, Stoß *m.* 2 MUS. MED. Perkussion *f.* ◆ ***bacchetta per -i*** Schlägel *m.*; ***fucile a ~*** Perkussionsgewehr *n.*; ***strumento a ~*** Schlaginstrument *n.*, Perkussionsinstrument *n.*; ***trapano a ~*** Schlagbohrer *m.* **per|cus|sio|ni|sta** m. e f. *(-i,-e)* Schlagzeuger *m.* (-in *f.*), Perkussionist *m.* (-in *f.*).
per|cus|so|re m. Schlagbolzen *m.*
per|cu|ta|ne|o agg. perkutan.
per|den|te I agg. verlierend (anche FIG.), unterliegend: ***la squadra ~*** die unterliegende Mannschaft II m. Verlierer *m.*, Versager *m.*: ***essere un ~ nella vita*** im Leben ein Versager sein.
per|de|re *(persi/perdetti; perso/perduto)* I tr. 1 verlieren: ***~ l'ombrello*** den Regenschirm verlieren; ***~ un dente, i capelli, sangue*** einen Zahn, die Haare, Blut verlieren; ***~ il lavoro*** seinen Arbeitsplatz verlieren; ***~ la vista, la memoria, la speranza*** das Augenlicht, das Gedächtnis, die Hoffnung verlieren; ***~ fiducia in qcn.*** das Vertrauen in jdn verlieren; ***~ i genitori in un incidente*** die Eltern durch einen Autounfall verlieren; ***~ tutto al gioco*** alles verspielen (*o* im Spiel verlieren); ***~ una battaglia, la guerra, una partita*** eine Schlacht, den Krieg, ein Spiel verlieren; ASSOL. ***bisogna saper ~***

man muss verlieren können **2** *(mancare)* verpassen, versäumen: ***~ il treno, l'autobus*** den Zug, den Bus verpassen (*o* versäumen); ***non ha perso neanche una puntata del giallo*** er hat keine einzige Fortsetzung des Krimis versäumt; ***~ un'occasione d'oro*** eine einmalige Gelegenheit verpassen (*o* aus‿lassen) **3a** *(avere una perdita di)* verlieren: ***il, lo pneumatico perde aria*** der Reifen verliert Luft; ***il serbatoio perde acqua*** aus dem Tank läuft Wasser aus **b** ASSOL. ***il rubinetto perde*** der Wasserhahn tropft; ***il lavandino perde*** das Becken leckt **II** intr. (aus. *avere*) ***~ di qcs.*** an etw. (D) verlieren: ***~ di importanza, di interesse*** an Wichtigkeit, Interesse verlieren **III** pronom. **perdersi 1a** *(smarrire la strada)* sich verlaufen, sich verirren; *(con auto)* sich verfahren: ***-rsi in un bosco*** sich in einem Wald verlaufen; ***-rsi in un labirinto*** sich in einem Labyrinth verirren **b** *(andare smarrito)* verloren gehen: ***la lettera si è persa*** der Brief ist verloren gegangen **2** *(sparire, scomparire)* sich verlieren, unter‿gehen: ***-rsi tra la folla*** in der Menge untergehen; ***il suono si perse in lontananza*** der Klang verlor sich in der Ferne; ***le impronte si perdono nella neve*** die Spuren verlieren sich im Schnee; ***il sentiero si perde nel bosco*** der Pfad verliert sich im Wald **3** *(distrarsi)* sich verlieren: ***-rsi nei propri sogni*** sich in seinen Träumen verlieren **4** *(lasciarsi sfuggire)* ***-rsi qcs.*** etw. versäumen, etw. verpassen: ***non -rsi una parola*** kein Wort versäumen ◆ ***-rsi d'animo*** den Mut verlieren; SCOL. ***~ l'anno*** das Jahr verlieren; FIG. ***~ l'autobus*** die Gelegenheit verpassen; ***la giacca ha perso un bottone*** der Jacke fehlt ein Knopf; ***-rsi in chiacchiere*** sich mit Geschwätz auf‿halten; ***~ colpi*** *(di motore)* aus‿setzen; COLLOQ. nach‿lassen; ***-rsi dietro a qcn.*** hinter jdm her‿laufen (*o* wegen jdm den Kopf verlieren); ***~ la faccia*** das Gesicht verlieren; ***~ per K.O.*** durch K. o. verlieren; ***lasciar ~*** es bleiben (*o* sein) lassen; ***lasciamo ~!*** lassen wir das (sein)! ***lascialo ~*** *(lascialo in pace)* lass ihn in Ruhe; *(non dargli retta)* beachte ihn nicht; ***lasciami ~*** lass mich in Ruhe; ***lasciamo ~ i dettagli*** gehen wir nicht auf die Einzelheiten ein; ***non avere un minuto da ~*** keine Minute zu verlieren haben; ***non avere niente da ~*** nichts zu verlieren haben; ***non ti sei perso niente*** du hast nichts verpasst; ***~ ai punti*** nach Punkten verlieren; ***~ quota*** (an) Höhe verlieren; ***~ i sensi*** bewusstlos werden; ***~ ogni speranza*** die Hoffnung auf‿geben; ***~ le staffe*** die Fassung verlieren; ***~ tempo*** Zeit vergeuden; ***~ terreno*** (an) Boden verlieren; ***~ la testa*** den Kopf verlieren; ***far ~ le proprie tracce*** spurlos verschwinden; ***~ di vista*** aus den Augen verlieren; ***~ la voglia di qcs.*** die Freude an etw. (D) verlieren; ***far ~ la voglia a qcn.*** jdm die Lust nehmen (*o* jdm die Freude verderben); ***vuoto a ~*** Einwegflasche *f.* (*o* Wegwerfflasche *f.*); PROV. ***il lupo perde il pelo ma non il vizio*** die Katze lässt das Mausen nicht.

per|dia|na inter. Herrschaftszeiten nochmal; REGION. sapperlot, sackerlot.

per|di|fia|to, ***correre a ~*** beim Laufen außer Atem kommen; ***gridare a ~*** aus vollem Hals schreien (*o* sich heiser brüllen).

per|di|gior|no m.inv. Tagedieb *m.*, Taugenichts *m.*

per|din|ci, per|din|di|rin|di|na inter. mein Gott, Herrgott, Herrschaft.

per|di|ta f. **1** Verlust *m.*: ***la ~ di un oggetto*** der Verlust eines Gegenstandes; ***subire una grave ~*** einen schweren Verlust haben, erleiden; ***causare gravi -e a qcn.*** jdm große Verluste bei‿bringen; ***~ al gioco*** Verlust beim Spiel; ***la ~ di un parente*** der Verlust eines Verwandten; ***~ del patrimonio, dei diritti civili*** Verlust des Vermögens, der bürgerlichen Rechte **2a** *(fuoriuscita)* Ausströmen *n.*: ***~ di gas*** Ausströmen von Gas **b** *(di liquidi)* Leck *n.*; ***la conduttura ha una ~ d'acqua*** die Leitung leckt ◆ ***affare in ~*** Verlustgeschäft *n.*; ***azienda in ~*** Verlustbetrieb *m.*; ***~ dei capelli*** Haarausfall *m.*; ***~ sul cambio*** Kursverlust *m.*; ***~ di capitale*** Kapitalverlust *m.*; ***chiudere in ~*** mit Verlust ab‿schließen; ***~ contabile*** Buchverlust *m.*; ***~ di coscienza*** Ohnmacht *f.*; ***~ di energia*** Energieverlust *m.*; ***~ di gestione*** Betriebsverlust *m.*; ***~ di identità*** Identitätsverlust *m.*; ***in ~*** verlustreich; ***essere in ~*** rote Zahlen schreiben; ***chiudere in ~*** mit roten Zahlen ab‿schließen; ***lavorare in ~*** mit Verlust arbeiten; ***lista delle -e*** Verlustliste *f.*; ***~ lorda*** Bruttoverlust *m.*; ***~ di memoria*** Gedächtnisschwund *m.*; ***~ netta*** Nettoverlust *m.*; ***a ~ d'occhio*** so weit das Auge reicht; ***~ di peso*** Gewichtsverlust *m.*; ***~ del potere d'acquisto*** Kaufkraftschwund *m.*; ECON. ***conto profitti e -e*** Gewinn- und Verlustrechnung *f.*; ***~ del salario*** Lohnausfall *m.*; ***~ di tempo*** Zeitverlust *m.*; ***~ dell'udito*** Verlust des Gehörs; ***~ di valore*** Wertverlust *m.*; ***~ della vista*** Verlust des Augenlichts.

per|di|tem|po I m.inv. Zeitverschwendung *f.* **II** m. e f. *(persona)* Zeitverschwender *m.* (*f.* -in), COLLOQ. Trödelfritze *m.*, Trödelliese *f.*

per|di|zio|ne f. **1** Verderben *n.*: ***essere sulla via della ~*** auf die schiefe Bahn geraten sein **2** RELIG. Verdammnis *f.* ◆ ***luogo di ~*** Ort *m.* der Verderbnis.

per|do|na|bi|le agg. entschuldbar.

per|do|na|re I tr. **1** verzeihen, vergeben: ***~ qcn. per un'offesa*** jdm eine Beleidigung verzeihen; ***~ un insulto*** eine Beleidigung vergeben; ***Dio lo perdonerà*** Gott wird ihm vergeben **2** *(scusare)* entschuldigen, verzeihen: ***mi perdoni*** entschuldigen Sie **3** *(aver riguardi)* verschonen (anche ASSOL.): ***la morte non perdona nessuno*** der Tod verschont niemanden **II** intr. (aus. *avere*) verzeihen: ***~ a qcn.*** jdm verzeihen; ***non gli ho ancora perdonato*** ich habe ihm noch nicht verziehen **III** pron. **perdonarsi 1** ***-rsi qcs.*** sich (D) etw. verzeihen: ***non riesco a perdonarmi di aver detto quelle parole*** ich kann es mir nicht verzeihen, diese Worte gesagt zu haben **2** *(reciproco)* sich gegenseitig verzeihen ◆ ***un male che non perdona*** = eine unheilbare Krankheit.

per|do|no m. **1** Verzeihung *f.*, Vergebung *f.*: ***chiedere, implorare il ~ di qcn.*** jdn um Verzeihung bitten, an‿flehen; ***concedere il ~*** verzeihen; ***ottenere il ~*** Vergebung erhalten; ***il ~ dei peccati*** die Vergebung der Sünden **2** *(scusa)* Entschuldigung *f.*, Verzeihung *f.*: ***chiedo ~*** ich bitte um Verzeihung (*o* Entschuldigung).

1.per|du|ra|re intr. (aus. *essere, avere*) **1** an‿dauern, an‿halten, bestehen bleiben: ***far ~*** andauern lassen; ***il maltempo perdura*** das schlechte Wetter hält an **2** *(ostinarsi)* beharren: ***~ nei propri atteggiamenti*** auf seiner Haltung beharren

2.per|du|ra|re m. Andauern *n.*; ***il ~ di una situazione*** das Andauern einer Situation.

per|du|ta|men|te avv. leidenschaftlich: ***innamorarsi ~ di qcn.*** sich leidenschaftlich in jdn verlieben.

per|du|to p.pass. agg. **1** → **perdere 2** verloren: ***tempo ~*** verlorene Zeit; ***sentirsi ~*** sich verloren fühlen **3** *(corrotto)* gefallen, verkommen: ***donna -a*** gefallene Frau ◆ ***andar ~*** verloren gehen; ***fondo ~*** verlorener Zuschuss; ***a fondo ~*** auf Verlustkonto.

pe|re|gri|na|re intr. (aus. *avere*) LETT. umher‿irren, umher‿ziehen, ziehen. **pe|re|gri|na|zio|ne** f. LETT. Umherirren *n.*, Irrfahrt *f.*

pe|ren|ne agg. **1** ewig, immerwährend: ***gloria ~*** ewiger Ruhm; ***memoria ~*** ewiges Andenken; ***nevi -i*** ewiger Schnee; ***sorgente ~*** ewige Quelle **2** *(continuo)* dauernd, ununterbrochen, ständig ◆ ***pianta ~*** ausdauernde (*o* perennierende) Pflanze. **pe|ren|ne|men|te** avv. **1** *(eternamente)* ewig **2** *(continuamente)* ständig.

pe|ren|ni|tà f. Fortdauer *f.*, Beständigkeit *f.*

pe|re|not|te|ro m. Aasgeier *m.*

pe|ren|to|ria|men|te avv. endgültig. **pe|ren|to|rie|tà** f. **1** DIR. Endgültigkeit *f.* **2** *(categoricità)* Entschiedenheit *f.*

pe|ren|to|rio agg. *(-ri, -rie)* **1** DIR. perem(p)torisch; *(irrevocabile)* endgültig **2** *(deciso)* entschieden, deutlich: ***risposta -a*** entschiedene Antwort; ***ordine, divieto ~*** entschiedener Befehl, entschiedenes Verbot ◆ ***termine ~*** Präklusivfrist *f.*

pe|re|qua|re tr. aus‿gleichen, an‿gleichen. **pe|re|qua|zio|ne** f. Ausgleichung *f.*, Ausgleich *m.*, Ausgleichen *n.* ◆ ***~ dei costi*** Kostenausgleich *m.*; ***~ finanziaria*** Finanzausgleich *m.*; ***~ fiscale*** Steuerausgleich *m.*; ***~ degli oneri*** Lastenausgleich *m.*

pe|ret|ta f. **1** EL. Schnurschalter *m.* **2** *(da clistere)* Klistier *n.*, Klistierspritze *f.*

per|fet|ta|men|te avv. **1** *(completamente, del tutto)* vollkommen, völlig, ganz: ***è ~ inutile*** es ist vollkommen unnötig; ***hai capito ~*** du hast ganz richtig verstanden; ***hai ~ ragione*** du hast vollkommen Recht **2** *(benissimo)* perfekt, sehr gut: ***parlare ~ inglese*** perfekt Englisch sprechen.

per|fet|ti|bi|le agg. verbesserungsfähig, vervollkommnungsfähig, perfektibel. **per|fet|ti|bi|li|tà** f. Fähigkeit *f.* zur Vervollkommnung, Perfektibilität *f.*

per|fet|ti|vo agg. perfektiv: ***aspetto ~*** perfektiver Aspekt.

per|fet|to I agg. **1** *(completo)* völlig, vollkommen, perfekt, best: ***numero ~*** vollkommene Zahl; ***in ~ silenzio*** in völliger Stille; ***in ordine ~*** in bester Ordnung; ***vivere in ~ accordo*** in bestem Einvernehmen leben **2** *(senza difetti)* perfekt, vollkommen, einwandfrei: ***un'imitazione, un'opera -a*** eine perfekte Nachbildung, ein vollkommenes Werk; ***un piano ~*** ein vollkommener Plan; ***il delitto ~*** das perfekte Verbrechen; ***avere una -a conoscenza dell'inglese*** Englisch perfekt beherrschen **3** *(di persona)* perfekt, vollendet, ausgezeichnet: ***una segretaria -a*** eine perfekte Sekretärin; ***un ospite ~*** ein perfekter (*o* vollendeter) Gastgeber **II** m. GRAMM. Perfekt *n.*, Perfektum *n.* ◆ MUS. ***accordo ~*** vollkommener Akkord; ***avere un fisico ~*** eine Idealfigur haben; ***un ~ idiota*** ein Vollidiot; ***nessuno è ~*** kein Mensch ist vollkommen; ***participio ~*** Partizip Perfekt *n.*; ***più che ~*** Plusquamperfekt *n.*

per|fe|zio|na|bi|le agg. vervollkommnungsfähig.

per|fe|zio|na|men|to m. Vervollkommnung *f.*: ***apportare un ~ a qcs.*** etw. vervollkommnen (*o* perfektionieren) ◆ ***corso di ~*** Fortbildungskurs *m.*

per|fe|zio|na|re **I** tr. **1** vervollkommnen, vollenden, perfektionieren: ~ ***una tecnica*** eine Technik perfektionieren **2** *(migliorare)* verbessern: ~ ***il proprio tedesco*** sein Deutsch verbessern **3** DIR. ab‿schließen: ~ ***un contratto*** einen Vertrag abschließen **II** pronom. **perfezionarsi** sich vervollkommnen, sich fort‿bilden: ***-rsi in una materia*** sich in einem Fach vervollkommen.

per|fe|zio|ne f. **1** Vollkommenheit *f.*, Perfektion *f.*: ***raggiungere la*** ~ die Perfektion erreichen, zur Perfektion gelangen; ***mirare alla*** ~ nach Perfektion streben **2** DIR. Abschluss *m.* ◆ ***a*** ~, ***alla*** ~ vollkommen, perfekt: ***sapere qcs. alla*** ~ etw. perfekt kennen; ***ci capiamo alla*** ~ wir verstehen uns vollkommen; ***modello di*** ~ vorbildlicher Mensch; PROV. ***la ~ non è di questo mondo*** es ist nichts vollkommen auf dieser Welt.

per|fe|zio|ni|smo m. Perfektionismus *m.* **per|fe|zio|ni|sta** m. e f. *(-i,-e)* Perkfektionist *m.* (-in *f.*). **per|fe|zio|ni|sti|co** agg. *(-ci,-che)* perfektionistisch.

per|fi|da|men|te avv. böswillig, (heim)tückisch.

per|fi|dia f. **1** Perfidie *f.*, Hinterlist *f.*, (Heim)Tücke *f.* **2** *(atto malvagio)* Hinterlist *f.*, Perfidie *f.*

per|fi|do agg. **1** perfid, (heim)tückisch, hinterlistig: ***azione -a*** hinterlistige Tat **2** *(pessimo)* miserabel.

per|fi|no avv. sogar, selbst: ***il consenso venne ~ dalle file degli oppositori*** die Zustimmung kam sogar aus den Reihen der Gegner; ***è andato dappertutto, ~ in Antartide*** er war überall, sogar in der Antarktis; ***lo sapevano tutti, ~ lui*** alle wussten es, sogar er; ***lo dice ~ suo padre*** selbst sein Vater sagt das.

per|fo|ra|bi|le agg. durchbohrbar. **per|fo|ra|bi|li|tà** f. Durchbohrbarkeit *f.* **per|fo|ra|men|to** m. Durchbohrung *f.*

per|fo|ran|te agg. MED. durchbrechend, perforierend: ***ulcera*** ~ perforierendes Geschwür ◆ ***proiettile*** ~ Panzergeschoss *n.*

per|fo|ra|re tr. **1** durchbohren, durchlöchern; *(di schede e carta)* perforieren, lochen, durchbohren: ~ ***una lastra*** eine Platte perforieren; ~ ***la parete*** die Wand durchbohren **2** *(di proiettile)* durchschlagen. **per|fo|ra|to** p.pass. agg. **1** → **perforare** **2** durchbohrt, durchlöchert **3** INFORM. Loch-: ***scheda -a*** Lochkarte *f.*; ***nastro*** ~ Lochstreifen *m.*

per|fo|ra|to|re m. **1** Perforator *m.* **2** *(di schede)* Locher *m.* **3** *(elettrico)* Bohrmaschine *f.* ◆ ***martello*** ~ Abbauhammer *m.* **per|fo|ra|tri|ce** f. **1** *(elettrica)* Bohrmaschine *f.* **2** *(di carta, schede)* Locher *m.*, Perforiermaschine *f.*

per|fo|ra|zio|ne f. **1** Durchlöcherung *f.*, Durchbohrung *f.* **2** *(serie di fori)* Lochung *f.*, Perforation *f.*; ***strappare lungo la*** ~ an der gelochten Linie ab‿reißen **3** MED. Durchbruch *m.*

per|for|man|ce [pəˈfɔːməns, *üblich* perˈformans] f.inv. **1** *(prestazione)* Leistung *f.* **2** FIN. Kursverlauf *m.* **3** *(spettacolo)* Performance *f.*

per|for|ma|ti|vo agg. performativ, performatorisch.

per|fo|sfa|to m. Superphosphat *n.*

per|ga|me|na f. Pergament *n.* (anche ESTENS.). **per|ga|me|na|ce|o** agg. Pergament-, pergamenten: ***codice*** ~ Pergamentkodex *m.*

per|ga|me|na|to agg. Pergament-: ***carta -a*** Pergamentpapier *n.*

per|ga|mo m. Kanzel *f.*

per|go|la f. **1** Laube *f.* **2** ARCH. Pergola *f.* **per|go|la|to** m. Laube *f.*; *(per vite)* Weinlaube *f.*

pe|ri|an|zio m. *(-zi)* Perianth *n.*, Blütenhülle *f.*

pe|ri|ar|tri|te f. Periarthritis *f.*

pe|ri|car|dio m. *(-di)* Perikardium *n.*, Herzbeutel *m.* **pe|ri|car|di|te** f. Perikarditis *f.*

pe|ri|car|po m. Perikarp *n.*

Pe|ri|cle n.pr.m. Perikles *m.*

pe|ri|co|lan|te agg. **1** baufällig, einsturzgefährdet: ***edificio*** ~ baufälliges Gebäude **2** FIG. unsicher, unstabil: ***situazione*** ~ unsichere Lage; ***governo*** ~ unstabile Regierung.

pe|ri|co|lo m. Gefahr *f.*: ***essere in*** ~ in Gefahr sein; ***esporsi al*** ~ sich einer Gefahr aus‿setzen; ***affrontare un*** ~ einer Gefahr entgegen‿treten; ***essere fuori*** ~ außer Gefahr sein; ***mettere qcn. in*** ~ jdn in Gefahr bringen; ***correre un*** ~ eine Gefahr laufen; ***salvare qcn. da un*** ~ jdn aus einer Gefahr retten ◆ ***in caso di*** ~ bei Gefahr; ***non c'è*** ~ es gibt keine Gefahr; IRON. keine Sorge (*o* das wird sicher nicht der Fall sein); ***non c'è ~ che venga*** er kommt sicher nicht; ***il ~ è il suo mestiere*** das Risiko gehört zu seinem Beruf; ~ ***di morte*** Todesgefahr *f.*; ~ ***pubblico*** öffentliche Gefahr; ***a proprio rischio e*** ~ auf eigene Gefahr; ***segnale di*** ~ Warnsignal *n.*; ***senza*** ~ ungefährlich; ~ ***di vita*** Lebensgefahr *f.*

pe|ri|co|lo|sa|men|te avv. gefährlich. **pe|ri|co|lo|si|tà** f. **1** Gefährlichkeit *f.* **2** *(nocività)* Schädlichkeit *f.* **pe|ri|co|lo|so** agg. **1** gefährlich, Gefahr bringend: ***curva -a*** gefährliche Kurve **2** *(nocivo)* schädlich **3** *(insidioso)* tückisch ◆ ***non*** ~ ungefährlich; ***non ~ per bambini*** kindersicher; ***zona -a*** Gefahrenbereich *m.*

pe|ri|con|drio m. *(-dri)* Knorpelhaut *f.*, Perichondrium *n.* **pe|ri|con|dri|te** f. Perichondritis *f.*

pe|ri|co|pe f. **1** Perikope *f.* **2** *(estratto)* Auszug *m.*

pe|ri|cra|nio m. *(-ni)* Perikranium *n.*, äußere Schädelhaut *f.*

pe|ri|do|ti|te f. Peridotit *m.* **pe|ri|do|to** m. Peridot *m.*, Olivin *n.*

pe|ri|e|co m. *(-ci)* Perioke *m.*

pe|ri|e|lio m. *(-li)* Perihel *n.*, Perihelium *n.*

pe|ri|fe|ri|a f. **1** Peripherie *f.*, Randgebiet *n.* **2** *(di città)* Stadtrand *m.*, Peripherie *f.* der Stadt: ***abitare in*** ~ am Stadtrand (*o* an der Peripherie der Stadt) wohnen; ***trasferirsi in*** ~ an die Peripherie ziehen **3** INFORM. Peripherie *f.* ◆ ***quartiere di*** ~ Stadtrandviertel *n.*

pe|ri|fe|ri|ca f. *(-che)* INFORM. Peripheriegerät *n.*

pe|ri|fe|ri|co agg. *(-ci,-che)* **1** peripher, Rand-: ***zona -a*** Randgebiet *n.*; ***sistema nervoso*** ~ peripheres Nervensystem **2** *(di città)* Stadtrand-: ***quartiere*** ~ Stadtrandviertel *n.* **3** *(marginale)* nebensächlich ◆ INFORM. ***unità -a*** Peripheriegerät *n.*, periphere Einheit *f.*

pe|ri|fra|si f. Periphrase *f.*, Umschreibung *f.* **pe|ri|fra|sti|co** agg. *(-ci,-che)* periphrastisch, umschreibend.

pe|ri|ga|stri|te f. Perigastritis *f.*

pe|ri|ge|o m. Perigäum *n.*, Erdnähe *f.*

pe|ri|glio m. *(-gli)* ANT. → **pericolo.**

pe|ri|go|nio m. Perigon *n.*, Perigonium *n.*

pe|ri|lin|fa f. Perilymphe *f.*

pe|ri|me|tra|le agg. Umfangs-, Außen-: ***muro*** ~ Außenmauer *f.*

pe|ri|me|tro m. **1** Umfang *m.*: ***calcolare il*** ~ den Umfang berechnen **2** *(linea esterna)* Begrenzungslinie *f.*: ***il ~ del parco nazionale*** die Begrenzungslinie des Nationalparks **3** MED. Perimeter *n.* ◆ ***calcolo del*** ~ Umfangsberechnung *f.*; ***entro il ~ di qcs.*** innerhalb etw. (G): ***entro il ~ delle mura*** innerhalb der Stadtmauer.

pe|ri|na|ta|le agg. perinatal. **pe|ri|na|to|lo|gi|a** f. Perinatalogie *f.*

pe|ri|ne|a|le agg. Damm-: ***lacerazione*** ~ Dammriss *m.* **pe|ri|ne|o** m. Damm *m.*

pe|rio|da|re **I** intr. *(periodo*; aus. *avere)* Perioden bilden (*o* bauen) **II** m.inv. Periodenbau *m.*

pe|rio|di|ca|men|te avv. periodisch: ***manifestarsi*** ~ periodisch erscheinen.

pe|rio|di|ci|tà f. Periodizität *f.*

pe|rio|di|co **I** agg. *(-ci,-che)* periodisch: ***il ritorno ~ delle stagioni*** die periodische Wiederkehr der Jahreszeiten; ***moto*** ~ periodische Bewegung; ***crisi -a*** periodische Krise; ***stampa -a*** periodische Druckschriften **II** m. Zeitschrift *f.*, Periodikum *n.* ◆ ~ ***letterario*** Literaturzeitschrift *f.*; ~ ***mensile*** Monatsschrift *f.*; ***numero*** ~ Periode *f.*; ***pubblicazione -a*** Zeitschrift *f.*; ~ ***settimanale*** Wochenzeitschrift *f.*; ***sistema*** ~ Periodensystem *n.*

pe|rio|diz|za|re tr. periodisieren. **pe|rio|diz|za|zio|ne** f. Periodisierung *f.*

pe|ri|o|do m. **1** Zeit *f.*, Periode *f.*, Zeitabschnitt *m.*: ***durante questo*** ~ während dieser Zeit; ***per un breve, un certo*** ~ für eine kurze, gewisse Zeit; ***un ~ felice*** eine glückliche Zeit; ***attraversare un brutto*** ~ schlechte Zeiten durch‿machen **2** *(epoca)* Zeit *f.*, Zeitalter *n.*: ***il ~ delle crociate*** das Zeitalter der Kreuzzüge; ***il ~ ellenistico*** das hellenistische Zeitalter; ***il ~ dopo il 1945*** die Zeit nach 1945; ***il ~ aureo della letteratura latina*** die goldene Zeit der lateinischen Literatur; ***il ~ (del) barocco*** die Barockzeit **3** GRAMM. Satzgefüge *n.*, Periode *f.*: ~ ***complesso*** komplexer Satz **4a** ASTR. Periode *f.*, Umlaufzeit *f.* **b** FIS. CHIM. MAT. MUS. GEOL. Periode *f.* ◆ ***analisi del*** ~ Satzanalyse *f.*; ***andare a -i*** wechselhaft sein; ~ ***di aspettativa*** Wartezeit *f.*; ~ ***di caldo*** Hitzeperiode *f.*; ~ ***coloniale*** Kolonialzeit *f.*; ~ ***contributivo*** Beitragszeit *f.*; ~ ***di crescita*** Wachstumsperiode *f.*; ~ ***di crisi*** Krisenzeit *f.*; ~ ***di decadenza*** Zeit des Verfalls (*o* Niedergangs); ~ ***elettorale*** Wahlperiode *f.*; ~ ***di fioritura*** Blütezeit *f.*; ~ ***di garanzia*** Garantiefrist *f.*, -zeit *f.*; ~ ***di gelo*** Frostperiode *f.*; ~ ***di guerra*** Kriegszeit *f.*; ~ ***di incubazione*** Inkubationszeit *f.*; ~ ***invernale*** Winterzeit *f.*; ~ ***ipotetico*** hypothetischer Satz; ~ ***di Natale*** Weihnachtszeit *f.*; ~ ***di pioggia*** Regenperiode *f.*; ~ ***di preavviso*** Kündigungsfrist *f.*; ~ ***di prova*** Probezeit *f.*; ~ ***di recessione*** Rezessionsperiode *f.*; ~ ***di rodaggio*** Einfahren *n.* (eines Autos); ~ ***di siccità*** Trockenperiode *f.*, Dürreperiode *f.*; ~ ***dello sviluppo*** Entwicklungsperiode *f.*; ~ ***di transizione*** Übergangsperiode *f.*, Übergangszeit *f.*; ~ ***delle vacanze*** Ferienzeit *f.*; ***l'ultimo ~ della sua vita*** sein letzter Lebensabschnitt.

pe|rio|don|ti|te f. Periodontitis *f.* **pe|rio|don|to** m. Zahnwurzelhaut *f.*

pe|rio|stio m. *(-sti)* Periost *n.* **pe|rio|sti|te** f. Periostitis *f.*

pe|ri|pa|te|ti|ca f. *(-che)* Straßenmädchen *n.* **pe|ri|pa|te|ti|co** **I** agg. *(-ci,-che)* peripatetisch **II** m. *(-ci)* Peripatetiker *m.*

pe|ri|pe|zi|a f. Widrigkeit *f.*, Schwierigkeit *f.*: ***attraversare mille -e***

sich in tausend Schwierigkeiten befinden; ***dopo molte -e*** nach vielen Schwierigkeiten.

pe|ri|plo m. Umschiffung *f.*; ***fare il ~ di un isola*** eine Insel um_schiffen.

pe|rip|te|ro agg. ***tempio ~*** Peripteraltempel *m.*, Peripteros *m.*

pe|ri|re intr. *(perisco, perisci*; aus. *essere)* **1** um_kommen, ums Leben kommen: ***~ in un incidente*** bei einem Unfall umkommen; ***nell'incendio perirono due persone*** bei dem Brand kamen zwei Personen ums Leben **2** LETT. *(finire)* vergehen: ***la sua gloria non perirà*** sein Ruhm wird nicht vergehen.

pe|ri|sco|pi|co agg. *(-ci,-che)* periskopisch. **pe|ri|sco|pio** m. *(-pi)* Periskop *n.*

pe|ris|so|dat|ti|li m.pl. Unpaarhufer *pl.*

pe|ri|stal|si f. Peristaltik *f.* **pe|ri|stal|ti|co** agg. *(-ci,-che)* peristaltisch: ***movimento ~*** peristaltische Bewegung.

pe|ri|sta|si f. Peristase *f.* **pe|ri|sta|ti|co** agg. *(-ci,-che)* peristatisch.

pe|ri|sti|lio m. *(-li)* Peristyl *n.*, Peristylium *n.*

pe|ri|ta|le agg. gutachtlich ◆ ***accertamento ~*** Sachverständigenuntersuchung *f.*; ***giudizio ~*** Sachverständigengutachten *n.*; ***operazioni -i*** gutachterliche Arbeiten, gutachterliche Tätigkeit; ***prova ~*** Sachverständigenbeweis *m.*

pe|ri|tar|si pronom. *(mi perito)* **1** sich scheuen, Bedenken haben: ***~ di fare qcs.*** Bedenken haben, etw. zu tun; ***non ~ di fare qcs.*** etw. ohne Rückhalt tun **2** *(vergognarsi)* sich schämen.

pe|ri|to m. **1** Sachverständige *m.*: ***il parere del ~*** der Befund des Sachverständigen **2** DIR. Gutachter *m.*, Sachverständige *m.*: ***nominare un ~*** einen Sachverständigen bestellen; ***~ nominato dal, del tribunale*** gerichtlich bestellter Gutachter; ***~ giurato*** beeidigter Sachverständiger ◆ ***~ agrario*** Landwirt *m.* mit Fachschulabschluss; ***~ dell'assicurazione*** Versicherungsgutachter *m.*; ***~ calligrafico*** Schriftsachverständige *m.*; ***~ commerciale*** Industriekaufmann *m.*; ***commissione di -i*** Gutachterausschuss *m.* (*o* Sachverständigenausschuss *m.*); ***~ contabile*** Büchersachverständige *m.*; ***~ della controparte*** Gegengutachter *m.*; ***~ edile*** Bautechniker *m.* (*o* Baufachmann *m.*); ***giuramento del ~*** Sachverständigeneid *m.*; ***~ industriale*** Techniker *m.* mit Fachoberschulreife; ***~ informatico*** Informatiker *m.* mit Fachoberschulreife.

pe|ri|to|ne|a|le agg. peritoneal. **pe|ri|to|ne|o** m. Peritoneum *n.*, Bauchfell *n.*

pe|ri|to|ni|te f. Peritonitis *f.*, Bauchfellentzündung *f.*

pe|ri|zia f. **1** Fertigkeit *f.* **2** DIR. Gutachten *n.*, Begutachtung *f.*: ***chiedere una ~ su qcs.*** ein Gutachten über etw. an_fordern; ***eseguire una ~*** ein Gutachten erstellen; ***fare una ~ su qcs.*** etw. begutachten; ***~ legale, giurata, tecnica*** beeidigtes, gerichtliches, technisches Gutachten ◆ ***~ d'avaria*** Havariengutachten *n.*; ***~ balistica*** ballistisches Gutachten; ***~ calligrafica*** Schriftgutachten *n.*; ***~ dei danni*** Schadensbegutachtung *f.*; ***~ medica*** ärztliches Gutachten; ***~ medico-legale*** gerichtsärztliches Gutachten; ***~ psichiatrica*** psychiatrisches Gutachten; ***spese di ~*** Gutachterkosten *pl.*; ***verbale di ~*** Gutachterprotokoll *n.*

pe|ri|zia|re tr. *(perizio, perizi)* begutachten.

pe|ri|zo|ma m. Lendenschurz *m.*

per|la I f. **1** Perle *f.*: ***pescare, coltivare le -e*** Perlen fischen, züchten; ***~ vera, falsa, artificiale*** echte, unechte, künstliche Perle; ***-e di vetro*** Glasperlen; FIG. ***questa chiesa è una ~ dell'arte barocca*** diese Kirche ist eine Perle der Barockkunst; ***è una ~ di ragazza*** das Mädchen ist eine Perle; ***avere i denti come -e*** Zähne wie Perlen haben; ***farmaco in -e*** Arznei in Form von Perlen **2** *(errore grossolano)* Stilblüte *f.* **II** agg.inv. perl-: ***grigio ~*** perlgrau ◆ ***collana di -e*** Perlenkette *f.*; ***collier di -e*** Perlenkollier *m.*; ***~ coltivata*** Zuchtperle *f.*; ***filo di -e*** Perlenschnur *f.*; ***pesca delle -e*** Perlenfischerei *f.*; ***pescatore di -e*** Perlentaucher *m.* (*o* Perlenfischer *m.*); ***(non) gettare le -e ai porci*** (keine) Perlen vor die Säue werfen.

per|la|ce|o agg. perlfarben.

per|la|ge [-'la:ʒ] m.inv. Perlen *n.* (im Sekt).

per|la|qua|le, per la qua|le I agg. **1** sauber, anständig: ***un tipo non troppo ~*** ein nicht ganz sauberer Typ **2** *(convinto)* ***non essere tanto ~*** nicht ganz überzeugt sein **II** avv. gut: ***l'esame non è andato troppo ~*** die Prüfung war nicht besonders glänzend.

per|la|to agg. **1** perlweiß, schimmernd wie eine Perle, mit Perlschimmer **2** *(ornato di perle)* geperlt ◆ ***cotone ~*** Perlgarn *n.*; ***grigio ~*** perlgrau; ***orzo ~*** Perlgraupe *f.*, Rollgerste *f.*; ***riso ~*** Perlreis *m.*

per|lé agg.inv. ***cotone ~*** Perlgarn *n.*

per|li|fe|ro agg. Perl-, Perlen-: ***ostrica -a*** Perlenauster *f.*

per|li|na f. **1** Perle *f.*, Perlchen *n.*: ***-e colorate*** bunte Perlen **2** *(listello di legno)* Spundbrett *n.*

per|li|na|re tr. (holz)verschalen. **per|li|na|to I** p.pass. agg. **1** → **perlinare 2** verschalt **II** m. Verschalung *f.* **per|li|na|tu|ra** f. Verschalung *f.*

per|lin|gua|le agg. perlingual.

per|li|te f. METALL. MINER. Perlit *m.*

per|lo|me|no, per lo me|no avv. **1** wenigstens: ***se non puoi venire, ~ telefonami*** ruf mich wenigstens an, wenn du nicht kommen kannst **2** *(a dir poco)* mindestens: ***vale ~ un milione*** es ist mindestens eine Million wert.

per|lon® m. Perlon *n.*

per|lo|più, per lo più avv. meistens: ***~ si alza alle 7*** er steht meistens um 7 Uhr auf.

per|lu|stra|re tr. durchsuchen, durchkämmen, erkunden: ***~ un territorio in cerca di qcn., qcs.*** ein Gebiet auf der Suche nach jdm, etw. durchkämmen; MIL. ein Gebiet erkunden. **per|lu|stra|zio|ne** f. Erkundung *f.*, Kundschaft *f.* ◆ ***giro di ~*** Erkundungsfahrt *f.*; ***mandare qcn. in ~*** jdn auf Kundschaft aus_schicken.

per|ma|frost ['pə:rməfrɒst, *üblich* 'pɛrmafrost], **per|ma|ge|lo** m.inv. Permafrost *m.*, Dauerfrostboden *m.*

per|ma|lo|si|tà f. Überempfindlichkeit *f.* **per|ma|lo|so I** agg. überempfindlich, übelnehmerisch **II** m. überempfindlicher Mensch.

per|ma|nen|te I agg. permanent, ständig, Dauer-: ***minaccia, pericolo ~*** permanente Bedrohung, Gefahr; ***commissione, sede ~*** ständiger Ausschuss, Sitz; ***membro ~*** ständiges Mitglied; POL. ***rappresentanza ~*** ständige Vertretung **II** f. Dauerwelle *f.*: ***farsi la ~*** sich eine Dauerwelle legen lassen ◆ ***accordo ~*** Dauerabkommen *n.*; ***domicilio ~*** Dauerwohnsitz *m.*; ***esercito ~*** stehendes Heer; ***~ a freddo*** Kaltwelle *f.*; ***incarico ~*** Dauerauftrag *m.*; ***invalidità ~*** Dauerinvalidität *f.*; ***lente a contatto ~*** Langzeitlinse *f.*; ***magnete ~*** Dauermagnet *m.*; ***mostra ~*** Dauerausstellung *f.*; BANC. ***ordine ~ (di pagamento)*** Dauerauftrag *m.*; ***possesso ~*** Dauerbesitz *m.*

per|ma|nen|te|men|te avv. ständig, permanent: ***il mio portafoglio è ~ vuoto*** mein Portemonnaie ist ständig leer.

per|ma|nen|za f. **1** Andauern *n.*, Permanenz *f.* **2** *(soggiorno)* Aufenthalt *m.*: ***durante la mia ~*** während meines Aufenthalts; ***buona ~!*** angenehmer Aufenthalt! ◆ ***~ in carica*** Amtsdauer *f.*; ***in ~*** ständig; ***~ delle merci in magazzino*** Lagerfrist *f.*

per|ma|ne|re intr. *(permango, permani*; fut. *permarrò*; congiunt. pres. *permanga*, congiunt.pass. *permanessi*; pass.rem. *permasi*; p.pass. *permaso*; aus. *essere)* bleiben: ***la situazione permane tesa*** die Lage bleibt weiterhin angespannt.

per|man|ga|na|to m. Permanganat *n.*

per|me|a|bi|le agg. durchlässig, permeabel, undicht ◆ ***~ all'acqua*** wasserdurchlässig; ***~ all'aria*** luftdurchlässig. **per|me|a|bi|li|tà** f. Durchlässigkeit *f.*, Permeabilität *f.* ◆ ***~ all'acqua*** Wasserdurchlässigkeit *f.*; ***~ all'aria*** Luftdurchlässigkeit *f.*; ***~ del terreno*** Bodendurchlässigkeit *f.*

per|me|an|za f. Permeanz *f.*, magnetischer Leitwert *m.*

per|me|a|re tr. *(permeo)* **1** durchdringen: ***l'umidità ha permeato il muro*** die Feuchtigkeit hat die Mauer durchdrungen **2** FIG. prägen: ***il cattolicesimo ha permeato la società italiana*** die italienische Gesellschaft ist vom Katholizismus geprägt.

per|mes|so I p.pass. agg. **1** → **permettere 2** erlaubt, gestattet: ***balneazione -a*** Baden erlaubt; ***qui non è ~ fumare*** Rauchen ist hier nicht erlaubt **II** m. **1** Erlaubnis *f.*; *(autorizzazione)* Genehmigung *f.*: ***chiedere a qcn. il ~ di fare qcs.*** jdn um Erlaubnis für etw. bitten (*o* um die Erlaubnis fragen, etw. zu tun); ***dare a qcn. il ~ di fare qcs.*** jdm die Erlaubnis zu etw. geben; ***farsi dare il ~ da qcn.*** sich bei jdm die Erlaubnis holen; ***concedere un ~ a qcn.*** jdm eine Erlaubnis erteilen; ***ottenere un ~*** eine Genehmigung (*o* eine Erlaubnis) erhalten **2** BUROCR. Urlaub *m.*: ***essere in ~*** in Urlaub sein; ***chiedere una settimana di ~*** eine Woche Urlaub beantragen; ***prendere un ~*** sich dienstfrei nehmen; ***prendere un ~ di tre ore*** sich drei Stunden frei_nehmen; ***dare a qcn. un giorno di ~*** jdm einen Tag frei_geben ◆ ***~ di atterraggio*** Landeerlaubnis *f.*; ***con il tuo ~*** mit deiner Erlaubnis (*o* wenn du erlaubst); ***con ~!*** Sie gestatten? ***è ~?*** gestatten Sie? (*o* darf ich? darf man ein_treten?); ***~ di espatrio*** Ausreisegenehmigung *f.*, Ausreiseerlaubnis *f.*; ***~ di importazione*** Einfuhrgenehmigung *f.*; ***~ di lavoro*** Arbeitserlaubnis *f.*; ***~ di scarcerazione (temporanea)*** Hafturlaub *m.*; ***senza ~*** unerlaubt; MIL. ***~ serale*** Abendausgang *m.*; ***~ di soggiorno*** Aufenthaltsgenehmigung *f.*, Aufenthaltserlaubnis *f.*; ***proroga del ~ di soggiorno*** Aufenthaltsverlängerung *f.*; ***~ speciale*** Sondergenehmigung *f.*, Sondererlaubnis *f.*; ***~ di visita*** Besuchserlaubnis *f.*; *(in carcere)* Sprecherlaubnis *f.*

per|met|te|re *(permisi; permesso)* **I** tr. **1** erlauben, gestatten: ***~ a qcn. di fare qcs.*** jdm erlauben, etw. zu tun; ***il medico gli ha permesso di alzarsi*** der Arzt hat ihm erlaubt aufzustehen; ***permette che mi sieda?*** gestatten Sie, dass ich mich setze? ***mi permetta di presentarle mia moglie*** gestatten Sie mir, Ihnen meine Frau vorzustellen; ***permette che faccia una telefonata?*** dürfte ich bitte telefonieren? ***se permette tocca prima a me*** wenn Sie gestatten (*o* erlauben), bin ich zuerst dran; ***permette questo walzer?*** gestatten Sie mir diesen Walzer? **2** *(ammettere)* zu‿lassen: ***non permetto un simile comportamento*** ein solches Verhalten lasse ich nicht zu **3** *(autorizzare)* genehmigen **II** pronom. **permettersi 1** *(concedersi)* sich erlauben, sich leisten: ***-rsi il lusso di fare qcs.*** sich den Luxus leisten (*o* erlauben), etw. zu tun; ***non posso -rmi un'auto nuova*** ein neues Auto kann ich mir nicht leisten; ***non può -rsi di riconoscere il suo errore*** er kann es sich nicht leisten, seinen Fehler zuzugeben **2** *(prendersi la libertà)* sich erlauben, sich heraus‿nehmen: ***-rsi delle libertà*** sich Freiheiten herausnehmen; ***mi permetto di farle presente che...*** ich erlaube mir, Sie darauf hinzuweisen, dass... ◆ ***ma come ti permetti!*** was erlaubst du dir! (*o* was fällt dir eigentlich ein!); ***ci sarà anche il nonno, salute permettendo*** auch der Großvater wird da sein, wenn es seine Gesundheit erlaubt; ***tempo permettendo*** wenn es das Wetter erlaubt.

per|mia|no, per|mi|co I agg. *(-ci,-che)* Perm-, permisch **II** m. *(-ci)* Perm *n.*

per|mis|si|vi|smo m. Permissivität *f.* **per|mis|si|vi|tà** f. Permissivität *f.* **per|mis|si|vo** agg. permissiv: ***educazione -a*** permissive Erziehung.

per|mu|ta f. **1** Umtausch *m.*, Eintausch *m.*: ***~ dell'alloggio*** Wohnungstausch *m.*; ***diritto di ~*** Umtauschrecht *n.* **2** *(contratto)* Tauschgeschäft *n.*: ***fare una ~*** etw. in Zahlung geben.

per|mu|ta|bi|le agg. permutabel: ***beni -i*** permutable Güter. **per|mu|ta|bi|li|tà** f. Umtauschbarkeit *f.*, Austauschbarkeit *f.*

per|mu|ta|re tr. *(permuto)* **1** um‿tauschen, ein‿tauschen **2** MAT. permutieren. **per|mu|ta|zio|ne** f. **1** Umtausch *m.*, Eintausch *m.* **2** MAT. Permutation *f.*

per|nac|chia f. = Verspottung *f.* durch ein furzimitierendes Geräusch.

per|ni|ce f. Rebhuhn *n.* ◆ ***~ bianca*** Schneehuhn *n.* (*o* Moorhuhn *n.*); ***~ grigia*** Rebhuhn *n.*; ***occhio di ~*** Hühnerauge *n.*; ***~ rossa*** Rothuhn *n.*

per|ni|cio|so agg. **1** schädlich: ***effetto ~*** schädliche Wirkung **2** MED. perniziös, bösartig: ***anemia -a*** perniziöse Anämie.

per|no m. **1** Zapfen *m.*, Bolzen *m.*, Stift *m.* **2** *(dentistico)* Stiftzahn *m.* **3** FIG. Stütze *f.*: ***il ~ della famiglia*** die Stütze der Familie ◆ ***fare ~ su qcs.*** sich auf etw. stützen; ***~ a pedale*** Pedalachse *f.*; ***~ portante*** Tragzapfen *m.*; ***~ di rotazione*** Drehzapfen *m.*; ***~ di serraggio*** Sperrbolzen *m.*; ***sospensione a ~*** Zapfenaufhängung *f.*

per|not|ta|men|to m. Übernachtung *f.* **per|not|ta|re** intr. (aus. *avere*) übernachten, nächtigen: ***~ in albergo*** in einem Hotel übernachten.

pe|ro m. Birnbaum *m.*, Birne *f.*: ***un tavolo di ~*** ein Tisch aus Birne.

pe|rò I cong. **1** aber, jedoch, doch: ***è strano, ~ è così*** es klingt komisch, aber so ist es; ***non è molto bravo a disegnare, ~ è portato per la musica*** er kann nicht besonders gut zeichnen, ist aber sehr musikalisch **2** *(nondimeno)* trotzdem, dennoch, doch: ***è una moto vecchia, ~ funziona ancora bene*** das Motorrad ist alt, trotzdem läuft es noch gut **II** inter. sieh mal einer an: ***~, niente male!*** sieh mal einer an, nicht schlecht!

pe|ro|ne, pe|ro|ne m. Wadenbein *n.*

pe|ro|ni|smo m. Peronismus *m.* **pe|ro|ni|sta** m. e f. *(-i,-e)* Peronist *m.* (-in *f.*). **pe|ro|ni|sti|co** agg. *(-ci,-che)* peronistisch.

pe|ro|no|spo|ra f. Peronospora *f.*, Krautfäule *f.*, Blauschimmel *m.*

pe|ro|ra|re *(peroro)* **I** tr. ***~ qcs.*** etw. befürworten, für etw. ein‿treten: ***~ una causa*** eine Sache befürworten **II** intr. (aus. *avere*) sprechen: ***~ in difesa di qcn.*** für jdn sprechen.

pe|ro|ra|zio|ne f. **1** Plädoyer *n.* **2** RET. Redeschluss *m.*

pe|ros|si|do m. Peroxid *n.* ◆ ***~ di idrogeno*** Wasserstoffsuperoxid *n.*

per|pen|di|co|la|re I agg. senkrecht, lotrecht: ***rette -i*** senkrechte Geraden; ***una strada ~ al corso*** eine zum Korso quer verlaufende Straße **II** f. Senkrechte *f.*, Lot *n.*: ***tracciare la ~ a una retta*** die Senkrechte zu einer Geraden ziehen. **per|pen|di|co|la|ri|tà** f. senkrechte Lage *f.* **per|pen|di|co|lar|men|te** avv. senkrecht: ***~ a qcs.*** senkrecht zu etw.

per|pen|di|co|lo m. Lot *n.* ◆ ***a ~*** lotrecht, senkrecht.

per|pe|tra|re tr. *(perpetro)* begehen, verüben: ***~ un delitto*** ein Verbrechen begehen. **per|pe|tra|zio|ne** f. Begehung *f.*, Verübung *f.*, Begehen *n.*: ***~ di un'ingiustizia*** Verübung eines Unrechts.

per|pe|tua f. **1** = Haushälterin *f.* eines Priesters **2** ESTENS. *(domestica anziana e ciarliera)* Hausdrachen *m.*

per|pe|tua|bi|le agg. zu verewigen.

per|pe|tua|men|te avv. **1** *(in eterno)* ewig **2** *(di continuo)* dauernd.

per|pe|tua|re *(perpetuo)* **I** tr. verewigen: ***~ il ricordo di qcn.*** jds Andenken verewigen **II** pronom. **perpetuarsi** sich verewigen. **per|pe|tua|zio|ne** f. Verewigung *f.* **per|pe|tui|tà** f. Fortbestand *m.*, Beständigkeit *f.*

per|pe|tuo agg. **1** *(eterno)* ewig: ***a -a memoria*** in ewiger Erinnerung (*o* zum ewigen Andenken) **2** *(continuo)* dauernd, ständig ◆ ***calendario ~*** immerwährender Kalender; ***carcere ~*** lebenslänglicher Freiheitsentzug; ***esilio ~*** lebenslängliche Verbannung; ***in ~*** ewig; ***lumino ~*** ewiges Licht, Grablicht *n.*; ***moto ~*** Perpetuum mobile *n.*

per|ples|si|tà f.inv. **1** *(esitazione)* Ratlosigkeit *f.* **2** *(dubbio)* ***avere qualche ~ su qcs.*** einer Sache gegenüber unschlüssig sein.

per|ples|so agg. **1** *(sbalordito)* ratlos, verblüfft, perplex: ***rimanere ~ alla domanda di qcn.*** über jds Frage verblüfft sein **2** *(irresoluto)* ratlos, unschlüssig ◆ ***lasciare ~ qcn.*** jdn verblüffen.

per|qui|si|re tr. *(perquisisco, perquisisci)* durchsuchen: ***~ qcn., qcs. (in cerca di qcs.)*** jdn, etw. (nach etw.) durchsuchen.

per|qui|si|zio|ne f. Durchsuchung *f.*: ***eseguire, fare una ~*** eine Durchsuchung vor‿nehmen ◆ ***~ domiciliare*** Hausdurchsuchung *f.*; ***mandato di ~*** Durchsuchungsbefehl *m.*; ***~ personale*** Leibesvisitation *f.*

per|scru|ta|re tr. LETT. erforschen, ergründen.

per|se|cu|to|re I agg. Verfolger-, Verfolgungs-, verfolgend **II** m. Verfolger *m.* **per|se|cu|to|rio** agg. *(-ri,-rie)* Verfolger-, Verfolgungs- ◆ ***campagna -a*** Hetzkampagne *f.*

per|se|cu|zio|ne f. **1** Verfolgung *f.*: ***sfuggire a una ~*** einer Verfolgung entgehen; ***~ politica*** politische Verfolgung **2** FIG. Plage *f.*: ***con la sua insistenza è una vera ~*** mit seiner Aufdringlichkeit ist er eine richtige Plage ◆ ***~ dei cristiani*** Christenverfolgung *f.*; ***~ degli ebrei*** Judenverfolgung *f.*; ***~ degli eretici*** Ketzerverfolgung *f.*; ***mania di ~*** Verfolgungswahn *m.*; ***~ razziale*** Rassenverfolgung *f.*; ***~ religiosa*** Glaubensverfolgung *f.*

Per|se|fo|ne n.pr.f. Persephone *f.*

per|se|gui|bi|le agg. **1** erreichbar: ***un risultato difficilmente ~*** ein schwer erreichbares Resultat **2** *(attuabile)* durchführbar **3** DIR. verfolgbar: ***~ penalmente*** strafrechtlich verfolgbar ◆ ***reato ~ d'ufficio*** Offizialdelikt *n.*

per|se|gui|men|to m. Verfolgung *f.* **per|se|gui|re** tr. ***~ un intento*** eine Absicht verfolgen; ***~ un reato*** eine Straftat verfolgen; ***~ penalmente qcn.*** jdn strafrechtlich verfolgen.

per|se|gui|ta|re tr. *(perseguito)* verfolgen: ***~ qcn. per motivi politici*** jdn aus politischen Gründen verfolgen; ***la sfortuna mi perseguita*** ich bin vom Unglück verfolgt; ***è perseguitato dai creditori*** er wird von Gläubigern verfolgt. **per|se|gui|ta|to I** p.pass. agg. **1** → **perseguitare 2** verfolgt **II** m. Verfolgte *m.*: ***~ politico*** politisch Verfolgter *m.*

Per|se|o, Per|se|o n.pr.m. Perseus *m.*

per|se|ve|ran|te agg. beharrlich, ausdauernd. **per|se|ve|ran|za** f. Beharrlichkeit *f.*; Ausdauer *f.*: ***studiare con ~*** mit Beharrlichkeit lernen; ***la sua forza sta nella ~*** seine Stärke liegt in der Ausdauer.

per|se|ve|ra|re intr. *(persevero*; aus. *avere)* beharren: ***~ nel proprio proposito*** auf seiner Absicht beharren; ***~ nell'errore*** auf dem Fehler beharren ◆ PROV. ***errare è umano, ~ è diabolico*** irren ist menschlich, darauf beharren teuflisch.

Per|sia n.pr.f. Persien *n.*

per|sia|na f. **1** Perserin *f.* **2** *(imposta)* Fensterladen *m.* ◆ ***~ avvolgibile*** Rollladen *m.*

per|sia|no I agg. Perser-, persisch: ***impero ~*** das Perserreich **II** m. **1** Perser *m.* **2** m. *(lingua)* Persisch(e) *n.* **3** *(pelliccia)* Persianer *m.* **4** *(gatto)* Perserkatze *f.* ◆ ***gatto ~*** Perserkatze *f.*; ***pelliccia di ~*** Persianerpelz *m.*; ***tappeto ~*** Perserteppich *m.*

1.per|si|co agg. *(-ci,-che)* persisch: ***Golfo Persico*** Persischer Golf *m.*

2.per|si|co agg. *(-ci)* ***pesce ~*** Flussbarsch *m.*, Barsch *m.*

per|si|no → **perfino.**

per|si|sten|te agg. anhaltend, andauernd: ***febbre ~*** andauerndes Fieber; ***profumo ~*** lang anhaltender Duft; ***pioggia ~*** andauernder Regen; ***un dolore ~*** ein andauernder Schmerz. **per|si|sten|za** f. Weiterbestehen *n.*, Andauern *n.*, Anhalten *n.*

per|si|ste|re intr. *(persistei/persistetti; persistito*; aus. *avere)* **1** beharren, verharren, fest‿halten: ***~ nel rifiuto*** auf der Weigerung beharren; ***~ nella propria convinzione*** an seiner Überzeugung festhalten **2** *(protrarsi)* weiter bestehen, an‿dauern: ***il caldo persiste*** die Hitze dauert an.

per|so p.pass. agg. **1** → **perdere 2** verloren: ***sentirsi ~*** sich verloren fühlen; ***sguardo ~*** verlorener Blick ◆ ***dare qcs. per ~*** etw. verloren geben; ***darsi per ~*** sich verloren geben; ***~ per ~...*** da sowieso nichts (mehr) zu verlieren ist,...; ***tempo ~*** verlorene Zeit; ***a tempo ~*** nebenbei; ***dipingere a tempo ~*** als Hobby, zum Vergnügen malen.

per|so|na f. **1** Person *f.*, Mensch *m.*; *(al pl. in senso generale)* Leute *pl.*: è una brava ~ er ist ein guter Mensch; una ~ degna di fede eine vertrauenswürdige Person; c'erano solo quattro o cinque -e es waren bloß vier oder fünf Leute da; una famiglia di quattro -e eine vierköpfige Familie; la mia, tua, sua ~ meine, deine, seine Person (*o* ich, du, er/sie); le -e della trinità die Personen der Heiligen Dreifaltigkeit **2** *(aspetto fisico)* Äußere *n.*: avere cura della propria ~ sein Äußeres pflegen; un abito poco adatto alla sua ~ ein Anzug, der nicht zu ihm passt **3a** *(qualcuno)* jemand: c'è una ~ che chiede di te da ist jemand, der nach dir fragt **b** *(nessuno)* niemand, kein Mensch: non c'è ~ al mondo che conosca questo segreto niemand auf der Welt kennt dieses Geheimnis; non c'è ~ disposta a crederti kein Mensch ist bereit, dir zu glauben **4** DIR. GRAMM. Person *f.*: ~ fisica natürliche Person; ~ giuridica juristische Person, Rechtsperson *f.*; delitti contro la ~ Verbrechen gegen die Person; prima ~ singolare erste Person Singular ◆ a ~ pro Person; culto della ~ Personenkult *m.*; di ~ persönlich; *(per esperienza personale)* aus eigener Erfahrung; lo conosco di ~ ich kenne ihn persönlich; andarci di ~ persönlich hingehen; ~ di famiglia Familienangehörige *m.*; fatto ~ in Person; è la superbia fatta ~ er ist der Hochmut in Person; ~ di fiducia Vertrauensperson *f.*; in ~ selbst, (höchst)persönlich; è proprio lui in ~ er ist es höchstpersönlich; essere la saggezza in ~ die Weisheit in Person (*o* die personifizierte Weisheit) sein; parlare in prima ~ in der ersten Person sprechen; ~ di servizio Hausangestellte *m.* e *f.*; non l'ho detto a ~ viva ich habe es keiner Menschenseele gesagt; una ~ alla volta einer nach dem anderen.

per|so|nag|gio m. *(-gi)* **1** *(personalità)* Persönlichkeit *f.*: i grandi -gi della storia die großen Persönlichkeiten der Geschichte; un ~ della politica eine politische Persönlichkeit; un ~ pubblico eine Persönlichkeit des öffentlichen Lebens **2** LETT. TEATR. CINEM. Figur *f.*, Person *f.*, Gestalt *f.*: i -gi e i loro interpreti die Personen und ihre Darsteller; ~ comico komische Figur; i -gi di un film die Gestalten eines Filmes ◆ ~ da barzelletta Witzfigur *f.*; ~ centrale Zentralfigur *f.*; ~ fiabesco Märchenfigur *f.*; ~ principale Hauptperson *f.* (*o* Hauptgestalt *f.*); ~ da romanzo Romanfigur *f.*; ~ secondario Nebenfigur *f.*; ~ teatrale Bühnengestalt *f.*

per|son|al, per|son|al com|put|er ['pɜːsənəl kəm'pjuːtə, *üblich* pɛesonal kom'pjuter] m.inv. Personalcomputer *m.*

per|so|na|le I agg. **1** personal, Personal-: dati -i Personalangaben (*o* Personalien); cartella ~ Personalakte *f.*; GRAMM. pronome ~ Personalpronomen *n.* (*o* persönliches Fürwort) **2** *(privato)* persönlich: questioni di carattere strettamente ~ streng persönliche Angelegenheiten; oggetti -i persönliche Gegenstände; invito ~ persönliche Einladung **3** ESTENS. *(soggettivo)* subjektiv **II** f. *(mostra)* Einzelaustellung *f.* **III** m. **1** Personal *n.*, Belegschaft *f.* **2** *(figura)* Figur *f.*: avere un bel ~ eine gute Figur haben ◆ aereo ~ Privatflugzeug *n.*; biglietto ~ Personenfahrkarte *f.*; ~ di bordo Bordpersonal *n.*; capo del ~ Personalleiter *m.*, Personalchef *m.*; ~ docente Lehrpersonal *n.*; ~ fisso Stammbelegschaft *f.*; ~ impiegatizio Angestellten *pl.*; mostra ~ Einzelausstellung *f.*; pulizia ~ Körperpflege *f.*; non farne una questione ~ nimm das nicht persönlich; ~ di servizio Dienstpersonal *n.*; ~ di sorveglianza Wachpersonal *n.*; ufficio del ~ Personalabteilung *f.*; ~ di volo Flugpersonal *n.*

per|so|na|li|smo m. Personalismus *m.* **per|so|na|li|sta** m. e f. *(-i, -e)* Personalist *m.* (-in *f.*) **per|so|na|li|sti|co** agg. *(-ci, -che)* **1** personalistisch **2** *(egoistico)* egoistisch.

per|so|na|li|tà f.inv. **1** Persönlichkeit *f.*, Charakter *m.*, Individualität *f.*: ~ ambigua, debole, forte zwielichtige, schwache, starke Persönlichkeit; avere ~ Charakter haben; avere una spiccata ~ eine ausgeprägte Individualität sein; mancare di ~ keinen Charakter haben; sviluppare la propria ~ seine eigene Persönlichkeit entwickeln **2** *(personaggio)* Persönlichkeit *f.* **3** *(carattere personale)* Individualität *f.*: ~ di giudizio Individualität im Beurteilen ◆ una ~ che colpisce eine auffallende Erscheinung, eine beeindruckende Persönlichkeit; consapevolezza della propria ~ Bewusstsein *n.* der eigenen Persönlichkeit; culto della ~ Personenkult *m.*; principio del diritto di ~ Persönlichkeitsprinzip *n.*; ~ eminente prominente Persönlichkeit; il fascino della ~ di qcn. der Charme jds Persönlichkeit; che forma la ~ charakterbildend; formazione della ~ Persönlichkeitsbildung *f.*; ~ giuridica Rechtsperson *f.*; avere una propria ~ eine Persönlichkeit sein; sdoppiamento della ~ Persönlichkeitsspaltung *f.*; ~ di spicco → ~ eminente; struttura della ~ Persönlichkeitsstruktur *f.*; sviluppo della ~ Persönlichkeitsentwicklung *f.*; essere una ~ in vista zur Prominenz gehören.

per|so|na|liz|za|re tr. ~ qcs. etw. personalisieren, etw. (D) eine persönliche Note geben, etw. persönlich gestalten; ~ un vestito einem Kleid eine persönliche Note geben. **per|so|na|liz|za|to** p.pass. agg. **1** → personalizzare **2** busta -a persönlich gestalteter Umschlag.

per|so|nal|men|te avv. persönlich: me lo ha detto ~ das hat er mir persönlich gesagt; occuparsi ~ di qcs. sich persönlich um etw. kümmern; guadagnato ~ selbst verdient; ~ non ho nulla in contrario persönlich habe ich nichts dagegen; presentarsi ~ persönlich erscheinen.

per|so|ni|fi|ca|re tr. *(personifico, personifichi)* **1** vermenschlichen, personifizieren: ~ la virtù die Tugend personifizieren **2** *(simboleggiare)* personifizieren, verkörpern: il Virgilio di Dante personifica la ragione umana Dantes Virgil verkörpert die menschliche Vernunft. **per|so|ni|fi|ca|to** p.pass. agg. **1** → personificare **2** vermenschlicht **3** *(in persona)* selbst, in Person: essere la pazienza -a die Geduld selbst (*o* die personifizierte Geduld) sein. **per|so|ni|fi|ca|zio|ne** f. **1** Verkörperung *f.*, Personifikation *f.*: essere la ~ della pazienza die Verkörperung der Geduld sein **2** FIG. *(incarnazione)* Inbegriff *m.*: essere la ~ della bontà der Inbegriff der Güte sein.

per|spi|ca|ce agg. scharfsinnig. **per|spi|ca|ce|men|te** avv. scharfsinnig. **per|spi|ca|cia** f. Scharfsinn *m.*, Scharfblick *m.*

per|spi|cua|men|te avv. deutlich. **per|spi|cui|tà** f. Deutlichkeit *f.*, Anschaulichkeit *f.* **per|spi|cuo** agg. deutlich, anschaulich.

per|sua|de|re *(persuasi, persuaso)* **I** tr. **1** überreden: ~ qcn. a fare qcs. jdn überreden, etw. zu tun, jdn zu etw. überreden; ~ qcn. a comprare jdn zum Kauf(en) überreden; *(convincere)* ~ qcn. di qcs. jdn von etw. überzeugen **2** *(ottenere approvazione)* überzeugen: un film che ha persuaso la critica ein Film, der die Kritik überzeugt hat **3** COLLOQ. *(andare a genio)* gefallen: ~ qcn. jdm gefallen **II** pronom. persuadersi di qcs. sich von etw. überzeugen.

per|sua|di|bi|le, per|sua|si|bi|le agg. überzeugbar.

per|sua|sio|ne f. **1** Überredung *f.*, Persuasion *f.*: con la ~ mit Überredung; ~ occulta versteckte Überredung **2** *(opinione)* Überzeugung *f.*, Meinung *f.* ◆ dote di ~ Gabe *f.* der Überredung; forza di ~ Überzeugungskraft *f.*

per|sua|si|va f. Überredungskunst *f.*, Überzeugungskraft *f.*

per|sua|si|vo agg. **1** überzeugend: tono ~ überzeugender Ton; prove -e überzeugende Beweise **2** *(che piace)* interpretazione -a überzeugende Interpretation (*o* Auslegung) ◆ arte -a Überredungskunst *f.*; forza -a Überzeugungskraft *f.*

per|sua|so p.pass. agg. **1** → persuadere **2** überzeugt: essere ~ di qcs. von etw. überzeugt sein. **per|sua|so|re** m. Überzeuger *m.* ◆ -i occulti geheime Verführer.

per|tan|to cong. deshalb, daher: sono stanco, ~ non esco ich bin müde, deshalb gehe ich nicht aus.

per|ti|ca f. *(-che)* **1** Stange *f.*, Stake *f.*: remare con una ~ mit einer Stange rudern; salire sulla ~ die Stange hoch‿klettern **2** COLLOQ. *(spilungone)* Latte *f.* **3** AGR. Hopfenstange *f.* ◆ ~ per pianta di fagioli Bohnenstange *f.*; lungo come una ~ baumlang; ~ uncinata Hakenstange *f.*

per|ti|na|ce agg. **1** hartnäckig **2** *(costante)* beharrlich. **per|ti|na|cia** f. Hartnäckigkeit *f.*

per|ti|nen|te agg. **1** (dazu)gehörend, sachbezogen ~ a qcs. zu etw. gehörend: risposta ~ all'argomento zum Thema gehörende Antwort; osservazione ~ sachbezogende Bemerkung **2** *(spettante)* zuständig ◆ la domanda non è ~ die Frage gehört nicht hierher.

per|ti|nen|za f. **1** Zugehörigkeit *f.*, Pertinenz *f.* **2** *(spettanza)* Zuständigkeit *f.* (anche DIR.).

per|tos|se f. Keuchhusten *m.*

per|tu|gio *(-gi)* m. **1** Loch *n.* **2** *(fessura)* Spalte *f.*

per|tur|ba|men|to m. → perturbazione.

per|tur|ba|re I tr. **1** stören: ~ l'equilibrio interiore das innere Gleichgewicht stören **2** *(sconvolgere)* verwirren, durcheinander‿bringen: ~ l'ordine pubblico die öffentliche Ordnung stören **II** pronom. perturbarsi **1** *(perdere la calma)* die Fassung verlieren **2** METEOR. sich verschlechtern. **per|tur|ba|to|re I** agg. störend, eine Störung verursachend: elemento ~ störendes Element **II** m. Störer *m.*

per|tur|ba|zio|ne f. **1** Störung *f.*: ~ atmosferica atmosphärische Störung **2** ASTR. Störung *f.*, Perturbation *f.*

Pe|rù n.pr.m. Peru *n.* ◆ valere un ~ = einen ungeheuren Wert haben. **pe|ru|via|no I** agg. Peruaner, peruanisch **II** m. Peruaner *m.*

per|va|de|re tr. *(pervasi; pervaso)* erfüllen: il fumo ha pervaso la stanza Qualm hat das Zimmer erfüllt.

per|va|si|vo agg. durchdringend: un sentimento ~ ein durchdringendes Gefühl.

per|va|so p.pass. agg. **1** → pervadere **2** erfüllt: essere ~ da una immensa gioia von einer tiefen Freude erfüllt sein; la stanza era -a

dal profumo dei fiori die Blumen erfüllten den Raum mit ihrem Duft.

per|ve|ni|re *(pervengo, pervieni; pervenni; pervenuto*; aus. *essere)* **1** *(giungere)* gelangen: ***~ a qcs.*** zu etw. gelangen: ***~ ad una conclusione*** zu einem Schluss kommen **2** *(raggiungere)* gelangen, erreichen: ***~ a qcs.*** etw. erreichen; ***~ alla cima del monte*** den Berggipfel erreichen; FIG. ***~ al grado di colonnello*** den Dienstgrad eines Obersten erlangen ◆ ***far ~ qcs. a qcn.*** jdm etw. zukommen lassen; ***mi è pervenuta una sua lettera*** ich habe seinen Brief erhalten.

per|ver|sa|men|te avv. pervers.

per|ver|sio|ne f. Perversion *f.*, Perversität *f.*, Abartigkeit *f.*: ***-i sessuali*** sexuelle Perversionen (*o* Abartigkeiten) ◆ ***~ del gusto*** Geschmacksverirrung *f.* **per|ver|si|tà** f.inv. **1** Perversität *f.*, Pervertiertheit *f.* **2** *(azione)* perverse Handlung.

per|ver|so agg. **1** niederträchtig: ***animo ~*** niederträchtiger Charakter **2** *(degenerato)* pervers, abartig: ***gioco ~*** perverses Spiel; ***azione, gioia -a*** perverse Handlung, Freude; ***logica -a*** abartige Logik.

per|ver|ti|men|to m. Entartung *f.*, Verfall *m.*: ***~ della morale, del gusto*** Verfall der Moral, des Geschmacks.

per|ver|ti|re **I** tr. pervertieren **II** pronom. **pervertirsi** pervers werden, entarten: ***i costumi si sono pervertiti*** die Sitten sind entartet.

per|ver|ti|to **I** p.pass. agg. **1** → **pervertire** **2** pervers: ***gusto ~*** perverser Geschmack **II** m. Perverse *m.*

per|ver|ti|to|re m. Verderber *m.*

per|vi|ca|ce agg. hartnäckig. **per|vi|ca|cia** f. Hartnäckigkeit *f.*

per|vin|ca f. *(-che)* Immergrün *n.* ◆ ***color ~*** blauviolett.

per|vio agg. *(-vi,-vie)* leicht zugänglich.

p.es. ⇒ *per esempio* zum Beispiel (z. B.).

pe|sa f. **1** Waage *f.* **2** *(il pesare)* Wiegen *n.* ◆ ***addetto alla ~ pubblica*** Waagemeister *m.*; ***~ per i cereali*** Getreideprober *m.*; ***~ a ponte*** Brückenwaage *f.*; ***~ pubblica*** öffentliche Waage (*o* Waageamt *n.*).

pe|sa|let|te|re m.inv. Briefwaage *f.*

pe|san|te agg. **1** schwer (anche FIG.): ***valigia ~*** schwerer Koffer; ***lavori -i*** schwere Arbeiten (*o* Schwerarbeit *f.*); ***passo ~*** schwerer Schritt; ***~ responsabilità, -i accuse*** schwere Schuld, Anschuldigungen **2** *(di tessuto)* dick, warm: ***un maglione ~*** ein dicker Pullover; ***coperta ~*** warme Decke **3** *(volgare)* anzüglich, übel: ***allusioni -i*** freche Anspielungen; ***scherzo, battuta ~*** übler Scherz, anzügliche Bemerkung **4** FIG. *(massiccio)* schwer, wuchtig: ***figura ~*** wuchtige Figur **5** *(duro, forte)* hart: ***gioco ~*** hartes Spiel; ***droghe -i*** harte Drogen **6** *(di cibo)* schwer (verdaulich) **7** *(insopportabile)* unerträglich **8** *(noioso)* langweilig: ***un romanzo ~*** ein langweiliger Roman ◆ ***acqua ~*** schweres Wasser; ***artiglieria ~*** schwere Artillerie; ***atletica ~*** Schwerathletik *f.*; ***atmosfera ~*** dicke Luft; ***cibo ~*** schwere Kost; ***industria ~*** Schwerindustrie *f.*; ***avere la mano ~*** hart, kräftig zu‿schlagen; FIG. hart an‿fassen; ***metallo ~*** Schwermetall *n.*; ***mezzo ~*** Lastwagen *m.*; ***scarpe -i*** feste Schuhe; ***avere il sonno ~*** einen festen Schlaf haben; ***sentirsi la testa ~*** einen schweren Kopf haben.

pe|san|te|men|te avv. stark, schwer: ***cadere ~ a terra*** schwer zu Boden fallen; ***truccarsi ~*** sich stark schminken; ***insultare ~ qcn.*** jdn schwer beleidigen.

pe|san|tez|za f. **1** Schwere *f.* **2** ***(senso di) ~*** Schweregefühl *n.*: ***sentire una gran ~ nelle membra*** Glieder schwer wie Blei haben; ***~ di stomaco*** Völlegefühl *n.* **3** *(l'essere noioso)* Langweiligsein *n.*

pe|sa|per|so|ne f.inv. Personenwaage *f.*

pe|sa|re **I** tr. **1** ab‿wiegen, wiegen: ***~ la farina*** das Mehl wiegen; ***~ gli ingredienti*** die Zutaten abwiegen; ***~ qcn. sulla bilancia*** jdn auf der Waage wiegen; ***~ i bagagli*** das Gepäck wiegen **2** *(valutare)* ab‿wägen: ***~ le parole*** seine Worte abwägen **II** intr. (aus. *avere, essere*) **1** wiegen: ***il bambino alla nascita pesava tre chili*** das Kind wog bei der Geburt drei Kilo **2** *(essere molto pesante)* schwer sein, schwer wiegen: ***quanto pesa questa borsa!*** diese Tasche ist aber schwer! ***se la valigia ti pesa, la porto io*** wenn der Koffer zu schwer für dich ist, trage ich ihn **3** *(essere gravoso)* ***~ a qcn.*** jdm schwer fallen: ***il lavoro mi pesa*** die Arbeit fällt mir schwer (*o* die Arbeit ist eine Belastung für mich) **4** *(gravare)* lasten (anche FIG.): ***l'arco pesa su due pilastri*** der Bogen lastet auf zwei Säulen; ***~ sulla coscienza*** auf dem Gewissen lasten; ***su di lui pesa un grave sospetto*** auf ihm lastet ein schwerer Verdacht **5** *(avere importanza)* von Gewicht sein: ***in quella circostanza pesò molto il suo parere*** in dieser Situation war seine Meinung von großem Gewicht; ***~ molto, poco*** großes, wenig Gewicht haben **III** pronom. **pesarsi** sich wiegen.

pe|sa|ta f. **1** Wiegen *n.*, Abwiegen *n.* **2** *(quantità)* Gewogene *n.* **pe|sa|tu|ra** f. Wiegen *n.*, Abwiegen *n.*

1.pe|sca **I** f. *(-sche)* *(frutto)* Pfirsich *m.* **II** agg.inv. Pfirsich-, pfirsichfarben: ***rosa ~*** Pfirsichrosa *n.*; ***color ~*** Pfirsichfarbe *f.* ◆ ***marmellata di -sche*** Pfirsichmarmelade *f.*; ***nocciolo di ~*** Pfirsichkern *m.*; ***~ noce*** Nektarine *f.*; ***pelle di ~*** Pfirsichhaut *f.*

2.pe|sca f. **1** Fischerei *f.*, Fischfang *m.*; *(con la lenza)* Angeln *n.*: ***andare a ~*** auf Fischfang gehen, fischen gehen; ***vivere di ~*** von der Fischerei leben; ***economia basata sulla ~*** auf Fischfang beruhende Wirtschaft **2** ESTENS. Fang *m.*, Fischfang *m.*: ***una ~ abbondante*** ein reicher Fang **3** *(lotteria)* Lotterie *f.* ◆ ***~ di altura*** Hochseefischfang *m.*, Hochseefischerei *f.*; ***~ delle anguille*** Aalfang *m.*; ***area di ~*** Fischfanggebiet *n.*; ***~ delle aringhe*** Heringsfang *m.*; ***battello per la ~ delle aringhe*** Heringsfänger *m.*; ***arnesi da ~*** Fischfanggeräte *pl.*; ***barca, battello da ~*** Fischerboot *n.*; *(a motore)* Fischkutter *m.*; ***~ di beneficenza*** Wohltätigkeitslotterie *f.*; ***canna da ~*** Angelrute *f.*; ***~ con la canna*** Angelfischerei *f.*; ***~ del corallo*** Korallenfischerei *f.*; ***~ costiera*** Küstenfischerei *f.*; ***divieto di ~*** Fischereiverbot *n.*; ***~ d'acqua dolce*** Binnenfischerei *f.*; ***flotta da ~*** Fischereiflotte *f.*, Fangflotte *f.*; ***~ di fondo*** Grundangelei *f.*; ***~ di frodo*** Fischwilderei *f.*; ***~ dei gamberi*** Krebsfang *m.*; ***~ lacustre*** Seefischerei *f.*; ***~ al lancio*** Spinnangeln *n.*; ***~ con la lenza*** Angeln *n.*; ***licenza di ~*** Angelschein *m.*; ***limite delle acque di ~*** Fischereigrenze *f.*; ***~ marittima*** Seefischerei *f.*; ***~ delle perle*** Perlenfischerei *f.*; ***~ con la rete*** Fischzug *m.*; ***rete da ~*** Fangnetz *n.*, Fischernetz *n.*; ***~ sportiva*** Sportangeln *n.*; ***~ subacquea*** Unterwasserjagd *f.*; ***~ a strascico*** Schleppnetzfischerei *f.*; ***~ dei tonni*** Thunfischfang *m.*; ***~ a traina*** Schleppnetzfischerei *f.*; ***zona di ~*** Fischfanggebiet *n.*, Fanggebiet *n.*

pe|scag|gio m. *(-gi)* Tiefgang *m.*

pe|sca|ia f. **1** Fischwehr *n.*, Fischzaun *m.* **2** *(per deviare un fiume)* Wehr *n.*

pe|sca|no|ce f. *(peschenoci)* Nektarine *f.*

pe|sca|re *(pesco, peschi)* **I** tr. **1a** fischen: ***~ coralli, perle*** Korallen, Perlen fischen; assol. ***andare a ~*** fischen gehen **b** *(con la lenza)* angeln: ***~ trote*** Forellen angeln **2** COLLOQ. *(trovare)* finden; *(persone)* auf‿fischen, auf‿gabeln **3** COLLOQ. *(sorprendere)* erwischen, ertappen: ***~ qcn. a fare qcs.*** jdn bei etw. ertappen; ***~ qcn. a rubare, con le mani nel sacco*** jdn beim Stehlen, auf frischer Tat ertappen **4** *(nel gioco delle carte)* ziehen **II** intr. (aus. *avere*) Tiefgang haben: ***lo scafo pesca nell'acqua per 6 metri*** das Schiff hat 6 Meter Tiefgang ◆ ***~ sotto costa*** unter Land fischen; ***~ col cucchiaino*** blinkern; ***~ con la fiocina*** stechen; ***~ di frodo*** Wildfischerei betreiben; ***~ gamberi*** krebsen; ***~ a lampara*** mit Nachtleuchte fischen; ***~ con la lenza*** angeln; ***~ con la mosca*** mit der künstlichen Fliege angeln; FIG. ***~ nel torbido*** im Trüben fischen.

pe|sca|ta f. **1** Fischen *n.* **2** *(quantità di pesce pescato)* Fang *m.* **pe|sca|to|ra, *calzoni alla ~*** Caprihose *f.*; SCHERZ. ***avere i calzoni alla ~*** Hochwasser haben; ***risotto alla ~*** Risotto mit Meeresfrüchten.

pe|sca|to|re m. Fischer *m.*; *(con la lenza)* Angler *m.* ◆ ***~ d'alto mare*** Hochseefischer *m.*; ***falco ~*** Fischadler *m.*; ***martin ~*** Eisvogel *m.*; ***~ di perle*** Perlenfischer *m.* (*o* Perlentaucher *m.*); ***rana -trice*** Angler(fisch) *m.*; ***~ sportivo*** Sportangler *m.*; ***villaggio di -i*** Fischerdorf *n.*

pe|sce m. **1** Fisch *m.*: ***pulire il ~*** den Fisch putzen; ***dar da mangiare ai -i*** Fische füttern; ***pescare un ~*** einen Fisch fangen **2** pl. ASTROL. Fische *pl.*: ***essere un, dei -i*** (ein) Fisch sein; ***essere nato nel, sotto il segno dei -i*** im Zeichen der Fische geboren sein **3** TIP. Leiche *f.* ◆ ***come un ~ fuor d'acqua*** wie ein Fisch auf dem Trockenen; ***~ d'acquario*** Zierfisch *m.*, Aquarienfisch *m.*; ***~ affumicato*** Räucherfisch *m.*; ***~ ago*** Nadelfisch *m.*; ***~ angelo*** Engelfisch *m.* (*o* Meerengel *m.*); ***~ d'aprile*** Aprilscherz *m.*; ***fare un ~ d'aprile a qcn.*** jdn in den April schicken; ***~ azzurro*** = Sardinen, Sardellen, Makrelen; ***banco di -i*** Fischschwarm *m.*; ***fare il ~ in barile*** = sich dumm stellen; ***bastoncini di ~*** Fischstäbchen *pl.*; ***~ bianco*** = Fisch mit weißem Fleisch; ***buttarsi a ~ su qcs.*** = sich gierig auf etw. stürzen (*o* sich gierig über etw. her‿machen); ***~ cappone*** Knurrhahn *m.*; ***non essere né carne né ~*** weder Fisch noch Fleisch sein; ***colla di ~*** Fischleim *m.*; ***commercio del ~*** Fischhandel *m.*; ***~ di acqua dolce*** Süßwasserfisch *m.*; ***fabbrica per la lavorazione del ~*** Fischfabrik *f.*; ***prendere qcn. a -i in faccia*** jdn wie den letzten Dreck behandeln; ***~ farfalla*** Schmetterlingsfisch *m.*; ***farina di ~*** Fischmehl *n.*; ***filetto di ~*** Fischfilet *n.*; ***~ di fiume*** Flussfisch *m.*; ***~ fresco*** frischer Fisch (*o* Frischfisch *m.*); ***~ fritto*** Backfisch *m.*; ***frittura di ~*** Fischfritüre *f.*; ***~ gatto*** Katzenfisch *m.*; FIG. ***~ grosso*** großer (*o* dicker) Fisch; ***~ istrice*** Igelfisch *m.*; ***~ di lago*** Seefisch *m.*; ***lisca di ~*** Fischgräte *f.*; ***~ lucerna*** Laternenfisch *m.*; ***~ luna*** Mondfisch *m.*; ***mangime per -i*** Fischfutter *n.*; ***~ di mare*** Meeresfisch *m.* (*o* Seefisch *m.*); ***~ marinato*** Marinade *f.* (*o* eingelegter Fisch); ***~ martello*** Hammerfisch *m.*; ***mercato del ~*** Fischmarkt *m.*; ***migrazione dei -i*** Fischwanderung *f.*; ***moria di -i*** Fischsterben *n.*, Massensterben *n.* der Fische; ***muto come un ~*** stumm wie ein Fisch; ***nuotare come un ~*** wie ein

Fisch schwimmen; ***odore di*** ~ Fischgeruch *m.*; ***~ sott'olio*** in Öl eingelegter Fisch; ***~ palla*** Kugelfisch *m.*; ***~ pappagallo*** Papageifisch *m.*; ***~ pavone*** Pfauenfisch *m.* (*o* Pfauenaugenbarsch *m.*); ***~ persico*** Flussbarsch *m.*, Barsch *m.*; ***piatto (a base) di ~*** Fischgericht *n.*; FIG. ***~ piccolo*** kleiner Fisch; ***~ San Pietro*** Petersfisch *m.*, Heringskönig *m.*; ***non saper che -i pigliare*** mit seinem Latein am Ende sein; ***~ pilota*** Pilotfisch *m.* (*o* Lotsenfisch *m.*); ***posate da ~*** Fischbesteck *n.*; ***povero di ~*** fischarm; ***puzza di ~*** Fischgestank *m.*; ***ricco di ~*** fischreich; ***~ rondine*** Schwalbenfisch *m.*; ***~ rosso*** Goldfisch *m.*; ***essere sano come un ~*** = kerngesund sein; ***~ in scatola*** Dosenfisch *m.*; ***~ sega*** Sägefisch *m.*; ***~ spada*** Schwertfisch *m.*; ***spina di ~*** Fischgräte *f.*; ***a spina di ~*** in Fischgrät(en)muster; ***~ surgelato*** tiefgefrorener Fisch (*o* Gefrierfisch *m.*); ***uova di ~*** Fischeier *pl.* (*o* Fischrogen *m.*); ***~ vela*** Blattfisch *m.*; ***~ volante*** fliegender Fisch (*o* Flugfisch *m.*); ***zuppa di ~*** Fischsuppe *f.*; PROV. ***chi dorme non piglia -i*** ein schlafender Fuchs fängt kein Huhn; ***l'ospite è come il ~: dopo tre giorni puzza*** dreitägiger Fisch taugt auf keinen Tisch, und dreitägiger Gast wird einem oft zur Last; ***i -i grossi mangiano quelli piccoli*** die großen Fische fressen die kleinen.

pe|sce|ca|ne m. Haifisch *m.*, Hai *m.* (anche FIG.).

pe|sce|spa|da m.inv. Schwertfisch *m.*

pe|sche|rec|cio **I** m. *(-ci)* Fischkutter *m.*, Fischerboot *n.* **II** agg. *(-ci,-ce)* Fischerei-: ***flotta -a*** Fischereiflotte *f.* **pe|sche|ri|a** f. Fischhalle *f.*, Fischgeschäft *n.* **pe|schie|ra** f. Fischteich *m.*, Setzteich *m.*, Fischweiher *m.* **pe|scia|io|la** f. Fischkochtopf *m.* **pe|sci|col|to|re** m. Fischzüchter *m.* **pe|sci|col|tu|ra** f. Fischzucht *f.* **pe|scie|ra** f. **1** *(pentola)* Fischkochtopf *m.* **2** *(vassoio)* Fischtablett *n.* **pe|scio|li|no** m. Fischchen *n.*: ***~ d'argento*** Silberfischchen *n.*; ***~ rosso*** Goldfisch *m.* **pe|sci|ven|do|lo** m. Fischverkäufer *m.*

pe|sco m. *(-chi)* Pfirsichbaum *m.*; ***fiore di ~*** Pfirsichblüte *f.* **pe|sco|no|ce** m. *(peschinoce* e *peschi noce)* Nektarinenbaum *m.*

pe|sco|si|tà f. Fischreichtum *m.*: ***la ~ di un fiume*** der Fischreichtum eines Flusses. **pe|sco|so** agg. fischreich, Fisch-: ***fondali -i*** Fanggrund *m.*, Fischgründe *pl.* ◆ ***poco ~*** fischarm.

pe|se|ta f. *(-s)* Peseta *f.*, Pesete *f.*: ***cambiare marchi in -s*** Mark gegen Peseten wechseln.

pe|sie|ra f. Gewichtssatz *m.*

pe|si|sta m. e f. *(-i,-e)* **1** Gewichtheber *m.* (-in *f.*) **2** *(per il lancio del peso)* Kugelstoßer *m.* (-in *f.*). **pe|si|sti|ca** f. Gewichtheben *n.*

1.pe|so m. **1a** Gewicht *n.* (anche SPORT): ***reggere un ~*** ein Gewicht tragen; ***l'impalcatura non ha retto al ~*** das Baugerüst hat dem Gewicht nicht standgehalten; ***determinare il ~ di un carico*** das Gewicht einer Ladung bestimmen; ***rubare sul ~*** beim Gewicht schwindeln; FIG. ***avere un certo ~*** ein gewisses Gewicht haben; ***avere un ~ decisivo, determinante*** ein entscheidendes Gewicht haben (*o* ausschlaggebend sein) **b** ***i -i dell'orologio, della bilancia*** die Gewichte der Uhr, der Waage **2** FIG. *(aggravio)* Last *f.*: ***il ~ degli anni, della famiglia*** die Last der Jahre, der Familie; ***il ~ del lavoro è tutto sulle mie spalle*** die Arbeitslast liegt ganz auf meinen Schultern **3** *(strumento)* Waage *f.* ◆ ***~ atomico*** Atomgewicht *n.*; ***aumento di ~*** Gewichtszunahme *f.*; ***calo di ~*** Gewichtsverlust *m.*, Gewichtsabnahme *f.*; ***~ corporeo*** Körpergewicht *n.*; ***avere un ~ sulla coscienza*** Gewissensnöte haben; FIG. ***si è tolto un ~ dal cuore*** ihm ist ein Stein vom Herzen gefallen; FIG. ***(non) dare ~ a qcs.*** auf etw. (A) (kein) Gewicht legen; ***una cassa del ~ di 10 chili*** eine zehn Kilo schwere Kiste; FIG. ***essere di ~ a qcn.*** jdm zur Last fallen; ***~ forma*** Idealgewicht *n.*; SPORT ***~ gallo*** Bantamgewicht *n.*, Bantamgewichtler *m.*, *(categoria)* ***-i gallo*** Bantamgewicht *n.*; SPORT ***lancio del ~*** Kugelstoßen *n.*; SPORT ***~ leggero*** Leichtgewichtler *m.*, Leichtgewicht *n.*; *(categoria)* ***-i leggeri*** Leichtgewicht *n.*; ***~ lordo*** Bruttogewicht *n.*, Rohgewicht *n.*; SPORT ***~ massimo*** Schwergewicht *n.*, Schwergewichtler *m.*; *(categoria)* ***-i massimi*** Schwergewicht *n.*; SPORT ***~ medio*** Mittelgewicht *n.*, Mittelgewichtler *m.*; *(categoria)* SPORT ***-i medi*** Mittelgewicht *n.*; ***medio-leggero*** Mittelleichtgewicht *n.*, Mittelleichtgewichtler *m.*; *(categoria)* ***-i medio-leggeri*** Mittelleichtgewicht *n.*; SPORT ***~ medio-massimo*** Mittelschwergewicht *n.*, Mittelschwergewichtler *m.*; *(categoria)* ***-i medio-pesanti*** Mittelschwergewicht *n.*; FIG. ***avere (usare) due -i e due misure*** mit zweierlei Maß messen; ***~ molecolare*** Molekulargewicht *n.*; ***~ morto*** totes Gewicht *n.*; FIG. ***essere un ~ morto per qcn.*** jdm ein Klotz am Bein sein; SPORT ***~ mosca*** Fliegengewicht *n.*, Fliegengewichtler *m.*; *(categoria)* ***-i mosca*** Fliegengewicht *n.*; ***~ netto*** Nettogewicht *n.*; ***pagare qcs. a ~ d'oro*** für etw. einen gepfefferten Preis zahlen; SPORT ***~ piuma*** Federgewicht *n.*, Federgewichtler *m.*; ***-i piuma*** Federgewicht *n.*; FIG. ***di poco ~*** unwesentlich, geringfügig; ***prendere di ~*** hoch‿heben; ***~ pubblico*** Waageamt *n.*; SPORT ***sollevamento -i*** Gewichtheben *n.*; ***sollevare qcn. di ~*** jdn hoch‿heben; FIG. jdm Bescheid stoßen; ***~ specifico*** spezifisches Gewicht; ***~ specifico assoluto*** absolutes spezifisches Gewicht; ***~ specifico relativo*** relatives spezifisches Gewicht; ***avere un ~ sullo stomaco*** einen Druck auf dem Magen haben; ***si è tolto un ~ dallo stomaco*** ihm ist ein Stein vom Herzen gefallen; ***~ totale*** Gesamtgewicht *n.*; ***unità di ~*** Gewichtseinheit *f.*; ***vendere a ~*** nach Gewicht verkaufen.

2.pe|so m. *(moneta)* Peso *m.*

pes|sa|rio m. *(-ri)* Pessar *n.*, Mutterring *m.*

pes|si|ma|men|te avv. sehr schlecht, miserabel.

pes|si|mi|smo m. Pessimismus *m.*

pes|si|mi|sta *(-i,-e)* **I** m. e f. Pessimist *m.* (-in *f.*); COLLOQ. Schwarzseher *m.* (-in *f.*): ***un ~ cronico*** ein unheilbarer Pessimist **II** agg. pessimistisch: ***essere ~ su qcs.*** bezüglich etw. pessimistisch sein; ***sulla riuscita della fusione sono ~*** was den Erfolg der Fusion betrifft (*o* bezüglich des Erfolges der Fusion), bin ich pessimistisch. **pes|si|mi|sti|ca|men|te** avv. pessimistisch. **pes|si|mi|sti|co** agg. *(-ci, -che)* pessimistisch, schwarzseherisch.

pes|si|mo agg. (superl. di *cattivo*) (sehr) schlecht, miserabel: ***frequentare -e compagnie*** einen sehr schlechten Umgang haben; ***parlare un ~ francese*** ein miserables Französisch sprechen; ***avere un ~ carattere*** einen sehr schlechten Charakter haben; ***essere un ~ sciatore*** ein miserabler Skiläufer sein ◆ ***di ~ gusto*** absolut geschmacklos; ***un ~ soggetto*** ein schlechter Mensch; ***in ~ stato*** in einem erbärmlichen Zustand; ***essere di ~ umore*** miese Laune haben.

pe|sta f. *(orma)* Spur *f.* ◆ ***trovarsi, essere nelle -e*** in der Tinte sitzen; ***lasciare qcn. nelle -e*** jdn im Stich lassen.

pe|stag|gio m. *(-gi)* **1** Zusammenschlagen *n.*; ***subire un ~*** zusammengeschlagen werden **2** *(rissa)* Schlägerei *f.*

pe|sta|re tr. **1** zerstoßen: ***~ il sale*** das Salz zerstoßen **2** *(calpestare)* zertreten: ***~ l'erba, un insetto*** das Gras, einen Käfer zertreten; COLLOQ. ***~ una cacca di cane*** in Hundescheiße treten **3** COLLOQ. zusammen‿schlagen, schlagen: ***~ qcn. a sangue*** jdn blutig schlagen ◆ ***~ l'acqua nel mortaio*** Wasser in ein, mit einem Sieb schöpfen; ***~ sul pianoforte*** auf dem Klavier hämmern; ***~ i piedi*** mit den Füßen stampfen; ***~ i piedi a qcn.*** jdm auf die Füße treten; FIG. jdm auf die Zehen treten.

pe|sta|ta f. **1** Zerstoßen *n.*; ***dare una ~ a qcs.*** etw. zerstoßen **2** *(calpestata)* Treten *n.*; ***dare una ~ al piede di qcn.*** auf jds Fuß treten **3** *(pestaggio)* Zusammenschlagen *n.*; ***dare una ~ a qcn.*** jdn zusammenschlagen.

pe|ste f. **1** Pest *f.*: ***la ~ scoppia, si diffonde, infuria*** die Pest bricht aus, geht um, wütet; ***morire di ~*** an (der) Pest sterben; ***la ~ mietè migliaia di vittime*** die Pest raffte Tausende von Opfern hin **2** *(male, rovina)* Übel *n.*, Plage *f.* **3** *(di bambino terribile)* kleiner Teufel *m.*, Ekel *n.*: ***sei una ~!*** du Ekel! ◆ BOT. ***~ d'acqua*** Wasserpest *f.*; ***~ aviaria*** Hühnerpest *f.*; ***~ bovina*** Rinderpest *f.*; ***bubbone della ~*** Pestbeule *f.*; ***~ bubbonica*** Beulenpest *f.*; ***colonna della ~*** Pestsäule *f.*; ***dire ~ e corna di qcn.*** an jdm kein gutes Haar lassen; ***~ equina*** Pferdepest *f.*; ***fuggire qcn., qcs. come la ~*** jdn, etw. wie die Pest meiden; ***malato di ~*** pestkrank; ***~ suina*** Schweinepest *f.*

pe|stel|lo m. Stößel *m.*; *(per farmacista)* Pistill *n.*

pe|sti|ci|da m. Pflanzenschutzmittel *n.*, Pestizid *n.*

pe|sti|fe|ro agg. **1** pestübertragend **2** *(pestilenziale)* pestartig, Pest-: ***miasmi -i*** Pesthauch *m.* **3** FIG. *(di persona, molesto)* unausstehlich: ***un bambino ~*** ein unausstehliches Kind.

pe|sti|len|za f. **1** Pestilenz *f.* **2** *(male, rovina)* Plage *f.* **pe|sti|len|zia|le** agg. **1** Pest-: ***epidemia ~*** Pestepidemie *f.* **2** *(puzzolente)* Pest-, pestilenzialisch, pestartig: ***odore ~*** pestartiger Gestank; ***miasma, esalazione ~*** Pesthauch *m.*

pe|sto **I** agg. **1** ***occhio ~*** blaues Auge, Veilchen *n.* **2** *(fitto)* ***buio ~*** stockdunkel (*o* stockfinster) **II** m. ***~ (alla genovese)*** INTRAD. (Soße aus Basilikum, Olivenöl, Pinienkernen und Schafskäse).

pe|ta|lo m. Blütenblatt *n.*: ***~ di rosa*** Rosenblatt *n.*

pe|tar|do m. Petarde *f.*, Knallfrosch *m.*: ***fare scoppiare un ~*** einen Knallfrosch explodieren lassen.

pe|ta|si|te f. Pestwurz *f.*

pe|tec|chia f. Petechie *f.*, Fleck *m.* **pe|tec|chia|le** agg. Fleck-: ***febbre ~*** Fleckfieber *n.*; ***tifo ~*** Flecktyphus *m.*

pe|ti|zio|ne f. Petition *f.*, Eingabe *f.*; *(istanza)* Bittgesuch *n.*: ***rivolgere, fare, presentare una ~ a qcn.*** eine Petition an jdn richten ◆ ***diritto di ~*** Petitionsrecht *n.*; ***azione di ~ d'eredità*** Erbschaftsklage *f.*; FILOS. ***~ di principio*** Petitio Principii *f.*

pe|to m. Darmwind *m.*

pe|tra|ia f. LETT. Steinhaufen *m.*

pe|trar|cheg|gian|te agg. im Stile Petrarcas. **pe|trar|che|sco** agg. *(-chi,-che)* **1** *(di Petrarca)* (des) Petrarca: ***produzione -a*** die Werke Petrarcas **2** *(a imitazione di Petrarca)* im Stile Petrarcas. **pe|trar|**

chi|smo m. Petrarkismus *m.* **pe|trar|chi|sta** m. e f. *(-i,-e)* **1** *(imitatore)* Petrarkist *m.* (-in *f.*) **2** *(studioso)* Petrarcaforscher *m.* (-in *f.*).
pe|tri|fi|ca|re → **pietrificare.**
pe|tro|chi|mi|co → **petrolchimico.**
pe|tro|dol|la|ri m.pl. Petrodollars *m.pl.*
pe|tro|ge|ne|si f. Petrogenese *f.*, Gesteinsbildung *f.*
pe|tro|gra|fi|a f. Petrographie *f.*, beschreibende Gesteinskunde *f.* **pe|tro|gra|fi|co** agg. *(-ci,-che)* petrographisch. **pe|tro|gra|fo** m. Petrograph *m.*, Petrologe *m.*
pe|trol|chi|mi|ca f. Petrolchemie *f.* **pe|trol|chi|mi|co I** agg. *(-ci, -che)* petrolchemisch **II** m. *(-ci)* Petrolchemiker *m.*
pe|tro|lie|ra f. Tanker *m.*, Tankschiff *n.* **pe|tro|lie|re** m. **1** *(industriale)* Erdölindustrielle *m.* **2** *(operaio)* Erdölförderarbeiter *m.*
pe|tro|lie|ro agg. Erdöl-: ***industria -a*** Erdölindustrie *f.*
pe|tro|li|fe|ro agg. Erdöl-, Öl-, Mineralöl- ◆ ***approvigionamento ~*** Erdölversorgung *f.*; ***compagnia -a*** Erdölgesellschaft *f.*; ***crisi -a*** Ölkrise *f.*; ***embargo ~*** Ölembargo *n.*; ***fabbisogno ~*** Erdölbedarf *m.*; ***giacimento ~*** Erdölvorkommen *n.*; ***gruppo ~*** Ölkonzern *n.*; ***industria -a*** Mineralölindustrie *f.*; ***paese ~*** Ölland *n.*; ***piattaforma -a*** Ölplattform *f.*; ***pozzo ~*** Ölquelle *f.*, Erdölbohrung *f.*: ***lo sfruttamento di un pozzo ~*** die Erschließung einer Ölquelle; ***prodotto ~*** Erdölprodukt *n.*, Erdölerzeugnis *n.*; ***società -a*** Mineralölgesellschaft *f.*; ***torre (di trivellazione) -a*** Ölbohrturm *m.*; ***trivellazione -a*** Ölbohrung *f.*
pe|tro|lio m. *(-li)* **1** Erdöl *n.*; *(raffinato)* Öl *n.*: ***un barile di ~*** eine Tonne Öl; ***estrarre il ~*** Erdöl fördern; ***trivellare alla ricerca di ~*** nach Erdöl bohren; ***trovare il ~*** auf Erdöl stoßen **2** *(da illuminazione)* Petroleum *n.*, Leuchtöl *n.* ◆ ***consumo di ~*** Erdölverbrauch *m.*; ***paese esportatore di ~*** Erdöl exportierendes Land; ***estrazione del ~*** Erdölförderung *f.*; ***fornello a ~*** Petroleumkocher *m.*; ***giacimento di ~*** Erdölvorkommen *n.*; ***~ greggio*** Rohöl *n.*; ***paese importatore di ~*** Erdöl importierendes Land; ***lampada a ~*** Petroleumlampe *f.* (*o* Öllampe *f.*); ***magnate del ~*** Ölmagnat *m.*; ***multinazionale del ~*** Ölmulti *f.*; ***pozzo di ~*** Ölquelle *f.*; ***paese produttore di ~*** Erdölland *n.* (*o* Erdöl förderndes Land); ***produzione di ~*** Erdölproduktion *f.*; ***raffineria di ~*** Erdölraffinerie *f.*; ***sabbia mista a ~*** Ölsand *m.*; ***sceicco del ~*** Ölscheich *m.*; ***tanica di ~*** Erdölkanister *m.*
pe|tro|lo|gi|a m. Petrologie *f.*, Gesteinskunde *f.*
pe|tro|so → **pietroso.**
pet|te|go|la f. **1** Klatschbase *f.*, Klatschtante *f.*, Tratsche *f.* **2** ZOOL. Rotschenkel *m.*
pet|te|go|la|re intr. (*pettegolo*; aus. *avere*) klatschen, tratschen: ***~ su qcn.*** über jdn klatschen.
pet|te|go|lez|zo m. Klatsch *m.*, Tratsch *m.*, Tratscherei *f.*, Gerede *n.*: ***dar luogo a -i*** ins Gerede kommen (*o* geraten); ***diffondere -i su qcn.*** übles Gerede über jdn verbreiten; ***esporsi ai -i della gente*** sich dem Gerede der Leute aus‿setzen ◆ ***-i di donne*** Weibergeschwätz *n.*; ***giornalista di -i*** Klatschkolumnist *m.*; ***-i mondani*** Gesellschaftsklatsch *m.*; ***rubrica di -i*** Klatschspalte *f.* **pet|te|go|li|o** m. Tratscherei *f.*
pet|te|go|lo I agg. klatschhaft, klatschsüchtig **II** m. Klatschmaul *n.*, Tratsche *f.*
pet|ti|na|re (*pettino*) **I** tr. **1** kämmen: ***~ i capelli a qcn.*** jds Haar kämmen; ***~ il bambino*** das Kind kämmen; ***~ i capelli all'indietro*** die Haare nach hinten kämmen **2** assol. *(acconciare i capelli)* frisieren **3** TESS. kämmen; *(lino, canapa)* hecheln, kämmeln: ***~ la lana*** Wolle kämmen **4a** FIG. COLLOQ. *(rimproverare)* tadeln, zurecht‿weisen **b** *(picchiare)* verhauen **II** pronom. **pettinarsi 1** sich kämmen: ***-rsi i capelli*** sich das Haar kämmen **2** *(farsi l'acconciatura)* sich frisieren.
pet|ti|na|ta f. **1** Kämmen *n.*; ***darsi una ~*** sich (schnell) kämmen **2** COLLOQ. *(rimprovero)* Rüffel *m.*: ***dare una ~ a qcn.*** jdm einen Rüffel erteilen (*o* geben). **pet|ti|na|to I** p.pass. agg. **1** → **pettinare 2** TESS. Kamm-, gekämmt: ***lana -a*** Kammwolle *f.*, gekämmte Wolle **II** m. Kammgarn *n.* ◆ ***filato di lana -a*** Kammgarnwolle *f.*
pet|ti|na|tri|ce f. **1** *(parrucchiera)* Friseuse *f.* **2** TESS. *(macchina)* Kämmmaschine *f.*; *(per lino, canapa)* Hechelmaschine *f.*
pet|ti|na|tu|ra f. **1** *(il pettinare)* Kämmen *n.* **2** *(acconciatura)* Frisur *f.*: ***cambiare ~*** die Frisur ändern; ***la ~ non ha tenuto a lungo*** die Frisur hat nicht lange gehalten **3** TESS. Kämmen *n.*, Kämmeln *n.* ◆ ***~ a coda di cavallo*** Pferdeschwanzfrisur *f.*; ***~ della lana*** Wollkämmerei *f.*
pet|ti|ne m. **1** Kamm *m.*, Haarkamm *m.*: ***un ~ a denti larghi, stretti*** ein grobzinkiger, feinzinkiger Kamm (*o* Staubkamm *m.*); ***passarsi il ~ tra i capelli*** sich mit dem Kamm durch die Haare fahren; ***togliere i nodi col ~*** = die Haare aus‿kämmen **2** TESS. Kamm *m.*, Weberkamm *m.* **3** *(delle gondole)* Gondelschnabel *m.* **4** ZOOL. Kammmuschel *f.*, Pektenmuschel *f.* ◆ ***~ a coda*** Stielkamm *m.*; ***~ di corno*** Hornkamm *m.*; ***dente di ~*** Kammzinke *m.*; ***filatura a ~*** Kammgarnspinnerei *f.*; ***a forma di ~*** kammförmig; ***~ da lana*** Wollkamm *m.*; ***~ per il lino*** Riffelkamm *m.*; ***parcheggio a ~*** = Parken *n.* senkrecht zum Bürgersteig; ***~ di tartaruga*** Schildpattkamm *m.*; ***~ da tasca*** Taschenkamm *m.*; PROV. ***tutti i nodi vengono al ~*** es ist nichts so fein gesponnen, es kommt doch an das Licht der Sonnen.
pet|ting m.inv. Petting *n.*: ***fare del ~*** Petting machen.
pet|ti|ni|no m. **1** Kämmchen *n.*; *(da tasca)* Taschenkamm *m.* **2** *(fermaglio)* Einsteckkamm *m.*, Kämmchen *n.*, Kamm *m.*: ***mettersi un ~ tra i capelli*** sich ein Kämmchen ins Haar stecken.
pet|ti|no m. **1** *(pettorina di grembiule)* Latz *m.* **2** *(parte anteriore di abito)* Chemisette *f.*, Hemdbrust *f.*
pet|ti|ros|so m. Rotkehlchen *n.*
pet|to m. **1** Brust *f.*, Oberkörper *m.*: ***~ muscoloso*** kräftiger Oberkörper; ***~ villoso*** behaarte Brust; ***a ~ nudo*** mit nacktem Oberkörper; ***chinare la testa sul ~*** den Kopf auf die Brust sinken lassen; ***stringere qcn. al ~*** jdn an die Brust (*o* an sich) drücken; ***col ~ gonfio d'orgoglio*** mit vor Stolz geschwellter (*o* mit stolzgeschwellter) Brust **2** *(seno)* Brust *f.*, Busen *m.*: ***un ~ prosperoso*** ein üppiger Busen; ***avere un bambino al ~*** einem Kind die Brust geben (*o* ein Kind stillen) **3** FIG. Brust *f.*, Herz *n.*: ***il suo ~ arde d'amor patrio*** sein Herz glüht vor Vaterlandsliebe ◆ ***alto fino al ~*** brusthoch; ***battersi il ~*** sich an die Brust schlagen (anche FIG.); ***~ carenato*** Hühnerbrust *f.*; ***circonferenza di ~*** Brustumfang *m.*; ***croce sul ~*** Brustkreuz *n.*; ***debole di ~*** schwachbrüstig; ***essere debole di ~*** schwach auf der Brust sein; ***do di ~*** tiefes C; ***dolore al, di ~*** Brustschmerz *m.*; ***avere dolori al ~*** Schmerzen auf, in der Brust haben; ***(abito, giacca a) doppio ~*** Zweireiher *m.*, Doppelreiher *m.*, zweireihiges Jackett *n.*; ***~ in fuori!*** Brust (he)raus! ANT. ***essere malato di ~*** es auf der Brust haben; ***malattie di ~*** Lungenkrankheiten *pl.*; ***nota di ~*** Brustton *m.*; ***~ d'oca*** Gänsebrust *f.*; ***~ di pollo*** Hühnerbrust *f.*; SCHERZ. ***~ possente*** Heldenbrust *f.*; FIG. ***prendere qcn. di ~*** sich jdn vor‿nehmen; FIG. ***prendere qcs. di ~*** = etw. direkt an‿packen; ***profondo fino al ~*** brusttief; ***abito, giacca a un ~*** Einreiher *m.*, einreihiges Jackett *n.*; ***voce di ~*** Bruststimme *f.*
pet|to|ra|le I agg. Brust-, MED. pektoral: ***muscolo, pinna ~*** Brustmuskel *m.*, Brustflosse *f.* **II** m. **1** SPORT Startnummer *f.* **2** *(finimento del cavallo)* Siele *f.* **3** pl. ANAT. Brustmuskeln *pl.* ◆ ***croce ~*** Pektorale *n.* **pet|to|ri|na** f. **1** *(di abiti)* Chemisette *f.*; *(parte anteriore di camicie)* Hemdbrust *f.* **2** *(di grembiule)* Latz *m.* ◆ ***grembiule con ~*** Latzschürze *f.*; ***pantaloni con la ~*** Latzhose *f.* **pet|to|ru|to** agg. **1** *(di uomo)* breitschultrig; *(di donna)* üppig **2** FIG. *(impettito)* kerzengerade.
pe|tu|lan|te agg. **1** *(insistente)* aufdringlich **2** *(molesto)* lästig. **pe|tu|lan|za** f. Aufdringlichkeit *f.*
pe|tu|nia f. Petunie *f.*
pe|yo|te m.inv. Peyotl *m.*, Peyote *m.*
pez|za f. **1** *(pezzo)* Stück *n.*: ***una ~ di stoffa*** ein Stück Stoff **2** *(straccio)* Lappen *m.* **3** *(toppa)* Flicken *m.* **4** *(striscia di tessuto)* Stoffbahn *f.*, Stoffballen *m.* **5** *(su mantello di animale)* Fleck *m.*: ***un cavallo bianco con -e nere*** ein schwarzweiß geschecktes (*o* gefleckte s) Pferd ◆ ***animale di ~*** Stofftier *n.*; ***~ d'appoggio*** Beleg *m.* (*o* Nachweis *m.*); ***bambola di ~*** Stoffpuppe *f.*; ***~ giustificativa*** Rechnungsbeleg *m.*, Buchungsbeleg *m.*; FIG. ***mettere una ~ a qcs.*** etw. notdürftig beheben; ***~ di pelle*** Ledertuch *n.*; ***~ da piedi*** Fußlappen *m.*; FIG. Niete *f.*; ***trattare qcn. come una ~ da piedi*** jdn mit Füßen treten; ***~ da polvere*** Staubtuch *n.*; ***~ per pulire*** Putzlappen *m.*
pez|za|to I agg. *(variegato)* gefleckt, gescheckt; *(bianco e nero)* scheckig, schwarzbunt **II** m. Schecke *m.* ◆ ***bestiame ~*** Scheckvieh *n.*; ***cavallino ~*** Rappschimmel *m.*
1.pez|za|tu|ra f. Scheckung *f.*
2.pez|za|tu|ra f. COMM. Stückgröße *f.*, Größe *f.*: ***~ piccola, media*** kleine, mittlere Größe.
pez|zen|te m. e f. **1** Bettler *m.* (-in *f.*): ***va in giro vestito come un ~*** er läuft wie ein Bettler herum **2** FIG. *(tirchio)* Geizhals *m.*
pez|zet|to m. **1** kleines Stück *n.*, Stückchen *n.*: ***un ~ di stoffa*** ein Stoffstück; ***un ~ di formaggio*** ein Stückchen Käse **2** *(ritaglio)* Fetzen *m.*, Schnitzel *n.*, Schnipsel *m.* e *n.*: ***un ~ di carta*** ein Papierfetzen *m.*, -schnitzel *n.* ◆ ***a -i*** stückchenweise (*o* bröckchenweise); COLLOQ. ***fare qcn. a -i*** jdn zu Kleinholz (*o* aus jdm Kleinholz) machen; ***staccare a -i*** stückweise ab‿bröckeln.
pez|zo m. **1** Stück *n.*, Teil *m.* e *n.*: ***un ~ di carta, carne*** ein Stück Papier, Fleisch; ***un ~ di terreno*** ein Stück Land; ***due -i di dolce*** zwei Stück(e) Kuchen; ***un ~ di ferro, di legno*** ein Stück Eisen, Holz (*o* ein Eisenstück *n.*, Holzstück *n.*); ***un ~ difettoso*** ein fehlerhaftes Teil; ***tagliare qcs. a, in -i*** etw. in Stücke schneiden; ***dividere qcs. in tre -i*** etw. in drei Stücke teilen; ***arricchire la collezione di nuovi -i***

die Sammlung um neue Stücke bereichern; *confezionare in scatole da 10 -i* in Schachteln zu 10 Stück verpacken; *un puzzle da 1000 -i* ein Puzzle mit 1000 Teilen; *di dieci, dodici -i* zehnteilig, zwölfteilig; *un servizio da tavola di 24 -i* ein 24-teiliges Tafelservice 2 *(tratto di strada)* Stück *n.*, Strecke *f.*: *c'è ancora un bel ~ di strada* es ist noch ein gutes Stück; *fare un ~ con la macchina* ein Stück (Straße) mit dem Auto fahren 3 ART. MUS. Stück *n.*: *suonare, scrivere un ~* ein Stück spielen, lesen; *un ~ di Rossini* ein Stück von Rossini; *un ~ raro* ein seltenes Stück 4 GIORN. Zeitungsartikel *m.*, Artikel *m.*: *un ~ di cronaca* ein Artikel im Lokalteil 5 *(banconota)* Schein *m.*; *(moneta)* Münze *f.*: *un ~ da 10 marchi* ein Zehnmarkschein *m.* (*o* Zehner *m.*) ◆ *essere a -i* in Stücke zerbrochen sein; FIG. kaputt (*o* fix und fertig) sein; *pagare al ~* nach Stück bezahlen; *2 marchi al ~* 2 DM das Stück; *andare in -i* in Stücke gehen; *-i d'antiquariato* Antiquitäten *pl.*; *~ d'artiglieria* Geschütz *n.*; COLLOQ. *~ d'asino* (dummer) Esel; *un bel ~ → un ~*; *a -i e bocconi* stückweise; MUS. *~ di bravura* Bravourstück *n.*, Glanz-, Meisterleistung *f.*; *cadere a -i* in Stücke fallen, zerbrechen; *~ di carta* Stück *n.* Papier; *~ da collaudare* Prüfling *m.*; *~ da collezione* Sammelstück *n.*; *confezione da 6 -i* Sechserpackung *f.*; *confezione da 10 -i* Zehnerpackung *f.*; *un (gran) ~ di cretino* Vollidiot *m.*; *(costume a) due -i* zweiteiliger Badeanzug; *~ dell'equipaggiamento* Ausrüstungsstück *n.*; *~ da esposizione* Ausstellungsstück *n.*, Exponat *n.*; *fare a -i qcs.* etw. in Stücke schlagen (*o* hauen); *(strappare)* etw. in Stücke reißen; FIG. *fare a -i qcn.* aus jdm Hackfleisch machen; *~ forte* Glanzstück *n.*, Paradestück *n.*; *(cavallo di battaglia)* Paradepferd *n.*; *(di attore)* Glanzrolle *f.*; *essere un ~ di ghiaccio* Fischblut in den Adern haben; COLLOQ. *~ grosso* hohes (*o* großes) Tier; *in -i* stückweise; *~ intermedio* Zwischenstück *n.*; FIG. *essere un ~ di legno* wie aus Holz sein; *mandare qcs. in -i* etw. in Stücke schlagen, kaputt‿schlagen (*o* kaputt‿hauen); *essere un ~ di marmo → essere un ~ di ghiaccio*; VOLG. *~ di merda* Scheißkerl *m.*; *rompersi, andare in mille -i* in tausend Stücke zerbrechen (*o* zerspringen); *~ del motore* Motorteil *n.*; *~ da museo* Museumsstück *n.* (anche FIG.); *~ musicale* Musikstück *n.*; *avere i nervi a -i* mit den Nerven am Ende (*o* fertig) sein; *numero dei -i* Stückzahl *f.*; *~ per ~* Stück für Stück; *~ per pianoforte* Klavierstück *n.*; *essere un (bel) ~ di ragazza* ein tolles Mädchen sein; *~ da repertorio* Repertoirestück *n.*; *~ di ricambio* Ersatzteil *n.*; *ridurre in -i qcs.* etw. zerstückeln (*o* zerbrechen); *~ di riserva* Reserveteil *n.*; *~ degli scacchi* Schachfigur *f.*; *~ sciolto* Einzelteil *n.*; *strappare a -i* zerreißen; *~ teatrale* Theaterstück *n.*; *tutto d'un ~* aus einem Stück; FIG. *un uomo tutto d'un ~* ein gestandener Mann; *ultimo ~* Endstück *n.*; *è un ~ che...* es ist schon lange, dass...; *non lo vedo da un (bel) ~* ich habe ihn schon seit langem nicht mehr gesehen; *da un ~ a questa parte* seit einiger Zeit; *~ unico* Einzelstück *n.*; *un (bel) ~ d'uomo* ein gestandenes Mannsbild; *~ di vetro* Glasscherbe *f.*

pez|zuo|la f. 1 Läppchen *n.* 2 *(fazzoletto)* Taschentuch *n.* ◆ MED. *~ di compressione* Druckverband *m.*

p.f. ⇒ *per favore* bitte.

PG ⇒ 1 *Procuratore Generale* Oberstaatsanwalt 2 *Polizia Giudiziaria* Gerichtspolizei.

ph m.inv. pH-Wert *m.*: *~ neutro, acido* neutraler, saurer pH-Wert.

phon ['fon] m.inv. Föhn *m.*

pi m. Pi *n.*: *~ greco* griechisches Pi (*o* Kreiszahl *f.*, ludolphsche Zahl).

PI ⇒ *Pubblica Istruzione* Öffentliches Schulwesen.

pia|cen|te agg. gefällig, einnehmend; *(attraente)* anziehend; *essere ~* anziehend sein (*o* wirken).

pia|cen|ti|no I agg. aus (*o* von) Piacenza II m. 1 *(abitante)* Einwohner *m.* von Piacenza 2 *(dialetto)* Mundart *f.* von Piacenza. **Pia|cen|ti|no** m. Gegend *f.* um Piacenza.

1.pia|ce|re *(piaccio, piaci, piacciamo, piacete, piacciono;* congiunt. pres. *piaccia*, congiunt.pass. *piacessi;* pass.rem. *piacqui;* p.pres. *piacente*, p.pass. *piaciuto*; ger. *piacendo)* I intr. (aus. *essere*) 1 *a qcn. piace qcs.* jdm gefällt (*o* jd mag) etw.: *mi piace la musica pop* mir gefällt Popmusik (*o* ich mag Popmusik); *mi piaci* du gefällst mir; *gli piacciono le bionde* ihm gefallen blonde Frauen; *sembra che tua sorella gli piaccia molto* anscheinend gefällt ihm deine Schwester sehr 2 *a qcn. piace fare qcs.* jd tut etw. gern: *mi piace viaggiare* ich reise gern; *mi piacerebbe avere più tempo libero* ich hätte gern mehr Freizeit; *ci piacerebbe andare al cinema* wir würden gern ins Kino gehen 3 *(riscuotere favore)* Anklang finden: *un articolo che piace molto* ein Artikel, der großen Anklang findet; *il film non è piaciuto molto* der Film hat keinen großen Anklang gefunden 4 *(di cibo)* schmecken, mögen: *ti piace questo dolce?* schmeckt dir dieser Kuchen? *mi piace il gelato* ich mag Eis II pronom. **piacersi** sich (D) gefallen ◆ *come vi piace!* wie ihr wollt! (*o* wie es euch gefällt!); *così mi piaci!* so ist es recht! *così mi piace* so habe ich es gern (*o* so ist es recht); *non finire di ~* immer gefallen; *piaccia o non piaccia, piaccia o no* ob es nun gefällt oder nicht; *come mi pare e piace* wie es mir gefällt; PROV. *non è bello ciò che è bello, ma è bello ciò che piace* = schön ist, was gefällt.

2.pia|ce|re m. 1 Vergnügen *n.*, Freude *f.*: *provare ~ a fare qcs.* an etw. (D) Vergnügen haben; *non è un ~* das ist kein Vergnügen; *il ~ di una passeggiata* das Vergnügen eines Spaziergangs; *è per me un vero ~* es ist mir eine echte Freude; *avrei ~ che...* es würde mich sehr freuen, wenn... 2 *(voluttà)* Wollust *f.*, Lust *f.*: *abbandonarsi al ~* sich der Wollust hin‿geben; *essere inebriato dal ~* trunken vor Lust sein 3 *(godimento)* Genuss *m.*, Freude *f.*: *-i mondani* weltliche Freuden 4 *(favore)* Gefallen *m.*, Gefälligkeit *f.*: *fare un ~ a qcn.* jdm einen Gefallen tun; *fare a qcn. il ~ di fare qcs.* jdm den Gefallen erweisen, etw. zu tun; *chiedere un ~ a qcn.* jdn um einen Gefallen bitten; *ricevere molti -i da qcn.* viele Gefälligkeiten von jdm an‿nehmen; IRON. *fammi il ~!* tu mir den Gefallen! 5 *(desiderio)* Wunsch *m.*: *dire il proprio ~* seinen Wunsch äußern ◆ *a ~* nach Belieben; *i -i della carne* die Freuden des Fleisches, die Fleischeslust; *che ~!* was für eine Freude! (*o* hocherfreut!); *con ~* mit Vergnügen (*o* gern); *~ di conoscerla, di fare la Sua conoscenza* es freut mich (*o* es ist mir eine große Freude), Sie kennen zu lernen; *far ~ a qcn.* jdn erfreuen; *mi ha fatto ~ rivederti* es hat mich gefreut, dich wieder zu sehen; *se ti fa ~* wenn es dir Spaß macht; *gita di ~* Vergnügungsausflug *m.*; *per ~* bitte; *te lo chiedo per ~* ich bitte dich darum; *tanto ~* sehr angenehm; *il ~ è tutto mio* das Vergnügen ist ganz meinerseits; *viaggio di ~* Vergnügungsreise *f.*; PROV. *prima il dovere, poi il ~* erst die Pflicht, dann das Vergnügen.

pia|ce|vo|le agg. 1 angenehm: *una compagnia, vacanza ~* eine angenehme Gesellschaft, ein angenehmer Urlaub; *una persona ~* ein angenehmer Mensch; *una medicina dal gusto ~* eine Medizin mit angenehmem Geschmack 2 *(divertente)* vergnügt, lustig: *una ~ serata* ein vergnügter Abend 3 *(gradevole)* gefällig; *aspetto ~* gefälliges Aussehen *n.*

pia|ce|vo|lez|za f. 1 Annehmlichkeit *f.*, Freundlichkeit *f.* 2 *(battuta)* witzige Bemerkung *f.*

pia|ce|vol|men|te avv. angenehm: *~ sorpreso* angenehm überrascht; *trascorrere il tempo ~* die Zeit auf angenehme Weise verbringen.

pia|ci|men|to m. Freude *f.* ◆ *a ~* nach Belieben; *a mio ~* ganz wie ich möchte (*o* ganz wie es mir beliebt).

pia|da, pia|di|na f. INTRAD. (Teigfladen).

piaf|fa|re intr. (aus. *avere*) EQUIT. piaffieren.

pia|ga f. *(-ghe)* 1 Wunde *f.*: *un corpo coperto di -ghe* ein von Wunden bedeckter Körper; *la ~ si è riaperta* die Wunde ist wieder aufgebrochen 2 *(flagello)* Übel *n.*: *la ~ della droga, della disoccupazione* das Übel der Drogensucht, der Arbeitslosigkeit 3 *(di persona)* Plage *f.*: *che ~!* was für eine Plage! ◆ *rigirare il coltello nella ~* Salz auf (*o* in) die Wunde streuen; *-ghe da decubito* Wundliegen *n.* (*o* Dekubitus *m.*); *metter il dito sulla ~* den Finger auf die Wunde legen; *le -ghe d'Egitto* die ägyptischen Plagen; *riaprire una vecchia ~* eine alte Wunde wieder auf‿reißen.

pia|ga|re *(piago, piaghi)* I tr. wund scheuern II pronom. **piagarsi** wund werden. **pia|ga|to** p.pass. agg. 1 → **piagare 2a** voller Wunden: *corpo ~* Körper voller Wunden **b** *(ferito)* verwundet.

piag|ge|ri|a f. Schmeicheln *n.*, Schmeichelei *f.*

piag|gia f. *(-ge)* 1 *(pendio)* Abhang *m.* 2 *(riva)* Gestade *n.*, Ufer *n.* 3 ANT. *(luogo)* Ort *m.*

pia|gni|ste|o m. Weinerei *f.* **pia|gno|ne** m. 1 Jammerer *m.* 2 *(bambino)* Quengler *m.*

pia|gnu|co|la|men|to *m.* Wimmern *n.* **pia|gnu|co|la|re** intr. *(piagnucolo;* aus. *avere)* wimmern, quengeln. **pia|gnu|co|li|o** m. Wimmern *n.* **pia|gnu|co|lo|ne** m. Jammerer *m.* **pia|gnu|co|lo|so** agg. 1 weinerlich, kläglich: *voce -a* weinerliche Stimme; *parlare in tono ~* in weinerlichem Ton sprechen 2 *(di persona)* quengelig.

pial|la f. Hobel *m.* ◆ *~ doppia* Doppelhobel *m.*; *~ a due ferri* Doppelhobel *m.*; *ferro della ~* Hobeleisen *n.*; *~ a filo* Abrichthobelmaschine *f.*; *lavorare con la ~* hobeln; *~ per scanalature* Falzhobel *m.* (*o* Kehlhobel *m.*); *~ per sgrossare* Schrupphobel *m.*; *~ a spessore* Dickenhobelmaschine *f.*

pial|lac|cio m. *(-ci)* Furnier *n.*

pial|la|re tr. hobeln, ab‿hobeln: *~ un'asse* ein Brett hobeln. **pial|la|ta** f. Abhobeln *n.*; *dare una ~ a qcs.* etw. ab‿hobeln. **pial|la|to|re** m. Hobler *m.* **pial|la|tri|ce** f. Hobelmaschine *f.* ◆ *~ a filo* Abrichthobelmaschine *f.*; *~ per metalli* Metallhobelmaschine *f.* **pial|la|tu|ra** f. 1 Hobeln *n.*, Abhobeln *n.* 2 *(truciolo)* Hobelspan *m.*

pial|let|to m. 1a *(per lisciare)* Schlichthobel *m.* **b** *(per scanalature)*

Falzhobel *m.* **2** *(frattazzo)* Reibebrett *n.* **pial|lo|ne** m. Raubank *f.*

pia|men|te avv. fromm: ***vivere*** ~ fromm leben.

pia|na f. Ebene *f.*

pia|na|le m. **1** ebenes Gelände *n.* **2a** FERR. Flachwagen *m.* **b** *(piano di un veicolo)* Flachboden *m.* ◆ ~ ***di carico*** Ladepritsche *f.*; ***rimorchio a*** ~ Plattformanhänger *m.*

pia|na|re tr. ebnen, glätten.

pia|neg|gian|te agg. flach, eben: ***terreno*** ~ flaches (*o* ebenes) Gelände; ***strada*** ~ ebene Straße ◆ ***costa*** ~ Flachküste *f.*; ***territorio*** ~ Flachland *n.* (*o* flaches Land).

pia|nel|la f. **1** Pantoffel *m.* **2a** *(mattonella)* Fliese *f.* **b** *(tegola)* Dachziegel *m.* **3** BOT. ~ ***della Madonna*** Frauenschuh *m.*

pia|ne|rot|to|lo m. Treppenabsatz *m.*

1.pia|ne|ta m. *(-i)* **1** Planet *m.*, Wandelstern *m.*: ***-i inferiori, superiori*** untere, obere Planeten; ***-i interni, esterni*** innere, äußere Planeten; ***i -i girano intorno al sole*** die Planeten drehen sich um die Sonne; ***la posizione dei -i*** die Stellung der Planeten; ***i -i del sistema solare*** die Planeten des Sonnensystems; ***il*** ~ ***Marte*** der Planet Mars; ***il Pianeta Azzurro*** der Blaue Planet **2** FIG. Welt *f.*: ***il*** ~ ***donna*** die Welt der Frau ◆ ***orbita di*** ~ Planetenbahn *f.*

2.pia|ne|ta f. LIT. Messgewand *n.*

pia|ne|ti|no m. Planetoid *m.*, Asteroid *m.*

pian|gen|te agg. **1** weinend, weinerlich: ***voce*** ~ weinerliche Stimme **2** BOT. ***salice*** ~ Trauerweide *f.*

pian|ge|re *(piango, piangi; piansi; pianto)* **I** intr. (aus. *avere*) weinen: ~ ***per qcn., qcs.*** um jdn, etw. weinen; ~ ***per la disperazione, dalla rabbia, dalla gioia, per il dolore*** vor Verzweiflung, Ärger, Freude, Schmerz weinen; ***stare per*** ~ dem Weinen nah sein; ***c'è da*** ~ das ist zum Weinen **II** tr. weinen, beweinen: ~ ***lacrime amare*** bittere Tränen weinen; ~ ***la morte di qcn.*** jds Tod beweinen **III** pronom. ***piangersi addosso*** sich in Selbstmitleid suhlen ◆ ~ ***a calde lacrime*** heiße Tränen weinen, vergießen; ***mi piange il cuore*** das tut mir in der Seele weh; ***far*** ~ ***qcn.*** jdn zum Weinen bringen; ~ ***come una fontana*** in Tränen zerfließen; ~ ***sul latte versato*** = unnütze Tränen vergießen; ~ ***miseria*** jammern; ***scoppiare a*** ~ in Tränen aus‿brechen; ***smettila di*** ~ hör auf zu heulen! ***mi viene da*** ~ mir kommen die Tränen; ~ ***come una vite tagliata*** zum Steinerweichen weinen; ~ ***come un vitello*** wie ein Schlosshund heulen.

pian|giuc|chia|re intr. *(piangiucchio, piangiucchi; aus. avere)* wimmern.

pia|ni|fi|ca|bi|le agg. planbar.

pia|ni|fi|ca|re tr. *(pianifico, pianifichi)* planen: ~ ***il futuro*** die Zukunft planen; ~ ***l'economia*** die Wirtschaft voraus‿planen. **pia|ni|fi|ca|to** p.pass. agg. **1** → **pianificare 2** Plan-, geplant: ***economia -a*** Planwirtschaft *f.* **pia|ni|fi|ca|to|re** m. Planer *m.*

pia|ni|fi|ca|zio|ne f. Planung *f.*, Planifikation *f.* ◆ ~ ***economica*** Wirtschaftsplanung *f.*; ~ ***familiare*** Familienplanung *f.*; ~ ***finanziaria*** Finanzplanung *f.*; ~ ***del lavoro*** Arbeitsplanung *f.*; ~ ***regionale*** Regionalplanung *f.*; ~ ***territoriale*** Raumplanung *f.*; ~ ***urbanistica*** Stadtplanung *f.*

pia|ni|no avv. ***(pian, pianin)*** ~ allmählich, mit der Zeit; *(a voce sommessa)* leise.

pia|nis|si|mo **I** avv. pianissimo **II** m. Pianissimo *n.*

pia|ni|sta m. e f. *(-i,-e)* Pianist *m.* (-in *f.*), Klavierspieler *m.* (-in *f.*).

pia|ni|sti|co agg. *(-ci,-che)* pianistisch, Klavier-: ***concerto*** ~ Klavierkonzert *n.*; ***concorso*** ~ Klavierwettbewerb *m.*; ***serata -a*** Klavierabend *m.*

1.pia|no **I** agg. **1** flach, eben: ***piatto*** ~ flacher Teller; ***superficie, strada -a*** ebene Oberfläche, Straße; ***terreno*** ~ ebenes Gelände **2** GEOM. eben: ***figura, geometria -a*** ebene Figur, Geometrie **3** *(semplice)* leicht, einfach, verständlich: ***spiegazione -a*** einfache Erklärung; ***discorso*** ~ verständliche Rede; ***scrittura -a*** leicht leserliche Schrift **4** LING. ***parola -a*** Wort mit Betonung auf der vorletzten Silbe **II** avv. **1** *(lentamente)* leise, langsam: ***camminare*** ~ langsam gehen **2** *(a bassa voce)* leise: ***parlare, cantare*** ~ leise sprechen, singen **3** MUS. leise, piano ◆ ***andarci*** ~ ***con qcs.*** sich mit etw. zurück‿halten; ***vacci*** ~***!*** nimm dich in acht! ***vacci*** ~ ***con l'alcol*** trink nicht zu viel Alkohol! ***in*** ~ gerade; ***il tavolo non è in*** ~ der Tisch steht nicht gerade; ***mettere qcs. in*** ~ etw. gerade hin‿legen; SPORT ***100 metri -i*** 100-Meter-Lauf *m.*; ~ ***piano*** allmählich (*o* mit der Zeit); ~ ***piano lo verranno a sapere tutti*** mit der Zeit werden es alle erfahren.

2.pia|no m. **1** Fläche *f.*, Ebene *f.* **2** GEOM. Ebene *f.*: ***-i paralleli, convergenti*** parallele, konvergente Ebenen; ***rette giacenti sullo stesso*** ~ Gerade, die auf derselben Ebene liegen **3** *(livello)* Ebene *f.*, Niveau *n.*: ***porre due cose sullo stesso*** ~ zwei Dinge für gleich wichtig an‿sehen **4** *(di edificio)* Stockwerk *n.*, Stock *m.*, Geschoss *n.*: ***abitare al terzo*** ~ im dritten Stock(werk) wohnen; ***un grattacielo di 30 -i*** ein Wolkenkratzer mit 30 Stockwerken; ***è sceso al primo*** ~ er ist in den ersten Stock hinunter‿gegangen; ***i -i alti*** die oberen Stockwerke ◆ ***autobus a due -i*** Doppeldecker *m.*; ~ ***caricatore*** Laderampe *f.*; ~ ***di carico*** Ladefläche *f.*; AER. ~ ***di coda*** Leitwerk *n.*; ~ ***di cottura*** Kochplatte *f.*; ~ ***inclinato*** schiefe Fläche; *(scivolo)* Rutsche *f.*; ~ ***interrato*** Souterrain *n.*, Kellergeschoss *n.*; ~ ***di lavoro*** Arbeitsfläche *f.*; ~ ***di legno*** Holzfläche *f.*; CINEM. ~ ***medio*** Halbnahaufnahme *f.*; ~ ***nobile*** Obergeschoss *n.*; ASTR. ~ ***orbitale*** Bahnebene *f.*; AER. ~ ***portante*** Tragfläche *f.*; ***primo*** ~ Vordergrund *m.*; FOT. CINEM. Nahaufnahme *f.*; ***essere in primo*** ~ im Vordergrund stehen (anche FIG.); ***mettere qcn., qcs. in primo*** ~ etw. in den Vordergrund stellen (*o* rücken); ***una personalità di primo*** ~ eine bedeutende Persönlichkeit; CINEM. ***fare un primo*** ~ ***a qcn.*** eine Nahaufnahme von jdm machen; ~ ***rialzato*** Hochparterre *n.*; ***secondo*** ~ Hintergrund *m.*; ***in secondo*** ~ im Hintergrund; ***passare in secondo*** ~ in den Hintergrund rücken; ~ ***di simmetria*** Symmetrieebene *f.*; ~ ***stradale*** Fahrbahn *f.*; ~ ***terra*** Erdgeschoss *n.*; ***torta a tre -i*** dreistöckige Torte.

3.pia|no m. Plan *m.*, Projekt *n.*: ***fare, escogitare, elaborare, seguire un*** ~ einen Plan machen, aus‿hecken, aus‿arbeiten, verfolgen; ***un*** ~ ***geniale*** ein genialer Plan ◆ ~ ***d'azione*** Aktionsplan *m.*; ~ ***di battaglia*** Schlachtplan *m.*; ~ ***economico*** Wirtschaftsplan *m.*; ~ ***edilizio*** Bauplan *m.*; ~ ***di emergenza*** Notplan *m.*; ~ ***finanziario*** Finanzplan *m.*; ***-i per il futuro*** Zukunftspläne *pl.*; ~ ***di guerra*** Kriegsplan *m.*, Strategie *f.*; ~ ***di investimento*** Investitionsplan *m.*; ~ ***di lavoro*** Arbeitsplan *m.*; ~ ***Marshall*** Marshallplan *m.*; ~ ***quinquennale*** Fünfjahresplan *m.*; ~ ***regolatore*** Bebauungsplan *m.*; ~ ***di riorganizzazione*** Reorganisationsplan *m.*; ~ ***di risanamento*** Sanierungsplan *m.*; ***secondo*** ~ plangemäß; ~ ***di studi*** Studienplan *m.*; ~ ***di sviluppo*** Entwicklungsplan *m.*

4.pia|no m. → **pianoforte.**

pia|no-bar m.inv. = Lokal *m.* mit Klaviermusik im Hintergrund.

pia|no|con|ca|vo agg. plankonkav. **pia|no|con|ves|so** agg. plankonvex.

pia|no|for|te m. Klavier *n.*, Piano *n.*: ***suonare il*** ~ Klavier spielen; ***accordare il*** ~ das Klavier stimmen; ***accompagnare qcn. al*** ~ jdn auf dem (*o* am) Klavier begleiten; ***pestare sul*** ~ auf dem Klavier hämmern ◆ ~ ***a coda*** Flügel *m.*; ~ ***a mezza coda*** Stutzflügel *m.*; ***composizione per*** ~ Klavierstück *n.*; ~ ***da concerto*** Konzertflügel *m.*; ***concerto per*** ~ ***e orchestra*** Klavierkonzert *n.*; ***insegnante di*** ~ Klavierlehrer *m.*; ***lezione di*** ~ Klavierstunde *f.* (*o* Klavierunterricht *m.*); ***prendere lezioni di*** ~ Klavierstunden nehmen; ***musica per*** ~ Klaviermusik *f.*; ~ ***quadrato*** Tafelklavier *n.*; ***sonata per*** ~ Klaviersonate *f.*; ***trio per*** ~ ***e archi*** Klaviertrio *n.*; ~ ***verticale*** Klavier *n.*

pia|no|la f. Pianola *n.*

pia|no|ro m. Hochebene *f.*, Plateau *n.*

pia|no|ter|ra m.inv. Erdgeschoss *n.*, Parterre *n.*: ***abitare al*** ~ im Erdgeschoss wohnen.

pian|ta f. **1a** Pflanze *f.*: ***la*** ~ ***cresce, fiorisce, appassisce, muore*** die Pflanze wächst, blüht, welkt, stirbt; ***rinvasare una*** ~ eine Pflanze um‿topfen; ***innaffiare le -e*** die Pflanzen (be)gießen **b** *(albero)* Baum *m.* **2** ANAT. Sohle *f.* **3a** *(cartina)* Plan *m.* **b** *(disegno, proiezione su piano orizzontale)* Grundriss *m.*, Plan *m.* ◆ ~ ***acquatica*** Wasserpflanze *f.* (*o* Wassergewächs *n.*); ~ ***annuale*** einjährige Pflanze; ~ ***da appartamento*** Zimmerpflanze *f.*; ~ ***biennale*** zweijährige Pflanze; ~ ***bulbosa*** Zwiebelpflanze *f.* (*o* Zwiebelgewächs *n.*); ~ ***carnivora*** Fleisch fressende Pflanze (*o* Karnivore *f.*); ~ ***della città*** Stadtplan *m.*; ~ ***coltivata*** Kulturpflanze *f.*; ~ ***da frutto*** Obstbaum *m.*; ~ ***da giardino*** Gartenpflanze *f.*; ~ ***grassa*** Fettpflanze *f.*; ~ ***ibrida*** hybride Pflanze, Bastardpflanze *f.*; ~ ***medicinale*** Arzneipflanze *f.* (*o* Heilpflanze *f.*); ~ ***di melanzane*** Eierpflanze *f.*; ~ ***nana*** Zwergpflanze *f.*; ~ ***officinale*** Heilpflanze *f.*; ~ ***ornamentale*** Zierpflanze *f.*; ~ ***ospite*** Wirtspflanze *f.*; ~ ***parassita*** Schmarotzerpflanze *f.*; ~ ***perenne*** ausdauernde (*o* perennierende) Pflanze; ~ ***del piede*** Fußsohle *f.*; ~ ***di piselli*** Erbsenkraut *n.*; ~ ***rampicante*** Kletterpflanze *f.* (*o* Rankengewächs *n.*); ***di sana*** ~ völlig (*o* von Grund auf); ***inventare qcs. di sana*** ~ etw. völlig aus der Luft greifen (*o* holen); ***scarpe a*** ~ ***larga, stretta*** breite, schmale Schuhe; ~ ***selvatica*** Wildpflanze *f.* (*o* wild wachsende Pflanze); ~ ***sempreverde*** immergrüne Pflanze; ~ ***da serra*** Gewächshauspflanze *f.*; ***impiegato in*** ~ ***stabile*** Festangestellte *m.*; ***impiegato statale in*** ~ ***stabile*** Beamter *m.* auf Lebenszeit; ***è in*** ~ ***stabile a casa sua*** er hat sich häuslich bei ihm niedergelassen; ~ ***tropicale*** Tropenpflanze *f.*; ~ ***da vaso*** Topfpflanze *f.*; ~ ***velenosa*** Giftpflanze *f.* **pian|ta|bi|le** agg. pflanzbar.

pian|tag|gi|ne f. Wegerich *m.*

pian|ta|gio|ne f. Plantage *f.*, Pflanzung *f.* ◆ ~ ***di cacao*** Kakaoplantage *f.*; ~ ***di caffè*** Kaffeeplantage *f.*; ~ ***di cotone*** Baumwollplanta-

ge *f.*; ~ ***di tabacco*** Tabakpflanzung *f.*; ~ ***di tè*** Teeplantage *f.*
pian|ta|gra|ne m. e f.inv. Stänkerer *m.*
pian|ta|na f. **1** Ständer *m.* **2** *(lampada)* Stehlampe *f.* ◆ ***attaccapanni a*** ~ Kleiderständer *m.*
pian|ta|re I tr. **1** pflanzen, beflanzen: ~ ***un albero*** einen Baum pflanzen; ~ ***un terreno a viti*** einen Boden mit Weinreben bepflanzen **2** *(conficcare)* schlagen, treiben: ~ ***un chiodo nel muro*** einen Nagel in die Wand schlagen; ~ ***un palo nel terreno*** einen Pflock in den Erdboden treiben; ~ ***un coltello nella schiena di qcn.*** jdm ein Messer in die Rippen stoßen (*o* stechen) **3** *(abbandonare)* stehen lassen, sitzen lassen, im Stich lassen: ~ ***il marito e i bambini*** den Ehemann und die Kinder sitzen lassen; ***lo ha piantato lì e se n'è andato*** er hat ihn einfach stehen lassen und ist gegangen; ~ ***tutto il lavoro*** die ganze Arbeit hin‿werfen **II** pronom. **piantarsi** COLLOQ. **1** *(reciproco)* sich trennen: ***hanno litigato e si sono piantati*** sie haben gestritten und sich getrennt **2** *(fermarsi)* sich ein‿nisten: ***-rsi in casa di qcn.*** sich bei jdm zu Hause einnisten **3** *(porsi di fronte)* sich auf‿pflanzen, sich hin‿pflanzen: ***-rsi davanti a qcn.*** sich vor jdm aufpflanzen (*o* sich vor jdn hinpflanzen) **4** *(conficcarsi)* sich ein‿reißen, ein‿ziehen: ***-rsi una spina nel piede*** sich einen Stachel in den Fuß einreißen ◆ ~ ***in asso qcn.*** jdn im Stich lassen, jdn sitzen lassen; ~ ***baracca e burattini*** den ganzen Kram hin‿schmeißen (*o* hin‿werfen); FIG. ~ ***carote*** = Lügen erzählen; FIG. ~ ***chiodi*** = Schulden machen; ~ ***grane*** stänkern; ~ ***gli occhi addosso a qcn.*** jdn an‿glotzen; ~ ***una pallottola nel cranio di qcn.*** jdm ein Loch in den Schädel pusten; ***piantala!*** hör auf! ~ ***una tenda*** ein Zelt auf‿schlagen (*o* auf‿bauen); FIG. ~ ***le tende*** die Zelte auf‿schlagen (anche FIG.); ~ ***le tende a casa di qcn.*** bei jdm die Zelte aufschlagen; ~ ***in vaso*** ein‿topfen.
pian|ta|to p.pass. agg. **1** → **piantare 2a** bepflanzt: ***campo*** ~ ***a gelsi*** mit Maulbeerbäumen bepflanztes Grundstück **b** *(di piante)* gepflanzt **3** *(conficcato)* geschlagen: ***palo*** ~ ***nel terreno*** in die Erde geschlagener Pflock **4** *(robusto)* ***ben*** ~ kräftig gebaut **5** *(fermo)* starr, wie angewurzelt: ***stava*** ~ ***in mezzo alla strada*** er stand wie angewurzelt mitten auf der Straße.
pian|ta|to|io m. *(-oi)* Pikierholz *n.*, Pflanzholz *n.*, Setzholz *n.* **pian|ta|to|re** m. Pflanzer *m.*
pian|ter|re|no m. Erdgeschoss *n.*, Parterre *n.*: ***abitare al*** ~ im Erdgeschoss wohnen.
pian|ti|na f. **1** Pflänzchen *n.* **2a** *(cartina)* Plan *m.* **b** *(di casa)* Grundriss *m.*
pian|to m. **1** Weinen *n.*: ***passare dal riso al*** ~ aus dem Lachen ins Weinen geraten; ~ ***disperato*** verzweifeltes Weinen **2** *(lacrime)* Tränen *pl.*: ***prorompere, scoppiare in*** ~ in Tränen aus‿brechen; ***asciugare il*** ~ ***di qcn.*** jdm die Tränen trocknen **3** FIG. ***quel vestito è un*** ~ dieses Kleid ist fürchterlich; ***che*** ~ ***quella campagna così desolata!*** diese öde Landschaft ist ja zum Heulen! ◆ ***crisi di*** ~ Weinkrampf *m.*; ***avere il*** ~ ***facile*** nah ans Wasser gebaut haben; ~ ***funebre*** Totenklage *f.*; ~ ***greco*** ewiges Klagen; ***muro del*** ~ Klagemauer *f.*; ***occhi pieni di*** ~ verweinte Augen.
pian|to|na|men|to m. strenge Bewachung *f.* **pian|to|na|re** tr. streng bewachen: ~ ***un detenuto*** einen Gefangenen streng bewachen.
1.pian|to|ne m. Posten *m.*, Wachposten *m.*: ***essere di*** ~ auf Wache sein; ***mettere di*** ~ als Posten auf‿stellen; ***stare di*** ~ Wache haben.
2.pian|to|ne m. **1** BOT. Setzling *m.*, Pflänzling *m.* **2** MECC. Steuersäule *f.*, Lenksäule *f.*
pia|nu|ra f. Ebene *f.*: ~ ***ondulata*** wellige Ebene, ***il paese è in*** ~ das Dorf liegt in der Ebene ◆ ~ ***alluvionale*** Schwemmlandebene *f.*; ~ ***fluviale*** Flussebene *f.*; ~ ***padana*** Poebene *f.*
pia|stra f. **1.** Platte *f.* **2a** *(fornello)* Herdplatte *f.*, Kochplatte *f.* **b** *(padella piatta)* Grillpfanne *f.*: ***cuocere alla*** ~ in der Grillpfanne braten **3** *(di registrazione)* Kassettendeck *n.* **4** *(della serratura)* Schlossblech *n.* **5** NUMISM. Piaster *m.* **6** *(lamina per armature)* Harnischplatte *f.* ◆ ~ ***di acciaio*** Stahlplatte *f.*; ~ ***dell'accumulatore*** Akkumulatorenplatte *f.*; ***condensatore a -e*** Plattenkondensator *m.*; ~ ***di copertura*** Abdeckplatte *f.*; ~ ***di cottura*** Kochplatte *f.*; ~ ***del forno*** Backblech *n.* (*o* Kuchenblech *n.*); ~ ***isolante*** Isolierplatte *f.*; ~ ***metallica*** Metallplatte *f.*; ~ ***a riscaldamento rapido*** Schnellkochplatte *f.*; ~ ***riscaldante*** Heizplatte *f.*
pia|strel|la f. **1** Fliese *f.*, Kachel *f.* ***-e decorate*** gemusterte Kacheln; ***posare le -e*** die Fliesen verlegen; ***rivestire qcs. di -e*** mit Fliesen aus‿legen **2** *(per giocare)* flacher Stein *m.* ◆ ~ ***di cemento*** Zementplatte *f.*; ~ ***di ceramica*** Keramikfliese *f.*; ~ ***in cotto*** Terrakottafliese *f.*; ~ ***smaltata*** glasierte Kachel *f.*
pia|strel|la|io m. *(-ai)* → **piastrellista.**
pia|strel|la|men|to m. hartes Aufsetzen *n.*
pia|strel|la|re I tr. fliesen, kacheln, mit Fliesen aus‿legen: ~ ***un pavimento*** einen Fußboden fliesen **II** intr. (aus. *avere*) *(di idrovolanti e aerei)* hart auf‿setzen.
pia|strel|li|sta m. e f. *(-i,-e)* Fliesenleger *m.* (-in *f.*).
pia|stri|na 1 Plättchen *n.* **2** MIL. Erkennungsmarke *f.* **3** BIOL. Blutplättchen *n.* ◆ ~ ***del cane*** Hundemarke *f.*; ~ ***di riconoscimento*** Kennmarke *f.*, Erkennungsmarke *f.*
pia|stro|ne m. **1** SPORT Brustschutz *m.*, Brustleder *n.*, Plastron *m.* e *n.* **2** ZOOL. Bauchpanzer *m.*
pia|ti|re I intr. (aus. *avere*) **1** *(contendere in giudizio)* prozessieren **2** *(litigare)* streiten **II** tr. COLLOQ. an‿betteln: ~ ***qcs. da qcn.*** jdn um etw. anbetteln.
piat|ta|ban|da f. Sturz *m.*
piat|ta|for|ma f. **1** Plattform *f.*, Rampe *f.*: ***vietato sostare sulla*** ~ Aufenthalt auf der Rampe verboten **2** *(base)* Plattform *f.*, Basis *f.*: ***elaborare una*** ~ ***comune*** eine gemeinsame Plattform aus‿arbeiten **3** GEOL. Platte *f.*, Tafel *f.* **4** SPORT Plattform *f.*: ~ ***da 10 metri*** 10-Meter-Plattform *f.* ◆ ~ ***di caricamento*** Ladebühne *f.*; ~ ***continentale*** Kontinentalplatte *f.*; ~ ***contrattuale*** Verhandlungsbasis *f.*; ~ ***elettorale*** Wahlplattform *f.*; ~ ***girevole*** Drehscheibe *f.*; ~ ***di lancio*** Abschussrampe *f.*; ~ ***mobile*** Schiebebühne *f.*; ~ ***petrolifera*** Ölplattform *f.*; ~ ***programmatica*** Grundsatzprogramm *n.*; ~ ***sindacale*** gewerkschaftlicher Forderungskatalog; ~ ***stradale*** Bettung *f.*; ~ ***per trivellazioni sottomarine*** Bohrinsel *f.*
piat|ta|ia f. **1** *(scolapiatti)* Abtropfständer *m.* **2** *(credenza)* Geschirrschrank *m.*
piat|ta|men|te avv. flach, eintönig.
piat|tel|lo m. **1** *(bersaglio)* Wurftaube *f.*, Tontaube *f.* **2** *(di candeliere)* Teller *m.* **3** *(gioco)* INTRAD. (Glücksspiel mit Karten) ◆ AER. ***far*** ~ hart auf‿setzen; ***tiro al*** ~ Wurftaubenschießen *n.* (*o* Tontaubenschießen *n.*).
piat|tez|za f. Plattheit *f.*, Flachheit *f.*, Banalität *f.*: ***la*** ~ ***di un racconto*** die Banalität einer Erzählung.
piat|ti|na f. **1** *(filo elettrico)* Flachkabel *n.* **2** *(nastro metallico)* Bandeisen *n.* **3** *(carrello)* Plattformkarren *m.*
piat|ti|no m. **1a** Tellerchen *n.* **b** *(di tazza)* Untertasse *f.* **2** *(manicaretto)* Leckerbissen *m.*
pia|tto I agg. **1** flach, eben: ***recipiente a fondo*** ~ Behälter mit flachem Boden; ***elettroencefalogramma*** ~ flaches Elektroenzephalogramm; ***tracciato*** ~ flache Kurve **2** GEOM. gestreckt: ***angolo*** ~ gestreckter Winkel **3** *(scialbo)* flach, nichts sagend: ***una conversazione -a*** eine flache Unterhaltung **4** *(monotono)* eintönig, nichts sagend: ***paesaggio*** ~ nichts sagende Landschaft; ***vita -a*** eintöniges Leben **5** *(senza seno)* flachbrüstig **II** m. **1** Teller *m.*: ***un*** ~ ***di riso, di minestra*** ein Teller Reis, Suppe; ~ ***piano*** flacher Teller; ~ ***fondo*** tiefer Teller (*o* Suppenteller *m.*) **2** *(vivanda)* Gericht *n.*, Speise *f.*: ***-i freddi, caldi*** kalte, warme Gerichte; ~ ***tipico*** typisches Gericht **3** *(carte)* Pot *m.* **4** pl. MUS. Becken *n.* ◆ ***offrire qcs. a qcn. su un*** ~ ***d'argento*** jdm etw. auf einem silbernen Tablett servieren; ***è -a come un asse da stiro*** sie ist platt wie ein Bügelbrett; ~ ***della bilancia*** Waagschale *f.*; ~ ***di carne*** Fleischgericht *n.*; ~ ***di carta*** Pappteller *m.*; ~ ***da dessert*** Dessertteller *m.*; ***di*** ~ flach; SPORT ***colpire di*** ~ flach schlagen; ~ ***forte*** Hauptgericht *n.*; FIG. Clou *m.*; ~ ***del giorno*** Tagesgericht *n.*; ~ ***del giradischi*** Plattenteller *m.*; ~ ***di insalata*** Salatplatte *f.*; ***lavare i -i*** das Geschirr spülen; ***mare*** ~ ruhige See; ***motore*** ~ Unterflurmotor *m.*; ***naso*** ~ platte Nase; ~ ***da parete*** Wandteller *m.*; ***passare il*** ~ ***a qcn.*** jdm den Teller reichen; ~ ***di pesce*** Fischgericht *n.*; ***il*** ~ ***piange!*** den Einsatz zahlen! ***piede*** ~ Plattfuß *m.*; ***porgere il*** ~ den Teller reichen; ~ ***di portata*** Servierplatte *f.*; ~ ***precotto*** Fertiggericht *n.*; ~ ***preferito*** Leibgericht *n.*; ***primo*** ~ erster Gang *m.*; ~ ***pronto*** tischfertiges Gericht; ***punto*** ~ Plattstich *m.*; ~ ***rapido*** Schnellgericht *n.*; ***ripulire il*** ~ alles bis auf den letzten Krümel auf‿essen (*o* seinen Teller leer essen); ***secondo*** ~ zweiter Gang *m.*; ***servizio di -i da sei*** Tafelservice *n.* für sechs; ~ ***sostanzioso*** gehaltvolles Gericht; ***sputare nel*** ~ ***dove si mangia*** das eigene Nest beschmutzen; ~ ***per torte*** Tortenplatte *f.*; ~ ***unico*** Gericht aus einem Gang.
pia|tto|la f. **1** Filzlaus *f.* **2** FIG. Nervensäge *f.*, Klette *f.*
piaz|za f. **1** Platz *m.*: ***attraversare una*** ~ über einen Platz gehen; ***lastricare una*** ~ einen Platz pflastern; ***la strada sbocca in una*** ~ die Straße mündet auf einen Platz; ***affluire in una*** ~ auf einem Platz zusammen‿strömen; ***sulla*** ~ ***davanti alla scuola*** auf dem Platz vor der Schule; ***al centro della*** ~ in der Mitte des Platzes **2a** ECON. *(commerciale)* Handelsplatz *m.*, Markt *m.*: ***Milano è una buona*** ~ Mailand ist ein guter Markt; ***farsi una*** ~ sich einen Markt erschließen **b** *(di borsa)* Börsenplatz *m.* **3** MIL. Punkt *m.*, Standort *m.*: ***conquistare una*** ~ ***importante*** einen wichtigen strategischen Punkt erobern; ~ ***permanente*** permanenter Standort **4** FIG. Straße *f.*: ***cedere alle pressioni della*** ~ dem Druck der Straße nach‿geben ◆

FIG. SCHERZ. andare in ~ eine Glatze bekommen; ~ d'armi Exerzierplatz m. (anche FIG.); ~ borsistica Börsenplatz m.; carrozza di ~ Droschke f.; ~ della caserma Kasernenhof m.; concerto in ~ Platzkonzert n.; a due -e Doppel-; letto a due -e Doppelbett n.; ~ del duomo Domplatz m.; ~ della fiera Rummelplatz m.; assegno fuori ~ Distanzscheck m.; ~ San Marco Markusplatz m.; ~ del mercato Marktplatz m.; mettere in ~ qcs. etw. an die große Glocke hängen; mettere in ~ i fatti propri seine Privatangelegenheiten an die große Glocke hängen; ~ d'onore = zweiter Platz; ~ San Pietro Petersplatz m.; fare ~ pulita reinen Tisch machen; fare ~ pulita di qcs. etw. leer räumen; fare ~ pulita degli avversari die Gegner aus dem Weg räumen; rovinare la ~ a qcn. jdm den Markt verderben; FIG. jdm den Ruf verderben; FIG. scendere in ~ auf die Straße gehen; ~ di trasbordo marittimo Seeumschlagplatz m.; assegno su ~ Platzscheck m.; a una ~ Einzel-; letto a una ~ Einzelbett n.

piaz|za|for|te f. 1 Festung f. 2 FIG. Bollwerk n.

piaz|za|le m. Platz m., Vorplatz m. ◆ ~ di manovra Wendeplatz m.; ~ della stazione Bahnhofsplatz m.

piaz|za|men|to m. Aufstellung f., Plazierung f., Rangierung f. ◆ conquistare un buon ~ einen guten Platz erobern.

piaz|za|re I tr. 1 (collocare) platzieren, auf‿stellen: ~ poliziotti a tutte le uscite Polizisten an allen Ausgängen platzieren; ~ il cannone in posizione di tiro die Kanone in Schussposition aufstellen; ~ un prodotto sul mercato eine Ware auf dem Markt platzieren 2 SPORT (mandare a segno) platzieren, landen: ~ la palla in porta den Ball im Tor unter‿bringen; ~ un gancio sinistro einen linken Haken landen 3 (erigere) ~ una antenna sul tetto eine Antenne auf dem Dach auf‿stellen II pronom. piazzarsi 1 sich platzieren: -rsi al terzo posto sich auf dem dritten Platz platzieren; il cavallo non si è piazzato das Pferd konnte sich nicht platzieren 2 (sistemarsi) sich ein‿richten; COLLOQ. sich pflanzen: -rsi davanti al televisore sich vor den Fernseher pflanzen 3 SPORT (mettersi in posizione) Aufstellung nehmen ◆ ~ bombe Bomben legen.

piaz|za|ta f. Szene f.: fare una ~ eine Szene machen.

piaz|za|to p.pass. agg. 1 → piazzare 2 platziert; fare un tiro ~ platziert schießen; (ippica) cavallo ~ platziertes Pferd ◆ ben ~ stämmig; SPORT calcio ~ (nel rugby) Platztritt m.; (nel calcio) platzierter Schuss.

piaz|zi|sta m. e f. (-i,-e) 1 Handelsvertreter m. (-in f.) 2 (viaggiatore di commercio) Handelsreisende m. e f.

piaz|zo|la, piaz|zuo|la f. 1 Ausweichstelle f. 2 SPORT Abschlagplatz m. ◆ ~ da, del cannone Geschützstand m.; ~ di emergenza Notparkplatz m.; ~ per grigliate Grillplatz m.; ~ di manovra Wendeplatz m.; ~ di sosta Haltebucht f., Parkbucht f.

pi|ca f. (-che) ZOOL. Elster f.

pi|ca|re|sco agg. (-chi,-che) pikaresk, pikarisch ◆ romanzo ~ Schelmenroman m. **pi|ca|ro** m. Picaro m.

1.pic|ca f. (-che) 1 Pike f. 2 (soldato) Pikenier m. 3 GIOC. (seme) Pik n., Schippe f.: asso di -che Pikass (o Schippenass) n.; due, tre di -che Pikzwei, -drei ◆ contare come il fante (o come il due) di -che = nichts zu melden haben; fante di -che Pikbube m.; essere, parere il fante di -e ein Möchtegern sein; rispondere -che a qcn. jdm eine Abfuhr erteilen.

2.pic|ca f. (-che) Groll m., Pik m.

pic|can|te agg. 1 pikant, scharf: formaggio ~ pikanter Käse; condimento, salsa ~ scharfe Würze, Soße; piatto ~ scharfes (o feuriges) Gericht; avere un sapore ~ scharf schmecken 2 (licenzioso) pikant: barzellette -i pikante Witze ◆ in modo ~ pikanterweise; nota ~ Pikanterie f.: le sue allusioni hanno sempre una nota ~ seine Anspielungen haben immer eine gewisse Pikanterie; peperoni -i Peperoni; senape ~ scharfer Senf.

pic|car|si pronom. (mi picco, ti picchi) 1 ~ di qcs. (insistere) auf etw. bestehen; (pretendere) sich ein‿bilden; ~ di conoscere bene una lingua sich einbilden, eine Sprache gut zu können 2 (impermalirsi) beleidigt sein, sich gekränkt fühlen.

pic|ca|ta f. mit Zitrone zubereitetes Kalbsschnitzel.

pic|ca|to p.pass. agg. 1 → piccare 2 pikiert.

pic|chè → piqué.

pic|chet|tag|gio m. (-gi) Streikposten m. **pic|chet|ta|men|to** m. 1 Absteckung f. 2 (il presidiare) Aufstellen n. von Streikposten.

pic|chet|ta|re tr. 1 ab‿stecken: ~ una strada eine Straße abstecken 2 (presidiare) ~ qcs. vor etw. Streikposten auf‿stellen; ~ una fabbrica vor einer Fabrik Streikposten aufstellen. **pic|chet|ta|tu|ra** f. Abstecken n.

pic|chet|to m. 1a Pflock m.; delimitare i pascoli con -i die Weiden ein‿pflocken b (da tenda) Zeltpflock m., Hering m.: fissare la tenda con -i das Zelt fest‿pflocken 2 MIL. Wache f.: essere di ~ Wache stehen 3 (durante uno sciopero) Streikposten m. ◆ ~ di guardia Wachposten m.; ~ d'onore Ehrenwache f.; ufficiale di ~ Offizier vom Dienst.

pic|chia|re (picchio, picchi) I tr. 1 schlagen, verprügeln, verhauen: ~ selvaggiamente qcn. jdn brutal verprügeln; non si devono ~ i bambini! man soll Kinder nicht schlagen! 2 (battere) stoßen: ~ qcs. contro qcs. mit etw. gegen etw. (o an etw. [A]) stoßen; ~ la testa contro uno spigolo mit dem Kopf an eine Ecke stoßen II intr. (aus. avere) 1 (dare colpi ripetuti) schlagen, hauen: ~ col martello un chiodo nel muro mit dem Hammer einen Nagel in die Wand schlagen 2 (bussare) klopfen, pochen: ~ alla porta an die Tür klopfen 3 FIG. (di luce) prallen: il sole picchia (sulla testa) die Sonne prallt (o scheint prall) auf den Kopf 4 AER. zum Sturzflug an‿setzen 5 AUT. ~ in testa Fehlzündungen haben III pronom. picchiarsi 1 sich schlagen, sich verprügeln (anche reciproco): -rsi il petto sich an die Brust schlagen; -rsi la fronte con la mano sich mit der Hand an die Stirn schlagen ◆ ~ qcn. col bastone jdn mit einem Stock verprügeln; ~ alla cieca blind drauflos‿schlagen; ~ qcn. a dovere jdn gehörig verprügeln; ~ duro hart zu‿schlagen; ~ qcn. col manganello auf jdn ein‿knüppeln; la pioggia picchia sui tetti der Regen trommelt auf die Dächer; ~ con forza alla porta heftig an (o gegen) die Tür schlagen; ~ il pugno sul tavolo mit der Faust auf den Tisch schlagen; ~ qcn. di santa ragione jdn nach Strich und Faden verprügeln; ~ qcn. a sangue jdn blutig schlagen; ~ sodo qcn. jdn ordentlich verprügeln; ~ sui tasti auf die Tasten hauen.

pic|chia|ta f. 1 Tracht f. Prügel: prendersi una ~ da qcn. eine Tracht Prügel von jdm bekommen 2 AER. Sturzflug m.: scendere in ~ im Sturzflug herunter‿kommen; FIG. (di veicolo) in voller Fahrt herunter‿kommen ◆ aereo da bombardamento in ~ Sturzkampfflugzeug n.; bombardiere in ~ Sturzbomber m.; cadere in ~ ab‿schmieren.

pic|chia|to p.pass. agg. 1 → picchiare 2 bekloppt: essere ~ bekloppt sein (o einen Vogel haben o einen Stich haben o einen Dachschaden haben o einen Knall haben); essere un po' ~ nicht ganz bei Verstand sein; quella è -a die hat einen Knacks.

pic|chia|to|re m. 1 Schläger m. 2a (boxe) harter Schläger m. b (calcio) Holzer m.

pic|chie|re m. Pikenier m.

pic|chie|rel|la|re I intr. trommeln: la pioggia picchierella sulle finestre der Regen trommelt gegen die Fenster; ~ con le dita sul tavolo mit den Fingern auf den Tisch trommeln.

pic|chiet|ta|re I intr. (aus. avere) trommeln, klopfen: ~ con la matita sul tavolo mit dem Bleistift auf den Tisch klopfen; la pioggia picchietta sulle finestre der Regen trommelt gegen die Fenster II tr. (punteggiare) tupfen: ~ un tessuto di blu einen Stoff blau tupfen; un tessuto picchettato di rosso ein rot getupfter Stoff.

pic|chiet|ti|o m. Trommeln n.: il ~ della grandine das Trommeln des Hagels.

pic|chio m. (-chi) Specht m. ◆ ~ cinerino Grauspecht m.; ~ muratore Mauerläufer m., Kleiber m., Spechtmeise f., Blauspecht m.; ~ rosso Buntspecht m.

pic|ci|ne|ri|a f. Kleinlichkeit f., Engherzigkeit f.

pic|ci|no I agg. 1 klein: un bambino ~ ein kleines Kind; due manine -e zwei winzig kleine Hände; FIG. farsi ~ ganz klein werden 2 (meschino) kleinlich, engherzig II m. kleines Kind, Kleiner m.: la mamma è in ansia per il suo ~ die Mutter ist um ihren Kleinen besorgt; grandi e -i große und kleine Leute (o Groß und Klein).

pic|cio|la|to agg. gestielt.

pic|cio|lo m. Stiel m., Fruchtstängel m.: staccare il ~ alla mela den Stiel vom Apfel ab‿drehen; togliere il ~ entstielen ◆ ~ della foglia Blattstiel m.; senza ~ stiellos.

pic|cio|na|ia f. 1 Taubenschlag m. 2 (soffitta) Dachgeschoss n. 3 TEATR. Galerie f. ◆ apertura della ~ Flugloch n. **pic|cion|ci|no** m. Täubchen n.

pic|cio|ne m. Taube f. ◆ ~ gozzuto Kropftaube f.; ~ maschio Tauber m. (o Täuber m. o Tauberich m. o Täuberich m.); tiro al ~ Taubenschießen n.; ~ viaggiatore Brieftaube f.; PROV. prendere due -i con una fava zwei Fliegen mit einer Klappe schlagen.

pic|ciot|to m. REGION. 1 junger Mann m. 2 STOR. sizilianischer Freiheitskämpfer m. 3 (nella gerarchia mafiosa) = niedrigster Rang innerhalb der Mafia.

pic|co m. (-chi) 1 (cima) Bergspitze f.: scalare un ~ eine Bergspitze ersteigen 2 colare, andare a ~ sinken, versacken, ab‿sacken, auf den Grund des Meeres sinken; FIG. unter‿gehen; mandare qcs. a ~ etw. versenken; FIG. etw. platzen lassen; roccia a ~ sul mare ein steil ins Meer abfallender Felsen 3 (valore massimo) Spitzenwert m.; i -chi di un diagramma die Spitzenwerte eines Diagramms 4 MAR.

Gaffel *f.* ◆ ***~ da carico*** Ladebaum *m.*; ***costa a ~*** Steilküste *f.*

pic|co|la f. **1** Kleine *f.*: ***la ~ è dalla nonna*** die Kleine ist bei der Oma **2** *(vezzeggiativo)* Süße: ***ciao ~, sei libera stasera?*** hallo Süße, hast du heute Abend Zeit? **pic|co|lez|za** f. **1** *(di statura)* Kleinheit *f.* **2** *(meschinità)* Kleinlichkeit *f.* **3** *(inezia)* Kleinigkeit *f.*

pic|co|lo I agg. **1** klein: ***un ~ paese di campagna*** ein kleines Dorf auf dem Land; ***mele -e, ma saporite*** kleine, aber wohlschmeckende Äpfel; ***è piuttosto ~ per la sua età*** er ist ziemlich klein für sein Alter; ***-e spese*** kleine Ausgaben; ***un giardinetto ~*** ein (winzig)-kleines Gärtchen; ***un ~ numero di invitati*** eine kleine Anzahl Eingeladener; ***un ~ errore*** ein kleiner Fehler; ***una -a Parigi*** ein Klein-Paris; ***un ~ Napoleone*** ein kleiner Napoleon; *(giovane)* ***sei troppo ~ per capire certe cose*** du bist noch zu klein, um gewisse Dinge zu verstehen; ***quella -a peste è di nuovo qua*** diese kleine Nervensäge ist schon wieder da; ***una -a donna di casa*** eine kleine Hausfrau **2** FIG. kleinlich, engstirnig: ***anima -a*** kleinliche Seele; ***persona di -e vedute*** engstirniger Mensch **3** *(basso)* kleingewachsen **4** *(breve)* kurz: ***una -a pausa*** eine kurze Pause **II** m. **1** *(bambino)* Kleine *m.*: ***gioco, spettacolo per i -i*** Spiel, Schauspiel für die Kleinen **2** *(cucciolo)* Junge *n.*: ***la mia gatta ha avuto i -i*** meine Katze hat Junge bekommen ◆ ***-a borghesia*** Kleinbürgertum *n.*; ***auto di -a cilindrata*** Kleinwagen *m.*; ***da ~ voleva diventare uno scienziato*** als er klein war, wollte er Wissenschaftler werden; ***a -e dosi*** in kleinen Mengen, FIG. in kleinen Dosen; ***le -e gioie della vita*** die kleinen Freuden des Lebens; ***in ~*** in Klein; ***riprodotto in ~*** in kleinem Maßstab nachgemacht; ***è suo padre in ~*** er ist sein Vater in Klein; ***-a industria*** Kleinindustrie *f.*; ***nel mio, tuo, suo ~*** in meinen, deinen, seinen bescheidenen Verhältnissen.

pic|co|na|re I tr. mit der Spitzhacke auf‿reißen **II** intr. (aus. *avere*) mit der Spitzhacke arbeiten. **pic|co|na|ta** f. **1** Schlag *m.* mit der Spitzhacke **2** FIG. vernichtende Kritik. **pic|co|na|tri|ce** f. Bohrhammer *m.*

pic|co|ne m. Spitzhacke *f.*, Pickhaue *f.*, Kreuzhacke *f.*, Krampe *f.*, Spitzhaue *f.*: ***demolire a colpi di ~*** mit der Spitzhacke demolieren; FIG. = jdn scharf kritisieren; FIG. ***dare il primo colpo di ~*** *(demolire)* = mit dem Abriss beginnen; FIG. den ersten Schlag führen; *(costruire)* den ersten Spatenstich tun ◆ ***~ da minatore*** Bergeisen *n.*; ***~ pneumatico*** Bohrhammer *m.*; ***~ a doppia punta*** Doppelhacke *f.*

pic|co|nie|re m. jd, der mit der Spitzhacke arbeitet.

pic|coz|za f. Eispickel *m.*

pick-up [-ʌp] m.inv. Tonabnehmer *m.*, Pick-up *m.*

pic|nic m.inv. Picknick *n.*: ***fare un ~*** ein Picknick machen (*o* picknicken) ◆ ***cestino da ~*** Picknickkorb *m.*

pic|no|me|tro m. Piknometer *m.*

pic|no|ti|co agg. *(-ci,-che)* pyknotisch.

pi|co|fa|rad m.inv. Pikofarad *n.* **pi|co|se|con|do** m. Pikosekunde *f.*

pi|cri|co agg. *(-ci,-che)* pikrinsauer, Pikrin-: ***acido ~*** Pikrinsäure *f.*

pid|gin [-ʒɪn] m.inv. Pidgin *n.*

pi|di|es|si|no I agg. der P.D.S. (demokratische Partei der Linken in Italien) **II** m. Mitglied *n.* der P.D.S. (demokratische Partei der Linken in Italien).

pi|doc|chie|ri|a f. Knaus(e)rigkeit *f.*

pi|doc|chio m. *(-chi)* **1** Laus *f.*: ***avere i -chi*** Läuse haben; ***infestato dai -chi*** verlaust **2** *(spilorcio)* Geizhals *m.* ◆ ***~ comune*** Kopflaus *f.*; ***una rosa infestata dai -chi*** eine von Blattläusen befallene Rose; ***infestazione da -chi*** Läusebefall *m.*; ***~ delle piante*** Blattlaus *f.*, Holzlaus *f.*; ***~ del pube*** Filzlaus *f.*; ***~ dei vestiti*** Kleiderlaus *f.*

pi|doc|chio|sa|men|te avv. knauserig. **pi|doc|chio|so** agg. **1** verlaust **2** *(spilorcio)* knauserig.

pi|du|i|sta *(-i,-e)* **I** agg. der P2-Loge **II** m. e *f.* Angehörige *m.* e *f.* der P2-Loge.

piè m.inv. Fuß *m.* ◆ ***a ~ di qcs.*** am Fuß von etw.; ***nota a ~ (di) pagina*** Fußnote *f.*; ***saltare a ~ pari*** mit geschlossenen Füßen springen; FIG. ***saltare qcs. a ~ pari*** *(omettere)* etw. glatt aus‿lassen; *(ignorare)* sich über etw. (A) hinweg‿setzen; ***a ogni ~ sospinto*** auf Schritt und Tritt.

pie|dac|cio m. *(-ci)* Stinkfuß *m.*

pied-à-ter|re [-'tɛr] m.inv. Absteigequartier *n.*

pied-de-pou|le [-d'pul] m.inv. Hahnentrittmuster *n.*

pie|de m. **1** Fuß *m.* (anche BOT. METR.): ***essere, stare in -i*** stehen; *(stare alzato)* auf‿sein; ***rimanere in -i*** stehen bleiben; ***andare a -i*** zu Fuß gehen; ***mettersi in -i*** auf‿stehen; ***battere, pestare i -i*** mit den Füßen stampfen; ***non reggersi in -i*** sich nicht auf den Beinen halten können **2** ZOOL. Pfote *f.*; *(di lumaca)* Fuß *m.* **3** *(di mobili, oggetti)* Bein *n.*, Fuß *m.*: ***i -i del tavolo, della sedia*** die Tischbeine, Stuhlbeine; ***i -i del divano*** die Füße des Sofas; ***~ della lampada*** Lampenfuß *m.* **4** *(unità di misura)* Fuß *m.* **5** MAT. Fußpunkt *m.* **6** TIP. Fußsteg *m.* ◆ ***ai -i di*** am Fuß + gen.; ***ai -i della montagna, del vulcano*** am Fuße des Berges, des Vulkans; ***ai -i del letto*** am Fußende des Bettes; FIG. ***sono tutti ai suoi -i*** alle liegen ihm zu Füßen; MAR. ***~ dell'albero*** Mastfuß *m.*; ***avere le ali ai -i*** = wie mit Flügeln laufen; ***alzarsi col ~ sinistro, sbagliato*** mit dem linken Fuß auf‿stehen; MIL. ***pied'arm!*** Gewehr bei Fuß! ***attraversare un torrente a ~ asciutto*** einen Bach trockenen Fußes überqueren; ***~ d'atleta*** Fußpilz *m.*; FIG. ***cadere in -i*** auf die Füße fallen; ***da capo a -i*** von Kopf bis Fuß; ***cena in -i*** Stehempfang *m.*; ***collo del ~*** Fußspann *m.*, Spann *m.*; ***dita del ~*** Zehen *pl.*; ***-i dolci*** empfindliche Füße; ***dormire in -i*** im Stehen schlafen; ***dorso del ~*** Fußrücken *m.*; ***su due -i*** aus dem Stand, auf der Stelle; ***~ equino*** Pferdefuß *m.*; ***mettere un ~ in fallo*** fehl‿treten, einen falschen Tritt tun; SPORT ***fallo di ~*** Fußfehler *m.*; ***fatto coi -i*** schlampig gemacht; ***finire fra i -i a qcn.*** jdm ins Gehege kommen; ***essere con un ~ nella fossa*** mit einem Fuß im Grab stehen; ***gettarsi ai -i di qcn.*** sich jdm vor die Füße werfen; ***essere sul ~ di guerra*** auf dem Kriegsfuß stehen; RELIG. ***lavaggio, lavanda dei -i*** Fußwaschung *f.*; ***levarsi dai -i*** verschwinden; ***essere a ~ libero*** auf freiem Fuß sein (*o* sich auf freiem Fuß befinden); ***lasciare qcn. a ~ libero*** jdn auf freiem Fuß (be)lassen; ***sentirsi mancare la terra sotto i -i*** keinen Boden mehr unter den Füßen haben; ***non mettere più ~ a casa di qcn.*** keinen Fuß mehr über jds Schwelle setzen; ***mettere un ~ davanti all'altro*** methodisch vorgehen; ***mettere in -i qcs.*** etw. auf die Beine stellen; ***a -i nudi*** barfuß; ***pestare i -i a qcn.*** jdm auf die Füße treten; FIG. jdm auf die Zehen treten; ***pianta del ~*** Fußsohle *f.*; ***-i piatti*** Plattfüße; *(poliziotto)* Bulle *m.*; ***andare coi -i di piombo*** = mit äußerster Vorsicht vor‿gehen; ***~ di porco*** Brecheisen *n.*; ***posto in -i*** Stehplatz *m.*; ***prendere ~*** Fuß fassen; ***in punta di -i*** auf Zehenspitzen; FIG. ***puntare i -i*** sich auf die Hinterbeine stellen; ***ragionare con i -i*** dummes Zeug schwätzen; ***rimanere a -i*** zu Fuß gehen müssen; FIG. *(rimanere deluso)* mit langer Nase ab‿ziehen; ***rimettersi in -i*** wieder auf die Beine kommen; ***partire col ~ sbagliato*** einen schlechten Start haben; ***tenere il ~ in due scarpe*** auf zwei Hochzeiten tanzen; ***mettere qcn. sotto i -i*** jdn kleinkriegen; ***non farsi mettere sotto i -i da qcn.*** sich nicht kleinkriegen lassen; ***tenere il ~ in due staffe*** zwei Eisen im Feuer haben; *(fare il doppio gioco)* ein falsches Spiel treiben; COLLOQ. ***stare tra i -i a qcn.*** jdm im Weg sein; FIG. ***stare in -i*** auf festen Füßen stehen; ***non stare in -i*** sich kaum auf den Beinen halten können; FIG. auf schwachen Füßen stehen; ***avere i -i sudati*** Schweißfüße haben; ***tenere in -i qcs.*** etw. aufrecht‿erhalten; ***stare coi -i per terra*** mit beiden Beinen auf der Erde stehen; ***mettere i -i in testa a qcn.*** jdm den Fuß auf den Nacken setzen; ***non farsi mettere i -i in testa da nessuno*** sich von niemand(em) den Nacken beugen lassen; ***togliersi dai -i*** sich aus dem Staub machen; ***togliersi qcn. dai -i*** sich jdn vom Hals schaffen; ***togliti dai -i!*** hau ab! (*o* verschwinde!); ***~ torto*** Knickfuß *m.*; ***capitare tra i -i a qcn.*** jdm in den Weg laufen; ***essere tra i -i a qcn.*** jdm im Weg sein; ***~ varo*** Klumpfuß *m.*; ***darsi la zappa sui -i*** sich ins eigene Fleisch schneiden.

pie|de|stal|lo → **piedistallo.**

pie|di|no m. **1** Füßchen *n.*: ***fare (il) ~ a qcn.*** mit jdm füßeln **2** GIORN. Pressenotiz *f.*, Glosse *f.*

pie|di|piat|ti m.inv. Bulle *m.*

pie|di|stal|lo m. Sockel *m.*, Piedestal *n.*, Postament *n.* ◆ FIG. ***mettere qcn. sul ~*** jdn auf ein Podest stellen; FIG. ***scendere dal ~*** von seinem hohen Ross herunter‿kommen.

pie|drit|to m. Widerlager *n.*; ***~ della volta*** Gewölbpfeiler *m.*

pie|ga f. *(-ghe)* **1** Falte *f.* (anche GEOL.): ***stirare una ~*** eine Falte bügeln **2** ANAT. Beuge *f.* **3** *(di capelli)* Legen *n.*: ***mettere i capelli in ~*** das Haar legen (*o* ein‿legen); ***i miei capelli non tengono la ~*** meine Frisur hält nicht ◆ SART. ***~ baciata*** Kellerfalte *f.*; ***~ dei calzoni*** Bügelfalte *f.*; ***non fare una ~*** *(persona)* keine Miene verziehen; *(di ragionamento)* einwandfrei sein; ANAT. ***~ (interna) del gomito*** Armbeuge *f.*; ***gonna a -ghe*** Faltenrock *m.*; ***~ della gonna*** Rockfalte *f.*; ***~ inguinale*** Schenkelbeuge *f.*; ***~ longitudinale*** Längsfalte *f.*; ***messa in ~*** Legen *n.*; ***farsi fare la messa in ~*** sich die Haare legen lassen; ***~ piatta*** Quetschfalte *f.*; ***prendere una brutta ~*** *(di persona)* auf die schiefe Bahn geraten; *(di situazione)* eine schlimme Wendung nehmen; ***prendere una buona ~*** eine gute Wendung nehmen; ***prendere una ~ inaspettata*** eine überraschende Wendung nehmen; ***~ trasversale*** Querfalte *f.*

pie|ga|car|ta m.inv. Falzbein *n.*

pie|ga|men|to m. Beuge *f.*; ***~ sulle gambe*** Kniebeuge *f.*

pie|ga|re *(piego, pieghi)* **I** tr. **1** biegen, verbiegen: ***~ un fil di ferro, un ramo*** einen Draht, einen Ast biegen; ***~ un chiodo*** einen Nagel verbiegen; ***~ qcs. ad angolo retto*** etw. zu einem rechten Winkel biegen; ***~ qcs. ad arco*** etw. zu einem Bogen biegen; TECN. ***~ qcs. a***

gomito etw. (ver)kröpfen **2** *(ripiegare)* falten, zusammen‿falten, zusammen‿legen: ~ ***una camicia, la biancheria*** ein Hemd, die Wäsche zusammenlegen; ~ ***un foglio in quattro*** ein Blatt doppelt zusammenfalten; ~ ***una pagina del libro*** eine Seite des Buchs um‿knicken **3** *(flettere)* beugen: ~ ***un braccio, il ginocchio*** einen Arm, das Knie beugen; ~ ***il corpo in avanti*** den Körper nach vorne beugen; ~ ***il capo*** den Kopf beugen; FIG. den Nacken beugen **4a** *(sottomettere)* beugen, bezwingen: ~ ***il nemico*** den Feind bezwingen; ~ ***la superbia di qcn.*** jds Stolz beugen; ~ ***la resistenza di qcn.*** jds Widerstand brechen **b** ~ ***qcn. a qcs.*** jdm etw. (A) auf‿zwingen: ~ ***qcn. alla propria volontà*** jdm seinen Willen aufzwingen **5** TIP. falzen **II** intr. (aus. *avere*) **1** ab‿biegen: ***la strada piega a sinistra, a destra*** die Straße biegt nach links, nach rechts ab **2** *(inclinarsi)* sich legen: ~ ***in curva*** sich in die Kurve legen **3** MAR. sich über‿legen **III** pronom. **piegarsi 1** sich biegen: ***le canne si piegano al vento*** das Schilf biegt sich im Wind: FIG. ***-rsi in due dal ridere, dal dolore*** sich vor Lachen biegen, sich vor Schmerzen krümmen **2** FIG. sich beugen: ***-rsi ai voleri di qcn.*** sich jds Willen beugen.

pie|ga|to|re m. Falzer *m.* **pie|ga|tri|ce** f. **1** Biegemaschine *f.* **2** TIP. Falzmaschine *f.* **3** MECC. Abkantmaschine *f.* **pie|ga|tu|ra** f. **1a** Faltung *f.* **b** *(curvatura)* Biegung *f.*, Verbiegung *f.* **2** TECN. *(a gomito)* Kröpfung *f.* **3** TIP. Falzung *f.* **4a** *(piega)* Falte *f.* **b** TIP. Falz *m.*

pie|ghet|ta f. Fältchen *n.* **pie|ghet|ta|re** tr. fälteln, in Falten legen. **pie|ghet|ta|to** p.pass. agg. **1** → **pieghettare 2** plissiert: ***tessuto*** ~ plissierter Stoff. **pie|ghet|ta|tu|ra** f. **1** Plissieren *n.*, Fälteln *n.* **2** *(insieme delle pieghe)* Falten *pl.*

pie|ghe|vo|le I agg. **1** zusammenlegbar, zusammenklappbar, faltbar, Falt-, Klapp-: ***bicicletta, canotto*** ~ Klapprad *n.*, Faltboot *n.*; ***sedia, tavolino*** ~ Klappstuhl *m.*, Klapptisch *m.* **2** *(curvabile)* biegbar, beugbar **II** m. Faltblatt *n.* ◆ ***brandina*** ~ Klappliege *f.*; ***cartina (geografica)*** ~ Faltkarte *f.*; ***metro*** ~ Zollstock *m.*; ***ombrello*** ~ Taschenschirm *m.*; ***passeggino*** ~ Buggy *m.* **pie|ghe|vo|lez|za** f. Biegsamkeit *f.*

pie|go m. *(-ghi)* → **plico.**

pie|go|li|na f. Fältchen *n.*

pie|li|te f. Nierenbeckenentzündung *f.*, Pyelitis *f.*

pie|lo|gra|fi|a f. Pyelographie *f.* **pie|lo|gram|ma** m. Pyelogramm *n.*

pie|mi|a f. Pyämie *f.*

Pie|mon|te n.pr.m. Piemont *n.* **pie|mon|te|se I** agg. piemontesisch, piemontisch **II** m. e f. Piemontese *m.* (-sin *f.*) **III** m. *(dialetto)* Piemontesisch(e) *n.*

pie|na f. Hochwasser *n.*: ***il fiume è in*** ~ der Fluss hat (*o* führt) Hochwasser; ***la*** ~ ***del fiume ha provocato gravi danni*** das Hochwasser des Flusses hat große Schäden verursacht.

pie|na|men|te avv. vollkommen, völlig, voll, vollauf, durchaus, rund(her)um: ~ ***responsabile, autorizzato*** voll verantwortlich, berechtigt; ~ ***valido*** vollwertig (*o* vollgültig); ~ ***soddisfatto*** völlig (*o* vollauf) zufrieden; ~ ***d'accordo*** völlig (*o* durchaus) einverstanden; ~ ***felice*** rundum glücklich.

pie|nez|za f. Fülle *f.*, Erfülltheit *f.*: ***la*** ~ ***di una voce*** die Fülle einer Stimme; ~ ***del suono*** Klangfülle *f.* ◆ ~ ***delle forze*** Vollkraft *f.*; ~ ***di sé*** Selbstgerechtigkeit *f.*

pie|no I agg. **1a** voll: ***piatto, bicchiere*** ~ voller Teller, volles Glas; ***parlare con la bocca -a*** mit vollem Mund sprechen; ***il tram era*** ~ die Straßenbahn war voll (besetzt) **b** FIG. *(completo)* voll, völlig: ***una giornata -a*** ein voller Tag; ***gusto*** ~ voller Geschmack; ***un successo*** ~ ein voller Erfolg; ***ottenere una -a guarigione*** völlig gesund werden **2** ~ ***di*** voll mit, voller, mit viel: ***terreno*** ~ ***di sassi*** Boden voller Steine; ***un tavolo*** ~ ***di carte*** ein Tisch voller Karten; ***un uomo*** ~ ***di vizi*** ein Mann mit vielen Lastern; ***una casa -a di mobili antichi*** ein Haus voll mit antiken Möbeln; ***una borsa -a di soldi*** eine Tasche voller Geld; ***essere*** ~ ***di problemi*** viele Probleme haben; ~ ***di gioia, di speranza, di vita*** voller Freude, Hoffnung (*o* hoffnungsvoll), Lebensfreude; ~ ***di debiti*** voller Schulden **3** ***in*** ~... mitten in + dat., voll in + acc.: ***in -a assemblea*** mitten in der Versammlung; ***in -a notte*** mitten in der Nacht; ***in*** ~ ***giorno*** am helllichten Tag; ***in*** ~ ***inverno*** im tiefsten Winter; ***in -a estate*** mitten im Sommer (*o* im Hochsommer); ***in*** ~ ***petto*** mitten (*o* voll) in die Brust; ***in*** ~ ***viso*** direkt (*o* voll) ins Gesicht; ***in -a regola*** (völlig) vorschriftsgemäß **II** m. **1** voller Teil *m.*, massiver Teil *m.*: ***il*** ~ ***di una statua*** der massive Teil einer Statue **2** ***nel*** ~ ***di*** mitten in + dat.: ***nel*** ~ ***dell'estate*** mitten im Sommer (*o* im Hochsommer); ***nel*** ~ ***della discussione*** mitten in der Diskussion **3** *(di benzina)* Tankfüllung *f.*; ***fare il*** ~ voll tanken; FIG. sich voll laufen lassen ◆ ***colpo*** ~ Volltreffer *m.*; ***essere*** ~ ***di dolori*** überall Schmerzen haben; ***essere*** ~ ***di energia*** voller Energie, energiegeladen sein; ***fianchi -i*** breite Hüften; ***gomme -e*** Vollgummireifen *pl.*; ***gote -e*** Pausbacken *pl.*; ***in*** ~ völlig, genau, vollkommen: ***cogliere in*** ~ ***il problema*** das Problem genau erkennen (*o* treffen); ***sbagliarsi in*** ~ sich völlig (*o* gründlich) irren; ***prendere, centrare qcs. in*** ~ etw. voll treffen; ***ha preso il palo in*** ~ er ist voll gegen den Mast gebrummt; *(con veicolo)* er ist voll gegen den Mast gefahren; *(nel calcio)* er hat voll den Pfosten getroffen; ***prendere, centrare qcn. in*** ~ jdn überfahren; ~ ***d'ira*** hasserfüllt (*o* von Hass erfüllt, voller Hass); ***essere*** ~ ***di lavoro*** eine Menge Arbeit haben; ***luna -a*** Vollmond *m.*; ***a -e mani*** mit vollen Händen; ***muro*** ~ massive Wand; ***essere*** ~ ***fino agli occhi*** bis oben hin voll sein; ***pagina -a*** voll geschriebene Seite; ***petto*** ~ pralle Brüste; ***respirare a -i polmoni*** tief ein‿atmen (*o* durch‿atmen); ***punto*** ~ Plattstich *m.*; ***averne le scatole -e di qcs.*** von etw. die Nase (gestrichen) voll haben; ***essere*** ~ ***di sé*** sehr von sich eingenommen sein; ***essere*** ~ ***di soldi*** im Geld schwimmen; ***a stomaco*** ~ mit vollem Magen; ***averne le tasche -e di qcs.*** von etw. die Nase voll haben; ~ ***come un uovo*** voll bis oben hin; ~ ***zeppo*** voll; *(di ambienti, mezzi pubblici)* gerammelt voll, proppenvoll; ***un compito*** ~ ***zeppo di errori*** eine Arbeit voller Fehler.

pie|no|ne m. Menschenmenge *f.*; ***esserci un*** ~ proppenvoll sein; *(essere tutto esaurito)* volles (*o* ausverkauftes) Haus: ***lo spettacolo fa il*** ~ ***tutte le sere*** die Vorstellung ist jeden Abend ausverkauft.

pie|not|to agg. vollschlank.

pi|er|re m.inv. PR-Mann *m.*

pie|tà f. **1** Mitleid *n.*, Erbarmen *n.*: ***avere*** ~ ***di qcn.*** mit jdm Mitleid haben (*o* sich jds erbarmen); ***non avere, provare*** ~ kein Mitleid kennen; ***senza*** ~ ohne Erbarmen (*o* erbarmungslos); ***fare qcs. per*** ~ etw. aus Erbarmen (*o* Mitleid) tun; ***Signore, abbi*** ~ ***di noi!*** Herr, erbarme Dich unser! ***implorare*** ~ um Gnade bitten, SPREG. winseln; ***far*** ~ Leid tun; COLLOQ. ***questo compito fa*** ~ diese Hausarbeit ist erbärmlich (*o* unmöglich); ***da far*** ~ zum Gotterbarmen (*o* zum Erbarmen) **2** RELIG. Frömmigkeit *f.*, Pietät *f.* **3** ART. Pietà *f.*, Pieta *f.*, Vesperbild *n.* ◆ ***monte di*** ~ Leihhaus *n.*

pie|tan|za f. **1** Gericht *n.*, Speise *f.*: ~ ***prelibata*** köstliches Gericht; ~ ***di carne*** Fleischgericht *n.* **2** *(secondo piatto)* zweiter Gang *m.*

pie|ti|smo m. **1** STOR. Pietismus *m.* **2** FIG. Frömmelei *f.* **2** *(indulgenza eccessiva)* geheucheltes Mitleid *n.* **pie|ti|sta** m. e f. *(-i,-e)* Pietist *m.* (-in *f.*). **pie|ti|sti|co** agg. *(-ci,-che)* **1** STOR. pietistisch: ***influenza -a*** pietistischer Einfluss **2** FIG. frömmelnd: ***atteggiamento*** ~ frömmelnde Haltung.

pie|to|sa|men|te avv. kläglich, erbärmlich.

pie|to|so agg. **1a** *(che sente pietà)* mitleidig, mitleid(s)voll: ***anima -a*** mitleidige Seele **b** *(caritatevole)* barmherzig: ***atto*** ~ barmherzige Tat **2** *(che suscita compassione)* Mitleid erregend, erbärmlich: ***destino*** ~ Mitleid erregendes Schicksal; ***storia -a*** Mitleid erregende Geschichte; ***condurre un'esistenza -a*** ein erbärmliches Leben führen; ***una scena -a*** ein Mitleid erregender Anblick **3** *(mal fatto)* unmöglich, erbärmlich: ***un film, lavoro*** ~ ein unmöglicher Film, eine unmögliche Arbeit ◆ ***avere un aspetto*** ~ einen kläglichen Anblick bieten; ***bugia -a*** fromme Lüge; ***essere una cosa -a*** zum Erbarmen sein (*o* erbärmlich sein); ***fare una figura -a*** eine unglückliche Figur ab‿geben; ***in modo*** ~ zum Gotterbarmen; ***essere in uno stato*** ~ in einem erbärmlichen Zustand sein; ***ridursi in uno stato*** ~ herunter‿kommen; COLLOQ. auf den Hund kommen; ***stendere un velo*** ~ ***su qcs.*** den Mantel des Schweigens über etw. (A) breiten (*o* decken).

pie|tra f. **1** Stein *m.*: ***scagliare una*** ~ ***contro qcn.*** einen Stein nach jdm werfen; ***colpire qcn. con una*** ~ jdn mit einem Stein treffen; ***scolpire qcs. nella*** ~ etw. in Stein hauen; ***spaccare -e*** Steine brechen; ~ ***grezza*** roher Stein **2** *(preziosa)* Edelstein *m.*: ***montare una*** ~ einen Edelstein fassen ◆ ~ ***per affilare*** Wetzstein *m.*; ~ ***d'allume*** Alaunstein *m.*; ~ ***angolare*** Eckstein *m.* (anche FIG.); ~ ***arenaria*** Sandstein *m.*; ***blocco di*** ~ Steinblock *m.*; ~ ***calcarea*** Kalkstein *m.*; ***casa di*** ~ Steinhaus *n.*; ***cava di*** ~ Steinbruch *m.*; ~ ***di confine*** Grenzstein *m.*; ~ ***da costruzione*** Baustein *m.*; ***di*** ~ steinern; ***avere un cuore di*** ~ ein Herz wie Stein haben; ***diventare di*** ~ versteinern; ***duro come la*** ~ hart wie ein Stein (*o* steinhart); ***età della*** ~ Steinzeit *f.*; ~ ***filosofale*** Stein *m.* der Weisen; ~ ***focaia*** Feuerstein *m.*; ***frantoio per -e*** Steinbrecher *m.*; ~ ***d'inciampo*** Stolperstein *m.*; ~ ***infernale*** Höllenstein *m.*; ***lastra di*** ~ Steinplatte *f.*; ~ ***litografica*** Lithographiestein *m.*; ***male della*** ~ Harnsteinleiden *n.*; ~ ***miliare*** Meilenstein *m.*; ~ ***molare*** Mahlstein *m.* (*o* Mühlstein *m.*); ***mucchio di -e*** Steinhaufen *m.*; ~ ***naturale*** Naturstein *m.*; ~ ***di paragone*** Probierstein *m.*, FIG. Prüfstein *m.*; ***pavimento di*** ~ Steinfußboden *m.*; ~ ***pomice*** Bimsstein *m.*; ~ ***preziosa*** Edelstein *m.*; ***porre la prima*** ~ den Grundstein legen; ***scagliare la prima*** ~ ***(contro qcn.)*** den ersten Stein (auf jdn) werfen; ~ ***dello scandalo*** Stein *m.* des Anstoßes; ***sedile di*** ~ Steinbank *f.*; ~ ***sepolcrale*** → ~ ***tombale***; ***metterci una*** ~ ***sopra*** Gras darüber wachsen lassen, einen Schlussstrich unter etw. setzen; ***mettiamoci una*** ~ ***sopra!***

Schwamm drüber! ~ ***tombale*** Grabstein *m.*
pie|tra|ia f. **1** Steinhaufen *m.* **2** *(cava)* Steinbruch *m.*
pie|tra|me m. Gesteinsmasse *f.*; ~ ***sciolto*** Haufwerk *n.*
pie|tri|fi|ca|re *(pietrifico, pietrifichi)* **I** tr. **1** versteinern, petrifizieren **2** FIG. erstarren lassen: ***il terrore lo pietrificò*** er erstarrte vor Schreck **II** pronom. **pietrificarsi** versteinern, zu Stein werden. **pie|tri|fi|ca|to** p.pass. agg. **1** → **pietrificare 2a** versteinert **b** FIG. wie versteinert, erstarrt: ~ ***dalla paura*** vor Angst wie versteinert (*o* erstarrt). **pie|tri|fi|ca|zio|ne** f. Versteinerung *f.*, Petrifikation *f.*
pie|tri|na f. **1** Steinchen *n.* **2** *(di accendino)* Feuerstein *m.*, Zündstein *m.*
pie|tri|sco m. *(-chi)* Rollsplitt *m.*, Splitt *m.*, Schotter *m.*
Pie|tro n.pr.m. **1** Peter *m.*: ~ ***il Grande*** Peter der Große **2** RELIG. Petrus *m.*: ***san*** ~ heiliger Petrus ◆ ***basilica di san*** ~ Peterskirche *f.*; ***si chiama*** ~ ***(e torna indietro)*** Wiedersehen macht Freude; ***croce di san*** ~ Petruskreuz *n.*; ***pesce san*** ~ Petersfisch *m.*; ***piazza san*** ~ Petersplatz *m.*; ***san*** ~ ***e Paolo*** Peter-und-Pauls-Tag *m.*
Pie|tro|bur|go n.pr.f. Petersburg *n.*
pie|tro|so agg. **1** steinern, Stein-, aus Stein **2** *(pieno di pietre)* steinig.
pie|va|no m. Pfarrer *m.*, Pfarre *f.* **pie|ve** f. **1** STOR. Sprengel *m.* **2** *(parrocchia)* Pfarrei *f.*
pie|zo|e|let|tri|ci|tà f. Piezoelektrizität *f.* **pie|zo|e|let|tri|co** agg. *(-ci,-che)* piezoelektrisch.
pie|zo|me|tri|co agg. *(-ci,-che)* piezometrisch. **pie|zo|me|tro** m. Piezometer *n.*
pif|fe|ra|io m. *(-ai)* Pfeifenbläser *m.*, Pfeifer *m.* ◆ ***il*** ~ ***magico*** der Rattenfänger *m.*
pif|fe|ro m. Pfeife *f.*, kleine Flöte *f.*, Schalmei *f.*: ***suonare il*** ~ die Pfeife blasen.
pi|gia|ma m. Pyjama *m.*, Schlafanzug *m.* ◆ ***giacca del*** ~ Pyjamajacke *f.*; ~ ***palazzo*** = Damenanzug *m.* mit weiten Hosen; ***pantaloni del*** ~ Schlafanzughose *f.* (*o* Pyjamahose *f.*).
pi|gia pi|gia m.inv. Gedränge *n.*
pi|gia|re tr. *(pigio, pigi)* **1** drücken, ein‿pressen, pressen: ~ ***l'uva*** Trauben pressen (*o* keltern); ~ ***il vestiario in valigia*** Kleidungsstücke in den Koffer hinein‿pressen **2** *(accalcare, spingere)* drängen ◆ ~ ***l'acceleratore*** aufs Gas treten. **pi|gia|to** p.pass. agg. **1** → **pigiare 2** zusammengepresst, gedrängt: ***stare*** ~ gedrängt sein ◆ ***-i come sardine*** zusammengequetscht wie Ölsardinen; COLLOQ. ***eravamo -i come sardine*** wir waren wie die Ölsardinen in der Dose.
pi|gia|to|re m. Kelterer *m.* **pi|gia|tri|ce** f. Traubenmühle *f.*
pi|gia|tu|ra f. **1** Drücken *n.* **2** *(di uva)* Keltern *n.*, Einstampfung *f.*
pi|gio|nan|te m. Mieter *m.*
pi|gio|ne f. Miete *f.*: ***stare a*** ~ zur Miete wohnen; ***dare a*** ~ vermieten; ***prendere a*** ~ mieten; ***pagare la*** ~ die Miete bezahlen.
pi|glia|mo|sche m.inv. **1** BOT. Fleisch fressende Pflanze *f.* **2** ORNIT. Fliegenschnäpper *m.*
pi|glia|re I tr. **1** *(prendere)* nehmen, ergreifen **2** *(acciuffare)* ergreifen, fassen **II** intr. (aus. *avere; attecchire*) Wurzeln fassen, anwachsen ◆ ***pigliarle*** Prügel bekommen; ***pigliarsela con qcn.*** sich über jdn aufregen.
1.pi|glio m. Fassen *n.*, Ergreifen *n.*: ***dar di*** ~ etw. rasch fassen; FIG. etw. plötzlich beginnen.
2.pi|glio m. *(-gli)* **1** Miene *f.*: ~ ***risoluto, fiero, minaccioso*** entschlossene, stolze, drohende Miene **2** *(tono)* Ton *m.*; ***un racconto dal*** ~ ***vivace*** eine lebhafte, spritzige Erzählung.
pig|ma|lio|ne m. Pygmalion *m.*
pig|men|ta|re I tr. pigmentieren **II** pronom. **pigmentarsi** Pigmente bilden. **pig|men|ta|to** p.pass. agg. **1** → **pigmentare 2** pigmentiert, Pigment-. **pig|men|ta|zio|ne** f. Pigmentation *f.*, Pigmentbildung *f.*, Pigmentierung *f.*
pig|men|to m. Pigment *n.*, Pigmentfarbstoff *m.*; *(di vernice, pittura)* Farbkörper *m.*: ~ ***fluorescente*** fluoreszierendes Pigment.
pig|me|o I m. **1** Pygmäe *m.*: ***un villaggio di -i*** ein Pygmäendorf **2** ESTENS. *(persona bassa)* Zwerg *m.* **II** agg. **1** pygmäisch; ***razza -a*** zwergwüchsige Rasse **2** ESTENS. *(basso)* zwergenhaft.
pi|gna f. **1** Zapfen *m.*; *(d'abete)* Tannenzapfen *m.* **2** ARCH. zapfenartige (*o* zapfenförmige) Verzierung *f.* **3** *(mucchio)* Haufen *m.*, Stoß *m.*, Stapel *m.*: ***una*** ~ ***di libri*** ein Stoß (*o* Stapel) Bücher ◆ ***avere le -e in testa*** Flausen im Kopf haben.
pi|gnat|ta f. **1** großer Kochtopf *m.* **2** *(laterizio forato)* Deckenziegel *m.*
pi|gno|leg|gia|re intr. *(pignoleggio, pignoleggi*; aus. *avere)* ein Pedant sein, sich pedantisch benehmen.
pi|gno|le|ri|a f. Kleinlichkeit *f.*, Pedanterie *f.*
pi|gno|le|sco agg. *(-chi,-che)* kleinlich, pedantisch.
pi|gno|lo I agg. kleinlich, pedantisch **II** m. Pedant *m.*, Federfuchser *m.*
pi|gno|ne m. **1** MECC. Ritzel *n.*, Triebrad *n.*; ~ ***conduttore*** Antriebsritzel *n.*; ~ ***d'avviamento*** Anlassritzel *n.* **2** EDIL. Futtermauer *f.*
pi|gno|ra|bi|le agg. pfändbar. **pi|gno|ra|bi|li|tà** f. Pfändbarkeit *f.*
pi|gno|ra|men|to m. Pfändung *f.* **pi|gno|ran|te** m. Pfandnehmer *m.*; ~ ***creditore*** betreibender Gläubiger.
pi|gno|ra|re tr. **1** pfänden: ~ ***i mobili*** die Möbel pfänden **2** *(dare in pegno)* verpfänden, in Pfand geben.
pi|gno|ra|ta|rio m. *(-ri)* Pfändungsschuldner *m.* **pi|gno|ra|ti|zio** agg. *(-zi,-zie)* Pfand-: ***credito, creditore*** ~ Pfandkredit *m.*, Pfandgläubiger *m.*; ***debito, debitore*** ~ Pfandschuld *f.*, Pfandschuldner *m.*; ***garanzia -a*** Pfandsicherheit *f.* **pi|gno|ra|to|re** m. Pfänder *m.*
pi|go|la|re intr. *(pigolo*; aus. *avere)* **1** piepen **2** FIG. jammern, quengeln. **pi|go|li|o** m. Gepiep(s)e *n.*, Piep(s)en *n.*
pi|grac|cio m. *(-ci)* → **pigrone.**
pi|gra|men|te avv. träge.
pi|gris|si|mo agg. oberfaul, stinkfaul.
pi|gri|zia f. Faulheit *f.*, Trägheit *f.*: ***per*** ~ aus Faulheit (*o* Trägheit); ***vincere la*** ~ seine Faulheit überwinden (*o* seine Trägheit bezwingen); ~ ***mentale*** Denkfaulheit *f.*
pi|gro I agg. **1** faul, träge: ***uno studente*** ~ ein fauler Student; ~ ***mentalmente e fisicamente*** geistig und körperlich träge **2** *(lento)* langsam, müde: ***movimento*** ~ langsame Bewegung **II** m. Faulenzer *m.* ◆ ***intestino*** ~ träger Darm.
pi|gro|ne m. COLLOQ. Faulpelz *m.*, Faulenzer *m.*: ***essere un*** ~ vor Faulheit stinken (*o* ein Faulpelz sein).
PIL ⇒ *prodotto interno lordo* Bruttoinlandsprodukt (BIP).
1.pi|la f. **1** Stapel *m.*, Stoß *m.*: ***una*** ~ ***di piatti, di libri*** ein Stapel Teller, Bücher **2** EL. Element *n.*, Batterie *f.*: ***cambiare, sostituire le -e*** die Batterien aus‿wechseln; ***le -e sono scariche*** die Batterien sind leer **3** *(lampadina tascabile)* Taschenlampe *f.* **4** *(di ponte)* Brückenpfeiler *m.*, Pfeiler *m.* ◆ ***a -e*** stoßweise; EL. ***alimentato a -e*** batteriebetrieben; ***radio (alimentata) a -e*** batteriebetriebenes Radio; ARCH. ~ ***ad arco*** Joch *n.*; ~ ***di documenti*** Aktenstoß *m.*; ~ ***mezza torcia*** Babybatterie *f.*; ~ ***nucleare*** Kernreaktor *m.*; EDIL. ***ponte a -e*** Pfeilerbrücke *f.*; ~ ***a secco*** Trockenbatterie *f.*; ~ ***solare*** Sonnenbatterie *f.*; ~ ***stilo*** Mignonbatterie *f.*; ~ ***tascabile*** Taschenlampe *f.*; ~ ***termoelettrica*** Thermosäule *f.*; ~ ***voltaica*** Voltasäule *f.* (*o* voltasche Säule).
2.pi|la f. Becken *n.*; *(vasca)* Wanne *f.* ◆ ~ ***della fontana*** Brunnenbecken *n.*; ~ ***dell'acquasanta*** Weihwasserbecken *n.*
Pi|la|de n.pr.m. Pylades *m.*
pi|laf, ***riso*** ~ Pilawreis *m.*
pi|la|re tr. schälen.
pi|la|stro m. **1** Pfeiler *m.*, Pilaster *m.*: ***rinforzare un*** ~ einen Pfeiler verstärken; ***a forma di*** ~ pfeilerförmig **2** FIG. Stütze *f.*, Säule *f.*: ***essere il*** ~ ***della famiglia*** die Stütze der Familie sein ◆ ~ ***in acciaio*** Stahlpfeiler *m.*; ~ ***d'angolo*** Eckpfeiler *m.*; ~ ***ad arco*** Bogenpfeiler *m.*; ~ ***in cemento*** Zementpfeiler *m.*; ~ ***a fascio*** Bündelpfeiler *m.*; ~ ***di fondazione*** Grundpfeiler *m.*; ~ ***portante*** Tragpfeiler *m.*; ~ ***di sostegno*** Stützpfeiler *m.*
Pi|la|to n.pr.m. Pilatus *m.*
pi|la|tu|ra f. Schälung *f.*, Schälen *n.*
pile ['pail] m.inv. Fleece *m.*: ***tuta di*** ~ Fleecetrainingsanzug *m.* (*o* Trainingsanzug *m.* aus Fleece).
pi|let|ta f. Knopfzelle *f.*
pi|li|fe|ro agg. behaart ◆ ***apparato*** ~ Behaarung *f.*; ***bulbo*** ~ Haarzwiebel *f.*; ***follicolo*** ~ Haarbalg *m.*
pil|lo m. Stößel *m.*, Stampfer *m.*
pil|lo|la f. **1** Pille *f.*, Tablette *f.*: ***ingoiare, prendere una*** ~ eine Pille schlucken, ein‿nehmen; ***prescrivere -e contro il mal di testa, per dormire*** Pillen gegen Kopfschmerzen, zum Schlafen verschreiben **2** *(anticoncezionale)* Pille *f.*, Antibabypille *f.*: ***prendere, smettere la*** ~ die Pille nehmen, ab‿setzen ◆ ***addolcire la*** ~ ***a qcn.*** jdm eine (*o* die) bittere Pille verzuckern (*o* versüßen); ***assuefazione alle -e*** Tablettensucht *f.*; ***a forma di*** ~ pillenförmig; ***in -e*** in Tablettenform; FIG. in Kurzfassung; ***indorare la*** ~ ***a qcn.*** jdm die Pille versüßen; ***ingoiare una*** ~ ***amara*** eine bittere Pille schlucken (anche FIG.); ***scatoletta delle -e*** Pillenschachtel *f.*, Pillendöschen *n.*; ~ ***tranquillante*** Beruhigungspille *f.*; ~ ***di vitamine*** Vitamintablette *f.*
pi|lo|ne m. **1** Pfeiler *m.*, Pfahl *m.* **2** *(struttura verticale)* Mast *m.* **3** *(rugby)* Dränger *m.* ◆ ~ ***di antenna*** Antennenmast *m.*; ~ ***d'attracco*** Dalbe *f.*; ~ ***di funivia*** Seilbahnstütze *f.*; ~ ***di ormeggio*** Poller *m.*; ~ ***del ponte*** Brückenpfeiler *m.*; ~ ***di sostegno*** Stützpfeiler *m.*
pi|lo|ri|co agg. *(-ci,-che)* ANAT. Pförtner-: ***spasmo*** ~ Pförtnerkrampf *m.* **pi|lo|ro** m. ANAT. Pylorus *m.*, Pförtner *m.*
pi|lo|ta I m. e f. **1** AER. Pilot *m.* (-in *f.*) **2** AUT. Fahrer *m.* (-in *f.*), Rennfahrer *m.* (-in *f.*), Pilot *m.* (-in *f.*) **3** MAR. Lotse *f.* **II** agg.inv. Pilot- ◆

~ **acrobatico** Kunstflieger *m.*; ~ **d'aereo** Flugzeugpilot *m.*; ~ **d'aereo da guerra** Kampfflieger *m.*; ~ **d'alto mare, d'altura** Seelotse *m.*; **inserire il ~ automatico** den Autopilot ein‿schalten; ~ **automobilistico** Rennfahrer *m.* (*o* Pilot *m.*); **brevetto di ~** Flug-, Pilotenschein *m.*; **prendere il brevetto di ~** den Pilotenschein erwerben; ~ **da caccia** Jagdflieger *m.*; ~ **collaudatore** Testfahrer *m.*; AER. Testpilot *m.*, Einflieger *m.*; **delfino ~** Grindwal *m.*, Pilotwal *m.*; **esperimento ~** Pilotexperiment *n.*; ~ **di Formula 1** Formel-1-Pilot *m.*; **impianto ~** Pilotanlage *f.*; **pallone ~** Pilotballon *m.*; **pesce ~** Pilotfisch *m.*; Lotsenfisch *m.*; ~ **portuale** Hafenlotse *m.*; **primo ~** Chefpilot *m.*; ~ **professionista** Berufsfahrer *m.*; **progetto ~** Pilotprojekt *m.*; ~ **di rally** Rallyefahrer *m.*; **scuola ~** Pilotschule *f.*; **secondo ~** Beiflieger *m.* (*o* Kopilot *m.*); ~ **spaziale** Weltraumfahrer *m.*

pi|lo|ta|bi|le agg. steuerbar.

pi|lo|tag|gio m. *(-gi)* **1** Steuerung *f.*, Lenkung *f.* **2** MAR. Lotsen *n.* ◆ **cabina di ~** Pilotenkanzel *f.*, Cockpit *n.*; **organi di ~** Steuerung *f.*; **scuola di ~** Flugschule *f.*

pi|lo|ta|re tr. **1a** fahren, steuern: ~ **un'auto** ein Auto fahren **b** *(aereo)* führen, steuern: ~ **un aereo** ein Flugzeug steuern; **questo aereo è facile da ~** diese Maschine fliegt sich leicht **c** *(nave)* lotsen, steuern: ~ **una nave in porto** ein Schiff sicher in den Hafen lotsen **2** FIG. lenken, steuern: ~ **una crisi politica, una decisione** eine politische Krise, eine Entscheidung lenken. **pi|lo|ta|to** p.pass. agg. **1** → **pilotare 2 parto ~** (künstlich) eingeleitete Geburt.

pi|lo|ti|na f. Lotsenboot *n.*

pi|luc|ca|re tr. *(pilucco, pilucchi)* **1** *(uva)* zupfen, ab‿zupfen: ~ **gli acini d'uva da un grappolo** die Trauben vom Stiel zupfen **2** *(mangiare a pezzetti)* ~ **qcs.** von etw. naschen; ~ **un dolce** von einem Kuchen naschen **3** *(togliere pezzetti)* heraus‿picken, pulen: ~ **l'uvetta dal dolce** Rosinen aus dem Kuchen herauspicken **4** *(estorcere denaro)* Geld ab‿nehmen; COLLOQ. rupfen.

pi|men|to m. **1** Piment *m.* e *n.* **2** *(pepe)* Nelkenpfeffer *m.*

pim|pan|te agg. **1** *(sgargiante)* auffallend, grell **2** *(allegro)* aufgedreht, keck: **essere tutto ~** mächtig aufgedreht sein.

pim|pi|nel|la f. **1** Pimpinelle *f.* **2** BOT. Bibernelle *f.*

pin, P.I.N. ⇒ *Numero di Identificazione Personale* Persönliche Identifikationsnummer.

pi|nac|cia f. *(-ce)* Pinasse *f.*

pi|na|ce|e f.pl. Kieferngewächse *pl.*, Tannengewächse *pl.*

pi|na|co|te|ca f. *(-che)* Pinakothek *f.*, Bildergalerie *f.*, Gemäldegalerie *f.*

pi|na|stro m. Strandkiefer *f.*

pin|ce ['pɛ̃:s] f. *(-s)* Abnäher *m.*; **pantaloni con le -s** Bundfaltenhose *f.*

pin|ce-nez [pɛ̃:s-'ne] m.inv. Pincenez *n.*, Kneifer *m.*

pin|co m. *(-chi)* Dummkopf *m.*, Trottel *m.* ◆ **Pinco Pallino** Herr (*o* Frau) Soundso.

pin|da|ri|co agg. *(-ci,-che)* von Pindar ◆ **volo ~** Gedankensprung *m.*

Pin|da|ro n.pr.m. Pindar *m.*

pi|ne|a|le agg. **ghiandola, corpo ~** Zirbeldrüse *f.*

pi|nel|la f. *(nel gioco della canasta)* Zwei *f.*

pi|ne|ta f. Pinienwald *m.*, Kiefernwald *m.*

ping-pong m.inv. Tischtennis *n.*, Pingpong *n.* ◆ **pallina da ~** Tischtennisball *m.*; **tavolo da ~** Tischtennisplatte *f.*

pin|gue agg. **1** dick, fett: **una persona ~** ein dicker Mensch; **un porcellino ~** ein fettes Schweinchen **2** *(fertile)* fruchtbar: **un terreno ~** ein fruchtbarer Boden **3** FIG. *(ricco)* reich(lich): **un ~ patrimonio** ein reichliches Vermögen. **pin|gue|di|ne** f. Fettleibigkeit *f.*, Leibesfülle *f.*, Körperfülle *f.*: **tendere alla ~** zur Körperfülle neigen.

pin|gui|no m. **1** Pinguin *m.* **2** INTRAD. (Eis am Stiel mit Schokoladenüberzug).

pin|na f. **1** Flosse *f.* **2** MAR. *(nelle imbarcazioni)* Schlingerkiel *m.* **3** *(per nuotare)* Schwimmflosse *f.* **4** AER. Flossenstummel *m.* **5** ZOOL. Steckmuschel *f.* ◆ ~ **adiposa** Fettflosse *f.*; ~ **caudale** Schwanzflosse *f.*; ~ **di deriva** Schwanzflosse *f.*, Flosse *f.*; ~ **dorsale** Rückenflosse *f.*; *(di balena, pescecane)* Finne *f.*; ANAT. ~ **nasale** Nasenflügel *m.*; ~ **natatoria** Schwimmflosse *f.*; ~ **di pescecane** Haifischflosse *f.*; ~ **pettorale** Brustflosse *f.*; ~ **stabilizzante** Stabilisierungsflosse *f.*; ~ **ventrale** Bauchflosse *f.*

pin|na|co|lo m. **1** ARCH. Fiale *f.* **2** *(cima)* Zinne *f.*

pin|na|to agg. **nuoto ~** Schwimmen *n.* mit Flossen.

pin|ni|pe|di m.pl. Flossenfüßer *m.*

pin|nu|la f. Federchen *n.*

pi|no m. **1** Kiefer *f.* **2** *(legno)* Kiefernholz *n.*: **una trave di ~** ein Balken aus Kiefernholz ◆ **ago di ~** Kiefernnadel *f.*; ~ **bianco** Strobe *f.* (*o* Weymouthskiefer *f.*); **essenza di ~** Fichtennadelextrakt *m.*; **legno di ~** Kiefernholz *n.*; ~ **marittimo** Strandkiefer *f.*; ~ **mugo** Latsche *f.* (*o* Latschenkiefer *f.*); ~ **nero** Schwarzkiefer *f.*; **nottuide del ~** Kieferneule *f.*; ~ **a ombrello, da pinoli** Schirmpinie *f.* (*o* Pinie *f.*); ~ **silvestre** Föhre *f.* (*o* Kiefer *f.*, Waldkiefer *f.*); ~ **vulcanico** Rauchpilz *m.*

pi|noc|chia|ta f. INTRAD. (Teig aus Pinienkernen, Zucker und Eiweiß).

pi|no|lo m. Pinienkern *m.*

pi|not [-'no] m.inv. Burgunder *m.* ◆ ~ **bianco, grigio** Weißer Burgunder; ~ **nero** Roter Burgunder.

pin|ta f. Pint *n.*

pin|za f. **1** Zange *f.* **2** *(chela)* Schere *f.*, Zange *f.* ◆ **-e da bucato** Wäscheklammern *pl.*; ~ **per candele** Kerzenhalter *m.*; **-e chirurgiche** Operationszangen *pl.*; **-e del dentista** Zahnarztzangen *pl.*; ~ **per dolci** Gebäckzange *f.*, Kuchenzange *f.*; **-e emostatiche** Aderpresse *f.*; TIP. **-e a estensione** Spannzange *f.*; **-e a molla** Quetschhahn *m.*; FIG. **prendere qcn. con le -e** jdn mit Samthandschuhen an‿fassen; ~ **per saldatura** Schweißbacke *f.*; ~ **tagliafili** Drahtschere *f.*; ~ **per tubi** Rohrzange *f.*; ~ **universale** Kombizange *f.*

pin|za|re tr. **1** zusammen‿heften: ~ **dei fogli sciolti** lose Blätter heften **2** REGION. *(di insetto)* stechen, beißen.

pin|za|tri|ce f. Heftmaschine *f.* **pin|za|tu|ra** f. Stich *m.*, Biss *m.*

pin|zet|ta f. Pinzette *f.* ◆ **-e per francobolli** Briefmarkenpinzette *f.*; ~ **da orologiaio** Uhrmacherzange *f.*; ~ **per sopracciglia** Pinzette *f.*

pin|zi|mo|nio m. *(-ni)* INTRAD. (Dip aus Öl, Essig und Salz).

pin|zo|che|ro m. Frömmler *m.*

1.pi|o agg. **1** fromm, gottgläubig: **donna -a** fromme Frau; **atteggiamento ~** frommes Verhalten; **opere -e** fromme Werke **2** *(volto a fini religiosi; sacro)* heilig: **luoghi -i** heilige Orte **3** *(caritatevole e misericordioso)* barmherzig; LETT. glaubensvoll: **anima -a** barmherzige Seele ◆ IRON. ~ **desiderio** frommer Wunsch; **Ludovico il ~** Ludwig der Fromme; ANAT. **-a madre** weiche Gehirnhaut.

2.pi|o inter. piep: ~ ~ piep, piep.

Pi|o n.pr.m. Pius *m.*

pio|der|mi|te f. Pyodermie *f.*, Eiterausschlag *m.* **pio|ge|no** agg. pyogen, Eiter bildend; **germe ~** Eitererreger *m.*

piog|ge|rel|la f. Nieselregen *m.*

piog|gia f. *(-ge)* **1** Regen *m.*: ~ **sottile, fitta, scrosciante, incessante** leichter, starker, prasselnder, anhaltender Regen; **la ~ scende, cade** der Regen fällt (*o* es regnet); **la ~ è cessata** der Regen hat aufgehört (*o* es hat aufgehört zu regnen) **2** pl. Regenfälle *pl.* ◆ **far cadere la semola a ~** den Grieß ein‿streuen; ~ **acida** saurer Regen; **una ~ di auguri** eine Flut von Glückwünschen; **bagnato di ~** regennass; **in caso di ~** bei Regen; ~ **a catinelle** Regenguss *m.*; ~ **di cenere e lapilli** Aschen- und Lapilliregen *m.*; ~ **fine** feiner Regen *m.*, Nieselregen *m.*; **una ~ di fiori** ein Blumenregen; **giorno di ~** Regentag *m.*; **goccia di ~** Regentropfen *m.*; **innaffiare a ~** berieseln; **una ~ di insulti** ein Schwall von Schmähungen; **interrotto per ~** wegen Regen unterbrochen; **-e monsoniche** Monsunregen *m.*; **nube carica di ~** Regenwolke *f.*; ~ **di pietre** Steinhagel *m.*; **quantità di ~** Regenmenge *f.*; **scroscio di ~** Regenschauer *m.*; ~ **sottile** Sprühregen *m.*; **stagione delle -e** Regenzeit *f.*; ~ **torrenziale** Platzregen *m.* (*o* strömender Regen); PROV. **dopo la ~ torna il sereno** auf Regen folgt Sonnenschein.

piog|gia|to|re m. Regenmacher *m.*

pio|lo m. **1** Pflock *m.*: **legare una capra a un ~** die Ziege an einen Pflock binden **2** *(di scala)* Leitersprosse *f.*, Sprosse *f.*: **il ~ più alto** die höchste Sprosse ◆ ~ **dell'attaccapanni** Kleiderhaken *m.*; ~ **di legno** Holzpflock *m.*; **scala a -i** Sprossenleiter *f.*; ~ **della tenda** Zeltpflock *m.*

piom|bag|gi|ne f. **1** Graphitschwärze *f.* **2** BOT. Bleiwurz *f.*

piom|bag|gio m. *(-gi)* Versiegelung *f.*

1.piom|ba|re intr. (aus. *essere*) **1** *(cadere)* fallen **2** *(precipitare)* (herab‿)stürzen: **l'auto è piombata in un burrone** das Auto ist in eine Schlucht gestürzt; ~ **nel vuoto** ins Leere stürzen **3** *(assalire improvvisamente)* ~ **su, addosso a qcn., qcs.** sich auf jdn, etw. stürzen (*o* über jdn, etw. her‿fallen); ~ **sulla preda** über die Beute herfallen **4** FIG. *(sprofondare)* versinken: ~ **nella disperazione** in Verzweiflung versinken **5** FIG. *(sopraggiungere all'improvviso)* (hinein‿)platzen: ~ **improvvisamente in casa di qcn.** jdm ins Haus platzen ◆ ~ **nella miseria** in Armut versinken.

2.piom|ba|re tr. **1** verbleien: ~ **l'acciaio** Stahl verbleien **2** *(sigillare)* verplomben, versiegeln **3** *(otturare)* plombieren, füllen: ~ **un dente** einen Zahn plombieren (*o* füllen) ◆ ~ **una fessura** ein Loch mit Blei aus‿füllen.

piom|ba|to p.pass. agg. **1** → **piombare 2** *(sigillato)* versiegelt: **forziere ~** versiegelter Geldschrank; **vagone ~** versiegelter Waggon **3** *(rinforzato con piombo)* verbleit: **mazza -a** verbleiter Schläger; **vetro ~** verbleites Glas.

piom|ba|to|ia f. Pechnase *f.*

piom|ba|tu|ra f. **1** Verbleiung *f.*, Verplombung *f.* **2** *(contenuto di piombo)* Plombe *f.* **3** *(otturazione di dente)* Plombierung *f.*, Füllung *f.*, Zahnfüllung *f.*

piom|bi|fe|ro agg. bleihaltig.

piom|bi|no m. **1** *(di filo a piombo)* Lot *n.*, Senkblei *n.* **2** *(di lenza)* Angelblei *n.*, Netzblei *n.* **3** *(sigillo)* Bleisiegel *n.*, Plombe *f.*: ***chiudere un pacco con un ~*** ein Paket mit einem Bleisiegel verschließen **4** *(proiettile)* Bleikugel *f.*

piom|bo m. **1** Blei *n.*: ***essere pesante come il ~*** schwer wie Blei sein **2** *(di filo a piombo)* Senkblei *n.* **3** LETT. *(proiettile)* Bleikugel *f.* **4** TIP. Drucktype *f.* **5** pl. STOR. ***Piombi*** Bleikammern *pl.* ◆ ***a ~*** senkrecht; EDIL. lotrecht; EDIL. ***una parete a ~*** eine lotrechte Wand; ***a ~ sul mare*** senkrecht über dem Meer; ***anni di ~*** = Jahre des Terrorismus; ***benzina con, senza ~*** verbleites, bleifreies Benzin; ***biacca di ~*** Bleiweiß *n.*; ***cadere a ~*** senkrecht ab‿fallen; IND. FIS. ***camera di ~*** Bleikammer *f.*; ***cavo sotto ~*** Bleikabel *n.*; ***cielo di ~*** bleigrauer Himmel; ***color ~*** bleifarbig; ***contenente ~*** bleihaltig; ***contenuto di ~*** Bleigehalt *m.*; ***cristallo al ~*** Bleikristall *n.*; ***di ~*** bleiern (*o* Blei-); ***~ duro*** Hartblei *n.*; ***essere a ~*** im Lot sein; ***filo a ~*** Lot *n.*, Senkblei *n.*, Senklot *n.*; MAR. Senkblei *n.*; ***sentir fischiare il ~*** die Kugeln um die Ohren pfeifen hören; ***fonderia di ~*** Bleigießerei *f.*; ***sentirsi le gambe di ~*** bleischwere Beine haben; ***grigio ~*** bleigrau; ***guaina di ~*** Bleimantel *m.*; ***intossicazione da ~*** Bleivergiftung *f.*; ***lamiera di ~*** Bleiblech *n.*; ***lastra di ~*** Bleiplatte *f.*; ***lega di ~*** Bleilegierung *f.*; ***lettera in ~*** Drucktype *f.*; ***lettura in ~*** Drucksatz *m.*; ***mettere a ~*** ins Lot bringen; ***minerale di ~*** Bleierz *n.*; ***miniera di ~*** Bleibergwerk *n.*; ***il ~ nemico*** das feindliche Feuer; ***ossido di ~*** Bleioxid *n.*; ***pesante come il ~*** bleischwer; ***andarci con i piedi di ~*** = mit äußerster Vorsicht vor‿gehen; ***schermo di ~*** Bleischirm *m.*; ***schermo di ~ per radiografie*** Bleischürze *f.*; ***senza ~*** bleifrei; ***sigillo di ~*** Bleisiegel *n.* (*o* Plombe *f.*); ***soldatino di ~*** Zinnsoldat *m.*; ***soluzione diluita di ~*** Bleiwasser *n.*; ***togliere i -i*** das Siegel entfernen; ***tubo di ~*** Bleirohr *n.*; ***vetrata di ~*** bleigefasstes Fenster; ***vetro al ~*** Bleiglas *n.*

piom|bo|so agg. ***ossido ~*** Bleioxid *n.*

pio|nie|re I m. **1** Pionier *m.* (anche MIL.) **2** FIG. Pionier *m.*, Wegbereiter *m.*, Bahnbrecher *m.*; ***essere un ~ della tecnica, della medicina*** in der Technik, der Medizin bahnbrechend sein **II** agg. bahnbrechend, wegbereitend: ***un'azienda -a nel settore*** ein bahnbrechender Betrieb in dieser Branche ◆ ***pianta -a*** Pionierpflanze *f.*

pio|nie|ri|smo m. Pioniergeist *m.*, bahnbrechende Tätigkeit *f.*

pio|nie|ri|sti|ca|men|te avv. bahnbrechend. **pio|nie|ri|sti|co** agg. *(-ci,-che)* **1** Pionier-: ***spirito ~*** Pioniergeist *m.* **2** FIG. bahnbrechend, wegbereitend: ***scoperte -che nella medicina*** bahnbrechende Entdeckungen in der Medizin.

piop|pa|ia f., **piop|pe|to** m. **1** *(terreno)* Pappelpflanzung *f.* **2** *(bosco)* Pappelhain *m.*

piop|pi|col|tu|ra, piop|pi|cul|tu|ra f. Pappelpflanzung *f.*

piop|po m. **1** Pappel *f.* **2** *(legno)* Pappelholz *n.* ◆ ***~ bianco*** Silberpappel *f.* (*o* Weißpappel *f.*); ***~ nero*** Schwarzpappel *f.*; ***~ tremolo*** Espe *f.*; ***~ tremulo*** Zitterpappel *f.*; ***viale di -i*** Pappelallee *f.*

pior|re|a f. Pyorrhö(e) *f.* ◆ ***~ alveolare*** Alveolarpyorrhö(e) *f.*

pio|va|no agg. Regen-: ***acqua -a*** Regenwasser *n.* **pio|va|sco** m. *(-schi)* Regenschauer *m.*

pio|ve|re intr.impers. *(piovve; piovuto;* aus. *essere, avere)* regnen (anche FIG.): ***piove forte, violentemente, ininterrottamente, da giorni*** es regnet stark, heftig, unaufhörlich, seit Tagen; ***ha piovuto tutta la notte*** es hat die ganze Nacht geregnet; ***sta cominciando a ~*** es fängt an zu regnen; ***è, ha smesso di ~*** es hat aufgehört zu regnen (*o* es hat ausgeregnet); ***piove in casa*** es regnet ins Haus hinein; ***piovono fiori*** es regnet Blumen; ***piovono auguri, telegrammi*** es regnet Glückwünsche, Telegramme ◆ ***piove sempre sul bagnato*** Geld kommt zu Geld; *(in senso negativo)* ein Unglück kommt selten allein; ***piovere in casa a qcn.*** jdm ins Haus platzen; ***piove a catinelle*** es gießt wie aus (*o* mit) Eimern (*o* Kannen), es regnet in Strömen; ***su questo non ci piove*** das ist so sicher wie das Amen in der Kirche; FIG. ***~ dal cielo*** in den Schoß fallen; ***gli sono piovute addosso molte critiche*** er wurde mit Kritik überhäuft; ***piove che Dio la manda*** es regnet in Strömen; ***piove a goccioloni*** es regnet in dicken Tropfen; ***piovono sassi*** es hagelt Steine.

pio|vic|ci|ca|re *(pioviccica)*, **pio|vig|gi|na|re** intr.impers. *(pioviggina;* aus. *essere, avere)* tröpfeln, nieseln: ***comincia a ~*** es fängt an zu tröpfeln; ***ha piovigginato tutto il giorno*** es hat den ganzen Tag genieselt.

pio|vig|gi|no|so agg. regnerisch: ***giornata -a*** regnerischer Tag.

pio|vo|si|tà f. **1** Neigung *f.* zu Niederschlägen **2** *(quantità)* Regenmenge *f.*, Niederschlagsmenge *f.*

pio|vo|so agg. regnerisch, Regen-, regenreich: ***tempo, cielo ~*** regnerisches Wetter, regnerischer Himmel; ***estate, regione -a*** regenreicher Sommer, regenreiches Gebiet; ***anno, mese, giorno ~*** Regenjahr *n.*, Regenmonat *m.*, Regentag *m.*

pio|vra f. **1** Krake *m.* **2** FIG. Mafia *f.* ◆ FIG. ***essere una ~*** ein Blutsauger sein.

1.pi|pa f. **1** Pfeife *f.*: ***fumare la ~*** Pfeife rauchen; ***accendere, caricare, svuotare la ~*** die Pfeife an‿zünden, stopfen, aus‿klopfen; ***la ~ non tira più*** die Pfeife zieht nicht mehr **2** LING. Háček *n.* ◆ ***bocchino della ~*** Pfeifenmundstück *n.*; ***cannello della ~*** Pfeifenrohr *n.*; ***coperchietto della ~*** Pfeifendeckel *m.*; ***fornello della ~*** Pfeifenkopf *m.*; ***fumatore di ~*** Pfeifenraucher *m.*; ***~ da oppio*** Opiumpfeife *f.*; ***~ di schiuma*** Meerschaumpfeife *f.*; ***tabacco da ~*** Pfeifentabak *m.*; ***~ di terracotta*** Tonpfeife *f.*

2.pi|pa f. ZOOL. Wabenkröte *f.*

pi|pa|io m. *(-ai)* Pfeifenmacher *m.*

pi|pa|ta f. **1a** Pfeifenrauchen *n.* **b** *(tirata)* Zug *m.* an der Pfeife **2** *(quantità)* Pfeife *f.*, Pfeife *f.* voll, Pfeifenfüllung *f.* ◆ ***fare una ~*** an der Pfeife ziehen; ***farsi una ~*** eine (Pfeife) rauchen.

pi|pe|ra|zi|na f. Piperazin *f.*

pi|pe|ri|ta agg. ***menta ~*** Pfefferminze *f.*

pi|pet|ta f. **1** Pipette *f.* **2** LING. Háček *n.*

pi|pì f. FAM. Pipi *n.*: ***fare la ~*** Pipi machen; ***mi scappa la ~*** ich muss mal.

Pi|pi|no n.pr.m. Pip(p)in *m.*: ***~ il Breve*** Pippin der Kleine (*o* der Kurze).

pi|pi|strel|lo m. **1** Fledermaus *f.* **2** ABBIGL. Umhang *m.* ◆ ***manica a ~*** Fledermausärmel *m.*

pi|pi|ta f. **1** VETER. Pips *m.* **2** *(pellicola intorno alle unghie)* Nagelhaut *f.*

pip|pa f. VOLG. ***farsi una ~*** sich einen runter‿holen.

pip|pio|li|no m. Picot *m.*

pi|qué [-'ke] m.inv. Pikee *m.*

pi|ra f. Scheiterhaufen *m.*: ***erigere una ~*** einen Scheiterhaufen errichten.

pi|ra|li|de f. Zünsler *m.*

pi|ra|mi|da|le agg. **1** pyramidal, pyramidenförmig **2** FIG. pyramidenförmig, hierarchisch: ***struttura ~ di un'organizzazione*** hierarchische (*o* pyramidenförmige) Struktur einer Organisation.

pi|ra|mi|de f. Pyramide *f.*: ***~ quadrilatera*** vierseitige Pyramide; ***~ egiziana*** ägyptische Pyramide; ***una ~ di scatolette*** eine Pyramide aus Konservenbüchsen; ***formare una ~ di qcs.*** eine Pyramide mit etw. bauen ◆ ***a ~*** pyramidenförmig; ***~ di Cheope*** Cheopspyramide *f.*; ***~ demografica*** Bevölkerungspyramide *f.*; ***~ dell'età*** Alterspyramide *f.*; ***~ a gradini*** Stufenpyramide *f.*; ***-i di Malpighi*** Nierenpyramiden; ***~ della popolazione*** Bevölkerungspyramide *f.*; ***~ sociale*** soziale Pyramide (*o* Hierarchie); ***tronco di ~*** Pyramidenstumpf *m.*; ***~ umana*** lebende Pyramide.

Pi|ra|mo n.pr.m. Pyramus *m.*

pi|ran|del|lia|no agg. **1** *(di Pirandello)* von Pirandello **2** *(che richiama Pirandello)* in der Art Pirandellos.

pi|ra|nha [-'raŋŋa] m.inv. Piranha *m.*

pi|ra|ta I m. Pirat *m.*, Seeräuber *m.* **II** agg.inv. Piraten-, Raub- ◆ ***~ dell'aria*** Luftpirat *m.*; ***cassetta ~*** Raubkopie *f.*; ***edizione ~*** Raubdruck *m.*; ***emittente ~*** Piratensender *m.*; ***incisione ~*** Raubpressung *f.*; ***~ informatico*** Hacker *m.*; ***nave ~*** Piratenschiff *n.* (*o* Seeräuberschiff *n.*); ***~ della strada*** *(chi non presta soccorso)* unfallflüchtiger Fahrer; *(chi non rispetta gli altri)* Verkehrsrowdy *m.*

pi|ra|te|ri|a f. **1** Piratentum *n.*, Piraterie *f.*, Seeräuberei *f.* **2** *(ruberia)* Gaunerei *f.* ◆ ***~ aerea*** Luftpiraterie *f.*; ***atto di ~*** Piraterie *f.*; ***~ discografica*** illegale Schallplattenaufnahme *f.* **pi|ra|te|sco** agg. *(-schi,-sche)* seeräuberisch: ***aggressione -a*** seeräuberischer Überfall.

pi|re|nai|co agg. *(-ci,-che)* pyrenäisch. **Pi|re|nei** n.pr.m.pl. Pyrenäen *pl.*

Pi|re|o n.pr.m. Piräus *n.*

pi|res|si|a f. Pyrexie *f.* **pi|re|ti|co** agg. *(-ci,-che)* pyrethisch.

pi|re|tri|na f. Pyrethrin *f.* **pi|re|tro** m. Pyrethrum *n.*

pi|rex m.inv. Jenaer Glas *n.*

pi|ri|co agg. *(-ci,-che)* pyritisch ◆ ***polvere -a*** Schießpulver *n.* **pi|ri|te** f. Pyrit *m.*, Eisenkies *m.*, Schwefelkies *m.* ◆ ***~ bianca*** Markasit *m.*

pi|ri|ti|co agg. *(-ci,-che)* Pyrit-, pyrithaltig.

pir|la m.inv. REGION. VOLG. Armleuchter *m.*

pi|ro|e|let|tri|ci|tà f. Pyroelektrizität *f.* **pi|ro|e|let|tri|co** agg. *(-ci,-che)* pyroelektrisch.

pi|ro|et|ta f. Pirouette *f.*: ***fare una ~*** eine Pirouette drehen.

pi|ro|et|ta|re intr. (aus. *avere*) pirouettieren.
pi|ro|fi|la f. feuerfeste Form *f.* **pi|ro|fi|lo** agg. feuerfest: ***vetro*** ~ feuerfestes Glas.
pi|ro|fo|bi|a f. Pyrophobie *f.* **pi|ro|fo|bo** m. Pyrophobe *m.*
pi|ro|fo|ri|co agg. *(-ci,-che)* pyrophor.
pi|ro|ga f. *(-ghe)* Einbaum *m.*, Piroge *f.*
pi|ro|ge|no agg. Fieber erzeugend.
pi|ro|gra|fa|re tr. *(pirografo)* ein‿brennen. **pi|ro|gra|fi|a** f. Brandmalerei *f.*, Feuermalerei *f.* ◆ ~ ***su legno*** Holzbrandmalerei *f.* **pi|ro|gra|fi|co** agg. *(-ci,-che)* Brand-. **pi|ro|gra|fi|sta** m. e f. *(-i,-e)* Künstler *m.* (-in *f.*) der Brandmalerei. **pi|ro|gra|fo** m. Stift *m.* für Brandmalerei.
pi|ro|le|gno|so agg. ***acido*** ~ Holzessig *m.*
pi|ro|let|ta → **piroetta.**
pi|ro|li|si f. Pyrolyse *f.*
pi|ro|lo m. Wirbel *m.*
pi|ro|lu|si|te f. Braunstein *m.*
pi|ro|ma|ne m. e f. Pyromane *m.* (-manin *f.*), Brandstifter *m.* (-in *f.*). **pi|ro|ma|ni|a** f. Pyromanie *f.*, Brandstiftung *f.*
pi|ro|man|zi|a *f.* Pyromantie *f.*
pi|ro|me|tal|lur|gi|a f. Pyrometallurgie *f.*
pi|ro|me|tri|a f. Pyrometrie *f.* **pi|ro|me|tri|co** agg. *(-ci,-che)* pyrometrisch. **pi|ro|me|tro** m. Pyrometer *n.*
pi|ro|mor|fi|te f. Pyromorphit *m.*
pi|ro-pi|ro m.inv. Wasserläufer *m.*
pi|ro|sca|fo m. Dampfer *m.* ◆ ~ ***da cabotaggio*** Küstendampfer *m.*; ~ ***da carico*** Frachtdampfer *m.*; ~ ***a elica*** Schraubendampfer *m.*; ~ ***di linea*** Liniendampfer *m.*; ~ ***passeggeri*** Passagierdampfer *m.*; ~ ***a ruote*** Raddampfer *m.*; ***viaggio in*** ~ Dampferfahrt *f.*
pi|ro|scis|sio|ne f. Krackverfahren *n.*, Krackung *f.*
pi|ro|si f. Pyrosis *f.*, Sodbrennen *n.*
pi|ros|se|no m. Pyroxen *n.*
pi|ro|tec|ni|a, pi|ro|tec|ni|ca f. Pyrotechnik *f.*, Feuerwerkskunst *f.* **pi|ro|tec|ni|co I** agg. *(-ci,-che)* pyrotechnisch, Feuer-, Feuerwerks-: ***spettacolo*** ~ Feuerwerk *n.*; ***arte -a*** Feuerwerkskunst *f.* **II** m. *(-ci)* Pyrotechniker *m.*, Feuerwerker *m.*
pir|ri|chio m. *(-chi)* Pyrrhichius *m.*
Pir|ro n.pr.m. Pyrrhus *m.* ◆ ***vittoria di*** ~ Pyrrhussieg *m.*
pir|ro|lo m. Pyrrol *n.*
Pir|ro|ne n.pr.m. Pyrrhon *m.* **pir|ro|ni|smo** m. Pyrrhonismus *m.*
Pi|sa n.pr.f. Pisa *n.* ◆ ***torre di*** ~ Schiefer Turm von Pisa. **pi|sa|no I** agg. pisanisch **II** m. Pisaner *m.*
pi|scia f. VOLG. Pisse *f.*
pi|scia|re *(piscio, pisci)* VOLG. **I** intr. (aus. *avere*) pissen, pinkeln: ~ ***a letto*** ins Bett pinkeln (*o* pissen) **II** tr. pissen, pinkeln: ~ ***sangue*** Blut pissen **III** pronom. ***pisciarsi addosso, sotto dal ridere*** sich vor Lachen in die Hose machen (*o* pinkeln). **pi|scia|ta** f. Pissen *n.*, Pinkeln *n.* **pi|scia|to|io** m. *(-oi)* VOLG. Pissoir *n.*
pi|sci|col|to|re m. Fischzüchter *m.* **pi|sci|col|tu|ra** f. Fischzucht *f.* **pi|sci|for|me** agg. fischartig.
pi|sci|na f. **1** Schwimmbad *n.*: ***andare in*** ~ ins Schwimmbad gehen; ***fare il bagno in*** ~ im Schwimmbad schwimmen **2** *(vasca)* Schwimmbecken *n.*: ~ ***a 5 corsie*** Schwimmbecken mit 5 Bahnen ◆ ~ ***all'aperto*** Freibad *n.*; ~ ***comunale*** städtisches Schwimmbad; ~ ***coperta*** Hallen(schwimm)bad *n.*; ~ ***olimpionica*** Schwimmbad *n.* mit 50-m-Becken; ~ ***con onde artificiali*** Wellenbad *n.*; ~ ***scoperta*** Freibad *n.*; ~ ***per tuffi*** Sprungbecken *n.*
pi|scio m. VOLG. Pisse *m.* **pi|scio|ne** m. VOLG. Pisser *m.*
pi|sel|lo I m. **1** Erbse *f.*: ***-i verdi, secchi*** grüne, getrocknete Erbsen; ***raccogliere, sgranare i -i*** die Erbsen pflücken, enthülsen; ***una scatola di -i*** eine Dose Erbsen **2** COLLOQ. *(pene)* Pimmel *m.* **II** agg. ***verde*** ~ erbsengrün ◆ ***crema di -i*** Erbsencremesuppe *f.*; ***minestra di -i*** Erbsensuppe *f.*; BOT. ~ ***odoroso*** Wicke *f.*
pi|so|la|re intr. *(pisolo*; aus. *avere)* schlummern, ein Schläfchen halten. **pi|so|li|no** m. Nickerchen *n.*, Schläfchen *n.*: ***fare, schiacciare un*** ~ ein Nickerchen machen, halten.
pi|so|li|te f. Erbsenstein *m.*
pi|spo|la f. **1** ORNIT. Wiesenpieper *m.* **2** *(fischietto)* Lockpfeife *f.*
pis|si|de f. **1** ECCL. Hostienkelch *m.* **2** BOT. Kelchkapsel *f.*
pis|si pis|si m. ***fare*** ~ wispern.
pi|sta f. **1** *(traccia)* Spur *f.* (anche TECN.); VENAT. Fährte *f.*: ***seguire, battere una*** ~ eine Spur verfolgen; ***essere su una buona*** ~ auf einer richtigen Spur sein; ***essere sulla*** ~ ***di qcn.*** jdm auf der Spur sein; ***mettere, portare qcn. sulla*** ~ ***sbagliata*** jdn auf die falsche Spur leiten, locken (*o* bringen) **2a** *(percorso, circuito)* Bahn *f.*, Piste *f.* (anche SPORT): ***una*** ~ ***nel deserto*** eine Piste in der Wüste **b** *(di sci alpino)* Piste *f.*, Skipiste *f.* **c** *(di sci da fondo)* Loipe *f.* **3** GERG. *(di cocaina)* Bahn *f.*: ***una*** ~ ***di coca*** eine Bahn Koks ◆ ~ ***dell'aeroporto*** Flugpiste *f.*; ~ ***di atletica*** Laufbahn *f.*; ~ ***di atterraggio*** Landebahn *f.*, Landepiste *f.*; ~ ***d'atterraggio d'emergenza*** Notlandepiste *f.*; ~ ***automobilistica*** Rennpiste *f.*; ~ ***baby*** Übungshang *m.*; ~ ***da ballo*** Tanzfläche *f.* (*o* Tanzboden *m.*); ~ ***battuta*** *(di sci)* präparierte Piste; VENAT. Fährte *f.*; ~ ***non battuta*** *(di neve fresca)* Tiefschneepiste *f.*; ~ ***per bob*** Bobbahn *f.*; SPORT ~ ***di carbonella*** Aschenbahn *f.*; ~ ***di cemento*** Zementbahn *f.*; ~ ***ciclabile*** Fahrradweg *m.*; ~ ***del circo*** Manege *f.*; ***collaudo su*** ~ Testfahrt *f.*; ~ ***di collaudo*** Teststrecke *f.*; ~ ***da corsa*** *(a piedi)* Laufbahn *f.*; *(di veicoli)* Rennbahn *f.*; ~ ***di decollo*** Startbahn *f.*; ~ ***per discesa libera*** Abfahrtsstrecke *f.*; TECN. ***doppia*** ~ Doppelspur *f.*; SPORT ~ ***erbosa*** Grasbahn *f.*; ~ ***(per lo sci) di fondo*** Loipe *f.*; ***giro di*** ~ Runde *f.*: ***fare un giro di*** ~ eine Runde laufen (*o* rennen); FIG. ***essere di nuovo in*** ~ wieder am Ball sein; SPORT ~ ***di lancio*** Anlaufbahn *f.*; TECN. INFORM. ~ ***magnetica*** Magnetspur *f.*; ~ ***nera*** POL. = neofaschistische Spur; *(nello sci)* schwarze (*o* schwere) Piste; ~ ***di pattinaggio*** *(su ghiaccio)* Eisbahn *f.* (*o* Schlittschuhbahn *f.*); *(a rotelle)* Rollschuhbahn *f.*; ***pista!*** Bahn frei! ***primato della*** ~ Streckenrekord *m.*; ~ ***per principianti*** Übungshang *m.*; ~ ***di prova*** Versuchsstrecke *f.*; ***record della*** ~ Rundenrekord *m.*; ***registratore a due -e*** Zweispurtonbandgerät *n.*; ~ ***rossa*** POL. = Spur, die zu Linksextremisten führt; *(nello sci)* rote (*o* mittelschwere) Piste; AER. ~ ***di rullaggio*** Rollbahn *f.*; ~ ***da sci*** Skipiste *f.*; ~ ***per slitte*** Schlittenbahn *f.* (*o* Rodelbahn *f.*); ~ ***sonora*** Tonspur *f.*; ***uscire di*** ~ *(di sciatore)* von der Piste ab‿kommen; *(di veicolo)* von der Fahrbahn ab‿kommen.
pi|stac|chio I m. *(-chi)* **1** Pistazie *f.*, Pistaziennuss *f.* **2** *(pianta)* Pistazie *f.*, Pistazienbaum *m.* **II** agg.inv. ***color*** ~ pistazienfarben; ***verde*** ~ pistaziengrün ◆ ~ ***di montagna*** Pimpernuss *f.*; ***torta ai -chi*** Pistazientorte *f.*
pi|sta|gna f. **1** ABBIGL. Vorstoß *m.*, Paspel *f.* **2** *(bavero)* Kragen *m.*
pi|stil|lo m. Stempel *m.*
pi|sto|la I f. Pistole *f.*: ~ ***a una, a due canne*** Pistole mit einfachem, doppeltem Lauf; ***afferrare la*** ~ zur Pistole greifen; ***estrarre, caricare la*** ~ die Pistole ziehen, laden; ***togliere la sicura alla*** ~ die Pistole entsichern; ***puntare la*** ~ ***su qcn.*** die Pistole auf jdn richten; ***sparare a qcn. con la*** ~ mit der Pistole auf jdn schießen; ***dammi la*** ~! gib die Pistole her! **II** m. SCHERZ. Ballermann *m.*, Knaller *m.* ◆ ~ ***ad acqua*** Wasserpistole *f.*; ~ ***ad aria compressa*** Luftpistole *f.*; ~ ***automatica*** Selbstladepistole *f.*; ~ ***avvitatrice*** Eindrehpistole *f.* (*o* Schraubpistole *f.*); ***calcio della*** ~ Pistolenknauf *m.*; ***canna della*** ~ Pistolenlauf *m.*; ***colpo di*** ~ Pistolenschuss *m.*; ***duello alla*** ~ Pistolenduell *n.*; ***fondina della*** ~ Pistolentasche *f.*, Halfter *f.* e *n.*; ~ ***a gas*** Gaspistole *f.*; ~ ***giocattolo*** Spielzeugpistole *f.*; ***impugnatura della*** ~ Pistolengriff *m.*; ~ ***per ingrassaggio*** Abschmierpistole *f.*; ~ ***lanciarazzi*** Leuchtpistole *f.*; ~ ***mitragliatrice*** *(mitraglietta)* Maschinenpistole *f.*; *(lanciarazzi)* Leuchtpistole *f.*; ~ ***di ordinanza*** Dienstpistole *f.*; ~ ***saldatrice*** Punktschweißpistole *f.*; ~ ***scacciacani*** Schreckschusspistole *f.*; TECN. ~ ***a spruzzo*** Spritzpistole *f.*; ~ ***dello starter*** Startpistole *f.*; ~ ***stroboscopica*** Stroboskoppistole *f.*; ~ ***a tamburo*** Trommelrevolver *m.* (*o* Trommelpistole *f.*); ***tiratore di*** ~ Pistolenschütze *m.*; ~ ***a tiro rapido*** Schnellfeuerpistole *f.*; ~ ***per vaccinazioni*** Impfpistole *f.*
pi|sto|le|ro m. Revolverheld *m.*
pi|sto|let|ta|ta f. Pistolenschuss *m.*
pi|sto|li|no m. FAM. Piephahn *m.*
pi|sto|lot|to m. **1a** SCHERZ. *(sermone)* Predigt *f.* **b** *(perorazione)* Redeschluss *m.* **2** TEATR. Tirade *f.*
pi|sto|ne m. **1** Kolben *m.*: ***il*** ~ ***di un motore, di una pompa*** der Kolben eines Motors, einer Pumpe **2** MUS. Piston *n.*, Ventil *n.* ◆ ***guarnizione di*** ~ Kolbendichtung *f.*; ***motore a -i*** Kolbenmotor *m.*; ***motore a -i rotanti*** Rotationskolbenmotor *m.* (*o* Wankelmotor *m.*); ***pompa a*** ~ Kolbenpumpe *f.*; ***testa del*** ~ Kolbenkopf *m.*
Pi|ta|go|ra n.pr.m. Pythagoras *m.*; ***teorema di*** ~ pythagoreischer Lehrsatz. **pi|ta|go|re|o** agg. pythagoreisch. **pi|ta|go|ri|co I** agg. *(-ci,-che)* pythagoreisch, Pythagoras-: ***filosofia -a*** pythagoreische Philosophie; ***tavola -a*** COLLOQ. Einmaleins *n.* **II** m. *(-ci)* Pythagoreer *m.* **pi|ta|go|ri|smo** m. pythagoreische Lehre *f.*
pi|ta|le m. COLLOQ. Nachttopf *m.*
pi|te|can|tro|po m. Pythekanthropus *m.*
pi|te|coi|de agg. pithekoid.
pi|toc|che|ri|a f. Knauserei *f.* **pi|toc|co I** agg. *(-chi,-che)* knauserig **II** m. *(-chi)* Knauserer *m.*, Geizhals *m.*
pi|to|ne m. Python *m.*, Pythonschlange *f.* ◆ ~ ***reticolato*** Netzpython *m.* **pi|to|nes|sa** f. **1** *(pizia)* Pythia *f.* **2** *(indovina)* Wahrsagerin *f.*
pi|to|sfo|ro → **pittosporo.**
1.pit|ti|ma f. ORNIT. Uferschnepfe *f.*
2.pit|ti|ma f. **1** *(decotto)* Kräutertee *m.* in Wein **2** FIG. Nervensäge *f.*

pit|to|gra|fi|a f. Piktographie *f.*, Bilderschrift *f.* **pit|to|gra|fi|co** agg. *(-ci,-che)* piktographisch. **pit|to|gram|ma** m. Piktogramm *n.*, Bildsymbol *n.*

pit|to|re m. **1** *(artista)* Maler *m.*, Kunstmaler *m.*: ***~ molto quotato*** sehr angesehener Maler; ***~ di talento*** talentierter Maler; ***posare per un ~*** einem Maler sitzen **2** *(imbianchino)* Anstreicher *m.* ◆ ***cavalletto da ~*** Staffelei *f.*; ***~ di insegne*** Schildermaler *m.*; ***~ di marine*** Marinemaler *m.*; ***~ di nature morte*** Stilllebenmaler *m.*; ***~ di paesaggi*** Landschaftsmaler *m.*; ***~ di ritratti*** Porträtmaler *m.*; ***~ di scenari*** Bühnenmaler *m.*; ***~ di soggetti storici*** Historienmaler *m.*; COLLOQ. ***~ da strapazzo*** Farbenkleckser *m.*; ***strumenti del ~*** Malutensilien *pl.*; ***~ a tempo perso*** Sonntagsmaler *m.*; ***~ su vetro*** Glasmaler *m.*

pit|to|re|sco agg. *(-schi,-sche)* **1** pittoresk, malerisch: ***un panorama ~*** ein pittoreskes (*o* malerisches) Panorama **2** FIG. *(colorito)* ausdrucksvoll, anschaulich: ***stile ~*** ausdrucksvoller Stil; ***usare espressioni -sche*** sich anschaulich aus‿drücken.

pit|to|ri|ca|men|te avv. pittoresk, malerisch. **pit|to|ri|ci|tà** f. LETT. malerischer Charakter *m.* **pit|to|ri|co** agg. *(-ci,-che)* Mal-, malerisch (anche FIG.): ***arte, tecnica -a*** Malkunst *f.*, Maltechnik *f.*; ***talento ~*** malerisches Talent; ***di grande efficacia -a*** von großer malerischer Wirksamkeit.

pit|to|spo|ro m. Klebsame(n) *m.*

pit|tri|ce f. Malerin *f.*

pit|tu|ra f. **1** Malerei *f.*: ***~ naif, astratta, metafisica*** naive, abstrakte, metaphysische Malerei; ***i maestri della ~ italiana*** die Meister der italienischen Malerei; ***studiare ~*** Malerei studieren; ***cimentarsi nella ~*** sich in der Malerei versuchen; ***iniziare qcn. alla ~*** jdn in die Kunst der Malerei ein‿weihen; ***dedicarsi alla ~*** sich der Malerei zu‿wenden **2** *(dipinto)* Malerei *f.*, Gemälde *n.* **3** FIG. *(rappresentazione)* Schilderung *f.*, Darstellung *f.*: ***la ~ di un ambiente*** die Milieuschilderung **4a** COLLOQ. *(vernice)* Farbe *f.* **b** *(tinteggiatura)* Anstrich *m.* ◆ ***~ ad acqua*** Wasserfarbe *f.*; ***~ ad acquarello*** Aquarellmalerei *f.*; ***~ all'aerografo*** Spritzmalerei *f.*; ***~ antiruggine*** Rostschutzfarbe *f.*; ***~ a chiaroscuro*** Helldunkelmalerei *f.*; ***classe di ~*** Malklasse *f.*; ETNOL. ***~ del corpo*** Körperbemalung *f.*; ***~ a corpo*** = Malerei mit pastosem Auftrag; ***~ decorativa*** Dekorationsmalerei *f.*; ***~ fresca!*** frisch gestrichen! ***~ a fresco*** Freskomalerei *f.*; ***~ di genere*** Genremalerei *f.*; ***~ a guazzo*** Gouachemalerei *f.*; ***~ di icone*** Ikonenmalerei *f.*; ***~ informale*** Informel *n.*; ***~ su legno*** Holzmalerei *f.*, Malerei *f.* auf Holz; ***~ a mano*** Handmalerei *f.*; COLLOQ. ***mano di ~*** Anstrich *m.*; ***dare una mano di ~ a qcs.*** etw. einmal streichen; ***mostra di ~*** Gemäldeausstellung *f.*; ***~ murale*** Wandmalerei *f.*; *(dipinto)* Wandgemälde *n.*; ***~ di nudi*** Aktmalerei *f.*; ***~ a olio*** Ölmalerei *f.*; ***~ a pastello*** Pastellmalerei *f.*; ***~ su porcellana*** Porzellanmalerei *f.*; ***~ rupestre*** Höhlenmalerei *f.* (*o* Felsmalerei *f.*); ***scuola di ~*** Mal(er)schule *f.*; ***sembrare una ~*** wie gemalt wirken; ***~ su seta*** Seidenmalerei *f.*; ***~ a smalto*** Emailmalerei *f.* (*o* Schmelzmalerei *f.*); ***smalto per ~*** Lackfarbe *f.*; ***~ sovrapposta*** Übermalung *f.*; ***~ a spatola*** Spachtelmalerei *f.*; ***~ di soggetti storici*** Historienmalerei *f.*; COLLOQ. ***~ da strapazzo*** Pinselei *f.*; ***~ su tavola*** Tafelmalerei *f.*, Tafelbild *n.*; ***tecnica di ~*** Maltechnik *f.*; ***~ su tela*** Leinwandmalerei *f.*; ***~ a tempera*** Temperamalerei *f.*; ***~ vascolare*** Vasenmalerei *f.*; ***~ dal vero*** Malerei *f.* nach der Natur; ***~ su vetro*** Glasmalerei *f.* (*o* Hinterglasmalerei *f.*).

pit|tu|ra|re **I** tr. **1** *(verniciare)* an‿streichen, streichen, bemalen: ***~ una stanza di bianco*** ein Zimmer weiß (*o* mit weißer Farbe) streichen **2** *(ornare di pitture)* bemalen, aus‿malen, COLLOQ. an‿malen: ***~ le uova pasquali*** Ostereier bemalen; ***~ l'interno di una chiesa*** einen Kirchenraum ausmalen **II** pronom. **pitturarsi** COLLOQ. sich (D) an‿malen: ***-rsi le labbra*** sich die Lippen anmalen.

pi|tui|ta|rio agg. *(-ri,-rie)* Schleim-: ***ghiandola -a*** Schleimdrüse *f.* (*o* Hirnanhangsdrüse *f.*); ***membrana -a*** Schleimhaut *f.*

più (compar. di *molto*) **I** avv. **1a** *(tradotto con il compar. dell'agg. e dell'avv. che segue)* ***~ bello, leggero, veloce*** schöner, leichter, schneller; ***parlare ~ chiaramente*** deutlicher sprechen; ***è ~ vecchio di me*** er ist älter als ich; ***oggi fa ~ freddo di ieri*** heute ist es kälter als gestern; ***diventa ogni giorno ~ brava*** sie wird von Tag zu Tag besser; ***sempre ~ difficile*** immer schwieriger **b** *(tradotto con il superl. dell'agg. e dell'avv. che segue)* ***il giorno ~ bello della mia vita*** der schönste Tag meines Lebens **2** *(in maggiore quantità)* mehr: ***mangia ~ di lei*** er isst mehr als sie; ***lavora di ~*** er arbeitet mehr **3** *(più a lungo)* länger: ***rimarrò di ~*** ich werde länger hier bleiben; ***dormire ~ del solito*** länger als gewöhnlich schlafen; ***ci metterò ~ di un'ora*** ich werde länger als eine Stunde brauchen **4** *(piuttosto)* ***~... che*** eher... als, mehr... als: ***ci va ~ per abitudine che per convinzione*** er geht eher aus Gewohnheit als aus Überzeugung hin; ***la sua follia è ~ presunta che reale*** sein Wahnsinn ist eher Vermutung als Tatsache **5a** *(in costruzioni correlative)* je mehr (*o* länger)..., desto...: ***(tanto) ~ insiste, (tanto) meno lo convincerà*** je mehr er darauf besteht, desto weniger wird er ihn davon überzeugen; ***~ siamo e meglio è*** je mehr wir sind, desto besser (ist es) **b** je länger... desto: ***~ lo guardo e ~ mi piace*** je länger ich es ansehe, desto besser gefällt es mir **6** *(in frasi negative)* mehr: ***non ne posso ~*** ich kann nicht mehr; ***non voglio ~ niente*** ich möchte nichts mehr; ***non metterò ~ piede in casa sua*** ich werde keinen Fuß mehr über seine Schwelle setzen **II** agg.inv. **1** *(in maggiore quantità)* mehr: ***mangia ~ verdura che carne*** er isst mehr Gemüse als Fleisch; ***in questa classe ci sono ~ ragazzi che ragazze*** in dieser Klasse sind mehr Mädchen als Jungen; ***spende ~ (denaro) di quanto guadagna*** er gibt mehr (Geld) aus, als er verdient **2** *(parecchi)* mehrere: ***sono stata via ~ mesi*** ich war mehrere Monate (lang) fort **III** m.inv. **1** *(parte maggiore)* Großteil *m.*: ***spreca il ~ delle forze*** er verschwendet den Großteil seiner Kräfte; ***il ~ è fatto*** der Großteil (*o* das meiste) ist getan; ***il ~ è convincerlo*** das Schwierigste ist, ihn zu überzeugen **2** pl. *(maggioranza)* ***i ~*** die meisten, die Mehrheit: ***è opinione dei ~ che...*** die meisten sind (*o* die Mehrheit ist) der Meinung, dass... **3** MAT. Pluszeichen *n.* **IV** prep. **1** plus: ***due ~ due fa quattro*** zwei plus zwei ist vier; ***~ tre gradi*** plus zwei Grad (*o* zwei Grad über Null); ***costa 500 000 lire ~ IVA*** es kostet 500 000 Lire plus Mehrwertsteuer; SCOL. ***sette ~*** = drei plus **2** *(inoltre)* einschließlich + gen.: ***c'era tutta la famiglia ~ il cane*** die ganze Familie war anwesend einschließlich des Hundes ◆ ***al ~*** höchstens; ***~ che altro*** vor allem: ***~ che altro è arrogante*** er ist vor allem arrogant; ***ancora di ~*** noch mehr; ***~ avanti*** weiter vorne; ***andare ~ avanti*** weiter nach vorn gehen; *(con veicolo)* weiter vor‿fahren; ***~ che*** mehr als (*o* sehr): ***~ che carina*** mehr als hübsch; ***chi ~ chi meno*** der eine mehr, der andere weniger (*o* mehr oder weniger); ***~ di così*** mehr als das; ***di ~*** mehr; ***cosa vuoi di ~?*** was will man mehr? ***e ~*** und mehr: ***un'ora e ~*** eine Stunde und mehr; ***in ~*** *(troppo)* zu viel; *(che avanza)* übrig; ***mai ~*** nie mehr (*o* nie wieder); ***~ che mai*** mehr denn je; ***~ o meno*** mehr oder weniger; ***parlare del ~ e del meno*** sich über dieses und jenes unterhalten; ***né ~ né meno*** nicht mehr und nicht weniger; ***molto ~*** viel mehr; ***niente (di) ~*** nichts mehr (*o* weiter nichts); ***per di ~*** um so mehr (*o* darüber hinaus); ***per lo ~*** meistens; ***~ che perfetto*** Plusquamperfekt *n.*; ***poco (di) ~*** etwas mehr: ***pesa poco ~ di un chilo*** es wiegt etwas mehr als ein Kilo; ***poco ~, poco meno*** mehr oder weniger; ***il ~ possibile*** so viel wie möglich; *(con agg. e avv.)* ***il ~... possibile*** so... wie möglich: ***il ~ grande, presto possibile*** so groß wie möglich, so bald wie möglich; COLLOQ. ***a ~ non posso*** *(con tutte le proprie forze)* aus Leibeskräften; *(il più possibile)* auf Teufel komm raus; ***al ~ presto*** frühestens; ***~ su*** weiter oben; *(moto a luogo)* weiter nach oben; ***tanto ~ che*** um so mehr als; ***al ~ tardi*** spätestens; ***tutt'al ~*** höchstens; ***uno ~ uno meno non cambia niente*** einer mehr oder weniger ändert nichts; ***~ volte*** mehrmals (*o* öfters); ***il ~ delle volte*** meistens; PROV. ***chi ~ ne ha ~ ne metta*** und so weiter und so fort; ***chi ~ ha ~ vuole*** wer viel hat, will noch mehr.

piuc|che|per|fet|to m. Plusquamperfekt *n.*, Vorvergangenheit *f.*

piu|ma f. **1** Daune *f.*; *(penna)* Feder *f.*: ***portare le -e sul cappello*** Federn auf dem Hut tragen **2** pl. *(piumaggio)* Gefieder *n.*, Federn *pl.* ◆ ***leggero come una ~*** federleicht; ***materasso di -e*** Federmatratze *f.*; ***~ d'oca*** Gänsefeder *f.*; SPORT ***peso ~*** Federgewicht *n.*; ***~ di struzzo*** Straußenfeder *f.*

piu|mag|gio m. *(-gi)* Gefieder *n.*

piu|ma|to agg. Feder-: ***cappello ~*** Federhut *m.*

piu|met|ta f. **1** Federchen *n.* **2** BOT. Blattknospe *f.*

piu|mi|no m. **1** Daunen *pl.* **2** *(coperta)* Federbett *n.*, Daunendecke *f.* **3** ABBIGL. Daunenjacke *f.* **4** *(per cipria)* Puderquaste *f.* **5** *(per spolverare)* Staubwedel *m.* **6** *(proiettile)* Schießbolzen *m.* **7** BOT. Hasenschwanzgras *n.* ◆ ***fodera del ~*** Bettbezug *m.*; ***imbottitura del ~*** Daunenfüllung *f.*; ***trapunta di ~*** Daunensteppdecke *f.* (*o* Daunensteppbett *n.*). **piu|mo|ne** m. **1** ABBIGL. Daunenjacke *f.* **2** *(coperta)* Federbett *n.* **piu|mo|so** agg. **1** gefiedert, Feder- **2** *(soffice)* flaumig.

piut|to|sto avv. **1a** lieber, eher: ***non ho fame, berrei ~ un caffè*** ich bin nicht hungrig, ich möchte lieber einen Kaffee; ***preferirei morire, ~!*** lieber falle ich tot um! **b** *(più)* eher: ***è ~ una questione di gusto*** es ist eher (*o* vielmehr) eine Frage des Geschmacks; ***~ sono del parere che...*** ich bin vielmehr der Meinung, dass... **2a** *(alquanto)* ziemlich: ***sono ~ stanco*** ich bin ziemlich müde; ***è ~ tardi*** es ist ziemlich spät; ***lo trovo ~ bene*** er sieht ziemlich gut aus **b** *(tradotto con il compar. dell'agg. che segue)* ***un uomo ~ anziano*** ein älterer Mann; ***un sentiero ~ lungo*** ein längerer Weg; ***una signora ~ giovane*** eine jüngere Frau **3** *(anziché)* anstatt, statt: ***~ che perdere tempo mettiamoci a lavorare*** machen wir uns an die Arbeit, anstatt Zeit zu verlieren **4** *(pur di non)* ***~ di..., ~ che...*** eher... als, lieber... als (dass): ~ ***di sposarlo preferisco morire*** eher will ich sterben als ihn heiraten; ~ ***di prendere l'aereo rimango a casa*** lieber bleibe ich zu Hause, als dass ich das Flugzeug nehme ◆ ***o*** ~ oder (noch) besser: ***vediamoci qui, o ~, passate a prendermi*** treffen wir uns hier, oder besser, kommt mich abholen.

pi|va f. Dudelsack *m.* ◆ ***andarsene con le -e nel sacco*** leer aus‿gehen; ***tornare con le -e nel sacco*** unverrichteter Dinge zurück‿kehren.

pi|vel|lo m. Neuling *m.*; COLLOQ. Grünschnabel *m.*

pi|via|le m. Pluviale *n.*, Chormantel *m.*

pi|vie|re m. Regenpfeifer *m.*

pi|vot [-'vo] m.inv. *(basket)* Pivotspieler *m.*

pi|xel m.inv. Pixel *n.*

pi|zia f. Pythia *f.*

piz|za f. **1** Pizza *f.*: ~ ***margherita*** INTRAD. (mit Tomaten und Mozzarella belegte Pizza); ~ ***napoletana*** INTRAD. (mit Tomaten, Mozzarella und Sardellen belegte Pizza) **2** CINEM. Filmdose *f.* **3a** *(persona noiosa)* Tranfunzel *f.*, Transuse *f.* **b** *(cosa noiosa)* = langweilige Angelegenheit *f.*: ***che ~!*** so etwas Langweiliges! ***che ~ questa conferenza!*** stinklangweilig diese Konferenz! (*o* wie ist diese Konferenz nur langweilig!).

piz|za|io|lo m. Pizzabäcker *m.* ◆ ***alla -a*** INTRAD. (mit Tomatensoße, Knoblauch, Salz, Pfeffer und Origano).

piz|zar|do|ne m. REGION. Schutzmann *m.*

piz|ze|ri|a f. Pizzeria *f.*, Pizzabäckerei *f.*

piz|zet|to m. Kinnbart *m.*

piz|zi|ca|gno|lo m. Wurstwarenhändler *m.*

piz|zi|ca|men|to m. Kneifen *n.*, Zwicken *n.*

piz|zi|ca|re *(pizzico, pizzichi)* **I** tr. **1** kneifen, zwicken: ~ ***la guancia a qcn.*** jdn in die Wange kneifen **2a** *(essere frizzante)* prickeln: ***le bevande gassate pizzicano la lingua*** Getränke mit Kohlensäure prickeln auf der Zunge **b** *(essere piccante)* beißen: ***cibi che pizzicano la lingua*** Speisen, die auf der Zunge beißen **3** *(pungere)* stechen: ***mi ha pizzicato una zanzara*** mich hat eine Mücke gestochen **4** MUS. zupfen: ~ ***le corde*** die Saiten zupfen **5** COLLOQ. *(sorprendere)* ertappen, erwischen: ***l'hanno pizzicato mentre rubava*** er wurde beim Stehlen ertappt **II** intr. (aus. *avere*) **1** *(prudere)* jucken **2** *(essere piccante)* scharf sein **III** pronom. **pizzicarsi 1** sich kneifen: ***-rsi per restare sveglio*** sich kneifen, um wach zu bleiben **2** *(dare una sensazione pungente)* prickeln: ***mi pizzica il naso dal freddo*** meine Nase prickelt vor Kälte **3** COLLOQ. *(stuzzicarsi)* sich necken: ***quei due si pizzicano di continuo*** die beiden necken sich ständig.

piz|zi|ca|ta f. → **pizzico.**

piz|zi|ca|to m. MUS. Pizzikato *n.*

piz|zi|che|ri|a f. Wurstwarengeschäft *n.*

piz|zi|chi|no agg. COLLOQ. **1** *(di cibo)* pikant **2** *(di bevanda)* prickelnd.

piz|zi|co m. *(-chi)* **1** Prise *f.*: ***un ~ di sale, pepe*** eine Prise Salz, Pfeffer **2** *(piccola quantità)* Bisschen *n.*, (kleiner) Schuss *m.*, etwas, ein bisschen (anche FIG.): ***un ~ di formaggio*** ein bisschen Käse; ***un ~ di umorismo non guasta mai*** ein Schuss (*o* etwas) Humor schadet nie **3** *(pizzicotto)* Kniff *m.*; ***dare un ~ a qcn.*** jdn kneifen **4** *(puntura d'insetto)* Stich *m.* ◆ ***strumento a ~*** Zupfinstrument *n.*

piz|zi|co|re m. **1** *(prurito)* Jucken *n.*, Juckreiz *m.* **2** *(voglia)* Lust *f.*: ***mi viene il ~ di fare qcs.*** ich bekomme Lust, etw. zu tun. **piz|zi|co|ri|no** m. **1** *(leggero prurito)* leichter Juckreiz *m.* **2** *(voglia)* Lust *f.*

piz|zi|cot|ta|re tr. kneifen, zwicken.

piz|zi|cot|to m. Kniff *m.*, Zwicken *n.*; ***dare un ~ sulle guance a qcn.*** jdn in die Wange zwicken.

piz|zo m. **1** *(barba)* Kinnbart *m.*, Spitzbart *m.* **2** *(merletto)* Spitze *f.* **3** *(estremità appuntita)* Zipfel *m.*: ***il ~ del fazzoletto*** der Zipfel des Taschentuchs **4** *(cima)* Bergspitze *f.* **5** GERG. Schutzgeld *n.*: ***pagare il ~*** Schutzgeld zahlen ◆ ~ ***ad ago*** Nadelspitze *f.*; ***camicetta di ~*** Spitzenbluse *f.*; ***colletto di ~*** Spitzenkragen *m.*; ***coperta di ~*** Spitzendecke *f.*; ***guarnizione di ~*** Spitzenbesatz *m.*; ~ ***al tombolo*** Klöppelspitze *f.*; ~ ***all'uncinetto*** Häkelspitze *f.*; ~ ***valenciennes*** Valenciennesspitze *f.*

pla|ca|bi|le agg. besänftigend, beruhigend: ***un'ira difficilmente ~*** ein schwer zu besänftigender Zorn.

pla|ca|men|to m. Beruhigung *f.*, Besänftigung *f.*

pla|ca|re *(placo, plachi)* **I** tr. **1** beruhigen, besänftigen: ~ ***lo sdegno di qcn.*** jds Empörung besänftigen: ~ ***la collera*** den Zorn besänftigen **2** *(soddisfare)* stillen: ~ ***la fame, la sete*** den Hunger, den Durst stillen **II** pronom. **placarsi 1** sich beruhigen: ***si placò solo al ritorno del figlio*** er beruhigte sich erst nach der Rückkehr des Sohnes **2** *(attenuarsi)* sich legen, nach‿lassen; ***il vento si è placato*** der Wind hat sich gelegt; ***il dolore si è placato*** der Schmerz hat nachgelassen.

plac|ca f. *(-che)* **1** Platte *f.* **2** *(distintivo)* Plakette *f.* **3** *(targhetta)* Namensschild *n.* **4** MED. Belag *m.* **5** FIS. Anode *f.* ◆ ~ ***batterica*** Plaque *f.* (*o* Zahnbelag *m.*); ***pasticca rivelatrice di ~*** Plaque-Färbetablette *f.*; ***sclerosi a -che*** multiple Sklerose.

plac|cag|gio m. *(-gi)* Fassen *n.*

plac|ca|re tr. *(placco, placchi)* **1** dublieren, plattieren **2** *(nel rugby)* fassen ◆ ~ ***d'argento*** versilbern; ~ ***d'oro*** vergolden. **plac|ca|to** p.pass. agg. **1** → **placcare 2** plattiert, Dublee- ◆ ~ ***oro*** vergoldet. **plac|ca|tu|ra** f. Plattierung *f.*, Dublierung *f.* ◆ ~ ***metallica*** Metallisation *f.*

plac|chet|ta f. **1** Plättchen *n.* **2** *(distintivo)* Plakette *f.* **3** *(bassorilievo)* Plakette *f.*

pla|ce|bo I m.inv. Placebo *n.* **II** agg.inv. Placebo-: ***effetto ~*** Placebowirkung *f.*

pla|cen|ta f. Plazenta *f.*, Mutterkuchen *m.*; *(al momento del parto)* Nachgeburt *f.* **pla|cen|ta|le, pla|cen|ta|re** agg. plazental, plazentar.

pla|cen|ta|ti m.pl. Plazentatiere *pl.*

pla|cet m.inv. Plazet *n.*: ***dare il ~*** sein Plazet geben; ***ricevere il ~ da qcn.*** jds Plazet ein‿holen.

pla|ci|da|men|te avv. träge. **pla|ci|di|tà** f. Ruhe *f.*, Stille *f.*

pla|ci|do agg. ruhig, still: ***condurre una vita -a*** ein stilles Leben führen; ***carattere ~*** ruhiger Charakter; ***mare ~*** ruhige See; ***notte -a*** ruhige Nacht ◆ ***fiume ~*** ruhig fließender Fluss; ***morte -a*** sanfter Tod.

pla|ci|to m. STOR. Urteil *n.*

pla|fond [-'fõ] m.inv. **1** höchster Gipfel *m.* **2** COMM. Plafond *m.* **3** AER. Gipfelhöhe *f.* ◆ ~ ***di credito*** Plafond *m.* (*o* Kreditrahmen *m.*).

pla|fo|nie|ra f. Deckenlampe *f.*, Deckenleuchte *f.*

pla|ga f. *(-ghe)* LETT. Gebiet *n.*, Gegend *f.*; ~ ***desertica*** Wüstengebiet *n.*, Wüstenei *f.*

pla|gia|re tr. *(plagio, plagi)* **1** plagiieren; ~ ***uno scrittore, una poesia*** einen Schriftsteller, ein Gedicht plagiieren **2** *(assoggettare)* ~ ***qcn.*** sich jdn hörig machen. **pla|gia|rio I** m. *(-ri)* Plagiator *m.*, Plagiar *m.* **II** agg. *(-ri,-rie)* plagiatorisch.

pla|gio m. *(-gi)* **1** Plagiat *n.*, geistiger Diebstahl *m.*: ***commettere un ~*** ein Plagiat begehen; ***accusare qcn. di ~*** jdn des Plagiats bezichtigen **2** *(l'assoggettare)* Hörigmachen *n.*

plaid [plæd] m.inv. Plaid *m.* e *n.*, Wolldecke *f.*

pla|na|men|to m. **1** AER. Gleitflug *m.* **2** MAR. Gleiten *n.*

1.pla|na|re agg. eben, flach.

2.pla|na|re intr. (aus. *avere*) gleiten: ***l'aliante planò sulla pista*** das Segelflugzeug glitt auf die Landebahn: ***gli aliscafi planano sull'acqua*** die Tragflächenboote gleiten über das Wasser. **pla|na|ta** f. **1** AER. Gleitflug *m.* **2** MAR. Gleiten *n.* **pla|na|to** p.pass. agg. **1** → **2.planare 2** Gleit-: ***volo ~*** Gleitflug *m.*

plan|cia f. *(-ce)* **1** *(ponte di comando)* Kommandobrücke *f.* **2** *(passerella)* Laufsteg *m.*

planc|ton m.inv. Plankton *n.* **planc|to|ni|co** agg. *(-ci,-che)* planktonisch.

pla|ne|ta|rio I agg. *(-ri,-rie)* **1** Planeten-, planetarisch: ***sistema ~*** Planetensystem *n.*; ***movimento ~*** Planetenbewegung *f.*; ***anno ~*** Planetenjahr *n.* **2** *(mondiale)* weltweit: ***fenomeno di dimensioni -rie*** ein Phänomen von weltweiten Ausmaßen **II** m. *(-ri)* Planetarium *n.*

pla|ne|toi|de m. Planetoid *m.*

pla|ne|to|lo|gi|a f. Planetologie *f.*

pla|ni|me|tri|a f. **1** Planimetrie *f.* **2** *(pianta)* Lageplan *m.*, Plan *m.* **pla|ni|me|tri|co** agg. *(-ci,-che)* planimetrisch. **pla|ni|me|tro** m. Planimeter *n.*, Flächenmesser *m.*

pla|ni|sfe|ro m. **1** *(della sfera celeste)* Sternkarte *f.*, Himmelskarte *f.* **2** *(della superficie terrestre)* Planiglob(ium) *n.*, Planisphäre *f.*

plan|ta|re I agg. plantar, Plantar-, Fußsohlen-: ***muscolo ~*** Plantarmuskel *m.* **II** m. Einlage *f.*, Schuheinlage *f.* ◆ ~ ***anatomico*** Fußbett *n.*; ~ ***ortopedico*** orthopädische Schuheinlage; ~ ***in pelle*** Ledereinlage *f.*

plan|ti|gra|do m. **1** Sohlengänger *m.* **2** FIG. *(persona lenta)* schwerfälliger Mensch *m.*

plan|tu|la f. Keimling *m.*, Sämling *m.*

pla|sma m. Plasma *n.* ◆ ~ ***conservato*** Serumkonserve *f.*; ~ ***germinativo*** Keimplasma *n.*; ~ ***sanguigno*** Blutplasma *n.*

pla|sma|bi|le agg. **1** formbar, gestaltbar: ***un materiale ~*** ein gestaltbarer Stoff; ***creta ~*** formbarer Ton **2** FIG. formbar, prägbar, bildsam, gestaltbar: ***carattere ~*** formbarer Charakter. **pla|sma|bi|li|tà** f. Formbarkeit *f.*, Gestaltbarkeit *f.*

pla|sma|re tr. **1** formen, gestalten: ~ ***la cera*** Wachs formen; ~ ***un volto nella creta*** ein Gesicht aus Ton formen, aus dem Ton herausarbeiten **2** FIG. formen, prägen, bilden, gestalten: ~ ***i giovani***

die Jugendlichen formen; ~ ***la personalità di qcn.*** jds Persönlichkeit formen; ***le esperienze dell'infanzia plasmano l'uomo*** die Erfahrungen der Kindheit prägen den Menschen.

pla|sma|ti|co agg. *(-ci,-che)* plasmatisch.

pla|smo|dio m. Plasmodium *n.*

pla|sti|ca f. *(-che)* **1** Plastik *n.*, Kunststoff *m.* **2** ART. Plastik *f.* **3** MED. Plastik *f.*: ***farsi fare una ~*** sich eine Plastik machen lassen ◆ ***bottiglia di ~*** Kunststoffflasche *f.*; ~ ***facciale*** Gesichtsplastik *f.*; ***fiore di ~*** Plastikblume *f.*; ***industria della ~*** Kunststoffindustrie *f.*; ~ ***al naso*** Nasenkorrektur *f.*; ***piatto di ~*** Plastikteller *m.*; ***recipiente di ~*** Kunststoffbehälter *m.*; ***sacchetto di ~*** Plastiktüte *f.*; ~ ***al seno*** Mammoplastik *f.*

pla|sti|ci|smo m. Plastik *f.*, Plastizität *f.*

pla|sti|ci|tà f. **1** Formbarkeit *f.*: ***la ~ della cera*** die Formbarkeit des Wachses **2** ART. Plastizität *f.* **3** METALL. Geschmeidigkeit *f.*

pla|sti|co I agg. *(-ci,-che)* **1** plastisch: ***rappresentazione -a*** eine plastische Darstellung; ***effetto ~*** plastischer Effekt; ***chirurgia -a*** plastische Chirurgie; FIS. CHIM. ***sostanze -che*** plastische Stoffe **2** *(in plastica)* Kunststoff-, Plastik-, aus Plastik **3** METALL. geschmeidig **II** m. *(-ci)* **1** Relief *n.*, Reliefkarte *f.* **2** *(esplosivo)* plastischer Sprengstoff *m.* ◆ ***arte -a*** Bildhauerkunst *f.* *(o* Plastik *f.)*; ***bomba al ~*** Plastikbombe *f.*; ***laminato ~*** Laminat *n.*, Schichtpressstoff *m.*; ***materie -che*** Kunststoffe *pl.*

pla|sti|dio m. Plastide *f.*

pla|sti|fi|can|te I agg. plastifizierend, Plastifizier- **II** m. Plastifiziermittel *n.*, Plastifikator *m.* **pla|sti|fi|ca|re** tr. *(plastifico, plastifichi)* **1** plastisch machen, plastifizieren **2** *(rivestire di plastica)* mit Kunststoff überziehen *(o* beschichten). **pla|sti|fi|ca|to** p.pass. agg. **1** → **plastificare 2** kunststoffbeschichtet, Plastik-: ***un libro con copertina -a*** ein Buch mit Plastikeinband. **pla|sti|fi|ca|zio|ne** f. Plastifizierung *f.*, Plastifizieren *n.*

pla|sti|li|na f. Plastilin *n.*, Knetmasse *f.*, Knetgummi *m.* e *n.*

pla|ta|na|ce|a f. Platanengewächs *n.* **pla|ta|na|ria** f. Spitzahorn *m.*

pla|ta|no m. Platane *f.*

pla|te|a f. **1** Parterre *n.*, Parkett *n.*: ***sedere in ~*** im Parkett sitzen; ***posto in ~*** Parterreplatz *m.*, Parkettsitz *m.* **2** *(pubblico)* Publikum *n.*, Zuschauer *pl.*: ***applausi scroscianti dalla ~*** tosender Beifall aus dem Publikum **3** EDIL. Grundplatte *f.* **4** GEOL. Tafel *f.*, Plateau *n.*; ~ ***continentale*** Kontinentaltafel *f.*

pla|te|a|le agg. **1** grob: ***errore ~*** grober Fehler **2** *(ostentato)* demonstrativ: ***gesto ~*** demonstrative Handlung. **pla|te|al|men|te** avv. demonstrativ.

pla|te|a|ti|co m. *(-ci)* Platzmiete *f.*, Standgeld *n.*

pla|teau [-'to] m.inv. **1** GEOL. Plateau *n.*, Tafel *f.*; ~ ***oceanico*** Kontinentaltafel *f.* **2a** *(cassetta per frutta)* Obstkiste *f.* **b** *(cassetta per verdura)* Gemüsekiste *f.*

pla|tel|min|ti m.pl. Plattwürmer *pl.*

pla|te|re|sco agg. *(-schi,-sche)* plateresk, Plateresken-: ***stile ~*** Platereskenstil *m.*

pla|tes|sa f. Flunder *f.*

pla|ti|na f. **1** Tiegel *m.*, Platte *f.*, Drucktiegel *m.*, Druckplatte *f.*: ~ ***tipografica*** Tiegeldruckpresse *f.* **2** TESS. Platine *f.*

pla|ti|nag|gio m. *(-gi)* Platinierung *f.* **pla|ti|na|re** tr. **1** platinieren **2** *(di capelli)* platinblond färben. **pla|ti|na|to** p.pass. agg. **1** → **platinare 2a** platiniert **b** *(di capelli)* platinblond. **pla|ti|na|tu|ra** f. Platinierung *f.*

pla|ti|ni|fe|ro agg. platinhaltig, Platin-: ***minerale ~*** Platinerz *n.*

pla|ti|no m. Platin *n.* ◆ ***biondo ~*** platinblond; ***spugna di ~*** Platinschwamm *m.*

pla|tir|ri|na f. Neuweltaffe *m.*, Breitnasenaffe *m.*

Pla|to|ne n.pr.m. Plato(n) *m.* **pla|to|ni|co I** agg. *(-ci,-che)* platonisch (anche FIG.): ***filosofia -a*** platonische Philosophie; ***amore ~*** platonische Liebe **II** m. *(-ci)* Platoniker *m.* **pla|to|ni|smo** m. Platonismus *m.*

plau|den|te agg. LETT. beifällig, zustimmend.

plau|di|re intr. *(plaudisco, plaudisci*; aus. *avere)* applaudieren, Beifall spenden, zu‿stimmen.

plau|si|bi|le agg. plausibel, stichhaltig: ***spiegazione, scusa ~*** plausible Erklärung, Ausrede; ***non avere un motivo ~ per qcs.*** keinen plausiblen Grund für etw. haben. **plau|si|bi|li|tà** f. Plausibilität *f.*, Stichhaltigkeit *f.* **plau|si|bil|men|te** avv. plausibel, stichhaltig.

plau|so m. **1** Beifall *m.*: ***il ~ della folla*** der Beifall der Menge; ***espressione di ~*** Beifallsäußerung *f.* **2** FIG. *(approvazione)* Zustimmung *f.*, Aufnahme *f.*: ***ottenere il ~ della maggioranza*** die Zustimmung der Mehrheit finden.

plau|stro m. römischer Streitwagen *m.*

plau|ti|no agg. plautinisch: ***commedie -e*** plautinische Komödien.

Plau|to n.pr.m. Plautus *m.*

play back ['pleɪbæjk] m.inv. Playback *n.*: ***cantare in ~*** zu einem Playback singen.

play boy ['pleɪbɔɪ] m.inv. Playboy *m.*

play|maker ['pleɪmeɪkə, *üblich* plei'meker] m.inv. Spielmacher *m.*

play off ['pleɪɒf, *üblich* plei'ɔf] m.inv. Play-off *n.*

ple|ba|glia f. Pöbel *m.*, Gesindel *n.*: ***una ~ inferocita*** ein wütender Pöbel.

ple|be f. **1** STOR. Plebs *f.* **2** SPREG. Pöbel *m.*, Gesindel *n.*: ***fomentare la ~*** den Pöbel auf‿hetzen. ◆ ***tribuno della ~*** Volkstribun *m.* **ple|be|o I** agg. **1** STOR. plebejisch: ***origine -a*** plebejische Herkunft **2** SPREG. pöbelhaft, ordinär: ***atteggiamento ~*** pöbelhaftes Benehmen **II** m. Plebejer *m.*: ***patrizi e -i*** Patrizier und Plebejer.

ple|bi|sci|ta|rio agg. *(-ri,-rie)* **1** plebiszitär: ***sistema ~*** plebiszitäre Wahl; ***decisione -a*** plebiszitärer Beschluss **2** *(unanime)* einstimmig: ***consenso ~*** einstimmiger Konsens. **ple|bi|sci|to** m. **1** POL. Plebiszit *n.*, Volksabstimmung *f.* **2** *(consenso generale)* Einstimmigkeit *f.*

ple|ia|de f. *(schiera eletta)* auserwählte Gruppe *f.* **Ple|ia|di** n.pr.f.pl. Plejaden *pl.*

plei|sto|ce|ne m. Pleistozän *n.*, Eiszeit *f.* **plei|sto|ce|ni|co** agg. *(-ci,-che)* pleistozän.

ple|na|rio agg. *(-ri,-rie)* **1** Voll-, Plenar-: ***assemblea -a*** Plenarversammlung *f.* *(o* Vollversammlung *f.)*, POL. Plenum *n.*; ***seduta, sessione -a*** Plenarsitzung *f.*, Plenartagung *f.* **2** *(totale)* vollkommen, vollständig: ***indulgenza -a*** vollkommener Ablass.

ple|ni|lu|nio m. *(-ni)* Vollmond *m.*

ple|ni|po|ten|zia|rio I agg. *(-ri,-rie)* bevollmächtigt: ***ambasciatore ~*** bevollmächtigter Gesandter **II** m. *(-ri)* Bevollmächtigte *m.* ◆ ***ministro ~*** Regierungsbevollmächtigte *m.*

ple|num m.inv. Plenum *n.*, Vollversammlung *f.*

pleo|na|smo m. Pleonasmus *m.* **pleo|na|sti|co** agg. *(-ci,-che)* pleonastisch: ***figura, locuzione -a*** pleonastische Lokution.

ples|si|me|tro m. Reflexhammer *m.*

ples|so m. **1** ANAT. Plexus *m.*: ~ ***cardiaco*** Herzplexus *m.*; ~ ***solare*** Sonnengeflecht *n.* *(o* Solarplexus *m.)*; ~ ***nervoso*** Nervenplexus *m.* **2** FIG. *(complesso)* Komplex *m.*, Apparat *m.*: ~ ***amministrativo*** Verwaltungsapparat *m.*

ple|to|ra f. **1** Überfluss *m.*, Überschuss *m.*: ~ ***di capitali*** Geldüberfluss *m.* **2** MED. Plethora *f.*, vermehrter Blutandrang *m.* **ple|to|ri|co** agg. *(-ci, che)* **1** überladen, überfüllt, übermäßig, aufgebläht: ***burocrazia -a*** aufgeblähte Bürokratie **2** MED. vollblütig, Plethora-: ***disturbo ~*** Plethoraleiden *n.*; ***soggetto ~*** Plethorapatient *m.*

ple|ttro m. **1** Plektron *n.*, Plektrum *n.* **2** LETT. *(facoltà poetica)* dichterische Eingebung *f.*

pleu|ra f. Rippenfell *n.* **pleu|ra|le, pleu|ri|co** agg. *(-ci, che)* Pleura-, Rippenfell-: ***cavità -che*** Pleurahöhle *f.*

pleu|ri|te f. Pleuritis *f.*, Rippenfellentzündung *f.* **pleu|ri|ti|co** agg. *(-ci,-che)* Pleuritis-.

pleu|ro|pol|mo|ni|te f. Pleuropneumonie *f.*

pleu|ro|to m. Seitling *m.*, Pleurotus *m.*

PLI ⇒ *Partito Liberale Italiano* Liberale Partei Italiens.

pli|ca f. *(-che)* Falte *f.*: ***-che cutanee*** Hautfalten.

pli|co m. *(-chi)* **1** *(di documenti)* Aktenbündel *n.* **2** *(da spedire)* Sendung *f.*; ~ ***postale*** Postsendung *f.*; ~ ***assicurato*** Wertsendung *f.*; ***con ~ separato*** mit gesonderter Post **3** *(busta, involucro)* Umschlag *m.*

pli|nia|no agg. von Plinius. **Pli|nio** n.pr.m. Plinius *m.*: ~ ***il Vecchio, il Giovane*** Plinius der Ältere, der Jüngere.

plin|to m. **1** ARCH. Plinthe *f.*, Säulensockel *m.* **2** EDIL. Bodenplatte *f.*, Fundamentplatte *f.* **3** SPORT Sprungkasten *m.*

plio|ce|ne m. Pliozän *n.* **plio|ce|ni|co** agg. *(-ci,-che)* pliozän.

plis|sé I agg.inv. → **plissettato II** m.inv. Plissee *n.*

plis|set|ta|re tr. plissieren. **plis|set|ta|to** p.pass. agg. **1** → **plissettare 2** plissiert, Plissee-: ***tessuto ~*** plissiertes Gewebe; ***gonna -a*** Plisseerock *m.* **plis|set|ta|tu|ra** f. Plissieren *n.*

plot m.inv. Plot *m.* e *n.*, Handlung *f.*

plo|to|ne m. Zug *m.*, Abteilung *f.* ◆ ~ ***di esecuzione*** Exekutions-, Erschießungs-, Hinrichtungskommando *n.*

plot|ter m.inv. Plotter *m.*

plum|be|o agg. **1** bleiern, bleiartig: ***cielo ~*** bleierner Himmel; ***di colore ~*** bleifarben, bleifarbig **2** FIG. drückend: ***atmosfera -a*** drückende Atmosphäre.

plu|ra|le I agg. Plural-, pluralisch, Mehrzahl-: ***sostantivo ~*** pluralisches Substantiv; ***prima persona ~*** erste Person Plural **II** m. Plural *m.*: ***volgere al ~*** in den Plural setzen; ***un sostantivo al ~*** ein Substantiv im Plural ◆ ~ ***maiestatico*** Pluralis majestatis *m.*; ~ ***di modestia*** Pluralis modestiae *m.*

plu|ra|li|smo m. Pluralismus *m.* **plu|ra|li|sta** m. e f. *(-i,-e)* Pluralist *m.* (-in *f.*). **plu|ra|li|sti|co** agg. *(-ci,-che)* pluralistisch.

plu|ra|li|tà f. Pluralität *f.*, Vielfalt *f.*: ~ ***di interessi, di opinioni*** Pluralität von Interessen, von Meinungen.

plu|ri|ag|gra|va|to agg. mehrseitig belastet. **plu|ri|cel|lu|la|re** agg. mehrzellig: ***organismo*** ~ mehrzelliger Organismus. **plu|ri|clas|se** **I** f. = Mehrklassenunterricht *m.* **II** agg.inv. ***scuola*** ~ Zwergschule *f.*

plu|ri|de|cen|na|le agg. jahrzehntelang. **plu|ri|de|co|ra|to** agg. mehrfach dekoriert, mehrfach ausgezeichnet.

plu|ri|di|men|sio|na|le agg. mehrdimensional: ***spazio*** ~ mehrdimensionaler Raum. **plu|ri|di|men|sio|na|li|tà** f. Mehrdimensionalität *f.*

plu|ri|di|re|zio|na|le agg. in mehrere Richtungen. **plu|ri|di|sci|pli|na|re** agg. multidisziplinär.

plu|rien|na|le agg. mehrjährig: ***conoscenza, esperienza*** ~ mehrjährige Bekanntschaft, Erfahrung. **plu|rien|ne** agg. mehrjährig.

plu|ri|fa|mi|lia|re agg. Mehrfamilien-: ***casa*** ~ Mehrfamilienhaus *n.*

plu|ri|ge|mel|la|re, plu|ri|ge|mi|no agg. Mehrlings-: ***parto*** ~ Mehrlingsgeburt *f.* **plu|ri|la|te|ra|le** agg. mehrseitig, vielseitig.

plu|ri|lin|gue agg.inv. mehrsprachig, vielsprachig. **plu|ri|lin|gui|smo** m. Mehrsprachigkeit *f.*

plu|ri|man|da|ta|rio m. *(-ri)* Plurimandatar *m.*, Multifunktionär *m.*

plu|ri|mi|liar|da|rio **I** agg. *(-ri,-rie)* milliardenschwer **II** m. *(-ri)* mehrfacher Milliardär *m.* **plu|ri|mi|lio|na|rio** **I** agg. *(-ri,-rie)* millionenschwer **II** m. *(-ri)* Multimillionär *m.*

plu|ri|mil|le|na|rio agg. *(-ri,-rie)* jahrtausendealt, jahrtausendelang.

plu|ri|mo agg. mehrfach, Mehr-: ***sistema di voto*** ~ Mehrstimmenwahlrecht *n.*

plu|ri|mo|to|re **I** agg. Mehrmotoren- **II** m. Mehrmotorenflugzeug *n.* **plu|ri|na|zio|na|le** agg. mehrstaatlich, Mehrvölker-: ***stato*** ~ Mehrvölkerstaat *m.* **plu|ri|no|mi|na|le** agg. Mehrmann-: ***collegio*** ~ Mehrmannwahlkreis *m.* **plu|ri|o|mi|ci|da** m. e f. *(-i,-e)* mehrfacher Mörder *m.* (-in *f.*). **plu|ri|pa|ra** f. Pluripara *f.*, Multipara *f.*

plu|ri|par|ti|ti|co agg. *(-ci,-che)* Mehrparteien-: ***sistema*** ~ Mehrparteiensystem; ***governo*** ~ Mehrparteienregierung *f.* **plu|ri|par|ti|ti|smo** m. Mehrparteiensystem *n.*

plu|ri|se|co|la|re agg. jahrhundertealt, jahrhundertelang: ***tradizione*** ~ jahrhundertealte Tradition. **plu|ri|sil|la|bo** agg. mehrsilbig.

plu|ri|sta|dio agg.inv. Mehrstufen-: ***missile*** ~ Mehrstufenrakete *f.*

plu|ri|va|len|te agg. mehrwertig. **plu|ri|va|len|za** f. Mehrwertigkeit *f.*

plus|va|len|te → **polivalente.** **plus|va|len|za** f. Wertzuwachs *m.*

plus|va|lo|re m. Mehrwert *m.*

Plu|tar|co n.pr.m. Plutarch *m.*

plu|te|o m. **1** ARCH. Chorschranke *f.* **2** *(leggio)* Büchergestell *n.* **3** MIL. Schirmwand *f.*

plu|to|cra|te m. Plutokrat *m.* **plu|to|cra|ti|co** agg. *(-ci,-che)* plutokratisch. **plu|to|cra|zi|a** f. Plutokratie *f.*

plu|to|ne m. Pluton *m.* **Plu|to|ne** n.pr.m. Pluto *m.*

plu|to|nia|no agg. **1** Pluto- **2** GEOL. plutonisch.

plu|to|nio m. Plutonium *n.*

plu|via|le **I** agg. Regen-, pluvial: ***acqua*** ~ Regenwasser *n.*; ***foresta*** ~ Regenwald *m.* **II** m. Regenrinne *f.*

plu|vio|gra|fo m. Pluviograph *m.*, Niederschlagsmesser *m.*

plu|vio|me|tri|a f. Regenmessung *f.* **plu|vio|me|tri|co** agg. *(-ci,-che)* Regenmessungs-, pluviometrisch. **plu|vio|me|tro** m. Pluviometer *m.*, Regenmesser *m.*

P.M. ⇒ **1** *polizia militare* Militärpolizei (M. P.) **2** DIR. *Pubblico Ministero* Staatsanwalt (StA).

pneu|ma m. Pneuma *n.*

pneu|ma|ti|co **I** m. *(-ci)* Reifen *m.*, Luftreifen *m.*: ***-ci anteriori, posteriori*** Vorder-, Hinterreifen **II** agg. *(-ci,-che)* **1** Luft-, Pressluft- **2** FILOS. pneumatisch ◆ ***aspiratore*** ~ Sauggglocke *f.*; ~ ***chiodato*** Spikesreifen *m.*; ~ ***cinturato*** Gürtelreifen *m.*; ***comando*** ~ Druckluftantrieb *m.*; ~ ***da corsa*** Rennreifen *m.*; ***freno*** ~ Luftdruckbremse *f.*; ~ ***per fuoristrada*** Geländereifen *m.*; ***impianto*** ~ Pneumatik *f.*; ~ ***invernale*** Winterreifen *m.*; ***martello*** ~ Presslufthammer *m.*; ***montaggio dei -ci*** Bereifung *f.*; ~ ***da neve*** Schneereifen *m.*; ***posta -a*** Rohrpost *f.*; ***pressione dei -ci*** Reifendruck *m.*; ~ ***a bassa pressione*** Niederdruckreifen *m.*; ~ ***radiale*** Radialreifen *m.*; ***scolpitura di*** ~ Reifenprofil *n.*; ~ ***di scorta*** Reservereifen *m.*, Ersatzreifen *m.*; ~ ***di serie larga*** Breitreifen *m.*; ~ ***tubolare*** Schlauchreifen *m.*

pneu|ma|to|lo|gi|a f. FILOS. TEOL. Pneumatologie *f.*

pneu|ma|to|me|tro m. Pneumatometer *n.*

pneu|mo|coc|co m. *(-chi)* Pneumokokke *f.*, Pneumokokkus *m.* **pneu|mo|co|nio|si** f. Pneumokoniose *f.*, Staublunge *f.* **pneu|mo|gra|fi|a** f. Pneumographie *f.* **pneu|mo|gra|fo** m. Pneumograph *m.* **pneu|mo|lo|gi|a** f. Pneumologie *f.*, Lungenfachmedizin *f.* **pneu|mo|pa|ti|a** f. Pneumopathie *f.*, Lungenkrankheit *f.* **pneu|mo|pleu|ri|te** f. Pneumopleuritis *f.* **pneu|mo|to|ra|ce** m. Pneumothorax *m.*

PNL ⇒ *Prodotto Nazionale Lordo* Bruttosozialprodukt (BSP).

PNN ⇒ *Prodotto Nazionale Netto* Nettosozialprodukt.

Po n.pr.m. Po *m.*

PO ⇒ *Posta Ordinaria* normale Post.

po' → **poco.**

po|c'an|zi avv. LETT. vor kurzem, eben.

po|cha|de [-'ʃad] f.inv. Salonkomödie *f.*

po|chet|te [-'ʃɛt] f.inv. **1** Unterarmtasche *f.* **2** *(fazzoletto da taschino)* Einstecktuch *n.* **3** MUS. Pochette *f.*

po|chez|za f. **1** *(scarsezza)* Spärlichkeit *f.*: ~ ***di mezzi*** Spärlichkeit der Mittel **2** FIG. Beschränktheit *f.*: ~ ***d'ingegno*** geistige Beschränktheit.

po|cket agg.inv. Taschen-: ***libro*** ~ Taschenbuch *n.*

po|chi|no avv. COLLOQ. ***(un)*** ~ ein bisschen.

po|co (compar. **meno**, superl. **pochissimo**; forma tronca **po'**) **I** avv. **1a** *(con verbi)* wenig: ***parlare*** ~ wenig sprechen; ***dormire troppo*** ~ zu wenig schlafen; ***spendere*** ~ wenig aus‿geben; ***costare*** ~ wenig kosten, billig sein; ***avere ~ da dire, fare*** wenig zu sagen, tun haben **b** *(con aggettivi e avverbi)* nicht sehr, nicht gerade, etwas: ***sta ~ bene*** es geht ihm nicht sehr gut; ***è ~ simpatico*** er ist nicht sehr (*o* nicht gerade) sympathisch; ***lo faccio ~ volentieri*** ich mache es nicht gerade (*o* nicht sehr) gern; ~ ***lontano da qui*** nicht (sehr) weit von hier; ***è ~ più alta di lui*** sie ist etwas größer als er **c** *(male)* schlecht: ***è ~ educato*** er ist schlecht erzogen; ***ci vede*** ~ er sieht schlecht **2** *(poco tempo)* kurz, nicht lange: ***mi tratterrò*** ~ ich bleibe nur kurz; ***è stato qui (per)*** ~ er ist nicht lange hier gewesen; ***durare*** ~ nicht lange dauern; ***ci abbiamo impiegato*** ~ wir haben nicht lange dafür gebraucht **3** *(quasi)* beinahe, fast: ***c'è mancato ~ che lo investissi*** ich hätte ihn fast überfahren; ***manca ~ alle due*** es ist fast zwei Uhr **II** agg. *(-chi,-che)* **1a** *(piccola quantità)* wenig, nicht viel: ***avere ~ denaro, spazio, -a pazienza*** wenig Geld, Platz, Geduld haben; ***c'è ~ lavoro*** es gibt wenig Arbeit; ***incontrare -che persone*** wenigen Leuten begegnen **b** *(scarso)* gering, knapp: ***c'erano -che richieste*** es gab keine große Nachfrage (*o* die Anforderungen waren gering); ***c'è ~ tempo*** die Zeit ist knapp **c** *(cattivo)* schlecht: ***avere -a memoria*** ein schlechtes Gedächtnis haben **2** *(di spazio)* kurz, nicht weit: ***abbiamo fatto -a strada*** wir haben eine kurze Strecke zurückgelegt; ***c'è -a strada*** es ist nicht weit **III** pron. *(-chi,-che)* **1** wenig: ***ci vuole tanta pazienza, ma io ne ho -a*** da braucht man viel Geduld, und ich habe nur wenig **2** pl. *(di persone)* wenige: ***-chi di noi lo sanno fare*** wenige von uns können das machen; ***essere in -chi*** wenige sein **IV** m. Wenige *n.*: ***il ~ che guadagna gli basta*** das Wenige, das er verdient, reicht ihm; ***accontentarsi di*** ~ sich mit wenig zufrieden geben ◆ ***comprare, vendere qcs. a*** ~ etw. billig kaufen, verkaufen; ***a ~ a*** ~ nach und nach; COLLOQ. ***un bel po'*** ganz schön viel; *(lungo tempo)* ziemlich lange, ganz schön lange, eine gute Weile: ***un bel po' di neve, di soldi*** ganz schön viel Schnee, ganz schön viel Geld; ***abbiamo fatto un bel po' di strada*** wir haben ein ganz schönes Stück zurückgelegt; ***aspettare un bel po'*** ziemlich lange (*o* eine gute Weile) warten; ***ci ha messo un bel po' ad arrivare*** er hat eine gute Weile gebraucht, um anzukommen; ***dopo un bel po'*** nach einer guten Weile; ***un, una ~ di buono*** ein schwerer Junge, eine Schlampe; ***-chi ma buoni*** die Creme; ***c'è ~ da ridere, scherzare*** da gibt es nicht viel zu lachen; ***c'è ~ da dire*** da kann man sagen, was man will; *(da obiettare)* dagegen ist nichts zu sagen; ***ci corre*** ~ es ist nicht weit weg; FIG. da ist kein großer Unterschied; FIG. ***è -a cosa*** das ist nichts; ***da*** ~ *(temporale)* seit kurzem (*o* seit kurzer Zeit); *(di scarsa importanza)* unbedeutend: ***un lavoro da*** ~ eine belanglose Arbeit; ***a dir*** ~ ohne zu übertreiben; ~ ***dopo*** kurz danach (*o* darauf), nach kurzem; ~ ***dopo le 6*** kurz nach sechs (Uhr); ~ ***(tempo) fa*** vor kurzem; ***c'è ~ da fare*** es gibt wenig zu tun; FIG. da kann man nichts machen; ***fra*** ~ bald (*o* in Kürze); ***a fra*** ~ bis bald; ***fra -chi mesi*** in ein paar Monaten; ~ ***importa*** das macht nichts; ~ ***importa se...*** es macht nicht viel aus, wenn...; ***di lì a*** ~ kurz danach (*o* darauf); ~ ***male!*** auch gut, das macht nichts! ~ ***meno di*** etwas weniger als; ***molto*** ~ sehr wenig; ~ ***o molto*** wenig oder viel; ***né molto né*** ~ weder viel noch wenig (*o* überhaupt nicht); ***neanche un po'*** kein bisschen, überhaupt nicht; ~ ***o niente*** so gut wie nichts; ***niente po' po' di meno che...*** nichts Geringeres als...; *(di persone)* niemand Geringerer als...; ***non*** ~ ganz gut: ***mi piace non*** ~ es gefällt mir ganz gut; ~ ***o nulla*** sehr wenig, fast nichts; ***per*** ~ *(temporale)* kurz, nicht lange; *(a buon mercato)* billig, preiswert; *(quasi)* beinahe, fast: ***per ~ non me ne dimenticavo*** fast (*o* beinahe) hätte ich es vergessen; ***per ~ non mi investiva*** fast (*o* beinahe) hätte er mich überfahren; ~ ***più di*** wenig mehr als; ~ ***più ~ meno*** mehr oder weniger (*o* ungefähr, rund);

press'a ~ ungefähr; ~ ***prima*** kurz zuvor, kurz vorher; ***~ prima di mezzogiorno*** kurz vor Mittag; ***~ prima di vederlo*** kurz bevor ich ihn sah; ***sapere di*** ~ nach nichts schmecken; FIG. fad (*o* langweilig) sein; ***con -a spesa*** für wenig Geld, billig; ***~ o tanto*** wenig oder viel; ***tra ~ → fra ~; un ~, un po'*** etwas, ein bisschen, ein wenig; *(per breve tempo)* kurz, nicht lange, COLLOQ. ein wenig, ein bisschen: ***sentirsi un po' meglio*** sich etwas besser fühlen; ***mi sembra un po' tardi*** es scheint mir etwas spät (zu sein); ***vieni un po' più vicino*** komm etwas näher; ***sii un po' più gentile*** sei bitte ein bisschen freundlicher; ***dammene un altro po'*** gib mir noch etwas davon; ***correre un po' di qua e un po' di là*** ein bisschen hierhin, ein bisschen dorthin laufen; ***rimani un (altro) po'*** bleib noch ein bisschen hier; ***per un po' abbiamo parlato, poi...*** wir haben kurz geredet, und später...; ***aspetta un po'!*** warte einen Moment! warte mal! *(correlato)* ***un po'... un po'...*** teils..., teils..., zum Teil..., zum Teil...: ***un po' per rispetto un po' per timore*** teils aus Respekt, teils aus Schüchternheit; COLLOQ. ENFAT. ***dimmi un po' che cosa hai fatto*** sag (mir) mal, was du gemacht hast; ***guarda un po' là!*** schau mal dort! ***vedi un po' tu!*** entscheid du das (*o* mach, wie du es für richtig hältst); ***ripeti un po', se hai il coraggio!*** wiederhol das nochmals, wenn du den Mut dazu hast! ***ma sta un po' zitto!*** sei doch mal still! ***un ~ di, un po' di*** etwas, ein bisschen, ein wenig: ***versami ancora un ~ di vino, acqua*** gieß mir noch ein bisschen Wein, Wasser ein; ***fa un po' di tutto*** er hat die verschiedensten Jobs; ***c'è di tutto un po'*** es gibt von allem etwas; ENFAT. COLLOQ. ***un po' po' di*** ziemlich viel: ***un po' po' di lavoro, di roba*** ziemlich viel Arbeit, Zeug; ***che po' po' di imbroglione!*** was für ein Betrüger! ***di ~ valore*** von niedrigem Wert; ***un ~, un po' per*** (o ***alla***) ***volta*** *(poco a poco)* nach und nach; *(non tutto in una volta)* nicht alles auf einmal; ***ci vuole ~ a...*** das ist nicht schwierig zu...; PROV. ***un po' per uno non fa male a nessuno*** = wenn jeder ein bisschen abgibt, reicht es für alle; ***meglio ~ che niente*** besser wenig als gar nichts.

po|da|gra f. Podagra *n.*, Gicht *f.* **po|da|gri|co I** agg. *(-ci,-che)* podagrisch, gichtig, gichtkrank **II** m. *(-ci)* Gichtkranke *m.* **po|da|gro|so I** agg. podagrisch, gichtkrank **II** m. Gichtkranke *m.*

po|dal|gi|a f. Fußleiden *n.*

po|da|li|co agg. *(-ci,-che)* Steiß-: ***parto ~*** Steißgeburt *f.*; ***posizione -a*** Steißlage *f.*, Beckenendlage *f.*

po|da|li|rio m. *(-ri)* Segelfalter *m.*

po|de|ra|le agg. Guts-: ***casa ~*** Gutshaus *n.*; ***sentiero ~*** Gutsweg *m.*

po|de|re m. Landgut *n.*, Gut *n.*, Gutshof *m.* ◆ ***~ dato in affitto*** Pachthof *m.*; ***amministratore di ~*** Gutsverwalter *m.*; ***~ ereditario*** Erbgut *n.*; ***~ di famiglia*** Familiengut *n.*; ***padrone di ~*** Gutsbesitzer *m.*

po|de|ro|sa|men|te avv. kräftig, stark. **po|de|ro|so** agg. **1** kräftig, stark: ***fisico ~*** kräftiger Körper **2** FIG. groß, gewaltig: ***memoria -a*** großes Gedächtnis.

po|de|stà m.inv. **1** Bürgermeister *m.* **2** STOR. Podestà *m.* **po|de|sta|ri|le** agg. Bürgermeister-, des Bürgermeisters: ***l'autorità ~*** die Autorität des Bürgermeisters.

po|di|ce m. Steiß *m.*, Gesäß *n.*

po|dio m. *(-di)* Podium *n.* ◆ MUS. ***~ del direttore*** Dirigentenpult *n.*; ***~ dell'oratore*** Rednerpult *n.*; ***salire sul ~*** auf das Podium hinauf‿steigen; FIG. ganz nach oben kommen; SPORT ***~ dei vincitori*** Siegerpodest *n.*

po|di|smo m. Gehen *n.* **po|di|sta** m. e f. *(-i,-e)* Geher *m.* (-in *f.*). **po|di|sti|co** agg. *(-ci,-che)* Wett-: ***gara, corsa -a*** Wettlauf *m.*

po|do|lo|gi|a f. MED. Fußpflege *f.* **po|do|lo|go** m. *(-gi)* Fußpfleger *m.*

po|do|me|tro m. Podometer *n.*

po|e|ma m. **1a** *(componimento)* Gedicht *n.* **b** *(genere letterario)* Epos *n.*, Epopöe *f.*: ***i -i di Omero*** Homers Epen **2a** FIG. SCHERZ. *(scritto lungo)* Roman *m.* **b** *(cosa straordinaria)* Meisterwerk *n.* ◆ ***~ cavalleresco*** Ritterepos *n.*; ***~ didascalico*** Lehrgedicht *n.*; ***~ epico*** episches Gedicht, Epos *n.*; ***~ epico in versi*** Versepos *n.*; ***~ eroico*** Heldenepos *n.*; ***~ in prosa*** Prosadichtung *f.*; ***~ sinfonico*** symphonische Dichtung, Tondichtung *f.*

po|e|met|to m. Kurzepos *n.* ◆ ***~ didascalico*** kurzes Lehrgedicht.

po|e|si|a f. **1** *(componimento)* Gedicht *n.*, Dichtung *f.*: ***una ~ giovanile di Goethe*** ein Jugendgedicht von Goethe; ***scrivere -e*** Gedichte schreiben; ***comporre, recitare, imparare a memoria una ~*** ein Gedicht verfassen, auf‿sagen, auswendig lernen; ***interpretare, declamare una ~*** ein Gedicht interpretieren, deklamieren **2** *(genere)* Dichtung *f.*, Dichtkunst *f.*: ***~ epica, lirica, narrativa*** epische, lyrische, erzählerische Dichtung; ***la ~ romantica*** die Dichtung der Romantik **3** *(forma metrica)* Gedicht *n.*, Gedichtform *f.*, Versform *f.*: ***esprimersi in ~*** sich in Versen aus‿drücken; ***scrivere in ~*** Gedichte schreiben; ***volgere, mettere in ~*** in Verse setzen **4a** FIG. Poesie *f.*: ***un animo ricco di ~*** ein Gemüt voller Poesie **b** *(incanto)* Zauber *m.*: ***la ~ della notte*** der Zauber der Nacht ◆ ***~ d'amore*** Liebesgedicht *n.*; *(genere)* Liebesdichtung *f.*; ***~ bucolica*** bukolische Poesie (*o* Bukolik *f.*); ***~ burlesca*** Scherzgedicht *n.*; ***~ cavalleresca*** Ritterdichtung *f.*; ***~ cortese*** höfische Dichtung; ***~ dialettale*** Mundartdichtung *f.*, Dialektdichtung *f.*; ***~ didascalica*** Lehrdichtung *f.*; ***~ drammatica*** Dramatik *f.*; ***~ filosofica*** Gedankenlyrik *f.*; ***~ giambica*** Jambendichtung *f.*; ***~ giullaresca*** Spielmannsdichtung *f.*; ***~ di guerra*** Kriegsdichtung *f.*; FIG. ***mancanza di ~*** Poesielosigkeit *f.*; ***~ mariana*** Mariendichtung *f.*; ***~ d'occasione*** Gelegenheitsgedicht *n.*; ***~ pastorale*** Hirtengedicht *n.*, Schäfergedicht *n.*; *(genere)* Hirtendichtung *f.* (*o* Schäferdichtung *f.*); FIG. ***privo di ~*** poesielos; ***~ in prosa*** Prosagedicht *n.*; *(genere)* Prosadichtung *f.*; ***raccolta di -e*** Gedichtsammlung *f.*; ***~ in rime*** Reimgedicht *n.*; *(genere)* Reimdichtung *f.*; ***~ scaldica*** Skaldendichtung *f.*; ***non si può vivere di sola ~*** man kann nicht nur von Luft und Liebe leben.

po|e|ta m. **1** Dichter *m.*: ***i -i umanisti*** die humanistischen Dichter **2** FIG. Träumer *m.* ◆ ***~ anacreontico*** Anakreontiker *m.*; FIG. ***avere un animo di ~*** ein dichterisches Gemüt haben; ***~ bucolico*** Bukoliker *m.*; ***~ ciclico*** Zykliker *m.*; ***circolo di -i*** Dichterkreis *m.*; ***~ di corte*** Hofdichter *m.*; ***~ dialettale*** Mundartdichter *m.*; ***~ elegiaco*** Elegiendichter *m.*, Elegienschreiber *m.*, Elegiker *m.*; ***~ epico*** Epiker *m.*; ***~ erotico*** Erotiker *m.*; FIG. COLLOQ. ***fare il ~*** den Schwärmer spielen; ***~ lirico*** Lyriker *m.*; ***~ rinascimentale*** Renaissancedichter *m.*; ***~ satirico*** Satirendichter *m.*, Satirenschreiber *m.*, satirischer Dichter *m.*; ***scuola di -i*** Dichterschule *f.*; ***~ tragico*** Tragiker *m.*, tragischer Dichter.

po|e|ta|re intr. (aus. *avere*) dichten, Verse schreiben. **po|e|ta|stro** m. SPREG. Poetaster *m.*, Dichterling *m.*, Versemacher *m.* **po|e|tes|sa** f. Dichterin *f.* ◆ ***~ lirica*** Lyrikerin *f.*

po|e|ti|ca f. *(-che)* Poetik *f.*: ***la ~ del Petrarca*** Petrarcas Poetik; ***le -che del Novecento*** die Poetik des zwanzigsten Jahrhunderts.

po|e|ti|ca|men|te avv. poetisch. **po|e|ti|ci|tà** f. poetischer Charakter *m.* **po|e|ti|ciz|za|re** tr. poetisieren.

po|e|ti|co I agg. *(-ci,-che)* **1** *(di poesia, di poeta)* Dichtungs-, Dichter-, dichterisch: ***produzione, prosa, licenza -a*** dichterisches Schaffen, dichterische Prosa, dichterische Freiheit; ***allori -i*** dichterische Lorbeeren **2a** FIG. poetisch: ***animo ~*** poetische Seele **b** IRON. feinfühlig: ***come sei ~!*** wie feinfühlig du bist! **II** m. Poetische *n.* ◆ ***arte -a*** Dichtkunst *f.* (*o* Verskunst *f.*); ***forma -a*** Dichtungsform *f.*; ***ingegno ~*** Dichtertum *n.*, dichterischer Geist; ***linguaggio ~*** Dichtersprache *f.*; ***parola -a*** Dichterwort *n.*; ***scuola -a*** Dichterschule *f.*; ***talento ~*** Dichtergabe *f.*

po|e|tiz|za|re tr. poetisieren. **po|e|tiz|za|zio|ne** f. Poetisierung *f.*

pog|gia f. *(-ge)* MAR. Lee *f.*, Leeseite *f.*

pog|gia|ca|po m.inv. Nackenstütze *f.*; *(cilindrico)* Nackenrolle *f.* **pog|gia|ma|no** m.inv. Handlauf *m.* **pog|gia|pie|di** m.inv. Fußbank *f.*, Fußschemel *m.*, Fußstütze *f.*

1.pog|gia|re *(poggio, poggi)* **I** tr. **1** *(posare)* legen, stellen: ***~ il capo sul cuscino, sulla spalla di qcn.*** den Kopf auf das Kissen, auf jds Schulter legen; ***~ un libro, una bottiglia sul tavolo*** ein Buch auf den Tisch legen, eine Flasche auf den Tisch stellen **2** *(addossare)* an‿lehnen, lehnen, stellen: ***~ la bicicletta, la scala al muro*** das Fahrrad, die Leiter an (*o* gegen) die Mauer lehnen **3** *(puntellare)* stützen: ***~ il mento sulla mano*** das Kinn in (*o* auf) die Hand stützen **4** *(fondare, basare)* (be)gründen, stützen: ***~ le proprie tesi su fonti autorevoli*** seine Thesen auf glaubwürdige Quellen stützen **II** intr. (aus. *essere*) **1** ruhen, sich stützen: ***~ su qcs.*** auf etw. (D) ruhen; ***~ su colonne*** auf Säulen ruhen; ***il tetto poggia su travi*** das Dach ruht auf Balken **2** FIG. sich stützen: ***~ su indizi, ipotesi*** sich auf Indizien, Hypothesen stützen **III** pronom. **poggiarsi 1** sich lehnen: ***-rsi alla parete*** sich an (*o* gegen) die Wand lehnen **2** *(sorreggersi)* sich stützen: ***-rsi a un bastone, sui gomiti*** sich auf einen Stock, auf die Ellenbogen stützen.

2.pog|gia|re intr. *(poggio, poggi*; aus. *avere)* **1** MAR. ab‿fallen **2** *(rifugiarsi in porto)* in einen Hafen ein‿laufen.

pog|gia|te|sta m.inv. **1** Kopfstütze *f.*, Nackenstütze *f.* **2** *(cuscino)* Nackenrolle *f.*, Nackenkissen *n.*

pog|gio m. *(-gi)* Anhöhe *f.*

pog|gio|lo m. Austritt *m.*; kleiner Balkon *m.*

po|grom m.inv. Pogrom *n.*

poi I avv. **1** *(in seguito)* später, dann, danach: ***ne parliamo ~*** wir sprechen später darüber; ***ci vediamo ~*** wir sehen uns später; ***il resto verrà ~*** der Rest folgt später; ***voleva partire ma ~ rinunciò*** er wollte abreisen, verzichtete dann aber darauf; ***studia adesso perché ~ ti mancherà il tempo*** studiere jetzt, denn später wird dir die Zeit dazu fehlen; ***o prima o ~ non fa differenza*** jetzt oder nachher, das macht keinen Unterschied; ***adesso facciamo così, ~ si vedrà***

jetzt machen wir es so, später (*o* danach) werden wir sehen; ***quando ~ me ne sono accorto era già tardi*** als ich es dann gemerkt habe, war es schon zu spät; ***e ~?*** und dann? ***e ~ hanno il coraggio di lamentarsi*** und dann haben sie noch den Mut, sich zu beschweren; ***e ~ dicono che le donne sono chiacchierone*** und dann heißt es, dass die Frauen Klatschbasen sind **2** *(in successione)* dann: ***prima viene il due, ~ il tre*** (zu)erst kommt die Zwei, dann die Drei; ***prima uno, ~ l'altro*** (zu)erst einer, dann der andere **3** *(inoltre)* außerdem: ***~ considera che...*** außerdem musst du berücksichtigen, dass...; ***prima di tutto non voglio e ~ non ci guadagnerei niente*** vor allem will ich nicht, und außerdem würde ich nichts davon haben; ***devi ~ sapere che è anche bugiardo*** außerdem musst du wissen, dass er auch ein Lügner ist **4** *(con valore pleonastico)* denn: ***che cosa ho detto ~ di male?*** was habe ich denn Schlimmes gesagt? ***cosa ti viene in mente ~ di piantarmi così?*** was fällt dir denn ein, mich so sitzen zu lassen? ***lei ~ che c'entra?*** was hat sie denn damit zu tun? **5** *(avversativo)* eigentlich: ***non è ~ così caro come dicono*** es ist eigentlich nicht so teuer, wie man sagt **II** m. Nachher *n.*; ***pensare al ~*** an später denken ◆ ***in ~*** *(presente, futuro)* ab; *(passato)* seit; ***da giovedì in ~*** ab Donnerstag; ***d'ora in ~*** von jetzt ab (*o* von nun ab); ***da oggi in ~*** ab heute (*o* von heute an); ***mai e ~ mai*** nie und nimmer; ***no e ~ no!*** nein und nochmals nein! ***prima o ~*** früher oder später, irgendwann; ***questa ~ (è bella)!*** das gibt's ja nicht! das ist ja allerhand! ***col senno di ~*** im Nachhinein.

po|ia|na f. Bussard *m.*

poi|ché cong. da, weil: ***~ non ho la macchina non posso venire*** da ich kein Auto habe, kann ich nicht kommen.

point|er m.inv. [ˈpɔıntər, *üblich* ˈpointer] Pointer *m.*

pois [pwa] m.inv. Tupfen *m.*: ***vestito bianco a ~ rossi*** weißes Kleid mit roten Tupfen ◆ ***a ~*** getupft (*o* gepünktelt): ***vestito a ~ bianchi*** weiß getupftes Kleid.

po|ker m.inv. Poker *n.*: ***giocare a ~*** Poker spielen (*o* pokern); ***fare una partita a ~*** eine Partie (*o* Runde) Poker spielen; ***perdere 100 DM a ~*** beim Poker 100 DM verlieren; ***avere un ~ d'assi, di re*** vier Asse, Könige haben ◆ ***giocatore di ~*** Pokerspieler *m.*; ***mano di ~*** Pokerhand *f.* **po|ke|ri|sta** m. e f. *(-i,-e)* Pokerspieler *m.* (-in *f.*).

po|lac|ca f. *(-che)* **1** MUS. Polonaise *f.*: ***una ~ di Chopin*** eine Polonaise von Chopin **2** *(stivaletto)* Schnürstiefel *m.* **3** ABBIGL. Schößchenjacke *f.* **4** *(abitante della Polonia)* Polin *f.*

po|lac|chi|na f. Schnürstiefel *m.*

po|lac|co I agg. *(-chi,-che)* polnisch **II** m. **1** *(-chi)* Pole *m.* **2** *(lingua)* Polnisch(e) *n.* ◆ STOR. ***corridoio ~*** Polnischer Korridor.

po|la|re I agg. **1** GEOGR. ASTR. polar, Polar- **2** MAT. FIS. CHIM. polar, Pol-, Polar- **3** FIG. *(antitetico)* gegensätzlich, antithetisch **II** f. Polare *f.* ◆ ***aria ~*** Polarluft *f.*, polare Kaltluft; ***asse ~*** Polarachse *f.*; ***calotta ~*** Eiskappe *f.*; ***circolo ~*** Polarkreis *m.*; ***circolo ~ artico*** nördlicher Polarkreis; ***circolo ~ antartico*** südlicher Polarkreis; ***coordinate -i*** Polarkoordinaten *pl.*; FIS. ***corrente ~*** Polarstrom *m.*; ***curva ~*** Polarkurve *f.*; ***diagramma ~*** Polarkoordinatennetz *n.*; ***esploratore ~*** Polarforscher *m.*; ***freddo ~*** Eiseskälte *f.*, eisige Kälte; ***fa un freddo ~*** es ist eiskalt; ***ghiacci -i*** Polareis *n.*; ***luce ~*** Polarlicht *n.*; ***molecola ~*** polares Molekül; ***notte ~*** Polarnacht *f.*; ***orso ~*** Eisbär *m.*; ***regione ~*** Polargebiet *n.*; ***rotta ~*** Polarroute *f.*; ***spedizione ~*** Polarexpedition *f.*; ***stella ~*** Polarstern *m.*, Nordstern *m.*; ***volpe ~*** Polarfuchs *m.*

po|la|ri|me|tro m. Polarimeter *n.*

po|la|ri|tà f. Polarität *f.* (anche FIG.) ◆ ***indicatore di ~*** Polprüfer *m.*; ***inversione di ~*** Umpolung *f.*

po|la|riz|za|re tr. **1a** polarisieren **b** EL. polen **2** FIG. ziehen, konzentrieren: ***~ su di sè l'attenzione*** die Aufmerksamkeit auf sich ziehen. **po|la|riz|za|to** p.pass. agg. **1** → **polarizzare 2** ***luce -a*** polarisiertes Licht. **po|la|riz|za|to|re I** agg. Polarisations-: ***filtro ~*** Polarisationsfilter *m.*; ***microscopio ~*** Polarisationsmikroskop *n.*; ***prisma ~*** Polarisationsprisma *n.* **II** m. Polarisator *m.* **po|la|riz|za|zio|ne** f. Polarisation *f.*, Polarisierung *f.* ◆ ***corrente di ~*** Polarisationsstrom *m.*; ***piano di ~*** Polarisationsebene *f.*

po|lar|men|te avv. polar.

po|la|roid f.inv. Polaroid(kamera) *f.*

pol|ca f. *(-che)* Polka *f.*: ***ballare la ~*** Polka tanzen.

po|le|mi|ca f. *(-che)* **1** Polemik: ***entrare in ~ con qcn.*** sich mit jdm auf eine Polemik ein_lassen **2** COLLOQ. Streiterei *f.*: ***non facciamo -che!*** keine Streiterei!

po|le|mi|ca|men|te avv. polemisch. **po|le|mi|ci|tà** f. polemischer Charakter.

po|le|mi|co I agg. *(-ci,-che)* polemisch: ***tono ~*** polemischer Ton; ***scritto ~*** Streitschrift *f.* **II** m. *(-ci)* Polemiker *m.*

po|le|mi|sta m. e f. *(-i,-e)* **1** Verfasser *m.* (-in *f.*) von Streitschriften **2** *(polemico)* Polemiker *m.* (-in *f.*).

po|le|miz|za|re intr. (aus. *avere*) polemisieren: ***~ con qcn., su qcs.*** gegen jdn, gegen etw. polemisieren.

po|le|mo|lo|gi|a f. Konfliktforschung *f.*

po|le|mo|nio m. *(-ni)* Jakobsleiter *f.*

po|le|na f. Galionsfigur *f.*

po|len|ta f. Polenta *f.* **po|len|to|ne** m. SPREG. = Norditaliener *m.*

pole po|si|tion [poul pəˈzıʃən *üblich* pol poˈziʃon] f.inv. Poleposition *f.*

po|le|si|ne m. Flussinsel *f.*

POLFER ⇒ *Polizia Ferroviaria* Bahnpolizei.

po|li|a|cri|li|co agg. *(-ci,-che)* polyacrylhaltig.

po|li|am|bu|la|to|ria|le agg. poliklinisch. **po|li|am|bu|la|to|rio** m. *(-ri)* Poliklinik *f.*

po|li|am|mi|de f. Polyamid *n.* **po|li|am|mi|di|co** agg. *(-ci,-che)* Polyamid-: ***fibre -che*** Polyamidfaserstoffe.

po|li|an|dri|a f. Polyandrie *f.*, Poliandrie *f.*, Vielmännerei *f.*

po|li|ar|chi|a f. Polyarchie *f.*

po|li|ar|tri|te f. Polyarthritis *f.*

po|li|a|to|mi|co agg. *(-ci,-che)* polyatomar.

po|li|ba|si|co agg. *(-ci,-che)* polybasisch.

po|li|cen|tri|co agg. *(-ci,-che)* polyzentrisch. **po|li|cen|tri|smo** m. Polyzentrismus *m.*

po|li|ci|cli|co agg. *(-ci,-che)* polyzyklisch.

Po|li|cle|to n.pr.m. Polyklet *m.*

po|li|cli|ni|co m. *(-ci)* Poliklinik *f.*

po|li|clo|na|le agg. polyklonal.

po|li|clo|ra agg. ***vanessa ~*** Rüsterfalter *m.*

po|li|con|den|sa|zio|ne f. Polykondensation *f.*

Po|li|cra|te n.pr.m. Polykrates *m.*

po|li|cro|ma|ti|co agg. *(-ci,-che)* polychromatisch: ***lenti -che*** polychromatische Linsen. **po|li|cro|mi|a** f. Polychromie *f.*, Vielfarbigkeit *f.* **po|li|cro|mo** agg. polychrom, vielfarbig ◆ ***stampa -a*** Mehrfarbendruck *m.*

po|li|e|dri|a f. Polyederkrankheit *f.*

po|li|e|dri|ci|tà f. **1** GEOM. Polyedrie *f.* **2** FIG. Vielseitigkeit *f.*

po|li|e|dri|co agg. *(-ci,-che)* **1** GEOM. polyedrisch, Polyeder-: ***proiezione -a*** Polyederprojektion *f.* **2** FIG. vielseitig: ***avere una mente -a*** vielseitig begabt sein. **po|li|e|dro** m. Polyeder *n.*, Vielflächner *m.*

po|li|en|na|le agg. mehrjährig.

po|li|e|ste|re I m. Polyester *m.* **II** agg. polyesterhaltig.

po|li|e|ste|si|a f. Polyästhesie *f.*

po|li|e|ti|le|ne m. Polyäthylen *n.*

po|li|fa|gi|a f. **1** MED. Gefräßigkeit *f.* **2** BIOL. Polyphagie *f.*

po|li|fa|se agg.inv. Mehrphasen-: ***corrente ~*** Mehrphasenstrom *m.*

Po|li|fe|mo n.pr.m. Polyphem *m.*, Polyphemos *m.*

po|li|fo|ni|a f. Polyphonie *f.* **po|li|fo|ni|co** agg. *(-ci,-che)* polyphon: ***musica -a*** polyphone Musik.

po|li|fo|sfa|to m. Polyphosphat *n.*

po|li|fun|zio|na|le agg.inv. Mehrzweck-: ***sala ~*** Mehrzweckhalle *f.*

po|li|ga|la f. Kreuzblume *f.* **po|li|ga|la|ce|e** f.pl. Kreuzblumengewächse *pl.*

po|li|ga|mi|a f. Polygamie *f.* **po|li|ga|mi|co** agg. *(-ci,-che)* polygam. **po|li|ga|mo I** agg. polygam: ***essere ~*** polygam sein, in Polygamie leben **II** m. Polygamist *m.*

po|li|ge|ne|si f. Polygenese *f.* **po|li|ge|ne|ti|co** agg. *(-ci,-che)* polygen. **po|li|gi|ni|a** f. Polygynie *f.*

po|li|glot|ta *(-i,-e)* **I** agg. polyglott, mehrsprachig, vielsprachig **II** m. e f. Polyglotte *m.* e *f.*, Vielsprachige *m.* e *f.* **po|li|glot|ti|smo** m. Mehrsprachigkeit *f.*, Vielsprachigkeit *f.*

po|li|go|na|ce|a f. Knöterich *m.*

po|li|go|na|le agg. polygonal.

po|li|go|no m. Vieleck *n.*, Polygon *n.*: ***~ regolare*** Isogon *n.*; ***angolo del ~*** Polygonwinkel *m.*; ***circoscrivere una circonferenza a un ~*** ein Vieleck mit einem Kreis umschreiben ◆ ***~ di tiro*** Schießplatz *m.*, Schießstätte *f.*, Schießbahn *f.*

po|li|gra|fi|a f. Polygraphie *f.* **po|li|gra|fi|co I** agg. *(-ci,-che)* hektographisch, polygraphisch **II** m. *(-ci)* Arbeiter *m.* in der Druckindustrie ◆ ***stabilimento ~*** Druckerei *f.* **po|li|gra|fo** m. Hektograph *m.*

Po|li|me|de n.pr.m. Polymedes *m.*

po|li|me|ri|a f. Polymerie *f.* **po|li|me|ri|co** agg. *(-ci,-che)* polymer.

po|li|me|riz|za|re tr. polymerisieren. **po|li|me|riz|za|zio|ne** f. Polymerisierung *f.*

po|li|me|ro I m. Polymere *n.* **II** agg. polymer.

po|li|me|tro I m. Polymetrie *f.* **II** agg. polymetrisch.

Po|li|mni|a n.pr.f. Polyhymnia *f.*

po|li|mor|fi|smo m. Polymorphismus *m.*, Polymorphie *f.* **po|li|mor|fo** agg. polymorph.

Po|li|ne|sia n.pr.f. Polynesien *n.* **po|li|ne|sia|no I** agg. polynesisch **II** m. Polynesier *m.*

po|li|no|mia|le agg. polynomisch. **po|li|no|mio** m. *(-mi)* Polynom *n.*

po|lio f.inv. Polio *f.* **po|lio|mie|li|te** f. Poliomyelitis *f.*, Kinderlähmung *f.* ◆ ***vaccino contro la ~*** Polioimpfstoff *m.* **po|lio|mie|li|ti|co I** agg. *(-ci,-che)* poliomyelitisch **II** m. *(-ci)* an Poliomyelitis Erkrankter *m.* ◆ ***infezione -a*** Polioinfektion *f.*

po|li|pep|ti|da|si f. Polypeptidase *f.* **po|li|pep|ti|de** m. Polypeptid *n.*

po|li|po m. **1** Polyp *m.*, Krake *m.* **2** MED. Polyp *m.*: ***asportare un ~*** einen Polypen heraus‿nehmen ◆ ***-i nasali*** Nasenpolypen *pl.* **po|li|poi|de** agg. polypenartig.

po|li|po|ro m. Porling *m.*, Löcherpilz *m.*

po|li|po|si f. Polypose *f.*, Polyposis *f.*, (starke) Polypenbildung *f.*

po|li|pro|pi|le|ne m. Polypropylen *n.*

po|lip|to|to m. Polyptoton *n.*

po|li|rit|mi|a f. Polyrhythmik *f.*

po|lis f.inv. Polis *f.*, Stadtstaat *m.*

po|li|sac|ca|ri|de m. Polysa(c)charid *n.*

po|li|se|man|ti|co agg. *(-ci,-che)* polysemantisch. **po|li|se|mi|a** f. Polysemie *f.* **po|li|se|mi|co** agg. *(-ci,-che)* polysem.

po|li|sen|so I agg. mehrdeutig **II** m. LETT. Mehrdeutigkeit *f.*

po|li|sil|la|bi|co agg. *(-ci,-che)* mehrsilbig. **po|li|sil|la|bo I** agg. mehrsilbig **II** m. Polysyllabum *n.*, Mehrsilber *m.*

po|li|sil|lo|gi|smo m. Kettenschluss *m.*

po|li|sin|de|to m. Polysyndeton *n.*

po|li|sin|te|si f. Polysynthese *f.* **po|li|sin|te|ti|co** agg. *(-ci,-che)* polysynthetisch.

po|li|sol|fu|ro m. Polysulfid *m.*

po|li|spor|ti|va f. Sportverein *m.* **po|li|spor|ti|vo** agg. für mehrere Sportarten ◆ ***campo, centro ~*** Sportzentrum *n.*; ***società -a*** Sportverein *m.*

Po|lis|se|na n.pr.f. Polyxena *f.*

po|li|sta m. e f. *(-i,-e)* Polospieler *m.* (-in *f.*).

po|li|sti|lo agg. ***pilastro ~*** Bündelpfeiler *m.*

po|li|sti|re|ne m. Polystyrol *m.*

po|li|sti|ro|lo m. Polystyrol *m.* ◆ ***~ espanso*** Polystirolschaum *m.*

po|li|te|a|ma m. Schauspielhaus *n.*

po|li|tec|ni|co I agg. *(-ci,-che)* polytechnisch **II** m. *(-ci)* Polytechnikum *n.*, Technische Universität *f.*, Technische Hochschule *f.*: ***studiare al ~*** am Polytechnikum studieren; ***studente del ~*** Polytechniker *m.*

po|li|te|i|smo m. Polytheismus *m.* **po|li|te|i|sta** *(-i,-e)* **I** agg. polytheistisch **II** m. e f. Polytheist *m.* (-in *f.*). **po|li|te|i|sti|co** *(-ci,-che)* agg. polytheistisch: ***religione -a*** polytheistische Religion.

po|li|te|ne → **polietilene.**

po|li|tez|za f. LETT. **1** Glätte *f.*: ***la ~ del marmo*** die Glätte des Marmors **2** FIG. *(eleganza)* Feinheit *f.* ◆ ***~ di stile*** Stilsicherheit *f.*, stilistische Eleganz.

po|li|ti|ca f. *(-che)* **1** Politik *f.*: ***entrare in ~, darsi alla ~*** in die Politik gehen; ***fare ~*** Politik betreiben; ***discutere, parlare di ~*** über Politik diskutieren; ***disinteressarsi di ~*** sich nicht für Politik interessieren **2** *(strategia)* Politik *f.*, Strategie *f.*: ***la ~ della nuova direzione aziendale*** die Politik der neuen Betriebsführung; ***la sua ~ con le donne è di attesa*** seine Strategie bei den Frauen besteht im Abwarten **3** *(diplomazia)* Diplomatie *f.*: ***ci vuole un po' di ~*** man braucht etwas Diplomatie; ***è buona ~ non interromperlo quando parla*** es ist angezeigt, ihn nicht zu unterbrechen, wenn er spricht ◆ ***~ aziendale*** Betriebspolitik *f.*; ***~ da bar*** Biertischpolitik; ***~ commerciale*** Handelspolitik *f.*; ***~ economica*** Wirtschaftspolitik *f.*; ***~ d'emergenza*** politische Notmaßnahmen *pl.*; ***~ estera*** Außenpolitik *f.*; ***~ fiscale*** Steuerpolitik *f.*; ***~ interna*** Innenpolitik *f.*; ***~ internazionale*** internationale Politik, Weltpolitik *f.*; ***~ monetaria*** Währungspolitik *f.*; ***~ dell'occupazione*** Beschäftigungspolitik *f.*; ***~ di partito*** Parteipolitik *f.*; ***~ salariale*** Lohnpolitik *f.*; ***~ sanitaria*** Gesundheitspolitik *f.*; ***~ sindacale*** Gewerkschaftspolitik *f.*; ***~ tributaria*** Steuerpolitik *f.*

po|li|ti|ca|men|te avv. politisch: ***impegnarsi ~*** sich politisch betätigen (*o* politisch aktiv sein); ***avere un ruolo ~ importante*** eine politisch wichtige Rolle spielen; ***essere attivo ~*** politisch aktiv sein; ***dove si collocano ~?*** wo stehen sie politisch? ***formare qcn. ~*** jdn politisch schulen; ***non essere rappresentato ~*** politisch nicht vertreten sein; ***essere orientato ~ a sinistra*** politisch links stehen.

po|li|ti|can|te m. e f. SPREG. **1** politischer Amateur *m.* **2** politischer Karrierist *m.* (politische -in *f.*) **po|li|ti|ca|stro** m. Politikaster *m.*

po|li|ti|che|se m. Politikersprache *f.*

po|li|ti|ci|tà f. politischer Charakter *m.*

po|li|ti|ciz|za|re I tr. politisieren: ***~ l'arte*** die Kunst politisieren; ***~ gli operai*** die Arbeiter politisieren **II** pronom. **politicizzarsi** sich politisieren, politischer werden: ***la vita culturale si è sempre più politicizzata*** das Kulturleben hat sich immer mehr politisiert. **po|li|ti|ciz|za|to** p.pass. agg. **1** → **politicizzare 2** politisch orientiert: ***gruppi -i*** politisch orientierte Gruppen. **po|li|ti|ciz|za|zio|ne** f. Politisierung *f.*

po|li|ti|co I agg. *(-ci,-che)* politisch: ***discorso, avvenimento ~*** politisches Gespräch, Ereignis; ***processi, scritti -ci*** politische Prozesse, Schriften; ***opinione, associazione -a*** politische Meinung, Vereinigung; ***diritti -ci*** politische Rechte; ***reato, delitto ~*** politisches Verbrechen; ***programma, sistema ~*** politisches Programm, System; ***alleato, avversario ~*** politischer Partner, Gegner; ***prigioniero ~*** politischer Gefangener; ***il panorama ~ internazionale*** das internationale politische Panorama; ***prendere, seguire un determinato indirizzo ~*** einen bestimmten politischen Kurs ein‿schlagen (*o* auf einem bestimmten politischen Kurs fahren); ***il risvolto ~ di una vicenda*** die politische Seite einer Angelegenheit; *(diplomatico)* ***agire in questo modo non è molto ~*** so zu reagieren ist nicht sehr politisch gehandelt **II** m. *(-ci)* Politiker *m.*: ***~ potente, incorruttibile*** mächtiger, unbestechlicher Politiker; ***seguace di un ~*** Anhänger eines Politikers; ***sostenere un ~*** einen Politiker unterstützen ◆ ***agitatore ~*** Agitator *m.*, Aufrührer *m.*; ***chiedere asilo ~*** um politisches Asyl bitten; ***carta -a*** Staatenkarte *f.*; ***classe -a*** politische Klasse; ***~-culturale*** kulturpolitisch; ***~-economico*** volkswirtschaftlich, wirtschaftspolitisch; ***fatto ~*** politisches Ereignis, Politikum *n.*; ***~-finanziario*** finanzpolitisch; ***gergo ~*** Politjargon *m.*; ***storia del pensiero ~*** Politikgeschichte *f.*; ***avere peso ~*** politisches Gewicht haben; ***prezzo ~*** staatlich subventionierter Preis *m.*; ***~ di professione*** Berufspolitiker *m.*; ***romanzo ~*** Staatsroman *m.* ***scienze -che*** Politikwissenschaft *f.*; ***uomo ~*** Politiker *m.*

po|li|ti|co|ne m. **1** *(politico abile)* gewiefter Politiker *m.* **2** *(abile faccendiere)* Lavierer *m.*

po|li|to LETT. **1** geschliffen, glatt: ***marmo ~*** glatter Marmor **2** FIG. geschliffen: ***eloquenza -a*** geschliffene Beredsamkeit.

po|li|to|lo|gi|a f. Politologie *f.* **po|li|to|lo|gi|co** agg. *(-ci,-che)* politologisch. **po|li|to|lo|go** m. *(-gi)* Politologe *m.*

po|li|to|na|le agg. **1** polytonal **2** FIG. facettenreich: ***opera ~*** facettenreiches Werk. **po|li|to|na|li|tà** f. **1** Polytonalität *f.* **2** FIG. Stilreichtum *m.*, Vielschichtigkeit *f.*

po|li|tra|sfu|so m. = Patient *m.*, der mehrfach Bluttransfusionen erhalten, bekommen hat.

po|lit|ti|co m. *(-ci)* **1** Polyptychon *n.*, Flügelaltar *m.* (mit mehr als zwei Flügeln) **2** FIG. Zyklus *m.* ◆ ***ala di un ~*** Seitenflügel *m.*

po|li|u|re|ta|no m. Polyurethan *n.*: ***~ espanso*** Schaumstoff *m.* aus Polyurethan.

po|li|u|ria f. Polyurie *f.*, Harnflut *f.*

po|li|va|len|te agg. **1** CHIM. mehrwertig, polyvalent: ***elemento ~*** mehrwertiges Element **2a** FIG. polyvalent: ***legge ~*** polyvalentes Gesetz **b** *(con più significati)* mehrdeutig, vieldeutig: ***espressione ~*** mehrdeutiger Ausdruck ◆ SPORT ***impianto ~*** Mehrzweckanlage *f.*; ***preparato ~*** Mehrzweckpräparat *n.*; ***vaccino ~*** Mehrfachimpfstoff *m.*

po|li|va|len|za f. **1** CHIM. Polyvalenz *f.*, Mehrwertigkeit *f.* **2** FIG. Polyvalenz *f.* ◆ ***~ di significato*** Vieldeutigkeit *f.*

po|li|vi|ni|le m. Polyvinyl *n.* ◆ ***acetato di ~*** Polyvinylacetat *n.*; ***cloruro di ~*** Polyvinylchlorid *n.* **po|li|vi|ni|li|co** agg. *(-ci,-che)* Polyvinyl-: ***alcool ~*** Polyvinylalkohol *m.*

po|li|zi|a f. Polizei *f.*: ***chiamare la ~*** die Polizei rufen (*o* verständigen); ***denunciare qcn., qcs. alla ~*** jdn, etw. bei der Polizei an‿zeigen; ***chiedere l'intervento della ~*** das Eingreifen der Polizei verlangen; ***essere ricercato dalla ~*** polizeilich (*o* von der Polizei) gesucht werden; ***consegnarsi, arrendersi alla ~*** sich der Polizei stellen; ***andare alla ~*** zur Polizei gehen ◆ ***agente di ~*** Polizeiagent *m.*; ***~ amministrativa*** Verwaltungspolizei *f.*; ***~ annonaria*** Gewerbeaufsicht *f.*; ***autorizzazione della ~*** polizeiliche Genehmigung *f.*; ***commissario di ~*** Polizeikommissar *m.*; ***~ confinaria*** Grenzpolizei *f.*; ***controllo della ~*** Polizeikontrolle *f.*; ***distretto di ~*** Polizeirevier *n.*; ***~ ferroviaria*** Bahnpolizei *f.*; ***forze di ~*** Polizeikräfte *pl.*; ***frequenza radio della ~*** Polizeifunk *m.*; ***~ di frontiera*** Grenzpolizei *f.*; ***funzionario di ~*** Polizeibeamte *m.*; ***~ giudiziaria*** Kriminalpolizei *f.*; ***informatore della ~*** Informant *m.* der Polizei; ***macchina della ~*** Polizeiauto *n.*; ***~ marittima*** Wasserschutzpolizei *f.*; ***~ militare*** Militärpolizei *f.*; ***~ municipale*** Ortspolizei *f.*, städtische Polizei; ***pattuglia della ~*** Polizeistreife *f.*; ***posto di ~*** Polizeiwache *f.*; ***~ privata*** privates Wachpersonal; ***~ sanitaria*** Gesundheitspolizei *f.*; ***~ scientifica*** Erkennungsdienst *m.*; ***~ segreta*** Geheimpolizei *f.*; ***~ stradale*** Verkehrspolizei *f.*; ***~ tributaria*** Steuerfahndungsdienst *m.*

po|li|zie|sco I agg. *(-schi,-sche)* 1 polizeilich, Polizei-: ***inchiesta -a*** polizeiliche Ermittlungen *pl.*; ***metodi -schi*** Polizeimethoden 2 *(di libri, film)* Kriminal-: ***film, racconto, romanzo ~*** Kriminalfilm *m.*, Kriminalerzählung *f.*, Kriminalroman *m.* II m. *(-schi)* Krimi *m.*
po|li|ziot|ta f. Polizistin *f.*; *(ausiliaria)* Politesse *f.*
po|li|ziot|to m. Polizist *m.*: ***il ~ gli chiese un documento*** der Polizist verlangte seinen Ausweis ◆ ***~ ausiliario*** Hilfspolizist *m.*; ***~ in borghese*** Zivile *m.*; ***cane ~*** Polizeihund *m.*; ***donna ~*** Polizistin *f.*; *(ausiliaria)* Politesse *f.*; ***essere un ~*** Polizist (*o* bei der Polizei) sein; ***~ privato*** Privatdetektiv *m.*; ***~ di quartiere*** Kontakt(bereichs)beamte *m.*
po|liz|za f. 1 Schein *m.* 2 ESTENS. *(assicurazione)* Versicherung *f.*: ***fare una ~*** eine Versicherung ab‿schließen ◆ ***~ assicurativa*** Versicherungspolice *f.*; ***~ di carico*** Frachtbrief *m.*, Ladeschein *m.*; *(di navi)* Konossement *n.*, Schiffsfrachtbrief *m.*, Seefrachtbrief *m.*; ***~ casco*** Vollkaskoversicherung *f.*, Vollkasko *f.*; ***detentore di una ~*** Policeinhaber *m.*; ***~ globale*** Mantelpolice *f.*; ***~ del Monte dei Pegni (di pegno)*** Pfandschein *m.*, Pfandbrief *m.*, Leihschein *m.*
pol|ka → **polca.**
pol|la f. Quelle *f.* ◆ ***~ sorgiva*** Quelltopf *m.*
pol|la|io m. *(-ai)* 1 Hühnerstall *m.* 2a *(luogo sporco)* Schweinestall *m.*: ***questa stanza sembra a un ~*** dieses Zimmer sieht aus wie ein Schweinestall b *(luogo chiassoso)* Lärm *m.*, Irrenhaus *n.*: ***che cos'è questo ~?*** was soll dieser Lärm (*o* dieses Irrenhaus)? ◆ ***scaletta del ~*** Hühnerleiter *f.*; ***essere come il gallo in un ~*** der Hahn im Korb sein. **pol|la|io|lo** m. Geflügelhändler *m.* **pol|la|me** m. Geflügel *n.* ◆ ***allevamento di ~*** Geflügelzucht *f.*; ***~ da cortile*** Hausgeflügel *n.*
pol|la|stra f. 1 junge Henne *f.* 2 FIG. SCHERZ. Gänschen *n.*
pol|la|strel|lo, pol|la|stri|no m. Hähnchen *n.* ◆ ***~ da ingrasso*** Poulet *n.*
pol|la|stro m. 1 junges Huhn *n.* 2 FIG. SCHERZ. Einfaltspinsel *m.*: ***il ~ c'è cascato*** der Einfaltspinsel glaubt es natürlich.
pol|le|ri|a f. Geflügelgeschäft *n.*
pol|li|ce m. 1 Daumen *m.*: ***succhiarsi il ~*** am Daumen lutschen 2 METROL. Zoll *m.*: ***un televisore di 24 -i*** ein Fernseher von 24 Zoll 3 ESTENS. *(misura minima)* ***non cedere di un ~*** nicht um eine Haaresbreite nach‿geben. ◆ ***girarsi i -i*** Däumchen drehen; ***impronta del ~*** Daumenabdruck *m.*; ***della larghezza di un ~*** daumenbreit; ***largo un ~*** daumenbreit, zollbreit; ***lungo un ~*** daumenlang, zolllang; ***~ quadrato*** Quadratzoll *m.*; ***unghia del ~*** Daumennagel *m.*; ***avere il ~ verde*** einen grünen Daumen haben; ***~ verso*** Daumen nach unten. **Pol|li|ci|no** n.pr.m. Däumling *m.*, Däumelinchen *n.*
pol|li|col|to|re m. Geflügelzüchter *m.* **pol|li|col|tu|ra** f. Geflügelzucht *f.*
pol|li|ne m. Blütenstaub *m.*, Pollen *m.* **pol|li|ni|co** agg. *(-ci,-che)* Pollen-: ***granello ~*** Pollenkorn *n.*; ***sacco ~*** Pollensack *m.*; ***tubo ~*** Pollenschlauch *m.*
pol|li|no agg. COLLOQ. Hühner-: ***occhio ~*** Hühnerauge *n.*
pol|li|no|si f. Pollenallergie *f.*
pol|li|ven|do|lo m. Geflügelhändler *m.*
pol|lo m. 1 Huhn *n.*: ***~ arrosto, bollito*** im Ofen gebratenes, gekochtes Huhn; ***strinare, spennare un ~*** ein Huhn ab‿sengen, rupfen; ***cuocere un ~ allo spiedo*** ein Huhn am Spieß braten; ***~ ruspante*** frei laufendes Huhn, Freilandhuhn *n.* 2 FIG. dummes Huhn *n.*: ***sei proprio un ~!*** du bist wirklich ein dummes Huhn! ◆ ***alzarsi con i -i*** mit den Hühnern auf‿stehen; ***~ di batteria*** Batteriehuhn *n.*; ***brodo di ~*** Hühnerbrühe *f.*; ***carne di ~*** Hühnerfleisch *n.*; ***conoscere i propri -i*** seine Pappenheimer kennen; ***cosce di ~*** Hühnerschlegel (*o* -schenkel) *pl.*; ***~ alla diavola*** INTRAD. (scharf gebackenes, platt gedrücktes Huhn); ***~ domestico*** Haushuhn *n.*; ***~ d'India*** Truthahn *n.*, Puter *m.*; ***~ da ingrasso*** Masthuhn *n.*; ***insalata di ~*** Geflügelsalat *m.*; ***~ da lessare*** Suppenhuhn *n.*; ***andare a letto con -i*** mit den Hühnern zu Bett gehen; ***~ nano*** Zwerghuhn *n.*; ***petto di ~*** Hühnerbrust *f.*; ***è roba da far ridere i -i*** da lachen ja die Hühner! FIG. ***un ~ da spennare*** = jd, den man leicht aus‿nehmen kann; ***~ sultano*** Purpurhuhn *n.*
pol|lo|ne m. Schößling *m.*, Spross *m.* (anche LETT.).
1.pol|lu|zio|ne f. Pollution *f.*
2.pol|lu|zio|ne f. *(inquinamento)* Verschmutzung *f.*, Verunreinigung *f.*: ***~ atmosferica*** Luftverschmutzung *f.*
pol|mo|na|re agg. Lungen-, pulmonal: ***lobo, alveolo, apice ~*** Lungenflügel *m.*, Lungenbläschen *n.*, Lungenspitze *f.*; ***arteria, vena ~*** Lungenschlagader *f.*, Lungenvene *f.*; ***embolia, malattia, respirazione, tubercolosi ~*** Lungenembolie *f.*, Lungenkrankheit *f.*, Lungenatmung *f.*, Lungentuberkulose *f.*; ***edema, infarto ~*** Lungenödem *n.*, Lungeninfarkt *m.* ◆ ***peste ~*** Lungenpest *f.*; ***siderosi ~*** Eisenlunge *f.*
pol|mo|na|ria f. Lungenkraut *n.*
pol|mo|na|ti m.pl Lungenschnecken *pl.*
pol|mo|ne m. Lunge *f.*: ***avere i -i sani*** eine gesunde Lunge haben; ***fare una radiografia ai -i*** die Lunge röntgen; ***avere buoni -i*** eine gute Lunge haben (anche FIG.) ◆ ***~ d'acciaio*** eiserne Lunge; ***cancro ai -i*** Lungenkrebs *m.*; ***malato ai -i*** lungenkrank (*o* lungenleidend); ***a pieni -i*** aus voller Lunge; ***gridare a pieni -i*** aus voller Lunge schreien (*o* sich die Lunge aus dem Hals schreien); ***cantare a pieni -i*** aus voller Lunge singen; ***respirare a pieni -i*** tief ein‿atmen (*o* durch‿atmen); ***sputare i -i*** sich (D) die Lunge (her)aus‿husten; ***tumore ai -i*** Lungentumor *m.*; ***~ verde*** grüne Lunge.
pol|mo|ni|te f. Pneumonie *f.*, Lungenentzündung *f.*; ANT. Pulmonie *f.*
1.po|lo m. 1 Pol *m.*: ***i -i di una batteria*** die Pole einer Batterie; ***i -i uguali si respingono*** gleiche Pole stoßen sich ab; ***i -i opposti si attraggono*** ungleiche Pole ziehen sich an 2 *(centro)* Zentrum *n.*: ***~ finanziario*** finanzielles Zentrum ◆ FIG. ***da un ~ all'altro*** überall auf der Welt; ***~ celeste*** Himmelspol *m.*; ***a due -i*** zweipolig; ***~ economico*** Wirtschaftszentrum *n.*; ***intensità del ~*** Polstärke *f.*; ***invertire i -i di qcs.*** etw. um‿polen; ***~ magnetico*** Magnetpol *m.*; ***~ negativo*** negativer Pol (*o* Minuspol *m.*); ***~ Nord*** Nordpol *m.*; ***~ opposto*** Gegenpol *m.*; FIG. ***essere ai -i opposti*** völlig entgegengesetzt sein; ***oscillazione del ~*** Polschwankung *f.*; ***~ positivo*** positiver Pol (*o* Pluspol *m.*); ***spedizione al ~*** Polarexpedition *f.* (*o* Expedition zum Pol); ***~ Sud*** Südpol *m.*; ***~ terrestre*** Erdpol *m.*
2.po|lo I m. SPORT Polospiel *n.*, Polo *n.* II f.inv. Polohemd *n.* ◆ ***mazza da ~*** Poloschläger *m.*
Po|lo|nia n.pr.f. Polen *n.* ◆ ***Grande ~*** Großpolen *n.*; ***Piccola ~*** Kleinpolen *n.*
po|lo|naise [pɔlɔ'nɛːz] f.inv. Polonaise *f.*
po|lo|nio m. Polonium *n.*
pol|pa f. 1 *(carne)* knochenloses Fleisch *n.* 2 *(di frutto)* Fruchtfleisch *n.*, Fleisch *n.*: ***la ~ della pesca*** das Fleisch des Pfirsichs 3 ANAT. ***~ dentaria*** Zahnmark *n.*, Pulpa *f.* 4 *(parte essenziale)* Kern *m.* ◆ ***~ di granchio*** Krebsfleisch *n.*
pol|pac|cio m. *(-ci)* Wade *f.* ◆ ***crampo al ~*** Wadenkrampf *m.*; ***gonna (lunga fino) al ~*** wadenlanger Rock; ***stivali (alti) fino al ~*** wadenhohe Stiefel.
pol|pa|strel|lo m. Fingerkuppe *f.*
pol|pet|ta f. Frikadelle *f.*, Fleischkloß *m.* ◆ ***~ avvelenata*** vergiftetes Köderfleisch *n.*; ***fare -e di qcn., ridurre qcn. in -e*** aus jdm Hackfleisch machen; ***~ di riso*** Reiskloß *m.*
pol|pet|to|ne m. 1 GASTR. Hackbraten *m.*: ***~ al forno*** gebackener Hackbraten 2a FIG. Schinken *m.*: ***quel film, libro è un vero ~!*** der Film, das Buch ist ein richtiger Schinken! b *(discorso noioso)* stinklangweilige Rede *f.*
pol|po m. Krake *f.*
pol|po|so agg. fleischig: ***pesca -a*** fleischiger Pfirsich. **pol|pu|to** agg. fleischig.
pol|si|no m. 1 Manschette *f.*: ***~ inamidato*** gestärkte Manschette 2 *(gemello)* Manschettenknopf *m.* ◆ ***~ doppio*** Doppelmanschette *f.*
pol|so m. 1 Handgelenk *n.*: ***afferrare qcn. per i -i*** jdn an den Handgelenken packen 2 ABBIGL. Manschette *f.* 3 MED. Puls *m.*, Pulsschlag *m.*: ***~ regolare, irregolare, debole, accelerato*** regelmäßiger, unregelmäßiger, schwacher, beschleunigter Puls; ***misurare il ~*** den Puls messen 4 *(fermezza)* Energie *f.*, Tatkraft *f.* ◆ FIG. ***avere ~*** energisch sein; ***di ~*** energisch; ***un uomo di ~*** ein energischer Mensch; FIG. ***agire con ~ fermo*** energisch handeln; ***frequenza del ~*** Pulsfrequenz *f.*; ***mancanza di ~*** Führungsschwäche *f.*; ***orologio da ~*** Armbanduhr *f.*; ***essere privo di ~*** saft- und kraftlos sein; ***avere il ~ della situazione*** = die Situation unter Kontrolle haben; ***tastare il ~ a qcn.*** jdm den Puls fühlen; FIG. jdm auf den Zahn fühlen; ***vena del ~*** Pulsader *f.*; ***tagliarsi le vene dei -i*** sich die Pulsadern auf‿schneiden.
pol|stra|da f. Verkehrspolizei *f.*
pol|ti|glia f. 1 Brei *m.*: ***il riso è diventato una ~*** der Reis ist zu Brei verkocht; FIG. ***ridurre qcn. in ~*** jdn zu Brei schlagen 2 *(fanghiglia)* Matsch *m.*: ***la neve è diventata una ~*** der Schnee ist Matsch (*o* matschig) geworden ◆ ***~ bordolese*** Bordelaiser Brühe.
pol|ti|glio|so agg. breiig.
pol|tri|re intr. *(poltrisco, poltrisci*; aus. *avere)* 1 sich im Bett rekeln 2 *(stare in ozio)* faulenzen.
pol|tro|na f. 1 Sessel *m.*: ***~ alta, comoda*** hoher, bequemer Sessel; ***sedersi su una ~*** sich in einen Sessel setzen; ***alzarsi dalla ~*** sich aus dem Sessel erheben; ***sedere in ~*** im Sessel sitzen; ***sprofondarsi in ~*** sich in den Sessel sinken lassen 2 TEATR. Parkettplatz *m.* 3 *(carica)* Posten *m.*: ***aspirare alla ~ di presidente*** nach dem Posten des Präsidenten streben; ***lasciare la ~*** den Posten ab‿geben; ***essere attac-***

cato alla ~ an der Macht kleben ◆ ~ *a braccioli* Armsessel *m.*; ~ *girevole* Drehsessel *m.*; ~ *in pelle* Ledersessel *m.*; FIG. *starsene in* ~ faulenzen; ~ *di vimini* Korbsessel *m.*

pol|tro|nag|gi|ne f. Faulenzerei *f.*

pol|tron|ci|na f. **1** Armstuhl *m.* **2** TEATR. Parkettplatz *m.*

pol|tro|ne m. Faulenzer *m.*, Faulpelz *m.* **pol|tro|ne|ri|a** f. Faulenzerei *f.*

pol|tro|nis|si|ma f. Sitz *m.* (*o* Platz *m.*) in der ersten Reihe.

pol|ve|re f. **1** Staub *m.*: *tirare via, togliere la* ~ Staub wischen; *alzare la* ~ Staub auf‿wirbeln; *ridursi, andare in* ~ zu Staub zerfallen; *il libro era coperto da uno strato di* ~ das Buch war mit einer Schicht Staub bedeckt **2** ESTENS. Pulver *n.*: *ridurre in* ~ *qcs.* etw. zu Pulver zermahlen ◆ ~ *abrasiva* Schleifpulver *n.*, Scheuerpulver *n.*; *barile di* ~ Pulverfass *n.*; *cacao in* ~ Kakaopulver *n.*; *caffè in* ~ Pulverkaffee *m.*; *coperto di* ~ staubbedeckt (*o* verstaubt); ~ *di ferro* Eisenstaub *m.*; FIG. *dare fuoco alle -i* den Funken ins Pulverfass werfen; *gettare* ~ *negli occhi a qcn.* jdm Sand in die Augen streuen; *granello di* ~ Staubkorn *n.*; *in* ~ pulverig; ~ *insetticida* Insektenpulver *n.*; *latte in* ~ Milchpulver *n.*; *far mangiare la* ~ *a qcn.* = jdn überholen; *mordere la* ~ ins Gras beißen; ~ *nera* Schwarzpulver *n.*; *nuvola di* ~ Staubwolke *f.*; *sentire odor di* ~ den Braten riechen; ~ *d'oro* Goldstaub *m.*; ~ *dei secoli* Staub der Jahrhunderte; *sollevare molta* ~ viel Staub auf‿wirbeln (anche FIG.); ~ *da sparo* Schießpulver *n.*; *strato di* ~ Staubschicht *f.*; *strofinaccio per la* ~ Staubtuch *n.*

pol|ve|rie|ra f. **1** Pulverkammer *f.*, Pulvermagazin *n.* **2** FIG. Pulverfass *n.*: *questa situazione, questo paese è una* ~ diese Situation, dieses Land gleicht einem Pulverfass; *essere seduti su una* ~ auf einem Pulverfass sitzen; *far esplodere la* ~ das Pulverfass in die Luft jagen.

pol|ve|ri|fi|cio m. (*-ci*) Pulvermühle *f.*

pol|ve|ri|na f. Pulver *n.*, Pülverchen *n.*: *una* ~ *contro il mal di testa* ein Pulver gegen Kopfschmerzen; *sciogliere una* ~ *in acqua* ein Pulver in Wasser auf‿lösen.

pol|ve|ri|no m. **1** (*da sparo*) feines Schießpulver *n.* **2** (*per asciugare l'inchiostro*) Streusand *m.*

pol|ve|rio m. Staubwolke *f.*, Staubwirbel *m.*

pol|ve|riz|za|bi|le agg. pulverisierbar, zermahlbar.

pol|ve|riz|za|re I tr. **1** pulverisieren, zu Pulver zermahlen, zerreiben: ~ *qcs.* etw. pulverisieren; ~ *il sale* Salz pulverfein mahlen; ~ *una sostanza* einen Stoff zerreiben **2** (*nebulizzare*) zerstäuben: ~ *un liquido* eine Flüssigkeit zerstäuben **3** (*cospargere di sostanza polverosa*) bestäuben: ~ *qcs. con qcs.* etw. mit etw. bestäuben **4** FIG. (*annientare*) vernichten: ~ *l'avversario* den Gegner vernichten; ~ *un record* einen Rekord brechen **II** pronom. **polverizzarsi 1** zu Staub werden **2** (*annientarsi*) sich in nichts auf‿lösen. **pol|ve|riz|za|to** p.pass. agg. **1** → **polverizzare 2** pulverig. **pol|ve|riz|za|to|re** m. **1** Pulverisator *m.* **2** (*nebulizzatore*) Zerstäuber *m.* **3** (*di motore diesel*) Düse *f.* **pol|ve|riz|za|zio|ne** f. **1** Pulverisierung *f.* **2** (*nebulizzazione*) Zerstäubung *f.*

pol|ve|ro|ne m. Staubwolke *f.*; *sollevare, alzare un* ~ Staub auf‿wirbeln (anche FIG.).

pol|ve|ro|so agg. **1** staubig, staubbedeckt: *scaffale* ~ staubiges Regal; *scarpe -e* staubige Schuhe; *strada -a* staubige Straße **2** (*simile a polvere*) Pulver-: *neve -a* Pulverschnee *m.*

pol|ve|ru|len|to agg. pulverartig, pulv(e)rig.

po|ma|ta f. Salbe *f.*: *applicare la* ~ *su qcs.* die Salbe auf etw. (A) auf‿tragen; *frizionare qcs. con una* ~ etw. mit einer Salbe ein‿reiben; *spalmare la* ~ *sulla ferita* Salbe auf die Wunde streichen ◆ ~ *borica* Borsalbe *f.*; ~ *per capelli* Pomade *f.*; ~ *per ferite* Wundsalbe *f.*; ~ *alla glicerina* Glyzerinsalbe *f.*; ~ *per le labbra* Lippensalbe *f.*; *tubetto di* ~ Salbentube *f.*; ~ *allo zolfo* Schwefelsalbe *f.*

po|mel|la|to agg. scheckig, gescheckt: *cavallo* ~ scheckiges Pferd.

po|mel|lo m. **1** Jochbein *n.* **2** (*impugnatura tondeggiante*) Knopf *m.*, Knauf *m.*: ~ *del cassetto* Knopf der Schublade; ~ *intagliato* geschnitzter Knauf ◆ ~ *della porta* Türknauf *m.*

Po|me|ra|nia n.pr.f. Pommern *n.*, Pommerland *n.* ◆ ~ *Occidentale* Vorpommern *n.*; ~ *Orientale* Hinterpommern *n.* **po|me|ra|no I** agg. pommersch **II** m. **1** Pommer *m.* **2** (*dialetto*) Pommerisch *n.*

Po|me|re|lia n.pr.f. Pom(m)erellen *pl.*

po|me|ri|dia|no agg. **1** Nachmittags-: *sonnellino* ~ Nachmittagsschläfchen *n.*; *ore -e* Nachmittagsstunden **2** (*che avviene ogni pomeriggio*) nachmittäglich: *traffico* ~ nachmittäglicher Verkehr.

po|me|rig|gio m. (*-gi*) Nachmittag *m.*: *un bel* ~ ein schöner Nachmittag; ~ *piovoso, libero* regnerischer, freier Nachmittag; *trascorrere il* ~ *al caffè, lavorando* den Nachmittag im Café, mit Arbeiten verbringen; *perdere tutto il* ~ den ganzen Nachmittag verlieren ◆ *al* ~ nachmittags; *alle tre del* ~ um drei Uhr nachmittags; *il* ~ *del...* am Nachmittag des...; *di* ~ nachmittags; *domani* ~ morgen Nachmittag; *ieri* ~ gestern Nachmittag; *lunedì* ~ Montagnachmittag; *nel* ~ im Laufe des Nachmittags (*o* am Nachmittag); *oggi* ~ heute Nachmittag; *ogni* ~ jeden Nachmittag; *nel primo* ~ am frühen Nachmittag; *nel tardo* ~ am späten Nachmittag; *tutti i -gi* jeden Nachmittag.

po|mo|fo m. Quaddel *f.*

po|mi|ce I m. Bimsstein *m.* **II** agg. *pietra* ~ Bimsstein *m.*

po|mi|cia|re (*pomicio, pomici*) **I** intr. (aus. *avere*) COLLOQ. schmusen; ~ *con qcn.* mit jdm schmusen **II** tr. bimsen, poncieren. **po|mi|cia|ta** f. Schmuserei *f.* **po|mi|cia|tu|ra** f. Bimsen *n.*, Poncieren *n.*

po|mo m. **1a** (*mela*) Apfel *m.* **b** BOT. Kernfrucht *f.* **2** (*impugnatura tondeggiante*) Knauf *m.*: ~ *del bastone* Knauf des Spazierstocks **3** ANAT. ~ *d'Adamo* Adamsapfel *m.* ◆ ~ *della discordia* Erisapfel *m.*; FIG. Zankapfel *m.*; ~ *della sella* Sattelknopf *m.*; ~ *della spada* Schwertknauf *m.*

po|mo|do|ro m. **1** Tomate *f.*: *-i pelati, in scatola* geschälte Tomaten, Tomaten in der Dose **2** (*pianta*) Tomatenpflanze *f.* ◆ *concentrato di* ~ Tomatenmark *n.*; *insalata di -i* Tomatensalat *m.*; *passata di -i* passierte Tomaten; COLLOQ. *diventare rosso come un* ~ rot wie eine Tomate werden; *salsa di -i* Tomatensoße *f.*; *succo di* ~ Tomatensaft *m.*; *tirare i -i a qcn.* jdn mit faulen Tomaten bewerfen.

po|mo|lo|gi|a f. Pomologie *f.* **po|mo|lo|gi|co** agg. (*-ci,-che*) pomologisch. **po|mo|lo|go** m. (*-gi*) Pomologe *m.*

1.pom|pa f. **1** Pumpe *f.*: ~ *manuale, elettrica* handbetriebene, elektrische Pumpe **2** (*distributore di benzina*) Zapfsäule *f.* **3** COLLOQ. (*tubo di gomma*) Schlauch *m.* ◆ ~ *dell'acqua* Wasserpumpe *f.*; ~ *di alimentazione del carburante* Kraftstoffpumpe *f.*; ~ *antincendio* Feuerspritze *f.*, Feuerlöschpumpe *f.*; ~ *aspirante* Saugpumpe *f.*, Absaugpumpe *f.*; ~ *ausiliaria* Hilfspumpe *f.*; ~ *della benzina* Benzinpumpe *f.*; ~ *da bicicletta* Fahrradpumpe *f.*; ~ *di calore* Wärmepumpe *f.*; ~ *centrifuga* Kreiselpumpe *f.*; ~ *di circolazione* Umwälzpumpe *f.*; ~ *del combustibile* Brennstoffpumpe *f.*; ~ *differenziale* Differenzialpumpe *f.*; ~ *di emergenza* Notpumpe *f.*; ~ *a getto* Strahlpumpe *f.*; ~ *a getto d'acqua* Wasserstrahlpumpe *f.*; ~ *idrovora* Saugpumpe *f.*; ~ *di iniezione* Einspritzpumpe *f.*; ~ *a mano* Handpumpe *f.*; ~ *dell'olio* Ölpumpe *f.*; ~ *a pale* Schaufelpumpe *f.*; ~ *a pistoni* Kolbenpumpe *f.*; ~ *pneumatica* Luftpumpe *f.*; *portata di una* ~ Pumpleistung *f.*; ~ *premente* Druckpumpe *f.*; ~ *semiassiale* Schraubenpumpe *f.*; MAR. ~ *di sentina* Lenzpumpe *f.*; ~ *di svuotamento* Evakuierungspumpe *f.*; ~ *a vuoto* Vakuumpumpe *f.*

2.pom|pa f. Pomp *m.*, Pracht *f.*: *festeggiare qcs. con grande* ~ etw. mit großem Pomp feiern; *in* ~ *magna* in voller Pracht; SCHERZ. *mettersi in* ~ *magna* sich in Schale werfen ◆ *impresa di -e funebri* Beerdigungsinstitut *n.* (*o* Bestattungsinstitut *n.*).

pom|pag|gio m. (*-gi*) Pumpen *n.* ◆ *impianto di* ~ Pumpwerk *n.* (*o* Pumpanlage *f.*); ~ *ionico* Ionenpumpen *n.*; *stazione di* ~ Pumpstation *f.*

pom|pa|re tr. **1a** pumpen, aus‿pumpen: ~ *acqua dal pozzo* Wasser aus dem Brunnen pumpen **b** MAR. lenzen: ~ *via acqua dalla nave* Wasser aus dem Schiff lenzen; ~ *acqua dalla sentina* die Bilge lenzen **c** (*di gomme, pneumatici*) auf‿pumpen: ~ *le gomme della bicicletta* die Fahrradreifen aufpumpen **2** FIG. (*esagerare*) auf‿bauschen: ~ *una notizia* eine Nachricht aufbauschen; ~ *molto qcs.* viel Wind um etw. machen.

pom|pa|ta f. Pumpen *n.*: *dare una* ~ *a qcs.* etw. pumpen; *dare una* ~ *a un pneumatico* einen Reifen auf‿pumpen.

Pom|pei n.pr.m. Pompeji *n.* **pom|pe|ia|no I** agg. pompejisch, pompejanisch: *rosso* ~ Pompejirot *n.*; *villa -a* pompejische Villa **II** m. Pompejaner *m.*

pom|pel|mo m. Pampelmuse *f.*: ~ *rosa* Rosépampelmuse *f.*

Pom|pe|o n.pr.m. Pompejus *m.*

pom|pet|ta f. kleine Pumpe *f.*; (*per oliare*) Ölkännchen, Spritzkännchen *n.* ◆ ~ *tiralatte* Milchpumpe *f.*

pom|pie|re m. Feuerwehrmann *m.*; pl. Feuerwehr *f.*: *chiamare i -i* die Feuerwehr rufen; *comandante dei -i* Branddirektor *m.*.

pom|pi|sta m. e f. (*-i,-e*) Tankwart *m.* (*-in f.*)

pom|pon [pɔ̃'pɔ̃] **I** m.inv. **1** Pompon *m.*, Quaste *f.* **2** (*di berretti*) Bommel *m.*, Troddel *f.*: *cappellino con* ~ Troddelmütze *f.* **II** agg. inv. *ragazze* ~ Tambourmajoretten *pl.*

pom|po|sa|men|te agg. **1** pompös, pomphaft **2** SPREG. (*con sfarzo*) prunkhaft **3** (*di discorso, parole*) hochtrabend. **pom|po|si|tà** f. Prunk *m.*, Pracht *f.* **pom|po|so** agg. **1a** (*fastoso*) pompös, feierlich: *cerimonia -a* pompöse Zerimonie **b** SPREG. (*sfarzoso*) prunkvoll: *abito* ~ prunkvolles Gewand **2a** (*di discorso, parole*) hochtrabend **b** (*troppo enfatico*) pastoral **3** MUS. feierlich.

pon|ce m. Punsch *m.*: *un* ~ *molto forte* ein steifer Punsch; *bicchiere da* ~ Punschglas *n.*

pon|cho ['pɔntʃo] m.inv. Poncho *m.*
pon|de|ra|bi|le agg.**1** abwiegbar **2** FIG. erwägenswert: ***decisione*** ~ erwägenswerte Entscheidung. **pon|de|ra|bi|li|tà** f. **1** Abwiegbarkeit *f.* **2** FIG. Abwägbarkeit *f.*
pon|de|ra|le agg. Gewichts-: ***sistema*** ~ Gewichtssystem *n.*
pon|de|ra|re tr. *(pondero, ponderi)* **1** erwägen, ab‿wägen, überlegen: ~ ***i pro e i contro*** das Pro und Kontra einer Sache abwägen (*o* das Für und Wider einer Sache erwägen); ~ ***bene le proprie parole*** seine Worte gut überlegen **2** assol. überlegen **3** STATIST. gewichten.
pon|de|ra|ta|men|te avv. überlegen. **pon|de|ra|tez|za** f. Abgewogenheit *f.* **pon|de|ra|to** p.pass. agg. **1** → **ponderare 2a** überlegt, abgewogen: ***decisione -a*** überlegte Entscheidung; ***giudizio*** ~ wohl überlegtes Urteil **b** *(di persona)* besonnen: ***un uomo*** ~ ein besonnener Mensch.
pon|de|ra|zio|ne f. **1** Besonnenheit *f.*, Überlegung *f.* **2** STATIST. Gewichtung *f.*
pon|de|ro|so agg. LETT. **1** *(di gran mole)* umfangreich, gewichtig: ***volume*** ~ umfangreicher Band **2** *(gravoso)* schwer, schwierig, mühselig: ***lavoro*** ~ mühselige Arbeit.
po|nen|te m. **1** Westen *m.*: ***la finestra guarda a*** ~ das Fenster schaut nach Westen; ***il vento soffia da*** ~ der Wind weht von Westen; ***far rotta verso*** ~ Kurs gegen Westen nehmen; ***paesi a*** ~ westliche Länder **2** *(vento)* Westwind *m.*, West *m.* ◆ ***a*** ~ ***di*** westlich von; ***punto di*** ~ Westpunkt *m.*; ***vento da*** ~ Westwind *m.*
po|nen|ti|no m. Meereswind *m.*, auflandiger Wind *m.*
pon|fo m. Quaddel *f.*
pon|ta|to|re m. → **ponteggiatore.**
pon|te m. **1** Brücke *f.*: ***passare sotto un*** ~ unter einer Brücke durch‿gehen (*o* durch‿fahren); ***attaversare un*** ~ eine Brücke überqueren; ***buttarsi da un*** ~ sich von einer Brücke stürzen **2** *(di imbarcazione)* Deck *n.*, Brücke *f.*: ***pulire il*** ~ das Deck scheuern **3** *(ponteggio)* Baugerüst *n.* **4** AUT. Achse *f.* **5** *(in odontoiatria)* Zahnbrücke *f.* **6** SPORT Brücke *f.*: ***fare il*** ~ eine Brücke machen **7** *(festività)* verlängertes Wochenende *n.*: ***fare il*** ~ ein langes Wochenende machen **8** EL. Messbrücke *f.* ◆ ~ ***in acciaio*** Stahlbrücke *f*; ***ne è passata di acqua sotto i -i!*** seitdem ist schon viel Wasser den Rhein hinuntergeflossen! ***ne ha da passare di acqua sotto i -i!*** bis dahin fließt noch viel Wasser den Rhein (*o* den Bach) hinunter! ~ ***aereo*** Luftbrücke *f.*; ~ ***anteriore*** Vorderachse *f.*; ***arcata di*** ~ Brückenbogen *m.*; ~ ***ad arco*** Bogenbrücke *f*; ~ ***di barche*** Schiffsbrücke *f.*, Pontonbrücke *f.*; ***bruciarsi (tutti) i -i alle spalle*** alle Brücken hinter sich ab‿brechen; ~ ***di carico*** Verladebrücke *f.*; ~ ***di comando*** Kommandobrücke *f.*; ~ ***di coperta*** Oberdeck *n.*; ***fare -i d'oro a qcn.*** jdm goldene Brücken bauen; ~ ***ferroviario*** Eisenbahnbrücke *f.*; ~ ***galleggiante*** schwimmende Brücke; ***gettare un*** ~ ***sopra un fiume*** eine Brücke über den Fluss schlagen; ***gettare un*** ~ ***verso qcn.*** eine Brücke zu jdm schlagen (anche FIG.); ***gettare un*** ~ ***tra Est e Ovest*** eine Brücke zwischen Ost und West schlagen; ~ ***girevole*** Drehbrücke *f.*; ***gru a*** ~ Brückenkran *m.*; ~ ***di lancio*** Startdeck *n.*; ~ ***levatoio*** Zugbrücke *f.*, Fallbrücke *f.*; ~ ***in legno*** Holzbrücke *f.*; ~ ***di manovra*** Manöverbrücke *f.*; ~ ***in muratura*** Steinbrücke *f.*; ~ ***di passeggiata*** Sonnendeck *n.*, Promenadendeck *n.*; ~ ***a pedaggio*** gebührenpflichtige Brücke; ***pesa a*** ~ Brückenwaage *f.*; ~ ***a due piani*** Etagenbrücke *f.*; ~ ***di pietra*** Steinbrücke *f.*; ~ ***di poppa*** Achterdeck *n.*; ~ ***posteriore*** Hinterachse *f.*; ~ ***provvisorio*** Behelfsbrücke *f.*; ~ ***radio*** Funkbrücke *f.*; ***rompere i -i con qcn.*** die Beziehungen zu jdm ab‿brechen; ~ ***scoperto*** Sonnendeck *n.*; ~ ***sospeso*** Hängebrücke *f.*; ***sponda del*** ~ Brückengeländer *n.*; ~ ***stradale*** Straßenbrücke *f.*; ***tagliare i -i con qcn.*** die Beziehungen zu jdm ab‿brechen; ***testa di*** ~ Brückenkopf *m.*; ~ ***a traliccio*** Gitterbrücke *f.*; ~ ***volante*** fliegende Brücke; ~ ***di volo*** Flugdeck *n.*
pon|te|fi|ce m. **1** Papst *m.*: ***sommo*** ~ Papst *m.*: ***una udienza dal*** ~ eine Audienz beim Papst **2** STOR. Pontifex *m.*: ~ ***massimo*** Pontifex maximus *m.*
pon|teg|gia|to|re m. Gerüstbauer *m.*
pon|teg|gio m. *(-gi)* Gerüst *n.*, Baugerüst *n.*: ***montare un*** ~ ein Gerüst auf‿bauen (*o* auf‿stellen); ***smontare un*** ~ ab‿rüsten ◆ ~ ***in legno*** Holzgerüst *n.*; ~ ***mobile*** fliegendes Gerüst; ~ ***sospeso*** Schwebebühne *f.*; ~ ***in tubi metallici*** Stahlrohrgerüst *n.*
pon|ti|cel|lo m. **1** Steg *m.* **2** *(di occhiali, armi)* Bügel *m.* **3** MUS. Ponticello *n.*; *(del violino)* Geigensteg *m.*
pon|tie|re m. Brückenbaupionier *m.*
pon|ti|fi|ca|le I agg. pontifikal, päpstlich, Papst-: ***sedia*** ~ päpstlicher Stuhl; ***messa*** ~ Pontifikalamt *n.*; ***paramenti -i*** Pontifikalien *pl.* **II** m. **1** *(libro)* Pontifikale *n.* **2** *(messa)* Pontifikalmesse *f.*
pon|ti|fi|ca|re intr. *(pontifico, pontifichi*; aus. *avere)* **1** das Pontifikalamt zelebrieren **2** FIG. dozieren.
pon|ti|fi|ca|to m. **1** Papsttum *n.* **2** *(dignità papale)* Papstwürde *f.*, Pontifikat *m.* e *n.* **3** *(periodo)* Amtszeit *f.* eines Papstes **4** STOR. Amt *n.* des Pontifex.
pon|ti|fi|cio agg. *(-ci,-cie)* päpstlich, Papst-: ***enciclica -a*** päpstliche Enzyklika; ***documento*** ~ Papsturkunde *f.*; ***nunzio*** ~ Nuntius *m.*; ***stato*** ~ Kirchenstaat *m.*
pon|ti|le m. Landungssteg *m.*, Landungsbrücke *f.*
pon|to|ne m. Ponton *m.*, Brückenschiff *n.*
po|ny m.inv. **1** ZOOL. Pony *n.* **2** COLLOQ. *(corriere)* Kurierdienst *m.*
pon|za|re I intr. (aus. *avere*) **1** SCHERZ. sich den Kopf zerbrechen **2** ANT. *(fare sforzi)* drücken **II** tr. SCHERZ. aus‿hecken: ~ ***un piano*** einen Plan aushecken.
Pon|zio m. Pontius *m.*: ~ ***Pilato*** Pontius Pilatus.
pool [pu:l] m.inv. **1** Team *n.*, Gruppe *f.*: ~ ***di medici, magistrati*** ein Team von Ärzten, Richtern **2** ECON. Pool *m.*, Kartell *n.* **3** SPORT Pool *n.*, Poolbillard *n.*
pop I agg.inv. Pop-: ***cantante*** ~ Popsänger *m.*; ***musica*** ~ Popmusik *f.*; ~ ***star*** Popstar *m.*; ***arrangiato in chiave*** ~ verpoppt **II** m. Pop *m.*
pop-art f.inv. Pop-Art *f.*
pop-corn m.inv. Popcorn *n.*, Puffmais *m.*
po|pe m.inv. Pope *m.*
po|pe|li|ne [pɔ'plin] m.inv. Popelin *m.*, Popeline *m.* e *f.*
po|pli|te m. Kniekehle *f.*
pop-mu|sic [-'mjuzik] f.inv. Popmusik *f.*
po|pò FAM. **I** f. Kacke *f.*: ***fare la*** ~ groß machen, Aa machen **II** m. *(sedere)* Popo *m.*, Po *m.*
po|po|la|men|to m. **1** *(di persone)* Besiedlung *f.* **2** *(di animali)* Bestand *m.*, Besetzung *f.*
po|po|la|na f. Frau *f.* aus dem Volk. **po|po|la|no I** m. Mann *m.* aus dem Volk **II** agg. volkstümlich, Volks-: ***spirito*** ~ volksnaher Geist; ***usanze -e*** Volksbräuche.
1.po|po|la|re *(popolo, popoli)* **I** tr. bevölkern, besiedeln, bewohnen; *(di piante, animali)* besetzen: ~ ***un territorio*** ein Gebiet bevölkern; ~ ***un'isola*** eine Insel bewohnen; ~ ***di pesci uno stagno*** einen Teich mit Fischen bevölkern; ~ ***un fiume di trote*** einen Fluss mit Forellen besetzen; ***l'isola è popolata da molti uccelli*** die Insel ist von vielen Vögeln bevölkert; FIG. ***terribili mostri popolano i suoi sogni*** schreckliche Ungeheuer bevölkern seine Träume **II** pron. **popolarsi 1** sich bevölkern **2** *(di mari, foreste)* sich füllen, sich beleben.
2.po|po|la|re agg. **1** Volks-, volkstümlich: ***canti -i*** volkstümliche Lieder, Volkslieder; ***festa, danza, usanza*** ~ Volksfest *n.*, -tanz *m.*, -brauch *m.*; ***fronte, movimento, partito*** ~ Volksfront *f.*, -bewegung *f.*, -partei *f.*; ***consultazione, referendum*** ~ Volksbefragung *f.*, -entscheid *m.* **2** *(famoso, che suscita consensi)* populär, beliebt: ***un cantante, attore*** ~ ein populärer Sänger, Schauspieler; ***provvedimenti -i*** populäre Maßnahmen; ***diventare*** ~ ***per qcs.*** durch etw. populär werden; ***rendere qcn.*** ~ jdn populär machen; ***rendersi*** ~ sich beliebt machen ◆ ***arte*** ~ Volkskunst *f.*; ***azione*** ~ Volksaktie *f.*; ***banca*** ~ Volksbank *f.*; ***case -i*** Sozialwohnungen *pl.*; ***credenza*** ~ Volksglaube *m.*; ***etimologia*** ~ Volksetymologie *f.*; ***giudice*** ~ Geschworene *m.* e *f.* (*o* Laienrichter *m.*); ***insurrezione*** ~ Volksaufstand *m.*; ***istruzione*** ~ Volksbildung *f.*; ***linguaggio*** ~ Volksmund *m.*; ***medicina*** ~ Volksmedizin *f.*; ***prezzi -i*** soziale Preise; ***repubblica*** ~ Volksrepublik *f.*; ***saggezza*** ~ Volksweisheit *f.*; ***sovranità*** ~ Volkssouveränität *f.*
po|po|la|reg|gian|te agg. volkstümlich.
po|po|la|re|sco agg. *(-schi,-sche)* volkstümlich: ***usanza -a*** volkstümlicher Brauch.
po|po|la|ri|tà f. **1** Popularität *f.*, Beliebtheit *f.*: ***godere di grande*** ~ sich großer Beliebtheit erfreuen **2** *(conformità al gusto del popolo)* Volkstümlichkeit *f.*
po|po|lar|men|te avv. volkstümlich, volkstümlich beliebt.
po|po|la|to p.pass. agg. **1** → **1.popolare 2** bevölkert, bewohnt: ***un paese altamente*** ~ ein dicht bevölkertes Land.
po|po|la|zio|ne f. Bevölkerung *f.*, Volk *n.*: ***diffuso tra la*** ~ in der Bevölkerung verbreitet; ~ ***autoctona, avventizia, locale, mista*** autochthone, nicht ansässige, örtliche, gemischte Bevölkerung; ***larghi strati di*** ~ weite Kreise der Bevölkerung ◆ ***afflusso di*** ~ Bevölkerungszustrom *m.*; ~ ***attiva*** werktätige Bevölkerung; ***aumento della*** ~ Bevölkerungszunahme *f.*; ***censimento della*** ~ Volkszählung *f.*, Zensus *m.*; ~ ***civile*** Zivilbevölkerung *f.*; ***decremento della*** ~ Bevölkerungsabnahme *f.* (*o* Bevölkerungsrückgang *m.*); ***eccedenza di*** ~ Bevölkerungsüberschuss *m.*; ~ ***metropolitana*** Großstadtbevölkerung *f.*; ~ ***montanara*** Gebirgsbevölkerung *f.*; ***-i nomadi*** Nomadenvölker *pl.*; ***piramide della*** ~ Bevölkerungspyramide *f.*; ~ ***urbana*** Stadtbevölkerung *f.*

po|po|la|zio|ni|smo → **populazionismo.**
po|po|li|no m. niederes, gemeines Volk *n.*: ***le chiacchiere del ~*** unter dem Volk kursierende Gerüchte.
po|po|lo m. **1** Volk *n.*: ***~ civilizzato, primitivo, libero*** zivilisiertes, primitives, freies Volk; ***~ italiano, tedesco*** italienisches, deutsches Volk; ***-i nordici, orientali*** nördliche, östliche Völker; ***-i mediterranei*** mediterrane Völker (*o* Mittelmeervölker); ***i -i dell'Europa*** die Völker Europas; ***un ~ di commercianti, di marinai*** ein Handel treibendes, seefahrendes Volk; ***donna, uomo del ~*** Frau, Mann aus dem Volk; ***in nome del ~*** im Namen des Volkes **2** *(complesso di abitanti)* Bevölkerung *f.*, Einwohnerschaft *f.*, Bewohner *pl.*, Volk *n.*: ***il ~ di Milano*** die Bewohner Mailands ◆ ***amicizia fra i -i*** Völkerfreundschaft *f.*, Freundschaft *f.* zwischen Völkern; ***comprensione fra i -i*** Völkerverständigung *f.*; ***credenza del ~*** Volksglaube *m.*; ***il ~ eletto*** das auserwählte Volk; ***favore del ~*** Volksgunst *f.*; ***a furor di ~*** = auf nachdrückliches Verlangen des Volkes; ***~ grasso*** Großbürgertum *n.* (*o* reiches Bürgertum); ***~ insulare*** Inselvolk *n.*; ***il ~ di Israele*** das Volk Israel; ***migrazioni di -i*** Völkerwanderung *f.*; ***~ minuto*** Kleinbürgertum *n.* (*o* einfaches Bürgertum); ***nemico del ~*** Volksfeind *m.*; ***pace fra i -i*** Völkerfriede *m.*; ***~ di pastori*** Hirtenvolk *n.*; ***rappresentante del ~*** Volksvertreter *m.*; ***spirito del ~*** Volksgeist *m.*; ***tribunale del ~*** Volksgericht *n.*; ***tribuno del ~*** Volkstribun *m.*; ***che unisce i -i*** völkerverbindend; ***usanza del ~*** Volksbrauch *m.*; ***vicino al ~*** volksnah; PROV. ***voce di ~, voce di Dio*** Volkes Stimme, Gottes Stimme. **po|po|lo|so** agg. dicht bevölkert, dicht besiedelt: ***regione -a*** dicht bevölkertes Gebiet.
po|po|ne m. REGION. Melone *f.*
1.pop|pa f. MAR. Heck *n.*, Hinterschiff *n.*: ***da prua a ~*** vom Bug bis zum Heck ◆ ***a ~*** achtern; ***cassero di ~*** Quarterdeck *n.*; ***diritto di ~*** Achtersteven *m.*; ***fanale di ~*** Hecklaterne *f.*, Hecklicht *n.*; ***ponte di ~*** Achterdeck *n.*; ***vela di ~*** Achtersegel *n.*; ***vento in ~*** Rückenwind *m.*; ***navigare con il vento in ~*** mit geblähten Segeln segeln (*o* mit Rückenwind segeln); ***virare di ~*** halsen; ***virata in ~*** Halse *f.*
2.pop|pa f. **1** COLLOQ. *(mammella)* Brust *f.* **2** ZOOL. Euter *n.*
pop|pan|te I agg. saugend **II** m. e f. **1** Säugling *m.* **2** SCHERZ. *(persona inesperta)* Grünschnabel *m.*
pop|pa|re tr. e intr. (aus. *avere*) **1** trinken, saugen: ***~ il latte dal biberon, dal seno materno*** die Milch aus der Saugflasche, an der Mutterbrust trinken; ***il bambino ha poppato per mezz'ora*** das Kind hat eine halbe Stunde lang gesaugt **2** *(bere con avidità)* gierig trinken. **pop|pa|ta** f. Stillen *n.*; *(al biberon)* Fläschchen *n.*: ***dare la ~ a un bambino*** das Kind stillen; ***dare due -e al bambino*** das Kind zweimal stillen. **pop|pa|to|io** m. *(-oi)* Saugflasche *f.*
pop|pa|vi|a f. ***a ~*** achtern, achteraus.
Pop|pe|a n.pr.f. Poppäa *f.*
pop|pie|re m. Bootsachtermann *m.* **pop|pie|ro** agg. Heck-: ***estremità -a*** Heck *n.*; ***cannoni -i*** Heckkanone *f.*; ***nave -a*** Heckschiff *n.*
pop|pu|to agg. LETT. SCHERZ. **1** vollbusig **2** ZOOL. mit vollen Eutern.
pop|star f.inv. Popstar *m.*
po|pu|la|zio|ni|smo m. = Politik *f.* der Bevölkerungszunahme.
po|pu|li|smo m. Populismus *m.* **po|pu|li|sta** *(-i,-e)* **I** m. e f. Populist *m.* (-in *f.*) **II** agg. populistisch: ***movimento ~*** populistische Bewegung. **po|pu|li|sti|co** agg. *(-ci,-che)* populistisch: ***ideologia -a*** populistische Ideologie.
1.por|ca f. *(-che)* *(striscia di terra)* Balken *m.*
2.por|ca f. *(-che)* *(chi fa o dice cose indecenti)* Sau *f.*
1.por|ca|io m. *(-ai)* **1** Saustall *m.* **2** FIG. schmutzige Geschichte *f.*
2.por|ca|io → **porcaro.**
por|ca|rec|cia f. *(-ce)* Schweinestall *m.*
por|ca|ro m. Schweinehirt *m.*
por|ca|ta f. Schweinerei *f.*: ***dire -e*** Schweinereien erzählen; ***fare una ~*** eine Schweinerei begehen.
por|cel|la|na f. **1** Porzellan *n.*: ***~ fine, antica*** zartes, antikes Porzellan; ***~ cinese*** chinesisches Porzellan **2** ZOOL. Porzellanschnecke *f.* ◆ MED. ***corona di ~*** Porzellankrone *f.*; ***~ dura*** Hartporzellan *n.*; ***~ inglese*** Weichporzellan *n.*; ***isolatore di ~*** Porzellanisolator *m.*; ***manifattura di ~*** Porzellanmanufaktur *f.*; ***marca di ~*** Porzellanmarke *f.*; ***piatto di ~*** Porzellanteller *m.*; ***pittura su ~*** Porzellanmalerei *f.*; ***sembrare di ~*** wie aus Porzellan sein; ***~ di Sèvres*** Sèvresporzellan *n.*; ***simile alla ~*** porzellanähnlich; ***statuetta di ~*** Porzellanfigur *f.*; ***stoviglie di ~*** Porzellangeschirr *n.*; ***tazza di ~*** Porzellantasse *f.*; ***~ tenera*** Weichporzellan *n.*
por|cel|la|na|re tr. emaillieren. **por|cel|la|na|to** p.pass. agg. **1** → **porcellanare 2** Email-: ***pentola -a*** Emailletopf *m.*
por|cel|li|no m. **1** Ferkel *n.* **2** FIG. *(bambino sporco)* Ferkel *n.*, Schmutzfink *m.*, Dreckspatz *m.* **3** *(stufa)* = tragbares Öfchen *n.* **4** *(salvadanaio)* Sparschwein *n.*, Schweinchen *n.*: ***rompere il ~*** das Sparschwein schlachten ◆ ***~ d'India*** Meerschweinchen *n.*; ***~ da latte*** Milchferkelchen *n.*
por|cel|lo m. **1** Schweinchen *n.* **2** FIG. Schwein *n.*, Ferkel *n.*
por|cel|lo|ne m. Schwein *n.*
por|che|ri|a f. **1** *(sporcizia)* Dreck *m.*, Schmutz *m.*; ***lasciare un prato pieno di -e*** eine Wiese voller Abfälle hinterlassen **2** FIG. *(atto, detto indecente)* Schweinerei *f.*: ***dire -e*** Schweinereien erzählen **3a** FIG. *(cibo cattivo)* Schweinefraß *m.*, Saufraß *m.*, Schlangenfraß *m.* **b** *(cibo poco sano)* ungesundes Zeug *n.* **c** *(bevanda)* Gesöff *n.* **4** *(cosa fatta male)* Schund *m.*, Mist *m.*: ***questo libro è una vera ~*** dieses Buch ist der reinste Schund; ***chi ti ha regalato questa ~?*** wer hat dir diesen Mist geschenkt?
por|chet|ta f. INTRAD. (gebratenes Spanferkel).
por|ci|la|ia f. Schweinestall *m.*
por|ci|le m. Schweinestall *m.* (anche ESTENS.): ***questa stanza è un vero ~*** dieses Zimmer ist der reinste Schweinestall.
por|ci|nel|lo m. Kapuzinerpilz *m.*, Kapuziner *m.*, Birkenröhrling *m.*
por|ci|no I agg. Schweins-, Schweine-: ***carne -a*** Schweinefleisch *n.*; ***occhi -i*** Schweinsäuglein *pl.* **II** m. Steinpilz *m.* ◆ ***~ del fiele*** Gallenpilz *m.*; ***~ malefico*** Schusterpilz *m.*, Satanspilz *m.*; ***~ rossiccio*** Rotkappe *f.*
por|co m. *(-ci)* **1** Schwein *n.*: ***mangia come un ~*** er frisst wie ein Schwein **2** *(carne)* Schweinefleisch *n.*, Schwein *n.*: ***~ sotto sale*** eingelegtes Schweinefleisch **3** FIG. SPREG. Schwein *n.*, Sau *f.*: ***quel ~ mi ha imbrogliato*** dieses Schwein hat mich betrogen; ***giù le mani, vecchio ~!*** Hände weg, du alte Sau (*o* altes Schwein)! ◆ ***~ cane!*** verdammt noch mal! ***fare i propri -ci comodi*** = sich nicht im Geringsten um die anderen scheren; ***~ diavolo!*** Teufel noch mal! ***~ Giuda!*** zum Teufel nochmal! ***-a miseria!*** elender Mist! ***~ mondo!*** verdammt noch mal! ***buttare perle ai -ci*** Perlen vor die Säue werfen; ***piede di ~*** Brecheisen *n.*; ***stalla di -ci*** Schweinestall *m.*
por|co|spi|no m. **1** Stachelschwein *n.*; *(riccio)* Igel *m.* **2** FIG. COLLOQ. *(individuo scontroso)* Kratzbürste *f.* ◆ ***Pierino ~*** Struwwelpeter *m.*
por|fi|do m. Porphyr *m.*: ***~ di quarzo*** Quarzporphyr *m.*
por|fi|ri|a f. Porphyrie *f.* **por|fi|ri|co** agg. *(-ci,-che)* porphyrisch: ***struttura -a*** porphyrische Struktur. **por|fi|ri|te** f. Porphyrit *m.* **por|fi|riz|za|re** tr. pulverisieren.
por|ge|re *(porgo, porgi; porsi; porto)* **I** tr. **1** *(dare)* bieten; *(passare)* reichen: ***~ il sale*** das Salz reichen; ***per favore, porgimi il tuo piatto*** reich mir bitte deinen Teller **2** *(parti del corpo)* reichen, hin‿halten: ***~ la mano a qcn.*** jdm die Hand reichen; ***~ il braccio a qcn.*** jdm den Arm an‿bieten; ***~ l'altra guancia*** die andere Wange hinhalten **3** FIG. *(offrire, presentare)* geben, bieten, an‿bieten: ***~ l'occasione*** Gelegenheit geben; ***~ aiuto a qcn.*** jdm Hilfe anbieten **II** intr. (aus. *avere*) vor‿tragen: ***l'arte del ~*** die Kunst des Vortragens ◆ ***~ gli auguri a qcn.*** jdm Glückwünsche dar‿bringen; ***~ a qcn. le condoglianze*** jdm sein Beileid aus‿sprechen, bekunden; ***~ orecchio*** jdm Gehör schenken, sein Ohr leihen; ***~ a qcn. i saluti da parte di qcn.*** jdm Grüße von jdm aus‿richten (*o* überbringen).
po|ri|fe|ri m.pl. Schwämme *pl.*
por|no agg.inv. COLLOQ. → **pornografico.**
por|no|di|va f. Pornostar *m.* **por|no|film** m.inv. Pornofilm *m.*
por|no|gra|fi|a f. Pornographie *f.* **por|no|gra|fi|co** agg. *(-ci,-che)* pornographisch, Porno-: ***film ~*** Pornofilm *m.*; ***rivista -a*** Pornoheft *n.*; ***romanzo ~*** Pornoroman *m.* **por|no|gra|fo** m. Pornograph *m.*
por|no|shop [-ˈʃɔp] m.inv. Pornoshop *m.* **por|no|show** [-ˈʃou] m. inv. Pornoshow *f.* **por|no|star** f.inv. Pornostar *m.*
po|ro m. Pore *f.*: ***i -i della pelle*** die Poren der Haut; ***i -i di una spugna*** die Poren eines Schwammes ◆ ***pelle con i -i dilatati*** großporige Haut; ***sprizzare energia da tutti i -i*** vor Kraft strotzen; ***sprizzare gioia da tutti i -i*** außer sich vor Freude sein; ***sprizzare rabbia da tutti i -i*** vor Wut schäumen; ***sprizzare salute da tutti i -i*** vor Gesundheit strotzen; ***sudare da tutti i -i*** in Schweiß gebadet sein; ***~ sudorifero*** Schweißpore *f.*; ***sprizzare veleno da tutti i -i*** Gift und Galle spucken.
po|ro|si|tà f. Porigkeit *f.*, Porosität *f.* **po|ro|so** agg. porig, porös: ***materiali -i*** poröse Stoffe; ***roccia -a*** poröses Gestein ◆ ***calcestruzzo ~*** Schaumbeton *m.*
por|po|ra I f. **1** Purpur *m.* **2** *(colore)* Purpurrot *n.*, Purpur *m.* **3** *(veste)* Purpurgewand *n.*, Purpur *m.* **4** ESTENS. *(dignità di cardinale)* Kardinalswürde *f.*: ***elevare qcn. alla ~*** jdn in die Kardinalswürde erheben **5** MED. Purpura *f.*, Blutfleckenkrankheit *f.* **II** agg.inv. ***(color) rosso ~*** purpurrot; ***cielo rosso ~*** purpurroter Himmel ◆ ***~ cardinalizia*** Kardinalswürde *f.*; ***diventare di ~*** purpurrot werden; ***~ retinica*** Sehpurpur *m.*

por|po|ra|to I agg. in Purpur gekleidet II m. Kardinal *m.* **por|po|ri|na** f. 1 Purpurin *n.* 2 *(polvere per colorare in oro e argento)* Bronzefarbe *f.* **por|po|ri|no** agg. purpurrot, purpurn.

por|re *(pongo, poni, pone, poniamo, ponete, pongono*; fut. *porrò*; imperf. *ponevo*; pass.rem. *posi, ponesti, pose, ponemmo, poneste, posero*; congiunt.pres. *ponga, poniamo, poniate, pongano*; congiunt.pass. *ponessi*; imper. *poni*; ger. *ponendo*; p.pres. *ponente*; p.pass. *posto)* I tr. 1 setzen; *(verticalmente)* stellen; *(orizzontalmente)* legen: **~ i fiori nel vaso** die Blumen in die Vase stellen; **~ la prima pietra** den ersten Stein legen; **le ha posto le mani sul capo** er hat ihr die Hände aufs Haupt gelegt 2 *(fissare, stabilire)* setzen, fest‿legen: **~ un limite** eine Grenze setzen; **~ una scadenza** einen Termin festlegen; **~ le condizioni di un affare** die Geschäftsbedingungen festlegen 3 *(supporre, ammettere)* an‿nehmen: **poniamo che...** angenommen, dass...; **poniamo il caso che...** gesetzt den Fall, dass... 4 *(rivolgere, presentare)* stellen, vor‿schlagen: **~ una domanda** eine Frage stellen II pronom. **porsi** 1a *(seduto)* sich setzen: **-rsi a tavola** sich zu Tisch setzen b *(in piedi)* sich stellen c *(coricato)* sich legen: **-rsi a letto** sich ins Bett legen 2 *(accingersi)* sich an‿schicken ◆ **~ in atto qcs.** etw. in die Tat um‿setzen; **~ la propria candidatura** kandidieren (*o* seine Kandidatur an‿melden); **~ in chiaro** klar‿stellen; **~ a confronto** gegenüber‿stellen; **~ in dubbio** in Zweifel ziehen; **~ in essere** verwirklichen; **~ in esecuzione** zur Ausführung bringen; **~ in evidenza** hervor‿heben; **~ fine a qcs.** einer Sache ein Ende bereiten; **~ la firma in calce** die Unterschrift darunter setzen; **~ un freno a qcs.** etw. (D) Einhalt gebieten, etw. (D) einen Riegel vor‿schieben; **~ in fuga** in die Flucht schlagen; **~ in grado qcn. di fare qcs.** jdn in die Lage versetzen, etw. zu tun; **~ un interrogativo** eine Frage stellen; **~ una lapide in onore di qcn.** eine Gedenktafel zu jds Ehre an‿bringen; **-rsi al lavoro** sich an die Arbeit machen; **~ qcn. in libertà** jdn auf freien Fuß setzen; **~ in luce** deutlich machen; **~ mano alla spada** zum Schwert greifen; **~ mente a qcs.** sein Denken auf etw. (A) richten; **-rsi il problema se...** sich die Frage stellen, ob...; **~ rimedio a qcs.** etw. (D) ab‿helfen; **-rsi al riparo da qcs.** vor etw. Schutz suchen; **~ in salvo** in Sicherheit bringen; **-rsi in salvo** sich in Sicherheit bringen; **~ in serbo qcs.** etw. beiseite legen; **senza por tempo in mezzo** unverzüglich, sofort; **~ termine a qcs.** einer Sache ein Ende bereiten; **~ in vendita** zum Verkauf an‿bieten; **~ qcs. ai voti** über etw. (A) abstimmen lassen.

por|ro m. 1 BOT. Lauch *m.*, Porree *m.* 2 *(verruca)* Warze *f.*

por|ta f. 1 Tür *f.*: **aprire la ~** die Tür öffnen; *(con chiave)* die Tür auf‿schließen; **chiudere la ~** die Tür schließen; *(a chiave)* die Tür zu‿schließen; **il divano non passa per la ~** das Sofa geht nicht durch die Tür; **stare sulla ~** in der Tür stehen 2 *(di mura cittadine)* Tor *n.*, Stadttor *n.* 3 SPORT Tor *n.*: **tirare in ~** ins (*o* aufs) Tor schießen 4 INFORM. Schnittstelle *f.* ◆ **abitare ~ a ~** Tür an Tür wohnen; **vendita ~ a ~** Haustürgeschäft *n.*; **essere alle -e** vor den Toren der Stadt sein; FIG. vor der Tür stehen; **Pasqua è alle -e** Ostern steht vor der Tür; **~ antincendio** feuersichere Tür; **~ ad arco** Bogentür *f.*; **~ basculante** Schwingtür *f.*; **battente della ~** Türflügel *m.*; **~ a (due) battenti** Flügeltür *f.*; **~ blindata** Panzertür *f.*; **Porta di Brandeburgo** Brandenburger Tor; **bussare alla ~** an die Tür klopfen; FIG. **bussare a tutte le -e** alles ab‿klappern; **~ di casa** Haustür *f.*; **~ cieca** blinde Tür; AUT. **(vettura) a cinque -e** Fünftürer *m.*; **a -e chiuse** hinter verschlossenen Türen; DIR. unter Ausschluss der Öffentlichkeit; **doppia ~** Doppeltür *f.*; **~ d'entrata** Eingangstür *f.*; **~ esterna** Außentür *f.*; **~-finestra** Fenstertür *f.*; FIG. **uscire dalla ~ e rientrare dalla finestra** durch die Hintertür wieder herein‿kommen; **~ a fisarmonica** Harmonikatür *f.*; **fuori ~** außerhalb der Stadt; **gita fuori ~** Ausflug *m.* in die Umgebung, auf das Land; **~ girevole** Drehtür *f.*; **~ imbottita** Polstertür *f.*; FIG. **indicare a qcn. la ~** jdm die Tür weisen; **infilare la ~** durch die Tür schlüpfen; **~ d'ingresso** Eingangstür *f.*; **~ interna** Innentür *f.*; **~ a libro** Falttür *f.*; SPORT **linea di ~** Torlinie *f.*; INFORM. **~ logica** Verknüpfungsglied *n.* (*o* Gatter *n.*); **mettere qcn. alla ~** jdn vor die Tür setzen; **mostrare la ~ a qcn.** jdm die Tür weisen; **~ a muro** Tapetentür *f.*; **le -e del paradiso** die Himmelspforten; **~ posteriore** Hintertür *f.*; **prendere la ~** = weg‿gehen; **sbattere la ~** die Tür zu‿schlagen; FIG. **sbattere la ~ in faccia a qcn.** jdm die Tür vor der Nase zu‿schlagen; **~ scorrevole** Schiebetür *f.*; **sfondare una ~ aperta** offene Türen ein‿rennen; **~ a soffietto** Falttür *f.*; SPORT **centrare lo specchio della ~** ins Tor schießen; **mancare lo specchio della ~** das Tor verfehlen; **stipite della ~** Türpfosten *m.*; **Sublime Porta** Hohe Pforte; **~ tagliafuoco** feuersichere Tür; **telaio della ~** Türrahmen *m.*; AUT. **(vettura) a tre -e** Dreitürer *m.*; **~ del treno** Zugtür *f.*; FIG. **trovare tutte le -e chiuse** alle Türen verschlossen finden; **vena ~** Pfortader *f.*; **~ a vento** Schwenktür *f.*; **~ a vetri** Glastür *f.*

por|ta|a|bi|ti → **portabiti.**

por|ta|ac|ces|so|ri → **portaccessori.**

por|ta|at|trez|zi → **portattrezzi.**

por|ta|ba|ga|gli I m.inv. 1 *(facchino)* Gepäckträger *m.* 2 AUT. *(portapacchi)* Gepäckträger *m.*: **legare qcs. sul ~** etw. auf den Gepäckträger schnüren; **scaricare la roba dal ~** das Gepäck vom Gepäckträger laden; **slegare la valigia dal ~** den Koffer vom Gepäckträger schnallen 3 COLLOQ. *(bagagliaio)* Kofferraum *m.* II agg.inv. Gepäck-, Koffer-: **carrello ~** Kofferkuli *m.*; **rete ~** Gepäcknetz *n.*; **ripiano ~** Gepäckablage *f.*;

por|ta|ban|die|ra m.inv. 1 Fahnenträger *m.* Bannerträger *m.* 2 FIG. Hauptvertreter *m.*

por|ta|bian|che|ri|a m.inv. Wäschepuff *m.*, Wäschekorb *m.*

por|ta|bi|le agg. tragbar ◆ DIR. **debito ~** Bringschuld *f.* (*o* Schickschuld *f.*).

por|ta|bi|ti m.inv. stummer Diener *m.*

por|ta|bor|se m. e f.inv. Wasserträger *m.* (-in *f.*).

por|ta|bot|ti|glie I m.inv. Flaschengestell *n.* II agg.inv. **scaffale ~** Flaschengestell *n.*

por|ta|bur|ro m.inv. Butterdose *f.*

por|ta|cap|pel|li m.inv. Hutständer *m.*

por|ta|car|te m.inv. Mappe *f.*

por|ta|cas|set|te m.inv. Kassettenständer *m.*; *(a valigetta)* Kassettenkoffer *m.*

por|tac|ces|so|ri agg.inv. **borsetta ~** Werkzeugtasche *f.*

por|ta|ce|ne|re m.inv. Aschenbecher *m.*: **svuotare il ~** den Aschenbecher aus‿leeren.

por|ta|chia|vi m.inv. Schlüsseletui *n.*; *(anello)* Schlüsselring *m.*

por|ta|ci|pria m.inv. Puderdose *f.*

por|ta|con|tainer(s) [-kon'tɛner(s)] I m.inv. Containerschiff *n.* II agg.inv. **nave ~** Containerschiff *n.*

por|ta|di|schi m.inv. Schallplattenständer *m.*

por|ta|do|cu|men|ti m.inv. Brieftasche *f.*

por|ta|e|li|ca agg.inv. **albero ~** Schraubenwelle *f.*

por|ta|e|li|cot|te|ri I f.inv. Hubschrauberträger *m.* II agg.inv. **nave ~** Hubschrauberträger *m.*

por|ta|e|rei I f.inv. Flugzeugträger *m.*: **~ leggera** leichter Flugzeugträger II agg.inv. **aereo ~** Känguruhflugzeug *n.* III m.inv. Känguruhflugzeug *n.*

por|ta|fe|ri|ti m.inv. Sanitäter *m.*

por|ta|fi|ne|stra f. *(portefinestre)* Fenstertür *f.*

por|ta|fio|ri I m.inv. Blumenvase *f.* II agg.inv. Blumen-: **vaso ~** Blumenvase *f.*; **cassetta ~** Blumenkasten *m.*

por|ta|fo|gli m.inv., **por|ta|fo|glio** m. *(-gli)* 1 Geldbeutel *m.*, Portemonnaie *n.*, Brieftasche *f.*, Geldbörse *f.*: **perdere il ~** die Brieftasche verlieren; **mettere i soldi nel ~** das Geld ins Portemonnaie stecken; **avere un ~ gonfio** ein dickes Portemonnaie (*o* eine dicke Brieftasche) haben; COLLOQ. **alleggerire qcn. del ~** jdn um seine Brieftasche erleichtern; **il mio ~ non me lo permette** das verbietet mir mein Geldbeutel; **mettere mano al ~** das Portemonnaie heraus‿holen (*o* heraus‿ziehen); FIG. tief in die Tasche greifen 2 *(carica)* Geschäftsbereich *m.*, Portefeuille *n.*: **ministro senza ~** Minister ohne Portefeuille (*o* Geschäftsbereich) 3 ECON. Bestand *m.*, Wertpapierbestand *m.*, Portefeuille *n.* ◆ **~ assegni** Scheckbestand *m.*; **~ azionario** Aktienbestand *m.* (*o* Aktienportefeuille *n.*); **~ cambiali** Wechselbestand *m.* (*o* Wechselportefeuille *n.*); **~ divise** Devisenbestand *m.* (*o* Devisenportefeuille *n.*); **~ effetti** Effektenportefeuille *n.*; **~ estero** Devisenbestand *m.* (*o* Devisenportefeuille *n.*); **gestione di ~** Wertpapierverwaltung *f.*; **gonna a ~** Wickelrock *m.*; **movimento di ~** Bestandsbewegung *f.* (*o* Bestandsveränderung *f.*); **~ obbligazionario** Obligationsportefeuille *n.*; **operazione di ~** Portefeuilleoperation *f.*; **~ ordini** Auftragsbestand *m.*; **rilievo di ~** Portefeuilleübernahme *f.*; **~ titoli** Wertpapierbestand *m.* (*o* Wertpapierportefeuille *n.*).

por|ta|for|tu|na I m.inv. Glücksbringer *m.* II agg.inv. Glücks-: **monetina ~** Glückspfennig *m.*

por|ta|fo|to|gra|fie m.inv. Fotomappe *f.*

por|ta|fre|sa agg.inv. **albero ~** Fräsdorn *m.*

por|ta|fru|tta I m.inv. Obstschale *f.* II agg.inv. Obst-: **piatto ~** Obstteller *m.*

por|ta|gio|ie, por|ta|gio|iel|li m.inv. Schmuckkasten *m.*, Schmuckkästchen *n.*

por|ta|im|mon|di|zie m.inv. Abfalleimer *m.*, Mülleimer *m.*

por|ta|in|ne|sto m.inv. Unterlage *f.*

por|ta|lam|pa|da, por|ta|lam|pa|de m.inv. Lampenfassung *f.*: **~ mignon** Mignonfassung *f.*; **~ a baionetta** Bajonettfassung *f.*

por|ta|le m. Portal *n.*; **~ principale** Hauptportal *n.*; **~ laterale** Seitenportal *n.*

por|ta|let|te|re m. e f.inv. Briefträger *m.* (-in *f.*).
por|ta|man|tel|lo I m.inv. Mantelsack *m.* **II** agg.inv. ***sacca ~*** Mantelsack *m.*
por|ta|ma|ti|ta, por|ta|ma|ti|te m.inv. Bleistifthalter *m.*
por|ta|men|to m. **1a** Haltung *f.*: ***avere un bel ~*** eine gute Haltung haben; ***un ~ eretto*** eine aufrechte Haltung; ***~ del capo*** Kopfhaltung *f.* **b** *(andatura)* Gang *m.* **c** *(di cavaliere)* Sitz *m.* **2** *(contegno)* Haltung *f.*, Benehmen *n.* **3** MUS. Portament(o) *n.*
por|ta|mi|na, por|ta|mi|ne m.inv. Druckbleistift *m.*, Drehbleistift *m.*
por|ta|mis|si|li m.inv. Raketenträger *m.*
por|ta|mo|ne|te m.inv. Geldbeutel *m.*, Portemonnaie *n.*: ***tirare fuori il ~*** das Portemonnaie heraus‿holen (*o* heraus‿ziehen); ***mettere i soldi nel ~*** das Geld ins Portemonnaie stecken.
por|ta|mu|ni|zio|ni m.inv. Munitionsträger *m.*
por|tan|te I agg. tragend, Trag-: ***travi, pilastri -i*** tragende Balken, Tragpfeiler *pl.*; ***struttura ~*** Tragwerk *n.*; AER. ***ala ~*** Tragflügel *m.*; FIG. ***l'idea ~ di un testo*** die tragende Idee eines Textes **II** m. *(di cavalli)* Passgang *m.* ◆ ***fune ~*** Tragseil *n.*, Lastseil *n.*; ELETTRON. ***onda ~*** Trägerwelle *f.*; ***ruota ~*** Laufrad *n.*
por|tan|ti|na f. **1** Sänfte *f.* **2** *(lettiga)* Tragbahre *f.* **por|tan|ti|no** m. **1** Sänftenträger *m.* **2** *(di lettiga)* Träger *m.*
por|tan|za f. **1** Trägfähigkeit *f.* **2** AER. Auftrieb *m.*
por|ta|og|get|ti I m.inv. **1** *(mobiletto)* Regal *n.*, Ablage *f.* **2** OTT. ***(vetrino) ~*** Objekttisch *m.* **II** agg. ***vano ~*** Handschuhfach *n.*
por|ta|om|brel|li m.inv. Schirmständer *m.*
por|ta|or|di|ni m.inv. Meldegänger *m.*; *(motorizzato)* Meldefahrer *m.*; *(a cavallo)* Meldereiter *m.*; *(cane)* Meldehund *m.*
por|ta|pac|chi m.inv. Gepäckträger *m.*
por|ta|pa|ne m.inv. Brotkasten *m.*
por|ta|pan|no|li|no agg.inv. ***mutandina ~*** Windelhöschen *n.*
por|ta|pen|ne I m.inv. Federkasten *m.*, Federmäppchen *n.* **II** agg.inv. ***astuccio ~*** Federmäppchen *n.*
por|ta|pe|pe m.inv. Pfefferstreuer *m.*
por|ta|pil|lo|le I m.inv. Pillendöschen *n.* **II** agg.inv. ***scatolina ~*** Pillendöschen *n.* **por|ta|pi|pe** m.inv. Pfeifenständer *m.* **por|ta|pun|ta I** agg.inv. ***mandrino ~*** Bohrfutter *n.* **II** m.inv. Bohrfutter *n.*
por|ta|raz|zi → **portamissili.**
por|ta|re I tr. **1a** *(trasportare)* tragen: ***~ il bambino in braccio*** das Kind auf dem Arm tragen; ***~ una borsa a tracolla*** eine Schultertasche tragen; ***~ le valigie*** die Koffer tragen; ***le quattro colonne portano tutto il peso del soffitto*** die vier Säulen tragen das gesamte Gewicht der Decke **b** COLLOQ. *(contenere)* ***la sua auto porta quattro persone*** sein Auto fasst vier Personen; ***lo stemma porta una croce blu in campo bianco*** das Wappen hat ein blaues Kreuz auf weißem Feld **2a** *(recare, consegnare)* bringen; *(con sé)* mit‿bringen: ***portami il giornale*** bring mir die Zeitung; ***~ qcn. a scuola*** jdn zur Schule bringen; ***~ una buona notizia*** eine gute Nachricht bringen; ***~ fortuna*** Glück bringen; ***~ in tavola il cibo*** das Essen servieren; ***portagli i miei saluti*** bestell ihm schöne Grüße von mir **b** *(prendere con sé)* mit‿nehmen **3** *(avere indosso)* tragen, an‿haben: ***porta sempre la gonna*** sie trägt immer Röcke; ***~ le lenti a contatto, una parrucca*** Kontaktlinsen, eine Perücke tragen; ***~ i capelli raccolti sulla nuca*** die Haare im Nacken zusammengebunden tragen; FIG. ***porta lo stesso nome del nonno*** er trägt denselben Namen wie der Großvater **4** *(condurre)* führen, bringen: ***questo sentiero porta al lago*** dieser Weg führt zum See; ***~ qcs. alla bocca*** etw. zum Mund führen; ***l'odio porta violenza*** Hass führt zu Gewalt; ***~ alla disperazione*** zur Verzweiflung bringen; ***~ le pecore al pascolo*** die Schafe zur Weide treiben **5** COLLOQ. *(saper guidare)* fahren können: ***porti la moto?*** kannst du Motorrad fahren? **6** MAT. merken: ***scrivo 3, porto 2*** schreibe 3, 2 gemerkt **II** pronom. **portarsi 1** *(recarsi)* sich begeben: ***-rsi sul luogo dell'incidente*** sich zur Unfallstelle begeben **2** *(con sé)* mit‿bringen; *(prendere con sé)* mit‿nehmen **3** *(mantenersi)* ***-rsi bene*** sich gut halten ◆ ***~ aiuto*** Hilfe bringen (*o* leisten); ***~ bene, male gli anni*** = jünger, älter aus‿sehen; ***~ avanti l'orologio*** die Uhr vor‿stellen; ***~ avanti un discorso*** etw. voran‿treiben; ***~ a conoscenza*** zur Kenntnis bringen; ***~ dentro*** *(avvicinandosi a chi parla)* herein‿bringen, herein‿tragen; *(allontanandosi da chi parla)* hinein‿bringen, hinein‿tragen; ***~ un esempio*** ein Beispiel an‿führen; ***~ fuori*** *(avvicinandosi a chi parla)* heraus‿bringen, heraus‿tragen; *(allontanandosi da chi parla)* hinaus‿bringen, hinaus‿tragen; ***~ qcn. fuori a cena*** jdn zum Abendessen aus‿führen; ***~ fuori il cane*** den Hund spazieren führen; ***~ giù*** *(allontanandosi da chi parla)* hinunter‿bringen, hinunter‿tragen; *(avvicinandosi a chi parla)* herunter‿bringen, herunter‿tragen; ***~ indietro l'orologio*** die Uhr zurück‿stellen; ***-rsi a letto qcn.*** mit jdm ins Bett gehen (*o* steigen); ***porta pazienza*** (hab) Geduld; ***~ una prova*** einen Beweis erbringen; ***~ rancore a qcn.*** Groll gegen jdn hegen; ***~ rispetto a qcn.*** jdn achten; ***~ i segni di qcs.*** die Spuren von etw. zeigen; ***~ soccorso*** Hilfe leisten (*o* bringen); ***~ a spasso qcn.*** jdn spazieren führen; ***~ su*** *(allontanandosi da chi parla)* hinauf‿bringen, hinauf‿tragen; *(avvicinandosi a chi parla)* herauf‿bringen, herauf‿tragen; ***~ a termine*** zu Ende führen (*o* zum Abschluss bringen); SPORT ***-rsi in testa*** die Spitze nehmen; ***~ via*** weg‿bringen, mit‿nehmen; *(sgomberare)* weg‿räumen; *(rubare)* mit‿nehmen; PROV. ***la notte porta consiglio*** kommt Zeit, kommt Rat; ***tutte le strade portano a Roma*** alle Straßen führen nach Rom.
por|ta|ri|trat|ti m.inv. Bilderrahmen *m.*
por|ta|ri|vi|ste m.inv. Zeitschriftenständer *m.*
por|ta|roc|chet|to m. Spulenhalter *m.*
por|ta|sa|po|ne m.inv. Seifenhalter *m.*; *(da viaggio)* Seifenschale *f.*
por|ta|sci m.inv. Skiträger *m.*: ***montare, smontare il ~*** den Skiträger auf‿montieren, ab‿montieren.
por|ta|sciu|ga|ma|no m. *(portasciugamani)* Handtuchhalter *m.*
por|ta|si|ga|ret|te m.inv. Zigarettenetui *n.*
por|ta|si|ga|ri m.inv. Zigarrenetui *n.*
por|ta|spil|li m.inv. Stecknadelkissen *n.*
por|ta|ta f. **1a** Tragweite *f.*, Reichweite *f.* (anche FIG.): ***un provvedimento di grande ~*** eine Maßnahme von großer Tragweite; ***essere consapevole della ~ di qcs.*** sich der Tragweite von etw. bewusst sein **b** *(gittata)* Reichweite *f.*, Schussweite *f.*, Tragweite *f.*: ***la ~ di un fucile*** die Tragweite eines Gewehrs **2a** *(capacità di carico)* Tragfähigkeit *f.*, Belastbarkeit *f.*: ***un ponte con ~ massima di 40 t*** eine Brücke mit 40 t Höchstbelastung **b** *(di nastro trasportatore)* Förderleistung *f.* **3** IDR. Wassermenge *f.*, Wasserführung *f.* **4** *(a tavola)* Gang *m.* **5** FIG. *(calibro)* Kaliber *n.*, Rang *m.*: ***essere della stessa ~*** gleichen Kalibers sein ◆ ***essere alla ~ di qcn.*** für jdn erreichbar sein (*o* innerhalb jds Reichweite sein); *(di prezzo)* für jdn erschwinglich sein; *(concettualmente)* über jds Horizont hinaus‿gehen; ***non essere alla ~ di qcn.*** außerhalb jds Reichweite liegen; *(di prezzo)* sich etw. nicht leisten können; ***essere alla ~ di tutti*** *(di prezzo)* für alle erschwinglich sein; ***cucchiaio da ~*** Vorlegelöffel *m.*; ***la ~ di un faro*** die Sichtweite eines Leuchtfeuers; ***forchetta da ~*** Vorlegegabel *f.*; ***essere fuori ~*** außer Reichweite sein; ***~ lorda*** Bruttotragfähigkeit *f.*; ***a ~ di mano*** bei der Hand, griffbereit; ***avere qcs. a ~ di mano*** etw. bei der Hand haben; ***avere qcn. a ~ di mano*** jdn an der Hand haben; ***~ media (di un fiume)*** Mittelwasser *n.*; ***di ~ mondiale*** von weltweiter Bedeutung; ***a, fuori ~ d'occhio*** in, außer Sichtweite; ***a ~ d'orecchio*** in Hörweite; ***piatto da ~*** Servierplatte *f.*; ***~ di una pompa*** Pumpleistung *f.*; ***posate da ~*** Vorlegebesteck *n.*; ***~ principale*** Hauptgericht *n.*; ***di vasta ~*** weit greifend; ***a ~ di voce*** in Rufweite (*o* in Hörweite).
por|ta|tes|se|re m.inv. Schutzhülle *f.* für Ausweise.
por|ta|ti|le I agg. tragbar; TECN. ortsbeweglich: ***televisore ~*** tragbares Fernsehgerät **II** m. Laptop *m.* ◆ ***computer ~*** Laptop *m.*; ***radio ~*** Kofferradio *n.*; ***macchina per scrivere ~*** Reiseschreibmaschine *f.* (*o* Kofferschreibmaschine *f.*).
por|ta|to I p.pass. agg. **1** → **portare 2** *(dotato)* begabt; ***~ per le lingue*** sprachbegabt **3** *(incline)* ***~ a fare qcs.*** bereit, geneigt, etw. zu tun **II** m. *(effetto)* Folge *f.*, Ergebnis *n.*
por|ta|to|re m. **1a** Träger *m.*, Lastträger *m.* (anche FIG.) **b** *(latore)* Überbringer *m.*: ***~ di una notizia*** Überbringer einer Nachricht **2** MED. Überträger *m.*: ***i -i di una malattia infettiva*** die Überträger einer Infektionskrankheit **3** COMM. Überbringer *m.*, Inhaber *m.* ◆ COMM. ***al ~*** auf den Inhaber lautend; ***pagabile al ~*** an den Überbringer zahlbar; ***i titoli sono al ~*** die Wertpapiere lauten auf den Inhaber; ***assegno al ~*** Überbringerscheck *m.*; BANC. ***azione al ~*** Inhaberaktie *f.*; ***~ di bacilli*** Bazillenträger *m.*; ***~ del feretro*** Sargträger *m.*; ***~ di germi*** Keimträger *m.*; ***~ di handicap*** Körperbehinderte *m.*; *(aggettivo)* behindert; ***~ sano*** Konduktor *m.* (*o* gesunder Überträger); BANC. ***titolo al ~*** Inhaberpapier *n.*
por|ta|to|va|glio|lo m. **1** *(anello)* Serviettenring *m.* **2** *(custodia)* Serviettentasche *f.*
por|ta|tri|ce f. Überbringerin *f.* (anche MED.) ◆ ***~ di handicap*** Körperbehinderte *f.*
por|tat|trez|zi agg.inv. ***cassetta ~*** Werkzeugkasten *m.*; ***pannello ~*** Werkzeughalter *m.*; ***borsa ~ (della bicicletta)*** Satteltasche *f.*
por|ta|uo|va m.inv. Eierkarton *m.*, Eierschachtel *f.* **por|ta|uo|vo** m.inv. Eierbecher *m.*
por|ta|va|lo|ri I agg.inv. Geld-: ***furgone ~*** Geldtransporter *m.*; ***cassetta ~*** Geldschrank *m.*; ***borsa ~*** Geldtasche *f.* **II** m.inv. Geldtransporteur *m.*
por|ta|va|si m.inv. **1** Blumenständer *m.* **2** *(coprivaso)* Übertopf *m.*
por|ta|vi|van|de I m.inv. **1** *(carrello)* Servierwagen *m.* **2** *(contenito-*

re) Speisebehälter *m.*, Warmhaltepackung *f.*, Warmhaltebehälter *m.* **II** agg. ***carrello ~*** Servierwagen *m.*

por|ta|vo|ce I m. e f.inv. **1** ***essere, diventare il ~ di qcn.*** jds Sprachrohr sein, werden **2** *(incaricato)* Sprecher *m.*, Wortführer *m.*: ***farsi ~ di qcn.*** sich zum Sprecher (*o* Wortführer) jds machen **II** m.inv. *(megafono)* Sprachrohr *n.* ◆ ***~ (ufficiale) della ditta*** Firmensprecher *m.*; ***~ del governo*** Regierungssprecher *m.*; ***~ del senato*** Senatssprecher *m.*

por|te-en|fant [-tã'fã] m.inv. Steckkissen *n.*

por|tel|la f. **1** Türchen *n.* **2** *(sportello)* Tür *f.* ◆ ***~ dell'alveare*** Einflugloch *n.* **por|tel|li|no** m. Bullauge *n.* **por|tel|lo** m. **1** MAR. AER. Klappe *f.*, Luke *f.*: ***aprire, abbassare, chiudere il ~*** die Klappe öffnen, herunter‿lassen, dicht machen **2** *(anta di armadio)* Tür *f.* **3** *(porticina)* Türchen *n.* ◆ ***~ di accesso*** Einstiegluke *f.*; ***~ di carico*** Ladeklappe *f.* **por|tel|lo|ne** m. **1** MAR. AER. Klappe *f.* **2** AUT. ***~ posteriore*** Heckklappe *f.*

por|ten|to m. **1** Wunder *n.*: ***essere un ~ della natura*** ein Wunder der Natur sein **2** *(di persona)* Ausbund *m.*: ***un ~ di sapienza*** ein Ausbund an (*o* von) Wissen. **por|ten|to|so** agg. **1** *(miracoloso)* wunderbar: ***una medicina -a*** ein wunderbares Medikament **2** *(straordinario)* außerordentlich: ***una forza -a*** eine außerordentliche Kraft.

port|fo|lio m.inv. Portfolio *n.*

por|ti|ca|to I m. Bogengang *m.*, Laubengang *m.*, Vorhalle *f.* **II** agg. Lauben-; ***cortile ~*** von Bogengängen umgebener Hof ◆ ***casa con ~*** Laubenhaus *n.*

por|tic|cio|lo m. kleiner Hafen *m.*

por|ti|co m. *(-ci)* **1a** ARCH. Bogengang *m.*, Laubengang *m.*, Vorhalle *f.*, Arkade *f.*: ***passeggiare sotto i -ci*** unter den Arkaden spazieren gehen **b** *(colonnato)* Säulengang *m.*, Portikus *m.*, Säulenvorbau *m.*: ***un ~ che corre tutt'intorno*** ein umlaufender Säulengang **2** *(di fattoria)* Schuppen *m.*

Por|ti|co m. FILOS. Stoa *f.*

por|tie|ra f. **1** AUT. Wagentür *f.*, Tür *f.*: ***sbattere, spalancare, chiudere, aprire la ~*** die Wagentür zu‿schlagen, weit öffnen (*o* auf‿reißen), schließen, öffnen **2** *(tenda)* schwerer Türvorhang *m.*, Portiere *f.* ◆ ***~ anteriore*** Vordertür *f.*; ***~ laterale scorrevole*** seitliche Schiebetür; ***~ posteriore*** Hecktür *f.*

2.por|tie|ra f. → **portinaia.**

por|tie|ra|to m. Portierstelle *f.*

por|tie|re m. **1a** *(custode)* Pförtner *m.* **b** *(d'albergo)* Portier *m.* **2** SPORT Torwart *m.*, Tormann *m.*, Goalkeeper *m.* ◆ ***~ di giorno*** Tagportier *m.*; ***guardiola del ~*** Portiersloge *f.*; ***~ di notte*** Nachtportier *m.*

por|ti|na|ia f. **1** *(custode)* Pförtnerin *f.*; *(moglie del portinaio)* Portiersfrau *f.* **2** SPREG. COLLOQ. *(persona pettegola)* Klatschbase *f.* **por|ti|na|io** m. *(-ai)* Pförtner *m.*

por|ti|ne|ri|a f. **1** *(guardiola)* Pförtnerloge *f.*, Portier(s)loge *f.* **2** *(abitazione)* Pförtnerhaus *n.*, Pförtnerwohnung *f.* **3** *(portierato)* Portierstelle *f.*

1.por|to m. Hafen *m.*: ***entrare in un ~*** in einen Hafen ein‿laufen; ***uscire dal ~*** aus dem Hafen aus‿laufen; ***stare, essere ancorato in ~*** im Hafen vor Anker gehen, liegen; ***toccare un ~*** einen Hafen an‿laufen ◆ FIG. ***andare in ~*** klappen; ***~ d'armamento*** Ausrüstungshafen *m.*; ***~ artificiale*** künstlicher Hafen; ***capitaneria di ~*** Hafenamt *n.*; ***~ con chiusa*** Dock *n.*; ***~ commerciale*** Handelshafen *m.*; FIG. ***condurre in ~ qcs.*** etw. über die Bühne bringen; ***~ di destinazione*** Bestimmungshafen *m.* (*o* Zielhafen *m.*); ***entrata del ~*** Hafeneinfahrt *f.*; ***~ fluviale*** Binnenhafen *m.*; ***~ franco*** Freihafen *m.*; ***giungere in ~*** in den Hafen ein‿laufen; FIG. das Ziel erreichen; ***~ d'imbarco*** Verschiffungshafen *m.* (*o* Einschiffungshafen *m.*); ***~ d'immatricolazione*** Heimathafen *m.*; ***~ interno*** Binnenhafen *m.*; ***questa casa è un ~ di mare*** in diesem Haus geht es wie in einem Taubenschlag zu; ***~ a marea*** Tidehafen *m.*; ***~ marittimo*** Seehafen *m.*; ***~ mercantile*** Handelshafen *m.*; ***~ militare*** Kriegshafen *m.*; ***~ naturale*** natürlicher Hafen; ***~ di partenza*** Auslaufhafen *m.*; ***pilotare in ~*** in den Hafen lotsen; ***~ di rifugio*** Nothafen *m.*; ***~ di sbarco*** Ausschiffungshafen *m.*; ***~ di scalo*** Anlaufhafen *m.*; ***~ di trasbordo*** Umladehafen *m.*, Umschlaghafen *m.*; ***visita del ~*** Hafenrundfahrt *f.*; ***zona del ~*** Hafengelände *n.*; *(quartiere)* Hafenviertel *n.*

2.por|to m. **1** COMM. Fracht *f.* **2** ***~ d'armi*** Waffenschein *m.* ◆ ***~ assegnato*** Kosten zu Lasten des Empfängers; ***franco di ~*** frachtfrei.

3.por|to m. ENOL. Portwein *m.*

4.por|to → **porgere.**

Por|to|gal|lo n.pr.m. Portugal *n.* **por|to|ghe|se I** agg. portugiesisch **II** m. e f. *(abitante)* Portugiese *m.* (Portugiesin *f.*) **III** m. **1** *(lingua)* Portugiesisch(e) *n.* **2a** m. e f. COLLOQ. *(di spettacolo)* Zuschauer *m.* (-in *f.*) ohne Eintrittskarte: ***fare il ~*** sich ohne Eintrittskarte hinein‿schmuggeln **b** *(chi viaggia senza biglietto)* Schwarzfahrer *m.* (-in *f.*).

por|to|la|no m. Schifferhandbuch *n.*; STOR. Portolan *m.*, Portulan *m.*

por|ton|ci|no m. **1** kleine Eingangstür *f.* **2** *(porta laterale)* Nebeneingang *m.* **por|to|ne** m. Tor *n.*, Eingang *m.*; *(per veicoli)* Toreinfahrt *f.*: ***bussare al ~*** ans Tor klopfen ◆ ***~ di casa*** Haustor *n.*; ***~ del cortile*** Hoftor *n.*

por|to|ri|ca|no I agg. puertoricanisch **II** m. Puertoricaner *m.*

Por|to|ri|co n.pr.m. Puerto Rico *n.*

por|tua|le I agg. Hafen-: ***città, quartiere, zona ~*** Hafenstadt *f.*, Hafenviertel *n.*, Hafengelände *n.*; ***autorità -i*** Hafenbehörde *f.*; ***polizia ~*** Hafenpolizei *f.*; ***diritti -i*** Hafengebühren; ***opere -i*** Hafenanlagen **II** m. **1** Hafenarbeiter *m.* **2** *(scaricatore)* Schauermann *m.*

por|tua|rio agg. *(-ri,-rie)* Hafen-: ***regolamento ~*** Hafenordnung *f.*; ***vigilanza -a*** Hafenamt *n.*

por|tu|la|ca f. *(-che)* Portulak *m.*

por|tuo|so agg. hafenreich.

por|zio|ne f. **1** Portion *f.*: ***una ~ di dolce*** eine Portion Kuchen; ***una ~ scarsa, abbondante*** eine knappe, reichliche Portion; ***una mezza ~, una ~ doppia*** eine halbe Portion, doppelte Portion; ***una bella ~ di verdura*** eine reichliche Portion Gemüse; ***dividere qcs. in -i, fare le -i di qcs.*** etw. in Portionen teilen (*o* portionieren) **2** *(parte di un tutto)* Teil *m.* ◆ ***~ per bambino*** Kinderteller *m.*; ***in -i*** portionsweise; COLLOQ. ***~ supplementare*** Nachschlag *m.*

po|sa f. **1** Legung *f.*, Legen *n.*; TECN. Verlegung *f.*: ***~ di cavi, tubi*** Kabellegung *f.* (*o* Kabelverlegung *f.*), Rohrverlegung *f.*; ***~ di binari*** Gleisverlegung *f.*, Gleislegung *f.*; ***la ~ delle mine*** das Minenlegen **2** FIG. *(atteggiamento)* Pose *f.*, Positur *f.*: ***una ~ affettata*** eine affektierte Pose; ***assumere una ~*** eine Pose an‿nehmen (*o* ein‿nehmen); ***è tutta una ~ la sua!*** bei ihm ist alles nur Pose! **3a** FOT. *(fotografia)* Zeitaufnahme *f.*, Aufnahme *f.*: ***un rullino da 24 -e*** ein Film mit 24 Aufnahmen **b** *(tempo di esposizione)* Belichtungszeit *f.*: ***~ breve, prolungata*** kurze, lange Belichtungszeit **4** *(sedimento)* Bodensatz *m.* ◆ ***mettersi in ~*** posieren; ***~ in opera*** Installation *f.* (*o* Aufstellung *f.*); ***fare, dire qcs. per ~*** etw. aus reiner Effekthascherei tun, sagen; ***~ della prima pietra*** Grundsteinlegung *f.*; LETT. ***senza ~*** ohne Rast und Ruh; ***teatro di ~*** Atelier *n.* (*o* Filmstudio *n.*); ***tempo di ~*** Belichtungszeit *f.*

po|sa|cap|pel|li m.inv. Hutablage *f.* **po|sa|ca|vi I** f.inv. Kabelleger *m.* **II** agg. ***nave ~*** Kabelleger *m.* **po|sa|ce|ne|re** m.inv. Aschenbecher *m.*: ***svuotare il ~*** den Aschenbecher aus‿leeren. **po|sa|mi|ne** f.inv. Minenleger *m.* **po|sa|pia|no** m. e f.inv. SCHERZ. Gemütsmensch *m.*

po|sa|re I tr. **1a** legen, ab‿legen: ***~ la testa sul guanciale*** den Kopf auf das Kissen legen; ***posa quel coltello!*** leg das Messer hin! ***~ il cappello, gli occhiali*** den Hut, die Brille ab‿legen; ***~ una mina*** eine Mine legen **b** *(in posizione verticale)* stellen, ab‿stellen, nieder‿setzen, ab‿setzen: ***~ un carico*** eine Last absetzen; ***~ un bicchiere*** ein Glas niedersetzen; ***~ la valigia per terra*** den Koffer auf den Boden stellen (*o* abstellen); ***~ la bottiglia sul tavolo*** die Flasche auf den Tisch stellen **c** *(per terra)* nieder‿legen, hin‿legen **2** TECN. verlegen, legen: ***~ piastrelle, rotaie*** Fliesen, Schienen verlegen (*o* legen); ***~ cavi*** Kabel verlegen (*o* aus‿legen) **3** FIG. heften: ***~ gli occhi su qcn., qcs.*** den Blick auf jdn, etw. heften **II** intr. (aus. *avere*) **1** ruhen, liegen: ***~ su qcs.*** auf etw. (D) ruhen (*o* liegen); ***il tetto posa su colonne*** das Dach ruht auf Säulen **2** FIG. *(fondarsi)* sich stützen, fußen, (sich) gründen: ***il suo ragionamento posa su solidi principi*** sein Gedankengang fußt auf soliden Grundsätzen **3a** FIG. *(mettersi in posa)* posieren: ***~ per un ritratto*** für ein Portrait posieren **b** *(fare da modello)* Modell sitzen, Modell stehen: ***~ per qcn.*** jdm Modell sitzen (*o* stehen) **4** *(atteggiarsi)* sich auf‿spielen: ***~ a eroe*** sich als Held aufspielen; ***quanto posa quella ragazza!*** wie die sich aufspielt! **5** *(di liquidi; sedimentare)* sich setzen: ***lasciar ~ il vino*** den Wein sich setzen lassen **III** pronom. **posarsi 1** *(di uccelli)* sich setzen, sich nieder‿lassen: ***-rsi su qcs.*** sich auf etw. (A) niederlassen **2** *(di liquidi; sedimentarsi)* sich setzen ◆ ***~ le armi*** die Waffen nieder‿legen; ***~ il ricevitore*** den Hörer auf‿legen; *(accanto all'apparecchio)* den Hörer neben das Telefon legen.

1.po|sa|ta f. **1** Besteckteil *n.* **2** pl. Besteck *n.*, Essbesteck *n.*: ***mettere le -e in tavola*** das Besteck auf‿legen ◆ ***-e d'argento*** Silberbesteck *n.*; ***-e da pesce*** Fischbesteck *n.*; ***-e di plastica*** Plastikbesteck *n.*; ***-e di portata*** Vorlegebesteck *n.*; ***servizio di -e*** Tafelbesteck *n.*

2.po|sa|ta f. EQUIT. Pesade *f.*

po|sa|te|ri|a f. **1** Besteck *n.* **2** *(servizio)* Tafelbesteck *n.*

po|sa|tez|za f. Bedächtigkeit *f.*, Gesetztheit *f.*, Ruhe *f.*
po|sa|to p.pass. agg. **1** → **posare 2a** *(riflessivo)* besonnen, bedächtig: ***parole -e*** bedächtige Worte; ***un giudizio ~*** ein besonnenes Urteil **b** *(saggio)* gesetzt **3** *(tranquillo, equilibrato)* ausgeglichen: ***un uomo ~*** ein ausgeglichener Mann.
po|sa|to|io m. *(-oi)* Hühnerstange *f.*
po|sa|to|re m. **1** *(addetto alla posa)* RAR. Leger *m.* **2** FIG. *(persona affettata)* Poseur *m.*
po|scia LETT. **I** avv. danach, darauf **II** cong. ***~ che* 1** *(temporale)* nachdem **2** *(causale)* weil, da.
po|scrit|to m. Nachschrift *f.*, Postskriptum *n.*
po|sdo|ma|ni → **dopodomani.**
Po|sei|do|ne n.pr.m. Poseidon *m.*
po|si|ti|va f. Positiv *n.*
po|si|ti|va|men|te avv. positiv: ***valutare ~ qcs.*** etw. positiv bewerten.
po|si|ti|vi|smo m. Positivismus *m.* **po|si|ti|vi|sta** m. e f. *(-i,-e)* Positivist *m.* (-in *f.*). **po|si|ti|vi|sti|co** agg. *(-ci,-che)* positivistisch.
po|si|ti|vi|tà f. positiver Charakter *m.*
po|si|ti|vo I agg. **1** positiv: ***una critica, reazione -a*** eine positive Kritik, Reaktion; ***sviluppi, sentimenti, risultati -i*** positive Entwicklungen, Gefühle, Ergebnisse; ***avere un'opinione -a di qcs.*** sich positiv zu etw. stellen; ***avere effetti -i*** sich positiv aus‿wirken; ***avere un atteggiamento ~ verso qcn., qcs.*** jdm, etw. positiv gegenüber‿stehen; MAT. ***un numero ~*** eine positive Zahl; MAT. ***segno ~*** positives Zeichen; MED. ***il referto è ~*** der Befund ist positiv **2** FIS. EL. positiv, Plus-: ***carica -a*** eine positive Ladung; ***avere una carica -a*** positiv geladen sein **3** *(effettivo)* positiv, konkret: ***conoscenze -e, risultati -i*** positive Kenntnisse, Ergebnisse; ***dato, avvenimento ~*** konkretes Datum, Ereignis **4** GRAMM. im Positiv; ***al, di grado ~*** im Positiv **5** *(sicuro)* sicher: ***è ~ che...*** es ist sicher, dass... **II** m. **1** *(aspetto)* Positive *n.* **2** GRAMM. Positiv *m.*, Grundstufe *f.* **3** FOT. Positiv *n.* ◆ ***aspetto ~*** Positivum *n.*; ***l'aspetto ~ di qcs.*** der positive Aspekt von etw.; EL. ***conduttore ~*** Plusleitung *f.*; ***di ~*** gewiss, bestimmt: ***lo so di ~*** ich weiß es gewiss; ***diritto ~*** positives Recht; ***elemento ~*** Pluspunkt *m.*; FOT. ***immagine -a*** Positiv *n.*; FIG. ***lati -i e negativi*** Licht- und Schattenseite *f.*; ***il lato ~ della vita*** die Sonnenseite des Lebens; EL. ***morsetto ~*** Plusklemme *f.*; MUS. ***organo ~*** Positiv *n.*; ***religioni -e*** positive Religionen; ***Rh ~*** Rh-positiv *m.*; ***scienze -e*** Naturwissenschaften *pl.*; DIR. ***scuola -a*** positive Rechtsschule; FILOS. ***stadio ~*** positives Stadium; FOT. ***stampa da ~*** Positivverfahren *n.*
po|si|to|ne, po|si|tro|ne m. Positron *n.*
po|si|tu|ra f. Positur *f.*
po|si|zio|na|le agg. positionell ◆ MAT. ***valore ~*** Stellenwert *m.*
po|si|zio|na|men|to m. Positionierung *f.*; TECN. ***tempo di ~*** Positionierungszeit *f.* **po|si|zio|na|re** tr. positionieren.
po|si|zio|ne f. **1** Position *f.*, Lage *f.*: ***la ~ di una nave, dei pianeti*** die Position eines Schiffes, der Planeten; ***una ~ esposta, riparata, soleggiata*** eine ungeschützte, geschützte, sonnige Lage; LING. ***~ intervocalica*** intervokalische Position **2** *(in società, azienda)* Position *f.*, Stellung *f.*: ***la ~ sociale*** die gesellschaftliche Position; ***avere, ricoprire una ~ di responsabilità*** eine verantwortliche Stellung haben, bekleiden **3** FIG. *(convinzione)* Meinung *f.*, Stellung *f.*, Position *f.*: ***prendere ~ riguardo a qcs.*** zu etw. Stellung nehmen; ***prendere ~ a favore di, contro qcn., qcs.*** für, gegen jdn, etw. Stellung nehmen; ***essere fermo sulle proprie -i*** auf seiner Meinung beharren **4** FIG. *(situazione)* Lage *f.*, Situation *f.* **5a** *(postura)* Position *f.*, Stellung *f.*: ***in ~ scomoda, eretta*** in unbequemer, aufrechter Position; ***assumere una ~*** eine Stellung ein‿nehmen **b** *(postura eretta)* Stand *m.*: ***essere in ~ stabile, instabile*** einen festen, unsicheren Stand haben **6** MIL. Stellung *f.*, Position *f.*: ***occupare, mantenere una ~*** eine Stellung beziehen, halten; ***prendere ~*** sich fest‿setzen **7** COMM. Rechnungsstand *m.* **8** SPORT Position *f.*, Rang *m.*: ***trovarsi in terza ~*** in dritter Position liegen; ***arrivare in seconda ~*** den zweiten Rang belegen ◆ ***~ di attacco*** Offensivstellung *f.*; ***~ di attenti*** Strammstehen *n.*; ***cambiamento di ~*** Stellungswechsel *m.*; ***~ chiave*** Schlüsselstellung *f.*, Schlüsselposition *f.*; ***~ di comando*** Schaltstelle *f.*; *(di testa)* Spitzenposition *f.*; ***avere una ~ di comando*** in führender (*o* leitender) Position sein; ***~ commerciale*** Geschäftslage *f.*; ***~ concorrenziale*** Wettbewerbsposition *f.*; ***~ del corpo*** Körperhaltung *f.* (*o* Körperstellung *f.*); ***determinazione della ~*** Positionsbestimmung *f.* (*o* Ortsbestimmung *f.*); ***~ difensiva*** Verteidigungsstellung *f.*; ***~ d'equilibrio*** Gleichgewichtslage *f.*; ***~ eretta*** Aufrechtstehen *n.*; ***farsi una ~*** sich eine Position schaffen; ***~ fetale*** Kindslage *f.*, Embryonalstellung *f.*; ***essere in ~ di forza*** in der stärkeren Position sein; ***assumere una ~ di forza*** eine Machtposition vertreten; ***~ giuridica*** Rechtslage *f.*; ***guerra di ~*** Stellungskrieg *m.*; ***~ inclinata*** Schräglage *f.*; SPORT ***~ iniziale*** Grundstellung *f.*; ***~ intermedia*** Mittelstellung *f.* (*o* Mittellage *f.*); ***~ laterale*** Seitenlage *f.*; ***luce di ~*** AUT. Standlicht *n.*; MAR. AER. Positionslicht *n.*; SPORT ***mettersi in ~*** in (*o* auf) Position gehen, Aufstellung nehmen; ***~ delle parole*** Wortstellung *f.*; SPORT ***~ di partenza*** Ausgangsstellung *f.*; MED. ***~ podalica*** Steißlage *f.*, Beckenendlage *f.*; ***~ preminente*** Vorrangstellung *f.*; ***presa di ~*** Stellungnahme *f.* (*o* Parteinahme *f.*); ***essere in prima ~*** in führender Position sein; ***~ privilegiata*** Vorzugsstellung *f.*, bevorzugte Position; ***~ prona*** Bauchlage *f.*; GINN. ***~ raccolta*** Hockstellung *f.*; ***rilevamento della ~*** Ortung *f.*; ***rilevare la ~ di qcs.*** etw. orten; ***~ di riposo*** Ruhelage *f.* (*o* Ruhestellung *f.*); ***essere situato in una ~ sfavorevole*** ungünstig gelegen sein; ***situato nella ~ migliore*** bestgelegen; ***~ del sole*** Sonnenstand *m.*; GINN. ***~ a squadra*** *(agli anelli, alla sbarra)* Schwebehang *m.*; GINN. ***~ supina*** Rückenlage *f.*; ***~ di supremazia*** Vormachtstellung *f.*; ***~ al vertice*** Spitzenposition *f.*; ***~ (sullo) zero*** Nullstellung *f.*
po|so|lo|gi|a f. Dosierung *f.*
po|spor|re tr. *(pospongo, posponi; posposi; posposto)* **1** nach‿stellen: ***~ qcs. a qcs.*** etw. etw. (D) nachstellen **2** FIG. *(subordinare)* unterordnen, hintan‿stellen: ***~ qcs. a qcs.*** etw. etw. (D) unterordnen **3** *(posticipare)* verschieben, auf‿schieben. **po|spo|si|zio|ne** f. Nachstellung *f.*, Postposition *f.*
pos|sa f. LETT. Kraft *f.*: ***a tutta ~*** mit voller Kraft.
pos|se|de|re tr. *(possiedo/*LETT. *posseggo)* **1** besitzen: ***~ un pezzo di terra*** ein Stück Land besitzen; ESTENS. ***~ una donna*** eine Frau besitzen **2** *(essere dotato, avere)* besitzen, haben: ***~ una grazia naturale*** eine natürliche Anmut besitzen; ***~ un istinto infallibile*** einen untrüglichen Instinkt haben **3** FIG. *(conoscere a fondo, dominare)* beherrschen: ***~ un'arte, una tecnica*** eine Kunst, eine Technik beherrschen **4** assol. *(essere ricco)* vermögend sein.
pos|se|di|men|to m. **1** Besitztum *n.*, Besitzung *f.* **2** POL. Hoheitsgebiet *n.* ◆ ***~ coloniale*** Kolonialbesitzung *f.*
pos|se|di|tri|ce f. Besitzerin *f.*, Inhaberin *f.*
pos|se|du|to I p.pass. agg. **1** → **possedere 2** besessen **II** m. Besessene *m.*
pos|sen|te agg. mächtig, kraftvoll ◆ ***dal fisico ~*** kräftig gebaut; SCHERZ. ***petto ~*** Heldenbrust *f.*
pos|ses|sio|ne f. **1** Besitz *m.*, Besitztum *n.* **2** *(invasamento)* Besessenheit *f.*
pos|ses|si|va|men|te avv. dominierend. **pos|ses|si|vi|tà** f. Besitz ergreifender Charakter *m.* **pos|ses|si|vo** agg. **1** GRAMM. possessiv, besitzanzeigend; ***pronome ~*** Possessivpronomen *n.*, Possessiv(um) *n.*, besitzanzeigendes Fürwort; ***genitivo ~*** Genitivus possessivus **2** FIG. dominierend, Besitz ergreifend: ***madre -a*** dominierende Mutter; ***moglie -a*** Besitz ergreifende Ehefrau ◆ ***amore ~*** erdrückende Liebe.
pos|ses|so m. **1** Besitz *m.*, Eigentum *n.*: ***~ abusivo*** unberechtigter (*o* unerlaubter) Besitz; ***essere in ~ di qcs.*** im Besitz von etw. sein; ***entrare in ~ di qcs.*** in den Besitz von etw. gelangen; ***venire in ~ di qcs.*** in den Besitz von etw. kommen **2** FIG. *(padronanza)* Macht *f.* **3** pl. *(possedimenti)* Besitztum *n.*, Besitzung *f.* ◆ ***~ d'armi*** Waffenbesitz *m.*; ***~ di capitali*** Kapitalbesitz *m.*; ***~ comune*** Gemeinbesitz *m.*; ***~ ereditario*** Erbbesitz *m.*; ***~ esclusivo*** Alleinbesitz *m.*; ***avere il perfetto ~ di una lingua straniera*** eine Fremdsprache perfekt beherrschen; SPORT ***~ di palla*** Spielanteil *m.*; ***essere nel pieno ~ delle proprie forze, facoltà*** im Vollbesitz seiner Kräfte, seiner geistigen Fähigkeiten sein; ***avere il pieno ~ delle facoltà mentali*** bei vollem Verstand sein; ***prendere ~ di qcs.*** von etw. Besitz ergreifen (*o* etw. in Besitz nehmen); *(di una carica)* sein Amt an‿treten; ***presa di ~*** Besitzergreifung *f.* (*o* Inbesitznahme *f.*); ***rivendicare un ~*** einen Besitzanspruch geltend machen; ***rivendicazione di ~*** Besitzanspruch *m.* **pos|ses|so|re** m. Besitzer *m.*, Inhaber *m.* ◆ ***~ in proprio*** Eigenbesitzer *m.*
pos|ses|so|rio agg. *(-ri,-rie)* possessorisch: ***azione -a*** possessorische Klage.
pos|si|bi|le I agg. **1** möglich: ***è ~ fare qcs.*** es ist möglich, etw. zu tun; ***non mi è ~*** das ist mir nicht möglich; ***se mai è ~*** wenn es überhaupt möglich ist **2a** ***il più... ~*** so... wie möglich: ***il più grande, pesante ~*** so groß, so schwer wie möglich; ***fare qcs. (il) più in fretta ~*** etw. so schnell wie möglich (*o* schnellstmöglich) tun; ***il, al più presto ~*** so bald wie möglich **b** ***il più ~*** so viel wie möglich; ***fare il più ~*** sein Möglichstes tun **II** m. Mögliche *n.*: ***nei limiti del ~*** im Rahmen des Möglichen; ***nell'ambito del ~*** im Bereich des Möglichen ◆ ***appena ~*** baldmöglichst (*o* sobald wie möglich); ***augurare tutto il bene ~*** alles erdenkliche Gute wünschen; ***caso ~*** Eventualfall *m.*; ***il massimo ~*** höchstmöglich, größtmöglich: ***con la massima cura ~*** mit größtmöglicher Sorgfalt; ***il meglio ~*** bestmöglich; ***il meno ~*** geringstmöglich (*o* so wenig wie möglich); FILOS. ***mondo ~*** mögliche Welt; ***no, non è ~!*** nein, das gibt es nicht! ***per quanto ~*** nach

Möglichkeit; *il più piccolo ~* kleinstmöglich (*o* so klein wie möglich); *prima ~* so früh wie möglich, frühestmöglich; *rendere ~ qcs.* etw. ermöglichen; *se ~* womöglich (*o* möglichenfalls); *nel più breve tempo ~* in kürzester Zeit; *tutto il ~* das Mögliche (*o* das Menschenmögliche); *umanamente ~* menschenmöglich.

pos|si|bi|li|smo m. Possibilismus *m.*, Kompromissbereitschaft *f.*

pos|si|bi|li|sta *(-i,-e)* **I** agg. **1** possibilistisch **2** ESTENS. *(incline al compromesso)* kompromissbereit **II** m. e f. **1** Possibilist *m.* (-in *f.*) **2** ESTENS. *(persona incline al compromesso)* kompromissbereiter Mensch *m.* **pos|si|bi|li|sti|co** agg. *(-ci,-che)* **1** possibilistisch **2** ESTENS. *(incline al compromesso)* kompromissbereit.

pos|si|bi|li|tà f.inv. **1a** Möglichkeit *f.*: *avere la ~ di fare qcs.* die Möglichkeit haben, etw. zu tun; *c'è la ~ che...* es besteht die Möglichkeit, dass... **b** *(prospettiva)* Aussicht *f.*, Möglichkeit *f.*: *avere buone ~ di ottenere un posto* gute Aussichten auf einen Posten haben **2** pl. *(condizioni economiche)* (finanzielle) Möglichkeiten *pl.*, Verhältnisse *pl.*: *di modeste ~* mit begrenzten finanziellen Möglichkeiten **3** pl. *(capacità)* Möglichkeit *f.*, Fähigkeit *f.* ◆ *~ di applicazione* Anwendungsmöglichkeit *f.*; *~ di azione* Handlungsmöglichkeit *f.*; *~ di guadagno* Gewinnchance *f.*; *~ di impiego* Verwendungsmöglichkeit *f.*; *~ d'investimento* Anlagemöglichkeit *f.*; *~ di lavoro* Arbeitsmöglichkeit *f.* (*o* Erwerbsmöglichkeit *f.*); *~ di scelta* Wahlmöglichkeit *f.* (*o* Möglichkeit der Wahl); *~ di vendita* Absatzmöglichkeit *f.* **pos|si|bil|men|te** avv. möglicherweise, womöglich, möglichst.

pos|si|den|te m. Besitzer *m.*; *~ di immobili* Grundbesitzer *m.*

po|sta f. **1a** Post *f.*: *inviare per ~* durch die (*o* mit der) Post schicken; *ricevere per ~* per Post bekommen **b** *(ufficio)* Post *f.*, Postamt *n.*: *andare alla ~* zur Post gehen; *lavorare alla ~* bei der Post arbeiten; *ritirare qcs. alla ~* etw. von der Post ab‿holen **c** *(corrispondenza)* Post *f.*: *distribuire, scorrere, evadere la ~* die Post verteilen, durch‿sehen, erledigen; *ritirare la ~* die Post holen; *~ in arrivo, in partenza* eingehende, ausgehende Post; *c'è ~ per me?* ist Post für mich da? **2** ANT. *(stazione)* Posthalterei *f.* **3** VENAT. Hochsitz *m.*, Hochstand *m.*: *mettersi alla ~* auf den Hochstand gehen **4** GIOC. Einsatz *m.*, Spieleinsatz *m.*: *fissare, raddoppiare la ~* den Einsatz fest‿legen, verdoppeln ◆ *~ aerea* Luftpost *f.*; *a bella ~* absichtlich (*o* mit Absicht); *cassetta per la ~* Briefkasten *m.*; *~ celere* Eilpost *f.*; *~ centrale* Hauptpost *f.*; *~ elettronica* elektronische Post; *fare la ~* auf dem Hochstand stehen; FIG. *fare la ~ a qcn.* jdm auf‿lauern; *fermo ~* postlagernd; *a giro di ~* postwendend; *a stretto giro di ~* mit umgehender Post; FIG. *la ~ in gioco è alta* da steht viel auf dem Spiel; *impiegato delle -e* Postbeamte *m.* (*o* Postangestellte *m.*); *la ~ dei lettori* die Leserbriefe; *~ militare* Feldpost *f.*; *~ pneumatica* Rohrpost *f.*; *recapito della ~* Postzustellung *f.*; ANT. *stazione di ~* Posthalterei *f.*; *Ministero delle Poste e Telecomunicazioni* Post- und Telekommunikationsministerium *n.*

po|sta|gi|ro m. (inv. e *-i*) Postschecküberweisung *f.*, Postgiro *n.*

po|sta|le **I** agg. Post-: *pacco, sacco, timbro ~* Postpaket *n.*, Postsack *m.*, Poststempel *m.*; *cartolina, casella ~* Postkarte *f.*, Postfach *n.*; *assegno, vaglia ~* Postbarscheck *m.*, Postanweisung *f.*; *servizio, ufficio ~* Postdienst *m.*, Postamt *n.* (*o* Poststelle *f.*) **II** m. **1** *(nave)* Postschiff *n.* **2** *(treno)* Postzug *m.* **3** *(corriera)* Postbus *m.*, Postauto *n.* **4** *(aereo)* Postflugzeug *n.* ◆ *codice (di avviamento) ~* Postleitzahl *f.*; *conto corrente ~* Postscheckkonto *n.*, Postgirokonto *n.*; *libretto di risparmio ~* Postsparbuch *n.*; *spese -i* Postgebühren *pl.*

po|sta|zio|ne f. **1** MIL. Stellung *f.*, Posten *m.* **2** ESTENS. Standort *m.* ◆ *~ di artiglieria* Artilleriestellung *f.* (*o* Artilleriestand *m.*); *~ avanzata* Vorposten *m.*; *~ di combattimento* Kampfstellung *f.*

post|bel|li|co agg. *(-ci,-che)* Nachkriegs-: *periodo ~* Nachkriegszeit *f.*; *crisi -a* Nachkriegskrise *f.*

post|co|mu|ni|smo m. Postkommunismus *m.* **post|co|mu|ni|sta** *(-i,-e)* **I** agg. postkommunistisch **II** m. e f. Postkommunist *m.* (-in *f.*).

post|con|so|nan|ti|co agg. *(-ci,-che)* postkonsonantisch.

post|da|ta|re tr. vor‿datieren. **post|da|ta|to** p.pass. agg. **1** → *postdatare* **2** vordatiert: *assegno ~* vordatierter Scheck. **post|da|ta|zio|ne** f. Vordatierung *f.*, Vordatieren *n.*

po|steg|gia|re tr. *(posteggio, posteggi)* parken. **po|steg|gia|to|re** m. Parkwächter *m.*: *~ abusivo* wilder (*o* illegaler) Parkwächter. **po|steg|gio** m. *(-gi)* **1** Parken *n.* **2** *(area)* Parkplatz *m.*: *~ custodito, incustodito, a pagamento* bewachter, unbewachter, gebührenpflichtiger Parkplatz **3** *(posto in un mercato)* Stand *m.* ◆ *divieto di ~* Parkverbot *n.*; *~ di taxi* Taxistand *m.*

po|ste|le|gra|fo|ni|co **I** agg. *(-ci,-che)* Post-, Telegrafen- und Telefon- **II** m. *(-ci)* Post-, Telegrafen- und Telefonbeamte *m.*

po|ster m.inv. Poster *m.* e *n.*

po|ster|ga|zio|ne f. Zurücksetzung *f.*

po|ste|rio|re **I** agg. **1** Hinter-: *ingresso (entrata), uscita ~* Hintereingang *m.*, Hinterausgang *m.*; *zampe -i* Hinterbeine *pl.*; AUT. *ruote -i, trazione ~* Hinterräder *pl.*, Hinterradantrieb *m.* **2** *(di tempo)* nachfolgend, später: *eventi -i* spätere Ereignisse; *~ a qcs.* auf etw. (A) folgend **II** m. SCHERZ. Hintern *m.* ◆ *luce ~* Rücklicht *n.*; *motore ~* Heckmotor *m.*; *sedile ~* Rücksitz *m.* (*o* Hintersitz *m.*); *(di moto)* Sozius(sitz) *m.*; *vocale ~* dunkler Vokal. **po|ste|rio|ri|tà** f. Spätersein *n.*, Späterkommen *n.* **po|ste|rior|men|te** avv. **1** *(dietro)* hinten, rückseits **2** *(di tempo)* später.

po|ste|ri|tà f. **1** Nachwelt *f.*: *tramandare alla ~* der Nachwelt hinter‿lassen **2** *(discendenza)* Nachkommenschaft *f.*, Nachkommen *pl.* **po|ste|ro** **I** agg. künftig **II** m.pl. Nachkommen *pl.*

post fac|tum, nach getaner Tat.

post|fa|zio|ne f. Nachwort *n.*: *scrivere la ~ di un libro* das Nachwort zu einem Buch schreiben; *con ~ di...* mit einem Nachwort von...

post|gla|cia|le **I** agg. postglazial **II** m. Postglazialzeit *f.*

po|stic|cio **I** agg. *(-ci,-ce)* künstlich, falsch: *capelli -ci* künstliche Haare; *treccia -a* falscher Zopf **II** m. *(-ci)* **1** Haarersatz *m.*, Haarteil *n.* **2** AGR. *(vivaio)* Baumschule *f.*

po|sti|ci|no m. Plätzchen *n.*, Örtchen *n.* ◆ *andare in quel ~* auf ein stilles (*o* gewisses) Örtchen gehen.

po|sti|ci|pa|re tr. *(posticipo)* **1** verschieben, auf‿schieben: *~ la data delle nozze* die Hochzeit verschieben; *~ il pagamento* die Zahlung verschieben; *~ la partenza di un giorno* die Abreise auf den nächsten Tag verschieben **2** *(riunione)* vertagen. **po|sti|ci|pa|ta|men|te** avv. nachträglich. **po|sti|ci|pa|to** p.pass. agg. **1** → *posticipare* **2** nachträglich: *pagamento ~* nachträgliche Zahlung (*o* Postnumeration *f.*). **po|sti|ci|pa|zio|ne** f. **1** Verschiebung *f.*: *la ~ di una scadenza* die Verschiebung eines Termins **2** *(di riunione)* Vertagung *f.*

po|sti|glio|ne m. **1** Postillion *m.* **2** *(in carrozze signorili)* Kutscher *m.*

po|stil|la f. **1** Anmerkung *f.*, Randbemerkung *f.* **2** FIG. *(osservazione)* Bemerkung *f.* **po|stil|la|re** tr. mit Anmerkungen versehen.

post|in|du|stria|le agg. postindustriell: *società ~* postindustrielle Gesellschaft.

po|sti|no m. Briefträger *m.*, Postbote *m.*

post|lu|dio m. *(-di)* Postludium *n.*, Nachspiel *n.*

post|mo|der|ni|smo m. Postmoderne *f.* **post|mo|der|no** **I** agg. postmodern: *architettura -a* postmoderne Architektur **II** m. Postmoderne *f.*

post|na|ta|le agg. postnatal.

1.po|sto m. **1** Platz *m.*: *prenotare un ~* einen Platz reservieren lassen; *questo ~ è libero, occupato?* ist dieser Platz frei, besetzt? *tenere un ~ per qcn.* jdm einen Platz frei‿halten; *prendere ~* Platz nehmen; *un teatro con cinquecento -i* ein Theater mit fünfhundert Plätzen; *c'è ancora ~* hier ist noch Platz; *fare ~ (a qcn.)* (jdm) Platz machen; *un mobile che occupa troppo ~* ein Möbelstück, das zu viel Platz in Anspruch nimmt **2** *(sedile)* Platz *m.*, Sitz *m.*; *una vettura a cinque -i* ein fünfsitziger Wagen **3** *(posizione)* Stelle *f.*, Platz *m.*: *essere al secondo ~* an zweiter Stelle sein **4** *(luogo)* Ort *m.*: *un ~ fuori mano, frequentato* ein entlegener, besuchter Ort; *un ~ incantevole* ein entzückender Ort **5** *(impiego)* Stelle *f.*, Stellung *f.*: *cercare, trovare un ~* eine Stelle suchen, finden; *perdere, lasciare il ~* die Stelle verlieren, auf‿geben; *avere un buon ~, un ~ fisso* eine gute, feste Stelle haben **6** *(locale)* Lokal *n.*: *un ~ dove si mangia bene* ein Lokal, in dem man gut isst **7** *(punto)* Stelle *f.* ◆ *essere a ~ (in ordine)* in Ordnung sein; *essere una persona a ~* in Ordnung sein; *essere a ~ con la coscienza* ein gutes (*o* reines) Gewissen haben; *non essere del tutto a ~ (di salute)* nicht ganz in Ordnung sein; IRON. *ora siamo a ~!* das fehlte noch! *mettere qcs. a ~ (in ordine)* etw. in Ordnung bringen; *(aggiustare)* etw. reparieren; FIG. *mettere le cose a ~* die Dinge in Ordnung bringen; *mettere a ~ qcn.* jdn zurecht‿weisen; *mettersi a ~ (rassettarsi)* sich zurecht‿machen; *tenere le mani a ~* seine Hände bei sich behalten; *tenere la lingua a ~* seine Zunge hüten (*o* im Zaum halten); *al ~ di qcn., qcs.* an Stelle von jdm, etw.; *(invece di)* anstatt jds, etw.; *se tu fossi al mio ~ capiresti* wenn du an meiner Stelle wärest, würdest du verstehen; *verrò al ~ di mia sorella* ich komme anstatt meiner Schwester; *al mio ~* an meiner Stelle; *che cos'hai al ~ del cervello?* was hast du bloß im Kopf? *~ d'angolo* Eckplatz *m.*; *~ auto* Abstellplatz *m.*; *~ di blocco* Absperrung *f.*, Sperre *f.*; *cambiare ~ a qcs.* etw. um‿stellen; *~ in classifica* Tabellenplatz *m.*; *essere al primo ~ in classifica* Tabellenführer sein; *~ di comando* Kommandostand *m.*, Kommandostelle *f.*; *~ di combattimento* Gefechtsstand *m.*; FIG. Kampfplatz *m.*; *~ di controllo* Kontrollposten *m.*; *del ~* lokal (*o* örtlich); *la gente del ~* die Einheimischen; *-i esauriti* ausverkaufte Plätze; *~ di frontiera* Grenzposten *m.*;

mettere qcs. fuori ~ etw. verlegen, in Unordnung bringen; FIG. ***sentirsi fuori*** ~ sich deplatziert (*o* fehl am Platz) fühlen; ***non ha mai un capello fuori*** ~ sein Haar sitzt immer tadellos; ESTENS. er sieht immer tadellos aus; ~ ***di guardia*** Wach(t)posten *m.*, Posten *m.*; ~ ***di guida*** Fahrersitz *m.*; ~ ***di lavoro*** Arbeitsplatz *m.*; ***creazione di -i di lavoro*** Arbeitsplatzbeschaffung *f.*; ~ ***letto*** Bett *n.*; ***in nessun*** ~ nirgends (*o* nirgendwo); ~ ***d'onore*** *(a tavola)* Ehrenplatz *m.*; SPORT = zweiter Platz; ~ ***in organico*** Planstelle *f.*; ~ ***di osservazione*** Beobachtungsposten *m.*; ~ ***in piedi*** Stehplatz *m.*; ~ ***di polizia*** Polizeiwache *f.*; COLLOQ. ***quel*** ~ Örtchen *n.*; COLLOQ. ***mandare qcn. in quel*** ~ jdn zum Teufel schicken; COLLOQ. ***prendersela in quel*** ~ auf die Schnauze fliegen; ~ ***di rifornimento*** Tankstelle *f.*; ~ ***di ristoro*** Raststätte *f.*; ~ ***a sedere*** Sitzplatz *m.*; ~ ***al sole*** Platz an der Sonne; FIG. ***stare al proprio*** ~ sich anständig benehmen; ***sul*** ~ am Ort (*o* vor Ort), zur Stelle; ***la polizia è giunta subito sul*** ~ die Polizei war sofort zur Stelle; ***studiare una lingua sul*** ~ eine Sprache im Land lernen; ~ ***a tavola*** Platz *m.* am Tisch; ***aggiungere un*** ~ ***a tavola*** ein Gedeck mehr auf‿legen; ~ ***telefonico pubblico*** öffentliches Telefon; ***mettere la testa a*** ~ Vernunft an‿nehmen; ***avere la testa a*** ~ vernünftig sein; ***non avere la testa a*** ~ nicht ganz richtig im Kopf sein; ~ ***vacante*** freie (*o* offene) Stelle; ~ ***di villeggiatura*** Ferienort *m.*; PROV. ***un*** ~ ***per ogni cosa e ogni cosa al suo*** ~ Ordnung ist das halbe Leben.

2.po|sto → **porre** ◆ ~ ***che...*** *(dato che)* angenommen dass...; *(se)* wenn...

post|o|pe|ra|to|rio agg. *(-ri,-rie)* postoperativ: ***decorso*** ~ postoperativer Verlauf. **post|pran|dia|le** agg. nach dem Essen. **po|strau|ma|ti|co** agg. *(-ci,-che)* posttraumatisch.

po|stri|bo|la|re agg. vulgär, obszön: ***linguaggio*** ~ vulgäre Ausdrucksweise. **po|stri|bo|lo** m. Freudenhaus *n.*, Bordell *n.*

post scrip|tum m. Nachschrift *f.*, Postskriptum *n.*

po|stu|lan|te m. **1** Bewerber *m.*, Postulant *m.* **2** ECCL. Postulant *m.*

po|stu|la|re tr. *(postulo)* **1a** fordern, postulieren **b** *(cariche)* sich bewerben: ~ ***un impiego*** sich um eine Stelle bewerben **2** FILOS. MAT. postulieren: ~ ***l'immortalità dell'anima*** die Unsterblichkeit der Seele postulieren **3** *(presuporre)* voraus‿setzen **4** RELIG. sich um Aufnahme bewerben. **po|stu|la|to I** → **postulare II** m. Postulat *n.*: ***enunciare un*** ~ ein Postulat auf‿stellen ◆ ~ ***delle parallele di Euclide*** Parallelenaxiom *n.*

po|stu|la|zio|ne f. Postulierung *f.*

Po|stu|mia n.pr.f. Adelsberg *n.* ◆ ***grotte di*** ~ Adelsberger Grotte *f.*

po|stu|mo I agg. **1** postum, nachgelassen, Nach-, hinterlassen: ***le opere -e*** die nachgelassenen Werke; ***fama -a*** Nachruhm *m.*; ***figlio*** ~ Nachgeborene *m.* **2** *(figlio)* nachgeboren, postum **II** m.pl. Nachwirkungen *pl.*: ***i -i di una malattia, di una sbornia*** die Nachwirkungen einer Krankheit, eines Rausches; ***i -i di una crisi economica*** die Nachwirkungen einer Wirtschaftskrise.

po|stu|ra f. Haltung *f.*, Körperhaltung *f.*: ***avere una*** ~ ***rilassata*** eine entspannte Haltung haben ◆ ***difetto di*** ~ Haltungsfehler *m.* **po|stu|ra|le** agg. postural.

post|vo|ca|li|co agg. *(-ci,-che)* nach Vokal.

po|ta|bi|le agg. trinkbar, Trink-: ***acqua*** ~ Trinkwasser *n.*; ***acqua non*** ~ kein Trinkwasser *n.*; ***rifornire la città di acqua*** ~ die Stadt mit Trinkwasser versorgen. **po|ta|bi|li|tà** f. Trinkbarkeit *f.*

po|ta|bi|liz|za|re tr. trinkbar machen: ~ ***l'acqua marina*** Meerwasser trinkbar machen. **po|ta|bi|liz|za|zio|ne** f. Trinkwasseraufbereitung *f.*

po|ta|re tr. **1** stutzen, schneiden, beschneiden: ~ ***una siepe*** eine Hecke schneiden; ~ ***un melo*** einen Apfelbaum stutzen **2** FIG. *(accorciare)* kürzen.

po|tas|sa f. Pottasche *f.* ◆ ~ ***caustica*** Ätzkali *n.*; ~ ***liquida*** Kalilauge *f.* **po|tas|si|co** agg. *(-ci,-che)* Kalium-, Kali-: ***sale*** ~ Kalisalz *n.*; ***fertilizzante*** ~ Kalidünger *m.*

po|tas|sio m. Kalium *n.*: ◆ ***acetato di*** ~ essigsaures Kalium; ***bicarbonato di*** ~ Kaliumbikarbonat *n.*; ***bicromato di*** ~ Kaliumbichromat *n.*; ***bisolfato di*** ~ Kaliumhydrogensulfat *n.*; ***bromuro di*** ~ Kaliumbromid *n.*; ***carbonato di*** ~ Kaliumkarbonat *n.*; ***cianuro di*** ~ Zyankali *n.*, Zyankalium *n.*; ***clorato di*** ~ Kaliumchlorat *n.*; ***cloruro di*** ~ Kaliumchlorid *n.*; ***idrossido di*** ~ Kaliumhydroxid *n.*; ***nitrato di*** ~ Kaliumnitrat *n.*, Kalisalpeter *m.*; ***solfato di*** ~ schwefelsaures Kalium.

po|ta|to|io m. *(-oi)* Hippe *f.*, Gartenschere *f.* **po|ta|to|re** m. Baumbeschneider *m.*, Heckenschneider *m.* **po|ta|tu|ra** f. Stutzen *n.*, Schneiden *n.*, Beschneiden *n.* ◆ ~ ***della vite*** Rebschnitt *m.*

po|ten|ta|to m. **1** Staatsmacht *f.*: ***i -i d'Europa*** die Staatsmächte Europas **2** *(sovrano)* Potentat *m.*, Herrscher *m.* **3** *(persona potente)* Mächtige *m.*, Machthaber *m.*

po|ten|te I agg. **1a** mächtig: ***una*** ~ ***organizzazione*** eine mächtige Organisation **b** *(influente)* einflussreich: ***avere amici -i*** einflussreiche Freunde haben **2a** *(ad alta resa)* stark, kräftig: ***muscolo, pugno*** ~ starker Muskel, Faustschlag; ***voce*** ~ kräftige Stimme; ***un*** ~ ***getto d'acqua*** ein starker Wasserstrahl; ***esercito*** ~ starkes Heer; ***veleno, sonnifero*** ~ starkes Gift, Schlafmittel **b** *(di strumenti ottici)* scharf: ***cannocchiale*** ~ scharfes Fernglas; ***occhiali -i*** eine scharfe Brille **c** TECN. leistungsfähig: ***motore*** ~ leistungsfähiger Motor; ***un'auto molto*** ~ ein leistungsfähiges Auto **II** m. Mächtige *m.*, Machthaber *m.*: ***i -i della terra*** die Mächtigen der Erde ◆ ***un faro*** ~ ein weit reichender Scheinwerfer; ***ingegno*** ~ genialer Kopf; ***memoria*** ~ ausgezeichnetes Gedächtnis; ***tiro*** ~ scharfer Schuss; ***voce*** ~ kräftige Stimme.

po|ten|za f. **1** Macht *f.*, Gewalt *f.*, Potenz *f.*: ***la*** ~ ***di una nazione, di un partito*** die Macht einer Nation, einer Partei; ***una*** ~ ***nemica*** eine feindliche Macht; ***una*** ~ ***nel settore finanziario*** eine Macht im Finanzbereich; ***la*** ~ ***del vento*** die Gewalt des Windes **2** FIG. Kraft *f.*, Macht *f.*: ***la*** ~ ***del sentimento, dell'inconscio*** die Macht des Gefühls, des Unbewussten; ***la*** ~ ***evocativa di un brano*** die evokative Kraft eines Textes; ***la*** ~ ***dell'amore*** die Macht der Liebe **3** FIS. Kraft *f.*, Leistung *f.* **4** FILOS. Potenzialität *f.* **5** MAT. Potenz *f.*: ***elevare un numero a*** ~ eine Zahl in die Potenz erheben ◆ ~ ***acustica*** Schallleistung *f.*; ~ ***di un'auto*** Leistungsfähigkeit *f.* eines Autos; ~ ***al banco*** Motorleistung *f.*; ***base di una*** ~ Basis *f.* (*o* Grundzahl *f.*); ~ ***coloniale*** Kolonialmacht *f.*; ~ ***della corrente (di un fiume)*** Stromstärke *f.*; ~ ***distruttiva*** Zerstörungskraft *f.*; ~ ***effettiva*** Nutzleistung *f.*; ~ ***elettrica*** Stromstärke *f.*; ***elevazione a*** ~ Erhebung *f.* zur Potenz, Potenzierung *f.*; ***all'ennesima*** ~ zur n-ten Potenz; FIG. in höchster Potenz; ***è un bugiardo all'ennesima*** ~ er ist ein hochgradiger Lügner; ~ ***fiscale*** Steuerleistung *f.*; ***le grandi -e*** die Großmächte; ***in*** ~ potenziell; ~ ***militare*** Militärmacht *f.*: ~ ***mondiale*** Weltmacht *f.*; ~ ***di un motore*** Motorleistung *f.*; ~ ***motrice*** Antriebskraft *f.*; ~ ***navale*** Seemacht *f.*; ~ ***nucleare*** Atom-, Nuklearmacht *f.*; ***-e occulte*** okkulte Kräfte; ~ ***sessuale*** (sexuelle) Potenz *f.*

po|ten|zia|le I agg. **1** potenziell: ***un*** ~ ***nemico*** ein potenzieller Feind; ***acquirente*** ~ potenzieller Käufer; ***pericolo*** ~ potenzielle Gefahr; FIS. ***energia*** ~ potenzielle Energie **2** GRAMM. potenzial: ***congiuntivo*** ~ potenzialer Konjunktiv **II** m. Potenzial *n.* (anche FIS.): ~ ***bellico, industriale, atomico di una nazione*** militärisches, industrielles, atomares Potenzial einer Nation; ***il*** ~ ***di un campo elettrico*** das Potenzial eines elektrischen Feldes ◆ ***differenza di*** ~ Potenzialdifferenz *f.*; ***ad alto*** ~ ***esplosivo*** hochexplosiv; ***allo stato*** ~ potenziell. **po|ten|zia|li|tà** f.inv. **1** Kapazität *f.*: ~ ***finanziaria*** finanzielle Kapazität *f.*; ***sfruttare completamente la*** ~ ***di una fabbrica*** die Kapazität einer Fabrik völlig aus‿nutzen **2** *(eventualità)* Potenzialität *f.*, Möglichkeit *f.*: ***la*** ~ ***di un evento*** die Potenzialität eines Geschehens **3** MECC. Leistungsfähigkeit *f.*

po|ten|zial|men|te avv. potenziell. **po|ten|zia|men|to** m. Potenzierung *f.*

po|ten|zia|re tr. **1** potenzieren, aus‿bauen, verstärken: ~ ***una flotta*** eine Flotte verstärken; ~ ***l'industria*** die Industrie ausbauen **2** *(rinforzare)* stärken: ~ ***la memoria*** das Gedächtnis stärken **3** TECN. frisieren: ~ ***un motore*** einen Motor frisieren.

po|ten|zio|me|tro m. Potenziometer *n.*

1.po|te|re mod. (pres. *posso, puoi, può, possiamo, potete, possono*; imperf. *potevo*; fut. *potrò*; congiunt.pres. *possa*; congiunt.imperf. *potessi*; ger. *potendo*; pass.rem. *potei/potetti, potesti, poté/potette, potemmo, poteste, poterono/potettero*; p.pres. *potente*; p.pass. *potuto*; als Modalverb gebraucht, bildet es die zusammengesetzten Zeiten mit *essere* bzw. *avere*, je nachdem ob das im Infinitiv stehende Verb das eine oder das andere Hilfsverb verlangt) **1** *(riuscire)* können: ***non è potuto tornare in tempo*** er hat nicht rechtzeitig kommen können; ***non si può più andare avanti così*** so kann es nicht weitergehen; ***potresti ritelefonare più tardi?*** könntest du bitte später zurückrufen? ***sotto quel ponte possono passare anche veicoli alti*** unter dieser Brücke können auch hohe Fahrzeuge hindurch‿fahren; *(essere possibile)* ***puoi farti male con quel coltello*** mit dem Messer kannst du dir wehtun; ***se vieni potrai conoscere molte persone simpatiche*** wenn du kommst, kannst du viele nette Leute kennen lernen; ***il tempo può cambiare da un momento all'altro*** das Wetter kann von einem Moment zum anderen umschlagen; ***un triangolo può avere un angolo ottuso*** ein Dreieck kann einen stumpfen Winkel aufweisen; ***l'incidente può essere stato causato dalla nebbia o dal ghiaccio*** der Unfall kann aufgrund des Nebels oder des Eises erfolgt sein **2** *(essere permesso)* können, dürfen: ***qui non si può fumare*** hier darf man nicht rauchen; ***non potete farmi questo*** ihr könnt (*o* dürft) mir das nicht antun; ***puoi venire a trovarci quando vuoi*** du kannst uns besuchen kommen, wann du willst; ***con questo stipendio non posso***

lamentarmi bei diesem Gehalt kann ich (mich) nicht beklagen; ***posso entrare?*** darf ich hereinkommen? ***posso avere ancora un po' di minestra?*** könnte ich bitte noch etwas Suppe bekommen? **3** *(carattere ipotetico)* mögen, dürfen: ***potranno essere state le dieci*** es mag ungefähr zehn Uhr gewesen sein; ***potrebbero essere le sei*** es könnte so ungefähr sechs Uhr sein; ***potrà aver avuto sedici anni al massimo*** sie mag höchstens sechzehn Jahre alt gewesen sein **4** *(in espressioni ellittiche)* können, vermögen: ***si fa quel che si può*** man tut, was man kann; ***cosa non può l'amore!*** was vermag die Liebe nicht alles! ***l'esempio può più delle parole*** ein Beispiel vermag mehr als Worte **5** *(in espressioni ottative)* mögen: ***possa cadere fulminato se sto mentendo!*** ich will tot umfallen, wenn ich nicht die Wahrheit sage! ◆ ***può darsi che*** es könnte sein, dass...; ***può essere che*** es ist möglich, dass... (*o* es könnte sein, dass...); COLLOQ. ***si può fare*** das lässt sich machen; ***una persona che può molto*** ein einflussreicher Mensch; ***a più non posso*** aus Leibeskräften; ***gridare a più non posso*** aus Leibeskräften schreien; ***correre a più non posso*** sich die Beine aus dem Leib rennen; ***non poterne più di qcs.*** die Nase voll von etw. haben; IRON. ***lui può*** er kann sich das leisten; ***si può?*** ist es gestattet? PROV. ***Dio può tutto*** Gott ist allmächtig; ***volere è ~*** Wille ist Macht (*o* wo ein Wille ist, da ist auch ein Weg).

2.po|te|re m. **1a** *(facoltà)* Macht *f.*, Vermögen *n.*: ***avere il ~ di fare qcs.*** die Macht haben, etw. zu tun; ***per quanto è in mio ~*** so viel in meinem Vermögen liegt; ***questo va oltre i miei -i*** das steht nicht in meiner Macht (*o* liegt nicht in meinem Vermögen) **b** *(capacità)* Fähigkeit *f.*: ***ha il ~ di farmi arrabbiare*** er hat das Talent (*o* die Fähigkeit), mich zu ärgern **2** *(autorità)* Macht *f.*: ***~ economico, politico, temporale, spirituale*** wirtschaftliche, politische, weltliche, geistliche Macht; ***avere molto ~*** eine große Macht haben; ***mirare al ~*** nach Macht streben; ***acquisire, perdere ~*** Macht gewinnen, an Macht verlieren; ***andare al ~*** an die Macht kommen; ***essere al ~*** an der Macht sein; ***assumere, esercitare il ~*** die Macht übernehmen, ausüben; ***esercitare un ~ su qcn.*** über jdn Macht haben; ***prendere il ~ (con la violenza)*** die Macht an sich reißen; ***in democrazia il ~ appartiene al popolo*** in einer Demokratie liegt die Macht beim Volk **3** *(influenza)* Einfluss *m.*, Gewalt *f.*: ***non avere ~ su qcn.*** keinen Einfluss auf (*o* keine Gewalt über) jdn haben **4** POL. DIR. Gewalt *f.*: ***~ legislativo, esecutivo, giudiziario*** gesetzgebende, ausführende, richterliche Gewalt; *(dominio, controllo)* ***sei ormai in mio ~*** nun bist du in meiner Gewalt; ***la regione cadde in ~ del nemico*** das Gebiet geriet in die Gewalt des Feindes ◆ ***abuso di ~*** Machtmissbrauch *m.*; ***~ d'acquisto*** Kaufkraft *f.*; ***~ assorbente*** Saugfähigkeit *f.*; ***brama di ~*** Machtgier *f.*; ***~ calorifico*** Heizwert *m.*, Heizkraft *f.*; ***~ detergente*** Reinigungskraft *f.*; DIR. ***~ discrezionale*** Verfügungsgewalt *f.*, Ermessensfreiheit *f.*; ***-i forti*** = maßgeblich die Politik beeinflussende Machtzentren; ***~ frenante*** Bremskraft *f.*; ***concedere larghi -i a qcn.*** jdn mit allen Machtbefugnissen aus‿statten; ***-i magici*** Zauberkräfte *pl.*; STOR. ***Potere Nero*** Black Power *f.*; ***~ nutritivo*** Nährwert *m.*; ***-i occulti*** geheime Machtzentren; ***avere pieni -i*** Vollmachten haben; ***ambasciatore con pieni -i*** Botschafter mit voller Machtbefugnis; ***presa di ~*** Machtübernahme *f.*; ***quarto ~*** vierte Gewalt; ***quinto ~*** fünfte Gewalt; ***ripartizione dei -i*** Machtverteilung *f.*; ***-i dello stato*** Staatsgewalt *f.*; ***i tre -i*** die drei Gewalten.

1.po|te|stà f.inv. **1** Macht *f.*, Gewalt *f.*: ***avere la ~ di fare qcs.*** die Macht haben, etw. zu tun; ***patria ~*** elterliche Gewalt; ***~ divina*** göttliche Gewalt **2** DIR. Befugnis *f.* **3** TEOL. die Mächte *pl.* ◆ ***~ ecclesiastica*** Kirchengewalt *f.*; ***~ giurisdizionale*** richterliche Gewalt; ***~ di governo*** Regierungsgewalt *f.*; ***~ legislativa*** gesetzgebende Gewalt *f.*

2.po|te|stà → **podestà.**

pot-pourri [popu'ri] m.inv. **1** Eintopf *m.* **2** ESTENS. Mischmasch *m.* **3** MUS. Potpourri *n.*

pouf [puf] m.inv. Puff *m.*

po|ve|rac|cio m. *(-ci)* armer Teufel *m.*, armer Kerl *m.*

po|ve|ra|men|te avv. ärmlich, armselig: ***vestito ~*** ärmlich angezogen.

po|ve|rel|lo m. Arme *m.*, armer Kerl *m.* ◆ ***il Poverello di Assisi*** der heilige Franz(iskus) von Assisi. **po|ve|ret|to, po|ve|ri|no** m. armer Kerl *m.*; ***~!*** der Ärmste! (anche IRON.).

po|ve|ro I agg. **1** arm, elend: ***gente -a*** arme Leute; ***essere nati in una famiglia -a*** in einer armen Familie geboren sein; ***paesi -i e arretrati*** arme und rückständige Länder; ***~ ragazzo*** armer Junge; ***-a bestia, com'è ridotta male!*** das arme Vieh ist übel dran! ***le mie -e orecchie!*** meine armen Ohren! **2** *(misero)* ärmlich, armselig: ***un'abitazione -a*** eine ärmliche (*o* armselige) Wohnung; ***un pasto ~*** eine ärmliche (*o* armselige) Mahlzeit **3** *(che scarseggia, privo)* arm, -arm: ***~ di qcs.*** arm an etw. (D); ***una regione -a di minerali*** eine an Mineralien arme Region; ***una dieta -a di lipidi*** eine fettarme Diät **4** *(disadorno, spoglio)* schlicht, einfach: ***architettura -a*** schlichte Architektur; ***stile ~*** einfacher Stil **5** *(defunto)* selig: ***anche la nostra -a nonna ne sarebbe stata contenta*** auch unsere selige Oma hätte sich darüber gefreut **II** m. Arme *m.*, Not Leidende *m.* ◆ ***alla -a*** ärmlich (*o* armselig); ***arte -a*** Ars Povera *f.*; ***~ in canna*** arm wie eine Kirchenmaus, bettelarm; COLLOQ. ***~ Cristo*** armer Teufel, armer Kerl; ***~ diavolo*** armer Teufel; ***una -a donna*** eine arme Frau; *(che vale poco)* eine armselige Frau; ***~ di fantasia*** fantasiearm; ***~ di idee*** ideenarm; ***~ illuso*** armer Träumer; ***~ me!*** ich Ärmster! ***-i noi! come ci è potuto capitare?*** o weh! wie konnte uns das nur geschehen? ***~ d'ossigeno*** sauerstoffarm; ***in parole -e*** in einfachen Worten; ***~ di spirito*** geistlos; BIBL. ***i -i di spirito*** die geistig Armen (*o* die Armen im Geiste); ***~ te!*** du Ärmster! *(guai a te)* ***~ te, se lo fai un'altra volta*** wehe dir, wenn du das noch einmal tust; ***un pover'uomo*** ein armer Mensch; *(che vale poco)* ein armseliger Mensch; ***-i voi!*** ihr Ärmsten! *(guai a voi)* wehe euch!

po|ver|tà f.inv. **1** Armut *f.*, Dürftigkeit *f.*: ***cadere, vivere in ~*** in Armut geraten, leben; ***~ di spirito*** geistige Armut *f.* **2** *(scarsità)* Mangel *m.*, Armut *f.*: ***~ di qcs.*** Mangel (*o* Armut) an etw. (D); ***~ di materie prime*** Armut an Bodenschätzen; ***~ d'acqua*** Wassermangel *m.*; ***~ d'espressione*** Ausdrucksarmut *f.* (*o* Armut des Ausdrucks); ***~ d'idee*** Ideenarmut *f.* **po|ve|ruo|mo** m. *(-uomini)* **1** armer Mensch *m.* **2** *(persona da poco)* armseliger Mensch *m.*

po|zio|ne f. **1** MED. Trank *m.* **2** *(filtro)* Zaubertrank *m.*

poz|za f. Pfütze *f.* ◆ ***~ di sangue*** Blutlache *f.*; ***~ d'olio*** Öllache *f.*

poz|zan|ghe|ra f. Pfütze *f.*, Wasserlache *f.*: ***attraversare una ~*** durch eine Pfütze (*o* Wasserlache) waten.

poz|zet|ta f. Pfützchen *n.*

poz|zet|to m. **1** Wassergrube *f.* **2** *(per acqua di scolo)* Gully *m.* **3** MAR. Cockpit *n.*, Plicht *f.* ◆ ***~ per cavi*** Kabelgatt *n.*; ***~ intercettatore*** Geruchsverschluss *m.*; ***sedia a ~*** Rundsessel *m.*

poz|zo m. **1** Grube *f.*, Schacht *m.*: ***scavare un ~*** eine Grube graben; ***scendere nel ~*** in die Grube ein‿fahren; ***~ cieco*** blinder Schacht **2** *(per acqua)* Brunnen *m.*: ***attingere acqua al ~*** Wasser aus dem Brunnen schöpfen ◆ ***~ artesiano*** artesischer Brunnen *m.*; ***~ dell'ascensore*** Fahrstuhlschacht *m.*; ***~ biologico*** Kläranlage *f.*; ***~ delle catene*** Kettenkasten *m.*; ***~ di drenaggio*** Entwässerungsschacht *m.*; ***~ di estrazione*** Förderschacht *m.*; ***essere un ~ senza fondo*** ein Fass ohne Boden sein (anche FIG.); ***~ glaciale*** Eishöhle *f.* (*o* Eisloch *n.*); ***~ di muratura*** Schachtbrunnen *m.*; ***~ nero*** Senkgrube *f.*; ***essere (come) il, un ~ di San Patrizio*** = eine unerschöpfliche Quelle sein; ***~ perdente*** Sickerschacht *m.*; ***~ petrolifero*** Ölquelle *f.*, Erdölbohrung *f.*; ***avere un ~ di quattrini*** steinreich sein; ***~ di raccolta*** Sammelschacht *m.*; ***essere un ~ di scienza*** ein Ausbund an Wissen sein; ***~ di sentina*** Senkgrube *f.*; ***~ di trivellazione*** Bohrstelle *f.*; ***~ di ventilazione*** Luftschacht *m.*

poz|zo|la|na f. Puzzolanerde *f.*, Puzzolan *n.*

pp. ⇒ *pagine* Seiten.

p.p. ⇒ **1** *per procura* per procura (pp.) **2** *pacco postale* Postpaket.

PP ⇒ **1** *Porto Pagato* Porto bezahlt **2** *Profitti e Perdite* Gewinn-und-Verlust-Rechnung.

pr. ⇒ **1** *propriamente* eigentlich (eigtl.).

1.PR ⇒ **1** *Procuratore della Repubblica* Oberstaatsanwalt **2** *Piano Regolatore* Bebauungsplan **3** *Partito Radicale* Radikale Partei **4** *Pubbliche Relazioni* Public Relations (PR).

2.PR m.inv. PR-Mann *m.*

PRA ⇒ *Pubblico Registro Automobilistico* Kraftfahrzeugzulassungsregister.

pra|cri|to I m. Prakrit *n.* **II** agg. prakritisch.

Pra|ga n.pr.f. Prag *n.* ◆ STOR. ***la primavera di ~*** der Prager Frühling. **pra|ghe|se I** agg. Prager **II** m. e f. Prager *m.* (-in *f.*).

prag|ma|ti|ca f. Pragmatik *f.* **prag|ma|ti|co** agg. *(-ci,-che)* pragmatisch: ***linguistica -a*** Pragmalinguistik *f.*; ***analisi -a*** pragmatische Analyse; ***procedere in modo ~*** pragmatisch vor‿gehen.

prag|ma|ti|smo m. Pragmatismus *m.* **prag|ma|ti|sta** m.e f. *(-i,-e)* Pragmatist *m.* (-in *f.*), Pragmatiker *m.* (-in *f.*). **prag|ma|ti|sti|co** agg. *(-ci,-che)* pragmatistisch.

pra|li|na f. Praline *f.*; ***~ al caffè*** Mokkapraline *f.*

pra|li|na|re tr. *(con zucchero caramellato)* karamellisieren; *(con cioccolato)* mit Schokolade überziehen.

pram|ma|ti|ca f. Ordnung *f.*, Regel *f.* ◆ ***di ~*** pflichtschuldig (*o* obligat): ***risposta di ~*** obligate Antwort; ***fare un sorriso di ~*** pflichtschuldig lächeln.

pram|ma|ti|co agg. *(-ci,-che)* ***-a sanzione*** pragmatische Sanktion.

pran|za|re intr. (aus. *avere*) *(a mezzogiorno)* zu Mittag essen; *(di sera)* zu Abend essen.

pran|zet|to m. kleines Mittagsmahl *n.*

pran|zo m. **1** Essen *n.*; *(di mezzogiorno)* Mittagessen *n.*; *(di sera)* Abendessen *n.*: ***invitare qcn. a ~*** jdn zum Essen ein‿laden; ***offrire un ~ a qcn.*** jdn zum Mittagessen ein‿laden; ***preparare il ~*** das Essen zu‿bereiten; ***il ~ è servito*** das Essen ist serviert; ***cosa c'è oggi per ~?*** was gibt's heute zu essen? **2** *(pasto)* Essen *n.*, Gastmahl *n.*: ***partecipare a un ~*** an einem Essen teil‿nehmen; ***dare un ~*** ein Essen geben **3** *(mezzogiorno)* Mittag *m.*; ***avere un'ora per il ~*** eine Stunde Tischzeit (*o* Mittagspause) haben ◆ ***dopo ~*** nach dem Essen; *(di pomeriggio)* am Nachmittag; ***~ di gala*** Festessen *n.*; ***intervallo per il ~*** Mittagspause *f.*; ***lauto ~*** Schmaus *m.*; ***~ di lavoro*** Arbeitsessen *n.*; ***~ luculliano*** lukullisches Mahl; ***~ di nozze*** Hochzeitsmahl *n.*; ***all'ora di ~*** zur Mittagszeit (*o* zu Mittag); ***pausa per il ~*** Mittagspause *f.*; ***prima di ~*** vor dem Essen; *(nella mattinata)* am Vormittag; ***sala da ~*** Esszimmer *n.*; ***tavolo da ~*** Esstisch *m.*; ***zona ~*** Essecke *f.*

pra|se|o|di|mio m. *(-mi)* Praseodym *n.*

pras|si f. **1** FILOS. Praxis *f.* **2** *(consuetudine)* Praxis *f.*, Gepflogenheit *f.*: ***attenersi alla, seguire la ~*** sich an die Praxis halten ◆ ***~ amministrativa*** Verwaltungspraxis *f.*; ***~ bancaria*** Bankpraxis *f.*; ***~ commerciale*** kaufmännische Praxis (*o* kaufmännischer Brauch); ***la ~ consueta*** die übliche Vorgangsweise; ***~ contrattuale*** Vertragspraxis *f.*; ***~ giudiziaria*** Gerichtspraxis *f.*; ***secondo la ~*** üblicherweise.

Pras|si|te|le n.pr.m. Praxiteles *m.*

pra|ta|io|lo I agg. Wiesen- **II** m. *(fungo)* Wiesenchampignon *m.*

pra|te|ri|a f. Prärie *f.*

pra|ti|ca f. *(-che)* **1** Ausüben *n.*, Ausübung *f.*: ***la ~ di una professione, religione*** das Ausüben eines Berufs, einer Religion **2** *(contrapposto a teoria)* Praxis *f.*: ***questo può essere vero in teoria, ma non lo è nella ~*** das mag theoretisch stimmen, aber nicht in der Praxis **3a** *(esperienza)* Erfahrung *f.*, Praxis *f.*: ***avere molta, poca ~ di, in qcs.*** viel, wenig Erfahrung in etw. (D) haben; ***si vede che non ha ~*** man merkt, dass er keine Erfahrung hat; ***aver ~ di un luogo*** einen Ort gut kennen (*o* sich an einem Ort gut aus‿kennen) **b** *(esercizio)* Übung *f.*: ***perdere la ~*** aus der Übung kommen; ***mi manca la ~*** mir fehlt die Übung; ***è questione di ~*** das ist Übungssache **c** *(dimestichezza)* ***avere poca ~ con qcs.*** mit etw. wenig vertraut sein **4** *(operazione, rituale)* Verfahren *n.*, Praktiken *pl.*: ***-che di magia nera*** die Praktiken der schwarzen Magie; ***-che antiquate*** veraltete Praktiken **5** AMM. BUROCR. Vorgang *m.*: ***sbrigare, archiviare una ~*** einen Vorgang erledigen, zu den Akten legen; ***-che d'ufficio*** amtliche Vorgänge **6a** *(tirocinio)* Praktikum *n.*: ***fare ~ presso un notaio*** ein Praktikum bei einem Notar machen **b** *(presso un giornale)* Volontariat *n.* **7** RELIG. *(atto rituale)* Handlung *f.*: ***~ culturale*** kultische Handlung ◆ ***-che abortive*** Abtreibungspraktiken *pl.*; ***~ amministrativa*** Verwaltungsakt *m.*; ***~ bancaria*** Bankpraxis *f.*; ***far ~*** üben (*o* Praxis erwerben); ***-che illecite*** strafbare Handlungen; ***in ~*** in der Praxis (*o* praktisch); ***in ~ non abbiamo concluso nulla*** praktisch haben wir überhaupt nichts erreicht; ***mettere qcs. in ~*** etw. in die Praxis umsetzen; ***orientato alla ~*** praxisbezogen; ***teoria e ~*** Theorie *f.* und Praxis *f.*; ***-che per la vendita*** Verkaufsverfahren *n.*; PROV. ***val più la ~ che la grammatica*** Probieren geht über Studieren.

pra|ti|ca|bi|le I agg. **1** *(transitabile)* begehbar, gangbar; *(con veicolo)* befahrbar: ***sentiero ~*** befahrbarer Weg **2** FIG. ausführbar, praktikabel, gangbar: ***metodo, terapia ~*** praktikable Methode, Therapie **II** m. CINEM. TEATR. Praktikabel *n.* **pra|ti|ca|bi|li|tà** f. **1** *(transitabilità)* Begehbarkeit *f.*, Gangbarkeit *f.*; *(con veicolo)* Befahrbarkeit *f.* **2** FIG. Ausführbarkeit *f.*

pra|ti|cac|cia f. *(-ce)* COLLOQ. Routine *f.*

pra|ti|ca|men|te avv. praktisch, so gut wie: ***ciò significa ~ che...*** praktisch heißt das, dass...; ***~ nuovo, impossibile*** praktisch neu, unmöglich; ***non ha mangiato ~ niente*** er hat so gut wie nichts gegessen; ***~ sicuro*** so gut wie sicher.

pra|ti|can|ta|to m. **1** Volontariat *n.*; ***fare ~*** volontieren **2** *(tirocinio)* Praktikum *n.* **pra|ti|can|te I** agg. ausübend, praktizierend: ***cattolico ~*** praktizierender Katholik **II** m. **1** Volontär *m.*; ***essere ~ in una redazione*** bei einer Redaktion volontieren. **2** *(tirocinante)* Praktikant *m.*

pra|ti|ca|re *(pratico, pratichi)* **I** tr. **1a** aus‿üben, treiben: ***~ un'arte, un mestiere*** eine Kunst, einen Beruf ausüben; ***~ il contrabbando, la magia*** Schmuggel, Magie treiben **b** SPORT treiben, aus‿üben: ***~ sport*** Sport treiben; ***~ uno sport*** eine Sportart ausüben **c** assol. praktizieren: ***è medico, ma non pratica*** er ist Arzt, aber er praktiziert nicht: ***~ come dentista*** als Zahnarzt praktizieren **2** *(mettere in pratica)* in die Praxis um‿setzen; ***~ un progetto*** einen Plan in die Praxis umsetzen **3** *(eseguire)* machen, durch‿führen: ***~ un'incisione*** einen Schnitt machen **4** *(frequentare)* besuchen: ***~ dei brutti locali*** verrufene Lokale besuchen **5** RELIG. *(seguire)* ***~ una religione*** eine Religion praktizieren; ***~ l'induismo, il cattolicesimo*** praktizierender Hindu, Katholik sein **6** *(percorrere)* ***~ una strada*** eine Straße befahren **7** COMM. *(fare)* machen: ***~ prezzi bassi*** niedrige Preise machen; ***~ uno sconto*** einen Rabatt machen **II** intr. (aus. *avere*) ***~ con qcn.*** mit jdm Umgang haben ◆ ***~ l'aborto*** Schwangerschaftsabbrüche vor‿nehmen; ***~ l'astinenza*** Abstinenz üben; ***~ un foro*** ein Loch bohren; ***~ un hobby*** ein Hobby betreiben; ***~ la respirazione artificiale a qcn.*** jdn künstlich beatmen.

pra|ti|ci|tà f. Zweckmäßigkeit *f.*, Brauchbarkeit *f.*

pra|ti|co I agg. *(-ci,-che)* **1a** *(che ha esperienza)* erfahren: ***essere ~ di qcs.*** in etw. erfahren sein; ***essere ~ in un settore*** auf einem Gebiet erfahren sein **b** *(di luogo)* vertraut: ***essere ~ della zona*** mit der Gegend vertraut sein **2** *(concreto)* praktisch: ***esperienze -che*** praktische Erfahrungen; ***problemi, risultati -ci*** praktische Probleme, Ergebnisse; ***nella vita -a*** im praktischen Leben; ***filosofia, teologia -a*** praktische Philosophie, Theologie **3** *(comodo da usare)* zweckmäßig, praktisch: ***arredamento ~*** zweckmäßige (*o* praktische) Einrichtung **II** m. *(-ci)* Praktiker *m.*: ***è più un ~ che un teorico*** er ist eher ein Praktiker als ein Theoretiker ◆ ***~ degli affari*** geschäftskundig; ***all'atto ~*** in der Praxis, bei der Ausführung; ***~ della legge*** gesetzeskundig; ***~ del mondo*** weltklug; ***orientamento ~*** Praxisbezug *m.*; ***~ del paese*** landeskundig; ***~ del posto*** ortskundig; ***essere dotato di, avere senso, spirito ~*** praktisch veranlagt sein.

pra|ti|co|lo agg. Wiesen-. **pra|ti|col|tu|ra** f. Grünlandbewirtschaftung *f.*

pra|ti|co|ne m. SPREG. Kurpfuscher *m.*, Praktiker *m.*

pra|ti|vo agg. Wiesen-: ***terreno ~*** Wiesenland *n.*; ***conca -a*** Wiesengrund *m.*; ***valle -a*** Wiesental *n.*

pra|to m. **1** Wiese *f.*, Grasland *n.*: ***ai bordi del ~*** am Rand der Wiese; ***rasare il ~*** die Wiese mähen **2** *(di giardino)* Rasen *m.*: ***rasare il ~*** den Rasen schneiden; ***calpestare, innaffiare il ~*** den Rasen betreten, sprengen **3** *(pascolo)* Weide *f.*: ***il bestiame pascola sul ~*** das Vieh grast auf der Weide ◆ ***~ artificiale*** Kunstwiese *f.*; ***hockey su ~*** Feldhockey *n.*; ***~ naturale*** Naturwiese *f.*; ***~ paludoso*** Sumpfwiese *f.*; ***rotolarsi sul ~*** sich im Gras kugeln; ***~ spontaneo*** → ***~ naturale.***

pra|to|li|na f. Gänseblümchen *n.*

pra|vi|tà f. LETT. Bosheit *f.* **pra|vo** m. LETT. böse.

pre|ac|cen|sio|ne f. Vorzündung *f.*, Frühzündung *f.*

pre|a|da|mi|ti|co agg. *(-ci,-che)* **1** voradamitisch **2** *(antiquato)* veraltet, überholt.

pre|a|do|le|scen|te m. e f. = jugendlicher Heranwachsender *m.*, jugendliche Heranwachsende *f.* **pre|a|do|le|scen|za** f. = Alter *n.* zwischen 11 und 14 Jahren.

pre|al|lar|me m. Voralarm *m.* ◆ ***stato di ~*** Voralarmstufe *f.*; ***essere in stato di ~*** einsatzbereit sein.

Pre|al|pi n.pr.f.pl. Voralpen *pl.* **pre|al|pi|no** agg. Voralpen-; ***zona -a*** Alpenvorland *n.*

pre|am|bo|lo m. **1** Vorrede *f.*, Präambel *f.*: ***il ~ di una relazione*** die Präambel eines Vortrags **2** *(giro di parole)* Umschweife *pl.*: ***senza -i*** ohne Umschweife.

pre|am|pli|fi|ca|to|re m. Vorverstärker *m.* **pre|am|pli|fi|ca|zio|ne** f. Vorverstärkung *f.*

pre|an|nun|cia|re *(preannuncio, preannunci)* **I** tr. an‿kündigen, im Voraus bekannt geben: ***~ la propria visita*** seinen Besuch ankündigen; ***la lettera preannuncia il suo arrivo*** der Brief kündigt sein Kommen an **II** pronom. **preannunciarsi** sich an‿kündigen: ***si preannuncia una bella giornata*** es kündigt sich ein schöner Tag an (*o* ein schöner Tag kündigt sich an).

pre|an|nun|cio m. *(-ci)* Vorankündigung *f.*

pre|ap|pen|ni|ni|co agg. *(-ci,-che)* Vorapenninen-.

Pre|ap|pen|ni|no n.pr.m. Vorapennin *m.*

pre|av|ver|ti|men|to m. **1** Vorwarnung *f.* **2** *(preannuncio)* Vorankündigung *f.* **pre|av|ver|ti|re** tr. **1** im Voraus benachrichtigen **2** *(preannunciare)* an‿kündigen.

pre|av|vi|sa|re tr. im Voraus benachrichtigen, an‿kündigen: ***~ qcn. di qcs.*** jdn im Voraus von etw. benachrichtigen; ***~ qcn. del proprio arrivo*** jdm seine Ankunft ankündigen.

pre|av|vi|so m. **1** Benachrichtigung *f.*, Vorankündigung *f.* **2a** *(di licenziamento)* Kündigung *f.* **b** *(periodo)* Kündigungsfrist *f.*: ***(licenziamento con) ~ di un mese*** einmonatige Kündigungsfrist ◆ ***senza ~*** fristlos: ***disdetta, licenziamento senza ~*** fristlose Kündigung, Entlassung; ***licenziare senza ~*** fristlos kündigen; ***termine di ~*** Kündigungsfrist *f.*

pre|bar|ba I m.inv. Preshave *n.* **II** agg.inv. ***lozione ~*** Preshavelotion *f.*

pre|bel|li|co agg. *(-ci,-che)* Vorkriegs-: ***periodo ~*** Vorkriegszeit *f.*
pre|ben|da f. **1** Pfründe *f.*, Präbende *f.* **2** *(guadagno facile)* leichter Gewinn *m.*, leichter Verdienst *m.*, Profit *m.* **pre|ben|da|rio** m. *(-ri)* Pfründer *m.*, Pfründeninhaber *m.*
pre|bor|si|sti|co agg. *(-ci,-che)* vorbörslich ◆ ***mercato ~*** Vorbörse *f.*
pre|cam|bria|no m. Präkambrium *n.*
pre|ca|me|ra f. TECN. Vorkammer *f.*
pre|cam|pio|na|to m. SPORT = Vorbereitungsphase *f.* vor Beginn einer Meisterschaft; ***incontro di ~*** Vorbereitungsspiel *n.*
pre|ca|ria|men|te avv. prekär, unsicher.
pre|ca|ria|to m. **1** *(condizione)* = befristetes Arbeitsverhältnis (im öffentlichen Dienst) **2** *(insieme dei precari)* = Angestellte *pl.* mit befristetem Arbeitsverhältnis (im öffentlichen Dienst); ***~ scolastico*** Lehrkräfte *pl.* mit befristetem Arbeitsverhältnis.
pre|ca|rie|tà f.inv. **1** Unsicherheit *f.* **2** *(provvisorietà)* Vorläufigkeit *f.*
pre|ca|rio I agg. *(-ri,-rie)* prekär, unsicher: ***situazione -a*** prekäre Situation; ***impiego ~*** unsichere Stelle; ***equilibrio ~*** unstabiles Gleichgewicht; ***salute -a*** schwankende Gesundheit **II** m. *(-ri)* = Angestellter *m.* mit befristetem Arbeitsverhältnis (im öffentlichen Dienst).
pre|cau|zio|na|le agg. Vorsichts-: ***misura ~*** Vorsichtsmaßnahme *f.*
pre|cau|zio|ne f. **1** Vorsicht *f.*: ***agire, parlare con ~*** vorsichtig (*o* mit Vorsicht) handeln, sprechen; ***con le dovute -i*** mit der nötigen Vorsicht; ***fare qcs. per ~*** etw. zur Vorsicht tun **2** pl. *(misure preventive)* Vorkehrungen *pl.*, Vorsichtsmaßnahmen *pl.*: ***prendere tutte le necessarie -i*** alle notwendigen Vorkehrungen treffen ◆ ***fare qcs. senza -i*** etw. unvorsichtig (*o* ohne Vorsicht) tun.
pre|ce|den|te I agg. vorhergehend, vorig: ***la pagina ~*** die vorhergehende Seite; ***la puntata ~*** die vorige Folge; ***il ~ governo*** die vorige Regierung; ***il giorno, mese ~*** am vorhergehenden Tag, im vorigen Monat; ***il giorno ~ alla partenza*** am Vortag der Abreise **II** m. **1** Präzedenzfall *m.*: ***creare un ~*** einen Präzedenzfall schaffen **2** *(penale)* Vorstrafe *f.*; ***avere -i*** vorbestraft sein ◆ ***anno ~*** Vorjahr *n.*; ***-i giudiziari, penali*** Vorstrafen *pl.*; ***senza -i*** noch nie vorgekommen (*o* dagewesen); *(penali)* ohne Vorstrafen; ***un avvenimento senza -i*** ein noch nie vorgekommenes Ereignis; ***sera ~*** Vorabend *m.* **pre|ce|den|te|men|te** avv. vorher, im Voraus ◆ ***~ a qcs.*** vor etw. (D): ***~ all'esame*** vor der Prüfung.
pre|ce|den|za f. **1a** Vortritt *m.*: ***dare la ~ a qcn.*** jdm den Vortritt lassen; ***avere la ~ su qcn.*** den Vortritt vor jdm haben **b** *(su strada)* Vorfahrt *f.*: ***avere, osservare la ~*** die Vorfahrt haben, beachten; ***dare la ~ a qcn.*** jdm die Vorfahrt lassen; ***chi viene da destra ha la ~*** wer von rechts kommt, hat Vorfahrt **2** ESTENS. *(maggiore importanza)* Vorrang *m.*: ***avere la ~ su qcn., qcs.*** den Vorrang vor jdm, etw. haben; ***dare la ~ a qcn., qcs.*** jdm, etw. den Vorrang geben; ***questo lavoro ha la ~*** diese Arbeit hat Vorrang; ***~ assoluta*** absoluter Vorrang ◆ ***cartello di ~*** Vorfahrt(s)schild *n.*; ***diritto di ~*** Vorfahrt(s)recht *n.*; ***con diritto di ~*** vorfahrt(s)berechtigt; ***in ~*** vorher, davor, zuvor: ***come detto in ~*** wie oben gesagt; ***norma sul diritto di ~*** Vorfahrtsregel *f.*; ***segnale di ~*** Vorfahrt(s)zeichen *n.*; ***strada con diritto di ~*** Vorfahrt(s)straße *f.*
pre|ce|de|re tr. **1 *~ qcn., qcs.*** jdm, etw. voran‿gehen, voraus‿gehen: ***una guida precedeva il gruppo*** ein Führer ging der Gruppe voran; ***il discorso fu preceduto da un minuto di silenzio*** der Rede ging eine Schweigeminute voran; ***la conferenza è preceduta da una introduzione*** dem Vortrag geht eine Einleitung voraus; ***~ qcn. nella morte*** vor jdm sterben **2** *(con veicoli)* vor‿fahren, voraus‿fahren: SPORT ***~ il gruppo*** dem Hauptfeld vorausfahren **3** *(anticipare)* ***~ qcn. in qcs.*** jdm bei (*o* in) etw. zuvor‿kommen: ***stavo per dirlo ma mi hai preceduto*** ich wollte es gerade sagen, aber du bist mir zuvorgekommen.
pre|ces|sio|ne f. Präzession *f.*
pre|cet|ta|re tr. **1** MIL. ein‿berufen **2** ESTENS. zur Arbeit verpflichten: ***~ i lavoratori in sciopero*** die streikenden Arbeiter zur Arbeit verpflichten. **pre|cet|ta|zio|ne** f. **1** = zwangsweise Arbeitsverpflichtung *f.* von Streikenden **2** MIL. Einberufung *f.* **pre|cet|ti|sti|ca** f. Regelsystem *n.* **pre|cet|ti|sti|co** agg. *(-ci,-che)* Vorschrifts-.
pre|cet|to m. **1** Vorschrift *f.*, Regel *f.*: ***-i igienici, religiosi*** hygienische, religiöse Vorschriften **2** DIR. Aufforderung *f.*, Mahnung *f.* **3** MIL. Einberufungsbefehl *m.* ◆ ***cartolina ~*** Einberufungsbefehl *m.*; RELIG. ***festa di ~*** gebotener Feiertag.
pre|cet|to|re m. Privatlehrer *m.*, Hauslehrer *m.* **pre|cet|tri|ce** f. Privatlehrerin *f.*, Hauslehrerin *f.*
pre|ci|pi|tan|te m. Fällungsmittel *n.*
pre|ci|pi|ta|re *(precipito)* **I** intr. (aus. *essere*) **1** stürzen, herab‿stürzen, ab‿stürzen: ***~ nel vuoto*** ins Leere stürzen; ***l'auto è precipitata da un ponte*** das Auto ist von einer Brücke herabgestürzt; ***l'aereo è precipitato*** das Flugzeug ist abgestürzt **2** FIG. versinken: ***~ nella disperazione*** in Verzweiflung versinken **3** *(peggiorare)* schlimmer werden, sich zu‿spitzen: ***la situazione sta precipitando*** die Lage spitzt sich zu **4** CHIM. aus‿fällen, präzipitieren **II** tr. **1** *(scaraventare)* stürzen: ***~ qcn. dalla finestra*** jdn aus dem Fenster stürzen **2** *(affrettare)* überstürzen (anche assol.): ***~ una decisione*** eine Entscheidung überstürzen; ***non precipitiamo!*** überstürzen wir nichts! **3** CHIM. aus‿fällen, präzipitieren **III** pronom. **precipitarsi 1** stürzen: ***si precipitò fuori dalla stanza*** er stürzte aus dem Zimmer; ***-rsi giù dalle scale*** die Treppe hinunter‿stürzen **2** *(gettarsi giù)* sich stürzen: ***-rsi dalla finestra*** sich aus dem Fenster stürzen. **pre|ci|pi|ta|to I** p.pass. agg. **1** → **precipitare 2** *(affrettato)* übereilt: ***decisione -a*** übereilte Entscheidung **II** m. Präzipitat *n.*
pre|ci|pi|ta|zio|ne f. **1** METEOR. Niederschlag *m.*: ***forti, deboli -i*** starke, leichte Niederschläge **2** *(fretta)* Übereilung *f.*, Überstürzung *f.*; ***agire con ~*** überstürzt handeln **3** CHIM Ausfällung *f.*, Präzipitation *f.* ◆ ***~ nevosa*** Schneefall *m.*; ***povero di -i*** niederschlagsarm; ***ricco di -i*** niederschlagsreich; ***senza -i*** niederschlagsfrei.
pre|ci|pi|te|vo|le agg. → **precipitoso. pre|ci|pi|te|vol|men|te** avv. → **precipitosamente. pre|ci|pi|te|vo|lis|si|me|vol|men|te** avv. SCHERZ. Hals über Kopf. **pre|ci|pi|to|sa|men|te** avv. voreilig, übereilt, überstürzt.
pre|ci|pi|to|so agg. **1a** überstürzt: ***fuga -a*** überstürzte Flucht **b** *(velocissimo)* rasend: ***corsa -a*** rasende Fahrt **2** FIG. voreilig, übereilt: ***giudizio ~*** voreiliges Urteil; ***decisione -a*** überstürzte Entscheidung.
pre|ci|pi|zio m. *(-zi)* Abgrund *m.*: ***cadere in un ~*** in einen Abgrund stürzen; FIG. ***essere sull'orlo del ~*** am Rande des Abgrunds stehen ◆ ***cadere a ~*** steil ab‿fallen; ***correre a ~*** rasen; ***a ~ sul mare*** steil ins Meer abfallend; ***scendere a ~*** hinunter‿stürzen.
pre|ci|pua|men|te avv. hauptsächlich. **pre|ci|puo** agg. hauptsächlich, Haupt-: ***interesse ~*** Hauptinteresse *n.*
pre|ci|sa|men|te avv. **1** präzise, genau: ***riferire ~ un discorso*** eine Rede genau (*o* präzise) wieder‿geben; ***abita ~ davanti alla chiesa*** er wohnt genau gegenüber der Kirche; ***le cose stanno ~ così*** die Dinge liegen genau so; ***~!*** genau! **2** *(proprio)* gerade: ***non è ~ un genio*** er ist nicht gerade ein Genie **3** *(per la precisione)* und zwar: ***sa suonare due strumenti musicali, ~ il violino e il pianoforte*** er spielt zwei Instrumente, und zwar Geige und Klavier.
pre|ci|sa|re tr. **1** genau (*o* präzise) an‿geben, genau bestimmen; ***~ la data*** das Datum präzise an‿geben **2** *(puntualizzare)* präzisieren, präzise dar‿legen: ***~ le proprie affermazioni*** seine Aussagen präzisieren; ***~ il proprio pensiero*** seine Gedanken präzise darlegen. **pre|ci|sa|zio|ne** f. Präzisierung *f.*, genauere Erklärung *f.*: ***è necessaria una ~*** eine genauere Erklärung ist notwendig ◆ ***fare una ~ su qcs.*** etw. präzisieren. **pre|ci|si|no I** agg. kleinlich, pedantisch **II** m. pedantischer Mensch *m.*
pre|ci|sio|ne f. Präzision *f.*, Genauigkeit *f.*: ***un alto grado di ~*** ein hoher Grad an Präzision ◆ ***bilancia di ~*** Präzisionswaage *f.*; ***con ~*** genau (*o* präzise); ***lavoro di ~*** Präzisionsarbeit *f.*; ***meccanica di ~*** Feinmechanik *f.*; ***misurazione di ~*** Feinmessung *f.*; ***orologio di ~*** Präzisionsuhr *f.*; ***per la ~*** genauer gesagt; EL. ***resistore di ~*** Messwiderstand *m.*; ***strumento di ~*** Präzisionsinstrument *n.*
pre|ci|so agg. **1** präzise, genau, exakt: ***uno strumento, un orologio ~*** ein präzises Instrument, eine präzise Uhr; ***ordine ~*** genauer Befehl; ***tiro ~*** genauer Schuss; ***riferire le parole -e*** die Worte genau wieder‿geben; ***descrizione, risposta -a*** genaue Beschreibung, Antwort; ***linguaggio ~*** exakte Ausdrucksweise; ***sono le dieci -e*** es ist genau zehn Uhr; ***è ~ a suo padre*** er ist genau wie sein Vater **2** *(coscienzioso, puntuale)* gewissenhaft, pünktlich **3** *(ben determinato)* klar: ***avere idee -e, un'opinione -a*** klare Vorstellungen, eine klare Meinung haben **4** *(netto)* scharf: ***contorno ~*** scharfer Umriss ◆ ***di ~*** genau; ***sapere qcs. di ~*** etw. genau wissen; ***è mio ~ dovere*** es ist meine Pflicht; ***avere una mira -a*** genau zielen; ***non sapere nulla di ~*** nichts Genaues wissen.
pre|ci|ta|to agg. oben erwähnt.
pre|cla|ro agg. hervorragend.
pre|clas|si|co agg. *(-ci,-che)* vorklassisch.
pre|clu|de|re tr. *(preclusi, precluso)* **1** versperren, verhindern: ***~ a qcn. ogni possibilità di successo*** jdm alle Erfolgschancen versperren **2** DIR. präkludieren. **pre|clu|sio|ne** f. **1** Verhinderung *f.*, Ausschließung *f.* **2** DIR. Präklusion *f.* **pre|clu|si|vo** agg. präklusiv.
pre|clu|so → **precludere.**
pre|co|ce agg. **1** frühreif: ***intelligenza ~*** frühreife Intelligenz; ***ragazza, bambino ~*** frühreifes Mädchen, Kind **2** *(prematuro)* früh, frühzeitig: ***morte ~*** früher Tod ◆ ***diagnosi ~*** Frühdiagnose *f.*; ***estate ~*** verfrühter Sommer; ***inverno ~*** zeitiger Winter; ***matrimonio ~***

Frühehe *f.*; ***primavera*** ~ zeitiger (*o* früher) Frühling; ***talento*** ~ Frühbegabung *f.* **pre|co|ce|men|te** avv. früh(zeitig), vorzeitig: ~ ***scomparso*** früh verstorben; ***invecchiare*** ~ vorzeitig altern. **pre|co|ci|tà** f. Frühreife *f.*

pre|co|gni|zio|ne f. Präkognition *f.*

pre|co|lom|bia|no agg. präkolumbisch: ***civiltà -e*** präkolumbische Kulturen.

pre|co|lo|nia|le agg. vorkolonial.

pre|com|bu|stio|ne f. Vorverbrennung *f.* ◆ ***camera di*** ~ Vorkammer *f.*

pre|com|pres|sio|ne f. Vorspannung *f.* **pre|com|pres|so I** p.pass. agg. → **precomprimere II** m. Spannbeton *m.* **pre|com|pri|me|re** tr. (*precompressi; precompresso*) vor‿spannen.

pre|con|cet|to I agg. vorgefasst: ***idee -e*** vorgefasste Ideen **II** m. vorgefasste Meinung *f.*, Vorurteil *n.*: ***avere dei -i nei confronti di qcn.*** Vorurteile gegen jdn haben.

pre|con|ci|lia|re agg. vorkonziliär: ***liturgia*** ~ vorkonziliäre Liturgie.

pre|con|fe|zio|na|re tr. konfektionieren. **pre|con|fe|zio|na|to** p.pass. agg. **1** → **preconfezionare 2** ABBIGL. Konfektions-: ***abito (da uomo)*** ~ Konfektionsanzug *m.*; ***abiti -i*** industriell konfektionierte Kleidung **3** ESTENS. COLLOQ. (*non originale*) Nullachtfünfzehn-, Serien-.

pre|con|gres|sua|le agg. vor dem Kongress, dem Kongress vorausgehend; ***una discussione*** ~ eine dem Kongress vorausgehende Diskussion; ***la fase*** ~ die dem Kongress vorausgehende Phase.

pre|co|niz|za|re tr. **1** (*presagire*) voraus‿sagen, weissagen **2** (*annunciare*) öffentlich verkünden **3** RELIG. präkonisieren.

pre|con|scio m. Vorbewusste *n.*

pre|con|so|nan|ti|co agg. (*-ci,-che*) präkonsonantisch.

pre|cor|dia|le agg. präkordial, präkardial. **pre|cor|dio** m. (*-di*) **1** ANAT. Herzgegend *f.* **2** pl. LETT. Innerste *n.* ◆ ***commuoversi fino ai -di*** zutiefst gerührt sein.

pre|cor|re|re (*precorsi, precorso*) **I** tr. **1** zuvor‿kommen: ~ ***un desiderio*** einem Wunsch zuvorkommen; ~ ***gli eventi*** den Ereignissen zuvorkommen **2** LETT. (*precedere nella corsa*) ~ ***qcn.*** jdm voraus‿laufen **II** intr. (aus. *essere*) vor‿laufen ◆ ~ ***i tempi*** seiner Zeit voraus sein. **pre|cor|ri|to|re** m. → **precursore.**

pre|co|sti|tu|i|re (*precostituisco, precostituisci*) **I** tr. vorher bilden, im Voraus bilden: ~ ***la maggioranza*** im Voraus die Mehrheit bilden **II** pronom. **precostituirsi** sich im Voraus verschaffen: ***-rsi un alibi*** sich im Voraus ein Alibi verschaffen. **pre|co|sti|tu|i|to** p.pass. agg. **1** → **precostituire 2** im Voraus gebildet: ***maggioranza -a*** im Voraus gebildete Mehrheit.

pre|cot|to I agg. vorgekocht, Fertig-: ***cibo*** ~ Fertiggericht *n.* **II** m. Fertiggericht *n.* **pre|cot|tu|ra** f. Vorkochen *n.*

pre|cri|stia|no agg. vorchristlich: ***mondo*** ~ vorchristliche Welt.

pre|cur|so|re I agg. vorhergehend, Vor- **II** m. Vorläufer *m.*, Wegbereiter *m.*, COLLOQ. Vorreiter *m.*: ***un ~ del Romanticismo*** ein Vorläufer der Romantik: ***un ~ dei nuovi tempi*** ein Wegbereiter der neuen Zeit ◆ ***i segni -i della tempesta*** die Vorboten des Sturms.

pre|da f. **1** Opfer *n.*: ***inseguire, raggiungere la*** ~ sein Opfer verfolgen, ein‿holen **2** (*animale catturato*) Beute *f.*: ***l'aquila tiene la ~ tra gli artigli*** der Adler hält die Beute mit den Krallen fest ◆ ***essere a caccia di -e*** auf Raubzug sein; ***cadere ~ di qcn.*** jdm zur Beute fallen; ***cadere in ~ alla disperazione*** in Verzweiflung fallen (o geraten); ***essere ~ delle passioni*** ein Opfer seiner Leidenschaften sein; ***essere ~ delle, in ~ alle fiamme*** Beute der Flammen sein; ***essere facile ~ di qcn., qcs.*** eine leichte Beute für jdn, etw. sein (anche FIG.); ~ ***di guerra*** Kriegsbeute *f.*; ***essere in ~ al panico*** von Panik erfasst werden; ***essere in ~ al rimorso*** von Gewissensbissen gequält werden; ***uccelli da*** ~ Raubvögel *pl.* **pre|da|re** tr. **1** erbeuten, rauben **2** (*saccheggiare*) plündern: ~ ***un villaggio*** ein Dorf plündern.

pre|da|to|re I agg. Raub-: ***pesce, uccello*** ~ Raubfisch *m.*, Raubvogel *m.* **II** m. **1** (*animale*) Raubtier *n.*, Räuber *m.* **2** (*predone*) Räuber *m.* ◆ ***-i del mare*** Seeräuber *pl.* **pre|da|to|rio** agg. (*-ri,-rie*) räuberisch, Raub-: ***atto*** ~ räuberische Tat.

pre|de|ces|so|re m. **1a** Vorgänger *m.* **b** (*in una carica*) Amtsvorgänger *m.* **2** pl. (*antenati*) Vorfahren *pl.*, Ahnen *pl.*

pre|de|fi|ni|to agg. vorherbestimmt.

pre|del|la f. **1** (*pedana*) Podest *n.* **2** (*dell'altare*) Altarsockel *m.* **3** ART. Predelle *f.* **pre|del|li|no** m. Trittbrett *n.*

pre|de|sti|na|re tr. vorher‿bestimmen, prädestinieren.

pre|de|sti|na|to p.pass. agg. **1** → **predestinare 2** vorherbestimmt, bestimmt: ***essere ~ a grandi imprese, al trono*** zu großen Vorhaben, für den Thron bestimmt sein ◆ ***essere la vittima -a*** das auserwählte Opfer sein; ***era ~ che...*** es war Schicksal, dass...

pre|de|sti|na|zio|ne f. **1** Vorherbestimmung *f.*, Vorbestimmung *f.*, Prädestination *f.* **2** RELIG. Prädestination *f.*; ***dottrina della*** ~ Prädestinationslehre *f.* **pre|de|sti|na|zio|ni|smo** m. Prädestinationslehre *f.*

pre|de|ter|mi|na|re tr. (*predetermino*) vorher‿bestimmen, vorher fest‿legen. **pre|de|ter|mi|na|to** p.pass. agg. **1** → **predeterminare 2** vorherbestimmt ◆ ***peso meccanicamente*** ~ mechanisch abgewogenes Füllgewicht. **pre|de|ter|mi|na|zio|ne** f. Vorherbestimmung *f.*, Vorausbestimmung *f.*

pre|det|to p.pass. agg. **1** → **predire 2** oben genannt, oben erwähnt: ***le ragioni -e*** die oben genannten Gründe.

pre|di|ca f. (*-che*) **1** Predigt *f.*: ***fare la*** ~ die Predigt halten; ***ascoltare la*** ~ der Predigt zu‿hören **2** COLLOQ. Moralpredigt *f.*, Moralpauke *f.* ◆ COLLOQ. ***fare la ~ a qcn.*** jdm die Leviten lesen; ***senti da che pulpito viene la ~!*** ausgerechnet er (*o* sie) muss das sagen! (*detto all'interlocutore*) ausgerechnet du musst das sagen!

pre|di|ca|men|to m. Prädikament *n.*

pre|di|ca|re (*predico, predichi*) **I** tr. predigen: ~ ***il Vangelo*** das Evangelium predigen; ~ ***la pace, la virtù, il perdono*** vom Frieden, von der Tugend, von der Vergebung predigen **II** intr. (aus. *avere*) **1** predigen: ~ ***dal pulpito*** von der Kanzel predigen; ~ ***ai fedeli*** (vor) den Gläubigen predigen **2** (*parlare come un predicatore*) Predigten halten ◆ ~ ***bene e razzolare male*** Wasser predigen und Wein trinken; ~ ***al vento*** tauben Ohren predigen.

pre|di|ca|ti|vo I agg. prädikativ, Gleichsetzungs-: ***complemento ~ del soggetto, dell'oggetto*** Gleichsetzungsnominativ *m.*, Gleichsetzungsakkusativ *m.*; ***proposizione -a*** Prädikativsatz *m.* **II** m. Prädikativ(um) *n.* ◆ ***con, in funzione -a*** prädikativ; ***verbo*** ~ Prädikat *n.*

pre|di|ca|to m. **1** Prädikat *n.*, Satzaussage *f.* **2** FILOS. Prädikat *n.* ◆ ***essere in*** ~ Aussicht haben; ***è in ~ a una carica*** er hat ein Amt in Aussicht; ~ ***nobiliare*** Adelsprädikat *n.*; ~ ***nominale*** Prädikatsnomen *n.*; ~ ***verbale*** Aussage *f.*, Prädikat *n.*

pre|di|ca|to|re m. **1** Prediger *m.*, Prädikant *m.*: ***il ~ ha parlato dal pulpito*** der Prediger hat von der Kanzel gepredigt **2** (*sostenitore*) Verfechter *m.*, Prediger *m.*, Apostel *m.* ◆ ***frati -i*** Dominikaner *pl.*; ~ ***di indulgenze*** Ablassprediger *m.*; ~ ***itinerante*** Wanderprediger *m.*; ***un ~ della pace*** ein Friedensapostel. **pre|di|ca|to|rio** agg. (*-ri,-rie*) predigend, Prediger- ◆ ***parlare con tono*** ~ im Kanzelton sprechen. **pre|di|ca|zio|ne** f. **1** Predigen *n.* **2** FILOS. Prädikation *f.*

pre|di|coz|zo m. SCHERZ. Standpauke *f.*, Predigt *f.*: ***fare il ~ a qcn.*** jdm eine Standpauke halten.

pre|di|let|to I agg. Lieblings-, bevorzugt: ***figlio*** ~ Lieblingskind *n.*; ***scrittore*** ~ Lieblingsschriftsteller *m.* **II** m. Liebling *m.*: ***essere il ~ di qcn.*** jds Liebling sein. **pre|di|le|zio|ne** f. **1** Vorliebe *f.*, Bevorzugung *f.*: ***avere una ~ per qcn.*** für jdn eine Vorliebe haben **2** (*persona prediletta*) Liebling *m.*: ***quel ragazzo è la ~ della maestra*** dieser Junge ist der Liebling der Lehrerin. **pre|di|li|ge|re** tr. (*prediligo, prediligi; predilessi; prediletto*) vor‿ziehen, bevorzugen.

pre|di|re tr. (*predico, predici; predissi; predetto*) voraus‿sagen, vorher‿sagen, wahr‿sagen: ~ ***il futuro a qcn.*** jdm die Zukunft voraussagen; ***farsi ~ il futuro da qcn.*** sich von jdm wahrsagen lassen.

pre|di|spo|nen|te agg. prädisponierend: ***fattore*** ~ prädisponierender Faktor.

pre|di|spor|re (*predispongo, predisponi; predisposi; predisposto*) **I** tr. **1** vor‿bereiten, im Voraus fest‿legen: ~ ***tutto per qcs.*** alles für etw. vorbereiten **2** (*animo*) (ein)stimmen, zugänglich machen: ~ ***gli animi alla pietà*** die Herzen auf Frömmigkeit einstimmen; ~ ***qcn. alla benevolenza*** jdn wohlwollend stimmen **3** MED. anfällig machen, prädisponieren **II** pronom. ***-rsi a qcs.*** sich auf etw. (A) vor‿bereiten.

pre|di|spo|si|zio|ne f. **1** Neigung *f.*, Veranlagung *f.*: ***avere una ~ per qcs.*** eine Veranlagung zu etw. besitzen (*o* haben); ***dimostrare ~ alla pittura*** Neigung zum Malen zeigen; ~ ***per il canto, per le lingue*** gesangliche, sprachliche Veranlagung; ***avere una ~ per la musica*** musikalisch veranlagt sein **2** MED. Anfälligkeit *f.*, Prädisposition *f.*, Anlage *f.*: ***avere una ~ per le allergie*** eine Anlage zu Allergien haben **3** (*preparazione*) Vorbereitung *f.*

pre|di|spo|sto p.pass. agg. **1** → **predisporre 2** vorbereitet, vorgegeben **3** (*incline*) geneigt, neigend: ~ ***a qcs.*** zu etw. neigend **4** MED. anfällig, prädisponiert: ***essere ~ a una malattia*** für eine Krankheit prädisponiert sein.

pre|di|zio|ne f. Wahrsagung *f.*, Voraussage *f.*, Vorhersage *f.*: ***fare una*** ~ eine Voraussage machen.

pre|do|mi|nan|te agg. **1** vorherrschend, prädominierend, überwiegend: ***l'opinione*** ~ die vorherrschende Meinung; ***la vegetazione ~ in una zona*** die in einer Gegend vorherrschende (*o* überwiegende) Vegetation **2** (*di spicco*) hervorstechend: ***qualità -i*** hervorstechende Eigenschaften. **pre|do|mi|nan|za** f. Vorherrschen *n.*, Vorwiegen *n.*, Vorherrschaft *f.* **pre|do|mi|na|re** intr. *(predomino;* aus. *avere)* vor‿herrschen, überwiegen, vor‿wiegen, prädominieren: ***~ su qcn.*** über jdn prädominieren; ***in qcn. predomina qcs.*** etw. überwiegt bei jdm.

pre|do|mi|nio m. *(-ni)* **1** Vorherrschaft *f.*, Prädomination *f.*: ***mantenere, esercitare il ~*** die Vorherrschaft aufrecht‿erhalten, aus‿üben; ***il ~ della ragione sull'istinto*** die Vorherrschaft der Vernunft über den Instinkt; ***il ~ di un colore in un quadro*** das Vorherrschen einer Farbe in einem Gemälde; ***lotta per il ~*** Kampf um die Vorherrschaft **2** *(preponderanza)* Überzahl *f.* ◆ ***~ sui mari*** Herrschaft *f.* über die Meere; ***~ navale*** Seeherrschaft *f.*

pre|do|ne m. Räuber *m.*, Plünderer *m.* ◆ ***~ del mare*** Seeräuber *m.*

pre|e|let|to|ra|le agg. Vorwahl-, vor den Wahlen.

pre|el|le|ni|co agg. *(-ci,-che)* vorgriechisch.

pre|e|sa|me m. Vorprüfung *f.*

pre|e|si|sten|te agg. vorher (*o* zuvor) bestehend: ***~ a qcs.*** vor etw. bestehend; ***condizione ~*** zuvor bestehender Zustand. **pre|e|si|sten|za** f. Präexistenz *f.* **pre|e|si|ste|re** intr. *(presistei/presistetti; preesistito;* aus. *essere)* vorher bestehen, präexistieren.

pref. ⇒ *prefazione* Vorwort (Vorw.).

Pref. ⇒ *Prefettura* Präfektur (Präf.).

pre|fab|bri|ca|re tr. *(prefabbrico, prefabbrichi)* vor‿fertigen (anche FIG.). **pre|fab|bri|ca|to I** p.pass. agg. **1** → **prefabbricare 2** vorgefertigt, Fertig-: ***casa -a, edificio ~*** Fertighaus *n.*, Fertigbau *m.*; ***elemento ~*** Fertig(bau)teil *n.* (*o* vorgefertigtes Bauteil) **II** m. Fertigbau *m.*, Montagebau *m.* ◆ ***essere ~*** in Fertigbauweise gebaut sein. **pre|fab|bri|ca|zio|ne** f. Vorfertigung *f.*, Systembauweise *f.*

pre|fa|to|re m. Verfasser *m.* des Vorwortes. **pre|fa|zio** m. *(-zi)* **1** LIT. Präfation *f.* **2** ANT. Vorwort *n.* **pre|fa|zio|ne** f. Vorwort *n.*: ***scrivere, redigere la ~ di un libro*** das Vorwort zu einem Buch schreiben, verfassen.

pre|fe|ren|za f. **1** Vorliebe *f.*, Vorzug *m.*: ***avere una ~ per qcn., qcs.*** für jdn, etw. eine Vorliebe haben; ***dare la ~ a qcn., qcs.*** jdm, etw. den Vorzug geben **2** *(voto)* Vorzugsstimme *f.*: ***dare la ~ a qcn.*** jdm die Vorzugsstimme geben **3** ECON. Präferenz *f.*, Vorzug *m.* ◆ ***a ~*** vorzugsweise (*o* am liebsten); ***condizioni di ~*** Vorzugsbedingungen *pl.*; ***di ~*** vorzugsweise (*o* am liebsten); ***diritto di ~*** Vorzugsrecht *n.*; ***fare -e*** Unterschiede machen; ECON. ***margine di ~*** Präferenzspanne *f.*; ***titolo di ~*** Vorzug *m.*; ***voto di ~*** Vorzugsstimme *f.*

pre|fe|ren|zia|le agg. Vorzugs-, Präferenz-: ***azione ~*** Vorzugsaktie *f.*; ***voto ~*** Vorzugsstimme *f.* ◆ ***corsia ~*** reservierte Fahrspur (für Einsatzfahrzeuge); ***dazio ~*** Präferenzzoll *m.*; ***trattamento ~*** Sonderbehandlung *f.*

pre|fe|ri|bi|le agg. vorziehend, besser: ***è ~ fare qcs.*** es ist besser, etw. zu tun. **pre|fe|ri|bil|men|te** avv. **1** *(più volentieri)* lieber, vorzugsweise **2** *(meglio se)* wenn möglich: ***vorrei un po' d'acqua, ~ fresca*** ich hätte gerne etwas Wasser, wenn möglich kalt ◆ ***da consumare ~ entro...*** mindestens haltbar bis...

pre|fe|ri|re tr. *(preferisco, preferisci)* **1** vor‿ziehen, bevorzugen, lieber mögen, lieber haben: ***~ qcs. a qcs.*** etw. etw. (D) vorziehen; ***preferirei che fossi tu a occupartene*** ich würde es vorziehen, wenn du das übernehmen würdest **2** *(seguito da inf.)* ***con questo tempo preferisco restare a casa*** bei diesem Wetter bleibe ich lieber zu Hause; ***cosa preferisci (bere), tè o caffè?*** was trinkst du lieber, Tee oder Kaffee? ***preferirei morire*** ich würde lieber tot umfallen ◆ ***fai come preferisci*** mach, wie du willst. **pre|fe|ri|to I** p.pass. agg. **1** → **preferire 2** Lieblings-: ***il mio sport ~*** mein Lieblingssport **II** m. **1** Liebling *m.*: ***è il suo ~*** er ist sein Liebling **2** GASTR. INTRAD. (Praline mit Amarenakirsche).

pre|fe|sti|vo agg. vor einem, dem Feiertag: ***giorno ~*** Tag vor einem Feiertag; ***orario ~*** *(uffici)* Öffnungszeiten *pl.* vor einem Feiertag; FERR. Abfahrtszeiten *pl.* vor einem Feiertag ◆ ***messa -a*** Vorabendmesse *f.*

pre|fet|ti|zio agg. *(-zi,-zie)* Präfektur-: ***decreto ~*** Präfekturerlass *m.* ◆ ***commissario ~*** kommissarischer Präfekt. **pre|fet|to** m. Präfekt *m.*: ***~ apostolico*** apostolischer Präfekt. **pre|fet|tu|ra** f. Präfektur *f.*: ***andare in ~*** auf die Präfektur gehen.

pre|fi|ca f. *(-che)* **1** Klageweib *n.* **2** SCHERZ. Heulsuse *f.*

pre|fig|ge|re *(prefiggo, prefiggi; prefissi; prefisso)* **I** tr. bestimmen, (fest)‿setzen, fest‿legen: ***~ un termine*** eine Frist setzen **II** pronom. ***-rsi qcs.*** sich (D) etw. vor‿nehmen, sich etw. setzen: ***-rsi di fare qcs.*** sich (D) vornehmen, etw. zu tun; ***-rsi uno scopo*** sich ein Ziel setzen.

pre|fi|gu|ra|re tr. **1** (symbolisch) an‿kündigen, voraus‿weisen: ***~ qcs.*** etw. (symbolisch) ankündigen, auf etw. vorausweisen **2** *(anticipare)* vorweg‿nehmen. **pre|fi|gu|ra|zio|ne** f. **1** (symbolische) Vorankündigung *f.* **2** *(anticipazione)* Vorwegnahme *f.*

pre|fi|nan|zia|men|to m. Vorfinanzierung *f.* **pre|fi|nan|zia|re** tr. *(prefinanzio, prefinanzi)* vor‿finanzieren.

pre|fis|sa|le agg. Präfix-.

pre|fis|sa|re I tr. **1** vorher‿bestimmen, fest‿setzen **2** LING. präfigieren, mit Präfix versehen **II** pronom. ***-rsi qcs.*** sich (D) etw. vor‿nehmen, sich etw. setzen: ***-rsi una meta*** sich ein Ziel setzen. **pre|fis|sa|to I** p.pass. agg. **1** → **prefissare 2** vorherbestimmt, festgesetzt **II** m. LING. präfigiertes Element *n.* **pre|fis|sa|zio|ne** f. **1** Vorherbestimmung *f.*, Festsetzung *f.* **2** LING. Präfigieren *n.*

pre|fis|so I p.pass. → **prefiggere II** m. **1** LING. Vorsilbe *f.*, Präfix *n.* **2** TEL. Vorwahl *f.*, Vorwahlnummer *f.* ◆ ***~ interurbano*** Ortsnetzkennzahl *f.*; ***~ nominale*** Nominalpräfix *n.*; ***~ verbale*** Verbalpräfix *n.* **pre|fis|soi|de** m. Präfixoid *n.*

pre|for|ma|re tr. **1** vor‿formen, vor‿bilden **2** BIOL. präformieren. **pre|for|ma|zio|ne** f. BIOL. Präformation *f.*, Präformationstheorie *f.*

pre|ga|re tr. *(prego, preghi)* **1** *(chiedere)* bitten: ***~ qcn. di fare qcs.*** jdm um etw. bitten; ***ti prego di aiutarmi*** ich bitte dich, mir zu helfen; ***non si disturbi, La prego*** bitte, lassen Sie sich nicht stören; ***si prega di non fumare*** bitte nicht rauchen **2** RELIG. beten (anche assol.): ***~ Dio*** zu Gott beten; ***~ per qcn.*** für jdn beten; ***~ ad alta voce, in silenzio*** laut, still beten ◆ ***~ qcn. di entrare*** jdn herein‿bitten; ***(non) farsi ~*** sich (nicht) bitten lassen.

pre|ge|vo|le agg. **1** wertvoll, kostbar **2** *(di persona)* ehrenwürdig, achtenswert. **pre|ge|vo|lez|za** f. Schätzbarkeit *f.*, Vortrefflichkeit *f.* **pre|ge|vol|men|te** avv. wertvoll, kostbar.

pre|ghie|ra f. **1** *(richiesta)* Bitte *f.*: ***rivolgere una ~ a qcn.*** eine Bitte an jdn richten; ***su ~ di qcn.*** auf jds Bitte **2** RELIG. Gebet *n.*: ***dire una ~*** ein Gebet sprechen; ***raccogliersi in ~*** sich ins Gebet versenken ◆ ***con ~ di...*** mit Bitte um...: ***con ~ di inoltro immediato*** mit der Bitte um sofortige Weiterleitung; ***con ~ di restituzione*** unter Rückerbittung; ***dire le -e*** seine Andacht (*o* sein Gebet) verrichten; ***in ~*** betend; ***~ del mattino*** Morgengebet *n.*; ***~ di ringraziamento*** Dankgebet *n.*; ***~ della sera*** Abendgebet *n.*; ***~ silenziosa*** stilles Gebet; ***essere sordo alle -e*** für (*o* gegen) Bitten taub sein; ***tappeto da ~*** Gebetsteppich *m.*

pre|gia|re *(pregio, pregi)* **I** tr. hoch schätzen: ***~ qcn.*** jdn hoch schätzen **II** pronom. **pregiarsi 1** LETT. die Ehre haben: ***mi pregio invitarLa*** ich habe die Ehre, Sie einzuladen **2** *(nelle lettere)* geehrt sein: ***ci pregiamo di poterLe comunicare...*** wir sind geehrt, Ihnen mitteilen zu können...

pre|gia|to agg. **1** hochwertig: ***vino ~*** hochwertiger Wein **2** *(prezioso)* wertvoll: ***-e sete cinesi*** wertvolle chinesische Seiden **3** *(nelle lettere)* geschätzt, geehrt: ***in risposta alla -a Sua del...*** in Beantwortung Ihres geschätzten Schreibens vom...; ***pregiatissimo Signor Rossi*** sehr geehrter Herr Rossi ◆ ***legno ~*** Edelholz *n.*; ***valuta -a*** harte Währung.

pre|gio m. *(-gi)* **1** Vorzug *m.*: ***il ~ di qcn., qcs.*** der Vorzug an jdm, etw.; ***il suo ~ è l'affidabilità*** sein Vorzug ist seine Verlässlichkeit; ***avere -gi e difetti*** Vorzüge und Nachteile haben **2** *(stima)* Wert *m.*, Wertschätzung *f.*; ***essere tenuto in gran ~*** hoch geschätzt sein ◆ ***di ~*** kostbar, wertvoll; ***farsi ~ di fare qcs.*** sich beehren, etw. zu tun; ***di scarso ~*** minderwertig.

pre|giu|di|ca|re tr. *(pregiudico, pregiudichi)* beeinträchtigen: ***~ la questione, gl'interessi, la salute*** die Angelegenheit, die Interessen, die Gesundheit beeinträchtigen. **pre|giu|di|ca|to I** p.pass. agg. **1** → **pregiudicare 2** DIR. vorbestraft **3** *(destinato a fallire)* zum Scheitern verurteilt: ***un affare già ~*** ein schon zum Scheitern verurteiltes Geschäft **II** m. Vorbestrafte *m.*

pre|giu|di|zia|le I agg. präjudiziell: ***questione ~*** präjudizielle Angelegenheit **II** f. DIR. Präjudiz *n.*, präjudizielle Frage *f.* **pre|giu|di|zia|li|tà** f. präjudizieller Charakter *m.* **pre|giu|di|zial|men|te** avv. präjudiziell.

pre|giu|di|zie|vo|le agg. nachteilig, schädlich; ***~ alla salute*** gesundheitsschädlich.

pre|giu|di|zio m. *(-zi)* **1** Vorurteil *n.*: ***avere, nutrire -zi contro, nei confronti di qcn., qcs.*** Vorurteile gegen jdn, etw. haben, hegen; ***combattere un ~*** ein Vorurteil bekämpfen; ***opporsi a un ~*** sich gegen ein Vorurteil wehren; ***liberare qcn. da un ~*** jdn von einem Vorurteil befreien; ***un ~ duro a morire, radicato*** ein zählebiges, eingewurzeltes Vorurteil **2** *(superstizione)* Aberglaube *m.* ◆ ***-zi di classe*** Klassenvorurteile *pl.*; ***vedere qcs. con ~*** etw. voreingenommen betrachten; ***essere di ~ a, per qcs.*** *(pregiudicare)* etw. beeinträchtigen; ***-zi del popolo*** Volksaberglaube *m.*; ***senza -zi*** vorurteilsfrei.

preg.mo ⇒ *pregiatissimo* hochverehrter.

pre|gnan|te agg. **1** prägnant: ***frase, parola ~*** prägnanter Satz, prägnantes Wort **2** *(gravido)* trächtig. **pre|gnan|za** f. Prägnanz *f.*: ***la ~***

di una espressione die Prägnanz eines Ausdrucks.
pre|gno agg. 1 trächtig: ***mucca -a*** trächtige Kuh 2 *(carico)* trächtig, schwer: ***un evento ~ di conseguenze*** ein folgenschweres Ereignis 3 *(impregnato)* getränkt, durchtränkt: ***~ di qcs.*** mit etw. getränkt 4 FIG. voll: ***~ di qcs.*** voll von etw.; ***un cuore ~ d'odio*** ein hasserfülltes Herz ◆ ***aria -a di profumo*** von Düften geschwängerte Luft.
pre|go inter. bitte: ***~, si accomodi!*** bitte, nehmen Sie Platz! ***~, dopo di lei!*** bitte, nach Ihnen! ***~, stia comodo!*** bitte, behalten Sie Platz! ***non si disturbi, ~!*** machen Sie sich keine Umstände, bitte! ***si serva, ~!*** bitte, greifen Sie zu! ***~, come ha detto?*** wie bitte? ***silenzio, ~!*** Ruhe, bitte! ***un attimo, ~!*** einen Augenblick, bitte! ***sorridere, ~!*** bitte recht freundlich! *(risposta)* ***molte grazie! – ~!*** vielen Dank! – bitte (sehr *o* schön)! *(al telefono)* ***rimanga in linea, ~!*** bitte bleiben Sie am Apparat!
pre|gra|fi|smo m. Schriftlosigkeit *f.*
pre|gres|so agg. vorherig, früher: ***malattia -a*** frühere Krankheit.
pre|gu|sta|re tr. im Voraus schmecken, im Voraus genießen (anche FIG.): ***~ la gioia di qcs.*** die Freude an etw. (D) im Voraus genießen; ***~ la vendetta*** die Rache im Voraus genießen.
pre|in|do|eu|ro|pe|o I agg. vorindoeuropäisch **II** m. Vorindoeuropäische *n.*
pre|in|du|stria|le agg. vorindustriell: ***società ~*** vorindustrielle Gesellschaft.
pre|i|scri|zio|ne f. Voreinschreibung *f.*
pre|i|sto|ria f. 1 Urgeschichte *f.*, Prähistorie *f.* 2 ESTENS. *(origini lontane)* Vorgeschichte *f.*, Anfänge *pl.*: ***l'alchimia rappresenta la ~ della chimica moderna*** die Alchimie stellt die Vorgeschichte der modernen Chemie dar. **pre|i|sto|ri|co** agg. *(-ci,-che)* 1 urgeschichtlich, prähistorisch: ***ruderi -ci*** prähistorische Überreste 2 SCHERZ. uralt ◆ ***età -a*** Urgeschichte *f.*; ***uomo ~*** Urmensch *m.*
pre|la|vag|gio m. *(-gi)* Vorwäsche *f.*
pre|la|ti|no agg. vorlateinisch.
pre|la|zio|ne f. 1 Erstrecht *n.*, Priorität *f.*, Vorzug *m.* 2 *(per l'acquisto)* Vorkauf *m.* ◆ ***diritto di ~*** Vorkaufsrecht *n.*, Einstandsrecht *n.*, Aktienoption *f.*; ***patto di ~*** Vorkaufsvertrag *m.*; ***prezzo di ~*** Vorkaufspreis *m.*
pre|le|va|men|to m. 1 Entnahme *f.* 2 *(in banca)* Abhebung *f.*, Abholung *f.* ◆ ***~ di un campione*** Musterentnahme *f.*; ***~ di capitale*** Kapitalabhebung *f.*; ***~ in contanti*** Barabhebung *f.*; ***~ di merci*** Warenentnahme *f.*
pre|le|va|re tr. 1 ab‿heben, entnehmen: ***~ soldi da un conto*** Geld von einem Konto abheben; ***~ i propri risparmi*** seine Ersparnisse abheben 2 MED. entnehmen: ***~ sangue a qcn.*** jdm Blut entnehmen 3 *(catturare, arrestare)* fest‿nehmen: ***la polizia lo ha prelevato*** die Polizei hat ihn festgenommen.
pre|li|ba|tez|za f. Köstlichkeit *f.* **pre|li|ba|to** agg. köstlich.
pre|lie|vo m. 1 Entnahme *f.*, Probe *f.* (anche MED.) 2 *(in banca)* Abhebung *f.*; ***fare un ~ in banca*** Geld auf der Bank ab‿heben ◆ ***~ di un campione alimentare*** Lebensmittelprobe *f.*; ***~ fiscale*** Steuererhebung *f.*; ***~ di sangue*** Blutentnahme *f.*; ***~ di tessuto*** Gewebeentnahme *f.*
pre|li|mi|na|re I agg. Vor-, Präliminar-: ***discussione ~*** Vorbesprechung *f.*; ***contratto ~*** Vorvertrag *m.*; ***fase ~*** Vorstufe *f.*; ***nozioni -i*** Vorkenntnisse *pl.*; ***pace ~*** Präliminarfrieden *m.* **II** m.pl. 1 *(premesse)* Einleitung *f.*, Präliminarien *pl.* 2 *(trattative)* Vorverhandlungen *pl.*, Präliminarien *pl.*: ***-i di pace*** Friedensvorverhandlungen *pl.* 3 *(amorosi)* Vorspiel *n.* **pre|li|mi|nar|men|te** avv. im Voraus.
pre|lo|gi|co agg. *(-ci,-che)* prälogisch.
pre|lu|de|re intr. *(prelusi, preluso;* aus. *avere)* 1 *(preannunciare)* hin‿deuten: ***~ a qcs.*** auf etw. (A) hindeuten 2 *(introdurre)* ein‿leiten, ein‿führen.
pre|lu|dio m. *(-di)* 1a MUS. Präludium *n.*: ***il ~ di una fuga*** das Präludium einer Fuge **b** Prélude *n.*: ***i -di di Chopin*** die Préludes von Chopin 2 *(introduzione)* Vorrede *f.*, Einführung *f.* 3a FIG. *(preannuncio)* Anzeichen *n.*, Vorzeichen *n.*, Vorbote *m.*: ***il ~ di una crisi*** das Anzeichen einer Krise **b** *(inizio)* Beginn *m.*, Auftakt *m.*: ***costituire il ~ a qcs.*** den Auftakt zu etw. bilden.
pre|ma|man I m.inv. Umstandskleid *n.* **II** agg.inv. ***vestito ~*** Umstandskleid *n.*
pre|ma|sti|ca|re tr. *(premastico, premastichi)* vor‿kauen.
pre|ma|tri|mo|nia|le agg. vorehelich: ***rapporti -i*** vorehelicher Geschlechtsverkehr.
pre|ma|tu|ra|men|te avv. voreilig.
pre|ma|tu|ro I agg. 1 voreilig, verfrüht: ***decisione -a*** voreilige Entscheidung; ***è ~ parlare di questa cosa*** es ist verfrüht, darüber zu sprechen 2 AGR. notreif **II** m. Frühgeburt *f.* ◆ ***morte -a*** früher Tod; ***neonato ~*** Frühgeburt *f.*; ***parto ~*** Frühgeburt *f.*
pre|me|di|ta|re tr. *(premedito)* planen, vor‿bedenken: ***~ un delitto, una vendetta*** ein Verbrechen planen, auf Rache sinnen. **pre|me|di|ta|ta|men|te** avv. vorsätzlich. **pre|me|di|ta|to** p.pass. agg. 1 → **premeditare** 2 DIR. vorsätzlich: ***omicidio ~*** vorsätzlicher Mord. **pre|me|di|ta|zio|ne** f. 1 Planung *f.*, Vorbedacht *m.*: ***agire con, senza ~*** mit, ohne Vorbedacht handeln 2 DIR. Vorsätzlichkeit *f.*
pre|men|te agg. ***pompa ~*** Druckpumpe *f.*
pre|me|re I tr. 1 ***~ qcs.*** etw. drücken (*o* auf etw. [A] drücken): ***~ un pulsante*** einen Knopf drücken; *(con i piedi)* auf etw. (A) treten; ***~ l'acceleratore*** auf das Gaspedal treten 2 LETT. *(opprimere)* drücken, bedrücken 3 *(incalzare)* bedrängen: ***i soldati premevano il nemico in fuga*** die Soldaten bedrängten den flüchtenden Feind **II** intr. (aus. *avere*) 1 ***~ su qcs.*** auf etw. (A) drücken; *(con i piedi)* auf etw. (A) treten; ***~ col piede sul pedale del freno*** auf das Bremspedal treten 2 *(gravare)* ***~ su qcs.*** auf etw. (D) lasten (*o* drücken); ***il peso dello zaino preme sulle spalle*** das Gewicht des Rucksacks lastet auf den Schultern 3 *(accalcarsi)* ***~ contro qcs.*** gegen etw. drängen, drücken 4a FIG. *(far pressioni)* ***~ su qcn.*** auf jdn ein‿dringen (*o* in jdn dringen); ***~ su qcn. perché faccia qcs.*** auf jdn ein‿dringen, damit er etw. tut **b** *(incalzare)* drängen: ***~ su qcn.*** jdn drängen 5 FIG. *(stare a cuore)* ***a qcn. preme qcs.*** jdm liegt etw. am Herzen (*o* jdm liegt etw. daran), jd legt Wert auf etw.; ***mi preme arrivare in tempo*** es liegt mir daran (*o* mir ist daran gelegen), rechtzeitig anzukommen; ***gli preme l'avvenire di suo figlio*** ihm liegt die Zukunft seines Sohnes am Herzen ◆ ***~ le labbra*** die Lippen zusammen‿pressen; ***~ per ottenere un favore da qcn.*** Druck aus‿üben, um von jdm eine Gefälligkeit erwiesen zu bekommen.
pre|mes|sa f. 1 Vorbemerkung *f.*: ***fare una ~*** eine Vorbemerkung machen (*o* etw. voraus‿schicken) 2 *(introduzione)* Vorwort *n.*, Einleitung *f.*: ***~ alla seconda edizione*** Vorwort zur zweiten Auflage 3 FILOS. Prämisse *f.*, Vordersatz *m.* 4 *(condizione)* Voraussetzung *f.*, Vorbedingung *f.*: ***una buona preparazione è ~ necessaria al buon esito dell'esame*** eine gute Vorbereitung ist die notwendige Voraussetzung, um die Prüfung erfolgreich zu bestehen ◆ FILOS. ***~ maggiore, minore*** Obersatz *m.*, Untersatz *m.*
pre|me|strua|le agg. prämenstruell: ***disturbi -i*** prämenstruelle Beschwerden.
pre|met|te|re tr. *(premisi; premesso)* voraus‿schicken, voraus‿setzen: ***~ alcune considerazioni*** einige Bemerkungen vorausschicken; ***premesso che...*** vorausgesetzt, dass...
pre|mia|re tr. *(premio, premi)* 1 (mit einem Preis) aus‿zeichnen, prämi(i)eren: ***~ i vincitori di una gara*** die Gewinner eines Wettkampfes (mit einem Preis) aus‿zeichnen 2 *(ricompensare)* belohnen: ***i suoi sforzi sono stati premiati*** seine Bemühungen sind belohnt worden (*o* haben sich bezahlt gemacht). **pre|mia|to I** p.pass. agg. 1 → **premiare** 2 preisgekrönt **II** m. Preisträger *m.* **pre|mia|zio|ne** f. Preisverleihung *f.*, Prämierung *f.*
pre|mier [-mɪə, *üblich* -mjer] m.inv. Premier *m.*, Premierminister *m.*
pre|mi|nen|te agg. herausragend: ***avere un ruolo ~*** eine herausragende Rolle spielen ◆ ***interesse ~*** größtes Interesse; ***posizione ~*** Vorrangstellung *f.* **pre|mi|nen|za** f. Vorrang *m.*, Überlegenheit *f.* ◆ ***posizione di ~*** Vorrangstellung *f.*
pre|mio m. *(-mi)* 1 Preis *m.*: ***vincere, assegnare un ~*** einen Preis gewinnen, verleihen; ***gareggiare per il primo ~*** um den ersten Preis kämpfen; ***targhe e coppe in ~ ai migliori classificati*** Plaketten und Pokale als Preise für die Bestklassifizierten 2 *(nelle lotterie)* Gewinn *m.*, Prämie *f.*: ***sorteggiare un ~*** eine Prämie verlosen 3 *(ricompensa)* Belohnung *f.*, Lohn *m.*: ***avere qcs. in ~*** etw. als Lohn bekommen 4a DIR. COMM. Prämie *f.*: ***assegnare un ~ a qcn. per qcs.*** jdm eine Prämie für etw. aus‿setzen; ***il ~ è in scadenza*** die Prämie ist fällig **b** *(indennità)* Zulage *f.*, Prämie *f.* ◆ ***~ annuale*** Jahresprämie *f.*; ***~ d'anzianità*** Alterszuschlag *m.*; ***~ di assicurazione*** Versicherungsprämie *f.*; ***buono (di) ~*** Prämienlos *n.*; ***~ di consolazione*** Trostpreis *m.*; ***contratto a ~*** Prämiengeschäft *n.*; ***~ in denaro*** Geldprämie *f.*; ***~ all'esportazione*** Ausfuhrprämie *f.*, Exportprämie *f.*; ***estrazione dei -i*** Prämienziehung *f.*, Prämienauslosung *f.*; ***~ fedeltà*** Treueprämie *f.*; ***gioco a -i*** Preisausschreiben *n.*; ***Gran Premio*** Großer Preis *m.* (*o* Grand Prix *m.*); ***Gran Premio di Formula 1*** Grand Prix der Formel 1; ***Gran Premio di Spagna*** Großer Preis von Spanien; ***~ di ingaggio*** Gage *f.*; ***~ letterario*** Literaturpreis *m.*; ***licenza ~*** Sonderurlaub *m.*; ***~ alla memoria*** Gedenkpreis *m.*; ***monte -mi*** Gesamtgewinn *m.*; ***~ Nobel*** Nobelpreis; *(persona)* Nobelpreisträger *m.*; ***~ Oscar*** Oscar *m.*; ***pagamento del ~*** Prämienzahlung *f.*; ***~ di produzione*** Leistungszulage *f.*; ***risparmio a -mi*** Prämiensparen *n.*; ***salario a -mi*** Prämienlohn *m.*; ***senza ~*** prämienfrei; ***viaggio ~*** Gewinnreise *f.*; PROV. ***la virtù è ~ a se stessa*** die Tugend ist sich selbst genug.

pre|mi|stof|fa m.inv. SART. Steppfuß *m.*
pre|mi|stop|pa m.inv. Stopfbüchse *f.*, Stopfbuchse *f.*
pre|mo|la|re m. Prämolar *m.*
pre|mo|ni|to|re agg. warnend: ***segno ~*** warnendes Vorzeichen; ***fare un sogno ~*** einen warnenden Traum haben. **pre|mo|ni|to|rio** agg. *(-ri,-rie)* warnend. **pre|mo|ni|zio|ne** f. Vorwarnung *f.*
pre|mo|rien|za f. vorzeitiger Tod *m.*, zuvor eintretender Todesfall *m.*: ***in caso di ~*** bei zuvor eingetretenem Todesfall. **pre|mo|ri|re** intr. *(premuoio, premuori; premorii; premorto*; aus. *essere)* zuvor sterben; ***~ a qcn.*** vor jdm sterben.
pre|mu|ni|re *(premunisco, premunisci)* **I** tr. schützen, wappnen, rüsten: ***~ la città contro i nemici in marcia*** die Stadt gegen den anmarschierenden Feind rüsten; ***~ le coltivazioni contro la grandine*** die bestellten Felder gegen Hagel schützen **II** pronom. **premunirsi** sich wappnen, sich schützen: ***-rsi contro il raffreddore*** sich gegen eine Erkältung wappnen; ***-rsi contro un pericolo*** sich gegen eine Gefahr wappnen; ***si premunì di un fucile*** er bewaffnete sich mit einem Gewehr; ***-rsi di pazienza*** sich mit Geduld wappnen.
pre|mu|ra f. **1** *(riguardo, attenzione)* Sorge *f.*, Aufmerksamkeit *f.*: ***colmare qualcuno di -e*** jdn mit Aufmerksamkeiten überschütten; ***quante -e!*** wie aufmerksam! ***sarà mia ~ farLe avere il lavoro in tempo*** ich werde dafür Sorge tragen, dass Ihnen die Arbeit rechtzeitig zukommt **2** *(sollecitudine)* Zuvorkommenheit *f.*: ***trattare qcn. con grande ~*** jdn mit großer Zuvorkommenheit behandeln **3** *(fretta)* Eile *f.*: ***avere molta ~*** in großer Eile sein (es sehr eilig haben) ◆ ***darsi ~ per qcn.*** für jdn Sorge tragen; ***far ~ a qcn.*** jdn drängen.
pre|mu|rar|si pronom. ***~ di qcs.*** sich um etw. (A) kümmern, etw. (D) Sorge tragen; ***~ di fare qcs.*** daran denken, etw. zu tun; *(affrettarsi)* sich beeilen: ***mi sono premurato di avvisarlo*** ich habe mich beeilt, ihm Bescheid zu geben.
pre|mu|ro|si|tà f. Aufmerksamkeit *f.*, Zuvorkommenheit *f.*
pre|mu|ro|so agg. aufmerksam, zuvorkommend: ***essere ~ con, verso qcn.*** jdm gegenüber sehr zuvorkommend sein; ***una moglie -a*** eine aufmerksame Ehefrau.
pre|na|ta|le agg. pränatal, vorgeburtlich: ***diagnosi ~*** vorgeburtliche Diagnose.
pre|na|ta|li|zio agg. *(-zi,-zie)* vorweihnachtlich ◆ ***periodo ~*** Vorweihnachtszeit *f.*
pren|de|re *(presi; preso)* **I** tr. **1** nehmen: ***~ la valigia*** den Koffer nehmen; ***~ un libro dallo scaffale*** ein Buch aus dem Regal nehmen; ***~ la tazzina per il manico*** das Tässchen am Henkel nehmen (*o* fassen); ***~ una camera doppia con bagno*** ein Doppelzimmer mit Bad nehmen; ***~ posto*** Platz nehmen; ***la macchinetta prende solo banconote nuove*** der Automat nimmt nur neue Banknoten; *(mezzi di trasporto)* ***~ l'autobus, il treno delle 4*** den Bus, den Vier-Uhr-Zug nehmen; ***~ l'ascensore*** den Aufzug nehmen **2** *(catturare)* fassen, fangen: ***~ un ladro*** einen Dieb fassen; ***~ una lepre, delle trote*** einen Hasen, Forellen fangen **3** *(afferrare)* fassen, packen: ***~ qcn. per il collo*** jdn am Hals packen; ***l'ho preso!*** ich habe ihn (gefasst)! **4** *(conquistare)* ein‿nehmen, erobern: ***~ una città*** eine Stadt einnehmen (*o* erobern) **5** *(occupare)* ein‿nehmen: ***quel mobile prende troppo spazio*** dieses Möbelstück nimmt zuviel Platz (*o* Raum) ein; ***il lavoro gli prende metà giornata*** die Arbeit beansprucht ihn den halben Tag **6** *(impegnare)* ***essere preso da qcs.*** beschäftigt sein: ***essere molto preso dal lavoro*** mit der Arbeit sehr beschäftigt sein **7** *(ricevere)* bekommen, erhalten: ***~ un calcio*** einen Fußtritt bekommen; ***~ uno stipendio basso*** ein niedriges Gehalt bekommen; ***~ una sgridata*** ausgeschimpft werden (*o* Schelte bekommen); ***~ uno spavento*** einen Schreck bekommen; ***la stanza prende luce da due finestre*** das Zimmer bekommt durch zwei Fenster Licht **8** *(rubare)* stehlen: ***i ladri gli hanno preso tutto*** die Diebe haben ihm alles gestohlen **9** *(ordinare)* bestellen: ***i signori prendono ancora qualcosa?*** möchten die Herrschaften noch etwas bestellen? **10a** *(colpire, raggiungere)* treffen: ***~ il bersaglio in pieno*** ins Schwarze treffen; ***il proiettile lo prese al cuore*** die Kugel traf ihn ins Herz **b** *(scontrarsi)* ***~ qcs.*** auf etw. (A) prallen; ***~ in pieno un palo*** frontal auf einen Mast prallen **11** *(contrarre, buscare)* sich holen, sich zu‿ziehen, bekommen: ***~ un raffreddore*** sich einen Schnupfen holen; ***~ una grave malattia*** eine schwere Krankheit bekommen **12** *(comprare)* holen, kaufen: ***devo ~ le sigarette*** ich muss Zigaretten holen; ***~ una macchina nuova*** ein neues Auto kaufen **13** *(prelevare)* ab‿holen, holen: ***andare a ~ qcs.*** etw. (ab)holen; ***andare a ~ il vino in cantina*** den Wein aus dem Keller holen; ***vieni a prendermi alle 8*** hol mich um 8 Uhr ab **14** *(rilevare, ricavare)* nehmen, ab‿nehmen: ***~ le impronte digitali*** Fingerabdrücke abnehmen; ***~ le misure di qcn.*** bei jdm Maß nehmen **15** *(cibo, bevande)* (zu sich) nehmen, ein‿nehmen: ***~ un caffè*** eine Tasse Kaffee trinken; *(medicine)* ***pastiglie da ~ a stomaco pieno*** Tabletten, die mit vollem Magen einzunehmen sind **16** *(scambiare)* verwechseln: ***l'avevo preso per tuo marito*** ich hatte ihn mit deinem Mann verwechselt **17** *(considerare)* nehmen, halten: ***~ sul serio*** ernst nehmen; ***~ come modello*** zum Vorbild nehmen; ***per chi mi prendi?*** wofür hältst du mich? **18** *(trattare)* ***bisogna saperlo ~*** man muss ihn zu nehmen wissen; ***~ qcn. con le buone*** jdm gut zu‿reden **19** *(chiedere)* verlangen: ***~ una cifra modesta per le lezioni private*** für den Privatunterricht nicht viel Geld verlangen **20** *(di apparecchio radio, televisivo)* empfangen: ***il televisore non prende bene il secondo canale*** der Fernseher empfängt das zweite Programm nicht gut **21** *(impiegare)* ein‿stellen: ***~ una nuova segretaria*** eine neue Sekretärin einstellen **22** *(cominciare)* ***~ a fare qcs.*** beginnen, etw. zu tun, an‿fangen, etw. zu tun: ***improvvisamente ha preso a trattarmi male*** plötzlich hat er begonnen, mich schlecht zu behandeln; ***ha preso a grandinare*** es begann zu hageln **23** ***farsi ~ da qcs.*** von etw. ergriffen (*o* gepackt) werden; ***farsi ~ dalla paura*** von Angst gepackt werden; ***farsi ~ dal nervoso*** nervös werden **II** intr. (aus. *avere*) **1** *(avviarsi, dirigersi)* ***~ a destra, sinistra*** nach rechts, links gehen; *(con veicoli)* nach rechts, links fahren **2** *(accendersi)* brennen: ***il fuoco ha preso bene*** das Feuer brennt gut **3** *(attecchire)* wurzeln, Wurzeln schlagen, an‿wachsen: ***la piantina ha preso*** die Pflanze hat Wurzeln geschlagen **4** *(rapprendersi)* binden: ***un cemento che prende subito*** ein Zement, der sofort bindet **5** *(essere colto)* ***a qcn. prende qcs.*** jd bekommt etw.: ***gli è presa una crisi d'astinenza*** bei ihm sind Entzugserscheinungen aufgetreten; ***mi è preso un gran mal di testa*** ich habe wahnsinnige Kopfschmerzen bekommen **III** pronom. **prendersi 1a** ***-rsi qcs.*** sich etw. nehmen; ***la più bella se l'è presa lui*** die Schönste hat er sich genommen **b** *(malattie)* bekommen, kriegen, sich holen: ***-rsi un'influenza*** eine Grippe bekommen (*o* kriegen); ***-rsi un raffreddore*** sich einen Schnupfen holen (*o* eine Erkältung bekommen *o* sich erkälten) **2** ***prendersela (a male)*** sich ärgern (*o* sich auf‿regen); ***non te la prendere*** reg dich nicht auf **3** *(reciproco)* ***-rsi a botte*** sich prügeln, sich raufen; ***-rsi per mano*** sich an der Hand nehmen; ***giocare a -rsi*** Fangen spielen **4** GERG. *(piacere)* ***-rsi bene*** an‿turnen; ***-rsi male*** ab‿turnen ◆ ***~ l'accento del posto*** den hiesigen Akzent an‿nehmen; ***~ in affitto un appartamento*** eine Wohnung mieten; ***~ l'aire*** einen Anlauf nehmen; ***essere preso d'amore per qcn.*** von Liebe zu jdm ergriffen sein; ***~ un appuntamento*** einen Termin vereinbaren; ***~ un appuntamento da qcn.*** einen Termin bei jdm aus‿machen; ***~ appunti*** sich (D) Notizen machen; ***~ atto di qcs.*** etw. zur Kenntnis nehmen, von etw. Kenntnis nehmen; ***~ l'avvio*** in Fahrt (*o* Schwung) kommen, ins Rollen kommen; ***~ a calci qcn.*** jdm Fußtritte versetzen; ***che ti prende?*** was ist mit dir los? ***-rsi la colpa di qcs.*** die Schuld für etw. auf sich nehmen; ***che ti prenda un colpo!*** der Schlag soll dich treffen! ***~ consistenza*** Gestalt an‿nehmen; ***~ contatto con qcn.*** mit jdm Kontakt auf‿nehmen; ***~ corpo*** Gestalt an‿nehmen (*o* gewinnen); ***-rsi a cuore qcn., qcs.*** sich jdn, etw. zu Herzen nehmen; ***-rsi cura di qcn., qcs.*** sich um jdn, etw. kümmern (*o* für jdn, etw. Sorge tragen); ***nel parlare ha preso da sua madre*** die Art zu sprechen hat er von seiner Mutter; ***~ una decisione*** eine Entscheidung treffen; ***~ in esame qcs.*** etw. prüfen (*o* erwägen), etw. in Erwägung ziehen; ***~ fiato*** Atem holen (*o* schöpfen); ***prendila con filosofia*** nimm's gelassen; ***~ qcn. per i fondelli*** jdn verarschen; ***~ forma*** Gestalt, feste Form (*o* Formen) an‿nehmen; ***~ freddo*** frieren, sich verkühlen; ***~ in giro qcn.*** jdn auf den Arm nehmen; ***~ qcn. per la gola*** jdn bei der Gurgel packen; FIG. jdn durch seine Kochkünste erobern; ***prenderci gusto*** Gefallen an etw. finden; ***~ un impegno*** eine Verpflichtung übernehmen; ***~ il largo*** in See stechen; FIG. *(svignarsela)* das Weite suchen; ***~ o lasciare*** entweder... oder...; ***~ lezioni*** *(ripetizioni)* Nachhilfestunden nehmen; ***~ lezioni di pianoforte*** Klavierunterricht nehmen; ***-rsi la libertà di fare qcs.*** sich die Freiheit nehmen, etw. zu tun; ***prenderla alla lontana*** weit aus‿holen; ***~ marito, ~ moglie*** heiraten; ***prendere qcn. in moglie*** jdn zur Frau nehmen; ***~ le mosse da qcs.*** von etw. seinen Ausgang nehmen; ***~ qcn. per il naso*** jdn an der Nase herum‿führen; ***~ piede*** Fuß fassen; ***~ posizione*** Stellung beziehen; FIG. ***~ posizione su qcs.*** zu etw. Stellung nehmen; ***prenderla bene, male*** etw. gut, nicht gut auf‿nehmen; ***prender(se)la con calma, comodo*** etw. in aller Ruhe machen (*o* tun); COLLOQ. ***prenderle*** Schläge bekommen; *(essere sconfitto)* eins aufs Dach kriegen; ***se non la smetti subito, le prendi*** wenn du nicht sofort aufhörst, setzt es was; ***~ in prestito qcs.*** sich etw. aus‿leihen; ***~ quota*** an Höhe gewinnen; FIG. *(di mercato azionario)* sich beleben; *(di valuta)* steigen; ***-rsi una responsabilità*** eine Verantwortung übernehmen; ***~ a schiaffi qcn.*** jdn ohrfeigen; ***~ servizio*** den Dienst an‿treten; ***~ qcn. in simpatia***

Sympathie für jdn entwickeln; *~ il sole* sich sonnen; *~ tempo* Zeit heraus_schlagen; *prenditi tempo* lass dir Zeit; *~ il toro per le corna* den Stier bei den Hörnern packen (*o* fassen); *il legno ha preso umidità* das Holz ist feucht geworden; *~ il via* starten; *~ un vizio* ein Laster an_nehmen; FIG. *~ il volo* auf_fliegen, weg_fliegen; (*sparire*) verschwinden.

pren|di|so|le m.inv. Trägerkleid *n.*

pren|di|to|re m. Nehmer *m.*: *~ di una cambiale* Wechselnehmer *m.* (*o* Remittent *m.*); *~ del credito* Kreditnehmer *m.*

pre|no|me m. **1** Vorname *m.* **2** STOR. Pränomen *n.*

pre|no|ta|bi|le agg. bestellbar, reservierbar.

pre|no|ta|re I tr. **1** vor_bestellen, reservieren lassen, bestellen, buchen: *~ un posto a teatro* einen Platz im Theater vorbestellen; *~ un tavolo per le otto* einen Tisch für acht Uhr reservieren lassen; *~ un libro in libreria* ein Buch in der Buchhandlung bestellen; *~ un volo* einen Flug buchen; *~ una camera con bagno* ein Hotelzimmer mit Bad buchen; *~ un posto in nave* einen Platz auf einem Schiff buchen **2** (*prendere una prenotazione*) reservieren: *le abbiamo prenotato un tavolo* wir haben Ihnen einen Tisch reserviert **II** pronom. **prenotarsi** sich an_melden, sich vor_merken lassen: *-rsi per qcs.* sich für etw. vormerken lassen.

pre|no|ta|to p.pass. agg. **1** → **prenotare 2** vorbestellt, reserviert, gebucht: *posto ~* reservierter Platz; *il taxi è ~ per le sette* das Taxi ist für sieben Uhr bestellt; *tutti i posti sono -i* alle Plätze sind gebucht.

pre|no|ta|zio|ne f. **1** (*di posti, libri*) Vorbestellung *f.*; (*di tavoli*) Reservierung *f.*; (*di viaggi, voli*) Buchung *f.* **2** FERR. Platzkarte *f.* ◆ *biglietto con ~* Fahr- und Platzkarte *f.*; *cambiare la ~ di un viaggio, di un volo* eine Reise, einen Flug um_buchen; *cancellare una ~* eine Vorbestellung stornieren; *fare una ~ di qcs.* etw. reservieren lassen; *con ~ obbligatoria* platzkartenpflichtig; *prendere una ~* etw. reservieren.

pren|si|le agg. Greif-: *coda ~* Greifschwanz *m.*; *escavatore ~* Greifbagger *m.*

pre|oc|cu|pan|te agg. Besorgnis erregend: *una prospettiva ~* Besorgnis erregende Aussicht ◆ *un futuro ~* eine düstere Zukunft.

pre|oc|cu|pa|re (*preoccupo*) **I** tr. *~ qcn.* jdn beunruhigen, jdm Sorgen machen: *il suo atteggiamento mi preoccupa* seine Haltung macht mir Sorgen; *il suo ritardo ci preoccupa* seine Verspätung beunruhigt uns **II** pronom. **preoccuparsi 1** sich Sorgen machen, sich sorgen, besorgt sein: *-rsi di, per qcs.* sich um etw. Sorgen machen; *-rsi per qcn.* sich um jdn sorgen (*o* Sorgen machen); *non -rsi delle conseguenze* sich nicht um die Folgen kümmern; *-rsi per il proprio benessere* für das eigene Wohlergehen sorgen; *non preoccuparti* mach dir keine Sorgen; *-rsi inutilmente* sich unnötige Sorgen machen **2** (*prendersi la briga*) sich bemühen, sorgen: *-rsi di mostrarsi sempre allegro* sich bemühen, immer fröhlich zu erscheinen; *-rsi di avvertire qcn.* dafür sorgen, jdn zu benachrichtigen.

pre|oc|cu|pa|to p.pass. agg. **1** → **preoccuparsi 2** besorgt, bekümmert: *essere ~ per qcs.* wegen etw. besorgt (*o* bekümmert) sein; *essere ~ per qcn.* um jdn besorgt (*o* bekümmert) sein. **pre|oc|cu|pa|zio|ne** f. Sorge *f.*, Kummer *m.*, Problem *n.*: *-i familiari, economiche* familiäre, finanzielle Probleme; *un bambino che non dà -i* ein Kind, das keine Sorgen macht.

pre|o|lim|pi|co, pre|o|lim|pio|ni|co agg. (*-ci,-che*) vorolympisch.

pre|o|me|ri|co agg. (*-ci, -che*) vorhomerisch.

pre|o|pe|ra|to|rio agg. (*-ri,-rie*) präoperativ.

pre|or|di|na|re tr. (vorher_)bestimmen: *~ qcs. a un dato fine* etw. für einen bestimmten Zweck bestimmen. **pre|or|di|na|ta|men|te** avv. vorherbestimmt. **pre|or|di|na|to** p.pass. agg. **1** → **preordinare 2** vorherbestimmt. **pre|or|di|na|zio|ne** f. Vorherbestimmung *f.*

pre|pa|ga|men|to m. Vorausbezahlung *f.*

pre|pa|la|ta|le agg. präpalatal.

pre|pa|ra|re I tr. **1** vor_bereiten: *~ un viaggio, la partenza* eine Reise, die Abreise vorbereiten **2a** *~ la lezione* die Lektion präparieren, vor_bereiten **b** *~ uno studente per un esame* einen Studenten auf eine Prüfung vorbereiten; *~ un esame* sich auf eine Prüfung vorbereiten **3** (*predisporre*) vor_bereiten, gefasst machen: *~ qcn. a una notizia* jdn auf eine Nachricht vorbereiten; *~ qcn. alle difficoltà della vita* jdn auf die Schwierigkeiten des Lebens vorbereiten **4a** (*approntare*) her_richten: *~ la stanza per gli ospiti* das Zimmer für die Gäste herrichten; *~ il letto* das Bett richten **b** *~ il pranzo* das Mittagessen zu_bereiten; *~ un panino* ein Brötchen machen; *~ il caffè* Kaffee machen (*o* kochen) **5** (*allenare*) vor_bereiten, trainieren: *~ un atleta* einen Sportler trainieren **II** pronom. **prepararsi 1** sich fertig machen, sich bereit_machen, sich vor_bereiten: *-rsi per uscire* sich zum Ausgehen fertig machen; *prepàrati: tra un po' dobbiamo andare* mach dich fertig, wir müssen bald gehen **2a** (*di insegnante*) sich vor_bereiten, sich präparieren: *-rsi per la lezione* sich für den Unterricht präparieren **b** (*di studente*) *-rsi per un esame* sich auf eine Prüfung vorbereiten **3** (*predisporsi*) sich vor_bereiten, sich gefasst machen: *-rsi psicologicamente* sich seelisch vorbereiten; *-rsi al peggio* sich auf das Schlimmste gefasst machen ◆ *che cosa ci prepara il futuro?* was hält die Zukunft für uns bereit? *~ da mangiare* das Essen zubereiten; *si prepara un periodo difficile* es stehen schwere Zeiten bevor; *~ la tavola* den Tisch decken; *si prepara un temporale* ein Gewitter ist im Anzug; *~ il terreno* den Boden gar machen; FIG. Vorarbeit leisten; *~ la valigia* (den Koffer) packen.

pre|pa|ra|ti|vo m. Vorbereitung *f.*: *fare i -i per qcs.* Vorbereitungen für etw. treffen; *fare i -i per un viaggio* Vorbereitungen für eine Reise (*o* Reisevorbereitungen) treffen.

pre|pa|ra|to I p.pass. agg. **1** → **preparare 2** (*pronto*) vorbereitet, bereit **3** (*spiritualmente*) vorbereitet, gefasst: *essere ~ a qcs.* auf etw. vorbereitet (*o* gefasst) sein; *essere ~ al peggio* auf das Schlimmste gefasst sein **4** (*competente*) qualifiziert: *un insegnante ~* ein qualifizierter Lehrer **5** (*ferrato*) gut vorbereitet, sattelfest: *studente ben ~* gut vorbereiteter Schüler; *essere ~ in qcs.* in etw. sattelfest sein; *essere ~ per un esame* für eine Prüfung gesattelt sein **6** AGR. gar; *terreno ~* Gare *f.* **II** m. Präparat *n.* ◆ *~ alimentare* Nährpräparat *n.*; *~ alimentare per biberon* Flaschennahrung *f.*; *~ a base di ferro* Eisenpräparat *n.*; *~ insulinico* Insulinpräparat *n.*; *~ mercuriale* Quecksilberpräparat *n.*; *~ a base di ormoni* Hormonpräparat *n.*; *~ polivalente* Mehrzweckpräparat *n.*; *~ vitaminico* Vitaminpräparat *n.*

pre|pa|ra|to|re m. **1** Vorbereiter *m.* **2** MED. BIOL. Präparator *m.* **3** (*allenatore*) *~ (atletico)* Fitnesstrainer *m.* **4** *~ (chimico)* Hersteller *m.* chemischer Präparate. **pre|pa|ra|to|rio** agg. (*-ri,-rie*) Vor-, Vorbereitungs- ◆ *corso ~* Vorkurs *m.* (*o* Vorbereitungskurs *m.*); *esercizio ~* Vorübung *f.*; *lavoro ~* Vorarbeit *f.*; *studio ~* Vorstudie *f.*

pre|pa|ra|zio|ne f. **1** Vorbereitung *f.*: *essere in ~* in Vorbereitung sein **2** GASTR. Zubereitung *f.*: *richiedere una lunga ~* eine lange Zubereitungszeit erfordern **3a** (*formazione*) Bildung *f.*, Ausbildung *f.*: *avere una ~ umanistica* eine humanistische Bildung haben **b** (*conoscenze precedenti*) Vorbildung *f.*, Vorkenntnisse *pl.*: *non avere nessuna ~* keinerlei Vorkenntnisse besitzen **4** (*competenza*) Qualifikation *f.* **5a** (*allenamento*) *~ atletica* Fitnesstraining *n.* **b** (*condizione*) Fitness *f.*: *avere una buona ~ atletica* fit (*o* gut trainiert) sein ◆ *esercizio di ~* Vorübung *f.*; *lavoro di ~* Vorarbeit *f.*; *~ professionale* Berufsausbildung *f.*; *corso di ~ professionale* Ausbildungskurs *m.*; *tempo di ~* Vorbereitungszeit *f.*; GASTR. Zubereitungszeit *f.*; TECN. Rüstzeit *f.*

pre|par|to agg. Schwangerschafts-: *ginnastica ~* Schwangerschaftsgymnastik *f.*; *corso ~* Geburtsvorbereitungskurs *m.*

pre|pen|sio|na|men|to m. Vorruhestand *m.*; *mettere qcn. in ~* jdn vorzeitig pensionieren (*o* jdn vorzeitig in den Ruhestand versetzen).

pre|pon|de|ran|te agg. **1** (*prevalente*) vorherrschend: *opinione ~* vorherrschende Meinung **2** (*numericamente*) *essere ~* in der Überzahl sein. **pre|pon|de|ran|za** f. **1** (*numerica*) Überzahl *f.* **2** (*prevalenza*) Überwiegen *n.*: *la ~ della ragione sui sentimenti* das Überwiegen der Vernunft über die Gefühle **3** (*superiorità*) Übergewicht *n.*, Übermacht *f.*

pre|por|re tr. (*prepongo, preponi; preposi; preposto*) **1** voran_setzen, an die Spitze stellen: *~ qcn. all'amministrazione* jdn an die Spitze der Verwaltung setzen **2a** (*anteporre*) voran_stellen: *~ il soggetto al verbo* das Subjekt dem Verb voranstellen **b** (*preferire*) vor_ziehen, über_ordnen: *~ il lavoro alla famiglia* die Arbeit der Familie überordnen.

pre|po|si|ti|vo agg. Präpositions-: *locuzione -a* Präpositionsgefüge *n.*

pre|po|si|tu|ra f. Propstei *f.* **pre|po|si|tu|ra|le** agg. Propstei-: *chiesa ~* Propsteikirche *f.*

pre|po|si|zio|na|le agg. präpositional, Präpositional- ◆ *attributo ~* Präpositionalattribut *n.*; *caso ~* Präpositionalfall *m.* (*o* Präpositionalkasus *m.*); *oggetto ~* Präpositionalobjekt *n.*

pre|po|si|zio|ne f. Präposition *f.*, Verhältniswort *n.*: *questa ~ regge il dativo* diese Präposition regiert den Dativ; *~ semplice* Präposition *f.*; *~ articolata* mit dem Artikel verschmolzene Präposition.

pre|po|sto I p.pass. agg. **1** → **preporre 2** übergeordnet: *~ a qcs.* etw. (D) übergeordnet; *l'autorità -a* die übergeordnete Behörde **II** m. Propst *m.*

pre|po|ten|te I agg. **1** arrogant, anmaßend; ANT. präpotent **2** (*irresistibile*) heftig: *un desiderio ~* ein heftiges Verlangen **II** m. e f. Rechthaber *m.* (-in *f.*), arroganter, anmaßender Mensch; *fare il ~*

anmaßend auf‿treten. **pre|po|ten|za** f. **1** Arroganz *f.*, Anmaßung *f.*; ***con ~*** anmaßend **2** *(sopruso)* Übergriff *m.* ◆ ***agire di ~*** mit Rücksichtslosigkeit vor‿gehen. **pre|po|te|re** m. ANT. Präpotenz *f.*
pre|print m.inv. Vordruck *m.*
pre|pu|be|ra|le, pre|pu|be|re agg. vorpubertär. **pre|pu|ber|tà** f. Vorpubertät *f.*
pre|pu|zio m. *(-zi)* Präputium *n.*, Vorhaut *f.*
pre|raf|fa|el|li|smo m. Präraffaelismus *m.* **pre|raf|fa|el|li|ta** *(-i,-e)* **I** agg. präraffaelitisch **II** m. e f. Präraffaelit *m.* (-in *f.*).
pre|ri|na|sci|men|ta|le agg. Vorrenaissance-.
pre|ri|scal|da|men|to m. Vorheizung *f.* **pre|ri|scal|da|re** tr. **1** *(appartamento)* vor‿heizen **2** *(cibi, letto)* vor‿wärmen. **pre|ri|scal|da|to|re** m. Vorwärmer *m.*
pre|ro|ga|ti|va f. **1** Sonderrecht *n.*, Vorrecht *n.*: ***avere la ~ di fare qcs.*** das Vorrecht haben, etw. zu tun **2** *(caratteristica peculiare)* besonderer Vorzug *m.*
pre|ro|ma|ni|co agg. *(-ci,che)* vorromanisch.
pre|ro|ma|no agg. vorrömisch.
pre|ro|man|ti|ci|smo m. Vorromantik *f.* **pre|ro|man|ti|co** **I** agg. *(-ci,-che)* vorromantisch **II** m. *(-ci)* Vorläufer *m.* der Romantik.
pre|sa f. **1** Griff *m.* (anche SPORT): ***allentare la ~*** den Griff lockern; ***lasciare la ~*** los‿lassen; ***avere una salda ~*** einen festen Griff haben; SPORT ***effettuare una ~ al volo*** einen Ball im Flug fangen **2** *(adesione)* Abbinden *n.*, Abbindung *f.*: ***la ~ del gesso*** das Abbinden des Gipses; ***questa colla ha una buona ~*** dieser Klebstoff haftet gut **3** EL. Steckdose *f.*: ***~ doppia*** Doppelsteckdose *f.* **4** *(pizzico)* Prise *f.*: ***~ di tabacco, sale*** eine Prise Tabak, Salz **5** *(conquista)* Sturm *m.* **6** *(parte da afferrare)* Henkel *m.*, Griff *m.* ◆ ***~ dell'acqua*** Wasseranschluss *m.*; ***~ d'aria*** Lüftungsklappe *f.*, Luftklappe *f.*; ***~ d'atto*** Kenntnisnahme *f.*; ***la ~ della Bastiglia*** der Sturm auf die Bastille; ***cane da ~*** Hetzhund *m.*; ***~ a ciabatta*** Mehrfachsteckdose *f.*; SPORT ***~ alla cintura*** Gürtelgriff *m.*; ***~ in considerazione*** Berücksichtigung *f.*; ***~ di contatto*** Kontaktaufnahme *f.*, Kontaktnahme *f.*; ***~ di corrente*** Steckdose *f.*; FIG. ***dare ~ a qcs.*** zu etw. Anlass geben; MECC. ***~ diretta*** Direktkupplung *f.*; CINEM. direkte Tonaufnahme; TELEV. ***in ~ diretta*** Liveaufnahme *f.*; ***~ in esame*** Prüfung *f.*; ***essere alle -e con qcs.*** mit etw. beschäftigt sein (*o* sich mit etw. ab‿mühen); ***fare ~*** greifen, fassen; ***l'ancora fa ~ sul fondo*** der Anker fasst; FIG. ***fare ~ su qcn.*** jdn beeindrucken (*o* auf jdn Eindruck machen); ***~ del gas*** Gasanschluss *m.*; ***~ in giro*** Fopperei *f.*; ***macchina da ~*** Filmkamera *f.*; ***~ multipla*** Mehrfachsteckdose *f.*; ***~ di posizione*** Stellungnahme *f.*, Parteinahme *f.*; ***~ di possesso*** Inbesitznahme *f.*, Besitzergreifung *f.*; ***~ di potere*** Machtübernahme *f.*; ***a ~ rapida*** schnell bindend; ***venire alle -e*** handgreiflich werden.
pre|sa|gi|bi|le agg. voraussehbar.
pre|sa|gio m. *(-gi)* **1** *(presentimento)* Ahnung *f.*, Vorahnung *f.* **2** *(segno premonitore)* Vorzeichen *n.*, Anzeichen *n.*, Vorbedeutung *f.*; ***-gi di guerra*** Anzeichen für Krieg; ***cattivo ~*** Menetekel *n.* (*o* schlechtes Omen). **pre|sa|gi|re** tr. *(presagisco, presagisci; presagii)* **1** *(pronosticare)* voraus‿sehen, prophezeien **2** *(presentire)* ahnen, voraus‿ahnen: ***non ~ niente di buono*** nichts Gutes ahnen; ***~ una sventura*** ein Unglück vorausahnen ◆ ***far, lasciar ~*** deuten (*o* hin‿deuten); ***le sue parole non lasciano ~ niente di buono*** seine Worte deuten auf nichts Gutes hin. **pre|sa|go** agg. *(-ghi,-ghe)* ahnend, vorausahnend: ***~ di qcs.*** etw. vorausahnend.
pre|sa|la|rio m. *(-ri)* = staatliches Stipendium *n.* für Studenten.
pre|sa|me m. Labferment *n.*, Lab *n.*
pre|sbia|cu|si|a f. Altersschwerhörigkeit *f.*
pre|sbio|pi|a f. Weitsichtigkeit *f.*, Alterssichtigkeit *f.* **pre|sbi|te** **I** agg. weitsichtig, alterssichtig **II** m. e f. Weitsichtige *m.* e *f.*, Alterssichtige *m.* e *f.*
pre|sbi|te|ra|le → **presbiteriale**. **pre|sbi|te|ra|to** → **presbiteriato**. **pre|sbi|te|ria|le** agg. presbyterial. **pre|sbi|te|ria|ne|si|mo, pre|sbi|te|ria|ni|smo** m. Presbyterianismus *m.* **pre|sbi|te|ria|no** **I** agg. presbyterianisch **II** m. Presbyterianer *m.* **pre|sbi|te|ria|to** m. Presbyteriat *n.* **pre|sbi|te|rio** m. *(-ri)* **1** Presbyterium *n.*, Hochaltarraum *m.* (anche ARCH.); ***membro del ~*** Presbyter *m.* **2** *(canonica)* Pfarrhaus *n.* **pre|sbi|te|ro** m. **1** RELIG. STOR. Älteste *m.* **2** *(sacerdote)* Pfarrer *m.*
pre|sbi|ti|smo m. Weitsichtigkeit *f.*, Alterssichtigkeit *f.*
pre|sce|glie|re tr. *(prescelgo, prescegli; prescelsi; prescelto)* **1** (aus‿)wählen, aus‿ersehen: ***~ qcn. tra una rosa di candidati*** jdn aus einer Reihe von Kandidaten auswählen **2** *(per particolari onori)* aus‿erwählen, aus‿erlesen.
pre|scel|to **I** p.pass. agg. **1** → **prescegliere** **2** ausgewählt **3** *(per particolari onori)* ausersehen, auserlesen, auserwählt **II** m. **1** Ausgewählte *m.* **2** *(per particolari onori)* Auserlesene *m.*, Auserwählte *m.*
pre|scien|te agg. vorauswissend, mit Vorherwissen ausgestattet. **pre|scien|za** f. **1** Vorherwissen *n.*, Vorauswissen *n.* **2** *(preveggenza)* prophetischer Blick *m.*
pre|sci|i|sti|ca f. Skigymnastik *f.* **pre|sci|i|sti|co** agg. *(-ci,-che)* ***ginnastica -a*** Skigymnastik *f.*
pre|scin|de|re intr. *(prescindei/prescissi; prescisso)* ab‿sehen: ***~ da qcs.*** von etw. absehen ◆ ***a ~ da qcs., prescindendo da qcs.*** abgesehen von etw.; ***a ~ dal fatto che...*** abgesehen davon, dass...
pre|sco|la|re agg. Vorschul-: ***età ~*** Vorschulalter *n.*; ***bambino in età ~*** Vorschulkind *n.*, Kleinkind *n.* **pre|sco|la|sti|co** agg. *(-ci, -che)* vorschulisch, Vorschul-: ***educazione -a*** Vorschulerziehung *f.*
pre|scrit|ti|bi|le agg. verjährbar.
pre|scrit|ti|bi|li|tà f. Verjährbarkeit *f.* **pre|scrit|ti|vo** agg. **1** präskriptiv, normativ: ***grammatica -a*** normative Grammatik **2** DIR. verjährt.
pre|scrit|to p.pass. agg. **1** → **prescrivere** **2** vorgeschrieben: ***~ dal regolamento*** vom Reglement vorgeschrieben; ***entro i termini -i*** innerhalb der vorgeschriebenen Frist; ***come ~*** wie vorgeschrieben **3** MED. verschrieben, verordnet **4** DIR. verjährend.
pre|scri|ve|re *(prescrissi; prescritto)* **I** tr. **1** vor‿schreiben: ***la legge prescrive che...*** das Gesetzt schreibt vor, dass... **2** MED. verschreiben, verordnen **3** *(mandare in prescrizione)* präskribieren **II** pronom. **prescriversi** DIR. verjähren.
pre|scri|zio|ne f. **1** *(direttiva)* Vorschrift *f.* **2** MED. Verschreibung *f.*, Verordnung *f.*; ***salvo diversa ~ medica*** falls vom Arzt nicht anders verordnet **3** DIR. Verjährung *f.*: ***~ di pena*** Verjährung der Strafe; ***~ del reato*** Straftatverjährung *f.* ◆ ***andare, cadere in ~*** verjähren; ***dietro ~ medica*** nach ärztlicher Verordnung; ***mandare in ~*** verjähren lassen; ***obbligo di ~ medica*** Verschreibungspflicht *f.* (*o* Rezeptpflicht *f.*); ***soggetto a ~ medica*** verschreibungspflichtig (*o* rezeptpflichtig); ***non soggetto a ~ medica*** rezeptfrei; DIR. ***termine di ~*** Verjährungsfrist *f.*
pre|scuo|la f. Vorschule *f.*
pre|se|gna|la|re tr. vorher an‿zeigen, vorher signalisieren. **pre|se|gna|le** m. Vorsignal *n.*
pre|se|let|to|re m. Vorwähler *m.* **pre|se|le|zio|na|re** tr. **1** vorher aus‿wählen, vor‿wählen **2** ASSOL. eine Vorauswahl machen. **pre|se|le|zio|ne** f. **1** Vorwahl *f.*, Vorauswahl *f.* **2** TEL. Vorwahl *f.*
pre|sen|ta|bi|le agg. **1** vorzeigbar, präsentabel **2** *(decente, decoroso)* anständig: ***avere un aspetto ~*** anständig aus‿sehen; ***così non sei ~*** so kannst du dich nicht zeigen. **pre|sen|ta|bi|li|tà** f. **1** Vorzeigbarkeit *f.* **2** *(decenza)* Anständigkeit *f.*
pre|sen|ta|re **I** tr. **1a** vor‿stellen: ***le presento mio marito*** ich stelle Ihnen meinen Mann vor **b** *(introdurre)* ein‿führen: ***~ qcn. al circolo, in famiglia*** jdn in den Klub, die Familie einführen **2** *(sottoporre)* vor‿legen, vor‿stellen, ein‿reichen, unterbreiten: ***~ una lettera, il bilancio*** ein Schreiben, die Bilanz vorlegen; ***~ una proposta, un piano*** einen Vorschlag, Plan unterbreiten; ***~ una domanda, la propria candidatura, le dimissioni*** einen Antrag, seine Kandidatur, den Rücktritt einreichen **3** *(esibire)* vor‿zeigen, vor‿weisen: ***~ il passaporto*** den Pass vorzeigen (*o* vorweisen) **4** *(rivelare)* auf‿weisen: ***~ i segni di una malattia*** die Anzeichen einer Krankheit aufweisen **5a** *(offrire, porgere)* dar‿bringen: ***~ un dono*** eine Gabe darbringen **b** *(volgere)* zeigen, zu‿wenden: ***la casa presenta la facciata a sud*** die Vorderseite das Hauses zeigt (*o* liegt) nach Süden **6** *(mostrare in pubblico)* vor‿stellen, vor‿führen, präsentieren: ***~ un nuovo modello di auto*** ein neues Automodell vorstellen; ***~ la moda primaverile*** die Frühlingsmode vorführen **7** TELEV. TEATR. ***~ una trasmissione*** eine Sendung leiten; ***~ uno spettacolo*** eine Show präsentieren **II** pronom. **presentarsi** **1** sich vor‿stellen: ***permetta che mi presenti*** gestatten Sie, dass ich mich vorstelle; ***-rsi in una ditta*** sich bei einer Firma vorstellen **2a** *(comparire)* erscheinen: ***si è presentato vestito in modo indecente*** er erschien in einem unmöglichen Aufzug **b** *(recarsi)* erscheinen, sich melden: ***-rsi in tribunale*** vor Gericht erscheinen; ***-rsi al distretto di polizia*** sich auf dem Polizeipräsidium melden; ***-rsi al distretto militare*** sich bei der Wehrersatzbehörde melden **3** *(succedere)* ein‿treten: ***un caso così non si è mai presentato*** so ein Fall ist noch nie eingetreten **4** *(prospettarsi)* ***si presenta un problema*** ein Problem tritt auf; ***il problema si presenta grave*** das Problem erweist sich als ernst; ***si presentò un fatto insolito*** es ereignete sich etwas Ungewöhnliches; ***dipende da come si presentano le cose*** es hängt davon ab, wie die Dinge laufen **5** *(offrirsi)* sich (an‿)bieten: ***non si presenterà mai più un'occasione simile*** eine solche Gelegenheit wird sich nie wieder bieten ◆ ***~ le armi*** das Gewehr (*o* die Gewehre) präsentieren; ***-rsi bene*** einen guten Eindruck machen; ***-rsi male*** einen schlechten Eindruck machen; ***~ i propri omaggi*** (seine besten) Grüße entbieten; ***~ i propri os-***

sequi seine Ehrerbietung bezeigen (*o* erweisen); *"mi saluti sua moglie!" "presenterò!"* „grüßen Sie Ihre Frau!" „ja, gern!".
pre|sen|tat'arm, pre|sen|ta|tarm m.inv. präsentiert das Gewehr!
pre|sen|ta|to|re m. RAD. TELEV. Präsentator *m.*, Ansager *m.*; *(di spettacoli)* Showmaster *m.* ◆ *~ di giochi a quiz* Quizmaster *m.*; *~ di varietà* Conférencier *m.* **pre|sen|ta|tri|ce** f. RAD. TELEV. Präsentatorin *f.*, Ansagerin *f.*; *(di spettacoli)* Showmasterin *f.* ◆ *~ di giochi a quiz* Quizmasterin *f.*; *~ di varietà* Conférencière *f.*
pre|sen|ta|zio|ne f. **1a** *(il fare conoscenza)* Vorstellen *n.*; *fare le -i di qcn.* jdn vor‿stellen **b** *(discorso introduttivo, cerimonia)* Vorstellen *n.*, Vorstellung *f.*: *la ~ di un film* die Vorstellung eines Films **2** *(esibizione)* Vorlage *f.*: *dietro ~ del documento d'identità* gegen Vorlage des Personalausweises **3** *(inoltro)* Einbringung *f.*: *~ della legge* Einbringung des Gesetzes **4** *(proposta di nomina)* Aufstellung *f.* ◆ *~ alle armi* Einrücken *n.* (zum Wehrdienst); *~ cefalica* Kopflage *f.*; *colloquio di ~* Vorstellungsgespräch *n.*; ECCL. *diritto di ~* Präsentationsrecht *n.*; *~ della domanda* Antragstellung *f.*; *~ formale* Geleitwort *n.*; *lettera di ~* Referenz *f.*; COMM. *obbligo di ~* Präsentationspflicht *f.*; MIL. *ordine di ~* Einberufungsbefehl *m.*; *~ podalica* Steißlage *f.* (*o* Fußlage *f.*); RAD. TELEV. *~ dei programmi* Programmvorschau *f.*; *termine di ~* Einreichungsfrist *f.*; *visita di ~* Antrittsbesuch *m.*; COMM. *~ a vista* bei Sicht.
1.pre|sen|te I agg. **1** anwesend: *gli alunni -i alla lezione* die im Unterricht anwesenden Schüler; *il pubblico ~* die Anwesenden; *essere ~ (a qcs.)* (bei etw.) anwesend sein (*o* dabei sein) **2** *(esistente)* gegeben: *nelle -i circostanze* unter den gegebenen Umständen **3a** *(di oggi)* heutig: *la generazione ~* die heutige Generation **b** *(attuale)* gegenwärtig, jetzig, derzeitig: *la ~ situazione* die gegenwärtige Situation; *epoca ~* gegenwärtige Zeit (*o* Jetztzeit *f.*) **4** *(questo)* vorliegend, dieser: *il ~ documento* das vorliegende Dokument; *nel caso ~* im vorliegenden Fall; *nel ~ mese, anno* in diesem Monat, Jahr **5** *(vivo)* lebendig: *il ricordo di lei è sempre ~* die Erinnerung an sie ist immer lebendig **6** *(in espressioni assolute) lei, lui ~* in ihrer, seiner Gegenwart **II** m. **1a** *(epoca attuale)* Gegenwart *f.* **b** *(l'oggi)* Jetzt *n.*, Heute *n.*: *il passato e il ~* das Einst und das Jetzt **2** GRAMM. Präsens *n.*, Gegenwart *f.*: *~ storico, narrativo* historisches Präsens; *essere al ~* im Präsens stehen; *coniugare un verbo al ~* ein Verb im Präsens konjugieren; *mettere un verbo al ~* ein Verb ins Präsens setzen **III** m. e f. Anwesende *m.* e *f.*: *esclusi i -i* Anwesende ausgenommen (*o* ausgeschlossen) **IV** f. BUROCR. Brief *m.*, Schreiben *n.*: *il latore della ~* der Überbringer dieses Briefes ◆ *al ~* zur Zeit (*o* jetzt); *avere ~ qcn., qcs.* jdn, etw. präsent haben; *(ricordarsi)* sich an jdn, etw. erinnern; BUROCR. *con la ~* hiermit; *far ~ qcs. a qcn.* jdn auf etw. hin‿weisen; GRAMM. *forma del ~* Präsensform *f.* (*o* Gegenwartsform *f.*); *essere ~ sul mercato* auf dem Markt (vertreten) sein; *participio ~* Partizip Präsens *n.* (*o* erstes Partizip); *presente!* hier! *essere ~ a se stesso* bei sich sein; GRAMM. *tempo ~* Präsens *n.*; *tenendo ~ qcs.* unter Berücksichtigung etw. (G), von etw.; *tenendo ~ il fatto che...* unter Berücksichtigung der Tatsache, dass...; *tenere ~ qcs.* etw. berücksichtigen (*o* sich etw. merken).
2.pre|sen|te m. LETT. *(dono)* Präsent *n.*, Geschenk *n.*
pre|sen|te|men|te avv. zur Zeit, jetzt.
pre|sen|ti|men|to m. Vorahnung *f.*, Vorgefühl *n.*: *avere un ~ di qcs.* eine Vorahnung von etw. haben (*o* etw. voraus‿ahnen); *avere il ~ che...* die Vorahnung haben, dass...; *un ~ mi dice che...* ein Vorgefühl sagt mir, dass...; *ho un brutto ~* mir ahnt Böses ◆ *~ di morte* Todesahnung *f.*; *pieno di -i* ahnungsvoll. **pre|sen|ti|re** tr. voraus‿ahnen, ahnen.
pre|sen|za f. **1** Anwesenheit *f.*, Gegenwart *f.*: *in, alla ~ di qcn.* in jds Anwesenheit (*o* Beisein); *assicurare la propria ~ a qcs.* seine Anwesenheit bei etw. sichern **2** *(esistenza)* Vorhandensein *n.*, Anwesenheit *f.*: *è stata riscontrata la ~ di bacilli* das Vorhandensein von Bazillen wurde festgestellt **3** *(aspetto)* Aussehen *n.*, Äußere *n.*: *bella ~* angenehmes Äußeres ◆ *essere ammesso alla ~ di qcn.* zu jdm vorgelassen werden (*o* zu jdm Zutritt gewährt bekommen); *fare atto di ~* seine Aufwartung machen; *cartellino delle -e* Steckkarte *f.*; *elenco delle -e* Anwesenheitsliste *f.*; *gettone di ~* Sitzungsgeld *n.*; *obbligo di ~* Anwesenheitspflicht *f.*; TEOL. *~ reale* Realpräsenz *f.*; *registro di ~* Anwesenheitsliste *f.*; *rilevamento delle -e* Anwesenheitskontrolle *f.*; *~ di spirito* Geistesgegenwart *f.*; *con ~ di spirito* geistesgegenwärtig.
pre|sen|zia|li|smo m. = Neigung *f.*, überall dabei sein wollen. **pre|sen|zia|li|sta** m. e f. *(-i,-e)* = jd, der immer und überall dabei ist.
pre|sen|zia|re *(presenzio, presenzi)* tr. e intr. (aus. *avere*) *~ (a) qcs.* etw. (D) bei‿wohnen, an etw. (D) teil‿nehmen.
pre|se|pe, pre|se|pio m. *(-pi)* Weihnachtskrippe *f.*, Krippe *f.*: *fare il ~* die Krippe auf‿stellen ◆ *figura del ~* Krippenfigur *f.*; *~ vivente* Krippenspiel *n.*
pre|se|rie f.inv. Nullserie *f.*
pre|ser|va|re tr. **1** *(conservare)* bewahren; *(di quadri, edifici)* konservieren: *~ da qcs.* vor etw. bewahren **2** *(proteggere)* schützen: *~ da qcs.* vor etw. schützen. **pre|ser|va|ti|vo** m. Präservativ *n.*, Kondom *n.* **pre|ser|va|zio|ne** f. **1** *(conservazione)* Bewahrung *f.*; *(di quadri, edifici)* Konservierung *f.* **2** *(protezione)* Schutz *m.*
pre|si|de m. e f. **1** *(di scuola media inferiore)* Rektor *m.* (-in *f.*) **2** *(di scuola media superiore)* Schulleiter *m.* (-in *f.*), Direktor *m.* **3** UNIV. *~ di facoltà* Dekan *m.* (-in *f.*).
pre|si|den|te m. **1** Vorsitzende *m.*, Präsident *m.*: *designare, nominare ~ qcn.* jdn zum Vorsitzenden ernennen **2** POL. Präsident *m.*: *eleggere qcn. ~* jdn zum Präsidenten wählen ◆ *~ per anzianità* Alterspräsident *m.*; *~ di associazione* Verbandsvorsitzende *m.*; *~ della Camera dei Deputati* Parlamentspräsident *m.*; *carica di ~* Präsidentschaft *f.*; *~ del Consiglio (dei Ministri)* Ministerpräsident *m.*; *~ del consiglio di amministrazione* Vorsitzender des Verwaltungsrats; *~ del Consiglio comunale* Stadtratsvorsitzende *m.*; *~ del consiglio direttivo* Vorstandsvorsitzende *m.*; *~ della corte* Gerichtspräsident *m.*; *elezione del ~* Präsidentschaftswahl *f.*; *ex ~* ehemaliger Vorsitzender, POL. Altpräsident *m.*; *~ di giuria* Präsident der Jury, SPORT Obmann *m.*; *~ ad interim* kommisarischer Vorsitzender; *~ onorario* Ehrenvorsitzende *m.*, POL. Ehrenpräsident *m.*; *~ di partito* Parteivorsitzende *m.*; *~ della repubblica* Staatspräsident *m.*; *~ di seggio* Wahlleiter *m.*; *~ del senato* Senatspräsident *m.*; *~ uscente* scheidender Vorsitzender, POL. scheidender Präsident. **pre|si|den|tes|sa** f. **1** Vorsitzende *f.*, Präsidentin *f.* **2** POL. Präsidentin *f.*
pre|si|den|za f. **1** Vorsitz *m.*, Leitung *f.*, Präsidium *n.*: *assumere, avere la ~ di qcs.* den Vorsitz von etw. übernehmen, führen (*o* haben); *sotto la ~ di...* unter dem Vorsitz von... **2** POL. Präsidentschaft *f.* **3a** SCOL. Schulleitung *f.*, Direktorat *n.* **b** UNIV. Dekanat *n.* **4** POL. *(luogo dell'ufficio)* Amtssitz *m.* des Präsidenten ◆ *candidato alla ~* Präsidentschaftskandidat *m.*; *candidatura alla ~* Präsidentschaftskandidatur *f.*; *~ del consiglio* Vorsitz *m.* des Ministerrats; *~ onoraria* Ehrenvorsitz *m.*
pre|si|den|zia|le agg. präsidial, Präsidial-; Präsident-: *carica ~* Präsidentschaft *f.*; *decreto ~* Präsidialerlass *m.*; *democrazia, governo, repubblica ~* Präsidialdemokratie *f.*, Präsidialregierung *f.* (*o* Präsidialkabinett *n.*), Präsidialrepublik *f.*; *elezioni -i* Präsidentschaftswahl *f.*; *sistema ~* Präsidialsystem *n.*; *ufficio ~* Präsidialamt *n.* **pre|si|den|zia|li|smo** m. Präsidialsystem *n.*
pre|si|dia|re tr. *(presidio, presidi)* **1** MIL. mit einer Garnison belegen: *~ una città* eine Stadt mit einer Garnison belegen **2a** *(tenere sotto controllo)* kontrollieren, überwachen **b** *~ la quiete pubblica* über die öffentliche Ruhe wachen.
pre|si|dio m. *(-di)* **1a** MIL. Garnison *f.*, Besatzung *f.*: *essere, stare di ~* in Garnison liegen **b** *(luogo presidiato)* Standort *m.*, Garnison *f.* **c** *(comando territoriale)* Standort *m.* **2** FIG. *(protezione)* Schutz *m.*: *misure a ~ delle salute pubblica* Maßnahmen zum Schutz der allgemeinen Gesundheit **3** MED. Einrichtungen *pl.*: *~ sanitario* sanitäre Einrichtungen ◆ *comando di ~* Kommandantur *f.*; *~ di polizia* verstärkter Polizeischutz; *truppe di ~* Besatzungstruppen *pl.*
pre|si|dium m.inv. Präsidium *n.*
pre|sie|de|re I tr. **1** *~ qcs.* etw. (D) präsidieren, vor‿sitzen **2** *(dirigere)* leiten **II** intr. (aus. *avere*) **1** *~ a qcs.* etw. (D) präsidieren, vor‿sitzen **2** FIG. *(regolare)* regeln: *la tiroide presiede al metabolismo* die Schilddrüse regelt den Stoffwechsel.
pre|si|na f. Topflappen *m.*
pre|si|sto|le f. Präsystole *f.* **pre|si|sto|li|co** agg. *(-ci,-che)* präsystolisch.
pre|so → **prendere** ◆ *per partito ~* von vornherein, vorsätzlich.
pre|so|cra|ti|co I agg. *(-ci,-che)* vorsokratisch **II** m. *(-ci)* Vorsokratiker *m.*
pres|sa f. **1** Presse *f.*: *mettere qcs. sotto la ~* etw. in die Presse geben **2** REGION. Eile *f.* ◆ *~ automatica (per lamiere)* Stanzautomat *m.*; *(per plastica)* Pressautomat *m.*; *~ per carta* Gautschpresse *f.*; *~ per coniare* Prägestock *m.*; *~ per forgiare* Schmiedepresse *f.*; *~ a freddo* Kaltpresse *f.*; *~ da frutta* Obstpresse *f.*; TIP. *~ per goffrare* Prägepresse *f.*; *~ idraulica* hydraulische Presse; *~ per impiallacciature* Furnierpresse *f.*; *~ intagliatrice (per lamiere)* Nutenstanzautomat *m.*; *~ litografica* Steindruckpresse *f.*; *~ a mano* Handpresse *f.*; *~ meccanica* Schnellpresse *f.* (*o* mechanische Presse); *~ per paglia* Strohpresse *f.*; *~ a percussione* Schlagpresse *f.*; *~ pneumatica* Luftpresse *f.* (*o* pneumatische Presse); *~ per rottami (di metallo)* Schrottpresse *f.*; *~ per la stampa* Druckpresse *f.*;

~ per stampa in rilievo Prägepresse *f.*; *~ per vulcanizzazione* Vulkanisierpresse *f.*

pres|sa|fo|rag|gi, pres|sa|fo|rag|gio m.inv. Futterpresse *f.*; *(per fieno)* Heupresse *f.*; *(per paglia)* Strohpresse *f.*

press-a|gent ['eɪdʒənt, *üblich* 'ɛdʒent] m. e f.inv. Pressesprecher *m.* (-in *f.*).

pres|san|te agg. **1** *(urgente)* dringend: *la situazione è ~* die Situation ist dringend **2** *(insistente)* dringend, nachdrücklich, dringlich, eindringlich; REGION. pressant. **pres|san|te|men|te** avv. **1** *(urgentemente)* dringend **2** *(insistentemente)* dringlich, eindringlich, nachdrücklich.

pres|sa|pa|glia m.inv. Strohpresse *f.*

pres|sap|po|chi|smo m. Oberflächlichkeit *f.*, Schlamperei *f.*; *peccare di ~* oberflächlich sein. **pres|sap|po|chi|sta** m. e f. *(-i,-e)* oberflächlicher Mensch *m.* **pres|sap|po|co** avv. ungefähr, etwa.

pres|sa|re tr. **1** TECN. pressen, durch die Presse treiben **2** *(schiacciare)* drängen, drücken; *la folla pressava contro le transenne* die Menge drängte gegen die Absperrung **3a** FIG. *(sollecitare con insistenza)* drängen, bedrängen **b** SPORT bedrängen: *~ l'avversario* den Gegner bedrängen ◆ *~ la carta* gautschen; *~ le patate* Kartoffeln durch‿pressen (*o* zerdrücken).

pres|sa|to p.pass. agg. **1** → **pressare 2** Press-: *legno ~, paglia -a* Pressholz *n.*, Pressstroh *n.* ◆ *~ dalle circostanze* unter dem Druck der Verhältnisse. **pres|sa|tu|ra** f. Pressen *n.*, Pressung *f.*

pres|sing m.inv. SPORT Pressing *n.*; *(attacco costante)* Powerplay *n.*

pres|sio|ne f. **1** *(il premere)* Druck *m.*, Drücken *n.*, Pressen *n.*: *una forte, leggera ~* ein starker, leichter Druck; *esercitare una ~ su qcs.* etw. durch Druck (*o* Drücken) betätigen **2** FIS. MIL. TECN. Druck *m.*: *misurare, alzare (aumentare), abbassare la ~* den Druck messen, erhöhen, senken **3a** FIG. Druck *m.*, Zwang *m.*, Pression *f.*: *esercitare, fare -i su qcn.* Druck (*o* Pressionen) auf jdn aus‿üben; *fare ~ per qcs.* Druck hinter etw. (D) machen; *ricevere -i dall'alto* von oben Druck bekommen; *subire -i da parte di qcn.* von jdm unter Druck gesetzt werden **b** *(peso)* Belastung *f.*: *la forte ~ del lavoro* die starke Belastung durch die Arbeit **4** MED. *(sanguigna)* Blutdruck *m.*: *avere la ~ alta, bassa* einen hohen, niedrigen Blutdruck haben; *misurare la ~ a qcn.* jdm den Blutdruck messen; *abbassamento, aumento di, della ~* Absinken, Ansteigen des Blutdrucks ◆ *a ~* Druck-; *bottone a ~* Druckknopf *m.*; *~ dell'acqua* Wasserdruck *m.*; *~ acustica* Schalldruck *m.*; MED. *~ alta* Bluthochdruck *m.*; METEOR. TECN. *alta ~* Hochdruck *m.*; *zona di alta ~* Hochdruckgebiet *n.* (*o* Hoch *n.*); *~ dell'aria* Luftdruck *m.*; *~ arteriosa* arterieller Druck; *~ atmosferica* Luftdruck *m.*; SPORT *~ in attacco* Powerplay *n.*; *~ bassa* MED. Unterdruck *m.*, niedriger Blutdruck; METEOR. *bassa ~* Tiefdruck *m.*; TECN. Niederdruck *m.*; *zona di bassa ~* Tiefdruckgebiet *n.* (*o* Tief *n.*); FIS. *caduta di ~* Druckabfall *m.*; MED. *~ capillare* Kapillardruck *m.*; *cilindro a ~* Druckzylinder *m.*; *~ concorrenziale* Wettbewerbsdruck *m.* (*o* Konkurrenzdruck *m.*); *~ contraria* Gegendruck *m.*; *~ dei costi* Kostendruck *m.*; *differenza di ~* Druckunterschied *m.*; *~ eccessiva* Überdruck *m.*; *~ fiscale* Steuerdruck *m.*; *~ del gas* Gasdruck *m.*; POL. *gruppo di ~* Pressuregroup *f.*; *~ idraulica* Wasserdruck *m.*; *~ idrodinamica* hydrodynamischer Druck; *~ idrostatica* hydrostatischer Druck; FIS. *innalzamento di ~* Druckanstieg *m.*; *~ interna* Innendruck *m.*; TECN. *~ laterale* Seitendruck *m.*; *mettere in ~* unter Druck setzen; *mina a ~* Tretmine *f.*; *~ dell'olio* Öldruck *m.*; *pentola a ~* Dampfkochtopf *m.*, Druckkochtopf *m.*, Schnellkochtopf *m.*; *~ dei pneumatici* Reifendruck *m.*; *~ sui prezzi* Preisdruck *m.*; *riduttore di ~* Reduzierventil *n.*; *~ sanguigna* Blutdruck *m.*; *sensibile alla ~* druckempfindlich; *essere sotto ~* TECN. unter Druck stehen; FIG. in (*o* im) Druck, Zeitdruck sein; *mettere qcn. sotto ~* jdn unter Druck setzen; *agire sotto ~* unter Druck handeln; FIG. *strumento di ~* Druckmittel *n.*; *~ di un tasto* Tastendruck *m.*; *~ tributaria* Steuerdruck *m.*; *~ del vapore* Dampfdruck *m.*; *variazione di ~* Druckschwankung *f.*; *~ venosa* Venendruck *m.*

pres|so I prep. **1a** *(stato in luogo)* bei, in der Nähe von, an + dat., neben + dat.: *l'edificio ~ la chiesa* das Gebäude neben der Kirche; *una cittadina ~ Milano* eine Kleinstadt in der Nähe von Mailand; *studiare ~ l'università di Heidelberg* an der Universität Heidelberg studieren **b** *(di persona)* bei: *abitare ~ qcn.* bei jdm wohnen **2a** *(moto a luogo)* in die Nähe von, neben + acc.: *mettere la valigia ~ la porta* den Koffer neben die Tür stellen **b** *(di persona)* zu: *recarsi ~ qcn.* sich zu jdm begeben **3** ESTENS. bei: *aprire un conto ~ la banca* ein Konto bei der Bank eröffnen; *lavorare ~ una ditta* bei einer Firma arbeiten; FIG. *~ i giovani è molto conosciuto* bei (*o* unter) den Jugendlichen ist er sehr bekannt; *~ gli antichi greci* bei den alten Griechen **4** *(negli indirizzi)* bei **II** avv. **1** *(stato in luogo)* in der Nähe, nahe: *abitiamo qui ~* wir wohnen hier in der Nähe **2** *(moto a luogo)* in die Nähe; *vieni qua ~* komm näher (*o* komm her zu mir) ◆ *~ a* in der Nähe von, nahe bei (*o* bei); *(a un) di ~* ungefähr; *essere ~ a fare qcs.* nahe daran sein, etw. zu tun; *nei -i di* in der Nähe von. **pres|so|ché** avv. beinahe, fast.

pres|so|fu|sio|ne f. Spritzguss *m.*, Pressguss *m.*

pres|so|sta|to m. Druckwächter *m.*

pres|su|riz|za|re tr. unter Überdruck setzen, druckfest machen.

pres|su|riz|za|to p.pass. agg. **1** → **pressurizzare 2** druckfest ◆ *cabina -a* Druckkabine *f.* (*o* Überdruckkabine *f.*). **pre|su|riz|za|to|re** m. Luftverdichter *m.*; *~ di cabina* Kabinenluftverdichter *m.* **pres|su|riz|za|zio|ne** f. Überdruck *m.*

pre|sta|bi|li|re tr. *(prestabilisco, prestabilisci)* im Voraus fest‿legen, vorher‿bestimmen.

pre|sta|bi|li|to p.pass. agg. **1** → **prestabilire 2** *(fissato in anticipo)* im Voraus festgelegt, vorherbestimmt: *programma ~* im Voraus festgelegtes Programm; *segnale ~* vorher festgelegtes (*o* abgemachtes) Zeichen **3** *(prescritto da terzi)* vorgegeben: *norme -e* vorgegebene Normen.

pre|stam|pa|re tr. vor‿drucken: *~ su qcs.* auf etw. (A) vordrucken.

pre|stam|pa|to I p.pass. agg. **1** → **prestampare 2** vorgedruckt: *modulo ~* vorgedrucktes Formular **II** m. Vordruck *m.* ◆ *tovaglia -a (per ricamo)* vorgezeichnete Stickdecke.

pre|sta|no|me m.inv. Strohmann *m.*: *servirsi di un ~* einen Strohmann vorschieben; *fare, fungere da ~* den Strohmann machen.

pre|stan|te agg. stattlich. **pre|stan|za** f. Stattlichkeit *f.*

pre|sta|re I tr. **1** aus‿leihen, (ver)leihen, borgen: *~ qcs. a qcn.* jdm etw. ausleihen; *farsi ~ qcs.* sich etw. (aus)leihen (*o* borgen) **2** *(porgere, dare)* leisten, schenken: *~ aiuto, servizio militare* Hilfe, Wehrdienst leisten; *~ giuramento* einen Schwur leisten; *~ attenzione, fede a qcn., qcs.* jdm, etw. Aufmerksamkeit, Glauben schenken; *~ orecchio* Gehör schenken **II** pronom. **prestarsi 1** sich ein‿lassen, sich her‿geben: *-rsi a qcs.* sich auf etw. (A) einlassen, sich für etw. hergeben; *-rsi a un indegno mercato* sich auf ein schmutziges Geschäft einlassen; *-rsi a uno sporco gioco* sich für ein schmutziges Spiel hergeben **2** *(essere adatto)* sich eignen: *-rsi a qcs.* sich für etw. eignen: *un materiale che si presta a usi diversi* ein für verschiedene Zwecke geeignetes Material **3** *(consentire)* erlauben, Anlass geben: *questo testo si presta a svariate interpretazioni* dieser Text erlaubt vielerlei (*o* verschiedene) Interpretationen ◆ *~ il fianco alle critiche, al biasimo di qcn.* jdm eine Blöße bieten; *~ garanzia* Bürgschaft leisten; *~ a interesse* auf Zinsen leihen; *~ su ipoteca* gegen Hypothek leihen; *~ il proprio nome* seinen Namen hergeben; *~ obbedienza* Gehorsam entgegen‿bringen; *~ omaggio* Ehre erweisen; *~ servizio presso qcn.* bei jdm im Dienst sein (*o* stehen); *-rsi volentieri a fare qcs.* (gern) bereit sein, etw. zu tun.

pre|sta|to|re m. Ausleiher *m.*, Verleiher *m.* ◆ *~ di lavoro* Arbeitnehmer *m.*; *~ d'opera* Arbeitnehmer *m.*; *~ su pegno* Pfandleiher *m.*

pre|sta|zio|ne f. Leistung *f.*: *~ sportiva, tecnica* sportliche, technische Leistung; *offrire una buona ~* eine gute Leistung bieten ◆ *~ anticipata* Vorleistung *f.*; *~ in denaro* Geldleistung *f.*; *~ di lunga durata* Dauerleistung *f.*; *grande ~* Hochleistung *f.*; *~ massimale* Maximalleistung *f.* (*o* Höchstleistung *f.*); *~ in natura* Sachleistung *f.*; *~ obbligatoria* Pflichtleistung *f.* (*o* Regelleistung *f.*); *~ di soccorso* Hilfeleistung *f.*; MED. *~ specialistica* fachärztliche Leistung; *~ strepitosa* Topleistung *f.* (*o* Glanzleistung *f.*); *-i su strada* Fahrleistungen *pl.*

pre|sti|di|gi|ta|to|re → **prestigiatore.**

pre|sti|di|gi|ta|zio|ne f. Zauberkunst *f.*, Taschenspielerkunst *f.*

pre|sti|gia|to|re m. Zauberer *m.*, Zauberkünstler *m.*

pre|sti|gio m. *(-gi)* Prestige *n.*, Ansehen *n.*: *~ sociale* soziales Prestige; *godere di notevole ~* ein beträchtliches Ansehen genießen ◆ *gioco di ~* Zaubertrick *m.* (*o* Zauberkunststück *n.*); *perdita di ~* Prestigeverlust *m.*; *questione di ~* Prestigefrage *f.* **pre|sti|gio|so** agg. namhaft ◆ *una -a firma dell'alta moda* ein bedeutender Name der Haute Couture.

pre|stis|si|mo avv. **1** *(di buon'ora)* sehr früh **2** *(rapidamente)* sehr schnell **3** *(tra poco)* sehr bald **4** MUS. prestissimo.

pre|sti|to m. **1** *(il prestare)* Ausleihe *f.*, Ausleihen *n.*, Borgen *n.*: *avere, dare in ~ qcs.* etw. leihen, aus‿leihen; *fare un ~ a qcn.* jdm Geld leihen; *prendere in, a ~ qcs. da qcn.* sich (D) von jdm etw. leihen, aus‿leihen; *chiedere in ~ qcs. a qcn.* sich von jdm etw. aus‿leihen **2a** *(in banca)* Darlehen *n.*, Anleihe *f.*: *contrarre, restituire un ~* ein Darlehen auf‿nehmen, zurück‿zahlen **b** *(in biblioteca)* Ausleihe *f.* **3** *(oggetto dato in prestito per mostra)* Leihgabe *f.* ◆ *cassa -i* Darlehenskasse *f.*; *~ consolidato* konsolidierte (*o* fundierte) Anleihe; ~ ***forzoso*** Zwangsanleihe *f.*; ~ ***garantito*** gesichertes Darlehen; ~ ***gratuito, grazioso*** unverzinsliches Darlehen; ~ ***a interesse*** Darlehen *n.* auf Zinsen; ~ ***linguistico*** Lehnwort *n.*; ~ ***obbligazionario*** Obligationsanleihe *f.*; ***operazione di ~ su titoli*** Lombardgeschäft *n.*; ~ ***pubblico*** öffentliche Anleihe; ~ ***allo scoperto*** ungedecktes Darlehen; ~ ***d'uso*** Ausleihe *f.*; ~ ***usurario*** Wucherdarlehen *n.*

pre|sto avv. **1** früh: ***rincasare ~*** früh nach Hause kommen; ***è ancora ~*** es ist noch früh; ***la mattina ~*** am frühen Morgen **2** *(rapidamente)* schnell: ***fai ~, o perdiamo il treno*** mach schnell (*o* beeile dich), sonst verpassen wir den Zug **3** *(tra poco)* bald: ***torna ~!*** komm bald wieder! **4** ***al più ~*** *(quanto prima)* so bald wie möglich; *(non prima)* frühestens: ***te lo consegnerò al più ~*** ich werde es dir sobald wie möglich geben; ***al più ~ fra un mese verrò a trovarti*** ich werde dich frühestens in einem Monat besuchen kommen **5** MUS. presto ◆ ***a ~!*** bis bald! ***arrivederci a ~!*** auf Wiedersehen, bis bald; ***si fa ~ a dirlo, farlo*** das ist leicht gesagt, getan; ***parlare troppo ~*** voreilig sprechen; ***~ o tardi*** früher oder später; PROV. ***~ e bene raro avviene*** schnell und gut verträgt sich schlecht.

pre|su|le m. Bischof *m.*

pre|su|me|re *(presunsi; presunto)* **I** tr. **1** vermuten, an‿nehmen: ***presumo che sia in ufficio*** ich vermute, dass er im Büro ist; ***conoscendolo, presumo che si sia offeso*** so wie ich ihn kenne, ist anzunehmen, dass er beleidigt ist **2** *(pretendere)* sich (D) an‿maßen: ***~ di sapere tutto*** sich anmaßen, alles zu wissen **II** intr. (aus. *avere*) sich (D) an‿maßen, sich (D) zu‿muten: ***~ troppo dalle proprie forze*** sich zu viel zumuten (*o* seine Kräfte überschätzen). **pre|su|mi|bi|le** agg. vermutlich, voraussichtlich ◆ ***è ~ che...*** es ist zu vermuten, dass... **pre|su|mi|bil|men|te** avv. wahrscheinlich.

pre|sun|ti|vo agg. vermutlich, voraussichtlich, mutmaßlich; ***bilancio ~*** Haushaltsplan *m.*; ***somma -a*** veranschlagte Summe.

pre|sun|to p.pass. agg. **1** → **presumere** **2** vermutlich: ***danno ~*** vermutlicher Schaden; ***costo ~*** vermutliche Kosten **3** *(sospetto)* mutmaßlich, vermeintlich: ***~ reo (autore), terrorista*** mutmaßlicher Täter, Terrorist **4** *(probabile)* wahrscheinlich ◆ ***erede ~*** präsumtiver (*o* mutmaßlicher) Erbe; ***morte -a*** Todesvermutung *f.* (*o* mutmaßlicher Tod).

pre|sun|tuo|si|tà f. Anmaßung *f.*, Einbildung *f.* **pre|sun|tuo|so** agg. anmaßend, eingebildet: ***risposta -a*** anmaßende Antwort; ***una persona -a*** eingebildeter Mensch.

pre|sun|zio|ne f. **1** Anmaßung *f.*, Vermessenheit *f.*, Überheblichkeit *f.*; ***gesto di inaudita ~*** eine unerhört anmaßende Tat **2** DIR. Vermutung *f.*, Präsumtion *f.*: ***~ di paternità*** Vermutung der Vaterschaft ◆ ***avere la ~ di...*** so vermessen sein (*o* sich vermessen) zu...; ***~ di colpa*** Schuldvermutung *f.*; ***peccare di ~*** hochmütig sein.

pre|sup|por|re tr. *(presuppongo, presupponi; presupposi; presupposto)* **1** vermuten, an‿nehmen, supponieren: ***questi resti fanno ~ l'esistenza di una civiltà assai sviluppata*** diese Überreste lassen die Existenz einer hoch entwickelten Kultur vermuten; ***si presuppone che lui sia d'accordo*** es ist anzunehmen, dass er einverstanden ist **2** *(richiedere)* voraus‿setzen, verlangen: ***un'impresa che presuppone molto coraggio*** eine Unternehmung, die viel Mut voraussetzt (*o* verlangt). **pre|sup|po|si|zio|ne** f. **1** Vermutung *f.*: ***una ~ infondata*** eine unbegründete Vermutung **2** LING. Voraussetzung *f.*, Präsupposition *f.*

pre|sup|po|sto **I** p.pass. → **presupporre** **II** m. **1** Voraussetzung *f.*: ***partire da falsi -i*** von falschen Voraussetzungen aus‿gehen; ***partiamo dal ~ che...*** gehen wir davon aus, dass... **2** *(condizione)* Bedingung *f.*: ***creare i -i per qcs.*** die Bedingungen für etw. schaffen ◆ ***~ fondamentale*** Grundvoraussetzung *f.*

pre|tac|cio m. *(-ci)* SPREG. Pfaffe *m.*, Schwarzrock *m.* **pre|ta|glia** f. Pfaffentum *n.* **pre|ta|io|lo** agg. pfäffisch.

prêt-à-por|ter [-'te] **I** m.inv. Prêt-à-porter *n.* **II** agg.inv. Konfektions-: ***abiti ~*** Konfektionskleidung *f.*

pre|tat|ti|ca f. *(-che)* SPORT = taktisches Stillschweigen *n.*

pre|te m. **1** Priester *m.*, Pfarrer *m.*: ***farsi ~*** Priester werden **2** FAM. *(scaldino)* Bettwärmer *m.* ◆ ***berretta da ~*** Birett *n.*; BOT. Pfaffenhütchen *n.* (*o* Pfaffenmütze *f.*); ***boccone da ~*** = Leckerbissen *m.*; ***~ operaio*** Arbeiterpriester *m.*; ***uno scherzo da ~*** = ein schlechter Scherz; ***~ secolare*** Weltgeistlicher *m.* (*o* Laienpriester *m.*).

pre|ten|den|te m. e f. **1** Prätendent *m.* (-in *f.*) **2** *(corteggiatore)* Freier *m.* ◆ ***~ al trono*** Prätendent *m.*, Thronprätendent *m.*, Thronanwärter *m.*

pre|ten|de|re *(pretesi; preteso)* **I** tr. **1** verlangen: ***~ che qcn. faccia qcs.*** verlangen, dass jd etw. tut; ***~ una cifra elevata*** eine hohe Summe verlangen; ***questo è ~ troppo*** das ist zu viel verlangt **2** *(supporre)* sich (D) an‿maßen, sich (D) ein‿bilden: ***~ di sapere tutto*** sich anmaßen, alles zu wissen; ***~ di imparare una lingua in poche settimane*** sich einbilden, in wenigen Wochen eine Sprache zu lernen **3** *(sostenere)* behaupten **II** intr. (aus. *avere*) *(aspirare)* ***~ a qcs.*** etw. (A) an‿streben ◆ ***~ troppo dalle proprie forze*** sich zu viel zu‿muten.

pre|ten|sio|na|to|re m. Gurtstraffer *m.*

pre|ten|sio|ne f. **1** ANT. O LETT. *(pretesa)* Anspruch *m.*, Anmaßung *f.* **2** *(alterigia)* Hochmut *m.* **3** TECN. Vorspannung *f.*

pre|ten|sio|si|tà → **pretenziosità**. **pre|ten|sio|so** → **pretenzioso.**

pre|ten|zio|si|tà f. Anmaßung *f.*, Dünkel *m.* **pre|ten|zio|so** agg. **1** anmaßend, eingebildet, dünkelhaft, prätentiös **2** *(esigente, ricercato)* anspruchsvoll: ***stile ~*** anspruchsvoller Stil.

pre|ter|in|ten|zio|na|le agg. nicht vorsätzlich ◆ ***omicidio ~*** Körperverletzung *f.* mit Todesfolge. **pre|ter|in|ten|zio|na|li|tà** f. Nichtvorsätzlichkeit *f.*

pre|te|ri|to **I** agg. LETT. *(passato)* vergangen **II** m. **1** GRAMM. Präteritum *n.* **2** SCHERZ. *(deretano)* Hinterteil *n.*

pre|te|sa f. **1** Anspruch *m.*, Forderung *f.*: ***accampare -e assurde*** unsinnige Ansprüche erheben; ***avanzare -e nei confronti di qcn.*** Forderungen an jdn stellen **2** *(esigenza, aspirazione)* Anspruch *m.*: ***avere molte -e*** große Ansprüche haben; ***persona piena di -e*** ein anspruchsvoller Mensch; ***senza -e*** anspruchslos **3** *(presunzione)* Anmaßung *f.*: ***avere la ~ di sapere tutto meglio degli altri*** sich anmaßen, alles besser zu wissen ◆ ***~ del creditore*** Gläubigeranspruch *m.*; ***~ di restituzione*** Rückforderung *f.*

pre|te|sco agg. *(-schi,-sche)* SPREG. pfäffisch.

pre|te|sto m. **1** Vorwand *m.*, Ausrede *f.*, Deckmantel *m.*, Ausflucht *f.*: ***usare, prendere qcs. come, a ~*** etw. als Vorwand benutzen, nehmen; ***col ~ di...*** unter dem Vorwand... **2** *(occasione)* Gelegenheit *f.*: ***fornire a qcn. un ~*** jdm eine Gelegenheit geben **3** *(scusa)* Ausrede *f.* **4** *(maschera)* Deckmantel *m.*; ***con il ~ della carità cristiana*** unter dem Deckmantel der christlichen Nächstenliebe.

pre|te|stuo|sa|men|te avv. als Vorwand. **pre|te|stuo|si|tà** f. Vorwandfunktion *f.*, Scheincharakter *m.*; ***la ~ di questa scusa è evidente*** es liegt auf der Hand, dass es sich nur um eine (vorgeschobene) Ausrede handelt. **pre|te|stuo|so** agg. als Vorwand dienend, vorgeschoben: ***motivo ~*** vorgeschobener Grund; ***le sue motivazioni sono -e*** seine Begründungen sind Vorwände.

pre|ti|no **I** m. **1** junger Pfarrer *m.* **2** ESTENS. Ministrant *m.* **II** agg. SPREG. pfäffisch.

pre|to|re m. **1** DIR. Amtsrichter *m.*; AUSTR. SVIZZ. Bezirksrichter *m.* **2** STOR. Prätor *m.*

pre|to|ria|no m. **1** STOR. Prätorianer *m.* **2** FIG. SPREG. Gorilla *m.*

pre|to|rio **I** agg. *(-ri,-rie)* **1** DIR. amtsgerichtlich; AUSTR. SVIZZ. bezirksgerichtlich: ***competenza -a*** Zuständigkeit des Amtsgerichtes **2** BUROCR. Gemeinde-, Stadt-: ***albo ~*** Gemeindetafel *f.* **3** STOR. Prätoren-: ***editto ~*** Erlass *m.* des Prätors; ***coorti -rie*** Kohorten der Prätorianer **II** m. *(-ri)* **1** Prätorium *n.*, Hauptquartier *n.* **2** *(pretoriani)* Prätorianer *pl.*

pret|ta|men|te avv. typisch, echt. **pret|to** agg. rein, echt: ***la -a verità*** die reine Wahrheit.

pre|tu|ra f. **1** Amtsgericht *n.*; AUSTR. SVIZZ. Bezirksgericht *n.*: ***recarsi in ~*** auf das Amtsgericht gehen **2** STOR. Prätur *f.*

pre|va|len|te agg. vorherrschend, überwiegend: ***opinione ~*** vorherrschende Meinung. **pre|va|len|te|men|te** avv. vorwiegend, überwiegend: ***tempo ~ sereno*** vorwiegend heiteres Wetter; ***occuparsi ~ di qcs.*** sich überwiegend mit etw. befassen.

pre|va|len|za f. **1a** Übergewicht *n.*, Überwiegen *n.*, Vorherrschen *n.*: ***una netta ~ di qcs.*** ein klares Übergewicht von etw.; ***la ~ della ragione sul sentimento*** das Überwiegen der Vernunft über das Gefühl **b** *(maggioranza)* Mehrheit *f.*, Überzahl *f.*: ***essere in ~*** in der Mehrheit sein **2** IDR. Förderhöhe *f.* ◆ ***in ~*** vorwiegend, überwiegend.

pre|va|le|re intr. *(prevalgo, prevali; prevalsi; prevalso*; aus. *essere, avere)* **1** ***~ su qcs.*** etw. überwiegen: ***il sentimento prevale sulla ragione*** das Gefühl überwiegt die Vernunft **2** *(essere in maggioranza)* überlegen sein, vor‿herrschen: ***~ su qcn., qcs.*** jdm, etw. (D) überlegen sein: ***fra la gente prevale ancora questa opinione infondata*** unter den Leuten herrscht noch diese unbegründete Meinung vor **3** *(imporsi)* sich durch‿setzen; ***far ~ la propria opinione*** seine Meinung durchsetzen **4** *(vincere)* siegen: ***la ragione prevale sulla violenza*** die Vernunft siegt über die Gewalt.

pre|va|ri|ca|re intr. *(prevarico, prevarichi*; aus. *avere)* **1** die Grenzen des Erlaubten überschreiten **2** *(abusare del proprio potere)* seine Macht (*o* sein Amt) missbrauchen. **pre|va|ri|ca|to|re** m. **1** *(chi abusa del proprio potere)* = wer sein Amt (*o* seine Macht) missbraucht **2** DIR. Veruntreuer *m.* **pre|va|ri|ca|zio|ne** f. **1** Missbrauch *m.* der Macht (*o* der Stellung) **2** DIR. Amtsuntreue *f.*

pre|ve|de|re tr. *(previdi; previsto)* **1** voraus‿sehen: ***~ il futuro, un temporale*** die Zukunft, ein Gewitter voraussehen; ***era da ~!*** das war vorauszusehen! **2** *(contemplare)* vor‿sehen: ***la legge non prevede questo caso*** das Gesetz sieht diesen Fall nicht vor. **pre|ve|di|bi|le** agg. **1** voraussehbar, vorhersehbar: ***un risultato ~*** ein voraussehbares Ergebnis **2** *(banale)* banal. **pre|ve|di|bil|men|te** avv. voraussichtlich.

pre|veg|gen|te agg. LETT. vorausschauend. **pre|veg|gen|za** f. Hellseherei *f.*, Voraussicht *f.*

pre|ven|di|ta f. Vorverkauf *m.*

pre|ve|ni|re tr. *(prevengo, previeni; prevenni; prevenuto)* **1** ***~ qcn., qcs.*** jdm, etw. zuvor‿kommen **2** *(preavvertire)* (im Voraus) mit‿teilen **3** *(influenzare negativamente)* ein‿nehmen: ***lo hanno prevenuto contro di me*** sie haben ihn gegen mich eingenommen **4** *(evitare)* ***~ qcs.*** etw. (D) vor‿beugen ◆ PROV. ***~ è meglio che curare*** Vorbeugen ist besser als Heilen (*o* Vorsicht ist besser als Nachsicht).

pre|ven|ti|va|re tr. **1** COMM. veranschlagen **2** FIG. *(mettere in conto)* in Rechnung stellen (*o* ziehen).

pre|ven|ti|vo I agg. vorbeugend, präventiv: ***misure -e*** vorbeugende Maßnahmen; ***cure -e*** präventive Behandlung **II** m. Kostenvoranschlag *m.*, Voranschlag *m.*: ***fare, eseguire un ~*** einen Kostenvoranschlag auf‿stellen; ***farsi fare un ~*** sich einen Kostenvoranschlag machen lassen ◆ ***bilancio ~*** Haushaltsplan *m.*, Eventualhaushalt *m.*; ***carcerazione -a*** Untersuchungshaft *f.*; ***custodia -a*** Untersuchungshaft *f.*; ***medicina -a*** Präventivmedizin *f.*

pre|ve|nu|to I p.pass. agg. **1** → **prevenire 2a** *(con preconcetti)* voreingenommen, befangen **b** *(maldisposto)* eingenommen: ***essere ~ nei confronti di, contro qcn., qcs.*** *(avere dei preconcetti)* jdm, etw. gegenüber voreingenommen sein; *(essere maldisposto)* gegen jdn, etw. eingenommen sein; ***un giudizio ~*** ein befangenes Urteil **3** *(preavvisato)* (im Voraus) informiert: ***non eravamo -i del vostro arrivo*** wir waren über eure Ankunft nicht informiert **II** m. Angeklagte *m.*

pre|ven|zio|ne f. **1** Vorbeugung *f.*, Vorsorge *f.*, Verhütung *f.*, Schutz *m.*, Prävention *f.* **2a** *(l'essere prevenuto)* Voreingenommenheit *f.*; ***avere delle -i nei confronti di qcn., qcs.*** jdm, etw. gegenüber voreingenommen sein **b** *(parzialità)* Befangenheit *f.* ◆ ***~ del cancro*** Krebsvorsorge *f.*; ***~ del contagio*** Schutz vor (*o* gegen) Ansteckung; DIR. ***~ generale*** Generalprävention *f.*; ***~ degli incendi*** Brandverhütung *f.*; ***~ degli infortuni (sul lavoro)*** Unfallverhütung *f.*, Unfallschutz *m.*; ***~ delle malattie*** Krankheitsvorsorge *f.* (*o* Krankheitsverhütung *f.*); ***senza -i nei confronti di qcn., qcs.*** unvoreingenommen jdm, etw. gegenüber; ***~ dei sinistri*** Schadenverhütung *f.*

pre|via|men|te avv. zuvor.

pre|vi|den|te agg. **1** weitsichtig, weitblickend **2** *(cauto)* vorsichtig.

pre|vi|den|za f. **1** Voraussicht *f.* **2** *(ente)* öffentliche Fürsorge *f.*, Wohlfahrt *f.* ◆ ***fondo di ~*** Pensionsfonds *m.*, Pensionskasse *f.*; ***~ integrativa*** Zusatzrentenversicherung *f.*; ***istituto di ~ sociale*** Sozialversicherungsanstalt *f.*; *(in Italia)* Nationales Institut für Sozialversicherung; ***~ sociale*** Sozialversicherung *f.* (*o* gesetzliche Sozialfürsorge *f.*).

pre|vi|den|zia|le agg. Sozial-, Fürsorge- ◆ ***assicurazione ~*** Sozialversicherung *f.*; ***contributi -i*** Sozialbeiträge *pl.*; ***ente ~*** Sozialversicherungsträger *m.*; ***istituto ~*** Fürsorgeanstalt *f.*; ***oneri -i*** Sozialabgaben *pl.*; ***sistema ~*** Sozialversicherungssystem *n.*

pre|vio agg. *(-vi,-vie)* ***~ consenso di qcn.*** nach jds vorheriger Zustimmung; ***~ accordo*** nach vorheriger Vereinbarung; ***~ esame*** nach vorheriger Prüfung; ***~ pagamento*** gegen Bezahlung.

pre|vi|sio|na|le agg. voraussichtlich, Vor- ◆ ***calcolo ~*** Voranschlag *m.*, Kostenvoranschlag *m.*

pre|vi|sio|ne f. Voraussicht *f.*, Vorhersage *f.*, Prognose *f.*: ***fare una ~ (ottimistica)*** eine (optimistische) Prognose stellen; ***andare oltre le più rosee -i*** die günstigsten Voraussagen übertreffen; ***una ~ si avvera*** eine Voraussage erfüllt sich (*o* tritt ein); ***contro ogni ~*** entgegen allen Vorhersagen; ***le sue -i sono risultate vere*** seine Vorhersagen haben sich bestätigt; ***secondo le -i*** aller Voraussicht nach ◆ ***bilancio complementare di ~*** Nachtragshaushalt *m.*; ***~ economica*** Wirtschaftsprognose *f.*; ***in ~ del fatto che...*** angesichts der Tatsache, dass...; ***in ~ di*** mit Rücksicht auf; ***-i meteorologiche*** Wettervorhersage *f.*; ***~ di spesa*** Finanzplanung *f.*; ***-i del tempo*** Wettervorhersage *f.*; ***~ delle vendite*** Verkaufsvoraussage *f.*

pre|vi|sto I p.pass. agg. **1** → **prevedere 2** vorgesehen, vorausgesehen: ***come ~*** wie vorgesehen; *(come organizzato)* nach Plan **II** m. Erwartung *f.*; ***prima del ~*** früher als vorgesehen; ***durare più del ~*** länger als vorgesehen dauern; ***spendere meno del ~*** weniger aus‿geben als erwartet; ***protrarsi oltre il ~*** sich länger hin‿ziehen als erwartet; ***secondo il ~*** wie vorgesehen; *(come organizzato)* nach Plan.

pre|vo|ca|li|co agg. *(-ci,-che)* vor Vokal.

pre|vo|sto m. **1** Propst *m.* **2** STOR. Gerichtsherr *m.*

pre|zio|sa|men|te avv. **1** kostbar **2** *(con cura)* sorgfältig, sorgsam. **pre|zio|si|smo** m. **1a** Geziertheit *f.* **b** ***una prosa ricca di -i*** eine preziöse Prosa **2** LETT. preziöser Stil *m.* **pre|zio|si|tà** f.inv. **1** Kostbarkeit *f.* **2** *(ricercatezza)* Geziertheit *f.* **3** pl. *(gioielli)* Preziosen *pl.* (anche FIG.).

pre|zio|so I agg. **1** kostbar, wertvoll (anche FIG.): ***un consiglio ~*** ein wertvoller Ratschlag; ***un aiuto ~*** eine wertvolle Hilfe; ***il tempo è ~*** die Zeit ist kostbar **2** *(raffinato)* geziert, preziös **3** COLLOQ. ***farsi, diventare ~*** sich zieren **II** m. **1** Schmuckstück *n.* **2** COLLOQ. ***fare il ~*** sich zieren ◆ ***commerciare in -i*** in, mit Juwelen handeln; ***metallo ~*** Edelmetall *n.*; ***pietra -a*** Edelstein *m.*

prez|za|re tr. **1** aus‿zeichnen, mit einem Preisschild versehen **2** *(attribuire un prezzo)* ***~ qcs.*** für etw. einen Preis fest‿legen. **prez|za|rio** m. *(-ri)* Preisliste *f.*, Preiskatalog *m.* **prez|za|tri|ce** f. Auszeichnungsmaschine *f.* **prez|za|tu|ra** f. Preisauszeichnung *f.*

prez|ze|mo|lo m. Petersilie *f.* ◆ FIG. ***essere come il ~*** = überall (anwesend) sein; ***patate al ~*** Petersilienkartoffeln *pl.*

prez|zo m. **1** Preis *m.* (anche FIG.): ***alzare, abbassare i -i*** die Preise erhöhen, senken; ***stabilire, fissare il ~*** den Preis fest‿legen; ***comprimere i -i*** die Preise drücken; ***i -i sono saliti, calati*** die Preise sind gestiegen, gesunken; ***pagare il giusto ~*** einen angemessenen Preis zahlen; ***vendere qcs. sotto ~*** etw. unter (dem) Preis verkaufen; ***comprare qcs. a poco ~*** etw. für einen niedrigen Preis kaufen; ***fare un buon ~ a qcn.*** jdm einen guten Preis machen; ***negoziare il, sul ~*** den Preis aus‿handeln; ***il ~ del successo*** der Preis für den Erfolg **2** *(cartellino)* Preisschild *n.* ◆ ***ha comprato una casa a ~ di duri sacrifici*** der Kauf des Hauses hat ihm große Opfer abverlangt; ***accordo sui -i*** Preisabsprache *f.*; ***~ d'acquisto*** Kaufpreis *m.*; ***al ~ di*** zum Preis von; ***andamento dei -i*** Preisentwicklung *f.*; ***aumento dei -i*** Preissteigerung *f.* (*o* Preisanstieg *m.*); ***non avere ~*** unbezahlbar sein; ***la libertà non ha ~*** die Freiheit ist unbezahlbar; ***~ base*** Grundpreis *m.*; ***blocco dei -i*** Preisstopp *m.*; ***a buon ~*** preiswert; ***a caro ~*** teuer (anche FIG.); ***~ civetta*** Lockpreis *m.*; ***~ di compensazione*** Verrechnungspreis *m.*; ***~ concorrenziale*** Kampfpreis *m.*; ***~ al consumatore, al consumo*** Verbraucherpreis *m.*; ***~ controllato*** gebundener Preis; ***~ di copertina*** Ordinärpreis *m.*, Ladenpreis *m.*; ***-i correnti*** handelsübliche (*o* gängige) Preise; ***~ della corsa*** Fahrpreis *m.*; ***~ al dettaglio*** Ladenpreis *m.*, Einzelhandelspreis *m.*; ***~ di fabbrica*** Fabrikpreis *m.*; ***~ di favore*** Vorzugspreis *m.*; ***~ finale*** Endpreis *m.*; ***~ fisso*** fester Preis, Festpreis *m.*; ***a ~ fisso*** zu festem Preis; ***menu a ~ fisso*** Menü *n.* (zu festem Preis); ***~ forfettario*** Pauschalpreis *m.*; ***~ indicativo*** (empfohlener) Richtpreis *m.*, COMM. Preisempfehlung *f.*; ***indicazione del ~*** Preisangabe *f.*; ***~ all'ingrosso*** Großhandelspreis *m.*; ***~ intero*** voller Preis; ***~ irrisorio*** Spottpreis *m.*; ***~ libero*** ungebundener (*o* freier) Preis; ***~ di listino*** Katalogpreis *m.*, Listenpreis *m.*; ***~ massimo*** Höchstpreis *m.*; ***~ di mercato*** Marktpreis *m.*; ***a metà ~*** zu halbem Preis; ***~ minimo*** Mindestpreis *m.*; ***~ al minuto*** Einzelhandelspreis *m.*; ***~ modico*** mäßiger Preis; ***~ netto*** Nettopreis *m.*; ***politica dei -i*** Preispolitik *f.*; ***~ promozionale*** Einführungspreis *m.*; ***~ ridotto*** herabgesetzter Preis; ***riduzione dei -i*** Preissenkung *f.*, Preisreduzierung *f.*; ***riduzione sul ~*** Preisermäßigung *f.*; ***salire di ~*** im Preis steigen; ***~ speciale*** Sonderpreis *m.*; ***~ stracciato*** Schleuderpreis *m.*; ***tirare sul ~*** feilschen (*o* herunter‿handeln); ***~ totale*** Gesamtpreis *m.*; ***ultimo ~*** äußerster Preis, letztes Preisangebot; ***variazione di ~*** Preisänderung *f.*; ***~ di vendita*** Verkaufspreis *m.*

prez|zo|la|re tr. dingen: ***~ un sicario*** einen Killer dingen; ***~ la stampa*** die Presse kaufen (*o* schmieren). **prez|zo|la|to** p.pass. agg. → **prezzolare** ◆ ***stampa -a*** käufliche Presse.

PRI ⇒ *Partito Repubblicano Italiano* Republikanische Partei Italiens.

pri|a avv. ANT. LETT. → **1.prima.**

Pri|a|mo n.pr.m. Priamos *m.*

pria|pi|smo m. Priapismus *m.* **Pri|a|po** n.pr.m. Priapus *m.*

pri|gio|ne f. **1a** Gefängnis *n.*: ***essere in ~*** im Gefängnis sitzen (*o* sein); ***finire in ~*** ins Gefängnis kommen; ***mettere in ~*** ins Gefängnis stecken; ***evadere dalla ~*** aus dem Gefängnis aus‿brechen; ***uscire di ~*** aus dem Gefängnis entlassen werden; ***fare uscire qcn. di ~*** *(con cauzione)* jdn gegen Kaution frei‿bekommen; *(rilasciare)* jdn aus dem Gefängnis entlassen; ***condannare qcn. a tre anni di ~*** jdn zu drei Jahren Gefängnis verurteilen; ***per questo c'è la ~*** darauf steht Gefängnis **b** *(pena)* Gefängnisstrafe *f.*: ***scontare la ~*** eine Gefängnisstrafe ab‿sitzen **2** FIG. Käfig *m.*: ***essere in una ~ dorata*** in einem goldenen Käfig sitzen ◆ ***compagno di ~*** Mitgefangene *m.*; ~ ***militare*** Militärgefängnis *n.*

pri|gio|ni|a f. **1** Gefangenschaft *f.*; ***essere reduce dalla*** ~ Heimkehrer sein **2** FIG. Sklaverei *f.*: ***la ~ del peccato*** die Sklaverei der Sünde ◆ ***campo di*** ~ Gefangenenlager *n.*; ***compagno di*** ~ Mitgefangene *m.*

pri|gio|nie|ro I agg. gefangen (anche FIG.): ***prendere ~ qcn.*** jdn gefangen‿nehmen; COLLOQ. ***fare ~ qcn.*** jdn zum Gefangenen machen; ***cadere*** ~ in Gefangenschaft geraten; FIG. ***essere ~ dei ricordi*** ein Gefangener seiner Erinnerungen sein **II** m. Gefangene *m.*: ***far liberare un*** ~ einen Gefangenen frei‿bekommen ◆ ~ ***di guerra*** Kriegsgefangene *m.*; GIOC. ***palla -a*** Völkerball *m.*; ~ ***politico*** politischer Gefangener; ***scambio di -i*** Gefangenenaustausch *m.*

pril|la|re intr. (aus. *avere*) rotieren, sich drehen; ***far ~ la trottola*** den Kreisel tanzen lassen.

1.pri|ma avv. **1** früher, eher, vorher: ***sono passato ~ ma non c'eri*** ich bin schon vorher vorbeigekommen, aber du warst nicht da; ~ ***eravamo molto amici*** früher waren wir eng befreundet; ~ ***questa città era più viva*** früher war in dieser Stadt mehr los; ***stava molto meglio*** ~ vorher ging es ihm viel besser; ***cerca di arrivare un'ora*** ~ versuche, eine Stunde eher (*o* früher) zu kommen; ***come spiegato due pagine*** ~ wie zwei Seiten vorher erklärt **2** *(per prima cosa)* zuerst, zuallererst: ***pensa ~ alla famiglia e poi a te stesso*** denke zuerst an deine Familie und dann an dich selbst; ~ ***trovi la piazza e poi il ponte*** zuerst kommst du auf den Platz und dann an die Brücke ◆ ***l'anno*** ~ im vorausgehenden Jahr (*o* im Jahr zuvor); ~ ***che*** bevor: ~ ***che sia troppo tardi*** bevor es zu spät ist; ***come*** ~ wie vorher; *(come nel passato)* wie früher; ~ ***di*** vor + dat.: ~ ***di giugno, di cena, della stazione*** vor Juni, vor dem Abendessen, vor dem Bahnhof; ~ ***del tempo*** vor der Zeit (*o* vorzeitig); *(congiunzione)* ~ ***di*** bevor: ~ ***di fare questo acquisto è meglio aspettare un po'*** bevor wir diese Anschaffung machen, sollten wir lieber noch etwas warten; *(piuttosto)* eher..., als...: ~ ***di tradire si farebbe uccidere*** er würde sich eher umbringen lassen, als etw. zu verraten; ***di*** ~ ehemalig (*o* früher); ***il mio lavoro di*** ~ meine frühere Arbeitsstelle; ***ci capisco meno di*** ~ jetzt verstehe ich noch weniger als vorher; ***molto*** ~ viel früher; ***poco*** ~ kurz zuvor, kurz vorher; ~ ***o poi*** früher oder später; ~ ***possibile*** so früh wie möglich, frühestmöglich; ***quanto*** ~ so bald wie möglich; ***ne so quanto*** ~ jetzt bin ich so schlau wie vorher; ~ ***di tutto*** zuallererst.

2.pri|ma f. **1** AUT. erster Gang *m.*: ***ingranare la*** ~ den ersten Gang ein‿legen (*o* in den ersten Gang schalten) **2** TEATR. CINEM. Premiere *f.*, Erstaufführung *f.*, Uraufführung *f.* **3** TELEV. Erstausstrahlung *f.* **4a** SPORT *(ginnastica)* Grundstellung *f.* **b** *(scherma)* Prim *f.* **c** *(calcio)* ***punizione di*** ~ direkter Freistoß; ***passare, giocare la palla di*** ~ den Ball schnell (*o* direkt) zu‿spielen (*o* ab‿geben) **5** *(danza)* erste Position *f.* **6** ALP. Erstbesteigung *f.* **7** SCOL. *(elementari)* erste Klasse *f.* **8** *(in treno)* erste Klasse *f.*: ***viaggiare in*** ~ erster Klasse fahren **9** ECCL. Prim *f.* ◆ ~ ***mondiale*** Weltpremiere *f.* (*o* Welturaufführung *f.*); ***sulle -e*** anfangs, zuerst.

pri|ma|bal|le|ri|na f. *(primeballerine)* Primaballerina *f.*

pri|ma|don|na f. *(primedonne)* Primadonna *f.* (anche FIG.).

pri|ma|ria|men|te avv. primär, in erster Linie.

pri|ma|rio I agg. *(-ri,-rie)* **1** primär, Primär-: ***bisogni -ri*** primäre Bedürfnisse, vordringlicher Bedarf; ***caratteri sessuali -ri*** primäre Geschlechtsmerkmale; ***causa -a*** primäre Ursache; ***settore*** ~ primärer Sektor **2** *(più importante)* wichtigste **II** m. *(-ri)* **1** MED. Chefarzt *m.*; AUSTR. Primararzt *m.* **2** ECON. *(attività)* Primärbereich *m.* **3** GEOL. Primär *n.* **III** f.pl. Vorwahlen *pl.*; *(negli USA)* Primaries *pl.* ◆ LING. ***accento*** ~ Hauptton *m.*, Hauptakzent *m.*; EL. ***avvolgimento*** ~ Primärspule *f.*; ***catrame*** ~ Schwelteer *m.*; ***colore*** ~ Grundfarbe *f.*, Kardinalfarbe *f.*; ***elezioni -rie*** Vorwahlen *pl.*; ***era -a*** Primär *n.*; SOCIOL. ***gruppo*** ~ Primärgruppe *f.*; ***di -a importanza*** von primärer Bedeutung (*o* Wichtigkeit *f.*); ***istruzione -a*** Grundschulunterricht *m.*; ***letteratura -a*** Primärliteratur *f.*; ***scuola -a*** Vor- und Grundschule *f.*; ***tasso*** ~ Primarate *f.*

pri|ma|te m. Primas *m.* **pri|ma|ti** m.pl. Primaten *pl.*, Herrentiere *pl.*

pri|ma|tic|cio agg. *(-ci,-ce)* Früh-, frühreif, frühzeitig: ***fico*** ~ frühreife Feige; ***frutta -a*** Frühobst *n.*

pri|ma|ti|sta m. e f. *(-i,-e)* Rekordhalter *m.* (-in *f.*), Rekordler *m.* (-in *f.*) ◆ ~ ***europeo*** Europarekordinhaber *m.*; ~ ***mondiale*** Weltrekordler *m.* (-in *f.*); ~ ***mondiale di salto in lungo*** Weltrekordinhaber im Weitsprung; ~ ***nazionale*** Landesrekordinhaber *m.* (-in *f.*); ~ ***olimpico*** Olympiarekordinhaber *m.*

pri|ma|to m. **1a** *(preminenza)* Primat *m.* e *n.*, Vorrang *m.*, Überlegenheit *f.*: ***il ~ dell'anima sul corpo*** der Primat der Seele vor dem (*o* über den) Körper; ~ ***papale*** der Primat des Papstes (*o* der päpstliche Primat) **b** ***avere, detenere il*** ~ führend sein; ***detenere il ~ commerciale*** im Handel führend sein; ***detenere il ~ militare*** militärisch führend sein **2** SPORT Rekord *m.*: ***stabilire, battere, uguagliare, detenere, abbassare un*** ~ einen Rekord auf‿stellen (*o* erringen, erzielen), brechen (*o* schlagen), ein‿stellen (*o* egalisieren), halten (*o* inne‿haben), unterbieten; ***un ~ finora imbattuto*** ein bisher ungeschlagener (*o* ungebrochener) Rekord ◆ ~ ***mondiale*** Weltbestleistung *f.* (*o* Weltrekord *m.*); *(nelle corse)* Weltbestzeit *f.*; ~ ***mondiale dell'anno*** Weltjahresbestleistung *f.*; *(nelle corse)* Weltjahresbestzeit *f.*; ~ ***nazionale*** Landesrekord *m.*; ~ ***dell'ora*** Stundenrekord *m.*; ~ ***della pista*** Streckenrekord *m.*; ***rivendicazione del*** ~ Führungsanspruch *m.*; ***volo da*** ~ Rekordflug *m.*

pri|mat|to|re m. Hauptdarsteller *m.*

pri|ma|ve|ra f. **1** Frühjahr *n.*, Frühling *m.* (anche FIG.): ***è arrivata la*** ~ der Frühling ist gekommen; ***in*** ~ im Frühling (*o* frühlings); ***in questo paese c'è un'eterna*** ~ in diesem Land herrscht ewiger Frühling; ***una ~ precoce, tardiva*** ein zeitiger (*o* früher), später Frühling; ***vivere una seconda*** ~ seinen zweiten Frühling erleben; ***la ~ della vita*** der Frühling des Lebens; SCHERZ. ***avere molte -e sulle spalle*** einige Lenze zählen (*o* etliche Jährchen auf dem Buckel haben) **2** SPORT *(squadra giovanile)* Jugendmannschaft *f.* ◆ ***collezione ~-estate*** Frühjahrs-Sommer-Kollektion *f.*; ***equinozio di*** ~ Frühjahrs-Tagundnachtgleiche *f.*; ***giorno di*** ~ Frühlingstag *m.*; ***inizio della*** ~ Frühlingsanfang *m.*; GASTR. ***involtino*** ~ Frühlingsrolle *f.*; ***la ~ dei popoli*** das Erwachen der Völker; ***la ~ di Praga*** der Prager Frühling; ***pulizie di*** ~ Frühjahrsputz *m.*; PROV. ***una rondine non fa*** ~ eine Schwalbe macht noch keinen Sommer.

pri|ma|ve|ri|le agg. Frühjahrs-, frühlingshaft ◆ ***collezione*** ~ Frühjahrskollektion *f.*; ***fiore*** ~ Frühlingsblume *f.*; ***pascolo*** ~ Maiensäß *n.*; ***pioggia*** ~ Frühlingsregen *m.*; ***rovescio di pioggia*** ~ Aprilschauer *m.*; ***semina*** ~ Sommersaat *f.*; ***spossatezza*** ~ Frühjahrsmüdigkeit *f.*; ***temperatura*** ~ frühlingshafte Temperatur; ***tempo*** ~ Frühlingswetter *n.*

pri|meg|gia|re intr. *(primeggio, primeggi*; aus. *avere)* der Erste, führend sein: ~ ***in qcs.*** in etw. (D) führend sein; ~ ***rispetto a qcn.*** jdm voraus sein; ~ ***nel proprio campo*** auf seinem Gebiet führend sein; ***vuole sempre*** ~ er will immer der Erste sein.

prime rate ['praɪm reɪt] m.inv. Primerate *f.*

pri|mie|ra|men|te avv. erstens, an erster Stelle. **pri|mie|ro** agg. **1** *(primo)* erste **2** *(originario)* ursprünglich.

pri|mi|ge|nio agg. *(-ni,-nie)* ursprünglich, Ur-.

pri|mi|na f. COLLOQ. = (privat besuchte) erste Grundschulklasse *f.* für Kinder unter sechs Jahren.

pri|mi|pa|ra f. Erstgebärende *f.*, Primipara *f.*

pri|mi|ti|va|men|te avv. primitiv. **pri|mi|ti|vi|smo** m. ART. Primitivismus *m.* **pri|mi|ti|vi|tà** f. Primitivität *f.*, Ursprünglichkeit *f.*, Urwüchsigkeit *f.*

pri|mi|ti|vo I agg. **1** *(originario)* Ur-, einstig, ursprünglich: ***condizione -a, stato*** ~ Urzustand *m.*; ***forma -a*** Urform *f.*; ***chiesa -a*** Urkirche *f.*; ***il ~ splendore di un palazzo*** die einstige Pracht eines Palastes **2a** *(preistorico)* primitiv, Primitiv-, Ur-, urmenschlich: ***civiltà -e*** primitive Kulturen (*o* Primitivkulturen) *pl.*; ***uomo*** ~ Urmensch *m.* **b** ESTENS. primitiv, Natur-: ***popolo*** ~ Naturvolk *n.*, primitives Volk **3** *(rudimentale)* primitiv: ***attrezzi, tecniche -e*** primitive Werkzeuge, Techniken **4** MED. primär: ***lo stadio ~ della malattia*** das primäre Stadium der Krankheit **5** LING. Stamm-: ***nome*** ~ Stammwort *n.*, Primitivum *n.* **II** m. **1** Primitive *m.*; *(preistorico)* Urmensch *m.* **2** SPREG. Primitivling *m.* **3** ART. Anhänger *m.* des Primitivismus.

pri|mi|zia f. **1** *(frutta)* Frühobst *n.*; *(verdura)* Frühgemüse *n.* **2** STOR. *(offerta agli dei)* Primizien *pl.* **3** FIG. Neuigkeit *f.*

pri|mo I agg. **1** *(di successione)* erste: ***il ~ della lista*** der Erste auf der Liste; ***al ~ incrocio*** an der ersten Kreuzung; ***la -a impressione*** der erste Eindruck; ***-a persona singolare*** erste Person Singular; ***i -i sintomi dell'influenza*** die ersten Anzeichen einer Grippe; ***viaggiare in -a classe*** erster Klasse reisen; ***abitare al ~ piano*** im ersten Stock wohnen; ***ustioni di ~ grado*** Verbrennungen ersten Grades; ***i -i due*** die ersten zwei (*o* beiden); ***essere tra i -i*** unter den Ersten sein **2** *(iniziale)* früh, Früh-: ***le -e ore del mattino*** die frühen Morgenstunden; ***nel ~ pomeriggio*** am frühen Nachmittag; ***la -a giovinezza*** die frühe Jugend; ***nel ~ dopoguerra*** in der ersten Nachkriegszeit; ***il ~ Heine*** der junge (*o* frühe) Heine **3** *(successivo)* erst, nächst: ***prenderò il ~ autobus per Roma*** ich werde den nächsten Bus nach Rom nehmen; ***alla -a occasione*** bei der ersten (*o* erstbesten) Gelegenheit **4** *(con valore avverbiale)* ***(per)*** ~ als Erster, zuerst: ***arrivare (per)*** ~ als Erster (an‿)kommen **5** *(principale)* Haupt- **6** FIG. *(elementare)* Anfangs-, Grund- **7** *(posposto a nomi propri)* der Erste: ***Carlo*** ~ Karl der Erste **II** avv. erstens: ***non ci andrò, ~ perchè non ho tempo e poi perchè non ho voglia*** ich werde nicht hingehen, weil ich erstens keine Zeit und zweitens keine Lust habe **III** m. **1** *(di successione)* Erste *m.* e *f.*: ***il ~ che passa*** der Erste (*o* Erstbeste, der erste Beste), der vorbeikommt; ***arrivare tra i -i*** unter den Ersten sein; ***avanti il ~!*** der Erste, bitte! **2** *(vivanda)* erster Gang *m.* **3a** *(primo giorno)* Erste *m.*, erste: ***oggi è il ~*** heute ist der Erste; ***il ~ del mese*** der Erste des Monats; ***al ~ di gennaio*** am ersten Januar; ***il ~ maggio*** der erste Mai **b** *(minuto primo)* Minute *f.* ◆ ***~ abbozzo*** erster Entwurf; ***di ~ acchito*** auf (den ersten) Anhieb; ***(a)i -i del mese*** Anfang des Monats; ***ai -i di giugno*** Anfang Juni; ***ai -i del Novecento*** im frühen 20. Jahrhundert (*o* am Anfang des 20. Jahrhunderts); ***alla -a*** beim ersten Versuch; ***~ dell'anno*** Neujahr *n.*; ***essere alle -e armi*** ein blutiger Anfänger sein; ***~ attore*** Hauptdarsteller *m.*; ***-a ballerina*** erste Solotänzerin *f.*, Primaballerina *f.*; ***il ~ che capita*** der erste Beste; ***~ capitalismo*** Frühkapitalismus *m.*; GRAMM. ***il ~ caso*** der erste Fall; FILOS. ***causa -a*** Urgrund *m.*; ***la causa -a di qcs.*** der Hauptgrund (*o* die Hauptursache) für etw.; ***il ~ cittadino*** der Bürgermeister; ***il ~ della classe*** der Klassenbeste (*o* der Primus); FIG. ***di -a classe*** erstklassig; ***~ in classifica*** Tabellenerste *m.*; ***~ classificato*** Erstplatzierte *m.*; COLLOQ. ***al ~ colpo*** auf (den ersten) Anhieb (*o* beim ersten Versuch); ***per -a cosa*** vor allem, (*o* zuerst, als erstes); ***-a donna*** Primadonna *f.*; ***~ fra due*** erstere; ***essere ~ in qcs.*** bei etw. Erster sein, werden; DIR. ***in ~ grado*** in erster Instanz (*o* im ersten Rechtszug); ***giudizio di ~ grado*** Prozess *m.* in erster Instanz, erstinstanzlicher Prozess; ***di ~ letto*** aus erster Ehe; MIL. ***in -a linea*** an vorderster Front, in vorderster Linie; ***in ~ luogo*** erstens (*o* zuerst, an erster Stelle); ***-a maniera*** früh, aus der ersten Schaffensperiode; ***un Picasso -a maniera*** ein früher Picasso; FIG. ***di -a mano*** aus erster Hand; ***materie -e*** Rohstoffe *pl.*; ***di ~ mattino*** in aller Morgenfrühe *f.*; ***~ del mese*** Monatserste *m.*; ***pagare l'affitto il ~ del mese*** die Miete am Ersten des Monats bezahlen; ***~ ministro*** Premier(minister) *m.*; ***minuto ~*** Minute *f.*; ***in un ~ momento*** zuerst (*o* anfänglich); ***fin dal ~ momento*** vom ersten Augenblick an; ***-e nozioni di qcs.*** Grundkenntnisse (*o* Anfangskenntnisse) von etw.; ***numero ~*** Primzahl *f.*; ***opera -a*** Erstlingswerk *n.*; ***di prim'ordine*** erstklassig; ***per ~*** erstens; ***in -a persona*** GRAMM. Ichform *f.*; FIG. persönlich, selbst; ***racconto in -a persona*** Icherzählung *f.*; ***romanzo in -a persona*** Ichroman *m.*; ***responsabile in -a persona*** persönlich haftend; ***~ piano*** Vordergrund *m.*; FOT. CINEM. Nahaufnahme *f.*; ***essere in ~ piano*** im Vordergrund stehen (anche FIG.); ***mettere qcn., qcs. in ~ piano*** jdn, etw. in den Vordergrund stellen (*o* rücken); ***passare in ~ piano*** in den Vordergrund treten (*o* rücken); FOT. CINEM. ***fare un ~ piano a qcn.*** eine Nahaufnahme von jdm machen; ***al ~ posto*** an erster Stelle; ***essere al ~ posto in un settore*** auf einem Gebiet führend sein; ***~ premio*** Hauptpreis *m.* (*o* erster Preis); *(di lotteria)* Hauptgewinn *m.*; ***di -a qualità*** erster Qualität; FIG. erstklassig; ***ragione -a*** Hauptgrund *m.*; ***di -a scelta*** erster Wahl; ***prestare i -i soccorsi*** erste Hilfe leisten; ***~ stadio*** Anfangsstadium *n.*; ***sulle -e*** zuerst (*o* anfangs *o* zunächst); ***in un ~ tempo*** anfänglich (*o* zunächst *o* zuerst); ***al ~ tentativo*** beim ersten Versuch; ***a tutta -a*** im ersten Moment; ***~ fra tutti*** in erster Linie; ***essere il ~ fra tutti*** der Allererste sein; *(il migliore)* der Allerbeste sein; ***gli ultimi saranno i -i*** die Letzten werden die Ersten sein; ***il ~ venuto*** der Erstbeste; ***non essere il ~ venuto*** nicht irgendwer sein; ***~ violino*** Primgeiger *m.* (*o* erste Geige); ***a -a vista*** auf den ersten Blick; ***amore a -a vista*** Liebe *f.* auf den ersten Blick; ***per la -a volta*** zum ersten Mal; PROV. ***chi ~ arriva, ~ macina*** wer zuerst kommt, mahlt zuerst.

pri|mo|ge|ni|to **I** agg. erstgeboren: ***figlio ~*** erstgeborener Sohn **II** m. Erstgeborene *m.* ◆ ***~ (maschio)*** Stammhalter *m.* **pri|mo|ge|ni|tu|ra** f. **1** Erstgeburt *f.*, Primogenitur *f.* **2** *(primogenito)* Erstgeburt *f.* ◆ ***diritto di ~*** Erstgeburtsrecht *n.*

pri|mor|dia|le agg. **1** Ur-, uranfänglich, ursprünglich **2** *(dei primordi)* Ur-, urweltlich ◆ ***angoscia ~*** Urangst *f.*; ***epoca ~*** Urzeit *f.*; ***foresta ~*** Urwald *m.*; ***istinto ~*** Urinstinkt *m.*; ***uomo ~*** Frühmensch *m.* (*o* Urmensch *m.*). **pri|mor|dio** m. *(-di)* Anfänge *pl.*; ***i -di della letteratura*** die Anfänge der Literatur; ***ai -i*** zu Beginn (*o* am Anfang).

pri|mu|la f. Primel *f.*, Schlüsselblume *f.* ◆ FIG. ***~ rossa*** = allen Nachforschungen entgehende Person. **pri|mu|la|ce|e** f.pl. Schlüsselblumengewächse *pl.*, Primulaceae *pl.*

prin|ces|se [prɛ̃'sɛs] f.inv. Prinzesskleid *n.*

prin|ci|pa|le **I** agg. **1** Haupt-, hauptsächlich: ***caratteristica, componente, cosa ~*** Hauptmerkmal *n.*, Hauptbestandteil *m.*, Hauptsache *f.*; ***causa, motivo, scopo ~*** Hauptursache *f.*, Hauptgrund *m.*, Hauptzweck *m.*; ***ostacolo, problema ~*** Haupthindernis *n.*, Hauptproblem *n.* **2** *(il più importante)* Haupt-, wichtigste **II** m. e f. COLLOQ. *(capo)* Chef *m.* (-in *f.*), Boss *m.* **III** m. MUS. Prinzipal *n.* ◆ ***accento ~*** Hauptakzent *m.*; MUS. Hauptton *m.* (*o* Hochton *m.*); ***attore ~*** Hauptdarsteller *m.*; ***attrazione ~*** Glanznummer *f.*; DIR. ***azione ~*** Hauptklage *f.*; ***edificio ~*** Hauptgebäude *n.*; ***erede ~*** Haupterbe *m.*; ***fattore ~*** Hauptfaktor *m.*; ***fonte ~ di reddito*** Haupteinnahmequelle *f.*; ***idea ~*** Kerngedanke *m.*; ***~ imputato*** Hauptangeklagte *m.*; ***ingresso ~*** Haupteingang *m.*; ***interesse ~*** Hauptinteresse *n.*; ***interprete ~*** Hauptdarsteller *m.* (-in *f.*); ***materia ~*** Hauptfach *n.*; ***opera ~*** Hauptwerk *n.*; ***pasto ~*** Hauptmahlzeit *f.*; ***proposizione ~*** Hauptsatz *m.*; ***protagonista ~*** Hauptperson *f.*; ***responsabilità ~*** Hauptverantwortung *f.*; ***ruolo ~*** Hauptrolle *f.*; ***sede ~*** Hauptsitz *m.*; ***significato ~*** Hauptbedeutung *f.*; ***strada ~*** Hauptstraße *f.*; ***tema ~*** Hauptthema *n.* **prin|ci|pal|men|te** avv. hauptsächlich, vornehmlich.

prin|ci|pa|to m. **1** *(carica)* Fürstenstand *m.*: ***elevare al rango di ~*** jdn in den Fürstenstand erheben **2** *(territorio)* Fürstentum *n.*: ***~ di Monaco*** Fürstentum Monaco **3** STOR. *(potere supremo)* Prinzipat *n.* e *m.*

prin|ci|pe **I** m. **1** *(regnante)* Herrscher *m.* **2** *(figlio di regnanti)* Prinz *m.* **3** *(titolo)* Fürst *m.*; ***conferire a qcn. il titolo di ~*** jdn fürsten (*o* jdn in den Fürstenstand erheben) **II** agg.inv. **1** Fürst- **2** LETT. *(principale)* Haupt-; *(primo)* Erst- ◆ ***abate ~*** Fürstabt *m.*; ***~ degli apostoli*** Apostelfürst *m.*; ***argomento ~*** Hauptargument *n.*; ***~ azzurro*** Märchenprinz *m.* (anche FIG.); ***i -i della Chiesa*** die Kirchenfürsten; ***~ consorte*** Prinzgemahl *m.*; ***corona dei -i*** Fürstenkrone *f.*; ***corte dei -i*** Fürstenhof *m.*; STOR. ***dieta dei -i*** Fürstentag *m.*; ***dinastia dei -i*** Fürstenhaus *n.* (*o* Fürstengeschlecht *n.*); STOR. ***~ elettore*** Kurfürst *m.*; ***~ ereditario*** Erbprinz *m.* (*o* Kronprinz *m.*); FIG. ***~ del foro*** Staranwalt *m.*; ***~ di Galles*** Prinz *m.* von Wales; TESS. Glencheck *m.*; BIBL. ***~ della pace*** Friedensfürst *m.*; ***~ reggente*** Prinzregent *m.*; ***residenza dei -i*** Fürstensitz *m.*; ***~ delle tenebre*** Höllenfürst *m.* (*o* Fürst *m.* der Hölle); ***vescovo ~*** Fürstbischof *m.*; ***far vita da ~, vivere come un ~*** wie ein Fürst, fürstlich (*o* wie Gott in Frankreich) leben.

prin|ci|pe|sca|men|te avv. fürstlich. **prin|ci|pe|sco** agg. *(-schi, -sche)* **1** *(di principe)* Fürsten-, fürstlich, prinzlich: ***collegio ~*** Fürstenschule *f.*; ***corte -a*** Fürstenhof *m.*; ***dinastia -a*** Fürstenhaus *n.*; ***residenza -a*** Fürstensitz *m.* **2** FIG. fürstlich: ***fasto ~*** fürstlicher Prunk; ***vivere in modo ~*** fürstlich leben.

prin|ci|pes|sa f. **1** Fürstin *f.* **2** *(figlia di regnanti)* Prinzessin *f.*

prin|ci|pian|te **I** m. e f. Anfänger *m.* (-in *f.*) **II** agg. angehend ◆ ***corso per -i*** Anfängerkurs *m.*; ***~ nel lavoro*** Berufsanfänger *m.*; ***pista (da sci) per -i*** Übungshang *m.*

prin|ci|pia|re tr. e intr. *(principio, principi;* aus. *essere, avere)* LETT. beginnen, an‿fangen ◆ ***a ~ da*** seit, ab (*o* von... an).

prin|ci|pi|no m. junger Prinz *m.*

prin|ci|pio m. *(-pi)* **1a** *(inizio)* Beginn *m.*, Anfang *m.*: ***il ~ dello spettacolo*** der Anfang (*o* Beginn) der Vorstellung; ***i -pi della civiltà*** die Anfänge der Kultur; ***un ~ di raffreddore*** eine beginnende Erkältung; ***ricominciare dal ~*** wieder neu an‿fangen; ***dare ~*** den Anfang machen **b** *(origine)* Ursprung *m.*: ***il ~ dell'universo*** der Ursprung des Universums **c** *(causa)* Ursache *f.*, Grund *m.*: ***il ~ di ogni male*** die Ursache jedes Übels **2** *(convinzione)* Prinzip *n.*, Grundsatz *m.*: ***nobili, rigidi, saldi -pi*** noble, starre, feste Prinzipien; ***un uomo di sani -pi*** ein Mann mit (*o* von) gesunden Prinzipien; ***agire secondo certi -pi*** nach bestimmten Grundsätzen handeln; ***attenersi (essere attaccato), restare fedele a un ~*** an einem Prinzip fest‿halten (*o* einem Prinzip treu bleiben), ein Prinzip befolgen; ***venir meno a un ~*** von einem Prinzip ab‿gehen (*o* ein Prinzip durchbrechen); ***fondarsi su un semplice ~*** auf einem einfachen Prinzip beruhen; ***fare di qcs. un ~*** etw. zum Prinzip machen; ***ognuno ha i suoi -pi*** jeder hat seine Prinzipien **3** FIG. *(fondamento)* Grundsatz *m.*: ***i -pi della logica*** die Grundsätze der Logik; ***un ~ della retorica*** ein Grundsatz der Rethorik **4** MAT. FIS. DIR. Gesetz *n.*, Prinzip *n.*: ***il ~ di Archimede*** archimedisches Prinzip **5** CHIM. Stoff *m.* ◆ ***al ~*** am Anfang; ***~ dell'anno*** Jahresanfang *m.* (*o* Jahresbeginn *m.*); ***~ attivo*** Wirkstoff *m.*; ***~ autoritario*** Führerprinzip *n.*; ***~ basilare*** Grundprinzip *n.*; ***~ di causalità*** Kausalprinzip *n.*; ***~ di conoscenza*** Erkenntnisgrund *m.*; ***da ~*** am Anfang; ***(sin) dal ~*** von Anfang an (*o* von vornherein); ***dal ~ alla fine*** von Anfang bis Ende; *(completamente)* völlig (*o* durchaus); ***dichiarazione di ~*** Grundsatzerklärung *f.*; ***~ empirico*** Erfahrungssatz *m.*; ***fedele ai propri -pi*** prinzipientreu (*o* gesinnungstreu); ***fedeltà ai propri -pi*** Prinzipientreue *f.* (*o* Gesinnungstreue *f.*); ***-pi fondamentali*** Grundsätze *pl.*; ***~ giuridico*** Rechtsgrundsatz *m.*; MAT. ***~ d'identità*** Identitätsprinzip *n.*; ***in ~*** anfangs (*o* am Anfang); ***~ di inerzia*** Trägheitsprinzip *n.*; ***~ di legalità*** Legalitätsprinzip *n.*; FIS. ***~ della leva*** Hebelgesetz *n.*; ***in linea di ~*** prinzipiell; ***~ maggioritario*** Mehrheitsprinzip *n.* (*o* Majoritätsprinzip *n.*); ***mancanza di -i*** Prinzipienlosigkeit *f.*; ***~ morale*** Moralprinzip *n.*; ***~ di nazionalità*** Nationalitätsprinzip *n.*; ***~ nu-***

tritivo Nährstoff *m.*; **ricco di -pi nutritivi** nährstoffreich; **~ ordinatore** Ordnungsprinzip *n.*; **per ~** prinzipiell (*o* aus Prinzip); **(non) fare qcs. per ~** etw. prinzipiell (nicht) tun; **prendere ~ da qcs.** von etw. aus_gehen (*o* seinen Ursprung in etw. haben); **~ di produttività** Leistungsprinzip *n.*; **questione di ~** Prinzipienfrage *f.*, Grundsatzfrage *f.*; **per me è una questione di ~** es geht mir dabei ums Prinzip; PSIC. **~ della realtà** Realitätsprinzip *n.*; **con saldi -pi** prinzipienfest; **senza -pi** prinzipienlos; DIR. **~ di uguaglianza** Gleichheitsprinzip *n.*; **~ utilitaristico** Nützlichkeitsprinzip *n.*

prin|ci|sbec|co m. *(-chi)* Tombak *m.* ◆ **di ~** = unecht, Flitter-; FIG. **rimanere di ~** wie vom Schlag getroffen (*o* gerührt) sein.

prio|ra f. Priorin *f.* **prio|ra|to** m. Priorat *n.*

prio|re m. **1** ECCL. Prior *m.*, Superior *m.* **2** STOR. = Vorsitzender *m.* des Kollegiums der städtischen Amtsträger.

prio|ri|tà f.inv. **1** *(l'essere anteriore)* Priorität *f.* **2** *(precedenza)* Priorität *f.*, Vorrang *m.*: **~ assoluta** absoluter Vorrang; **dare ~ a qcn., qcs.** jdm, etw. den Vorrang geben; **avere la ~ su qcs.** den Vorrang vor etw. haben; **accordare ~ a qcs.** etw. (D) Priorität ein_räumen; **fissare, stabilire delle ~** Prioritäten setzen ◆ **con ~** vorrangig, vordringlich; **dichiarazione di ~** Prioritätserklärung *f.* **prio|ri|ta|ria|men|te** avv. vorrangig, vordringlich. **prio|ri|ta|rio** agg. *(-ri,-rie)* vorrangig, vordringlich: **esigenza -a** vorrangiges Bedürfnis; **diritto ~** Prioritätsrecht *n.* (*o* Vorzugsrecht *n.*).

pri|sco agg. *(-schi,-sche)* LETT. urtümlich, alt.

pri|sma m. **1** GEOM. OTT. Prisma *n.*: **~ regolare, retto** regelmäßiges, gerades Prisma; **~ ottico** optisches Prisma **2** FIG. Vexierspiegel *m.*, Zerrbild *n.* ◆ **~ polarizzatore** Polarisationsprisma *n.*; **~ triangolare** Dreikantprisma *n.* **pri|sma|ti|co** agg. *(-ci,-che)* prismatisch; *(a forma di prisma)* prismenförmig ◆ FOT. **mirino ~** Prismensucher *m.* **pri|smoi|de** m. Prismatoid *n.*

pri|sti|no agg. LETT. **1** *(precedente)* vorhergehend, vorig **2** *(antico)* alt.

priv|a|cy ['praivəsi] f.inv. Privatleben *n.*, Privatsphäre *f.*: **entrare nella ~ di qcn.** in jds Privatsphäre ein_dringen; **tenere alla (propria) ~** auf sein Privatleben Wert legen.

pri|va|re I tr. **1** berauben, nehmen: **~ qcn. di qcs.** jdn etw. (G) berauben, jdm etw. nehmen; **~ qcn. della libertà** jdn seiner Freiheit berauben; **~ qcn. della gioia, della speranza** jdm die Freude, die Hoffnung nehmen **2** *(negare)* entziehen, vor_enthalten: **~ qcn. del proprio guadagno** jdm seine Einkünfte entziehen; **~ qcn. dell'eredità** jdm das Erbe vorenthalten **3** DIR. ab_erkennen, entziehen: **~ qcn. dei diritti civili** jdm die bürgerlichen Rechte aberkennen (*o* entziehen); jdn entrechten; **~ qcn. della cittadinanza** jdm die Staatsangehörigkeit entziehen **II** pronom. **-rsi di qcs.** auf etw. (A) verzichten; **non -rsi di nulla** sich nichts abgehen lassen ◆ **~ qcn. della vista** jdm das Augenlicht nehmen; **~ qcn. della vita** jdn töten, um_bringen.

pri|va|ta|men|te avv. privat.

pri|va|ti|sta m. e f. *(-i,-e)* **1** *(studente)* Externe *m.* e *f.*, AUSTR. Privatist *m.* (-in *f.*) **2** *(studioso di diritto privato)* Zivilrechtler *m.* (-in *f.*). **pri|va|ti|sti|co** agg. *(-ci,-che)* **1** ECON. Privat-, privatwirtschaftlich: **gestione -a di un'azienda pubblica** Führung *f.* eines öffentlichen Betriebes nach privatwirtschaftlichen Kriterien; **regime ~** privatwirtschaftliches System **2** DIR. zivilrechtlich, privatrechtlich.

pri|va|ti|va f. Monopol *n.* ◆ **diritto di ~** Patentrecht *n.* (*o* Alleinrecht *n.*); **generi di ~** Monopolgüter *pl.*; **~ industriale** Patentschutz *m.*; **~ dello stato** Staatsmonopol *n.*

pri|va|ti|vo agg. **1** beraubend **2** LING. privativ: **prefisso ~** privatives Präfix; **verbo ~** privatives Verb (*o* Privativ *n.*).

pri|va|tiz|za|re tr. privatisieren. **pri|va|tiz|za|zio|ne** f. Privatisierung *f.*

pri|va|to I p.pass. agg. **1** → **privare 2a** Privat-, privat: **la sfera -a** die Privatsphäre; **ingresso ~** privater Eingang; **azienda, impresa -a** privater Betrieb, Privatunternehmen *n.*; **clinica, scuola -a** Privatklinik *f.*, -schule *f.*; **aereo ~** Privatflugzeug *n.*; **avere rapporti -i con qcn.** mit jdm privat verkehren; **colloquio ~, udienza -a** Privatgespräch *n.*, Privataudienz *f.*; **faccenda, questione -a** Privatsache *f.*, -angelegenheit *f.* **b** *(personale)* persönlich: **segretaria -a** persönliche Sekretärin **3** BUROCR. freihändig: **licitazione -a** freihändige Vergabe; **vendita a trattativa -a** freihändiger Verkauf **II** m. **1** *(persona singola)* Privatmann *m.*, Privatperson *f.*; **vendere qcs. a -i** etw. an Privat verkaufen; **acquistare qcs. da -i** etw. von Privat kaufen; **essere finanziato da -i** privat finanziert werden **2** *(sfera privata)* Privatleben *n.*, Privatsphäre *f.*: **il ~ e il pubblico** das private und das öffentliche Leben ◆ **~ cittadino** Privatmann *m.*; **diritto ~** Privatrecht *n.*; **di diritto ~** privatrechtlich, zivilrechtlich; **in forma -a** privat; **celebrare il matrimonio in forma -a** die Hochzeit im kleinen Kreis feiern; **in ~** privat; **parlare a, con qcn. in ~** jdn privat sprechen; **iniziativa -a** Privatinitiative *f.*; **interesse ~** Privatinteresse *n.*; **investigatore ~** Privatdetektiv *m.*; **lezione -a** Privatstunde *f.*; **in mano di -i** in Privathand; **proprietà -a** Privatbesitz *m.*, Privateigentum *n.*; BUROCR. **di proprietà -a** privater Hand, in Privathand; **scrittura -a** nichtamtliches Schriftstück; **strada -a** Privatweg *m.*; **ad, per uso ~** zum Privatgebrauch; **appartamento ad uso ~** Privatwohnung *f.*; **in veste -a** privat; **è qui in veste -a** er ist privat hier; **vita -a** Privatleben *n.*

pri|va|zio|ne f. **1** Beraubung *f.*, Entziehung *f.* **2** *(perdita)* Verlust *m.*: **la ~ della vista** der Verlust des Augenlichts **3** *(rinuncia)* Entbehrung *f.*: **sopportare grandi -i** große Entbehrungen ertragen; **sottoporsi a, imporsi grandi -i** große Entbehrungen auf sich nehmen; **una vita di -i** ein entbehrungsvolles Leben **4** DIR. Aberkennung *f.*, Entzug *m.*: **~ dei diritti civili** Aberkennung der bürgerlichen Rechte ◆ **~ della cittadinanza** Ausbürgerung *f.*; **~ dei diritti** Entrechtung *f.*, Entzug *m.* der Rechte; **~ della libertà (personale)** Freiheitsentziehung *f.*; *(in seguito a sentenza)* Freiheitsentzug *m.*; *(illegalmente)* Freiheitsberaubung *f.*; **pieno di -i** entbehrungsvoll (*o* entbehrungsreich).

pri|vi|le|gia|re tr. *(privilegio, privilegi)* **1** *(favorire)* privilegieren, mit Privilegien aus_statten **2** FIG. *(preferire)* bevorzugen, vor_ziehen: **~ uno studente, un'interpretazione** einen Schüler, eine Interpretation vorziehen.

pri|vi|le|gia|to I p.pass. agg. **1** → **privilegiare 2a** privilegiert: **categorie -e** privilegierte Kategorien **b** ECON. Vorzugs-, Prioritäts-: **azione, obbligazione -a** Vorzugsaktie *f.* (*o* Prioritätsaktie *f.*), Vorzugsobligation *f.* (*o* Prioritätsobligation *f.*); **credito ~** Vorzugskredit *m.* **3** FIG. bevorzugt: **trattamento ~** bevorzugte Behandlung **II** m. Privilegierte *m.*: **i soliti -i!** die üblichen Privilegierten! ◆ **in modo ~** bevorzugt; FIG. **posizione -a** Vorzugsstellung *f.*, bevorzugte Position.

pri|vi|le|gio m. *(-gi)* **1** *(favoritismo)* Privileg *n.*, Vorrecht *n.*: **godere di -gi** Privilegien (*o* Vorrechte) genießen; **accordare, concedere -gi a qcn.** jdm Privilegien ein_räumen; **abolire, negare un ~** ein Privileg ab_schaffen, verweigern **2** *(documento)* verbrieftes Privileg *n.*, Freibrief *m.* **3a** FIG. *(prerogativa, pregio)* Vorzug *m.*, Vorteil *m.*: **il libro ha il ~ della chiarezza** das Buch hat den Vorzug (*o* Vorteil), klar zu sein **b** *(onore)* Ehre *f.*: **avere il ~ di poter fare qcs.** den Vorzug haben, etw. tun zu dürfen ◆ **~ di classe** Klassenprivileg *n.*; **~ fiscale** Steuerprivileg *n.*; ECCL. **~ paolino** Privilegium Paulinum *n.*; **~ speciale** Sonderrecht *n.*

pri|vo agg. **~ di** ohne + acc., -los; *(esente)* frei von, -frei: **essere ~ di denaro** kein Geld haben; **questa accusa è -a di fondamento** diese Anschuldigung entbehrt jeder Grundlage (*o* ist unbegründet); **~ di carattere, coraggio, energia** charakter-, mut-, energielos; **~ di gusto, fantasia, spirito, tatto** geschmack-, fantasie-, witz-, taktlos; **~ di contenuto** inhaltslos (*o* inhaltsleer); **~ di efficacia** wirkungslos; **~ di senso** sinnlos (*o* unsinnig); **~ di scrupoli** skrupellos, bedenkenlos ◆ **~ di mezzi** mittellos; **essere ~ di sensi** ohnmächtig sein; **~ di valore** wertlos; *(non valido)* ungültig; **~ di valore legale** rechtsungültig.

pro I prep. zugunsten + gen., für + acc.: **votare ~ o contro un disegno di legge** für oder gegen einen Gesetzesentwurf stimmen; **sei ~ o contro?** bist du dafür oder dagegen? **una lotteria ~ handicappati** eine Lotterie zugunsten der Behinderten **II** m.inv. Für *n.*, Pro *n.*: **ponderare il ~ e il contro** das Für und Wider (*o* das Pro und Kontra) ab_wägen ◆ **buon ~ (ti faccia)!** wohl bekomm's! **~ capite** pro Kopf; **consumo ~ capite** Pro-Kopf-Verbrauch *m.*; **reddito ~ capite** Pro-Kopf-Einkommen *n.*; **tassa ~ capite** Kopfsteuer *f.*; **a che ~?** zu welchem Zweck? (*o* wozu?); **~ forma** der Form wegen; COMM. pro forma; **fattura ~ forma** Pro-forma-Rechnung *f.*; **~ loco** örtliches Fremdenverkehrsamt.

pro|ba|bi|le agg. wahrscheinlich: **il ~ colpevole** der wahrscheinliche Schuldige; **è ~ che non venga** es kann gut sein, dass er nicht kommt (*o* er kommt wahrscheinlich nicht); **poco ~** wenig wahrscheinlich; **è la cosa più ~** das ist das Wahrscheinlichste; **molto ~** sehr wahrscheinlich (*o* höchstwahrscheinlich).

pro|ba|bi|li|smo m. Probabilismus *m.* **pro|ba|bi|li|sta** m. e f. *(-i,-e)* Probabilist *m.* (-in *f.*). **pro|ba|bi|li|sti|co** agg. *(-ci,-che)* **1** MAT. Wahrscheinlichkeits-: **calcolo ~** Wahrscheinlichkeitsrechnung *f.*; **legge -a** Wahrscheinlichkeitsgesetz *n.*; **teoria -a** Wahrscheinlichkeitstheorie *f.* **2** FILOS. TEOL. probabilistisch.

pro|ba|bi|li|tà f.inv. **1** Wahrscheinlichkeit *f.* (anche MAT.): **ci sono molte ~ che domani piova** es ist sehr wahrscheinlich, dass es morgen regnet; **con ogni ~, con tutta ~** aller Wahrscheinlichkeit (*o* Voraussicht) nach (*o* sehr wahrscheinlich); **alta ~** hohe Wahrscheinlichkeit; **c'è una ~ su mille che...** die Wahrscheinlichkeit, dass..., ist eins zu tausend; **la ~ di un evento** die Wahrscheinlichkeit eines Ereignisses **2** *(opportunità favorevole)* Chance *f.*, Aussicht *f.*: ***non avere nessuna ~*** keine Chance haben; ***avere buone, scarse ~ di successo*** gute, geringe Chancen (*o* Aussichten) auf Erfolg haben ◆ ***calcolo delle ~*** Wahrscheinlichkeitsrechnung *f.*; ***con molta ~*** höchstwahrscheinlich, sehr wahrscheinlich; ***~ di riuscita, successo*** Erfolgsaussichten *f.*; ***avere buone ~ di vittoria*** gut im Rennen liegen (anche FIG.).

pro|ba|bil|men|te avv. wahrscheinlich; ***molto ~*** höchstwahrscheinlich.

pro|ban|te agg. **1** überzeugend: ***argomento ~*** überzeugendes Argument **2** DIR. beweisend, Beweis- ◆ ***elemento ~*** Beweisstück *n.*; ***indizio ~*** Beweismittel *n.*; ***materiale ~*** Beweismaterial *n.*; ***oggetto ~*** Beweisgegenstand *m.* **pro|ba|ti|vo** agg. Beweis-, beweisend: ***forza -a*** Beweiskraft *f.* **pro|ba|to|rio** agg. *(-ri,-rie)* Beweis-, beweiskräftig: ***forza -a*** Beweiskraft *f.*; ***materiale ~*** Beweismaterial *n.*

pro|bi|tà f. Rechtschaffenheit *f.*, Redlichkeit *f.*: ***persona di grande ~*** Mensch von großer Rechtschaffenheit (*o* Redlichkeit *f.*); ***con ~*** rechtschaffen (*o* redlich).

pro|bi|vi|ri m.pl. Schiedsrichter *pl.* ◆ ***collegio di ~*** Schiedsgericht *n.*

pro|ble|ma m. **1** MAT. Problem *n.*, Rechenaufgabe *f.*: ***~ di algebra, geometria, aritmetica*** algebraisches, geometrisches, arithmetisches Problem; ***risolvere un ~*** eine Aufgabe lösen **2** *(questione)* Problem *n.*, Frage *f.*: ***un ~ reale, concreto, scottante, increscioso, irrisolto*** ein wirkliches, praktisches, brisantes, leidiges, ungelöstes Problem; ***avere, sollevare (*o* porre), accennare, discutere, affrontare, risolvere, centrare un ~*** ein Problem haben, auf‿werfen, an‿schneiden, erörten, an‿gehen, lösen, ein‿kreisen (*o* richtig erfassen); ***porre un ~ a qcn., mettere (*o* porre) qcn. di fronte a un ~*** jdn vor ein Problem stellen; ***essere di fronte a un ~*** vor einem Problem stehen; ***diventare un ~*** zum Problem werden; ***emerge, sorge un ~*** ein Problem taucht auf, tritt auf; ***si pone, si presenta un ~*** ein Problem stellt sich; ***il ~ consiste nel fatto che...*** das Problem liegt darin, dass...; ***non è un ~ tuo!*** das ist nicht dein Problem! **3** *(difficoltà, faccenda complicata)* Problem *n.*, Schwierigkeit *f.*: ***risolvere i propri -i da solo*** mit seinen Problemen allein fertig werden; ***avere -i personali*** persönliche Probleme haben; ***avere -i con qcn., qcs.*** mit jdm, etw. Probleme haben; ***avere -i con la giustizia*** Probleme mit der Justiz haben; ***causare -i a qcn.*** jdm Probleme machen; ***sarà un ~ convincerlo*** es wird ein Problem sein, ihn zu überzeugen; ***quel ragazzo è un ~*** der Junge ist ein Problem; ***qual è il ~?*** wo liegt das Problem? ***questo è il ~*** da liegt das Problem; COLLOQ. da liegt der Hund begraben; COLLOQ. ***c'è qualche ~?*** stimmt etwas nicht? SCHERZ. ***ci sarà qualche ~*** es wird einigen Ärger geben ◆ ***~ attuale*** aktuelles Problem (*o* Gegenwartsfrage *f.*); ***essere un bel ~ (per qcn.)*** (für jdn) eine harte Nuss sein; ***~ della casa*** Wohnungsfrage *f.*; ***~ centrale*** Kernproblem *n.* (*o* zentrales Problem *n.*); ***~ del disarmo*** Abrüstungsfrage *f.*; ***-i economici*** wirtschaftliche (*o* ökonomische) Probleme; ***falso ~*** Scheinproblem *n.*; ***~ di fondo*** Kernfrage *f.*; FIG. ***girare sempre intorno allo stesso ~*** immer um dieselbe Frage kreisen; ***~ delle minoranze*** Minderheitenfrage *f.*; ***~ principale*** Hauptproblem *n.*, Hauptfrage *f.*; ***~ razziale*** Rassenproblem *n.*, Rassenfrage *f.*; ***senza -i*** problemlos; FIG. unbekümmert (*o* nonchalant); COLLOQ. ***avere -i di stomaco*** mit dem Magen zu tun haben; COLLOQ. ***è un vero ~!*** das ist ein echtes Problem!

pro|ble|ma|ti|ca f. *(-che)* **1** Problematik *f.*; Problemkreis *m.* **2** *(impostazione)* Problemstellung *f.* **pro|ble|ma|ti|ca|men|te** avv. problematisch. **pro|ble|ma|ti|ci|tà** f. problematischer Charakter *m.* **pro|ble|ma|ti|co** agg. *(-ci,-che)* problematisch, Problem-: ***questione, decisione -a*** problematische Frage, Entscheidung; ***caso ~*** Problemfall *m.*; ***bambino ~*** Problemkind *n.*

pro|ble|ma|tiz|za|re tr. problematisieren.

pro|bo agg. LETT. rechtschaffen, redlich.

pro|bo|sci|da|ti pl. Rüsseltiere *pl.* **pro|bo|sci|da|to** agg. Rüssel-, mit Rüssel versehen. **pro|bo|sci|de** f. **1** Rüssel *m.* **2** *(di insetti)* Stechrüssel *m.* **3** SCHERZ. *(nasone)* Zinken *m.*

pro|cac|cia m.inv. Zusteller *m.*, Bote *m.*

pro|cac|cia|men|to m. Verschaffung *f.*, Beschaffung *f.*, Besorgung *f.* ◆ ***sistema di vendita di ~*** Schneeballsystem *n.*

pro|cac|cia|re *(procaccio, procacci)* **I** tr. **1a** besorgen, beschaffen, verschaffen: ***~ qcs. a qcn.*** jdm etw. verschaffen; ***~ i mezzi necessari a qcn.*** jdm die nötigen Mittel besorgen (*o* verschaffen) **b** ***~ clienti a qcn.*** jdm Kunden vermitteln **2** *(provvedere)* ***~ qcs.*** für etw. sorgen: ***~ il sostentamento alla famiglia*** für den Lebensunterhalt der Familie sorgen **II** pronom. **procacciarsi 1** ***-rsi qcs.*** sich etw. verschaffen, sich etw. beschaffen: ***-rsi del denaro*** sich Geld beschaffen **2** ***-rsi clienti*** Kunden werben. **pro|cac|cia|to|re** m. Vermittler *m.*: ***~ d'affari*** Geschäftsvermittler *m.*

pro|ca|ce agg. **1** *(provocante)* aufreizend: ***ragazza ~*** aufreizendes Mädchen **2** LETT. *(insolente)* dreist, unverschämt. **pro|ca|ci|tà** f. aufreizendes Wesen.

pro ca|pi|te I avv. pro Kopf **II** agg.inv. Pro-Kopf-: ***reddito ~*** Pro-Kopf-Einkommen *n.*

1.pro|ce|de|re intr. *(procedei/procedetti; proceduto;* aus: *essere, avere)* **1** *(avanzare)* voran‿gehen, weiter‿gehen; *(con veicoli)* weiter‿fahren, fahren: ***~ di buon passo*** zügig vorangehen; ***l'auto procedeva ad alta velocità*** das Auto fuhr in hohem Tempo; ***~ oltre*** weiter‿gehen; ***~ nel discorso*** weiter‿sprechen; FIG. ***~ di pari passo*** Hand in Hand gehen **2** *(progredire)* voran‿gehen, voran‿kommen, vorwärts‿kommen: ***il lavoro procede a rilento*** die Arbeit geht nur langsam voran; ***~ nello studio*** mit dem Studium vorankommen; ***~ in un'attività*** mit einer Tätigkeit vorwärtskommen: ***~ con ordine*** der Reihe nach vor‿gehen **3** *(passare a, dar luogo a)* schreiten, über‿gehen: ***~ con le votazioni*** zur Abstimmung schreiten; ***~ all'esame dei fatti*** zur Prüfung der Tatsachen übergehen **4** DIR. verfahren, vor‿gehen: ***~ contro qcn.*** gegen jdn vorgehen; ***~ per vie legali*** gerichtlich vorgehen; ***~ su denuncia*** aufgrund einer Anzeige gerichtlich vorgehen **5** *(agire)* vor‿gehen, verfahren: ***come vogliamo ~?*** wie wollen wir vorgehen? **6** *(seguitare)* fort‿führen, fort‿fahren, weiter‿führen: ***~ nella trattazione di un argomento*** in der Behandlung eines Themas fortfahren; ***~ nella discussione*** die Diskussion fortführen (*o* weiterführen) **7** *(seguire il proprio corso)* laufen: ***tutto procede come previsto*** alles läuft wie geplant **8** *(derivare)* LETT. ***~ da qcn., qcs.*** von jdm, etw. aus‿gehen, auf jdn, etw. zurück‿gehen: ***lo Spirito Santo procede dal Padre e dal Figlio*** der Heilige Geist geht vom Vater und vom Sohn aus ◆ DIR. ***luogo a ~*** Einleitung *f.* eines gerichtlichen Verfahrens; ***non luogo a ~*** Einstellung *f.* des Verfahrens; ***modo di ~*** Verfahrensweise *f.*

2.pro|ce|de|re m. Lauf *m.*: ***con il ~ degli anni il suo stato di salute è peggiorato*** im Laufe der Jahre hat sich sein Gesundheitszustand verschlechtert.

pro|ce|di|bi|le agg. strafrechtlich verfolgbar.

pro|ce|di|men|to m. **1** Vorgehen *n.*, Vorgehensweise *f.*, Verfahren *n.*: ***seguire un ~*** nach einem Verfahren vorgehen; ***un ~ semplice*** eine einfache Vorgehensweise **2** DIR. Verfahren *n.*: ***promuovere un ~ contro qcn.*** gegen jdn ein Verfahren ein‿leiten ◆ ***~ civile*** Zivilverfahren *n.*; ***~ di cognizione*** Ermittlungsverfahren *n.*; ***~ disciplinare*** Disziplinarverfahren *n.*; ***~ di estradizione*** Auslieferungsverfahren *n.*; ***~ di fabbricazione*** Herstellungsverfahren *n.*; ***~ giudiziario*** Rechtsverfahren *n.*; ***~ istruttorio*** Ermittlungsverfahren *n.*; ***~ penale*** Strafverfahren *n.*; ***~ rapido*** Schnellverfahren *n.*; ***~ d'urgenza*** Eilverfahren *n.*

pro|ce|du|ra f. **1** Vorgang *m.*, Prozedur *f.*: ***una ~ noiosa*** eine langweilige Prozedur; ***~ burocratica*** bürokratischer Vorgang (*o* Amtsvorgang *m.*) **2** DIR. Verfahren *n.*, Prozess *m.*: ***irregolarità di ~*** Unregelmäßigkeit im Verfahren; ***~ ordinaria*** ordentliches Verfahren **3** INFORM. Prozedur *f.* ◆ ***atti di ~*** Prozessakten *pl.*; ***~ civile*** Zivilprozess *m.*, Zivilverfahren *n.*; ***codice di ~ civile*** Zivilprozessordnung *f.*; ***~ di collaudo*** Prüfungsverfahren *n.*; ***~ fallimentare*** Konkursverfahren *n.*; ***~ giudiziaria*** Rechtsverfahren *n.*; ***~ legislativa*** Gesetzgebungsverfahren *n.*; ***~ penale*** Strafverfahren *n.*; ***codice di ~ penale*** Strafprozessordnung *f.*; ***~ d'urgenza*** Eilverfahren *n.*; ***violazione di ~*** Verfahrensverstoß *m.*; ***vizio di ~*** Verfahrensfehler *m.*

pro|ce|du|ra|le agg. Verfahrens-, prozessual, Prozess- ◆ ***atto ~*** Verfahrenshandlung *f.*; ***norme -i*** Prozessordnung *f.*; ***termine ~*** Verfahrensfrist *f.*; ***vizio ~*** Verfahrensfehler *m.*

pro|cel|la f. LETT. **1** Sturm *m.* **2** FIG. *(travaglio)* Unglück *n.* **pro|cel|la|ria** f. Sturmvogel *m.*

pro|ces|sa|bi|le agg. prozessierbar.

1.pro|ces|sa|re tr. **1** ***~ qcn.*** gegen jdn prozessieren, gegen jdn gerichtlich vor‿gehen: ***~ qcn. per omicidio*** gegen jdn wegen Mordes gerichtlich vorgehen **2** *(giudicare)* ab‿urteilen: ***~ qcn. per direttissima*** jdn im Schnellverfahren aburteilen.

2.pro|ces|sa|re tr. INFORM. verarbeiten: ***~ dati*** Daten verarbeiten.

pro|ces|sio|na|le agg. Prozessions-.

pro|ces|sio|na|ria f. Prozessionsspinner *m.*

pro|ces|sio|ne f. **1** Prozession *f.*: ***andare in ~*** an einer Prozession teil‿nehmen; ***~ del Corpus Domini*** Fronleichnamsprozession *f.* **2** *(fila)* Zug *m.*, Kolonne *f.*

pro|ces|so m. **1** Prozess *m.*, Ablauf *m.*, Verlauf *m.*: ***~ di fossilizzazione*** Fossilisationsprozess *m.*; ***~ patologico*** pathologischer Prozess; ***~ regressivo*** rückläufiger Prozess **2** *(procedimento)* Verfahren *n.*, Prozess *m.*, Vorgang *m.*: ***~ chimico, fisico*** chemischer, physikalischer Vorgang; ***~ di lavorazione dei metalli*** Verfahren der Metallverarbeitung; ***~ organico*** organischer Prozess **3** DIR. Prozess *m.*, Verfahren *n.*: ***vincere, perdere un ~*** einen Prozess gewinnen, verlieren; ***intentare un ~ a qcn.*** einen Prozess gegen jdn an‿strengen (*o* gegen jdn einen Prozess anhängig machen); ***istruire, rimandare, archiviare un ~*** einen Prozess ein‿leiten (*o* an‿strengen), vertagen, ein‿stellen; ***essere sotto ~*** unter Anklage stehen; ***andare sotto ~*** unter Anklage gestellt werden; ***assistere a un ~*** einem Prozess bei‿wohnen; ***il ~ si concluse con la condanna dell'imputato*** der Prozess schloss mit der Verurteilung des Angeklagten; ***vincere un ~ in terza istanza*** einen Prozess in der dritten Instanz gewinnen; ***riaprire un ~*** einen Prozess wieder aufnehmen; FIG. ***fare il ~ a qcn.*** jdm den Prozess machen ◆ ***~ di adattamento*** Anpassungsprozess *m.*; ***~ amministrativo*** Verwaltungsgerichtsverfahren *n.*; ***~ di apprendimento*** Lernprozess *m.*; ***~ ciclico*** Kreisprozess *m.*; ***~ civile*** Zivilprozess *m.*, Zivilverfahren *n.*; ***comando dei -i*** Prozesssteuerung *f.*; ***~ conoscitivo*** Erkenntnisprozess *m.*; ***controllo dei -i*** Prozessüberwachung *f.*; ***~ creativo*** Schaffensprozess *m.*; ***~ di decomposizione*** Abbauprozess *m.*; ***~ per diffamazione*** Verleumdungsprozess *m.*, Verleumdungsklage *f.*; ***~ per direttissima*** Schnellverfahren *n.*; ***~ di distillazione*** Destillationsprozess *m.*; ***esito del ~*** Prozessausgang *m.*; ***~ di fabbricazione*** Fabrikationsverfahren *n.*; ***~ di fermentazione*** Gärungsprozess *m.*; ***~ indiziario*** Indizienprozess *m.*; ***fare il ~ alle intenzioni*** = jds Absichten verurteilen; ***~ d'invecchiamento*** Alterungsprozess *m.* (anche ENOL.); ***~ di lavorazione*** Verarbeitungsverfahren *n.*; ***~ di maturazione*** Reifungsprozess *m.*; ***~ mentale*** Denkvorgang *m.*; ***il ~ di Norimberga*** die Nürnberger Prozesse; ***~ penale*** Strafprozess *m.*; ***~ di produzione*** Fertigungsprozess *m.*; ***mettere qcn. sotto ~*** jdn unter Anklage stellen; ***~ per stregoneria*** Hexenprozess *m.*; ***in ~ di tempo*** im Lauf der Zeit; ***~ di trasformazione*** Umwandlungsprozess *m.*; ***~ tributario*** Steuerverfahren *n.*; ***~ verbale*** Protokoll *n.*; ***verbale del ~*** Prozessprotokoll *n.*

pro|ces|so|re m. Prozessor *m.*

pro|ces|sua|le agg. prozessual, Prozess-, Verfahrens-: ***atti -i*** Prozessakten *pl.*; ***ordine ~*** Prozessordnung *f.*; ***diritto ~*** Verfahrensrecht *n.* (*o* Prozessrecht *n.*); ***spese -i*** Prozesskosten (*o* Verfahrenskosten); ***rapporto ~*** Prozessrechtsverhältnis *n.*; ***rischio ~*** Prozessrisiko *n.*; ***termine ~*** Verfahrensfrist *f.* **pro|ces|sual|men|te** avv. verfahrensrechtlich, prozessrechtlich.

pro|cin|to, *in ~* im Begriff, dabei: ***essere in ~ di partire*** im Begriff sein abzureisen.

pro|cio|ne m. Waschbär *m.*

pro|cla|ma m. Aufruf *m.*, Appell *m.*: ***~ di governo*** Aufruf (*o* Appell) der Regierung (*o* regierungsamtlicher Aufruf); ***rivolgere un ~ al popolo*** einen Aufruf an die Bevölkerung erlassen; ***~ elettorale*** Wahlaufruf *m.*

pro|cla|ma|re I tr. **1** aus‿rufen, proklamieren: ***~ la Repubblica*** die Republik ausrufen; ***~ qcn. vincitore*** jdn als Sieger ausrufen; ***~ uno sciopero*** einen Streik ausrufen; ***~ qcn. imperatore*** jdn als Kaiser ausrufen; ***~ lo stato d'assedio*** den Belagerungszustand ausrufen; ***~ lo stato d'emergenza, lo stato di guerra*** den Ausnahmezustand, den Kriegszustand proklamieren **2** *(dichiarare)* erklären: ***~ qcn. innocente*** jdn für unschuldig erklären; ***~ la propria neutralità*** seine Neutralität erklären **II** pronom. **proclamarsi** beteuern, sich bezeichnen, sich bekennen: ***-rsi innocente*** seine Unschuld beteuern; ***-rsi cristiano*** sich als Christ bekennen (*o* bezeichnen) ◆ ***~ un giorno di lutto*** einen Tag Trauer an‿ordnen.

pro|cla|ma|zio|ne f. Ausrufung *f.*, Proklamation *f.*, Proklamierung *f.*; *(annuncio pubblico)* Bekanntgabe *f.*: ***~ dei risultati elettorali*** Bekanntgabe der Wahlergebnisse; ***~ dei diritti umani*** Proklamation der Menschenrechte; ***~ dello stato di emergenza*** Ausrufung des Ausnahmezustandes.

pro|cli|si f. Proklise *f.* **pro|cli|ti|co** agg. *(-ci,-che)* proklitisch.

pro|cli|ve agg. neigend, geneigt: ***~ all'indulgenza*** zur Nachsicht neigend. **pro|cli|vi|tà** f. Neigung *f.*

pro|com|be|re intr. *(procombei/procombetti*; ohne zusammengesetzte Formen) LETT. **1** vornüberfallen **2** *(cadere in battaglia)* fallen.

pro|con|so|la|re agg. prokonsularisch: ***provincia ~*** prokonsularische Provinz. **pro|con|so|la|to** m. Prokonsulat *n.* **pro|con|so|le** m. Prokonsul *m.*

pro|cra|sti|na|bi|le agg. aufschiebbar. **pro|cra|sti|na|re** tr. *(procrastino)* **1** auf‿schieben, hinaus‿schieben, hinaus‿zögern: ***~ la decisione di un giorno*** die Entscheidung um einen Tag hinausschieben **2** assol. zögern. **pro|cra|sti|na|zio|ne** f. Aufschub *m.*, Aufschieben *n.*

pro|cre|a|re tr. zeugen: ***~ dei figli*** Kinder zeugen; ***atto a ~*** zeugungsfähig; ***attitudine a ~*** Zeugungsfähigkeit *f.* **pro|cre|a|to|re I** m. Zeuger *m.* **II** agg. Zeugungs-. **pro|cre|a|zio|ne** f. Zeugung *f.*; ***atto della ~*** Zeugungsakt *m.*

pro|cu|ra f. **1** Vollmacht *f.*; ECON. Prokura *f.*: ***avere la ~*** Prokura haben (*o* besitzen); ***conferire la ~ a qcn.*** jdm (die) Vollmacht erteilen (*o* jdm Prokura erteilen); ***dare ~*** Prokura erteilen (*o* Vollmacht geben); ***dare la ~ a qcn.*** jdn bevollmächtigen; ***revoca della ~*** Aufhebung der Vollmacht (*o* Widerruf der Prokura) **2** *(ufficio del procuratore)* Anwaltschaft *f.* ◆ ***~ bancaria*** Bankvollmacht *f.*; ***~ commerciale*** Handlungsvollmacht *f.*, Prokura *f.*; ***~ federale*** Bundesanwaltschaft *f.*; ***~ generale*** Generalvollmacht *f.*; ***mandato di ~*** Bevollmächtigung *f.*; ***per ~*** per Prokura (*o* vertretungsweise); ***firmare per ~*** in Vollmacht zeichnen; ***sposarsi per ~*** sich ferntrauen lassen; ***matrimonio per ~*** Ferntrauung *f.*; ***~ postale*** Postvollmacht *f.*; ***~ della Repubblica*** Staatsanwaltschaft *f.*; ***~ generale della Repubblica*** Generalstaatsanwaltschaft *f.*; ***~ speciale*** Spezialvollmacht *f.*; ***tacita ~*** stillschweigende Bevollmächtigung.

pro|cu|ra|bi|le agg. beschaffbar.

pro|cu|ra|re I tr. **1** besorgen, verschaffen, beschaffen: ***~ un impiego a qcn.*** jdm eine Stelle verschaffen; ***~ del denaro*** Geld beschaffen; ***~ il denaro per le vacanze*** das Geld für die Ferien besorgen; ***~ i biglietti per un concerto*** die Karten für ein Konzert besorgen **2** *(causare)* bereiten, verursachen, schaffen: ***~ solo preoccupazioni*** nur Sorgen bereiten; ***~ un dispiacere a qcn.*** jdm Schmerzen bereiten; ***~ gioia, dolore*** Freude bereiten, Schmerz verursachen; ***~ disagi a qcn.*** jdm Ungemach bereiten; ***~ grandi soddisfazioni a qcn.*** jdm große Befriedigung bereiten; ***~ una ferita a qcn.*** jdm eine Verletzung bei‿bringen **3** *(fare in modo)* ***procura di essere qui alle sei*** sieh zu, dass du um sechs Uhr hier bist; ***procura che vada tutto bene!*** sieh zu (*o* sorg dafür), dass alles klappt! **II** pronom. **procurarsi 1** ***-rsi qcs.*** sich (D) etw. verschaffen, besorgen, beschaffen: ***-rsi un posto di lavoro, un alibi*** sich eine Stellung, ein Alibi verschaffen **2** *(causarsi)* sich (D) etw. zu‿ziehen: ***cadendo si è procurato una distorsione*** bei dem Sturz hat er sich eine Zerrung zugezogen ◆ ***~ un aborto*** eine Abtreibung vor‿nehmen; ***~ beneficio a qcn.*** für jdn eine Vergünstigung erwirken; ***~ clienti*** Kunden werben; ***~ danni*** Schäden an‿richten; ***~ fastidi a qcn.*** jdm eine Laus ins Fell setzen; ***~ fondi*** Kapital auf‿bringen; COLLOQ. ***~ grane a qcn.*** jdm Scherereien machen; ***~ prurito*** Juckreiz hervor‿rufen; ***~ uno shock a qcn.*** jdm einen Schock versetzen.

pro|cu|ra|to|re m. **1** Bevollmächtigte *m.*; ECON. Prokurist *m.*: ***nominare un ~*** einen Bevollmächtigten bestellen; ***il ~ di una società*** der Prokurist einer Firma **2** DIR. Staatsanwalt *m.*: ***sostituto ~*** stellvertretender Staatsanwalt **3** STOR. Prokurator *m.* **4** SPORT Manager *m.* ◆ ***~ di banca*** Bankprokurist *m.*; ***~ di Borsa*** Maklersubstitut *m.*; ***~ commerciale*** Prokurist *m.* ***~ distrettuale*** Bezirksstaatsanwalt *m.*; ***~ generale*** Generalstaatsanwalt *m.*; ***~ legale*** Rechtsanwalt *m.*; ***~ della Repubblica*** Oberstaatsanwalt *m.*; ***~ unico*** Einzelprokurist *m.*

pro|da f. LETT. **1a** *(riva)* Ufer *n.*, Gestade *n.* **b** *(margine)* Rand *m.* **2** *(pendio)* Feldrain *m.*

pro|de LETT. **I** agg. tapfer, kühn **II** m. Held *m.* **pro|dez|za** f. **1** LETT. *(coraggio)* Tapferkeit *f.*, Kühnheit *f.* **2a** *(impresa)* Heldentat *f.*: ***compiere una ~*** eine Heldentat vollbringen **b** IRON. Heldentat *f.*, Heldenstück *n.*, Meisterstück *n.*: ***bella ~!*** tolles Heldenstück!

pro|die|re m. Bugmann *m.*

pro|di|ga|li|tà f. Verschwendung *f.*, Vergeudung *f.*; ***un atto di ~*** eine Verschwendung.

pro|di|ga|re *(prodigo, prodighi)* **I** tr. **1** spenden, schenken: ***~ lodi a qcn.*** jdm Lob spenden; ***~ sorrisi a tutti*** allen ein Lächeln schenken **2** *(spendere largamente)* verschwenden **II** pronom. **prodigarsi 1** *(profondersi)* sich ergehen: ***-rsi in complimenti*** sich in Komplimenten ergehen **2** *(adoperarsi con abnegazione)* sich auf‿opfern: ***-rsi per qcn.*** sich für jdn aufopfern; ***-rsi per i propri figli*** sich für seine Kinder aufopfern.

pro|di|gio I m. *(-gi)* Wunder *n.*, Wundertat *f.*: ***compiere -gi*** Wunder tun (*o* wirken); ***i -gi della tecnica*** die Wunder der Technik; ***è un ~ di memoria*** er hat ein erstaunliches Gedächtnis **II** agg.inv. Wunder-: ***bambino ~*** Wunderkind *n.*

pro|di|gio|sa|men|te avv. wunderbar; *(straordinariamente)* erstaunlich. **pro|di|gio|si|tà** f. Wunderbare *n.* **pro|di|gio|so** agg. wunderbar, Wunder-; *(straordinario)* erstaunlich: ***rimedio ~*** Wundermittel *n.*; ***fatto ~*** Wunder *n.*; ***il suo salvataggio ha del ~*** seine Rettung grenzt ans Wunderbare; ***abilità -a*** erstaunliche Fähigkeit; ***una memoria -a*** ein erstaunliches Gedächtnis.

pro|di|go agg. *(-ghi,-ghe)* **1** verschwenderisch **2** FIG. großzügig, freigebig: ***essere ~ di consigli*** mit Ratschlägen freigebig sein ◆ ***il figliol ~*** der verlorene Sohn.

pro|di|to|ria|men|te avv. meuchlerisch, hinterrücks: ***aggredire qcn. ~*** jdn meuchlerisch (*o* hinterrücks) überfallen. **pro|di|to|rio**

agg. *(-ri,-rie)* LETT. verräterisch, meuchlerisch, heimtückisch: ***azione -a*** verräterische Handlung.

pro|dot|to m. **1** Produkt *n.*, Erzeugnis *n.*: ***progettare, sviluppare un ~*** ein Produkt entwerfen, entwickeln **2** *(risultato, effetto)* Ergebnis *n.*: ***l'accordo è il ~ di lunghe trattative*** das Abkommen ist das Ergebnis langer Verhandlungen; ***le superstizioni sono un ~ dell'ignoranza*** der Aberglaube entsteht (*o* erwächst) aus der Unwissenheit **3** MAT. Produkt *n.*, Ergebnis *n.* ◆ ***~ agrario*** Agrarprodukt *n.*; ***~ agricolo*** landwirtschaftliches Produkt; ***~ alimentare*** Nahrungsmittel *n.*; ***~ artigianale*** Handwerksprodukt *n.*; ***~ di bellezza*** Kosmetikartikel *m.*; ***~ chimico*** chemisches Erzeugnis (*o* Chemikalie *f.*); ***~ dietetico*** diätetisches Produkt *n.*; ***~ farmaceutico*** Pharmaerzeugnis *n.*; ***~ finale*** Endprodukt *n.*; ***~ finito*** Fertigerzeugnis *n.*, Fertigprodukt *n.*; ***~ grezzo*** Rohprodukt *n.*; ***~ dell'immaginazione*** Fantasiegebilde *n.*; ***~ industriale*** Industrieerzeugnis *n.*; ***~ interno lordo*** Bruttoinlandsprodukt *n.*; ***~ nazionale lordo*** Bruttosozialprodukt *n.*; ***~ di marca*** Markenerzeugnis *n.*; ***~ nazionale netto*** Nettoinlandsprodukt *n.*; ***~ petrolifero*** Erdölprodukt *n.*; ***~ di alta qualità*** Spitzenerzeugnis *n.*; ***~ del sottosuolo*** Rohstoff *m.*

pro|dro|mi|co agg. *(-ci,-che)* prodromal, Prodromal-: ***sintomo ~*** Prodromalsymptom *n.* **pro|dro|mo** m. **1** Vorbote *m.*, Vorzeichen *n.*: ***i -i della crisi, della guerra*** die Vorboten der Krise, des Krieges **2** MED. Prodrom *n.*, Prodromalsymptom *n.*, Frühsymptom *n.*: ***i -i della malattia*** die Prodrome (*o* Frühsymptome) der Krankheit.

pro|du|cen|te agg. vorteilhaft. **pro|du|ci|bi|le** agg. erzeugbar. **pro|du|ci|bi|li|tà** f. Erzeugbarkeit *f.*

pro|dur|re *(produco, produci; produssi; prodotto)* **I** tr. **1** hervor‿bringen (anche FIG.): ***l'albero produce frutti*** der Baum bringt Früchte hervor; ***il terreno produce grano*** der Boden bringt Weizen hervor; ***questo paese ha prodotto grandi artisti*** dieses Land hat große Künstler hervorgebracht; ***l'area del Mediterraneo ha prodotto grandi civiltà*** der Mittelmeerraum hat große Kulturen hervorgebracht; ***questo poeta ha prodotto opere importanti*** dieser Dichter hat bedeutende Werke hervorgebracht **2a** *(fabbricare)* produzieren, her‿stellen, erzeugen: ***~ scarpe, automobili*** Schuhe, Autos produzieren (*o* herstellen); ***~ vino, latte*** Wein, Milch produzieren; ***~ in serie*** serienmäßig herstellen; assol. ***la fabbrica non produce più*** die Fabrik produziert nicht mehr **b** *(assumere la responsabilità finanziaria)* ***~ un film, un disco*** einen Film, eine Schallplatte produzieren **c** *(secernere)* ***le ghiandole producono ormoni*** die Drüsen erzeugen Hormone **3a** *(causare)* verursachen, an‿richten: ***~ una ferita*** eine Verletzung verursachen (*o* bei‿bringen); ***il terremoto ha prodotto molti danni*** das Erdbeben hat viele Schäden angerichtet **b** *(suscitare)* erwecken, machen: ***~ una grande impressione*** einen großen Eindruck machen **4** DIR. an‿führen, bei‿bringen, vor‿legen: ***~ prove*** Beweise anführen; ***~ un testimone*** einen Zeugen beibringen; ***~ documenti*** Dokumente (*o* Unterlagen) vorlegen **II** pronom. **prodursi 1** TEATR. auf‿treten: ***-rsi sulla scena*** (auf der Bühne) auftreten **2** *(avere luogo, crearsi)* entstehen: ***si è prodotta una situazione difficile*** es ist eine schwierige Situation entstanden **3** *(provocarsi)* ***-rsi una ferita*** sich eine Verletzung zu‿ziehen.

pro|dut|ti|va|men|te avv. produktiv, fruchtbar. **pro|dut|ti|vi|sti|co** agg. *(-ci,-che)* **1** Produktions- **2** *(tendente ad aumentare la produzione)* produktionsfördend.

pro|dut|ti|vi|tà f. Produktivität *f.*, Leistung *f.*: ***aumentare la ~*** die Produktivität steigern; ***alta, bassa, scarsa ~*** hohe, niedrige, geringe Produktivität ◆ ***aumento di ~*** Produktivitätssteigerung *f.*; ***~ del capitale*** Kapitalproduktivität *f.* (*o* Kapitalertrag *m.*); ***indice di ~*** Produktivitätsindex *m.*; ***~ industriale*** Industrieproduktivität *f.*; ***~ lavorativa, ~ del lavoro*** Arbeitsproduktivität *f.*

pro|dut|ti|vo agg. **1a** produktiv, fruchtbar: ***lavoro, investimento ~*** produktive Arbeit, Anlage; ***una critica -a*** eine produktive Kritik; ***uno scrittore ~*** ein fruchtbarer Schriftsteller **b** AGR. fruchtbar: ***terreno ~*** fruchtbarer Boden **2** *(di produzione)* Produktions-: ***ciclo, processo, flusso ~*** Produktionskreislauf *m.*, Produktionsprozess *m.*, Produktionsfluss *m.*; ***andamento, livello ~*** Produktionsverlauf *m.*, Produktionsniveau *n.*; ***metodo, sistema ~*** Produktionsmethode *f.*, Produktionssystem *n.* **3** FIG. *(costruttivo)* konstruktiv.

pro|dut|to|re I m. **1** Erzeuger *m.*, Produzent *m.*, Hersteller *m.*: ***dal ~ al consumatore*** vom Produzenten zum Konsumenten (*o* vom Erzeuger zum Verbraucher) **2** *(di film, dischi)* Produzent *m.* **II** agg. Herstellungs-, Hersteller-: ***casa -trice*** Herstellerfirma *f.* ◆ ***~ cinematografico*** Filmproduzent *m.*; ***~ discografico*** Schallplattenproduzent *m.*; ***paese ~*** Herstellungsland *n.*; ***paese ~ di caffè, di petrolio*** Kaffee produzierendes, Erdöl produzierendes Land; ***~ di vino*** Winzer *m.*

pro|du|zio|ne f. **1a** Produktion *f.*, Herstellung *f.*: ***aumentare, fermare, sospendere la ~*** die Produktion steigern, stoppen, ein‿stellen; ***ridurre, avviare, incrementare, cambiare la ~*** die Produktion drosseln, auf‿nehmen, an‿kurbeln, um‿stellen; ***~ letteraria*** literarische Produktion **b** ECON. *(in un dato tempo)* Ausstoß *m.*: ***una ~ di 1000 pezzi al giorno*** ein Ausstoß von 1000 Stück am Tag **2** *(creazione)* Schaffen *n.* **3** DIR. Anführung *f.*, Beibringung *f.*: ***la ~ dei testimoni*** die Beibringung der Zeugen **4** FIS. Erzeugung *f.*: ***~ di calore*** Wärmeerzeugung *f.* ◆ ***~ agricola*** landwirtschaftliche Produktion (*o* Agrarproduktion *f.*); ***~ annua*** jährliche Produktion (*o* Jahresleistung *f.*); ***aumento della ~*** Produktionssteigerung *f.*; ***subire un calo di ~*** einen Produktionsrückgang erleiden; CINEM. ***ciclo di ~*** Produktionskreislauf *m.*; ***costi di ~*** Produktionskosten *pl.*, Herstellungskosten *pl.*; ***direttore di ~*** Produktionsleiter *m.*; ***~ giornaliera*** tägliche Produktion (*o* Tagesleistung *f.*); ***impianto di ~*** Betriebsanlagen *pl.*, Produktionsanlagen *pl.*; CINEM. ***essere in ~*** in Produktion sein; ***lavorare in ~*** in der Produktion arbeiten; ***incremento della ~*** Produktionssteigerung *f.* (*o* Produktionserhöhung *f.*); ***~ industriale*** Industrieproduktion *f.*; ***~ di massa*** Massenproduktion *f.*; ***~ di materie prime*** Rohstofferzeugung *f.*; ***~ media*** Durchschnittsproduktion *f.*; ***mezzi di ~*** Produktionsmittel *pl.*; ***~ mineraria*** Bergbauproduktion *f.*; ***~ mondiale*** Weltproduktion *f.*; ***~ nazionale*** inländische Produktion; ***piano di ~*** Produktionsplan *m.*; ***premio di ~*** Leistungszulage *f.*; ***~ propria*** Eigenproduktion *f.*; ***rapporti di ~*** Produktionsverhältnisse *pl.*; ***~ su piccola scala*** Produktion *f.* in kleinem Maßstab; ***~ in serie*** Serienproduktion *f.* (*o* Serienherstellung *f.*); ***~ totale*** Gesamtproduktion *f.*; ***volume di ~*** Produktionsvolumen *n.*

pro|e|mio m. *(-mi)* **1** Proömium *n.* **2a** *(parte introduttiva)* Vorwort *n.* **b** *(di discorso)* Einleitung *f.*

pro|en|zi|ma m. Proenzym *n.*

prof. ⇒ *professore* Professor (Prof.).

pro|fa|na|re tr. **1a** schänden: ***~ una chiesa, una tomba, un cimitero*** eine Kirche, ein Grab, einen Friedhof schänden **b** FIG. in Verruf bringen (*o* schänden): ***~ il nome di qcn.*** jds Namen in Verruf bringen **2** *(sconsacrare)* entweihen. **pro|fa|na|to|re I** agg. schändend **II** m. Schänder *m.*, Entweiher *m.* ◆ ***~ di tombe*** Grabschänder *m.* **pro|fa|na|zio|ne** f. Profanierung *f.*, Schändung *f.* (anche FIG.): ***~ di un ideale*** die Profanierung eines Ideals ◆ ***~ di cadavere*** Leichenschändung *f.*; ***~ di una chiesa*** Kirchenschändung *f.*; ***~ di un tempio*** Tempelschändung *f.*; ***~ di tomba*** Grabschändung *f.*

pro|fa|no I agg. **1** weltlich, profan: ***arte -a*** profane Kunst; ***musica -a*** weltliche Musik; ***cantate -e*** weltliche Kantaten **2** *(inesperto)* laienhaft **II** m. **1** Weltliche *n.*, Profane *n.*: ***mescolare il sacro con il ~*** das Heilige und das Profane mischen **2** *(inesperto)* Laie *m.*, Nichtfachmann *m.*: ***essere un ~ in un determinato campo*** ein Laie auf einem bestimmten Gebiet sein; ***essere un ~ in fatto di musica*** ein Laie in Musik sein; ***il giudizio di un ~*** das Urteil eines Laien.

pro|fa|se f. Prophase *f.*

pro|fe|ri|bi|le agg. aussprechbar. **pro|fe|ri|re** tr. *(proferisco, proferisci)* aus‿sprechen, sprechen: ***non ~ parola*** kein Wort sprechen ◆ ***~ un giuramento*** einen Eid leisten; ***~ minacce*** Drohungen aus‿stoßen.

pro|fes|sa|re I tr. **1** (sich) bekennen: ***~ qcs.*** etw. (*o* sich zu etw.) bekennen; ***~ una religione, il cattolicesimo*** sich zu einer Religion, zum Katholizismus bekennen; ***~ il proprio credo politico*** seine politische Überzeugung bekennen **2** *(esercitare)* aus‿üben: ***~ l'insegnamento, la medicina*** den Lehrerberuf, den Arztberuf ausüben **II** pronom. **professarsi 1** sich bekennen: ***-rsi cristiano*** sich als Christ bekennen; ***-rsi colpevole*** sich schuldig bekennen **2** sich aus‿geben: ***si professa mio amico*** er gibt sich als mein Freund aus.

pro|fes|sio|na|le agg. **1** beruflich, Berufs-: ***attività, dovere, prestazione ~*** berufliche Tätigkeit, Pflicht, Leistung; ***consulenza (orientamento) ~*** Berufsberatung *f.*; ***profilo, carriera ~*** Berufsbild *n.*, Berufslaufbahn *f.*; ***categoria ~*** Berufsstand *m.*, Berufsgruppe *f.*; ***formazione, esperienza ~*** Berufsausbildung *f.*, Berufserfahrung *f.*; ***rischi, sbocchi -i*** Berufsrisiken *pl.*, Berufsaussichten *pl.* **2** *(professionistico)* professionell; COLLOQ. für Profis: ***una cinepresa, un computer ~*** eine professionelle Kamera, ein Computer für Profis ◆ ***abilitazione ~*** berufliche Qualifizierung; *(per medici e farmacisti)* Approbation *f.*; IRON. ***deformazione ~*** Berufsblindheit *f.*; ***delinquente ~*** Berufsverbrecher *m.*; ***etica ~*** Berufsethos *n.*; ***libertà ~*** Berufsfreiheit *f.*; ***malattia ~*** Berufskrankheit *f.*; ***scuola ~*** Berufsschule *f.*; ***segreto ~*** Berufsgeheimnis *n.*

pro|fes|sio|na|li|tà f. Professionalität *f.*; ***svolgere un lavoro con ~***

eine Arbeit professionell aus‿führen; *mancare di ~* nicht professionell sein. **pro|fes|sio|na|liz|za|re** tr. professionalisieren. **pro|fes|sio|na|liz|za|zio|ne** f. Professionalisierung *f.* **pro|fes|sio|nal|men|te** avv. professionell: *agire ~* professionell handeln ◆ *~ scorretto* gegen das Berufsethos verstoßend.

pro|fes|sio|ne f. **1** Beruf *m.*: *esercitare (svolgere), abbracciare una ~* einen Beruf aus‿üben, ergreifen; *essere medico, musicista di ~* Arzt, Musiker von Beruf sein; *qual è la sua ~?* was sind Sie von Beruf? **2** *(dichiarazione)* Bekenntnis *n.*, Beweis *m.*; *fare ~ d'amicizia* sich als Freund bezeichnen ◆ *~ di avvocato* Rechtsanwaltsberuf *m.*; *cambiamento di ~* Berufswechsel *m.*; *delinquente di ~* Berufsverbrecher *m.*; *~ di fede* Glaubensbekenntnis *n.*: *fare ~ di fede* sich zu seinem Glauben bekennen; *~ di insegnante* Lehrerberuf *m.*; *libera ~* freier Beruf; *esercitare la libera ~* freiberuflich tätig sein; *~ di medico* Arztberuf *m.*; *politico di ~* Berufspolitiker *m.*; *fare ~ di religione* das Gelübde ab‿legen; *scelta della ~* Berufswahl *f.*

pro|fes|sio|ni|smo m. **1** Professionalität *f.* **2** SPORT Professionalismus *m.*; *passare al ~* Profi werden, ins Profilager überwechseln. **pro|fes|sio|ni|sta** *(-i,-e)* **I** m. e f. **1** Berufstätige *m.* e *f.*; *libero, libera ~* Freiberufler *m.* (-in *f.*); *fare il libero ~* freiberuflich tätig sein **2** SPORT Berufssportler *m.* (-in *f.*); COLLOQ. Profi *m.* **II** agg. **1** Berufs-, berufsmäßig: *soldato ~* Berufssoldat *m.* **2** SPORT Berufs-, Profi-: *giocatore, calciatore, pugile ~* Profispieler *m.*, Profifußballer *m.*, Profiboxer *m.*; *atleta ~* Berufssportler *m.* (-in *f.*) ◆ *da ~* profihaft.

pro|fes|sio|ni|sti|co agg. *(-ci,-che)* **1** Berufs-: *associazione -a* Berufsverband *m.* **2** SPORT Berufs-, Profi-; *sport, calcio ~* Berufssport *m.*, Profifußball *m.*

pro|fes|so **I** agg. *frate ~* Profess *m.*: *monaca -a* Professe *f.* **II** m. Profess *m.*

pro|fes|so|ra|le agg. professoral: *dignità, esperienza ~* professorale Würde, Erfahrung; *in tono ~* in professoralem Ton. **pro|fes|so|ra|to** m. **1** *(carica)* Professur *f.*, Lehrstuhl *m.* **2** *(durata)* Lehramt *n.*, Tätigkeit *f.* als Professor.

pro|fes|so|re m. **1** Lehrer *m.* *~ di ruolo* planmäßiger Lehrer **2** UNIV. Professor *m.*: *~ straordinario, ordinario, emerito* außerordentlicher, ordentlicher, emeritierter Professor; *~ associato* außerordentlicher Professor; *~ incaricato* Lehrbeauftragte *m.*; *è ~ all'università di Heidelberg* er ist Professor an der Universität Heidelberg **3** MUS. *~ d'orchestra* Orchestermusiker *m.* ◆ *darsi arie da ~* schulmeisterlich auf‿treten; SPREG. *fare il ~* schulmeistern; *~ di fisica* Physiklehrer *m.*; UNIV. Physikprofessor *m.*; *~ di latino* Lateinlehrer *m.*; *~ di liceo* Gymnasiallehrer *m.*; *~ di matematica* Mathematiklehrer *m.*; UNIV. Mathematikprofessor *m.*; *~ ospite* Gastprofessor *m.*; *parlare come un ~* schulmeistern; *~ di storia* Geschichtslehrer *m.*; UNIV. Professor für Geschichte; *~ di tedesco* Deutschlehrer *m.*; *titolo di ~* Professorentitel *m.* **pro|fes|so|res|sa** f. **1** Lehrerin *f.* **2** UNIV. Professorin *f.*

pro|fe|ta m. Prophet *m.*; *i -i dell'Antico Testamento* die Propheten des Alten Testaments; *il ~ Elia* der Prophet Elias; *un falso ~* ein falscher Prophet ◆ *per la barba del Profeta* beim Barte des Propheten; *fare il ~* prophezeien, den Prophet spielen; *il Profeta* der Prophet; *nessuno è ~ in patria* der Prophet gilt nichts in seinem Vaterlande; *~ di sciagure* Unheilsverkünder *m.* **pro|fe|ta|re** → **profetizzare**. **pro|fe|tes|sa** f. Prophetin *f.* **pro|fe|ti|ca|men|te** avv. prophetisch. **pro|fe|ti|co** agg. *(-ci,-che)* prophetisch, Propheten-: *sogno ~* prophetischer Traum; *i libri -ci* die prophetischen Bücher; *virtù -a* Prophetengabe *f.* ◆ *parola -a* Prophezeiung *f.*

pro|fe|tiz|za|re tr. **1** prophezeien weis‿sagen: *~ a qcn. un grande futuro* jdm eine große Zukunft prophezeien; *~ la rovina di qcn.* jds Untergang prophezeien **2** *(predire)* voraus‿sagen, vorher‿sagen: *~ qcs. a qcn.* jdm etw. voraussagen (*o* vorhersagen).

pro|fe|zi|a f. **1** Prophezeiung *f.*, Weissagung *f.*, Prophetie *f.*: *la ~ si è compiuta* die Prophezeiung hat sich erfüllt **2** *(predizione)* Voraussage *f.*, Vorhersage *f.*

prof|fe|ri|re tr. *(profferisco, profferisci; profferii/proffersi; profferito/profferto)* an‿bieten, dar‿bieten. **prof|fer|ta** f. Angebot *n.*: *~ amorosa* Liebesangebot *n.*

pro|fi|cua|men|te avv. gewinnbringend, nutzbringend: *utilizzare qcs. ~* etw. nutzbringend ein‿setzen. **pro|fi|cui|tà** f. Nutzen *m.*, Gewinn *m.*

pro|fi|cuo agg. Gewinn bringend, nutzbringend, nützlich: *consiglio ~* nützlicher Ratschlag; *sforzi -i* gewinnbringende Bemühungen.

pro|fi|la|re **I** tr. **1** konturieren: *~ una figura* eine Figur konturieren **2** FIG. *(delineare)* umreißen: *~ il carattere di un personaggio* den Charakter einer Figur umreißen **3a** SART. besetzen: *~ un abito con velluto* ein Kleid mit Samt besetzen **b** *(con pelliccia)* verbrämen **4** TECN. profilieren: *~ lamiere* Bleche profilieren **II** pronom. **profilarsi** **1** sich ab‿zeichnen: *la nave si profilò all'orizzonte* das Schiff zeichnete sich am Horizont ab **2** *(apparire imminente)* sich an‿deuten, sich ab‿zeichnen: *si profila un pericolo, una svolta favorevole* eine Gefahr, eine günstige Wende deutet sich an; *si profila una sconfitta* eine Niederlage zeichnet sich ab.

pro|fi|las|si f. Prophylaxe *f.* ◆ *misure di -i* prophylaktische Maßnahmen.

pro|fi|la|to **I** p.pass. agg. **1** → **profilare** **2** profiliert: *lamiera -a* profiliertes Blech **II** m. Profil *n.* ◆ *~ d'acciaio* Profilstahl *m.*; *~ di ferro* Profileisen *n.*; *~ laminato* Walzprofil *n.*; *metallo ~* Metallprofil *n.*

pro|fi|lat|ti|co **I** agg. *(-ci,-che)* prophylaktisch: *trattamento ~* prophylaktische Behandlung; *prendere misure -che* prophylaktische Maßnahmen ergreifen **II** m. *(-ci)* Präservativ *n.*, Kondom *n.* e *m.*

pro|fi|la|tu|ra f. **1** TECN. *(operazione)* Profilieren *n.*; *(profilato)* Profil *n.* **2** SART. Besatz *m.*: *~ in pelle* Lederbesatz *m.*

pro|fi|lo m. **1** Profil *n.*: *un ~ regolare, delicato, greco* ein regelmäßiges, feines, griechisches Profil; *vedere, disegnare qcs. di ~* jdn im Profil sehen, zeichnen; *un viso di ~* ein Gesicht im Profil; *disegnare un ~ di donna* eine Frau im Profil zeichnen **2** *(linea di contorno)* Umriss *m.*, Umrisslinie *f.*, Kontur *f.*: *il ~ dei monti* die Konturen der Berge **3a** *(descrizione essenziale)* Abriss *m.*: *un ~ di un'epoca, della storia della letteratura italiana* ein Abriss einer Epoche, der Geschichte der italienischen Literatur **b** *(ritratto)* Porträt *n.*: *tracciare il ~ di un poeta* das Porträt eines Dichters geben **4** *(punto di vista)* Gesichtspunkt *m.*: *sotto il ~ morale* unter dem moralischen Gesichtspunkt; *sotto il ~ della qualità* unter dem Gesichtspunkt der Qualität ◆ AER. *~ alare* Flügelprofil *n.*; *essere di alto ~* Profil haben; *mantenere un basso ~* sich unauffällig verhalten (*o* sich im Hintergrund halten); *sotto un certo ~* in gewisser Hinsicht; *~ geologico* geologisches Profil; *immagine di ~* Profilbild *n.*; *~ laterale* Seitenriss *m.*; *~ longitudinale* Längsschnitt *m.*; *~ del(lo) pneumatico* Reifenprofil *n.*; *~ professionale* Berufsbild *n.*; *~ scanalato* Rillenprofil *n.*; *(di pneumatico) spessore del ~* Profiltiefe *f.*; *~ trasversale* Querschnitt *m.*; *vista di ~* Profilansicht *f.* (*o* Seitenansicht *f.*).

pro|fi|te|ro|les [-'ol] m.pl. INTRAD. (mit Sahne gefülltes Brandteiggebäck mit Schokoladensoße).

pro|fit|ta|re intr. (aus. *avere*) **1** *(guadagnare)* profitieren: *~ di qcs.* von (*o* bei) etw. profitieren, Nutzen (*o* Gewinn) aus etw. ziehen **2** *(progredire)* Fortschritte machen **3** *(approfittare)* *~ di qcs.* etw. nützen. **pro|fit|ta|to|re** m. Nutznießer *m.*, Profiteur *m.*; SPREG. Profitmacher *m.*, Profitjäger *m.* ◆ *~ di guerra* Kriegsgewinnler *m.*

pro|fit|to m. **1** Gewinn *m.*, Profit *m.* (anche ECON.): *lavorare con, senza ~* mit, ohne Profit arbeiten; *vendere qcs. con ~* etw. mit Gewinn verkaufen; *realizzare un ~* einen Gewinn erzielen; *trarre ~ da qcs.* aus etw. Gewinn heraus‿schlagen (*o* schlagen, ziehen); FIG. von etw. Gewinn haben **2** *(negli studi)* Erfolg *m.*, Leistung *f.*: *studiare con, senza ~* mit, ohne Erfolg studieren; *il ~ dell'alunno è buono* die Leistungen des Schülers sind gut ◆ *calcolo dei -i e delle perdite* Gewinn- und Verlustrechnung *f.*; *~ lordo* Bruttogewinn *m.*; *margine di ~* Verdienstspanne *f.* (*o* Gewinnspanne *f.*); *mettere a ~ qcs.* etw. nutzen (*o* aus‿nutzen); *~ netto* Reingewinn *m.*; *-i da partecipazioni* Erträge aus Beteilungen; *ricerca del ~* Profitstreben *n.*; *saggio di ~* Profitrate *f.*; *~ scolastico* schulische Leistung; *tasso di ~* → *saggio di ~*.

pro|flu|vio m. *(-vi)* **1** LETT. Erguss *m.* **2** FIG. Flut *f.*, Schwall *m.*: *un ~ di insulti* eine Flut von Schimpfwörtern; *~ di gente, di lacrime* Menschenflut *f.*; *~ di parole* Wortschwall *m.*

pro|fon|da|men|te avv. tief (anche FIG.): *scavare ~* tief graben; *sospirare, inspirare ~* tief seufzen, ein‿atmen; *dormire ~* tief schlafen; *amare qcn. ~* jdn tief lieben; *essere ~ impressionato da qcn., qcs.* von etw. tief beeindruckt sein; *essere ~ offeso* tief (*o* zutiefst) beleidigt sein; *~ afflitto, commosso* tief betrübt, tief bewegt; *~ credente, religioso* tiefgläubig, tiefreligiös (*o* glaubensvoll); *~ radicato* tief wurzelnd.

pro|fon|de|re *(profusi, profuso)* **I** tr. *~ qcs.* mit etw. um sich werfen: *~ denaro, parole, elogi* mit Geld, Worten, Lob um sich werfen **II** pronom. **profondersi** sich ergehen: *-rsi in scuse, elogi* sich in Entschuldigungen, Lobreden ergehen.

pro|fon|di|me|tro m. Tiefenmesser *m.*

pro|fon|di|tà f.inv. Tiefe *f.* (anche FIG.): *~ elevata, scarsa* große, geringe Tiefe; *misurare la ~ di un pozzo* die Tiefe eines Brunnens messen; *il canale ha tre metri di ~* der Kanal hat eine Tiefe von drei Metern (*o* ist drei Meter tief); *la ~ della ferita, della voce* die Tiefe der Wunde, einer Stimme; *la ~ dell'amore* die Tiefe der Liebe; GEOM. *altezza, larghezza e ~* Höhe, Breite und Tiefe; *(nelle ar-*

ti figurative) ***un'immagine che dà l'effetto della ~*** ein Bild mit Tiefenwirkung; *(parte più intima)* ***le ~ dell'animo umano*** die Tiefe der menschlichen Seele ◆ ***~ dell'acqua*** Wassertiefe *f.*; ***~ d'animo*** Gemütstiefe *f.*; ***bomba di ~*** Wasserbombe *f.*; FOT. ***~ di campo*** Tiefenschärfe *f.*; ***effetto di ~*** Tiefenwirkung *f.*; ***in ~*** tief; FIG. *(a fondo)* gründlich: ***la pallottola è penetrata in ~*** die Kugel ist tief eingedrungen; ***esaminare un problema in ~*** ein Problem gründlich prüfen; ***~ del mare*** Meerestiefe *f.*; ***~ di pensiero*** Gedankentiefe *f.*

pro|fon|do I agg. tief (anche FIG.): ***un solco ~ 5 cm*** eine 5 cm tiefe Furche; ***cratere ~*** tiefer Krater; ***radici -e*** tiefe Wurzeln; ***una ferita piuttosto -a*** eine ziemlich tiefe Wunde; ***mare ~*** tiefes Meer; ***una -a insenatura*** eine tiefe Bucht; ***~ inchino*** tiefe Verbeugung; ***~ sospiro, respiro*** tiefer Seufzer, Atemzug; ***voce -a*** tiefe Stimme; ***notte -a*** tiefe Nacht; ***~ dolore*** tiefer Schmerz; ***sentimenti di -a amicizia*** tiefe Freundschaftsgefühle; ***significato, pensiero ~*** tiefer Sinn, Gedanke; ***pensatore ~*** tiefer Denker **II** m. **1** Tiefe *f.*: ***dal ~ del cuore*** aus der Tiefe des Herzen (*o* aus tiefstem Herzen); ***addentrarsi nel ~ della foresta*** in die Tiefe des Waldes ein‿dringen **III** avv. tief: ***scavare ~*** tief graben ◆ ***~ cambiamento*** tief gehender Wandel; ***coma ~*** schweres (*o* tiefes) Koma; ***~ conoscitore*** gründlicher Kenner; ***depressione -a*** schwere Depression; ***odio ~*** abgrundtiefer Hass; ***osservazioni -e*** tiefgründige Betrachtungen; ***persona -a*** tiefsinniger Mensch; ***psicologia del ~*** Tiefenpsychologie *f.*; ***sonno ~*** Tiefschlaf *m.* (*o* tiefer Schlaf); ***con ~ rispetto*** hochachtungsvoll (*o* mit vorzüglicher Hochachtung); ***dal ~ Sud*** aus dem tiefen Süden; ***trivellazione -a*** Tiefbohrung *f.*

pro for|ma I avv. der Form wegen; COMM. pro forma **II** agg.inv. Proforma-: ***fattura ~*** Pro-forma-Rechnung *f.* **III** m.inv. Formalität *f.*

pro|fu|go I agg. *(-ghi,-ghe)* flüchtig **II** m. *(-ghi)* Flüchtling *m.*, Vertriebene *m.*, Heimatvertriebene *m.*: ***~ politico*** politischer Flüchtling; ***raccogliere -ghi*** Vertriebene auf‿nehmen; ***i -ghi delle zone terremotate, del terremoto*** die Flüchtlinge aus dem Erdbebengebiet ◆ ***campo -ghi*** Flüchtlingslager *m.*; ***~ per motivi economici*** Wirtschaftsflüchtling *m.*; ***l'esodo di -ghi*** der Exodus der Vertriebenen; ***~ dell'Est*** Ostflüchtling *m.*; ***ondata di -ghi*** Flüchtlingswelle *f.*

pro|fu|ma|re I tr. **1** parfümieren: ***~ un fazzoletto*** ein Taschentuch parfümieren; ***~ la biancheria di lavanda*** die Wäsche mit Lavendel parfümieren **2** ***~ un ambiente*** einen Duft in einem Raum verbreiten **II** intr. (aus. *avere*) duften, (gut) riechen: ***i fiori profumano*** die Blumen duften; ***~ di qcs.*** nach etw. duften; ***~ di buono, di pulito*** gut, sauber riechen (*o* duften) **III** pronom. **profumarsi** sich parfümieren.

pro|fu|ma|ta|men|te avv. teuer, hoch: ***pagare ~*** teuer zahlen; ***ricompensare qcn. ~*** jdn hoch belohnen. **pro|fu|ma|to** p.pass. agg. **1** → **profumare 2** duftend: ***fazzoletto ~*** duftendes Taschentuch **3** *(lauto)* gesalzen: ***un ~ onorario*** ein gesalzenes Honorar ◆ ***candeggina -a*** wohlriechendes Bleichmittel; ***vino ~ di lamponi*** Wein mit Himbeeraroma.

pro|fu|me|ri|a f. **1** *(laboratorio, negozio)* Parfümerie *f.* **2** *(tecnica)* Parfümherstellung *f.*: ***estratti vegetali usati in ~*** in der Parfümherstellung verwendete Pflanzenextrakte.

pro|fu|mie|ra f. **1** Parfümverkäuferin *f.*, Parfümhändlerin *f.* **2** *(vaso)* Parfümgefäß *n.*, Parfümfläschchen *n.* **pro|fu|mie|re** m. **1** Parfümverkäufer *m.*, Parfümhändler *m.* **2** *(produttore)* Parfümhersteller *m.* **pro|fu|mie|ro** agg. Parfüm-: ***industria -a*** Parfümindustrie *f.*

pro|fu|mi|no m. Düftchen *n.*

pro|fu|mo m. **1a** Duft *m.*: ***~ forte, conturbante*** starker, schwüler Duft; ***il ~ di un fiore*** der Duft einer Blume; ***avere ~ di qcs.*** nach etw. duften; ***emanare un intenso ~*** einen intensiven Duft aus‿strömen; ***il ~ del pane appena sfornato*** der Duft von ofenfrischem Brot **b** *(odore)* ***c'è ~ di qcs.*** es riecht nach etw.; ***che buon ~ questo sugo!*** wie gut diese Soße riecht! **2** *(essenza)* Parfüm *n.*: ***un ~ dolce, penetrante, persistente, dolciastro*** ein süßes, aufdringliches, schweres, süßliches Parfüm; ***un ~ francese*** ein französisches Parfüm; ***darsi il ~*** Parfüm nehmen; ***la fragranza, l'intensità di un ~*** der Duft, die Intensität eines Parfüms ◆ ***~ di arrosto*** Bratenduft *m.*; ***boccetta di ~*** Parfümfläschchen *n.*; ***~ femminile*** Damenparfüm *n.*; ***~ gradevole*** Wohlgeruch *n.*; ***avere un leggero ~*** schwach riechen; ***~ maschile*** Herrenparfüm *n.*; ***nebulizzatore di ~*** Parfümzerstäuber *m.*; ***nuvola di ~*** Parfümwolke *f.*; ***il ~ del potere*** die verführerische Kraft der Macht; ***sentire ~ di soldi*** das Geld klingeln hören; ***~ di violetta*** Veilchenduft *m.*

pro|fu|sa|men|te avv. **1** reichlich, reich: ***spendere ~*** reichlich Geld aus‿geben **2** *(diffusamente)* ausführlich.

pro|fu|sio|ne f. Überfluss *m.*, Schwall *m.*: ***una ~ di complimenti*** ein Schwall von Komplimenten ◆ ***a ~*** in Hülle und Fülle; ***versare lacrime a ~*** in Tränen zerfließen; ***~ di lodi*** Lobeshymnen *pl.*; ***narrare con ~ di particolari*** bis in die kleinsten Einzelheiten schildern.

pro|fu|so p.pass. agg. **1** → **profondere 2** verschwendet: ***denaro ~*** verschwendetes Geld.

pro|ge|nie f.inv. LETT. **1** *(stirpe)* Geschlecht *n.* **2** *(discendenza)* Nachkommen *pl.*, Nachkommenschaft *f.*: ***la ~ dei Longobardi*** die Nachkommen der Langobarden. **pro|ge|ni|to|re** m. **1** *(avo)* Vorfahr(e) *m.*, Ahn *m.* **2** *(capostipite)* Stammvater *m.*

pro|ge|ste|ro|ne m. Progesteron *n.*, Gelbkörperhormon *n.*

pro|get|ta|re tr. **1** planen: ***~ una gita, la fuga*** einen Ausflug, die Flucht planen **2** TECN. entwerfen, planen, projektieren: ***~ una galleria*** einen Tunnel projektieren; ***~ un grattacielo*** einen Wolkenkratzer entwerfen.

pro|get|ta|zio|ne f. Planung *f.*, Projektierung *f.*: ***la ~ di uno stabilimento*** die Planung einer Anlage; ***~ d'interni*** Planung von Innenausstattungen; ***~ assistita da computer*** computergestützte Projektierung (*o* Planung); ***fase di ~*** Planungsstadium *n.*

pro|get|ti|sta m. e f. *(-i,-e)* Planer *m.* (-in *f.*), Projektant *m.* (-in *f.*) ◆ ***ingegnere ~*** Projektingenieur *m.* **pro|get|ti|sti|ca** f. Planung *f.*, Projektierung *f.* **pro|get|ti|sti|co** agg. *(-ci,-che)* Planungs-, Entwurfs-: ***attività -a*** Entwurfstätigkeit *f.* (*o* Planungstätigkeit *f.*).

pro|get|to m. **1** Plan *m.*: ***fare -i*** Pläne machen; ***avere sempre mille -i*** immer voller Pläne stecken; ***accarezzare un ~*** sich mit einem Plan tragen; ***un ~ diabolico*** ein teuflischer Plan **2** TECN. Plan *m.*, Entwurf *m.*, Projekt *n.*: ***presentare, esaminare un ~*** ein Projekt vor‿legen, begutachten; ***un ~ ambizioso*** ein ehrgeiziges Projekt ◆ ***capo (di) ~*** Projektleiter *m.*; ***~ di costruzione*** Konstruktionsplan *m.*; ***~ edile*** Bauprojekt *n.*; ***~ esecutivo*** auszuführender Plan; ***fare -i per il futuro*** Zukunftspläne schmieden; ***avere in ~ di fare qcs.*** vor‿haben (*o* planen), etw. zu tun; ***~ di legge*** Gesetzentwurf *m.*; ***~ di massima*** Rohentwurf *m.*; ***-i matrimoniali*** Heiratspläne *pl.*; ***~ preliminare*** Vorentwurf *m.* (*o* Vorprojekt *n.*); ***~ di ricerca*** Forschungsprojekt *m.* (*o* Forschungsvorhaben *n.*); ***-i per le vacanze*** Urlaubspläne *pl.* **pro|get|tua|le** agg. Planungs-, Projekt-, projektmäßig: ***essere (ancora) in fase ~*** (noch) im Planungsstadium sein; ***attività ~*** Planungstätigkeit *f.* (*o* Entwurfstätigkeit *f.*). **pro|get|tua|li|tà** f. **1** Projektcharakter *m.* **2** *(attitudine)* planerische Fähigkeit *f.*

pro|gna|ti|smo m. Prognathie *f.*, Vorkieferigkeit *f.* **pro|gna|to** agg. prognathisch.

pro|gno|si f.inv. Prognose *f.*: ***fare una ~*** eine Prognose stellen; ***~ (in)fausta*** (un)günstige Prognose ◆ ***~ economica*** Wirtschaftsprognose *f.*; ***~ di un mese*** prognostizierte (*o* voraussichtliche) Krankheitsdauer von einem Monat; ***~ riservata*** unsichere, ungewisse Prognose; ***sciogliere la ~*** zu einer günstigen Prognose gelangen.

pro|gram|ma m. **1a** Programm *n.*: ***sostenere un ~ politico*** ein politisches Programm vertreten; ***il ~ del nuovo giornale, di una corrente letteraria, di un'associazione culturale*** das Programm der neuen Zeitschrift, einer literarischen Strömung, einer kulturellen Vereinigung **b** *(di spettacoli)* ***un ~ molto seguito*** ein sehr erfolgreiches Programm; ***il ~ della stagione concertistica*** das Programm der Konzertsaison; ***spettacolo in ~ per la prossima stagione*** für die nächste Saison programmiertes Schauspiel; ***togliere qcs. dal ~*** etw. aus dem Programm nehmen **c** INFORM. ***scrivere, caricare un ~*** ein Programm schreiben, laden **d** SCOL. Lehrplan *m.*, Lehrstoff *m.*, Stoff *m.*: ***svolgere solo parte del ~*** nur einen Teil des Lehrstoffs durch‿nehmen **2** *(progetto)* Plan *m.*: ***fare -i*** Pläne machen; ***rovinare i -i di qcn.*** jdm seine Pläne durcheinander‿bringen ◆ INFORM. ***~ applicativo*** Anwenderprogramm *n.*, Applikationsprogramm *n.*; ***avere qcs. in ~*** etw. vor‿haben, etw. geplant haben; ***che -i hai per la serata?*** was hast du heute abend vor? ***~ d'azione*** Aktionsprogramm *n.*; ***cambiamento di ~*** Programmänderung *f.*; INFORM. ***~ di caricamento*** Loader *m.*; ***come da ~*** programmgemäß; ***~ per la gestione della contabilità*** Buchhaltungsprogramm *n.*; ***~ culturale*** Kulturprogramm *n.*; ***~ economico*** Wirtschaftsplan *m.*; ***~ editoriale*** Verlagsprogramm *n.*; ***~ elettorale*** Wahlprogramm *n.*; ***~ d'esame*** Prüfungsstoff *m.*; ***essere in ~*** auf dem Programm stehen, geplant (*o* vorgesehen) sein; ***fuori ~*** außerplanmäßig, nicht geplant (*o* vorgesehen); ***~ di lavaggio*** Waschprogramm *n.*; ***~ (di lavaggio) per capi delicati*** Schon(wasch)gang *m.*, Schonprogramm *n.*; ***~ dei lavori*** Arbeitsplan *m.*; ***~ di massima*** Minimalprogramm *n.*; ***mettere qcs. in ~*** etw. aufs Programm setzen; ***-i ministeriali d'esame*** ministerielle Prüfungsprogramme; ***musica a ~*** Programmmusik *f.*; ***~ (politico) di un partito*** Parteiprogramm *n.*; INFORM. ***~ principale*** Hauptprogramm *n.*; ***~ radiofonico*** Radioprogramm *n.*, Rundfunkprogramm *n.*; ***~ di ricerca*** Forschungsplan *m.*; ***~ di sala*** Programmzettel *m.*; ***~ scolastico*** Lehrprogramm *n.*, Lehrstoff *m.*; ***secondo*** ~ nach Programm (*o* planmäßig, programmgemäß): ***svolgersi secondo*** ~ programmgemäß ab‿laufen; ~ ***della serata in TV*** Abendprogramm *n.* im Fernsehen; ~ ***televisivo*** Fernsehprogramm *n.*; INFORM. ~ ***di traduzione*** Übersetzungsprogramm *n.* (*o* Übersetzer *m.*); COLLOQ. ***ha un nome che è tutto un*** ~ sein Name sagt alles; ~ ***di videoscrittura*** Textverarbeitungsprogramm *n.*

pro|gram|ma|bi|le agg. programmierbar (anche INFORM.): ***intervento ~ con anticipo*** im Voraus programmierbarer Eingriff.

pro|gram|ma|re tr. **1** planen: ~ ***le vacanze, la stagione concertistica*** die Ferien, die Konzertsaison planen; ~ ***la produzione di un'azienda*** die Produktion eines Betriebs planen **2** *(mettere in programma)* aufs Programm setzen **3a** *(impostare secondo un programma)* programmieren: ~ ***la videoregistrazione*** die Videoaufnahme programmieren **b** assol. INFORM. programmieren: ~ ***in basic*** in BASIC programmieren ◆ ~ ***un film*** einen Film vor‿führen.

pro|gram|ma|ti|co agg. *(-ci,-che)* programmatisch: ***dichiarazione -a*** programmatische Erklärung. ◆ ***legge -a*** richtungsweisendes Gesetz; ***piattaforma -a*** Grundsatzprogramm *n.*

pro|gram|ma|to p.pass. agg. **1** → **programmare** **2** programmiert: ***istruzione -a*** programmierter Unterricht ◆ ***economia -a*** Planwirtschaft *f.*; ***produzione -a*** Produktionsplan *m.*

pro|gram|ma|to|re m. **1** INFORM. Programmierer *m.* **2** ECON. Wirtschaftsplaner *m.*

pro|gram|ma|zio|ne f. **1** Programmierung *f.*, Planung *f.*: ~ ***a lungo, medio termine*** langfristige, mittelfristige Planung **2** INFORM. Programmierung *f.*: ~ ***in linguaggio macchine*** Programmierung in Maschinensprache **3** ECON. Wirtschaftsplanung *f.* ◆ ~ ***di bilancio*** Haushaltsplanung *f.*; ***fase di*** ~ Planungsstadium *n.*; CINEM. ***essere in*** ~ laufen, auf dem Programm stehen: ***il film è in ~ da settimane*** der Film läuft seit Wochen; ***linguaggio di*** ~ Programmiersprache *f.*; ***(spettacolo) di prossima*** ~ demnächst in diesem Kino (*o* Theater); ***settore di*** ~ Programmabteilung *f.*; INFORM. ***tecniche di*** ~ Programmierungstechniken *pl.*; ***ufficio di*** ~ Planungsbüro *n.*

pro|gram|mi|sta m. e f. *(-i,-e)* **1** Programmgestalter *m.* (-in *f.*) **2** RAD. TELEV. Programmansager *m.* (-in *f.*).

pro|gre|di|re intr. *(progredisco, progredisci*; aus. *essere, avere)* **1** fort‿schreiten: ***i lavori di costruzione progrediscono*** die Bauarbeiten schreiten fort; ***la malattia progredisce*** die Krankheit schreitet fort **2** *(migliorare)* Fortschritte machen: ~ ***nell'apprendimento di una lingua*** beim Lernen einer Fremdsprache Fortschritte machen ◆ ~ ***negli anni*** = älter werden. **pro|gre|di|to** p.pass. agg. **1** → **progredire** **2** fortschrittlich, fortgeschritten: ***tecnica -a*** fortgeschrittene Technik ◆ ***i paesi più -i*** die hoch entwickelten (*o* höher entwickelten) Länder.

pro|gres|sio|ne f. **1** Fortschreiten *n.*, Progression *f.*, Steigerung *f.*: ***la ~ inesorabile della malattia*** das unerbittliche Fortschreiten der Krankheit **2** MAT. Reihe *f.*: ~ ***aritmetica, geometrica*** arithmetische, geometrische Reihe **3** MUS. Sequenz *f.* **4** GRAMM. Steigerung *f.* **5** SPORT Spurt *m.*: ***con una ~ impressionante*** mit einem eindrucksvollen Spurt ◆ FIG. ***crescere in ~ geometrica*** Schwindel erregend zu‿nehmen.

pro|gres|si|smo m. Progressivität *f.*, Progressi(vi)smus *m.*, (übertriebene) Fortschrittlichkeit *f.* **pro|gres|si|sta** *(-i,-e)* **I** agg. fortschrittlich: ***avere un atteggiamento*** ~ eine fortschrittliche Haltung haben **II** m. e f. **1** progressiver Mensch *m.*, Progressist *m.* (-in *f.*), Fortschrittler *m.* (-in *f.*) **2** pl. POL. INTRAD. (Fortschrittspartei im italienischen Parlament). **pro|gres|si|sti|co** agg. *(-ci,-che)* fortschrittlich, progressiv.

pro|gres|si|va|men|te avv. **1** *(di continuo)* allmählich, fortschreitend: ***diffondersi*** ~ sich allmählich verbreiten **2** *(in progressione)* stufenweise, progressiv. **pro|gres|si|vi|tà** f. stufenweise Entwicklung *f.* ◆ ~ ***dell'imposizione fiscale*** Steuerprogression *f.*

pro|gres|si|vo agg. **1** *(continuo)* fortschreitend, allmählich: ***degenerazione -a*** fortschreitende Entartung; ***-a perdita della memoria*** allmählicher Gedächtnisschwund **2** *(in progressione)* progressiv: ***calo, aumento*** ~ progressive Abnahme, Zunahme; ***numerazione -a delle abitazioni*** progressive Nummerierung der Wohnungen; ***imposta -a*** progressive Steuer; ***paralisi -a*** progressive Paralyse (*o* Lähmung) ◆ ***in ordine ~ di altezza*** der Größe nach.

pro|gres|so m. **1** Fortschritt *m.*: ***fare grandi, piccoli, rapidi, continui -i (in qcs.)*** (in etw. [D]) große, kleine, schnelle, ständige Fortschritte machen; ***non si nota alcun*** ~ man bemerkt keinen Fortschritt; ***servire il*** ~ dem Fortschritt dienen; ~ ***industriale, economico*** industrieller, wirtschaftlicher Fortschritt; ***il ~ della medicina*** der medizinische Fortschritt; ***nemico del*** ~ Feind des Fortschritts **2** *(il progredire)* Fortschreiten *n.*, Weiterentwicklung *f.*: ***il ~ di un'infezione, dei lavori*** das Fortschreiten einer Infektion, der Arbeiten ◆ IRON. ***facciamo -i!*** das wird ja immer besser!

proi|bi|re tr. *(proibisco, proibisci)* **1** verbieten, untersagen: ~ ***a qcn. di fare qcs.*** jdm verbieten (*o* untersagen), etw. zu tun; ***ti proibisco di parlarmi così*** ich verbiete (*o* untersage) dir, so mit mir zu sprechen; ~ ***il fumo*** das Rauchen verbieten; ~ ***a qcn. di parlare*** jdm das Wort verbieten; ***le autorità hanno proibito questo commercio*** die Behörden haben diesen Handel verboten; ***il medico gli ha proibito l'alcol*** der Arzt hat ihm untersagt, Alkohol zu trinken **2** *(impedire)* verbieten: ~ ***a qcn. di entrare in casa*** jdm das Haus verbieten.

proi|bi|ti|vo agg. Verbots-: ***leggi -e*** Verbotsgesetze *pl.* ◆ ***dazio*** ~ Sperrzoll *m.* (*o* Prohibitivzoll *m.*); ***prezzo*** ~ unerschwinglicher Preis; ***condizioni di tempo -e*** widrige Witterungsverhältnisse.

proi|bi|to **I** p.pass. agg. **1** → **proibire** **2** verboten, untersagt: ***è ~ fare qcs.*** es ist verboten, etw. zu tun; ***(è) ~ fumare*** Rauchen verboten; ***il frutto*** ~ die verbotene Frucht **II** m. Verbotene *n.*: ***il fascino del*** ~ der Reiz (*o* Zauber *m.*) des Verbotenen ◆ ***sogni -i*** unerfüllbare Wünsche.

proi|bi|zio|ne f. Verbot *n.*, Verbieten *n.*; ***qcn. ha la ~ di fare qcs.*** jdm ist es verboten, etw. zu tun.

proi|bi|zio|ni|smo m. **1** Prohibition *f.* (anche ESTENS.) **2** *(periodo)* Zeit *f.* der Prohibition. **proi|bi|zio|ni|sta** *(-i,-e)* **I** agg. prohibitionistisch **II** m. e f. Prohibitionist *m.* (-in *f.*). **proi|bi|zio|ni|sti|co** agg. *(-ci,-che)* prohibitionistisch.

pro|iet|ta|re **I** tr. **1** werfen, projizieren: ~ ***luce sul soffitto*** Licht an die Decke werfen; ~ ***un'ombra*** einen Schatten werfen; ~ ***diapositive sullo schermo*** Dias auf die Leinwand projizieren **2** *(scagliare)* aus‿werfen, aus‿stoßen, nach außen schleudern: ***il vulcano proietta lapilli*** der Vulkan schleudert Gesteinsstücke nach außen **3** CINEM. vor‿führen **4** PSIC. GEOM. projizieren: ~ ***le proprie angosce su qcn.*** seine Ängste auf jdn projizieren **5** FIG. *(trasportare)* versetzen: ***il film proietta lo spettatore nel futuro*** der Film versetzt den Zuschauer in die Zukunft **II** pronom. **proiettarsi** **1** *(lanciarsi)* sich stürzen: ***i paracadutisti si proiettano nel vuoto*** die Fallschirmspringer stürzen sich ins Leere **2** FIG. ***-rsi in qcs.*** sich in etw. (A) versetzen.

pro|iet|ti|le m. Geschoss *n.*, Kugel *n.*, Projektil *n.* ◆ ~ ***di cannone*** Kanonenkugel *f.*; ~ ***dirompente*** Sprenggeschoss *n.*; ~ ***esplosivo*** Explosivgeschoss *n.*; ~ ***illuminante*** Leuchtgeschoss *n.*; ~ ***incendiario*** Brandgeschoss *n.*; ~ ***inesploso*** Blindgänger *m.*; ***moto del*** ~ → ***traiettoria del ~***; ~ ***perforante*** Panzergeschoss *n.*; ***pioggia di -i*** Kugelhagel *m.*; ***a prova di*** ~ schussfest; *(del vetro)* kugelsicher; ~ ***tracciante*** Leuchtspurgeschoss *n.*; ***traiettoria del*** ~ Geschossbahn *f.*

pro|iet|ti|vo agg. projektiv.

pro|iet|to m. **1** Auswürfling *m.*: ~ ***vulcanico*** Vulkanauswürfling *m.* **2** MIL. Projektil *n.*, Geschoss *n.*

pro|iet|to|re m. **1** Projektor *m.* **2** AUT. Scheinwerfer *m.* ◆ ***-i abbaglianti*** Fernlicht *n.*; ***accendere i -i*** (die Scheinwerfer) auf‿blenden; ~ ***alogeno*** Halogenscheinwerfer *m.*; ***-i anabbaglianti*** Abblendlicht *n.* (*o* Abblendscheinwerfer *pl.*); ~ ***cinematografico*** Filmprojektor *m.*; ~ ***per diapositive*** Diaprojektor *m.*; ***-i fendinebbia*** Nebelscheinwerfer *pl.*; ~ ***per lucidi*** Overheadprojektor *m.* (*o* Tageslichtprojektor *m.*). **pro|ie|zio|ne** f. **1** CINEM. Vorführung *f.* **2** GEOM. PSIC. Projektion *f.*: ~ ***ortogonale*** orthogonale Projektion **3** STATIST. Projektion *f.*, Hochrechnung *f.*: ***-i elettorali*** Hochrechnungen der Wahlergebnisse **4** GEOGR. Projektion *f.*, Abbildung *f.* ◆ ~ ***cilindrica*** Zylinderprojektion *f.*; ~ ***cinematografica*** Kinovorführung *f.*; ~ ***conica*** Kegelprojektion *f.*; ~ ***di diapositive*** Diavorführung *f.*; ~ ***dell'immagine*** Bildprojektion *f.*; ~ ***laterale*** Seitenriss *m.*; ***linea di*** ~ Projektionsstrahl *m.*; ~ ***di Mercatore*** Mercatorprojektion *f.*; ***metodo di*** ~ Projektionsverfahren *n.*; ~ ***parallela*** Parallelprojektion *f.*; ***piano di*** ~ Projektionsebene *f.*; ~ ***poliedrica*** Polyederprojektion *f.*; ***sala di*** ~ Vorführraum *m.*; ***superficie di*** ~ Projektionsfläche *f.* (*o* Bildwand *f.*). **pro|ie|zio|ni|sta** m. e f. *(-i,-e)* Vorführer *m.* (-in *f.*).

pro|las|sa|re intr. (aus. *essere*) prolabieren, vor‿fallen.

pro|las|so m. Prolaps *m.*, Prolapsus *m.*, Vorfall *m.* ◆ ~ ***del retto*** Prolaps des Mastdarms; ~ ***dell'utero*** Gebärmuttervorfall *m.* (*o* Prolaps der Gebärmutter); ~ ***vaginale*** Scheidenvorfall *m.*

pro|lat|ti|na f. Prolaktin *n.*, laktotropes Hormon *n.*

pro|le f. **1** Nachwuchs *m.*, Nachkommenschaft *f.*: ~ ***legittima, illegittima*** eheliche, uneheliche Nachkommenschaft *f.* **2** ZOOL. Jungen *pl.* ◆ ***senza*** ~ kinderlos.

pro|le|go|me|ni m.pl. Prolegomena *pl.*

pro|les|si f. RET. GRAMM. Prolepsis *f.*

pro|le|ta|ria|to m. Proletariat *n.*

pro|le|ta|rio I m. *(-ri)* Proletarier *m.*, Prolet *m.* II agg. *(-ri,-rie)* proletarisch, Proletarier-: ***di origini -rie*** von proletarischer Herkunft; ***coscienza -a*** proletarisches Bewusstsein; ***coscienza di classe -a*** proletarisches Klassenbewusstsein ◆ ***classe -a*** Proletariat *n.*; ***quartiere ~*** Arbeiterviertel *n.*; ***rivoluzione -a*** proletarische Revolution; ***-ri di tutto il mondo, unitevi!*** Proletarier aller Länder, vereinigt euch!

pro|le|ta|riz|za|re tr. proletarisieren. **pro|le|ta|riz|za|zio|ne** f. Proletarisierung *f.*

pro|let|ti|co agg. *(-ci,-che)* proleptisch.

pro|li|fe|ra|re intr. *(prolifero*; aus. *avere)* **1** BIOL. wuchern **2** *(moltiplicarsi)* sich vermehren **3** *(diffondersi)* sich verbreiten.

pro|li|fe|ra|zio|ne f. **1** BIOL. Wucherung *f.*, Proliferation *f.*: ***la ~ delle cellule malate*** die Wucherung der erkrankten Zellen **2** *(moltiplicazione)* Vermehrung *f.* **3** *(diffusione)* Verbreitung *f.* **4** *(di armi nucleari)* Proliferation *f.*, Weitergabe *f.* ◆ ***non ~*** Nonproliferation *f.*; ***non ~ di armi nucleari*** Nichtweitergabe *f.* von Atomwaffen; ***trattato di non ~ nucleare*** Atomsperrvertrag *m.*, Kernwaffensperrvertrag *m.*

pro|li|fi|ca|re intr. *(prolifico, prolifichi*; aus. *avere)* **1a** BIOL. sich fort‿pflanzen, sich vermehren: ***animali che prolificano molto*** Tiere, die sich stark vermehren **b** BOT. keimen **2** ESTENS. sich aus‿breiten. **pro|li|fi|ca|zio|ne** f. **1a** BIOL. Fortpflanzung *f.*, Vermehrung *f.* **b** BOT. Keimung *f.* **2** ESTENS. Ausbreitung *f.* **pro|li|fi|ci|tà** f. Fruchtbarkeit *f.*

pro|li|fi|co agg. *(-ci,-che)* **1** (äußerst) fruchtbar, gebärfreudig: ***il coniglio è un animale ~*** das Kaninchen ist ein äußerst fruchtbares Tier **2a** ESTENS. fruchtbar **b** *(di persona)* fruchtbar, schaffenskräftig: ***uno scrittore ~*** ein fruchtbarer Schriftsteller.

pro|lis|si|tà f. Weitschweifigkeit *f.*, Langatmigkeit *f.*, Umständlichkeit *f.* **pro|lis|so** agg. weitschweifig, langatmig: ***descrizione -a*** langatmige Schilderung; ***scrittore ~*** weitschweifiger Schriftsteller.

pro lo|co f.inv. örtliches Fremdenverkehrsamt *n.*

pro|lo|go m. *(-ghi)* **1** Prolog *m.*, Vorspiel *n.* **2** *(introduzione)* Einleitung *f.*, Prolog *m.*, Vorrede *f.* **3** *(inizio)* Auftakt *m.*: ***è stato solo il ~ ai suoi guai*** das war nur der Auftakt zu seinen Schwierigkeiten.

pro|lun|ga f. *(-ghe)* **1** Verlängerung *f.* **2** EL. Verlängerungsschnur *f.*, Verlängerungsstück *n.*: ***~ per telefono*** Verlängerungsschnur *f.* für das Telefon.

pro|lun|ga|bi|le agg. verlängerbar, ausziehbar, ausdehnbar. **pro|lun|ga|bi|li|tà** f. Ausdehnbarkeit *f.*

pro|lun|ga|men|to m. Verlängerung *f.*: ***~ delle ferie*** Verlängerung der Ferien; ***il ~ di una strada*** die Verlängerung einer Straße.

pro|lun|ga|re *(prolungo, prolunghi)* I tr. verlängern: ***~ un percorso*** eine Strecke verlängern; ***~ l'orario di apertura dei negozi*** die Öffnungszeit der Geschäfte verlängern II pronom. **prolungarsi 1** sich hin‿ziehen: ***il viale si prolunga fino alla villa*** die Allee zieht sich bis zur Villa hin **2** *(di tempo)* sich in die Länge ziehen: ***la discussione si è prolungata*** die Diskussion hat sich in die Länge gezogen. **pro|lun|ga|to** p.pass. agg. **1** → **prolungare 2** verlängert: ***orario ~*** verlängerte Öffnungszeiten **3** *(durevole)* lang: ***un'assenza -a*** eine lange Abwesenheit.

pro|lu|sio|ne f. **1** Vorrede *f.*, Einführung *f.* **2** UNIV. Antrittsrede *f.*, Antrittsvorlesung *f.*

pro|ma|na|re tr. e intr. (aus. *essere*) LETT. aus‿strömen: ***il profumo che promana dai fiori*** der Duft, den die Blumen ausströmen; ***il fosso promana un odore nauseante*** der Graben strömt einen Ekel erregenden Geruch aus.

pro|me|mo|ria m.inv. Merkzettel *m.*, Notiz *f.*

1.pro|mes|sa f. **1** Versprechen *n.*, Versprechung *f.*; LETT. Verheißung *f.*: ***fare una ~ a qcn.*** jdm ein Versprechen geben; ***mantenere, rompere una ~*** ein Versprechen ein‿halten (*o* halten), brechen; ***mancare alle -e*** die Versprechungen nicht halten; ***adempiere a una ~*** ein Versprechen erfüllen (*o* ein‿lösen); ***strappare una ~ a qcn.*** jdm ein Versprechen ab‿ringen; ***sciogliere qcn. da una ~*** jdn von einem Versprechen entbinden; ***essere vincolati a una ~*** durch ein Versprechen gebunden sein; ***fare grandi -e*** große Versprechungen machen; ***~ solenne*** feierliches Versprechen; ***false, vane -e*** falsche, leere Versprechungen **2** FIG. Hoffnung *f.*, viel versprechender Mensch *m.*: ***una ~ del cinema*** ein viel versprechender Kinoschauspieler; ***una ~ del calcio italiano*** ein viel versprechendes Talent des italienischen Fußballs (*o* eine Hoffnung für den italienischen Fußball) ◆ ***~ da, di marinaio*** = leeres Versprechen; ***~ di matrimonio*** Eheversprechen *n.*; PROV. ***ogni ~ è debito*** versprochen ist versprochen.

2.pro|mes|sa f. *(fidanzata)* Braut *f.*, Verlobte *f.*

pro|mes|so I p.pass. agg. **1** → **promettere 2** versprochen: ***un dono ~*** ein versprochenes Geschenk II m. Bräutigam *m.*, Verlobte *m.* ◆ ***sposa -a*** Verlobte *f.*; ***Terra Promessa*** Gelobtes Land.

pro|me|tei|co agg. *(-ci,-che)* **1** prometheisch **2** FIG. prometheisch, himmelstürmend: ***una lotta -a contro un destino avverso*** ein prometheischer Kampf gegen ein hartes Schicksal ◆ ***spirito ~*** Himmelsstürmer *m.*

pro|me|teo m. → **promezio.**

Pro|me|teo n.pr.m. Prometheus *m.*

pro|met|ten|te agg. **1** viel versprechend, hoffnungsvoll, verheißungsvoll: ***scrittore (poco) ~*** (nicht sehr) viel versprechender Schriftsteller; ***inizio ~*** verheißungsvoller Anfang **2** *(con probabilità di successo)* aussichtsreich, Erfolg versprechend: ***un candidato ~*** ein aussichtsreicher Kandidat.

pro|met|te|re *(promisi; promesso)* I tr. **1a** versprechen, zu‿sagen; LETT. verheißen: ***~ qcs. a qcn.*** jdm etw. versprechen; ***~ di fare qcs.*** versprechen, etw. zu tun; ***ha promesso che verrà*** er hat versprochen zu kommen; ***~ solennemente*** feierlich (*o* hoch und heilig) versprechen; ***~ a qcn. il proprio appoggio*** jdm seine Unterstützung zusagen **b** *(preannunciare)* versprechen: ***il bel tempo promette di durare*** das schöne Wetter verspricht anzuhalten; ***questo cielo promette pioggia*** der Himmel verspricht Regen; ***oggi promette di essere una bella giornata*** es verspricht, ein schöner Tag zu werden **2** *(minacciare)* an‿drohen: ***~ a qcn. un paio di schiaffi*** jdm ein paar Ohrfeigen androhen II pronom. **promettersi** sich weihen, sich verschreiben: ***-rsi a Dio*** sich Gott weihen ◆ ***qcs. promette bene*** etw. lässt sich gut an; ***un ragazzo che promette bene*** ein viel versprechender Junge; ***il tempo promette bene*** das Wetter verspricht, schön zu werden; ***non ~ nulla di buono*** nichts Gutes versprechen; ***qcs. promette male*** etw. lässt sich übel an; ***~ mari e monti (a qcn.)*** (jdm) goldene Berge versprechen; ***~ la propria figlia in moglie a qcn.*** seine Tochter (mit) jdm verloben; ***~ una ricompensa*** eine Belohnung aus‿setzen.

pro|me|zio m. Promethium *n.*

pro|mi|nen|te agg. **1** vorspringend, hervorspringend, vorstehend: ***mento ~*** vorstehendes Kinn; ***naso ~*** vorspringende Nase **2** *(importante)* prominent. **pro|mi|nen|za** f. Vorsprung *m.*: ***le -e della roccia*** die Felsvorsprünge.

pro|mi|scua|men|te avv. **1** gemischt **2** *(in senso sessuale)* promiskuitiv. **pro|mi|scui|tà** f. **1** Vermischung *f.* **2** *(sessuale)* Promiskuität *f.*

pro|mi|scuo agg. **1** gemischt: ***società -a*** gemischte Gesellschaft; ***scuole -e*** gemischte Schulen **2** *(sessualmente)* promiskuitiv **3** GRAMM. beidgeschlechtig ◆ ***coltura -a*** Mischkultur *f.*; ***matrimonio ~*** Mischehe *f.*; ***trasporto ~*** Personen- und Güterverkehr *m.*

pro|mon|to|rio m. *(-ri)* Kap *n.*, Vorgebirge *n.*

pro|mos|so I p.pass. agg. **1** → **promuovere 2** befördert **3** SCOL. versetzt, AUSTR. aufgestiegen II m. versetzter, AUSTR. aufgestiegener Schüler *m.* ◆ ***essere ~*** auf‿steigen: ***essere ~ caporeparto*** zum Abteilungsleiter auf‿steigen; SPORT ***essere ~ in serie A*** in die Bundesliga auf‿steigen.

pro|mot|er [pro'mɔter] m.inv. Promoter *m.* **pro|mo|tion** [pro'mɔʃon] f.inv. Promotion *f.*, Absatzförderung *f.*

pro|mo|to|re I agg. Förder-: ***comitato ~*** Förderkomitee *n.*; ***società -trice*** Fördergesellschaft *f.* II m. Förderer *m.*, Initiator *m.*; *(di gare, spettacoli)* Promotor *m.*: ***i -i di una mostra*** die Förderer einer Ausstellung ◆ ***farsi ~ di qcs.*** etw. fördern.

pro|mo|zio|na|le agg. Werbe-, verkaufsfördernd, absatzfördernd: ***campagna ~*** Werbekampagne *f.*; ***articoli -i*** Werbegeschenke *pl.*; ***iniziativa, offerta ~*** Werbeinitiative *f.*, Werbeangebot *n.*; ***attività -i*** verkaufsfördernde Maßnahmen. **pro|mo|zio|ne** f. **1** *(avanzamento)* Beförderung *f.*; ***ottenere una ~*** befördert werden **2** SCOL. Versetzung *f.*: ***studiare per ottenere la ~*** für die Versetzung lernen **3** SPORT Aufstieg *m.*: SPORT ***Kampf per la ~*** Ringen um den Aufstieg (*o* Aufstiegskampf *m.*) **4** ECON. Promotion *f.*, Verkaufsförderung *f.* ◆ ***~ delle vendite*** Verkaufsförderung *f.* (*o* Absatzförderung *f.*).

pro|mul|ga|re tr. *(promulgo, promulghi)* **1** DIR. erlassen, verkünden, promulgieren: ***~ una legge*** ein Gesetz erlassen **2** *(diffondere)* verbreiten: ***~ una teoria*** eine Theorie verbreiten. **pro|mul|ga|ti|vo** agg. Verkündungs-, Erlassungs-: ***atto ~*** Verkündungsakt *m.* **pro|mul|ga|to|re** I agg. Verkündigungs-, Erlassungs- II m. Verkündigungsinstanz *f.* **pro|mul|ga|zio|ne** f. **1** DIR. Erlassung *f.*, Verkündung *f.*, Promulgation *f.*: ***la ~ di una legge*** die Erlassung eines Gesetzes **2** *(diffusione)* Verbreitung *f.*

pro|muo|ve|re tr. *(promossi; promosso)* **1** fördern: ***~ le arti*** die Künste fördern; ***~ una campagna contro il fumo*** eine Kampagne gegen das Rauchen fördern; ***~ le vendite di un prodotto*** den Verkauf eines Produkts fördern; ***il convegno è stato promosso dalla Regione*** die Tagung wurde von der Region gefördert **2** *(far* *avanzare di grado)* befördern: ***~ qcn. caporeparto*** jdn zum Abteilungsleiter befördern; ***~ qcn. a un grado superiore*** jdn (in einen höheren Rang) befördern **3** SCOL. versetzen: ***è stato promosso in seconda elementare*** er ist in die zweite Klasse versetzt worden **4** *(film, prodotto)* promoten: ***~ un progetto, un gruppo musicale*** ein Projekt, eine Band promoten.

pro|na|o m. Pronaos *m.*, Vorhalle *f.*

pro|na|zio|ne f. Einwärtsdrehung *f.*, Pronation *f.*

pro|ni|po|te m. e f. **1** *(di nonno)* Urenkel *m.* (-in *f.*) **2** *(di prozio)* Großneffe *m.* (Großnichte *f.*) **3** pl. *(discendenti)* Nachkommen *pl.*

pro|no agg. **1** bäuchlings, auf dem Bauch: ***giacere ~*** auf dem Bauch liegen; ***mettersi ~*** sich auf den Bauch legen **2** FIG. *(incline, propenso)* zugeneigt, geneigt: ***essere ~ a qcs.*** etw. (D) zugeneigt (*o* zu etw. geneigt) sein ◆ ***posizione -a*** Bauchlage *f.*

pro|no|me m. Fürwort *n.*, Pronomen *n.* ◆ ***~ dimostrativo*** hinweisendes Fürwort, Demonstrativpronomen *n.*; ***~ indefinito*** unbestimmtes Fürwort, Indefinitpronomen *n.*; ***~ interrogativo*** Fragefürwort *n.*, Interrogativpronomen *n.*; ***~ numerale*** Zahlwort *n.*, Numerale *n.*; ***~ personale*** persönliches Fürwort, Personalpronomen *n.*; ***~ possessivo*** besitzanzeigendes Fürwort, Possessiv(um) *n.*, Possessivpronomen *n.*; ***~ relativo*** bezügliches Fürwort, Relativpronomen *n.*; ***~ riflessivo*** rückbezügliches Fürwort, Reflexivpronomen *n.* **pro|no|mi|na|le** agg. pronominal, Pronominal-: ***uso ~*** pronominaler Gebrauch; ***particella ~*** Pronominaladverb *n.* ◆ ***verbi -i*** reflexive Verben.

pro|no|sti|ca|bi|le agg. voraussagbar, prognostizierbar. **pro|no|sti|ca|re** tr. *(pronostico, pronostichi)* **1** voraus‿sagen, prognostizieren: ***~ una vittoria*** einen Sieg voraussagen **2** *(far presagire)* an‿zeigen, an‿kündigen: ***i nuvoloni pronosticano il cattivo tempo*** die dicken Wolken kündigen Schlechtwetter an. **pro|no|sti|ca|zio|ne** f. Prognostizierung *f.* **pro|no|sti|co** m. *(-ci)* Voraussage *f.*, Vorhersage *f.*, Prognose *f.*: ***fare, azzardare un ~*** eine Voraussage machen, wagen; ***l'avverarsi di un ~*** die Erfüllung einer Voraussage.

pron|ta|men|te avv. **1** sofort, gleich **2** *(con rapidità)* schnell, prompt: ***eseguire ~ un incarico*** einen Auftrag prompt aus‿führen. **pron|tez|za** f. Schnelligkeit *f.*, Promptheit *f.* ◆ ***~ di parola*** Schlagfertigkeit *f.*; ***~ di riflessi*** Reaktionsschnelligkeit *f.*; ***~ di spirito*** Geistesgegenwart *f.*

pron|to agg. **1** fertig: ***il pranzo è ~*** das Mittagessen ist fertig; ***(il cibo) è ~!*** Essen fertig! ***essere ~ per uscire*** zum Ausgehen fertig sein; ***è tutto ~ per la partenza*** alles ist fertig für die Abfahrt; ***sei ~?*** bist du fertig? **2** *(disposto, preparato)* bereit: ***essere, tenersi ~ a fare qcs.*** bereit sein, sich bereit‿halten, etw. zu tun; ***mostrarsi ~*** sich bereit zeigen; ***tenere ~ qcs.*** etw. bereit‿halten; ***dichiararsi ~ a qcs.*** sich zu etw. bereit erklären; ***essere ~ a tutto*** zu allem bereit sein **3** *(rapido)* sofortig, bald; *(tempestivo)* prompt: ***augurare a qcn. una -a guarigione*** jdm baldige Besserung wünschen **4** *(sveglio)* wach: ***una mente -a*** ein wacher Geist ◆ *(al telefono)* ***~!*** hallo! ***pagare a -i*** in bar zahlen; ***acquisto, pagamento a -i*** Barkauf *m.*, Barzahlung *f.*; ***~ all'attacco*** sturmbereit; ***bell'e ~*** schon fertig; *(di cibo)* fertig gekocht; ***-a cassa*** (per) Kasse, gegen Kasse, gegen bar; ***~ per la consegna*** lieferbereit; ***-a consegna*** prompte (*o* sofortige) Lieferung; ***pagare a -i contanti*** (in) bar (be)zahlen; ***~ per il decollo*** startbereit (*o* flugklar); ***sarei ~ a giurarlo*** ich könnte es beschwören; ***~ intervento*** Bereitschaftsdienst *m.*; ***medico per il ~ intervento*** Notarzt *m.*; ***avere la lingua -a*** eine lose Zunge haben; ***~ per la partenza, per partire*** reisefertig; *(di veicoli)* abfahrbereit; ***riflessi -i*** gute Reaktion; ***una risposta -a*** eine prompte Antwort; ***avere la risposta -a*** schlagfertig sein; ***~ a salpare*** segelfertig (*o* seeklar); ***essere sempre ~ alla critica, ad aiutare*** immer zu Kritik, zu helfen bereit (*o* hilfsbereit) sein; ***avere sempre la scusa -a*** immer eine Entschuldigung bereit (*o* parat) haben; ***~ soccorso*** erste Hilfe; *(in ospedale)* Ambulanz *f.*, Notaufnahme *f.*; ***~ per la spedizione*** postfertig (*o* versandbereit); ***~ per l'uso*** gebrauchsfertig; ***(ai vostri posti,) -i... via!*** auf die Plätze, fertig... los!

pron|tua|rio m. *(-ri)* Handbuch *n.*, Regelbuch *n.*: ***~ medico*** medizinisches Handbuch.

pro|nu|bo m. **1** LETT. Ehestifter *m.*, Kuppler *m.* **2** ENTOM. Bestäuber *m.*

pro|nun|cia f. *(-ce)* **1** Aussprache *f.*: ***~ straniera, nasale, chiara*** ausländische, nasale, klare Aussprache; ***correggere la ~ di qcn.*** jds Aussprache korrigieren; ***la ~ è sbagliata*** die Aussprache ist falsch **2** *(accento)* Akzent *m.*: ***~ meridionale*** südlicher Akzent **3** DIR. Urteilsspruch *m.*, Verkündigung *f.*: ***~ della sentenza*** Urteilsverkündung *f.*; ***~ giudiziaria*** richterlicher Spruch ◆ ***difetto di ~*** Aussprachefehler *m.* **pro|nun|cia|bi|le** agg. aussprechbar: ***facilmente ~*** leicht aussprechbar.

pro|nun|cia|men|to m. **1** *(colpo di stato)* Militärputsch *m.*, Pronunciamiento *n.* **2** *(dichiarazione)* (öffentliche) Erklärung *f.*

pro|nun|cia|re *(pronuncio, pronunci)* **I** tr. **1** aus‿sprechen: ***~ (male) una parola*** ein Wort (falsch) aussprechen; ***come si pronuncia questo termine?*** wie spricht man dieses Wort aus? ***la h non si pronuncia*** das h wird nicht ausgesprochen **2** *(dire pubblicamente)* halten, verkünden: ***~ un discorso*** eine Rede halten; ***~ un'arringa*** ein Plädoyer halten **3** DIR. *(emettere)* sprechen, aus‿sprechen: ***~ una condanna, una sentenza*** ein Urteil sprechen; ***~ il divorzio*** die Scheidung aus‿sprechen **II** pronom. **pronunciarsi** sich aus‿sprechen, sich äußern: ***-rsi a favore di, contro qcn., qcs.*** sich für, gegen jdn, etw. aussprechen (*o* sich günstig, ungünstig über jdn, etw. äußern) ◆ ***non mi pronuncio*** kein Kommentar.

pro|nun|cia|to **I** p.pass. agg. **1** → **pronunciare** **2a** *(prominente)* vorspringend: ***zigomi -i*** vorspringende Backenknochen; ***mento ~*** vorspringendes Kinn **b** *(spiccato)* ausgeprägt **II** m. DIR. Urteilsspruch *m.*

pro|nun|zia, pro|nun|zia|bi|le ... → **pronuncia, pronunciabile ...**

pro|pa|ga|bi|le agg. **1** verbreitbar, propagierbar **2** BIOL. vermehrbar. **pro|pa|ga|men|to** m. **1** Verbreitung *f.*, Propagierung *f.* **2** BIOL. Vermehrbarkeit *f.*

pro|pa|gan|da f. Propaganda *f.* (anche POL.), Werbung *f.*: ***fare ~ per qcn., qcs.*** Propaganda für jdn, etw. machen (*o* treiben); ***fare ~ a un prodotto*** für ein Produkt Werbung machen; ***è tutta ~*** das ist nur Propaganda ◆ ***campagna di ~*** Propagandafeldzug *m.*; ***~ commerciale*** Handelswerbung *f.*; ***~ elettorale*** Wahlpropaganda *f.*; ***film di ~*** Propagandafilm *m.*; ***materiale di ~*** Propagandamaterial *n.*; ***~ radiofonica*** Rundfunkwerbung *f.*; ***responsabile della ~*** Propagandachef *m.*; ***~ televisiva*** Fernsehwerbung *f.*

pro|pa|gan|da|re tr. propagieren, propagandieren, werben: ***~ un prodotto, un'idea*** ein Produkt, eine Idee propagieren.

pro|pa|gan|di|sta m. e f. *(-i,-e)* Propagandist *m.* (-in *f.*), Werbefachmann *m.* (-frau *f.*). **pro|pa|gan|di|sti|co** agg. *(-ci,-che)* propagandistisch, Propaganda-, Werbe-: ***campagna -a*** Propagandafeldzug *m.*; ***film, scritto ~*** Propagandafilm *m.*, -schrift *f.*

pro|pa|ga|re *(propago, propaghi)* **I** tr. **1** verbreiten, propagieren: ***~ un culto, una dottrina*** einen Kult, eine Lehre verbreiten; ***~ un'idea*** eine Idee propagieren; ***~ false notizie*** falsche Nachrichten verbreiten **2** BIOL. FIS. fort‿pflanzen: ***~ la propria progenie*** sein Geschlecht fortpflanzen **II** pronom. **propagarsi** **1** *(diffondersi)* sich verbreiten, sich aus‿breiten, um sich greifen: ***l'epidemia si è propagata a macchia d'olio*** die Epidemie hat sich unaufhaltsam ausgebreitet; ***la luce si propaga nello spazio*** das Licht breitet sich im Raum aus **2** FIS. sich fort‿pflanzen, sich vermehren. **pro|pa|ga|to|re** m. Verbreiter *m.*, Propagator *m.*

pro|pa|ga|zio|ne f. **1** Verbreitung *f.*, Propagierung *f.*, Ausbreitung *f.*: ***~ di una notizia*** Verbreitung einer Nachricht; ***la ~ di un'idea*** die Propagierung einer Idee; ***la ~ di una malattia*** die Ausbreitung einer Krankheit **2a** FIS. BIOL. Fortpflanzung *f.*, Ausbreitung *f.*, Vermehrung *f.*: ***~ delle onde*** Wellenausbreitung *f.* **b** *(trasmissione)* Übertragung *f.*: ***~ del calore*** Wärmeübertragung *f.*

pro|pag|gi|na|re tr. *(propaggino, propaggini)* AGR. ab‿senken. **pro|pag|gi|na|zio|ne** f. AGR. Absenken *n.*, Ablegen *n.*: ***riprodurre per ~*** durch Absenken vermehren.

pro|pag|gi|ne f. **1a** AGR. Absenker *m.*, Ableger *m.* **b** *(propagginazione)* Absenken *n.*, Ablegen *n.* **2a** FIG. *(diramazione)* Verzweigung *f.*, Verästelung *f.*: ***le -i di un nervo*** die Verästelungen eines Nervs **b** *(geografica)* Ausläufer *m.*: ***le -i delle Alpi*** die Ausläufer der Alpen.

pro|pa|la|re tr. LETT. verbreiten, weiter‿erzählen. **pro|pa|la|zio|ne** f. LETT. Verbreitung *f.*

pro|pa|no m. Propan *n.*

pro|pa|ros|si|to|no agg. auf der drittletzten Silbe betont; ***parola -a*** Proparoxitonon *n.*

pro|pe|deu|ti|ca f. Propädeutik *f.* **pro|pe|deu|ti|co** agg. *(-ci,-che)* propädeutisch, Vorbereitungs-, Einführungs-: ***anno, corso ~*** Vorbereitungsjahr *n.*, Vorbereitungskurs *m.*; ***~ a qcs.*** in etw. einführend.

pro|pel|len|te **I** m. Treibstoff *m.* **II** agg. Treib-: ***gas ~*** Treibgas *n.* ◆ ***~ liquido*** Flüssigtreibstoff *m.*; ***~ per missili*** Raketentreibstoff *m.*; ***~ solido*** Festbrennstoff *m.*

pro|pen|de|re intr. *(propendei/propesi; propenso;* aus. *avere)* neigen, zu‿neigen: ***~ per qcs.*** zu etw. neigen; etw. (D) zu‿neigen; ***~ per il sì, per il no*** zum Ja, zum Nein neigen; ***propendo a credere che...*** ich neige zu der Ansicht, dass...

pro|pen|sio|ne f. **1** *(preferenza)* Neigung *f.*, Hang *m.*: ***avere ~ per qcs.*** eine Neigung zu etw. haben; ***avere una ~ al risparmio*** einen Hang zum Sparen haben **2** *(inclinazione, tendenza naturale)* Begabung *f.*, Veranlagung *f.*; ***avere ~ per la musica*** musikalisch ver-

anlagt sein ◆ ***avere una ~ al comando*** eine Führernatur sein.
pro|pen|so p.pass. agg. 1 → **propendere** 2 geneigt, bereit, willens: ***essere poco ~ a fare qcs.*** wenig Neigung zeigen, etw. zu tun; ***sarei ~ a crederle*** ich wäre geneigt, ihr zu glauben.
Pro|per|zio n.pr.m. Properz *m.*, Propertius *m.*
pro|pi|lei m.pl. Propyläen *pl.*
pro|pi|le|ne m. Propylen *n.*, Propen *n.*
pro|pi|na f. 1 Prüfungszuschlag *m.* (für Lehrer) 2 *(regalo)* Geschenk *n.*
pro|pi|na|re tr. 1 verabreichen: ~ ***un veleno*** ein Gift verabreichen 2 SCHERZ. unterschieben, unterjubeln: ***~ a qcn. una merce scadente*** jdm eine schlechte Ware unterjubeln ◆ ***~ a qcn. un pasto cattivo*** jdm ein schlechtes Essen vor‿setzen.
pro|pin|qui|tà f. LETT. 1 Nähe *f.* 2 *(parentela)* Verwandtschaft *f.* **pro|pin|quo I** agg. nahe **II** m. *(congiunto)* Verwandte *m.*
pro|pi|zia|re *(propizio, propizi)* **I** tr. günstig stimmen: ~ ***le divinità con sacrifici*** die Götter durch Opfer günstig stimmen **II** pronom. ***-rsi il favore di qcn.*** jds Gunst erwerben. **pro|pi|zia|to|re I** m. Versöhner *m.* **II** agg. → **propiziatorio. pro|pi|zia|to|rio** agg. *(-ri,-rie)* günstig stimmend, versöhnend, Versöhnungs-: ***sacrificio ~*** Versöhnungsopfer *n.* **pro|pi|zia|zio|ne** f. Versöhnung *f.*
pro|pi|zio agg. *(-zi,-zie)* günstig, wohlgesinnt, geneigt: ***rendersi -zi gli dei*** sich die Götter günstig stimmen; ***aspettare il momento ~*** den günstigen Moment ab‿warten; ***sorte -a*** günstiges Schicksal ◆ ***che la fortuna gli sia -a*** möge das Glück ihm hold sein.
pro|po|li m. e f. Propolis *f.*, Vorwachs *n.*
pro|po|nen|te m. e f. Antragsteller *m.* (-in *f.*). **pro|po|ni|bi|le** agg. vorschlagbar.
pro|po|ni|men|to m. Vorsatz *m.*: ***fare buoni -i per l'anno nuovo*** gute Vorsätze für das neue Jahr haben; ***fare ~ di fare qcs.*** sich vor‿nehmen, etw. zu tun.
pro|por|re *(propongo, proponi; proposi; proposto)* **I** tr. 1 vor‿schlagen: ***~ a qcn. una passeggiata, una soluzione*** jdm einen Spaziergang, eine Lösung vorschlagen; ***~ di fare qcs.*** vorschlagen, etw. zu tun; ***propongo di andare al cinema*** ich schlage vor, ins Kino zu gehen; ***~ qcn. come direttore, alla presidenza*** jdn als Direktor, für den Vorsitz vorschlagen; ***~ la candidatura di qcn.*** jdn zur Wahl vorschlagen 2 *(presentare)* auf‿werfen: ***~ un problema, una questione*** ein Problem, eine Frage auf‿werfen 3 *(offrire)* an‿bieten: ***~ a qcn. di darsi del tu*** jdm das Du anbieten; ***~ a qcn. la parte di protagonista*** jdm die Hauptrolle anbieten **II** pronom. **proporsi** 1 sich vor‿nehmen: ***-rsi di fare qcs.*** sich vornehmen, etw. zu tun; ***-rsi un fine*** sich ein Ziel setzen (*o* stecken) 2 *(presentarsi, offrirsi)* sich an‿bieten; POL. sich auf‿stellen lassen: ***-rsi come candidato*** sich als Kandidat aufstellen lassen ◆ PROV. ***l'uomo propone e Dio dispone*** der Mensch denkt, Gott lenkt.
pro|por|zio|na|le I agg. 1 proportional, Proportional-, Verhältnis-, verhältnisgleich: ***direttamente, inversamente ~ a qcs.*** zu etw. direkt, indirekt proportional 2 *(corrispondente)* entsprechend, angemessen: ***una pena ~ alla gravità del reato*** eine der Schwere des Vergehens angemessene Strafe **II** f. Proporz *m.* : ***~ etnica*** ethnischer Proporz; ***distribuire le cariche secondo la ~*** die Ämter nach dem Proporz auf‿teilen ◆ ***imposta ~*** Proportionalsteuer *f.*; ***sistema elettorale ~*** Verhältniswahlsystem *n.*, Proportionalwahlsystem *n.*
pro|por|zio|na|li|tà f. Proportionalität *f.*, Verhältnismäßigkeit *f.*: ***la ~ tra due grandezze*** die Proportionalität zwischen zwei Größen.
pro|por|zio|nal|men|te avv. proportional, verhältnismäßig, anteilmäßig: ***~ a qcs.*** zu etw. proportional.
pro|por|zio|na|re tr. bemessen: ***~ le tasse al reddito*** die Steuern nach dem Einkommen bemessen.
pro|por|zio|na|ta|men|te avv. angemessen: ***~ a qcs.*** etw. (D) angemessen.
pro|por|zio|na|to p.pass. agg. 1 → **proporzionare** 2 *(armonico)* proportioniert: ***essere ben ~*** gut proportioniert sein (*o* gute Proportionen haben) 3 *(adeguato)* angemessen: ***~ a qcs.*** etw. (D) angemessen.
pro|por|zio|ne f. 1 *(rapporto)* Proportion *f.*, Verhältnis *n.*: ***le -i sono giuste*** die Proportionen stimmen; ***corpo di perfette -i*** perfekt proportionierter Körper; ***essere nella giusta ~*** im richtigen Verhältnis stehen; ***aggiungere acqua e farina in ~*** Wasser und Mehl in gleichem Verhältnis hinzu‿fügen; ***in ~ di 3 a 5*** im Verhältnis von 3 zu 5; ***essere in ~ al reddito*** im Verhältnis zum Einkommen stehen 2 MAT. Proportion *f.*, Verhältnisgleichung *f.*; ***essere in ~ diretta, inversa*** direkt, umgekehrt proportional sein 3 MED. *(dose)* Dosierung *f.* 4 pl. *(estensione)* Ausmaße *pl.*: ***assumere -i preoccupanti*** Besorgnis erregende Ausmaße an‿nehmen 5 MUS. Proportion *f.* ◆ ***avere, non avere il senso delle -i*** ein, kein Gefühl für das richtige Maß haben; FIG. ***senza ~*** ohnegleichen; MAT. ***termine di una ~*** Proportionale *f.*
pro|po|si|ti|vo agg. konstruktiv ◆ ***referendum ~*** gesetzgebender Volksentscheid.
pro|po|si|to m. 1a *(intenzione)* Absicht *f.*, Vorhaben *n.*: ***col ~ di fare qcs.*** mit der Absicht, etw. zu tun; ***distogliere qcn. da un ~*** jdn von einem Vorhaben ab‿bringen **b** *(proponimento)* Vorsatz *m.*: ***rinunciare a un ~*** einen Vorsatz fallen lassen; ***è mio fermo ~*** es ist mein fester Vorsatz; ***essere animato da buoni -i*** von guten Absichten bewegt sein 2 *(argomento)* Thema *n.* ◆ ***a questo, tale ~*** dazu, in diesem Zusammenhang: ***a questo ~ vorrei dire che...*** in diesem Zusammenhang (*o* dazu) möchte ich sagen, dass...; ***non avere niente da dire a questo ~*** dazu nichts zu sagen haben; ***non c'è alcun dubbio a tale ~*** es besteht kein Zweifel darüber; *(opportunamente)* ***a ~*** wie gerufen, gerade recht: ***arrivare, capitare a ~*** wie gerufen (*o* gerade recht, gelegen) kommen; ***capita proprio a ~*** das trifft sich gut; *(per inciso)* übrigens, apropos: ***a ~, volevo dirti...*** übrigens, was ich dir sagen wollte...; ***a ~ di qcs.*** in Bezug auf etw. (A), was etw. betrifft: ***a ~ di quello che hai detto*** in Bezug auf das, was du gesagt hast; ***a ~ di questo*** in diesem Zusammenhang, hierzu, diesbezüglich; ***a ~ di vacanze, dove andiamo quest'estate?*** apropos Urlaub, wohin fahren wir diesen Sommer? ***a ~ di che? a che ~?*** in welchem Zusammenhang? ***che ne pensi? – a ~ di che?*** was hältst du davon? – wovon? ***cosa ne dici? – a che ~?*** was sagst du dazu? wozu? ***al ~*** → ***in ~***; ***di ~*** *(tenace)* standhaft, ernsthaft; *(intenzionalmente)* ***fare qcs. di ~*** etw. absichtlich (*o* mit Absicht) tun; ***fuori di ~*** unpassend (*o* ungelegen); ***non ci sono notizie in ~*** darüber gibt es keine Nachrichten; ***chiedere spiegazioni in ~*** Erklärungen dazu verlangen; ***male, poco a ~*** ungelegen, unpassend.
pro|po|si|zio|na|le agg. aussagend, Aussage-.
pro|po|si|zio|ne f. 1 GRAMM. Satz *m.*, Proposition *f.* 2 FILOS. RET. Proposition *f.* 3 MAT. Ansatz *m.* ◆ DIR. ***~ dell'azione*** Klageerhebung *f.*; ***~ causale*** Kausalsatz *m.*; ***~ comparativa*** Vergleichssatz *m.* (*o* Komparativsatz *m.*); ***~ concessiva*** Konzessivsatz *m.*; ***~ condizionale*** Konditionalsatz *m.* (*o* Bedingungssatz *m.*); ***~ consecutiva*** Folgesatz *m.* (*o* Konsekutivsatz *m.*); ***~ coordinata*** Konjunktionalsatz *m.* (*o* beigeordneter Satz); ***~ dipendente*** Nebensatz *m.*, abhängiger Satz *m.*; ***~ finale*** Finalsatz *m.*, Absichtssatz *m.*; ***~ infinitiva*** Infinitivsatz *m.*; ***~ interrogativa*** Interrogativsatz *m.*; ***~ ipotetica*** Konditionalsatz *m.*; ***~ modale*** Modalsatz *m.*; ***~ nominale*** Nominalsatz *m.*; ***~ oggettiva*** Objektsatz *m.*; ***parte della ~*** Satzteil *n.* (*o* Satzglied *n.*); ***~ participiale*** Mittelwortsatz *m.* (*o* Partizipialsatz *m.*); ***~ principale*** Hauptsatz *m.*; ***~ relativa*** Relativsatz *m.*; ***~ secondaria*** Nebensatz *m.*; ***~ soggettiva*** Subjektsatz *m.*; ***~ strumentale*** Instrumentalsatz *m.*; ***~ subordinata*** (untergeordneter) Nebensatz *m.*; ***~ temporale*** Temporalsatz *m.*
pro|po|sta f. 1 Vorschlag *m.*; BUROCR. Antrag *m.*, Vorlage *f.*: ***presentare (avanzare), fare una ~*** einen Vorschlag unterbreiten, machen (*o* BUROCR. einen Antrag stellen); ***accettare, accogliere, respingere una ~*** einen Vorschlag an‿nehmen, genehmigen (*o* bewilligen), zurück‿weisen; ***votare una ~*** über einen Vorschlag ab‿stimmen 2 COLLOQ. *(offerta)* Angebot *n.*, Vorschlag *m.* 3 pl. *(avances)* Avancen *pl.*: ***fare delle -e a qcn.*** jdm Avancen machen ◆ ***~ di compromesso*** Kompromissvorschlag *m.*; ***~ di discussione*** Sachantrag *m.*; ***~ di emendamento*** Abänderungsantrag *m.*; DIR. ***~ eventuale*** Eventualantrag *m.*; ***~ di legge*** Gesetzesantrag *m.*; ***~ di matrimonio*** Heiratsantrag *m.*; ***~ di mediazione*** Vermittlungsvorschlag *m.*; ***~ di pace*** Friedensangebot *n.*; ***su ~ di qcn.*** auf Vorschlag (*o* Antrag) von jdm.
pro|po|sto p.pass. agg. 1 → **proporre** 2 *(offerto)* vorgeschlagen 3 *(stabilito)* vorgegeben: ***svolgere il tema ~*** das vorgegebene Thema bearbeiten.
pro|pre|to|re m. STOR. Proprätor *m.*, Prokonsul *m.*
pro|pria|men|te avv. 1 *(realmente)* eigentlich, gerade 2 *(correttamente)* korrekt, genau ◆ ***~ detto*** im eigentlichen Sinne; ***più ~*** genauer gesagt.
pro|prie|tà f.inv. 1 *(qualità)* Eigenschaft *f.*: ***~ medicinali*** heilende Eigenschaften 2 *(possesso)* Besitz *m.*; DIR. Eigentum *n.*: ***trasferire una ~*** ein Eigentum übertragen 3 *(l'essere appropriato)* Genauigkeit *f.* ◆ ***appartamento di ~*** Eigentumswohnung *f.*; ***cambio di ~*** Besitzerwechsel *m.*; ***~ collettiva*** Kollektiveigentum *n.*; ***~ comune*** Gemeinbesitz *m.* (*o* Allgemeinbesitz *m.*); ***~ conventuale*** Klostergut *n.*; ***~ demaniale*** Staatseigentum *n.*; ***diritto di ~*** Eigentumsrecht *n.*; ***~ esclusiva*** Alleineigentum *n.*; ***essere di ~ di qcn.*** jdm gehören (*o* in jds Besitz sein); ***~ di famiglia*** Familienbesitz *m.*; ***~ fondiaria*** Landbesitz *m.* (*o* Grundbesitz *m.*); ***~ immobiliare*** Immobiliarvermögen *n.*; ***~ letteraria*** Verlagsrecht *n.*; ***~ letteraria riservata*** Verlagsrecht *n.*; ***parlare con ~, senza ~ di linguaggio*** sich

sprachlich richtig, unrichtig (*o* angemessen, unangemessen) aus‿drücken; ***passaggio di ~*** Eigentumsübertragung *f.*; ***piccola ~*** Kleinbesitz *m.*; ***~ del popolo*** Volkseigentum *n.*; ***di ~ del popolo*** volkseigen; ***~ privata*** Privatbesitz *m.*, Privateigentum *n.*, Eigenbesitz *m.*; ***reato contro la ~*** Eigentumsdelikt *n.*; ***~ dello stato*** Staatseigentum *n.*; ***di ~ dello stato*** staatseigen; ***~ terriera*** Landbesitz *m.*, Grundbesitz *m.*; DIR. Grundeigentum *n.*; ***trasferimento di ~*** Übereignung *f.*, Eigentumsübertragung *f.*; ***tutela della ~*** Eigentumsschutz *m.*

pro|prie|ta|rio m. *(-ri)* Besitzer *m.*, DIR. Eigentümer *m.* ◆ ***~ di alloggio*** Wohnungseigentümer *m.*; ***~ di animali*** Tierhalter *m.*; ***~ di casa*** Hausbesitzer *m.*; ***~ esclusivo*** Alleineigentümer *m.*; ***~ di negozio*** Geschäftsinhaber *m.*, Ladenbesitzer *m.*; ***~ terriero*** Landbesitzer *m.* (*o* Grundbesitzer *m.*); ***grande ~ terriero*** Großgrundbesitzer *m.*; ***~ di veicolo*** Fahrzeughalter *m.*

pro|prio *(-pri,-prie)* **I** agg. **1** *(peculiare)* eigen, besonders, typisch: ***è ~ dell'uomo amare la libertà*** die Freiheitsliebe ist dem Menschen eigen; ***i sintomi -pri di una malattia*** die typischen Symptome einer Krankheit **2** *(personale, specifico)* eigen: ***è una persona senza convinzioni -prie*** er ist ein Mensch ohne eigene Überzeugungen; ***assegnare a ciascuno il ~ compito*** jedem seine Aufgabe zu‿weisen **3** *(esatto)* geeignet, passend: ***usare un linguaggio ~*** eine passende Ausdrucksweise verwenden **II** agg.poss. **1a** sein: ***fare il ~ dovere*** seine Pflicht tun **b** *(di lui)* sein **c** *(di lei)* ihr **d** *(loro, di essi)* ihr **2** *(con valore rafforzativo)* eigen: ***l'abbiamo comprato con i nostri -pri soldi*** wir haben es mit unserem eigenen Geld gekauft **III** pron.poss. eigen; *(di lui)* sein; *(di lei)* ihr; *(loro, di essi)* ihr **IV** avv. **1** *(esattamente)* genau: ***~ di fronte alla stazione*** genau gegenüber dem Bahnhof; ***~ ora*** gerade in diesem Moment **2** *(davvero)* wirklich, wahrhaftig: ***è ~ lui?*** ist es wirklich er? **3** *(in espressioni negative; affatto)* überhaupt, wirklich, bestimmt **4** *(con tono di sorpresa, dispetto)* ausgerechnet: ***~ oggi doveva piovere!*** ausgerechnet heute musste es regnen! **V** m. Eigene *n.*: ◆ ***amor ~*** Eigenliebe *f.*, Selbstliebe *f.*; ***in casa -a*** bei sich zu Hause; ***commercio in ~*** Propergeschäft *n.*, Eigenhandel *m.*; ***vivere per conto ~*** alleine leben; ***dire la -a*** seine Meinung sagen; ***fare ~ qcs.*** sich etw. zu eigen machen; ***con le -prie forze*** aus eigener Kraft; MAT. ***frazione -a*** echter Bruch; ***in ~*** selbstständig; FIG. ***rispondere in ~ di qcs.*** etw. persönlich (*o* selbst) verantworten; ***con le -prie mani*** eigenhändig; *(sulle buste)* ***sue -prie mani*** persönlich; ASTR. ***moto ~*** Eigenbewegung *f.*; ***nome ~ (di persona)*** Eigenname *m.*; ***chiamare le cose col ~ nome*** die Dinge beim Namen nennen; ***non ~*** *(non completamente)* nicht ganz; *(non precisamente)* nicht recht; ***di produzione -a*** aus eigener Herstellung (*o* Produktion); ***scritto di ~ pugno*** eigenhändig verfasst; ***nessuno vuole rimetterci del ~*** niemand will draufzahlen; LING. ***senso ~*** eigentliche Bedeutung; ***in senso ~*** im eigentlichen Sinn; DIR. ***uso ~*** Eigennutzung *f.*; ***vero e ~*** regelrecht; ***vita -a*** Eigenleben *n.*; ***vivere del ~*** für sich selbst sorgen.

pro|pu|gna|re tr. **1** verteidigen **2** FIG. verfechten.

pro|pu|gna|to|re **I** m. **1** Verteidiger *m.* **2** FIG. Verfechter *m.*, Befürworter *m.*; ***farsi ~ di qcs.*** etw. verfechten (*o* für etw. ein‿treten) **II** agg. **1** verteidigend **2** FIG. verfechtend. **pro|pu|gna|zio|ne** f. **1** Verteidigung *f.* **2** FIG. Verfechtung *f.*

pro|pul|sio|ne f. **1** TECN. Antrieb *m.* **2** FIG. Auftrieb *m.*; ***dare ~ a qcs.*** etw. fördern ◆ ***~ atomica*** Atomantrieb *m.*; ***~ diesel*** Dieselantrieb *m.*; ***~ elettrica*** Elektroantrieb *m.*; ***~ a elica*** Propellerantrieb *m.*; ***~ a getto*** Düsenantrieb *m.*; ***~ navale*** Schiffsantrieb *m.*; ***~ nucleare*** → ***~ atomica***; ***a ~ nucleare*** nuklear (*o* atomar) angetrieben; ***~ a razzo*** Raketenantrieb *m.*; ***con ~ a razzo*** raketengetrieben; ***~ a reazione*** Strahlantrieb *m.*; ***~ a turbina*** Turbinenantrieb *m.*

pro|pul|si|vo agg. Antriebs-, treibend: ***forza -a*** Antriebskraft *f.* ◆ ***spinta -a*** Vortrieb *m.*

pro|pul|so|re **I** agg. Antriebs-: ***gruppo ~*** Antriebsaggregat *n.* **II** m. Triebwerk *n.* ◆ ***~ atomico*** Atomtriebwerk *n.*; ***~ a elica*** Propellertriebwerk *n.*; ***~ a razzo*** Raketentriebwerk *n.*; ***~ a turbina*** Turbinentriebwerk *n.* **pro|pul|so|rio** agg. *(-ri,-rie)* → **propulsivo.**

pro|ra f. **1** MAR. Bug *m.*, Vorschiff *n.*: ***da ~ a poppa*** vom Bug bis zum Heck **2** AER. Bug *m.* **3** MAR. AER. *(direzione)* Fahrtrichtung *f.* **4** FIG. LETT. Schiff *n.* ◆ ***a ~*** voraus; ***albero di ~*** Vordermast *m.*; ***~ nord*** Bug nach Norden. **pro|ra|vi|a**, ***a ~*** bugwärts.

pro|ro|ga f. *(-ghe)* Aufschub *m.*, Verlängerung *f.*: ***concedere una ~ a qcn.*** jdm Aufschub gewähren; ***ottenere una ~ di 5 giorni*** 5 Tage Verlängerung erhalten: ***chiedere una ~*** um Aufschub bitten ◆ ***accordo di ~*** Stillhalteabkommen *n.*; ***cambiale con ~*** Prolongationswechsel *m.*; ***~ del contratto*** Vertragsverlängerung *f.*; ***~ di credito*** Kreditverlängerung *f.*; ***domanda di ~*** Verlängerungsantrag *m.*; ***istanza di ~*** Gesuch *n.* auf Fristverlängerung; ***~ di pagamento*** Zahlungsaufschub *m.*; ***~ del termine*** Terminverlängerung *f.* (*o* Fristverlängerung *f.*).

pro|ro|ga|bi|le agg. aufschiebbar, verlängerbar, verlängerungsfähig: ***scadenza ~*** verlängerbare Frist; ***non ~*** unaufschiebbar (*o* nicht verlängerbar). **pro|ro|ga|bi|li|tà** f. Möglichkeit *f.* eines Aufschubs, Verlängerbarkeit *f.*

pro|ro|ga|re tr. *(prorogo, proroghi)* **1** *(differire)* verlängern, auf‿schieben: ***~ una scadenza*** eine Frist verlängern **2** *(rinviare)* verschieben, auf‿schieben: ***~ la partenza*** die Abfahrt verschieben.

pro|rom|pen|te agg. ungestüm, hervorbrechend, herausbrechend.

pro|rom|pe|re intr. *(proruppi, prorotto*; aus. *avere)* **1a** *(straripare)* über‿treten: ***l'acqua proruppe dagli argini*** das Wasser trat über die Dämme **b** *(con foga)* heraus‿sprudeln, hervor‿sprudeln: ***il petrolio proruppe dal sottosuolo*** das Erdöl sprudelte aus dem Boden (heraus) **2** FIG. aus‿brechen: ***~ in una risata, in pianto*** in Lachen, in Tränen ausbrechen **3** *(esclamare)* aus‿rufen, hervor‿stoßen.

pro|sa f. **1** Prosa *f.*: ***scrivere in ~*** in Prosa schreiben; ***~ letteraria, narrativa*** literarische, erzählende Prosa; ***la ~ del Novecento*** die Prosa(werke) des zwanzigsten Jahrhunderts **2** TEATR. Theater *n.* **3** FIG. Prosa *f.*, Nüchternheit *f.*: ***la ~ del quotidiano*** die Nüchternheit des Alltags ◆ ***~ d'arte*** Kunstprosa *f.*; ***brano in ~*** Prosastück *n.*; ***compagnia di ~*** Schauspielertruppe *f.*; ***in ~*** in Prosa (*o* in ungebundener Rede); ***letteratura in ~*** Prosaliteratur *f.*; ***opera in ~*** Prosawerk *n.*; ***~ poetica*** Prosadichtung *f.*; ***~ rimata*** Reimprosa *f.*; ***scrittore di ~*** Prosaschriftsteller *m.* (*o* Prosaist *m.*); ***stagione di ~*** Spielzeit *f.* (*o* Theatersaison *f.*); ***teatro di ~*** Schauspielhaus *n.*; ***testo in ~*** Prosatext *m.*; ***versione in ~*** Prosaübersetzung *f.*, Prosaversion *f.*

pro|sai|ca|men|te avv. prosaisch, nüchtern. **pro|sai|ci|tà** f. Nüchternheit *f.*, Prosa *f.* **pro|sai|co** agg. *(-ci,-che)* prosaisch, nüchtern: ***stile ~*** prosaischer Stil; ***uomo ~*** prosaischer Mensch (*o* Prosaiker *m.*).

pro|sa|sti|co agg. *(-ci,-che)* **1** *(in prosa)* Prosa-: ***opera -a*** Prosawerk *n.* **2** *(semplice)* schlicht, einfach.

pro|sa|to|re m. Prosaschriftsteller *m.*, Prosaist *m.*

pro|sce|nio m. *(-ni)* **1** TEATR. Proszenium *n.* **2** ARCHEOL. Proszenium *n.* ◆ ***palco del ~*** Proszeniumsloge *f.*

pro|scim|mie f.pl. Halbaffen *pl.*

pro|scio|glie|re tr. *(prosciolgo, proscioglì; prosciolsi; prosciolto)* **1** entbinden, befreien, los‿sprechen: ***~ qcn. da un incarico, da un giuramento*** jdn von seinem Amt, einem Eid entbinden **2** DIR. frei‿sprechen: ***~ qcn. da qcs.*** jdn von etw. freisprechen; ***~ qcn. perchè il fatto non costituisce reato*** jdn mangels strafbaren Tatbestands freisprechen **3** RELIG. ***~ qcn. dal peccato*** jdm die Absolution erteilen (*o* jdn los‿sprechen). **pro|scio|gli|men|to** m. **1** Entbindung *f.*, Befreiung *f.*, Lossprechung *f.* **2** DIR. Freispruch *m.*, Freisprechung *f.* ◆ ***sentenza di ~*** Freispruch *m.*

pro|sciu|ga|men|to m. Entwässerung *f.*, Trockenlegung *f.* ◆ MIN. ***impianto di ~*** Wasserhaltung *f.*; ***pompa di ~*** Lenzpumpe *f.*

pro|sciu|ga|re *(prosciugo, prosciughi)* **I** tr. **1** entwässern, trocken‿legen: ***~ una palude*** einen Sumpf trockenlegen **2** *(disseccare)* aus‿trocknen, aus‿dörren **3** FIG. auf‿brauchen, auf‿fressen: ***~ i risparmi*** die Ersparnisse aufbrauchen **II** pronom. **prosciugarsi** aus‿trocknen.

pro|sciut|to m. Schinken *m.*: ***~ affumicato, cotto, crudo*** geräucherter Schinken (*o* Räucherschinken *m.*), gekochter Schinken, roher Schinken; ***una fetta di ~*** eine Scheibe Schinken; ***un etto di ~*** 100 Gramm Schinken ◆ ***involtino di ~*** Schinkenröllchen *n.*; COLLOQ. ***avere gli occhi foderati di ~*** Tomaten auf den Augen haben; COLLOQ. ***avere le orecchie foderate di ~*** Bohnen in den Ohren haben; ***osso di ~*** Schinkenknochen *m.*; ***~ con l'osso*** Knochenschinken *m.*; ***panino al (o col) ~*** Schinkenbrötchen *n.*; ***~ di spalla*** Vorderschinken *m.*

pro|scrit|to **I** p.pass. agg. **1** → **proscrivere** **2** verbannt, geächtet **II** m. **1** STOR. Geächtete *m.*, Proskribierte *m.* **2** *(esule)* Verbannte *m.*, Geächtete *m.*

pro|scri|ve|re tr. *(proscrissi; proscritto)* **1** STOR. ächten, proskribieren **2** *(esiliare)* verbannen, ächten **3** FIG. ab‿schaffen.

pro|scri|zio|ne f. **1** STOR. Ächtung *f.*, Proskription *f.*; ***lista di ~*** Proskriptionsliste *f.* **2** *(esilio)* Verbannung *f.*, Ächtung *f.* **3** FIG. Abschaffung *f.*

pro|sec|co m. *(-chi)* INTRAD. (Weißwein aus Venetien).

pro|se|cu|to|re m. Fortsetzer *m.* **pro|se|cu|zio|ne** f. **1** *(il proseguire)* Fortsetzen *n.*, Fortführen *n.*, Weiterführen *n.* **2** *(continuazione)* Fortsetzung *f.*, Fortführung *f.*, Weiterführung *f.*: ***la ~ di un'opera*** die Fortsetzung eines Werkes.

pro|se|gui|men|to m. Fortsetzung *f.*, Fortgang *m.* ◆ ***buon ~!*** weiter so! weiterhin alles Gute! *(di viaggio)* gute Weiterreise! gute

Weiterfahrt! **~ del viaggio** Weiterreise *f.*

pro|se|gui|re I tr. **1** fort‿setzen: **~ il viaggio** die Reise fortsetzen **2** assol. sich fort‿setzen, an‿halten: **la tendenza prosegue** der Trend hält an **II** intr. *(di persone* aus. *avere; di cosa* aus. *avere, essere)* **1** *(avanzare)* weiter‿gehen; *(di veicoli)* weiter‿fahren **2** *(continuare)* fort‿setzen: **~ in qcs.** etw. fortsetzen ◆ **~ nel lavoro** weiter‿arbeiten; **~ nella lettura** weiter‿lesen; **~ a piedi** zu Fuß weiter‿gehen; **~ nel racconto** weiter‿erzählen; **~ gli, negli studi** weiter‿studieren.

pro|se|li|te → **proselito. pro|se|li|ti|smo** m. Proselytenmacherei *f.* **pro|se|li|to** m. Proselyt *m.* (anche STOR.): **fare -i** Proselyten machen.

pro|sen|chi|ma m. Prosenchym *n.*

pro|set|to|re m. Prosektor *m.*

pro|sie|guo m. Fortsetzung *f.*; **in ~ di tempo** in der Folgezeit.

pro|sit inter. prosit, zum Wohl.

pro|so|di|a f. Prosodie *f.* **pro|so|di|co** agg. *(-ci,-che)* prosodisch.

pro|so|po|pe|a f. **1** RET. Prosopopöie *f.* **2** FIG. Dünkelhaftigkeit *f.*; **con ~** dünkelhaft. **pro|so|po|pei|co** agg. *(-ci,-che)* dünkelhaft.

pro|spe|ra|re intr. *(prospero;* aus. *avere)* **1** gedeihen **2** FIG. gedeihen, blühen: **i suoi affari prosperano** sein Geschäft blüht; **il commercio prospera** der Handel gedeiht.

pro|spe|ri|tà f. **1** *(benessere)* Wohlstand *m.*: **vivere in ~** im Wohlstand leben **2** *(fioritura)* Blüte *f.*, Prosperität *f.*, Aufschwung *m.*: **~ economica** wirtschaftliche Blüte.

pro|spe|ro agg. **1** ertragreich, fruchtbar: **un'annata -a** ein ertragreiches Jahr; **una zona -a** eine fruchtbare Gegend **2** FIG. blühend, gedeihlich: **commercio ~** blühender Handel **3** *(agiato)* wohlhabend, vermögend: **vivere in condizioni -e** wohlhabend (*o* vermögend) sein **4** *(favorevole, propizio)* glücklich, günstig, gut: **vento ~** günstiger Wind; **annata -a** guter Jahrgang.

Pro|spe|ro n.pr.m. Prosper *m.*

pro|spe|ro|si|tà f. **1** Üppigkeit *f.* **2** FIG. Üppigkeit *f.*, Blüte *f.* **pro|spe|ro|so** agg. **1** *(fiorente)* üppig, blühend: **commercio ~** blühender Handel **2** *(pieno di salute)* blühend, gesund **3** *(formoso)* üppig: **donna ~** üppige Frau.

pro|spet|ta|re I tr. vor Augen führen, dar‿legen: **~ qcs. a qcn.** jdm etw. vor Augen führen; **~ un'ipotesi** eine Hypothese darlegen **II** pronom. **prospettarsi** bevor‿stehen, in Aussicht stehen: **si prospettano tempi duri** schwierige Zeiten stehen bevor.

pro|spet|ti|ca|men|te avv. perspektivisch, in der Perspektive. **pro|spet|ti|co** agg. *(-ci,che)* perspektivisch: **effetto ~** perspektivische Wirkung ◆ **punto ~** Augenpunkt *m.*, Fluchtpunkt *m.*; FIG. Blickwinkel *m.*, Perspektive *f.*

pro|spet|ti|va f. **1** Perspektive *f.*: **le leggi della ~** die Gesetze der Perspektive; **la ~ del quadro è sbagliata** die Perspektive des Bildes stimmt nicht; **fotografare qcs. da una certa ~** etw. aus einer bestimmten Perspektive auf‿nehmen **2** *(vista panoramica)* Aussicht *f.*, Ausblick *m.*: **di qui si gode una bella ~ della vallata** von hier aus genießt man einen schönen Ausblick über das Tal **3** *(rappresentazione prospettica)* Perspektive *f.*, perspektivische Darstellung *f.* **4** FIG. Sicht *f.*, Perspektive *f.*: **in una ~ marxista** aus marxistischer Perspektive **5** *(possibilità)* Aussicht *f.*, Perspektive *f.*: **la ~ della guerra** die Aussicht des Krieges, die Kriegsaussichten; **buone -e per l'economia** eine gute Perspektive für die Wirtschaft; **lavoro privo, ricco di -e** aussichtslose, aussichtsreiche Arbeit; **essere senza -e** aussichtslos sein; **non avere nessuna ~** keine Aussichten haben ◆ **~ aerea** Luftperspektive *f.* (*o* Verschleierungsperspektive *f.*); **assenza di ~** Aussichtslosigkeit *f.*; **~ dal basso** Froschperspektive *f.*; FIG. **errore di ~** Fehleinschätzung *f.*; **-e per il futuro** Zukunftsaussichten *pl.*; **in ~** perspektivisch (*o* in der Perspektive); FIG. in Voraussicht; **~ lineare** Linearperspektive *f.* (*o* Zentralperspektive *f.*); **~ a volo d'uccello** Vogelperspektive *f.*

pro|spet|to m. **1** *(veduta)* Vorderansicht *f.* **2** *(facciata)* Fassade *f.*, Vorderseite *f.* **3** EDIL. Aufriss *m.* **4** *(schema)* Übersicht *f.*, Aufstellung *f.*: **~ delle spese** Aufstellung der Ausgaben **5** *(depliant)* Prospekt *m.*: **un ~ di sei pagine** ein sechsseitiger Prospekt ◆ **di ~** *(di fronte)* gegenüber; *(da davanti)* von vorn(e); **ritrarre qcn. di ~** jdn von vorn(e) porträtieren; TEATR. **~ scenico** Prospekt *m.*

pro|spe|zio|ne f. Prospektion *f.*, Schürfung *f.*; **fare la ~ di un terreno** einen Boden prospektieren.

pro|spi|cien|te agg. **~ (su) qcs.** mit Blick auf etw. (A): **finestra ~ il, sul mare** Fenster *n.* mit Blick auf das Meer.

pros|se|ne|ta m. **1** LETT. Vermittler *m.* **2** SPREG. *(mezzano)* Kuppler *m.*

pros|si|ma|le agg. proximal.

pros|si|ma|men|te avv. demnächst: **~ su questo schermo** demnächst in diesem Kino.

pros|si|mi|tà f. **1** Nähe *f.*: **in ~ di qcs.** in der Nähe etw. (G), in die Nähe von etw. **2** *(nel tempo)* **in ~ di qcs.** kurz (*o* unmittelbar) vor etw. (D); **in ~ del Natale** kurz vor Weihnachten.

pros|si|mo I agg. **1** *(nello spazio)* nächst: **alla -a fermata** an der nächsten Haltestelle **2** *(nel tempo)* nächst, kommend: **la -a settimana** nächste Woche; **lunedì ~** kommenden Montag; **la -a volta** das nächste Mal; **alla -a occasione** bei der nächsten Gelegenheit **3** *(molto vicino)* bevorstehend; **~ a qcs.** etw. (D) nah(e), kurz vor etw. (D); **essere ~ alla fine** dem Tode nahe sein; **essere ~ a fare qcs.** kurz davor sein, etw. zu tun; **essere -i a partire** kurz vor der Abreise stehen; **essere ~ ai sessanta** fast sechzig sein; **le -e festività** die bevorstehenden Feiertage **4** *(stretto)* eng: **parenti -i** enge Verwandte **II** m. Nächste *m.*, Mitmensch *m.*: **ama il ~ tuo come te stesso** liebe deinen Nächsten wie dich selbst ◆ **passato ~** Perfekt *n.*; **i nostri sogni sono -i a realizzarsi** unsere Träume werden (sehr) bald in Erfüllung gehen; **in tempi a noi -i** in jüngster Zeit; **trapassato ~** Plusquamperfekt *n.*

pro|sta|ta f. Vorsteherdrüse *f.*, Prostata *f.* **pro|sta|tec|to|mi|a** f. Prostatektomie *f.* **pro|sta|ti|co I** agg. *(-ci,-che)* Prostata-, Vorsteher-: **ipertrofia -a** Prostatahypertrophie *f.*; **infiammazione -a** Prostataentzündung *f.* (*o* Prostatitis *f.*) **II** *(-ci)* m. Prostatiker *m.* **pro|sta|ti|te** f. Prostatitis *f.*, Prostataentzündung *f.*

pro|ster|na|re I tr. LETT. nieder‿werfen, zu Boden werfen **II** pronom. **prosternarsi** sich nieder‿werfen; *(inginocchiarsi)* auf die Knie fallen: **-rsi ai piedi di qcn.** jdm zu Füßen fallen. **pro|ster|na|zio|ne** f. Kniefall *m.*, Fußfall *m.*

pro|sti|lo I agg. Prostylos- **II** m. Prostylos *m.*

pro|sti|tu|i|re I tr. *(prostituisco, prostituisci)* **1** *(indurre alla prostituzione)* zur Prostitution zwingen **2** FIG. herab‿würdigen, prostituieren: **~ il proprio talento** sein Talent prostituieren **II** pronom. **prostituirsi 1** sich prostituieren **2** FIG. sich verkaufen, sich prostituieren: **uno scrittore che si prostituisce al regime** ein Schriftsteller, der sich an das Regime verkauft.

pro|sti|tu|ta f. Prostituierte *f.*, Dirne *f.*

pro|sti|tu|zio|ne f. Prostitution *f.*: **darsi alla ~** sich prostituieren; **esercitare la ~** Prostitution treiben, der Prostitution nach‿gehen; FIG. **~ della cultura** Prostitution der Kultur ◆ **~ minorile** Babystrich *m.*; **~ sacra** Tempelprostitution *f.*; **sfruttamento della ~** Zuhälterei *f.*; **~ da strada** Straßenprostitution *f.*

pro|stra|re I tr. **1** nieder‿werfen, nieder‿schlagen: **la lunga malattia lo ha prostrato** die lange Krankheit hat ihn niedergeschlagen **2** FIG. *(umiliare)* erniedrigen, demütigen, nieder‿schlagen **II** pronom. **prostrarsi 1** sich nieder‿werfen, nieder‿knien: **-rsi davanti all'altare** am Altar niederknien; **-rsi di fronte a qcn.** sich vor jdm niederwerfen **2** FIG. *(umiliarsi)* sich erniedrigen, sich demütigen. **pro|stra|to** p.pass. agg. **1** → **prostrare 2** *(in ginocchio)* kniend, auf Knien **3** FIG. *(sfinito)* erschöpft, niedergeschlagen ◆ **~ dal dolore** leidgebeugt.

pro|stra|zio|ne f. **1** *(prosternazione)* Kniefall *m.*; *(come atto liturgico)* Prostration *f.* **2a** *(spossatezza)* Erschöpfung *f.*, Ermattung *f.*; MED. Prostration *f.* **b** *(depressione)* Niedergeschlagenheit *f.*

pro|ta|go|ni|smo m. Geltungsdrang *m.*, Geltungssucht *f.*: **essere malato di ~** an Geltungsdrang leiden.

pro|ta|go|ni|sta m. e f. *(-i,-e)* **1** *(attore principale)* Hauptdarsteller *m.* (-in *f.*), Protagonist *m.* (-in *f.*) **2** *(personaggio principale)* Hauptfigur *f.*, Hauptperson *f.*, Protagonist *m.* (-in *f.*) **3** FIG. Protagonist *m.* (-in *f.*) ◆ **attore ~, non ~** Hauptdarsteller *m.* (*o* Hauptperson *f.*), Nebendarsteller *m.*; **oscar per il migliore attore non ~** Oscar für die beste Nebenrolle.

Pro|ta|go|ra n.pr.m. Protagoras *m.*

pro|ta|si f. ART. GRAMM. Protasis *f.*

pro|teg|ge|re *(proteggo, proteggi; protessi; protetto)* **I** tr. **1** schützen, beschützen, behüten: **~ qcn., qcs. da qcn., qcs.** jdn, etw. vor jdm, etw. (*o* gegen jdn, etw.) schützen; **~ gli occhi dalla luce** die Augen gegen das Licht schützen; **la mamma protegge i suoi bambini** die Mutter beschützt ihre Kinder; **~ l'ambiente** die Umwelt schützen; **che Dio ti protegga!** Gott behüte dich! **2a** *(tutelare)* schützen, wahren, verteidigen: **~ i propri interessi** seine Interessen wahren; **la legge protegge i diritti d'autore** das Gesetz schützt die Urheberrechte **b** MIL. decken, sichern: **~ la ritirata delle truppe** den Rückzug der Truppen decken **3a** FIG. *(appoggiare)* protegieren: **essere protetto dall'alto** von oben protegiert werden **b** *(promuovere)* unterstützen, fördern: **~ le arti, il commercio** die Künste, den Handel fördern **4** INFORM. sichern **II** pronom. **proteggersi** sich schützen: **-rsi da qcs.** sich vor etw. (D) schützen.

pro|tei|co agg. *(-ci,-che)* Protein-, Eiweiß-, eiweißhaltig: **dieta -a** eiweißhaltige Diät; **contenuto ~** Eiweißgehalt *n.*; **fabbisogno ~** Eiweißbedarf *m.* ◆ ***ad alto contenuto, valore ~*** proteinhaltig, proteinreich.

pro|tei|for|me agg. wandlungsfähig, vielseitig.

pro|te|i|na f. Protein *n.*, Eiweiß *n.*: ***~ vegetale*** pflanzliches Eiweiß ◆ ***carenza di -e*** Eiweißmangel *m.* (*o* Proteinmangel *m.*); ***povero di ~*** eiweißarm (*o* proteinarm); ***ricco di -e*** eiweißreich (*o* proteinreich). **pro|te|i|ni|co** agg. *(-ci,-che)* → **proteico.**

pro tem|po|re avv. auf Zeit: ***presidente ~*** Präsident auf Zeit.

pro|ten|de|re *(protesi; proteso)* **I** tr. aus‿strecken, hin‿strecken, vor‿strecken, nach vorn strecken: ***~ qcs. verso qcn.*** jdm etw. hinstrecken; ***~ un braccio verso qcs.*** einen Arm nach etw. ausstrecken **II** pronom. **protendersi** sich vorbeugen, sich beugen: ***-rsi verso qcn., qcs.*** sich zu jdm, etw. beugen; ***-rsi in avanti*** sich nach vorn beugen (*o* sich vor‿beugen) ◆ ***~ le labbra*** die Lippen nach vorn stülpen.

pro|te|o m. **1** Olm *m.* **2** FIG. Proteus *m.*

Pro|te|o n.pr.m. Proteus *m.*

pro|te|ro|zoi|co m. Proterozoikum *n.*

pro|ter|via f. **1** Vermessenheit *f.*, Überheblichkeit *f.*, Anmaßung *f.* **2** *(impertinenza)* Unverschämtheit *f.* **pro|ter|vo** agg. **1** vermessen, überheblich, anmaßend **2** *(impertinente)* unverschämt.

pro|te|si f. MED. LING. Prothese *f.*: ***una ~ di gomma*** eine Prothese aus Gummi ◆ ***~ acustica*** Hörgerät *n.*; ***~ del braccio*** Armprothese *f.*; ***~ dentaria*** Zahnprothese *f.* (*o* Zahnersatz *m.*); ***~ (dentaria) fissa*** festsitzender Zahnersatz *m.*; ***~ della gamba*** Beinprothese *f.*; ***protesi (dentaria) parziale*** Teilprothese *f.*; ***portatore di ~*** Prothesenträger *m.* **pro|te|si|co** agg. *(-ci,che)* ***apparecchio ~*** Zahnspange *f.* **pro|te|si|sta** m. e f. *(-i,-e)* **1** Orthopädist *m.* (-in *f.*) **2** *(di protesi dentarie)* Zahntechniker *m.* (-in *f.*).

pro|te|so → **protendere.**

pro|tes|si → **proteggere.**

pro|te|sta f. Protest *m.*: ***sollevare, presentare una ~ contro qcn., qcs.*** gegen jdn, etw. Protest erheben, ein‿legen; ***accogliere una ~*** einem Protest statt‿geben ◆ ***azione di ~*** Protestaktion *f.*; ***cantante di ~*** Protestsänger *m.*; ***canzone di ~*** Protestsong *m.*; ***grido di ~*** Protestruf *m.*; ***lettera di ~*** Protestschreiben *n.*; ***manifestazione di ~*** Protestkundgebung *f.*; ***marcia di ~*** Protestmarsch *m.*; ***movimento di ~*** Protestbewegung *f.*; ***nota di ~*** Protestnote *f.*; ***per ~*** aus Protest; ***sciopero di ~*** Proteststreik *m.*

pro|te|stan|te I agg. evangelisch, protestantisch: ***pastore ~*** evangelischer Pfarrer; ***la chiesa ~*** die Evangelische Kirche **II** m. e f. Evangelische *m.* e *f.*, Protestant *m.* (-in *f.*). **pro|te|stan|te|si|mo** m. Protestantismus *m.*

pro|te|sta|re I intr. (aus. *avere*) protestieren: ***~ contro qcn., qcs.*** gegen jdn, etw. protestieren; ***uscì dalla sala protestando*** er verließ den Saal unter Protest **II** tr. **1** *(asserire)* behaupten, versichern: ***~ la propria innocenza*** seine Unschuld behaupten **2** DIR. zu Protest gehen lassen, protestieren: ***~ una cambiale*** einen Wechsel zu Protest gehen lassen **III** pronom. **protestarsi** sich erklären: ***-rsi amico di qcn.*** sich für jds Freund erklären; ***-rsi innocente*** sich für unschuldig erklären.

pro|te|sta|ta|rio I agg. *(-ri,-rie)* protestierend, Protest-: ***atteggiamento ~*** Protesthaltung *f.* **II** m. *(-ri)* Verweigerer *m.*

pro|te|sto m. Protest *m.*: ***andare in ~*** zu Protest gehen; ***mandare in ~ una cambiale*** einen Wechsel zu Protest gehen lassen; ***accettare con ~*** unter Protest an‿nehmen ◆ ***~ di avaria*** Seeprotest *m.*; ***avviso di ~*** Protestanzeige *f.*; ***~ cambiario*** Wechselprotest *m.*; ***levare un ~*** Protest erheben; ***termine di ~*** Protestfrist *f.*

pro|te|ti|co agg. *(-ci,-che)* prothetisch.

pro|tet|ti|va|men|te avv. schützend.

pro|tet|ti|vo agg. schützend, Schutz- ◆ ***avere un atteggiamento ~ verso qcn.*** jdm gegenüber eine Beschützerrolle übernehmen; ***casco ~*** Kopfschutz *m.*, Schutzhelm *m.*; ***dazio ~*** Schutzzoll *m.*; ***guanto ~*** Handschutz *m.*; *(nelle creme solari)* ***fattore ~*** Lichtschutzfaktor *m.*; ***indumento ~*** Schutzanzug *m.*; ***involucro ~*** Schutzhülle *f.*; ***istinto ~*** Beschützerinstinkt *m.*; ***pellicola -a*** Schutzfilm *m.*; ***schermo ~*** Schutzschirm *m.*

pro|tet|to I p.pass. agg. **1** → **proteggere 2** Schutz-, geschützt: ***zona -a*** Naturschutzgebiet *n.* (*o* Schutzgebiet *n.*); ***piante -e, animali -i*** geschützte Pflanzen, Tiere; ***questa è una specie -a*** diese Art steht unter Naturschutz **II** m. Günstling *m.*, Protegé *m.*

pro|tet|to|ra|to m. **1** Protektorat *n.*, Schutzherrschaft *f.*: ***esercitare un ~*** ein Protektorat (*o* eine Schutzherrschaft) aus‿üben **2** *(stato)* Protektorat *n.*, Schutzstaat *m.*, Schutzgebiet *n.*

pro|tet|to|re I m. **1** Beschützer *m.*, Protektor *m.* **2** *(mecenate)* Förderer *m.*, Gönner *m.*: ***~ delle arti*** Förderer der Künste **3** *(di prostitute)* Zuhälter *m.* **II** agg. Schutz-: ***santo ~*** Schutzheilige *m.* ◆ ***associazione -trice degli animali*** Tierschutzverein *m.*

pro|te|zio|ne f. **1** Schutz *m.*: ***~ da qcs.*** Schutz gegen etw. (*o* vor etw.); ***offrire, accordare ~ a qcn.*** jdm Schutz bieten, gewähren; ***godere della ~ di qcn.*** jds Schutz genießen (*o* unter jds Schutz stehen); ***prendere qcn. sotto la propria ~*** jdn in seinen Schutz nehmen; ***porsi sotto la ~ della polizia*** sich unter den Schutz der Polizei stellen; ***invocare la ~ di Dio*** um Gottes Schutz flehen **2** ESTENS. *(favoreggiamento)* Protektion *f.*, Begünstigung *f.*; ***godere di alte -i*** hoch gestellte Protektoren haben **3** INFORM. Sicherung *f.* **4** *(tangente)* Schutzgeld *n.*, Schutzgebühr *f.*: ***pagare la ~*** Schutzgeld bezahlen ◆ ***~ dell'ambiente*** Umweltschutz *m.*; ***~ degli animali*** Tierschutz *m.*; ***società per la ~ degli animali*** = Tierschutzverein *m.*; ***bisogno di ~*** Schutzbedürfnis *n.*; ***~ civile*** Katastrophenschutz *m.*; ***griglia di ~*** Schutzgitter *n.*; ***lamiera di ~*** Schutzblech *n.*; ***mancanza di ~*** Schutzlosigkeit *f.*; ***misura di ~*** Schutzmaßnahme *f.*; ***muro di ~*** Schutzmauer *f.*; ***occhiali di ~*** Schutzbrille *f.*; ***privo di ~*** schutzlos; ***tuta di ~*** Schutzanzug *m.*; ***vetro di ~*** Schutzglas *n.*

pro|te|zio|ni|smo m. Protektionismus *m.*, Schutzzollpolitik *f.* **pro|te|zio|ni|sta** *(-i,-e)* **I** agg. protektionistisch **II** m. e f. Protektionist *m.* (-in *f.*). **pro|te|zio|ni|sti|co** agg. *(-ci,-che)* protektionistisch: ***politica -a*** protektionistische Politik.

pro|ti|de m. Protein *n.*

pro|ti|ro m. **1** Säulenportal *m.* **2** *(nella casa romana)* Vorhalle *f.*

pro|ti|sta m. e f. *(-i,-e)* Protist *m.* (-in *f.*).

pro|to m. Faktor *m.*

1.pro|to|col|la|re tr. **1** zu Protokoll nehmen, protokollieren, Protokoll führen **2** COMM. ins Geschäftsbuch ein‿tragen.

2.pro|to|col|la|re agg. protokollarisch.

pro|to|col|lo m. **1** STOR. Titelblatt *n.* **2** *(registro notarile)* Protokoll *n.*; *(di enti pubblici)* Register *n.* **3** POL. Protokoll *n.*: ***firmare il ~*** das Protokoll unterschreiben **4a** *(cerimoniale diplomatico)* Protokoll *n.*: ***osservare strettamente il ~*** auf strikte Einhaltung des Protokolls achten **b** *(etichetta)* Form *f.* **5** FILOS. Protokollsatz *m.* ◆ ***capo del ~*** Protokollchef *m.*; ***carta ~*** Kanzleipapier *n.*; ***formato ~*** Kanzleiformat *n.*; ***mettere qcs. a ~*** etw. protokollieren (*o* zu Protokoll nehmen); ***numero di ~*** Protokollnummer *f.*; ***una questione di ~*** eine protokollarische Frage; ***redazione del ~*** Protokollaufnahme *f.*; ***ufficio del ~*** Protokollabteilung *f.*

pro|to|cri|stia|no agg. urchristlich, frühchristlich.

pro|to|ger|ma|ni|co I agg. *(-ci,-che)* urgermanisch **II** m. Urgermanisch(e) *n.*

pro|to|lin|gua f. Ursprache *f.*

pro|to|me|dio, *alto tedesco ~* frühmittelhochdeutsch.

pro|to|mo|der|no, *alto tedesco ~* frühneuhochdeutsch.

pro|to|ne m. Proton *n.*; ***acceleratore di -i*** Protonenbeschleuniger *m.*

1.pro|to|ni|co agg. *(-ci,-che)* Protonen-: ***massa -a*** Protonenmasse *f.*

2.pro|to|ni|co agg. *(-ci,-che)* LING. vor der betonten Silbe.

pro|to|no|ta|rio m. *(-ri)* Protonotar *m.*

pro|to|pla|sma m. Protoplasma *n.*, Plasma *n.*

pro|to|ra|ce m. Halsschild *m.*

pro|to|ro|man|ti|ci|smo m. Frühromantik *f.*

pro|to|ro|man|ti|co I agg. *(-ci,-che)* frühromantisch **II** m. *(-ci)* Frühromantiker *m.*

pro|to|sin|cro|tro|ne m. Protonen-Synchrotron *n.*

pro|tos|si|do m. Oxydul *n.*

pro|to|sto|ria f. Frühgeschichte *f.* **pro|to|sto|ri|co** agg. *(-ci,-che)* frühgeschichtlich.

pro|to|ti|po I m. **1** Prototyp *m.*: ***progettare un ~*** einen Prototyp entwickeln **2** ESTENS. Prototyp *m.*, Inbegriff *m.*, Muster *n.*: ***il ~ del malvivente*** der Prototyp des Verbrechers **II** agg. prototypisch.

pro|to|van|ge|lo m. Protoevangelium *n.*

pro|to|zoi m.pl. Protozoen *pl.*, Urtierchen *pl.*

pro|trar|re *(protraggo, protrai; protrassi; protratto)* **I** tr. hinaus‿ziehen, verlängern: ***~ le vacanze*** den Urlaub verlängern; ***~ una discussione*** eine Diskussion hinausziehen; ***~ l'orario d'apertura dei negozi*** die Ladenöffnungszeiten verlängern **II** pronom. **protrarsi** sich hinaus‿ziehen, sich hin‿ziehen, sich in die Länge ziehen: ***la riunione si protrae*** die Sitzung zieht sich hinaus (*o* zieht sich in die Länge). **pro|trat|to** → **protrarre. pro|tra|zio|ne** f. **1** *(prolungamento)* Verlängerung *f.* **2** *(proroga)* Aufschub *m.*

pro|tru|de|re *(protrusi; protruso)* **I** tr. vor‿strecken **II** intr. (aus. *essere*) vor‿springen, vor‿stehen. **pro|tru|sio|ne** f. Vorspringen *n.*

pro|tru|so → **protrudere.**

pro|tu|be|ran|te agg. vorspringend, vorstehend. **pro|tu|be|ran|za** f. **1** Vorsprung *m.* **2** BOT. Auswuchs *m.* **3** ASTR. MED. Protuberanz *f.*; ***-e solari*** Sonnenprotuberanzen *pl.*

prov. ⇒ *provincia* Provinz.

pro|va f. **1a** MAT. Probe *f.*: ***fare la ~ di una divisione, moltiplicazio-***

ne auf eine Division, Multiplikation die Probe machen; *fare la ~* die Gegenprobe machen **b** pl. TEATR. *assistere alle -e* den Proben bei‿wohnen **2a** *(esame)* Prüfung *f.*: *~ scritta, orale* schriftliche, mündliche Prüfung; *sostenere, fare, superare una ~* eine Prüfung ab‿legen, vor‿nehmen, bestehen; *sottoporre qcn. a una ~* jdn einer Prüfung unterziehen **b** *(compito in classe)* Klassenarbeit *f.*: *fare una ~* eine Klassenarbeit schreiben **3** *(dimostrazione)* Beweis *m.* (anche FIG.): *produrre, addurre la ~ di qcs.* den Beweis für etw. an‿treten, erbringen; *fornire una ~* einen Beweis liefern; *come ~ delle sue affermazioni* als (*o* zum) Beweis seiner Behauptungen; *una ~ del proprio coraggio* ein Beweis seines Mutes **4** *(tentativo)* Versuch *m.*: *dopo due -e ha rinunciato* nach zwei Versuchen hat er (es) aufgegeben **5** SPORT Wettkampf *m.* **6** SART. Anprobe *f.* ◆ *~ di abilità* Geschicklichkeitsprüfung *f.*; *a ~ d'acqua* wasserdicht; *~ d'amicizia* Freundschaftsbeweis *m.*; *~ d'amore* Liebesbeweis *m.*; *anno di ~* Probejahr *n.*; *~ apparente* Scheinbeweis *m.*; *assunzione di -e* Beweisaufnahme *f.*; *~ attitudinale* Eignungsprüfung *f.*; *~ d'autenticità* Echtheitsprüfung *f.*; TECN. *~ al banco* Werkbankprobe *f.*, Prüfstandversuch *m.*; *banco di ~* Prüfstand *m.*; FIG. Bewährungsprobe *f.* (*o* Prüfstein *m.*); FIG. *a ~ di bomba* bombensicher, bombenfest; *(molto resistente)* hieb und stichfest; *~ sul campo* Feldversuch *m.*; *~ a carico* belastender Beweis, Belastungsmaterial *n.*; TECN. *carico di ~* Probebelastung *f.*; *~ di collaudo* Abnahmeprüfung *f.*; *~ di colore* Farb(en)probe *f.*; *~ della colpevolezza* Schuldbeweis *m.*; *fino a ~ contraria* bis zum Beweis des Gegenteils; *~ di coraggio* Mutprobe *f.*; *-e del coro* Chorprobe *f.*; *~ in costume* Kostümprobe *f.*; *dar ~ di qcs.* etw. beweisen; *dar ~ della propria abilità* eine Probe seines Könnens geben; *dar buona ~ di sé* sich bewähren; *~ a discarico* Entlastungsbeweis *m.*, Entlastungsmaterial *n.*; *mettere a dura ~ qcn., qcs.* jdn, etw. auf eine harte Probe stellen; *~ di durata* Dauerversuch *m.*; *~ dell'esistenza di Dio* Gottesbeweis *m.*; *alla ~ dei fatti* anhand der Tatsachen; *~ di fiducia* Vertrauensbeweis *m.*; *~ finale* Schlussprobe *f.*; *~ di forza* Kraftprobe *f.*; *~ dei freni* Bremsprobe *f.*; *~ di funzionamento* Probelauf *m.*; *~ del fuoco* Feuerprobe *f.*; *a ~ di fuoco* feuerfest; *~ generale* Generalprobe *f.* (anche FIG.); *giro di ~* Probefahrt *f.*; *(nella corsa)* Probelauf *m.*; *in ~ (lavoro)* auf (*o* zur) Probe (*o* probeweise); *essere, assumere in ~* auf Probe sein (*o* ein‿stellen); *mettere in ~ un abito* ein Kleid an‿probieren; *~ indiziaria* Indizienbeweis *m.*; *per insufficienza di -e* aus Mangel an Beweisen (*o* mangels Beweisen); *~ di laboratorio* Labortest *m.*; *lezione di ~* Lehrprobe *f.*; *~ materiale* Sachbeweis *m.*; *~ dei materiali* Materialprüfung *f.* (*o* Werkstoffprüfung *f.*); *mettere qcn., qcs. alla ~* jdn, etw. auf die Probe stellen; *~ d'orchestra* Orchesterprobe *f.*; COMM. *ordine di ~* Probebestellung *f.*; *periodo di ~* Probezeit *f.*; *~ su pista* Testfahrt *f.*; *~ preliminare* Vorprüfung *f.*; *a ~ di proiettile* schussfest; *(del vetro)* kugelsicher; *a ~ di radiazione* strahlensicher; *~ di registrazione* Probeaufnahme *f.*; *~ di resistenza* Festigkeitsprüfung *f.*; *~ di resistenza al carico* Belastungsprobe *f.*; *~ di rottura* Bruchprobe *f.* (*o* Reißfestigkeitsprobe *f.*); *a ~ di scasso* einbruchsicher; *(automobilismo) sessione di ~* Vorläufe *pl.* (*o* Qualifikation *f.*); *~ di stampa* Probeabzug *m.*; *~ su strada* Probefahrt *f.*; *~ testimoniale* Zeugenbeweis *m.*; *~ di trazione* Zerreißversuch *m.*; *~ di trivellazione* Probebohrung *f.*; *a tutta ~* bewährt; *~ d'urto* Crashtest *m.*; *a ~ d'urto* stoßfest; *veicolo di ~* Testwagen *m.*; *~ di velocità* Geschwindigkeitsprobe *f.*; *~ della verità* Wahrheitsbeweis *m.*; *~ di volo* Probeflug *m.* (*o* Testflug *m.*).

pro|va|bi|le agg. beweisbar, nachweisbar.

pro|va|re tr. **1** aus‿probieren, probieren: *~ un impianto* eine Anlage ausprobieren; *~ un nuovo farmaco* ein neues Medikament ausprobieren; *hai provato se funziona?* hast du probiert, ob es funktioniert? **2** ABBIGL. an‿probieren, probieren: *~ un abito* einen Anzug anprobieren **3** TEATR. MUS. proben: *~ una scena, una canzone* eine Szene, ein Lied proben **4a** *(tentare)* versuchen, probieren: *prova ancora una volta* probier (*o* versuch) es noch einmal; *almeno provaci!* versuch es wenigstens! *fammi ~ se ce la faccio* lass mich mal probieren, ob ich es schaffe **b** *~ a fare qcs.* versuchen, etw. zu tun; *proviamo a vedere se...* versuchen wir mal, ob... **5** *(dimostrare)* beweisen: *~ la colpevolezza, l'innocenza di qcn.* jds Schuld, Unschuld beweisen **6** *(di sentimenti, sensazioni)* empfinden: *~ gioia, dolore* Freude, Schmerz empfinden **7** *(conoscere per esperienza)* erleben, kennen lernen: *~ la fame* Hunger kennen lernen; *~ una delusione* eine Enttäuschung erleben; *l'ho provato anch'io* das habe auch ich erlebt **8** *(segnare) qcs. prova qcn.* etw. setzt jdm zu; etw. nimmt jdn mit; *la guerra lo ha provato* der Krieg hat ihm zugesetzt (*o* hat ihn arg mitgenommen) **9a** *provarci* es probieren, es versuchen: *ci prova con tutte* er probiert's (*o* versucht's) bei jeder **b** *provarci gusto* Blut geleckt haben (*o* es genießen).

pro|va|ta|men|te avv. sicher.

pro|va|to p.pass. agg. **1** → *provare* **2a** mitgenommen: *apparire ~* mitgenommen aus‿sehen; *essere ~ dalla malattia* von der Krankheit mitgenommen sein **b** *(stanco, affaticato)* erschöpft, angegriffen **3** *(dimostrato)* bewiesen, erwiesen, nachgewiesen: *scientificamente ~* wissenschaftlich nachgewiesen **4** *(sicuro)* bewährt: *di -a qualità* von bewährter Qualität **5** *(fedele)* treu ◆ *~ dai dispiaceri, dal dolore* leidgeprüft.

pro|ve|nien|za f. **1** Herkunft *f.*, Provenienz *f.*: *di ~ sospetta (dubbia), incerta, ignota* von zweifelhafter, unbestimmter, unbekannter Herkunft **2** *(fonte)* Quelle *f.*: *una notizia di ~ certa* eine Nachricht aus sicherer Quelle ◆ *luogo di ~* Herkunftsort *m.*; *indicazione del luogo di ~* Herkunftsbezeichnung *f.*; *paese di ~* Herkunftsland *n.*

pro|ve|ni|re intr. *(provengo, provieni; provenni; provenuto*; aus. *essere)* **1a** her‿kommen, kommen: *~ dalla Grecia* aus Griechenland kommen; *dall'appartamento accanto provenivano dei rumori* aus der Nachbarswohnung kamen Geräusche **b** ESTENS. stammen: *~ da una fonte attendibile* aus zuverlässiger Quelle stammen **2** *(derivare)* ab‿stammen, stammen: *questa parola proviene dal latino* dieses Wort stammt aus dem Lateinischen; *~ da un ambiente piccolo-borghese* aus kleinbürgerlichem Milieu stammen **3** *(discendere)* ab‿stammen, her‿stammen: *~ da una famiglia nobile* von einer adligen Familie abstammen.

pro|ven|to m. Ertrag *m.*, Gewinn *m.*: *trarre -i da qcs.* aus etw. Gewinn ziehen.

Pro|ven|za n.pr.f. Provence *f.*: *vivere in ~* in der Provence leben. **pro|ven|za|le** **I** agg. provenzalisch **II** m. e f. Provenzale *m.* (Provenzalin *f.*) **III** m. *(lingua)* Provenzalisch(e) *n.*, provenzalische Sprache *f.*

pro|ver|bia|le agg. sprichwörtlich (anche FIG.): *un detto ~* eine sprichwörtliche Redewendung; *la sua saggezza è ~* seine Weisheit ist sprichwörtlich. **pro|ver|bio** m. *(-bi)* Sprichwort *n.* ◆ *passare in ~* sprichwörtlich werden; *Libro dei Proverbi* Buch der Sprüche.

pro|vet|ta f. **1** Reagenzglas *n.*, Probierglas *n.* **2** TECN. Probestück *n.* ◆ *bambino (concepito) in ~* Retortenbaby *n.*

pro|vet|to agg. **1** meisterhaft, Meister-: *uno sciatore ~* ein meisterhafter Skiläufer; *ladro ~* Meisterdieb *m.* **2** LETT. *(di età avanzata)* in fortgeschrittenem Alter, betagt.

pro|vin|cia f. *(-ce)* **1a** *(suddivisione territoriale)* Provinz *f.*; *(in Germania)* Landkreis *m.*: *la ~ di Torino* die Provinz von Turin; *fare ~* eigener Landkreis sein **b** *(ente locale)* Provinz *f.*; *(in Germania)* Landratsamt *n.* **2** ESTENS. Provinz *f.*: *vivere in ~* in der Provinz leben; *venire dalla ~* aus der Provinz kommen; *la ~ più profonda* die tiefste Provinz **3** STOR. Provinz *f.*: *le -ce romane* die römischen Provinzen ◆ *abitante della ~* Provinzbewohner *m.*; SPREG. *buco di ~* Provinznest *n.*; *capoluogo di ~* Provinzhauptstadt *f.*; *città, cittadina di ~* Provinzstadt *f.* (*o* Kleinstadt *f.*); *di ~* provinziell; *giornale di ~* Provinzblatt *n.*; STOR. *governatore di ~* Landvogt *m.*; *(di provincia romana)* Landpfleger *m.*; *teatro di ~* Provinztheater *n.*

pro|vin|cia|le **I** agg. **1** Provinzial-, Provinz- **2** SPREG. provinziell, provinzlerisch: *mentalità ~* provinzielle Mentalität **II** m. e f. Provinzbewohner *m.* (-in *f.*); SPREG. Provinzler *m.* (-in *f.*) **III** m. ECCL. Provinzial *m.* ◆ *elezioni -i* Provinzwahlen *pl.*; *(in Germania)* Landtagswahlen *pl.*; *giunta ~* Provinzialausschuss *m.*; STOR. *stati -i* Landstände *pl.*

pro|vin|cia|li|smo m. **1** Provinzialismus *m.*, Provinzialität *f.* **2** LING. Provinzialismus *m.* **pro|vin|cia|li|tà** f. Provinzialität *f.*

pro|vi|no m. **1** RAD. TELEV. CINEM. Probeaufnahme *f.*: *fare un ~* eine Probeaufnahme machen **2** TEATR. Vorsprechen *n.*; *fare un ~* vor‿sprechen **3** FOT. Probefoto *n.* **4** TECN. *(strumento)* Prüfgerät *n.* **5** *(campione)* Probestück *n.*

pro|vi|ta|mi|na f. Provitamin *n.*

pro|vo|ca|bi|le agg. **1** provozierbar **2** *(suscitabile)* auslösbar.

pro|vo|can|te agg. aufreizend: *uno spacco ~* ein aufreizender Schlitz.

pro|vo|ca|re tr. *(provoco, provochi)* **1** verursachen, hervor‿bringen: *~ un incidente, danni, uno scandalo* einen Unfall, Schäden, einen Skandal verursachen; *~ un'infezione, una malattia* eine Infektion, eine Krankheit auslösen; *~ un incendio* einen Brand verursachen **2a** *(suscitare)* hervor‿rufen, erregen, provozieren: *~ una reazione* eine Reaktion hervorrufen; *~ il risentimento di qcn.* Anstoß bei jdm erregen **b** *(sessualmente)* provozieren ◆ *~ qcn. a ira* jdn erzürnen.

pro|vo|ca|to|re **I** agg. herausfordernd, aufreizend **II** m. Provokateur *m.*, Aufwiegler *m.*, Aufrührer *m.* ◆ *agente ~* Lockspitzel *m.*

pro|vo|ca|to|rio agg. *(-ri,-rie)* provokatorisch, provokant, heraus-

fordernd: ***un'affermazione -a*** eine provokante Äußerung; ***un atteggiamento ~*** eine provokatorische Haltung.
pro|vo|ca|zio|ne f. Herausforderung *f.*, Provokation *f.*, Provozierung *f.*: ***rispondere, reagire a una ~*** auf eine Provokation antworten, reagieren; ***raccogliere la ~ di qcn.*** jds Herausforderung an‿nehmen.
pro|vo|la f. INTRAD. (Büffelkäsesorte). **pro|vo|lo|ne** m. INTRAD. (Käsesorte).
prov|ve|de|re *(provvidi; provveduto/provvisto)* **I** intr. (aus. *avere*) **1** ***~ a qcn., qcs.*** sich um jdn, etw. kümmern, für jdn, etw. sorgen (*o* Sorge tragen); ***~ al mantenimento di qcn.*** für jds Unterhalt sorgen; ***provvedo a tutto io*** ich sorge für alles; ***~ a fare qcs.*** Sorge tragen, etw. zu tun **2** assol. ***bisogna ~ in qualche modo*** hier muss etwas unternommen werden **II** tr. ***~ qcs. a qcn., qcn. di qcs.*** etw., jdn mit etw. versehen (*o* aus‿statten, versorgen) ◆ PROV. ***Dio vede e provvede*** = Gott sieht und ist die Vorsehung.
prov|ve|di|men|to m. Maßnahme *f.*, Vorkehrung *f.*: ***prendere -i (contro qcn.)*** (gegen jdn) Maßnahmen ergreifen (*o* treffen); ***bisogna prendere qualche ~*** hier muss etwas unternommen werden; ***un ~ di grande portata*** eine Maßnahme von großer Tragweite ◆ ***~ arbitrario*** Willkürmaßnahme *f.*; ***~ coercitivo*** Zwangsmaßnahme *f.*; ***~ disciplinare*** Disziplinarmaßnahme *f.*; ***~ giudiziario*** gerichtliche Maßnahme; ***~ immediato*** Sofortmaßnahme *f.*; ***~ legislativo*** gesetzgeberische Maßnahme; ***~ normativo*** normative Maßnahme; ***~ punitivo*** Strafmaßnahme *f.*; ***~ di sicurezza*** Sicherheitsvorkehrung *f.*; ***~ straordinario*** Sondermaßnahme *f.*; ***~ transitorio*** Übergangsmaßnahme *f.*; ***~ d'urgenza*** Notstandsmaßnahme *f.* (*o* Dringlichkeitsmaßnahme *f.*).
prov|ve|di|to|ra|to m. (vom Ministerium abhängige) Verwaltungsbehörde *f.*; ***~ agli studi*** Provinzialschulamt *n.* **prov|ve|di|to|re** m. Amtsleiter *m.*; ***~ agli studi*** Provinzialschulrat *m.*
prov|ve|du|to p.pass. agg. **1** → **provvedere 2** aufmerksam.
prov|vi|den|te vorsichtig, umsichtig.
prov|vi|den|za f. **1** TEOL. Vorsehung *f.*: ***la ~ divina*** die göttliche Vorsehung **2** *(fortuna)* Glück *n.*, Segen *m.*: ***quell'eredità è stata una vera ~*** diese Erbschaft war ein wahrer Segen **3** *(provvedimento)* Maßnahme *f.* **prov|vi|den|zia|le** agg. **1** günstig, gelegen, willkommen: ***essere ~*** gelegen kommen; ***un aiuto ~*** eine willkommene Hilfe **2** TEOL. von der Vorsehung bestimmt.
pro|vvi|do agg. LETT. **1** klug, weise **2** *(utile)* nützlich.
prov|vi|gio|ne f. Provision *f.*, Maklergebühr *f.*, Ermittlungsgebühr *f.*: ***corrispondere una ~*** eine Provision zahlen; ***essere pagato a ~, lavorare su ~*** gegen Provision arbeiten (*o* Provision bekommen); ***avere l'8 % di ~*** 8 % Provision bekommen ◆ ***~ d'accettazione*** Akzeptprovision *f.*; ***~ d'acquisto*** Abschlussprovision *f.*; ***~ bancaria*** Bankenprovision *f.*; ***diritto alla ~*** Provisionsanspruch *m.*; ***~ sul fatturato*** Umsatzvergütung *f.*; ***~ del mediatore*** Maklergebühr *f.*; ***~ di vendita*** Verkaufsprovision *f.*; ***~ sulle vendite*** Umsatzprovision *f.*
prov|vi|sio|na|le I agg. vorsorglich: ***misure -i*** vorsorgliche Maßnahmen, Vorsichtsmaßnahmen *pl.* **II** f. Abschlagszahlung *f.* **prov|vi|sio|ne** f. ANT. **1** Beschaffung *f.*, Versorgung *f.* **2** *(provvista)* Vorrat *m.* **3** *(stipendio)* Gehalt *n.*
prov|vi|so|ria|men|te avv. vorübergehend, vorläufig, einstweilig, provisorisch: ***sistemarsi ~ da un amico*** vorübergehend bei einem Freund unter‿kommen. **prov|vi|so|rie|tà** f. Vorläufigkeit *f.*
prov|vi|so|rio agg. *(-ri,-rie)* vorläufig, provisorisch, vorübergehend, einstweilig: ***provvedimento ~*** einstweilige Maßnahme; ***regolamento ~*** vorläufige Regelung; ***sistemazione -a*** provisorische Unterkunft ◆ ***bilancio ~*** Rohbilanz *f.*; ***calcolo ~*** Zwischenrechnung *f.*; ***certificato ~*** Interimsschein *m.*; ***conto ~*** Interimskonto *n.*; ***credito ~*** Zwischenkredit *m.*; ***governo ~*** Übergangsregierung *f.* (*o* provisorische Regierung); ***in modo ~*** behelfsweise; ***ponte ~*** Behelfsbrücke *f.*; ***progetto ~*** Vorentwurf *m.*; ***soluzione -a*** Interimslösung *f.* (*o* Zwischenlösung *f.*); ***in via -a*** vorübergehend (*o* einstweilig); ***voto ~*** Vorzensur *f.*
prov|vi|sta f. Vorrat *m.*: ***fare ~ di qcs.*** einen Vorrat an etw. (D) an‿legen; ***intaccare le -e*** die Vorräte an‿greifen ◆ ***-e alimentari*** Lebensmittelvorrat *m.*; ***~ di magazzino*** Lagerbestand *m.*
prov|vi|sto p.pass. agg. **1** → **provvedere 2** versehen, augestattet: ***essere ~ di qcs.*** mit etw. versehen (*o* ausgestattet) sein; ***un'auto -a di ogni confort*** ein mit allem Komfort ausgestattetes Auto **3** *(assortito)* sortiert: ***un negozio ben ~*** ein reich sortiertes Geschäft.
pro|zi|a f. Großtante *f.* **pro|zi|o** m. Großonkel *m.*
pru|a f. **1** MAR. Bug *m.*, Vorschiff *n.*: ***da ~ a poppa*** vom Bug bis zum Heck **2** AER. Bug *m.* ◆ ***a ~*** am Bug; ***albero di ~*** Vordermast *m.*; ***castelletto di ~*** Vorderdeck *n.*; FIG. ***mettere la ~ addosso a qcn.*** = jdn plagen; ***portellone di ~*** Bugpforte *f.*; ***rematore di ~*** Bugmann *m.*; ***scudo di ~*** Bugkappe *f.*
pru|den|te agg. **1** vorsichtig, behutsam: ***non è ~ mettersi in viaggio con questo tempo*** es ist unvorsichtig, bei diesem Wetter zu reisen; ***sii ~!*** sei vorsichtig! **2** *(ponderato, giudizioso)* umsichtig, besonnen: ***scelta ~*** umsichtige (*o* besonnene) Entscheidung; ***una politica ~*** eine umsichtige Politik. **pru|den|te|men|te** avv. **1** *(in modo cauto)* vorsichtig, umsichtig, behutsam: ***agire ~*** vorsichtig handeln (*o* vor‿gehen) **2** *(per sicurezza)* vorsichtshalber: ***tenersi ~ alla larga da qcn., qcs.*** sich vorsichtshalber von jdm, etw. fern halten.
pru|den|za f. **1** Vorsicht *f.*, Umsicht *f.*, Behutsamkeit *f.*, Besonnenheit *f.*: ***consigliare (la) ~ a qcn.*** jdm zur Vorsicht raten; ***usare ~*** Vorsicht üben; ***guidare con ~*** vorsichtig fahren; ***agire con ~*** mit Umsicht handeln **2** RELIG. Besonnenheit *f.* ◆ PROV. ***la ~ non è mai troppa*** Vorsicht ist besser als Nachsicht.
pru|den|zia|le agg. Vorsichts-: ***prendere misure -i*** Vorsichtsmaßnahmen treffen. **pru|den|zial|men|te** avv. **1** vorsichtig, behutsam **2** *(per sicurezza)* vorsichtshalber.
pru|de|re intr. jucken: ***mi prude la gamba*** mir (*o* mich) juckt das Bein; ***mi sento ~ dappertutto*** es juckt mich überall ◆ FIG. ***mi sento ~ la lingua*** es brennt mir auf der Zunge; ***mi prudono le mani*** es juckt mich in den Fingern.
pru|de|rie [pryd'ri] f.inv. Prüderie *f.*
prueg|gia|re intr. *(prueggio, prueggi;* aus. *avere)* gegen den Wind segeln.
pru|gna I f. Pflaume *f.*, Zwetsche *f.* **II** agg.inv. ***color ~*** pflaumenfarben ◆ ***acquavite alla ~*** Pflaumenschnaps *m.*; ***marmellata di -e*** Pflaumenmarmelade *f.*; ***~ secca*** Dörrpflaume *f.* (*o* Backpflaume *f.*); ***torta di -e*** Pflaumenkuchen *m.* **pru|gno** m. Pflaumenbaum *m.*, Zwetschenbaum *m.* ◆ ***~ selvatico*** Schlehe *f.*, Schwarzdorn *m.* **pru|gno|la** f. Schlehe *f.*
1.pru|gno|lo m. BOT. Schlehe *f.*, Schwarzdorn *m.*
2.pru|gno|lo m. *(fungo mangereccio)* Georgspilz *m.*
pru|i|na f. BOT. LETT. Reif *m.*
pru|na|io m. *(-ai)* **1** Dornengestrüpp *n.* **2** FIG. *(questione spinosa)* verzwickte (*o* heikle) Angelegenheit *f.*
1.pru|nel|la f. ORNIT. Braunelle *f.*
2.pru|nel|la f. *(acquavite)* Zwetschenwasser *n.*
pru|ne|to m. Dornengestrüpp *n.*
pru|no m. **1** Dornbusch *m.*, Dornenstrauch *m.* **2** *(spina)* Dorn *m.* **3** REGION. *(susino)* Pflaumenbaum *m.*
pru|ri|gi|ne f. **1** Jucken *n.*, Juckreiz *m.* **2** MED. Hautausschlag *m.* **pru|ri|gi|no|so** agg. **1** juckend **2** FIG. *(stuzzicante)* aufreizend, erregend.
pru|ri|to m. **1** Jucken *n.*, Juckreiz *m.*: ***qcn. sente ~*** jdn juckt es; ***dare ~ a qcn.*** jdn jucken (*o* kitzeln); ***la lana ruvida le dà ~*** die raue Wolle juckt (*o* kratzt) sie; ***~ cutaneo*** Hautjucken *n.* **2** FIG. *(voglia, desiderio)* Lust *f.*, Kitzel *m.*, Reiz *m.*
Prus|sia n.pr.f. Preußen *n.*; ***~ orientale*** Ostpreußen *n.*
prus|sia|ne|si|mo m. Preußentum *n.*
prus|sia|no I agg. preußisch (anche IRON.) **II** m. **1** *(abitante)* Preuße *m.* **2** *(dialetto)* Preußisch(e) *n.* ◆ STOR. ***soldato ~*** Krümper *m.* (anche SCHERZ.).
prus|si|co agg. *(-ci,-che)* ***acido ~*** Blausäure *f.*, Zyanwasserstoff *m.*
P.S. ⇒ **1** *post scriptum* Postskript(um) (PS) **2** *pubblica sicurezza* Polizei **3** *previdenza sociale* Sozialversicherung.
PSDI ⇒ *Partito socialista democratico italiano* Sozialdemokratische Partei Italiens.
pseu|do|cul|tu|ra f. Pseudobildung *f.*
pseu|do|frut|to m. Scheinfrucht *f.*
pseu|do|in|tel|let|tua|le m. e f. Pseudointellektuelle *m.* e *f.*
pseu|do|let|te|ra|rio agg. *(-ri,-rie)* pseudoliterarisch. **pseu|do|let|te|ra|to** m. Pseudoliterat *m.*
pseu|do|mor|fi|co agg. *(-ci,-che)*, **pseu|do|mor|fo** agg. pseudomorph. **pseu|do|mor|fo|si** f. Pseudomorphose *f.*
pseu|do|ni|mo I m. Pseudonym *n.*, Deckname *m.*: ***scrivere sotto ~*** unter einem Pseudonym schreiben **II** agg. pseudonym.
pseu|do|po|dio m. *(-di)* Pseudopodium *n.*, Scheinfüßchen *n.*
psi f.inv. Psi *n.*
PSI ⇒ *Partito Socialista Italiano* (Sozialistische Partei Italiens).
psi|ca|co|gi|a f. Psychagogik *f.*
psi|ca|na|li|si f. Psychoanalyse *f.*: ***sottoporsi a ~*** sich einer Psychoanalyse unterziehen; ***~ freudiana, junghiana*** freudsche, jungsche Psychoanalyse. **psi|ca|na|li|sta** m. e f. *(-i,-e)* Psychoanalytiker *m.* (-in *f.*) **psi|ca|na|li|ti|ca|men|te** avv. psychoanalytisch. **psi|ca|na|li|ti|co** agg. *(-ci,-che)* psychoanalytisch: ***terapia, seduta -a*** psychoanalytische Therapie, Sitzung. **psi|ca|na|liz|za|re** tr. psychoanalysieren, psychoanalytisch behandeln; ***~ qcn.*** jdn einer Psychoanalyse unterziehen; ***farsi ~*** sich psychoanalytisch behandeln lassen.

psi|ca|ste|ni|a f. Psychasthenie *f.* **psi|ca|ste|ni|co** agg. *(-ci,-che)* psychasthenisch.
1.psi|che f. PSIC. Psyche *f.*, Seele *f.*
2.psi|che f. *(specchiera)* Toilettenspiegel *m.*
Psi|che n.pr.f. Psyche *f.*
psi|che|de|li|co agg. *(-ci,-che)* psychedelisch: ***luci -che*** psychedelische Lichteffekte.
psi|chia|tra m. e f. *(-i,-e)* Psychiater *m.* (-in *f.*). **psi|chia|tri|a** f. Psychiatrie *f.* **psi|chia|tri|ca|men|te** avv. psychiatrisch. **psi|chia|tri|co** agg. *(-ci,-che)* psychiatrisch: ***clinica -a*** psychiatrische Klinik; ***ospedale ~*** psychiatrische Klinik; ***reparto ~*** psychiatrische Abteilung (*o* Psychiatrie *f.*). **psi|chia|triz|za|re** tr. einer psychiatrischen Behandlung zu‿führen.
psi|chi|ca|men|te avv. psychisch, seelisch.
psi|chi|co agg. *(-ci,-che)* psychisch, seelisch, Seelen-: ***sviluppo ~*** psychische Entwicklung; ***disturbi -ci*** seelische Störungen; ***vita -a*** Seelenleben *n.*
psi|co|a|na|li|si, psi|co|a|na|li|sta ... → psicanalisi, psicanalista...
psi|co|a|ste|ni|a, psi|co|a|ste|ni|co → psicastenia, psicastenico.
psi|co|ci|ne|si f. Psychokinese *f.*
psi|co|dia|gno|sti|ca f. Psychodiagnostik f. **psi|co|dia|gno|sti|co** agg. *(-ci,-che)* psychodiagnostisch.
psi|co|di|na|mi|ca f. Psychodinamik *f.* **psi|co|di|na|mi|co** agg. *(-ci,-che)* psychodynamisch.
psi|co|dram|ma m. Psychodrama *n.*
psi|co|far|ma|co m. *(-ci)* Psychopharmakon *n.*
psi|co|fi|si|ca f. Psychophysik *f.* **psi|co|fi|si|co** agg. *(-ci,-che)* psychophysisch.
psi|co|fi|sio|lo|gi|a f. Psychophysiologie *f.* **psi|co|fi|sio|lo|gi|co** agg. *(-ci,-che)* psychophysiologisch.
psi|co|ge|ne|si f. Psychogenese *f.*, Psychogenesis *f.* **psi|co|ge|no** agg. psychogen.
psi|co|la|bi|le I agg. psychisch labil **II** m. psychisch Labile *m.*
psi|co|lin|gui|sta m. e f. *(-i,-e)* Psycholinguist *m.* (-in *f.*). **psi|co|lin|gui|sti|ca** f. Psycholinguistik *f.* **psi|co|lin|gui|sti|co** agg. *(-ci,-che)* psycholinguistisch.
psi|co|lo|gi|a f. Psychologie *f.* (anche ESTENS.): ***la ~ dei bambini*** die kindliche Psychologie ◆ ***~ clinica*** klinische Psychologie; ***~ comportamentale*** Verhaltenspsychologie *f.*; ***~ dell'età evolutiva*** Entwicklungspsychologie *f.*; ***~ della forma*** Gestaltpsychologie *f.*; ***~ di gruppo*** Gruppenpsychologie *f.*; ***~ infantile*** Kinderpsychologie *f.*; ***~ del lavoro*** Arbeitspsychologie *f.*; ***~ di massa*** Massenpsychologie *f.*; ***~ del profondo*** Tiefenpsychologie *f.*; ***~ sociale*** Sozialpsychologie *f.* **psi|co|lo|gi|ca|men|te** avv. psychologisch, psychisch.
psi|co|lo|gi|co agg. *(-ci,-che)* psychologisch, psychisch: ***disturbi -ci*** psychische Störungen; ***stress ~*** psychische Belastung; ***romanzo ~*** psychologischer Roman. **psi|co|lo|gi|smo** m. Psychologismus *m.*
psi|co|lo|go m. *(-gi)* Psychologe *m.* (anche ESTENS.): ***essere un buono ~*** ein guter Psychologe (*o* Menschenkenner) sein.
psi|co|me|tri|a f. Psychometrie *f.* **psi|co|me|tri|co** agg. *(-ci,-che)* psychometrisch.
psi|co|mo|to|rio agg. *(-ri,-rie)* psychomotorisch. **psi|co|mo|tri|ci|tà** f. Psychomotorik *f.*
psi|co|ne|vro|si f. Psychoneurose *f.*
psi|co|pa|ti|a f. Psychopathie *f.* **psi|co|pa|ti|co I** agg. *(-ci,-che)* psychopathisch **II** m. *(-ci)* Psychopath *m.* **psi|co|pa|to|lo|gi|a** f. Psychopathologie *f.* **psi|co|pa|to|lo|gi|co** agg. *(-ci,-che)* psychopathologisch. **psi|co|pa|to|lo|go** m. *(-gi)* Psychopathologe *m.*
psi|co|pe|da|go|gi|a f. psychologische Pädagogik *f.* **psi|co|pe|da|go|gi|co** agg. *(-ci,-che)* psychopädagogisch. **psi|co|pe|da|go|gi|sta** m. e f. *(-i,-e)* Psychpädagoge *m.* (-gin *f.*).
psi|co|ses|sua|le agg. sexualpsychologisch.
psi|co|si f.inv. Psychose *f.* ◆ ***~ collettiva → ~ di massa; ~ da detenzione*** Haftpsychose *f.*; ***~ maniaco-depressiva*** manisch-depressives Irresein; ***~ di massa*** Massenpsychose *f.*
psi|co|so|cio|lo|gi|a f. psychologische Soziologie *f.*
psi|co|so|ma|ti|ca f. Psychosomatik *f.* **psi|co|so|ma|ti|co** agg. *(-ci,-che)* psychosomatisch: ***malattia -a*** psychosomatische Krankheit; ***disturbi -ci*** psychosomatische Störungen.
psi|co|tec|ni|ca f. Psychotechnik *f.* **psi|co|tec|ni|co I** agg. *(-ci,-che)* psychotechnisch **II** m. *(-ci)* Psychotechniker *m.*
psi|co|te|ra|peu|ta m. e f. *(-i,-e)* Psychotherapeut *m.* (-in *f.*). **psi|co|te|ra|peu|ti|co** agg. *(-ci,-che)* psychotherapeutisch. **psi|co|te|ra|pi|a** f. Psychotherapie *f.* **psi|co|te|ra|pi|co** agg. *(-ci,-che)* psychotherapeutisch. **psi|co|te|ra|pi|sta → psicoterapeuta.**
psi|co|ti|co I agg. *(-ci,-che)* psychotisch **II** m. *(-ci)* Psychotiker *m.*
psi|co|tro|po agg. psychotrop: ***farmaco ~*** psychotropes Arzneimittel.
psi|cro|me|tro m. Psychrometer *n.*, Luftfeuchtigkeitsmesser *m.*
psi|lo|me|la|no m. schwarzer Glaskopf *m.*, Psilomelan *m.*
psit|ta|co|si f. Psittakose *f.*, Papageienkrankheit *f.*
pso|as m.inv. Psoas *m.*
pso|ri|a|si f. Psoriasis *f.*, Schuppenflechte *f.*
PT ⇒ **1** *Poste e Telecomunicazioni* Post- und Fernmeldewesen **2** *Polizia Tributaria* Steuerfahndung.
pte|ri|do|fi|ta f. Farnpflanze *f.*
pte|ro|dat|ti|lo m. Pterodaktylus *m.*
pte|ro|po|di m.pl. Flügelschnecken *pl.*
pte|ro|sau|ro m. Pterosaurier *m.*, Flugsaurier *m.*
ptia|li|na f. Ptyalin *n.*
pto|ma|i|na f. Ptomain *n.*, Leichengift *n.*
pto|si f. Ptosis *f.*
puah inter. pfui, bah.
pub ['pʌb] m.inv. Pub *n.* e *m.*
pu|bal|gi|a f. Schmerz *m.* in der Schambeingegend.
pub|bli|ca|bi|le agg. veröffentlichbar. **pub|bli|ca|men|te** avv. öffentlich.
pub|bli|ca|no m. Zöllner *m.*
pub|bli|ca|re tr. *(pubblico, pubblichi)* **1a** veröffentlichen, publizieren: ***una foto, un articolo, un romanzo*** ein Foto, einen Artikel, einen Roman veröffentlichen; ***~ una legge*** ein Gesetz veröffentlichen **b** *(stampare)* heraus‿geben: ***~ un libro*** ein Buch herausgeben **c** *(immettere sul mercato)* heraus‿bringen: ***~ una nuova edizione di un'opera*** eine Neuausgabe eines Werkes herausbringen; ***~ qcs. a proprie spese*** etw. im Selbstverlag herausbringen **2a** *(divulgare)* bekannt geben: ***~ i risultati elettorali*** das Wahlergebnis bekannt geben **b** *(rendere pubblico)* publik machen: ***~ dei documenti*** Dokumente publik machen. **pub|bli|ca|to** p.pass. → **pubblicare** ◆ ***essere ~*** erscheinen: ***essere ~ da un'importante casa editrice*** bei einem bedeutenden Verlag erscheinen.
pub|bli|ca|zio|ne f. **1** Veröffentlichung *f.*, Herausgabe *f.*: ***sospendere la ~*** die Veröffentlichung ein‿stellen; ***~ del bilancio annuale*** Veröffentlichung des Jahresabschlusses **2** *(opera)* Publikation *f.*, Veröffentlichung *f.*, Ausgabe *f.*: ***-i scientifiche*** wissenschaftliche Publikationen; ***~ mensile*** monatliche Ausgabe **3** *(il rendere pubblico)* Bekanntmachung *f.*, Verlautbarung *f.* **4** pl. *(di matrimonio)* Aufgebot *n.*: ***fare le -i*** das Aufgebot bestellen ◆ ***anno di ~*** Erscheinungsjahr *n.*; ***~ celebrativa*** Festschrift *f.*; ***data di ~*** Erscheinungsdatum *n.*; ***divieto di ~*** Publikationsverbot *n.*; ***luogo di ~*** Erscheinungsort *m.*; ***prima ~*** Erstveröffentlichung *f.*
pub|bli|ci|sta m. e f. *(-i,-e)* **1** freier Mitarbeiter *m.* (-in *f.*) (an, bei Zeitungen und Zeitschriften) **2** DIR. Staatsrechtler *m.* (-in *f.*). **pub|bli|ci|sti|ca** f. **1** Publizistik *f.* **2** DIR. Staatsrecht *n.*, Staatsrechtslehre *f.* **pub|bli|ci|sti|co** agg. *(-ci,-che)* **1** publizistisch **2** DIR. staatsrechtlich.
pub|bli|ci|tà f.inv. **1** Werbung *f.*, Reklame *f.*: ***la ~ televisiva di un prodotto*** die Werbung für ein Produkt im Fernsehen **2** *(divulgazione)* Verbreitung *f.* **3** *(l'essere pubblico)* Öffentlichkeit *f.* ◆ ***agenzia di ~*** Werbeagentur *f.*; ***campagna di ~*** Werbekampagne *f.*, Werbefeldzug *m.*; ***dare ~ a qcs.*** etw. verbreiten; ***direttore della ~*** Werbeleiter *m.*; ***fare ~ a qcs.*** für etw. Werbung (*o* Reklame) machen (*o* für etw. werben); ***farsi ~*** für sich werben (*o* für sich Werbung machen); ***lavorare in ~*** in der Werbebranche arbeiten; ***~ luminosa*** Lichtreklame *f.* (*o* Leuchtreklame *f.*); ***~ mirata*** Direktwerbung *f.*; ***~ murale*** Plakatwerbung *f.*; ***~ occulta*** Schleichwerbung *f.*; ***piccola ~*** Kleinanzeige *f.*; ***~ radiofonica*** Rundfunkwerbung *f.* (*o* Werbefunk *m.*); ***spese di ~*** Werbekosten *pl.*; ***~ televisiva*** Fernsehwerbung *f.*; ***~ visiva*** Sichtwerbung *f.*
pub|bli|ci|ta|rio I agg. *(-ri,-rie)* Werbe-, Reklame-: ***agenzia, inserzione -a (annuncio ~)*** Werbeagentur *f.*, Werbeanzeige *f.*; ***fare una campagna -a*** eine Werbekampagne starten; ***cartellone (manifesto), spazio ~*** Werbeplakat *n.*, Werbefläche *f.*; ***slogan, spot ~*** Werbeslogan *m.* (*o* Werbespruch *m.*), Werbespot *m.*; ***fotografia, grafica -a*** Werbefoto *n.*, Werbegraphik *f.*; ***grafico ~*** Werbegraphiker *m.* **II** m. *(-ri)* Werbefachmann *m.* ◆ ***di grande impatto ~*** werbewirksam; ***interruzione -a*** Werbeeinschaltung *f.*
pub|bli|ciz|za|re tr. **1** ***~ qcs.*** für etw. werben, für etw. Reklame machen: ***~ un prodotto*** für ein Produkt werben **2** *(rendere di pubblico dominio)* bekannt machen. **pub|bli|ciz|za|zio|ne** f. Werbung *f.*
1.pub|bli|co I agg. *(-ci,-che)* **1** öffentlich: ***ordine, pericolo ~*** öffentliche, Ordnung, Gefahr; ***interesse ~*** öffentliches Interesse; ***opinione, quiete -a*** öffentliche Meinung, Ruhe; ***vita -a*** öffentliches Leben **2** *(statale)* öffentlich, staatlich, Staats-: ***servizio ~*** öffentlicher Dienst; ***scuola, amministrazione -a*** öffentliche Schule, Verwaltung; ***suolo ~*** öffentlicher Boden; ***titoli -ci*** staatliche Wertpapiere; ***carica, cerimonia, forza -a*** Staatsamt *n.*, Staatsakt *m.*, Staatsge-

walt *f.*; ***debito*** ~ Staatsschuld *f.*; ***denaro ~, spesa -a*** öffentliche Gelder, öffentliche Ausgaben (*o* Staatsausgaben *pl.*) **II** m. öffentliches Leben *n.*: ***il ~ e il privato*** das öffentliche und das private Leben ◆ ***bene*** ~ Gemeingut *n.*; ***diritto*** ~ öffentliches Recht; DIR. ***dominio*** ~ Gemeingut *n.*; ***diventare di dominio*** ~ DIR. zum Gemeingut werden; FIG. ruchbar werden, an die Öffentlichkeit dringen; ***il ~ impiego*** die öffentliche Verwaltung; ***in luogo*** ~ in der Öffentlichkeit (*o* öffentlich); ***mezzi -ci*** öffentliche Verkehrsmittel; ~ ***ministero*** Staatsanwalt *m.*; ***-che relazioni*** Öffentlichkeitsarbeit *f.* (*o* Public Relations *pl.*); ***rendere ~ qcs.*** etw. an die Öffentlichkeit bringen (*o* etw. publik machen); ***salute -a*** Volksgesundheit *f.*; ~ ***ufficiale*** Amtsperson *f.*

2.pub|bli|co m. *(-ci)* **1** Öffentlichkeit *f.*: ***il grande ~*** die breite Öffentlichkeit **2a** *(spettatori)* Publikum *n.*, Zuschauer *pl.*: ***parlare a un folto*** ~ zu (*o* vor) einem großen Publikum sprechen **b** *(ascoltatori)* Zuhörer *pl.*, Zuhörerschaft *f.*, Publikum *n.* **c** *(lettori)* Leser *pl.*, Leserschaft *f.*, Publikum *n.* ◆ ***affluenza di*** ~ Publikumszulauf *m.*; ***aperto al*** ~ öffentlich zugänglich (*o* der Öffentlichkeit zugänglich); ***avviso al*** ~ öffentliche Bekanntmachung; ***in*** ~ in der Öffentlichkeit (*o* öffentlich); ***mostrarsi in*** ~ vor die Öffentlichkeit treten; ***orario di apertura al*** ~ Öffnungszeiten *pl.*; ***parlare in*** ~ in der Öffentlichkeit reden; ***successo di*** ~ Publikumserfolg *m.*; ~ ***televisivo*** Fernsehpublikum *n.*

pu|be m. **1** Schambein *n.* **2** *(regione pubica)* Scham *f.*, Schamgegend *f.* ◆ ***monte del*** ~ Schamberg *m.*; ***peli del*** ~ Schamhaar *n.* **pu|be|ra|le** agg. pubertär, Pubertäts-: ***fase*** ~ pubertäre Phase; ***crisi, età*** ~ Pubertätskrise *f.*, Pubertätszeit *f.* **pu|be|re I** agg. geschlechtsreif **II** m. e f. Geschlechtsreife *m.* e *f.* **pu|ber|tà** f. Pubertät *f.*: ***raggiungere la*** ~ in die Pubertät kommen. **pu|be|scen|te** agg. BOT. haarig, behaart. **pu|be|scen|za** f. Deckhaar *n.* **pu|bi|co** agg. *(-ci,-che)* Scham-: ***osso*** ~ Schambein *n.*; ***sinfisi, arcata -a*** Schambeinfuge *f.*, Schambogen *m.*

pud|din|ga f. Nagelfluh *f.*

pu|den|da, pu|den|de f.pl. Scham *f.*

pu|di|bon|do agg. schamhaft, sittsam.

pu|di|ca|men|te avv. schamhaftig, sittsam: ***arrossire*** ~ schamhaft erröten; ***abbassare gli occhi*** ~ die Augen sittsam nieder‿schlagen.

pu|di|ci|zia f. Schamhaftigkeit *f.*, Sittsamkeit *f.* **pu|di|co** agg. *(-chi, -che)* **1** schamhaftig, sittsam: ***una ragazza -a*** ein schamhaftes Mädchen **2** *(riservato)* zurückhaltend.

pu|do|re m. **1** Schamhaftigkeit *f.*, Scham *f.*: ***falso*** ~ falsche Scham **2** *(senso del pudore)* Schamgefühl *n.*: ***(non) avere*** ~ (kein) Schamgefühl haben **3** *(decenza)* Anstand *m.*: ***avere il ~ di fare qcs.*** den Anstand haben, etw. zu tun ◆ ***oltraggio al*** ~ Erregung *f.* öffentlichen Ärgernisses; ***senso del*** ~ Schamgefühl *n.*; ***comune senso del*** ~ natürliches Schamgefühl; ***senza*** ~ schamlos.

pue|ri|cul|to|re m. Kinderarzt *m.* **pue|ri|cul|tri|ce** f. Säuglingsschwester *f.* **pue|ri|cul|tu|ra** f. Säuglingspflege *f.*

pue|ri|le agg. **1** kindlich, Kindes-, pueril: ***età*** ~ Kindesalter *n.*; ***giochi -i*** kindliche Spiele **2** SPREG. kindisch, albern: ***discorsi -i*** kindisches Gerede. **pue|ri|li|tà** f.inv. Albernheit *f.* **pue|ri|zia** f. Kindesalter *n.*, Kindheit *f.*

puer|pe|ra f. Wöchnerin *f.* **puer|pe|ra|le** agg. Wochenbett-: ***febbre*** ~ Wochenbettfieber *n.*, Kindbettfieber *n.* **puer|pe|rio** m. *(-ri)* Kindbett *n.*, Wochenbett *n.*

puf|fi|no m. Sturmtaucher *m.*

puf|fo m. Schlumpf *m.*

pu|gi|la|to m. Boxen *n.*, Boxsport *m.* ◆ ***incontro di*** ~ Boxkampf *m.* **pu|gi|le** m. Boxer *m.* ◆ ~ ***dilettante*** Amateurboxer *m.*; ~ ***professionista*** Berufsboxer *m.* **pu|gi|li|sti|co** agg. *(-ci,-che)* Box-: ***incontro*** ~ Boxkampf *m.*

Pu|glia n.pr.f., **Pu|glie** n.pr.f.pl. Apulien *n.* **pu|glie|se I** agg. apulisch **II** m. e f. Apulier *m.* (-in *f.*) **III** m. apulischer Dialekt *m.*

pu|gna f. LETT.; Kampf *m.*, Gefecht *n.*; *(battaglia)* Schlacht *f.* **pu|gna|ce** agg. LETT. kämpferisch, angriffslustig.

pu|gna|la|re tr. **1a** ~ ***qcn.*** jdm einen Dolchstoß versetzen **b** *(uccidere)* erdolchen, erstechen **2** FIG. ~ ***qcn. alle spalle*** jdm in den Rücken fallen. **pu|gna|la|ta** f. Dolchstoß *m.*, Dolchstich *m.*: ***dare una ~ a qcn.*** jdm einen Dolchstoß versetzen. **pu|gna|la|to|re** m. Erdolcher *m.*

pu|gna|le m. Dolch *m.*: ***estrarre il*** ~ den Dolch ziehen (*o* zücken) ◆ ***colpo di*** ~ Dolchstoß *m.* (*o* Dolchstich *m.*); ***punta del*** ~ Dolchspitze *f.*

pu|gna|re intr. (aus. *avere*) LETT. **1** kämpfen **2** FIG. widersprechen, polemisieren.

pu|gno m. **1** Faust *f.*: ***aprire, serrare il*** ~ die Faust öffnen, ballen; ***battere il ~ sul tavolo*** mit der Faust auf den Tisch schlagen; ***mostrare i -i*** mit den Fäusten drohen **2** *(colpo)* Faustschlag *m.*, Fausthieb *m.*: ***dare, sferrare un ~ a qcn.*** jdm einen Faustschlag versetzen **3** *(manciata)* Hand *f.* voll: ***un ~ di riso*** eine Hand voll Reis; *(piccola quantità)* ***un ~ di volontari*** eine Hand voll Freiwillige ◆ ***avere in ~ qcn., qcs.*** *(dominare)* jdn, etw. in der Hand haben; *(essere molto vicini a)* ***avere la vittoria in*** ~ den Sieg schon in der Tasche haben; ***fare a -i*** mit Fäusten aufeinander ein‿schlagen; ESTENS. *(picchiarsi)* sich prügeln, sich schlagen; *(stridere)* ***fare a -i con qcs.*** sich mit etw. nicht vertragen; *(di colori)* sich mit etw. beißen; ~ ***di ferro*** Schlagring *m.*; FIG. ***con il ~ di ferro*** mit eiserner Faust, mit starker (*o* fester) Hand; ***rimanere con un ~ di mosche*** mit leeren Händen zurück‿bleiben; ***essere un ~ nell'occhio*** wie die Faust aufs Auge passen; ***prendere a -i qcn.*** mit Fäusten auf jdn ein‿schlagen; ***di proprio*** ~ eigenhändig.

pu|la f. Spreu *f.*

pul|ce f. Floh *m.*: ***avere le -i*** Flöhe haben ◆ ~ ***d'acqua*** Wasserfloh *m.*; ~ ***del cane*** Hundefloh *m.*; ***fare le -i a qcs.*** etw. auseinander pflücken; ***gioco della*** ~ Flohhüpfen *n.*; ~ ***di mare*** Flohkrebs *m.*; ***mercato delle -i*** Flohmarkt *m.* (*o* Trödelmarkt *m.*); ~ ***della neve*** Schneefloh *m.*; ***mettere una ~ nell'orecchio a qcn.*** jdm einen Floh ins Ohr setzen; ~ ***penetrante*** Sandfloh *m.*; ~ ***dell'uomo*** Menschenfloh *m.*

pul|ci|nel|la m. Clown *m.*, Hanswurst *m.* ◆ ZOOL. ~ ***di mare*** Papageitaucher *m.* **Pul|ci|nel|la** n.pr.m. Pulcinella *m.* ◆ ***(ormai) è un segreto di*** ~ das pfeifen die Spatzen schon vom Dach.

pul|ci|no m. **1a** *(di gallinacei)* Küken *n.* **b** *(di altro uccello)* Junge *n.* **2** SPORT Nachwuchsspieler *m.*, Junior *m.* ◆ ***bagnato come un*** ~ pudelnass, nass wie eine Katze.

pul|cio|so agg. voller Flöhe.

pu|le|dro m. Fohlen *n.*, Füllen *n.*

pu|leg|gia f. *(-ge)* Riemenscheibe *f.*, Scheibe *f.* ◆ ~ ***folle*** Losscheibe *f.*; ~ ***a gola*** Wirtel *m.*; ~ ***motrice*** Antriebsscheibe *f.*

pu|li|ca|ria f. Flohkraut *n.*

pu|li|men|ta|re tr. schleifen, glätten, polieren. **pu|li|men|ta|zio|ne** f. Schleifen *n.*, Glätten *n.*, Polieren *n.* **pu|li|men|to** m. Schliff *m.*

pu|li|re *(pulisco, pulisci)* **I** tr. **1** putzen, sauber machen, säubern, reinigen: ~ ***le scarpe, la stanza, gli occhiali*** die Schuhe, den Raum, die Brille putzen; ~ ***il rame*** das Kupfer putzen; ~ ***la strada, un tappeto*** die Straße, einen Teppich reinigen; *(nettare)* ~ ***l'insalata*** den Salat putzen; *(detergere)* ~ ***una ferita*** eine Wunde reinigen **2** *(strofinando)* ab‿wischen, wischen: ~ ***il pavimento*** den Fußboden wischen **II** pronom. **pulirsi 1** sich putzen: ***il gatto si pulisce*** die Katze putzt sich **2** ***-rsi qcs.*** sich (D) etw. putzen, sich (D) etw. ab‿putzen; *(strofinando)* sich (D) etw. wischen: ***-rsi i denti, le unghie*** sich die Zähne, die Nägel putzen; ***-rsi la bocca (col tovagliolo)*** sich den Mund (mit der Serviette) wischen; ***-rsi le scarpe*** sich die Schuhe abputzen.

pu|li|sci|pie|di, pu|li|sci|scar|pe m.inv. Fußabtreter *m.*, Fußmatte *f.*

pu|li|ta f. Säuberung *f.*, Reinigung *f.*; ***dare una ~ a qcs.*** etw. schnell (*o* rasch) putzen. **pu|li|tez|za** f. Reinlichkeit *f.*, Reinheit *f.*

pu|li|to I p.pass. agg. **1** → **pulire 2a** sauber, rein (anche FIG.): ***tenere qcs. -a*** etw. sauber halten; ***pavimento*** ~ sauberer Fußboden; ***avere la coscienza -a*** ein reines Gewissen haben **b** *(di biancheria)* frisch: ***un asciugamano*** ~ ein frisches (*o* sauberes) Handtuch **c** *(non usato)* neu: ***per il dessert prendiamo dei piatti -i*** \tfür die Nachspeise nehmen wir neue Teller; ***una pagina -a*** eine neue Seite **3** *(che ama la pulizia)* reinlich, sauber: ***il gatto è un animale*** ~ die Katze ist ein reinliches (*o* sauberes)Tier **4** *(preciso)* sauber: ***gioco*** ~ sauberes, faires Spiel; ***pronuncia -a*** saubere Aussprache **5a** *(legale)* sauber, anständig: ***una faccenda poco -a*** eine unsaubere (*o* nicht ganz saubere) Angelegenheit **b** GERG. ***essere*** ~ sauber sein **6** COLLOQ. *(senza una lira)* blank **7** *(netto)* Netto-, rein, Rein-: ***paga -a*** Nettolohn *m.* **8** *(non inquinante)* umweltfreundlich: ***energia -a*** umweltfreundliche Energie **II** m. **1** Saubere *n.*, Reine *n.*; ***odorare di*** ~ sauber riechen **2** *(bella copia)* Reinschrift *f.*: ***copiare, mettere al*** ~ ins Reine schreiben ◆ ***barzelletta -a*** stubenreiner Witz; ***cielo*** ~ wolkenloser Himmel; ***denaro*** ~ ehrlich verdientes Geld; ***farla -a*** ungeschoren davon‿kommen; COLLOQ. ***avere la fedina penale -a*** eine weiße (*o* saubere) Weste haben; ***operazione "mani -e", "mari -i"*** Aktion „saubere Hände", „saubere Meere"; ***fare piazza -a*** reinen Tisch machen; ***fare piazza -a di qcs.*** mit etw. auf‿räumen; ***fare piazza -a degli avversari*** die Gegner aus dem Weg räumen.

pu|li|to|re m. **1** Reinigungskraft *f.* **2** *(detergente)* Reiniger *m.* **pu|li|tri|ce** f. **1** Reinigungskraft *f.* **2** *(macchina)* Poliermaschine *f.* **3** AGR. Dreschmaschine *f.* **pu|li|tu|ra** f. **1** Reinigung *f.*, Putzen *n.*; TECN. Polieren *n.*: ~ ***a secco*** Trockenreinigung *f.*, chemische Reinigung **2** *(lucidatura)* Polieren *n.*

pu|li|zi|a f. **1** *(l'essere pulito)* Reinlichkeit *f.*, Sauberkeit *f.* **2** *(il pulire)* Reinigung *f.*, Säuberung *f.*, Putzen *n.*: ***la ~ di un locale*** das Putzen eines Raums; ***far ~, fare le -e*** sauber machen, putzen **3** *(correttezza, sobrietà)* Anständigkeit *f.* ◆ ***addetto alle -e*** Reinigungskraft *f.*; ***personale addetto alle -e*** Reinigungspersonal *n.*; ***amante della ~*** reinlichkeitsliebend; ***-e di casa*** Hausputz *m.*; ***donna delle -e*** Putzfrau *f.*; ***~ etnica*** ethnische Säuberung; ***~ dei fiumi*** Reinhaltung *f.* der Flüsse; ***~ generale*** Großrein(e)machen *n.*; ***giorno delle -e*** Putztag *m.*; ***grandi -e*** großes Reinemachen; ***impresa di -e*** Reinigungsunternehmen *n.*, Reinigungsfirma *f.*; ***maniaco della ~*** Putzteufel *m.*; ***avere il pallino della ~*** einen Putzfimmel (*o* einen Sauberkeitsfimmel) haben; ***-e pasquali*** Osterputz *m.*; ***-e di primavera*** Frühjahrsputz *m.*; ***senso della ~*** Reinlichkeitssinn *m.*; ***straccio per le -e*** Putzlappen *m.*; ***~ delle strade*** Straßenreinigung *f.*; ***~ del viso*** Gesichtsreinigung *f.*

pull|man m.inv. Autobus *m.*, Reisebus *m.*

pull|over [-ouvə, *üblich* -'ɔver] m.inv. Pullover *m.*

pul|lu|la|re intr. *(pullulo*; aus. *avere)* wimmeln: ***~ di qcs.*** von etw. wimmeln; ***la piazza pullula di turisti*** der Platz wimmelt von Touristen; ***l'articolo pullula di refusi*** der Artikel wimmelt von Druckfehlern; ***i casi di infezioni pullulano*** die Zahl der Infektionsfälle nimmt überhand. **pul|lu|li|o** m. Wimmeln *n.*

pul|mi|no m. Kleinbus *m.*

pul|pi|te f. Zahnmarkentzündung *f.*, Pulpitis *f.*

pul|pi|to m. **1** Kanzel *f.*: ***fare la predica dal ~*** von der Kanzel herab predigen **2** STOR. Rednerbühne *f.* ◆ ***da che ~ viene la predica!*** ausgerechnet der (*o* die) muss das sagen! *(detto all'interlocutore)* ausgerechnet du musst das sagen!

1.pul|san|te agg. pulsierend.

2.pul|san|te m. Druckknopf *m.*, Knopf *m.*: ***premere il ~*** (auf) den Knopf drücken ◆ ***~ di avviamento*** Startknopf *m.*; ***~ del campanello*** Klingelknopf *m.*; ***~ di comando*** Bedienungsknopf *m.*; ***interruttore a ~*** Drücker *m.*, Druckknopfschalter *m.*; ***~ dell'orologio*** Stellknopf *m.* **pul|san|tie|ra** f. Schalttafel *f.*

pul|sar m.inv. Pulsar *m.*

pul|sa|re intr. (aus. *avere*) **1** pulsen, pulsieren: ***il sangue pulsa nelle vene*** das Blut pulsiert in den Adern (*o* das Blut durchpulst die Adern) **2** FIG. pulsieren: ***la vita pulsa nelle strade*** das Leben pulsiert in den Straßen.

pul|sa|til|la f. Schusterblume *f.*, Schusterschelle *f.*

pul|sa|to|re m. Pulsator *m.*

pul|sa|zio|ne f. Pulsschlag *m.*, Pulsation *f.*, Pulsfrequenz *f.*: ***avere 70 -i al minuto*** einen Puls von 70 haben: ***misurare le -i*** den Puls messen.

pul|sio|na|le agg. triebhaft. **pul|sio|ne** f. Impuls *m.*; PSIC. Trieb *m.*: ***una ~ interiore, irrefrenabile*** ein innerer, unwiderstehlicher Trieb ◆ ***~ sessuale*** Sexualtrieb *m.*; ***soddisfacimento di una ~*** Triebbefriedigung *f.*

pul|vi|na|re m. **1** Polster *n.* für Götterbilder **2** *(per imperatore)* kaiserliche Loge *f.*

pul|vi|sco|lo m. Staub *m.*: ***~ radioattivo*** radioaktiver Staub; ***~ atmosferico*** Aerosol *n.*

pul|zel|la f. Jungfrau *f.*: ***la ~ d'Orleans*** die Jungfrau von Orleans.

pu|ma m.inv. Puma *m.*

punch [pʌntʃ, *üblich* pɔntʃ] m.inv. Punsch *m.*

punching ball ['pʌntʃiŋ 'bɔl] m.inv. Punchingball *m.*

pun|gen|te agg. **1** stachelig, stechend: ***barba ~*** stacheliger Bart: ***odore ~*** stechender Geruch **2** *(acuto)* beißend, schneidend, scharf: ***freddo ~*** schneidende Kälte; ***vento ~*** scharfer Wind; ***critica ~*** beißende Kritik **3** *(sarcastico)* bissig, spitz: ***essere ~ con qcn.*** jdm gegenüber spitze Bemerkungen machen; ***parole -i*** bissige Worte; ***risposta ~*** bissige Antwort.

pun|ge|re *(pungo, pungi; punsi; punto)* **I** tr. **1** stechen (anche assol.): ***mi ha punto una vespa*** mich hat eine Wespe gestochen **2** *(essere ruvido)* kratzen: ***un maglione di lana che punge*** ein Wollpullover, der kratzt **II** pronom. **pungersi** sich stechen: ***-rsi con qcs.*** sich an etw. (D) stechen; ***-rsi un dito*** sich in den Finger stechen ◆ ***~ qcn. sul vivo*** jdn an seiner wunden Stelle treffen.

pun|gi|glio|ne m. Stachel *m.*; ***~ di vespa*** Wespenstachel *m.*

pun|gi|to|po m.inv. Mäusedorn *m.*

pun|go|la|re tr. *(pungolo)* **1** an‿treiben: ***~ i buoi*** die Ochsen antreiben **2** FIG. *(stimolare)* an‿spornen, an‿stacheln: ***~ qcn. a fare qcs.*** jdn zu etw. anstacheln; ***~ l'ambizione di qcn.*** jds Ehrgeiz anstacheln. **pun|go|lo** m. **1** Ochsenziemer *m.* **2** FIG. Stachel *m.*: ***il ~ dell'ambizione*** der Stachel des Ehrgeizes.

pu|ni|bi|le agg. strafbar, strafwürdig, straffällig: ***reato ~ con la carcerazione a vita*** eine Straftat, auf die lebenslänglich steht. **pu|ni|bi|li|tà** f. Strafbarkeit *f.*; ***condizioni di ~*** Vorraussetzungen für die Strafbarkeit.

pu|ni|co agg. *(-ci,-che)* punisch: ***guerre -che*** Punische Kriege ◆ ***mela -a*** Granatapfel *m.*

pu|ni|re tr. *(punisco, punisci)* strafen, bestrafen: ***~ qcn. per qcs.*** jdn für etw. bestrafen; ***~ qcn. duramente*** jdn hart (*o* schwer) strafen; ***~ il colpevole*** den Schuldigen bestrafen; ***~ un furto con la prigione*** einen Diebstahl mit Gefängnis bestrafen; ***~ qcn. con la morte, con un'ammenda*** jdn mit dem Tode, mit einer Geldstrafe bestrafen.

pu|ni|ti|vo agg. strafend, Straf-: ***potere ~*** Strafgewalt *f.*; ***sguardi -i*** strafende Blicke; ***parole -e*** strafende Worte; ***spedizione -a*** Strafexpedition *f.*

pu|ni|to|re I agg. strafend, ausgleichend: ***mano -trice*** strafende Hand; ***giustizia -trice*** ausgleichende Gerechtigkeit **II** m. Bestrafer *m.*

pu|ni|zio|ne f. **1** Strafe *f.*, Bestrafung *f.*: ***infliggere una ~ a qcn.*** jdm eine Strafe auf‿erlegen (*o* jdn strafen); ***meritare una ~*** eine Strafe verdienen; ***~ corporale*** körperliche Züchtigung; ***per ~*** zur Strafe **2a** SPORT ***calcio, tiro di ~*** Freistoß *m.* **b** *(nell'hockey)* Penalty *m.*

punk [pʌŋk] **I** agg.inv. Punk-: ***moda ~*** Punkmode *f.*; ***pettinatura ~*** Punkfrisur *m.*; ***musica ~*** Punkmusik *f.* **II** m. e f.inv. Punker *m.* (-in *f.*).

1.pun|ta f. **1a** Spitze *f.*: ***la ~ del sigaro, del campanile*** die Spitze der Zigarre, des Glockenturmes; ***la ~ dell'iceberg*** die Spitze des Eisbergs (anche FIG.) **b** *(cima)* Spitze *f.*, Gipfel *m.* **2** *(sporgenza di costa)* Landzunge *f.*, Landspitze *f.* **3** GASTR. Prise *f.*, Messerspitze *f.*: ***una ~ di sale*** eine Prise (*o* Messerspitze) Salz **4** FIG. *(quantità minima)* Schuss *m.*: ***una ~ d'ironia*** ein Schuss Ironie **5** *(massima intensità)* Höchstmaß *n.*; ***la ~ massima del caldo*** das Höchstmaß an Hitze **6** SPORT Sturmspitze *f.*, Spitze *f.*: ***giocare come ~*** Spitze spielen **7** ENOL. ***prendere la ~*** sauer werden, um‿schlagen **8** MECC. *(arnese a forma di punta)* Bohrer *m.* ◆ ***a ~*** spitz (*o* spitzig); ***scarpe a ~*** spitze Schuhe; ***finire a ~*** spitz zu‿laufen; ***~ dell'ago*** Nadelspitze *f.*; ***arma da ~*** Stoßwaffe *f.*; ***fino alla ~ dei capelli*** bis über die Ohren; ***arrossire fino alla ~ dei capelli*** bis an die Haarwurzeln erröten; ***~ del chiodo*** Nagelspitze *f.*; ***~ di coltello*** Messerspitze *f.*; MECC. ***~ a corona*** Kronenbohrer *m.*; ***danzare sulle -e*** Spitze tanzen; ***di ~*** Spitzen-, Haupt-; ***~ di diamante*** Diamantspitze *f.*; FIG. ***la ~ di diamante di qcs.*** die Spitzenkraft von etw.; ***~ delle dita*** Fingerspitze *f.*; ***prendere qcs. con la ~ delle dita*** etw. mit spitzen Fingern an‿fassen; ***si contano sulla ~ delle dita*** man kann sie an den Fingern ab‿zählen; ***avere qcs. sulla ~ delle dita*** etw. aus dem Effeff verstehen (*o* können); ***doppie -e*** gespaltene Haarspitzen; MECC. ***~ elicoidale*** Wendelbohrer *m.*; ***fare la ~ a qcs.*** etw. spitzen (*o* zu‿spitzen *o* an‿spitzen); ***fare la ~ a una matita*** einen Bleistift (an‿)spitzen; ***~ di forchetta*** Gabelzinke *f.*; ***parlare in ~ di forchetta*** hochgestochen reden, geziert sprechen; ***~ di freccia*** Pfeilspitze *f.*; ***in ~*** an (*o* auf) der Spitze; ***con una ~ di invidia*** mit einem neidvollen Unterton (*o* Beiklang); ***~ di lancia*** Lanzenspitze *f.*; ***~ per legno*** Holzbohrer *m.*; ***~ della lingua*** Zungenspitze *f.*; ***ce l'ho sulla ~ della lingua*** es liegt mir auf der Zunge; ***~ della matita*** Bleistiftspitze *f.*; ***mattone di ~*** Kopfstück *n.*; ***mettersi di ~*** sich ins Zeug legen; ***~ del naso*** Nasenspitze *f.*; ***ora di ~*** Stoßzeit *f.*; ***~ del piede*** Fußspitze *f.*; ***in ~ di piedi*** auf Zehenspitzen (*o* auf leisen Sohlen); ***alzarsi in ~ di piedi*** sich auf die Zehenspitzen stellen; ***camminare in ~ di piedi*** auf Zehenspitzen gehen; ***stare in ~ di piedi*** auf Zehenspitzen stehen; ***prendere qcn. di ~*** jdn scharf an‿fassen; ***prendere qcs. di ~*** mit Elan (*o* voll Eifer) an etw. (A) heran‿gehen; ***prodotto di ~*** Spitzenprodukt *n.* (*o* Spitzenerzeugnis *n.*); ***stella a cinque -e*** Stern *m.* mit fünf Zacken (*o* fünfzackiger Stern); ***~ dello stivale*** Stiefelspitze *f.*; ***tecnologia di ~*** Spitzentechnologie *f.*; ***tirare di ~*** auf Stoß fechten; ***~ per tracciare*** Reißnadel *f.*; ***a tre -e*** dreispitzig (*o* dreizackig); ***uomo di ~*** Spitzenmann *m.*

2.pun|ta f. VENAT. Vorstehen *n.*; ***cane da ~*** Vorstehhund *m.*

pun|ta|le m. **1** Zwinge *f.*; *(di metallo)* Metallspitze *f.* **2a** MAR. Stütze *f.* **b** *(altezza della nave)* Raumtiefe *f.*

pun|ta|men|to m. Zielen *n.*; *(di cannoni)* Richten *n.*

1.pun|ta|re I tr. **1** auf‿setzen, stützen: ***~ i gomiti sul tavolo*** die Ellbogen auf den Tisch stützen; ***~ il bastone a terra*** den Stock aufsetzen; ***~ i piedi (per terra)*** die Füße gegen den Boden stemmen; FIG. sich sträuben; ***~ le racchette (sciando)*** die Skistöcke ein‿setzen **2** *(indirizzare)* richten: ***~ la barca verso sud*** das Boot nach Süden richten; ***~ il cannocchiale verso qcs.*** das Fernrohr auf etw. richten; ***~ il dito verso qcn.*** den Finger auf jdn richten (*o* mit dem Finger auf jdn zeigen); ***~ lo sguardo su qcs.*** den Blick auf etw. richten; ***~ gli occhi addosso a qcn.*** jdn an‿starren **3** *(di armi)* richten, setzen, an‿legen: ***~ la pistola contro qcn.*** die Pistole gegen (*o* auf) jdn richten; (*o* mit der Pistole auf jdn zielen); ***~ il coltello al-***

la gola di qcn. jdm das Messer an die Kehle setzen; ***~ il fucile*** das Gewehr anlegen; ***~, mirare, fuoco!*** anlegen, zielen, Feuer! **4** *(scommettere)* setzen: ***~ su qcn., qcs.*** auf jdn, etw. setzen; ***~ sul rosso*** auf Rot setzen; FIG. ***~ sul cavallo sbagliato*** aufs falsche Pferd setzen **5** *(appuntare)* um‿stecken (mit Stecknadeln): ***~ l'orlo con gli spilli*** den Saum umstecken **6** VENAT. stellen: ***~ la selvaggina*** das Wild stellen **II** intr. (aus. *avere*) **1** *(dirigersi)* zu‿steuern: ***~ verso un'isola*** auf eine Insel zusteuern; ***~ verso nord*** nach Norden steuern **2** *(contare su)* ***~ su qcs.*** mit etw. rechnen, auf etw. zählen, sich auf etw. (A) verlassen **3** *(scommettere)* setzen, wetten: ***~ alto*** hoch wetten; ***~ sulla pubblicità*** auf die Werbung setzen **4** *(tendere)* ***~ a qcs.*** nach etw. streben; etw. (A) an‿streben; ***~ al successo*** nach Erfolg streben; ***~ in alto*** nach oben streben **III** pronom. **puntarsi** sich stemmen.

2.pun|ta|re tr. **1** einen Punkt setzen, mit einem Punkt versehen: ***~ le abbreviazioni*** die Abkürzungen mit einem Punkt versehen **2** MUS. punktieren: ***~ una nota*** eine Note punktieren.

pun|ta|sec|ca f. *(puntesecche)* Kaltnadel *f.*

pun|ta|spil|li m.inv. Nadelkissen *n.*

1.pun|ta|ta f. **1** Stich *m.*, Stoß *m.* **2a** *(rapida visita)* Abstecher *m.*: ***fare una ~ a Parigi*** einen Abstecher nach Paris machen **b** *(incursione)* Vorstoß *m.*

2.pun|ta|ta f. Fortsetzung *f.*, Folge *f.*, Teil *m.*: ***la prima ~ di un telefilm*** der erste Teil (*o* die erste Folge) eines Fernsehfilms; ***a -e*** in Fortsetzungen (*o* in Folgen); ***un documentario in tre -e*** ein Dokumentarfilm in drei Folgen (*o* Fortsetzungen); ***romanzo a -e*** Fortsetzungsroman *m.*; ***il seguito alla prossima ~*** Fortsetzung folgt; ***pubblicato, trasmesso a -e*** in Fortsetzungen abgedruckt, gesendet; ***programma televisivo a -e*** mehrteilige Fernsehsendung; COLLOQ. Mehrteiler *m.*; ***andare in onda a -e*** als Serie erscheinen (*o* in mehreren Teilen ausgestrahlt werden).

3.pun|ta|ta f. *(scommessa)* Wette *f.*; *(somma)* Einsatz *m.*; ***fare una ~ su un cavallo*** auf ein Pferd setzen.

pun|ta|to p.pass. agg. **1** → **puntare 2** mit einem Punkt (versehen) **3** MUS. punktiert.

pun|ta|to|re m. **1** Richtkanonier *m.* **2** *(scommettitore)* Wetter *m.* **3** INFORM. Positionsanzeiger *m.*, Schreibmarke *f.*

pun|ta|zio|ne f. **1** Interpunktion *f.*, Zeichensetzung *f.* **2** *(nelle lingue semitiche)* Punktation *f.*

pun|taz|za f. Schuh *m.*

pun|teg|gia|re tr. *(punteggio, punteggi)* **1** *(macchiettare)* punktieren, tüpfeln: ***~ il fondo di un quadro*** den Grund eines Bildes punktieren **2** *(traforare)* punktieren: ***~ una linea*** eine Linie punktieren **3** *(fornire di segni d'interpunzione)* ***~ un testo*** einen Text interpunktieren (*o* in einem Text Satzzeichen setzen) **4** FIG. *(intercalare)* ein‿streuen, durchsetzen: ***~ un discorso di citazioni*** Zitate in eine Rede einstreuen. **pun|teg|gia|tu|ra** f. **1** Interpunktion *f.*, Zeichensetzung *f.* **2** *(macchiettatura)* Punktierung *f.*, Tüpfelung *f.*

pun|teg|gio m. *(-gi)* **1** Wertung *f.*, Punktzahl *f.*: ***raggiungere un ~ elevato*** eine hohe Punktzahl erreichen **2** SPORT *(risultato)* Spielstand *m.* ◆ ***~ finale*** Endstand *m.* (*o* Endergebnis *n.*); ***~ pari*** Punktgleichheit *f.*; ***a ~ pieno*** ohne Punktverlust, mit der höchstmöglichen Punktzahl; ***~ di squadra*** Mannschaftswertung *f.*

pun|tel|la|men|to m. Abstützen *n.*, Stützen *n.*

pun|tel|la|re I tr. **1** stützen, ab‿stützen: ***~ un muro*** eine Mauer abstützen **2** FIG. untermauern, stützen, ab‿sichern: ***~ una tesi*** eine These untermauern **II** pronom. **puntellarsi** sich stützen: ***-rsi a qcs.*** sich gegen etw. stützen: ***-rsi a una parete*** sich gegen eine Wand stützen. **pun|tel|la|tu|ra** f. **1** *(il puntellare)* Abstützen *n.*, Stützen *n.* **2** *(sostegno)* Abstützung *f.*, Stützung *f.*

pun|tel|lo m. **1a** Stütze *f.*, Stützbalken *m.*, Strebe *f.*: ***mettere un ~ a un edificio*** ein Gebäude mit einer Strebe ab‿stützen **b** *(di miniera)* Stempel *m.* **2** FIG. Stütze *f.*: ***essere il ~ della famiglia*** die Stütze der Familie sein **3** GERG. ***avere un ~*** ein Date haben ◆ FIG. ***stare su a forza di -i*** auf schwachen Beinen stehen.

pun|te|ri|a f. **1** MIL. Zielvorrichtung *f.* **2** MECC. Stößel *m.*

pun|te|ruo|lo m. **1a** Durchschläger *m.* **b** *(del meccanico)* Körner *m.* **2** ENTOM. Kornkäfer *m.*, Kornwurm *m.*

pun|ti|for|me agg. punktförmig ◆ ***luce ~*** Punktlicht *n.*

pun|ti|glio m. *(-gli)* **1** Starrsinn *m.*, Eigensinn *m.*: ***per ~*** aus Starrsinn **2** *(meticolosità)* Sorgfalt *f.*, Gewissenhaftigkeit *f.*: ***studiare con ~*** gewissenhaft lernen. **pun|ti|glio|sa|men|te** avv. **1** starrsinnig, eigensinnig **2** *(meticolosamente)* sorgfältig, gewissenhaft. **pun|ti|glio|si|tà** f. **1** Eigensinnigkeit *f.*, Starrsinnigkeit *f.* **2** *(meticolosità)* Sorgfalt *f.*, Gewissenhaftigkeit *f.* **pun|ti|glio|so** agg. **1** starrsinnig, eigensinnig: ***carattere ~*** eigensinniges Wesen **2** *(meticoloso)* sorgfältig, gewissenhaft: ***essere assai ~ nel lavoro*** sehr sorgfältig arbeiten.

pun|ti|na f. **1** Reißzwecke *f.*, Reißnagel *m.*: ***fissare un foglio di carta con delle -e*** ein Blatt Papier mit Reißzwecken fest‿stecken **2** *(di giradischi)* Nadel *f.* ◆ MECC. ***-e platinate*** Platinkontakte *pl.*; ***~ di zaffiro*** Saphirnadel *f.*

pun|ti|ni|smo m. Pointillismus *m.* **pun|ti|ni|sta** *(-i,-e)* **I** m. e f. Pointillist *m.* (-in *f.*) **II** agg. pointillistisch. **pun|ti|ni|sti|co** agg. *(-ci, -che)* pointillistisch.

pun|ti|no m. Pünktchen *n.*: ***una camicetta bianca a -i blu*** eine weiße Bluse mit blauen Pünktchen ◆ ***a ~*** wie es sich gehört; ***l'abito le sta a ~*** das Kleid passt ihr wie angegossen; ***questo arrosto è cotto a ~*** dieser Braten ist genau richtig; ***-i di sospensione*** Auslassungspunkte *pl.*

1.pun|to m. **1** Punkt *m.*: ***gli infiniti -i di una retta*** die unendlichen Punkte einer Geraden **2** *(luogo)* Punkt *m.*, Stelle *f.*: ***un ~ pericoloso*** eine gefährliche Stelle; ***l'incidente è avvenuto proprio in quel ~*** der Unfall hat sich genau an dieser Stelle abgespielt **3** *(di argomenti, testi)* Stelle *f.*, Sache *f.*, Problem *n.*: ***qui sta il ~!*** hier liegt das Problem! ***venire al ~*** zur Sache kommen; ***~ per ~*** Punkt für Punkt; ***in alcuni -i il testo è incompleto*** stellenweise ist der Text unvollständig; ***un ~ commovente del romanzo*** eine ergreifende Stelle im Roman **4** *(livello)* Punkt *m.*, Grenze *f.*: ***superare il ~ di sopportazione*** die Grenze des Erträglichen überschreiten; ***a che ~ sei?*** wie weit bist du? **5** *(punteggio)* Punkt *m.*: ***vincere ai -i*** nach Punkten gewinnen; ***ottenere due -i*** zwei Punkte erzielen **6a** *(nel cucito)* Stich *m.*: ***-i fitti, irregolari*** enge, unregelmäßige Stiche **b** *(maglia)* Masche *f.*: ***aumentare i -i*** Maschen auf‿nehmen **7** MED. Stich *m.*, Faden *m.*: ***gli hanno dato quattro -i*** er wurde mit vier Stichen genäht; ***togliere i -i*** Fäden ziehen **8** ***un ~ di colore*** ein Farbton; ***un bel ~ di giallo*** ein schöner Gelbton ◆ ***~ d'accensione*** Zündpunkt *m.*; ***~ d'appoggio*** Stützpunkt *m.*; ***arrivare al punto*** auf den Punkt kommen; ***arrivare al ~ di, che...*** soweit kommen, dass...; ***~ di arrivo*** Zielpunkt *m.*; ***~ e basta!*** Schluss, aus! Punktum! FIG. ***di ~ in bianco*** mir nichts, dir nichts (*o* plötzlich); ***essere a buon ~*** gut vorangekommen sein; ***~ e a capo*** Punkt, (neuer) Absatz! FIG. ***essere di nuovo ~ e a capo*** wieder am Ausgangspunkt sein; so weit wie zuvor sein; ***~ cardinale*** Himmelsrichtung *f.*; ***~ catenella*** Kettenstich *m.*; ***a un certo ~*** irgendwann; ***fino a un certo ~*** bis zu einem gewissen Grade; ***~ di congelamento*** Gefrierpunkt *m.*; ***~ di contatto*** Berührungspunkt *m.* (anche FIG.); ***~ critico*** kritischer Punkt (anche FIG.); METEOR. Umwandlungspunkt *m.*; ***~ croce*** Kreuzstich *m.*; FIG. ***dare dei -i a qcn.*** = jdm überlegen sein; ***~ debole*** Schwachpunkt *m.*; ***due -i*** Doppelpunkt *m.*; ***~ dolente*** wunder Punkt; ***~ di ebollizione*** Siedepunkt *m.*, Kochpunkt *m.*; ***~ erba*** Stielstich *m.*; ***~ esclamativo*** Ausrufezeichen *n.*; ***far ~*** = auf‿hören; MAR. ***fare il ~*** das Besteck nehmen; FIG. ***fare il ~ della situazione*** den Stand der Dinge fest‿stellen; ***essere un ~ a favore per qcn.*** ein Pluspunkt für jdn sein; FIG. ***essere il ~ fermo di qcs.*** der ruhende Pol von etw. sein; ***fino a questo ~*** bis jetzt; ***~ di fuga*** Fluchtpunkt *m.*; ***~ di fusione*** Schmelzpunkt *m.*; ***~ a giorno*** Ajourstich *m.*; ***in ~*** Punkt; ***a mezzanotte in ~*** Punkt Mitternacht; ***~ interrogativo*** Fragezeichen *n.*; ***per me questo sarà sempre un ~ interrogativo*** das wird mir immer ein Rätsel bleiben; ***~ di intersezione*** Schnittpunkt *m.*; ***~ metallico*** Heftklammer *f.*; ***mettere a ~ una macchina*** eine Maschine ein‿stellen; ***mettere a ~ un piano*** einen Plan aus‿arbeiten; ***essere in ~ di morte*** im Sterben liegen; MECC. ***~ morto*** Totpunkt *m.*; FIG. toter Punkt; ***-i neri*** Mitesser *pl.*; ***~ panoramico*** Aussichtspunkt *m.*; ***~ di partenza*** Ausgangspunkt *m.*; ***essere ancora al ~ di partenza*** noch am Ausgangspunkt sein; ***~ pieno*** Plattstich *m.*; ***né ~, né poco*** überhaupt (*o* gar) nicht; ***essere ancora al ~ di prima*** so weit wie zuvor sein; ***~ di riferimento*** Bezugspunkt *m.*; *(indizio)* Anhaltspunkt *m.*; TOPOGR. Landmarke *f.*; ***~ di ritrovo*** Treffpunkt *m.*; ***stare al ~*** *(non divagare)* beim Thema bleiben; ***essere sul ~ di fare qcs.*** im Begriff sein, etw. zu tun; ***essere sul ~ di partire*** kurz vor der Abfahrt sein; ***~ treccia*** Zopfmuster *n.*; ***vestirsi di tutto ~*** sich fein machen; ***essere armato di tutto ~*** bis an die Zähne bewaffnet sein; ***~ di vendita*** Verkaufsstelle *f.*; ***~ e virgola*** Semikolon *n.*, Strichpunkt *m.*; ***~ di vista*** Gesichtspunkt *m.* (*o* Standpunkt *m.*); ***dal ~ di vista politico*** vom politischen Standpunkt aus; ***dal mio ~ di vista*** aus meiner Sicht; ***~ vita*** Taille *f.*

2.pun|to I avv. *(per niente)* überhaupt nicht **II** agg.indef. *(alcuno)* kein, keine **III** pron.indef. keiner, keine, keines.

3.pun|to → **pungere.**

pun|to|ne m. **1** Strebe *f.*, Stütze *f.* **2** ***falso ~*** Sparren *m.*, Dachsparren *m.* ◆ ***~ di compluvio*** Kehlsparren *m.*; ***~ di displuvio*** Gratsparren *m.*; ***~ intermedio*** Zwischensparren *m.*; ***~ principale*** Bundsparren *m.* (*o* Bindersparren *m.*).

pun|tua|le agg. **1** pünktlich: ***consegna ~*** pünktliche Lieferung; ***un impiegato ~*** ein pünktlicher Beamter; ***arrivare sempre ~ al lavoro***

stets pünktlich zur Arbeit kommen; ***il treno è arrivato ~*** der Zug ist pünktlich angekommen; ***~ come un orologio, al minuto*** pünktlich auf die Minute **2a** FIG. *(preciso)* genau **b** *(circostanziato)* eingehend, ausführlich: ***una relazione molto ~*** ein sehr ausführlicher Bericht **c** *(calzante)* treffend: ***un'osservazione ~*** eine treffende Bemerkung **3** LING. ***aspetto ~*** punktuelle Aktionsart ◆ ***non ~, poco ~*** unpünktlich.

pun|tua|li|tà f. Pünktlichkeit *f.*: ***richiedere, esigere la massima ~*** äußerste Pünktlichkeit fordern, verlangen; ***raccomandare a qcn. la ~*** jdn zur Pünktlichkeit an‿halten ◆ ***mancanza di ~*** Unpünktlichkeit *f.*; ***con la massima ~*** aufs Pünktlichste.

pun|tua|liz|za|re tr. präzisieren, auf den Punkt bringen. **pun|tua|liz|za|zio|ne** f. Präzisierung *f.*

pun|tual|men|te avv. **1** pünktlich: ***ha pagato ~*** er hat pünktlich bezahlt **2** *(immancabilmente)* jedes Mal, regelmäßig: ***le sue previsioni si avverano ~*** seine Voraussagen erfüllen sich jedes Mal; ***arrivare ~ in ritardo*** regelmäßig (*o* jedes Mal) zu spät kommen.

pun|tu|ra f. **1** Stich *m.*: ***la ~ di un ago*** der Stich einer Nadel **2** *(dolore, fitta)* Stich *m.*, MED. Punktion *f.* **3** COLLOQ. *(iniezione)* Spritze *f.*: ***fare una ~ a qcn.*** jdm eine Spritze geben; ***farsi fare una ~*** eine Spritze bekommen **4** MED. Punktion *f.* ◆ ***~ d'ape*** Bienenstich *m.*; ***~ di insetto*** Insektenstich *m.*; ***~ lombare*** Lumbalpunktion *f.*; ***~ di zanzara*** Mückenstich *m.*

pun|tu|to agg. spitz: ***un ferro ~*** ein spitzes Eisen.

pun|zec|chia|men|to m. **1** Zerstechen *n.* **2** FIG. Stichelei *f.*, Frotzelei *f.*

pun|zec|chia|re *(punzecchio, punzecchi)* **I** tr. **1** zerstechen: ***le zanzare lo hanno punzecchiato tutto*** die Mücken haben ihn ganz zerstochen **2** *(molestare)* ***~ qcn.*** jdn provozieren, gegen jdn sticheln; ***~ qcn. per qcs.*** jdn wegen etw. frotzeln **II** pronom. **punzecchiarsi** sich provozieren: ***-rsi a vicenda*** sich (gegenseitig) provozieren. **pun|zec|chia|tu|ra** f. Stich *m.*; ***-e di insetti*** Insektenstiche *pl.*

pun|zo|na|re tr. **1** punzen, punzieren: ***~ una lamiera*** ein Blech punzen; ***~ un marchio in qcs.*** ein Zeichen in etw. (A) punzen **2** METALL. punzieren, punzen; *(su metalli nobili)* repunzieren **3** SPORT *(biciclette)* kennzeichnen. **pun|zo|na|tri|ce** f. Stanze *f.*, Stanzmaschine *f.*, Lochstanze *f.* ◆ ***~ per schede*** Kartenlochmaschine *f.* **pun|zo|na|tu|ra** f. Punzen *n.*, Punzarbeit *f.*

pun|zo|ne m. **1** Punze *f.*, Punzen *m.* **2** *(martello)* Punzhammer *m.*; *(su metalli preziosi)* Repunze *f.* **3** Lochstempel *m.*, Lochzange *f.* ◆ ***~ a fuoco*** Brennstempel *m.*; ***~ per monete*** Prägestempel *m.*, Münzstempel *m.*

1.pu|pa f. **1** Puppe *f.* **2** FAM. *(bambina)* kleines Mädchen *n.*

2.pu|pa f. ZOOL. Puppe *f.* ◆ ***~ di formica*** COLLOQ. Ameisenei *n.*

pu|pa|ro m. Puppenspieler *m.*, Marionettenspieler *m.*

pu|pat|to|la f. Puppe *f.*, Püppchen *n.* (anche FIG.).

pu|paz|zet|to m. **1** kleine Puppe *f.*, kleiner Hampelmann *m.* **2** *(di carta)* Papierfigur *f.* **3** *(caricatura)* Karikatur *f.*

pu|paz|zo m. **1** Puppe *f.*, Hampelmann *m.* **2** FIG. *(fantoccio)* Hampelmann *m.*, Popanz *m.* ◆ ***~ animato*** Puppe *f.*; ***~ di legno*** Holzpuppe *f.*; ***~ di neve*** Schneemann *m.*: ***fare un ~ di neve*** einen Schneemann bauen; ***~ di stoffa*** Stoffpuppe *f.*

pu|pil|la f. **1** Pupille *f.*, Sehloch n. **2** ESTENS. *(occhio)* Auge *n.*: ***guardare qcn. fisso nelle -e*** jdm gerade in die Augen sehen; ***a -e asciutte*** trockenen Auges **3** FIG. Augapfel *m.*; LETT. Augenstern *m.*: ***essere la ~ degli occhi di qcn.*** jds Augenstern sein; ***amare qcn. come la ~ dei propri occhi*** jdn wie seinen Augapfel lieben **4** DIR. Mündel *m.* e *n.* ◆ ***dilatazione della ~*** Pupillenerweiterung *f.*; ***restringimento della ~*** Pupillenverengung *f.*

1.pu|pil|la|re agg. ANAT. Pupillen-, pupillar: ***dilatazione ~*** Pupillenerweiterung *f.*

2.pu|pil|la|re agg. DIR. Mündel-: ***amministrazione ~*** Mündelverwaltung *f.* **pu|pil|lo** m. **1** DIR. Pflegebefohlene *m.*, Schutzbefohlene *m.*, Mündel *m.* **2** ESTENS. Liebling *m.*: ***è il ~ della maestra*** er ist der Liebling der Lehrerin ◆ ***beni del ~*** Mündelvermögen *n.* (*o* Kindesvermögen *n.*).

pu|po m. **1** FAM. Kind *n.* **2** *(marionetta)* Marionette *f.*, Puppe *f.* ◆ ***teatro dei -i*** Marionettentheater *n.* (*o* Puppentheater *n.*).

pur → **pure.**

pu|ra|men|te avv. rein, ganz und gar: ***il valore ~ materiale di un oggetto*** der rein materielle Wert eines Gegenstands; ***ogni riferimento è ~ casuale*** jede Anspielung ist rein zufällig ◆ ***sapienza ~ teorica*** Kathederweisheit *f.*

pur|ché cong. **1** *(condizionale)* (nur) wenn; vorausgesetzt, dass: ***parto oggi ~ venga anche tu*** ich fahre heute, vorausgesetzt, dass du (*o* nur wenn du) auch mitkommst **2** *(ottativo)* hoffentlich: ***~ sia vero!*** hoffentlich ist es wahr.

pur|ches|si|a agg. irgendein, beliebig, x-beliebig.

pu|re (forma tronca **pur**) **I** cong. **1** *(quand'anche, sebbene)* auch wenn, selbst wenn, wenn auch: ***pur volendo non riuscirei a farlo*** selbst (*o* auch) wenn ich wollte, würde ich es nicht schaffen; ***fosse ~ il presidente, gli direi di no*** selbst wenn er der Präsident wäre, würde ich ihm Nein sagen **2** *(tuttavia, eppure)* trotzdem, und doch, dennoch: ***è molto debole, ~ sta in piedi*** er ist sehr schwach, trotzdem hält er sich noch auf den Beinen; ***l'impresa è difficile, ~ tenterò*** es ist ein schwieriges Unterfangen, dennoch werde ich es versuchen **II** avv. **1a** auch: ***lui parte oggi e io ~*** er fährt heute ab und ich auch; ***c'ero ~ io*** auch ich war dabei (*o* ich war auch dabei) **b** *(altrettanto, parimenti)* auch, ebenfalls: ***io me ne vado, e Georg? – ~*** ich gehe, und Georg? – ebenfalls **2** *(eppure, dopotutto)* doch: ***ti avevo pur detto di tacere*** ich hatte dir doch gesagt zu schweigen; ***dovevo ~ difendermi*** ich musste mich doch verteidigen **3** *(persino)* sogar, selbst: ***~ il padre lo sa*** sogar sein Vater weiß es **4** *(esortativo, rafforz.)* ruhig, nur: ***andiamo ~*** wir können ruhig gehen; ***parla ~*** sprich nur; *(con impazienza)* sprich doch; ***siedi ~*** setz dich ruhig; ***fa' ~*** mach ruhig; ***va', entra ~*** geh nur hinein **5** *(ancora)* noch: ***è ~ più giovane di suo fratello*** er ist noch jünger als sein Bruder **6** *(davvero)* sogar, schon: ***puoi ~ crederci*** das kannst du schon (*o* ruhig) glauben; ***l'ho aspettato ~ troppo*** ich habe schon zu lange auf ihn gewartet; ***dica ~!*** bitte sehr! ***bisogna ~ che io lo dica*** ich muss es schon sagen **7** *(inoltre)* auch, außerdem, ferner: ***La prego ~ di spedirmi un prospetto*** ich bitte Sie ferner (*o* außerdem), mir einen Prospekt zu schicken ◆ ***ammesso ~ che...*** (auch) angenommen, dass...; ***pur che*** → **purché**; ***pur che sia*** → **purchessia**; ***come ~*** sowie; ***pur di*** nur um + inf.: ***farei qualunque cosa pur di farti contento*** ich würde alles tun, nur um dich glücklich zu machen; ***e ~*** und trotzdem (*o* dennoch); ***faccia ~!*** bitte sehr! ***faccia ~ come se fosse a casa sua*** fühlen Sie sich ganz wie zu Hause; ***ci mancava ~ questa!*** das fehlte gerade noch! ***ci voleva ~ questa!*** auch das noch! ***se ~*** wenn auch; ***~ se*** auch (*o* selbst) wenn; ***sia ~*** auch wenn; ***sia ~ a malincuore*** wenn auch widerwillig (*o* ungern); ***e sia ~!*** meinetwegen! ***pur tuttavia*** trotzdem (*o* doch); ***è pur vero che...*** es stimmt zwar, dass...

pu|rè m., **pu|re|a** f. Püree *n.*, Brei *m.*: ***fare il ~*** Püree zu‿bereiten ◆ ***~ di frutta*** Fruchtmus *n.*; ***~ di mele*** Apfelmus *n.*; ***~ di patate*** Kartoffelbrei *m.*, Kartoffelpüree *n.*

pu|rez|za f. **1** Reinheit *f.*: ***~ cristallina*** kristallene Reinheit; ***la ~ di un suono, dell'aria*** die Reinheit eines Tons, der Luft; ***verificare la ~ di qcs.*** etw. auf seine Reinheit prüfen **2a** FIG. *(candore)* Reinheit *f.*, Lauterkeit *f.*: ***la ~ del cuore*** die Reinheit des Herzens **b** *(illibatezza)* Unschuld *f.*, Jungfräulichkeit *f.*: ***perdere la ~*** die Unschuld verlieren ◆ ***grado di ~*** Reinheitsgrad *m.*; ***~ di lingua*** Sprachreinheit *f.*; ***~ dell'oro*** Goldreinheit *f.*; ***~ della razza*** Reinrassigkeit *f.*; ***~ di stile*** Stilreinheit *f.*

pur|ga f. *(-ghe)* **1** FARM. Abführmittel *n.*, Purgiermittel *n.*: ***prendere la ~*** ein Abführmittel ein‿nehmen **2** POL. Säuberung *f.*, Säuberungsaktion *f.*; ***le -ghe staliniane*** Stalins Säuberungen **3** TESS. Beize *f.* **pur|gan|te I** agg. **1** FARM. abführend, Abführ-: ***azione ~*** abführende Wirkung; ***preparato ~*** Abführmittel *n.* **2** TEOL. büßend: ***anime -i*** büßende Seelen **II** m. Abführmittel *n.*, Purgiermittel *n.*: ***prendere un ~*** ein Abführmittel ein‿nehmen.

pur|ga|re *(purgo, purghi)* **I** tr. **1** MED. ***~ qcn.*** jdm ein Abführmittel verabreichen **2a** *(depurare)* reinigen: ***~ il sangue*** das Blut reinigen **b** FIG. säubern, aus‿bessern **3** TESS. beizen **4a** LETT. läutern: ***~ l'anima*** die Seele läutern **b** *(espiare)* büßen: ***~ i propri peccati*** seine Sünden büßen **5** POL. säubern **II** pronom. **purgarsi 1** MED. ab‿führen, purgieren **2** FIG. LETT. sich läutern. **pur|ga|ti|vo** agg. abführend, Abführ-: ***confetto ~*** Abführpille *f.*; ***sciroppo ~*** Abführsirup *m.* **pur|ga|to** p.pass. agg. **1** → **purgare 2a** *(depurato)* gereinigt; ***metallo ~*** gebeiztes Metall **b** FIG. ***testo ~*** bereinigter Text.

pur|ga|to|rio m. *(-ri)* Fegefeuer *n.*, Purgatorium *n.*: ***le anime del ~*** die Seelen im Fegefeuer; ***andare in ~*** durchs Fegefeuer gehen ◆ ***sembrare un'anima del ~*** = ein von Sorgen gequälter Mensch sein.

pur|ga|tu|ra f. **1** *(il purgare)* Reinigen *n.*, Reinigung *f.* **2** *(scorie)* Schlacke *f.*

pu|ri|fi|ca|re *(purifico, purifichi)* **I** tr. **1** reinigen, klären: ***~ l'aria, il metallo*** die Luft, das Metall reinigen; ***~ l'acqua*** das Wasser klären **2** FIG. läutern: ***~ l'anima*** die Seele läutern **II** pronom. **purificarsi 1** gereinigt werden: ***grazie al filtro l'acqua si purifica*** durch den Filter wird das Wasser gereinigt **2** FIG. sich läutern. **pu|ri|fi|ca|to|re I** agg. **1** reinigend, klärend **2** FIG. läuternd: ***penitenza -trice*** läuternde Buße **II** m. Reiniger *m.* **pu|ri|fi|ca|to|rio** agg. *(-ri,-rie)* reinigend, läuternd.

pu|ri|fi|ca|zio|ne f. **1** Reinigung *f.*, Klärung *f.* **2** FIG. Läuterung *f.* **3** LIT. Purifikation *f.* ◆ ***~ della Vergine*** Mariä Lichtmess *n.*

pu|ri|na f. Purin *n.*
pu|ri|smo m. Purismus *m.* **pu|ri|sta** m. e f. *(-i,-e)* Purist *m.* (-in *f.*). **pu|ri|sti|co** agg. *(-ci,-che)* puristisch.
pu|ri|tà f. Reinheit *f.*
pu|ri|ta|ne|si|mo m. **1** Puritanismus *m.* **2** FIG. Sittenstrenge *f.* **pu|ri|ta|no I** agg. **1** RELIG. puritanisch **2** FIG. puritanisch, sittenstreng **II** m. Puritaner *m.*
pu|ro I agg. **1** rein, pur: ***metallo*** ~ reines Metall; ***aria -a*** reine Luft; ***colori -i*** reine Farben; ***whisky*** ~ Whisky pur; ***parlare un tedesco*** ~ ein reines Deutsch sprechen **2** *(armonioso)* klar: ***un viso dai contorni -i*** ein Gesicht mit klaren Linien **3** *(limpido)* klar, rein: ***cielo, suono*** ~ klarer Himmel, klarer (*o* reiner) Klang **4** FIG. rein, bloß: ***la -a verità*** die reine Wahrheit; ***per ~ caso, divertimento, egoismo*** aus reinem Zufall, Vergnügen, Egoismus; ***per -a curiosità, coincidenza*** aus reiner Neugier, aus reinem Zufall; ***sono -e bugie*** das sind die reinsten Lügen **5a** FIG. *(non corrotto)* lauter **b** *(privo di peccato)* sünd(en)los, unschuldig, unverdorben **c** *(casto)* rein, unberührt **II** m. **1** kompromissloser Mensch *m.* **2** *(semplice, innocente)* unverdorbener Mensch *m.* ◆ ***acqua -a*** reines Wasser; ***alcol*** ~ reiner Alkohol; BIBL. ***animale*** ~ reines Tier; ***argento*** ~ Echtsilber *n.* (o Feinsilber n.); ***d'argento*** ~ echtsilbern; ***coltura -a*** Reinkultur *f.*; ~ ***cotone*** reine Baumwolle; ***è -a follia*** das ist reiner (*o* heller) Wahnsinn; ***-a lana*** reine Wolle; ~ ***lino*** Ganzleinen *n.*; ***di ~ lino*** ganzleinen (*o* reinleinen); ***matematica -a*** reine Mathematik; ***miele*** ~ naturreiner Honig; ***oro*** ~ Feingold *n.* (*o* Echtgold *n.*); ***di oro*** ~ echtgolden; ***ragion -a*** reine Vernunft; ***razza -a*** Reinrassigkeit *f.*; ***di razza -a*** reinrassig; ~ ***sangue*** vollblütig; ~ ***e semplice*** rein (*o* bloß); ***-a seta*** reine Seide; ***di -a seta*** reinseiden; ***allo stato*** ~ im Reinzustand.
pu|ro|san|gue I agg.inv. **1** ZOOL. vollblütig, reinrassig **2** SCHERZ. echt: ***un irlandese*** ~ ein echter Irländer **II** m.inv. Vollblut *n.*, Vollblutpferd *n.* ◆ ***allevamento di*** ~ Reinzucht *f.*; ***di razza*** ~ rassenrein.
pur|pu|re|o agg. LETT. Purpur-, purpurn: ***manto*** ~ Purpurmantel *m.*; ***(rosso)*** ~ purpurrot.
pur|trop|po avv. leider: ~ ***non è possibile*** leider ist das nicht möglich; ~ ***qui non c'è niente da fare*** da ist leider nichts zu machen; ~ ***no*** leider nicht; ~***!*** leider Gottes!
pu|ru|len|to agg. eit(e)rig, purulent: ***ferita -a*** eitrige Wunde ◆ ***focolaio*** ~ Eiterherd *m.*; ***materia -a*** Eiter *m.* **pu|ru|len|za** f. **1** *(suppurazione)* Eiterung *f.*, Purulenz *f.*, Eiterabsonderung *f.* **2** *(materia)* Eiter *m.*
pus m. Eiter *m.*: ***fare, formare*** ~ Eiter ab‿sondern, bilden ◆ ***focolaio di*** ~ Eiterherd *m.*; ***grumo di*** ~ Eiterpfropf *m.*
pu|sil|la|ni|me I m. e f. **1** kleinmütiger Mensch *m.* **2** *(vile)* Feigling *m.* **II** agg. **1** verzagt, kleinmütig **2** *(vile)* feige. **pu|sil|la|ni|mi|tà** f. **1** Verzagtheit *f.*, Kleinmut *m.* **2** *(viltà)* Feigheit *f.*
Pu|ste|ria n.pr.f. ***Val*** ~ Pustertal *n.*
pu|sto|la f. Pustel *f.*, Eiterblase *f.*; ~ ***vaccinica*** Impfpustel *f.* (*o* Pocke *f.*). **pu|sto|li|na** f. Eiterbläschen *n.* **pu|sto|lo|so** agg. pustulös.
pu|szta ['pustɐ] f.inv. Puszta *f.*
pu|ta|ca|so, pu|ta ca|so I avv. wirklich: ***se, ~, vincessi...*** wenn ich wirklich gewinnen würde,... **II** cong. angenommen, dass..., gesetzt den Fall, dass...: ~ ***lo vedessi...*** angenommen, dass ich ihn sehen würde,...
pu|ta|ti|vo agg. **1** LETT. vermeintlich: ***padre*** ~ vermeintlicher Vater **2** DIR. putativ, Putativ- ***delitto*** ~ Putativdelikt *n.*; ***legittima difesa -a*** Putativnotwehr *f.*; ***matrimonio*** ~ Putativehe *f.*
pu|te|a|le m. Brunnenumrandung *f.*
pu|te|o|la|no I agg. aus Pozzuoli **II** m. Einwohner *m.* von Pozzuoli.
pu|ti|fe|rio m. *(-ri)* **1** Mordskrawall *m.*, Heidenkrach *m.*: ***fare, sollevare un*** ~ einen Mordskrawall (*o* Heidenkrach) veranstalten; ***è scoppiato un*** ~ es ist ein Mordskrawall ausgebrochen **2** *(disordine)* fürchterliches Durcheinander *n.*
pu|tre|di|ne f. **1a** Fäulnis *f.*; *(di cadaveri)* Verwesung *f.* **b** *(sostanza putrefatta)* Fäule *f.* **2** FIG. Verderbtheit *f.*, Verrottung *f.* **pu|tre|far|si** pronom. *(mi putrefaccio, ti putrefai; mi putrefeci; putrefatto)* verfaulen; *(di cadaveri)* verwesen. **pu|tre|fat|to** p.pass. agg. **1** → **putrefare 2** verwest, verfault: ***carne -a*** verfaultes Fleisch **3** FIG. verdorben, verrottet.
pu|tre|fa|zio|ne f. Fäulnis *f.*; *(di cadaveri)* Verwesung *f.*; MED. Putrefaktion *f.*: ***andare in*** ~ in Verwesung (*o* Fäulnis) über‿gehen ◆ ***germe della*** ~ Fäulniserreger *m.*; ***puzzo di*** ~ Verwesungsgeruch *m.*; ***stato di*** ~ Verwesungszustand *m.*; ***in avanzato stato di*** ~ in fortgeschrittenem Verwesungszustand.
pu|trel|la f. Doppel-T-Eisen *n.*
pu|tre|scen|te agg. verwesend, verfaulend. **pu|tre|scen|za** f. Verwesung *f.*, Fäulnis *f.* **pu|tre|sci|bi|le** agg. verwesbar: ***sostanza*** ~ verwesbare Substanz. **pu|tre|sci|na** f. Putrescin *n.*, Diaminobutan *n.*
pu|tri|do I agg. **1** verwest, verfault, moderig: ***pesce*** ~ verfaulter Fisch; ***acqua -a*** moderiges Wasser **2** *(prodotto da putrefazione)* faulig: ***odore*** ~ fauliger Geruch **3** FIG. verdorben, verrottet: ***ambiente*** ~ verdorbene Atmosphäre **II** m. Verderbtheit *f.* **pu|tri|du|me** m. **1** Moder *m.* **2** FIG. Verrottung *f.*, Verderbtheit *f.*
putsch [-tʃ] m.inv. Putsch *m.*: ***tentare un*** ~ einen Putschversuch machen; ***fare un*** ~ putschen ◆ ~ ***militare*** Militärputsch *m.*; ***il ~ di Monaco*** Münchner Putsch.
put|ta|na f. VOLG. **1** Nutte *f.*, Hure *f.* **2a** ESTENS. *(ruffiano)* Kuppler *m.* **b** *(leccapiedi)* Speichellecker *m.* ◆ ***andare a -e*** huren; ~ ***d'alto bordo*** Edelnutte *f.*; ***da*** ~ nuttenhaft; ***essere vestita da*** ~ wie eine Nutte angezogen sein; ***fare la*** ~ auf den Strich gehen; ***figlio di*** ~ Hurensohn *m.*; ***porca ~!*** verdammt noch mal! ***quartiere delle -e*** Hurenviertel *n.* **put|ta|na|ta** f. VOLG. **1** *(stupidaggine)* Mist *m.*, Scheiße *f.*: ***fare, dire -e*** Mist bauen, erzählen **2** *(azione perfida)* Schweinerei *f.* **put|ta|nel|la** f. **1** Hürchen *n.* **2** ESTENS. *(ragazza di facili costumi)* leichtes Mädchen *n.*
put|ta|ne|sco agg. *(-schi,-sche)* VOLG. nuttenhaft ◆ ***spaghetti alla -a*** INTRAD. (Spaghetti mit Anchovis, Oliven, Kapern, Tomaten, Knoblauch und Pfefferschoten).
put|ta|nie|re m. VOLG. Hurenbock *m.*
put|to m. **1a** Putto *m.*, Putte *f.* **b** *(amorino)* Amorette *f.* **2** REGION. Kind *n.*
puz|za f. Gestank *m.*: ***che ~!*** was für ein Gestank! ***c'è ~ di qcs.*** es stinkt nach etw. (D); ***c'è una ~ bestiale*** es stinkt bestialisch ◆ FIG. ~ ***di chiuso*** Mief *m.*; ~ ***sotto il naso*** Hochnäsigkeit *f.*; ***avere la ~ sotto il naso*** die Nase hoch tragen (*o* eingebildet sein); ***con la ~ sotto il naso*** hochnäsig, eingebildet.
puz|za|re intr. (aus. *avere*) stinken, übel riechen: ~ ***di qcs.*** nach etw. (D) stinken; FIG. ~ ***di tradimento*** nach Verrat stinken; ~ ***di marcio*** moderig riechen; ~ ***di muffa*** muffelig, muffig (*o* stockig) riechen; SCHERZ. ~ ***come un caprone*** wie ein Ziegenbock (*o* wie die Pest) stinken; FIG. ***la cosa puzza*** die Sache stinkt (*o* an dieser Sache stinkt etwas); FIG. ***qui c'è qualcosa che puzza*** an dieser Sache stinkt etwas ◆ FIG. ~ ***ancora di latte*** noch nicht ganz trocken hinter den Ohren sein; ***ti puzza la salute?*** liegt dir nichts an deiner Gesundheit? FIG. ***ti puzzano i soldi*** spuckst du etwa auf das Geld?
puz|zle ['pʌzəl, *üblich* 'pazel] m.inv. **1** Puzzle *n.*, Puzzlespiel *n.*: ***fare un*** ~ ein Puzzle zusammen‿setzen (*o* puzzeln); ***un ~ di 1000 pezzi*** ein tausendteiliges Puzzle (*o* ein Puzzle mit 1000 Teilen) **2** FIG. Rätsel *n.*
puz|zo m. Gestank *m.*: ***c'è ~ di qcs.*** es stinkt nach etw.; ***c'è ~ di tabacco, di muffa*** es stinkt nach Tabak, es riecht muffelig; ~ ***di marcio*** Modergeruch *m.*; COLLOQ. ***c'è ~ di imbroglio*** da ist was faul.
puz|zo|la f. Stinktier *n.*, Stinkmarder *m.*
puz|zo|len|te agg. Stink-, stinkend, stinkig: ***fialetta*** ~ Stinkbombe *f.*; ***formaggio*** ~ Stinkkäse *m.* ◆ ***piedi -i*** Käsefüße *pl.* **puz|zo|ne** m. REGION. Stinker *m.*, Stinkstiefel *m.*
p.v. ⇒ *prossimo venturo* nächst.
PV ⇒ *Piccola Velocità* geringe Geschwindigkeit.
PVC ⇒ *Polivinilcloruro* Polyvinylchlorid (PVC).
py|rex m.inv. Jenaer Glas *n.*
P.za ⇒ *piazza* Platz (Pl.).

Q

1.q, Q f. e m.inv. q, Q *n.*: ***una Q maiuscola, una q minuscola*** ein großes Q, ein kleines q.
2.q ⇒ *quintale* Doppelzentner (dz).
Qa|tar n.pr.m. Katar *n.*
qu f. e m.inv. q, Q *n.*
1.qua avv. **1** *(stato in luogo)* da, hier: ***~ fa freddo*** hier ist es kalt; ***il libro è ~ sul tavolo*** das Buch liegt hier auf dem Tisch; ***~ in Italia*** hier in Italien **2** *(moto a luogo)* hierher, her: ***mettilo ~*** stell es hierher; ***vieni ~*** komm her; ***portalo ~*** bring es (hier)her ◆ ***al di ~ di qcs.*** diesseits etw. (G): ***al di ~ dell'Oceano*** diesseits des Ozeans; ***al di ~*** *(stato in luogo)* auf dieser Seite, diesseitig; *(moto a luogo)* auf diese Seite; ***da ~*** von hier; ***da ~ a là*** von hier bis dort; ***dai ~*** gib her; ***dammi ~ la valigia*** gib (mir) den Koffer her! ***~ dentro*** *(stato in luogo)* hier drinnen; *(moto a luogo; allontanandosi da chi parla)* hierhinein; *(avvicinandosi a chi parla)* hierherein; ***di ~*** hier; *(in questa direzione)* hier lang; ***(per) di ~ non si può passare*** hier kann man nicht durchgehen; ***è passato di ~*** er ist hier vorbeigekommen; *(di questo posto)* ***essere uno di ~*** von hier sein; ***fuori di ~!*** raus hier! COLLOQ. ***essere più di là che di ~*** mehr tot als lebendig sein; ***~ dietro*** hier hinten, da hinten; ***ecco ~ i tuoi soldi*** hier ist dein Geld; ***eccomi ~!*** hier bin ich! ***fin ~*** bis hierher; ***~ fuori*** *(stato in luogo)* hier draußen; *(moto a luogo; allontanandosi da chi parla)* hierhinaus; *(avvicinandosi a chi parla)* hierheraus; ***~ giù*** → **quaggiù**; ***guarda ~ che confusione*** schau mal, was für ein Durcheinander; ***da un anno, un po' di tempo in ~*** seit einem Jahr, einiger Zeit; ***guardare in ~*** hierher schauen; ***spostati in ~*** rück ein bisschen näher (her); ***era ~ intorno*** er war hier irgendwo; ***~ e là*** hier und dort; ***correre (di) ~ e (di) là*** hin und her rennen; ***e ~ e là*** und das und jenes; ***~ la mano!*** Hand darauf! ***più in ~ di qcs.*** vor etw.: ***abitare più in ~ del ponte*** vor der Brücke wohnen; ***da quando in ~...?*** seit wann...? ***chi è questo ~?*** wer ist denn das hier? ***questo ~ è il vino migliore*** das hier ist der beste Wein; ***voglio questo ~*** ich möchte diesen hier; ***~ sopra*** *(stato in luogo)* hier oben; *(moto a luogo; allontanandosi da chi parla)* hierhinauf; *(avvicinandosi a chi parla)* hierherauf; ***~ sotto*** *(stato in luogo)* hier unten; *(moto a luogo; allontanandosi da chi parla)* hierhinunter; *(avvicinandosi a chi parla)* hierherunter; ***~ su*** → **quassù**; ***via di ~!*** weg hier! ***~ vicino*** hier in der Nähe.
2.qua I inter. quak **II** m.inv. Quaken *n.*
quac|che|ri|smo m. Quäkertum *n.* **quac|che|ro I** m. **1** Quäker *m.* **2** ESTENS. Puritaner *m.* **II** agg. **1** Quäker- **2** ESTENS. puritanisch.
qua|der|no m. **1** Heft *n.*: ***~ a quadretti, a righe*** Heft mit kariertem, liniiertem Papier **2** *(pubblicazione periodica)* Heft *n.* **3** AGR. Beet *n.* ◆ ***~ ad anelli*** Ringbuch *n.*; ***~ degli, per appunti*** Merkheft *n.*; ***~ di bella*** Reinschriftheft *n.*; ***~ di brutta*** Schmierheft *n.*; ***~ degli esercizi*** Übungsheft *n.*; ***~ di musica*** Notenheft *n.*; ***~ di scuola*** Schulheft *n.*
qua|do m. STOR. Quade *m.*
qua|dra f. **1** MAR. Rahsegel *n.* **2** *(parentesi)* eckige Klammer *f.*: ***aperta, chiusa ~*** eckige Klammer auf, zu.
qua|dran|go|la|re I agg. **1** viereckig, vierkantig: ***un cortile ~*** ein viereckiger Hof **2** SPORT Vierer-, Vier-: ***incontro ~*** Vierertreffen *n.*; ***torneo ~*** Viermannschaftsturnier *n.* **II** m. Vierertreffen *n.*
qua|dran|go|lo I m. Viereck *n.* **II** agg. viereckig.
qua|dran|te m. **1** MAT. ASTR. Quadrant *m.*, Viertelkreis *m.* **2** *(di orologio, barometro ecc.)* Zifferblatt *n.* **3** *(di bussola)* Kompassquadrant *m.* ◆ ***~ circolare*** Rundskala *f.*; ***contatore a ~*** Zähluhr *f.*; ***~ luminoso*** Leuchtzifferblatt *n.*; ***~ solare*** Sonnenuhr *f.*
qua|dra|re I tr. **1** *(rendere quadrato)* in Quadratform bringen **2** MAT. *(elevare al quadrato)* quadrieren **II** intr. (aus. *essere, avere*) **1** *(corrispondere)* entsprechen, überein‿stimmen: ***~ con qcs.*** etw. (D) entsprechen, mit etw. übereinstimmen; ***le uscite quadrano con le entrate*** die Ausgaben stimmen mit den Einnahmen überein **2** *(essere giusto)* stimmen: ***i conti non quadrano*** die Rechnung stimmt nicht; ***in questo discorso c'è qualcosa che non quadra*** in dieser Ausführung stimmt etwas nicht **3a** *(piacere)* gefallen: ***il suo comportamento non mi quadra*** sein Benehmen gefällt mir nicht **b** *(essere adatto)* passen: ***questo mestiere gli quadra perfettamente*** diese Arbeit passt genau zu ihm ◆ FIG. ***~ la testa a qcn.*** jdn zum Nachdenken bringen.
qua|dra|ti|co agg. *(-ci,-che)* quadratisch: ***equazione -a*** quadratische Gleichung. **qua|dra|ti|no** m. **1** kleines Viereck *n.* **2** MAR. Messe *f.*
qua|dra|to I agg. **1** quadratisch, Quadrat-: ***tavolo ~*** quadratischer Tisch **2** ESTENS. eckig: ***mascella -a*** eckiger Unterkiefer; ***viso ~*** eckiges Gesicht **3** *(robusto)* kräftig, stämmig: ***un ragazzo alto e ~*** ein großer und kräftiger Junge **4** *(equilibrato)* ausgeglichen, vernünftig, besonnen: ***una persona -a*** ein besonnener Mensch **II** m. **1a** GEOM. Quadrat *n.*, Viereck *n.*: ***costruire, disegnare un ~*** ein Quadrat konstruieren, zeichnen; ***calcolare l'area di un ~*** den Flächeninhalt eines Quadrats berechnen **b** MAT. Quadrat *n.*: ***due al ~ fa quattro*** zwei im Quadrat macht vier **2** ESTENS. (viereckiges) Stück *n.*: ***un ~ di terreno*** ein Stück Land **3** MAR. Messe *f.* **4** MIL. Karree *n.*: ***formare un ~*** ein Karree bilden **5** SPORT Ring *m.* **6** ARCH. Vierung *f.* **7** TIP. Geviert *n.* ◆ ***centimetro ~*** Quadratzentimeter *m.*; ***chilometro ~*** Quadratkilometer *m.*; ***elevare al ~*** quadrieren (*o* ins Quadrat erheben); ***fare ~*** sich ein‿igeln; FIG. ***fare ~ intorno a qcn.*** sich schützend vor jdn stellen; ***~ magico*** magisches Quadrat; ***metro ~*** Quadratmeter *m.*; ***miglio ~*** Quadratmeile *f.*; ***muscolo ~*** Rautenmuskel *m.*; ***piede ~*** Quadratfuß *m.*; ***radice -a*** Quadratwurzel *f.*; ***avere le spalle -e*** ein taffer Typ sein; FIG. einen breiten Buckel haben. **qua|dra|to|ne** m. großes Quadrat *n.* (anche TIP.).
qua|dra|tu|ra f. **1** GEOM. ASTR. Quadratur *f.* **2** *(riquadro)* Viereck *n.* **3** *(contabilità)* Ausgleich *m.* ◆ FIG. ***la ~ del cerchio*** die Quadratur des Kreises (*o* des Zirkels); ***~ mentale*** Vernünftigkeit *f.*, Besonnenheit *f.*, Ausgeglichenheit *f.*; ***-e del soffitto*** Deckentäfelung *f.*
qua|dra|tu|ri|smo m. Quadraturmalerei *f.*
qua|drel|lo m. **1** *(mattonella)* Fliese *f.* **2** *(righello)* Kantel *f.* **3** *(freccia)* Pfeil *m.*
qua|dre|ri|a f. Gemäldegalerie *f.*
qua|dret|ta|re tr. karieren, in Quadrate ein‿teilen. **qua|dret|ta|to** p.pass. agg. **1** → **quadrettare** **2** kariert: ***carta -a*** kariertes Papier. **qua|dret|ta|tu|ra** f. **1** Karieren *n.* **2** *(reticolato di quadretti)* Karomuster *n.* **qua|dret|ti|no** m. Kästchen *n.*
qua|dret|to m. **1** Kästchen *n.* **2** *(piccolo pezzo quadrato)* viereckiges Stück *n.*: ***un ~ di stoffa*** ein viereckiges Stück Stoff; ***~ di cioccolato*** ein Stückchen Schokolade **3** *(piccolo quadro)* kleines Bild *n.* **4** *(scena graziosa)* heitere Szene *f.*: ***~ di vita familiare*** heitere Familienszene ◆ ***a -i*** kariert: ***carta, abito a ~*** kariertes Papier, Kleid; ***a -i piccoli, grandi*** klein kariert, groß kariert.
qua|dri|ci|pi|te m. vierköpfiger Schenkelstrecker *m.*
qua|dri|cro|mi|a f. Vierfarbendruck *m.*
qua|drien|na|le I agg. **1** vierjährig: ***corso ~*** vierjähriger Kurs **2** *(ogni quattro anni)* vierjährlich: ***fiera ~*** vierjährliche Messe **II** f. Quadriennale *f.* **qua|dri|en|nio** m. *(-ni)* Zeitraum *m.* von vier Jahren, vier Jahre *pl.*, Quadriennium *n.*
qua|dri|fo|glio m. *(-gli)* vierblättriges Kleeblatt *n.*, Glücksklee *m.* ◆ ***raccordo, svincolo a ~*** Kleeblatt *n.*
qua|dri|fo|ni|a f. Quadrophonie *f.* **qua|dri|fo|ni|co** agg. *(-ci,-che)* quadrophonisch, Quadro-: ***registrazione -a*** Quadroaufnahme *f.*
qua|dri|fo|ra I agg.f. vierbogig **II** f. Vierbogenfenster *n.*
qua|dri|ga f. *(-ghe)* Quadriga *f.*
qua|dri|ge|mi|no agg. ***parto ~*** Vierlingsgeburt *f.*
qua|dri|get|to m. viermotoriges Düsenflugzeug *n.*
qua|dri|glia f. Quadrille *f.*
qua|dri|la|te|ro I agg. viereckig, vierseitig **II** m. **1** Viereck *n.*: ***~ regolare, irregolare*** regelmäßiges, unregelmäßiges Viereck **2** MIL. Festungsviereck *n.* **3** SPORT Abwehrblock *m.*
qua|dri|lio|ne m. Quadrillion *f.*

qua|dri|men|sio|na|le agg. vierdimensional.

qua|dri|me|stra|le agg. **1** viermonatig: ***corso ~*** viermonatiger Kurs **2** *(ogni quattro mesi)* viermonatlich: ***rassegna ~*** viermonatliche Ausstellung. **qua|dri|me|stre** m. **1** vier Monate **2** *(somma)* Viermonatsrate *f.*: ***il primo ~ va anticipato*** die erste Viermonatsrate ist im Voraus zu bezahlen.

qua|dri|mo|to|re I m. viermotoriges Flugzeug *n.* **II** agg. viermotorig: ***aereo ~*** viermotoriges Flugzeug.

qua|dri|no|mio m. *(-mi)* Quadrinom *n.*

1.qua|dri|par|ti|to I agg.inv. **1** Vier-, Vierer-: ***accordo ~*** Viermächteabkommen *n.*; ***colloqui ~*** Viererbesprechungen *pl.* **2** *(di quattro partiti)* Vierparteien-: ***governo ~*** Vierparteienregierung *f.* **II** m. Vierparteienregierung *f.*

2.qua|dri|par|ti|to agg. *(composto da quattro parti)* aus vier Teilen zusammengesetzt.

qua|dri|par|ti|zio|ne f. Vierteilung *f.*, Teilung *f.* in vier Teile.

qua|dri|po|la|re agg. vierpolig. **qua|dri|po|la|ri|tà** f. Vierpoligkeit *f.* **qua|dri|po|lo** m. Vierpol *m.*

qua|dri|por|ti|co m. *(-ci)* vierseitiger Säulengang *m.* (*o* Bogengang *m.*).

qua|dri|re|at|to|re I m. viermotoriges Düsenflugzeug *n.* **II** agg. mit vier Düsenmotoren.

qua|dri|re|me m. Quadrireme *f.*, Vierruderer *m.*

qua|dri|sil|la|bi|co agg. *(-ci,-che)* viersilbig: ***verso ~*** viersilbiger Vers. **qua|dri|sil|la|bo I** agg. viersilbig: ***parola -a*** viersilbiges Wort **II** m. viersilbiges Wort *n.*

qua|dri|va|len|te agg. vierwertig.

qua|dri|vio m. *(-vi)* **1** Kreuzung *f.* **2** STOR. Quadrivium *n.*

1.qua|dro agg. **1** viereckig, quadratisch: ***finestra -a*** viereckiges Fenster **2** ESTENS. eckig: ***parentesi -a*** eckige Klammer; ***spalle -e*** eckige Schultern; ***mascella -a*** eckiger Unterkiefer **3** MAT. Quadrat-: ***metro ~*** Quadratmeter *m.* ◆ ***testa -a*** Dickkopf *m.*, COLLOQ. Dickschädel *m.*; ***vela -a*** Rahsegel *n.*

2.qua|dro m. **1** Bild *n.*, Gemälde *n.*: ***dipingere, incorniciare un ~*** ein Bild malen, rahmen; ***attaccare, appendere un ~ alla parete*** ein Bild an die Wand hängen; ***attribuire un ~ a qcn.*** jdm ein Bild zuschreiben; ***un ~ a tempera*** ein Bild in Tempera **2** ESTENS. Bild *n.*: ***gli si presentò un ~ agghiacciante*** ein grauenvolles Bild tat sich vor ihm auf **3** FIG. Bild *n.*, Schilderung *f.*: ***un'opera che dà un ~ esauriente della vita dell'epoca*** ein Werk, das ein erschöpfendes Bild jener Zeit zeichnet **4** *(ambito)* Rahmen *m.*: ***nel ~ della manifestazione, dei nuovi accordi*** in Rahmen der Veranstaltung, der neuen Vereinbarungen **5** *(schema)* Tabelle *f.*, Übersicht *f.*, Übersichtstafel *f.*: SCOL. ***esporre il ~ delle votazioni*** = die Liste mit den Noten aus‿hängen; ***~ riassuntivo*** zusammenfassende Übersicht **6** *(quadrato)* Viereck *n.*; ***oggetto a forma di ~*** viereckiger Gegenstand **7** TEATR. Bild *n.*: ***atto di tre -i*** Akt mit drei Szenen **8a** CINEM. Szene *f.* **b** *(immagine proiettata)* Bild *n.*: ***figura fuori ~*** = jmd, der nicht voll auf dem Bild ist; ***~ televisivo*** Fernsehbild *n.* **9a** pl. *(dirigenti)* leitende Angestellte *pl.*, Führungskräfte *pl.*: ***-i amministrativi*** leitende Angestellte; ***-i intermedi*** mittlere Führungskräfte; ***-i direttivi*** Führungskräfte *pl.* **b** MIL. Führung *f.* **c** SPORT Kader *m.* **10** pl. GIOC. Karo *n.*: ***asso di -i*** Karoass *n.*; ***fante di -i*** Karobube *m.* ◆ ***a -i*** kariert; ***stoffa a -i*** karierter Stoff; ***decorazione a -i*** karierte Verzierung; ***accordo ~*** Rahmenabkommen *n.*; ***~ clinico*** Krankheitsbild *n.*; ***~ dei comandi*** Steuerpult *n.*, Steuertafel *f.*, EL. Schaltpult *n.*; EL. ***~ elettrico*** Schalttafel *f.*; ***fare il ~ della situazione*** die Situation umreißen; MIL. ***fuori ~*** provisorisch außer Dienst; EL. ***~ generale*** Hauptschalttafel *f.*; ***in ~*** in Ordnung; ***-i industriali*** Industriemanager *pl.*; ***legge ~*** Rahmengesetz *n.*; ***~ luminoso*** Leuchttafel *f.*; ***-i militari*** (militärischer) Stab *m.*; ***~ orario*** Aushängefahrplan *m.*; ***-i di partito*** Parteifunktionäre *pl.*; ***~ a pastello*** Pastellbild *n.*; MAR. ***~ di poppa*** Spiegel *m.*; ***~ portachiavi*** Schlüsselbrett *n.*; ***~ portastrumenti*** Armaturenbrett *n.*, Instrumentenbrett *n.*; TELEV. CINEM. ***regolazione del ~*** Bildeinstellung *f.*; FIG. ***~ di riferimento*** Bezugsrahmen *m.*; ***-i sindacali*** Gewerkschaftsführung *f.*; ***~ sinottico*** Übersichtstabelle *f.*; ***~ di stoffa*** Stoffquadrat *n.*; ***~ degli strumenti*** Armaturenbrett *n.*; ***~ svedese*** Sprossenwand *f.*; ***-i tecnici*** technischer Stab *m.*; INFORM. ***~ visore*** Anzeigefeld *n.*

qua|dro|ne m. Quaderstein *m.*

qua|drot|ta agg. ***carta ~*** = fast quadratisches Schreibpapier *n.*

qua|dru|ma|ne I agg. vierhändig **II** m. Quadrumane *m.*, Vierhänder *m.*, Affe *f.*

qua|drum|vi|ra|to, qua|drun|vi|ra|to m. **1** Quadrumvirat *n.* **2** ESTENS. Vierergremium *n.*, Viererrat *m.* **qua|drun|vi|ro** m. Quadrumvir *m.*

qua|dru|pe|de I agg. vierbeinig, vierfüßig **II** m. Vierfüßler *m.*, Vierbeiner *m.*

qua|dru|pli|ca|re *(quadruplico, quadruplichi)* **I** tr. **1** vervierfachen: ***~ un numero*** eine Zahl vervierfachen; **2** *(accrescere notevolmente)* verdoppeln und verdreifachen: ***~ gli sforzi*** die Anstrengungen verdoppeln und verdreifachen **II** pronom. **quadruplicarsi 1** sich vervierfachen **2** *(aumentare notevolmente)* sich um ein Vielfaches erhöhen: ***le entrate si sono quadruplicate*** das Einkommen hat sich um ein Vielfaches erhöht.

qua|dru|pli|ce agg. vierfach, Vierfach: ***un testo in ~ copia*** ein Text in vierfacher Ausfertigung ◆ ***~ alleanza*** Viererbund *m.*, Quadrupelallianz *f.* **qua|dru|pli|ci|tà** f. Vierfältigkeit *f.*

qua|dru|plo I agg. vierfach: ***filo ~*** vierfaches Garn; ***ha un reddito ~ del mio*** sein Einkommen ist viermal höher als mein(e)s **II** m. Vierfache *n.*: ***guadagna il ~ di prima*** er verdient jetzt viermal so viel wie vorher **III** avv. vierfach: ***vedere ~*** vierfach sehen.

quag|giù avv. **1** hier unten, da unten: ***c'è nessuno ~?*** ist niemand da unten? ***da ~ non si vede nulla*** von hier unten sieht man nichts **2** *(moto a luogo)* hierherunter, hierhinunter: ***vieni ~!*** komm herunter! **3** FIG. *(riferito al sud)*: ***quando tornerete ~ in Sicilia?*** wann kommt ihr mal wieder nach Sizilien herunter? **4** *(su questa terra)* hier, in diesem Erdenleben.

qua|glia f. Wachtel *f.* ◆ ***verso della ~*** Wachtelschlag *m.*

qua|glia|re intr. (*quaglio, quagli*; aus. *essere*) **1** REGION. gerinnen **2** FIG. *(concretarsi)* gelingen: ***l'affare sta quagliando*** das Geschäft gelingt.

qual|che agg.indef. **1** einige, wenige, ein paar: ***tra ~ giorno partirò*** in einigen Tagen fahre ich weg; ***ce l'ho da ~ mese*** ich habe es seit einigen Monaten; ***~ anno fa*** vor einigen Jahren; ***c'è ancora ~ biscotto?*** gibt es noch ein paar Kekse? ***sarà qui tra ~ minuto*** er wird in wenigen Minuten hier sein **2** *(un po')* etwas: ***ha ~ soldo da parte*** er hat etwas Geld auf der Seite **3** *(uno)* ein, eine, irgendein, irgendeine: ***per un ~ motivo*** aus irgendeinem Grund; ***~ problema?*** gibt es Probleme? ***troverò ~ scusa*** ich werde irgendeine Ausrede finden **4** *(un certo)* gewiss, einig: ***per ~ tempo*** für eine gewisse Zeit; ***è un argomento di ~ importanza*** es ist ein Thema von einer gewissen Wichtigkeit; ***un libro di ~ interesse*** ein Buch von gewissem (*o* einigem) Interesse ◆ ***~ giorno*** einige Tage; *(un giorno o l'altro)* früher oder später; ***in ~ modo*** irgendwie; *(alla bell'e meglio)* so gut es geht; ***mi sento in ~ modo colpevole*** ich fühle mich irgendwie schuldig; ***da ~ parte*** irgendwo; *(moto a luogo)* irgendwohin; *(moto da luogo)* irgendwoher; ***in ~ posto*** irgendwo; *(moto a luogo)* irgendwohin; ***sarà pur in ~ posto!*** er wird doch irgenwo sein! ***~ volta*** manchmal (*o* ab und zu); *(una volta o l'altra)* irgendwann.

qual|che|du|no → **qualcuno.**

qual|co|sa I pron.indef. etwas; COLLOQ. was, irgendwas: ***le serve ~?*** brauchen Sie etwas? ***se sai ~ parla!*** wenn du was weißt, sprich! ***deve essere successo ~*** es muss was passiert sein; ***a ~ servirà pure!*** es wird schon zu etwas nützlich sein! ***~ di bello*** etwas Schönes; ***~ del genere*** etwas Ähnliches (*o* so etwas); ***è già ~*** das ist schon mal etwas; ***è già ~ che ti abbia salutato*** es ist schon etwas, dass er dich gegrüßt hat; ***qui c'è ~ che non va*** hier stimmt was nicht; ***qualcos'altro*** *(in più)* noch etwas; *(di diverso)* etwas anderes; ***c'è ancora qualcos'altro da mangiare?*** gibt es noch etwas zu essen? ***non hai qualcos'altro da metterti?*** hast du nicht etwas anderes zum Anziehen? **II** m. ***un ~*** irgendetwas, ein gewisses Etwas; ***un ~ di strano*** irgendetwas Merkwürdiges ◆ ***~ mi dice che..., ~ mi fa pensare che...*** ich hab irgendwie den Eindruck, dass...

qual|cu|no pron.indef. **1a** jemand, irgendeiner: ***~ ha bussato*** jemand hat geklopft; ***c'è ~?*** ist hier jemand? ***incontrarsi con ~*** sich mit jemandem treffen; ***essere amico di ~*** jemandes Freund sein; ***~ dei ragazzi*** irgendeiner von den Jungen **b** *(alcune persone)* mancher, einige: ***questo l'ha già detto ~ prima di lui*** das hat schon mancher vor ihm gesagt; ***~ di voi*** manche von euch; ***conosci ~ dei suoi parenti?*** kennst du jemanden von seinen Verwandten? **c** FIG. ***essere, diventare ~*** jemand sein, werden; ***credersi ~*** sich für etwas Besonderes halten **2** *(riferito a cose)* einige, irgend(einer): ***ho letto ~ dei suoi libri*** ich habe einige seiner Bücher gelesen; ***ho delle fragole: ne vuoi -a?*** hier sind Erdbeeren: möchtest du einige (*o* ein paar)?

qua|le I agg.interr. **1** welcher, welche, welches: ***~ borsa vuole?*** welche Tasche wollen Sie? ***qual è la tua auto preferita?*** welches ist dein Lieblingsauto? ***con ~ diritto entri in casa mia?*** mit welchem Recht dringst du in mein Hause ein? **2** *(di quale tipo)* was für ein, was für eine: ***~ biglietto hai comprato?*** was für eine Karte hast du gekauft? **II** agg.esclam. **1** welcher, welche, welches: ***~ onore!*** welche Ehre! ***~ gioia!*** welch eine Freude! **2** *(di quale tipo)* was für ein, was für eine: ***in ~ situazione ci siamo cacciati!*** in was für eine Situation sind wir (bloß) geraten! **III** agg.rel. **1** wie: ***una catastrofe,***

~ ***nessuno l'aveva mai vista*** eine Katastrophe, wie sie noch nie jemand gesehen hatte; ~ ***il padre, tale il figlio*** wie der Vater, so der Sohn; ***città -i Roma e Firenze*** Städte wie Rom und Florenz **2** ***tale (e)*** ~ (ganz) wie: ***è tale (e) ~ suo padre*** er ist ganz sein Vater; ***riferì il discorso, tale (e) ~ lo aveva sentito*** er gab die Rede wieder, ganz wie er sie gehört hatte **IV** pron.interr. **1** welcher, welche, welches: ~ ***delle due è tua sorella?*** welche von den beiden ist deine Schwester? **2** *(di quale tipo)* was für ein, was für eine: ***ho bisogno di un coltello – ~?*** ich brauche ein Messer – was für eins? **V** pron.rel. ***il ~, la ~*** der, die, das, welcher, welche, welches: ***la donna della ~ ti ho parlato*** die Frau, von welcher ich dir erzählt habe; ***la casa della ~ ti ho raccontato*** das Haus, wovon (*o* von dem) ich dir erzählt habe; ***i parenti dai -i abito*** die Verwandten, bei denen ich wohne **VI** avv. *(in qualità di)* als: ***parlo ~ presidente dell'associazione*** ich spreche als Vorsitzender des Vereins ◆ ***vi era un certo qual dolore nelle sue parole*** ein gewisser Schmerz lag in seinen Worten; ***in un certo qual modo*** irgendwie (*o* gewissermaßen); ***in un certo qual senso*** in gewissem Sinn (*o* gewissermaßen); ~ ***che*** was (*o* wie) auch immer; ~ ***che sia il suo parere...*** was immer er auch darüber denkt (*o* denken mag), ...; ***non sentirsi per la ~*** = sich nicht besonders fühlen; ***ogni qual volta*** → **qualvolta.**

qua|li|fi|ca f. *(-che)* **1** Bezeichnung *f.*, Benennung *f.*: ***appioppare a qcn. la ~ di imbecille*** jdn als Dummkopf bezeichnen **2a** *(titolo professionale)* Titel *m.*, Bezeichnung *f.* **b** *(doti professionali)* Qualifikation *f.*, Befähigung *f.* **3** *(giudizio)* berufliche Beurteilung *f.*, ANT. Zeugnis *n.* ◆ ***esame di ~*** berufsbildende Prüfung; ~ ***professionale*** Dienstbezeichnung *f.* (*o* Berufsbezeichnung *f.*). **qua|li|fi|ca|bi|le** agg. qualifizierbar; ***essere difficilmente ~*** schwer einzuordnen sein. **qua|li|fi|can|te** agg. **1** qualifizierend **2** *(significativo)* relevant, bedeutsam.

qua|li|fi|ca|re *(qualifico, qualifichi)* **I** tr. **1** bezeichnen, qualifizieren: ~ ***qcn. un gentiluomo*** jdn als Gentleman bezeichnen; ***non so come ~ la tua azione*** ich weiß nicht, was ich von deinem Tun halten soll **2** *(caratterizzare)* kennzeichnen: ***l'aggettivo qualifica il nome*** das Eigenschaftswort kennzeichnet das Nomen **3** *(formare professionalmente)* aus‿bilden, qualifizieren: ~ ***qcn. come operaio specializzato*** jdn zum Facharbeiter ausbilden **II** pronom. **qualificarsi 1** sich aus‿weisen: ***-rsi come impiegato*** sich als Angestellter ausweisen **2** *(caratterizzarsi)* sich kennzeichnen: ***una azione che si qualifica da sé*** eine Handlung, die sich selbst kennzeichnet **3** *(ottenere una qualifica)* sich erweisen, sich qualifizieren: ***-rsi idoneo*** sich als geeignet erweisen **4** SPORT sich qualifizieren.

qua|li|fi|ca|ti|vo agg. **1** qualifizierend **2** GRAMM. Eigenschafts-: ***aggettivo ~*** Eigenschaftswort *n.*

qua|li|fi|ca|to p.pass. agg. **1** → **qualificare 2** gelernt, geschult, qualifiziert: ***personale ~*** geschultes Personal; ***un lavoro ~*** eine qualifizierte Arbeit; ***giudizio ~*** qualifiziertes Urteil **3** *(dotato)* geeignet, begabt: ***sei ~ per quel lavoro*** du bist für diese Arbeit geeignet **4** *(stimato)* angesehen **5** DIR. qualifiziert: ***delitto ~*** qualifizierte Straftat ◆ ***altamente, molto ~*** hoch qualifiziert; ***non ~*** unqualifiziert; *(di professione)* ungelernt (*o* ungeschult); ***operaio ~*** Facharbeiter *m.*

qua|li|fi|ca|zio|ne f. **1** Qualifikation *f.*, Qualifizierung *f.*: ***questo attestato certifica la sua ~*** diese Urkunde bescheinigt seine Qualifikation **2** *(titolo)* Titel *m.* **3** SPORT Qualifikation *f.*; ***superare, vincere la ~*** die Qualifikation gewinnen, überstehen ◆ ***girone di ~*** Qualifikationsrunde *f.*; ***incontro, partita di ~*** Qualifikationsspiel *n.*; ~ ***professionale*** berufliche Eignung.

qua|li|tà f.inv. **1** Qualität *f.*, Eigenschaft *f.*, Beschaffenheit *f.*: ***le ~ di un materiale*** die Eigenschaften eines Materials; ***una persona con ~ straordinarie*** ein Mensch mit außerordentlichen Eigenschaften; ***senza particolari ~*** ohne besondere Eigenschaften **2** *(dote)* Gabe *f.*, Begabung *f.*: ~ ***morali, artistiche*** moralische, künstlerische Gaben (*o* Begabungen); ~ ***professionali*** professionelle Begabungen **3** *(livello)* Qualität *f.*: ***merci di ~ buona, media, scadente*** Waren guter, mittlerer, minderer Qualität; ***garantire la ~ di un prodotto*** für die Qualität eines Produktes garantieren **4** *(varietà)* Sorte *f.*: ***ciliegie di diverse ~*** verschiedene Sorten Kirschen ◆ ***di alta ~*** hochwertig; ~ ***dell'ambiente*** Umweltqualität *f.*; ***di cattiva ~*** schlecht, minderwertig; ***certificato di ~*** Qualitätsbescheinigung *f.*; ***complemento di ~*** qualitative Angabe; ***controllo della ~*** Qualitätskontrolle *f.*; ***differenza di ~*** Qualitätsunterschied *m.*; ***grado di ~*** Qualitätsgrad *m.*; ***in ~ di*** als; ***parlo in ~ di padre*** ich spreche als Vater; ***di infima ~*** niedrigsten Ranges (*o* schlechtester Qualität); ***lavoro di ~*** Qualitätsarbeit *f.*; ***livello di ~*** Qualitätsstufe *f.*; ***marchio di ~*** Gütezeichen *n.*; ***merce di (prima) ~*** Qualitätsware *f.*; ***miglioramento della ~*** Qualitätssteigerung *f.*; ~ ***nascoste*** verborgene Qualitäten; ***norma di ~*** Qualitätsnorm *f.*; ***di prima ~*** erster Qualität, FIG. erstklassig; ***primissima ~*** Spitzenqualität *f.*; ***requisito di ~*** Qualitätsanforderung *f.*; ***salto di ~*** qualitativer Sprung; ***scadimento della ~*** Qualitätsminderung *f.*; ~ ***del suono*** Tonreinheit *f.*; ***di ~ superiore*** hochwertig; ***vino di ~*** Qualitätswein *m.*; ~ ***della vita*** Lebensqualität *f.* **qua|li|ta|ti|va|men|te** avv. qualitativ. **qua|li|ta|ti|vo I** agg. **1** qualitativ, Qualitäts-: ***controllo ~*** Qualitätskontrolle *f.*; ***progresso ~*** qualitativer Fortschritt **2** CHIM. qualitativ chemisch: ***analisi -a*** qualitative chemische Analyse **II** m. Qualität *f.*, Güte *f.*

qua|lo|ra cong. wenn, falls.

qual|si|a|si I agg.indef.inv. **1a** irgendein, irgendwelcher, jeder, beliebig: ***uno studente ~*** irgendein Student; ***un ~ giorno della settimana*** irgendein Tag der Woche; ***una persona ~*** irgendjemand, irgendeiner; ***un numero ~*** eine beliebige Zahl; ***uno ~*** irgendeiner; *(di persona)* irgendwer: ***mi dia un giornale, uno ~*** geben Sie mir eine Zeitung, irgendeine **b** ~ ***cosa*** alles; ***con lui si può parlare di ~ cosa*** man kann mit ihm über alles sprechen; ***farebbe ~ cosa per lei*** er würde alles für sie tun **2** *(insignificante)* unbedeutend, gewöhnlich: ***è un attore ~*** er ist ein unbedeutender Schauspieler; ***una ragazza ~*** ein gewöhnliches Mädchen; ***non è uno ~*** er ist nicht irgendeiner (*o* irgendjemand, irgendwer) **II** agg.rel.inv. **1** welcher auch immer; ~ ***strada prendi arriverai là*** welche Straße du auch nimmst, sie führt dich dorthin; ***accetta ~ lavoro gli offrano*** er nimmt jede beliebige Arbeit an **2** ~ ***cosa*** was auch immer; alles, was: ***farò ~ cosa tu voglia*** ich werde alles tun, was du willst; ~ ***cosa dica, ha torto*** was auch immer er sagt, er ist im Unrecht ◆ ***a ~ costo, prezzo*** zu jedem Preis; FIG. um jeden Preis; ~ ***momento*** jederzeit; ***può arrivare in ~ momento*** er kann jeden Moment kommen.

qual|si|si|a, qual|si|vo|glia agg.indef.inv. LETT. jeder, beliebig.

qua|lun|que I agg. indef.inv. **1a** irgendein, irgendwelcher, jeder, beliebig: ***uno studente ~*** irgendein Student; ***un ~ giorno della settimana*** irgendein Tag der Woche; ***una persona ~*** irgendjemand (*o* irgendeiner); ***un numero ~*** eine beliebige Zahl; ***uno ~*** irgendeiner; *(di persona)* irgendwer: ***mi dia una rivista, una ~*** geben Sie mir eine Zeitschrift, irgendeine **b** ~ ***cosa*** alles; ***con lui si può parlare di ~ cosa*** man kann mit ihm über alles sprechen **2** *(insignificante)* unbedeutend, gewöhnlich: ***è un calciatore ~*** er ist ein unbedeutender Fußballspieler; ***una ragazza ~*** ein gewöhnliches Mädchen; ***non è uno ~*** er ist nicht irgendeiner (*o* irgendjemand) **II** agg.rel.inv. **1** welcher auch immer; ~ ***sentiero prendi, ti porterà al rifugio*** welcher Wanderweg du auch nimmst, er führt dich zur Schutzhütte; ***accetta ~ lavoro gli offrano*** er nimmt jede beliebige Arbeit an **2** ~ ***cosa*** was auch immer; alles, was: ***farò ~ cosa tu voglia*** ich werde alles tun, was du willst; ~ ***cosa dica, ha torto*** was auch immer er sagt, er ist im Unrecht ◆ ***a ~ costo*** zu jedem Preis; FIG. um jeden Preis; ~ ***momento*** jederzeit; ***può arrivare in ~ momento*** er kann jeden Moment kommen; ***a ~ prezzo*** → ***a ~ costo***; ***l'uomo ~*** der Mann von der Straße.

qua|lun|qui|smo m. **1** STOR. INTRAD. (apolitische, parteifeindliche Bewegung in Italien nach dem 2. Weltkrieg) **2** ESTENS. unpolitische Haltung *f.*, politisches Desinteresse *n.* **qua|lun|qui|sta** *(-i,-e)* **I** m. e f. **1** Vertreter *m.* (-in *f.*) des "qualunquismo" **2** ESTENS. Unpolitische *m.* e *f.* **II** agg. unpolitisch: ***mentalità ~*** unpolitische Haltung. **qua|lun|qui|sti|co** agg. *(-ci,-che)* **1** des "qualunquismo" **2** ESTENS. politisch desinteressiert, unpolitisch.

qual|vol|ta cong. LETT. ***ogni ~ (che)...*** jedes Mal wenn...

qua|ndo I avv. **1** wann: ~ ***è successo?*** wann ist es passiert? ***non si sa ~ arriverà*** keiner weiß, wann er kommt; ***chissà ~ la rivedrò*** wer weiß, wann ich sie wiedersehen werde **2** *(ora...ora)* manchmal: ~ ***(l')uno ~ l'altro*** mal so, mal so; mal dies, mal das **II** cong. **1a** *(nel passato)* als: ~ ***ero giovane*** als ich jung war; ***avevo appena iniziato a mangiare, ~ arrivò*** ich hatte gerade angefangen zu essen, als er kam **b** *(con valore iterativo)* wenn: ~ ***andava dalla nonna le portava sempre dei fiori*** wenn er die Großmutter besuchte, brachte er ihr immer Blumen mit **2a** *(nel presente e futuro)* wenn: ~ ***torno a casa mi faccio subito una doccia*** wenn ich nach Hause (zurück)komme, werde ich mich gleich duschen **b** *(ogni volta che)* sooft, wenn: ~ ***si vedono litigano (sempre)*** sooft (*o* wenn) sie sich sehen, streiten sie **3** *(causale)* da, weil, wenn: ~ ***le cose stanno così non ho niente da aggiungere*** wenn es so ist, habe ich nichts mehr hinzuzufügen **4** *(avversativo)* während, obwohl: ***gioca a carte ~ dovrebbe studiare*** er spielt Karten, obwohl er eigentlich lernen sollte **5a** *(ipotetico)* wenn: ~ ***ti capita di vederlo, salutalo da parte mia*** wenn du ihn sehen solltest, grüße ihn von mir **b** *(condizionale)* wenn, falls: ~ ***ci ripensassi, fammi una telefonata*** falls du es dir anders überlegen solltest, rufe mich an **III** m. Wann *n.*: ***il come e il ~*** das Wie und das Wann ◆ ***a ~ le nozze?*** wann ist die Hochzeit? **a ~ risale questo manoscritto?** aus welcher Zeit stammt dieses Manuskript? **quand'anche** wenn auch (*o* auch wenn); **quand'anche fosse così?** und wenn dem auch so wäre? **come ~... so...** wie..., als...; **le cose sono rimaste come ~ ero piccolo** alles ist so geblieben, wie es war, als ich klein war; **da ~** seitdem (*o* seit); **da ~?** seit wann? **da ~ sei qui?** seit wann bist du hier? **da ~ in qua?** seit wann? **a cominciare da ~?** von wann an? (*o* ab wann?); **di ~ in ~** ab und zu (*o* dann und wann); **quand'ecco che** als plötzlich; **fino a ~** bis (*o* solange); **fino a ~?** bis wann? (*o* wie lange?); **fino a ~ durerà questa storia?** wie lange geht diese Geschichte noch weiter? **~ mai?** warum eigentlich? **~ mai l'avrei detto?** wann soll ich das gesagt haben? **per ~** wann (*o* bis wann); **per ~ sarà pronto?** wann wird es fertig sein? **se non ~** erst wenn; **~ che sia** jederzeit.

quan|ti|co agg. *(-ci,-che)* Quanten-: **numero ~** Quantenzahl *f.*; **salto ~** Quantensprung *m.*

quan|ti|fi|ca|bi|le agg. zählbar, quantifizierbar. **quan|ti|fi|ca|re** tr. *(quantifico, quantifichi)* quantifizieren, bestimmen, fest_legen: **~ i costi** die Kosten bestimmen. **quan|ti|fi|ca|zio|ne** f. Quantifizierung *f.*, Bestimmung *f.*, Festlegung *f.*

quan|ti|sti|co agg. *(-ci,-che)* Quanten-: **meccanica -a** Quantenmechanik *f.*; **fisica -a** Quantenphysik *f.*

quan|ti|tà f.inv. **1** Menge *f.*, Anzahl *f.*, Quantum *n.*: **una grande ~ di cose** eine große Anzahl von Dingen; **una grande ~** eine große Menge; **la ~ doppia di zucchero** die doppelte Menge an Zucker; **la ~ giornaliera di caffè** das tägliche Quantum Kaffee **2** *(gran numero, moltitudine)* Menge *f.*, Vielzahl *f.*: **una grande ~ di gente** eine Vielzahl von Personen **3** MAT. FIS. Menge *f.*, Größe *f.* **4** LING. Quantität *f.* ◆ **una certa ~ di qcs.** eine bestimmte Menge von etw.; **~ enorme** Unmenge *f.*; **in ~ enormi** in rauen Mengen; **in gran ~** in großen Mengen; **in grandi ~** in großen Mengen; **in ~** in Mengen (*o* zahlreich); **vino in ~** ein Menge Wein; **dolci in ~** jede Menge Kuchen; **possedere qcs. in ~** etw. in Hülle und Fülle besitzen; **~ massima** Höchstmenge *f.*; **~ di precipitazioni** Niederschlagsmenge *f.*

quan|ti|ta|ti|va|men|te avv. quantitativ, mengenmäßig.

quan|ti|ta|ti|vo I agg. **1** quantitativ, mengenmäßig: **differenza -a** quantitativer Unterschied; **analisi chimica -a** quantitative chemische Analyse **2** LING. quantierend **II** m. Menge *f.*, Quantität *f.*, Anzahl *f.*: **un grosso ~ di merce** eine große Menge von Waren; **un grosso ~ di libri** eine große Anzahl von Büchern.

quan|tiz|za|re tr. **1** quantifizieren **2** FIS. quanteln: **~ una grandezza** eine Größe quanteln. **quan|tiz|za|zio|ne** f. **1** Quantifizierung *f.* **2** FIS. Quantelung *f.*: **~ del campo elettromagnetico** Quantelung des elektromagnetischen Feldes.

1.quan|to I agg. **1a** *(interrogativo)* wie viel: **~ zucchero vuoi?** wie viel Zucker nimmst du? **-i soldi hai?** wie viel Geld hast du? **-e persone ci sono?** wie viele Leute sind da? **b** *(di tempo)* wie lange: **non so ~ tempo durerà** ich weiß nicht, wie lange das dauern wird **2** *(esclamativo)* wie viel, so viel, was für ein, so ein: **-e volte te lo devo ripetere!** wie oft soll ich dir das noch wiederholen! **-i bei regali!** so viele Geschenke! **~ fracasso** was für ein Lärm! **3** *(relativo)* so viel..., wie: **prendi ~ denaro ti occorre** nimm so viel Geld, wie du brauchst **4** *(correlato)* ebenso viel, genauso viel: **ho tanti problemi -i ne ha lui** ich habe ebenso viel Probleme wie er **II** pron. **1a** *(interrogativo)* wie viel: **~ costa?** wie viel kostet das? **non so -i partiranno con noi** ich weiß nicht, wie viele mit uns reisen werden; **l'ho pagato tanto – tanto ~?** ich habe viel dafür bezahlt – wie viel denn? **b** *(di tempo)* wie lange: **~ dura il film?** wie lange dauert der Film? **(per) ~ ne hai ancora?** wie lange brauchst du noch? **c** *(di spazio)* wie weit: **~ manca ancora?** wie weit ist es noch? **~ dista casa tua?** wie weit ist es bis zu dir nach Hause? **2** *(esclamativo)* wie viel: **~ ci sarebbe ancora da dire!** wie viel könnte man noch dazu sagen! **3** *(relativo)* das, was; *pl.* alle, die: **ho ~ occorre** ich habe (das), was ich brauche; **ho fatto ~ potevo** ich habe alles getan, was ich konnte; **non credo a ~ mi ha detto** ich glaube nicht, was er mir gesagt hat; **c'è molto di vero in ~ dici** es ist viel Wahres an dem, was du sagst; **-i vogliono iscriversi devono...** alle, die sich einschreiben möchten, müssen... **III** avv. **1** *(interrogativo)* wie viel, wie: **~ sei alto?** wie groß bist du? **~ pesi?** wie viel wiegst du? (*o* wie schwer bist du?) **2a** *(esclamativo)* wie: **~ sono contento!** wie froh ich bin! **~ lo odio!** wie sehr ich ihn hasse! **~ è bella!** wie schön sie ist! **~ mi dispiace!** es tut mir so leid! **b** *(quantità)* so viel, wie viel: **~ hai fumato oggi!** wie viel du heute geraucht hast! (*o* du hast heute viel geraucht!) **3a** *(relativo)* so viel... wie: **ti aiuterò ~ è possibile** ich werde dir so viel wie möglich helfen; **ho fatto ~ è possibile** ich habe das Mögliche getan **b** *(di tempo)* so lange: **rimani pure ~ vuoi** bleib, so lange du willst; **ha resistito ~ ha potuto** er hat so lange ausgehalten, wie er konnte **4a** *(nel compar. di uguaglianza)* genauso... wie, ebenso wie; genauso viel, ebenso viel: **è tanto bello ~ intelligente** er ist genauso schön wie intelligent; **lavoro tanto ~ te** ich arbeite ebenso viel wie du **b non tanto... ~...** nicht so sehr..., als vielmehr...: **non tanto per i soldi ~ per la fama** nicht so sehr für das Geld, als (vielmehr) für den Ruhm **c** je desto..., umso...; je mehr..., desto mehr...: **tanto più guadagna, ~ più spende** je mehr er verdient, desto mehr gibt er aus ◆ **a ~ dicono** nach dem, was man sagt; **~ a me, te, lui, noi, voi** was mich, dich, ihn, uns, euch betrifft (*o* angeht); **~ a pagare pagherà, ma...** zahlen wird er schon, aber...; **-i ne abbiamo oggi?** den Wievielten haben wir heute? **-i anni hai?** wie alt bist du? **impegnarsi ~ basta** sich nicht mehr Mühe geben, als unbedingt nötig ist; **aggiungere sale ~ basta** nach Geschmack salzen; **da ~...** seit wann...; *(per quel che)* soviel...: **da ~ abiti qui?** seit wann wohnst du hier? **da ~ ho capito** soviel ich verstanden habe; **non è uscito da ~ stava male** er ist nicht ausgegangen, so schlecht fühlte er sich; **~ ti devo?** was bin ich dir schuldig? **~ fa?** was macht es? (*o* das?); **~ fa 3 per 6?** wie viel macht 3 mal 6? **in ~** da, wie; *(in qualità di)* als; **non ti ho telefonato in ~ pensavo fossi via** ich habe dich nicht angerufen, da ich dachte, du seist weg; **in ~ medico** als Arzt; **~ mai** sehr (*o* höchst, äußerst); **è ~ mai simpatica** sie ist äußerst sympathisch; **ho riso ~ mai** ich habe noch nie so gelacht; REGION. **~ mai ci sono andata!** warum bin ich bloß dorthin gegangen? **è ~ di meglio si possa trovare** es ist das Beste, was man finden kann; **~ meno** mindestens (*o* zumindest); **ogni ~ passa l'autobus?** wie oft fährt der Bus? **è ~ di peggio possa capitare a qcn.** es ist das Schlimmste, was einem passieren kann; **per ~** so sehr (*o* so viel); **per ~ ne so** meines Wissens, soviel ich weiß; **per ~ mi impegni, non è mai abbastanza** so viel ich mich auch anstrenge, es ist nie genug; **~ più velocemente** so schnell wie möglich; **~ prima** so bald wie möglich; **questo è ~** das ist alles; **non sai ~...** du weißt nicht, wie sehr... (*o* du kannst dir nicht vorstellen, wie...); **~ segue** Folgendes; **Le comunichiamo ~ segue** wir teilen Ihnen Folgendes (*o* das Folgende) mit; **tutti -i** alle; **tutto ~** alles (*o* ganz); **ha mangiato tutto ~** er hat alles aufgegessen; **tutta -a la torta** der ganze Kuchen.

2.quan|to m. **1** Menge *f.*, Quantum *n.* **2** FIS. Quant *n.*: **teoria dei -i** Quantentheorie *f.*

quan|to|me|no avv. mindestens, zumindest: **costerà ~ centomila lire** es wird mindestens hunderttausend Lire kosten; **potevi ~ scusarti** du hättest dich mindestens (*o* zumindest) entschuldigen können.

quan|tun|que cong. obwohl, obgleich, wenn auch: **~ faticoso, è stato divertente** wenn es auch anstrengend war, Spaß hat es doch gemacht; **~ non se lo meritasse, l'ho aiutato** obwohl er es nicht verdiente, habe ich ihm doch geholfen.

qua|ran|ta I agg.inv. vierzig: **~ giorni, pagine** vierzig Tage, Seiten; **avere quarant'anni** vierzig (Jahre alt) sein **II** m. **1a** Vierzig *f.*: **puntare sul ~** auf die Vierzig setzen **b** *(tram, bus)* **prendere il, la ~** die Vierzig nehmen **c** pl. *(quarant'anni)* **avvicinarsi ai ~** auf die vierzig zu_gehen; **aver superato i ~** die vierzig überschritten haben (*o* über vierzig sein); **essere vicini ai ~** an die vierzig sein **2** *(il 1940)* das Jahr 1940: **è nato nel ~** er ist 40 geboren; **questo fatto risale al ~** dieses Ereignis geht auf das Jahr 1940 zurück ◆ **gli anni ~** die vierziger Jahre; **di quarant'anni** vierzigjährig; **quarant'anni di matrimonio** vierzig Jahre Ehe; **essere del ~, '40** *(di persone)* 40 geboren sein; *(di prodotti)* Jahrgang 40 sein; *(di film, canzoni, ecc.)* aus dem Jahr 1940 sein; **febbre a ~** vierzig Grad Fieber; **Alì Babà e i ~ ladroni** Ali Baba und die vierzig Räuber; **scala ~** INTRAD. (ein Kartenspiel); **~ volte** vierzigmal.

qua|ran|te|na f. Quarantäne *f.*: **mettere qcn., una nave in ~** jdn, ein Schiff unter Quarantäne stellen; **essere in ~** in Quarantäne sein; **tenere qcn. in ~** jdn in Quarantäne halten; **fare la ~** unter Quarantäne stehen; ESTENS. **una ~ di quindici giorni** eine zweiwöchige Quarantäne ◆ **bandiera di ~** Quarantäneflagge *f.*; **periodo di ~** Quarantänezeit *f.*

qua|ran|ten|na|le I agg. **1** *(che dura quarant'anni)* vierzigjährig **2** *(che ricorre ogni quarant'anni)* vierzigjährlich, Vierzigjahres- **II** m. vierzigster Jahrestag *m.* **qua|ran|ten|ne I** agg. vierzigjährig **II** m. e f. Vierzigjährige *m.* e *f.*, Vierziger *m.* (-in *f.*). **qua|ran|ten|nio** m. *(-ni)* vierzig Jahre *pl.*

qua|ran|te|si|mo I agg. vierzigst **II** m. **1** Vierzigste *m.* **2** *(frazione)* Vierzigstel *n.*

qua|ran|ti|na f. **1** etwa vierzig: **una ~ di persone** etwa (*o* ungefähr) vierzig Personen **2** *(età)* vierzig: **essere sulla ~** um (*o* an) die vierzig sein; **avere superato la ~** die vierzig überschritten haben.

qua|ran|tot|to I agg. achtundvierzig **II** m. Achtundvierzig *f.* ◆ **mandare a carte ~** platzen lassen; COLLOQ. **fare un ~** einen Heidenlärm machen; **succede un ~** der Teufel ist los.

qua|re|si|ma f. Fasten *pl.*, Fastenzeit *f.*, Passionszeit *f.*: **fare, osser-**

vare la ~ sich an die Fastenzeit halten (*o* die Fastenzeit ein_halten) ◆ ***domenica di*** ~ Fastensonntag *m.*; ***lungo come la*** ~ ewig lang; ***mezza*** ~ Mittfasten *pl.* **qua|re|si|ma|le I** agg. Fasten-, Fastenzeit-: ***predica*** ~ Fastenpredigt *f.*; ***cibo*** ~ Fastenspeise *f.* **II** m. Fastenpredigten *pl.*

quark m.inv. FIS. Quark *n.*

quar|ta f. **1** SCOL. ~ ***elementare*** = vierte Klasse; ~ ***superiore*** = zweite Klasse **2a** MUS. Quart(e) *f.* **b** *(sinfonia)* Vierte *f.*: ***la Quarta di Mahler*** Mahlers Vierte **3** AUT. vierter Gang *m.* **4** SPORT Quart *f.* **5** MAR. Strich *m.* ◆ EDIT. ~ ***di copertina*** vierte Seite; ***partire in*** ~ mit Volldampf los_legen.

quar|ta|buo|no m. Schmiege *f.* ◆ ***a*** ~ = rechtwinklig.

quar|ta|na f. Quartana *f.*

quar|tet|ti|sta m. e f. *(-i,-e)* **1** *(compositore)* Quartettkomponist *m.* (-in *f.*) **2** *(musicista)* Musiker *m.* (-in *f.*) in einem Quartett. **quar|tet|to** m. Quartett *n.*: ~ ***d'archi, per archi*** Streichquartett *n.*; ~ ***di fiati*** Bläserquartett *n.*

quar|tie|re m. **1** *(di città)* Stadtviertel *n.*, Viertel *n.*, Stadtteil *m.* **2** MIL. Quartier *n.* **3** ARALD. Geviert *n.* ◆ ***-i alti*** schicke, vornehmere Viertel; FIG. höhere Gesellschaft; ***venire dai -i alti*** aus vornehmem Haus kommen; ~ ***degli artisti*** Künstlerviertel *n.*; ~ ***cinese*** Chinesenviertel *n.*; ~ ***commerciale*** Geschäftsviertel *n.*; STOR. Händlerviertel *n.*; ~ ***dormitorio*** Schlafstadt *f.*; ~ ***ebraico*** Judenviertel *n.* (*o* jüdisches Viertel); STOR. Ghetto *n.*; ***festa di*** ~ Straßenfest *n.* (im Viertel); ***quartier generale*** Hauptquartier *n.*; MIL. ***-i invernali*** Winterquartier *n.*; ***lotta senza*** ~ Kampf *m.* auf Leben und Tod; ~ ***a luci rosse*** Rotlichtviertel *n.*; ~ ***malfamato*** verrufenes Viertel; ~ ***operaio*** Arbeiterviertel *n.*; ~ ***periferico*** Stadtrandviertel *n.*; ***poliziotto di*** ~ Kontakt(bereichs)beamte *m.*; ~ ***popolare*** volkstümliches Viertel; ~ ***portuale*** Hafenviertel *n.*; ~ ***povero*** Elendsviertel *n.*; ~ ***di recente costruzione*** Neubauviertel *n.*; ~ ***residenziale*** Villenviertel *n.*; ~ ***della stazione*** Bahnhofsviertel *n.*

quar|ti|na f. **1** METR. Vierzeiler *m.*, Quartett *n.* **2** MUS. Quartole *f.* **3** *(filatelia)* Viererblock *m.*

quar|ti|no m. Viertel *n.*, Viertelliter *m.*; COLLOQ. Viertelchen *n.*: ***bersi un*** ~ ein Viertel(chen) Wein trinken.

quar|to I agg. vierte: ***-a domenica d'Avvento*** vierter Advent; ***Enrico*** ~ Heinrich der Vierte; ***-a domenica dopo Pasqua*** Kantate *f.* **II** m. **1** Vierte *m.*: ***il*** ~ ***da sinistra, da destra*** der Vierte von links, von rechts **2** *(frazione)* Viertel *n.*: MAT. ***sei -i*** sechs Viertel; ***un*** ~ ***di pollo*** ein Viertel Hühnchen **3** MUS. Quarte *f.* ◆ ***-a dimensione*** vierte Dimension; SPORT ***-i di finale*** Viertelfinale *n.*; ***arrivare ai -i di finale*** ins Viertelfinale kommen; ***di*** ~ ***grado*** *(di ustioni, scosse di terremoto)* vierten Grades; EDIT. ***in*** ~ Quart-; ***volume in*** ~ Quartband *m.*; ***foglio in*** ~ Quartbogen *m.*; ***formato in*** ~ Quartformat *n.* (*o* Quart *n.*); ~ ***di luna*** Mondviertel *n.*; ***la luna è al, nel primo*** ~ der Mond steht im ersten Viertel; ***la luna è al, nell'ultimo*** ~ der Mond steht im letzten Viertel; ~ ***d'ora*** Viertelstunde *f.*; ***sono le tre e, meno un*** ~ es ist Viertel nach, vor drei; ***tre -i d'ora*** Dreiviertelstunde *f.*; ***ogni*** ~ ***d'ora*** viertelstündlich; ***il*** ~ ***d'ora accademico*** das akademische Viertel; FIG. ***passare un brutto*** ~ ***d'ora*** schlimme fünf Minuten durch_machen; ~ ***potere*** vierte Gewalt; ***la -a Repubblica*** die vierte Republik; ~ ***di rotazione*** Vierteldrehung *f.*; ~ ***di secolo*** Vierteljahrhundert *n.*; ***il*** ~ ***stato*** der vierte Stand; MUS. ***tempo in sei -i*** Sechsvierteltakt *m.*; ***tempo in quattro -i*** Viervierteltakt *m.*; ***tempo in tre -i*** Dreivierteltakt *m.*; ***tempo in due -i*** Zweivierteltakt *m.*; MUS. ~ ***di tono*** Viertelton *m.*; ***manica a tre -i*** dreiviertellanger Ärmel; ***calzoni a tre -i*** Dreiviertelhose *f.*

quar|tul|ti|mo I agg. viertletzt **II** m. Viertletzte *m.*

quar|zi|fe|ro agg. quarzhaltig, Quarz-: ***filone*** ~ Quarzgang *m.* **quar|zi|te** f. Quarzit *m.*

quar|zo m. Quarz *m.* ◆ ~ ***affumicato*** Rauchquarz *m.*; ***cristallo di*** ~ Quarzkristall *m.*; ***filtro al*** ~ Quarzfilter *m.*; ***lampada al*** ~ Quarzlampe *f.*; ***orologio al*** ~ Quarzuhr *f.*; ~ ***oscillatore*** Schwingquarz *m.*; ~ ***piezoelettrico*** Piezoquarz *m.*; ***porfido di*** ~ Quarzporphyr *m.*; ~ ***rosa*** Rosenquarz *m.*; ***vetro di*** ~ Quarzglas *n.* **quar|zo|so** agg. quarzhaltig, quarzig, Quarz-: ***sabbia -a*** Quarzsand *m.*

qua|sar f.inv. Quasar *m.*

qua|si I avv. **1** fast, beinahe: ***sono*** ~ ***le otto*** es ist fast acht Uhr; ***c'erano*** ~ ***tutti*** es waren fast alle da; ***in*** ~ ***tutti i casi*** in fast allen Fällen; ***oserei*** ~ ***dire che...*** ich möchte fast (*o* beinahe) behaupten, dass...; ***stava*** ~ ***per annegare*** er wäre fast (*o* beinahe) ertrunken; ***stavo*** ~ ***per inciampare*** ich wäre beinahe gestolpert **2** *(praticamente)* quasi: ***me l'ha*** ~ ***promesso*** er hat es mir quasi versprochen **II** cong. als, als ob: ***la tratta male,*** ~ ***la odiasse*** er behandelt sie so schlecht, als würde er sie hassen ◆ ~ ***che*** als (*o* als ob); ~ ~ vielleicht: ~ ~ ***vengo anch'io*** vielleicht komme ich auch mit (*o* ich glaube, ich komme auch mit); ***una birra?*** – ~ ~ ein Bier? – warum nicht?

qua|si|con|trat|to m. Quasivertrag *m.*

qua|si|ot|ti|co agg. *(-ci,-che)* quasioptisch.

quas|sia f. Quassie *f.*; ~ ***amara*** Bitterholzbaum *m.*

quas|sù avv. **1** hier oben: ~ ***in montagna*** hier oben in den Bergen; ***da, di*** ~ ***si gode un'ottima vista*** von hier oben (aus) genießt man eine schöne Aussicht **2a** *(moto a luogo) (avvicinandosi a chi parla)* (hier)herauf **b** *(allontanandosi da chi parla)* (hier)hinauf **3** *(in luogo a settentrione)* bei uns oben.

qua|ter|na f. **1** GIOC. Quaterne *f.*, Vierer *m.*: ***fare*** ~ einen Vierer machen **2** *(gruppo di quattro persone)* Vierergruppe *f.*

qua|ter|na|rio I agg. *(-ri,-rie)* **1** vierteilig **2** GEOL. quartär: ***era -a*** Quartär *n.* **3** CHIM. quaternär **II** m. **1** *(-ri)* METR. viersilbiger Vers *m.* **2** GEOL. Quartär *n.*

quat|to agg. geduckt, gebückt ◆ ~ ~ mucksmäuschenstill.

quat|tor|di|cen|ne I agg. vierzehnjährig **II** m. e f. Vierzehnjährige *m.* e *f.*

quat|tor|di|ce|si|ma f. vierzehntes Monatsgehalt *n.* **quat|tor|di|ce|si|mo I** agg. vierzehnte **II** m. **1** Vierzehnte *m.* **2** *(frazione)* Vierzehntel *n.*

quat|tor|di|ci I agg.inv. vierzehn: ~ ***pagine, giorni*** vierzehn Seiten, Tage; ***avere*** ~ ***anni*** vierzehn (Jahre alt) sein; ***a pagina*** ~ auf Seite vierzehn; ~ ***persone su cento*** vierzehn Personen von Hundert **II** m. **1a** Vierzehn *f.*: ***puntare sul*** ~ auf die Vierzehn setzen; ***contare fino a*** ~ bis vierzehn zählen **b** *(tram, bus)* ***prendere il, la*** ~ die Vierzehn nehmen **2** *(il 1914)* das Jahr 1914: ***è nato nel*** ~ er ist 1914 geboren; ***questo fatto risale al*** ~ dieses Ereignis geht auf das Jahr 1914 zurück **3** *(giorno del mese)* Vierzehnte *m.*: ***il*** ~ ***(di) maggio*** am vierzehnten Mai; ***il*** ~ ***del mese*** am Vierzehnten des Monats; ***oggi è il*** ~ heute ist der Vierzehnte **III** f.pl. vierzehn Uhr: ***alle*** ~ um vierzehn Uhr; ***sono le*** ~, ***le*** ~ ***e trenta*** es ist vierzehn Uhr, vierzehn Uhr dreißig; ***il treno delle*** ~ der 14-Uhr-Zug ◆ ***di*** ~ ***anni*** vierzehnjährig; ***essere del*** ~ *(di persone)* 1914 geboren sein; *(di prodotti)* Jahrgang 14 sein; *(di film, canzoni, ecc.)* aus dem Jahr 1914 sein; ***di*** ~ ***giorni*** vierzehntägig; ***essere in*** ~ vierzehn sein, zu vierzehnt sein.

quat|tri|no m. **1** NUMISM. Heller *m.* **2** *(moneta di poco valore)* Heller *m.*, Pfennig *m.*, Groschen *m.*: ***non avere il becco di un*** ~ keinen roten Heller mehr haben **3** pl. Geld *n.*: ***guadagnare fior di -i*** haufenweise Geld verdienen.

quat|tro I agg.inv. vier: ~ ***pagine, giorni*** vier Seiten, Tage; ***avere*** ~ ***anni*** vier (Jahre alt) sein; ***fra*** ~ ***giorni*** in vier Tagen; ***a pagina*** ~ auf Seite vier; ~ ***persone su cento*** vier Personen von Hundert **II** m. inv. **1a** Vier *f.*: ***puntare sul*** ~ auf die Vier setzen; ***contare fino a*** ~ bis vier zählen **b** *(tram, bus)* ***prendere il*** ~ die Vier nehmen **2** *(il 1904)* das Jahr 1904: ***questo fatto risale al*** ~ dieses Ereignis geht auf das Jahr 1904 zurück; ***è nato nel*** ~ er ist 1904 geboren **3** *(giorno del mese)* Vierte *m.*: ***il*** ~ ***(di) maggio*** am vierten Mai; ***il*** ~ ***del mese*** am Vierten des Monats; ***oggi è il*** ~ heute ist der Vierte **III** f.pl. vier (Uhr): ***alle*** ~ um vier (Uhr); ***sono le*** ~ es ist vier Uhr; ***un quarto alle*** ~, ***le*** ~ ***meno un quarto*** ein Viertel vor vier; ***le*** ~ ***e un quarto*** Viertel nach vier; ***le*** ~ ***e mezza*** halb fünf ◆ ***di*** ~ ***anni*** vierjährig; ***bob a*** ~ Viererbob *m.*; ***lago dei*** ~ ***cantoni*** Vierwaldstätter See *m.*; ***fare*** ~ ***chiacchiere con qcn.*** einen kleinen Schwatz mit jdm halten (*o* plaudern); SPORT ~ ***con*** Vierer mit; ***essere del*** ~ *(di persone)* 1904 geboren sein; *(di prodotti)* Jahrgang 4 sein; *(di film, canzoni)* aus dem Jahr 1904 sein; ***dirne*** ~ ***a qcn.*** jdm seine Meinung sagen; ***farsi in*** ~ ***per qcn.*** sich für jdn in Stücke reißen lassen, sich für jdn die Beine aus_reißen; ***di*** ~ ***giorni*** viertägig; ***essere in*** ~ zu viert sein; MUS. ***a*** ~ ***mani*** vierhändig; ***a quattr'occhi*** unter vier Augen; ***ogni*** ~ ***anni*** vierjährlich; ***in*** ~ ***e quattr'otto*** in null Komma nichts; ***in, di*** ~ ***parti*** vierteilig; ***dividere in*** ~ ***parti*** vierteln (*o* in vier Stücke teilen); ***fare*** ~ ***passi*** einen kurzen Spaziergang machen; ***a*** ~ ***porte*** viertürig; ***a*** ~ ***ruote*** vierräderig; ***trazione a*** ~ ***ruote*** Vierradantrieb *m.*; SPORT ~ ***senza*** Vierer ohne; ***per*** ~ ***soldi*** für einen Apfel und ein Ei; ***urlare qcs. ai*** ~ ***venti*** etw. aus_posaunen, etw. in alle Welt posaunen; ***spargere ai*** ~ ***venti*** in alle Winde zerstreuen; ~ ***volte tanto*** viermal so viel; ***ripetuto*** ~ ***volte*** viermalig; ***a*** ~ ***zampe*** vierbeinig; ***i nostri amici a*** ~ ***zampe*** unsere vierbeinigen Freunde; ***camminare a*** ~ ***zampe*** auf allen vieren kriechen (*o* gehen).

quat|troc|chi m.inv. SPREG. Brillenträger *m.*; *(donna con occhiali)* Brillenschlange *f.*

quat|tro|cen|te|sco agg. *(-chi,-che)* aus dem fünfzehnten Jahrhundert, des fünfzehnten Jahrhunderts; *(di arte e cultura italiana del Quattrocento)* des Quattrocento(s).

quat|tro|cen|te|si|mo I agg. vierhundertste **II** m. **1** Vierhundertste *m.* **2** *(frazione)* Vierhundertstel *n.*

quat|tro|cen|ti|sta m. e f. *(-i,-e)* **1a** *(scrittore)* Schriftsteller *m.* (-in *f.*) des 15. Jahrhunderts **b** *(artista)* Künstler *m.* (-in *f.*) des 15. Jahrhunderts **c** *(artista, poeta italiano)* Quattrocentist *m.* **2** *(esper-*

to) Experte *m.* (Expertin *f.*) des 15. Jahrhunderts **3** SPORT Vierhundertmeterläufer *m.* (-in *f.*).

quat|tro|cen|ti|sti|co agg. *(-ci,-che)* **1** des 15. Jahrhunderts **2** *(del Quattrocento italiano)* des Quattrocento(s).

quat|tro|cen|to I agg. vierhundert **II** m. **1** Vierhundert *f.* **2** pl. SPORT vierhundert Meter *pl.*: ***correre i ~*** vierhundert Meter laufen.

Quat|tro|cen|to m. fünfzehntes Jahrhundert *n.*; *(nell'arte italiana)* Quattrocento *n.*

quat|tro|mi|la I agg.inv. viertausend **II** m. **1** Viertausend *f.* **2** pl. ALP. Viertausender *m.*

que|gli I → **quello II** pron. jener, der.

quel|lo I agg. (**quello, quel, quella, quell'**; pl. **quegli, quei, quelle**; der Gebrauch der verschiedenen Formen entspricht den Regeln des bestimmten Artikels *il, lo, la*) **1** der (dort), der (da), die (dort), der (da); das (dort), das (da), jener, jene, jenes: ***-a lampadina è bruciata*** die Birne da ist durchgebrannt; ***sei mai entrato in -a chiesa?*** bist du jemals in der Kirche dort gewesen? ***chi è quell'uomo che abbiamo incontrato?*** wer ist der Mann, den wir getroffen haben? **2** ENFAT. solcher, solche, solches, so: ***ho preso uno di quegli spaventi*** ich bin so erschrocken; ***ha fatto una di -e scenate*** er hat eine solche Szene gemacht **II** pron. **1** der (dort), die (dort), das (dort): ***lo vedi ~? è mio fratello*** siehst du den dort? das ist mein Bruder; ***il tuo vino è buono, ma ~ di mio cognato è migliore*** dein Wein ist gut, aber der meines Schwagers ist besser **2** ENFAT. solcher, solche, solches: ***ho preso un raffreddore di -i...*** ich habe eine solche Erkältung bekommen... **3** *(seguito da una relativa)* der, die, das, derjenige, diejenige: ***-a che hai visto ieri è sua madre*** die(jenige), die du gestern gesehen hast, ist seine Mutter; ***non è di -i che si spaventano facilmente*** er ist nicht der Typ, der leicht erschrickt **4a** *(ciò che)* ***~ che*** was (*o* das, was); ***prendi ~ che vuoi*** nimm dir, was du willst; ***è proprio ~ che ho detto*** das ist genau das, was ich gesagt habe; ***so ~ che pensi*** ich weiß, was du denkst; ***hai tutto ~ che ti occorre?*** hast du alles, was du brauchst? **b** *(non tradotto; nelle comparative)* ***è più intelligente di ~ che pensavo*** er ist klüger als ich dachte **5** *(barzelletta)* ***la sai -a del pescatore?*** kennst du den Witz von dem Fischer? ◆ ***la sua preparazione in materia è ~ che è*** = seine Kentnisse auf diesem Gebiet sind dürftig (*o* COLLOQ. sind nun einmal die); *(abitanti)* ***-i di*** die Einwohner von; ***-i di Roma*** die Römer; COLLOQ. ***~ del gas*** der Gasmann; ***in quel di*** in; ***in ~, in -a*** in dem Augenblick (*o* da); ***si è rivolto a questo e a ~, ma inutilmente*** er hat sich an diesen und jenen gewendet, aber ohne Erfolg; ***questo o ~ per me non fa differenza*** dies (hier) oder das da, mir ist es egal; ***per quel che mi riguarda*** was mich betrifft; ***è sempre ~*** *(non è cambiato)* er ist immer derselbe; ***per quel che ne so io*** soviel ich weiß; ***~ (stesso)*** derselbe, dieselbe, dasselbe; ***non è più ~ (stesso) di prima*** er ist nicht mehr derselbe; ***quegli stessi che prima lo adulavano, ora lo ignorano*** dieselben, die ihm früher schmeichelten, ignorieren ihn jetzt.

quer|ce|to m. Eichenwald *m.*, Eichenhain *m.* **quer|cia** f. *(-ce)* **1** Eiche *f.*, Eichbaum *m.* **2** *(legno)* Eiche *f.*, Eichenholz *n.* ◆ ***essere una ~*** stark wie ein Baum sein; ***forte come una ~*** bärenstark; POL. ***la Quercia*** INTRAD. (Bezeichnung der Demokratischen Partei der Linken); ***~ spinosa*** Kermeseiche *f.* (*o* Scharlacheiche *f.*); ***~ da sughero*** Korkeiche *f.* **quer|ci|no I** agg. eichen, Eichen-: ***legno ~*** Eichenholz *n.* **II** m. Gartenschläfer *m.* ◆ ***topo ~*** Gartenschläfer *m.*

quer|cio|la f., **quer|cio|lo** m. junge Eiche *f.* **quer|ci|tro|ne** m. Färbereiche *f.* ◆ ***corteccia di ~*** Färberrinde *f.*

que|re|la f. Klage *f.*, Strafantrag *m.*: ***sporgere ~ contro qcn.*** Klage gegen jdn erheben (*o* Strafantrag gegen jdn stellen); ***dare ~ a qcn.*** Klage gegen jdn führen (*o* jdn verklagen, gegen jdn klagen); ***respingere, ritirare una ~*** eine Klage ab‿weisen, zurück‿nehmen (*o* zurück‿ziehen) ◆. ***~ per diffamazione*** Verleumdungsklage *f.*; ***oggetto della ~*** Klagegegenstand *m.*; ***~ di parte*** Privatklage *f.*

que|re|la|bi|le agg. klagbar. **que|re|lan|te I** agg. klagend, Klage-: ***parte ~*** klagende Partei **II** m. e f. Kläger *m.* (-in *f.*), Privatkläger *m.* (-in *f.*).

que|re|la|re I tr. ***~ qcn.*** jdn verklagen, gegen jdn Klage erheben: ***~ qcn. per ingiurie*** jdn wegen Beleidigung verklagen **II** pronom. **querelarsi** LETT. sich beklagen. **que|re|la|to I** p.pass. agg. **1** → **querelare 2** verklagt **II** m. Verklagte *m.*, Beklagte *m.*

que|rel|le [kə'rɛl] f.inv. Querelle *f.*

que|ri|mo|nia f. LETT. **1** Wehklage *f.*, Klage *f.* **2** *(reclamo)* Beschwerde *f.*

que|ru|lo agg. klagend, wehleidig: ***con voce -a*** mit wehleidiger Stimme; ***un vecchio ~*** ein jammernder (*o* wehleidiger) Alter.

que|si|to m. Frage *f.*, Problem *n.*: ***rivolgere un ~ a qcn.*** jdm eine Frage stellen; ***sciogliere un ~*** ein Problem lösen ◆ ***~ di matematica*** Rechenaufgabe *f.*

que|sti pron.pers.m. LETT. dieser, der.

que|stio|na|re intr. (aus. *avere*) **1** diskutieren, sprechen: ***~ di politica*** über Politik diskutieren **2** *(litigare)* streiten, zanken.

que|stio|na|rio m. *(-ri)* Fragebogen *m.*: ***preparare, compilare un ~*** einen Fragebogen entwerfen, aus‿füllen.

que|stio|ne f. **1** Problem *n.*, Frage *f.*: ***risolvere una ~*** ein Problem lösen; ***sollevare una ~*** eine Frage auf‿werfen; ***sottoporre una ~ a qcn.*** jdm eine Frage vor‿legen; ***mettere sul tavolo una ~*** eine Frage aufs Tapet (*o* zur Sprache) bringen; ***quali sono i termini della ~?*** worin liegt genau das Problem? ***è una ~ di pazienza, tempo*** das ist eine Frage der Geduld, der Zeit **2** *(faccenda)* Angelegenheit *f.*, Sache *f.*: ***-i d'affari*** geschäftliche Angelegenheiten; ***sistemare, chiarire una ~*** eine Angelegenheit regeln, klären **3** *(discussione)* Auseinandersetzung *f.*, Diskussion *f.*: ***senza fare -i*** ohne Diskussion; ***far -i su tutto*** aus allem ein Problem machen **4** *(lite)* Streit *m.* ◆ ***questa è un'altra ~*** das steht auf einem anderen Blatt; ***lasciare aperta una ~*** eine Frage offen lassen; ***~ di competenza*** Zuständigkeitsfrage *f.*; ***~ controversa*** Streitfrage *f.* (*o* strittige Frage); ***~ di coscienza*** Gewissensfrage *f.*; ***è ~ di giorni, ore*** es kann sich nur um Tage, Stunden handeln; ***~ discrezionale*** Ermessensfrage *f.*; ***~ ebraica*** Judenfrage *f.*; ***~ di famiglia*** Familienangelegenheit *f.*; ***~ di fede*** Glaubensfrage *f.*; ***~ femminile*** Frauenfrage *f.*; ***~ di fiducia*** Vertrauensfrage *f.*; ***~ fondamentale*** Grundfrage *f.*; ***~ di fondo*** Kernfrage *f.*; ***~ di forma*** Formfrage *f.* (*o* Formsache *f.*); ***è solo ~ di fortuna*** das ist reine Glückssache; ***essere fuori ~*** außer Frage stehen; ***~ giuridica*** Rechtsfrage *f.*; ***è una ~ di gusti*** das ist Geschmackssache (*o* eine Frage des Geschmacks); ***in ~*** fraglich (*o* betreffend): ***il punto in ~*** der fragliche Punkt; ***la persona in ~*** der (*o* die) Betreffende; ***~ insoluta*** offene Frage; STOR. ***la ~ della lingua*** das Problem der italienischen Sprache; ***la ~ meridionale*** die süditalienische Frage; ***mettere qcs. in ~*** etw. in Frage stellen (*o* bezweifeln); ***è una ~ di moda*** das ist (eine) Modesache; ***il nocciolo della ~*** der Kern des Problems, der Frage; ***~ d'onore*** Ehrensache *f.*, Ehrenhandel *m.*; ***~ operaia*** Arbeiterfrage *f.*; ***~ di opinioni*** Auffassungssache *f.*, Ansichtssache *f.*, Meinungssache *f.*; STOR. ***~ d'Oriente*** orientalische Frage; ***la ~ palestinese*** die Palästinenserfrage; ***questa è una ~ a parte*** das ist ein Kapitel für sich; ***~ politica*** politisches Problem; *(di grande peso)* Politikum *n.*; ***è ~ di pratica*** das ist Übungssache; ***~ preliminare*** Vorfrage *f.*; ***~ di prestigio*** Prestigefrage *f.*; ***~ di principio*** Prinzipienfrage *f.*, Grundsatzfrage *f.*; ***per una ~ di principio*** aus Prinzip (*o* prinzipiell); ***~ procedurale*** Verfahrensfrage *f.*; ***una ~ scottante*** eine heikle Angelegenheit (*o* ein heißes Eisen); ***la ~ sociale*** die soziale Frage; ***~ di sopravvivenza*** Überlebensfrage *f.*; ***~ in sospeso*** schwebende Frage; ***lasciare una ~ in sospeso*** eine Frage in der Schwebe lassen; ***la ~ tedesca*** die Deutschlandfrage; ***è ~ di tempo*** es ist nur eine Zeitfrage; ***venire a ~*** in Streit geraten; ***è ~ di vita o di morte*** es geht auf Leben und Tod; ***~ di vitale importanza*** Lebensfrage *f.*

que|sto I agg.dimostr. **1** dieser, diese, dieses; der, die, das: ***~ libro è mio*** dieses Buch gehört mir; ***quest'anno mi sposo*** ich heirate dieses Jahr **2** *(passato)* dieser, letzt: ***in -i giorni è piovuto molto*** in diesen Tagen hat es viel geregnet **3** *(prossimo)* dies, nächst: ***uno di -i giorni ne parliamo*** in den nächsten Tagen sprechen wir darüber **4** *(simile)* dieser, diese, dieses; der, die, das; solcher, solche, solches: ***è meglio non uscire con ~ freddo*** bei dieser (*o* solch einer) Kälte geht man am besten nicht aus dem Haus; ***non sopporto ~ modo di fare*** ein solches Benehmen kann ich nicht ertragen **5** *(con valore enfatico)* eigen, mein, meine; dieser, diese, dieses: ***l'ho visto con -i occhi!*** ich habe es mit (meinen) eigenen Augen gesehen! **II** pron.dimostr. **1a** dieser, diese, dieses; der, die, das: ***vuoi ~ o quello?*** willst du das oder das (*o* dieses oder jenes)? **b** *(seguito dal verbo essere)* das, dies: ***~ è il nuovo caporeparto*** das ist der neue Abteilungsleiter **2a** *(ciò)* das, dieses, folgendes: ***~ è molto strano*** das ist sehr seltsam; ***vorrei dirti ~...*** ich möchte dir Folgendes sagen... **b** *(con preposizioni)* ***non abbiamo parlato di ~*** wir haben nicht davon gesprochen; ***da ~ si può capire che...*** daran erkennt man, dass...; ***a ~ penseremo poi*** darum werden wir uns später kümmern; ***in ~ hai ragione*** da hast du Recht; ***per ~ sono venuti da me*** deswegen sind sie zu mir gekommen ◆ ***l'ha raccontato a ~ e a quello*** er hat es allen erzählt; ***~ e altro*** alles das und noch mehr; ***-a è bella!*** das ist ja allerhand! ***con ~*** damit; *(dicendo questo)* damit, mit diesen Worten; ***con ~ concludo*** damit schließe ich ab; ***e con ~?*** na und? LETT. ***in -a*** in dem Augenblick (*o* da); ***~ mai!*** niemals! ***ci mancava anche -a!*** das fehlte gerade noch! ***-a mattina*** heute Morgen; ***in ~ momento*** in diesem Augenblick, soeben, gerade eben; ***~ mondo*** Diesseits *n.*; ***niente di tutto ~*** nichts von all(e)dem; ***~ no*** das nicht; ***-a notte*** heute Nacht; ***quest'oggi*** heute; ***oltre a ~*** außerdem; ***-a me la paghi!*** das sollst du (mir) büßen! ***per ~*** deshalb (*o* darum, daher); ***-a poi!*** das gibt's ja nicht! das ist ja allerhand! ***~ pomeriggio*** heute nachmittag; ***fino a ~ punto*** so weit (*o* bis hierher); ***~ qua, qui*** der da (*o* dieser da); ***senti -a!*** hör dir das an! ***-a sera*** heute Abend; ***~ sì*** das schon; ***con tutto ~*** trotz alledem (*o* trotz allem); ***-a proprio non ci voleva*** das hat gerade noch gefehlt!

que|sto|re m. **1** Polizeipräsident *m.*, Polizeichef *m.* **2** STOR. Quästor *m.* ◆ ***~ delle camere*** = als Ordner fungierendes Parlamentsmitglied.

que|stua f. **1** Betteln *n.* **2a** *(raccolta di elemosine)* Almosensammlung *f.* **b** *(in chiesa)* Kollekte *f.* ◆ ***fare la ~*** um Almosen bitten. **que|stuan|te I** agg. Bettel-: ***frate ~*** Bettelmönch *m.* **II** m. e f. **1** Bettler *m.* (-in *f.*) **2** *(a scopo di beneficenza)* Kollekteur *m.* (-in *f.*). **que|stua|re I** intr. *(questuo;* aus. *avere)* um Almosen bitten, betteln **II** tr. erbetteln: ***~ favori*** Begünstigungen erbetteln.

que|stu|ra f. **1a** Amt *n.* des Polizeipräsidenten **b** *(sede)* Polizeipräsidium *n.*: ***recarsi in ~*** aufs Polizeipräsidium gehen **2** STOR. Quästur *f.* **que|stu|ri|no** m. COLLOQ. Bulle *m.*

que|to → **quieto.**

QI ⇒ *quoziente d'intelligenza* Intelligenzquotient (IQ).

qui avv. **1** *(stato in luogo)* hier, da: ***dov'è la mia borsa! – ~*** wo ist meine Tasche? – hier; ***sei ~?*** bist du da? ***si passa di ~*** es geht hier durch; *(rafforzativo di questo)* ***questo libro ~*** das Buch hier; ***chi è questo ~?*** wer ist denn das hier? ***questo ~ è il vino migliore*** das hier ist der beste Wein; ***voglio questo ~*** ich möchte diesen hier **2** *(moto a luogo)* hierher, her; ***vieni ~*** komm her; ***dammi ~*** her damit (*o* gib her) **3** *(con valore enfatico; spesso non tradotto)* ***senti ~ cosa dice il giornale*** hör mal (her), was in der Zeitung steht; ***tieni ~*** halt mal; ***guarda ~ che confusione*** schau mal, was für ein Durcheinander **4** FIG. da, hier, nun: ***~ scoppiò in lacrime*** da brach er in Tränen aus; ***~ hai torto*** da bist du im Unrecht; ***~ ci vuole molta calma*** hier muss man (die) Ruhe bewahren; ***~ comincia il bello*** nun kommt das Schönste; ***~ devo fare una precisazione*** hier muss ich etwas klar‿stellen ◆ ***di ~ in avanti*** *(locale)* von hier ab; *(temporale)* von nun an; ***da ~*** von hier (aus); ***non è lontano da ~*** es ist nicht weit von hier; ***da ~ non si vede niente*** von hier aus sieht man nichts; ***~ davanti*** hier vorn(e); ***~ dentro*** *(stato in luogo)* hier drinnen; *(moto a luogo; allontanandosi da chi parla)* hierhinein; *(avvicinandosi a chi parla)* hierherein; ***di ~*** hier: ***di ~ non si può passare*** hier kann man nicht durch‿gehen; ***è passato di ~*** er ist vorbeigekommen; *(con veicolo)* er ist vorbeigefahren; ***essere uno di ~*** von hier sein; ***la gente di ~ è molto ospitale*** die Leute hier sind sehr gastfreundlich; ***di ~ a poco*** bald; ***di ~ a un anno, a una settimana*** in einem Jahr, in einer Woche; ***~ dietro*** hier hinten; ***la posta è ~ dietro l'angolo*** die Post ist hier um die Ecke; ***ecco ~ i tuoi soldi*** hier hast du dein Geld; ***eccomi ~!*** hier bin ich! ***fin ~*** *(luogo)* bis hierher; *(tempo)* bis jetzt; ***è venuto fin ~*** er ist bis hierher gekommen; ***~ fuori*** *(stato in luogo)*, hier draußen; *(moto a luogo; allontanandosi da chi parla)* hierhinaus; *(avvicinandosi a chi parla)* hierheraus; ***fuori di ~!*** raus! ***era ~ intorno*** er war hier irgendwo; ***~ e lì*** hier und dort; FIG. hüben und drüben; ***di ~ a lì*** von hier bis dort; ***ora ~, ora lì*** mal hier, mal dort; ***per di ~*** hier durch (*o* hier entlang); ***~ sopra*** *(stato in luogo)* hier oben; *(moto a luogo; allontanandosi da chi parla)* hierhinauf; *(avvicinandosi a chi parla)* hierherauf; ***~ sotto*** *(stato in luogo)* hier unten; *(moto a luogo; allontandandosi da chi parla)* hierhinunter; *(avvicinandosi a chi parla)* hierherunter; ***tutto ~?*** ist das alles? ***il problema è tutto ~*** das ist das ganze Problem; ***è tutto ~ quello che hai da dire?*** ist das alles, was du zu sagen hast? ***via di ~!*** hau ab! ***~ vicino*** *(stato in luogo)* hier in der Nähe; *(moto a luogo)* hier in die Nähe.

quid m.inv. (irgend) etwas: ***in lui c'è un ~ che non mi piace*** (irgend) etwas an ihm gefällt mir nicht.

quid|di|tà f. Quiddität *f.*

quie|scen|te agg. **1** ruhend, Ruhe-; ***vulcano ~*** untätiger Vulkan **2** *(acquiscente)* nachgiebig, fügsam. **quie|scen|za** f. **1a** *(riposo)* Ruhe *f.*, Quieszenz *f.* **b** *(di vulcano)* Ruhephase *f.* **2** BUROCR. Ruhestand *m.*, Quieszenz *f.*: ***porre in ~*** in den Ruhestand versetzen; ***trattamento di ~*** Ruhegehalt *n.* (*o* Altersversorgung *f.*) **3** BOT. Ruhe *f.*

quie|ta|men|te avv. in Ruhe, friedlich.

quie|tan|za f. Quittung *f.*, Empfangsbestätigung *f.*: ***rilasciare una ~ per qcs.*** eine Quittung für etw. aus‿stellen ◆ ***~ in bianco*** Blankoquittung *f.*; ***per ~*** Betrag erhalten; ***firmare per ~*** quittieren. **quie|tan|za|re** tr. quittieren: ***~ una fattura*** eine Rechnung quittieren. **quie|tan|za|to** p.pass. agg. **1** → **quietanzare 2** quittiert: ***fattura non -a*** nicht quittierte Rechnung.

quie|ta|re I tr. **1** beruhigen, besänftigen: ***~ gli animi*** die Gemüter beruhigen **2** *(appagare)* erfüllen, befriedigen: ***~ un desiderio*** einen Wunsch erfüllen **II** pronom. **quietarsi 1** sich beruhigen, ruhig werden: ***quando si sarà quietato potremo parlargli*** wenn er sich beruhigt hat, können wir mit ihm reden **2** *(attenuarsi)* sich besänftigen, sich legen, nach‿lassen: ***il vento si è quietato*** der Wind hat sich gelegt. **quie|te** f. **1** Ruhe *f.*, Stille *f.*: ***la ~ della campagna*** die ländliche Ruhe **2** *(pace)* Ruhe *f.*, Frieden *m.* **3** FIS. Ruhe *f.*, Ruhezustand *m.* ◆ ***~ dell'anima*** Seelenfrieden *m.*; ***~ pubblica*** öffentliche Ruhe; ***turbare la ~ pubblica*** die öffentliche Ruhe stören; ***stato di ~ di un corpo*** Ruhezustand eines Körpers; ***la ~ prima della tempesta*** die Ruhe vor dem Sturm.

quie|ti|smo m. **1** Quietismus *m.* **2** ESTENS. Passivität *f.* **quie|ti|sta** m. e f. *(-i,-e)* **1** Quietist *m.* (-in *f.*) **2** ESTENS. passiver Mensch *m.* **quie|ti|sti|co** agg. *(-ci,-che)* quietistisch.

quie|to agg. **1** *(immobile)* ruhig, still: ***mare ~*** ruhiges Meer; ***aria -a*** stille Luft **2** *(tranquillo)* ruhig, friedlich: ***un tipo ~*** ein ruhiger Typ; ***indole -a*** ruhiges Temperament; ***stai ~!*** bleib doch ruhig! ◆ ***~ vivere*** ruhiges Leben; ***essere amante del ~ vivere*** das ruhige Leben lieben; ***per amore del ~ vivere*** um des lieben Friedens willen.

qui|na|rio I agg. *(-ri,-rie)* **1** Fünf(er)- **2** METR. fünfsilbig **II** m. *(-ri)* fünfsilbiger Vers *m.*, Fünfsilb(l)er *m.*

quin|ci avv. LETT. **1** von da (aus), von hier (aus) **2** *(moto attraverso luogo)* hierdurch ◆ ***parlare in ~ e quindi, star sul ~ e quindi*** geziert sprechen.

quin|de|cen|vi|ra|to m. Fünfzehnmännerkollegium *n.* **quin|de|cen|vi|ro** m. Mitglied *n.* des Fünfzehnmännerkollegiums.

quin|di I avv. danach, dann, darauf: ***prima arrivò l'insegnante, ~ gli allievi*** erst kam der Lehrer, dann folgten die Schüler **II** cong. (also) folglich, daher: ***è giovane, ~ inesperto*** er ist jung und daher unerfahren; ***hai mentito di nuovo, ~ devo punirti*** du hast wieder gelogen, folglich muss ich dich bestrafen.

quin|di|cen|na|le agg. **1** fünfzehnjährig: ***mutuo ~*** fünfzehnjähriges Darlehen **2** *(che ricorre ogni quindici anni)* fünfzehnjährlich. **quin|di|cen|ne I** agg. fünfzehnjährig **II** m. e f. Fünfzehnjährige *m.* e *f.* **quin|di|cen|nio** m. *(-ni)* fünfzehn Jahre *pl.*, Zeitraum *m.* von fünfzehn Jahren.

quin|di|ce|si|mo I agg. fünzehnte **II** m. **1** Fünfzehnte *m.* **2** *(frazione)* Fünfzehntel *n.*

quin|di|ci I agg.inv. fünfzehn: ***~ pagine*** fünfzehn Seiten; ***avere ~ anni*** fünfzehn (Jahre alt) sein **II** m.inv. **1a** Fünfzehn *f.*: ***puntare sul ~*** auf die Fünfzehn setzen **b** *(tram, bus)* ***prendere il, la ~*** die Fünfzehn, den Fünfzehner nehmen **2** *(giorno del mese)* Fünfzehnte *m.*: ***oggi è il ~*** heute ist der Fünfzehnte; ***il ~ (di) maggio*** am fünfzehnten Mai; ***contare fino a ~*** bis fünfzehn zählen **3** *(il 1915)* das Jahr 1915: ***è nato nel ~*** er ist 15 geboren; ***questo fatto risale al ~*** dieses Ereignis geht auf das Jahr 1915 zurück **III** f.pl. fünfzehn Uhr *f.*, fünfzehn: ***sono le ~*** es ist fünfzehn Uhr ◆ ***di ~ anni*** fünfzehnjährig; ***di ~ giorni*** vierzehntägig; ***ogni ~ giorni*** alle vierzehn Tage (*o* alle zwei Wochen); ***tra ~ giorni*** in vierzehn Tagen (*o* in zwei Wochen); ***~ volte*** fünfzehnmal.

quin|di|ci|na f. **1** etwa fünfzehn: ***una ~ di persone*** etwa (*o* ungefähr) fünfzehn Personen **2** *(quindici giorni)* ***la prima ~ di agosto*** die erste Augusthälfte **3** *(paga di quindici giorni)* vierzehntäglicher Lohn *m.*

quin|di|ci|na|le I agg. **1** *(che dura quindici giorni)* vierzehntägig **2** *(che ricorre ogni quindici giorni)* vierzehntäglich, Halbmonats-: ***visita ~*** vierzehntäglicher Besuch; ***rivista ~*** Halbmonatsschrift *f.* **II** m. Halbmonatsschrift *f.* **quin|di|ci|nal|men|te** avv. vierzehntäglich.

quin|qua|ge|na|rio LETT. **I** agg. *(-ri/-rii,-rie)* fünfzigjährig **II** m. *(-ri/-rii)* **1** Fünfzigjährige *m.* **2** *(cinquantenario)* fünfzigster Jahrestag *m.*

quin|quen|na|le I agg. **1** fünfjährig, Fünfjahres-: ***piano ~*** Fünfjahresplan *m.* **2** *(che ricorre ogni cinque anni)* fünfjährlich **II** m. fünfter Jahrestag *m.* **quin|quen|ne I** agg. fünfjährig **II** m. e f. Fünfjährige *m.* e *f.* **quin|quen|nio** m. *(-ni)* Jahrfünft *n.*, Quinquennium *n.*

quin|ta f. **1a** SCOL. *(elementare)* fünfte Klasse *f.* **b** *(superiore)* dreizehnte Klasse *f.* **2** TEATR. Kulisse *f.*: ***montare, smontare le -e*** die Kulissen auf‿bauen, ab‿bauen; ***cambiare le -e*** die Kulissen (ver)schieben; ***gettare uno sguardo dietro le -e*** einen Blick hinter die Kulissen werfen (*o* tun); FIG. ***agire, stare dietro le -e*** hinter den Kulissen agieren, bleiben **3** AUT. fünfter Gang *m.*: ***innestare, mettere, ingranare la ~*** in den fünften Gang schalten, den fünften Gang ein‿legen **4a** SPORT *(nella scherma)* Quint *f.*: ***invito di ~*** Einladung *f.* zur Quint **b** *(nella danza)* fünfte Position *f.* **5a** MUS. ***(intervallo di) ~*** Quinte *f.*: ***ciclo delle -e*** Quintenzirkel *m.* **b** *(sinfonia)* Fünfte *f.*: ***la Quinta di Beethoven*** Beethovens Fünfte.

quin|ta|le m. Doppelzentner *m.*, Dezitonne *f.*; AUSTR. SVIZZ. Zentner *m.*: ***un ~ di patate*** ein Zentner Kartoffeln ◆ ***a -i*** zentnerweise; ***mezzo ~*** Zentner *m.*

quin|ta|na f. 1 MED. Quintana *f.*, Quintanafieber *n.*, Fünftagefieber *n.* 2 STOR. *(gara cavalleresca)* Quintanrennen *n.*
quin|ter|no m. = fünf Doppelblätter *pl.*
quin|tes|sen|za f. 1 Quintessenz *f.* 2 FIG. Quintessenz *f.*, Inbegriff *m.*: ***la ~ della purezza*** der Inbegriff der Reinheit; ***la ~ di un ragionamento*** die Quintessenz eines Gedankengangs. **quin|tes|sen|zia|le** agg. wesentlich.
quin|tet|to m. 1 Quintett *n.* (anche FIG.): SCHERZ. ***formate proprio un bel ~*** ihr seid wirklich ein schönes Quintett 2 SPORT Basketballmannschaft *f.* ◆ ***~ d'archi*** Streichquintett *n.*; ***~ base*** Stammbesetzung *f.*; ***~ di fiati*** Blasquintett *n.*
quin|ti|na f. Quintole *f.*
quin|ti|no m. Fünftelliter *m.*
Quin|ti|no n.pr.m. Quintin(us) *m.*
quin|to I agg. 1 fünfte: ***il ~ anno di scuola*** das fünfte Schuljahr; ***il ~ secolo*** das fünfte Jahrhundert; ***al ~ posto*** auf dem fünften Platz; ***al ~ piano*** im fünften Stock; ***la -a volta*** das fünfte Mal; ***la -a parte*** der fünfte Teil 2 *(posposto a nomi propri)* der Fünfte: ***Enrico ~*** Heinrich der Fünfte **II** m. 1 Fünfte *m.*: ***è il ~ da destra*** er ist der Fünfte von rechts; ***arrivare ~*** als Fünfter an‿kommen 2 *(frazione)* Fünftel *n.*: ***tre -i*** drei Fünftel; ***la -a parte di qcs.*** ein Fünftel von etw. ◆ ***cessione del ~*** = zinsgünstiges Darlehen der Pensionsversicherung; ***-a colonna*** fünfte Kolonne; ***-a malattia*** Fünftagefieber *n.*; ***~ potere*** fünfte Gewalt.
quin|to|ge|ni|to I agg. fünftgeboren **II** m. Fünftgeborene *m.*
quin|tul|ti|mo I agg. fünftletzte **II** m. Fünftletzte *m.*
quin|tu|pli|ca|re *(quintuplico, quintuplichi)* **I** tr. 1 verfünffachen, um das Fünffache erhöhen: ***~ il ricavo*** den Gewinn um das Fünffache erhöhen 2 *(ingrandire di cinque volte)* ums Fünffache vergrößern **II** pronom. **quintuplicarsi** sich verfünffachen, sich fünffach vergrößern. **quin|tu|plo I** agg. fünffach **II** m. Fünffache *n.*
qui pro quo, qui|pro|quò m.inv. Quiproquo *n.*, Missverständnis *n.*
Qui|ri|na|le n.pr.m. Quirinal *m.*
Qui|ri|no n.pr.m. Quirin(us) *m.*
qui|ri|te STOR. LETT. **I** agg. quiritisch. **II** m. Quirite *m.*
qui|squi|lia f. LETT. Kleinigkeit *f.*, Lappalie *f.*, Quisquilien *pl.*
qui|vi avv. LETT. 1 *(in tal posto)* dort, da 2 *(allora)* damals.
quiz m.inv. Quiz *n.*, Frage- und Antwortspiel *n.*, Ratespiel *n.*: ***vincere, fare, organizzare un ~*** ein Quiz gewinnen, machen, veranstalten; ***porre dei ~*** Quizfragen stellen ◆ ***gioco a ~*** Quiz *n.*; ***partecipante a un ~*** Quizteilnehmer *m.*; ***~ a premi*** Quizveranstaltung *f.* (*o* Preisrätsel *m.*); ***presentatore di ~*** Quizmaster *m.*; ***~ televisivo*** Quizsendung *f.*
quo|rum m.inv. Quorum *n.*: ***costituire, raggiungere il ~ (necessario)*** das (nötige) Quorum erreichen.
quo|ta f. 1a *(parte)* Anteil *m.*, Quote *f.*: ***la tua ~ è di un milione*** dein Anteil beträgt eine Million; ECON. ***acquistare delle -e*** Anteile erwerben **b** *(rata)* Beitrag *m.*, Rate *f.*: ***pagare una ~*** einen Beitrag zahlen (*o* entrichten); ***~ di abbonamento*** Beitrag für das Abonnement 2 AER. *(altitudine)* Höhe *f.*, Höhenlage *f.*; *(in volo)* Flughöhe *f.*: ***guadagnare (prendere), perdere ~*** an Höhe gewinnen, verlieren; ***raggiungere ~ 3000*** Höhe 3000 erreichen; ***mantenersi a una ~ di 10 000 m*** sich auf 10 000 m Höhe halten; ***salire a ~ 2500*** bis auf 2500 m steigen; ***essere situato a ~ 1000*** in 1000 Meter Höhe liegen; ***ridurre la ~*** die Flughöhe verringern 3 *(nel totocalcio, nell'ippica)* Gewinnquote *f.* 4 TECN. ARCH. *(nei disegni)* Maßzahl *f.* 5 BANC. Kurs *m.* ◆ ***ad alta ~*** in großer Höhe; ***volare ad alta ~*** hoch fliegen; ***clima d'alta ~*** Höhenklima *n.*; ***escursione ad alta ~*** Höhenwanderung *f.*; ***vento d'alta ~*** Höhenwind *m.*; ***~ d'ammortamento*** Amortisationsrate *f.*; ***~ annuale*** Jahresbeitrag *m.*; ***~ assicurativa*** Versicherungsbeitrag *m.*; ***~ associativa*** Mitgliedsbeitrag *m.*; ***a bassa ~*** tief, niedrig; ***volare a bassa ~*** tief (*o* niedrig) fliegen; ***volo a bassa ~*** Tiefflug *m.*; BANC. ***cedimento della ~*** Kursabschwächung *f.*; ***~ di cessione*** Rückversicherungsquote *f.*; ***~ contributiva*** Beitragsanteil *m.*; AER. ***~ di crociera*** Flughöhe *f.*; ***differenza di ~*** Höhenunterschied *m.*; ***~ ereditaria*** Erb(an)teil *m.*; ***~ esente*** Freibetrag *m.*; ***~ esente da imposta*** Steuerfreibetrag *m.*; SPORT ***essere a ~ dieci*** zehn Punkte haben; BANC. ***~ fissa*** Festbetrag *m.*; ***~ forfettaria*** Pauschalbetrag *m.* (*o* Pauschale *f.*); ***~ d'immigrazione*** Einwanderungsquote *f.*; AER. ***indicazione della ~*** Höhenangabe *f.*; ***~ individuale*** Kopfquote *f.*; ***~ iniziale (di capitale)*** Stammeinlage *f.*; ***~ d'iscrizione*** Einschreibegebühr *f.*; ***~ di maggioranza*** Mehrheitsbeteiligung *f.*, Mehrheitsanteil *m.*; ***~ massima*** Höchstanteil *m.*; ***~ mensile*** Monatsbeitrag *m.*; ***~ di mercato*** Marktanteil *m.*; ***~ minima*** Mindestanteil *m.* (*o* Mindestbeitrag *m.*); ***~ di mutuo*** Darlehensanteil *m.*; ***~ obbligatoria*** Pflichtbeitrag *m.*; ***obbligo di versamento della ~*** Beitragspflicht *f.*; ***~ parte*** Anteil *m.* (*o* Quote *f.*); ***~ di partecipazione*** Beteiligung *f.* (*o* Kapitalanteil *m.*, Geschäftsanteil *m.*); AER. ***prendere ~*** an Höhe gewinnen; FIG. *(di mercato azionario)* sich beleben; *(di valuta)* steigen; ***calcolare pro ~*** anteilig berechnen; ***~ propria*** eigener Anteil; ***~ di proprietà*** Besitzanteil *m.*; AER. ***riprendere ~*** durch‿starten; ***~ di rischio*** Risikoquote *f.*; ***~ sindacale*** Gewerkschaftsbeitrag *m.*; ***~ sociale*** Gesellschaftsanteil *m.*; ***~ di sottoscrizione*** Subskriptionsanteil *m.*; ***~ spettante*** zustehender Anteil; AER. ***timone di ~*** Höhenruder *n.* (*o* Höhenleitwerk *n.*); ***~ del totalizzatore*** Gewinnquote *f.* (am Totalisator); ***~ di utile*** Gewinnanteil *m.*; ***~ di vendita*** Absatzquote *f.*; TOPOGR. ***~ zero*** Normalnull *n.*; SPORT ***essere a ~ zero*** keinen Punkt haben; FIG. wieder am Anfang stehen.
quo|ta|bi|le agg. kursfähig.
quo|ta|re I tr. 1 ***~ qcn.*** jds Anteil fest‿setzen: ***~ i membri per 100 000 lire*** den Anteil der Mitglieder auf 100 000 Lire festsetzen 2 ECON. quotieren, notieren: ***~ un'azione a 50 marchi*** eine Aktie mit 50 DM notieren 3 *(valutare)* schätzen, taxieren 4 FIG. *(apprezzare)* schätzen, an‿sehen 5 *(nell'ippica)* ***~ un cavallo*** die Gewinnquote eines Pferdes fest‿setzen **II** pronom. **quotarsi** einen Beitrag leisten, sich zu einem Anteil verpflichten: ***-rsi per...*** sich zu einem Anteil von... verpflichten. **quo|ta|to** p.pass. agg. 1 → **quotare** 2 ECON. notiert: ***azione -a*** notierte Aktie; ***~ in Borsa*** an der Börse notiert (*o* börsennotiert); ***il marco era ~ 1000*** die DM stand bei 1000 3 FIG. angesehen: ***un artista molto ~*** ein sehr angesehener Künstler; ***essere molto ~ (presso qcn.)*** (bei jdm) hoch im Kurs stehen ◆ ***cavallo ben ~*** Favorit *m.*; ***cavallo mal ~*** Außenseiter *m.*; ***non ~*** unnotiert; ***società -a (in borsa)*** Börsengesellschaft *f.*; ***titolo ~ (in borsa)*** Börsenpapier *n.*
quo|ta|zio|ne f. 1 ECON. Quotation *f.*, Kursnotierung *f.*, Kurs *m.*: ***~ fissa*** fixe (*o* feste) Notierung; *(di valuta)* fixer (*o* fester) Wechselkurs; ***le -i salgono (sono in rialzo), scendono (sono in ribasso), oscillano, sono costanti*** die Kurse steigen, fallen, schwanken, bleiben stabil; ***sostenere la ~*** den Kurs stützen 2 FIG. Ansehen *n.*, Wertschätzung *f.*: ***le sue -i sono in ribasso*** sein Ansehen sinkt ◆ ***andamento delle -i*** Kursentwicklung *f.*; ***~ d'apertura*** Eröffnungskurs *m.*; ***~ azionaria*** Aktiennotierung *f.*; ***~ in borsa*** *(di valuta)* Kursnotierung *f.*; *(di titoli)* Börsennotierung *f.*; ***~ dei cambi*** Devisennotierung *f.*; ***~ di chiusura*** Schlussnotierung *f.*; ***crollo delle -i*** Kurssturz *m.*; ***~ del dollaro*** Dollarkurs *m.*; ***flessione delle -i*** Kursrückgang *m.*; ***~ del giorno*** Tageskurs *m.*; ***~ del giorno precedente*** Vortageskurs *m.*; ***indice delle -i*** Kursindex *m.*, Börsenindex *m.*; ***oscillazioni delle -i*** Kursschwankungen *pl.*; ***~ dei prezzi*** Preisnotierung *f.*; ***prima ~*** Einführungskurs *m.*; ***recupero delle -i*** Kurserhöhung *f.*; ***rialzo delle -i*** Kurssteigerung *f.*; ***ribasso delle -i*** Kursrückgang *m.*; ***tabella delle -i*** Kurstafel *f.* (*o* Kurszettel *m.*); ***~ ufficiale*** amtliche Notierung; ***valore di ~*** Kurswert *m.*; ***~ delle valute*** Devisennotierung *f.*
quo|ti|dia|na|men|te avv. alltäglich, täglich. **quo|ti|dia|ni|tà** f. Alltag *m.*
quo|ti|dia|no I agg. 1 Alltags-, täglich: ***l'esperienza -a*** Alltagserfahrung *f.*; ***occupazione -a*** Alltagsbeschäftigung *f.*, tägliche Beschäftigung; ***il pane ~*** das tägliche Brot (anche FIG.) 2 ESTENS. alltäglich: ***il tran tran ~*** der alltägliche Trott (*o* das alltägliche Einerlei); ***il vivere ~*** das alltägliche Leben **II** m. Tageszeitung *f.* ◆ ***~ economico*** Wirtschaftszeitung *f.*; ***linguaggio ~*** Alltagssprache *f.*; ***stampa -a*** Tagespresse *f.*; ***uso ~*** Handgebrauch *m.* (*o* täglicher Gebrauch); ***vita -a*** Alltagsleben *n.*, Alltag *m.*; ***le preoccupazioni -e, della vita -a*** die Alltagssorgen.
quo|ti|sta m. e f. *(-i,-e)* Gesellschafter *m.* (-in *f.*).
quo|tiz|za|re tr. 1 quotisieren 2 *(terreni)* parzellieren. **quo|tiz|za|zio|ne** f. 1 Quotisieren *n.* 2 *(di terreni)* Parzellieren *n.*
quo|to m. Quotient *m.* **quo|zien|te** m. 1 MAT. Quotient *m.* 2 STATIST. Ziffer *f.*, Zahl *f.*, Quotient *m.* ◆ ***~ elettorale*** Wahlzahl *f.*; ***~ d'intelligenza, ~ intellettivo*** Intelligenzquotient *m.*; ***~ di mortalità*** Sterblichkeitsziffer *f.*, Sterblichkeitsrate *f.*; ***~ di natalità*** Geburtenziffer *f.*, Geburtenzahl *f.*
q.v. ⇒ *quod vide* siehe.

R

r, R f. e m.inv. r, R *n.*: ***una R maiuscola, una r minuscola*** ein großes R, ein kleines r.

R ⇒ **1** *raccomandata* Einschreiben **2** FIS. *resistenza elettrica* elektrischer Widerstand.

ra|bar|ba|ro m. **1** Rhabarber *m.* **2** *(liquore)* Rhabarberlikör *m.*

rab|ber|cia|men|to m. **1** Zurechtflicken *n.*, Zusammenflicken *n.* **2** FIG. Zusammenstoppeln *n.*, Zusammenflicken *n.* **rab|ber|cia|re** tr. **1** zurecht‿flicken, zusammen‿flicken: ***~ un vestito*** ein Kleid zusammenflicken **2** FIG. zusammen‿stoppeln, zusammen‿flicken: ***~ un discorso*** eine Rede zusammenstoppeln. **rab|ber|cia|tu|ra** f. Flickwerk *n.* (anche FIG.).

rab|bia f. **1** VET. Tollwut *f.* **2a** ESTENS. Zorn *m.*, Wut *f.*, Ärger *m.*: ***fremere (schiumare), ribollire di ~*** vor Wut schäumen, kochen; ***essere colto dalla ~*** in Wut geraten; ***sfogare la propria ~ su qcn.*** seine Wut an jdm aus‿lassen; ***mangiarsi il fegato dalla ~*** sich vor Wut in den Bauch beißen **b** *(impeto)* Toben *n.*, Wüten *n.*: ***la ~ delle onde*** das Toben der Wellen ◆ ***che ~!*** verdammt! ***cieco di ~*** blindwütig; ***mi fa ~*** das ärgert mich; ***far ~ a qcn.*** jdn wütend (*o* zornig) machen; ***scoppio di ~*** Wutausbruch *m.*; ***diventare verde dalla ~*** sich grün und blau ärgern. **rab|bi|co** agg. *(-ci, che)* Tollwut-: ***epidemia -a*** Tollwutepidemie *f.*

rab|bi|ni|co agg. *(-ci,-che)* rabbinisch. **rab|bi|ni|smo** m. rabbinische Lehren *pl.* **rab|bi|no** m. Rabbiner *m.*

rab|bio|sa|men|te avv. zornig, wütend. **rab|bio|so** agg. **1** VETER. tollwütig: ***cane ~*** tollwütiger Hund **2a** ESTENS. jähzornig, zornig, wütend: ***essere un tipo ~*** ein jähzorniger Typ sein; ***uno sguardo, tono ~*** ein zorniger Blick, Ton; ***voce -a*** wütende Stimme **b** *(impetuoso)* wütend, tobend: ***tempesta -a*** wütender Sturm; ***mare ~*** tobendes Meer.

rab|boc|ca|re tr. *(rabbocco, rabbocchi)* bis zum Rande füllen, voll‿füllen, nach‿füllen, wieder auf‿füllen: ***~ una bottiglia di vino*** eine Flasche Wein nachfüllen (*o* eine Flasche bis zum Rand mit Wein füllen). **rab|boc|ca|tu|ra** f., **rab|boc|co** m. *(-chi)* **1** Vollfüllen *n.*, Nachfüllen *n.*, Wiederauffüllen *n.* **2** *(effetto)* Füllung *f.*

rab|bo|ni|men|to m. Besänftigung *f.*, Beruhigung *f.* **rab|bo|ni|re** *(rabbonisco, rabbonisci)* **I** tr. besänftigen, begütigen, beschwichtigen **II** pronom. **rabbonirsi** sich beruhigen, sich besänftigen.

rab|bri|vi|di|re intr. *(rabbrividisco, rabbrividisci*; aus. *avere, essere)* schaudern, erschaudern, erschauern: ***~ di paura, freddo, orrore*** vor Angst, Kälte, Entsetzen schaudern; ***~ al pensiero di qcs.*** mit Schaudern an etw. (A) denken (*o* bei dem Gedanken an etw. (A) schaudern); ***il solo pensiero mi fa ~*** allein der Gedanke lässt mich erschaudern.

rab|buf|fa|re I tr. **1** *(arruffare)* verwirren, zerzausen: ***~ la capigliatura*** das Haar zerzausen **2** *(sgridare)* aus‿schimpfen, schelten **II** pronom. **rabbuffarsi** Sturm verheißen. **rab|buf|fa|to** p.pass. agg. **1** → **rabbuffare 2** *(arruffato)* verwirrt, zerzaust **3** *(sconvolto)* erschüttert, verwirrt.

rab|buf|fo m. Verweis *m.*, Rüffel *m.*: ***prendersi un solenne ~*** einen tüchtigen Rüffel erteilt bekommen (*o* einen strengen Verweis erhalten).

rab|bu|ia|men|to m. Umwölkung *f.*

rab|bu|ia|re *(rabbuio, rabbui)* **I** intr. impers. (aus. *essere*) ***rabbuia*** es verfinstert (*o* verdunkelt) sich **II** pronom. **rabbuiarsi 1** sich verfinstern, sich verdunkeln: ***il cielo si è rabbuiato*** der Himmel hat sich verfinstert **2** FIG. *(adombrarsi)* sich verfinstern, sich verdüstern; ***-rsi in volto*** ein finsteres Gesicht machen. **rab|bu|ia|to** p.pass. agg. **1** → **rabbuiare 2** finster.

rab|do|man|te m. e f. **1** Rhabdomant *m.* (-in *f.*) **2** *(radioestesista)* Wünschelrutengänger *m.* (-in *f.*). **rab|do|man|ti|co** agg. *(-ci,-che)* rhabdomantisch ◆ ***bacchetta -a*** Wünschelrute *f.* **rab|do|man|zi|a** f. **1** Rhabdomantie *f.* **2** *(radioestesia)* Wünschelrutengängerei *f.*, Radiästhesie *f.*

ra|be|sca|re → **arabescare. ra|be|sco** → **arabesco.**

rac|ca|pez|za|re I tr. **1** *(mettere insieme)* zusammen‿bringen, zusammen‿kratzen, sammeln: ***~ denaro*** Geld zusammenbringen; ***~ notizie*** mühsam Nachrichten sammeln **2** *(capire)* (mit Mühe) begreifen, (mit Mühe) heraus‿finden **II** pronom. **raccapezzarsi** sich zurecht‿finden, klar‿kommen; ***non -rsi in qcs.*** aus etw. nicht klug werden; ***con tutta questa confusione non mi ci raccapezzo più*** in all diesem Durcheinander finde ich mich nicht mehr zurecht.

rac|ca|pric|cian|te agg. grauenhaft, Schauder erregend, entsetzlich: ***racconto ~*** grauenhafte Erzählung; ***immagine ~*** Schauder erregendes Bild. **rac|ca|pric|cia|re** *(raccapriccio, raccapricci)* **I** intr. (aus. *essere*) erschaudern, entsetzen: ***uno spettacolo che fa ~*** ein Anblick, der einen erschaudern lässt **II** pronom. **raccapricciarsi** sich grausen.

rac|ca|pric|cio m. *(-ci)* Schauder *m.*, Entsetzen *n.*: ***provare ~*** Schauder empfinden, von Entsetzen befallen werden; ***rimanere impietrito dal ~*** starr vor Entsetzen sein; ***guardare qcs. con ~*** etw. mit Schauder betrachten; ***con mio ~*** zu meinem Entsetzen.

rac|cat|ta|pal|le m. e f.inv. Balljunge *m.*

rac|cat|ta|re tr. COLLOQ. **1** *(raccogliere da terra)* auf‿heben, auf‿lesen: ***~ qcs. da terra*** etw. vom Boden aufheben; ***~ le palle da tennis*** die Tennisbälle aufheben **2** *(mettere insieme)* zusammen‿bekommen, zusammen‿kratzen, auf‿raffen, sammeln: ***~ notizie, aneddoti*** mühsam Nachrichten, Anekdoten sammeln; ***~ denaro*** Geld zusammenkratzen; ***~ indumenti*** Kleidungsstücke aufraffen ◆ ***~ qcn. per strada*** jdn auf (*o* von) der Straße auf‿sammeln; ***~ una maglia*** eine Masche wieder auf‿nehmen.

rac|chet|ta f. **1 *~ (da tennis)*** Tennisschläger *m.*, Schläger *m.*: ***incordare, provare una ~*** einen Tennisschläger beziehen, aus‿probieren; ***l'incordatura della ~*** die Bespannung des Tennisschlägers **2 *~ (da sci)*** Skistock *m.* **3** *(di tergicristallo)* Scheibenwischer *m.* ◆ ***~ da neve*** Schneeschuh *f.* (*o* Schneereifen *m.*); ***~ da ping-pong*** Tischtennisschläger *m.*

rac|chia f. Monster *n.*

rac|chio I agg. *(-chi,-chie)* hässlich, garstig **II** m. *(-chi)* Monster *n.*, Ausbund *m.* an Hässlichkeit.

rac|chiu|de|re tr. *(racchiusi; racchiuso)* ein‿schließen, verschließen, enthalten: ***~ nel cuore un segreto*** ein Geheimnis im tiefsten Innern verschließen; ***lo scrigno racchiude dei gioielli*** im Sekretär sind Juwelen eingeschlossen. **rac|chiu|so** p.pass. agg. **1** → **racchiudere 2** beschlossen: ***essere ~ in qcs.*** in etw. (D) beschlossen sein (*o* liegen).

rac|co|glie|re *(raccolgo, raccogli; raccolsi; raccolto)* **I** tr. **1** auf‿heben: ***~ qcs. da terra*** etw. vom Boden aufheben; ***~ una pietra*** einen Stein aufheben **2a** ernten: ***~ frutta, verdura*** Obst, Gemüse ernten; ***~ l'insalata, l'uva*** Salat, Trauben ernten; assol. ***quest'anno raccoglieremo poco*** dieses Jahr wird es eine schlechte Ernte geben **b** *(togliere dalla pianta)* pflücken: ***~ fiori, cotone*** Blumen, Baumwolle pflücken; ***~ le bacche, gli spinaci*** Beeren, Spinat pflücken **c** sammeln: ***~ funghi, legna*** Pilze, Holz sammeln **3a** *(ricevere)* bekommen: ***~ molti voti*** viele Stimmen bekommen **b** FIG. ernten: ***~ ingratitudine, consensi*** Undank, Beifall ernten; ***~ i frutti del proprio lavoro*** die Früchte seiner Arbeit ernten **4** *(accumulare, collezionare)* sammeln: ***~ vestiti, offerte per i poveri*** Kleider, Spenden für die Armen sammeln; ***~ giocattoli, punti*** Spielzeug, Punkte sammeln; ***~ carta da riciclare*** Altpapier sammeln; ***~ dati*** Daten sammeln; ***~ materiale per un libro*** Stoff (*o* Material) für ein Buch sammeln; ***~ fondi, firme*** Geld, Unterschriften sammeln; ***~ monete, francobolli*** Münzen, Briefmarken sammeln **5** *(far convogliare)* auf‿fangen, sammeln: ***~ acqua piovana in un bidone*** Regenwasser in einer Tonne auffangen; ***~ profughi in centri di accoglienza*** Flüchtlinge in einem Notaufnahmelager sammeln **6a** *(accettare)* an‿nehmen, nach‿kommen: ***~ una provocazione*** eine Herausforderung annehmen; ***~ un invito*** einer Aufforderung nachkommen **b** *(accogliere)* auf‿nehmen: ***~ bambini abbandonati***

Findelkinder aufnehmen **7** *(capire)* verstehen: **~ *un'allusione*** eine Anspielung verstehen; assol. ***gliel'ho detto, ma lui non raccoglie*** ich habe es ihm gesagt, aber er kapiert das nicht **II** pronom. **raccogliersi 1** sich versammeln **2** *(concentrarsi)* sich sammeln: ***-rsi in preghiera, in meditazione*** sich ins Gebet, in die Meditation versenken **3** *(rannicchiarsi)* sich kauern, sich zusammen‿kauern: ***-rsi prima di saltare*** sich vor dem Sprung zusammenkauern ◆ **~ *asparagi*** Spargel stechen; **~ *le braccia*** die Arme verschränken; **~ *i capelli*** das Haar zusammen‿binden; SPORT **~ *un cross da destra*** eine Flanke von rechts aufnehmen; **~ *un'eredità*** ein Erbe an‿treten; MAT. **~ *a fattor comune*** auf den gleichen Nenner bringen; **~ *le gambe*** die Beine an den Körper ziehen; **~ *il gregge*** die Herde zusammen‿treiben; **~ *idee*** Ideen sammeln; **~ *le idee*** seine Gedanken sammeln; **~ *gente intorno a sé*** Leute um sich scharen; **~ *lodi*** Lob ein‿heimsen; **~ *provviste per l'inverno*** Vorräte für den Winter zusammen‿tragen; **~ *le reti*** die Netze ein‿holen; **~ *in sé*** in sich vereinen; **~ *la sfida*** den Fehdehandschuh auf‿nehmen; **~ *i propri quattro stracci*** seine Siebensachen zusammen‿packen; **~ *qcn. dalla strada*** jdn von der Straße auf‿lesen; **~ *le vele*** die Segel streichen; PROV. ***ognuno raccoglie quel che semina*** wie man sich bettet, so liegt man; ***chi semina vento raccoglie tempesta*** wer Wind sät, wird Sturm ernten. **rac|co|gli|men|to** m. Sammlung *f.*, Andacht *f.*, Versenken *n.*, Einkehr *f.*: ***essere assorto in un profondo ~*** tief in Andacht versunken sein; ***una pausa di ~*** eine schöpferische Pause ◆ **~ *interiore*** Selbsteinkehr *f.*; ***un minuto di ~*** eine Schweigeminute *f.* (*o* Gedenkminute *f.*).

rac|co|gli|tic|cio I agg. *(-ci,-ce)* **1** zusammengelesen **2** FIG. *(superficiale)* zusammengeschustert: ***lavoro ~*** zusammengeschusterte Arbeit **II** m. buntes Allerlei *n.*, Gemisch *n.*

rac|co|gli|to|re m. **1** Sammler *m.*: ***un ~ di funghi*** ein Pilzsammler **2** *(cartellina)* Mappe *f.*, Sammelmappe *f.*, Ordner *m.*: ***ordinare le lettere in un ~*** Briefe in einen Ordner ein‿heften **3** *(scatola)* Sammelbox *f.* ◆ **~ *per corrispondenza*** Briefablage *f.*; **~ *di cotone*** Baumwollpflücker *m.*; **~ *per documenti*** Aktienordner *m.*; **~ *di francobolli*** Briefmarkensammler *m.*; **~ *per francobolli*** Briefmarkenalbum *n.*; **~ *di frutta*** Obstpflücker *m.*; ***mettere in un ~*** ab‿heften; **~ *di monete*** Münzensammler *m.*; **~ *di quadri*** Gemäldesammler *m.* **rac|co|gli|tri|ce** f. Erntemaschine *f.*: **~ *di patate*** Kartoffelerntemaschine *f.*

rac|col|ta f. **1a** Sammlung *f.*: **~ *di fondi*** Sammlung von Geldern; ***organizzare, fare una ~ per la Croce Rossa*** eine Sammlung für das Rote Kreuz veranstalten, durchführen; *(collezione)* ***una ~ di porcellane antiche*** eine Sammlung antiken Porzellans; **~ *di monete*** Münzensammlung *f.*; **~ *di francobolli*** Briefmarkensammlung *f.*; ***fare la ~ di francobolli*** Briefmarken sammeln; ***una ~ di autori classici*** eine Sammlung klassischer Autoren **b** *(azione)* Sammeln *n.* **2** *(raccolto)* Ernte *f.*: ***la ~ comincia a fine maggio*** die Ernte beginnt Ende Mai; ***una ~ abbondante, scarsa*** eine fette, magere Ernte **3** *(raduno)* Versammlung *f.*; ***chiamare a ~*** versammeln; FIG. ***chiamare a ~ tutte le proprie forze*** seine Kräfte sammeln ◆ **~ *delle acque*** Wasserspeicherung *f.*; ***bacino di ~*** Speicherbecken *n.*, Sammelbecken *n.*; ***campo di ~*** Sammellager *n.*, Auffanglager *n.*; **~ *di capitali*** Kapitalbeschaffung *f.*; **~ *differenziata*** Mülltrennung *f.*, getrennte Müllsammlung (*o* Abfallsammlung); FIG. ***mangiare la ~ in erba*** von der Hand im Mund leben; **~ *di farfalle*** Schmetterlingssammlung *f.*; **~ *di firme*** Unterschriftensammlung *f.*; **~ *delle immondizie*** Müllabfuhr *f.*; **~ *di leggi*** Gesetzessammlung *f.*; **~ *di novelle*** Novellensammlung *f.*; **~ *delle olive*** Olivenernte *f.*; **~ *di poesie*** Gedichtsammlung *f.*; **~ *di prediche*** Postille *f.*; **~ *di quadri*** Gemäldesammlung *f.*; ***suonare a ~*** zum Sammeln blasen; **~ *dell'uva*** Weinlese *f.*; **~ *di versi*** Gedichtsammlung *f.* **rac|col|ta|men|te** avv. andächtig, gesammelt.

1.rac|col|to p.pass. agg. **1** → **raccogliere 2** *(rannicchiato)* zusammengekauert: ***rimanere in posizione -a*** zusammengekauert bleiben **3** *(di capelli)* zusammengebunden **4** FIG. *(assorto, concentrato)* gesammelt **5** *(tranquillo)* behaglich, gemütlich: ***atmosfera -a*** gemütliche Atmosphäre ◆ ***braccia -e*** verschränkte Armen; ***capelli -i in treccia*** zu einem Zopf geflochtenes Haar; **~ *in preghiera*** ins Gebet vertieft.

2.rac|col|to m. Ernte *f.*: **~ *magro, abbondante*** magere, fette Ernte; ***riporre, mettere al riparo il ~*** die Ernte ein‿fahren, ein‿bringen; ***la grandine ha danneggiato il ~*** der Hagel hat der Ernte geschadet; ***il ~ è stato distrutto*** die Ernte ist vernichtet worden ◆ ***assicurazione del ~*** Ernteversicherung *f.*; ***carro per il ~*** Erntewagen *m.*; ***cattivo ~*** Missernte *f.*; **~ *di cereali*** Getreideernte *f.*; ***danno al ~*** Ernteschaden *m.*; **~ *per ettaro*** Flächenertrag *m.*; ***festa del ~*** Erntefest *n.*; **~ *della frutta*** Fruchtertrag *m.* (*o* Obsternte *f.*); ***maturazione dopo il ~*** Nachreife *f.*; ***periodo del ~*** Erntezeit *f.*; ***ricavato del ~*** Ernteertrag *m.*; **~ *del tè*** Tee-Ernte *f.*

rac|co|man|da|bi|le agg. **1** empfehlenswert **2** *(affidabile)* Vertrauen erweckend: ***un tipo poco ~*** ein nicht gerade Vertrauen erweckender Typ.

rac|co|man|da|re I tr. **1** *(affidare)* an‿vertrauen: **~ *i figli alle cure di qcn.*** die Kinder jds Obhut anvertrauen; **~ *qualcuno alla clemenza dei giudici*** jdn der Nachsicht des Richters anvertrauen; **~ *l'anima a Dio*** die Seele Gott anvertrauen **2** *(consigliare)* empfehlen, raten: ***te lo raccomando caldamente*** das empfehle ich dir wärmstens; **~ *un albergo*** ein Hotel empfehlen **3** *(esortare)* nahe‿legen, ermahnen, raten: **~ *a qcn. di fare qcs.*** jdm nahe legen, etw. zu tun; ***vi raccomando di ubbidirgli*** ich möchte euch ans Herz legen, ihm zu gehorchen; **~ *a qcn. la puntualità*** jdn zur Pünktlichkeit ermahnen; **~ *prudenza*** zur Vorsicht raten **4** *(appoggiare, favorire)* (persönlich) empfehlen: **~ *un candidato*** einen Kandidaten (persönlich) empfehlen **5** ANT. O LETT. *(assicurare)* befestigen: **~ *qcs. a un palo*** etw. an einem Pfahl befestigen **II** pronom. **raccomandarsi 1** sich an‿vertrauen, sich empfehlen: ***-rsi a Dio*** sich Gott empfehlen; ***-rsi alla clemenza di qcn.*** sich jds Gnade anvertrauen **2** *(implorare)* an‿flehen: ***-rsi a qcn.*** jdn anflehen **3** *(esortare)* (nachdrücklich) bitten: ***si è raccomandato di seguire scrupolosamente le istruzioni*** er hat (nachdrücklich) gebeten, sich streng an die Anweisungen zu halten ◆ ***mi raccomando!*** vergiss es nicht! ***mi raccomando, telefona appena arrivi!*** (bitte) vergiss nicht, sofort anzurufen, sobald du ankommst! ***mi raccomando, stai attento!*** sei ja vorsichtig! IRON. ***quel tipo lì, te lo raccomando!*** = mit dem ist nicht gut Kirschen essen.

rac|co|man|da|ta f. **1** Einschreiben *n.*, Einschreibebrief *m.*: ***spedire una ~*** einen Einschreibebrief ab‿senden; ***fare una ~*** ein Einschreiben auf‿geben **2** *(spedizione)* Einschreibesendung *f.*, Einschreiben *n.*: ***inviare per ~*** per Einschreiben schicken ◆ **~ *espresso*** eingeschriebener Eilbrief *m.*; **~ *a mano*** persönlich zugestellter Brief; **~ *con ricevuta di ritorno*** Einschreibebrief mit Rückschein.

rac|co|man|da|ta|rio m. *(-ri)* **1** *(a cui si raccomanda)* Empfänger *m.* einer Empfehlung **2** MAR. Reedereiagent *m.*

rac|co|man|da|to I p.pass. agg. **1** → **raccomandare 2** empfohlen: ***il candidato più ~*** der meistempfohlene Kandidat **3** *(di posta)* eingeschrieben, Einschreibe- **II** m. Günstling *m.*: ***essere un ~ di ferro*** über einflussreiche (*o* gute) Beziehungen verfügen ◆ ***essere ~ da qcn.*** eine persönliche Empfehlung von jdm haben; ***lettera -a*** Einschreibebrief *m.*, Einschreiben *n.*; ***pacco ~*** Einschreibepaket *n.*

rac|co|man|da|zio|ne f. **1** *(favoritismo)* Empfehlung *f.*, Beziehung *f.*: ***in quella ditta si viene assunti solo su ~*** in der Firma wird man nur durch persönliche Empfehlung angestellt; ***ha fatto carriera a forza di -i*** er hat durch Beziehungen Karriere gemacht **2** *(esortazione)* Ermahnung *f.*, Warnung *f.*: ***prima di partire le fece molte -i*** vor der Abreise überhäufte er sie mit Ermahnungen; ***a dispetto di ogni ~*** trotz aller Warnungen **3** *(consiglio)* Ratschlag *m.*, Rat *m.*, Empfehung *f.*: ***dietro ~ di qcn.*** auf jds Rat; ***non ha seguito la sua ~!*** er hat nicht auf seinen Ratschlag gehört! **4** *(postale)* Einschreiben *n.* ◆ ***lettera di ~*** Empfehlungsbrief *m.* (*o* Empfehlungsschreiben *n.*).

rac|co|mo|da|re tr. *(raccomodo)* **1a** aus‿bessern: **~ *la biancheria, il tetto*** die Wäsche, das Dach ausbessern **b** *(riparare)* instand setzen, reparieren: **~ *un motore*** einen Motor instand setzen **2** *(mettere a posto)* zurecht‿rücken, in Ordnung bringen: **~ *la cravatta*** die Krawatte zurechtrücken. **rac|co|mo|da|tu|ra** f. **1** Ausbesserung *f.* **2** *(riparazione)* Instandsetzung *f.*, Reparatur *f.*

rac|con|cia|re → **raccomodare.**

rac|con|ta|bi|le agg. erzählbar; ***una barzelletta non ~*** ein unerzählbarer Witz.

rac|con|ta|re tr. **1** erzählen: **~ *qcs. su qcn.*** etw. von jdm (*o* über jdn) erzählen; ***raccontò come si erano svolti i fatti*** er erzählte, wie sich die Ereignisse abgespielt hatten; ***raccontò di essere stato coinvolto in un incidente*** er erzählte, dass er in einen Unfall verwickelt wurde; ***lascia che ti racconti*** ich will es dir erzählen; **~ *barzellette*** Witze erzählen **2** *(comunicare)* mit‿teilen: **~ *a qcn. un segreto, le novità*** jdm ein Geheimnis, Neuigkeiten mitteilen **3** *(riferire a altri)* weiter‿erzählen: ***è andato a ~ tutto alla polizia*** er hat alles der Polizei weitererzählt **4** *(dicerie)* munkeln: ***si racconta, raccontano che...*** es wird gemunkelt, dass... ◆ **~ *bugie*** lügen; ***che cosa mi racconti?*** was gibt es Neues? **~ *con entusiasmo*** vor‿schwärmen; **~ *per filo e per segno*** haarklein (*o* in allen Einzelheiten) berichten; **~ *freddure*** kalauern; **~ *frottole*** Märchen (*o* Lügengeschichten) erzählen; ***poterla ~*** = glücklich davon gekommen sein (*o* mit heiler Haut davongekommen sein); ***raccontarne delle belle, di tutti i colori, di cotte e di crude*** unglaubliches Zeug daher‿reden; ***saperla ~*** sich ins rechte Licht zu rücken wissen; ***valla a ~ a qualcun altro!*** das kannst du jd anderem erzählen! ***non venir(me)la a ~!*** das kannst du jd anderem erzählen!

rac|con|to m. **1** Erzählen *n.*, Erzählung *f.* **2** *(genere letterario)* Erzählung *f.*: ***scrivere un ~*** eine Erzählung schreiben **3** *(relazione)* Bericht *m.*: ***~ storico*** historischer Bericht ◆ ***~ d'amore*** Liebesgeschichte *f.*; ***~ breve*** Kurzgeschichte *f.*; ***~ a chiave*** Schlüsselgeschichte *f.*, Schlüsselerzählung *f.*; ***~ di fantascienza*** Sciencefictionerzählung *f.*; ***fare un ~ (dettagliato) dell'accaduto*** das Geschehen (genau) erzählen; ***~ filmato*** Filmbericht *m.*; ***~ dell'orrore*** Gruselgeschichte *f.*, Schaudergeschichte *f.*; ***~ in prima persona*** Icherzählung *f.*; ***~ poliziesco*** Kriminalgeschichte *f.*, Kriminalerzählung *f.*; ***-i popolari*** Volkserzählungen *pl.*; ***~ radiofonico*** Funkerzählung *f.*; ***~ umoristico*** Humoreske *f.*; ***~ dal vero*** Tatsachenbericht *m.*; ***~ in versi*** Verserzählung *f.*

rac|cor|cia|re *(raccorcio, raccorci)* **I** tr. kürzen **II** pronom. **raccorciarsi** kürzer werden.

rac|cor|da|re tr. **1** (miteinander) verbinden: ***~ due tubi, due canali*** zwei Röhren, zwei Kanäle (miteinander) verbinden **2** FERR. STRAD. an‿schließen. **rac|cor|do** m. **1** Verbindung *f.*, Anschluss *m.* **2** *(stradale)* Zubringerstraße *f.* ◆ ***~ anulare*** Umgehungsstraße *f.*; ***~ autostradale*** Autobahnzubringer *m.*; ***binario di ~*** Anschlussgleis *n.*; *(nelle autostrade)* ***~ di entrata*** Autobahnauffahrt *f.*; ***~ ferroviario*** Bahnanschluss *m.*, Gleisanschluss *m.*; ***~ filettato*** Nippel *m.*; ***~ a gomito*** MECC. Krümmer *m.* (*o* Winkelstück *n.*); FERR. Knotenblech *n.* (*o* Knotenverbindung *f.*); ***pezzo di ~*** Anschlussstück *n.* (*o* Verbindungsstück *n.*); ***spina di ~*** Verbindungsstecker *m.*; ***tubo di ~*** Verbindungsrohr *n.*; *(sulle autostrade)* ***~ di uscita*** Autobahnausfahrt *f.*

rac|co|sta|re **I** tr. **1** (heran‿)rücken: ***~ la sedia alla parete*** den Stuhl an die Wand rücken **2** *(paragonare)* gegenüber‿stellen, vergleichen: ***~ due tinte*** zwei Farben miteinander vergleichen **II** pronom. **raccostarsi** sich an‿nähern.

ra|ce|mi|co agg. *(-ci,-che)* razemisch ◆ ***acido ~*** Traubensäure *f.*

ra|ce|mo m. Traube *f.* **ra|ce|mo|so** agg. razemos, razemös, traubenförmig.

Ra|che|le n.pr.f. Rachel *f.*, Rahel *f.*

ra|chi|al|gi|a f. Rhachialgie *f.*

ra|chi|a|ne|ste|si|a f. Spinalanästhesie *f.*, Rückenmarkanästhesie *f.* **ra|chi|cen|te|si** f. Rückenmarkpunktion *f.*

ra|chi|de f. **1** Rückgrat *n.*, Wirbelsäule *f.* **2** ZOOL. Schaft *m.*, Federkiel *m.* **3** BOT. Mittelrippe *f.*, Hauptrippe *f.*

ra|chi|ti|co agg. *(-ci,-che)* **1** rachitisch **2** FIG. kümmerlich, jämmerlich: ***una pianta -a*** eine kümmerliche Pflanze. **ra|chi|ti|smo** m. Rachitis *f.*

ra|ci|mo|la|re tr. *(racimolo)* **1** nach‿lesen **2** FIG. zusammen‿kratzen, auf‿treiben, zusammen‿bekommen: ***~ qualche soldo*** etw. Geld auftreiben (*o* zusammenkratzen) **ra|ci|mo|la|tu|ra** f. Nachlese *f.* **ra|ci|mo|lo** m. Rispe *f.*, Traube *f.*

ra|cket ['rækɪt, *üblich* 'raket] m.inv. Verbrecherring *m.*, Racket *n.* ◆ ***~ del contrabbando*** Schmuggelring *m.*; ***~ della prostituzione*** Zuhälterbande *f.*

ra|da f. Reede *f.*: ***ancorarsi in una ~*** an einer Reede ankern; ***essere ormeggiato in una ~*** auf der Reede liegen.

ra|dar **I** m.inv. Radar *m.* e *n.*, Radargerät *n.*: ***localizzare qcs. tramite il ~*** etw. duch Radar orten; ***essere dotato di ~*** mit Radar ausgerüstet sein **II** agg.inv. Radar-: ***segnale ~*** Radarsignal *n.* ◆ ***~ aeronautico*** Flugradar *m.* e *n.*; ***sistema di allarme ~*** Radarwarnsystem *n.*; ***antenna ~*** Radarantenne *f.*; ***~ antiaereo*** Flakzielgerät *n.*; ***apparecchiatura ~*** Radaranlage *f.*; ***apparecchio ~*** Funkmessgerät *n.*; ***~ d'avvicinamento*** Radarfluggerät *n.*; MAR. ***~ di bordo*** Schiffsradar *m.* e *n.*; ***controllo ~*** Radarkontrolle *f.*; ***~ costiero*** Radargerät *n.* für Küstenschutz; ***~ diretto*** Primärradar *m.* e *n.*; ***~ d'esplorazione*** Rundsichtsradargerät *n.*; ***~ meteorologico*** Wetterradar *m.* e *n.*; ***onda ~*** Radarwelle *f.*; ***~ portuale*** Hafenradaranlage *f.*; ***ricevitore ~*** Radarempfänger *m.*; ***ricognizione a mezzo ~*** Radaraufklärung *f.*; ***rilevamento ~*** Radarpeilung *f.*; ***schermo ~*** Radarschirm *m.*; ***stazione ~*** Radarstation *f.*; ***~ televisivo*** Fernsehradar *m.* e *n.*; ***torre ~*** Radarturm *m.*; ***uomini ~*** Fluglotsen *pl.* **ra|da|ri|sta** m. e f. *(-i,-e)* Radartechniker *m.* (-in *f.*), Radarbeobachter m. (-in *f.*).

ra|dar|te|ra|pi|a f. Radartherapie *f.*

rad|den|sa|men|to m. Verdickung *f.*, Verdichtung *f.* **rad|den|sa|re** **I** tr. verdicken **II** pronom. **raddensarsi** sich verdicken, sich verdichten.

rad|dob|bo m. Schiffsüberholung *f.*

rad|dol|ci|men|to m. **1** *(di suoni, colori)* Dämpfung *f.* **2** FIG. Milderung *f.*, Abschwächung *f.* **3** FON. Palatalisierung *f.* ◆ ***~ della pena*** Strafmilderung *f.*; ***~ della vocale*** Umlaut *m.*

rad|dol|ci|re **I** tr. *(raddolcisco, raddolcisci)* **1** süßen: ***~ una bevanda*** ein Getränk süßen **2a** FIG. sanfter machen, sänftigen: ***il destino avverso ha raddolcito il suo carattere*** das Unglück hat seinen Charakter gesänftigt (*o* sanfter gemacht) **b** *(mitigare)* lindern, mildern **3** *(suoni, colori)* dämpfen, abschwächen **4** METALL. enthärten **5** TESS. aus‿souplieren **II** pronom. **raddolcirsi** milder werden: ***-rsi con l'età*** mit dem Alter milder werden.

rad|dop|pia|men|to m. **1** Verdoppelung *f.*: ***~ di capitale, di peso*** die Verdoppelung eines Kapitals, des Gewichtes **2** FIG. *(rafforzamento)* Verstärkung *f.* **3** LING. Reduplikation *f.*

rad|dop|pia|re *(raddoppio, raddoppi)* **I** tr. **1** verdoppeln (anche FIG.): ***~ un numero, gli sforzi*** eine Zahl, die Anstrengungen verdoppeln **2** *(piegare in due)* falten: ***~ il giornale*** die Zeitung falten **II** intr. (aus. *essere*) **1** sich verdoppeln **2** ESTENS. *(aumentare)* doppelt so stark werden. **rad|dop|pia|to** p.pass. agg. **1** → **raddoppiare** **2** doppelt: ***prezzo ~*** doppelt so hoher Preis **3** FIG. *(accresciuto)* gesteigert, doppelt: ***con ~ impegno*** mit doppeltem Eifer **4** *(piegato in due)* gefaltet **5** *(formato di due strati)* doppelschichtig.

rad|dop|pio m. *(-pi)* **1** Verdoppelung *f.*, Verdoppeln *n.*: ***il ~ di una vincita*** die Verdoppelung eines Gewinns **2** FERR. Umbau *m.* auf Doppelspur **3** *(nel basket)* Schere *f.* **4** *(nel biliardo)* Dublee *n.*; EQUIT. Redopp *m.*; *(nella scherma)* Raddoppio *m.* **5** MUS. Verdoppelung *f.*

rad|driz|za|men|to m. **1a** Geradebiegen *n.* **b** *(allineamento)* Richten *n.* **2** EL. Gleichrichtung *f.*

rad|driz|za|re **I** tr. **1a** gerade richten, gerade machen; *(piegando)* gerade biegen: ***~ un chiodo, una barra*** einen Nagel, eine Stange gerade biegen **b** *(spostando)* zurecht‿rücken: ***~ un quadro*** ein Bild zurechtrücken **c** *(fiumi, strade ecc.)* begradigen **2** *(correggere)* berichtigen: ***~ la rotta*** den Kurs berichtigen **3a** FIG. gerade biegen, berichtigen, zurecht‿biegen, zurecht‿rücken **b** COLLOQ. ***ti raddrizzo io!*** dir werd ich's schon zeigen! **4** EL. gleich‿richten **II** pronom. **raddrizzarsi** **1** gerade werden **2** *(mettersi dritto)* sich auf‿richten **3** FIG. sich verbessern ◆ ***~ i denti*** die Zähne regulieren; TECN. ***~ a freddo*** kalt‿richten; FIG. ***voler ~ le gambe ai cani*** = ein Ding der Unmöglichkeit wollen; FIG. ***~ le ossa a qcn.*** jdn nach Strich und Faden verprügeln; ***~ la schiena*** sich auf‿richten.

rad|driz|za|to|re **I** m. Gleichrichter *m.* **II** agg. Gleichrichter-: ***valvola -trice*** Gleichrichterröhre *f.* ◆ ***~ ad arco*** Bogengleichrichter *m.*; ***~ a contatto*** Kontaktgleichrichter *m.*; ***~ di corrente*** Stromgleichrichter *m.*; ***~ a cristallo*** Kristallgleichrichter *m.*; ***~ a ponte*** Brückengleichrichter *m.*; ***~ di rete*** Netzgleichrichter *m.*; ***~ a secco*** Trockengleichrichter *m.*; ***~ a valvole*** Röhrengleichrichter *m.*

ra|den|te agg. **1** streifend **2** MIL. flach, Flach-, rasant: ***un tiro ~*** ein Flachschuss ◆ MECC. ***attrito ~*** Schiebewiderstand *m.*; ***cuscinetto ~*** Gleitlager *n.*; ***volo ~*** Tiefflug *m.* **ra|den|za** f. Streifen *n.*

ra|de|re *(rasi; raso)* **I** tr. **1** rasieren **2** *(abbattere)* nieder‿reißen; *(di alberi)* fällen **3** *(sfiorare)* ***~ qcs.*** etw. streifen, an etw. (A) (gefährlich) nah heran‿kommen **II** pronom. **radersi** **1a** sich rasieren: ***-rsi col rasoio elettrico*** sich trocken (*o* elektrisch) rasieren **b** ***-rsi la barba*** sich (D) den Bart rasieren **2a** *(depilarsi)* sich enthaaren **b** ***-rsi le gambe*** sich die Beine enthaaren ◆ ***~ qcs. al suolo*** etw. dem Erdboden gleich‿machen; ***-rsi i capelli a zero*** sich kahl scheren (lassen).

ra|dez|za f. Spärlichkeit *f.*

1.ra|dia|le **I** agg. MAT. FIS. radial, Radial-: ***direzione, curva ~*** radiale Richtung, Kurve; ***spinta, velocità ~*** Radialdruck *m.*, Radialgeschwindigkeit *f.*; ***sezione, simmetria ~*** Radialschnitt *m.*, Radialsymmetrie *f.* **II** f. Radiallinie *f.* **III** m. Radialreifen *m.*, Gürtelreifen *m.* ◆ ***linea tranviaria ~*** = von der Stadtmitte zum Stadtrand führende Straßenbahnlinie; AUSTR. Radiallinie *f.*; ***pneumatico ~*** Radialreifen *m.*, Gürtelreifen *m.*; ***strada ~*** Ausfallstraße *f.*; AUSTR. Radiallinie *f.*; ***trapano ~*** Radialbohrmaschine *f.*; ***turbina ~*** Radialturbine *f.*

2.ra|dia|le agg. ANAT. Speichen-: ***arteria ~*** Speichenarterie *f.*

ra|dial|men|te avv. radial.

1.ra|dian|te agg. strahlend, Strahlungs-, Strahlen-: ***calore, energia ~*** Strahlungswärme *f.*, Strahlungsenergie *f.*; ***pannello, superficie ~*** Plattenheizkörper *m.*, Strahlungsfläche *f.*; ***temperatura ~*** Strahlungstemperatur *f.* ◆ ***terapia ~*** Strahlentherapie *f.*, Bestrahlung *f.*

2.ra|dian|te m. GEOM. Radiant *m.*

ra|dia|re tr. *(radio, radi)* **1** BUROCR. aus‿schließen: ***~ qcn. dall'ordine degli avvocati*** jdn aus der Anwaltschaft ausschließen **2** MAR. ***~ una nave*** ein Schiff (aus dem Register) streichen.

1.ra|dia|to agg. strahlenförmig, radiär, Strahlen-, Radial-: ***corona -a*** Strahlenkrone *f.*

2.ra|dia|to p.pass. agg. **1** → **radiare** **2** ausgeschlossen.

ra|dia|to|re m. **1** AUT. AER. Kühler *m.* **2** *(calorifero)* Radiator *m.*, Heizkörper *m.* **3** FIS. Strahler *m.* ◆ ***~ acustico*** Schallstrahler *m.*;

~ ***a elementi*** Rippenheizkörper *m.*; ~ ***elettrico*** Heizstrahler *m.*; ***griglia del ~*** Kühlergrill *m.*; ~ ***infrarosso*** Infrarotstrahler *m.*; ~ ***a lamelle*** Lamellenkühler *m.*; ***maschera del ~*** Kühlerverkleidung *f.*; ~ ***dell'olio*** Ölkühler *m.*; ~ ***parabolico*** Heizsonne *f.*; ~ ***termico*** Wärmestrahler *m.* **ra|dia|to|ri|sta** m. *(-i)* Kühlerfachmann *m.*

1.ra|dia|zio|ne f. **1** Strahlung *f.*, Radiation *f.* **2** pl. *(onde)* Strahlen *pl.* ◆ ~ ***alfa*** Alphastrahlung *f.*; ~ ***atomica*** Atomstrahlung *f.*; ~ ***beta*** Betastrahlung *f.*; ~ ***celeste*** Himmelsstrahlung *f.*; ***chimica delle -i*** Strahlenchemie *f.*; ***contaminato dalle -i*** strahlenverseucht; ~ ***cosmica*** Höhenstrahlung *f.* (*o* Ultrastrahlung *f.*, kosmische Strahlung); ***danno dovuto alle -i*** Strahlenschaden *m.*; ***dose di -i*** Strahlendosis *f.*; ***-i elettromagnetiche*** elektromagnetische Strahlen; ***emanare -i*** (aus‿)strahlen; ***esposizione alle -i*** Strahlenbelastung *f.*; FIS. ***fascia di -i*** Strahlungsgürtel *m.*, Strahlungszone *f.*; ***fascio di -i*** Strahlenbündel *n.*; ~ ***gamma*** Gammastrahlung *f.*; ***-i infrarosse*** Infrarotstrahlen *pl.* (*o* infrarote Strahlen); ***intensità delle -i*** Strahlungsintensität *f.*; ***-i ionizzanti*** ionisierende Strahlen; ***lesione dovuta alle -i*** Strahlenschädigung *f.*; ~ ***luminosa*** Lichtstrahlung *f.*; ***morte dovuta alle -i*** Strahlentod *m.*; ~ ***nucleare*** Kernstrahlung *f.*; ~ ***di particelle*** Teilchenstrahlung *f.*; ~ ***primaria*** Primärstrahlung *f.*; ***protezione contro le -i*** Strahlenschutz *m.*; ***a prova di -i*** strahlensicher (*o* strahlungssicher); ***quantità di -i*** Strahlungsmenge *f.*; ~ ***radioattiva*** radioaktive Strahlung; ~ ***a radiofrequenza*** Radiofrequenzstrahlung *f.*; ***schermatura contro le -i*** Strahlenabschirmung *f.*; ~ ***solare*** Sonnenstrahlung *f.*; ~ ***solare e celeste*** Globalstrahlung *f.*; ~ ***sonora*** Schallstrahlung *f.*; ***sorgente di -i*** Strahlenquelle *f.*; ~ ***termica*** Wärmestrahlung *f.*; ***-i ultraviolette*** ultraviolette Strahlen.

2.ra|dia|zio|ne f. BUROCR. Ausschluss *m.* (aus einem Berufsstand).

ra|di|ca f. **1** Wurzelholz *n.*; *(per pipe)* Bruyèreholz *n.* **2** REGION. *(radice)* Wurzel *f.* ◆ REGION. ~ ***gialla*** Möhre *f.*; ~ ***di noce*** Nussbaumwurzelholz *n.*; REGION. ~ ***rossa*** rote Bete.

ra|di|ca|le I agg. **1** BOT. Wurzel-: ***apparato ~*** Wurzelwerk *n.* **2** FIG. radikal, tief greifend, Radikal-: ***cambiamento, cura ~*** radikale Änderung, Radikalkur *f.*; ***riforma ~*** tief greifende Reform **3** POL. radikal, extrem: ***l'ala ~ del partito*** der radikale Flügel der Partei; ***sinistra, destra ~*** radikale Linke, Rechte **4** LING. Stamm-: ***sillaba ~*** Stammsilbe *f.* **II** m. **1** CHIM. MAT. Radikal *n.*: ***-i liberi*** freie Radikale **2** LING. Stamm *m.* **III** m. e f. POL. Radikale *m.* e *f.* ◆ ***avere idee -i*** radikal denken; ***essere di idee -i*** radikal gesinnt sein; ***in modo ~*** radikal; ***opposizione ~*** Frontstellung *f.* (*o* radikale, kompromisslose Opposition); ***partito ~ (italiano)*** (italienische) radikale Partei.

ra|di|ca|leg|gian|te agg. radikal eingestellt.

ra|di|ca|li|smo m. Radikalismus *m.*; ~ ***di destra*** Rechtsradikalismus *m.*; ~ ***di sinistra*** Linksradikalismus *m.* **ra|di|ca|li|tà** f. Radikalität *f.*

ra|di|ca|liz|za|re I tr. radikalisieren **II** pronom. **radicalizzarsi** radikaler werden. **ra|di|ca|liz|za|zio|ne** f. Radikalisierung *f.*

ra|di|cal|men|te avv. **1** *(drasticamente)* radikal: ***cambiare ~ opinione*** die Meinung radikal ändern **2** *(profondamente)* völlig, vollkommen.

ra|di|ca|men|to m. **1** BOT. Verwurzelung *f.*, Wurzelschlagen *n.* **2** FIG. Einwurzeln *n.*

ra|di|can|do m. Radikand *m.*

ra|di|ca|re *(radico, radichi)* **I** intr. (aus. *essere*) (ver)wurzeln, sich ein‿wurzeln, Wurzeln schlagen: ***la pianta radica in profondità*** die Pflanze wurzelt tief **II** pronom. **radicarsi** sich (tief) ein‿wurzeln. **ra|di|ca|to** p.pass. agg. **1** → **radicare 2** FIG. eingewurzelt, (tief) verwurzelt: ***pregiudizio ~*** ein eingewurzeltes Vorurteil; ~ ***nella tradizione*** in der Tradition (tief) verwurzelt ◆ ***essere ~ in qcn., qcs.*** in jdm, etw. wurzeln (*o* bei jdm, etw. ein‿wurzeln).

ra|dic|chio m. *(-chi)* Radicchio *m.*

ra|di|ce f. **1** BOT. MAT. MED. Wurzel *f.*: ***calcolare la ~ di un numero*** die Wurzel einer Zahl berechnen (*o* ermitteln), eine Zahl radizieren; ***estrarre la ~ di un numero*** die Wurzel einer Zahl ziehen; ***la ~ di 25 è 5*** die Wurzel aus 25 ist 5 **2** BOT. *(insieme di radici)* Wurzelballen *m.*, Wurzelwerk *n.* **3** LING. Stamm *m.*, Wurzel *f.* **4** FIG. Wurzel *f.*, Grund *m.*: ***andare alla, individuare la ~ di qcs.*** etw. (D) auf den Grund gehen; ***estirpare qcs. dalle -ci*** etw. an der Wurzel packen (*o* mit der Wurzel aus‿rotten); ***la ~ di tutti i mali*** die Wurzel allen Übels ◆ ~ ***aerea*** Luftwurzel *f.*; ~ ***avventizia*** Stelzwurzel *f.*; ***calcolo della ~*** Wurzelrechnung *f.*; ~ ***dei capelli*** Haarwurzel *f.*; ~ ***cubica*** Kubikwurzel *f.* (*o* dritte Wurzel); ~ ***del dente*** Zahnwurzel *f.*; MED. MAT. ***estrazione della ~*** Wurzelziehen *n.*; ~ ***fascicolata*** Faserwurzel *f.*; ~ ***a fittone*** Pfahlwurzel *f.*; ~ ***di gialappa*** Jalapenwurzel *f.*; ~ ***della lingua*** Zungenwurzel *f.*; ~ ***magica*** Zauberwurzel *f.* (*o* zauberkräftige Wurzel); ~ ***di mandragola*** Alraunwurzel *f.*; ~ ***di manioca*** Maniokwurzel *f.*; ***marciume delle -ci*** Wurzelfäule *f.*; ***mettere -ci*** Wurzeln schlagen (*o* Wurzeln treiben), an‿wurzeln; FIG. Wurzeln schlagen (*o* ein‿wurzeln); ***le -ci di un monte*** der Fuß eines Berges; ~ ***del naso*** Nasenwurzel *f.*; ~ ***n-esima*** n-te Wurzel *f.*; ~ ***di una parola*** Wortstamm *m.*; ***pieno di -ci*** wurzlig; ~ ***principale*** Hauptwurzel *f.*; ***privo di -ci*** wurzellos; ~ ***quadrata*** Quadratwurzel *f.*, zweite Wurzel; ~ ***seconda*** zweite Wurzel; MAT. ***segno di ~*** Wurzelzeichen *n.*; ***senza -ci*** wurzellos; ***strappare dalle -ci*** entwurzeln; FIG. aus‿rotten; ~ ***terza*** dritte Wurzel; MED. ***trattamento della ~*** Wurzelbehandlung *f.*; ~ ***dell'unghia*** Nagelwurzel *f.* **ra|di|cet|ta** f. Würzelchen *n.*, kleine Wurzel. **ra|di|chet|ta** f. Keimwurzel *f.*

ra|die|ste|si|a → **radioestesia.**

1.ra|dio I f.inv. **1a** *(radiodiffusione)* Rundfunk *m.*, Radio *n.*: ***ascoltare la ~*** Radio hören; ***lavorare alla ~*** beim Rundfunk arbeiten; ***la ~ trasmette un concerto*** der Rundfunk überträgt ein Konzert; ***la ~ bavarese*** der Bayerische Rundfunk **b** *(stazione)* Sender *m.*: ***ascoltare una ~ tedesca*** einen deutschen Sender hören **2** *(apparecchio per radiodiffusione)* Radio *n.*, Radioapparat *m.*: ***accendere, spegnere la ~*** das Radio ein‿schalten (*o* an‿stellen, an‿machen), aus‿schalten (*o* aus‿machen); ***alzare, abbassare la ~, il volume della ~*** das Radio lauter, leiser stellen **3** *(radiotelegrafia)* Funk *m.* **4** *(apparecchio per radiotelegrafia)* Funkgerät *n.* **II** agg.inv. Rundfunk-, Radio-, Funk-: ***collegamento, contatto ~*** Funkverbindung *f.*, -kontakt *m.* ◆ ***alla ~*** im Rundfunk, im Radio; ***parlare alla ~*** im Rundfunk sprechen; ***ascoltare, sentire qcs. alla ~*** etw. im Radio hören; ***alla ~ c'è un programma interessante*** im Radio kommt ein interessantes Programm; ***dare una notizia alla ~*** eine Nachricht im Rundfunk bringen; ***antenna della ~*** Radioantenne *f.*, Funkantenne *f.*; ***apparecchio ~*** Radioapparat *m.*, Radiogerät *n.*; ~ ***di bordo*** Bordfunk *m.*; ***comunicazioni ~*** Funkverkehr *m.*; ***emittente ~*** Rundfunksender *m.*, Radiosender *m.*; ***giornale ~*** Rundfunknachrichten *pl.*, Radionachrichten *pl.*, Nachrichtensendung *f.*; ***impianto ~*** Funkanlage *f.*; ~ ***libera*** Privatsender *m.*; ***messaggio ~*** Funkspruch *m.*; MIL. ~ ***nemica*** Feindsender *m.*; ***onde ~*** Funkwellen; ***orchestra della ~*** Rundfunkorchester *n.*; ***per ~*** über Funk; ***diffondere qcs. per ~*** etw. aus‿strahlen; ***trasmesso per ~*** im Radio übertragen; ~ ***a pile*** batteriebetriebenes Radio; ~ ***pirata*** Piratensender *m.*; ~ ***della polizia*** Polizeifunk *m.*; ***ponte ~*** Funkbrücke *f.*; ~ ***portatile*** Kofferradio *n.*; ~ ***privata*** Privatsender *m.*; ~ ***ricevente*** Empfangsgerät *n.*, Empfangsanlage *f.*; ***ricezione ~*** Radioempfang *m.*; ***segnale ~*** Funksignal *n.*, Funkzeichen *n.*; ***stazione ~*** Funkstation *f.*, Radiosender *m.*; ~ ***sveglia*** Radiowecker *m.*; ~ ***a transistor*** Transistorradio *n.*; ***trasmissione ~*** Rundfunksendung *f.*, Funkübertragung *f.*; ***via ~*** über Funk; ***parlare via ~*** über Funk sprechen; ***trasmettere qcs. via ~*** etw. funken (*o* durch Funk übermitteln).

2.ra|dio m. ANAT. Speiche *f.*, Radius *m.*

3.ra|dio m. CHIM. Radium *n.* ◆ ***irradiazione di ~*** Radiumbestrahlung *f.*; ***contenente ~*** radiumhaltig.

ra|dio|ab|bo|na|to m. Rundfunkteilnehmer *m.*

ra|dio|a|ma|to|re m. Funkamateur *m.* **ra|dio|a|ma|to|ria|le** agg. als Funkamateur, Funkamateur-: ***attività ~*** Tätigkeit als Funkamateur.

ra|dio|a|scol|ta|to|re m. Rundfunkhörer *m.*, Radiohörer *m.* **ra|dio|a|scol|to** m. Rundfunkhören *n.*

ra|dio|as|si|sten|za f. Funknavigation *f.*

ra|dio|a|stro|no|mi|a f. Radioastronomie *f.*

ra|dio|at|ti|vi|tà f. Radioaktivität *f.*: ~ ***dell'aria, del suolo*** Radioaktivität der Luft, des Bodens; ~ ***artificiale, naturale*** künstliche, natürliche Radioaktivität.

ra|dio|at|ti|vo agg. radioaktiv, Radio-: ***contaminazione -a*** radioaktive Verseuchung, Verstrahlung *f.*; ***elemento ~*** Radioelement *n.*; ***materiale ~*** radioaktive Stoffe *pl.*; ***minerale ~*** radioaktives Mineral; ***pioggia -a*** radioaktiver Niederschlag; ***radiazioni -e*** radioaktive Strahlungen; ***scorie -e*** radioaktive Abfälle (*o* radioaktiver Müll).

ra|dio|bio|lo|gi|a f. Strahlenbiologie *f.*, Radiobiologie *f.*

ra|dio|bus|so|la f. Radiokompass *m.*

ra|dio|ca|na|le m. Radiokanal *m.*, Funkkanal *m.*

ra|dio|car|bo|nio m. radioaktives Kohlenstoffisotop *n.* ◆ ***metodo del ~ (attivo)*** Radiokarbonmethode *f.*, Radiokohlenstoffdatierung *f.*

ra|dio|chi|mi|ca f. Radiochemie *f.*

ra|dio|ci|ne|ma|to|gra|fi|a f. Röntgenkinematographie *f.*

ra|dio|col|le|ga|men|to m. Funkverbindung *f.*, Funkkontakt *m.*

ra|dio|co|man|da|re tr. über Funk steuern.

ra|dio|co|man|da|to p.pass. agg. **1** → **radiocomandare 2** funkgesteuert. **ra|dio|co|man|do** m. Funksteuerung *f.*

ra|dio|co|mu|ni|ca|zio|ne f. Funkverkehr *m.*

ra|dio|cro|na|ca f. *(-che)* Rundfunkbericht *m.* **ra|dio|cro|ni|sta** m. e f. *(-i,-e)* Rundfunkberichterstatter *m.* (-in *f.*) ◆ ***~ sportivo*** Sportreporter *m.* (im Rundfunk).

ra|dio|dia|gno|sti|ca f. Röntgendiagnostik *f.*

ra|dio|dif|fon|de|re tr. *(radiodiffusi; radiodiffuso)* (im Rundfunk) übertragen, aus‿strahlen, senden. **ra|dio|dif|fu|sio|ne** f. Rundfunk *m.*

ra|dio|dif|fu|so p.pass. agg. **1** → **radiodiffondere** **2** im Rundfunk übertragen.

ra|dio|di|stur|bo m. Funkstörung *f.*: ***eliminare i -i*** entstören; ***protetto contro i -i*** funkentstört.

ra|dio|dram|ma m. Hörspiel *n.*

ra|dio|e|co|lo|gi|a f. = Erforschung *f.* der Umweltfolgen natürlicher oder künstlicher Strahlung.

ra|dio|e|le|men|to m. Radioelement *n.*

ra|dio|e|mit|ten|te agg. ***torre ~*** Fernmeldeturm *m.*, Funkturm *m.*

ra|dio|e|qui|pag|gia|to agg. ***pattuglia -a*** Funkstreife *f.*

ra|dio|e|ste|si|a f. Radiästhesie *f.*

ra|dio|fa|ro m. Funkbake *f.*, Funkfeuer *n.*, Richtbake *f.*, Richtfunk *m.*

ra|dio|fo|ni|a f. Rundfunk *m.*, Hörfunk *m.* **ra|dio|fo|ni|ca|men|te** avv. **1** *(alla radio)* im Rundfunk, im Radio **2** *(via radio)* über Funk.

ra|dio|fo|ni|co agg. *(-ci,-che)* Rundfunk-, Funk-, Radio- ◆ ***adattamento ~*** Funkbearbeitung *f.*; ***annunciatore ~*** Rundfunksprecher *m.*; ***annuncio ~*** Radiodurchsage *f.*; ***apparecchio ~*** Rundfunkempfänger *m.*; ***canone ~*** Rundfunkgebühr *f.*; ***collegamento ~*** Funkverbindung *f.*; ***commentatore ~*** Rundfunkkommentator *m.*; ***dramma ~*** Hörspiel *n.*; ***emittente -a*** Rundfunksender *m.*, Radiosender *m.*; ***ente ~*** Rundfunkanstalt *f.*; ***programma ~*** Rundfunkprogramm *n.*, Radioprogramm *n.*, Hörfunkprogramm *n.*; ***pubblicità -a*** Rundfunkwerbung *f.*, Radiowerbung *f.*; ***reportage ~*** Rundfunkreportage *f.*; ***ricezione -a*** Rundfunkempfang *m.*; ***sede -a*** Funkhaus *n.*; ***serie -a*** Hörfolge *f.*; ***stazione -a*** Rundfunkstation *f.*; ***studio ~*** Rundfunkstudio *n.*, Senderaum *m.*; ***trasmissione -a*** Rundfunksendung *f.*, Radiosendung *f.*; ***utente ~*** Rundfunkteilnehmer *m.* **ra|dio|fo|ni|sta** m. e f. *(-i,-e)* Funker *m.* (-in *f.*).

ra|dio|fre|quen|za f. Radiofrequenz *f.* ◆ ***radiazione a ~*** Radiofrequenzstrahlung *f.*

ra|dio|gior|na|le m. Rundfunknachrichten *pl.*, Radionachrichten *pl.*

ra|dio|go|nio|me|trag|gio m. *(-gi)* Anpeilung *f.* **ra|dio|go|nio|me|tri|a** f. Funkpeilung *f.* **ra|dio|go|nio|me|tri|co** agg. *(-ci,-che)* Peil-: ***antenna -a*** Peilantenne *f.* **ra|dio|go|nio|me|tri|sta** m. e f. *(-i,-e)* Peiler *m.* (-in *f.*). **ra|dio|go|nio|me|tro** m. Funkpeilgerät *n.*, Peiler *m.*; ***localizzare qcs. col ~*** etw. an‿peilen.

ra|dio|gra|fa|re tr. *(radiografo)* **1** MED. röntgen, durchleuchten **2** FIG. durchleuchten, analysieren.

ra|dio|gra|fi|a f. **1** MED. Röntgenaufnahme *f.*, Röntgenbild *n.*, Radiographie *f.*: ***fare una ~ a qcn., a qcs.*** jdn, etw. röntgen **2** FIG. Analyse *f.*; SCHERZ. ***fare una ~ a qcn., qcs.*** jdn, etw. mit Röntgenaugen betrachten. **ra|dio|gra|fi|co** agg. *(-ci,-che)* Röntgen-, röntgenographisch: ***apparecchio ~*** Röntgengerät *n.* (*o* Röntgenapparat *m.*); ***esame ~*** Röntgenuntersuchung *f.*

ra|dio|gram|ma m. Radiogramm *n.*

ra|dio|gram|mo|fo|no m. **1** Radio *n.* mit Plattenspieler **2** Musikschrank *m.*, Musiktruhe *f.*

ra|dio|gui|da|re tr. über Funk steuern.

ra|dio|in|di|ca|to|re m. Radioindikator *m.*

ra|dio|i|so|to|po m. Radioisotop *n.*

ra|dio|la|ri pl. Strahlentierchen *pl.*, Radiolarien *pl.*

ra|dio|li|na f. Kleinempfänger *m.*, Transistorradio *n.*

ra|dio|lo|ca|liz|za|zio|ne f. Funkortung *f.*

ra|dio|lo|gi|a f. **1** Radiologie *f.*, Strahlenkunde *f.* **2** MED. Radiologie *f.*, Röntgenologie *f.* **3** *(reparto di ospedale)* Röntgenabteilung *f.* **ra|dio|lo|gi|co** agg. *(-ci,-che)* radiologisch, röntgenologisch, Röntgen-: ***esame ~*** Röntgenuntersuchung *f.*; ***apparecchio ~*** Röntgengerät *n.*, Röntgenapparat *m.* **ra|dio|lo|go** m. *(-gi)* Radiologe *m.*, Röntgenarzt *m.*

ra|dio|mes|sag|gio m. *(-gi)* Funkmeldung *f.*, Funkspruch *m.*

ra|dio|me|te|o|ro|lo|gi|a f. Radiometeorologie *f.*

ra|dio|me|tro m. Radiometer *n.*

ra|dio|mi|cro|fo|no m. Funkmikrofon *n.*

ra|dio|mo|bi|le f. Funkstreifenwagen *m.*; RAD. TELEV. Aufnahmewagen *m.*

ra|dio|na|vi|ga|zio|ne f. Funknavigation *f.*

ra|dio|nu|cli|de m. Radionuklid *n.* **ra|dio|on|da** f. Radiowelle *f.*

ra|dio|pi|lo|ta m. Bordanlage *f.* für Funknavigation.

ra|dio|pro|te|zio|ne f. Strahlenschutz *m.*

ra|dio|re|gi|stra|to|re m. Radiorecorder *m.*

ra|dio|ri|ce|ven|te **I** agg. Empfangs-: ***stazione ~*** Empfangsstation *f.*; ***apparecchio ~*** Empfangsgerät *n.* **II** f. Funkempfänger *m.*, Empfangsgerät *n.* **ra|dio|ri|ce|vi|to|re** m. Funkempfänger *m.*, Empfangsgerät *n.* **ra|dio|ri|ce|zio|ne** f. Funkempfang *m.*

ra|dio|ri|pe|ti|to|re m. Relaisstation *f.*

ra|dio|sco|pi|a f. Röntgendurchleuchtung *f.*, Durchleuchtung *f.*, Röntgenoskopie *f.*: ***fare una ~ a qcn.*** jdn röntgen.; ***fare una ~ ai polmoni*** die Lunge durchleuchten. **ra|dio|sco|pi|co** agg. *(-ci, -che)* Röntgen-: ***esame ~*** Röntgenuntersuchung *f.*

ra|dio|se|gna|le m. Funkzeichen *n.*

ra|dio|si|tà f. Strahlen *n.* **ra|dio|so** agg. strahlend: ***sorriso, viso ~*** strahlendes Lächeln, Gesicht.

ra|dio|son|da f. Radiosonde *f.*

ra|dio|sor|gen|te f. Radioquelle *f.*

ra|dio|spi|a f. Abhörwanze *f.*, Minispion *m.*

ra|dio|sta|zio|ne f. Funkstation *f.*, Radiostation *f.*

ra|dio|stel|la f. Radiostern *m.*

ra|dio|sve|glia f. Radiowecker *m.*

ra|dio|ta|xi m.inv. Funktaxi *n.*

ra|dio|tec|ni|ca f. Funktechnik *f.*, Rundfunktechnik *f.*, Radiotechnik *f.* **ra|dio|tec|ni|co** **I** agg. *(-ci,-che)* funktechnisch **II** m. *(-ci)* Funktechniker *m.*

ra|dio|te|le|co|man|do m. → **radiocomando.**

ra|dio|te|le|fo|ni|a f. Funksprechverkehr *m.*, Sprechfunk *m.*, Funktelefon *n.*, Radiophonie *f.* ◆ ***~ amatoriale*** Amateurfunk *m.* **ra|dio|te|le|fo|no** m. Funktelefon *n.* **ra|dio|te|le|fo|to|gra|fi|a** f. **1** Bildfunk *m.* **2** *(immagine)* Funkbild *n.*

ra|dio|te|le|gra|fa|re tr. funken. **ra|dio|te|le|gra|fi|a** f. Radiotelegrafie *f.*, drahtlose Telegrafie *f.*, Funktelegrafie *f.*, Funkwesen *n.* **ra|dio|te|le|gra|fi|co** agg. *(-ci,-che)* funktelegrafisch, Funk-: ***messaggio ~*** Funkmeldung *f.*; ***chiamata -a*** Funkruf *m.* **ra|dio|te|le|gra|fi|sta** m. e f. *(-i,-e)* Funker *m.* (-in *f.*) ◆ MIL. ***squadra di -i*** Funktrupp *m.*

ra|dio|te|le|gra|fo m. Telegraf *m.*

ra|dio|te|le|gram|ma m. Funktelegramm *n.*, Radiotelegramm *n.*

ra|dio|te|le|sco|pio m. *(-pi)* Radioteleskop *n.*

ra|dio|te|le|vi|sio|ne f. Rundfunk- und Fernsehanstalt *f.* **ra|dio|te|le|vi|si|vo** agg. Rundfunk- und Fernseh-: ***trasmissione -a*** Rundfunk- und Fernsehsendung *f.*; ***sistema ~*** Rundfunk- und Fernsehsystem *n.* ◆ ***guida ai programmi -i*** Programmzeitschrift *f.*

ra|dio|te|ra|pi|a f. Strahlentherapie *f.*, Strahlenbehandlung *f.*, Radiotherapie *f.*, Bestrahlung *f.*; *(con raggi X)* Röntgentherapie *f.*; *(con radio)* Radiumtherapie *f.* **ra|dio|te|ra|pi|co** agg. *(-ci,-che)* Strahlen-; *(con raggi X)* Röntgen-: ***trattamento ~*** Strahlenbehandlung *f.*; *(con raggi X)* Röntgenbehandlung *f.* **ra|dio|te|ra|pi|sta** m. e f. *(-i,-e)* Strahlentherapeut *m.* (-in *f.*).

ra|dio|to|rio m. Radiothorium *n.*

ra|dio|tra|smet|te|re tr. *(radiotrasmisi; radiotrasmesso)* funken, senden, im Radio übertragen. **ra|dio|tra|smet|ti|to|re** m. Rundfunksender *m.* **ra|dio|tra|smis|sio|ne** f. Rundfunksendung *f.*, Funkübertragung *f.*

radio|tra|smit|ten|te **I** agg. Funk-, Sende-: ***apparecchio, impianto ~*** Sendegerät *n.* (*o* Funkgerät *n.*), Funkanlage *f.*; ***stazione ~*** Sendestation *f.* (*o* Sendehaus *n.*, Funkhaus *n.*) **II** f. **1** *(stazione)* Sendestation *f.*, Sendehaus *n.*, Funkhaus *n.* **2** *(apparecchio)* Sendegerät *n.*, Funkgerät *n.*

ra|dio|u|ten|te m. e f. Rundfunkteilnehmer *m.* (-in *f.*).

ra|do agg. **1** *(senza compattezza)* großmaschig **2** *(non fitto)* schütter, licht, spärlich: ***alberi -i*** spärlicher Baumbestand; ***capelli -i*** spärlicher Haarwuchs (*o* schütteres Haar); ***bosco ~*** lichter (*o* schütterer) Wald **3** *(poco frequente)* selten ◆ ***di ~*** selten, rar; ***non di ~*** nicht selten, oft; ***pettine ~*** grober Kamm.

ra|don m. Radon *n.*

ra|du|la f. Reibzunge *f.*, Radula *f.*

ra|du|na|bi|le agg. versammelbar. **ra|du|nan|za** f. Versammlung *f.*

ra|du|na|re **I** tr. **1** sammeln, versammeln, vereinigen, zusammen‿ziehen: ***~ le truppe*** Truppen sammeln (*o* zusammenziehen) **2** *(animali)* zusammen‿treiben **3a** *(cose)* zusammen‿tragen, zusammen‿packen **b** *(accumulare)* an‿häufen, an‿sammeln **II** pronom. **radunarsi** sich sammeln, sich versammeln, zusammen‿kommen, zusammen‿treten: ***-rsi in cerchio*** sich in einem Kreis versammeln (*o* auf‿stellen).

ra|du|na|ta f. **1** Versammlung *f.* **2** MIL. Sammeln *n.*

ra|du|no m. Treffen *n.*, Versammlung *f.*, Zusammenkunft *f.*: ***indire un ~*** eine Versammlung ein‿berufen ◆ ***~ automobilistico*** Autosternfahrt *f.*; ***~ di (ex) compagni di scuola*** Klassentreffen *n.*; ***luogo di ~*** Sammelplatz *m.*

ra|du|ra f. Lichtung *f.*, Rodung *f.*: ***~ boschiva*** Waldlichtung *f.*

ra|fa|no m. Rettich *m.*, Meerrettich *m.*: ***salsa di ~*** Meerrettichsoße *f.*

raf|fa f. ***di riffa e di ~, di riffe e di -e*** so oder so.

Raf|fa|e|le n.pr.m. Raphael *m.* **Raf|fa|el|la** n.pr.f. Raphaela *f.*
Raf|fa|el|lo n.pr.m. **1** Raphael *m.* **2** *(Raffaello Sanzio)* Raffael *m.*
raf|fa|el|le|sco agg. *(-schi,-sche)* ART. **1** Raffaels, Raffael- **2** *(alla maniera di Raffaello)* raffaelisch.
raf|faz|zo|na|men|to m. **1** Zusammenschustern *n.*, Stümperei *f.* **2** *(cosa raffazzonata)* Stümperei *f.*, Flickwerk *n.* **raf|faz|zo|na|re** tr. zusammen‿stoppeln, zusammen‿flicken, zusammen‿schustern: ~ ***un discorso*** eine Rede zusammenflicken.
raf|faz|zo|na|to p.pass. agg. **1** → **raffazzonare** **2** zusammengestoppelt, zusammengeflickt, zusammengeschustert. **raf|faz|zo|na|to|re** m. Stümper *m.* **raf|faz|zo|na|tu|ra** f. **1** Zusammenschustern *n.* **2** *(cosa raffazzonata)* Stümperei *f.*, Flickwerk *n.*
raf|fer|ma f. **1** (amtliche) Wiederbestätigung *f.* **2** MIL. freiwillige Weiterverpflichtung *f.* zum Wehrdienst, freiwilliger Wehrdienst. **raf|fer|ma|re I** tr. bestätigen: ~ ***qcn. sindaco*** jdn (in seinem Amt) als Bürgermeister bestätigen **II** pronom. **raffermarsi 1** MIL. sich weiter‿verpflichten (zum Wehrdienst) **2** REGION. *(rassodarsi)* fest werden.
raf|fer|mo agg. ***pane*** ~ altbackenes Brot.
raf|fia → **rafia.**
raf|fi|ca f. *(-che)* **1** *(di vento)* Bö *f.*, Windbö *f.*, Windstoß *m.*; ***una violenta ~ di vento*** eine Sturmbö **2** *(di arma da fuoco)* Garbe *f.*, Feuerstoß *m.*: ***scaricare, sparare una ~ di colpi*** eine Geschossgarbe ab‿geben (*o* ab‿feuern); ~ ***di mitra*** Maschinengewehrgarbe *f.* **3** FIG. Hagel *m.*, Schwall *m.*: ***una ~ di domande, proteste*** ein Schwall von Fragen, ein Hagel von Protesten; ~ ***d'insulti*** Schimpfkanonade *f.* ◆ ***il vento soffia a -che*** es geht ein böiger Wind; ***parlare a*** ~ wie ein Wasserfall reden.
raf|fi|gu|ra|bi|le agg. darstellbar.
raf|fi|gu|ra|re I tr. **1** dar‿stellen, schildern: ~ ***un paesaggio*** eine Landschaft darstellen **2** *(simboleggiare)* symbolisieren: ***la leonessa raffigura Brescia*** die Löwin symbolisiert Brescia **3** *(riconoscere)* erkennen **II** pronom. ***-rsi qcs.*** sich etw. vor‿stellen (*o* aus‿malen). **raf|fi|gu|ra|zio|ne** f. **1** Darstellung *f.* **2** *(immagine mentale)* Vorstellung *f.*, Bild *n.* **3** *(simbolo)* Symbol *n.*
raf|fi|la|re tr. beschneiden, gerade schneiden: ~ ***i bordi*** die Ränder gerade schneiden. **raf|fi|la|tu|ra** f. Beschneidung *f.*
raf|fi|na|men|to m. **1** Verfeinerung *f.* **2** FIG. Perfektionierung *f.* **3** → **raffinazione.**
raf|fi|na|re I tr. **1a** raffinieren: ~ ***lo zucchero, il petrolio*** Zucker, Erdöl raffinieren **b** *(metalli)* veredeln, raffinieren, verfeinern **2** FIG. verfeinern: ~ ***lo stile, il gusto*** den Stil, den Geschmack verfeinern **II** pronom. **raffinarsi** sich verfeinern, vornehm werden (anche FIG.).
raf|fi|na|tez|za f. **1** Feinheit *f.*, Raffiniertheit *f.*, Vornehmheit *f.*, Ausgesuchtheit *f.* **2** *(cosa ricercata)* Kostbarkeit *f.*, Feinheit *f.*
raf|fi|na|to I p.pass. agg. **1** → **raffinare 2a** raffiniert **b** *(di metalli)* veredelt, raffiniert, verfeinert **c** *(di riso)* geschliffen, geschält **3** FIG. fein, vornehm, raffiniert: ***cucina -a*** feine Küche; ***modi -i*** feine Manieren; ***un ~ lavoro di oreficeria*** eine feine Goldschmiedearbeit **II** m. Mensch *m.* von raffiniertem Geschmack ◆ ***clientela -a*** verwöhnte Kundschaft; ***prodotto*** ~ Raffinat *n.*; ***zucchero*** ~ Raffinade *f.* **raf|fi|na|tu|ra, raf|fi|na|zio|ne** f. Raffinieren *n.*, Raffination *f.*: ***la ~ del petrolio*** die Raffination des Erdöls ◆ ***prodotto sottoposto a*** ~ Raffinat *n.*
raf|fi|ne|ri|a f. **1** Raffinerie *f.*: ~ ***di petrolio*** Erdölraffinerie *f.*; ~ ***di zucchero*** Zuckerraffinerie *f.* **2** *(di droga)* Opiumraffinerie *f.*
raf|fio m. *(-fi)* Kanthaken *m.*
raf|fle|si|a f. Rafflesie *f.*, Riesenblume *f.*
raf|for|za|men|to m. **1** Stärkung *f.*, Festigung *f.*, Bekräftigung *f.*, Bestärkung *f.*: ***il ~ di una posizione*** die Stärkung einer Position; ***il ~ del potere*** die Festigung der Macht; ***il ~ di un dubbio, di un sospetto*** die Bekräftigung eines Zweifels, Verdachts; ***il ~ di un'amicizia*** die Festigung einer Freundschaft **2** *(di dighe, costruzioni)* Befestigung *f.*, Verstärkung *f.*
raf|for|za|re I tr. **1** stärken, verstärken, festigen, bekräftigen, bestärken: ***il successo ha rafforzato la sua autostima*** der Erfolg hat sein Selbstvertrauen gestärkt; ~ ***un'amicizia*** eine Freundschaft festigen; ~ ***una supposizione, un sospetto*** eine Vermutung, einen Eindruck verstärken; ~ ***qcn. nei propri propositi*** jdn in seinen Vorsätzen bestärken; ~ ***qcn. nella sua opinione*** jdn in seiner Meinung bekräftigen **2** *(dighe, costruzioni)* befestigen, verstärken **II** pronom. **rafforzarsi** sich verstärken, stärker werden, sich festigen, sich bestärken: ***il sospetto si è rafforzato*** der Verdacht hat sich verstärkt; ***la sua influenza si è rafforzata*** sein Einfluss hat sich verstärkt; ***il vento si è rafforzato*** der Wind ist stärker geworden.
raf|for|za|ti|vo I agg. stärkend, verstärkend **II** m. Verstärkung *f.*
raf|for|za|to p.pass. agg. **1** → **rafforzare 2** gestärkt, verstärkt, bestärkt, bekräftigt **3** *(di dighe, costruzioni)* befestigt, verstärkt.
raf|fred|da|men|to m. **1** Abkühlung *f.* (anche FIG.) **2** TECN. Kühlung *f.* ◆ ~ ***ad acqua*** Wasserkühlung *f.*; ***con ~ ad acqua*** wassergekühlt; ***acqua di*** ~ Kühlwasser *n.*; ***aletta di*** ~ Kühlrippe *f.*; ~ ***ad aria*** Luftkühlung *f.*; ***con ~ ad aria*** luftgekühlt; ~ ***del clima*** Klimaabkühlung *f.*; ***dispositivo di*** ~ Kühler *m.*; ~ ***a gas*** Gaskühlung *f.*; ***con ~ a gas*** gasgekühlt; ***impianto di*** ~ Kühlanlage *f.*; ~ ***del motore*** Motorkühlung *f.*; ***serpentina di*** ~ Kühlschlange *f.*; ***torre di*** ~ Kühlturm *m.*; ***tubo di*** ~ Kühlrohr *n.*
raf|fred|da|re I tr. **1a** ab‿kühlen, aus‿kühlen **b** GASTR. *(con acqua)* ab‿schrecken: ~ ***le uova sode*** die gekochten Eier abschrecken **2** FIG. ab‿kühlen **3** CHIM. METALL. ab‿schrecken **4** TECN. kühlen **II** pronom. **raffreddarsi 1** kalt werden: ***la minestra si è raffreddata*** die Suppe ist kalt geworden **2** FIG. (sich) ab‿kühlen, aus‿kühlen, erlahmen, erkalten: ***il loro rapporto si è raffreddato*** ihr Verhältnis ist (*o* hat sich) abgekühlt; ***il suo interesse si è presto raffreddato*** sein Interesse ist schnell erlahmt; ***i suoi sentimenti si sono raffreddati*** seine Gefühle sind erkaltet **3** *(prendere un raffreddore)* sich erkälten.
raf|fred|da|to p.pass. agg. **1** → **raffreddare 2** ***essere*** ~ verschnupft sein, Schnupfen haben, erkältet sein ◆ ~ ***ad acqua*** wassergekühlt; ~ ***ad aria*** luftgekühlt; ~ ***a gas*** gasgekühlt. **raf|fred|da|to|re** m. **1** Kühler *m.*, Kühlanlage *f.* **2** *(per metalli)* Schreckplatte *f.*, Abschreckplatte *f.* **3** EL. Kühlkörper *m.*
raf|fred|do|re m. Schnupfen *m.*; ESTENS. Erkältung *f.*: ***avere il*** ~ Schnupfen haben (*o* erkältet sein); ***prendersi il*** ~ sich einen Schnupfen holen, einen Schnupfen bekommen (*o* sich erkälten, eine Erkältung bekommen); ESTENS. sich erkälten; ***attaccare il ~ a qcn.*** jdn mit seiner Erkältung an‿stecken ◆ ~ ***da fieno*** Heuschnupfen *m.*; ***rimedio contro il*** ~ Schnupfenmittel *n.*; ESTENS. Mittel *n.* gegen Erkältung.
raf|fre|na|re I tr. **1a** bremsen **b** *(cavalli)* zügeln **2a** *(contenere, trattenere)* zurück‿halten **b** *(sentimenti)* bezähmen, zügeln **II** pronom. **raffrenarsi** sich bezähmen, sich zügeln.
raf|fron|ta|bi|le agg. vergleichbar. **raf|fron|ta|re** tr. vergleichen, gegenüber‿stellen: ~ ***due programmi politici*** zwei politische Programme gegenüberstellen. **raf|fron|to** m. Vergleich *m.*, Gegenüberstellung *f.*: ***fare un*** ~ einen Vergleich an‿stellen.
ra|fia f. **1** BOT. Raphia *f.*, Raphiapalme *f.* **2** *(fibra)* Raphiabast *m.*, Raphia *f.*, Bast *m.*: ***cappellino, borsa di*** ~ Raphiahut *m.*, Raphiatasche *f.* (*o* Basttasche *f.*); ***stuoia di*** ~ Bastmatte *f.*
ra|ga|de f. Rhagade *f.*, Hautriss *m.*, Schrunde *f.*
ra|ga|nel|la f. **1** Laubfrosch *m.* **2** MUS. Rätsche *f.*, Knarre *f.*
ra|gaz|za f. **1** Mädchen *n.*; *(giovane donna)* junge Frau *f.*: ***una ~ di 14 anni*** ein vierzehnjähriges Mädchen; ***una bella, brava*** ~ ein schönes, anständiges Mädchen **2** *(fidanzata)* (feste) Freundin *f.*: ***avere, farsi la*** ~ eine feste Freundin haben, sich (D) eine Freundin zu‿legen ◆ ~ ***copertina*** Covergirl *n.*; ***da*** ~ Mädchen-; ***cognome da*** ~ Mädchenname *m.*; ***fin da*** ~ von Kind an; ~ ***madre*** ledige Mutter; ~ ***da marito*** heiratsfähiges Mädchen.
ra|gaz|zac|cio m. *(-ci)* Lausejunge *m.*, Lausbub *m.* **ra|gaz|za|ta** f. Dummejungenstreich *m.*, Jungenstreich *m.* **ra|gaz|zet|ta** f. kleines Mädchen *n.*, Göre *f.* **ra|gaz|zet|to** m. kleiner Junge *m.* **ra|gaz|zi|na** f. Kleine *f.*, junges Ding *n.* **ra|gaz|zi|no** m. kleiner Junge *m.* ◆ ***da*** ~ knabenhaft, jungenhaft; ***aspetto da*** ~ knabenhaftes Aussehen.
ra|gaz|zo m. **1** Junge *m.*; *(giovane uomo)* junger Mann *m.*: ***un ~ studioso, intelligente, obbediente*** ein fleißiger, kluger, folgsamer Junge; ***è ancora un ~!*** er ist doch noch ein Junge! ***essere un bravo*** ~ ein anständiger Junge sein **2** *(fidanzato)* (fester) Freund *m.*: ***avere, farsi il*** ~ einen festen Freund haben, sich (D) einen Freund zu‿legen **3** *(apprendista)* Laufbursche *m.*, Lehrjunge *m.*, Junge *m.*: ~ ***di bottega*** Ladenjunge *m.* **4** *(figlio maschio)* Junge *m.*, Sohn *m.* **5** pl. *(gioventù)* Jugendlichen *pl.*: ***i -i di oggi*** die Jugendlichen von heute ◆ ***coraggio -i!*** nur Mut, Jungs! ***da*** ~ als Kind; ***fin da*** ~ von Kind an; ***gioco, giochetto da -i*** Spielerei *f.*; ~ ***mio!*** mein lieber Junge! ~ ***di strada*** Straßenjunge *m.*; ~ ***di vita*** Strichjunge *m.*
ra|gaz|zo|na f. kräftiges Mädchen *n.* **ra|gaz|zot|ta** f. dralles Mädchen *n.* **ra|gaz|zot|to** m. stämmiger Junge *m.*
rag|ge|lan|te agg. schauderhaft.
rag|ge|la|re I tr. **1** gefrieren lassen **2** FIG. erstarren lassen: ***il suo sguardo li raggelò*** sein Blick ließ sie erstarren; ***far ~ il sangue a qcn.*** jdm das Blut in den Adern erstarren lassen **II** pronom. **raggelarsi 1** frieren, vereisen **2** FIG. erstarren, sich ab‿kühlen: ***per la paura gli si raggelò il sangue nelle vene*** vor Angst erstarrte ihm das Blut in den Adern.
rag|gian|te agg. **1a** strahlend: ***un sorriso*** ~ ein strahlendes Lächeln; ~ ***di gioia, di felicità*** glückstrahlend, freudestrahlend; ***essere ~ di***

gioia vor Freude strahlen **b** ***oggi è ~*** heute strahlt sie vor lauter Freude **2** FIS. leuchtend, strahlend, Strahlungs-: ***energia ~*** Strahlungsenergie *f.*

rag|gia|re I intr. *(raggio, raggi;* aus. *avere)* **1** strahlen, leuchten: ***il sole raggiava in cielo*** die Sonne strahlte am Himmel **2** *(gioire)* strahlen: ***~ di gioia*** vor Freude strahlen **II** tr. LETT. aus‿strahlen, strahlen: ***il suo volto raggiava felicità*** sein Gesicht strahlte Freude aus.

rag|gia|to p.pass. agg. **1** → **raggiare 2** strahlenförmig, Strahlen-.

rag|gie|ra f. Strahlenkranz *m.* ◆ ***a ~*** strahlenförmig, Strahlen-.

rag|gio m. *(-gi)* **1** Strahl *m.* (anche FIS.): ***svegliarsi ai primi -gi del sole*** bei den ersten Sonnenstrahlen auf‿wachen **2** GEOM. Radius *m.*: ***misurare il ~ di una circonferenza*** den Radius eines Kreises messen **3** *(ambito)* Reichweite *f.*, Umkreis *m.*, Kreis *m.*: ***nel ~ di cento metri*** im Umkreis von hundert Metern **4** *(della ruota)* Speiche *f.* **5** *(di un carcere)* Flügel *m.* ◆ ***-gi alfa*** Alphastrahlen; ***armi a medio, corto ~*** Mittelstrecken-, Kurzstreckenwaffen *pl.*; ***~ d'azione*** Aktionsradius *m.*; FIG. Wirkungskreis *m.*, Wirkungsbereich *m.*; ***-gi beta*** Betastrahlen *pl.*; ***~ della bicicletta*** Fahrradspeiche *f.*; ***-gi catodici*** Kathodenstrahlen *pl.*; ***-gi cosmici*** kosmische Strahlen *pl.*; ***~ di curvatura*** Krümmungsradius *m.*; COLLOQ. *(radiografare)* ***fare i -gi (a qcn., qcs.)*** jdn, etw. durchleuchten, röntgen; COLLOQ. ***(farsi) fare i -gi*** sich röntgen lassen; ***~ focale*** Brennstrahl *m.*; ***~ incidente*** Einfallstrahl *m.* (*o* einfallender Strahl); ***-gi infrarossi*** Infrarotstrahlen *pl.*; ***a largo ~*** weit reichend; ***~ di luce*** Lichtstrahl *m.*; ***~ di sole*** Sonnenstrahl *m.*; ***~ di sterzata*** Lenkradius *m.*; ***-gi ultravioletti*** ultraviolette Strahlen *pl.*; ***~ vettore*** Leitstrahl *m.*; ***-gi X*** Röntgenstrahlen *pl.*

rag|gi|ra|re tr. betrügen, hintergehen. **rag|gi|ro** m. Betrug *m.*, Hintergehung *f.*: ***essere vittima di un ~*** einem Betrug zum Opfer fallen.

rag|giun|ge|re tr. *(raggiungo, raggiungi; raggiunsi; raggiunto)* **1a** erreichen (anche FIG.): ***~ la città, il confine*** die Stadt, die Grenze erreichen; ***~ la vetta di un monte*** einen Berggipfel erreichen; ***~ qcs. con la mano*** etw. mit der Hand erreichen; ***~ un'alta velocità*** eine hohe Geschwindigkeit erreichen; ***~ un alto livello*** ein hohes Niveau erreichen; ***~ il culmine*** den Höhepunkt erreichen; ***~ l'età pensionabile*** das Pensionsalter erreichen; ***dove posso raggiungerLa?*** wo kann ich Sie erreichen? ***~ qcn. per telefono*** jdn telefonisch erreichen; ***la temperatura ha raggiunto i 40 gradi*** die Temperatur hat vierzig Grad erreicht **b** *(conseguire)* erzielen, erreichen: ***~ un accordo*** Übereinstimmung erzielen; ***~ un alto grado di maturità*** einen hohen Grad von Reife erreichen; ***~ il proprio intento, scopo*** seine Absicht, seinen Zweck erreichen (*o* erzielen) **2** *(riprendere)* ein‿holen: ***il corridore ha raggiunto i compagni*** der Läufer hat seine Mannschaftskameraden eingeholt; ***~ qcn. per un pelo*** jdn gerade noch einholen (*o* erreichen); ***~ il primo in classifica*** bis zum Erstplatzierten vor‿dringen **3** *(seguire)* nach‿kommen: ***ti raggiungo subito*** ich komme gleich nach ◆ ***~ il bersaglio*** das Ziel treffen; ***~ fama e onori*** zu Ruhm und Ehren gelangen; ***~ la maggioranza assoluta*** die absolute Mehrheit erlangen; ***~ la meta*** ans Ziel gelangen; ***~ la pace eterna*** zur ewigen Ruhe ein‿gehen.

rag|giun|gi|bi|le agg. erreichbar, einholbar: ***risultato ~*** erreichbares Ergebnis.

rag|giun|gi|men|to m. Erreichen *n.*, Erreichung *f.*, Erzielung *f.*, Erlangung *f.*: ***il ~ del traguardo*** das Erreichen des Ziels; ***al ~ dei limiti d'età, della maggiore età*** bei Erreichung der Altersgrenze, der Volljährigkeit.

rag|giun|to → **raggiungere.**

rag|go|mi|to|la|re *(raggomitolo, raggomitoli)* **I** tr. auf‿wickeln, wieder auf‿wickeln **II** pronom. **raggomitolarsi 1** *(accoccolarsi)* sich zusammen‿kauern, sich kuscheln: ***-rsi nel letto, in un angolo del divano*** sich ins Bett, in die Sofaecke kuscheln **2** *(di gatto, cane)* sich zusammen‿rollen.

rag|go|mi|to|la|to p.pass. agg. **1** → **raggomitolare 2** aufgewickelt **3a** *(accoccolato)* zusammengekauert **b** *(di gatto, cane)* zusammengerollt.

rag|gra|nel|la|re tr. COLLOQ. zusammen‿kratzen, zusammen‿kriegen.

rag|grin|zi|men|to m. Runzelbildung *n.*, Faltenbildung *f.*

rag|grin|zi|re *(raggrinzisco, raggrinzisci)* **I** tr. (zer)knittern **II** intr. (aus. *essere*) **1** faltig werden, runz(e)lig werden **2** *(di frutto)* ein‿schrumpeln, schrumpfen **III** pronom. **raggrinzirsi** sich runzeln, faltig werden, runz(e)lig werden.

rag|grin|zi|to p.pass. agg. **1** → **raggrinzire 2** runz(e)lig, faltig, schrumpfig, verschrumpelt: ***la pelle è -a*** die Haut ist runzelig (*o* faltig); ***un viso ~*** ein runzliges Gesicht; ***una mela -a*** ein verschrumpelter (*o* runzliger) Apfel.

rag|gru|ma|re I tr. gerinnen lassen **II** pronom. **raggrumarsi** gerinnen.

rag|gru|ma|to p.pass. agg. **1** → **raggrumare 2** geronnen.

rag|grup|pa|bi|le agg. zusammenlegbar.

rag|grup|pa|men|to m. Gruppierung *f.*; *(gruppo)* Gruppe *f.*: ***~ di persone, di auto*** Menschengruppe *f.*, Autoansammlung *f.*; ***~ elettorale, politico*** Wählergruppe *f.*, politische Gruppierung (*o* Parteiung *f.*).

rag|grup|pa|re I tr. gruppieren, vereinigen, zusammen‿stellen, zusammen‿legen: ***~ diverse imprese*** verschiedene Unternehmen vereinigen; ***~ tutti i dati*** alle Daten zusammenstellen; ***~ le classi*** die Schulklassen zusammenlegen **II** pronom. **raggrupparsi** sich gruppieren, sich (zusammen‿)scharen: ***-rsi in cerchio*** sich zu einem Kreis gruppieren; ***-rsi intorno a qcn.*** sich um jdn (zusammen)scharen.

rag|gua|glia|re tr. *(ragguaglio, ragguagli)* **1** unterrichten: ***~ qcn. sull'accaduto*** jdn über den Vorfall unterrichten **2** *(pareggiare)* aus‿gleichen **3** *(mettere a confronto)* vergleichen.

rag|gua|glio m. *(-gli)* **1** Auskunft *f.*, Information *f.*: ***dare -gli su qcs.*** über etw. (A) Auskunft geben **2** *(confronto)* Vergleich *m.*, Gegenüberstellung *f.*

rag|guar|de|vo|le agg. **1** beachtlich, bedeutend, ansehnlich: ***una somma ~*** eine beachtliche Summe; ***detenere una posizione ~*** eine bedeutende Position ein‿nehmen **2** *(degno di riguardo)* angesehen.

ra|gia f. Harz *n.* ◆ ***acqua ~*** Terpentin *n.*

ra|già m.inv. Radscha *m.*

ra|gio|na|men|to m. **1** Gedankengang *m.*, Überlegung *f.*: ***fare, seguire un ~*** eine Überlegung an‿stellen, einem Gedankengang folgen; ***non riuscire a seguire qcn. nei suoi -i*** jdm in seinen Überlegungen nicht folgen können; ***il suo ~ non fa una piega*** seine Überlegung ist folgerichtig **2** *(argomentazione)* Argumente *pl.*, Argumentation *f.*; *(discorso)* Rede *f.*: ***un ~ poco convincente*** eine wenig überzeugende Argumentation; ***ma che -i fai!*** was sind das für Ideen! ◆ ***errore di ~*** Denkfehler *m.*; ***~ logico*** Vernunftschluss *m.*

ra|gio|na|re intr. (aus. *avere*) **1** denken, nach‿denken, überlegen: ***~ con la propria testa*** selbst denken; ***~ in modo concreto*** real denken; ***trovare una soluzione ragionando*** durch (gründliches) Nachdenken eine Lösung finden **2** *(argomentare)* argumentieren: ***che modo di ~ è questo?*** so kann man doch nicht argumentieren! **3** ANT. *(conversare)* sprechen, räsonieren: ***~ di politica*** über Politik sprechen (*o* räsonieren) ◆ ***cerca di ~!*** denk mal ein bisschen nach! ***~ con i piedi*** dummes Zeug schwätzen; ***con lui non si può proprio ~!*** mit ihm kann man nicht vernünftig reden! ***questo sì che è ~!*** das nenne ich Vernunft!

ra|gio|na|ta|men|te avv. vernünftig.

ra|gio|na|to p.pass. agg. **1** → **ragionare 2a** durchdacht, vernünftig: ***scelta -a*** vernünftige Wahl **b** *(ordinato razionalmente)* detailliert: ***bibliografia -a*** detaillierte Bibliographie ◆ ***grammatica -a*** erläuterte Grammatik. **ra|gio|na|to|re** m. denkfähiger Mensch *m.*

ra|gio|ne f. **1a** Vernunft *f.*: ***la ~ è propria dell'uomo*** die Vernunft ist dem Menschen eigen; ***fare appello alla ~*** an die Vernunft appellieren **b** *(buon senso)* Vernunft *f.*, Räson *f.*: ***riportare qcn. alla ~*** jdn zur Vernunft (*o* Räson) bringen **2** *(intelletto)* Verstand *m.*: ***perdere la ~*** den Verstand verlieren; ***riacquistare l'uso della ~*** wieder zu Verstand kommen **3** *(spiegazione)* Rechenschaft *f.*: ***rendere, dare ~ di qcs.*** über etw. (A) Rechenschaft ab‿legen; ***chiedere (a qcn.) ~ di qcs.*** (von jdm) Rechenschaft über etw. fordern **4** *(causa, motivo)* Grund *m.*, Ursache *f.*, Anlass *m.*: ***per quale ~?*** aus welchem Grund? ***non c'è ~ di prendersela*** es besteht kein Grund sich aufzuregen; ***aver ~ di credere qcs.*** Grund haben, etw. zu glauben; ***cercare la ~ di qcs.*** den Grund für etw. suchen; ***per -i di famiglia, di salute, di servizio*** aus familiären, gesundheitlichen Gründen, dienstlich; ***senza ~*** grundlos; ***senza ~ apparente*** ohne erkennbaren Grund; ***ho le mie -i*** ich habe meine Gründe; ***non è una buona ~*** das ist kein Grund; ***per la semplice ~ che...*** aus dem einfachen Grund, dass... **5** *(diritto, giusta pretesa)* Recht *n.*: ***avere, ottenere ~*** Recht haben, behalten; ***esporre, far valere le proprie -i*** seine Rechte geltend machen; ***dare ~ a qcn.*** jdm Recht geben; ***essere dalla parte della ~*** im Recht sein; ***la ~ è dalla sua parte*** das Recht ist auf seiner Seite; ***su questo ti do ~*** hierin hast du Recht; ***i fatti gli hanno dato ~*** die Tatsachen haben ihm Recht gegeben ◆ ***a ~*** zu (*o* mit) Recht; ***aver ~ di qcn.*** mit jdm fertig werden; ***chi di ~*** die befugte Person, zuständige Stelle; ***il cliente ha sempre ~*** bei uns (*o* hier) ist der Kunde König; ***con ~*** mit Recht; ***ritenere con ~ che...*** mit Recht an‿nehmen, dass...; ***conforme a ~*** vernunftgemäß; ***~ per cui*** weshalb; ***questa eredità mi spetta di ~*** dieses Erbe steht mir zu; ***in ~ diretta*** direkt proportional; ***dotato di ~*** vernunftbegabt; *ragion d'essere* Daseinsberechtigung *f.*; *qcs. non ha più ragion d'essere* für etw. gibt es keinen Rechtfertigungsgrund (*o* keinen Grund) mehr; *l'età della ~* Zeitalter der Vernunft; *farsi una ~ di qcs.* sich mit etw. ab‿finden; *farsi ~ da sé* zur Selbsthilfe schreiten; *forza della ~* Verstandeskraft *f.*; *in ~ di qcs.* im Verhältnis von etw.; *(dell'ammontare di)* in Höhe von; *in ~ del 15 %* in Höhe von 15 %; *non intendere ~* keine Vernunft an‿nehmen wollen; *in ~ inversa* umgekehrt proportional; *perdere il lume della ~* den Verstand verlieren; *a maggior ~* um so mehr; *per nessuna ~ al mondo* nicht um alles in der Welt; *la ~ ordinatrice* der ordnende Verstand; *~ principale* Hauptgrund *m.*; *rendere di pubblica ~* an die Öffentlichkeit bringen; *ridurre qcn. alla ~* jdn zur Vernunft bringen; *darle di santa ~* jdn gehörig verprügeln; *~ di scambio* Tauschverhältnis *n.*; *non volere sentire -i* sich auf keine Diskussion ein‿lassen; *non sentire -i* sich nicht überzeugen (*o* nichts sagen) lassen; *~ sociale* Firma *f.*; *sostenere le -i di qcn.* jds Meinung teilen; *~ di stato* Staatsräson *f.*; *a torto o a ~* im Recht oder Unrecht; *a ragion veduta* nach reiflicher Überlegung; PROV. *contro la forza ragion non vale* Gewalt geht vor Recht; *la ~ è sempre dalla parte del più forte* der Stärkere hat immer Recht.

ra|gio|ne|ri|a f. **1** Buchführung *f.*, Buchhaltung *f.*, Rechnungswesen *n.*, Rechnungsführung *f.*: *insegnante di ~* Lehrer für Buchführung **2** = Handelsschule *f.*: *iscriversi a ~* sich an der Handelsschule an‿melden; *diploma di ~* Abschlusszeugnis *f.* der Handelsschule **3** *(ufficio)* Rechnungsbüro *n.*, Rechnungsamt *n.* ◆ *~ generale dello Stato* Abteilung *f.* für Haushalt und Rechnungswesen.

ra|gio|ne|vo|le agg. **1** vernünftig: *mostrarsi ~* sich vernünftig zeigen; *una persona ~* ein vernünftiger Mensch **2** *(di prezzo, pagamento)* angemessen, vernünftig **3** *(fondato)* berechtigt: *dubbio ~* berechtigter Zweifel. **ra|gio|ne|vo|lez|za** f. **1** Vernünftigkeit *f.*, Vernunft *f.* **2** *(adeguatezza)* Angemessenheit *f.* **ra|gio|ne|vol|men|te** avv. vernünftig.

ra|gio|nie|ra f. Buchhalterin *f.* **ra|gio|nie|re** m. Buchhalter *m.*, Rechnungsführer *m.*

ra|glan I m. Raglan *m.* **II** agg.inv. Raglan-: *maniche a(lla) ~* Raglanärmel *pl.*; *taglio a(lla) ~* Raglanschnitt *m.*

ra|glia|re intr. *(raglio, ragli*; aus. *avere)* **1** iahen **2** FIG. *(cantare male)* kreischen, krächzen. **ra|glio** m. *(-gli)* **1** Eselsschrei *m.*, Iahen *n.* **2** FIG. Kreischen *n.*, Krächzen *n.* ◆ PROV. *~ d'asino non arrivò mai in cielo* was von mir ein Esel spricht, das acht ich nicht.

ra|gna f. **1** *(rete per uccelli)* Vogelnetz *n.* **2** *(bava del baco)* Raupenspeichelsekret *n.* **3** LETT. *(ragnatela)* Spinnennetz *n.* **4** ANT. *(ragno)* Spinne *f.*

ra|gna|te|la f. **1** Spinnennetz *n.*, Spinnwebe *f.*, Spinngewebe *n.*: *una cantina piena di -e* ein Keller voller Spinnweben **2** FIG. Netz *n.*

ra|gno m. Spinne *f.*: *il ~ tesse la sua tela* die Spinne spinnt (*o* webt) ihr Netz ◆ *non cavare un ~ dal buco* auf keinen grünen Zweig kommen, nichts zustande bringen; *non (ci) si cava un ~ da un buco* damit lockt man keinen Hund hinterm Ofen hervor; *~ crociato* Kreuzspinne *f.*; *pesce ~* Petermännchen *n.* (*o* Drachenfisch *m.*); *tela di ~* Spinngewebe *n.*, Spinnwebe *f.*; *uomo ~* Schlangenmensch *m.*; *Uomo Ragno* Spiderman *m.*

rag|time ['rægtaɪm] m.inv. Ragtime *m.*

ra|gù m.inv. Hackfleischsoße *f.*: *spaghetti al ~* Spaghetti mit Hackfleischsoße.

RAI ⇒ *Radio Audizioni Italiane* (italienische Rundfunk- und Fernsehanstalt).

raid [reɪd, *üblich* r'aid] m.inv. **1** MIL. Raid *m.*, Überraschungsangriff *m.*: *compiere un ~* einen Raid (*o* Überraschungsangriff) machen **2** SPORT Rennen *n.*

Rai|mon|do n.pr.m. Raimund *m.*

ra|ion → **rayon.**

RAI-TV → **RAI.**

ra|len|ti [ralã'ti] m.inv. Zeitlupentempo *n.*: *al ~* im Zeitlupentempo.

ra|lin|ga f. *(-ghe)* Liek *n.*

ral|le|gra|men|to m. Aufheitern *n.*, Aufmunterung *f.* ◆ *-i (per la nuova promozione)!* herzlichen Glückwunsch (zur Beförderung)!

ral|le|gra|re I tr. erfreuen, auf‿heitern: *~ qcn. con qcs.* jdn mit etw. erfreuen; *la tua visita mi ha molto rallegrato* dein Besuch hat mich sehr gefreut; *~ l'atmosfera* die Stimmung heben **II** pronom. **rallegrarsi 1** *(gioire)* sich (er)freuen: *-rsi di, per qcs.* sich an etw. (D) erfreuen; sich auf, über etw. (A) freuen; *-rsi per il bel tempo* sich über das schöne Wetter freuen **2** *(congratularsi)* gratulieren: *-rsi con qcn. per qcs.* jdm zu etw. gratulieren: *mi rallegro!* ich gratuliere!

ral|len|ta|men|to m. **1** Verlangsamung *f.*: *~ del passo* Verlangsamung des Schritts **2** *(diminuzione, recessione)* Rückgang *m.* **3** *(decelerazione)* Geschwindigkeitsabnahme *f.* ◆ *~ della congiuntura* Konjunkturabschwächung *f.*; CINEM. *effetto di ~* Zeitlupeneffekt *m.*; *~ della produzione* Produktionsrückgang *m.*; *segnale di ~* Zeichen *n.* für Geschwindigkeitsbeschränkung.

ral|len|ta|re I tr. **1a** verlangsamen: *~ il passo, il ritmo, il gioco* den Schritt, das Tempo, das Spiel verlangsamen **b** *(di veicoli)* verringern: *~ la corsa* das Tempo verringern **2** FIG. *(allentare)* sich ab‿schwächen, verringern, ein‿schränken: *~ la tensione* die Spannung ab‿bauen; *~ la disciplina* die Disziplin lockern **3** assol. *(di veicolo)* ab‿bremsen, langsam fahren: *rallenta un po'* fahr ein bisschen langsamer; *in curva bisogna ~* in der Kurve muss man langsamer fahren; *(sui cartelli stradali) ~!* langsam fahren! **II** intr. (aus. *essere, avere*) **1** langsamer werden; *(di veicoli)* langsamer fahren: *il suo passo rallentò* seine Schritte wurden langsamer (*o* verlangsamten sich) **2** *(di velocità)* zurück‿gehen, sich verringern: *la velocità rallentò* die Geschwindigkeit ging zurück (*o* ließ nach) **III** pronom. **rallentarsi 1** langsamer werden **2** *(diminuire)* nach‿lassen.

ral|len|ta|to|re m. Zeitlupe *f.*: *al ~* in Zeitlupe; *fare qcs. al ~* etw. im Zeitlupentempo tun.

ral|li|for|me m. Ralle *f.*

ral|li|sta m. e f. *(-i,-e)* Rallyefahrer *m.* (-in *f.*). **rally** ['rælɪ] m.inv. Rallye *f.*: *correre un ~* eine Rallye fahren; *il ~ di Monte Carlo* die Rallye Monte Carlo.

ra|ma|dan m.inv. Ramadan *m.*

ra|ma|ges [ra'ma:ʒ] m.pl. *a ~* Ramagé-; *tessuto a ~* Ramagégewebe *n.*

ra|ma|glia f. **1** Reisig *n.* **2** *(rami bassi)* Unterholz *n.*

ra|ma|io m. *(-ai)* Kupferschmied *m.* **ra|ma|io|lo** m. **1** Schöpflöffel *m.* **2** *(ramaio)* Kesselschmied *m.*

ra|man|zi|na f. Strafpredigt *f.*; COLLOQ. Standpauke *f.*: *fare una ~ a qcn.* jdm eine Strafpredigt halten; *prendersi una ~* eine Strafpredigt zu hören bekommen.

ra|ma|re tr. **1** verkupfern **2** AGR. mit Kupfervitriol bespritzen.

ra|mar|ro m. Smaragdeidechse *f.*

ra|ma|to I p.pass. agg. **1** → **ramare 2** *(colore)* kupferrot: *capelli -i* kupferrotes Haar **3** *(che contiene rame)* kupferhaltig, Kupfer- **II** m. Kupfervitriol *n.* **ra|ma|tu|ra** f. **1** Verkupferung *f.* **2** AGR. Spritzen *n.* mit Kupfervitriol.

ra|maz|za f. Besen *m.*, Reisigbesen *m.* ◆ *~ di metallo* Drahtbesen *m.* **ra|maz|za|re** tr. kehren.

ram|bo m.inv. Rambo *m.*

ra|me m. **1** Kupfer *n.* **2** pl. *(oggetti di rame)* Kupfergeschirr *n.* ◆ *età del ~* Kupferzeit *f.*; *filo di ~* Kupferdraht *m.*; *incisione su ~* Kupferstich *m.*; *lamiera di ~* Kupferblech *n.*; *lavoro in ~* Kupferarbeit *f.*; *lega di ~* Kupferlegierung *f.*; *minerale di ~* Kupfererz *n.*; *miniera di ~* Kupfergrube *f.*; *moneta di ~* Kupfermünze *f.*; *ossido di ~* Kupferoxid *n.*; *pentola di ~* Kupferkessel *m.*; *rosso ~* kupferrot; *solfato di ~* Kupfersulfat *n.*; *tetto di ~* Kupferdach *n.*

ra|mei|co agg. *(-ci,-che)* Kupfer-.

ra|men|go m. REGION. *andare a ~* vor die Hunde gehen; *ma va' a ~!* geh doch zum Teufel!

ra|mi|fi|ca|re *(ramifico, ramifichi)* **I** intr. (aus. *avere*) Zweige bekommen **II** pronom. **ramificarsi 1** sich verzweigen, sich verästeln **2** *(di strada)* ab‿zweigen.

ra|mi|fi|ca|to p.pass. agg. **1** → **ramificare 2** verzweigt (anche FIG.): *un albero molto ~* ein dicht verzweigter Baum; *una disciplina -a in varie specialità* eine in viele Spezialgebiete verzweigte Disziplin. **ra|mi|fi|ca|zio|ne** f. **1** Verzweigung *f.*, Verästelung *f.* **2** *(di strada)* Abzweigung *f.* **3** *(braccio di fiume)* Arm *m.*, Ast *m.*: *le -i di un fiume* die Arme eines Flusses ◆ *punto di ~* Abzweigung *f.*

ra|min|go agg. *(-ghi,-ghe)* umherirrend ◆ *andare ~ per il mondo* durch die Welt vagabundieren; *vita -a* Vagabundenleben *n.*

ra|mi|no m. Rommé *n.*

ram|ma|glia|re tr. *(rammaglio, rammagli)* repassieren. **ram|ma|glia|tri|ce** f. Repassiererin *f.*

ram|ma|ri|ca|re *(rammarico, rammarichi)* **I** tr. traurig stimmen **II** pronom. *-rsi di, per qcs.* etw. bedauern: *mi rammarico per l'accaduto* ich bedauere den Vorfall; *-rsi di aver fatto qcs.* bedauern, etw. getan zu haben. **ram|ma|ri|co** m. *(-chi)* Bedauern *n.*: *con mio grande ~* zu meinem großen Bedauern; *avere il ~ di aver fatto qcs.* bedauern, etw. getan zu haben.

ram|me|mo|ra|re *(rammemoro)* **I** tr. **1** *~ qcs.* sich an etw. (A) erinnern **2** *(richiamare alla memoria)* *~ qcs. a qcn.* jdn an etw. erinnern **II** pronom. **rammemorarsi** sich erinnern: *-rsi (di) qcs.* sich an etw. (A) erinnern. **ram|me|mo|ra|zio|ne** f. Erinnerung *f.*

ram|men|da|re tr. stopfen, flicken: *~ calze, un pullover* Socken, einen Pullover stopfen. **ram|men|da|tri|ce** f. Kunststopferin *f.* **ram|men|da|tu|ra** f. **1** Stopfen *n.*; *fare una ~ a qcs.* etw. stopfen **2** *(par-*

te rammendata) gestopfte Stelle *f.* **3** TESS. Zurichtung *f.*

ram|men|do m. **1** Stopfen *n.* **2** *(parte rammendata)* gestopfte Stelle *f.* ◆ ***ago da ~*** Stopfnadel *f.*; ***filo da ~*** Stopfgarn *n.*; ***fungo da ~*** Stopfpilz *m.*; ***uovo da ~*** Stopfei *n.*

ram|men|ta|re **I** tr. **1** *~ qcs.* sich an etw. (A) erinnern: ***~ il viso di qcn.*** sich an jds Gesicht erinnern **2** *(richiamare alla memoria)* ***~ qcs. a qcn.*** jdn an etw. (A) erinnern; ***~ a qcn. una promessa*** jdn an ein Versprechen erinnern **II** pronom. **rammentarsi** sich erinnern: ***-rsi (di) qcs.*** sich an etw. (A) erinnern; ***-rsi dell'accaduto*** sich an den Vorfall erinnern.

ram|mo|der|na|men|to m. Modernisierung *f.*, Erneuerung *f.* **ram|mo|der|na|re** tr. modernisieren, erneuern.

ram|mol|li|men|to m. **1** Erweichung *f.*; ***~ cerebrale*** Gehirnerweichung *f.* **2** FIG. Verweichlichung *f.*: ***~ dei costumi*** Verweichlichung der Sitten. **ram|mol|li|re** *(rammollisco, rammollisci)* **I** tr. **1** weich machen, erweichen **2** FIG. verweichlichen **II** pronom. **rammollirsi** **1** weich werden **2** FIG. verweichlichen.

ram|mol|li|to **I** p.pass. agg. **1** → **rammollire** **2** verweichlicht **II** m. Weichling *m.*; COLLOQ. Schlappschwanz *m.*

ram|mor|bi|di|men|to m. Erweichung *f.* **ram|mor|bi|di|re** *(rammorbidisco, rammorbidisci)* **I** tr. **1** weich machen, erweichen **2** FIG. *(mitigare)* mildern **II** pronom. **rammorbidirsi** **1** weich werden, erweichen **2** FIG. *(mitigarsi)* sich mildern.

ram|no m. Faulbaum *m.*

ra|mo m. **1** Ast *m.*; *(ramoscello)* Zweig *m.*: ***~ nodoso*** knorriger Ast; ***un ~ fiorito*** ein Blütenzweig; MED. ***i -i di una arteria*** die Äste einer Arterie; MAT. ***i -i di una parabola*** die Äste einer Parabel **2a** *(ambito)* Zweig *m.*, Bereich *m.*, Teilgebiet *n.*: ***~ scientifico, letterario*** wissenschaftlicher, literarischer Bereich; ***un ~ della filosofia*** ein Zweig der Philosophie **b** *(settore)* Fach *n.*, Branche *f.*: ***nel suo ~ è un esperto*** in seinem Fach ist er ein Experte; ***essere del ~*** vom Fach sein; ***cambiare ~*** die Branche wechseln **3** *(di fiume, lago)* Arm *m.* **4** *(di famiglia)* Linie *f.*, Zweig *m.*: ***un ~ della famiglia*** ein Zweig der Familie **5** *(di assicurazione)* Sparte *f.* ◆ ***~ cadetto*** Seitenlinie *f.*; ***-i delle corna*** Geweih *n.*; ***esperienza nel ~*** Branchenerfahrung *f.*; ***esperto del ~*** Branchenkenner *m.*; ***~ ferroviario*** Zweiglinie *f.* (*o* Nebenlinie *f.*); ***i -i del parlamento*** die Kammern des Parlaments; ***avere un ~ di pazzia*** einen Schuss Verrücktheit im Blut haben; ***~ secco*** dürrer Ast; FIG. eine unnütze Last; ***tagliare i -i secchi*** *(in ferrovia)* die Nebenlinien still‿legen; *(in organizzazioni)* Stellen streichen; FERR. ***~ secondario*** Zweiglinie *f.* (*o* Nebenlinie *f.*).

ra|mo|lac|cio m. *(-ci)* Hederich *m.*

ra|mo|scel|lo m. Zweig *m.* ◆ ***~ di olivo*** Ölzweig *m.* **ra|mo|so** agg. **1** astig **2** *(ramificato)* ästig, verzweigt.

ram|pa f. **1** Rampe *f.* **2** *(di scale)* Treppe *f.* ◆ ***~ di accesso*** Auffahrtsrampe *f.* (*o* Zufahrtsrampe *f.*); ***~ di carico*** Verladerampe *f.* (*o* Laderampe *f.*); ***~ di lancio*** Abschussrampe *f.*

ram|pan|te **I** agg. **1** ARALD. auf den Hinterbeinen stehend: ***leone ~*** auf den Hinterbeinen stehender Löwe **2** FIG. *(che mira al successo)* aufstiegsorientiert, nach oben strebend: ***un manager ~*** ein aufstiegsorientierter Manager **3** ARCH. ***arco ~*** Strebebogen *m.* **II** m. Treppe *f.*

ram|pi|can|te **I** agg. kletternd, Kletter-: ***rosa ~*** Kletterrose *f.* **II** m. Kletterpflanze *f.*, Rankengewächs *n.*

ram|pi|chi|no m. **1** ORNIT. Baumläufer *m.* **2** COLLOQ. *(bicicletta)* = Mountainbike *n.*

ram|pi|no m. **1** Haken *m.* **2** MAR. Draggen *m.* **3** *(pretesto)* Vorwand *m.*, Ausrede *f.* ◆ ***a ~*** hakenförmig.

ram|pi|sta m. e f. *(-i,-e)* Flugzeugtechniker *m.* (-in *f.*).

ram|po|gna f. Verweis *m.*, Vorwurf *m.* **ram|po|gna|re** tr. vor‿werfen.

ram|pol|la|re intr. (aus. *essere*) **1** *(di acqua)* heraus‿spritzen **2** *(di pianta)* sprießen **3** FIG. *(di famiglia)* ab‿stammen **4** FIG. *(avere origine)* aus‿gehen.

ram|pol|lo m. Spross *m.* (anche FIG.): ***il ~ di un albero*** der Spross eines Baumes; *(discendente)* ***l'ultimo ~ di una famiglia*** der letzte Spross einer Familie.

ram|po|ne m. **1** *(grosso arpione)* Harpune *f.* **2** ALP. Steigeisen *n.* **ram|po|nie|re** m. Harpunier(er) *m.*

ra|na **I** f. **1** Frosch *m.*: ***la ~ gracida*** der Frosch quakt **2** *(stile di nuoto)* Brustschwimmen *n.* **II** agg.inv. ***uomo ~*** Froschmann *m.* ◆ ***cosce di ~*** Froschschenkel *pl.*; ***nuotare a ~*** brustschwimmen; ***~ pescatrice*** Seeteufel *m.* (*o* Anglerfisch *m.*); ***~ temporaria*** Grasfrosch *m.*

ranch [ræ:ntʃ] m.inv. Ranch *f.*

ran|ci|di|re intr. *(rancidisco, rancidisci;* aus. *essere)* ranzig werden.

ran|ci|do **I** agg. **1** ranzig: ***olio, burro ~*** ranziges Öl, ranzige Butter **2** FIG. *(antiquato)* altmodisch, überholt **3** FIG. *(inacidito)* säuerlich, versauert **II** m. **1** *(sapore)* ranziger Geschmack *m.* **2** *(odore)* ranziger Geruch *m.* ◆ ***sapere di ~*** ranzig schmecken; *(all'odore)* ranzig riechen. **ran|ci|du|me** m. **1** *(cibo rancido)* ranzige Nahrungsmittel *pl.* **2a** *(sapore)* ranziger Geschmack *m.* **b** *(odore)* ranziger Geruch *m.*

ran|cio m. *(-ci)* Ration *f.*, Essen *n.*: ***prendere, ricevere il ~*** Essen fassen, empfangen; ***il ~ è pronto!*** Essen fassen! ***distribuire il ~*** die Rationen zu‿teilen.

ran|co|re m. Groll *m.*: ***serbare ~ nei confronti di qcn.*** Groll auf jdn haben (*o* jdm grollen); ***nutrire ~ contro qcn.*** Groll gegen jdn hegen; ***dimenticare il proprio ~*** seinen Groll vergessen ◆ ***senza ~!*** nichts für ungut! **ran|co|ro|so** agg. nachtragend, nachträgerisch.

ran|da f. Besansegel *n.*, Besan *m.*

ran|da|gio agg. *(-gi,-gie/-ge)* **1a** streunend: ***cane, gatto ~*** streunender Hund, streunende Katze **b** *(senza padrone)* herrenlos **2a** FIG. *(vagabondo)* umherirrend, umherziehend **b** *(irrequieto)* unstet: ***vita -a*** unstetes Leben. **ran|da|gi|smo** m. Streunen *n.*, Herumstreunen *n.*

ran|deg|gia|re intr. *(randeggio, randeggi;* aus. *avere)* MAR. die Küste entlang‿segeln.

ran|del|la|re tr. prügeln, verprügeln, knüppeln. **ran|del|la|ta** f. Stockschlag *m.*, Knüppelschlag *m.*; ***dare una ~ a qcn.*** jdn mit einem Knüppel schlagen. **ran|del|lo** m. Knüppel *m.*

ran|do|miz|za|re tr. randomisieren. **ran|do|miz|za|zio|ne** f. Randomisierung *f.*

ra|net|ta f. Renette *f.*, Boskop *m.*

rang|er ['reındʒə, *üblich* 'rɛndʒer] m.inv. Ranger *m.*

ran|ghi|na|to|re m. Heuharke *f.*

ran|go m. *(-ghi)* **1** Reihe *f.*: ***serrare i -ghi*** die Reihen schließen **2** *(classe)* Stand *m.*, Rang *m.* ◆ ***di alto ~*** hochrangig (*o* erstrangig); ***di basso ~*** von geringem Rang; ***coscienza del proprio ~*** Standesbewusstsein *n.*; ***una donna di ~*** eine Frau von Rang; ***differenza di ~*** Standesunterschied *m.*; ***~ mondiale*** Weltrang *m.*; ***di pari ~, dello stesso ~*** ranggleich, gleichrangig; ***restare nei -ghi*** in der Reihe bleiben; FIG. auf seinem Platz bleiben; ***rientrare nei -ghi*** in die Reihe zurück‿treten; FIG. zur Ordnung zurück‿kehren; ***dello stesso ~*** → ***di pari ~;*** FIG. ***uscire dai -ghi*** aus der Reihe tanzen.

Ra|nie|ri n.pr.m. Rainer *m.*, Reiner *m.*

ra|ni|sta m. e f. *(-i,-e)* Brustschwimmer *m.* (-in *f.*).

ran|nic|chia|re *(rannicchio, rannicchi)* **I** tr. ***~ le gambe*** die Beine an‿ziehen **II** pronom. **rannicchiarsi** sich kauern: ***-rsi sotto il tavolo*** sich unter den Tisch kauern. **ran|nic|chia|to** p.pass. agg. **1** → **rannicchiare** **2** kauernd: ***posizione -a*** kauernde Stellung ◆ ***stare ~ (in un angolo)*** (in einer Ecke) kauern.

ran|no m. Lauge *f.* ◆ ***perdere il ~ e il sapone*** Zeit und Mühe verschwenden.

ran|no|da|re tr. **1** verknüpfen, verknoten, zusammen‿knoten **2a** *(annodare di nuovo)* wieder verknoten **b** FIG. wieder her‿stellen, wieder an‿knüpfen: ***~ un'amicizia*** eine Freundschaft wieder herstellen.

ran|nu|vo|la|men|to m. Bewölkung *f.*, Umwölkung *f.*

ran|nu|vo|la|re *(ruvolo)* **I** tr. **1** umwölken **2** FIG. *(offuscare)* trüben, verdunkeln **II** intr. (aus. *essere*) impers. sich bewölken **III** pronom. **rannuvolarsi** **1** sich bewölken, sich umwölken: ***il cielo si rannuvola*** der Himmel bewölkt sich **2** FIG. *(diventare scuro)* sich verfinstern: ***alla notizia si rannuvolò in volto*** bei der Nachricht verfinsterte sich seine Miene.

ran|nu|vo|la|to p.pass. agg. **1** → **rannuvolare** **2** bewölkt: ***cielo ~*** bewölkter Himmel **3** FIG. finster, düster.

ra|noc|chia f. Frosch *m.* **ra|noc|chio** m. *(-chi)* **1** Frosch *m.* **2** SPREG. = kleiner hässlicher Mensch *m.* **3** SCHERZ. *(bambino)* Fröschlein *n.*

ran|to|lan|te agg. röchelnd: ***respiro ~*** röchelnder Atemzug. **ran|to|la|re** intr. *(rantolo;* aus. *avere)* **1** röcheln **2** *(agonizzare)* im Sterben liegen. **ran|to|li|o** m. Geröchel *n.* **ran|to|lo** m. Röcheln *n.*: ***il ~ dei moribondi*** das Röcheln der Sterbenden.

ra|nun|co|la|ce|e f.pl. Hahnenfußgewächse *pl.* **ra|nun|co|lo** m. Hahnenfuß *m.*, Ranunkel *f.*

rap [ræp] m.inv. Rap *m.*

ra|pa f. **1** Rübe *f.*: ***piantare, coltivare -e*** Rüben pflanzen, ziehen **2** *(persona stupida)* Dummkopf *m.* **3** *(testa rapata)* Glatzkopf *m.*, Kahlkopf *m.* ◆ ***campo di -e*** Rübenfeld *n.*; ***cavolo ~*** Kohlrabi *m.*; ***raccolta delle -e*** Rübenernte *f.*; ***cavare sangue da una ~*** = etwas Unmögliches erreichen wollen; ***testa di ~*** Dummkopf *m.*;

ra|pa|ce **I** agg. **1** Raub-, räuberisch: ***uccello ~*** Raubvogel *m.* **2** *(avido)* raubgierig **II** m. Raubvogel *m.*, Greifvogel *m.* **ra|pa|ce|men|te** avv. raubgierig. **ra|pa|ci|tà** f. Raubgier *f.*

ra|pa|nel|lo → **ravanello.**

ra|pa|re **I** tr. glatt scheren, kahl scheren **II** pronom. **raparsi** sich scheren lassen: ***-rsi a zero*** sich vollkommen kahl scheren lassen. **ra|pa|ta** f. Kahlscheren *n.* **ra|pa|to** p.pass. agg. **1** → **rapare 2a** geschoren **b** *(a zero)* glatt geschoren, kahl geschoren; ***testa -a*** Kahlkopf *m.*, Glatzkopf *m.*

ra|pe|ron|zo|lo m. Rapunzel *f.*, Feldsalat *m.*

ra|pi|da f. Stromschnelle *f.*, Schnelle *f.* **ra|pi|da|men|te** avv. **1** schnell: ***correre, parlare ~*** schnell laufen, sprechen; ***la notizia si diffuse ~*** die Nachricht verbreitete sich schnell **2** *(prontamente)* prompt.

ra|pi|di|tà f. **1** Schnelligkeit *f.*, Raschheit *f.*: ***~ dei movimenti*** Schnelligkeit der Bewegungen **2** *(prontezza)* Behendigkeit *f.*, Promptheit *f.* **3** *(velocità)* Geschwindigkeit *f.* ◆ ***con la ~ del fulmine*** schnell wie der Blitz (*o* blitzschnell).

ra|pi|do I agg. **1** schnell, rasch, geschwind: ***movimento ~*** schnelle (*o* rasche) Bewegung **2** *(pronto)* rasch, prompt: ***una decisione -a*** eine prompte Entscheidung **II** m. Schnellzug *m.* ◆ ***supplemento ~*** Schnellzugzuschlag *m.*

ra|pi|men|to m. **1** Entführung *f.*, Kidnapping *n.*, Menschenraub *m.* **2** *(estasi)* Verzückung *f.*

ra|pi|na f. Raub *m.*, Raubüberfall *m.*: ***compiere una ~*** einen Raubüberfall begehen; ***~ aggravata*** schwerer Raub ◆ ***~ in banca*** Banküberfall *m.* (*o* Bankraub *m.*); ***~ a mano armata*** bewaffneter Raubüberfall; ***omicidio a scopo di ~*** Raubmord *m.*; ***uccello di ~*** Raubvogel *m.* **ra|pi|na|re** tr. **1** rauben: ***~ qcs. a qcn., qcn. di qcs.*** jdm etw. rauben; ***~ soldi, gioielli*** Geld, Schmuck rauben **2** *(derubare)* aus‿rauben: ***~ una banca, un passante*** eine Bank, einen Passanten ausrauben. **ra|pi|na|to|re** m. Räuber *m.* ◆ ***~ di banca*** Bankräuber *m.* **ra|pi|na|tri|ce** f. Räuberin *f.*

ra|pi|no|so agg. **1** rasch, schnell **2** *(travolgente)* hinreißend, überwältigend.

ra|pi|re tr. *(rapisco, rapisci)* **1** entführen, kidnappen: ***~ un bambino*** ein Kind entführen (*o* kidnappen) **2** *(avvincere)* gefangen nehmen, überwältigen: ***la bellezza del paesaggio ci rapì*** die Schönheit der Landschaft überwältigte uns **3** *(carpire)* ab‿locken, ab‿luchsen. **ra|pi|to I** p.pass. agg. **1** → **rapire 2** entführt, gekidnappt **3** *(estasiato)* verzückt, entzückt, hingerissen: ***sguardo ~*** verzückter Blick **II** m. Entführte *m.* **ra|pi|to|re** m. Entführer *m.*, Kidnapper *m.*

rap|pa|ci|fi|ca|men|to m. Versöhnung *f.*, Aussöhnung *f.*

rap|pa|ci|fi|ca|re *(rappacifico, rappacifichi)* **I** tr. **1** versöhnen, aus‿söhnen: ***~ qcn. con qcn.*** jdn mit jdm versöhnen **2** *(placare)* beruhigen, besänftigen, beschwichtigen, begütigen: ***~ gli animi*** die Gemüter beruhigen **II** pronom. **rappacificarsi** sich versöhnen, sich aus‿söhnen, Frieden schließen: ***-rsi con qcn.*** sich mit jdm aussöhnen (*o* versöhnen); ***si sono rappacificati*** sie haben sich versöhnt; ***i due paesi in guerra si sono rappacificati*** die beiden Krieg führenden Länder haben Frieden geschlossen.

rap|pa|ci|fi|ca|zio|ne f. Versöhnung *f.*, Aussöhnung *f.*

rap|pat|tu|ma|re I tr. recht und schlecht (*o* irgendwie) versöhnen **II** pronom. **rappattumarsi** sich, so gut es geht, versöhnen.

rap|pez|za|men|to m. → **rappezzo.**

rap|pez|za|re tr. **1** flicken, zusammen‿flicken, aus‿bessern: ***~ un lenzuolo*** ein Bettlaken ausbessern **2** FIG. zusammen‿flicken, zusammen‿stoppeln: ***~ un articolo*** einen Zeitungsartikel zusammenstoppeln; ***~ un'amicizia*** eine Freundschaft zusammenflicken.

rap|pez|za|tu|ra f. **1** Flicken *n.*, Ausbessern *n.* **2** *(cosa rappezzata)* Flickarbeit *f.* **3** FIG. Flickwerk *n.*

rap|pez|zo m. **1** Flicken *n.*: ***fare un ~*** flicken (*o* einen Flicken auf‿nähen) **2a** *(pezza)* Flicken *m.* **b** *(punto rappezzato)* Flickstelle *f.* **3a** FIG. *(rimedio insufficiente)* schwacher Behelf *m.*, Notlösung *f.* **b** *(scusa insufficiente)* schwache Ausrede *f.*

rap|por|ta|bi|le agg. (miteinander) vergleichbar.

rap|por|ta|re I tr. **1** (miteinander) vergleichen, in Beziehung setzen: ***~ due grandezze*** zwei Größen (miteinander) vergleichen; ***~ qcn., qcs. a qcn., qcs.*** jdn, etw. mit jdm, etw. in Beziehung setzen **2** *(riprodurre)* übertragen, wieder‿geben: ***~ la pianta della città sulla scala di 1:1000*** den Stadtplan auf einen Maßstab von 1:1000 übertragen (*o* im Maßstab von 1:1000 wiedergeben) **3** *(riferire)* wieder‿geben **II** pronom. ***rapportarsi a qcs.*** sich auf etw. (A) beziehen. **rap|por|ta|to** p.pass. agg. **1** → **rapportare 2** bezogen, -bezogen: ***~ alla realtà*** realitätsbezogen. **rap|por|ta|to|re** m. **1** TECN. Gradbogen *m.*, Winkelmesser *m.* **2** *(chi riferisce)* Berichterstatter *m.*

rap|por|to m. **1** *(resoconto)* Bericht *m.*, Meldung *f.*: ***redigere un ~*** einen Bericht erstellen **2** *(relazione)* Zusammenhang *m.*, Verhältnis *n.*: ***non c'è ~ fra i due eventi*** zwischen den beiden Ereignissen besteht kein Zusammenhang **3** *(legame)* Verhältnis *n.*, Beziehung *f.*, Verbindung *f.*: ***essere in ~ con qcn.*** mit jdm in Verbindung stehen; ***entrare in ~ con qcn.*** mit jdm Beziehungen (*o* Verbindung) auf‿nehmen; ***avere un buon ~, essere in buoni -i con qcn.*** ein gutes Verhältnis, gute Beziehungen zu jdm haben; ***rompere, mantenere i -i con qcn.*** die Beziehungen zu jdm ab‿brechen, aufrecht‿erhalten; ***-i diplomatici, internazionali, di amicizia*** diplomatische, internationale, freundschaftliche Beziehungen; ***c'è un buon ~ tra di noi*** es herrscht ein gutes Verhältnis zwischen uns **4** *(rapporto sessuale)* Geschlechtsverkehr *m.*, Verkehr *m.*: ***-i prematrimoniali, extraconiugali*** vorehelicher, außerehelicher Geschlechtsverkehr; ***avere -i (sessuali) con qcn.*** mit jdm geschlechtlich verkehren **5** MAT. Verhältnis *n.*: ***~ inverso*** umgekehrtes Verhältnis; ***il ~ tra gli abitanti e la superficie di uno stato*** das Verhältnis zwischen den Einwohnern und der Fläche eines Staates; ***stare in un ~ di 1 a 3*** in einem Verhältnis von 1 zu 3 stehen **6** *(paragone)* Vergleich *m.*, Beziehung *f.*; ***non è possibile fare un ~ tra loro*** man kann sie nicht vergleichen (*o* man kann sie nicht miteinander in Beziehung setzen) **7a** MECC. Übersetzung *f.* **b** *(di bicicletta)* Gang *m.*: ***cambiare ~*** in einen anderen Gang schalten **8** MIL. Rapport *m.*: ***chiamare a ~*** zum Rapport rufen; ***mettersi a ~*** sich zum Rapport melden; ***fare ~ a qcn.*** jdm Rapport erstatten **9** TESS. Rapport *m.* ◆ ***entrare in -i d'affari con qcn.*** mit jdm Geschäftsverbindungen auf‿nehmen; ***~ amoroso*** Liebesverhältnis *n.*; ***~ anale*** Analverkehr *m.*; ***~ annuale*** Jahresbericht *m.*; MAT. ***~ aureo*** goldener Schnitt *m.* (*o* stetiges Verhältnis *n.*); ***~ di causalità*** Kausalbeziehung *f.*; ***-i commerciali*** Geschäftsverbindungen *pl.* (*o* Handelsbeziehungen *pl.*); ***~ di coppia*** Partnerbeziehung *f.*; ***~ di dipendenza*** Abhängigkeitsverhältnis *n.*; ***-i economici*** Wirtschaftsbeziehungen *pl.*; ***-i epistolari*** Briefwechsel *m.* (*o* Briefverkehr *m.*); ***~ fiduciario*** Vertrauensverhältnis *n.*; ***~ finale*** Schlussbericht *m.*; ***~ di forze*** Kräfteverhältnis *n.*; ***~ giuridico*** Rechtsverhältnis *n.* (*o* Rechtsbeziehung *f.*); ***in ~ a qcs.*** im Verhältnis zu etw.; ***~ di lavoro*** Arbeitsverhältnis *n.*; ***~ di locazione*** Pachtverhältnis *n.* (*o* Mietverhältnis *n.*); ***~ mensile*** Monatsbericht *m.*; MECC. ***~ di moltiplicazione*** Übersetzungsverhältnis *n.*; ***~ orale*** Oralverkehr *m.*; ***~ di parentela*** Verwandtschaftsverhältnis *n.*; ***~ peso-potenza*** Leistungsgewicht *n.*; ***-i di produzione*** Produktionsverhältnisse *pl.*; ***~ di servizio*** Dienstverhältnis *n.*; ***~ sessuale*** Geschlechtsverkehr *m.*; ***~ d'ufficio*** Amtsbericht *m.*; ***-i di buon vicinato*** gutnachbarliche Beziehungen.

rap|pren|de|re *(rappresi; rappreso)* **I** tr. gerinnen lassen, dicken, ein‿dicken **II** pronom. **rapprendersi** gerinnen, dicken, dickflüssig werden.

rap|pre|sa|glia f. **1** Vergeltungsmaßnahme *f.*, Vergeltung *f.*, Repressalie *f.*: ***compiere una ~ contro qcn.*** eine Vergeltungsmaßnahme gegen jdn ergreifen; ***fucilare qcn. per ~*** jdn als Repressalie erschießen **2** *(vendetta)* Rache *f.*

rap|pre|sen|ta|bi|le agg. **1** darstellbar **2** TEATR. aufführbar.

rap|pre|sen|ta|bi|li|tà f. **1** Darstellbarkeit *f.* **2** TEATR. Aufführbarkeit *f.*

rap|pre|sen|tan|te m. e f. **1** Vertreter *m.* (-in *f.*), Repräsentant *m.* (-in *f.*) (anche COMM.): ***~ di un movimento artistico*** Vertreter einer künstlerischen Bewegung; ***~ diplomatico*** diplomatischer Vertreter; ***fare il ~*** als Vertreter arbeiten; ***~ di una ditta, di cosmetici*** Vertreter (*o* Repräsentant) einer Firma, für Kosmetikartikel **2** DIR. Vertreter *m.* (-in *f.*), Bevollmächtigte *m.* e *f.* ◆ ***~ dell'accusa*** Anklagevertreter *m.*; ***~ di commercio*** Handelsvertreter *m.*; ***~ esclusivo*** Alleinvertreter *m.*; ***~ estero*** Auslandsvertreter *m.*; ***~ in giudizio*** Prozessbevollmächtigte *m.*; ***~ del governo*** Regierungsvertreter *m.*; ***-i dei lavoratori*** Arbeitnehmervertretung *f.*; ***~ del popolo*** Volksvertreter *m.*; ***~ processuale*** Prozessbevollmächtigte *m.*; ***~ sindacale*** Vertrauensmann *m.*; ***~ della stampa*** Pressevertreter *m.*; ***~ degli studenti*** Schülersprecher *m.*

rap|pre|sen|tan|za f. **1** Vertretung *f.*: ***~ diplomatica*** diplomatische Vertretung; ***avere la ~ di una ditta straniera*** die Vertretung einer ausländischen Firma haben **2** *(immagine)* Repräsentanz *f.*, Repräsentation *f.*: ***il palazzo serve solo a scopi di ~*** der Palast dient nur der Repräsentation ◆ ***agenzia di ~*** Agentur *f.*; ***~ di categoria*** Standesvertretung *f.* (*o* Berufsvertretung *f.*); ***~ commerciale*** Handelsvertretung *f.*; ***~ esclusiva*** Alleinvertretung *f.*; ***in ~ di qcn.*** in Vertretung von jdm; ***~ di interessi*** Interessenvertretung *f.*; ***~ popolare*** Volksvertretung *f.*; ***sala di ~*** Empfangssaal *m.*; ***spese di ~*** Repräsentationsgelder *pl.*; ***~ degli studenti*** Schülermitverwaltung *f.*

rap|pre|sen|ta|re tr. **1** dar‿stellen: ***il dipinto rappresenta un paesaggio*** das Gemälde stellt eine Landschaft dar; ***~ qcs. fedelmente, in scala ridotta*** etw. wahrheitsgetreu, in verkleinertem Maßstab darstellen **2** *(agire per conto di)* vertreten, repräsentieren: ***~ una ditta*** eine Firma vertreten **3** TEATR. auf‿führen, inszenieren **4** *(simboleggiare)* dar‿stellen, symbolisieren, verkörpern: ***questo***

personaggio rappresenta la libertà diese Figur verkörpert die Freiheit **5** *(significare)* bedeuten, dar‿stellen: ***la famiglia rappresenta tutto per lui*** die Familie bedeutet ihm alles ◆ COLLOQ. ***e questo cosa mi rappresenta?*** was soll das eigentlich vorstellen?

rap|pre|sen|ta|ti|va f. **1** SPORT Auswahlmannschaft *f.* **2** *(rappresentanza)* Vertretung *f.* **rap|pre|sen|ta|ti|vi|tà** f. **1** Darstellungsfähigkeit *f.* **2** *(l'essere caratteristico)* bezeichnender Charakter *m.*, Prägnanz *f.*

rap|pre|sen|ta|ti|vo agg. **1** darstellerisch, Darstellungs-: ***un quadro di grande forza -a*** ein Bild von großer darstellerischer Kraft; ***stile ~*** Darstellungsstil *m.* **2** *(caratteristico)* typisch: ***un autore ~ della sua epoca*** ein für seine Zeit typischer Autor **3** POL. Repräsentativ-, repräsentativ: ***sistema ~*** Repräsentativsystem *n.* **4** SPORT ***squadra -a*** Auswahlmannschaft *f.*

rap|pre|sen|ta|zio|ne f. **1** Darstellung *f.*: ***~ allegorica delle virtù*** allegorische Darstellung der Tugend; ***~ figurata*** bildliche Darstellung; ***~ di un edificio in sezione trasversale*** Darstellung eines Gebäudes im Querschnitt **2** FIG. *(descrizione)* Schilderung *f.*, Wiedergabe *f.*, Darstellung *f.* **3a** TEATR. Aufführung *f.* **b** *(spettacolo)* Vorstellung *f.* **4** PSIC. FILOS. Vorstellung *f.* **5** DIR. Eintrittsrecht *n.* ◆ ***~ cinematografica*** Kinovorstellung *f.*; ***~ diurna*** Tagesvorstellung *f.* (*o* Matinee *f.*); ***~ di gala*** Festspiel *n.*; ***~ grafica*** graphische Darstellung *f.*; ***~ della Natività*** Weihnachtsspiel *n.* (*o* Krippenspiel *n.*); ***~ notturna*** Nachtvorstellung *f.*; ***prima ~*** Uraufführung *f.* (*o* Erstaufführung *f.*, Premiere *f.*); ***sacra ~*** geistliches Spiel; *(dramma della passione di Cristo)* Passionsspiel *n.*, Osterspiel *n.*; ***~ serale*** Abendvorstellung *f.*; ***~ teatrale*** Theateraufführung *f.* (*o* Theatervorstellung *f.*); ***ultima ~*** Spätvorstellung *f.*

rap|pre|so p.pass. agg. **1** → **rapprendere 2a** geronnen: ***sangue ~*** geronnenes Blut **b** *(di latte)* dick, Dick-: ***latte ~*** Dickmilch *f.*

ra|pso|di|a f. Rhapsodie *f.* **ra|pso|di|co** agg. *(-ci,-che)* **1** rhapsodisch **2** *(frammentario)* bruchstückhaft, fragmentarisch, unzusammenhängend. **ra|pso|do** m. Rhapsode *m.*

rap|tus m.inv. **1** PSIC. Raptus *m.*, Wutanfall *m.*: ***in preda a un ~*** von einem Raptus gepackt; ***uccidere qcn. in un ~*** jdn in einem Anfall blinder Wut töten **2** ESTENS. *(entusiasmo)* Verzückung *f.*, Begeisterung *f.*: ***~ poetico, creativo*** dichterische, schöpferische Verzückung.

ra|ra|men|te avv. selten; ***troppo ~*** allzu selten.

ra|re|fa|re *(rarefaccio, rarefai; rarefeci; rarefatto)* **I** tr. verdünnen: ***~ un gas*** ein Gas verdünnen **II** pronom. **rarefarsi** dünn werden, sich verdünnen: ***l'aria si rarefa con l'altezza*** die Luft wird in zunehmender Höhe dünner. **ra|re|fat|to** p.pass. agg. **1** → **rarefare 2** verdünnt: ***gas ~*** verdünntes Gas **3** *(etereo)* verfeinert, raffiniert, fein: ***umorismo ~*** feiner Humor. **ra|re|fa|zio|ne** f. Verdünnung *f.*: ***~ di un gas*** Verdünnung eines Gases.

ra|ri|tà f.inv. **1** Seltenheit *f.*, seltenes Auftreten *n.*: ***la ~ di una malattia*** die Seltenheit einer Krankheit **2a** *(cosa rara)* Rarität *f.* **b** *(oggetto prezioso)* Kostbarkeit *f.*: ***questo libro è una ~*** dieses Buch ist eine Kostbarkeit ◆ ***collezione di ~*** Raritätensammlung *f.*

ra|ro agg. selten, rar: ***animali -i, piante -e*** seltene Tiere, Pflanzen; ***esemplare, francobollo ~*** seltenes Exemplar, rare Briefmarke; ***una ragazza di -a bellezza*** ein Mädchen von seltener Schönheit; ***un uomo dalle doti -e*** ein Mensch von (*o* mit) seltenen Gaben ◆ ***una bestia -a*** ein seltener Vogel; ***caso ~*** Seltenheit *f.*; ***è un caso ~ che...*** es ist eine Seltenheit, dass... (*o* es kommt selten vor, dass...); ***gas ~*** Edelgas *n.*; ***più unico che ~*** einmalig; ***un caso più unico che ~*** ein Einzelfall; ***-e volte*** selten.

ras m.inv. **1** Ras *m.* **2** SPREG. Dorftyrann *m.*

ra|sa|re I tr. **1** rasieren, ab‿rasieren, scheren: ***~ la barba*** den Bart abrasieren; ***~ a zero qcn.*** jdn kahl scheren **2a** *(pareggiare)* stutzen, beschneiden: ***~ la siepe*** die Hecke stutzen, beschneiden **b** *(erba)* mähen **II** pronom. **rasarsi** sich rasieren.

ra|sa|tel|lo m. Satinella *m.*

ra|sa|to I p.pass. agg. **1** → **rasare 2** rasiert **3** TESS. satiniert; ***velluto ~*** Samtsatin *m.* **II** m. Satin *m.* ◆ ***lavorare a maglia -a*** glatt stricken; ***un pullover a maglia -a*** ein glatt gestrickter Pullover. **ra|sa|to|re** m. Scherer *m.* **ra|sa|tu|ra** f. **1** Rasur *f.* **2** *(di siepi)* Stutzen *n.* **3** *(di animali)* Schur *f.* **4** TESS. Satinieren *n.*

ra|schia|men|to m. **1** Abkratzung *f.*, Abschabung *f.* **2** MED. Ausschabung *f.*: ***~ dell'utero*** Ausschabung der Gebärmutter.

ra|schia|o|lio m.inv. Ölabstreifer *m.* ◆ ***anello ~*** Ölabstreifring *m.*

ra|schia|re *(raschio, raschi)* **I** tr. **1** ab‿kratzen, ab‿schaben: ***~ la ruggine*** den Rost abschaben **2** MED. aus‿schaben: ***~ l'utero*** die Gebärmutter ausschaben **II** pronom. ***-rsi la gola*** sich räuspern. **ra|schia|ta** f. Abkratzen *n.*, Abschaben *n.*; ***dare una ~ al legno*** das Holz ab‿schaben. **ra|schia|to|io** m. *(-oi)* **1** Schabmesser *n.*, Kratze *f.*, Kratzer *m.* **2** CHIR. Löffel *m.*, Krette *f.* **ra|schia|to|re** m. Kratzer *m.* **ra|schia|tu|ra** f. **1** Abkratzen *n.*, Abschaben *n.* **2** *(segno)* Kratzer *m.* **3** *(residui)* Späne *pl.*

ra|schiet|ta|re tr. ab‿schaben: ***~ una superficie*** eine Fläche abschaben. **ra|schiet|ta|tu|ra** f. Abschaben *n.*, Schaben *n.* ◆ ***trucioli di ~*** Schabspäne *pl.*, Späne *pl.*

ra|schiet|to m. **1** Schaber *m.*, Schabeisen *n.*, Schabmesser *n.* **2** *(da scrivania)* Radiermesser *n.* **3** *(per scarpe)* Kratzeisen *n.* **4** *(per pipe)* Auskratzer *m.*

ra|schio m. *(-schi)* **1** Räuspern *n.* **2** *(irritazione)* Kratzen *n.*, Reiz *m.* ◆ ***mi è venuto un ~ alla gola*** mich kratzt es im Hals.

ra|sen|ta|re tr. **1** dicht entlang‿gehen, streifen: ***~ un muro*** dicht an einer Mauer entlanggehen; ***l'automobile rasentò il palo*** der Wagen streifte den Mast **2** FIG. grenzen: ***~ il ridicolo*** ans Lächerliche grenzen; ***un'eleganza che rasenta l'affettazione*** eine Eleganz, die an Affektiertheit grenzt ◆ ***~ il codice penale*** beinahe mit dem Strafgesetz in Berührung kommen; ***~ la sessantina*** an die sechzig sein.

ra|sen|te prep. ***~ (a) qcs.*** dicht an etw. (D), dicht neben etw.; ***tagliare l'erba ~ il muro*** das Gras bis dicht an der Mauer schneiden; ***camminare ~ al muro*** dicht an der Mauer laufen.

1.ra|so p.pass. agg. **1** → **radere 2** rasiert, geschoren **3** *(liscio, spianato)* glatt, flach **4** *(spoglio)* kahl: ***montagna -a*** kahler Berg **5a** *(di bicchiere)* randvoll **b** *(di cucchiaio)* gestrichen (voll): ***un cucchiaio ~ di zucchero*** ein gestrichener Löffel Zucker ◆ ***misura -a*** gestrichen volles Maß; ***a pelo ~*** kurzhaarig; ***bassotto a pelo ~*** Kurzhaardackel *m.*; ***tabula -a*** reiner Tisch (*o* Tabula rasa); ***far tabula -a di qcs.*** reinen Tisch (*o* Tabula rasa) mit etw. machen; ***~ terra*** → **rasoterra.**

2.ra|so m. Atlas *m.*, Satin *m.* ◆ ***~ di seta*** Seidenatlas *m.*; ***nastro di ~*** Atlasband *n.*

ra|so|ia|ta f. Rasiermesserhieb *m.*

ra|so|io m. *(-oi)* Rasierer *m.*: ***passare il ~ sulla coramella*** das Rasiermesser am Riemen ab‿streichen ◆ ***~ elettrico*** elektrischer Rasierapparat: ***radersi col ~ elettrico*** sich trocken (*o* elektrisch) rasieren; FIG. ***sul filo del ~*** auf des Messers Schneide: ***procedere sul filo del ~*** sich auf des Messers Schneide bewegen; ***~ radi e getta*** Einmalrasierer *m.* (*o* Einwegrasierer *m.*); ***~ di sicurezza*** Sicherheitsrasierapparat *m.*

ra|so|ter|ra I agg.inv. den Boden streifend **II** m.inv. SPORT Flachball *m.* ◆ SPORT ***palla ~*** Flachball *m.*

ra|spa f. **1** *(lima)* Raspel *f.*, Holzfeile *f.*; ***sgrossare qcs. con la ~*** etw. ab‿raspeln **2** *(nello sci)* Abbremsen *n.* mit den Skistöcken. **ra|spa|men|to** m. Raspeln *n.*, Abraspeln *n.*

ra|spa|re I tr. **1** *(con una raspa)* raspeln, ab‿raspeln, schaben **2** FIG. kratzen: ***bevanda che raspa la gola*** ein Getränk, das im Hals kratzt **3** *(di animali)* kratzen, scharren: ***il maiale raspa il terreno*** das Schwein scharrt in der Erde **4** COLLOQ. *(rubare)* mopsen **II** i tr. (aus. *avere*) **1** kratzen: ***una spazzola che raspa molto*** eine Bürste, die sehr kratzt **2** *(di animali)* kratzen, scharren: ***il cane raspa alla porta*** der Hund scharrt an der Tür **3** FIG. *(frugare)* stöbern: ***ha raspato in tutti i cassetti*** er hat in allen Schubladen gestöbert. **ra|spa|tu|ra** f. **1** Raspeln *n.*, Abraspeln *n.* **2a** *(materiale)* Raspelspäne *pl.*, Raspelabfälle *pl.* **b** METALL. Gekrätz *n.* ◆ COLLOQ. ***~ di gallina*** Krähenfüße *pl.* (*o* Gekritzel *n.*). **ra|spi|no** m. Hacke *f.* ◆ ***avere un ~ in gola*** einen rauen Hals haben (*o* heiser sein).

ra|spo m. Traubenkamm *m.*

ra|spol|lo m. kleine Weintraube *f.*

ras|se|gna f. **1** MIL. Parade *f.*: ***passare in ~ le truppe*** die Parade ab‿nehmen; *(a piedi)* ab‿schreiten, ab‿gehen; *(a cavallo)* ab‿reiten; ***essere sotto ~*** Parade stehen **2** ESTENS. Überprüfung *f.*; ***passare in ~ i candidati, alcune proposte*** die Kandidaten, einige Vorschläge überprüfen **3a** *(panoramica)* Querschnitt *m.*, Schau *f.*: ***una ~ di musica moderna*** ein Querschnitt durch die moderne Musik **b** *(elenco)* Liste *f.*, Aufzählung *f.*; ***fare una ~ accurata di qcs.*** etw. ausführlich auf‿zählen **4** *(mostra)* Ausstellung *f.*, Schau *f.* ◆ ***~ di artigianato*** Handwerkausstellung *f.*; ***~ cinematografica*** Filmzyklus *m.*; ***~ della moda*** Modeschau *f.*; ***~ stampa*** Presseschau *f.*; ***~ delle truppe*** Truppenparade *f.*

ras|se|gna|re I tr. **1** nieder‿legen, auf‿geben: ***~ un mandato*** ein Amt niederlegen **2** ANT. MIL. *(passare in rassegna)* ***~ le truppe*** die Parade ab‿nehmen; *(a piedi)* ab‿schreiten, ab‿gehen; *(a cavallo)* ab‿reiten **II** pronom. **rassegnarsi 1** ***-rsi a qcs.*** sich mit etw. ab‿finden: ***-rsi alla propria sorte*** sich mit seinem Schicksal abfinden **2** assol. resignieren: ***ormai si è rassegnato*** inzwischen hat er resigniert ◆ ***~ le dimissioni*** zurück‿treten (*o* seinen Abschied, Rücktritt ein‿reichen).

ras|se|gna|to p.pass. agg. **1** → **rassegnare 2** resignierend, resigniert: ***sguardo triste e ~*** trauriger und resignierter Blick **3** *(sottomesso)* -ergeben: ***~ al proprio destino*** schicksalsergeben; ***~ al vo-***

lere di Dio gottergeben. **ras|se|gna|zio|ne** f. Resignation *f.*, Ergebung *f.*; ***sopportare qcs. con ~*** etw. resigniert hin‿nehmen; ***subire qcs. con ~*** etw. ergeben (*o* resigniert) ertragen.

ras|se|re|na|men|to m. Aufheiterung *f.* (anche FIG.), Aufhellung *f.* **ras|se|re|nan|te** agg. aufheiternd: ***parole -i*** aufheiternde Worte.

ras|se|re|na|re I tr. **1** auf‿hellen, auf‿heitern: ***questo vento ha rasserenato il cielo*** dieser Wind hat den Himmel aufgehellt **2** FIG. auf‿heitern, heiter stimmen: ***la notizia lo rasserenò*** die Nachricht heiterte ihn auf; ***la musica di Mozart mi rasserena*** Mozarts Musik stimmt mich heiter **II** pronom. **rasserenarsi** sich auf‿heitern, sich auf‿hellen (anche FIG.): ***il cielo, il tempo si rasserena*** der Himmel, das Wetter heitert sich wieder auf; ***il suo viso si rasserenò*** sein Gesicht heiterte sich auf.

ras|se|re|na|to p.pass. agg. **1** → **rasserenare 2** aufgeheitert, aufgehellt: ***cielo ~*** aufgehellter Himmel **3** FIG. aufgeheitert, heiter gestimmt: ***animo ~*** heiter gestimmtes Gemüt. **ras|se|re|na|to|re I** agg. aufheiternd: ***sorriso ~*** aufheiterndes Lächeln; ***dimmi una parola -trice*** sag mir ein aufheiterndes Wort **II** m. aufheiternder Mensch *m.*

ras|set|ta|re I tr. **1** auf‿räumen, in Ordnung bringen: ***~ la casa, il letto*** das Haus, das Bett in Ordnung bringen **2** *(aggiustare)* aus‿bessern, reparieren: ***~ una porta*** eine Tür reparieren **3** *(ricucire)* flicken, aus‿bessern: ***~ un indumento*** ein Kleidungsstück flicken **4** FIG. in Ordnung bringen, zurecht‿rücken: ***~ un brutto pasticcio*** eine schlimme Sache in Ordnung bringen **II** pronom. **rassettarsi** sich zurecht‿machen. **ras|set|ta|tu|ra** f. **1** Ordnen *n.*, Aufräumen *n.* **2** *(accomodatura)* Ausbesserung *f.*

ras|si|cu|ran|te agg. beruhigend: ***parola, gesto ~*** beruhigendes Wort, beruhigende Geste; ***faccia poco ~*** wenig Vertrauen erweckendes Gesicht. **ras|si|cu|ra|re I** tr. beruhigen: ***le sue parole la rassicurarono*** seine Worte beruhigten sie **II** pronom. **rassicurarsi** sich beruhigen: ***a quelle parole si rassicurò*** bei diesen Worten beruhigte er sich. **ras|si|cu|ra|zio|ne** f. Beruhigung *f.*

ras|so|da|men|to m. Straffung *f.* **ras|so|dan|te** agg. straffend: ***crema ~ per il seno*** straffende Creme für die Brust. **ras|so|da|re I** tr. **1** straffen: ***esercizio che rassoda i pettorali*** eine Übung, die die Brustmuskeln strafft **2** FIG. *(consolidare)* festigen **II** pronom. **rassodarsi 1** sich straffen **2** *(addensarsi)* dickflüssig werden.

ras|so|mi|glian|te agg. wirklichkeitsgetreu: ***un ritratto molto ~*** ein sehr wirklichkeitsgetreues Porträt ◆ ***~ a qcn., qcs.*** jdm, etw. ähnlich. **ras|so|mi|glian|za** f. Ähnlichkeit *f.*: ***una vaga ~*** eine gewisse Ähnlichkeit.

ras|so|mi|glia|re *(rassomiglio, rassomigli)* **I** intr. (aus. *avere, essere*) ähneln, ähnlich sein, gleichen: ***~ a qcn., qcs.*** jdm, etw. ähneln, gleichen (*o* jdm, etw. ähnlich sein); ***~ alla madre*** der Mutter ähneln; ***~ moltissimo a qcn.*** jdm überaus ähnlich sein **II** pronom. **rassomigliarsi** (einander) ähneln, einander gleichen, ähnlich sein: ***i due fratelli si rassomigliano molto*** die beiden Brüder ähneln einander sehr; ***-rsi come due gocce d'acqua*** sich aufs Haar (*o* wie ein Ei dem anderen) gleichen.

ra|sta I m. e f.inv. Rasta *m.* **II** agg.inv. Rasta-. **ra|sta|fa|ria|no I** m. Rastafari *m.* **II** agg. Rasta-.

ra|stel|lo → **rastrello.**

ra|strel|la|men|to m. **1** Harken *n.* **2** FIG. Durchkämmen *n.* **3** MIL. Razzia *f.*

ra|strel|la|re tr. **1a** *(raccogliere col rastrello)* zusammen‿harken, harken, AUSTR. SVIZZ. rechen: ***~ le foglie (secche)*** das (trockene) Laub zusammenharken; ***~ il fieno*** Heu harken **b** *(ripulire col rastrello)* harken: ***~ il prato, la spiaggia*** die Wiese, den Strand harken; ***~ le foglie dal prato*** das Laub vom Rasen harken **2** MAR. ab‿suchen: ***~ il fondo del mare, di un lago*** den Meeresboden, den Grund eines Sees absuchen **3** ECON. *(incettare)* auf‿kaufen **4** FIG. durchkämmen, ab‿suchen: ***hanno rastrellato il quartiere alla ricerca di malviventi*** das Viertel wurde auf der Suche nach Verbrechern durchkämmt. **ra|strel|la|ta** f. **1** Harken *n.*; ***dare una ~ al terreno*** den Boden harken **2** *(quantità)* ***~ di...*** Harke *f.* voll...: ***una ~ di paglia*** eine Harke voll Stroh **3** *(colpo col rastrello)* Schlag *m.* mit der Harke. **ra|strel|la|tu|ra** f. Harken *n.*

ra|strel|lie|ra f. **1** Raufe *f.*, Futterraufe *f.* **2** *(scolapiatti)* Abtropfbrett *n.* **3** *(per fucili)* Ständer *m.*

ra|strel|lo m. **1** Harke *f.*, AUSTR. SVIZZ. Rechen *m.* **2** *(del croupier)* Rateau *m.*, Geldharke *f.* **3** METALL. Ofenegge *f.* ◆ ***~ per fieno*** Heuharke *f.*; ***~ da fogliame*** Blätterharke *f.*; ***~ da prato*** Grasharke *f.*

ra|stre|ma|re I tr. verjüngen: ***~ un pilastro*** einen Pilaster verjüngen **II** pronom. **rastremarsi** sich verjüngen.

ra|stre|ma|to p.pass. agg. **1** → **rastremare 2** verjüngt. **ra|stre|ma|zio|ne** f. Verjüngung *f.*

ra|stro m. **1** LETT. *(rastrello)* Harke *f.*, Rechen *m.* **2** AGR. Kultivator *m.*, Grubber *m.* **3** MUS. Rastral *n.*

ra|su|ra f. Rasur *f.*, Rasieren *n.*

ra|ta f. Rate *f.*, Teilzahlung *f.*, Abschlagszahlung *f.*: ***pagare in sei -e*** in sechs Raten bezahlen; ***comprare qcs. a -e*** etw. auf Raten (*o* auf Abschlag) kaufen; ***pagare a -e*** in Raten bezahlen ◆ ***a -e*** ratenweise; ***~ d'ammortamento*** Amortisationsrate *f.*; ***~ annuale*** Annuität *f.*, Jahresrate *f.*; ***~ di carico*** geringste Lademenge; ***~ di discarica*** → ***~ di scarico; importo della ~*** Ratenbetrag *m.*; ***~ d'imposta*** Abgeberate *f.*, Steuerrate *f.*; ***~ mensile*** Monatsrate *f.*; MAR. ***~ di nolo*** Frachtrate *f.*; *(assicurazioni)* ***~ di premio*** Prämienrate *f.*; ***~ di rimborso*** Kapitalrückzahlungsrate *f.*; ***~ di scarico*** geringste Ausladungsmenge *f.*; ***~ semestrale*** Halbjahresrate *f.*; ***~ trimestrale*** Vierteljahresrate *f.*; ***vendita a -e*** Ratenverkauf *m.*

ra|ta|fià m. Ratafia *m.*

ra|te|a|le agg. ratenweise, Raten-: ***acquisto ~*** Ratenkauf *m.*; ***pagamento ~*** Ratenzahlung *f.* (*o* Teilzahlung *f.*); ***vendita ~*** Ratenverkauf *m.* **ra|te|al|men|te** avv. ratenweise, in Raten, auf Teilzahlung: ***pagare ~*** in Raten bezahlen. **ra|te|a|re** tr. **1** *(rateizzare)* in Raten auf‿teilen: ***~ un pagamento*** eine Zahlung in Raten aufteilen **2** *(suddividere nel tempo)* zeitlich auf‿teilen. **ra|te|a|zio|ne** f. Rateneinteilung *f.* **ra|teiz|za|re** tr. in Raten auf‿teilen (*o* leisten): ***~ un pagamento*** eine Zahlung in Raten leisten. **ra|teiz|za|zio|ne** f. Ratenfestsetzung *f.*, Rateneinteilung *f.*

ra|te|o m. **1** Rechnungsabgrenzungsposten *m.*: ***~ attivo, passivo*** aktiver, passiver Rechnungsabgrenzungsposten **2** BANC. Tageszinsen *pl.* ◆ ***~ di ferie*** Ferienanteil *m.*, Urlaubsanteil *m.*; ***-i interessi*** Ratenzinsen *pl.*, Stückzinsen *pl.*; ***-i sui titoli*** Stückzinsen *pl.*; ***-i di tredicesima*** prozentualer Anteil *m.* des dreizehnten Monatsgehalts.

ra|ti|fi|ca f. *(-che)* **1** Bestätigung *f.*, Anerkennung *f.* **2** *(nel diritto internazionale)* Ratifikation *f.* **3** ESTENS. *(conferma)* Bestätigung *f.*: ***~ di una nomina*** Bestätigung einer Ernennung ◆ ***atto di ~*** Ratifikationsurkunde *f.*

ra|ti|fi|ca|re tr. *(ratifico, ratifichi)* **1a** bestätigen, an‿erkennen: ***~ un trattato*** einen Vertrag anerkennen **b** *(nel diritto internazionale)* ratifizieren: ***~ una convenzione*** eine Konvention ratifizieren **2** ESTENS. *(confermare)* bestätigen. **ra|ti|fi|ca|to|re** m. Unterschreiber *m.*

ra|ti|fi|ca|zio|ne f. → **ratifica.**

ra|ti|na f. Ratiné *n.* **ra|ti|na|re** tr. ratinieren.

Ra|ti|sbo|na n.pr.f. Regensburg *n.*

ra|to agg. ***matrimonio ~ e consumato*** geschlossene und vollzogene Ehe.

rat|ti|ci|da m. Rattengift *n.*

1.rat|to m. **1** Raub *m.*: ***il ~ delle Sabine*** der Raub der Sabinerinnen **2** DIR. Raub *m.*, Entführung *f.* ◆ ***~ di minore*** Kindesentführung *f.*

2.rat|to m. ZOOL. Ratte *f.* ◆ ***~ d'acqua*** Wasserratte *f.*; ***~ delle chiaviche*** Wanderratte *f.*; ***~ comune*** Hausratte *f.*

rat|top|pa|re tr. **1a** flicken, zusammen‿flicken: ***~ una giacca*** eine Jacke flicken **b** *(rinforzare con toppe)* Flicken auf‿setzen: ***~ un maglione sui gomiti*** Flicken auf die Ellenbogen eines Pullovers aufsetzen **2** FIG. (wieder) in Ordnung bringen, zurecht‿rücken: ***~ una situazione*** eine Situation in Ordnung bringen.

rat|top|pa|to p.pass. agg. **1** → **rattoppare 2** geflickt: ***pantaloni -i*** geflickte Hosen. **rat|top|pa|tu|ra** f. **1** Flicken *n.* **2a** *(punto rattoppato)* Flickstelle *f.* **b** *(toppa)* Flicken *m.* **rat|top|po** m. **1** Flicken *n.*, Flickarbeit *f.* **2** FIG. Zusammenflicken *n.*

rat|trap|pi|men|to m. Versteifung *f.*, Steifwerden *n.* **rat|trap|pi|re** *(rattrappisco, rattrappisci)* **I** tr. steif machen, verkrampfen: ***il freddo mi ha rattrappito le mani*** meine Hände sind ganz steif vor Kälte (*o* meine Hände sind steif gefroren) **II** pronom. **rattrappirsi** sich versteifen, steif werden, sich verkrampfen: ***mi si sono rattrappite le gambe*** meine Beine sind steif geworden.

rat|trap|pi|to p.pass. agg. **1** → **rattrappire 2** steif, verkrampft: ***avere gli arti -i*** steife Glieder haben.

rat|tri|sta|re I tr. betrüben, traurig stimmen (*o* machen): ***~ qcn.*** jdn traurig machen; ***questa notizia mi rattrista molto*** diese Nachricht stimmt mich sehr traurig **II** pronom. **rattristarsi** traurig werden.

rat|tri|sta|to p.pass. agg. **1** → **rattristare 2** traurig, betrübt: ***profondamente ~*** tief betrübt.

rat|tri|sti|re → **rattristare.**

RAU ⇒ *Repubblica Araba Unita* Vereinigte Arabische Republik (VAR).

rau|ce|di|ne f. Heiserkeit *f.*

rau|co agg. *(-chi, -che)* **1** *(affetto da raucedine)* heiser: ***parlare, gridare fino a diventare ~*** sich heiser sprechen, schreien **2** *(con la voce bassa, roca)* rau **3** ESTENS. rau, heiser: ***la tromba mandò un suono ~*** die Trompete gab einen rauen Ton von sich.

rau|na|re → **radunare.**

ra|va|nel|lo m. Radieschen *n.*

ra|vio|li pl. Ravioli *pl.*: ***-i di carne, di magro*** Ravioli mit Fleischfüllung, mit Gemüsefüllung.
ra|viz|zo|ne m. Rübsamen *m.*, Rübsen *m.*
rav|va|lo|ra|re tr. bekräftigen.
rav|ve|der|si pronom. *(mi ravvidi; ravveduto)* in sich gehen, bereuen. **rav|ve|di|men|to** m. Reue *f.*, Einsicht *f.*
rav|ve|du|to p.pass. agg. **1** → **ravvedersi 2** reuevoll.
rav|via|re I tr. in Ordnung bringen, ordnen: ***~ la casa, i capelli*** das Haus, das Haar in Ordnung bringen **II** pronom. **ravviarsi 1** ***~ i capelli*** (sich [D]) das Haar in Ordnung bringen **2** assol. sich zurecht‿machen ◆ ***~ il fuoco*** das Feuer an‿fachen; ***~ una matassa*** ein Knäuel entwirren. **rav|via|ta** f. Zurechtmachen *n.*, Ordnen *n.*; ***dare una ~ alla stanza*** das Zimmer ordnen; ***darsi una ~*** sich zurecht‿machen; ***dare, darsi una ~ ai capelli*** (sich [D]) das Haar in Ordnung bringen.
rav|vi|ci|na|men|to m. **1** Annäherung *f.* **2** FIG. Wiederannäherung *f.*, Wiederversöhnung *f.*, Versöhnung *f.*
rav|vi|ci|na|re I tr. **1** näher stellen, näher rücken, näher bringen: ***~ la sedia al tavolo*** den Stuhl näher an den Tisch stellen; ***~ due oggetti*** zwei Gegenstände näher zusammenrücken **2** FIG. *(conciliare)* (wieder) an‿nähern **3** FIG. *(confrontare)* (miteinander) vergleichen **II** pronom. **ravvicinarsi 1** sich an‿nähern: ***-rsi a qcn.*** sich jdm annähern **2** FIG. *(riconciliarsi)* einander (wieder) näher kommen.
rav|vi|ci|na|to p.pass. agg. **1** → **ravvicinare 2** nächst, Nah-: ***uno sparo ~*** ein Schuss aus nächster Nähe; ***combattimento ~*** Nahkampf *m.* ◆ ***a distanza -a*** aus der Nähe; ***sparare a distanza -a*** aus der Nähe schießen; ***seguire qcn. a distanza -a*** jdm in geringer Entfernung folgen.
rav|vi|lup|pa|re I tr. **1** ein‿wickeln, wickeln, hüllen **2** FIG. *(raggirare)* ein‿wickeln **II** pronom. **ravvalupparsi** sich ein‿wickeln, sich ein‿hüllen, sich hüllen: ***-rsi in qcs.*** sich in etw. (A) einwickeln (*o* einhüllen).
rav|vi|sa|bi|le agg. erkennbar. **rav|vi|sa|re** tr. **1** *(discernere)* fest‿stellen, erkennen: ***~ qcs. in qcn.*** etw. in jdm erkennen **2** *(riconoscere)* erkennen.
rav|vi|va|men|to m. **1** Beleben *n.* **2** *(di colore)* Auffrischen *n.* **3** FIG. Wiederaufleben *n.*
rav|vi|va|re I tr. **1** beleben, auf‿leben lassen: ***~ una stanza con dei fiori*** ein Zimmer mit Blumen beleben; ***~ una festa*** ein Fest beleben **2a** FIG. *(riaccendere)* wieder auf‿leben lassen: ***~ una speranza*** eine Hoffnung wieder aufleben lassen **b** *(rinvigorire)* stärken: ***~ la fede di qcn.*** jds Glauben stärken 3 *(rinfrescare)* auf‿frischen: ***~ un colore*** eine Farbe auf‿frischen **II** pronom. **ravvivarsi** sich beleben, (wieder) auf‿leben: ***in primavera la natura si ravviva*** im Frühling lebt die Natur wieder auf; FIG. ***la conversazione si ravvivò*** das Gespräch belebte sich ◆ ***~ il fuoco*** das Feuer an‿fachen.
rav|vol|ge|re *(ravvolgo, ravvolgi; ravvolsi, ravvolto)* **I** tr. ein‿wickeln, wickeln, hüllen: ***~ qcs. nel cellophan*** etw. in Zellophan einwickeln; ***~ qcn. in una coperta*** jdn in eine Decke hüllen; ***~ un libro nel giornale*** ein Buch in eine Zeitung einwickeln **II** pronom. **ravvolgersi 1** *(avvilupparsi)* sich ein‿wickeln, sich hüllen: ***-rsi in un mantello*** sich in einen Mantel einwickeln (*o* hüllen) **2** *(arrotolarsi)* sich zusammen‿rollen: ***il serpente si ravvolge in spire*** die Schlange rollt sich zusammen.
rav|vol|to p.pass. agg. **1** → **ravvolgere 2** *(avvoltolato)* eingewickelt, eingehüllt: ***~ in qcs.*** in etw. (D, A) eingehüllt (*o* eingewickelt) **3** *(arrotolato)* zusammengerollt; ***~ su se stesso*** eingerollt **3** FIG. LETT. verworren.
rav|vol|to|la|re *(ravvoltolo)* **I** tr. ein‿wickeln **II** pronom. **ravvoltolarsi 1** sich ein‿wickeln **2** *(rotolarsi)* sich wälzen: ***-rsi nella neve*** sich im Schnee wälzen.
ra|yon m.inv. Rayon *m.*
ra|zio|ci|nan|te agg. vernunftbegabt, Vernunft-: ***essere ~*** Vernunftwesen *n.* ◆ ***facoltà ~*** Denkfähigkeit *f.*
ra|zio|ci|nio m. *(-ni)* Vernunft *f.*; ***agire con ~*** vernünftig handeln; ***mancare di ~*** unvernünftig sein.
ra|zio|na|le I agg. **1** *(dotato di ragione)* vernunftbegabt, rational: ***essere ~*** vernunftbegabtes Wesen **2** *(basato sulla ragione, logico)* vernunftgemäß, rational: ***il pensiero ~*** das rationale Denken; ***principi -i*** vernunftgemäße Prinzipien; ***comportamento, metodo ~*** rationales Benehmen, rationale Methode **3** *(ragionevole, dotato di buonsenso)* vernünftig: ***scelta ~*** vernünftige Entscheidung; ***alimentazione ~*** vernünftige Ernährung **4** *(funzionale)* rationell, zweckmäßig: ***cucina arredata in modo ~, secondo criteri -i*** zweckmäßig eingerichtete Küche; ***architettura ~*** rationelle (*o* zweckmäßige) Architektur **5** MAT. rational: ***numeri -i*** rationale Zahlen **II** m. Rationale *n.* ◆ CHIM. ***analisi ~*** Elementaranalyse *f.*; ***facoltà ~*** Denkfähigkeit *f.*; ***persona ~*** Vernunftmensch *m.* (*o* vernünftiger Mensch).
ra|zio|na|li|smo m. FILOS. ARCH. Rationalismus *m.* **ra|zio|na|li|sta** *(-i,-e)* **I** m. e f. Rationalist *m.* (-in *f.*) **II** agg. rationalistisch. **ra|zio|na|li|sti|co** agg. *(-ci,-che)* rationalistisch.
ra|zio|na|li|tà f. **1** *(qualità)* Rationalität *f.*, Vernünftigkeit *f.* **2** *(funzionalità)* Zweckmäßigkeit *f.*, Rationalität *f.*
ra|zio|na|liz|za|re tr. **1** rationalisieren (anche PSIC. MAT.). **ra|zio|na|liz|za|zio|ne** f. Rationalisierung *f.* (anche PSIC. MAT.) ◆ ***provvedimento di ~*** Rationalisierungsmaßnahme *f.*
ra|zio|nal|men|te avv. **1** *(in modo logico)* vernunftgemäß, rational **2** *(in modo ragionevole)* vernünftig **3** *(in modo funzionale)* zweckmäßig, rationell.
ra|zio|na|men|to m. Rationierung *f.*, Bewirtschaftung *f.*: ***~ di generi alimentari*** Rationierung von Nahrungsmitteln ◆ ***~ obbligatorio*** Zwangsbewirtschaftung *f.* **ra|zio|na|re** tr. rationieren, bewirtschaften: ***~ la benzina*** das Benzin rationieren.
ra|zio|ne f. **1** Ration *f.*, Verpflegungssatz *m.*: ***aumentare, ridurre le -i*** die Rationen erhöhen, kürzen; ***una doppia ~*** eine doppelte Ration **2** *(porzione)* Portion *f.* ◆ ***a -i*** in Rationen; ***~ alimentare*** Lebensmittelration *f.*; SCHERZ. ***una bella ~ di bastonate*** eine gehörige Tracht Prügel; ***~ extra*** Sonderration *f.* (*o* Extraration *f.*); ***~ da fame*** Hungerration *f.*; ***~ giornaliera*** Tagesration *f.*; MIL. täglicher Verpflegungssatz; MIL. ***-i per la marcia*** Marschverpflegung *f.*; ***~ minima*** Mindestration *f.*; ***~ di pane*** Brotration *f.*; MIL. ***~ di riserva (individuale)*** eiserne Ration; MIL. ***~ di sigarette*** Zigarettenzuteilung *f.*
1.raz|za f. **1** Rasse *f.*: ***di che ~ è il cane?*** zu welcher Rasse gehört der Hund? COLLOQ. was für eine Rasse ist der Hund? **2** ESTENS. *(famiglia)* Sippe *f.*, Familie *f.*: ***essere di buona ~*** aus guter Familie stammen **3** FIG. SPREG. ***che ~ di...*** was für ein(e)..., so ein(e)...: ***che ~ di uomo sei!*** was für ein Mensch bist du nur! ***che ~ di aggeggio è questo?*** was ist denn das für ein Ding? ***che ~ di modi!*** ist das vielleicht eine Art? ◆ ***animale di ~*** Rassetier *n.* (*o* reinrassiges Tier); ***la ~ bianca*** die weiße Rasse; ***~ bovina*** Rinderrasse *f.*; ***cane di ~*** Rassehund *m.*; ***~ canina*** Hunderasse *f.*; ***caratteristica della ~*** Rassenmerkmal *n.*; ***cavallo di ~*** Rassepferd *n.*; ***conflitti di ~*** Rassenkonflikte *pl.*; ***da ~*** Zucht-: ***bestiame da ~*** Zuchtvieh *n.*; ***toro da ~*** Zuchtbulle *m.*; ***di ~ (pura)*** reinrassig (*o* rasserein); ***essere di ~*** Rasse haben (*o* von Rasse sein); ***discriminazioni di ~*** Rassendiskriminierungen *pl.*; ***senza distinzione di ~*** ohne Rassenunterschied; ***~ equina*** Pferderasse *f.*; ***far ~*** sich vermehren; ***far ~ con qcn.*** = sich mit jdm gut verstehen; ***far ~ a sé*** = zurückgezogen leben; ***gente di ogni ~*** die verschiedensten Leute; ***la ~ gialla*** die gelbe Rasse; ***~ gigante*** Riesenrasse *f.*; ***cane di ~ gigante*** Riesenhund *m.*; ***incrocio di -e*** Rassenkreuzung *f.* (*o* Rassenmischung *f.*); ***~ maledetta*** Teufelsbrut *f.* (*o* Höllenbrut *f.*); ***cane di ~ media*** mittelgroßer Hund; ***~ mista*** Mischrasse *f.*; ANTROP. Mischvolk *n.*; ***~ nana*** Zwergform *f.*; ***cane di ~ nana*** Zwerghund *m.*; ***la ~ nera*** die schwarze Rasse; ***odio di ~*** Rassenhass *m.*; ***~ padrona*** Herrenrasse *f.*; ***politico di ~*** Vollblutpolitiker *m.*; ***purezza della ~*** Reinrassigkeit (*o* Reinheit *f.* der Rasse); ***studio delle -e (umane)*** Rassenkunde *f.*; ***studioso delle razze (umane)*** Rassenforscher *m.*; ***~ umana*** Menschenrasse *f.*
2.raz|za f. ITTIOL. Rochen *m.* ◆ ***~ chiodata*** Dornrochen *m.*
3.raz|za m. TECN. Radspeiche *f.*
raz|zi|a f. **1** *(scorreria)* Beutezug *m.*, Raubzug *m.* **2** *(ruberia)* Räuberei *f.*, Dieberei *f.* ◆ ***fare ~ di qcs.*** etw. stehlen; FIG. etw. plündern.
raz|zia|le agg. Rassen-, rassisch: ***caratteristica, mescolanza ~*** Rassenmerkmal *n.*, Rassenmischung *f.*; ***per motivi -i*** aus rassischen Gründen; ***conflitto, discriminazione, integrazione, segregazione ~*** Rassenkampf *m.*, Rassendiskriminierung *f.*, Rassenintegration *f.*, Rassentrennung *f.*; ***disordini -i*** Rassenunruhen *pl.*; ***legge, politica ~*** Rassengesetz *n.*, Rassenpolitik *f.*; ***odio ~*** Rassenhass *m.*; ***pregiudizio ~*** Rassenvorurteil *n.*
raz|zia|re tr. *(razzio)* **1** rauben, stehlen: ***~ il bestiame*** Vieh stehlen **2** *(saccheggiare)* plündern (anche assol.): ***~ un villaggio*** ein Dorf plündern. **raz|zia|to|re I** m. **1** *(ladro)* Räuber *m.* **2** *(saccheggiatore)* Plünderer *m.* **II** agg. räuberisch.
raz|zi|smo m. Rassismus *m.* ◆ ***istigazione al ~*** Rassenhetze *f.* **raz|zi|sta** *(-i,-e)* **I** m. e f. Rassist *m.* (-in *f.*) **II** agg. rassistisch. **raz|zi|sti|co** agg. *(-ci,-che)* rassistisch.
raz|zo m. Rakete *f.*: ***accendere, lanciare un ~*** eine Rakete an‿zünden (*o* zünden), ab‿schießen (*o* starten); ***lanciare un ~ nello spazio*** eine Rakete in den Weltraum schießen ◆ ***a ~*** blitzschnell (*o* wie eine Rakete); ***~ antiaereo*** Luftabwehrrakete *f.*; ***~ antigrandine*** Rakete *f.* zur Hagelbekämpfung; ***come un ~*** wie eine Rakete (*o* blitzschnell); ***passare, entrare, partire come un ~*** (wie eine Rakete) vorbei‿schießen, hinein‿schießen, los‿schießen; ***~ illuminante*** Leuchtrakete *f.*; ***lancio di ~*** Raketenabwurf *m.*; ***~ monostadio*** Einstufenrakete *f.*; ***motore a ~*** Raketenmotor *m.*; ***~ pluristadio*** Mehrstufenrakete *f.*; ***propulsione a ~*** Raketenantrieb *m.*; ***con***

propulsione a ~ raketengetrieben; **propulsore a ~** Raketentriebwerk *n.*; **~ da segnalazione** Signalrakete *f.*; **~ spaziale** Weltraumrakete *f.*; **~ a due stadi** Zweistufenrakete *f.*; **~ a tre stadi** Dreistufenrakete *f.*; **~ teleguidato** Leitstrahlrakete *f.*; **~ vettore** Trägerrakete *f.*

raz|zo|la|re intr. *(razzolo*; aus. *avere)* scharren.

1.re m.inv. **1a** König *m.* (anche GIOC.): **il ~ di Spagna** der König von Spanien; **(il) ~ Artù** (der) König Artus; **proclamare, incoronare qcn. ~** jdn zum König aus_rufen (*o* proklamieren), krönen; **giocare un ~** einen König aus_spielen; **scacco al ~** Schach dem König **b** ESTENS. (ungekrönter) König *m.*: **è il ~ del biliardo** er ist der ungekrönte König des Billards; **il leone è il ~ degli animali** der Löwe ist der König der Tiere **2** *(nel commercio e nell'industria)* Magnat *m.* **3** *(di cose)* **l'oro è il ~ dei metalli** Gold ist das edelste Metall ◆ **~ dell'acciaio** Stahlmagnat *m.*; **~ delle aringhe** Riemenfisch *m.*; RELIG. **Re dei Cieli** Himmelsfürst *m.*; **come un ~** königlich (*o* fürstlich); **accogliere qcn. come un ~** jdn königlich empfangen; **vivere come un ~** fürstlich leben; **corte del ~** Königshof *m.*; **Cristo Re** Christkönig *m.*; GIOC. **~ di cuori** Herzkönig *m.*; **da ~** königlich, fürstlich (anche FIG.): **pasto da ~** königliches Essen; **trattare qcn. da ~** jdn fürstlich bewirten; **~ fantoccio** Schattenkönig *m.*; **figlia del ~** Königstochter *f.*; **figlio del ~** Königssohn *m.*; *(senza distinzione di sesso)* Königskind *n.*; **~ di fiori** Kreuzkönig *m.*; **il ~ della foresta** der König der Wüste (*o* der Wüstenkönig); **i tre Re Magi** die Heiligen Drei Könige; **~ del petrolio** Ölmagnat *m.*; **~ di picche** Pikkönig *m.*; **~ di quadri** Schellenkönig *m.*; **~ di quaglie** Wachtelkönig *m.*; BIBL. **il Re dei Re** der König der Könige; **essere più realista del ~** päpstlicher als der Papst sein; STOR. **il ~ Sole** der Sonnenkönig; **titolo di ~** Königstitel *m.*; **vita da ~** königliches, fürstliches Leben (anche FIG.): **far vita da ~** fürstlich leben; **viva il ~!** es lebe der König! PROV. **in casa sua ciascuno è ~** mein Haus ist meine Burg; **nel paese dei ciechi l'orbo è ~** unter den Blinden ist der Einäugige König.

2.re m.inv. MUS. D, d *n.*: **~ maggiore, minore** D-Dur *n.*, d-Moll *n.*; **~ bemolle** des *m.*, Des *m.*; **~ bemolle maggiore, minore** Des-Dur *n.*, des-Moll *n.*; **~ diesis maggiore, minore** Dis-Dur *n.*, dis-Moll *n.*◆ **chiave di ~** D-Schlüssel *m.*

re|a|gen|te m. Reagenz *n.*, Reaktionsmittel *n.* ◆ **~ colorimetrico** Farbreagenz *n.*

re|a|gi|re intr. *(reagisco, reagisci*; aus. *avere)* **1** reagieren: **~ a qcs.** auf etw. (A) reagieren; **~ a uno stimolo** auf einen Reiz reagieren; **~ con violenza** heftig reagieren; **devi ~!** du musst reagieren! CHIM. **far ~ due sostanze tra loro** zwei Substanzen miteinander reagieren lassen **2** *(difendersi)* sich wehren **3** MED. an_sprechen: **~ a una terapia** auf eine Therapie ansprechen ◆ **capace di ~** reaktionsfähig; **capacità di ~** Reaktionsfähigkeit *f.*

1.re|a|le I agg. **1** *(esistente, concreto)* wirklich, real: **un personaggio ~** eine wirkliche Figur; **pericolo ~** wirkliche Gefahr; **prezzo ~** realer Preis; **un fatto ~** eine reale Tatsache **2** *(effettivo)* tatsächlich, eigentlich, reell: **il motivo ~** der tatsächliche Grund; **danni -i** tatsächliche Schäden; **vantaggi -i** reelle Vorteile **3** *(autentico)* echt: **interesse ~** echtes Interesse **4** DIR. dinglich: **diritto ~** dingliches Recht **5** ECON. Real- **6** MAT. reell: **numeri -i** reelle Zahlen **II** m. Wirklichkeit *f.*, Realität *f.* ◆ DIR. **atto ~** Realakt *m.*; **capitale ~** Sachkapital *n.*; DIR. **contratto ~** Realkontrakt *m.*; **costi -i** Realkosten *pl.*; **imposta ~** Realsteuer *f.*; **onere ~** Reallast *f.*; TEOL. **presenza ~** Realpräsenz *f.*; **reddito ~** Realeinkommen *n.*; **salario ~** Reallohn *m.*, Effektivlohn *m.*; **socialismo ~** realer Sozialismus; **tempo ~** Echtzeit *f.*; **trasmettere in tempo ~** in Realzeit übertragen; **notizie in tempo ~** Livenachrichten *pl.*; POL. **unione ~** Realunion *f.*; **valore ~** Realwert *m.*

2.re|a|le I agg. königlich, Königs-: **casa, famiglia, palazzo ~** Königshaus *n.*, Königsfamilie *f.*, Königspalast *m.*; **coppia ~** Königspaar *n.* **II** m.pl. Königshaus *n.*, Königsfamilie *f.*: **i -i inglesi** die englische Königsfamilie ◆ **altezza ~** königliche Hoheit; **aquila ~** Königsadler *m.* (*o* Steinadler *m.*); **fiume ~** Meereszufluss *m.*; **gabbiano ~** Silbermöwe *f.*; **germano ~** Stockente *f.*; **gufo ~** Uhu *m.*; **nibbio ~** Gabelweihe *f.*; **pasta ~** INTRAD. (Mandel-Zucker-Masse zur Herstellung von Süssigkeiten); GIOC. **scala ~** Royal Flush *m.*

re|a|li|smo m. **1a** *(senso della realtà)* Realismus *m.*, Wirklichkeitssinn *m.*: **affrontare qcs. con ~** etw. mit Realismus an_gehen **b** FILOS. ART. POL. Realismus *m.* **2** PITT. Sachlichkeit *f.* ◆ **~ critico** kritischer Realismus; **~ politico** Realpolitik *f.*; **~ socialista** sozialistischer Realismus.

1.re|a|li|sta *(-i,-e)* **I** m. e f. Realist *m.* (-in *f.*), Wirklichkeitsmensch *m.* **II** agg. realistisch.

2.re|a|li|sta *(-i,-e)* **I** m. e f. POL. Royalist *m.* (-in *f.*) **II** agg. royalistisch, königstreu ◆ **essere più ~ del re** päpstlicher als der Papst sein.

re|a|li|sti|ca|men|te avv. realistisch. **re|a|li|sti|co** agg. *(-ci,-che)* **1a** *(aderente alla realtà)* realistisch, wirklichkeitsgetreu, wirklichkeitsnah: **visione -a** realistische Anschauung; **rappresentazione -a** wirklichkeitsgetreue Darstellung **b** FILOS. ART. realistisch **2** *(oggettivo)* objektiv ◆ **politica -a** Realpolitik *f.*

re|a|liz|za|bi|le agg. **1** realisierbar: **un sogno ~** ein realisierbarer Traum **2** *(attuabile)* realisierbar, ausführbar **3** ECON. realisierbar. **re|a|liz|za|bi|li|tà** f. Realisierbarkeit *f.*, Ausführbarkeit *f.*

re|a|liz|za|re I tr. **1** realisieren, verwirklichen: **~ un progetto** ein Projekt realisieren; **~ un sogno** einen Traum verwirklichen **2** *(attuare)* durch_führen, aus_führen: **~ un piano** einen Plan ausführen **3** *(elaborare)* an_fertigen: **~ il progetto di un edificio** den Entwurf eines Gebäudes anfertigen **4a** ECON. *(ricavare)* erzielen: **~ un guadagno notevole** einen beträchtlichen Gewinn erzielen **b** *(trasformare in denaro)* realisieren **5** *(ottenere)* erreichen, erzielen: **~ un buon risultato** ein gutes Ergebnis erreichen (*o* erzielen); **~ punti** Punkte erzielen **6** *(comprendere)* realisieren, verstehen **7** SPORT **~ un canestro, un gol, una meta** einen Korb werfen, ein Tor schießen **II** pronom. **realizzarsi** sich verwirklichen: **-rsi in qcs.** sich in etw. (D) (selbst) verwirklichen; **-rsi come donna** sich als Frau verwirklichen; **i suoi sogni si realizzano** seine Träume verwirklichen sich.

re|a|liz|za|to|re I m. **1** Ausführende *m.*, COLLOQ. Macher *m.* **2a** SPORT *(chi fa punti)* Punktemacher *m.* **b** *(chi segna un gol)* Torschütze *m.* **II** agg. ausführend ◆ **~ di sondaggi d'opinione** Meinungsforscher *m.*

re|a|liz|za|zio|ne f. **1** Ausführung *f.*, Realisierung *f.*, Verwirklichung *f.*: **la ~ di un progetto, di un sogno** die Verwirklichung eines Plans, eines Traumes **2** *(soddisfazione personale)* Erfüllung *f.*, Verwirklichung *f.* **3a** ECON. Erzielung *f.*: **~ di profitti** Gewinnerzielung *f.* **b** *(realizzo)* Erlös *m.*, Realisierung *f.* ◆ **di difficile ~** schwer zu verwirklichen; **di facile ~** leicht zu verwirklichen; **essere ancora in fase di ~** noch in der Entwicklung sein; **~ scenica** Inszenierung *f.*

re|a|liz|zo m. ECON. Erlös *m.*, Realisierung *f.* ◆ **a prezzi di ~** zu Schleuderpreisen.

re|al|men|te avv. **1** wirklich, tatsächlich: **fatti ~ accaduti** Tatsachen, die sich wirklich ereignet haben; **un personaggio ~ esistito** eine Figur, die es wirklich gegeben hat **2** *(veramente)* wirklich: **sono ~ mortificato** es tut mir wirklich Leid.

Re|al|po|li|tik f. Realpolitik *f.*

re|al|tà f.inv. **1** Wirklichkeit *f.*, Realität *f.*: **la dura, nuda ~** die harte, nackte Wirklichkeit; **diventare ~** sich verwirklichen, Wirklichkeit werden; **tradurre qcs. in ~** etw. verwirklichen; **una fedele rappresentazione della ~** eine wirklichkeitsgetreue Darstellung; **percezione della ~** Wahrnehmung *f.* der Wirklichkeit; **la ~ politica, economica di un paese** die politische, wirtschaftliche Realität eines Landes; **perdere contatto con la ~** den Bezug zur Wirklichkeit verlieren; **minimizzare, negare la ~** die Realität verniedlichen, leugnen; **mettere qcn. di fronte alla ~** jdn mit der Realität konfrontieren; **arrendersi alla ~** sich mit der Realität ab_finden **2** *(fatti reali)* Tatsache *f.*: **affrontare la ~** den Tatsachen ins Gesicht sehen; **una ~ innegabile, indiscutibile** eine unleugbare, unbestreitbare Tatsache; **attenersi alla ~ dei (fatti)** auf dem Boden der Tatsachen bleiben; ◆ **aderente alla ~** wirklichkeitsnah, lebensnah; **apparenza e ~** Schein und Sein; **avulso dalla ~** wirklichkeitsfremd (*o* lebensfremd); **~ esterna** Außenwelt *f.*; **è una ~ di fatto** das ist eine Tatsache; **fedele alla ~** wirklichkeitsgetreu, wahrheitsgetreu; **in ~** in Wirklichkeit, tatsächlich; *(effettivamente)* eigentlich; **in ~ le cose non stanno così** in Wirklichkeit liegen die Dinge anders; **in ~ ha ragione lui** eigentlich hat er Recht; **~ interiore** Innenwelt *f.*; **nella ~** in der Wirklichkeit: **nella ~ dei fatti** in Wirklichkeit; **principio di ~** Realitätsprinzip *n.*; **rapportato alla ~** realitätsbezogen, wirklichkeitsbezogen; **senso della ~** Wirklichkeitssinn *m.*, Realitätssinn *m.*; **~ virtuale** virtuelle Realität.

re|a|me m. ANT. Königreich *n.*

re|a|to m. Straftat *f.*, Tat *f.*, Delikt *n.*, Vergehen *n.*: **~ politico** politische Straftat; **commettere un ~** ein Delikt begehen; **perseguire, punire un ~** ein Delikt verfolgen, bestrafen; **~ contro la persona** Straftat gegen die Person; **riconoscere qcn. colpevole di ~** jdn einer Tat schuldig erkennen; **per questo ~ è previsto il carcere** auf dieses Delikt steht Gefängnis ◆ **~ contro l'ambiente** Umweltkriminalität *f.*; **arma del ~** Tatwaffe *f.*; **~ comune** allgemeines Delikt; **concorso di ~** Tatbeteiligung *f.*; **~ continuato** fortgesetzte strafbare Handlung; **corpo del ~** Beweisstück *n.*, Corpus Delicti *n.*; **il fatto non costituisce ~** die Tat ist nicht strafbar; **~ economico** Wirtschaftsstraftat *f.*; **~ fallimentare** Konkursstraftat *f.*; **incorrere in un ~** sich strafbar machen; **~ contro la libertà personale** Freiheitsdelikt *n.*; **luogo del ~** Tatort *m.*; **~ minore** Bagatelldelikt *n.*; **~ di**

omissione Unterlassungsdelikt *n.*; ~ *pluriaggravato* Straftat mit erschwerenden Tatumständen; ~ *contro la proprietà* Eigentumsdelikt *n.*; ~ *putativo* Putativdelikt *n.*; *responsabilità in* ~ Täterschaft *f.*; *testimone del* ~ Tatzeuge *m.*; ~ *tributario* Steuervergehen *n.*

re|at|tan|za f. Reaktanz *f.*, Blindwiderstand *m.* ◆ ~ *capacitiva* Kapazitanz *f.*; ~ *induttiva* induktive Reaktanz.

re|at|ti|vi|tà f. **1** CHIM. Reaktionsfähigkeit *f.*, Reaktionsvermögen *n.* **2** FIS. PSIC. Reaktivität *f.* ◆ *riserva di* ~ Überschussreaktivität *f.* **re|at|ti|vo I** agg. **1** reaktiv, reaktionsfähig, Reaktions-, reagierend **2** CHIM. Reagenz- **II** m. Reagens *n.*, Reagenz *n.* ◆ ~ *attitudinale* Eignungsprüfung *f.*; *carta -a* Reagenzpapier *n.*; *non* ~ reaktionslos; ~ *psicologico* Reaktiv *n.*; *soluzione -a* Reagenzlösung *f.*; *sostanze -e* Reagenzien *pl.*

re|at|to|re m. **1** FIS. CHIM. Reaktor *m.* **2** *(motore a getto)* Strahltriebwerk *n.*, Düsentriebwerk *n.* **3** *(aereo)* Düsenflugzeug *n.* ◆ ~ *autofertilizzante* Brüter *m.*, Brutreaktor *m.*; ~ *a ebollizione* Siedewasserreaktor *m.*; ~ *a fusione* Fusionsreaktor *m.*; ~ *nucleare* Kernreaktor *m.*, Atomreaktor *m.*; *nucleo del* ~ Reaktorkern *m.*; ~ *a plutonio* Plutoniumreaktor *m.*; ~ *ad acqua pressurizzata* Druckwasserreaktor *m.*; ~ *termico* thermischer Reaktor; ~ *termonucleare* thermonuklearer Reaktor; ~ *a uranio* Uranbrenner *m.*

re|a|zio|na|rio I agg. *(-ri,-rie)* reaktionär, rückschrittlich: *governo* ~ reaktionäre Regierung; *politica -a* Politik des Rückschritts **II** m. *(-ri)* Reaktionär *m.*, Rückschrittler *m.* **re|a|zio|na|ri|smo** m. Rückschrittlichkeit *f.*

re|a|zio|ne f. Reaktion *f.* (anche CHIM. POL. FIS.): *avere una ~ violenta, esagerata, incontrollata* eine heftige, übertriebene, unbeherrschte Reaktion haben; *avere una ~ allergica* allergisch reagieren; *provocare, osservare una* ~ eine Reaktion aus‿lösen, beobachten; *le -i all'interno e all'estero* die Reaktionen des In- und Auslandes; ~ *chimica* chemische Reaktion ◆ ~ *acida* saure Reaktion; *aereo a* ~ Düsenflugzeug *n.*, Düsentriebwerk *n.*; ~ *alcalina* alkalische Reaktion; *principio di azione e* ~ Reaktionsprinzip *n.*; ~ *basica* basische Reaktion; *calore di* ~ Reaktionswärme *f.*; ~ *a catena* Kettenreaktion *f.*; ~ *colloidale* Kolloidreaktion *f.*; ~ *di difesa* Abwehrreaktion *f.*; ~ *immunitaria* Immunisierungsreaktion *f.*; ~ *indotta* induzierte Reaktion; *motore a* ~ Düsentriebwerk *n.*, Reaktionsmotor *m.*; ~ *nucleare* Kernreaktion *f.*; ~ *nucleare a catena* Kernkettenreaktion *f.*; *per* ~ als Reaktion; *senza* ~ reaktionslos; *tempo di* ~ Reaktionszeit *f.*; *velocità di* ~ Reaktionsgeschwindigkeit *f.*; ~ *di Wassermann* Wassermannsche Reaktion.

reb|bio m. *(-bi)* Zinke *f.*

Re|bec|ca n.pr.f. Rebekka *f.*

re|bo|an|te → **roboante.**

re|bus m.inv. **1** Rebus *m.*, Bilderrätsel *n.*: *risolvere un* ~ ein Bilderrätsel lösen; ~ *cifrato* Zahlenrätsel *n.*; ~ *letterale* Zeichenrätsel *n.* **2** FIG. *(mistero)* Rätsel *n.*: *per me continua ad essere un* ~ mir bleibt es ein Rätsel.

re|cal|ci|tran|te agg. widerspenstig, ungebärdig: *un bambino* ~ ein ungebärdiges Kind; *mostrarsi* ~ sich widerspenstig zeigen. **re|cal|ci|tra|re** intr. *(recalcitro*; aus. *avere)* **1** aus‿schlagen **2** FIG. *(fare resistenza)* sich widersetzen.

re|ca|pi|ta|re tr. *(recapito)* zu‿stellen, ab‿liefern, aus‿tragen: ~ *una lettera* einen Brief zustellen; ~ *i giornali* die Zeitungen austragen.

re|ca|pi|to m. **1** Zustellung *f.*, Zustellen *n.*: ~ *a domicilio* Zustellung ins Haus **2** *(indirizzo)* Anschrift *f.*, Adresse *f.*: *lasciare il proprio* ~ seine Adresse hinterlassen; *non avere un* ~ keine Anschrift haben ◆ *in caso di mancato ~ restituire al mittente* falls unzustellbar, Rücksendung an den Absender; ~ *postale* Postanschrift *f.*; *tassa di* ~ Zustellgebühr *f.*; ~ *telefonico* Telefonnummer *f.*

re|ca|re *(reco, rechi)* **I** tr. **1** LETT. *(portare)* überbringen, bringen: ~ *una bella notizia* eine gute Nachricht überbringen; ~ *un dono a qcn.* jdm ein Geschenk bringen **2** *(causare)* verursachen: ~ *danno a qcn.* jdm Schaden verursachen **3** *(avere su di sé)* tragen: *la lapide reca un'iscrizione* der Grabstein trägt eine Inschrift **II** pronom. **recarsi** sich begeben, gehen: *-rsi da qcn, in un luogo* jdn, einen Ort auf‿suchen; *-rsi dal dottore, a casa* sich zum Arzt, nach Hause begeben ◆ ~ *conforto a qcn.* jdm Trost spenden; ~ *disturbo a qcn.* jdn stören; ~ *gioia a qcn.* jdm Freude bereiten; ~ *offesa a qcn.* jdn beleidigen.

re|ce|de|re intr. *(recedei/recedetti; recesso*; aus. *avere)* **1** ab‿weichen: ~ *da una presa di posizione* von einem Standpunkt abweichen **2** *(ritirare)* zurück‿treten: ~ *da una decisione, da una pretesa* von einer Entscheidung zurücktreten, einen Anspruch zurück‿nehmen **3** *(di malattie, febbre)* zurück‿gehen **4** DIR. zurück‿treten: ~ *da un contratto* von einem Vertrag zurücktreten; ~ *per giusta causa* aus triftigem Grund zurücktreten.

re|cen|sio|ne f. Rezension *f.*: *avere una buona, cattiva* ~ eine gute, schlechte Rezension bekommen; *fare una* ~ eine Rezension schreiben ◆ ~ *di film* Filmrezension *f.*; ~ *di libro* Buchrezension *f.*

re|cen|si|re tr. *(recensisco, recensisci)* rezensieren, besprechen: ~ *un concerto* ein Konzert rezensieren (*o* eine Kritik über ein Konzert schreiben). **re|cen|so|re** m. Rezensent *m.*, Kritiker *m.*

re|cen|te agg. neu, jüngst, letzt: *notizie -i* neue Nachrichten; *-i successi* jüngste Erfolge; *fatti -i* letzte Ereignisse; *l'opera più ~ dell'autore* das neueste Werk des Autors; *il passato più* ~ die jüngste Vergangenheit; *una ~ amicizia* eine junge Freundschaft ◆ *di* ~ vor kurzem, kürzlich, letztens, neulich: *di ~ ha perso sua moglie* er hat kürzlich seine Frau verloren; *questo romanzo è uscito di* ~ dieser Roman ist vor kurzem erschienen; GEOL. *periodo* ~ jüngeres Quartär. **re|cen|te|men|te** avv. vor kurzem, kürzlich, neulich, letztens: *gli ho fatto visita* ~ ich habe ihn neulich besucht.

re|ce|pi|re tr. *(recepisco, recepisci)* **1** empfangen: ~ *un messaggio* eine Botschaft empfangen **2** DIR. auf‿nehmen ◆ *in grado di* ~ aufnahmefähig.

re|cep|tion [ri'sepʃən] f.inv. Rezeption *f.*, Empfang *m.*: *alla* ~ am (*o* beim) Empfang, an der Rezeption.

re|ces|sio|ne f. **1** Abweichen *n.*, Aufgabe *f.*: ~ *dai propri propositi* Aufgabe seiner Vorsätze **2** ECON. Rezession *f.*, Rückgang *m.*: *essere in fase di* ~ in einer Rezessionsphase sein.

re|ces|si|vi|tà f. Rezessivität *f.* **re|ces|si|vo** agg. **1** BIOL. rezessiv: *carattere* ~ rezessives Merkmal **2** ECON. rückläufig.

re|ces|so m. **1** LETT. Schlupfwinkel *m.*: *i -i dell'anima* die verborgenen Winkel der Seele **2** MED. Rückgang *m.* **3** DIR. Rücktritt *m.*, Aufkündigung *f.*: *il ~ da un contratto* die Aufkündigung eines Vertrags; ~ *per giusta causa* Kündigung *f.* aus triftigem Grund ◆ *clausola di* ~ Rücktrittsklausel *f.*; *diritto di* ~ Rücktrittsrecht *n.*; *termine per il* ~ Rücktrittsfrist *f.*

re|cet|ti|vo → **ricettivo.**

re|cet|to|re I m. Rezeptor *m.*, Reizempfänger *m.* **II** agg. rezeptiv, wahrnehmend, Sinnes-: *organo* ~ Sinnesorgan *n.*

re|ce|zio|ne → **ricezione.**

re|ci|de|re *(recisi, reciso)* **I** tr. **1** ab‿schneiden, schneiden: ~ *un ramo, una rosa* einen Ast, eine Rose schneiden **2** LETT. ab‿brechen: ~ *un legame* eine Beziehung abbrechen **II** pronom. **recidersi** zerreißen; *i legami si sono recisi* die Bande sind zerrissen.

re|ci|di|va f. DIR. MED. Rückfall *m.*, Rezidiv *n.* ◆ *pericolo di* ~ Wiederholungsgefahr *f.*; *in caso di* ~ im Wiederholungsfall. **re|ci|di|van|te** agg. habituell: *malattie -i* habituelle Krankheiten. **re|ci|di|va|re** intr. (aus. *avere*) rezidivieren, rückfällig werden. **re|ci|di|vi|tà** f. Rückfälligkeit *f.*

re|ci|di|vo I agg. DIR. MED. rückfällig, rezidiv, Rückfall-: *delinquente* ~ Wiederholungstäter *m.*; *criminalità -a* Rückfallkriminalität *f.* **II** m. **1** DIR. Wiederholungstäter *m.*, Rückfalltäter *m.* **2** MED. rückfälliger Patient *m.*

re|cin|ge|re tr. *(recingo, recingi; recinsi; recinto)* um‿geben, um‿schließen.

re|cin|ta|re tr. ein‿frieden; *(con una staccionata)* ein‿zäunen; *(con un muro)* ummauern; *(con una cancellata)* ein‿gittern.

re|cin|to m. **1a** Zaun *m.*: *innalzare un* ~ einen Zaun auf‿stellen (*o* errichten); *scavalcare un* ~ über einen Zaun klettern **b** *(cancellata)* Gitter *n.* **2** *(di animali)* Gehege *n.*, Wildgehege *n.* **3** *(box per bambini)* Laufstall *m.*; *(con sabbia)* Sandkasten *m.*, Sandkiste *f.* ◆ ~ *per i cavalli* Pferdekoppel *f.*; ~ *delle grida* Börsenring *m.*, Parkett *n.*; ~ *a palizzata* Palisadenzaun *m.*, Pfahlzaun *m.*

re|cin|zio|ne f. **1** Einfriedung *f.*, Einzäunung *f.*: *una ~ in muratura* eine gemauerte Einfriedung **2** *(il recingere)* Einfrieden *n.*: *fare la ~ di un terreno* ein Grundstück ein‿frieden.

re|ci|pien|te m. Behälter *m.*, Gefäß *n.*: *riempire un ~ di qcs.* ein Gefäß mit etw. füllen; *un ~ vuoto* ein leerer Behälter ◆ ~ *dell'acqua* Wasserbehälter *m.*; ~ *per bere* Trinkgefäß *n.*; ~ *graduato* Messbecher *m.*; ~ *di legno* Holzgefäß *n.*; ~ *di vetro* Glasbehälter *m.*

re|ci|pro|ca|men|te avv. gegenseitig, einander: *aiutarsi* ~ einander helfen (*o* sich gegenseitig helfen); *insultarsi* ~ sich gegenseitig beschimpfen.

re|ci|pro|ci|tà f. **1** Wechselseitigkeit *f.*, Gegenseitigkeit *f.*, Reziprozität *f.*: ~ *di sentimenti* Gegenseitigkeit der Gefühle **2** MAT. Reziprozität *f.* ◆ *clausola di* ~ Gegenseitigkeitsklausel *f.*; *con* ~ gegenseitig; *principio di* ~ Reziprozitätsgesetz *n.*; *teorema di* ~ Reziprozitätstheorem *n.*

re|ci|pro|co I agg. *(-ci,-che)* **1** wechselseitig, gegenseitig, beiderseitig: *stima -a* gegenseitige Achtung; *riguardo* ~ gegenseitige Rücksichtnahme **2** MAT. reziprok **3** GRAMM. reziprok, wechselbezüglich: *verbo* ~ reziprokes Verb **II** m. *(-ci)* Kehrwert *m.* ◆ *essere* ~ auf

Gegenseitigkeit beruhen; ***il loro affetto è ~*** ihre Zuneigung beruht auf Gegenseitigkeit.

re|ci|sa|men|te avv. entschieden, fest. **re|ci|sio|ne** f. **1** Schnitt *m.* **2** FIG. *(risolutezza)* Entschiedenheit *f.*

re|ci|so p.pass. agg. → **1 recidere 2** ***fiori -i*** Schnittblumen **3** FIG. *(netto)* entschieden, fest.

re|ci|ta f. **1** Aufführung *f.*, Vorstellung *f.*: ***assistere a una ~*** einer Aufführung bei‿wohnen **2** *(recitazione)* Vortrag *m.*, Aufführung *f.*, Vortragen *n.* ◆ ***~ all'aperto*** Freilichtaufführung *f.*

re|ci|tal [rɪ'saɪtəl, *üblich* 'rɛsital] m.inv. Recital *n.*

re|ci|tan|te I agg. vortragend **2** MUS. rezitativisch **II** m. e f. Vortragende *m.* e *f.*, Rezitator *m.* (-in *f.*).

re|ci|ta|re *(recito)* **I** tr. **1a** *(declamare)* rezitieren, vor‿tragen **b** *(a memoria)* auf‿sagen: ***~ una poesia*** ein Gedicht vortragen **2** TEATR. auf‿führen **3** *(interpretare, fingere)* spielen: ***~ una parte*** eine Rolle spielen **II** intr. (aus. *avere*) **1** spielen: ***~ con enfasi*** emphatisch spielen; ***non saper ~*** kein guter Schauspieler sein; ***~ da cani*** ein schlechter Schauspieler sein **2** FIG. *(fingere)* spielen, schauspielern; ***smettila di ~!*** hör auf mit der Schauspielerei (*o* mit dem Theater)! **3** *(affermare)* lauten: ***l'articolo 1 della Costituzione recita...*** Artikel 1 der Verfassung lautet... ◆ IRON. ***~ la lezione*** etw. nach‿plappern; ***~ una preghiera*** ein Gebet sprechen; ***~ il rosario*** den Rosenkranz beten.

re|ci|ta|ti|vo I agg. rezitativisch, Rezitativ- **II** m. Rezitativ *n.* ◆ ***~ accompagnato*** Accompagnato *n.*; ***canto ~*** Sprechgesang *m.*; ***~ obbligato*** → ***~ accompagnato***; ***~ secco, semplice*** trockenes Rezitativ (*o* Seccorezitativ *n.*).

re|ci|ta|zio|ne f. **1** Rezitation *f.*, Vortrag *m.*: ***~ enfatica*** emphatischer Vortrag **2** *(disciplina)* Schauspielkunst *f.* **3** ANT. *(recita)* Aufführung *f.*, Vorstellung *f.* ◆ ***insegnare ~*** Schauspielunterricht geben; ***scuola di ~*** Schauspielschule *f.*; ***studiare ~*** eine Schauspielschule besuchen.

re|cla|man|te m. e f. Beschwerdeführer *m.* (-in *f.*), Reklamant *m.* (-in *f.*).

re|cla|ma|re I tr. **1** fordern, verlangen: ***~ la restituzione di una somma*** die Rückzahlung eines Geldbetrags fordern; ***~ la propria parte di eredità*** sein Erbteil verlangen **2** *(in restituzione)* zurück‿fordern, zurück‿verlangen **3** *(rivendicare)* beanspruchen **4** FIG. erfordern, benötigen: ***la situazione reclama urgentemente un intervento*** die Situation erfordert dringendes Eingreifen **5** SPORT reklamieren: ***~ un calcio di rigore*** einen Elfmeter reklamieren **II** intr. (aus. *avere*) reklamieren, sich beschweren: ***~ presso qcn. per qcs.*** bei jdm etw. reklamieren (*o* sich bei jdm über etw. (A) beschweren); ***~ contro i disservizi postali*** sich über die Misswirtschaft bei der Post beschweren.

re|cla|me [-'klam] f.inv. **1** Reklame *f.*, Werbung *f.*: ***fare ~ a qcs.*** für etw. Reklame machen (*o* für etw. werben); ***farsi ~*** für sich werben **2** *(cartellone)* Plakat *n.* **3** *(opuscolo)* Werbeschrift *f.* ◆ ***~ luminosa*** Leuchtreklame *f.*; ***~ televisiva*** Fernsehwerbung *f.*; ***a titolo di ~*** zur Werbung; ***è tutta ~!*** es ist alles nur Bluff!

re|cla|mi|sti|co agg. *(-ci,-che)* reklamehaft.

re|cla|miz|za|re tr. ***~ qcs.*** für etw. Reklame machen, werben.

re|cla|miz|za|to p.pass. agg. **1** → **reclamizzare 2** durch Werbung bekannt gemacht. **re|cla|miz|za|zio|ne** f. Werben *n.*, Reklamemachen *n.*

re|cla|mo m. **1** Reklamation *f.*, Beschwerde *f.*: ***fare, sporgere ~*** eine Reklamation erheben, vor‿bringen; ***presentare un ~ alla direzione*** eine Beschwerde bei der Direktion ein‿reichen; ***presentare un ~ contro qcs.*** gegen etw. Beschwerde ein‿legen; ***non si accettano -i*** keine Reklamationen **2** *(per merce difettosa)* Mängelrüge *f.*, Beanstandung *f.* **3** *(documento)* Beschwerde *f.*, Beschwerdeschrift *f.* ◆ ***libro dei -i*** Beschwerdebuch *n.*; ***ufficio -i*** Beschwerdestelle *f.*

re|cli|na|bi|le agg. zurückklappbar: ***sedili -i*** zurückklappbare Sitze. **re|cli|na|re** tr. **1** neigen, senken: ***~ il capo*** den Kopf senken **2** ***~ il sedile*** den Sitz zurück‿klappen.

re|clu|de|re tr. *(reclusi, recluso)* ein‿sperren, ein‿schließen.

re|clu|sio|ne f. **1** Eingeschlossensein *n.* **2** *(carcerazione)* Haft *f.*: ***essere condannato a dieci anni di ~*** zu 10 Jahren Haft verurteilt sein **3** *(prigione)* Gefängnis *n.* (anche FIG.).

re|clu|so I p.pass. agg. **1** → **recludere 2** eingeschlossen, eingesperrt **3** *(detenuto)* inhaftiert **II** m. Häftling *m.*, Inhaftierte *m.* ◆ ***fare una vita da ~*** zurückgezogen leben.

re|clu|ta f. **1** Rekrut *m.* **2** *(novellino)* Neuling *m.* **3** pl. ESTENS. Nachwuchs *m.*: ***-e del calcio, del cinema*** Fußball-, Filmnachwuchs *m.*

re|clu|ta|men|to m. **1** Einberufung *f.*, Einziehung *f.*: ***il ~ di volontari*** die Einberufung der Freiwilligen **2** MAR. MIL. Anmusterung *f.* **3** ESTENS. Rekrutierung *f.*, Anwerbung *f.*: ***~ di nuovi dipendenti*** Rekrutierung neuer Angestellter. **re|clu|ta|re** tr. *(recluto)* **1** ein‿berufen, ein‿ziehen **2** MAR. MIL. an‿mustern **3a** ESTENS. rekrutieren: ***~ nuovi calciatori*** neue Fußballspieler rekrutieren **b** *(assumere)* an‿werben.

re|con|di|to agg. **1** LETT. abgelegen, entlegen: ***luogo ~*** abgelegener Ort **2** FIG. geheim, verborgen: ***significato ~*** verborgener Sinn ◆ ***pensiero ~*** Hintergedanke *m.*

re|cord I m.inv. **1** Rekord *m.*, Hochleistung *f.*, Bestleistung *f.*: ***~ nazionale, europeo, mondiale*** Landes-, Europa-, Weltrekord *m.*; ***stabilire, battere un ~*** einen Rekord auf‿stellen, brechen; ***migliorare un ~ di due secondi*** einen Rekord um zwei Sekunden verbessern **2** INFORM. Datensatz *m.* **II** agg. Rekord-, Höchst-: ***altezza ~*** Rekordhöhe *f.*; ***cifra, incassi, vincita ~*** Rekordzahl *f.*, -einnahmen *pl.*, -gewinn *m.* ◆ ***~ della pista*** Rundenrekord *m.*; ***~ stagionale*** Jahresbestleistung *f.*; *(di corse)* Jahresbestzeit *f.*; ***tempo ~*** Rekordzeit *f.*; ***fare qcs. a tempo ~*** etw. in Rekordzeit machen; ***tentativo di ~*** Rekordversuch *m.*; ***~ di velocità*** Geschwindigkeitsrekord *m.*; ***raggiungere il ~ delle vendite*** die höchsten Verkaufszahlen erreichen.

re|cri|mi|na|re intr. *(recrimino*; aus. *avere)* **1** sich beklagen, klagen: ***~ su qcs.*** sich über etw. beklagen (*o* über etw. klagen); ***invece di ~ pensa piuttosto a trovare un rimedio!*** anstatt dich zu beklagen, denk eher daran, eine Lösung zu finden! **2** DIR. Gegenklage erheben.

re|cri|mi|na|to|rio agg. *(-ri,-rie)* anklagend: ***tono ~*** anklagender Ton(fall).

re|cri|mi|na|zio|ne f. **1** Klage *f.* **2** DIR. Gegenklage *f.*

re|cru|de|scen|te agg. sich verschlimmernd. **re|cru|de|scen|za 1a** Verschlimmerung *f.*: ***la ~ di una malattia*** die Verschlimmerung einer Krankheit **b** *(l'acuirsi)* Verschärfung *f.*: ***la ~ di un conflitto*** die Verschärfung eines Konflikts **2** FIG. Zunahme *f.*: ***la ~della delinquenza*** die deutliche Zunahme der Kriminalität.

re|cto m.inv. **1** BIBLIOT. Rekto *n.*, Vorderseite *f.* **2** NUMISM. Avers *m.*

re|cu|pe|ra|bi|le agg. **1** wiedergewinnbar, wiedererlangbar **2** *(riguadagnabile)* aufholbar, nachholbar: ***un ritardo ~*** eine aufholbare Verspätung **3** MED. *(guaribile)* heilbar.

re|cu|pe|ra|re tr. **1** wieder‿bekommen: ***~ un libro prestato*** ein geliehenes Buch wiederbekommen **2a** ECON. ein‿treiben: ***~ un credito*** einen Kredit eintreiben **b** *(compensare)* wett‿machen: ***~ una perdita finanziaria*** eine finanzielle Einbuße wettmachen **3** *(riacquistare)* wieder‿erlangen, wieder‿gewinnen, zurück‿gewinnen: ***~ la libertà*** die Freiheit wiedererlangen; ***~ il controllo*** die Fassung wiedergewinnen; ***~ la vista*** das Sehvermögen wiedergewinnen **4a** *(mettere in salvo)* bergen: ***~ i naufraghi*** die Schiffbrüchigen bergen **b** *(mettere al sicuro)* sicher‿stellen: ***~ gli oggetti rubati*** gestohlene Gegenstände sicherstellen **5a** *(riguadagnare)* nach‿holen (anche assol.), auf‿holen: ***~ ore, il tempo perduto*** Stunden nachholen, die verlorene Zeit aufholen; ***~ sonno*** Schlaf nachholen; ***il dollaro ha recuperato sul marco*** der Dollar hat im Vergleich zur D-Mark aufgeholt **b** SPORT auf‿holen: ***~ il vantaggio*** den Vorsprung aufholen; ***~ alcuni secondi, una partita*** einige Sekunden aufholen, ein Spiel nach‿holen **6a** *(riciclare)* wieder verwenden, wieder verwerten **b** CHIM. IND. zurück‿gewinnen, wieder‿gewinnen **7** FIG. *(reinserire)* wieder ein‿gliedern: ***~ i tossicodipendenti*** die Drogenabhängigen wieder eingliedern **8** EDIL. sanieren, wieder instand setzen: ***~ un edificio storico*** ein historisches Gebäude sanieren ◆ ***~ la calma*** sich beruhigen; ***~ le forze*** wieder zu Kräften kommen (*o* wieder bei Kräften sein); ***~ un relitto*** ein Wrack heben; ***~ le reti*** die Netze ein‿holen; ***~ la salute*** wieder gesund werden.

re|cu|pe|ro m. **1** Wiedererlangung *f.*, Wiedergewinnung *f.*: ***il ~ dell'udito*** die Wiedererlangung des Gehörs **2a** ECON. Eintreiben *n.*. Eintreibung *f.*: ***~ di debiti*** Eintreiben von Schulden **b** *(compenso)* Wettmachen *n.*: ***il ~ di una perdita*** das Wettmachen eines Verlusts **3a** *(messa al sicuro)* Sicherstellung *f.*: ***il ~ della refurtiva*** die Sicherstellung der Diebesbeute **b** *(messa in salvo)* Bergung *f.*: ***il ~ dei naufraghi*** die Bergung der Schiffbrüchigen **4a** *(il riguadagnare)* Aufholen *n.*: ***il ~ del dollaro sul marco*** das Aufholen des Dollars im Vergleich zur D-Mark; ***il ~ di molte posizioni in graduatoria*** das Aufholen mehrerer Positionen in der Tabelle **b** SPORT Aufholen *n.*: ***l'eccezionale ~ della squadra italiana*** das außerordentliche Aufholen der italienischen Mannschaft **5** *(riutilizzo)* Wiederverwertung *f.*; IND. TECN. Rückgewinnung *f.*, Gewinnung *f.*; *(riciclo)* Recycling *n.* **6** EDIL. Sanierung *f.*, Wiederinstandsetzung *f.*: ***il ~ del centro storico*** die Sanierung der Altstadt **7** FIG. *(reinserimento)* Wiedereingliederung *f.*: ***il ~ dei tossicodipendenti*** die Wiedereingliederung der Drogenabhängigen ◆ ***~ a bordo*** Einholen *n.*; ***corso di ~*** Nachhilfeunterricht *m.*; ***materiali di ~*** Recyclingmaterial *n.*, Rückgut *n.*; SPORT ***minuti di ~*** nachzuspielende Minuten; ***~ di una nave*** Schiffsbergung *f.*; ***partita di ~*** Nachholspiel *n.*; ~ **termico** Rekuperation *f.*

re|dan|cia f. *(-ce)* Kausch *f.*, Kausche *f.*

re|dar|gui|re tr. *(redarguisco, redarguisci)* tadeln, rügen, zurecht‿weisen: ~ **severamente qcn.** jdn streng rügen; ~ **qcn. per qcs.** jdn für, wegen etw. rügen (*o* tadeln): ~ **un alunno per la sua disattenzione** einen Schüler für seine (*o* wegen seiner) Unaufmerksamkeit tadeln.

re|dat|to → **redigere.**

re|dat|to|re m. **1** Redakteur *m.*; ANT. Schriftleiter *m.*: **essere ~ in un giornale** Redakteur bei (*o* an) einer Zeitung sein **2** *(di atti, documenti)* Verfasser *m.* ◆ ~ **del bilancio** Bilanzbuchhalter *m.*; ~ **capo** Chefredakteur *m.*; ~ **editoriale** Verlagsredakteur *m.*

re|da|zio|na|le agg. Redaktions-, redaktionell, der Redaktion; **ufficio ~** Redaktion *f.*; **articolo ~** Artikel *m.* der Redaktion. **re|da|zio|ne** f. **1** *(stesura)* Abfassung *f.*: **la ~ di un articolo** die Abfassung eines Artikel **2** *(ufficio, équipe)* Redaktion *f.* **3** FILOL. LETT. Version *f.*, Fassung *f.*; **la prima ~ del testo** die erste Fassung des Textes ◆ **segretaria di ~** Redaktionssekretärin *f.*; ~ **televisiva** Fernsehredaktion *f.*; ~ **del testamento** Verfassung *f.* des Testamentes; ~ **di un verbale** Protokollaufnahme *f.*

red|di|tie|re m. Rentenbezieher *m.*, ANT. Rentier *m.*

red|di|ti|vi|tà f. Rentabilität *f.*, Ertragsfähigkeit *f.* ◆ **non ~** Unrentabilität *f.*

red|di|ti|zio agg. *(-zi,-zie)* einträglich, rentabel, Gewinn bringend: **affare ~** einträgliches Geschäft; **lavoro ~** rentable Arbeit; **commercio ~** Gewinn bringender Handel ◆ **essere ~** sich rentieren (*o* sich lohnen).

red|di|to m. **1** Einkommen *n.*, Einkünfte *pl.*, Verdienst *m.*: **avere un ~ basso, elevato** ein niedriges, hohes Einkommen haben; **dichiarare il ~** das Einkommen an‿geben; ~ **fondiario, patrimoniale** Einkommen aus Grundbesitz, aus Privatvermögen; **trarre ~ da qcs.** Einkünfte aus etw. beziehen **2** *(entrata)* Einnahmen *pl.*, Erträge *pl.*, Bezüge *pl.* ◆ **-i accessori** Nebenbezüge *pl.*; **ad alto ~** einkommensstark; ~ **annuo** Jahreseinkommen *n.*; **aumento dei -i** Einkommenszuwachs *m.*; ~ **d'azienda** Betriebseinkommen *n.*; **-i azionari** Aktienertrag *m.*; **a basso ~** einkommensschwach; ~ **da capitale (puro)** Kapitalertrag *m.*; **denuncia, dichiarazione dei -i** Einkommenssteuererklärung *f.*; **fare, presentare la dichiarazione dei -i** die Steuererklärung machen, ein‿reichen; ~ **d'esercizio** Betriebseinkommen *n.*; **fascia di ~** Steuerklasse *f.*; ~ **fisso** festes (*o* regelmäßiges) Einkommen; **fonte di ~** Einkommensquelle *f.*; **formazione di ~** Einkommensbildung *f.*; ~ **globale** Gesamteinkommen *n.*; **imposta sul ~** Einkommenssteuer *f.*; **pagare l'imposta sul ~** sein Einkommen versteuern; **imposta sui -i da lavoro dipendente** Lohnsteuer *f.*, Einkommenssteuer *f.*; **imposta sul ~ delle persone giuridiche** Körperschaftssteuer *f.*; ~ **d'impresa** Betriebseinkommen *n.*; ~ **individuale** Einzeleinkommen *n.*; ~ **da lavoro** Arbeitseinkommen *n.*, Einkommen *n.* aus Arbeit; ~ **da lavoro autonomo** Einkommen *n.* aus selbstständiger Arbeit; ~ **da lavoro dipendente** Einkommen *n.* aus nichtselbstständiger Arbeit; **limite di ~** Einkommensgrenze *f.*; **livellamento dei -i** Einkommensnivellierung *f.*; ~ **locativo** Mietertrag *m.*; ~ **mensile** Monatseinkommen *n.*; ~ **in natura** Naturaleinkünfte *pl.*; ~ **nazionale** Volkseinkommen *n.*; ~ **netto** Nettoverdienst *m.*; ~ **nominale** Nominaleinkommen *n.*; ~ **personale** Privateinkommen *n.*; **privo di ~** einkommenslos; ~ **pubblico** Volkseinkommen *n.*; ~ **reale** Realeinkommen *n.*

red|di|tua|le agg. Einkommen-, Ertrags-: **analisi ~** Einkommensanalyse *f.* (*o* Ertragsanalyse *f.*).

re|den|to I p.pass. agg. **1** → **redimere 2a** erlöst, befreit: **terre -e dal nemico** vom Feind befreite Gebiete **b** RELIG. erlöst: ~ **dai peccati** von den Sünden erlöst; **umanità -a** erlöste Menschheit **II** m. Erlöste *m.* (anche RELIG.).

re|den|to|re I agg. erlösend, befreiend **II** m. **1** Erlöser *m.*, Befreier *m.* **2** RELIG. Heiland *m.*, Erlöser *m.*

re|den|zio|ne f. **1** RELIG. Erlösung *f.*: **la ~ dai peccati** die Erlösung von den Sünden **2** *(liberazione)* Befreiung *f.*, Erlösung *f.* (anche FIG.) **3** FIG. *(riscatto)* Abbüßung *f.* **4** LETT. ANT. *(scampo, rimedio)* Ausweg *m.*

re|di|ge|re tr. *(redassi/redigei/redigetti; redatto)* **1a** ab‿fassen, verfassen, redigieren: ~ **una lettera ufficiale** ein dienstliches Schreiben abfassen; ~ **un trattato** eine Abhandlung verfassen; ~ **un articolo di giornale** einen Zeitungsartikel verfassen (*o* redigieren) **b** *(bilancio)* auf‿stellen **c** *(contratto)* auf‿setzen **d** *(perizia)* erstellen **e** *(verbale)* auf‿nehmen **2** *(curare)* redigieren, bearbeiten: ~ **una rivista** eine Zeitschrift redigieren.

re|di|me|re *(redensi, redento)* **I** tr. **1** RELIG. erlösen: ~ **da qcs.** jdn von etw. erlösen; ~ **dal peccato** von den Sünden erlösen **2** *(liberare)* befreien, erlösen: ~ **qcn. da qcn., qcs.** jdn von jdm, etw. befreien (*o* erlösen) **3** DIR. COMM. *(estinguere)* tilgen, ab‿lösen: ~ **un debito** eine Schuld tilgen **II** pronom. **redimersi 1 -rsi da qcs.** etw. ab‿büßen: **-rsi da una colpa** eine Schuld abbüßen **2** *(liberarsi)* sich befreien ◆ **-rsi da un'ipoteca** eine Hypothek ablösen.

re|di|mi|bi|le agg. **1** erlösbar **2** DIR. tilgbar, ablösbar: **prestito ~** tilgbare Anleihe ◆ **debito ~** Tilgungsschuld *f.*; **debito non ~** unablösbare Schuld. **re|di|mi|bi|li|tà** f. **1** Erlösbarkeit *f.* **2** DIR. Tilgbarkeit *f.*, Ablösbarkeit *f.*

re|di|ne f. **1** Zügel *m.*: **tenere, tirare, allentare le -i** die Zügel halten, straffen, locker lassen (*o* lockern) **2** pl. FIG. *(direzione)* Führung *f.*, Leitung *f.*, Zügel *pl.*: **lasciare a qcn. le -i di qcs.** jdm die Führung (*o* Leitung) von etw. überlassen; **prendere le -i dell'azienda** die Leitung des Unternehmens über‿nehmen.

re|din|go|te [rədɛ̃'gɔt, *üblich* redin'gɔt] f.inv. **1a** Gehrock *m.* **b** *(per cavallerizza)* Reitrock *m.* **2a** *(soprabito da donna)* Mantelkleid *n.* **b** *(cappotto)* Redingote *m.*

re|di|stri|bu|i|re tr. *(redistribuisco, redistribuisci)* **1** neu verteilen **2** *(distribuire in modo diverso)* um‿verteilen.

re|di|vi|vo I agg. **1** auferstanden, wieder ins Leben zurückgekehrt **2** FIG. *(secondo)* zweiter: **è un Michelangelo ~** er ist ein zweiter Michelangelo; **quel ragazzo sembra suo padre ~** dieser Junge sieht aus wie sein leibhaftiger Vater **II** m. **1** Auferstandene *m.* **2** FIG. SCHERZ. verlorener Sohn *m.*

re|du|ce I agg. **1** heimgekehrt, zurückgekehrt: **essere ~ da un lungo viaggio, dall'Inghilterra** von einer langen Reise, von England zurückgekehrt sein; **essere ~ dalla guerra** aus dem Krieg heimgekehrt sein **2** ESTENS. **essere ~ da una grave malattia** eine schwere Krankheit überstanden haben (*o* hinter sich haben); ~ **da un colloquio con il direttore** von einer Unterredung mit dem Direktor kommen **II** m. **1** Heimkehrer *m.* **2** MIL. Veteran *m.*, Heimkehrer *m.*: **i -ci del Vietnam** die Veteranen des Vietnamkriegs ◆ IRON. ~ **dalle patrie galere** frisch aus dem Gefängnis entlassen.

re|du|pli|ca|re tr. *(reduplico, reduplichi)* **1** verdoppeln **2** LING. reduplizieren. **re|du|pli|ca|zio|ne** f. **1** Verdopp(e)lung **2** LING. Reduplikation *f.*

re|fe m. Zwirn *m.*

re|fe|ren|da|rio I agg. *(-ri,-rie)*, **voto ~** Volksabstimmung *f.* **II** m. *(-ri)* Referendar *m.*

re|fe|ren|dum m.inv. **1** DIR. Volksabstimmung *f.*, Volksentscheid *m.*, SVIZZ. Referendum *n.*: **indire un ~** einen Volksentscheid an‿ordnen **2** *(inchiesta)* Umfrage *f.* ◆ ~ **abrogativo** = Volksentscheid *m.* über die Aufhebung eines Gesetzes; ~ **propositivo** = gesetzgebender Volksentscheid *m.*

re|fe|ren|te I agg. Bericht erstattend: **riunione in sede ~** Bericht erstattende Sitzung **II** m. **1** *(persona)* Bezugsperson *f.* **2** *(punto di riferimento)* Bezugspunkt *m.* **3** LING. Referent *m.*

re|fe|ren|za f. **1** pl. Referenz *f.*: **chiedere, fornire -e su qcn.** Referenzen über jdn verlangen (*o* ein‿holen), geben; **presentare le proprie -e** seine Referenzen vor‿legen; **avere ottime -e** über erstklassige Referenzen verfügen; **per -e sulla nostra ditta rivolgersi a...** für Auskünfte über unsere Firma wenden Sie sich an (A)... **2** LING. Referenz *f.* ◆ **-e bancarie** Bankreferenzen *pl.*

re|fe|ren|zia|le agg. LING. referenziell.

re|fe|ren|zia|re *(referenzio, referenzi)* **I** tr. empfehlen **II** intr. (aus. *avere*) Referenzen vor‿weisen.

re|fe|ren|zia|to p.pass. agg. → **1 referenziare 2** mit Referenzen: **cercasi segretaria -a** Sekretärin mit Referenzen gesucht.

re|fer|to m. **1** MED. Befund *m.* **2** DIR. ärztliche Anzeige *f.* (bei Verdacht einer Straftat) ◆ ~ **dell'autopsia, autoptico** Obduktionsbefund *m.*, Sektionsbefund *m.*; ~ **radiologico** Röntgenbefund *m.*

re|fet|to|rio m. *(-ri)* **1** Speisesaal *m.* **2** *(in convento)* Refektorium *n.* **re|fe|zio|ne** f. **1** Speisung *f.* **2** *(pasto)* Mahlzeit *f.* ◆ ~ **scolastica** Schulspeisung *f.*

re|fill ['ri:fɪl, *üblich* 'refil] m.inv. Mine *f.*, Nachfüllmine *f.*

re|fla|zio|ne f. Reflation *f.* **re|fla|zio|ni|sti|co** agg. *(-ci,-che)* reflationär.

re|flex ['ri:fleks, *üblich* 'rɛfleks] **I** f.inv. Spiegelreflexkamera *f.* **II** m.inv. *(sistema di inquadratura)* Reflexaufnahme *f.* **III** agg.inv. **macchina (fotografica) ~** Spiegelreflexkamera *f.*; **circuito ~** Reflexschaltung *f.*

re|fluo agg. zurückfließend ◆ **acque -e** Abwässer *pl.*

re|flus|so m. MED. Rückfluss *m.*

re|fo|lo m. Bö(e) *f.*

re|frain [rə'frɛ̃] m.inv. Refrain *m.*, Kehrreim *m.*

re|frat|ta|rie|tà f. **1** Hitzebeständigkeit *f.*, Feuerfestigkeit *f.* **2** MED. Unempfindlichkeit *f.* (anche ESTENS.).

re|frat|ta|rio agg. *(-ri,-rie)* **1** feuerbeständig, feuerfest, hitzebeständig **2** MED. unempfindlich, refraktär **3** FIG. unempfindlich ◆ **argilla -a**

Feuerton *m.*, feuerfester Ton, Schamotte *f.*; SCHERZ. ***essere ~ a qcs.*** = für etw. unbegabt sein; ***mattone ~*** Ofenstein *m.*, Schamotteziegel *m.*, Schamottestein *m.*

re|fri|ge|ran|te I agg. 1 kühlend, erfrischend: ***bibita ~*** erfrischendes Getränk (*o* Erfrischungsgetränk *n.*); ***bagno ~*** erfrischendes Bad 2 TECN. Kühl-: ***liquido ~*** Kühlflüssigkeit *f.*; ***cella ~*** Kühlzelle *f.* II m. 1 Kühlmittel *n.* 2 *(apparecchio)* Kühlanlage *f.* **re|fri|ge|ra|re** *(refrigero)* I tr. 1 ab‿kühlen, kühlen, erfrischen 2 ALIM. gefrieren II pronom. **refrigerarsi** sich erfrischen. **re|fri|ge|ra|to|re** I agg. kühlend, Kühl- II m. 1 Kühlmittel *n.* 2 *(apparecchio)* Kühlanlage *f.* **re|fri|ge|ra|zio|ne** f. Kühlung *f.*, Abkühlung *f.* ◆ ***~ ad acqua*** Wasserkühlung *f.*; ***impianto di ~*** Kälteanlage *f.*, Kühlanlage *f.*; ***unità di ~*** Kühlaggregat *n.* **re|fri|ge|rio** m. *(-ri)* 1 Kühle *f.*, Abkühlung *f.*, Erfrischung *f.*, Kühlung *f.*: ***cercare ~ all'ombra*** Kühlung im Schatten suchen; ***il bagno fu un piacevole ~*** das Bad war eine angenehme Erfrischung 2 *(sollievo)* Erleichterung *f.* 3 *(conforto)* Trost *m.*

re|fur|ti|va f. Diebesgut *n.*, Beute *f.*: ***recuperare la ~*** das Diebesgut sicher‿stellen.

re|fu|so m. Druckfehler *m.*

re|fu|ta|re tr. *(refuto)* widerlegen, bestreiten. **re|fu|ta|zio|ne** f. Widerlegung *f.*

re|ga|la|re I tr. 1 schenken: ***~ qcs. a qcn. per Natale*** jdm etw. zu Weihnachten schenken; ***non lo voglio neanche se me lo regali!*** ich will das nicht einmal geschenkt! 2 *(dar via)* verschenken: ***~ soldi a qcn.*** Geld an jdn verschenken 3 IRON. *(dare)* versetzen: ***~ a qcn. quattro schiaffi*** jdm ein paar Ohrfeigen versetzen II pronom. ***-rsi qcs.*** sich (D) etw. gönnen, sich (D) selbst etw. schenken. **re|ga|la|to** p.pass. → **regalare** ◆ ***un appartamento (del genere) a quel prezzo è regalato!*** eine Wohnung zu diesem Preis ist (ja) geschenkt!

re|ga|le agg. Königs-, königlich: ***dignità ~*** Königswürde *f.*; ***stirpe ~*** königliches Geschlecht, Königsgeschlecht *n.* ◆ ***portamento ~*** würdevolle Haltung.

re|ga|lia f. 1a Geschenk *n.* b *(in denaro)* Geldgeschenk *n.*, Gratifikation *f.* 2 *(mancia)* Trinkgeld *n.* 3 STOR. Hoheitsrecht *n.*, Regal(e) *n.*, Regalien *pl.*

re|ga|li|no m. 1 kleines Geschenk *n.* 2 *(pensierino)* kleine Aufmerksamkeit *f.*, Mitbringsel *n.*

re|ga|li|tà f. 1 Königtum *n.*, königliche Art *f.* 2 ESTENS. *(eleganza)* Vornehmheit *f.* **re|gal|men|te** avv. königlich, regal.

re|ga|lo I m. 1 Geschenk *n.*: ***fare, dare, portare un ~ a qcn.*** jdm ein Geschenk machen, geben, mit‿bringen; ***dare qcs. in ~ a qcn.*** jdm etw. schenken 2 *(piacere)* Freude *f.*, Gefallen *m.*: ***mi hai fatto proprio un ~ venendomi a trovare*** mit deinem Besuch hast du mir wirklich eine Freude gemacht 3 *(pasticcio, guaio)* Bescherung *f.*: ***bel ~ mi hai fatto!*** das ist ja eine schöne Bescherung! II agg.inv. Geschenk- ◆ ***articoli da ~*** Geschenkartikel *pl.*; ***carta da ~*** Geschenkpapier *n.*; ***~ di compleanno*** Geburtstagsgeschenk *n.*; ***confezione ~*** Geschenkpackung *f.*; ***~ di fidanzamento*** Brautgeschenk *n.*; ***ricevere qcs. in ~*** etw. geschenkt bekommen; ***~ di Natale*** Weihnachtsgeschenk *n.*; ***~ di nozze*** Hochzeitsgeschenk *n.*; ***~ promozionale*** Werbegeschenk *n.*

re|ga|ta f. Regatta *f.*: ***~ storica, velica*** historische Regatta, Segelregatta *f.* ◆ ***panfilo da ~*** Rennjacht *f.*

re|ge|sto m. Regest *n.*

reg|gae [-geɪ, *üblich* -ge] m.inv. Reggae *m.*

reg|gen|te I agg. 1 regierend ***verbo ~*** regierendes Verb 2 ESTENS. stellvertretend: ***il ministro ~*** der stellvertretende Minister II m. 1 Regent *m.* 2 ESTENS. Stellvertreter *m.* III f. GRAMM. Hauptsatz *m.* ◆ ***principe ~*** Prinzregent *m.*; ***proposizione ~*** Hauptsatz *m.*

reg|gen|za f. 1 *(carica, periodo)* Regentschaft *f.*: ***assumere la ~*** die Regentschaft übernehmen 2 *(governo dei reggenti)* Regierung *f.*, Herrschaft *f.* 3 GRAMM. Rektion *f.* ◆ ***consiglio di ~*** Regentschaftsrat *m.*

reg|ge|re *(reggo, reggi; ressi; retto)* I tr. 1 *(tenere)* halten, fest‿halten: ***~ la scala*** die Leiter halten 2 *(sostenere)* halten, stützen, tragen: ***~ un ubriaco*** einen Betrunkenen stützen; ***~ lo strascico*** die Schleppe tragen; ***~ qcs. sulle spalle*** etw. auf der Schulter tragen; ***le colonne reggono il tetto*** die Säulen tragen das Dach 3 *(resistere)* ***~ qcs.*** etw. (D) stand‿halten: ***~ uno sguardo*** einem Blick standhalten 4 *(sopportare)* ertragen, vertragen: ***~ (bene) l'alcol*** Alkohol (gut) vertragen; ***non ha retto il dolore*** er konnte den Schmerz nicht ertragen; COLLOQ. ***quella donna non la reggo*** die Frau kann ich nicht ertragen (*o* aus‿stehen) 5 *(guidare, dirigere)* führen, lenken: ***~ le sorti di un paese*** die Geschicke eines Landes lenken 6 *(governare)* regieren 7 GRAMM. regieren: ***questa preposizione regge l'accusativo*** diese Präposition regiert den Akkusativ II intr. (aus. *avere*) 1 *(resistere)* halten, stand‿halten, aus‿halten: ***l'auto ha retto all'urto*** das Auto hat dem Aufprall standgehalten; ***non ~ a un esame dettagliato*** einer genauen Prüfung nicht standhalten; ***~ all'assalto*** einem Ansturm standhalten 2 FIG. haltbar sein, stichhaltig sein: ***questa teoria non regge*** diese Theorie ist nicht haltbar (*o* ist unhaltbar); ***un'accusa che non regge*** eine unhaltbare Anklage; ***il ragionamento non regge*** die Beweisführung ist nicht stichhaltig 3 COLLOQ. *(durare)* halten: ***il tempo non regge*** das Wetter hält nicht III pronom. **reggersi** 1 sich halten, sich fest‿halten: ***-rsi al corrimano*** sich am Handlauf festhalten; ***reggiti forte!*** halt dich gut fest! ***-rsi agli appositi sostegni*** sich an den dazu bestimmten Stützen (*o* Griffen) festhalten 2 *(in piedi)* stehen, sich aufrecht halten: ***non -rsi in piedi*** sich kaum mehr aufrecht halten können 3 *(trattenersi)* sich beherrschen: ***non si resse più e disse infine quello che pensava*** er konnte sich nicht mehr beherrschen und sagte endlich, was er dachte 4 *(governarsi)* regiert werden; ***-rsi a repubblica, a monarchia*** eine monarchische, republikanische Regierung haben 5 *(basarsi)* sich stützen: ***-rsi su qcs.*** sich auf etw. (A) stützen 6 *(reciproco)* sich gegenseitig ertragen ◆ ***~ l'acqua*** wasserdicht sein; ***~ l'anima coi denti*** aus (*o* auf) dem letzten Loch pfeifen; ***~ la concorrenza*** konkurrenzfähig sein; ***non ~ al confronto di qcs.*** den Vergleich mit etw. nicht aus‿halten; ***non mi regge il cuore di...*** ich bringe es nicht übers Herz zu...; ***-rsi a galla*** sich an der Oberfläche halten; ***-rsi sulle gambe*** sich auf den Beinen halten; ***il bambino si regge già sulle gambe*** das Kind kann schon stehen; ***~ il mare*** seetüchtig sein; ***~ il moccolo*** der ungelegene Dritte sein; ***-rsi la pancia dalle risate*** sich vor Lachen den Bauch halten; ***-rsi in piedi*** sich aufrecht halten, stehen; ***~ la prova*** die Probe aus‿halten (*o* durch‿stehen); ***-rsi ritto*** sich gerade halten; ***-rsi in sella*** sich im Sattel halten; ***~ il timone*** am Steuer sitzen, das Ruder führen.

reg|get|ta f. Eisenband *n.*, Bandeisen *n.*, Bandstahl *m.*

reg|gia f. *(-ge)* 1 Königpalast *m.*, Schloss *n.* 2 FIG. Palast *m.*, Traumhaus *n.*

reg|gia|no I agg. aus Reggio Emilia II m. 1 *(abitante)* Einwohner *m.* von Reggio Emilia 2 *(formaggio)* Parmesan(käse) *m.* (aus Reggio Emilia).

reg|gi|cal|ze m.inv. Strumpfhaltergürtel *m.*, Hüftgürtel *m.*, COLLOQ. Straps *m.*

reg|gi|li|bri m.inv., **reg|gi|li|bro** m. Bücherstütze *f.*

reg|gi|men|ta|le agg. Regiments-.

reg|gi|men|to m. 1 Regiment *n.* 2 FIG. Heer *n.*, Masse *f.*: ***un ~ di turisti*** ein Heer von Touristen ◆ ***~ di cavalleria*** Reiterregiment *n.*, Kavallerieregiment *n.*; ***comandante di ~*** Regimentskommandeur *m.*; ***~ di fanteria*** Infanterieregiment *n.*

reg|gi|pet|to, reg|gi|se|no m. Büstenhalter *m.*, B.H. *m.*: ***allacciare, slacciare il ~*** den Büstenhalter zu‿machen, auf‿machen.

re|gi|a f. 1 Regie *f.*, Spielleitung *f.*: ***curare la ~*** Regie führen 2 *(organizzazione)* Organisation *f.* 3 STOR. Monopol *n.*, Staatsmonopol *n.* ◆ ***assistente alla ~*** Regieassistent *m.*; ***cabina di ~*** Regiekabine *f.*, Regieraum *m.*; ***sala di ~*** Regieraum *m.*

re|gi|ci|da *(-i,-e)* I m. e f. Königsmörder *m.* (-in *f.*) II agg. des Königsmörders. **re|gi|ci|dio** m. *(-di)* Königsmord *m.*

re|gi|me m. 1a Regime *n.*, Regierungssystem *n.*: ***rovesciare un ~*** ein Regime stürzen; ***~ totalitario, democratico*** totalitäres, demokratisches Regime b *(governo autoritario)* Gewaltherrschaft *f.* c STOR. *(fascismo)* (faschistisches) Regime *n.* 2 *(dieta)* Diät *f.*: ***osservare, tenere, seguire un ~ vegetariano*** eine vegetarische Diät ein‿halten; ***essere a ~*** streng Diät leben; ***mettere qcn. a ~*** jdn auf Diät setzen 3 DIR. System *n.*, Ordnung *f.*, Regelung *f.* 4 GEOGR. Verhältnisse *pl.*: ***~ delle acque, dei venti*** Wasser-, Windverhältnisse *pl.* 5 MECC. Betrieb *m.*, Drehzahl *f.*, Touren *pl.*: ***basso ~*** niedrige Drehzahl; ***a pieno ~*** in vollem Betrieb; ***andare a pieno ~*** auf vollen Touren laufen; ***portare una macchina a pieno ~*** eine Maschine auf Hochtouren bringen ◆ ***~ alimentare*** Ernährungsweise *f.*; ***~ assoluto*** Gewaltherrschaft *f.*; ***~ dei colonnelli*** = Militärherrschaft *f.* (*o* Militärdiktatur *f.*); ***~ di libera concorrenza*** Wettbewerbswirtschaft *f.*; ***~ fiscale*** Steuerregelung *f.*; ***~ di marcia*** Fahrbetrieb *m.*; ***~ militare*** Militärregime *n.*; ***oppositore del ~*** Regimegegner *m.*, Regimekritiker *m.*; ***~ patrimoniale*** Güterstand *m.*; ***~ di piena*** Hochwasser *n.*; ***~ poliziesco*** Polizeiherrschaft *f.*; ***~ di semilibertà*** offener Strafvollzug; ***~ valutario*** Devisenregelung *f.*; ***velocità di ~*** Betriebsgeschwindigkeit *f.*

Re|gi|na n.pr.f. Regine *f.*

re|gi|na I f. 1 Königin *f.* (anche ESTENS.): ***la Regina Vittoria*** Königin Viktoria; ***la ~ della festa*** die Königin des Festes; ***vivere da ~*** wie eine Königin leben; ***vestire da ~*** sich wie eine Königin kleiden; ***la rosa è la ~ dei fiori*** die Rose ist die Königin unter den Blumen

2 *(scacchi, carte)* Dame *f.* **II** agg. Königin- ◆ ***ape*** ~ Bienenkönigin *f.*; ***Regina dei Cieli*** Himmelskönigin *f.*; ~ ***madre*** Königinmutter *f.*; ***Salve Regina*** sei gegrüßt, Königin (*o* salve Regina); ***uva*** ~ Reginatrauben *pl.*

re|gi|net|ta f. **1** *(giovane regina)* junge Königin *f.* **2** *(di bellezza)* Schönheitskönigin *f.* ◆ ~ ***del ballo*** Ballkönigin *f.*

re|gio agg. *(-gi,-gie)* königlich, Königs- ◆ ***acqua -a*** Königswasser *n.*; ***imperial*** ~ kaiserlich-königlich.

re|gio|na|le agg. **1** Regional-, regional: ***autorità, ente*** ~ Regionalrat *m.*, Regionalverband *m.*; ***consiglio, giunta*** ~ Regionalparlament *n.*, Regionalregierung *f.*; ***autonomia, politica*** ~ Regionalautonomie *f.*, Regionalpolitik *f.* **2** *(di determinate aree)* regional, landschaftlich: ***usanze -i*** landschaftliche (*o* regionale) Bräuche (*o* Gebräuche); ***un'espressione*** ~ ein landschaftlicher Ausdruck **3** MED. regionär ◆ ***a livello*** ~ auf Regionalebene; RAD. TELEV. ***programma a diffusione*** ~ Regionalprogramm *n.*; ***treno*** ~ Nahverkehrszug *m.*, Regionalzug *m.*

re|gio|na|li|smo m. **1** Partikularismus *m.* **2** POL. Regionalismus *m.* **3** LING. regionaler Ausdruck *m.* **re|gio|na|li|sta** m. e f. *(-i,-e)* Regionalist *m.* (-in *f.*). **re|gio|na|li|sti|co** agg. *(-ci,-che)* regionalistisch.

re|gio|na|liz|za|re tr. **1** regionalisieren **2** *(decentrare)* dezentralisieren. **re|gio|na|liz|za|zio|ne** f. **1** Regionalisierung *f.* **2** *(decentramento)* Dezentralisierung *f.*

re|gio|nal|men|te avv. regional.

re|gio|ne f. **1a** Region *f.*, Gebiet *n.*, Gegend *f.*: ~ ***arida, boschiva, desertica, montuosa*** Trockengebiet *n.*, Waldgegend *f.*, Wüstengebiet *n.*, Gebirgsgegend *f.* (*o* Berggegend *f.*, gebirgige Gegend); ~ ***industriale, vinicola*** Industriegebiet *n.*, Weingegend *f.*; **b** *(suddivisione dello stato, ente)* Region *f.*: ***di competenza della*** ~ im Zuständigkeitsbereich der Region **c** *(sede)* Sitz *m.* der Regionalregierung **2** ANAT. Gegend *f.*: ~ ***addominale, inguinale, lombare*** Bauch-, Leisten-, Lendengegend *f.* **3** *(del cielo)* Himmelsstrich *m.* **4** pl. FIG. *(dominio)* Bereich *m.*, Sphäre *f.* ◆ ~ ***antartica*** Südpol *m.*; ~ ***artica*** Nordpol *m.*; ~ ***confinante*** Nachbargebiet *n.*; ~ ***pilorica*** Magenausgang *m.*; ~ ***polare*** Polargegend *f.*; ~ ***sacrale*** Kreuz *n.*; ~ ***a statuto speciale*** Region *f.* mit Sonderstatut; ***-i subtropicali*** Subtropen *pl.*; ~ ***tropicale*** tropisches Gebiet.

re|gi|sta m. e f. *(-i,-e)* Regisseur *m.* (-in *f.*): ~ ***cinematografico, teatrale, televisivo*** Filmregisseur *m.*, Theaterregisseur *m.*, Fernsehregisseur *m.* ◆ ***aiuto*** ~ Regieassistent *m.* (-in *f.*).

re|gi|stra|bi|le agg. **1** BUROCR. COMM. registrierbar, eintragbar, verbuchbar **2** *(su nastro, pellicola)* aufnehmbar **3** *(rilevabile)* registrierbar.

re|gi|stra|re tr. **1** BUROCR. COMM. registrieren, ein‿tragen, buchen, verbuchen: ~ ***nascite, atti, contratti*** Geburten, Akten, Verträge registrieren; ~ ***qcn. in una lista*** jdn in einer Liste eintragen; ~ ***le entrate e le uscite*** Einnahmen und Ausgaben verbuchen **2** *(su nastro, pellicola)* auf‿nehmen, auf‿zeichnen **3** *(rilevare)* registrieren, verzeichnen: ~ ***una scossa sismica*** einen Erdstoß registrieren; ~ ***un successo, un calo nelle vendite*** einen Erfolg, einen Verkaufsrückgang verzeichnen; ***non si registrano progressi*** es gibt keinerlei Fortschritte zu verzeichnen **4** *(presentare)* auf‿führen, an‿führen: ***la bibliografia registra solo gli studi più importanti*** die Bibliographie führt nur die wichtigsten Arbeiten auf; ***questo dizionario registra molte espressioni idiomatiche*** dieses Wörterbuch führt viele Redewendungen an **5** *(annotare, riportare)* vermerken **6a** TECN. *(mettere a punto)* ein‿stellen: ~ ***i freni, un orologio*** die Bremsen, eine Uhr einstellen **b** *(rimettere a punto)* nach‿stellen: ~ ***i freni*** die Bremsen nachstellen ◆ ~ ***all'attivo*** aktivieren; ~ ***al catasto*** katastrieren; ~ ***a credito*** einem Konto gut‿schreiben; ~ ***nel dare*** im Soll verbuchen; ~ ***a debito*** debitieren, ins Soll ein‿tragen; ~ ***al passivo*** passivieren; ***il bilancio registra un passivo*** die Bilanz ist negativ; ~ ***a saldo*** saldieren.

re|gi|stra|to p.pass. agg. **1** → **registrare** **2** bespielt: ***nastro*** ~ bespieltes Band **3** *(depositato in un registro)* eingetragen: ***marchio*** ~ eingetragenes Markenzeichen; ***società -a*** eingetragene Gesellschaft ◆ ***partita -a*** Buchungsposten *m.*

re|gi|stra|to|re m. **1** Kassettenrecorder *m.*, Tonbandgerät *n.* **2** TECN. Registriergerät *n.* ◆ ~ ***di cassa*** Registrierkasse *f.*; ~ ***a nastro*** Tonbandgerät *n.*; ~ ***di volo*** Flugschreiber *m.*

re|gi|stra|zio|ne f. **1** BUROCR. COMM. Registrierung *f.*, Eintragung *f.*, Buchung *f.*: ***fare, effettuare una*** ~ eine Buchung vor‿nehmen **2** *(su nastro magnetico, pellicola)* Aufnahme *f.*, Aufzeichnung *f.* **3** *(rilevamento)* Registrierung *f.*, Verzeichnung *f.* **4** *(annotazione)* Vermerk *m.* **5** TECN. Einstellung *f.* ◆ TECN. ***angolo di*** ~ Einstellwinkel *m.*; COMM. ~ ***di contropartita*** Gegenbuchung *f.*; ~ ***digitale*** Digitalaufzeichnung *f.*; ~ ***di dischi*** Schallplattenaufnahme *f.*; COMM. ***doppia*** ~ Doppelbuchung *f.*; COMM. ***errore di*** ~ Falschbuchung *f.*, Buchungsfehler *m.*; ~ ***dei freni*** Einstellung *f.* der Bremsen; MOT. ~ ***del minimo*** Leerlaufeinstellung *f.*; ***modulo di*** ~ Meldeformular *n.*; ~ ***su nastro*** Tonbandaufnahme *f.*, Bandaufzeichnung *f.*; ~ ***originale*** Originalaufnahme *f.*; ***piastra di*** ~ Kassettendeck *n.*; ~ ***progressiva*** Fortschreibung *f.*; ~ ***di prova*** Probeaufnahme *f.*; ~ ***quadrifonica*** Quadroaufnahme *f.*; ***sala di*** ~ Aufnahmeraum *m.*; ~ ***sonora*** Tonaufnahme *f.*; ***studio di*** ~ Tonstudio *n.*; ~ ***del suono*** Tonaufnahme *f.*, Schallaufzeichnung *f.*; ***ufficio di*** ~ Registratur *f.*

re|gi|stro m. **1a** Register *n.*, Buch *n.*: ***iscrivere qcn. in un*** ~ jdn in ein Register ein‿tragen **b** *(ufficio)* Registratur *f.* **2** SCOL. Klassenbuch *n.*: ***una nota sul*** ~ ein Eintrag ins Klassenbuch **3a** MUS. Lage *f.*, Stimmlage *f.*: ~ ***superiore, medio, inferiore*** obere, mittlere, untere Lage **b** *(di voce)* Register *n.* **4** LING. sprachliche Ebene *f.*, sprachliches Niveau *n.* **5a** INFORM. Register *n.* **b** TIP. Register *n.*: ***essere in*** ~ Register halten ◆ ~ ***degli acquisti*** Einkaufsregister *n.*; ~ ***anagrafico*** Einwohnerverzeichnis *n.* (*o* Einwohnermelderegister *n.*); TECN. ~ ***dell'aria*** Luftklappe *f.*; ~ ***degli arrivi*** Eingangsbuch *n.*; ~ ***delle associazioni*** Vereinsregister *n.*; ~ ***dei battezzati*** Taufregister *n.*; FIG. ***cambiare*** ~ seine Haltung ändern; *(diventare più severo)* andere Saiten auf‿ziehen; ~ ***catastale*** Katasterbuch *n.*; ~ ***dello stato civile*** Personenstandsregister *n.* (*o* Standesregister *n.*); ~ ***dei clienti*** Gästebuch *n.*; ~ ***delle consegne*** Ablieferungsbuch *n.*; ~ ***delle firme di cordoglio*** Kondolenzbuch *n.*; ~ ***dei decessi*** Sterbebuch *n.* (*o* Sterberegister *n.*); ***estratto di*** ~ Registerauszug *m.*; ~ ***di flauto*** Flötenregister *n.*; ~ ***clienti-fornitori*** Kontobuch *n.*; ***imposta di*** ~ Registergebühr *f.*; ~ ***delle imprese*** Handelsregister *n.*; DIR. ~ ***degli indagati*** = Register *n.* der Personen, gegen die ermittelt wird; ***mutare*** ~ → ***cambiare*** ~; ~ ***delle nascite*** Geburtenregister *n.*; ~ ***navale*** Schiffsregister *n.*; ~ ***dei nomi, nominale*** Personenregister *n.* (*o* Namensregister *n.*); ~ ***delle ordinazioni, degli ordini*** Orderbuch *n.*; ~ ***dell'organo*** Orgelregister *n.*; ~ ***parrocchiale*** Pfarrbuch *n.*, Kirchenbuch *n.*; INFORM. ~ ***di scorrimento*** Schieberegister *n.*; ~ ***delle spese*** Haushaltsbuch *n.*; MUS. ~ ***tenorile*** Tenorregister *n.*; *(personale)* Tenorlage *f.*; ***vite di*** ~ Stellschraube *f.*

re|gnan|te **I** agg. **1** herrschend, regierend, Herrscher-: ***casa*** ~ Herrscherhaus *n.*; ***dinastia*** ~ Herrschergeschlecht *n.* **2** *(prevalente)* vorherrschend: ***opinione*** ~ vorherrschende Meinung **II** m. e f. Herrscher *m.* (-in *f.*), Regent *m.* (-in *f.*), Regierende *m.* e *f.*

re|gna|re intr. (aus. *avere*) **1** herrschen: ~ ***su un paese, su un popolo*** über ein Land, ein Volk herrschen; ~ ***per trent'anni*** dreißig Jahre lang herrschen **2** FIG. herrschen, regieren, walten: ***nella sua stanza regna il disordine*** in seinem Zimmer herrscht Unordnung; ***per un momento regnò il silenzio*** einen Moment lang herrschte Schweigen; ***in questo paese regna la pace*** Frieden regiert in diesem Land; ***qui regna la ragione*** hier waltet die Vernunft.

re|gno m. **1** Königreich *n.*, Reich *n.*: ***il*** ~ ***di Spagna*** das spanische Königreich **2** ESTENS. Herrschaft *f.*: ***durante, sotto il*** ~ ***di Carlo V*** während der Herrschaft Karls des Fünften; ***aspirare, abdicare al*** ~ die Herrschaft an‿streben, auf die Herrschaft verzichten **3a** FIG. Reich *n.*: ***il*** ~ ***della fantasia*** das Reich der Fantasie **b** SCHERZ. Revier *n.*, Reich *n.*: ***considera la cucina il suo*** ~ sie betrachtet die Küche als ihr Revier ◆ ~ ***animale*** Tierreich *n.*; ***il Regno dei Cieli*** das Himmelreich, das himmlische Reich; ***il Regno di Dio*** das Reich Gottes; ~ ***dei morti*** Totenreich *n.*; ~ ***della natura*** Naturreich *n.*; ~ ***delle ombre*** Schattenreich *n.*; ***il*** ~ ***di Satana*** das Reich Satans; ***il*** ~ ***delle tenebre*** das Reich der Finsternis; ~ ***vegetale*** Pflanzenreich *n.*

Re|gno U|ni|to n.pr.m. Vereinigtes Königreich *n.*

re|go|la f. **1** Regel *f.* (anche MAT. FIS.): ***ogni*** ~ ***ha le sue eccezioni*** jede Regel hat ihre Ausnahme (*o* keine Regel ohne Ausnahme); ***attenersi, stare alle -e*** sich an die Regeln halten; ***stabilire, seguire una*** ~ eine Regel auf‿stellen, befolgen; ***osservare, trasgredire, violare le -e*** die Regeln beachten, übertreten, verletzen; ***infrangere le -e, contravvenire alle -e*** gegen die Regeln verstoßen; ***applicare una*** ~ ***a un caso*** eine Regel auf einen Fall an‿wenden; ***è buona*** ~... es ist eine gute Regel... **2** *(moderazione)* Maß *n.* **3** RELIG. Ordensregeln *pl.*: ***la*** ~ ***benedettina*** die Benediktinerregel ◆ ***a*** ~ ***d'arte*** kunstgerecht (*o* nach allen Regeln der Kunst); ***avere le carte in*** ~ ***per qcs.*** für etw. qualifiziert sein, COLLOQ. das Zeug zu etw. haben; ~ ***di comportamento*** Verhaltensmaßregel *f.*; ***di*** ~ in der Regel (*o* in aller Regel); ~ ***fondamentale*** Grundregel *f.*; ~ ***di galateo*** Anstandsregel *f.*; ***-e del gioco*** Spielregeln *pl.*; ~ ***grammaticale*** Grammatikregel *f.*, grammatische Regel; ***essere in*** ~ mit den Vorschriften überein‿stimmen; ***mettere in*** ~ regeln; ***mettersi in*** ~ den Vorschriften nach‿kommen; ~ ***monastica*** Klosterregel *f.*; ***per sua norma e*** ~ damit Sie sich danach richten können; ***la*** ~ ***d'oro*** die goldene Regel; *in piena* ~ regulär (*o* allen Vorschriften gemäß); ~ *principale* Hauptregel *f.*; *bere, mangiare senza* ~ haltlos trinken, essen; *vivere senza* ~ unmäßig leben; *senza* ~ *(fissa)* ohne eine feste Regel; *servire di* ~ eine Lehre sein; MAT. ~ *del tre semplice* Dreisatz *m.*; ~ *di vita* Lebensregel *f.*; *fare di qcs. una* ~ *di vita* sich etw. zur Lebensregel machen.

re|go|la|bi|le agg. verstellbar, regelbar, regulierbar: *altezza* ~ verstellbare Höhe; *sedile* ~ regulierbarer Sitz. **re|go|la|bi|li|tà** f. Verstellbarkeit *f.*, Einstellbarkeit *f.*

1.re|go|la|men|ta|re agg. vorschriftsmäßig, ordnungsgemäß, regulär, reglementarisch: *procedura* ~ vorschriftsmäßige Prozedur ◆ SPORT *tempo* ~ reguläre Spielzeit.

2.re|go|la|men|ta|re tr. reglementieren, regeln, regulieren: ~ *qcs. attraverso delle leggi* etw. durch Gesetze regeln; ~ *il traffico* den Verkehr regeln.

re|go|la|men|ta|zio|ne f. Reglementierung *f.*, Regelung *f.*, Regulierung *f.* ◆ ~ *nuova* ~ Neuregelung *f.*; ~ *dei prezzi* Preisregulierung *f.*; ~ *speciale* Sonderregelung *f.*

re|go|la|men|to m. Ordnung *f.*, Reglement *n.*, Vorschriften *pl.*: *attenersi al* ~ sich an das Reglement halten ◆ ~ *del mercato agrario* Agrarmarktordnung *f.*; ~ *aziendale* Betriebsordnung *f.*; ~ *di condominio* Hausordnung *f.*; *conforme al* ~ vorschriftsmäßig; FIG. ~ *di conti* Abrechnung *f.*; COMM. ~ *di conto* Abrechnung *f.*; *contrario al* ~ ordnungswidrig (*o* vorschriftswidrig); *in contrasto con il* ~ unvorschriftsmäßig, gegen die Vorschrift; *contravvenzione al* ~ Ordnungswidrigkeit *f.*; ~ *doganale* Zollordnung *f.*; ~ *edilizio* Bauordnung *f.*; ~ *d'esame* Prüfungsordnung *f.*; *infrazione al* ~ Ordnungswidrigkeit *f.*; ~ *interno* interne Regelung; *(di aziende)* Geschäftsordnung *f.*; ~ *del traffico marittimo* Seestraßenordnung *f.*; ~ *del personale* Personalordnung *f.*; ~ *di polizia* Polizeiordnung *f.* (*o* Polizeiverordnung *f.*); ~ *portuale* Hafenordnung *f.*; ~ *provvisorio* Interim *n.* (*o* vorläufige Regelung); ~ *scolastico* Schulordnung *f.*; *secondo il* ~ ordnungsgemäß; ~ *di servizio* Dienstordnung *f.* (*o* Dienstreglement *n.*); ~ *stradale* Straßenverkehrsordnung *f.*; ~ *per gli utenti* Benutzungsordnung *f.*

1.re|go|la|re *(regolo)* **I** tr. **1** regeln: ~ *il traffico, una questione* den Verkehr, eine Sache regeln **2a** TECN. regulieren, ein‿stellen, ein‿richten, aus‿richten: ~ *la temperatura, l'accensione* die Temperatur, die Zündung regulieren; ~ *il corso di un fiume* einen Flusslauf regulieren; ~ *il volume della radio* die Lautstärke des Radios einstellen; ~ *il forno su 180 gradi* den Backofen auf 180 Grad einstellen **b** ~ *l'orologio* die Uhr stellen **3** *(pagare)* begleichen, ab‿rechnen: ~ *un conto* eine Rechnung begleichen (*o* abrechnen); FIG. ~ *i conti (in sospeso) con qcn.* mit jdm abrechnen **4** *(moderare)* mäßigen: ~ *il consumo di qcs.* den Verbrauch von etw. mäßigen **5** ELETTRON. aus‿steuern **II** pronom. **regolarsi 1** sich verhalten, sich regeln, sich richten: *-rsi secondo qcs.* sich nach etw. richten; *non sa come -rsi* er weiß nicht, wie er sich verhalten soll; *come ci si deve regolare?* wie soll man sich dabei verhalten? **2** TECN. sich regulieren: *il sistema si regola da sé* das System reguliert sich selbst **3** *(moderarsi)* sich mäßigen, Maß halten: *-rsi nel mangiare* beim Essen Maß halten ◆ ~ *con precisione* fein ein‿stellen.

2.re|go|la|re I agg. **1** regelmäßig, gleichmäßig, ebenmäßig: *polso* ~ regelmäßiger Puls; *respiro* ~ regelmäßiges Atmen; *respiri -i* gleichmäßige Atemzüge; *vita* ~ regelmäßiges Leben; *viso* ~ ebenmäßiges Gesicht **2** *(conforme alla norma)* regelmäßig, regulär, ordnungsmäßig: *verbo* ~ regelmäßiges Verb; *truppe -i* reguläre Truppen **3** *(puntuale)* pünktlich, regelmäßig: *essere* ~ *nei pagamenti* pünktlich zahlen **4** ECCL. regulär **II** m. ECCL. Regular *m.*, Regulargeistliche *m.*, Ordensgeistliche *m.* ◆ *chierico* ~ Regulargeistliche *m.* (*o* Ordensgeistliche *m.*); *clero* ~ Ordensgeistlichkeit *f.*; *poligono* ~ Isogon *n.* (*o* regelmäßiges Vieleck).

re|go|la|ri|tà f. **1** Regelmäßigkeit *f.*, Ebenmäßigkeit *f.* **2** *(conformità alla regola)* Regularität *f.*, Vorschriftsmäßigkeit *f.* **3** *(puntualità)* Pünktlichkeit *f.*, Regelmäßigkeit *f.* ◆ *gara di* ~ Zuverlässigkeitsfahrt *f.*

re|go|la|riz|za|re tr. gesetzlich regeln, legalisieren: ~ *la propria posizione* seine Position gesetzlich regeln; ~ *un rapporto con il matrimonio* ein Verhältnis durch Heirat legalisieren. **re|go|la|riz|za|zio|ne** f. Regelung *f.*, Legalisierung *f.*

re|go|lar|men|te avv. **1** regelmäßig: *pagare le bollette* ~ die Rechnungen regelmäßig zahlen; IRON. *arrivare* ~ *in ritardo* regelmäßig zu spät kommen **2** *(secondo le regole)* ordnungsgemäß, planmäßig, regulär: *la merce è stata* ~ *consegnata* die Ware wurde planmäßig geliefert; *affrancato* ~ ordnungsgemäß frankiert; ~ *acquistato* regulär erworben. **re|go|la|ta** f. Regelung *f.*; *dare una* ~ *al motore* den Motor ein‿stellen ◆ COLLOQ. *darsi una* ~ sich zusammen‿reißen (*o* zusammen‿nehmen). **re|go|la|ta|men|te** avv. geregelt.

re|go|la|tez|za f. **1** Geregeltheit *f.*, Geregeltsein *n.* **2** *(moderatezza)* Mäßigkeit *f.*: ~ *nel bere* Mäßigkeit im Trinken; ~ *di vita* mäßige Lebensweise. **re|go|la|ti|vo** agg. regulativ. **re|go|la|to** p.pass. agg. **1** → **1.regolare 2a** geregelt **b** *(moderato)* maßvoll: *condurre una vita -a* ein maßvolles Leben führen ◆ *economia -a* Zwangswirtschaft *f.*; *grandezza -a* Regelgröße *f.*

re|go|la|to|re I agg. regelnd, regulierend **II** m. Regulator *m.*, Regler *m.* ◆ ~ *automatico* Selbstregler *m.*; ~ *cardiaco* Herzschrittmacher *m.*; ~ *di corrente* Stromregler *m.*; *piano* ~ Bebauungsplan *m.*; ~ *di temperatura* Temperaturregler *m.*; ~ *automatico di temperatura* Thermostat *m.*; ~ *di velocità* Geschwindigkeitsregler *m.*; ~ *a due velocità* Zweilaufregler *m.*; ~ *del volume* Lautstärkeregler *m.*

re|go|la|zio|ne f. **1** Einstellen *n.*, Verstellung *f.* **2a** *(di una macchina)* Regelung *f.* **b** *(messa a punto)* Einregulierung *f.* ◆ ~ *automatica* Selbstregulierung *f.*; ~ *di corrente* Stromregulierung *f.*; ~ *a distanza* Fernregelung *f.*; ~ *a mano* Handregelung *f.*; ~ *del minimo* Leerlaufeinstellung *f.*; ~ *della pressione* Druckregelung *f.*; ~ *a programma* Zeitplanregelung *f.*; *sistema di* ~ Regulationssystem *n.*; *tempo di* ~ Stellzeit *f.*; ~ *del traffico* Verkehrsregelung *f.*; ~ *del volume* Lautstärkeregelung *f.*

re|go|li|zia f. COLLOQ. Lakritze *f.*

re|go|lo m. **1** *(riga)* Lineal *n.* **2** EDIL. Richtscheit *n.*, Richtholz *n.*, Richtlatte *f.* **3** *(regolo calcolatore)* Rechenschieber *m.*, Rechenstab *m.* **4** *(negli scacchi)* Leiste *f.* ◆ *calcolare con il* ~ stab‿rechnen; *cursore del* ~ Rechenschieberläufer *m.*

re|gre|di|re intr. *(regredisco, regredisci; regredito/regresso*; aus. *essere)* **1** PSIC. regredieren: ~ *allo stadio infantile* zum kindlichen Stadium regredieren **2** *(diminuire)* zurück‿gehen: *l'infezione regredisce* die Entzündung geht zurück **3** *(peggiorare)* regredieren, nach‿lassen: *il paese sta regredendo economicamente* das Land regrediert wirtschaftlich (*o* entwickelt sich wirtschaftlich zurück); ~ *nello studio* im Lernen nachlassen.

re|gres|sio|ne f. **1** Rückgang *m.*, Rückschritt *m.*: ~ *della cultura* Rückgang der Kultur; *movimento di* ~ rückläufige Bewegung **2** FILOS. Regress *m.* **3** PSIC. GEOL. ECON. Regression *f.*: ~ *infantile* kindliche Regression; ~ *dei mari* Regression des Meeres ◆ *coefficiente di* ~ Regressionskoeffizient *m.*; ~ *della congiuntura* Konjunkturrückgang *m.*; ~ *economica* wirtschaftliche Regression; ~ *delle vendite* Absatzrückgang *m.*

re|gres|si|vo agg. **1** rückschrittlich, rückläufig, degressiv, regressiv: *ammortamento* ~ degressive Abschreibung; *movimento, processo* ~ rückläufige Bewegung, rückläufiger Prozess; *imposta -a* regressive Steuer **2** PSIC. FILOS. MED. regressiv: *sviluppo* ~ regressive Entwicklung.

re|gres|so m. **1** Rückgang *m.*, Rückschritt *m.* **2** PSIC. DIR. Regress *m.*: *agire contro qcn. in via di* ~ im Regressweg gegen jdn vor‿gehen ◆ *azione di* ~ Regressklage *f.*; ~ *cambiario* Wechselregress *m.*; *congiuntura in* ~ sinkende Konjunktur; *diritto di* ~ Regressanspruch *m.*; *obbligato di* ~ Regressschuldner *m.* (*o* Regresspflichtige *m.*); *obbligazione di* ~ Regresspflicht *f.*

re|iet|to I agg. verstoßen, ausgestoßen **II** m. Verstoßene *m.*, Ausgestoßene *m.*: *i -i della società* die Ausgestoßenen der Gesellschaft.

re|ie|zio|ne f. **1** Ablehnung *f.*, Verwerfung *f.* **2** DIR. Ablehnung *f.*, Abweisung *f.*: ~ *di una domanda* Klageabweisung *f.*; ~ *di un ricorso* Ablehnung einer Berufung.

rei|fi|ca|re tr. *(reifico, reifichi)* verdinglichen, vergegenständlichen, reifizieren: ~ *l'arte, la cultura* die Kunst, die Kultur verdinglichen. **rei|fi|ca|zio|ne** f. Verdinglichung *f.*, Vergegenständlichung *f.*, Reifikation *f.*

re|im|bar|ca|re *(reimbarco, reimbarchi)* **I** tr. **1** *(persone)* wieder ein‿schiffen **2** *(merci)* wieder ein‿schiffen, wieder verladen **II** pronom. **reimbarcarsi 1** sich wieder ein‿schiffen **2** *(riprendere servizio in marina)* wieder angeheuert werden. **re|im|bar|co** m. *(-chi)* **1a** *(di persone)* Wiedereinschiffung *f.* **b** *(di merci)* Wiedereinschiffung *f.*, Wiederverladung *f.* **2** *(il reimbarcarsi)* Sich-wieder-Einschiffen *n.* **3** *(ripresa in servizio)* Wiederanheuerung *f.*

re|im|pian|to m. Reimplantation *f.*

re|im|pie|ga|re tr. *(reimpiego, reimpieghi)* wieder an‿legen, wieder verwenden: ~ *il capitale* das Vermögen wieder anlegen. **re|im|pie|go** m. *(-ghi)* **1** Wiederverwendung *f.* **2** ECON. Wiederanlage *f.*

re|im|por|ta|zio|ne f. Reimport *m.*

re|i|na ANT. → **regina.**

re|in|car|na|re I tr. ~ *qcn.* jds Ebenbild sein: *quel ragazzo sembra* ~ *il padre* der Junge ist das Ebenbild seines Vaters **II** pronom. **reincarnarsi** wieder geboren werden: *-rsi in qcn., qcs.* als jd, etw. wieder geboren werden. **re|in|car|na|zio|ne** f. Wiedergeburt *f.*,

Wiederverkörperung *f.*, Reinkarnation *f.*: ***credere nella ~*** an die Wiedergeburt glauben; FIG. ***è la ~ di suo padre*** er ist das Ebenbild seines Vaters.

re|in|se|ri|bi|le agg. wieder eingliederbar, SOCIOL. resozialisierbar.

re|in|se|ri|men|to m. Wiedereingliederung *f.*, SOCIOL. Resozialisierung *f.*: ***il ~ degli emarginati, dei reduci nella società*** die Wiedereingliederung der Randgruppen, der Kriegsheimkehrer in die Gesellschaft.

re|in|se|ri|re I tr. *(reinserisco, reinserisci)* wieder ein‿führen, wieder ein‿gliedern, SOCIOL. resozialisieren: ***~ qcn. nella società*** jdn wieder in die Gesellschaft eingliedern **II** pronom. **reinserirsi** sich wieder ein‿gliedern: ***-rsi nel mondo del lavoro*** sich wieder in die Arbeitswelt eingliedern.

re|in|te|gra|bi|le agg. wieder eingliederbar.

re|in|te|gra|re *(reintegro)* **I** tr. **1** *(ripristinare)* wieder her‿stellen: ***~ le forze, il proprio patrimonio*** die Kräfte, sein Vermögen wieder herstellen **2** *(reinserire)* wieder ein‿setzen, wieder ein‿gliedern: ***~ qcn. in una carica, nei suoi diritti*** jdn wieder in ein Amt, in seine Rechte einsetzen **II** pronom. **reintegrarsi** sich wieder ein‿gliedern: ***-rsi nella società*** sich wieder in die Gesellschaft eingliedern.

re|in|te|gra|zio|ne f., **re|in|te|gro** m. **1** Wiedervervollständigung *f.* **2** *(il ripristinare)* Wiederherstellung *f.*: ***~ di un capitale*** Wiederherstellung eines Vermögens **3** *(reinserimento)* Wiedereinsetzung *f.*, Wiedereingliederung *f.*: ***~ in una carica*** Wiedereinsetzung in ein Amt.

re|in|ter|pre|ta|re tr. *(reinterpreto)* neu interpretieren.

re|in|ti|to|la|re tr. *(reintitolo)* neu betiteln.

re|in|tro|dur|re *(reintroduco, reintroduci; reintrodussi; reintrodotto)* **I** tr. wieder ein‿führen **II** pronom. **reintrodursi** sich wieder ein‿gliedern.

re|in|ven|ta|re tr. wieder‿erfinden.

re|in|ve|sti|men|to m. Reinvestition *f.*, Neuanlage *f.* **re|in|ve|sti|re** tr. wieder investieren, wieder an‿legen: ***~ il capitale*** das Kapital wieder investieren.

re|i|te|ra|bi|le agg. wiederholbar. **re|i|te|ra|re** tr. *(reitero)* wiederholen, erneuern: ***~ una promessa*** ein Versprechen erneuern. **re|i|te|ra|ta|men|te** avv. mehrmals.

re|i|te|ra|to p.pass. agg. **1** → **reiterare 2** (mehrmals) wiederholt: ***recidiva -a*** wiederholter Rückfall; ***nonostante i -i solleciti*** trotz wiederholter Mahnungen. **re|i|te|ra|zio|ne** f. Wiederholung *f.*; ***pericolo di ~*** Wiederholungsgefahr *f.*

re|la|ti|va|men|te avv. relativ, einigermaßen, verhältnismäßig: ***essere ~ soddisfatto*** einigermaßen zufrieden sein; ***vado al cinema ~ spesso*** ich gehe relativ oft ins Kino; ***un numero ~ alto di abitanti*** eine verhältnismäßig hohe Einwohneranzahl; ***è ~ facile*** es ist relativ leicht ◆ ***~ a qcs.*** bezüglich etw. (G), etw. (A) betreffend: ***~ alla Vostra richiesta*** bezüglich Ihrer Anfrage.

re|la|ti|vi|smo m. Relativismus *m.* **re|la|ti|vi|sta** m. e f. *(-i,-e)* Relativist *m.* (-in *f.*). **re|la|ti|vi|sti|co** agg. *(-ci,-che)* relativistisch.

re|la|ti|vi|tà f. Relativität *f.* ◆ ***principio della ~*** Relativitätsprinzip *n.*; ***teoria della ~*** Relativitätstheorie *f.*; ***teoria della ~ ristretta, generale*** spezielle, allgemeine Relativitätstheorie.

re|la|ti|vo agg. **1** *(attinente)* relativ, bezüglich, betreffend: ***~ a qcs.*** bezüglich etw. (G), etw. (A) betreffend; ***~ a ciò*** diesbezüglich **2a** GRAMM. Relativ-, bezüglich: ***avverbio ~*** Relativadverb *n.*; ***pronome ~*** Relativpronomen *n.*, bezügliches Fürwort; ***proposizione -a*** Relativsatz *m.* **b** MAT. ***numeri -i*** relative Zahlen **3** *(condizionato)* im Verhältnis stehend: ***~ a qcs.*** im Verhältnis zu etw. stehend; ***il rendimento è ~ all'impegno*** die Leistung steht im Verhältnis zum Einsatz **4** *(non assoluto)* relativ: ***maggioranza -a*** relative Mehrheit; ***concetti -i*** relative Begriffe; ***tutto è ~*** alles ist relativ **5** *(limitato)* begrenzt, relativ: ***avere un interesse ~*** ein begrenztes Interesse haben; ***un miglioramento ~*** eine relative Besserung **6** *(corrispondente)* entsprechend, dazugehörig: ***presentare la domanda con la -a documentazione*** das Gesuch mit den entsprechenden Dokumenten ein‿reichen ◆ ***moto ~*** relative Bewegung; MUS. ***orecchio ~*** relatives Gehör; ***superlativo ~*** relativer Superlativ.

re|la|ti|viz|za|re tr. relativieren. **re|la|ti|viz|za|zio|ne** f. Relativierung *f.*

re|la|to|re I m. **1** Vortragende *m.*, Berichterstatter *m.* **2** UNIV. Referent *m.* **II** agg. vortragend, Bericht erstattend.

re|lax m.inv. Entspannung *f.*, Ruhe *f.*: ***concedersi, prendersi un'oretta di ~*** ein Stündchen Entspannung gönnen.

re|la|zio|na|le agg. Relationen-: ***calcolo ~*** Relationenkalkül *n.*

re|la|zio|na|re intr. (aus. *avere*) **1** berichten, Bericht erstatten: ***~ su qcs.*** über etw. (A) berichten (*o* Bericht erstatten) **2** *(mettere in relazione)* in Zusammenhang bringen.

re|la|zio|ne f. **1** Zusammenhang *m.*, Verbindung *f.*: ***essere in ~ con qcs.*** mit etw. im Zusammenhang stehen; ***le due cose sono, non sono in ~ tra di loro*** die zwei Dinge stehen im, in keinem Zusammenhang miteinander; ***mettere in ~ con qcs.*** in Zusammenhang mit etw. bringen; ***mettere in ~ due fatti (tra loro)*** zwei Tatsachen miteinander in Zusammenhang bringen; ***essere messo in ~ con qcs.*** mit etw. in Zusammenhang gebracht werden **2** *(rapporto)* Verhältnis *n.*, Beziehung *f.*: ***avere una ~ con qcn.*** ein Verhältnis mit jdm haben; ***~ duratura, fissa*** dauerhafte, feste Beziehung; ***-i amichevoli*** freundschaftliche Beziehungen; ***rompere una ~*** eine Beziehung ab‿brechen; ***ha avuto molte -i*** sie hat viele Beziehungen gehabt **3** *(esposizione)* Bericht *m.*; *(scolastico)* Referat *n.*: ***stendere una ~*** einen Bericht erstellen; ***presentare una ~*** ein Referat halten; ***fare una ~ su qcs.*** einen Bericht über etw. (A) ab‿fassen **4** MAT. Relation *f.* ◆ ***~ adulterina*** ehebrecherisches Verhältnis; ***~ d'affari*** Geschäftsbeziehung *f.*; ***~ amorosa*** Liebesbeziehung *f.*; ***~ annuale*** Jahresbericht *m.*; ***~ di causa e effetto*** Kausalzusammenhang *m.*; ***-i commerciali*** Handelsbeziehungen *pl.*; ***~ complementare*** Korreferat *n.*; ***~ consuntiva*** Schlussbericht *m.*; ***-i diplomatiche*** diplomatische Beziehungen; ***-i economiche*** Wirtschaftsbeziehungen *pl.*; ***~ epistolare*** briefliche Verbindung; ***-i estere*** Auslandsbeziehungen *pl.*; ***~ extraconiugale*** außereheliche Beziehung; ***in ~ a qcs.*** bezüglich etw. (G); ***in ~ alle Sue richieste*** bezüglich Ihrer Anfragen; ***in ~ agli ultimi avvenimenti*** was die letzten Ereignisse betrifft; ***-i internazionali*** zwischenstaatliche Beziehung; ***~ di parentela*** verwandtschaftliche Beziehung; ***~ preliminare*** Vorbericht *m.*; ***-i pubbliche*** Public Relations *pl.* (*o* Öffentlichkeitsarbeit *f.*); ***-i sociali*** gesellschaftliche Beziehungen; ***-i umane*** menschliche Beziehungen, Human Relations *pl.*

re|la|zio|ni|smo m. Relationismus *m.*

re|lè m.inv. Relais *n.*, Schütz *n.* ◆ ***~ ausiliario*** Hilfsrelais *n.*; ***~ d'avviamento*** Anlassrelais *n.*; ***azionamento mediante ~*** Schützeinsteuerung *f.*; ***comando a ~*** Relaissteuerung *f.*; ***~ d'impedenza*** Distanzrelais *n.*; ***~ a impulsi*** Impulsrelais *n.*; ***~ a induzione*** Induktionsrelais *n.*; ***~ di massima*** Maximalrelais *n.*; ***~ di minima*** Unterspannungsrelais *n.*; ***~ a tempo*** Zeitschalter *m.*

re|le|ga|re tr. *(relego, releghi)* verbannen: ***~ qcn. in un paesino sperduto*** jdn in ein entlegenes Dorf verbannen; ***~ qcn. all'ultima fila*** jdn in die letzte Reihe verbannen. **re|le|ga|zio|ne** f. Verbannung *f.*

re|li|gio|ne f. **1** Religion *f.* (anche FIG.): ***la ~ cristiana, ebraica, islamica*** die christliche, jüdische, mohammedanische Religion; ***~ monoteista, politeista*** monotheistische, polytheistische Religion; ***professare una ~*** sich zu einer Religion bekennen; SCOL. ***insegnare ~*** Religion unterrichten **2** ESTENS. *(venerazione)* Verehrung *f.*, Kult *m.*: ***la ~ della patria*** der Heimatkult ◆ ***appartenenza a una ~*** Religionszugehörigkeit *f.*; IRON. ***non c'è più ~!*** heute hat man vor nichts mehr Respekt! LETT. ***con ~*** andächtig; ***ascoltare qcn. con ~*** jdm andächtig zu‿hören; ***filosofia delle -i*** Religionsphilosophie *f.*; ***guerra di ~*** Glaubenskrieg *m.* (*o* Religionskrieg *m.*); ***insegnante di ~*** Religionslehrer *m.*; ***libertà di ~*** Glaubensfreiheit *f.* (*o* Religionsfreiheit *f.*); ***~ naturale*** Naturreligion *f.*; ***ora di ~*** Religionsstunde *f.*; ***ostile alla ~*** religionsfeindlich; ***~ pagana*** heidnische Religion; ***~ popolare*** Volksreligion *f.*; ***~ positiva*** Offenbarungsreligion *f.*; ***psicologia delle -i*** Religionspsychologie *f.*; ***~ rivelata*** Offenbarungsreligion *f.*; ***scienza delle -i*** Religionswissenschaft *f.*; ***senza ~*** konfessionslos; ***~ di stato*** Staatsreligion *f.*; ***storia delle -i*** Religionsgeschichte *f.*; ***~ storica*** Offenbarungsreligion *f.*; ***studioso delle -i*** Religionswissenschaftler *m.*; ***~ universale*** Weltreligion *f.* (*o* Universalreligion *f.*).

re|li|gio|sa f. Religiose *f.*

re|li|gio|sa|men|te avv. **1** *(in modo religioso)* religiös, fromm, gottesfürchtig **2** *(scrupolosamente)* äußerst gewissenhaft, peinlich genau.

re|li|gio|si|tà f. **1** Religiosität *f.*; ***uomo di profonda ~*** tief religiöser Mensch **2** FIG. (große) Gewissenhaftigkeit *f.*: ***con ~*** mit größter Gewissenhaftigkeit.

re|li|gio|so I agg. **1a** religiös, Religions-: ***convinzioni -e*** religiöse Überzeugungen **b** *(conforme ai riti della chiesa)* kirchlich, Kirchen-: ***matrimonio ~*** kirchliche Trauung; ***dare una sepoltura -a a qcn.*** jdn kirchlich beerdigen **2a** FIG. *(rispettoso)* ehrfürchtig, andächtig: ***in ~ silenzio*** in ehrfürchtigem (*o* andächtigem) Schweigen; ***con ~ rispetto*** mit ehrfürchtiger Achtung **b** *(scrupoloso)* gewissenhaft **II** m. Religiose *m.*, Geistliche *m.* ◆ ***canto ~*** Kirchengesang *m.*; ***comunità -a*** Religionsgemeinde *f.*, Glaubensgemeinde *f.*; ***controversia -a*** Religionsstreit *m.* (*o* Glaubensstreit *m.*); ***disputa -a*** Religionsstreit *m.* (*o* Glaubensstreit *m.*); ***dottrina -a*** Religionslehre *f.* (*o* Glaubenslehre *f.*); ***dubbio ~*** Glaubenszweifel *m.*; ***fervore ~*** Glaubenseifer *m.*; ***festa -a*** Kirchenfest *n.* (*o* kirchlicher Feiertag); ***funzione -a*** Gottesdienst *m.*; ***istituto ~*** Alumnat *n.*, Klosterschule *f.*; ***libertà -a*** Glaubensfreiheit *f.*; ***ordine ~*** (religiöser) Orden *m.*; ***scisma ~*** Schisma *n.* (*o* Kirchenspaltung *f.*); ***voto ~*** Ordensgelübde *n.*

re|li|quia f. **1** Reliquie *f.* **2** FIG. Reliquie *f.*, Erinnerungsstück *n.*: ***conservare, tenere qcs. come una ~*** etw. wie eine Reliquie hüten **3** pl. LETT. *(vestigia)* Überreste *pl.* ◆ ***contenitore di -e*** Reliquienbehälter *m.*; ***culto delle -e*** Reliquienverehrung *f.*; ***scrigno per -e*** Reliquienschrein *m.*; ***urna delle -e*** Reliquiengrab *n.* **re|li|quia|rio** m. *(-ri)* Reliquiar *n.*, Heiligenschrein *m.*

re|lit|to **I** m. **1** Wrack *n.* (anche FIG.): ***un ~ della società*** ein gesellschaftliches Wrack **2** LING. Relikt *n.* **II** agg. BIOL. GEOGR. relikt, Relikt(en)- ◆ ***area -a*** LING. Reliktgebiet *n.* (*o* Rückzugsgebiet *n.*); BIOL. Refugialgebiet *n.* (*o* Rückzugsgebiet *n.*); ***fauna -a*** Reliktenfauna *f.*; ***flora -a*** Reliktenflora *f.*; ***~ galleggiante*** Treibgut *n.*

Rem, REM, ***fase ~*** REM-Phase *f.*

re|ma m. Rhema n.

re|main|der [rɪ'meɪndə, *üblich* re'mainder] m.inv. **1** = Buch *n.* im modernen Antiquariat **2** *(libreria)* = modernes Antiquariat *n.*, Restebuchhandel *m.*

re|make [ri'meik] m.inv. Remake *n.*

re|ma|re intr. (aus. *avere*) rudern: ***~ vigorosamente, contro corrente*** kräftig, gegen den Strom rudern ◆ FIG. ***~ contro*** = sich widersetzen. **re|ma|ta** f. **1** Rudern *n.*: ***ho fatto una lunga ~ sul lago*** ich bin lange auf dem See gerudert **2** *(colpo di remo)* Ruderschlag *m.* **re|ma|to|re** m. Ruderer *m.* ◆ ***~ di poppa*** Bugmann *m.*; ***sedile del ~*** Ruderbank *f.*, Ducht *f.*

re|mi|gan|te **I** agg. **1** LETT. rudernd **2** ORNIT. ***penne -i*** Schwungfedern *pl.* **II** m. LETT. Ruderer *m.* **re|mi|ga|re** intr. *(remigo, remighi;* aus. *avere)* **1** LETT. rudern **2** ORNIT. regelmäßig mit den Flügeln schlagen.

Re|mi|gio n.pr.m. Remigius *m.*

re|mi|ni|scen|za f. **1** Reminiszenz *f.*, Erinnerung *f.*: ***-e scolastiche*** Erinnerungen aus der Schulzeit **2** *(riecheggiamento)* Anklang *m.*, Reminiszenz *f.* **3** FILOS. Wiedererinnerung *f.*, Anamnesis *f.*

re|mis|si|bi|le agg. lässlich, erlässlich: ***peccato ~*** lässliche Sünde; ***pena ~*** erlassbare Strafe.

re|mis|sio|ne f. **1** Erlass *m.*, Vergebung *f.* **2** MED. Nachlassen *n.*, Remission *f.* ◆ ***~ di un debito*** Schuldenerlass *m.*; ***~ dei peccati*** Sündenvergebung *f.*; ***~ della pena*** Straferlass *m.* **re|mis|si|vi|tà** f. Nachgiebigkeit *f.*; ***accettare tutto con ~*** alles nachgiebig an‿nehmen.

re|mis|si|vo agg. nachgiebig, gefügig: ***essere ~ nei confronti di qcn.*** jdm gegenüber nachgiebig sein.

re|mo m. Ruder *n.*, Riemen *m.*: ***mettere, tuffare i -i nell'acqua*** die Ruder aus‿legen, ein‿tauchen; ***armare, disarmare, filare i -i*** die Riemen ein‿legen, ab‿nehmen, heben ◆ ***andare a -i*** rudern; ***barca a -i*** Ruderboot *n.*; ***~ alla battana*** Paddel *n.*; ***colpo di ~*** Ruderschlag *m.*; ***impugnatura del ~*** Riemenholm *m.* (*o* Holm *m.*); ***~ a pagaia*** Stechpaddel *n.* (*o* Pagaie *f.*); ***pala del ~*** Ruderblatt *n.* (*o* Riemenblatt *n.*); ***scalmo del ~*** Riemenauflage *f.* (*o* Dolle *f.*); ***tirare i -i in barca*** die Ruder ein‿ziehen; FIG. die Segel streichen.

Re|mo n.pr.m. Remus *m.*

1.re|mo|ra f. **1** LETT. Zögern *n.*; ***non avere -e*** nicht zögern **2** *(scrupolo)* Bedenken *n.*: ***senza alcuna ~ morale*** ohne moralische Bedenken; ***senza, privo di -e*** ohne Bedenken (*o* bedenkenlos) **3** MAR. Kielwasser *n.*

2.re|mo|ra f. ITTIOL. Schiffshalter *m.*

re|mo|to agg. **1** *(nello spazio)* weit entfernt gelegen, entlegen, abgelegen **2** *(nel tempo)* weit zurückliegend, fernliegend ◆ ***non avere la più -a intenzione di fare qcs.*** nicht die geringste Absicht haben, etw. zu tun; ***passato ~*** INTRAD. (Zeit der Vergangenheit der italienischen Verben); ***tempi -i*** Urzeit *f.*; ***in tempi -i*** in uralten (*o* fernen) Zeiten; ***trapassato ~*** Plusquamperfekt *n.*

re|mu|ne|ra|re tr. *(remunero)* **1** belohnen: ***~ qcn. con qcs.*** jdn mit etw. belohnen; ***il lavoro viene ben remunerato*** die Arbeit wird gut bezahlt **2** assol. *(dare profitto)* lukrativ sein, viel ein‿tragen; ***un affare che remunera bene*** ein lukratives Geschäft. **re|mu|ne|ra|ti|vi|tà** f. Einträglichkeit *f.* **re|mu|ne|ra|ti|vo** agg. lohnend, lukrativ, einträglich: ***investimento ~*** lohnende Investition; ***un lavoro ~*** eine lukrative Arbeit. **re|mu|ne|ra|to|re** m. Belohner *m.* **re|mu|ne|ra|zio|ne** f. Belohnung *f.* ◆ ***~ in natura*** Deputat *n.* (*o* Naturalleistung *f.*).

re|na f. Sand *m.* ◆ ***~ grossa*** Kiessand *m.*

re|na|io|la f. Spörgel *m.*

re|na|le agg. Nieren-: ***arteria ~*** Nierenarterie *f.*; ***bacinetto, fascia ~*** Nierenbecken *n.*, Nierengurt *m.*; ***calcoli -i*** Nierensteine *pl.*; ***insufficienza, malattia, colica ~*** Niereninsuffizenz *f.*, Nierenleiden *n.*, Nierenkolik *f.*; ***trapianto ~*** Nierentransplantation *f.*

Re|na|nia n.pr.f. Rheinland *n.* ◆ ***~-Palatinato*** Rheinland-Pfalz *n.*; ***~ settentrionale-Vestfalia*** Nordrhein-Westfalen *n.* **re|na|no** **I** agg. **1** *(del Reno)* rheinisch, Rhein-: ***bacino ~*** rheinisches Becken; ***Assia -a*** Rheinhessen *n.*; STOR. ***confederazione -a*** Rheinbund *m.* **2** *(della Renania)* rheinländisch **II** m. Rheinländer *m.*

Re|na|ta n.pr.f. Renate *f.*, Renata *f.* **Re|na|to** n.pr.m. Renatus *m.*

ren|de|re *(resi; reso)* **I** tr. **1** *(restituire)* zurück‿geben: ***~ qcs. a qcn.*** jdm etw. zurück‿geben **2** *(ricambiare)* erwidern: ***~ il saluto*** den Gruß erwidern **3** *(dare, tributare)* erweisen, ab‿legen: ***~ onore a qcn.*** jdm Ehre erweisen; ***~ un servizio a qcn.*** jdm einen Dienst erweisen; ***~ testimonianza di qcs.*** über etw. (A) Zeugnis ablegen **4a** *(fruttare)* ein‿bringen: ***quest'attività rende molto denaro*** diese Tätigkeit bringt viel Geld ein; assol. ***un'attività che rende*** eine lukrative Tätigkeit **b** *(interessi)* ab‿werfen: ***i titoli rendono il 10 %*** die Wertpapiere werfen 10 % ab **5a** *(esprimere)* wieder‿geben, aus‿drücken: ***~ qcs. con parole proprie*** etw. mit eigenen Worten wiedergeben **b** *(rappresentare)* dar‿stellen, wieder‿geben: ***il quadro rende bene la solitudine dell'uomo moderno*** das Bild stellt gut die Einsamkeit des modernen Menschen dar **c** *(tradurre)* wieder‿geben: ***il testo tedesco è difficile da ~ in italiano*** der deutsche Text ist schwer auf Italienisch wiederzugeben **6** *(seguito da aggettivo, anche inglobato nel verbo)* machen: ***~ felice qcn.*** jdn glücklich machen; ***~ difficile, facile qcs.*** etw. erschweren (*o* schwer machen), erleichtern (*o* leicht machen); ***~ duro, morbido qcs.*** etw. hart, weich machen; ***~ possibile qcs.*** etw. ermöglichen **7** assol. leisten: ***a scuola non rende*** in der Schule leistet er nicht viel; ***il motore non rende*** der Motor hat eine schwache Leistung; ***questa lana rende (molto)*** diese Wolle gibt viel her **II** pronom. **rendersi** sich machen, sein: ***-rsi simpatico, utile*** sich beliebt, nützlich machen ◆ ***~ l'anima a Dio*** das Zeitliche segnen; ***a buon ~!*** ich werde mich erkenntlich zeigen! ***~ conto di qcs. a qcn.*** jdm über etw. Rechenschaft ab‿legen; ***-rsi conto di qcs.*** sich (D) über etw. bewusst werden; ***~ giustizia a qcn.*** jdm Gerechtigkeit widerfahren lassen; FIG. jdm gerecht werden; ***~ grazie a qcn.*** jdm seinen Dank ab‿statten, jdm dank‿sagen; ***~ l'idea*** eine Vorstellung von etw. geben; ***rendo l'idea?*** habe ich mich klar ausgedrückt? ***~ lode al Signore*** Gott Lob spenden; ***~ madre qcn.*** jdn zur Mutter machen; ***~ merito a qcn. di qcs.*** jdm etw. als Verdienst an‿rechnen (*o* jdm etw. hoch an‿rechnen); ***Dio ve ne renda merito!*** vergelt's (euch) Gott! ***-rsi necessario*** *(di persona)* sich unentbehrlich machen; *(di cosa)* Not tun: ***si rende necessaria una spiegazione*** eine Erklärung tut Not; ***~ omaggio a qcn.*** jdm huldigen; ***~ padre qcn.*** jdn zum Vater machen; ***~ pubblico qcs.*** etw. publik (*o* öffentlich) machen (*o* an die Öffentlichkeit bringen); *(ufficialmente)* etw. öffentlich bekannt geben; ***vuoto a ~*** Pfandflasche *f.*

ren|dez-vous [rãde'vu] m.inv. Rendezvous *n.*

ren|di|con|to m. **1** COMM. Rechenschaftsbericht *m.*, Rechnungsablegung *f.* **2** *(rapporto)* Bericht *m.* **3** pl. *(atti)* Akten *pl.*, Zusammenfassung *f.*, Protokoll *n.*, Sitzungsbericht *m.* ◆ ***~ annuale*** Jahresrechnung *f.*; ***~ dell'attività svolta*** Tätigkeitsbericht *m.*; ***~ economico*** Wirtschaftsbericht *m.*; ***~ generale d'esercizio*** Jahresabschluss *m.*; ***~ finanziario*** Finanzbericht *m.*; ***~ di gestione*** Geschäftsbericht *m.*; ***~ mensile*** Monatsrechnung *f.* (*o* Monatsausweis *m.*).

ren|di|men|to m. **1** Leistung *f.* (anche SCOL.): ***il ~ di un atleta*** die Leistung eines Sportlers; ***calare nel proprio ~*** in seinen Leistungen nach‿lassen **2** FIS. TECN. Leistungskraft *f.* **3** *(profitto)* Ertrag *m.*, Rendite *f.*: ***il ~ di un'impresa*** der Ertrag eines Unternehmens ◆ ***alto ~*** Hochleistung *f.*; ***macchina ad alto ~*** Hochleistungsmaschine *f.*; ***~ annuo*** Jahresleistung *f.*; ***aumento del ~*** Leistungsanstieg *m.* (*o* Leistungssteigerung *f.*); ***bilancia dei -i*** Leistungsbilanz *f.*; ***capacità di ~*** Leistungsfähigkeit *f.*; ***~ del capitale*** Kapitalrendite *f.*; ***coefficiente di ~*** Leistungskoffizient *m.*; SCOL. ***controllo del ~*** Leistungskontrolle *f.*; ***curva di ~*** Leistungskurve *f.*; ***diagramma di ~*** Leistungskurve *f.*; ***diminuzione del ~*** Leistungsabfall *m.* (*o* Leistungsknick *m.*); ***~ effettivo*** Effektivleistung *f.*; ***~ giornaliero*** Tagesleistung *f.*; ***~ del lavoro*** Arbeitsleistung *f.*; ***margine di ~*** Leistungsmarge *f.*; ***~ massimo*** Höchstleistung *f.* (*o* Spitzenleistung *f.*, Maximalleistung *f.*); ***~ medio*** Durchschnittsleistung *f.*; ***~ minimo*** Minimalleistung *f.* (*o* Mindestleistung *f.*); ***~ netto*** Nettorendite *f.* (*o* Reinertrag *m.*); ***~ ottimale*** Spitzenleistung *f.*; ***di scarso ~*** leistungsschwach; ***~ scolastico*** schulische Leistungen; ***~ termico*** thermischer Wirkungsgrad; ***test di ~*** Leistungstest *m.*; ***~ totale*** Gesamtleistung *f.*

ren|di|ta f. Ertrag *m.*, Rendite *f.*, Rente *f.*: ***la ~ di un titolo*** der Ertrag (*o* die Rendite) eines Wertpapiers; ***assegnare, liquidare, percepire una ~*** eine Rente aus‿setzen, aus‿zahlen, beziehen (*o* bekommen) ◆ ***~ annua*** Jahresrente *f.*; ***assegnatario di ~*** Rentenempfänger *m.*; ***~ del capitale*** Kapitalertrag *m.*; ***~ catastale*** Katasterertrag *m.*; ~ ***certa*** Zeitrente *f.*; ***contratto di*** ~ Rentenvertrag *m.*; ~ ***in denaro*** Geldrente *f.*; ~ ***fondiaria*** Grundrente *f.*; ~ ***in natura*** Naturalbezüge *pl.*; ~ ***netta*** Reinertrag *m.* (*o* Nettoertrag *m.*); ~ ***perpetua*** Dauerrente *f.*; ~ ***semplice*** Kapitalrente *f.*; ***titolare di*** ~ Rentenbezieher *m.*; ***titolo di*** ~ ***(fondiaria)*** Rentenbrief *m.* (*o* Rentenpapier *n.*); ~ ***vitalizia*** Leibrente *f.*; ***vivere di*** ~ von Zinsen leben; FIG. sich auf seinen Lorbeeren aus‿ruhen.

re|ne m. Niere *f.* ◆ ~ ***artificiale*** künstliche Niere; ~ ***atrofico*** Schrumpfniere *f.*; ~ ***di donatore*** Spenderniere *f.*; ***infiammazione ai -i*** Nierenentzündung *f.*; ***malato di -i*** Nierenkranke *m.*; *(aggettivo)* nierenkrank; ***malattia dei -i*** Nierenkrankheit *f.*; ~ ***mobile*** Wanderniere *f.*; ***trapianto del*** ~ Nierentransplantation *f.*

re|nel|la f. **1** MED. Nierengrieß *m.*, Harnsand *m.* **2** BOT. Haselwurz *f.*

re|net|ta I f. Renette *f.* **II** agg. ***mela*** ~ Renette *f.*

re|ni f.pl. Nierengegend *f.*; COLLOQ. Kreuz *n.*; *(di animali)* Lenden *pl.*: ***avere dolore alle*** ~ Schmerzen in der Nierengegend haben; ***avere le*** ~ ***rotte per la fatica*** vor Anstrengung Kreuzschmerzen haben ◆ ***filo delle*** ~ Wirbelsäule *f.*; COLLOQ. ***rompere, spezzare le*** ~ ***a qcn.*** jdm das Kreuz brechen.

re|nio m. Rhenium *n.*

re|ni|ten|te I agg. renitent, widersetzlich: ~ ***a qcs.*** gegen etw. widersetzlich; ***testimone*** ~ renitenter Zeuge **II** m. e f. **1** Renitente *m.* e *f.* **2** MIL. *(alla leva)* Wehrdienstverweigerer *m.* ◆ ***essere*** ~ ***alla leva*** den Wehrdienst verweigern.

re|ni|ten|za f. Renitenz *f.*, Widersetzlichkeit *f.* ◆ MIL. ~ ***alla leva*** Wehrdienstverweigerung *f.*; ~ ***all'obbedienza*** Gehorsamsverweigerung *f.*

ren|na f. **1** Ren(tier) *n.* **2** *(pelle)* Rentierleder *n.*: ***una giacca di*** ~ eine Jacke aus Rentierleder.

Re|no n.pr.m. Rhein *m.* ◆ ***Alto*** ~ Oberrhein *m.*; ***Basso*** ~ Niederrhein *m.*; ***cascata del*** ~ Rheinfall *m.*; ***giù per il*** ~ rheinab(wärts); ***oro del*** ~ Rheingold *n.*; ***su per il*** ~ rheinauf(wärts); ***viaggio sul*** ~ Rheinfahrt *f.*; ***vini del*** ~ Rheinweine *pl.*

re|no|so agg. LETT. sandig.

ren|trée [rɑ̃'tre] f.inv. Comeback *n.*

re|o I agg. **1** schuldig: ***essere*** ~ ***di qcs.*** etw. (G) schuldig sein; ***riconoscersi*** ~ sich für schuldig bekennen **2** LETT. *(malvagio)* böse **II** m. Schuldige *m.*, Täter *m.* ◆ ~ ***confesso*** geständiger Täter; ***assassino*** ~ ***confesso*** geständiger Mörder; ***essere*** ~ ***confesso*** geständig sein; ~ ***convinto*** überführter Täter; ~ ***presunto*** mutmaßlicher Täter.

re|o|lo|gi|a f. Rheologie *f.*

re|o|sta|to m. Rheostat *m.*

re|o|tas|si f. Rheotaxis *f.*

re|par|to m. **1a** Abteilung *f.*: ***la direzione di un*** ~ die Leitung einer Abteilung **b** *(nei grandi magazzini)* ~ ***alimentari, cancelleria, casalinghi*** Lebensmittelabteilung *f.*, Schreibwarenabteilung *f.*, Haushaltwaren *pl.* **2** *(negli ospedali)* Station *f.*, Abteilung *f.*: ***portare qcn. in*** ~ jdn auf (die) Station bringen; ~ ***donne, uomini*** Frauen-, Männerstation *f.* **3** MIL. Abteilung *f.*, Zug *m.* ◆ ~ ***amministrativo*** Verwaltungsabteilung *f.*; ***capo*** ~ Abteilungsleiter *m.* (*o* Abteilungschef *m.*); ~ ***di comando*** Führungsstab *m.*; ~ ***corazzato*** Panzerabteilung *f.*; ~ ***emodialisi*** Dialysestation *f.*; ~ ***malattie infettive*** Infektionsabteilung *f.*; ~ ***di isolamento*** Isolierstation *f.*; ***medico di*** ~ Stationsarzt *m.*; ~ ***di montaggio*** Montagehalle *f.*; ~ ***di produzione*** Produktion *f.*; ~ ***radiologico*** Radiologie *f.*; ~ ***di rianimazione*** Intensivstation *f.* (*o* Wachstation *f.*); ~ ***spedizioni*** Versandabteilung *f.*; ~ ***sperimentale*** Versuchsabteilung *f.*; ~ ***vendite*** Verkaufsabteilung *f.*

re|pel|len|te I agg. **1** FIG. abstoßend, widerwärtig: ***un odore*** ~ ein widerwärtiger Geruch; ***comportamento*** ~ abstoßendes Verhalten **2** *(che respinge)* abstoßend: ***forza*** ~ abstoßende Kraft **II** m. **1** CHIM. Repellent *n.* **2** IDR. Buhne *f.* **re|pel|le|re** intr. *(repulsi; repulso*; aus. *avere)* ab‿stoßen: ***a qcn. repelle qcs., qcn.*** jdn stößt etw. ab.

re|pen|ta|glio, ***mettere a*** ~ ***la propria vita*** sein Leben aufs Spiel setzen (*o* sein Leben gefährden); COLLOQ. seine Haut zu Markte tragen; ***mettere a*** ~ ***la reputazione di qcn.*** jds Ansehen gefährden.

re|pen|te I agg. LETT. plötzlich, unvermittelt, jäh **II** avv. LETT. plötzlich, unvermittelt, jäh, jählings.

re|pen|ti|na|men|te avv. LETT. plötzlich, unvermittelt, jäh, jählings. **re|pen|ti|ni|tà** f. Jähheit *f.*, Unvermitteltheit *f.* **re|pen|ti|no** agg. plötzlich, sofortig, jäh: ***cambiamento*** ~ plötzlicher Wechsel; ***morte -a*** jäher (*o* plötzlicher) Tod.

re|pe|ri|bi|le agg. **1** *(persona)* erreichbar, zu finden, zu erreichen, greifbar: ***essere*** ~ erreichbar (*o* zu finden) sein; ***essere*** ~ ***telefonicamente*** telefonisch erreichbar sein **2** *(di prodotto)* auffindbar, auftreibbar; ***questo dizionario non è più*** ~ dieses Wörterbuch ist nicht mehr aufzufinden; ~ ***sul mercato*** auf dem Markt erhältlich. **re|pe|ri|bi|li|tà** f. **1** *(di persona)* Erreichbarkeit *f.*: ***dare la*** ~ mit‿teilen, wo jd erreichbar ist **2** *(di cosa)* Auffindbarkeit *f.*

re|pe|ri|men|to m. Auffindung *f.*, Finden *n.*

re|pe|ri|re tr. *(reperisco, reperisci; reperito/reperto)* **1a** finden, auf‿finden: ~ ***il corpo del reato*** das Beweisstück auffinden **b** *(persona)* erreichen: ***dove posso reperirLa?*** wo kann ich Sie erreichen? **2** *(raccogliere)* sammeln: ~ ***dati, fondi*** Daten, Mittel sammeln.

re|per|to m. **I** p.pass. → **reperire II** m. **1** Fund *m.*, Fundstück *n.*: ~ ***archeologico*** archäologischer Fund **2** DIR. Beweisstück *n.* **3** MED. Befund *m.* ◆ ~ ***di laboratorio*** Laborbefund *m.*; ~ ***radiologico*** Röntgenbefund *m.*

re|per|to|ria|re tr. *(repertorio, repertori)* ins Repertoire auf‿nehmen.

re|per|to|rio m. *(-ri)* **1** Repertoire *n.*, Spielplan *m.*: ***mettere qcs. in*** ~ etw. ins Repertoire auf‿nehmen; ***mettere insieme un*** ~ ein Repertoire zusammen‿stellen; ***togliere qcs. dal*** ~ etw. aus dem Repertoire streichen; ***non far più parte del*** ~ nicht mehr auf dem Spielplan stehen; ***vasto*** ~ umfangreiches Repertoire **2** SCHERZ. Repertoire *n.*, Vorrat *m.*: ***ha sfoderato tutte le barzellette del suo*** ~ er hat sein ganzes Repertoire an Witzen zum Besten gegeben **3** *(elenco)* Register *n.*, Verzeichnis *n.*: ~ ***bibliografico*** bibliographisches Verzeichnis **4** *(raccolta)* Sammlung *f.* ◆ ***immagini di*** ~ Archivaufnahmen *pl.*; ***opera, pezzo di*** ~ Repertoirestück *n.*

re|play [ri:'pleɪ, *üblich* -'plei] m.inv. Wiederholung *f.*; ***fare il*** ~ ***di qcs.*** etw. wiederholen ◆ ~ ***al rallentatore*** Wiederholung *f.* in Zeitlupe.

re|pli|ca f. *(-che)* **1** *(ripetizione)* Wiederholung *f.* **2** ART. Replik *f.*, Replikat *n.* **3** *(risposta)* Erwiderung *f.*, Entgegnung *f.*, Gegendarstellung *f.*, Antwort *f.*, Replik *f.* **4** *(obiezione)* Widerspruch *m.*, Widerrede *f.*, Replik *f.*: ***non ammetto -che*** ich dulde keine Widerrede; ***parlò con un tono che non ammetteva -che*** er sprach mit einem Tonfall, der keinen Widerspruch zuließ ◆ ***discorso di*** ~ Gegendarstellung *f.*; ~ ***di spettacoli*** Wiederaufführung *f.*; ~ ***televisiva*** Wiederholungssendung *f.*

re|pli|can|te m. e f. **1** Androide *m.* (Androidin *f.*) **2** *(chi imita un comportamento)* Nachahmer *m.* (-in *f.*).

re|pli|ca|re tr. *(replico, replichi)* **1a** wiederholen **b** *(spettacolo)* wiederholen, wieder‿aufführen: ***questa sera si replica*** die Vorstellung wird heute Abend wiederholt **2** *(rispondere)* erwidern, entgegnen, antworten (anche assol.): ~ ***a un'osservazione*** auf eine Bemerkung antworten **3** *(obiettare)* einwenden, entgegnen, replizieren ◆ ***alla Sua obiezione replichiamo quanto segue*** zu Ihrer Beanstandung nehmen wir wie folgt Stellung.

re|por|ta|ge [-'taːʒ] m.inv. Reportage *f.*, Bericht *m.*, Berichterstattung *f.*: ***fare un*** ~ ***su qcs.*** eine Reportage über etw. (A) machen ◆ ~ ***fotografico*** Bildreportage *f.*; ~ ***di guerra*** Kriegsbericht *m.*; ~ ***radiofonico*** Radioreportage *f.*; ~ ***di viaggio*** Reisebericht *m.*

re|por|ter m. e f.inv. Reporter *m.* (-in *f.*), Berichterstatter *m.* (-in *f.*) ◆ ~ ***televisivo*** Fernsehreporter *m.* (-in *f.*).

re|pren|si|bi|le agg. tadelnswert.

re|pres|sio|ne f. **1** Unterdrückung *f.* **2** POL. SOC. Repression *f.*, Unterdrückung *f.*, Niederwerfung *f.*, Niederschlagung *f.*: ***la*** ~ ***della sommossa*** die Niederschlagung des Aufstandes; ***la*** ~ ***del banditismo*** die Unterdrückung des Bandenwesens **3** PSIC. Unterdrückung *f.*, Verdrängung *f.*

re|pres|si|vo agg. repressiv.

re|pres|so I p.pass. agg. **1** → **reprimere 2a** *(soffocato, trattenuto)* unterdrückt **b** ***persona -a*** unterdrückter Mensch **II** m. Unterdrückte *m.*

re|pri|men|da f. Vorwurf *m.*, Vorhaltung *f.*

re|pri|me|re I tr. *(repressi, represso)* **1a** unterdrücken, zurückhalten, verhalten: ~ ***un grido*** einen Schrei unterdrücken **b** *(dominare)* bezähmen, bezwingen, unterdrücken **2** POL. SOCIOL. unterdrücken, nieder‿werfen, nieder‿schlagen: ~ ***disordini, uno sciopero*** Unruhe, einen Streik niederschlagen **3** PSICOL. unterdrücken, verdrängen **II** pronom. **reprimersi** sich beherrschen, sich bezwingen.

re|pri|mi|bi|le agg. unterdrückbar.

re|print [ri:'prɪnt, *üblich* re'print] m. *(-s)* Reprint *m.*

re|pro|bo I agg. **1** verdammt **2** *(malvagio)* verworfen **3** *(infame)* ruchlos **II** m. **1** Verdammte *m.* **2** *(malvagio)* Ruchlose *m.*

re|pub|bli|ca f. *(-che)* Republik *f.*: ***proclamare la*** ~ die Republik aus‿rufen; ***prima, seconda*** ~ erste, zweite Republik ◆ ~ ***democratica*** demokratische Republik: ***Repubblica Democratica Tedesca*** Deutsche Demokratische Republik; ~ ***federale*** Bundesrepublik *f.*: ***Repubblica Federale Tedesca*** Bundesrepublik Deutschland; ~ ***letteraria (o delle lettere)*** Gelehrtenpolitik *f.*; ***-che marinare*** Seerepubliken *pl.*; ~ ***parlamentare*** parlamentarische Republik; ~ ***popolare*** Volksrepublik *f.*; ***Repubblica Popolare Cinese*** Volksrepublik China; ~ ***presidenziale*** Präsidialrepublik *f.*; ~ ***sociale italiana***, ~ ***di Salò*** Italienische Sozialrepublik; ~ ***socialista***

sozialistische Republik. **re|pub|bli|ca|ne|si|mo** m. Republikanismus *m.* **re|pub|bli|ca|no I** agg. republikanisch: ***partito ~*** republikanische Partei **II** m. Republikaner *m.*
re|pub|bli|chi|no I agg. der Italienischen Sozialrepublik: ***l'esercito ~*** die Armee der Italienischen Sozialrepublik **II** m. Anhänger *m.* der Italienischen Sozialrepublik.
re|pu|li|sti m. ***far ~*** reinen Tisch machen; ***far ~ di qcs.*** mit etw. reinen Tisch machen; ***i ladri hanno fatto ~ di tutti i gioielli*** die Diebe haben sämtliche Juwelen mitgenommen.
re|pul|sio|ne f. **1** Repulsion *f.*, Abstoßung *f.*: ***~ tra due cariche positive*** Repulsion zwischen zwei positiven Ladungen; ***~ magnetica*** magnetische Abstoßung **2** FIG. Abscheu *m.*, Ekel *m.*: ***avere ~ per qcn, qcs.*** vor jdm, etw. Ekel haben (*o* Abscheu empfinden) ◆ ***motore a ~*** Repulsionsmotor *m.*
re|pul|si|vo agg. **1** FIS. repulsiv, abstoßend **2** FIG. abstoßend, Ekel erregend: ***c'è qualcosa di ~ nel suo comportamento*** irgendetwas in seinem Verhalten wirkt abstoßend ◆ ***forza -a*** Abstoßungskraft *f.*
re|pul|so → **repellere.**
re|pu|ta|re (*reputo*) **I** tr. halten, erachten: ***tutti lo reputano un buon padre*** alle halten ihn für einen guten Vater; ***se lo reputi necessario, parti pure*** wenn du es für nötig erachtest, fahr ruhig weg **II** pronom. **reputarsi** sich halten, sich schätzen: ***-rsi fortunato*** sich glücklich schätzen; ***-rsi una persona importante*** sich für eine wichtige Persönlichkeit halten. **re|pu|ta|to** p.pass. agg. **1** → **reputare 2** geschätzt, angesehen ◆ ***molto ~*** hoch geschätzt.
re|pu|ta|zio|ne f. **1** Ruf *m.*, Leumund *m.*: ***godere di una pessima, dubbia ~ presso qcn.*** einen sehr schlechten, zweifelhaften Ruf bei jdm haben **2** (*buona*) Ansehen *n.*, guter Ruf *m.*: ***perdere, rovinarsi la ~*** den guten Ruf verlieren; ***questo nuoce alla tua ~*** das schadet deinem Ansehen; ***rovinare la ~ a qcn.*** jdn um seinen guten Ruf bringen.
re|quie f. Ruhe *f.*: ***non trovare ~*** nicht zur Ruhe kommen; ***non dare ~*** keine Ruhe geben ◆ ***senza ~*** ruhelos (*o* rastlos).
re|quiem m.inv. Requiem *n.* (anche MUS.): ***recitare un ~*** ein Requiem zelebrieren (*o* halten) ◆ ***messa da ~*** Requiem *n.* (*o* Totenmesse *f.*).
re|qui|si|re tr. (*requisisco, requisisci*) in Beschlag nehmen, mit Beschlag belegen, beschlagnahmen, requirieren: ***~ un edificio*** ein Gebäude in Beschlag nehmen (*o* mit Beschlag belegen); SCHERZ. ***~ una persona*** einen Menschen in Beschlag nehmen.
re|qui|si|to I p.pass. → **requisire II** m. **1** Erfordernis *n.*, Voraussetzung *f.*: ***essere in possesso dei -i per fare qcs.*** die Erfordernisse erfüllen, um etw. tun zu können **2** (*buona qualità*) Fähigkeit *f.*, hervorragende Eigenschaften *pl.*: ***una persona dai molti -i*** ein Mensch mit vielen Fähigkeiten **3** (*vantaggio*) Vorteil *m.*
re|qui|si|to|ria f. **1** Anklagerede *f.* **2** ESTENS. Reihe *f.* von Vorwürfen: ***sorbirsi una lunga ~*** eine lange Reihe von Vorwürfen über sich ergehen lassen.
re|qui|si|zio|ne f. Beschlagnahmung *f.*, Requisition *f.* ◆ ***~ coatta*** Zwangsbeschlagnahmung *f.*
re|sa f. **1a** Übergabe *f.*, Kapitulation *f.*: ***intimare la ~ al nemico*** den Feind zur Kapitulation auf‿fordern; ***~ condizionata*** bedingte Übergabe; ***~ incondizionata*** bedingungslose Kapitulation; ***firmare, accettare la ~*** die Kapitulation unterschreiben, annehmen **b** SPORT Aufgeben *n.*: ***costringere un pugile alla ~*** einen Boxer zum Aufgeben zwingen **2a** (*restituzione*) Rückgabe *f.*, Rückerstattung *f.* **b** COMM. Rückgabe *f.* der unverkauften Ware **3a** (*rendimento*) Leistung *f.*, Leistungsfähigkeit *f.*: ***confrontare la ~ di due macchine*** die Leistung zweier Maschinen vergleichen **b** (*di merci*) Ergiebigkeit *f.*; ***questo prodotto ha un'ottima ~*** dieses Produkt ist sehr ergiebig **c** (*ricavo*) Ertrag *m.*, Ausbeute *f.* ◆ ***~ dei conti*** Rechenschaftslegung *f.*; ***termine di ~*** Durchführungsfrist *f.* (*o* Lieferfrist *f.*); ***~ dei vuoti*** Leergutrückgabe *f.*
re|scin|de|re tr. (*rescissi; rescisso*) **1** rückgängig machen, auf‿heben, annullieren, für ungültig erklären: ***~ un contratto*** einen Vertrag rückgängig machen **2** ESTENS. auf‿lösen: ***~ un legame*** eine Verbindung auflösen. **re|scin|di|bi|le** agg. aufhebbar, annullierbar. **re|scin|di|bi|li|tà** f. Aufhebbarkeit *f.*
re|scis|sio|ne f. Rückgängigmachung *f.*, Aufhebung *f.*, Ungültigkeitsserklärung *f.* **re|scis|so** → **rescindere. re|scis|so|rio** agg. (*-ri,-rie*) aufhebend.
re|scrit|to m. **1** STOR. kaiserlicher Bescheid *m.* **2** (*atto sovrano*) Verfügung *f.*, Erlass *m.*, Reskript *m.*
re|se|ca|re tr. (*reseco, resechi*) **1** schneiden, zurück‿schneiden: ***~ i rami troppo lunghi*** die zu langen Äste zurückschneiden **2** CHIR. resezieren.
re|se|da f. Reseda *f.*, Resede *f.*
re|se|zio|ne f. **1** Schneiden *n.*, Zurückschneiden *n.* **2** CHIR. Resektion *f.* ◆ ***~ gastrica*** Magenresektion *f.*
res|i|dence ['rɛzɪdəns, *üblich* -dens] m.inv. **1** Apartmenthaus *n.* **2** (*complesso residenziale*) Wohnanlage *f.*
re|si|den|te I agg. **1** AMM. wohnhaft: ***un italiano ~ all'estero*** ein im Ausland wohnhafter Italiener **2** (*stanziale*) ansässig, sesshaft: ***popolazione ~*** sesshafte Bevölkerung **II** m. e f. Ortsansässige *m.* e *f.*, Ansässige *m.* e *f.*, Anlieger *m.* (-in *f.*); (*abitante*) Bewohner *m.* (-in *f.*): ***i -i nel centro storico*** die Altstadtbewohner; ***solo per -i*** Anlieger frei ◆ ***~ accademico*** ortsansässiger Akademiker; ***~ nel luogo*** ortsansässig.
re|si|den|za f. **1** (*il risiedere*) Wohnen *n.*, Aufenthalt *m.* **2** AMM. Wohnsitz *m.*, Sitz *m.*: ***~ ufficiale*** offizieller Wohnsitz; ***stabilire la propria ~ in un luogo, all'estero*** seinen Wohnsitz an einem Ort, im Ausland auf‿schlagen **3** (*edificio*) Residenz *f.*, Wohnsitz *m.*: ***le fastose -e barocche*** die prunkvollen Residenzen aus der Barockzeit **4** (*sede*) Sitz *m.*: ***la ~ della ditta è Padova*** der Sitz der Firma ist in Padua **5** MIL. Standort *m.* **6** DIPL. Residentschaft *f.* ◆ ***~ anagrafica*** gemeldeter Wohnsitz; ***notificare il cambio di ~*** sich um‿melden; ***certificato di ~*** Aufenthaltsbescheinigung *f.*; ***essere di ~ a Parigi*** in Paris ansässig (*o* wohnhaft) sein; ***~ estiva*** Sommerresidenz *f.*; ***~ fissa*** fester Wohnsitz *m.*; ***luogo di ~*** Wohnort *m.* (*o* Wohnsitz *m.*); ***~ permanente*** dauernder Aufenthalt; ***~ stabile*** ständiger Wohnsitz; ***~ temporanea*** derzeitiger Wohnort. **re|si|den|zia|le** agg. **1a** (*abitato*) Wohn- **b** (*elegante*) Villen- **2** ECCL. residierend: ***vescovo ~*** residierender Bischof ◆ ***area ~*** Wohnbaugebiet *n.*; ***complesso ~*** Wohnanlage *f.*; ***quartiere ~*** Villenviertel *n.*; ***zona ~*** Wohngebiet *n.*; (*elegante*) Villenviertel *n.*
re|si|dua|le agg. Rest-, Nach-, verbleibend: ***calore ~*** Restwärme *f.*; ***debito ~*** Restschuld *f.*; ***merce ~*** liegen gebliebene Ware.
re|si|dua|to I agg. übrig geblieben, zurückgeblieben: ***recuperare i materiali -i*** die übrig gebliebenen Materialen wieder verwerten **II** m. Restbestand *m.*: ***-i bellici*** Restbestände an Kriegsmaterial.
re|si|duo I agg. restlich, Rest- **II** m. **1** Rückstand *m.*, Abfall *m.*: ***-i radioattivi*** radioaktive Abfälle **2** CHIM. Rückstand *m.* ◆ ***~ acido*** Säurerückstand *m.*; ***~ di alcool*** Restalkohol *m.*; ***~ di combustione*** Verbrennungsrückstand *m.*; ***~ della distillazione*** Destillationsrückstand *m.*; ***~ di filtrazione*** Filterbestand *m.*; ***importo ~*** Restbetrag *m.*; ***magnetismo ~*** Restmagnetismus *m.*, remanter Magnetismus; ***-i di unto su un piatto*** Fettreste auf einem Teller.
re|si|lien|te agg. kerbzäh. **re|si|lien|za** f. Kerbschlagzähigkeit *f.*, Kerbzähigkeit *f.* ◆ ***prova di ~*** Kerbschlagversuch *m.*
re|si|na f. Harz *n.* ◆ ***~ d'abete*** Tannenharz *n.*; ***~ acrilica*** Akrylharz *n.*; ***~ artificiale*** Kunstharz *n.*; ***colla di ~*** Harzleim *m.*; ***~ fenolica*** Phenolharz *n.*; ***~ melaminica*** Melaminharz *n.*; ***~ naturale*** Naturharz *n.*; ***~ sintetica*** Kunstharz *n.* **re|si|na|re** tr. (*resino*) harzen. **re|si|na|to I** p.pass. agg. **1** → **resinare 2** ***vino ~*** Retsina(wein) *m.*, Harzwein *m.* **II** m. **1** Retsina(wein) *m.*, Harzwein *m.* **2** CHIM. Resinat *n.* **re|si|ni|fe|ro** agg. **1** Harz liefernd, Harz spendend: ***albero ~*** Harz liefernder Baum **2** (*che contiene resina*) harzhaltig: ***cellula -a*** harzhaltige Zelle. **re|si|no|so** agg. **1** harzig, harzreich **2** (*simile alla resina*) harzartig.
re|si|pi|scen|te agg. LETT. einsichtig, einsichtsvoll. **re|si|pi|scen|za** f. LETT. Einsicht *f.*
re|si|sten|te I agg. **1** widerstandsfähig, beständig: ***essere ~ a qcs.*** gegen etw. widerstandsfähig sein **2a** (*che non si deteriora con l'uso*) haltbar **b** (*di tessuti, ecc.*) strapazierfähig, strapazierbar, haltbar, fest, derb: ***scarpe -i*** feste Schuhe; ***un cuoio ~*** ein derbes Leder; ***vestiti -i*** strapazierbare Kleidung; ***stoffa ~*** strapazierfähiger Stoff **c** (*di colori*) farbecht **3** BIOL. resistent **II** m. **1** Widerstandskämpfer *m.* **2a** DIR. (*ad azione*) Klagegegner *m.* **b** (*a ricorso*) Beschwerdegegner *m.* ◆ ***~ all'abrasione*** abriebfest; ***~ agli acidi*** säurebeständig, säurefest; ***~ all'acqua*** wasserfest, wasserbeständig, nassfest; ***~ all'azione batterica*** bakterienbeständig; ***~ al calore*** wärmebeständig, hitzebeständig; ***~ alla compressione*** druckfest; ***~ alla corrosione*** korrosionsbeständig, korrosionsfest; ***~ al freddo*** kältebeständig; BOT. winterhart; ***~ al fuoco*** feuerfest, feuerbeständig; ***~ alle intemperie*** wetterfest, wetterbeständig; ***~ al lavaggio*** waschecht; ***~ alla luce*** lichtbeständig; ***piante -i*** zählebige Pflanzen; ***~ alla rottura*** bruchsicher, bruchfest; ***~ alla ruggine*** rostbeständig; ***~ allo strappo*** reißfest, rissfest; ***~ alla trazione*** zerreißfest, zugfest; ***~ agli urti*** stoßfest, schlagfest; ***~ all'usura*** verschleißfest.
re|si|sten|za f. **1** Widerstand *m.*, Resistenz *f.*, Gegenwehr *f.*: ***fare, opporre ~ a qcn, qcs.*** jdm, etw. Widerstand leisten; ***incontrare ~*** auf Widerstand stoßen (*o* treffen); ***incontrare la ~ di qcn.*** bei jdm auf Widerstand stoßen; ***indebolire, spezzare, vincere la ~ di qcn.*** jds Widerstand schwächen, brechen, überwinden; ***i rapinatori si fecero arrestare senza opporre ~*** die Räuber ließen sich ohne Widerstand (*o* widerstandslos) festnehmen; ***~ armata, attiva, passiva***

bewaffneter, aktiver, passiver Widerstand **2** EL. FIS. PSIC. Widerstand *m.*: **~ *elettrica, magnetica, ohmica*** elektrischer, magnetischer, ohmscher Widerstand **3a** *(di materiale)* Festigkeit *f.*, Haltbarkeit *f.*, Beständigkeit *f.*, Widerstandsfähigkeit *f.* **b** *(di tessuti)* Strapazierfähigkeit *f.* **4** *(di persona)* Ausdauer *f.*, Durchhaltevermögen *n.*, Belastbarkeit *f.*: ***~ alla fatica*** körperliche Ausdauer; ***~ fisica, nervosa*** körperliche, nervliche Belastbarkeit; ***avere una grande (capacità di) ~*** ein großes Durchhaltevermögen haben **5** BIOL. MED. Resistenz *f.*, Resistivität *f.*, Widerstandsfähigkeit *f.*, Widerstandskraft *f.*: ***~ alle malattie*** Widerstandskraft gegen Krankheiten **6a** POL. STOR. Widerstandsbewegung *f.*, Widerstand *m.*; ***essere nella Resistenza*** im Widerstand sein **b** *(in Italia)* Resistenza *f.* **c** *(in Francia)* Résistance *f.* ◆ ***~ agli acidi*** Säurebeständigkeit *f.*; ***~ dell'acqua*** Wasserwiderstand *m.*; ***~ addizionale*** Vorschaltwiderstand *m.*; EL. ***~ apparente*** Scheinwiderstand *m.*; ***appello alla ~*** Aufruf *m.* zum Widerstand; ***~ dell'aria*** Luftwiderstand *m.*; ***~ di attrito*** Reibungswiderstand *m.*; EL. ***a bassa ~*** niederohmig; ***~ al calore*** Wärmebeständigkeit *f.*; ***combattente della ~*** Widerstandskämpfer *m.*; ***~ alla compressione*** Druckfestigkeit *f.*; ***~ alla corrosione*** Korrosionsbeständigkeit *f.*; ***corsa di ~*** Dauerlauf *m.*; ***~ alla flessione*** Biegefestigkeit *f.*; ***~ al freddo*** Kältebeständigkeit *f.*; ***~ al fuoco*** Feuerbeständigkeit *f.*; ***gara di ~*** Langstreckenlauf *m.*; ***~ alla luce*** Lichtechtheit *f.*; ***movimento di ~*** Widerstandsbewegung *f.*; ***~ alla pressione*** Druckwiderstand *m.*; TECN. ***prova di ~*** Festigkeitsprüfung *f.*; ***~ alla rottura*** Bruchfestigkeit *f.*; ***senza opporre ~*** widerstandslos; ***senza incontrare ~*** widerstandslos (*o* ohne auf Widerstand zu stoßen); ***~ allo strappo*** Reißfestigkeit *f.*; ***~ al taglio*** Scherfestigkeit *f.*; EL. ***~ di terra*** Erdungswiderstand *m.*; ***~ alla torsione*** Torsionsfestigkeit *f.*; ***~ alla trazione*** Zerreißfestigkeit *f.* (*o* Zugfestigkeit *f.*); ***~ a pubblico ufficiale*** Widerstand *m.* gegen die Staatsgewalt; ***~ agli urti*** Stoßfestigkeit *f.*; ***~ all'usura*** Verschleißfestigkeit *f.*

re|si|ste|re intr. *(resistei/resistetti; resistito*; aus. *avere)* **1a** widerstehen, stand‿halten: ***~ a una tentazione*** einer Versuchung widerstehen; ***~ alle pressioni di qcn.*** jds Druck standhalten; ***~ a un attacco*** einem Angriff standhalten; ***nessuno resiste al suo fascino*** niemand kann ihrem Charme widerstehen; ***monumenti che hanno resistito ai secoli*** Bauwerke, die den Jahrhunderten standhielten (*o* die Jahrhunderte überstanden haben); ***batteri che resistono ai farmaci*** Bakterien, die gegen Medikamente widerstandsfähig sind **b** *(opporre resistenza)* Widerstand leisten (anche assol.): ***~ a qcs.*** gegen etw. Widerstand leisten **2** *(sopportare)* ertragen, vertragen, aus‿halten, durch‿halten, stand‿halten: ***~ al dolore*** Schmerz aushalten; ***questo tessuto resiste alle alte temperature*** dieser Stoff verträgt hohe Temperaturen; ***non so come ha fatto a ~ tutto questo tempo*** ich weiß nicht, wie er all diese Zeit durchhalten konnte; ***non resisto più!*** ich halte das nicht mehr aus! **3** *(tener duro)* durch‿stehen, durch‿halten, stand‿halten: ***~ alle avversità*** Widerwärtigkeiten durchstehen; ***resisti!*** halt(e) durch! **4** *(di colori)* echt sein: ***colori che resistono al lavaggio*** waschechte Farben **5** *(conservarsi)* überdauern: ***~ al tempo*** die Zeit überdauern.

re|si|sti|vi|tà f. Leitungswiderstand *m.*

re|si|sto|re m. Widerstand *m.* ◆ ***~ addizionale*** Vorschaltwiderstand *m.*; ***~ di precisione*** Messwiderstand *m.*

1.re|so I p.pass. agg. **1** → **rendere 2** ***merce -a*** Retourware *f.*; *(rispedita al venditore)* zurückgesandte Ware **II** m. EDIT. Remittende *f.*

2.re|so m. ZOOL. Rhesus *m.*, Rhesusaffe *m.*

re|so|con|to m. **1** Bericht *m.*: ***un ~ dettagliato dei fatti*** ein ausführlicher Bericht über das Geschehnis; ***fare un ~ di qcs.*** einen Bericht über etw. (A), von etw. geben **2** *(rendiconto)* Aufstellung *f.*, Rechnungslegung *f.* ◆ ***~ di gestione*** Geschäftsbericht *m.*; ***~ delle spese*** Kostenaufstellung *f.*; ***~ di viaggio*** Reisebericht *m.*

re|spin|gen|te m. Puffer *m.*

re|spin|ge|re *(respingo, respingi; respinsi; respinto)* **I** tr. **1** zurück‿drängen, zurück‿schlagen, ab‿weisen: ***~ il nemico*** den Feind zurückschlagen; ***~ un attacco*** einen Angriff ab‿wehren **2** *(non accettare)* ab‿lehnen, zurück‿weisen, verwerfen, ab‿weisen: ***~ una proposta, un'offerta*** einen Vorschlag, ein Angebot ablehnen; ***~ un'obiezione, una domanda (scritta)*** einen Einspruch, einen Antrag abweisen; ***~ un ricorso*** eine Berufung verwerfen; ***~ un'accusa, un reclamo*** eine Anschuldigung, eine Beschwerde (*o* Reklamation) zurückweisen; ***~ un pretendente*** einen Verehrer abweisen **3** SCOL. durchfallen lassen: ***~ un candidato agli esami*** einen Kandidaten bei der Prüfung durchfallen lassen **4** *(posta)* zurück‿schicken, zurück‿senden: ***~ al mittente*** an den Absender zurückschicken **5** SPORT ab‿wehren: ***~ il pallone di pugno*** den Ball mit der Faust abwehren **II** pron. **respingersi** FIS. sich ab‿stoßen.

re|spin|ta f. **1** Rückstoß *m.* **2** SPORT Abwehr *f.* ◆ ***gol su ~*** Nachschusstor *n.*; ***tiro su ~*** Nachschuss *m.*

re|spin|to I p.pass. agg. **1** → **respingere 2** *(di posta)* nicht angenommen **3** SCOL. nicht versetzt **II** m. Nichtversetzte *m.*, COLLOQ. Sitzenbleiber *m.*: ***nella classe ci sono solo due -i*** in der Klasse sind nur zwei nicht versetzt worden ◆ ***~ al mittente*** Annahme verweigert.

re|spi|ra|bi|le agg. zu atmen: ***l'aria nelle grandi città non è più ~*** die Luft in den Großstädten ist nicht mehr zu atmen.

re|spi|ra|re I intr. (aus. *avere*) **1** atmen; *(inspirare)* ein‿atmen: ***~ col naso, con la bocca*** durch die Nase, den Mund atmen; ***~ a bocca aperta*** mit offenem Mund atmen; ***~ affannosamente, a fatica*** mühsam, schwer atmen (*o* nach Luft, Atem ringen); ***~ forte, profondamente*** tief einatmen; ***~ a pieni polmoni*** frei atmen (*o* tief durch‿atmen); ***non respira più*** er atmet nicht mehr (*o* der Atem hat ausgesetzt); ***con quest'afa non si respira*** bei dieser Schwüle kriegt man kaum Luft **2a** *(prendere fiato)* Atem holen, Atem schöpfen (anche FIG.) **b** *(sentire sollievo)* auf‿atmen: ***ora finalmente respiro!*** jetzt kann ich endlich aufatmen! **c** *(stare meglio)* ***dopo anni di stenti finalmente respirano un po'*** nach Jahren voller Entbehrungen geht es ihnen endlich etwas besser **II** tr. ein‿atmen, atmen: ***qui si respira aria buona*** hier atmet man gute Luft ◆ FIG. ***si respira un'aria nuova*** hier weht ein neuer Wind; FIG. ***qui si respira un'aria pesante*** hier herrscht dicke Luft.

re|spi|ra|to|re m. **1** Atemgerät *n.* **2** MED. Beatmungsgerät *n.*, Respirator *m.* ◆ ***~ artificiale*** Beatmungsgerät *n.*; ***immergersi col ~*** schnorcheln; ***~ ad ossigeno*** Sauerstoffgerät *n.* **re|spi|ra|to|rio** agg. *(-ri,-rie)* Atem-, Atmungs-, respiratorisch ◆ ***apparato ~*** Respirationsapparat *m.*; ***attività -a*** Atemtätigkeit *f.*; ***blocco ~*** Atemstillstand *m.* (*o* Atemlähmung *f.*); ***difficoltà -rie*** Atembeschwerden *pl.*; ***frequenza -a*** Atemfrequenz *f.*; ***ginnastica -a*** Atemgymnastik *f.* (*o* Atmungsgymnastik *f.*); ***insufficienza -a*** Atemnot *f.*; ***maschera -a*** Atem(schutz)maske *f.*; ***tecnica -a*** Atemtechnik *f.*; ***vie -rie*** Atemwege *pl.*

re|spi|ra|zio|ne f. **1** Atmung *f.*, Respiration *f.*, Atmen *n.* **2** *(indotta)* Beatmung *f.*: ***~ artificiale*** (künstliche) Beatmung ◆ ***~ addominale*** Bauchatmung *f.*; ***~ bocca a bocca*** Mund-zu-Mund-Beatmung *f.*; ***praticare la ~ bocca a bocca a qcn.*** jdn (von) Mund zu Mund beatmen; ***~ branchiale*** Kiemenatmung *f.*; ***~ cellulare*** Zellatmung *f.*; ***~ cutanea*** Hautatmung *f.*; ***~ diaframmatica*** Zwerchfellatmung *f.*; ***difficoltà di ~*** Atembeschwerden *pl.*; ***disturbi della ~*** Atemstörungen *pl.*; ***esercizio di ~*** Atemübung *f.*; ***~ polmonare*** Lungenatmung *f.*

re|spi|ro m. **1** Atem *m.*: ***trattenere il ~*** den Atem an‿halten; ***~ affannoso*** keuchender Atem **2** *(singolo atto)* Atemzug *m.*: ***-i regolari*** gleichmäßige Atemzüge **3** *(riposo)* Ruhe *f.*, Pause *f.*: ***lavorare senza ~*** ohne Pause arbeiten **4** *(dilazione)* Galgenfrist *f.*: ***avere ancora tre giorni di ~*** noch drei Tage Galgenfrist haben ◆ ***di ampio ~*** ausführlich, langatmig, weitschweifig; ***non avere un attimo di ~*** nicht einmal Zeit zum Verschnaufen haben (*o* nicht zu Atem kommen); FIG. ***dar ~ a qcn.*** jdm Luft lassen; ***esalare l'ultimo ~*** seinen letzten Seufzer tun, den letzten Hauch von sich geben; ***qui dentro manca il ~*** hier kriegt man keine Luft; FIG. ***avere un po' di ~*** etw. Luft haben; ***finalmente un po' di ~!*** jetzt kann ich endlich aufatmen! LETT. ***prendere ~*** Atem schöpfen; ***rendere l'ultimo ~*** seine Seele aus‿hauchen; ***tirare un ~ di sollievo*** erleichtert auf‿atmen; ***da togliere il ~*** atemberaubend; ***fino all'ultimo ~*** bis zum letzten Atemzug.

re|spon|sa|bi|le I agg. **1** verantwortlich: ***essere ~ per, di qcn, qcs.*** für jdn, etw. verantwortlich sein; ***essere ~ di fronte a qcn.*** jdm gegenüber verantwortlich sein; ***ritenere qcn, qcs. ~ per, di qcs.*** jdn, etw. für etw. verantwortlich machen; ***sentirsi ~*** sich verantwortlich fühlen **2** *(conscio delle responsabilità)* verantwortungsbewusst **3** *(colpevole)* schuldig: ***rendersi ~ di un delitto*** sich einer Straftat schuldig machen **4** DIR. haftend, haftbar: ***socio ~*** haftender Gesellschafter; ***considerare qcn. ~ di qcs.*** jdn für etw. haftbar machen **II** m. e f. **1** Verantwortliche *m.* e *f.*: ***voglio parlare col ~*** ich möchte mit dem Verantwortlichen sprechen **2** *(colpevole)* Schuldige *m.* ◆ ***~ civilmente*** haftpflichtig; EDIT. ***direttore ~*** Herausgeber *m.*; ***~ unico*** Alleinverantwortliche *m.*

re|spon|sa|bi|li|tà f.inv. **1a** Verantwortung *f.*: ***assumersi, prendersi la ~ di qcs., per qcn.*** die Verantwortung für etw., für jdn übernehmen; ***sottrarsi alla ~*** sich der Verantwortung entziehen; ***addossare la ~ a qcn.*** jdm die Verantwortung zu‿schieben; ***la ~ è tua*** die Verantwortung liegt bei dir (*o* du hast die Verantwortung); ***il peso della ~*** die Last der Verantwortung **b** *(l'essere responsabile)* Verantwortlichkeit *f.*: ***~ giuridica, penale*** rechtliche, strafrechtliche Verantwortlichkeit (*o* Verantwortung) **2** *(colpa)* Schuld *f.*, Verantwortung *f.*: ***non ha nessuna ~ per l'accaduto*** er trägt keine

Schuld an dem Vorfall **3** DIR. Haftung *f.*, Haftbarkeit *f.*, Haftpflicht *f.*: **~ *illimitata, collettiva, personale*** unbeschränkte, kollektive, persönliche Haftung (*o* Haftpflicht) ◆ **~ *amministrativa*** Amtshaftung *f.*; **~ *civile*** Haftpflicht *f.*; ***posto, incarico di ~*** verantwortungsvolle Stelle, Aufgabe; ***esclusione della ~*** Haftungsausschluss *m.*; **~ *materiale*** Sachhaftung *f.*; **~ *oggettiva*** Erfolgshaftung *f.* (*o* Haftung *f.* ohne Verschulden); ***assumersi la propria parte di ~*** die Mitverantwortung übernehmen; ***scaricare la ~ su un altro*** die Verantwortung auf einen anderen ab‿wälzen; ***senso di ~*** Verantwortungsgefühl *n.* (*o* Verantwortungsbewusstsein *n.*); ***non ha il minimo senso di ~*** ihm fehlt jegliches Verantwortungsbewusstsein; ***società a ~ limitata*** Gesellschaft *f.* mit beschränkter Haftung; ***sotto la ~ di qcn.*** auf jds Verantwortung; **~ *per i vizi della cosa*** Mängelhaftung *f.*

re|spon|sa|bi|liz|za|re **I** tr. **~ *qcn.*** Verantwortungsbewusstsein in jdm wecken, jdn zur Verantwortung erziehen: **~ *i giovani*** die Jugendlichen zur Verantwortung erziehen **II** pronom. **responsabilizzarsi** verantwortungsbewusst werden. **re|spon|sa|bi|liz|za|zio|ne** f. Wecken *n.* des Verantwortungsbewusstseins.

re|spon|sa|bil|men|te avv. verantwortungsbewusst.

re|spon|so m. **1** *(di oracolo)* Orakelspruch *m.* **2** *(risposta)* Antwort *f.*, Bescheid *m.*: ***il ~ del medico*** der Bescheid des Arztes; SCHERZ. ***stiamo tutti attendendo il tuo ~*** wir sind alle in Erwartung deiner Antwort **3** *(decisione)* Entscheidung *f.*: ***il ~ della giuria*** die Entscheidung der Geschworenen. **re|spon|so|rio** m. *(-ri)* Responsorium *n.*

res|sa f. Gedränge *n.*, Andrang *m.*: ***alla cassa vi era una gran ~*** es herrschte großer Andrang an der Kasse ◆ ***fare ~*** sich drängen; ***fare ~ attorno a qcn.*** sich um jdn drängen.

1.re|sta f. Rüsthacken *m.* ◆ ***mettere la lancia in ~*** die Lanze ein‿legen; FIG. sich zum Kampf rüsten; ***partire con la lancia, a lancia in ~*** zum Angriff über‿gehen.

2.re|sta f. ZOOL. Gräte *f.*

re|stan|te **I** agg. restlich, übrig: ***il denaro ~*** das restliche Geld **II** m. Rest *m.*

re|sta|re intr. (aus. *essere*) **1** bleiben: **~ *tre giorni in casa*** drei Tage zu Hause bleiben: ***resti a cena da noi?*** bleibst du zum Abendessen bei uns? ***è un segreto che deve ~ tra noi*** es ist ein Geheimnis, das unter uns bleiben muss; ***tu vai pure, io resto*** geh nur, ich bleibe hier; **~ *amici*** Freunde bleiben **2a** *(avanzare)* übrig bleiben: ***ci restano solo pochi soldi*** uns bleibt nur wenig Geld übrig; ***gli restano pochi mesi di vita*** ihm bleiben nur wenige Monate zu leben; ***non mi resta altro da fare che...*** mir bleibt nichts anderes übrig, als... **b** *(nello spazio)* ***restano solo 6 chilometri, 10 minuti (di strada)*** es sind nur noch 6 Kilometer, 10 Minuten (*o* wir haben nur noch 6 Kilometer, 10 Minuten) **c** *(nel tempo)* ***restano solo due ore per arrivare alla cima*** es dauert nur noch zwei Stunden bis zum Gipfel **3** *(trovarsi)* sein, sich befinden, liegen: ***casa mia resta proprio in cima alla collina*** mein Haus befindet sich genau auf der Kuppe des Hügels **4** *(restare d'accordo)* verbleiben, dabei bleiben: ***restiamo (d'accordo) che mi telefoni tu*** verbleiben wir so, dass du mich anrufst ◆ **~ *alzato fino a tardi*** bis spät auf‿bleiben; **~ *in argomento*** beim Thema bleiben; ***restiamo in attesa di una Vostra cortese risposta*** wie verbleiben in Erwartung Ihrer freundlichen Antwort; **~ *a bocca aperta*** Mund und Augen auf‿reißen (*o* auf‿spannen), mit offenem Mund da‿stehen; **~ *chiuso*** geschlossen bleiben; **~ *nel dubbio*** im Zweifel sein; **~ *ferito*** verwundet werden; FIG. **~ *senza fiato*** sprachlos sein; **~ *freddo*** kühl bleiben; **~ *a galla*** sich über Wasser halten, sich oben halten; **~ *indietro*** zurück‿bleiben; *(di orologio)* nach‿gehen; ***restarci male*** *(essere colpito)* betroffen sein; *(essere offeso)* gekränkt sein; *(essere deluso)* enttäuscht sein; ***non ci resta che...*** es bleibt uns nichts anderes übrig, als...; **~ *della propria opinione*** dabei bleiben; **~ *orfano*** Waise werden (*o* verweisen); **~ *del parere*** dabei (*o* bei der Meinung) bleiben; **~ *senza parole*** sprachlos sein; **~ *in piedi*** stehen bleiben; COLLOQ. ***restarci*** drauf‿gehen; **~ *seduto*** sitzen bleiben; **~ *ucciso*** getötet werden; ***restò ucciso sul colpo*** er war auf der Stelle tot; **~ *vedovo*** Witwer werden; **~ *al verde*** blank sein; **~ *in vita*** am Leben bleiben.

re|stau|ra|bi|le agg. **1** restaurierbar **2** FIG. wiederherstellbar.

re|stau|ra|re tr. *(restauro)* **1** restaurieren: **~ *un affresco, una chiesa, un manoscritto*** ein Fresko, eine Kirche, ein Manuskript restaurieren **2** FIG. *(ristabilire)* wieder ein‿führen, wieder ein‿richten, wieder errichten: **~ *la monarchia*** die Monarchie wieder errichten; **~ *antiche usanze*** alte Brauchtümer wiedereinführen.

re|stau|ra|to|re **I** agg. **1** restaurierend, restaurativ, Restaurations- **2** FIG. wiederherstellend **II** m. **1** Restaurator *m.* **2** FIG. Wiederhersteller *m.* ◆ **~ *di quadri*** Bilderrestaurator *m.*; **~ *di mobili*** Möbelrestaurator *m.*

re|stau|ra|zio|ne f. **1** Wiedereinführung *f.*, Restauration *f.*: ***la ~ della monarchia*** die Wiedereinführung der Monarchie **2** STOR. Restauration *f.* ◆ ***periodo della ~*** Restaurationszeit *f.*

re|stau|ro m. Restaurierung *f.*, Restauration *f.* ◆ ***chiuso per -i*** wegen Restaurationsarbeiten geschlossen; ***opera di ~*** Restaurationsarbeit *f.*

re|sti|o agg. **1** *(di animale)* störrisch, widerspenstig **2** *(di persona)* widerwillig, widerstrebend: ***essere ~ a fare qcs.*** nur widerwillig etw. tun; ***è ~ a venire*** er kommt nur widerwillig.

re|sti|tu|i|bi|le agg. rückerstattbar.

re|sti|tu|i|re tr. *(restituisco, restituisci)* **1** zurück‿geben, zurück‿erstatten, wieder‿geben (anche FIG.): **~ *la merce rubata*** die gestohlene Ware zurückgeben; **~ *un libro alla biblioteca*** ein Buch der Bibliothek zurückgeben; **~ *la libertà a qcn.*** jdm die Freiheit wiedergeben; ***la vacanza gli ha restituito la serenità*** der Urlaub hat ihm seine Heiterkeit wiedergegeben **2** *(rimborsare)* (zu)rück‿erstatten, zurück‿zahlen: **~ *le spese di viaggio*** die Fahrtkosten (zu)rückerstatten; **~ *un prestito alla banca*** ein Darlehen an die Bank zurückzahlen **3** *(contraccambiare)* erwidern, sich revanchieren: **~ *una visita*** einen Besuch erwidern; **~ *un favore a qcn.*** jdm einen Gefallen erwidern **4** *(riflettere)* wieder‿geben **5** FOT. entzerren **6** LETT. *(ristabilire)* wieder einsetzen ◆ **~ *qcn. alla vita*** jdn ins Leben zurückbringen.

re|sti|tu|ti|vo agg. Wiederherstellungs-: ***chirurgia plastica -a*** Wiederherstellungschirurgie *f.*

re|sti|tu|zio|ne f. **1a** Rückgabe *f.*, Rückerstattung *f.*: ***chiedere la ~ di un prestito*** die Rückerstattung eines Darlehens fordern; **~ *del maltolto*** die Rückgabe des unrechtmäßig erworbenen Gutes **b** FIG. Wiedergeben *n.* **2** *(in contraccambio)* Erwiderung *f.*: ***la ~ di una gentilezza*** die Erwiderung eines Gefallens **3** LETT. Wiedereinsetzung *f.*: ***la ~ del vecchio governo*** die Wiedereinsetzung der alten Regierung **4** FOT. Entzerrung *f.* **5** FILOL. Wiederherstellung *f.*, Rekonstruktion *f.*: **~ *di un testo*** die Rekonstruktion eines Textes ◆ **~ *di una cauzione*** Pfandrückgabe *f.*; ECON. **~ *di dazio*** Rückzoll *m.* (*o* Zollrückerstattung *f.*); ***diritto di ~*** Rückerstattungsrecht *n.*; **~ *fotogrammatica*** photogrammetrische Auswertung; ***obbligo di ~*** Rückgabepflicht *f.*; ***pretesa di ~*** Rückforderung *f.*; **~ *della visita*** Gegenbesuch *m.*

re|sto m. **1** Rest *m.*, Übrige *n.*: ***il ~ del tempo*** der Rest der Zeit (*o* die restliche Zeit); ***al ~ penso io*** um das Übrige kümmere ich mich; ***nel ~ della zona non ci sono case*** im restlichen Teil der Gegend gibt es keine Häuser **2** *(denaro)* Rest *m.*, Restbetrag *m.*, Wechselgeld *n.*: ***dare, dimenticare il ~*** das Wechselgeld geben, liegen lassen; ***tenere il ~*** den Rest behalten; ***non ho da darLe il ~*** ich kann Ihnen nicht herausgeben; **3** MAT. Rest *m.*: ***divisione con il ~ di 5*** Teilung mit Rest 5 **4** pl. *(residui)* Überreste *pl.*, Reste *pl.*: ***abbiamo finito i -i della cena*** wir haben die Reste des Abendessens aufgegessen; ***i -i mortali*** die sterblichen Reste ◆ ***del ~*** übrigens (*o* im Übrigen): ***del ~ c'era da aspettarselo*** das war eigentlich zu erwarten; ***del ~ non ho di che lamentarmi*** ich kann mich eigentlich nicht beschweren; ***per il ~ non ci sono stati problemi*** sonst hat es keine Probleme gegeben.

re|strin|ge|re *(restringo, restringi; restrinsi; ristretto)* **I** tr. **1a** verengen; ***i cumuli di neve restringono la corsia*** die Schneemassen verengen die Fahrbahn **b** *(indumenti)* enger machen **2** *(far contrarre)* zusammen‿ziehen: ***il freddo restringe i metalli*** die Kälte zieht die Metalle zusammen **3** FIG. *(limitare)* beschränken, ein‿schränken, ein‿grenzen, ein‿engen, verengen: **~ *la libertà di qcn.*** jds Freiheit einschränken; **~ *il campo di indagine*** den Bereich der Ermittlungen einschränken; **~ *un concetto*** einen Begriff einengen; **~ *l'ambito di una variabile*** den Umfang einer Variablen eingrenzen; **~ *il proprio orizzonte*** seinen Gesichtskreis verengen **4** *(numericamente)* herab‿setzen, verringern: **~ *il numero*** die Anzahl verringern **5** GASTR. ein‿kochen: ***(far) ~ un brodo*** eine Brühe einkochen lassen **II** pronom. **restringersi** **1** sich verengen, sich verschmälern, enger werden: ***la torre si restringe verso l'alto*** der Turm verschmälert sich nach oben hin **2** *(avvicinarsi)* sich zusammen‿drängen, (näher) zusammen‿rücken: ***restringetevi!*** rückt näher zusammen! **3a** *(contrarsi)* sich zusammen‿ziehen; ***con il freddo i metalli si restringono*** bei Kälte ziehen sich Metalle zusammen **b** *(di tessuti)* ein‿laufen, ein‿gehen **4** *(limitarsi)* geringer werden: ***le nostre possibilità si vanno restringendo*** unsere Möglichkeiten werden geringer ◆ ***-rsi nelle spalle*** mit den Achseln zucken.

re|strin|gi|men|to m. **1a** Verengung *f.* **b** *(di stoffe)* Einlaufen *n.*, Eingehen *n.* **2** *(contrazione)* Zusammenziehung *f.* **3** FIG. Beschränkung *f.*, Einschränkung *f.*, Einengung *f.* ◆ **~ *della pupilla*** Pupillenverengung *f.*

re|strit|ti|va|men|te avv. restriktiv.
re|strit|ti|vo agg. beschränkend, einschränkend, restriktiv: ***provvedimenti -i*** restriktive Maßnahmen; ***condizioni -e*** restriktive (*o* einschränkende) Bedingungen; ***clausola -a*** einschränkende Klausel (*o* Einschränkungsklausel *f.*).
re|stri|zio|ne f. **1** Einschränkung *f.*, Beschränkung *f.*: ***imporre -i*** Einschränkungen auf‿erlegen; ***una ~ alla libertà di qcn.*** eine Beschränkung von jds Freiheit **2a** DIR. Beschränkung *f.*, Restriktion *f.*: ***divieti e -i*** Verbote und Beschränkungen; ***~ legale*** gesetzliche Beschränkung **b** *(riserva)* Vorbehalt *m.*, Restriktion *f.* **3** FILOS. Restriktion *f.* ◆ ***~ alla concorrenza*** Wettbewerbsbeschränkung *f.*; ***~ all'esportazione*** Ausfuhrbeschränkung *f.*; ***~ all'immigrazione*** Einwanderungsbeschränkung *f.*; ***~ all'importazione*** Einfuhrbeschränkung *f.*; DIR. ***~ mentale*** Mentalreservation *f.* (*o* stillschweigender Vorbehalt); ***senza -i*** ohne Einschränkung *f.* (*o* in vollem Umfang *o* unbeschränkt); ***~ valutaria*** Devisenbeschränkung *f.*; ***~ alle vendite*** Abgabebeschränkung *f.*
re|sur|re|zio|ne → **risurrezione.**
re|su|sci|ta|re → **risuscitare.**
re|ta|blo m. Altaraufsatz *m.*, Retabel *n.*
re|tag|gio m. *(-gi)* LETT. Erbe *n.*, Vermächtnis *n.*: ***un ~ del passato*** ein Vermächtnis der Vergangenheit.
re|ta|ta f. **1** *(della polizia)* Razzia *f.*: ***fare una ~*** eine Razzia machen, durch‿führen, veranstalten **2a** *(lancio di rete)* Netzwurf *m.* **b** *(contenuto)* Fang *m.*: ***una ricca ~ di pesce*** ein reicher Fischfang.
re|te f. **1a** Netz *n.* (anche ANAT. GEOM.): ***~ a maglie larghe, fitte*** grobmaschiges, engmaschiges Netz; ***aggiustare la ~*** das Netz aus‿bessern; ***gettare, tirare, raccogliere le -i*** die Netze aus‿werfen, ein‿holen **b** FIG. ***una vasta ~ di collaboratori*** ein weit verzweigtes Netz von Mitarbeitern; ***~ autostradale, ferroviaria, stradale*** Autobahnnetz *n.*, Bahnnetz *n.* (*o* Eisenbahnnetz *n.*), Straßennetz *n.* **2** *(recinzione)* Zaun *m.* **3a** SPORT Tor *n.*, Netz *n.*: ***tirare il pallone in ~*** den Ball ins Tor (*o* Netz) schießen; *(gol)* ***andare in ~*** ins Tor gehen; ***vincere 4 -i a 2*** mit 4 zu 2 (Toren) gewinnen **b** *(nel tennis)* Netz *n.* **4** TELEV. Sender *m.*, Fernsehsender *m.*: ***~ nazionale*** staatlicher Fernsehsender **5** INFORM. Datennetz *n.* **6** BIOL. Netz *n.*, Geflecht *n.* **7** *(del letto)* Sprungrahmen *m.*, Sprungfederrahmen *m.* **8** FIG. *(insidia)* Netz *n.*, Falle *f.*, Garn *n.*, Schlinge *f.*: ***finire, cadere nella ~ di qcn.*** jdm ins Netz gehen ◆ ***a ~*** netzförmig; ***allacciamento a ~*** Netzanschluss *m.*; ***~ antisommergibili*** U-Boot-Netzsperre *f.*; ***borsa a ~*** Einkaufsnetz *n.*; ***calze a ~*** Netzstrümpfe *pl.*; ***~ per capelli*** Haarnetz *n.*; ***collegamento in ~*** Vernetzung *f.*; ***collegato in ~*** vernetzt; PESC. ***~ alla deriva*** Treibnetz *n.*; EL. COMM. ***~ di distribuzione*** Vertriebsnetz *n.*, Verteilernetz *n.*, Verteilungsnetz *n.*; ***~ elettrica*** Stromnetz *n.*; PESC. ***~ da fondo*** Grundnetz *n.*; ***~ del gas*** Gasversorgungsnetz *n.*; ***~ del letto*** Sprungrahmen *m.* (*o* Sprungfederrahmen *m.*); ***~ a listelli di legno*** *(per letto)* Lattenrost *m.*; ***~ locale*** Ortsnetz *n.*; ***~ di meridiani e paralleli*** Gradnetz *n.*; ***~ metallica*** Drahtzaun *m.* (*o* Maschendraht *m.*); ***~ mirabile*** Haargefäßnetz *n.*; ***~ da pesca*** Fischernetz *n.*; ***~ poligometrica*** Polygonnetz *n.*; ***~ portabagagli (di treno)*** Gepäcknetz *n.*; TELEV. ***~ privata*** Privatsender *m.*; ***~ di protezione*** Schutzzaun *m.*; MAR. MIL. ***~ di sbarramento*** Netzsperre *f.*; ***senza ~*** ohne Netz (anche FIG.); ***~ di spionaggio*** Spionagenetz *n.*; PESC. ***~ a strascico*** Schleppnetz *n.*; ***~ telefonica*** Telefonnetz *n.*; ***~ telematica*** Datennetz *n.*; ***~ urbana*** Netz *n.* der städtischen Verkehrsmittel; TEL. Ortsnetz *n.*
re|ti|cel|la f. **1** kleines Netz *n.* **2** *(per capelli)* Haarnetz *n.* **3** CHIM. Drahtnetz *n.* ◆ ***~ per filtri*** Filtergewebe *n.*; ***~ del ping-pong*** Tischtennisnetz *n.*
re|ti|cen|te agg. **1** nicht rückhaltlos, DIR. zurückhaltend; ***testimone ~*** Zeuge, der die Aussagepflicht verletzt **2** *(riluttante)* widerwillig: ***essere ~ a fare qcs.*** nur widerwillig etw. tun; ***sono ~ a parlare di me*** ich spreche nur ungern über mich selbst.
re|ti|cen|za f. **1** Verschwiegenheit *f.*, Zurückhaltung *f.* **2** DIR. Verschweigen *n.*; *(von Tatsachen)* Verletzung *f.* der Aussagepflicht (*o* der Anzeigepflicht) ◆ ***~ dolosa*** arglistiges Verschweigen.
re|ti|co agg. *(-ci,-che)* rätisch.
re|ti|co|la|re agg. **1** netzförmig, netzartig, Netz-: ***struttura ~*** Netzstruktur *f.*; ***grafico ~*** Netzplan *m.* **2** BIOL. retikular, retikulär, Netz-: ***tessuto ~*** retikuläres Gewebe.
re|ti|co|la|to m. **1** Geflecht *n.*, Netzwerk *n.* **2** *(per recinzioni)* Drahtzaun *m.*, Gitter *n.* **3** *(disegno a forma di rete)* Gitternetz *n.*, Quadratnetz *n.* **4** MIL. Drahtverhau *m.* ◆ ***~ geografico*** Gradnetz *n.*; ***pitone ~*** Netzpython *m.*; ***~ di filo spinato*** Stacheldrahtverhau *m.*
re|ti|co|lo m. **1a** Netz *n.*, Netzwerk *n.*: ***un ~ di arterie, linee*** ein Netzwerk von Adern, Linien **b** *(struttura a graticcio)* Gitter *n.* (anche CHIM. FIS. MAT.): ***~ ottico*** optisches Gitter **2** ZOOL. Netzmagen *m.* ◆ ***~ atomico*** Atomgitter *n.*; ***~ attivo*** Reaktorgitter *n.*; ***~ di collimazione*** Fadenkreuz *n.*; ***~ delle coordinate*** Koordinatennetz *n.*; ***~ cristallino*** Kristallgitter *n.*; ***~ geografico, dei gradi*** Gradnetz *n.* (*o* Kartennetz *n.*); ***~ spaziale*** Raumgitter *n.*
re|ti|for|me agg. netzförmig, netzartig.
1.re|ti|na f. ANAT. Netzhaut *f.*, Retina *f.*; ***distacco della ~*** Netzhautablösung *f.*
2.re|ti|na f. **1** kleines Netz *n.* **2** *(per capelli)* Haarnetz *n.*
re|ti|na|re tr. **1** TIP. rastern **2** TECN. mit einem Netz versehen. **re|ti|na|tu|ra** f. TIP. Raster *m.*, Rasterung *f.*
re|ti|ni|co agg. *(-ci,-che)* Netzhaut-. **re|ti|ni|te** f. Netzhautentzündung *f.*, Retinitis *f.*
re|ti|no m. **1** (kleines) Netz *n.*; ***~ per farfalle*** Schmetterlingsnetz *n.* **2** TIP. Raster *m.* ◆ ***~ incandescente*** Glühstrumpf *m.*
re|to|re m. **1** STOR. Rhetor *m.* **2** SPREG. Phrasendrescher *m.*
re|to|ri|ca f. **1** Rhetorik *f.*, Redekunst *f.*; ***trattato di ~*** rhetorisches Traktat; ***padroneggiare i mezzi della ~*** die Klaviatur der Rhetorik (*o* die rhetorischen Mittel) beherrschen **2** SPREG. Phrasendrescherei *f.*; ***fare della ~*** Phrasen dreschen; ***un discorso gonfio di ~*** eine Rede voller leerer Phrasen.
re|to|ri|ca|men|te avv. **1** rhetorisch **2** SPREG. phrasenhaft.
re|to|ri|co I agg. *(-ci,-che)* **1** rhetorisch **2** SPREG. phrasenhaft **II** m. *(-ci)* Rhetor *m.* ◆ ***domanda -a*** rhetorische Frage; ***figura -a*** Stilfigur *f.* (*o* Redefigur *f.*, rhetorische Figur); ANT. ***fiore ~*** Redeblume *f.*; ***frase -a*** Floskel *f.*
re|to|ro|man|zo I agg. romantsch, rätoromanisch **II** m. Romantsch *n.*, Rätoromanische *n.*
re|trat|ti|le agg. einziehbar: ***unghie -i*** einziehbare Krallen; AER. ***carrello ~*** einziehbares Fahrwerk. **re|trat|ti|li|tà** f. Einziehbarkeit *f.*
re|tri|bu|i|re tr. *(retribuisco, retribuisci)* **1** entlohnen, bezahlen: ***~ un dipendente*** einen Angestellten entlohnen **2** ESTENS. *(ricompensare)* belohnen.
re|tri|bu|i|to p.pass. agg. **1** → **retribuire 2** bezahlt, entlohnt: ***festività -a*** bezahlter Feiertag; ***permesso non ~*** unbezahlter Urlaub; ***lavoro ~*** bezahlte Arbeit (*o* Lohnarbeit *f.*). **re|tri|bu|ti|vo** agg. **1** Bezahlungs-, Entlohnungs-: ***a carattere ~*** als Bezahlung (*o* als Entlohnung) **2** *(di stipendio)* Gehalts-; *(di salario)* Lohn-: ***aumento, livello ~*** Gehalts-, Lohnerhöhung *f.*, Gehalts-, Lohnniveau *n.*; ***classe -a*** Gehalts-, Lohnklasse *f.*; ***fascia -a*** Gehalts-, Lohngruppe *f.* ◆ ***giungla -a*** ungleiche Lohnverteilung; ***monte ~*** Gesamtlohnsumme *f.*; ***scala -a*** Lohnskala *f.*; ***sistema ~*** Entlohnungssystem *n.*, Gehaltssystem *n.*; ***dal punto di vista ~*** gehaltlich.
re|tri|bu|zio|ne f. Entlohnung *f.*, Vergütung *f.*; *(stipendio)* Gehalt *n.*; *(salario)* Lohn *m.*: ***corrispondere la ~*** *(stipendio)* das Gehalt aus‿zahlen; *(salario)* den Lohn aus‿zahlen; ***disparità di ~*** Ungleichheit *f.* der Entlohnung; ***~ per le ore di straordinario*** Vergütung von Überstunden; ***una giusta ~*** eine leistungsgerechte Bezahlung ◆ ***acconto di ~*** Lohnvorschuss *m.*; ***aumento della ~*** *(di stipendio)* Gehaltserhöhung *f.*; *(di salario)* Lohnerhöhung *f.*; ***~ a cottimo*** Akkord *m.*; ***~ a forfait*** Pauschalentlohnung *f.*; ***~ in natura*** Sachbezüge *pl.* (*o* Naturallohn *m.*); ***~ oraria*** Stundenlohn *m.*; ***~ straordinaria*** Überstundengeld *n.*; ***~ a tempo*** Zeitlohn *m.*
re|tri|vo I agg. rückständig, rückschrittlich: ***mentalità -a*** rückständige Mentalität; ***essere di tendenze -e*** rückschrittlich eingestellt sein **II** m. rückständiger Mensch *m.*
re|tro I avv. LETT. hinten **II** m.inv. **1** Rückseite *f.*: ***il ~ di un edificio*** die Rückseite eines Gebäudes; ***sul ~*** umseitig (*o* auf der Rückseite); ***confrontare l'illustrazione sul ~*** das umseitige Bild vergleichen; ***sul ~ della casa*** auf der Rückseite des Hauses **2** *(retrobottega)* Hinterzimmer *n.* ◆ ***a ~*** hinten; ***~ della casa*** Hinterhaus *n.*; ***di ~*** hinten; ***~ del foglio*** Verso *n.*; ***~ della medaglia*** Rückseite (*o* Kehrseite) *f.* der Medaille; ***porta sul ~*** Hintertür *f.*; ***vedi ~*** siehe Rückseite, siehe hinten.
ré|tro agg.inv. [re'tro] **1** altertümlich **2** *(retrospettivo)* rückschauend, rückblickend.
re|tro|at|ti|vi|tà f. Rückwirkung *f.*; ***divieto di ~*** Rückwirkungsverbot *n.*; ***la ~ di una sentenza*** die rückwirkende Kraft eines Urteils.
re|tro|at|ti|vo agg. retroaktiv, rückwirkend ◆ ***con effetto ~*** rückwirkend; ***avere effetto ~*** rückwirkend in Kraft treten. **re|tro|a|zio|ne** f. **1** *(retroattività)* Rückwirkung *f.* **2** *(feedback)* Rückkopplung *f.*, Feedback *n.*
re|tro|boc|ca m.inv. Rachen *m.*
re|tro|bot|te|ga m. e f.inv. Hinterzimmer *n.*, Nebenraum *m.*
re|tro|ca|ri|ca f. Hinterladung *f.*; ***arma a ~*** Hinterlader *m.*
re|tro|ce|de|re *(retrocessi; retrocesso)* **I** intr. (aus. *essere*) **1** zurück‿weichen: ***~ di fronte a una difficoltà*** vor Schwierigkeiten zurückweichen **2** SPORT ab‿steigen: ***~ in serie B*** in die zweite Liga absteigen **II** tr. **1** zurück‿stufen **2** MIL. degradieren: ***~ qcn. a caporale*** jdn zum Gefreiten degradieren.

re|tro|ces|sio|ne f. **1** Zurückweichen *n.* **2** SPORT Abstieg *m.*: ***la ~ in serie B*** der Abstieg in die Zweite Liga; ***zona di ~*** abstiegsgefährdete Zone. **re|tro|ces|so** → **retrocedere.**
re|tro|da|ta|bi|le agg. zurückdatierbar, nachdatierbar.
re|tro|da|ta|re tr. **1** zurück‿datieren, nach‿datieren: ***~ una fattura*** eine Rechnung zurückdatieren **2** STOR. zurück‿datieren. **re|tro|da|ta|zio|ne** f. **1** Zurückdatierung *f.*, Nachdatierung *f.* **2** STOR. Zurückdatierung *f.*
re|tro|fles|sio|ne f. **1** Rückwärtsknickung *f.* **2** MED. Retroflexion *f.* **re|tro|fles|so** p.pass. agg. **1** → **retroflettere 2a** MED. nach hinten abgeknickt: ***utero ~*** nach hinten abgeknickte Gebärmutter **b** LING. retroflex. **re|tro|flet|te|re** tr. nach hinten knicken (*o* biegen).
re|tro|gra|do I agg. **1** rückläufig **2** ASTR. retrograd: ***moto ~ apparente, reale*** scheinbare, tatsächliche retrograde Bewegung **3** FIG. *(retrivo)* rückständig, rückschrittlich **II** m. rückständiger Mensch *m.* ◆ PSIC. ***amnesia -a*** retrograde Amnesie; ***atteggiamento ~*** Rückschrittlichkeit *f.*; MUS. ***moto ~*** Krebs *m.*
re|tro|guar|dia f. **1** Nachhut *f.*, Nachtrupp *m.* **2** SPORT Hintermannschaft *f.*, Verteidigung *f.* **3** FIG. Hintergrund *m.*: ***stare alla ~*** sich im Hintergrund halten.
re|tro|gu|sto m. Nachgeschmack *m.*
re|tro|mar|cia f. *(-ce)* Rückwärtsgang *m.*: ***mettere, innestare la ~*** den Rückwärtsgang ein‿legen ◆ ***fare ~*** im Rückwärtsgang fahren; FIG. den Rückzug an‿treten.
re|tro|neb|bia m.inv. Nebellicht *n.*
re|tro|raz|zo m. Bremsrakete *f.*
re|tro|sce|na I f. TEATR. Hintergrund *m.* **II** m.inv. Hintergrund *m.*: ***svelare i ~ di qcs.*** die Hintergründe von etw. enthüllen.
re|tro|spet|ti|va f. **1** Retrospektive *f.*, Rückblick *m.*, Rückschau *f.* **2** *(mostra)* Retrospektive *f.* **re|tro|spet|ti|vo** agg. rückschauend, rückblickend, retrospektiv: ***giudizio ~*** rückblickendes Urteil ◆ ***~ annuale*** Jahresrückblick *m.*; ***mostra -a*** Retrospektive *f.*; ***sguardo ~*** Rückblick *m.* **re|tro|spe|zio|ne** f. Retrospektion *f.*
re|tro|stan|te agg. dahinter liegend: ***gli edifici -i*** die dahinter liegenden Gebäude; ***i locali -i al negozio*** die hinter dem Geschäft liegenden Räume.
re|tro|ter|ra m.inv. **1** Hinterland *n.* **2** FIG. Hintergrund *m.*
re|tro|ven|di|ta f. Rückverkauf *m.*
re|tro|ver|sio|ne f. **1** Retroversion *f.*, Rückwärtsknickung *f.*: ***~ uterina*** Rückwärtsknickung der Gebärmutter **2** LING. Rückübersetzung *f.*; ***fare la ~ di un testo*** einen Text rück‿übersetzen.
re|tro|vi|a f. Etappe *f.*: ***essere nelle -e*** in der Etappe liegen ◆ ***servizio di ~*** Etappendienst *m.*; ***zona delle -e*** Etappengebiet *n.*
re|tro|vi|si|vo, re|tro|vi|so|re agg. ***specchietto ~*** Rückspiegel *m.*; ***specchietto ~ esterno*** Außenspiegel *m.*
1.ret|ta, *dar(e) ~ a qcn.* auf jdn hören: ***dammi ~!*** hör auf mich! ***non dar ~*** nicht (drauf) hören; ***se dovessi dar ~ a tutto quel che si dice...*** wenn ich auf alles hören sollte, was man sagt...
2.ret|ta f. Pension *f.*, Kostgeld *n.* ◆ ***~ giornaliera*** Tagegeld *n.*; ***~ ospedaliera*** Pflegesatz *m.*; ***~ scolastica*** Schulgeld *n.*; ***~ settimanale*** Wochengeld *n.*
3.ret|ta f. GEOM. Gerade *f.*: ***-e parallele, incidenti*** parallele, inzidente Geraden ◆ ***~ secante*** Sekante *f.*; ***~ tangente*** Tangente *f.*
ret|ta|le agg. rektal; ***temperatura ~*** Rektaltemperatur *f.*; ***misurare la temperatura per via ~*** die Temperatur rektal messen.
ret|ta|men|te avv. **1** *(onestamente)* rechtschaffen, redlich **2** *(correttamente)* richtig, korrekt **3** *(lealmente)* fair, anständig.
ret|tan|go|la|re agg. rechteckig, rektangulär. **ret|tan|go|lo I** agg. rechteckig, rechtwink(e)lig, Rechteck-: ***triangolo ~*** rechtwink(e)liges Dreieck **II** m. **1** Rechteck *n.* **2** SPORT Feld *n.*; ***~ di gioco*** Spielfeld *n.*
ret|ti|fi|ca f. *(-che)* **1** Berichtigung *f.*, Richtigstellung *f.* **2** *(di strade)* Begradigung *f.* **3** TECN. Schliff *m.*, Schleifen *n.*, Schleiferei *f.* ◆ ***~ dei confini*** Grenzberichtigung *f.*; ***~ di finitura*** Feinschliff *m.*; ***obbligo di ~*** Berichtigungspflicht *f.*; ***olio da ~*** Schleiföl *n.*; ***~ a umido*** Nassschleifen *n.*; ***~ del valore*** Wertberichtigung *f.*
ret|ti|fi|ca|re tr. *(rettifico, rettifichi)* **1** begradigen: ***~ il corso di un fiume, una strada*** den Lauf eines Flusses, eine Straße begradigen **2** *(modificare, correggere)* berichtigen, richtig stellen: ***~ una dichiarazione*** eine Aussage richtig stellen **3** CHIM. rektifizieren **4** TECN. schleifen; ***~ a secco*** trocken schleifen.
ret|ti|fi|ca|to I p.pass. agg. **1** → **rettificare 2** begradigt: ***curva -a*** begradigte Kurve **3** *(corretto)* richtig gestellt: ***dichiarazione -a*** richtig gestellte Erklärung **4** TECN. geschliffen, Schliff-: ***superficie -a*** Schliffläche *f.* **5** CHIM. rektifiziert: ***benzina -a*** rektifiziertes Benzin **II** m. CHIM. Rektifikat *n.*
ret|ti|fi|ca|to|re I m. Schleifer *m.* **II** agg. Schleif-: ***macchina -trice*** Schleifmaschine *f.* **ret|ti|fi|ca|tri|ce** f. Schleifapparat *m.*, Schleifmaschine *f.* **ret|ti|fi|ca|zio|ne** f. Rektifikation *f.*: ***~ continua, discontinua*** stetige, unstetige Rektifikation; ***colonna di ~*** Rektifiziersäule *f.*
ret|ti|fi|lo m. gerade Strecke *f.*, Gerade *f.*; ***la strada corre in ~*** die Straße verläuft schnurgerade.
ret|ti|le I m. **1** Reptil *n.*, Kriechtier *n.* **2** SPREG. heimtückischer Mensch *m.* **II** agg. kriechend, Kriech-.
ret|ti|li|ne|o I m. Gerade *f.*, gerade Strecke *f.* **II** agg. **1** geradlinig, gerade: ***strada, ferrovia -a*** geradlinige Straße, Bahn; ***percorso ~*** gerader Kurs **2** FIG. *(coerente)* aufrichtig, redlich ◆ SPORT ***~ d'arrivo*** Zielgerade *f.*
ret|ti|tu|di|ne f. Redlichkeit *f.*, Rechtschaffenheit *f.*, Geradheit *f.*: ***un uomo di grande ~*** ein Mann von großer Redlichkeit; ***agire con ~*** rechtschaffen handeln.
1.ret|to I agg. **1** *(diritto)* gerade: ***linea -a*** gerade Linie (*o* Richte *f.*, MAT. Gerade *f.*); ***che procede in linea -a*** geradeläufig **2a** *(onesto)* rechtschaffen, redlich **b** *(corretto)* richtig, korrekt **c** *(leale)* fair, anständig **3** GEOM. recht, rechtwink(e)lig: ***angolo ~*** rechter Winkel; ***ad angolo ~*** rechtwink(e)lig **4** GRAMM. ***caso ~*** unabhängiger Fall *m.* **II** m. **1** ANAT. Rektum *n.*, Mastdarm *m.* **2** TIP. Rekto *m.* ◆ ***la -a via*** der rechte Weg; ***allontanarsi dalla -a via*** vom rechten Pfad ab‿kommen; ***riportare qcn. sulla -a via*** jdn auf den rechten Weg zurück‿bringen.
2.ret|to → **reggere.**
ret|to|ra|to m. Rektorat *n.* **ret|to|re** m. **1** Rektor *m.*: ***~ dell'università*** Rektor der Universität **2** *(capo)* Leiter *m.*; ***il ~ del seminario*** der Seminarleiter ◆ ***il magnifico Rettore*** Rector magnificus *m.*, Magnifikus *m.*
ret|to|sco|pi|a f. Rektoskopie *f.*, Mastdarmspiegelung *f.* **ret|to|sco|pio** m. *(-pi)* Rektoskop *n.*, Mastdarmspiegel *m.*
reu|ma m. Rheumatismus *m.*
reu|ma|ti|co I agg. *(-ci,-che)* rheumatisch: ***dolori -ci*** rheumatische Schmerzen **II** m. *(-ci)* Rheumatiker *m.*
reu|ma|ti|smo m. Rheumatismus *m.*, COLLOQ. Rheuma *n.*: ***avere i -i*** Rheuma haben; ***soffrire di -i*** an Rheuma leiden. **reu|ma|toi|de** agg. rheumaähnlich ◆ ***artrite ~*** rheumatische Arthritis. **reu|ma|to|lo|gi|a** f. Rheumatologie *f.* **reu|ma|to|lo|go** m. *(-gi)* Rheumatologe *m.*
re|van|sci|smo m. Revanchismus *m.* **re|van|sci|sta** m. e f. *(-i,-e)* Revanchist *m.* (-in *f.*). **re|van|sci|sti|co** agg. *(-ci,-che)* revanchistisch.
Rev. ⇒ *Reverendo* Reverend (Rev.).
re|ve|ren|do I agg. ehrwürdig, hochehrwürdig: ***il ~ padre*** der ehrwürdige Vater; ***la -a madre*** die ehrwürdige Oberin **II** m. Hochwürden *m.*, Reverend *m.*
re|ve|ren|za → **riverenza.**
re|ve|ren|zia|le agg. ehrfurchtsvoll, ehrfürchtig ◆ ***timore ~*** Ehrfurcht *f.*: ***avere un timore ~ per qcn.*** vor jdm Ehrfurcht haben.
re|ver|sa|le f. Einziehungsauftrag *m.*, Inkassoauftrag *m.* ◆ ***~ ferroviaria*** Eisenbahn-Empfangsbescheinigung *f.*
re|ver|si|bi|le agg. **1** reversibel, umkehrbar: ***processo ~*** reversibler Prozess **2** MED. reversibel, heilbar: ***coma ~*** reversibles Koma **3a** DIR. übertragbar: ***assicurazione sulla vita ~*** übertragbare Lebensversicherung **b** ECON. reversibel, übertragbar ◆ ***pensione ~*** Hinterbliebenenrente *f.*
re|ver|si|bi|li|tà f. **1** Reversibilität *f.*, Umkehrbarkeit *f.* **2** DIR. ECON. Übertragbarkeit *f.*; ***trattamento di ~*** Gewährung *f.* einer übertragbaren Vergünstigung ◆ ***pensione di ~*** Hinterbliebenenrente *f.*
re|ver|sio|ne f. **1** DIR. Heimfall *m.*, Rückfall *m.* **2** BIOL. Atavismus *m.*
re|vi|sio|na|re tr. **1** TECN. überholen: ***far ~ la macchina*** das Auto überholen lassen **2** BUROCR. überprüfen, revidieren: ***~ il bilancio*** die Bilanz überprüfen; ***~ un contratto*** einen Vertrag revidieren.
re|vi|sio|ne f. **1a** TECN. Überholung *f.*; ***far fare la ~ al motore*** den Motor überholen lassen; ***procedere alla ~ degli impianti*** die Anlagen überholen **b** AUT. *(collaudo periodico)* Überholung *f.*, Inspektion *f.*: ***la macchina deve fare la ~*** das Auto muss zur Hauptuntersuchung; ***portare la macchina alla ~*** das Auto zur Hauptuntersuchung bringen **2** BUROCR. Überprüfung *f.*, Revision *f.*: ***la ~ dei libri contabili*** die Überprüfung (*o* Revision) der Geschäftsbücher **3a** *(correzione)* Revision *f.*: ***la ~ di un testo*** die Revision eines Textes; ***la ~ di un accordo*** die Revision eines Abkommens **b** DIR. Revision *f.* ◆ ***~ del bilancio*** Bilanzprüfung *f.*; ***~ di bozze*** Korrekturlesen *n.*; ***~ di cassa*** Kassenrevision *f.*; ***~ dei conti*** Rechnungsprüfung *f.*; ***~ generale*** Generalüberholung *f.*; ***sottoporre qcs. a ~ generale*** etw. general‿überholen; ***~ dell'impaginato*** Umbruchrevision *f.*; DIR. ***procedimento di ~*** Revisionsverfahren *n.*
re|vi|sio|ni|smo m. Revisionismus *m.* **re|vi|sio|ni|sta** *(-i,-e)* **I** m. e f. Revisionist *m.* (-in *f.*) **II** agg. revisionistisch. **re|vi|sio|ni|sti|co**

agg. *(-ci,-che)* revisionistisch.
re|vi|so|re m. Prüfer *m.*, Revisor *m.* ◆ **~ di bilancio** Wirtschaftsprüfer *m.* (*o* Revisor *m.*); **~ di bozze** Revisor *m.*; **~ contabile** Bücherrevisor *m.*; **~ di conti** Rechnungsprüfer *m.*; **relazione dei -i** Prüfungsbericht *m.*
re|vi|val [re'vaivəl] m.inv. Revival *n.*, Wiederaufleben *n.*
re|vi|vi|scen|za f. **1** BIOL. Wiederbelebung *f.* **2** FIG. LETT. Wiederaufleben *n.*, Wiedererwachen *n.*
Rev.mo ⇒ *Reverendissimo* Reverendissimus (Rev.).
re|vo|ca f. *(-che)* **1** *(invalidamento)* Widerruf *m.*, Widerrufung *f.*: **la ~ di un testamento, un provvedimento** die Widerrufung eines Testaments, einer Maßnahme **2** *(annullamento, sospensione)* Aufhebung *f.*: **la ~ di un permesso, dell'interdizione** die Aufhebung einer Genehmigung, der Entmündigung ◆ **fino a ~** bis auf Widerruf; **~ della patente** Führerscheinentzug *m.*
re|vo|ca|bi|le agg. widerruflich, widerrufbar. **re|vo|ca|bi|li|tà** f. Widerruflichkeit *f.*, Widerrufbarkeit *f.*
re|vo|ca|re tr. *(revoco, revochi)* **1** *(invalidare)* widerrufen: **~ una concessione, una legge** eine Genehmigung, ein Gesetz widerrufen **2** *(annullare, sospendere)* auf‿heben: **~ un ordine** einen Befehl aufheben **3** *(rimuovere da un incarico)* ab‿setzen, entheben: **~ qcn. da una carica** jdn seines Amtes entheben; **~ un funzionario pubblico** einen Beamten absetzen ◆ **~ un credito** einen Kredit zurück‿ziehen; **~ la procura** die Vollmacht entziehen. **re|vo|ca|ti|vo, re|vo|ca|to|rio** agg. *(-ri,-rie)* **1** widerrufend **2** aufhebend: **effetto ~** aufhebende Wirkung.
re|vol|ver m.inv. Revolver *m.*: **estrarre, caricare, scaricare il ~** den Revolver heraus‿ziehen, laden, ab‿drücken; **togliere la sicura al ~** den Revolver entsichern ◆ **fondina del ~** Revolvertasche *f.*; **testa a ~** Revolverkopf *m.*; **tornio a ~** Revolverdrehbank *f.*; **trapano a ~** Revolverbohrmaschine *f.* **re|vol|ve|ra|ta** f. Revolverschuss *m.*
RFT ⇒ *Repubblica Federale Tedesca* Bundesrepublik Deutschland (BRD).
rgt., Rgt. ⇒ *Reggimento* Regiment (Rgt.).
Rh ⇒ *Rhesus* Rhesus-Faktor (Rh) ◆ **~ negativo** Rh-negativ; **~ positivo** Rh-positiv.
rho m. e f.inv. Rho *n.*
rhum → **rum.**
RI ⇒ *Repubblica Italiana* Italienische Republik.
ri|ab|bas|sa|re I tr. **1** wieder senken: **~ lo sguardo, la voce** den Blick, die Stimme wieder senken; **~ i prezzi** die Preise wieder senken **2** *(ridurre di nuovo d'intensità, di altezza)* wieder niedriger stellen, wieder herunter‿stellen: **~ il riscaldamento** die Heizung wieder niedriger stellen **3** **~ (il volume di) qcs.** etw. wieder leiser stellen **4** *(tirare giù di nuovo)* wieder herunter‿lassen, wieder herab‿lassen: **~ gli avvolgibili** die Rollläden wieder herunterlassen; **~ il finestrino** das Fenster wieder herunter‿kurbeln **II** pronom. **riabbassarsi 1** *(diminuire di nuovo)* wieder sinken, wieder fallen **2** *(chinarsi di nuovo)* sich wieder bücken.
ri|ab|bel|li|re tr. *(riabbellisco, riabbellisci)* wieder verschönern, wieder schmücken.
ri|ab|bot|to|na|re I tr. wieder zu‿knöpfen **II** pronom. **riabbottonarsi** sich wieder zu‿knöpfen: **-rsi il cappotto** sich den Mantel wieder zuknöpfen.
ri|ab|brac|cia|re *(riabbraccio, riabbracci)* **I** tr. **1** wieder umarmen; **~ qcn.** jdn umarmen **2** FIG. **~ qcs.** sich etw. (D) wieder an‿schließen: **~ un partito** sich einer Partei wieder anschließen; **~ una fede religiosa** sich wieder zu einem Glauben bekennen **II** pronom. **riabbracciarsi** sich (einander) wieder umarmen.
ri|a|bi|li|tan|te agg. rehabilitativ, Rehabilitations-: **terapia ~** Rehabilitationstherapie *f.*
ri|a|bi|li|ta|re *(riabilito)* **I** tr. **1** rehabilitieren (anche FIG.): **~ i disabili** die Behinderten rehabilitieren; **~ un politico agli occhi di tutti** einen Politiker vor der Öffentlichkeit rehabilitieren **2** *(restituire funzionalità)* wieder‿auf‿bauen: **~ un impianto** eine Anlage wieder aufbauen **II** pronom. **riabilitarsi** sich rehabilitieren.
ri|a|bi|li|ta|ti|vo agg. rehabilitativ, Rehabilitations-: **centro ~** Rehabilitationszentrum *n.*; **clinica -a** Rehabilitationsklinik *f.*; **procedimento ~** rehabilitatives Verfahren; **trattamento ~** rehabilitative Behandlung.
ri|a|bi|li|ta|zio|ne f. **1** Rehabilitation *f.*: **la ~ di un handicappato** die Rehabilitation eines Körperbehinderten **2** FIG. Rehabilitierung *f.* ◆ **centro di ~** Rehabilitationszentrum *n.*; **clinica di ~** Rehabilitationsklinik *f.*; **terapia della ~** Rehabilitationstherapie *f.*; **terapista della ~** Rehabilitationstherapeut *m.*
ri|a|bi|tua|re I tr. wieder gewöhnen: **~ qcn., qcs. a qcs.** jdn, etw. wieder an etw. (A) gewöhnen **II** pronom. **riabituarsi 1** sich wieder gewöhnen: **-rsi a qcs.** sich wieder an etw. (A) gewöhnen; **-rsi a fare qcs.** sich wieder daran gewöhnen, etw. zu tun **2** ESTENS. *(familiarizzare di nuovo)* sich wieder vertraut machen: **-rsi a qcs.** sich wieder mit etw. vertraut machen.
ri|ac|ca|de|re intr. *(riaccadde; riaccaduto*; aus. *essere)* wieder geschehen, wieder passieren, wieder vor‿kommen.
ri|ac|cen|de|re *(riaccesi; riacceso)* **I** tr. **1** wieder an‿zünden: **~ il fuoco, la sigaretta** das Feuer, die Zigarette wieder anzünden **2** *(con interruttore)* wieder ein‿schalten: **~ la luce** das Licht wieder einschalten **3a** FIG. wieder entflammen, wieder entfachen: **~ la passione di qcn.** jds Leidenschaft wieder entflammen; **~ una disputa** einen Streit wieder entfachen **b** **~ un antico rancore** einen alten Groll wieder auf‿leben lassen **4** DIR. wieder auf‿nehmen: **~ un'ipoteca, un debito** erneut eine Hypothek, Schulden aufnehmen **II** pronom. **riaccendersi 1** sich wieder entzünden **2** *(con interruttore)* sich wieder ein‿schalten **3** FIG. wieder entbrennen, sich wieder entzünden ◆ **~ un conto** ein Konto wieder eröffnen; **~ l'interesse** das Interesse wieder wecken; **si riaccese in viso** sein Gesicht hellte sich wieder auf.
ri|ac|chiap|pa|re tr. COLLOQ. wieder erwischen, wieder fassen, wieder haschen. **ri|ac|ciuf|fa|re** tr. COLLOQ. wieder schnappen, wieder packen.
ri|ac|cli|ma|ta|re *(riacclimato)* **I** tr. wieder akklimatisieren **II** pronom. **riacclimatarsi** sich wieder akklimatisieren.
ri|ac|co|mo|da|re *(riaccomodo)* **I** tr. **1** wieder aus‿bessern, wieder reparieren **2** *(risistemare)* wieder in Ordnung bringen (anche FIG.) **3** FIG. *(appianare di nuovo)* wieder bei‿legen: **~ una disputa** einen Streit wieder beilegen **II** pronom. **riaccomodarsi 1** *(rimettersi a proprio agio)* es sich wieder bequem machen **2** *(rimettersi a sedere)* wieder Platz nehmen.
ri|ac|com|pa|gna|re tr. **1** wieder begleiten **2** *(tornando indietro)* zurück‿begleiten: **~ qcn. a casa** jdn nach Hause zurückbegleiten.
ri|ac|cor|cia|re *(riaccorcio, riaccorci)* **I** tr. wieder kürzen, wieder kürzer machen **II** pronom. **riaccorciarsi** sich wieder verkürzen, wieder kürzer werden.
ri|ac|co|sta|re I tr. wieder an‿lehnen **II** pronom. **riaccostarsi** sich wieder an‿nähern, sich wieder nähern: **-rsi alla fede** sich dem Glauben wieder nähern.
ri|ac|qui|sta|re tr. **1** wieder kaufen **2a** FIG. *(recuperare)* wieder erlangen: **~ la libertà** die Freiheit wieder erlangen **b** *(acquisire di nuovo)* **~ qcs.** wieder etw. erwerben, wieder an etw. (D) gewinnen: **~ la fama** Ruhm wieder erwerben; **~ velocità** wieder an Geschwindigkeit gewinnen ◆ **~ peso** wieder zu‿nehmen.
ri|a|cu|tiz|za|re I tr. wieder verschärfen **II** pronom. **riacutizzarsi 1** MED. sich wieder verschlimmern, sich wieder verschlechtern **2** FIG. sich wieder verschärfen. **ri|a|cu|tiz|za|zio|ne** f. **1** MED. Verschlechterung *f.*, Verschlimmerung *f.* **2** FIG. erneute Verschärfung *f.*
ri|a|dat|ta|men|to m. Wiederanpassung *f.* **ri|a|dat|ta|re I** tr. wieder an‿passen: **~ un vestito a qcn.** jdm ein Kleid wieder anpassen **II** pronom. **riadattarsi** sich wieder an‿passen: **-rsi al proprio ambiente** sich wieder an seine Umgebung anpassen.
ri|ad|dor|men|ta|re I tr. wieder ein‿schläfern, wieder zum Einschlafen bringen; **(fare) ~ un bambino** ein Kind wieder zum Einschlafen bringen **II** pronom. **riaddormentarsi** wieder ein‿schlafen.
ri|af|fac|cia|re *(riaffaccio, riaffacci)* **I** tr. **1** wieder zeigen **2** *(proporre di nuovo)* wieder vor‿legen: **~ una proposta** einen Vorschlag wieder vorlegen **II** pronom. **riaffacciarsi 1** sich wieder zeigen: **-rsi alla finestra** sich wieder am Fenster zeigen **2** FIG. *(emergere)* wieder auf‿tauchen.
ri|af|fer|ma|re I tr. wieder behaupten, wiederholen: **riaffermo quello che ho detto prima** ich wiederhole, was ich vorher gesagt habe **II** pronom. **riaffermarsi 1** sich wieder durch‿setzen **2** *(confermarsi di nuovo)* sich wieder bestätigen: **si è riaffermato come autorità in quel campo** er hat sich als Autorität in diesem Gebiet wieder bestätigt.
ri|af|fio|ra|re intr. (aus. *essere*) wieder auf‿tauchen (anche FIG.): **~ in superficie** wieder an der Oberfläche auftauchen.
ri|af|fit|ta|bi|le agg. wieder zu vermieten. **ri|af|fit|ta|re** tr. **1** *(dare di nuovo in affitto)* wieder vermieten; *(terreno)* wieder verpachten **2** *(prendere di nuovo in affitto)* wieder mieten; *(terreno)* wieder pachten.
ri|ag|gan|cia|re *(riaggancio, riagganci)* **I** tr. **1** wieder an‿hängen, wieder an‿kuppeln **2** *(vestiti)* wieder zu‿haken **3** *(telefono)* (den Hörer) auf‿legen; *(telefono a parete)* (den Hörer) ein‿hängen **II** pronom. **riagganciarsi** *(fare riferimento)* **-rsi a qcs.** sich auf etw. (A) berufen, COLLOQ. an etw. (A) wieder an‿knüpfen: **mi riaggancio a quello che hai detto prima** ich knüpfe an das an, was du vorher gesagt hast.

ri|ag|guan|ta|re tr. COLLOQ. wieder packen, wieder ergreifen.

ri|al|lac|cia|re *(riallaccio, riallacci)* **I** tr. **1a** wieder schnüren, wieder zu‿schnüren: ***~ le scarpe*** die Schuhe wieder zuschnüren **b** *(con fibbia)* wieder zu‿schnallen **c** *(riabbottonare)* wieder zu‿knöpfen **2** FIG. *(ristabilire)* wieder auf‿nehmen: ***~ i rapporti con qcn.*** den Kontakt zu jdm wieder auf‿nehmen **3** TECN. *(ricollegare)* wieder an‿schließen: ***~ qcs. a qcs.*** etw. an etw. (A) wieder anschließen; ***~ la linea telefonica*** die Telefonleitung wieder anschließen **II** pronom. **riallacciarsi 1a** sich (D) wieder schnüren, sich (D) wieder zuschnüren: ***-rsi gli stivali*** sich die Stiefel wieder zuschnüren **b** *(con fibbia)* sich (D) wieder an‿schnallen **2** *(ricollegarsi)* ***-rsi a qcs.*** sich auf etw. (A) berufen ◆ ***~ la cintura di sicurezza*** den Sicherheitsgurt wieder an‿legen.

ri|al|lar|ga|re *(riallargo, riallarghi)* **I** tr. **1** wieder verbreitern **2** *(ampliare di nuovo)* wieder erweitern, wieder weiter machen **3** *(spiegare, aprire di nuovo)* wieder aus‿breiten **II** pronom. **riallargarsi** sich wieder verbreitern, größer werden.

ri|al|li|ne|a|men|to m. Neuangleichung *f.* ◆ ***~ monetario*** Währungsangleichung *f.*

ri|al|lun|ga|bi|le agg. wieder verlängerbar. **ri|al|lun|ga|re** *(riallungo, riallunghi)* **I** tr. **1** wieder verlängern, wieder länger machen: ***~ i pantaloni*** die Hose wieder länger machen **2** *(distendere di nuovo)* wieder aus‿strecken: ***~ le gambe*** die Beine wieder ausstrecken **II** pronom. **riallungarsi** sich wieder verlängern, wieder länger werden: ***le giornate si riallungano*** die Tage werden wieder länger; ***i tempi di produzione si sono riallungati*** die Produktionszeiten haben sich wieder verlängert.

ri|al|to m. **1** Anhöhe *f.*, Erhebung *f.* **2** *(prominenza)* Erhöhung *f.*

ri|al|za|re I tr. **1** wieder auf‿richten: ***~ un bambino caduto*** ein hingefallenes Kind wieder aufrichten **2a** *(rendere più alto)* höher machen, erhöhen: ***~ gli argini di un fiume*** die Uferbefestigung eines Flusses erhöhen **b** *(edificio)* auf‿stocken **3** *(aumentare)* wieder steigern, wieder erhöhen: ***~ i prezzi*** die Preise erhöhen **II** intr. (aus. *essere*) steigen: ***il livello del fiume sta rialzando*** der Flusspegel steigt **III** pronom. **rialzarsi 1** wieder auf‿stehen, sich wieder auf‿richten **2** FIG. sich wieder auf‿richten: ***-rsi da una disgrazia*** sich nach einem Unglück wieder aufrichten **3** *(aumentare, crescere)* steigen ◆ ***~ lo sguardo*** wieder auf‿blicken; FIG. ***~ la testa*** sich wieder aufrichten. **ri|al|za|to** p.pass. agg. → **rialzare** ◆ ***piano ~*** Hochparterre *n.* **ri|al|zi|sta** m. e f. Haussier *m.*, Preistreiber *m.* (-in *f.*).

ri|al|zo m. **1** Erhöhung *f.*, Anstieg *m.* **2** *(in borsa)* Hausse *f.*: ***giocare, speculare al ~*** auf Hausse spekulieren **3** *(parte in rilievo)* Erhebung *f.*, Anhöhe *f.* **4** *(elemento che serve a rialzare)* Aufsatz *m.*: ***il ~ dell'armadio*** der Schrankaufsatz ◆ ***essere in ~*** steigen (*o* an‿ziehen); ***~ dei prezzi*** Preisanstieg *m.*, Preissteigerung *f.*; ***~ delle quotazioni*** Kursanstieg *m.* (*o* Kurssteigerung *f.*); ***tendenza al ~*** steigende Tendenz, Aufwärtstendenz *f.*

ri|a|ma|re tr. wieder‿lieben.

ri|am|bien|tar|si pronom. sich wieder ein‿gewöhnen, sich wieder ein‿leben.

ri|am|ma|glia|re → **rammagliare.**

ri|am|ma|lar|si pronom. wieder krank werden.

ri|am|met|te|re tr. *(riammisi; riammesso)* wieder zu‿lassen: ***~ un socio al circolo*** ein Mitglied wieder zum Klub zulassen. **ri|am|mis|sio|ne** f. Wiederzulassung *f.*

ri|an|da|re intr. *(rivado, rivai, riva, riandiamo, riandate, rivanno*; fut. *riandrò*; congiunt.pres. *rivada*, pass. *riandassi*; imper. *riva'/rivai*; aus. *essere)* **1** zurück‿gehen, zurück‿kehren: ***~ in un luogo*** an einen Ort zurückkehren **2** FIG. ***~ con la memoria al passato*** an die Vergangenheit zurück‿denken.

ri|a|ni|ma|re *(rianimo)* **I** tr. **1** wieder beleben **2** FIG. ermutigen, wieder auf‿richten **II** pronom. **rianimarsi 1** wieder zu sich kommen **2** *(movimentarsi)* sich wieder beleben: ***la conversazione si rianimò*** das Gespräch belebte sich wieder **3** *(riprendere coraggio)* neuen Mut fassen. **ri|a|ni|ma|to|re** m. Wiederbelebungsgerät *n.* **ri|a|ni|ma|zio|ne** f. Wiederbelebung *f.*; Reanimation *f.* ◆ ***centro di ~*** Reanimationszentrum *n.*; ***reparto (di) ~*** Intensivstation *f.* (*o* Wachstation *f.*).

ri|an|nes|sio|ne f. Wiederangliederung *f.* **ri|an|net|te|re** tr. *(riannettei/riannessi; riannesso)* wieder an‿gliedern.

ri|an|no|da|re tr. **1** wieder verknoten, wieder zusammen‿knoten **2** FIG. wieder auf‿nehmen, wieder an‿knüpfen: ***~ un'amicizia*** eine Freundschaft wieder anknüpfen.

ri|a|per|tu|ra f. **1** Wiedereröffnung *f.*, Neueröffnung *f.*: ***la ~ dei negozi*** die Wiedereröffnung der Geschäfte; ***la ~ di un locale*** die Neueröffnung eines Lokals **2** FIG. *(ripresa)* Wiederaufnahme *f.*: ***la ~ dei negoziati*** die Wiederaufnahme der Verhandlungen; ***la ~ di un caso*** die Wiederaufnahme eines Falls ◆ ***la ~ della caccia*** die Eröffnung der Jagdsaison; ***~ delle scuole*** Schulanfang *m.*

ri|ap|pa|ci|fi|ca|re → **rappacificare.**

ri|ap|pa|ri|re intr. *(riappaio, riappari, riappare, riappariamo, riapparite, riappaiono*; congiunt.pres. *riappaia*, congiunt.pass. *riapparissi*; pass.rem. *riapparvi/riapparsi/riapparii*; p.pass. *riapparso*; aus. *essere)* wieder erscheinen, wieder zum Vorschein kommen. **ri|ap|pa|ri|zio|ne** f. Wiedererscheinen *n.*

ri|ap|pro|priar|si pronom. *(mi riapproprio, ti riappropri)* **1** ***~ di qcs.*** sich etw. wieder an‿eignen **2** *(riprendere coscienza)* ***~ di qcs.*** etw. wieder‿erlangen: ***~ della libertà*** die Freiheit wiedererlangen. **ri|ap|pro|pria|zio|ne** f. Wiederaneignung *f.*

ri|a|pri|re *(riaprii/riapersi; riaperto)* **I** tr. **1a** wieder öffnen **b** *(riprendere un'attività)* wieder eröffnen: ***il locale viene riaperto con una nuova gestione*** das Lokal wird unter neuer Führung wieder eröffnet **2** *(ricominciare)* wieder beginnen **3** FIG. wieder auf‿nehmen: ***~ il dialogo*** die Verhandlung wieder aufnehmen; ***~ un caso*** einen Fall wieder aufnehmen **II** intr. (aus. *avere*) wieder auf‿machen, wieder öffnen: ***questo negozio riapre alle tre*** dieses Geschäft macht um drei Uhr wieder auf **III** pronom. **riaprirsi 1** sich wieder öffnen **2** FIG. sich wieder zeigen: ***si riapre uno spiraglio in una vicenda*** in einer Angelegenheit zeigt sich wieder ein Hoffnungsschimmer ◆ ***~ vecchie ferite*** alte Wunden wieder auf‿reißen.

ri|ar|ma|re I tr. **1** wieder auf‿rüsten, wieder bewaffnen **2** TECN. wieder mit Stahl befestigen **3** MAR. wieder bestücken, wieder aus‿rüsten **II** pronom. **riarmarsi** sich wieder bewaffnen, wieder auf‿rüsten.

ri|ar|mo m. Wiederaufrüstung *f.*, Aufrüstung *f.* ◆ ***corsa al ~*** Rüstungswettlauf *m.*

ri|ar|so agg. **1** ausgedorrt **2** *(di gola)* ausgetrocknet.

ri|a|scol|ta|re tr. wieder hören.

ri|as|fal|ta|re tr. neu asphaltieren.

ri|as|sa|po|ra|re tr. **1** wieder kosten, wieder aus‿kosten **2** FIG. wieder genießen.

ri|as|se|gna|re tr. **1** wieder zu‿teilen: ***~ un incarico a qcn.*** jdm einen Auftrag wieder zuteilen **2** *(per decisione ufficiale)* wieder zu‿sprechen **3** *(riconferire)* wieder vergeben: ***~ i premi*** die Preise wieder vergeben.

ri|as|se|sta|men|to m. **1** Neuregelung *f.*, Neuordnung *f.* **2** *(di terreno)* neuerliche Senkung *f.*

ri|as|se|sta|re I tr. **1** *(risistemare)* zurecht‿rücken: ***~ un carico sulle spalle*** eine Last auf den Schultern zurechtrücken **2** *(rimettere in sesto)* wieder in Ordnung bringen: ***~ un bilancio*** eine Bilanz wieder in Ordnung bringen **II** pronom. **riassestarsi 1** sich zurecht‿rücken **2** *(di terreno)* sich wieder setzen **3** FIG. wieder zur Normalität zurück‿finden; ***dopo la crisi il paese si sta lentamente riassestando*** nach der Krise findet das Land langsam wieder zur Normalität zurück.

ri|as|set|ta|re → **rassettare.**

ri|as|set|to m. **1** *(rimessa in ordine)* Aufräumen *n.* **2** *(nuovo ordinamento)* Neuregelung *f.*, Neuordnung *f.*

ri|as|si|cu|ra|re I tr. wiederversichern, DIR. rückversichern **II** pronom. **riassicurarsi** sich wiederversichern, DIR. sich rückversichern **ri|as|si|cu|ra|to I** p.pass. → **riassicurare II** m. Rückversicherte *m.* **ri|as|si|cu|ra|to|re** m. Rückversicherer *m.* **ri|as|si|cu|ra|zio|ne** f. Wiederversicherung *f.*, DIR. Rückversicherung *f.*, Reassekuranz *f.* ◆ ***compagnia di -i*** Rückversicherungsgesellschaft *f.*

ri|as|sor|bi|men|to m. **1** Wiederaufsaugen *n.* **2** FIG. Wiederaufnahme *f.*, Wiedereinstellung *f.*: ***il ~ della manodopera*** die Wiedereinstellung von Arbeitskräften **3** MED. Resorption *f.*

ri|as|sor|bi|re I tr. **1** wieder auf‿saugen **2** FIG. wieder auf‿nehmen **3** MED. resorbieren **II** pronom. **riassorbirsi 1** wieder trocknen **2** MED. resorbiert werden: ***l'ematoma si è riassorbito*** der Bluterguss wurde resorbiert.

ri|as|su|me|re *(riassunsi; riassunto)* **I** tr. **1a** *(riprendere)* wieder an‿nehmen **b** *(carica, impegno)* wieder übernehmen: ***~ la guida del partito*** die Führung der Partei wieder übernehmen **2** *(al lavoro)* wieder ein‿stellen, wieder an‿stellen **3** *(condensare)* zusammen‿fassen, resümieren: ***~ per sommi capi*** die Hauptpunkte zusammenfassen **II** pronom. **riassumersi** ***-rsi qcs.*** etw. wieder übernehmen, etw. wieder auf sich (A) nehmen ◆ ***riassumendo...*** um zusammenzufassen... (*o* zusammenfassend...). **ri|as|su|mi|bi|le** agg. zusammenfassbar.

ri|as|sun|ti|vo agg. zusammenfassend: ***quadro ~*** zusammenfassende Übersicht.

ri|as|sun|to I p.pass. → **riassumere II** m. **1** Zusammenfassung *f.*, Resümee *n.*: ***fare un ~ di qcs.*** eine Zusammenfassung von etw. machen, ein Resümee von etw. geben **2** SCOL. Nacherzählung *f.*, Textwiedergabe *f.*

ri|as|sun|zio|ne f. Wiedereinstellung *f.*, Wiederanstellung *f.*
ri|at|tac|ca|re *(riattacco, riattacchi)* **I** tr. **1a** wieder befestigen **b** *(cucendo)* wieder an‿nähen **c** *(incollando)* wieder kleben **2** *(telefono)* (den Hörer) auf‿legen; *(telefono a parete)* (den Hörer) ein‿hängen **3** *(ricominciare)* wieder an‿fangen (anche assol.): **~ *a fare qcs.*** wieder anfangen, etw. zu tun: **~ *a parlare*** wieder zu reden anfangen; ***gli operai riattaccano alle due*** die Arbeiter fangen um zwei Uhr wieder an **II** pronom. **riattaccarsi** kleben: ***l'adesivo non si riattacca*** der Aufkleber klebt nicht mehr.
ri|at|ta|re tr. **1** instand setzen, wieder‿her‿stellen **2** *(risistemare)* wieder in Ordnung (*o* in Schuss) bringen: **~ *un abito smesso*** ein altes Kleid wieder in Schuss bringen.
ri|at|ti|va|re tr. **1** wieder in Betrieb (*o* in Gebrauch) nehmen, wieder in Funktion setzen, reaktivieren: **~ *un tronco ferroviario*** eine Bahnstrecke wieder in Betrieb nehmen (*o* reaktivieren); **~ *la linea telefonica*** den Telefonanschluss wieder in Funktion setzen; **~ *un servizio*** eine Dienstleistung wieder in Betrieb nehmen **2** *(reintrodurre)* wieder ein‿führen: **~ *un insegnamento*** ein Lehrfach wieder einführen **3** MED. reaktivieren: **~ *la circolazione sanguigna*** den Blutkreislauf reaktivieren.
ri|at|ti|va|zio|ne f. **1** Wiederinbetriebnahme *f.*, Wiederherstellung *f.*, Reaktivierung *f.* **2** *(reintroduzione)* Wiedereinführung *f.* **3** MED. Reaktivierung *f.*
ri|at|tiz|za|re tr. **1** wieder schüren, wieder an‿fachen **2** FIG. wieder schüren, wieder entfachen: **~ *una passione*** eine Leidenschaft wieder entfachen.
ri|at|tra|ver|sa|re tr. wieder überqueren, wieder durchqueren; *(con un veicolo)* wieder durchfahren; *(a cavallo)* wieder durchreiten; *(volando)* wieder überfliegen.
ri|a|ve|re *(riò, riai, rià, riabbiamo, riavete, rianno*; fut. *riavrò*; congiunt.pres. *riabbia*, congiunt.pass. *riavessi*; pass.rem. *riebbi*; p.pass. *riavuto)* **I** tr. **1** wieder haben: **~ *fame*** wieder Hunger haben **2** *(avere indietro)* zurück‿bekommen: **~ *le proprie terre*** seinen Grundbesitz zurückbekommen **II** pronom. **riaversi** wieder zu sich kommen, sich erholen: ***-rsi da un dissesto finanziario*** sich von einer finanziellen Krise erholen; ***-rsi da uno spavento*** sich von einem Schrecken erholen; ***-rsi da un duro colpo*** sich nach einem Schicksalsschlag wieder erholen.
ri|av|va|lo|ra|re tr. wieder bekräftigen: **~ *una tesi*** eine These wieder bekräftigen.
ri|av|vi|ci|na|men|to m. **1** Wiederannäherung *f.* **2** FIG. Wiederannäherung *f.*, Aussöhnung *f.*, Versöhnung *f.*
ri|av|vi|ci|na|re I tr. **1** wieder an‿nähern, wieder nähern, wieder zusammen‿rücken, wieder heran‿rücken, wieder näher heran‿stellen: **~ *una sedia al letto*** einen Stuhl wieder ans Bett heranrücken **2** *(farsi vicino)* **~ *qcn.*** sich jdm wieder nähern **3** *(riconciliare)* wieder nahe bringen, wieder versöhnen, wieder aus‿söhnen: **~ *qcn. a qcn.*** jdn mit jdm wieder versöhnen (*o* aussöhnen) **II** pronom. **riavvicinarsi 1** sich wieder an‿nähern, sich wieder nähern, wieder näher kommen; ***-rsi alla meta, alla fine*** sich dem Ziel, dem Ende wieder annähern **2** FIG. *(ritrovarsi)* wieder näher kommen, sich wieder an‿nähern, sich wieder nähern; ***-rsi agli amici*** den Freunden wieder näher kommen **3** FIG. *(riconciliarsi)* sich versöhnen.
ri|av|vol|ge|re I tr. *(riavvolgo, riavvolgi; riavvolsi; riavvolto)* **1** wieder umwickeln, wieder ein‿wickeln: **~ *una benda attorno a una ferita*** einen Verband wieder um eine Wunde wickeln (*o* eine Wunde wieder mit einem Verband umwickeln); **~ *un bambino nelle coperte*** ein Kind wieder in die Decken wickeln; *(con spago)* wieder verschnüren; *(in carta)* wieder ein‿packen **2** *(bobine)* zurück‿spulen, um‿spulen **II** pronom. **riavvolgersi** sich wieder ein‿hüllen, sich wieder ein‿wickeln: ***-rsi in una coperta*** sich wieder in eine Decke einhüllen.
ri|av|vol|gi|men|to m. **1** Umwick(e)lung *f.*, Neuwick(e)lung *f.* **2** *(di bobine)* Umspulung *f.*, Rückspulung *f.* **3** *(di registratori)* Rücklauf *m.*: **~ *rapido*** Schnellrücklauf *m.*
ri|ba|di|re tr. *(ribadisco, ribadisci)* **1** (ver)nieten: **~ *un chiodo*** eine Nagel nieten **2** FIG. bekräftigen, betonen, unterstreichen: **~ *un concetto, un'accusa*** einen Begriff, eine Anklage bekräftigen; ***vorrei ~ che...*** ich möchte noch einmal betonen, dass...
ri|ba|di|tu|ra f. **1** Nietung *f.*, Vernietung *f.* **2** *(parte ribadita)* Nietkopf *m.*
ri|bal|de|ri|a f. **1** Schuftigkeit *f.*, Niedertracht *f.* **2** *(azione)* Schurkerei *f.*, Schurkenstreich *m.*: ***commettere una ~*** eine Schurkerei verüben. **ri|bal|do** m. **1** Schurke *m.*, Schuft *m.* **2** STOR. Marodeur *m.* **3** SCHERZ. *(briccone)* Schlingel *m.*
ri|bal|ta f. **1** Klappe *f.*: ***la ~ di un tavolo*** die Klappe eines Tisches; ***sollevare la ~ di una botola*** die Klappe einer Luke auf‿machen **2** TEATR. Rampe *f.*: ***chiamare gli attori alla ~*** die Schauspieler an die Rampe rufen **3** *(proscenio)* Vorbühne *f.* **4** FIG. Bühne *f.*, Vordergrund *m.*: ***portare alla ~*** in den Vordergrund stellen ◆ ***a ~*** Klapp-: ***letto, tavolo a ~*** Klappbett *n.*, Klapptisch *m.*; ***febbre della ~*** Lampenfieber *n.*; ***luci della ~*** Rampenlicht *n.*; ***non amare le luci della ~*** das Rampenlicht scheuen; ***presentarsi alla ~*** ins Rampenlicht treten; FIG. ***ricomparire alla ~*** wieder auf‿tauchen; FIG. ***salire alla ~*** groß heraus‿kommen; *(di attore)* ***tornare alla ~*** ein Comeback erleben; FIG. ***venire alla ~*** groß heraus‿kommen.
ri|bal|ta|bi|le I agg. **1** klappbar, ausklappbar, aufklappbar, Klapp-: ***letto ~*** Klappbett *n.* **2** AUT. kippbar, Kipp-: ***rimorchio a cassone ~*** Kippanhänger *m.*; ***rimorchio ~*** kippbarer Anhänger **II** m. Kipper *m.* ◆ ***camion con cassone ~*** Kippwagen *m.*, Hinterkipper *m.*, Selbstentlader *m.*; ***non ~*** kippsicher; ***poltrona ~*** Sessel mit herunterklappbarer Rückenlehne; ***sedile ~*** Klappstuhl *m.*, Klappsitz *m.*; ***tavolo ~*** Klapptisch *m.*; ***vagoncino ~*** Kipplore *f.*
ri|bal|ta|men|to m. **1** Umkippen *n.*: ***il ~ di un tavolo*** das Umkippen eines Tisches **2** *(cappottamento)* Überschlagen *n.*: **~ *di un'auto*** das Überschlagen eines Autos **3** FIG. *(capovolgimento)* Umschwung *m.*, Wende *f.* ◆ ***dispositivo di ~*** Kippvorrichtung *f.*; ***il ~ di una situazione*** das Umschlagen einer Situation.
ri|bal|ta|re I tr. **1** um‿klappen; *(verso l'alto)* hoch‿klappen; *(verso il basso)* herunter‿klappen: **~ *lo schienale*** die Rückenlehne herunterklappen **2** *(capovolgere)* um‿kippen, kippen: **~ *un tavolo per aggiustarne le gambe*** einen Tisch kippen, um die Tischbeine zu reparieren **3** FIG. stürzen: **~ *un governo*** eine Regierung stürzen **4** *(modificare)* um‿kehren: **~ *una situazione*** eine Situation umkehren **II** pronom. **ribaltarsi 1** sich überschlagen, um‿kippen: ***il camion si è ribaltato*** der Lastwagen hat sich überschlagen (*o* ist umgekippt) **2** FIG. sich um‿kehren. **ri|bal|ta|to|re** m. Kanter *m.*
ri|bal|ti|na f. Umschlagklappe *f.*
ri|bal|to|ne m. **1** Überschlagen *n.* **2a** FIG. *(capovolgimento)* Umschwung *m.*, Wende *f.* **b** *(voltafaccia)* Frontwechsel *m.* **3** FIG. *(improvviso dissesto)* Rückschlag *m.*: **~ *economico*** wirtschaftlicher Rückschlag.
ri|bas|sa|re I tr. herab‿setzen, senken: **~ *le tariffe*** die Tarife herabsetzen **II** intr. (aus. *essere*) sinken, fallen: ***il dollaro è ribassato di molto*** der Dollar ist stark gesunken. **ri|bas|si|sta** m. e f. Baissier *m.* **ri|bas|sa|to** p.pass. agg. **1** → **ribassare 2** ***prezzo ~*** ermäßigter Preis ◆ ***arco ~*** Stichbogen *m.*; ***arco a sesto ~*** Flachbogen *m.*; FERR. ***carro a piano ~*** Tiefladewagen *m.*
ri|bas|so m. **1** Senkung *f.*: ***il ~ dell'oro*** die Senkung des Goldpreises **2** *(sconto)* Rabatt *m.*, Abschlag *m.*, Nachlass *m.*: ***fare un ~*** Rabatt machen; ***un ~ del 50 %*** ein Rabatt von 50 % **3** *(in borsa)* Baisse *f.*: ***speculare al ~*** auf Baisse spekulieren ◆ ***essere in ~*** sinken, fallen; FIG. an Ansehen verlieren; **~ *forfettario*** Pauschalrabatt *m.*; **~ *per quantità*** Mengenrabatt *m.*; ***tendenza al ~*** sinkende Tendenz.
ri|bat|te|re I tr. **1a** wieder schlagen **b** *(tappeti, coperte)* wieder klopfen **2** *(perlustrare di nuovo)* wieder aus‿kundschaften, wieder durchstreifen **3** *(a macchina)* noch einmal tippen: **~ *una traduzione*** eine Übersetzung noch einmal tippen **4a** SPORT *(tirare di nuovo)* wieder schießen **b** *(respingere)* zurück‿schlagen: **~ *la palla*** den Ball zurückschlagen **5** FIG. *(respingere)* zurück‿weisen: **~ *un'accusa*** eine Anklage zurückweisen **6** *(confutare)* widerlegen: **~ *gli argomenti di qcn.*** jds Argumente widerlegen **7** *(ridire)* ein‿wenden, widersprechen (anche assol.): ***ha sempre qualcosa da ~*** er hat immer etwas einzuwenden; ***ha ribattuto che non era affar mio*** er hat eingewendet, dass es nicht meine Sache wäre **II** intr. (aus. *avere*) **1** wieder klopfen, wieder schlagen: **~ *a una porta*** wieder an eine Tür klopfen **2** *(insistere)* **~ *su qcs.*** auf etw. (A) bestehen; auf etw. (A) wiederholt zurück‿kommen: ***continuare a ~ sullo stesso argomento*** immer wieder auf dasselbe Thema zurückkommen ◆ ***batti e ribatti*** wiederholt, immer wieder; **~ *una cucitura*** eine Naht verdoppeln, doppelt nähen; **~ *una nota*** eine Note wiederholen.
ri|bat|tez|za|re tr. **1** wieder taufen **2** *(rinominare)* um‿benennen: **~ *una piazza*** einen Platz umbenennen **3** SCHERZ. *(vini)* verdünnen.
ri|bat|ti|no m. Niet *m.*, Niete *f.* ◆ **~ *cieco*** Blindniete *f.*; **~ *a testa cilindrica*** Hohlniet *m.*; **~ *a testa piana*** Flachniet *m.*; **~ *a gambo spaccato*** Spaltniet *m.*; **~ *a testa svasata*** Senkniet *m.*; **~ *a testa tonda*** Rundkopfniet *m.*
ri|bat|tu|ta f. **1** Zurückschlagen *n.*, Wiederschlagen *n.* **2** SPORT Rückschlag *m.*
ri|be|ca f. Rebec *m.*, Rubebe *f.*
ri|bel|la|re I tr. ANT. ***(far) ~ qcn.*** jdn auf‿wiegeln (*o* auf‿hetzen) **II** pronom. **ribellarsi 1** rebellieren, sich erheben: ***-rsi a qcn., qcs.*** gegen jdn, etw. rebellieren (*o* sich gegen jdn, etw. erheben); ***-rsi al governo, a un dittatore*** gegen die Regierung, einen Diktator rebellieren **2** *(opporsi)* protestieren, sich widersetzen, sich auf‿leh-

nen: ***-rsi a qcn., qcs.*** gegen jdn, etw. protestieren (*o* sich jdm, etw. widersetzen); ***-rsi ai genitori*** sich den Eltern widersetzen (*o* sich gegen die Eltern auflehnen).

ri|bel|le I agg. 1 rebellisch, aufständisch: ***popolazione ~*** aufständische Bevölkerung; ***soldati, contadini -i*** rebellische Soldaten, Bauern 2 *(che incita alla ribellione)* aufrührerisch 3 *(indocile)* widerspenstig: ***un ragazzo ~*** ein widerspenstiger Junge; ***ciuffo ~*** widerspenstiges Haarbüschel II m. e f. Rebell *m.* (-in *f.*), Aufständische *m.* e *f.*: ***il capo dei -i*** der Kopf der Rebellen.

ri|bel|lio|ne f. 1 Rebellion *f.*, Aufstand *m.*: ***~ a qcn., qcs.*** Rebellion gegen jdn, etw.; ***incitare qcn. alla ~*** jdn zur Rebellion (*o* zum Aufstand) an‿stiften; ***provocare, reprimere una ~*** eine Rebellion aus‿lösen, nieder‿schlagen 2 *(opposizione)* Auflehnung *f.*, Protest *m.* ◆ ***essere in aperta ~ contro qcn.*** in offenem Widerspruch zu jdm stehen; ***un moto di ~*** eine Geste der Auflehnung.

ri|bel|li|smo m. rebellische Gesinnung *f.*, rebellische Haltung *f.*

ri|bes m.inv. 1 *(frutto)* Johannisbeere *f.*: ***~ rosso, nero*** Rote, Schwarze Johannisbeere 2 *(pianta)* Johannisbeerstrauch *m.*, Johannisbeere *f.*

ri|boc|can|te agg. überfüllt, übervoll: ***~ di qcs.*** von etw. übervoll. **ri|boc|ca|re** intr. *(ribocco, ribocchi)* 1 (aus. *essere*) über‿laufen, über‿fließen: ***l'acqua è riboccata dal vaso*** die Vase ist übergelaufen 2 (aus. *avere*) FIG. überfüllt sein, gedrängt voll sein: ***la piazza riboccava di folla*** eine Menschenmenge füllte den Platz bis in den letzten Winkel.

ri|bo|fla|vi|na f. Riboflavin *n.*

ri|bol|len|te agg. kochend, (auf)wallend. **ri|bol|li|men|to** m. Kochen *n.*, Aufwallen *n.* **ri|bol|li|o** m. Kochen *n.*, Aufwallen *n.*

ri|bol|li|re I intr. (aus. *avere*) 1 wieder auf‿kochen 2 *(spumeggiare)* schäumen: ***l'acqua ribolle*** das Wasser schäumt 3 FIG. *(fremere)* kochen: ***~ d'ira, di rabbia*** vor Zorn, Wut kochen 4 *(di sentimenti)* auf‿wallen: ***l'odio ribolle in lui*** Hass wallt in ihm auf 5 *(fermentare)* gären II tr. nochmals auf‿kochen.

ri|bol|li|ta f. INTRAD. (toskanische Gemüsesuppe aus Brot, Bohnen und Kohl).

ri|bol|li|tu|ra f. Aufkochen *n.*

ri|bo|nu|clei|co agg. *(-ci,-che)* ***acido ~*** Ribonukleinsäure *f.*

ri|bo|sio m. Ribose *f.* **ri|bo|so|ma** m. Ribosom *n.*

ri|brez|zo m. Abscheu *m.*, Ekel *m.*: ***provare ~ per qcn., qcs.*** vor jdm, etw. Abscheu haben (*o* empfinden); ***fare ~ a qcn.*** in jdm Abscheu erregen.

ri|but|tan|te agg. ekelhaft, widerlich: ***un odore, sapore ~*** ein ekelhafter Geruch, Geschmack; ***uno spettacolo ~*** ein widerlicher Anblick.

ri|but|ta|re I tr. 1 wieder werfen 2 *(lanciare indietro)* zurück‿werfen: ***~ la palla a qcn.*** jdm den Ball zurückwerfen 3 *(respingere)* zurück‿schlagen, zurück‿werfen: ***~ il nemico*** den Feind zurückschlagen 4 FIG. *(rifiutare)* zurück‿weisen: ***~ un'accusa*** eine Anschuldigung zurückweisen 5 *(vomitare)* brechen, erbrechen II intr. (aus. *avere*) 1 *(provocare ribrezzo)* an‿ekeln, ab‿stoßen 2 *(di piante)* aus‿treiben III pronom. **ributtarsi** sich wieder werfen, sich wieder stürzen: ***-rsi in acqua, sul letto*** sich wieder ins Wasser stürzen, aufs Bett werfen.

ri|cac|cia|re *(ricaccio, ricacci)* I tr. 1 wieder jagen, wieder weg‿jagen: ***~ qcn. di casa*** jdn wieder aus dem Hause jagen 2 *(respingere)* zurück‿schlagen: ***~ il nemico*** den Feind zurückschlagen 3 *(infilare di nuovo)* wieder stecken: ***~ la mano in tasca*** die Hand wieder in die Tasche stecken 4 *(reprimere)* unterdrücken: ***~ le lacrime*** die Tränen unterdrücken; ***~ l'urlo in gola*** einen Schrei unterdrücken II intr. (aus. *avere*) wieder aus‿treiben III pronom. **ricacciarsi** wieder bringen: ***-rsi nei guai*** sich wieder in Unannehmlichkeiten bringen ◆ ***~ un'offesa in gola a qcn.*** jdn dazu bringen, eine Beleidigung zurückzunehmen.

ri|ca|de|re intr. *(ricaddi, ricaduto;* aus. *essere)* 1 wieder fallen 2 *(cadere)* fallen: ***la palla gli ricadde sui piedi*** der Ball fiel ihm auf die Füße 3 *(di capelli, vestiti)* fallen: ***i capelli le ricadono sulle spalle*** die Haare fallen ihr auf die Schultern; ***la gonna non ricade bene*** der Rock fällt nicht gut 4 FIG. wieder verfallen, zurück‿fallen: ***~ nei vecchi errori*** wieder in die alten Fehler verfallen; ***~ nel vizio, nel peccato*** ins Laster, in die Sünde zurückfallen; ***le colpe dei padri ricadono sui figli*** die Schuld der Väter fällt auf die Söhne zurück ◆ ***far ~ la colpa su qcn.*** die Schuld auf jdn ab‿wälzen; ***~ (nella malattia)*** einen Rückfall in die Krankheit haben, einen Rückfall erleiden.

ri|ca|du|ta f. 1 Rückfall *m.* (anche MED.): ***una ~ nei vecchi errori*** ein Rückfall in alte Fehler; MED. ***avere una ~*** einen Rückfall erleiden 2 *(il ricadere)* Fallen *n.* 3 FIG. *(effetto)* Auswirkung *f.*; ***la ~ su qcn., qcs.*** die Auswirkung auf jdn, etw. ◆ ***avere una ~ su qcs.*** sich auf etw. aus‿wirken; ***la crisi economica ha una ~ sull'occupazione*** die Wirtschaftskrise wirkt sich auf den Arbeitsmarkt aus; ***~ radioattiva*** radioaktiver Niederschlag.

ri|cal|ca|bi|le agg. durchpausbar.

ri|cal|ca|re tr. *(ricalco, ricalchi)* 1 durch‿pausen: ***~ un disegno*** eine Zeichnung durchpausen 2 *(imitare)* nach‿ahmen: ***~ lo stile di qcn.*** jds Stil nachahmen 3 *(premere di nuovo)* (wieder) drücken ◆ ***~ le orme di qcn.*** in jds Fußstapfen treten. **ri|cal|ca|to|io** m. *(-oi)* Handstampfer *m.* **ri|cal|ca|tu|ra** f. 1 Pausen *n.* 2 *(ricalco)* Pause *f.* 3 *(imitazione)* Nachahmung *f.* 4 TECN. Stauchen *n.*

ri|cal|ci|fi|ca|re *(ricalcifico, ricalcifichi)* I tr. mit Kalk an‿reichern II pronom. **ricalcificarsi** Kalk bilden. **ri|cal|ci|fi|ca|zio|ne** f. erneute Kalkbildung *f.*

ri|cal|ci|tran|te, ri|cal|ci|tra|re → **recalcitrante, recalcitrare.**

ri|cal|co m. *(-chi)* Durchschreiben *n.*, Pause *f.*; ***fare un ~*** durch‿schreiben; ***fare il ~ di un disegno*** eine Zeichnung durchpausen ◆ ***carta a ~*** Kopierpapier *n.*, Pauspapier *n.*; ***copia a ~*** Durchschrift *f.*

ri|ca|ma|re tr. 1 sticken, besticken: ***~ le proprie iniziali su qcs.*** seine Initialen auf etw. (A) sticken; ***~ un fazzoletto*** ein Taschentuch besticken; ***~ in oro, argento*** in Gold (*o* mit Goldfäden), in Silber (*o* mit Silberfäden) sticken 2 FIG. ein‿flechten, aus‿schmücken: ***~ una frase*** einen Satz ausschmücken; ***raccontare i fatti senza ricamarci sopra*** die Tatsachen ohne Ausschmückungen erzählen ◆ ***~ a macchina*** maschinensticken; ***~ a mano*** mit der Hand sticken.

ri|ca|ma|to p.pass. agg. → 1 **ricamare** 2 gestickt, bestickt, Stick-: ***lenzuola -e*** bestickte Bettwäsche ◆ ***~ a macchina*** maschinengestickt; ***~ a mano*** handgestickt. **ri|ca|ma|tri|ce** f. Stickerin *f.*

ri|cam|bia|re *(ricambio, ricambi)* I tr. 1 erwidern, vergelten: ***~ un favore, un saluto, una visita*** einen Gefallen, einen Gruß, einen Besuch erwidern; ***~ gli auguri a qcn.*** jds Glückwünsche erwidern; ***~ i sentimenti di qcn.*** jds Gefühle erwidern; ***il mio amore non è ricambiato*** meine Liebe findet keine Erwiderung; ***~ qcn. con l'ingratitudine*** jdn mit Undank belohnen; ***come posso ~?*** wie kann ich dir das vergelten? 2 *(cambiare di nuovo)* wieder wechseln, wieder ändern: ***~ lavoro*** den Arbeitsplatz wieder wechseln; ***~ rotta*** wieder den Kurs ändern; ***~ i soldi*** das Geld wieder wechseln II intr. (aus. *essere*) wieder wechseln, sich wieder ändern III pronom. **ricambiarsi** *(d'abito)* sich wieder um‿ziehen ◆ ***~ il bambino*** das Baby wieder trocken‿legen; ***~ qcn. con la stessa moneta*** es jdm mit gleicher Münze heim‿zahlen (*o* zurück‿zahlen).

ri|cam|bio m. *(-bi)* 1 Austausch *m.*, Auswechselung *f.* 2 *(contraccambio)* Austausch *m.*, Erwiderung *f.* 3 *(sostituzione)* Ersatz *m.*, Auswechselung *f.*; ***di ~*** Ersatz- 4 *(pezzo)* Ersatzteil *n.* 5 *(avvicendamento)* Wechsel *m.*: ***~ politico*** politischer Wechsel 6 MED. Stoffwechsel *m.* ◆ ***~ dell'aria*** Lüften *n.*; ***~ per auto*** Autoersatzteil *n.*; ***biancheria di ~*** Wäsche *f.* zum Wechseln; ***calze di ~*** Strümpfe zum Wechseln; ***~ cellulare*** Zellstoffwechsel *m.*; ***~ energetico*** Stoffwechsel *m.*; ***~ generazionale*** Generationswechsel *m.*; ***malattia del ~*** Stoffwechselkrankheit *f.*; ***~ del personale*** Personalwechsel *m.*; ***pezzo di ~*** Ersatzteil *n.*; ***polsini di ~*** Ersatzmanschetten *pl.*; ***ruota di ~*** Ersatzrad *n.* **ri|cam|bi|sta** m. e f. *(-i,-e)* Autoersatzteilhändler *m.* (-in *f.*).

ri|ca|mo m. 1 Sticken *n.* 2 *(lavoro ricamato)* Stickerei *f.*, Stickarbeit *f.*, Nadelarbeit *f.* 3 FIG. Ausschmückung *f.*: ***raccontare un fatto senza tanti -i*** ein Ereignis ohne viele Ausschmückungen erzählen ◆ ***ago da ~*** Sticknadel *f.*; ***~ in bianco*** Weißstickerei *f.*; ***~ a punto croce*** Kreuzstich *f.*, Stickerei *f.*; ***disegno per ~*** Stickvorlage *f.*, Stickmuster *n.*; ***filo da ~*** Stickgarn *n.*; ***~ a giorno*** Lochstickerei *f.*; ***~ a mano*** Handstickerei *f.*; ***~ a mezzo punto*** Perlstich *m.*, Petit point *m.*; ***~ in oro*** Goldstickerei *f.*; ***~ in rilievo*** Reliefstickerei *f.*; ***~ su seta*** Seidenstickerei *f.*; ***tela per ~*** Stickstoff *m.*; ***telaio da ~*** Stickrahmen *m.*

ri|can|di|da|re *(ricandido)* I tr. wieder als Kandidaten auf‿stellen II pronom. **ricandidarsi** wieder kandidieren; ***-rsi per le elezioni*** für die Wahlen wieder kandidieren.

ri|ca|pi|ta|liz|za|re tr. ***~ una società*** einer Gesellschaft neues Kapital zu‿führen. **ri|ca|pi|ta|liz|za|zio|ne** f. Kapitalzuführung *f.*

ri|ca|pi|ta|re intr. *(ricapito;* aus. *essere)* 1 wieder‿kommen 2 *(ripresentarsi)* sich wieder bieten 3 *(succedere di nuovo)* wieder passieren.

ri|ca|pi|to|la|re tr. *(ricapitolo)* zusammen‿fassen, rekapitulieren: ***~ il discorso*** die Rede zusammenfassen; ***ricapitoliamo brevemente*** fassen wir kurz zusammen; ***ricapitolando...*** kurz zusammengefasst,... **ri|ca|pi|to|la|zio|ne** f. Zusammenfassung *f.*, Rekapitulation *f.*

ri|ca|ri|ca f. *(-che)* 1a Wiederaufladen *n.* **b** *(di fucile)* Nachladen *n.* **c** *(di bombole e accendini)* Nachfüllen *n.* **d** OROL. Aufziehen *n.* **e** EL. Aufladung *f.* 2 *(cartuccia di ricambio)* Patrone *f.*

ri|ca|ri|ca|bi|le agg. wiederaufladbar: ***batteria ~*** wiederaufladbare Batterie.
ri|ca|ri|ca|re *(ricarico, ricarichi)* **I** tr. **1a** wieder auf‿laden: ***~ la batteria*** die Batterie wieder auf‿laden **b** *(armi)* nach‿laden: ***~ il fucile*** das Gewehr nachladen **c** *(bombole, accendini)* nach‿füllen **d** OROL. auf‿ziehen **e** EL. auf‿laden **2** FIG. neue Kräfte geben, fit machen: ***la vacanza lo ha ricaricato*** der Urlaub hat ihn wieder fit gemacht **II** pronom. **ricaricarsi 1** sich wieder auf‿laden **2** FIG. neue Kräfte tanken, wieder fit werden ◆ ***~ la pipa*** die Pfeife wieder stopfen.
ri|ca|sca|re intr. *(ricasco, ricaschi;* aus. *essere)* **1** wieder fallen **2** FIG. ***ricascarci*** *(farsi ingannare di nuovo)* wieder (darauf) herein‿fallen; *(nella droga)* wieder rückfällig werden.
ri|cat|ta|bi|le agg. erpressbar. **ri|cat|ta|bi|li|tà** f. Erpressbarkeit *f.*
ri|cat|ta|re tr. erpressen. **ri|cat|ta|to|re** m. Erpresser *m.* **ri|cat|ta|to|rio** agg. *(-ri,-rie)* erpresserisch: ***discorso ~*** erpresserische Rede ◆ ***lettera -a*** Erpresserbrief *m.*
ri|cat|to m. Erpressung *f.*: ***cedere a un ~*** auf eine Erpressung ein‿gehen; ***subire un ~ da qcn.*** von jdm erpresst werden; ***~ morale*** moralische Erpressung; ***~ psicologico*** psychologischer Druck; ***ma questo è un ~!*** das ist reine Erpressung! ◆ ***tentativo di ~*** Erpressungsversuch *m.*
ri|ca|va|bi|le agg. gewinnbar.
ri|ca|va|re tr. **1** *(estrarre)* gewinnen: ***~ lo zucchero dalla barbabietole*** Zucker aus Rüben (*o* Zuckerrüben) gewinnen **2** *(ottenere)* heraus‿bekommen, aus‿nutzen: ***~ un ripostiglio dal sottoscala*** den Raum unter der Treppe für eine Abstellkammer ausnutzen **3** *(trarre)* ziehen: ***~ vantaggio da qcs.*** einen Vorteil aus etw. ziehen; ***~ una conclusione*** einen Schluss ziehen **4** *(guadagnare)* verdienen, erlösen: ***~ poco dalla vendita*** aus (*o* bei) dem Verkauf wenig verdienen **5** *(calcolare)* berechnen: ***~ l'area*** die Fläche berechnen ◆ ***non ne ricaverai nulla*** das wird dir nichts bringen.
ri|ca|va|to m. **1** Erlös *m.*, Ertrag *m.*: ***il ~ verrà devoluto in beneficienza*** der Erlös ist für einen wohltätigen Zweck bestimmt; ***~ di una vendita*** Verkaufserlös *m.* **2** *(risultato)* Ergebnis *n.*: ***il ~ di tante fatiche è l'ingratitudine*** das Ergebnis der vielen Mühe ist Undankbarkeit.
ri|ca|vo m. Erlös *m.*, Ertrag *m.*, Gewinn *m.*: ***~ lordo*** Bruttoerlös *m.* (*o* Bruttoertrag *m.*); ***~ netto*** Reinerlös *m.* (*o* Nettoertrag *m.*).
ric|ca|men|te avv. reich, reichlich, üppig: ***una tavola ~ imbandita*** ein üppig (*o* reich) gedeckter Tisch.
Ric|car|do n.pr.m. Richard *m.* ◆ ***~ Cuor di Leone*** Richard Löwenherz.
ric|chez|za f. **1** Reichtum *m.*: ***accumulare, sperperare -e*** Reichtümer an‿häufen, vergeuden; ***le -e di un paese*** die Reichtümer eines Landes; ***~ di particolari*** Reichtum an Einzelheiten; ***i figli sono la sua ~*** die Kinder sind sein ganzer Reichtum **2** *(beni)* Vermögen *n.*: ***ereditare una grande ~*** ein großes Vermögen erben **3** *(patrimonio)* Schätze *pl.* ◆ ***le -e artistiche dell'Italia*** die Kunstschätze Italiens; ***~ di idee*** Ideenreichtum *m.*; ***~ di linguaggio*** reicher Wortschatz; ***~ del sottosuolo*** Bodenschätze *pl.*; ***~ di vocaboli*** Wortreichtum *m.*
ric|cia|rel|lo m. INTRAD. (Mandelgebäck aus Siena).
1.ric|cio I agg. *(-ci,-ce)* **1** lockig, kraus: ***capelli -ci*** lockiges Haar **2** *(dai capelli ricci)* lockenköpfig: ***un bambino ~*** ein lockenköpfiges Kind **II** m. *(-ci)* **1** Locke *f.* **2** *(di violino)* Schnecke *f.* ◆ ***insalata -a*** Endivie *f.*; ***testa piena di -ci*** Lockenkopf *m.*; ***-ci naturali*** Naturlocken *pl.*
2.ric|cio m. ZOOL. **1** Igel *m.* **2** *(di castagna)* Hülle *f.* ◆ ***chiudersi a ~*** sich ein‿igeln; ***~ di mare*** Seeigel *m.*
ric|cio|li|no I m. **1** *(piccolo ricciolo)* Löckchen *n.*, Ringel *m.* **2** *(bambino ricciuto)* kleiner Lockenkopf *m.* **II** agg. lockenköpfig.
ric|cio|lo I m. **1** Locke *f.*, Haarlocke *f.*: ***un ~ le ricadeva sulla fronte*** eine Locke fiel ihr in die Stirn **2** TESS. Schlinge *f.* **3** *(di violino)* Schnecke *f.* **II** agg. **1** lockig **2** *(dai capelli ricci)* lockenköpfig: ***un bimbo ~*** ein lockenköpfiges Kind ◆ ***~ di burro*** Butterröllchen *n.*; ***-i naturali*** Naturlocken *pl.* **ric|cio|lu|to** agg. **1** *(riccio)* lockig **2** *(dai capelli ricci)* lockenköpfig.
ric|ciu|to agg. **1** *(riccio)* lockig **2** *(dai capelli ricci)* lockenköpfig ◆ ***testa -a*** Lockenkopf *m.*; *(capelli crespi)* Krauskopf *m.*
ric|co I agg. *(-chi,-che)* **1** reich: ***un uomo molto ~*** ein sehr reicher Mann; ***un paese ~*** ein reiches Land; ***essere ~ di famiglia*** von Haus aus reich sein (*o* aus einer reichen Familie kommen); ***fare un ~ matrimonio*** reich heiraten **2** ESTENS. üppig, fett, reich, reichlich: ***-a vegetazione*** üppige Vegetation; ***-chi pascoli*** fette Weiden; ***un ~ bottino*** eine reiche Beute; ***-a mancia*** reichliches Trinkgeld, ***una -a collezione*** eine reiche Sammlung; ***essere ~ di qcs.*** an etw. (D) reich sein; ***un'epoca -a di opere d'arte*** eine an Kunstwerken reiche Epoche **3** *(di valore)* wertvoll: ***-chi premi*** wertvolle Preise **4** CHIM. reich, reichhaltig **II** m. *(-chi)* Reiche *m.* ◆ ***~ di fantasia*** fantasiereich; ***gonna -a*** in reichen Falten fallender Rock; ***~ di grassi*** fettreich; ***~ di idee*** ideenreich (*o* einfallsreich); ***un linguaggio ~ di immagini*** eine bilderreiche Sprache; ***scrittore ~ di ingegno*** geistreicher Schriftsteller; ***~ di materie prime*** rohstoffreich; ***nuovo ~*** Neureiche *m.*; ***sottosuolo ~ di petrolio*** erdölreicher Boden; ***~ pranzo*** deftiges Essen; ***un'alimentazione -a di proteine*** eine eiweißreiche Kost; ***~ sfondato*** steinreich (*o* schwerreich); ***~ di sfumature*** nuancenreich; ***~ di sviluppi*** zukunftsträchtig; ***~ di vitamine*** vitaminreich; ***~ di vocaboli*** vokabelreich.
ric|co|ne m. Krösus *m.*
ri|cer|ca f. *(-che)* **1** Suche *f.*: ***essere alla ~ di qcs.*** auf der Suche nach etw. sein; ***mettersi, andare alla ~ di qcs.*** sich auf die Suche nach etw. machen, begeben **2a** *(scientifica)* Forschung *f.*: ***fare -che*** Forschungen betreiben; ***~ e sviluppo*** Forschung und Entwicklung **b** *(prodotto della ricerca)* Forschungsarbeit *f.* **3** *(indagine)* Untersuchung *f.*, Ermittlung *f.*: ***fare delle -che su qcs., qcn.*** Untersuchungen über etw., jdn an‿stellen **4** *(della polizia)* Fahndung *f.*: ***la ~ dei malviventi*** die Fahndung nach den Verbrechern **5** SCOL. Materialsammlung *f.*; *(scritta)* Referat *n.* ◆ ***~ aeronautica*** Luftfahrtforschung *f.*; ***~ alimentare*** Ernährungsforschung *f.*; ***~ ambientale*** Umweltforschung *f.*; ***~ applicata*** angewandte Forschung; ***~ automatica*** TEL. Sammelnummer *f.*; RAD. TELEV. Suchlauf *m.* (*o* Sendersuchlauf *m.*); ***~ sul campo*** Feldforschung *f.*; ***campo di ~*** Forschungsgebiet *n.*; ***centro di ~*** Forschungszentrum *n.*; ***~ del cibo*** Nahrungssuche *f.*; ***contributo alla ~*** Forschungsbeitrag *m.*; ***dottore di ~*** = Doktor *m.*; ***~ dell'effetto*** Effekthascherei *f.*; ***~ farmaceutica*** Pharmaforschung *f.*; ***~ genetica*** Genforschung *f.*; ***gruppo di ~*** Forschungsgemeinschaft *f.*; ***istituto di ~*** Forschungsinstitut *n.*, Forschungsanstalt *f.*; ***laboratorio di ~*** Forschungslabor *n.*; ***~ di mercato*** Marktforschung *f.*; ***~ motivazionale*** Motivforschung *f.*; ***~ nucleare*** Kernforschung *f.*; ***~ operativa*** Unternehmensforschung *f.*; ***~ del profitto*** Gewinnstreben *n.*; ***~ pura*** Grundlagenforschung *f.*; ***risultato della ~*** Forschungsergebnis *n.*; ***~ spaziale*** Weltraumforschung *f.* (*o* Raumforschung *f.*); ***ente per la ~ spaziale*** Raumfahrtbehörde *f.*; ***~ storica*** Geschichtsforschung *f.*; ***~ a tappeto*** Großfahndung *f.* (*o* Ringfahndung *f.*); ***~ della verità*** Wahrheitssuche *f.*
ri|cer|ca|re tr. *(ricerco, ricerchi)* **1** wieder suchen **2** *(effettuare ricerche)* forschen, erforschen, ergründen: ***~ le cause di un fenomeno*** die Ursachen eines Phänomens erforschen; ***~ nuove fonti di energia*** nach neuen Energiequellen forschen; ***~ le cause del delitto*** die Ursachen des Verbrechens erforschen **3** *(scegliere)* wählen: ***~ le parole*** die Worte wählen **4** *(della polizia)* fahnden: ***~ un pericoloso malvivente*** nach einem gefährlichen Verbrecher fahnden. **ri|cer|ca|ta|men|te** avv. gewählt.
ri|cer|ca|tez|za f. Gewähltheit *f.*, Gesuchtheit *f.*: ***~ nel vestire*** Gewähltheit der Kleidung; ***esprimersi con ~*** sich gewählt aus‿drücken; ***-e linguistiche*** Gewähltheit des Ausdrucks ◆ ***senza ~*** einfach, schlicht.
ri|cer|ca|to I p.pass. agg. **1** → **ricercare 2** gesucht: ***essere ~ dalla polizia*** polizeilich (*o* von der Polizei) gesucht; *(su cartelli)* ~ polizeilich gesucht **3** *(richiesto)* gesucht, begehrt, gefragt: ***merce -a*** begehrte Ware; ***un avvocato ~*** ein gefragter Rechtsanwalt **4** *(scelto)* gewählt: ***linguaggio ~*** gewählte Sprache; ***parlare in modo ~*** sich gewählt aus‿drücken; ***essere ~ nel vestire*** seine Kleidung sorgfältig aus‿wählen **5** *(affettato)* gesucht, geziert, gekünstelt **II** m. Gesuchte *m.*: ***il ~ è sfuggito alla cattura*** der Gesuchte ist der Festnahme entgangen ◆ ***elenco dei -i*** Fahndungsliste *f.*
ri|cer|ca|to|re m. **1** Forscher *m.*, Erforscher *m.* **2** *(apparecchio)* Sucher *m.*, Suchgerät *n.* ◆ ***~ di mine*** Minensucher *m.*; ***~ universitario*** = Universitätsassistent *m.*
ri|ce|tra|smet|ti|to|re m. Sprechfunkgerät *n.*, Sende- und Empfangsgerät *n.* **ri|ce|tra|smit|ten|te I** f. Sprechfunkgerät *n.*, Sende- und Empfangsgerät *n.* **II** agg. ***apparecchio ~*** Sprechfunkgerät *n.*, Sende- und Empfangsgerät *n.*
ri|cet|ta f. **1** MED. Rezept *n.*, Verschreibung *f.*: ***fare, scrivere una ~*** ein Rezept (aus‿)schreiben, aus‿stellen **2** GASTR. Kochrezept *n.*, Rezept *n.*: ***provare una nuova ~*** ein neues Rezept aus‿probieren **3** *(rimedio)* Mittel *n.*, Rezept *n.*: ***una ~ contro la noia*** ein Rezept gegen Langeweile; ***una ~ infallibile per dormire bene*** ein unfehlbares Mittel, um gut zu schlafen ◆ ***libro di -e*** Kochbuch *n.*; ***da vendersi dietro presentazione di ~ medica*** verschreibungspflichtig; ***~ di torta*** Kuchenrezept *n.*
ri|cet|ta|co|lo m. **1a** Sammelbecken *n.*: ***un ~ di acque piovane*** ein Sammelbecken für Regenwasser **b** *(covo)* Nest *n.* **2** BOT. Blütenboden *m.* ◆ ***~ di ladri*** Diebesnest *n.*; ***~ di polvere*** Staubfänger *m.*

ri|cet|ta|re tr. DIR. hehlen: ~ ***la refurtiva*** das Diebesgut hehlen.

ri|cet|ta|rio m. *(-ri)* **1** MED. Rezeptblock *m.* **2** GASTR. Rezeptbuch *n.*; *(di pietanze)* Kochbuch *n.*; *(di dolci)* Backbuch *n.*

ri|cet|ta|to|re m. Hehler *m.* **ri|cet|ta|zio|ne** f. Hehlerei *f.*

ri|cet|ti|vi|tà f. **1** *(sensibilità a ricevere)* Aufnahmefähigkeit *f.*, Rezeptivität *f.*; ***essere dotato di molta*** ~ sehr aufnahmefähig sein **2** FIG. *(apertura mentale)* Aufgeschlossenheit *f.* **3** MED. Empfänglichkeit *f.*, Anfälligkeit *f.*: ~ ***alle malattie*** Anfälligkeit für Krankheiten **4** RAD. TELEV. Empfangsmöglichkeit *f.* ◆ ~ ***alberghiera*** Beherbergungskapazität *f.*, Hotelkapazität *f.*

ri|cet|ti|vo agg. **1** *(atto a ricevere, sensibile)* aufnahmefähig, rezeptiv: ***essere*** ~ ***a qcs.*** für etw. aufnahmefähig sein **2** MED. empfänglich, anfällig: ***essere*** ~ ***a una malattia*** für eine Krankheit anfällig sein **3** FIG. *(aperto)* aufgeschlossen: ***avere una mente -a*** aufgeschlossen sein **4** RAD. TELEV. Empfangs-: ***apparecchio*** ~ Empfangsgerät *n.* ◆ ***capacità -a*** Aufnahmefähigkeit *f.*; ***capacità -a di un albergo*** Beherbergungskapazität *f.*, Hotelkapazität *f.*

ri|cet|to m. **1a** LETT. *(rifugio)* Unterkunft *f.*: ***offrire*** ~ ***a qcn.*** jdm Unterkunft gewähren **b** *(nascondiglio)* Unterschlupf *m.*: ***dare*** ~ ***a un evaso*** einem Flüchtigen Unterschlupf gewähren **2** STOR. *(borgo)* Vorburg *f.*

ri|ce|ven|te I agg. Empfangs-: ***antenna*** ~ Empfangsantenne *f.*; ***apparecchio*** ~ Empfangsgerät *n.* (*o* Empfänger *m.*); ***stazione*** ~ Empfangsstation *f.* **II** m. e f. **1** BUROCR. Empfänger *m.* (-in *f.*): ***firma del*** ~ Unterschrift *f.* des Empfängers **2** LING. Adressat *m.* (-in *f.*), Rezipient *m.* (-in *f.*) **III** m. MED. Empfänger *m.* **IV** f. RAD. TELEV. Empfänger *m.*

ri|ce|ve|re tr. **1** *(prendere, accettare)* erhalten, bekommen: ~ ***qcs. da qcn.*** etw. von jdm erhalten (*o* bekommen); ~ ***una lettera, la merce, una risposta*** einen Brief, die Ware, eine Antwort erhalten; ~ ***una visita*** Besuch bekommen; ~ ***luce*** Licht bekommen; ***la terra riceve energia dal sole*** die Erde erhält Energie von der Sonne; ~ ***molte critiche*** auf viel Kritik stoßen, viel kritisiert werden; ~ ***una notizia*** eine Nachricht erhalten; ~ ***una medaglia*** eine Medaille erhalten **2** *(accogliere)* empfangen: ~ ***qcn. in un luogo*** jdn an einem Ort empfangen; ~ ***in udienza*** in Audienz empfangen **3** RAD. TELEV. empfangen: ~ ***bene, male una stazione*** einen Sender gut, schlecht empfangen **4** *(raccogliere)* ab‿nehmen: ~ ***una confessione, un giuramento, una promessa da qcn.*** jdm eine Beichte, einen Eid, ein Versprechen abnehmen **5** *(ammettere)* auf‿nehmen: ~ ***qcn. in un club*** jdn in einen Klub aufnehmen **6** MED. SCOL. Sprechstunde haben (anche assol.): ***il professore riceve (i genitori, gli studenti) alle 15*** der Professor hat um 15 Uhr Sprechstunde; ***il medico riceve il lunedì*** der Arzt hat am Montag Sprechstunde **7** *(recepire in sé)* auf‿nehmen: ***il mar Nero riceve le acque del Danubio*** das Schwarze Meer nimmt das Wasser der Donau auf ◆ ~ ***qcs. in cambio*** etw. für etw. bekommen; ~ ***qcs. in consegna*** etw. in Empfang nehmen; ~ ***qcs. in dono*** etw. geschenkt bekommen; ~ ***un favore*** einen Gefallen getan bekommen; SPORT ~ ***la palla*** den Ball (zugespielt) bekommen; ~ ***qcs. in pegno*** etw. als Pfand erhalten; ~ ***qcs. in premio*** etw. als Belohnung erhalten; ~ ***qcs. in prestito*** etw. geliehen bekommen; ~ ***qcs. in regalo*** etw. geschenkt bekommen; ~ ***rimproveri*** Vorwürfe gemacht bekommen; ~ ***i sacramenti*** die Sakramente empfangen.

ri|ce|vi|men|to m. **1** Eingang *m.*, Empfang *m.*, Erhalt *m.*: ***il*** ~ ***di una lettera*** der Empfang eines Briefes; ***pagherò a(l)*** ~ ***della merce*** ich werde bei Erhalt der Ware zahlen **2** *(intrattenimento)* Empfang *m.*: ~ ***ufficiale*** offizieller Empfang; ***dare, offrire, organizzare un*** ~ einen Empfang geben, veranstalten; ***essere a un*** ~ auf (*o* bei) einem Empfang sein; ~ ***a corte*** Empfang bei Hof ◆ ***avviso di*** ~ Empfangsbescheinigung *f.*; ***raccomandata con avviso di*** ~ Einschreiben *n.* mit Rückschein; ***conferma di*** ~ Empfangsbestätigung *f.*; ~ ***di gala*** Galaempfang *m.*; ***giorno di*** ~ MED. SCOL. Sprechtag *m.*; COMM. Eingangstag *m.*; ***orario di*** ~ Sprechstunde *f.*; SCOL. ***orario di*** ~ ***per i genitori*** Elternsprechstunde *f.*; ~ ***in piedi*** Stehempfang *m.*; ~ ***a mezzo posta*** Postbezug *m.*; ***sala di*** ~ Empfangsraum *m.*; ***salone di*** ~ Empfangssaal *m.*; ***timbro di*** ~ Eingangsstempel *m.*

ri|ce|vi|to|re I m. **1** BUROCR. Empfänger *m.* **2** TEL. *(apparecchio ricevente)* Telefonhörer *m.*, Hörer *m.*: ***abbassare, mettere giù, sollevare, alzare il*** ~ den Hörer auf‿legen, ab‿nehmen **3** RAD. TELEV. Empfänger *m.*, Empfangsgerät *n.* **4** SPORT *(baseball)* Fänger *m.* **II** agg. Empfangs- ◆ ~ ***acustico*** Schallempfänger *m.*; ***apparecchio*** ~ Empfangsgerät *n.*; ~ ***direzionale*** Richtempfänger *m.*; ~ ***d'eco*** Echoempfänger *m.*; ***impianto*** ~ Empfangsanlage *f.*; ~ ***della lotteria*** Lotterieeinnehmer *m.*; ~ ***a onde corte*** Kurzwellenempfänger *m.*; ~ ***a onde medie*** Mittelwellenempfänger *m.*; ~ ***radar*** Radarempfänger *m.*; ~ ***radio*** Radio *n.*, Rundfunkempfänger *m.*; ~ ***telefonico*** Telefonhörer *m.*; ~ ***televisivo*** Fernsehempfänger *m.*; ~ ***a valvole*** Röhrenempfänger *m.*

ri|ce|vi|to|ri|a f. Annahmestelle *f.* ◆ ~ ***delle imposte*** Finanzamt *n.*; ~ ***del lotto*** Lottoannahmestelle *f.*; ~ ***postale*** Postannahmestelle *f.*; ~ ***delle scommesse*** Wettannahme *f.* (*o* Wettbüro *n.*); ~ ***del totocalcio*** Totoannahmestelle *f.*

ri|ce|vu|ta f. **1** Quittung *f.*: ***rilasciare una*** ~ ***a qcn. per l'importo pagato*** jdm eine Quittung für den gezahlten Betrag aus‿stellen **2** *(scontrino)* Beleg *m.*: ***presentare le -e*** Belege vorlegen **3** *(ricevimento)* Eingang *m.*, Empfang *m.*: ***accusare*** ~ ***di qcs.*** den Empfang von etw. bestätigen ◆ ***blocco di -e*** Quittungsblock *m.*; ~ ***di carico*** Ladeschein *m.*; ~ ***di cassa*** Kassenzettel *m.*; ***conferma di*** ~ Eingangsbestätigung *f.*; ~ ***di consegna*** Empfangsbestätigung *f.*; ~ ***di deposito*** *(di bagagli)* Aufbewahrungsschein *m.*; BANC. Depotschein *m.*; ***dietro*** ~ gegen Quittung: ***consegnare qcs. dietro*** ~ etw. gegen Quittung ab‿liefern (*o* liefern); ~ ***fiscale*** Kassenzettel *m.*; ***libro delle -e*** Quittungsbuch *n.*; ***modulo per le -e*** Quittungsformular *n.*; ~ ***di pagamento*** Quittung *f.*; ~ ***di prestito*** Leihschein *m.*; ~ ***di ritorno*** Rückschein *m.*; ~ ***di spedizione*** Versandbescheinigung *f.*; ~ ***di versamento*** Einzahlungsbeleg *m.*, Einzahlungsschein *m.*

ri|ce|zio|ne f. **1** *(ricevimento)* Empfang *m.*, Eingang *m.*: ~ ***della merce*** der Empfang der Ware **2a** RAD. TELEV. Empfang *m.*: ~ ***buona, cattiva, disturbata*** guter, schlechter, gestörter Empfang; ***disturbare la*** ~ den Empfang stören **b** *(di fax)* Übermittlung *f.*: ~ ***difettosa*** fehlerhafte Übermittlung **3** *(assimilazione culturale, fortuna di un'opera)* Rezeption *f.* ◆ ~ ***acustica, audio*** akustischer Empfang; ***disturbo di, nella*** ~ Empfangsstörung *f.*; ***estetica della*** ~ Rezeptionsästhetik *f.*; ~ ***ottica*** optischer Empfang; SPORT ~ ***della palla*** Ballannahme *f.*; ~ ***radio*** Funkempfang *m.*; ~ ***radiofonica*** Rundfunkempfang *m.*; ~ ***stereofonica*** Stereoempfang *m.*; ***storia della*** ~ Rezeptionsgeschichte *f.*; ~ ***televisiva*** Fernsehempfang *m.*

ri|chia|ma|bi|le agg. **1** rückrufbar **2** INFORM. abrufbar.

ri|chia|ma|re I tr. **1a** *(chiamare di nuovo)* wieder rufen **b** *(al telefono)* zurück‿rufen, noch einmal an‿rufen: ***richiamerò più tardi*** ich rufe später zurück (*o* ich rufe später noch einmal an) **2a** *(fare ritornare)* zurück‿rufen: ~ ***in patria, dall'esilio*** ins Vaterland, aus dem Exil zurückrufen **b** *(ritirare)* ab‿berufen: ~ ***l'ambasciatore*** den Botschafter abberufen **c** MIL. zurück‿ziehen: ~ ***le truppe dal fronte*** die Truppen von der Front zurückziehen **3a** *(rimproverare)* ermahnen **b** ~ ***qcn. al dovere, all'ordine*** jdn zur Pflicht, zur Ordnung rufen **4** *(attirare)* an‿ziehen: ***la luce richiama le zanzare*** das Licht zieht die Mücken an **5** *(ricordare, citare)* ~ ***qcs.*** an etw. erinnern, etw. in Erinnerung rufen **6** INFORM. ab‿rufen: ~ ***dati dal computer*** Daten auf dem Computer abrufen **II** pronom. **richiamarsi** **1** *(appellarsi)* ***-rsi a qcs.*** sich auf etw. (A) berufen **2** *(fare riferimento)* ***-rsi a qcn., qcs.*** sich auf jdn, etw. beziehen ◆ ~ ***qcn. alle armi*** jdn ein‿berufen; ~ ***l'attenzione di qcn. su qcs.*** jdn auf etw. (A) hin‿weisen (*o* aufmerksam machen); ~ ***una cambiale*** einen Wechsel zurück‿rufen; ~ ***qcn. con un fischio*** jdn zurück‿pfeifen; ~ ***alla memoria*** sich etw. ins Gedächtnis zurückrufen; ~ ***qcs. alla memoria di qcn.*** jdm etw. in Erinnerung bringen; ~ ***qcn. alla realtà*** jdn in die Wirklichkeit zurück‿holen; ~ ***in vita*** ins Leben zurück‿rufen (anche FIG.).

ri|chia|mo m. **1** Ruf *m.*: ***accorrere ai -i di qcn.*** jds Ruf folgen **2a** BUROCR. Abberufung *f.*, Einberufung *f.*: ~ ***in servizio*** Einberufung in den Dienst **b** MIL. Zurückziehen *n.* **3a** FIG. *(attrazione)* Lockung *f.*, Verlockung *f.*, Ruf *m.*: ***il*** ~ ***della pubblicità*** die Lockung (*o* Verlockung) der Werbung; ***il*** ~ ***della natura*** der Ruf der Natur **b** *(mezzo di allettamento)* Lockmittel *n.* **4a** *(rimprovero)* Ermahnung *f.*, Hinweis *m.*, Zurechtweisung *f.* **b** ~ ***al dovere*** Ermahnung zur Pflicht **5** VENAT. Lockruf *m.*: ***disporre i -i*** Lockrufe aus‿stoßen **6** MED. *(vaccinazione)* Nachimpfung *f.*; ***sottoporre qcn. a un*** ~ jdn nach‿impfen **7a** EDIT. *(riferimento)* Bezug *m.* **b** *(nelle bozze)* Korrekturzeichen *n.* ◆ ~ ***alle armi*** Einberufung *f.*; ***di grande*** ~ zugkräftig; ***fare da*** ~ als Lockvogel dienen (anche FIG.); ***fischietto da*** ~ Lockpfeife *f.*; FIS. ***forza di*** ~ Rückstellkraft *f.*; ***molla di*** ~ Rückholfeder *f.*; ~ ***all'ordine*** Ordnungsruf *m.*; ~ ***alla realtà*** Ernüchterung *f.*; ~ ***di uccelli*** Vogelruf *m.*; ***uccello da*** ~ Lockvogel *m.*; ~ ***visivo*** Blickfang *m.*

ri|chie|den|te I agg. antragstellend **II** m. e f. Antragsteller *m.* (-in *f.*).

ri|chie|de|re tr. *(richiesi; richiesto)* **1a** *(per sapere)* ~ ***qcs. a qcn.*** jdn wieder nach etw. fragen **b** *(per ottenere)* ~ ***qcs. a qcn.*** jdn wieder um etw. bitten **2** *(chiedere in restituzione)* zurück‿fordern, zurück‿verlangen **3** *(fare richiesta di)* an‿fordern: ~ ***un catalogo, una perizia*** einen Katalog, ein Gutachten anfordern **4** *(esigere, pretendere)* fordern, verlangen: ~ ***la massima puntualità*** äußerste Pünktlichkeit fordern **5** *(necessitare, comportare)* erfordern: ~ ***molto tempo*** viel Zeit erfordern **6** BUROCR. beantragen: ~ ***un***

visto ein Visum beantragen ◆ *~ la collaborazione di qcn.* jdn zur Mitarbeit auf‿fordern; COMM. *come da Lei, Voi richiesto* Ihrem Wunsch gemäß; *il prodotto da Lei richiesto* das von Ihnen gewünschte Produkt; *~ tutte le proprie energie* seine ganze Kraft in Anspruch nehmen; *qcs. richiede molti sacrifici* etw. verlangt große Opfer ab; *~ notevoli sforzi* hohe Anforderungen stellen.

ri|chie|sta f. **1** *(il chiedere, domanda)* Bitte *f.*, Wunsch *m.*: *una ~ di aiuto* eine Bitte um Hilfe; *esaudire, respingere la ~ di qcn.* jdm eine Bitte (*o* einen Wunsch) erfüllen, ab‿schlagen (*o* verwehren) **2** *(pretesa, esigenza)* Forderung *f.*: *~ legittima* berechtigte Forderung; *dare seguito a una ~* einer Forderung nach‿kommen **3** BUROCR. Antrag *m.*; *(molto formale)* Gesuch *n.*: *presentare, respingere una ~ di qcs.* einen Antrag auf etw. stellen, ab‿lehnen; *accettare una ~ di qcs.* einem Antrag auf etw. statt‿geben **4** ECON. Nachfrage *f.*, Bedarf *m.*: *~ di qcs.* Nachfrage nach etw., Bedarf an etw. (D); *c'è una forte, scarsa ~ di qcs.* es besteht (*o* herrscht) eine starke, mangelnde Nachfrage nach etw. **5** COMM. Anfrage *f.*: *in base alla, come da(lla) Vostra ~* auf Ihre Anfrage hin, aufgrund Ihrer Anfrage ◆ *a ~ di qcn.* BUROCR. auf Antrag von jdm; COMM. auf Anfrage von jdm; *a ~ del pubblico* auf Wunsch des Publikums; *a grande, generale ~* auf vielfachen, allgemeinen Wunsch; *musica, programma a ~ (alla radio)* Wunschkonzert *n.*; *~ di ammissione* Zulassungsantrag *m.* (*o* Aufnahmeantrag *m.*); *~ di autorizzazione* Genehmigungsantrag *m.*; MIL. *~ di congedo* Abschiedsgesuch *n.*; *~ di denaro* Geldforderung *f.*; *dietro ~ di qcn.* BUROCR. auf jds Antrag; COMM. auf jds Anfrage; *~ di estradizione* Auslieferungsantrag *m.*, Auslieferungsbegehren *n.*; *fermata a ~* Bedarfshaltestelle *f.*; *~ d'impiego* Bewerbung *f.*; *fare ~ d'impiego* sich um eine Stelle bewerben; *~ minima* Minimalforderung *f.* (*o* Mindestforderung *f.*); *modulo di ~* Antragsformular *n.*; *~ di pagamento* Zahlungsaufforderung *f.*; *~ di parola* Wortmeldung *f.*; *-e salariali* Lohnforderungen *pl.*; *su ~ di qcn.* → *dietro ~ di qcn.*; *~ suppletiva* Nachforderung *f.*; *~ di visto* Visumantrag *m.* **ri|chie|sto** p.pass. agg. **1** → **richiedere** **2** gefragt: *la conoscenza delle lingue è molto -a* Sprachkenntnisse sind sehr gefragt **3** *(necessario)* erforderlich.

ri|chiu|de|re *(richiusi; richiuso)* **I** tr. **1** wieder schließen; COLLOQ. wieder zu‿machen **2** *(tirando)* wieder zu‿ziehen: *~ le tende* die Vorhänge wieder zuziehen **3** *(sbattendo)* wieder zu‿klappen, wieder zu‿schlagen: *~ il bagagliaio, il libro* den Kofferraum wieder zuklappen, das Buch wieder zuschlagen **4** *(girando)* wieder zu‿drehen **5** *(qcs. di pieghevole)* wieder zusammen‿klappen **6** *(abbottonando)* wieder zu‿knöpfen **II** pronom. **richiudersi** **1** sich wieder schließen **2** *(di ferita)* sich schließen.

ri|ci|cla|bi|le agg. **1** wieder verwertbar, recyclebar: *materiale ~* wieder verwertbares (*o* recyclebares) Material; *rifiuti -i* wieder verwertbare Abfälle; *carta, vetro ~* Altpapier *n.*, Altglas *n.* **2** *(riutilizzabile)* wieder verwendbar, Mehrweg-: *bottiglia ~* Mehrwegflasche *f.*

ri|ci|clag|gio m. *(-gi)* **1** Wiederverwertung *f.*, Recycling *n.*: *~ della carta, del vetro* Wiederverwertung von Papier, von Glas **2** *(riutilizzo)* Wiederverwendung *f.*, mehrfache Verwendung *f.*: *~ delle confezioni usate* mehrfache Verwendung von Verpackungen ◆ *~ di denaro (sporco)* Geldwäsche *f.*; *~ della manodopera eccedente* Nutzung *f.* der überschüssigen Arbeitskraft; *~ dei rifiuti* Abfallverwertung *f.* (*o* Müllverwertung *f.*).

ri|ci|cla|re tr. **1** wieder verwerten, recyceln: *~ i rifiuti* Abfälle (*o* Müll) wieder verwerten **2** *(riutilizzare)* wieder verwenden **3** ESTENS. *~ qcn. in un altro settore dell'impresa* jdn in einer anderen Abteilung des Unternehmens ein‿setzen ◆ *~ denaro (sporco)* Geld waschen; *~ un regalo* ein Geschenk weiter‿verschenken. **ri|ci|cla|to** p.pass. agg. **1** → **riciclare** **2** Recycling-: *carta -a* Recyclingpapier *n.* **ri|ci|clo** m. → **riciclaggio.**

ri|ci|no m. Rizinus *m.*; *olio di ~* Rizinusöl *n.*

ri|clas|si|fi|ca|re *(riclassifico, riclassifichi)* **I** tr. neu klassifizieren: *~ qcs. secondo qcs.* etw. nach etw. neu klassifizieren **II** pronom. **riclassificarsi** wieder kommen: *-rsi al terzo posto* wieder auf den dritten Platz kommen. **ri|clas|si|fi|ca|zio|ne** f. erneute Klassifizierung *f.*

ri|co|gni|ti|vo agg. **1** MIL. Erkundungs-, Aufklärungs-: *spedizione -a* Erkundungsfahrt *f.*; *volo ~* Erkundungsflug *m.* (*o* Aufklärungsflug *m.*) **2** DIR. Anerkennungs-: *atto ~* Anerkennungsurkunde *f.*

ri|co|gni|to|re **I** m. **1** Aufklärer *m.* **2** *(aereo)* Aufklärungsflugzeug *n.* **II** agg. Aufklärungs-: *aereo ~* Aufklärungsflugzeug *n.* ◆ *~ a lungo raggio* Fernaufklärer *m.*

ri|co|gni|zio|ne f. **1** MIL. Erkundung *f.*, Auskundschaftung *f.*, Aufklärung *f.*: *la ~ di un'area* die Erkundung eines Gebietes; *~ navale* Aufklärung zur See; *partire in ~* auf Erkundung aus‿ziehen; *andare in ~* auf Auskundschaftung gehen (anche FIG.); *fare una ~ di qcs.* etw. auf‿klären (anche FIG.) **2a** DIR. BUROCR. Anerkennung *f.* **b** *(di salma)* Identifizierung *f.* ◆ *~ aerea* Luftaufklärung *f.*; *aereo da ~* Aufklärungsflugzeug *n.*; DIR. *atto di ~* Anerkennungsurkunde *f.*; *giro di ~* Erkundungsrunde *f.* (anche FIG.); *pattuglia di ~* Spähtrupp *m.*; *satellite da ~* Aufklärungssatellit *m.*; *servizio di ~* Aufklärungsdienst *m.*; *volo di ~* Erkundungsflug *m.* (*o* Aufklärungsflug *m.*).

ri|col|le|ga|re *(ricollego, ricolleghi)* **I** tr. **1** TECN. wieder an‿schließen: *~ qcs. a, con qcs.* etw. an etw. (A) wieder anschließen **2** FIG. *(mettere in relazione)* in Verbindung bringen, (miteinander) verbinden: *~ (tra loro) due avvenimenti* zwei Ereignisse miteinander verbinden **II** pronom. **ricollegarsi** **1** *(essere in connessione)* (miteinander) in Zusammenhang stehen **2** FIG. an‿knüpfen: *-rsi a qcs.* an etw. (A) anknüpfen.

ri|col|lo|ca|re tr. *(ricolloco, ricollochi)* wieder setzen; *(in posizione verticale)* wieder stellen; *(in posizione orizzontale)* wieder legen ◆ BUROCR. *~ in congedo* beurlauben; *~ in aspettativa* in den Wartestand versetzen.

ri|col|ma|re tr. über‿häufen, überschütten: *~ qcn. di doni, di attenzioni* jdn mit Geschenken, Aufmerksamkeit überhäufen; *~ qcn. di lodi* jdn mit Lob überschütten.

ri|col|mo agg. überströmend, voll: *avere il cuore ~ di gioia* ein vor (*o* von) Freude überströmendes Herz haben.

ri|co|lo|ri|re tr. *(ricolorisco, ricolorisci)* nach‿färben.

ri|co|min|cia|re *(ricomincio, ricominci)* **I** intr. (aus. *essere, avere*) wieder an‿fangen, wieder beginnen: *la partita è ricominciata dopo dieci minuti* das Spiel hat nach 10 Minuten wieder angefangen; *ricomincia a piovere* es fängt wieder zu regen an **II** tr. wieder an‿fangen, wieder beginnen (anche assol.): *~ un lavoro* eine Arbeit wieder anfangen; *ha ricominciato a bere* er hat wieder zu trinken begonnen; *non ~!* fang nicht wieder damit an! ◆ *ora si ricomincia!* nun geht es wieder los!

ri|com|met|te|re tr. *(ricommisi; ricommesso)* **1a** wieder begehen: *~ lo stesso errore* wieder denselben Fehler begehen **b** *(delitto)* wieder verüben **2** *(ricongiungere)* zusammen‿fügen, zusammen‿setzen.

ri|com|pa|gi|na|re tr. *(ricompagino)* **1** wieder ordnen **2** TIP. wieder umbrechen.

ri|com|pa|ri|re intr. *(ricompaio, ricompari; ricomparvi/ricomparsi; ricomparso*; aus. *essere)* wieder erscheinen, wieder auf‿tauchen: *è ricomparso dopo anni di assenza* nach Jahren der Abwesenheit ist er wieder aufgetaucht.

ri|com|par|sa f. **1** Wiedererscheinen *n.*, Wiederauftreten *n.*: *la ~ di un sintomo* das Wiederauftreten eines Symptoms **2** *(di persone)* Wiederauftauchen *n.*

ri|com|pen|sa f. Lohn *m.*, Belohnung *f.*, Prämie *f.*: *offrire una ~ per qcs.* eine Belohnung für etw. aus‿setzen; *ricevere qcs. come, per, in ~* etw. zur (*o* als) Belohnung bekommen; *una misera ~* eine dürftige Belohnung; *questa è la ~ per la mia fatica* das ist der Lohn für meine Mühe ◆ IRON. *bella ~!* ein schöner Dank! *~ divina* Gotteslohn *m.*; *per tutta ~* zum Dank. **ri|com|pen|sa|bi|le** agg. belohnbar.

ri|com|pen|sa|re tr. (be)lohnen: *~ qcn. per qcs.* jdn für etw. belohnen. **ri|com|pen|sa|zio|ne** f. ANT. Rekompensation *f.*, Rekompens *f.*

ri|com|pe|ra|re → **ricomprare.**

ri|com|por|re *(ricompongo, ricomponi; ricomposi; ricomposto)* **I** tr. **1** wieder zusammen‿setzen, wieder zusammen‿fügen: *~ un puzzle* ein Puzzle wieder zusammensetzen **2** TIP. neu setzen **3** FIG. *(accomodare, sanare)* bei‿legen: *~ una lite* einen Streit beilegen **II** pronom. **ricomporsi** sich wieder fassen: *ricomponiti!* fass dich wieder!

ri|com|po|si|zio|ne f. **1** Wiederzusammensetzung *f.* **2** *(accomodamento)* Beilegung *f.*: *~ di un conflitto* Beilegung eines Konflikts **3** TIP. Neusetzen *n.*: *~ di una pagina* Neusetzen einer Seite **4** LING. Rekomposition *f.* ◆ *~ fondiaria* Kommassation *f.*

ri|com|pra|re tr. **1** zurück‿kaufen: *~ le azioni* die Aktien zurückkaufen **2** *(acquistare ancora, in sostituzione)* wieder kaufen. **ri|com|pra|to|re** m. Wiederkäufer *m.*

ri|con|cen|tra|re **I** tr. **1** wieder konzentrieren **2** MIL. wieder zusammen‿ziehen **II** pronom. *-rsi su qcs.* sich wieder auf etw. (A) konzentrieren.

ri|con|ci|lia|bi|le agg. versöhnbar, aussöhnbar.

ri|con|ci|lia|re *(riconcilio, riconcili)* **I** tr. **1** (wieder) versöhnen, (wieder) aus‿söhnen: *~ due amici* zwei Freunde wieder versöhnen; *~ qcn. con Dio* jdn mit Gott versöhnen **2** *(procurare nuovamente)* wieder erwerben, wieder erhalten: *il suo atto gli ha riconciliato il favore di tutti* durch seine Tat hat er wieder die Gunst aller erworben **II** pronom. **riconciliarsi** sich wieder versöhnen (*o* aus‿söhnen): ***-rsi con qcn.*** sich mit jdn wieder versöhnen; ***-rsi con il proprio destino*** sich mit seinem Schicksal (wieder) aus‿söhnen.

ri|con|ci|lia|to|re **I** agg. versöhnend: ***parola -trice*** versöhnendes Wort **II** m. Versöhner *m.*

ri|con|ci|lia|zio|ne f. **1** Versöhnung *f.* (anche DIR.), Aussöhnung *f.*, Wiederversöhnung *f.*, Wiederaussöhnung *f.*: ***fare opera di ~*** eine Versöhnung an‿bahnen; ***in segno di ~*** zur Versöhnung, als Zeichen der Versöhnung **2** ECCL. Rekonziliation *f.*

ri|con|du|ci|bi|le agg. rückführbar, zurückzuführen: ***~ a qcs.*** auf etw. (A) zurückzuführen.

ri|con|dur|re tr. *(riconduco, riconduci; ricondussi; ricondotto)* **1** *(condurre di nuovo)* wiederführen: ***ci ricondusse nel solito locale*** er führte uns wieder in dasselbe Lokal **2** *(riportare indietro)* zurück‿führen, zurück‿bringen, wieder‿bringen: ***l'autobus riconduce i bambini a casa da scuola*** der Schulbus bringt die Kinder nach Hause zurück; FIG. ***~ il discorso all'argomento di partenza*** die Rede wieder zum Ausgangsthema zurückbringen; ***~ qcn. alla ragione*** jdn wieder zur Vernunft bringen; ***~ qcn. sulla retta via*** jdn auf den rechten Weg zurückbringen **3** FIG. *(far risalire)* zurück‿führen: ***~ un fenomeno alla sua causa*** ein Phänomen auf seine Ursache zurückführen; ***l'incidente è da ~ a un errore umano*** der Unfall ist auf menschliches Versagen zurückzuführen.

ri|con|du|zio|ne f. DIR. Verlängerung *f.* des Mietvertrags: ***~ espressa, tacita*** ausdrückliche, stillschweigende Verlängerung des Mietvertrags.

ri|con|fer|ma f. **1** Wiederbestätigung *f.*; ***ottenere la ~ dell'incarico di sindaco*** im Amt des Bürgermeisters wieder bestätigt werden **2** Bekräftigung *f.*: ***a ~ di quanto detto*** zur Bekräftigung dessen, was ich gesagt habe ◆ ***~ in carica*** Wiedereinsetzung *f.*

ri|con|fer|ma|re **I** tr. **1** bestätigen: ***~ un incarico*** einen Auftrag bestätigen **2** *(riaffermare)* bestärken: ***~ la propria opinione*** seine Meinung bestärken **II** pronom. **riconfermarsi** **1** wieder werden: ***-rsi campione*** wieder Meister werden **2** *(rafforzarsi)* sich verstärken.

ri|con|for|ta|re tr. wieder trösten.

ri|con|giun|ge|re *(ricongiungo, ricongiungi; ricongiunsi; ricongiunto)* **I** tr. wieder zusammen‿führen **II** pronom. **ricongiungersi** **1** sich wieder vereinen: ***-rsi alla famiglia*** sich wieder mit der Familie vereinen **2** *(di strade)* wieder zusammen‿laufen. **ri|con|giun|gi|men|to** m., **ri|con|giun|zio|ne** f. Zusammenführung *f.*, Wiedervereinigung *f.*

ri|con|net|te|re **I** tr. wieder verbinden: ***~ due elementi*** zwei Elemente wieder verbinden **II** pronom. **riconnettersi** sich verknüpfen, in Zusammenhang stehen; ***-rsi a qcs.*** sich an etw. (A) an‿knüpfen.

ri|co|no|scen|te agg. erkenntlich, dankbar: ***essere ~ a qcn. per qcs.*** sich jdm für etw. erkenntlich (*o* dankbar) zeigen.

ri|co|no|scen|za f. Dankbarkeit *f.*, Erkenntlichkeit *f.*, Anerkennung *f.*: ***provare ~ per qcn.*** jdm gegenüber Dankbarkeit empfinden; ***con profonda ~*** in tiefer Dankbarkeit; ***vorrei esprimerti tutta la mia ~*** ich möchte dir meine Dankbarkeit aus‿sprechen (*o* aus‿drücken) ◆ ***debito di ~*** Dankesschuld *f.*; ***parole di ~*** anerkennende Worte.

ri|co|no|sce|re *(riconosco, riconosci; riconobbi; riconosciuto)* **I** tr. **1a** erkennen, wieder erkennen: ***~ qcs. in qcn.*** etw. in jdm erkennen; ***~ qcn. da qcs.*** jdn an etw. (D) erkennen; ***~ qcn. da lontano, dalla voce*** jdn (schon) von weitem, an der Stimme erkennen; ***gli italiani si riconoscono subito*** die Italiener sind leicht zu erkennen; ***ho riconosciuto a stento quel luogo*** ich habe den Ort kaum (*o* fast nicht) wieder erkannt; ***non ti riconosco più*** du bist nicht wieder zu erkennen (anche FIG.) **b** *(dal gusto)* heraus‿schmecken **2** FIG. an‿hören: ***~ sollievo nella voce di qcn.*** jds Stimme die Erleichterung anhören **3** *(distinguere)* unterscheiden; *(tra due)* auseinander halten: ***~ due gemelli*** Zwillinge auseinander halten; ***(sapere) ~ il vero dal falso*** das Echte vom Falschen unterscheiden (können) **4** *(ammettere)* bekennen, zu‿geben, ein‿sehen: ***~ di avere fatto qcs.*** zugeben, etw. getan zu haben; ***riconosco di aver torto*** ich gebe zu, Unrecht zu haben; ***~ un errore*** einen Fehler zugeben (*o* einen Irrtum bekennen); ***dovere ~ che...*** zugeben müssen, daß...; ***~ i propri peccati*** seine Sünden bekennen; ***~ la necessità di qcs.*** die Notwendigkeit von etw. einsehen; ***~ i meriti di qcn.*** jds Verdienste anerkennen **5** *(accettare come legittimo)* an‿erkennen: ***~ un figlio, la paternità*** ein Kind, die Vaterschaft anerkennen; ***~ uno stato*** einen Staat diplomatisch anerkennen **II** pronom. **riconoscersi** **1** *(l'un l'altro)* sich wieder erkennen: ***si riconobbero subito*** sie haben sich gleich wieder erkannt **2** *(dichiararsi)* sich bekennen: ***-rsi colpevole di qcs.*** sich etw. (G) schuldig bekennen **3** *(identificarsi)* ***-rsi in qcs.*** sich mit etw. identifizieren ◆ ***questo bisogna riconoscerglielo*** das muss man ihm zugeben; ***(non) farsi ~*** sich (nicht) zu erkennen geben; ***ti fai sempre ~!*** du gibst dich immer zu erkennen! PROV. ***gli amici si riconoscono nei momenti di bisogno*** die wahren Freunde erkennt man in der Not.

ri|co|no|sci|bi|le agg. erkennbar, erkenntlich, kenntlich: ***facilmente ~*** leicht erkennbar; ***rendere ~ qcs.*** etw. kenntlich machen. **ri|co|no|sci|bi|li|tà** f. Kenntlichkeit *f.*, Erkennbarkeit *f.*

ri|co|no|sci|men|to m. **1** Wiederkennen *n.*, Erkennung *f.*, Identifizierung *f.*: ***~ di una salma*** Identifizierung eines Leichnams **2** *(ricompensa)* Anerkennung *f.*, Würdigung *f.*: ***in ~ dei suoi meriti*** in Anerkennung seiner Verdienste; ***dare a qcn. il dovuto ~*** jdm die gebührende Anerkennung zuteil werden lassen **3** *(accettazione, ammissione)* Anerkennung *f.*: ***~ di paternità, di un figlio*** Anerkennung der Vaterschaft, eines Kindes ◆ ***a ~ del fatto che...*** in Anerkennung dafür, dass... (*o* in Würdigung von...); ***~ di debito*** Schuldanerkenntnis *n.*; ***~ de facto*** De-facto-Anerkennung *f.*; ***~ de jure*** De-jure-Anerkennung *f.*; ***mancato ~*** Nichtanerkennung *f.*; ***numero di ~*** Kennnummer *f.*; ***piastrina di ~*** Erkennungsmarke *f.*, Kennmarke *f.*; ***segnale di ~*** Erkennungssignal *n.*; ***segno di ~*** Erkennungszeichen *n.* (*o* Erkennungsmerkmal *n.*); ***sentenza di ~*** Anerkenntnisurteil *n.*; ***tessera di ~*** Ausweis *m.* (*o* Dienstausweis *m.*).

ri|co|no|sciu|to p.pass. agg. **1** → **riconoscere 2a** *(accettato)* erkannt **b** *(valido)* anerkannt, eingetragen: ***è il leader ~ del suo partito*** er ist der anerkannte Führer seiner Partei; ***non ~*** unerkannt; ***associazione -a*** eingetragener Verein; ***legalmente ~*** staatlich anerkannt **c** ***festività -a*** gesetzlicher Feiertag.

ri|con|qui|sta f. **1** Rückgewinnung *f.* **2** MIL. Wiedereroberung *f.*, Rückeroberung *f.*

ri|con|qui|sta|re tr. **1** zurück‿gewinnen, wieder‿gewinnen: ***~ la fiducia di qcn.*** jds Vertrauen zurückgewinnen **2** MIL. wieder‿erobern, zurück‿erobern: ***~ un paese, una postazione*** ein Land, eine Stellung zurückerorbern.

ri|con|sa|cra|re tr. wieder neu weihen, wieder konsekrieren: ***~ una chiesa profanata*** eine entweihte Kirche wieder neu weihen. **ri|con|sa|cra|zio|ne** f. Neuweihung *f.*

ri|con|se|gna f. Rückgabe *f.* **ri|con|se|gna|re** tr. **1a** *(consegnare di nuovo)* wieder‿aus‿händigen **b** COMM. wieder aus‿liefern, wieder liefern **2** ESTENS. wieder übergeben: ***~ un edificio al pubblico*** ein Gebäude wieder der Öffentlichkeit übergeben **3** *(restituire)* zurück‿geben, zurück‿erstatten.

ri|con|si|de|ra|re tr. *(riconsidero)* noch einmal durchdenken, wieder ab‿wägen, noch einmal überdenken.

ri|con|ta|re tr. nach‿zählen, wieder zählen, nach‿rechnen.

ri|con|trol|la|re tr. nach‿kontrollieren, durch‿rechnen: ***~ le spese ancora una volta*** die Ausgaben noch einmal durchrechnen.

ri|con|ver|sio|ne f. **1** Umstellung *f.*: ***la ~ di un impianto*** die Umstellung einer Anlage **2** *(cambiamento della destinazione d'uso)* Umwidmung *f.*: ***la ~ di un'area*** die Umwidmung eines Geländes ◆ ***~ del capitale*** Kapitalumstellung *f.*; ***~ del debito*** Umschuldung *f.*; ***~ (della produzione) industriale*** Produktionsumstellung *f.*; ***~ professionale*** berufliche Umschulung.

ri|con|ver|ti|re **I** tr. **1** *(ritrasformare)* wieder‿um‿wandeln **2** RELIG. POL. wieder‿bekehren **3** *(cambiare produzione)* um‿stellen **4** *(cambiare destinazione d'uso)* umwidmen **5** ECON. wieder‿konvertieren **6** FIG. ***~ in qcs.*** in etw. (A) wieder‿verwandeln **II** pronom. **riconvertirsi** **1** RELIG. sich wieder bekehren: ***-rsi alla fede*** sich wieder zum Glauben bekehren **2** FIG. sich wieder verwandeln.

ri|con|vo|ca|re tr. *(riconvoco, riconvochi)* wieder ein‿berufen. **ri|con|vo|ca|zio|ne** f. Wiedereinberufung *f.*

ri|co|per|to p.pass. agg. **1** → **ricoprire 2a** bedeckt, bezogen, überzogen: ***~ di qcs.*** mit etw. bedeckt **b** ***~ di cioccolato, di zucchero*** mit Schokoladenüberzug, mit Zuckerüberzug **3** *(di vegetazione)* überwachsen: ***~ di qcs.*** mit etw. überwachsen.

ri|co|per|tu|ra f. **1** Wiederbedeckung *f.*, Abdeckung *f.* **2a** *(rivestimento)* Verkleidung *f.*, Umkleidung *f.* **b** Überzug *m.*, Bezug *m.* ◆ ECON. ***operazione di ~*** Deckungsgeschäft *n.*

ri|co|pia|re tr. *(ricopio, ricopi)* **1** wieder ab‿schreiben, wieder kopieren **2** *(trascrivere)* ab‿schreiben, kopieren: ***~ a mano, a macchina*** mit der Hand, mit der Schreibmaschine abschreiben ◆ ***~ in bella*** ins Reine schreiben. **ri|co|pia|tu|ra** f. Abschreiben *n.*, Kopieren *n.*

ri|co|pri|re *(ricoprii/ricopersi; ricoperto)* **I** tr. **1** *(coprire di nuovo)* wieder bedecken **2** *(coprire)* bedecken, überdecken, ab‿decken: ***il ghiaccio ricopre la superficie del lago*** Eis bedeckt den See; ***~ la poltrona con un panno*** den Sessel mit einem Tuch abdecken **3** *(di vegetazione)* überwachsen, überwuchern: ***le erbacce hanno ricoperto il giardino*** das Unkraut hat den Garten überwuchert **4a** *(cospargere)* überziehen: ***~ di qcs.*** mit etw. überziehen **b** *(rivestire)* überziehen, verkleiden, beziehen: ***~ qcs. di smalto*** etw. mit

Lack überziehen; ~ ***una parete di legno*** eine Wand mit Holz verkleiden **c** *(a strati)* beschichten **5** *(esercitare una funzione)* bekleiden, aus‿üben **6** FIG. *(ricolmare)* überhäufen, überschütten, bedecken: ~ ***qcn. di onori*** jdn mit Ehren überhäufen; ~ ***qcn. di regali*** jdn mit Geschenken überschütten; ~ ***qcn. di baci*** jdn mit Küssen bedecken **7** FIG. *(nascondere)* decken, verdecken **II** pronom. **ricoprirsi** sich wieder bedecken.

ri|cor|dan|za f. LETT. Erinnerung *f.*

ri|cor|da|re I tr. **1** ~ ***qcn., qcs.*** sich an jdn, etw. erinnern; ~ ***una persona, una poesia*** sich an einen Menschen, ein Gedicht erinnern; ***non ricordo di averlo visto*** ich erinnere mich nicht, ihn gesehen zu haben; ***cercare di ~ qcs.*** versuchen, sich an etw. zu erinnern; ***se ben ricordo*** wenn ich mich recht erinnere **2a** *(rammentare)* ~ ***qcn, qcs. a qcn.*** jdn an jdn, etw. erinnern; ~ ***a qcn. un appuntamento*** jdn an einen Termin erinnern; ~ ***a qcn. di fare qcs.*** jdn daran erinnern, etw. zu tun **b** *(assomigliare)* ***la sua voce (mi) ricorda quella di mio fratello*** seine Stimme erinnert (mich) an die meines Bruders **3** *(menzionare)* erwähnen: ~ ***i meriti di qcn.*** jds Verdienste erwähnen **II** pronom. **ricordarsi 1** sich erinnern: ***-rsi (di) qcn., qcs.*** sich an jdn, etw. erinnern (*o* an jdn, etw. denken): ***-rsi di fare qcs.*** daran denken, etw. zu tun; ***ricordati che...*** denk daran, dass...; ***non me lo, non mi ricordo*** ich erinnere mich nicht **2** *(tenere a mente)* sich (D) merken: ***ricordati che qui comando io*** merke dir, dass ich hier das Sagen habe ◆ ***non -rsi dal naso alla bocca*** = ein Gedächtnis wie ein Sieb haben; ~ ***qcn. nelle proprie preghiere*** jdn in sein Gebet ein‿schließen; ***-rsi di qcn. nel testamento*** jdn im Testament berücksichtigen (*o* jds im Testament gedenken).

ri|cor|di|no m. **1** kleines Andenken *n.* **2** *(ricordo di viaggio)* Reiseandenken *n.* **3** *(cartoncino con foto)* Gedenkfoto *n.*

ri|cor|do I m. **1** Erinnerung *f.*: ***un ~ di qcn., qcs.*** eine Erinnerung an jdn, etw.; ***un ~ nebuloso, indistinto, spiacevole, penoso, incancellabile*** eine nebelhafte, undeutliche, unangenehme, peinliche, unauslöschbare Erinnerung; ***evocare -i*** Erinnerungen wecken; ***avere, serbare un buon, cattivo ~ di qcn., qcs.*** jdn, etw. in guter, schlechter Erinnerung behalten; ***lasciare un buon ~*** eine gute Erinnerung hinterlassen; ***i -i svaniscono*** die Erinnerungen verblassen; ***abbandonarsi ai propri -i*** seinen Erinnerungen nach‿hängen; ***viver di -i*** von Erinnerungen zehren **2** *(memoria)* Andenken *n.*, Gedenken *n.*, Erinnerung *f.*: ***a perpetuo ~*** zum ewigen Andenken; ***in, a ~ di qcn., qcs.*** zum Gedenken an jdn, etw. (*o* in Erinnerung an jdn, etw.); ***un monumento a ~ dei caduti*** ein Denkmal zum Gedenken an die Gefallenen; ***lasciare qcs. in ~ a qcn.*** jdm etw. zum Andenken hinterlassen **3a** *(oggetto)* Erinnerungsstück *n.*, Andenken *n.*: ***l'anello è un bel ~ di mia madre*** der Ring ist ein schönes Andenken an meine Mutter; ***tenere qcs. come ~*** etw. als, zum Andenken behalten **b** *(di viaggio)* Souvenir *n.*, Reiseandenken *n.* **II** agg.inv. Erinnerungs- ◆ ***degno di ~*** denkwürdig; ~ ***di famiglia*** Familienstück *n.*; ***foto ~*** Erinnerungsfoto *n.*; ~ ***di gioventù*** Jugenderinnerung *f.*; ~ ***d'infanzia*** Kindheitserinnerung *f.*; ~ ***di viaggio*** Reiseandenken *n.* (*o* Souvenir *n.*); ~ ***visivo*** Erinnerungsbild *n.*

ri|co|ri|ca|re *(ricorico, ricorichi)* **I** tr. wieder hin‿legen **II** pronom. **ricoricarsi** sich wieder hin‿legen.

ri|cor|reg|ge|re tr. *(ricorreggo, ricorreggi; ricorressi; ricorretto)* wieder verbessern, wieder korrigieren.

ri|cor|ren|te I agg. **1** wiederkehrend: ***motivo ~*** wiederkehrendes Motiv **2** DIR. Berufung einlegend; AUSTR. rekurrierend **II** m. Beschwerdeführer *m.*, Berufungskläger *m.* ◆ ***febbre ~*** Rückfallfieber *n.* (*o* Rekurrensfieber *n.*).

ri|cor|ren|za f. **1** *(il ripetersi)* Wiederkehr *f.* **2a** *(festività)* Gedenktag *m.* **b** *(anniversario)* Jahrestag *m.*, Jahresfeier *f.* **3** *(occasione)* Anlass *m.*; ***nella ~ del suo compleanno*** anlässlich seines Geburtstages.

ri|cor|re|re intr. *(ricorsi; ricorso*; aus. *essere)* **1** *(tornare indietro)* zurück‿laufen **2** FIG. zurück‿kehren, zurück‿gehen: ~ ***con il pensiero a qcs.*** in Gedanken zu etw. zurückkehren; ***il mio pensiero ricorre spesso a quell'avvenimento*** ich denke oft an dieses Ereignis zurück **3a** *(rivolgersi)* ~ ***a qcn.*** sich an jdn wenden; ~ ***a un medico*** sich an einen Arzt wenden **b** ~ ***a qcs.*** etw. an‿wenden, zu etw. greifen, auf etw. zurück‿greifen: ~ ***alla violenza*** Gewalt anwenden; ~ ***a uno stratagemma, alle maniere forti*** zu einer List, zu handfesteren Mitteln greifen; ~ ***all'aiuto di qcn.*** auf jds Hilfe zurückgreifen **4** DIR. *(fare ricorso)* Beschwerde ein‿legen; AUSTR. rekurrieren **5a** *(ripetersi nel tempo)* sich jähren, sein: ***ricorre il decimo anniversario della morte*** der Todestag jährt sich zum zehnten Mal; ***oggi ricorre l'anniversario del loro matrimonio*** heute ist ihr Hochzeitstag **b** *(cadere)* ***quest'anno Natale ricorre di venerdì*** dieses Jahr fällt Weihnachten auf einen Freitag **6** *(comparire)* vor‿kommen, wieder‿kehren: ***questo motivo ricorre spesso in questo scrittore*** dieses Motiv kehrt bei diesem Autor oft wieder; ***questo nome ricorre spesso nei suoi discorsi*** dieser Name kommt oft in seinen Reden vor ◆ ~ ***in appello*** in die Berufung gehen; ~ ***in giudizio*** den Rechtsweg beschreiten; ~ ***alle vie legali*** den Rechtsweg beschreiten.

ri|cor|si|vi|tà f. **1** MAT. Rekursion *f.* **2** LING. Rekursivität *f.* **ri|cor|si|vo** agg. MAT.LING. rekursiv: ***funzione -a*** rekursive Funktion.

ri|cor|so I p.pass. → **ricorrere II** m. **1** Anwendung *f.*, Anwenden *n.*; ***fare ~ a qcn.*** sich an jdn wenden; ***fare ~ a qcs.*** zu etw. greifen (*o* etw. an‿wenden); ***fare ~ alla violenza*** Gewalt anwenden **2** DIR. Berufung *f.*, Beschwerde *f.*, Einspruch *m.*; AUSTR. Rekurs *m.*: ***fare, presentare ~ contro qcs.*** gegen etw. Beschwerde führen, ein‿legen (*o* Einspruch erheben, ein‿legen); ***respingere, rigettare un ~*** eine Beschwerde zurück‿weisen; ***accettare un ~*** einer Beschwerde statt‿geben **3** *(il ripetersi)* Wiederkehr *f.*, Wiederholen *n.* ◆ ~ ***in appello*** (Einlegen *n.* der) Berufung *f.*; ~ ***in cassazione*** Revision *f.*, SVIZZ. Kassationsbeschwerde *f.*; AUSTR. Revisionsrekurs *m.*; ***i corsi e i -i storici*** der Kreislauf der Geschichte; ***facendo ~ a qcs.*** unter Zuhilfenahme von etw.; ***interporre ~*** Berufung ein‿legen; ***istanza di ~*** Beschwerdeinstanz *f.*; ***oggetto del ~*** Beschwerdegegenstand *m.*; ***termine di ~*** Beschwerdefrist *f.*

ri|co|sti|tuen|te I agg. stärkend, kräftigend **II** m. Stärkungsmittel *n.*, Kräftigungsmittel *n.* ◆ ***cura ~*** Aufbaukur *f.*

ri|co|sti|tui|re *(ricostituisco, ricostituisci)* **I** tr. **1** neu bilden, neu gründen: ~ ***un partito*** eine Partei neu gründen **2** *(rinvigorire)* kräftigen, stärken **II** pronom. **ricostituirsi 1** sich neu bilden **2** *(ristabilirsi)* sich erholen. **ri|co|sti|tu|zio|ne** f. Neugründung *f.*, Neubildung *f.*

ri|co|stru|i|bi|le agg. **1** wieder aufbaufähig **2** FIG. rekonstruierbar.
ri|co|stru|i|re tr. *(ricostruisco, ricostruisci)* **1** wieder auf‿bauen: ~ ***una città*** eine Stadt wieder aufbauen **2** FIG. rekonstruieren: ~ ***un antico tempio, un testo*** einen antiken Tempel, einen Text rekonstruieren; ~ ***la dinamica dei fatti, un incidente*** den Tathergang, einen Unfall rekonstruieren **3** *(pneumatico)* runderneuern.

ri|co|stru|zio|ne f. **1** Wiederaufbau *m.*: ***la ~ di una città*** der Wiederaufbau einer Stadt; ~ ***economica*** wirtschaftlicher Wiederaufbau **2** FIG. Rekonstruktion *f.*: ***la ~ di un delitto, dei fatti*** die Rekonstruktion eines Verbrechens, der Fakten; ~ ***storica*** geschichtliche Rekonstruktion **3** ~ ***di pneumatico*** Runderneuerung *f.*

ri|cot|ta f. INTRAD. (aus Molke hergestellter, quarkähnlicher Frischkäse) ◆ COLLOQ. ***avere le mani di ~*** = alles fallen lassen.

ri|cot|to → **ricuocere.**

ri|cot|tu|ra f. **1** Wiederkochen *n.* **2** METALL. Glühen *n.*

ri|co|ve|ra|re *(ricovero)* **I** tr. **1** ein‿liefern: ~ ***qcn. in ospedale, in un ospizio*** jdn ins Krankenhaus, in ein Altenheim einliefern; ~ ***d'urgenza*** COLLOQ. mit Blaulicht einliefern **2** *(offrire riparo)* ~ ***qcn.*** jdm Unterschlupf gewähren **II** pronom. **ricoverarsi 1** COLLOQ. ***-rsi in ospedale*** ins Krankenhaus gehen **2** *(trovare ricovero)* Unterschlupf finden: ***-rsi in una capanna*** in einer Hütte Unterschlupf finden.

ri|co|ve|ra|to I p.pass. agg. **1** → **ricoverare 2a** ***essere ~ (in ospedale)*** im Krankenhaus liegen **b** ***essere ~ (in ospizio)*** im Altersheim untergebracht sein **II** m. **1** *(in ospedale)* Patient *m.* **2** *(in ospizio)* Insasse *m.*

ri|co|ve|ro m. **1** Einlieferung *f.* **2** *(riparo)* Unterstand *m.*, Unterschlupf *m.*: ***cercare, trovare un ~*** einen Unterschlupf suchen, finden; ~ ***di fortuna*** notdürftiger Unterschlupf **3** *(ospizio)* Heim *n.* ◆ ~ ***antiaereo*** Luftschutzraum *m.*; ~ ***per anziani*** Altenheim *n.*; ***foglio di ~*** Einlieferungsschein *m.*; ~ ***d'urgenza*** Notaufnahme *f.*

ri|cre|a|re I tr. **1** neu gründen, neu bilden: ~ ***un partito*** eine Partei neu gründen **2** *(ristorare)* erquicken, erfrischen **3** *(rallegrare)* erfreuen **II** pronom. **ricrearsi 1** sich erholen, sich erquicken, sich erbauen: ***-rsi dalle fatiche*** sich von den Anstrengungen erholen; ***-rsi con qcs.*** sich an etw. (D) erbauen **2** *(divertirsi)* sich vergnügen **3** *(ripresentarsi)* wieder entstehen.

ri|cre|a|ti|vo agg. Freizeit-: ***attività -e*** Freizeitbeschäftigungen; ***centro ~*** Freizeitzentrum *n.* **ri|cre|a|zio|ne** f. **1** Erholung *f.* **2** SCOL. Pause *f.*: ***fare la ~*** Pause haben.

ri|cre|der|si pronom. *(mi ricredei/ricredetti)* seine Meinung ändern: ~ ***su qcn., qcs.,*** ~ ***sul conto di qcn., qcs.*** über jdn, etw. seine Meinung ändern.

ri|cre|sce|re intr. *(ricresce; ricrebbi; ricresciuto*; aus. *essere)* wieder wachsen, nach‿wachsen: ***i capelli sono ricresciuti*** die Haare sind nachgewachsen; ***l'erba è ricresciuta*** das Gras ist wieder gewachsen. **ri|cre|sci|ta** f. Wiederwachsen *n.*, Nachwachsen *n.*: ~ ***dei capelli*** Nachwachsen der Haare.

ri|cu|ci|re tr. *(ricucio, ricuci)* **1** wieder nähen, wieder zu‿nähen

2 *(sistemare cucendo)* flicken, zusammen_nähen; COLLOQ. zusammen_flicken: *~ uno strappo* einen Riss flicken **3a** FIG. zusammen_stoppeln, zusammen_stückeln: *~ gli appunti per una relazione* Notizen für ein Referat zusammenstückeln **b** wieder her_stellen: *~ i rapporti con qcn.* die Beziehungen zu jdm wieder herstellen **4** MED. (ver)nähen: *~ una ferita* eine Wunde (ver)nähen.

ri|cu|ci|tu|ra f. **1** Nähen *n.* **2a** *(insieme di punti)* Naht *f.* **b** *(parte cucita)* genähte Stelle *f.*, Flickstelle *f.*

ri|cuo|ce|re tr. *(ricuocio, ricuoci; ricossi; ricotto)* **1** wieder kochen, auf_kochen **2** TECN. glühen.

ri|cu|pe|ra|bi|le, ri|cu|pe|ra|re → **recuperabile, recuperare.**

ri|cu|pe|ro → **recupero.**

ri|cur|vo agg. gebogen, gekrümmt, krumm: *bastone ~* gebogener Stock; *una vecchietta -a* eine gekrümmte Alte; *ramo ~* krummer Ast ◆ *essere sempre ~ sui libri* immer über seinen Büchern sitzen.

ri|cu|sa f. LETT. Ablehnung *f.*, Verweigerung *f.* **ri|cu|sa|bi|le** agg. ablehnbar.

ri|cu|sa|re tr. ab_lehnen: *~ un invito* eine Einladung ablehnen; *~ un giudice per legittima suspicione, per legittimo sospetto* einen Richter wegen Besorgnis der Befangenheit ablehnen.

ri|cu|sa|zio|ne f. DIR. Ablehnung *f.* ◆ *dichiarazione di ~* Ablehnungsantrag *m.* (*o* Befangenheitsantrag *m.*); *motivo di ~* Ablehnungsgrund *m.*

ri|dac|chia|re intr. *(ridacchio, ridacchi;* aus. *avere)* kichern: *~ alle spalle di qcn.* hinter jds Rücken kichern.

ri|dan|cia|no agg. **1** lustig, fröhlich: *un carattere ~* ein fröhliches Wesen **2** *(che suscita il riso)* spaßig, komisch: *storielle -e* spaßige Geschichten.

ri|da|re tr. *(ridò, ridai, ridà; ridiedi/ridetti; ridato)* **1** wieder geben: *~ la stessa risposta* wieder dieselbe Antwort geben **2** *(restituire)* zurück_geben, wieder_geben: *non mi ha ancora ridato l'anello* er hat mir den Ring noch nicht zurückgegeben; *ridatemi i miei soldi!* gebt mir mein Geld zurück! *~ la libertà, la vista a qcn.* jdm die Freiheit, das Sehvermögen wiedergeben ◆ COLLOQ. *dagli e ridagli* nach langem Hin und Her; *~ fiducia a qcn.* jdm wieder vertrauen.

ri|da|rel|la f. COLLOQ. Lachkrampf *m.*: *avere la ~* einen Lachkrampf haben; *gli è venuta la ~* er hat einen Lachkrampf bekommen.

ri|da f. **1** Reigen *m.*, Reigentanz *m.* **2** FIG. Schwall *m.*: *una ~ di pensieri, ipotesi* ein Schwall von Gedanken, Hypothesen ◆ *~ infernale* wüstes Gedränge; *~ delle streghe* Hexensabbat *m.*

ri|de|fi|ni|re tr. *(ridefinisco, ridefinisci)* **1** neu bestimmen: *~ un concetto* einen Begriff neu bestimmen **2** *(rideterminare)* neu fest_legen, neu fest_setzen: *~ i compiti di un collaboratore* die Aufgaben eines Mitarbeiters neu festlegen.

ri|den|te agg. **1** agg. lachend: *un viso ~* ein lachendes Gesicht **2** *(ameno)* heiter, lieblich: *un paesaggio ~* eine liebliche Landschaft.

1.ri|de|re *(risi, riso)* **I** intr. (aus. *avere*) **1** lachen: *~ di qcn., qcs.* über jdn, etw. lachen; *~ delle disgrazie altrui* über das Pech anderer lachen; *a quella battuta tutti risero* auf diese Bemerkung hin lachten alle; *~ spensieratamente, sguaiatamente* unbekümmert, unmanierlich lachen **2** *(deridere)* aus_lachen, lachen: *~ di qcn.* jdn auslachen (*o* über jdn lachen) **3** *(scherzare)* Spaß machen, scherzen: *si è arrabbiato, ma io facevo per ~* er hat sich geärgert, aber ich habe nur Spaß gemacht; *fare qcs. per ~* etw. zum Spaß tun **4** *(brillare)* strahlen: *le ridono gli occhi* ihre Augen strahlen **II** pronom. **ridersi 1** *(burlarsi)* sich lustig machen: *-rsi della dabbenaggine altrui* sich über jds Einfältigkeit lustig machen **2** COLLOQ. *(infischiarsene)* *ridersela di qcs.* sich aus etw. nichts machen; *se la ride delle voci sul suo conto* er macht sich nichts aus den Gerüchten über ihn ◆ *~ sotto i baffi* schmunzeln (*o* sich ins Fäustchen lachen); *~ a crepapelle* sich kaputt_lachen; *crepare dal ~* vor Lachen platzen; *~ di cuore* aus vollem Herzen lachen (*o* herzlich lachen); *da ~* lustig, heiter; *(irrilevante)* lächerlich; *un film (tutto) da ~* ein (sehr) lustiger Film; *è un taglietto da ~* ein lächerlicher Schnitt; *cosa c'è da ~?* was gibt's da zu lachen? *sarebbe da ~ se...* das wäre doch gelacht, wenn...; *~ dietro a qcn.* jdn auslachen (*o* jdn verlachen); *farsi ~ dietro* sich lächerlich machen; *~ in faccia a qcn.* jdm ins Gesicht lachen; *fare ~ qcn.* jdn zum Lachen bringen; *(essere ridicolo)* lächerlich sein; *le sue minacce mi fanno ~* seine Drohungen sind lächerlich; *mi fai proprio ~!* da muss ich aber herzlich lachen! *ma non farmi ~!* dass ich nicht lache! *non finire più di ~* aus dem Lachen nicht mehr heraus_kommen; *~ fino alle lacrime* Tränen lachen; *mettere qcs. sul ~* etw. ins Lächerliche ziehen; *mettersi a ~* in Gelächter aus_brechen (*o* los_lachen); *morire dal ~* sich tot_lachen; *c'è da morire dal ~* es ist zum Totlachen; *non c'è niente da ~* da gibt es nichts zu lachen; *tenersi la pancia dal ~* sich (D) den Bauch vor Lachen halten; *ti passerà la voglia di ~!* das Lachen wird dir noch vergehen! *c'è poco da ~* da gibt es nichts zu lachen; COLLOQ. *(è una cosa che) fa ~ i polli* da lachen ja die Hühner; *sbellicarsi dal ~* vor Lachen um_fallen; *mi scappa da ~* ich muss lachen; *ridendo e scherzando* = ohne es zu merken; *scoppiare a ~* in Lachen (*o* in Gelächter) aus_brechen; *~ fra sé e sé* in sich hinein_lachen (*o* innerlich lachen); *~ alle spalle di qcn.* hinter jds Rücken lachen; *non potersi trattenere dal ~* sich (D) das Lachen nicht verbeißen können; *mi viene da ~* ich muss lachen; PROV. *ride bene chi ride ultimo* wer zuletzt lacht, lacht am besten; *chi ride il venerdì, piange la domenica* den Vogel, der am Morgen pfeift, frisst am Abend die Katze.

2.ri|de|re m. Lachen *n.*; *fare un gran ~* schallend (*o* laut) lachen.

ri|de|sta|re I tr. **1** wieder wecken, wieder auf_wecken **2** FIG. wach_rufen, wieder erwecken: *la sua visita gli ridestò molti ricordi* sein Besuch rief viele Erinnerungen in ihm wach; *~ il rancore di qcn.* jds Groll wieder erwecken **II** pronom. **ridestarsi 1** wieder erwachen **2** FIG. wieder erwachen, sich regen: *in lui si è ridestata la speranza* in ihm ist wieder Hoffnung erwacht; *finalmente la sua coscienza si ridestò* endlich regte sich sein Gewissen.

ri|det|to p.pass. agg. **1** → **ridire 2** *detto e ~* tausendmal gesagt.

ri|di|co|lag|gi|ne f. **1** Lächerlichkeit *f.*: *la ~ di un discorso* die Lächerlichkeit einer Rede **2** *(cosa ridicola)* Lächerliche *n.*: *dire una ~* etw. Lächerliches sagen.

ri|di|co|liz|za|re tr. lächerlich machen, ins Lächerliche ziehen: *~ un avversario* einen Gegner lächerlich machen.

ri|di|co|lo I agg. **1** lächerlich: *rendersi ~* sich lächerlich machen; *ma è ~!* das ist ja lächerlich! **2** *(insignificante)* lachhaft, lächerlich, läppisch: *una somma -a* eine läppische Summe; *stipendio ~* lächerliches (*o* lachhaftes) Gehalt **II** m. **1** Lächerliche *n.* **2** *(comicità)* Lächerlichkeit *f.* ◆ *cadere nel ~* sich lächerlich machen; *coprire di ~ qcn.* jdn lächerlich machen (*o* jdn ins Lächerliche ziehen); *fare una figura -a* eine komische (*o* lächerliche) Figur ab_geben; *mettere in ~ qcn.* jdn lächerlich machen; *qcs. rasenta il ~* etw. grenzt ans Lächerliche; *volgere qcs. al ~* etw. ins Lächerliche ziehen.

ri|di|men|sio|na|men|to m. **1** Verkleinerung *f.*: *~ di un'industria* die Verkleinerung eines Betriebs; *(tagli alla produzione)* Produktionseinschränkung *f.* **2** ESTENS. Einschränkung *f.*: *il ~ di un progetto* die Einschränkung eines Projekts; *la sua fama ha subito un notevole ~* sein Ruhm hat sich beträchtlich gemindert **3** *(riconduzione alle giuste proporzioni)* Rückführung *f.* auf das rechte Maß ◆ *~ dell'organico* Personalabbau *m.*; *~ dei prezzi* Herabsetzung *f.* der Preise.

ri|di|men|sio|na|re I tr. **1** verkleinern: *~ un'industria* einen Betrieb verkleinern **2** ESTENS. ein_schränken: *~ l'importanza di un movimento* die Bedeutung einer Bewegung einschränken; *~ un progetto* ein Projekt einschränken **3a** FIG. zurecht_weisen, in die Schranken verweisen: *quel ragazzo va ridimensionato* dieser Junge muss in die Schranken verwiesen werden **b** *(ricondurre alle giuste proporzioni)* zum rechten Maß zurück_führen **II** pronom. **ridimensionarsi** bescheidener werden: *le sue pretese si sono ridimensionate* seine Ansprüche sind bescheidener geworden ◆ *~ il personale* das Personal ab_bauen; *~ i prezzi* die Preise herab_setzen; *~ le proprie aspirazioni professionali* beruflich kürzer treten.

ri|di|pin|ge|re tr. *(ridipinsi; ridipinto)* **1a** neu malen, neu bemalen: *~ un quadro* ein Bild neu malen; *~ una parete con nuovi affreschi* eine Wand mit neuen Fresken bemalen **b** *(coprendo)* übermalen: *~ una tela* eine Leinwand übermalen **2** *(verniciare nuovamente)* neu streichen: *~ una stanza* ein Zimmer neu streichen **3** *(dipingere la stessa cosa)* wieder malen: *~ sempre lo stesso soggetto* immer wieder denselben Gegenstand malen.

ri|di|re tr. *(ridico, ridici; ridissi; ridetto)* **1** wiederholen: *dire e ~ sempre le stesse cose* immer dasselbe wiederholen; *non ~ più una cosa simile!* sag so etwas nie wieder! *te l'ho detto e ridetto mille volte!* ich habe es dir tausendmal gesagt! **2** *(riferire)* weiter_erzählen, weiter_sagen: *non andare a ~ quello che ti ho raccontato* sag nicht weiter, was ich dir erzählt habe **3** *(esprimere, narrare)* beschreiben, sagen: *una gioia che non si può ~* eine Freude, die man nicht (mit Worten) beschreiben kann; *non ti so ~ quanto erano felici* ich kann dir gar nicht sagen, wie glücklich sie waren **4** *(recitare)* auf_sagen: *~ una poesia* ein Gedicht aufsagen **5** *(criticare)* aus_setzen, ein_wenden, bemängeln: *avere, trovare da ~ su qcs., qcn.* etw. an etw., jdm auszusetzen haben; *avere sempre da ~* immer etw. einzuwenden haben.

ri|di|scen|de|re *(ridiscesi; ridisceso)* **I** intr. (aus. *essere, avere*) **1** wieder ab_steigen: *~ a valle* wieder ins Tal hinabsteigen **2** *(da veicoli)* wieder aus_steigen, wieder ab_steigen **II** tr. **1** *(avvicinandosi a chi parla)* wieder herunter_kommen, wieder herab_steigen: *~ le*

scale die Treppe wieder herunterkommen **2** *(allontanandosi da chi parla)* wieder hinunter‿gehen, wieder hinab‿steigen.

ri|di|se|gna|re tr. **1** neu zeichnen **2** FIG. neu fest‿legen, neu definieren: ***~ i confini in Europa*** die Grenzen Europas neu festlegen.

ri|di|spor|re *(ridispongo, ridisponi; ridisposi; ridisposto)* **1** *(disporre di nuovo)* wieder an‿ordnen, wieder ordnen **2** *(secondo un nuovo ordine)* um‿räumen, neu ordnen, neu an‿ordnen.

ri|di|stri|bu|i|re tr. *(ridistribuisco, ridistribuisci)* **1** neu verteilen: ***~ gli incarichi*** die Aufgaben neu verteilen **2** ECON. um‿verteilen: ***~ il reddito*** das Einkommen umverteilen.

ri|di|stri|bu|zio|ne f. **1** Neuverteilung *f.*: ***~ degli incarichi*** Neuverteilung der Aufgaben **2** ECON. Umverteilung *f.*, Redistribution *f.*: ***~ del reddito*** Umverteilung des Einkommens.

ri|di|ve|ni|re intr. *(ridivengo, ridivieni; ridivenni)*, **ri|di|ven|ta|re** intr. (aus. *essere*) wieder werden: ***~ povero*** wieder arm werden.

ri|do|man|da|re tr. **1a** *(domandare nuovamente; per sapere)* ***~ qcs. a qcn.*** jdn wieder nach etw. fragen **b** *(per ottenere)* ***~ a qcn. qcs.*** jdn wieder um etw. bitten **2** *(in restituzione)* zurück‿verlangen.

ri|do|na|re tr. wieder‿schenken, wieder‿geben: ***~ la libertà a un animale*** einem Tier die Freiheit wiederschenken.

ri|don|dan|te agg. überreich, überladen: ***essere ~ di qcs.*** mit etw. überladen sein; ***testo ~ di citazioni*** mit Zitaten überladener Text; ***stile ~*** überladener Stil.

ri|don|dan|za f. **1** Überfülle *f.*, überflüssiges Beiwerk *n.*: ***eliminare le -e*** von überflüssigem Beiwerk befreien **2** INFORM. Redundanz *f.* ◆ ***circuito di ~*** Redundanzschaltung *f.*

ri|don|da|re intr. (aus. *essere*) **1** LETT. ***~ di qcs.*** mit etw. überladen sein **2** MAR. raumen.

ri|dos|so m. **1** Schutz *m.*, Schutzwall *m.*: ***quel picco costituisce un ~ dal vento*** die Bergspitze bietet einen Schutz gegen den Wind **2a** ***essere a ~ di qcs.*** hinter etw. (D) stehen (*o* liegen); ***essere a ~ del monte*** im Schutz des Berges liegen (*o* am Berghang stehen); ***a ~ della chiesa*** dicht neben der Kirche; ***essere a ~ di qcn.*** dicht hinter jdm sein **b** *(tempo)* ***a ~ di qcs.*** kurz vor etw. (D); ***essere a ~ dell'estate*** kurz vor Sommerbeginn stehen.

ri|dot|ta f. Schanze *f.*; ANT. Redoute *f.*: ***costruire una ~*** schanzen (*o* eine Schanze errichten).

ri|dot|to I p.pass. agg. **1** → **ridurre 2a** verkleinert, reduziert, gekürzt, verkürzt, verringert: ***biglietto (d'ingresso) ~*** reduzierte Eintrittskarte; ***edizione -a*** gekürzte Ausgabe; ***formato ~*** verkleinertes Format; ***velocità -a*** verringerte Geschwindigkeit; ***versione -a*** gekürzte Fassung (*o* Kurzfassung *f.*); ***disegnare in scala -a*** in verkleinertem Maßstab zeichnen; CHIM. ***ferro ~*** reduziertes Eisen **b** *(trasformato)* ***~ a qcs.*** zu etw. gemacht, in etw. (A) verwandelt; ***~ in qcs.*** zu etw. geworden; ***essere ~ in polvere*** zu Staub geworden sein **3** *(costretto)* ***essere ~ a fare qcs.*** gezwungen sein, etw. zu tun **II** m. **1** TEATR. Foyer *n.*, Wandelhalle *f.* **2** *(luogo di riunione)* Versammlungsort *m.* **3** *(ridotta)* Schanze *f.* ◆ LING. ***grado ~*** Reduktionsstufe *f.*; ***~ all'impotenza*** zur Ohnmacht verurteilt; ***essere ~ in macerie*** in Trümmern liegen; ***mal ~*** verlottert (*o* übel zugerichtet); *(di persona)* heruntergekommen; ***è proprio ~ male!*** er ist tief gesunken; ***marcia -a*** Geländegang *m.*; ***essere ~ in miseria*** verarmt sein (*o* in Armut geraten sein); ***in misura -a*** in geringem Maß (*o* geringfügig); ***orario ~*** verkürzte Arbeitszeit; ***cinepresa a passo ~*** Schmalfilmkamera *f.*; ***pellicola a passo ~*** Schmalfilm *m.*; ***a prezzi -i*** zu herabgesetzten (*o* ermäßigten) Preisen; ***scartamento ~*** Schmalspur *f.*; ***a scartamento ~*** schmalspurig, FIG. winzig; ***ferrovia a scartamento ~*** Schmalspurbahn *f.*; ***~ al silenzio*** zum Schweigen gebracht; CHIM. ***stato ~*** Reduktionszustand *m.*; ***~ a uno straccio*** völlig abgezehrt; ***~ ai minimi termini*** auf die einfachste Formel gebracht; FIG. an einem Tiefpunkt (angekommen).

ri|du|cen|te I agg. reduzierend **II** m. Reduktionsmittel *n.*

ri|du|ci|bi|le agg. **1a** reduzierbar, kürzbar: ***~ del 40 %*** um 40 % reduzierbar (*o* kürzbar) **b** *(di orario)* verkürzbar, reduzierbar **c** *(di distanza)* verkürzbar **d** *(di velocità)* einschränkbar, reduzierbar **e** *(di salario)* kürzbar, herabsetzbar **f** *(di personale, posti di lavoro, ecc.)* abbaubar **2** *(di testo)* bearbeitbar **3** MED. einrichtbar; ***frattura ~*** Knochenbruch *m.* **4** CHIM. FIS. reduzierbar **5** MAT. reduzibel, zerlegbar.

ri|du|ci|bi|li|tà f. **1** Reduzierbarkeit *f.* (anche CHIM. FIS.) **2** MED. Einrichtung *f.*

ri|dur|re *(riduco, riduci; ridussi; ridotto)* **I** tr. **1a** reduzieren, verringern, senken, kürzen, verkürzen, herab‿setzen: ***~ le spese*** die Ausgaben kürzen (*o* reduzieren); ***~ l'orario di lavoro*** die Arbeitszeit verkürzen; ***~ la distanza, la velocità*** die Entfernung, die Geschwindigkeit verringern; ***~ il consumo, il salario*** den Verbrauch, den Lohn senken; ***~ i prezzi*** die Preise reduzieren (*o* senken); ***~ il numero dei partecipanti*** die Teilnehmerzahl verringern; ***~ del 30 %*** um 30 % verringern; ***~ qcs. della metà, di un quarto*** etw. um die Hälfte, um ein Viertel reduzieren **b** *(limitare)* beschränken, ein‿schränken, drosseln: ***~ la libertà di qcn.*** jds Freiheit beschränken (*o* beschneiden); ***~ le importazioni*** die Importe drosseln **c** *(rimpicciolire)* verkleinern: ***~ uno spazio*** einen Raum verkleinern **d** *(personale, posti di lavoro, ecc.)* ab‿bauen **2** *(costringere, indurre)* bringen, zwingen: ***~ qcn. alla disperazione, al silenzio*** jdn zur Verzweiflung, zum Schweigen bringen; ***~ qcn. alla ragione*** jdn zur Vernunft bringen; ***~ qcn. a fare qcs.*** jdn zwingen, etw. zu tun **3** *(adattare)* bearbeiten: ***~ un libro per il cinema*** ein Buch für das Kino bearbeiten **4** *(far diventare)* verwandeln, machen: ***~ qcs. a qcs.*** etw. zu etw. machen (*o* etw. in etw. (A) verwandeln); ***~ l'appartamento a un porcile*** aus der Wohnung einen Schweinestall machen **5** CHIM. reduzieren: ***~ qcs. nelle sue componenti*** etw. auf seine Bestandteile reduzieren **6** MAT. reduzieren, kürzen: ***~ una frazione ai minimi termini*** einen Bruch auf die einfachste Form bringen (*o* einen Bruch kleinstmöglich kürzen) **7** MED. ein‿richten: ***~ una frattura*** einen Bruch einrichten **8** GASTR. ***~ il sugo*** die Soße einkochen lassen **II** pronom. **ridursi 1** sich reduzieren, sich verringern, sich verknappen: ***il mio capitale si è notevolmente ridotto*** mein Vermögen hat sich beträchtlich verringert; ***i costi si sono ridotti*** die Kosten haben sich verringert; ***le soluzioni si riducono a due*** die Lösungen reduzieren sich auf zwei **2a** *(passare a condizione diversa)* werden, herunter‿kommen **b** ***non mi ridurrò mai così!*** ich werde es nie so weit kommen lassen! (*o* ich werde nie so tief sinken!) **3** *(limitarsi)* sich beschränken: ***-rsi a qcs.*** sich auf etw. (A) beschränken ◆ ***~ qcs. a brandelli*** etw. in Fetzen (zer)reißen; ***~ qcn. a un colabrodo*** jdn wie ein Sieb durch‿löchern; ***~ qcs. in cenere*** etw. in (Schutt und) Asche legen; SPORT ***~ il distacco*** den Abstand verkürzen; ***~ qcs. a una farsa*** etw. zur Farce erniedrigen; ***~ qcn. in fin di vita*** jdn beinahe umbringen (*o* jdn lebensgefährlich verletzen); ***guarda come ti sei ridotto!*** wie siehst du denn aus! ***~ l'oro in lamine*** Gold zu Blättchen aus‿schlagen; ***~ qcn. sul lastrico*** jdn an den Bettelstab bringen; ***essere ridotto male*** in einem schlechten Zustand sein; ***-rsi in miseria*** in Not geraten; ***-rsi all'ultimo momento*** den letzten Augenblick ab‿warten; ***-rsi l'ombra di se stesso*** nur noch sein eigner Schatten sein; ***~ in pezzi qcs.*** etw. (in Stücke) zerbrechen; ***~ in polvere*** zu Staub zermahlen; ***~ le proprie pretese*** seine Ansprüche herab‿setzen; ***~ i rischi*** das Risiko mindern; ***~ il ritmo di lavoro*** das Arbeitstempo vermindern; ***~ un veicolo a un rottame*** ein Fahrzeug zu Schrott fahren; ***~ qcn. in schiavitù*** jdn zum Sklaven machen (*o* jdn versklaven); ***~ i tempi*** beschleunigt vor‿gehen.

ri|dut|ti|vo agg. **1** *(che riduce)* mindernd: ***misure -e dei costi*** kostenmindernde Maßnahmen **2** *(scarso)* dürftig **3** *(superficiale)* oberflächlich.

ri|dut|to|re I m. **1** *(di testo)* Bearbeiter *m.* **2** MECC. Untersetzungsgetriebe *n.* **3** EL. Reduktor *m.* **4** CHIM. Reduktionsmittel *n.* **II** agg. CHIM. reduzierend, Reduktions- ◆ ***~ di tensione*** Reduziertransformator *m.*

ri|du|zio|ne f. **1a** *(nelle dimensioni, nella quantità)* Senkung *f.*, Herabsetzung *f.*; Verkürzung *f.*, Verringerung *f.*: ***~ dell'orario lavorativo*** Verkürzung der Arbeitszeit; ***~ di un testo*** Kürzung eines Textes **b** *(rimpicciolimento)* Verkleinerung *f.*: ***fare una ~*** eine Verkleinerung machen **2** *(sconto)* Ermäßigung *f.*, Preisermäßigung *f.*, Nachlass *m.*: ***una ~ del 30 %*** eine Ermäßigung von 30 % **3** *(limitazione)* Beschränkung *f.*, Einschränkung *f.* **4** *(adattamento)* Umarbeitung *f.*, Bearbeitung *f.*: ***~ di un romanzo in un copione*** Umarbeitung eines Romans in ein Drehbuch **5** CHIM. BIOL. Reduktion *f.* **6** MAT. Kürzung *f.*, Kürzen *n.*, Reduktion *f.*: ***~ di una frazione*** Kürzung eines Bruches **7** MED. Einrichtung *f.* **8** FILOS. Reduktion *f.*, Zurückführung *f.* ◆ ***~ degli armamenti*** Abrüstung *f.*; ***~ (di prezzo) per bambini*** Kinderermäßigung *f.*; ***~ cinematografica*** Verfilmung *f.* (*o* Kinobearbeitung *f.*); ***~ delle aree coltivate*** Anbaubeschränkung *f.*; ***compasso di ~*** Reduktionszirkel *m.*; ***~ dei costi*** Kostensenkung *f.*; ***forno di ~*** Reduktionsofen *m.*; ***~ graduale*** Abstufen *n.*; ***ingranaggio di ~*** Untersetzungsgetriebe *n.*; ***~ della pena*** Strafnachlass *m.*; ***~ delle pensioni*** Rentenkürzung *f.*; ***~ del personale*** Personalabbau *m.*; ***~ per pianoforte*** Klavierauszug *m.*; ***~ radiofonica*** Funkbearbeitung *f.*; ***reazione di ~*** Reduktionsreaktion *f.*; ***~ del rumore*** Rauschunterdrückung *f.*; ***~ del salario*** Lohnabbau *m.*; ***~ in scala*** Verjüngung *f.*; ***~ in schiavitù*** Versklavung *f.*; ***~ delle tariffe*** Tarifermäßigung *f.*; ***~ delle tasse*** Steuersenkung *f.*; ***~ televisiva*** Fernsehbearbeitung *f.*; ***~ della vista*** Beeinträchtigung *f.* der Sehkraft.

ri|ec|co avv. wieder hier, wieder da: ***~ il sole*** da kommt die Sonne wieder heraus; ***rieccolo qui*** hier ist er wieder; ***rieccomi*** da bin ich wieder.

ri|e|cheg|gia|men|to m. LETT. **1** Widerhall *m.* **2** *(similarità)* Anklang *m.*
ri|e|cheg|gia|re *(riecheggio, riecheggi)* **I** intr. (aus. *essere*) **1** wider‿hallen: ***nel cortile riecheggiano le risate dei bambini*** im Hof hallt das Lachen der Kinder wider **2** FIG. an‿klingen: ***nelle sue liriche riecheggiava la tristezza*** in seinen Gedichten klang Wehmut an **II** tr. **~ *qcs.*** an etw. (A) erinnern, an etw. (A) an‿klingen: ***la sua prosa riecheggia Moravia*** seine Prosa erinnert an Moravia (*o* klingt an Moravia an).
ri|e|di|fi|ca|re tr. *(riedifico, riedifichi)* wieder auf‿bauen, neu errichten. **ri|e|di|fi|ca|zio|ne** f. **1** Wiedererrichtung *f.*, Wiederaufbau *m.* **2** FIG. Wiedererrichtung *f.*
ri|e|di|to agg. neu aufgelegt. **ri|e|di|zio|ne** f. **1a** Neuauflage *f.*, Neuausgabe *f.*: **~ *in formato economico*** Neuauflage als Taschenbuchausgabe **b** *(di film)* Wiedererscheinung *f.* **2** FIG. Wiedererscheinen *n.*; *(ricomparsa)* Wiederauftauchen *n.*
ri|e|du|ca|re tr. *(rieduco, rieduchi)* **1** um‿erziehen, um‿schulen: **~ *i prigionieri politici*** die politischen Gefangenen umerziehen **2** MED. wieder beweglich machen, mobilisieren. **ri|e|du|ca|ti|vo** agg. **1** Umschulungs-, Umerziehungs-: ***programma*** **~** Umschulungsprogramm *n.* **2** MED. Rehabilitations-, mobilisierend.
ri|e|du|ca|zio|ne f. **1** Umerziehung *f.*, Umschulung *f.* **2** MED. Mobilisation *n.*, Wiederbeweglichmachen *n.*, Rehabilitation *f.* ◆ ***casa di*** **~** Erziehungsheim *n.*
ri|e|la|bo|ra|re tr. *(rielaboro)* wieder aus‿arbeiten, bearbeiten, überarbeiten: **~ *un testo*** einen Text bearbeiten (*o* überarbeiten). **ri|e|la|bo|ra|zio|ne** f. Überarbeitung *f.*, Aufarbeitung *f.*, Umarbeitung *f.*, Neubearbeitung *f.*
ri|e|leg|ge|re tr. *(rieleggo, rieleggi; rielessi; rieletto)* wieder wählen. **ri|e|leg|gi|bi|le** agg. wieder wählbar. **ri|e|leg|gi|bi|li|tà** f. Wiederwählbarkeit *f.*
ri|e|le|zio|ne f. **1** Neuwahl *f.* **2** *(l'essere rieletto)* Wiederwahl *f.*
ri|e|mer|ge|re intr. *(riemergo, riemergi; riemersi; riemerso;* aus. *essere)* **1** wieder auf‿tauchen: ***il sottomarino riemerge*** das Unterseeboot taucht wieder auf **2** FIG. wieder an den Tag kommen, wieder auf‿kommen.
ri|em|pi|men|to m. **1** Füllen *n.*, Füllung *f.*; *(di moduli)* Ausfüllen *n.* **2** TECN. Nachfüllung *f.* ◆ ***bocchettone di*** **~** Einfüllstutzen *n.*; ***grado di*** **~** Füllungsgrad *m.*; ***materiale di*** **~** Füllmittel *n.* (*o* Füllmaterial *n.*); EDIL. ***terra da*** **~** Füllsand *m.*
ri|em|pi|re *(riempio, riempi)* **I** tr. **1a** *(colmare)* füllen, voll füllen: **~ *un contenitore*** einen Behälter voll füllen; **~ *una cassa di libri*** eine Kiste mit Büchern füllen; **~ *il serbatoio*** den Tank füllen **b** *(di terra)* zu‿schütten: **~ *una fossa*** eine Grube zuschütten **c** *(versando)* voll schenken, voll gießen: **~ *un bicchiere di birra*** ein Glas mit Bier voll schenken; **~ *i bicchieri*** die Gläser voll gießen **d** *(ricoprire)* voll laden, beladen: **~ *qcs. con qcs.*** etw. mit etw. voll laden (*o* beladen); **~ *il tavolo di leccornie*** den Tisch mit Leckerbissen beladen **2a** *(compilare)* aus‿füllen: **~ *un modulo, un assegno*** ein Formular, einen Scheck ausfüllen **b** *(fogli)* beschreiben **3** FIG. erfüllen: **~ *qcn. di gioia, di nostalgia*** jdn mit Freude, Sehnsucht erfüllen; **~ *qcs. di significato*** etw. mit Bedeutung erfüllen; **~ *di fumo*** etw. mit Rauch erfüllen **4** *(disseminare)* übersäen: **~ *di cenere il tappeto*** den Teppich mit Asche übersäen **5** assol. stopfen: ***le patate riempiono*** Kartoffeln stopfen **II** pronom. **riempirsi 1a** sich füllen: ***-rsi di qcs.*** sich mit etw. füllen; ***gli occhi le si riempirono di lacrime*** ihre Augen füllten sich mit Tränen **b** *(aspirando)* ***-rsi i polmoni d'aria*** die Lungen mit Luft voll pumpen **2** *(saziarsi)* sich (D) voll schlagen, sich (D) voll stopfen: ***-rsi la pancia*** sich den Bauch voll schlagen ◆ ***-rsi la bocca*** sich (D) den Mund voll stopfen; FIG. ***-rsi la bocca di paroloni*** große Reden schwingen; **~ *qcn. di botte*** jdn ordentlich verprügeln; **~ *di fango*** verschlämmen; **~ *la lavagna*** die Tafel voll schreiben; **~ *il piatto*** den Teller voll laden; **~ *qcn., qcs. di spruzzi*** jdn, etw. voll spritzen; ***-rsi le tasche*** sich (D) die Taschen voll stopfen; **~ *la testa di chiacchiere a qcn.*** jdn voll schwätzen; **~ *la vasca*** die Badewanne ein‿lassen; **~ *un vuoto*** eine Leere aus‿füllen; **~ *un vuoto legislativo*** eine Gesetzeslücke ausfüllen.
ri|em|pi|ta f. ***dare una ~ a qcs.*** etw. schnell füllen.
ri|em|pi|ti|vo I agg. füllend, Füll- **II** m. **1** Füllmittel *n.*, SPREG. Füllsel *n.* **2** SPREG. *(di persona)* Lückenbüßer *m.* **3** *(parola)* Füllwort *n.* ◆ GIORN. ***articolo*** **~** Füllartikel *m.*; ***materiale*** **~** Füllmaterial *n.* (*o* Füllmittel *n.*); ***parola -a*** Füllwort *n.*
ri|em|pi|tri|ce f. Füllmaschine *f.* **ri|em|pi|tu|ra** f. **1** Füllen *n.*, Füllung *f.*, Abfüllung *f.* **2** *(materiale)* Füllung *f.*
ri|en|tra|bi|le agg. **1** ausziehbar: ***piano di lavoro*** **~** ausziehbare Arbeitsfläche **2** *(che si può incassare)* versenkbar.
ri|en|tran|te agg. **1** einwärts gebogen, zurückspringend: ***la parte ~ della facciata*** der zurückspringende Teil der Fassade **2** *(che si può incassare)* versenkbar **3** *(incavato)* eingefallen: ***guance -i*** eingefallene Wangen. **ri|en|tran|za** f. Einbuchtung *f.*
ri|en|tra|re I intr. (aus. *essere*) **1** *(entrare di nuovo)* zurück‿gehen, wieder ein‿treten (anche FIG.): **~ *in un partito*** in eine Partei wieder eintreten; **~ *in casa*** wieder ins Haus zurückgehen **2** *(tornare)* zurück‿kehren, zurück‿kommen, wieder kommen: **~ *(a casa)*** wieder nach Hause zurückkommen; **~ *dalle ferie*** aus den Ferien zurückkehren; **~ *alla base, in porto*** zum Stützpunkt, in den Hafen zurückkehren **3** *(non avere realizzazione)* nicht verwirklicht werden: ***il progetto è rientrato*** das Projekt wurde nicht verwirklicht **4** *(attenuarsi)* sich (wieder) legen: ***lo scandalo è rientrato*** der Skandal hat sich wieder gelegt **5** *(formare una rientranza)* eine Vertiefung auf‿weisen: ***in questo punto il muro rientra*** an dieser Stelle weist die Wand eine Vertiefung auf **6** *(far parte)* gehören, fallen: ***questo non rientra nei tuoi compiti*** das gehört nicht zu deinem Aufgabenbereich; **~ *in una certa categoria*** zu einer bestimmten Kategorie gehören (*o* in eine bestimmte Kategorie fallen); ***questo rientra nei suoi piani*** das hat er schon (voraus)geplant **7** *(di denaro)* aus‿gleichen: **~ *nelle spese*** die Kosten ausgleichen **8** TIP. ***far ~ una riga*** eine Zeile ein‿ziehen (*o* ein‿rücken) **II** tr. COLLOQ. *(riportare dentro)* hinein‿bringen ◆ **~ *in argomento*** zur Thema zurückkehren; **~ *in campo*** wieder ins Feld kommen; **~ *in gara*** wieder im Rennen sein; FIG. wieder mit von der Partie sein; **~ *nella norma, normalità*** wieder normal werden; **~ *in patria*** heim‿kehren; **~ *in pista*** wieder im Rennen sein; FIG. wieder mit von der Partie sein; **~ *in possesso di qcs.*** wieder in den Besitz etw. (G), von etw. gelangen; **~ *nei ranghi*** in die Reihe zurück‿treten; FIG. zur Ordnung zurück‿kehren; **~ *i remi*** die Ruder ein‿ziehen (*o* ein‿holen); COLLOQ. ***rientrarci*** *(nelle spese)* = die Kosten aus‿gleichen; **~ *in sé*** wieder zu sich kommen; **~ *in servizio*** den Dienst wieder auf‿nehmen. **ri|en|tro** m. **1** Rückkehr *f.*; **~ *in patria*** Heimkehr *f.* **2** *(rientranza)* Einbuchtung *f.* **3** TIP. Einzug *m.*
ri|e|pi|lo|ga|re tr. *(riepilogo, riepiloghi)* zusammen‿fassen, rekapitulieren. **ri|e|pi|lo|ga|ti|vo** agg. zusammenfassend. **ri|e|pi|lo|go** m. *(-ghi)* Zusammenfassung *f.*; ***fare il ~ della situazione*** die Situation zusammenfassen.
ri|e|qui|li|bra|re I tr. (wieder) aus‿gleichen (anche FIG.) **II** pronom. **riequilibrarsi** sich wieder aus‿gleichen.
ri|e|sa|me m. erneute Prüfung *f.*, erneute Untersuchung *f.* **ri|e|sa|mi|na|re** tr. *(riesamino)* erneut prüfen, nochmals prüfen, erneut untersuchen: **~ *una domanda*** einen Antrag nochmals prüfen.
ries|ling ['riz-] m.inv. Riesling *m.*
ri|e|splo|de|re *(riesplosi; riesploso)* **I** tr. wieder ab‿feuern, wieder feuern **II** intr. (aus. *essere*) **1** wieder explodieren **2** FIG. wieder aus‿brechen, sich wieder entzünden: ***il conflitto è riesploso*** der Konflikt ist wieder ausgebrochen; ***la polemica è riesplosa*** die Polemik hat sich wieder entzündet.
ri|e|spor|ta|re tr. reexportieren, wieder aus‿führen. **ri|e|spor|ta|zio|ne** f. Reexport *m.*, Wiederausfuhr *f.*
ri|es|se|re intr. *(risono, risei, riè, risiamo, risiete, risono*; fut. *risarò*; congiunt.pres. *risia*; congiunt.pass. *rifossi*; pass.rem. *rifui, rifosti, rifù, rifummo, rifoste, rifurono*; p.pass. *ristato*; aus. *essere)* wieder sein ◆ ***ci risiamo!*** schon wieder!
ri|e|su|ma|re tr. *(riesumo/riesumo)* **1** exhumieren, aus‿betten: **~ *una salma*** einen Leichnam exhumieren **2** FIG. wieder aus‿graben. **ri|e|su|ma|zio|ne** f. **1** Exhumierung *f.*, Ausbettung *f.* **2** FIG. Ausgrabung *f.*
ri|e|vo|ca|re tr. *(rievoco, rievochi)* **1** **~ *qcs.*** (sich) an etw. (A) erinnern **2** *(commemorare)* **~ *qcn.*** jds gedenken. **ri|e|vo|ca|ti|vo** agg. Gedenk-, Gedächtnis-, Erinnerungs-: ***cerimonia -a*** Gedenkfeier *f.*; **~ *di qcn., qcs.*** zum Gedenken an jdn, etw.
ri|e|vo|ca|zio|ne f. **1** Erinnerung *f.*: **~ *di qcs.*** Erinnerung an etw. (A) **2** *(commemorazione)* Gedenkrede *f.*, Nachruf *m.* **3** *(atto rievocativo)* Gedenken *n.*
ri|fa|ci|men|to m. **1** Neubearbeitung *f.*, Neuerstellung *f.*, Aufbereitung *f.* **2** CINEM. TELEV. Bearbeitung *f.* **3** *(di testo)* Neufassung *f.*, Umdichtung *f.*, Überarbeitung *f.*
ri|fa|re *(rifaccio, rifai; rifeci; rifatto)* **I** tr. **1** neu machen, wieder tun, noch einmal machen; *(ripetere)* wiederholen: **~ *lo stesso esercizio*** dieselbe Übung noch einmal machen; ***è tutto da ~*** das muss noch einmal neu gemacht werden **2** *(ricreare)* nach‿machen **3** *(rinnovare, risistemare)* erneuern: **~ *le fodere delle poltrone*** die Sesselbezüge erneuern; **~ *l'intonaco*** den Putz erneuern **4** *(ricostruire)* neu auf‿bauen **5a** *(rielaborare)* neu bearbeiten: **~ *un testo teatrale*** ein Theaterstück neu bearbeiten **b** *(trasformare)* um‿arbeiten: **~ *gli ultimi capitoli del romanzo*** die letzten Kapitel des Romans umarbeiten **6** *(imitare)* nach‿machen, nach‿ahmen, imitieren **7** *(risarcire)* entschädigen **II** pronom. **rifarsi 1** wieder werden;

si rifece rosso (in viso) er wurde wieder rot (im Gesicht) **2** *(recuperare)* wett‿machen, auf‿holen: ***-rsi del tempo perduto*** die verlorene Zeit aufholen; ***-rsi di una perdita*** einen Verlust wettmachen **3** *(sfogarsi)* ***-rsi di qcs. su qcn.*** etw. an jdm aus‿lassen **4** ***-rsi a qcs.*** sich auf etw. (A) beziehen: ***questa sentenza si rifà all'articolo 514*** dieses Urteil bezieht sich auf den Artikel 514 **5** COLLOQ. *(tramite chirurgia plastica)* ***-rsi qcs.*** sich (D) etw. neu machen lassen; ***-rsi il seno*** sich die Brust neu machen lassen ◆ ***-rsi la barba*** sich wieder rasieren; ***-rsi la bocca*** = endlich wieder (et)was Gutes essen; ***~ qcs. da capo*** etw. von neuem an‿fangen; ***~ qcs. da cima a fondo*** etw. von Grund auf neu machen; ***-rsi una famiglia*** eine neue Familie gründen; ***~ il letto*** das Bett machen; ***-rsi un nome*** sich wieder einen Namen machen; ***-rsi gli occhi*** das Auge haben; ***~ qcs. di sana pianta*** etw. von Grund auf neu machen; ***~ la stanza*** das Zimmer auf‿räumen; ***~ la stessa strada*** wieder denselben Weg gehen; FIG. ***-rsi una verginità*** seinen guten Ruf wieder her‿stellen; ***-rsi una vita*** von vorne an‿fangen; ***-rsi vivo*** sich wieder melden. **ri|fat|to** p.pass. → **rifare** ◆ ***villano ~*** Neureiche *m.* (*o* Parvenu *m.*).

ri|fe|ri|bi|le agg. **1** erzählbar: ***essere ~*** erzählbar sein; ***questo è ~*** das kannst du erzählen **2** *(relazionabile)* betreffend: ***essere ~ a qcn., qcs.*** jdn, etw. betreffend sein, in Bezug auf jdn, etw. sein.

ri|fe|ri|men|to m. **1a** Bezug *m.*; ***prendere qcs. come ~*** sich auf etw. beziehen **b** BUROCR. Bezugnahme *f.* **2** *(accenno)* Hinweis *m.*, Bezug *m.*; ***fare ~ a qcn., qcs.*** sich auf jdn, etw. beziehen **3** *(rinvio)* Verweis *m.* ◆ ***ogni ~ a fatti o persone è puramente casuale*** alle Ähnlichkeiten mit wirklichen Personen, Orten oder Gegebenheiten sind rein zufällig; ***con ~ a qcs.*** mit (*o* unter) Bezug auf etw. (A); BUROCR. mit Bezugnahme auf etw. (A); ***dati di ~*** Eckdaten *pl.*, Richtdaten *pl.*; SOCIOL. PSIC. ***figura di ~*** Bezugsperson *f.*; ***in ~ a*** bezüglich etw. (G); COMM. in Bezug auf etw.: ***in ~ alla Vostra del 5. 8. 94*** in Bezug auf Ihr Schreiben vom 5. 8. 94; BANC. ***interesse di ~*** Eckzins *m.* (*o* Leitzins *m.*); ***misura di ~*** Bezugsgröße *f.*; ***numero di ~*** Kennzahl *f.*; ***pieno di -i*** beziehungsvoll; ***punto di ~*** Bezugspunkt *m.* (anche FIG.); *(indizio)* Anhaltspunkt *m.*; TOPOGR. Landmarke *f.*; ***prendere qcs. come punto di ~*** etw. als Bezugspunkt (*o* Anhaltspunkt) nehmen; ***sistema di ~*** Bezug(s)system *n.*; ***valore di ~*** Richtwert *m.*; ECON. Eckwert *m.*

ri|fe|ri|re *(riferisco, riferisci)* **I** tr. **1a** berichten, mit‿teilen: ***mi ha riferito i tuoi commenti*** er hat mir deine Bemerkungen mitgeteilt **b** assol. ***riferirò!*** ich werde es ausrichten! **2** *(raccontare)* erzählen: ***mi ha riferito tutto*** er hat mir alles erzählt **3** *(mettere in relazione)* beziehen: ***~ qcs. a qcs.*** etw. auf etw. (A) beziehen **II** intr. (aus. *avere*) ***~ a qcn. su qcs.*** jdm über etw. Bericht erstatten (*o* berichten) **III** pronom. **riferirsi** sich beziehen: ***-rsi a qcs.*** sich auf etw. (A) beziehen, auf etw. (A) Bezug nehmen; ***questa critica non si riferisce a te*** diese Kritik bezieht sich nicht auf dich; ***l'aggettivo concorda col nome a cui si riferisce*** das Adjektiv stimmt mit dem Nomen, auf das es sich bezieht, überein. **ri|fe|ri|to** p.pass. agg. **1** → **riferire 2** ***~ a qcn., qcs.*** auf jdn, etw. bezogen; ***~ al contenuto*** inhaltsbezogen; ***~ al prezzo*** preisbezogen.

1.rif|fa f. *(concorso)* Preisausschreiben *n.*

2.rif|fa f. COLLOQ. ***di ~ o di raffa, di -e o di raffe*** so oder so.

ri|fia|ta|re intr. (aus. *avere*) **1** wieder nach Luft schnappen **2** FIG. wieder zu Atem kommen.

ri|fi|la|re tr. **1** beschneiden **2** FIG. verpassen, unter‿schieben, an‿drehen: ***~ un ceffone a qcn.*** jdm eine Ohrfeige verpassen; ***~ merce avariata a qcn.*** jdm verdorbene Ware andrehen. **ri|fi|la|tu|ra** f. Beschnitt *m.*, Beschneiden *n.*

ri|fi|nan|zia|men|to m. Refinanzierung *f.* ◆ ***credito di ~*** Refinanzierungskredit *m.*; ***possibilità di ~*** Refinanzierungsmöglichkeit *f.*; ***spese di ~*** Refinanzierungskosten *pl.* **ri|fi|nan|zia|re** *(rifinanzio, rifinanzi)* **I** tr. refinanzieren **II** pronom. **rifinanziarsi** sich refinanzieren.

ri|fi|ni|re tr. *(rifinisco, rifinisci)* **1** wieder beenden **2a** *(perfezionare)* fein bearbeiten **b** *(in una fase successiva)* überarbeiten, nach‿arbeiten **3** TECN. zu‿richten. **ri|fi|ni|tez|za** f. Feinbearbeitung *f.* **ri|fi|ni|to** p.pass. agg. **1** → **rifinire 2** vollendet, beendet **3** TECN. zugerichtet. **ri|fi|ni|to|re** m. **1** Feinbearbeiter *m.* **2** TECN. *(operaio specializzato)* Zurichter *m.* **3** SPORT (offensiver) Spielmacher *m.*

ri|fi|ni|tu|ra f. **1a** Feinarbeit *f.* **b** *(in una fase successiva)* Nacharbeit *f.* **2** TECN. Zurichtung *f.* **3** *(decorazione)* Verzierung *f.*: ***-e in oro*** Goldverzierungen *pl.* ◆ ***dare l'ultima ~*** den letzten Schliff geben.

ri|fio|ren|te agg. **1** wieder blühend, remontant **2** FIG. wieder aufblühend ◆ ***rosa ~*** Monatsrose *f.*, Remontantrose *f.* **ri|fio|ri|re** intr. *(rifiorisco, rifiorisci*; aus. *essere)* **1** wieder blühen, remontieren **2** FIG. wieder auf‿blühen: ***in vacanza è rifiorita*** im Urlaub ist sie wieder aufgeblüht **3** *(ricomparire)* wieder zum Vorschein kommen. **ri|fio|ri|tu|ra** f. **1** Wiederblühen *n.* **2** FIG. Wiederaufblühen *n.* **3** *(abbellimento)* Ausschmückung *f.* **4** *(ricomparsa)* Wiederauftreten *n.*

ri|fiu|ta|bi|le agg. ablehnbar, ausschlagbar; ***un invito non ~*** eine Einladung, die man nicht ablehnen (*o* ausschlagen) kann.

ri|fiu|ta|re I tr. **1** ab‿lehnen, aus‿schlagen, verweigern, zurück‿weisen: ***~ un'offerta*** ein Angebot ablehnen; ***~ un'eredità*** sein Erbe ausschlagen; ***~ il proprio passato*** die eigene Vergangenheit ablehnen; ***~ il cibo*** die Nahrung verweigern; ***~ categoricamente qcs.*** etw. kategorisch ablehnen **2a** *(negare)* verweigern: ***~ qcs. a qcn.*** jdm etw. verweigern; ***~ il proprio consenso a qcn.*** jdm seine Zustimmung verweigern; ***~ di rispondere*** eine Antwort verweigern (*o* sich weigern zu antworten); COMM. ***~ la merce*** die Warenannahme verweigern **b** EQUIT. ***~ (l'ostacolo)*** verweigern **3** *(non tollerare)* nicht vertragen: ***il mio stomaco rifiuta i cibi pesanti*** mein Magen verträgt keine schwer verdaulichen Speisen **II** pronom. **rifiutarsi** sich weigern: ***-rsi di fare qcs.*** sich weigern, etw. zu tun; ***-rsi di deporre*** die Aussage verweigern.

ri|fiu|to m. **1** Ablehnung *f.*, Verweigerung *f.*, Weigerung *f.*, Absage *f.*: ***un ~ ostinato, secco*** eine hartnäckige, schroffe Weigerung; ***ricevere un ~*** eine Absage bekommen; ***persistere nel proprio ~*** bei seiner Weigerung bleiben; ***opporre un ~*** ab‿lehnen **2** *(scarto)* Abfall *m.*, Müll *m.*: ***smaltire, riciclare i -i*** Abfälle beseitigen, wieder verwerten; ***incenerire i -i*** den Müll verbrennen; ***-i organici*** organischer Abfall **3** FIG. Abschaum *m.*, Auswurf *m.*: ***un ~ della società*** ein Abschaum der Gesellschaft ◆ ***~ di accettazione*** Annahmeverweigerung *f.*; ***acque di ~*** Abwässer *pl.*; ***-i biologici*** Biomüll *m.*; ***in caso di ~*** im Weigerungsfalle (*o* Ablehnungsfalle); ***cassonetto dei -i*** Müllcontainer *m.*, Abfalltonne *f.*; ***cestino dei -i*** Abfallkorb *m.*; ***~ del cibo*** Nahrungsverweigerung *f.*; ***~ di deporre*** Aussageverweigerung *f.*; ***-i domestici*** Hausmüll *m.*; ***incenerimento dei -i*** Müllverbrennung *f.*; ***-i industriali*** Industrieabfälle *pl.*, Industriemüll *m.*; ***-i ingombranti*** Sperrmüll *m.*; ***merce di ~*** Ausschussware *f.*; ***~ d'obbedienza*** Gehorsamsverweigerung *f.*; ***~ di pagamento*** Zahlungsverweigerung *f.*; ***raccolta dei -i*** Müllabfuhr *f.*; ***-i radioattivi*** Atomabfall *m.*; ***riciclaggio dei -i*** Müllverwertung *f.* (*o* Abfallverwertung *f.*); ***in segno di ~*** abwehrend: ***alzare la mano in segno di ~*** abwehrend die Hand heben; ***smaltimento dei -i*** Müllbeseitigung *f.* (*o* Abfallbeseitigung *f.*); ***-i solidi*** feste Abfälle, feste Abfallstoffe; ***sostanze di ~*** Abfallstoffe *pl.*; ***~ di testimoniare*** Zeugnisverweigerung *f.*; ***-i tossici*** Giftmüll *m.*

ri|fles|sio|ne f. **1** Überlegung *f.*, Bedenken *n.*: ***fare -i*** Überlegungen an‿stellen; ***dopo attenta, profonda ~*** nach reiflicher, tief gehender Überlegung; ***dopo lunga ~*** nach langem Bedenken **2a** *(osservazione)* Beobachtung *f.*, Gedanke *m.*: ***annotare alcune -i sull'argomento*** einige Gedanken zum Thema notieren **b** *(considerazione)* Bemerkung *f.*: ***una ~ acuta*** eine scharfsinnige Bemerkung **3** *(il riflettersi)* Widerspiegelung *f.* **4** FIS. Reflexion *f.*, Rückstrahlung *f.*: ***~ della luce*** Reflexion des Lichts ◆ ***angolo di ~*** Reflexionswinkel *m.*; ***~ del calore*** Wärmerückstrahlung *f.*; ***con ~*** überlegt: ***agire con ~*** überlegt handeln; ***fattore di ~*** Reflexionsgrad *m.*; ***pausa di ~*** Denkpause *f.*; ***senza ~*** unüberlegt; ***spunto di ~*** Denkanstoß *m.*; ***~ del suono*** Schallreflexion *f.*

ri|fles|si|vi|tà f. Nachdenklichkeit *f.*, Besinnlichkeit *f.*, Reflexivität *f.*

ri|fles|si|vo agg. **1** nachdenklich: ***una persona -a*** ein nachdenklicher Mensch **2** GRAMM. reflexiv, Reflexiv-, rückbezüglich: ***pronome ~*** rückbezügliches Fürwort (*o* Reflexivpronomen *n.*); ***verbi -i*** reflexive Verben.

1.ri|fles|so m. **1** Widerschein *m.*, Lichtreflex *m.*: ***il ~ del sole*** der Widerschein der Sonne; ***i -i di un diamante*** die Lichtreflexe eines Diamanten; ***il ~ della neve*** der Lichtreflex auf dem Schnee **2** *(immagine riflessa)* Spiegelbild *n.* **3** FISIOL. Reflex *m.*: ***~ condizionato, incondizionato*** bedingter (*o* konditionierter), unbedingter Reflex; ***~ innato, acquisito*** angeborener, erworbener Reflex; ***-i motori*** motorische Reflexe **4** FIG. Auswirkung *f.*, Folge *f.*: ***quest'azione avrà molti -i negativi*** diese Handlung wird viele negative Auswirkungen haben **5** *(di capelli)* Farbreflex *m.* ◆ ***avere -i verdi*** ins Grüne schillern (*o* grüne Lichtreflexe haben); ***~ cutaneo*** Hautreflex *m.*; ***di ~*** aus einem Reflex heraus, unwillkürlich; ***~ patellare*** Kniesehnenreflex *m.*; ***prontezza di -i*** Reaktionsschnelligkeit *f.*; ***avere i -i pronti*** gut funktionierende Reflexe haben; ESTENS. schnell reagieren; ***una persona dai -i pronti*** ein reaktionsschneller Mensch; ***~ della suzione*** Saugreflex *m.*; ***~ tendineo*** Sehnenreflex *m.*

2.ri|fles|so p.pass. agg. **1** → **riflettere 2** reflektiert: ***raggio ~*** reflektierter Strahl; ***luce -a*** reflektiertes Licht **3** *(rispecchiato)* Spiegel-: ***immagine -a*** Spiegelbild *n.* **4** FISIOL. Reflex-, reflektorisch: ***azione -a*** Reflexhandlung *f.*; ***movimento ~*** Reflexbewegung *f.*

ri|fles|so|lo|gi|a f. Reflexologie *f.* **ri|fles|so|te|ra|pi|a** f. Reflexonentherapie *f.* **ri|flet|ten|te** agg. reflektierend, zurückstrahlend, Reflexions-: ***potere ~*** Reflexionsvermögen *n.* **ri|flet|ten|za** f. Reflexionsgrad *m.*

ri|flet|te|re *(riflettei/riflessi; riflettuto/riflesso)* **I** tr. (p.pass. *riflesso*) **1** wider‿spiegeln, spiegeln (anche FIG.): ***il vetro riflette il suo volto*** die Fensterscheibe spiegelt sein Gesicht wider; ***il suo volto rifletteva gioia*** in seinem Gesicht spiegelte sich Freude **2** FIS. reflektieren, zurück‿strahlen, zurück‿werfen: ***l'acqua riflette i raggi del sole*** das Wasser reflektiert die Sonnenstrahlen **II** intr. (p.pass. *riflettuto*; aus. *avere*) überlegen, nach‿denken, bedenken: ***~ sulla situazione*** über die Situation nachdenken; ***far ~ qcn. su qcs.*** jdm etw. zu bedenken geben; ***rifletti prima di parlare!*** erst nachdenken, dann reden! **III** pronom. **riflettersi** (p.pass. *riflesso*) **1** sich wider‿spiegeln, sich spiegeln; sich ab‿spiegeln: ***le nuvole si riflettono sul lago*** die Wolken spiegeln sich auf dem See; ***il suo stato d'animo si rifletteva nel suo sguardo*** seine Gemütsverfassung spiegelte sich in seinem Blick wider **2** FIS. reflektiert werden, zurück‿strahlen **3** FIG. sich aus‿wirken: ***l'aumento della benzina si riflette sul costo dei trasporti*** die Verteuerung des Benzins wirkt sich auf die Transportkosten aus ◆ ***riflettendoci bene*** bei näherer Überlegung; ***senza ~*** ohne zu überlegen (*o* unüberlegt); ***ho bisogno di tempo per ~*** ich brauche eine Bedenkzeit.

ri|flet|to|re I m. **1** *(proiettore)* Scheinwerfer *m.*: ***accendere, spegnere i -i*** die Scheinwerfer ein‿schalten, aus‿schalten **2** TECN. Reflektor *m.* **II** agg. Reflex- ◆ ***telescopio ~*** Spiegelteleskop *n.*, Spiegelfernrohr *n.*; FIG. ***essere sotto i -i*** im Scheinwerferlicht stehen.

ri|flu|i|re intr. *(rifluisco, rifluisci*; aus. *essere)* **1** *(scorrere indietro)* zurück‿fließen, zurück‿strömen, heraus‿strömen: ***il sangue rifluisce al cuore*** das Blut fließt zum Herzen zurück; ***gli spettatori rifluivano dallo stadio*** die Zuschauer strömten aus dem Stadion heraus **2** *(fluire nuovamente)* wieder fließen: ***l'acqua comincia a ~*** das Wasser beginnt wieder zu fließen; ***il traffico cominciò a ~ normalmente*** der Verkehr begann wieder normal zu fließen.

ri|flus|so m. **1** Rückfluss *m.*, Rücklauf *m.*: ***il ~ del sangue*** der Rückfluss des Blutes **2** *(di persone)* Zurückströmen *n.*, Rückfluss *m.*: ***il ~ dei villeggianti paralizzò il traffico*** der Rückfluss der Urlauber legte den Verkehr lahm **3** *(calo)* Rückgang *m.* **4** *(bassa marea)* Ebbe *f.*: ***flusso e ~*** Ebbe und Flut **5a** FIG. *(regresso)* Rückschritt *m.*, Rückgang *m.*, Regression *f.*: ***un clima di ~ culturale*** eine Atmosphäre kultureller Regression **b** *(recupero)* Rückbesinnung *f.*

ri|fo|cil|la|men|to m. Stärkung *f.* **ri|fo|cil|la|re I** tr. stärken: ***~ un mendicante*** einen Bettler stärken **II** pronom. **rifocillarsi** sich stärken: ***-rsi con uno spuntino*** sich mit einem (*o* durch einen) Imbiss stärken.

ri|fon|da|re tr. neu gründen: ***~ un partito*** eine Partei neu gründen. **ri|fon|da|zio|ne** f. Neugründung *f.* ◆ ***Partito della Rifondazione Comunista*** = Partei der Neugründung des Kommunismus.

ri|fon|de|re tr. *(rifusi; rifuso)* **1** METALL. um‿schmelzen, wieder ein‿schmelzen: ***~ una statua*** eine Statue wieder einschmelzen **2** *(rielaborare)* um‿arbeiten, um‿gestalten: ***~ un testo*** einen Text umarbeiten **3** *(rimborsare)* ersetzen, vergüten, wieder gut‿machen: ***~ i danni a qcn.*** jdm den Schaden ersetzen (*o* wieder gutmachen).

ri|fo|re|sta|zio|ne f. Wiederaufforstung *f.*, Aufforstung *f.*

ri|for|ma f. **1** Reform *f.* **2** STOR. RELIG. Reformation *f.* **3** MIL. Ausmusterung *f.* ◆ ***~ agraria*** Bodenreform *f.* (*o* Agrarreform *f.*); ***~ amministrativa*** Verwaltungsreform *f.*; ***contrario alle -e*** reformfeindlich; ***~ elettorale*** Wahlrechtsreform *f.*; ***~ monetaria*** Währungsreform *f.*; ***~ protestante*** Reformation *f.*; ***~ della scuola*** Schulreform *f.*; ***~ sociale*** Sozialreform *f.*; ***~ sanitaria*** Reform des Gesundheitswesens; ***~ strutturale*** Strukturreform *f.*; ***~ tributaria*** Steuerreform *f.*

ri|for|ma|bi|le agg. **1a** reformierbar **b** *(che deve essere riformato)* reformbedürftig **2** MIL. untauglich.

ri|for|ma|re I tr. **1a** *(formare di nuovo)* wieder bilden, neu bilden **b** *(ricostituire)* neu gründen **2** *(sottoporre a riforma)* um‿gestalten, reformieren: ***~ l'amministrazione*** die Verwaltung umgestalten **3** MIL. aus‿mustern **II** pronom. **riformarsi** sich neu bilden ◆ SCHERZ. ***~ i connotati a qcn.*** = jdn tüchtig verhauen. **ri|for|ma|ti|vo** agg. reformatorisch.

ri|for|ma|to I p.pass. agg. **1** → **riformare 2** reformiert: ***chiesa -a*** reformierte Kirche **3** MIL. wehrdienstuntauglich: ***essere ~*** als wehrdienstuntauglich erklärt (*o* ausgemustert) werden **II** m. **1** Reformierte *m.* **2** MIL. Wehrdienstuntaugliche *m.*

ri|for|ma|to|re I agg. reformierend, reformerisch, Reform-: ***movimento ~*** Reformbewegung *f.* **II** m. **1** Reformer *m.*, Reformpolitiker *m.* **2** STOR. RELIG. Reformator *m.*

ri|for|ma|to|rio m. *(-ri)* Erziehungsheim *n.*, Erziehungsanstalt *f.*, Jugendstrafanstalt *f.*

ri|for|mi|smo m. Reformismus *m.* **ri|for|mi|sta** *(-i,-e)* **I** m. e f. Reformist *m.* (-in *f.*) **II** agg. **1** Reform-: ***politica ~*** Reformpolitik *f.* **2** *(favorevole alle riforme)* reformfreudig. **ri|for|mi|sti|co** agg. *(-ci,-che)* Reform-, reformistisch: ***comunismo ~*** Reformkommunismus *m.*

ri|for|mu|la|re tr. *(riformulo)* um‿formulieren.

ri|for|ni|men|to m. **1** Versorgung *f.*: ***provvedere al ~ di una città*** für die Versorgung einer Stadt sorgen; ***fare ~ di qcs.*** sich mit etw. versorgen **2** MIL. Nachschub *m.*: ***~ di munizioni*** Nachschub an Munition **3** pl. Vorräte *pl.*: ***esaurire i -i*** die Vorräte erschöpfen ◆ ***fare ~ di benzina*** (Benzin) tanken; ***~ di carbone*** Bekohlung *f.*; *(per locomotiva)* Kohleversorgung *f.*; MIL. ***convoglio dei -i*** Nachschubkolonne *f.*; ***~ di gas*** Gasversorgung *f.*; ***~ idrico*** Wasserversorgung *f.*; ***posto, punto di ~*** Tankstelle *f.*; ***stazione di ~*** Tankstelle *f.*; ***~ di viveri*** Lebensmittelversorgung *f.*; ***~ in volo*** Lufttanken *n.*

ri|for|ni|re *(rifornisco, rifornisci)* **I** tr. **1** versorgen, versehen: ***~ qcn. di qcs.*** jdn mit etw. versorgen; ***~ la città di acqua potabile*** die Stadt mit Trinkwasser versorgen; ***~ la nave di acqua*** das Schiff mit Süßwasser versorgen **2** COMM. beliefern: ***~ un negozio di merce*** ein Geschäft mit Ware beliefern **II** pronom. **rifornirsi** sich ein‿decken: ***-rsi di qcs.*** sich mit etw. eindecken; ***-rsi di viveri*** sich mit Lebensmitteln eindecken ◆ ***~ di carbone*** bekohlen; *(locomotiva)* mit Kohle versorgen; ***~ di carburante*** mit Treibstoff versorgen; *(aereo)* auf‿tanken; ***~ la nave di carburante*** ein Schiff betanken.

ri|for|ni|to|re I m. Versorger *m.* **II** agg. Tank-: ***velivolo ~*** Tankflugzeug *n.*

ri|fran|gen|te agg. brechend, Brechungs-: ***corpi -i*** brechende Körper; ***potere ~*** Brechungsvermögen *n.* **ri|fran|gen|za** f. Brechung *f.*

ri|fran|ge|re *(rifrango, rifrangi; rifransi; rifranto/rifratto)* **I** tr. **1** wieder brechen **2** FIS. brechen: ***l'acqua rifrange i raggi solari*** das Wasser bricht die Sonnenstrahlen **II** pronom. **rifrangersi** sich brechen (anche FIS.): ***le onde si rifrangono sugli scogli*** die Wellen brechen sich an den Klippen. **ri|fran|gi|bi|le** agg. FIS. brechbar. **ri|frat|to** p.pass. agg. **1** → **rifrangere 2** gebrochen: ***luce -a*** gebrochenes Licht.

ri|frat|to|me|tro m. Refraktometer *n.* **ri|frat|to|re I** m. **1** FIS. Brechungskörper *m.* **2** ASTR. Refraktor *m.* **II** agg. brechend, Brech-, Brechungs-.

ri|fra|zio|ne f. Brechung *f.*, Refraktion *f.* ◆ ***angolo di ~*** Brechungswinkel *m.* (*o* Refraktionswinkel *m.*); ***coefficiente, indice di ~*** Brechungskoeffizient *m.*; ***~ della luce*** Lichtbrechung *f.*; ***piano di ~*** Brechungsebene *f.*; ***punto di ~*** Brechpunkt *m.*; ***~ del suono*** Schallbrechung *f.*; ***telescopio a ~*** Linsenfernrohr *n.*, Reflektor *n.*

ri|fred|do I agg. kalt **II** m. kaltes Gericht *n.*

ri|frig|ge|re *(rifriggo, rifriggi; rifrissi; rifritto)* **I** tr. **1** wieder auf‿braten, wieder braten **2** FIG. wiederholen **II** intr. (aus. *avere*) zu lange braten.

ri|frit|to p.pass. agg. **1** → **rifriggere 2** wieder (auf)gebraten **3** FIG. abgedroschen: ***un discorso fritto e ~*** eine abgedroschene Rede; ***la solita cosa fritta e ~*** abgedroschenes Zeug. **ri|frit|tu|ra** f. **1** wieder (auf)gebratene Speise *f.* **2** FIG. abgedroschenes Zeug *n.*

ri|fug|gi|re *(rifuggo, rifuggi)* **I** intr. (aus. *essere*) **1** wieder flüchten **2** FIG. meiden, scheuen: ***~ da ogni proposito di vendetta*** jeglichen Rachegedanken meiden **II** tr. meiden, fliehen: ***~ la compagnia di qcn.*** jds Gesellschaft meiden; ***~ il rumore della città*** den Lärm der Stadt fliehen.

ri|fu|giar|si pronom. *(mi rifugio, ti rifugi)* **1** (sich) flüchten: ***~ all'estero*** ins Ausland flüchten; ***~ sui monti*** in die Berge flüchten; ***~ sul tetto*** auf das Dach flüchten **2** FIG. Trost suchen, Zuflucht nehmen: ***~ nella preghiera*** Trost im Gebet suchen; ***~ nell'alcool*** zum Alkohol Zuflucht nehmen. **ri|fu|gia|to** m. Flüchtling *m.*: ***~ politico*** politischer Flüchtling.

ri|fu|gio m. *(-gi)* **1** Zuflucht *f.*, Unterschlupf *m.*: ***dare, offrire ~ a qcn.*** jdm Zuflucht geben, bieten; ***trovare ~ in una grotta*** in einer Grotte Zuflucht finden; ***trovare ~ durante un temporale*** während eines Gewitters Unterschlupf finden; ***la famiglia è il suo ~*** die Familie ist seine Zuflucht **2** *(luogo)* Zufluchtsort *m.*, Zufluchtsstätte *f.*: ***quel bar è il loro ~*** dieses Café ist ihr Zufluchtsort **3** *(nascondiglio)* Unterschlupf *m.* ◆ ***~ alpino*** Berghütte *f.*; ***~ antiaereo*** Luftschutzbunker *m.*; ***~ antiatomico*** Atombunker *m.*; ***beni ~*** wertbeständige Güter; ***porto di ~*** Nothafen *m.*

ri|ful|ge|re intr. *(rifulgo, rifulgi; rifulsi, rifulso*; aus. *essere, avere)* LETT. glänzen, strahlen (anche FIG.): ***occhi che rifulgono*** glänzende Augen.

ri|fu|sio|ne f. **1** *(nuova fusione)* Umschmelzen *n.* **2** FIG. *(rimaneggiamento)* Überarbeitung *f.*, Umarbeitung *f.* **3** *(rimborso)* Rückerstattung *f.*, Entschädigung *f.* ◆ ***~ di un danno*** Schadenersatz *m.*; ***~ delle spese*** Kostenerstattung *f.* **ri|fu|so** → **rifondere.**

ri|ga f. *(-ghe)* **1** *(tratto)* Strich *m.*, Linie *f.*: ***una ~ verticale, orizzon-***

tale, diritta eine senkrechte, waagerechte, gerade Linie; ***tracciare una ~*** einen Strich (*o* eine Linie) ziehen **2** *(striscia)* Streifen *m.*: ***una camicia a -ghe blu*** ein Hemd mit blauen Streifen (*o* ein blau gestreiftes Hemd) **3** *(scriminatura)* Scheitel *m.*: ***fare, farsi la ~, pettinarsi con la ~ (in mezzo)*** das Haar (in der Mitte) scheiteln, den Scheitel (in der Mitte) ziehen; ***fare, farsi la ~ a sinistra, a destra*** den Scheitel links, rechts ziehen; ***avere, portare la ~ in mezzo, da parte*** einen Mittelscheitel haben, Seitenscheitel tragen **4** TIP. Zeile *f.*: ***nella prima ~ dall'alto, dal basso*** in der ersten Zeile von oben, von unten; ***fissare la lunghezza della ~ a 50 battute*** die Zeilenlänge auf 50 Anschläge ein‿stellen **5** *(graffio)* Kratzer *m.*; ***fare una ~ su qcs.*** etw. verkratzen, zerkratzen **6** *(attrezzo per disegnare)* Lineal *n.* **7** MIL. SPORT *(allineamento)* Reihe *f.*: ***stare, essere in ~*** in einer Reihe stehen; ***marciare in ~*** in Reihen marschieren; ***allinearsi, mettersi su due -ghe*** sich in zwei Reihen auf‿stellen ◆ ***a -ghe*** TIP. lini(i)ert; *(a strisce)* gestreift; ***quaderno a -ghe*** Heft *n.* mit lini(i)ertem Papier; SCOL. Schreibheft *n.*; ***compenso a ~*** Zeilenhonorar *n.*; ***~ destr'!*** (die) Augen rechts! ***di una ~, di due, tre -ghe*** einzeilig, zweizeilig, dreizeilig; ***scrivere, buttar giù due -ghe a qcn.*** jdm ein paar Zeilen schreiben; ***a -ghe fitte*** engzeilig; ***scritto a -ghe fitte*** eng beschrieben; ***~ graduata*** Maßstab *m.*; ***(perfettamente) in ~*** in Reih und Glied; ***leggere tra le -ghe*** zwischen den Zeilen lesen; ***lunghezza della ~*** Zeilenlänge *f.*; FIG. ***mettere qcn. in ~*** jdm den Kopf zurecht‿rücken; ***mettersi in ~*** sich in einer Reihe auf‿stellen; FIG. Vernunft an‿nehmen; FIG. ***mettersi in ~ con qcn.*** mit jdm mit‿halten; ***motivo a -ghe*** Streifenmuster *n.*; COSMET. ***~ degli occhi*** Lidstrich *m.*: ***farsi la ~ agli occhi*** sich einen Lidstrich ziehen; ***di più -ghe*** mehrzeilig; ***~ principale*** Hauptzeile *f.*; ***rompere le -ghe*** weg‿treten; ***serrare le -ghe*** die Reihen schließen; ***~ sinistr'!*** (die) Augen links! FIG. ***sopra le -ghe*** überschwänglich; FIS. ***~ spettrale*** Spektrallinie *f.*; ***spettro a -ghe*** Linienspektrum *n.*; ***~ a T*** Reißschiene *f.* (*o* Schiene *f.*); ***~ trasversale*** Querstrich *m.*; ***a -ghe trasversali*** quer gestreift; TIP. ***ultima ~*** Endzeile *f.* (*o* Schlusszeile *f.*); FIG. ***uscire dalla ~*** aus dem Rahmen fallen; ***a -ghe verticali*** längs gestreift.

ri|ga|bel|lo m. STOR. Regal *n.*

ri|gag|gio m. *(-gi)* Linierung *f.*

ri|ga|glia f. **1.** Klein *n.* **2** TESS. Seidenabfälle *pl.* ◆ ***~ di coniglio*** Hasenklein *n.*; ***~ di oca*** Gänseklein *n.*; ***~ di pollo*** Hühnerklein *n.*

ri|ga|gno|lo m. **1a** Rinnsal *n.* **b** *(ai lati delle strade)* Rinnsteinwasser *n.*, Straßenabwässer *pl.* **2** *(ruscelletto)* Bächlein *n.*

ri|ga|re *(rigo, righi)* **I** tr. **1** TIP. lini(i)eren: ***~ un foglio*** ein Blatt Papier linieren **2** *(graffiare)* zerkratzen: ***~ i mobili*** die Möbel zerkratzen **3** FIG. ***~ qcs.*** über etw. (A) rinnen: ***le lacrime gli rigavano il volto*** Tränen rannen über sein Gesicht **4** MECC. riefeln **5** ARM. ziehen **II** pronom. **rigarsi** Kratzer bekommen: ***il tavolo si è rigato*** der Tisch hat Kratzer bekommen ◆ ***~ dritto*** spuren.

ri|ga|ti|no m. fein gestreifter Stoff *m.*

ri|ga|to p.pass. agg. **1** → **rigare 2** TIP. lini(i)ert: ***quaderno ~*** Heft *n.* mit lini(i)ertem Papier, liniertes Heft **3** *(a strisce)* gestreift: ***tessuto ~*** gestreifter Stoff **4** FIG. ***~ di lacrime*** von Tränen überströmt **5** MECC. geriefelt, riefig **6** ARM. gezogen ◆ GASTR. ***pasta -a*** gerillte Nudeln *pl.*

ri|gat|tie|re m. Altwarenhändler *m.*; COLLOQ. Trödler *m.* ◆ ***negozio del ~*** Trödelladen *m.*

ri|ga|tu|ra f. **1** TIP. Lini(i)erung *f.* **2** MECC. Riefelung *f.* **3** ARM. Drall *m.*

ri|ge|lo m. Regelation *f.*, Wiedergefrieren *n.*

ri|ge|ne|ra|bi|le agg. regenerationsfähig. **ri|ge|ne|ra|bi|li|tà** f. Regenerationsfähigkeit *f.* **ri|ge|ne|ran|te** agg. Regenerations-: ***lozione ~ per capelli*** Regenerationslotion für das Haar.

ri|ge|ne|ra|re *(rigenero)* **I** tr. **1** *(generare di nuovo)* wieder hervor‿bringen **2** *(ripristinare)* regenerieren: ***~ le proprie forze*** seine Kräfte regenerieren **3** TECN. *(lana)* regenerieren **4** *(batteria, sostanze chimiche)* rückgewinnen **5** *(reattore)* brüten **II** intr. (aus. *essere*) e pronom. **rigenerarsi** (sich) regenerieren (anche FIG.): ***il tumore spesso rigenera*** der Krebs regeneriert oft; ***le cellule si rigenerano continuamente*** die Zellen regenerieren sich ständig; ***-rsi spiritualmente*** sich geistig regenerieren ◆ ***~ un pneumatico*** einen Reifen runderneuern. **ri|ge|ne|ra|ti|vo** agg. regenerativ: ***processo ~*** regenerativer Prozess.

ri|ge|ne|ra|to I p.pass. agg. **1** → **rigenerare 2** regeneriert (anche FIG.): ***organi, tessuti -i*** regenerierte Organe, Gewebe; ***sentirsi ~*** sich regeneriert fühlen **II** m. Regenerat *n.*: ***-i di lana*** Regenerate aus Wolle ◆ ***gomma -a*** Gummiregenerat *n.*; ***lana -a*** Reißwolle *f.*

ri|ge|ne|ra|to|re I agg. regenerierend (anche FIG.) **II** m. Regenerator *m.* ◆ ***~ della capigliatura*** Haarwuchsmittel *n.*

ri|ge|ne|ra|zio|ne f. **1** Regeneration *f.*: ***la ~ della pelle, dei capelli*** die Regeneration der Haut, der Haare **2** FIG. Erneuerung *f.*, Regeneration *f.*: ***~ spirituale*** geistige Erneuerung **3** TECN. Wiederaufbereitung *f.*: ***la ~ degli oli*** die Wiederaufbereitung der Öle ◆ ***capacità di ~*** Regenerationsfähigkeit *f.*; ***~ dei pneumatici*** Runderneuerung *f.*

ri|get|ta|re I tr. **1a** *(gettare di nuovo)* wieder werfen **b** *(gettare indietro)* zurück‿werfen (anche FIG.): ***~ la palla*** den Ball zurückwerfen; ***~ gli assalitori oltre le trincee*** die Angreifer hinter die Grabenlinie zurückwerfen **2a** FIG. *(rifiutare, respingere)* ab‿lehnen **b** DIR. *(istanze)* nicht statt‿geben; *(accuse)* ab‿lehnen (*o* verwerfen) **3a** COLLOQ. *(vomitare)* erbrechen **b** assol. sich übergeben, brechen: ***mi viene da ~*** ich muss mich übergeben (*o* ich muss brechen) **4** MED. ab‿stoßen: ***l'organismo rigetta il cuore trapiantato*** der Organismus stößt das Spenderherz ab **5** *(di pianta)* aus‿schlagen **6** *(metalli)* ein‿schmelzen **II** pronom. **rigettarsi** sich wieder stürzen: ***-rsi nella folla*** sich wieder in die Menge stürzen.

ri|get|to m. **1** MED. Abstoßung *f.* **2a** FIG. *(rifiuto)* Abwehr *f.*: ***~ psicologico*** psychologische Abwehr **b** DIR. Ablehnung *f.*, Abweisung *f.* ◆ ***crisi di ~*** Abstoßungsreaktion *f.*

ri|ghel|lo m. Lineal *n.*

ri|ghet|ta|to agg. **1** *(a righe fitte)* eng gestreift **2** *(a righe larghe)* breit gestreift.

ri|ghi|no m. **1a** *(riga sottile)* enge Zeile *f.* **b** *(riga corta)* kurze Zeile *f.* **2** TIP. unvollkommene Zeile *f.* **3** MAR. Scheuerleiste *f.*

ri|gi|da|men|te avv. streng, starrköpfig; ***essere ~ ostinato in qcs.*** starrköpfig auf etw. (A) beharren.

ri|gi|dez|za f. **1** FIS. Festigkeit *f.*, Steife *f.*, Steifheit *f.* **2** FIG. *(intransigenza)* Strenge *f.*, Starrheit *f.*: ***la ~ del suo carattere*** die Strenge seines Charakters **3** *(rigore)* Strenge *f.*, Rauheit *f.*: ***la ~ del clima*** die Strenge des Klimas ◆ ***~ di principi*** Prinzipienstrenge *f.*, Prinzipienstarre *f.*

ri|gi|di|tà f.inv. **1** FIS. *(resistenza)* Festigkeit *f.* **2** *(durezza)* Härte *f.* **3** *(di carattere, abitudini)* Rigidität *f.*, Starrheit *f.* **4** MED. Rigidität *f.*, Starre *f.*, Steifheit *f.*: ***la ~ di un arto*** die Starre eines Gliedes **5** *(severità)* Strenge *f.*: ***la ~ della legge marziale*** die Strenge des Standrechts **6** FIG. *(inclemenza)* Rauheit *f.*, Strenge *f.*: ***la ~ dell'inverno*** die Rauheit des Winters **7** ECON. Starrheit *f.*: ***~ della domanda*** Nachfragestarrheit *f.* ◆ ***~ cadaverica*** Totenstarre *f.* (*o* Leichenstarre *f.*); ***~ muscolare*** Muskelstarre *f.*

ri|gi|do agg. **1** hart, steif: ***materie plastiche -e*** harte Kunststoffe; ***lenti a contatto -e*** harte Kontaktlinsen; ***colletto, cartone ~*** steifer Kragen, steife Pappe **2** ESTENS. *(di organismo)* steif, starr: ***articolazione, andatura -a*** steifes Gelenk, steifer Gang; ***corpo ~*** starrer Körper; ***~ come un bastone*** steif wie ein Stock; ***essere ~ per il freddo*** starr vor Kälte sein; ***essere tutto ~*** starr und steif sein **3** FIG. *(severo)* streng: ***una -a disciplina*** eine strenge Disziplin **4** *(inclemente)* rau, streng: ***clima, inverno ~*** rauhes Klima, strenger Winter **5** ECON. starr, fest **6** *(stabilito)* festgesetzt: ***salari -i*** festgesetzte Löhne ◆ MECC. ***assale ~*** Starrachse *f.*; ***stare ~ sull'attenti*** unbeweglich stramm‿stehen; ***~ come un cadavere*** totenstarr; ***copertina -a*** Hard-Cover-Einband *m.*, Festeinband *m.*, Deckel *m.*; DIR. ***costituzione -a*** starre Verfassung; INFORM. ***disco ~*** Hard Disk *n.* (*o* Festplatte *f.*); ***diventare ~*** sich versteifen; ***orario (di lavoro) ~*** festgesetzte Arbeitszeit.

ri|gi|ra|re I tr. **1a** *(girare di nuovo)* wieder wenden, wieder um‿drehen; ***~ qcs. tra le mani*** etw. in den Händen herum‿drehen **b** *(girare più volte)* öfter wenden **2** FIG. ***~ qcs.*** etw. (D) eine andere Wendung geben: ***~ la questione*** der Frage eine andere Wendung geben **II** pronom. **rigirarsi 1** *(girarsi di nuovo)* sich wieder wenden, sich wieder um‿drehen **2** COLLOQ. ***-rsi qcn. (come si vuole)*** jdn um den kleinen Finger wickeln können ◆ ***~ un assegno*** einen Scheck weiter girieren; ***~ il coltello nella piaga*** Salz auf (*o* in) die Wunde streuen; ***~ le cose a qcn.*** jdm das Wort im Munde (her)um‿drehen; ***~ qcs. tra le dita*** an etw. (D) fingern; FIG. ***~ la frittata*** etw. verdrehen; ***gira e rigira le cose non cambiano*** man kann es drehen und wenden, wie man will, es ändert sich nichts; ***-rsi nel letto*** sich im Bett wälzen.

ri|go m. *(-ghi)* **1** TIP. Zeile *f.* **2** ***~ (musicale)*** Notenlinien *pl.*, Liniensystem *n.*

ri|go|glio m. *(-gli)* **1** BOT. Üppigkeit *f.*, Wuchern *n.*; ***essere in ~*** üppig sein (*o* wuchern) **2** FIG. Blüte *f.* ◆ BOT. ***andare in ~*** ins Kraut schießen. **ri|go|glio|sa|men|te** avv. üppig: ***svilupparsi, crescere ~*** üppig wachsen (*o* wuchern). **ri|go|glio|so** agg. **1** üppig **2** FIG. *(esuberante, vivace)* blühend.

ri|go|go|lo m. Pirol *m.*, Goldamsel *f.*

ri|gon|fia|men|to m. **1** erneute Schwellung *f.*, erneutes Anschwellen *n.* **2** MED. *(gonfiore)* Anschwellung *f.*, Schwellung *f.* **3** *(di legno, intonaco ecc.)* Aufquellen *n.*

ri|gon|fia|re *(rigonfio, rigonfi)* **I** tr. **1a** *(con la pompa)* wieder auf‿

pumpen **b** *(con la bocca)* wieder auf‿blasen **2** *(vele)* wieder schwellen **II** pronom. **rigonfiarsi** wieder schwellen, wieder an‿schwellen: ***il fiume si rigonfia*** der Fluss schwillt wieder (an); ***gli si è rigonfiata la mano*** ihm ist die Hand wieder angeschwollen (*o* seine Hand ist wieder angeschwollen).

ri|go̲n|fio I agg. *(-fi,-fie)* **1** (an)geschwollen: ***ghiandole -fie*** angeschwollene Drüsen **2** FIG. geschwellt: ***~ d'orgoglio*** stolzgeschwellt **II** m. Schwellung *f.*

ri|go̲|re m. **1** *(inclemenza)* Strenge *f.*, Rauheit *f.*, Härte *f.*: ***i -i del clima*** die Strenge des Klimas **2a** FIG. *(severità)* Strenge *f.*: ***disposizioni di estremo ~*** Vorschriften von äußerster Strenge **b** *(durezza)* Härte *f.*: ***il ~ della pena*** die Härte der Strafe **3** SPORT Elfmeter *m.*, Strafstoß *m.*: ***tirare (calciare), battere un ~*** einen Elfmeter schießen, ausführen; ***dare, fischiare, assegnare, trasformare, sbagliare un ~*** einen Elfmeter geben, pfeifen, verhängen, verwandeln, verschießen ◆ ***andare ai -i*** durch Elfmeterschießen entscheiden; ***area di ~*** Strafraum *m.* (*o* Sechzehnmeterraum *m.*); ***arresto di ~*** strenger Arrest; ***calcio di ~*** Strafstoß *m.*, Elfmeter *m.*; ***cella di ~*** Strafzelle *f.*, Arrestzelle *f.*; ***con ~*** streng; ***consegna di ~*** verschärfter Arrest; ***di ~*** vorschriftsmäßig; ***è di ~ l'abito da sera*** Abendkleid ist erwünscht; ***dischetto del ~*** Elfmeterpunkt *m.*, Elfmetermarke *f.*; ***~ formale*** Formstrenge *f.*; ***goal su ~*** Elfmetertor *n.*; ***a rigor di logica*** logischerweise; ***~ logico*** Stringenz *f.*; ***col massimo ~*** aufs Strengste; ***con ~ scientifico*** nach streng wissenschaftlichen Kriterien; ***a rigor di termini*** streng genommen.

ri|go|ri|smo m. Rigorismus *m.* **ri|go|ri|sta** m. e f. *(-i,-e)* **1** Rigorist *m.* (-in *f.*) **2** SPORT Elfmeterschütze *m.* (-schützin *f.*). **ri|go|ri|sti|co** agg. *(-ci,-che)* rigoristisch.

ri|go|ro|sa|me̲n|te avv. **1** streng, rigoros **2** *(con precisione)* peinlich genau, sehr präzis. **ri|go|ro|si|tà** f. Rigorosität *f.*, Strenge *f.*

ri|go|ro̲|so agg. **1** rigoros, streng: ***dieta -a*** strenge Diät; ***provvedimento ~*** rigorose Maßnahme; ***mantenere un ~ silenzio*** strenges Schweigen bewahren; ***essere ~ in qcs.*** in etw. (D) streng sein **2** *(preciso)* genau, präzis **3** *(logico)* folgerichtig, konsequent: ***metodo ~*** folgerichtige (*o* konsequente) Methode.

ri|go|ver|na̲|re tr. **1** *(piatti)* spülen **2** *(animali)* versorgen. **ri|go|ver|na̲|ta** f. **1** *(di piatti)* Spülen *n.*; ***dare una ~ ai piatti*** das Geschirr spülen **2** *(di animali)* Versorgen *n.* **ri|go|ver|na|tu̲|ra** f. **1** *(il rigovernare)* Spülen *n.* **2** *(acqua sporca)* Spülwasser *n.*

ri|gua|da|gna̲|re I tr. **1** wieder‿gewinnen, zurück‿gewinnen (anche FIG.): ***~ il denaro perduto (al gioco)*** das verspielte Geld zurückgewinnen; ***~ la fiducia in se stesso*** das Selbstvertrauen wiedergewinnen **2** *(recuperare)* wieder auf‿holen: ***~ il tempo perduto*** die verlorene Zeit wieder aufholen **3** *(di strada)* zurück‿kehren: ***~ la strada maestra*** auf die Hauptstraße zurückkehren **II** pronom. **riguadagnarsi** zurückgewinnen: ***-rsi l'amore di qcn.*** jds Liebe zurückgewinnen ◆ ***~ terreno*** wieder an Boden gewinnen (anche FIG.).

ri|guar|da̲n|te agg. betreffend, angehend: ***notizie -i il lavoro*** die Arbeit betreffende Nachrichten.

ri|guar|da̲|re I tr. **1** *(concernere)* betreffen, an‿gehen: ***per quanto mi, ti riguarda*** was mich, dich betrifft; ***questo non ti riguarda affatto*** das geht dich nichts an! ***le norme riguardano anche gli stranieri*** die Vorschriften betreffen auch die Ausländer **2a** *(guardare di nuovo)* (wieder) schauen, wieder an‿sehen: ***ho guardato e riguardato, ma non ho visto nessuno*** ich schaute und schaute, habe aber niemanden gesehen; ***~ le foto*** die Fotos wieder ansehen **b** *(riesaminare)* durch‿sehen: ***~ documenti*** Akten durchsehen **c** ***~ i conti*** die Ausgaben durchrechnen **3** *(considerare)* betrachten, bedenken **4** *(avere riguardo)* ***~ qcs.*** auf etw. (A) Rücksicht nehmen **II** pronom. **riguardarsi 1** *(stare in guardia)* sich in Acht nehmen: ***-rsi da qcs.*** sich vor etw. in Acht nehmen; ***-rsi dalle correnti d'aria*** sich vor Luftzug (*o* Zugluft) in Acht nehmen **2** *(avere riguardo per sé)* sich schonen: ***dovresti riguardarti di più!*** du solltest dich mehr schonen! **ri|guar|da̲|ta** f. Blick *m.*, Durchsicht *f.*; ***dare una ~ a qcs.*** etw. kurz durch‿sehen.

ri|guar|de̲|vo|le → **ragguardevole.**

ri|gua̲r|do m. **1** *(attenzione, cura)* Vorsicht *f.*, Rücksicht *f.*, Schonung *f.*: ***avere ~ per qcn., qcs.*** auf jdn, etw. Rücksicht nehmen; ***non avere ~ per nessuno*** keine Rücksicht kennen **2** *(premura, rispetto)* Achtung *f.*, Respekt *m.*: ***con il dovuto ~*** mit gebührendem Respekt; ***mancare di ~ (a qcn.)*** es am nötigen Respekt (für jdn) fehlen lassen; ***per ~ a qcn.*** aus Achtung vor jdm; ***avere -i per qcs.*** auf etw. (A) achten **3** *(rapporto, attinenza)* Zusammenhang *m.*: ***a questo ~*** in diesem Zusammenhang ◆ ***~ a qcs., qcn.*** was etw., jdn betrifft (*o* in Bezug auf etw., jdn); ***al ~*** diesbezüglich, darüber; ***con ~ a qcn., qcs.*** mit Rücksicht auf jdn, etw.; ***mancanza di ~*** Rücksichtslosigkeit *f.*, Schonungslosigkeit *f.*; ***nei -i di qcn., qcs.*** jdm, etw. gegenüber; ***ospite di ~*** Ehrengast *m.*; ***persona di ~*** Respektsperson *f.*; ***pieno di ~*** rücksichtsvoll; ***senza ~*** rücksichtslos; schonungslos; ***senza ~ per qcn.*** ohne Rücksicht auf jdn.

ri|guar|do̲|so agg. respektvoll, rücksichtsvoll.

ri|gur|gi|ta̲|re *(rigu̲rgito)* **I** intr. (aus. *essere, avere*) **1** *(di fogna, canale ecc.)* über‿quellen **2** FIG. wimmeln: ***la strada rigurgita di gente*** die Straße wimmelt von Menschen **II** tr. **1** aus‿spucken, erbrechen: ***il bambino ha rigurgitato del latte*** das Kind hat ein bisschen von der Milch wieder ausgespuckt **2** *(di animale)* heraus‿würgen.

ri|gu̲r|gi|to m. **1** *(di fogna, canale ecc.)* Überquellen *n.* **2** *(vomito)* Ausstoß *m.* **3a** FIG. *(ritorno)* Wiederaufkommen *n.* **b** *(moto improvviso)* Wiederausbruch *m.*: ***un ~ d'odio, di razzismo*** ein Wiederausbruch des Hasses, des Rassismus.

ri|lan|cia̲|re *(rilancio, rilanci)* **I** tr. **1a** *(lanciare di nuovo)* wieder werfen **b** *(lanciare indietro)* zurück‿werfen: ***~ la palla*** den Ball zurückwerfen **2** FIG. *(rendere di nuovo attuale)* wieder lancieren: ***~ una moda, un cantante*** eine Mode, einen Sänger wieder lancieren; ***hanno rilanciato la minigonna*** der Minirock kam wieder in Mode **3** *(nei giochi d'azzardo)* erhöhen (anche assol.): ***~ (di) 100*** auf 100 erhöhen **4** *(nelle aste)* überbieten **II** pronom. **rilanciarsi 1** sich wieder stürzen, sich wieder werfen: ***-rsi su qcn., qcs.*** sich wieder auf jdn, etw. stürzen (*o* werfen) **2** *(dall'alto)* wieder ab‿springen. **ri|la̲n|cio** m. *(-ci)* **1** Zurückwerfen *n.*: ***il ~ della palla*** das Zurückwerfen des Balls **2a** FIG. Lancierung *f.*, Wiederlancierung *f.* **b** *(ripresa)* Aufschwung *m.*: ***~ economico*** wirtschaftlicher Aufschwung **3** *(nei giochi d'azzardo)* Erhöhung *f.* **4** *(nelle aste)* Überbieten *n.*

ri|la|scia̲|re *(rilascio, rilasci)* **I** tr. **1** wieder lassen **2** *(liberare)* frei‿lassen: ***~ un ostaggio*** eine Geisel freilassen; ***~ qcn. su cauzione*** jdn gegen Kaution freilassen **3** *(documenti)* aus‿stellen: ***~ la patente, una fattura*** den Führerschein, eine Rechnung ausstellen **4** *(concedere)* geben, ab‿geben: ***~ un'intervista*** ein Interview geben; ***~ una dichiarazione*** eine Erklärung abgeben **5** *(rilassare, allentare)* entspannen: ***~ i muscoli*** die Muskeln entspannen **II** pronom. **rilasciarsi** sich entspannen ◆ ***~ un decreto*** ein Dekret erlassen; ***~ qcn. sulla parola*** jdn auf Ehrenwort entlassen; ***~ un visto*** ein Visum erteilen.

ri|la̲|scio m. *(-sci)* **1** *(liberazione)* Freilassung *f.*, Entlassung *f.*: ***~ degli ostaggi*** Freilassung der Geiseln; ***~ su cauzione*** Freilassung gegen Kaution **2** *(di documenti)* Ausstellung *f.*, Ausstellen *n.*: ***chiedere il ~ del passaporto*** die Austellung des Reisepasses beantragen **3** *(di interviste, dichiarazioni)* Abgabe *f.* ◆ ***data di ~*** Ausstellungsdatum *n.*; ***luogo del ~*** Ausstellungsort *m.*

ri|las|sa|me̲n|to m. **1** Entspannung *f.*: ***~ dei muscoli*** Entspannung der Muskeln **2** *(afflosciamento)* Erschlaffung *f.* **3** FIG. Lockerung *f.*: ***il ~ dei costumi*** die Lockerung der Sitten ◆ ***esercizio di ~*** Entspannungsübung *f.* **ri|las|sa̲n|te** agg. beruhigend, entspannend: ***musica ~*** beruhigende Musik; ***ginnastica ~*** entspannende Gymnastik.

ri|las|sa̲|re I tr. entspannen, lockern: ***~ il corpo e la mente*** den Körper und den Geist entspannen; ***~ i muscoli*** die Muskeln entspannen **II** pronom. **rilassarsi 1** sich entspannen, sich beruhigen: ***-rsi in vacanza*** sich im Urlaub entspannen; ***rilassati!*** beruhige dich! **2** ESTENS. sich lockern: ***l'atmosfera si rilassa*** die Stimmung lockert sich; ***i costumi si sono rilassati*** die Sitten haben sich gelockert. **ri|las|sa|te̲z|za** f. **1** Entspannung *f.* **2** FIG. Lockerung *f.*: ***~ dei costumi*** Lockerung der Sitten; ***~ morale*** moralische Lockerung.

ri|las|sa̲|to p.pass. agg. **1** → **rilassare 2** entspannt: ***sentirsi ~*** sich entspannt fühlen **3** FIG. gelockert: ***costumi -i*** gelockerte Sitten.

ri|le|ga̲|re tr. *(rilego, rileghi)* binden: ***~ un libro in pelle*** ein Buch in Leder binden.

ri|le|ga̲|to p.pass. agg. **1** → **rilegare 2** gebunden: ***libro ~*** gebundenes Buch; ***~ a mano, in pelle, in tela*** hand-, leder-, leinengebunden. **ri|le|ga|to̲|re** m. Buchbinder *m.*

ri|le|ga|tu̲|ra f. **1** Einband *m.* **2** *(il rilegare)* Binden *n.*, Bindung *f.* ◆ ***~ in cartone*** Kartonage *f.*; ***~ a mezza tela*** Halbleinenband *m.*; ***~ in pelle*** Ledereinband *m.*; ***~ in pergamena*** Pergamenteinband *m.*; ***~ in tela*** Leineneinband *m.*

ri|le̲g|ge|re tr. *(rileggo, rileggi; rilessi; riletto)* noch einmal lesen; *(rivedere attentamente)* (noch einmal) durch‿lesen.

ri|le̲n|to, a ~ sehr langsam; ***procedere a ~ con i lavori*** mit den Arbeiten nur langsam voran‿kommen.

ri|let|tu̲|ra f. **1** nochmaliges Durchlesen *n.*; ***fare un'attenta ~ di qcs.*** etw. noch einmal aufmerksam durch‿lesen **2** *(nuova interpretazione)* Neuauslegung *f.*: ***proporre una ~ di un testo*** eine Neuauslegung eines Textes vor‿legen.

ri|le|va̲|bi|le agg. **1** *(messo in evidenza)* feststellbar **2** *(che si può comprare)* käuflich.

ri|le|va|men|to m. **1** Erhebung *f.*: ~ ***statistico*** statistische Erhebung; ***secondo gli ultimi -i*** nach neuesten Erhebungen **2** *(ricerca)* Nachforschung *f.*: ***eseguire dei -i*** Nachforschungen an‿stellen **3** TOPOGR. Aufnahme *f.*, Vermessung *f.*: ~ ***di un terreno*** Vermessung eines Grundstücks (*o* eines Geländes) **4** *(acquisizione)* Übernahme *f.*: ***il ~ di una società*** die Übernahme einer Gesellschaft **5** MAR. Peilung *f.*: ~ ***ottico*** optische Peilung ◆ ~ ***aereo*** Luftaufnahme *f.*; ~ ***alla bussola*** Kompasspeilung *f.*; ~ ***catastale*** Katastervermessung *f.*; ~ ***danni*** Schadenfeststellung *f.*; *(all'ambiente)* Schadbild *n.*; ~ ***fiscale*** Steuererhebung *f.*; ~ ***fotografico*** Lichtbildvermessung *f.*; ~ ***delle impronte*** Spurensicherung *f.*; ***metodo di ~*** Messverfahren *n.*; ~ ***al radar*** Radarpeilung *f.*; ~ ***radio*** Funkpeilung *f.*; ~ ***dei tempi*** Zeitmessung *f.*; ~ ***topografico*** topographische Aufnahme.

ri|le|van|te agg. erheblich, bedeutend, relevant: ***danno ~*** erheblicher Schaden; ***niente di ~*** nichts Erhebliches; ***avere un ruolo ~ in qcs.*** eine bedeutende Rolle in etw. spielen; ***nessun cambiamento ~*** keine bedeutende Veränderung. **ri|le|van|za** f. Bedeutung *f.*, Relevanz *f.*: ***non ha alcuna ~*** es hat keinerlei Bedeutung.

ri|le|va|re I tr. **1** ermitteln, erheben: ~ ***dati*** Daten erheben; ~ ***la media, la distanza*** den Durchschnitt, die Entfernung ermitteln **2** *(determinare)* fest‿stellen: ~ ***un danno*** einen Schaden feststellen; ~ ***le caratteristiche del fondale marino*** die Beschaffenheit des Meeresbodens feststellen; ~ ***incongruenze, irregolarità*** Widersprüche, Verstöße feststellen **3** *(mettere in risalto)* hervor‿heben: ***vorrei ~ che...*** ich möchte hervorheben, dass... **4** *(sostituire)* ab‿lösen: ~ ***una sentinella*** einen Wachposten ablösen **5** *(acquisire)* übernehmen: ~ ***un'impresa statale*** ein staatliches Unternehmen übernehmen **6** TOPOGR. vermessen **7** *(localizzare)* ermitteln, MAR. AER. peilen, orten: ~ ***la posizione di una nave*** den Standort eines Schiffes peilen; ~ ***la posizione di un aereo*** ein Flugzeug orten **II** intr. (aus. *avere*) vor‿springen, hervor‿treten ◆ ~ ***il calco*** den Abdruck nehmen; ***fare ~ qcs. a qcn.*** jdn auf etw. aufmerksam machen; ~ ***le impronte digitali*** die Fingerabdrücke sichern.

ri|le|va|ta|rio m. *(-ri)* Übernehmer *m.*

ri|le|va|to I p.pass. agg. **1** → **rilevare 2** erhaben, vorstehend, erhöht **II** m. Erhöhung *f.*, Erhebung *f.*

ri|le|va|to|re m. **1** Datenerheber *m.* **2** *(apparecchio)* Vermessungsgerät *n.* ◆ ~ ***di fumo*** Rauchmelder *m.*; ~ ***di gas*** Gasspürgerät *n.*; ~ ***di metalli*** Metallsuchgerät *n.*, Metalldetektor *m.*; ~ ***di mine*** Minensuchgerät *n.*

ri|le|va|zio|ne f. **1** Erhebung *f.*: ***-i statistiche*** statistische Erhebungen **2** TOPOGR. Aufnahme *f.*, Vermessung *f.*

ri|lie|vo m. **1** Relief *n.* **2** GEOGR. Erhöhung *f.*: ~ ***roccioso*** felsige Erhöhung **3** *(risalto)* Bedeutung *f.*; ***dare ~ a qcs., mettere qcs. in ~*** etw. (A) hervor‿heben; ***assumere un grande ~*** große Bedeutung an‿nehmen; ***di grande, poco ~*** von großer, geringer Bedeutung; ***personalità di ~*** bedeutende Persönlichkeit **4a** *(rilevamento)* Erhebung *f.*: ***-i statistici*** statistische Erhebungen **b** TOPOGR. Aufnahme *f.*, Vermessung *f.*: ***prendere un ~*** eine Vermessung durch‿führen ◆ ~ ***aereo*** Luftaufnahme *f.*; ***alto ~*** Hochrelief *n.*; ***basso ~*** Basrelief *n.*, Flachrelief *n.*; ~ ***di una moneta*** Münzrelief *n.*; ***ricamo in ~*** Reliefstickerei *f.*; ***senza ~*** unbedeutend; ***stampa in ~*** Reliefdruck *m.*

ri|lo|ga f. *(-ghe)* Gardinenschiene *f.*

ri|lu|cen|te agg. leuchtend, glänzend. **ri|lu|ce|re** intr. LETT. leuchten, glänzen: ***le stelle rilucevano in cielo*** die Sterne leuchteten am Himmel.

ri|lut|tan|te agg. widerwillig, widerstrebend: ***sono ~ a farlo*** ich mache es nur widerwillig. **ri|lut|tan|za** f. **1** Widerwille *m.*, Widerstreben *n.*; ***con ~*** (nur) widerwillig (*o* widerstrebend) **2** FIS. Reluktanz *f.*

ri|ma f. **1** Reim *m.* **2a** pl. *(versi rimati)* Reime *pl.* **b** *(componimento)* Gedicht *n.*, Verse *pl.*: ***le -e di Petrarca*** Petrarcas Verse ◆ ~ ***alternata*** alternierender Reim; ~ ***baciata*** Paarreim *m.* (*o* gepaarter Reim); ~ ***chiusa*** Kreuzreim *m.* (*o* gekreuzter Reim); ***fare ~ con qcs.*** sich auf etw. (A) reimen; ***due parole che fanno ~*** zwei Worte, die sich reimen; ~ ***finale*** Endreim *m.*; ***genere di ~*** Reimart *f.*; ~ ***imperfetta*** unreiner Reim; ***versi in ~*** gereimte Verse; ***versi non in ~*** reimlose Verse; ~ ***incatenata*** Kettenreim *m.*; ~ ***incrociata*** Kreuzreim *m.* (*o* gekreuzter Reim); ~ ***interna*** Binnenreim *m.*; ~ ***intrecciata*** verschlungener Reim; ***mettere in ~ qcs.*** etw. in Reimform bringen; ***mettere in ~ due parole*** zwei Wörter miteinander reimen; ~ ***al mezzo*** Binnenreim *m.*; ~ ***obbligata*** gebundener Reim; ***ottava ~*** achtsilbiger Reim; ~ ***perfetta*** reiner Reim; ***poesia in -a*** Reimgedicht *n.*; *(genere)* Reimdichtung *f.*; ***rispondere a qcn. per le -e*** jdm die Antwort nicht schuldig bleiben; ***sesta ~*** Sestine *f.*; ***terza ~*** Terzine *f.*

ri|ma|glia|re tr. *(rimaglio, rimagli)* ketteln. **ri|ma|glia|tri|ce** f. Kettelmaschine *f.*

ri|mal|mez|zo f.inv. Binnenreim *m.*

ri|man|da|re tr. **1** *(mandare di nuovo)* wieder schicken **2a** *(mandare indietro, respingere)* zurück‿schicken, zurück‿senden: ~ ***la lettera al mittente*** den Brief an den Absender zurückschicken **b** *(mandare via)* zurück‿weisen, zurück‿schicken: ~ ***qcn. al suo posto*** jdn auf seinen Platz zurückschicken; ~ ***qcn. a casa*** jdn nach Hause zurückschicken **3** *(differire)* verschieben, hinaus‿schieben: ~ ***un appuntamento*** einen Termin verschieben; ~ ***qcs. da un giorno all'altro, a dopo*** etw. von einem Tag auf den anderen, auf später verschieben; ~ ***una decisione*** eine Entscheidung hinausschieben **4** SCOL. ~ ***qcn. a settembre in matematica*** = jdn im September eine Nachprüfung in Mathematik machen lassen **5** *(fare riferimento)* verweisen: ~ ***il lettore al secondo capitolo*** den Leser auf das zweite Kapitel verweisen ◆ ~ ***qcs. alle calende greche*** etw. auf den (*o* bis zum) Nimmerleinstag verschieben; ~ ***in onda*** wieder senden (*o* übertragen); ~ ***la palla a qcn.*** jdn den Ball wieder zu‿spielen; PROV. ***non ~ a domani quello che potresti fare oggi*** was du heute kannst besorgen, (das) verschiebe nicht auf morgen. **ri|man|da|to I** p.pass. agg. → **rimandare II** m. = Schüler *m.*, der eine Nachprüfung ablegen muss ◆ ***ciò che è ~ non è perduto*** aufgeschoben ist nicht aufgehoben.

ri|man|do m. **1** Zurückschicken *n.* **2** SPORT Zurückschlagen *n.*, Zurückspielen *n.* **3a** *(riferimento)* Verweis *m.*; ***fare un ~ all'appendice*** auf den Anhang verweisen **b** *(segno)* Verweiszeichen *n.* ◆ ***di ~*** als Erwiderung; ~ ***incrociato*** Querverweis *m.*; ***segno di ~*** Verweiszeichen *n.*; ***tavola dei -i*** Verweistafel *f.*

ri|ma|neg|gia|men|to m. **1** *(modifica)* Umarbeitung *f.*: ***il ~ di un testo*** die Umarbeitung eines Textes **2** POL. *(rimpasto)* Umbildung *f.*; ~ ***ministeriale*** Regierungsumbildung *f.* **3** *(riorganizzazione)* Neuorganisation *f.* **ri|ma|neg|gia|re** tr. *(rimaneggio, rimaneggi)* **1** *(modificare)* um‿arbeiten **2** POL. um‿bilden **3** *(riorganizzare)* neu organisieren **4** TIP. neu umbrechen. **ri|ma|neg|gia|to** p.pass. agg. **1** → **rimaneggiare 2** umgearbeitet.

ri|ma|nen|te I agg. übrig, restlich, Rest-: ***la merce ~*** die übrige Ware (*o* die Restware) **II** m. **1** Übrige *n.* **2** pl. Übrigen *pl.* ◆ ***del ~*** übrigens (*o* im Übrigen); ***somma ~*** Restsumme *f.*

ri|ma|nen|za f. **1** *(resto)* Rest *m.* **2** COMM. Restposten *m.* **3** FIS. Remanenz *f.* ◆ ~ ***di cassa*** Kassenbestand *m.* (*o* Barbestand *m.*); ***-e di magazzino*** Lagerbestand *m.*; ***merce in ~*** Restware *f.*

ri|ma|ne|re intr. *(rimango, rimani; rimasi; rimasto;* aus. *essere)* **1a** *(continuare a stare, a essere)* bleiben: ~ ***tre giorni in casa*** drei Tage zu Hause bleiben: ***rimani a cena da noi?*** bleibst du zum Abendessen bei uns? ***tu vai pure, io rimango*** geh nur, ich bleibe hier; ~ ***amici*** Freunde bleiben **b** BUROCR. verbleiben: ***rimaniamo in attesa di una Vostra cortese risposta*** wie verbleiben in Erwartung Ihrer freundlichen Antwort **c** assol. *(sussistere)* weiter bestehen, an‿dauern: ***il sospetto rimane*** der Verdacht besteht weiter **2** *(fermarsi)* stehen bleiben (anche FIG.): ***dove eravamo rimasti?*** wo waren wir stehen geblieben? **3a** *(avanzare, restare)* übrig bleiben: ***ci rimangono solo pochi soldi*** es bleibt uns nur wenig Geld übrig; ***gli rimangono pochi mesi di vita*** er hat nur noch wenige Monate zu leben; ***non mi rimane altro da fare che...*** mir bleibt nichts anderes übrig als... **b** *(nello spazio)* weit sein: ***rimangono solo 6 chilometri di strada*** es ist nur noch 6 Kilometer weit **c** *(nel tempo)* dauern: ***rimangono solo due ore per arrivare alla cima*** bis zum Gipfel sind es nur noch zwei Stunden **4** COLLOQ. *(trovarsi)* sich befinden, liegen: ***la mia casa rimane proprio in cima alla collina*** mein Haus befindet sich genau auf der Kuppe des Hügels **5** COLLOQ. *(rimanere d'accordo)* ***come siete rimasti?*** was habt ihr ausgemacht? ◆ ~ ***d'accordo*** verbleiben: ***rimaniamo (d'accordo) che mi telefoni tu*** verbleiben wir so, dass du mich anrufst; ~ ***alzato fino a tardi*** bis spät auf‿bleiben; ~ ***in argomento*** beim Thema bleiben; ~ ***in ascolto*** horchen; *(alla radio)* auf Empfang bleiben; ~ ***in carica*** im Amt verbleiben; ~ ***chiuso*** geschlossen bleiben; ~ ***nel dubbio*** im Zweifel sein; ~ ***ferito*** verwundet werden; ~ ***fermo*** stehen bleiben; ***rimango senza fiato*** ich bin außer Atem; FIG. mir bleibt die Luft weg; ~ ***freddo*** kühl bleiben; ~ ***a galla*** sich über Wasser (*o* oben) halten; ~ ***della propria idea*** an seiner Meinung fest‿halten; ~ ***indietro*** zurück‿bleiben; *(di orologio)* nach‿gehen; SCOL. ~ ***indietro in storia*** in Geschichte nach‿hängen; COMM. ~ ***indietro con i pagamenti*** mit den Zahlungen in Rückstand geraten; ~ ***intatto*** intakt bleiben; *(incontaminato)* unberührt sein; ***c'è rimasto male*** das hat ihn gekränkt; *(deluso)* darüber war er enttäuscht; ~ ***a metà di qcs.*** etw. nur halb fertig machen; ~ ***orfano*** Waise sein; ~ ***del parere*** dabei (*o* bei der Meinung) bleiben; ~ ***senza parole*** sprachlos sein; ~ ***in piedi*** stehen bleiben; COLLOQ. ***rima-***

nerci *(morire)* drauf_gehen; *(stupirsi)* verblüfft sein; ***rimanerci secco*** daran glauben müssen; ~ ***di sasso*** wie angewurzelt da_stehen; ~ ***sbalordito da qcs.*** über etw. (A) überrascht sein; ~ ***seduto*** sitzen bleiben; ***qcs. rimane sullo stomaco a qcn.*** etw. liegt jdm schwer (*o* wie Blei) im Magen; FIG. etw. stößt jdm sauer auf; ~ ***di stucco*** verblüfft sein; ***rimanga tra noi*** das bleibt aber unter uns; ~ ***ucciso*** getötet werden; ***rimase ucciso sul colpo*** er war auf der Stelle tot; ~ ***vedova, vedovo*** Witwe, Witwer werden; ~ ***al verde*** blank sein; ~ ***in vita*** am Leben bleiben.

ri|man|gia|re *(rimangio, rimangi)* **I** tr. wieder essen **II** pronom. **rimangiarsi** zurück_nehmen: ***-rsi la parola*** ein Wort zurücknehmen.

ri|mar|ca|re tr. *(rimarco, rimarchi)* hervor_heben.

ri|mar|che|vo|le agg. beachtlich, bemerkenswert: ***un esempio*** ~ ein bemerkenswertes Beispiel.

ri|ma|re I intr. (aus. *avere*) sich reimen: ~ ***con qcs.*** sich auf etw. (A) reimen **II** tr. **1** *(poetare)* dichten **2** *(mettere in rima)* in Reime bringen.

ri|mar|gi|na|re *(rimargino)* **I** tr. vernarben, heilen (anche FIG.): ***il tempo rimargina tutte le ferite*** die Zeit heilt alle Wunden **II** intr. (aus. *essere*) pronom. **rimarginarsi 1** MED. verheilen, ab_heilen **2** FIG. ab_heilen.

ri|ma|rio m. *(-ri)* Reimbuch *n.*, Reimlexikon *n.*

ri|ma|ri|tar|si pronom. wieder heiraten.

ri|ma|sti|ca|re tr. *(rimastico, rimastichi)* **1a** wieder kauen **b** ZOOL. wiederkäuen **2a** FIG. ~ ***qcs.*** an etw. (D) kauen; ~ ***i propri problemi*** an seinen Schwierigkeiten kauen **b** SPREG. *(ripetere)* wiederkäuen: ~ ***argomenti triti e ritriti*** abgedroschenes Zeug wiederkäuen. **ri|ma|sti|ca|tic|cio** m. *(-ci)* Abgedroschenes *n.* **ri|ma|sti|ca|tu|ra** f. **1a** Wiederkäuen *n.* **b** *(cibo rimasticato)* vorgekaute Nahrung *f.* **2** FIG. SPREG. abgedroschene Phrasen *pl.*, wiedergekäutes Zeug *n.*

ri|ma|sto → **rimanere.**

ri|ma|su|glio m. *(-gli)* Rest *m.*, Überrest *m.*, Überbleibsel *n.*: ***un ~ di carne*** ein Überrest Fleisch; ***buttare via i -gli*** die Reste weg_werfen.

ri|ma|to p.pass. agg. **1** → **rimare 2** gereimt, Reim-: ***versi -i*** gereimte Verse ◆ ***cronaca -a*** Reimchronik *f.*; ***non*** ~ ungereimt (*o* reimlos); ***prosa -a*** Reimprosa *f.* **ri|ma|to|re** m. **1** Reimer *m.* **2** *(poeta)* Dichter *m.*

rim|bal|dan|zi|re *(rimbaldanzisco, rimbaldanzisci)* **I** tr. übermütig machen **II** intr. (aus. *essere*) e pronom. **rimbaldanzirsi** übermütig werden.

rim|bal|za|re intr. (aus. *essere, avere*) **1** zurück_prallen, ab_prallen: ***la palla rimbalza (dal suolo)*** der Ball prallt (vom Boden) ab **2** FIG. *(diffondersi)* sich (schnell) verbreiten ◆ ***fare ~ la palla*** den Ball prellen; *(correndo)* dribbeln.

rim|bal|zo m. **1a** Rückprall *m.*, Abprall *m.* **b** *(per terra)* Aufprall *m.* **2** *(di palla da biliardo)* Brikole *f.* ◆ ***colpire la palla di*** ~ den abprallenden Ball treffen; *(nel biliardo)* brikolieren; ***colpo di*** ~ Prellschuss *m.*; ***di*** ~ beim Rückprall; FIG. indirekt: ***danneggiare di*** ~ indirekt schaden; ***palla di*** ~ Abpraller *m.*; ***proiettile di*** ~ zurückprallendes Geschoss.

rim|bam|bi|men|to m. COLLOQ. Vertrottelung *f.*, Verkalkung *f.*

rim|bam|bi|re *(rimbambisco, rimbambisci)* **I** intr. (aus. *essere*) **1** verkalken, COLLOQ. vertrotteln **2** *(stordirsi)* verblöden **II** tr. verblöden: ***la televisione lo ha rimbambito*** das Fernsehen hat ihn verblödet **III** pronom. **rimbambirsi 1** verkalken, COLLOQ. vertrotteln **2** FIG. vertrotteln, verblöden.

rim|bam|bi|to I p.pass. agg. **1** → **rimbambire 2** verkalkt, vertrottelt: ***essere tutto*** ~ total verkalkt sein **3** FIG. *(stordito)* verblödet **II** m. Trottel *m.*: ***è un povero ~!*** er ist ein armer Trottel!

rim|bec|ca|re *(rimbecco, rimbecchi)* **I** tr. ~ ***qcn.*** jdm scharf entgegnen **II** pronom. **rimbeccarsi** aufeinander herum_hacken.

rim|be|cil|li|re *(rimbecillisco, rimbecillisci)* **I** intr. (aus. *essere*) verblöden **II** tr. blöd machen **III** pronom. **rimbecillirsi** verblöden, blöd werden ◆ ***fare ~ qcn.*** jdn blöd machen.

rim|be|cil|li|to p.pass. agg. **1** → **rimbecillire 2** verblödet **3** FIG. *(stordito)* benebelt: ***oggi mi sento*** ~ heute fühle ich mich total benebelt ◆ ***un vecchio*** ~ ein alter Trottel.

rim|boc|ca|re *(rimbocco, rimbocchi)* **I** tr. **1** um_schlagen: ~ ***il lenzuolo*** das Betttuch umschlagen **2** *(maniche, calzoni)* hoch_krempeln **II** pronom. ***-rsi qcs.*** etw. hoch_krempeln: ***-rsi le maniche*** die Ärmel hochkrempeln (anche FIG.). **rim|boc|ca|tu|ra** f., **rim|boc|co** m. *(-chi)* **1** Umschlagen *n.* **2** *(parte rimboccata)* Umschlag *m.* **3** SART. Einschlag *m.*

rim|bom|ban|te agg. **1** dröhnend **2** FIG. hochtrabend, hochtönend: ***parole -i*** hochtrabende Worte.

rim|bom|ba|re intr. (aus. *essere, avere*) **1** *(di suono)* dröhnen (anche FIG.): ***il tuono rimbomba*** der Donner dröhnt; ***mi rimbomba la testa*** mein Kopf dröhnt **2** *(di luogo; riecheggiare)* wider_hallen: ***gli spari rimbombavano nella valle*** das Tal hallte von den Schüssen wider.

rim|bom|bo m. **1** Dröhnen *n.*; ~ ***incessante*** Gedröhn *n.* **2** ACUST. Widerhall *m.*

rim|bor|sa|bi|le agg. **1** rückzahlbar **2** BUROCR. COMM. rückerstattbar.

rim|bor|sa|re tr. **1** zurück_zahlen: ~ ***le spese dei biglietti*** die Fahrkarten zurückzahlen **2** BUROCR. COMM. (zu)rück_erstatten, erstatten, vergüten: ~ ***le spese di spedizione*** die Versandkosten zurückerstatten; ~ ***le spese a qcn.*** jdm die Auslagen vergüten (*o* erstatten); ~ ***a qcn. le perdite subite*** jdm die Verluste erstatten (*o* rückerstatten) ◆ ***soddisfatti o rimborsati*** bei Nichtgefallen Geld zurück.

rim|bor|so m. **1** Rückzahlung *f.* **2** BUROCR. COMM. Rückerstattung *f.*, Erstattung *f.*, Vergütung *f.*: ***chiedere un*** ~ eine Rückerstattung beantragen ◆ ~ ***del biglietto*** Fahrgelderstattung *f.*; ~ ***del credito*** Kredittilgung *f.*; ~ ***fiscale*** Steuerrückerstattung *f.*; ~ ***degli interessi*** Zinsrückzahlung *f.*; ~ ***di un prestito*** Anleiheablösung *f.*; ~ ***spese*** Kostenerstattung *f.* (*o* Erstattung *f.* der Unkosten); ~ ***di tasse*** Steuerrückerstattung *f.*

rim|bo|sca|re tr. *(rimbosco, rimboschi)* auf_forsten. **rim|bo|schi|men|to** m. Aufforstung *f.*

rim|bo|schi|re *(rimboschisco, rimboschisci)* **I** tr. auf_forsten **II** intr. (aus. *essere*) e pronom. **rimboschirsi** sich wieder bewalden.

rim|brot|ta|re tr. (scharf) zurecht_weisen: ~ ***qcn. per qcs.*** jdn wegen etw. (G) zurechtweisen. **rim|brot|to** m. (scharfe) Zurechtweisung *f.*; ***fare un ~ a qcn.*** jdn (scharf) zurecht_weisen.

rim|brut|ti|re → **imbruttire.**

ri|me|dia|bi|le agg. wieder gutzumachend, behebbar: ***danno*** ~ behebbarer Schaden.

ri|me|dia|re *(rimedio, rimedi)* **I** intr. (aus. *avere*) ~ ***a qcs.*** etw. wieder gut_machen, etw. (D) ab_helfen, etw. beheben; COLLOQ. aus_bügeln: ~ ***a un torto*** ein Unrecht wieder gutmachen; ~ ***a un danno*** einen Schaden beheben; ***a questo si rimedia facilmente*** dem ist leicht abzuhelfen **II** tr. **1** wieder gut_machen, beheben: ~ ***un errore*** einen Fehler wieder gutmachen **2** COLLOQ. *(procurarsi)* zusammen_bringen, sich beschaffen: ~ ***un po' di soldi*** etwas Geld zusammenbringen; ~ ***un invito a cena*** sich (D) eine Einladung zum Abendessen beschaffen; ~ ***un paio di schiaffi*** ein paar Ohrfeigen kriegen **3** COLLOQ. *(ricavare)* heraus_bekommen: ~ ***una giacca da un cappotto*** eine Jacke aus einem Mantel herausbekommen **4** assol. GERG. angeln: ***hai rimediato ieri sera?*** hast du gestern Abend jemanden geangelt?

ri|me|dio m. *(-di)* **1** Abhilfe *f.*: ***porre ~ a qcs.*** etw. (D) Abhilfe schaffen; ***trovare un*** ~ für Abhilfe sorgen; ***a questo non c'è*** ~ dem ist nicht abzuhelfen; ***un torto a cui non si può porre*** ~ ein nicht wieder gutzumachendes Unrecht **2** FARM. Heilmittel *n.*, Mittel *n.*: ***-di chimici, naturali*** chemische, natürliche Heilmittel; ***-di omeopatici*** homöopathische Heilmittel; ~ ***per via orale*** Heilmittel zum Einnehmen; ~ ***generale, locale*** allgemein, örtlich wirkendes Heilmittel; ***un ~ contro il raffreddore*** ein Mittel gegen Erkältung ◆ ***senza*** ~ hoffnungslos (*o* rettungslos); ~ ***contro la tosse*** Hustenmittel *n.*; ~ ***universale*** Allheilmittel *n.* (*o* Universalmittel *n.*); PROV. ***a mali estremi, estremi -di*** = auf einen groben Klotz gehört ein grober Keil; ***a tutto c'è ~ fuorché alla morte*** noch ist gegen den Tod kein Kraut gewachsen.

ri|mem|bran|za f. LETT. **1** Andenken *n.*, Gedenken *n.* **2** *(ricordo)* Erinnerung *f.* **ri|mem|bra|re** LETT. **I** tr. sich erinnern: ~ ***qcs.*** sich an etw. (A) erinnern **II** pronom. **rimembrarsi** sich erinnern: ***-rsi di qcs.*** sich an etw. (A) erinnern.

ri|me|ri|ta|re tr. *(rimerito)* LETT. lohnen, belohnen: ***che Dio ve ne rimeriti*** Gott möge es Euch lohnen (*o* vergelten).

ri|me|sco|la|men|to m. **1** Mischen *n.* **2** *(turbamento)* Verwirrung *f.*, Aufruhr *m.*, Wallung *f.*: ***avere un*** ~ in Aufruhr (*o* Wallung) geraten.

ri|me|sco|la|re *(rimescolo)* **I** tr. **1** wieder mischen: ~ ***le carte*** die Spielkarten wieder mischen **2** *(rimestare)* um_rühren: ~ ***la minestra*** die Suppe (wieder) umrühren **3** *(turbare)* in Aufruhr bringen, in Wallung bringen **II** pronom. **rimescolarsi 1** sich wieder mischen: ***-rsi tra la folla*** sich wieder unter die Menge mischen **2** *(turbarsi)* in Aufruhr geraten, in Wallung geraten: ***gli si rimescolò il sangue*** sein Blut geriet in Wallung. **ri|me|sco|la|ta** f. **1** ***dare una ~ alle carte*** die Spielkarten wieder mischen **2** ***dare una ~ al sugo*** die Soße wieder um_rühren.

ri|me|sco|li|o m. **1** Umrühren *n.* **2** *(turbamento)* Aufwallung *f.*, Verwirrung *f.*, Aufruhr *m.* **3** *(trambusto)* Durcheinander *n.*

ri|mes|sa f. **1a** Schuppen *m.*: ***mettere il trattore nella*** ~ den Traktor in den Schuppen stellen **b** *(di mezzi pubblici)* Depot *n.* **c** *(autorimessa)* Garage *f.* **2a** *(immagazzinamento)* Einlagerung *f.* **b** *(magazzino)* Lager *n.*, Speicher *m.* **3a** COMM. *(invio di denaro)* Überwindung *f.* **b** *(invio di merce)* Sendung *f.* **4a** SPORT *(rinvio)* Abstoß *m.* **b** *(rimessa in gioco)* Einwurf *m.*; ***effettuare una ~*** den Ball (vom Seitenaus) ein‿werfen **5** BOT. Spross *m.*, Sprössling *m.* **6** *(perdita)* Verlust *m.*, Einbuße *f.*: ***vendere a ~*** mit Verlust verkaufen ◆ ***~ degli attrezzi*** Geräteschuppen *m.*; ***~ degli autobus*** Autobusdepot *n.*; ***colpire di ~*** kontern; ***colpo di ~*** Konterschlag *m.*; ***-e degli emigrati*** Überweisungen der Emigranten; SPORT ***~ dal fondo, da fondo campo*** Abstoß *m.*; ***~ in funzione*** Wiederinbetriebsetzung *f.*; ***giocare di ~*** defensiv spielen; ***gioco di ~*** Defensivspiel *n.*; ***~ internazionale*** Auslandsüberweisung *f.*; ***~ laterale*** Seiteneinwurf *m.*; ***~ in scena*** Wiederaufführung *f.*; ***~ tranviaria*** Straßenbahndepot *n.*; ***~ in vigore*** Wiederinkraftsetzung *f.*

ri|mes|sag|gio m. *(-gi)* **1** Unterstellen *n.* **2** *(manutenzione)* Instandhaltung *f.*, Wartung. *f.*

ri|mes|so p.pass. agg. **1** → **rimettere 2** *(condonato)* vergeben, erlassen: ***peccato ~*** vergebene Sünde; ***debito ~*** erlassene Schuld.

ri|me|sta|re tr. **1** um‿rühren: ***~ la minestra*** die Suppe umrühren **2** FIG. wieder auf‿rühren, wieder auf‿wühlen: ***~ vecchie questioni*** alte Geschichten wieder aufrühren.

ri|met|te|re *(rimisi; rimesso)* **I** tr. **1** *(ricollocare verticalmente)* wieder stellen, wieder setzen; *(orizzontalmente)* wieder legen: ***~ il libro sullo scaffale*** das Buch wieder ins Regal stellen; ***~ qcs. nel cassetto*** etw. wieder in die Schublade legen **2** *(reinfilare)* wieder stecken: ***~ la spina nella presa*** den Stecker wieder in die Steckdose stecken **3** *(indossare di nuovo)* wieder an‿ziehen; *(in testa)* wieder auf‿setzen: ***~ il giubbotto, le scarpe*** die Jacke, die Schuhe wieder anziehen; ***~ il cappello*** den Hut wieder aufsetzen; ***~ la sciarpa*** den Schal wieder um‿legen; ***~ la cintura*** den Gürtel wieder um‿schnallen **4a** *(demandare)* überlassen: ***~ la decisione a qcn.*** jdm die Entscheidung überlassen **b** *(affidare)* an‿vertrauen **5** COMM. zu‿senden: ***~ della merce*** Ware zusenden **6** *(vomitare)* sich übergeben: ***mi vien da ~*** ich muss mich übergeben **7** *(condonare)* erlassen: ***~ la pena*** die Strafe erlassen **8a** SPORT *(rinviare)* ab‿schlagen **b** assol. SPORT ***~ da fondo campo, dal fondo*** den Abstoß ausführen **II** pronom. **rimettersi 1** *(ricollocarsi)* sich wieder begeben; ***-rsi sul divano*** sich wieder aufs Sofa setzen; ***-rsi a letto*** sich wieder ins Bett legen; ***-rsi seduti, a sedere*** sich wieder hin‿setzen; ***-rsi sdraiati*** sich wieder hin‿legen; ***-rsi in piedi*** wieder auf‿stehen **2a** *(reindossare)* sich (D) wieder an‿ziehen: ***-rsi la giacca*** sich die Jacke wieder anziehen **b** *(in testa)* sich wieder auf‿setzen: ***-rsi il berretto*** sich die Mütze wieder aufsetzen **c** ***-rsi la sciarpa*** sich den Schal wieder um‿wickeln (*o* sich den Schal wieder um‿legen) **d** ***-rsi la cintura*** sich den Gürtel wieder um‿schnallen **3** *(riiniziare)* wieder an‿fangen: ***-rsi a studiare*** wieder zu lernen anfangen **4** *(riprendersi)* sich erholen: ***-rsi da un duro colpo*** sich von einem Unglück (*o* einem schweren Schlag) erholen **5** *(affidarsi)* vertrauen, sich an‿vertrauen: ***-rsi a qcn., qcs.*** sich jdm, etw. anvertrauen ◆ ***-rsi in cammino*** wieder los‿gehen (*o* wieder auf‿brechen); ***-rsi con qcn.*** sich wieder mit jdm zusammen‿tun; ***~ in contatto*** wieder in Verbindung setzen; ***-rsi in contatto*** sich wieder in Verbindung setzen (*o* wieder Kontakt auf‿nehmen); ***~ dentro qcn.*** jdn wieder ein‿sperren; ***~ a dieta qcn.*** jdn wieder auf Diät setzen; ***-rsi a dieta*** eine Diät ein‿halten; ***~ in discussione*** wieder zur Diskussion stellen; ***~ in disordine*** wieder in Unordnung bringen; ***~ in dubbio*** wieder an‿zweifeln (*o* wieder in Zweifel ziehen); ***-rsi in fila*** sich wieder an‿stellen; ***~ in funzione*** wieder in Betrieb nehmen; ***-rsi in funzione*** sich wieder ein‿schalten (*o* wieder funktionieren); ***~ germogli*** wieder aus‿schlagen (*o* wieder treiben); ***~ (la palla) in gioco*** (den Ball) ein‿werfen; ***~ giù*** wieder ab‿stellen: ***~ giù le valigie*** die Koffer wieder ab‿stellen; ***~ giù la cornetta*** den Hörer wieder auf‿legen; ***-rsi nei guai*** wieder in Schwierigkeiten geraten; ***~ insieme*** *(ricomporre)* wieder zusammen‿setzen; *(denaro)* wieder sparen; *(persone)* wieder zusammen‿bringen; COLLOQ. ***-rsi insieme a qcn.*** sich wieder mit jdm zusammen‿tun; ***~ in libertà*** wieder frei‿lassen; ***~ mano a qcs.*** wieder Hand an etw. (A) legen; ***~ in moto*** wieder in Gang setzen; FIG. wieder in Bewegung setzen; ***-rsi in moto*** wieder an‿springen ***~ in ordine*** wieder auf‿räumen; ***~ l'orologio*** die Uhr stellen; ***-rsi nei pasticci*** wieder in die Patsche geraten; ***~ i peccati a qcn.*** jdm seine Sünden vergeben; ***~ in pericolo*** wieder in Gefahr bringen; ***~ piede*** seinen Fuß wieder setzen: ***lì non rimetterò più piede*** ich werde keinen Fuß mehr über diese Schwelle setzen; FIG. ***~ in piedi*** *(ricostruire)* wieder auf‿bauen; *(persona)* wieder auf die Beine bringen; *(risollevare le sorti)* ***~ in piedi un'azienda*** ein Unternehmen wieder hoch‿bringen; ***~ a posto*** wieder auf‿räumen; *(sistemare)* ***~ le cose a posto*** alles wieder in Ordnung bringen; ***-rsi alla ricerca di qcs.*** sich wieder auf die Suche nach etw. begeben; COLLOQ. ***rimetterci*** drauf‿zahlen; ***rimetterci qcs.*** etw. ein‿büßen (*o* verlieren); ***rimetterci il proprio patrimonio*** sein Vermögen einbüßen; ***rimetterci dei soldi*** Geld verlieren; COLLOQ. ***rimetterci la pelle*** sein Leben einbüßen; COLLOQ. dran glauben müssen; COLLOQ. ***non ci rimetti niente!*** das kostet dich doch nichts!; ***-rsi in salute*** sich wieder erholen; ***~ in sesto*** wieder auf die Beine bringen; ***~ qcs. sottosopra*** etw. wieder auf den Kopf stellen; ***~ su*** wieder auf‿stellen; ***~ su famiglia*** eine neue Familie gründen; ***~ su peso*** wieder zu‿nehmen; ***~ in vendita*** wieder zum Verkauf an‿bieten; ***~ via*** *(in ordine)* wieder auf‿räumen; *(da parte)* wieder auf die Seite legen; ***-rsi in viaggio*** sich wieder auf die Reise begeben.

ri|mi|li|ta|riz|za|re tr. remilitarisieren. **ri|mi|li|ta|riz|za|zio|ne** f. Remilitarisierung *f.*

ri|mi|ra|re I tr. betrachten, bewundern **II** pronom. **rimirarsi** sich betrachten, sich bewundern.

ri|mi|su|ra|re tr. nach‿messen.

rim|mel m.inv. Wimperntusche *f.*: ***mettersi il ~*** Wimperntusche auf‿tragen.

rim|min|chio|ni|re *(rimminchionisco, rimminchionisci)* **I** tr. VOLG. blöd machen **II** intr. (aus. *essere*) verblöden, blöd werden, vertrotteln.

ri|mo|del|la|men|to m. Ummod(e)lung *f.*, Umgestaltung *f.* **ri|mo|del|la|re** tr. um‿modeln, um‿formen, neu modellieren, um‿gestalten.

ri|mo|der|na|men|to m. Modernisierung *f.*, Erneuerung *f.* **ri|mo|der|na|re I** tr. modernisieren, erneuern **II** pronom. **rimodernarsi** sich modernisieren, sich erneuern, modern werden.

ri|mon|ta f. **1** Wiederbesteigung *f.* **2** SPORT Aufholen *n.*, Nachholen *n.* **3** MIL. Remonte *f.*, Remontierung *f.* ◆ ***cavallo da ~*** Remontepferd *n.* (*o* Remonte *f.*); SPORT ***fare una ~*** auf‿holen.

1.ri|mon|ta|re I intr. (aus. *essere*) **1** *(salire di nuovo)* wieder steigen, wieder auf‿steigen, wieder ein‿steigen: ***~ in macchina*** wieder ins Auto ein‿steigen; ***~ a cavallo*** wieder aufs Pferd steigen; ***~ su una scala*** eine Leiter wieder hinauf‿steigen; ***il livello del fiume rimonta*** der Wasserstand des Flußes steigt wieder **2** *(avere origine)* zurück‿gehen, zurück‿reichen: ***usanze che rimontano al medioevo*** Bräuche, die auf das Mittelalter zurückgehen (*o* in das Mittelalter zurückreichen) **II** tr. **1** wieder auf‿steigen: ***~ la classifica*** in der Hitparade wieder aufsteigen **2** SPORT auf‿holen: ***~ uno svantaggio*** einen Rückstand aufholen ◆ FIG. ***~ la china*** den Hang hinauf‿steigen; FIG. wieder nach oben kommen; ***~ la corrente*** gegen die Strömung, flussaufwärts fahren; ***~ il fiume*** flussaufwärts fahren.

2.ri|mon|ta|re tr. wieder zusammen‿setzen, wieder montieren, wieder auf‿bauen: ***~ una tenda*** ein Zelt wieder aufbauen (*o* auf‿schlagen); ***~ un pezzo di ricambio*** einen Ersatzteil wieder ein‿bauen; ***~ la catena della bicicletta*** die Fahrradkette wieder an‿bringen; ***~ lo scaldabagno*** den Boiler wieder montieren.

ri|mor|chia|re tr. *(rimorchio, rimorchi)* **1a** ab‿schleppen, schleppen **b** *(navi)* bugsieren **2** FIG. mit‿schleppen, mit‿schleifen **3** COLLOQ. *(abbordare)* auf‿reißen: ***~ una ragazza in discoteca*** in der Disko ein Mädchen aufreißen. **ri|mor|chia|to|re** m. Schlepper *m.*, Schleppdampfer *m.*, Schleuser *n.*

ri|mor|chio m. *(-chi)* **1a** Schleppen *n.* **b** *(per mare)* Bugsieren *n.* **2** *(veicolo)* Anhänger *m.*: ***camion con ~*** LKW mit Anhänger ◆ FIG. ***andare a ~ di qcn.*** sich in jds Kielwasser halten; ***cavo da ~*** Schlepptau *n.* (*o* Schleppseil *n.*, Abschleppseil *n.*); ***~ monoasse*** Einachsanhänger *m.*; ***~ a pianale*** Plattformanhänger *m.*; ***prendere a ~*** ins Schlepptau nehmen; ***~ ribaltabile*** kippbarer Anhänger.

ri|mor|de|re tr. *(rimorsi; rimorso)* **1** wieder beißen **2** FIG. *(tormentare)* quälen, plagen: ***mi rimorde la coscienza*** mein Gewissen plagt mich.

ri|mor|so m. Gewissensbisse *pl.*, Reue *f.*: ***provare ~ per qcs.*** wegen etw. Gewissensbisse haben; ***essere in preda al ~*** von Gewissensbissen gequält sein ◆ ***-i di coscienza*** Gewissensbisse *pl.*

ri|mos|so I p.pass. agg. **1** → **rimuovere 2** entfernt, weggeschafft **II** m. PSIC. Verdrängte *n.*

ri|mo|stran|za f. Beschwerde *f.*, Klage *f.*: ***fare le proprie -e a qcn.*** seine Beschwerden bei jdm vor‿bringen (*o* sich bei jdm beschweren).

ri|mo|vi|bi|le agg. entfernbar, abnehmbar.

ri|mo|zio|ne f. **1** Entfernung *f.*, Beseitigung *f.* (anche FIG.): ***~ di un ostacolo*** Beseitigung eines Hindernisses **2** *(destituzione)* Absetzung *f.*, Entfernung *f.*, ANT. Entsetzung *f.*: ***~ da una carica*** Entfernung aus einem Amt **3** PSIC. Verdrängung *f.* ◆ ***~ forzata*** = kostenpflichtige Entfernung von widerrechtlich abgestellten Fahrzeugen; ***meccanismo di ~*** Verdrängungsmechanismus *m.*; ***~ dei rifiuti*** Müllabfuhr *f.*

rim|pal|la|re intr. (aus. *avere*) zurück‿prallen. **rim|pal|lo** m. Rück-

prall *m.*, Zurückprallen *n.*, Abprallen *n.*; *(nel biliardo)* Zugball *m.*
rim|pa|sta|re tr. **1** wieder kneten **2** FIG. um‿bilden, um‿gestalten: **~ *un governo*** eine Regierung umbilden. **rim|pa|sto** m. **1** Wiederkneten *n.* **2** FIG. Umbildung *f.*; **~ *di governo*** Regierungsumbildung *f.*
rim|pa|tria|re *(rimpatrio, rimpatri)* **I** intr. (aus. *essere*) **1** in die Heimat zurück‿kehren, heim‿kehren **2** *(di emigranti)* zurück‿wandern **II** tr. **1a** in die Heimat zurück‿schicken: **~ *gli esuli*** die Exilierten in die Heimat zurückschicken **b** *(prigionieri)* repatriieren **2** *(espellere)* in das Heimatland ab‿schieben: **~ *gli immigrati clandestini*** illegale Einwanderer in die Heimatländer abschieben.
rim|pa|tria|ta f. Treffen *n.*, Wiedersehen *n.*: ***fare una ~*** ein Treffen veranstalten (*o* ein Wiedersehen feiern).
rim|pa|trio m. *(-tri)* **1** Rückkehr *f.* in die Heimat, Heimkehr *f.* **b** *(di prigionieri)* Repatriierung *f.* **2** *(di emigranti)* Rückwanderung *f.* **3** *(espulsione)* Abschiebung *f.* in das Heimatland ◆ **~ *di capitali*** Kapitalrückwanderung *f.*; **~ *di divise*** Devisenrückführung *f.*; **~ *obbligatorio*** Zwangsabschiebung *f.*
rimpetto → **dirimpetto.**
rim|pian|ge|re *(rimpiansi; rimpianto)* tr. **1** nach‿trauern, nach‿hängen: **~ *la giovinezza, il passato*** der Jugendzeit, den alten Zeiten nachtrauern **2** *(compiangere)* **~ *qcn.*** um jdn trauern, jdn beweinen; **~ *un caro amico scomparso*** um einen lieben Freund trauern **3** *(pentirsi)* bedauern, bereuen: ***rimpiangerai di non aver comprato quel vestito*** du wirst es bereuen, das Kleid nicht gekauft zu haben; ***rimpiango il fatto che...*** ich bedaure, dass...
rim|pian|to I p.pass. agg. **1** → **rimpiangere 2** beweint, betrauert **II** m. Bedauern *n.*, Nachweinen *n.* ◆ ***vivere di -i*** Vergangenem nach‿weinen (*o* nach‿hängen).
rim|piat|ti|no m. Versteckspiel *n.*
rim|piaz|za|re tr. **1** ersetzen, aus‿wechseln: **~ *un prodotto con un altro*** ein Produkt durch ein anderes ersetzen; **~ *una lampadina*** eine Glühbirne auswechseln **2** *(fare le veci di)* vertreten, ersetzen. **rim|piaz|zo** m. Ersetzung *f.*; Ersatz *m.*: ***trovare un ~*** einen Ersatz finden.
rim|pic|cio|li|men|to m. Verkleinerung *f.* **rim|pic|cio|li|re** *(rimpicciolisco, rimpicciolisci)* **I** tr. verkleinern: **~ *un disegno*** eine Zeichnung verkleinern **II** intr. (aus. *essere*) e pronom. **rimpicciolirsi** sich verkleinern, kleiner werden.
rim|pin|gua|re *(rimpinguo)* **I** tr. **1** wieder fett machen **2** FIG. wieder an‿füllen **II** pronom. **rimpinguarsi 1** wieder fett werden **2** FIG. wieder voll werden ◆ **~ *le casse dello stato*** die Staatskasse auf‿bessern.
rim|pin|za|re I tr. **1** voll stopfen, füttern, überfüttern: **~ *qcn. con, di qcs.*** jdn mit etw. voll stopfen (*o* füttern); **~ *qcn. di cioccolata*** jdn mit Schokolade füttern **2a** FIG. **~ *qcn. di frottole*** jdm Lügen auf‿tischen **b ~ *un discorso di citazioni*** eine Rede mit Zitaten spicken **II** pronom. **rimpinzarsi** sich voll stopfen, sich voll fressen, sich voll schlagen; ***-rsi di cibo*** sich den Bauch voll stopfen (*o* voll schlagen); ***-rsi di arrosto*** sich mit Braten voll schlagen.
rim|pol|pa|re I tr. **1** wieder Fleisch an‿setzen **2** FIG. *(arricchire)* bereichern, erweitern: **~ *un testo*** einen Text erweitern **II** pronom. **rimpolparsi** zu‿nehmen, wieder Fleisch an‿setzen ◆ **~ *il conto in banca*** das Bankkonto auf‿füllen.
rim|pro|ve|ra|re *(rimprovero)* **I** tr. **1** tadeln, zurecht‿weisen, rügen: **~ *qcn. aspramente*** jdn scharf tadeln **2** *(rinfacciare)* vor‿werfen, Vorwürfe machen: **~ *qcs. a qcn.*** jdm etw. vorwerfen (*o* jdm wegen etw. Vorwürfe machen); **~ *a qcn. la sua negligenza*** jdm seine Nachlässigkeit vorwerfen **II** pronom. **rimproverarsi 1** sich vorwerfen, sich Vorwürfe machen: ***-rsi amaramente qcs.*** sich bittere Vorwürfe machen; ***non ho proprio nulla da rimproverarmi*** ich habe mir wirklich nichts vorzuwerfen **2** *(reciproco)* sich (gegenseitig) Vorwürfe machen ◆ ***non gli si può ~ nulla*** man kann ihm nichts nach‿sagen. **rim|pro|ve|ro** m. Vorwurf *m.*, Verweis *m.*, Tadel *m.*, Rüge *f.*: ***fare un ~ a qcn.*** jdm einen Verweis erteilen (*o* jdm einen Vorwurf machen); ***ricevere un ~*** einen Verweis bekommen; ***rivolgere un ~ a qcn.*** jdm einen Tadel erteilen; ***meritare un ~*** einen Tadel verdienen; ***un ~ velato*** ein versteckter Vorwurf; ***-i immeritati*** unverdienter Tadel; ***piovono -i*** es hagelt Vorwürfe ◆ ***continui -i*** Tadelei *f.*; ***guardare qcn. con aria di ~*** jdn vorwurfsvoll an‿blicken.
ri|mu|gi|na|re *(rimugino)* **I** tr. **1** brüten, nach‿grübeln; COLLOQ. wälzen: **~ *un'idea*** über einer Idee brüten (*o* über eine Idee nachgrübeln); **~ *le parole di qcn.*** jds Worten nachgrübeln; ***chissà che cosa sta rimuginando*** wer weiß, worüber er nachgrübelt **2** assol. grübeln, brüten: ***è sempre lì a ~*** er grübelt ständig; **~ *tra sé e sé*** vor sich hin‿brüten **II** intr. (aus. *avere*) brüten, (nach‿)grübeln: **~ *su qcs.*** über etw. (A) brüten (*o* nachgrübeln).
ri|mu|ne|ra|re → **remunerare. ri|mu|ne|ra|ti|vi|tà** → **remunerativitä. ri|mu|ne|ra|ti|vo** → **remunerativo. ri|mu|ne|ra|zio|ne** → **remunerazione.**
ri|muo|ve|re tr. *(rimossi, rimosso)* **1a** weg‿schaffen, fort‿schaffen, entfernen, beseitigen: **~ *le macerie*** die Trümmer wegschaffen **b** FIG. entfernen, beseitigen: **~ *un ostacolo, una difficoltà*** ein Hindernis, eine Schwierigkeit beseitigen **2** *(destituire)* ab‿setzen, entheben, entfernen: **~ *qcn. dal suo incarico*** jdn seines Amtes entheben **3** *(distogliere)* ab‿bringen: **~ *qcn. dai suoi propositi*** jdn von seinen Vorsätzen abbringen.
Ri|nal|do n.pr.m. Reinhold *m.*, Reinald *m.*
ri|na|scen|za f. **1** LETT. Wiedergeburt *f.* **2** *(Rinascimento)* Renaissance *f.*
ri|na|sce|re intr. *(rinacqui; rinato*; aus. *essere)* **1** wieder geboren werden; **~ *a nuova vita*** zu neuem Leben erwachen (*o* erstehen) **2** *(ricrescere)* wieder wachsen **3** *(rifiorire)* wieder auf‿blühen, wieder auf‿leben (anche FIG.): ***sentirsi ~*** wieder aufleben; ***dopo la cura è rinata*** nach der Kur ist sie wieder aufgeblüht; ***le sue parole gli fecero ~ la speranza*** ihre Worte ließen in ihm wieder Hoffnung auf‿kommen.
ri|na|sci|men|ta|le agg. Renaissance-, der Renaissance,; *(in Italia)* des Rinascimento: ***poeta ~*** Renaissancedichter *m.*; ***epoca ~*** Renaissancezeit *f.*
Ri|na|sci|men|to I m. Renaissance *f.*; *(in Italia)* Rinascimento *n.*: ***l'arte, la letteratura del ~*** die Kunst, die Literatur der Renaissance **II** agg. inv. Renaissance- ◆ ***mobili ~*** Renaissancemöbel *n.*; ***primo ~*** Frührenaissance *f.*; ***stile ~*** Renaissancestil *m.*; ***tardo ~*** Spätrenaissance *f.*
ri|na|sci|ta f. **1** Wiedergeburt *f.*, Neugeburt *f.*: **~ *spirituale*** geistige Wiedergeburt; ***la ~ dell'arte drammatica*** die Neugeburt der dramatischen Kunst **2** *(ripresa)* Wiederaufkommen *n.*, Wiederaufleben *n.*: ***la ~ di una vecchia moda*** das Wiederaufkommen (*o* Wiederaufleben) einer alten Mode **3** *(il rifiorire)* Wiederaufblühen *n.*: ***la ~ dell'economia nazionale*** das Wiederaufblühen der Volkswirtschaft **4** RAR. *(Rinascimento)* Renaissance *f.*: **~ *carolingia*** karolingische Renaissance. **ri|na|to** p.pass. agg. **1** → **rinascere 2** wieder geboren, neugeboren.
rin|ca|gna|to agg. stumpf, Stumpf-: ***naso ~*** Stumpfnase *f.*
rin|cal|za|re tr. **1** AGR. häufeln: **~ *le patate*** Kartoffeln häufeln **2** *(sostenere)* stützen, ab‿stützen: **~ *un palo con delle pietre*** einen Pfahl mit Steinen abstützen; **~ *un tavolo*** einen Tisch stützen **3** FIG. *(rafforzare)* unterstützen, stärken ◆ **~ *le coperte*** die Decken ein‿schlagen. **rin|cal|za|ta** f. Stützen *n.* ◆ ***dare una ~ alle coperte*** die Decken ein‿schlagen.
rin|cal|zo m. **1** *(atto di rincalzare)* Stützen *n.*, Abstützen *n.* **2** *(rinforzo)* Stütze *f.*, Abstützung *f.*; ***di ~*** zusätzlich **3** MIL. ***truppe di ~*** Hilfstruppen **4** SPORT Reservespieler *m.*; ***i -i di una squadra*** die Reserve einer Mannschaft.
rin|cam|mi|nar|si pronom. sich wieder auf den Weg machen.
rin|can|tuc|cia|re *(rincantuccio, rincantucci)* **I** tr. in eine Ecke drängen **II** pronom. **rincantucciarsi** sich verkriechen, sich in eine Ecke drücken; *(nascondersi)* sich verstecken. **rin|can|tuc|cia|to** p.pass. agg. **1** → **rincantucciarsi 2** versteckt, verborgen.
rin|ca|ra|re I tr. **1 ~ *qcs.*** etw. verteuern, den Preis von etw. erhöhen **2** *(ribadire)* hinzu‿setzen, hinzu‿fügen: ***vergognati! – rincarò suo padre*** schäm dich! – setzte sein Vater hinzu **II** intr. (aus. *essere*) teurer werden, sich verteuern: ***le merci sono rincarate del 3 %*** die Waren haben sich um 3 % verteuert ◆ **~ *la dose*** noch einen drauf‿setzen.
rin|car|na|re → **reincarnare. rin|car|na|zio|ne** → **reincarnazione.**
rin|ca|ro m. Verteuerung *f.*; *(di prezzi)* Erhöhung *f.*, Steigerung *f.*; ***subire un ~*** sich verteuern.
rin|car|ta|re tr. wieder ein‿packen, wieder ein‿schlagen.
rin|ca|sa|re intr. (aus. *essere*) nach Hause kommen, heim‿kehren.
rin|chiu|de|re *(rinchiusi; rinchiuso)* **I** tr. ein‿schließen, ein‿sperren, sperren, weg‿schließen: **~ *qcn. in una stanza*** jdn in ein Zimmer einsperren **II** pronom. **rinchiudersi 1** sich ein‿schließen **2** FIG. sich zurück‿ziehen: ***-rsi in se stesso*** sich in sich selbst zurückziehen; ***-rsi nel silenzio*** sich in Schweigen hüllen ◆ ***-rsi in convento*** ins Kloster gehen; ***da ~ (in manicomio)*** irrenhausreif (*o* reif für die Nervenheilanstalt); ***far ~ qcn. (in manicomio)*** jdn in eine Nervenheilanstalt ein‿weisen; **~ *qcn. in prigione*** ein‿sperren. **rin|chiu|so I** p.pass. → **rinchiudere II** m. Umzäunung *f.*, Einfriedung *f.*: ***costruire un ~*** eine Umzäunung bauen.
rin|ci|trul|li|re *(rincitrullisco, rincitrullisci)* **I** tr. dumm machen **II** intr. (aus. *essere*) e pronom. **rincitrullirsi** verdummen.
rin|ci|vi|li|men|to m. Zivilisierung *f.* **rin|ci|vi|li|re** *(rincivilisco, rincivilisci)* **I** tr. zivilisieren, verfeinern **II** intr. (aus. *essere*) e pronom.

rincivilirsi sich verfeinern, zivilisierter werden.
rin|co|glio|ni|re *(rincoglionisco, rincoglionisci)* **I** tr. VOLG. verblöden **II** intr. (aus. *essere*) e pronom. **rincoglionirsi** VOLG. **1** verblöden, vertrotteln **2** *(inebetire)* verdattert werden.
rin|co|glio|ni|to p.pass. agg. **1** → **rincoglionire 2** VOLG. bescheuert **3** VOLG. *(rimbecillito)* verblödet ◆ ***sentirsi ~*** völlig daneben sein, verdattert sein.
rin|con|tra|re I tr. ***~ qcn.*** jdm wieder begegnen, jdn wieder treffen **II** pronom. **rincontrarsi** sich wieder treffen: ***-rsi con qcn.*** sich mit jdm wieder treffen.
rin|co|ra|re → **rincuorare.**
rin|cor|re|re *(rincorsi; rincorso)* **I** tr. ***~ qcn., qcs.*** jdm, etw. nach‿laufen, jdm, etw. nach‿jagen (anche FIG.); ***il gatto rincorre il topo*** die Katze jagt der Maus nach; ***~ qcn. per dargli qcs.*** jdm nachlaufen, um ihm etw. zu geben; ***~ un'illusione*** einer Illusion nachlaufen **II** pronom. **rincorrersi** sich fangen ◆ ***giocare a -rsi*** Fangen spielen.
rin|cor|sa f. Anlauf *m.*: ***prendere la ~*** Anlauf nehmen; ***saltare con la ~*** mit Anlauf springen ◆ ***pista di ~*** Anlaufbahn *f.* **rin|cor|so** → **rincorrere.**
rin|co|ti m.pl. Schnabelkerfe *pl.*
rin|cre|sce|re intr. *(rincrebbe*; aus. *essere)* **1 *a qcn. rincresce qcs.*** jmd bedauert etw. (*o* jdm tut etw. Leid); ***mi rincresce di non poter venire*** es tut mir Leid, nicht kommen zu können; ***mi rincresce profondamente*** ich bedauere (es) zutiefst **2** *(in formule di cortesia)* ***se non ti rincresce...*** wenn du nichts dagegen hast...; ***ti rincresce dirglielo tu?*** könntest (*o* würdest) du es ihm bitte sagen?
rin|cre|sci|men|to m. Bedauern *n.*: ***esprimere a qcn. il proprio ~*** jdm sein Bedauern aus‿drücken; ***con mio grande ~*** zu meinem großen Bedauern. **rin|cre|sciu|to** p.pass. agg. **1** → **rincrescere 2** traurig.
rin|cre|ti|ni|re *(rincretinisco, rincretinisci)* **I** tr. **1** verblöden, verdummen: ***tutti questi discorsi mi hanno rincretinito*** das ganze Gerede hat mich verblödet **2** ESTENS. verwirren, betäuben **II** intr. (aus. *essere*) e pronom. **rincretinirsi** verblöden, verdummen.
rin|cru|di|re *(rincrudisco, rincrudisci)* **I** tr. härter machen, verschärfen **II** pronom. **rincrudirsi** härter werden, sich verschärfen **III** intr. (aus. *essere*) sich verschärfen, strenger werden: ***l'inverno rincrudisce*** der Winter wird strenger.
rin|cu|la|re intr. (aus. *essere*) **1** zurück‿weichen, zurück‿treten: ***il cavallo rinculò fino al muro*** das Pferd wich bis zur Mauer zurück **2** ARM. einen Rückstoß haben. **rin|cu|la|ta** f. Zurückweichen *n.*
rin|cu|lo m. **1** Zurückweichen *n.* **2** ARM. Rückstoß *m.*, Rückschlag *m.*, Rohrrückschlag *m.* ◆ ***senza ~*** rückstoßfrei.
rin|cuo|ra|re I tr. ermutigen, ermuntern **II** pronom. **rincuorarsi** sich ermutigen, wieder Mut fassen: ***a quella notizia si rincuorò*** bei jener Nachricht fasste er wieder Mut.
rin|fac|cia|men|to m. **1** Vorhaltung *f.* **2** *(rimprovero)* Vorwurf *m.* **rin|fac|cia|re** tr. *(rinfaccio, rinfacci)* **1** vor‿halten, Vorhaltungen machen: ***~ a qcn. le sue colpe*** jdm seine Schuld vorhalten **2** *(rimproverare)* vor‿werfen: ***~ a qcn. qcs.*** jdm etw. vorwerfen.
rin|fian|ca|re tr. *(rinfianco, rinfianchi)* **1** ab‿stützen, stützen **2** FIG. unterstützen. **rin|fian|co** m. *(-chi)* **1** Stützen *n.*, Abstützen *n.* **2** *(sostegno)* Stütze *f.* (anche FIG.).
rin|fo|ca|re → **rinfocolare. rin|fo|co|la|men|to** m. **1** Wiederanfachen *n.*, Wiederentzünden *n.*, Wiederschüren *n.* **2** FIG. Wiederaufflackern *n.*, Wiederaufleben *n.*
rin|fo|co|la|re *(rinfocolo)* **I** tr. **1** *(riattizzare)* wieder an‿fachen, schüren **2** FIG. schüren, wieder auf‿leben lassen: ***~ l'odio*** den Hass schüren **II** pronom. **rinfocolarsi** sich wieder entzünden, auf‿leben (anche FIG.).
rin|fo|de|ra|re tr. *(rinfodero)* **1** zurück‿stecken, wieder ein‿stecken: ***~ la spada*** das Schwert (in die Scheide) zurückstecken **2** *(ritirare)* wieder ein‿ziehen: ***~ gli artigli*** die Krallen wieder einziehen.
rin|for|zan|do m. Rinforzando *n.*
rin|for|za|re I tr. **1** kräftigen, stärken: ***lo sport rinforza il corpo*** Sport kräftigt den Körper **2** *(costruzioni)* befestigen, verstärken, stützen, ab‿stützen: ***~ un muro, una diga*** eine Mauer, einen Damm befestigen **3** *(suono)* verstärken **4** FIG. stützen, verstärken, untermauern: ***~ una teoria con nuove prove*** eine Theorie mit neuen Beweisen stützen (*o* untermauern) **II** intr. (aus. *essere*) sich verstärken, stärker werden: ***il vento rinforza*** der Wind wird stärker **III** pronom. **rinforzarsi** stärker (*o* kräftiger) werden, sich verstärken: ***il muscolo si è rinforzato*** der Muskel ist kräftiger geworden. **rin|for|za|to** p.pass. agg. → **1 rinforzare 2 *cucitura -a*** doppelte Naht; ***passo ~*** beschleunigter Schritt.
rin|for|zo m. **1** Verstärkung *f.*: ***il ~ della struttura portante*** die Verstärkung des Tragwerk(e)s **2** pl. MIL. Verstärkung *f.*, Nachschub *m.*: ***inviare -i*** Verstärkung (*o* Nachschub) schicken; ***chiedere -i*** Verstärkung an‿fordern **3** FIG. Bekräftigung *f.*, Erhärtung *f.*: ***a ~ della, di ~ alla sua tesi citò ulteriori dati*** zur Erhärtung (*o* Bekräftigung) seiner Hypothese führte er weitere Fakten an ◆ FOT. ***bagno di ~*** Verstärker *m.*; ***mettere un ~ di... a qcs.*** etw. mit... verstärken; ***muro di ~*** Stützmauer *f.* (*o* Futtermauer *f.*); ***tela di ~*** Schneiderleinen *n.*
rin|fran|ca|men|to m. **1** Ermunterung *f.*, Aufmunterung *f.*, Ermutigung *f.* **2** *(rinvigorimento)* Stärkung *f.*, Kräftigung *f.*
rin|fran|ca|re *(rinfranco, rinfranchi)* **I** tr. **1** auf‿muntern, ermuntern, ermutigen: ***la buona accoglienza lo rinfrancò*** der freundliche Empfang munterte ihn auf **2** *(rinvigorire)* stärken, kräftigen **II** pronom. **rinfrancarsi** wieder Mut fassen: ***alle sue parole mi rinfrancai*** bei seinen Worten fasste ich wieder Mut.
rin|fre|scan|te I agg. erfrischend, kühlend: ***bevanda ~*** erfrischendes Getränk (*o* Erfrischungsgetränk *n.*) **II** m. **1** *(per infiammazione)* Linderungsmittel *n.* **2** *(lassativo)* leichtes Abführmittel *n.*
rin|fre|sca|re *(rinfresco, rinfreschi)* **I** tr. **1** erfrischen, frisch machen, (ab‿)kühlen: ***il temporale ha rinfrescato l'aria*** das Gewitter hat die Luft abgekühlt **2** *(restaurare)* erneuern, restaurieren: ***~ un dipinto*** ein Gemälde restaurieren **3** FIG. auf‿frischen: ***devo ~ il mio inglese*** ich muss meine Englischkenntnisse auffrischen; ***~ la memoria a qcn.*** jdm das Gedächtnis auffrischen **4a** FARM. *(calmare)* lindern **b** *(purgare)* leicht abführen **II** intr. (aus. *essere, avere*) ab‿kühlen: ***di notte rinfresca molto*** nachts kühlt es sehr ab **III** pronom. **rinfrescarsi** sich erfrischen, sich frisch machen.
rin|fre|sca|ta f. **1** Erfrischung *f.*: ***darsi una ~*** sich erfrischen, sich frisch machen **2** *(di clima)* Abkühlung *f.*: ***dopo il temporale c'è stata una ~*** nach dem Gewitter hat es abgekühlt **3** *(il ripulire)* Überstreichen *n.*: ***dare una ~ alle pareti*** die Wände neu streichen.
rin|fre|sco m. *(-schi)* **1** Empfang *m.*: ***offrire un ~*** einen Empfang geben **2** *(il rinfrescare)* Erfrischung *f.*
rin|fuo|ca|re → **rinfocolare.**
rin|fu|sa f. ***alla ~*** durcheinander, kunterbunt: ***infilare degli oggetti alla ~ in un cassetto*** Gegenstände kunterbunt in eine Schublade legen ◆ ***merci alla ~*** Schüttgut *n.* (*o* Sturzgut *n.*); ***raccogliere alla ~*** zusammen‿raffen.
ring m.inv. Ring *m.*, Boxring *m.*: ***salire sul ~*** in den Ring steigen, klettern.
rin|ga|gliar|di|re *(ringagliardisco, ringagliardisci)* **I** tr. kräftigen, stärken **II** pronom. **ringaglirdirsi** sich stärken.
rin|gal|luz|zi|re *(ringalluzzisco, ringalluzzisci)* **I** tr. stolz machen, eitel machen **II** pronom. **ringalluzzirsi** sich auf‿blähen, eitel werden. **rin|gal|luz|zi|to** p.pass. agg. **1** → **ringalluzzire 2** eitel, stolz.
rin|ghia|re intr. *(ringhio, ringhi*; aus. *avere)* knurren (anche FIG.): ***le rispose ringhiando*** er antwortete ihr knurrend ◆ ***~ contro qcn.*** jdn an‿knurren.
rin|ghie|ra f. Geländer *n.*: ***tenersi alla ~*** sich am Geländer fest‿halten ◆ ***casa di ~*** INTRAD. (Wohnhaus mit über einen gemeinsamen Balkon zugänglichen Wohnungen); ***~ delle scale*** Treppengeländer *n.*
rin|ghio m. *(-ghi)* Knurren *n.*, Geknurr(e) *n.* **rin|ghio|so** agg. **1** knurrend: ***cane ~*** knurrender Hund **2** FIG. *(di persona)* knurrig, grimmig.
rin|gio|va|ni|men|to m. Verjüngen *n.*, Verjüngung *f.* **rin|gio|va|ni|re** *(ringiovanisco, ringiovanisci)* **I** tr. jünger machen, verjüngen: ***quella pettinatura la ringiovanisce*** diese Frisur macht sie jünger **II** intr. (aus. *essere*) jünger werden, sich verjüngen: ***sei ringiovanito*** du bist jünger geworden (*o* du siehst jünger aus).
rin|go|ia|re tr. *(ringoio, ringoi)* **1** wieder (ver)schlucken, wieder hinunter‿schlucken **2** FIG. *(rimangiarsi, ritrattare)* zurück‿nehmen.
rin|gra|zia|men|to m. Dank *m.*: ***in ~ per qcs.*** als (*o* zum) Dank für etw.; ***esprimere il proprio ~ per qcs.*** seinen Dank für etw. aus‿sprechen; ***voglia accettare i miei più vivi -i*** ich möchte Ihnen meinen herzlichsten Dank aussprechen; IRON. ***bel ~!*** das ist nun der Dank! ◆ ***biglietto di ~*** Dankkärtchen *n.*; ***espressione di ~*** Dankesworte *pl.* (*o* Dankesbezeigung *f.*); ***formula di ~*** Dankesformel *f.*; ***giorno del Ringraziamento*** Erntedankfest *n.*; *(negli USA)* Thanksgiving Day *m.*; ***lettera di ~*** Dankschreiben *n.*; ***parole di ~*** Dankesworte *pl.*; ***preghiera di ~*** Dankgebet *n.*; ***profondersi in -i*** von Dankbarkeit erfüllt sein; ***sentiti -i*** herzlichsten Dank.
rin|gra|zia|re tr. *(ringrazio, ringrazi)* ***~ qcn.*** jdm danken, sich bei jdm bedanken; ***~ qcn. per qcs.*** jdm für etw. danken; ***~ qcn. di cuore, calorosamente*** jdm herzlich, überschwänglich danken; ***ti ringrazio per tutto quello che hai fatto per me*** ich danke dir für alles, was du für mich getan hast; ***andarsene senza ~*** ohne Dank gehen (*o* ohne zu danken gehen); ***ti ringrazio, ma non posso accettare*** danke, aber das kann ich nicht annehmen; ***non ringraziarmi: ho fatto solo il mio dovere*** ich will keinen Dank: ich habe nur meine

Pflicht getan; ***ringraziando anticipatamente, porgo cordiali saluti*** ich bedanke mich im Voraus und verbleibe mit freundlichen Grüßen ◆ ***sia ringraziato Dio!*** Gott sei Dank.

rin|guai|na|re tr. *(ringuaino)* wieder (in die Scheide) zurück‿stecken.

ri|ni|te f. Rhinitis *f.*, Schnupfen *m.*

rin|ne|ga|men|to m. Verleugnung *f.*, Verleugnen *n.*

rin|ne|ga|re tr. *(rinnego, rinneghi)* verleugnen: ***~ i propri ideali, il proprio Dio, la propria fede, un amico*** seine Ideale, seinen Gott, seinen Glauben, einen Freund verleugnen; ***~ la propria origine, natura*** seine Herkunft, Natur verleugnen. **rin|ne|ga|to I** p.pass. agg. **1** → **rinnegare 2** abtrünnig **II** m. Renegat *m.*, Abtrünnige *m.*

rin|no|va|bi|le agg. **1** erneuerbar: ***fonte di energia ~*** erneuerbare Energie (*o* regenerative Energie) **2** *(prolungabile)* erneuerbar, verlängerbar: ***contratto ~*** erneuerbarer (*o* verlängerbarer) Vertrag. **rin|no|va|bi|li|tà** f. **1** Möglichkeit *f.* der Erneuerung **2** *(prolungabilità)* Möglichkeit *f.* der Verlängerung.

rin|no|va|men|to m. **1** Erneuerung *f.*, Neugestaltung *f.* **2** FIG. *(rigenerazione)* Erneuerung *f.*: ***~ morale*** moralische Erneuerung **3** *(ripetizione)* Wiederholung *f.*, Erneuerung *f.*

rin|no|va|re I tr. **1** erneuern: ***~ l'arredamento, un tetto*** die Einrichtung, ein Dach erneuern; ***~ il personale*** das Personal erneuern **2** *(ristrutturare)* renovieren, erneuern: ***~ un edificio, una facciata*** ein Gebäude, eine Fassade renovieren **3** *(prolungare la validità)* verlängern, erneuern: ***~ un passaporto, la patente, un contratto,*** einen Pass, den Führerschein, einen Vertrag verlängern; ***~ un abbonamento*** ein Abonnement erneuern **4** *(ripetere)* wiederholen, erneuern: ***~ una richiesta*** eine Bitte, einen Antrag wiederholen; ***~ una promessa, un invito*** ein Versprechen, eine Einladung erneuern **5** FIG. *(ridestare)* erneuern, auf‿frischen: ***~ un ricordo*** eine Erinnerung auffrischen **II** pronom. **rinnovarsi 1a** sich erneuern **b** *(modernizzarsi)* modernisiert werden: ***l'azienda si è rinnovata*** der Betrieb wurde modernisiert **2** *(ripetersi)* sich wiederholen ◆ ***~ l'aria in una stanza*** ein Zimmer lüften. **rin|no|va|to** p.pass. agg. **1** → **rinnovare 2** neu: ***con -e energie*** mit neuen Kräften **3** *(ripetuto)* wiederholt. **rin|no|va|to|re I** agg. erneuernd, Erneuerungs-: ***spirito ~*** Neuerungsgeist *m.* **II** m. Erneuerer *m.*

rin|no|vel|la|re I tr. **1** erneuern **2** *(ripetere)* wiederholen **3** *(rammentare)* ***~ qcs.*** an etw. (A) erinnern, etw. in Erinnerung rufen **II** pronom. **rinnovellarsi 1** sich erneuern **2** *(ripetersi)* sich wiederholen.

rin|no|vo m. Verlängerung *f.*, Erneuerung *f.*: ***~ del contratto*** Verlängerung des Vertrags; ***~ del passaporto*** Erneuerung des Reisepasses ◆ ***chiuso per ~ locali*** wegen Umbau geschlossen.

ri|no|ce|ron|te m. Nashorn *n.*, Rhinozeros *n.* ◆ ***scarabeo ~*** Nashornkäfer *m.*

ri|no|fa|rin|ge f. Nasen- und Rachenhöhle *f.* **ri|no|fa|rin|ge|o** agg. ***cavità -a*** Nasen-Rachen-Raum *m.* **ri|no|fa|rin|gi|te** f. Rhinofaryngitis *f.*

ri|no|ia|tra m. e f. *(-i,-e)* Rhinologe *m.* (Rhinologin *f.*). **ri|no|ia|tri|a** f. Nasenheilkunde *f.*, Rhinologie *f.*

ri|no|la|li|a f. Rhinolalie *f.* **ri|no|lo|gi|a** f. Rhinologie *f.*, Nasenheilkunde *f.* **ri|no|lo|go** m. *(-ghi)* Rhinologe *m.*

ri|no|man|za f. Berühmtheit *f.*, Renommee *n.* ◆ ***avere ~*** großes Ansehen genießen (*o* renommiert sein).

ri|no|ma|to agg. berühmt, namhaft, renommiert: ***un artista ~*** ein namhafter Künstler; ***uno scienziato ~*** ein renommierter Wissenschaftler; ***un vino molto ~*** ein sehr berühmter Wein.

ri|no|mi|na|re tr. *(rinomino)* **1** wieder nennen, wieder erwähnen **2** *(rieleggere)* neu wählen, wieder wählen.

ri|no|pla|sti|ca f. Rhinoplastik *f.*, Nasenplastik *f.* **ri|nor|ra|gi|a** f. Rhinorrhagie *f.* **ri|no|sco|pi|a** f. Rhinoskopie *f.* **ri|no|sco|pio** m. *(-pi)* Rhinoskop *n.* **ri|no|vi|rus** m.inv. Rhinovirus *n.*

rin|sac|ca|re *(rinsacco, rinsacchi)* **I** tr. wieder ein‿sacken **II** pronom. **rinsaccarsi 1** die Schultern hoch‿ziehen **2** *(cavalcando)* ein‿sacken.

rin|sal|da|men|to m. Festigung *f.*

rin|sal|da|re I tr. **1** *(consolidare)* festigen: ***~ un'amicizia, un'alleanza*** eine Freundschaft, ein Bündnis festigen **2** *(confermare)* bestärken: ***~ qcn. nella sua decisione*** jdn in seiner Entscheidung bestärken **II** pronom. **rinsaldarsi** sich festigen, sich bestärken: ***le relazioni si sono rinsaldate*** die Beziehungen haben sich gefestigt; ***il sospetto si rinsalda*** der Verdacht bestärkt sich.

rin|san|gua|re I tr. **1** ***~ qcs.*** etw. (D) frisches Blut zu‿führen **2** ESTENS. *(rinvigorire)* kräftigen, stärken **3** FIG. *(rifornire di denaro)* wieder auf‿füllen: ***~ le casse dello stato, il patrimonio*** die Staatskassen wieder auffüllen, das Vermögen vergrößern **II** pronom. **rinsanguarsi 1** wieder zu Kräften kommen **2** *(rimettersi in sesto economicamente)* sich erholen, wieder hoch‿kommen: ***le finanze pubbliche si sono rinsanguate*** die öffentlichen Finanzen haben sich erholt.

rin|sa|ni|re intr. *(rinsanisco, rinsanisci*; aus. *essere)* gesund werden.

rin|sa|vi|re intr. *(rinsavisco, rinsavisci*; aus. *essere)* wieder zu Verstand kommen.

rin|sec|chi|re *(rinsecchisco, rinsecchisci)* intr. (aus. *essere*) e pronom. **rinsecchirsi 1** vertrocknen, trocken werden, verdorren **2** *(diventare magro)* ab‿magern. **rin|sec|chi|to** p.pass. agg. **1** → **rinsecchire 2** trocken, vertrocknet, verdorrt: ***pianta -a*** eine vertrocknete (*o* verdorrte) Pflanze **3** *(magro)* abgemagert.

rin|sel|va|ti|chi|re *(rinselvatichisco, rinselvatichisci)* **I** tr. (wieder) verwildern lassen **II** intr. (aus. *essere*) e pronom. **rinselvatichirsi** verwildern: ***il giardino, il gatto si è rinselvatichito*** der Garten, die Katze ist verwildert. **rin|sel|va|ti|chi|to** p.pass. agg. **1** → **rinselvatichire 2** verwildert: ***cane ~*** verwilderter Hund.

rin|ser|ra|re I tr. wieder (ver)schließen, ein‿sperren: ***~ la porta*** die Tür wieder verschließen; ***~ qcn. in prigione*** jdn einsperren, jdn ins Gefängnis sperren **II** pronom. **rinserrarsi** sich ein‿schließen: ***~ in casa*** sich zu Hause einschließen.

rin|ta|nar|si pronom. sich verkriechen: ***l'animale si è rintanato nella boscaglia*** das Tier hat sich im Gebüsch verkrochen; ***~ in un angolo, sotto il tavolo*** sich in eine Ecke, unter dem Tisch verkriechen; FIG. ***~ in casa*** sich zu Hause verkriechen.

rin|te|gra|re → **reintegrare.**

rin|ter|ra|re tr. **1** wieder ein‿graben **2** *(riempire di terra)* zu‿schütten, auf‿füllen **3** *(cambiare terra in un vaso)* die Erde wechseln. **rin|ter|ro** m. Füllmaterial *n.*

rin|tie|pi|di|re *(rintiepidisco, rintiepidisci)* **I** tr. wieder wärmen **II** intr. (aus. *essere*) e pronom. **rintiepidirsi** sich wieder erwärmen.

rin|toc|ca|re intr. *(rintocco, rintocchi*; aus. *essere, avere)* **1** schlagen: ***l'orologio rintocca*** die Uhr schlägt; ***rintoccano le nove*** es schlägt neun Uhr **2** *(di campana)* läuten, schlagen. **rin|toc|co** m. *(-chi)* Schlag *m.* ◆ ***~ di campana*** Glockenschlag *m.*

rin|to|na|ca|re tr. *(rintonaco, rintonachi)* wieder verputzen, neu verputzen. **rin|to|na|ca|tu|ra** f. **1** Wiederverputzen *n.* **2** *(nuovo intonaco)* neuer Verputz *m.*

rin|ton|ti|men|to m. Betäubung *f.*, Benommenheit *f.*, Benebelung *f.*

rin|ton|ti|re *(rintontisco, rintontisci)* **I** tr. betäuben, benommen machen, benebeln: ***~ qcn. con qcs.*** jdn mit etw. betäuben; ***il colpo lo ha rintontito*** der Schlag machte ihn benommen **II** intr. (aus. *essere*) e pronom. **rintontirsi 1** sich betäuben, benommen werden: ***-rsi con l'alcool*** sich mit Alkohol betäuben **2** *(istupidirsi)* verblöden, verdummen, stumpfsinnig werden: ***~ davanti alla televisione*** vor dem Fernseher verblöden.

rin|ton|ti|to p.pass. agg. **1** → **rintontire 2** betäubt, benommen, benebelt: ***sentirsi ~*** sich wie betäubt fühlen; ***rimanere ~*** benommen sein; ***~ dall'alcool*** vom Alkohol benebelt.

rin|tor|bi|da|re *(rintorbido)* **I** tr. wieder trüben, wieder trüb machen **II** pronom. **rintorbidarsi** sich wieder trüben, wieder trüb werden.

rin|trac|cia|bi|le agg. **1** auffindbar, aufspürbar **2** *(al telefono)* erreichbar.

rin|trac|cia|re tr. *(rintraccio, rintracci)* **1** wieder finden, auf‿finden, ausfindig machen: ***~ un documento, un oggetto smarrito*** eine Urkunde, einen verlorenen Gegenstand wieder finden; ***~ una persona, l'indirizzo di qcn.*** eine Person, jds Adresse ausfindig machen **2** *(al telefono)* erreichen: ***~ qcn. al numero 8950*** jdn unter der Nummer 8950 erreichen.

rin|tri|sti|re intr. *(rintristisco, rintristisci;* aus. *essere*) e pronom. **rintristirsi 1** wieder traurig werden **2** *(diventare più triste)* trauriger werden.

rin|tro|dur|re → **reintrodurre.**

rin|tro|na|men|to m. **1** Gedröhne *n.* **2** *(stordimento)* Betäubung *f.*

rin|tro|na|re I tr. **1** betäuben **2** *(scuotere)* erschüttern **II** intr. (aus. *avere, essere*) dröhnen: ***la sua voce rintronò*** seine Stimme dröhnte; ***tutta la sala rintronò di applausi*** der ganze Saal war von tosendem Applaus erfüllt ◆ ***il rumore mi ha rintronato gli orecchi*** der Lärm dröhnt mir in den Ohren. **rin|tro|na|to** p.pass. agg. **1** → **rintronare 2** betäubt, benommen.

rin|tuz|za|re tr. **1a** zurück‿schlagen: ***~ un assalto*** einen Angriff zurückschlagen **b** *(ribattere)* zurück‿weisen: ***~ un'accusa*** eine Anschuldigung zurückweisen **2** *(reprimere)* dämpfen: ***~ l'ira, l'orgoglio*** den Zorn, den Stolz dämpfen **3** *(smussare)* stumpf machen, ab‿stumpfen.

ri|nun|cia f. *(-ce)* **1** Verzicht *m.*: ***~ a qcn., qcs.*** Verzicht auf jdn, etw.; ***in caso di ~*** im Falle des Verzichts (*o* bei Verzicht) **2** *(privazione)* Entbehrung *f.*: ***una vita piena di -ce*** ein Leben voller Entbehrungen **3** *(documento scritto)* Verzichtserklärung *f.* ◆ ***fare atto di ~ a***

qcs. auf etw. (A) verzichten; ***dichiarazione di** ~* Verzichtserklärung *f.*; *~ **all'eredità*** Erbverzicht *m.*; *~ **al trono*** Thronverzicht *m.*
ri|nun|cia|re intr. *(rinuncio, rinunci*; aus. *avere)* verzichten: ***~ a qcn., qcs.*** auf jdn, etw. verzichten; ***~ al trono, alla propria parte di eredità, a un privilegio, a un divertimento*** auf den Thron, auf sein Erbteil, auf ein Privileg, auf ein Vergnügen verzichten; ***~ a fare qcs.*** darauf verzichten, etw. zu tun; ***~ a partecipare a qcs.*** auf die Teilnahme an etw. (D) verzichten. **ri|nun|cia|ta|rio I** agg. *(-ri,-rie)* verzichtend **II** m. *(-ri)* Verzichtende *m.*
ri|nun|zia → **rinuncia. ri|nun|zia|re** → **rinunciare.**
rin|van|ga|re → **rivangare.**
rin|va|sa|re tr. um‿topfen. **rin|va|sa|tu|ra** f. Umtopfen *n.*
rin|ve|ni|bi|le agg. entdeckbar, auffindbar.
1.rin|ve|ni|men|to m. **1** *(ripresa dei sensi)* Wiedererlangung *f.* des Bewusstseins **2a** *(restituzione dell'umidità)* Einweichen *n.* **b** *(di piante)* Wässern *n.* **3** METALL. Anlassen *n.*
2.rin|ve|ni|men|to m. **1** *(ritrovamento)* Wiederauffindung *f.* **2** *(scoperta)* Entdeckung *f.*: ***-i archeologici*** archäologische Entdeckungen **3** *(oggetto ritrovato)* Fund *m.* ◆ ***luogo del** ~* Fundort *m.*
1.rin|ve|ni|re intr. *(rinvengo, rinvieni; rinvenni; rinvenuto;* aus. *essere)* **1** *(riprendere i sensi)* wieder zu sich kommen, aus der Ohnmacht erwachen, das Bewusstsein wieder‿erlangen **2** *(di piante)* sich erholen **3** GASTR. *(di cibi secchi)* quellen, auf‿weichen **4** METALL. an‿lassen.
2.rin|ve|ni|re tr. *(rinvengo, rinvieni; rinvenni; rinvenuto) (ritrovare)* entdecken, auf‿finden.
rin|ver|di|re *(rinverdisco, rinverdisci)* **I** tr. **1** wieder grün machen **2** FIG. wieder aufleben lassen: ***~ antiche usanze*** alte Traditionen wieder aufleben lassen **II** intr. (aus. *essere*) e pronom. **rinverdirsi** wieder ergrünen, wieder grün werden.
rin|via|bi|le agg. verschiebbar.
rin|via|re tr. *(rinvio, rinvii)* **1** *(respingere, rispedire)* zurück‿schicken, zurück‿senden: ***~ al mittente*** an den Absender zurückschicken **2** *(posticipare)* verschieben, auf‿schieben: ***~ un appuntamento*** einen Termin verschieben; ***~ ad altra data*** auf ein anderes Datum verschieben; ***~ una decisione al giorno dopo*** eine Entscheidung bis zum nächsten Tag aufschieben (*o* auf den nächsten Tag verschieben); COMM. ***~ un pagamento*** eine Zahlung aufschieben **3** BUROCR. *(aggiornare)* vertagen, verschieben: ***~ una conferenza*** eine Konferenz vertagen **4** *(inviare ad altro luogo o persona)* verweisen: ***~ a qcn., a qcs.*** an jdn, auf etw. (A) verweisen; ***~ il lettore alla prefazione*** den Leser auf das Vorwort verweisen **5** SPORT zurück‿schlagen, zurück‿stoßen: ***~ la palla*** den Ball zurückwerfen **6** FIS. *(riflettere di raggi, onde, luce)* zurück‿werfen ◆ ***~ qcn. a giudizio*** gegen jdn einen Prozess ein‿leiten (*o* ein Hauptverfahren gegen jdn eröffnen); ***~ un processo*** einen Prozess vertagen; *(intenzionalmente)* einen Prozess verschleppen.
rin|vi|go|ri|men|to m. Kräftigung *f.*, Stärkung *f.*
rin|vi|go|ri|re *(rinvigorisco, rinvigorisci)* **I** tr. **1** stärken, kräftigen: ***lo sport rinvigorisce il fisico*** Sport stärkt (*o* kräftigt) den Körper **2** FIG. stärken: ***~ le speranze*** die Hoffnungen stärken **II** pronom. **rinvigorirsi 1** sich stärken **2** FIG. sich verstärken, sich bestärken.
rin|vi|o m. **1** Zurückschicken *n.*, Rücksendung *f.*: ***~ al mittente*** Zurückschicken an den Absender **2** *(proroga)* Verschiebung *f.*, Aufschub *m.*: ***il ~ della partenza*** das Verschieben der Abfahrt; ***non ammettere -i*** keinen Aufschub dulden **3** BUROCR. *(aggiornamento)* Vertagung *f.*: ***ottenere, chiedere, accordare un ~ dell'udienza*** eine Vertagung der Verhandlung zugestanden bekommen, beantragen, gewähren **4** SPORT Abstoß *m.* **5a** *(il rinviare)* Verweisung *f.*: ***~ alla commissione*** Verweisung an den Ausschuss **b** EDIT. *(rimando)* Verweis *m.*: ***un ~ a qcs.*** ein Verweis auf etw. (A) ◆ ***calcio di ~*** Abstoß *m.*; ***~ a giudizio*** Eröffnung *f.* des Hauptverfahrens; ***~ a tempo indeterminato*** Aufschub *m.* für unbestimmte Zeit; ***~ di pagamento*** Zahlungsaufschub *m.*; ***~ di palla*** Abstoß *m.*; ***~ del portiere*** Abstoß *m.*; *(con le mani)* Abwurf *m.*, Abschlag *m.*; ***~ del processo*** Vertagung *f.* (*o* Verschiebung *f.*) des Prozesses; *(intenzionale)* Prozessverschleppung *f.*; EDIT. ***segno di ~*** Korrekturzeichen *n.*; ***~ sine die*** Aufschub *m.* für unbestimmte Zeit.
rin|zaf|fa|re tr. berappen. **rin|zaf|fo** m. Berapp *m.*
1.ri|o m. **1** LETT. Bach *m.* **2** REGION. Kanal *m.* ◆ ***Rio delle Amazzoni*** Amazonas *m.*
2.ri|o agg. LETT. boshaft, böse.
ri|oc|cu|pa|re *(rioccupo)* **I** tr. wieder besetzen **II** pronom. **rioccuparsi** sich wieder beschäftigen, sich wieder kümmern: ***-rsi di qcs.*** sich wieder mit etw. beschäftigen (*o* sich wieder um etw. kümmern).
rio|na|le agg. des Stadtviertels; ***mercato ~*** Wochenmarkt *m.* **rio|ne** m. Stadtviertel *n.*
ri|or|di|na|men|to m. Neuordnung *f.*, Umstrukturierung *f.* ◆ ***piano di ~*** Umstrukturierungsplan *m.*
ri|or|di|na|re *(riordino)* **I** tr. **1a** *(rimettere in ordine)* wieder ordnen, wieder in Ordnung bringen, auf‿räumen: ***~ la stanza*** das Zimmer wieder in Ordnung bringen (*o* aufräumen); ***~ la scrivania*** den Schreibtisch aufräumen; ***~ le (proprie) idee*** seine Gedanken ordnen **b** *(con complemento di luogo)* wieder räumen: ***~ i libri nello scaffale*** die Bücher wieder ins Regal räumen **2** *(dare un nuovo ordinamento)* neu ordnen, neu strukturieren: ***~ la pubblica amministrazione*** die öffentliche Verwaltung neu ordnen **3** *(fare una nuova ordinazione)* nach‿bestellen, wieder bestellen: ***~ la merce esaurita*** die ausverkaufte Ware nachbestellen **II** pronom. **riordinarsi** wieder in Ordnung bringen: ***-rsi i capelli*** die Haare wieder in Ordnung bringen. **ri|or|di|no** m. Neuordnung *f.*
ri|or|ga|niz|za|re I tr. **1** reorganisieren, neu organisieren **2** *(ristrutturare)* neu‿gestalten, um‿gestalten; ***~ i quadri dirigenti di un'impresa*** den Führungsstab eines Unternehmens umstrukturieren **II** pronom. **riorganizzarsi 1** sich neu organisieren **2** ***-rsi qcs.*** sich etw. neu ein‿teilen; ***-rsi il lavoro*** sich die Arbeit neu einteilen. **ri|or|ga|niz|za|zio|ne** f. Reorganisation *f.*, Neuorganisation *f.*, Umgestaltung *f.* ◆ ***programma di ~*** Reorganisationsprogramm *n.*
ri|ot|te|ne|re tr. *(riottengo, riottieni; riottenni)* wieder‿bekommen, wieder‿erhalten, wieder‿erlangen.
riot|to|sa|men|te avv. LETT. **1** streitsüchtig, zänkisch **2** *(con ribellione)* widerwillig, unwillig. **riot|to|si|tà** f. LETT. Widerspenstigkeit *f.* **riot|to|so** agg. LETT. **1** *(litigioso)* streitsüchtig, zänkisch **2** *(ribelle)* widerspenstig, unwillig.
ri|pa f. **1** LETT. Ufer *n.* **2** VENAT. ***uccelli di ~*** Stelzvögel *pl.*, Schreitvögel *pl.* **3** *(dirupo)* Abgrund *m.*
ri|pa|ga|re tr. *(ripago, ripaghi)* **1** *(pagare di nuovo)* wieder (be)zahlen, noch einmal (be)zahlen **2** *(risarcire)* wieder gut‿machen, entschädigen, ersetzen: ***~ un danno*** einen Schaden wieder gutmachen; ***~ a qcn. un oggetto smarrito*** jdm einen verloren gegangenen Gegenstand ersetzen; ***~ qcn. di qcs.*** jdn für etw. entschädigen; FIG. ***il successo ci ripagò della fatica*** der Erfolg entschädigte uns für die Mühe **3** FIG. *(ricambiare, ricompensare)* vergelten, belohnen: ***~ il bene col male*** Gutes mit Bösem vergelten; ***come potrò ripagarti?*** wie kann ich dir das vergelten? ***~ qcn. con l'ingratitudine*** jdn mit Undank belohnen ◆ ***~ qcn. con la stessa moneta*** jdm etw. mit gleicher Münze heim‿zahlen (*o* zurück‿zahlen); ***~ della stessa moneta*** Gleiches mit Gleichem vergelten.
ri|pa|ra|bi|le agg. **1** behebbar, reparabel: ***danno ~*** behebbarer Schaden **2** *(rimediabile)* wieder gutzumachend; ***un torto ~*** ein Unrecht, das wieder gutgemacht werden kann.
1.ri|pa|ra|re I tr. **1** *(proteggere)* schützen, decken: ***~ qcn., qcs. da qcs.*** jdn, etw. vor etw. (D) schützen; ***~ qcn. col proprio corpo*** jdn mit seinem Körper decken **2** *(aggiustare)* reparieren, aus‿bessern: ***~ il tetto*** das Dach ausbessern; ***~ un guasto*** einen Schaden reparieren; ***~ un apparecchio*** einen Apparat reparieren; ***far ~ la macchina*** das Auto reparieren lassen **3** *(porre rimedio)* wieder gut‿machen, beheben: ***~ un danno*** einen Schaden wieder gutmachen (*o* beheben) **4** SCOL. COLLOQ. nach‿holen, wiederholen; ***~ fisica*** eine Nachprüfung in Physik machen **5a** assol. Abhilfe schaffen: ***bisogna ~ al più presto*** man muss so schnell wie möglich Abhilfe schaffen **b** SCOL. eine Prüfung wiederholen **II** intr. (aus. *avere*) ab‿helfen: ***~ a qcs.*** etw. (D) abhelfen; ***~ a un'ingiustizia*** einem Unrecht abhelfen **III** pronom. **ripararsi 1** *(proteggersi)* sich schützen: ***-rsi da qcs.*** sich vor etw. (D) schützen; ***-rsi dal vento, dal sole*** sich vor dem Wind, der Sonne schützen **2** *(trovare riparo)* Schutz suchen: ***-rsi sotto un albero, in un portone*** unter einem Baum, in einem Hauseingang Schutz suchen ◆ ***a ~*** in (*o* zur) Reparatur: ***dare qcs. a ~*** etw. in (*o* zur) Reparatur geben; ***essere a ~*** in Reparatur sein; ***da ~*** ausbesserungsbedürftig, reparaturbedürftig; ***~ col gesso*** gipsen.
2.ri|pa|ra|re intr. (aus. *essere*) *(rifugiarsi)* flüchten, Zuflucht suchen: ***~ in un luogo sicuro*** an einen sicheren Ort flüchten; ***~ all'estero*** ins Ausland flüchten.
ri|pa|ra|to p.pass. agg. **1** → **riparare 2** geschützt: ***~ da qcs.*** vor etw. (D) geschützt **3** *(aggiustato)* repariert, ausgebessert ◆ ***~ dall'aria*** luftgeschützt; ***lato ~ dal vento*** Windschatten *m.*; ***~ dal vento*** windgeschützt. **ri|pa|ra|to|re I** agg. wieder gutmachend: ***gesto, provvedimento ~*** wieder gutmachende Geste, Maßnahme (*o* Geste, Maßnahme zur Wiedergutmachung) **II** m. Reparateur *m.* ◆ ***giustizia -trice*** ausgleichende Gerechtigkeit; ***matrimonio ~*** Mussehe *f.*
ri|pa|ra|zio|ne f. **1** *(aggiustatura)* Reparatur *f.*, Ausbesserung *f.*, Instandsetzung *f.*: ***la ~ di un danno*** die Reparatur eines Schadens; ***eseguire una ~ di qcs.*** an etw. (D) eine Reparatur vor‿nehmen **2a** *(risarcimento)* Entschädigung *f.*: ***~ di, per qcs.*** Entschädigung

für etw. **b** FIG. *(risarcimento morale)* Wiedergutmachung *f.*, Genugtuung *f.*: **~ *di un'ingiustizia*** Wiedergutmachung eines Unrechts; ***esigere una ~ per un'offesa*** für eine Beleidigung Genugtuung verlangen **3** pl. POL. Reparationen *pl.* ◆ **~ *dell'auto*** Autoreparatur *f.*; ***esame di ~*** Nachprüfung *f.*; AUT. ***fossa per -i*** Reparaturgrube *f.*; ***-i di guerra*** Reparationen *pl.*; ***in ~*** in (*o* zur) Reparatur: ***dare qcs. in ~*** etw. zur Reparatur geben; ***essere in ~*** in Reparatur sein; SART. ***laboratorio per -i*** Kunststopferei *f.*; ***officina (per) -i*** Reparaturwerkstatt *f.*; *(per auto)* Autowerkstatt *f.*; ***pagamento delle -i di guerra*** Reparationszahlung *f.* (*o* Reparationsleistung *f.*); ***soggetto a -i*** reparaturanfällig; ***spese di ~*** Reparaturkosten *pl.*; ***a titolo di ~*** als Wiedergutmachung.

ri|pa|rio agg. *(-ri,-rie)* **1** *(della riva)* Ufer-: ***rondine -a*** Uferschwalbe *f.* **2** *(della spiaggia)* Strand-: ***granchio ~*** Strandkrabbe *f.*

ri|par|la|re I intr. (aus. *avere*) wieder sprechen **II** pronom. **riparlarsi** wieder miteinander reden; *(riconciliarsi)* sich versöhnen ◆ ***ne riparleremo*** darüber sprechen wir noch; *(con tono di minaccia)* darüber unterhalten wir uns noch! *(con tono di sfida)* das bleibt noch zu klären!

ri|pa|ro m. **1** *(protezione)* Schutz *m.*: **~ *da qcs.*** Schutz vor etw. (D); ***cercare ~ dal freddo*** Schutz vor Kälte suchen; ***offrire ~ a qcn.*** jdm Schutz bieten **2** *(rimedio)* Abhilfe *f.*: ***correre ai -i*** Abhilfe schaffen **3** *(cosa che ripara)* Unterschlupf *m.*: ***dare ~ a qcn.*** jdm Unterschlupf gewähren; ***trovare ~ da qcn.*** bei jdm Unterschlupf finden; ***trovare ~ nel bosco*** im Wald Unterschlupf finden **4** MIL. Deckung *f.* ◆ ***al ~!*** in Deckung gehen! ***al ~ dall'aria*** luftgeschützt; **~ *di fortuna*** notdürftige Unterkunft; ***mettere ~ a qcn.*** jdn in seine Schranken verweisen; ***mettere ~ a qcs.*** etw. (D) ab‿helfen: ***mettersi al ~*** sich unter‿stellen; ***porre ~ a qcs.*** etw. (D) ab‿helfen; ***a questo si pone facilmente ~*** dem ist leicht abzuhelfen; ***senza ~*** unabänderlich; ***stare al ~*** unter‿stehen; ***al ~ dal vento*** windgeschützt.

ri|par|ti|bi|le agg. verteilbar.

1.ri|par|ti|re intr. (aus. *essere*) **1** *(a piedi)* wieder los‿gehen; *(con veicolo)* wieder ab‿reisen, wieder ab‿fahren; *(di aereo)* wieder ab‿fliegen, wieder starten; *(di treno, nave)* wieder ab‿gehen **2a** *(rimettersi in moto)* wieder los‿gehen **b** *(di motori, macchine)* wieder an‿springen, wieder starten; ***far ~ l'automobile*** das Auto wieder starten **3** SPORT neu starten.

2.ri|par|ti|re tr. *(ripartisco, ripartisci)* **1a** *(distribuire)* aus‿teilen, verteilen: **~ *qcs. a qcn.*** jdm (*o* an jdn) etw. austeilen (*o* verteilen) **b** ECON. aus‿schütten, verteilen: **~ *gli utili tra i soci*** die Gewinne unter den Gesellschaftern verteilen **2** *(suddividere)* ein‿teilen. **ri|par|ti|to|re** m. Verteiler *m.* ◆ EL. **~ *del carico*** Lastverteiler *m.*

ri|par|ti|zio|ne f. **1a** *(distribuzione)* Austeilung *f.*, Verteilung *f.*: **~ *degli incarichi*** die Verteilung der Ämter **b** ECON. Ausschüttung *f.* **2** *(suddivisione)* Einteilung *f.* **3** *(ufficio, reparto)* Ressort *n.*, Abteilung *f.*

ri|pas|sa|re I intr. (aus. *essere*) **1a** wieder vorbei‿gehen: **~ *sotto la finestra di qcn.*** wieder unter jds Fenster vorbeigehen **b** *(di veicolo)* wieder vorbei‿fahren **2** *(ritornare)* wieder vorbei‿kommen, noch einmal vorbei‿gehen: ***ripasso la settimana prossima*** ich komme nächste Woche wieder vorbei; **~ *dal medico*** noch einmal zum Arzt gehen **II** tr. **1** *(riattraversare)* wieder passieren, wieder überschreiten: **~ *il confine*** die Grenze wieder überschreiten **2** *(porgere nuovamente)* noch einmal reichen, wieder reichen, noch einmal geben: ***ripassami il piatto, per piacere*** reiche mir bitte den Teller noch einmal **3** *(al setaccio)* noch einmal durch‿sieben: **~ *la farina*** das Mehl noch einmal durchsieben **4a** *(ricalcare disegnando)* nach‿ziehen, nach‿zeichnen **b** *(col pennello)* nach‿malen **5a** *(ritoccare)* nach‿arbeiten **b** *(riverniciare)* überstreichen, noch einmal streichen **6** *(ristirare)* noch einmal bügeln, auf‿bügeln: **~ *collo e polsini di una camicia*** den Kragen und die Manschetten noch einmal bügeln **7** *(revisionare)* überholen: **~ *il motore prima della partenza*** den Motor vor der Abfahrt überholen **8** *(rileggere)* wiederholen, noch einmal durch‿gehen, repetieren: **~ *la lezione*** die Lektion noch einmal durchgehen **9** *(rivedere)* noch einmal überprüfen, nach‿sehen: **~ *i conti*** die Rechnungen nachsehen (*o* noch einmal durch‿gehen).

ri|pas|sa|ta f. **1** Überarbeitung *f.* **2** *(riverniciatura)* Überstreichung *f.*; ***dare una ~ a qcs.*** etw. überstreichen **3** *(ristiratura)* Bügeln *n.*; ***dare una ~ al colletto della camicia*** den Kragen noch einmal bügeln (*o* auf‿bügeln) **4a** *(lettura veloce)* Durchsehen *n.*, Durchlesen *n.*, Durchsicht *f.* **b** *(ripetizione)* Wiederholung *f.*: ***dare una ~ a un testo*** einen Text wiederholen **5** COLLOQ. *(sgridata)* Anpfiff *m.*; ***prendersi una ~*** einen Anpfiff bekommen. **ri|pas|so** m. **1** Wiederholung *f.*; ***fare il ~ di una lezione*** eine Lektion wiederholen **2** *(di uccelli migratori)* Rückwanderung *f.*, Rückkehr *f.*

ri|pen|sa|men|to m. **1** *(nuova riflessione)* Überlegung *f.*, Überdenken *n.* **2** *(mutamento di parere)* Meinungsänderung *f.* ◆ ***ho avuto un ~*** ich habe es mir anders überlegt; ***non avere -i*** nichts bereuen.

ri|pen|sa|re intr. (aus. *avere*) **1** wieder denken, wieder zurück‿denken: **~ *a qcn, qcs.*** wieder an jdn, etw. denken; **~ *agli anni passati*** wieder an die vergangenen Jahre zurückdenken **2** *(riflettere)* noch einmal überdenken, wieder nach‿denken: **~ *a qcn., qcs.*** wieder über jdn, etw. nachdenken (*o* noch einmal etw. überdenken) **3** *(cambiare opinione)* es sich anders überlegen, seine Meinung ändern: ***ci ho ripensato, resto qui*** ich habe es mir anders überlegt, ich bleibe hier.

ri|per|cor|re|re tr. *(ripercorsi, ripercorso)* **1** noch einmal entlang‿gehen (*o* gehen); *(con veicolo)* noch einmal entlang‿fahren, (*o* fahren): **~ *una strada*** eine Straße noch einmal fahren **2** *(in senso inverso)* zurück‿gehen; *(con veicolo)* zurück‿fahren **3** FIG. (in der Erinnerung) vorüberziehen lassen: **~ *la propria vita*** das eigene Leben (in der Erinnerung) vorüberziehen lassen.

ri|per|cuo|te|re *(ripercossi, ripercosso)* **I** tr. **1** wieder schlagen **2** *(riflettere, respingere)* brechen, zurück‿werfen **II** pronom. **ripercuotersi 1a** *(provocare un contraccolpo)* erschüttern **b** *(di suono)* wider‿hallen: ***l'eco si ripercosse per tutta la vallata*** das Echo hallte durch das ganze Tal wider **2** FIG. sich aus‿wirken: ***-rsi su qcn., qcs.*** sich auf jdn, etw. auswirken; ***l'aumento dei salari si ripercuote sui prezzi*** die Lohnerhöhung wirkt sich auf die Preise aus.

ri|per|cus|sio|ne f. **1a** Erschütterung *f.* **b** *(di suono)* Wiederhall *m.* **2** FIG. Auswirkung *f.*, Folge *f.*: ***avere -i su qcs.*** auf etw. (A) Auswirkungen haben.

ri|pe|sa|re tr. nach‿wiegen.

ri|pe|scag|gio m. *(-gi)* Anholen *n.* **ri|pe|sca|re** tr. *(ripesco, ripeschi)* **1** heraus‿ziehen, heraus‿holen, heraus‿fischen: **~ *un oggetto dall'acqua*** einen Gegenstand aus dem Wasser herausziehen (*o* herausfischen) **2a** FIG. *(ritrovare)* wieder finden **b** *(recuperare)* wieder auf‿greifen: ***andò a ~ un vecchio progetto*** er griff einen alten Plan wieder auf.

ri|pe|ten|te I agg. eine Klasse wiederholend **II** m. e f. Repetent *m.* (-in *f.*); COLLOQ. Sitzenbleiber *m.* (-in *f.*).

ri|pe|te|re I tr. **1** wiederholen: **~ *un esperimento, un trionfo*** ein Experiment, einen Triumph wiederholen **2** *(a voce)* wiederholen, noch eimal sagen: ***non ho capito bene. Potresti ~?*** Ich habe das nicht gut verstanden. Könntest du es bitte wiederholen? ***ripetilo se hai il coraggio!*** sag das noch einmal, wenn du dich traust! **3a** *(cose fatte da altri)* wieder begehen: **~ *gli errori dei propri genitori*** die Fehler seiner Eltern wieder begehen **b** *(cose dette da altri)* wieder‿geben; *(come un pappagallo)* nach‿plappern **4** *(ripassare)* wiederholen, noch einmal durch‿gehen; **~ *la lezione*** die Lektion noch einmal durchgehen (*o* repetieren) **5a** SCOL. **~ *l'anno, una classe*** eine Klasse wiederholen (*o* repetieren) **b** assol. repetieren, eine Klasse noch einmal durch‿laufen **6** DIR. zurück‿fordern **II** pronom. **ripetersi 1** sich wiederholen: ***l'oratore si è ripetuto parecchie volte*** der Redner hat sich einige Male wiederholt; ***quest'artista non crea più nulla di nuovo: si ripete*** dieser Künstler schafft nichts Neues mehr; er wiederholt sich **2** *(verificarsi di nuovo)* ***qcs. si ripete*** es gibt etw. (A) wieder: ***il terremoto si è ripetuto a distanza di pochi anni*** nach wenigen Jahren gab es wieder ein Erdbeben ◆ **~ *a memoria*** (auswendig) auf‿sagen; ***che non si ripeta più!*** so etwas darf nicht mehr vorkommen! ***te lo dico e te lo ripeto!*** ich meine es ganz ernst! ***te lo ripeto per l'ultima volta!*** ich sage es dir zum letzten Mal! ***quante volte te lo devo ~?*** wie oft muss ich dir das (noch) wiederholen (*o* sagen)? PROV. ***Paganini non ripete*** bei Paganini kein da capo. **ri|pe|ti|bi|le** agg. wiederholbar. **ri|pe|ti|bi|li|tà** f. Wiederholbarkeit *f.*

ri|pe|ti|ti|vi|tà f. Eintönigkeit *f.* **ri|pe|ti|ti|vo** agg. repetitiv, eintönig, Wiederholungs-: ***esercizio ~*** repetitive Übung *f.*; ***lavoro ~*** repetitive (*o* eintönige) Arbeit.

ri|pe|ti|to|re m. **I** agg. Relais-: ***stazione -trice*** Relaisstation *f.* **II** m. **1** Wiederholer *m.* **2** TELECOM. Relaisstation *f.* **3** SCOL. Nachhilfelehrer *m.* **4** TEATR. *(suggeritore)* Souffleur *m.* (Souffleuse *f.*).

ri|pe|ti|zio|ne f. **1** Wiederholung *f.*: ***la ~ di un esperimento, di un ordine*** die Wiederholung eines Experiments, eines Auftrags **2** SCOL. Nachhilfestunde *f.*, Nachhilfe *f.*: ***impartire, dare, prendere -i di qcs.*** in etw. (D) Nachhilfe erteilen, geben, nehmen; ***andare a ~*** in die Nachhilfestunde gehen **3** DIR. Rückforderung *f.*, Rückforderungsrecht *n.* ◆ ***arma a ~*** Repetiergewehr *n.*; ***fucile a ~*** Repetiergewehr *n.* (*o* Mehrlader *m.*); ***orologio a ~*** Repetieruhr *f.*; **~ *della partita*** Wiederholungsspiel *n.*; ***segno di ~*** Wiederholungszeichen *n.* **ri|pe|tu|ta|men|te** avv. wiederholt.

ri|pe|tu|to p.pass. agg. **1** → **ripetere 2** *(frequente)* wiederholt, häufig: ***battere -i colpi alla porta*** wiederholt an die Tür klopfen; ***-e volte***

häufig, oft, mehrmals.

ri|pia|na|men|to m. Ausgleich *m.*, Begleichung *f.* **ri|pia|na|re** tr. **1** ein‿ebnen: ***~ una superficie*** eine Fläche einebnen **2** ECON. aus‿gleichen, begleichen: ***~ il deficit*** das Defizit ausgleichen; ***~ un debito*** eine Schuld begleichen.

ri|pia|no m. **1a** *(mensola)* Brett *n.*, Bord *n.* **b** *(spazio tra due mensole)* Fach *n.* **2** *(area pianeggiante)* Fläche *f.*, Ebene *f.* **3** ECON. Ausgleich *m.*, Begleichung *f.*

ri|pic|ca f. *(-che)* ***fare qcs. per ~ (verso qcn.)*** etw. aus Trotz (gegen jdn) machen.

ri|pi|da|men|te avv. steil: ***la strada sale ~*** die Straße steigt steil an. **ri|pi|dez|za** *f.*, **ri|pi|di|tà** f. Steilheit *f.*, Schroffheit *f.* **ri|pi|do** agg. **1** steil, hängig: ***pendio, sentiero ~*** steiler Abhang, Weg **2** *(di parete rocciosa)* schroff.

ri|pie|ga|men|to m. **1** Wiederfalten *n.* **2** MIL. Rückzug *m.* **3** FIG. *(cedimento)* Nachgeben *n.*, Rückzieher *m.* ◆ ***combattimento di ~*** Rückzugsgefecht *n.*

ri|pie|ga|re *(ripiego, ripieghi)* **I** tr. **1** wieder zusammen‿falten (*o* falten), zusammen‿legen: ***~ una carta geografica*** eine Karte wieder zusammenfalten; ***~ un vestito*** ein Kleid zusammenlegen **2a** SART. *(rivoltare; in dentro)* ein‿schlagen **b** *(in fuori)* nach außen stülpen **3** *(richiudere)* zusammen‿klappen: ***~ un passeggino*** einen Buggy zusammenklappen **4** *(ginocchia)* beugen **5** *(ali)* an‿legen **II** intr. (aus. *avere*) **1** *(ricorrere)* ***~ su qcs.*** auf etw. (A) aus‿weichen: ***~ su un surrogato*** auf einen Ersatz ausweichen **2** MIL. zurück‿weichen, sich zurück‿ziehen **III** pronom. **ripiegarsi 1** sich biegen, sich krümmen: ***i rami si ripiegano sotto il peso dei frutti maturi*** die Äste biegen sich unter der Last der reifen Früchte **2** FIG. sich zurück‿ziehen: ***-rsi in se stessi, nel proprio dolore*** sich in sich selbst, in seinen Schmerz zurückziehen. **ri|pie|ga|tu|ra** f. **1** Falten *n.*, Zusammenlegen *n.* **2** *(di fiume)* Biegung *f.*

ri|pie|go m. *(-ghi)* Ausweg *m.*, Notbehelf *m.*: ***trovare un ~*** einen Ausweg finden; ***servire da ~*** als Notbehelf dienen ◆ ***di ~*** Not-: ***soluzione di ~*** Notlösung *f.*

ri|pie|no m. **I** agg. **1** gefüllt, erfüllt, voll: ***~ di qcs.*** erfüllt von (*o* mit) etw., voll von etw.: ***cuore ~ di tristezza*** von Traurigkeit erfülltes Herz **2** *(farcito)* gefüllt, farciert: ***zucchine -e*** gefüllte Zucchini **II** m. **1** Füllung *f.*: ***il ~ del cuscino*** die Füllung des Kissens (*o* die Kissenfüllung) **2** *(farcia)* Farce *f.*, Füllung *f.*: ***~ di spinaci e ricotta*** Füllung aus Spinat und Ricotta ◆ ***~ di carne*** Fleischfüllung *f.*

ri|pi|glia|re *(ripiglio, ripigli)* COLLOQ. **I** tr. **1** wieder nehmen **2** *(catturare di nuovo)* wieder fassen **3** *(prelevare)* wieder ab‿holen **4** *(malattie)* wieder bekommen, wieder kriegen **5** *(ricominciare)* ***~ a fare qcs.*** wieder beginnen (*o* wieder an‿fangen), etw. zu tun **II** pronom. **ripigliarsi 1** ***-rsi qcs.*** sich etw. wieder nehmen **2** *(malattie)* ***-rsi un raffreddore*** wieder eine Erkältung bekommen **3** *(riaversi)* sich auf‿raffen ◆ ***~ fiato*** wieder Atem (*o* Luft) holen (*o* schöpfen), wieder zu Atem kommen (*o* verschnaufen); ***~ sonno*** wieder ein‿schlafen (*o* wieder Schlaf finden).

ri|piom|ba|re tr. **I** tr. wieder verplomben **II** intr. (aus. *essere*) zurück‿fallen, wieder fallen: ***~ nella depressione*** in die Depression zurückfallen; ***~ in un sonno profondo*** wieder in tiefen Schlaf fallen.

ri|po|po|la|men|to m. **1** Wiederbevölkerung *f.*, Wiederbesiedlung *f.* **2** *(di animali)* Wiederbesetzen *n.*

ri|po|po|la|re *(ripopolo)* **I** tr. **1** wieder bevölkern, wieder besiedeln **2a** *(di animali)* wieder mit Wild besetzen **b** *(di pesci)* wieder mit Fischen besetzen **II** pronom. **ripopolarsi** (aus. *avere*) **1** sich wieder bevölkern **2** *(animarsi)* sich wieder beleben.

ri|por|re tr. *(ripongo, riponi; riposi; riposto)* **1a** *(porre di nuovo)* wieder legen: ***~ le camicie nel cassetto*** die Hemden wieder in die Schublade legen **b** *(in posizione verticale)* wieder stellen: ***~ i libri nello scaffale*** die Bücher wieder ins Regal stellen **2** *(mettere via)* fort‿legen **3a** *(rimettere a posto)* zurück‿legen, legen: ***~ i gioielli in cassaforte*** den Schmuck in den Panzerschrank legen **b** *(in posizione verticale)* ab‿stellen: ***~ i mobili vecchi in soffitta*** die alten Möbel auf dem Dachboden abstellen **4** FIG. setzen: ***~ le speranze in qcn., qcs.*** seine Hoffnungen in jdn, auf etw. setzen.

ri|por|ta|re I tr. **1a** *(portare di nuovo)* wieder bringen **b** *(portare indietro)* zurück‿bringen: ***~ le valigie in macchina*** das Gepäck ins Auto zurückbringen; ***~ l'auto in officina*** das Auto zur Werkstatt zurück‿fahren **2** *(restituire)* zurück‿bringen, zurück‿geben: ***~ un libro alla, in biblioteca*** ein Buch in die Bibliothek zurückbringen; ***gli ho riportato il cavatappi*** ich habe ihm den Korkenzieher zurückgegeben **3** *(indossare di nuovo)* wieder tragen **4a** *(riaccompagnare)* (zurück‿)begleiten: ***~ i bambini a scuola*** die Kinder zur Schule begleiten; ***~ qcn. a casa*** jdn nach Hause begleiten **b** *(con veicolo)* zurück‿fahren **5** *(riferire)* wieder‿geben: ***~ le parole di qcn.*** jds Worte wiedergeben **6** *(conseguire, subire)* davon‿tragen, erleiden: ***~ danni, una ferita*** Schaden, eine Verletzung davontragen; ***~ una sconfitta*** eine Niederlage erleiden; ***~ la vittoria su qcn.*** den Sieg über jdn davontragen **7** *(citare)* zitieren: ***~ un passo di una poesia*** einen Ausschnitt aus einem Gedicht zitieren **8** *(terra, sassi)* auf‿schütten **9a** *(riprodurre, trasporre, trascrivere)* übertragen: ***~ un disegno su scala più grande*** eine Zeichnung in einen größeren Maßstab übertragen **b** *(su nastro magnetico)* auf‿nehmen **c** *(su scheda perforata)* ab‿lochen **10** MAT. übertragen: ***scrivo 6 e riporto 1*** ich schreibe 6 und übertrage 1 **II** pronom. **riportarsi 1** sich zurück‿versetzen: ***-rsi ai bei tempi andati*** sich in die schönen vergangenen Zeiten zurückversetzen **2** *(riferirsi)* sich beziehen: ***-rsi a un articolo precedente*** sich auf einen vorangegangenen Artikel beziehen **3** *(ritornare)* zurück‿kehren: ***-rsi sul luogo del delitto*** sich zum Tatort zurückbegeben ◆ ***~ una condanna*** verurteilt werden; ***~ una buona, cattiva impressione di qcn.*** einen guten, schlechten Eindruck von jdm gewinnen; COMM. ***~ a nuovo*** auf neue Rechnung vor‿tragen; COMM. ***~ alla pari*** glatt prolongieren.

ri|por|ta|to p.pass. agg. **1** → **riportare 2** SART. ***tasca -a*** aufgesetzte Tasche.

ri|por|to m. **1** *(il riportare indietro)* Zurückbringen *n.* **2a** *(trascrizione, trasferimento)* Übertragung *f.* **b** MAT. COMM. Übertrag *m.* **3** *(di capelli)* Toupet *n.* **4** EDIL. Aufschüttung *f.* **5** ECON. BANC. Report *m.*, Aufschlag *m.*, Reportgeschäft *n.*; ***accendere un ~*** eine Reportverpflichtung ein‿gehen; ***comprare a ~*** auf neue Rechnung kaufen; ***dare a ~*** in Report geben; ***mettere a ~*** in Report geben; ***prendere a ~*** herein‿nehmen (*o* in Kost nehmen *o* in Report nehmen) **6** SART. Aufnäher *m.* **7** MECC. Auflage *f.* ◆ ***accensione di (un) ~*** Eingehung einer Reportverpflichtung; ***-i attivi*** ausgeliehene Reportgelder; ***cane da ~*** Apportierhund *m.*; ***contratto di ~*** Reportgeschäft *n.* (*o* Prolongationsgeschäft *n.*); ***credito di ~*** Reportkredit *m.*; MECC. ***~ duro*** Hartmetallauflage *f.*; *(Borsa)* ***-i con l'estero*** Reporte im Ausland; ***-i finanziari*** Effektenlombardgeschäfte *pl.*; ***fondi dati a ~*** ausgeliehene Reportgelder; ***fondi presi a ~*** hereingenommene Reportgelder; ***giorno dei -i, di ~*** Reporttag *m.* (*o* Umbuchungstag *m.*); ***interessi di ~*** Reportzinsen *pl.*; ***lavori di ~*** Aufschüttungsarbeiten *pl.*; ***materiale di ~*** Aufschüttungsmaterial *n.*; ***-i sul mercato aperto*** Riporte im offenen Markt; ***~ a nuovo*** Vortrag *m.* auf neue Rechnung (*o* Übertrag *m.* auf neue Rechnung); PITT. FOT. ***ombra di ~*** Schlagschatten *m.*; BANC. ***operazione di ~*** Kostgeschäft *n.*; ***operazione di ~ in cambi*** Swapgeschäft *n.*; ***~ alla pari*** glatte Prolongation (*o* Prolongierung); ***-i passivi*** hereingenommene Reportgelder (*o* Verpflichtungen aus Reportgeschäften); ***~ delle perdite*** Verlustvortrag *m.*; ***~ dei premi*** Prämienübertrag *m.*; ***premio di ~*** Reportprämie *f.*; ***prezzo di ~*** Report *m.*; ***~ proprio*** Reportgeschäft *n.*; ***proroga dei -i, del ~*** Prolongationsgeschäft *n.*; ***saggio di ~*** Reportsatz *m.* (*o* Prolongationssatz *m.*); ***~ di saldo*** Saldovortrag *m.*; ***~ staccato*** abgetrennter Report (*o* abgetrennter Übertrag *o* abgetrennte Übertragung *o* getrennter Report); ***~ degli stanziamenti*** Mittelübertragung *f.*; ***tasso dei -i*** Reportsatz *m.* (*o* Prolongationssatz *m.*); ***terra di ~*** Aufschüttungserde *f.*; ***titolo a ~*** Reportpapier *n.*; ***~ (degli) utili (dell'anno precedente)*** Gewinnvortrag *m.* (*o* Saldovortrag *m.*); ***~ a vecchio*** Rücktrag *m.*

ri|po|san|te agg. erholsam, entspannend: ***una vacanza ~*** ein erholsamer Urlaub; ***una lettura ~*** eine erholsame (*o* entspannende) Lektüre; ***una luce ~*** ein angenehmes Licht ◆ ***calza ~*** Stützstrumpf *m.*

1.ri|po|sa|re I intr. (aus. *avere*) **1** sich aus‿ruhen: ***~ dopo una salita*** sich nach einem Aufstieg ausruhen **2** *(dormire)* schlafen: ***non ho riposato tutta la notte*** ich habe die ganze Nacht nicht geschlafen; ***dopo pranzo vado a ~*** nach dem Mittagessen mache ich immer ein Schläfchen **3a** ***far ~ qcs.*** etw. ruhen lassen; ***far ~ il terreno, l'impasto*** die Erde, den Teig ruhen lassen **b** ***far ~ il motore*** den Motor abkühlen lassen **4a** LETT. *(poggiare)* sich stützen: ***~ su qcs.*** sich auf etw. (A) stützen **b** FIG. beruhen: ***su cosa riposa la tua convinzione?*** worauf beruht deine Überzeugung? **II** tr. **1a** aus‿ruhen (lassen): ***~ le stanche membra*** die müden Gliedmaßen ausruhen **b** ***~ gli occhi, la vista*** die Augen schonen **2** *(rilassare)* entspannen: ***questa lettura mi riposa*** diese Lektüre entspannt mich; ***~ la mente*** sich geistig entspannen **III** pronom. **riposarsi 1** sich aus‿ruhen **2** *(rilassarsi)* sich entspannen ◆ ***~ sugli allori*** sich auf seinen Lorbeeren ausruhen; ***riposa in pace!*** ruhe in Frieden! ***qui riposa...*** hier ruht...

2.ri|po|sa|re I tr. *(poggiare di nuovo)* wieder (ab‿)stellen **II** pronom. **riposarsi** sich wieder setzen.

ri|po|sa|to p.pass. agg. **1** → **riposare 2** ausgeruht: ***essere ~*** ausgeruht sein; ***tornare ~ dalle vacanze*** ausgeruht aus den Ferien zurück‿kommen.

ri|po|si|no m. Schläfchen *n.*: fare un ~ ein Schläfchen machen; ~ pomeridiano Mittagsschläfchen *n.*

ri|po|so m. **1** Erholung *f.*, Ruhe *f.*: godersi il meritato ~ die wohlverdiente Ruhe genießen; mezz'ora di ~ halbe Stunde Pause; avere bisogno di ~ erholungsbedürftig (*o* ruhebedürftig) sein; buon ~! angenehme Ruhe! Lei ha bisogno di ~ assoluto Sie brauchen absolute Ruhe **2** *(pensione)* Ruhestand *m.*: mettere a ~ in den Ruhestand versetzen; essere a ~ im Ruhestand sein; generale a ~ General außer Dienst **3** MIL. Ruhestellung *f.*; ~! rührt euch! **4** *(stato d'inerzia)* Ruhestellung *f.*: un muscolo a ~ ein Muskel in Ruhestellung **5** AGR. Brachliegen *n.*, Brache *f.* ◆ casa di ~ Altenheim *n.*; ~ compensativo Ausgleichsruhetag *m.*; conto in ~ ruhendes Konto; EL. corrente di ~ Ruhestrom *m.*; l'eterno ~ die ewige Ruhe; ~ festivo Sonntagsruhe *f.*; giorno di ~ (settimanale) (wöchentlicher) Ruhetag *m.*; prendersi un giorno di ~ sich einen Tag Ferien nehmen; ~ a letto Bettruhe *f.*; luogo di ~ Erholungsort *m.*; periodo di ~ Ruhezeit *f.*; posizione di ~ Ruhelage *f.* (*o* Ruhestellung *f.*); turno di ~ Ruhetag *m.*; di tutto ~ anspruchslos; ECON. mündelsicher; lavoro di tutto ~ anspruchslose Arbeit; investimento di tutto ~ mündelsichere Kapitalanlage; valore di tutto ~ mündelsicheres Wertpapier.

ri|po|sti|glio m. *(-gli)* Abstellkammer *f.* **ri|po|sto** p.pass. agg. **1** → **riporre** **2** *(appartato)* abgesondert, abgeschieden **3** *(recondito)* verborgen, geheim.

ri|pren|de|re *(ripresi; ripreso)* **I** tr. **1** wieder nehmen: ~ la borsa die Tasche wieder nehmen; ~ l'autobus, il treno delle 4 wieder den Bus, den Vier-Uhr-Zug nehmen **2** *(catturare di nuovo)* wieder fassen, wieder fangen: ~ il ladro den Dieb wieder fassen **3** *(riafferrare)* wieder fassen, wieder packen **4** *(riconquistare)* wieder_ein_nehmen, wieder_erobern, zurück_erobern **5** *(prelevare)* wieder_ab_holen: vieni a riprendermi alle 8 hol mich um 8 Uhr wieder ab **6** *(malattie)* wieder bekommen, wieder kriegen: ~ l'influenza wieder die Grippe bekommen **7a** *(ricominciare)* wieder auf_nehmen, wieder beginnen: ~ il lavoro, i negoziati, le ostilità die Arbeit, die Verhandlungen, die Feindseligkeiten wieder aufnehmen **b** ~ a fare qcs. wieder beginnen (*o* wieder an_fangen), etw. zu tun; improvvisamente ha ripreso a parlare plötzlich hat er wieder zu sprechen begonnen; riprese a grandinare es begann wieder zu hageln **8** *(rimproverare)* tadeln, zurecht_weisen: essere ripreso da qcn. von jdm zurechtgewiesen werden **9** FOT. CINEM. auf_nehmen **10** assol. *(a parlare)* fort_fahren: tacque per alcuni istanti e poi riprese: ... er schwieg einige Augenblicke lang und fuhr dann fort: ... **11** SART. enger machen, ein_nähen: ~ una giacca eine Jacke einnähen **II** intr. (aus. *essere*) **1** *(ricominciare)* wieder an_fangen, wieder beginnen **2** *(avere di nuovo, malattie)* wieder bekommen: mi è ripreso un forte mal di testa ich habe wieder starke Kopfschmerzen bekommen **III** pronom. **riprendersi** **1** -rsi qcs. sich etw. wieder_nehmen **2a** *(riaversi)* wieder zu sich kommen **b** *(ristabilirsi)* sich erholen, sich wieder auf_richten: -rsi da un duro colpo sich nach einem Schicksalsschlag wieder aufrichten; -rsi da un dissesto finanziario sich von einer finanziellen Krise erholen; -rsi da uno spavento sich von einem Schrecken erholen **3** *(correggersi)* sich verbessern ◆ ~ in affitto wieder mieten; ~ in considerazione qcs. etw. wieder in Betracht ziehen (*o* etw. noch einmal überlegen); ~ contatto con qcn. mit jdm wieder Kontakt aufnehmen (*o* den Kontakt zu jdm wieder her_stellen); ~ coraggio wieder Mut fassen; ~ corpo wieder Gestalt an_nehmen; ~ in esame erneut überprüfen; ~ fiato wieder zu Atem kommen; riprenderci gusto wieder Gefallen an etw. finden; ~ una maglia eine Masche wieder auf_nehmen; ~ marito wieder heiraten; ~ moglie wieder heiraten; ~ piede wieder Fuß fassen; ~ quota wieder an Höhe gewinnen; ~ i sensi wieder zu Bewusstsein kommen; ~ servizio wieder den Dienst an_treten (*o* den Dienst wieder auf_nehmen); ~ sonno wieder ein_schlafen (*o* wieder Schlaf finden).

ri|pre|sa f. **1** Wiederaufnahme *f.*: la ~ dei negoziati, delle ostilità die Wiederaufnahme der Verhandlungen, der Feindseligkeiten **2** *(da malattia ecc.)* Erholung *f.*, Besserung *f.* **3** AUT. Beschleunigung *f.*; avere una buona, cattiva ~ gut, schlecht ziehen **4a** SPORT *(calcio)* zweite Halbzeit *f.* **b** *(boxe)* Runde *f.* **5** CINEM. Aufnahme *f.*, Filmaufnahme *f.*: tagliare alcune -e einige Aufnahmen schneiden; effettuare delle -e di qcs. etw. filmen **6** TEATR. Wiederaufführung *f.*, Reprise *f.* **7** MUS. Reprise *f.* **8** ECON. Aufschwung *m.*; *(di Borsa)* Reprise *f.* **9** SART. Abnäher *m.* **10** *(ritornello)* Kehrreim *m.*, Refrain *m.* ◆ *(scherma)* ~ d'attacco Reprise *f.*; ~ autunnale Herbstbelebung *f.*; capacità di ~ *(fisica)* Erholungsvermögen *n.*; AUT. Beschleunigungsvermögen *n.*; ~ cinematografica Filmaufnahme *f.*; congiuntura di ~ Aufholkonjunktur *f.*; ~ congiunturale Konjunkturanstieg *m.* (*o* Konjunkturaufschwung *m.* *o* Konjunkturbelebung *f.*); ~ dei consumi Nachfragebelebung *f.*; diritto di ~ Verfolgungsrecht *n.*; ~ economica Wirtschaftsaufschwung *f.*; ~ in esterni Außenaufnahme *f.*; BANC. fermenti di ~ Erholungsansätze *pl.*; ~ al fotofinish Zielfilm *m.*; CINEM. ~ in interni Innenaufnahme *f.*; ~ del lavoro Arbeitsaufnahme *f.*, Arbeitswiederaufnahme *f.*; luogo delle -e Drehort *m.*; ~ del mercato Marktaufschwung *m.*, Markterholung *f.*; BANC. movimento di ~ Aufwärtsbewegung *f.*; a più -e mehrmals; ~ al rallentatore Zeitlupenaufnahme *f.*; BANC. spunti di ~ Erholungsansätze *pl.*; ~ in studio Atelieraufnahme *f.*; ~ subacquea Unterwasseraufnahme *f.*; ~ televisiva Fernsehaufnahme *f.*; in varie -e mehrmals.

ri|pre|sen|ta|re **I** tr. wieder stellen, wieder vor_legen, noch einmal vor_legen: ~ una domanda wieder einen Antrag stellen **II** pronom. **ripresentarsi** **1** sich wieder vor_stellen **2** *(riaccadere)* sich wieder ergeben: se si ripresenta l'occasione... wenn es sich wieder ergibt... **3** *(ripetersi)* sich wiederholen: il problema si ripresenta spesso das Problem wiederholt sich oft **4** *(ricomparire)* wieder erscheinen: -rsi alla polizia wieder bei der Polizei erscheinen **5** -rsi alle elezioni sich wieder zur Wahl stellen (*o* sich wieder als Kandidat aufstellen lassen) ◆ BUROCR. da ~ zur Wiedervorlage. **ri|pre|sen|ta|zio|ne** f. Wiedervorlage *f.*

ri|pri|sti|na|re tr. *(ripristino)* **1** wieder her_stellen: ~ l'ordine die Ordnung wieder herstellen **2** *(restaurare)* renovieren, wieder instand setzen **3** *(riattare)* nutzbar machen **4** *(servizio)* wieder ein_richten **5a** DIR. wieder ein_führen, wieder her_stellen **b** *(legge)* wieder in Kraft setzen ◆ ~ i contatti con qcn. mit jdm wieder Kontakt auf_nehmen; ~ un'antica tradizione eine alte Tradition wieder aufleben lassen.

ri|pri|sti|no m. **1** Wiederherstellung *f.* **2** *(restauro)* Renovierung *f.*, Wiederinstandsetzung *f.* **3** *(riattamento)* Nutzbarmachung *f.* **4** *(di servizio)* Wiedereinrichtung *f.* **5a** DIR. Wiedereinführung *f.*, Wiederherstellung *f.* **b** *(di legge)* Wiederinkraftsetzung *f.* ◆ EL. impulso di ~ Rückstellimpuls *m.*

ri|pro|dot|to p.pass. agg. **1** → **riprodurre** **2** *(ripetuto)* reproduziert: un fenomeno naturale ~ in laboratorio eine im Labor reproduzierte natürliche Erscheinung **3** *(copiato da un originale)* reproduziert, nachgebildet: ~ in serie serienmäßig reproduziert **4** *(di suoni)* wiedergegeben: un suono ~ molto fedelmente ein äußerst getreu wiedergegebener Ton **5** *(stampato)* vervielfältigt: ~ in 10 000 copie zehntausendfach vervielfältigt.

ri|pro|du|ci|bi|le agg. **1** reproduzierbar **2** *(raffigurabile)* darstellbar **3** *(ripetibile)* wiederholbar. **ri|pro|du|ci|bi|li|tà** f. **1** Reproduzierbarkeit *f.* **2** *(raffigurabilità)* Darstellbarkeit *f.* **3** *(ripetibilità)* Wiederholbarkeit *f.*

ri|pro|dur|re *(riproduco, riproduci; riprodussi; riprodotto)* **I** tr. **1** *(ricreare)* wieder_geben, reproduzieren: ~ una situazione, un'atmosfera eine Situation, eine Atmosphäre reproduzieren; l'autore ha riprodotto in modo magistrale il clima politico di quegli anni der Verfasser hat das politische Klima dieser Jahre meisterhaft wiedergegeben; ~ in laboratorio un fenomeno naturale ein Naturereignis im Labor reproduzieren **2** TECN. *(suono)* wieder_geben, reproduzieren **3a** *(pittura)* dar_stellen, nach_malen, reproduzieren **b** *(disegno)* nach_zeichnen, reproduzieren **c** *(scultura)* reproduzieren, nach_bilden **4** *(fare copie)* reproduzieren, vervielfältigen: ~ un documento ein Dokument vervielfältigen **II** pronom. **riprodursi** **1** BIOL. sich reproduzieren, sich fort_pflanzen, sich vermehren **2** *(formarsi di nuovo)* sich neu bilden: il tumore si è riprodotto die Geschwulst hat sich neu gebildet **3** *(riavere luogo)* sich wieder ergeben, sich wiederholen: si è riprodotta la stessa situazione dieselbe Situation ist wieder eingetreten.

ri|pro|dut|ti|vo agg. fortpflanzungsfähig, Fortpflanzungs- ◆ capacità -a Fortpflanzungsfähigkeit *f.* (*o* Zeugungsfähigkeit *f.*); cellula -a Geschlechtszelle *f.*; istinto ~ Fortpflanzungstrieb *m.*; organo ~ Fortpflanzungsorgan *n.*

ri|pro|dut|to|re **I** agg. Fortpflanzungs-: organo ~ Fortpflanzungsorgan *n.* **II** m. **1** Tonabnehmer *m.* **2** *(animale)* Zuchttier *n.*

ri|pro|du|zio|ne f. **1** BIOL. Fortpflanzung *f.*, Reproduktion *f.*: ~ sessuale, asessuata geschlechtliche, ungeschlechtliche Fortpflanzung; ~ per scissione Fortpflanzung durch Teilung **2** *(di situazioni, atmosfere)* Wiedergabe *f.* **3** *(di oggetti, opere d'arte)* Reproduktion *f.*, Nachbildung *f.* **4** *(di suoni)* Wiedergabe *f.* **5** *(stampa)* Nachdruck *m.*, Reproduktion *f.* ◆ animali da ~ Zuchtvieh *n.*; EDIT. autorizzazione di ~ Nachdruckerlaubnis *f.*; ~ eliotipica Heliogravüre *f.*; FIS. fattore di ~ Reproduktionsfaktor *m.*; ~ fototipica Heliogravüre *f.*; impianto di ~ Wiedergabegerät *n.*; TIP. macchina per -i Reproduktionskamera *f.*; organo di ~ Fortpflanzungsorgan *n.*; TIP. processo di ~ Reproduktionsverfahren *n.*; scala di ~ Abbildungsmaßstab *m.*; ~ del suono Tonwiedergabe *f.*; TIP. tecni-

ca di ~ Reproduktionstechnik *f.*
ri|pro|gra|fi|a f. Reprographie *f.* **ri|pro|gra|fi|co** agg. *(-ci,-che)* reprographisch.
ri|pro|met|te|re *(ripromisi; ripromesso)* **I** tr. wieder versprechen **II** pronom. ***-rsi di fare qcs.*** sich wieder vornehmen, etw. zu tun; ***mi sono ripromesso di non andarci più*** ich habe mir vorgenommen, nicht mehr dorthin zu gehen.
ri|pro|por|re *(ripropongo, riproponi; riproposi; riproposto)* **I** tr. **1** wieder vor‿schlagen: ***~ la candidatura di qcn.*** jdn wieder zur Wahl vorschlagen **2** *(problema, questione)* wieder auf‿werfen **3** *(offrire di nuovo)* wieder an‿bieten **II** pronom. **riproporsi 1** sich wieder stellen: ***il problema si ripropone*** das Problem stellt sich wieder **2** *(ripromettersi)* sich vor‿nehmen: ***-rsi di fare qcs.*** sich vornehmen, etw. zu tun **3** ***-rsi come candidato*** sich wieder zur Wahl stellen (*o* wieder kandidieren).
ri|pro|va f. **1** Beweis *m.*, Bestätigung *f.*: ***questa è la ~ di quanto ti avevo detto*** dies ist die Bestätigung dessen, was ich dir gesagt habe (*o* dies bestätigt, was ich dir gesagt habe) **2** MAT. Gegenprobe *f.* **3** DIR. Gegenbeweis *m.* ◆ ***a ~ di qcs.*** zum Beweis von etw., zur Bestätigung von etw. **ri|pro|va|bi|le** → **riprovevole.**
1.ri|pro|va|re I tr. **1** noch einmal (*o* wieder) versuchen, noch einmal (*o* wieder) probieren: ***~ a fare qcs.*** noch einmal versuchen, etw. zu tun **2** *(sentimenti)* wieder fühlen **3** *(reindossare)* nochmal an‿probieren **II** intr. (aus. *avere*) *(ritentare)* noch einmal (*o* wieder) versuchen, noch einmal (*o* wieder) probieren **III** pronom. ***riprovarsi a fare qcs.*** noch einmal (*o* wieder) versuchen, etw. zu tun.
2.ri|pro|va|re tr. *(biasimare)* missbilligen, tadeln. **ri|pro|va|zio|ne** f. LETT. Missbilligung *f.*, Tadel *m.* **ri|pro|ve|vo|le** agg. tadelnswert, verwerflich.
ri|pub|bli|ca|re tr. *(ripubblico, ripubblichi)* wieder veröffentlichen, wieder publizieren.
ri|pu|dia|re tr. *(ripudio, ripudi)* **1** verstoßen: ***~ la propria moglie*** seine Frau verstoßen **2a** ***~ la propria fede*** seinem Glauben ab‿schwören **b** ***~ i propri ideali giovanili*** sich von seinen Jugendidealen los‿sagen. **ri|pu|dio** m. *(-di)* **1** Verstoßung *f.* **2** *(di ideali)* Lossagung *f.*, Abschwörung *f.*
ri|pu|gnan|te agg. widerlich, widerwärtig, abstoßend, abscheulich: ***essere di una bruttezza ~*** von abstoßender Hässlichkeit sein; ***un essere ~*** ein Widerling (*o* ein widerlicher Typ); ***uno spettacolo ~*** ein widerwärtiges Schauspiel.
ri|pu|gnan|za f. Abscheu *m.*, Widerwärtigkeit *f.*: ***provare ~ per qcs.*** vor etw. Abscheu haben; ***vincere la ~*** den Abscheu überwinden.
ri|pu|gna|re intr. (aus. *avere*) an‿ekeln, an‿widern: ***mi ripugna*** das ekelt mich an.
ri|pu|li|re *(ripulisco, ripulisci)* **I** tr. **1** *(pulire di nuovo)* wieder säubern, wieder reinigen **2** *(pulire a fondo)* (gründlich) säubern, reinigen: ***~ il tavolo dalle briciole*** den Tisch (gründlich) von den Krümeln säubern **3** FIG. *(liberare)* befreien, säubern: ***~ il giardino dalle erbacce*** den Garten vom Unkraut befreien; ***~ la città dalla delinquenza*** die Stadt von Verbrechern säubern **4a** *(perfezionare)* vervollkommnen, perfektionieren **b** *(limare)* aus‿feilen: ***~ un testo*** einen Text ausfeilen **II** pronom. **ripulirsi** sich säubern: ***-rsi dallo sporco*** sich vom Schmutz säubern ◆ ***i ladri gli hanno ripulito la casa*** die Diebe haben sein ganzes Haus ausgeräumt; ***~ qcn. al gioco*** jdn beim Spiel aus‿nehmen; ***~ il piatto*** seinen Teller leer essen (*o* alles bis auf den letzten Krümel auf‿essen).
ri|pu|li|sti → **repulisti.**
ri|pu|li|ta f. Säuberung *f.* (anche FIG.); ***dare una ~ alla cucina*** die Küche rasch sauber machen; FIG. ***darsi una ~*** sein Äußeres in Ordnung bringen. **ri|pu|li|to** p.pass. agg. **1** → **ripulire 2** gereinigt, gesäubert. **ri|pu|li|tu|ra** f. **1** Säuberung *f.*, Reinigung *f.* **2** *(rifinitura)* Ausfeilen *n.*
ri|pul|sa f. Abweisung *f.*, Weigerung *f.* **ri|pul|sio|ne** → **repulsione. ri|pul|si|vo** → **repulsivo.**
ri|qua|dra|re tr. ab‿vieren, viereckig machen: ***~ un blocco di pietra*** einen Steinblock abvieren ◆ FIG. ***~ la testa a qcn.*** jdm den Kopf zurecht‿rücken.
ri|qua|dro m. **1** Rechteck *n.* **2** *(tabella)* Tafel *f.*, Spiegel *m.* (anche ARCH.).
ri|qua|li|fi|ca|re *(riqualifico, riqualifichi)* **I** tr. *(formare professionalmente)* um‿schulen **II** pronom. **riqualificarsi** um‿schulen, um‿lernen: ***si è riqualificato professionalmente*** er hat umgeschult. **ri|qua|li|fi|ca|zio|ne** f. Umschulung *f.*
ri|sac|ca f. *(-che)* Widersee *f.*, Rollbrandung *f.*
ri|sa|ia f. Reisfeld *n.*
ri|sal|da|re I tr. **1** wieder (zusammen‿)schweißen **2** FIG. wieder zusammen‿fügen, wieder vereinigen **II** pronom. **risaldarsi 1** sich wieder verbinden (anche FIG.) **2a** MED. *(di ossa)* sich wieder verhärten **b** *(di ferite)* wieder verwachsen.
ri|sa|li|re *(risalgo, risali)* **I** intr. (aus. *essere*) **1a** wieder ein‿steigen, wieder steigen, wieder (hin)auf‿steigen: ***~ in soffitta*** wieder auf den Dachboden steigen; ***~ in macchina*** wieder ins Auto einsteigen; ***~ a cavallo*** wieder aufs Pferd steigen **b** *(salire; a piedi)* hoch‿gehen; *(con veicoli)* hoch‿fahren: ***~ in casa a prendere le chiavi*** hochgehen, um die Schlüssel zu holen **2** *(aumentare)* steigen: ***il costo della vita è risalito*** die Lebenshaltungskosten sind gestiegen; ***il livello del fiume è risalito*** der Pegelstand des Flusses ist gestiegen **3** *(riandare)* zurück‿gehen: ***~ alle origini, alle cause*** auf die Ursprünge, Ursachen zurückgehen **4** *(avere origine)* zurück‿gehen, stammen, zurück‿liegen: ***~ a qcs.*** auf etw. (A) zurückgehen, aus etw. stammen; ***~ al sedicesimo secolo*** auf das 16. Jahrhundert zurückgehen; ***questo concetto risale all'illuminismo*** dieser Begriff stammt aus der Aufklärung; ***la nostra amicizia risale agli anni settanta*** unsere Freundschaft geht auf die Siebzigerjahre zurück; ***questa saga risale ai Celti*** diese Sage geht auf die Kelten zurück; ***questo risale a tre mesi fa*** das liegt drei Monate zurück; ***far ~ qcs. a qcs.*** etw. von (*o* aus) etw. her‿leiten **II** tr. **1** wieder hinauf‿steigen **2** *(salire)* hinauf‿steigen, ersteigen: ***~ una montagna*** einen Berg hinaufsteigen; ***~ un'altura*** eine Höhe ersteigen ◆ ***~ la china*** den Hang hinaufsteigen; FIG. wieder nach oben kommen; ***~ un fiume*** flussaufwärts fahren; ***~ la strada*** die Straße hoch‿kommen; ***~ in superficie*** wieder an die Oberfläche kommen (*o* auf‿tauchen); COLLOQ. *(da una miniera)* über Tag kommen.
ri|sa|li|ta f. Ersteigen *n.*: ***la ~ di un monte*** das Ersteigen eines Berges ◆ ***impianti di ~*** Seilbahnen und Skilifte.
ri|sal|ta|re I intr. (aus. *avere, essere*) **1a** *(spiccare)* hervor‿treten, hervor‿stechen, sich ab‿heben: ***il rosso risalta sul bianco*** das Rot sticht aus dem Weiß hervor **b** *(dare nelll'occhio)* auf‿fallen, ins Auge fallen **2** ARCH. *(aggettare)* vor‿springen: ***un fregio che risalta poco*** ein wenig vorspringender Fries **3** FIG. *(distinguersi)* sich aus‿zeichnen **4** *(saltare di nuovo)* wieder springen: ***risaltò a cavallo*** er sprang wieder aufs Pferd **II** tr. wieder überspringen ◆ ***far ~ qcs.*** etw. hervor‿heben, etw. unterstreichen (anche FIG.); ***~ fuori*** wieder zum Vorschein kommen.
ri|sal|to m. **1** Hervorhebung *f.*: ***mettere, porre in ~ qcs., dar ~ a qcs.*** etw. hervor‿heben **2** PITT. Hervortreten *n.*: ***il ~ dei colori sullo sfondo scuro*** das Hervortreten der Farben auf dem dunklen Untergrund **3** *(sporgenza)* Vorsprung *m.*; ARCH. Vorbau *m.*, Risalit *m.* ◆ ***~ di roccia*** Felsvorsprung *m.*
ri|sa|na|bi|le agg. **1** heilbar **2** FIG. sanierbar: ***economia ~*** sanierbare Wirtschaft.
ri|sa|na|men|to m. **1a** *(guarigione)* Genesung *f.*, Gesundung *f.* **b** *(di ferita)* Ausheilung *f.*, Abheilung *f.* **2** *(bonifica, ristrutturazione)* Sanierung *f.* ◆ ***~ del centro storico*** Altstadtsanierung *f.*; ***~ di vecchi edifici*** Altbausanierung *f.*; ***misura di ~*** Sanierungsmaßnahme *f.*; ***piano di ~*** Sanierungsplan *m.*; ***programma di ~*** Sanierungsprogramm *n.*; ***~ urbano*** Stadtsanierung *f.*; ***zona di ~*** Sanierungsgebiet *n.*
ri|sa|na|re I tr. **1** heilen: ***~ gli infermi*** die Kranken heilen **2** FIG. *(rimettere in sesto)* sanieren: ***~ un quartiere, un'impresa, un'amministrazione*** ein Stadtviertel, ein Unternehmen, eine Verwaltung sanieren **II** intr. (aus. *essere*) verheilen, sich aus‿heilen ◆ ***~ una palude*** einen Sumpf trocken‿legen.
ri|sa|pe|re tr. *(risò, risai; riseppi; risaputo)* ***~ qcs.*** etw. erfahren; ***qcn. risà qcs.*** jd erfährt etw. (*o* jdm kommt etw. zu Ohren).
ri|sa|pu|to p.pass. agg. **1** → **risapere 2** bekannt: ***è ~ che...*** es ist bekannt (*o* es ist eine alte Wahrheit), dass...; COLLOQ. ***è cosa vecchia e -a!*** das pfeifen doch die Spatzen von den Dächern!
ri|sar|ci|bi|le agg. ersetzbar. **ri|sar|ci|bi|li|tà** f. Ersetzbarkeit *f.*
ri|sar|ci|men|to m. Entschädigung *f.*, Ersatz *m.*, Vergütung *f.*, Schadenersatz *m.*: ***chiedere, esigere un ~*** einen Schadenersatz fordern, verlangen; ***ottenere un ~*** eine Entschädigung erhalten ◆ ***azione di ~ (dei danni)*** Entschädigungsklage *f.*; ***~ in contanti*** Barvergütung *f.*; ***~ dei danni*** Schaden(s)ersatz *m.*; ***~ per danni di guerra*** Kriegsschadenersatz *m.*; ***~ dei danni morali*** Schmerzensgeld *n.* für immaterielle Schäden; ***~ in natura*** Sachvergütung *f.*; ***obbligo di ~*** Ersatzpflicht *f.*
ri|sar|ci|re tr. *(risarcisco, risarcisci)* **1** vergüten, entschädigen: ***~ i danni*** den Schaden vergüten; ***~ qcn. delle spese*** jdn die Kosten vergüten **2** *(danni morali)* wieder gut‿machen; ***~ un'ingiuria*** eine Wiedergutmachung für Beleidigung leisten.
ri|sa|ta f. Gelächter *n.*, Lachen *n.*: ***scoppiare in una ~*** in Gelächter aus‿brechen; ***~ grassa, contagiosa, argentina, omerica*** schallendes, ansteckendes, silbernes, homerisches Gelächter; ***unirsi alla ~*** ins Gelächter ein‿fallen; ***farsi delle grandi -e*** aus vollem Halse lachen; ***che -e!*** zum Schieflachen! zum Totlachen! ***morire dalle -e*** sich tot‿lachen, sich schief‿lachen; ***piegarsi in due dalle -e*** sich vor Lachen biegen.

ri|scal|da|men|to m. **1** Erwärmung *f.* **2** *(artificiale)* Heizung *f.*, Heizungsanlage *f.*: ***accendere, spegnere il ~*** die Heizung anstellen, abstellen; ***alzare, abbassare il ~*** die Heizung höher, niedriger stellen; ***regolare il ~ sui 18 gradi*** die Heizung auf 18 Grad (ein_)stellen; ***il ~ è troppo alto, basso*** die Heizung ist zu hoch, zu niedrig eingestellt **3** *(del motore)* Warmlaufen *n.* **4a** SPORT Aufwärmung *f.* **b** *(corsetta)* Sichwarmlaufen *n.* ◆ ***~ ad aria*** Umluftheizung *f.*; ***~ ad aria calda*** Warmluftheizung *f.*; ***~ autonomo*** wohnungseigene Heizung *f.*; ***~ a carbone*** Kohlenheizung *f.*; ***~ centrale*** Zentralheizung *f.*; ***costi di ~*** Heizkosten *pl.*; ***~ elettrico*** elektrische Heizung; ***esercizio di ~*** Aufwärmübung *f.*; ***~ a gas*** Gasheizung *f.*; ***~ a gasolio*** Ölheizung *f.*; ***~ a metano*** Erdgasheizung *f.*; ***~ a pannelli radianti*** Bodenheizung *f.*; ***~ solare*** Solarheizung *f.*; ***spese di ~*** Heizungskosten *pl.*

ri|scal|da|re **I** tr. **1a** wärmen, erwärmen: ***il sole riscalda l'aria*** die Sonne wärmt die Luft **b** *(cibo)* auf_wärmen: ***~ il pranzo, il caffè*** das Mittagessen, den Kaffee aufwärmen **c** *(locali)* (be)heizen: ***~ una sala*** einen Saal heizen; ***~ a gasolio, a carbone, a legna*** mit Öl, Kohle, Holz heizen **2** *(scaldare di nuovo)* wieder wärmen, wieder erwärmen **3** *(eccitare)* erhitzen, entflammen: ***~ gli animi*** die Gemüter erhitzen **II** intr. (aus. *essere*) **1** sich erwärmen **2** *(surriscaldarsi)* sich heiß_laufen: ***il motore riscalda*** der Motor läuft sich heiß **III** pronom. **riscaldarsi** **1** sich erwärmen, warm werden: ***la stanza si è riscaldata*** das Zimmer hat sich erwärmt (*o* ist warm geworden) **2** *(infervorarsi)* sich erhitzen **3a** SPORT sich auf_wärmen **b** *(correndo)* sich warm laufen, sich ein_laufen.

ri|scal|da|ta f. **1** Heizen *n.* **2** *(di alimenti)* Aufwärmen *n.*; ***dare una ~ a qcs.*** etw. auf_wärmen. **ri|scal|da|to** p.pass. agg. **1** → **riscaldare** **2** geheizt: ***locale ben ~*** gut geheizter Raum **3** *(di alimenti)* aufgewärmt: ***cibo, caffè ~*** aufgewärmte Speise, aufgewärmer Kaffee ◆ FIG. ***la solita minestra -a*** aufgewärmter Kaffee. **ri|scal|da|to|re** m. Heizapparat *m.*, Heizgerät *n.*

ri|scat|ta|bi|le agg. **1** loskaufbar **2a** ECON. DIR. ablösbar **b** *(di pegno)* einlösbar.

ri|scat|ta|re **I** tr. **1** frei_kaufen, los_kaufen: ***~ un prigioniero, un ostaggio*** einen Gefangenen, eine Geisel loskaufen; ***~ uno schiavo*** einen Sklaven freikaufen **2a** ECON. DIR. ab_lösen: ***~ un'ipoteca*** eine Hypothek ablösen; ***~ una rendita, una servitù*** eine Rente, eine Dienstbarkeit ablösen **b** ***~ un pegno*** ein Pfand ein_lösen, aus_lösen **3a** *(liberare)* befreien: ***~ un popolo dalla dittatura*** ein Volk von der Diktatur befreien **b** *(redimere)* erlösen; ***Cristo ha riscattato l'umanità*** Christus hat die Menschheit erlöst **II** pronom. **riscattarsi** sich befreien, sich erlösen, sich rehabilitieren: ***-rsi da una colpa*** sich von einer Schuld befreien; ***-rsi con un gesto eroico*** sich durch eine heroische Tat rehabilitieren.

ri|scat|to m. **1** Loskaufen *n.*, Freikaufen *n.* **2** *(prezzo)* Lösegeld *n.*: ***chiedere, pagare un ~*** ein Lösegeld fordern, zahlen; ***pretendere un milione di marchi di ~*** eine Million Mark Lösegeld verlangen **3** FIG. *(liberazione)* Befreiung *f.* **4** DIR. Ablösung *f.* ◆ ***appartamento a ~*** Wohnung *f.* auf Abzahlung; ***diritto di ~*** Rückkaufsrecht *n.*

ri|schia|ra|men|to m. Aufhellung *f.*, Erhellung *f.*

ri|schia|ra|re **I** tr. auf_hellen, erleuchten, erhellen: ***~ una stanza*** ein Zimmer erhellen **II** intr. impers. (aus. *essere*) hell werden: ***comincia a ~*** es wird langsam hell **III** pronom. **rischiararsi** **1** sich auf_hellen, sich erhellen: ***il cielo si è rischiarato*** der Himmel hat sich aufgehellt **2** *(chiarirsi)* sich klären, sich auf_hellen, sich lichten: ***la situazione si è rischiarata*** die Situation hat sich geklärt ◆ ***~ un bosco*** den Baumbestand eines Waldes aus_dünnen (*o* lichten); ***~ le idee a qcn. su qcs.*** jdm eine klare Vorstellung von etw. geben; ***-rsi la voce*** sich räuspern.

ri|schia|re *(rischio, rischi)* **I** tr. **1a** riskieren: ***~ un infarto*** einen Herzinfarkt riskieren; ***~ la vita*** das Leben riskieren **b** ***~ di fare qcs.*** riskieren (*o* Gefahr, Risiko laufen), etw. zu tun; ***l'impresa rischia di fallire*** das Unternehmen droht zu scheitern; ***la ditta rischia di chiudere*** die Firma läuft Gefahr, riskiert, geschlossen zu werden; ***ha rischiato di cadere*** er wäre beinahe hingefallen **2** assol. ein Risiko ein_gehen: ***è meglio non ~*** es ist besser, kein Risiko einzugehen **II** intr. impers. (aus. *essere, avere*) drohen: ***rischia di piovere*** es droht zu regnen ◆ ***ho rischiato brutto*** das hätte schlimm ausgehen können; ***~ il tutto per tutto*** alles auf eine Karte setzen.

ri|schio m. *(-schi)* Risiko *n.*, Gefahr *f.*: ***correre un ~*** ein Risiko ein_gehen; ***assumersi un ~*** ein Risiko tragen (*o* auf sich nehmen); ***esporsi al ~*** sich dem Risiko (*o* der Gefahr) aus_setzen; ***correre il ~ di...*** das Risiko (*o* Gefahr) laufen zu...; ***c'è il ~ che...*** es besteht die Gefahr, dass...; ***(anche) a ~ di...*** (auch) auf die Gefahr hin, dass...; ***calcolare, valutare, coprire un ~*** ein Risiko kalkulieren, ab_schätzen, decken; ***mettere in conto un ~*** ein Risiko in Kauf nehmen ◆ ***a ~*** gefährdet, Risiko-; *(assicurazioni)* ***aggravamento del ~*** Risikoerhöhung *f.*; ***~ assicurabile*** versicherbares Risiko; ***capitale di ~*** Risikokapital *n.*; ***categoria di ~*** Beitragsklasse *f.*; ***~ commerciale*** Geschäftsrisiko *n.*; ***comportare molti -schi*** viele Risiken ein_schließen; ***diversificazione del ~*** Risikostreuung *f.*, Risikomischung *f.*; ***fattore di ~*** Risikofaktor *m.*; ***gravidanza a ~*** Risikoschwangerschaft *f.*; ***gruppo a ~*** Risikogruppe *f.*; ***~ di guerra*** Kriegsrisiko *n.*; ***impianto a ~*** Risikoanlage *f.*; ***~ di incendi*** Brandgefahr *f.*; ***~ di incidenti*** Unfallgefahr *f.*; ***indennità di ~*** Gefahrenzulage *f.*; ***margine di ~*** Risikospanne *f.*; ***~ marittimo*** Seegefahr *f.*; ***i -schi del mestiere*** die Berufsrisiken; ***mettere a ~ qcs.*** etw. riskieren; ***parto a ~*** Risikogeburt *f.*; ***paziente a ~*** Risikopatient *m.* (-in *f.*); ***a proprio ~ e pericolo*** auf eigene Gefahr; *(assicurazioni)* ***premio di ~*** Gefahrenzulage *f.*; ***~ processuale*** Prozessrisiko *n.*; ***quota a ~*** Risikoquote *f.*; ECON. ***ripartizione del ~*** Risikomischung *f.*; ***~ di rottura*** Bruchgefahr *f.*; ***senza -schi*** risikofrei; ***situazione a ~*** Risikosituation *f.*; ***soggetto a ~*** risikoreich, riskant; *(persona predisposta a qcs.)* Gefährdete *m.*; ***essere un soggetto a ~*** gefährdet sein; *(assicurazioni)* ***somma sotto ~*** Risikobetrag *m.*; ***sovrappremio di ~*** Risikozuschlag *m.*; BANC. ***~ di trasferimento*** Transferrisiko *n.*; ***valutazione del ~*** Risikobewertung *f.*; ***a ~ della vita*** unter Lebensgefahr.

ri|schio|sa|men|te avv. gefährlich. **ri|schio|si|tà** f. Gefährlichkeit *f.* **ri|schio|so** agg. riskant, gefährlich: ***impresa -a*** riskantes Unternehmen; ***affare ~*** riskantes Geschäft.

ri|sciac|qua|re *(risciacquo)* **I** tr. **1** *(sciacquare di nuovo)* noch einmal waschen **2a** *(sciacquare)* spülen: ***~ il bucato*** die Wäsche spülen **b** *(stoviglie)* ab_spülen, aus_spülen **II** pronom. **risciacquarsi** spülen, aus_spülen: ***-rsi i capelli, la bocca*** sich das Haar, den Mund ausspülen. **ri|sciac|qua|ta** f. (kurzes) Ausspülen *n.* **ri|sciac|qua|tu|ra** f. **1** Spülen *n.*, Abspülen *n.* **2** *(acqua)* Spülwasser *n.*: FIG. ***questo caffè è una ~ di piatti*** dieser Kaffee schmeckt wie Spülwasser.

ri|sciac|quo m. **1** Spülen *n.*, Abspülen *n.* **2** *(nelle lavatrici e lavastoviglie)* Spülgang *m.*

ri|sciò m.inv. Rikscha *f.*

ri|scol|lo m. Salzkraut *n.*

ri|scon|ta|bi|le agg. rediskontfähig, rediskontierbar. **ri|scon|ta|re** tr. rediskontieren: ***~ una cambiale*** einen Wechsel rediskontieren. **ri|scon|to** m. Rediskont *m.*, Rediskontierung *f.* ◆ ***operazione di ~*** Rediskontgeschäft *n.*

ri|scon|tra|bi|le agg. **1** *(rilevabile)* feststellbar **2** *(paragonabile)* vergleichbar. **ri|scon|tra|re** **I** tr. **1** *(paragonare)* vergleichen, gegenüber_stellen: ***~ la copia con l'originale*** die Kopie mit dem Original vergleichen **2** *(controllare)* prüfen, über_prüfen: ***~ un conto*** eine Rechnung überprüfen **3** *(rilevare)* fest_stellen, bemerken: ***~ alcune irregolarità*** einige Unregelmäßigkeiten feststellen **II** intr. (aus. *avere*) überein_stimmen, einander entsprechen.

ri|scon|tro m. **1** *(confronto)* Vergleich *m.*: ***fare il ~ tra due testi*** einen Vergleich zwischen zwei Texten an_stellen; ***mettere a ~ qcs. con qcs.*** etw. mit etw. vergleichen; ***mettere a ~ due elementi*** zwei Elemente miteinander vergleichen **2** *(controllo)* Kontrolle *f.*, Prüfung *f.* **3** *(conferna)* Bestätigung *f.*, sicherer Anhaltspunkt *m.*; ***avere, trovare ~*** bestätigt werden; einen Anhaltspunkt bieten; ***trovare ~ nella realtà*** von der Wirklichkeit bestätigt werden (*o* Anhaltspunkte dafür in der Wirklichkeit finden) **4a** COMM. *(risposta)* Antwort *f.*: ***la mia richiesta è rimasta senza ~*** ich habe keine Antwort auf meine Anfrage bekommen; ***in attesa di un Vostro sollecito ~*** in Erwartung Ihrer baldigen Antwort **b** *(conferma)* Bestätigung *f.* **c** *(lettera)* Schreiben *n.*, Antwortschreiben *n.* **5** *(rispondenza)* Entsprechung *f.*; ***fare ~ a qcs.*** etw. (D) entsprechen **6** MECC. Anschlag *m.* **7** *(corrente d'aria)* Luftzug *m.* **8** *(rilevamento)* Feststellen *n.* ◆ ***~ di cassa*** Kassenrevision *f.*; ***~ dei conti*** Rechnungsabnahme *f.*; ***libro di ~*** Skontrobuch *n.* (*o* Skontro *n.*); ***~ di magazzino*** Lagerkontrolle *f.*; ***piano di ~*** Richtplatte *f.*; ***scheda di ~*** Skontrozettel *m.*

ri|sco|per|ta f. Wiederentdeckung *f.*

ri|sco|pri|re tr. *(riscoprii/riscopersi; riscoperto)* wieder entdecken: ***~ un autore*** einen Autor wieder entdecken; ***~ un piacere*** einen Genuss wieder entdecken.

ri|scos|sa f. **1** *(riconquista)* Wiedereroberung *f.*, Rückeroberung *f.* **2** *(controffensiva)* Gegenangriff *m.* (anche FIG.): ***andare alla ~*** zum Gegenangriff übergehen ◆ ***alla ~!*** Revanche!

ri|scos|sio|ne f. Eintreiben *n.*, Einzug *m.*, Erhebung *f.* ◆ ***~ anticipata*** Vorauserhebung *f.*; ***~ in contanti*** Bareinlösung *f.*; ***~ dei dazi*** Zollerhebung *f.*; ***diritto di ~*** rechtliche Gebührenerhebung *f.*; ***~ delle imposte*** Steuereinzug *m.*; ***~ degli interessi*** Zinseinziehung *f.*; ***mandato di ~*** Einziehungsvollmacht *f.*; ***periodo di ~*** Erhebungszeitraum *m.*; ***~ posticipata*** Nacherhebung *f.*; ***procedi-***

mento di ~ Einzugsverfahren *n.*; *spese di* ~ Einzugskosten *pl.*; ~ *degli utili* Gewinneinziehung *f.*

ri|scos|so p.pass. agg. **1** → **riscuotere 2** eingezogen ◆ *credito non* ~ nicht in Anspruch genommener Kredit.

ri|scrit|tu|ra f. Umschreibung *f.*, Umschrift *f.*

ri|scri|ve|re tr. *(riscrissi, riscritto)* **1** wieder schreiben, neu schreiben: ~ *un libro* ein Buch neu schreiben **2** *(rispondere per iscritto)* zurück‿schreiben.

ri|scuo|te|re *(riscossi; riscosso)* **I** tr. **1** ein‿treiben, ein‿lösen, ein‿ziehen: ~ *crediti, un'imposta* Schulden, eine Steuer eintreiben; ~ *un assegno, un pegno* einen Scheck, ein Pfand einlösen; ~ *un premio, le tasse* eine Prämie, Steuern einziehen **2** *(ottenere)* erhalten, COLLOQ. ein‿heimsen; ~ *molti applausi* viel Applaus erhalten; ~ *l'approvazione di qcn.* jds Zustimmung erhalten; ~ *la stima di qcn.* jds Achtung gewinnen; ~ *un grande successo* großen Erfolg haben **II** pronom. **riscuotersi** sich auf‿raffen: *-rsi dalla pigrizia* sich aus seiner Trägheit aufraffen. **ri|scuo|ti|bi|le** agg. einziehbar, eintreibbar.

ri|se|de|re *(risiedo; risedei/risiedetti; riseduto)* intr. (aus. *essere*) e pronom. **risedersi** wieder sitzen.

ri|se|ga f. *(-ghe)* Absatz *m.*

ri|se|ga|re tr. *(risego, riseghi)* wieder sägen.

ri|se|mi|na f. zweite Saat *f.* **ri|se|mi|na|re** tr. *(risemino)* wieder säen.

ri|sen|ti|men|to m. **1** Groll *m.*: *provare* ~ *nei confronti di qcn.* einen Groll auf jdn haben; *manifestare apertamente il proprio* ~ *nei confronti di qcn.* seinen Groll auf jdn offen zeigen; *sfogare il proprio* ~ *su qcn.* seinen Groll an jdm aus‿lassen **2** MED. Nachwirkung *f.*

ri|sen|ti|re I tr. **1a** wieder hören, nochmals hören: ~ *un rumore* ein Geräusch wieder hören **b** *(riascoltare)* wieder an‿hören: ~ *un concerto* ein Konzert wieder anhören **2** *(provare le conseguenze)* ~ *qcs.* unter etw. (D) leiden **II** intr. (aus. *avere*) **1** *(avvertire gli effetti)* leiden: ~ *di qcs.* unter etw. (D) leiden: *le piante hanno risentito della siccità* die Pflanzen haben unter der Trockenheit gelitten **2** *(subire l'influenza)* beeinflusst sein: *il suo stile risente di quello del maestro* sein Stil ist von dem seines Lehrers beeinflusst **III** pronom. **risentirsi 1** grollen: *-rsi con qcn.* (mit) jdm grollen; *-rsi per un offesa* wegen einer Beleidigung grollen **2** *(sentirsi di nuovo)* sich wieder fühlen: *-rsi male* sich wieder unwohl fühlen **3** *(reciproco)* sich wieder hören: *ci risentiamo domani* wir hören uns morgen wieder ◆ *a risentirci* auf Wiederhören!

ri|sen|ti|to p.pass. agg. **1** → **risentire 2a** *(offeso)* gekränkt, beleidigt: *essere* ~ *per qcs.* über etw. gekränkt sein **b** *(irritato)* verärgert, entrüstet, empört: *parole -e* entrüstete Worte **3** *(vigoroso)* kräftig, kraftvoll **4** *(vivace)* lebhaft ◆ *lineamenti -i* ausgeprägte Gesichtszüge; *polso* ~ jagender Puls; *sentito e* ~ allzuoft gehört.

ri|ser|bo m. Zurückhaltung *f.*, Reserve *f.*: *mantenere il massimo* ~ äußerste Zurückhaltung bewahren; *uscire dal* ~ die Zurückhaltung auf‿geben; *si impone il* ~ Zurückhaltung ist geboten; *una persona piena di* ~ eine sehr reservierte Person.

ri|se|ri|a f. Reismüllerei *f.*

ri|ser|va f. **1** *(provvista)* Reserve *f.*, Vorrat *m.*: *consumare le ultime -e* die letzten Reserven auf‿brauchen; *fare* ~ *di legna per l'inverno* einen Holzvorrat für den Winter an‿legen; *dar fondo alle proprie -e* die Vorräte auf‿brauchen; *intaccare le -e* an die Vorräte gehen **2** MIL. Reserve *f.*: *richiamare la* ~ die Reserve ein‿berufen **3** AUT. Reservetank *m.* **4** *(perplessità)* Vorbehalt *m.*: *avere delle -e nei confronti di qcn., qcs.* Vorbehalte gegen jdn, etw. haben; *sciogliere la* ~ den Vorbehalt auf‿geben **5** ETNOL. Reservat *n.*, Reservation *f.* **6** SPORT Auswechselspieler *m.*, Reservespieler *m.*, Ersatzspieler *m.* **7** ECON. Reserve *f.*, Rücklage *f.* **8** ENOL. Auslese *f.*: ~ *1990* 1990er-Auslese **9** TESS. Reservage *f.* ◆ ~ *d'acqua* Wasserreserve *f.*, Wasservorrat *m.*; ~ *aurea* Goldreserve *f.*, Goldbestand *m.*; ~ *bancaria* Bankreserven *pl.*; ~ *di caccia* Jagdrevier *n.*, Jagdgehege *n.*; ~ *di capitale* Rücklagekapital *n.*, Reservekapital *n.*; *clausola di* ~ Vorbehaltsklausel *f.*, salvatorische Klausel *f.*; ~ *di combustibile* Brennstoffreserve *f.*; *con* ~ vorbehaltlich, mit Vorbehalt; *approvazione con* ~ vorbehaltliche Zustimmung; *di* ~ Ersatz-, Hilfs-, Reserve-; ~ *di energia* Energievorrat *m.*; ~ *dell'esercito* Heeresreserve *f.*; AUT. *essere in* ~ auf Reserve fahren; *-e facoltative* freie Rücklage; *fondo di* ~ Reservefonds *m.*; ~ *di garanzia* Deckungsrücklage *f.*; ~ *indiana* Indianerreservat *n.*; *-e legali* Deckungsrücklage *f.*, gesetzliche Reserven; ~ *di materie prime* Rohstoffreserve *f.*; ~ *mentale* innere Reserve *f.*; *-e minime* Mindestreserven *pl.*; ~ *monetaria* Währungsreserve *f.*; *motore di* ~ Ersatzmotor *m.*; ~ *naturale* Naturschutzgebiet *n.*, Reservat *n.*; *-e obbligatorie* Pflichtreserven *pl.*, Mindestreserven *pl.*; *-e occulte* stille Reserven, stille Rücklagen; *-e palesi* offene Reserven, Rücklagen; *-e petrolifere* Erdölreserven *pl.*, Ölreserven *pl.*; *senza -e* vorbehaltlos, ohne Vorbehalte; *serbatoio di* ~ Reservetank *m.*; *-e statutarie* gesetzliche Rücklage *f.*; *tenere qcs. di* ~ etw. auf‿heben, etw. in Reserve halten; *truppe di* ~ Reservetruppen *pl.*; MIL. *ufficiale della* ~ Reserveoffizier *m.*; *-e valutarie* Devisenreserven *pl.*, Devisenbestand *m.*

ri|ser|va|re I tr. **1a** reservieren, belegen: ~ *il tavolo migliore* den besten Tisch reservieren; ~ *un posto* einen Platz belegen **b** *(mettere da parte)* beiseite legen: *vi ho riservato una copia del mio libro* ich habe euch eine Kopie meines Buches beiseite gelegt **2** *(tenere in serbo)* bescheren: *chissà cosa ci riserverà l'anno che verrà!* wer weiß, was uns das kommende Jahr bescheren wird! ~ *delle sorprese a qcn.* jdm einige Überraschungen bescheren **II** pronom. **riservarsi 1** sich vor‿behalten: *mi riservo di risponderLe in seguito* ich behalte mir vor, Ihnen später zu antworten; *-rsi la facoltà di fare qcs.* sich die Möglichkeit vorbehalten, etw. zu tun **2** *(risparmiarsi)* sich auf‿sparen, sich schonen: *-rsi per qcs.* sich für etw. schonen.

ri|ser|va|ta|men|te avv. vertraulich.

ri|ser|va|tez|za f. **1** *(segretezza)* Vertraulichkeit *f.*: *la* ~ *di una notizia* die Vertraulichkeit einer Nachricht **2** *(discrezione)* Zurückhaltung *f.*: *garantire la massima* ~ äußerste Zurückhaltung garantieren **3a** *(di cararattere)* Reserviertheit *f.*, Verschwiegenheit *f.* **b** *(scarsa espansività)* Verschlossenheit *f.*

ri|ser|va|to p.pass. agg. **1** → **riservare 2** reserviert: *posti -i* reservierte Plätze **3** *(segreto)* vertraulich: *informazione -a* vertrauliche Information **4** *(discreto)* zurückhaltend, reserviert, diskret: *il suo segretario è molto* ~ sein Sekretär ist äußerst diskret; *ha un contegno molto* ~ er ist sehr zurückhaltend **5** *(poco espansivo)* verschlossen **6** *(destinato)* vorbehalten: ~ *a qcs.* für etw. vorbehalten; *corsia -a ai mezzi pesanti* für Lastkraftwagen vorbehaltene Fahrbahn ◆ *tutti i diritti -i* alle Rechte vorbehalten; *documento* ~ Verschlusssache *f.*; *patto di* ~ *dominio* Eigentumsvorbehalt *m.*; *prognosi -a* unsichere, ungewisse Prognose; *in via -a* vertraulich.

ri|ser|vi|sta m. Reservist *m.*, Reservesoldat *m.*

ri|sguar|do m. Vorsatzblatt *n.*, Vorsatzpapier *n.*

ri|si|bi|le agg. lächerlich.

ri|si|ca|re tr. *(risico, risichi)* REGION. riskieren ◆ PROV. *chi non risica non rosica* frisch gewagt ist halb gewonnen; wer nicht wagt, der nicht gewinnt. **ri|si|ca|to** p.pass. agg. **1** → **risicare 2** *(appena sufficiente)* knapp: *vittoria -a* knapper Sieg; *maggioranza -a* knappe Mehrheit.

ri|si|co|lo agg. Reis-. **ri|si|col|to|re** m. Reisbauer *m.* **ri|si|col|tu|ra** f. Reisbau *m.*

ri|sie|de|re intr. (aus. *avere*) **1** ansässig sein: ~ *a Napoli* in Neapel ansässig sein **2** *(di regnanti)* residieren, seine Residenz haben **3** FIG. *(consistere)* bestehen, liegen: *la differenza risiede nel fatto che...* der Unterschied besteht darin, dass...

ri|sie|ro agg. Reis-, Reis verarbeitend: *industria -a* Reis verarbeitende Industrie. **ri|si|fi|cio** m. *(-ci)* Reismühle *f.*

ri|si|po|la f. Erysipel *n.*

ri|sma f. **1** CART. Ries *n.* **2** SPREG. Art *f.*, Schlag *m.*: *gente della peggior* ~ Leute *pl.* schlimmsten Schlags; *essere della stessa* ~ vom gleichen Schlag sein.

1.ri|so m. **1** Reis *m.* **2** *(pianta)* Reispflanze *f.*, Reis *m.* **3** *(vivanda)* Reisgericht *n.* ◆ *amido di* ~ Reisstärke *f.*; ~ *in bianco* INTRAD. (gekochter Reis mit Öl oder Butter); *-i e bisi* INTRAD. (Reisgericht mit Erbsen); ~ *brillato* polierter Reis; ~ *in brodo* Reissuppe *f.*; *carta di* ~ Reispapier *n.*; *chicco di* ~ Reiskorn *n.*; *farina di* ~ Reismehl *n.*; ~ *integrale* Vollkornreis *m.*; ~ *al latte* Milchreis *m.*; *minestra di* ~ Reissuppe *f.*; *mucillagine di* ~ Reisschleim *m.*; ~ *perlato* Perlreis *m.*; ~ *pilaf* Pilau *m.* (*o* Pilaw *m.*); *punto* ~ Reismuster *n.*; ~ *raffinato* geschälter Reis; *rottura di* ~ Bruchreis *m.*; *sformato di* ~ Reisauflauf *m.*; ~ *soffiato* Puffreis *m.*; *spaghetti di* ~ Glasnudeln *pl.*; ~ *vestito* ungeschälter Reis.

2.ri|so m. *(risa* f.pl.) **1** Lachen *n.*: ~ *spontaneo, forzato, soffocato, amaro* spontanes, gezwungenes, unterdrücktes, bitteres Lachen; *non potere trattenere, frenare il* ~, *le -a* sich das Lachen nicht verbeißen können; *muovere, suscitare il* ~, *le -a* zum Lachen bringen; *reprimere il* ~ das Lachen unterdrücken **2** *(aspetto gioioso)* Strahlen *n.*: *il* ~ *della primavera* das Strahlen des Frühlings **3** *(ridicolo)* Lächerliche *n.*: *volgere tutto in* ~ alles ins Lächerliche ziehen ◆ *morire dalle -a* sich tot‿lachen; *sbellicarsi dalle -a* sich den Bauch vor Lachen halten; *scoppiare dalle -a* vor Lachen platzen; PROV. *il* ~ *abbonda sulla bocca degli stolti* am unmäßigen Lachen erkennt man den Narren; *il* ~ *fa buon sangue* Lachen ist gesund.

3.ri|so → **ridere.**

ri|so|la|re → **risuolare. ri|so|la|tu|ra** → **risuolatura.**

ri|so|li|no m. kurzes Lachen *n.*

ri|sol|le|va|re I tr. 1 wieder hoch‿heben 2 FIG. wieder auf‿werfen: ***~ una vecchia questione*** eine alte Frage wieder aufwerfen II pronom. **risollevarsi** 1 sich wieder erheben 2 FIG. sich erholen: ***-rsi dai debiti*** sich von den Schulden erholen; ***-rsi dopo una disgrazia*** sich von einem Unglück erholen ◆ ***~ qcn. dalla miseria*** jdn aus dem Elend heraus‿holen; ***~ il morale*** die Moral heben; ***~ le sorti di un'azienda*** ein Unternehmen wieder hoch‿bringen; ***~ le sorti del paese*** das Schicksal des Landes wieder zum Guten wenden.

ri|sol|to p.pass. agg. 1 → **risolvere** 2 gelöst: ***enigma ~*** gelöstes Rätsel; ***non ~*** ungelöst 3 *(di malattia)* geheilt. **ri|so|lu|bi|le** agg. auflösbar, lösbar.

ri|so|lu|ta|men|te avv. forsch, entschlossen, entschieden.

ri|so|lu|tez|za f. Entschlossenheit *f.*, Entschiedenheit *f.*: ***agire con ~*** mit Entschiedenheit handeln.

ri|so|lu|ti|vo agg. 1 auflösend, lösend 2 *(decisivo)* entscheidend: ***intervento ~*** entscheidender Eingriff ◆ ***clausola -a*** Kündigungsklausel *f.*; ***formula -a*** Auflösungsklausel *f.*; FIS. ***potere ~*** Auflösungsvermögen *n.* (*o* Abbildungsvermögen *n.*).

ri|so|lu|to agg. entschlossen, entschieden, resolut, stramm: ***atteggiamento ~*** stramme Haltung; ***in tono ~*** in resolutem Ton; ***un fare ~*** ein entschlossenes Auftreten.

ri|so|lu|zio|ne f. 1a *(il risolvere)* Auflösen *n.* b *(soluzione)* Lösung *f.*: ***la ~ della crisi politica*** die Lösung einer politischen Krise; ***la ~ di un'equazione*** die Lösung einer Gleichung 2 *(accomodamento)* Austragen *n.*: ***la ~ delle controversie*** das Austragen von Streitigkeiten 3a *(decisione, delibera)* Entschluss *m.*: ***prendere una ~*** einen Entschluss fassen b POL. Resolution *f.*: ***una ~ dell'ONU*** eine Resolution der UNO 4 DIR. MUS. OTT. Auflösung *f.*: ***la ~ di un contratto*** die Auflösung eines Vertrages 5 CHIM. Auflösung *f.*, Zerlegung *f.*: ***la ~ di un composto chimico*** die Zerlegung einer chemischen Verbindung 6 MED. Resolution *f.*, Rückbildung *f.* ◆ ***ad alta ~*** hochauflösend; ***proposta di ~*** Entschließungsantrag *m.*

ri|sol|ven|te agg. lösend, auflösend ◆ MAT. ***equazione ~*** Resolvente *f.*; FIS. ***potere ~*** Auflösungsvermögen *n.*, Abbildungsvermögen *n.*

ri|sol|ve|re *(risolvei/risolvetti/risolsi; risolto)* I tr. 1a auf‿lösen, lösen: ***~ un enigma, un'equazione, un problema*** ein Rätsel, eine Gleichung, ein Problem (auf)lösen b *(chiarificare)* klären: ***~ una situazione intricata*** eine verworrene Situation klären 2 *(appianare)* bei‿legen: ***~ una controversia*** eine Streitigkeit beilegen 3 MED. heilen, kurieren: ***~ una malattia con un intervento chirurgico*** eine Krankheit mit einem chirurgischen Eingriff kurieren (*o* heilen) 4 DIR. auf‿lösen: ***~ un contratto*** einen Vertrag auflösen 5 CHIM. auf‿lösen, zerlegen: ***~ un composto nelle sue molecole*** eine Verbindung in ihre Moleküle zerlegen 6 *(decidere)* beschließen II pronom. **risolversi** 1 sich lösen: ***la questione si è risolta da sola*** das Problem hat sich von selbst gelöst 2 *(concludersi)* enden: ***l'incidente si risolse tragicamente*** der Unfall endete tragisch 3 *(decidersi)* beschließen, sich entschließen: ***si risolse a partire*** er beschloss abzufahren 4 MED. überstanden sein: ***una malattia che si risolve in pochi giorni*** eine Krankheit, die in wenigen Tagen überstanden ist ◆ ***-rsi bene, male*** gut, schlecht aus‿gehen; COLLOQ. ***non ~ (nulla)*** nichts erreichen; ***-rsi in nulla di fatto*** in nichts zerrinnen.

ri|sol|vi|bi|le agg. 1 lösbar 2 DIR. auflösbar. **ri|sol|vi|bi|li|tà** f. 1 Lösbarkeit *f.* 2 DIR. Auflösbarkeit *f.*

ri|so|nan|te agg. 1 tönend, klangvoll: ***voce ~*** klangvolle Stimme 2 FIS. Resonanz-, Resonanz gebend: ***circuito ~*** Resonanzkreis *m.*

ri|so|nan|za f. 1 FIS. MUS. Resonanz *f.*: ***entrare in ~*** in Resonanz geraten; ***suscitare ~*** auf Resonanz stoßen 2 *(eco)* Nachhall *m.*, Nachklang *m.*, Widerhall *m.* 3 FIG. Widerhall *m.*, Anklang *m.*: ***avere una vasta ~*** großen Widerhall (*o* Anklang) finden ◆ ***ampiezza di ~*** Resonanzbreite *m.*; ***cassa di ~*** Resonanzkasten *m.*, Schallboden *m.*; FIG. ***far da cassa di ~*** als Lautsprecher dienen; ***frequenza di ~*** Resonanzfrequenz *f.*; ***gamma di ~*** Resonanzbereich *m.*; ***~ magnetica*** magnetische Resonanz. **ri|so|na|re** → **risuonare.** **ri|so|na|to|re** m. Resonator *m.*

ri|so|ne m. ungeschälter Reis *m.*

ri|sor|ge|re intr. *(risorgo, risorgi; risorsi; risorto;* aus. *essere)* 1 *(sorgere di nuovo)* wieder auf‿gehen 2 *(risuscitare)* auf‿erstehen 3a FIG. *(rinascere)* wieder auf‿blühen, wieder auf‿leben, erstehen: ***~ a nuova vita*** zu neuem Leben erstehen b *(ripresentarsi)* wieder auf‿tauchen.

ri|sor|gi|men|ta|le agg. des Risorgimento(s).

ri|sor|gi|men|to m. Wiederaufleben *n.* **Ri|sor|gi|men|to** n.pr.m. Risorgimento *n.*

ri|sor|gi|va f. Grundwasserquelle *f.*, Karstquelle *f.*

ri|sor|sa f. 1 Ressource *f.*: ***sfruttare nuove -e*** neue Ressourcen erschließen 2 pl. *(mezzi finanziari)* Ressourcen *pl.*, Geldmittel *pl.*: ***disporre di -e considerevoli*** über erhebliche Ressourcen verfügen 3a FIG. *(capacità)* Fähigkeit *f.*; ***un uomo pieno di -e*** ein sehr fähiger Mensch b *(possibilità)* Möglichkeit *f.*: ***esaurire le proprie -e*** seine Möglichkeiten aus‿schöpfen ◆ ***~ economica*** Einnahmequelle *f.*; ***-e energetiche*** Energiequellen *pl.*; ***paese con scarse -e energetiche*** energiearmes Land; ***~ finanziaria*** Finanzkraft *f.*; ***-e intellettuali*** intellektuelle Fähigkeiten; ***-e materiali*** materielle Ressourcen (*o* Mittel); ***-e naturali*** natürliche Reichtümer (*o* Ressourcen); ***-e petrolifere*** Ölquellen *pl.*; ***-e del sottosuolo*** Bodenschätze *pl.*; ***-e umane*** Reichtum *m.* an Menschen.

ri|sor|to p.pass. agg. 1 → **risorgere** 2 auferstanden 3 FIG. wieder aufgeblüht, wieder aufgelebt, erstanden ◆ ***il Risorto*** der Auferstandene.

ri|sot|to m. Risotto *m.*: ***~ alla marinara, alla pescatora, ai frutti di mare*** Risotto mit Meeresfrüchten.

ri|spar|mia|re *(risparmio, risparmi)* I tr. 1a sparen: ***~ tempo, denaro, energia*** Zeit, Geld, Energie sparen; ***~ gas, corrente*** Gas, Strom sparen; ***~ le forze*** seine Kräfte sparen; ***qcs. fa ~ tempo*** mit etw. spart man Zeit b assol. *(denaro)* ***cerca di ~!*** versuche zu sparen! ***~ per le, in vista delle vacanze*** für (*o* auf) die Sommerferien sparen 2 *(accantonare)* zurück‿legen: ***~ una parte dello stipendio ogni mese*** jeden Monat einen Teil seines Verdienstes zurücklegen 3 *(evitare)* verschonen, ersparen, sparen: ***~ qcs. a qcn.*** jdn mit etw. verschonen (*o* jdm etw. ersparen); ***~ un dolore a qcn.*** jdm einen Schmerz ersparen; ***risparmiami le tue domande*** verschone mich mit deinen Fragen; ***avresti potuto risparmiarti quest'osservazione!*** diese Bemerkung hättest du dir sparen können! 4a ESTENS. verschonen, schonen: ***la tempesta non ha risparmiato nessun villaggio*** der Sturm hat kein Dorf verschont; ***la sua critica non risparmia nessuno*** seine Kritik schont niemanden b assol. ***è un male che non risparmia*** das ist ein Übel, das nichts und niemanden verschont 5 *(graziare)* verschonen, schonen: ***~ qcn.*** jdn verschonen (*o* jdm das Leben schenken) II intr. (aus. *avere*) ***~ su qcs.*** mit etw. sparsam sein (*o* sparsam um‿gehen), an etw. (D) sparen: ***~ sul mangiare*** am Essen sparen III pronom. **risparmiarsi** 1 *(non consumare forze)* sich schonen: ***non -rsi*** sich nicht schonen, keine Mühe scheuen 2 *(evitare)* sich (er)sparen: ***-rsi la fatica, molte seccature*** sich die Mühe, viel Ärger (er)sparen ◆ ***risparmia il fiato!*** spare dir deine Worte! ***non ~ sacrifici*** kein Opfer scheuen; ***~ la vita a, di qcn.*** jds Leben verschonen (*o* jdm das Leben schenken); ***~ la voce*** seine Stimme schonen; FIG. sich die Worte sparen.

ri|spar|mia|to|re m. Sparer *m.*: ***piccolo ~*** kleiner Sparer.

ri|spar|mio m. *(-mi)* Ersparnis *f.*, Sparen *n.*, Einsparen *n.*: ***~ di qcs.*** Ersparnis (*o* Einsparen) an etw. (D); ***un notevole ~ di fatica*** eine erhebliche Ersparnis an Mühe; ***terminare, prelevare i propri -i*** seine Ersparnisse auf‿brauchen (*o* auf‿zehren), ab‿heben; ***intaccare gli ultimi -i*** die letzten Ersparnisse an‿greifen; ***cerchiamo di fare qualche ~*** versuchen wir, ein bisschen zu sparen ◆ ***cassa di ~*** Sparkasse *f.*; ***certificato di ~*** Sparbrief *m.*; ***conto di ~*** Sparkonto *n.*; ***deposito a ~*** Spareinlage *f.*; ***~ forzato*** Zwangssparen *n.*; ***~ immobiliare*** Bausparen *n.*; ***libretto di ~*** Spar(kassen)buch *n.*; ***interesse sul (libretto di) ~*** Sparzins *m.*; ***libretto di ~ postale*** Postsparbuch *n.*; EDIL. ***~ di materiale*** Materialeinsparung *f.*; ***politica di ~*** Sparpolitik *f.*; ***programma di ~*** Sparprogramm *n.*; ***programma di ~ energetico*** Energiesparprogramm *n.*; ***senza ~*** *(totalmente)* völlig; *(a profusione)* in Hülle und Fülle; ***prodigarsi per qcn. senza ~*** sich für jdn völlig ein‿setzen; ***senza ~ di forze*** unter (*o* mit dem) Einsatz aller Kräfte; ***~ di spazio*** Raumersparnis *f.*; ***~ di tempo*** Zeitersparnis *f.*

ri|spec|chia|men|to m. Widerspiegelung *f.* ◆ FILOS. ***teoria del ~*** Widerspiegelungstheorie *f.*

ri|spec|chia|re *(rispecchio, rispecchi)* I intr. (aus. *essere*) 1 *(riflettere)* wider‿spiegeln: ***l'acqua rispecchia l'immagine degli alberi*** das Wasser spiegelt die Bäume wider; FIG. ***il suo discorso rispecchia l'opinione della maggioranza*** seine Rede spiegelt die Meinung der Mehrheit wider 2 *(specchiare di nuovo)* wieder spiegeln II pronom. **rispecchiarsi** 1 *(riflettersi)* sich wider‿spiegeln (anche FIG.) 2 *(specchiarsi di nuovo)* sich wieder spiegeln.

ri|spe|di|re tr. *(rispedisco, rispedisci)* 1 *(spedire di nuovo)* wieder schicken, wieder senden 2 *(mandare indietro, respingere)* zurück‿schicken, zurück‿senden: ***~ una lettera al mittente*** einen Brief an den Absender zurückschicken; ***~ qcn. a casa*** jdn wieder nach Hause schicken.

ri|spet|ta|bi|le agg. 1a *(degno di considerazione)* respektabel, beachtlich b *(perbene)* ehrbar, achtbar: ***una persona ~*** ein ehrbarer Mensch; ***una professione ~*** ein ehrbarer Beruf 2 *(ragguardevole)* ansehnlich, stattlich, beträchtlich: ***patrimonio ~*** ansehnliches Vermögen; ***è giunto alla ~ età di novant'anni*** er hat das stattliche Alter von neunzig Jahren erreicht. **ri|spet|ta|bi|li|tà** f. Achtbarkeit *f.*, Ehrbarkeit *f.*, ANT. Respektabilität *f.*: ***mettere in dubbio la ~ di qcn.*** jds Ehrbarkeit (*o* Achtbarkeit) in Frage stellen.

ri|spet|ta|re I tr. **1** ***~ qcn.*** jdn respektieren, vor jdm Respekt haben: ***~ i vecchi, le opinioni di qcn.*** alte Leute, jds Meinung respektieren; ***~ i genitori*** die Eltern respektieren (*o* vor den Eltern Respekt haben) **2** *(non rovinare, avere cura di)* ***~ qcs.*** etw. schonen, mit etw. schonend um‿gehen, etw. schonend behandeln: ***~ l'ambiente*** die Umwelt schonen **3** *(osservare, mantenere)* ***~ qcs.*** etw. beachten, etw. ein‿halten, sich an etw. (A) halten: ***~ la legge*** das Gesetz beachten; ***~ il programma, un accordo, i tempi*** das Programm, eine Abmachung, die Termine einhalten; ***~ una promessa*** ein Versprechen einhalten (*o* sich an ein Versprechen halten); ***~ una scadenza*** einen Termin einhalten; ***~ l'originale*** sich ans Original halten; RELIG. ***~ le feste*** die Kirchenfeiertage einhalten **4** *(adempiere)* ***~ qcs.*** etw. (D) nach‿kommen: ***~ i propri impegni*** seinen Verpflichtungen nachkommen **II** pronom. **rispettarsi** sich (gegenseitig) respektieren ◆ ***~ un edificio*** ein Gebäude unverändert belassen; ***farsi ~*** sich Respekt verschaffen; ***~ se stesso*** sich (D) für etw. zu schade sein; ***una casa, un medico che si rispetti...*** ein Haus, das auf sich hält,..., ein Arzt, der auf sich hält,...

ri|spet|ta|to p.pass. agg. **1** → **rispettare 2** geachtet: ***è una persona -a da tutti*** er ist ein von allen geachteter Mensch **3** *(osservato)* eingehalten.

ri|spet|ti|va|men|te avv. beziehungsweise, respektive: ***i suoi figli hanno ~ due e cinque anni*** seine Kinder sind zwei beziehungsweise fünf Jahre alt ◆ ***~ a qcn., qcs.*** in Bezug auf jdn, etw.

ri|spet|ti|vo agg. **1** *(relativo)* jeweilig: ***adattarsi ai -i bisogni*** sich den jeweiligen Bedürfnissen an‿passen; ***sono venuti con le -e mogli*** sie sind mit ihren Frauen gekommen **2** *(di cose)* dazugehörig: ***le tazze con i -i piattini*** die Tassen und die dazugehörigen Untertassen.

ri|spet|to m. **1** Respekt *m.*, Achtung *f.*; *(riguardo)* Rücksicht *f.*: ***(non) portare, mostrare ~ per qcn., qcs.*** jdm, etw. (keinen) Respekt (*o* keine Achtung) entgegen‿bringen, erweisen (*o* zollen); ***avere, nutrire ~ per qcn., qcs.*** vor jdm, etw. Respekt (*o* Achtung) haben, auf jdn, etw. Rücksicht nehmen; ***non avere ~ per nessuno, di nulla*** vor niemandem, vor nichts Respekt haben; ***incutere ~ in qcn.*** jdm Respekt ein‿flößen; ***dovere ~ a qcn., qcs.*** jdm, etw. Respekt schulden; ***meritare ~*** Achtung verdienen; ***perdere il ~ per qcn.*** vor jdn den Respekt verlieren; ***per ~ ai, verso i propri genitori*** aus Achtung (*o* Respekt) vor seinen Eltern; ***~ reciproco*** gegenseitige Achtung; ***~ della natura*** Achtung vor der Natur **2** *(osservanza)* Beachtung *f.*: ***il ~ di una legge, del regolamento del gioco*** die Beachtung eines Gesetzes, der Spielregeln **3** *(mantenimento)* Einhaltung *f.*, Einhalten *n.* **4** *(componimento poetico)* Rispetto *n.* ◆ ***~ a qcn., qcs.*** *(nei confronti di)* im Vergleich zu jdm, etw.; *(in relazione a)* in Bezug auf jdn, etw.: ***~ alla tua lettera*** in Bezug auf deinen Brief (*o* was deinen Brief betrifft); MAT. ***risolvere un'equazione ~ a y*** eine Gleichung nach y auf‿lösen; MAR. ***ancora di ~*** Notanker *f.*; ***~ a ciò*** demgegenüber; ***~ del contratto*** Vertragstreue *f.*; ***degno di ~*** respektabel; ***uomo di ~*** *(nella mafia)* Mafiaboss *m.*; ***col dovuto ~*** mit gebührendem Respekt; TIP. ***foglio di ~*** Respektblatt *n.*; ***mancanza di ~*** Respektlosigkeit *f.*; *(di riguardo)* Rücksichtslosigkeit *f.*; ***mancare di ~ a qcn.*** es jdm gegenüber am Respekt fehlen lassen; ***i miei -i (a qcn.)*** meine Empfehlungen (an jdn); ***con ~ parlando*** mit Verlaub gesagt; ***pieno di ~*** respektvoll; IRON. ***non c'è più ~!*** heute hat man vor nichts mehr Respekt! ***segno di ~*** Achtungsbezeugung *f.*; ***senza ~*** respektlos; *(senza riguardo)* rücksichtslos; ANT. ***hai ragione sotto ogni ~*** du hast unter jedem Gesichtspunkt recht; ***tenere in ~*** Respekt ein‿flößen; ***di tutto ~*** *(di persone)* hoch geschätzt; *(di cose)* respektabel; *(di somma di denaro)* beachtlich (*o* respektabel, stattlich, beträchtlich); ***con tutto il ~ (per qcn., qcs.)*** bei allem Respekt (vor jdm, etw.); EDIL. ***zona di ~*** Schutzgebiet *n.*

ri|spet|to|sa|men|te avv. **1** respektvoll, ehrfürchtig **2** *(nelle lettere)* hochachtungsvoll (*o* mit vorzüglicher Hochachtung).

ri|spet|to|so agg. respektvoll, Respekt zeigend: ***essere ~ verso qcn.*** jdm gegenüber respektvoll sein; ***essere ~ di qcs.*** vor etw. (D) Respekt zeigen; ***essere ~ delle opinioni altrui*** die Meinungen anderer respektieren ◆ ***stare a -a distanza*** in gebührender Entfernung stehen.

ri|splen|den|te agg. glänzend, strahlend: ***~ di gioia*** vor Freude strahlend.

ri|splen|de|re intr. *(risplendei/risplendetti; aus. essere, avere)* **1** glänzen, strahlen, scheinen: ***il sole risplende nel cielo*** die Sonne strahlt am Himmel; ***tutto risplende di pulito*** alles glänzt vor Sauberkeit **2** FIG. strahlen: ***~ di felicità*** vor Glück strahlen **3** *(distinguersi)* glänzen: ***~ per intelligenza*** durch Intelligenz glänzen.

ri|spol|ve|ra|re tr. *(rispolvero)* **1** wieder ab‿stauben: ***~ i mobili*** die Möbel wieder abstauben **2** FIG. auf‿frischen: ***~ le proprie conoscenze d'inglese*** seine Englischkenntnisse auffrischen. **ri|spol|ve|ra|ta** f. Abstauben *n.*; ***dare una ~ ai libri*** die Bücher wieder ab‿stauben.

ri|spon|den|te agg. **1** *(corrispondente)* entsprechend: ***non ~ al vero*** nicht der Wahrheit entsprechend **2** *(adatto)* geeignet: ***~ a qcs.*** für etw. geeignet.

ri|spon|den|za f. **1** Entsprechung *f.*, Übereinstimmung *f.* **2** *(ripercussione)* Auswirkung *f.*, Folge *f.* ◆ ***~ alla realtà*** Wirklichkeitstreue *f.*

ri|spon|de|re *(risposi; risposto)* **I** intr. (aus. *avere*) **1a** ***~ a qcs.*** etw. beantworten, auf etw. (A) antworten; ***~ a qcn.*** jdm antworten; ***~ a una domanda, a una lettera*** eine Frage, einen Brief beantworten (*o* auf eine Frage, einen Brief antworten); *(venire incontro)* ***~ alle richieste d'aiuto di qcn.*** auf jds Hilferufe antworten **b** antworten: ***~ evasivamente, prontamente*** ausweichend, schnell antworten; ***quando ti chiamo devi ~*** wenn ich dich rufe, musst du antworten; ***esitare a ~*** mit der Antwort zögern **2** *(ribattere)* ***~ a qcn., qcs.*** jdm, auf etw. antworten; jdm, etw. erwidern: ***~ a un'accusa*** auf einen Vorwurf antworten; ***~ a un rimprovero*** auf einen Vorwurf erwidern; ***non sapere che cosa ~*** nichts zu erwidern wissen **3** *(al telefono)* sich (am Telefon) melden: ***non risponde nessuno*** es meldet sich niemand **4** GIOC. ***~ a cuori*** mit Herz antworten, Herz zu‿geben **5** *(essere responsabile)* sich verantworten, haften, verantwortlich sein: ***~ personalmente di qcn., qcs.*** für jdn, etw. persönlich haften (*o* etw. persönlich verantworten); ***~ di se stesso*** für sich selbst verantwortlich sein; ***dover ~ di qcs. in tribunale*** sich vor dem Gericht für etw. verantworten müssen **6a** *(reagire)* reagieren: ***il muscolo non risponde*** der Muskel reagiert nicht; ***~ a un attacco nemico*** auf einen feindlichen Angriff reagieren **b** TECN. an‿sprechen, reagieren: ***i freni rispondono bene*** die Bremsen sprechen gut an; ***l'aereo non risponde più ai comandi*** das Flugzeug reagiert nicht mehr auf die Steuerung **7** FIG. *(corrispondere, soddisfare)* entsprechen, erfüllen: ***~ a qcs.*** etw. (D) entsprechen: ***~ ai fatti*** den Tatsachen entsprechen; ***non ~ alle esigenze del mercato*** den Marktanforderungen nicht entsprechen **8** SPORT erwidern: ***~ alla battuta*** den Aufschlag erwidern **II** tr. antworten, zur Antwort geben: ***non ~ una parola*** nicht antworten; ***~ due righe*** ein paar Zeilen als Antwort schreiben (*o* kurz antworten) ◆ ***~ affermativamente*** bejahen, mit Ja antworten; ***~ a un annuncio*** sich auf eine Anzeige melden; MIL. ***~ al fuoco*** das Feuer erwidern (*o* zurück‿schießen); ***~ per iscritto, per lettera*** schriftlich, brieflich antworten; ***~ male a qcn.*** *(scortesemente)* jdm unfreundlich antworten; *(sfacciatamente)* jdm frech antworten; *(in modo sbagliato)* jdm falsch antworten; ***~ a monosillabi*** einsilbig antworten; ***~ negativamente a qcs.*** etw. verneinen; ***~ di (o con un) no a qcs.*** auf etw. (A) mit Nein antworten; ***~ al nome di...*** auf den Namen... hören; ***non ~ a qcs.*** etw. unbeantwortet (*o* unerwidert) lassen; FIG. ***~ picche a qcn.*** jdm eine Abfuhr erteilen; ***~ per le rime*** keine Antwort schuldig bleiben; ***~ al saluto di qcn.*** jds Gruß erwidern (*o* beantworten); ***~ di (o con un) sì a qcs.*** mit Ja antworten; ***~ con un sorriso*** zurück‿lächeln; ***~ con un'alzata di spalle*** mit einem Achselzucken antworten; ***~ a tono*** keine Antwort schuldig bleiben; ***~ a vanvera*** auf gut Glück antworten; ***~ a voce*** mündlich antworten.

ri|spo|sa|re I tr. wieder heiraten **II** pronom. **risposarsi** wieder heiraten, sich wieder verheiraten.

ri|spo|sta f. **1** Antwort *f.*, Beantwortung *f.*: ***dare una ~ negativa, scortese, esauriente*** eine negative (*o* abschlägige), unfreundliche, erschöpfende Anwort geben; ***aspettare una ~*** auf eine Antwort warten; ***ricevere ~ a una domanda*** Antwort auf eine Frage erhalten (*o* bekommen); ***dire qcs. in ~ a qcn.*** jdm etw. zur Antwort geben; ***dare ~ a qcs.*** auf etw. (A) antworten (*o* etw. beantworten); ***dare una ~ alla domanda di qcn.*** auf jds Frage eine Antwort geben (*o* jds Frage beantworten); ***dare una ~ a qcn.*** jdm eine Antwort geben (*o* jdm antworten); ***senza ~*** ohne Antwort (*o* unbeantwortet); COMM. ***in attesa di una Vostra sollecita ~*** in Erwartung Ihrer baldigen Antwort; ***in ~ alla Sua lettera*** in Beantwortung Ihres Schreibens **2** *(replica)* Entgegnung *f.*, Erwiderung *f.*, Replik *f.* **3a** *(reazione)* Reaktion *f.*: ***la ~ dell'organismo a una cura*** die Reaktion des Organismus auf eine Kur; ***la ~ a un attacco*** die Reaktion auf einen Angriff **b** TECN. Ansprechen *n.*, Reaktion *f.* **4** MUS. Risposta *f.* ◆ ***botta e ~*** Rede und Gegenrede, Hieb und Gegenhieb; ***di ~*** Antwort-: ***lettera di ~*** Antwortschreiben *n.*; ***gradita Sua ~*** um Antwort wird gebeten; ***in ~ a qcs.*** in Beantwortung etw. (G); ***avere la ~ pronta*** schlagfertig sein; ***per tutta ~*** als Erwiderung (*o* anstatt zu antworten); **~ *ufficiale*** Antwortnote *f.* **ri|spo|stac|cia** f. *(-ce)* grobe Antwort *f.*

ri|spun|ta|re intr. (aus. *essere*) **1** wieder wachsen, wieder sprießen **2** *(di persona)* wieder auf‿tauchen, wieder erscheinen.

ris|sa f. Schlägerei *f.*, Rauferei *f.*: **~ *sanguinosa*** blutige Schlägerei; ***la discussione sfociò in una ~*** die Diskussion endete mit einer Schlägerei. **ris|sa|re** intr. (aus. *avere*) raufen, sich prügeln. **ris|so|sa|men|te** avv. raufلustig. **ris|so|si|tà** f. Rauflust *f.*, Rauflustigkeit *f.* **ris|so|so** agg. rauflustig: ***temperamento ~*** rauflustiges Temperament.

ri|sta|bi|li|men|to m. Wiederherstellung *f.*: ***il ~ della pace*** die Wiederherstellung des Friedens.

ri|sta|bi|li|re *(ristabilisco, ristabilisci)* **I** tr. wieder her‿stellen: **~ *l'ordine, la pace*** die Ordnung, den Frieden wieder herstellen; ***la cura lo ha ristabilito*** die Kur hat ihn wiederhergestellt **II** pronom. **ristabilirsi 1** sich erholen: ***si è completamente ristabilito*** er hat sich völlig erholt **2** *(di tempo)* wieder schön werden.

ri|sta|gna|men|to m. → **ristagno. ri|sta|gna|re** intr. (aus. *avere*) **1** stillstehen, sich stauen: ***qui l'acqua ristagna*** hier staut sich das Wasser **2** FIG. stagnieren, stocken: ***il commercio con l'estero ristagna*** der Außenhandel stockt.

ri|sta|gno m. **1** Stauung *f.*, Anstauung *f.* **2** MED. Stauung *f.*, Stockung *f.* **3** FIG. ECON. Stagnation *f.*, Flaute *f.*, Stockung *f.* ◆ **~ *della congiuntura*** Konjunkturdämpfung *f.*; **~ *di sangue*** Blutstauung *f.*; **~ *delle vendite*** Absatzflaute *f.*

ri|stam|pa f. **1** Nachdruck *m.*; ***essere in ~*** nachgedruckt werden **2** *(opera ristampata)* Neudruck *m.*, ◆ **~ *anastatica*** anastatischer Druck; ***seconda ~*** zweite Auflage. **ri|stam|pa|re** tr. nach‿drucken, neu auf‿legen: **~ *un libro*** ein Buch nachdrucken (*o* neu auflegen).

ri|sto|ran|te m. Restaurant *n.*, Gaststätte *f.*: **~ *esclusivo, economico*** vornehmes, preiswertes Restaurant; ***andare al ~*** ins Restaurant gehen; ***mangiare al ~*** im Restaurant essen; ***aprire, gestire un ~*** ein Restaurant eröffnen, betreiben (*o* führen) ◆ ***albergo ~*** Hotel *n.* mit Gaststättenbetrieb; ***carrozza ~*** Speisewagen *m.*; **~ *con giardino*** Gartenrestaurant *n.*; **~ *fast-food*** Fastfoodrestaurant *n.*; **~ *self-service*** Selbstbedienungsrestaurant *n.*; **~ *della stazione*** Bahnhofsrestaurant *n.*

ri|sto|ra|re I tr. **1** erquicken, stärken, laben: **~ *il corpo affaticato*** den erschöpften Körper stärken; **~ *qcn. con una bevanda fresca*** jdn mit einem kühlen Getränk erquicken (*o* laben) **2** FIG. erbauen: **~ *lo spirito*** den Geist erbauen **3** LETT. *(risarcire)* entschädigen: **~ *qcn. di qcs.*** jdn für etw. entschädigen **II** pronom. **ristorarsi** sich erquicken, sich stärken, sich laben: ***-rsi con qcs.*** sich mit etw. erquicken (*o* stärken).

ri|sto|ra|to|re I agg. **1** erquickend, labend, erholsam: ***sonno ~*** erquickender Schlaf; ***bevanda -trice*** labender Trunk **2** *(che rinvigorisce)* stärkend, kräftigend **II** m. Gastwirt *m.*

ri|sto|ra|zio|ne f. Gaststättengewerbe *n.*, Gaststättenwesen *n.*, Gastronomie *f.*

ri|sto|ro m. **1** *(fisico)* Erquickung *f.*, Stärkung *f.*, Labung *f.*: ***cercare ~*** Erquickung suchen; ***trovare ~ nel sonno*** im Schlaf Erquickung finden **2** *(morale)* Labung *f.* ◆ ***dare ~ a qcn.*** *(fisicamente)* jdn stärken; *(moralmente)* jdn erquicken (*o* laben); ***posto di ~*** Raststätte *f.*

ri|stret|tez|za f. **1** Enge *f.* **2** FIG. *(scarsità)* Mangel *m.*, Knappheit *f.* **3** pl. *(di mezzi, denaro)* Beschränktheit *f.*: ***-e di mezzi*** beschränkte Mittel; ***vivere in -e*** in beschränkten Verhältnissen leben ◆ **~ *di idee*** Engstirnigkeit *f.*; ***trovarsi in -e*** in Elend geraten sein; **~ *di vedute*** → **~ *di idee.***

ri|stret|to I p.pass. agg. **1** → **restringere 2** *(stretto)* eng **3** *(limitato)* beschränkt, begrenzt (anche FIG.): ***un gruppo ~*** eine begrenzte Gruppe; ***l'uso di questo termine è ~ al linguaggio tecnico*** der Gebrauch dieses Wortes ist auf die technische Fachsprache beschränkt; ***i suoi orizzonti sono -i*** er hat einen sehr engen (*o* beschränkten) Horizont; ***avere la mente -a*** geistig beschränkt sein **II** m. ECON. beschränkter Markt *m.* ◆ ***brodo ~*** kräftige Brühe (*o* Kraftbrühe *f.*); ***caffè ~*** sehr starker Kaffee; ***mercato ~*** beschränkter Markt; ***prezzo ~*** äußerster Preis; ***avere vedute -e*** engstirnig sein.

ri|strut|tu|ra|re tr. **1** um‿strukturieren: **~ *un'azienda*** einen Betrieb umstrukturieren **2** EDIL. renovieren, um‿bauen, sanieren: **~ *un edificio*** ein Gebäude renovieren ◆ ***spazio urbano da ~*** sanierungsbedürftiges Stadtgebiet.

ri|strut|tu|ra|zio|ne f. **1** Umstrukturierung *f.*, Umstrukturieren *n.*: ***la ~ di un'azienda*** die Umstrukturierung eines Betriebes **2** EDIL. Renovierung *f.*, Umbau *m.*, Sanierung *f.*: ***la ~ del centro storico*** die Sanierung der Altstadt; ***eseguire la ~ di un edificio*** ein Gebäude renovieren ◆ ***lavoro di ~*** Umbauarbeit *f.*

ri|stu|dia|re tr. *(ristudio, ristudi)* **1** wieder lernen **2** *(riesaminare)* wieder untersuchen.

ri|suc|chia|re tr. *(risucchio, risucchi)* **1** wieder saugen **2** *(trascinare)* in den (*o* seinen) Sog ziehen **3** FIG. *(assorbire)* verschlucken, verschlingen. **ri|suc|chio** m. *(-chi)* **1** Sog *m.*: ***il ~ di un'onda*** der Sog einer Welle **2** *(fluido in movimento)* Strudel *m.*, Wirbel *m.* ◆ ***cavità da ~*** Lunker *m.*

ri|sul|ta, *materiali di ~* wieder verwertbare Restmaterialien.

ri|sul|tan|te I agg. sich ergebend, hervorgehend: ***effetti -i*** sich ergebende Wirkungen **II** f. **1** MAT. FIS. Resultante *f.* **2** FIG. Ergebnis *n.*, Resultat *n.* **ri|sul|tan|za** f. BUROCR. Ergebnis *n.*, Resultat *n.*; ***-e processuali*** Prozessergebnis *n.*

ri|sul|ta|re intr. (aus. *essere*) **1** *(derivare)* hervor‿gehen, sich ergeben, folgen, resultieren: ***dall'affare risultò un notevole guadagno*** aus dem Geschäft ging ein beträchtlicher Gewinn hervor; ***ne risulta che...*** es ergibt sich, dass... (*o* daraus geht hervor, dass...) **2** *(dimostrarsi)* sich erweisen, sich heraus‿stellen: ***tutto ciò che ha detto è risultato falso*** es hat sich erwiesen, dass alles, was er gesagt hat, falsch war; **~ *inutile, giusto*** sich als unnötig, richtig herausstellen **3** *(presentarsi)* an‿fallen: ***risultano spese elevate*** hohe Kosten fallen an **4** *(riuscire)* hervor‿gehen: **~ *vincitore*** als Sieger hervorgehen ◆ ***mi risulta difficile crederlo*** ich habe Schwierigkeiten, daran zu glauben (*o* es fällt mir nicht leicht, daran zu glauben); ***mi risulta che...*** soviel ich weiß, ... (*o* soweit ich unterrichtet bin); ***non mi risulta*** das ist mir nicht bekannt; ***mi risulta nuovo*** das ist mir neu.

ri|sul|ta|ti|vo agg. resultativ: ***verbi -i*** resultative Verben.

ri|sul|ta|to m. Ergebnis *n.*, Resultat *n.*: ***giungere a un ~*** zu einem Ergebnis kommen (*o* führen); ***il ~ di una somma*** das Resultat einer Addition; **~ *positivo, negativo*** positives, negatives Ergebnis ◆ ***avere per, come ~*** ergeben; **~ *casuale*** Zufallsergebnis *n.*; **~ *eccezionale*** Rekordergebnis *n.*; **~ *elettorale*** Wahlergebnis *n.*; **~ *finale*** Schlussergebnis *n.* (*o* Endergebnis *n.*); **~ *di un'indagine*** Untersuchungsergebnis *n.*; **~ *parziale*** Teilergebnis *n.*; **~ *di una ricerca*** Forschungsergebnis *n.*; ***senza ~*** ergebnislos; **~ *della votazione*** Abstimmungsergebnis *n.*

ri|suo|la|re tr. neu besohlen. **ri|suo|la|tu|ra** f. Neubesohlung *f.*

ri|suo|na|re I intr. (aus. *essere, avere*) **1** *(suonare di nuovo)* wieder klingeln; *(di campane)* wieder läuten: ***il telefono ha risuonato*** das Telefon hat wieder geklingelt **2** *(di suoni)* erklingen **3** *(rimbombare)* dröhnen, ertönen: ***i suoi passi risuonavano sul pavimento*** seine Schritte dröhnten auf dem Fußboden **4** *(echeggiare)* wider‿hallen: ***lo sparo risuonò dai monti*** der Schuss hallte von den Bergen wider **II** tr. **1** wieder spielen: ***ha risuonato lo stesso pezzo di ieri*** er hat dasselbe Stück von gestern wieder gespielt **2** *(campane)* wieder läuten ◆ **~ *il campanello*** noch einmal auf die Klingel drücken (*o* die Klingel noch einmal drücken).

ri|sur|re|zio|ne f. **1** Auferstehung *f.*: ***la ~ dai morti*** die Auferstehung von den Toten; TEOL. ***la ~ della carne*** die Auferstehung des Fleisches **2** *(riapparizione)* Wiedererscheinen *n.*, Wiederauftauchen *n.* ◆ ***Pasqua di ~*** Auferstehungsfest *n.*

ri|su|sci|ta|re *(risuscito)* **I** tr. **1** auf‿erwecken, wieder zum Leben erwecken: **~ *qcn. dalla morte*** jdn wieder zum Leben erwecken; **~ *un morto*** einen Toten wieder zum Leben erwecken **2** SCHERZ. wieder auf‿leben lassen **II** intr. (aus. *essere*) **1** auf‿erstehen: ***Cristo è risuscitato*** Christus ist auferstanden **2** SCHERZ. wieder auf‿leben: ***dopo la cura è risuscitato*** durch die Kur ist er wieder aufgelebt ◆ ***...da far ~ un morto*** ...dass es einen Toten wieder zum Leben erwecken könnte.

ri|sve|glia|re *(risveglio, risvegli)* **I** tr. **1a** *(svegliare)* wecken, auf‿wecken **b** *(svegliare di nuovo)* wieder wecken **2a** FIG. *(scuotere)* auf‿rütteln, wach‿rütteln, wach‿rufen: **~ *la coscienza di qcn.*** jds Gewissen aufrütteln **b** *(eccitare)* erregen, an‿reizen: **~ *i sensi di qcn.*** jds Sinne anreizen **3** FIG. (wieder) erwecken, (wieder) wecken: **~ *qcs. in qcn.*** etw. bei jdm erwecken: **~ *in qcn. ricordi lontani*** in jdm ferne Erinnerungen erwecken; **~ *in qcn. i più bassi istinti*** in jdm die niedersten Instinkte wecken; **~ *il rancore, la curiosità di qcn.*** jds Groll, jds Neugierde wieder erwecken; **~ *emozioni*** Emotionen wecken **II** pronom. **risvegliarsi 1a** *(svegliarsi)* auf‿wachen, erwachen **b** *(svegliarsi di nuovo)* wieder auf‿wachen, wieder erwachen **2** FIG. *(riscuotersi)* sich wieder auf‿raffen **3** FIG. *(ripresentarsi)* wieder erwachen, sich wieder regen: ***il dolore si risvegliò immediatamente*** der Schmerz regte sich sofort wieder.

ri|sve|glio m. *(-gli)* **1a** Erwachen *n.*, Aufwachen *n.* (anche FIG.): ***il ~ della natura*** das Erwachen der Natur; ***il ~ dei popoli oppressi*** das Erwachen der unterdrückten Völker; ***al ~*** beim Erwachen **b** *(il risvegliarsi)* Wiederwachwerden *n.* **c** *(il risvegliare)* Erweckung *f.*, Wiedererweckung *f.* **2** *(ripresa)* Wiederbelebung *f.*: ***il ~ dell'eco-***

nomia die Wiederbelebung der Wirtschaft **3** *(ritorno alla realtà)* Ernüchterung *f.*

ri|svol|to m. **1a** Aufschlag *m.*, Umschlag *m.*: ***il ~ della manica, dei pantaloni*** der Ärmelaufschlag, der Umschlag an den Hosen; ***pantaloni, maniche con ~*** Hosen, Ärmel mit Umschlag **b** *(ampio risvolto)* Stulpe *f.*; ***guanti, stivali con ~*** Stulpenhandschuhe *pl.*, Stulpenstiefel *pl.* **c** *(di giacca, cappotto...)* Revers *m.* **2** EDIT. ***~ (di copertina)*** Umschlagklappe *f.*; *(testo)* Klappentext *m.* **3** FIG. Kehrseite *f.*

Ri|ta n.pr.f. Rita *f.*

ri|ta|glia|re *(ritaglio, ritagli)* **I** tr. **1** aus_schneiden: ***~ una foto dal giornale*** ein Foto aus der Zeitung ausschneiden **2** *(tagliare di nuovo)* wieder schneiden **II** pronom. **ritagliarsi 1** sich nehmen: ***-rsi uno spazio personale*** sich Zeit (für sich) nehmen **2** *(tagliarsi di nuovo)* sich wieder schneiden.

ri|ta|glio m. *(-gli)* **1** *(pezzetto che avanza)* Schnitzel *m.* e *n.*, Schnipsel *m.* **2** *(di giornale)* Ausschnitt *m.*: ***conservare un ~*** einen Ausschnitt auf_bewahren ◆ ***~ di carta*** Papierschnipsel *m.* e *n.*; ***~ di giornale*** Zeitungsausschnitt *m.*; ***~ di stoffa*** Stoffrest *m.*; ***~ di tempo*** freie Zeit (*o* freier Augenblick); ***nei -gli di tempo*** in der freien Zeit.

ri|tar|da|bi|le agg. verzögerbar. **ri|tar|dan|do I** m. Ritardando *n.* **II** avv. ritardando. **ri|tar|dan|te** agg. retardierend: ***fattore ~*** retardierender Faktor.

ri|tar|da|re I tr. **1a** verzögern: ***~ la partenza*** die Abfahrt verzögern **b** ***~ a fare qcs.*** zögern, etw. zu tun **2** *(differire)* auf_schieben, verschieben: ***~ la scadenza*** die Frist verschieben; ***~ un pagamento*** eine Zahlung aufschieben; *(essere in ritardo)* mit einer Zahlung im Verzug sein (*o* in Verzug kommen) **3** *(rallentare)* verlangsamen: ***~ il passo*** den Schritt verlangsamen **II** intr. (aus. *avere, essere*) **1** zögern: ***~ nella risposta*** mit der Antwort zögern **2** *(di orologi)* nach_gehen: ***il mio orologio ritarda di cinque minuti*** meine Uhr geht (um) fünf Minuten nach **3** *(essere, arrivare in ritardo)* sich verspäten, verspätet kommen, Verspätung haben: ***il treno ha ritardato di due ore*** der Zug hat zwei Stunden Verspätung gehabt ◆ ***fare ~ qcn.*** jdn auf_halten.

ri|tar|da|ta|rio I agg. *(-ri,-rie)* zu spät kommend: ***alunno ~*** zu spät kommender Schüler **II** m. *(-ri)* **1** Zuspätkommende *m.*, Nachzügler *m.* **2** *(nei pagamenti)* säumiger Zahler *m.*

ri|tar|da|to I p.pass. agg. **1** → **ritardare 2** verzögert, verlangsamt: ***moto ~*** verzögerte Bewegung **3** *(in ritardo)* verspätet **4** *(rallentato)* verzögert **5** PSIC. MED. retardiert, zurückgeblieben **II** m. ***~ (mentale)*** geistig Behinderte *m.*, geistig Zurückgebliebene *m.* ◆ ***a scoppio ~*** mit Zeitzündung; ***ordigno a scoppio ~*** Sprengkörper *m.* mit Zeitzünder; FIG. ***reagire a scoppio ~*** Spätzündung haben.

ri|tar|do I m. **1a** Verspätung *f.*: ***scusate il ~*** entschuldigen Sie bitte die Verspätung; ***un forte ~*** große Verspätung; ***il treno ha mezz'ora, dieci minuti di ~*** der Zug hat eine halbe Stunde, zehn Minuten Verspätung; ***recuperare il ~*** die Verspätung auf_holen **b** *(mora)* Verzögerung *f.*, Verzug *m.*: ***un ~ nel pagamento*** ein Verzug der Zahlung; ***pagare con un mese di ~*** mit einem Monat Verzug (*o* Verspätung) bezahlen **2** *(scarto)* Rückstand *m.*: ***recuperare il ~ nello sviluppo tecnico*** den Rückstand in der technischen Entwicklung auf_holen **3** *(rallentamento)* Verlangsamung *f.*, Verzögerung *f.* (anche FIS.) **4** MED. Zurückbleiben *n.*, Retardierung *f.*: ***~ mentale*** geistiges Zurückbleiben (*o* geistige Retardierung) **5** MUS. Vorhalt *m.* **II** agg.inv. FARM. retardierend: ***effetto ~*** retardierender Faktor (*o* Depoteffekt *m.*); ***preparato con effetto ~*** Depotpräparat *n.* ◆ MOT. ***~ di accensione*** Nachzündung *f.*; ***~ di combustione*** Nachverbrennung *f.*; ***~ di consegna*** Lieferungsverzug *m.* (*o* Verzögerung *f.* der Lieferung); TECN. ***dispositivo di ~*** Verzögerungsmechanismus *m.*; ***~ di fase*** Phasenverzögerung *f.*; ***essere in ~*** sich verspäten, zu spät dran sein; *(di mezzi di trasporto)* Verspätung haben; ***arrivare in ~*** verspätet (*o* mit Verspätung) ein_treffen; *(troppo tardi)* zu spät kommen; ***essere in ~ con un pagamento*** mit einer Zahlung im Verzug sein (*o* in Verzug kommen); ***~ di pagamento*** Zahlungsverzug *m.*

ri|te|gno m. **1** Zurückhaltung *f.* **2** *(misura)* Maß *n.* ◆ ***non avere ~ a fare qcs.*** sich nicht scheuen, etw. zu tun; ***senza ~*** rückhaltlos; *(senza misura)* maßlos; ***valvola di ~*** Rückschlagventil *n.*

ri|te|le|fo|na|re intr. *(ritelefono*; aus. *avere)* ***~ a qcn.*** jdn wieder an_rufen (*o* zurück_rufen); ***ritelefonami fra due ore*** rufe mich in zwei Stunden wieder an.

ri|tem|pra|re I tr. **1** wieder härten: ***~ una lama*** eine Klinge wieder härten **2** FIG. kräftigen, stärken: ***lo sport ritempra il corpo*** Sport kräftigt den Körper; ***~ le forze, lo spirito*** die Kräfte, den Geist stärken **II** pronom. **ritemprarsi** sich kräftigen, sich erholen.

ri|te|ne|re *(ritengo, ritieni; ritenni; ritenuto)* **I** tr. **1** *(considerare)* halten, an_sehen, betrachten: ***~ qcn. intelligente, onesto*** jdn für intelligent, ehrlich halten; ***~ opportuno qcs.*** etw. für zweckmäßig halten; ***~ qcn. un delinquente*** jdn als Verbrecher ansehen; ***lo ritengo un amico*** ich betrachte ihn als Freund **2** *(stimare)* schätzen: ***ritengo che abbia 35 anni*** ich schätze, dass er 35 (Jahre alt) ist **3** *(credere)* glauben, meinen: ***~ di aver ragione*** glauben, Recht zu haben **4** *(ricordare)* (im Kopf) behalten: ***non riuscire a ~ nomi e date*** Namen und Daten nicht behalten können; ***~ qcs. a memoria*** etw. im Gedächtnis behalten **5a** *(trattenere)* zurück_halten, verhalten, halten: ***non poter ~ l'urina*** den Urin nicht halten können **b** *(frenare, controllare)* unterdrücken, zurückhalten, verhalten **6** *(detrarre)* ein_behalten, ab_ziehen: ***~ un terzo dello stipendio*** ein Drittel des Gehalts einbehalten **7** ANT. *(conservare)* hüten: ***~ un segreto*** ein Geheimnis hüten **II** pronom. **ritenersi** sich halten, sich schätzen: ***-rsi fortunato*** sich für glücklich halten (*o* sich glücklich schätzen); ***-rsi offeso*** sich beleidigt fühlen.

ri|ten|ta|re tr. noch einmal (*o* wieder) versuchen (anche assol.): ***se non sei riuscito, ritenta*** wenn es dir nicht gelungen ist, versuche es noch einmal; ***~ la sorte*** sein Glück noch einmal versuchen.

ri|te|nu|ta f. Abzug *m.*: ***~ su qcs.*** Abzüge von etw. ◆ ***~ d'acconto*** Steuervorauszahlung *f.*; ***~ fiscale*** Steuerabzüge *pl.*; ***~ alla fonte*** Quellensteuer *f.*; ***~ sul salario*** Lohnabzüge *pl.*; MAR. ***sistema di ~*** Rückhaltetau *n.*; ***~ sullo stipendio*** Gehaltsabzüge *pl.*; ***valvola di ~*** Rückschlagventil *n.*

ri|ten|zio|ne f. **1** Zurückhaltung *f.* **2a** MED. Retention *f.*, Verhaltung *f.* **b** PSIC. Retention *f.* **3** DIR. Zurückbehaltung *f.*, Einbehaltung *f.* ◆ ***diritto di ~*** Zurückbehaltungsrecht *n.*; ***~ idrica*** Wasserretention *f.*; ***~ urinaria*** Harnverhaltung *f.*

ri|ti|ra|re I tr. **1** *(tirare di nuovo)* wieder ziehen **2** *(lanciare di nuovo)* wieder werfen: ***~ la palla*** den Ball wieder werfen **3a** *(ritrarre)* zurück_ziehen: ***~ la mano*** die Hand zurückziehen; ***~ le truppe*** die Truppen zurückziehen **b** FIG. *(ritrattare)* zurück_ziehen, zurück_nehmen, zurück_rufen: ***~ la parola data*** sein Versprechen zurückziehen; ***~ la propria candidatura*** seine Kandidatur zurückziehen; ***~ una querela*** eine Klage zurücknehmen; ***ritiro tutto quello che ho detto*** ich nehme alles zurück, was ich gesagt habe **4** *(recuperare)* ab_holen: ***~ i bagagli alla stazione*** das Gepäck am (*o* vom) Bahnhof abholen **5** *(riscuotere)* beziehen: ***~ la paga*** den Lohn beziehen **6** *(requisire)* entziehen: ***~ il passaporto, la tessera a qcn.*** jdm den Pass, die Mitgliedschaft entziehen **7** *(togliere dalla circolazione)* entziehen, aus dem Verkehr ziehen, zurück_ziehen: ***~ un prodotto difettoso*** ein defektes Produkt zurückziehen (*o* eine Rückrufaktion für ein defektes Produkt starten); ***~ denaro dalla circolazione*** Geld aus dem Verkehr ziehen **II** pronom. **ritirarsi 1a** sich zurück_ziehen: ***-rsi in campagna, nella propria stanza*** sich aufs Land, in sein Zimmer zurückziehen; FIG. ***-rsi in se stesso*** sich in sich selbst zurückziehen; ***l'esercito si ritirò sulle montagne*** das Heer zog sich in die Berge zurück; *(dimettersi)* ***-rsi dalla professione*** sich aus dem Berufsleben zurückziehen **b** SPORT auf_geben **2** *(rientrare in casa)* heim_gehen, heim_kehren, nach Hause gehen **3** *(restringersi)* ein_gehen, ein_laufen: ***la lana si ritira in acqua calda*** die Wolle geht im warmen Wasser ein **4** *(defluire)* ab_fließen, zurück_weichen, zurück_gehen: ***poco dopo l'inondazione, le acque cominciarono a -rsi dai campi*** kurz nach der Überschwemmung begann das Wasser wieder von den Feldern abzufließen; ***con la bassa marea il mare si ritira*** bei Ebbe weicht das Meer zurück ◆ ***~ un ambasciatore*** einen Botschafter ab_berufen; ***~ una cambiale*** einen Wechsel ab_fordern; ***~ fuori*** wieder heraus_ziehen; FIG. ***~ fuori la solita scusa*** wieder die übliche Ausrede an_bringen; ***~ un bambino dalla scuola*** ein Kind von der Schule ab_melden (*o* aus_schulen).

ri|ti|ra|ta f. **1** MIL. Rückzug *m.*: ***tagliare, coprire la ~*** den Rückzug ab_schneiden, sichern; ***dare il segnale della ~*** das Signal zum Rückzug geben **2** *(rientro in caserma)* Zapfenstreich *m.*; ***suonare la ~*** den Zapfenstreich blasen **3** *(gabinetto)* Abort *m.* ◆ FIG. ***fare una ~ strategica*** sich geschickt aus der Affäre ziehen; ***battere in ~*** sich zurück_ziehen; FIG. COLLOQ. aus_kratzen, aus_kneifen.

ri|ti|ra|to p.pass. agg. **1** → **ritirare 2** zurückgezogen, einsam: ***fare una vita -a*** zurückgezogen leben.

ri|ti|ro m. **1a** *(il ritirare)* Zurückziehen *n.*, Rücknahme *f.*: ***il ~ della domanda*** die Rücknahme des Antrags **b** *(richiamo)* Abberufung *f.*: ***il ~ dell'ambasciatore*** die Abberufung des Botschafters **2** *(il ritirarsi)* Rückzug *m.*: ***il ~ dalla vita politica*** der Rückzug aus dem politischen Leben **3a** MIL. *(il ritirare)* Zurückziehen *n.*, Zurückbeordern *n.* **b** *(il ritirarsi)* Abzug *m.*, Rückzug *m.* **4** *(recupero)* Abholung *f.*, Abholen *n.*: ***il ~ dei bagagli*** die Abholung des Gepäcks **5a** *(requisizione)* Entziehung *f.*, Entzug *m.* **b** *(dalla circolazione)* Einzug *m.* **6** SPORT Aufgeben *n.* **7a** *(luogo appartato)* Zufluchtsort *m.*, Ruheort *m.* **b** SPORT Trainingslager *n.*: ***la squadra è in ~*** die Mannschaft ist im Trainingslager **c** *(vita ritirata)* Zurückgezogenheit *f.*, Absonderung *f.*: ***vivere in ~*** in Zurückgezogenheit leben **8a** *(il restringersi)* Eingehen *n.*, Einlaufen *n.* **b** METALL. Schrumpfung *f.*, Schwindung *f.* ◆ ***~ della patente*** Führerscheinentzug *m.*; ***~ spirituale*** Einkehr *f.* (*o* Selbstbesinnung *f.*).

rit|ma|re tr. **1** rhythmisieren **2** *(adattare a un ritmo)* ***~ qcs.*** etw. einem Rhythmus an_passen ◆ ***~ il passo*** im Rhythmus gehen.

rit|ma|to p.pass. agg. **1** → **ritmare** **2** rhythmisch, taktmäßig.

rit|mi|ca f. **1** Rhythmik *f.* **2** METR. Verslehre *f.*, Metrik *f.*

rit|mi|ca|men|te avv. rhythmisch. **rit|mi|ci|tà** f. Rhythmus *m.*, Gleichmäßigkeit *f.*

rit|mi|co agg. *(-ci,-che)* rhythmisch: ***ginnastica -a*** rhythmische Gymnastik; ***movimento ~*** rhythmische Bewegung *f.* ◆ ***chitarra -a*** Rhythmusgitarre *f.*; ***strumento ~*** Rhythmusinstrument *n.*

rit|mo m. **1** MUS. Rhythmus *m.*, Takt *m.*: ***il ~ di una canzone*** der Rhythmus eines Liedes; ***~ lento, veloce*** langsamer, schneller Rhythmus; ***~ ascendente, discendente*** steigender, fallender Rhythmus; ***un ~ sudamericano*** ein südamerikanischer Rhythmus **2a** FIG. *(alternanza)* Rhythmus *m.*, Wechsel *m.*: ***il ~ delle stagioni*** der Rhythmus (*o* Wechsel) der Jahreszeiten **b** *(successione di forme)* Rhythmus *m.*: ***il ~ di una struttura architettonica*** der Rhythmus einer architektonischen Struktur **3** FIG. *(svolgimento intenso)* Tempo *n.*: ***rallentare il ~*** das Tempo verlangsamen; ***il ~ convulso della vita moderna*** das hektische Tempo des modernen Lebens **4** *(corso)* Ablauf *m.*, Tempo *n.*, Rhythmus *m.*: ***il ~ narrativo*** der Erzählrhythmus; ***il ~ di un romanzo, di un film*** das Tempo eines Romans, Films ◆ ***~ biologico*** Biorhythmus *m.*; ***~ cardiaco*** Herzrhythmus *m.*; ***muoversi a ~ di danza*** sich wie im Tanz bewegen; ***~ di lavoro*** Arbeitsrhythmus *m.*; ***l'attività è ripresa a pieno ~*** die Tätigkeit hat wieder voll begonnen; ***il ~ della produzione*** Produktionsrhythmus *m.*; ***~ della respirazione*** Atemrhythmus *m.*; ***~ di samba*** Sambarhythmus *m.*; MED. ***~ sinusoide*** Sinusrhythmus *m.*; ***tenere il ~*** dem Rhythmus folgen; FIG. ***tenere il ~ di qcs.*** mit etw. Schritt halten; ***~ di valzer*** Walzertakt *m.*; ***a ~ di valzer*** im Walzertakt; ***~ di vita*** Lebensrhythmus *m.*

ri|to m. **1** Ritus *m.*, Ritual *n.*: ***osservare il ~*** den Ritus befolgen **2** *(liturgia)* Liturgie *f.*: ***~ romano, bizantino*** römische, byzantinische Liturgie **3** FIG. *(uso)* Brauch *m.*, Sitte *f.* **4** ESTENS. Ritual *n.*: ***il ~ del tè*** das Ritual des Teetrinkens **5** DIR. Verfahrensweise *f.*, Verfahren *n.*, Prozess *m.*: ***~ abbreviato*** abgekürztes Verfahren ◆ ***~ battesimale*** Taufritus *m.*; ***sposarsi secondo il ~ civile*** standesamtlich heiraten; DIR. ***~ direttissimo*** Schnellverfahren *n.*; ***essere di ~*** gebräuchlich sein (*o* üblich sein); ***~ funebre*** Totenmesse *f.* (*o* Totenamt *n.*); ***~ nuziale*** Hochzeitszeremonie *f.*; ***sposarsi secondo il ~ religioso*** kirchlich heiraten.

ri|toc|ca|re *(ritocco, ritocchi)* **I** tr. **1** *(toccare di nuovo)* wieder berühren **2** *(correggere)* überarbeiten, nach_bessern: ***~ un testo*** einen Text überarbeiten **3** FOT. retuschieren **4** *(riparare)* aus_bessern, nach_arbeiten: ***~ un danno alla carrozzeria*** einen Schaden an der Karrosserie ausbessern; ***~ qcs. a mano*** etw. mit der (*o* von) Hand nacharbeiten **5** COSMET. auf_frischen, nach_ziehen: ***~ il trucco*** das Make-up auffrischen; ***~ le labbra*** die Lippen nachziehen **6a** FIG. *(aumentare)* steigern, an_heben: ***~ i prezzi*** die Preise anheben **b** *(migliorare)* verbessern: ***~ un primato*** einen Rekord verbessern **II** intr. (aus. *essere*) ***a qcn. ritocca fare qcs.*** jd ist wieder dran, etw. zu tun **III** pronom. ***-rsi le labbra, (il trucco del)le sopracciglia*** sich die Lippen, die Augenbrauen nach_ziehen.

ri|toc|ca|ta f. **1a** *(correzione)* Überarbeitung *f.*, Nachbesserung *f.*; ***dare una ~ a qcs.*** etw. überarbeiten **b** FOT. Retuschierung *f.* **2** *(piccola riparazione)* Ausbesserung *f.*; ***dare una ~ a qcs.*** etw. aus_bessern **3** COSMET. Auffrischen *n.*; ***dare, darsi una ~ al viso, alle labbra*** das Make-up auf_frischen, die Lippen nach_ziehen **4** FIG. *(aumento)* Steigerung *f.*; ***dare una ~ ai prezzi*** die Preise an_heben. **ri|toc|ca|to|re** m. FOT. Retuscheur *m.* **ri|toc|ca|tu|ra** f. → **ritocco.**

ri|toc|co m. *(-chi)* **1a** *(correzione)* Überarbeitung *f.*, Nachbesserung *f.*; ***apportare un ~ a qcs.*** etw. überarbeiten (*o* nach_bessern); ***dare gli ultimi -chi a qcs.*** die letzte Hand (*o* Feile) an etw. (A) legen **b** FOT. Retusche *f.*, Retuschierung *f.*: ***apportare un ~ a una fotografia*** an einem Foto eine Retusche vor_nehmen **2** *(piccola riparazione)* Ausbesserung *f.*; ***fare un ~ alla verniciatura*** den Lack ausbessern.

ri|tor|ce|re *(ritorco, ritorci; ritorsi; ritorto)* **I** tr. **1** *(torcere di nuovo)* wieder aus_wringen, wieder um_drehen **2** FIG. zurück_geben, um_drehen; ***~ le accuse contro qcn.*** jdm die Anschuldigungen zurückgeben **3** TESS. zwirnen **II** pronom. ***-rsi contro qcn., qcs.*** sich gegen jdn, etw. wenden (*o* kehren); auf jdn, etw. zurück_fallen. **ri|tor|ci|tu|ra** f. Zwirnen *n.*

ri|tor|na|re **I** intr. (aus. *essere*) **1a** *(tornare di nuovo)* wieder_kommen, wieder_kehren **b** *(tornare indietro)* zurück_kommen, zurück_kehren; *(con veicolo)* zurück_fahren: ***~ a casa, in patria*** heim_kehren (*o* nach Hause, in die Heimat zurückkehren); ***~ dalla prigionia*** aus der Gefangenschaft heim_kehren; ***~ dalla guerra, dalle vacanze, da un viaggio*** aus dem Krieg, aus dem Urlaub, von einer Reise zurückkommen; FIG. ***~ sull'argomento*** auf das Thema zurückkommen (*o* zum Thema zurückkehren); ***~ con la memoria a qcn., qcs.*** in der Erinnerung zu jdm, etw. zurückkehren; ***è ritornata da lui*** sie ist wieder zu ihm zurückgekehrt **2** *(ridiventare)* wieder werden: ***il tempo è ritornato bello*** das Wetter ist wieder schön geworden; ***è ritornato il caldo*** es ist wieder heiß geworden **3** *(ricomparire)* wieder haben: ***gli è ritornata la febbre, la fame*** er hat wieder Fieber, Hunger **4** *(ripetersi, ripresentarsi)* wieder_kehren: ***questo motivo ritorna in tutte le sue opere*** dieses Motiv kehrt in allen seinen Werken wieder **II** tr. **1** REGION. *(restituire)* zurück_geben: ***mi ha ritornato il denaro prestatogli*** er hat mir das geliehene Geld zurückgegeben **2** *(per posta)* zurück_senden **III** pronom. **ritornarsene** **1** COLLOQ. *(tornare indietro)* zurück_kommen **2** COLLOQ. *(ridiventare)* wieder werden ◆ ***~ in fretta*** zurück_eilen; ***~ indietro*** zurück_gehen; *(con veicolo)* zurück_fahren; ***~ in mente*** wieder ein_fallen; ***~ di moda*** wieder Mode (*o* modern) werden; ***~ alla natura*** zur Natur zurück_kehren; ***~ polvere*** wieder zu Staub werden; ***~ in scena*** wieder auf die Bühne kommen; FIG. aus der Versenkung auf_tauchen; ***~ in sé*** wieder zu sich kommen.

ri|tor|nel|lo m. **1** METR. MUS. Kehrreim *m.*, Refrain *m.* **2** FIG. altes Lied *n.*, alte Leier *f.*: ***è sempre il solito ~*** es ist immer das alte Lied (*o* die alte Leier).

ri|tor|no m. **1a** *(il ritornare)* Rückkehr *f.*; *(con veicolo)* Rückfahrt *f.*: ***~ dalle vacanze*** Rückkehr aus dem Urlaub; ***al il suo ~*** bei seiner Rückkehr **b** FIG. Rückkehr *f.*: ***il ~ alle antiche abitudini*** die Rückkehr zu alten Gewohnheiten **2** *(ricomparsa periodica)* Wiederkehr *f.* (anche FIG.): ***il ~ delle rondini, di un'epidemia*** die Wiederkehr der Schwalben, einer Epidemie **3** ECON. *(rendimento)* Gewinn *m.* **4a** *(restituzione)* Rückgabe *f.* **b** *(di denaro)* Rückzahlung *f.* **c** *(per posta)* Rücksendung *f.* ◆ ***analfabetismo di ~*** Rückfall *m.* in den Analphabetismus; ***andata e ~*** Hin- und Rückfahrt (*o* COLLOQ. hin und zurück); ***biglietto di andata e ~*** (Hin- und) Rückfahrkarte *f.*; ***viaggio di andata e ~*** Hin- und Rückreise *f.*; *(con veicolo)* Hin- und Rückfahrt *f.*; ***volo di andata e ~*** Hin- und Rückflug *m.*; ***avere qcs. di ~*** etw. zurück_bekommen (*o* zurück_erhalten); ***cambiale di ~*** Rückwechsel *m.* (*o* Ritratte *f.*); ***~ a casa*** Heimkehr *f.* (*o* Rückkehr *f.* nach Hause); BUROCR. ***conto di ~*** Retourrechnung *f.*; MECC. ***corsa di ~*** Rücklauf *m.*; *(di rimando)* ***di ~*** als Erwiderung; ***essere di ~*** auf dem Rückweg sein; *(tornare, rif. al futuro)* zurück_kommen; *(essere tornato)* zurückgekommen (*o* zurückgekehrt) sein; ***sarò di ~ fra 5 minuti*** ich bin in 5 Minuten zurück; ***(sei) già di ~?*** schon zurück? ***fare ~ in un luogo*** an einen Ort zurück_kehren; ***~ di fiamma*** Flammenrückschlag *m.*; FIG. *(di una moda, un fenomeno)* Wiederaufleben *n.*, Come-back *n.*; *(di un'amicizia, un amore)* Wiederaufflammen *n.*; FIG. Wiederaufflammen *n.* einer alten Liebe; SPORT ***girone di ~*** Rückrunde *f.*; ***~ di immagine*** Widerspiegelung *f.* eines Bildes; FIG. Imageaufwertung *f.*; ***marcia di ~*** Rückmarsch *m.*; ***~ della memoria su qcs.*** Rückbesinnung *f.* auf etw. (A); ***merce di ~*** Retourware *f.*; ***partita di ~*** Rückspiel *n.* (*o* Rückkampf *m.*); FIG. ***punto di non ~*** Punkt *m.*, von dem an es kein Zurück mehr gibt; ***ricevuta di ~*** Rückschein *m.*; ***il ~ di un artista sulla scena*** das Come-back eines Künstlers; ***spedizione di ~*** Rücksendung *f.*; TIP. ***tasto di ~*** Rücktaste *f.* (*o* Rückstelltaste *f.*); ***via del ~*** Rückweg *m.*; ***essere sulla via del ~*** auf dem Rückweg sein; ***prendere la via del ~*** den Rückweg an_treten; ***mettersi sulla via del ~*** sich auf den Rückweg machen; ***viaggio di ~*** Rückreise *f.*, Rückfahrt *f.*; ***viaggio di ~ in patria*** Heimreise *f.*; ***viaggio senza ~*** die letzte Reise; ***volo di ~*** Rückflug *m.*; ***vuoti di ~*** Pfandflaschen *pl.*

ri|tor|sio|ne f. **1** *(rappresaglia)* Vergeltung *f.*, Rache *f.* **2** DIR. Retorsion *f.*

ri|tor|ta f. **1** *(ramoscello)* Gerte *f.* **2** ANT. pl. *(catene)* Ketten *pl.*

ri|tor|to **I** p.pass. agg. **1** → **ritorcere** **2** *(contorto)* krumm, gekrümmt **3** TESS. gezwirnt **II** m. TESS. Zwirn *m.*

ri|tra|dur|re tr. *(ritraduco, ritraduci; ritradussi; ritradotto)* **1a** neu übersetzen **b** *(testo letterario)* neu übertragen **2** *(fare una retroversione)* rückübersetzen **3** *(tradurre da una traduzione)* nicht aus der Originalsprache übersetzen. **ri|tra|du|zio|ne** f. **1a** Neuübersetzung *f.* **b** *(di testo letterario)* Neuübertragung *f.* **2** *(retroversione)* Rückübersetzung *f.* **3** *(da un testo tradotto)* keine Übersetzung aus der Originalsprache.

ri|trar|re *(ritraggo, ritrai; ritrassi; ritratto)* **I** tr. **1a** *(ritirare)* zurück_ziehen **b** *(tirare via)* weg_ziehen **2** FIG. *(distogliere)* ab_wenden: ***~ lo sguardo da qcs.*** den Blick von etw. abwenden **3a** *(fare il ritratto)* porträtieren, ab_bilden: ***~ qcn., qcs.*** jdn, etw. porträtieren; ***farsi ~ da qcn.*** sich von jdm porträtieren (*o* malen) lassen; ***~ qcs. dal vero*** etw. naturgetreu abbilden **b** FOT. auf_nehmen, fotografieren **4** ESTENS. *(descrivere)* wieder_geben, dar_stellen **II** pronom. **ritrarsi 1** *(fare un ritratto a se stesso)* sich selbst porträtieren **2** *(tirarsi indietro)* sich zurück_ziehen, sich entziehen (anche FIG.): ***-rsi in un luogo remoto*** sich an einen abgelegenen Ort zurückziehen; ***-rsi in se stesso*** sich in sich selbst zurückziehen; ***-rsi dall'abbraccio di qcn.*** sich jds Umarmung entziehen.

ri|tra|sfor|ma|re I tr. wieder verwandeln: ***~ qcs. nella forma originale*** etw. wieder in die Originalform verwandeln **II** pronom. **ritrasformarsi** sich wieder verwandeln.

ri|tra|smet|te|re tr. *(ritrasmisi; ritrasmesso)* **1** wieder übertragen, wieder aus_strahlen **2** ***~ un messaggio*** eine Botschaft weiter_geben.

ri|trat|ta|bi|le agg. widerruflich, widerrufbar.

ri|trat|ta|re tr. **1** *(trattare di nuovo)* wieder behandeln (anche FIG.) **2** *(rinnegare, ritirare)* widerrufen, zurück_nehmen: ***~ una confessione*** ein Geständnis widerrufen. **ri|trat|ta|zio|ne** f. Widerruf *m.*: ***fare una ~*** Widerruf leisten; ***esigere la ~ di qcs.*** den Widerruf von etw. verlangen.

ri|trat|ti|sta *(-i,-e)* **I** m. e f. Porträtmaler *m.* (-in *f.*), Porträtist *m.* (-in *f.*) **II** agg. Porträt-: ***fotografo ~*** Porträtfotograf *m.* (-in *f.*). **ri|trat|ti|sti|ca** f. Porträtmalerei *f.* **ri|trat|ti|sti|co** agg. *(-ci,-che)* Porträt-: ***tradizione -a*** Porträttradition *f.*

ri|trat|to I p.pass. agg. **1** → **ritrarre 2** *(ritirato)* eingezogen **3** *(riprodotto)* porträtiert **II** m. **1** Porträt *n.*, Bildnis *n.*: ***fare il ~ di, a qcn.*** von jdm ein Porträt malen, zeichnen (*o* jdn porträtieren); ***farsi fare il ~ da qcn.*** sich von jdm porträtieren lassen; ***~ in grandezza naturale*** lebensgroßes Porträt; ***~ a olio, frontale*** Porträt in Öl, von vorn **2** ESTENS. *(descrizione)* Porträt *n.*, Bild *n.*: ***tracciare un ~ della situazione economica*** ein Bild der wirtschaftlichen Situation entwerfen (*o* geben) **3** FIG. Abbild *n.*, Ebenbild *n.*: ***è il ~ di sua madre*** sie ist das Abbild (*o* Ebenbild) ihrer Mutter; ***è tutto il tuo ~*** er ist ganz dein Ebenbild ◆ ***~ a mezzo busto*** Brustbild *n.*; ***~ di famiglia*** Familienbild *n.*; ***essere il ~ della felicità*** das Glück in Person sein; ***~ fotografico*** Porträtaufnahme *f.*; ***~ a figura intera*** Ganzporträt *n.*; ***~ morale*** Charakterbild *n.*; ***~ in piedi*** Standbild *n.*; ***~ di profilo*** Profilbild *n.*; ***essere il ~ della salute*** die Gesundheit selbst sein (*o* die Gesundheit in Person sein).

ri|tra|zio|ne f. **1** Zurückziehen *n.* **2a** *(contrazione)* Einschrumpfung *f.*, Zusammenziehen *n.* **b** MED. Retraktion *f.* **3** LING. Akzentverschiebung *f.* auf die erste Silbe.

ri|tri|to agg. ***trito e ~*** abgedroschen.

ri|tro|si|a f. **1** *(riluttanza)* Widerspenstigkeit *f.* **2** *(timidezza)* Sprödigkeit *f.*

ri|tro|so agg. **1** *(riluttante)* widerspenstig, widerwillig: ***essere ~ a fare qcs.*** etw. widerwillig tun (*o* etw. ungern tun) **2** *(timido)* spröd(e), zurückhaltend: ***avere un animo timido e ~*** ein scheues und zurückhaltendes Wesen haben ◆ ***a ~*** rückwärts; ***andare a ~*** rückwärts gehen; *(con veicolo)* rückwärts fahren; FIG. den Krebsgang gehen; ***andare a ~ nel tempo*** in Gedanken zurück_gehen; ***movimento a ~*** Rückwärtsbewegung *f.*

ri|tro|va|bi|le agg. wieder auffindbar. **ri|tro|va|men|to** m. **1** *(rinvenimento)* Auffindung *f.* **2** *(scoperta)* Entdeckung *f.* **3** *(invenzione)* Erfindung *f.* **4** *(oggetto ritrovato)* Fund *m.* ◆ ***luogo del ~*** Fundort *m.*; ***~ di sé*** Selbstfindung *f.*; ***~ di un tesoro*** Schatzfund *m.*

ri|tro|va|re I tr. **1** *(persone o cose smarrite)* wieder finden: ***~ l'ombrello*** den Schirm wieder finden; ***~ la retta via*** den rechten Weg wieder finden (anche FIG.); ***ha ritrovato se stesso*** er hat sich selbst wieder gefunden **2** *(incontrare, trovare di nuovo)* wieder an_treffen, wieder treffen: ***~ un vecchio amico*** einen alten Freund wieder treffen **3a** *(rinvenire)* finden: ***~ una soluzione*** eine Lösung finden **b** *(dopo ricerche)* auf_finden: ***è stata ritrovata l'arma del delitto*** die Tatwaffe wurde aufgefunden **4a** *(scoprire)* entdecken **b** *(inventare)* erfinden **5** FIG. *(recuperare)* wieder_gewinnen, wieder_erlangen: ***~ le forze, la tranquillità*** seine Kräfte, seine Ruhe wiedergewinnen; ***~ la parola*** das Sprachvermögen wiedererlangen **6** *(riconoscere)* erkennen: ***~ qcn., qcs., in qcn., qcs.*** jdn, etw. in jdm, etw. erkennen **II** pronom. **ritrovarsi 1** *(incontrarsi di nuovo)* sich wieder treffen: ***-rsi al caffè con qcn.*** sich mit jdm im Café wieder treffen **2** *(capitare, essere)* sein, sich befinden, geraten: ***-rsi in mezzo ai guai*** wieder in Schwierigkeiten sein; ***-rsi sempre nello stesso luogo*** immer wieder an den gleichen Ort geraten; ***non vorrei ritrovarmi nella stessa situazione*** ich möchte mich nicht wieder in derselben Lage befinden **3a** *(orientarsi)* sich zurecht_finden: ***nella confusione non mi ritrovo*** in dem Durcheinander finde ich mich nicht zurecht **b** *(sentirsi a proprio agio)* sich wohl fühlen: ***in questo ambiente non mi ritrovo*** in dieser Umgebung fühle ich mich nicht wohl **4** SCHERZ. *(avere)* ***con la faccia tosta che ti ritrovi!*** und du hast tatsächlich die Stirn! ***con la macchina che mi ritrovo non potrò di certo partire!*** mit dem Auto, das ich habe, kann ich sicherlich nicht abreisen! ◆ ***~ coraggio*** wieder Mut bekommen; ***~ il filo del discorso*** den Faden des Gesprächs wieder auf_nehmen; ***~ la forma*** wieder in Form kommen; ***~ la salute*** wieder gesund werden.

ri|tro|va|to m. **1** *(scoperta)* Entdeckung *f.* **2** *(invenzione)* Erfindung *f.* **ri|tro|vo** m. **1** *(incontro)* Treffen *n.*: ***organizzare un ~*** ein Treffen verabreden (*o* veranstalten) **2a** *(locale)* Lokal *n.* **b** *(circolo)* Tummelplatz *m.* ◆ ***luogo, punto di ~*** Treffpunkt *m.*; ***~ notturno*** Nachtlokal *n.*

rit|to agg. **1** *(dritto in piedi)* aufrecht: ***stare ~*** aufrecht stehen; ***il cane stava ~ sulle zampe posteriori*** der Hund stand auf den Hinterbeinen; COLLOQ. der Hund machte Männchen **2** *(in posizione verticale)* gerade ◆ ***ha i capelli -i sulla testa*** ihm stehen die Haare ab; FIG. ihm stehen die Haare zu Berge.

ri|tua|le I agg. **1** *(proprio del rito)* rituell, Ritual-: ***atto ~*** rituelle Handlung; ***danza ~*** ritueller Tanz **2** FIG. *(consueto)* gewöhnlich, üblich **II** m. **1** *(raccolta di norme scritte)* Ritual(e) *n.*, Ritualbuch *n.* **2** *(cerimoniale)* Ritual *n.* (anche FIG.): ***osservare, seguire un ~*** ein Ritual vollziehen (*o* ein_halten), befolgen ◆ ***comportamento ~*** Ritualhandlung *f.*; ***funzione ~*** Ritualverrichtung *f.*; ***omicidio ~*** Ritualmord *m.* **ri|tua|li|smo** m. Ritualismus *m.* (anche RELIG.). **ri|tua|li|sta** m. e f. *(-i,-e)* **1** Ritenforscher *m.* (-in *f.*). **2** RELIG. Ritualist *m.* (-in *f.*). **ri|tua|li|sti|co** agg. *(-ci,-che)* rituell. **ri|tua|li|tà** f. ritueller Charakter *m.* **ri|tua|liz|za|re** tr. ritualisieren. **ri|tua|liz|za|zio|ne** f. Ritualisierung *f.*

ri|tual|men|te avv. rituell, dem Ritus nach.

ri|tuf|fa|re I tr. *(tuffare di nuovo)* wieder (ein_)tauchen: ***~ qcs. nell'acqua*** etw. wieder ins Wasser (ein)tauchen **II** pronom. **rituffarsi 1** wieder ins Wasser springen **2** FIG. sich wieder stürzen: ***-rsi negli studi*** sich wieder ins Studium stürzen.

ri|u|ni|fi|ca|re tr. *(riunifico, riunifichi)* wieder vereinigen. **ri|u|ni|fi|ca|zio|ne** f. Wiedervereinigung *f.*: ***la ~ della Germania*** die Wiedervereinigung Deutschlands.

ri|u|nio|ne f. **1** *(ricongiungimento)* Wiedervereinigung *f.*, Wiederbegegnung *f.*: ***la ~ dei due fratelli dopo anni di lontananza*** die Wiederbegegnung der beiden Brüder nach Jahren der Trennung **2a** *(convegno)* Versammlung *f.*, Sitzung *f.*, Treffen *n.*: ***indire, tenere, sciogliere una ~*** eine Versammlung ein_berufen, ab_halten, auf_lösen; ***rimandare, rinviare la ~ alle 16*** die Sitzung auf 16 Uhr verschieben; ***partecipare a una ~*** an einem Treffen teil_nehmen; ***la ~ si protrae*** die Sitzung zieht sich in die Länge; ***essere in ~*** in einer Konferenz (*o* Sitzung) sein **b** *(discussione)* Besprechung *f.* **3** SPORT Begegnung *f.*, Treffen *n.* ◆ ***~ del consiglio*** Ratssitzung *f.*; ***fare una ~*** sich versammeln; ***~ di famiglia*** Familienversammlung *f.*; ***~ finale*** Schlussbesprechung *f.*; ***~ di lavoro*** Arbeitstagung *f.*; ***libertà di ~*** Versammlungsfreiheit *f.*; ***sala -i*** Sitzungssaal *m.*, Versammlungssaal *m.*; ***~ sindacale*** Gewerkschaftssitzung *f.*, Gewerkschaftsversammlung *f.*

ri|u|ni|re *(riunisco, riunisci)* **I** tr. **1** wieder vereinen: ***~ in sé molte virtù*** viele Tugenden in sich vereinen **2** *(radunare)* versammeln, ein_sammeln: ***~ i fogli sparsi*** die verstreuten Blätter einsammeln; ***~ gli amici a casa propria*** die Freunde bei sich zu Hause versammeln **3** *(convocare)* ein_berufen **4** *(riconciliare)* versöhnen: ***la disgrazia ha riunito i due fratelli*** das Unglück hat die beiden Brüder versöhnt **II** pronom. **riunirsi 1** sich versammeln, zusammen_treten: ***-rsi in salotto*** sich im Wohnzimmer versammeln; ***il consiglio si riunirà la prossima settimana*** der Rat tritt nächste Woche zusammen **2** *(tornare insieme)* sich wieder vereinen.

ri|u|ni|to p.pass. agg. **1** → **riunire 2** vereinigt, vereint: ***cooperative -e*** vereinigte Genossenschaften **3** *(radunato)* versammelt: ***eccoci qui -i*** hier sind wir nun alle versammelt.

ri|u|sci|re intr. *(riesco, riesci;* aus. *essere)* **1** *(uscire di nuovo)* wieder aus_gehen **2** FIG. gelingen, es schaffen: ***qcs. riesce bene, male a qcn.*** etw. gelingt jdm gut, schlecht; ***l'operazione è riuscita*** die Operation ist gelungen; ***il ladro è riuscito a fuggire*** dem Dieb ist es gelungen (*o* der Dieb hat es geschafft) zu flüchten; ***non mi riesce di incontrarlo*** es gelingt mir nicht (*o* ich schaffe es nicht), ihn zu treffen; ***ho provato a lungo, ma non (ci) riesco*** ich habe es lange versucht, aber es gelingt mir nicht (*o* aber ich schaffe es nicht) **3** *(realizzarsi)* erfolgreich sein, Erfolg haben: ***~ nella vita*** im Leben Erfolg haben **4a** *(essere capace)* können, es schaffen, vermögen: ***i gatti riescono a vedere anche al buio*** Katzen können auch im Dunkeln sehen; ***non ~ a finire il lavoro*** es nicht schaffen, die Arbeit zu beenden; ***non riesco a crederlo!*** das kann ich nicht glauben! **b** *(rivelare un'attitudine)* gut sein: ***~, non ~ in matematica*** in Mathematik gut, schlecht sein **5** *(risultare, apparire)* sein, erscheinen, wirken, sich erweisen: ***~ simpatico a tutti*** allen sympathisch sein; ***la cosa non mi riesce nuova*** das ist mir nicht neu **6** *(avere sbocco)* münden: ***una via che riesce nella piazza*** eine Straße, die auf den (*o* dem) Platz mündet ◆ ***~ bene*** gelingen (*o* gut aus‿fallen *o* glücken): ***la torta è riuscita bene*** der Kuchen ist (gut) gelungen; ***~ bene in tutto*** in allem gut sein (*o* alles können); ***~ difficile*** schwer fallen; ***~ facile*** leicht fallen; ***~ male*** misslingen (*o* schlecht aus‿fallen): ***la torta è riuscita male*** der Kuchen ist misslungen; ***~ a passare*** *(attraverso)* durch‿kommen; *(dall'altra parte)* hinüber‿kommen; PROV. ***non tutte le ciambelle riescono col buco*** nicht jeder Schuss ist ein Treffer. **riu|sci|ta** f. **1** *(esito)* Ausgang *m.*: ***cattiva ~*** schlechter Ausgang **2a** *(buon esito)* Gelingen *n.*: ***contribuire alla ~ della serata*** zum Gelingen des Abends bei‿tragen **b** *(di persona)* Erfolg *m.*

ri|u|sci|to p.pass. agg. **1** → **riuscire 2a** gelungen: ***una festa -a*** ein (gut) gelungenes Fest **b** *(felice)* glücklich: ***un matrimonio ~*** eine glückliche Ehe ◆ ***mal ~*** misslungen: ***una torta mal -a*** ein misslungener Kuchen.

ri|u|ti|liz|za|bi|le agg. wieder verwendbar. **ri|u|ti|liz|za|re** tr. wieder verwerten, wieder verwenden. **ri|u|ti|liz|za|zio|ne** f., **ri|u|ti|liz|zo** m. Wiederverwendung *f.*, Wiederverwertung *f.* ◆ ***~ dei rottami*** Schrottverwertung *f.*

ri|va f. **1** Ufer *n.*: ***giungere a ~*** ans Ufer kommen; ***tornare a ~ a nuoto*** schwimmend zum Ufer zurückkehren **2** MAR. Bram *f.* ◆ ***~ del fiume*** Flussufer *n.*; ***in ~ al fiume*** am Flussufer; ***~ del lago*** Seeufer *n.*; ***in ~ al lago*** am Seeufer; ***~ del mare*** Küste *f.*; ***in ~ al mare*** an der Küste.

ri|vac|ci|na|re tr. revakzinieren, wieder impfen. **ri|vac|ci|na|zio|ne** f. Revakzination *f.*, Wiederimpfung *f.*

ri|va|le I agg. rivalisierend, gegnerisch: ***due città -i*** zwei (miteinander) rivalisierende Städte **II** m. e f. **1** Rivale *m.* (-in *f.*) **2** *(competitore)* Rivale *m.* (-in *f.*), Konkurrent *m.* (-in *f.*), Gegner *m.* (-in *f.*): ***un ~ nella professione*** ein beruflicher Konkurrent ◆ ***~ in affari*** Geschäftskonkurrent *m.* (-in *f.*); ***~ in amore*** Nebenbuhler *m.* (-in *f.*); ***non avere -i*** keinen Vergleich zu scheuen brauchen; ***essere -i in qcs.*** miteinander um etw. rivalisieren; ***essere senza -i*** nicht seinesgleichen haben; ***non temere -i*** sich für unbesiegbar halten.

ri|va|leg|gia|re intr. *(rivaleggio, rivaleggi*; aus. *avere)* **1** rivalisieren **2** FIG. gewachsen sein, sich messen können: ***può ~ con i più famosi pittori*** er kann sich mit den berühmtesten Malern messen.

ri|va|ler|si pronom. *(mi rivalgo, ti rivali; mi rivalsi; rivalso)* **1** *(servirsi di nuovo)* wieder benutzen, sich wieder bedienen: ***~ degli stessi mezzi*** die gleichen Mittel wieder benutzen (*o* sich der gleichen Mittel wieder bedienen) **2a** *(rifarsi)* sich revanchieren: ***~ su qcn. per qcs.*** sich für etw. bei jdm revanchieren **b** *(vendicarsi)* sich rächen: ***~ sui più deboli*** sich an den Schwächeren rächen.

ri|va|li|tà f.inv. **1** Rivalität *f.*, Gegnerschaft *f.* **2** ESTENS. *(concorrenza)* Konkurrenz *f.*

ri|val|sa f. **1** Revanche *f.*, Genugtuung *f.*: ***cercare una ~ su qcn.*** sich Genugtuung bei jdm verschaffen wollen; ***fare qcs. per ~*** etw. tun, um sich zu revanchieren **2** *(vendetta)* Rache *f.* ◆ ***azione di ~*** Regressklage *f.*; ***cambiale di ~*** Rückwechsel *m.* (*o* Rikambio *m.*); DIR. ***obbligo di ~*** Regresspflicht *f.*

ri|va|lu|ta|re *(rivaluto/rivaluto)* **I** tr. **1** auf‿werten: ***~ un poeta*** einen Dichter aufwerten **2** ECON. auf‿werten, revalvieren: ***il dollaro è stato rivalutato del dieci per cento*** der Dollar wurde um zehn Prozent aufgewertet **3** *(valutare nuovamente)* wieder schätzen, wieder ab‿schätzen **II** pronom. **rivalutarsi** an Wert zu‿nehmen: ***l'appartamento si è rivalutato col tempo*** die Wohnung hat mit der Zeit an Wert zugenommen.

ri|va|lu|ta|zio|ne f. **1** Aufwertung *f.*: ***la ~ di un poeta*** die Aufwertung eines Dichters **2** ECON. Aufwertung *f.*, Revalvation *f.*, Wertberichtung *f.*, Wertfortschreibung *f.*: ***la ~ della lira*** die Aufwertung der Lira **3** *(nuova valutazione)* neue Schätzung *f.*, Neubewertung *f.*

ri|van|ga|re tr. *(rivango, rivanghi)* **1** *(vangare di nuovo)* wieder um‿graben **2** *(rievocare)* (wieder) auf‿rühren: ***~ vecchie storie*** alte Geschichten aufrühren.

ri|ve|de|re *(rividi; rivisto/riveduto)* **I** tr. **1** wieder sehen: ***~ qcn. dopo molti anni*** jdn nach vielen Jahren wieder sehen **2** *(ripassare)* wiederholen **3a** *(controllare)* durch‿sehen, prüfen, revidieren: ***~ i conti*** die Rechnungen durchsehen; ***~ le bozze*** Druckfahnen revidieren; ***~ una traduzione*** eine Übersetzung neu durchsehen (*o* revidieren) **b** *(rielaborare)* um‿arbeiten: ***~ un testo*** einen Text umarbeiten **4** *(ritoccare)* revidieren, überprüfen: ***~ i prezzi*** die Preise überprüfen; ***~ un giudizio, una decisione*** sein Urteil, seine Entscheidung revidieren; ***essere costretto a ~ le proprie opinioni*** zu einer Revision (*o* Überprüfung) seiner Meinungen gezwungen sein (*o* gezwungen sein, seine Meinung zu revidieren) **5** *(revisionare)* nach‿sehen: ***far ~ un motore*** einen Motor nachsehen (*o* überprüfen‿) lassen **II** pronom. **rivedersi 1** sich wieder sehen, sich wieder treffen: ***ci siamo rivisti ieri sera*** wir haben uns gestern Abend wieder gesehen **2a** FIG. *(riconoscersi)* sich wieder erkennen, sich erinnert fühlen: ***nel figlio si rivede ragazzo*** in seinem Sohn erkennt er sich selbst als Kind wieder (*o* durch seinen Sohn fühlt er sich an die eigene Kindheit erinnert) **b** *(nel ricordo)* sich selbst sehen: ***mi rivedo bambina quando vivevo in campagna*** ich sehe (*o* ich erinnere mich an) mich selbst als Kind, als ich auf dem Land lebte ◆ ***farsi ~*** sich sehen lassen; ***ci rivedremo a Filippi*** bei Philippi sehen wir uns wieder; ***~ un processo*** einen Prozess wieder auf‿nehmen; PROV. ***chi non muore si rivede!*** = ja, wen sieht man da denn wieder!

ri|ve|di|bi|le MIL. **I** agg. vorübergehend nicht tauglich **II** m. vorübergehend nicht Taugliche *m.* ◆ ***dichiarare ~*** zurück‿stellen. **ri|ve|di|bi|li|tà** f. MIL. vorübergehende Untauglichkeit *f.* **ri|ve|du|to** p.pass. agg. **1** → **rivedere 2** durchgesehen: ***edizione -a e corretta*** neu durchgesehene Ausgabe.

ri|ve|la|bi|le agg. enthüllbar.

ri|ve|la|re I tr. enthüllen, verraten, offenbaren: ***~ un segreto a qcn.*** jdm ein Geheimnis enthüllen; ***~ le proprie intenzioni*** seine Absichten verraten; ***il suo discorso rivela grande perplessità*** seine Rede verrät eine tiefe Ratlosigkeit; ***il suo sguardo rivelava timidezza*** sein Blick verriet Schüchternheit **II** pronom. **rivelarsi 1** RELIG. sich offenbaren **2** *(dimostrarsi)* sich offenbaren, sich erweisen: ***si è rivelato un disonesto*** er erwies sich als unehrlich; ***-rsi un bluff*** sich als Windei erweisen. **ri|ve|la|to** p.pass. agg. **1** → **rivelare 2** RELIG. geoffenbart.

ri|ve|la|to|re I agg. enthüllend, verräterisch, viel sagend: ***uno sguardo ~*** ein viel sagender Blick; ***parole -trici*** verräterische Worte **II** m. **1** Detektor *m.* **2** FOT. Entwickler *m.* ◆ ***~ a cristallo*** Kristalldetektor *m.*; ***~ (di fughe) di gas*** Gasanzeiger *m.*; ***~ di mine*** Minensuchgerät *n.*; EL. ***~ di particelle*** Funkenkammer *f.*; ***~ di radioattività*** Geigerzähler *m.*; ***~ a ultrasuoni*** Ultraschalldetektor *m.*

ri|ve|la|zio|ne f. **1** Enthüllung *f.*, Offenbarung *f.*, Eröffnung *f.*: ***~ di un segreto*** Enthüllung eines Geheimnisses; ***fare una ~ a qcn.*** jdm eine Eröffnung machen **2** *(fatto rivelato)* Eröffnung *f.*, Enthüllung *f.*: ***il documento contiene importanti -i*** das Dokument enthält wichtige Enthüllungen **3** *(scoperta)* Entdeckung *f.*: ***quello scrittore è stata una vera ~*** dieser Schriftsteller war eine echte Entdeckung **4** RELIG. Offenbarung *f.*: ***la ~ di Giovanni*** die Offenbarung des Johannes.

ri|ven|de|re tr. *(rivendei/rivendetti; rivenduto)* **1** *(vendere di nuovo)* wieder verkaufen **2** *(vendere ciò che si è acquistato)* weiter‿verkaufen **3** FIG. *(essere superiore)* weit überlegen sein; COLLOQ. in die Tasche stecken; ***in fatto di chiacchiere rivende tutti*** was das Schwätzen angeht, steckt er alle in die Tasche ◆ ***~ al minuto*** im Einzelhandel verkaufen. **ri|ven|di|bi|le** agg. wieder verkäuflich.

ri|ven|di|ca|re *(rivendico, rivendichi)* **I** tr. **1** geltend machen, beanspruchen: ***~ un diritto*** ein Recht geltend machen (*o* beanspruchen) **2** *(pretendere)* fordern, beanspruchen: ***~ condizioni di lavoro migliori*** bessere Arbeitsbedingungen fordern; ***~ la paternità di una scoperta*** die Urheberschaft einer Entdeckung für sich beanspruchen **3** *(attribuirsi)* sich bekennen, beteuern: ***~ un attentato*** sich zu einem Attentat bekennen; ***~ la propria innocenza*** seine Unschuld beteuern **II** pronom. **rivendicarsi** sich wieder rächen. **ri|ven|di|ca|ti|vo** agg. fordernd: ***atteggiamento ~*** fordernde Haltung ◆ ***piattaforma -a*** Verhandlungsrunde *f.*

ri|ven|di|ca|zio|ne f. **1** *(di diritto)* Beanspruchung *f.* **2** *(pretesa)* Forderung *f.*, Beanspruchung *f.*: ***-i sindacali*** gewerkschaftliche Forderungen **3** *(assunzione di responsabilità)* Sichbekennen *n.* **4** *(di brevetto)* Patentanspruch *m.* ◆ ***~ di un attentato*** *(per lettera)* Bekennerschreiben *n.*, Bekennerbrief *m.*; *(telefonicamente)* Bekenneranruf *m.*; ***~ dell'eredità*** Erbschaftsanspruch *m.*; ***~ di possesso*** Besitzanspruch *m.*; ***~ salariale*** Lohnforderung *f.*; ***-i territoriali*** Gebietsansprüche *pl.*

ri|ven|di|ta f. **1** Wiederverkauf *m.*, Weiterverkauf *m.*, Nachkauf *m.* **2** *(negozio)* Laden *m.*, Geschäft *n.* ◆ ***~ di generi alimentari*** Lebensmittelgeschäft *n.* **ri|ven|di|to|re** m. **1** Verkäufer *m.* **2** *(al minuto)* Einzelhändler *m.*, Händler *m.* **ri|ven|du|glio|lo** m. Krämer *m.*

ri|ver|be|ra|re *(riverbero)* **I** tr. zurück‿strahlen, zurück‿werfen **II** pronom. **riverberarsi 1** sich (wider‿)spiegeln **2** *(ripercuotersi)* sich aus‿wirken: ***il suo successo si riverbera su tutta la famiglia*** sein Erfolg wirkt sich auf die ganze Familie aus.

ri|ver|be|ro m. **1** *(di luce)* Widerschein *m.*, Spiegellicht *n.*, Widerstrahl *m.* **2** *(di calore)* Rückstrahlung *f.* **3** *(di suono)* Nachhall *m.* ◆ ***di ~*** indirekt; ***forno a ~*** Flammenofen *m.*

ri|ve|ren|te agg. ehrerbietig, ehrfürchtig. **ri|ve|ren|za** f. **1** Hochachtung *f.*, Ehrerbietung *f.*: ***nutrire la massima ~ per qcn.*** größte Hochachtung vor jdm haben **2** *(inchino)* Verneigung *f.*, Reverenz *f.*; ***fare una ~*** sich verneigen ◆ ***atto di ~*** Ehrfurchtsbezeigung *f.*; ***parlando con ~*** mit Verlaub gesagt (*o* zu sagen). **ri|ve|ri|re** tr. *(riverisco, riverisci)* **1** verehren, achten **2** *(salutare)* sich empfehlen: ***riverisco!*** ich empfehle mich! **ri|ve|ri|to** p.pass. agg. **1** → **riverire** **2** verehrt: ***essere un uomo amato e ~*** ein geliebter und verehrter Mann sein.

ri|ver|ni|cia|re tr. *(rivernicio, rivernici)* wieder streichen.

ri|ver|sa|men|to m. **1** Strom *m.* **2** TECN. Überspielung *f.*

ri|ver|sa|re **I** tr. **1** *(versare di nuovo)* wieder gießen **2** *(spargere)* aus‿strömen, speien: ***il vulcano riversa lava*** aus dem Vulkan strömt Lava aus (*o* der Vulkan speit Lava) **3** TECN. überspielen: ***~ un disco su nastro*** eine Schallplatte auf Tonband überspielen **II** pronom. **riversarsi** strömen, sich ergießen (anche FIG.): ***l'acqua si riversava nel letto del torrente*** das Wasser ergoss sich ins Flussbett; ***la folla si riversò nello stadio*** die Menschenmenge strömte ins Stadion ◆ ***~ il proprio affetto su qcn.*** jdm seine Zuneigung schenken; ***~ la colpa su qcn.*** die Schuld auf jdn ab‿wälzen; ***~ tutte le proprie energie in qcs.*** seine ganze Energie für etw. auf‿wenden; ***~ le proprie ire su qcn.*** die Schale seines Zorns über jdn aus‿gießen; ***~ le proprie paure su qcn.*** seine Ängste auf jdn übertragen.

ri|ver|so **I** agg. rücklings: ***lo trovarono ~ sul pavimento*** sie fanden ihn rücklings auf dem Boden liegend **II** m. *(rovina)* Rückschlag *m.* ◆ ***di ~*** *(a rovescio)* verkehrt (*o* umgekehrt).

ri|ve|sti|men|to m. **1** Verkleidung *f.*, Auskleidung *f.*, Verblendung *f.* **2** *(con legno)* Verschalung *f.*, Verkleidung *f.* **3** *(di interno mobili)* Ausfütterung *f.*: ***il ~ di un cassetto*** die Ausfütterung einer Schublade **4** *(di sedili, poltrone, divani)* Bezug *m.* **5** TECN. Überzug *m.*, Mantel *m.*, Ummantelung *f.*: ***il ~ di un cavo*** die Ummantelung eines Kabels ◆ ***~ in, di acciaio*** Stahlmantel *m.*; ***~ in calcestruzzo*** Betonierung *f.*; ***~ di, in cemento*** Zementüberzug *m.*; ***~ esterno*** Außenverkleidung *f.*; AER. MAR. Außenhaut *f.*; ***~ di, in ferro*** Eisenbeschlag *m.*; ***~ per fusione*** Aufschmelzung *f.*; ***~ interno*** Innenverkleidung *f.*; ***~ in legno*** Holzverkleidung *f.*, Holztäfelung *f.*; ***~ metallico*** Metallüberzug *m.*; ***~ in oro*** Vergoldung *f.*; ***~ della parete*** Wandverkleidung *f.*; ***~ del pavimento*** Fußbodenbelag *m.* (*o* Bodenbelag *m.*); ***~ di, in piastrelle*** Plattenbelag *m.*; ***pietra da ~*** Blendstein *m.*; MIN. ***~ del pozzo*** Schachtverkleidung *f.*; TECN. ***~ protettivo*** Schutzmantel *m.*; ***~ sintetico*** Kunststoffbeschichtung *f.*; ***~ del soffitto*** Deckenverkleidung *f.*; ***~ tavolato*** Täfelung *f.* (*o* Tafelwerk *n.*); ***~ di tavole di legno*** Brettverkleidung *f.* (*o* Holztäfelung *f.* *o* Getäfel *n.*).

ri|ve|sti|re **I** tr. **1a** wieder an‿ziehen **b** *(con nuovi vestiti)* neu ein‿kleiden **2a** *(ricoprire)* verkleiden, aus‿kleiden, verblenden **b** *(con legno)* verschalen, verkleiden **c** *(interno mobili)* aus‿füttern **d** *(sedili, poltrone, divani)* überziehen, beziehen **e** TECN. überziehen, um‿manteln **3** *(mascherare)* bemänteln, verdecken: ***~ qcs. di qcs.*** etw. mit etw. verdecken **4** *(carica ufficiale)* bekleiden **II** pronom. **rivestirsi** **1a** sich wieder an‿ziehen, sich wieder an‿kleiden **b** *(con nuovi vestiti)* sich neu ein‿kleiden **2** *(ricoprirsi)* sich wieder bedecken ◆ ***~ grande, la massima importanza*** von großer Bedeutung sein.

ri|ve|sti|to p.pass. agg. **1** → **rivestire** **2** verkleidet, ausgekleidet, verblendet **3** *(con legno)* verschalt, verkleidet **4** *(di interno di mobili)* ausgefüttert **5** *(sedili, poltrone, divani)* überzogen, bezogen **6** TECN. überzogen, ummantelt. **ri|ve|sti|tu|ra** → **rivestimento.**

ri|vet|ta|re tr. nieten. **ri|vet|ta|tri|ce** f. Nietmaschine *f.*

ri|vet|to m. Niete *f.*, Niet *m.* e *n.* ◆ ***~ cieco*** Blindniet m.; ***~ esplosivo*** Sprengniet *m.* e *n.*; ***~ a testa piana*** Flachkopfniete *f.* (*o* Flachkopfniet *m.* e *n.*); ***~ tubolare*** Rohrniet *m.* e *n.* (*o* Hohlniet *m.* e *n.*).

ri|vie|ra f. **1** Küste *f.* **2** EQUIT. Wassergraben *m.* ◆ ***~ adriatica*** Adria *f.*; ***~ ligure*** Riviera *f.* **ri|vie|ra|sco** **I** agg. *(-schi, -sche)* Küsten-: ***città -a*** Küstenstadt *f.*; ***stato ~*** Anliegerstaat *m.* **II** m. *(-schi)* Küstenbewohner *m.*

ri|vin|ce|re tr. *(rivinsi; rivinto)* **1** wieder gewinnen **2** *(recuperare quanto perso)* wieder‿gewinnen.

ri|vin|ci|ta f. **1** Revanche *f.* (anche FIG.): ***dare, concedere la ~*** Revanche geben; ***chiedere la ~ a qcn.*** von jdm Revanche verlangen; ***prendersi la ~*** sich revanchieren **2** ***(partita di) ~*** Revanchepartie *f.* (*o* Revanchespiel *n.*).

ri|vi|si|ta|re tr. *(rivisito)* **1** wieder besichtigen **2** MED. wieder untersuchen, noch einmal untersuchen **3** FIG. neu interpretieren, neu aus‿legen: ***~ un testo, un periodo storico*** einen Text, eine historische Periode neu interpretieren.

ri|vi|si|ta|zio|ne f. **1** Wiederbesichtigung *f.* **2** FIG. Neuinterpretation *f.*, Neuauslegung *f.*: ***~ di un testo*** Neuauslegung eines Textes.

ri|vis|su|to → **rivivere.**

ri|vi|sta f. **1** *(il rivedere)* Wiedersehen *n.* **2** MIL. Parade *f.*, Truppenschau *f.*, Revue *f.*: ***passare in ~ le truppe*** die Parade ab‿nehmen **3** *(pubblicazione)* Zeitschrift *f.*, Revue *f.* **4** TEATR. Revue *f.* ◆ ***~ d'arte*** Kunstzeitschrift *f.*; ***~ di attualità*** Nachrichtenmagazin *n.*; ***ballerina di ~*** Revuegirl *n.*; ***~ bimestrale*** Zweimonatsschrift *f.*; ***~ cinematografica*** Filmmagazin *n.*; ***~ culturale*** Kulturmagazin *n.*; ***~ femminile*** Frauenzeitschrift *f.*; ***~ di fotografia*** Fotozeitschrift *f.*; ***~ sul ghiaccio*** Eisrevue *f.*; ***~ illustrata*** Illustrierte *f.* (*o* Magazin *n.*); ***~ letteraria*** Literaturzeitschrift *f.*; ***~ maschile*** Herrenmagazin *n.*; ***~ medica*** medizinische Zeitschrift; ***~ mensile*** Monatsschrift *f.*; ***~ di moda*** Modezeitschrift *f.*; ***~ di musica*** Musikzeitschrift *f.*; ***~ politica*** Politrevue *f.*; ***~ pornografica*** Pornoheft *n.*; ***~ quindicinale*** Halbmonatsschrift *f.*; ***~ scientifica*** wissenschaftliche Zeitschrift; ***~ specializzata*** Fachzeitschrift *f.*

ri|vi|sto p.pass. agg. **1** → **rivedere** **2** wieder gesehen **3** *(sottoposto a revisione)* durchgesehen, revidiert.

ri|vi|ta|liz|za|re **I** tr. **1** neu beleben, erfrischen: ***la pioggia rivitalizza la natura*** der Regen erfrischt die Natur **2** MED. revitalisieren **II** pronom. **rivitalizzarsi** sich neu beleben. **ri|vi|ta|liz|za|zio|ne** f. **1** Neubelebung *f.* **2** MED. Revitalisierung *f.*

ri|vi|ve|re *(rivissi; rivissuto)* **I** intr. (aus. *essere*) **1** wieder lebendig werden, wieder auf‿leben (anche ESTENS.): ***dopo la pioggia la natura rivive*** nach dem Regen lebt die Natur wieder auf **2** ***sentirsi ~*** sich wie neugeboren fühlen **3** ***far ~*** wieder beleben (*o* wieder lebendig machen *o* auf‿leben lassen); ***far ~ un'amicizia*** eine Freundschaft wieder aufleben lassen **4** *(perpetuarsi)* weiter‿leben, fort‿leben: ***in lui rivive la generosità del padre*** in ihm lebt die Großzügigkeit seines Vaters fort (*o* weiter) **II** tr. wieder erleben: ***~ una situazione*** wieder erleben.

ri|vo m. LETT. **1** Bach *m.* **2** ESTENS. Sturzbach *m.*, Fluss *m.*: ***-i di lacrime*** Sturzbäche von Tränen; ***un ~ di sangue*** ein Blutstrom.

ri|vo|le|re tr. *(rivoglio, rivuoi, rivuole, rivogliamo, rivolete, rivogliono*; fut. *rivorrò*; pass.rem. *rivolli)* ***~ (indietro) qcs.*** etw. zurück‿verlangen (*o* zurück‿wollen).

ri|vol|ge|re *(rivolsi; rivolto)* **I** tr. richten, wenden: ***~ una preghiera a qcn.*** eine Bitte an jdn richten; ***~ gli occhi al cielo*** die Augen zum Himmel richten; ***~ un'arma verso, contro qcn.*** eine Waffe auf jdn richten; ***~ lo sguardo verso qcn.*** den Blick auf jdn richten; ***~ la propria attenzione, i propri sforzi a qcs.*** seine Aufmerksamkeit, seine Kraft auf etw. (A) wenden; ANT. ***~ qcs. in bene, in male*** etw. zum Guten, Schlechten wenden **II** pronom. **rivolgersi** **1** *(girarsi)* sich um‿drehen **2** *(indirizzarsi)* sich wenden: ***-rsi a qcn. per qcs.*** sich an jdn um etw. (A) wenden; ***-rsi a qcn. per un consiglio*** sich an jdn um Rat wenden; ***-rsi a un avvocato*** sich einen Rechtsanwalt nehmen ◆ ***~ una domanda a qcn.*** an jdn eine Frage richten (*o* jdm eine Frage stellen); ***~ un'obiezione*** einen Einwand erheben; ***~ la parola a qcn.*** das Wort an jdn richten; ***non ~ più la parola a qcn.*** kein Wort mehr mit jdm reden; ***~ il pensiero a qcn., qcs.*** an jdn, etw. denken; ***~ lo sguardo da un'altra parte*** woandershin blicken.

ri|vol|gi|men|to m. Umsturz *m.*, Umbruch *m.*: ***~ sociale, politico*** sozialer, politischer Umsturz *m.*

ri|vo|lo m. **1** Rinnsal *n.* **2** ESTENS. Tropfen *m.*, Bach *m.*: ***un ~ di sangue*** ein Tropfen Blut; ***-i di sudore*** Bäche von Schweiß.

ri|vol|ta f. Revolte *f.*, Aufstand *m.*: ***sedare, reprimere una ~*** einen Aufstand unterdrücken; ***incitare alla ~*** zum Aufstand auf‿rufen (*o* auf‿hetzen); ***soffocare la ~ nel sangue*** den Aufstand blutig nieder‿schlagen; ***è scoppiata una ~*** eine Revolte ist ausgebrochen ◆ STOR. ***~ dei contadini*** Bauernaufstand *m.*; ***~ fiscale*** Steuerboykott *m.*; ***in ~*** aufständisch; ***essere in ~*** revoltieren; ***~ morale*** moralische Empörung; ***~ operaia*** Arbeiteraufstand *m.*; ***~ di palazzo*** Palastrevolution *f.* (anche FIG.); ***~ degli schiavi, servile*** Sklavenaufstand *m.*; ***~ studentesca*** Studentenrevolte *f.*

ri|vol|ta|bi|le agg. umdrehbar, umkehrbar. **ri|vol|tan|te** agg. **1** ekelhaft **2** FIG. ekelhaft, widerlich, abstoßend.

ri|vol|ta|re **I** tr. **1** *(voltare di nuovo)* nochmal um‿drehen **2** *(voltare dall'altra parte)* um‿drehen: ***~ la frittata*** das Omelett umdrehen (*o* wenden); FIG. etw. verdrehen; ***~ un materasso*** eine Matratze umdrehen; ***~ una giacca*** eine Jacke umdrehen **3** SART. um‿drehen, um‿stülpen, um‿schlagen: ***~ un cappotto*** einen Mantel umdrehen; ***~ le tasche*** die Taschen umstülpen; ***~ il collo della camicia*** den Kragen des Hemdes umschlagen **4** *(terreno)* um‿graben **5** *(rimescolare)* mischen: ***~ l'insalata*** den Salat mischen **6** *(disgustare)* an‿ekeln, um‿drehen: ***qcs. mi rivolta*** etw. ekelt mich an **II** pronom. **rivoltarsi** **1** sich um‿drehen; ***-rsi continuamente nel***

letto sich im Bett herum‿wälzen (*o* sich ständig im Bett umdrehen); FIG. ***-rsi nella tomba*** sich im Grab umdrehen **2** *(ribellarsi)* sich auf‿lehnen, revoltieren: ***-rsi contro l'autorità costituita*** sich gegen die bestehende Autorität auflehnen ◆ ***qcs. mi rivolta lo stomaco*** etw. dreht mir den Magen um; ***a qcn. si rivolta lo stomaco*** es dreht jdm den Magen um. **ri|vol|ta|to** p.pass. agg. **1** → **rivoltare 2** SART. umgestülpt **3** MUS. ***intervalli -i*** umgekehrte Intervalle.
ri|vol|tel|la f. Revolver *m.* **ri|vol|tel|la|ta** f. Revolverschuss *m.*: ***uccidere qcn. con una ~*** jdn mit einem Revolverschuss töten.
1.ri|vol|to p.pass. agg. **1** → **rivolgere 2** ***~ a qcn., qcs.*** an jdn, etw. gewandt **3** ***essere ~ verso est, ovest, nord, sud*** nach Osten, Westen, Norden, Süden hin liegen ◆ ***~ indietro*** umgedreht; ***~ all'indietro*** rückwärts gewandt; ***~ al futuro*** zukunftsorientiert.
2.ri|vol|to m. MUS. Umkehrung *f.*
ri|vol|to|la|re *(rivoltolo)* **I** tr. **1** *(voltolare di nuovo)* wieder wälzen **2** *(voltolare più volte)* hin und her wälzen **II** pronom. **rivoltolarsi** sich wälzen.
ri|vol|to|so I agg. aufrührerisch, aufständisch **II** m. Aufrührer *m.*, Aufständische *m.*, Empörer *m.*
ri|vo|lu|zio|na|men|to m. Revolutionierung *f.*
ri|vo|lu|zio|na|re tr. revolutionieren, um‿wälzen, um‿stürzen, um‿stülpen, um‿krempeln, um‿stellen: ***~ la propria vita, le abitudini di qcn.*** sein Leben umstellen, jds Gewohnheiten umstülpen; ***una scoperta che rivoluziona il mondo della scienza*** eine Entdeckung, die die Wissenschaft revolutioniert; ***~ l'appartamento*** die Wohnung umkrempeln.
ri|vo|lu|zio|na|rio I agg. *(-ri,-rie)* **1** Revolutions-, umstürzlerisch, revolutionär: ***canti, fermenti -ri*** revolutionäre Lieder, Gärungen **2** FIG. revolutionär: ***una scoperta -a*** eine revolutionäre Erfindung **II** m. *(-ri)* Revolutionär *m.*, Umstürzler *m.* ◆ ***capo ~*** Revolutionsführer *m.*; ***governo ~*** Revolutionsregierung *f.*; ***partito ~*** Revolutionspartei *f.*; ***tribunale ~*** Revolutionstribunal *n.* **ri|vo|lu|zio|na|ri|smo** m. revolutionäre Tendenz *f.*
ri|vo|lu|zio|ne f. **1** Revolution *f.*, Umsturz *m.*: ***fare la ~*** die Revolution machen; ***scoppia la ~*** die Revolution bricht aus; ***la ~ francese*** die Französische Revolution **2** ESTENS. Revolution *f.*, Umsturz *m.*, Umwälzung *f.*: ***~ industriale, tecnica*** industrielle, technische Revolution; ***una ~ nella tecnologia*** eine technologische Umwälzung **3** COLLOQ. *(disordine)* Chaos *n.* **4** ASTR. Umlauf *m.*: ***la ~ della terra intorno al sole*** der Umlauf der Erde um die Sonne ◆ ***~ cardiaca*** Herzperiode *f.*; ***~ culturale*** Kulturrevolution *f.*; ***~ della luna*** Mondumlauf *m.*; ***~ di luglio*** Julirevolution *f.*; ***~ d'ottobre*** Oktoberrevolution *f.*; ***periodo di ~*** Umlaufzeit *f.*; ***~ terrestre*** Erdumlauf *m.*
ri|zo|ma m. Rhizom *n.*, Wurzelstock *m.* **ri|zo|ma|to|so** agg. Rhizom-.
ri|zo|po|de m. Rhizopode *m.*, Wurzelfüßer *m.*
riz|za f. Zurring *m.*
1.riz|za|re I tr. **1** auf‿richten, auf‿stellen: ***~ la coda*** den Schwanz aufstellen **2a** *(di edifici)* errichten: ***~ un muro, un'impalcatura*** eine Mauer, ein Gerüst errichten **b** *(montare)* auf‿schlagen: ***~ una tenda*** ein Zelt aufschlagen **3** *(issare)* hissen: ***~ le vele*** die Segel hissen **II** pronom. **rizzarsi** sich auf‿richten: ***-rsi sulla punta dei piedi*** sich auf die Zehenspitzen stellen ◆ ***da far ~ i capelli*** haarsträubend; ***mi si rizzano i capelli in testa dalla paura*** mir stehen vor Schreck die Haare zu Berge (*o* mir sträuben sich die Haare vor Entsetzen); ***il cane rizza le orecchie*** der Hund stellt die Ohren auf; FIG. ***~ le orecchie*** die Ohren spitzen (*o* lange Ohren machen); ***~ il pelo*** das Fell sträuben; FIG. hochmütig werden; ***~ le penne*** das Gefieder sträuben.
2.riz|za|re tr. MAR. zurren.
RNA ⇒ *acido ribonucleico* Ribonukleinsäure (RNS).
ro|a|no I agg. scheckig, gescheckt **II** m. Schecke *m.*
roast beef ['roust bi:f, *üblich* 'rozbif] m.inv. Roastbeef *n.*
ro|ba f. **1** COLLOQ. Sachen *pl.*, Dinge *pl.*, Zeug *n.*: ***aver la casa piena di ~*** einen Haufen Zeug im Haus haben; ***dov'è la mia ~ da tennis?*** wo ist mein Tenniszeug? ***quanto costa tutta questa ~?*** was kostet das ganze Zeug? ***~ vecchia*** alte Sachen (*o* altes Zeug) **2a** *(vestiti)* Kleidung *f.*, Sachen *pl.*: ***~ estiva, invernale*** Sommersachen, Wintersachen; ***il negozio ha della bella ~*** das Geschäft hat schöne Sachen; ***togliersi la ~ bagnata di dosso*** die nassen Sachen aus‿ziehen **b** *(merce)* Ware *f.* **3** *(cibo)* Zeug *n.*: ***~ salata, dolce*** salziges, süßes Zeug; ***porta della ~ da mangiare, da bere*** bring was zu essen, zu trinken **4** *(faccenda)* Sache *f.*, Ding *n.*, Angelegenheit *f.*: ***meglio non immischiarsi in quella ~*** es ist besser, sich nicht in diese Angelegenheit zu mischen **5** GERG. *(droga)* Stoff *m.*: ***procurarsi la ~*** sich Stoff besorgen **6** *(tessuto)* Zeug *n.*, Stoff *m.*: ***di che ~ è fatto?*** was ist das für ein Stoff? ◆ IRON. ***bella ~!*** das sind ja schöne Sachen! ***che ~!*** so etwas! (*o* so was!); ***~ da chiodi!*** so ein Wahnsinn! ***cos'è 'sta ~?*** was ist denn das? ***~ da non credere*** das ist unglaublich! ***non desiderare la ~ d'altri*** begehre nicht deines Nächsten Hab und Gut; ***guarda che ~!*** schau dir das mal an! ***~ da matti*** unglaublich! ***non è ~ per me*** das ist nichts für mich; ***non è ~ mia*** das gehört mir nicht; ***~ da piangere*** es ist zum Heulen; ***~ da pochi soldi, da poco*** Pfennigware *f.*; ***~ di scarto*** Ausschussware *f.*, Ramsch *m.*; ***~ che scotta*** heiße Ware; ***~ simile*** so etwas; ***~ usata*** Gebrauchtwaren *pl.*; ***~ di valore*** Wertsachen *pl.* **ro|bac|cia** f. *(-ce)* Kram *m.*, Zeugs *n.*
rob|bia f. Krapp *m.*, Färberröte *f.*
Ro|ber|to n.pr.m. Robert *m.*
ro|bet|ta f. minderwertiges Zeug *f.*
ro|bi|nia f. Robinie *f.*
ro|bio|la f. INTRAD. (sahniger Frischkäse aus der Lombardei oder Piemont).
ro|bi|vec|chi m.inv. Altwarenhändler *m.*, Trödler *m.*
ro|bo|an|te agg. **1** dröhnend: ***voce ~*** dröhnende Stimme **2** *(altisonante)* prahlerisch, hochtrabend: ***parole -i*** hochtrabende Worte; ***frasi -i*** prahlerische Sätze.
ro|bot m.inv. Roboter *m.* (anche FIG.) ◆ ***~ da cucina*** Küchenmaschine *f.*; ***~ industriale*** Industrieroboter *m.* **ro|bo|ti|ca** f. Robotertechnik *f.* **ro|bo|ti|co** agg. *(-ci,-che)* roboterhaft. **ro|bo|tiz|za|re I** tr. roboterisieren, robotisieren, vollautomatisieren **II** pronom. **robotizzarsi 1** vollautomatisiert werden **2** FIG. *(diventare come un robot)* zum Roboter, zu einer Maschine werden. **ro|bo|tiz|za|zio|ne** f. Roboterisierung *f.*, Robotisierung *f.*, Vollautomatisierung *f.*
ro|bu|stez|za f. **1** Robustheit *f.*: ***~ del motore*** Robustheit des Motors; ***~ di salute*** Robustheit der Gesundheit **2** *(possenza)* Kraft *f.*, Kräftigkeit *f.*: ***la ~ delle braccia*** die Kraft der Arme **3** *(resistenza)* Widerstandsfähigkeit *f.*, Robustheit *f.*, Strapazierfähigkeit *f.*: ***la ~ di un materiale*** die Widerstandsfähigkeit eines Materials **4** *(di argomentazione)* Stichhaltigkeit *f.*, Überzeugungskraft *f.*
ro|bu|sto agg. **1** robust, stark, kräftig: ***uomo ~*** kräftiger Mann; ***braccia, ossa -e*** kräftige Arme, Knochen; ***essere di costituzione -a*** kräftig gebaut sein; ***forte e ~*** groß und stark **2** *(corpulento)* vollschlank, robust **3** *(resistente)* fest, strapazierfähig: ***scarpe -e*** feste Schuhe; ***fodera -a*** strapazierfähiger Überzug **4** *(corposo, consistente)* kernig: ***vino ~*** kerniger Wein ◆ ***certificato di sana e -a costituzione*** Gesundheitsattest *n.*
ro|caille [-'ka:j] f.inv. Muschelwerk *n.*
ro|cam|bo|le|sco agg. *(-schi,-sche)* kühn, waghalsig: ***fuga -a*** waghalsige Flucht.
1.roc|ca f. *(-che)* **1** *(fortezza)* Hochburg *f.*, Festung *f.*, Burg *f.*, Feste *f.* **2** ANAT. Pyramide *f.* **3** ANT. *(roccia)* Fels *m.* **4** *(fumaiolo)* Schornstein *m.* ◆ ***cristallo di ~*** Bergkristall *m.*
2.roc|ca f. *(-che)* **1** TESS. Spinnrocken *m.* **2** *(confezione di filato)* Garnrolle *f.*
roc|ca|for|te f. *(roccheforti o roccaforti)* Hochburg *f.* (anche FIG.).
roc|chet|to m. **1** Garnspule *f.*, Garnrolle *f.* **2** EL. Spule *f.* ◆ ***~ di accensione*** Zündspule *f.*; ***~ di alimentazione*** Führungsrolle *f.*; ***~ d'induzione*** Induktionsspule *f.* (*o* Induktor *m.*).
roc|chio m. *(-chi)* Trommel *f.*, Säulentrommel *f.* ◆ ***~ di salsiccia*** Wurst *f.*, Wurststück *n.*
roc|cia f. *(-ce)* **1a** Fels *m.*, Felsblock *m.*: ***fendere la ~*** den Fels spalten **b** GEOL. Gestein *n.* **2** *(alpinismo)* Klettern *n.* ◆ ***-ce calcaree*** Kalkfelsen *pl.*; ***campione di ~*** Gesteinsprobe *f.*; ***chiodo da ~*** Felshaken *m.*; ***-ce dolomitiche*** Dolomitgestein *n.*; ***~ effusiva*** Ergussgestein *n.*, Effusivgestein *n.*; ***~ eruttiva*** Eruptivgestein *n.*; ***formazione delle -ce*** Gesteinsbildung *f.*; ***frammenti di ~*** Felsbrocken; ***~ friabile*** bröck(e)liges Gestein; ***~ intrusiva*** intrusives Gestein; ***~ madre*** Muttergestein *n.*; ***palestra di ~*** Klettergarten *m.*; ***~ primaria*** Primärgestein *n.*; ***-ce primitive*** Urgestein *n.*; ***essere saldo come una ~*** fest wie ein Fels stehen (*o* stark wie eine Burg sein); ***scarpone da ~*** Kletterschuh *m.*; ***~ scistosa*** Schiefergestein *n.*; ***~ sedimentaria*** Sedimentgestein *n.*; ***~ stratificata*** Schichtgestein *n.*; ***~ di tufo*** Tuffstein *m.*
roc|cia|to|re m. Bergsteiger *m.* **roc|cio|so** agg. felsig, Fels(en)-: ***costa, parete -a*** Felsenküste *f.*, Felswand *f.*; ***terreno ~*** felsiger Boden ◆ ***detriti -i*** Geröllschutt *m.*; ***giardino ~*** Steingarten *m.*; ***Montagne Rocciose*** Rocky Mountains; ***strato ~*** Gesteinsschicht *f.*
Roc|co n.pr.m. Rochus *m.*
ro|chez|za f. Heiserkeit *f.*
rock I m. Rock *m.* **II** agg. Rock-: ***musica ~*** Rockmusik *f.*; ***musicista ~*** Rockmusiker *m.*; ***concerto ~*** Rockkonzert *m.*
rock and roll [-ən-] m.inv. Rock and Roll *m.*
roc|ket|ta|ro m. **1** *(musicista)* Rockmusiker *m.* **2** *(appassionato)* Rockfan *m.*
rock-star f.inv. Rockstar *m.*

ro|co agg. *(-chi, -che)* heiser, rau: ***voce -a*** raue Stimme.
ro|co|cò I m. Rokoko *n.* **II** agg.inv. Rokoko-: ***stile ~*** Rokokostil *m.*; ***mobili ~*** Rokokomöbel *pl.*
ro|dag|gio m. *(-gi)* **1** Einlaufen *n.*, Einfahren *n.*; ***essere in ~*** eingefahren werden; ***quest'auto è ancora in ~*** dieses Auto wird noch eingefahren **2a** *(periodo)* Einlaufzeit *f.*, Einfahrzeit *f.* **b** *(di impiegati)* Einarbeitungszeit *f.* **3a** FIG. *(adattamento)* Eingewöhnung *f.*; ***una coppia in ~*** ein Paar auf Probe **b** *(a un lavoro)* Einarbeitung *f.*
Ro|da|no n.pr.m. Rhone *f.*
ro|da|re tr. **1a** ein‿laufen lassen **b** *(veicolo)* ein‿fahren: ***~ la macchina nuova*** den neuen Wagen einfahren **2** FIG. ein‿gewöhnen.
ro|da|to p.pass. agg. **1** → **rodare 2a** eingelaufen **b** *(di veicolo)* eingefahren **3a** FIG. eingewöhnt **b** *(di squadra)* erprobt.
ro|de|o m. Rodeo *m.* e *n.*
ro|de|re *(rosi; roso)* **I** tr. **1** nagen: ***~ qcs.*** an etw. (D) nagen; ***i tarli hanno roso i mobili*** die Holzwürmer haben an den Möbeln genagt **2** *(erodere)* aus‿waschen: ***il fiume rode la roccia*** der Fluss wäscht den Felsen aus **3** FIG. verzehren, nagen: ***il sospetto mi rode l'anima*** der Verdacht nagt an mir **II** pronom. **rodersi** sich verzehren, sich quälen, sich martern; ***-rsi dall'invidia*** sich vor Neid verzehren; ***-rsi il fegato*** sich schwarz ärgern.
Ro|de|sia n.pr.f. Rhodesien *n.*
Ro|di n.pr.f. Rhodos *n.*, Rhodus *n.*
ro|dig|gio m. *(-gi)* Laufwerk *n.*, Fahrgestell *n.*
ro|di|men|to m. **1** Nagen *n.* (anche FIG.) **2** *(erosione)* Auswaschung *f.*, Erosion *f.*
ro|dio m. Rhodium *n.*
ro|di|to|re I m. Nager *m.*, Nagetier *n.* **II** agg. **1** nagend **2** FIG. fressend ◆ ***tarlo ~*** Holzwurm *m.*
ro|do|den|dro m. Rhododendron *m.* e *n.*, Alpenrose *f.*
Ro|dol|fo n.pr.m. Rudolf *m.*
ro|do|mon|ta|ta m. Prahlerei *f.*, Rodomontade *f.*, Aufschneiderei *f.*
ro|do|mon|te m. Prahlhans *m.*, Angeber *m.*, Aufschneider *m.*
Ro|dri|go n.pr.m. Roderich *m.*
roent|gen → **röntgen.**
ro|ga|re tr. *(rogo, roghi)* **1** auf‿setzen, aus‿stellen: ***~ un atto*** eine Urkunde ausstellen **2** *(di notaio)* notariell beurkunden. **ro|ga|ta|rio** m. *(-ri)* Aussteller *m.* **ro|ga|to|ria** f. Amtshilfeersuchen *n.*, Rechtshilfe *f.*, Rechtshilfeersuchen *n.*: ***interrogare il testimone per ~*** den Zeugen im Rahmen eines Hilfeersuchens vernehmen.
ro|ga|to|rio agg. *(-ri,-rie)* ersuchend, Rechtshilfe-: ***lettera -a*** Rechtshilfeersuchen *n.*
rog|gia f. *(-ge)* Gerinne *n.*
ro|gi|to m. Notariatsurkunde *f.*, notarielle Urkunde *f.*: ***fare un ~*** eine Notariatsurkunde aus‿stellen.
ro|gna f. **1** Krätze *f.* **2** VETER. Räude *f.* **3** AGR. Pflanzenkrätze *f.*: ***la ~ della patata*** Kartoffelkrätze *f.*; ***~ dell'olivo*** Olivenkrätze *f.* **4a** COLLOQ. *(persona fastidiosa)* Landplage *f.* **b** *(cosa fastidiosa)* lästige Angelegenheit *f.* ◆ ***cercar ~, -e*** Unannehmlichkeiten suchen.
ro|gno|ne m. **1** Nieren *pl.*, Nierchen *n.* **2** ALP. Gletscherhöcker *m.* ◆ ***~ arrosto*** Kalbsnierenbraten *m.*; ***~ di vitello*** Kalbsnieren *pl.*
ro|gno|so agg. **1** krätzig, räudig: ***gatto ~*** räudige Katze **2** FIG. lästig.
ro|go m. *(-ghi)* **1** Scheiterhaufen *m.*: ***erigere un ~*** einen Scheiterhaufen errichten; ***condannare qcn. al ~*** jdn zum Scheiterhaufen verurteilen; ***mandare qcn. al*** (o ***sul) ~*** jdn auf den Scheiterhaufen bringen; ***morire sul ~*** auf dem Scheiterhaufen sterben **2** *(morte)* Feuertod *m.*, Tod *m.* auf dem Scheiterhaufen **3** *(incendio)* Brand *m.*, Feuer *n.*
rol|la|re intr. (aus. *avere*) rollen, schlingern.
Ro|lan|do n.pr.m. Roland *m.*
rol|la|ta f. Rollen *n.*, Schlingern *n.*
roll-bar m.inv. Überrollbügel *m.*
rol|lè m.inv. Roulade *f.*
rol|li|no → **rullino.**
rol|li|o m. Rollen *n.*, Schlingern *n.*, Schlingerbewegung *f.* ◆ ***cinghia di ~*** Schlingerkiel *m.*
rom I m. Rom *m.* **II** agg. Rom-.
Ro|ma n.pr.f. Rom *n.*: ***~, città eterna*** Rom, die ewige Stadt ◆ ***~ antica*** das antike Rom; ***capire ~ per toma*** = etw. völlig missverstehen; PROV. ***~ non fu fatta in un giorno*** Rom wurde nicht an einem Tag erbaut; ***tutte le strade portano a ~*** alle Wege führen nach Rom.
Ro|ma|gna n.pr.f. Romagna *f.* **ro|ma|gno|lo I** agg. romagnolisch **II** m. **1** *(abitante)* Bewohner *m.* der Romagna **2** *(dialetto)* Dialekt *m.* der Romagna.
ro|man|cio I agg. *(-ci,-ce)* romantsch, rätoromanisch **II** m. *(-ci)* Romantsch *n.*
ro|man|do agg. welsch, welschschweizerisch; ***Svizzera -a*** französische Schweiz *f.*; SVIZZ. Welschland *n.*
ro|ma|ne|sco I agg. *(-schi,-sche)* römisch, Römer-: ***dialetto ~*** römischer Dialekt **II** m. *(-schi)* Römisch *n.*, Römische *n.*
Ro|ma|ni|a n.pr.f. Rumänien *n.*
ro|ma|ni|co I agg. *(-ci,-che)* **1** romanisch: ***chiesa -a*** romanische Kirche: ***arte -a*** romanische Kunst; ***arco ~*** romanischer Bogen **II** m. Romanik *f.*, romanische Kunst *f.*
ro|ma|ni|sta m. e f. *(-i,-e)* **1** Romanist *m.* (-in *f.*) **2** DIR. Romanist *m.* (-in *f.*), Gelehrte *m.* e *f.* des römischen Rechts **3** SPORT Fan *m.* der Fußballmannschaft U. S. Rom. **ro|ma|ni|sti|ca** f. **1** Romanistik *f.* **2** DIR. römisches Recht *n.* **ro|ma|ni|sti|co** *(-ci,-che)* romanistisch.
ro|ma|ni|tà f. **1** antikes Römertum *n.* **2** *(mondo romano)* (antike) römische Welt *f.* **ro|ma|niz|za|re I** tr. romanisieren: ***la Gallia fu rapidamente romanizzata*** Gallien wurde schnell romanisiert **II** pronom. **romanizzarsi** römisch werden. **ro|ma|niz|za|zio|ne** f. Romanisierung *f.*
1.ro|ma|no I agg. **1** römisch: ***imperatore ~*** römischer Kaiser; ***arte, storia -a*** römische Kunst, Geschichte; ***saluto ~*** römischer Gruß; ***numeri -i*** römische Zahlen **2** RELIG. römisch-katholisch: ***rito ~*** römisch-katholischer Ritus *m.*; ***Chiesa -a*** römisch-katholische Kirche **3** TIP. ***carattere ~*** römischer Buchstabe **II** m. **1** Römer *m.* **2** *(romanesco)* Römisch *n.*, Römische *n.* ◆ ***aglio ~*** Perlzwiebel *f.*; GASTR. ***alla -a*** auf Römerart; ***gnocchi alla -a*** INTRAD. (eine Art Grießklöße, die im Ofen überbacken werden); ***pagare alla -a*** = die Rechnung gleich unter sich auf‿teilen; ***greco-~*** griechisch-römisch; ***Impero ~ d'Occidente*** Weströmisches Reich *n.*; ***Impero ~ d'Oriente*** Oströmisches Reich *n.*; ***un ~ di Roma*** ein gebürtiger Römer *m.*; ***Sacro Romano Impero*** Heiliges Römisches Reich *n.*; ***strada, via -a*** Römerstraße *f.*
2.ro|ma|no m. *(contrappeso)* Laufgewicht *n.*
ro|man|ti|ca|men|te avv. romantisch. **ro|man|ti|che|ri|a** f. Gefühlsseligkeit *f.*, Sentimentalität *f.*
ro|man|ti|ci|smo m. **1** Romantik *f.*: ***il ~ tedesco*** die deutsche Romantik **2** *(sentimentalismo)* Gefühlsseligkeit *f.*, Sentimentalität *f.* ◆ ***~ di Heidelberg*** Heidelberger Romantik; ***~ di Jena*** Jenaer Romantik; ***primo ~*** Frühromantik *f.*; ***secondo ~*** Spätromantik *f.*
ro|man|ti|co I agg. *(-ci,-che)* **1** romantisch: ***arte, scuola -a*** romantische Kunst, Schule; ***scrittori -i*** romantische Schriftsteller **2** *(sentimentalista)* romantisch; SPREG. gefühlsselig, schwärmerisch **II** m. Romantiker *m.* (anche FIG.): ***i -i tedeschi*** die deutschen Romantiker; ***è un inguaribile ~*** er ist ein unheilbarer Romantiker. **ro|man|ti|cu|me** m. SPREG. haltlose Schwärmerei *f.* (*o* Sentimentalität *f.*).
ro|man|za f. Romanze *f.* (anche MUS.).
ro|man|za|re tr. **1** in Romanform fassen: ***~ la vita di Garibaldi*** Garibaldi's Leben in Romanform fassen **2** ESTENS. romanhaft ausschmücken. **ro|man|za|to** p.pass. agg. → **1 romanzare 2** romanhaft, Roman-: ***rappresentazione -a*** romanhafte Darstellung ◆ ***biografia -a*** biographischer Roman.
ro|man|ze|sco I agg. *(-schi,-sche)* **1** Roman-: ***letteratura -a*** Romanliteratur *f.* **2** ESTENS. *(non storico)* romanhaft: ***vicenda -a*** romanhaftes Geschehen **3** *(straordinario)* fantastisch **II** m. ***questa vicenda ha del ~*** dieses Geschehen hat etwas Romanhaftes.
ro|man|zie|re m. Romanschriftsteller *m.*, Romancier *m.*
1.ro|man|zo agg. romanisch, romanistisch: ***filologia -a*** romanische Philologie; ***lingue -e*** romanische Sprachen.
2.ro|man|zo m. **1** Roman *m.*: ***un ~ avvincente*** ein spannender Roman; ***un ~ ambientato in India*** ein Roman, der in Indien spielt; ***il ~ racconta di...*** der Roman handelt von... **2** FIG. Roman *m.*, Fantasie *f.*, Dichtung *f.*: ***la sua vita è un ~*** sein Leben ist (wie) ein Roman ◆ ***~ d'appendice*** Fortsetzungsroman *m.*, Zeitungsroman *m.*; ***~ d'avventura*** Abenteuerroman *m.*; ***~ di cappa e spada*** Mantel- und Degenroman *m.*; ***~ cavalleresco*** Ritterroman *m.*; ***~ ciclico*** Romanzyklus *m.*; ***~ epistolare*** Briefroman *m.*; ***~ fantascientifico (o di fantascienza)*** Sciencefictionroman *m.*; ***~ di formazione*** Bildungsroman *m.*, Erziehungsroman *m.*; ***~ a fumetti*** Bildstreifengeschichte *f.*; ***~ giallo*** Kriminalroman *m.*; Detektivroman *m.*; ***~ gotico*** Schauerroman *m.*; ***~ nero*** Schauerroman *m.*; ***~ poliziesco*** Kriminalroman *m.* (*o* COLLOQ. Krimi *m.*); ***~ in prima persona*** Ichroman *m.*; ***~ rosa*** Liebesroman *m.*; ***~ sceneggiato*** verfilmter Roman; ***sembrare un ~*** sich wie ein Märchen an‿hören, unglaublich klingen; ***~ storico*** historischer Roman (*o* Geschichtsroman *m.*).
rom|ba|re intr. (aus. *avere*) **1** dröhnen, donnern: ***il cannone romba*** die Kanone donnert **2** *(di motori)* donnern, dröhnen, röhren: ***le motociclette rombano*** die Motorräder röhren **3** *(di tuono)* rollen, grollen.
rom|bi|co agg. *(-ci,-che)* rhombisch, Rhomben-, rautenförmig, Rauten-.
1.rom|bo m. **1** Dröhnen *n.*, Donner *m.*: ***il ~ dei cannoni*** der Donner der Kanonen, der Kanonendonner **2** *(di motori)* Donnern *n.*,

Dröhnen *n.*, Röhren *n.* **3** *(di tuono)* Rollen *n.*, Grollen *n.*

2.rom|bo m. GEOM. Rhombus *m.*, Raute *f.*, Karo *n.*

3.rom|bo m. ITTIOL. Butt *m.*, Steinbutt *m.*

rom|bo|e|dri|co agg. *(-ci,-che)* rhomboedrisch. **rom|bo|e|dro** m. Rhomboeder *m.* **rom|boi|da|le** agg. rhomboid, rautenförmig. **rom|boi|de** m. **1** Rhomboid *n.* **2** *(muscolo)* Rautenmuskel *m.*

ro|me|no I agg. rumänisch **II** m. **1** Rumäne *m.* **2** *(lingua)* Rumänisch(e) *n.*

ro|me|o I m. **1** Jerusalempilger *m.* **2** *(pellegrino che va a Roma)* Rompilger *m.* **II** agg. Pilger-: ***strade -e*** Pilgerstraßen *pl.*

ro|mi|ce m. Ampfer *m.*

ro|mi|to I agg. LETT. einsam, verlassen **II** m. Einsiedler *m.*, Klausner *m.* **ro|mi|to|rio** m. *(-ri)* **1** Einsiedelei *f.*, Klause *f.* **2** *(rifugio solitario)* einsamer Ort *m.*, Einöde *f.*

Ro|mo|lo n.pr.m. Romulus *m.*

rom|pe|re *(ruppi; rotto)* **I** tr. **1a** *(mandare in pezzi)* zerbrechen, zerschlagen: ***~ un piatto*** einen Teller zerschlagen **b** *(fracassare)* ein‿schlagen, zerschlagen, zerbrechen: ***~ il vetro di una finestra*** eine Fensterscheibe einschlagen **2** *(lacerare)* zerreißen: ***~ i pantaloni*** die Hose zerreißen **3** COLLOQ. *(scocciare)* ***~ le scatole, le tasche, l'anima a qcn.*** jdm auf den Geist (*o* Keks, Wecker) gehen; VOLG. ***~ le palle, i coglioni a qcn.*** jdm auf die Eier gehen **4** ESTENS. *(guastare)* kaputt‿machen: ***ho rotto la calcolatrice*** ich habe den Taschenrechner kaputtgemacht **5** *(far saltare)* sprengen: ***~ le catene*** die Ketten sprengen; ***~ una diga*** einen Damm sprengen **6a** FIG. *(interrompere)* ab‿brechen, brechen: ***~ il silenzio, l'incanto*** das Schweigen, den Zauber brechen; ***~ un'amicizia, i rapporti con la famiglia*** eine Freundschaft, die Beziehungen zur Familie abbrechen; ***~ le relazioni diplomatiche*** die diplomatischen Beziehungen abbrechen; ***~ (la relazione) con qcn.*** mit jdm brechen **b** FIG. *(violare)* brechen: ***~ un patto, una promessa*** eine Abmachung, ein Versprechen brechen **II** pronom. **rompersi 1a** brechen: ***il bastone si è rotto*** der Stock ist gebrochen **b** *(andare in pezzi)* zerbrechen; ***lo specchio si ruppe in mille pezzi*** der Spiegel zerbrach in tausend Stücke **2** *(strapparsi)* reißen: ***mi si è rotto il vestito*** mein Kleid ist gerissen **3** *(guastarsi)* kaputt‿gehen **4** ***-rsi qcs.*** sich (D) etw. brechen: ***-rsi un braccio, una gamba*** sich einen Arm, ein Bein brechen **III** intr. (aus. *avere*) aus‿brechen: ***~ in un pianto dirotto*** in Schluchzen ausbrechen ◆ ***~ gli argini*** die Uferbefestigung zerstören; ***~ l'assedio*** den Belagerungsring durch‿brechen; ***~ il digiuno*** das Fasten beenden; COLLOQ. ***~ la faccia a qcn.*** jdm den Schädel ein‿schlagen; ***~ il fidanzamento con qcn.*** die Verlobung mit jdm auf‿lösen; ***~ le file*** ab‿treten; FIG. ***~ il ghiaccio*** das Eis brechen; ***~ gli indugi*** zur Tat schreiten; COLLOQ. ***non ~!*** nerv nicht; COLLOQ. ***~ le ossa a qcn.*** jdm alle Knochen kaputt‿schlagen; ***~ le righe*** weg‿treten; FIG. ***-rsi la schiena*** hart arbeiten; FIG. ***-rsi la testa*** sich den Kopf zerbrechen; ***~ i timpani a qcn.*** jdm die Ohren voll schreien; ***~ il trotto*** in Galopp fallen; FIG. ***~ le uova nel paniere a qcn.*** jdm einen Strich durch die Rechnung machen; PROV. ***chi rompe paga e i cocci sono suoi*** = der Schuldige muss auch die Rechnung zahlen.

rom|pi|ca|po m. **1** *(indovinello)* Rätsel *n.* **2** *(problema di difficile soluzione)* verzwickte Angelegenheit *f.*; COLLOQ. harte Nuss *f.* **3** *(motivo di preoccupazione)* Sorge *f.*; *(fastidio)* Unannehmlichkeit *f.*, Ärger *m.*

rom|pi|col|lo m. e f.inv. Wagehals *m.* ◆ ***a ~*** Hals über Kopf.

rom|pi|ghiac|cio m.inv. **1** Eisbrecher *m.* **2** ALP. Eispickel *m.* ◆ ***nave ~*** Eisbrecher *m.*

rom|pi|os|sa agg.inv. ***febbre ~*** Siebentagefieber *n.*

rom|pi|pal|le, rom|pi|sca|to|le m. e f.inv. COLLOQ. Nervensäge *f.*: ***sei un bel ~!*** du bist eine echte Nervensäge!

ron|ca f. *(-che)* → **roncola.**

ron|co m. *(-chi)* Rasseln *n.*

ron|co|la f. Hippe *f.* **ron|co|la|re** tr. *(roncolo)* mit der Hippe stutzen. **ron|co|la|ta** f. Hippenschlag *m.* **ron|co|lo** m. Gartenhippe *f.*, Winzermesser *n.*

ron|da f. Streife *f.*, Streifengang *m.*, Rundgang *m.*; ANT. Ronde *f.*: ***fare la ~*** eine Streife machen; ***essere di ~*** auf Streife sein ◆ MIL. ***cammino di ~*** Wehrgang *m.*

ron|del|la f. Unterlegscheibe *f.* ◆ ***~ elastica*** Federring *m.*, Federscheibe *f.*; ***~ di feltro*** Filzscheibe *f.*

ron|di|ne f. Schwalbe *f.* ◆ FAL. ***incastro a coda di ~*** Schwalbenschwanzverbindung *f.*, Schwalbenschwanz *m.*; ***giacca a coda di ~*** Schwalbenschwanz *m.*; ***~ di mare*** Seeschwalbe *f.*; ***nido di ~*** Schwalbennest *n.* (anche GASTR.); ***pesce ~*** Schwalbenfisch *m.*; ***~ riparia*** Uferschwalbe *f.*; PROV. ***una ~ non fa primavera*** eine Schwalbe macht noch keinen Sommer. **ron|di|nel|la** f. **1** ORNIT. Schwälbchen *n.* **2** ITTIOL. Schwalbenfisch *m.* **ron|di|ni|no, ron|di|not|to** m. Schwalbenjunge *n.*

1.ron|dò m.inv. MUS. Rondo *n.*

2.ron|dò m.inv. **1** *(isola spartitraffico)* Verkehrskreisel *n.*, Rondell *n.* **2** ARCH. *(nei giardini all'italiana)* Rondell *n.* **3** LETT. Rondeau *n.*

ron|do|ne m. Mauersegler *m.*

ron|fa|men|to m. COLLOQ. **1** *(il russare)* Sägen *n.*, Schnarchen *n.* **2** *(del gatto)* Schnurren *n.* **ron|fa|re** intr. (aus. *avere*) COLLOQ. **1** *(russare)* sägen, schnarchen **2** *(del gatto)* schnurren.

rönt|gen ['røntgen] **I** agg.inv. Röntgen-: ***raggi ~*** Röntgenstrahlen *pl.* **II** m.inv. Röntgen *n.* **rönt|gen|te|ra|pi|a** f. Röntgentherapie *f.*, Röntgenbehandlung *f.*

1.ron|za|re intr. (aus. *avere*) **1a** *(di insetti piccoli)* summen, surren, schwirren **b** *(di insetti grandi)* brummen **2** ESTENS. brummen: ***gli ronza la testa*** ihm brummt der Kopf **3** FIG. schwirren: ***simili pensieri gli ronzavano in testa*** derlei Gedanken schwirrten ihm durch den Kopf ◆ ***~ intorno a qcn., qcs.*** um jdn, etw. (her)um‿schwirren (anche FIG.).

2.ron|za|re m. **1a** *(di insetti piccoli)* Summen *n.*, Surren *n.*, Schwirren *n.* **b** *(di insetti grandi)* Brummen *n.* **2** ESTENS. Brummen *n.*

Ron|zi|nan|te n.pr.m. Rosinante *m.*

ron|zi|no m. Gaul *m.*, Klepper *m.*

ron|zi|o m. **1a** *(di insetti piccoli)* Summen *n.*, Gesumm(e) *n.* **b** *(di insetti grandi)* Brummen *n.*, Gebrumm(e) *n.* **2** ESTENS. Summen *n.*, Brummen *n.*, Sausen *n.*; ***c'è un ~ nell'apparecchio*** es summt im Apparat; ***sento un ~ in testa*** mir brummt der Kopf; ***sento un ~ nelle orecchie*** ich habe Ohrensausen.

ro|ri|do agg. LETT. tauig, taubenetzt.

ROS ⇒ *Raggruppamento Operativo Speciale* Einheit der Karabinieri für Sondereinsätze.

ro|sa I f. **1a** *(pianta)* Rose *f.*, Rosenstock *m.*: ***coltivare -e*** Rosen züchten; ***~ selvatica*** wilde Rose **b** *(fiore)* Rose *f.*: ***cogliere, recidere una ~*** eine Rose pflücken, schneiden; ***~ dal, a gambo lungo*** langstielige Rose; ***un mazzo di -e gialle*** ein Strauß gelber Rosen **2a** *(cerchia di persone)* Kreis *m.*, Gruppe *f.*: ***la ~ dei candidati*** der Kreis der Kandidaten **b** SPORT ***la ~ di una squadra*** = Gesamtheit *f.* der Spieler einer Mannschaft **3** ARCH. *(rosone)* Fensterrose *f.*, Rosette *f.* **4** MUS. Rose *f.*, Schallrose *f.*, Schallloch *n.* **5** *(dei capelli)* Haarwirbel *m.* **II** m. Rosa *n.*: ***un ~ tenue, chiaro, scuro*** ein zartes, helles, dunkles Rosa; ***tingere qcs. di ~*** etw. rosa färben **III** agg.inv. rosa, rosafarben: ***una camicetta ~*** eine rosa (*o* rosafarbene) Bluse ◆ ***acqua di -e*** Rosenwasser *n.*; FIG. ***all'acqua di -e*** oberflächlich; ***aiuola di -e*** Rosenbeet *n.*; ***~ delle Alpi*** Alpenrose *f.*; ***~ antico*** Altrosa *n.*; ***(di color) ~ antico*** altrosa; ***bocciolo di ~*** Rosenknospe *f.*; ***~ della bussola*** Kompassrose *f.*; ***~ canina*** Hundsrose *f.*; ***(di color) ~ carne*** fleischfarben, fleischfarbig; ***~ centifoglia*** Zentifolie *f.*; ***cespuglio di -e*** Rosenbusch *m.*; ***~ a cespuglio*** Buschrose *f.*; ***color ~*** Rosa *n.*; ***di color ~*** rosa, rosafarben; ***coltivatore di -e*** Rosenzüchter *m.*; ***~ confetto*** Bonbonrosa *n.*, bonbonfarbig; ***(di color) ~ confetto*** bonbonrosa; ***~ del deserto*** Sandrose *f.*; ***essenza di -e*** Rosenessenz *f.*; ***la vita non è tutta -e e fiori*** das Leben ist nicht nur Sonnenschein; ***fioritura delle -e*** Rosenblüte *f.*; ***~ fragola*** erdbeerfarben; ***fresco come una ~*** taufrisch wie eine Rose sein; ***sentirsi fresco come una ~*** sich taufrisch (*o* frisch und munter) fühlen; ***giardino di -e*** Rosengarten *m.*; ***la guerra delle due Rose*** der Rosenkrieg; ***~ indica*** Edelrose *f.*; ***legno di ~*** Rosenholz *n.*; FIG. ***stare su un letto di -e*** auf Rosen gebettet sein; ARALD. ***~ luterana*** Lutherrose *f.*; ***~ di macchia*** Hundsrose *f.*; SPORT ***maglia ~*** rosa Trikot *n.*; *(l'atleta)* Spitzenfahrer des Giro d'Italia; ***~ di mare*** Seeanemone *f.*, Aktinie *f.*; ***il mese delle -e*** = Wonnemonat *m.*; ***~ di Natale*** Christrose *f.*; ***~ dei nomi*** Namen(s)verzeichnis *n.*; ***~ pallido*** Zartrosa *n.*; ***(di color) ~ pallido*** zartrosa, blassrosa; ***~ dei pallini*** Streuungskegel *m.*; ***petalo di ~*** Rosenblatt *n.*; ***profumo di ~*** Rosenduft *m.*; ***quarzo ~*** Rosenquarz *m.*; ***~ rampicante*** Kletterrose *f.*; ***~ rifiorente*** Monatsrose *f.* (*o* Remontantrose *f.*); ***romanzo ~*** Liebesroman *m.*; ***~ selvatica*** Heckenrose *f.* (*o* wilde Rose); ***~ shocking*** Pink *n.*, grelles Rosa; ***(di color) ~ shocking*** pink, grellrosa; ***siepe di -e*** Rosenhecke *f.*; ***stampa ~*** Regenbogenpresse *f.*; ***~ tea*** Teerose *f.*; ***~ tenue*** Zartrosa *n.*; ***(di color) ~ tenue*** zartrosa; ARM. ***~ di tiro*** Streuungsbereich *m.*; ***vedere tutto ~*** alles durch eine rosarote Brille (*o* im rosigen Licht) sehen; ***~ dei venti*** Windrose *f.*; PROV. ***non c'è ~ senza spine*** keine Rose ohne Dornen; ***se sono -e fioriranno*** = am Ende wird sich alles zeigen. **ro|sa|ce|e** f.pl. Rosazeen *pl.*, Rosengewächse *pl.* **ro|sa|ce|o** agg. ***acne -a*** Kupferanschlag *m.*, Akne rosacea *f.*

ro|sa|cro|cia|no m. Rosenkreuzer *m.*

ro|sa|io m. *(-ai)* **1** *(roseto)* Rosengarten *m.* **2** *(pianta)* Rosenstrauch *m.*, Rosenstock *m.*

Ro|sa|li|a n.pr.f. Rosalie *f.*

Ro|sa|lin|da n.pr.f. Rosalinde *f.*
Ro|sa|ma|ri|a n.pr.f. Rosemarie *f.*, Rosmarie *f.*
Ro|sa|mun|da n.pr.f. Rosamunde *f.*
ro|sa|rio m. *(-ri)* **1** Rosenkranz *m.*: ***dire, recitare il ~*** den Rosenkranz beten; ***i grani del ~*** die Perlen des Rosenkranzes **2** FIG. COLLOQ. (lange) Reihe *f.*, Folge *f.*: ***un ~ di offese*** eine lange Reihe von Beleidigungen **3** MED. Rosenkranz *m.*: ***~ rachitico*** rachitischer Rosenkranz ◆ ***corona del ~*** Rosenkranz *m.*; ***sgranare il ~*** den Rosenkranz beten.
ro|sa|tel|lo m. Rosé *m.*, Roséwein *m.*
ro|sa|to I agg. **1** *(di colore rosa)* rosig, rosarot **2** *(con essenza di rose)* Rosen-: ***acqua -a*** Rosenwasser *n.*; ***miele ~*** Rosenhonig *m.* **II** m. Roséwein *m.*
ro|sé I agg.inv. ***vino ~*** Roséwein *m.* **II** m.inv. Rosé *m.*
ro|sel|li|na f. Röschen *n.*
ro|se|o agg. rosig (anche FIG.): ***carnagione -a*** rosige Haut; ***avere un aspetto ~*** rosig aus‿sehen; ***futuro ~*** rosige Zukunft; ***vedere tutto ~*** alles im rosigen Licht sehen; ***per qcn. le cose non sono proprio -e*** jdm geht es nicht gerade rosig ◆ ***bianco ~*** rosig weiß.
ro|se|o|la f. Roseole *f.*, rotfleckiger Hautausschlag *m.*
ro|se|to m. Rosengarten *m.*, Rosarium *n.*
ro|set|ta f. **1** *(di gioielli)* Rosette *f.* (anche BOT.) **2** *(coccarda)* Kokarde *f.* **3** REGION. *(pane)* = Kaiserbrötchen *n.* **4** ARCH. Fensterrose *f.*, Rosette *f.* **5** MECC. *(rondella)* Unterlegscheibe *f.* ◆ ***a (forma di) ~*** rosettenförmig.
ro|si|ca|re tr. *(rosico, rosichi)* ***~ qcs.*** an etw. (D) nagen ◆ PROV. ***chi non risica non rosica*** frisch gewagt ist halb gewonnen; wer nicht wagt, der nicht gewinnt.
ro|sic|chia|re *(rosicchio, rosicchi)* **I** tr. **1** ***~ qcs.*** an etw. (D) nagen, an etw. (D) knabbern; *(staccando pezzi)* etw. ab‿nagen: ***~ una carota*** an einer Möhre nagen; ***~ la carne dall'osso*** das Fleisch vom Knochen (ab)nagen **2** *(di roditori)* an‿nagen, an‿knabbern: ***i topi hanno rosicchiato il formaggio*** die Mäuse haben den Käse angenagt **3** GERG. SPORT allmählich auf‿holen **II** pronom. COLLOQ. ***-rsi le unghie*** an den Fingernägeln kauen.
ro|si|col|to|re m. Rosenzüchter *m.*
ros|ma|ri|no m. Rosmarin *m.* ◆ ***essenza di ~*** Rosmarinessenz *f.*
ro|so p.pass. agg. **1** → **rodere 2a** ESTENS. verwittert: ***un'iscrizione -a dal tempo*** eine im Lauf der Zeit verwitterte Inschrift **b** *(da acidi)* zerfressen.
ro|so|lac|cio m. *(-ci)* Klatschmohn *m.*
ro|so|la|re *(rosolo)* **I** tr. schmoren, an‿schmoren, an‿bräunen **II** intr. (aus. *essere*) schmoren, bräunen **III** pronom. **rosolarsi 1** GASTR. sich bräunen **2** SCHERZ. ***-rsi al sole*** in der Sonne schmoren ◆ ***~ a fuoco vivo*** scharf an‿braten; ***far ~ leggermente*** leicht an‿bräunen. **ro|so|la|ta, ro|so|la|tu|ra** f. Anschmoren *n.*, Anbräunen *n.*; ***dare una ~ a qcs.*** etw. an‿schmoren (*o* an‿bräunen).
ro|so|li|a f. Röteln *pl.*: ***fare la ~*** Röteln haben.
ro|so|li|da f. Sonnentau *m.*
ro|so|lio m. Rosolio *m.*
ro|so|ne m. **1** ARCH. Fensterrose *f.*, Rosette *f.* **2** *(motivo decorativo)* Rosette *f.* ◆ ***~ da soffitto*** Deckenrose *f.*
ro|spo m. **1** Kröte *f.*, Seeteufel *m.* **2** FIG. Vogelscheuche *f.*, Scheusal *n.* ◆ ZOOL. ***coda di ~*** Anglerfisch *m.*, Angler *m.*; ***avere un ~ in gola*** einen Frosch im Hals haben; ***ingoiare il ~*** in den sauren Apfel beißen, eine bittere Pille schlucken; ***sputa il ~!*** spuck's aus! heraus damit!
Ros|sa|na n.pr.f. Roxane *f.*
ros|sa|stro, ros|seg|gian|te agg. rötlich. **ros|seg|gia|re** intr. *(rosseggio, rosseggi;* aus. *avere)* rötlich schimmern.
ros|set|to m. Lippenstift *m.*: ***mettersi, darsi il ~*** Lippenstift auf‿tragen (*o* sich die Lippen rot an‿malen); ***~ indelebile*** kussechter Lippenstift.
ros|sic|cio I agg. *(-ci,-ce)* rötlich **II** m. Rötliche *n.*: ***dare sul ~*** ins Rötliche übergehen (*o* spielen) ◆ ***(di colore) biondo ~*** rotblond; ***(di colore) bruno ~*** rotbraun; ***(di colore) marrone ~*** rotbraun.
ros|si|no agg. ***mal ~*** Rotlauf *m.*
ros|so I agg. rot: ***labbra, guance -e*** rote Lippen, Wangen; ***avere gli occhi -i*** rote Augen haben; ***~ per la, dalla vergogna, rabbia*** rot vor Scham, Wut; ***il semaforo è ~*** die Ampel steht auf (*o* zeigt) rot; COMM. ***numeri -i*** rote Zahlen; POL. ***governo ~*** rote Regierung **II** m. **1** *(colore)* Rot *n.*: ***vestire di ~*** sich in Rot (*o* rot) kleiden; ***dare sul, tendere al ~*** ins Rote gehen (*o* einen Stich ins Rote haben); ***segnare, sottolineare qcs. in ~*** etw. rot an‿kreuzen, unterstreichen; ***le foglie si tingono di ~*** die Blätter färben sich rot **2** *(semaforo)* Rot *n.*: ***(al semaforo) scatta il ~*** die Ampel springt auf Rot; ***passare, attraversare col ~*** bei Rot durchfahren, über die Kreuzung gehen; ***fermarsi al ~*** bei Rot halten **3** *(vino)* Rotwein *m.* **4** *(nella roulette)* Rouge *n.*, Rot *n.*: ***puntare sul ~*** auf Rouge setzen **5** *(persona dai capelli rossi)* Rothaarige *m.*, Rote *m.*, Rotschopf *m.* **6** POL. COLLOQ. Rote *m.* ◆ ***abete ~*** Rottanne *f.*; ***(di colore) ~ acceso*** knallrot; ***allarme ~*** rote (*o* höchste) Alarmstufe; rote (*o* höchste) Alarmbereitschaft; ***(di colore) ~ amaranto*** amarantrot; ***andare in ~*** in die roten Zahlen kommen; ***(di colore) ~ arancio*** orangerot; ***Armata Rossa*** Rote Armee; ***militare dell'Armata Rossa*** Rotarmist *m.*; POL. ***bandiera -a*** rote Fahne; ***(di colore) ~ bruno*** rötlich braun, rotbraun; STOR. ***camicie -e*** = Garibaldiner *pl.*; ***dai capelli -i*** rothaarig; ***Cappuccetto Rosso*** Rotkäppchen *n.*; ***(di colore) ~ carminio*** karminrot; ***carne -a*** rotes Fleisch; SPORT ***cartellino ~*** rote Karte; ***cavolo ~*** Rotkohl *m.*, Rotkraut *n.*; ***(di colore) ~ chiaro*** hellrot; ***(di colore) ~ ciliegia*** kirschrot; ***(di colore) ~ cinabro*** zinnoberrot; ***di colore ~*** rot, rotfarben, rotfarbig; ***corallo ~*** Edelkoralle *f.*, rote Koralle; ***(di colore) ~ corallo*** korallenrot; ***Croce Rossa*** Rotes Kreuz; ***diventare ~ per qcs.*** vor etw. rot werden, rot an‿laufen; ***diventare tutto ~*** einen roten Kopf bekommen, ein (hoch)rotes Gesicht bekommen; ***essere in ~*** rote Zahlen schreiben; ***(di colore) ~ fiammante*** flammend rot; FIG. ***filo ~*** roter Faden; ***(di colore) ~ fulvo*** fuchsrot; ***(di colore) ~ fuoco*** feuerrot; ***~ come un gambero*** krebsrot; ***dalle guance -e*** rotbackig; ***(di colore) ~ intenso*** sattrot, tiefrot; ***(di colore) ~ lampone*** himbeerrot; ***luce -a*** Rotlicht *n.*; ***film a luci -e*** Pornofilm *m.*; ***quartiere a luci -e*** Rotlichtviertel *n.*; ***(di colore) ~ magenta*** anilinrot; ***Mar Rosso*** Rotes Meer; ***matita -a*** Rotstift *m.*; ***(di colore) ~ mattone*** ziegelrot; ***(di colore) ~ minio*** mennigrot; ***oro ~*** Rotgold *n.*; ***(di colore) ~ pallido*** blassrot; ***diventare ~ come un peperone*** rot wie eine Tomate an‿laufen; ***occhi -i di pianto*** rot geweinte Augen; ***la Piazza Rossa*** der Rote Platz; ***(di colore) ~ porpora, purpureo*** purpurrot; ***(di colore) ~ rame*** kupferrot; ***a righe -e*** rot gestreift; ***(di colore) ~ rubino*** rubinrot, rubinfarben, rubinfarbig; ***~ sangue*** blutrot; ***(di colore) ~ scarlatto*** scharlachrot; ***(di colore) ~ scuro*** dunkelrot; ***~ come un tacchino*** puterrot; ***telefono ~*** rotes Telefon; ***(di colore) ~ tiziano*** tizianrot; ***toni del ~*** Rottöne *pl.*; ***~ dell'uovo*** Eigelb *n.*, Eidotter *m.*; ***vedere ~*** rot‿sehen; ***vino ~*** Rotwein *m.*; ***(di colore) ~ vivo*** flammend rot; PROV. ***~ di sera bel tempo si spera*** Abendrot, Schönwetterbot.
ros|so|re m. **1** Röte *f.*; *(di vergogna)* Schamröte *f.*: ***il ~ le salì alle guance*** die Röte stieg (*o* schoss) ihr ins Gesicht **2** ANT. *(pudore)* Scham *f.*
ro|stic|ce|ri|a f. Rostbraterei *f.*, Schnellimbiss *m.* **ro|stic|cie|re** m. Inhaber *m.* einer Rostbraterei (*o* eines Schnellimbisses).
ro|stra|to agg. **1** mit Rammsporn (*o* Ramme) versehen; ***nave -a*** Schiff *n.* mit Rammsporn **2** RAR. ORNIT. Schnabel-.
ro|stro m. **1a** ORNIT. Schnabel *m.*, Rostrum *n.* **b** ENTOM. Rüssel *m.* **2a** NAUT. Rammsporn *m.*, Ramme *f.* **b** STOR. Schiffsschnabel *m.*, Rostrum *n.* **3** EDIL. Brückenpfeilerkopf *m.* **4** STOR. *(tribuna)* Rednerbühne *f.*, Rostra *f.*
ro|ta, ***la Sacra Rota*** (Sacra Romana) Rota *f.*
ro|ta|bi|le I agg. **1** *(carrozzabile)* befahrbar **2** *(mobile)* rollend: FERR. ***materiale ~*** rollendes Material **II** f. Fahrstraße *f.*
ro|ta|ci|smo m. Rhotazismus *m.* **ro|ta|ciz|za|re I** tr. in R um‿wandeln **II** pronom. **rotacizzarsi** in R übergehen, zu R werden. **ro|ta|ciz|za|zio|ne** f. Rhotazismus *m.*
ro|ta|ia f. **1** Schiene *f.*, Gleis *n.*: ***viaggiare su -e*** auf Schienen laufen; ***posare -e*** Schienen (ver)legen **2** *(solco)* Radspur *f.*, Bahn *f.* ◆ ELETTRON. ***~ alimentatrice*** Stromschiene *f.*; ***~ ferroviaria*** Eisenbahnschiene *f.*; ***freno su ~*** Schienenbremse *f.*; TECN. ***~ di guida*** Führungsschiene *f.* (*o* Gleitschiene *f.*); ***~ di scorrimento*** Gleitschiene *f.*; EL. ***terza ~*** Stromschiene *f.*; ***traffico su -e*** Schienenverkehr *m.*; ***~ tranviaria*** Straßenbahnschiene *f.*; ***trasporto su ~*** Transport *m.* auf Schienen; ***tratto di ~*** Schienenstrang *m.*; ***a una ~*** einschienig; ***uscire di ~, dalle -e*** entgleisen (anche FIG.); ***veicolo su -e*** Schienenfahrzeug *n.*, schienengebundenes Fahrzeug.
ro|tan|te agg. Dreh-, rotierend: ***lame -i*** rotierende Messer ◆ EL. ***campo ~*** Drehfeld *n.*; TIP. ***macchina (da scrivere) con testina ~*** Kugelkopfmaschine *f.*; ***testina ~*** Kugelkopf *m.*
ro|ta|re → **ruotare.**
Ro|ta|ri n.pr.m. Rothari *n.*
ro|ta|ti|va f. Rotationsmaschine *f.* ◆ ***carta da ~*** Rotationspapier *n.*; ***~ offset*** Offsetrotationsdruckmaschine *f.*; ***~ a rotocalco*** Rotationstiefdruck *m.*; ***~ tipografica*** Hochdruckrotationsmaschine *f.*; ***~ a forte tiratura*** Schnellpresse *f.*
ro|ta|ti|vo agg. **1** drehend, Dreh-: ***barra -a*** Drehstab *m.* **2** *(a cicli)* Rotations- ◆ ***agricoltura -a*** Wechselwirtschaft *f.*; ***credito ~*** Revolvingkredit *m.*
ro|ta|to|ria f. Kreisverkehr *m.*
ro|ta|to|rio agg. *(-ri,-rie)* drehend, Dreh-, Kreis-, Rotations-: ***circolazione -a*** Kreisverkehr *m.* (*o* Rundverkehr *m.*); ***moto ~*** Rotati-

onsbewegung *f.*, Drehbewegung *f.*, Kreisbewegung *f.*

ro|ta|zio|na|le agg. Rotations-, Dreh-, Kreis- ◆ ***isola ~*** (runde) Verkehrsinsel *f.*

ro|ta|zio|ne f. **1** Umdrehung *f.*, Rotation *f.*, Umlauf *m.* **2** *(alternanza)* Wechsel *m.*, Rotation *f.*: ***~ delle cariche*** Rotationsprinzip *n.* **3** *(in ginnastica)* Kreisen *n.*, Rollen *n.*: ***~ del capo a sinistra*** Rollen des Kopfes nach links; ***fare una ~ delle braccia*** mit den Armen kreisen ◆ ***a ~*** abwechselnd, im Turnus: ***tutti, a ~, devono fare il turno di notte*** alle müssen abwechselnd Nachtschicht machen; ***~ agraria*** Wechselwirtschaft *f.*, Fruchtwechsel *m.*; ***~ antioraria*** Linksdrehung *f.*; ***asse di ~*** Rotationsachse *f.*, Drehachse *f.*; ***~ biennale*** Zweifelderwirtschaft *f.*; ***~ del busto*** Rumpfkreisen *n.*; ***centro di ~*** Drehpunkt *m.*; ***~ delle colture*** Fruchtwechselwirtschaft *f.*; ***~ consonantica*** Lautverschiebung *f.*; ***ellissoide di ~*** Rotationsellipsoid *n.*; ***~ all'indietro*** Rückwärtsdrehung *f.*; ***~ oraria*** Rechtslauf *m.*, Rechtsdrehung *f.*; ***piano di ~*** Drehebene *f.*; ***quarto di ~*** Vierteldrehung *f.*; ***senso di ~*** Drehrichtung *f.*, Laufrichtung *f.*; ***~ solare*** Sonnenumlauf *m.*; ***solido di ~*** Rotationskörper *m.*; ***superficie di ~*** Rotationsfläche *f.*; ***tempo di ~*** Umlaufzeit *f.*; ***~ terrestre*** Erdumdrehung *f.*; ***~ triennale*** Dreifelderwirtschaft *f.*; ***velocità di ~*** Umdrehungsgeschwindigkeit *f.*

ro|te|a|re *(roteo)* **I** tr. kreisen lassen **II** intr. (aus. *avere*) kreisen: ***le aquile roteano sopra la torre*** die Adler kreisen über dem Turm ◆ ***~ gli occhi*** mit den Augen rollen; ***~ la spada*** das Schwert schwingen. **ro|te|a|zio|ne** f. Kreisen *n.*, Drehung *f.*

ro|tel|la f. **1a** Rädchen *n.*: ***la ~ di un ingranaggio*** das Rädchen eines Getriebes; FIG. ***essere solo una ~ dell'ingranaggio*** nur ein Rädchen im Getriebe sein **b** *(di mobili)* Rolle *f.* **2** *(rotula)* Kniescheibe *f.* ◆ ***avere qualche ~ fuori posto*** nicht alle Tassen im Schrank haben (*o* einen Vogel haben); ***gli manca una, qualche ~*** bei ihm ist eine Schraube (*o* ein Rädchen) locker; ***pattinaggio a -e*** Rollschuhlaufen *n.*; ***pattino a -e*** Rollschuh *m.*; ***sedia a -e*** Rollstuhl *m.*; ***~ dello sperone*** Spornrädchen *n.*; ***~ tagliapasta*** Teigrädchen *n.*

ro|ti|fe|ro m. Rädertier *n.*

ro|ti|smo m. Räderwerk *n.*, Getriebe *n.*, Rädergetriebe *n.*, Laufwerk *n.*

ro|to|cal|co m. *(-chi)* **1** TIP. Rotationstiefdruck *m.* **2** GIORN. Illustrierte *f.* ◆ ***stampare a ~*** tief‿drucken. **ro|to|cal|co|gra|fi|a** f. Rotationstiefdruck *m.*, Kupfertiefdruck *m.* **ro|to|cal|co|gra|fi|co** agg. *(-ci,-che)* Rotationstiefdruck-.

ro|to|la|men|to m. Rollen *n.*, Wälzen *n.*

ro|to|la|re *(rotolo)* **I** tr. **1** fort‿wälzen, wälzen, fort‿rollen, rollen: ***~ un barile, un masso*** ein Fass, einen Felsblock rollen; ***~ una pietra*** einen Stein wälzen **2** *(avvolgere)* zusammen‿rollen, auf‿rollen **II** intr. (aus. *essere*) rollen: ***la palla rotola*** der Ball rollt; ***~ giù per le scale*** die Treppen hinunter‿fallen; *(di palla)* die Treppen hinunter‿rollen **III** pronom. **rotolarsi** sich rollen, sich wälzen: ***-rsi nell'erba, per terra, nella neve*** sich im Gras, auf dem Boden, im Schnee wälzen.

ro|to|li|no Röllchen *n.*

ro|to|li|o m. Gerolle *n.*, Rollen *n.*

ro|to|lo m. **1** Rolle *f.* **2** *(di stoffa)* Ballen *m.* ◆ ***andare a -i*** zugrunde gehen, COLLOQ. vor die Hunde gehen; ***~ di carta*** Papierrolle *f.*; ***fare un ~ di qcs.*** etw. auf‿rollen; ***fare un ~ di un disegno*** eine Zeichnung ein‿rollen; ***mandare a -i*** zugrunde richten; ***~ di monete*** Geldrolle *f.*; ***~ di papiro*** Papyrusrolle *f.*; ***~ di carta da parati*** Tapetenrolle *f.*; ***~ di pasta*** Teigrolle *f.*; ***~ di tela*** Stoffballen *m.*

ro|to|lo|ne m. Sturz *m.*; COLLOQ. Purzelbaum *m.* **ro|to|lo|ni** avv. kopfüber, Hals über Kopf ◆ ***andare a -i*** zugrunde gehen; ***cadere (a) ~*** kopfüber hinunter‿fallen; ***mandare a -i*** zugrunde richten.

ro|ton|da f. **1** Rundbau *m.*, Rotunde *f.* **2a** *(terrazza)* runde Terrasse *f.* **b** *(piazzale)* runder Platz *m.* **3** COLLOQ. *(di strada)* Verkehrskreisel *m.*, Rondell *n.*

ro|ton|deg|gian|te agg. rundlich. **ro|ton|det|to** agg. vollschlank, rundlich, rund, drall.

ro|ton|di|tà f.inv. **1** Rundheit *f.*, Rund *n.*: ***la ~ del viso*** das Rund des Gesichts **2** pl. SCHERZ. Rundungen *f.*: ***le ~ femminili*** die weiblichen Rundungen ◆ ***~ della terra*** Erdenrund *n.*

ro|ton|do I agg. **1a** rund: ***tavolo ~*** runder Tisch **b** *(tondeggiante)* rundlich, rund: ***viso ~*** rundes Gesicht **2** FIG. *(pieno, senza asprezze)* abgerundet, rund, harmonisch: ***dallo stile ~*** stilistisch abgerundet **II** m. runder Gegenstand *m.* ◆ ***la tavola -a di Re Artù*** die Tafelrunde des Königs Artus; ***i cavalieri della tavola -a*** die Ritter der Tafelrunde; ***tavola -a*** Konferenz *f.* am runden Tisch, Round-Table-Konferenz *f.*; *(dibattito)* Round-Table-Gespräch *n.*

ro|to|re m. **1** Rotor *m.*, Läufer *m.* **2** AER. Rotor *m.*, Tragschraube *f.*, Hubschraube *f.* ◆ ***~ di coda*** Heckrotor *m.*

1.rot|ta f. **1** *(rottura degli argini)* Dammbruch *m.* **2** *(sconfitta)* (vernichtende) Niederlage *f.*: ***mettere in ~ il nemico*** dem Feind eine Niederlage bei‿bringen ◆ ***a ~ di collo*** Hals über Kopf; ***correre via a ~ di collo*** Hals über Kopf davon‿rennen; ***essere in ~ con qcn.*** mit jdm gebrochen haben.

2.rot|ta f. Kurs *m.*: ***cambiare ~*** den Kurs ändern (*o* wechseln) (anche FIG.); ***deviare dalla ~*** vom Kurs ab‿weichen; ***fare ~ per, verso...*** Kurs auf (A)... nehmen; ***invertire la ~*** auf Gegenkurs gehen (anche FIG.); ***tracciare, tenere (o seguire) la ~*** den Kurs ein‿schlagen, halten ◆ ***~ aerea*** Flugweg *m.*; ***cambiamento di ~*** Kursänderung *f.*, Kurswechsel *m.* (anche FIG.); ***~ di collisione*** Kollisionskurs *m.*; ***essere fuori ~*** vom Kurs abgekommen sein; ***~ marittima*** Seeweg *m.*; ***ufficiale di ~*** Navigationsoffizier *m.*

rot|ta|mag|gio m. *(-gi)* Verschrottung *f.* **rot|ta|ma|io** m. *(-ai)* Schrotthändler *m.*

rot|ta|ma|re tr. verschrotten ◆ ***da ~*** schrottreif. **rot|ta|ma|zio|ne** f. Verschrottung *f.*

rot|ta|me m. **1** Schrott *m.*: ***ridurre un veicolo a un ~*** ein Fahrzeug zu Schrott fahren; ***questa radio è ormai un ~*** dieses Radio ist nur noch Schrott **2** FIG. Wrack *n.*: ***è ridotto a un ~*** er ist nur noch ein Wrack ◆ ***-i d'acciaio*** Stahlschrott *m.*; ***-i di ferro*** Brucheisen *n.*, Alteisen *n.*; ***pressa per -i*** Schrottpresse *f.*; ***trasporto di -i*** Schrotttransport *m.* **rot|ta|mi|sta** m. Schrotthändler *m.*

rot|to p.pass. agg. **1** → **rompere 2a** kaputt: ***una scarpa -a*** ein kaputter Schuh; ***il televisore è ~*** der Fernseher ist kaputt **b** *(in più pezzi)* zerbrochen: ***vetro, vaso ~*** zerbrochene Fensterscheibe, Vase **3** *(lacerato, strappato)* zerrissen **4** *(di parti del corpo)* gebrochen: ***una gamba -a*** ein gebrochenes Bein **5** *(avezzo)* gewöhnt: ***~ alle fatiche*** an (große) Anstrengungen gewöhnt; ***~ a ogni vizio*** an alle Laster gewöhnt **6** *(indolenzito)* zerschlagen, COLLOQ. kaputt: ***essere, sentirsi tutto ~*** ganz kaputt sein, sich ganz kaputt fühlen ◆ ***(cavarsela) per il ~ della cuffia*** um Haaresbreite (davon‿kommen); COLLOQ. ***costa diecimila (lire) e -i*** es kostet ungefähr (*o* etwas mehr als) zehntausend Lire; ***sentirsi le ossa -e, avere tutte le ossa -e*** sich ganz kaputt fühlen, ganz kaputt sein; ***parole -e dal pianto*** von Tränen erstickte Worte; ***con voce -a*** mit gebrochener Stimme; ***con voce -a dal pianto*** mit tränenerstickter Stimme.

rot|tu|ra f. **1a** *(atto)* Bruch *m.*, Zerbrechen *n.*: ***la ~ di un vetro*** das Zerbrechen einer Fensterscheibe **b** *(effetto)* Bruch *m.* **2** *(strappo)* Riss *m.* **3a** *(frattura)* Bruch *m.* **b** *(parte fratturata)* Bruchstelle *f.* **4** *(violazione)* Bruch *m.*, Verletzung *f.*: ***la ~ di un trattato, di un contratto*** der Bruch eines Vertrags **5** *(interruzione di rapporti)* Abbruch *m.*: ***la ~ delle relazioni diplomatiche*** der Abbruch der diplomatischen Beziehungen; ***~ coi genitori, col passato*** Bruch mit den Eltern, mit der Vergangenheit **6** COLLOQ. *(rottura di scatole)* Nerverei *f.*; ***che ~!*** so eine Nerverei! ***che ~ questo lavoro!*** die Arbeit geht mir auf den Wecker! ◆ ***~ degli argini*** Deichbruch *m.*; ***carico di ~*** Bruchbelastung *f.*; ENOL. ***~ del colore*** Trübung *f.*; ***~ di fidanzamento*** Entlobung *f.*; ***~ dei legamenti*** Bänderriss *m.*; ***limite di ~*** Bruchgrenze *f.*; ***~ delle membrane fetali*** Blasensprung *m.*; ***punto di ~*** Bruchstelle *f.*; ***~ di scatole*** Nerverei *f.*; ***~ del trotto*** Übergang *m.* vom Trab in den Galopp; ***~ di una tubazione*** Rohrbruch *m.*

ro|tu|la f. Kniescheibe *f.*

rou|let|te [ru'lɛt] f.inv. Roulett *n.*, Roulette *n.*: ***giocare alla ~*** Roulett spielen; ***perdere tutto alla ~*** alles beim Roulette verspielen ◆ ***giocatore di ~*** Roulettspieler *m.*; ***pallina della ~*** Roulettkugel *f.*; ***piatto della ~*** Roulettkessel *m.*; ***~ russa*** russisches Roulett; ***tavolo della ~*** Roulettspieltisch *m.*

rou|lot|te [ru'lɔt] f.inv. Wohnwagen *m.*, Wohnanhänger *m.* **rou|lot|ti|sta** m. e f. *(-i,-e)* Camper *m.* (-in *f.*).

round [raund] m.inv. SPORT Runde *f.*

rou|ti|ne [ru'tin] f.inv. Routine *f.* (anche INFORM.): ***la ~ quotidiana*** die tägliche Routine (*o* das tägliche Einerlei); ***diventare (una) ~*** zur Routine werden ◆ ***controllo di ~*** Routinekontrolle *f.*; ***di ~*** routinemäßig, Routine-; ***intervento di ~*** Routineoperation *f.*; ***lavoro di ~*** Routinearbeit *f.*

ro|vel|lo m. Ärgernis *n.*

ro|ven|te agg. glühend (anche FIG.): ***ferro ~*** glühendes Eisen, ***passione ~*** glühende Leidenschaft.

ro|ve|re m. e f. Eiche *f.* ◆ ***di ~*** eichen, Eichen-: ***tavolo di ~*** Eichentisch *m.*

ro|ve|scia|bi|le agg. **1** kippbar **2** *(di tessuto)* beidseitig tragbar ◆ ***giacca ~*** Wendejacke *f.*

ro|ve|scia|men|to m. **1** *(il rovesciare)* Umkehrung *f.* **2a** *(il rovesciarsi)* Umkippen *n.*, Umfallen *n.* **b** *(di barca)* Kentern *n.* **c** FIG. Umschlag *m.*: ***il ~ di una situazione*** der Umschlag einer Situation **3** POL. Umsturz *m.*, Sturz *m.*: ***~ del governo*** Regierungsumsturz *m.*

◆ ***tentativo di ~*** Umsturzversuch *m.*

ro|ve|scia|re *(rovescio, rovesci)* **I** tr. **1** um_kehren, um_drehen: ***~ le tasche dei pantaloni*** die Hosentaschen umdrehen (*o* nach außen kehren *o* stülpen); FIG. ***~ una situazione*** eine Situation umkehren **2** POL. um_stürzen, stürzen: ***~ il governo, il sistema*** die Regierung, das System stürzen **3a** *(svuotando)* schütten: ***~ il contenuto della borsa sul tavolo*** den Inhalt der Tasche auf den Tisch schütten **b** *(versare inavvertitamente)* vergießen, verschütten, schütten: ***~ il latte*** die Milch verschütten **4a** *(ribaltare)* um_kippen: ***~ un secchio*** einen Eimer umkippen **b** ***~ un'auto*** ein Auto um_stürzen **c** ***~ una barca*** ein Boot zum Kentern bringen **5** *(con un colpo)* um_stoßen: ***~ la sedia con un calcio*** den Stuhl mit einem Tritt umstoßen; ***~ il barattolo del sale*** den Salzbehälter umstoßen **6** *(capovolgere)* stürzen: ***~ il budino*** den Pudding stürzen **7** *(piegare all'indietro)* zurück_werfen, nach hinten beugen: ***~ la testa*** den Kopf zurückwerfen **8a** FIG. *(riversare)* ab_wälzen, zu_schieben: ***~ la colpa, la responsabilità su qcn.*** die Schuld, die Verantwortung auf jdn abwälzen **b** ***gli rovesciò addosso un torrente di improperi*** er ließ eine Schimpfkanonade auf ihn los **II** pronom. **rovesciarsi 1** sich um_kehren, sich (um_)wenden **2a** *(ribaltarsi)* um_kippen, um_schlagen, sich überschlagen: ***il secchio si rovescia*** der Eimer kippt um **b** *(di auto)* sich überschlagen **c** *(di barca)* kentern **d** FIG. um_schlagen, sich um_kehren: ***la situazione si è rovesciata*** die Lage ist umgeschlagen **3a** *(versarsi)* sich ergießen: ***il vino si è rovesciato sulla tovaglia*** der Wein hat sich über das Tischtuch ergossen **b** ***-rsi addosso qcs. (sul vestito)*** sich etw. auf (*o* über) das Kleid schütten **4** *(di pioggia)* sich entladen, sich ergießen, strömen: ***una violenta tempesta si rovesciò sulla città*** ein heftiges Gewitter entlud sich über der Stadt **5** *(riversarsi)* (zusammen_)strömen: ***-rsi nella piazza*** auf dem Platz zusammenströmen.

ro|ve|scia|ta f. Fallrückzieher *m.*

ro|ve|scio I agg. *(-sci, -sce)* **1** verkehrt **2** *(supino)* rücklings, auf dem Rücken: ***giacere ~ sul letto*** rücklings auf dem Bett liegen **II** m. *(-sci)* **1** *(lato contrario)* Kehrseite *f.*, Rückseite *f.* **2** *(di tessuto)* linke Seite *f.* **3** METEOR. Schauer *m.*: ***locali -sci*** örtliche Schauer; ***-sci temporaleschi, isolati*** gewittrige, vereinzelte Schauer **4a** *(dissesto)* Ruin *m.*, Rückschlag *m.* **b** *(difficoltà)* Schwierigkeiten *pl.* **5** *(nei lavori a maglia)* linke Masche *f.* **6** *(tennis)* Rückhand *f.*: ***colpire una palla di ~*** einen Ball (mit der) Rückhand spielen **7** *(manrovescio)* Schlag *m.* mit dem Handrücken **8** NUMISM. Rückseite *f.*, Revers *n.* ◆ ***a ~*** verkehrt (*o* umgekehrt); ***andare a ~*** schief gehen; ***lavorare (due maglie a diritto e due maglie) a ~*** (zwei Maschen rechts, zwei) links stricken; ***~ d'acqua*** Platzregen *m.*; ***mettere il maglione al ~*** den Pullover (auf) links (*o* verkehrt) an_ziehen; ***hai la maglia al ~*** du hast den Pullover (auf) links an; ***alla -a*** verkehrt (*o* umgekehrt); ***capire alla -a*** falsch verstehen; ***fare tutto alla -a*** alles verkehrt machen; ***conto alla -a*** Count-down *m.* e *n.*; ***da ~*** von der falschen Seite; ***ha avuto un ~ di fortuna*** er hat einen Schicksalsschlag erlitten, das Glück hat sich von ihm abgewandt; ***maglia -a*** linke Masche; FIG. ***il ~ della medaglia*** die Kehrseite der Medaille; ***~ di pioggia*** Regenschauer *m.*; ***punto ~*** linke Masche; PROV. ***ogni medaglia ha il suo ~*** jedes Ding hat zwei Seiten.

ro|ve|to m. Dornbusch *m.* ◆ BIBL. ***il ~ ardente*** der brennende Dornbusch.

ro|vi|na f. **1a** *(crollo, distruzione)* Ruin *m.*, Verfall *m.*: ***essere destinato alla ~*** dem Verfall geweiht sein; ***lasciare andare in ~ una casa*** ein Haus verfallen lassen **b** *(decadenza)* Niedergang *m.*, Verfall *m.*: ***la ~ delle istituzioni*** der Niedergang (*o* Verfall) der Institutionen **c** FIG. *(disgrazia)* Verderben *n.*, Ruin *m.*: ***la passione per il gioco fu la sua ~*** seine Spielleidenschaft war sein Ruin (*o* Verderben); ***~ finanziaria*** finanzieller Ruin **2a** pl. *(macerie)* Trümmer *pl.*, Ruinen *pl.*: ***le -e della città*** die Trümmer der Stadt **b** *(ruderi)* Ruine *f.*: ***le -e di una chiesa, di un castello*** die Ruine einer Kirche, eines Schlosses ◆ ***andare, cadere in ~*** verfallen; FIG. *(finanziariamente)* ruiniert werden; *(moralmente)* zugrunde gehen, zerfallen; ***andare in ~ per causa propria*** sich selbst zugrunde richten (*o* sich ins Verderben stürzen); ***in ~*** verfallen: ***torre in ~*** verfallener Turm; ***mandare in ~ qcn., qcs.*** jdn, etw. ruinieren, (finanziell) zugrunde richten; FIG. ***risorgere dalle -e*** aus den Trümmern neu entstehen.

ro|vi|na|re I tr. **1** ruinieren, verderben: ***la grandine ha rovinato il raccolto*** der Hagel hat die Ernte ruiniert; ***il fumo rovina la salute*** Rauchen ruiniert die Gesundheit; ***~ la reputazione di qcn.*** jds Ruf ruinieren; ***la lavanderia ha rovinato il vestito*** die Reinigung hat das Kleid verdorben; FIG. ***~ il divertimento a qcn.*** jdm das Vergnügen verderben; ***~ l'appetito a qcn.*** jdm den Appetit verderben **2** *(finanziariamente)* ruinieren, (finanziell) zugrunde richten: ***il vizio del gioco lo ha rovinato*** die Spielsucht hat ihn ruiniert **II** intr. (aus. *essere*) **1** *(precipitare)* hinab_stürzen: ***il masso rovinò a valle*** der Fels stürzte ins Tal hinab **2** *(andare in rovina)* ruiniert werden **III** pronom. **rovinarsi 1** *(procurarsi danni)* sich verderben, sich ruinieren: ***-rsi la salute, gli occhi*** sich (D) seine Gesundheit ruinieren, sich (D) die Augen verderben; ***-rsi finanziariamente*** sich finanziell ruinieren; COLLOQ. ***-rsi lo stomaco*** sich (D) den Magen verderben **2** *(cadere in miseria)* sich zugrunde richten **3** ***-rsi per qcn.*** sich für jdn zugrunde richten **4** assol. sich ruinieren, sich ins Verderben stürzen; *(con parole incaute)* sich um den Hals reden ◆ ***mi voglio ~!*** = ich verdiene absolut nichts dabei! dieses Mal will ich nicht aufs Geld schauen!

ro|vi|na|to p.pass. agg. **1** → **rovinare 2** *(in rovina)* verfallen **3** *(danneggiato)* ruiniert: ***essere ~*** ruiniert sein (anche FIG.) **4** *(compromesso)* verdorben: ***avere lo stomaco ~*** einen verdorbenen Magen haben.

ro|vi|no|sa|men|te avv. **1a** *(in modo disastroso)* zerstörerisch **b** *(moralmente)* verderblich **2** *(in modo violento)* heftig ◆ ***cadere ~*** schwer stürzen. **ro|vi|no|so** agg. **1a** *(disastroso)* zerstörerisch **b** *(moralmente)* verderblich **2** *(violento)* heftig, gewaltig.

ro|vi|sta|re tr. e intr. (aus. *avere*) ***~ (in) qcs.*** in etw. (D) stöbern, wühlen, COLLOQ. kramen: ***~ (in) un armadio, cassetto*** in einer Schublade, in einem Schrank stöbern (*o* wühlen); ***~ in una stanza*** in einem Zimmer stöbern; ***~ nella borsa alla ricerca delle chiavi*** in der Tasche nach den Schlüsseln wühlen; ***~ fra le proprie carte*** in seinen Papieren stöbern.

ro|vo m. Brombeerstrauch *m.*, Brombeere *f.*

roy|al|ties [-tɪz] f.pl. Tantiemen *pl.*

roz|za f. Gaul *m.*, Klepper *m.*

roz|za|men|te avv. grob. **roz|zez|za** f. Grobheit *f.*, Rohheit *f.*; ***~ di modi*** grobe Manieren.

roz|zo agg. **1** *(grezzo)* roh, grob **2** *(non raffinato)* grob, ungehobelt: ***linguaggio ~*** ungehobelte Ausdrucksweise **3** *(sgarbato)* grob, rüde, roh: ***avere modi -i*** grobe (*o* rohe) Manieren haben.

RP ⇒ **1** ECCL. *Reverendo Padre* Reverend **2** *relazioni pubbliche* Öffentlichkeitsarbeit **3** *(nelle lettere) riservata personale* Persönlich.

RR ⇒ *ricevuta di ritorno* Rückschein.

Ruan|da n.pr.m. Ruanda *n.*, Rwanda *n.*

ru|ba, *andare a ~* reißenden Absatz finden; COLLOQ. wie warme Brötchen weg_gehen; ***un prodotto che va a ~*** ein Verkaufsschlager.

ru|bac|chia|re tr. *(rubacchio, rubacchi)* COLLOQ. mausen, mopsen, klauen.

ru|ba|cuo|ri I m. e f.inv. Herzensbrecher *m.* (-in *f.*) **II** agg.inv. Herzen brechend.

ru|ba|maz|zet|to, ru|ba|maz|zo m. INTRAD. (Kartenspiel).

ru|ba|re tr. **1** *(derubare)* stehlen (anche FIG.): ***~ qcs. a qcn.*** jdm etw. stehlen; ***~ per bisogno*** aus Not stehlen; ***sorprendere qcn. a ~*** jdn beim Stehlen (*o* Diebstahl) erwischen; BIBL. ***non ~*** du sollst nicht stehlen **2** FIG. *(appropriarsi indebitamente)* stehlen, weg_nehmen: ***~ un'idea a qcn.*** jdm eine Idee stehlen; ***~ il posto (di lavoro) a qcn.*** jdm die Arbeitsstelle wegnehmen; SCHERZ. ***posso rubarLe la dama?*** darf ich Ihnen die Dame entführen? ◆ ***~ a qcn. l'affetto di qcn.*** jdm jds Zuneigung stehlen; ***~ un bacio a qcn.*** jdm einen Kuss rauben; ***~ il cuore a qcn.*** jds Herz rauben; ***~ il fiato*** den Atem nehmen; ***~ a man salva*** wie ein Rabe stehlen; ***~ il marito all'amica*** der Freundin den Mann abspenstig machen (*o* aus_spannen); ***~ il mestiere a qcn.*** jdm ins Handwerk pfuschen; ***~ un momento a qcn.*** jdm etwas Zeit stehlen; ***~ qcs. con gli occhi*** etw. mit den Augen verschlingen; ***~ la parola di bocca a qcn.*** jdm das Wort aus dem Mund nehmen; ***~ sul peso*** beim Gewicht schwindeln; ***~ a più non posso*** wie ein Rabe stehlen; ***~ sul prezzo*** beim Preis schwindeln; ***~ il respiro*** den Atem nehmen; ***~ le ore al sonno di qcn.*** jdm den Schlaf rauben; ***~ lo stipendio*** = sich sein Geld durch Nichtstun verdienen; ***~ (il) tempo a qcn.*** jdm (die) Zeit rauben (*o* stehlen); ***~ una vittoria*** unverdient siegen (*o* sich den Sieg erschwindeln); PROV. ***a ~ poco si va in galera, a ~ tanto si fa carriera*** die Kleinen hängt man, die Großen läßt man laufen. **ru|be|ri|a** f. Dieberei *f.*

ru|bia|ce|e f.pl. Rötegewächs *n.*

ru|bi|con|do agg. leuchtend rot.

Ru|bi|co|ne n.pr.m. Rubikon *m.*: ***passare il ~*** den Rubikon überschreiten (anche FIG.).

ru|bi|dio m. Rubidium *n.*

ru|bi|net|te|ri|a f. Armaturen *pl.*: ***~ del bagno, della cucina*** Bad-, Küchenarmaturen *pl.*

ru|bi|net|to m. Wasserhahn *m.*, Hahn *m.*: ***aprire, chiudere il ~ (dell'acqua)*** den Wasserhahn auf_drehen, zu_drehen; ***il ~ perde*** der Wasserhahn tropft ◆ ***~ dell'acqua*** Wasserhahn *m.*; ***acqua di ~*** Leitungswasser *n.*; ***bere acqua di ~*** Wasser aus der Leitung trinken; ***~ di arresto*** Abstellhahn *m.*, Absperrhahn *m.*; ***~ centrale***

Haupthahn *m.*; ~ ***del gas*** Gashahn *m.*; ~ ***principale*** Haupthahn *m.*; ~ ***di regolazione*** Abflusshahn *m.*; ~ ***di scarico*** Ablasshahn *m.*

ru|bi|no **I** m. **1** Rubin *m.*, roter Korund *m.*: ***un anello tempestato di -i*** ein mit Rubinen besetzter Ring **2** pl. *(pietre sintetiche)* Steine *pl.*, Rubine *pl.*: ***un orologio con 12 -i*** eine Uhr mit 12 Steinen **II** agg.inv. rubinrot ◆ ***rosso*** ~ rubinrot, rubinfarben, rubinfarbig.

ru|biz|zo agg. rüstig.

ru|blo m. Rubel *m.*

ru|bri|ca f. *(-che)* **1a** *(registro)* Verzeichnis *n.* **b** *(rubrica telefonica)* Verzeichnis *n.*, Telefonverzeichnis *n.*: ***segnare un numero di telefono sulla*** ~ eine Telefonnummer in das Verzeichnis schreiben (*o* ein‿tragen) **2** GIORN. Rubrik *f.* (anche TELEV.), Spalte *f.*: ***rientrare in una*** ~ zu einer Rubrik gehören, unter eine Rubrik fallen; ***nella*** ~ ***"Varie"*** unter der Rubrik „Vermischtes" **3** COMM. Kontenrahmen *m.* **4** FILOL. LIT. Rubrik *f.* ◆ RAD. TELEV. ~ ***culturale*** Kulturmagazin *n.*; GIORN. ~ ***femminile*** Frauenseite *f.*; GIORN. ~ ***di pettegolezzi*** Klatschspalte *f.*; RAD. TELEV. ~ ***sportiva*** Sportnachrichten *pl.*; ~ ***telefonica*** Telefonverzeichnis *n.*

ru|bri|ca|re tr. *(rubrico, rubrichi)* **1** rubrizieren, (in eine Rubrik) ein‿tragen (*o* ein‿ordnen) **2** FIG. klassifizieren.

ru|bri|ci|sta m. e f. *(-i,-e)* Rubrikator *m.* (-in *f.*).

ruche ['ryʃ] f.inv. Rüsche *f.*; ***camicetta con*** ~ Rüschenbluse *f.*; ***applicare le*** ~ ***a qcs.*** etw. rüschen.

ru|chet|ta, ru|co|la f. Rauke *f.*

ru|de agg. **1** *(brusco, rozzo)* rüde, grob: ***un tipo, un comportamento*** ~ ein rüder Kerl, ein rüdes Benehmen; ***risposta*** ~ grobe Anwort **2** *(duro)* hart. **ru|de|men|te** avv. **1** *(rozzamente)* grob **2** *(duramente)* hart.

ru|de|re m. **1** pl. *(rovina)* Ruine *f.*, Trümmer *pl.* **2a** FIG. *(di persona)* Wrack *n.*: ***essere un*** ~ ***(d'uomo)*** ein (menschliches) Wrack sein **b** *(di casa)* baufälliges Haus *n.*

ru|dez|za f. Rüdheit *f.*, Grobheit *f.*; ~ ***di modi*** rüde (*o* grobe) Manieren.

ru|di|men|ta|le agg. **1** *(elementare)* Grund-, elementar: ***conoscenze -i di inglese*** Grundkenntnisse im Englischen **2** *(poco sviluppato)* primitiv: ***armi -i*** primitive Waffen; ***costruito in modo*** ~ primitiv gebaut **3** BIOL. rudimentär. **ru|di|men|tal|men|te** avv. primitiv.

ru|di|men|to m. **1a** pl. *(principio elementare)* Grundbegriffe *pl.*, Anfangsgründe *pl.*: ***apprendere i primi -i di una disciplina*** die Grundbegriffe einer Disziplin erlernen **b** pl. *(fasi iniziali)* Ansätze *pl.*, Anfänge *pl.*: ***i -i di un lavoro*** die Anfänge einer Arbeit **2** BIOL. Rudiment *n.*

ruf|fia|na|ta f. SPREG. **1** Kuppelei *f.* **2** FIG. Speichelleckerei *f.*, Schmeichelei *f.* **ruf|fia|neg|gia|re** intr. *(ruffianeggio, ruffianeggi;* aus. *avere)* ~ ***con qcn.*** jdm schmeicheln, jds Speichel lecken. **ruf|fia|ne|ri|a** f. **1** Kuppelei *f.* **2** FIG. Speichelleckerei *f.*, Schmeichelei *f.* **ruf|fia|ne|sco** agg. *(-schi,-sche)* **1** kupplerisch **2** FIG. speichelleckerisch. **ruf|fia|no** m. **1** Kuppler *m.*; ***fare il*** ~ Kuppelei betreiben (*o* kuppeln) **2** FIG. Speichellecker *m.*, Schmeichler *m.*

ru|ga f. *(-ghe)* Falte *f.*, Runzel *f.*: ***una*** ~ ***sulla fronte*** eine Falte auf der Stirn; ***-ghe profonde*** tiefe Falten ◆ ~ ***di collera*** Zornfalte *f.*; ~ ***di espressione*** Lachfältchen *n.*; ***pieno di -ghe*** voller Runzeln; ***segnato da -ghe*** durchfurcht, zerfurcht; ***senza -ghe*** faltenlos; ***solcato da -ghe*** durchfurcht.

rug|bi|sta [rag-] m. Rugbyspieler *m.* **rug|by** ['ragbɪ] m. Rugby *n.*

rug|gen|te agg. brüllend ◆ ***gli anni -i*** die Roaring Twenties.

Rug|ge|ro n.pr.m. Rüdiger *m.*, Roger *m.*

rug|gi|ne **I** f. **1** Rost *m.*: ***la*** ~ ***corrode il ferro*** der Rost frisst am (*o* zerfrisst das) Eisen; ***la*** ~ ***avanza*** der Rost frisst sich weiter; ***prendere la*** ~ Rost an‿setzen; ***fare la*** ~ rosten; ***corroso dalla*** ~ vom Rost angefressen (*o* zerfressen) **2** FIG. *(rancore)* Groll *m.*: ***c'è della vecchia*** ~ ***tra loro*** seit langer Zeit haben sie einen Groll aufeinander **3** BOT. Rostkrankheit *f.* **II** agg.inv. ***(color)*** ~ rostfarben, rostfarbig ◆ ***coperto di*** ~ rostig; ***danno provocato dalla*** ~ Rostschaden *m.*; ***formazione di*** ~ Rostbildung *f.*; ~ ***del grano*** Getreiderost *m.*; ***inizio di*** ~ Rostansatz *m.*; ***macchia di*** ~ Rostfleck m.; ***(di colore) marrone*** ~ rostbraun; BOT. ~ ***nana*** Zwergrost *m.*; ~ ***delle pesche*** Pfirsichrost *m.*; ***protezione contro la*** ~ Rostschutz *m.*; ***a prova di*** ~ rostbeständig; ***resistente alla*** ~ rostbeständig; ***(di colore) rosso*** ~ rostrot; ***togliere la*** ~ ***da qcs.*** etw. entrosten (*o* von etw. den Rost entfernen).

rug|gi|no|si|tà f. Rost m. (anche BOT.).

rug|gi|no|so agg. **1** rostig, Rost-: ***ferro*** ~ rostiges Eisen; ***punto*** ~ Roststelle *f.* **2** *(colore)* rostfarben, rostfarbig.

rug|gi|re intr. *(ruggisco, ruggisci;* aus. *avere)* **1** brüllen (anche ESTENS.): ~ ***di rabbia*** vor Wut brüllen **2** FIG. *(di fenomeni naturali)* heulen. **rug|gi|to** m. **1** Gebrüll *n.*, Brüllen (anche ESTENS.) **2** *(di fenomeni naturali)* Heulen *n.*

ru|ghet|ta → **ruchetta.**

ru|gia|da m. Tau *m.*: ***si è formata la*** ~ es ist Tau gefallen; ***il prato s'imperla di*** ~ die Wiese perlt von Tau ◆ ***coperto di*** ~ betaut; ***goccia di*** ~ Tautropfen *m.*; ***umido di*** ~ taufeucht. **ru|gia|do|so** agg. tauig, taubenetzt.

ru|go|si|tà f. Runz(e)ligkeit *f.* **ru|go|so** agg. runz(e)lig, faltig; ***diventare*** ~ sich runzeln (*o* Runzeln bekommen).

rul|lag|gio m. *(-gi)* **1** AER. Rollen *n.* **2** SPORT Abrollen *n.* ◆ ***pista di*** ~ Rollbahn *f.* **rul|la|re** **I** intr. (aus. *avere*) **1** *(di tamburo)* wirbeln, rollen, trommeln, einen Trommelwirbel schlagen **2** AER. rollen **II** tr. walzen. **rul|la|ta** f. AER. Rollen *n.* **rul|la|tu|ra** f. AGR. TECN. Walzen *n.*

rul|li|no m. Rollfilm *m.*, Film *m.*: ***svolgere, sviluppare un*** ~ einen Film ab‿rollen, entwickeln; ***mettere un nuovo*** ~ ***nella macchina fotografica*** einen neuen Film in den Fotoapparat ein‿legen.

rul|li|o m. Trommelwirbel *n.*

rul|lo m. **1** *(elemento cilindrico)* Walze *f.*, Rolle *f.*: ***supportare qcs. su -i*** etw. auf Rollen setzen **2** *(di tamburo)* Trommelwirbel *m.* **3** FOT. Rollfilm *m.* ◆ ~ ***avvolgitore*** Aufwickelspule *f.*; TIP. ~ ***di carta*** Papierrolle *f.*; ~ ***compressore*** Straßenwalze *f.* (anche FIG.); ~ ***compressore a vapore*** Dampfwalze *f.*; ***cuscinetto a -i*** Rollenlager *n.*; ~ ***inchiostratore*** Farbwalze *f.*; ~ ***massaggiatore*** Massagerolle *f.*; ~ ***per pittura*** Roller *m.*; ~ ***portacarta*** Papierrollenträger *m.*; ~ ***portante*** Tragrolle *f.*; ~ ***per macchina da scrivere*** Schreibwalze *f.*; ***tenda a*** ~ Rollo *n.*, Rouleau *n.*; MUS. ~ ***di timpano*** Paukenwirbel *m.*

rum m. Rum *m.* ◆ ***frutta sotto*** ~ Rumtopf *m.*; ~ ***della Giamaica*** Jamaikarum *m.*

rum|ba f. Rumba *f.*

ru|me|no **I** agg. rumänisch **II** m. **1** Rumäne *m.* **2** *(lingua)* Rumänisch(e) *n.*

ru|mi|nan|te **I** m. Wiederkäuer *m.* **II** agg. wiederkäuend. **ru|mi|na|re** tr. *(rumino)* **1** ZOOL. wieder‿käuen (anche assol.) **2** ESTENS. lange kauen **3** FIG. *(rimuginare)* ~ ***qcs.*** etw. wieder‿käuen, über etw. (A) grübeln. **ru|mi|na|zio|ne** f. Wiederkäuen *n.* **ru|mi|ne** m. Pansen *m.*, Vormagen *m.*

ru|mo|re m. **1a** Geräusch *n.*: ***produrre un*** ~ ein Geräusch machen (*o* verursachen); ***percepire un*** ~ ***strano, fastidioso*** ein seltsames, störendes Geräusch hören (*o* wahr‿nehmen); ***fare molto*** ~ geräuschvoll sein; ***al minimo*** ~ beim leisesten Geräusch; ***il*** ~ ***della pioggia*** das Geräusch des Regens **b** *(chiasso)* Lärm *m.*: ~ ***assordante*** ohrenbetäubender Lärm; ***il*** ~ ***delle macchine*** der Lärm der Autos (*o* der Autolärm); ***smettila di far*** ~***!*** hör auf, so einen Lärm zu machen! **2** *(scalpore)* Aufsehen *n.*, Aufheben *n.*: ***suscitare gran*** ~ großes Aufsehen erregen ◆ ~ ***di fondo*** Hintergrundgeräusch *n.*; ***inquinamento da*** ~ Lärmbelastung *f.*; ***isolato contro il*** ~ lärmisoliert; ***livello di*** ~ Geräuschpegel *m.*, Lärmpegel *m.*; ***lotta contro i -i*** Lärmbekämpfung *f.*; ***-i molesti*** lästige Geräusche; ***molto*** ~ ***per nulla*** viel Lärm um nichts; ***senza far*** ~ lautlos.

ru|mo|reg|gia|re intr. *(rumoreggio, rumoreggi;* aus. *avere)* **1** lärmen, Lärm machen **2** *(brontolare)* raunen: ***il pubblico cominciò a*** ~ das Publikum fing an zu raunen **3** *(tumultuare)* lärmen, toben **4** ANT. FIG. munkeln, raunen: ***si rumoreggia che...*** es wird gemunkelt, dass...

ru|mo|ri|o m. Lärmen *n.*, Brausen *n.*

ru|mo|ri|sta m. e f. *(-i,-e)* **1** Geräuschmacher *m.* (-in *f.*) **2** SCHERZ. Krachmacher *m.* (-in *f.*).

ru|mo|ro|sa|men|te avv. laut, geräuschvoll: ***soffiarsi*** ~ ***il naso*** sich laut schneuzen; ***mangiare*** ~ geräuschvoll essen ◆ ***scendere*** ~ ***le scale*** polternd die Treppe herab‿kommen. **ru|mo|ro|si|tà** f. Lärm *m.*, Lautheit *f.*

ru|mo|ro|so agg. **1** *(pieno di rumore)* geräuschvoll, laut: ***strada -a*** laute Straße **2** *(che produce rumore)* lärmend, laut: ***conversazione -a*** lautes Gespräch.

ru|na f. Rune *f.* **ru|ni|co** agg. *(-ci, -che)* Runen-, runisch: ***iscrizione -a*** Runeninschrift *f.*; ***alfabeto*** ~ Runenalphabet *n.*

ruo|li|no m. **1** MIL. Stammrolle *f.*, Truppenstammrolle *f.* **2** MAR. Logbuch *n.*

ruo|lo m. **1** FIG. Rolle *f.*: ***svolgere, avere un*** ~ ***importante, secondario*** eine wichtige, sekundäre Rolle spielen; ***il suo*** ~ ***è stato del tutto marginale*** seine Rolle ist ganz unbedeutend gewesen; TEATR. ***recitare nel*** ~ ***di Amleto*** die Rolle des Hamlet spielen **2** BUROCR. Stellenplan *m.* **3** *(elenco)* Verzeichnis *n.*, Liste *f.*: ~ ***dei contribuenti*** Verzeichnis *n.* der Steuerzahler **4** MIL. Stammrolle *f.* **5** DIR. Terminkalender *m.*, Register *n.* ◆ SOCIOL. ***aspettativa di*** ~ Rollenerwartung *f.*; ***assumere qcn. in*** ~ jdn fest anstellen (*o* jdn ins Beamtenverhältnis übernehmen); ***assunzione in*** ~ Verbeamtung *f.*; ~ ***di capo*** Führerrolle *f.*: ~ ***di caratterista*** Charakterrolle *f.*; SOCIOL. ***comportamento di*** ~ Rollenverhalten *m.*; ***di*** ~ planmäßig, beamtet; ***non di*** ~ außerplanmäßig; TEATR. ~ ***duplice*** Doppelrolle *f.*;

entrare in ~ in eine Planstelle ein‿rücken; MAR. ***~ dell'equipaggio*** Musterrolle *f.*, Stammrolle *f.*; ***personale fuori*** ~ außerplanmäßiges Personal; ***collocare fuori*** ~ aus dem Stellenplan streichen; ***~ delle imposte*** Steuerliste *f.*; ***insegnante di*** ~ beamtete Lehrkraft; ***~ di intermediario*** Vermittlerrolle *f.*; ***nomina in*** ~ Übernahme *f.* in das Beamtenverhältnis, Verbeamtung *f.*; ***~ delle paghe*** Lohnliste *f.*; ***passare di*** ~ eine Planstelle bekommen; ***personale di*** ~ fest angestelltes (*o* planmäßiges) Personal *n.*; ***posto di*** ~ Planstelle *f.*; ***~ primario*** Hauptrolle *f.*; CINEM. TELEV. ***~ principale*** Hauptrolle *f.*; SOCIOL. ***~ dei sessi*** Geschlechtsrolle *f.*; DIR. ***~ d'udienza*** Terminkalender *m.*

ruo|ta f. **1** Rad *n.*: ***~ di carro, trattore*** Wagen-, Traktorenrad *n.*; ***la ~ dell'arcolaio, del mulino, del timone*** das Spinn-, Mühl-, Steuerrad **2** *(pneumatico, gomma)* Reifen *m.*: ***~ di auto, camion*** Auto-, Lastwagenreifen *m.*; ***-e anteriori, posteriori*** Vorder-, Hinterreifen **3** *(supplizio)* Rad *n.*: ***condannare alla*** ~ zum Tod durch das Rad verurteilen **4** *(del lotto)* Lottoglücksrad *n.*, Ziehungsstelle *f.*; ***è uscito il 5 sulla ~ di Napoli*** in Neapel ist die Nummer 5 herausgekommen ◆ ***~ accoppiata*** Zwillingsreifen *m.*; ***~ d'arresto*** Sperrrad *n.*; ***~ dell'arrotino*** Schleifrad *n.*; ***mettere il bastone fra le -e a qcn.*** jdm (einen) Knüppel zwischen die Beine werfen; ***~ del cambio*** Wechselrad *n.*; FIG. ***essere l'ultima ~ del carro*** das fünfte Rad am Wagen sein; ***cerchione della*** ~ Radfelge *f.*; ***~ cingolata*** Raupenkette *f.*; ***~ dentata*** Zahnrad *n.*; ***~ a disco*** Scheibenrad *n.*; ***~ elicoidale*** Schneckenrad *n.*; ***~ degli esposti*** Drehbrett *n.* für die Übernahme von Findelkindern; ***fare la*** ~ GINN. ORNIT. ein Rad schlagen; FIG. = sich brüsten, prahlen; ***~ della fortuna*** Glücksrad *n.*; ***gonna a*** ~ Glockenrock *m.*; MECC. ***inclinazione della*** ~ Radsturz *m.*; ***~ ipoidale*** Schraubenrad *n.*; MECC. ***~ libera*** Freilauf *m.*; FIG. ***a ~ libera*** frei von der Leber weg; ***~ del lotto*** Lottoglücksrad *n.*; ***mantello a*** ~ Radmantel *m.*; ***~ motrice*** Antriebsrad *n.*; ***~ a pale*** Schaufelrad *n.*; ***~ panoramica*** Riesenrad *n.*; ***~ di poppa*** Hintersteven *m.* (*o* Achtersteven *m.*); ***~ della preghiera*** Gebetsrad *n.*; ***~ di prua*** Vordersteven *m.*; ***~ a raggi*** Speichenrad *n.*; ***~ della roulette*** Roulettescheibe *f.*; ***~ di scorta*** Reserverad *n.*, Ersatzrad *n.*; ***seguire a*** ~ dicht auf den Fersen folgen; unmittelbar folgen; ***trasmissione a*** ~ Radantrieb *m.*; ***~ dei trovatelli*** → ***~ degli esposti***; ***ungere le -e*** die Räder ölen; FIG. *(accelerare un procedimento burocratico)* Schmiergeld zahlen; ***~ da vasaio*** Töpferscheibe *f.*, Drehscheibe *f.*

ruo|ta|re I intr. (aus. *avere*) **1** sich drehen, kreisen: ***la luna ruota intorno alla terra*** der Mond dreht sich um die Erde **2** *(volare in circolo)* kreisen **II** tr. kreisen lassen: ***~ il busto*** den Oberkörper kreisen lassen ◆ ***~ gli occhi*** mit den Augen rollen. **ruo|ti|smo** → **rotismo.**

ru|pe f. Fels *m.*, Felsspitze *f.*: ***precipitare da una*** ~ von einem Felsen herab‿stürzen. **ru|pe|stre** agg. felsig, Felsen-: ***flora*** ~ Felsenflora *f.* ◆ ***pittura*** ~ Felsmalerei *f.*, Höhlenmalerei *f.*

ru|pi|a f. **1** Rupie *f.* **2** *(indonesiana)* Rupiah *f.*

ru|ra|le I agg. Land-, ländlich: ***popolazione*** ~ Landbevölkerung *f.* **II** m. Landarbeiter *m.* ◆ ***cassa*** ~ Raiffeisenbank *f.*, ländliche Kreditgenossenschaft *f.*; ***ceto*** ~ Bauernstand *m.*, Bauernschaft *f.*; ***comune*** ~ Dorfgemeinde *f.*, ländliche Gemeinde; ***economia*** ~ Landwirtschaft *f.*; ***estimo*** ~ Bodenschätzung *f.*; ***riforma*** ~ Bodenreform *f.* **ru|ra|li|tà** f. ländlicher Charakter *m.* (*o* Ursprung *m.*).

ru|scel|let|to m. Bächlein *n.*

ru|scel|lo m. Bach *m.*: ***il ~ gorgoglia*** der Bach plätschert; ***il ~ scorre attraverso il bosco*** der Bach fließt durch den Wald ◆ ***letto di*** ~ Bachbett *n.*; ***~ di montagna*** Bergbach *m.*, Gebirgsbach *m.*

rush [rʌʃ] m.inv. Rush *m.*, Spurt *m.* ◆ ***~ finale*** Endspurt *m.*

ru|spa f. Schaufelbagger *m.*, Bagger *m.*; ***scavare con la*** ~ aus‿baggern.

ru|span|te agg. **1** ***pollo*** ~ Freilandhuhn *n.*, freilaufendes Huhn **2** *(di persona)* unverbildet. **ru|spa|re I** intr. (aus. *avere*) **1** harken **2** *(di polli)* scharren **II** tr. *(spianare)* mit dem Bagger ebnen (*o* planieren). **ru|spi|sta** m. Baggerführer *m.*

rus|sa|re intr. (aus. *avere*) schnarchen ◆ ***~ come un trombone*** (Holz) sägen.

Rus|sia n.pr.f. Russland *n.* ◆ ***Russia Bianca*** Weißrussland *n.*; ***Grande*** ~ Großrussland *n.*; ***~ Sovietica*** Sowjetrussland *n.*

rus|so I agg. russisch: ***romanziere*** ~ russischer Romanschriftsteller **II** m. **1** Russe *m.*; ANT. Reuße *m.* **2** *(lingua)* Russisch(e) *n.*: ***imparare il*** ~ Russisch lernen; ***parlare correntemente il*** ~ fließend Russisch sprechen ◆ ***alla -a*** russisch, Russen-: ***camicia alla*** ~ Russenkittel *m.*; ***uova alla -a*** russische Eier; ***~ bianco*** Weißrusse *m.*; ***cavallo*** ~ Panjepferd *n.*; ***insalata -a*** INTRAD. (Sorte Kartoffelsalat mit Gemüse und Mayonnaise); ***montagne -e*** Achterbahn *f.*; ***roulette -a*** russisches Roulette; ***~ sovietico*** sowjetrussisch.

rus|so-or|to|dos|so I agg. russisch-orthodox **II** m. Russisch-Orthodoxe *m.*

ru|sti|ca|le agg. ANT. rustikal, ländlich, Bauern-.

ru|sti|ca|men|te avv. rustikal.

ru|sti|ca|no agg. ländlich; *(di contadini)* Bauern- ◆ ***cavalleria -a*** = Ehrenkodex *m.* der süditalienischen Landbevölkerung; ***duello*** ~ Bauernduell *n.* **ru|sti|chez|za** f. Grobheit *f.*, Derbheit *f.* **ru|sti|ci|tà** f. Ländlichkeit *f.*, Rustikalität *f.*

ru|sti|co I agg. *(-ci, -che)* **1** ländlich, Land-, rustikal, Bauern-: ***in stile*** ~ rustikal, im ländlichen Stil; ***mobili -ci*** Bauernmöbel **2** *(rozzo)* grob, ungehobelt **II** m. *(-ci)* **1** Bauernhaus *n.* **2** *(edificio non finito)* Rohbau *m.* ◆ ***muro al*** ~ unverputzte Wand.

ru|ta f. Raute *f.* **ru|ta|ce|e** pl. Rautengewächse *n.*, Rutaceae *pl.*

ru|te|nio m. Ruthenium *m.*

Ru|te|no m. Ruthene *m.*

ru|ti|lan|te agg. leuchtend rot; funkelnd, glänzend.

rut|ta|re I intr. (aus. *avere*) rülpsen, laut auf‿stoßen **II** tr. LETT. *(eruttare)* aus‿werfen, aus‿speien. **rut|ti|no** m. Aufstoßen *n.*, Bäuerchen *n.*: ***fare il*** ~ Bäuerchen machen. **rut|to** m. Rülpser *m.*, Aufstoßer *n.*; ***fare un*** ~ rülpsen, laut auf‿stoßen.

rut|to|re m. Schalter *m.*, Unterbrecher *m.*

ru|vi|da|men|te avv. rau. **ru|vi|dez|za** f. Rauheit *f.*, Rauigkeit *f.* **ru|vi|do** agg. **1a** rau, spröde, roh: ***pelle, scorza -a*** raue Haut, Schale; ***una superficie -a*** eine rohe Oberfläche **b** *(pungente)* kratzig, rau: ***stoffa -a*** kratziger Stoff **2a** FIG. *(scostante)* spröde, abweisend **b** *(aspro)* grob, roh **c** *(grezzo)* roh, derb, grob: ***maniere -e*** rohe Manieren.

ruz|za|re intr. (aus. *avere*) herum‿tollen, sich tummeln: ***~ nella neve*** sich im Schnee tummeln.

ruz|zo|la|re intr. (*ruzzolo;* aus. *essere*) herunter‿fallen, herunter‿stürzen, herunter‿rollen, purzeln: ***~ giù dalle scale*** die Treppe herunterfallen (*o* herunterstürzen); ***~ nella neve, giù dalla sedia*** in den Schnee, vom Stuhl purzeln. **ruz|zo|la|ta** f. *(caduta)* Sturz *m.*, Fallen *n.*

ruz|zo|lo|ne m. **1** Sturz *m.*, Purzelbaum *m.* **2** FIG. Ausrutscher *m.* ◆ ***fare un*** ~ stürzen, hinpurzeln; FIG. fallen. **ruz|zo|lo|ni** avv. ***(a)*** ~ purzelnd; ***andare, scendere (a)*** ~ herunter‿purzeln.

S

s, S f. e m.inv. s, S *n.*: ***una S maiuscola, una s minuscola*** ein großes S, ein kleines s ◆ ***a ~*** s-förmig; ***curva a ~*** S-Kurve *f.*
s ⇒ *secondo* Sekunde (s, sek).
S ⇒ **1** *santo* heilig (hl.) **2** *Sud* Süden.
s. ⇒ *seguente* folgend (f.).
SA ⇒ **1** *società anonima* Aktiengesellschaft (AG) **2** *Sua Altezza* Seine Hoheit (S. H.).
Saar n.pr.f. Saar *f.*
sa|ba|ti|co → **sabbatico.**
sa|ba|to m. **1** Samstag *m.*, Sonnabend *m.*: ***un ~*** eines Samstags; ***ogni ~*** jeden Samstag; ***arrivo (il) ~*** ich komme am Samstag an; ***da ~ prossimo, scorso*** ab kommenden, seit vorigem Samstag **2** *(nella religione ebraica)* Sabbat *m.* ◆ ***di ~*** samstags; ***~ grasso*** Faschingssamstag *m.* (*o* Karnevalssamstag *m.*); ***~ inglese*** Samstag *m.* mit arbeitsfreiem Nachmittag; ***~ mattina*** Samstagmorgen *m.*; ***di, il ~ mattina*** samstagmorgens; ***~ pomeriggio*** Samstagnachmittag *m.*; ***il, di ~ pomeriggio*** samstagnachmittags; ***~ santo*** Karsamstag *m.*; ***~ sera*** Samstagabend *m.*; ***di, il ~ sera*** samstagabends.
sa|bau|do agg. savoyisch.
sab|ba m.inv. Hexensabbat *m.*
sab|ba|ti|co agg. *(-ci,-che)* Sabbat- ◆ ***anno ~*** Sabbatjahr *n.*; UNIV. Forschungssemester *n.*
sab|bia I f. **1** Sand *m.*: ***essere disteso sulla ~*** im Sand liegen; ***giocare con, nella ~*** mit dem, im Sand spielen **2** MED. Sand *m.*, Grieß *m.* **II** agg.inv. ***color ~*** sandfarben ◆ ***~ alluvionale*** Schwemmsand *m.* (*o* alluvialer Sand); ***~ antigelo*** Streusand *m.*; ***-e aurifere*** goldhaltiger Sand; ***banco di ~*** Sandbank *f.*; ***~ delle vie biliari*** Gallengrieß *m.*; ***castello di ~*** Sandburg *f.*; ***cava di ~*** Sandgrube *f.*; ***~ del deserto*** Wüstensand *m.*; ***~ di fiume*** Flusssand *m.*; ***granello di ~*** Sandkorn *n.*; ***~ di mare*** Meeressand *m.*; ***-e mobili*** Treibsand *m.*; ***-e moreniche*** Gletschersand *m.*; ***mucchio di ~*** Sandhaufen *m.*; ***nascondere il capo sotto la ~*** den Kopf in den Sand stecken; ***~ quarzosa*** Quarzsand *m.*; ***~ dei reni*** Harnsand *m.* (*o* Harngrieß *m.*); ***sacchetto di ~*** Sandsack *m.*; ***scrivere qcs. sulla ~*** etw. in den Sand schreiben; FIG. = etw. schreiben, was rasch im Vergessenheit gerät; ***costruire, edificare sulla ~*** auf Sand bauen; ***tempesta di ~*** Sandsturm *m.* **sab|bia|re** tr. *(sabbio, sabbi)* sand‿strahlen: ***~ superfici metalliche*** Metallflächen sandstrahlen.
sab|bia|to p.pass. agg. **1** → **sabbiare 2** *(poco nitido)* undeutlich. **sab|bia|to|re** m. Arbeiter *m.* am Sandstrahlgebläse. **sab|bia|tri|ce** f. Sand(strahl)gebläse *n.*
sab|bia|tu|ra f. **1** *(terapia)* Sandbad *n.*: ***fare le -e*** Sandbäder nehmen **2** TECN. Sandstrahlen *n.*, Sandstrahlreinigung *f.*
sab|bie|ra f. Sandstreuer *m.*, Sandkasten *m.*
sab|bio|ne m. **1** *(distesa di sabbia)* Sandboden *m.* **2** *(sabbia grossolana)* grober Sand *m.*
sab|bio|so agg. **1** sandig, Sand-: ***terreno ~*** Sandboden *m.*; ***spiaggia -a*** Sandstrand *m.* **2** *(che ha la consistenza della sabbia)* sandartig.
1.Sa|bi|na n.pr.f. Sabine *f.*, Sabina *f.*
2.Sa|bi|na f. Sabinerin *f.*: ***il ratto delle -e*** der Raub der Sabinerinnen.
sa|bi|no I agg. sabinisch, Sabiner-: ***monti -i*** Sabiner Berge **II** m. Sabiner *m.*
sa|bo|tag|gio m. *(-gi)* Sabotage *f.* (anche FIG.): ***compiere un ~*** Sabotage begehen (*o* treiben); ***~ delle iniziative*** Sabotage der Initiativen; ***~ parlamentare*** Sabotage der parlamentarischen Arbeit ◆ ***atto di ~*** Sabotageakt *m.* **sa|bo|ta|re** tr. sabotieren (anche FIG.): ***~ la produzione*** die Produktion sabotieren. **sa|bo|ta|to|re I** agg., ***azione -trice*** Sabotage *f.* **II** m. Saboteur *m.*
S.acc. ⇒ *Società in Accomandita* Kommanditgesellschaft (KG).
sac|ca f. *(-che)* **1** Sack *m.*: ***chiudere la ~*** den Sack zu‿binden **2** *(insenatura)* Einbuchtung *f.*; ***far ~*** eingebuchtet sein **3** MED. Sack *m.*, Beutel *m.* **4** MIL. Kessel *m.*; ***chiudere il nemico in una ~*** den Feind ein‿kesseln **5** METALL. Rast *f.* **6** BOT. Lakune *f.* ◆ ***~ d'aria*** Luftloch *n.*; ***~ lacrimale*** Tränensack *m.*; ***~ da marinaio*** Seesack *m.*; ***~ pollinica*** Pollensack *m.*; ***~ di pus*** Eiterbeutel *m.*; ***di resistenza*** Widerstandsnest *n.*; ***~ da viaggio*** Reisesack *m.*
sac|ca|ri|de m. Kohlenhydrat *n.*, Sacharid *n.* **sac|ca|ri|fe|ro** agg. **1** zuckerhaltig **2** *(relativo alla produzione)* Zucker-: ***industria -a*** Zuckerindustrie *f.* **sac|ca|ri|fi|ca|re** tr. *(saccarifico, saccarifichi)* verzuckern. **sac|ca|ri|fi|ca|zio|ne** f. Verzuckerung *f.*, Zuckerbildung *f.* **sac|ca|ri|me|tri|a** f. Saccharimetrie *f.* **sac|ca|ri|na** f. Saccharin *n.*
sac|ca|ro|me|tri|a → **saccarimetria.**
sac|ca|ro|mi|ce|te m. Sacharomyces *m.*, Hefepilz *m.*, Sprosspilz *m.*
sac|ca|ro|sio m. Saccharose *f.*
sac|ca|ta f. *m.*, Sack *m.* (voll): ***una ~ di patate*** ein Sack voll Kartoffeln.
sac|cen|te I agg. besserwisserisch, überklug, naseweis **II** m. Besserwisser *m.*, Klugredner *m.*, Naseweis *m.*: ***fare il ~*** den Besserwisser spielen, klug reden. **sac|cen|te|ri|a** f. Besserwisserei *f.*, Klugrednerei *f.* **sac|cen|to|ne** m. Besserwisser *m.*: ***fare il ~*** sich als Besserwisser auf‿spielen.
sac|cheg|gia|men|to m. → **saccheggio.**
sac|cheg|gia|re tr. *(saccheggio, saccheggi)* **1** plündern, aus‿plündern (anche FIG.): ***~ una città*** eine Stadt plündern; ***~ un negozio*** ein Geschäft ausplündern; ***~ il frigorifero*** den Kühlschrank plündern **2** *(appropriarsi, rubare)* sich Ideen an‿eignen, Ideen stehlen: ***~ un libro, un autore*** sich die Ideen aus einem Buch, eines Autors aneignen. **sac|cheg|gia|to|re I** m. Plünd(e)rer *m.* **II** agg. Plünd(e)rer-: ***banda -trice*** Plündererbande.
sac|cheg|gio m. *(-gi)* Plünderung *f.*, Ausplünderung *f.*, Plünderei *f.*: ***il ~ di un villaggio*** die Plünderung eines Dorfes.
sac|chet|ta f. Futterbeutel *m.* **sac|chet|ti|no** m. Säckchen *n.* **sac|chet|to** m. **1** Tüte *f.*, Beutel *m.*; ***~ di plastica, di carta*** Plastik-, Papiertüte *f.* **2** *(confezione)* Päckchen *n.*: ***un ~ di riso*** ein Päckchen Reis.
sac|chi|fi|cio m. *(-ci)* Sackfabrik *f.*
sac|ci|for|me agg. ANAT. sackförmig.
sac|co m. *(-chi)* **1** Sack *m.*: ***un ~ di patate, carbone, cemento*** ein Sack Kartoffeln, Kohle, Zement; ***mettere qcs. in un ~*** etw. in einen Sack stecken; ***riempire un ~*** einen Sack füllen; ***mettere qcs. in -chi*** etw. auf‿sacken **2** COLLOQ. *(grande quantità)* ***un ~ di...*** ein Haufen..., eine Menge...: ***un ~ di lavoro*** ein Haufen Arbeit; ***dire un ~ di bugie*** einen Haufen Lügen erzählen; ***un ~ di gente*** eine Menge Leute **3** *(tela di sacco)* Sackleinen *n.* **4** *(saccheggio)* Plünderung *f.*: ***il ~ di Roma*** die Plünderung Roms; ***mettere a ~ una città*** eine Stadt plündern **5** REGION. *(mille lire)* Tausendlireschein *m.* **6** SPORT Sandsack *m.*: ***allenarsi al ~*** am Sandsack tranieren **7** ANAT. BIOL. Sack *m.*, Beutel *m.* **8** COLLOQ. *(stomaco)* Bauch *m.*: ***riempirsi il ~*** sich den Bauch voll stopfen ◆ ***a ~*** sackförmig, sackartig, Sack-; ***vestito a ~*** Sackkleid *n.*; ***colazione, pranzo al ~*** Picknick *n.*; ***mangiare al ~*** picknicken; ***~ amniotico*** Fruchtblase *f.*; ***darsi un ~ di arie*** sich wer weiß wie auf‿blasen; ***dare a qcn., ricevere un ~ di botte*** jdm eine (gehörige) Tracht Prügel geben (*o* verpassen), eine Tracht Prügel bekommen; ***questo vestito ti sta come un ~*** das Kleid ist ein richtiger Sack; ***corsa nei -chi*** Sackhüpfen *n.*; ***fare la corsa nei -chi*** sackhüpfen; ***andar vestito di ~*** in Sack und Asche gehen; ***~ embrionale*** Embryosack *m.*; COLLOQ. ***non è farina del suo ~*** das ist nicht auf seinem Mist gewachsen; ***a forma di ~*** sackförmig; ***~ di iuta*** Jutesack *m.*; ***~ lacrimale*** Tränensack *m.*; ***~ di lardo*** Fettsack *m.*; ***cogliere qcn. con le mani nel ~*** jdn auf frischer Tat ertappen; ***mettere qcn. nel ~*** jdn über den Tisch ziehen; ***~ da montagna*** Rucksack *m.*; ***muro a ~*** Füllmauer *f.*; ***essere un ~ di ossa*** klapperdürr sein; ***essere un ~ di patate*** schwerfällig (*o* plump) wirken; ***cadere come un ~ di patate*** wie ein Sack Kartoffeln um‿fallen; ***~ a pelo*** Schlafsack *m.*; ***tornarsene con le pive nel ~*** unverrichteter Dinge zurück‿kehren; ***~ pollinico*** Pollensack *m.*; ***~ po-***

stale Postsack *m.*; **reggere il ~ a qcn.** jdn decken; **~ di sabbia** Sandsack *m.*; **~ della spazzatura** Müllsack *m.*; **un ~ e una sporta** eine Unmenge; **prenderne un ~ e una sporta** gehörig verprügelt werden; **~ di stracci** Lumpensack *m.* (anche FIG.); **tela di ~** Sackleinen *n.*, Sackleinwand *f.*; **tenere il ~ a qcn.** jdn decken; **fare qcs. con la testa nel ~** kopflos handeln; COLLOQ. **un ~** *(molto)* wahnsinnig, unheimlich: **divertirsi un ~** sich wahnsinnig (*o* unheimlich) amüsieren; **~ da viaggio** Reisesack *m.*; **vuotare il ~** aus‿packen; PROV. **non dir quattro se non l'hai nel ~** man soll den Tag nicht vor dem Abend loben; **~ vuoto non sta in piedi** mit leerem Bauch ist nicht gut arbeiten.

sac|coc|cia f. *(-ce)* REGION. Säckel *m.*, Hosentasche *f.*

sac|co|ne m. **1** großer Sack *m.* **2** *(pagliericcio)* Strohsack *m.*

sac|co|pe|li|sta m. e f. *(-i,-e)* Rucksacktourist *m.* (-in *f.*).

sa|cel|lo m. **1** STOR. Heiligtum *n.* **2** ESTENS. kleine Gedächtniskapelle *f.*

sa|cer|do|ta|le agg. priesterlich, priesterhaft, Priester-: **ceto, dignità ~** Priesterstand *m.*, Priesterwürde *f.*; **ordinazione ~** Priesterweihe *f.*; **veste ~** priesterliches Gewand ◆ **ordine ~** Glaubensorden *m.*; **paramenti -i** Ornat *m.*

sa|cer|do|te m. **1** Priester *m.*: **consacrare, ordinare qcn. ~** jdn zum Priester weihen; **~ ortodosso** orthodoxer Priester **2** FIG. Apostel *m.* ◆ **~ della giustizia** Gerechtigkeitsapostel *m.*; **gran ~** Oberpriester *m.*; **sommo ~** Hohepriester *m.*; *(nel cattolicesimo)* Papst *m.*

sa|cer|do|tes|sa f. Priesterin *f.*

sa|cer|do|zio m. *(-zi)* **1** Priestertum *n.*: **avviare al ~** ins Priestertum einführen **2** FIG. Mission *f.* ◆ **chiamata al ~** Berufung *f.* zum Priester.

1.sa|cra|le agg. heilig, sakral: **formule -i** heilige Formeln.

2.sa|cra|le agg. ANAT. sakral, Kreuzbein-: **nervo ~** Kreuzbeinnerv *m.*; **macchia ~** Sakralfleck *m.*; **vertebra ~** Kreuzbeinwirbel *m.* **sa|cral|gi|a** f. Kreuzbeinschmerz *m.*

sa|cra|li|tà f. Heiligkeit *f.* **sa|cra|liz|za|re** tr. weihen, heiligen.

sa|cra|men|ta|le I agg. sakramental: **grazia ~** sakramentale Gnade; **formule -i** sakramentale Formeln **II** m.pl. Sakramentalien *pl.*

sa|cra|men|ta|re tr. **1** LIT. ein Sakrament spenden **2** COLLOQ. fluchen.

sa|cra|men|ta|rio I agg. *(-ri,-rie)* Sakraments- **II** m. *(-ri)* LIT. Sakramentarium *n.*

sa|cra|men|to m. Sakrament *n.*: **impartire, amministrare un ~** ein Sakrament spenden, aus‿teilen; **ricevere i -i, accostarsi ai -i** die Sakramente empfangen; **il ~ del battesimo, del matrimonio** das Taufsakrament, Ehesakrament ◆ **~ dell'altare** Altarsakrament *n.*; **Santissimo ~** Allerheiligste *n.*; COLLOQ. **con tutti i -i** mit allem Drum und Dran.

sa|cra|rio m. *(-ri)* **1** STOR. Heiligtum *n.* **2** *(nelle chiese cattoliche)* Sakrarium *n.* **3** *(monumento alla memoria)* Gedenkstätte *f.* ◆ **~ ai caduti** Kriegerdenkmal *n.*

sa|cre|sta|no → **sagrestano.** **sa|cre|sti|a** → **sagrestia.**

sa|cri|fi|ca|le agg. Opfer-: **agnello, offerta, vittima ~** Opferlamm *n.*, Opfergabe *f.*, Opfertier *n.* (*o* Opfer *n.*); **altare, ara ~** Opferaltar *m.*

sa|cri|fi|ca|re *(sacrifico, sacrifichi)* **I** tr. **1** opfern (anche ESTENS.): **~ un agnello sull'altare, un animale agli dei** ein Lamm auf dem Altar, den Göttern ein Tier opfern; **~ la propria vita per qcn., qcs.** sein Leben für jdn, etw. opfern; **~ la propria vita privata alla carriera** sein Privatleben der Karriere opfern; **~ molte vite umane** viele Menschenleben opfern; **~ il sonno a, per qcs.** seinen Schlaf für etw. opfern **2** **~ un armadio in un angolo** einen Schrank in eine Ecke verbannen **II** intr. (aus. *avere*) **1** opfern: **~ agli dei** den Göttern opfern **2** SCHERZ. *(rendere omaggio)* huldigen: **~ alla bellezza** der Schönheit huldigen **III** pronom. **sacrificarsi** sich opfern, sich auf‿opfern: **-rsi per un ideale, per la patria, per la famiglia** sich für ein Ideal, das Vaterland, die Familie (auf)opfern; **-rsi per fare qcs.** sich aufopfern, um etw. zu tun.

sa|cri|fi|ca|to p.pass. agg. **1** → **sacrificare** **2** *(pieno di sacrifici)* opferreich, opfervoll **3a** *(non valorizzato)* verschwendet **b** **questo armadio qui è sacrificato** der Schrank kommt hier nicht zur Geltung.

sa|cri|fi|cio m. *(-ci)*, **sa|cri|fi|zio** *(-zi)* m. Opfer *n.* (anche ESTENS.): **fare un ~ (agli dei)** (den Göttern) ein Opfer bringen; **offrire qcs., animali in ~** etw., Tiere zum Opfer bringen (*o* opfern); **compiere un ~** ein Opfer vollbringen; **propiziarsi gli dei con -ci** die Götter durch Opfer versöhnen; **imporre, richiedere grandi -ci a qcn.** jdm große Opfer auf‿erlegen, ab‿verlangen; **costare molti -ci** viele Opfer kosten; **non risparmiarsi -ci** keine Opfer scheuen; **ottenere qcs. a prezzo di molti -ci** etw. mit vielen Opfern erlangen ◆ **~ di animale** Tieropfer *n.*; **animale destinato al ~** Opfertier *n.*; **~ cruento** Blutopfer *n.*; **~ espiatorio** Sühneopfer *n.*; **~ eucaristico** Messopfer *n.*; **~ propiziatorio** Versöhnungsopfer *n.*; **~ di ringraziamento** Dankopfer *n.*; **spirito di ~** Opfermut *m.*; **~ supremo** Opfertod *m.*; **~ umano** Menschenopfer *n.*; **~ della vita** Opfertod *m.*; **votato al ~** opferwillig.

sa|cri|le|gio m. *(-gi)* Sakrileg *n.*, Frevel *m.* (anche FIG.): **commettere un ~** ein Sakrileg begehen. **sa|cri|le|go** agg. *(-ghi,-ghe)* sakrilegisch, gotteslästerlich, frevelhaft ◆ **furto ~** Tempelraub *m.*

sa|cri|pan|te m. **1** Schrank *m.* **2** *(persona scaltra)* Schlingel *m.*

sa|cri|sta m. Sakristan *m.*, Küster *m.*, Kirchendiener *m.*, Mesner *m.*

sa|cri|sti|a → **sagrestia.**

1.sa|cro I agg. **1** heilig: **numero ~** heilige Zahl; **vacca -a** heilige Kuh; **il ~ vincolo del matrimonio** das heilige Band der Ehe; SCHERZ. **qcs. è ~ per qcn.** etw. ist jdm heilig; **la parola data per me è -a** mein Ehrenwort ist mir heilig **2** *(consacrato)* geweiht: **~ a Giove** dem Jupiter geweiht; **luogo ~** geweihte Stätte **II** m. Heilige *n.*: **il ~ e il profano** das Heilige und das Profane ◆ **arredi -i** Kirchengerät *n.*, LIT. Messgeschirr *n.*; **arte -a** religiöse (*o* sakrale) Kunst; **canto ~** Kirchengesang *m.*; **Sacro Cuore (di Gesù)** Heiliges Herz Jesu *n.*; **edificio ~** Sakralbau *m.*; **la Sacra Famiglia** die Heilige Familie; **immagine -a** Kultbild *n.* (*o* heiliges Bild); **il Sacro Romano Impero** das Heilige Römische Reich; **inni -i** geistliche Lieder; **mostro ~** = unantastbare Persönlichkeit; **musica -a** geistliche Musik; **paramento ~** Parament *n.*; **prostituzione -a** Tempelprostitution *f.*; **-a rappresentazione** geistliches Spiel, Mysterienspiel *n.*; *(dramma della passione di Cristo)* Passionsspiel *n.*, Osterspiel *n.*; **Sacra Rota** Rota *f.*; **le Sacre Scritture** die Heilige Schrift; **la Sacra Sindone** das Grabtuch Christi; **storia -a** Biblische Geschichte.

2.sa|cro ANAT. **I** agg. **osso ~** Kreuzbein *n.* **II** m. Kreuzbein *n.*

sa|cro|san|to agg. **1** hochheilig, heilig **2** *(inviolabile)* unantastbar: **diritto ~** unantastbares Recht ◆ **è suo ~ dovere** es ist seine Pflicht und Schuldigkeit; **parole -e** wie wahr!

sad|du|ce|o m. Sadduzäer *m.*

sa|di|ca|men|te avv. sadistisch. **sa|di|co I** agg. *(-ci,-che)* sadistisch **II** m. *(-ci)* Sadist *m.* **sa|di|smo** m. Sadismus *m.*

sa|do|ma|so I agg.inv. sadomasochistisch **II** m. e f.inv. Sadomasochist *m.* (-in *f.*). **sa|do|ma|so|chi|smo** m. Sadomasochismus *m.* **sa|do|ma|so|chi|sta** *(-i,-e)* **I** agg. sadomasochistisch **II** m. e f. Sadomasochist *m.* (-in *f.*). **sa|do|ma|so|chi|sti|co** agg. *(-ci,-che)* sadomasochistisch.

sa|et|ta f. **1** Pfeil *m.* **2** *(fulmine)* Blitz *m.*, Blitzstrahl *m.* **3** EDIL. Strebe *f.* **4** *(punta di trapano)* Holzbohrer *m.*, Bohrer *m.* **5** GEOM. Bogenhöhe *f.* ◆ **veloce come una ~** schnell wie ein Blitz. **sa|et|ta|re** tr. **1** mit Pfeilen treffen **2** ESTENS. schleudern, zu‿werfen; **~ occhiate feroci a qcn.** jdm böse Blicke zuwerfen.

sa|et|ta|to|re m. Bogenschütze *m.* **sa|et|ti|for|me** agg. pfeilförmig.

sa|et|to|ne m. **1** Äskulapnatter *f.* **2** EDIL. Strebe *f.*

sa|fa|ri m.inv. Safari *f.*: **fare un ~** auf Safari gehen ◆ **~ fotografico** Fotosafari *f.*; **parco, zoo ~** Safaripark *m.*

sa|fe|na f. Rosenader *f.* **sa|fe|no** agg. **vena -a** Rosenader *f.*

saf|fi|ca f. *(-che)* sapphische Strophe *f.* **saf|fi|co** agg. *(-ci,-che)* **1** sapphisch: **strofa, lirica -a** sapphische Strophe, Lyrik **2** *(lesbico)* lesbisch, sapphisch: **amore ~** sapphische Liebe. **saf|fi|smo** m. Sapphismus *m.* **Saf|fo** n.pr.f. Sappho *f.*

sa|ga f. *(-ghe)* Sage *f.*: **la ~ di Carlo Magno, dei Nibelunghi** die Karlssage, die Nibelungensage.

sa|ga|ce agg. scharfsinnig, klug: **risposta, persona ~** kluge Antwort, kluger Mensch. **sa|ga|ce|men|te** avv. scharfsinnig, klug.

sa|ga|cia, sa|ga|ci|tà f. Scharfsinn *m.*, Klugheit *f.*

sag|gez|za f. Weisheit *f.*: **una profonda ~** eine tiefe Weisheit; **la ~ dell'età** die Weisheit des Alters ◆ **~ popolare** Volksweisheit *f.* **sag|gia|men|te** avv. weise, klug: **agire, decidere ~** weise handeln, entscheiden.

sag|gia|re tr. *(saggio, saggi)* **1** prüfen, proben: **~ l'oro** das Gold prüfen **2** *(sondare)* erkunden: **~ un terreno** ein Gebiet erkunden; FIG. **~ le intenzioni di qcn.** jds Absichten erkunden **3** *(mettere alla prova)* auf die Probe stellen: **~ le proprie forze** seine Kräfte auf die Probe stellen. **sag|gia|to|re** m. **1** Prüfer *m.* **2** *(di metalli)* Erzprüfer *m.* **3** *(bilancia)* Goldwaage *f.* **sag|gia|tu|ra** f. **1** Probe *f.* **2** *(segno sul metallo)* Punze *f.*

sag|gia|vi|no m.inv. Weinheber *m.*

sag|gi|na f. Hirse *f.* ◆ **scopa di ~** Reisigbesen *m.*

1.sag|gio I agg. *(-gi,-ge)* weise, klug: **un ~ consiglio** ein weiser Rat; **discorsi -gi** weise Reden **II** m. *(-gi)* Weise *m.*

2.sag|gio m. *(-gi)* **1a** Probe *f.*, Prüfung *f.*; **fare il ~ dell'oro** Gold prüfen **b** *(dimostrazione)* Probe *f.*: **dare un ~ della propria bravura, arte, del proprio coraggio** eine Probe seines Könnens, seiner Kunst, seines Muts geben **2** *(campione)* Muster *n.* **3** *(assaggio)* Probe *f.*: **un ~ di vino** eine Probe Wein **4** *(esibizione)* Vorführung *f.*: ~ ***di danza, di ginnastica*** Ballett-, Turnvorführung *f.* **5** *(scritto)* Essay *m.* e *n.*, Aufsatz *m.*: ***scrivere, leggere un ~ su Dante*** einen Essay über Dante schreiben, lesen; ~ ***critico*** kritischer Aufsatz **6** BANC. *(tasso)* Satz *m.* ◆ ***copia di*** ~ Musterexemplar *n.*; ~ ***di crescita*** Zuwachsrate *f.*; ~ ***di imposta*** Steuersatz *m.*; ~ ***di incremento*** Zuwachsrate *f.*; ~ ***d'interesse*** Zinssatz *m.*, Zinsrate *f.*; ~ ***di lettura*** Leseprobe *f.*; ~ ***massimo*** Höchstsatz *m.*; ~ ***minimo*** Mindestsatz *m.*; ~ ***nominale*** Nominalsatz *m.*; ~ ***di sconto*** Diskontsatz *m.*; ***aumentare, abbassare il ~ di sconto*** den Diskontsatz erhöhen, senken; ~ ***specialistico*** Fachaufsatz *m.*

sag|gi|sta m. e f. *(-i,-e)* Essayist *m.* (-in *f.*). **sag|gi|sti|ca** f. Essayistik *f.* **sag|gi|sti|co** agg. *(-ci,-che)* essayistisch.

sa|git|ta|le agg. sagittal, Sagittal-: ***piano*** ~ Sagittalebene *f.*

sa|git|ta|ria f. Pfeilkraut *n.*

sa|git|ta|rio m. *(-ri)* **1** ANT. Bogenschütze *m.* **2** ASTR. ASTROL. Schütze *m.*: ***essere un, del*** ~ (ein) Schütze sein; ***essere nato nel ~, sotto il segno del*** ~ im Zeichen des Schützen geboren sein.

sa|git|ta|to agg. pfeilförmig: ***foglia -a*** pfeilförmiges Blatt.

sa|go|la f. Leine *f.* ◆ ~ ***della bandiera*** Flaggleine *f.*; ~ ***di salvataggio*** Rettungsleine *f.*; ~ ***dello scandaglio, del solcometro*** Lotleine *f.*

sa|go|ma f. **1** Profil *n.*, Form *f.* **2** *(forma)* Schablone *f.*, Form *f.* **3** *(bersaglio)* Zielscheibe *f.* **4** *(persona stravagante)* komischer Kauz *m.*, Nummer *f.* ◆ ***formatura a*** ~ Schablonisierung *f.*; ***lavorazione a*** ~ Schablonenarbeit *f.* **sa|go|ma|re** tr. *(sagomo)* formen, fassonieren.

sa|go|ma|to p.pass. agg. **1** → **sagomare** **2** geformt. **sa|go|ma|tu|ra** f. Fassonierarbeit *f.*

sa|gra f. **1** Kirchweihfest *n.* **2** *(festa)* Fest *n.*, Volksfest *n.* ◆ ~ ***del vino*** Weinfest *n.*

sa|gra|to m. Kirchplatz *m.*

sa|gre|sta|na f. **1** Kirchendienerin *f.* **2** *(moglie del sagrestano)* Küstersfrau *f.* **sa|gre|sta|no** m. Küster *m.*, Kirchendiener *m.*, Mesner *m.*, Sakristan *m.* **sa|gre|sti|a** f. Sakristei *f.*

Sa|ha|ra n.pr.m. Sahara *f.* **sa|ha|ria|na** f. Tropenjacke *f.* **sa|ha|ria|no** agg. Sahara-.

saint-ho|no|ré [sɛ̃t-] f.inv. Saint-Honoré-Torte *f.*

sa|io m. *(sai)* Kutte *f.*: ***prendere, vestire il*** ~ die Kutte an‿legen.

sa|kè m.inv. Sake *m.*

1.sa|la f. **1** Saal *m.*: ***una ~ piena di gente*** ein Saal voller Leute **2** *(soggiorno)* Wohnzimmer *n.* ◆ ~ ***anatomica*** Seziersaal *m.*; ~ ***d'armi*** Waffenkammer *f.*; ~ ***d'aspetto, d'attesa*** Wartesaal *m.*; *(dal medico)* Wartezimmer *n.*; ~ ***da ballo*** Tanzlokal *n.*; ~ ***da biliardo*** Billardlokal *n.*; ~ ***caldaie*** Kesselhaus *n.*; ~ ***capitolare*** Kapitelsaal *m.*; ***chiesa a*** ~ Hallenkirche *f.*; ~ ***cinematografica*** Kinosaal *m.*; ~ ***per concerti*** Konzertsaal *m.*; ~ ***delle conferenze*** Konferenzsaal *m.*, Vortragsraum *m.*; ~ ***(dei) congressi*** Kongresshalle *f.*; RAD. TELEV. ~ ***di controllo*** Abhörkabine *f.*; ~ ***di disciplina*** Arrestraum *m.*; *(punizione)* Arrest *m.*; ~ ***da esposizione*** Ausstellungsraum *m.*; ~ ***per fumatori*** Rauchzimmer *n.* (*o* Rauchsalon *m.*); ~ ***giochi*** Spielhalle *f.*; ~ ***da gioco*** Spielsaal *m.*; ~ ***di lettura*** Lesesaal *m.*; ~ ***macchine*** Maschinenraum *m.*; ~ ***di montaggio*** CINEM. Schneideraum *m.*; IND. Montagehalle *f.*; ~ ***nautica*** Navigationsraum *m.*; ~ ***operatoria*** Operationssaal *m.*; ~ ***parto*** Kreißsaal *m.*; ~ ***polifunzionale*** Mehrzweckhalle *f.*; ~ ***da pranzo*** Esszimmer *n.*; ~ ***(dei) professori*** Lehrerzimmer *n.*; ~ ***di proiezione*** Vorführraum *m.*; ~ ***di registrazione*** Aufnahmeraum *m.*; ~ ***di ricevimento*** Sprechzimmer *n.*; ~ ***per la ricreazione*** Pausenhalle *f.*; ~ ***riunioni*** Sitzungssaal *m.*, Versammlungssaal *m.*; ~ ***degli specchi*** Spiegelsaal *m.*; ~ ***stampa*** Pressezentrum *n.*; ~ ***da té*** Teestube *f.*; ~ ***del trono*** Thronsaal *m.*; ~ ***turbine*** Turbinenhaus *n.*; ~ ***delle udienze*** Audienzsaal *m.*

2.sa|la f. **1** MECC. Achse *f.* **2** FERR. Laufachse *f.* ◆ ~ ***direttrice*** Lenkachse *f.*: ~ ***motrice*** Treibradsatz *m.*; ***rimorchio a una*** ~ Einachsanhänger *m.*

3.sa|la f. BOT. Riedgras *n.*

sa|lac|ca f. *(-che)* COLLOQ. **1** INTRAD. (geräucherter oder in Salz eingelegter Hering) **2** ESTENS. *(cibo da poveri)* Armeleuteessen *n.* **3** SPREG. *(persona magra)* hagerer Mensch *m.*; ***sembrare una*** ~ ein wandelndes Gerippe sein **4** SCHERZ. *(sciabola)* Säbel *m.* **5** *(libro vecchio e malridotto)* alter Schmöker *m.*

sa|la|ce agg. **1** *(lascivo)* schlüpfrig, zweideutig, anstößig **2** *(mordace)* scharf, bissig: ***una battuta*** ~ eine bissige Bemerkung. **sa|la|ci|tà** f. **1** Schlüpfrigkeit *f.* **2** *(mordacia)* Schärfe *f.*, Bissigkeit *f.*

Sa|la|di|no n.pr.m. Saladin *m.*

sa|la|gio|ne f. **1** Salzen *n.* **2** *(il mettere sotto sale)* Einsalzen *n.*

sa|la|man|dra f. Salamander *m.* ◆ ~ ***acquaiola*** Teichmolch *m.*; ~ ***alpina*** Alpensalamander *m.*; ~ ***americana*** Schlammteufel *m.*; ~ ***maculata*** Feuersalamander *m.*; ~ ***nera*** Alpensalamander *m.*

sa|la|me m. **1** Salami *f.*, Salamiwurst *f.*: ***affettare il*** ~ die Salami auf‿schneiden; ***una fetta di*** ~ eine Scheibe Salami; ~ ***piccante*** pikante (*o* scharfe) Salami **2** ESTENS. *(rotolo)* Wurst *f.* **3** FIG. *(persona impacciata)* Tollpatsch *m.*; ***rimanere lì come un*** ~ wie ein Holzklotz da‿stehen ◆ ***panino al, con*** ~ Salamibrot *n.*

sa|la|me|lec|co m. *(-chi)* zeremoniöses Benehmen *n.*; *(adulatorio)* Katzbuckelei *f.*; ***fare (mille) -chi*** sich übertrieben zeremoniös benehmen; *(con adulazione)* katzbuckeln.

sa|la|mel|la f. INTRAD. (hufeisenförmige Wurst).

Sa|la|mi|na n.pr.f. Salamis *n.*

sa|la|mi|no m. Knackwurst *f.*

sa|la|mo|ia f. Salzlake *f.*, Lake *f.*, Salzsole *f.*: ***mettere qcs. in*** ~ etw. in Salzlake ein‿legen; ***conservare in*** ~ in einer Salzlake konservieren ◆ ***carne in*** ~ Pökelfleisch *n.* (*o* Gesalzene *n.*); ***cetrioli in*** ~ Salzgurken *pl.*; ***olive in*** ~ (in Salzwasser) eingelegte Oliven.

sa|la|re tr. salzen: ~ ***l'acqua*** das Wasser salzen (*o* Salz ins Wasser tun); ~ ***troppo, eccessivamente*** versalzen.

sa|la|ria|le agg. Lohn-: ***accordo, trattativa*** ~ Lohnabkommen *n.* (*o* Lohnvereinbarung *f.*), Lohnverhandlung *f.*; ***adeguamento, aumento*** ~ Lohnangleichung *f.* (*o* Lohnanpassung *f.*), Lohnerhöhung *f.* (*o* Lohnanstieg *m.*); ***aggravio, blocco*** ~ Lohnbelastung *f.*, Lohnstopp *m.* (*o* Lohnpause *f.*); ***categoria*** ~ Lohngruppe *f.* (*o* Tarifgruppe *f.*); ***regime, sistema*** ~ Lohnsystem *n.*; ***aliquota*** ~ Lohnanteil *m.*; ***richieste, rivendicazioni -i*** Lohnforderungen *pl.* ◆ ***anzianità*** ~ Besoldungsdienstalter *n.*; ***minimo*** ~ Mindestlohn *m.*, Minimallohn *m.*; ***trattamento*** ~ Lohnbedingungen *pl.*

sa|la|ria|re tr. ~ ***qcn.*** jdm einen Lohn zahlen.

sa|la|ria|to **I** p.pass. agg. **1** → **salariare** **2** Lohn-: ***lavoro*** ~ Lohnarbeit *f.* **II** m. Lohnempfänger *m.*, Lohnbezieher *m.*

sa|la|rio m. *(-ri)* Lohn *m.*, Arbeitslohn *m.*: ***corrispondere, pagare il*** ~ den Lohn aus‿zahlen, zahlen; ***percepire il*** ~ den Lohn empfangen; ***congelare i -ri*** die Löhne ein‿frieren; ***sbloccare i -ri*** den Lohnstopp auf‿heben ◆ ***abbassamento dei -ri*** Lohnsenkung *f.*; ***accordo collettivo sui -ri*** Tariflohnvereinbarung *f.*; ***adeguamento dei -ri*** Lohnangleichung *f.* (*o* Lohnanpassung *f.*); ***adeguamento dei -ri al costo della vita*** Angleichung *f.* der Löhne an die Lebenshaltungskosten; ~ ***annuo*** Jahreslohn *m.*; ***anticipo di, sul*** ~ Lohnvorschuss *m.*; ***arretrato di*** ~ Lohnrückstand *m.*; ***aumento dei -ri*** Lohnerhöhung *f.* (*o* Lohnsteigerung *f.*); ~ ***base*** Grundlohn *m.*; ~ ***basso*** Niedriglohn *m.*; ***blocco dei -ri*** Lohnstopp *m.* (*o* Lohnpause *f.*); ~ ***contrattuale*** Tariflohn *m.*; ~ ***a cottimo*** Akkordlohn *m.*; ~ ***ad economia*** Zeitlohn *m.*; ~ ***fisso*** Festlohn *m.* (*o* fester Lohn); ***fronte dei -ri*** Lohnfront *f.*; ~ ***giornaliero, giornata*** Tagelohn *m.*; ***imposta sul*** ~ Lohnsteuer *f.*; ***indice dei -ri*** Lohnindex *m.*; ~ ***indicizzato*** Indexlohn *m.*; ~ ***iniziale*** Anfangslohn *m.* (*o* Einstelllohn *m.*); ***integrazione di*** ~ Lohnausgleich *m.*; ~ ***libero*** wirtschaftlicher (*o* freier) Lohn; ***lievitazione dei -ri*** Lohnauftrieb *m.*; ***livello dei -ri*** Lohnniveau *n.* (*o* Lohnhöhe *f.*); ~ ***lordo*** Bruttolohn *m.*; ~ ***massimo*** Spitzenlohn *m.* (*o* Höchstlohn *m.*); ***media dei -ri*** Lohndurchschnitt *m.*; ~ ***medio*** Durchschnittslohn *m.*; ~ ***mensile*** Monatslohn *m.*; ~ ***di minimo*** Mindestlohn *m.*; ~ ***(a scala) mobile*** gleitender Lohn (*o* Indexlohn *m.*); ~ ***netto*** Nettolohn *m.*; ~ ***orario, a ore*** Stundenlohn *m.*; ***pagamento del*** ~ Lohnzahlung *f.*; ***parità di*** ~ Lohngleichheit *f.*; ***perdita del*** ~ Lohnausfall *m.*; ***politica dei -ri*** Lohnpolitik *f.*; ~ ***a premio*** Prämienlohn *m.*; ~ ***reale*** Reallohn *m.*, Effektivlohn *m.*; ~ ***a rendimento*** Leistungslohn *m.*; ***ribasso dei -ri*** Lohnabbau *m.*; ***riduzione dei -ri*** Lohnkürzung *f.*; ~ ***settimanale*** Wochenlohn *m.*; ***sperequazione dei -ri*** Lohnunterschied *m.*; ***spirale prezzi-salari*** Preis-Lohn-Spirale *f.*; ***taglio sui -ri*** Lohnkürzung *f.*; ~ ***a tempo*** Zeitlohn *m.*; ~ ***totale*** Gesamtlohn *m.*; ***trattenuta sul*** ~ Lohnabzug *m.*; ***tutela dei -ri*** Lohnschutz *m.*; ***versamento continuato del*** ~ Lohnfortzahlung *f.*

sa|las|sa|re tr. zur Ader lassen (anche FIG.). **sa|las|so** m. Aderlass *m.* (anche FIG.); ***il conto è stato un vero*** ~ die Rechnung war ein wahrer Aderlass.

sa|la|ti|no m. Salzgebäck *n.* ◆ ~ ***al formaggio*** Käsegebäck *n.*

sa|la|to **I** p.pass. agg. **1** → **salare** **2** gesalzen, salzig, Salz-: ***burro*** ~ gesalzene Butter **3** FIG. *(caro)* gesalzen, gepfeffert: ***una multa -a*** eine gesalzene Geldstrafe **II** avv. teuer: ***pagare ~ qcs.*** etw. teuer bezahlen **III** m. Salzige *n.*: ***preferisco il ~ al dolce*** ich mag lieber Salziges als Süßes ◆ ***acqua -a*** Salzwasser *n.*; ***aringhe -e*** Salzheringe *pl.*; ***carne -a*** Salzfleisch *n.*; ***deserto*** ~ Salzwüste *f.*; ***gusto*** ~ Salzgeschmack *m.*; ***avere un gusto*** ~ einen salzigen Geschmack haben (*o* salzig schmecken); ***lago*** ~ Salzsee *m.*; ***mandorla -a*** Salzmandel *f.*; ***non*** ~ ungesalzen.

sa|la|tu|ra f. **1** Salzen *n.* **2** *(il mettere sotto sale)* Einsalzen *n.* **3** CHIM. Aussalzung *f.*

sal|ci|c|cia → **salsiccia.**

sal|da f. Appretur *f.*, Stärke *f.*

sal|da|bi|le agg. **1a** schweißbar **b** *(con brasatura)* lötbar **2** COMM. begleichbar, saldierbar **3** MED. einrenkbar.

sal|da|con|ti, sal|da|con|to m.inv. Saldokonto *n.*

sal|da|men|te avv. **1** fest: ***tenersi ~ a qcs.*** sich an etw. (D) fest‿halten **2** FIG. fest, eisern, unbeirrt, unerschütterlich: ***rimanere ~ attaccato alle tradizioni*** unerschütterlich an den Traditionen fest‿halten.

sal|da|re I tr. **1a** zusammen‿schweißen, schweißen **b** *(un pezzo più piccolo a uno più grosso)* an‿schweißen **2a** *(brasare)* löten **b** *(un pezzo più piccolo a uno più grosso)* an‿löten **c** *(chiudere saldando)* zu‿löten **3** FIG. zusammen‿fügen, vereinigen **4** COMM. saldieren, begleichen: ***~ il conto, la fattura*** die Rechnung begleichen; FIG. ***~ un vecchio conto con qcn.*** mit jdm eine alte Rechnung begleichen; ***~ un debito, una pendenza*** Schulden begleichen **II** pronom. **saldarsi 1** sich verbinden (anche FIG.) **2a** MED. *(di ossa)* zusammen‿wachsen **b** *(di ferite)* verwachsen; *(cicatrizzarsi)* zu‿heilen, vernarben ◆ ***~ ad arco*** mit Lichtbogen schweißen; ***cannello per ~*** Schweißbrenner *m.*; ***~ a dolce*** weich‿schweißen; ***~ a forte*** hart‿löten; ***~ a freddo*** kalt‿schweißen; ***lampada per ~*** Lötlampe *f.*; ***~ a punti*** punkt‿schweißen; ***punto da ~*** Lötstelle *f.*; ***~ a scintilla*** abbrenn‿schweißen; ***stagno per ~*** Lötzinn *n.* **sal|da|to|io** m. *(-oi)* Schweißgerät *n.*, Lötkolben *m.* **sal|da|to|re** m. **1** *(persona)* Schweißer *m.* **2** *(attrezzo)* Lötkolben *m.* ◆ ***~ a pistola*** Lötpistole *f.*; ***occhiali da -i*** Schweißerbrille *f.*

sal|da|tri|ce f. Schweißmaschine *f.* ◆ ***~ ad arco*** Lichtbogenschweißmaschine *f.*; ***~ continua*** Nahtschweißmaschine *f.*; ***~ a punti*** Punktschweißmaschine *f.*

sal|da|tu|ra f. **1a** Schweißen *n.*, Schweißung *f.* **b** *(brasatura)* Löten *n.* **2** *(punto saldato)* Schweißstelle *f.*, Lötstelle *f.* **3** FIG. Verbindung *f.* **4a** MED. *(di ossa)* Verhärtung *f.*, Zusammenwachsen *n.* **b** *(di ferite)* Verwachsen *n.*; *(cicatrizzazione)* Vernarbung *f.* ◆ ***~ alluminotermica*** Termitschweißen *n.* (*o* Termitschweißung *f.*); ***~ ad arco*** Lichtbogenschweißen *n.*; ***~ ad argento*** Silberlöten *n.*; ***~ ad attrito*** Reibschweißen *n.* (*o* Reibungsschweißen *n.*); ***~ autogena*** Autogenschweißung *f.*; ***~ a canale*** Kanalschweißen *n.*; ***~ a colata*** Gießschweißen *n.*; ***~ continua*** Nahtschweißen *n.*; ***difetto di ~*** Schweißfehler *m.*; ***~ elettrica*** Elektroschweißung *f.*; ***~ elettrostatica*** Kondensatorschweißung *f.*; ***~ a freddo*** Kaltschweißen *n.*; ***~ a fusione*** Schmelzschweißung *f.*; ***~ a laser*** Laserschweißen *n.*; ***metodo di ~*** Schweißverfahren *n.*; ***~ a ottone*** Messinglötung *f.*; ***~ a punti*** Punktschweißen *n.*; ***~ a scintillio*** Abbrennschweißung *f.* (*o* Abschmelzschweißung *f.*); ***~ di testa*** Stumpfschweißen *n.*

sal|dez|za f. **1** Festigkeit *f.* **2** FIG. Unerschütterlichkeit *f.* ◆ ***~ d'animo*** Charakterstärke *f.*

1.sal|do agg. **1** fest: ***tenersi ben ~*** sich fest‿halten **2** FIG. unerschütterlich: ***-i propositi*** unerschütterliche Vorsätze ◆ ***avere, mantenere i nervi -i*** gute (*o* eiserne) Nerven haben, behalten.

2.sal|do m. **1** BANC. Kontostand *m.* **2** COMM. Saldo *m.*, Ausgleichung *f.*: ***fare un ~*** einen Saldo aus‿gleichen; ***riportare a nuovo il ~*** den Saldo auf neue Rechnung vor‿tragen (*o* gut‿schreiben); ***registrare a ~*** zur Ausgleichung buchen **3a** *(somma residua)* Rest *m.*, Restbetrag *m.*, Restforderung *f.* **b** *(merce residua)* Restlieferung *f.* **4** pl. *(vendita a prezzo ridotto)* Schlussverkauf *m.* ◆ ***a ~*** per Saldo; ***ammontare del ~*** Saldobetrag *m.*; ***approvazione del ~*** Saldoanerkenntnis *f.*; ***~ attivo*** Aktivsaldo *m.*; ***~ all'attivo*** Saldoguthaben *n.*; ***~ a debito*** Debetsaldo *m.*; ***effetto a ~*** Saldowechsel *m.*; ***-i estivi*** Sommerschlussverkauf *m.*; ***~ graduale*** Ab(be)zahlung *f.*; ***-i invernali*** Winterschlussverkauf *m.*; ***~ a nuovo*** Saldoübertrag *m.* (*o* Saldovortrag *m.*); ***pagamento a ~*** Saldierung *f.* (*o* Abschlusszahlung *f.*); ***~ passivo*** Passivsaldo *m.*; ***~ riportato*** → ***~ a nuovo***; ***-i di fine stagione*** Saisonschlussverkauf *m.*

sa|le m. **1** Salz *n.*: ***~ grosso, fino*** grobes, feines Salz; ***~ neutro, acido, basico*** neutrales, saures, basisches Salz; ***mettere (il) ~ in qcs.*** Salz in etw. geben; ***aggiungere ~ a qcs.*** etw. (D) Salz zu‿geben, etw. (A) nach‿salzen; ***passare il ~ a qcn.*** jdm das Salz reichen; ***mettere qcs. sotto ~*** etw. ein‿salzen; etw. in Salz (ein‿)legen; ***estrarre il ~*** Salz gewinnen (*o* ab‿bauen) **2** pl. *(per far rinvenire)* Riechsalz *n.* ◆ ***~ alcalino*** Alkalisalz *n.*; ***~ amaro*** Bittersalz *n.*; ***~ ammoniaco*** Ammoniumchlorid *n.* (*o* Salmiak *m.*); ***~ antigelo*** Streusalz *n.*; ***~ d'argento*** Silbersalz *n.*; ***~ attico*** attisches Salz; ***-i da bagno*** Badesalze; ***colonna di ~*** Salzsäule *f.*; ***commercio del ~*** Salzhandel *m.*; ***~ comune*** Kochsalz *n.*; ***~ da cucina*** Speisesalz *n.* (*o* Kochsalz *n.*); STOR. ***dazio sul ~*** Salzzoll *m.*; ***estrazione del ~*** Salzgewinnung *f.*; ***~ di fosforo*** Phosphorsalz *n.*; ***~ di Glauber*** Glaubersalz *n.*; ***granello di ~*** Salzkorn *n.*; ***imposta sul ~*** Salzsteuer *f.*; ***~ inglese*** Magnesiumsulfat *n.*; ***~ iodato*** Jodsalz *n.*; ***~ marino*** Meersalz *n.*; ***~ metallico*** Metallsalz *n.*; ***~ minerale*** Mineralsalz *n.*; ***~ nutritivo*** Nährsalz *n.*; ***~ ossalico*** Kleesalz *n.*; ***~ pastorizio*** Viehsalz *n.*; ***~ e pepe*** *(colore di capelli)* grau meliert; ***stoffa ~ e pepe*** Pfeffer-und-Salz-Muster *n.*; ***un pizzico di ~*** eine Prise Salz; ***~ potassico*** Kalisalz *n.*; ***povero di ~*** salzarm; ***restare, rimanere di ~*** zur Salzsäule erstarren; ***~ della roccella*** Rochellesalz *n.*; ***~ di salina*** Salinensalz *n.*; FIG. ***sapere di ~*** bitter sein; ***~ di Seignette*** Seignettesalz *n.*; ***senza ~*** salzlos; ***statua di ~*** Salzstatue *f.*; ***~ termale*** Thermalsalz *n.*; FIG. ***essere il ~ della terra*** das Salz der Erde sein; ***il ~ della vita*** die Würze des Lebens; ***non avere ~ in zucca*** nicht viel Grütze (im Kopf) haben; ***avere ~ in zucca*** etw. auf dem Kasten haben.

sa|ler|ni|ta|no I agg. salernitanisch **II** m. Salernitaner *m.*

sa|le|sia|no I agg. salesianisch **II** m. Salesianer *m.*

sa|let|ta f. **1a** kleiner Saal *m.*, Sälchen *n.* **b** *(nei locali pubblici)* Gaststube *f.*, Wirtsstube *f.* **c** *(per riunioni)* Sitzungszimmer *n.* **2** MAR. Offiziersmesse *f.*

sal|gem|ma m.inv. Salz *n.*, Steinsalz *n.* ◆ ***estrazione di ~*** Salzbergbau *m.*; ***giacimento di ~*** Salzlagerstätte *f.*; ***miniera di ~*** Salzbergwerk *n.* (*o* Salzgrube *f.*).

sa|li|ce m. **1** Weide *f.*, Weidenbaum *m.* **2** *(vimine)* Weidenrute *f.* ◆ ***amento del ~*** Weidenkätzchen *n.*; ***~ bianco*** Silberweide *f.*; ***~ piangente*** Trauerweide *f.*; ***sembrare un ~ piangente*** das heulende Elend sein; ***ramo di ~*** Weidenzweig *m.* **sa|li|ce|to** m. **1** *(bosco)* Weidenwäldchen *n.* **2** *(in vivaio)* Weidenpflanzung *f.*

sa|li|ci|la|to m. Salizylat *n.*; ***~ di sodio*** salizylsaures Natrium. **sa|li|ci|le** m. Salizyl *n.* **sa|li|ci|li|co** agg. *(-ci, -che)* Salizyl-: ***acido ~*** Salizylsäure *f.*

sa|li|co agg. *(-ci, -che)* salisch: ***legge -a*** Salisches Gesetz.

sa|li|cor|nia f. Queller *m.*, Salicornia *f.*

sa|lien|te I agg. **1** LETT. *(che sale)* aufsteigend: ***arco ~*** aufsteigender Bogen **2** *(sporgente)* vorspringend **3** FIG. *(rilevante)* wesentlich; ***il punto ~*** der springende Punkt **II** m. **1** *(sporgenza)* Vorsprung *m.* **2** ARCH. aufsteigender Teil *m.* **3** MIL. Keil *m.*

sa|lie|ra f. **1** *(recipiente)* Salzgefäß *n.* **2** *(spargisale)* Salzstreuer *m.*

sa|li|fe|ro agg. **1** *(che contiene sale)* salzhaltig, Salz-: ***vena -a*** Salzader *f.* **2** *(che produce sale)* Salz gewinnend, Salz abbauend.

sa|li|fi|ca|re tr. *(salifico, salifichi)* ***~ qcs.*** aus etw. Salz bilden. **sa|li|fi|ca|zio|ne** f. Salzbildung *f.*

sa|li|na f. **1** *(impianto)* Saline *f.*, Salzwerk *n.* **2** *(giacimento naturale)* Salzlagerstätte *f.* ◆ ***sale di ~*** Salinensalz *n.* **sa|li|ni|tà** f. Salzgehalt *m.*, Salzhaltigkeit *f.*

sa|li|no agg. **1** *(che contiene sale)* salzhaltig, salzig, Sol-, Salz- **2** *(di sale)* Salz- **3** *(simile al sale)* salzartig ◆ ***acqua -a*** Solwasser *n.*; ***bagno di acqua -a*** Solbad *n.*; ***contenuto ~*** Salzgehalt *m.*; ***giacimento ~*** Salzlagerstätte *f.*; ***soluzione -a*** Salzlösung *f.* (*o* salzhaltige Lösung); ***sorgente -a*** Solquelle *f.*

Sa|lio n.pr.m. Salier *m.*

sa|li|re *(salgo, sali)* **I** intr. (aus. *essere*) **1a** *(andare su)* hinauf‿steigen, steigen: ***~ su una sedia, su una torre*** auf einen Stuhl, einen Turm steigen; ***il sole sale all'orizzonte*** die Sonne geht am Horizont auf **b** *(a piedi; allontanandosi da chi parla)* hinauf‿gehen; *(avvicinandosi a chi parla)* herauf‿kommen: ***~ al terzo piano*** in den dritten Stock hinaufgehen; ***~ per le scale*** die Treppen hinaufgehen **c** *(con veicolo; allontanandosi da chi parla)* hinauf‿fahren; *(avvicinandosi a chi parla)* herauf‿fahren: ***~ in ascensore*** mit dem Fahrstuhl hinauffahren **2** *(su mezzi di locomozione)* ein‿steigen, steigen: ***~ sul treno, in auto*** in den Zug, das Auto (ein)steigen; ***~ sulla motocicletta*** aufs Motorrad steigen; ***~ a cavallo*** aufs Pferd steigen (*o* auf‿sitzen); ***~ a una fermata*** an einer Haltestelle einsteigen **3a** *(essere in salita)* an‿steigen: ***la strada sale ancora*** die Straße steigt noch an **b** *(elevarsi)* (auf‿)steigen, sich erheben: ***quella vetta sale oltre i 3000 m*** der Gipfel erhebt sich über 3000 m (*o* ist über 3000 m hoch); ***la nebbia saliva dal fiume*** der Nebel stieg vom Fluss auf **4** *(arrampicandosi; allontanandosi da chi parla)* hinauf‿klettern, klettern; *(avvicinandosi a chi parla)* herauf‿klettern, klettern: ***l'edera è salita fino al tetto*** der Efeu ist bis zum Dach hinaufgeklettert **5a** FIG. *(aumentare; di intensità)* sich steigern: ***il rumore saliva*** der Lärm steigerte sich **b** *(di numero, di livello)* sich erhöhen, steigen: ***il numero dei feriti è salito a 50*** die Zahl der Verletzten ist auf 50 gestiegen; ***l'acqua saliva rapidamente*** der Wasserspiegel erhöhte sich rasch; ***la temperatura continuava a ~*** die Temperatur stieg ständig **6** FIG. *(rincarare)* steigen, sich erhöhen, teurer werden: ***(il prezzo del)la benzina salirà ancora*** der Benzinpreis wird noch steigen (*o* das Benzin wird noch teurer werden) **II** tr. **1** hinauf‿gehen: ***~ le scale*** die Treppen hinaufgehen **2** *(scalare)* ersteigen: ***~ un monte*** einen Berg ersteigen ◆ ***aiutare qcn. a ~*** jdm hinauf‿helfen; ***~ all'altare*** die Priesterweihe empfangen; ***~ agli onori dell'altare*** heilig gesprochen werden; ***~ in alto*** hoch‿steigen (*o* in die Höhe steigen); ***~ a bordo*** an Bord gehen; ~ ***in cattedra*** dozieren; RELIG. ~ ***al Cielo*** zum Himmel auf‿fahren; *(morire)* ~ ***in cielo*** den Geist auf‿geben; SPORT ~ ***in cima (alla classifica)*** an die Spitze vorstoßen; ~ ***nella considerazione di qcn.*** in jds Achtung steigen; ~ ***di corsa*** *(allontanandosi da chi parla)* hinauf‿laufen; *(avvicinandosi a chi parla)* herauf‿laufen; ~ ***(su) da qcn.*** *(allontanandosi da chi parla)* zu jdm hinauf‿gehen; *(avvicinandosi a chi parla)* zu jdm herauf‿kommen; ***dover*** ~ *(allontanandosi da chi parla)* hinauf‿müssen; *(avvicinandosi a chi parla)* herauf‿müssen; ~ ***in gran fama*** zu höchstem Ruhm gelangen; ***far*** ~ ***qcs.*** etw. in die Höhe treiben (*o* etw. hoch‿treiben); ~ ***di grado*** befördert werden (*o* auf‿steigen); ~ ***di grado nella scala sociale*** sozial auf‿steigen; ***lasciare*** ~ *(allontanandosi da chi parla)* hinauf‿lassen; *(avvicinandosi a chi parla)* herauf‿lassen; ***lasciami*** ~! lass mich rauf! ~ ***il (o sul) patibolo*** das Schafott besteigen; ~ ***sul podio*** auf das Podium hinauf‿steigen; ***poter*** ~ *(allontanandosi da chi parla)* hinauf‿können; *(avvicinandosi a chi parla)* herauf‿können; ~ ***al potere*** an die Macht gelangen (*o* kommen); ~ ***di prezzo*** im Preis steigen; ~ ***sul pulpito*** die Kanzel besteigen; FIG. schulmeistern; ~ ***sul ring*** in den Ring steigen (*o* den Ring betreten); ~ ***in sella*** auf‿sitzen (*o* aufs Pferd steigen); ~ ***nella scala sociale*** sozial auf‿steigen; ~ ***alle stelle*** empor‿steigen; FIG. gewaltig steigen; ~ ***nella stima di qcn.*** in jds Achtung steigen; ~ ***alla testa*** zu (*o* in den) Kopf steigen; ~ ***al trono*** den Thron besteigen; ~ ***sulla vetta più alta*** auf den höchsten Gipfel klettern (*o* steigen); FIG. den Gipfel des Ruhms erreichen.

sa|li|sbur|ghe|se I agg. salzburgisch, Salzburger **II** m. e f. Salzburger *m.* (-in *f.*). **Sa|li|sbur|go** n.pr.f. Salzburg *n.*; ***festival di*** ~ Salzburger Festspiele.

sa|li|scen|di m.inv. **1** *(chiavistello)* Riegel *m.* **2** *(tratto a discese e salite)* Auf und Ab *n.* (anche FIG.).

sa|li|ta f. **1a** *(il salire)* Aufstieg *m.*, Anstieg *m.*: ***fare una*** ~ einen Aufstieg unternehmen; ***una*** ~ ***faticosa (fino) alla vetta*** ein mühsamer Anstieg zum Gipfel **b** *(con veicolo)* Hinauffahren *n.*, Auffahrt *f.*; *(in montagna)* Bergfahrt *f.* **2** *(tratto che sale)* Anstieg *m.*, Steigung *f.*: ***una*** ~ ***ripida*** eine starke, steile Steigung; ***affrontare una*** ~ eine Steigung nehmen **3** *(su mezzi pubblici)* Einstieg *m.*: ~ ***abbonati*** Einstieg für Inhaber von Zeitkarten ◆ ***andare in*** ~ *(a piedi)* auf‿steigen (*o* bergauf gehen); *(con veicolo)* bergauf fahren; ***corsa in*** ~ Bergrennen *n.*; ***in*** ~ *(moto a luogo)* bergauf (*o* bergan *o* bergaufwärts); ***essere in (forte)*** ~ (steil) an‿steigen; ***strada in*** ~ ansteigende Straße; Straße *f.* mit Steigung; ***terreno in*** ~ ansteigendes Gelände; ~ ***al trono*** Thronbesteigung *f.*

sa|li|va f. Speichel *m.*: ***secernere*** ~ Speichel ab‿sondern. **sa|li|va|le** agg. Speichel-: ***ghiandola*** ~ Speicheldrüse *f.*

1.sa|li|va|re intr. (aus. *avere*) speicheln, Speichel ab‿sondern.

2.sa|li|va|re → **salivale.**

sa|li|va|to|rio agg. *(-ri,-rie)* Speichel erzeugend. **sa|li|va|zio|ne** f. Speichelfluss *m.*

Sal|lu|stio n.pr.m. Sallust *m.*

sal|ma f. Leiche *f.*; LETT. Leichnam *m.*: ***identificare, esporre, esumare una*** ~ eine Leiche identifizieren, auf‿bahren, exhumieren.

sal|ma|stro I agg. **1** *(impregnato di sale)* salzig, Salz-: ***terreno*** ~ Salzboden *m.* **2** *(impregnato di salsedine)* brackig, salzhaltig: ***aria -a*** salzhaltige Luft; ***acqua -a*** Brackwasser *n.* **II** m. Salzgeschmack *m.*; ***sapere di*** ~ salzig schmecken.

sal|me|ri|e f.pl. Tross *m.*

sal|mì m. INTRAD. (scharfes Wildragout).

sal|mi|sta m. e f. *(-i,-e)* **1** *(autore)* Psalmist *m.* (-in *f.*), Psalmendichter (-in *f.*) **2** *(cantore)* Psalmensänger *m.* (-in *f.*).

sal|mi|stra|re tr. ein‿pökeln, pökeln ◆ ***sale per*** ~ Pökelsalz *n.*

sal|mi|stra|to p.pass. agg. **1** → **salmistrare 2** Pökel-: ***carne -a*** Pökelfleisch *n.*; ***lingua -a*** Pökelzunge *f.* (*o* gepökelte Zunge).

sal|mo m. Psalm *m.* ◆ PROV. ***tutti i -i finiscono in gloria*** das ist das Ende vom Lied. **sal|mo|di|a** f. Psalmodie *f.* **sal|mo|dia|re** intr. *(salmodio, salmodi*; aus. *avere)* psalmodieren. **sal|mo|di|co** agg. *(-ci,-che)* LETT. psalmodisch.

sal|mo|na|to agg. ***trota -a*** Lachsforelle *f.* **sal|mo|ne I** m. **1** ZOOL. Lachs *m.*, Salm *m.* **2** *(colore)* Lachsfarbe *f.*, Lachsrot *n.* **II** agg.inv. ***(color)*** ~ lachsfarben, lachsrot ◆ ~ ***affumicato*** Räucherlachs *m.* (*o* geräucherter Lachs); ***pesca del*** ~ Lachsfang *m.*

sal|mo|nel|la f. Salmonelle *f.* **sal|mo|nel|lo|si** f. Salmonellose *f.*

sal|mo|ni|col|tu|ra f. Lachszucht *f.* **sal|mo|ni|di** m.pl. Salmoniden *pl.*

sal|ni|tro m. Salpeter *m.* ◆ ~ ***del Cile*** Chilesalpeter *m.*

Sa|lo|mé n.pr.f. Salome *f.*

1.Sa|lo|mo|ne ***Isole*** ~ Salomonen *pl.*, Salomoninseln *pl.*

2.Sa|lo|mo|ne n.pr.m. Salomon *m.* **sa|lo|mo|ni|co** agg. *(-ci,-che)* salomonisch: ***giudizio*** ~ salomonisches Urteil.

sa|lo|ne m. **1a** Saal *m.* **b** *(di luoghi pubblici)* Halle *f.* **2** *(sala di soggiorno)* Gesellschaftszimmer *n.*, Salon *m.* **3** *(esposizione)* Salon *m.*, Ausstellung *f.*, Messe *f.* ◆ ~ ***dell'aeronautica*** Flugzeugschau *f.*; ~ ***dell'automobile*** Automobilsalon *m.* (*o* Automobilausstellung *f.*); ~ ***da ballo*** Ballsaal *m.*; ~ ***del barbiere*** Herrensalon *m.*; ~ ***di bellezza*** Schönheitssalon *m.*, Kosmetiksalon *m.*; ~ ***dei congressi*** Kongresshalle *f.*; ~ ***delle feste*** Festsaal *m.*; ~ ***fieristico*** Ausstellungshalle *f.*; ~ ***di gala*** Prunksaal *m.*; ~ ***per massaggi*** Massagesalon *m.*; ~ ***di moda*** Modesalon *m.*; ~ ***del parrucchiere*** Frisiersalon *m.* (*o* Damensalon *m.*); ~ ***di ricevimento*** Empfangssaal *m.*; FERR. ***vettura*** ~ Salonwagen *m.*

Sa|lo|ni|c|co n.pr.m. Saloniki *n.*, Thessaloniki *n.*

sa|loon [sə'lu:n, *üblich* sa'lun] m.inv. Saloon *m.*

sa|lo|pet|te [-pɛt] f.inv. Latzhose *f.*

sa|lot|tie|ro I agg. Salon-: ***discorsi -i*** Salongespräche *pl.* (*o* oberflächliches Gerede *n.*) **II** m. Salonlöwe *m.* **sa|lot|ti|no** m. kleines Wohnzimmer *n.* **sa|lot|to** m. **1** *(stanza)* Wohnzimmer *n.*, Salon *m.*: ***andare in*** ~ ins Wohnzimmer gehen; ***ricevere qcn. in*** ~ jdm im Salon empfangen **2** *(mobilio)* Wohnzimmer *n.*, Couchgarnitur *f.* **3** ESTENS. *(riunione)* Salon *m.*: ***un*** ~ ***letterario*** ein literarischer Salon ◆ COLLOQ. ***il*** ~ ***buono*** die gute Stube; ***cane da*** ~ Schoßhund *m.*; ***chiacchiere da*** ~ Salongerede *n.*; ***tavolino da*** ~ Couchtisch *m.*; ***tenere*** ~ einen Salon führen (*o* unterhalten).

sal|pa f. ITTIOL. Salpe *f.*

sal|pan|co|re m.inv. Gangspill *n.*

sal|pa|re I intr. (aus. *avere, essere*) **1** aus‿laufen, den Anker lichten, in See stechen; *(di barca a vela)* ab‿segeln **2** ESTENS. *(partire)* ab‿reisen, los‿fahren **II** tr. lichten: ~ ***l'ancora*** den Anker lichten ◆ SCHERZ. ~ ***per lontani lidi*** in die Ferne (*o* Fremde) reisen (*o* ziehen); ***pronto per*** ~ seeklar; *(di barca a vela)* segelfertig.

sal|pin|ge f. Salpinx *f.* ◆ ~ ***uditiva*** Ohrtrompete *f.*; ~ ***uterina*** Eileiter *m.* **sal|pin|gi|te** f. Salpingitis *f.*, Eileiterentzündung *f.*

1.sal|sa f. Soße *f.*, Sauce *f.*: ~ ***piccante, agrodolce, elaborata*** scharfe (*o* pikante), süßsaure, raffinierte Soße ◆ ~ ***di capperi*** Kapernsoße *f.*; ~ ***chili*** Chilisoße *f.*; ~ ***alla panna*** Sahnesoße *f.*; ~ ***di pomodoro*** Tomatensoße *f.*; ~ ***al rafano*** Meerrettichsoße *f.*; ~ ***alla senape*** Senfsoße *f.*; ~ ***di soja*** Sojasoße *f.*; ~ ***tartara*** Tatarensoße *f.*; FIG. ***in tutte le -e*** auf die verschiedensten Arten (*o* auf jede erdenkliche Weise); ~ ***verde*** INTRAD. (Soße mit Öl, Petersilie, Kapern und Sardellen); PROV. ***troppi cuochi guastano la*** ~ viele Köche verderben den Brei.

2.sal|sa f. GEOL. Salse *f.*

3.sal|sa f. MUS. Salsa *m.*

sal|sa|men|te|ri|a f. REGION. Wurstwarengeschäft *n.*

sal|se|di|ne f. **1** Salzigkeit *f.* **2** *(residuo salino)* Salz *n.*, Salzrückstand *m.* **3** *(salinità)* Salzgehalt *m.* **sal|se|di|no|so** agg. salzig, salzhaltig, Salz-: ***acqua -a*** Salzwasser *n.*

sal|sic|cia f. *(-ce)* Wurst *f.* ◆ ~ ***arrostita*** Bratwurst *f.*; ***fare -ce di qcn.*** aus jdm Hackfleisch machen; ~ ***fresca*** Brühwurst *f.* **sal|sic|ciot|to** m. dicke Wurst *f.* ◆ COLLOQ. ***essere, sembrare un*** ~ dick und rund sein, wie eine dicke Wurst auf Beinen aus‿sehen.

sal|sie|ra f. Sauciere *f.*, Soßenschüssel *f.*

sal|so I agg. salzig, salzhaltig: ***acqua -a*** Salzwasser *n.* **II** m. Salzigkeit *f.*

sal|so|io|di|co agg. *(-ci,-che)* jodsalzhaltig.

sal|ta|bec|ca|re intr. *(saltabecco, saltabecchi*; aus. *avere)* hüpfen, hopsen.

sal|ta|mar|ti|no m. **1** Heuschrecke *f.* **2** COLLOQ. *(bambino vivace)* Zappelphilipp *m.*

sal|ta|re I tr. **1** ~ ***qcs.*** über etw. (A) springen (*o* etw. überspringen); ~ ***la palizzata*** über den Zaun springen; ~ ***un muretto*** ein Mäuerchen überspringen; ~ ***un ostacolo*** über ein Hindernis springen; ~ ***la corda*** Seil springen **2a** SPORT *(in alto)* hoch‿springen: ~ ***2 metri*** 2 Meter hochspringen **b** *(in lungo)* weit‿springen: ~ ***5,80 metri*** 5,80 Meter weitspringen **c** assol. ~ ***con la rincorsa, da fermo*** mit Anlauf, aus dem Stand springen **3** GASTR. (kurz) an‿braten, sautieren: ~ ***le verdure in padella*** das Gemüse in der Pfanne kurz anbraten; ***riso saltato*** kurz angebratener Reis **4** FIG. *(tralasciare)* überspringen, aus‿lassen: ~ ***una pagina*** eine Seite überspringen; ~ ***una riga*** eine Zeile auslassen; ~ ***un pasto*** eine Mahlzeit überspringen **II** intr. **1a** (aus. *essere*) springen (anche FIG.): ~ ***sul tavolo, sulla sedia*** auf den Tisch, Stuhl springen; ~ ***per la gioia*** vor Freude hoch‿springen; ~ ***alla corda*** Seil springen; ~ ***in acqua*** ins Wasser springen; ~ ***in sella, a cavallo*** in den Sattel, aufs Pferd springen; ~ ***dalla finestra*** aus dem Fenster springen; ***saltar giù dal letto*** aus dem Bett springen; ~ ***da un argomento all'altro*** von einem Thema zum anderen springen **b** *(con il paracadute)* ab‿springen **2a** *(esplodere)* ~ ***in aria*** in die Luft gehen **b** ***far*** ~ ***qcs.*** in die Luft sprengen (*o* in die Luft jagen); ***far ~ un ponte*** eine Brücke in die Luft sprengen; ***far ~ una serratura*** ein Schloss sprengen; ***far ~ il banco*** die Bank sprengen **3** COLLOQ. *(venire via)* ab‿gehen: ***mi è saltato un bottone*** mir ist ein Knopf abgegangen **4** FIG. *(apparire)* heraus‿kommen, heraus‿springen, hervor‿springen: ***da dove sei saltato fuori?*** wo kommst du denn her? ***saltar fuori da un nascondiglio*** aus einem Versteck hervorspringen; ***saltò fuori che...*** es kam heraus, dass...; ***i soldi devono saltar fuori in qualche modo*** das Geld muss irgendwie dabei herausspringen; ***la verità deve saltar fuori*** die Wahrheit muss herauskommen **5a** COLLOQ. *(essere annullato)* aus‿fallen: ***salta la lezione*** der Unterricht fällt aus **b** *(fallire)* Pleite gehen, platzen, scheitern: ***l'azienda è saltata*** die Firma ist Pleite gegangen; ***le trattative sono saltate*** die Verhandlungen sind geplatzt (*o* gescheitert) **c** *(abbattere)* stürzen: ***hanno fatto ~ il governo*** die Regierung ist gestürzt worden **d** *(destituire)* ***far ~ qcn.*** jdn absetzen **6** COLLOQ. *(di circuiti elettrici)* durch‿brennen: ***è saltata la lampadina, la luce*** die Birne, die Sicherung ist durchgebrannt **7** (aus. *avere*) springen, hüpfen: ***~ a piè pari*** mit geschlossenen Beinen springen; ***~ sul piede destro, sinistro*** auf dem rechten, linken Bein hüpfen; ***~ su un piede solo*** auf einem Bein springen ◆ ***~ addosso a qcn.*** über jdn her‿fallen; *(di cani)* jdn an‿springen; ***~ in alto*** hoch‿springen; ***~ attraverso qcs.*** etw. durchspringen; ***farsi ~ le cervella*** sich eine Kugel durch den Kopf jagen; SCOL. ***~ una classe*** eine Klasse überspringen; ***~ al collo di qcn.*** sich jdm an den Hals werfen; *(per assalirlo)* jdm an die Kehle springen; ***corda per ~*** Springseil *n.*; ***~ il fosso*** über den Graben springen; FIG. den Sprung wagen; ***~ un giro*** eine Runde aus‿setzen; ***saltar giù*** hinunter‿springen; ***~ in lungo*** weit‿springen; ***che cosa ti salta in mente?*** was fällt dir ein? ***~ agli occhi*** ins Auge springen (*o* fallen); ***~ di palo in frasca*** vom Hundertsten ins Tausendste (*o* vom Hölzchen aufs Stöckchen) kommen; ***saltar su*** auf‿springen; FIG. heraus‿platzen; ***saltar su dalla sedia*** vom Stuhl auf‿springen; ***saltar su a dire qcs.*** mit etw. heraus‿platzen; ***che cosa ti salta in testa?*** was fällt dir ein (*o* wie kommst du nur drauf)?

sal|ta|rel|lo m. REGION. Hopser *m.*

sal|ta|to p.pass. agg. **1** → **saltare 2a** Hüpf-, Spring-: ***danza -a*** Hüpftanz *m.* **b** *(omesso)* ausgelassen **c** GASTR. angebraten, sautiert.

sal|ta|to|re I m. **1** Springer *m.* **2** *(cavallo)* Springpferd *n.* **II** agg. springend, hüpfend, Spring-: ***insetti -i*** springende Insekten ◆ ***~ con l'asta*** Stabhochspringer *m.*; ***pulce -trice*** Springfloh *m.*; ***ragno ~*** Springspinne *f.*; ***~ con gli sci*** Skispringer *m.*; ***topi -i*** Springmäuse *pl.* **sal|tel|la|men|to** m. Hüpfen *n.*, Hopsen *n.* **sal|tel|lan|te** agg. hüpfend: ***andatura ~*** hüpfender Gang. **sal|tel|la|re** intr. (aus. *avere*) **1** hüpfen, hopsen: ***~ su una gamba*** auf einem Bein hüpfen; ***~ qua e là*** herum‿hüpfen **2** *(di coniglio)* hoppeln. **sal|tel|li|o** m. Gehopse *n.* **sal|tel|lo** m. Hüpfer *m.*, Hopser *m.*

sal|tel|lo|ni avv. hüpfend: ***camminare (a) ~*** sich hüpfend fort‿bewegen (*o* davon‿hüpfen). **sal|te|rel|la|re** intr. (aus. *avere*) hüpfen, hopsen. **sal|te|rel|lo** m. **1** Hüpfer *m.*, Hopser *m.* **2** *(fuoco d'artificio)* Knallfrosch *m.*, Frosch *m.* **3** MUS. Saltarello *m.*

sal|te|rio m. *(-ri)* **1** BIBL. Psalterium *n.*, Psalter *m.* **2a** MUS. *(greco)* Psalterium *n.* **b** ***~ (tedesco)*** Zimbal *n.*, Hackbrett *n.*

sal|tim|ban|co m. *(-chi)* **1** Gaukler *m.* **2** SPREG. Scharlatan *m.*

sal|tim|boc|ca m.inv. INTRAD. (kleine Kalbsroulade mit Schinken- und Salbeifüllung).

sal|tim|pa|lo m. Schwarzkehlchen *n.*

sal|to m. **1a** Sprung *m.* (anche FIG.): ***fare un ~*** einen Sprung machen; ***spiccare un ~*** zum Sprung an‿setzen; ***~ in avanti, di lato*** Sprung nach vorn, zur Seite; ***fare un gran ~*** einen weiten Sprung machen; ***a grandi -i*** in großen Sprüngen; FIG. ***un bel ~ in avanti*** ein großer Sprung nach vorn **b** *(balzo)* Satz *m.* **c** *(rimbalzo)* Rückprall *m.*, Abprall *m.* **d** ***fare un ~ (per lo spavento)*** auf‿springen, hoch‿fahren **2** SPORT Sprung *m.*, Salto *m.*: ***fare un ~*** einen Salto springen; ***un ~ in avanti, indietro*** ein Salto vorwärts, rückwärts; ***un ~ da fermo, con la rincorsa*** ein Sprung aus dem Stand, mit Anlauf **3** ESTENS. *(scappata)* ***fare un ~ a casa di qcn.*** auf einen Sprung bei jdm vorbei‿schauen (*o* vorbei‿kommen); ***fare un ~ dal macellaio, in posta*** kurz zum Metzger, zur Post gehen; ***fare un ~ a Roma*** kurz nach Rom fahren **4** *(dislivello)* Gefälle *n.* **5a** *(omissione)* Auslassung *f.* **b** *(lacuna)* Lücke *f.* **6** MUS. Intervall *n.* ◆ ***a -i*** springend (*o* in Sprüngen); GASTR. ***al ~*** angebraten (*o* sautiert); SPORT ***~ in alto*** Hochsprung *m.*; ***~ con l'asta*** Stabhochsprung *m.*; ***asta per il ~*** Sprungstab *m.*; ***~ con avvitamento*** Drehsprung *m.* (*o* Schraubensalto *m.*); FIG. ***un ~ nel buio*** ein Sprung ins Ungewisse; ***~ della cavallina*** Bockspringen *n.* (*o* Bocksprung *m.*); ***~ del cavallo*** Rösselsprung *m.*; ***~ concettuale*** Gedankensprung *m.*; INFORM. ***~ condizionato*** bedingter Sprung; ***~ della corda*** Seilspringen *n.*; ***fare un ~ di corsia*** auf die Gegenfahrbahn geraten; ***~ doppio*** Doppelsprung *m.* (*o* doppelter Salto); ***fare il ~ (di classe)*** eine Klasse überspringen; ***~ alla Fosbury*** Fosbury-Flop *m.*; ***gara di ~ in alto*** Hochsprungwettkampf *m.*; ***gara di ~ in lungo*** Wettkampf *m.* im Weitsprung; ***fare -i di gioia*** Freudensprünge machen, vor Freude an die Decke springen; ***in un ~ vado e torno*** ich bin sofort wieder zurück; ***~ in lungo*** Weitsprung *m.*; ***~ mortale*** Salto *m.* mortale; ***doppio ~ mortale*** doppelter (*o* zweifacher) Salto mortale; FIG. ***fare i -i mortali*** = sich förmlich zerreißen; EQUIT. ***~ con gli ostacoli*** Springreiten *n.* (*o* Jagdspringen *n.*); ***~ a piè pari*** Sprung *m.* mit geschlossenen Füßen; ***i prezzi hanno fatto un ~*** die Preise sind sprunghaft gestiegen; ***pronto per il ~*** sprungbereit; POL. GERG. ***~ della quaglia*** = abrupte Änderung der politischen Einstellung; ***~ di qualità*** qualitativer Sprung; ***~ quantico*** Quantensprung *m.*; ***fare quattro -i*** das Tanzbein schwingen; ***~ con gli sci*** Skispringen (*o* Sprunglauf *m.*); ***~ di temperatura*** Temperaturwechsel *m.*; ***~ dal trampolino*** Skispringen *n.*; ***~ triplo*** Dreisprung *m.*; ***un ~ nel vuoto*** FIG. ein Sprung ins Ungewisse (*o* ins kalte Wasser).

sal|tra|to m. Badesalz *n.*

sal|tua|ria|men|te avv. gelegentlich. **sal|tua|rie|tà** f. Unregelmäßigkeit *f.*

sal|tu|a|rio agg. *(-ri,-rie)* gelegentlich, Gelegenheits-: ***visite -rie*** gelegentliche Besuche; ***lavoro ~*** Gelegenheitsarbeit *f.*; ***fare lavori -i*** Gelegenheitsarbeiten verrichten (*o* jobben); ***pubblicazione -a*** nicht regelmäßig erscheinende Publikation.

sa|lu|bre agg. (superl. *saluberrimo*) gesund, heilsam, gesundheitsfördernd: ***aria ~*** gesunde Luft. **sa|lu|bri|tà** f. Heilsamkeit *f.*, gesundheitsfördernde Wirkung *f.*: ***la ~ del clima*** die Heilsamkeit des Klimas.

sa|lu|ma|io m. *(-ai)* → **salumiere.**

sa|lu|me|ri|a f. Wurstwarengeschäft *n.* **sa|lu|mi** m.pl. Wurstwaren *pl.* **sa|lu|mie|re** m. Wurstwarenhändler *m.* **sa|lu|mi|fi|cio** m. *(-ci)* Wurstwarenfabrik *f.*

1.sa|lu|ta|re agg. **1** gesund, erholsam, heilsam, Heil-: ***clima ~*** gesundes Klima (*o* Heilklima *n.*); ***una vacanza ~*** ein erholsamer Urlaub **2** FIG. *(utile)* nützlich, heilsam: ***consiglio ~*** nützlicher Rat; ***esperienza, lezione ~*** heilsame Erfahrung, Lehre.

2.sa|lu|ta|re I tr. **1a** grüßen: ***~ qcn. cordialmente, freddamente, in modo cerimonioso*** jdn freundlich, kalt, ehrerbietig grüßen **b** *(accogliere)* begrüßen: ***~ qcn. con una stretta di mano, con un cenno del capo*** jdn mit Handschlag, mit einer Kopfbewegung begrüßen **c** *(portare i saluti)* grüßen (lassen): ***salutami tuo padre*** grüß (mir) deinen Vater; ***saluta tuo fratello da parte mia*** grüß deinen Bruder von mir; ***mia sorella ti saluta*** meine Schwester lässt dich grüßen **2** LETT. *(proclamare, acclamare)* aus‿rufen, erklären **3** MIL. salutieren, grüßen **II** pronom. *(reciproco)* **salutarsi** sich grüßen: ***-rsi cordialmente*** sich freundlich grüßen; ***-rsi con una stretta di mano*** sich mit Handschlag begrüßen; ***non si salutano più*** sie grüßen sich nicht mehr ◆ ***~ qcn. togliendosi il cappello*** vor jdm zum Gruß den Hut ziehen; ***~ qcn. con, sventolando il fazzoletto*** jdm mit dem Taschentuch (zu‿)winken; *(accomiatandosi)* jdm mit dem Taschentuch nach‿winken; ***~ qcn. con la mano*** jdm (zu‿)winken; *(accomiatandosi)* jdm nach‿winken; ***ti saluto!*** leb wohl! COLLOQ. ***ha preso i soldi e ti saluto*** er hat das Geld genommen, und das war's! ***senza ~*** grußlos; ***salutamela, salutamelo tanto!*** grüß sie, ihn vielmals von mir!

sa|lu|te f. **1a** Gesundheit *f.*; *(benessere)* Wohlsein *n.*: ***~ precaria, robusta, indistruttibile*** angegriffene, robuste, unverwüstliche Gesundheit; ***essere in buona ~*** gesund (*o* bei guter Gesundheit) sein; ***far bene alla ~*** wohl tun (*o* gesund sein); ***far male, nuocere alla ~*** ungesund (*o* gesundheitsschädlich *o* gesundheitsgefährdend) sein; der Gesundheit schaden; ***mantenersi in ~*** sich bei Gesundheit erhalten; ***rimetterci la ~*** seine Gesundheit aufs Spiel setzen; ***rimettersi in ~*** wieder gesund werden; ***godere di ottima ~*** sich bester Gesundheit erfreuen **b** *(stato di salute)* Gesundheitszustand *m.* **2** LETT. *(salvezza)* Seligkeit *f.* ◆ ***alla ~!*** zum Wohl! ***alla sua ~!*** auf Ihr Wohl! ***bere alla ~ di qcn.*** auf jds Wohl (*o* Gesundheit trinken); ***~ dell'anima*** Seelenheil *n.*; ***di ~ cagionevole*** anfällig (*o* von zarter Gesundheit); ***certificato di buona ~*** Gesundheitszeugnis *n.*; ***avere la ~ compromessa*** eine geschädigte Gesundheit haben; ***condizioni di ~*** Gesundheitszustand *m.*, gesundheitliche Verfassung; ***avere una ~ di ferro*** eine eiserne Gesundheit haben; ***~ fisica*** körperliches Wohlbefinden; ***~ mentale*** Geisteszustand *m.*; ***per motivi di ~*** aus gesundheitlichen Gründen; ***nocivo alla ~*** gesundheitsschädlich; ***~ pubblica*** Volksgesundheit *f.*; ***comitato di ~ pubblica*** Wohlfahrtsausschuss *m.*; ***essere il ritratto della ~*** die Gesundheit selbst sein; ***salute!*** Gesundheit! *(di meraviglia)* alle Achtung! ***scoppiare di ~, sprizzare ~ da tutti i pori*** vor Gesundheit strotzen; ***stato di ~*** Gesundheitszustand *m.*; ***è tanta, tutta ~!*** das ist gesund! la ~ viene prima di tutto die Gesundheit geht vor; come va la ~? wie geht es dir gesundheitlich (o was macht die Gesundheit)? PROV. quando c'è la ~ c'è tutto Gesundheit ist der größte Reichtum (o Hauptsache, man ist gesund!).

sa|lu|ti|sta m. e f. (-i,-e) **1** Gesundheitsapostel m. **2** (appartenente all'esercito della salvezza) Mitglied n. der Heilsarmee. **sa|lu|ti|sti|co** agg. (-ci,-che) (übertrieben) gesundheitsbewusst.

sa|lu|to m. **1a** Gruß m.: mandare -i a qcn. jdm Grüße schicken; porgere, portare a qcn. i -i di qcn. jdm Grüße von jdm aus‿richten (o überbringen); rispondere a un ~ einen Gruß beantworten; scambiarsi -i Grüße aus‿tauschen; rivolgere un ~ a qcn. jdn grüßen **b** (ossequio, benvenuto) Begrüßung f.: il ~ delle autorità die Begrüßung der Obrigkeiten **2a** MIL. Salut m., Ehrenbezeigung f.: fare il ~ a qcn. vor jdm salutieren (o jdm die Ehrenbezeigung erweisen) **b** ~ militare militärischer Gruß; fare il ~ militare a qcn. jdn militärisch grüßen ◆ affettuosi -i herzlichst (o herzlichste) Grüße; -i e baci Gruß und Kuss; ~ alla bandiera Flaggengruß m.; ~ di benvenuto Willkommensgruß m.; cari -i liebe Grüße; fare un cenno di ~ a qcn. jdm zu‿winken; cordiali -i herzliche Grüße; distinti -i mit freundlichen Grüßen; ~ eschimese Nasengruß m.; formula di ~ Grußformel f.; messaggio di ~ Grußbotschaft f.; ~ nazista deutscher Gruß, Hitlergruß m.; parole di ~ Grußworte pl.; gli porga i miei -i bestellen sie ihm herzliche Grüße von mir; ricambiare un ~ einen Gruß erwidern; ~ romano römischer Gruß; salva di ~ Salutschuss m.; in segno di ~ zum Gruß; tanti -i viele Grüße; COLLOQ. e tanti -i! und das wär's! togliere il ~ a qcn. jdn nicht mehr grüßen (o jdm den Gruß entziehen).

sal|va f. **1** Salutschuss m., Salve f.: sparare una ~ eine Salve ab‿geben (o ab‿feuern o schießen) **2** (scroscio) Salve f.: una ~ di risate eine Lachsalve ◆ a ~, a -e (senza proiettile) blind; sparare a ~ blind schießen; (in segno di saluto) Salutschüsse ab‿feuern (o Salut schießen); ~ di applausi Beifallssturm m.; cartuccia a -e Platzpatrone f. (o blinde Patrone); colpo a -e blinder Schuss; ~ di fischi Pfeifkonzert n.; proiettile a -e Platzpatrone f. (o blinde Patrone); ~ di saluto Salutschuss m.

sal|va|bi|le **I** agg. rettbar **II** m. salvare il ~ retten, was noch zu retten ist.

sal|va|con|dot|to m. **1** Schutzbrief m., Geleitbrief m.: rilasciare un ~ einen Schutzbrief aus‿stellen **2** DIR. sicheres (o freies) Geleit n.

sal|va|da|na|io m. (-ai) Sparbüchse f.: rompere il ~ die Sparbüchse entzweischlagen; COLLOQ. das Sparschwein schlachten.

Sal|va|dor n.pr.m. El Salvador n. **sal|va|do|re|gno** **I** agg. salvadorianisch **II** m. Salvadorianer m.

sal|va|gen|te m. (salvagente/salvagenti) **1** Rettungsring m. **2** (isola spartitraffico) Verkehrsinsel f. ◆ ~ a ciambella Rettungsring m.; cintura ~ Schwimmgürtel m. (o Rettungsgürtel m.); giubbotto ~ Schwimmweste f.

sal|va|goc|ce m.inv. Tropfenfänger m. ◆ tappo ~ Verschluss m. mit Tropfschutz.

sal|va|guar|da|re **I** tr. **1** schützen, (be)hüten: ~ il patrimonio artistico di un paese die Kulturschätze eines Landes schützen; ~ la salute auf die Gesundheit achten **2** (interessi, diritti) wahren: ~ i diritti dei cittadini die Rechte der Bürger wahren **II** pronom. salvaguardarsi sich hüten, sich in Acht nehmen: -rsi da qcn., qcs. sich vor jdm, etw. hüten (o sich vor jdm, etw. in acht nehmen). **sal|va|guar|dia** f. **1** Schutz m., Wahrung f.: a ~ di una cosa zum Schutz (o zur Wahrung) einer Sache **2** (di interessi) Wahrung f.: a ~ dei propri diritti zur Wahrung seiner Rechte ◆ ~ dell'ambiente Umweltschutz m.; ~ della natura Naturschutz m.; ~ della salute Gesundheitsschutz m.

sal|va|mo|to|re m. Motorschutzschalter m., Motorschaltschutz m.

sal|va|pun|te m.inv. Verschlusskappe f., Schutzkappe f., Kappe f.

sal|va|re **I** tr. **1** retten, bewahren: i medici hanno tentato di tutto per salvarlo die Ärzte haben alles nur Mögliche versucht, um ihn zu retten; ~ la vita a qcn. jdm das Leben retten; ~ qcn. dalla morte jdn vor dem Tod bewahren (o retten); ~ qcn. dal fallimento jdn vor dem Bankrott bewahren; ~ la pelle seine Haut retten **2** (preservare) wahren: ~ le apparenze den Schein wahren **3** (proteggere) schützen, bewahren: Dio ci salvi da ogni male Gott bewahre uns vor allem Übel **4** (recuperare) bergen, retten: ~ le vittime di un uragano die Opfer eines Hurrikans bergen **5** INFORM. speichern **II** pronom. salvarsi **1** sich retten: -rsi da qcs. sich vor etw. (D) retten; -rsi l'anima seine Seele retten **2** (rifugiarsi) sich retten, sich flüchten: -rsi all'estero sich ins Ausland retten (o ins Ausland flüchten) **3** FIG. (sfuggire) entgehen, entrinnen: -rsi da qcs. etw. (D) entgehen (o entrinnen) ◆ ~ capra e cavoli = zwei gegensätzliche Interessen unter einen Hut bringen; FIG. -rsi in corner im letzten Moment die Kurve kriegen, mit einem blauen Auge davon‿kommen; -rsi in extremis gerade noch davon‿kommen; ~ la faccia das Gesicht retten, wahren; -rsi per miracolo wie durch ein Wunder davon‿kommen; -rsi per un pelo um Haaresbreite davon‿kommen; si salvi chi può! rette sich, wer kann! ~ il salvabile retten, was noch zu retten ist; -rsi a stento mit Müh und Not davon‿kommen.

sal|va|strel|la f. Falsche Bibernelle f.

sal|va|tac|co m. (-chi) Absatzbeschlag m.

sal|va|tag|gio m. (-gi) **1** Rettung f. (anche FIG.): tentare un ~ eine Rettung versuchen (o versuchen, jdn zu retten); ~ di una ditta sull'orlo del fallimento die Rettung einer Firma am Rand des Konkurses **2** (recupero) Bergung f. **3** INFORM. Speicherung f. ◆ azione di ~ Bergungsaktion f. (o Rettungsaktion f.); SPORT ~ in corner Rettung f. ins Aus; FIG. Rettung f. im letzten Moment; ~ di dati Datenspeicherung f.; ~ in extremis Rettung f. im letzten Moment; ~ industriale industrielle Sanierung; nuoto di ~ Rettungsschwimmen n.; operazioni di ~ Rettungsarbeiten pl.; scialuppa di ~ Rettungsboot n.; servizio di ~ Bergungsdienst m., Rettungsdienst m.; servizio di ~ in mare Seenotrettungsdienst m.; squadra di ~ Bergungsmannschaft f.; telo, telone di ~ Sprungtuch n.; tentativo di ~ Bergungsversuch m.

sal|va|to|re **I** m. Retter m. **II** agg. rettend: fede -trice rettender Glaube ◆ RELIG. il Salvatore der Heiland.

sal|va|vi|ta **I** agg.inv. farmaci ~ lebensrettende Arzneien **II** m.inv. Sicherung f.: il ~ è scattato die Sicherung ist herausgesprungen.

sal|ve inter. grüß dich; (a più persone) grüß euch, guten Tag; ~ a tutti guten Tag allerseits; ~ ragazzi! hallo Leute!

sal|vez|za f. **1** Rettung f.: sperare nella ~ auf Rettung hoffen; essere la ~ di qcn. jds letzte Rettung sein **2** RELIG. Heil n.: ~ eterna ewiges Heil ◆ FIG. ancora di ~ Rettungsanker m.; ~ dell'anima Seelenheil n.; esercito della ~ Heilsarmee f.; possibilità di ~ Rettungsmöglichkeit f.; storia della ~ Heilsgeschichte f.; avere una via di ~ einen Ausweg haben.

sal|via f. Salbei m.: ~ officinale Echter Salbei; ~ splendente, splendida Prächtiger Salbei.

sal|viet|ta f. **1** Serviette f.: piegare la ~ die Serviette zusammen‿falten **2** REGION. (asciugamano) Handtuch n. ◆ ~ rinfrescante Erfrischungstuch n.

sal|vi|fi|co agg. (-ci,-che) rettend: grazia -a rettende Gnade ◆ ordinamento ~ divino Heilsordnung f.; progetto ~ Heilsplan m.

sal|vo **I** agg. **1** heil, unversehrt **2** (fuori pericolo) außer Gefahr **3** RELIG. gerettet **II** m. in ~ in Sicherheit; porre, mettere in ~ le vittime di un uragano die Opfer eines Hurrikans in Sicherheit bringen; mettersi in ~ sich in Sicherheit bringen; SCHERZ. ho messo in ~ un po' di torta per te ich habe noch ein bisschen Kuchen für dich gerettet **III** prep. außer + dat., abgesehen von: c'erano tutti ~ lui alle waren da, außer ihm ◆ ~ che es sei denn (o außer): domani vengo a trovarti, ~ che tu abbia qualcosa in contrario morgen komme ich dich besuchen, es sei denn du hast etwas dagegen; ~ caso contrario im entgegengesetzten Fall; BUROCR. ~ errori ed omissioni Irrtum vorbehalten; ~ buon fine mit Vorbehalt; ~ imprevisti wenn nichts dazwischen‿kommt; rubare a man -a wie ein Rabe stehlen; sano e ~ gesund und wohlbehalten; aver -a la vita mit dem Leben davon‿kommen.

sa|ma|ra f. Flügelfrucht f.

sa|mar|can|da m.inv. Samarkand m. **Sa|mar|can|da** n.pr.f. Samarkand n.

sa|ma|ri|o m. Samarium n.

sa|ma|ri|ta|no **I** agg. samaritanisch **II** m. Samariter m.; il buon Samaritano der barmherzige Samariter; FIG. fare il buon ~ den barmherzigen Samariter spielen.

sam|ba m. e f. Samba f.

sam|ber|nar|do → **sanbernardo.**

1.sam|bu|ca f. Sambucalikör m.

2.sam|bu|ca f. (-che) MUS. Sambuca m.

sam|bu|co m. (-chi) Holunder m. ◆ arbusto di ~ Holunderstrauch m.; coccola di ~ Fliederbeere f.; infuso di ~ Holundertee m.; midollo di ~ Holundermark n.; ~ di montagna Traubenholunder m.; pianta di ~ Holunderbusch m.

sam|ma|ri|ne|se **I** agg. san-marinesisch **II** m. e f. San-Marinese m. (-Marinesin f.).

sa|mo|ie|do **I** agg. samojedisch **II** m. **1** Samojede m. **2** (lingua) Samojedisch(e) n.

sa|mo|var m.inv. Samowar m.

sam|pie|tro m. Petersfisch m., Heringskönig m.

Sa|mue|le n.pr.m. Samuel m.

sa|mu|rai m.inv. Samurai m.

san → **santo.**
sa|na|bi|le agg. **1** heilbar (anche DIR.): ***ferita*** ~ heilbare Wunde **2** ECON. sanierbar: ***bilancio, azienda*** ~ sanierbare Bilanz, sanierbares Unternehmen **3** FIG. behebbar, wieder gutzumachend: ***conflitto*** ~ behebbarer Konflikt.
sa|na|re I tr. **1** heilen: ~ ***una piaga*** eine Wunde heilen; FIG. ***il tempo sana ogni dolore*** die Zeit heilt alle Wunden **2** *(bonificare)* trocken‿legen **3** ECON. sanieren, aus‿gleichen: ~ ***il bilancio*** die Bilanz sanieren; ~ ***una perdita*** einen Verlust ausgleichen **4** DIR. *(concedere una sanatoria)* für rechtsgültig erklären, rückwirkend billigen **II** pronom. **sanarsi** heilen.
sa|na|to m. REGION. GASTR. Milchkalb *n.*
sa|na|to|ria f. Heilung *f.* (fehlerhafter Rechtsgeschäfte), Gültigkeitserklärung *f.*, Indemnitätserteilung *f.* ◆ ***concedere una*** ~ eine rückwirkende Genehmigung erteilen; ~ ***edilizia*** nachträgliche Zustimmung zu einer Baumaßnahme; ~ ***fiscale*** Steuerindemnität *f.*; ~ ***di nullità*** Heilung der Nichtigkeit.
sa|na|to|rio I agg. *(-ri,-rie)* genehmigend; ***atto, provvedimento*** ~ nachträgliche Genehmigung **II** m. *(-ri)* Sanatorium *n.*, Kuranstalt *f.*
san ber|nar|do, san|ber|nar|do m. Bernhardiner *m.*
San Ber|nar|do n.pr.m. ***Gran*** ~ Großer Sankt Bernhard *m.*; ***Piccolo*** ~ Kleiner Sankt Bernhard *m.*
san|ci|re tr. *(sancisco, sancisci)* **1** fest‿legen: ~ ***il diritto al lavoro*** das Recht auf Arbeit festlegen; ~ ***un'alleanza*** ein Bündnis festlegen **2a** *(approvare)* zu‿stimmen, sanktionieren: ~ ***un disegno di legge*** einem Gesetzentwurf zustimmen **b** ***uso sancito dalla tradizione*** von der Tradition bestätigter Gebrauch.
san|cta san|cto|rum m.inv. **1** Allerheiligste *n.* (anche ESTENS.): ***lo studio è il suo*** ~ das Arbeitszimmer ist sein Allerheiligstes **2** *(nella chiesa cattolica)* Allerheiligste *n.*, Sanktissimum *n.*, Venerabile *n.*
san|cu|lot|to m. **1** Sansculotte *m.* **2** SPREG. Revoluzzer *m.*
1.san|da|lo m. **1** Sandelbaum *m.* **2** *(legno)* Sandelholz *n.* ◆ ***olio di*** ~ Sandelholzöl *n.*
2.san|da|lo m. *(calzatura)* Sandale *f.* ◆ ***-i di cuoio*** Ledersandalen *pl.*; ~ ***da donna*** Sandalette *f.*; ~ ***francescano*** Jesuslatschen *m.*; ~ ***di legno*** Holzsandale *f.*; ~ ***da mare*** Strandsandale *f.*
san|do|li|no m. Paddelboot *n.*
sand|wich ['sænwidʒ, *üblich* 'sendwitʃ, 'sengwitʃ] m.inv. Sandwich *m.* e *n.* ◆ ***isole Sandwich*** Sandwichinseln *pl.*; ARCH. ***struttura a*** ~ Sandwichbauweise *f.*; ***uomo*** ~ Sandwichmann *m.*
san|fe|di|smo m. **1** Sanfedismus *m.* **2** ESTENS. *(atteggiamento reazionario)* reaktionäre Gesinnung *f.* **san|fe|di|sta** m. e f. *(-i,-e)* **1** Sanfedist *m.* (-in *f.*) **2** SPREG. Reaktionär *m.* (-in *f.*).
san|fo|riz|za|re tr. sanforisieren, krumpfen. **san|fo|riz|za|zio|ne** f. Sanforisierung *f.*
san|gal|lo m. Sankt-Gall(en)er Spitze *f.* **San Gal|lo** n.pr.m. Sankt Gallen *n.*
san|gio|ve|se m. INTRAD. (Weinrebensorte und Rotwein aus der Emilia Romagna und der Toskana).
san|gri|a f.inv. Sangria *f.*
san|gue m. Blut *n.*: ~ ***venoso, arterioso*** venöses, arterielles Blut; ***perdere*** ~ Blut verlieren; ***sporcarsi (le mani) di*** ~ sich (die Hände) mit Blut beflecken; ***donare il*** ~ Blut spenden ◆ ***il*** ~ ***non è acqua*** Blut ist dicker als Wasser (*o* Blut ist ein ganz besonderer Saft); ***analisi del*** ~ Blutuntersuchung *f.*; ***assetato di*** ~ blutdürstig (*o* blutrünstig); FIG. ***non avere*** ~ ***nelle vene*** kein Rückgrat haben; ***banca del*** ~ Blutbank *f.*; ***bistecca al*** ~ blutiges Steak; ~ ***blu*** blaues Blut; ***animale a*** ~ ***caldo*** Warmblüter *m.*; FIG. ***a*** ~ ***caldo*** im Affekt; ***avere il*** ~ ***caldo*** heißblütig sein; ***calma e*** ~ ***freddo*** (nur) ruhig Blut; ***farsi cattivo*** ~ ***per qcs.*** = sich über etw. (A) ärgern; ***qcs. fa cattivo*** ~ etw. macht böses Blut; ***fra loro non corre buon*** ~ sie haben keinen guten Draht zueinander; ***donatore di*** ~ Blutspender *m.*; COLLOQ. ***esame del*** ~ Blutuntersuchung *f.*; ***fatto di*** ~ Bluttat *f.*; ***fratello di*** ~ Blutsbruder *m.*; ***a*** ~ ***freddo*** kaltblütig; ***animale a*** ~ ***freddo*** Kaltblüter *m.*; FIG. ***conservare il*** ~ ***freddo*** Kaltblütigkeit bewahren; ***qcn. si è sentito gelare il*** ~ ***nelle vene*** jdm ist das Blut in den Adern erstarrt (*o* gefroren, geronnen); ***goccia di*** ~ Blutstropfen *m.*; ***guastarsi il*** ~ ***per qcs.*** sich über etw. (A) krank ärgern; ***lavare un'offesa col*** ~ eine Schande mit Blut sühnen; ***legami di*** ~ Blutsbande *pl.*; ***macchia di*** ~ Blutfleck *m.*; ***mezzo*** ~ Halbblut *n.*; ~ ***dal naso*** Nasenbluten *n.*; ***a qcn. esce*** ~ ***dal naso*** jd blutet aus der Nase; ***qcn. ha qcs. nel*** ~ jd hat etw. im Blut (*o* etw. liegt jdm im Blut); *(con la violenza)* ***nel*** ~ blutig: ***soffocare una rivolta nel*** ~ einen Aufstand blutig nieder‿schlagen; ***essere di*** ~ ***nobile*** adliges Blut (*o* blaues Blut in den Adern) haben; ***pagare col*** ~ mit dem Leben bezahlen; ***perdita di*** ~ Blutverlust *m.*; ***picchiare qcn. a*** ~ jdn blutig schlagen; ***di*** ~ ***plebeo*** aus dem Volk; ***pozza di*** ~ Blutlache *f.*; ***prelievo di*** ~ Blutentnahme *f.*; ***(cavallo) puro*** ~ Vollblut *n.*; ***voler cavare*** ~ ***da una rapa*** = etwas Unmögliches erreichen wollen; ***di*** ~ ***reale*** aus königlichem Geschlecht; ***qcn. si sente ribollire il*** ~ ***nelle vene*** jdm kocht das Blut in den Adern; ***(di colore) rosso*** ~ blutrot; ***è sangue del mio*** ~ er ist mein eigen Fleisch und Blut; ***senza spargimento di*** ~ ohne Blutvergießen; ***sporco di*** ~ blutig; ***sputare*** ~ Blut spucken (*o* speien); FIG. Blut und Wasser schwitzen; ***fare sputare*** ~ ***a qcn.*** jdn bis aufs Blut quälen; ***succhiare il*** ~ ***a qcn.*** jdn (bis aufs Blut) aus‿saugen; ***sudare*** ~ Blut und Wasser schwitzen; ***il*** ~ ***gli salì alla testa*** das Blut stieg ihm in den Kopf; ***traccia di*** ~ Blutspur *f.*; ***trasfusione di*** ~ Bluttransfusion *f.* (*o* Blutübertragung *f.*); ***tributo di*** ~ Blutzoll *m.*; ***duello all'ultimo*** ~ Duell *n.* auf Leben und Tod; ***versare il proprio*** ~ ***per qcs.*** sein Leben für etw. opfern; ***vincoli di*** ~ → ***legami di*** ~; PROV. ***buon*** ~ ***non mente*** der Apfel fällt nicht weit vom Stamm.
san|gue|mi|sto m. **1** Mischling *m.*, Halbblut *n.* **2** *(di cavalli)* Halbblut *n.*
san|gui|fe|ro agg. Blut-: ***vaso*** ~ Blutgefäß *n.*
san|gui|gna f. **1** Rötel *m.*, Rötelstift *m.* **2** *(disegno)* Rötelzeichnung *f.*
san|gui|gno agg. **1** Blut-: ***circolazione, pressione -a*** Blutkreislauf *m.*, Blutdruck *m.*; ***gruppo, plasma*** ~ Blutgruppe *f.*, Blutplasma *n.*; ***vaso*** ~ Blutgefäß *n.* **2** *(contenente sangue)* bluthaltig, blutig: ***espettorato*** ~ blutiger Auswurf **3** *(rosso)* blutrot: ***cielo*** ~ blutroter Himmel **4** FIG. sanguinisch: ***temperamento*** ~ sanguinisches Temperament ◆ ***arance -e*** Blutorangen *pl.*; ***tipo*** ~ Sanguiniker *m.*
san|gui|nac|cio m. *(-ci)* **1** *(insaccato)* Blutwurst *f.* **2** *(frittella)* INTRAD. (Gericht aus Schweineblut) **3** *(dolce)* INTRAD. (Süßspeise aus Schweineblut, Milch, Schokolade und kandierten Früchten).
san|gui|na|men|to m. Bluten *n.* **san|gui|nan|te** agg. blutend (anche FIG.) ◆ ***bistecca*** ~ englisch gebratenes Steak.
san|gui|na|re intr. *(sanguino*; aus. *avere)* bluten (anche FIG.): ***la ferita sanguina*** die Wunde blutet; ~ ***dal naso*** aus der Nase bluten; ***mi sanguina il cuore*** mir blutet das Herz.
san|gui|na|rio I agg. *(-ri,-rie)* blutrünstig, blutgierig: ***tiranno*** ~ blutrünstiger Tyrann **II** m. *(-ri)* blutrünstiger (*o* blutgieriger) Mensch *m.*
san|gui|nel|la f. **1** Bluthirse *f.* **2** *(arbusto)* Hartriegel *m.* **3** *(arancio)* Blutorange *f.*
san|gui|nel|lo m. Blutorange *f.*
san|gui|ne|ro|la f. Elritze *f.*, Pfrille *f.*
san|gui|no|len|to agg. **1** *(che stilla sangue)* bluttriefend, blutig **2** *(pieno di sangue)* bluthaltig, blutig: ***espettorato*** ~ blutiger Auswurf. **san|gui|no|sa|men|te** avv. blutig. **san|gui|no|so** agg. **1** blutend, blutig: ***combattimento*** ~ blutiger Kampf **2** FIG. *(che ferisce)* verletzend: ***ingiuria -a*** verletzende Beleidigung.
san|gui|sor|ba f. Blutwurz *f.*
san|gui|su|ga f. *(-ghe)* **1** Blutegel *m.* **2** *(chi spilla denaro)* Blutsauger *m.* ◆ COLLOQ. ***attaccarsi a qcn. come una*** ~ sich wie eine Klette an jdn hängen.
sa|ni|co|la f. Sanikel *f.*
sa|nie f. LETT. Eiter *m.*
sa|ni|fi|ca|re tr. *(sanifico, sanifichi)* **1** sanieren **2** *(macchinari per preparazioni alimentari)* keimfrei machen, sterlisieren, steril machen. **sa|ni|fi|ca|zio|ne** f. **1** Sanierung *f.* **2** *(di macchinari per preparazioni alimentari)* Herstellung *f.* der Keimfreiheit, Sterilisierung *f.*, Sterilisation *f.*
sa|ni|tà f. **1a** Gesundheit *f.* **b** *(morale)* Anständigkeit *f.* **2a** *(organismo)* Gesundheitswesen *n.*: ~ ***pubblica*** (öffentliches) Gesundheitswesen **b** MIL. Sanität *f.*, Sanitätswesen *n.* **3** *(salubrità)* Heilsamkeit *f.*, Gesundheit *f.* ◆ ~ ***dell'aria*** Luftreinheit *f.*; ***compagnia della*** ~ Sanitätskompanie *f.*; ***Consiglio Superiore della Sanità*** Oberster Gesundheitsrat; ~ ***di mente*** Zurechnungsfähigkeit *f.*; ***ministero della*** ~ Gesundheitsministerium *n.*; ***ministro della*** ~ Gesundheitsminister *m.*; ***Organizzazione Mondiale della Sanità*** Weltgesundheitsorganisation *f.*; ***soldato della*** ~ Sanitäter *m.* (*o* Sanitätssoldat *m.*).
sa|ni|ta|rio I agg. *(-ri,-rie)* **1** Gesundheits-, gesundheitlich, Sanitäts-, sanitär: ***politica -a*** Gesundheitspolitik *f.*; ***servizio*** ~ Gesundheitsamt *n.*; ***personale*** ~ Sanitätspersonal *n.* **2** MIL. Sanitäts-: ***corpo*** ~ Sanitätskorps *m.* **3** *(igienico)* sanitär, Sanitäts-: ***impianti, articoli -ri*** sanitäre Anlagen, Sanitätsartikel *pl.* **II** m. *(-ri)* **1** Sanitäter *n.*, Arzt *m.* **2** pl. Sanitäranlagen *pl.* ◆ ***bollettino*** ~ ärztliches Bulletin; ***controllo*** ~ vom Gesundheitsamt durchgeführte Kontrolle; ***operatore*** ~ Sanitäter *m.*; ***ufficiale*** ~ Amtsarzt *m.*
san|ni|ta *(-i,-e)* **I** agg. samnitisch **II** m. e f. Samniter *m.* (-in *f.*). **san|ni|ti|co I** agg. *(-ci,-che)* samnitisch **II** m. *(lingua)* Sprache *f.* der Samniten.

sa|no **I** agg. **1** gesund (anche FIG.): ***clima ~*** gesundes Klima; ***avere un colorito ~*** eine gesunde Gesichtsfarbe haben; ***stai ~*** bleib gesund; ***~ e salvo*** gesund und wohlbehalten; ***un uomo di -i principi*** ein Mann von gesunden Prinzipien **2** *(intatto)* heil, unversehrt: ***non è rimasto più un bicchiere ~*** es ist kein einziges Glas heil geblieben **II** m. Gesunde *m.* ◆ ***~ di mente*** geistig gesund; ***~ come un pesce*** = kerngesund; ***di -a pianta*** völlig (*o* von Grund auf): ***riscrivere tutto di -a pianta*** alles von Grund auf neu schreiben; ***portatore ~*** gesunder Überträger *m.* (*o* Konduktor *m.*); ***condurre una vita -a*** gesund leben; PROV. ***chi va piano, va ~ e va lontano*** geh immer schön langsam, verlang nicht zuviel, so kommst du zwar später, doch sicher ins Ziel.

San Pie|tro|bur|go n.pr.f. Sankt Petersburg *n.*

san|sa f. Pressrückstände *pl.*: ***olio di ~*** Öl *n.* aus Pressrückständen.

san|scri|ti|sta m. e f. *(-i,-e)* Sanskritist *m.* (-in *f.*), Sanskritforscher *m.* (-in *f.*). **san|scri|to** **I** m. Sanskrit *n.* **II** agg. sanskritisch.

san|se|vie|ria f. Sansevieria *f.*

san|si|mo|nia|no agg. saint-simonistisch. **san|si|mo|ni|smo** m. Saint-Simonismus *m.* **san|si|mo|ni|sta** m. e f. *(-i,-e)* Saint-Simonist *m.* (-in *f.*).

San|so|ne n.pr.m. Samson *m.*

san|ta f. Heilige *f.* (anche FIG.): ***quella donna è proprio una ~*** diese Frau ist wirklich eine Heilige.

san|ta|bar|ba|ra f. *(santebarbare)* **1** Pulverkammer *f.* **2** FIG. (hoch)explosive Situation *f.*, äußerst angespannte Lage *f.*

san|ta|la|ce|e f.pl. Sandelgewächse *pl.*

san|ta|men|te avv. heilig. **san|ta|rel|li|na** f. Unschuldsengel *m.*, Unschuldslamm *n.*, Scheinheilige *f.* **san|ta|rel|lo, san|te|rel|lo** m. Unschuldsengel *m.*, Unschuldslamm *n.*, Scheinheilige *m.* **san|ti|fi|can|te** agg. heilig machend, heiligend.

san|ti|fi|ca|re *(santifico, santifichi)* **I** tr. **1** *(rendere santo)* heiligen: ***~ le feste*** die Feiertage heiligen; ***sia santificato il tuo nome*** geheiligt werde dein Name **2** *(conferire carattere di santità)* heilig halten: ***~ la domenica*** den Sonntag heilig halten **3** *(canonizzare)* heilig sprechen **II** pronom. **santificarsi** heilig werden. **san|ti|fi|ca|zio|ne** f. **1** Heiligung *f.* **2** *(canonizzazione)* Heiligsprechung *f.*

san|ti|no m. Heiligenbild *n.*, Andachtsbild *n.*

San|tip|pe n.pr.f. **1** Xanthippe *f.* **2** SPREG. Hausdrachen *m.*

san|tis|si|mo **I** agg. allerheiligst **II** m. ***il Santissimo*** der Allerheiligste *m.* ◆ ***il Santissimo Padre*** = der Papst; ***il Santissimo Sacramento*** das Allerheiligste *n.* (*o* Sanktissimum *n.*); ***la Santissima Trinità*** die Heilige Dreifaltigkeit; ***la Santissima Vergine*** die Heilige Jungfrau. **san|ti|tà** f. Heiligkeit *f.* (anche FIG.): ***Sua Santità*** Seine Heiligkeit; *(al vocativo)* Eure Heiligkeit; ***(essere) in odore di ~*** im Ruf der Heiligkeit (stehen).

san|to **I** agg. **1** heilig: ***il ~ nome di Dio*** der heilige Namen Gottes; ***le anime -e del paradiso*** die Seligen des Paradieses; *(inviolabile)* ***la legge è -a*** das Gesetz ist heilig **2** *(seguito da nome proprio; troncamento* sant' *e* san*)* Sankt, heilig: ***~ Antonio*** Sankt Anton (*o* der heilige Antonius); ***sant'Agnese*** Sankt Agnes (*o* die heilige Agnes); ***la chiesa di Sant'Ambrogio*** die (Sankt-)Ambrosius-Kirche **3a** ESTENS. *(pio, devoto)* fromm: ***condurre una vita -a*** ein frommes Leben führen **b** *(giusto)* weise, wahr: ***parole -e*** weise Worte **II** m. **1** Heilige *m.*: ***venerare qcn. come un ~*** jdn als Heiligen verehren; ***invocare l'intercessione dei -i*** die Heiligen um Fürbitte an‿rufen **2** ESTENS. Heilige *m.*, guter Mensch *m.*: ***quell'uomo è un ~*** dieser Mann ist ein Heiliger **3** *(immaginetta)* Heiligenbild *n.* **4** COLLOQ. *(patrono)* Schutzheilige *m.* **5** COLLOQ. *(onomastico)* Namenstag *m.* ◆ ***acqua -a*** Weihwasser *n.*; ***la -a alleanza*** die Heilige Allianz; ***anno ~*** heiliges Jahr; ***avere qualche ~ dalla sua*** einen Schutzengel haben; FIG. ***non c'è ~ che tenga*** daran führt kein Weg vorbei; ***~ cielo!*** ach (du) lieber Himmel! ***la città -a*** die Heilige Stadt; ***culto dei -i*** Heiligenverehrung *f.*; ***dichiarare ~ qcn.*** jdn heilig sprechen; ***~ dio!*** ach du lieber Gott! VOLG. ***dio ~!*** verflucht nochmal! ***fare qcn. ~*** jdn heilig sprechen; SCHERZ. ***lo faremo ~*** er verdient einen Heiligenschein; SCHERZ. ***non fare il ~*** spiel nicht den Moralapostel; ***tutto il ~ giorno*** den lieben langen Tag; ***giovedì ~*** Gründonnerstag *m.*; ***guerra -a*** heiliger Krieg; ***immagine di ~*** Heiligenbild *n.*; ***-a innocenza!*** ach du meine Güte! ***luoghi -i*** heilige Orte; ***essere tutto -i e madonne*** = ein Frömmler sein; ***la -a messa*** die heilige Messe; ***olio ~*** Salböl *n.*; ***fare qcs. in -a pace*** etw. in aller Ruhe tun; ***starsene in -a pace*** seine Ruhe haben; ***lasciami in -a pace!*** lass mich in Ruhe! ***il Santo Padre*** der Heilige Vater; FIG. ***avere un ~, dei -i in paradiso*** einen Schutzengel haben; ***~ patrono*** Schutzheilige *m.*; ***festa del ~ patrono*** Patronatsfest *n.*; COLLOQ. ***-a pazienza!*** ach du meine Güte! ***avere la pazienza di un ~*** eine Engelsgeduld (*o* himmlische Geduld) haben; ***fammi il ~ piacere di...*** tu mir (bitte) den Gefallen, (und)...; FIG. ***avere un ~ dalla propria (parte)*** einen Schutzengel haben; COLLOQ. ***qualche ~ ci aiuterà*** es wird schon irgendwie gehen; COLLOQ. ***darle, suonarle a qcn. di -a ragione*** jdn gehörig verprügeln; ***sabato ~*** Karsamstag *m.*; ***la Santa Sede*** der Heilige Stuhl; ***il ~ sepolcro*** das Heilige Grab; ***settimana -a*** Karwoche *f.*; ***lo Spirito Santo*** der Heilige Geist; ***statua di ~*** Heiligenfigur *f.*; ***Santo Stefano*** Sankt Stephan, der heilige Stephan; *(giorno)* Stephanstag *m.* (*o* Stephanitag *m.*); ***non è (proprio) uno stinco di ~*** er ist nicht gerade ein Heiliger; ***la Terra Santa*** das Heilige Land; ***festa di tutti i -i*** Allerheiligen(fest) *n.*; ***un sant'uomo*** ein Heiliger; ***venerdì ~*** Karfreitag *m.*; ***verità -e*** unumstößliche Tatsachen; ***vino ~*** Messwein *m.*; ***vita di ~*** Heiligenleben *n.*; ***non sapere a che ~ votarsi*** = weder ein noch aus wissen (*o* sich nicht zu helfen wissen); PROV. ***scherza coi fanti e lascia stare i -i*** = über ernste, wichtige Sachen macht man keine Witze.

san|to|ne m. **1** *(eremita)* Asket *m.* **2a** SPREG. *(capo carismatico)* Sektenführer *m.*, Guru *m.* **b** *(bigotto)* Frömmler *m.*

san|to|reg|gia f. Bohnenkraut *n.*

San|to|ri|no n.pr.m. Santorin *n.*

san|tua|rio m. *(-ri)* **1** *(luogo sacro)* Heiligtum *n.* (anche FIG.) **2** *(chiesa)* Wallfahrtskirche *f.* **3** *(nel tempio ebraico)* Allerheiligste *n.*

san|zio|na|men|to m. Sanktionierung *f.*

san|zio|na|re tr. **1** *(sancire)* sanktionieren, genehmigen, zu‿stimmen **2** ESTENS. *(approvare, riconoscere)* sanktionieren, bestätigen **3** *(applicare sanzioni)* sanktionieren, mit Sanktionen belegen.

san|zio|ne f. **1a** *(punizione)* Sanktion *f.*, Strafe *f.*: ***colpire qcn., qcs. con -i*** jdn, etw. sanktionieren (*o* mit Sanktionen belegen); ***rendere più severe le -i contro qcn., qcs.*** die Sanktionen gegen jdn, etw. verschärfen **b** pl. *(nel diritto internazionale)* Sanktionen *pl.*: ***deliberare, applicare delle -i contro un paese*** Sanktionen über ein Land verhängen, gegen ein Land an‿wenden **2** *(ratifica)* Sanktion *f.*, Zustimmung *f.* ◆ ***~ amministrativa*** Verwaltungsstrafe *f.*; ***~ disciplinare*** Disziplinarmaßnahme *f.*; ***-i economiche*** wirtschaftliche Sanktionen, Strafmaßnahmen *pl.*; ***-i militari*** militärische Sanktionen; ***~ pecunaria*** Geldstrafe *f.*; ***~ penale*** Buße *f.*; STOR. ***~ prammatica*** pragmatische Sanktion; ***~ punitiva*** Strafmaßnahme *f.*; ***~ sociale*** (soziale) Sanktion.

1.sa|pe|re (pres. *so, sai, sa, sappiamo, sapete, sanno*; pass.rem. *seppi*; congiunt.pres. *sappia*; imper. *sappi*; als Modalverb gebraucht, bildet es die zusammengesetzten Zeiten mit *essere*, bzw. *avere*, je nachdem ob das im Infinitiv stehende Verb das eine oder das andere Hilfsverb verlangt) **I** mod. **1** *(essere capace, potere)* können: ***~ leggere*** lesen können; ***sa guidare la macchina*** sie kann Auto fahren; ***-rsi vestire da solo*** sich selbst (*o* alleine) an‿ziehen können **2** *(essere in grado)* sich wissen zu + inf.: ***(non) -rsi dominare, imporre, comportare*** sich (A) nicht zu beherrschen, zu behaupten, zu benehmen wissen; ***~ vivere*** zu leben wissen; ***sapersela cavare*** sich (D) zu helfen wissen **II** tr. **1** wissen: ***~ tutto*** alles wissen; ***non ~ nulla, niente di qcs.*** nichts von etw. wissen; ***nessuno sa nulla*** niemand weiß etwas; ***non ~ che cosa fare*** nicht wissen, was man tun soll; ***~ qcs. per certo*** etw. sicher wissen; ***~ qcn. in buone mani*** jdn in guten Händen wissen; ***sai che ore sono?*** weißt du, wie spät es ist? ***non sa quello che dice*** er weiß nicht, was er sagt; ***lo sapevo (che doveva finire così)!*** ich wusste ja, dass es so ausgehen würde! ASSOL. ***~ per esperienza*** aus eigener Erfahrung wissen; ***non si può mai ~*** man kann nie wissen; FILOS. ***so di non ~*** ich weiß, dass ich nichts weiß; *(pleonastico)* ***sai, arriva domani*** weißt du, er kommt morgen; ***sai una cosa?*** weißt du was? ***sai che facciamo? andiamo al cinema*** weißt du was? wir gehen ins Kino; *(imperativo; anche non tradotto)* ***sappi che...*** du musst (nämlich) wissen, dass...; ***sappiate che ve ne dovete andare!*** = ihr müsst gehen! *(al congiuntivo)* ***(se) tu sapessi!*** hast du eine Ahnung! ***se (io) solo sapessi se...*** wenn ich nur wüsste, ob...; ***che io sappia*** soviel ich weiß; ***non che io sappia*** nicht, dass ich wüsste; *(all'inizio di un discorso)* ***sapete bene che...*** ihr wisst ja, dass...; ***come ben sai...*** wie du weißt...; *(per chiarire un fatto)* ***se proprio vuoi saperlo...*** wenn du es genau wissen willst; ***per chi non lo sapesse...*** für diejenigen, die es nicht wissen, ...; *(per esprimere dubbio, incertezza)* ***che ne so io!*** was weiß ich! ***non saprei*** ich habe keine Ahnung **2a** *(conoscere)* kennen, wissen: ***~ l'indirizzo di qcn.*** jds Adresse wissen; ***~ una canzone, la strada*** ein Lied, den Weg kennen (*o* wissen) **b** *(aver imparato)* können: ***~ il tedesco, la lezione*** Deutsch, die Lektion können **3** *(seguito dal compl. partitivo)* etwas verstehen: ***sa di musica, di letteratura*** er versteht etwas von Musik, Literatur **4** *(venire a conoscenza)* erfahren, wissen: ***~ qcs. da fonte sicura*** etw. aus sicherer Quelle wissen (*o* erfahren haben); ***volerne ~ di più*** mehr über etw. (A) erfahren (*o* wissen) wollen; ***si può ~ cosa volete?*** darf man erfahren, was ihr eigentlich wollt? ***speriamo che non si sappia in giro*** hoffentlich spricht sich das nicht herum **III** intr.

(aus. *avere*) **1** *(avere sapore)* schmecken: **~ di qcs.** nach etw. schmecken; **~ di bruciato, di niente** angebrannt, nach nichts schmecken; FIG. **una persona che non sa di nulla** ein fader (*o* nichts sagender) Mensch **2** *(avere odore)* riechen: **~ di qcs.** nach etw. riechen; **~ di marcio** faulig riechen; FIG. **mi sa d'imbroglio** das riecht nach Betrug **3** *(sembrare)* glauben, das Gefühl haben: **mi sa che perdiamo la partita** ich glaube (*o* ich habe das Gefühl), dass wir das Spiel verlieren **IV** pronom. **sapersi** sich wissen: **-rsi in pericolo, al sicuro** sich in Gefahr, in Sicherheit wissen ◆ **a saperlo! ad averlo saputo!** das hätte man wissen sollen! **non saper fare altro che dormire** ständig schlafen; **non sa far altro che criticare** er kann immer nur kritisieren; **basta saperlo!** man muss es nur wissen! **buono a -rsi** gut zu wissen; **non so chi** irgendjemand; **non so come** irgendwie; **come lo sai?** woher weißt du das? **come faccio a saperlo?** woher soll ich das wissen? **saperne una più del diavolo** mit allen Wassern gewaschen sein; **far ~ qcs. a qcn.** jdm etw. wissen lassen; **~ il fatto proprio** sein Handwerk (*o* Geschäft) verstehen; **lo so e non lo so** ich bin mir nicht ganz sicher; **saperla lunga** mit allen Wassern gewaschen sein; **~ qcs. a memoria** etw. auswendig können; **~ qcs. a menadito** etw. im Schlaf wissen; **~ qcs. a mente** etw. auswendig können; **non voler ~ niente di niente** von Gott und der Welt nichts wissen wollen; **~ è potere** Wissen ist Macht; **non so quando** irgendwann; **saperci fare con qcn.** jdn (richtig) zu nehmen wissen; **saperci fare con qcs.** mit etw. gut umgehen können; **si sa che...** es ist bekannt, dass...; IRON. natürlich...; **si sapeva che...** es war bekannt, dass...; **saperle tutte** mit allen Wassern gewaschen sein; **la sai l'ultima?** weißt du schon das Neueste? **venire a ~ qcs. da qcn.** etw. von jdm erfahren; **~ vita, morte e miracoli di qcn.** jdn in- und auswendig kennen; **non volerne ~ di qcs.** sich auf nichts ein‿lassen; **non volerne più ~ di qcn.** mit jdm fertig sein (*o* von jdm nichts mehr wissen wollen); **non volerne più ~ di qcs.** von etw. nichts mehr wissen wollen.

2.sa|pe|re m. Wissen *n.*: **è un uomo di gran ~** er ist ein Mensch mit großem Wissen ◆ **avidità di ~** Wissensbegierde *f.*; **avido di ~** wissensbegierig; **campo del ~** Wissensgebiet *n.*; **sete di ~** Wissensdurst *m.*; **il saper vivere** die Lebenskunst.

sa|pi|di|tà f. LETT. Schmackhaftigkeit *f.* **sa|pi|do** agg. LETT. **1** schmackhaft, wohlschmeckend **2a** FIG. geistreich; *(di persona)* geistvoll **b** *(spiritoso)* witzig.

sa|pien|te I agg. **1** *(saggio)* weise **2** *(competente)* geschickt **3** *(dotto)* gelehrt **II** m. e f. **1** *(saggio)* Weise *m.* e *f.* **2** *(erudito)* Gelehrte *m.* e *f.* (anche SPREG.): **non fare il ~** spiel nicht den Gelehrten; **assumere un'aria da ~** eine gelehrte Miene auf‿setzen. **sa|pien|te|men|te** avv. **1** *(in modo saggio)* weise **2** *(in modo competente)* geschickt. **sa|pien|to|ne** m. Besserwisser *m.*; **fare il ~** den Besserwisser (*o* Alleswisser) spielen. **sa|pien|za** f. **1** *(saggezza)* Weisheit *f.* **2** *(erudizione)* Gelehrsamkeit *f.*; SPREG. Kathederweisheit *f.* **sa|pien|zia|le** agg. **letteratura ~** Weisheitsliteratur *f.*; BIBL. **libri -i** Bücher der Weisheit.

sa|po|na|ce|o agg. seifig. **sa|po|na|io** m. *(-ai)* Seifensieder *m.*

sa|po|na|ria f. Seifenkraut *n.* **sa|po|na|rio** agg. *(-ri,-rie)* → **saponiero. sa|po|na|ta** f. Seifenlauge *f.*, Seifenwasser *n.*

sa|po|ne m. Seife *f.*: **lavare qcs., -rsi col ~** etw., sich mit Seife waschen; **fare il ~** Seife sieden (*o* kochen) ◆ FIG. **acqua e ~** ungeschminkt, natürlich; **una bellezza acqua e ~** eine natürliche Schönheit; **un viso acqua e ~** ein ungeschminktes Gesicht; **~ da barba** Rasierseife *f.*; **bolla di ~** Seifenblase *f.* (anche FIG.); **finire in una bolla di ~** sich als Seifenblase entpuppen; **~ da bucato** Waschseife *f.*; **diventare ~** verseifen; **erogatore di ~** Seifenspender *m.*; **~ alla glicerina** Glyzerinseife *f.*; CHIM. **~ grasso** Fettseife *f.*; **~ liquido** flüssige Seife (*o* Flüssigseife *f.*); **~ di Marsiglia** Kernseife *f.*; **~ medicinale** medizinische Seife; **~ molle** Schmierseife *f.*; **~ neutro** neutrale Seife; **~ in pasta** Schmierseife *f.*; **pezzo di ~** Seifenstück *n.*; **~ in polvere** Seifenpulver *n.*; **~ in scaglie** Seifenflocken *pl.*; **schiuma di ~** Seifenschaum *m.*; **~ da toilette** Toilettenseife *f.*; **~ allo zolfo** schwefelhaltige Seife.

sa|po|net|ta f. **1** Seife *f.*, Toilettenseife *f.* **2** ANTIQ. *(orologio)* Taschenuhr *f.* **sa|po|nie|ra** f. Seifenschale *f.* **sa|po|nie|re** m. **1** *(operaio)* Seifensieder *m.* **2** *(commerciante)* Seifenhändler *m.* **sa|po|nie|ro** agg. Seifen-: **industria -a** Seifenindustrie *f.*

sa|po|ni|fi|ca|re tr. *(saponifico, saponifichi)* verseifen, zu Seife machen. **sa|po|ni|fi|ca|zio|ne** f. Verseifung *f.*, Seifensieden *n.* **sa|po|ni|fi|cio** m. *(-ci)* Seifensiederei *f.*, Seifenfabrik *f.* **sa|po|ni|na** f. Saponin *n.* **sa|po|no|so** agg. seifig.

sa|po|re m. **1** Geschmack *m.*: **~ gradevole, dolciastro, piccante, delicato, strano** angenehmer, süßlicher, scharfer, milder, seltsamer Geschmack; **avere (il) ~ di qcs.** nach etw. schmecken; **perdere (di) ~** an Geschmack verlieren; **non avere ~ di niente** nach nichts schmecken; **avere un ~ amaro, buono, disgustoso** bitter, gut, widerlich schmecken; **che ~ ha?** wonach (*o* wie) schmeckt es? **2** FIG. *(carattere)* Ton *m.*, Klang *m.*: **parole dal ~ amaro** Worte in bitterem Ton **3** pl. REGION. Gewürz *n.* ◆ **far sentire il ~ del bastone a qcn.** jdm eine Tracht Prügel verpassen; **buon ~** Wohlgeschmack *m.*; **al ~ di carne** mit Fleischgeschmack; **dar ~ a qcs.** etw. würzen; FIG. etw. (D) Würze geben (anche FIG.); **~ alla, di frutta** Fruchtgeschmack *m.*; **lasciare un cattivo ~ in bocca** einen unangenehmen Nachgeschmack hinterlassen; **~ di menta** Pfefferminzgeschmack *m.*; **di ~ neutro** geschmacksneutral; **~ di selvatico** Wildgeschmack *m.*; **senza ~** ohne Würze; fade (anche FIG.); **~ strano** Beigeschmack *m.*

sa|po|ri|ta|men|te avv. **1** würzig **2** FIG. mit Genuss; **dormire ~** tief schlafen; **ridere ~** herzlich lachen; **pagare ~ qcs.** einen gepfefferten Preis für etw. zahlen.

sa|po|ri|to agg. **1** *(gustoso)* schmackhaft, wohlschmeckend, lecker; **poco ~** fade **2a** *(ricco di aromi)* würzig **b** *(troppo salato)* gesalzen, versalzen **3a** FIG. *(fatto con gusto)* genussvoll, mit Genuss, genüsslich; **sonno ~** tiefer Schlaf; **risata -a** herzliches Lachen **b** *(costoso)* gepfeffert. **sa|po|ro|so** agg. **1** *(gustoso)* schmackhaft, wohlschmeckend **2** FIG. *(vivace)* witzig.

sa|pro|fa|go m. *(-gi)* Saprophag *m.* **sa|pro|fi|lo** agg. saprophil. **sa|pro|fi|ta I** agg. *(-i,-e)* saprophil **II** m. *(-i)* Saprophyt *m.* **sa|pro|fi|to** → **saprofita.**

sa|pro|ge|no agg. saprogen, Fäulnis erregend ◆ **batterio ~** Fäulniserreger *m.*

sa|pro|pel m.inv., **sa|pro|pe|li|te** f. Sapropel *n.*, Faulschlamm *m.*

sa|pu|tel|lo I agg. neunmalklug, neunmalgescheit, besserwisserisch **II** m. Neunmalkluge *m.*, Besserwisser *m.*: **fare il ~** sich als Besserwisser auf‿führen.

sa|pu|to I p.pass. agg. **1** → **sapere 2** LETT. *(dotto)* gelehrt **3** *(noto)* bekannt: **~ e risaputo** längst bekannt **4** SPREG. neunmalklug **II** m. Neunmalkluge *m.*, Besserwisser *m.*

Sa|ra n.pr.f. Sara(h) *f.*

sa|ra|ban|da f. **1** MUS. Sarabande *f.* **2** ESTENS. Durcheinander *n.*, Lärm *m.*

sa|rac|co m. *(-chi)* Fuchsschwanz *m.*

sa|ra|ce|no I agg. sarazenisch **II** m. Sarazene *m.* ◆ **grano ~** Buchweizen *m.*

sa|ra|ci|ne|sca f. *(-sche)* **1a** Rollladen *m.*: **alzare la ~** den Rollladen hoch‿ziehen **b** *(di negozio)* Rollgitter *n.* **2** STOR. Fallgitter *n.* **3** IDR. Absperrschieber *m.*, Schieber *m.*, Schieberventil *n.* ◆ **abbassare la ~** den Rollladen herunter‿lassen; FIG. das Visier herunter‿lassen.

sa|ra|go m. *(-ghi)* Brasse *f.*

Sa|ra|goz|za n.pr.f. Saragossa *n.*, Zaragoza *n.*

sar|ca|smo m. Sarkasmus *m.*: **trattare qcn. con ~** jdm mit Sarkasmus begegnen; **fare del ~** sarkastisch sein; **parole piene di ~** sarkastische Worte. **sar|ca|sti|ca|men|te** avv. sarkastisch.

sar|ca|sti|co agg. *(-ci,-che)* sarkastisch: **avere modi -ci** eine sarkastische Art haben.

sar|chia|re tr. *(sarchio, sarchi)* eggen: **~ i campi** die Felder eggen. **sar|chia|tri|ce** f. Egge *f.* **sar|chia|tu|ra** f. Eggen *n.*

sar|chiel|lo m. Gartenhacke *f.* **sar|chio** m. *(-chi)* Hacke *f.*

sar|co|fa|go m. *(-gi/-ghi)* Sarkophag *m.*

sar|co|ma m. Sarkom *n.* **sar|co|ma|to|si** f. Sarkomatose *f.* **sar|co|ma|to|so** agg. sarkomatös.

sar|da → **sardina.**

sar|da|gno|lo → **sardegnolo.**

Sar|de|gna n.pr.f. Sardinien *f.* **sar|de|gno|lo** agg. sardisch, sardinisch.

sar|del|la, sar|di|na f. Sardine *f.* ◆ **essere, stare pigiati come -e** zusammengedrängt wie die Sardinen sein (*o* dicht gedrängt wie die Heringe stehen); **scatola di -e** Sardinenbüchse *f.*; **-e sott'olio** Ölsardinen.

sar|do I agg. sardisch, sardinisch **II** m. **1** *(abitante)* Sarde *m.*, Sardinier *m.* **2** *(lingua)* Sardi(ni)sch(e) *n.*

sar|do|ni|co agg. *(-ci,-che)* hämisch, sardonisch: **ghigno ~** hämisches Grinsen; MED. **riso ~** sardonisches Lachen.

Sar|gas|si n.pr.m. **Mar dei ~** Sargassosee *f.* **sar|gas|so** m. Sargassum *n.*

sa|ri m.inv. Sari *m.*

Sar|ma|ti m.pl. Sarmaten *pl.* **sar|ma|ti|co** agg. *(-ci,-che)* sarmatisch.

sar|men|to m. Ranke *f.*; *(della vite)* Rebling *m.*, Rebenschössling *m.*

sar|ta f. Schneiderin *f.*: **fare la ~** Schneiderin sein.

sar|ti|a f. Want *f.* ◆ **-e maggiori** Unterwanten *pl.*; **-e minori** Topp-

wanten *pl.*; ***mollare, sciogliere le -e*** die Segel setzen. **sar|tia|me** m. Tauwerk *n.*
sar|ti|na f. **1** Näherin *f.* **2** *(apprendista)* Schneiderlehrling *m.*, *(donna)* Schneiderlehrmädchen *n.*
sar|to m. **1** Schneider *m.* **2** *(direttore di sartoria)* Schneidermeister *m.* ◆ ***~ da donna*** Damenschneider *m.*; ***gessetto da ~*** Schneiderkreide *f.*; ***metro da ~*** Metermaß *n.*; ***~ da strapazzo*** Flickschneider *m.*; ***~ da uomo*** Herrenschneider *m.* **sar|to|ri|a** f. **1** *(laboratorio)* Schneiderei *f.*, Schneideratelier *n.*, Schneiderwerkstätte *f.* **2** *(arte)* Schneiderhandwerk *n.* **3** *(settore)* Schneidergewerbe *n.* ◆ ***la ~ italiana*** die italienische Haute Couture; ***lavoro di ~*** Schneiderarbeit *f.* **sar|to|ria|le** agg. Schneider-, Bekleidungs-: ***industria ~*** Bekleidungsindustrie *f.*
sar|to|rio *(-ri,-rie)* **I** agg. ***muscolo ~*** Schneidermuskel *m.* **II** m. Schneidermuskel *m.*
s.a.s. ⇒ *società in accomandita semplice* Komanditgesellschaft (KG).
sas|sa|fras|so → sassofrasso.
sas|sa|ia f. **1** *(luogo sassoso)* Steinboden *m.* **2** *(argine di sassi)* Steindamm *m.* **sas|sa|io|la** f. Steinhagel *m.* **sas|sa|ta** f. Steinwurf *m.*; ***fare a -e*** sich mit Steinen bewerfen; ***prendere a -e qcn.*** jdn mit Steinen bewerfen; ***tirare una ~ a qcn.*** einen Stein nach jdm werfen.
sas|se|to m. **→ sassaia.**
sas|si|fra|ga f. *(-ghe)* Steinbrech *m.* **sas|si|fra|ga|ce|e** f.pl. Steinbrechgewächse *pl.*
sas|so m. **1** Stein *m.*: ***tirare un ~*** einen Stein werfen; ***un cuore di ~*** ein Herz aus Stein **2** *(roccia)* Felsen *m.* ◆ ***di ~*** steinern, Stein-; FIG. ***essere di ~*** ein Herz aus Stein haben; ***dormire come un ~*** wie ein Stein schlafen; ***duro come un ~*** steinhart; ***è una cosa da far piangere i -i*** es ist zum Steinerweichen; ***tirare -i in piccionaia*** sich ins eigene Fleisch schneiden (*o* sein eigenes Nest beschmutzen); ***restare di ~*** zu Stein werden (*o* zur Bildsäule erstarren); ***rotolare il ~ di Sisifo*** eine Sisyphusarbeit machen; ***lanciare un ~ nello stagno*** den Stein ins Rollen bringen; ***tirare il ~ e nascondere la mano*** aus dem Hinterhalt an‿greifen.
sas|so|fo|ni|sta m. e f. *(-i,-e)* Saxophonist *m.* (-in *f.*). **sas|so|fo|no** m. Saxophon *n.*
sas|so|fras|so m. Sassafras *m.*
sas|so|la f. Schöpfkelle *f.*
sas|so|li|no m. Steinchen *n.*
sas|so|ne **I** agg. sächsisch **II** m. e f. Sachse *m.* (Sächsin *f.*) **III** m. **1** *(lingua antica)* Altsächsisch(e) *n.* **2** *(dialetto)* Sächsisch(e) *n.* ◆ ***codice ~*** Sachsenspiegel *m.*; ***genitivo ~*** sächsischer Genitiv. **Sas|so|nia** n.pr.f. Sachsen *n.* ◆ ***Alta ~*** Obersachsen; ***~ Anhalt*** Sachsen-Anhalt; ***Bassa ~*** Niedersachsen.
sas|so|so agg. steinig, Stein-: ***spiaggia -a*** steiniger Strand; ***terreno ~*** Steinboden *m.*
Sa|ta|na n.pr.m. Satan *m.*: ***il regno di ~*** das Reich des Satans ◆ ***vade retro, ~*** weiche von mir, Satan.
sa|ta|nas|so m. **1** Satan *m.* **2a** FIG. *(persona irrequieta)* Wahnsinnige *m.*, Irre *m.* **b** *(persona dinamica)* Teufelskerl *m.*, Satanskerl *m.* **3** ZOOL. Satansaffe *m.* ◆ ***urlare come un ~*** wie ein Berserker schreien.
sa|ta|ni|co agg. *(-ci,-che)* satanisch, teuflisch, Teufels-: ***ghigno ~*** teuflisches Grinsen; ***un piano ~*** ein teuflischer Plan; ***setta ~*** satanische Sekte; ***culto, rito ~*** Teufelskult *m.*, Teufelsmesse *f.*
sa|ta|ni|smo m. Satanismus *m.* **sa|ta|ni|sta** m. e f. *(-i,-e)* Anhänger *m.* (-in *f.*) des Satanismus.
sa|tel|li|ta|re agg. Satelliten-: ***antenna ~*** Satellitenantenne *f.*; ***orbita ~*** Satellitenbahn *f.*; ***stazione ~*** Satellitenstation *f.*
sa|tel|li|te **I** m. **1** Satellit *m.*, Trabant *m.*: ***i -i di Giove*** die Satelliten Jupiters; ***~ naturale, artificiale*** natürlicher, künstlicher Satellit; ***lanciare un ~*** einen Satelliten starten; ***mettere, lanciare in orbita un ~*** einen Satelliten in seine Umlaufbahn bringen, schießen **2** *(paese satellite)* Satellit *m.*, Satellitenstaat *m.* **3** MECC. Umlaufzahnrad *n.*, Planetenrad *n.* **4** *(seguace, guardia)* Trabant *m.*, Gefolgsmann *m.* **II** agg. Satelliten-, Trabanten-: ***città ~*** Satellitenstadt *f.*, Trabantenstadt *f.*; ***stato ~*** Satellitenstaat *m.* ◆ ***collegamento via ~*** Verbindung *f.* via Satellit; ***foto da un ~*** Satellitenfoto *n.*; ***~ killer*** Killersatellit *m.*; ***~ metereologico*** Wettersatellit *m.*; ***orbita di ~*** Satellitenbahn *f.*; ***~ per ricerche*** Forschungssatellit *m.*; ***~ da ricognizione*** Aufklärungssatellit *m.*; ***~ per telecomunicazioni*** Nachrichtensatellit *m.* (*o* Kommunikationssatellit *m.*); ***televisione via ~*** Satellitenfernsehen *n.*; ***~ della terra*** Erdsatellit *m.*; ***trasmissione via ~*** Satellitenübertragung *f.*
sa|tem agg.inv. ***lingue ~*** Satemsprachen *pl.*
sa|tin [-'tɛ̃] m.inv. Satin *m.* **sa|ti|na|re** tr. satinieren, kalandrieren, kalandern.
sa|ti|na|to p.pass. agg. **1** → **satinare** **2** satiniert, Satin-: ***carta -a*** satiniertes Papier (*o* Satinpapier *n.*) **3** *(reso opaco)* mattiert, Matt-: ***oro ~*** Mattgold *n.* **4** FIG. samtig: ***pelle -a*** samtige Haut. **sa|ti|na|tri|ce** f. Kalander *m.*, Satiniermaschine *f.* **sa|ti|na|tu|ra** f. Satinieren *n.*, Kalandrieren *n.*
sa|ti|ra f. Satire *f.*: ***fare la ~ di qcn., qcs.*** auf jdn, etw. eine Satire machen; ***~ politica*** politische Satire (*o* Politsatire *f.*) ◆ ***mettere in ~*** verspotten. **sa|ti|reg|gia|re** *(satireggio, satireggi)* **I** tr. verspotten **II** intr. (aus. *avere*) Satiren schreiben. **sa|ti|re|sco** agg. *(-chi,-che)* Satyr-: ***dramma ~*** Satyrspiel *n.*
sa|ti|ri|a|si f. Satyriasis *f.*
sa|ti|ri|co **I** agg. *(-ci,-che)* satirisch: ***tono ~*** satirischer Ton **II** m. *(-ci)* Satiriker *m.*: ***i -ci latini*** die lateinischen Satiriker ◆ ***poesia -a*** Spottgedicht *n.*; ***poeta ~*** satirischer Dichter, Satirenschreiber *m.*, Satirendichter *m.*
sa|ti|ro m. **1** Satyr *m.* **2** FIG. Lüstling *m.*, Lustmolch *m.*, Satyr *m.* ◆ ***vecchio ~*** Lustgreis *m.*
sa|tol|la|re **I** tr. sättigen **II** pronom. **satollarsi** sich satt essen: ***-rsi di pane*** sich an Brot satt essen. **sa|tol|lo** agg. satt, gesättigt: ***sentirsi ~*** satt sein.
sa|tra|pi|a f. Satrapie *f.* **sa|tra|po** m. **1** Satrap *m.* **2** FIG. Tyrann *m.*
sa|tu|ra|re *(saturo)* **I** tr. **1** saturieren, sättigen: ***~ l'atmosfera di anidride carbonica*** die Atmosphäre mit Kohlensäure sättigen; ***~ il mercato*** den Markt sättigen **2** FIG. überladen, an‿füllen, füllen: ***~ la stanza di fumo (di sigarette)*** das Zimmer mit Zigarettenrauch anfüllen; ***~ la mente di nozioni*** den Kopf mit Wissen überladen **II** pronom. **saturarsi** **1** sich sättigen, saturiert werden **2** FIG. sich überladen, sich füllen.
sa|tu|ra|zio|ne f. Sättigung *f.*, Saturation *f.*, Saturierung *f.* ◆ ***giungere a ~*** den Sättigungsgrad erreichen; FIG. langsam genug haben; ***grado di ~*** Sättigungsgrad *m.*; ***~ del mercato*** Marktsättigung *f.*; ***portare a ~*** sättigen, saturieren; ***punto di ~*** Sättigungspunkt *m.*; FIG. Grenze *f.*; ***stato di ~*** Sättigungszustand *m.*; ***valore di ~*** Sättigungswert *m.*
sa|tur|na|le **I** agg. saturnisch **II** m.pl. **1** Saturnalien *pl.* **2** FIG. Orgie *f.*, ausgelassenes Fest *n.*
sa|tur|nia|no **I** agg. saturnisch, Saturn- **II** m. Saturnbewohner *f.* **sa|tur|ni|no** agg. **1** Saturn-, saturnisch **2** MED. Blei-: ***intossicazione -a*** Bleivergiftung *f.* **sa|tur|nio** **I** agg. *(-ni,-nie)* saturnisch **II** m. *(-ni)* saturnischer Vers *m.* **sa|tur|ni|smo** m. Bleivergiftung *f.*, Saturnismus *m.* **Sa|tur|no** n.pr.m. Saturn *m.*
sa|tu|ro agg. **1** FIS. CHIM. gesättigt, saturiert: ***soluzione -a*** gesättigte Lösung; ***acidi grassi -i*** gesättigte Fettsäuren; ***vapore ~*** Sattdampf *m.* **2** ESTENS. voll, erfüllt, gesättigt: ***la stanza era -a di gas*** die Luft des Raumes war mit Gas gesättigt; ***~ di vapore*** dampferfüllt (*o* voller Dampf); ***il mercato è ~*** der Markt ist gesättigt.
sau|di|ta *(-i,-e)* **I** agg. saudisch **II** m. e f. Saudi-Araber *m.* (-in *f.*) ◆ ***Arabia Saudita*** Saudi-Arabien *n.*
sau|na f. Sauna *f.*, Saunabad *n.*: ***fare la ~*** in die Sauna gehen (*o* saunen *o* saunieren).
sau|ri m.pl. Echsen *pl.*
sau|ro **I** agg. rötlich braun **II** m. *(cavallo)* Fuchs *m.*, Braune *m.* ◆ ***~ bruciato*** Feuerfuchs *m.*; ***~ dorato*** Goldfuchs *m.*
sa|va|na f. Savanne *f.*
sa|va|rin [-'rɛ̃] m.inv. Savarin *m.*
Sa|ve|rio n.pr.m. Xaver m.
sa|viez|za f. **1** *(saggezza)* Weisheit *f.* **2** *(accortezza)* Besonnenheit *f.*, Umsicht *f.*
sa|vio **I** agg. *(-vi,-vie)* **1** *(sano di mente)* vernünftig **2** *(saggio)* weise, klug **II** m. *(-vi)* **1** *(sano di mente)* vernünftiger Mensch *m.* **2** *(saggio)* Weise *m.*: ***i sette -vi di Grecia*** die sieben Weisen des antiken Griechenlands; ***il consiglio dei -vi*** der Rat der Weisen.
Sa|vo|ia n.pr.f. Savoyen *n.* **sa|vo|iar|do** **I** agg. savoyisch **II** m. **1** Savoyer *m.*, Savoyarde *m.* **2** *(dialetto)* Savoyisch(e) **3** GASTR. Löffelbiskuit *n.*
sa|voir-faire [-vwar 'fɛ:r] m. Gewandtheit *f.*, Savoir-faire *n.*
sa|vo|na|ro|la f. Rippenstuhl *m.*
sax m.inv. Saxophon *n.* **sax|horn** ['sækshɔ:n] m.inv. Saxhorn *n.* **sa|xo|fo|ni|sta, sa|xo|fo|no... → sassofonista, sassofono...**
sa|zia|re *(sazio, sazi)* **I** tr. **1a** sättigen: ***~ un affamato*** einen Hungernden sättigen **b** ***~ la fame*** den Hunger stillen **2** FIG. *(appagare)* befriedigen: ***~ la curiosità di qcn.*** jds Neugier befriedigen **3** FIG. *(annoiare)* langweilen **4** assol. satt machen, sättigen: ***le patate saziano*** Kartoffeln machen satt; ***un cibo che sazia*** sättigende Nahrung **II** pronom. **saziarsi** **1** sich sättigen, satt werden: ***-rsi di qcs.*** sich an etw. (D) satt essen **2** FIG. genug haben; ***non -rsi mai di fare qcs.*** von etw. nie genug bekommen; ***non si sazia mai di guardarla*** er kann sich an ihr nicht satt sehen.

sa|zie|tà f. **1** Sattheit *f.*, Sättigung *f.* **2** *(disgusto)* Überdruss *m.*, Widerwillen *m.* ◆ ***fare qcs. a ~*** etw. zur Genüge tun; ***mangiare a ~*** sich satt essen; ***provare ~*** sich gesättigt fühlen (*o* satt sein); ***senso di ~*** Sättigungsgefühl *n.* **sa|zio** agg. *(-zi,-zie)* **1** satt: ***sentirsi ~*** satt sein **2** FIG. satt, überdrüssig: ***essere ~ di qcs.*** etw. satt haben; ***essere ~ di onori e lodi*** der Ehren und des Lobes überdrüssig sein ◆ ***non essere mai ~*** unersättlich sein (anche FIG.).

sbac|cel|la|re tr. aus‿hülsen, enthülsen: ***~ i fagioli*** Bohnen aushülsen.

sba|ciuc|chia|men|to m. Abküssen *n.*, Küsserei *f.*, Geküsse *n.* **sba|ciuc|chia|re** *(sbaciucchio, sbaciucchi)* **I** tr. ab‿küssen **II** pronom. **sbaciucchiarsi** sich ab‿küssen.

sba|da|tag|gi|ne f. Zerstreutheit *f.*, Unachtsamkeit *f.*, Unaufmerksamkeit *f.*, Kopflosigkeit *f.* **sba|da|ta|men|te** avv. aus Zerstreutheit. **sba|da|to** **I** agg. zerstreut, unachtsam, gedankenlos **II** m. zerstreuter Mensch *m.*

sba|di|glia|re intr. *(sbadiglio, sbadigli*; aus. *avere)* gähnen: ***~ dalla noia, dal sonno*** vor Langeweile, Müdigkeit gähnen; ***~ in faccia a qcn.*** jdn an‿gähnen. **sba|di|glio** m. *(-gli)* Gähnen *n.*: ***fare uno ~*** gähnen; ***soffocare uno ~*** ein Gähnen unterdrücken.

sba|fa|re COLLOQ. **I** tr. **1** verschlingen, verputzen **2** *(scroccare)* schnorren, heraus‿schinden: ***~ un pranzo a qcn.*** bei jdm ein Mittagessen herausschinden **II** pronom. **sbafarsi** *(mangiare avidamente)* verschlingen, verdrücken: ***si è sbafato tutto il dolce*** er hat den ganzen Kuchen verschlungen. **sba|fa|ta** f. **1** Schnorrerei *f.* **2** *(scorpacciata)* Fresserei *f.* **sba|fa|to|re** m. Schmarotzer *m.*

sbaf|fo m. verschmierter Strich *m.*; ***farsi uno ~ di rossetto*** den Lippenstift verschmieren.

sba|fo, ***a ~*** auf Kosten anderer; ***mangiare a ~*** auf Kosten anderer essen.

sba|glia|re *(sbaglio, sbagli)* **I** tr. **1** verfehlen: ***~ mira*** das Ziel verfehlen; ***~ professione*** den Beruf verfehlen **2** *(scambiare)* ***~ treno, autobus*** den falschen Zug, Bus nehmen **II** intr. (aus. *avere*) sich irren, sich täuschen, einen Fehler machen, etw. falsch machen: ***tutti possono ~*** jeder kann sich mal irren; ***riconoscere di aver sbagliato*** zu‿geben, sich geirrt zu haben; ***ho sbagliato a sposarmi*** es war ein Fehler von mir zu heiraten; ***vai sempre dritto, non puoi ~*** immer geradeaus, dann kannst du nicht fehl‿gehen; ***se non sbaglio*** wenn ich mich nicht irre; ***vorrei ~, ma..., sbaglierò, ma...*** wenn mich nicht alles täuscht, dann... **III** pronom. **sbagliarsi** sich irren, sich täuschen: ***-rsi in qcs.*** sich bei (*o* in) etw. irren; ***-rsi su qcn.*** sich in jdm täuschen; ***-rsi sul conto di qcn.*** sich in jdm irren; ***-rsi di un anno, di 10 marchi*** sich um ein Jahr, um 10 DM irren; ***se non mi sbaglio, ci conosciamo già*** wenn ich mich nicht irre, kennen wir uns schon; ***non vorrei sbagliarmi, ma..., mi sbaglierò, ma...*** wenn mich nicht alles täuscht, dann... ◆ MUS. ***~ l'attacco*** den Einsatz verpassen; ***-rsi a battere a macchina*** sich vertippen; ***~ i calcoli*** sich verrechnen; ***~ a contare*** sich verzählen; ***~ un conto*** falsch rechnen; ***correggimi se sbaglio*** berichtige mich, wenn ich etwas Falsches sage; ***~, -rsi di grosso*** sich auf dem Holzweg befinden (*o* sich gewaltig irren); ***-rsi a leggere*** sich verlesen; ***~ a misurare*** sich vermessen; ***~ numero (telefonico)*** sich verwählen: ***mi scusi, ho sbagliato numero*** Entschuldigung, ich habe mich verwählt; ***~ di poco*** einen kleinen Fehler machen (*o* nur knapp daneben‿liegen); ***~ un progetto*** ein Projekt verplanen; ***~ un rigore*** einen Elfmeter verschießen (*o* vergeben); ***~ la risposta*** falsch antworten; ***~ rotta*** den falschen Kurs nehmen; ***~ a scrivere*** sich verschreiben; ***~ strada*** *(a piedi)* sich verlaufen; *(in macchina)* sich verfahren; ***far ~ strada a qcn.*** jdn fehl‿leiten; ***~ tono*** sich im Ton vergreifen; ***ho sbagliato tutto nella vita*** in meinem Leben habe ich alles falsch gemacht; ***-rsi a valutare*** sich verschätzen; PROV. ***sbagliando s'impara*** aus Schaden wird man klug.

sba|glia|to p.pass. agg. **1** → **sbagliare** **2** *(errato)* falsch, unrichtig: ***dati -i*** falsche Angaben **3** *(inopportuno)* falsch, unrecht: ***arrivare al momento ~*** zur unrechten Zeit an‿kommen ◆ ***essere completamente ~*** hinten und vorn nicht stimmen (*o* vollkommen falsch sein); SPORT ***passaggio ~*** Fehlpass *m.*; ***alzarsi con il piede ~*** mit dem verkehrten Bein (*o* mit dem linken Fuß) auf‿stehen; ***sentenza -a*** Fehlurteil *n.*; ***totalmente ~*** total verfehlt; ***prendere qcn. per il verso ~*** jdn nicht zu nehmen wissen.

sba|glio m. *(-gli)* **1** Fehler *m.*, Versehen *n.*: ***commettere uno ~*** einen Fehler begehen; ***è stato uno ~ cedere così in fretta*** es war ein Fehler, so schnell nachzugeben; ***dev'esserci uno ~*** da muss ein Fehler vor‿liegen **2** *(colpa)* Schuld *f.*, Sünde *f.* ◆ ***~ giovanile*** Jugendsünde *f.*; ***~ di ortografia*** Rechtschreibfehler *m.*; ***per ~*** aus Versehen; ***~ di persona*** Personenverwechslung *f.*

sba|le|stra|re **I** intr. (aus. *avere*) FIG. nicht auf den Punkt kommen, ab‿schweifen **II** tr. **1** *(scagliare lontano)* weit weg‿werfen **2** *(trasferire)* versetzen **3** COLLOQ. *(mandare in confusione)* durcheinander bringen: ***il viaggio in aereo mi ha completamente sbalestrato*** der Flug hat mich vollkommen durcheinander gebracht.

sba|le|stra|to p.pass. agg. **1** → **sbalestrare** **2** durcheinander, verwirrt, konfus: ***sentirsi ~*** verwirrt sein; ***condurre un'esistenza -a*** ein ungeordnetes Leben führen.

sbal|la|re **I** tr. **1** aus‿packen: ***~ la merce*** die Ware auspacken **2** *(rovinare)* durcheinander bringen: ***mi ha sballato tutti i programmi*** das hat alle meine Pläne durcheinander gebracht **II** intr. (aus. *essere, avere*) **1** *(carte)* aus‿scheiden **2** *(sbagliare un calcolo)* sich (völlig) verrechnen **3** GERG. aus‿flippen.

sbal|la|to **I** p.pass. agg. **1** → **sballare** **2** ausgepackt: ***merce -a*** ausgepackte Ware **3** COLLOQ. *(irragionevole, assurdo)* verrückt, hirnrissig: ***un'idea -a*** eine verrückte Idee **4** GERG. ausgeflippt **II** m. (psychisch) Gestörte *m.* **sbal|lo** m. **1** Auspacken *n.* **2** GERG. Ausflippen *n.* ◆ ***che ~!*** das ist eine Wucht! (*o* herrlich!); ***questo concerto è uno ~!*** dieses Konzert ist eine Schau (*o* Wucht)! ***una musica da ~*** eine flippige Musik.

sbal|lot|ta|men|to m. **1** *(l'essere sballottato)* Geschüttel *n.*, Gerüttel *n.* **2** *(lo sballottare)* Geschaukel *n.* **sbal|lot|ta|re** tr. hin und her werfen, hin und her rütteln, hin und her schütteln: ***la barca è sballottata dalle onde*** das Boot wird von den Wellen hin und her geworfen.

sba|lor|di|men|to m. Verblüffung *f.*, Fassungslosigkeit *f.* **sba|lor|di|re** *(sbalordisco, sbalordisci)* **I** tr. verblüffen: ***la notizia mi ha sbalordito*** die Nachricht hat mich verblüfft; ***la sua abilità mi sbalordisce*** seine Fähigkeit ist verblüffend (*o* verblüfft mich) **II** intr. (aus. *avere*) verblüfft sein, stutzen: ***a tale notizia sbalordì*** bei dieser Nachricht stutzte er ◆ ***da ~*** verblüffend, unglaublich. **sba|lor|di|ti|vo** agg. **1** verblüffend **2** *(incredibile)* erstaunlich, unglaublich: ***una forza -a*** eine erstaunliche Kraft.

sba|lor|di|to p.pass. agg. **1** → **sbalordire** **2** erstaunt, verblüfft: ***restare ~*** verblüfft sein.

1.sbal|za|re **I** tr. schleudern, werfen: ***~ qcn. di sella*** jdn aus dem Sattel (*o* vom Pferd) werfen; ***essere sbalzato dalla moto, fuori dall'auto*** vom Motorrad, aus dem Wagen geschleudert werden **II** intr. (aus. *essere*) geworfen werfen, geschleudert werden ◆ ***~ dal trono*** vom Thron stürzen.

2.sbal|za|re tr. *(lavorare a sbalzo)* treiben: ***~ il rame*** Kupfer treiben.

1.sbal|zo m. **1a** *(scossone)* Ruck *m.* **b** *(il sobbalzare)* ***gli -i della carrozza*** das Rütteln der Kutsche **2** *(cambiamento improvviso)* Wechsel *m.* ◆ ***a -i*** sprungweise; *(in modo discontinuo)* sprunghaft, unregelmäßig; ***il lavoro procede a -i*** die Arbeit geht sprunghaft voran; ***di ~*** plötzlich; ***~ di temperatura*** plötzlicher Temperaturwechsel; ***avere -i d'umore*** launisch sein.

2.sbal|zo m. **1** Treibarbeit *f.* **2** ARCH. Ausladung *f.*, Auskragung *f.* ◆ ***lavorare a ~*** treiben; ***oro lavorato a ~*** getriebenes Gold; ***trave a ~*** Kragträger *m.*

sban|ca|men|to m. Abbau *m.*

1.sban|ca|re tr. ab‿tragen: ***~ il terreno*** den Boden abtragen.

2.sban|ca|re **I** tr. **1** *(nel gioco d'azzardo)* sprengen: ***~ il banco*** die Spielbank sprengen **2** *(rovinare)* ruinieren **II** pronom. **sbancarsi** sich ruinieren.

1.sban|da|men|to m. **1a** AUT. Schleudern *n.*: ***uscire di strada per uno ~*** durch Schleudern von der Fahrbahn abkommen **b** MAR. Krängung *f.*, Schlagseite *f.* **c** AER. Querneigung *f.* **2** FIG. Entgleisung *f.*: ***~ morale*** moralische Entgleisung; ***avere un attimo, un momento di ~*** kurz die Orientierung verlieren.

2.sban|da|men|to m. **1** MIL. Versprengung *f.* **2** FIG. *(dispersione)* Auflösung *f.* **3** FIG. *(confusione)* Verwirrung *f.*

1.sban|da|re **I** tr. *(disperdere)* zerstreuen, auseinander‿sprengen: ***~ i dimostranti*** die Demonstranten zerstreuen **II** pronom. **sbandarsi** sich zerstreuen, sich verlaufen: ***il gruppo di dimostranti si è subito sbandato*** die Gruppe der Demonstranten hat sich schnell verlaufen.

2.sban|da|re intr. (aus. *avere*) **1a** schleudern: ***~ in curva*** in der Kurve ins Schleudern geraten; ***~ sul ghiaccio*** auf dem Glatteis ins Schleudern kommen **b** MAR. krängen **2** FIG. *(deviare)* ab‿weichen, entgleisen; ***~ verso la dittatura*** zur Diktatur hin ab‿gleiten.

sban|da|ta f. **1a** Schleudern *n.*: ***fare una ~ con la macchina*** mit dem Auto ins Schleudern geraten **b** MAR. Krängung *f.* **2** FIG. Abweichung *f.* ◆ ***prendersi una ~ per qcn.*** sich in jdn verschießen, verknallen.

sban|da|to **I** p.pass. agg. **1** → **sbandare** **2** versprengt: ***soldato ~*** versprengter Soldat **3** *(disorientato)* orientierungslos **II** m. **1** MIL. Versprengte *m.* **2** FIG. Gestrauchelte *m.* ◆ ***essere uno ~*** ein Asozialer sein.

sban|die|ra|men|to m. **1** Fahnenschwingen *n.* **2** FIG. Zurschaustellung *f.*, Zurschaustellen *n.*
sban|die|ra|re tr. **1** schwingen, schwenken **2** FIG. *(ostentare)* zur Schau stellen: **~ *il proprio coraggio*** seinen Mut zur Schau stellen ◆ COLLOQ. ***adesso non andare a sbandierarlo a tutti!*** häng das nicht gleich an die große Glocke! **sban|die|ra|ta** f. Fahnenschwingen *n.* **sban|die|ra|to|re** m. Fahnenschwinger *m.*
sban|do m. Niedergang *m.*, Auflösung *f.* ◆ ***essere allo ~*** nieder‿gehen; ***gioventù allo ~*** orientierungslose Jugend.
sba|rac|ca|re tr. *(sbaracco, sbaracchi)* **1** weg‿räumen: **~ *i mobili*** die Möbel wegräumen **2** assol. COLLOQ. weg‿gehen, gehen, auf‿brechen: ***è arrivata l'ora di ~*** es ist Zeit zu gehen.
sba|ra|glia|re tr. *(sbaraglio, sbaragli)* **1** *(mettere in fuga)* zerschlagen, auseinander treiben **2** *(sconfiggere)* (vernichtend) schlagen, besiegen (anche ESTENS.): **~ *il nemico*** den Feind schlagen. **sba|ra|glio, *mettere, mandare qcn. allo ~*** jdn einer Gefahr aus‿setzen; ***andare, buttarsi allo ~*** alles aufs Spiel setzen.
sba|raz|za|re I tr. befreien, ab‿räumen, säubern: **~ *il tavolo*** den Tisch abräumen **II** pronom. **sbarazzarsi** sich entledigen, sich befreien, los‿werden: ***-rsi di qcn., qcs.*** sich von jdm, etw. befreien (*o* jdn, etw. loswerden).
sba|raz|zi|no I agg. spitzbübisch: ***aria -a*** spitzbübisches Aussehen **II** m. Spitzbube *m.* ◆ ***alla -a*** schief.
sbar|ba|re I tr. **1** rasieren **2** *(sradicare)* aus‿reißen, aus‿rupfen, entwurzeln **II** pronom. **sbarbarsi** sich rasieren.
sbar|ba|tel|lo m. junger Spund *m.*
sbar|ba|to I p.pass. agg. **1** → **sbarbare 2** *(imberbe)* bartlos **II** m. *(persona immatura)* junger Spund *m.*
sbar|bi|ca|men|to m. Entwurzeln *n.*, Entwurzelung *f.* **sbar|bi|ca|re** tr. *(sbarbico, sbarbichi)* **1** mit der Wurzel aus‿reißen, entwurzeln **2** FIG. aus‿rotten.
sbar|bi|no m. junger Spund *m.*
sbar|ca|re *(sbarco, sbarchi)* **I** tr. **1a** an Land bringen, aus‿schiffen, landen: **~ *i passeggeri*** die Passagiere an Land bringen; **~ *le truppe*** Truppen landen **b** *(di merci)* löschen, an Land bringen: **~ *due casse*** zwei Kisten löschen **2** FIG. überstehen: **~ *l'inverno*** den Winter überstehen **II** intr. (aus. *essere*) **1a** an Land gehen, landen **b** AER. aus‿steigen, landen **2** *(cessare di far parte dell'equipaggio)* ab‿mustern **3** MIL. landen ◆ **~ *il lunario*** gerade über die Runden kommen; COLLOQ. ***sbarcarla, sbarcarsela*** gute Zeiten durchmachen. **sbar|ca|to|io** m. *(-oi)* Landungsplatz *m.*, Landungsbrücke *f.*
sbar|co m. *(-chi)* **1a** Ausschiffung *f.*, Landung *f.* **b** AER. Landung *f.* **c** *(di merci)* Löschen *n.*, Ausladen *n.* **2** MIL. Landung *f.* **3** *(di equipaggio)* Abmusterung *f.* ◆ COLLOQ. ***elemento da ~*** Windhund *m.* (*o* Luftikus *m.*); ***mezzo da ~*** Landungsfahrzeug *n.*; ***lo ~ in Normandia*** die Großlandung der Alliierten in der Normandie; ***porto di ~*** Ausschiffungshafen *m.*; *(di destinazione)* Bestimmungshafen *m.*; ***testa da ~*** Windhund *m.*, Luftikus *m.*; ***truppe da ~*** Landungstruppen *pl.*
sba|rel|la|re intr. (aus. *avere*) **1** schwanken **2** *(dare i numeri)* spinnen.
sbar|ra f. **1** Schranke *f.*: ***abbassare, alzare, chiudere le -e (del passaggio a livello)*** die Schranken des Bahnübergangs herunter‿lassen, hoch‿ziehen, schließen **2** *(spranga)* Stange *f.*: ***colpire qcn. con una ~*** jdn mit einer Stange schlagen **3a** *(da ginnastica)* Reck *n.* **b** *(da danza)* Stange *f.*: ***fare esercizi alla ~*** am Reck turnen; ***appendersi alla ~*** sich ans Reck hängen **4** MAR. *(barra del timone)* Pinne *f.* **5** *(strumento di tortura)* Mundknebel *m.* **6** *(nella bocca del cavallo)* Mundstück *n.* **7** ARALD. Schrägbalken *m.* **8** EL. Schiene *f.* ◆ **~ *d'appoggio*** Stützbalken; EL. **~ *collettrice*** Sammelschiene *f.*; ***essere dietro le -e*** hinter Gittern sein; **~ *di ferro*** Eisenstange *f.*; **~ *fissa*** Spannreck *n.*; **~ *girevole*** Drehbalken *m.*; **~ *del passaggio a livello*** Bahnschranken *pl.*; FIG. ***mettere qcn. alla ~*** jdn unter Anklage stellen; ***opinioni, personaggi alla ~*** Meinungen, Persönlichkeiten kritisch betrachtet; ***presentarsi alla ~*** vor den Richter treten; ***sollevamento alla ~*** Klimmzug *m.*; ***gran volta alla ~*** Riesenfelge *f.*
sbar|ra|men|to m. **1** Sperrung *f.*, Absperrung *f.* **2a** *(barriera)* Sperre *f.*, Absperrung *f.*: ***disporre uno ~*** eine Sperre errichten; ***superare uno ~*** eine Sperre überwinden, durchbrechen **b** *(naturale)* Trennlinie *f.*, natürliche Barriere *f.* ◆ **~ *aereo*** Luftsperre *f.*; ***zona di ~ aereo*** Luftsperrgebiet *n.*; **~ *anticarro*** Panzersperre *f.*; **~ *antisommergibile*** U-Boot-Sperre *f.*; MIL. ***batteria di ~*** Sperrbatterie *f.*; ***cordone di ~*** Sperrgürtel *m.*, Absperrkette *f.*; ***diga di ~*** Staudamm *m.*; IDR. *(in un bacino idrico)* Talsperre *f.*; ***fuoco di ~*** Sperrfeuer *n.* (*o* Trommelfeuer *n.*); **~ *idrico*** Stauwerk *n.*; **~ *di mine*** Minensperre *f.*; ***opera di ~*** Sperrwerk *n.*; ***pallone di ~*** Sperrballon *m.*; MIL. **~ *di palloni*** Ballonsperre *f.*
sbar|ra|re tr. **1a** sperren, versperren, ab‿sperren: ***un poliziotto sbarrava l'entrata*** ein Polizist versperrte den Eingang; **~ *una strada (con transenne)*** eine Straße (ab)sperren; **~ *la strada a qcn.*** sich jdm in den Weg stellen (*o* jdm den Weg versperren) (anche FIG.) **b** *(sprangare)* verriegeln: **~ *le finestre*** die Fenster verriegeln **c** *(corso d'acqua)* auf‿stauen, stauen **2** *(barrare)* durch‿streichen ◆ **~ *gli occhi*** die Augen auf‿reißen.
sbar|ra|to p.pass. agg. **1** → **sbarrare 2a** gesperrt, versperrt, abgesperrt **b** *(sprangato)* verriegelt ◆ ***occhi -i*** aufgerissene Augen; ***assegno ~*** Verrechnungsscheck *m.*
sbar|ret|ta f. **1a** *(obliqua)* Schrägstrich *m.* **b** *(verticale)* Längsstrich *m.* **2** MUS. Taktstrich *m.*
sbas|sa|re tr. **1** *(rendere più basso)* niedriger machen: **~ *il tavolo*** den Tisch niedriger machen **2** *(spostare più in basso)* herab‿lassen, herab‿setzen, nach unten versetzen **3** FIG. senken, herab‿setzen.
sba|sti|re tr. *(sbastisco, sbastisci)* **~ *qcs.*** von etw. die Heftfäden entfernen.
sba|tac|chia|men|to m. **1** Schlagen *n.* **2** *(lo scuotere)* Schütteln *n.*
sba|tac|chia|re *(sbatacchio, sbatacchi)* **I** tr. **1** (heftig) schlagen, schleudern: **~ *la porta*** die Tür heftig schlagen; ***il vento sbatacchiava le persiane*** der Wind schlug die Fensterläden auf und zu; **~ *qcn. contro la parete*** jdn gegen die Wand schleudern **2** *(scuotere con violenza)* kräftig schütteln: **~ *il tappeto*** den Teppich kräftig aus‿schütteln **II** intr. (aus. *avere*) schlagen ◆ **~ *le ali*** mit den Flügeln schlagen; ***essere sbatacchiato di qua e di là*** hin- und hergeschoben (*o* hin- und hergeschleudert) werden.
1.sba|tac|chio m. *(-chi)* Stütze *f.*, Stützbalken *m.*
2.sba|tac|chi|o m. Schlagen *n.*, Geklapper *n.*: **~ *di porte*** Türenschlagen *n.*
sbat|te|re I tr. **1** schlagen; **~ *la porta*** die Tür zu‿schlagen, schlagen **2** *(scuotere)* aus‿schütteln, schütteln: **~ *la tovaglia*** die Tischdecke ausschütteln **3** *(gettare)* werfen, schleudern: ***un'onda ha sbattuto la barca sugli scogli*** eine Welle warf (*o* schleuderte) das Boot gegen die Felsen; **~ *qcn. in prigione*** jdn ins Gefängnis werfen; FIG. **~ *qcn. (a lavorare) in provincia*** jdn (zum Arbeiten) in die Provinz verdammen (*o* verschicken) **4** *(urtare)* stoßen: **~ *il ginocchio contro il tavolo*** mit dem Knie gegen den Tisch stoßen **5a** GASTR. verrühren **b** *(montare)* schlagen: **~ *la panna*** die Sahne schlagen **6** assol. COLLOQ. blass machen: ***il giallo è un colore che sbatte*** Gelb ist eine Farbe, die blass macht **7** VOLG. vögeln **II** intr. (aus. *avere*) **1** schlagen: ***le finestre sbattono per il vento*** die Fenster schlagen im Wind; ***il ramo sbatte contro i vetri della finestra*** der Zweig schlägt gegen die Fensterscheiben **2** *(urtare)* stoßen: **~ *contro qcs.*** gegen etw. stoßen **3a** ***andare a ~ contro qcs.*** sich an etw. (D) an‿stoßen: ***è andato a ~ col ginocchio contro il tavolo*** er hat sich das Knie am Tisch angestoßen **b** COLLOQ. *(di auto)* donnern: ***è andato a ~ con l'auto contro un albero*** er ist mit dem Auto gegen einen Baum gedonnert **III** pronom. **sbattersi 1** COLLOQ. *(darsi da fare)* ***-rsi per ottenere qcs.*** alles daran‿setzen (*o* sich große Mühe geben), um etw. zu erreichen; ***si è sbattuto molto per trovare una soluzione*** er hat alles darangesetzt, um eine Lösung zu finden **2** VOLG. ***sbattersene di qcn., qcs.*** auf jdn, etw. pfeifen; ***me ne sbatto!*** das ist mir scheißegal ◆ **~ *le ali*** mit den Flügeln schlagen; **~ *qcs. in faccia a qcn.*** jdm etw. ins Gesicht schleudern; FIG. jdm etw. unter die Nase reiben; **~ *fuori*** raus‿schmeißen; **~ *qcn., qcs. in prima pagina*** jdn, etw. in die Schlagzeilen bringen; **~ *le palpebre*** mit den Lidern flattern; **~ *il tappeto*** den Teppich aus‿schlagen; *(col battipanni)* den Teppich klopfen; ***non sapere dove ~ la testa*** weder ein noch aus wissen; **~ *via*** weg‿schmeißen. **sbat|ti|men|to** m. **1** Schlagen *n.* **2** *(attività affannosa)* Strapaze *f.* **sbat|ti|to|re** m. Handrührgerät *n.* **sbat|ti|tu|ra** f. Schlagen *n.*
sbat|ti|uo|va m.inv. Schaumschläger *m.*, Schneebesen *m.*
sbat|tu|ta f. ***dare una ~ a qcs.*** etw. kurz aus‿schütteln.
sbat|tu|to p.pass. agg. **1** → **sbattere 2** verschlagen: ***uovo ~*** verschlagenes Ei **3** FIG. erschöpft: ***avere un viso ~*** erschöpft aus‿sehen.
sba|va|re I intr. (aus. *avere*) **1** geifern **2** FIG. COLLOQ. **~ *per qcs.*** wild auf etw. (A) sein **3** *(di colori)* verwischen, zerfließen **II** tr. **1** mit Geifer beschmutzen **2** METALL. putzen, entgraten, ab‿graten **III** pronom. **sbavarsi** sich mit Geifer beschmutzen, COLLOQ. sich besabbern ◆ METALL. **~ *a caldo*** warm ab‿graten; **~ *a mano*** hand‿putzen; **~ *e sabbiare*** verputzen. **sba|va|to|re** m. **1** *(macchina)* Abgratwerkzeug *n.* **2** *(operaio)* Putzer *m.*
sba|va|tu|ra f. **1** Geifer *m.* **2** *(di colore)* verwischte Farbe *f.* **3** FIG. *(imperfezione)* kleiner Fehler **4** FIG. *(ridondanza)* Ausschweifung *f.* **5** METALL. Entgraten *n.*, Abgraten *n.*, Putzen *n.* ◆ ***reparto ~*** Putzerei *f.*

sbec|ca|re *(sbecco, sbecchi)* **I** tr. an_schlagen **II** pronom. **sbeccarsi** angeschlagen sein. **sbec|ca|to** p.pass. agg. **1** → **sbeccare 2** angebrochen, angeschlagen.

sbef|feg|gia|men|to m. Auslachen *n.*, Verspotten *n.* **sbef|feg|gia|re** tr. *(sbeffeggio, sbeffeggi)* aus_lachen, verspotten.

sbel|li|car|si pronom. *(mi sbellico, ti sbellichi)* **~ *dalle risa*** sich krank_lachen, sich den Bauch vor Lachen halten.

sben|da|re tr. **~ *qcn., qcs.*** jdm, etw. den Verband ab_nehmen.

sber|la f. Ohrfeige *f.*: ***dare una ~*** eine Ohrfeige geben; ***prendere qcn. a -e*** jdn ohrfeigen.

sber|lef|fo m. Fratze *f.*: ***fare uno ~*** eine Fratze schneiden.

sbe|vaz|za|men|to m. Pichelei *f.*, Besäufnis *n.*, Saufgelage *n.* **sbe|vaz|za|re** intr. (aus. *avere*) bechern, picheln, zechen, saufen. **sbe|vaz|za|ta** f. Pichelei *f.*, Besäufnis *n.*, Saufgelage *n.*; ***fare, farsi una ~*** picheln (*o* sich besaufen).

s.b.f. ⇒ *salvo buon fine* unter üblichem Vorbehalt (u. ü. V.).

sbia|di|re *(sbiadisco, sbiadisci)* **I** tr. aus_bleichen: ***il sole ha sbiadito il tessuto*** die Sonne hat den Stoff ausgebleicht **II** intr. (aus. *essere*) **1** *(colori)* verblassen (anche FIG.): ***i ricordi sbiadiscono*** die Erinnerungen verblassen **2** *(cose)* aus_bleichen: ***la camicetta è sbiadita*** die Bluse ist ausgebleicht **III** pronom. **sbiadirsi 1** *(di colori)* verblassen (anche FIG.) **2** *(di cose)* aus_bleichen.

sbia|di|to p.pass. agg. **1** → **sbiadire 2** verblasst (anche FIG.): ***una foto -a*** ein verblasstes Foto; ***un ricordo ~*** eine verblasste Erinnerung **3** *(scialbo)* farblos, fad.

sbian|ca f. Bleichen *n.* ◆ ***bagno di ~*** Bleichflotte *f.*; ***polvere da ~*** Bleichpulver *n.*; ***terra da ~*** Bleicherde *f.*

sbian|can|te I agg. bleichend **II** m. Weißmacher *m.*, Bleichmittel *n.*, Aufheller *m.*

sbian|ca|re *(sbianco, sbianchi)* **I** tr. **1** weiß machen **2** *(candeggiare)* bleichen **II** intr. (aus. *essere*) **1** weiß werden **2** *(impallidire)* blass werden: **~ *in volto*** sich entfärben (*o* blass werden) **III** pronom. **sbiancarsi** weiß werden. **sbian|chi|re** *(sbianchisco, sbianchisci)* **I** tr. **1** GASTR. blanchieren **2** *(sbiancare)* weiß machen **II** intr. (aus. *essere*) weiß werden.

sbie|co I agg. *(-chi,-che)* schräg, schief: ***avere un'andatura -a*** einen schiefen Gang haben **II** m. *(-chi)* Schrägstreifen *m.* ◆ ***colpo di ~*** Querschläger *m.*; ***di ~*** schräg; FIG. ***guardare qcn. di ~*** jdn schief an_sehen **~ *di seta (per asole)*** Knopflochseide *f.*; EDIL. ***taglio di ~*** Schiftung *f.*

sbi|got|ti|men|to m. **1** Verblüffung *f.* **2** *(turbamento)* Bestürzung *f.*, Entsetzen *n.*

sbi|got|ti|re *(sbigottisco, sbigottisci)* **I** tr. **1** verblüffen **2** *(turbare)* bestürzen **II** intr. **1** verblüfft sein **2** *(turbarsi)* bestürzt sein **III** pronom. **sbigottirsi 1** verblüfft sein **2** *(turbarsi)* bestürzt sein.

sbi|got|ti|to p.pass. agg. **1** → **sbigottire 2** verblüfft: ***rimanere ~*** verblüfft sein **3** *(turbato)* bestürzt, entsetzt.

sbi|lan|cia|men|to m. Ungleichgewicht *n.* **sbi|lan|cia|re** *(sbilancio, sbilanci)* **I** tr. **1** aus dem Gleichgewicht bringen **2** FIG. *(dissestare)* in Unordnung bringen, zerrütten: ***questo acquisto ha sbilanciato la nostra economia familiare*** dieser Kauf hat unser Familienbudget in Unordnung gebracht **II** pronom. **sbilanciarsi 1** aus dem Gleichgewicht kommen **2** FIG. sich übernehmen, sich verausgaben: ***è meglio non -rsi*** es ist besser, sich nicht zu übernehmen; ***-rsi in qcs.*** sich mit etw. verausgaben; ***-rsi economicamente*** sich finanziell übernehmen. **sbi|lan|cio** m. *(-ci)* Unterbilanz *f.*

sbi|len|co agg. *(-chi,-che)* **1** schief **2** *(di persone)* krumm, gekrümmt **3** FIG. merkwürdig, absonderlich, schief: ***ragionamento ~*** merkwürdige Argumentation.

sbir|cia|re tr. *(sbircio, sbirci)* schielen (anche assol.): **~ *qcs.*** auf etw. (A) schielen; **~ *attraverso il buco della serratura*** durch das Schlüsselloch schielen. **sbir|cia|ta** f. ***dare una ~ a qcs.*** nach etw. (A) schielen; ***dare una ~ attraverso qcs.*** durch etw. schielen.

sbir|ro m. COLLOQ. SPREG. Bulle *m.*

sbiz|zar|ri|re *(sbizzarrisco, sbizzarrisci)* **I** tr. **~ *qcn.*** jdm die Launen austreiben **II** pronom. **sbizzarrirsi** sich aus_toben, seiner Laune freien Lauf lassen: ***-rsi a fare qcs.*** sich mit etw. die Zeit vertreiben.

sbloc|ca|men|to m. Freigabe *f.*, Enthemmung *f.*

sbloc|ca|re *(sblocco, sblocchi)* **I** tr. **1** MECC. frei_geben, enthemmen, lösen: **~ *un pedale*** ein Pedal lösen; **~ *una linea telefonica*** eine Telefonleitung freigeben **2a** FIG. entschärfen, lösen, bewältigen: **~ *la situazione*** die Situation entschärfen **b** *(liberalizzare)* frei_geben: **~ *i prezzi, gli affitti*** die Preise, Mieten freigeben **3a** MIL. die Blockade auf_heben **b** *(liberare da assedio)* von der Belagerung befreien (*o* entsetzen) **II** pronom. **sbloccarsi 1** MECC. sich lösen, freigegeben werden **2** FIG. flüssig werden: ***la circolazione si è sbloccata*** der Verkehr ist wieder flüssig geworden; ***le trattative si sono sbloccate*** die Verhandlungen wurden wieder aufgenommen **3** PSIC. eine Hemmschwelle überwinden.

sbloc|co m. *(-chi)* **1** Enthemmung *f.*, Freigabe *f.*, Lösung *f.* **2a** FIG. Entschärfung *f.*, Bewältigung *f.*, Lösung *f.*: ***lo ~ della situazione*** die Entschärfung der Situation **b** *(liberalizzazione)* Freigabe *f.*; ***lo ~ degli affitti*** die Freigabe der Mieten **3a** MIL. Aufhebung *f.* der Blockade **b** *(liberazione da assedio)* Entsatz *m.* ◆ **~ *dei prezzi*** Preisfreigabe *f.*

sbob|ba f. Schweinefraß *m.*

sbo|bi|na|re tr. **~ *un nastro*** = eine Kassettenaufnahme schriftlich wieder_geben.

sboc|ca|re *(sbocco, sbocchi)* **I** intr. (aus. *essere*) **1** ein_münden, münden, enden: ***l'Arno sbocca nel Tirreno*** der Arno mündet ins Tyrrhenische Meer; ***il tunnel sbocca in territorio francese*** der Tunnel endet auf französischem Gebiet **2** FIG. enden: ***la discussione è sboccata in una lite*** die Diskussion endete im Streit **II** tr. ab_gießen.

sboc|ca|tag|gi|ne f. Unanständigkeit *f.*, Ungeniertheit *f.*, Derbheit *f.* **sboc|ca|ta|men|te** avv. unanständig, derb.

1.sboc|ca|to p.pass. agg. **1** → **sboccare 2** *(sbeccato)* angebrochen, angeschlagen: ***bricco ~*** angeschlagener Krug ◆ ***cavallo ~*** hartmäuliges Pferd.

2.sboc|ca|to agg. *(sguaiato)* unanständig, ungeniert, derb.

sboc|cia|re intr. *(sboccio, sbocci*; aus. *essere)* auf_gehen, auf_blühen, erblühen (anche FIG.): **~ *in tutta la propria bellezza*** zu voller Schönheit erblühen. **sboc|cio** m. *(-ci)* Aufblühen *n.* ◆ ***di ~*** aufblühend; ***fiori di ~*** aufblühende Blumen.

sboc|co m. *(-chi)* **1** GEOGR. STRAD. Mündung *f.* **2** TECN. *(scarico)* Auslass *m.* **3** *(uscita)* Ausgang *m.* **4a** FIG. *(via di uscita)* Ausweg *m.*: ***la situazione non ha -chi*** aus dieser Situation gibt es keinen Ausweg **b** *(esito)* Ausgang *m.* **5** ECON. Absatzmarkt *m.*, Absatzmöglichkeit *f.*: ***aprire nuovi -chi per l'industria*** neue Absatzmärkte für die Industrie erschließen ◆ **~ *commerciale, di mercato*** Absatzmarkt *m.*, Absatzquelle *f.*; ***-chi professionali*** Berufsaussichten *pl.*; **~ *di sangue*** Blutsturz *m.*; ***senza ~ (sul, al mare)*** abflusslos; ***strada senza ~*** Sackgasse *f.*

sboc|con|cel|la|re tr. **1 ~ *qcs.*** an etw. (D) knabbern; **~ *il pane*** am Brot knabbern **2** *(sbeccare)* an_brechen, an_schlagen.

sbol|len|ta|re tr. ab_brühen, blanchieren. **sbol|len|ta|ta** f. Abbrühen *n.*; ***dare una ~ a qcs.*** etw. ab_brühen.

sbol|li|re intr. *(sbollisco/sbollo, sbollisci/sbolli)* **1** GASTR. (aus. *avere*) auf_hören zu kochen, nicht mehr kochen **2** FIG. (aus. *essere*) verrauchen: ***la sua collera sbollì in fretta*** sein Zorn verrauchte schnell.

sbo|lo|gna|re tr. COLLOQ. **1** an_drehen: **~ *qcs. a qcn.*** jdm etw. andrehen **2** *(una persona)* auf_halsen: **~ *qcn. a qcn.*** jdm jdn aufhalsen.

sbor|nia f. COLLOQ. Rausch *m.*: ***prendere una ~*** sich einen Rausch an_trinken; ***avere una ~*** einen Rausch haben (*o* einen sitzen haben); ***smaltire la ~ (con una dormita)*** den Rausch aus_schlafen ◆ COLLOQ. ***sete da ~*** Nachdurst *m.* **sbor|niar|si** pronom. sich einen Rausch an_trinken.

sbor|ra|re intr. (aus. *avere*) **1** ANT. *(sgorgare)* hervor_quellen, quellen, strömen **2** VOLG. spritzen.

sbor|sa|re tr. locker_machen, aus_geben, zahlen: ***dover ~ parecchio denaro per qcs.*** viel (Geld) lockermachen müssen; **~ *10 milioni*** 10 Millionen zahlen.

sbot|ta|re intr. (aus. *essere*) **1** *(sfogarsi)* los_platzen; **~ *con una risposta*** gleich mit der Antwort losplatzen **2** *(erompere)* aus_brechen: **~ *a piangere, a ridere*** in Tränen, in Lachen ausbrechen.

sbot|to|na|re I tr. **1** auf_knöpfen; *(staccando)* ab_knöpfen: **~ *la camicia*** das Hemd aufknöpfen; **~ *il cappuccio dalla giacca*** die Kapuze von der Jacke abknöpfen **2** BOT. **~ *una pianta*** die Knospen einer Pflanze ab_schneiden **II** pronom. **sbottonarsi 1** sich auf_knöpfen: ***-rsi qcs.*** sich etw. aufknöpfen **2** FIG. COLLOQ. sich gehen lassen: ***non si sbottona mai*** er lässt sich niemals gehen.

sbot|to|na|to p.pass. agg. **1** → **sbottonare 2** aufgeknöpft. **sbot|to|na|tu|ra** f. Aufknöpfen *n.*

sboz|za|re tr. **1** SCULT. zu_schlagen, bearbeiten **2** TECN. vor_arbeiten **3** ESTENS. *(abbozzare)* skizzieren, entwerfen (anche FIG.): **~ *un paesaggio*** eine Landschaft skizzieren; **~ *un progetto*** einen Plan entwerfen. **sboz|za|to|re** m. **1** Grobarbeiter *m.* **2** *(marmorario)* Vorrichter *m.*

sboz|zo|la|re *(sbozzolo)* **I** tr. ab_haspeln **II** intr. (aus. *avere*) aus dem Kokon aus_schlüpfen.

sbra|ca|re *(sbraco, sbrachi)* **I** tr. TECN. (vom Hebeseil) lösen **II** pronom. **sbracarsi 1** COLLOQ. (sich) die Hosen aus_ziehen **2** FIG. COLLOQ. es sich (D) bequem machen ◆ ***-rsi dalle risa*** sich tot_lachen.

sbra|ca|to p.pass. agg. **1** → **sbracare 2a** COLLOQ. halb angezogen **b** ESTENS. *(disordinato)* schlampig **3** FIG. *(sguaiato)* unmanierlich: ***essere ~ nel parlare*** sich unmanierlich aus_drücken.

sbrac|ciar|si pronom. *(mi sbraccio, ti sbracci)* **1a** die Ärmel hoch_krempeln **b** *(indossare vestiti senza maniche)* ärmellose Kleider an_ziehen **2** *(gesticolare)* mit den Armen fuchteln, gestikulieren **3** FIG. *(darsi da fare)* sich große Mühe geben: ***~ per qcn., qcs.*** sich mit jdm, etw. große Mühe geben.

sbrac|cia|to p.pass. agg. **1** → **sbracciarsi 2** mit bloßen, nackten Armen **3a** ABBIGL. *(senza maniche)* ärmellos **b** *(con maniche corte)* kurzärm(e)lig.

sbra|cia|re tr. *(sbracio, sbraci)* schüren.

sbrai|ta|re intr. *(sbraito*; aus. *avere)* brüllen, schreien. **sbrai|to|ne** m. Schreier *m.*, Brüller *m.*

sbra|na|men|to m. Zerfleischung *f.* **sbra|na|re I** tr. **1** zerfleischen, reißen: ***~ la preda*** die Beute zerfleischen **2** FIG. zerreißen **II** pronom. **sbranarsi** sich zerreißen, sich zerfleischen (anche FIG.).

sbrec|ca|re tr. *(sbrecco, sbrecchi)* REGION. an_schlagen.

sbrec|ca|to p.pass. agg. **1** → **sbreccare 2** angeschlagen: ***un piatto ~*** ein angeschlagener Teller.

sbrec|cia|re tr. *(sbreccio, sbrecci)* zerbrechen. **sbrec|cia|tu|ra** f. Sprung *m.*

sbri|cio|la|men|to m. **1** Abbröckelung *f.*, Abbröckeln *n.*, Zerkrümeln *n.* **2** *(sgretolamento)* Zerbröckelung *f.*

sbri|cio|la|re *(sbriciolo)* **I** tr. **1** zerbröckeln, zerkrümeln: ***~ il pane*** Brot zerkrümeln; ***~ i biscotti sul tavolo*** die Kekse über den Tisch verkrümeln **2** ESTENS. *(radere al suolo)* zerstören, zerfetzen **II** pronom. **sbriciolarsi 1** *(ridursi in briciole)* verkrümeln, zerkrümeln **2** *(sgretolarsi)* zerbröckeln.

sbri|ga|re *(sbrigo, sbrighi)* **I** tr. **1** *(adempiere)* erledigen: ***~ la posta*** die Post erledigen; ***~ le faccende di casa*** die Hausarbeit erledigen; ***~ qcs. senza indugio*** etw. unverzüglich erledigen; ***~ il lavoro arretrato*** die angehäufte Arbeit auf_arbeiten **2** AMM. *(eseguire)* bearbeiten; ***pratiche da ~*** zu bearbeitende Akten **3** ESTENS. *(occuparsi)* ab_fertigen: ***~ un cliente*** einen Kunden abfertigen **II** pronom. **sbrigarsi 1** *(affrettarsi)* sich beeilen: ***avanti, sbrigati!*** los, beeile dich! **2** ***sbrigarsela con qcn., qcs.*** mit jdm, etw. fertig werden; mit jdm, etw. zurecht_kommen: ***sa sbrigarsela da solo*** er kann allein damit zurechtkommen; ***sbrìgatela da solo!*** sieh zu, wie du allein damit fertig wirst! COLLOQ. mach deinen Kram allein! ***sbrigàtevela da soli!*** das müsst ihr unter euch ausmachen!

sbri|ga|ti|va|men|te avv. schnell.

sbri|ga|ti|vo agg. **1** *(spiccio)* eilig, schnell: ***metodi -i*** schnelle Methoden **2** *(energico)* entschlossen, kurz angebunden: ***un uomo ~*** ein kurz angebundener Mensch **3** ESTENS. *(superficiale, sommario)* voreilig, vorschnell, übereilt, flüchtig: ***un giudizio ~*** ein vorschnelles Urteil; ***un lavoro ~*** eine flüchtige Arbeit.

sbri|glia|re *(sbriglio, sbrigli)* **I** tr. **1** ab_zäumen **2** FIG. ***~ qcs.*** etw. (D) freien Lauf lassen; etw. (D) die Zügel schießen lassen: ***~ la fantasia*** seiner Fantasie freien Lauf lassen, der Fantasie die Zügel schießen lassen **II** pronom. **sbrigliarsi** aus_schweifen.

sbri|glia|to p.pass. agg. **1** → **sbrigliare 2** zügellos, ausschweifend: ***una fantasia -a*** eine ausschweifende Fantasie.

sbri|na|men|to m. **1** Abtauen *n.* **2** AUT. Entfrostung *f.*, Entfrosten *n.*

sbri|na|re I tr. **1** ab_tauen: ***~ il frigorifero*** den Kühlschrank abtauen **2** AUT. entfrosten: ***~ il parabrezza*** die Frontscheibe entfrosten **II** pronom. **sbrinarsi** ab_tauen: ***il frigorifero si sbrina automaticamente*** der Kühlschrank taut automatisch ab. **sbri|na|to|re** m. Defroster *m.* (anche AUT.), Abtausystem *n.*; ***~ automatico*** Abtauautomatik *f.* **sbri|na|tu|ra** f. **1** Abtauen *n.* **2** AUT. Entfrostung *f.*, Entfrosten *n.*

sbrin|del|la|re I tr. zerfetzen **II** intr. (aus. *essere*) schlottern. **sbrin|del|la|to** p.pass. agg. **1** → **sbrindellare 2** ABBIGL. zerfetzt, zerlumpt **3** ESTENS. *(di persona)* zerlumpt: ***andare in giro tutto ~*** zerlumpt herum_laufen.

sbro|do|la|men|to m. **1** *(lo sbrodolare)* Verkleckern *n.*, Kleckern *n.* **2** *(lo sbrodolarsi)* Bekleckern *n.*

sbro|do|la|re *(sbrodolo)* **I** tr. **1** (ver)kleckern: ***~ qcs. su qcs., qcs. di qcs.*** etw. auf (*o* über) etw. (A) kleckern; ***~ la minestra sulla tovaglia, la tovaglia di minestra*** Suppe über die Tischdecke kleckern **2** FIG. *(tirare in lungo)* in die Länge ziehen; ***~ un lungo discorso*** = beim Sprechen nicht auf den Punkt kommen **II** pronom. **sbrodolarsi** sich (be)kleckern: ***-rsi mangiando*** beim Essen kleckern; ***-rsi il vestito*** sich das Kleid bekleckern. **sbro|do|la|tu|ra** f. **1** Kleckerei *f.* **2** *(macchia)* Fleck *m.* **sbro|do|lo|ne** m. Kleckerfritze *m.*, Schmierfink *m.*

sbro|glia|re *(sbroglio, sbrogli)* **I** tr. **1** entwirren **2** *(sgomberare)* ab_räumen **3** FIG. lösen, entwirren **II** pronom. **1** ***-rsi da qcs.*** los_kommen, sich von etw. frei_machen **2** ***sbrogliarsela*** sich aus der Affäre ziehen ◆ ***~ una matassa*** einen Strang entwirren; FIG. die Karre aus dem Dreck ziehen.

sbron|za f. COLLOQ. Rausch *m.*: ***prendersi una (bella) ~*** sich einen (ordentlichen) Rausch an_trinken; ***avere una ~*** einen sitzen haben ◆ ***postumi della ~*** Kater *m.*

sbron|zar|si pronom. COLLOQ. sich berauschen, sich betrinken, sich einen Rausch an_trinken; SPREG. sich besaufen; ***~ del tutto*** sich voll saufen ◆ ***fare sbronzare qcn.*** jdn betrunken machen.

sbron|zo I agg. COLLOQ. besoffen **II** m. COLLOQ. Betrunkene *m.*; SPREG. Besoffene *m.*

sbruf|fa|re tr. **1** aus_spritzen **2** *(fare lo sbruffone)* prahlen, auf_schneiden, an_geben. **sbruf|fo** m. **1** Spritzen *n.*, Ausspritzen *n.* **2** *(mancia)* Schmiergeld *n.* **sbruf|fo|na|ta** f. Aufschneiderei *f.*, Prahlerei *f.*, Angeberei *f.* **sbruf|fo|ne** m. Angeber *m.*, Aufschneider *m.*

sbu|ca|re intr. *(sbuco, sbuchi*; aus. *essere)* **1a** *(di animali)* heraus_schlüpfen, heraus_kriechen: ***la talpa sbucò dalla tana*** der Maulwurf schlüpfte aus der Höhle heraus **b** *(di persone)* heraus_kommen, hervor_kommen: ***i minatori sbucarono dal tunnel*** die Bergarbeiter kamen aus dem Schacht hervor **2** *(comparire all'improvviso)* her_kommen, auf_tauchen: ***da dove è sbucato fuori?*** woher ist er gekommen? ***~ all'improvviso*** plötzlich auftauchen **3** *(avere uno sbocco)* münden: ***quella strada sbuca in una piazza*** diese Straße mündet in (*o* auf) einen Platz.

sbuc|cia|pa|ta|te m.inv. Kartoffelschäler *m.*

sbuc|cia|re *(sbuccio, sbucci)* **I** tr. **1** schälen, pellen: ***~ una pera*** eine Birne schälen; ***~ le patate*** *(crude)* die Kartoffeln schälen; *(cotte)* die Kartoffeln pellen; ***~ un uovo*** ein Ei pellen **2** COLLOQ. *(legumi)* enthülsen, aus_hülsen **II** pronom. **sbucciarsi 1** sich auf_schürfen, sich auf_scheuern, sich auf_schlagen: ***-rsi un ginocchio*** sich ein Knie aufschürfen **2** *(spogliarsi dell'involucro epidermico)* sich häuten: ***le serpi si sbucciano*** die Schlangen häuten sich **3** COLLOQ. ***sbucciarsela*** sich drücken. **sbuc|cia|tu|ra** f. **1** Schälen *n.* **2** *(di legumi)* Enthülsung *f.* **3** *(escoriazione)* Aufschürfung *f.*, Abschürfung *f.*

sbu|del|la|men|to m. **1** Ausweiden *n.* **2** *(di persone)* Messerstecherei *f.*

sbu|del|la|re I tr. **1** aus_weiden, aus_nehmen: ***~ un animale*** ein Tier ausweiden **2** *(ferire gravemente al ventre)* den Bauch auf_schlitzen: ***una sciabolata lo sbudellò*** ein Säbelhieb schlitzte ihm den Bauch auf **II** pronom. **sbudellarsi 1** ***-rsi dalle risa*** sich den Bauch vor Lachen halten **2** *(reciproco)* einander den Bauch auf_schlitzen.

sbuf|fa|re intr. (aus. *avere*) **1** schnauben, schnaufen, keuchen: ***~ dal caldo*** vor Hitze keuchen **2** *(di locomotiva)* schnauben **3** *(dimostrare insofferenza)* stöhnen. **sbuf|fa|ta** f. Schnauben *n.*, Schnaufen *n.*: ***rispondere con una ~*** mit einem kurzen Schnauben antworten.

sbuf|fo m. **1a** *(di fumo)* Wolke *f.* **b** *(di vento)* Windstoß *m.* **2** ABBIGL. Bausch *m.* ◆ ***a ~*** bauschig; ***manica a ~*** Puffärmel *m.*

sbu|giar|da|re tr. ***~ qcn.*** jdn als Lügner bloß_stellen.

sbul|lo|na|re tr. ***~ qcs.*** von etw. die Bolzen entfernen.

sbu|ro|cra|tiz|za|re tr. entbürokratisieren.

sbuz|za|re tr. REGION. **1a** *(sventrare)* aus_nehmen, aus_weiden **b** *(pesci)* kehlen **2** *(ferire al ventre)* ***~ qcn.*** jdm den Bauch auf_schlitzen.

scab|bia f. Krätze *f.*, Skabies *f.* ◆ ***acaro della ~*** Krätzmilbe *f.* **scab|bio|so I** agg. krätzig, skabiös **II** m. an Krätze Leidende *m.*

sca|bi|no m. Schöffe *m.*

sca|bio|sa f. Skabiose *f.*

sca|brez|za f. Rauheit *f.*

sca|bro agg. **1** rau: ***superficie -a*** raue Oberfläche **2** FIG. knapp, nüchtern: ***stile ~*** nüchterner Stil.

sca|bro|si|tà f. **1** Rauheit *f.*, Unebenheit *f.*: ***la ~ di una superficie*** die Rauheit einer Oberfläche **2** *(sporgenza)* Vorsprung *m.*, Unebenheit *f.* **3** FIG. heikler Charakter *m.*: ***la ~ di un argomento*** der heikle Charakter eines Themas.

sca|bro|so agg. **1** heikel, haarig: ***situazione -a*** heikle Situation; ***un caso ~*** ein haariger Fall **2** *(difficile)* schwierig, heikel **3** *(malagevole)* holprig, uneben: ***sentiero ~*** unebener Weg.

scac|chia|re tr. AGR. *(scacchio, scacchi)* aus_geizen. **scac|chia|tu|ra** f. AGR. Ausgeizen *n.*

scac|chie|ra f. Brett *n.*, Schachbrett *n.*; *(per la dama)* Damebrett *n.* ◆ ***a ~*** schachbrettartig, in Schachbrettmuster; ***sciopero a ~*** Schwerpunktstreik *m.* **scac|chie|re** m. **1** Kriegsschauplatz *m.* **2** STOR. Staatsschatz *m.*, Schatzamt *n.* **3** ANT. *(scacchiera)* Schachbrett *n.* ◆ ***a ~*** schachbrettartig, in Schachbrettmuster; ***Cancelliere dello ~*** Schatzkanzler *m.* **scac|chi|sta** m. e f. *(-i, -e)* Schachspieler *m.*

(-in *f.*). **scac|chi|sti|co** agg. *(-ci,-che)* Schach-: ***torneo ~*** Schachturnier *n.*
scac|cia|ca|ni I agg.inv. Schreckschuss- **II** m. e f.inv. Schreckschusspistole *f.*
scac|cia|mo|sche m.inv. Fliegenwedel *m.*
scac|cia|pen|sie|ri m.inv. Maultrommel *f.*
scac|cia|re tr. *(scaccio, scacci)* vertreiben, (ver)jagen, verscheuchen: ***~ qcn. di casa*** jdn aus dem Haus jagen; ***~ una mosca*** eine Fliege verscheuchen; ***il vento scaccia le nubi*** der Wind verjagt die Wolken; ***~ le preoccupazioni*** die Sorgen verscheuchen; ***~ la noia, il sonno*** die Langeweile, Müdigkeit vertreiben; ***~ un pensiero dalla testa*** sich eine Idee aus dem Kopf schlagen ◆ PROV. ***chiodo scaccia chiodo*** ein Keil treibt den anderen.
scac|ci|no m. Küster *m.*, Kirchendiener *m.*
scac|co m. *(-chi)* **1a** Schachfigur *f.* **b** pl. GIOC. Schach *n.*, Schachspiel *n.*: ***giocare a -chi*** Schach spielen **2** *(mossa)* Schach *n.*: ***dare ~ al re, alla regina*** dem König, der Königin Schach bieten; ***~ al re!*** Schach (dem König)! FIG. ***tenere in ~ qcn.*** jdn in Schach halten **3a** *(quadretto della scacchiera)* Schachfeld *n.*, Feld *n.* **b** ESTENS. *(quadretto)* Karo *n.* **4** *(sconfitta)* Niederlage *f.*: ***subire uno ~*** eine Niederlage erleiden ◆ ***a -chi*** schachbrettartig, in Schachbrettmuster; ***disegno a -chi*** Schachbrettmuster *n.*; ***stoffa a -chi*** Stoff *m.* in Schachbrettmuster; ***campione di -chi*** Schachmeister *m.*; ***~ matto*** Schachmatt *n.*; ***dare ~ matto a qcn.*** jdn schachmatt setzen (anche FIG.); ***~ matto!*** Schach und matt! ***partita a -chi*** Schachpartie *f.*; ***pezzo degli -chi*** Schachfigur *f.*; SCHERZ. ***vedere il sole a -chi*** hinter schwedischen Gardinen sitzen; ***-chi viventi*** lebende Schachfiguren.
scac|co|lar|si pronom. *(scaccolo)* COLLOQ. popeln, in der Nase bohren.
scac|co|mat|to m. Schachmatt *n.*, Matt *n.*: ***dare ~ al re*** den König matt setzen; ***~!*** Schach und matt!
sca|den|te agg. **1** schlecht, minderwertig: ***merce ~*** minderwertige Ware **2** *(insufficiente)* ungenügend, schlecht: ***voto ~*** ungenügende Note.
sca|den|za f. **1** Ablauf *m.*, Fristablauf *m.*, Verfall *m.*: ***la ~ di un contratto*** der Ablauf eines Vertrages **2** ECON. Fälligkeit *f.*, Fälligkeitstermin *m.*, Verfall *m.*: ***la ~ di una cambiale*** die Fälligkeit eines Wechsels; ***pagamento alla ~*** Zahlung innerhalb der Zahlungsfrist **3** *(giorno)* Fälligkeitstag *m.*, Verfallstag *m.*; BANC. Verfalltag *m.* **4** *(periodo di tempo)* Frist *f.*: ***non rispettare una ~*** eine Frist verstreichen lassen; ***rispettare le -e*** die Fristen ein‿halten **5** *(impegno)* fällige Schuld *f.*, fällige Verpflichtung *f.*: ***pagare le -e*** die fälligen Schulden zahlen; ***essere assillato dalle -e*** von den fälligen Schulden (*o* Fälligkeiten) erdrückt werden ◆ ***alla ~*** bei Verfall (*o* bei Fälligkeit); ***pagabile alla ~*** zahlbar bei Fälligkeit; ***a breve ~*** kurzfristig; ***con ~ (di) sei mesi*** mit sechsmonatiger Laufzeit (*o* innerhalb von sechs Monaten fällig); ***data di ~*** Fälligkeitstermin *m.*; *(di alimenti)* Haltbarkeitsdatum *n.*, Verfallsdatum *n.*; ***~ di fine mese*** Ultimofälligkeit *f.*; ***a ~ fissa*** befristet; ***cambiale a ~ fissa*** Fristwechsel *m.* (*o* Datowechsel *m*); ***in ~*** fällig; ***cambiale in ~*** fälliger Wechsel; ***a lunga ~*** langfristig; ***a media ~*** mittelfristig; ***~ di pagamento*** Zahlungstermin *m.*, Zahlungsfrist *f.*; ***prorogare la ~*** die Zahlungsfrist verlängern; ***~ trimestrale*** Quartalstermin *m.*; ***~ a vista*** Fälligkeit *f.* bei Sicht.
sca|den|za|re tr. Fristen fest‿setzen, terminieren.
sca|den|za|rio m. *(-ri)* Terminkalender *m.*, Wechselbuch *n.*
sca|de|re intr. (pass.rem. *scaddi*; p.pass. *scaduto*; fut. *scadrò*; aus. *essere*) **1a** fällig werden, fällig sein, verfallen: ***la cambiale scade domani*** der Wechsel wird morgen fällig (*o* der Wechsel verfällt morgen); ***domani scade l'ultima rata*** morgen ist die letzte Rate fällig **b** *(di mandati ecc.)* erlöschen **2** *(perdere validità)* ab‿laufen, aus‿laufen: ***il termine, il passaporto scade oggi*** die Frist, der Pass läuft heute ab; ***il contratto scade a fine maggio*** der Vertrag läuft Ende Mai aus **3** *(perdere pregio)* herab‿sinken, ab‿rutschen: ***~ a un livello più basso*** auf ein niedrigeres Niveau herabsinken; ***~ nelle proprie prestazioni*** in seinen Leistungen abrutschen **4a** *(perdere credito)* an Ansehen verlieren; ***è scaduto nell'opinione pubblica*** er hat in der öffentlichen Meinung an Ansehen verloren **b** *(perdere la stima di qcn.)* ***negli ultimi tempi mi è proprio scaduto*** in letzter Zeit ist er stark in meiner Achtung gesunken **5** MAR. ab‿fallen ◆ ***~ nel ridicolo*** ins Lächerliche verfallen.
sca|di|men|to m. Verfall *m.*, Niedergang *m.* ◆ ***~ della qualità*** Qualitätsminderung *f.*
sca|du|to p.pass. agg. **1** → **scadere 2a** verfallen, fällig: ***cambiale -a*** verfallener Wechsel; ***la fattura -a il 5/6*** die Rechnung, die am 5. 6. fällig war; ***pagamento ~*** fällige Zahlung **b** *(non più valido)* abgelaufen: ***passaporto ~*** abgelaufener Pass **3** *(decaduto)* heruntergekommen, verfallen: ***bellezza -a*** heruntergekommene Schönheit ◆ ***medicinali -i*** Medikamente, die das Verfallsdatum überschritten haben.
sca|fan|dro m. **1** Taucheranzug *m.* **2** *(di astronauti)* Raumfahreranzug *m.*
sca|fa|re I tr. REGION. **1** *(sgranare)* aus‿hülsen, enthülsen **2** FIG. lockerer, unverkrampfter machen: ***quel lavoro l'ha scafato*** diese Arbeit hat ihn lockerer gemacht **II** pronom. **scafarsi** schlauer werden.
sca|fa|to p.pass. agg. **1** → **scafare 2** REGION. schlau, verschlagen.
scaf|fa|la|re tr. **1** mit Regalen versehen **2** *(disporre negli scaffali)* in Regale ein‿räumen.
scaf|fa|la|to p.pass. agg. **1** → **scaffalare 2** Regal-: ***parete -a*** Regalwand *f.* **scaf|fa|la|tu|ra** f. **1** Ausstattung *f.* mit Regalen **2** *(insieme degli scaffali)* Regale *pl.*
scaf|fa|le m. Regal *n.*: ***mettere i libri sullo ~*** Bücher ins Regal stellen; ***prendere un libro dallo ~*** ein Buch aus dem Regal nehmen.
sca|fo m. **1** Rumpf *m.*, Schiffsrumpf *m.* **2** AER. Boot *n.*, Gleitboot *n.* **3** *(di carro armato)* Panzerkörper *m.*
sca|foi|de I m. Kahnbein *n.*, Schiffbein *n.* **II** agg. ***osso ~*** Kahnbein *n.*, Schiffbein *n.*
sca|gio|na|men|to m. Entlastung *f.* **sca|gio|na|re I** tr. entlasten: ***~ un imputato*** einen Angeklagten entlasten **II** pronom. **scagionarsi** sich rechtfertigen, sich rein waschen: ***-rsi da un'accusa*** sich von einer Anklage reinwaschen.
sca|glia f. **1** ZOOL. MED. Schuppe *f.* **2a** *(scheggia)* Splitter *m.* **b** *(di legno)* Span *m.* **3** *(lamina di metallo)* Hammerschlag *m.* **4** *(nelle corazze)* Panzerschuppe *f.* ◆ ***-e di cioccolato*** feingehobelte Schokolade; ***-e di sapone*** Seifenflocken *pl.*
1.sca|glia|re *(scaglio, scagli)* **I** tr. **1** schleudern, werfen: ***~ un sasso*** einen Stein schleudern **2** FIG. ins Gesicht schleudern, an den Kopf werfen: ***~ insulti contro qcn.*** jdm Schimpfworte an den Kopf werfen **II** pronom. **scagliarsi 1** sich stürzen, los‿gehen: ***-rsi su qcn.*** auf jdn losgehen, sich auf jdn stürzen **2** FIG. wettern: ***-rsi contro il malcostume*** gegen die verkommenen Sitten wettern.
2.sca|glia|re *(scaglio, scagli)* **I** tr. *(rompere in scaglie)* zersplittern **II** pronom. **scagliarsi** zersplittern, zerspringen.
sca|glio|la f. **1** kleine Schuppe *f.* **2** *(gesso)* Alabastergips *m.*, Alabaster *m.* **3** BOT. Kanariengras *n.*
sca|glio|na|men|to m. Staffelung *f.*, Abstufung *f.*: ***lo ~ delle ferie*** die (zeitliche) Staffelung der Ferien.
sca|glio|na|re I tr. staffeln, auf‿teilen: ***~ le ferie dei dipendenti*** den Urlaub der Angestellten (zeitlich) staffeln **II** pronom. ***-rsi lungo il sentiero*** sich entlang dem Weg gestaffelt auf‿stellen.
sca|glio|ne m. **1** MIL. Staffel *f.* **2** AMM. ECON. Stufe *f.* **3** FIG. Phase *f.*: ***lavori eseguiti in tre -i*** Arbeiten, die in drei Phasen durchgeführt werden **4** ARALD. Sparren *m.* **5** *(canino di cavallo)* Hakenzahn *m.* ◆ ***a -i*** staffelweise; ***~ di età*** Altersstufe *f.*; ***~ fiscale*** Steuerklasse *f.*; ***~ di reddito*** Einkommensstufe *f.*
sca|glio|so agg. **1** schuppig, Schuppen- **2** *(che si scaglia)* splitterig, blättrig.
sca|gnoz|zo m. SPREG. **1** *(prete povero)* Bettelpriester *m.* **2** *(tirapiedi)* Handlanger *m.*
sca|la f. **1** Treppe *f.*: ***salire, scendere le -e*** die Treppe hinauf‿gehen, hinunter‿gehen; ***precipitarsi giù per le -e*** die Treppe hinunter‿rennen; ***cadere giù dalle -e*** die Treppe hinunter‿fallen; ***la ~ che porta al piano superiore*** die Treppe zum oberen Stockwerk **2** *(a pioli)* Leiter *f.*: ***mettere, appoggiare la ~ contro il muro*** die Leiter an die Mauer stellen, lehnen **3** *(sistema di misurazione)* Skala *f.* **4** *(nella cartografia)* Maßstab *m.*: ***carta geografica in ~ uno a mille*** Landkarte im Maßstab eins zu tausend **5** *(scala di strumento)* Skala *f.*, Maßeinteilung *f.* **6** MUS. Tonleiter *f.*, Skala *f.*: ***fare le -e*** Tonleitern spielen (*o* üben) **7** GIOC. Straight Flush *m.* ◆ ***a ~*** stufig; ***~ aerea*** Feuerleiter *f.*; ***~ allungabile*** Ausziehleiter *f.*; ***~ antincendio*** Feuerleiter *f.*; ***~ Beaufort*** Beaufortskala *f.*; ***~ Celsius, centigrada*** Celsiusskala *f.*; ***~ a chiocciola*** Wendeltreppe *f.*; OTT. ***~ dei colori*** Farbskala *f.*; ***~ di corda*** Strickleiter *f.*; ***~ decimale*** Dezimalskala *f.*; ***~ diatonica*** diatonische Tonleiter; ***~ delle durezze*** Härteskala *f.*; ***economia di ~*** Größenvorteile *pl.*; ***~ di emergenza*** Notleiter *f.*; ***~ esterna*** Außentreppe *f.*; ***~ Fahrenheit*** Fahrenheitskala *f.*; ***~ fissa*** Wandleiter *f.*; ***~ graduata*** Stricheinteilung *f.*; ***in ~*** maßstabgerecht: ***rappresentare in ~*** maßstabgerecht dar‿stellen; ***su larga ~*** in großem Umfang; ***~ a libretto*** Stehleiter *f.*; ***~ logaritmica*** Logarythmenskala *f.*; ***~ maggiore*** Dur-Tonleiter *f.*; ***~ Mercalli*** Mercalliskala *f.*; ***~ minore*** Moll-Tonleiter *f.*; ***~ mobile*** Rolltreppe *f.*; ECON. gleitende Lohnskala; ***su ~ mondiale*** weltweit; ***su ~ nazionale*** landesweit; ***~ a pioli*** Sprossenleiter *f.*; ***pozzo delle -e*** Treppenhaus *n.*; ***~ principale*** Haupttreppe *f.*; ***~ quaranta*** INTRAD. (ein Kartenspiel);

GIOC. ~ ***reale*** Royal Flush *m.*; ~ ***Reaumur*** Reaumurskala *f.*; ~ ***Richter*** Richterskala *f.*; ***su ~ ridotta*** klein, im Kleinformat; ***ringhiera delle -e*** Treppengeländer *n.*; ~ ***di servizio*** Hintertreppe *f.*; ~ ***di sicurezza*** Notleiter *f.*, Feuerleiter *f.*; ~ ***di sintonia*** Einstellskala *f.*; ~ ***sismica*** Erdbebenskala *f.*; ~ ***sociale*** soziale Stufenleiter; SPORT ~ ***svedese*** Sprossenwand *f.*; ~ ***termometrica*** Thermometerskala *f.*; ANAT. ~ ***timpanica*** Paukentreppe *f.*; ***tromba delle -e*** Treppenhaus *n.*, Stiegenhaus *n.*; ~ ***di valori*** Werteskala *f.*; ***vano*** ~ Treppenhaus *n.*; ***su vasta*** ~ auf breiter Ebene; ~ ***dei venti*** Windskala *f.*; ~ ***vestibolare*** Vorhoftreppe *f.*; PROV. ***il mondo è fatto a -e, c'è chi scende e c'è chi sale*** die Welt ist wie ein Stiegenhaus, die einen gehen nach oben, die anderen nach unten.

sca|lan|dro|ne m. Fallreep *n.*

sca|lap|pia|re *(scalappio, scalappi)* **I** tr. (aus der Schlinge) befreien **II** pronom. **scalappiarsi** sich befreien.

1.sca|la|re I agg. **1** stufenförmig, treppenförmig **2** *(graduato)* abgestuft, gestaffelt **3** BANC. Staffel-: ***conto*** ~ Staffelkonto *n.*, Staffelrechnung *f.*; ECON. ***calcolo*** ~ Staffelrechnung *f.* **4** MAT. FIS. skalar: ***grandezza*** ~ skalare Größe **II** m. Skalar *m.* ◆ ***imposta*** ~ Degressivsteuer *f.*

2.sca|la|re tr. **1** besteigen, ersteigen, erklimmen, erklettern: ~ ***una montagna*** einen Berg besteigen; ~ ***un muro, una parete*** eine Mauer, eine Wand erklettern **2** *(disporre in scala)* ab‿stufen, stufen: ~ ***i colori*** die Farben abstufen **3** *(detrarre)* ab‿ziehen: ~ ***le spese dal ricavato*** die Kosten vom Gewinn abziehen ◆ ~ ***i capelli*** das Haar stufen (*o* stufig schneiden); AUT. ~ ***in seconda*** in den zweiten Gang zurück‿schalten.

sca|la|ta f. Besteigung *f.*, Ersteigung *f.*: ***la ~ di un monte*** die Besteigung eines Berges ◆ ***dare la ~ a un titolo*** die Aktien einer Firma auf‿kaufen (um eine Mehrheitsbeteiligung zu erreichen); ***dare la ~ al cielo*** die Sterne vom Himmel holen wollen; ***dare la ~ a una fortezza*** eine Festung erstürmen; ***dare la ~ al potere*** die Macht übernehmen (*o* an sich reißen).

sca|la|to p.pass. agg. **1** → **scalare 2** abgestuft; ***colori -i*** abgetönte Farben **3** ***capelli -i*** stufiges Haar, stufig geschnittene Haare.

sca|la|to|re m. **1** Bergsteiger *m.*, Ersteiger *m.* **2** *(nel ciclismo)* Kletterer *m.*

scal|ca|gna|to agg. **1** ausgetreten: ***scarpe -e*** ausgetretene Schuhe **2** FIG. heruntergekommen, zerlumpt, abgenutzt: ***un'auto -a*** ein abgenutztes Auto ◆ ***un poveraccio tutto*** ~ ein Lump, armer Teufel.

scal|ca|re tr. *(scalco, scalchi)* tranchieren: ~ ***un pollo*** ein Huhn tranchieren.

scal|cia|re intr. *(scalcio, scalci; aus. avere)* **1** treten **2** *(di animali)* aus‿schlagen, aus‿keilen.

scal|ci|na|re I tr. ~ ***i mattoni*** den Mörtel von den Ziegelsteinen ab‿kratzen **II** pronom. **scalcinarsi** ab‿bröckeln. **scal|ci|na|to** agg. **1** abgebröckelt, abgeblättert; ***una parete -a*** eine Wand, von der der Putz abgebröckelt ist **2** FIG. heruntergekommen, schäbig: ***un negozio tutto*** ~ ein völlig heruntergekommener Laden. **scal|ci|na|tu|ra** f. **1** Abkratzen *n.* des Mörtels **2** *(parte scalcinata)* schadhafte Stelle *f.* im Putz.

scal|da|ac|qua m.inv. Warmwasserbereiter *m.*, Heißwasserbereiter *m.*, Boiler *m.* ◆ ~ ***a flusso continuo*** Durchflusserhitzer *m.*; ~ ***ad immersione*** Tauchsieder *m.*; ~ ***istantaneo*** Durchlauferhitzer *m.*

scal|da|ba|gno m. (inv. e *-i*) Boiler *m.*, Heißwasserspeicher *m.* ◆ ~ ***elettrico*** Elektroboiler *m.*; ~ ***a gas*** Gasboiler *m.* **scal|da|bu|del|la** m.inv. SCHERZ. Lötwasser *n.*

scal|da|let|to m. (inv. e *-i*) Bettwärmer *m.* **scal|da|ma|ni** m.inv. Handwärmer *m.* **scal|da|mu|sco|li** m.inv. Legwarmer *m.* **scal|da|piat|ti** m.inv. Tellerwärmer *m.* **scal|da|pie|di** m.inv. Fußwärmer *m.*

scal|da|re I tr. **1a** wärmen, auf‿wärmen, erwärmen, warm machen: ~ ***l'acqua*** das Wasser wärmen **b** *(locale)* erwärmen, heizen **c** *(a temperatura elevata)* heizen, erhitzen: ~ ***qcs. a 100 gradi*** etw. auf 100 Grad erhitzen **d** *(gradualmente)* auf‿heizen **2** FIG. *(eccitare)* erhitzen: ~ ***gli animi*** die Gemüter erhitzen **II** intr. (aus. *avere*) **1** wärmen, erwärmen: ***il sole oggi non scalda*** die Sonne wärmt heute nicht **2** *(riscaldare)* heizen: ***la stufa non scalda bene*** der Ofen heizt schlecht **III** pronom. **scaldarsi 1** sich wärmen: ***-rsi al fuoco*** sich am Feuer wärmen **2** *(divenire caldo)* sich erwärmen, warm werden: ***l'aria si è scaldata*** die Luft hat sich erwärmt; ***il locale si è scaldato*** der Raum ist warm geworden **3** FIG. *(eccitarsi)* sich erhitzen, sich auf‿regen: ***-rsi durante una discussione*** sich während einer Diskussion erhitzen; ***-rsi per un nonnulla*** sich über jede Kleinigkeit auf‿regen **4** *(entusiasmarsi)* warm werden: ***il pubblico si scaldò*** das Publikum wurde warm ◆ FIG. ~ ***il banco*** die Schulbank ohne Erfolg drücken; ~ ***il motore*** den Motor warm laufen lassen; ~ ***i muscoli*** die Muskeln auf‿wärmen; ~ ***la sedia*** → ~ ***il banco***; ~ ***la voce*** sich ein‿singen.

scal|da|ta f. Erwärmen *n.*, Wärmen *n.*, Aufwärmen *n.*; ***darsi una ~ alle mani*** sich (D) die Hände erwärmen; ***dare una ~ alla minestra*** die Suppe auf‿wärmen.

scal|da|vi|van|de m.inv. Warmhalteplatte *f.*

scal|di|co agg. *(-ci,-che)* skaldisch, Skalden-: ***poesia -a*** Skaldendichtung *f.*

scal|di|no m. → **scaldaletto.**

scal|do m. Skalde *m.*

sca|le|a f. Freitreppe *f.*

sca|le|no agg. ungleichseitig, ungleichschenkelig: ***triangolo, poligono*** ~ ungleichseitiges Dreieck, Vieleck.

sca|le|o m. **1** *(scala)* Bockleiter *f.*, Treppenleiter *f.* **2** *(portafiori)* stufenförmiger Blumenständer *m.*

sca|let|ta f. **1a** kleine Treppe *f.*, Treppchen *n.* **b** *(a pioli)* (kleine) Leiter *f.*: ***la ~ del pollaio*** die Hühnerleiter **2** *(nei capelli)* Treppe *f.*, Stufe *f.* **3a** *(schema di testo)* Schema *n.*, Gliederung *f.*: ***la ~ di un tema*** die Gliederung eines Aufsatzes **b** ESTENS. *(programma)* Programm *n.* **4** CINEM. Exposé *n.* **5** *(nello sci)* Treppenschritt *m.*: ***a*** ~ im Treppenschritt ◆ ~ ***d'imbarco*** Gangway *f.*

scal|fi|re *(scalfisco, scalfisci)* **I** tr. **1a** schrammen, ritzen: ~ ***il vetro con un diamante*** Glas mit einem Diamanten ritzen **b** *(intagliare)* ein‿ritzen **2a** *(ferire superficialmente)* ritzen **b** *(di proiettili)* streifen **3a** FIG. *(intaccare)* ins Wanken bringen: ~ ***la sicurezza di qcn.*** jds Sicherheit ins Wanken bringen **b** *(toccare)* berühren, treffen: ***le nostre critiche non lo scalfiscono*** unsere Kritik berührt ihn nicht **II** pronom. **scalfirsi** sich ritzen, sich schrammen: ***-rsi un dito con un chiodo*** sich am Finger mit einem Nagel ritzen.

scal|fit|tu|ra f. **1** Schramme *f.*, Ritz *m.*: ***una ~ nel vetro*** eine Schramme auf dem Glas **2** *(piccola ferita)* Schramme *f.*, Abschürfung *f.*, Ritz *m.*

scal|fo m. Armausschnitt *m.*

sca|li|ge|ro I agg. **1** Scaliger- **2** ESTENS. *(di Verona)* veronesisch, Veroneser **3** *(della Scala di Milano)* der (Mailänder) Skala **II** m. Scaliger *m.* ◆ ***la città -a*** = Verona.

sca|li|na|ta f. Freitreppe *f.*: ~ ***marmorea*** Marmorfreitreppe *f.*

sca|li|no m. Stufe *f.* (anche FIG.): ***gli -i della scala*** die Treppenstufen; ***il primo ~ di una carriera*** die erste Stufe einer Karriere ◆ ~ ***del marciapiede*** Bordsteinkante *f.*

scal|ma|na f. **1** Erkältung *f.*; ***prendere una*** ~ sich eine Erkältung holen **2** *(caldana)* Hitzewallung *f.*; ***avere le -e*** fliegende Hitze haben **3** *(infatuazione)* plötzliche Begeisterung *f.*; ***prendere una ~ per qcs.*** sich plötzlich für etw. begeistern.

scal|ma|nar|si pronom. **1** *(accaldarsi)* sich erhitzen **2** *(affannarsi)* sich auf‿hetzen **3** *(eccitarsi)* sich auf‿regen, sich erhitzen.

scal|ma|na|to I p.pass. agg. **1** → **scalmanarsi 2** erhitzt, wild: ***un bimbo*** ~ ein erhitztes Kind; ***una classe -a*** eine wilde Klasse **3** *(eccitato)* aufgeregt: ***arrivò tutto*** ~ er kam ganz aufgeregt an **II** m. Wildgewordene *m.*, außer sich Geratene *m.* ◆ ***branco, folla di -i*** wilder Haufen.

scal|mie|ra f., **scal|mo** m. Ausleger *m.*, Dolle *f.* ◆ ~ ***a forchetta*** Rudergabel *f.*, Ausleger *m.*; ~ ***girevole*** Drehdolle *f.*

sca|lo m. **1** MAR. Anlegehafen *m.*, Anlaufhafen *m.* **2a** AER. Anflughafen *m.* **b** *(tappa intermedia)* Zwischenlandung *f.* **3** FERR. Bahnhof *m.*, Abladeplatz *m.* ◆ ~ ***aereo*** Anflughafen *m.*; ~ ***di alaggio*** Slip *m.*; ~ ***per container*** Containerhafen *m.*; ~ ***di costruzione*** Helling *f.*, Stapel *m.*; ***fare*** ~ MAR. vor Anker gehen; AER. zwischenlanden; ~ ***fisso*** Werft *f.*; FERR. ~ ***merci*** Güterbahnhof *m.*, Ausladebahnhof *m.*; ***porto di*** ~ Anlaufhafen *m.*; ***volo senza*** ~ Nonstopflug *m.*, Ohnehaltflug *m.*; FERR. ~ ***di smistamento*** Rangierbahnhof *m.*, Verschiebebahnhof *m.*; ~ ***tecnico*** Zwischenlandung *f.* (zum Auftanken).

sca|lo|gna f. COLLOQ. Pech *n.*, Missgeschick *n.*: ***che ~!*** so ein Pech! **sca|lo|gna|to** COLLOQ. **I** agg. vom Pech verfolgt **II** m. Pechvogel *m.*

sca|lo|gno m. Schalotte *f.*

sca|lo|ne m. Prunktreppe *f.*, prunkvoller Treppenaufgang *m.*

sca|lop|pa, sca|lop|pi|na f. INTRAD. (in Mehl gewendete gedünstete Kalb- oder Rindfleischscheibe).

scal|pa|re tr. skalpieren.

scal|pel|la|re tr. **1** meißeln: ~ ***la pietra, il marmo*** den Stein, den Marmor meißeln **2** MED. auf‿meißeln: ~ ***il cranio*** den Schädel aufmeißeln. **scal|pel|la|tu|ra** f. Meißeln *n.* (anche MED.). **scal|pel|li|no** m. Steinmetz *m.*

scal|pel|lo m. **1a** Meißel *m.* **b** *(per legno)* Stechbeitel *m.*, Beitel *m.* **c** *(per trivellazioni)* Meißelbohrer *m.*, Bohrmeißel *m.* **2** MED. Skalpell *n.*, Meißel *m.* **3** FIG. *(scultore)* Bildhauer *m.* ◆ ***arte dello*** ~ Bildhauerkunst *f.*; ~ ***a croce*** Kreuzmeißel *m.*; ~ ***da muratore*** Stein-

meißel *m.*; ***opera di*** *~* Bildhauerwerk *n.* (*o* Plastik *f.*); *~* ***a percussione*** Schlagbohrmeißel *m.*; *~* ***piatto*** Flachmeißel *m.*; *~* ***da roccia*** Gesteinsbohrer *m.*
scal|pic|cia|re intr. *(scalpiccio, scalpicci*; aus. *avere)* **1** scharren: *~* ***con i piedi sul pavimento*** mit den Füßen auf dem Boden scharren **2** *(strisciando i piedi)* schlurfen. **scal|pic|ci|o** m. **1** Gescharre *n.* **2** *(strisciando i piedi)* Schlurfen *n.*
scal|pi|tan|te agg. stampfend. **scal|pi|ta|re** intr. *(scalpito*; aus. *avere)* **1** stampfen, trampeln **2** FIG. ungeduldig sein; *~* ***dalla voglia di fare qcs.*** ungeduldig darauf brennen, etw. zu tun. **scal|pi|ti|o** m., **scal|pi|to** m. Stampfen *n.*, Trampeln *n.*, Getrappel *n.*: ***lo*** *~* ***dei cavalli*** das Stampfen der Pferde.
scal|po m. Skalp *m.*
scal|po|re m. Aufsehen *n.*, Eklat *m.*: ***fare, suscitare, destare*** *~* Aufsehen erregen; ***tanto*** *~* ***per nulla*** viel Lärm um Nichts; ***senza*** *~* ohne Aufsehen.
scal|tra|men|te avv. listig, listigerweise.
scal|trez|za f. Gerissenheit *f.*, Verschlagenheit *f.*, Listigkeit *f.*
scal|tri|re *(scaltrisco, scaltrisci)* **I** tr. **1** schlau(er) machen, verschlagen machen **2** *(raffinare)* verfeinern: *~* ***lo stile*** den Stil verfeinern **II** pronom. **scaltrirsi 1** schlau(er) werden, gewitzt(er) werden **2** *(diventare più esperto)* sich verfeinern. **scal|tri|to** p.pass. agg. **1** → **scaltrire 2** verschlagen, schlau.
scal|tro agg. verschlagen, gerissen, listig: ***un tipo*** *~* ein gerissener Kerl; ***una mossa -a*** ein listiger Zug.
scal|za|ca|ne m. (inv. e *-i*), **scal|za|ca|ni** m.inv. COLLOQ. Stümper *m.*, Pfuscher *m.*
scal|za|re tr. **1** ANT. *~* ***qcn.*** jdm Schuhe und Strümpfe aus‿ziehen **2a** frei‿legen: *~* ***un dente*** die Zahnwurzel(n) freilegen; *~* ***un albero*** die Wurzeln eines Baumes freilegen (*o* aus‿graben) **b** *(muri)* frei‿graben **3** *(di acqua)* unterspülen, unterhöhlen **4** FIG. *(mandare via)* verdrängen: *~* ***qcn. da una carica*** jdn aus einem Amt verdrängen; ***non farsi*** *~* ***dal proprio posto*** sich nicht von seinem Platz verdrängen lassen **5** FIG. *(minare)* untergraben, unterhöhlen: *~* ***l'autorità di qcn.*** jds Ansehen untergraben.
scal|zo agg. barfuß, barfüßig: ***essere, camminare*** *~* barfuß sein, barfuß gehen ◆ ***carmelitano*** *~* Unbeschuhter Karmeliter; ***a piedi -i*** barfuß.
scam|bia|bi|le agg. austauschbar.
scam|bia|re *(scambio, scambi)* **I** tr. **1a** *(barattare)* tauschen, ein‿tauschen: *~* ***delle uova con del pane*** Eier gegen Brot tauschen; *~* ***figurine, francobolli*** Sammelbilder, Briefmarken tauschen **b** *(banconote)* wechseln, um‿tauschen **2** *(confondere)* verwechseln: ***l'ho scambiato per tuo marito*** ich habe ihn mit deinem Mann verwechselt **3** *(prendere per sbaglio)* vertauschen: *~* ***(per sbaglio) due fascicoli*** (aus Versehen) zwei Akten vertauschen **4** *(comunicare vicendevolmente)* aus‿tauschen, wechseln: *~* ***le proprie opinioni*** seine Meinungen austauschen; *~* ***due parole, quattro chiacchiere con qcn.*** ein paar Worte mit jdm wechseln **II** pronom. **scambiarsi 1** tauschen, aus‿tauschen, wechseln: ***-rsi delle idee*** Gedanken austauschen; ***-rsi tenerezze*** Zärtlichkeiten austauschen; ***-rsi gli indirizzi*** die Adressen austauschen; ***-rsi i posti*** die Plätze tauschen; ***-rsi degli sguardi*** Blicke wechseln **2** *(avvicendarsi)* sich ab‿wechseln ◆ ***-rsi gli anelli*** die Ringe tauschen (*o* wechseln); ***-rsi le parti*** die Rollen vertauschen; *~* ***i prigionieri*** Gefangene austauschen; ***-rsi una stretta di mano*** einander die Hand geben.
scam|bia|to|re m. Tauscher *m.*; *~* ***di calore*** Wärmeaustauscher *m.*
scam|bie|vo|le agg. gegenseitig, wechselseitig: ***aiuto*** *~* gegenseitige Hilfe. **scam|bie|vol|men|te** avv. gegenseitig, wechselseitig.
scam|bio m. *(-bi)* **1** *(baratto)* Austausch *m.*: ***fare uno*** *~* ***vantaggioso*** einen vorteilhaften Tausch machen: ***fare (uno)*** *~* tauschen; ***uno*** *~* ***di materie prime*** ein Austausch von Rohstoffen **2a** *(equivoco)* Verwechslung *f.* **b** *(il prendere una cosa per un'altra)* Vertauschung *f.* **3** FERR. Weiche *f.*: ***manovrare gli -bi*** die Weichen stellen **4a** SPORT *(tennis)* Ballwechsel *m.* **b** *(calcio)* Ballabgabe *f.* **5** BIOL. Einkreuzung *f.* ◆ ***ago dello*** *~* Weichenzunge *f.*; *~* ***degli anelli*** Ringtausch *m.*; *~* ***di calore*** Wärmeaustausch *m.*; ***-bi commerciali*** Handelsaustausch *m.*; ***-bi culturali*** Kulturaustausch *m.*; FERR. ***doppio*** *~* Doppelweiche *f.*; *~* ***epistolare*** Briefwechsel *m.*; *~* ***gassoso*** Gasaustausch *m.*; ***-bi internazionali*** Außenhandel *m.*; *~* ***di ioni*** Ionenaustausch *m.*; ***libero*** *~* Freihandel *m.*; ***zona di libero*** *~* Freihandelszone *f.*; ***merce di*** *~* Tauschware *f.*, Handelsware *f.*, Handelsartikel *m.*; *~* ***di merci*** Warentausch *m.*; *~* ***di note (diplomatiche)*** Notenaustausch *m.*; ***oggetto di*** *~* Tauschobjekt *n.*; *~* ***di parole*** Wortwechsel *m.*; *~* ***di persona*** Personenverwechslung *f.*; *~* ***di prigionieri*** Gefangenenaustausch *m.*; ***procedura di*** *~* Tauschverfahren *n.*; ***relè di*** *~* Weichenrelais *n.*; *~* ***dei ruoli*** Rollentausch *m.*; *~* ***di studenti (con l'estero)*** Schüleraustausch *m.*; UNIV. Studentenaustausch *m.*; ***valore di*** *~* Tauschwert *m.*; *~* ***di vedute*** Meinungsaustausch *m.*
scam|bi|sta m. e f. *(-i,-e)* **1** FERR. Weichensteller *m.* (-in *f.*) **2** ECON. Händler *m.* (-in *f.*).
sca|mi|ciar|si pronom. *(mi scamicio, ti scamici)* sich bis aufs Hemd aus‿ziehen. **sca|mi|cia|to I** p.pass. agg. **1** → **scamiciarsi 2** in Hemdsärmeln, im Hemd **II** m. Trägerkleid *n.*, Kleiderrock *m.*
sca|mor|za f. **1** INTRAD. (Art frischer Weichkäse) **2** FIG. SCHERZ. Flasche *f.*, Schwächling *m.*: ***sei proprio una*** *~!* du bist wirklich eine Flasche!
sca|mo|scia|re tr. *(scamoscio, scamosci)* sämisch gerben.
sca|mo|scia|to p.pass. agg. **1** → **scamosciare 2a** sämisch gegerbt **b** *(di pelle scamosciata)* aus Sämischleder, aus Veloursleder (*o* Velours), IMPR. Wildleder-: ***guanti -i*** Veloursbhandschuhe *pl.*; ***giacca -a*** Wildlederjacke *f.* ◆ ***carta -a*** Chamoispapier *n.*; ***pelle -a*** Sämischleder *n.*, Veloursleder *n.*, Wildleder *n.* **sca|mo|scia|tu|ra** f. Sämischgerberei *f.*
sca|moz|za|re tr. kappen.
scam|pa|gna|ta f. Ausflug *m.* aufs Land (*o* ins Grüne), Landpartie *f.*: ***fare una*** *~* eine Landpartie machen.
scam|pa|na|re I intr. (aus. *avere*) **1** (die Glocken) läuten: *~* ***a festa*** zum Fest läuten **2** SART. glockenförmig (*o* glockig) aus‿stellen **II** tr. SART. *~* ***una gonna*** einen Rock glockenförmig (fallend) schneiden. **scam|pa|na|ta** f. Glockengeläute *n.* **scam|pa|na|to** p.pass. agg. **1** → **scampanare 2** glockig (*o* glockenförmig) fallend, Glocken-: ***gonna -a*** Glockenrock *m.* ◆ ***pantaloni -i*** Hosen *pl.* mit Schlag. **scam|pa|na|tu|ra** f. SART. Glockenform *f.*
scam|pa|nel|la|re intr. (aus. *avere*) anhaltend klingeln, Sturm klingeln. **scam|pa|nel|la|ta** f. Klingeln *n.* **scam|pa|nel|li|o** m. Klingeln *n.*, Geklingel *n.* **scam|pa|ni|o** m. Glockengeläute *n.*, Glockenläuten *n.*
scam|pa|re I intr. (aus. *essere*) **1** *~* ***a qcs.*** etw. (D) entrinnen, etw. (A) überleben; *~* ***al terremoto*** das Erdbeben überleben **2** *(trovare scampo)* entkommen: *~* ***all'estero*** ins Ausland entkommen **II** tr. **1** *~* ***qcs.*** etw. (D) entgehen; *~* ***la prigione, la morte*** dem Gefängnis, dem Tod entgehen **2** ***scamparla*** (mit dem Leben) davon‿kommen; ***l'ha scampata bella!*** er ist noch einmal (mit heiler Haut) davongekommen! ◆ ***Dio ce ne scampi e liberi!*** Gott bewahre (uns davor)! da sei Gott vor! **scam|pa|to I** p.pass. agg. **1** → **scampare 2** überstanden, gerettet: *~* ***pericolo*** überstandene Gefahr **II** m. Überlebende *m.*: ***gli -i al terremoto*** die Überlebenden des Erdbebens.
1.scam|po m. Entrinnen *n.*, Entkommen *n.*: ***non c'è*** *~* es gibt kein Entkommen (*o* daran führt kein Weg vorbei); ***trovare*** *~* ***all'estero*** ins Ausland entkommen; ***cercare*** *~* ***nella fuga*** sein Heil in der Flucht suchen ◆ ***via di*** *~* Ausweg *m.*; ***senza via di*** *~* ausweglos, aussichtslos; ***trovare una via di*** *~* einen Ausweg finden; ***non vedo altra via di*** *~* ich sehe keinen anderen Ausweg.
2.scam|po m. **1** ZOOL. Kaisergranat *m.*, Kaiserhummer *m.* **2** pl. GASTR. Scampi *pl.*
scam|po|lo m. Stoffrest *m.*, Reste *pl.* ◆ ***uno*** *~* ***di tempo*** ein freier Augenblick; ***uno*** *~* ***di terreno*** ein kleines Stück Land.
sca|na|la|re tr. **1** aus‿kehlen, rillen: *~* ***il bastone*** den Stock auskehlen **2** ARCH. kannelieren: *~* ***una colonna*** eine Säule kannelieren **3** MECC. nuten ◆ ***fresa per*** *~* Nutenfräser *m.*; ***pialla per*** *~* Falzhobel *m.*, Kehlhobel *m.* **sca|na|la|to** p.pass. agg. **1** → **scanalare 2** (aus)gekehlt, gerillt, Rillen- **3** ARCH. kanneliert: ***colonna -a*** kannelierte Säule **4** MECC. genutet ◆ ***albero*** *~* Keilwelle *f.* **sca|na|la|tri|ce** f. Nutenfräser *m.* **sca|na|la|tu|ra** f. **1a** Auskehlung *f.* **b** *(incavo)* Rille *f.*, Hohlkehle *f.* **2** ARCH. Kannelur *f.*, Kannelierung *f.* **3** MECC. Nut *f.*: ***fresare una*** *~* eine Nut fräsen ◆ *~* ***elicoidale*** Drallnut *f.*; *~* ***di guida*** Führungsnut *f.*; ***linguetta e*** *~* Feder und Nut; *~* ***per lubrificazione*** Schmiernut *f.*; *~* ***a T*** T-Nut *f.*; ***a tre -e*** dreinutig.
scan|cel|la|re, scan|cel|la|tu|ra... → **cancellare, cancellatura...**
scan|da|glia|men|to m. Loten *n.*, Ausloten *n.*, Lotung *f.* **scan|da|glia|re** tr. *(scandaglio, scandagli)* **1** loten, aus‿loten **2** FIG. sondieren.
scan|da|glio m. *(-gli)* **1** *(strumento)* Senklot *n.*, Lot *n.*: ***gettare, calare lo*** *~* das Lot werfen (*o* aus‿werfen), hinunter‿lassen **2** *(lo scandagliare)* Lotung *f.*, Loten *n.* ◆ *~* ***acustico*** Echolot *n.*; *~* ***elettronico*** elektronisches Echolot; *~* ***a mano*** Handlot *n.*; *~* ***a pressione*** Lotmaschine *f.*; *~* ***a sagola*** Seillot *n.*
scan|da|li|smo m. Skandalsucht *f.* **scan|da|li|sta** m. e f. *(-i,-e)* Skandalnudel *f.*, skandalumwitterte Persönlichkeit *f.* **scan|da|li|sti|co** agg. *(-ci,-che)* Skandal-, sensationssüchtig, Sensations-: ***stampa -a*** Sensationspresse *f.*; ***giornale*** *~* Skandalblatt *n.* ◆ ***campagna -a*** Verleumdungskampagne *f.*
scan|da|liz|za|re I tr. **1** schockieren: ***il suo comportamento ha***

scandalizzato tutti sein Benehmen hat alle schockiert **2** *(sdegnare)* entrüsten, empören **II** pronom. **scandalizzarsi** Anstoß nehmen, sich skandalisieren: ***-rsi di, per qcs.*** Anstoß an etw. (D) nehmen, sich über etw. (A) skandalisieren. **scan|da|liz|za|to** p.pass. agg. **1** → **scandalizzare 2** schockiert: ***essere ~ per qcs.*** über etw. (A) schockiert sein; ***fare una faccia -a*** ein schockiertes Gesicht machen.

scan|da|lo m. **1** Skandal *m.*, Anstoß *m.*: ***~ pubblico*** öffentlicher Skandal; ***è scoppiato uno ~*** es ist ein Skandal entstanden; ***suscitare ~*** Anstoß erregen; ***fare, provocare, soffocare, coprire uno ~*** einen Skandal machen, verursachen, vertuschen, verschleiern; ***essere, rimanere coinvolto in uno ~*** in einen Skandal verwickelt sein, werden; ***è uno ~ che...*** es ist ein Skandal, dass...; ***è uno ~!*** das ist ein Skandal! ***i retroscena di uno ~*** die Hintergründe eines Skandals **2** *(turbamento suscitato)* Empörung *f.*, Entrüstung *f.* ◆ ***~ finanziario*** Finanzskandal *m.*; ***gridare allo ~*** seiner Empörung Luft machen; ***pietra dello ~*** Stein *m.* des Anstoßes.

scan|da|lo|sa|men|te avv. **1** skandalös: ***comportarsi ~*** sich skandalös benehmen **2** COLLOQ. *(eccessivamente)* ***essere ~ ricco*** unverschämt reich sein. **scan|da|lo|so** agg. **1** skandalös: ***un comportamento ~*** ein skandalöses Benehmen **2** COLLOQ. unverschämt: ***un prezzo ~*** ein unverschämter Preis.

Scan|di|na|via n.pr.f. Skandinavien *n.* **scan|di|na|vo I** agg. skandinavisch: ***lingue -e*** skandinavische Sprachen; ***penisola -a*** Skandinavische Halbinsel **II** m. Skandinavier *m.*

scan|dio m. Skandium *n.*

scan|di|re tr. *(scandisco, scandisci)* **1** skandieren: ***~ un verso*** einen Vers skandieren **2** *(pronunciare distintamente)* deutlich aus_sprechen, skandieren: ***~ (bene) le parole*** Worte deutlich aussprechen **3** TELEV. ab_tasten ◆ MUS. ***~ il tempo*** den Rhythmus schlagen.

scan|do|la f. Schindel *f.* ◆ ***tetto di -e*** Schindeldach *n.*

Sca|nia n.pr.f. Schonen *n.*

1.scan|na|re I tr. **1** ab_stechen: ***~ un maiale*** ein Schwein abstechen **2** *(persone)* nieder_metzeln, ab_stechen **3** FIG. *(far pagare caro)* aus_saugen, aus_nehmen **II** pronom. **scannarsi** *(combattersi aspramente)* sich in die Haare geraten.

2.scan|na|re tr. TESS. ab_spulen.

scan|na|to|io m. *(-oi)* Schlachthof *m.*

scan|ner ['skænə, *üblich* 'skanner] m.inv. Scanner *m.* **scan|ne|riz|za|re** tr. scannen.

scan|nel|lo m. Oberschale *f.*

scan|ning ['skænıŋ] m.inv. Scanning *n.*, Zeichenabtastung *f.*

scan|no m. Sitz *m.* ◆ ***~ del coro*** Chorstuhl *m.*

scan|sa|fa|ti|che m. e f.inv. Nichtstuer *m.* (-in *f.*), Faulpelz *m.*

scan|sa|re I tr. **1** weg_rücken, ab_rücken: ***~ un armadio dal muro*** einen Schrank von der Wand wegrücken **2** *(schivare)* ***~ qcs.*** etw. (D) aus_weichen; ***~ un colpo*** einem Schlag ausweichen **3a** *(evitare)* vermeiden: ***~ i pericoli*** die Gefahren vermeiden **b** ***~ qcn.*** jdn meiden (*o* jdm aus dem Weg gehen) **II** pronom. **scansarsi** zur Seite treten: ***-rsi per far passare qcn.*** zur Seite treten, um jdn vorbeizulassen; ***scansati!*** geh zur Seite! (*o* aus dem Weg!).

scan|si|a f. Regal *n.*

scan|sio|ne f. **1** Abtastung *f.*: ***~ elettronica*** elektronische Abtastung **2** METR. Skansion *f.* **3** ESTENS. *(pronuncia marcata)* deutliche Aussprache *f.* ◆ ***linea di ~*** Abtastzeile *f.*; ***microscopio a ~*** Rastermikroskop *n.*

scan|so, ***a ~ di qcs.*** zur Vermeidung von etw., um etw. zu vermeiden; ***a ~ di equivoci*** um Missverständnisse zu vermeiden.

scan|ti|na|to m. Kellergeschoss *n.*

scan|to|na|re I intr. (aus. *avere*) **1** um die Ecke biegen **2** *(svignarsela)* sich aus dem Staub machen, sich drücken **3** FIG. aus dem Weg gehen **II** tr. ab_runden.

scan|zo|na|to agg. unbekümmert, leichtfertig ◆ ***avere un'aria -a*** spitzbübisch aus_sehen.

sca|pac|cio|ne m. Schlag *m.* auf den Kopf; ***prendere uno ~*** eins hinter die Ohren bekommen; ***dare uno ~ a qcn.*** jdm eins hinter die Ohren geben.

sca|pa|tag|gi|ne f. Unbesonnenheit *f.*, Leichtsinn *m.* **sca|pa|to I** agg. leichtsinnig, unbedacht **II** m. leichtsinniger Mensch *m.*, Liederjan *m.*

sca|pec|chia|re tr. *(scapecchio, scapecchi)* riffeln: ***~ il lino*** Flachs riffeln.

sca|pe|stra|tag|gi|ne f. Liederlichkeit *f.*, Zügellosigkeit *f.* **sca|pe|stra|to I** agg. liederlich, zügellos **II** m. liederlicher Mensch *m.*

sca|pez|za|re tr. ab_ästen.

sca|pi|col|lar|si pronom. sich Hals über Kopf hinunter_stürzen. **sca|pi|col|lo** m. Abgrund *m.* ◆ ***a ~*** Hals über Kopf.

sca|pi|glia|re *(scapiglio, scapigli)* **I** tr. zerzausen: ***~ i capelli a qcn.*** jdm das Haar zerzausen **II** pronom. **scapigliarsi** sich das Haar zerzausen. **sca|pi|glia|to I** p.pass. agg. **1** → **scapigliare 2** *(di vita)* liederlich, zügellos **3a** ART. der Scapigliatura **b** ESTENS. der Boheme, bohemienhaft **II** m. **1** liederlicher Mensch *m.* **2a** ART. Mitglied *n.* der Scapigliatura, Scapigliato *m.* **b** ESTENS. Bohemien *m.*

sca|pi|glia|tu|ra f. **1** Liederlichkeit *f.*, Zügellosigkeit *f.* **2** ART. INTRAD. (literarische Bewegung in Mailand zwischen 1860 und 1880) **3** ESTENS. Boheme *f.*

sca|pi|ta|re intr. *(scapito;* aus. *avere)* drauf_zahlen: ***~ in qcs.*** bei etw. draufzahlen.

sca|pi|to m. Einbuße *f.*, Verlust *m.* ◆ ***a ~ di qcn.*** zu jds Ungunsten, zuungunsten jds: ***a ~ del cliente*** zuungunsten des Kunden; ***a ~ di qcs.*** auf Kosten etw. (G): ***qcs. va a ~ della salute, della qualità*** etw. geht auf Kosten der Gesundheit, der Qualität.

sca|pi|toz|za|re → **scapezzare.**

sca|po m. **1** BOT. Stängel *m.*, Sprossachse *f.* **2** ORNIT. Scapus *m.* **3** *(di colonna)* Schaft *m.*

sca|poc|chia|re tr. *(scapocchio, scapocchi)* ***~ qcs.*** etw. (D) den Kopf ab_brechen.

sca|po|la f. Schulterblatt *n.*

1.sca|po|la|re agg. ANAT. Schulterblatt-.

2.sca|po|la|re m. RELIG. Skapulier *n.*

3.sca|po|la|re *(scapolo)* **I** tr. **1** MAR. umschiffen **2** COLLOQ. *(evitare)* ***~ qcs.*** etw. (D) entkommen, etw. (D) entgehen **II** intr. (aus. *avere, essere*) entkommen, entgehen: ***~ da qcs.*** etw. (D) entkommen ◆ COLLOQ. ***scapolarla*** davon_kommen, entwischen.

sca|po|lo I agg. ledig: ***è rimasto ~*** er ist ledig geblieben **II** m. Junggeselle *m.*: ***uno ~ impenitente*** ein eingefleischter Junggeselle ◆ ***vita da ~*** Junggesellenleben *n.* **sca|po|lo|ne** m. (eingefleischter) Junggeselle *m.*

scap|pa|men|to m. **1** MOT. Auspuff *m.* **2** *(di orologio)* Hemmung *f.* ◆ ***tubo di ~*** Auspuffrohr *n.*

scap|pa|re intr. (aus. *essere*) **1a** fliehen, weg_laufen, entlaufen: ***~ di, dalla prigione*** aus dem Gefängnis fliehen; ***~ davanti al nemico, alla polizia*** vor dem Feind, vor der Polizei fliehen; ***~ a piedi, in macchina*** zu Fuß, mit dem Auto fliehen; ***~ all'estero*** ins Ausland fliehen; ***~ di casa*** von zu Hause weglaufen; ***un leone è scappato dallo zoo*** ein Löwe ist aus dem Zoo entlaufen **b** *(volando)* entfliegen: ***il canarino è scappato dalla gabbia*** der Kanarienvogel ist aus dem Käfig entflogen **2a** *(sfuggire)* entgehen **b** *(parlando)* heraus_rutschen: ***mi è scappato detto...*** mir ist herausgerutscht...; ***mi è scappata una parolaccia*** mir ist ein Schimpfwort herausgerutscht **3** *(perdere)* verlieren, verpassen: ***mi è scappata la pazienza*** ich habe die Geduld verloren; ***lasciarsi ~ un'occasione*** eine Gelegenheit verpassen **4** COLLOQ. *(andare di fretta)* ab_hauen: ***è tardi, devo ~*** es ist spät, ich muss (schleunigst) abhauen ◆ ***è scappato un colpo dalla pistola*** aus der Pistole ist ein Schuss abgegangen (*o* losgegangen); ***mi è scappato un errore*** mir ist ein Fehler unterlaufen; ***~ a gambe levate*** sich aus dem Staub machen, Hals über Kopf davon_laufen (*o* fliehen); ***~ di mano*** aus der Hand rutschen; ***mi è scappato di mente*** es ist mir entfallen; ***~ con la moglie di un altro*** mit der Frau eines anderen ab_hauen (*o* durch_brennen); ***per poco non ci scappava il morto*** beinahe wäre jemand draufgegangen; ***a qcn. scappa la pipì*** jd muss pieseln; ***mi scappa (la pipì)*** ich muss mal; ***lasciarsi ~ una promessa*** unvorsichtigerweise ein Versprechen machen; FIG. ***di qui non si scappa*** da führt kein Weg daran vorbei; ***a qcn. scappa da ridere*** jdm kommt das Lachen aus.

scap|pa|ta f. **1** Sprung *m.*: ***fare una ~ a casa*** auf einen Sprung nach Hause gehen (*o* kurz zu Hause vorbei_gehen) **2** *(uscita, trovata)* Bemerkung *f.* **3** *(errore)* Torheit *f.* **scap|pa|tel|la** f. Seitensprung *m.*: ***avere una ~*** einen Seitensprung machen.

scap|pa|to p.pass. agg. → **scappare** ◆ GASTR. ***uccellini -i*** INTRAD. (mit Schinken und Salbei gefüllte Rouladen). **scap|pa|to|ia** f. Ausweg *m.*: ***cercare, trovare una ~*** einen Ausweg suchen, finden.

scap|pel|la|re I tr. **1** ***~ qcs.*** etw. (D) den Hut ab_trennen; ***~ un fungo*** einem Pilz den Hut abtrennen **2** VOLG. ***~ qcn.*** jdm die Vorhaut zurück_ziehen **II** pronom. **scappellarsi 1** den Hut ab_nehmen, ziehen **2** VOLG. seine Vorhaut zurück_ziehen. **scap|pel|la|ta** f. Hutabnehmen *n.*; ***fare una ~*** den Hut ab_nehmen, ziehen.

scap|pel|lot|to m. Klaps *m.* ◆ ***dare uno ~ a qcn.*** jdm einen Klaps geben; ***prendere uno ~*** einen Klaps ab_bekommen.

1.scap|pot|ta|re tr. ***~ qcs.*** etw. (D) das Verdeck ab_nehmen.

2.scap|pot|ta|re intr. (aus. *avere*) GIOC. = wenigstens einen Stich machen.

1.scap|puc|cia|re tr. *(scappuccio, scappucci)* ***~ qcs.*** etw. (D) die Kapuze ab_nehmen.

2.scap|puc|cia|re intr. *(scappuccio, scappucci;* aus. *avere)* **1** ANT.

(inciampare) stolpern **2** *(commettere un errore)* einen Fehler begehen.

sca|pric|cia|re *(scapriccio, scapricci)* **I** tr. **~ *qcn.*** jdm die Grillen aus‿treiben **II** pronom. **scapricciarsi** eine Laune befriedigen.

sca|ra|be|o m. **1** Skarabäus *m.*, Pillendreher *m.* **2** STOR. *(gemma dura)* Skarabäus *m.*, Skarabäengemme *f.* **3** GIOC. Scrabble® *n.* ◆ **~ *dorato*** Goldlaufkäfer *m.*; **~ *rinoceronte*** Nashornkäfer *m.*; **~ *stercorario*** Rosskäfer *m.* (*o* Dungkäfer *m.*, Mistkäfer *m.*).

sca|ra|boc|chia|re tr. *(scarabocchio, scarabocchi)* (be)kritzeln, (be)schmieren: **~ *le pareti*** die Wände beschmieren (*o* bekritzeln); **~ *qcs. sul quaderno, su un foglio, sulla parete*** etw. ins Heft, auf ein Blatt Papier, an die Wand kritzeln (*o* schmieren).

sca|ra|boc|chio m. *(-chi)* **1** *(sgorbio)* Gekritzel *n.*, Geschmier(e) *n.*, Kritzelei *f.*, Schmiererei *f.*; ***fare -chi*** kritzeln; ***fare -chi sulle pareti*** die Wände beschmieren **2** *(macchia)* Klecks *m.* **3** FIG. *(persona mal fatta)* Missgeburt *f.*

sca|rac|chia|re intr. *(scaracchio, scaracchi*; aus. *avere)* VOLG. Schleim aus‿spucken. **sca|rac|chio** m. *(-chi)* VOLG. schleimiger Auswurf *m.*

sca|ra|fag|gio m. *(-gi)* Küchenschabe *f.*, Kakerlak *m.*

sca|ra|man|ti|co agg. *(-ci,-che)* beschwörend. **sca|ra|man|zi|a** f. Beschwörung *f.*; ***per*** **~** zur Beschwörung der guten Geister.

sca|ra|muc|cia f. *(-ce)* **1** MIL. Scharmützel *n.*, Geplänkel *n.*; ***fare una*** **~** plänkeln (*o* scharmützeln) **2** FIG. *(schermaglia verbale)* Auseinandersetzung *f.*, Geplänkel *n.* **sca|ra|muc|cia|re** intr. *(scaramuccio, scaramucci;* aus. *avere)* **1** MIL. scharmützeln, plänkeln **2** FIG. plänkeln.

sca|ra|ven|ta|re I tr. **1** *(scagliare)* schleudern, werfen: **~ *qcs. contro il muro, in un angolo, a terra, dalla finestra*** etw. an (*o* gegen) die Wand, in eine Ecke, auf den (*o* zu) Boden, aus dem Fenster schleudern **2** FIG. *(trasferire)* schicken, COLLOQ. verbannen **II** pronom. **scaraventarsi 1** *(assalire)* sich werfen: ***-rsi addosso, contro qcn.*** sich auf jdn werfen **2** *(precipitarsi)* sich stürzen: ***-rsi fuori dalla macchina*** sich aus dem Auto stürzen ◆ **~ *fuori*** heraus‿schleudern, hinaus‿werfen; **~ *la palla in rete*** den Ball ins Tor schießen; ***-rsi giù per le scale*** die Treppe hinunter‿rennen; **~ *via*** weg‿schleudern (*o* weg‿werfen).

scar|ce|ra|men|to m. → **scarcerazione. scar|ce|ra|re** tr. *(scarcero)* (aus der Haft) entlassen. **scar|ce|ra|zio|ne** f. Haftentlassung *f.*, Entlassung *f.*: **~ *anticipata*** vorzeitige Entlassung ◆ ***permesso (speciale) di*** **~** Hafturlaub *m.*

scar|das|sa|re tr. **1** karden, krempeln **2** FIG. *(maltrattare)* misshandeln. **scar|das|sa|tu|ra** f. Karden *n.*, Krempeln *n.* **scar|das|so** m. Karde *f.*, Krempel *f.*

scar|di|na|men|to m. Ausheben *n.*, Aushängen *n.*

scar|di|na|re *(scardino)* **I** tr. **1** aus‿hängen, aus‿heben, aus den Angeln heben: **~ *una porta*** eine Tür aus‿hängen **2** FIG. aus den Angeln heben **II** pronom. **scardinarsi 1** aus den Angeln gehen **2** FIG. *(disgregarsi)* auseinander fallen, die Basis verlieren.

scar|do|la f. Rotfeder *f.*, Brachse *f.*

sca|ri|ca f. *(-che)* **1** ARM. Salve *f.* **2** ESTENS. *(grande quantità)* Hagel *m.*, Flut *f.*: ***una*** **~ *di sassi, d'insulti*** ein Hagel von Steinen, Schimpfwörtern **3** FIS. EL. Entladung *f.* ◆ COLLOQ. **~ *di diarrea*** heftiger Durchfall; **~ *elettrica*** Stromschlag *m.*, Durchschlag *m.*; **~ *di grandine*** Hagelschauer *m.*; **~ *di mitra*** Maschinengewehrsalve *f.*

sca|ri|ca|ba|ri|le, sca|ri|ca|ba|ri|li m. INTRAD. (sich Rücken zu Rücken gegenseitig ausheben) ◆ FIG. ***fare a*** **~** = sich gegenseitig die Schuld in die Schuhe schieben. **sca|ri|ca|men|to** m. **1** Entladung *f.* **2** FIG. Abwälzung *f.* ◆ ***piano, rampa di*** **~** Verladerampe *f.*

sca|ri|ca|re *(scarico, scarichi)* **I** tr. **1a** entladen, aus‿laden, ab‿laden: **~ *il treno*** den Zug entladen; **~ *la merce dal camion*** die Ware aus dem LKW ausladen (*o* vom LKW abladen); **~ *i pacchi*** die Pakete abladen **b** COLLOQ. *(far scendere)* ab‿setzen, ab‿laden: ***scaricami all'angolo*** setz mich an der Ecke ab **2a** COLLOQ. *(liberarsi)* los‿werden, ab‿servieren: **~ *un cliente molesto*** einen lästigen Kunden loswerden **b** *(piantare in asso)* **~ *qcn.*** jdn sitzen lassen, jdm eine Abfuhr erteilen; ***essere scaricato da qcn.*** von jdm eine Abfuhr bekommen (*o* erhalten) **3** *(defluire)* fließen, sich ergießen: ***la fognatura scarica nel fiume*** die Abwässer fließen in den Fluss **4a** ARCH. *(spostare)* übertragen: ***la trave scarica il peso sulle colonne*** der Querbalken überträgt die Last auf die Säulen **b** INFORM. übertragen: **~ *su dischetto*** auf Diskette übertragen **5a** *(svuotare di contenuto)* aus‿lassen, ab‿lassen, ab‿laufen: **~ *acqua*** Wasser auslassen; **~ *il vapore dalla caldaia*** den Dampf aus dem Kessel ablassen **b** assol. ***il lavandino non scarica bene*** das Wasser im Waschbecken läuft schlecht ab **6a** EL. entladen: **~ *un accumulatore*** einen Akkumulator entladen **b** MECC. ab‿laufen lassen: **~ *un orologio*** eine Uhr ablaufen lassen **c** *(molla)* entspannen **7** ARM. entladen; *(sparando)* ab‿feuern: **~ *un fucile*** ein Gewehr entladen; **~ *un'arma contro qcn.*** das Magazin einer Waffe auf jdn abfeuern **8** FIG. *(riversare)* überhäufen: **~ *addosso a qcn. una raffica di insulti*** jdn mit einem Hagel von Schimpfwörtern überhäufen **9** FIG. *(sfogare)* aus‿lassen, ab‿reagieren: **~ *la propria rabbia su qcn.*** seinen Zorn an jdm auslassen **10** FIG. *(sollevare, sgravare)* entlasten, entbinden: **~ *qcn. da un compito*** jdn von einer Aufgabe entbinden **11** FIG. *(addossare)* ab‿wälzen: **~ *la colpa su qcn.*** die Schuld auf jdn abwälzen **12** COMM. *(detrarre)* ab‿setzen: **~ *le spese (dalle tasse) di qcs.*** die Kosten für etw. (von den Steuern) absetzen; **~ *l'IVA*** die Mehrwertsteuer absetzen **II** pronom. **scaricarsi 1a** EL. *(esaurire la carica)* sich entladen **b** MECC. ab‿laufen **2a** *(abbattersi)* sich entladen: ***il temporale si scaricò sul lago*** das Gewitter entlud sich über dem See **b** *(di fulmine)* ein‿schlagen: ***il fulmine si è scaricato sul tetto*** der Blitz hat ins Dach eingeschlagen **3** FIG. sich (von einer Last) befreien, entlasten: ***-rsi di un peso*** sich von einer Last befreien; ***-rsi la coscienza*** sein Gewissen entlasten **4** FIG. *(sfogarsi)* (sich) ab‿reagieren: ***ho bisogno di scaricarmi*** ich muss mich abreagieren; ***la sua rabbia si scaricò sui figli*** er reagierte seinen Zorn an den Kindern ab **5** COLLOQ. *(defecare)* sich entleeren ◆ **~ *l'intestino*** den Darm entleeren; EL. **~ *a massa*** nach Masse durch‿schlagen.

sca|ri|ca|to|io m. *(-oi)* **1** Abladeplatz *m.* **2** *(canale di scarico)* Abflussgraben *m.*, Abzugskanal *m.*

sca|ri|ca|to|re I m. **1** Transportarbeiter *m.* **2** *(dispositivo di scarico)* Kipper *m.*, Wipper *m.* **3** *(canale di scarico)* Abflussgraben *m.*, Abzugskanal *m.* **4** EL. Überspannungsableiter *m.*, Ableiter *m.* **II** agg. Abzugs-: ***canale*** **~** Abzugskanal *m.*; ***fossato*** **~** Abflussgraben *m.* ◆ **~ *di porto*** Hafenarbeiter *m.*; ***linguaggio da*** **~ *di porto*** = ordinäre Ausdrucksweise; **~ *di (sovra)tensione*** Überspannungsableiter *m.*

1.sca|ri|co agg. *(-chi,-che)* **1a** *(privo di carico)* unbeladen, leer **b** EL. *(privo di carica)* leer: ***batteria -a*** leere Batterie **2** ARM. nicht geladen: ***fucile*** **~** nicht geladenes Gewehr **3** *(di orologio)* abgelaufen **4** COLLOQ. *(spossato)* schlapp ◆ FIG. COLLOQ. ***avere le batterie -che*** ausgepumpt sein.

2.sca|ri|co m. *(-chi)* **1** Ausladen *n.*, Entladen *n.*; *(di nave)* Löschen *n.*: ***lo*** **~ *di un vagone*** das Entladen eines Waggons; ***lo*** **~ *della merce*** das Entladen der Ware **2** pl. *(rifiuti)* Abfälle *pl.*, Müll *m.*; ***smaltire gli -chi di una fabbrica*** die Abfälle einer Fabrik beseitigen, BUROCR. eine Fabrik entsorgen **3** *(deposito di rifiuti)* Mülldeponie *f.*, Schuttabladeplatz *m.*: ***portare le immondizie allo*** **~** den Müll zum Schuttabladeplatz bringen **4a** *(deflusso; di fluido)* Abfluss *m.* **b** *(di gas)* Auslass *m.* **5** ESTENS. *(condotto)* Abfluss *m.*: ***otturare lo*** **~** den Abfluss verstopfen **6** AUT. Auspuff *m.* **7** COMM. Ausgang *m.* **8** FIG. *(discolpa)* Entlastung *f.* ◆ **~ *dell'acqua*** Wasserabfluss *m.*; ***acqua di*** **~** Abwässer *pl.*; ***canale dell'acqua di*** **~** Abwasserkanal *m.* (*o* Abwasserleitung *f.*); ***trattamento delle acque di*** **~** Abwasseraufbereitung *f.*; ***apertura di*** **~** Abflussloch *n.*; TECN. Auslass *m.*; ***banchina di*** **~** Abladerampe *f.*; ***bocca di*** **~** Abflussloch *n.*; TECN. Auslass *m.*; COMM. ***bolletta di*** **~** Abladeschein *m.*; ***canale di*** **~** Abzugskanal *m.* (*o* Abflussgraben *m.*); ***canaletto di*** **~** Abflussrinne *f.*; ***-chi civili*** Hausabwässer *pl.* (der Privathaushalte); ***collettore di*** **~** Abgassammler *m.*; ***condotto di*** **~** Abflussleitung *f.* (*o* Abflussrohr *n.*); ***dispositivo di*** **~** EL. Entladungsvorrichtung *f.*; AUT. Auspuffanlage *f.*; ***divieto di*** **~** Schutt abladen verboten! ***gas di*** **~** Abgase *pl.*; AUT. Autoabgas *n.*; ***controllo periodico dei gas di*** **~** Abgassonderuntersuchung *f.* (*o* Abgastest *m.*); ***turbina a gas di*** **~** Abgasturbine *f.*; EDIL. ***impianto di*** **~** Sickeranlage *f.*; ***-chi industriali*** Industrieabwässer *pl.*; ***pozzo di*** **~** Sickerschacht *m.*; **~ *dei rifiuti*** Müllabfuhr *f.*; ***rubinetto di*** **~** Abflusshahn *m.*; ***testimone a*** **~** Entlastungszeuge *m.*; ***tubo di*** **~** AUT. Auspuffrohr *n.*; IDR. Abflussrohr *n.*; ***valvola di*** **~** IDR. Abflussventil *n.*; *(di vapore, gas)* Auslassventil *n.*; FIG. ***lo sport è la mia valvola di*** **~** ich reagiere mich durch Sport ab; ***vapore di*** **~** Abdampf *m.*; ***turbina a vapore di*** **~** Abdampfturbine *f.*

sca|ri|fi|ca|re tr. *(scarifico, scarifichi)* **1** CHIR. BOT. schröpfen, skarifizieren, an‿ritzen **2** AGR. STRAD. auf‿brechen, auf‿reißen. **sca|ri|fi|ca|to|re** m. **1** AGR. Untergrundhaken *m.* **2** STRAD. Straßenaufreißer *m.* **sca|ri|fi|ca|tu|ra** f. **1** BOT. Schröpfen *n.* **2** AGR. STRAD. Aufreißen *n.* **sca|ri|fi|ca|zio|ne** f. CHIR. Skarifikation *f.*

scar|lat|ti|na f. Scharlach *m.* **scar|lat|ti|no|so** agg. Scharlach-: ***esantema*** **~** Scharlachausschlag *m.*

scar|lat|to I agg. scharlachfarben, scharlachfarbig; ***rosso*** **~** scharlachrot **II** m. **1** Scharlach *m.*, Scharlachrot *n.*, Scharlachfarbe *f.* **2** ANT. *(panno)* Scharlach *m.*

scar|mi|glia|re *(scarmiglio, scarmigli)* **I** tr. zerzausen: **~ *i capelli di qcn.*** jdm das Haar zerzausen **II** pronom. **scarmigliarsi** sich (D) die Haare zerzausen. **scar|mi|glia|to** p.pass. agg. **1** → **scarmiglia-**

re **2** zerzaust, zerrauft: ***essere tutto ~*** ganz zerzaust aus_sehen; ***capelli -i*** zerzauste Haare.

scar|na|re tr. **1** entfleischen **2** *(in conceria)* entfleischen, ab_schaben. **scar|na|tu|ra** f. Entfleischen *n.*, Abschaben *n.* **scar|ni|fi|ca|re** tr. *(scarnifico, scarnifichi)* entfleischen. **scar|ni|fi|ca|zio|ne** f. Entfleischen *n.* **scar|ni|re** tr. *(scarnisco, scarnisci)* entfleischen.

scar|no agg. **1** hager, (sehr) mager, dürr: ***un viso ~*** ein hageres Gesicht **2a** FIG. mager, dürftig: ***una relazione -a*** ein magerer Bericht **b** *(disadorno)* schmucklos.

sca|ro m. Papageifisch *m.*

sca|ro|gna, sca|ro|gna|to → **scalogna, scalognato.**

sca|ro|la f. Eskariol *m.*, wilder Lattich *m.*

scar|pa f. **1** Schuh *m.*: ***un paio di -e*** ein Paar Schuhe; ***-e alte, basse*** hochhackige, flache Schuhe; ***-e col tacco alto, col tacco basso, senza tacco*** Schuhe mit hohen Absätzen, mit niedrigen Absätzen, ohne Absatz; ***-e a pianta stretta, larga*** schmale, breite Schuhe; ***-e scollate (aperte), accollate (chiuse), a punta*** offene, hochgeschlossene, spitze Schuhe; ***-e consumate*** ausgetretene (*o* abgelaufene) Schuhe; ***una ~ spaiata*** ein einzelner Schuh; ***queste -e calzano bene, stringono*** die Schuhe passen gut, drücken; ***provare, risuolare, aggiustare, mettere in forma le -e*** Schuhe an_probieren, besohlen, herrichten, auf Leisten spannen; ***pulire, lucidare (lustrare) le -e*** die Schuhe putzen, polieren; ***mettersi, togliersi le -e*** (sich) die Schuhe an_ziehen, aus_ziehen; ***allacciarsi, slacciarsi le -e*** (sich) die Schuhe schnüren, (sich) die Schnürsenkel auf_knüpfen **2** *(cuneo)* Bremsklotz *m.*, Hemmschuh *m.* **3** *(piano inclinato)* Böschung *f.*; ***alzare a ~*** böschen ◆ ***~ anatomica*** fußgerechter Schuh; ***~ da bambino*** Kinderschuh *m.*; ***-e chiodate*** Nagelschuhe *pl.*, Spikes *pl.*; ***~ con cinturino*** Riemchenschuh *m.*; ***~ in cuoio*** Lederschuh *m.*; ***~ da donna*** Frauenschuh *m.*; ***~ da escursione*** Wanderschuh *m.*; COLLOQ. SPREG. ***essere una ~ (vecchia)*** ein Stümper sein; ***~ estiva*** Sommerschuh *m.*; ***fabbrica di -e*** Schuhfabrik *f.*; FIG. ***fare le -e a qcn.*** jdn hinter_gehen; ***~ con fibbia*** Schnallenschuh *m.*; ***forma per -e*** Schuhleisten *m.*, Leisten *m.*; ***~ da ginnastica*** Turnschuh *m.*, Sportschuh *m.*; ***~ di gomma*** Gummischuh *m.*; ***~ invernale*** Winterschuh *m.*; ***laccio della ~*** Schuhband *n.* (*o* Schnürsenkel *m.*); ***lucido da -e*** Schuhcreme *f.*; ***non essere degno di lustrare le -e a qcn.*** nicht wert sein, jdm die Schuhriemen zu lösen; FIG. ***lustrare le -e a qcn.*** jdm Honig um den Bart schmieren, jdn schmeicheln; ***morire con le -e ai piedi*** = eines gewaltsamen Todes sterben; ***negozio di -e*** Schuhgeschäft *n.*; ***numero di ~*** Schuhgröße *f.* (*o* Schuhnummer *f.*); ***~ ortopedica*** Gesundheitsschuh *m.*, orthopädischer Schuh; ***panno per (pulire) le -e*** Schuh(putz)lappen *m.*; ***~ in pelle*** Lederschuh *m.*; ***avere, tenere il piede in due -e*** auf zwei Hochzeiten tanzen; FIG. ***non avere -e ai piedi*** = bettelarm sein; ***scatola di, da -e*** Schuhkarton *m.* (*o* Schuhschachtel *f.*); ***camminare senza -e*** ohne Schuhe (*o* barfuß) laufen; ***~ da sera*** Abendschuh *m.*; ***spazzola da -e*** Schuhbürste *f.*; ***~ sportiva*** Sportschuh *m.*; ***stringhe da -e*** Schnürsenkel *m.*; ***~ con le stringhe*** Schnürschuh *m.*; ***~ con tacco a spillo*** Stöckelschuh *m.*; ***suola delle -e*** Schuhsohle *f.*; ***~ da tennis*** Tennisschuh *m.*; ***~ da uomo*** Herrenschuh *m.*; ***~ di vernice*** Lackschuh *m.*; ***~ con la zeppa*** Schuh mit Keilabsatz; PROV. ***-e grosse, cervello fino*** = ungehobelt (*o* ungebildet), aber klug. **scar|pa|io** m. *(-ai)* Schuhhändler *m.*

scar|pa|re tr. böschen.

scar|pa|ro m. REGION. → **scarpaio.**

1.scar|pa|ta f. Böschung *f.*, Abhang *m.*; *(della strada)* Straßenböschung *f.*

2.scar|pa|ta f. Fußtritt *m.*

scar|pet|ta f. **1a** *(piccola)* kleiner Schuh *m.*, Schühchen *n.* **b** *(leggera)* leichter Schuh *m.* **2** BOT. Frauenschuh *m.* ◆ ***~ da ballo*** Tanzschuh (*o* Ballettschuh) *m.*; ***~ da calcio*** Fußballschuh *m.*; ***~ da corsa*** Laufschuh *m.*; COLLOQ. ***fare (la) ~*** mit Brot auf_tunken (*o* stippen); ***~ da ginnastica*** Turnschuh *m.*; BOT. ***~ di Venere*** Venusschuh (*o* Frauenschuh) *m.* **scar|pie|ra** f. Schuhschrank *m.*

scar|pi|na|re intr. (aus. *avere*) COLLOQ. latschen. **scar|pi|na|ta** f. COLLOQ. Tippelei *f.*, Fußmarsch *m.*; ***fare una lunga ~*** einen langen Fußmarsch machen.

scar|pon|ci|no m. **1** Halbstiefel *m.* **2** *(da escursione)* Wanderschuh *m.* **scar|po|ne** m. **1** Bergschuh *m.*, schwerer Schuh *m.* **2** ESTENS. SCHERZ. = Alpenjäger *m.* **3** *(calciatore rude)* Holzer *m.* ◆ ***-i chiodati*** benagelte Bergschuhe; ***~ da montagna*** Bergschuh (*o* Wanderschuh) *m.*; ***~ da roccia*** Kletterschuh *m.*; ***~ da sci*** Skistiefel *m.*, Skischuh *m.*: ***sganciarsi, agganciarsi gli -i da sci*** sich die Skistiefel auf_schnallen, zu_schnallen.

scar|roz|za|re tr. e intr. (aus. *avere*) herum_kutschieren, kutschieren, herum_fahren: ***~ qcn. per la città*** jdn durch die Stadt kutschieren. **scar|roz|za|ta** f. **1** Fahrt *f.* mit der Kutsche **2** ESTENS. Spazierfahrt *f.*: ***farsi una ~*** eine Spazierfahrt machen.

scar|ru|co|la|re tr. *(scarrucolo)* **1** ab_rollen **2** *(uscire dalla carrucola)* von der Rolle (des Flaschenzugs) herunter_rutschen (*o* rutschen).

scar|sa|men|te avv. wenig, spärlich: ***~ vestito*** wenig bekleidet; ***un giovane ~ dotato*** ein wenig begabter Junge ◆ ***~ popolato, abitato*** dünn bevölkert, dünn besiedelt.

scar|seg|gia|re intr. *(scarseggio, scarseggi;* aus. *avere)* **1** ***qcs. scarseggia*** es fehlt an etw. (D), es mangelt an etw. (D); ***~ di qcs.*** an etw. (D) mangeln (anche FIG.) **2** *(diventare scarso)* sich verknappen, knapp werden. **scar|sez|za, scar|si|tà** f. Knappheit *f.*, Mangel *m.*, Dürftigkeit *f.*: ***~ di qcs.*** Knappheit, Mangel an etw. (D) ◆ ***~ di acqua*** Wassermangel *m.*; ***~ di capitali*** Kapitalmangel *m.*; ***~ d'ingegno*** geistige Dürftigkeit; ***~ di viveri*** Lebensmittelknappheit *f.*

scar|so agg. **1** *(poco, esiguo)* wenig, gering: ***una -a quantità di qcs.*** eine geringe Menge von etw.; ***di ~ valore, interesse, qualità*** von geringem Wert, Interesse, von geringer Qualität; ***mostrare ~ interesse*** wenig Interesse zeigen **2** *(misero)* mager, spärlich, dürftig: ***reddito, risultato ~*** mageres Einkommen, Ergebnis; ***vegetazione -a*** spärliche Vegetation; ***raccolto ~*** magere Ernte **3** *(debole, insufficiente)* schwach, mangelnd: ***luce -a*** schwaches Licht; ***vento ~*** schwacher Wind; ***essere ~ in latino*** schwach in Latein sein; ***una prestazione -a*** eine schwache (*o* ungenügende) Leistung **4** *(di misura)* knapp: ***porzioni -e*** knappe Portionen; ***un'ora -a*** eine knappe Stunde; ***3 chili -i*** knapp 3 Kilo; COLLOQ. ***essere ~ a quattrini*** knapp bei Kasse sein ◆ ***con ~ entusiasmo*** halbherzig; ***-a maneggevolezza*** Unhandlichkeit *f.*; ***~ di parole*** wortkarg; ***di ~ pregio*** minderwertig; ***-a puntualità*** Unpünktlichkeit *f.*; ***di ~ rendimento*** leistungsschwach.

scar|ta|bel|la|re tr. durch_blättern, überfliegen.

scar|ta|fac|cio m. *(-ci)* Schmierheft *n.*

scar|ta|men|to m. Spurweite *f.* ◆ ***~ largo*** Breitspur *f.*, Weitspur *f.*; ***a ~ largo*** breitspurig (*o* weitspurig); ***~ normale*** Normalspur *f.* (*o* Vollspur *f.*); ***a ~ normale*** vollspurig (*o* normalspurig); ***~ ridotto*** Schmalspur *f.*; ***a ~ ridotto*** FERR. schmalspurig; FIG. winzig; ***ferrovia, linea a ~ ridotto*** Schmalspurbahn *f.*, Schmalspurstrecke *f.*, Kleinbahn *f.*

1.scar|ta|re tr. **1** aus_packen, aus_wickeln **2** GIOC. ab_legen **3** ESTENS. *(respingere)* verwerfen, ab_lehnen: ***~ una proposta*** einen Vorschlag verwerfen (*o* ablehnen) **4a** *(escludere)* aus_schließen: ***alcuni aspiranti a quel posto furono scartati*** einige Anwärter auf jene Stelle wurden ausgeschlossen; ***~ una possibilità*** eine Möglichkeit ausschließen **b** *(merci)* aus_sortieren, aus_sondern: ***~ la merce difettosa*** die fehlerhafte Ware aussortieren ◆ ***~ qcn. alla leva*** jdn aus_mustern.

2.scar|ta|re I intr. (aus. *avere*) **1** *(di veicolo)* aus_brechen, schleudern **2** EQUIT. aus_brechen **II** tr. SPORT ***~ qcn.*** jdn umdribbeln, aus_spielen; *(palleggiando)* jdn umdribbeln. **scar|ta|ta** f. **1** *(di veicolo)* Ausbrechen *n.*, Schleudern *n.* **2** EQUIT. Ausbrechen *n.*

scar|ta|ve|tra|re → **cartavetrare.**

scar|ti|na f. **1** niedere Spielkarte *f.*, Lusche *f.* **2** FIG. *(persona di scarso valore)* Niete *f.*, Lusche *f.*

1.scar|to m. **1a** GIOC. Ablegen *n.*, Abwerfen *n.*, Ausspielen *n.*; ***sbagliare lo ~*** die falsche Karte ausspielen **b** *(carta scartata)* abgelegte, abgeworfene Karte *f.* **2a** *(lo scartare)* Wegwerfen *n.*, Aussonderung *f.*, Aussortieren *n.* **b** *(oggetto scartato)* Abfall *m.*, Ausschuss *m.* **3** ESTENS. Taugenichts *m.*, Niete *f.*: ***è proprio uno ~ d'uomo*** er ist wirklich eine Niete **4** TIP. Makulatur *f.* ◆ TIP. ***foglio di ~*** Ausschussbogen *m.*; ***-i di magazzino*** Ramschware *f.*; ***merce di ~*** Ausschussware *f.*; ***prodotto di ~*** Abfallprodukt *n.*; ***roba di ~*** Ausschussware *f.*, Ramsch *m.*

2.scar|to m. **1a** *(di veicoli)* Schleudern *n.*, Schlenker *m.*: ***l'auto ebbe uno ~ improvviso*** das Auto geriet plötzlich ins Schleudern **b** *(di cavallo)* Eskapade *f.* **2a** *(differenza)* Abstand *m.*: ***vincere con uno ~ di tre punti*** mit einem Abstand von drei Punkten gewinnen **b** MAT. STATIST. Abweichung *f.* ◆ ***fare uno ~ improvviso*** einen Haken schlagen.

scar|toc|cia|re tr. *(scartoccio, scartocci)* **1** aus_packen **2** *(granturco)* schälen.

scar|tof|fia f. Schreibkram *m.*, Papierkram *m.*

scas|sa|re I tr. **1** AGR. um_brechen, um_graben **2** COLLOQ. zerbrechen, beschädigen, kaputt_fahren: ***~ la macchina*** das Auto kaputtfahren **3** COLLOQ. *(sfinire)* fertig machen: ***quella corsa mi ha scassato*** dieses Laufen hat mich fertig gemacht **4** COLLOQ. *(stufare)* nerven **II** pronom. **scassarsi** kaputt_gehen: ***la bicicletta si è scassata*** das Fahrrad ist kaputtgegangen.

scas|sa|to p.pass. agg. **1** → **scassare 2** AGR. umgebrochen, umgegraben **3a** COLLOQ. *(rotto)* kaputt: ***giocattolo ~*** kaputtes Spielzeug **b** *(sgangherato)* klapp(e)rig, Klapper-: ***una bicicletta -a*** ein Klappergestell **c** FIG. *(stanco)* kaputt, fix und fertig.

scas|si|na|men|to m. Aufbrechen *n.*; COLLOQ. Knacken *n.* **scas|si|na|re** tr. auf_brechen, erbrechen; COLLOQ. knacken: ***~ un'auto, una cassaforte*** ein Auto, einen Tresor knacken; ***~ una serratura*** ein Schloss aufbrechen. **scas|si|na|to|re** m. Einbrecher *m.*; COLLOQ. Knacker *m.* ◆ ***~ d'auto*** Autoknacker *m.*

scas|so m. **1** Einbruch *m.* **2** AGR. Umbrechen *n.*, Umgraben *n.* ◆ ***furto con ~*** Einbruch(s) diebstahl *m.*; ***a prova di ~*** einbruch(s)-sicher.

sca|ta|fa|scio → **catafascio.**

sca|tar|ra|re intr. (aus. *avere*) Schleim aus_husten, Schleim aus_werfen, (Schleim) ab_husten.

sca|te|na|men|to m. Entfesselung *f.* (anche FIG.): ***lo ~ delle passioni*** die Entfesselung der Leidenschaften. **sca|te|nan|te** agg. ***fattore ~*** Auslöser *m.*

sca|te|na|re I tr. **1** *(far scoppiare)* entfesseln, aus_lösen: ***~ una guerra*** einen Krieg entfesseln; ***~ un'ondata di sdegno*** einen Sturm der Entrüstung entfesseln; ***~ il panico*** Panik auslösen; ***~ una reazione a catena*** eine Kettenreaktion auslösen **2** *(eccitare)* hetzen, auf_hetzen, entfachen: ***~ l'odio*** Hass entfachen; ***~ l'ira*** Zorn entfachen; ***~ la folla contro qcn.*** die Menge gegen jdn aufhetzen **3** RAR. *(liberare dalla catena)* entfesseln **II** pronom. **scatenarsi 1** los_brechen, entbrennen: ***si scatenò una tempesta*** ein Sturm brach los; ***si è scatenato l'inferno*** der Teufel (*o* die Hölle) ist los; ***si scatenò un'accesa discussione*** es entbrannte eine heftige Diskussion **2** *(di persone)* sich ab_reagieren, toben, sich aus_toben: ***i bambini si scatenano*** die Kinder toben sich aus **3** COLLOQ. *(dare il massimo)* powern. **sca|te|na|to** p.pass. agg. **1** → **scatenare 2** tobend, wild: ***bambini -i*** tobende Kinder; ***passioni -e*** wilde Leidenschaften; ***furia -a*** wilde Wut; ***diavolo ~*** wilder Teufel.

sca|to|la f. **1** *(di cartone)* Schachtel *f.*: ***una ~ vuota*** eine leere Schachtel; *(contenuto)* ***mangiarsi una ~ di praline*** eine Schachtel Pralinen essen **2** *(di latta)* Dose *f.*, Büchse *f.*: ***una ~ di biscotti, di sardine*** eine Büchse Kekse, Sardinen **3** *(confezione)* Packung *f.* **4** MECC. Gehäuse *n.* ◆ ***~ armonica*** Spieldose *f.*; COLLOQ. ***averne piene le -e*** die Nase (gestrichen) voll haben; ***~ del cambio*** Getriebegehäuse *n.*; ***caratteri di ~*** → ***lettere di ~***; ***~ di cartone*** Karton *m.* (*o* Pappschachtel *f.*); ***~ di cioccolatini*** Pralinenschachtel *f.*; ***~ dei colori*** Malkasten *m.*; ***comprare a ~ chiusa*** die Katze im Sack kaufen; ***~ cranica*** Gehirnschale *f.* (*o* Schädel *m.*); ***~ di derivazione*** Abzweigdose *f.* (*o* Verteilerdose *f.*); MECC. ***~ del differenziale*** Differenzialgehäuse *n.*; ***~ di fiammiferi*** Streichholzschachtel *f.* (*o* Zündholzschachtel *f.*); ***~ della frizione*** Kupplungsgehäuse *n.*; COLLOQ. ***far girare le -e a qcn.*** jdm auf die Nerven (*o* auf den Wecker) gehen; EL. EDIL. ***~ di giunzione*** Anschlussdose *f.*; ***~ guida*** Lenkgehäuse *n.*; ***in ~*** aus der Dose, Dosen-, Büchsen-; ***carne in ~*** Dosenfleisch *n.*, Fleischkonserve *f.*; ***piselli in ~*** Erbsen aus der Dose; ***pesce in ~*** Fischkonserve *f.*; ***alimenti in ~*** Konserven *pl.*; ***~ degli ingranaggi*** Räderkasten *m.*; ***~ di latta*** Blechdose *f.*; ***lettere di ~*** Riesenbuchstaben *pl.*; FIG. ***dire qcs. a lettere di ~*** etw. unzweideutig sagen; COLLOQ. ***levarsi dalle -e*** ab_hauen; ***~ musicale*** Spieldose *f.*; AER. ***~ nera*** Flugschreiber *m.*, Black Box *f.*; ***una ~ da dieci pezzi*** eine Schachtel zu zehn Stück (*o* eine Zehnerpackung *f.*); COLLOQ. ***rompere le -e a qcn.*** jdn piesacken, jdm auf den Keks (*o* auf den Wecker) gehen; COLLOQ. ***che rottura di -e!*** so ein Mist! ***~ di sardine*** Sardinenbüchse *f.*; ***~ da scarpe*** Schuhschachtel *f.*, Schuhkarton *m.*; ***~ di sigari*** Zigarrenschachtel *f.* (*o* Zigarrenkiste *f.*); COLLOQ. ***stare sulle -e a qcn.*** jdm auf die Nerven gehen; COLLOQ. ***togliersi dalle -e*** ab_hauen.

sca|to|la|me m. Konserven *pl.* **sca|to|let|ta** f. **1** Schächtelchen *n.*, kleine Dose *f.* **2** *(in latta per alimenti)* Büchse *f.*, Dose *f.* ◆ ***~ di tonno*** Thunfischdose *f.* **sca|to|li|fi|cio** m. *(-ci)* Schachtelfabrik *f.*

sca|to|lo|gi|a f. Skatologie *f.* **sca|to|lo|gi|co** agg. *(-ci,-che)* skatologisch ◆ ***linguaggio ~*** schmutzige Ausdrucksweise, Fäkalsprache *f.*

sca|to|lo|ne m. Faltkarton *m.*, Faltschachtel *f.*, Karton *m.*

scat|tan|te agg. **1** schnell, flink, spurtschnell: ***un podista ~*** ein spurtschneller Läufer; ***essere ~ nei movimenti*** in seinen Bewegungen flink sein **2** *(di auto)* spritzig, spurtschnell.

scat|ta|re I intr. (aus. *essere*) **1a** (aus. *essere, avere*) los_gehen, schnellen: ***la molla scatta*** die Feder schnellt in die Höhe **2a** *(chiudersi di scatto)* zu_schnappen: ***la trappola non è scattata*** die Falle ist nicht zugeschnappt **b** *(aprirsi di scatto)* auf_schnappen **3** *(di semaforo)* um_springen, springen, schalten: ***sta per ~ il verde*** die Ampel schaltet (*o* springt) gleich auf Grün; ***il semaforo è scattato dal giallo al rosso*** die Ampel ist von Gelb auf Rot umgesprungen **4a** *(essere promosso)* befördert werden, auf_steigen: ***quest'anno sono scattato di grado*** dieses Jahr bin ich befördert worden (*o* bin ich rangmäßig aufgestiegen) **b** *(avanzare)* steigen; *(rapidamente)* in die Höhe schnellen: ***la contingenza è scattata di tre punti*** die Teuerungsrate ist um 3 Punkte gestiegen **5a** *(entrare in vigore)* wirksam werden, in Kraft treten, los_gehen; ***è scattata l'ora legale*** die Sommerzeit ist in Kraft getreten **b** *(iniziare)* los_gehen: ***l'operazione è pronta a ~*** die Aktion kann losgehen **6** *(balzare)* auf_springen, springen, hoch_schnellen: ***è scattato su come una molla*** er ist wie von der Tarantel gestochen aufgesprungen; ***quando dà ordini, tutti scattano*** wenn er befiehlt, springen alle **7** *(per l'ira)* hoch_gehen: ***è uno che scatta facilmente*** er geht sofort hoch **8a** SPORT spurten: ***il corridore scattò in prossimità del traguardo*** der Läufer spurtete kurz vor dem Ziel **b** *(alla partenza)* los_stürmen: ***al via i concorrenti scattarono*** beim Startschuss stürmten die Läufer los **II** tr. ***~ una fotografia*** ein Foto schießen (*o* ein Bild knipsen) ◆ ***~ sull'attenti*** stramm_stehen; ***far ~ qcs.*** etw. aus_lösen; ***far ~ il grilletto*** den Abzug drücken; FIG. ***far ~ la molla*** den Stein ins Rollen bringen; ***~ in piedi*** auf_springen; ***~ su a dire qcs.*** mit einer Bemerkung heraus_platzen.

scat|ti|sta m. e f. *(-i,-e)* Sprinter *m.* (-in *f.*).

scat|to m. **1a** *(di congegno)* Losgehen *n.*, Schnellen *n.* **b** *(di molle)* Schnellen *n.*, Schnappen *n.*: ***sentire lo ~ della serratura*** das Schnappen des Schlosses hören **c** *(di trappola)* Zuschnappen *n.* **2** *(moto brusco)* Ausbruch *m.* **3** SPORT Spurt *m.*: ***atleta dotato di ~*** Athlet mit gutem Spurt; ***effettuare uno ~*** einen Spurt ein_legen (*o* an_ziehen) **4** AMM. *(avanzamento)* Anstieg *m.*, Erhöhung *f.* **5** FOT. Auslöser *m.* **6** TEL. Gebühreneinheit *f.*, Gesprächseinheit *f.* ◆ ***a ~*** Schnapp-; ***serratura a ~*** Schnappschloss *n.*; ***molla a ~*** Schnappfeder *f.*; ***a -i*** abgehackt (*o* stoßweise, ruckartig); ***parlare a -i*** abgehackt sprechen; ***procedere a -i*** stoßweise vorwärts kommen; ***movimenti a -i*** ruckartige Bewegungen; ***~ d'anzianità*** Dienstaltersstufe *f.*; ***aprirsi a ~*** auf_schnappen; ***chiudersi a ~*** zu_schnappen; ***coltello a ~*** Schnappmesser *n.*; ***di ~*** plötzlich, mit einem Ruck: ***girarsi di ~*** sich plötzlich (*o* mit einem Ruck) um_drehen; ***~ finale*** Endspurt *m.*; ***~ d'ira*** Zornesausbruch *m.*; ***~ di nervi*** Temperamentsausbruch *m.*

sca|tu|ri|gi|ne f. LETT. **1** Quelle *f.* **2** *(origine)* Ursprung *m.*

sca|tu|ri|re intr. *(scaturisco, scaturisci*; aus. *essere)* **1** heraus_sprudeln, schießen: ***~ dalla roccia*** aus der Felswand heraussprudeln; ***le lacrime scaturirono dai suoi occhi*** die Tränen schossen ihr aus den Augen **2** FIG. *(derivare)* entspringen, hervor_gehen: ***questo racconto è scaturito dalla sua fantasia*** diese Erzählung ist seiner Fantasie entsprungen.

scaut → **scout. scau|ti|smo** → **scoutismo. scau|ti|sti|co** → **scoutistico.**

sca|val|ca|men|to m. **1** Übersteigen *n.* **2** *(superamento)* Überholen *n.* **3** EQUIT. Abwerfen *n.*

sca|val|ca|re tr. *(scavalco, scavalchi)* **1** klettern, steigen: ***~ il recinto*** über den Zaun klettern; ***~ il muro*** über die Mauer steigen **2a** FIG. *(superare)* überflügeln, überholen: ***ha scavalcato i migliori della classe*** er hat die Klassenbesten überflügelt **b** *(non rispettare la gerarchia)* übergehen: ***~ un superiore*** einen Vorgesetzten übergehen **3** EQUIT. ab_werfen.

sca|va|re I tr. **1a** graben, aus_heben: ***~ una buca, un pozzo*** ein Loch, einen Brunnen graben; ***~ una fossa, una trincea*** einen Graben, einen Schützengraben ausheben; ***~ un tunnel, una galleria attraverso la montagna*** einen Tunnel durch den Berg graben **b** *(raspando)* scharren **c** *(con scavatrici)* aus_baggern **2** *(legno, pietra)* aus_höhlen: ***~ un tronco*** einen Baumstamm aushöhlen **3** assol. *(indagare)* nach_forschen: ***la cosa non è chiara, bisogna ~ più a fondo*** das ist unklar geblieben, man muss noch nachforschen; ***a furia di ~ la verità è venuta a galla*** durch ausdauerndes Nachforschen ist die Wahrheit ans Licht gekommen **4** *(dissotterrare)* aus_graben: ***~ un tesoro*** einen Schatz ausgraben; FIG. ***~ storie ormai passate*** längst vergangene Geschichten ausgraben **5** *(escogitare)* hervor_ziehen: ***è andato a ~ strani argomenti*** er zog merkwürdige Argumente hervor **6** SART. (tief) aus_schneiden: ***~ la scollatura di un abito*** ein Kleid tief ausschneiden **II** intr. (aus. *avere*) erforschen: ***~ nell'animo di qcn.*** jds Seele erforschen ◆ ***-rsi la fossa (con le proprie mani)*** sich sein eigenes Grab schaufeln.

sca|va|to p.pass. agg. **1** → **scavare 2** SART. ausgeschnitten **3** FIG. eingefallen, ausgemergelt: ***guance -e*** eingefallene Wangen; ***viso ~*** ausgemergeltes Gesicht.

sca|va|to|re I agg. ***macchina -trice*** Bagger *m.* **II** m. **1** *(chi dissotterra)* Ausgräber *m.*, Erdarbeiter *m.* **2** *(addetto alla scavatrice)* Baggerführer *m.* **3** *(macchina)* Bagger *m.* **sca|va|tri|ce** f. Bagger *m.*

sca|va|tu|ra f. **1** *(atto)* Graben *n.* **2** *(effetto)* Grube *f.*, Graben *m.* **3**

(materiale scavato) ausgehobene Erde *f.*, Aushub *m.* **4** SART. Ausschnitt *m.*

sca|vez|za|col|lo m. e f. Draufgänger *m.* (-in *f.*) ◆ ***correre a ~*** wie ein Wahnsinniger rennen.

sca|vez|za|re I tr. **1** ab‿ästen, stutzen **2** TESS. brechen **II** pronom. **scavezzarsi** sich brechen: ***-rsi una gamba, il collo*** sich ein Bein, den Hals brechen.

sca|vo m. **1a** *(atto)* Graben *n.*, Ausheben *n.* **b** *(luogo)* Grube *f.*, Graben *m.*, Aushöhlung *f.*: ***fare uno ~*** eine Grube aus‿heben **c** EDIL. Baugrube *f.*: ***lo ~ delle fondamenta di un edificio*** die Baugrube eines Gebäudes **2a** ARCHEOL. Ausgrabung *f.*, Grabung *f.* **b** *(luogo)* Ausgrabungsstätte *f.* **3** MINER. Abbau *m.* **4** SART. *(incavo)* Ausschnitt *m.* ◆ ***~ a cielo aperto*** Tagebau *m.*; ***~ di fondazione*** Baugrube *f.*; ***~ a giorno*** Tagebau *m.*; ***lavori di ~*** Aushebungsarbeiten *pl.*; ***materiale di ~*** Erdaushub *m.*; ***~ di un pozzo*** Brunnenanlage *f.*; ***~ della torba*** Torfstich *m.*

scaz|zar|si pronom. VOLG. **1** Stunk haben: ***~ con qcn.*** mit jdm Stunk haben **2** *(essere annoiato)* genervt sein, die Nase voll haben **3** *(avvilirsi)* verzagen. **scaz|zo** m. VOLG. Krach *m.*, Mordskrach *m.*, Stunk *m.*

scaz|zot|ta|re I tr. ***~ qcn.*** jdn verprügeln **II** pronom. **scazzottarsi** aufeinander ein‿schlagen. **scaz|zot|ta|ta, scaz|zot|ta|tu|ra** f. Prügelei *f.*, Rauferei *f.*, Schlägerei *f.*

sce|glie|re *(scelgo, scegli; scelsi; scelto)* **I** tr. **1a** wählen, aus‿wählen: ***~ un vestito*** ein Kleid auswählen; ***~ un fiore nel mazzo*** eine Blume aus dem Strauß (aus)wählen; ***~ il meglio*** das Beste wählen; ***~ il momento giusto per qcs.*** den richtigen Augenblick für etw. wählen; *(prescegliere)* ***~ un candidato*** einen Kandidaten auswählen **b** LETT. aus‿erwählen: ***~ per amico, in moglie*** jdn als Freund, als Frau auserwählen **2** *(selezionare)* aus‿wählen, aus‿sortieren, aus‿lesen: ***~ la frutta*** das Obst auswählen (*o* aussortieren) **3** assol. eine Wahl treffen: ***~ bene, in fretta*** eine gute, schnelle Wahl treffen **II** pronom. **scegliersi** sich (D) aus‿suchen: ***-rsi un regalo*** sich ein Geschenk aussuchen ◆ ***fare ~ a qcn.*** jdm die Wahl lassen; ***sei libero di ~*** die Wahl steht dir frei; ***~ il male minore*** das kleinere Übel wählen; ***non c'è molto da ~*** es gibt keine große Auswahl; ***sceglierei piuttosto di fare qcs.*** ich würde eher etw. tun; ***sceglierei piuttosto la galera*** eher ginge ich ins Gefängnis; COLLOQ. ***c'è poco da ~*** wir haben keine Wahl.

sceic|ca|to m. Scheichtum *n.* **sce|ic|co** m. *(-chi)* Scheich *m.* ◆ ***~ del petrolio*** Ölscheich *m.*

scel|le|ra|tag|gine f. **1** Frevelhaftigkeit *f.* **2** *(azione)* Frevel *m.* **scel|le|ra|ta|men|te** avv. frevelhaft. **scel|le|ra|tez|za** f. **1** Frevelhaftigkeit *f.*, Verworfenheit *f.*, Ruchlosigkeit *f.*; ***agire con ~*** frevelhaft handeln **2** *(azione)* Frevel *m.*, Freveltat *f.*, Schandtat *f.*: ***compiere una ~*** einen Frevel (*o* eine Schandtat) begehen.

scel|le|ra|to I agg. frevelhaft, verworfen, ruchlos, verwerflich **II** m. **1** Frevler *m.* **2** *(malvagio)* ruchloser Mensch *m.* ◆ ***azione -a*** Freveltat *f.*

scel|li|no m. Schilling *m.*

scel|ta f. **1** Wahl *f.*: ***fare una ~*** eine Wahl treffen; ***lasciare la ~ a qcn.*** jdm die Wahl (über)lassen; ***essere posto di fronte a una ~*** vor die Wahl gestellt sein **2** *(alternativa)* Auswahl *f.*: ***in questo negozio non c'è molta ~*** in diesem Geschäft gibt es keine große Auswahl; *(selezione)* ***una ~ di merci di alta qualità*** eine Auswahl von Waren hoher Qualität; *(antologia)* ***~ di liriche greche*** eine Auswahl griechischer Gedichte **3** *(decisione)* Entscheidung *f.*: ***è stata una buona ~*** das war eine gute Entscheidung ◆ ***a ~*** nach Wahl: ***menu a ~*** Menü nach Wahl; SPORT ***~ del campo*** Seitenwahl *f.*; ***non c'è che l'imbarazzo della ~*** wer die Wahl hat, hat die Qual; ***possibilità di ~*** Wahl-, Auswahlmöglichkeit *f.*; ***merce di prima ~*** Ware *f.* erster Wahl; ***~ della professione*** Berufswahl *f.*; ***merce di seconda ~*** Ware *f.* zweiter Wahl; ***~ di tempo*** Gefühl *n.* für den richtigen Zeitpunkt; *(prontezza)* Reaktionsschnelligkeit *f.*

scel|to p.pass. agg. **1** → **scegliere 2** *(forbito)* gewählt, gepflegt: ***linguaggio ~*** gepflegte Ausdrucksweise; ***usare un linguaggio ~*** sich gewählt aus‿drücken ◆ ***marinaio ~*** Vollmatrose *m.*; ***tiratore ~*** Scharfschütze *m.*

sce|ma|re I intr. (aus. *essere*) **1** nach‿lassen, ab‿flauen, ab‿nehmen: ***il vento, l'interesse va scemando*** der Wind, das Interesse lässt langsam nach (*o* flaut langsam ab); ***il mio udito scema progressivamente*** mein Gehör lässt zunehmend nach **2** *(perdere)* ***~ di qcs.*** an etw. (D) verlieren; ***~ di prestigio*** an Prestige verlieren **3** *(accorciarsi)* kürzer werden **II** tr. *(ridurre)* herab‿setzen: ***~ il prezzo di una merce*** den Preis einer Ware herabsetzen.

sce|ma|ta f. Dummheit *f.*, Blödsinn *m.*, Quatsch *m.*: ***dire un sacco di -e*** einen Haufen Blödsinn reden; ***fare una ~*** eine Dummheit machen. **sce|men|za** f. **1** Dummheit *f.* **2** *(azione o parole)* Dummheit *f.*, Blödsinn *m.*, Quatsch *m.*: ***non fare -e*** mach keine Dummheiten! (*o* keinen Quatsch!); ***non dire -e*** red keinen Quatsch!

sce|mo I agg. **1** COLLOQ. *(stupido)* dumm, dämlich, blöd, doof: ***sei proprio ~!*** du bist wirklich dämlich! ***non è ~ come sembra*** er ist gar nicht so dumm, wie er aussieht; ***non sono mica ~!*** ich bin ja nicht doof (*o* blöd)! **2** *(tocco)* bescheuert, bekloppt: ***ma sei ~?*** du bist wohl bescheuert (*o* du bist wohl nicht ganz dicht)! **II** m. Dummkopf *m.*, Trottel *m.*: ***sei uno ~!*** du bist ein Dummkopf! ***comportarsi da ~*** sich wie ein Dummkopf benehmen ◆ ARCH. ***arco ~*** Flachbogen *m.*; ASTR. ***luna -a*** abnehmender Mond; ***lo ~ del villaggio*** der Dorftrottel.

scem|piag|gi|ne f. **1** Unsinn *m.*, Albernheit *f.*: ***dire -i*** Unsinn reden **2** *(dabbenaggine)* Einfalt *f.*, Einfältigkeit *f.*

1.scem|pia|re tr. *(scempio, scempi)* vereinfachen.

2.scem|pia|re tr. *(scempio, scempi)* **1** LETT. zerstören, nieder‿metzeln, nieder‿machen **2** ESTENS. *(rovinare)* verunstalten, verschandeln, zerstören: ***questa discarica scempia il paesaggio*** diese Mülldeponie verunstaltet (*o* verschandelt) die Landschaft.

1.scem|pio agg. *(-pi,-pie)* einfach: ***filo ~*** einfacher Faden.

2.scem|pio m. *(-pi)* **1a** *(strage)* Gemetzel *n.*, Metzelei *f.*; ***fare ~ dei nemici*** die Feinde nieder‿metzeln **b** *(distruzione)* Zerstörung *f.*; ***fare ~ di qcs.*** etw. zerstören; ***fare ~ dei villaggi nemici*** die feindlichen Dörfer zerstören **2** *(deturpamento)* Verunstaltung *f.*, Verschandelung *f.*; ***questi grattacieli sono uno ~ per il paesaggio urbano*** diese Wolkenkratzer verschandeln (*o* verunstalten) das Stadtbild.

sce|na f. **1** Szene *f.*: ***provare, girare, ripetere una ~*** eine Szene proben, drehen, wiederholen; ***la ~ si svolge alla stazione*** die Szene spielt am Bahnhof; ***la prima ~ dell'ultimo atto*** die erste Szene des letzten Aktes **2** *(palcoscenico)* Szene *f.*, Bühne *f.*: ***mettere in ~*** auf die Bühne bringen (*o* inszenieren); ***~ vuota*** leere Bühne **3** *(scenario)* Szenerie *f.*, Bühnenbild *n.*, Bühnenausstattung *f.* **4** *(quinte)* Kulisse *f.*: ***dietro le -e*** hinter den Kulissen **5** pl. *(teatro)* Bühne *f.*: ***ritirarsi dalle -e*** von der Bühne ab‿treten **6** *(immagine)* Szene *f.*, Anblick *m.*, Schauspiel *n.*: ***che ~ commovente!*** was für eine rührende Szene! ***-e di vita militare*** Szenen aus dem Militärleben; ***la maestosa ~ delle Alpi*** das großartige Schauspiel der Alpen **7** *(fatto)* Szene *f.*, Geschehen *n.*: ***i poliziotti assistettero alla ~ senza intervenire*** die Polizisten waren bei dem Geschehen anwesend, ohne einzugreifen **8** *(scenata)* Szene *f.*, Theater *n.*: ***per qualsiasi piccolezza fa -e incredibili*** wegen jeder Kleinigkeit macht er unglaubliche Szenen; ***non fare -e!*** mach kein Theater! ***smettila di fare tante -e*** hör mit diesem Theater auf! ***non credetegli: è tutta ~!*** glaubt ihm nicht, es ist alles nur Theater! **9** FIG. *(ambiente)* Bühne *f.*, Szene *f.*: ***dominare la ~ letteraria*** die literarische Szene beherrschen; ***scomparire dalla ~ politica*** von der politischen Bühne ab‿treten ◆ ***~ d'addio*** Abschiedsszene *f.*; ***~ d'amore*** Liebesszene *f.*; ***andare in ~*** aufgeführt werden, zur Aufführung kommen; ***a ~ aperta*** auf offener Szene; ***applauso a ~ aperta*** Szenenbeifall *m.*, Szenenapplaus *m.*; ***attrezzatura di ~*** Requisiten *pl.*; ***calcare le -e*** auf den Brettern (*o* auf der Bühne) stehen; ***cambiamento, cambio di ~*** Szenenwechsel *m.* (anche FIG.); ***colpo di ~*** Theaterstreich *m.*, Theatercoup *m.*; FIG. Knalleffekt *m.*; ***essere di ~*** gespielt werden; FIG. im Rampenlicht stehen; ***direttore di ~*** Bühnenmeister *m.*; ***entrare in ~*** auf‿treten, die Bühne betreten; FIG. auf der Bildfläche erscheinen, auf den Plan treten; ***fare ~*** die Zuschauer (*o* das Publikum) fesseln; ***~ di gelosia*** Eifersuchtsszene *f.*; ***~ di guerra*** Kriegsszene *f.*; ***~ madre*** Hauptszene *f.*; FIG. kolossale Szene (*o* großer Krach); ***~ di massa*** Massenszene *f.*; ***~ muta*** stummes Spiel; FIG. ***fare ~ muta*** daneben‿stehen, sich aus‿schweigen; ***uscire di ~*** von der Bühne ab‿treten; FIG. von der Bildfläche verschwinden.

sce|na|rio m. *(-ri)* **1** Szenerie *f.* (anche FIG.), Bühnenbild *n.*: ***lo ~ è costituito da un castello*** die Szenerie besteht aus einem Schloss; *(sfondo)* ***il maestoso ~ delle Dolomiti*** die großartige Szenerie der Dolomiten **2** *(situazione)* Lage *f.*: ***lo ~ della politica mediorientale*** die Lage der Nahostpolitik **3** CINEM. *(sceneggiatura)* Rohdrehbuch *n.*, Szenario *n.*, Szenarium *n.* **4** *(nella commedia dell'arte)* Szenarium *n.*

sce|na|ta f. Szene *f.*, Theater *n.*: ***fare una ~ a qcn.*** jdm eine Szene machen; ***smettila di fare -e!*** hör mit dem Theater auf!

scen|de|re *(scesi; sceso)* **I** intr. (aus. *essere*) **1a** hinunter‿gehen, hinab‿gehen: ***~ in cantina*** in den Keller hinuntergehen; ***~ per le scale*** die Treppe hinuntergehen; **b** *(avvicinandosi a chi parla)* herunter‿kommen, herab‿gehen **2a** *(da luogo ripido)* hinunter‿steigen, hinab‿gehen: ***~ da una scala*** eine Leiter (*o* von einer Leiter) hinuntersteigen; ***~ da una torre*** einen Turm (*o* von einem Turm) hinuntersteigen; **~ *da una montagna*** einen Berg hinab_gehen **b** *(avvicinandosi a chi parla)* herunter_gehen, herunter_steigen **3a** *(con un mezzo meccanico)* hinunter_fahren: **~ *in ascensore*** mit dem Fahrstuhl hinunterfahren **b** *(avvicinandosi a chi parla)* herunter_fahren: **4a** *(da mezzi di locomozione)* aus_steigen: **~ *dal treno, dall'auto*** aus dem Zug, dem Auto aussteigen; **~ *a una fermata*** an einer Haltestelle aussteigen **b** *(smontare)* ab_steigen: **~ *dalla bicicletta, dalla moto, da cavallo*** vom Fahrrad, vom Motorrad, vom Pferd absteigen **5** *(degradare)* ab_fallen, hinab_fallen, bergab_gehen: ***il pendio scende dolcemente verso il fiume*** der Hang fällt sanft zum Fluss hin ab; ***la strada scende ancora*** die Straße geht noch weiter bergab **6a** *(scendere a valle)* bergab gehen; *(con veicolo)* bergab fahren **b** *(di corsi d'acqua)* abwärts fließen, fließen: ***il fiume scende verso il mare*** der Fluss fließt zum Meer **7** *(viaggiare verso sud)* hinunter_fahren: ***siamo scesi a Palermo*** wir sind nach Palermo hinuntergefahren **8** *(fermarsi)* ab_steigen: ***siamo scesi nel migliore albergo*** wir sind in dem besten Hotel abgestiegen **9** *(diminuire)* sinken, fallen, ab_nehmen: ***il numero dei dispersi è sceso a quattro*** die Zahl der Vermissten ist auf vier gesunken; ***il dollaro è sceso ancora*** der Dollar ist schon wieder gefallen; ***le acque del fiume sono scese*** der Wasserstand des Flusses ist gesunken; ***la febbre è scesa*** das Fieber hat abgenommen **10** *(ricadere)* hinab_fallen, fallen, reichen: ***il vestito le scendeva fino ai piedi*** das Kleid fiel ihr bis zu den Füßen hinab; ***i capelli le scendono sulle spalle*** das Haar fällt ihr auf die Schultern **11** *(pendere)* herab_hängen: ***dal soffitto scende il filo della lampadina*** von der Decke hängt das Lampenkabel herab **12** *(di corpi celesti)* unter_gehen, sinken **13** LETT. *(discendere)* stammen: **~ *da famiglia nobile*** aus einer adligen Familie stammen **II** tr. hinunter_gehen: **~ *le scale*** die Treppe hinuntergehen ◆ FIG. **~ *(molto) in basso*** tief sinken; **~ *in campo*** ins Feld kommen, (auf das Feld) ein_laufen; FIG. auf den Plan treten; **~ *a compromessi con qcn.*** auf Kompromisse ein_gehen, Kompromisse aus_handeln; SPORT **~ *in gara*** zum Wettkampf an_treten; **~ *di grado*** degradiert werden; **~ *dal letto*** auf_stehen, aus dem Bett steigen; FIG. **~ *in lizza*** zum Kampf an_treten; FIG. **~ *a patti con qcn.*** sich mit jdm auf einen Kompromiss ein_lassen (*o* mit jdm einen Kompromiss schließen); **~ *in piazza*** auf die Straße gehen; **~ *di prezzo*** im Preis sinken; FIG. **~ *dal pulpito*** vom hohen Ross herunter_steigen; **~ *nella stima di qcn.*** in jds Achtung sinken; **~ *in strada*** auf die Straße gehen; **~ *a terra*** an Land gehen.

scen|di|let|to m.inv. **1** Bettvorleger *m.* **2** *(vestaglia)* Morgenrock *m.*

sce|neg|gia|re tr. *(sceneggio, sceneggi)* in ein Drehbuch um_arbeiten: **~ *un romanzo per il cinema*** einen Roman in ein Filmdrehbuch umarbeiten. **sce|neg|gia|ta** f. **1** Sceneggiata *f.* **2** *(scenata)* Mache *f.*, Theater *n.*: ***ha fatto una delle sue solite -e*** er hat wieder einmal Theater gespielt. **sce|neg|gia|to** m. Fernsehfilm *m.*: **~ *televisivo*** Fernsehfilm *m.*; **~ *in cinque puntate*** Fernsehfilm in fünf Folgen. **sce|neg|gia|to|re** m. Drehbuchautor *m.*, Filmautor *m.* **sce|neg|gia|tu|ra** f. **1** Inszenierung *f.* **2** *(copione)* Drehbuch *n.*

sce|net|ta f. **1** Sketch *m.*: ***fare una*** **~** einen Sketch auf_führen **2** ESTENS. amüsante Szene *f.*, bühnenreife Szene *f.*; ***una gustosa*** **~** eine köstliche Szene.

sce|ni|co agg. *(-ci,-che)* szenisch, Bühnen-: ***rappresentazione -a*** szenische Darstellung: ***adattamento, allestimento*** **~** Bühnenbearbeitung *f.*, Bühnenausstattung *f.*; ***impianto*** **~** Bühnenaufbau *m.* ◆ ***materiale*** **~** Requisit *n.*; ***realizzazione -a*** Inszenierung *f.*

sce|no|gra|fi|a f. **1** *(arte)* Bühnengestaltung *f.*, Bühnenmalerei *f.* **2** *(decoro)* Bühnenbild *n.*, Bühnendekoration *f.*, Szenerie *f.* **3** CINEM. Bauten *pl.* **sce|no|gra|fi|ca|men|te** avv. bühnentechnisch. **sce|no|gra|fi|co** agg. *(-ci,-che)* **1** Bühnen-: ***tecnica -a*** Bühnentechnik *f.* **2** *(appariscente)* spektakulär, auffällig. **sce|no|gra|fo** m. Bühnenbildner *m.*, Szenograph *m.*

sce|no|tec|ni|ca f. **1** Bühnentechnik *f.* **2** CINEM. Filmarchitektur *f.*

scen|tra|to agg. **1** ausmittig, außermittig **2** *(di persona)* verrückt.

sce|psi f. Skepsis *f.*

1.sce|rif|fo m. S(c)heriff *m.* ◆ ***stella da, dello*** **~** Sheriffstern *m.*

2.sce|rif|fo m. *(nel mondo musulmano)* Scherif *m.*

sce|rne|re tr. *(scersi/scernei/scernetti)* LETT. **1** unterscheiden **2** *(distinguere visivamente)* erkennen.

scer|vel|lar|si pronom. sich (D) den Kopf zerbrechen, sich (D) das Gehirn zermartern; **~ *su qcs.*** sich über etw. den Kopf zerbrechen, sich über etw. das Gehirn zermartern; **~ *a trovare la soluzione del problema*** sich den Kopf zerbrechen, um die Lösung des Problems zu finden; ***mi sono scervellato per decidere che cosa comprarti*** ich habe mir den Kopf darüber zerbrochen, was ich dir kaufen könnte. **scer|vel|la|to I** p.pass. agg. **1** → **scervellarsi 2** kopflos **II** m. kopfloser Mensch *m.*

sce|sa f. **1** Abstieg *m.* **2** *(strada in discesa)* abschüssige Straße *f.*, abschüssiger Weg *m.* **sce|so** p.pass. agg. **1** → **scendere 2** SART. ***spalla -a*** gerader Ärmeleinsatz.

scet|ti|ca|men|te avv. skeptisch. **scet|ti|ci|smo** m. **1** FILOS. Skeptizismus *m.* **2** *(incredulità)* Skepsis *f.* **scet|ti|co** agg. *(-ci,-che)* skeptisch (anche FILOS.): ***essere ~ nei confronti di, su qcs.*** etw. (D) skeptisch gegenüber_stehen.

scet|tro m. Zepter *n.*, Szepter *n.*: **~ *imperiale, regale*** kaiserliches, königliches Zepter; *(potere monarchico)* ***deporre lo*** **~** das Zepter ab_geben (*o* nieder_legen); SCHERZ. ***tenere lo*** **~** das Zepter führen (*o* schwingen).

sce|ve|ra|re tr. *(scevero)* trennen, unterscheiden: **~ *il bene dal male*** Gut und Böse trennen (*o* unterscheiden).

sce|vro agg. LETT. ohne + acc., bar + gen.: **~ *di pregiudizi*** ohne Vorurteile; **~ *di ogni colpa*** bar jeder Schuld.

sche|da f. **1** *(di schedario)* Karteikarte *f.*, Karte *f.* **2** *(elettorale)* Stimmzettel *m.*, Wahlzettel *m.*: ***mettere le -e nell'urna*** die Stimmzettel in die Urne werfen **3** *(breve testo descrittivo)* Steckbrief *m.* **4** INFORM. Karte *f.* ◆ **~ *bianca*** leerer Stimmzettel; **~ *bibliografica*** Katalogkarte *f.*; **~ *di espansione*** Speichererweiterungskarte *f.*; **~ *grafica*** Grafikkarte *f.*; **~ *di lettura*** Buchgutachten *n.*; **~ *magnetica*** Magnetkarte *f.*; **~ *meccanografica*** Lochkarte *f.*; **~ *nulla*** ungültiger Stimmzettel, ungültige Stimme; **~ *perforata*** Lochkarte *f.*; BIBLIOT. **~ *di richiesta*** Bestellschein *m.*, Bestellzettel *m.*; **~ *segnaletica*** Verbrecherkartei *f.*, Steckbrief *m.*; **~ *telefonica*** Telefon(magnet)karte *f.*; SCOL. **~ *di valutazione*** = Leistungsbewertung *f.*

sche|da|re tr. in eine Kartei auf_nehmen (*o* ein_tragen): **~ *i libri di una biblioteca*** die Bücher einer Bibliothek in eine Kartei aufnehmen; **~ *un delinquente nel registro di polizia*** einen Verbrecher in die Verbrecherkartei aufnehmen.

sche|da|rio m. *(-ri)* **1** *(insieme di schede)* Kartei *f.*: ***fare, tenere uno*** **~** eine Kartei an_legen, führen; ***inserire qcs. nello*** **~** etw. in die Kartei ein_tragen; ***consultare uno*** **~** in der Kartei nach_sehen **2** *(contenitore)* Karteikasten *m.* ◆ **~ *a cassetti*** Karteikasten *m.*; **~ *dei clienti*** Kundenkartei *f.*; **~ *della polizia*** Verbrecherkartei *f.*, Verbrecheralbum *n.*; **~ *tributario*** Steuerkartei *f.* **sche|da|to I** p.pass. agg. **1** → **schedare 2** *(annotato su schede)* verzettelt, auf Karten verzeichnet, in einer Kartei enthalten **II** m. Verbrecher *m.*, Vorbestrafte *m.* **sche|da|tu|ra** f. Karteiführung *f.* Verzettelung *f.*

sche|di|na f. **1** Kärtchen *n.* **2** *(del totocalcio)* Tippschein *m.*, Tippzettel *m.*, Totozettel *m.*: ***giocare la*** **~** den Tippschein ab_geben ◆ **~ *del lotto*** Lottoschein *m.*

scheg|gia f. *(-ge)* Splitter *m.*: ***mi è entrata una ~ nel dito*** mir ist ein Splitter in den Finger gedrungen ◆ **~ *di granata*** Granatsplitter *m.*; FIG. **~ *impazzita*** = unkontrollierbare Gruppe, Abteilung; **~ *di legno*** Holzsplitter *m.*; **~ *di vetro*** Glassplitter *m.*

scheg|gia|re *(scheggio, scheggi)* **I** tr. an_schlagen, ab_splittern **II** pronom. **scheggiarsi** splittern: ***questo legno si scheggia facilmente*** dieses Holz splittert leicht; ***il piatto si è scheggiato*** der Teller ist gesplittert. **scheg|gia|to** p.pass. agg. **1** → **scheggiare 2** angeschlagen, abgesplittert. **scheg|gia|tu|ra** f. Absplitterung *f.*

sche|le|tri|co agg. *(-ci,-che)* **1** Skelett-: ***muscolo*** **~** Skelettmuskel *m.* **2** *(magrissimo)* abgemagert, dürr **3** *(estremamente conciso)* gerafft, knapp: ***un resoconto*** **~** ein knapper Bericht ◆ ***sistema*** **~** Skelett *n.* **sche|le|tri|re** *(scheletrisco, scheletrisci)* **I** tr. zum Skelett werden lassen: ***la malattia lo ha scheletrito*** die Krankheit hat ihn zum Skelett werden lassen **II** pronom. **scheletrirsi** zum Skelett werden. **sche|le|tri|to** p.pass. agg. **1** → **scheletrire 2** abgemagert, mager **3** *(spoglio)* kahl: ***un albero*** **~** ein kahler Baum **4** *(conciso)* gerafft, knapp.

sche|le|tro m. **1a** Skelett *n.*: **~ *umano*** menschliches Skelett **b** FIG. Knochengerüst *n.*, Skelett *n.*, Klappergestell *n.*: ***ridursi a, diventare uno*** **~** zum Skelett ab_magern **2** *(struttura portante)* Gerüst *n.*, Gestell *n.*, Gerippe *n.* **3** *(trama)* Handlungsgerüst *n.* **4** GEOL. Skelettboden *m.* ◆ EDIL. **~ *in acciaio*** Stahlskelett *n.*; **~ *animale*** Tierskelett *n.*; FIG. ***avere uno ~ nell'armadio*** eine Leiche im Keller haben; **~ *della nave*** Schiffsstruktur *f.*; ARCHEOL. **~ *rannicchiato*** Hocker *m.*; ***tomba con ~ rannicchiato*** Hockergrab *m.*

sche|ma m. **1** Schema *n.*, Plan *m.*: ***fare uno*** **~** ein Schema auf_stellen; ***procedere secondo uno ~ preciso*** nach einem bestimmten Schema vor_gehen; ***attenersi a uno*** **~** sich an ein Schema halten; ***rientrare in uno*** **~** in ein Schema passen **2** *(abbozzo)* Entwurf *m.*: ***lo ~ di un discorso*** der Entwurf einer Rede **3** *(modello rigido)* Klischee *n.*, Schablone *f.*: ***pensare, parlare secondo -i fissi*** in Schablonen denken, reden **4** *(struttura)* Struktur *f.* ◆ **~ *di bilancio*** Bilanzschema *n.*; **~ *elettrico*** Schaltplan *m.*, Schaltschema *n.*; **~ *fisso*** festes Schema; SPORT **~ *di gioco*** Spielkonzept *n.*; **~ *grafico*** graphische Darstellung; ~ ***mentale*** Denkschablone *f.*; ~ ***metrico*** Versschema *n.*, metrisches Schema; ~ ***di montaggio*** Bauplan *m.* **sche|ma|ti|ca|men|te** avv. schematisch. **sche|ma|ti|ci|tà** f. Schematische *n.* **sche|ma|ti|co** agg. *(-ci,-che)* **1** schematisch **2** *(rigido)* starr. **sche|ma|ti|smo** m. Schematismus *m.* **sche|ma|tiz|za|re** tr. schematisieren. **sche|ma|tiz|za|zio|ne** f. Schematisierung *f.*

scher|ma f. **1** Fechten *n.*, Fechtkunst *f.*; ***tirare di*** ~ fechten **2** SPORT Fechten *n.*, Fechtsport *m.* ◆ ***campionato di*** ~ Fechtmeisterschaft *f.*; ***equipaggiamento da*** ~ Fechtausrüstung *f.*; ***guanto da*** ~ Fechthandschuh *m.*; ***incontro di*** ~ Fechtkampf *m.*; ***maestro di*** ~ Fechtmeister *m.*; ***maschera da*** ~ Fechtmaske *f.*; ***pedana da*** ~ Fechtbahn *f.*; ***sala da*** ~ Fechtsaal *m.*; ***tiro di*** ~ Fechthieb *m.*; ***torneo di*** ~ Fechtturnier *n.*

scher|mag|gio m. *(-gi)* **1** Abschirmung *f.* (anche NUCL.) **2** RAD. TELEV. Abschirmung *f.*, Entstörung *f.*

scher|ma|glia f. **1** Gefecht *n.* **2** FIG. Wortgeplänkel *n.*, Plänkelei *f.*; ***-e amorose*** Liebesgeplänkel *n.*

scher|ma|re tr. **1** ab‿schirmen, ab‿blenden, beschirmen: ~ ***una lampada con qcs.*** eine Lampe mit etw. abschirmen; ~ ***una fonte di luce*** eine Lichtquelle abschirmen (*o* ab‿dunkeln); ~ ***gli occhi con la mano*** die Augen mit der Hand beschirmen; ~ ***qcs. dalle radiazioni*** etw. gegen Strahlungen abschirmen **2** RAD. TELEV. ab‿schirmen, entstören. **scher|ma|ta** f. Bildschirminhalt *m.* **scher|ma|tu|ra** f. **1** Abschirmung *f.* (anche NUCL.) **2** RAD. TELEV. Abschirmung *f.*, Entstörung *f.*

scher|mi|do|re → **schermitore.**

scher|mi|re *(schermisco, schermisci)* **I** tr. (be)schützen: ~ ***qcs. da qcs.*** etw. vor etw. schützen **II** intr. (aus. *avere*) fechten **III** pronom. **schermirsi** sich wehren (anche FIG.): ***-rsi da qcs.*** sich gegen etw. wehren.

scher|mi|sti|co agg. *(-ci,-che)* Fecht-: ***torneo*** ~ Fechtturnier *n.*

scher|mi|to|re m. Fechter *m.* ◆ ***giubbetto da*** ~ Fechtjacke *f.*

scher|mo m. **1** Schirm *m.*: ~ ***magnetico*** magnetischer Schirm **2a** *(di proiezione)* Leinwand *f.*: ~ ***cinematografico*** Kinoleinwand *f.*; ***proiettare diapositive su uno*** ~ Dias auf eine Leinwand werfen **b** COLLOQ. *(cinema)* Kino *n.*: ***il film sarà presto su tutti gli -i*** der Film wird bald in allen Kinos zu sehen sein **3** *(di televisore, computer)* Bildschirm *m.*: ***stare davanti allo*** ~ am (*o* vor dem) Bildschirm sitzen ◆ ~ ***acustico*** Schallwand *f.*; ~ ***antiradiazioni*** Strahlenabschirmung *f.*; ***fare da*** ~ ***a qcn.*** jdm Schutz gewähren; ***farsi*** ~ ***con qcs.*** sich mit etw. schützen; FIG. sich hinter etw. verstecken; ~ ***fluorescente*** Leuchtschirm *m.*, Röntgenschirm *m.*; TELEV. ~ ***gigante*** Video-Bildwand *f.*; ***grande*** ~ Leinwand *f.*, Kino *n.*; ***eroe, divo del grande*** ~ Leinwandheld *m.*, Leinwandgröße *f.*; EL. ***griglia*** ~ Schirmgitter *n.*; ~ ***grigliato*** Raster *m.*; ~ ***panoramico*** Breitwand *f.*; ***il piccolo*** ~ = das Fernsehen; ~ ***protettivo*** Schutzschirm *m.*; ~ ***radar*** Radarschirm *m.*; ~ ***tattile*** Sensorbildschirm *m.*; ~ ***televisivo*** Fernsehschirm *m.*

scher|mo|gra|fa|re tr. *(schermografo)* ~ ***qcn.*** von jdm eine Röntgenaufnahme machen, jdn röntgen. **scher|mo|gra|fi|a** f. Röntgenaufnahme *f.* **scher|mo|gra|fi|co** agg. *(-ci,-che)* Röntgen-.

scher|ni|re tr. *(schernisco, schernisci)* verhöhnen. **scher|ni|to|re** **I** agg. (ver)höhnend, höhnisch **II** m. Verhöhner *m.*, Spötter *m.* **scher|no** m. **1** Verhöhnung *f.*, Hohn *m.*; ***farsi*** ~ ***di qcn.*** jdn (ver)höhnen **2** *(persona, cosa)* Gespött *n.*: ***diventare lo*** ~ ***di tutti*** zum allgemeinen Gespött werden ◆ ***di*** ~ höhnend, Hohn-: ***parole di*** ~ Hohnworte *pl.*; ***per*** ~ zum Hohn; ***risata di*** ~ Hohngelächter *n.*

scher|za|re intr. (aus. *avere*) scherzen, spaßen: ~ ***su qcs.*** über etw. (A) scherzen; ***con lui non si scherza*** er lässt nicht mit sich spaßen ◆ FIG. ~ ***col fuoco*** mit dem Feuer spielen; ***c'è poco da*** ~***!*** da gibt es nicht viel zu lachen! das ist kein Scherz! ***con lui c'è poco da*** ~ er lässt nicht mit sich spaßen; ***ma stai scherzando?*** das ist doch nicht dein Ernst? du machst wohl Witze? ***non sto scherzando!*** ich meine es völlig ernst.

scher|zo m. **1** Scherz *m.*, Spaß *m.*, Streich *m.*: ***uno*** ~ ***riuscito, pesante*** ein gelungener, derber Scherz; ***fare uno*** ~ ***a qcn.*** jdm einen Streich spielen; ***prestarsi a uno*** ~ sich einen Scherz gefallen lassen **2** *(impresa da nulla)* Kinderspiel *n.* **3** *(componimento poetico)* Scherzgedicht *n.* **4** MUS. Scherzo *n.* ◆ FIG. ***fare, giocare un brutto*** ~ ***(a qcn.)*** (jdm) einen bösen Streich spielen; ~ ***di carnevale*** Faschingsscherz *m.*; ***uno*** ~ ***della natura*** eine Laune der Natur; ***-i a parte*** Spaß beiseite; ***per*** ~ aus (*o* im, zum) Spaß; ***prendere tutto per*** ~ = mit allem spaßen, nichts ernst nehmen; ***neanche, nemmeno, neppure per*** ~ auf keinen Fall; ***non dirlo neanche per*** ~***!*** sag so etwas nicht einmal im Spaß! ~ ***da prete*** blöder, schlechter Scherz; ***senza -i*** ganz im Ernst (*o* ganz ernst); ***stare allo*** ~ einen Spaß vertragen (*o* Spaß verstehen); ***essere in vena di -i*** zum Scherzen aufgelegt sein; PROV. ~ ***di mano,*** ~ ***da villano*** = eine lose Hand haben nur Flegel; ***a carnevale ogni*** ~ ***vale*** = im Karneval haben die Narren freien Ausgang, ist alles erlaubt. **scher|zo|sa|men|te** avv. scherzhaft.

scher|zo|so agg. **1** scherzhaft, Scherz-: ***gesto*** ~ scherzhafte Geste; ***frase -a*** scherzhafter Satz; ***parola -a*** Scherzwort *n.* **2** *(di persona)* lustig, spaßig ◆ ***in tono*** ~ scherzhaft (*o* spaßig, in spaßigem Ton); ***carattere*** ~ Scherzhaftigkeit *f.*

schet|ti|nag|gio m. Rollschuhlaufen *n.* **schet|ti|na|re** intr. *(schettino; aus. avere)* Rollschuh laufen. **schet|ti|no** m. Rollschuh *m.*: ***andare sugli -i*** Rollschuh laufen.

schiac|cia|men|to m. **1** Zerdrücken *n.*, Zerquetschen *n.* **2** ASTR. Abplattung *f.*: ~ ***polare*** polare Abplattung **3** MED. Quetschung *f.*: ~ ***della milza*** Quetschung der Milz; ~ ***delle vertebre*** Wirbelquetschung *f.*

schiac|cia|mo|sche m.inv. Klatsche *f.*

schiac|cia|no|ci m.inv. Nussknacker *m.*

schiac|cian|te agg. **1** überwältigend, erdrückend: ***maggioranza*** ~ überwältigende Mehrheit; ***vittoria*** ~ überwältigender Sieg; ***superiorità*** ~ erdrückende Übermacht **2** *(inoppugnabile)* schlagend: ***prova*** ~ schlagender Beweis.

schiac|cia|pa|ta|te m.inv. Kartoffelpresse *f.*

schiac|cia|pol|li|ci m.inv. Daumenschraube *f.*

schiac|cia|re *(schiaccio, schiacci)* **I** tr. **1a** (zer)quetschen, zerdrücken: ~ ***le patate*** Kartoffeln zerdrücken **b** *(calpestando)* zertreten: ~ ***uno scarafaggio*** eine Küchenschabe zertreten **2** *(frutta secca)* knacken **3a** *(premere)* (er)drücken: ~ ***un pulsante*** einen Knopf drücken; ~ ***il pedale dell'acceleratore*** aufs Gaspedal drücken (*o* treten) **b** ESTENS. *(comprimere)* erdrücken: ***la folla lo schiacciava*** die Masse erdrückte ihn **4** *(sopraffare)* schlagen: ~ ***l'avversario, il nemico*** den Gegner, den Feind schlagen **5** *(opprimere)* erdrücken: ***era schiacciato dai debiti, dalle responsabilità*** er wurde von den Schulden, von der Verantwortung erdrückt **6** SPORT schmettern (anche assol.) **7** COLLOQ. *(investire)* überfahren **8** COLLOQ. *(far apparire basso)* kleiner erscheinen lassen **II** pronom. **schiacciarsi** **1** zerquetscht werden, zerdrückt werden; ***il cappello si è schiacciato*** der Hut ist zerdrückt **2** FIG. sich drücken: ***-rsi contro il muro*** sich gegen (*o* an) die Mauer drücken **3** COLLOQ. ***-rsi qcs.*** sich (D) etw. ein‿klemmen: ***-rsi il dito nella porta*** sich den Finger in der Tür einklemmen **4** *(premendo)* aus‿drücken: ***-rsi i brufoli*** die Pickel ausdrücken ◆ ~ ***un pisolino*** ein Nickerchen machen, halten.

schiac|cia|sas|si m.inv. **1** Straßenwalze *f.*, Planierraupe *f.* **2** FIG. Trampel *m.*

schiac|cia|ta f. **1** ***dare una*** ~ ***a qcs.*** etw. zerdrücken **2** SPORT Schmetterball *m.*; ***fare una*** ~ den Ball schmettern **3** GASTR. Fladen *m.*, Fladenbrot *n.*: ~ ***all'olio*** Fladenbrot mit Olivenöl.

schiac|cia|to p.pass. agg. **1** → **schiacciare 2a** zerquetscht, zerdrückt **b** *(calpestato)* zertreten **3** FIG. erdrückt: ***sentirsi*** ~ sich erdrückt fühlen ◆ ***naso*** ~ eingedrückte Nase. **schiac|cia|to|re** m. Schmetterer *m.*

schiaf|fa|re **I** tr. schmeißen: ~ ***la roba nell'armadio*** die Sachen in den Schrank schmeißen **II** pronom. **schiaffarsi** sich schmeißen, sich hauen: ***-rsi sul divano, sul letto*** sich auf die Couch, aufs Bett schmeißen (*o* hauen) ◆ ~ ***qcn. dentro, in prigione*** jdn ein‿lochen.

schiaf|feg|gia|re tr. *(schiaffeggio, schiaffeggi)* **1** ohrfeigen **2** FIG. *(colpire con violenza)* schlagen.

schiaf|fo m. **1** Ohrfeige *f.*: ***dare, ricevere uno*** ~ eine Ohrfeige geben, bekommen; ***allungare uno*** ~ ***a qcn.*** jdm eine langen (*o* jdm eine Ohrfeige) verpassen; ***prendere qcn. a -i*** jdn ohrfeigen; ***mi prenderei a -i!*** ich könnte mich ohrfeigen! FIG. ***ricevere uno*** ~ ***morale*** eine moralische Ohrfeige bekommen **2** *(colpo, urto)* Schlag *m.* ◆ ***faccia da -i*** Ohrfeigengesicht *n.*

schia|maz|za|re intr. (aus. *avere*) **1a** *(di galline)* gackern **b** *(di oche)* schnattern **2** *(strepitare, urlare)* schreien, kreischen.

schia|maz|za|to|re **I** m. Randalierer *m.* **II** agg. Schrei-: ***uccelli -i*** Schreivögel *pl.*

schia|maz|zo m. **1a** *(di galline)* Gegacker *n.* **b** *(di oche)* Geschnatter *n.* **2** *(strepito)* Geschrei *n.*, Gekreisch *n.*, Lärm *m.*; ***fare*** ~ lärmen ◆ ***-i notturni*** nächtliche Ruhestörung.

schian|ta|re **I** tr. **1a** *(rompere)* brechen, ab‿brechen **b** *(frantumare)* zerbrechen, zerschmettern **2** FIG. ~ ***il cuore di qcn.*** jds Herz brechen **3** *(fendere)* spalten **4** *(fare scoppiare)* zum Platzen bringen **II** intr. (aus. *essere*) COLLOQ. **1** *(scoppiare)* platzen, auseinander brechen: ~ ***dalle risa*** vor Lachen platzen; ***la botte troppo piena rischia di*** ~ das übervolle Fass ist in Gefahr auseinander zu brechen **2** *(morire)* sterben **III** pronom. **schiantarsi** **1a** *(di aereo, nave)* zerschellen: ***l'aereo si schiantò contro la montagna*** das Flugzeug zerschellte am Berg; ***-rsi al suolo*** am Boden zerschellen; ***la***

nave si schiantò contro gli scogli das Schiff zerschellte an einem Riff **b** *(di auto)* donnern: ***-rsi (con la macchina) contro un albero*** mit dem Wagen gegen einen Baum donnern **2** *(scoppiare)* zerspringen, zerbrechen: ***mi si schianta il cuore*** das Herz will mir zerspringen.

schian|to m. **1** Zusammenstoß *m.*: ***nello ~ sono morte due persone*** bei dem Zusammenstoß sind zwei Personen ums Leben gekommen **2** *(rumore)* Krach *m.*; *(scoppio)* Knall *m.*: ***lo ~ di un'esplosione*** der Knall einer Explosion **3** *(grande dolore)* furchtbarer Schmerz *m.* **4** COLLOQ. Wucht *f.*: ***uno ~ di ragazza*** eine Wucht von einem Mädchen (*o* ein tolles Mädchen); ***quel film è uno ~*** dieser Film ist eine Wucht ◆ ***di ~*** plötzlich (*o* schlagartig).

schiap|pa f. COLLOQ. Niete *f.*: ***nella pallavolo è proprio una ~*** im Volleyball ist er eine echte Niete.

schia|ren|te I agg. aufhellend: ***shampoo ~*** aufhellendes Shampoo **II** m. Aufheller *m.*: ***~ ottico*** optischer Aufheller.

schia|ri|men|to m. **1** Aufhellung *f.*, Erhellung *f.* **2a** FIG. *(chiarimento)* Klärung *f.* **b** *(spiegazione)* Erklärung *f.*, Aufklärung *f.*: ***esigere, fornire uno ~*** eine Erklärung fordern, ab‿geben.

schia|ri|re *(schiarisco, schiarisci)* **I** tr. auf‿hellen, heller machen: ***~ i capelli*** das Haar aufhellen **II** intr. (aus. *essere*) **1** aus‿bleichen: ***un colore che schiarisce in fretta*** eine Farbe, die schnell ausbleicht **2a** impers. *(rasserenarsi)* ***schiarisce*** es hellt sich auf **b** *(fare giorno)* ***incomincia già a ~*** es fängt schon an zu dämmern **III** pronom. **schiarirsi 1** sich auf‿hellen, hell werden: ***(il cielo) si è schiarito*** der Himmel hat sich aufgehellt **2** ***-rsi qcs.*** sich (D) etw. auf‿hellen: ***-rsi i capelli*** sich das Haar aufhellen ◆ ***-rsi la voce*** sich räuspern.

schia|ri|ta f. **1** Aufheiterung *f.*: ***parziale ~*** teilweise Aufheiterung; ***dopo il temporale c'è stata una ~*** nach dem Gewitter hat es sich wieder aufgehellt **2** FIG. Verbesserung *f.*, Entspannung *f.*: ***una ~ nelle relazioni diplomatiche*** eine Entspannung in den diplomatischen Beziehungen. **schia|ri|tu|ra** f. Aufhellung *f.*

schiat|ta f. LETT. Abstammung *f.*: ***discendere da nobile ~*** adliger Abstammung sein.

schiat|ta|re intr. (aus. *essere*) platzen: ***~ di rabbia*** vor Wut platzen.

schia|vi|smo m. Sklavensystem *n.*

schia|vi|sta *(-i,-e)* **I** m. e f. **1** *(fautore dello schiavismo)* Verfechter *m.* (-in *f.*) der Sklaverei **2** ESTENS. Sklaventreiber *m.*: ***il direttore è un vero ~*** der Direktor ist ein richtiger Sklaventreiber **II** agg. die Sklaverei rechtfertigend, Sklavenhalter-: ***società -a*** Sklavenhaltergesellschaft *f.* **schia|vi|sti|co** agg. *(-ci,-che)* Sklaventreiber-; *(di principi, opinioni)* die Sklaverei verfechtend (*o* rechtfertigend).

schia|vi|tù f.inv. **1** Sklaverei *f.*, Sklaventum *n.*: ***cadere in ~*** in Sklaverei geraten; ***affrancarsi, liberarsi dalla ~*** sich aus der Sklaverei befreien; ***abolire la ~*** die Sklaverei ab‿schaffen; ***ridurre qcn. in ~*** jdn zum Sklaven machen, jdn versklaven **2** FIG. Abhängigkeit *f.*, Sucht *f.*: ***la ~ della droga*** die Drogenabhängigkeit.

schia|viz|za|re tr. **1** versklaven **2** ESTENS. tyrannisieren. **schia|viz|za|zio|ne** f. Versklavung *f.*

schia|vo I m. Sklave *m.* (anche FIG.): ***avere, comprare, liberare degli -i*** Sklaven halten, kaufen, frei‿lassen; ***lavorare come uno ~*** wie ein Sklave arbeiten **II** agg. versklavt: ***popolo ~*** versklavtes Volk ◆ ***bracciale alla -a*** schlichter Armreif; ***diventare ~ dell'alcol, di un vizio*** dem Alkohol, einem Laster verfallen; ***essere ~ delle proprie abitudini, passioni*** Sklave seiner Gewohnheiten, seiner Leidenschaften sein; ***essere ~ del fumo, dell'alcol, della droga*** nikotinabhängig, alkoholsüchtig, drogenabhängig sein; ***~ di galea*** Galeerensträfling *m.*; ***mercante di -i*** Sklavenhändler *m.*; ***mercato degli -i*** Sklavenmarkt *m.*; ***~ negro*** Negersklave *m.*; ***sandali alla -a*** Sandalen mit Fesselriemchen; ***tratta degli -i*** Sklavenhandel *m.*

schia|vo|ne I m. Slawonier *m.* **II** agg. slawonisch.

schi|dio|ne m. Bratspieß *m.*

schie|na f. **1** Rücken *m.*; COLLOQ. Kreuz *n.*: ***stare coricato sulla ~*** auf dem Rücken liegen; ***voltarsi sulla ~*** sich auf den Rücken drehen; ***grattare la ~ a qcn.*** jdm den Rücken kratzen **2** *(groppa)* Kruppe *f.* **3** GEOGR. Rücken *m.* ◆ ***~ d'asino*** Eselsrücken *m.*; ***strada a ~ d'asino*** gewölbte Straße; FIG. ***curvare la ~*** sich beugen, sich unterwerfen; ***di ~*** mit dem Rücken; ***filo della ~*** Wirbelsäule *f.*, Rückgrat *n.*; ***mal di ~*** Rückenschmerzen *m.*; *(nella parte bassa della schiena)* Kreuzschmerz *m.*; ***pugnalare qcn. alla ~*** jdm in den Rücken fallen; FIG. ***rompersi la ~*** sich ab‿schuften (*o* ab‿rackern); ***scollatura sulla ~*** Rückenausschnitt *m.*; ***voltare la ~ a qcn.*** jdm den Rücken wenden.

schie|na|le m. **1** Rückenlehne *f.*, Rückenpolster *n.*: ***~ reclinabile*** umklappbare Rückenlehne; ***~ della sedia*** Stuhllehne *f.* **2** *(di animale)* Rückenstück *n.* ◆ GASTR. ***~ con rognoni*** Nierenstück *n.*

schie|na|ta f. **1** Rückenstoß *m.* **2** SPORT Schultern *n.*

schie|ra f. **1a** Schar *f.*, Reihe *f.*: ***una ~ di collaboratori, di pellegrini*** eine Schar von Mitarbeitern, eine Pilgerschar; ***una ~ di oche*** eine Schar Gänse; **b** ESTENS. Gruppe *f.* **2** MIL. *(esercito)* Truppe *f.*, Heerschar *f.*: ***le -e nemiche*** die feindlichen Heerscharen ◆ ***a -e*** scharenweise (*o* in hellen Scharen); ***disporre a ~*** in einer Reihe auf‿stellen; ***casa, villetta a ~*** Reihenhaus *n.*; ***le -e celesti*** die himmlischen Heerscharen.

schie|ra|men|to m. **1** MIL. SPORT Aufstellung *f.*: ***~ tattico*** taktische Aufstellung; ***~ offensivo, difensivo*** Angriffsaufstellung *f.*, Verteidigungsaufstellung *f.* **2** POL. Lager *n.*: ***~ politico*** politisches Lager; ***-i opposti*** entgegengesetzte Lager; ***dividersi in due -i*** sich in zwei Lager spalten.

schie|ra|re I tr. **1** auf‿stellen, in Stellung bringen: ***~ una squadra, le truppe*** eine Mannschaft, die Truppen aufstellen; ***~ l'artiglieria*** die Artillerie in Stellung bringen **2** ESTENS. *(allineare)* auf‿reihen: ***~ i libri in bella mostra*** die Bücher geordnet aufreihen **II** pronom. **schierarsi 1** sich auf‿stellen: ***-rsi per l'attacco*** sich zum Angriff aufstellen; SPORT ***-rsi in campo*** sich auf dem Spielfeld aufstellen **2** *(mettersi in fila)* sich auf‿reihen: ***la polizia si schierò lungo la strada*** die Polizei reihte sich längs der Straße auf **3a** *(prendere partito)* Partei ergreifen: ***-rsi con qcn.*** für jdn Partei ergreifen **b** ***-rsi dalla parte del più debole*** sich auf die Seite des Schwächeren stellen **4** ***-rsi contro qcs.*** gegen etw. auf‿treten; ***-rsi contro la pena di morte*** gegen die Abschaffung der Todesstrafe auftreten.

schiet|ta|men|te avv. ehrlich, aufrichtig, offen. **schiet|tez|za** f. Ehrlichkeit *f.*, Aufrichtigkeit *f.*, Offenheit *f.*; ***parlare con ~*** offen sprechen ◆ ***~ d'animo*** Offenherzigkeit *f.*

schiet|to I agg. **1** ehrlich, aufrichtig, unverblümt: ***una persona -a*** ein aufrichtiger Mensch; ***un animo ~*** ein ehrliches Gemüt; ***modi -i*** aufrichtige Art **2** *(puro)* rein, echt: ***parlare un italiano ~*** ein reines Italienisch sprechen **II** avv. aufrichtig, offen: ***parlare ~*** aufrichtig (*o* offen) sprechen; ***a dirla -a*** offen gesagt ◆ ***oro ~*** reines Gold; ***vino ~*** nicht verwässerter Wein.

schi|fa|re I tr. **1** *(avere in spregio)* verschmähen: ***~ la compagnia di qcn.*** jds Gesellschaft verschmähen **2** *(fare schifo)* an‿ekeln, an‿widern: ***la sua vista mi schifa*** sein Anblick ekelt mich an **II** pronom. **schifarsi** sich ekeln, Ekel empfinden: ***-rsi di qcn., qcs.*** sich vor jdm, etw. ekeln. **schi|fa|to** p.pass. agg. **1** → **schifare 2** angeekelt, angewidert. **schi|fez|za** f. **1** Ekelhaftigkeit *f.*, Widerlichkeit *f.* **2** COLLOQ. Mist *m.*: ***quel film era proprio una ~!*** der Film war großer Mist!

schi|fil|to|sa|men|te avv. zimperlich, heikel. **schi|fil|to|si|tà** f. Zimperlichkeit *f.* **schi|fil|to|so I** agg. zimperlich, heikel: ***essere ~ nel mangiare*** im Essen heikel sein **II** m. zimperlicher Mensch *m.*; ***fare lo ~*** sich zimperlich auf‿führen (*o* den Zimperlichen spielen); ***non fare lo ~!*** sei nicht so zimperlich!

schi|fi|o REGION. SCHERZ. ***finire a ~*** ein schlimmes Ende nehmen (*o* vor die Hunde gehen).

1.schi|fo m. Ekel *m.*, Widerwille *m.*, Abscheu *m.*; ***provare ~ per qcs.*** vor etw. Ekel empfinden (*o* sich vor etw. ekeln); ***avere a ~ qcs.*** sich vor etw. ekeln ◆ ***che ~!*** pfui Teufel! ***pigro, ricco da fare ~*** stinkfaul, stinkreich; ***fare ~ a qcn.*** *(rivoltare)* jdn an‿ekeln (*o* an‿kotzen); *(di cibo, bevande)* ekelhaft schmecken; ESTENS. *(essere scadente)* mies sein: ***la nostra squadra ha fatto ~*** unsere Mannschaft war ganz mies; ***mi fa ~ solo a pensarci!*** mir wird schon schlecht, wenn ich bloß daran denke!

2.schi|fo m. **1** MAR. Beiboot *n.* **2** SPORT Skiff *n.*

schi|fo|sag|gi|ne f. Ekelhaftigkeit *f.*, Widerlichkeit *f.* **schi|fo|sa|men|te** avv. **1** ekelig **2** rafforz. *(molto)* stink-, scheiß-: ***~ ricco*** stinkreich; ***~ elegante*** scheißvornehm.

schi|fo|so agg. **1** ekelig, ekelhaft: ***animale ~*** ekelhaftes Tier **2a** *(di persona)* ekelig, widerlich: ***un avaro ~*** ein widerlicher Geizhals **b** *(ripugnante)* fies ◆ ***bevanda -a*** (ekliges) Gesöff *n.*; ***cibo ~*** (ekelhafter) Fraß *m.*; ***una fortuna -a*** ein unverschämtes Glück; ***lavoro ~*** Pfusch *m.*, Pfuscharbeit *f.*; ***puzza -a*** abscheulicher Gestank; ***tempo ~*** Mistwetter *n.*, grauenhaftes Wetter; ***un vecchio ~*** ein altes Ekel.

schil|le|ria|no [ʃi-] agg. schillersch, Schiller-: ***i drammi -i*** die schillerschen Dramen.

schi|nie|re m. Beinröhre *f.*, Beinschiene *f.*

schioc|ca|re *(schiocco, schiocchi)* **I** tr. ***~ qcs.*** mit etw. knallen, schnalzen; ***~ la lingua, le dita*** mit der Zunge, mit den Fingern schnalzen; ***~ la frusta*** mit der Peitsche knallen **II** intr. (aus. *avere*) knallen, schnalzen: ***la frusta schiocca*** die Peitsche knallt ◆ ***~ un bacio*** einen Schmatz(er) geben. **schioc|co** m. *(-chi)* Knall *m.*, Schnalzer *m.*, Knips *m.*; ***lo ~ della frusta*** der Schnalzer der Peitsche, der Peitschenknall; ***~ delle dita*** Fingerschnalzer *m.* ◆ ***dare un bacio con lo ~*** einen Schmatz(er) geben.

schio|da|re I tr. ~ ***qcs.*** die Nägel aus etw. heraus‿ziehen: ~ ***il coperchio di una cassa*** die Nägel aus dem Kistendeckel herausziehen II pronom. **schiodarsi** COLLOQ. ab‿hauen, sich auf die Socken machen.

schiop|pet|ta|ta f. Büchsenschuss *m.*, Flintenschuss *m.*: ***sparare una*** ~ einen Schuss aus der Flinte ab‿geben ◆ COLLOQ. ***costare una*** ~ einen Haufen (Geld) kosten. **schiop|po** m. Flinte *f.*, Büchse *f.* ◆ ***a un tiro di*** ~ nur einen Steinwurf weit (entfernt).

schi|tar|ra|re intr. (aus. *avere*) SPREG. die Gitarre zupfen, klimpern.

schiu|de|re *(schiusi; schiuso)* I tr. halb öffnen, halb auf‿machen: ~ ***le labbra*** die Lippen halb öffnen II pronom. **schiudersi** 1 sich öffnen, auf‿brechen: ***le gemme cominciano a -rsi*** die Knospen beginnen sich zu öffnen; ***le uova si sono schiuse*** die Eier sind aufgebrochen 2 FIG. sich auf‿schließen, sich erschließen: ***gli si schiuse un nuovo mondo*** eine neue Welt schloss sich ihm auf.

schiu|ma f. 1a Schaum *m.*: ***levare la*** ~ den Schaum ab‿schöpfen; ***fare*** ~ schäumen b *(bava)* Geifer *m.*, Schaum *m.* 2 *(feccia)* Abschaum *m.*: ***la ~ della società*** der Abschaum der Gesellschaft ◆ ~ ***antincendio*** Feuerlöschschaum *m.*; ***bagno di*** ~ Schaumbad *n.*; ~ ***da barba*** Rasierschaum *m.*; ~ ***della birra*** Bierschaum *m.*; FIG. ***avere la ~ alla bocca*** vor Wut schäumen; ***estintore a*** ~ Schaumlöschgerät *n.*, Schaumlöscher *m.*; ***a ~ frenata*** schaumgebremst; ***un detersivo a ~ frenata*** ein schaumgebremstes Waschmittel; ~ ***del mare*** Meeresschaum *m.*; ***pipa di ~ (di mare)*** Meerschaumpfeife *f.*

schiu|ma|io|la f. Schaumlöffel *m.*

schiu|man|te agg. schäumend: ~ ***di rabbia*** vor Wut schäumend (*o* wutschäumend).

schiu|ma|re I tr. ab‿schäumen, den Schaum ab‿schöpfen: ~ ***il latte*** den Schaum von der Milch abschöpfen II intr. (aus. *avere*) schäumen (anche FIG.): ***quel sapone schiuma molto*** diese Seife schäumt stark; ~ ***di rabbia*** vor Wut schäumen.

schiu|ma|ro|la → **schiumaiola.**

schiu|mo|ge|no I agg. Schaum erzeugend, Schaum-: ***sostanza -a*** Schaummittel *n.* II m. Schaum(feuer)löscher *m.* **schiu|mo|si|tà** f. Schaumigkeit *f.* **schiu|mo|so** agg. 1 schäumend, Schaum-: ***detersivo*** ~ Schaumreiniger *m.* 2 *(simile a schiuma)* schaumig, schaumartig.

schiu|sa f. Ausschlüpfen *n.*: ***la ~ dei pulcini*** das Ausschlüpfen der Küken. **schiu|so** p.pass. agg. 1 → **schiudere** 2 geöffnet, offen, aufgebrochen: ***fiore*** ~ geöffnete Blüte; ***uova -e*** aufgebrochene Eier.

schi|va|bi|le agg. 1 ***un colpo*** ~ ein Schlag, dem man ausweichen kann 2 *(evitabile)* meidbar, vermeidbar.

schi|va|re tr. 1 ~ ***qcs.*** etw. (D) aus‿weichen 2 *(evitare)* meiden: ~ ***una persona*** einen Menschen meiden 3 *(sfuggire)* ~ ***qcs.*** etw. (D) entkommen; ~ ***un pericolo*** einer Gefahr entkommen 4a SPORT aus‿pendeln: ~ ***un colpo*** einen Schlag auspendeln b assol. ab‿ducken.

schi|va|ta f. Ausweichen *n.*, Ausweichbewegung *f.*: ~ ***laterale*** seitliches Ausweichen.

schi|vo agg. 1 abgeneigt: ~ ***delle lodi*** den Lobreden abgeneigt 2 *(ritroso)* zurückhaltend, scheu: ***una persona -a*** ein zurückhaltender Mensch.

schi|zo|fi|te f.pl. BOT. Schizophyten *pl.*

schi|zo|fre|ni|a f. Schizophrenie *f.*, Bewusstseinsspaltung *f.* **schi|zo|fre|ni|co** I agg. *(-ci,-che)* schizophren: ***comportamento*** ~ schizophrenes Verhalten; ESTENS. ***politica -a*** schizophrene Politik II m. *(-ci)* Schizophrene *m.*

schi|zo|ge|ne|si, schi|zo|go|ni|a f. Schizogonie *f.*

schi|zoi|de I agg. schizoid II m. e f. Schizoide *m.* e *f.*

schi|zo|mi|ce|ti m.pl. Spaltpilz *m.*

schi|zo|ti|mi|a f. Schizotymie *f.*

schiz|za|re I intr. (aus. *essere*) 1 spritzen: ***l'olio è schizzato dappertutto*** das Öl ist überallhin gespritzt; ***il succo del limone mi è schizzato negli occhi*** der Zitronensaft ist mir in die Augen gespritzt; ***il sangue schizzava dalla ferita*** das Blut spritzte aus der Wunde 2a *(balzare fuori)* schießen, springen: ~ ***fuori dal letto*** aus dem Bett springen b COLLOQ. *(correre via)* weg‿spritzen, spritzen: ***è schizzata subito a casa*** sie ist sofort nach Hause gespritzt II tr. 1 verspritzen: ~ ***acqua*** Wasser verspritzen 2 bespritzen, spritzen: ~ ***qcn. di fango*** jdn mit Schlamm bespritzen; ~ ***l'acqua addosso a qcn.*** jdn mit Wasser bespritzen 3a *(disegnare)* skizzieren, umreißen: ~ ***un paesaggio*** eine Landschaft skizzieren b *(descrivere brevemente)* kurz beschreiben, kurz schildern III pronom. **schizzarsi** sich bespritzen: ***-rsi d'olio*** sich mit Öl bespritzen ◆ ~ ***faville*** Funken sprühen; ~ ***fuoco*** Feuer speien; FIG. ~ ***fuoco dagli occhi*** vor Wut sprühende Augen haben; ***gli occhi gli schizzavano fuori dalle orbite*** die Augen traten ihm aus den Höhlen; ~ ***veleno*** Gift und Galle speien; ~ ***via*** weg‿stieben.

schiz|za|ta f. 1 Spritzen *n.* 2 *(schizzo)* Spritzer *m.*; ***dare una ~ a qcn., qcs.*** jdn, etw. bespritzen (*o* an‿spritzen). **schiz|za|to** p.pass. agg. 1 → **schizzare** 2 COLLOQ. gestresst, gereizt. **schiz|zet|to** m. 1a Spritze *f.*, Sprüher *m.* b *(peretta)* Klistierspritze *f.* 2 *(giocattolo)* Wasserpistole *f.*

schiz|zi|no|so I agg. zimperlich, wählerisch: ***essere ~ nel mangiare*** im Essen wählerisch sein II m. zimperlicher Typ *m.*; ***fare lo*** ~ zimperlich sein.

schiz|zo m. 1a *(lo schizzare)* Spritzen *n.*, Bespritzen *n.* b *(liquido, macchia)* Spritzer *m.* 2 *(balzo improvviso)* Sprung *m.*, Satz *m.*: ***con uno ~ il gatto saltò sull'albero*** mit einem Satz sprang die Katze auf den Baum 3a *(disegno)* Skizze *f.*: ***fare uno*** ~ eine Skizze an‿fertigen b *(breve descrizione)* Entwurf *m.* ◆ ~ ***d'acqua*** Wasserspritzer *m.*; ***caffè con lo*** ~ Kaffee *m.* mit Schuss; ~ ***di inchiostro*** Tintenspritzer *m.*; ~ ***di un romanzo*** Romanentwurf *m.*: ~ ***di vernice*** Farbspritzer *m.*

sci m.inv. 1 Ski *m.*, Schi *m.*: ***un paio di*** ~ ein Paar Ski; ***allacciarsi, togliersi gli*** ~ die Ski an‿schnallen, ab‿schnallen 2 SPORT Skisport *m.*, Skilaufen *n.*, Skifahren *n.*: ***fare dello*** ~ Ski laufen (*o* fahren) ◆ ~ ***d'acqua*** Wasserski *m.*; ~ ***acrobatico*** Skiakrobatik *f.*, Trickskilaufen *n.*; ~ ***alpinismo*** Skiwandern *n.*; ~ ***alpino*** alpiner Skilauf; ***attacco degli*** ~ Skibindung *f.*; ***corso di*** ~ Skikurs *m.*; ~ ***di fondo*** Langlauf *m.*, Skilanglauf *m.*; ***gara di*** ~ Skiwettkampf *m.*; ~ ***di legno*** Holzski *m.*; ***maestro di*** ~ Skilehrer *m.*; ~ ***a monte*** Bergski *m.*; ~ ***nautico*** Wasserski *m.*; ~ ***nordico*** nordischer Skilauf; ***occhiali da*** ~ Skibrille *f.*; ***pista da*** ~ Skipiste *f.*; ***racchetta da*** ~ Skistock *m.*; ***salto con gli*** ~ Skispringen *n.*; ***scarponi da*** ~ Skischuhe *pl.*, Skistiefel *pl.*

sci|a f. 1 Kielwasser *n.*: ***navigare nella ~ di una nave*** im Kielwasser eines Schiffes segeln; ***seguire la ~ di qcn.*** in jds Kielwasser segeln (anche FIG.) 2 ESTENS. Wolke *f.*: ***lasciare una ~ di profumo*** eine Wolke von Parfüm hinterlassen ◆ AER. ~ ***di condensazione*** Kondensstreifen *m.*; FIG. ***sulla ~ di qcs.*** in Anbetracht (*o* angesichts) etw. (G): ***sulla ~ di quanto detto precedentemente*** in Anbetracht (*o* angesichts) des zuvor Gesagten.

scià m.inv. Schah *m.*

scia|bi|ca f. *(-che)* 1a Schleppnetz *n.* b *(imbarcazione)* Fischtrawler *m.* 2 ZOOL. Teichhuhn *n.*

scia|bi|le agg. geführig, führig. **scia|bi|li|tà** f. Geführigkeit *f.*, Führigkeit *f.*, Före *f.*

scia|bo|la f. 1 Säbel *m.*: ***tirare di*** ~ mit dem Säbel fechten 2 SPORT Säbelfechten *n.* ◆ ***duello di*** ~ Säbelduell *n.*; ***fodero della*** ~ Säbelscheide *f.*; ***a forma di*** ~ säbelförmig; ***gambe a*** ~ Säbelbeine *pl.*; ***con le gambe a*** ~ säbelbeinig. **scia|bo|la|re** *(sciabolo)* I tr. mit dem Säbel verwunden II intr. (aus. *avere*) Säbelhiebe aus‿teilen ◆ ~ ***giudizi*** vorschnell urteilen. **scia|bo|la|ta** f. 1 Säbelhieb *m.*, Säbelstoß *m.* 2 *(giudizio avventato)* vorschnelles Urteil *n.*

scia|bor|da|re I tr. schwenken, schütteln II intr. (aus. *avere*) schwappen, schwapsen, platschen: ***l'acqua sciaborda contro gli scogli*** das Wasser schwappt gegen die Felsen. **scia|bor|di|o** m. Schwappen *n.*, Klatschen *n.*: ***lo ~ uniforme delle onde*** das gleichmäßige Schwappen der Wellen.

scia|cal|lag|gio m. *(-gi)* Plünderei *f.*: ***commettere un atto di*** ~ Plünderei begehen ◆ ~ ***politico*** politische Verleumdungskampagne. **scia|cal|lo** m. 1 Schakal *m.* 2a FIG. *(chi ruba)* Plünderer *m.* b *(di salme)* Leichenfledderer *m.*, Fledderer *m.* c *(approfittatore)* Aasgeier *m.*

sciac|qua|re I tr. 1a spülen, aus‿spülen: ~ ***il bucato*** die Wäsche spülen b *(stoviglie)* ab‿spülen, aus‿spülen: ~ ***i piatti*** das Geschirr abspülen; ~ ***una bottiglia*** eine Flasche ausspülen II pronom. **sciacquarsi** 1 sich ab‿waschen, sich aus‿spülen: ***-rsi i capelli*** sich das Haar ausspülen; ***-rsi le mani*** die Hände abwaschen ◆ ***-rsi la bocca*** sich den Mund ausspülen; FIG. = seinen Ton mäßigen; ***-rsi la bocca sul conto di qcn.*** sich über jdn das Maul zerreißen (*o* über jdn her‿ziehen). **sciac|qua|ta** f. Spülen *n.*; ***dare una ~ a qcs.*** etw. aus‿spülen, spülen; ***darsi una*** ~ sich frisch machen. **sciac|qua|tu|ra** f. 1 Spülung *f.*, Ausspülen *n.*, Spülen *n.* 2 *(acqua)* Spülwasser *n.*, Abwaschwasser *n.* ◆ FIG. ~ ***di piatti*** Brühe *f.*

sciac|qui|o m. 1 Spülen *n.* 2 *(sciabordio)* Klatschen *n.*, Schwappen *n.*, Anschlag *m.*

sciac|quo m. 1a *(della bocca)* Mundspülung *f.*; ***fare gli -i*** den Mund aus‿spülen b *(liquido)* Mundwasser *n.* 2 *(risciacquo)* Spülung *f.*, Ausspülen *n.*, Spülen *n.*

sciac|quo|ne m. Spülkasten *m.*, Wasserspülung *f.*, Wasserkasten *m.* ◆ COLLOQ. ***tirare lo*** ~ spülen.

scia|fi|lo agg. BIOL. Schatten-: ***pianta -a*** Schattenpflanze *f.*; ***albero*** ~ Schattenbaum *m.* **scia|fi|ta** I agg. Schatten- II f. Schattenpflanze *f.*

Sciaf|fu|sa n.pr.f. Schaffhausen *n.*
scia|guat|ta|re I tr. aus‿spülen, aus‿waschen **II** intr. (aus. *avere*) schwappen, schwapsen.
scia|gu|ra f. Unglück *n.*: ***provocare, prevenire, evitare una ~*** ein Unglück verursachen, verhüten, verhindern; ***essere vittima di una ~*** Opfer eines Unglücks werden ◆ ***~ aerea*** Flugzeugunglück *n.*; ***~ ferroviaria*** Eisenbahnunglück *n.*; ***luogo della ~*** Unglücksort *m.*
scia|gu|ra|tag|gi|ne f. **1** Schlechtigkeit *f.* **2** *(azione)* Bosheit *f.*, Gemeinheit *f.* **scia|gu|ra|ta|men|te** avv. **1** *(disgraziatamente)* unglücklicherweise, unseligerweise: ***~ è arrivato troppo tardi*** unglücklicherweise ist er zu spät gekommen **2** *(scelleratamente)* gemein, ruchlos, verwerflich: ***comportarsi ~*** sich gemein benehmen.
scia|gu|ra|to I agg. **1** unglückselig, unselig: ***una famiglia -a*** eine unglückselige Familie **2** *(che comporta sciagure)* unheilvoll, verhängnisvoll: ***tempi -i*** unheilvolle Zeiten **3** *(scellerato)* ruchlos, gemein, verwerflich: ***un padre ~*** ein ruchloser Vater **II** m. **1** Unglückliche *m.*, Unglücksrabe *m.*, Unglücksmensch *m.* **2** *(persona scellerata)* ruchloser Mensch *m.* ◆ ***~ me!*** ich Armer (*o* ich Unglücklicher)!
scia|lac|qua|men|to m. Vergeudung *f.*, Verschwendung *f.* **scia|lac|qua|re** tr. vergeuden, verschwenden, verprassen (anche assol.): ***~ il proprio patrimonio*** sein Vermögen vergeuden (*o* verprassen). **scia|lac|qua|to|re I** agg. verschwenderisch **II** m. Verschwender *m.*, Vergeuder *m.*
scia|la|re I intr. (aus. *avere*) prassen **II** tr. verprassen, vergeuden: ***~ l'eredità*** die Erbschaft verprassen ◆ ***c'è poco da ~*** damit kann man keine großen Sprünge machen; FIG. ***in fatto d'ingegno non ha certo da ~*** er ist sicherlich keine Intelligenzbestie.
scial|bo agg. **1** *(pallido)* blass, fahl, bleich: ***un colore ~*** eine blasse Farbe; ***un sole ~*** eine bleiche Sonne **2a** FIG. farblos, fad(e), flach, schal: ***persona -a*** fader Mensch; ***stile ~*** farbloser Stil; ***vita -a*** schales Leben; ***una discussione -a*** eine flache Diskussion **b** *(insignificante)* nichts sagend, ausdruckslos: ***viso ~*** nichts sagendes Gesicht.
scial|la|to agg. Schal-: ***collo ~*** Schalkragen *m.* **scial|le** m. Schultertuch *n.*, Schal *m.*, Umschlagtuch *n.*: ***avvolgere qcn. in uno ~*** jdn in einen Schal hüllen; ***mettersi uno ~ sulle spalle*** sich einen Schal um die Schultern schlingen ◆ ***bavero a ~*** Schalkragen *m.*; ***~ di lana*** Wollschal *m.*; ***~ di seta*** Seidenschal *m.*
scia|lo m. **1** Verschwendung *f.*, Vergeudung *f.* **2** *(sfarzo)* Prunk *m.*, Pracht *f.* ◆ ***a ~*** im Überfluss; ***spendere a ~*** sein Geld verschwenderisch aus‿geben; ***fare ~ di qcs.*** mit etw. verschwenderisch um‿gehen; FIG. ***fare ~ di complimenti*** mit Komplimenten nicht sparen.
scia|lo|ne m. Verschwender *m.*, Vergeuder *m.*
scia|lup|pa f. Beiboot *n.*, Schaluppe *f.* ◆ ***~ di salvataggio*** Rettungsboot *n.*
scia|ma|ne|si|mo → **sciamanismo. scia|ma|ni|co** agg. *(-ci,-che)* Schamanen-. **scia|ma|ni|smo** m. Schamanismus *m.*
scia|man|na|to I agg. REGION. schlampig; ***alla -a*** schlampig **II** m. Schlamper *m.*
scia|ma|no m. Schamane *m.*
scia|ma|re intr. (aus. *avere, essere*) schwärmen, umschwärmen (anche FIG.): ***le zanzare sciamavano intorno alla luce*** die Mücken umschwärmten das Licht; ***la folla sciamò fuori dallo stadio*** die Menge schwärmte aus dem Stadion. **scia|ma|tu|ra** f. Schwärmen *n.*, Schwärmzeit *f.*
scia|me m. **1** Schwarm *m.* **2** FIG. Schwarm *m.*, Schar *f.*: ***uno ~ di bimbi*** eine Schar von Kindern ◆ ***a -i*** scharenweise, in Scharen; ***arrivare a -i*** angeschwärmt (*o* in Scharen) kommen; ***~ d'api*** Bienenschwarm *m.*; ***~ di cavallette*** Heuschreckenschwarm *m.*; ASTR. ***~ meteorico*** Meteorstrom *m.*, Schwarm *m.* von Meteoriten; ***~ di zanzare*** Mückenschwarm *m.*
sciam|po → **shampoo.**
scian|ca|to I agg. **1** hüftlahm **2** *(traballante)* wackelig **II** m. hüftlahmer Mensch *m.*
scian|cra|to agg. tailliert, antailliert.
scian|gai m. Mikado *n.*
scian|to|sa f. ANT. Tingeltangelsängerin *f.*
scian|tung m.inv. Shantung *m.*
scia|po agg. REGION. fade.
scia|ra|da f. **1** Scharade *f.* **2** FIG. *(enigma)* Rätsel *n.*
1.scia|re intr. *(scio, scii*; aus. *avere)* Ski laufen, Ski fahren ◆ ***~ sull'acqua*** Wasserski laufen; ***~ fuori pista*** außerhalb der gekennzeichneten Piste (*o* im Tiefschnee) fahren.
2.scia|re intr. *(scio, scii*; aus. *avere)* MAR. die Ruder streichen.
sciar|pa f. **1** Schal *m.*, Halstuch *n.*: ***avvolgersi una ~ intorno al collo*** sich einen Schal um den Hals wickeln **2** *(fascia)* Schärpe *f.* ◆ ***~ di lana*** Wollschal *m.*; ***~ di seta*** Seidenschal *m.* **sciar|pi|na** f. Schälchen *n.*
scia|ta f. Skilauf *m.*, Skilaufen *n.*; ***fare una lunga ~*** ausgiebig Ski laufen (*o* fahren).
scia|tal|gi|a f. Ischias *m.*, Ischialgie *f.* **scia|ti|ca** f. Hüftweh *n.* **scia|ti|co** agg. *(-ci,-che)* Ischias-, Hüft-: ***nervo ~*** Ischiasnerv *m.* Hüftnerv *m.*
scia|to|re m. Skiläufer *m.*, Skifahrer *m.* ◆ ***~ di fondo*** Langläufer *m.* **scia|to|rio** agg. *(-ri,-rie)* → **sciistico.**
sciat|ta|men|te avv. nachlässig, schlampig, schluderig. **sciat|te|ri|a** f. Nachlässigkeit *f.*, Schlampigkeit *f.*
sciat|to agg. nachlässig, schlampig, schludrig: ***un uomo ~*** ein schlampiger Mann; ***lavoro ~*** schlampige (*o* nachlässige) Arbeit (*o* Schluderarbeit *f.*); ***~ nel vestire*** nachlässig (*o* schlampig) gekleidet; ***andare in giro in modo ~*** schlampig herum‿laufen.
sciat|to|na f. Schlampe *f.* **sciat|to|ne** m. Schlamper *m.*, Schludrian *m.*
scia|ve|ro m. REGION. Schwarte *f.*, Stoffrest *m.*
sci|bi|le m. Wissen *n.*; ***campo dello ~*** Wissensgebiet *n.*; ***tutto lo ~*** die Totalität des Wissens.
scic|che|ri|a f. COLLOQ. Schick *m.*: ***questa macchina è una vera ~*** das Auto ist wirklich schick. **scic|co|so** agg. COLLOQ. schick.
scien|te agg. LETT. bewusst, wissentlich. **scien|te|men|te** avv. bewusst.
scien|ti|fi|ca f. *(-che)* Erkennungsdienst *m.*
scien|ti|fi|ca|men|te avv. wissenschaftlich: ***dimostrato ~*** wissenschaftlich erwiesen (*o* bewiesen); ***questa teoria non regge ~*** diese Theorie ist wissenschaftlich nicht fundiert.
scien|ti|fi|ci|tà f. Wissenschaftlichkeit *f.*; ***privo di ~*** unwissenschaftlich.
scien|ti|fi|co I agg. *(-ci,-che)* wissenschaftlich, Wissenschafts-: ***teoria, ricerca -a*** wissenschaftliche Theorie, Forschung; ***analisi, rivista -a*** wissenschaftliche Untersuchung, Zeitschrift; ***collaboratore ~*** wissenschaftliche Hilfskraft; ***su un piano ~*** auf wissenschaftlicher Ebene; ***privo di fondamento ~*** ohne wissenschaftliche Begründung; ***applicare metodi -ci a qcs.*** bei etw. wissenschaftliche Methoden an‿wenden **II** m. *(-ci)* naturwissenschaftliches Gymnasium *n.* ◆ ***direttore ~*** wissenschaftlicher Leiter; ***facoltà -a*** naturwissenschaftliche Fakultät; ***informatore (medico-)~*** Ärztevertreter *m.*, Pharmaberater *m.*; ***liceo ~*** naturwissenschaftliches Gymnasium; ***non ~*** unwissenschaftlich; ***polizia -a*** Erkennungsdienst *m.*; GIOC. ***scopone ~*** INTRAD. (ein Kartenspiel).
scien|ti|smo m. Szientismus *m.*, Szientifizismus *m.* **scien|ti|sta** m. e f. *(-i,-e)* Szientist *m.* (-in *f.*).
scien|za f. **1** Wissenschaft *f.*: ***i progressi della ~*** die Fortschritte der Wissenschaft; ***l'Accademia delle -e*** die Akademie der Wissenschaften; ***le -e esatte*** die exakten Wissenschaften; ***coltivare le -e*** die Wissenschaften pflegen; ***essere al servizio della ~*** im Dienst der Wissenschaft stehen **2** pl. SCOL. Naturkunde *f.*: ***esame di -e*** Prüfung *f.* in Naturkunde ◆ ***-e agrarie*** Agrarwissenschaft *f.*; ***~ dell'alimentazione*** Ernährungswissenschaft *f.*; ***~ applicata*** angewandte Wissenschaft; SCHERZ. ***essere un'arca di ~*** ein Ausbund an Wissen sein; ***-e ausiliarie*** Hilfswissenschaften *pl.*; ***-e biologiche*** Biowissenschaften *pl.*; ***-e commerciali*** Handelswissenschaften *pl.*; ***secondo ~ e coscienza*** nach bestem Wissen und Gewissen; ***~ cristiana*** Christian Science *f.* (*o* christliche Wissenschaft); ***-e del diritto*** Rechtswissenschaft *f.*, Rechtslehre *f.*; ***-e economiche*** Wirtschaftswissenschaften *pl.*; ***~ empirica*** empirische Wissenschaft (*o* Erfahrungswissenschaft *f.*); ***facoltà di -e*** naturwissenschaftliche Fakultät; COLLOQ. ***avere la ~ infusa*** die Weisheit mit Löffeln gefressen haben; ***-e letterarie*** Literaturwissenschaft *f.*; ***~ dei materiali*** Werkstoffkunde *f.*; ***~ medica*** Heilkunde *f.* (*o* Medizin *f.*); ***-e naturali*** Naturwissenschaften *pl.*; ***studioso di -e naturali*** Naturwissenschaftler *m.*; ***gabinetto di -e naturali*** Naturalienkabinett *n.*; ***-e occulte*** Geheimwissenschaft *f.*; ***spezzare il pane della ~*** die Gaben der Wissenschaft aus‿teilen (*o* den Schatz der Wissenschaft aus‿münzen); ***-e politiche*** Politikwissenschaft *f.*; ***-e positive*** Realwissenschaften *pl.* (*o* Naturwissenschaften *pl.*); SCHERZ. ***essere un pozzo di ~*** → ***essere un'arca di ~***; ***~ pura*** reine Wissenschaft; ***ramo della ~*** Wissenschaftszweig *m.*; ***~ delle religioni*** Religionswissenschaft *f.*; ***-e sociali*** Sozialwissenschaften *pl.*; ***storia della ~*** Wissenschaftsgeschichte *f.*; ***-e umane*** Humanwissenschaften *pl.* (*o* Geisteswissenschaften *pl.*); ***uomo di ~*** Mann *m.* der Wissenschaften.
scien|zia|to m. Wissenschaftler *m.*: ***essere uno ~*** Wissenschaftler sein (*o* in der Wissenschaft tätig sein) ◆ ***~ atomico (o nucleare)*** Atomwissenschaftler *m.*
sci|fo|zoi m.pl. Bechertiere *pl.*

sci|i|sti|co agg. *(-ci,-che)* Ski-: ***gara -a*** Skirennen *n.*; ***zona -a*** Skigebiet *n.*
sci|i|ta *(-i,-e)* **I** agg. schiitisch **II** m. e f. Schiit *m.* (-in *f.*).
sci|lin|gua|gno|lo m. **1** ANAT. Zungenbändchen *n.* **2** *(parlantina)* Redseligkeit *f.*; ***avere lo ~ sciolto*** redselig sein, eine Plaudertasche sein; ***sciogliere lo ~*** die Zunge lösen.
sci|mi|tar|ra f. Krummsäbel *m.*, Türkensäbel *m.*
scim|mia f. Affe *m.* ◆ ***~ antropomorfa*** Menschenaffe *m.*; GERG. ***avere la ~*** *(sbornia)* sternhagelvoll sein; *(essere dipendente)* ***avere la ~ di qcs.*** = von etw. abhängig sein; ***brutto come una ~*** hässlich wie die Nacht; ***~ cappuccina*** Kapuzineraffe *m.*; ***da ~*** affenartig; ***fare la ~ a qcn.*** jdn nach‿äffen; ***femmina della ~*** Affenweibchen *n.* (*o* Äffin *f.*); ***gabbia delle -e*** Affenkäfig *m.*; ***piccolo della ~*** Affenjunge *n.*; ***uomo ~*** Affenmensch *m.*; ***~ urlatrice*** Brüllaffe *m.*
scim|mie|sco agg. *(-schi,-sche)* **1** *(da scimmia)* affenartig; SPREG. äffisch **2** FIG. *(brutto)* hässlich ◆ ***faccia -a*** Affengesicht *n.* **scim|miet|ta** f. kleiner Affe *m.*, Äffchen *n.* **scim|mio|ne** m. **1** großer Affe *m.* **2** ESTENS. Gorilla *m.*
scim|miot|ta|re tr. nach‿machen; SPREG. nach‿äffen. **scim|miot|ta|to|re** m. Nachäffer *m.* **scim|miot|ta|tu|ra** f. Nachäfferei *f.*
scim|miot|to m. **1** Affenjunge *n.* **2** VEZZ. Mäuschen *n.* ◆ FIG. ***fare lo ~*** jdn nach‿äffen.
scim|pan|zé m.inv. Schimpanse *m.*
sci|mu|ni|tag|gi|ne f. Dummheit *f.*, Doofheit *f.* **sci|mu|ni|to I** agg. dumm, doof **II** m. Dummkopf *m.*, Schwachkopf *m.*
scin|co m. *(-chi)* Skink *m.*
scin|de|re *(scissi; scisso)* **I** tr. **1** spalten: ***~ l'atomo*** den Atomkern spalten **2** *(dividere)* auf‿teilen: ***~ una classe in due gruppi*** eine Klasse in zwei Gruppen aufteilen **3** *(distinguere)* (genau) voneinander trennen, auseinander halten, ab‿grenzen: ***~ le responsabilità degli uni e degli altri*** die Verantwortung aller genau abgrenzen **II** pronom. **scindersi** sich auf‿spalten, sich spalten: ***-rsi in qcs.*** sich in etw. (A) spalten. **scin|di|bi|le** agg. spaltbar.
scin|ti|gra|fi|a f. Szintigraphie *f.*
scin|til|la f. Funke *m.* (anche FIG.): ***~ elettrica*** elektrischer Funke; ***mandare, emettere -e*** Funken schlagen, sprühen; ***la ~ della rivolta*** der Funke des Aufruhrs ◆ AUT. ***~ di accensione*** Zündfunke *m.*; ***~ divina*** Götterfunke *m.*; ***fare -e*** Funken sprühen; FIG. glänzen; ***fare -e dalla rabbia*** vor Wut schäumen; ***~ di genio*** Geistesblitz *m.*; ***pioggia di -e*** Funkenregen *m.*; ***scocca la ~*** der Funke zündet; FIG. der Funke springt über; ***tra i due è scoccata la ~*** zwischen den beiden hat es gefunkt.
scin|til|lan|te agg. **1** funkelnd, glitzernd: ***stelle, occhi -i*** funkelnde Sterne, funkelnde Augen **2** FIG. *(brillante)* glänzend: ***un'idea ~*** eine glänzende Idee.
scin|til|la|re intr. (aus. *avere*) **1** FIS. *(emettere scintille)* Funken sprühen **2** *(risplendere, brillare)* funkeln, glitzern, glänzen: ***le stelle scintillano in cielo*** die Sterne funkeln (*o* glitzern am Himmel; ***il mare scintillava in lontananza*** das Meer glitzerte in der Ferne; ***gli occhi gli scintillano di gioia*** seine Augen glänzen vor Freude. **scin|til|la|zio|ne** f. Funken *n.*
scin|til|li|o m. **1** FIS. Funken *n.*: ***lo ~ di un brillante*** das Funkeln eines Brillanten **2** FIG. *(splendore)* Glitzern *n.*, Glanz *m.*: ***lo ~ delle luci*** der Lichterglanz.
scin|to|i|smo m. Schintoismus *m.* **scin|to|i|sta** *(-i,-e)* **I** agg. schintoistisch **II** m. e f. Schintoist *m.* (-in *f.*). **scin|to|i|sti|co** agg. *(-ci, -che)* schintoistisch.
sciò inter. COLLOQ. husch.
scioc|ca|men|te avv. dummerweise, blöd, albern: ***comportarsi ~*** sich blöd an‿stellen (*o* benehmen).
scioc|can|te agg. schockierend. **scioc|ca|re** tr. *(sciocco, sciocchi)* schockieren. **scioc|ca|to** p.pass. agg. **1** → **scioccare 2** schockiert: ***rimanere ~ per qcs.*** über etw. (A) schockiert sein.
scioc|chez|za f. **1** Dummheit *f.*, Blödsinn *m.*: ***commettere -e*** Dummheiten begehen; ***non fare -e!*** mach keine Dummheiten! ***dire -e*** Blödsinn (*o* dummes Zeug) reden; ***che ~!*** so ein Blödsinn! **2** *(piccola cosa)* Kleinigkeit *f.*: ***offendersi per una ~*** sich wegen einer Kleinigkeit (*o* nichts) kränken ◆ COLLOQ. ***pagare qcs. una ~*** etw. spottbillig erstehen. **scioc|chez|zuo|la** f. Kleinigkeit *f.*, Winzigkeit *f.*
scioc|chi|no I agg. ein bisschen dumm **II** m. Dummerchen *n.*
scioc|co I agg. *(-chi,-che)* **1** dumm, blöd, albern: ***risposta -a*** blöde Antwort; ***non essere così ~!*** sei nicht so albern! **2** ESTENS. *(banale)* bloß, banal: ***-chi sentimentalismi*** bloße Sentimentalitäten **II** m. *(-chi)* Dumme *m.*, Dummkopf *m.*, COLLOQ. Blödling *m.*: ***(non) fare lo ~*** sich (nicht) blöd an‿stellen; ***non è uno ~*** er ist kein Dummkopf.
scio|gli|bi|le agg. auflösbar, löslich.
scio|glie|re *(sciolgo, sciogli; sciolsi; sciolto)* **I** tr. **1** lösen: ***~ un nastro, un nodo*** ein Band, einen Knoten lösen **2a** *(liberare)* los‿binden, befreien: ***~ il cane dalla catena*** den Hund von der Kette losbinden **b** FIG. befreien **3** *(fondere)* schmelzen: ***il sole scioglie la neve*** die Sonne schmilzt den Schnee **4a** *(disciogliere)* auf‿lösen, lösen: ***~ lo zucchero nell'acqua*** Zucker im Wasser (auf)lösen **b** GASTR. zerlassen, zergehen lassen: ***(far) ~ il burro in padella*** die Butter in der Pfanne zerlassen **c** CHIM. auf‿lösen, lösen, solvieren **5** FIG. *(svincolare)* lösen, entbinden, entlassen, los‿sprechen: ***~ qcn. da una promessa, da un giuramento*** jdn von einem Versprechen, von einem Eid entbinden; ***~ qcn. da un obbligo*** jdn aus einer Verpflichtung entlassen (*o* von einer Verpflichtung lösen) **6a** FIG. *(annullare)* auf‿lösen, lösen: ***~ un contratto, un matrimonio*** einen Vertrag (auf)lösen, eine Ehe auflösen (*o* scheiden) **b** *(smembrare)* ***~ un gruppo, un'associazione, il parlamento*** eine Gruppe, einen Verein, das Parlament auflösen **c** *(sospendere)* ***~ una riunione, il consiglio dei ministri*** eine Versammlung, das Kabinett auflösen **d** *(disperdere)* ***~ un corteo*** eine Demonstration auflösen **7** FIG. lösen: ***~ un enigma, l'incantesimo*** ein Rätsel, den Zauber lösen **II** pronom. **sciogliersi 1** *(slegarsi)* sich lösen, auf‿gehen **2** *(liberarsi)* sich los‿machen, sich befreien, sich los‿lösen: ***-rsi dalla stretta dell'avversario*** sich aus dem Haltegriff des Gegners befreien **3a** *(fondersi)* schmelzen (anche FIG.): ***-rsi al sole*** in der Sonne schmelzen **b** COLLOQ. ***mia sorella si scioglie davanti ai bambini piccoli*** bei kleinen Kindern schmilzt meine Schwester dahin **4a** *(disciogliersi)* sich lösen (anche CHIM.): ***-rsi in acqua*** sich im Wasser lösen **b** GASTR. zergehen **5** FIG. *(disperdersi)* sich auf‿lösen, aufgelöst werden, aufgehoben werden, auseinander gehen: ***il partito si sciolse*** die Partei löste sich auf; ***la seduta si è sciolta dopo la votazione*** die Sitzung wurde nach der Abstimmung aufgelöst (*o* aufgehoben); ***la manifestazione si scioglie*** die Kundgebung geht auseinander **6** FIG. *(terminare)* enden, aus‿gehen: ***la commedia si sciolse felicemente*** die Komödie endete glücklich (*o* ist glücklich ausgegangen) **7** FIG. *(diventare più disinvolto)* lockerer werden, sich lockern ◆ ***-rsi in bocca*** auf der Zunge zergehen; ***far ~ qcs. in bocca*** etw. auf der Zunge zergehen lassen; ***~ un canto*** einen Gesang an‿stimmen; ***~, -rsi i capelli*** das Haar lösen; ***~ i cavalli (dal carro)*** die Pferde ab‿spannen; ***~ un dubbio*** einen Zweifel beseitigen; ***-rsi in lacrime*** sich in Tränen auf‿lösen, in Tränen zerfließen; ***~ la lingua*** die Zunge lösen; ***~ la lingua a qcn.*** jdn zum Sprechen bringen; ***~ i muscoli*** die Muskeln lockern (*o* sich auf‿wärmen); ***-rsi come neve al sole*** wie Butter an der Sonne schmelzen; ***~ le redini*** die Zügel schießen lassen (anche FIG.); ***~ le riserve*** den Vorbehalt auf‿geben; ***~ una sigla*** eine Abkürzung aus‿schreiben; ***~ le trecce*** die Zöpfe auf‿flechten; MAR. ***~ le vele*** die Segel setzen; ***~ la voce*** sich ein‿singen; ***~ un voto*** ein Gelübde erfüllen.
scio|gli|lin|gua m.inv. Zungenbrecher *m.*
scio|gli|men|to m. **1** Lösen *n.* **2** *(fusione)* Schmelzen *n.*, Schmelze *f.* **3** FIG. Auflösung *f.*: ***lo ~ di un contratto, di una riunione*** die Auflösung eines Vertrags, einer Versammlung **4** FIG. *(soluzione)* Lösung *f.* **5** FIG. *(epilogo)* Ende *n.*, Ausgang *m.* ◆ ***~ della neve*** Schneeschmelze *f.*; ***lo ~ di un voto*** die Erfüllung eines Gelübdes.
sci|o|li|na f. Skiwachs *n.*, Gleitwachs *n.*; ***dare la ~ agli sci*** die Skier wachsen. **sci|o|li|na|re** tr. wachsen.
sciol|ta f. COLLOQ. Durchfall *m.*, Dünnpfiff *m.*
sciol|ta|men|te avv. **1** *(in modo disinvolto)* gelöst, gelassen, locker **2** *(agilmente)* gewandt.
sciol|tez|za f. **1** *(agilità)* Gewandtheit *f.*, Lockerheit *f.*, Gelöstheit *f.*; ***parlare con ~*** gewandt reden **2** *(disinvoltura)* Unbefangenheit *f.*, Ungezwungenheit *f.*, Lockerheit *f.*; ***~ di stile*** gelöster Stil; ***~ di modi*** lockere Art; ***~ nei modi di fare*** ungezwungenes Benehmen ◆ ***in ~*** mit Leichtigkeit; ***~ di lingua*** Zungenfertigkeit *f.*; ***~ di mano*** Fingerfertigkeit *f.*; ***~ nel parlare*** Redegewandtheit *f.*
sciol|to p.pass. agg. **1** → **sciogliere 2a** *(slegato)* frei, los: ***attento, il cane è ~*** Achtung, der Hund ist frei (*o* los) **b** FIG. frei: ***essere ~ da un impegno*** von einer Verpflichtung frei sein **3a** *(fuso)* geschmolzen: ***burro ~*** geschmolzene Butter **b** *(disciolto)* (auf)gelöst **4** FIG. *(disinvolto, abile)* locker, unbefangen, gelassen: ***modi -i*** lockere Art; ***una parlantina -a*** eine unbefangene Redeweise **5a** *(agile)* gewandt, gelöst, locker: ***movimenti -i*** gewandte Bewegungen **b** *(di membra; snodato)* gelenkig **6** COLLOQ. *(sfuso)* lose, unverpackt **7** AGR. ***terreno ~*** lockerer Boden ◆ FIG. ***a briglia -a*** mit verhängten Zügeln; FIG. GERG. ***cane ~*** Einzelgänger *m.*; ***portare i capelli -i sulle spalle*** das Haar offen (*o* gelöst) auf den Schultern tragen; ***un vestito dalla linea -a*** ein locker geschnittenes (*o* sitzendes) Kleid; COLLOQ. ***avere una lingua -a*** ein flinkes (*o* lockeres) Mundwerk haben (*o* zungenfertig sein); ***versi -i*** reimlose (*o* freie) Verse.

scio|pe|ran|te I agg. streikend **II** m. e f. Streikende *m.* e *f.* ◆ ***non ~*** Streikbrecher *m.* (-in *f.*). **scio|pe|ra|re** intr. *(sciopero;* aus. *avere)* streiken: ***~ per, contro qcs.*** für, gegen etw. streiken.

scio|pe|ra|tag|gi|ne f. Drückebergerei *f.*, Faulheit *f.*, Bequemlichkeit *f.* **scio|pe|ra|to I** p.pass. agg. **1** → **scioperare 2** SPREG. *(sfaccendato)* drückebergerisch, faul, bequem **3** *(dissoluto)* liederlich, verlottert **II** m. **1** SPREG. Drückeberger *m.*, Faulenzer *m.*; ***una vita da ~*** ein Leben als Drückeberger **2** *(dissoluto)* liederlicher Mensch *m.*, COLLOQ. Liederjan *m.*

scio|pe|ro m. Streik *m.*: ***essere in ~*** im Streik stehen; ***entrare in ~*** in (den) Streik treten; ***uno ~ per, contro qcs.*** ein Streik für, gegen etw.; ***proclamare (indire, dichiarare), interrompere, sospendere, reprimere uno ~*** einen Streik aus‿rufen, unterbrechen, ab‿brechen, unterdrücken; ***aderire, partecipare a uno ~*** sich einem Streik an‿schließen, sich an einem Streik beteiligen (*o* an einem Streik teil‿nehmen); ***incitare allo ~*** zum Streik auf‿rufen; ***è scoppiato lo ~*** der Streik ist ausgebrochen; ***lo ~ è fallito*** der Streik ist zusammengebrochen ◆ ***~ articolato*** Teilstreik *m.*, Schwerpunktstreik *m.*; ***~ di avvertimento*** Warnstreik *m.*; ***~ bianco*** Bummelstreik *m.*; ***~ di categoria*** sektorieller Streik, Berufsgruppenstreik *m.*; ***~ a catena*** Kettenstreik *m.*; ***diritto di ~*** Streikrecht *n.*; ***divieto di ~*** Streikverbot *n.*; ***~ della fame*** Hungerstreik *m.*; ***fare ~*** streiken (anche FIG. SCHERZ.); ***fronte dello ~*** Streikfront *f.*; ***~ generale*** Generalstreik *m.*; ***incitamento allo ~*** Streikaufruf *m.*; ***~ di massa*** Massenstreik *m.*; ***minaccia di ~*** Streikdrohung *f.*; ***~ a oltranza*** unbegrenzter (*o* unbefristeter) Streik; ***ondata di -i*** Streikwelle *f.*; ***~ di protesta*** Proteststreik *m.*; ***~ a scacchiera*** = Streik *m.* der verschiedenen Berufsgruppen an jeweils unterschiedlichen Tagen; ***~ (a gatto) selvaggio*** wilder Streik; ***~ della sete*** Durststreik *m.*; ***~ a singhiozzo*** = Bummelstreik; ***~ di solidarietà*** Solidaritätsstreik *m.*; ***~ a sorpresa*** unangesagter Streik; ***~ spontaneo*** spontaner Streik.

scio|ri|na|re tr. **1** LETT. *(stendere)* auf‿hängen **2** *(esporre, ostentare)* zur Schau stellen (anche FIG.): ***~ la propria merce, la propria erudizione*** seine Ware, sein Wissen zur Schau stellen ◆ ***~ consigli*** Ratschläge erteilen.

sci|o|vi|a f. Skilift *m.*

scio|vi|ni|smo m. Chauvinismus *m.* **scio|vi|ni|sta** *(-i,-e)* **I** m. e f. Chauvinist *m.* (-in *f.*) **II** agg. chauvinistisch. **scio|vi|ni|sti|co** agg. *(-ci,-che)* chauvinistisch.

Sci|pio|ne n.pr.m. Scipio *m.*: ***~ l'Africano*** Scipio Africanus.

sci|pi|tag|gi|ne, sci|pi|tez|za f. **1** Fadheit *f.*, Schalheit *f.* **2** FIG. Geistlosigkeit *f.* **sci|pi|to** agg. **1** fade, schal: ***una minestra -a*** eine fade Suppe **2** FIG. fade, geistlos, ohne Salz und Schmalz: ***chiacchiere -e*** geistloses Geschwätz.

scip|pa|re tr. ***~ qcn.*** jdm die Handtasche entreißen. **scip|pa|to|re** m. Handtaschenräuber *m.* **scip|po** m. Handtaschenraub *m.*

sci|roc|ca|ta f. Schirokkosturm *m.* **sci|roc|co** m. *(-chi)* Schirokko *m.*

sci|rop|pa|re tr. **I** in Sirup ein‿legen: ***~ le pere*** Birnen in Sirup einlegen **II** pronom. **sciropparsi** COLLOQ. SCHERZ. ***-rsi qcn., qcs.*** sich (D) jdn, etw. antun müssen, jdn, etw. ertragen müssen: ***me la sono sciroppata per tutta la serata*** ich habe sie mir den ganzen Abend antun müssen. **sci|rop|pa|to** p.pass. agg. **1** → **sciroppare 2** ***frutta -a*** Obst in Sirup.

sci|rop|po m. **1** Sirup *m.* **2** MED. Saft *m.* ◆ ***~ di amarene*** Sauerkirschsirup *m.*; ***~ di frutta*** Obstsirup *m.*; ***~ per la tosse*** Hustensaft *m.* **sci|rop|po|so** agg. **1** dickflüssig, sirupartig: ***liquore ~*** dickflüssiger Likör **2** FIG. kitschig, schmalzig: ***un film ~*** ein kitschiger Film.

sci|sma m. **1a** Schisma *n.* **b** *(distacco)* Abspaltung *f.*: ***lo ~ anglicano*** das Schisma der anglikanischen Kirche **2a** POL. *(scissione)* Spaltung *f.* **b** *(distacco)* Abspaltung *f.* ◆ ***il grande ~ d'Occidente*** das große abendländische Schisma; ***lo ~ d'Oriente*** das Schisma der Ostkirche. **sci|sma|ti|co I** agg. *(-ci,-che)* schismatisch: ***sette -che*** schismatische Sekten **II** m. *(-ci)* Schismatiker *m.*

scis|si|le agg. spaltbar.

scis|sio|ne f. **1** Spaltung *f.* (anche PSIC.): ***la ~ di un partito*** die Spaltung einer Partei; ***~ della coscienza*** Spaltung des Bewusstseins **2** BIOL. Teilung *f.*, Furchung *f.*; ***riproduzione per ~*** Fortpflanzung *f.* durch Zellteilung *f.* **3** CHIM. Spaltung *f.*, Aufspaltung *f.* **4** POL. *(distacco)* Abspaltung *f.* ◆ ***~ atomica*** Atomspaltung *f.*, Fission *f.*; ***~ dei grassi*** Fettspaltung *f.*; ***~ dell'Io*** Bewussteinsspaltung *f.*; ***~ nucleare*** Kernspaltung *f.*, Fission *f.*

scis|sio|ni|smo m. Tendenz *f.* zur Abspaltung *f.*, spalterische Neigung *f.* **scis|sio|ni|sta** *(-i,-e)* **I** agg. Spaltungs-, Abspaltungs-: ***corrente, politica ~*** Abspaltungsbewegung *f.*, Spaltungspolitik *f.* **II** m. e f. Verfechter (-in *f.*) einer Abspaltungsbewegung. **scis|sio|ni|sti|co** agg. *(-ci,-che)* Spaltungs-, Abspaltungs-: ***movimento ~*** Abspaltungsbewegung *f.*

scis|so → **scindere.**

scis|su|ra f. **1** Spalte *f.*, Spalt *m.* **2** ANAT. Furche *f.* **3** FIG. *(dissidio)* Uneinigkeit *f.*: ***una ~ in seno al movimento*** eine Uneinigkeit innerhalb der Bewegung ◆ ***-e encefaliche*** Gehirnfurchen *pl.*

sci|sto m. Schiefer *m.* ◆ ***~ argilloso*** Tonschiefer *m.*; ***~ bituminoso*** Ölschiefer *m.* **sci|sto|si|tà** f. Schieferung *f.* **sci|sto|so** agg. schieferartig, Schiefer-: ***roccia -a*** Schiefergestein *n.*; ***formazione -a*** Schieferformation *f.*

sci|ti m.pl. Skythen *pl.* **sci|ti|co** agg. *(-ci,-che)* skythisch.

sciu|pa|fem|mi|ne m.inv. REGION. Frauenheld *m.*, Aufreißer *m.*

sciu|pa|re I tr. **1a** ab‿nutzen: ***~ un mobile*** ein Möbel abnutzen **b** *(tessuti)* ab‿wetzen **c** *(libri)* ab‿greifen **2** *(sgualcire)* zerknittern: ***~ un vestito*** ein Kleidungsstück zerknittern **3** *(sprecare)* verschwenden, vergeuden: ***~ stoffa*** Stoff vergeuden; ***~ un patrimonio*** ein Vermögen verschwenden; ***~ tempo, denaro*** Zeit, Geld verschwenden **4** FIG. verderben: ***~ la serata a qcn.*** jdm den Abend verderben **II** pronom. **sciuparsi 1a** abgenutzt sein **b** *(di tessuti)* abgewetzt sein: ***la mia giacca si è sciupata*** meine Jacke ist abgewetzt **c** *(di libro)* abgegriffen sein **2** *(sgualcirsi)* zerknittert sein, zerdrückt sein **3a** *(deperire)* mitgenommen sein, angeschlagen sein **b** *(dimagrire)* ab‿magern **4** *(affannarsi)* sich überanstrengen, sich ab‿rackern **5** *(sprecarsi)* sich herab‿lassen, sich herbei‿lassen: ***non si è sciupato ad avvisarti!*** er hat sich nicht herbeigelassen, dir Bescheid zu sagen! ◆ ***non ti ~!*** pass auf dich auf! (*o* schone dich!); ***~ un'occasione*** eine Gelegenheit verpassen; ***~ la propria vita*** sein Leben verpfuschen. **sciu|pa|to** p.pass. agg. **1** → **sciupare 2** ***avere l'aria -a*** mitgenommen aussehen ◆ ***un libro ~*** ein abgegriffenes Buch; ***mani -e*** verarbeitete Hände; ***un volto ~*** ein erschöpftes Gesicht.

sciu|pi|o m. Vergeudung *f.*, Verschwendung *f.*: ***~ di denaro*** Geldverschwendung *f.*

sciu|po|ne m. Verschwender *m.*

sci|vo|la|men|to m. Gleiten *n.*, Rutschen *n.*

sci|vo|la|re intr. *(scivolo;* aus. *essere)* **1** gleiten, rutschen: ***~ sul ghiaccio*** über das Eis gleiten; ***lasciarsi ~ in acqua*** sich ins Wasser gleiten lassen; ESTENS. ***la barca scivola sull'acqua*** das Boot gleitet über das Wasser; ***~ dalla sella*** aus dem Sattel gleiten **2** *(cadere)* aus‿rutschen, aus‿gleiten: ***~ sul bagnato*** auf nassem Boden ausgleiten; ***~ sul ghiaccio*** auf dem Eis ausrutschen **3a** gleiten, rutschen: ***~ (di mano) a qcn.*** jdm aus der Hand rutschen (*o* gleiten); ***gli è scivolato (di mano) un vaso*** ihm ist eine Vase aus der Hand geglitten **b** ***a qcn. scivola un piede*** jd gleitet mit dem Fuß aus **4a** FIG. entgleiten, ab‿gleiten: ***il discorso scivolò nel banale*** das Gespräch glitt ins Banale ab **b** ***far ~ il discorso su qcs.*** das Gespräch auf etw. (A) bringen: ***far ~ il discorso su un argomento*** das Gespräch auf ein Thema bringen **c** ***~ su un argomento*** *(non discuterne)* über ein Thema hinweg‿gehen; ***~ su un discorso*** ein Gesprächsthema meiden **5** FIG. *(sbagliare)* ***~ su qcs.*** bei etw. scheitern: ***è scivolato sull'ultimo esercizio*** bei der letzten Übung ist er gescheitert ◆ AER. ***~ d'ala*** über einen Flügel ab‿schmieren; ***~ sotto le coperte*** unter die Decke schlüpfen.

sci|vo|la|ta f. Ausrutschen *n.*, Gleiten *n.*, Rutschen *n.*; ***fare una ~*** aus‿rutschen ◆ AER. ***~ d'ala*** Abschmieren *n.* über einen Flügel; SPORT ***entrare in ~*** hinein‿grätschen.

sci|vo|lo m. **1** Rutsche *f.*, Rutschbahn *f.*: ***andare sullo ~*** auf die Rutsche steigen **2** AER. Gleitbahn *f.*, Rutschbahn *f.* ◆ ***~ elicoidale*** Wendelrutsche *f.*; ***~ per il legname*** Holzrutsche *f.*

sci|vo|lo|ne m. Ausrutscher *m.* (anche FIG.), AUSTR. Rutscher *m.*; ***fare uno ~*** aus‿rutschen.

sci|vo|lo|si|tà f. Glätte *f.* **sci|vo|lo|so** agg. **1** rutschig, COLLOQ. glitschig: ***pavimento ~*** rutschiger Boden **2** FIG. schmierig: ***un personaggio ~*** ein schmieriger Typ ◆ ***fondo stradale ~*** Straßenglätte *f.*; ***terreno ~*** rutschiger Boden; *(ghiacciato)* Glatteis *n.*; ***attenzione, terreno ~!*** Vorsicht, Erdrutschgefahr!

Sci|zia n.pr.f. Skythien *n.*

scle|ra f. Lederhaut *f.*, Sklera *f.* **scle|ri|te** f. Lederhautentzündung *f.*, Skleritis *f.*

scle|ro|der|mi|a f. Sklerodermie *f.*

scle|ro|ma m. Sklerom *n.* **scle|ro|me|tri|co** agg. *(-ci,-che)* sklerometrisch ◆ ***durezza -a*** Mohshärte *f.* **scle|ro|me|tro** m. Sklerometer *m.*

scle|ro|sa|re I tr. veröden: ***~ un vaso sanguigno*** ein Blutgefäß veröden **II** pronom. **sclerosarsi** veröden.

scle|ro|si f. Sklerose *f.*: ***~ multipla, a placche*** multiple Sklerose *f.*; ***~ delle coronarie*** Koronarsklerose *f.*

scle|ro|ti|ca f. Lederhaut *f.*, Sklera *f.*

scle|ro|ti|co I agg. *(-ci,-che)* sklerotisch **II** m. *(-ci)* Sklerotiker *m.*
scle|ro|tiz|za|re I tr. **1** veröden **2** FIG. erstarren lassen **II** pronom. **sclerotizzarsi 1** verkalken **2** FIG. erstarren.
scle|ro|to|mi|a f. Sklerotomie *f.*
sco|cca f. *(-che)* Fahrgestell *n.*, Aufbau *m.* ◆ **~ *in acciaio*** Stahlaufbau *m.*
scoc|ca|re *(scocco, scocchi)* **I** tr. **1** ab‿schießen: **~ *una freccia*** einen Pfeil abschießen **2** *(battere le ore)* schlagen: ***l'orologio scocca le nove*** die Uhr schlägt neun **II** intr. (aus. *essere*) **1** *(scattare)* zu‿schnappen: ***la trappola è scoccata*** die Falle ist zugeschnappt **2** *(di scintilla)* über‿springen **3** *(di ore)* schlagen: ***è già scoccata la mezzanotte*** es hat schon Mitternacht geschlagen ◆ **~ *un bacio*** einen Kuss geben; **~ *un'occhiataccia*** einen vorwurfsvollen Blick zu‿werfen.
scoc|cian|te agg. lästig, belästigend.
scoc|cia|re *(scoccio, scocci)* **I** tr. COLLOQ. **~ *qcn.*** jdm auf die Nerven gehen, jdm lästig sein, jdn nerven; ***mi ha proprio scocciato*** er hat mich wirklich genervt; ***non mi ~!*** nerv mich nicht! **II** pronom. **scocciarsi 1** sich ärgern **2** *(stufarsi)* keine Lust mehr haben, es satt haben: ***mi sono scocciato di aspettarla*** ich habe keine Lust mehr (*o* ich habe es satt), auf sie zu warten ◆ ***smettila di scocciarmi!*** lass mich (endlich) in Ruhe! **scoc|cia|to** p.pass. agg. **1** → **scocciare 2** verärgert, genervt: ***essere ~*** genervt sein, es satt haben. **scoc|cia|to|re** m. Störenfried *m.*, COLLOQ. Nervensäge *f.* **scoc|cia|tu|ra** f. **1** *(seccatura)* Unannehmlichkeit *f.*; ***che ~!*** so etwas Dummes! **2** *(cosa noiosa)* langweilige Sache *f.*, langweilige Angelegenheit *f.*
sco|del|la f. **1a** Schüssel *f.* **b** *(quantità)* Schüssel *f.* (voll): ***una ~ di riso*** eine Schüssel (voll) Reis **2** *(fondina)* Suppenteller *m.*: ***mangiare una ~ di minestra*** einen Teller Suppe essen ◆ **~ *del cane*** Hundenapf *m.*
sco|del|la|re tr. **1** in die Schüssel füllen: **~ *il latte*** die Milch in die Schüssel füllen **2** *(spiattellare)* auf‿tischen, servieren: **~ *a qcn. un sacco di bugie*** jdm eine Menge Lügen auftischen **3** COLLOQ. *(mettere al mondo)* in die Welt setzen **4** SPORT **~ *la palla*** den Ball servieren. **sco|del|la|to** → **scodellare** ◆ ***volere la pappa -a*** alles fertig auf einem Tablett serviert bekommen wollen.
sco|del|li|no m. **1** kleine Schüssel *f.* **2** MIL. Pfanne *f.*, Zündpfanne *f.*
sco|din|zo|la|men|to m. Wedeln *n.*, Gewedel *n.* **sco|din|zo|la|re** intr. *(scodinzolo;* aus. *avere)* **1** wedeln, schwänzeln **2** *(sugli sci)* wedeln **3** FIG. *(mostrarsi servile)* herum‿schwänzeln: **~ *intorno a qcn.*** um jdn herumschwänzeln. **sco|din|zo|li|o** m. Wedeln *n.*, Gewedel *n.* **sco|din|zo|lo** m. Wedeln *n.*
sco|glia f. Haut *f.*
sco|glie|ra f. **1** Klippe *f.* **2** *(barriera di scogli)* Riff *n.*
sco|glio m. *(-gli)* **1** Klippe *f.* **2** *(roccia)* Felsblock *m.*, Felsen *m.* **3** FIG. Klippe *f.*, Hürde *f.*, Hindernis *n.*: ***aggirare, superare uno ~*** eine Klippe umgehen, überwinden. **sco|glio|so** agg. klippenreich.
sco|iat|to|lo m. Eichhörnchen *n.*: ***agile come uno ~*** flink wie ein Eichhörnchen ◆ ***arrampicarsi come uno ~*** wie ein Affe klettern; ***nido di ~*** Kobel *m.*
sco|la|bot|ti|glie m.inv. Abtropfgestell *n.* für Flaschen. **sco|la|pa|sta** m.inv. Nudelsieb *n.*, Sieb *n.* **sco|la|piat|ti** m.inv. Abtropfständer *m.*
1.sco|la|re I tr. **1** (bis auf den letzten Tropfen) leeren **2** *(colare)* ab‿gießen: **~ *la pasta*** die Nudeln abgießen **II** intr. (aus. *avere*) ab‿tropfen: ***mettere i piatti a ~*** die Teller abtropfen lassen **III** pronom. **scolarsi *-rsi una bottiglia di vino*** eine Flasche Wein hinunter‿schütten.
2.sco|la|re agg. Schul-: ***età ~*** Schulalter *n.*, schulpflichtiges Alter ◆ ***bambino in età ~*** schulpflichtiges Kind.
sco|la|re|sca f. *(-sche)* **1** *(di una classe)* Schulklasse *f.* **2** *(di una scuola)* Schülerschaft *f.*
sco|la|ret|ta f. Schulmädchen *n.*, Schulkind *n.* **sco|la|ret|to** m. Schulkind *n.*, Schuljunge *m.* **sco|la|ri|tà** f. Schulpflicht *f.*
sco|la|riz|za|re tr. BUROCR. beschulen, der Schulpflicht unterwerfen. **sco|la|riz|za|zio|ne** f. Beschulung *f.* ◆ ***tasso di ~*** Einschulungsquote *f.*
sco|la|ro m. **1** Schüler *m.* **2** *(discepolo)* Schüler *m.*, Anhänger *m.*
sco|la|sti|ca f. Scholastik *f.* **sco|la|sti|ci|smo** m. Scholastizismus *m.*
sco|la|sti|co agg. *(-ci,-che)* **1a** Schul-, schulisch: ***rendimento ~*** schulische Leistungen; ***periodo, torneo ~*** Schulzeit *f.*, Schulwettbewerb *m.*; ***sistema ~*** Schulsystem *n.* **b** *(elementare)* ***francese ~*** Schulfranzösisch *n.* **2** SPREG. schülerhaft: ***esporre in forma -a*** schülerhaft vor‿tragen **3** FILOS. scholastisch ◆ ***anno ~*** Schuljahr *n.*; ***inizio dell'anno ~*** Schuljahrsbeginn *m.*; ***fine dell'anno ~*** Schuljahrsende *f.*; ***conoscenza -a di una lingua*** Schulkenntnisse in einer Sprache; ***consiglio ~*** Elternbeirat *m.*; BUROCR. ***istituto ~*** Lehranstalt *f.*
sco|la|to|io m. *(-oi)* Ablaufplatte *f.*, Abtropfgestell *n.* **sco|la|tu|ra** f. **1** Abtropfen *n.*, Ablaufen *n.* **2** *(sostanza)* Abgetropfte *n.*
sco|lia|ste m. Scholiast *m.*
sco|lio m. FILOS. Scholion *n.*, Scholie *f.*, Randbemerkung *f.*
sco|lio|si f. Skoliose *f.*, Wirbelsäulenverkrümmung *f.*, Rückgratverkrümmung *f.* **sco|lio|ti|co** agg. *(-ci,-che)* skoliotisch.
scol|lac|cia|to agg. **1** tief ausgeschnitten, dekolletiert: ***un vestito ~*** ein tief ausgeschnittenes Kleid **2** FIG. *(licenzioso, spinto)* anstößig, unanständig, schlüpfrig: ***una barzelletta -a*** ein schlüpfriger Witz.
scol|la|men|to m. **1** Ablösen *n.*, Ablösung *f.* **2** MED. Ablösung *f.* **3a** FIG. Spaltung *f.*, Auflösung *f.*: ***lo ~ della coalizione di governo*** die Auflösung der Regierungskoalition **b** *(iato)* Kluft *f.*
1.scol|la|re I tr. **1** ab‿lösen: **~ *un francobollo, la tappezzeria*** eine Briefmarke, die Tapeten ablösen **2** *(togliere la colla)* **~ *qcs.*** den Leim (*o* den Klebstoff) von etw. entfernen **II** pronom. **scollarsi 1** *(staccarsi)* sich ab‿lösen, sich lösen, aus dem Leim gehen: ***la suola si è scollata*** die Sohle hat sich abgelöst **2** FIG. sich trennen; ***non si scolla mai da quel televisore*** er hockt ständig vor dem Fernseher.
2.scol|la|re I tr. ABBIGL. aus‿schneiden, dekolletieren: **~ *un vestito*** ein Kleid dekolletieren **II** pronom. **scollarsi** *(indossare abiti scollati)* Kleider mit Dekolleté tragen.
1.scol|la|to p.pass. agg. **1** → **1.scollare 2** abgelöst, aus dem Leim gegangen.
2.scol|la|to p.pass. agg. **1** → **2.scollare 2** ABBIGL. augeschnitten, dekolletiert, IRON. offenherzig: ***vestito ~*** dekolletiertes Kleid; ***le piace portare vestiti -i*** sie trägt gerne tief ausgeschnitten ◆ ***scarpe -e*** Pumps *pl.*
1.scol|la|tu|ra f. Ablösen *n.*, Ablösung *f.*
2.scol|la|tu|ra f. ABBIGL. **1** Auschnitt *m.*, Halsausschnitt *m.*, Dekolleté *n.*: **~ *profonda*** tiefer Ausschnitt; **~ *a barchetta*** Bootsausschnitt *m.* **2** *(parte lasciata scoperta)* Halsausschnitt *m.*, Ausschnitt *m.* **3** *(il tagliare)* Ausschneiden *n.* ◆ **~ *sulla schiena*** Rückenausschnitt *m.*; **~ *a V*** V-Auschnitt *m.*
scol|le|ga|re tr. *(scollego, scolleghi)* aus‿schalten, ab‿trennen, ab‿schalten.
scol|lo → **2.scollatura.**
scol|ma|to|re m. Abflusskanal *m.*
sco|lo m. **1** *(condotto)* Ablauf *m.* **2** *(liquido)* Abwasser *n.*: ***deviare lo ~*** Abwasser ab‿leiten **3a** MED. *(fuoriuscita di umore)* Ausfluss *m.* **b** COLLOQ. *(blenorragia)* Tripper *m.* ◆ ***canale di ~*** Abzugskanal *m.*; ***fossa di ~*** Abwassergraben *m.*, Anzucht *f.*; ***tubo di ~*** Abflussrohr *n.*
sco|lo|pen|dra f. Skolopender *m.*, Hundertfüßer *m.*
sco|lo|pio m. *(-pi)* Piarist *m.*
sco|lo|ra|men|to m. Entfärbung *f.*, Entfärben *n.* **sco|lo|ra|re I** tr. entfärben, bleichen, aus‿bleichen: ***il sole le ha scolorato i capelli*** die Sonne hat ihr Haar ausgebleicht **II** intr. (aus. *essere*) aus‿bleichen, verbleichen, verblassen **III** pronom. **scolorarsi** verbleichen, verblassen.
sco|lo|ri|men|to m. Entfärbung *f.*, Verblassen *n.*
sco|lo|ri|na f. Tintenkiller *m.*
sco|lo|ri|re *(scolorisco, scolorisci)* **I** tr. **1** entfärben, bleichen, aus‿bleichen: ***il sole ha scolorito la stoffa*** die Sonne hat den Stoff ausgebleicht **2** FIG. verblassen lassen; ***il tempo scolorisce i ricordi*** mit der Zeit verblassen die Erinnerungen **II** intr. (aus. *essere*) **1** aus‿bleichen, verbleichen, verblassen: ***questa tinta scolorisce facilmente*** diese Farbe bleicht leicht aus **2** *(impallidire)* erblassen, erbleichen **3** FIG. verblassen: ***il ricordo è ormai scolorito*** die Erinnerung ist bereits verblasst **III** pronom. **scolorirsi** aus‿bleichen, verbleichen, verblassen. **sco|lo|ri|to** p.pass. agg. **1** → **scolorire 2** FIG. *(scialbo)* fad, farblos.
scol|pa|re I tr. entschuldigen, rechtfertigen **II** pronom. **scolparsi** sich entschuldigen, sich rechtfertigen.
scol|pi|re tr. *(scolpisco, scolpisci)* **1** meißeln, hauen: **~ *una statua, un bassorilievo*** eine Statue, ein Basrelief meißeln **2** *(incidere)* ein‿graben, ein‿gravieren, gravieren: **~ *un'iscrizione su una lapide*** eine Inschrift in eine Tafel eingravieren **3** *(intagliare)* schnitzen; *(nella pietra)* ein‿meißeln, ein‿hauen; *(nel legno)* ein‿schnitzen, schnitzen, ein‿schneiden **4** LETT. ein‿prägen, ein‿graben: **~ *qcs. nella memoria di qcn.*** etw. in jds Gedächtnis einprägen **5** *(dare rilievo)* akzentuieren: **~ *una frase*** einen Satz akzentuieren.
scol|pi|to p.pass. agg. **1** → **scolpire 2 *viso ~ dalle sofferenze*** ein von Leiden gezeichnetes Gesicht **3 *qcs. rimane ~ nella mente di qcn.*** etw. prägt sich in jds Gedächtnis ein. **scol|pi|tu|ra** f. AUT. Reifenprofil *n.*

sco|l|ta f. **1** Wache *f.*: ***essere di ~*** Wache haben **2** *(sentinella)* Wache *f.*, Wachposten *m.*

scom|bi|na|re tr. **1** durcheinander bringen **2** *(mandare a monte)* vereiteln, über den Haufen werfen. **scom|bi|na|to I** p.pass. agg. **1** → **scombinare 2** *(confuso)* verworren: ***discorso ~*** eine verworrene Rede **II** m. Wirrkopf *m.*

scom|bro m. Makrele *f.*

scom|bus|so|la|men|to m. Verwirrung *f.*

scom|bus|so|la|re tr. *(scombussolo)* **1** *(confondere)* verwirren, durcheinander bringen: ***questa notizia lo scombussolò*** diese Nachricht brachte ihn ganz durcheinander **2** *(mandare all'aria)* vereiteln, über den Haufen werfen. **scom|bus|so|li|o** m. Verwirrung *f.*

scom|mes|sa f. **1** Wette *f.*: ***fare una ~*** wetten, eine Wette ein‿gehen; ***vincere, perdere una ~*** eine Wette gewinnen, verlieren **2** *(somma di denaro puntata)* Einsatz *m.*: ***una ~ di due milioni*** ein Einsatz von zwei Millionen (Lire) **3** FIG. *(impresa molto difficile)* kühnes Unterfangen *n.* **4** EQUIT. Siegwette *f.* ◆ ***~ sui cavalli*** Pferdwette *f.*; ***-e clandestine*** staatlich nicht genehmigte Wetten; ***~ alle corse*** Rennwette *f.*; ***fare qcs. per ~*** etw. wegen einer Wette tun; FIG. etw. aus Dickköpfigkeit tun; ***stare in piedi per ~*** sich kaum auf den Beinen halten können; ***~ sui piazzati*** Platzwette *f.*; ***ricevitoria per -e*** Wettannahme *f.*, Wettbüro *n.*

scom|mes|so p.pass. → **scommettere** ◆ ***somma -a*** Einsatz *m.*, Wetteinsatz *m.*

scom|met|te|re tr. *(scommisi, scommesso)* **1** ***~ qcs.*** um etw. wetten: ***~ una pizza*** um eine Pizza wetten; ***~ 500 000 lire*** um 500 000 Lire wetten; ***scommetto qualsiasi cosa che...*** ich gehe jede Wette ein, dass...; ***quanto ci scommetti che...?*** wie viel (*o* was) wetten wir, dass...? **2** assol. wetten, eine Wette ein‿gehen **3** *(puntare)* setzen: ***~ su qcn., qcs.*** auf jdn, etw. setzen (anche FIG.): ***~ su un cavallo*** auf ein Pferd setzen ◆ ***puoi scommetterci! ci puoi ~!*** darauf kannst du Gift nehmen! **scom|met|ti|to|re** m. Wettende *m.*, Wetter *m.*

sco|mo|da|men|te avv. unbequem.

sco|mo|da|re *(scomodo)* **I** tr. bemühen, stören (anche FIG.): ***non vorrei scomodarla!*** bitte bemühen Sie sich nicht! bitte machen Sie sich keine Umstände! **II** pronom. **scomodarsi 1** sich bemühen, sich Umstände machen **2** *(alzarsi)* auf‿stehen; ***non si scomodi!*** bleiben Sie sitzen! bitte behalten Sie Platz.

sco|mo|di|tà f. Unbequemlichkeit *f.*

1.sco|mo|do agg. unbequem, umständlich (anche FIG.): ***posizione -a*** unbequeme Lage; ***scarpe -e*** unbequeme Schuhe; ***letto ~*** unbequemes Bett; ***è troppo ~ arrivarci in treno*** es ist zu umständlich, mit dem Zug dorthin zu kommen; ***stare ~*** unbequem sitzen; ***un testimone, nemico ~*** ein unbequemer Zeuge, Gegner ◆ ***mi viene, fa ~*** es kommt mir nicht gelegen.

2.sco|mo|do m. *(disturbo)* Störung *f.*, Belästigung *f.*

scom|pa|gi|na|men|to m. **1** Verwirrung *f.*, Durcheinander *n.* **2** TIP. Zerfleddern *n.* **scom|pa|gi|na|re** *(scompagino)* **I** tr. **1** verwirren, durcheinander bringen **2** TIP. *(rovinare la legatura)* zerfleddern **II** pronom. **scompaginarsi** in Verwirrung geraten.

scom|pa|gna|re tr. trennen, vereinzeln, teilen; ***~ un prezioso servizio di piatti*** ein kostbares Essgeschirr in Einzelstücke auf‿teilen. **scom|pa|gna|to** p.pass. agg. **1** → **scompagnare 2** einzeln: ***una calza -a*** ein einzelner Strumpf.

scom|pa|ri|re intr. *(scompaio/scomparisco, scompari/scomparisci;* congiunt.pres. *scompaia/scomparisca;* pass.rem. *scomparii/scomparsi;* p.pass. *scomparso/scomparito;* aus. *essere)* **1** verschwinden: ***~ senza lasciar traccia*** spurlos verschwinden; ***~ dalla faccia della terra*** *(di specie animali e vegetali)* aus‿sterben; *(di cose)* verschwinden; ***~ dalla vista*** aus dem Gesichtskreis verschwinden (*o* den Blicken entschwinden); ***~ dalla scena*** von der Bildfläche verschwinden (anche FIG.); FIG. ***sarei voluto ~*** ich wäre am liebsten im Erdboden versunken **2** EUFEM. *(morire)* versterben **3** *(cadere in disuso)* ab‿kommen: ***oggi questa usanza è del tutto scomparsa*** heutzutage ist diese Sitte ganz abgekommen **4** *(di civiltà)* unter‿gehen **5** *(sfigurare)* erblassen, verschwinden, verblassen: ***di fronte alla sua bellezza le altre scompaiono*** im Vergleich zu (*o* mit) ihrer Schönheit verblassen alle anderen ◆ ***~ nel nulla*** sang- und klanglos verschwinden (*o* spurlos verschwinden).

scom|par|sa f. **1** Verschwinden *n.*, Verschollensein *n.*; ***denunciare la ~ di qcn.*** jdn als vermisst melden **2** EUFEM. *(morte)* Ableben *n.* ◆ ***denuncia di ~*** Vermisstenanzeige *f.*; ***scrittoio a ~*** ausziehbare Schreibplatte.

scom|par|so I p.pass. agg. **1** → **scomparire 2a** verschwunden, verschollen **b** *(in guerra)* vermisst **3a** *(estinto)* ausgestorben: ***specie -a*** ausgestorbene Tierart **b** *(di civiltà)* untergegangen **4** EUFEM. *(morto)* verstorben **II** m. Verschwundene *m.*, Verschollene *m.*; *(in guerra)* Vermisste *m.*

scom|par|ti|men|to m. **1** FERR. Abteil *n.* **2** *(scomparto)* Fach *n.* ◆ ***~ fumatori*** Raucherabteil *n.*; ***~ non fumatori*** Nichtraucherabteil *n.*; ***porta dello ~*** Abteiltür *f.*; ***~ di prima classe*** Erste-Klasse-Abteil *n.*; ***~ di seconda classe*** Zweite-Klasse-Abteil *n.*; ***~ di servizio*** Dienstabteil *n.*; ***~ singolo*** Einzelabteil *n.*; ***~ stagno*** Stauraum *m.*; FIG. ***ragionare a -i stagni*** in vorgefassten Schemen denken; ***~ di treno*** Zugabteil *n.*

scom|par|to m. **1** Fach *n.*: ***una cartella con tre -i*** eine Aktentasche mit drei Fächern **2** ARCH. Fach *n.*, Feld *n.* ◆ ***~ dell'armadio*** Schrankfach *n.*; ***~ del ghiaccio*** Eisfach *n.*, Gefrierfach *n.*; ***~ laterale*** Seitenfach *n.*, Nebenfach *n.*; ***~ segreto*** Geheimfach *n.*, Sicherheitsfach *n.*; ***~ surgelati*** Tiefkühlschrank *m.*

scom|pen|sa|re tr. **1** aus dem Gleichgewicht bringen **2** MED. ***~ qcs.*** eine Dekompensation von etw. verursachen. **scom|pen|sa|to I** p.pass. agg. **1** → **scompensare 2** unausgeglichen **3** MED. kompensationsgestört **II** m. an Störung der Herzfunktion Leidende *m.*

scom|pen|so m. Dekompensation *f.*, Kompensationsstörung *f.* ◆ ***~ cardiaco*** Herzdekompensation *f.*

scom|pi|glia|re *(scompiglio, scompigli)* **I** tr. **1** verwirren **2** *(capelli)* zerzausen **II** pronom. **scompigliarsi 1** in Verwirrung geraten **2** *(di capelli)* zerzausen. **scom|pi|glia|to** p.pass. agg. **1** → **scompigliare 2a** verwirrt **b** *(di capelli)* zerzaust. **scom|pi|glio** m. *(-gli)* Verwirrung *f.*, Unordnung *f.*: ***gettare qcs. nello ~*** Verwirrung in etw. (D) bringen; ***portare lo ~ nella vita di qcn.*** Verwirrung in jds Leben bringen, jds Leben durcheinander bringen.

scom|pi|sciar|si pronom. *(mi scompiscio, ti scompisci)*, ***~ dalle risate*** sich vor Lachen in die Hose machen.

scom|po|ni|bi|le agg. zerlegbar (anche MAT.) ◆ ***parte ~*** Einsatz *m.*

scom|por|re *(scompongo, scomponi; scomposi; scomposto)* **I** tr. **1a** zerlegen, dekomponieren: ***~ qcs. nelle sue singole parti, nei suoi componenti*** etw. in seine Einzelteile, Bestandteile zerlegen **b** *(frasi)* zergliedern, zerlegen **2** MAT. zerlegen: ***~ un numero nei suoi fattori*** eine Zahl in ihre Faktoren zerlegen, durcheinander bringen **3** CHIM. spalten, auf‿schließen **4** *(scompigliare)* zerzausen, wirr machen: ***il vento le scompone i capelli*** der Wind zerzaust ihr Haar **5** *(turbare)* aus der Fassung bringen **6** BIOL. auf‿schließen, dissimilieren **7** TIP. ab‿legen **II** pronom. **scomporsi 1** sich in seine Einzelteile auf‿lösen **2** *(turbarsi)* die Fassung verlieren ◆ ***senza -rsi*** ohne eine Miene zu verziehen.

scom|po|si|zio|ne f. **1a** Zerlegung *f.*, Dekomposition *f.* **b** *(di frasi)* Zergliederung *f.*, Zerlegung *f.* **2** MAT. Zerlegung *f.* **3** CHIM. Spaltung *f.*, Aufschluss *m.* **4** BIOL. Dissimilierung *f.*, Aufschluss *m.* **5** TIP. Ablegung *f.*

scom|po|stez|za f. Ungehörigkeit *f.* **scom|po|sto** p.pass. agg. **1** → **scomporre 2** zerlegt **3** *(di capelli)* zerzaust **4** *(di vestiti)* durcheinander **5** *(di atteggiamento)* lässig, unmanierlich, ungehörig.

scom|pu|ta|re tr. *(scomputo)* ab‿ziehen, ab‿rechnen. **scom|pu|to** m. Abzug *m.*

sco|mu|ni|ca f. **1** Exkommunikation *f.*, Kirchenbann *m.*, Bann *m.*: ***dare, infliggere, lanciare la ~ a qcn.*** jdn mit dem Kirchenbann belegen (*o* über jdn den Kirchenbann verhängen, aus‿sprechen) **2** ESTENS. Verbannung *f.*, Ausschluss *m.* ◆ ***bolla di ~*** Bannbulle *f.*

sco|mu|ni|ca|re tr. *(scomunico, scomunichi)* **1** exkommunizieren, bannen **2** ESTENS. verbannen, aus‿schließen. **sco|mu|ni|ca|to I** p.pass. agg. **1** → **scomunicare 2** exkommuniziert **II** m. Exkommunizierte *m.*

scon|cer|tan|te agg. **1** verblüffend, befremdend, befremdlich **2** *(che turba)* erschütternd. **scon|cer|ta|re** tr. **1** verblüffen, befremden, verdutzen **2** *(turbare)* erschüttern. **scon|cer|ta|to** p.pass. agg. **1** → **sconcertare 2** verblüfft, verdutzt, befremdet: ***rimanere ~*** verblüfft (*o* befremdet) sein **3** *(turbato)* erschüttert.

scon|cer|to m. **1** Befremdung *f.*, Verblüffung *f.*: ***~ generale*** allgemeine Befremdung; ***provare ~*** verblüfft sein; ***destare ~*** Verblüffung aus‿lösen **2** *(turbamento)* Erschütterung *f.*

scon|cez|za f. **1** Unanständigkeit *f.*, Zotigkeit *f.*, Unflätigkeit *f.* **2** *(cosa detta)* Zote *f.*, Unanständigkeit *f.*: ***dire -e*** Zoten reißen.

scon|cia|re tr. *(sconcio, sconci)* zu‿richten, verunstalten.

scon|cio I agg. *(-ci, -ce)* unanständig, zotenhaft, zotig, unflätig **II** m. *(-ci)* Skandal *m.*

scon|clu|sio|na|tez|za f. Zusammenhang(s)losigkeit *f.* **scon|clu|sio|na|to** agg. **1** zusammenhang(s)los **2** *(di persona)* unschlüssig.

scon|di|to agg. **1** ungewürzt **2** *(di insalata)* unangemacht **3** *(di riso)* ohne Zutaten.

scon|fes|sa|re tr. **1** *(ritrattare)* verleugnen **2** *(disconoscere)* ***~ qcs.*** etw. desavouieren (*o* von etw. Abstand nehmen, sich von etw. distanzieren). **scon|fes|sio|ne** f. **1** *(ritrattazione)* Verleugnung *f.* **2**

(disconoscimento) Desavouierung *f.*, Distanzierung *f.*
scon|fic|ca|re tr. *(sconficco, sconficchi)* heraus‿ziehen.
scon|fig|ge|re tr. *(sconfiggo, sconfiggi; sconfissi; sconfitto)* **1** ~ ***qcn.*** jdn schlagen (*o* besiegen), über jdn siegen; ~ ***il nemico in battaglia*** den Gegner im Kampf schlagen **2** SPORT schlagen, besiegen **3** FIG. besiegen, überwinden: ~ ***la mafia*** die Mafia besiegen; ~ ***l'inflazione*** die Inflation besiegen (*o* überwinden).
scon|fi|na|men|to m. Grenzüberschreitung *f.*, Grenzübertritt *m.*
scon|fi|na|re intr. (aus. *avere*) **1** die Grenze überschreiten: ~ ***nel campo del vicino*** die Grenze zum nachbarlichen Feld überschreiten (*o* aufs nachbarliche Feld geraten); ~ ***nel ridicolo*** ans Lächerliche grenzen **2** FIG. ab‿kommen, ab‿weichen: ~ ***dall'argomento*** vom Thema abweichen.
scon|fi|na|to p.pass. agg. **1** → **sconfinare 2** grenzenlos, unbegrenzt, endlos, unermesslich, unabsehbar: ***pianura -a*** endlose Ebene **3** FIG. unbegrenzt, grenzenlos, umfassend, abgrundtief: ***un sapere*** ~ ein umfassendes Wissen; ***avere una fiducia -a in qcn., qcs.*** grenzenloses Vertrauen zu jdm, etw. haben; ***un odio*** ~ ein abgrundtiefer Hass.
scon|fit|ta f. **1** Niederlage *f.*: ***subire una*** ~ eine Niederlage erleiden; ***infliggere una ~ a qcn.*** jdm eine Niederlage bei‿bringen (*o* bereiten); ~ ***politica*** politische Niederlage; ~ ***elettorale*** Wahlniederlage *f.*; ***la bocciatura del suo progetto è stata una ~ per lui*** die Ablehnung seines Projektes war für ihn eine Niederlage **2** *(debellamento)* Sieg *m.*: ***la ~ di un malcostume*** der Sieg über eine Unsitte ◆ SPORT ~ ***interna*** Heimniederlage *f.*; SPORT ~ ***ai punti*** Punktniederlage *f.* **scon|fit|to I** p.pass. agg. **1** → **sconfiggere 2** geschlagen, besiegt (anche SPORT) **3** FIG. besiegt, überwunden **II** m. Besiegte *m.*, Verlierer *m.*, Unterlegene *m.*
scon|for|tan|te agg. entmutigend, trostlos. **scon|for|ta|re I** tr. entmutigen **II** pronom. **sconfortarsi** den Mut verlieren, verzagen. **scon|for|ta|to** p.pass. agg. **1** → **sconfortare 2** entmutigt, trübselig, mutlos. **scon|for|to** m. Verzagtheit *f.*, Mutlosigkeit *f.*, Trübseligkeit *f.*; ***cadere nello*** ~ verzagen; ***avere un attimo di*** ~ sich mutlos fühlen.
scon|ge|la|men|to m. Auftauen *n.* **scon|ge|la|re** tr. **1** auf‿tauen: ~ ***la carne*** das Gefrierfleisch auftauen **2** ECON. frei‿geben: ~ ***i beni*** die Güter wieder freigeben; ~ ***prezzi, salari*** Preise, Löhne freigeben ◆ ~ ***il frigorifero*** den Kühlschrank ab‿tauen.
scon|giu|ra|re tr. **1a** beschwören: ~ ***il demonio*** den Teufel beschwören **b** *(supplicare)* ~ ***qcn. di fare qcs.*** jdn beschwören, etw. zu tun **2** *(allontanare)* ab‿wehren, ab‿wenden, bannen: ~ ***un pericolo*** eine Gefahr abwenden (*o* bannen).
scon|giu|ro m. Beschwörung *f.*: ***fare gli -i*** Beschwörungsformeln aus‿sprechen (*o* beschwörende Gebärden machen); ***facciamo gli -i!*** toi, toi, toi!
scon|nes|sio|ne f. Zusammenhang(s)losigkeit *f.*
scon|nes|so p.pass. agg. **1** → **sconnettere 2** lose: ***un tavolato*** ~ eine lose Täfelung **3** FIG. unzusammenhängend, zusammenhang(s)los, wirr, sprunghaft: ***frasi -e*** zusammenhanglose Sätze; ***discorsi -i*** unzusammenhängendes Gerede; ***parlare in modo*** ~ zusammenhanglos reden; ***pensiero*** ~ sprunghaftes Denken ◆ ***strada -a*** holprige Straße.
scon|net|te|re tr. *(sconnettei/sconnessi; sconnesso)* **1** (voneinander) los‿lösen, lösen, trennen: ~ ***le assi di un tavolato*** die Bretter einer Täfelung lösen **2** assol. irre reden, zusammenhanglos reden: ***quell'uomo sconnette*** dieser Mann redet wirres Zeug.
sco|no|sciu|to I agg. **1** unbekannt: ***scrittore*** ~ unbekannter Schriftsteller; ***di provenienza -a*** von unbekannter Herkunft; ***destinatario*** ~ Empfänger unbekannt; ***luogo*** ~ unbekannter Ort; ***l'aggressore è rimasto*** ~ der Täter blieb unbekannt **2** *(inesplorato)* unerforscht, unbekannt: ***terre -e*** unerforschte Gebiete; ***territori ancora -i*** bisher noch nicht erforschte Gebiete **II** m. Unbekannte *m.*, Fremde *m.*: ***non parlare con gli -i*** nicht mit fremden Leuten sprechen; ***un illustre*** ~ ein großer Unbekannter.
scon|quas|sa|men|to → **sconquasso.**
scon|quas|sa|re I tr. zerstören: ***il terremoto sconquassò le case*** das Erdbeben zerstörte die Häuser **2** FIG. durcheinander bringen, COLLOQ. fertig machen: ***il viaggio mi ha sconquassato*** die Reise hat mich durcheinander gebracht **II** pronom. **sconquassarsi** zerstört werden: ***l'auto si è sconquassata*** das Auto hat einen Totalschaden. **scon|quas|sa|to** p.pass. agg. **1** → **sconquassare 2** stark beschädigt: ***un armadio*** ~ ein stark beschädigter Schrank **3** FIG. *(scombussolato)* verwirrt.
scon|quas|so m. **1** Zerstörung *f.*: ***la bufera ha fatto un grande*** ~ der Sturm hat große Zerstörungen angerichtet; ***mettere in*** ~ durcheinander bringen **2** FIG. Durcheinander *n.*, Wirrwarr *m.*: ***uno ~ generale*** ein allgemeines Durcheinander; ***ha portato lo ~ in casa*** er hat das Haus auf den Kopf gestellt.
scon|sa|cra|re tr. entweihen, entheiligen. **scon|sa|cra|zio|ne** f. Entweihung *f.*, Entheiligung *f.*
scon|si|de|ra|ta|men|te avv. unüberlegt, unbesonnen, leichtsinnig: ***agire*** ~ unüberlegt handeln. **scon|si|de|ra|tez|za** f. Unüberlegtheit *f.*, Unbesonnenheit *f.*, Leichtsinn *m.*, Leichtsinnigkeit *f.*
scon|si|de|ra|to I agg. unbesonnen, unüberlegt, unbedacht, leichtsinnig, leichtfertig: ***un ragazzo*** ~ ein leichtsinniger Junge; ***un'azione -a*** eine unbesonnene Handlung **II** m. unbesonnener Mensch *m.*
scon|si|glia|bi|le agg. nicht ratsam, nicht zu empfehlen.
scon|si|glia|re tr. *(sconsiglio, sconsigli)* ~ ***qcs. a qcn.*** jdm von etw. ab‿raten; ~ ***a qcn. di fare qcs.***, ~ ***qcn. dal fare qcs.*** jdm (davon) abraten, etw. zu tun; ***ti sconsiglio di uscire*** ich rate dir (davon) ab auszugehen; ***si sconsiglia vivamente di recarsi in quel paese*** es wird dringend (davon) abgeraten, das Land zu besuchen. **scon|si|glia|to** p.pass. agg. **1** → **sconsigliare 2** *(privo di giudizio)* unbesonnen, unüberlegt.
scon|so|lan|te agg. betrüblich, trostlos: ***notizia*** ~ betrübliche Nachricht; ***situazione*** ~ trostlose Situation.
scon|so|la|ta|men|te avv. betrübt. **scon|so|la|to** agg. **1** untröstlich: ***essere ~ per la morte di qcn.*** über jds Tod untröstlich sein **2** *(triste)* trostlos, betrübt, traurig: ***espressione -a*** betrübter Ausdruck.
scon|ta|bi|le agg. diskontfähig: ***cambiale*** ~ diskontfähiger Wechsel.
scon|ta|re tr. **1** ~ ***qcs.*** etw. im Preis herunter‿setzen (*o* den Preis von etw. herab‿setzen, ermäßigen); ***quel vestito è già stato scontato*** der Preis dieses Kleides ist schon heruntergesetzt (*o* herabgesetzt) worden; ~ ***un prezzo*** einen Preis herab‿setzen **2a** ECON. COMM. ab‿zahlen, ab‿tragen: ~ ***un debito un po' alla volta*** Schulden nach und nach abzahlen; ~ ***un mutuo*** ein Darlehnen abzahlen **b** *(detrarre)* ab‿ziehen: ~ ***qcs. dallo stipendio*** etw. vom Gehalt abziehen **c** *(effetti)* diskontieren: ~ ***una cambiale*** einen Wechsel diskontieren **3** *(espiare)* ab‿büßen, büßen, verbüßen, COLLOQ. ab‿sitzen: ~ ***una pena detentiva*** eine Freiheitsstrafe abbüßen (*o* verbüßen); ~ ***due anni di carcere*** zwei Jahre Gefängnis abbüßen; ~ ***la propria colpa*** seine Schuld büßen; ~ ***in vecchiaia i vizi di gioventù*** im Alter für die Laster der Jugend bezahlen ◆ ***gliela farò ~!*** das soll er mir büßen!
scon|ta|to p.pass. agg. **1** → **scontare 2** *(ribassato)* ermäßigt, preisgesenkt: ***prezzi -i*** ermäßigte Preise; ***merce a prezzi -i*** Ware zu (stark) herabgesetzten Preisen **3** *(pagato)* abgezahlt, abgetragen: ***debito*** ~ abgezahlte Schuld **4** *(espiato)* verbüßt, abgebüßt: ***pena -a*** verbüßte Strafe **5** *(prevedibile)* voraussehbar, von vornherein feststehend, vorauszusehend, erwartet: ***vittoria -a*** voraussehbarer Sieg **6** ECON. diskontiert: ***cambiale -a*** diskontierter Wechsel ◆ ***dare qcs. per*** ~ etw. für abgemacht halten, an‿sehen.
scon|ten|ta|re tr. unzufrieden machen, unbefriedigt lassen: ***una decisione che scontenta tutti*** eine Entscheidung, die alle unbefriedigt lässt. **scon|ten|tez|za** f. Unzufriedenheit *f.*
scon|ten|to I agg. unzufrieden: ***essere ~ di qcs., qcn.*** mit jdm, etw. unzufrieden sein; ***restare -i del trattamento*** mit der Behandlung unzufrieden sein; ***cliente*** ~ unzufriedener Kunde **II** m. Unzufriedenheit *f.*: ***lo ~ nel paese*** die Unzufriedenheit im Land.
scon|to m. **1** Preisnachlass *m.*, Ermäßigung *f.*: ***uno ~ del 15 %*** eine Ermäßigung von 15 % **2** *(sulla forma di pagamento)* Skonto *m.* e *n.*: ***5 % di ~ per pagamento immediato*** 5 % Skonto für sofortige Bezahlung; ***concedere uno ~ del 2 % sull'importo*** 2 % Skonto auf den Betrag gewähren **3** *(sul prezzo di listino, sulla quantità)* Rabatt *m.*: ***fare, concedere uno ~ a qcn.*** jdm Rabatt geben, gewähren; ***mi hanno fatto il 15 % di*** ~ darauf habe ich 15 % Rabatt bekommen **4** ECON. Diskont *m.* ◆ ***a*** ~ als Abschlag (*o* als Abschlagszahlung, zur Tilgung): ***somma a ~ di un debito*** Summe zur Tilgung einer Schuld; ***a ~ delle tue colpe*** zur Sühne deiner Schuld; ***banca di*** ~ Diskontbank *f.*, Wechselbank *f.*; ***buono*** ~ Rabattmarke *f.*; ~ ***di cassa*** Kassaskonto *m.* e *n.*; ~ ***per quantità*** Mengenrabatt *m.*; ~ ***speciale*** Sonderrabatt *m.*; ***tasso di*** ~ Diskontsatz *m.*; ***tasso di ~ ufficiale*** Bankrate *f.*; ***aumento del tasso di*** ~ Diskonterhöhung *f.*; ***riduzione del tasso di*** ~ Diskontsenkung *f.*
scon|trar|si pronom. **1** zusammen‿stoßen, zusammen‿prallen: ~ ***frontalmente con qcn., qcs.*** mit jdm, etw. frontal zusammenprallen; ***il camion si scontrò con un autobus*** der Lastwagen stieß mit einem Autobus zusammen; ***si sono scontrate due auto*** zwei Autos sind zusammengestoßen **2** *(entrare in conflitto diretto)* aufeinander stoßen, zusammen‿stoßen: ***le due bande, i due eserciti si scontrarono*** die zwei Banden, Heere sind aufeinander gestoßen; ***i dimostranti si sono scontrati con la polizia*** es kam zu Zu-

sammenstößen zwischen den Demonstranten und der Polizei **3** *(divergere)* eine Auseinandersetzung haben, aneinander geraten, kollidieren: ***le loro opinioni si scontrano*** ihre Auffassungen kollidieren (miteinander); ***~ con qcn. su una questione*** mit jdm wegen einer Frage aneinander geraten **4a** *(imbattersi)* ***~ con qcn.*** jdn treffen, auf jdn stoßen **b** FIG. ***~ con i pregiudizi*** auf Vorurteile stoßen.

scon|tri|no m. Beleg *m.*, Schein *m.*, Kassenbon *m.*, Kassenzettel *m.*: ***conservare lo ~*** den Kassenzettel auf‿heben ◆ ***~ bagagli*** Gepäckschein *m.*; ***~ di cassa*** Kassenbon *m.* (*o* Kassenzettel *m.*); ***~ fiscale*** Kassenzettel *m.*

scon|tro m. **1** Zusammenstoß *m.*, Zusammenprall *m.*, Kollision *f.*: ***lo ~ tra due treni, tra due auto*** der Zusammenstoß von zwei Zügen, die Kollision zwischen zwei Autos **2a** *(scontro diretto)* Zusammenstoß *m.*: ***lo ~ tra polizia e dimostranti*** der Zusammenstoß zwischen Demonstranten und Polizei **b** MIL. *(combattimento)* Gefecht *n.* **3** *(contrasto)* Auseinanderzetzung *f.*, Konfrontation *f.*: ***~ verbale*** verbale Auseinandersetzung ◆ FIG. ***avere uno ~ con qcn.*** mit jdm aneinander geraten; ***~ a due*** Zweikampf *m.*; ***~ frontale*** Frontalzusammenstoß *m.*; ***~ a fuoco*** Feuergefecht *n.*; ***~ di opinioni*** Meinungsverschiedenheit *f.*; ***~ di piazza*** Straßenkampf *m.*

scon|tro|sag|gi|ne f. → **scontrosità.**

scon|tro|sa|men|te avv. abweisend, mürrisch.

scon|tro|si|tà f. Ungeselligkeit *f.*, mürrische (*o* abweisende) Art *f.*

scon|tro|so I agg. ungesellig, abweisend, mürrisch: ***uomo ~*** ungeselliger (*o* mürrischer) Mensch; ***carattere ~*** mürrische Art; ***reagire in modo ~*** abweisend reagieren; ***dare l'impressione di essere ~*** abweisend wirken **II** m. Ungesellige *m.*, ANT. Murrkopf *m.*; ***non fare lo ~!*** sei nicht so abweisend!

scon|ve|nien|te agg. **1** unanständig, ungehörig, ungebührlich, unziemlich: ***discorsi -i*** ungebührliche Reden; ***è ~ parlare così*** es gehört sich nicht, so zu reden **2** *(che non conviene)* ungünstig: ***contratto ~*** ungünstiger Vertrag ◆ ***contegno ~*** Ungebühr *f.* **scon|ve|nien|te|men|te** avv. ungehörig, ungebührlich. **scon|ve|nien|za** f. **1** Unanständigkeit *f.*, Ungehörigkeit *f.*, Ungebühr *f.*, Ungebührlichkeit *f.*: ***la ~ di un gesto*** die Ungebührlichkeit einer Handlung **2** *(mancanza di convenienza)* Ungünstigkeit *f.*: ***la ~ di un contratto*** die Ungünstigkeit eines Vertrags ◆ ***queste tue parole sono proprio una ~*** es gehört sich wirklich nicht, so etwas zu sagen.

scon|ve|ni|re *(sconvengo, sconvieni; sconvenni; sconvenuto*; aus. *essere)* LETT. sich nicht ziemen, sich nicht schicken: ***quel comportamento ti sconviene*** dieses Benehmen ziemt sich nicht für dich.

scon|vol|gen|te agg. **1** erschütternd, bestürzend: ***esperienza ~*** erschütternde Erfahrung; ***notizia ~*** bestürzende Nachricht **2** *(che turba)* überwältigend, heftig: ***una bellezza ~*** eine überwältigende Schönheit; ***passione ~*** heftige Leidenschaft **3** *(che porta scompiglio)* umwälzend: ***conseguenze -i*** umwälzende Folgen.

scon|vol|ge|re tr. *(sconvolgo, sconvolgi; sconvolsi; sconvolto)* **1** erschüttern, bestürzen: ***la notizia mi ha sconvolto*** die Nachricht hat mich erschüttert **2a** *(provocare disordine)* durcheinander bringen, um‿stoßen: ***~ i calcoli di qcn.*** jds Berechnungen umstoßen; ***~ i progetti di qcn.*** jds Pläne durcheinander bringen, COLLOQ. jds Pläne über den Haufen werfen **b** *(mare ecc.)* auf‿wühlen: ***la tempesta ha sconvolto il mare*** der Sturm hat die See aufgewühlt **3** *(devastare)* verwüsten, erschüttern: ***la guerra ha sconvolto il paese*** der Krieg hat das Land erschüttert ◆ ***~ l'animo*** tief ins Herz gehen; ***qcs. mi ha sconvolto lo stomaco*** ich habe mir mit irgendetwas den Magen verdorben.

scon|vol|gi|men|to m. **1** Erschütterung *f.*, Bestürzung *f.*; ***essere preda a un profondo ~*** zutiefst erschüttert sein **2** *(devastazione)* Verwüstung *f.* **3** *(subbuglio)* Umwälzung *f.*: ***~ politico, sociale*** politische, soziale Umwälzungen ◆ ***~ mentale*** geistige Verwirrung; ***~ di stomaco*** Magenverstimmung *f.*; ***~ tellurico*** Erdstöße *pl.*

scon|vol|to p.pass. agg. **1** → **sconvolgere 2a** erschüttert, bestürzt, verwirrt: ***essere ~ per qcs.*** bestürzt über etw. sein; ***mente -a*** verwirrter Geist **b** *(di mare)* aufgewühlt **3** *(devastato)* verwüstet, erschüttert: ***un paese ~ dalla guerra*** ein vom Krieg verwüstetes Land ◆ ***sentirsi lo stomaco ~*** eine Magenverstimmung haben; ***avere il viso ~*** mitgenommen (*o* erschöpft) aus‿sehen.

scoop [sku:p] m.inv. Scoop *m.*, Knüller *m.*: ***fare uno ~*** einen Scoop landen.

sco|or|di|na|ta|men|te avv. unkoordiniert. **sco|or|di|na|to** agg. **1** unkoordiniert: ***movimenti -i*** unkoordinierte Bewegungen **2** FIG. unorganisiert, unkoordiniert: ***un'azione politica -a*** eine unorganisierte politische Aktion. **sco|or|di|na|zio|ne** f. Mangel *m.* an Koordination (anche FIG.).

scoot|er ['sku:tə *üblich* 'skuter] m.inv. Roller *m.*, Motorroller *m.*

1.sco|pa f. BOT. Besenkraut *n.*

2.sco|pa f. Besen *m.*, Kehrbesen *m.* ◆ ***manico di ~*** Besenstiel *m.*; FIG. SCHERZ. ***aver mangiato il manico della ~*** einen Besenstiel verschluckt haben; ***diritto come un manico di ~*** steif wie ein Besenstiel; ***~ della strega*** Hexenbesen *m.* PROV. ***~ nuova scopa bene*** neue Besen kehren gut.

3.sco|pa f. GIOC. INTRAD. (Kartenspiel).

sco|pa|io m. *(-ai)* Besenmacher *m.*

sco|pa|re I tr. **1** fegen, kehren: ***~ il pavimento*** den Fußboden fegen; ***~ la stanza*** das Zimmer kehren **2** VOLG. bumsen, ficken, vögeln (anche assol.) **II** pronom. **scoparsi** VOLG. ***-rsi qcn.*** jdn bumsen (*o* ficken, vögeln). **sco|pa|ta** f. **1** Fegen *n.*, Kehren *n.* **2** *(colpo di scopa)* Besenschlag *m.* **3** VOLG. Bums *m.*, Fick *m.*; ***farsi una ~*** ficken ◆ ***dare una ~ in cucina*** die Küche kehren. **sco|pa|to|re** m. **1** *(spazzino)* Straßenkehrer *m.* **2** VOLG. Ficker *m.* **sco|pa|tu|ra** f. Kehren *n.*, Fegen *n.*

sco|paz|zo m. BOT. Hexenbesen *m.*

sco|per|chia|re *(scoperchio, scoperchi)* **I** tr. **1** ***~ qcs.*** den Deckel von etw. ab‿nehmen, etw. ab‿decken: ***~ una pentola*** den Deckel eines Topfes abnehmen **2** *(togliere la copertura)* ab‿decken: ***~ un edificio*** ein Gebäude abdecken **II** pronom. **scoperchiarsi** abgedeckt werden: ***la casa si è scoperchiata*** das Haus ist abgedeckt worden. **sco|per|chia|to 1** → **scoperchiare 2a** *(di pentola)* aufgedeckt **b** *(di casa)* abgedeckt.

sco|per|ta f. **1a** Entdeckung *f.*: ***fare una ~*** eine Entdeckung machen; ***andare alla ~ di qcs.*** auf Entdeckungsreise gehen; ***~ scientifica*** wissenschaftliche Entdeckung; ***la ~ dell'America*** die Entdeckung Amerikas; ***una ~ sensazionale*** eine sensationelle Entdeckung **b** *(dopo indagini)* Herausfinden *n.*, Entdeckung *f.*: ***la ~ del colpevole*** das Herausfinden (*o* die Entdeckung) des Schuldigen **2** *(ritrovamento)* Fund *m.*, Auffindung *f.* ◆ IRON. ***che bella ~!*** du merkst aber auch alles!

sco|per|ta|men|te avv. in aller Offenheit, freimütig: ***agire ~*** in aller Offenheit handeln.

sco|per|to I p.pass. agg. **1** → **scoprire 2** *(senza coperchio)* abgedeckt, aufgedeckt: ***lasciare -a la pentola*** den Topf aufgedeckt lassen **3** *(senza copertura)* offen, ungedeckt: ***auto -a*** offener Wagen; MIL. ***una linea -a*** eine ungedeckte Linie **4** *(senza coperta)* ohne Decke, unbedeckt: ***dormire ~*** ohne Decke schlafen **5a** *(non riparato da indumenti)* unbedeckt, entblößt: ***a capo ~*** mit entblößtem Haupt, entblößten Hauptes **b** *(nudo)* nackt: ***braccia, gambe -e*** nackte Arme, Beine; ***essere troppo ~*** zu leicht angezogen sein **6a** ECON. ungedeckt, überzogen: ***assegno ~*** ungedeckter Scheck; ***conto ~*** überzogenes Konto **b** *(non pagato)* offen: ***fattura -a*** offene Rechnung **7** *(vacante)* unbesetzt, frei: ***posto ~*** freie Stelle **8** MIL. ungedeckt **II** m. ECON. Überziehung *f.*; ***avere uno ~ di due milioni*** um zwei Millionen überzogen haben ◆ ***agire allo ~*** nichts verbergen; ***allo ~*** im Freien, offen: ***dormire, marciare allo ~*** im Freien schlafen, marschieren BANC. ***andare allo ~*** das Konto überziehen; ***cambiale -a*** fauler Wechsel; ***a carte -e*** mit offenen Karten (anche FIG.); ***concedere uno ~*** einen Überziehungskredit ein‿räumen; ***~ di conto*** überzogenes Konto; ***credito allo ~*** Dispositionskredit *m.* (*o* Blankokredit *m.*); ***essere ~ di 500 000 lire*** 500 000 Lire im Soll sein; FIG. ***a fronte -a*** freimütig, unverblümt; BANC. ***mandare allo ~*** überziehen; ***nervo ~*** freiliegender Nerv; *(scherma)* ***punto ~*** Blöße *f.*; FIG. ***uscire allo ~*** aus der Deckung heraus‿kommen; ECON. ***vendere allo ~*** fixen; ***vendita allo ~*** Blankoverkauf *m.*; ***essere a volto ~*** unmaskiert sein.

sco|pet|ta f. Handbesen *m.* **sco|pet|to|ne** m. Schrubber *m.*

sco|piaz|za|re tr. hirnlos ab‿schreiben. **sco|piaz|za|to|re** m. Abschreiber *m.* **sco|piaz|za|tu|ra** f. hirnloses Abschreiben *n.*

sco|pi|no m. Handbesen *m.* ◆ ***~ per il water*** Toilettenbürste *f.*

sco|po m. **1** Zweck *m.*; *(fine)* Ziel *n.*: ***prefiggersi uno ~*** sich (D) ein Ziel setzen (*o* stecken); ***avere, perseguire, mancare uno ~*** einen Zweck (*o* ein Ziel) haben, verfolgen, verfehlen; ***raggiungere uno ~*** ein Ziel erreichen; ***servire a un determinato ~*** (zu) einem bestimmten Zweck dienen; ***destinare a un altro ~*** etw. seinem Zweck entfremden (*o* etw. zweckentfremden); ***usare qcn. per i propri -i*** jdn für seine Zwecke (*o* seine Belange) aus‿nutzen **2** ***allo ~ di ...*** um ... zu ... + inf. ◆ ***a che ~?*** wozu? (*o* zu welchem Zweck?); ***destinato a -i diversi*** Mehrzweck-; ***andare dritto allo ~*** weder rechts noch links schauen; ***inadeguato allo ~*** unzweckmäßig; FIG. ***mirare allo stesso ~*** am gleichen Seil ziehen; ***~ della ricerca*** Forschungszweck *m.*; ***senza ~*** ziellos: ***vita senza ~*** zielloses Leben; ***agire senza ~*** ohne ein bestimmtes Ziel handeln; ***per -i sperimentali*** zu Versuchszwecken; ***a tale ~*** dazu (*o* zu diesem Zweck); ***a ~ terapeutico*** zu Heilzwecken; ***~ della vita*** Lebenszweck *m.*

sco|po|fi|li|a f. Skopophilie *f.*, Voyeurismus *m.*

sco|po|la|mi|na f. Skopolamin *n.*
sco|po|ne m. INTRAD. (Kartenspiel).
1.scop|pia|re intr. *(scoppio, scoppi*; aus. *essere)* **1a** *(esplodere)* (zer)platzen, auf‿platzen, bersten: ***è scoppiato un palloncino, è scoppiata la caldaia*** ein Luftballon ist geplatzt (*o* zerplatzt), der Heizkessel ist geplatzt (*o* geborsten); ***il cuore gli scoppia di gioia*** das Herz zerspringt ihm vor Freude **b** *(di bomba)* explodieren **c** *(di vesciche)* auf‿gehen: ***mi è scoppiata una vescica*** mir ist eine Blase aufgegangen **2a** FIG. *(iniziare improvvisamente)* aus‿brechen: ***è scoppiata la guerra, un'epidemia, l'estate*** der Krieg, eine Seuche, der Sommer ist ausgebrochen **b** *(di temporale)* los‿brechen **3** FIG. *(prorompere)* aus‿brechen: ***~ in lacrime, in singhiozzi*** in Tränen, in Schluchzen ausbrechen; ***~ a piangere, a ridere*** in Tränen, in Lachen ausbrechen **4** COLLOQ. *(crepare)* (zer)platzen: ***mangiare fino a ~*** essen, bis man platzt; ***~ dal ridere*** vor Lachen zerplatzen; ***~ d'invidia, di rabbia*** vor Neid, vor Wut (zer)platzen; ***se non parlo ora finirò per ~*** wenn ich es jetzt nichts sage, platze ich; ***~ dal caldo*** vor Hitze um‿kommen (*o* ein‿gehen) **5** *(essere sovraffollato)* zum Bersten voll sein **6** SPORT COLLOQ. *(non farcela più)* schlapp‿machen ◆ ***~ di felicità*** vor Freude über‿schäumen; COLLOQ. ***pieno da ~*** *(di luogo chiuso)* zum Ersticken voll, (*o* zum Bersten voll); *(di recipiente)* randvoll (*o* gesteckt voll, voll gestopft); ***sono pieno da ~*** ich platze gleich; ***~ di salute*** vor Gesundheit strotzen; ***mi scoppia la testa*** *(per il dolore)* ich habe das Gefühl, mein Kopf platzt; *(per il rumore)* mein Kopf dröhnt.
2.scop|pia|re tr. *(scoppio, scoppi) (spaiare)* entzwei‿brechen.
scop|pia|to I p.pass. agg. **1** → **1.scoppiare 2** COLLOQ. *(esausto)* kaputt, fertig: ***essere completamente ~*** total fertig sein **3** GERG. *(drogato)* high, fertig.
scop|piet|tan|te agg. **1** MOT. tuckernd **2** *(crepitante)* knisternd, prasselnd **3** FIG. *(che riecheggia)* schallend. **scop|piet|ta|re** intr. (aus. *avere)* **1** tuckern (anche MOT.) **2** *(crepitare)* knistern, prasseln **3** FIG. *(riecheggiare)* schallen, erschallen. **scop|piet|ti|o** m. **1** MOT. Tuckern *n.* **2** *(crepitio)* Geknister *n.*, Geprassel *n.*
scop|pio m. *(-pi)* **1** *(esplosione)* Platzen *n.*, Explosion *f.*: ***lo ~ di una bomba, di un pneumatico*** die Explosion einer Bombe, das Platzen eines Reifens **2** *(fragore, detonazione)* Knall *m.* **3** FIG. *(manifestazione improvvisa)* Ausbruch *m.*: ***lo ~ di un incendio, di un'epidemia*** der Ausbruch eines Brands, einer Seuche ◆ ***~ di applausi*** Beifallsäußerung *f.*; MECC. ***camera di ~*** Brennkammer *f.*; ***~ della guerra*** Kriegsausbruch *m.*; ***~ di ilarità*** Heiterkeitsausbruch *m.*; ***~ d'ira*** Zorn(es)ausbruch *m.*; ***motore a ~*** Verbrennungsmotor *m.*; ***~ di pianto*** Tränenausbruch *m.*; ***~ di rabbia*** Wutausbruch *m.*: ***avere uno ~ di rabbia*** in Wut aus‿brechen; ***~ di risa*** Lachsalve *f.*; ***a ~ ritardato*** mit Zeitzündung; COLLOQ. ***reagire a ~ ritardato*** eine Spätzündung haben (*o* ein Spätzünder sein); ***la sua rabbia è stata a ~ ritardato*** seine Wut brach im Nachhinein aus; ***~ del tuono*** Donnerschlag *m.*
scop|po|la f. **1** REGION. Kopfnuss *f.*, Klaps *m.* **2a** FIG. COLLOQ. *(perdita)* Verlust *m.*, Einbuße *f.*; ***prendere una (bella) ~*** ganz schön drauf‿zahlen **b** *(sconfitta)* Schlappe *f.* **3** AER. Ruck *m.*, Turbolenz *f.* **4** REGION. *(berretto)* Mütze *f.*, Kappe *f.*
sco|pri|men|to m. Enthüllung *f.*: ***~ di un monumento*** Enthüllung eines Denkmals.
sco|pri|re *(scoprii/scopersi; scoperto)* **I** tr. **1a** entblößen, enthüllen: ***~ il viso*** das Gesicht enthüllen; ***~ il petto*** die Brust entblößen **b** ESTENS. *(statua, monumento)* enthüllen **c** *(togliere la coperta)* auf‿decken **d** *(scoperchiare)* ab‿decken ***~ una pentola*** einen Topf abdecken (*o* von einem Topf den Deckel ab‿nehmen) **e** *(vestire più leggero)* leichter an‿ziehen; ***non ~ il bambino con questo freddo*** ziehe das Kind bei dieser Kälte nicht so leicht an **2** FIG. *(manifestare)* offenbaren, (offen) zeigen: ***~ i propri sentimenti, le proprie intenzioni*** seine Gefühle offenbaren (*o* zeigen), seine Absichten offen zeigen **3a** *(arrivare a conoscere, trovare)* entdecken, finden: ***~ un tesoro*** einen Schatz entdecken (*o* finden); ***~ l'assassino*** den Mörder finden; ***~ un nuovo cantante*** einen neuen Sänger entdecken; ***ho scoperto in lui un grande scrittore*** ich habe in ihm einen großen Schriftsteller entdeckt **b** *(dopo indagini)* heraus‿finden, auf‿decken: ***~ la verità*** die Wahrheit herausfinden; ***voglio ~ cosa è successo*** ich will herausfinden, was passiert ist; ***~ un delitto, un complotto*** ein Verbrechen, ein Komplott aufdecken **4a** *(rendere vulnerabile)* entblößen **b** *(lasciare indifeso)* unbewacht lassen, unverteidigt lassen **c** SPORT ***~ la porta*** das Tor ungedeckt lassen **5** *(sorprendere)* erwischen, ertappen: ***l'ho scoperto mentre rubava*** ich habe ihn beim Stehlen erwischt **II** pronom. **scoprirsi 1a** *(spogliarsi)* sich frei‿machen: ***-rsi il torace*** sich (D) die Brust freimachen **b** *(togliersi le coperte)* sich auf‿decken; ***-rsi nel sonno*** sich im Schlaf aufdecken **c** *(indossare indumenti più leggeri)* sich leichter an‿ziehen **2** FIG. *(rivelarsi)* sein wahres Gesicht zeigen **3** *(esporsi a rischi, attacchi)* aus der Deckung kommen (anche SPORT) ◆ IRON. ***~ l'acqua calda*** = nichts Neues entdecken; ***~ gli altarini*** aus dem Nähkästchen plaudern; IRON. ***~ l'America*** das Rad erfinden; ***-rsi il capo*** die Kopfbedeckung ab‿nehmen; ***~ le carte*** seine Karten auf‿decken; ***~ il fianco*** MIL. die Flanke ungeschützt lassen; FIG. = sich (D) eine Blöße geben; ***~ il gioco di qcn.*** jds Spiel durch‿schauen; ***~ il proprio gioco*** seine Karten offen auf den Tisch legen.
sco|pri|to|re m. Entdecker *m.*
sco|rag|gia|men|to m. Entmutigung *f.*, Verzagtheit *f.*, Mutlosigkeit *f.* **sco|rag|gian|te** agg. entmutigend.
sco|rag|gia|re *(scoraggio, scoraggi)* **I** tr. entmutigen: ***lasciarsi ~ da qcn., qcs.*** sich von jdm, etw. entmutigen lassen; ***~ qcn. dal fare qcs.*** jdn davon ab‿bringen, etw. zu tun **II** pronom. **scoraggiarsi** verzagen, den Mut verlieren: ***non bisogna -rsi subito*** man darf nicht gleich verzagen; ***-rsi per qcs.*** sich von etw. entmutigen lassen. **sco|rag|gia|to** p.pass. agg. **1** → **scoraggiare 2** mutlos, niedergeschlagen, verzagt: ***essere ~*** mutlos (*o* niedergeschlagen) sein.
sco|ra|men|to m. LETT. Niedergeschlagenheit *f.*, Verzagtheit *f.*
sco|raz|za|re → **scorrazzare.**
scor|bu|ti|co I agg. *(-ci,-che)* **1** MED. skorbutisch **2** FIG. mürrisch, griesgrämig **II** m. *(-ci)* **1** MED. Skorbutkranke *m.*, an Skorbut Leidende *m.* **2** FIG. mürrischer Mensch *m.*, griesgrämiger Mensch *m.*
scor|bu|to m. Skorbut *m.*
scor|cia|men|to m. Kürzung *f.*, Verkürzung *f.*
scor|cia|re *(scorcio, scorci)* **I** tr. **1** kürzen: ***~ un abito, un testo*** ein Kleid, einen Text kürzen **2** PITT. perspektivisch verkürzen **II** pronom. **scorciarsi** kürzer werden, sich verkürzen ◆ ***~ la strada*** eine Abkürzung nehmen.
scor|cia|to|ia f. **1** Abkürzung *f.*: ***prendere, conoscere una ~*** eine Abkürzung nehmen, kennen **2** FIG. schnellster Weg *m.*
scor|cio m. *(-ci)* **1** PITT. perspektivische Verkürzung *f.* **2** ESTENS. Abriss *m.* **3** *(spazio limitato)* Stückchen *n.* **4** *(di tempo)* Ende *n.*: ***sullo ~ del secolo XX*** am Ende des 20. Jahrhunderts ◆ ***di ~*** PITT. perspektivisch verkürzt; FIG. *(di sfuggita)* flüchtig; ***~ di veduta*** Teilansicht *f.*
1.scor|da|re I tr. vergessen: ***~ di fare qcs.*** vergessen, etw. zu tun **II** pronom. **scordarsi** vergessen: ***-rsi (di) qcs.*** etw. vergessen ◆ ***te lo puoi ~! scordatelo!*** schlag dir das aus dem Kopf (*o* das könnte dir so passen)!
2.scor|da|re I tr. MUS. verstimmen **II** pronom. **scordarsi** sich verstimmen.
scor|da|to p.pass. agg. **1** → **2.scordare 2** verstimmt: ***pianoforte ~*** verstimmtes Klavier. **scor|da|tu|ra** f. **1** Skordatur *f.*, Scordatura *f.*, Umstimmung *f.* **2** *(perdita dell'accordatura)* Verstimmung *f.*
sco|reg|gia f. *(-ge)* VOLG. Furz *m.*: ***fare una ~*** einen Furz lassen (*o* furzen). **sco|reg|gia|re** intr. *(scoreggio, scoreggi*; aus. *avere)* VOLG. furzen.
scor|fa|no m. **1** ITTIOL. Drachenkopf *m.*, Skorpionsfisch *m.*, Seeskorpion *m.* **2** FIG. SPREG. Scheusal *n.*
scor|ge|re tr. *(scorgo, scorgi; scorsi; scorto)* **1** *(riuscire a vedere)* erblicken, aus‿machen, erkennen: ***~ una nave all'orizzonte*** ein Schiff am Horizont erblicken; ***~ un segnale nella nebbia*** ein Signal im Nebel ausmachen **2** FIG. *(accorgersi)* ***~ qcs.*** etw. wahr‿nehmen, etw. gewahr werden: ***~ il pericolo*** einer Gefahr gewahr werden (*o* eine Gefahr wahrnehmen) ◆ ***farsi ~*** sich zeigen; ***passò senza farsi ~*** er ging ungesehen vorbei.
sco|ria f. **1** *(residuo)* Abfall *m.*, Rückstand *m.* **2** METALL. GEOL. MED. Schlacke *f.*: ***produrre -e*** Schlacken bilden (*o* schlacken) **3** FIG. *(scarto)* Schund *m.*; *(di persone)* Abschaum *m.* ◆ ***~ d'altoforno*** Hochofenschlacke *f.*; ***asportare le -e*** entschlacken; METALL. ***~ di battitura*** Hammerschlag *m.*; ***~ di caldaia*** Kesselschlacke *f.*; ***cumulo di -e*** Schlackenhalde *f.*; ***-e di ferro*** Eisenschlacke *f.*; ***lana di -e*** Schlackenwolle *f.* (*o* Gesteinswolle *f.*); ***pieno di -e*** schlackig; ***privo di -e*** schlackenfrei; ***-e di produzione*** Altlasten *pl.*; ***-e radioattive*** radioaktive Abfälle *pl.*, radioaktiver Müll; ***ricco di -e*** schlackenreich; ***smaltimento di -e*** Entsorgung *f.*; ***~ vulcanica*** Schlacke *f.*
sco|ri|fi|ca|re tr. *(scorifico, scorifichi)* schlacken. **sco|ri|fi|ca|zio|ne** f. Schlacken *n.*, Schlackebilden *n.*
scor|na|re I tr. **1** ZOOL. die Hörner ab‿brechen **2** FIG. *(deridere)* lächerlich machen, blamieren **3** assol. *(dare cornate)* (mit den Hörnern) stoßen, stößig sein **II** pronom. **scornarsi 1** ZOOL. sich (D) die Hörner brechen **2** FIG. *(subire uno smacco)* sich blamieren, sich lächerlich machen. **scor|na|to** p.pass. agg. **1** → **scornare 2** ZOOL. mit abgebrochenen Hörnern **3** FIG. *(deriso)* blamiert.
scor|ni|cia|re tr. *(scornicio, scornici)* **1** aus dem Rahmen nehmen **2** *(dare forma di cornice)* ***~ qcs.*** etw. (D) die Form eines Rahmens geben.

scor|no m. Schmach *f.*, Schande *f.*: ***subire uno ~*** eine Schmach erleiden; ***a ~ di qcn.*** zu jds Schande.

scor|pac|cia|ta f. Schlemmerei *f.*, Schmaus *m.*, SPREG. Fresserei *f.*: ***farsi una ~ di qcs.*** etw. schlemmen (*o* verschmausen).

scor|pe|na, scor|pe|na f. Drachenkopf *m.*, Skorpionsfisch *m.*

scor|pio|ne m. **1** ZOOL. ASTROL. Skorpion *m.*: ***essere uno, dello ~*** ein Skorpion sein; ***essere nato nel, sotto il segno dello ~*** im Zeichen des Skorpions geboren sein **2** STOR. *(macchina da guerra)* Armbrust *f.* ◆ ***~ d'acqua*** Seeskorpion *m.*

scor|po|ra|re tr. *(scorporo)* **1** aus‿gliedern **2a** ESTENS. *(separare)* auf‿teilen **b** *(detrarre)* ab‿ziehen: ***~ l'IVA*** die Mehrwertsteuer abziehen. **scor|po|ro** m. Ausgliederung *f.*

scor|raz|za|re intr. (aus. *avere*) herum‿laufen; *(con veicolo)* herum‿fahren: ***~ per tutta la città*** in der ganzen Stadt herumlaufen. **scor|raz|za|ta** f. Streifzug *m.*; *(con veicolo)* Spritztour *f.*: ***fare una ~ in macchina*** mit dem Auto eine Spritztour machen.

scor|reg|gia, scor|reg|gia|re → **scoreggia, scoreggiare.**

scor|re|re *(scorsi, scorso)* **I** intr. (aus. *avere*) **1a** *(di fluidi)* fließen; *(di grandi masse d'acqua)* strömen; *(di rivoli)* rinnen: ***il fiume scorre attraverso la città*** der Fluss fließt durch die Stadt; ***il sangue scorre nelle vene*** das Blut fließt in den Adern; FIG. ***scorrerà molto sangue*** viel Blut wird fließen; ***l'acqua scorre dentro la vasca*** das Wasser fließt (*o* läuft) in die Wanne (hinein); ***~ fuori da qcs.*** aus etw. heraus‿strömen (*o* heraus‿laufen); ***~ verso qcs.*** etw. (D) zu‿fließen; ***~ a valle*** ins Tal fließen (*o* strömen); ***la pioggia scorre sui vetri*** der Regen rinnt über die Scheiben **b** *(di sabbia)* rieseln **2** ESTENS. *(procedere agevolmente)* fließen (anche FIG.): ***il traffico scorre lentamente*** der Verkehr fließt langsam; ***un testo che scorre bene*** ein fließend (*o* flüssig) geschriebener Text **3a** *(scivolare)* gleiten: ***la canoa scorre sull'acqua*** das Kanu gleitet über das Wasser; ***far ~ la mano sopra qcs.*** die Hand über etw. gleiten lassen **b** *(su guide)* laufen: ***~ su un binario*** in (*o* auf) einer Schiene laufen; ***la fune scorre nella carrucola*** das Seil läuft über die Rolle **4** *(spingere)* schieben: ***far ~ qcs. a lato*** etw. zur Seite schieben; ***far ~ il chiavistello*** den Riegel vor‿schieben **5** *(trascorrere)* vergehen: ***il tempo scorre velocemente*** die Zeit vergeht schnell **6** *(svolgersi)* ab‿laufen, sich ab‿wickeln: ***il nastro scorre*** das Tonband läuft ab **II** tr. **1** überfliegen, durch‿sehen: ***~ un libro*** ein Buch überfliegen; ***~ la posta*** die Post durchsehen **2** LETT. *(percorrere col pensiero)* in Gedanken durch‿gehen ◆ ***~ a fiumi*** in Strömen fließen; ***le lacrime le scorrevano sulle guance*** die Tränen liefen ihr über die Wangen; ***~ senza intoppi*** reibungslos verlaufen; ***la vita gli scorreva davanti agli occhi*** sein Leben rollte vor seinen Augen ab; ***far ~ lo sguardo su qcs.*** seine Augen über etw. schweifen lassen; ***tutto scorre*** alles fließt.

scor|re|ri|a f. Überfall *m.*, Streifzug *m.*, (feindlicher) Einfall *m.*: ***~ notturna*** nächtlicher Überfall; ***fare una ~*** einen Überfall machen.

scor|ret|ta|men|te avv. **1** nicht korrekt, unkorrekt: ***scrivere ~*** nicht korrekt schreiben; ***comportarsi ~ nei confronti di qcn.*** sich jdm gegenüber unkorrekt benehmen; ***agire ~*** unkorrekt handeln **2** *(slealmente)* unfair.

scor|ret|tez|za f. **1a** Unkorrektheit *f.*: ***~ di comportamento*** Unkorrektheit des Verhaltens; ***compiere una ~*** unkorrekt handeln **b** *(slealtà)* unfaires Verhalten *n.* **2** *(inesattezza)* Unrichtigkeit *f.*: ***la ~ di un ragionamento*** die Unrichtigkeit einer Überlegung **3** *(errore)* Fehler *m.*; ***un compito pieno di -e*** eine fehlerhafte Arbeit.

scor|ret|to agg. **1** nicht korrekt, unkorrekt: ***una persona -a*** ein nicht korrekter Mensch; ***comportamento ~*** unkorrektes Verhalten **2** *(sbagliato)* unkorrekt, falsch, fehlerhaft; ***frase grammaticalmente ~*** ein grammatisch nicht korrekter Satz; ***parlare un tedesco ~*** ein unkorrektes (*o* fehlerhaftes) Deutsch sprechen **3** *(sleale)* unfair: ***usare mezzi -i*** mit unfairen Mitteln kämpfen; ***giocatore, gioco ~*** unfairer Spieler, unfaires Spiel; ***azione -a*** unfaire Handlung.

scor|re|vo|le agg. **1** verschiebbar, Schiebe-: ***ingranaggio ~*** verschiebbares Zahnrad; ***finestra, parete, porta ~*** Schiebefenster *n.*, Schiebewand *f.*, Schiebetür *f.* **2** FIG. flüssig, fließend: ***traffico, stile ~*** flüssiger Verkehr, Stil; ***prosa ~*** flüssig geschriebener Prosatext ◆ ***in modo ~*** flüssig; ***nastro ~*** Gepäckband *n.*; ***scritta ~*** Laufschrift *f.* **scor|re|vo|lez|za** f. Flüssigkeit *f.*

scor|re|vol|men|te avv. flüssig: ***parlare ~ una lingua straniera*** eine Fremdsprache flüssig sprechen.

scor|ri|ban|da f. **1** Überfall *m.*, Streifzug *m.* **2** FIG. *(escursione)* Spritztour *f.*: ***fare una ~*** eine Spritztour machen.

scor|ri|men|to m. **1** Fließen *n.* **2** *(scivolamento)* Gleiten *n.* ◆ ***arteria di grande ~*** Hauptverkehrsstraße *f.*; ***~ elastico*** Scherung *f.*; ***guida di ~*** Gleitschiene *f.*; ***irrigazione per ~*** Berieselung *f.*; ***piano di ~*** Gleitschicht *f.*; INFORM. ***registro di ~*** Schieberegister *n.*; ***resistenza allo ~*** Gleitwiderstand *m.*; ***rotaia di ~*** Gleitschiene *f.*; ***superficie di ~*** Lauffläche *f.*

scor|sa f. Durchsicht *f.*; ***dare una ~ a qcs.*** etw. überfliegen (*o* durchsehen); ***dare una ~ a un testo, articolo*** einen Text, Artikel überfliegen.

scor|so p.pass. agg. **1** → **scorrere 2** vorig, letzt, vergangen: ***l'anno ~*** voriges (*o* vergangenes) Jahr; ***la settimana, volta -a*** vorige (*o* letzte) Woche, voriges Mal; ***lo ~ gennaio*** vorigen Januar; ***nel dicembre dello ~ anno*** im Dezember vorigen Jahres; ***nel secolo ~*** im vorigen Jahrhundert.

scor|so|io agg. *(-oi)* ***nodo ~*** Schlaufe *f.*

scor|ta f. **1a** Geleit *n.*, Eskorte *f.*: ***concedere la ~ a qcn.*** jdm Geleit gewähren **b** *(per protezione)* Geleitschutz *m.*, Bedeckung *f.*: ***mettere qcn. sotto ~*** jdm Geleitschutz geben (*o* jdn eskortieren); ***essere sotto ~*** unter Geleitschutz stehen; ***viaggiare sotto ~*** mit Geleitschutz reisen; ***assegnare la ~ militare a qcn.*** jdm militärische Bedeckung mit‿geben **2** *(provvista)* Vorrat *m.*, Reserve *f.*, Bestand *m.*: ***una ~ di legno, denaro, viveri*** ein Vorrat an (*o* von) Holz, Geld, Lebensmitteln; ***fare ~ di qcs.*** etw. auf Vorrat kaufen; ***avere -e di qcs.*** etw. in Vorrat haben; ***integrare, esaurire le -e*** die Vorräte auf‿frischen, auf‿brauchen (*o* erschöpfen); ***fino a esaurimento delle -e*** solange der Vorrat reicht ◆ ***auto della ~*** Geleitfahrzeug *n.*; ***di ~*** Ersatz-, Reserve-: ***pneumatico, ruota di ~*** Ersatzreifen *m.* (*o* Reservereifen *m.*), Ersatzrad *n.* (*o* Reserverad *n.*); ***~ di divise*** Devisenbestand *m.*; ***fare la ~ a qcn.*** jdn geleiten; ***~ di magazzino*** Lagerbestand *m.*; ***-e morte*** totes Inventar; ***-e obbligatorie*** Pflichtvorräte *pl.*; ***~ d'onore*** Ehrengeleit *n.*; ***smaltimento delle -e*** Enthortung *f.*; ***sulla ~ di*** anhand (*o* an Hand) von + dat., etw. (G); ***uomo della, di ~*** Mann *m.* des Geleitschutzes (*o* der Eskorte); ***-e vive*** lebendes Inventar. **scor|ta|re** tr. geleiten, eskortieren.

scor|tec|cia|re *(scorteccio, scortecci)* **I** tr. **1** entrinden, schälen: ***~ un tronco*** einen Baumstamm entrinden **2** *(intonaco)* ab‿schaben **II** pronom. **scortecciarsi** sich schälen. **scor|tec|cia|to** p.pass. agg. **1** → **scortecciare 2** rindenlos. **scor|tec|cia|tri|ce** f. Rindenschälmaschine *f.*, Entrindungsmaschine *f.* **scor|tec|cia|tu|ra** f. Schälen *n.*

scor|te|se agg. unhöflich, unfreundlich: ***risposta, comportamento ~*** unhöfliche Antwort, unhöfliches Benehmen; ***un tipo ~*** ein unfreundlicher Typ; ***essere ~ nei confronti di qcn.*** unhöflich zu jdm (*o* jdm gegenüber) sein. **scor|te|se|men|te** avv. unhöflich: ***rispondere ~ a qcn.*** jdm unhöflich antworten. **scor|te|si|a** f. Unhöflichkeit *f.*, Unfreundlichkeit *f.*

scor|ti|ca|men|to m. Häutung *f.* **scor|ti|ca|re** *(scortico, scortichi)* **I** tr. **1** ab‿ziehen, ab‿häuten, häuten: ***~ una lepre*** einen Hasen abhäuten **2** *(escoriare)* ab‿schürfen, auf‿schürfen **3** FIG. *(esigere un prezzo eccessivo)* aus‿nehmen **II** pronom. **scorticarsi** ***-rsi il ginocchio*** sich (D) das Knie auf‿schürfen. **scor|ti|ca|to|io** m. *(-oi)* Schindanger *m.* **scor|ti|ca|to|re** m. Abdecker *m.*, Abhäuter *m.* **scor|ti|ca|tu|ra** f. **1** Abhäutung *f.* **2** *(escoriazione)* Schürfung *f.* **scor|ti|chi|no** m. **1** Abhäutungsmesser *n.* **2** *(scorticatore)* Abdecker *m.*, Abhäuter *m.*

scor|to → **scorgere.**

scor|za f. **1** BOT. Rinde *f.* **2a** *(di agrumi)* Schale *f.* **b** FIG. ***sotto una ruvida ~ si nasconde spesso un cuore d'oro*** in einer rauen Schale steckt oft ein guter Kern ◆ ***~ di arancia*** Orangenschale *f.*; ***~ di arancia candita*** Orangeat *n.*; ***~ di limone*** Zitronenschale *f.*; ***~ di limone candita*** Zitronat *n.* **scor|zet|ta** f. Stück *n.* Zitronenschale.

scor|zo|ne|ra f. Schwarzwurzel *f.*

sco|scen|di|men|to m. Steilhang *m.*, Absturz *m.*

sco|sce|so agg. steil, Steil-, abschüssig: ***una parete rocciosa -a*** eine steile Felswand ***pendio ~*** Steilabfall *m.*; ***sponda -a*** Steilufer *f.*

sco|scia|re *(scoscio, scosci)* **I** tr. ***~ un pollo*** die Keule eines Hähnchens ab‿trennen **II** pronom. **scosciarsi 1** (einen) Spagat machen **2** COLLOQ. *(mostrare le cosce)* (beim Überschlagen der Beine) die Oberschenkel zeigen, sehen lassen. **sco|scia|ta** f. Spagat *m.* e *n.* **sco|scia|to** p.pass. agg. **1** → **scosciare 2** *(sgambato)* mit hohem Beinausschnitt. **sco|scio** m. *(-sci)* **1** Spagat *m.* e *n.* **2** SART. Gabelung *f.*

scos|sa f. **1** Ruck *m.*, Stoß *m.*: ***una violenta, leggera ~*** ein heftiger, leichter Ruck **2** EL. Schlag *m.*, Stromschlag *m.* **3** GEOL. Erdstoß *m.* **4** FIG. *(danno)* Schlag *m.* ◆ ***a -e*** ruckweise; ***~ di assestamento*** Nachbeben *n.*; ***dare una ~ a qcs.*** etw. schütteln; ***~ di pioggia*** Regenguss *m.*; ***prendere la ~*** einen Schlag bekommen; *(urtando il gomito)* sich am Musikantenknochen stoßen; ***senza -e*** ruckfrei (*o* stoßfrei); ***~ sismica, tellurica*** Erdstoß *m.*

scos|so p.pass. agg. **1** → **scuotere 2** erschüttert, angegriffen: ***rima-***

nere ~ per qcs. über etw. (A) erschüttert sein ◆ ***finanze -e*** angegriffene Finanzen; ***avere i nervi -i*** zerrüttete Nerven haben.

scos|so|ne m. **1** heftiger Ruck *m.* **2** *(spintone)* heftiger Stoß *m.* **3** FIG. Erschütterung *f.*

sco|sta|men|to m. Abrücken *n.*, Entfernen *n.*

sco|stan|te agg. abweisend, spröde: ***essere ~ nei confronti di qcn.*** jdm gegenüber abweisend sein.

sco|sta|re I tr. **1** weg‿rücken, ab‿rücken: ***~ un armadio dal muro*** einen Schrank von der Wand wegrücken **2** ***~ la tenda*** den Vorhang (ein wenig) zur Seite ziehen **3** assol. MAR. ab‿stoßen **II** pronom. **scostarsi 1** zur Seite treten, weg‿rücken **2** FIG. *(deviare)* ab‿kommen, ab‿weichen: ***-rsi dalla regola, dalla verità*** von der Regel, der Wahrheit abweichen; ***-rsi dalla retta via*** vom rechten Weg abkommen **3** MAR. ab‿stoßen ◆ ***scostati!*** geh zur Seite! **sco|sta|to** p.pass. agg. **1** → **scostare 2** weggerückt, abgerückt **3** *(distante)* weit, entfernt.

sco|sto|la|re tr. *(scostolo)* ***~ qcs.*** die Blattrippen etw. (G) heraus‿schneiden.

sco|stu|ma|ta|men|te avv. unsittlich. **sco|stu|ma|tez|za** f. **1** Sittenlosigkeit *f.*, Unsittlichkeit *f.* **2** *(maleducazione)* Ungezogenheit *f.* **sco|stu|ma|to I** agg. **1** unsittlich, liederlich **2** *(maleducato)* flegelhaft, unerzogen **II** m. **1** unsittlicher Mensch *m.* **2** *(maleducato)* Flegel *m.*

sco|ta|no m. Perückenbaum *m.*

scotch [skɒtʃ] m.inv. **1** Scotch *m.*, schottischer Whisky *m.* **2** *(nastro adesivo)* Tesafilm® *m.*

sco|ten|na|re tr. **1** ab‿schwarten: ***~ un maiale*** ein Schwein abschwarten **2** *(uomini)* skalpieren. **sco|ten|na|to|re** m. **1** Schwartenabzieher *m.* **2** *(di uomini)* Skalpnehmer *m.* **sco|ten|na|tu|ra** f. **1** Abziehen *n.* der Schwarte **2** *(di uomini)* Skalpieren *n.*

sco|ti|ca|re tr. *(scotico, scotichi)* ***~ qcs.*** die Grasnarbe von etw. entfernen.

sco|ti|men|to m. Schütteln *n.*, Erschütterung *f.*

sco|ti|smo m. Scotismus *m.* **sco|ti|sta** m. e f. *(-i,-e)* Scotist *m.* (-in *f.*).

sco|to I agg. **1** skotisch **2** LETT. schottisch **II** m. **1** Skote *m.* **2** LETT. Schotte *m.*

sco|to|la f. Flachsbreche *f.*, Breche *f.* **sco|to|la|re** tr. *(scotolo)* schwingen, brechen. **sco|to|la|tu|ra** f. Schwingen *n.*, Brechen *n.*

sco|to|ma m. Skotom *n.*

scot|ta f. Schot(e) *f.* ◆ ***~ di maestra*** Großschot *f.*; ***~ di trinchetto*** Fockschot *f.*

scot|ta|men|to m. **1** Verbrennung *f.* **2** *(con acqua bollente)* Verbrühung *f.*

scot|tan|te agg. heiß, brisant: ***un tema, problema ~*** ein brisantes Thema, Problem.

scot|ta|re I tr. **1a** verbrennen: ***il sole gli scottò la pelle*** die Sonne verbrannte ihm die Haut **b** *(con acqua bollente)* verbrühen **2a** GASTR. ab‿brühen **b** *(in olio)* an‿braten **3** FIG. kränken: ***l'insuccesso lo ha scottato*** der Misserfolg hat ihn gekränkt **II** intr. (aus. *avere*) **1** brennen: ***il sole scotta*** die Sonne brennt **2** *(essere caldo)* heiß sein, glühen: ***il caffè scotta*** der Kaffee ist heiß; ***~ per la febbre*** vor Fieber glühen **III** pronom. **scottarsi** sich verbrennen: ***-rsi con l'olio bollente, il ferro da stiro*** sich mit siedendem Öl, am Bügeleisen verbrennen; ***-rsi un piede, la lingua*** sich (D) einen Fuß, die Zunge verbrennen ◆ ***che scotta*** brisant: ***un problema che scotta*** ein brisantes Problem; *(di provenienza illecita)* ***merce, denaro che scotta*** heiße Ware, heißes Geld; ***gli scotta la terra sotto i piedi*** ihm brennt der Boden unter den Füßen. **scot|ta|ta** f. Abbrühen *n.* ◆ ***dare una ~ a qcs.*** etw. (kurz) ab‿brühen. **scot|ta|to** p.pass. agg. **1** → **scottare 2** verbrannt **3** GASTR. abgebrüht **4** FIG. *(deluso)* enttäuscht ◆ FIG. ***rimanere ~*** gekränkt sein.

scot|ta|tu|ra f. **1** Verbrennung *f.*; ***farsi, procurarsi una ~*** sich verbrennen **2** *(da acqua bollente)* Verbrühung *f.* **3** *(da sole)* Sonnenbrand *m.* **4a** FIG. *(delusione)* Enttäuschung *f.* **b** *(esperienza negativa)* unangenehme Erfahrung *f.*

1.scot|to, ***pagare lo ~*** die Zeche bezahlen.

2.scot|to p.pass. agg. **1** → **scuocere 2** verkocht, zerkocht: ***pasta -a*** zerkochte Nudeln.

scout [skaʊt] **I** m. e f.inv. Pfadfinder *m.* (-in *f.*) **II** agg.inv. Pfadfinder-: ***campo ~*** Pfadfinderlager *n.* **scou|ti|smo** m. Pfadfinderbewegung *f.* **scou|ti|sti|co** agg. *(-ci,-che)* Pfadfinder-.

sco|va|re tr. **1** auf‿spüren, auf‿jagen: ***~ la selvaggina*** das Wild aufspüren **2** *(scoprire)* ausfindig machen, entdecken: ***~ un posticino tranquillo*** ein ruhiges Plätzchen ausfindig machen ◆ ***~ un covo di criminali*** ein Verbrechernest aus‿heben; ***ma dove l'hai scovato?*** wo hast du denn den aufgegabelt?

sco|vo|li|no m. **1** *(per bottiglia)* Flaschenbürste *f.* **2** *(per pipa)* Pfeifenreiniger *m.* **3** *(per arma da fuoco)* Gewehrreiniger *m.*

sco|vo|lo m. Ausputzer *m.*

Sco|zia f. n.pr.f. Schottland *n.*

scoz|za|re tr. mischen. **scoz|za|ta** f. Kartenmischen *n.*; ***dare una ~ alle carte*** die Karten mischen.

scoz|ze|se I agg. schottisch, Schotten-: ***danza ~*** schottischer Tanz; ***gonna ~*** Schottenrock *m.* **II** m. e f. *(abitante)* Schotte *m.* (Schottin *f.*) **III** m. **1** *(lingua)* Schottisch(e) *n.* **2** *(tessuto)* Schotten *m.* ◆ ***doccia ~*** Wechseldusche *f.* (anche FIG.); ***stoffa ~*** Schotten *m.*

scoz|zo|na|re tr. **1** zu‿reiten, ein‿reiten: ***~ un cavallo*** ein Pferd zureiten **2** FIG. ***~ qcn. in qcs.*** jdn in etw. (A) ein‿führen. **scoz|zo|na|ta** f. Zureiten *n.*, Einreiten *n.*; ***dare una ~ a un cavallo*** ein Pferd zu‿reiten. **scoz|zo|ne** m. Zureiter *m.*

scram|bler ['skræmblə] m.inv. **1** *(motocicletta)* Crossmaschine *f.* **2** *(apparecchio decodificatore)* Dekoder *m.*

scran|na f. Richterstuhl *m.*

scran|no → **scanno.**

scre|an|za|to I m. Rüpel *m.*, Unart *m.* **II** agg. unerzogen, rüpelhaft, flegelhaft.

scre|di|ta|men|to m. Abwertung *f.*

scre|di|ta|re *(scredito)* **I** tr. diskreditieren, in Misskredit bringen: ***~ qcn. davanti a tutti*** jdn vor allen in Misskredit bringen **II** pronom. **screditarsi** seinen Ruf verlieren, in einen schlechten Ruf kommen. **scre|di|ta|to** p.pass. agg. **1** → **screditare 2** verrufen, verschri(e)en.

scree|ning ['skri:nɪŋ] m.inv. Reihenuntersuchung *f.*, Screening *n.*

scre|ma|re tr. **1** ab‿rahmen, entrahmen **2** FIG. *(vagliare, selezionare)* aus‿wählen. **scre|ma|to** p.pass. agg. **1** → **scremare 2** abgerahmt, entrahmt: ***latte ~, parzialmente ~*** entrahmte, fettarme Milch. **scre|ma|tri|ce** f. Entrahmer *m.*, Milchschleuder *f.*, Milchzentrifuge *f.* **scre|ma|tu|ra** f. **1** Entrahmung *f.*, Entrahmen *n.* **2** FIG. Selektion *f.*, Auswahl *f.*

scre|po|la|re *(screpolo)* **I** tr. rissig machen: ***il freddo screpola le mani*** die Kälte macht die Hände rissig **II** pronom. **screpolarsi 1** rissig werden, auf‿springen **2** *(di intonaco)* ab‿bröckeln. **scre|po|la|to** p.pass. agg. **1** → **screpolare 2** rissig, aufgesprungen: ***mani -e*** rissige Hände **3** *(di intonaco)* abgebröckelt. **scre|po|la|tu|ra** f. Rissigkeit *f.*, Riss *m.*

scre|zia|re tr. *(screzio, screzi)* sprenkeln. **scre|zia|to** p.pass. agg. **1** → **screziare 2** gesprenkelt, getupft: ***~ di rosso*** rot gesprenkelt (*o* getupft). **scre|zia|tu|ra** f. Sprenkel *m.*, Tupfen *m.*

scre|zio m. *(-zi)* Meinungsverschiedenheit *f.*, Unstimmigkeit *f.*: ***abbiamo avuto uno ~*** zwischen uns gab es eine Unstimmigkeit.

scri|ba m. **1** STOR. Schreiber *m.* **2** *(religione ebraica)* Schriftgelehrte *m.*

scri|bac|chia|re tr. *(scribacchio, scribacchi)* **1** *(svogliatamente)* daher‿schreiben **2** SPREG. zusammen‿schreiben. **scri|bac|chi|no** m. Schreiberling *m.*

scric|chio|la|men|to m. Knirschen *n.*; *(del legno)* Knarren *n.*

scric|chio|lan|te agg. knirschend; *(del legno)* knarrend.

scric|chio|la|re intr. *(scricchiolo*; aus. *avere)* **1a** knirschen: ***la neve scricchiola sotto le scarpe*** der Schnee knirscht unter den Schuhen **b** *(del legno)* knarren: ***la sedia scricchiola*** der Stuhl knarrt **2** FIG. ins Wanken geraten: ***un rapporto che comincia a ~*** eine Beziehung, die ins Wanken geraten ist.

scric|chio|li|o m. Knirschen *n.*; *(del legno)* Knarren *n.*

scric|cio|lo m. **1** ORNIT. Zaunkönig *m.* **2** FIG. *(persona minuta)* Spätzchen *n.*, Spatz *m.*: ***mangiare come uno ~*** wie ein Spatz essen.

scri|gno m. Schrein *m.*, Kasten *m.*

scri|mi|na|tu|ra f. Scheitel *m.*: ***avere la ~ a destra*** den Scheitel rechts tragen; ***~ in mezzo*** Mittelscheitel *m.*

scri|mo|lo m. GEOGR. Kettengebirge *n.*

scri|stia|niz|za|re I tr. dem Christentum entfremden **II** pronom. **scristianizzarsi** sich vom Christentum entfernen. **scri|stia|niz|za|zio|ne** f. Entchristlichung *f.*, Entfremdung *f.* vom Christentum.

scri|te|ria|to agg. unvernünftig, unverständig, unüberlegt.

scrit|ta f. **1** Aufschrift *f.*, Schrift *f.*: ***una ~ alla lavagna*** eine Schrift an der Tafel; ***cancellare, decifrare una ~*** eine Schrift löschen, entziffern **2** *(iscrizione)* Inschrift *f.* **3** *(patto)* schriftliche Abmachung *f.* ◆ ***~ luminosa*** Leuchtschrift *f.*; ***~ al neon*** Neonschrift *f.*

scrit|to I p.pass. agg. **1** → **scrivere 2** geschrieben, schriftlich: ***compito ~, prova -a*** schriftliche Aufgabe, Prüfung; ***ordine ~*** schriftlicher Befehl; ***accordo ~*** schriftliche Abmachung; ***legge -a*** geschriebenes Gesetz; ***leggi non -e*** ungeschriebene Gesetze **II** m. **1a** *(testo)* Schriftstück *n.*, Schrift *f.* **b** *(opera)* Werk *n.*: ***-i postumi*** nachgelassene Werke **2** *(esame)* schriftliche Prüfung *f.*: ***non ho passato lo ~*** ich bin durch die schriftliche Prüfung gefallen **3** *(scrittura)* Schrift *f.*: ***uno ~ illeggibile*** eine unleserliche Schrift **4**

(lettera) Schreiben *n.* ◆ ~ ***celebrativo*** Festschrift *f.*; ***essere ~ in cielo*** in den Sternen geschrieben stehen; ~ ***commemorativo*** Gedächtnisschrift *f.*; ***ce l'ha ~ in faccia, in fronte*** das steht ihm auf (*o* an) der Stirn geschrieben; ***-i giovanili*** Jugendschriften *pl.*; ***lingua -a*** Schriftsprache *f.*; ~ ***a mano*** handgeschrieben; ***-i minori*** Nebenarbeiten *pl.*, unbekanntere (*o* unbedeutendere) Schriften; ***per ~*** schriftlich; ***rivolgersi a qcn. per ~*** sich schriftlich an jdn wenden; ~ ***polemico*** Streitschrift *f.*; ~ ***propagandistico*** Propagandaschrift *f.*; ***ringraziamento ~*** Danksagung *f.*

scrit|to|io m. *(-oi)* Schreibtisch *m.*, Pult *n.* ◆ ~ ***con ribaltina*** Klapppult *n.*; ~ ***con piano inclinato*** Schreibpult *n.*

scrit|to|re m. **1** Schriftsteller *m.*, Autor *m.*: ***uno ~ di successo*** ein erfolgreicher Schriftsteller **2** *(estensore)* Autor *m.*, Verfasser *m.* ◆ ~ ***di aforismi*** Aphoristiker *m.*; SCHERZ. ***grande ~*** Federfuchser *m.*; ~ ***di prosa*** Prosaschriftsteller *m.*, Prosaist *m.*; ~ ***di memorie*** Memoirenschreiber *m.*; ~ ***di romanzi*** Romanschriftsteller *m.* (*o* Romancier *m.*); ~ ***da strapazzo*** Federfuchser *m.*; ~ ***in voga*** Modeschriftsteller *m.*

scrit|to|rio I agg. *(-ri,-rie)* **1** Schreib-: ***materiale ~*** Schreibmaterial *n.* **2** *(di scrittura)* Schrift-: ***tipo ~*** Schriftart *f.* **II** m. *(-ri)* Schreibstube *f.*

scrit|tri|ce f. Schriftstellerin *f.*

scrit|tu|ra f. **1a** Schrift *f.*, Schreiben *n.*: ~ ***cirillica*** kyrillische Schrift **b** *(calligrafia)* Handschrift *f.*: ***avere una bella ~, una ~ illeggibile, marcata*** eine schöne, unleserliche, ausgeschriebene Handschrift haben **2** DIR. Urkunde *f.*, Schriftstück *n.*: ~ ***pubblica*** öffentliche Urkunde; ~ ***privata*** privates Schriftstück (*o* Privaturkunde *f.*) **3** TEATR. CINEM. Vertrag *m.*, Engagement *n.*, Verpflichtung *f.*: ***ottenere una ~*** ein Engagement bekommen **4** COMM. *(contabile)* Buchung *f.*, Bücher *pl.*: ~ ***fittizia*** fingierte Buchung **5** RELIG. ***(sacra) ~, (sacre) -e*** Heilige Schrift *f.* ◆ ***affidare qcs. alla ~*** etw. nieder‿schreiben; ~ ***alfabetica*** Buchstabenschrift *f.*; ~ ***bastarda*** Bastardschrift *f.*; ~ ***Braille*** Brailleschrift *f.*; ~ ***capitale*** Kapitalschrift *f.* (*o* Kapitalis *f.*); ~ ***cuneiforme*** Keilschrift *f.*; ***errore di ~*** Schreibfehler *m.*; ***esercizio di ~*** Schreibübung *f.*; ~ ***fonetica*** phonetische Schrift (*o* Lautschrift *f.*); ~ ***di gallina*** Klaue *f.*; ~ ***gotica*** Gotisch *f.*, Fraktur(schrift) *f.* (*o* Bruchschrift *f.*); ~ ***ideografica*** Bilderschrift *f.*; ***interpretazione della ~*** Schriftdeutung *f.*; ***lavoro di ~*** Schreibarbeit *f.*; ~ ***onciale*** Unzialschrift *f.*; ~ ***ornamentale*** Zierschrift *f.*; ~ ***runica*** Runenschrift *f.*; ~ ***sillabica*** Silbenschrift *f.*; ~ ***a specchio*** Spiegelschrift *f.*; ~ ***stampatello*** Blockschrift *f.*; ***tratti della ~*** Schriftzüge *pl.*; PROV. ***chi non sa leggere la sua ~ è un asino di natura*** = wer seine eigene Schrift nicht lesen kann, ist und bleibt ein Esel.

scrit|tu|ra|bi|le agg. **1** TEATR. CINEM. engagierbar **2** COMM. verbuchbar.

1.scrit|tu|ra|le I agg. Buch-, Schrift-: ***monete -i*** Buchgeld *n.* **II** m. Schreiber *m.*

2.scrit|tu|ra|le I agg. TEOL. biblisch, Bibel-: ***citazione ~*** Bibelzitat *n.*; ***tradizione ~*** biblische Tradition **II** m. Schriftgläubige *m.*

scrit|tu|ra|re tr. **1** TEATR. CINEM. TELEV. verpflichten, engagieren **2** COMM. verbuchen. **scrit|tu|ra|zio|ne** f. **1** TEATR. CINEM. TELEV. Engagement *n.*, Verpflichtung *f.* **2** COMM. Buchung *f.*

scri|va|ni|a f. Schreibtisch *m.*

scri|va|no m. ANTIQ. Schreiber *m.* ◆ ***il crampo dello ~*** der Schreibkrampf.

scri|ven|te I m. **1** Schreiber *m.* **2** BUROCR. Unterzeichner *m.*, Unterfertigte *m.* **II** agg. schreibend.

scri|ve|re *(scrissi, scritto)* **I** tr. **1** schreiben (anche assol.): ~ ***un romanzo*** einen Roman schreiben; ~ ***una lettera a qcn.*** jdm einen Brief schreiben; ~ ***la musica per un film*** die Musik zu einem Film schreiben; ***questa penna scrive bene*** dieser Federhalter schreibt gut; ~ ***di, su qcn., qcs.*** von jdm, etw. (*o* über jdn, etw.) schreiben; ~ ***in maniera leggibile*** leserlich schreiben; ~ ***con la matita, con la penna*** mit dem Bleistift, mit dem Federhalter schreiben; ***questa parola va scritta con due m*** dieses Wort schreibt man mit zwei m; ~ ***in un buon tedesco*** gutes Deutsch schreiben; ~ ***in francese*** auf Französisch schreiben; ~ ***qcs. a mano*** etw. mit der Hand schreiben; ~ ***a macchina*** auf (*o* mit) der Maschine schreiben (*o* Maschine schreiben); ~ ***sulla sabbia, sui vetri appannati, sulla carta*** in den Sand, auf die beschlagenen Fensterscheiben, auf Papier schreiben; ~ ***sotto dettatura, alla lavagna*** nach Diktat, an die Tafel schreiben; *(fare lo scrittore)* ***che cosa fa nella vita? – scrive*** was macht er? – er schreibt; ***scrive per vivere*** er verdient seinen Lebensunterhalt mit Schreiben; ~ ***per il teatro*** für das Theater schreiben **2** *(annotare)* auf‿schreiben, notieren: ***questo me lo devo proprio ~*** das muss ich mir wirklich aufschreiben **3** *(riempire scrivendo)* beschreiben, voll schreiben: ***ho scritto due fogli*** ich habe zwei Blätter beschrieben **II** pronom. **scriversi** sich schreiben: ***ci scriviamo da tanto tempo*** wir schreiben uns seit langem ◆ ~ ***in bella, brutta copia*** ins Reine, ins Unreine schreiben; ~ ***qcs. per esteso*** etw. aus‿schreiben; ***imparare a ~*** schreiben lernen; ***non sapere né leggere né ~*** nicht lesen und schreiben können; ***macchina da, per ~*** Schreibmaschine *f.*; ~ ***maiuscolo, minuscolo*** groß‿schreiben, klein‿schreiben; ~ ***fermo posta*** postlagernd schreiben; ~ ***di proprio pugno*** eigenhändig schreiben; ~ ***qcs. con il proprio sangue*** etw. mit seinem Blut schreiben; ~ ***in stampatello*** in Druckschrift schreiben.

scri|vin|pie|di, scri|vi|rit|to m.inv. Stehpult *n.*

scroc|ca|re tr. *(scrocco, scrocchi)* COLLOQ. schnorren, schinden: ~ ***una sigaretta a qcn.*** von (*o* bei) jdm eine Zigarette schnorren; ~ ***un pranzo*** ein Mittagessen schinden ◆ ~ ***un passaggio*** sich mit‿nehmen lassen. **scroc|ca|to|re** m. → **scroccone.**

scroc|chia|re intr. *(scrocchio, scrocchi*; aus. *avere)* **1** knirschen, knistern, knarren **2** *(di ossa)* knacken. **scroc|chio** m. *(-chi)* Knirschen *n.*, Knistern *n.*

1.scroc|co m. Schmarotzen *n.* ◆ ***a ~*** gratis (*o* auf Kosten anderer); ***andare a ~*** schmarotzen; ***vivere a ~*** nassauern, sich durch‿schnorren.

2.scroc|co m. *(-chi)* Schnappen *n.*, Klappen *n.* ◆ ***coltello a ~*** Federmesser *n.* (*o* Klappmesser *n.*); ***serratura a ~*** Schnappschloss *n.*

scroc|co|ne m. Schmarotzer *m.*, Schnorrer *m.*, Nassauer *m.*

scro|fa f. **1** ZOOL. Sau *f.* **2** FIG. *(sgualdrina)* Nutte *f.*, Hure *f.*

scro|fo|la, scro|fo|lo|si f. Skrofulose *f.*, Skrofel *f.* **scro|fo|lo|so** agg. skrofulös.

scro|fu|la|ria f. Braunwurz *f.* **scro|fu|la|ria|ce|a** f. Rachenblütler *m.*

scrol|la|men|to m. Schütteln *n.*, Abschütteln *n.*

scrol|la|re I tr. aus‿schütteln, schütteln, rütteln: ~ ***la testa*** den Kopf schütteln; ~ ***qcn. per le spalle*** jdn an den Schultern rütteln **II** pronom. **scrollarsi 1** sich schütteln **2** FIG. sich auf‿raffen, sich einen Ruck geben ◆ ***-rsi di dosso qcs.*** etw. von sich ab‿schütteln (sich [D]) etw. ab‿schütteln (anche FIG.): ***-rsi di dosso la neve*** (sich) den Schnee abschütteln; ***-rsi di dosso la stanchezza*** die Müdigkeit ab‿schütteln; ~ ***le spalle*** mit den Schultern zucken (*o* die Achseln zucken).

scrol|la|ta f. Schütteln *n.*, Rütteln *n.* ◆ ***dare una ~ a qcn.*** jdn wachrütteln (anche FIG.); ~ ***di spalle*** Schulterzucken *n.* (*o* Achselzucken *n.*); ***mi rispose con una ~ di spalle*** er antwortete mir mit einem Achselzucken; ~ ***di testa*** Kopfschütteln *n.* **scrol|lo** m. Schütteln *n.*, Rütteln *n.*

scrol|lo|ne m. heftiger Stoß *m.* ◆ ***dare uno ~ a qcn.*** jdn (an den Schultern) rütteln.

scro|scian|te agg. **1** rauschend, prasselnd, strömend: ***pioggia ~*** strömender (*o* prasselnder) Regen; ***una cascata ~*** ein rauschender Wasserfall **2** *(di risa)* schallend **3** FIG. brausend, tosend: ***applausi -i*** tosender (*o* stürmischer) Beifall.

scro|scia|re intr. *(scroscio, scrosci*; aus. *essere, avere)* **1** rauschen, tosen: ***il ruscello scroscia*** der Bach rauscht **2** *(di pioggia)* prasseln: ***la pioggia è scrosciata, ha scrosciato per tutta la notte sul tetto*** der Regen ist die ganze Nacht auf das Dach geprasselt **3** *(di risa)* schallen **4** FIG. brausen, tosen; ***si udirono ~ gli applausi*** man hörte den rauschenden Beifall.

scro|scio m. *(-sci)* **1** Rauschen *n.*: ***uno ~ d'acqua*** ein Rauschen von Wasser **2** FIG. Brausen *n.*, Tosen *n.* **3** TELEV. Rauschen *n.* ◆ ~ ***di applausi*** Beifallssturm *m.*; ***lo ~ delle artiglierie*** das Dröhnen der Artillerie; ~ ***di pioggia*** Regenschauer *m.*; ~ ***di risa*** schallendes Gelächter.

scro|sta|men|to m. **1a** *(lo scrostare)* Abkratzen *n.*, Abschaben *n.* **b** *(lo scrostarsi)* Abbröckeln *n.* **2** *(parte scrostata)* abgeschabte (*o* abgebröckelte) Stelle *f.*, Abbröck(e)lung *f.*

scro|sta|re I tr. **1** ~ ***la ferita*** den Schorf von der Wunde ab‿kratzen, entfernen **2a** *(asportare lo strato superficiale)* ab‿kratzen, ab‿schaben **b** ~ ***l'intonaco*** den Verputz ab‿tragen (*o* ab‿klopfen) **II** pronom. **scrostarsi 1** *(di ferita)* den Schorf verlieren **2** *(perdere lo strato superficiale)* ab‿bröckeln, ab‿blättern: ***il muro si è scrostato*** die Mauer ist abgebröckelt; ***la vernice si è scrostata*** der Anstrich ist abgeblättert. **scro|sta|tu|ra** f. **1** Abkratzen *n.*, Abschaben *n.* **2** *(parte scrostata)* abgeschabte (*o* abgebröckelte) Stelle *f.*

scro|ta|le agg. skrotal, Skrotal-: ***ernia ~*** Skrotalhernie *f.* (*o* Hodenbruch *m.*). **scro|to** m. Skrotum *n.*, Hodensack *m.*

scru|po|lo m. **1** Skrupel *m.*: ***-i morali*** moralische Skrupel; ***essere tormentato dagli -i*** von Skrupeln gequält sein; ***non avere -i*** keine Skrupel haben (*o* kennen); ***senza il minimo ~*** ohne den geringsten Skrupel **2** *(esitazione)* Bedenken *n.*: ***farsi ~ di qcs.*** Bedenken haben, etw. zu tun: ***non farti ~ di chiedere*** hab kein Bedenken zu fragen **3** *(meticolosità)* Gewissenhaftigkeit *f.*; ***un compito eseguito con molto ~*** eine gewissenhaft durchgeführte Arbeit ◆ ***~ di coscienza*** Gewissensskrupel *m.*; ***esatto fino allo ~*** peinlich genau; ***mancanza di -i*** Skrupellosigkeit *f.*; ***pieno di -i*** voller Bedenken; ***senza -i*** skrupellos (*o* gewissenlos).

scru|po|lo|sa|men|te avv. gewissenhaft: ***svolgere un lavoro ~*** eine Arbeit gewissenhaft aus_führen. **scru|po|lo|si|tà** f. **1** Gewissenhaftigkeit *f.*, Skrupulosität *f.* **2** *(precisione)* Gewissenhaftigkeit *f.*, Genauigkeit *f.*

scru|po|lo|so agg. **1** *(pieno di scrupoli)* skrupulös, voller Bedenken **2** *(coscienzioso)* gewissenhaft: ***un impiegato ~*** ein gewissenhafter Angestellter **3** *(meticoloso)* sorgfältig, genau, ausführlich: ***un'indagine -a*** eine sorgfältige Untersuchung; ***~ all'eccesso*** peinlich (*o* übertrieben) genau; ***essere molto ~ in qcs.*** es mit etw. übertrieben genau nehmen.

scru|ta|re tr. **1** beobachten, ab_suchen: ***~ qcn. attentamente*** jdn genau beobachten; ***~ l'orizzonte*** den Horizont absuchen **2** *(indagare)* forschend (*o* prüfend) an_sehen, forschend (*o* prüfend) mustern, betrachten: ***~ il volto di qcn.*** jds Gesicht forschend betrachten **3** FIG. erforschen, ergründen: ***~ l'animo di qcn.*** jds Seele erforschen; ***~ le intenzioni di qcn.*** jds Absichten ergründen.

scru|ta|to|re I m. **1** Beobachter *m.* **2** *(nelle votazioni)* Stimmen(aus)zähler *m.* **II** agg. forschend, prüfend: ***guardare con occhio ~*** mit forschendem Blick an_schauen.

scru|ti|na|re tr. **1** ***~ schede, voti*** Stimmen aus_zählen **2** SCOL. benoten, bewerten. **scru|ti|na|to|re** → **scrutatore.**

scru|ti|nio m. *(-ni)* **1** Stimmen(aus)zählung *f.* **2a** SCOL. Bewertung *f.*, Benotung *f.*: ***fare gli -ni*** die Bewertung erstellen (*o* die Noten fest_legen); ***~ finale*** Abschlussprüfung *f.* **b** *(riunione)* Notenkonferenz *f.*, Zeugniskonferenz *f.*: ***~ finale*** Schlusskonferenz *f.* **3** *(in parlamento)* Abstimmung *f.*: ***essere eletto al primo, secondo ~*** bei der ersten, zweiten Abstimmung gewählt werden; ***~ palese*** offene Abstimmung **4** ANT. *(esame rigoroso)* Prüfung *f.*: ***sottoporre qcn., qcs. a severo ~*** jdn, etw. einer strengen Prüfung unterziehen ◆ ***~ di ballottaggio*** Stichwahl *f.* (*o* engere Wahl); ***~ di lista*** Listenwahl *f.*; ***votazione a ~ segreto*** geheime Abstimmung *f.*; ***~ trimestrale*** Quartalskonferenz *f.*; ***~ uninominale*** Einzelwahl *f.*

scu|ci|re *(scucio, scuci)* **I** tr. **1** auf_trennen, ab_trennen: ***~ le maniche di un vestito*** die Ärmel eines Kleides auftrennen **2** COLLOQ. *(sborsare)* heraus_rücken, hin_blättern, locker_machen: ***ho dovuto ~ una bella somma*** ich hab' eine schöne Summe herausrücken müssen: ***scucimi 10 000 lire!*** rück 10 000 Lire heraus! **II** pronom. **scucirsi** sich auf_trennen, auf_gehen: ***l'orlo si è scucito*** der Saum ist aufgegangen. **scu|ci|to** p.pass. agg. **1** → **scucire 2** FIG. zusammenhanglos, unzusammenhängend. **scu|ci|tri|ce** f. Nahttrenner *m.*, Trennmesser *n.*

scu|ci|tu|ra f. **1** Auftrennen *n.* **2** *(lo scucirsi)* Aufgehen *n.* **3** *(parte scucita)* aufgetrennte (*o* aufgegangene) Naht *f.*: ***hai una ~ nella gonna*** an deinem Rock ist eine Naht aufgegangen **4** FIG. *(separazione)* Trennung *f.*

scu|de|ri|a f. **1** Reitstall *m.* **2** *(a corte)* Marstall *m.* **3** ESTENS. *(cavalli allevati)* Gestüt *n.* **4** EQUIT. AUT. Rennstall *m.* ◆ ***cavallo di ~*** Gestütspferd *n.*; ***ordini di ~*** Stallorder *f.*; ***stallone di ~*** Gestütshengst *m.*

scu|det|to m. **1** kleiner Schild *m.*, Schild *m.* **2a** *(distintivo)* Abzeichen *n.* **b** *(contrassegno)* Kennzeichen *n.* **3** SPORT Meistertitel *m.*: ***puntare allo ~*** sich (D) Hoffnung auf den Meistertitel machen; ***vincere lo ~*** den Meistertitel (*o* die Meisterschaft) gewinnen **4** AGR. Okulation *f.*

scu|die|ro m. **1a** Knappe *m.* **b** STOR. Schildträger *m.* **2** *(sovrintendente alle scuderie reali)* Oberstallmeister *m.* ◆ ***calzoni alla -a*** Reithosen *pl.*; ***guanti, stivali alla -a*** Stulpenhandschuhe *pl.*, Stulpenstiefel (*o* Reitstiefel) *pl.*

scu|di|scia|re tr. *(scudiscio, scudisci)* peitschen. **scu|di|scia|ta** f. Peitschenhieb *m.*; ***dare una ~ a qcn.*** jdn peitschen. **scu|di|scio** m. *(-sci)* Reitpeitsche *f.*, Reitgerte *f.*

1.scu|do m. **1** Schild *m.* (anche ZOOL. BOT.): ***coprirsi con lo ~*** sich mit dem Schild decken **2** FIG. Schutz *m.*; ***fare, farsi ~ di (o con) qcs.*** sich mit etw. schützen; ***fare, farsi ~ di qcn.*** sich hinter jdm verstecken; ***gli fece ~ con la sua persona*** er schützte ihn mit seinem Körper; ***farsi ~ del corpo di qcn.*** hinter jdm Schutz suchen **3** *(stemma)* Wappen *n.*, Wappenschild *m.* **4** GEOL. Schild *m.*, Landrücken *m.* ◆ ***~ aereo*** Flugzeugabwehr *f.*; ***~ crociato*** Kreuzschild *m.*; POL. GERG. ***lo ~ crociato*** = die (ehemalige) italienische Christlich-Demokratische Partei; ***innesto a ~*** Okulation *f.*; ***levata di -i*** = offener Protest; ***fare una levata di -i contro qcn.*** gegen jdn offen protestieren; ***~ losangato*** Rautenschild *m.*; MIL. ***~ missilistico*** Raketenabwehr *f.*; ***~ di protezione*** Schutzschild *m.*; ***~ spaziale*** Raumabwehrsystem *n.*; ***portare qcn. sugli -i*** jdn in den Himmel heben; ***~ termico*** Hitzeschild *m.*

2.scu|do m. NUMISM. Scudo *m.*

scuf|fia f. **1** COLLOQ. Verliebtheit *f.*, Vernarrtheit *f.*; ***prendere, prendersi una ~ per qcn.*** sich in jdn verlieben (*o* vernarren, verknallen) **2** MAR. Kentern *n.*; ***fare ~*** kentern **3** ANT. *(cuffia)* Haube *f.* **scuf|fia|re** intr. *(scuffio, scuffi*; aus. *avere)* kentern.

scu|gniz|zo m. **1** INTRAD. (neapolitanischer Straßenjunge) **2** ESTENS. lebhaftes Kind *n.*, Lausejunge *m.*

scu|lac|cia|re tr. *(sculaccio, sculacci)* ***~ qcn.*** jdm den Hintern versohlen (*o* verhauen), jdm die Hosen (*o* den Hosenboden) stramm ziehen.

scu|lac|cia|ta f. Schlag *m.* auf den Hintern; ***dare una ~ a qcn.*** jdm den Hintern versohlen, jdm die Hosen, den Hosenboden stramm ziehen; ***prendere a -e qcn.*** jdm den Hintern versohlen, jdm die Hosen (*o* den Hosenboden) stramm ziehen; ***prendersi una ~*** ein paar auf den Hintern bekommen.

scu|lac|cio|ne m. Schlag *m.* auf den Hintern; ***prendere a -i qcn.*** jdm den Hintern versohlen; ***dare uno ~ a qcn.*** jdm eins auf den Hintern geben; ***prendersi uno ~*** eins auf den Hintern bekommen.

scu|let|ta|re intr. (aus. *avere*) COLLOQ. schwänzeln, mit dem Hintern wackeln.

scul|to|re m. Bildhauer *m.*, Skulpteur *m.*

scul|to|re|o agg., **scul|to|rio** agg. *(-ri,-rie)* **1** Bildhauer-: ***arte -a*** Bildhauerkunst *f.* **2** ESTENS. statuarisch: ***bellezza -a*** statuarische Schönheit; ***profilo ~*** statuarisches Profil **3** FIG. einprägsam, markant: ***stile ~*** markanter Stil. **scul|tri|ce** f. Bildhauerin *f.*

scul|tu|ra f. **1** Bildhauerei *f.*, Bildhauerkunst *f.*: ***darsi, dedicarsi alla -a*** sich der Bildhauerei widmen; ***~ greca*** griechische Bildhauerkunst **2** *(opera)* Skulptur *f.*, Plastik *f.*

scuo|ce|re *(scuocio, scuoci; scossi; scotto)* intr. (aus. *essere*) e pronom. **scuocersi** verkochen: ***questo riso (si) scuoce facilmente*** dieser Reis verkocht leicht.

scuo|ia|men|to m. Häuten *n.*, Abhäuten *n.* **scuo|ia|re** tr. *(scuoio, scuoi)* ab_häuten, häuten: ***~ un animale*** ein Tier abhäuten (*o* einem Tier die Haut ab_ziehen). **scuo|ia|to|re** m. Abhäuter *m.*

scuo|la f. Schule *f.*: ***andare a ~*** in die Schule gehen; *(essere studente)* zur Schule gehen; ***domani non c'e ~*** morgen ist schulfrei; ***la ~ finisce alle due*** die Schule ist um zwei Uhr aus; ***a giugno chiude la ~*** im Juni ist die Schule zu Ende; *(edificio)* ***una ~ vecchia e fatiscente*** eine alte und baufällige Schule; *(personale scolastico)* ***la ~ ha organizzato un torneo di calcio*** die Schule hat ein Fußballturnier organisiert; FIG. ***la dura ~ della sofferenza*** die harte Schule des Leidens; ***appartenere alla vecchia ~*** von der alten Schule sein; *(corrente)* ***la ~ romantica*** die romantische Schule; ***un dipinto di ~ fiamminga*** ein Gemälde der niederländischen Schule; ***la ~ di Leonardo*** die Schule Leonardos ◆ ***~ alberghiera*** Hotelfachschule *f.*; ***~ d'arte*** Kunstschule *f.*; ***~ di belle arti*** Kunstakademie *f.*; ***~ attiva*** Arbeitsschule *f.*; ***~ (secondaria) di avviamento professionale*** Berufsfachschule *f.*; ***~ di ballo*** Tanzschule *f.*; ***~ di canto*** Gesangsschule *f.*; ***~ civica*** städtische Schule; ***~ commerciale*** Handelsschule *f.*; ***compagno di ~*** Schulkamerad *m.*; ***~ confessionale*** Bekenntnisschule *f.* (*o* Konfessionsschule *f.*); ***~ per corrispondenza*** Fernstudium *n.*, Fernunterricht *m.*; ***~ di danza*** Ballettschule *f.*; ***~ di dattilografia*** Schreibmaschinenkurs *m.*; ***~ di arte drammatica*** Schauspielschule *f.*; ***~ elementare*** Grundschule *f.*; ***~ di equitazione*** Reitschule *f.*; ***fare ~*** Schule machen: ***un metodo che ha fatto ~*** eine Methode, die Schule gemacht hat; ***~ femminile*** Mädchenschule *f.*; ***giorno di ~*** Schultag *m.*; ***~ di guerra*** Kriegsschule *f.*; ***~ guida*** Fahrschule *f.*; ***~ interpreti*** Dolmetscherschule *f.*; ***~ laica*** Gemeinschaftsschule; ***~ di lingue*** Sprachenschule *f.*; ***maestro di ~ (elementare)*** Grundschullehrer *m.*; ***~ maschile*** Jungenschule *f.*; ***~ materna*** Kindergarten *m.*; ***~ media (inferiore)*** INTRAD. (sechstes bis achtes Schuljahr); ***~ media superiore*** höhere Schule (neuntes bis dreizehntes Schuljahr); ***~ militare*** Militärschule *f.*; ***~ mista*** gemischte Schule; ***il mondo della ~*** die Schulwelt; ***~ montessoriana*** Montessorischule *f.*; ***~ di nuoto*** Schwimmkurs *m.*; ***~ dell'obbligo*** schulpflichtige Jahre *pl.* (*o* Pflichtschule *f.*); ***~ parificata*** staatlich anerkannte Schule; ***~ per parrucchieri*** Friseurschule *f.*; ***~ di pensiero*** Denkrichtung *f.*; ***~ di perfezionamento*** Fortbildungskurs *m.*; ***~ di pilotaggio*** Flugschule *f.*; ***~ privata*** Privatschule *f.*; ***~ privata legalmente riconosciuta*** staatlich anerkannte Privatschule; ***~ professionale*** Berufsschule *f.*; ***~ pubblica*** öffentliche Schule; ***~ di recitazione*** Schauspielschule *f.*; ***~ religiosa*** Bekenntnisschule *f.*; ***~ di scultura*** Bildhauerschule *f.* (*o* Schule *f.* für Bildhauerei); ***~ secondaria*** Sekundarstufe *f.*; ***~ secondaria di primo grado*** = 6. bis 8. Schuljahr; ***~ secondaria di secondo grado*** = 9. bis 13. Schuljahr; ***~ serale*** Abendschule *f.*; ***~ speciale*** Sonderschule *f.*; ***~ di specializzazione*** Spezialisierungskurs *m.*; ***~ sperimentale*** Projektschule *f.*;

~ ***statale*** staatliche Schule; ~ ***steineriana*** Steinerschule *f.*; ~ ***superiore*** → ~ ***media superiore***; ~ ***tecnica commerciale*** technische Handelsschule; ~ ***a tempo pieno*** Ganztagsschule *f.*; ~ ***ufficiali*** Offiziersschule *f.*; ~ ***di vita*** Erfahrung *f.* fürs Leben; ~ ***Waldorf*** Waldorfschule *f.*

scuo|la|bus m.inv. Schulbus *m.*

scuo|la|gui|da f. Fahrschule *f.*

scuo|te|re *(scossi, scosso)* **I** tr. **1** schütteln, rütteln, erschüttern: ~ ***un albero*** einen Baum schütteln; ***il terremoto ha scosso l'edificio*** das Erdbeben hat das Gebäude erschüttert; ~ ***la testa*** den Kopf schütteln; ~ ***qcn. dal sonno*** jdn aus dem Schlaf rütteln **2** *(per rimuovere qcs.)* aus‿schütteln, ab‿schütteln: ~ ***coperte, tappeti*** Decken, Teppiche ausschütteln **3a** FIG. *(sollecitare)* auf‿rütteln, wach‿rütteln: ~ ***qcn. dall'apatia*** jdn aus der Apathie aufrütteln; ~ ***la coscienza di qcn.*** jds Gewissen wachrütteln **b** *(turbare)* erregen, erschüttern: ~ ***gli animi*** die Gemüter erregen; ~ ***l'ordine pubblico*** die öffentliche Ordnung erschüttern; ***la morte del padre lo ha profondamente scosso*** der Tod seines Vaters hat ihn zutiefst erschüttert **II** pronom. **scuotersi 1** *(sobbalzare bruscamente)* auf‿fahren: ***a quel rumore tutti si scossero*** bei jenem Geräusch fuhren alle auf **2** *(turbarsi)* erschüttert sein; ***non si scuote neanche alle notizie più gravi*** selbst die schlimmsten Nachrichten erschüttern ihn nicht **3** *(rimuovere)* ***-rsi qcs. di dosso*** etw. ab‿schütteln (anche FIG.): ***-rsi di dosso la malinconia, un dubbio, una cattiva abitudine*** die Schwermut, einen Zweifel abschütteln, eine schlechte Gewohnheit ab‿legen ◆ ~ ***il giogo*** das Joch ab‿schütteln; ~ ***qcn. dal letargo*** jdn aus seiner Lethargie auf‿rütteln; ~ ***i nervi*** an den Nerven zerren; ~ ***le spalle*** mit den Schultern zucken; ~ ***qcn. dal torpore*** jdn aus seiner Trägheit auf‿rütteln; ***-rsi dal torpore*** sich aus der Trägheit auf‿raffen.

scuo|ti|men|to m. **1** Schütteln *n.*, Rütteln *n.* **2** *(essere scosso)* Erschütterung *f.*

scu|re f. **1** Beil *n.*, Axt *f.* **2** *(arma)* Streitaxt *f.*, Kriegsbeil *n.*, Barte *f.* **3** ARCHEOL. Kelt *m.* ◆ ~ ***del boia*** Henkerbeil *n.*; ***colpo di*** ~ Beilhieb *m.*; FIG. scharfer Hieb *m.*; ~ ***del fisco*** Steuerlast *f.*; ***cadere sotto la ~ della legge*** mit dem Gesetz in Konflikt geraten; FIG. ***tagliato con la*** ~ grob gefertigt.

scu|reg|gia, scu|reg|gia|re → **scoreggia, scoreggiare.**

scu|ret|to m. *(scuro)* Fensterblende *f.*

scu|ri|re *(scurisco, scurisci)* **I** tr. **1** *(rendere buio)* ab‿dunkeln **2** *(scurire)* schwärzen, bräunen: ***il fumo ha scurito le pareti*** der Rauch hat die Wände geschwärzt **II** intr. (aus. *essere*) dunkel (*o* dunkler) werden: ***al sole la carnagione scurisce*** an der Sonne wird die Haut dunkler; ***l'argento col tempo scurisce*** Silber wird mit der Zeit dunkel **III** pronom. **scurirsi** sich verdunkeln: ***il cielo si sta scurendo*** der Himmel verdunkelt sich; FIG. ***si scurì in volto*** seine Miene verdunkelte sich.

scu|ro I agg. **1** dunkel, dunkel-, Dunkel-: ***una giacca -a*** eine dunkle Jacke; ***carnagione -a*** dunkle Hautfarbe; ***occhi -i*** dunkle Augen; ***rosso, verde*** ~ dunkelrot, dunkelgrün **2** *(buio)* finster, dunkel: ***un cielo*** ~ ein finsterer Himmel **3** FIG. finster, düster: ***essere ~ in volto*** ein finsteres Gesicht machen **II** m. **1** *(buio)* Dunkelheit *f.*, Finsternis *f.*, Dunkel *n.* **2** *(colore)* Dunkle *n.*; ***vestire di*** ~ sich dunkel kleiden **3** *(imposta)* Fensterblende *f.* **III** avv. LETT. unklar, dunkel: ***parlare*** ~ dunkel reden ◆ ***pittura a chiaro-~*** Helldunkelmalerei *f.*

scur|ri|le agg. schlüpfrig: ***una barzelletta*** ~ ein schlüpfriger Witz. **scur|ri|li|tà** f. Schlüpfrigkeit *f.*

scu|sa f. **1** Entschuldigung *f.*, Verzeihung *f.*: ***chiedere*** ~ um Entschuldigung bitten (*o* sich entschuldigen); ***chiedo ~ per il ritardo*** ich bitte um Verzeihung für die Verspätung; ***fare, presentare le proprie -e a qcn.*** jdn um Entschuldigung bitten; ***accettare le -e di qcn.*** jds Entschuldigung an‿nehmen; ***balbettare una*** ~ eine Entschuldigung stammeln **2a** *(giustificazione)* Rechtfertigung *f.*, Entschuldigung *f.*: ***una ~ buona*** eine glaubhafte Rechtfertigung **b** *(pretesto)* Ausrede *f.*, Vorwand *m.*: ***la solita*** ~ die übliche Ausrede; ***cercare una (buona)*** ~ eine (passende) Ausrede suchen; ***inventare delle -e*** Ausreden erfinden; ***addurre qcs. come*** ~ etw. als Vorwand nehmen; ***non ammettere -e*** keine Ausrede zu‿lassen; ***è una ~ che non sta in piedi*** es ist eine faule (*o* billige) Ausrede; ***aver sempre la ~ pronta*** nie um eine Ausrede verlegen sein; ***tira sempre fuori delle -e*** er hat immer irgendwelche Entschuldigungen parat; ***è una ~ buona per...*** es ist eine gute Ausrede, um...; ***è una ~ bella e buona!*** das ist eine faule Ausrede! ***con la ~ di fare qcs.*** mit dem Vorwand, etw. zu tun; ***non ci sono -e che tengano!*** da gibt es keine Ausrede! ◆ ***lettera di -e*** Entschuldigungsbrief *m.*; ***un errore senza*** ~ ein unverzeihlicher Fehler; PROV. ~ ***non richiesta, accusa manifesta*** wer sich entschuldigt, klagt sich an.

scu|sa|bi|le agg. entschuldbar, verzeihlich: ***è un errore*** ~ das ist ein verzeihlicher Fehler.

scu|san|te I f. Entschuldigung *f.*, Rechtfertigung *f.*: ***il suo comportamento non ha -i*** es gibt keine Entschuldigung für sein Verhalten **II** agg. rechtfertigend.

scu|sa|re I tr. entschuldigen, verzeihen: ***non si può scusarlo*** man kann ihn nicht entschuldigen; ***vogliate scusarmi*** bitte entschuldigen Sie mich; ***scusate il ritardo*** entschuldigen (*o* verzeihen) Sie bitte die Verspätung; ***scusi il disturbo*** verzeihen Sie (bitte) die Störung; ***scusa! scusate!*** Verzeihung! **II** intr. (aus. *avere*) entschuldigen, verzeihen: ***scusi, che ora è?*** Entschuldigung (*o* entschuldigen Sie, verzeihen Sie), wie spät ist es, bitte? ***scusi, può ripetere?*** Entschuldigung, könnten Sie das bitte wiederholen? ***scusa, ti sembra questo il modo di trattarlo?*** entschuldige mal, so kannst du ihn nicht behandeln! **III** pronom. **scusarsi** sich entschuldigen: ***-rsi per qcs.*** sich für etw. entschuldigen; ***mi scuso per il ritardo*** entschuldigen Sie bitte die Verspätung ◆ ***scusa, avresti una sigaretta?*** hättest du bitte eine Zigarette für mich? ***scusa, scusate se è poco*** ist das vielleicht nichts? PROV. ***chi si scusa, s'accusa*** wer sich entschuldigt, klagt sich an. **scu|sa|to** p.pass. → **scusare** ◆ ANT. ***avere per ~ qcn.*** jdn entschuldigen.

scu|tel|la|ria f. Helmkraut *n.*

scu|ti|ge|ra f. Spinnenassel *f.*

sda|zia|re tr. *(sdazio, sdazi)* verzollen.

sde|bi|ta|re *(sdebito)* **I** tr. von Schulden befreien, entschulden **II** pronom. **sdebitarsi 1** sich von Schulden befreien, seine Schulden bezahlen **2** FIG. sich revanchieren: ***-rsi con qcn. di qcs.*** sich bei jdm für etw. revanchieren; ***non so come sdebitarmi*** ich weiß nicht, wie ich mich revanchieren soll.

sde|gna|re I tr. **1** *(disdegnare)* verschmähen, verachten: ~ ***un'offerta*** ein Angebot verschmähen; ~ ***una lode*** ein Lob verschmähen **2** *(provocare sdegno)* entrüsten, empören **II** pronom. **sdegnarsi** sich entrüsten, sich empören: ***-rsi con, contro qcn. per qcs.*** sich über jdn wegen etw. entrüsten. **sde|gna|to** p.pass. agg. **1** → **sdegnare 2** empört, entrüstet. **sde|gno** m. Empörung *f.*, Entrüstung *f.*: ***scatenare un'ondata di*** ~ einen Sturm der Entrüstung entfesseln; ***un moto di*** ~ eine Geste der Empörung; ***provare*** ~ empört sein.

sde|gno|sa|men|te avv. abfällig, geringschätzig. **sde|gno|si|tà** f. **1** Ungehaltenheit *f.* **2** *(alterigia)* Hochmut *m.*

sde|gno|so agg. **1** geringschätzig, verächtlich, abfällig; ***un uomo ~ di ogni compromesso*** ein Mann, der jeden Kompromiss verachtet **2** *(altero)* hochmütig **3** *(pieno di sdegno)* empört: ***uno sguardo*** ~ ein empörter Blick.

sden|ta|re I tr. ~ ***qcs.*** etw. (D) die Zähne aus‿brechen **II** pronom. **sdentarsi** die Zähne verlieren, zahnlos werden. **sden|ta|to I** p.pass. agg. **1** → **sdentare 2** zahnlos **II** m.pl. ZOOL. Edentaten *pl.*, zahnarme Tiere *pl.*

sde|re|na|re → **sdirenare.**

sdi|lin|qui|men|to m. **1** Schmachten *n.* **2** *(svenevolezza)* Ziererei *f.*, Getue *n.*

sdi|lin|qui|re *(sdilinquisco, sdilinquisci)* **I** intr. (aus. *essere*) schwach werden, schmachten: ~ ***per la fame*** vor Hunger schwach werden (*o* hungrig schmachten) **II** pronom. **sdilinquirsi 1** schwach werden, ermatten **2** FIG. schmachten.

sdi|re|na|re I tr. erschöpfen **II** pronom. **sdirenarsi** sich verausgaben.

sdo|ga|na|men|to m. **1** Zollabfertigung *f.*, Verzollung *f.*: ***fare, effettuare lo*** ~ die Verzollung vor‿nehmen **2** MAR. Klarierung *f.* ◆ ~ ***del bagaglio*** Gepäckabfertigung *f.*; ~ ***all'entrata*** Einfuhrabfertigung *f.*; ***tassa di*** ~ Abfertigungsgebühr *f.*; ~ ***all'uscita*** Ausfuhrabfertigung *f.* **sdo|ga|na|re** tr. **1** zollamtlich ab‿fertigen, verzollen **2** MAR. klarieren. **sdo|ga|na|to** p.pass. agg. **1** → **sdoganare 2** zollamtlich abgefertigt, verzollt: ***carico*** ~ verzollte Ladung; ***non*** ~ unverzollt.

sdol|ci|na|tez|za f. Süßlichkeit *f.* **sdol|ci|na|to** agg. süßlich, schnulzig: ***fare lo*** ~ schnulzig sein. **sdol|ci|na|tu|ra** f. Süßlichkeit *f.*

sdop|pia|men|to m. **1a** Spaltung *f.*, Teilung *f.* **b** PSIC. ~ ***della personalità*** Persönlichkeitsspaltung *f.* **2** *(di immagini)* Bildvervielfachung *f.*

1.sdop|pia|re *(sdoppio, sdoppi)* **I** tr. **1** spalten, teilen **2** *(immagini)* vervielfachen **II** pronom. **sdoppiarsi 1** sich spalten, sich teilen **2** *(di immagini)* sich vervielfachen.

2.sdop|pia|re tr. *(sdoppio, sdoppi)* teilen: ~ ***un filo di lana*** einen Wollfaden teilen.

sdra|io f. Liegestuhl *m.*

sdra|ia|re *(sdraio, sdrai)* **I** tr. legen, hin‿legen, nieder‿legen: ~ ***un malato sul letto*** einen Kranken aufs Bett legen **II** pronom. **sdraiarsi** sich legen, sich hin‿legen, sich nieder‿legen: ***-rsi sulla***

spiaggia, al sole, sul letto sich an den Strand, in die Sonne, aufs Bett legen. **sdra|ia|to** p.pass. agg. **1** → **sdraiare 2** liegend; ***in posizione -a*** in liegender Stellung; ***essere, stare ~ sull'erba*** im Gras liegen ◆ ***da ~*** liegend.

sdra|io I m. Liegen *n.* **II** f.inv. Liegestuhl *m.*: ***chiudere, aprire la ~*** den Liegestuhl zusammen‿klappen, auf‿klappen ◆ ***sedia a ~*** Liegestuhl *m.*

sdram|ma|tiz|za|re tr. entdramatisieren. **sdram|ma|tiz|za|zio|ne** f. Entdramatisierung *f.*

sdruc|cio|la|men|to m. Ausrutschen *n.*, Rutschen *n.*, Ausgleiten *n.*, Gleiten *n.* **sdruc|cio|la|re** intr. *(sdrucciolo*; aus. *essere)* aus‿rutschen, rutschen, aus‿gleiten, gleiten: ***~ sul ghiaccio, sulle scale*** auf dem Eis, auf der Treppe ausrutschen (*o* ausgleiten).

sdruc|cio|le|vo|le agg. rutschig, glatt, schlüpfrig, glitsch(e)rig: ***attenzione! strada ~*** Achtung! glatte Fahrbahn. **sdruc|cio|le|vo|lez|za** f. Schlüpfrigkeit *f.*

sdruc|cio|lo agg. **1** ***rima -a*** gleitender Reim *m.* **2** ***parola -a*** auf der drittletzten Silbe betontes (*o* daktylisches) Wort *n.*

sdru|ci|re *(sdrucio/sdrucisco, sdrucisci)* **I** tr. zerreißen **II** pronom. **sdrucirsi** reißen. **sdru|ci|to** p.pass. agg. **1** → **sdrucire 2** zerrissen. **sdru|ci|tu|ra** f. **1** Zerreißen *n.* **2** *(strappo)* Riss *m.*: ***una ~ sulla giacca*** ein Riss in der Jacke **3** FIG. Zusammenhangslosigkeit *f.*

1.se I cong. **1** *(con valore condizionale)* wenn: ***~ tu avessi studiato, saresti stato promosso*** wenn du gelernt hättest, wärest du versetzt worden; ***~ ti piace, prendilo*** wenn es dir gefällt, nimm es; ***~ fossi ricco, ti sposerei*** wenn du reich wärest, würde ich dich heiraten; ***ti aiuto, anche ~ non dovrei*** ich helfe dir, auch wenn ich nicht sollte; ***~ anche venisse, non gli parlerei*** auch wenn er kommen sollte, würde ich nicht mit ihm sprechen; ***~ non sbaglio, ha 30 anni*** wenn ich mich nicht irre, ist sie 30 Jahre alt; *(a volte non tradotto)* ***~ avessi un'auto, verrei da te*** hätte ich ein Auto, käme ich zu dir **2** *(con valore dubitativo o interrogativo indiretto)* ob: ***non so ~ verrò*** ich weiß nicht, ob ich kommen werde; ***mi chiedo ~ è giusto*** ich frage mich, ob es richtig ist; ***prova un po' ~ riesci a salire*** versuch mal, ob du hinaufkommst; ***vedi un po' ~ riesci a convincerlo*** vielleicht kannst du ihn überzeugen; ***~ accetto? ma certo!*** ob ich annehme? aber sicher! **3** ENFAT. doch: ***vai già? ~ sei appena arrivato!*** gehst du schon? du bist doch gerade erst gekommen! ***~ ti dico che...*** ich sage dir doch, dass... **II** m. **1** *(incertezza)* Wenn *n.*: ***con i ~ e con i ma non si combina niente*** = mit Wenn und Aber kommt man nicht weiter **2** *(condizione)* Bedingung *f.*: ***lo accetto, ma c'è un ~*** ich akzeptiere es, aber nur unter einer Bedingung ◆ ***~ non altro è gentile*** zumindest ist er freundlich; ***~ non che*** aber; ***~ Dio vuole*** so (*o* wenn) Gott will; *(grazie a Dio)* Gott sei Dank; ***~ mai*** → **semmai**; ***~ no*** sonst, wenn nicht; ***studia, ~ non esci!*** lerne, sonst gehst du nicht aus! ***non posso fare altro, ~ non rassegnarmi a ciò*** ich kann nichts anderes tun, als mich damit abzufinden; ***nessuno poteva saperlo ~ non lui*** keiner außer ihm konnte das wissen; ***~ pure*** → **seppure**; ***~ si vuole, è un bravo ragazzo*** im Grunde (*o* eigentlich) ist er ein netter Kerl.

2.se pron.pers. *(enclitico; spesso non tradotto)* ***~ l'è presa comoda*** er hat sich viel Zeit gelassen; ***~ la prende per niente*** er ist immer gleich beleidigt; ***~ l'è vista brutta*** das hätte ins Auge gehen können; ***~ ne sono andati*** sie sind gegangen.

SE ⇒ **1** *Sua Eccellenza* Seine Exzellenz **2** *Sudest* Südost.

sé pron.pers.rifl. *(vor* **stesso** *besser ohne Akzent geschrieben)* sich, sich selbst; ***ognuno paga per ~*** jeder zahlt für sich; ***ha danneggiato solo ~, se stesso*** er hat sich nur selbst geschadet ◆ ***a ~*** für sich; ***questa è una questione a ~*** das ist ein Problem für sich; ***chiuso in ~*** verschlossen; ***da ~*** von selbst; ***questo si capisce da ~*** das versteht sich von selbst; ***il resto viene da ~*** das Übrige ergibt sich von selbst; ***fare da ~*** selbst (*o* allein) machen; ***essere fuori di ~*** außer sich sein; ***~ medesimo*** → ***se stesso***; ***di per ~*** an und für sich; ***la cosa è di per ~ semplice*** die Sache ist an und für sich einfach; ***essere pieno di ~*** sehr von sich eingenommen sein; ***se stesso*** sich selbst; ***tornare in ~*** *(rinvenire)* zu sich kommen; *(rinsavire)* wieder zur Vernunft kommen; ***parlare tra ~ e ~*** mit sich selbst sprechen; ***pensare tra ~ e ~*** sich (D) denken; ***uscire di ~*** außer sich geraten; ***va da ~*** das versteht sich von selbst; PROV. ***chi fa da ~ fa per tre*** selbst ist der Mann.

se|ba|ce|o agg. Talg-: ***ghiandola -a*** Talgdrüse *f.* (*o* Fettdrüse *f.*).

Se|ba|stia|no n.pr.m. Sebastian *m.*

seb|be|ne cong. obwohl, obgleich, wenngleich: ***~ fosse stanco, ha finito il lavoro*** obwohl er müde war, hat er die Arbeit beendet; ***~ sovrappeso, non pratica alcuno sport*** obwohl er Übergewicht hat, treibt er keinen Sport.

se|bo m. Talg *m.*; ***eccesso di ~*** Talgüberschuss *m.* **se|bor|re|a** f. Seborrhöe *f.* **se|bor|roi|co** agg. *(-ci,-che)* seborrhoisch.

sec. ⇒ **1** *secondo* Sekunde (s, sec) **2** *secante* Sekante **3** *secolo* Jahrhundert (Jh.).

se|can|te I agg. Schnitt-, schneidend; ***il segmento ~ di una retta*** das Segment, das eine Gerade schneidet; ***retta ~*** Sekante *f.* **II** f. **1** MAT. Sekans *m.* **2** GEOM. Sekante *f.*

sec|ca f. *(-che)* **1** Untiefe *f.*, Sandbank *f.*: ***incagliarsi in una ~*** auf eine(r) Sandbank auf‿laufen **2a** *(scarsità d'acqua)* Wassermangel *m.* **b** *(mancanza d'acqua)* Trockenheit *f.*; ***essere in ~*** ausgetrocknet sein; ***un fiume in ~*** ein ausgetrockneter Fluss **3** pl. FIG. ***rimanere, trovarsi sulle -che*** abgebrannt sein; ***abbandonare qcn. nelle -che*** jdn hängen‿lassen ◆ ***periodo di ~*** Trockenzeit *f.*

sec|ca|men|te avv. schroff, barsch, trocken: ***rispondere ~ a qcn.*** jdm trocken antworten.

sec|can|te agg. **1** *(importuno)* nervend, lästig; ***non essere ~!*** nerv nicht! **2** *(spiacevole)* unangenehm, lästig: ***una situazione ~*** eine unangenehme Situation.

sec|ca|re *(secco, secchi)* **I** tr. **1** aus‿trocknen, trocknen, aus‿dorren, aus‿dörren: ***~ il fieno*** das Heu trocknen; ***il calore secca il prato*** die Hitze dörrt den Rasen aus **2** *(far essiccare)* dörren, trocknen: ***~ carne, frutta*** Fleisch, Obst dörren; ***~ fiori*** Blumen trocknen **3** *(prosciugare)* trocken‿legen **4** FIG. *(infastidire)* belästigen, auf die Nerven gehen; ***mi hai seccato!*** jetzt habe ich aber genug! ***la cosa comincia a seccarmi*** die Sache wird mir langsam zu dumm **5** COLLOQ. *(uccidere)* ***~ qcn.*** jdn kalt machen **II** intr. (aus. *essere*) aus‿trocknen, trocknen, verdorren: ***~ all'aria*** an der Luft trocknen; ***l'argilla al sole secca velocemente*** Ton trocknet schnell in der Sonne **III** pronom. **seccarsi 1** aus‿trocknen, verdorren, vertrocknen **2a** *(prosciugarsi)* aus‿trocknen, trocken werden, trocknen: ***il torrente si è seccato*** der Bach ist ausgetrocknet **b** *(di colori)* ein‿trocknen, trocknen **3a** FIG. COLLOQ. *(innervosirsi)* genervt sein **b** *(scocciarsi)* ***-rsi di qcs.*** etw. (A) satt haben; ***mi sono seccato di aspettarlo*** ich habe es satt, auf ihn zu warten; ***-rsi per qcs.*** etw. satt haben.

sec|ca|ti|vo m. Trockenstoff *m.*

sec|ca|to p.pass. agg. **1** → **seccare 2a** FIG. *(di persona)* gereizt, genervt **b** *(irritato)* sauer, widerwillig: ***in tono ~*** in gereiztem Ton; ***una risposta -a*** eine widerwillige Antwort ◆ ***~ all'aria*** luftgetrocknet. **sec|ca|to|re** m. Nervensäge *f.*, Quälgeist *m.*: ***liberarsi di un ~*** eine Nervensäge los‿werden. **sec|ca|tu|ra** f. Belästigung *f.*, Schererei *f.*: ***non voglio -e con la polizia*** ich will keine Scherereien mit der Polizei.

sec|chez|za f. **1** Trockenheit *f.*, Dürre *f.*: ***~ della pelle*** Trockenheit der Haut; ***~ delle fauci*** Trockenheit der Mundhöhle **2** *(magrezza)* Hagerkeit *f.* **3** *(scarna essenzialità)* Trockenheit *f.*, Nüchternheit *f.*

sec|chia f. **1** Eimer *m.* **2** *(contenuto)* Eimer *m.* voll, Eimer *m.* **3** COLLOQ. SCOL. Streber *m.*

sec|chia|re intr. *(secchio, secchi*; aus. *avere)* COLLOQ. büffeln.

sec|chia|ta f. **1** Eimer *m.* voll, Eimer *m.* **2** COLLOQ. SCOL. Büffelei *f.*; ***fare una ~*** strebern, büffeln ◆ ***a -e*** eimerweise.

sec|chiel|lo m. **1** Eimerchen *n.* **2** *(borsetta)* Beutel *m.* ◆ ***~ del ghiaccio*** Eiskübel *m.*; ***~ da spiaggia*** Sandeimer *m.* (*o* Eimerchen *n.*); ***~ per spumante*** Sektkübel *m.* (*o* Sektkühler *m.*); ***~ per vino*** Weinkühler *m.*

sec|chio m. *(-chi)* **1** Eimer *m.*: ***svuotare un ~*** einen Eimer aus‿kippen (*o* aus‿leeren) **2** *(contenuto)* Eimer *m.* voll, Eimer *m.*: ***un ~ d'acqua*** ein Eimer Wasser **3** MIN. Pfützeimer *m.* ◆ ***~ dell'acqua*** Wassereimer *m.*; ***e buonanotte al ~!*** na dann, gute Nacht! ***~ dell'immondizia*** Mülleimer *m.*; *(a pedale)* Treteimer *m.*; ***~ di latta*** Blecheimer *m.*; ***~ del latte*** Milcheimer *m.*; ***~ per mungere*** Melkeimer *m.*; ***~ del pozzo*** Schöpfeimer *m.*; ***~ per pulire*** Putzeimer *m.*; ***~ dei rifiuti, della spazzatura*** → ***~ dell'immondizia.***

sec|chio|ne m. COLLOQ. SCOL. Streber *m.*; ***fare il ~*** sich als Streber auf‿führen.

sec|co I agg. *(-chi,-che)* **1** trocken, ausgetrocknet, vertrocknet, dürr: ***clima ~*** trockenes Klima; ***ramo ~*** dürrer Ast; ***foglie -che*** vertrocknete Blätter; ***pelle -a*** trockene Haut; ***un pozzo ~*** ein ausgetrockneter Brunnen; ***avere la gola -a*** einen trockenen Hals haben (anche FIG.) **2** *(essiccato)* gedörrt, getrocknet, trocken: ***funghi -chi*** getrocknete Pilze; ***legna -a*** trockenes Holz **3** *(molto magro)* (sehr) hager, dürr: ***gambe -che*** dürre Beine **4** FIG. *(brusco)* trocken, barsch, schroff: ***una risposta -a*** eine trockene Antwort; ***un ~ rifiuto*** eine schroffe Weigerung **5** *(di vino, bevanda alcolica)* trocken, herb **6** *(netto)* hart, fest: ***un colpo ~*** ein harter (*o* fester) Schlag **II** m. **1** Trockene *n.* **2** *(siccità)* Trockenheit *f.* ◆ ***a ~*** Trocken-, trocken; *(improvvisamente)* plötzlich, unvermutet; ***essere, rimanere, restare a ~ di benzina*** kein Benzin mehr haben; BOT. ***carie -a*** Trockenfäule *f.*; ***carne -a*** Dörrfleisch *n.*; COLLOQ. ***fare ~ qcn.*** jdn kalt‿machen; ***fico ~*** getrocknete Feige; FIG. ***un fico ~!*** hättest du wohl gern! non capire un fico ~ keinen Deut verstehen; non valere un fico ~ keinen Deut (*o* keinen Pfifferling) wert sein; fiore ~ Trockenblume *f.*; foraggio ~ Dörrfutter *n.* (*o* Raufutter *n.* *o* Trockenfutter *n.*); una -a frenata ein scharfes Bremsen; frutta -a Trockenobst *n.*; ghiaccio ~ Trockeneis *n.*; lavaggio a ~ Trockenreinigung *f.* (*o* chemische Reinigung); lavare a ~ trocken (*o* chemisch) reinigen; COLLOQ. mangiare a ~ trocken essen; muro a ~ Trocken(stein)mauer *f.*; nebbia -a Heiderauch *m.*; pane ~ trockenes Brot; pasticceria -a Plätzchen *pl.*; pila a ~ Trockenbatterie *f.*; pittura a ~ Seccomalerei *f.*; prugna -a Dörr-, *f.*, Backpflaume *f.*; recitativo ~ Seccorezitativ *n.*; COLLOQ. restarci ~ drauf‿gehen; shampoo ~ Trockenshampoo *n.* (*o* Haarpuder *m.*); rimanere, restare a ~ di soldi abgebrannt sein; stagione -a Trockenzeit *f.*; MAR. tirare in ~ an Land ziehen; tosse -a Reizhusten *m.* (*o* trockener Husten). **sec|cu|me** m. trockenes Zeug *n.*

se|cen|te|sco → seicentesco. **se|cen|ti|smo** m. Secentismus *m.* **se|cen|ti|sta** m. e f. *(-i,-e)* **1a** *(scrittore)* Schriftsteller *m.* (-in *f.*) des 17. Jahrhunderts **b** *(artista)* Künstler *m.* (-in *f.*) des 17. Jahrhunderts **c** *(scrittore o artista italiano)* Secentist *m.* (-in *f.*) **2** *(studioso)* Experte *m.* (Expertin *f.*) des 17. Jahrhunderts.

se|cer|ne|re tr. (p.pass. *secreto*) aus‿scheiden, ab‿sondern, sezernieren, sekretieren: ~ saliva, muco Speichel, Schleim absondern.

se|ces|sio|ne f. Sezession *f.* (anche ART.) ◆ guerra di ~ Sezessionskrieg *m.* **se|ces|sio|ni|smo** m. Sezessionismus *m.* **se|ces|sio|ni|sta** m. e f. *(-i,-e)* Sezessionist *m.* (-in *f.*). **se|ces|sio|ni|sti|co** agg. *(-ci,-che)* sezessionistisch.

se|co pron.pers. ANT. LETT. **1** *(con sé)* mit sich: portare ~ mit sich führen **2a** *(con lui)* mit ihm **b** *(con lei)* mit ihr.

se|co|la|re I agg. **1a** *(vecchio di secoli)* jahrhundertealt: albero ~ jahrhundertealter Baum; una tradizione ~ ein jahrhundertealter Brauch **b** *(vecchio di un secolo)* hundertjährig **c** *(che dura secoli)* jahrhundertelang **d** *(che ha luogo ogni secolo)* alle hundert Jahre, hundertjährlich, sekulär **2** *(laico)* weltlich, säkular: potere ~ säkulare (*o* weltliche) Macht **3** *(mondano, terreno)* weltlich, irdisch **II** m. Säkular *m.* ◆ chierico ~ Säkularkleriker *m.*; clero ~ Weltgeistlichkeit *f.* (*o* Säkularklerus *m.*); ecclesiastico ~ Weltgeistliche *m.*; prete ~ Weltgeistlicher *m.* (*o* Laienpriester *m.*). **se|co|la|ri|tà** f. Weltlichkeit *f.*, Profanität *f.* **se|co|la|riz|za|re I** tr. verweltlichen, säkularisieren **II** pronom. **secolarizzarsi** verweltlichen. **se|co|la|riz|za|zio|ne** f. Verweltlichung *f.*, Säkularisation *f.*, Säkularisierung *f.*

se|co|lo m. **1** Jahrhundert *n.*: durare un ~ ein Jahrhundert dauern; avere un ~ (di vita) ein Jahrhundert alt sein; sul finire, alla fine del XIX ~ am Ende des 19. Jahrhunderts; nel terzo ~ avanti, dopo Cristo im 3. Jahrhundert vor, nach Christus; nel corso dei -i im Laufe der Jahrhunderte; a un ~ dalla sua morte hundert Jahre nach seinem Tod; un vestito di fine ~ ein Kleid vom Ende des letzten Jahrhunderts; un quadro del XV ~ ein Bild aus dem 15. Jahrhundert **2a** *(periodo, epoca)* Jahrhundert *n.*, Zeit *f.*, Zeitalter *n.*: quest'opera rispecchia il gusto del (suo) ~ das Werk spiegelt den Geschmack seines Jahrhunderts (*o* seiner Zeit *o* seines Zeitalters) wieder; essere un figlio del proprio ~ ein Kind seiner Zeit sein; il ~ dei lumi das Zeitalter der Aufklärung **b** enfat. lo scandalo del ~ der Skandal des Jahrhunderts **3** COLLOQ. Ewigkeit *f.*: è un ~ che non lo vedo ich habe ihn seit Ewigkeiten nicht gesehen **4** LETT. *(vita terrena)* Welt *f.* ◆ al ~ *(di religiosi)* mit weltlichem Namen; *(di artisti)* mit bürgerlichem Namen; a cavallo del ~ um die Jahrhundertwende; a cavallo tra il XIII e il XIV ~ um die Wende vom 13. zum 14. Jahrhundert; BIBL. fino alla consumazione dei -i bis zum Ende aller Zeiten; che dura da -i jahrhundertealt; la fine dei -i das Ende aller Zeiten; metà del ~ Jahrhundertmitte *f.*; a metà del ~ in der Mitte des Jahrhunderts; nella prima, seconda metà del ~ in der ersten, zweiten Hälfte des Jahrhunderts; BIBL. nei -i dei -i von Ewigkeit zu Ewigkeit; perdersi nella notte dei -i sich in grauer Vorzeit verlieren; BIBL. per tutti i -i (dei -i) in alle Ewigkeit; quarto di ~ Vierteljahrhundert *n.*; rinunciare al ~ der Welt entsagen; tornare nel ~ wieder ins weltliche Leben zurück‿kehren; vecchio di -i jahrhundertealt.

se|con|da f. **1** AUT. zweiter Gang *m.*: mettere, innestare la ~ den zweiten Gang ein‿legen **2** SCOL. *(elementare)* = zweite Klasse *f.*; *(media inferiore)* = siebte Klasse *f.*; *(media superiore)* = zehnte Klasse *f.* **3** FERR. MAR. zweite Klasse *f.*: viaggiare in ~ zweiter Klasse reisen; un biglietto di ~ per Vienna eine Fahrkarte nach Wien, zweite Klasse **4** MAT. zweite Potenz *f.*: elevare un numero alla ~ eine Zahl in die zweite Potenz erheben **5** SPORT *(ginnastica, danza)* zweite Position *f.* **6** MUS. Sekunde *f.* **7** *(taglia)* Größe 2 ◆ a ~ di (je) nach + dat., gemäß + dat.: a ~ del fabbisogno nach Bedarf; a ~ del reddito je nach (dem) Einkommen; a ~ delle circostanze je nachdem; a ~ che je nachdem, ob: decidiamo a ~ che lei venga o no wir entscheiden uns je nachdem, ob sie kommt oder nicht; a ~ di chi viene je nachdem, wer kommt; MUS. accordo di ~ Sekundakkord *m.*; allenatore in ~ zweiter Trainer; COMM. ~ di cambio Sekundawechsel *m.*; a ~ dei casi von Fall zu Fall; comandante in ~ Stellvertreter *m.* des Kommandanten; *(nella scherma)* guardia di ~ Sekond *f.*; navigare a ~ *(con la corrente)* stromabwärts fahren; *(col vento in poppa)* mit dem Wind fahren; *(nel calcio)* punizione di ~ indirekter Freistoß; FIG. tutto gli va ~ alles geht ihm wunschgemäß; ufficiale in ~ Zweiter Offizier.

se|con|da|ria f. Nebensatz *m.* **se|con|da|ria|men|te** avv. zweitens, sekundär. **se|con|da|rie|tà** f. Nebensächlichkeit *f.*

se|con|da|rio I agg. *(-ri,-rie)* sekundär, Sekundär-, Neben-: caratteri sessuali -ri sekundäre Geschlechtsmerkmale **II** m. **1** ECON. sekundärer Sektor *m.*, Industriesektor *m.* **2** GEOL. Mesozoikum *n.* ◆ accento ~ Nebenton *m.*; aspetto ~ Nebensache *f.*; attività -a Nebentätigkeit *f.*; *(secondo lavoro)* Nebenberuf *m.* (*o* Nebenerwerb *m.*); effetto ~ Nebenwirkung *f.* (*o* Nebeneffekt *m.*); elettroni -ri Sekundärelektronen *pl.*; FIS. emissione -a Sekundäremission *f.*; emorragia -a Nachblutung *f.*; TECN. energia -a Sekundärenergie *f.*; entrata -a Nebeneingang *m.*; era -a Mesozoikum *n.*; fenomeno ~ Nebenerscheinung *f.*; figura -a Nebenfigur *f.*; di -a importanza nebensächlich (*o* zweitrangig); incarico ~ Nebenamt *n.*; ingresso ~ Nebeneingang *m.*; istruzione -a = Sekundarstufe *f.*; letteratura -a Sekundärliteratur *f.*; FERR. linea -a Nebenlinie *f.* (*o* Nebenstrecke *f.*); materia -a Nebenfach *n.*; occupazione -a Nebenbeschäftigung *f.*; TEATR. parte -a Nebenrolle *f.*; personaggio ~ Nebenfigur *f.*; problema ~ Nebensache *f.*; proposizione -a Nebensatz *m.*; questione (di) -a (importanza) Nebensache *f.*; ramo ferroviario ~ Nebenbahn *f.* (*o* Nebenstrecke *f.* *o* Nebenlinie *f.*); ruolo ~ Nebenrolle *f.*; scala -a Nebentreppe *f.*; scopo ~ Nebenzweck *m.*; scuola -a Sekundarstufe *f.*; scuola -a di primo grado = 6. bis 8. Schuljahr; scuola -a di secondo grado = 9. bis 13. Schuljahr; settore ~ sekundärer Sektor *m.* (*o* Industriesektor *m.*); significato ~ Nebenbedeutung *f.*; strada -a Nebenstraße *f.*; *(di campagna)* Landstraße *f.*; uscita -a Nebenausgang *m.*; via -a Nebenweg *m.*

se|con|di|no m. Gefängniswärter *m.*

1.se|con|do I agg. **1a** zweite, Zweit-: il ~ giorno der zweite Tag; la -a guerra mondiale der Zweite Weltkrieg; un'equazione di ~ grado eine Gleichung zweiten Grades; SPORT il ~ tempo die zweite Spielhälfte (*o* Halbzeit); essere ~ in graduatoria auf der zweiten Stelle der Rangliste sein; MAT. elevare alla -a potenza in die zweite Potenz erheben; MAR. ~ ufficiale Zweiter Offizier **b** *(posposto a nome proprio)* der Zweite: Papa Giovanni Paolo ~ Papst Johannes Paul der Zweite **2** *(secondogenito)* zweitgeboren **3** *(della seconda metà)* zweite Hälfte *f.*: il ~ Novecento die zweite Hälfte des 20. Jahrhunderts **4** *(successivo)* nächste, zweite **5** *(nuovo, altro)* andere, zweite: una -a possibilità eine andere Möglichkeit; è ritenuto un ~ Rubinstein er wird für einen zweiten Rubinstein gehalten **6** *(secondario, inferiore)* sekundär, Neben- **7** LETT. *(favorevole)* günstig **II** m. **1** Zweite *m.*: mio fratello è il ~ da destra mein Bruder ist der Zweite von rechts **2** *(secondogenito)* Zweitgeborene *m.* **3** *(minuto secondo)* Sekunde *f.*: 10 metri al ~ 10 Meter pro Sekunde; COLLOQ. non avere un ~ da perdere keine Sekunde zu verlieren haben **4** *(seconda portata)* zweiter Gang *m.*, Hauptgericht *n.* **5** *(nel duello e nella boxe)* Sekundant *m.*; fare da ~ sekundieren; fuori i -i! Ring frei! **III** avv. zweitens ◆ ~ per altezza zweithöchste; *(di persona)* zweitgrößte; ~ per anzianità zweitälteste; -a casa Zweitwohnung *f.*; centesimo di ~ Hundertstelsekunde *f.*; di -a classe zweiter Klasse; vettura di -a classe Zweite(r)-Klasse-Wagen *m.*; ~ classificato Zweitplatzierte *m.*; -a colazione Mittagessen *n.*; decimo di ~ Zehntelsekunde *f.*; che dura alcuni -i sekundenlang; ~ fine Hintergedanke *m.*; senza -i fini ohne Hintergedanken; frazione di ~ Sekundenbruchteil *m.*; ~ per grandezza zweitgrößte; FIG. in un ~ sofort; lancetta dei -i Sekundenzeiger *m.*; ~ lavoro Nebenberuf *m.*; di ~ letto aus zweiter Ehe; in ~ luogo zweitens (*o* in zweiter Linie); -a macchina Zweitwagen *m.*; GIOC. -a mano zweite Runde; dare una -a mano (di vernice) eine zweite Farbschicht auf‿tragen; di -a mano zweiter Hand (*o* gebraucht): automobile di -a mano Gebrauchtwagen *m.*; millesimo di ~ Tausendstelsekunde *f.*; minuto ~ Sekunde *f.*; non essere ~ a nessuno niemandem unterlegen sein; -e nozze Wiederverheiratung *f.*; passare a -e nozze wieder heiraten; di second'ordine zweitrangig; SPREG. zweitklassig; -a patria zweite Heimat (*o* Wahlheimat *f.*); figura di ~ piano Nebenfigur *f.*; in ~ piano im Hintergrund; passare in ~ piano in den Hintergrund geraten (*o* treten); merce di -a scelta Ware zweiter Wahl; ~ significato Nebenbedeutung *f.*; spaccare il ~ auf die Sekunde genau sein; in un ~ tempo später; un ~! einen Augenblick! ***velocità al ~*** Sekundengeschwindigkeit *f.*; ***la -a volta*** das zweitemal (*o* das zweite Mal); ***per la -a volta*** zum zweiten Mal.

2.se|con|do I prep. **1** nach + dat., gemäß + dat.: ***~ il volere della maggioranza*** nach dem Willen der Mehrheit; ***~ la tariffa*** nach Tarif; ***~ il suo desiderio*** seinem Wunsch gemäß **2** *(conformemente, stando a quello che dice)* laut + dat.: ***~ le ultime notizie*** laut den neuesten Nachrichten; ***~ il contratto*** laut Vertrag **3** *(seguito da pron.pers.)* ***~ me, loro*** meiner, ihrer Meinung nach **II** cong. **1** ***~ come*** je nachdem wie **2** ***~ dove*** *(stato in luogo)* je nachdem wo; *(moto a luogo)* je nachdem wohin **3** ***~ che*** je nachdem, ob **4** ***~ quanto*** soweit ◆ ***~ i casi*** von Fall zu Fall; ***~ le circostanze*** je nachdem; ***~ le disposizioni*** weisungsgemäß; ***~ natura*** naturgemäß; ***passione ~ Giovanni*** Johannespassion *f.*; ***~ il programma*** programmgemäß; ***ragionare ~ schemi fissi*** in Schablonen denken; ***vangelo ~ Matteo*** Matthäusevangelium *n.* (*o* Evangelium *n.* nach Matthäus).

se|con|do|ge|ni|to I agg. zweitgeboren **II** m. Zweitgeborene *m.* **se|con|do|ge|ni|tu|ra** f. Sekundogenitur *f.*

se|cre|tai|re [səkre'tɛ:r] m.inv. Schreibschrank *m.*, Sekretär *m.*

se|cre|ti|vo agg. Absonderungs-, Ausscheidungs-, sekretorisch: ***organo ~*** Ausscheidungsorgan *n.* **se|cre|to I** p.pass. agg. → **secernere II** m. Sekret *n.*, Ausscheidung *f.*, Absonderung *f.* ◆ ***~ nasale*** Nasensekret *n.* **se|cre|to|re I** agg. sekretorisch, Ausscheidungs-, Absonderungs-: ***apparato ~*** Sekretionsapparat *m.* **II** m. Sekretionsorgan *n.* **se|cre|to|rio** agg. *(-ri,-rie)* sekretorisch. **se|cre|zio|ne** f. Sekretion *f.*, Absonderung *f.*, Ausscheidung *f.* ◆ ***~ di muco*** Schleimabsonderung *f.* (*o* Schleimfluss *m.*); ***~ di saliva*** Speichelfluss *m.*; ***~ di sudore*** Schweißsekretion *f.*

se|da|no m. Sellerie *f.* e *m.*: ***un gambo di ~*** eine Stange Sellerie ◆ ***insalata di ~*** Selleriesalat *m.*; ***~ rapa*** Knollensellerie *f.* e *m.*

se|da|re tr. **1a** *(placare)* beruhigen **b** *(dolore)* lindern **2** *(reprimere)* unterdrücken, nieder‿schlagen: ***~ una rivolta*** einen Aufstand niederschlagen.

se|da|ti|vo I agg. **1** *(tranquillizzante)* beruhigend, sedativ **2** *(che allevia il dolore)* schmerzlindernd: ***avere un effetto ~*** schmerzlindernd wirken **II** m. **1** *(tranquillante)* Beruhigungsmittel *n.*, Sedativum *n.*, Nervenberuhigungsmittel *n.* **2** *(analgesico)* Schmerzmittel *n.* ◆ ***iniezione di ~*** Beruhigungsspritze *f.*

se|de f. **1** Sitz *m.* (anche MECC.): ***avere ~ a Roma*** seinen Sitz in Rom haben (*o* in Rom sitzen); ***la ~ della società è (a) Torino*** der Sitz der Gesellschaft ist (in) Turin; ***spostare la ~ in un'altra città*** den Sitz in eine andere Stadt verlegen; ***stabilire la propria ~, prendere ~ a Roma*** sich in Rom nieder‿lassen; FIG. ***l'anima costituisce la ~ dei sentimenti*** die Seele ist der Sitz der Gefühle **2** MED. Herd *m.*, Sitz *m.* **3** FIG. *(circostanza)* Ort *m.*, Stelle *f.*: ***non è questa la ~ più adatta per...*** das ist nicht der richtige Ort, um... **4** COMM. *(filiale)* Niederlassung *f.* **5** FON. *(sillaba)* Silbe *f.*: ***parola con accento in terza ~*** Wort mit Betonung auf der dritten Silbe **6** ANT. *(seggio)* Stuhl *m.* ◆ ***~ amministrativa*** Verwaltungssitz *m.*; ***~ apostolica*** Apostolischer Stuhl; ***~ di un'azienda*** Firmensitz *m.*; ***~ centrale*** Hauptstelle *f.* (*o* Hauptsitz *m.*); COMM. Hauptniederlassung *f.*; ***~ del circolo*** Vereinshaus *n.*; ***in ~ civile*** zivilrechtlich; ***~ commerciale*** Geschäftssitz *m.*; ***~ distaccata*** Zweigstelle *f.*; ***~ di elezioni*** Wahllokal *n.*; ***~ estera*** Auslandssitz *m.*; ***~ estiva*** Sommersitz *m.*; ***~ fissa*** Standort *m.*; ***lavorare fuori ~*** im Außendienst arbeiten; ***essere fuori ~*** außer Haus sein; ***~ del governo*** Regierungssitz *m.*; ***lavorare in ~*** im Innendienst arbeiten; ***in ~ di*** während + gen. (*o* im Laufe + gen.); ***in ~ di giudizio, d'esame*** während des Verfahrens, der Prüfung; ***~ legale*** Rechtssitz *m.*; ***~ di partito*** Parteisitz *m.*; ***in ~ penale*** strafrechtlich; ***~ produttiva*** Produktionsstätte *f.*; ***~ radiofonica*** Funkhaus *n.*; ***Santa Sede*** Heiliger Stuhl; ***in separata ~*** DIR. an anderer Stelle; FIG. privat; ***servizio fuori ~*** Außendienst *m.*; ***servizio in ~*** Innendienst *m.*; ***~ del sindacato*** Gewerkschaftshaus *n.*; ***~ sociale*** Firmensitz *m.*; ***~ stradale*** Fahrbahn *f.*; ***trasferimento della ~*** Verlegung *f.* des Sitzes; ***~ del tribunale*** Gerichtsort *m.*; ***~ vacante*** BUROCR. unbesetztes Amt *n.*; ECCL. Sedisvakanz *f.*; ***~ vescovile*** Bischofssitz *m.*

se|den|ta|rie|tà f. sitzende Lebensweise *f.* **se|den|ta|rio I** agg. *(-ri,-rie)* **1a** sitzend: ***attività -a*** sitzende Beschäftigung **b** *(di persona)* sich wenig bewegend; ***fare una vita -a*** sich wenig bewegen **2** *(stanziale)* sesshaft **II** m. *(-ri)* jemand, der sich wenig bewegt ◆ MIL. ***servizi -i*** Stubendienst *m.*

1.se|de|re *(siedo/seggo, siedi, siede, sediamo, sedete, siedono/seggono*; pass.rem. *sedetti/sedei*; fut. *sederò*; congiunt.pres. *sieda/segga, sediamo, sediate, siedano/seggano*; imper. *siedi, sedete*; p.pass. *seduto)* **I** intr. (aus. *essere)* **1** sitzen: ***~ su una sedia, in poltrona, sul trono*** auf einem Stuhl, in einem Sessel, auf dem Thron sitzen; ***~ a tavola, alla scrivania, per terra*** bei Tisch, am Schreibtisch, auf dem Boden sitzen; ***~ sul prato, al sole*** auf der Wiese, in der Sonne sitzen; ***~ in grembo a, ai piedi di qcn.*** auf jds Schoß, jdm zu Füßen sitzen; ***~ con le, a gambe accavvallate, incrociate*** mit übergeschlagenen Beinen, im Schneidersitz sitzen; ***~ al volante, in sella (al cavallo)*** am Steuer, im Sattel sitzen **2** *(essere in seduta)* tätig sein: ***il comitato siede in permanenza*** der Ausschuss ist ständig tätig **II** pronom. **sedersi 1** *(mettersi a sedere)* sich hin‿setzen, sich setzen, Platz nehmen: ***-rsi su una sedia, in poltrona*** sich auf einen Stuhl, in einen Sessel setzen; ***-rsi accanto a qcn.*** sich neben jdn setzen (*o* neben jdm Platz nehmen); ***vi prego, sedetevi!*** bitte, nehmt Platz! **2** LETT. *(adagiarsi)* liegen **3** FIG. *(demoralizzarsi)* sich gehen lassen, den Mut verlieren **4** GASTR. *(sgonfiarsi)* ein‿sinken; COLLOQ. zusammen‿fallen ◆ ***~ in cattedra*** einen Lehrstuhl inne‿haben; FIG. in schulmeisterlichem Ton sprechen; ***~ sulla cattedra di S. Pietro*** auf dem Stuhl Petri sitzen; ***~ in consiglio*** im Rat sitzen; ***dare da ~ a qcn.*** jdm einen Platz an‿bieten; ***far ~ qcn. su una sedia*** jdm einen Stuhl an‿bieten; ***~ in giudizio*** Richter sein; ***mettere qcn. a ~*** jdn hin‿setzen (*o* setzen); ***mettersi a ~*** sich hin‿setzen; FIG. ***non mettersi mai a ~*** immer auf den Beinen sein; ***~ in parlamento*** im Parlament sitzen; ***~ su due poltrone*** = gleichzeitig zwei Ämter bekleiden; ***posto a ~*** Sitzplatz *m.* (*o* Platz *m.*); ***(non) trovare da ~*** (keinen) Platz finden.

2.se|de|re m. **1** Gesäß *n.*; COLLOQ. Hintern *m.*: ***picchiare qcn. sul ~*** jdm den Hintern verhauen; ***cadere col ~*** aufs Gesäß (*o* auf den Hintern) fallen; ***toccare il ~ a qcn.*** jdm an den Hintern tatschen **2** *(lo stare seduto)* Sitzen *n.* ◆ ***prendere qcn. a calci nel ~*** jdm (*o* jdn) in den Hintern treten (anche FIG.); COLLOQ. ***prendere qcn. per il ~*** jdn an der Nase herum‿führen (*o* auf den Arm nehmen). **se|de|ri|no** m. FAM. Popo *m.*

se|dia f. Stuhl *m.*: ***sedere (o stare seduto), sedersi su una ~*** auf einem Stuhl sitzen, sich auf einen Stuhl setzen; ***alzarsi dalla ~*** vom Stuhl auf‿stehen (*o* sich vom Stuhl erheben); ***offrire una ~ a qcn., fare accomodare qcn. su una ~*** jdm einen Stuhl an‿bieten ◆ ***~ apostolica*** Apostolischer Stuhl; ***~ dell'arbitro*** Schiedsrichterstuhl *m.*; ***~ a braccioli*** Armstuhl *m.*; ***~ da cucina*** Küchenstuhl *m.*; ***~ curule*** kurulischer Stuhl; ***~ da dentista*** (zahnärztlicher) Behandlungsstuhl *m.*; ***~ a dondolo*** Schaukelstuhl *m.*; ***~ elettrica*** elektrischer Stuhl; ***condannare qcn. alla ~ elettrica*** jdn zum Tode auf dem (*o* durch den) elektrischen Stuhl verurteilen; ***~ episcopale*** Bischofsstuhl *m.*; ECCL. ***~ gestatoria*** Sedia gestatoria *f.*; ***~ da giardino*** Gartenstuhl *m.*; ***~ girevole*** Drehstuhl *m.*; ***~ imbottita*** Polsterstuhl *m.*; ***~ impagliata*** Stuhl *m.* mit geflochtener Sitzfläche; ***~ in (tubo di) metallo*** Stahlrohrstuhl *m.*; ***la ~ papale*** der Päpstliche Stuhl; ***~ pieghevole*** Klappstuhl *m.*; ***~ a rotelle*** Rollstuhl *m.*; ***schienale della ~*** Stuhllehne *f.*; ***~ (a) sdraio*** Liegestuhl *m.*; ***~ da ufficio*** Bürostuhl *m.*; ECCL. ***~ vacante*** Sedisvakanz *f.*; ***~ di vimini*** Korbstuhl *m.* (*o* Rohrstuhl *m.*).

se|di|cen|ne I agg. sechzehnjährig **II** m. e f. Sechzehnjährige *m.* e *f.*

se|di|cen|te agg. angeblich.

se|di|ce|si|mo I agg. sechzehnte: ***il ~ secolo*** das sechzehnte Jahrhundert **II** m. **1** Sechzehnte *m.* **2** *(frazione)* Sechzehntel *n.* **3** TIP. Sedez *n.*, Sedezformat *n.* ◆ SPORT ***-i di finale*** Sechzehntelfinale *n.*; TIP. ***in ~*** in Sedez (*o* in Sedezformat); SCHERZ. ***principato in ~*** Duodezfürstentum *n.* **se|di|ci I** agg.inv. sechzehn **II** m. **1** Sechzehn *f.* **2** *(giorno del mese)* Sechzehnte *m.*: ***oggi è il ~*** heute ist der Sechzehnte; ***Roma, ~ maggio*** Rom, den sechzehnten Mai; ***il ~ maggio*** am sechzehnten Mai **3** *(il 1916)* das Jahr 1916: ***è del ~, è nato nel ~*** er ist 1916 geboren; ***questo fatto risale al ~*** dieses Ereignis geht auf das Jahr 1916 zurück **III** f.pl. sechzehn Uhr, sechzehn: ***alle ~*** um sechzehn Uhr ◆ SPORT ***linea dei ~ metri*** Sechzehnmeterlinie *f.*; ***pellicola da ~ millimetri*** Sechzehnmillimeterfilm *m.*

se|di|le m. **1** Sitz *m.*, Sitzfläche *f.* **2** *(panchina)* Bank *f.* ◆ ***~ dell'altalena*** Schaukelbrett *n.*; ***~ anteriore*** Vordersitz *m.*; ***~ avvolgente*** Schalensitz *m.*; ***~ del conducente*** Führer-, Fahrersitz *m.*; AER. ***~ eiettabile*** Schleudersitz *m.*; ***~ del gabinetto*** Klosettsitz *m.*, Klosettbrille *f.*; ***~ imbottito*** Polstersitz *m.*; ***~ di pietra*** Steinbank *f.*; ***~ in pelle*** Ledersitz *m.*; ***~ posteriore*** Rücksitz *m.* (*o* Hintersitz *m.*, Fond *m.*); ***~ reclinabile*** Liegesitz *m.*; ***~ ribaltabile*** Klappsitz *m.*; ***ribaltare il ~ (dell'auto)*** den Autositz um‿klappen; ***~ scorrevole*** Rollsitz *m.*

se|di|men|ta|re intr. (aus. *essere, avere*) sedimentieren, ein Sediment bilden. **se|di|men|ta|rio** agg. *(-ri,-rie)* sedimentär, Sediment-, Absatz-, Ablagerungs-: ***roccia -a*** Sedimentgestein *n.* (*o* Absatzgestein *n.*). **se|di|men|ta|zio|ne** f. **1** Sedimentation *f.*, Ablagerung *f.* **2** GEOL. Sedimentation *f.*, Sinterung *f.* **3** MED. Blutsenkung *f.* ◆ ***bacino di ~*** Absetzbecken *n.* **se|di|men|to** m. **1** CHIM. FIS. Sediment *n.*, Bodensatz *m.*, Niederschlag *m.*, Absatz *m.* **2** GEOL. Sediment *n.*, Sinter *m.*, Ablagerung *f.* **3** FIG. Anhäufung *f.*: ***un ~ di esperienze*** eine Anhäufung an Erfahrungen; ***-i culturali*** kulturelle Schichten.

se|dio|lo m. Traberwagen *m.*, Sulky *m.*
se|di|zio|ne f. Aufstand *m.*, Aufruhr *m.*: ***reprimere una ~*** einen Aufstand nieder‿schlagen.
se|di|zio|so I agg. **1** aufständisch, aufrührerisch: ***radunata -a*** aufrührerische Zusammenkunft **2** *(che spinge alla sedizione)* aufwieglerisch: ***svolgere attività -e*** aufwieglerische Aktionen anzetteln **3** ESTENS. *(turbolento)* streitsüchtig, rauflustig **II** m. Aufständische *m.*, Aufrührer *m.*: ***un gruppo di -i*** eine Gruppe von Aufständischen.
se|dot|to p.pass. agg. **1** → **sedurre 2** verführt: ***-a e abbandonata*** verführt und sitzen gelassen.
se|du|cen|te agg. **1** verführerisch **2** ESTENS. *(allettante)* lockend, verlockend, verführerisch: ***una proposta ~*** ein verlockendes Angebot.
se|dur|re tr. *(seduco, seduci; sedussi; sedotto)* **1** verführen: ***~ una ragazza*** ein Mädchen verführen **2** ESTENS. *(allettare)* verlocken, locken, verführen: ***questa proposta mi seduce*** dieses Angebot lockt mich; ***lasciarsi ~ da una promessa*** sich von einem Versprechen verführen lassen; ***un sorriso che seduce*** ein verführerisches Lächeln **3** *(indurre al male)* auf Abwege führen, verleiten.
se|du|ta f. **1** Sitzung *f.*, Tagung *f.*: ***indire, aprire, sospendere, aggiornare, riprendere, chiudere una ~*** eine Sitzung ein‿berufen, eröffnen, unterbrechen, vertagen, wieder auf‿nehmen, schließen; ***essere in ~*** in (einer) Sitzung sein; ***la ~ è tolta, rinviata*** die Sitzung ist aufgehoben, verschoben (*o* aufgeschoben); ***~ pubblica*** öffentliche Sitzung (*o* Tagung); ***~ segreta*** geheime Sitzung **2a** *(da medico)* Sitzung *f.*: ***il trattamento ha richiesto tre -e*** die Behandlung hat drei Sitzungen erfordert **b** ***il ritratto è stato fatto in cinque -e*** das Porträt wurde in fünf Sitzungen fertig gestellt ◆ ***~ annuale*** Jahrestagung *f.*; ***~ d'apertura*** Eröffnungssitzung *f.*; ***~ fiume*** Marathonsitzung *f.*; ***~ ordinaria*** ordentliche Sitzung; ***~ parlamentare*** Parlamentssitzung *f.*; ***~ plenaria*** Plenarsitzung *f.*; ***~ a porte chiuse, aperte*** Klausurtagung *f.*, öffentliche Tagung; ***~ spiritica*** spiritistische Sitzung; ***~ stante*** auf der Stelle (*o* vom Fleck weg); ***~ straordinaria*** Sondersitzung *f.*: ***verbale della ~*** Sitzungsprotokoll *n.*; ***votazione per alzata e ~*** Abstimmung *f.* durch Aufstehen und Sitzenbleiben.
se|du|to p.pass. agg. **1** → **1.sedere 2** sitzend ◆ ***essere ~*** sitzen; ***mettere ~ qcn.*** jdn hin‿setzen; ***mettersi ~*** sich setzen (*o* sich hin‿setzen); FIG. ***essere ~ su una polveriera*** auf einem Pulverfass sitzen; ***rimanere ~*** sitzen bleiben; ***seduto!*** setzen! (*o* Platz nehmen!); ***stare ~*** sitzen; ***stare ~ a letto*** im Bett sitzen; ***stare ~ tutto il giorno*** den ganzen Tag sitzen; ***stai ~!*** bleib sitzen!
se|dut|ti|vo agg. verführerisch: ***atteggiamento ~*** verführerisches Verhalten. **se|dut|to|re I** agg. verführerisch: ***maniere -trici*** verführerische Art **II** m. Verführer *m.* **se|du|zio|ne** f. **1** Verführung *f.*: ***usare tutte le arti della ~*** alle Künste der Verführung an‿wenden (*o* spielen lassen) **2** ESTENS. Verführung *f.*, Verlockung *f.*: ***le -i della vita*** die Verlockungen des Lebens; ***la ~ del successo*** die Verlockung des Erfolgs ◆ ***forza di ~*** Anziehungskraft *f.*
s.e. e o. ⇒ *salvo errori e omissioni* unter üblichem Vorbehalt (u. ü. V.).
se|far|di|ta *(-i,-e)* **I** agg. sephardisch **II** m.pl. Sephardim *pl.*
seg. ⇒ *seguente* folgend (f.).
se|ga f. *(-ghe)* **1** Säge *f.* **2** VOLG. Wichsen *n.*; ***fare una ~ a qcn.*** jdm einen ab‿wichsen; ***farsi una ~*** sich einen ab‿wichsen (*o* runter‿holen) ◆ ***~ ad archetto*** Bügelsäge *f.*; ***~ ad arco*** Bogensäge *f.*; VOLG. ***non capire una ~*** null Ahnung haben; ***~ circolare*** Kreissäge *f.* (*o* Rundsäge *f.*); ***coltello a ~*** Sägemesser *n.*; ***dente della ~*** Sägezahn *m.*; ***~ elettrica*** Motorsäge *f.*; COLLOQ. ***far ~ (a scuola)*** (die Schule) schwänzen; ***~ da ferro*** Eisensäge *f.*; VOLG. ***non m'importa una ~*** das geht mich einen Dreck (*o* einen feuchten Kehricht) an, das interessiert mich nicht die Bohne; ***lama della ~*** Sägeblatt *n.*; ***~ a mano*** Handsäge *f.*; ***~ meccanica*** Sägemaschine *f.*; ***~ per metalli*** Metallsäge *f.*; VOLG. ***essere una mezza ~*** *(essere un incapace)* eine Niete sein; *(essere un pappamolla)* ein Schlappschwanz sein; ***~ a nastro*** Bandsäge *f.*; MED. ***~ per osteotomia*** Knochensäge *f.*; ***pesce ~*** Sägefisch *m.*; ***~ a telaio*** Spannsäge *f.*; ***~ da traforo*** Laubsäge *f.*; VOLG. ***non valere una ~*** *(di cosa)* keinen Heller wert sein; *(di persona)* eine Niete sein.
se|ga|io|lo m. VOLG. Wichser *m.*
se|ga|la, se|ga|le f. Roggen *m.* ◆ ***~ cornuta*** Mutterkorn *n.*; ***farina di ~*** Roggenmehl *n.*; ***pane di ~*** Roggenbrot *n.*. **se|ga|li|gno** agg. **1** *(di segale)* Roggen-: ***pane ~*** Roggenbrot *n.* **2** FIG. *(magro)* mager, hager, dürr. **se|ga|li|no** agg. Roggen-.
se|ga|re tr. *(sego, seghi)* **1a** sägen (anche assol.): ***questa lama non sega bene*** dieses Blatt sägt nicht gut **b** *(staccare segando)* ab‿sägen: ***~ un tronco*** einen Baumstamm absägen **c** *(in due parti)* durch‿sägen **d** *(in più parti)* zersägen **e** *(abbattere segando)* um‿sägen **2a** ESTENS. *(tagliare)* schneiden **b** *(in due parti)* durch‿schneiden **c** *(in più parti)* zerschneiden **3** *(stringere forte)* ein‿schneiden, schneiden: ***la corda gli segava i polsi*** die Schnur schnitt ihm in die Handgelenke ein **4** REGION. *(falciare)* mähen, schneiden ◆ COLLOQ. ***mi hanno segato agli esami*** sie haben mich bei den Prüfungen durchrasseln lassen; ***~ via*** aus‿sägen (*o* ab‿sägen): ***~ via un ramo dal tronco*** einen Ast vom Stamm absägen.
se|ga|to|re m. **1** Säger *m.* **2** REGION. *(mietitore)* Mäher *m.*, Schnitter *m.* **se|ga|tri|ce** f. Sägemaschine *f.*, Maschinensäge *f.*
se|ga|tu|ra f. **1** Absägen *n.*, Sägen *n.*, Zersägen *n.* **2** *(mietitura)* Mähen *n.* **3** *(residuo)* Sägemehl *n.*, Sägespäne *pl.* ◆ ***avere la ~ al posto del cervello*** Stroh im Kopf haben.
segg. ⇒ *seguenti* folgende (ff.).
seg|get|ta f. Klosettstuhl *m.*, Nachtstuhl *m.*
seg|gio m. *(-gi)* **1** Sitz *m.*: ***ottenere, avere 30 -gi in parlamento*** 30 Sitze im Parlament erhalten, haben **2** *(sedia imponente)* Thron *m.* **3a** *(elettorale)* Wahllokal *n.* **b** *(commissione)* Wahlausschuss *m.* ◆ ***assegnazione dei -gi*** Sitzverteilung *f.*; ***~ del giudice*** Richterstuhl *m.*; ***~ in parlamento*** Abgeordnetensitz *m.*; ***~ del presidente*** Stuhl des Präsidenten; ***presidente del, di ~*** Wahlleiter *m.*; ***~ reale*** Thron *m.*
seg|gio|la f. REGION. Stuhl *m.* **seg|gio|li|no** m. **1a** *(per bambini)* Kinderstuhl *m.* **b** *(per auto e bici)* Kindersitz *m.* **2** FERR. Klappsitz *m.* ◆ AER. ***~ eiettabile*** Schleudersitz *m.*; ***~ pieghevole*** Klappstuhl *m.* **seg|gio|lo|ne** m. **1** Sessel *m.*, Armstuhl *m.* **2** *(per bambini)* Hochstuhl *m.*, Kinderhochstuhl *m.*
seg|gio|vi|a f. Sessellift *m.*, Sesselbahn *f.*
se|ghe|ri|a f. Sägewerk *n.*, Sägerei *f.*, Sägemühle *f.*
se|ghet|ta f. kleine Säge *f.*; *(per fiale)* Ampullensäge *f.*
se|ghet|ta|re tr. aus‿sägen, aus‿zacken.
se|ghet|ta|to p.pass. agg. **1** → **seghettare 2** zackig, gezackt: ***lama -a*** gezackte Schneide **3** BOT. gesägt, gezackt: ***foglia -a*** Blatt mit gesägtem Rand ◆ ***coltello ~*** Sägemesser *n.*
se|ghet|to m. **1** kleine Säge *f.* **2** *(per metalli)* Metallsäge *f.* ◆ ***~ da traforo*** Laubsäge *f.*
seg|men|ta|le agg. segmental. **seg|men|ta|re** tr. **1** segmentieren, in Segmente teilen **2** *(suddividere)* teilen, unterteilen, auf‿teilen. **seg|men|ta|zio|ne** f. **1** GEOM. Segmentierung *f.* **2** LING. Segmentierung *f.*, Segmentation *f.* **3** BIOL. Furchung *f.*, Segmentation *f.* **4** *(frazionamento)* Teilung *f.*, Unterteilung *f.*, Aufteilung *f.* ◆ ***~ del mercato*** Marktuntergliederung *f.*
seg|men|to m. **1** GEOM. ZOOL. BIOL. Segment *n.*, Abschnitt *m.* **2** *(pezzo)* Stück *n.*, Teil *m.*: ***un ~ di stoffa*** ein Stück Stoff **3** MECC. Ring *m.*, Kolbenring *m.* **4** FIG. Bereich *m.* ◆ ***~ circolare*** Kreisabschnitt *m.*; ***~ di mercato*** Marktbereich *m.*; ***-i di sapere*** Wissensbereiche; ***~ sferico*** Kugelabschnitt *m.*
se|gna|la|re I tr. **1** *(comunicare con segnali)* signalisieren, melden, an‿zeigen: ***~ un incrocio*** eine Kreuzung an‿zeigen; ***~ un pericolo*** eine Gefahr melden; ***un dispositivo che segnala la presenza di fumo*** ein Gerät, das Rauch meldet **2** *(rendere noto)* melden, an‿zeigen: ***~ qcs. alle autorità competenti*** etw. den zuständigen Behörden melden; ***~ un guasto*** einen Schaden melden; ***si segnalano perturbazioni in arrivo*** ein baldiger Wetterumschlag wird gemeldet; ***non si segnalano incidenti*** es werden keine Unfälle gemeldet **3** *(porre in evidenza)* ***~ qcs. a qcn.*** jdn auf etw. (A) aufmerksam machen; ***~ un nuovo libro al pubblico*** das Publikum auf ein neu erschienenes Buch aufmerksam machen **4** *(raccomandare)* empfehlen: ***~ un candidato*** einen Kandidaten empfehlen **II** pronom. **segnalarsi** *(distinguersi)* sich aus‿zeichnen, sich hervor‿tun: ***-rsi per le proprie capacità*** sich durch seine Fähigkeiten auszeichnen (*o* hervortun); ***-rsi nella pittura*** sich in der Malerei auszeichnen ◆ ***si segnala la presenza di borseggiatori*** vor Taschendieben wird gewarnt. **se|gna|la|to|re I** m. **1** *(persona)* Signalgeber *m.* **2** *(strumento)* Meldegerät *n.*, Melder *m.* **3** MAR. Signalgast *m.* **II** agg. Anzeige-, Signal-, Melde-: ***strumento ~*** Anzeigegerät *n.* ◆ ***~ acustico*** akustisches Signal; ***~ luminoso*** Leuchtsignalgerät *n.*
se|gna|la|zio|ne f. **1** Signalisieren *n.*, Signalisierung *f.*, Signalgebung *f.* **2** *(segnale)* Signal *n.*, Zeichen *n.* **3** *(comunicazione)* Meldung *f.*, Anzeige *f.*: ***la ~ del sopraggiungere di un uragano*** die Meldung eines bevorstehenden Orkans **4** *(il porre in evidenza)* Auszeichnung *f.*, Belobigung *f.*: ***ricevere una ~ a un concorso di poesia*** in einem Lyrikwettbewerb eine Auszeichnung bekommen (*o* ausgezeichnet werden) **5** *(raccomandazione)* Empfehlung *f.* ◆ ***~ acustica*** akustisches Signal (*o* Schallzeichen *n.*); *(di automobile)* Hupsignal *n.*; ***bandiera di ~*** Signalflagge *f.*; ***dispositivo di ~*** Signalvorrichtung *f.*; ***divieto di -i acustiche*** Hupverbot *n.*; ***-i ferroviarie*** Eisenbahnsignale *pl.*; ***luce di ~*** Signallicht *n.*; ***~ luminosa***

Leuchtsignal *n.*; ***razzo di ~*** Signalpatrone *f.*; ***~ stradale*** Verkehrszeichen *n.*; ***~ di pericolo valanghe*** Lawinenwarnung *f.*

se|gna|le m. **1** Signal *n.*, Zeichen *n.*: ***dare, ricevere un ~*** ein Zeichen (*o* ein Signal) geben, bekommen **2** *(cartello)* Schild *n.*, Tafel *f.* **3** *(segnalibro)* Lesezeichen *n.* **4** INFORM. Signal *n.* ◆ ***~ acustico*** akustisches Signal; *(di segreteria telefonica)* Piepton *m.*, Pfeifton *m.*; ***~ d'allarme*** Alarmsignal *n.*; ***~ audio*** Tonsignal *n.*; ***~ di avvertimento*** Warnsignal *n.*; ***~ di centrale*** Amtszeichen *n.*; ***~ di chiamata*** Rufzeichen *n.*; ***~ di comando*** Steuersignal *n.*; ***~ di divieto*** Verbotsschild *n.*; ***~ ferroviario*** Eisenbahnsignal *n.*; ***~ di fumo*** Rauchsignal *n.*; ***~ di indicazione*** Hinweiszeichen *n.* (*o* Hinweisschild *n.*); TEL. ***~ di libero*** Freizeichen *n.*; ***~ luminoso*** Leuchtsignal *n.*; TEL. ***~ di occupato*** Besetztzeichen *n.*; ***~ orario*** Zeitzeichen *n.* (*o* Zeitsignal *n.*); ***~ ottico*** optisches Signal; ***~ di partenza*** Abfahrtszeichen *n.*; ***~ di pericolo*** Warnsignal *n.*; ***~ di precedenza*** Vorfahrtszeichen *n.*; ***~ radio*** Rundfunksignal *n.*; ***~ di stop*** Stoppschild *n.*; ***~ stradale*** Verkehrszeichen *n.*; ***~ di via libera*** Freigabesignal *n.*

se|gna|le|ti|ca f. *(-che)* Verkehrszeichen *pl.* ◆ ***~ orizzontale*** Straßenmarkierung *f.*; ***~ verticale*** Beschilderung *f.* **se|gna|le|ti|co** agg. *(-ci,-che)* Erkennungs-: ***servizio ~*** Erkennungsdienst *m.* ◆ ***dati -ci*** Steckbrief *m.*; ***foto -a*** Fahndungsfoto *n.*; ***scheda -a*** Steckbrief *m.*

se|gna|li|bro m. Lesezeichen *n.*

se|gna|li|ne|e → **guardalinee.**

se|gna|po|sto m.inv. Tischkarte *f.*

se|gna|prez|zo m.inv. Preisschild *n.*, Preisetikett *n.*

se|gna|pun|ti m.inv. **1** *(persona)* Aufschreiber *m.*, Anschreiber *m.* **2** *(tabellone)* Anzeigetafel *f.*

se|gna|re I tr. **1a** an‿streichen: ***~ i capitoli più importanti*** die wichtigsten Kapitel anstreichen; ***~ un errore in rosso*** einen Fehler rot anstreichen **b** *(evidenziare)* markieren: ***~ qcs. sulla carta*** etw. auf der Landkarte markieren **2** *(annotare)* auf‿schreiben, notieren: ***~ qcs. su un biglietto*** etw. auf einem Zettel notieren; ***~ un appuntamento sull'agenda*** einen Termin im Kalender notieren **3a** *(indicare)* ***~ qcs.*** etw. zeigen (*o* weisen), auf etw. (D) stehen; ***l'orologio segna le 10*** die Uhr zeigt 10 Uhr (*o* die Uhr steht auf 10 Uhr); ***le lancette segnano le 6*** die Zeiger zeigen (*o* weisen) auf 6; ***il semaforo segna rosso*** die Ampel steht auf Rot; ***l'ago della bussola segna il nord*** die Magnetnadel zeigt (*o* weist) nach Norden; ***il termometro segna 25 gradi*** das Thermometer steht auf 25 Grad **b** *(annunciare)* an‿zeigen, an‿kündigen: ***la sirena segna la fine del turno*** die Sirene kündigt das Schichtende an **4** *(contrassegnare)* dar‿stellen, bedeuten: ***questa scoperta ha segnato l'inizio di una nuova era*** diese Erfindung hat den Anfang einer neuen Ära bedeutet **5a** *(lasciare un segno)* verkratzen **b** *(incidere)* ein‿ritzen **c** FIG. zeichnen: ***la malattia l'ha segnato*** die Krankheit hat ihn gezeichnet; **6** SPORT erzielen, schießen: ***~ un punto*** einen Punkt erzielen; ***~ un goal*** ein Tor schießen **7** *(mettere in conto)* auf die Rechnung setzen, an‿schreiben: ***lo segni sul mio conto*** setzen Sie das auf meine Rechnung **8** *(fare risaltare)* betonen: ***quell'abito ti segna troppo*** das Kleid betont deine Figur zu sehr **II** pronom. **segnarsi** sich bekreuzigen, das Kreuzzeichen machen ◆ GERG. ***~ le carte*** die Karten zinken; ***~ con una crocetta*** an‿kreuzen; ***~ qcn. a dito*** mit dem Finger auf jdn zeigen; ***~ il passo*** auf der Stelle treten; FIG. nicht von der Stelle kommen (*o* stocken); ***~ di testa*** ein Kopfballtor erzielen (*o* den Ball ins Tor köpfen).

se|gna|ta|men|te avv. vor allem, hauptsächlich, insbesondere.

se|gna|ta|rio m. *(-ri)* Signatar *m.*

se|gna|tas|se m.inv. Nachgebührenmarke *f.*, Portomarke *f.*

se|gna|to p.pass. agg. **1** → **segnare 2a** gezeichnet: ***un volto ~ dalla sofferenza*** ein vom Leiden gezeichnetes Gesicht **b** *(solcato)* zerfurcht **c** *(sciupato)* verlebt **3** *(stabilito)* vorgezeichnet: ***il suo destino è ~, la sua carriera è -a*** sein Schicksal, seine Laufbahn ist vorgezeichnet **4** *(segnalato)* gekennzeichnet: ***il percorso è ~*** der Weg ist gekennzeichnet.

se|gna|tu|ra f. **1** TIP. Lage *f.* **2** SPORT Punktzahl *f.*, Score *m.* **3** BIBLIOT. Signatur *f.*

se|gna|ven|to I m.inv. Windfahne *f.*, Wetterfahne *f.* **II** agg.inv. Wetter-, Wind-: ***gallo ~*** Wetterhahn *m.*

se|gno m. **1a** Zeichen *n.*: ***fare un ~ sul quaderno*** ein Zeichen in das Heft machen **b** *(contrassegno)* Kennzeichen *n.*, Merkmal *n.*: ***-i caratteristici, particolari*** besondere Kennzeichen; ***nessun ~ particolare*** keine besonderen Merkmale (*o* Kennzeichen) **2** FIG. *(prova, indizio)* Zeichen *n.*, Anzeichen *n.*, Vorzeichen *n.*: ***un ~ dei tempi*** ein Zeichen der Zeit; ***prendere qcs. come ~ di debolezza*** etw. für ein Zeichen der Schwäche halten; ***è ~ che...*** es ist ein Zeichen dafür, dass... **3a** *(sintomo, manifestazione)* Zeichen *n.*, Anzeichen *n.*: ***i primi -i di una malattia*** die ersten Zeichen (*o* Anzeichen) einer Krankheit; ***-i di miglioramento*** Anzeichen einer Besserung; ***dare -i di pazzia, d'impazienza*** Anzeichen von Wahnsinn, Zeichen der Ungeduld zeigen **b** ***mostrare -i di vecchiaia, di stanchezza*** Alters-, Ermüdungserscheinungen zeigen **4** ASTROL. Sternzeichen *n.*, Tierkreiszeichen *n.*, Zeichen *n.*: ***di che ~ sei?*** welches Sternzeichen bist du? ***essere nato sotto il ~ del capricorno*** im Sternzeichen des Steinbocks geboren sein; ***essere del ~ dell'ariete*** ein Widder sein **5** *(cenno)* Zeichen *n.*, Wink *m.*: ***comunicare a -i*** sich durch Zeichen verständigen; ***fare un ~ con la mano, con il fazzoletto*** mit der Hand, mit dem Taschentuch winken; ***fare ~ a qcn.*** jdm (zu‿)winken (*o* jdm ein Zeichen machen); ***fare ~ a un'auto di accostare*** den Wagen zur Seite winken; ***gli ho fatto ~ di tacere*** ich habe ihm bedeutet (*o* ein Zeichen gemacht) zu schweigen **6** *(bersaglio)* Zielscheibe *f.*, Ziel *n.* **7** *(limite)* Maß *n.*, Grenze *f.*: ***passare, superare il ~*** das Maß überschreiten **8** *(simbolo grafico)* Schriftzeichen *n.*, Zeichen *n.* **9** MAT. Vorzeichen *n.* **10** ANT. *(scopo)* Ziel *n.* ◆ ***a ~*** *(preciso)* richtig (*o* genau); ***~ di accentazione*** Betonungszeichen *n.*; ***~ di addizione*** Pluszeichen *n.*; MUS. ***al ~*** bis zum Zeichen (*o* al segno); LING. ***~ di allungamento*** Dehnungszeichen *n.*; ***andare a ~*** treffen; *(segnare un goal)* einen Treffer (*o* ein Tor) erzielen; FIG. gelingen; ***un colpo andato a ~*** ein Schuss ins Schwarze (*o* mitten ins Ziel); ***~ di bruciatura*** Brandmal *n.*; ***buon ~!*** gutes Zeichen! ***non è un buon ~!*** das ist kein gutes Zeichen! ***cattivo ~!*** das ist kein gutes Zeichen! ***~ celeste*** Sternbild *n.*; ***un ~ del cielo*** ein Zeichen des Himmels; ***cogliere nel ~*** ins Schwarze treffen (anche FIG.); ***non cogliere nel ~*** fehl‿schießen (*o* daneben‿schießen); ***~ di correzione*** Korrekturzeichen *n.*; ***~ della croce*** Kreuzzeichen *n.*; ***farsi il ~ della croce*** das Kreuzzeichen machen (*o* sich bekreuzigen); ***dare ~ di fare qcs.*** Anstalten machen, etw. zu tun; ***non dava ~ di smetterla*** er machte keine Anstalten, damit aufzuhören; ***non dare -i di vita*** kein Lebenszeichen von sich geben; FIG. nichts mehr von sich hören lassen; ***~ del destino*** ein Wink des Schicksals; ***~ diacritico*** diakritisches Zeichen; ***essere fatto ~ di qcs.*** Gegenstand etw. (G) sein; ***~ di disuguaglianza*** Ungleichheitszeichen *n.*; ***~ di divisione*** Teilungszeichen *n.* (*o* Divisionszeichen *n.*); ***per filo e per ~*** ausführlich (*o* in allen Einzelheiten); ***~ fonetico*** Lautzeichen *n.*; ***~ di frazione*** Bruchstrich *m.*; ***~ di frenata*** Bremsspur *f.*; ***in ~ di qcs.*** zum (*o* als) Zeichen etw. (G), zum Beweis etw. (G): ***in ~ di gratitudine*** zum (*o* als) Zeichen der Dankbarkeit; ***annuire in ~ di approvazione*** zustimmend nicken; ***in ~ di protesta*** aus Protest; ***~ d'interpunzione*** Satzzeichen *n.* (*o* Interpunktionszeichen *n.*); ***lasciare il ~*** eine Spur hinterlassen (anche FIG.); ***mandare a ~ qcs.*** etw. voll‿bringen; ***mettere a ~*** erzielen; ***~ di moltiplicazione*** Multiplikationszeichen *n.*; ***fare ~ di no*** verneinend den Kopf schütteln; *(con il dito indice)* ab‿winken; ***scambiarsi un ~ di pace*** sich die Hand als Zeichen des Friedens reichen; MUS. ***~ di pausa*** Pausenzeichen *n.*; ***perdere il ~ (leggendo)*** das Zeichen verlieren; ***~ premonitore*** Vorzeichen *n.* (*o* Omen *n.*); ***~ di punteggiatura*** Satzzeichen *n.*; ***~ di radice*** Wurzelzeichen *n.*; TIP. ***~ di richiamo*** Verweis *m.*; ***~ di riconoscimento*** Erkennungszeichen *n.*; MUS. ***~ di ripetizione*** Wiederholungszeichen *n.*; ***fare ~ di sì*** bejahend zu‿nicken (*o* nicken); ***~ di sottrazione*** Minuszeichen *n.* (*o* Subtraktionszeichen *n.*); ***~ stenografico*** Kürzel *n.*; ***a tal ~ che...*** so sehr, dass...; ***tenere il ~ (leggendo)*** das Zeichen nicht verlieren; ***tiro a ~*** Scheibenschießen *n.* MAT. ***~ d'uguaglianza*** Gleichheitszeichen *n.*; ***~ zodiacale*** Sternzeichen *n.*, Tierkreiszeichen *n.*

se|go m. *(-ghi)* Talg *m.*; ***candela di ~*** Talglicht *n.* **se|go|so** agg. **1** *(contenente sego)* talgig, Talg- **2** *(simile al sego)* talgartig, talgig.

se|gre|gan|te agg. **1** trennend, abspaltend **2** DIR. ***sistema carcerario ~*** segregierendes (*o* von der Außenwelt abschließendes) Gefängnissystem. **se|gre|ga|re** *(segrego, segreghi)* **I** tr. **1** trennen, ab‿spalten **2** *(isolare)* isolieren **II** pronom. **segregarsi** sich ab‿sondern, sich isolieren: ***-rsi da tutti*** sich von allen absondern. **se|gre|ga|zio|ne** f. Absonderung *f.*, Trennung *f.* ◆ ***~ cellulare*** Einzelhaft *f.* (*o* Isolationshaft *f.*); ***~ razziale*** Rassentrennung *f.* (*o* Segregation *f.*).

se|gre|ga|zio|ni|smo m. Segregation *f.*, Segregationspolitik *f.* **se|gre|ga|zio|ni|sta** *(-i,-e)* **I** m. e f. Anhänger *m.* (-in *f.*) der Segregation; Befürworter *m.* (-in *f.*) der Rassentrennung **II** agg. Segregations-: ***politica ~*** Segregationspolitik *f.* **se|gre|ga|zio|ni|sti|co** agg. *(-ci, -che)* agg. Segregations-: ***politica -a*** Segregationspolitik *f.*

se|gre|ta f. Verlies *n.*

se|gre|ta|men|te avv. heimlich, insgeheim.

se|gre|ta|ria f. Sekretärin *f.* ◆ ***~ d'azienda*** Geschäftssekretärin *f.*; ***scuola per -e d'azienda*** = Handelsschule *f.*; ***~ di direzione*** Chefsekretärin *f.*; ***~ di edizione*** Skriptgirl *n.*; ***~ di produzione*** Ateliersekretärin *f.* (*o* Skriptgirl *n.*); ***~ di redazione*** Redaktionssekretärin *f.* **se|gre|ta|ria|le** agg. Sekretärs-; Sekretariats-. **se|gre|ta|ria|to** m. Sekretariat *n.* **se|gre|ta|rio** m. *(-ri)* **1** Sekretär *m.* (anche POL. SCOL.): ***fare da ~ a qcn.*** jdm als Sekretär dienen; ***~ del ministro, di partito*** Sekretär des Ministers, einer Partei **2** *(chi redige verbali)* Schriftführer *m.* ◆ ***~ d'ambasciata*** Botschaftssekretär *m.*; ***~ apostolico*** apostolischer Sekretär; ***~ comunale*** Gemeindesekretär *m.*; ***~ generale*** Generalsekretär *m.*; ***~ di legazione*** Gesandtschaftssekretär *m.*; ***~ particolare*** Privatsekretär *m.*; ***~ di partito, politico*** Parteisekretär *m.*; ***~ privato*** Privatsekretär *m.*; ***~ di stato*** Staatssekretär *m.*; ***vice ~*** stellvertretender Sekretär.

se|gre|te|ri|a f. **1** Sekretariat *n.*: ***iscriversi in ~*** sich im Sekretariat ein‿schreiben **2a** *(carica)* Sekretärsamt *n.*, Sekretariat *n.* **b** *(periodo)* Amtszeit *f.* (des Sekretärs) ◆ ***~ di partito, politica*** Parteivorstand *f.*; ***~ di stato*** Staatssekretariat *n.*; ***~ telefonica*** *(apparecchio)* Anrufbeantworter *m.*; *(servizio)* Fernsprechauftragsdienst *m.*; ***~ telefonica con registrazione di chiamata*** Anrufbeantworter *m.* mit Gesprächsaufzeichnung; ***~ telefonica con richiamo a distanza*** Anrufbeantworter *m.* mit Fernabfrage.

se|gre|tez|za f. Geheimhaltung *f.*: ***la ~ di una riunione*** die Geheimhaltung einer Versammlung; ***con la massima ~*** unter strengster Geheimhaltung; ***per motivi di ~*** aus Gründen der Geheimhaltung ◆ ***con ~*** heimlich; ***in tutta ~*** in aller Heimlichkeit; ***mantenere la ~ di qcs.*** etw. geheim halten.

1.se|gre|to agg. geheim, Geheim-, heimlich: ***documento ~*** geheimes Dokument; ***piani -i*** geheime Pläne; ***un amore, ammiratore, piacere ~*** eine heimliche Liebe, ein heimlicher Verehrer, heimliches Vergnügen; ***tenere ~ qcs. (a qcn.)*** etw. (vor jdm) geheim halten; ***nutrire la -a speranza che...*** im Geheimen die Hoffnung haben, dass... (*o* die stille Hoffnung haben, dass...) ◆ ***agente ~*** Agent *m.* (*o* Geheimagent *m.*); ***alleanza -a*** Geheimbündnis *n.*; ***arma -a*** Geheimwaffe *f.*; ***clausola -a*** Geheimklausel *f.*; ***codice ~*** Geheimnummer *f.*; ***consigliere ~*** Geheimrat *m.*; ***conto ~*** Geheimkonto *n.*; ***numero ~*** Geheimnummer *f.*; ***organizzazione -a*** Geheimorganisation *f.*; ***passaggio ~*** Geheimgang *m.*; ***patto ~*** Geheimabkommen *n.*; ***polizia -a*** Geheimpolizei *f.*; ***porta ~*** Geheimtür *f.*; ***scomparto ~*** Geheimfach *n.* (*o* Sicherheitsfach *n.*); ***scrutinio ~*** geheime Abstimmung; ***servizi -i*** Geheimdienst *m.*; ***società -a*** Geheimbund *m.*

2.se|gre|to m. **1** Geheimnis *n.*: ***mantenere un ~*** ein Geheimnis (be)wahren (*o* hüten); ***confidare un ~ a qcn.*** jdm ein Geheimnis an‿vertrauen; ***svelare, rivelare un ~ a qcn.*** jdm ein Geheimnis enthüllen (*o* preis‿geben); ***tradire un ~*** ein Geheimnis verraten; ***infrangere, violare il ~*** das Geheimnis preis‿geben; ***qcs. racchiude in sé un ~*** etw. birgt ein Geheimnis in sich; ***scoprire, spifferare un ~*** ein Geheimnis lüften (*o* entdecken), aus‿schwatzen (*o* aus‿plaudern); ***custodire un ~*** ein Geheimnis hüten; ***strappare, carpire un ~ a qcn.*** jdm ein Geheimnis entreißen; ***non far ~ di qcs.*** aus etw. kein Geheimnis machen; ***tra loro non ci sono -i*** sie haben keine Geheimnisse voreinander; ***non avere -i con qcn.*** vor jdm keine Geheimnisse haben; ***tenere un ~ (per sé)*** ein Geheimnis für sich behalten; ***il ~ del suo successo*** das Geheimnis seines Erfolgs (*o* sein Erfolgsgeheimnis) **2** *(intimo)* Innerste *n.*: ***nel ~ della propria coscienza*** im Innersten seines Gewissens **3** *(congegno nascosto)* Geheimschloss *n.* ◆ ***~ aziendale*** Geschäftsgeheimnis *n.* (*o* Betriebsgeheimnis *n.*); ***~ bancario*** Bankgeheimnis *n.*; ***~ confessionale, della confessione*** Beichtgeheimnis *n.*; ***~ elettorale*** Wahlgeheimnis *n.*; ***~ epistolare*** Briefgeheimnis *n.*; ***in ~*** heimlich; ***in gran ~*** in aller Heimlichkeit; ***~ industriale*** Industriegeheimnis *n.*; ***i -i del mestiere*** die geheimen Tricks; ***mettere a parte qcn. di un ~*** jdn in ein Geheimnis ein‿weihen; ***~ postale*** Postgeheimnis *n.*; ***~ di produzione*** Fabrikationsgeheimnis *n.*; ***~ professionale*** Berufsgeheimnis *n.*; ***~ di Pulcinella*** offenes Geheimnis; ***è un ~ di Pulcinella*** das pfeifen die Spatzen von den Dächern; ***questo deve rimanere un ~ tra di noi*** das muss unter uns bleiben; ***~ di stato*** Staatsgeheimnis *n.*; ***portarsi un ~ nella tomba*** ein Geheimnis mit ins Grab nehmen; ***~ d'ufficio*** Dienstgeheimnis *n.* (*o* Amtsgeheimnis *n.*, Amtsverschwiegenheit *f.*); ***violazione del ~ d'ufficio*** Verletzung der Amtsverschwiegenheit.

se|gua|ce m. **1** Anhänger *m.*: ***~ di un partito, del liberalismo, di una religione*** Anhänger einer Partei, des Liberalismus, einer Religion **2** *(discepolo)* Jünger *m.*: ***un ~ di Platone*** ein Jünger Platons.

se|guen|te I agg. folgend: ***capitolo ~*** folgendes Kapitel; ***alle -i condizioni*** zu folgenden Bedingungen: ***il problema è il ~*** das Problem ist folgendes; ***disse le -i parole*** er sagte folgende Worte (*o* Folgendes) **II** m. e f. Nächste *m.* e *f.*

se|gu|gio m. *(-gi)* Spürhund *m.* (anche FIG.).

se|gui|re I tr. **1a** ***~ qcn., qcs.*** jdm, etw. (D) folgen; ***~ qcn. di nascosto, passo a passo*** jdm heimlich, auf Schritt und Tritt folgen; ***~ qcn. fino in capo al mondo*** jdm bis ans Ende der Welt folgen; ***~ qcn. nella morte*** jdm in den Tod folgen; ***segua quella macchina!*** folgen Sie diesem Auto! ***~ un sentiero, una strada*** einem Weg, einer Straße folgen; ***~ una traccia*** einer Spur folgen; ***~ la moda, un esempio*** der Mode, einem Beispiel folgen; ***~ un concerto, la lezione*** einem Konzert, dem Unterricht folgen; ***~ un ragionamento, il filo del discorso*** einem Gedankengang, dem Faden des Gesprächs folgen; ***~ l'ideologia marxista, gli insegnamenti di qcn., un metodo*** der marxistischen Ideologie, jds Lehren, einer Methode folgen; ***~ i propri istinti, un impulso interiore*** seinen Instinkten, einem inneren Zwang folgen **b** *(venire dopo)* ***novembre segue ottobre*** der November folgt dem Oktober **2** *(pedinare)* verfolgen **3** *(osservare, guardare)* verfolgen: ***~ i movimenti di qcn.*** jds Bewegungen verfolgen; ***~ un processo dall'inizio alla fine*** einen Prozess von Anfang bis Ende verfolgen; ***~ un programma alla televisione*** ein Programm im Fernsehen verfolgen; ***~ l'evolversi della situazione*** die Entwicklung einer Situation verfolgen **4** *(attenersi a)* befolgen: ***~ i consigli di qcn.*** jds Rat befolgen; ***~ le regole, le istruzioni*** die Regeln, die Anleitungen befolgen; ***~ le cure prescritte dal medico*** die vom Arzt verschriebene Behandlung befolgen (*o* ein‿halten) **5** *(frequentare)* besuchen: ***~ un corso di inglese*** einen Englischkurs besuchen **6** *(occuparsi di)* ***~ qcn.*** sich um jdn kümmern; ***~ un malato, i figli*** sich um einen Kranken, die Kinder kümmern **II** intr. (aus. *essere*) folgen: ***al film seguirà una discussione*** dem Film folgt eine Diskussion; ***alla pioggia segue il sereno*** auf Regen folgt Sonnenschein; ***l'articolo segue alla pagina successiva*** der Artikel folgt auf der nächsten Seite; ***ne segue che...*** daraus folgt, dass... ◆ ***~ la corrente*** mit dem Strom schwimmen (anche FIG.); ***~ le orme di qcn.*** jds Spuren verfolgen; FIG. *(essere il successore)* in jds Fußstapfen treten; ***disse quanto segue: ...*** er sagte Folgendes: ...; ***fate attenzione a quanto segue*** achten Sie bitte auf Folgendes; ***e (con) quel che segue*** und so weiter; ***~ la rotta*** den Kurs halten.

se|gui|ta|re *(seguito)* **I** tr. fort‿setzen, weiter‿führen: ***~ un lavoro*** eine Arbeit fortsetzen; ***~ gli studi*** die Ausbildung weiter‿führen **II** intr. (aus. *avere*) ***~ a fare qcs.*** fort‿fahren, etw. zu tun ◆ ***~ a dormire*** weiter‿schlafen; *(dormire sempre)* ständig schlafen; ***~ a lavorare*** weiter‿arbeiten; ***~ a parlare*** weiter‿sprechen; *(parlare sempre)* ständig (*o* fortwährend) reden; ***~ a scrivere*** weiter‿schreiben; *(scrivere sempre)* ständig schreiben.

se|gui|to m. **1** Gefolge *n.*: ***il ~ del re*** das Gefolge des Königs; ***essere al ~ di qcn.*** zu jds Gefolge gehören **2** *(continuazione)* Fortsetzung *f.*: ***il ~ di una storia*** die Fortsetzung einer Geschichte; ***il ~ sul prossimo numero, alla prossima puntata*** Fortsetzung in der nächsten Ausgabe, Folge **3a** *(conseguenza)* Folge *f.*, Auswirkung *f.*, Nachspiel *n.*: ***avere ~*** Folgen haben; ***l'incidente non ha avuto alcun ~*** der Unfall hatte keine Folgen; ***rimanere senza ~*** kein Nachspiel haben **b** *(successione)* ***un ~ di avvenimenti*** eine Folge von Ereignissen **4** *(consenso)* Zustimmung *f.*: ***avere ~*** Zustimmung finden; ***la proposta non ha avuto molto ~*** der Vorschlag fand keine große Zustimmung ◆ ***caccia al ~*** Hetzjagd *f.*; ***cane da ~*** Hetzhund *m.*; ***e così di ~*** und so weiter; ***dare ~ a una richiesta*** einem Antrag Folge leisten; ***di ~*** hintereinander; ***tre giorni di ~*** drei Tage hintereinander; ***vincere tre partite di ~*** drei Spiele hintereinander gewinnen; ***parlare per un ora di ~*** eine Stunde lang ununterbrochen reden; ***scrivere di ~*** keinen Absatz machen; ***fare ~ a qcs.*** etw. (D) folgen; ***alla conferenza fece ~ un dibattito*** der Konferenz folgte eine Diskussion; COMM. AMM. ***facendo ~ a*** in Bezug auf etw. (A); ***in ~*** später; ***in ~ a*** infolge etw. (G), infolge von etw.; ***morire in ~ a un infarto, a un incidente*** infolge eines Herzinfarkts, Unfalls (*o* an den Folgen eines Herzinfarkts, Unfalls) sterben; ***in ~ a ciò*** infolgedessen; ***e via di ~*** und so weiter.

sei I agg.inv. sechs: ***avere ~ anni*** sechs Jahre alt sein; ***fra ~ giorni*** in sechs Tagen; *(posposto)* ***a pagina ~*** auf Seite sechs **II** m. **1a** Sechs *f.*: ***puntare sul ~*** auf die Sechs setzen; ***fare un ~ (con i dadi)*** eine Sechs würfeln **b** *(tram, bus)* ***prendere il ~*** die Sechs nehmen **c** *(carta)* ***il ~ di cuori, di picche*** die Herzsechs, Piksechs; ***scartare un ~*** eine Sechs ab‿legen **d** *(voto)* = Vier *f.*: ***prendere un ~ in matematica*** eine Vier in Mathematik bekommen **2** *(giorno del mese)* Sechste *m.*: ***il ~ (di) maggio*** am sechsten Mai; ***il ~ del mese*** am Sechsten des Monats; ***oggi è il ~*** heute ist der Sechste **III** f.pl. sechs Uhr, sechs: ***sono le ~, le ~ e mezza*** es ist sechs Uhr, halb sieben; ***un quarto alle ~, le ~ meno un quarto*** ein Viertel vor sechs; ***le ~ e un quarto*** ein Viertel nach sechs ◆ ***di ~ anni*** sechsjährig; ***in ~*** zu sechst; ***di ~ mesi*** Sechsmonats-, sechsmonatig; ***a, di ~ piani*** sechsstöckig; ***~ volte*** sechsmal.

Sei|cel|le n.pr.f.pl. Seychellen *pl.*

sei|cen|te|sco agg. *(-schi,-sche)* **1** aus dem siebzehnten Jahrhundert, des siebzehnten Jahrhunderts **2** *(arte, cultura italiana)* des Seicento(s). **sei|cen|te|si|mo** agg. sechshundertste. **sei|cen|ti|smo** → **secentismo. sei|cen|to I** agg.inv. sechshundert **II** m. Sechshundert *n.* **Sei|cen|to** m. **1** siebzehntes Jahrhundert *n.* **2** *(arte italiana)* Seicento *n.*

sei|en|ne agg. sechsjährig.

sei|gior|ni f. Sechstagerennen *n.*

sei|mi|la agg.inv. sechstausend.

se|la|ci m.pl. Haifische *pl.*, Selachier *pl.*

se|la|do|ni|te f. Seladonit *m.*, Grünerde *f.*

se|la|gi|nel|la f. Moosfarn *m.*

sel|ce f. **1** Kiesel *m.*, Kieselstein *m.* **2** *(per pavimentazioni)* Pflasterstein *m.* **sel|cia|re** *(selcio, selci)* tr. pflastern.

sel|cia|to I p.pass. agg. **1** → **selciare 2** gepflastert **II** m. Straßenpflaster *n.* **sel|cia|to|re** m. Pflasterer *m.* **sel|cia|tu|ra** f. Pflasterung *f.*

se|le|nio m. Selen *n.* ◆ ***cellula fotoelettrica al ~*** Selenzelle *f.*

se|le|ni|te f. Selenit *n.*

se|le|no|gra|fi|a f. Selenographie *f.* **se|le|no|lo|gi|a** f. Selenologie *f.*

se|let|ti|va|men|te avv. selektiv. **se|let|ti|vi|tà** f. **1** Selektivität *f.* **2** TECN. Trennschärfe *f.*, Selektivität *f.* **se|let|ti|vo** agg. **1** selektiv, selektierend, auswählend: ***metodi -i*** selektierende Methoden; ***esame ~*** selektive Prüfung **2** *(che tende a selezionare)* wählerisch **3** TECN. trennscharf, selektiv ◆ ***criterio ~*** Auswahlkriterium *n.*; ***filtro ~*** Lichtfilter *m.* e *n.* **se|let|to|re** m. Wähler *m.* ◆ TELEV. ***~ dei canali*** Programmschalter *m.*

Se|leu|ci|di *m.pl.* Seleukiden. **se|leu|ci|di|co** agg. *(-ci,-che)* Seleukiden-: ***regno ~*** Seleukidenreich *n.* **Se|leu|co** n.pr.m. Seleukos *m.*

se|le|zio|na|re tr. **1** aus‿wählen, aus‿sortieren, aus‿sondern **2** TEL. wählen: ***~ un numero telefonico*** eine Telefonnummer wählen **3** ZOOL. BOT. selektieren.

se|le|zio|na|to p.pass. agg. **1** → **selezionare 2** ausgewählt. **se|le|zio|na|to|re I** m. Auswähler *m.* **II** agg. Auswahl-: ***criterio ~*** Auswahlkriterium *n.* **se|le|zio|na|tri|ce** f. Sortiermaschine *f.*

se|le|zio|ne f. **1a** Auswahl *f.*, Auslese *f.*: ***operare, fare una ~*** eine Auswahl treffen; ***la ~ dei concorrenti*** die Auswahl der Kandidaten; ***una ~ di opere*** eine Werkauswahl **b** SPORT Auswahlmannschaft *f.*, Auswahl *f.* **2** ALLEV. Zuchtwahl *f.*, Auslese *f.*, Selektion *f.* **3** TEL. Wählen *n.*, Wahl *f.* ◆ ***~ attitudinale*** Eignungstest *m.*; RAD. TELEV. ***~ automatica*** Sendersuchlauf *m.*; STATIST. ***~ casuale*** Zufallsauswahl *f.*; TEL. ***~ diretta*** Durchwahl *f.*; ***~ naturale*** natürliche Selektion; ***teoria della ~ naturale*** Selektionstheorie *f.*; TEL. ***~ passante*** Durchwahl *f.*; ***~ del personale*** Personalauswahl *f.*; ***procedimento di ~*** Auswahlverfahren *n.*

self-con|trol [kən'troul, *üblich* k'ontrol] m. Selbstbeherrschung *f.*, Selbstkontrolle *f.*

self-ser|vice [-'sə:vɪs] m. **1** *(ristorante)* Selbstbedienungsrestaurant *n.* **2** *(sistema di vendita)* Selbstbedienungsladen *m.*

sel|la f. **1** Sattel *m.*, Reitsattel *m.*: ***montare in ~*** sich in den Sattel schwingen; ***cadere di ~*** vom (*o* aus dem) Sattel fallen; ***cavalcare senza ~*** ohne Sattel reiten; ***sbalzare di ~ qcn.*** jdn vom Sattel stoßen; FIG. jdn aus dem Sattel heben; ***mettere in ~ qcn.*** jdn in den Sattel heben **2** *(sellino)* Sattel *m.* **3** GEOGR. Gebirgssattel *m.*, Bergsattel *m.*, Joch *n.* ◆ ***appoggio della ~*** Pausche *f.*; ***borsa da ~*** Satteltasche *f.*; ***cambiare la ~ al cavallo*** das Pferd um‿satteln; ***da ~*** Reit-: ***cavallo da ~*** Reitpferd *n.*; ***animale da ~*** Reittier *n.*; ***~ da donna*** Damensattel *m.*; FIG. ***essere in ~*** fest im Sattel sitzen; ***a forma di ~*** sattelförmig; ***~ all'inglese*** englischer Sattel, Pritsche *f.*; ***mettere la ~ al cavallo*** das Pferd satteln; ANAT. ***~ del naso*** Nasenwurzel *f.*; ***pomo della ~*** Sattelknopf *m.*; ***reggersi in ~*** sich im Sattel halten; FIG. ***restare in ~*** sich im Sattel (*o* oben) halten; ***rimettersi in ~*** wieder auf‿steigen; FIG. sich wieder in den Sattel schwingen (*o* wieder ans Ruder kommen); ***senza ~*** ungesattelt; ***togliere la ~ al cavallo*** das Pferd ab‿satteln; ***~ da uomo*** Herrensattel *m.* **sel|la|io** m. *(-ai)* Sattler *m.* **sel|la|re** tr. satteln: ***~ un cavallo*** ein Pferd satteln.

sel|la|to p.pass. agg. **1** → **sellare 2** gesattelt: ***cavallo ~*** gesatteltes Pferd. **sel|la|tu|ra** f. Satteln *n.*, Sattelung *f.* **sel|le|ri|a** f. Sattlerei *f.* **sel|li|no** m. **1** Sattel *m.*: ***alzare il ~*** den Sattel höher stellen; ***~ della bicicletta*** Fahrradsattel *m.* **2** *(finimento da tiro)* Kammdeckel *m.*

seltz → **selz.**

sel|va f. **1** Wald *m.*, Forst *m.* **2** FIG. *(moltitudine)* Unmenge *f.*, Menge *f.*: ***una ~ di errori*** eine Unmenge Fehler ◆ ***~ di capelli*** Haarpracht *f.*; ***Selva Nera*** Schwarzwald *m.*

sel|vag|gia|men|te avv. wild, rasend.

sel|vag|gi|na f. **1** Wild *n.*: ***il cane punta la ~*** der Hund spürt das Wild auf **2** *(cibo)* Wildbret *n.*, Wild *n.*: ***mangiare della ~*** Wild essen ◆ ***~ grossa*** Hochwild *n.*; ***~ minuta*** Niederwild *n.*; ***~ di passo*** Wechselwild *n.*; ***~ di pelo*** Haarwild *n.*; ***~ di penna, di piuma*** Federwild *n.*; ***ricco di ~*** wildreich; ***riserva di ~*** Wildpark *m.*; ***~ stanziale*** Standwild *n.*

sel|vag|gio I agg. *(-gi,-ge)* **1** wild, Wild-: ***animali -gi*** wilde Tiere; ***zona -a*** wilde Gegend; ***tribù -ge*** wilde Stämme; ***cavallo ~*** wildes Pferd (*o* Wildpferd *n.*) **2** *(crudele, violento)* barbarisch, wild: ***orde -ge*** wilde Horden **II** m. *(-gi)* Wilde *m.*: ***quel ragazzo è un ~*** der Junge ist wie ein Wilder; ***gridare come un ~*** wie ein Wilder schreien ◆ ***aquila -a*** = wilder Streik der Piloten; ***sciopero ~*** wilder Streik; ***il ~ West*** der Wilde Westen.

sel|va|ti|chez|za f. **1** Wildheit *f.* **2** *(rozzezza)* Grobheit *f.*

sel|va|ti|co I agg. *(-ci,-che)* **1** wild, Wild-: ***frutto ~*** Wildfrucht *f.*; ***anatra -a*** Wildente *f.*; ***coniglio, gatto ~*** Wildkaninchen *n.*, Wildkatze *f.*; ***erba, pianta -a*** Wildkraut *n.*, Wildpflanze *f.*; ***vite -a*** wilder Wein **2** *(di terreno)* verwildert **3** FIG. *(poco socievole)* rau, roh **II** m. **1** *(odore)* Wildgeruch *m.* **2** *(sapore)* Wildgeschmack *m.* ◆ ***giglio ~*** Feuerlilie *f.*; ***miele ~*** wilder (*o* naturreiner) Honig; ***rosa -a*** Heckenrose *f.*

sel|vi|col|tu|ra f. Forstwirtschaft *f.*

selz m.inv. Selterwasser *n.*

se|ma m. Sem *n.*

se|ma|fo|ri|co agg. *(-ci,-che)* Ampel-, Verkehrsampel-: ***impianto ~*** Verkehrsampelanlage *f.* **se|ma|fo|ri|sta** m. e f. *(-i,-e)* Signalsteller *m.* (-in *f.*).

se|ma|fo|ro m. **1** Verkehrsampel *f.*, Ampel *f.*: ***il ~ è scattato*** die Ampel hat umgeschaltet; ***il ~ è rosso, verde, giallo*** die Ampel steht auf (*o* zeigt) Rot, Grün, Gelb; ***il ~ è diventato rosso*** die Ampel ist auf Rot gesprungen; ***il ~ è scattato dal giallo al rosso*** die Ampel ist von Gelb auf Rot umgesprungen; ***passare con il ~ rosso*** bei Rot durch‿fahren; ***attraversare con il ~ rosso (a piedi)*** bei Rot überqueren **2** MAR. Signalstation *f.*, Semaphor *n.* e *m.* **3** FERR. Signal *n.*, Semaphor *n.* e *m.* ◆ ***~ lampeggiante*** Blinklicht *n.*; ***-i sincronizzati*** grüne Welle; ***~ tranviario*** Straßenbahnampel *f.*

se|man|te|ma m. Semantem *n.*

se|man|ti|ca f. **1** LING. Semantik *f.*, Semiologie *f.*: ***~ storica*** historische Semantik; ESTENS. ***~ pittorica*** figurative Semantik **2** FILOS. Semasiologie *f.*, Semiologie *f.*: ***~ cognitiva*** kognitive Semiologie. **se|man|ti|ca|men|te** avv. semantisch.

se|man|ti|ci|sta → **semantista.**

se|man|ti|co agg. *(-ci,-che)* semantisch, Bedeutungs-: ***mutamento ~*** Bedeutungswandel *m.* ◆ ***calco ~*** Lehnbildung *f.*; ***campo ~*** Wortfeld *n.* (*o* Sinnbezirk *m.*); ***teoria del campo ~*** Feldtheorie *f.*; ***prestito ~*** Lehnwort *n.*; ***nucleo sintattico ~*** Satzkern *m.* **se|man|ti|sta** m. e f. *(-i,-e)* Semantiker *m.* (-in *f.*).

se|ma|sio|lo|gi|a f. Semasiologie *f.* **se|ma|sio|lo|gi|co** agg. *(-ci,-che)* semasiologisch. **se|ma|sio|lo|go** m. *(-gi)* Semasiologe *m.*

sem|bian|te m. LETT. Aussehen *n.*, Antlitz *n.* ◆ ***far ~ che...*** den Anschein geben, als ob...; ***in -i*** dem Anschein nach.

sem|bian|za f. **1a** LETT. Aussehen *n.*: ***avere la ~ di un galantuomo*** das Aussehen eines Ehrenmanns haben **b** pl. *(lineamenti)* Gesichtszüge *pl.*, Züge *pl.*: ***avere -e delicate*** feingeschnittene Züge haben **2** *(apparenza)* Anschein *m.*, Gestalt *f.*: ***sotto le -e dell'amicizia*** unter dem Anschein der Freundschaft; ***apparire con -e umane*** in Menschengestalt erscheinen ◆ ***-e da fanciullo*** Knabenhaftigkeit *f.*

sem|bra|re intr. (aus. *essere*) **1** scheinen: ***sembrava un bravo ragazzo*** er schien ein guter Junge zu sein; ***mi sembra un uomo onesto*** er scheint mir ein ehrlicher Mann zu sein; ***sembra facile, ma non lo è*** es ist gar nicht so einfach, wie es scheint; ***mi sembrava (strano)!*** das kam mir doch gleich komisch vor! ***sembrano stare tutti bene*** offensichtlich geht es allen gut **2** *(assomigliare)* aus‿sehen: ***sembra uno spettro*** er sieht wie ein Gespenst aus; ***sembra tutto suo padre*** er ist ganz der Vater; ***~ nuovo*** wie neu aussehen **3** impers. ***mi sembra che...*** ich glaube (*o* meine), dass...; ***mi sembra che non si dica così*** ich glaube, dass man das so nicht sagt; ***non mi sembra*** ich glaube nicht; ***che te ne sembra?*** was meinst du dazu? was hältst du davon? ***se ti sembra*** wenn du meinst; ***mi sembra di sì, di no*** ich glaube schon, ich glaube nicht; ***non ti sembra?*** meinst du nicht auch? **4** impers. ***sembra*** es scheint; ***sembra che voglia piovere*** es scheint, dass es bald regnen wird; ***sembra che farà freddo*** es scheint kalt zu werden; ***sembra che il peggio sia passato*** das Schlimmste scheint vorüber zu sein ◆ ***così sembra*** es sieht so aus; ***sembra ieri*** es ist, als wäre es gestern gewesen; ***a quanto sembra*** anscheinend; ***non mi sembra vero!*** ich kann es kaum (*o* gar nicht) glauben!

se|me m. **1a** Samen *m.*: ***il ~ germina, germoglia*** der Samen geht auf, treibt **b** *(semente)* Saatgut *n.*, Samen *m.* **2** ESTENS. *(nocciolo)*

Kern *m.*: ***il ~ dell'albicocca*** Aprikosenkern *m.*; ***senza -i*** kernlos; ***togliere i -i a qcs.*** etw. entkernen **3** FIG. *(origine, causa)* Samen *m.*, Keim *m.*: ***il ~ dell'odio, della violenza*** der Samen des Hasses, der Gewalt; ***il ~ della speranza*** der Keim der Hoffnung **4** GIOC. Farbe *f.*, Couleur *f.*: ***rispondere al ~*** Farbe zu‿geben **5** *(sperma)* Samen *m.*, Sperma *n.*: ***la banca del ~*** die Samenbank ◆ ***~ di girasole*** Sonnenblumenkern *m.*; ***-i di lino*** Leinsamen *pl.*, Leinsaat *f.*; ***~ oleoso*** Ölsaat *f.*; ***olio di -i*** Keimöl *n.*, Samenöl *n.*; ***~ di papavero*** Mohnsamen *m.*, Mohnkorn *n.*; ***~ di zucca*** Kürbiskern *m.*

se|me|io|lo|gi|a, se|me|io|lo|gi|co... → **semiologia, semiologico...**

se|me|io|ti|ca f. **1** MED. Semiotik *f.*, Symptomatologie *f.* **2** FILOS. Semiotik *f.*, Semiologie *f.* **se|me|io|ti|co** agg. *(-ci,-che)* semiotisch, symptomatologisch.

se|me|ma m. Semem *n.*

se|men|ta f. → **semina.**

se|men|te f. Saatgut *n.* **se|men|za** f. **1** Saatgut *n.* **2** FIG. *(origine)* Keim *m.* **3** LETT. *(discendenza)* Geschlecht *n.* **4** *(chiodo a testa piatta)* Täcks *m.* **se|men|za|io** m. *(-ai)* Samenschule *f.*, Pflanzschule *f.*

se|me|stra|le agg. **1** halbjährig, sechsmonatig: ***corso ~*** halbjähriger Kurs; ***soggiorno, contratto ~*** sechsmonatiger Aufenthalt, Vertrag **2** *(che ricorre ogni sei mesi)* halbjährlich: ***tassa ~*** halbjährliche Steuer. **se|me|stra|li|tà** f. Halbjahresrate *f.*, Halbjahresbeitrag *m.* **se|me|stral|men|te** avv. halbjährlich, alle sechs Monate: ***eseguire ~ un controllo*** halbjährlich (*o* alle sechs Monate) eine Kontrolle durchführen.

se|me|stre m. **1** Halbjahr *n.*, halbes Jahr *n.* **2a** SCOL. Halbjahr *n.* **b** UNIV. Semester *n.*: ***essere al quarto ~*** im vierten Semester sein **3** ESTENS. *(somma)* Halbjahresbeitrag *m.* ◆ ***~ estivo*** Sommersemester *m.*; ***~ invernale*** Wintersemester *n.*

se|mi|al|be|ro m. Antriebswelle *f.*, Achswelle *f.*

se|mi|a|nal|fa|be|ta m. e f. *(-i,-e)* **1** halber Analphabet *m.* (halbe Analphabetin *f.*) **2** ESTENS. SPREG. Analphabet *m.* (-in *f.*). **se|mi|a|nal|fa|be|ti|smo** m. = weitgehender Analphabetismus *m.*

se|mi|a|per|to agg. halb offen, halb geöffnet.

se|mi|as|se m. **1** Antriebswelle *f.*, Achswelle *f.* **2** GEOM. Halbachse *f.*

se|mi|au|to|ma|ti|co agg. *(-ci,-che)* halbautomatisch.

se|mi|bi|scro|ma f. Vierundsechzigstelnote *f.*

se|mi|bre|ve f. ganze Note *f.*

se|mi|cer|chio m. *(-chi)* Halbkreis *m.*: ***disporsi a ~*** sich im Halbkreis auf‿stellen.

se|mi|chiu|so agg. halb geschlossen.

se|mi|cin|go|la|to I agg. Halbketten- **II** m. Halbkettenfahrzeug *n.*

se|mi|cir|co|la|re agg. halbkreisförmig, halbrund.

se|mi|cir|co|lo m. → **semicerchio.**

se|mi|cir|con|fe|ren|za f. halbe Kreislinie *f.*

se|mi|co agg. *(-ci,-che)* semisch.

se|mi|con|dut|to|re m. Halbleiter *m.*: ***tecnica dei -i*** Halbleitertechnik *f.*

se|mi|con|so|nan|te f. Halbkonsonant *m.* **se|mi|con|so|nan|ti|co** agg. *(-ci,-che)* halbkonsonantisch.

se|mi|cro|ma f. Sechzehntelnote *f.*

se|mi|cru|do agg. halb roh.

se|mi|cu|pio m. *(-pi)* **1** *(vasca)* Sitzbadewanne *f.* **2** *(bagno)* Sitzbad *n.*

se|mi|de|po|nen|te I m. Semideponens *n.* **II** agg. Semideponens-.

se|mi|dia|me|tro m. Halbmesser *m.*, Radius *m.*

se|mi|die|sel agg. ***motore ~*** Glühkopfmotor *m.*

se|mi|di|o m. *(-dei)* Halbgott *m.*

se|mi|di|ste|so agg. halb liegend.

se|mi|di|strut|to agg. halb zerstört.

se|mi|el|lis|se f. halbe Ellipse *f.*

se|mi|e|so|ne|ro m. **1** Teilentlastung *f.*, Teilbefreiung *f.* **2** SCOL. teilweise Freistellung *f.*

se|mi|fi|na|le f. Halbfinale *n.*, Semifinale *n.* **se|mi|fi|na|li|sta** *(-i,-e)* **I** m. e f. Halbfinalist *m.* (-in *f.*) **II** agg. zum Semifinale zugelassen.

se|mi|fi|ni|to agg. halb fertig, Halbfertig-: ***prodotto ~*** Halbfertigware *f.*, Halbfabrikat *n.*

se|mi|flui|do agg. halbflüssig.

se|mi|fred|do m. Halbgefrorene *n.*

se|mi|gras|so agg. halbfett: ***formaggio ~*** halbfetter Käse.

se|mi|la|vo|ra|to I agg. halb fertig, Halbfertig-, Halb- **II** m. Halbfertigware *f.*, Halbfabrikat *n.*

se|mi|li|ber|tà f. ***regime di ~*** offener Strafvollzug *m.*; ***detenuto in regime di ~*** Freigänger *m.*

se|mi|li|qui|do agg. halbflüssig.

se|mi|lu|na|re agg. halbmondförmig. **se|mi|lu|nio** m. *(-ni)* Halbmond *m.*

se|mi|me|tal|lo m. Halbmetall *n.*

se|mi|mi|ni|ma f. Viertelnote *f.*

se|mi|na f. **1** Saat *f.*, Aussaat *f.* **2** *(periodo)* Saatzeit *f.* ◆ ***~ autunnale*** Wintersaat *f.*; ***campo da ~*** Saatfeld *n.*; ***~ dei cereali*** Getreidesaat *f.*; ***fagiolo da ~*** Saatbohne *f.*; ***grano da ~*** Saatkorn *n.*; ***~ primaverile*** Sommersaat *f.*; ***terreno da ~*** Saatbett *n.* **se|mi|na|bi|le** agg. **1** säbar: ***cereale ~*** säbares Getreide **2** *(terreno)* besäbar. **se|mi|na|gio|ne** f. Aussaat *f.*, Saat *f.* **se|mi|na|le** agg. Samen-: ***liquido ~*** Samenflüssigkeit *f.*; ***vescicola ~*** Samenblase *f.*

se|mi|na|re tr. *(semino)* **1** aus‿säen, ein‿säen, säen: ***~ frumento*** Weizen säen **2** *(terreno)* besäen, ein‿säen: ***~ un campo a grano*** ein Feld mit Weizen besäen **3** FIG. *(spargere)* verstreuen: ***~ in giro le proprie cose*** seine Sachen überall verstreuen **4** FIG. *(diffondere)* säen, verbreiten: ***~ zizzania, discordia*** Zwietracht, Unfrieden säen; ***~ il terrore fra la popolazione*** Schrecken unter der Bevölkerung verbreiten **5** *(lasciare indietro)* ab‿schütteln, ab‿hängen: ***il malvivente ha seminato la polizia*** der Verbrecher hat die Polizei abgeschüttelt ◆ ***~ a prato*** ein‿grünen; FIG. ***raccogliere quello che si è seminato*** seinen gerechten Lohn bekommen; ***è tempo di ~*** es ist Saatzeit; PROV. ***chi semina vento, raccoglie tempesta*** wer Wind sät, wird Sturm ernten; ***chi non semina non raccoglie*** ohne Fleiß, kein Preis.

se|mi|na|ria|le agg. seminaristisch, Seminar-: ***esercitazione ~*** Seminarübung *f.* **se|mi|na|rio** m. *(-ri)* **1** RELIG. Priesterseminar *n.*, Seminar *n.* **2** UNIV. Seminar *n.*, Studienseminar *n.* **se|mi|na|ri|sta** m. e f. *(-i,-e)* Seminarist *m.* (-in *f.*). **se|mi|na|ri|sti|co** agg. *(-ci,-che)* seminaristisch.

se|mi|na|ti|vo I agg. Saat- **II** m. Saatfeld *n.*

se|mi|na|to I p.pass. agg. **1** → **seminare 2** gesät, besät: ***campo ~ a frumento*** mit Weizen besätes Feld **3** *(disseminato)* übersät, besät: ***cielo ~ di stelle*** mit Sternen übersäter Himmel **II** m. Saatfeld *n.* ◆ ***aiuola -a*** Saatbeet *n.*; ***una vita -a di spine*** ein dornenreiches Leben; ***terreno ~*** Saatland *n.*; ***uscire dal ~*** vom Thema ab‿kommen.

se|mi|na|to|re m. **1** Säer *m.*, Sämann *m.* **2** FIG. Stifter *m.*: ***~ di zizzania*** Unruhestifter *m.* **se|mi|na|tri|ce** f. Sämaschine *f.*, Drillmaschine *f.*

se|min|fer|mi|tà f. ***~ mentale*** beschränkte Zurechnungsfähigkeit *f.* **se|min|fer|mo I** agg. beschränkt zurechnungsfähig **II** m. beschränkt Zurechnungsfähige *m.*

se|mi|ni|fe|ro agg. Samen tragend, Samen-.

se|mi|no|ma|de agg. halbnomadisch.

se|min|ter|ra|to m. Kellergeschoss *n.*, Souterrain *n.*

se|mi|nu|do agg. halb nackt.

se|mio|lo|gia f. **1** Semiologie *f.*, Semiotik *f.* **2** MED. Semiologie *f.*, Symptomatologie *f.* **se|mio|lo|gi|co** agg. *(-ci,-che)* semiologisch.

se|mi|o|lo|go m. *(-gi)* Semiologe *m.*

se|mi|o|scu|ri|tà f. Halbdunkel *n.*: ***essere nella ~*** im Halbdunkel liegen.

se|mio|ti|ca f. Semiotik *f.*, Semiologie *f.* **se|mio|ti|co** agg. *(-ci,-che)* semiotisch.

se|mi|pa|ras|si|ta I agg. *(-i,-e)* hemiparasitär **II** m. *(-i)* ZOOL. Halbschmarotzer *m.*, Hemiparasit *m.* **III** f. *(-e)* BOT. Halbschmarotzer *m.*, Hemiparasit *m.*

se|mi|pe|ri|me|tro m. halber Umfang *m.*

se|mi|per|me|a|bi|le agg. semipermeabel, halbdurchlässig: ***membrana ~*** semipermeable Membrane.

se|mi|pia|no m. Halbebene *f.*

se|mi|pie|no agg. halb voll.

se|mi|pro|dot|to m. Halbprodukt *n.*

se|mi|pro|fes|sio|ni|sta m. Halbprofi *m.*

se|mi|pub|bli|co agg. *(-ci,-che)* halböffentlich.

se|mi|raf|fi|na|to agg. halbraffiniert.

Se|mi|ra|mi|de n.pr.f. Semiramis *f.*

se|mi|ret|ta f. Halbgerade *f.*

se|mi|ri|gi|do I agg. **1** mäßig hart **2** TECN. halbstarr **II** m. TESS. Steifleinen *n.* ◆ ***lenti a contatto -e*** halbweiche Kontaktlinsen.

se|mi|ri|mor|chio m. *(-chi)* Sattelanhänger *m.*, Auflieger *m.*

se|mi|ro|ton|do agg. halbrund.

se|mi|sco|per|to agg. halb offen.

se|mi|sec|co agg. *(-chi,-che)* halbtrocken.

se|mi|se|rio agg. *(-ri,-rie)* halb ernst.

se|mi|sfe|ra f. Halbkugel *f.* **se|mi|sfe|ri|co** agg. *(-ci,-che)* halbkug(e)lig.

se|mi|so|li|do agg. halb fest.

se|mi|som|ma f. Halbsumme *f.*

se|mi|ta *(-i,-e)* **I** m. e f. Semit *m.* (-in *f.*) **II** agg. semitisch.

se|mi|tap|pa f. Halbetappe *f.*

se|mi|ti|co I *(-ci, -che)* agg. semitisch **II** m. semitische Sprachen *pl.*

se|mi|ti|sta m. e f. *(-i,-e)* Semitist *m.* (-in *f.*).
se|mi|to|no m. Halbton *m.*, halber Ton *m.*: ***alzare, abbassare di un ~*** um einen Halbton erhöhen, erniedrigen.
se|mi|tra|spa|ren|te agg. halbdurchsichtig, durchscheinend.
se|mi|uf|fi|cia|le agg. halbamtlich, quasioffiziell.
se|mi|vo|ca|le f. Halbvokal *m.*, Semivokal *m.* **se|mi|vo|ca|li|co** agg. *(-ci,-che)* halbvokalisch.
se|mi|vuo|to agg. halb leer.
sem|mai I cong. wenn je, wenn überhaupt: ***~ ti interessasse, fammelo sapere*** wenn es dich doch noch interessieren sollte, sag mir Bescheid; ***~ dovessi averne bisogno te lo dirò*** wenn ich es je brauchen sollte, werde ich es dir sagen **II** avv. höchstens, allenfalls, vielleicht: ***~ vengo a piedi*** allenfalls komme ich zu Fuß; ***~ ci vado domani*** vielleicht gehe ich morgen hin.
se|mo|la f. **1** *(crusca)* Kleie *f.* **2** *(semolino)* Grieß *m.* **3** *(fior di farina)* Auszugsmehl *n.* **4** COLLOQ. *(lentiggini)* Sommersprossen *pl.* **se|mo|la|to** agg. ***zucchero ~*** Kristallzucker *m.* **se|mo|li|no** m. **1** Grieß *m.* **2** GASTR. Grießbrei *m.* ◆ ***gnocchi di ~*** Grießklöße *pl.*; ***minestra di ~*** Grießsuppe *f.*; ***~ d'orzo*** Gerstengrütze *f.*; ***pappa di ~*** Grießbrei *m.* **se|mo|lo|so** agg. **1** kleiig, kleiehaltig: ***pane ~*** kleiehaltiges Brot **2** COLLOQ. *(lentigginoso)* sommersprossig.
se|mo|ven|te I agg. selbstbeweglich, Selbstfahr-: ***cannone ~*** Selbstfahrlafette *f.* **II** m. Selbstfahrlafette *f.*
Sem|pio|ne n.pr.m. Simplon *m.* ◆ ***galleria del ~*** Simplontunnel *m.*; ***passo del ~*** Simplonpass *m.*
sem|pi|ter|no agg. LETT. ewig ◆ ***in ~*** ewig.
sem|pli|ce I agg. **1a** einfach: ***filo, nodo ~*** einfacher Faden, Knoten **b** ESTENS. einfach: ***furto ~*** einfacher Diebstahl; GRAMM. ***tempi -i*** einfache Zeitformen; MED. ***frattura ~*** einfacher Bruch; COMM. ***partita ~*** einfache Buchhaltung; *(ovvio)* ***ragione, motivo ~*** einfacher Grund **2** *(facile)* leicht, einfach, simpel: ***metodo ~*** einfache Methode; ***un concetto ~*** ein simpler Begriff; ***non è così ~*** so einfach geht es (nun auch wieder) nicht **3a** *(modesto)* bescheiden, einfach: ***gente ~*** einfache Leute; ***condurre una vita ~*** ein bescheidenes Leben führen **b** *(schietto, naturale)* natürlich **4** *(disadorno)* schlicht: ***un abito ~*** ein schlichtes Kleid **5** *(ingenuo)* einfältig, naiv: ***animo ~*** einfältiges Gemüt **6** *(puro)* bloß, rein, einfach: ***è una ~ curiosità*** es ist reine Neugier; ***attenersi ai -i fatti*** sich an die bloßen Ereignisse (*o* Fakten) halten **7** *(di grado basso)* einfach, gemein: ***soldato ~*** gemeiner Soldat; ***è un ~ impiegato*** er ist ein einfacher Angestellter **II** m. **1** einfacher Mensch *m.* **2** SPREG. Einfaltspinsel *m.* ◆ ***preposizione ~*** Präposition *f.*; ***puro e ~*** rein, bloß (*o* schlicht und ergreifend).
sem|pli|ce|men|te avv. **1** einfach: ***esprimersi ~*** sich einfach aus‿drücken; ***è ~ fantastico, impossibile!*** es ist einfach super, unmöglich! **2** *(in modo modesto)* bescheiden, einfach **3** *(in modo disadorno)* schlicht: ***vestirsi ~*** sich schlicht kleiden **4** *(solamente)* nur, bloß: ***ho ~ chiesto*** ich habe doch bloß gefragt **5** *(ingenuamente)* einfältig, naiv.
sem|pli|cio|ne m. Einfaltspinsel *m.* **sem|pli|cio|ne|ri|a** f. Einfalt *f.*, Beschränktheit *f.* **sem|pli|ciot|to** m. **1** Einfaltspinsel *m.* **2** *(ingenuo)* Naivling *m.*
sem|pli|ci|smo m. Oberflächlichkeit *f.* **sem|pli|ci|sta** m. e f. *(-i,-e)* oberflächlicher Mensch *m.* **sem|pli|ci|sti|co** agg. *(-ci,-che)* (all)zu simpel, allzu oberflächlich vereinfachend.
sem|pli|ci|tà f. **1** Einfachheit *f.*, Simplizität *f.*: ***per ~*** der Einfachheit halber **2** *(facilità)* Einfachheit *f.*, Leichtigkeit *f.*: ***la ~ di un problema*** die Einfachheit eines Problems **3a** *(modestia)* Einfachheit *f.*, Bescheidenheit *f.* **b** *(naturalezza)* Natürlichkeit *f.* **4** *(di abiti)* Schlichtheit *f.* **5** *(ingenuità)* Einfalt *f.*, Naivität *f.*; SPREG. Einfältigkeit *f.*
sem|pli|fi|ca|re *(semplifico, semplifichi)* **I** tr. **1** vereinfachen, simplifizieren: ***~ una procedura*** ein Verfahren vereinfachen **2** *(facilitare)* erleichtern **3** MAT. kürzen: ***~ un'equazione*** eine Gleichung kürzen **II** pronom. **semplificarsi** sich vereinfachen, einfacher werden. **sem|pli|fi|ca|ti|vo** agg. vereinfachend, reduktionistisch. **sem|pli|fi|ca|zio|ne** f. **1** Vereinfachung *f.*, Simplifizierung *f.* **2** MAT. Kürzung *f.*
sem|pre avv. **1** immer, stets: ***ha ~ freddo*** ihm ist immer kalt; ***te l'ho ~ detto*** das habe ich dir immer gesagt; ***non sarà ~ così*** es wird nicht immer so sein; ***è ~ insoddisfatto*** er ist stets unzufrieden **2** *(via via)* immer: ***fa ~ più caldo*** es wird immer wärmer; ***la malattia peggiora ~*** die Krankheit wird immer schlimmer **3** *(ancora)* noch, noch immer, immer noch: ***sei ~ di questa opinione?*** bist du noch immer dieser Meinung? ***abiti ~ lì?*** wohnst du immer noch dort? **4** *(continuamente)* immer, dauernd, ständig: ***ha ~ fame*** er ist immer hungrig; ***fuma ~*** er raucht ständig **5** *(tutte le volte)* jedes Mal, allemal: ***me lo dimentico ~*** ich vergesse es jedes Mal **6** *(in qualsiasi momento)* jederzeit: ***è ~ un ospite gradito*** er ist jederzeit ein gern gesehener Gast **7** *(tuttavia; con congiunzione avversativa)* (zwar)..., aber...: ***è vecchio, ma ~ in buone condizioni*** er ist (zwar) alt, aber (noch) in guter Verfassung ◆ ***~ che*** vorausgesetzt, dass (*o* wenn): ***lo comprerò, ~ che lo trovi*** ich werde es kaufen, vorausgesetzt ich finde es; ***da ~*** seit jeher: ***lo conosco da ~*** ich kenne ihn seit einer Ewigkeit; ***è quello di ~*** er ist immer der Gleiche (*o* er ist ganz der Alte); ***ora e ~*** jetzt und immerdar; ***per ~*** für immer; *(definitivamente)* endgültig: ***durerà per ~*** es wird für immer halten; ***ci siamo lasciati per ~*** wir haben uns endgültig getrennt; ***una volta per ~*** ein für alle Mal; ***~ più*** immer mehr; ***pur ~*** schließlich, immerhin; ***~ se*** vorausgesetzt, dass (*o* wenn); ***sei ~ il solito*** du bist immer der Gleiche.
sem|pre|ver|de I agg. immergrün **II** m. e f. Immergrün *n.*
sem|pre|vi|vo m. Hauswurz *f.*
sem|pro|nio, *tizio, caio e ~* Hinz und Kunz (*o* Krethi und Plethi).
Sem|pro|nio n.pr.m. Sempronius *m.*
Sen. ⇒ *senatore* Senator.
se|na f. Sennesblätter *pl.*
se|na|pe I f. Senf *m.*, REGION. Mostrich *m.* **II** m. *(colore)* Senffarbe *f.* **III** agg.inv. senffarben, senffarbig ◆ ***farina di ~*** Senfmehl *n.*; ***granello di ~*** Senfkorn *n.*; ***impiastro di ~*** Senfpflaster *n.*; ***salsa di ~*** Senfsoße *f.*; ***vasetto di ~*** Senftopf *m.* **se|na|pi|smo** m. **1** Senfpflaster *n.* **2** *(persona noiosa)* Quälgeist *m.*, Nervensäge *f.*
se|na|rio I m. *(-ri)* **1** *(nella metrica latina)* Senar *m.*, Sechsfüßler *m.* **2** *(nella metrica italiana)* auf der vorletzten Silbe betonter Sechssilb(l)er *m.* **II** agg. *(-ri,-rie)* sechssilbig.
se|na|to m. **1** Senat *m.*: ***~ accademico*** akademischer Senat **2** *(carica)* Senatorentitel *m.* **3** *(luogo)* Senat *m.*, Senatsgebäude *n.* ◆ ***portavoce del ~*** Senatssprecher *m.*; ***presidente del ~*** Senatspräsident *m.*; ***proposta del ~*** Senatsvorlage *f.* **se|na|to|con|sul|to** m. Senatsbeschluss *m.*
se|na|to|re m. Senator *m.*: ***~ a vita*** Senator auf Lebenszeit. **se|na|to|ria|le** agg. senatorisch. **se|na|to|rio** agg. *(-ri,-rie)* senatorisch: ***provincia -a*** senatorische Provinz.
Se|ne|gal n.pr.m. Senegal *m.* **se|ne|ga|le|se I** agg. senegalisch, senegalesisch **II** m. e f. Senegalese *m.* (-galesin *f.*), Senegaler *m.* (-in *f.*).
se|ne|scen|te agg. alternd. **se|ne|scen|za** f. Vergreisung *f.*, Seneszens *f.*
se|ni|le agg. senil, Alters-: ***decadimento ~*** Altersschwäche *f.*; ***demenza ~*** senile Demenz, COLLOQ. Altersblödsinn *m.*; ***indebolimento, marasma ~*** Altersschwäche *f.* **se|ni|li|smo** m. frühzeitige Senilität *f.* **se|ni|li|tà** f. **1** Alter *n.*; LETT. Greisenalter *n.* **2** MED. Senilität *f.*: ***~ precoce*** frühzeitige Senilität.
se|nior I agg.inv. senior, der Ältere **II** m. *(-es)* SPORT Senior *m.* **III** m. e f. pl. *(atleti della categoria seniores)* Senioren *pl.*
Sen|na n.pr.f. Seine *f.*
sen|no m. Verstand *m.*, Vernunft *f.*: ***perdere il, uscire di ~*** den Verstand verlieren; ***far perdere il ~ a qcn.*** jdn um den Verstand bringen; ***essere privo di ~*** nicht bei Verstand sein; ***ritrovare il, tornare in ~*** wieder Vernunft an‿nehmen ◆ ***col ~ di poi è facile criticare*** hinterher kann man leicht kritisieren; PROV. ***del ~ di poi sono piene le fosse*** hinterher ist man immer klüger.
sen|nò avv. e cong. sonst: ***studia ~ non esci!*** lerne, sonst gehst du nicht weg (*o* aus)!
sen|non|ché cong. **1** *(con valore avversativo)* aber, jedoch **2** *(con valore eccettuativo)* außer.
se|no m. **1** *(petto)* Busen *m.*, Brust *f.*: ***stringere qcn. al ~*** jdn an die Brust drücken; ***un ~ prosperoso*** ein üppiger Busen; ***coprirsi, scoprirsi il ~*** den Busen bedecken, den Oberkörper frei‿machen; ***asportare un ~*** eine Brust ab‿nehmen **2** ESTENS. *(ventre)* Leib *m.*: RELIG. ***il frutto del tuo ~*** die Frucht deines Leibes; LETT. ***portare un bambino in ~*** ein Kind unter dem Herzen tragen **3** FIG. LETT. *(animo)* Busen *m.*, Innere *n.*: ***allevare una serpe in ~*** eine Schlange am Busen nähren **4** *(all'interno di)* ***in ~ a, nel ~ di*** *(stato in luogo)* in + dat.; *(moto a luogo)* in + acc.; ***in ~ all'assemblea*** in der Versammlung; ***in ~ alla natura*** in (*o* LETT. am Busen) der Natur; ***in ~ alla famiglia, alla chiesa*** im Schoße der Familie, der Kirche **5** ANAT. Höhle *f.* **6** MAT. Sinus *m.* **7** GEOGR. Meeresbucht *f.*, Meerbusen *m.* ◆ ***allattamento al ~*** Stillen *n.*; ***allattare un neonato al ~*** einen Säugling stillen; ***~ alto*** straffe Brüste; ***~ cadente*** Hängebusen *m.*; ***~ frontale*** Stirnhöhle *f.*; ***~ mascellare*** Kieferhöhle *f.*; COLLOQ. ***a ~ nudo*** oben ohne; ***~ paranasale*** Nebenhöhle *f.* (*o* Nasennebenhöhle *f.*); ***in ~ al partito*** parteiintern; ***dal ~ pieno*** vollbusig; ***plastica al ~*** Mammoplastik *f.*; ***senza ~*** flachbrüstig; ***teorema del ~*** Sinussatz *m.*; ***tumore al ~*** Brustkrebs *m.*
Se|no|cra|te n.pr.m. Xenokrates *m.*

Se|no|fon|te n.pr.m. Xenophon *m.*
se|no|lo|gi|a f. Senologie *f.*
sen|sa|le m. e f. Vermittler *m.* (-in *f.*), Makler *m.* (-in *f.*); AUSTR. Sensal *m.* ◆ ***~ marittimo*** Schiffsmakler *m.*; ***~ di matrimoni*** Heiratsvermittler *m.*
sen|sa|ta|men|te avv. **1** *(ragionevolmente)* vernünftig **2** *(in modo significativo)* sinnigerweise. **sen|sa|tez|za** f. **1** *(ragionevolezza)* Vernünftigkeit *f.*, Vernunft *f.* **2** *(densità di significato)* Sinnigkeit *f.*
sen|sa|to agg. **1** *(ragionevole)* vernünftig: ***un ragazzo ~*** ein vernünftiger Junge; ***fare un uso ~ del proprio denaro*** vernünftig mit seinem Geld um‿gehen **2** *(dotato di senso)* sinnvoll: ***parole -e*** sinnvolle Worte; ***è poco ~ continuare a negare*** es hat keinen Sinn, weiter zu leugnen **3** *(denso di significato)* sinnig, sinnreich.
sen|sa|zio|na|le agg. sensationell, Sensations-, Aufsehen erregend: ***una vittoria ~*** ein sensationeller Sieg; ***in modo ~*** sensationell ◆ ***annuncio ~*** Sensationsmeldung *f.*; ***fatto ~*** Sensation *f.* (*o* sensationelles Ereignis); ***fatto ~ di portata mondiale*** Weltsensation *f.*; ***notizia ~*** Sensationsnachricht *f.*, Sensationsmeldung *f.* **sen|sa|zio|na|li|smo** m. Sensationsgier *f.*, Sensationsbedürfnis *n.*, Sensationssucht *f.* **sen|sa|zio|na|li|sti|co** agg. *(-ci,-che)* sensationslüstern, Sensations-: ***stampa -a*** Sensationspresse *f.*
sen|sa|zio|ne f. **1** *(percezione sensoria)* Gefühl *n.*, Empfindung *f.*, Wahrnehmung *f.*: ***provare una ~ piacevole*** ein angenehmes Gefühl empfinden; ***una ~ fisica*** eine sinnliche Wahrnehmung; ***la ~ del caldo e del freddo*** das Gefühl für warm und kalt **2** ESTENS. *(impressione)* Gefühl *n.*, Eindruck *m.*: ***una strana ~*** ein seltsames (*o* komisches) Gefühl; ***avere la ~ che...*** das Gefühl haben, dass...; ***ho la ~ di non farcela*** ich habe das Gefühl, es nicht zu schaffen **3** *(scalpore)* Sensation *f.*, Aufsehen *n.*: ***destare, fare ~*** Aufsehen erregen (*o* eine Sensation sein) ◆ ***film a ~*** Sensationsfilm *m.*; ***~ di benessere*** Wohlgefühl *n.*; ***andare in cerca di -i*** auf Erlebnissuche gehen; ***~ di debolezza*** Schwächegefühl *n.*; ***~ di dolore*** Schmerzempfindung *f.*, Schmerzgefühl *n.*; ***~ di freddo*** Kältegefühl *n.*; ***~ gustativa*** Geschmacksempfindung *f.*; ***~ di malessere*** Unbehagen *n.*; ***~ olfattiva*** Geruchsempfindung *f.*; ***~ di paura*** Angstgefühl *n.*; ***~ di piacere*** Lustgefühl *n.*; ***~ tattile*** Tastempfindung *f.*; ***~ uditiva*** Gehörempfindung *f.* (*o* akustische Wahrnehmung); ***~ di vergogna*** Schamgefühl *n.*; ***~ visiva*** Gesichtsempfindung *f.* (*o* visuelle Wahrnehmung *f.*).
sen|se|ri|a f. **1** Makeln *n.* **2** *(compenso)* Maklergebühr *f.*; AUSTR. Sensalie *f.*, Sensarie *f.*
sen|si|bi|le I agg. **1** *(che si percepisce)* sinnlich, sinnlich wahrnehmbar: ***percezioni -i*** sinnliche Wahrnehmungen **2** *(capace di percepire)* wahrnehmungsfähig: ***gli animali sono esseri -i*** die Tiere sind wahrnehmungsfähige Wesen **3** ESTENS. *(a uno stimolo)* empfindlich: ***~ a qcs.*** gegen etw. empfindlich; ***pelle ~*** empfindliche Haut; ***strumento ~*** empfindliches Instrument; ***pellicola ~*** empfindlicher Film **4a** FIG. *(emotivo)* sensibel, feinfühlig, empfindsam: ***una persona ~*** ein sensibler (*o* feinfühliger) Mensch; ***un'anima ~*** eine empfindsame Seele; ***essere ~ alle sofferenze altrui*** die Leiden anderer wahr‿nehmen **b** *(ricettivo)* empfänglich: ***~ a qcs.*** für etw. empfänglich; ***essere ~ all'arte*** für Kunst empfänglich sein **5** *(rilevante)* merklich, spürbar: ***un ~ abbassamento di temperatura*** eine spürbare Abkühlung **II** m. **1** Sinnliche *n.* **2** **(mondo) ~** Sinnenwelt *f.* **III** f. MUS. Septime *f.* ◆ ***~ al calore*** hitzeempfindlich; FOT. ***carta ~*** Fotopapier *n.*; EL. ***~ ai disturbi*** störanfällig; ***~ al dolore*** schmerzempfindlich; ***estremamente ~*** hoch empfindlich; ***~ al gelo*** frostempfindlich (*o* frostanfällig); MECC. ***~ ai guasti*** störanfällig (*o* reparaturanfällig); ***~ alla luce*** lichtempfindlich; ***mondo ~*** Sinnenwelt *f.* (*o* wahrnehmbare Welt); FILOS. sinnliche Welt; ***~ agli odori*** geruchsempfindlich; ***~ alla pressione*** druckempfindlich; ***~ ai rumori*** lärmempfindlich (*o* geräuschempfindlich); ***~ ai sapori*** geschmacksempfindlich; ***~ ai cambiamenti del tempo*** wetterfühlig.
sen|si|bi|li|tà f. **1** *(capacità di percepire)* Gefühl *n.*, Wahrnehmungsvermögen *n.*, Empfindungsvermögen *n.*: ***non avere più ~ nelle dita*** kein Gefühl mehr in den Fingern haben; ***la ~ al caldo, al freddo*** das Gefühl für warm, kalt **2a** FIG. *(emotività)* Sensibilität *f.*, Feinfühligkeit *f.*, Empfindsamkeit *f.*; ***uomo di grande ~*** ein sehr sensibler Mensch **b** *(ricettività)* Gefühl *n.*, Empfänglichkeit *f.*: ***essere dotato di grande ~ musicale*** viel Gefühl für Musik haben (*o* sehr empfänglich für Musik sein) **3a** TECN. MED. Empfindlichkeit *f.*, Sensibilität *f.* **b** FOT. Lichtempfindlichkeit *f.*, Sensibilität *f.* ◆ ***ad alta ~*** hoch empfindlich; ***~ d'animo*** Sensibilität *f.*; ***~ al caldo*** Wärmeempfindlichkeit *f.*; EL. ***~ ai disturbi*** Störanfälligkeit *f.*; ***~ al dolore*** Schmerzempfindlichkeit *f.*; ***~ al freddo*** Kälteempfindlichkeit *f.*; MECC. ***~ ai guasti*** Störanfälligkeit *f.* (*o* Reparaturanfälligkeit *f.*); ***~ alla luce*** Lichtempfindlichkeit *f.*; ***mancanza di ~*** Gefühllosigkeit *f.*; ***è una questione di ~*** das ist Gefühlssache; ***~ ai rumori*** Geräuschempfindlichkeit *f.* (*o* Lärmempfindlichkeit *f.*); ***~ tattile*** Tastempfindung *f.* **sen|si|bi|liz|za|re I** tr. sensibilisieren (anche FIG.): ***~ qcn. su qcs.*** jdn für etw. sensibilisieren **II** pronom. **sensibilizzarsi** sensibel werden: ***-rsi a qcs.*** für etw. sensibel werden.
sen|si|bi|liz|za|to|re m. Sensibilisator *m.* **sen|si|bi|liz|za|zio|ne** f. Sensibilisierung *f.* (anche FIG.). **sen|si|bil|men|te** avv. **1** *(notevolmente)* merklich: ***la situazione è ~ migliorata*** die Lage hat sich merklich verbessert **2** *(attraverso i sensi)* sinnlich: ***percepire qcs. ~*** etw. sinnlich wahr‿nehmen.
sen|si|smo m. Sensualismus *m.* **sen|si|sta** *(-i,-e)* **I** m. e f. Sensualist *m.* (-in *f.*) **II** agg. sensualistisch. **sen|si|sti|co** agg. *(-ci,-che)* sensualistisch.
sen|si|ti|va f. **1** BOT. Sinnpflanze *f.*, Mimose *f.* **2** *(chiaroveggente)* Medium *n.* **sen|si|ti|vi|tà** f. Empfindungsvermögen *n.*, Empfindungsfähigkeit *f.*
sen|si|ti|vo I agg. **1** Empfindungs-, empfindend **2** *(che riguarda i sensi)* Sinnes-: ***organo ~*** Sinnesorgan *n.*; ***nervo ~*** Sinnesnerv *m.* **3** *(emotivo)* sensibel, feinfühlig **4** BOT. ***mimosa -a*** Sinnpflanze *f.*, Mimose *f.* **II** m. Medium *n.*
sen|si|to|me|tri|a f. Sensitometrie *f.* **sen|si|to|me|tro** m. Sensitometer *n.*
sen|so m. **1** *(percezione)* Sinn *m.*: ***i cinque -i*** die fünf Sinne; ***percepire qcs. con i -i*** etw. mit den Sinnen (*o* sinnlich) wahrnehmen; ***eccitare i -i di qcn.*** jds Sinne erregen **2** pl. *(coscienza)* Bewusstsein *n.*: ***perdere i -i*** das Bewusstsein verlieren (*o* in Ohnmacht fallen); ***riprendere i -i*** das Bewusstsein wieder‿erlangen (*o* aus der Ohnmacht erwachen); ***essere privo di -i*** ohnmächtig (*o* bewusstlos) sein **3** pl. *(impulsi)* Trieb *m.*, sinnliche Begierde *f.*: ***essere schiavo dei -i*** Sklave seiner Triebe sein; ***passione dei -i*** sinnliche Leidenschaft **4a** FIG. *(sentimento)* Gefühl *n.*: ***un ~ d'imbarazzo*** ein peinliches Gefühl; ***provare un ~ di amarezza*** Verbitterung empfinden **b** *(inclinazione)* Sinn *m.*, Beziehung *f.*: ***non avere alcun ~ musicale*** keine Beziehung zur (*o* keinen Sinn für) Musik haben **5** *(significato)* Sinn *m.*, Bedeutung *f.*: ***in ~ più ampio, più stretto*** im weiteren, engeren Sinn; ***in ~ proprio, figurato*** im eigentlichen, übertragenen Sinn; ***nel vero ~ della parola*** im wahrsten Sinne des Wortes; ***mi ha parlato in questo ~*** er hat mir in diesem Sinn davon erzählt; ***il ~ della vita*** der Sinn des Lebens; ***dare un ~ alla propria vita*** seinem Leben einen Sinn geben; ***avere ~*** Sinn haben; ***non ha più ~ che...*** es hat keinen Sinn mehr, dass...; ***non ha ~!*** das hat doch keinen Sinn! (*o* das ist doch sinnlos!) **6** *(direzione)* Richtung *f.* **7** *(disgusto)* ***qcs. fa ~ a qcn.*** etw. ekelt jdn an (*o* jd kann etw. nicht ertragen); ***il sangue mi fa ~*** ich kann den Anblick von Blut nicht ertragen ◆ ***a ~*** sinngemäß (*o* dem Sinne nach); ***tradurre a ~*** sinngemäß übersetzen; LING. ***costruzione a ~*** Sinnangleichung *f.*; ***~ degli affari*** Geschäftssinn *m.*; ***rispondere in ~ affermativo*** bejahen; BUROCR. ***ai -i di*** laut + gen. (*o* gemäß + dat.); ***ai -i della legge*** laut Gesetz; ***in ~ antiorario*** gegen den Uhrzeigersinn; ***~ di appartenenza*** Zugehörigkeitsgefühl *n.*; ***~ artistico*** Kunstverstand *m.* (*o* Kunstverständnis *n.*); ***~ di benessere*** Wohlgefühl *n.*, Wohlsein *n.*; ***il buon ~*** der gesunde Menschenverstand; ***essere dotato di buon ~*** gesunden Menschenverstand besitzen; ***in un certo ~*** in einem gewissen Sinn (*o* gewissermaßen); ***in che ~?*** wie meinst du das? ***in che ~ è cambiata la situazione?*** inwiefern hat sich die Situation geändert? ***doppio ~ di circolazione*** Gegenverkehr *m.*, zweibahnige Straße; ***strada a doppio ~ (di circolazione)*** Straße *f.* mit Gegenverkehr; ***~ civico*** Gemeinsinn *m.*; ***~ di colpa*** Schuldgefühl *n.*; ***~ comune*** Sensus communis *m.* (*o* gesunder Menschenverstand); ***~ contrario*** Gegenrichtung *f.*; ***in ~ contrario*** in entgegengesetzter Richtung; ***mancanza di ~ critico*** Kritiklosigkeit *f.*; ***doppio ~*** Doppelsinn *m.*; ESTENS. Zweideutigkeit *f.* (*o* Doppeldeutigkeit *f.*); ***barzelletta a doppio ~*** zweideutiger Witz; ***~ del dovere*** Pflichtgefühl *n.*; *(consapevolezza)* Pflichtbewusstsein *n.*; ***ebbrezza dei -i*** Sinnenrausch *m.*; ***eccitamento dei -i*** Sinnenreiz *m.*, Reizung *f.* der Sinne; ***~ dell'equilibrio*** Gleichgewichtssinn *m.*; ***esperienza dei -i*** Sinneserfahrung *f.*; ***~ estetico*** Schönheitssinn *m.*, Ästhetik *f.*; ***~ della famiglia*** Familiensinn *m.*; ***fedele al ~*** sinngetreu; ***~ di felicità*** Glücksgefühl *n.*; ***~ della forma*** Formensinn *m.*; ***~ della giustizia*** Gerechtigkeitssinn *m.*; ***~ del gusto*** Geschmackssinn *m.*; ***~ d'inferiorità*** Minderwertigkeitsgefühl *n.*; ***~ d'invidia*** Neidgefühl *n.*; ***nel ~ della larghezza*** der Breite nach; ***in ~ lato*** im weiteren Sinn; ***nel ~ della lunghezza*** längs (*o* der Länge nach); ***~ di marcia*** *(con veicolo)* Fahrtrichtung *f.*; *(a piedi)* Laufrichtung *f.*; ***a doppio ~ di marcia*** zweibahnig; ***~ della misura*** Taktgefühl *n.*; ***non avere il ~ della misura*** weder Maß noch Ziel haben; ***rispondere in ~ negativo*** verneinen; ***~ dell'olfatto*** Geruchssinn *m.*; ***~ dell'onore*** Ehrgefühl *n.*; ***~ opposto*** Gegenrichtung *f.*; ***in ~ orario*** im Uhrzeigersinn; ***~ dell'ordine*** Ordnungssinn *m.*; ***organo di ~*** Sinnesor-

gan *n.*; ~ dell'orientamento Orientierungssinn *m.*; ~ di panico Paniksstimmung *f.*; piacere dei -i Sinnenlust *f.* (*o* Sinnenfreuden *pl.*); ~ del piacere Lustgefühl *n.*; avere ~ pratico praktisch veranlagt sein; privo di ~ sinnlos; ~ della pulizia Reinlichkeitssinn *m.*; ~ della realtà Realitätssinn *m.* (*o* Wirklichkeitssinn *m.*); ~ di responsabilità Verantwortungsbewusstsein *n.* (*o* Verantwortungsgefühl *n.*); ~ di rotazione Drehsinn *m.*, Laufrichtung *f.*; ~ di sazietà Sättigungsgefühl *n.*; senza ~ sinnlos; dire cose senza ~ Nonsens reden; sesto ~ sechster Sinn; ~ dello spazio Raumgefühl *n.*; ~ della storia Geschichtsverständnis *n.*; ~ di superiorità Überlegenheitsgefühl *n.*; ~ del tatto Tastsinn *m.*; ~ del tempo Zeitgefühl *n.* (*o* Zeitsinn *m.*); in tutti i -i in jeder Hinsicht; ~ dell'udito Gehörsinn *m.*; ~ dell'umorismo Sinn für Humor; ~ unico Einbahnstraße *f.*; a ~ unico einbahnig; traffico a ~ unico Richtungsverkehr *m.*; traffico a ~ unico alternato Reißverschlusssystem *n.*; ~ di vertigine Schwindelgefühl *n.*; ~ vietato verbotene Fahrrichtung; ~ della vista Gesichtssinn *m.*

sen|so|re m. Sensor *m.*, Messfühler *m.*

sen|so|ria|le agg. 1 MED. sensorisch, Sinnes- 2 *(dei sensi)* sinnlich, Sinnes- ◆ impressione ~ Sinneseindruck *m.*; organo ~ Sinnesorgan *n.*; organo ~ cutaneo Hautsinnesorgan *n.*; percezione ~ Sinneswahrnehmung *f.* (*o* sinnliche Wahrnehmung); stimolo ~ Sinnesreiz *m.* **sen|so|rio** I agg. *(-ri,-rie)* sinnlich, Sinnes: apparato ~ Sinnesapparat *m.*; funzione -a Sinnesfunktion *f.* II m. Bewusstsein *n.*; ANT. Sensorium *n.*

sen|sua|le agg. sinnlich; ANT. sensuell: una bocca ~ ein sinnlicher Mund. **sen|sua|li|tà** f. Sinnlichkeit *f.* **sen|sual|men|te** avv. sinnlich. **sen|suo|so** agg. LETT. sensuell.

sen|ten|za f. 1 DIR. Urteil *n.*: leggere la ~ das Urteil verlesen; impugnare una ~ ein Urteil an‿fechten; pronunciare la ~ das Urteil verkünden (*o* fällen); appellarsi a una ~ gegen ein Urteil Berufung ein‿legen 2 *(massima)* Sinnspruch *m.*, Sentenz *f.*, Denkspruch *m.* 3 *(parere)* Meinung *f.*, Urteil *n.* ◆ ~ di annullamento Aufhebungsurteil *n.*; ~ di appello Berufungsurteil *m.*; ~ arbitrale schiedsrichterliche Entscheidung; ~ assolutoria freisprechendes Urteil; ~ di condanna Verurteilung *f.*; ~ condizionale Vorbehaltsurteil *n.*; ~ contumaciale *(nel processo civile)* Versäumnisurteil *n.*; *(nel processo penale)* Abwesenheitsurteil *n.*; ~ definitiva Aburteilung *f.* (*o* Endurteil *n.*); ~ di esecutorietà Vollstreckungsurteil *n.*; esecuzione della ~ Urteilsvollstreckung *f.*, Urteilsvollzug *m.*; ~ finale Schlussurteil *n.*; ~ giudiziaria Richterspruch *m.*; ~ di prima istanza erstinstanzliches Urteil; ~ parziale Teilurteil *n.*; pronuncia della ~ Urteilsverkündung *f.*; ~ di proscioglimento Freispruch *m.*; FIG. sputar -e Weisheiten von sich geben, COLLOQ. Sprüche klopfen.

sen|ten|zia|re *(sentenzio, sentenzi)* I intr. (aus. *avere*) 1 urteilen, ein Urteil fällen, verkünden 2 RAR. *(esprimere un'opinione)* urteilen, eine Meinung äußern II tr. 1 ~ qcs. ein Urteil über etw. aus‿sprechen; ~ la pena di morte zum Tode verurteilen; il tribunale sentenziò l'assoluzione dell'imputato das gerichtliche Urteil lautete auf Freispruch für den Angeklagten 2 ESTENS. assol. große Töne spucken.

sen|ten|zio|si|tà f. Sentenzhaftigkeit *f.* **sen|ten|zio|so** agg. 1 sentenziös, sentenzhaft: prosa -a sentenziöse Prosa 2 *(che ama sentenziare)* schulmeisterlich, lehrhaft.

sen|tie|ro m. 1 Pfad *m.*, Weg *m.*, Steg *m.*: prendere, percorrere un ~ einen Weg nehmen, gehen; il ~ si snoda attraverso il bosco der Pfad windet sich durch den Wald; FIG. il ~ della virtù der Pfad der Tugend ◆ ~ attraverso i campi Feldweg *m.*; ~ ginnico Trimm-Dich-Pfad *m.*; ~ d'alta montagna Höhenweg *m.*

sen|ti|men|ta|le I agg. 1a Gefühls-: vita ~ Gefühlsleben *n.* b *(amoroso)* Liebes-: avventura ~ Liebesaffäre *f.* (*o* Liebesabenteuer *n.*); relazione ~ Liebesbeziehung *f.* 2a ESTENS. sentimental b *(sdolcinato, languido)* schmalzig, schnulzig II m. e f. Gefühlsmensch *m.*, sentimentale Person *f.*; fare il ~ den Gefühlvollen spielen. **sen|ti|men|ta|li|smo** m. 1 Sentimentalität *f.*, Gefühlsseligkeit *f.*, Gefühlsduselei *f.*: sguazzare nel ~ von Sentimentalität triefen; sciocchi -i alberne Sentimentalitäten; niente -i per favore! nur keine Sentimentalitäten! (*o* bitte nicht sentimental werden!) 2 FILOS. Empfindsamkeit *f.* **sen|ti|men|ta|li|sta** m. e f. *(-i,-e)* 1 sentimentaler Mensch *m.* 2 FILOS. Vertreter *m.* (-in *f.*) der Empfindsamkeit. **sen|ti|men|ta|li|sti|co** agg. *(-ci,-che)* Schnulzen-: romanzo ~ Schnulzenroman *m.* **sen|ti|men|ta|li|tà** f. Rührseligkeit *f.*, Gefühlsseligkeit *f.* **sen|ti|men|tal|men|te** avv. essere legato ~ a qcn. mit jdm eine Beziehung haben.

sen|ti|men|to m. 1 Gefühl *n.*: ispirare, suscitare un ~ in qcn. in jdm ein Gefühl erregen; un ~ di gioia, di disgusto ein Gefühl der Freude, des Ekels; provare un ~ per qcn. jdm gegenüber ein Gefühl empfinden; provare -i contrastanti gemischte Gefühle haben; nascondere, dominare, reprimere i propri -i seine Gefühle verbergen, beherrschen, unterdrücken; ricambiare un ~ ein Gefühl erwidern; dare libero sfogo ai -i den Gefühlen freien Lauf lassen; i suoi -i si sono raffreddati seine Gefühle sind erkaltet; con ~ mit Gefühl 2 *(modo di pensare, di sentire)* Gesinnung *f.*, Empfindung *f.*, Einstellung *f.*: una persona di buoni -i eine Person mit einer positiven Einstellung; cantare con molto ~ mit viel Empfindung singen; questo ~ lo nobilita diese Gesinnung adelt ihn 3 RAR. *(senso)* Empfinden *n.*, Gefühl *n.*, Sinn *m.*: ~ religioso religiöses Empfinden; ~ del dovere Pflichtgefühl *n.*; ~ del bene e del male der Sinn für Gut und Böse ◆ ~ di angoscia Angstgefühl *n.*; toccare la corda del ~ jds gefühlsmäßige Seite treffen; dettato dal ~ gefühlsbedingt; ~ di dolore Schmerzgefühl *n.*; -i elevati erhabene Gefühle; di -i elevati hochgesinnt (*o* hochsinnig); essere fuori dei -i außer sich sein; ~ nazionale Nationalgefühl *n.*; nutrire un ~ ostile verso qcn. gegen jdn (*o* jdm gegenüber) feindlich gesinnt sein; essere animato da -i patriottici patriotisch gesinnt sein; pieno di ~ gefühlvoll; povero di -i gefühlsarm; privo di ~ gefühllos; fare qcs. con tutti i -i, metterci tutti i -i nel fare qcs. etw. einwandfrei (*o* tadellos) machen (*o* etw. [D] die größte Sorgfalt widmen).

sen|ti|na f. 1 MAR. Bilge *f.* 2 FIG. *(coacervo)* Höhle *f.*; ~ di vizi Lasterhöhle *f.*

sen|ti|nel|la f. Wache *f.*, Wachposten *m.*: essere di, fare la ~ Wache halten (*o* haben), Wache schieben; fare la ~ a qcn., qcs. etw., jdn bewachen; mettere qcn. di ~ jdn als Wache auf‿stellen; dare il cambio alla ~ die Wache ab‿lösen; montare di ~ die Wache übernehmen (*o* den Wachdienst an‿treten); smontare di ~ den Wachdienst beenden.

1.sen|ti|re I tr. 1 *(provare, avvertire)* fühlen, empfinden, spüren: ~ un dolore einen Schmerz fühlen (*o* empfinden); non ho sentito niente ich habe nichts gespürt; non ~ più le gambe die Beine nicht mehr spüren; ~ il calore del sole die Wärme der Sonne spüren; ~ qcn. distante jdn als distanziert empfinden; ~ gratitudine per qcn. Dankbarkeit für jdn empfinden 2 *(udire)* hören: ~ un rumore ein Geräusch hören; ~ qcn. gridare, qcn. che grida jdn schreien hören; ~ parlare di qcn., qcs. von jdm, etw. hören 3 *(venire a sapere)* erfahren, hören: ~ una brutta notizia eine schlimme Nachricht hören; l'ho sentito ieri per caso ich habe es gestern zufällig erfahren; ho sentito che si sposa ich habe erfahren, dass sie heiratet; a quel che sento... soweit ich gehört habe... 4 *(intuire, immaginare)* fühlen, ahnen, merken: sentivo che non sarebbe venuto ich habe geahnt, dass er nicht kommen würde; si sente che è inglese man hört ihm den Engländer an (*o* man merkt, dass er Engländer ist) 5a *(ascoltare)* (zu‿)hören, an‿hören, sich (D) an‿hören: ~ una conferenza einen Vortrag anhören; ~ la messa die Messe hören; sentiamo di cosa si tratta hören wir mal, worum es geht; senti che cosa vuole hör mal, was er will; stammi bene a ~... hör mal gut zu...; non starlo a ~ hör ihm gar nicht zu; senti un po' hör mal; senti senti hört, hört; senta, potrebbe dirmi...? entschuldigen Sie bitte, könnten Sie mir vielleicht sagen...? b *(dare retta)* ~ qcn. auf jdn hören; sente solo sua madre er hört nur auf seine Mutter 6 *(consultare)* fragen, befragen, zu Rate ziehen: ~ un esperto einen Fachmann befragen 7 *(sapere, capire)* wissen, kennen: vorrei ~ cosa ne pensa ich möchte wissen, was sie davon hält 8 *(al tatto)* fühlen, tasten: senti se l'acqua è calda abbastanza fühl, ob das Wasser warm genug ist; si sente che è lana pura man fühlt, dass es reine Wolle ist 9a *(sapori)* schmecken: si sente il gusto di vaniglia es schmeckt nach Vanille b *(assaggiare)* probieren, kosten: senti com'è buono! probier mal, wie gut das schmeckt! senti se ti piace koste mal, ob dir das schmeckt; vuoi ~ questo vino? willst du diesen Wein probieren? 10 *(odori)* si sente qcs. es riecht nach etw.; si sente odore di gas es riecht nach Gas; si sente uno strano odore es riecht hier komisch; FIG. la faccenda sente di truffa die Angelegenheit riecht nach Betrug 11a assol. farsi ~ sich bemerkbar machen, spürbar werden, fühlbar werden; il freddo comincia a farsi ~ die Kälte macht sich bemerkbar b *(farsi vivo)* sich melden: fatti ~! melde dich! c *(alzare la voce)* sich (D) Gehör verschaffen d *(farsi valere)* sich Geltung verschaffen e *(parlare più forte)* die Stimme heben 12 *(apprezzare)* ~ (profondamente) la musica eine große Sensibilität für Musik haben II intr. (aus. *avere*) 1 sentirci male, bene schlecht, gut hören; FIG. da quest'orecchio non ci sente auf diesem Ohr ist er taub 2a *(avere sapore)* ~ di qcs. nach etw. schmecken b *(avere odore)* ~ di qcs. nach etw. riechen III pronom. sentirsi 1 sich fühlen: -rsi bene, male sich gut, schlecht fühlen; -rsi rinato sich wie neugeboren fühlen; -rsi in colpa, felice sich schuldig, glücklich, fühlen; -rsi in debito con qcn. sich jdm gegenüber verpflichtet fühlen 2a *(aver voglia)* verspüren, haben: *-rsi, sentirsela di fare qcs.* Lust verspüren, etw. zu tun **b** *(avere il coraggio) -rsi, sentirsela di fare qcs.* den Mut verspüren, etw. zu tun **c** *(avere la forza) -rsi, sentirsela di fare qcs.* die Kraft haben, etw. zu tun **3** *(essere capace) -rsi, sentirsela di fare qcs.* etw. über sich (A) bringen (*o* etw. übers Herz bringen); *non me la sento* ich bring es nicht über mich; COLLOQ. ich pack's nicht **4** *(ritenersi capace) sentirsela di fare qcs.* sich (D) etw. zu‿trauen **5** *(reciproco)* voneinander hören: *-rsi per telefono* miteinander telefonieren ◆ *a ~ lei, lui* nach dem, was sie, er sagt (*o* so wie sie, er sagt); *a quel che si sente in giro* nach dem, was man hört; *-rsi affamato* hungrig sein; *ne sentiremo delle belle* da werden wir etwas Schönes zu hören kriegen; *sento caldo* mir ist heiß; *sentir dire qcs.* etw. hören; *per sentito dire* vom Hörensagen, gerüchtweise; *~ fame* Hunger haben; *sento freddo* mir ist kalt; *ma sentilo!* hör dir das an! *ma sentitelo!* hört, hört! *secondo il mio modo di ~* für mein Gefühl; *mi sono sentito morire!* ich wäre am liebsten in den Boden versunken! *ora mi sente!* jetzt erzähle ich ihm was! *sentito il parere degli esperti* nach Meinung der Experten; *senti chi parla!* gerade du musst das sagen! *~ il polso a qcn.* jdm den Puls fühlen; *-rsi prudere* einen Juckreiz verspüren; *non sentir ragioni* sich nicht überzeugen lassen; *che cosa c'è? – sentiamo* was ist los? – erzähl mal; *sentirselo* es ahnen; *me lo sentivo* ich habe es geahnt; *stare a ~ qcn.* jdm zu‿hören (*o* jdn an‿hören); *~ il (cambiamento di) tempo* wetterempfindlich sein; PROV. *non c'è peggior sordo di chi non vuol ~* es gibt nichts Schlimmeres, als tauben Ohren zu predigen.

2.sen|ti|re m. LETT. Empfinden *n.*, Gesinnung *f.*

sen|ti|ta|men|te avv. herzlich: *ringraziamo ~* mit herzlichem Dank.

sen|ti|to p.pass. agg. **1** → **sentire 2a** gehört **b** *(provato)* empfunden **c** *(sincero)* aufrichtig, herzlich: *-e condoglianze* herzliches Beileid; *-i auguri* herzlichste Glückwünsche; *Le porgo le mie più -e scuse* ich bitte Sie aufrichtig um Verzeihung **d** *(vissuto con intensità)* tief empfunden.

sen|to|re m. **1** *(sensazione)* Eindruck *m.*, Gefühl *n.* **2** *(notizia vaga)* Witterung *f.*: *aver ~ di qcs.* von etw. Witterung bekommen.

sen|za I prep. **1** ohne, -los, -frei: *una nazione ~ storia* eine geschichtslose Nation; *~ zucchero* ohne Zucker; *~ di me* ohne mich; *~ rete* ohne Netz **2** *rimanere ~ qcs.* etw. nicht mehr haben; *hai dello zucchero? – mi spiace, sono rimasto ~* hast du Zucker? – tut mir leid, ich habe keinen mehr **II** cong. **1** ohne zu, ohne dass: *~ fare qcs.* ohne etw. zu tun; *parlare ~ riflettere* sprechen, ohne zu überlegen; *mi guardava ~ dire una parola* er schaute mich an, ohne ein Wort zu sagen; *prese posto senza chiedere niente* er nahm Platz, ohne irgendetwas zu fragen **2** *~ che* ohne dass: *scappò ~ che gli altri se ne accorgessero* er floh, ohne dass jemand es bemerkte ◆ *parlare ~ accento* akzentfrei sprechen; *~ alcol* alkoholfrei; *senz'altro* ohne weiteres; *(certamente)* ganz sicher; *è ~ un braccio* er hat nur einen Arm; *~ caffeina* koffeinfrei; *~ contare che...* ohne in Betracht zu ziehen, dass..., ohne zu berücksichtigen, dass...; *~ dire che...* wenn auch...; *~ tanti discorsi* ohne langes Hin- und Herreden, ohne viel Worte; *~ dubbio* zweifellos; *~ errori* fehlerlos; *~ fiato* atemlos; *~ figli* kinderlos; *~ fili* schnurlos; TECN. drahtlos; *~ fine* endlos; *è ~ una gamba* er hat nur ein Bein; *~ intenzione* unabsichtlich; *andare in bicicletta ~ mani* freihändig Rad fahren; *~ meno* gewiss (*o* bestimmt); *~ meta* ziellos; *~ mezzi* mittellos; *non ~ difficoltà* wenn auch mit Schwierigkeiten; *~ onore* ehrlos; *~ paragone* unvergleichlich; *~ piombo* bleifrei; *~ pretese* anspruchslos; *~ riserve* rückhaltlos; *~ speranza* hoffnungslos; *~ traccia* spurlos; *~ traffico* verkehrsfrei.

sen|za|di|o m.inv. Gottlose *m.* (anche ESTENS.).

sen|za|pa|tria m.inv. **1** Staatenlose *m.*, Vaterlandslose *m.* **2** *(chi rinnega la patria)* vaterlandsloser Geselle *m.*

sen|za|tet|to m.inv. Obdachlose *m.*

sen|zien|te agg. LETT. empfindend, Empfindungs-.

se|pa|lo m. Kelchblatt *n.*

se|pa|ra|bi|le agg. trennbar. **se|pa|ra|bi|li|tà** f. Trennbarkeit *f.* **se|pa|ra|re I** tr. **1** trennen, ab‿sondern, sondern: *~ qcn., qcs. da qcn., qcs.* jdn, etw. von jdm, etw. trennen; *~ i frutti marci da quelli buoni* die faulen Früchte von den guten trennen (*o* sondern); *~ tuorlo e albume* Eigelb und Eiweiß trennen; *~ i litiganti* die Streitenden trennen **2** *(segregare)* ab‿sondern, sondern, isolieren: *~ i malati contagiosi* ansteckende Kranke absondern (*o* isolieren) **3** *(fare da elemento divisore)* trennen: *un recinto separa i nostri giardini* ein Zaun trennt unsere Gärten; *lo stretto di Messina separa la Sicilia dall'Italia* die Straße von Messina trennt Sizilien von Italien; *le nostre opinioni politiche ci separano* unsere politischen Ansichten trennen uns; *solo pochi giorni ci separano dalle vacanze* nur noch wenige Tage trennen uns vom Urlaub **4** *(distinguere)* unterscheiden, voneinander trennen: *saper ~ il bene dal male* zwischen Gut und Böse unterscheiden können (*o* das Gute und Böse voneinander trennen können) **5** CHIM. aus‿scheiden **II** pronom. **separarsi** sich trennen, auseinander gehen: *-rsi dalla moglie, dal marito* sich von der Ehefrau, vom Ehemann trennen; *si sono separati* sie haben sich (voneinander) getrennt; *si salutarono e si separarono* sie grüßten sich und gingen auseinander; *-rsi consensualmente* sich in beiderseitigem Einverständnis trennen; *-rsi da un possesso* sich von einem Besitz trennen. **se|pa|ra|ta|men|te** avv. getrennt, separat, gesondert: *conservare qcs. ~* etw. getrennt aufbewahren; *interrogare i testimoni ~* die Zeugen getrennt (voneinander) verhören; *parlare a qcn. ~* mit jdm separat sprechen.

se|pa|ra|ti|smo m. Separatismus *m.* **se|pa|ra|ti|sta** *(-i,-e)* **I** m. e f. Separatist *m.* (-in *f.*) **II** agg. separatistisch. **se|pa|ra|ti|sti|co** agg. *(-ci,-che)* separatistisch.

se|pa|ra|to I p.pass. agg. **1** → **separare 2** getrennt, abgetrennt, gesondert: *camere (da letto) -e* getrennte Schlafzimmer; *conti -i* gesonderte (*o* getrennte) Rechnungen **3** *(di coniugi)* getrennt lebend: *vivere ~ da qcn.* von jdm getrennt leben (*o* in Trennung leben) **II** m. getrennt (*o* in Trennung) lebender Ehepartner *m.* ◆ *accordo ~* Separatabkommen; *entrata -a* Separateingang *m.* (*o* separater Eingang); *-i di fatto* getrennt lebend; *pace -a* Separatfriede(n) *m.*; *patrimonio ~* Sondervermögen *n.*; *in -a sede* an anderer Stelle; *(in privato)* privat; FIG. *tenere -e due cose* zwei Dinge auseinander halten. **se|pa|ra|to|re I** agg. trennend **II** m. Separator *m.*, Scheider *m.* ◆ *~ d'acqua* Wasserabscheider *m.*; *~ di grasso* Fettabscheider *m.*; *~ di liquidi* Flüssigkeitsabscheider *m.*; *~ del minerale* Erzscheider *m.*; *~ di olio* Ölabscheider *m.* **se|pa|ra|zio|ne** f. **1** Trennung *f.*: *la ~ tra Stato e Chiesa* die Trennung von Staat und Kirche **2a** *(distacco)* Trennung *f.*: *la ~ dai suoi amici* die Trennung von seinen Freunden; *una ~ dolorosa* eine schmerzhafte Trennung **b** *(addio)* Abschied *m.* **3** DIR. Trennung *f.*: *~ consensuale* Trennung in beiderseitigem Einverständnis ◆ *~ dei beni* Gütertrennung *f.*; *causa di ~* Trennungsgrund *m.*; *linea di ~* Trennlinie *f.*, FIG. Trennungslinie *f.*; *~ dei poteri* Gewaltenteilung *f.*; *trattino di ~* Trennungszeichen *n.*

sé|pa|ré m.inv. Séparée *n.*

se|pio|li|te f. Sepiolith *m.*, Meerschaum *m.*

se|pol|cra|le agg. Grab-, Grabes- ◆ *iscrizione ~* Grabinschrift *f.*; *monumento ~* Grabmal *n.*; *ornamenti -i* Grabschmuck *m.*; *pietra ~* Grabstein *m.*; *silenzio ~* Grabesstille *f.*; *voce ~* Grabesstimme *f.* **se|pol|cre|to** m. **1** Begräbnisstätte *f.* **2** ARCHEOL. Gräberfeld *n.*

se|pol|cro m. Grab *n.*: *portare un morto al ~* einen Toten zu Grabe tragen ◆ *~ di famiglia* Familiengrab *n.*; *il santo ~* das Heilige Grab; *visitare i -i* die Heiligen Gräber auf‿suchen.

se|pol|to I p.pass. agg. **1** → **seppellire 2** begraben: *~ vivo* lebendig begraben **3** FIG. *(immerso)* versunken ◆ *~ nel dolore* vom Schmerz übermannt; FIG. *morto e ~* tot und begraben (*o* längst vergessen) **II** m. Begrabene *m.*

se|pol|tu|ra f. Begräbnis *n.*, Beerdigung *f.*, Beisetzung *f.*, Bestattung *f.*: *una degna ~* ein angemessenes Begräbnis ◆ *dare ~ a qcn.* jdn zu Grabe tragen (*o* jdn begraben).

sep|pel|li|men|to m. Begräbnis *n.*, Beerdigung *f.*, Bestattung *f.*

sep|pel|li|re *(seppellisco, seppellisci; seppellito/sepolto)* **I** tr. **1** begraben, beerdigen, bestatten: *~ un morto* einen Toten begraben; FIG. *~ un contrasto* einen Streit begraben; SCHERZ. *la nonna ci seppellirà tutti* Oma wird uns allen noch das letzte Geleit geben (*o* wird uns alle überleben) **2** *(nascondere sotto terra)* vergraben: *~ un tesoro* einen Schatz vergraben **3a** *(ricoprire)* verschütten, begraben: *la valanga ha seppellito l'intero villaggio* die Lawine hat das ganze Dorf verschüttet **b** *la neve ha seppellito tutta la zona* der Schnee hat das ganze Gebiet bedeckt **II** pronom. **seppellirsi** sich vergraben: *-rsi in casa, tra i libri* sich zu Hause, in seinen Büchern vergraben.

sep|pia I f. **1** Tintenfisch *m.*, Sepia *f.* **2** *(colore, inchiostro)* Sepia *f.* **II** agg.inv. sepia ◆ *carta ~* graubraunes Fotopapier *n.*; *inchiostro, nero di ~* Sepia *f.*; *osso di ~* Sepiaknochen *m.* **sep|pia|to** agg. sepia.

sep|pu|re cong. auch wenn, selbst wenn: *lavorano bene, ~ lentamente* sie arbeiten gut, wenn auch langsam.

se|psi f. Sepsis *f.*

se|que|la f. Reihe *f.*, Folge *f.*: *una ~ di disgrazie* eine Folge von Unglücksfällen; *una ~ di errori* eine Reihe von Irrtümern.

se|quen|za f. **1** Reihenfolge *f.*, Folge *f.*, Aufeinanderfolge *f.*, Sequenz *f.*: *in ~ alfabetica* in alphabetischer Reihenfolge; *in rapida ~* in rascher Folge **2** → **sequela 3** CINEM. MUS. LIT. INFORM. Sequenz *f.* **4** TECN. Folge *f.*, Abfolge *f.*, Reihe *f.* ◆ CINEM. TELEV. *~ di immagini*

Bildfolge *f.*; ***in*** ~ darauf folgend; ~ ***di lavorazione*** Bearbeitungsphase *f.*; ~ ***di numeri*** Zahlenfolge *f.*; ~ ***di passi*** Schrittfolge *f.*; ~ ***di pensieri*** Gedankenfolge *f.*; ~ ***temporale*** Zeitfolge *f.*

se|quen|zia|le I agg. **1** INFORM. sequenziell: ***accesso*** ~ sequenzieller Zugriff **2** LIT. ***libro*** ~ Sequenzbuch *n.* **II** m. Sequenzbuch *n.*

se|que|stra|bi|le agg. pfändbar, sequestrierbar.

se|que|stran|te → **sequestratore.**

se|que|stra|re tr. **1a** beschlagnahmen, mit Beschlag belegen, in Beschlag nehmen, sequestrieren: ~ ***il patrimonio di qcn.*** jds Vermögen beschlagnahmen **b** *(confiscare)* beschlagnahmen, ein‿ziehen, konfiszieren: ~ ***la merce, la refurtiva*** die Ware, das Diebesgut beschlagnahmen (*o* konfiszieren, einziehen); ~ ***un giornale*** eine Zeitung beschlagnahmen **2** *(rapire)* entführen, kidnappen: ~ ***un industriale*** einen Industriellen kidnappen **3** *(segregare)* ab‿sondern. **se|que|stra|ta|rio** m. *(-ri)* Sequester *m.*

se|que|stra|to p.pass. agg. **1** → **sequestrare 2** beschlagnahmt **3** *(rapito)* entführt ◆ FIG. ***essere ~ in casa*** zu Hause eingesperrt sein.

se|que|stra|to|re m. **1a** DIR. *(chi chiede un sequestro)* Besteller *m.* einer Sequestration **b** *(chi esegue un sequestro)* Vollzieher *m.* einer Sequestration **2** *(rapitore)* Entführer *m.*, Kidnapper *m.*

se|que|stro m. **1a** Beschlagnahme *f.*, Sequestration *f.*, Sequester *m.*: ***sotto*** ~ unter Beschlagnahme; ***mettere sotto ~ qcs.*** etw. mit Beschlag belegen; ***togliere il*** ~ die Beschlagnahme auf‿heben **b** *(confisca)* Beschlagnahme *f.*, Einziehung *f.*, Konfiskation *f.* **2** *(rapimento)* Entführung *f.*, Menschenraub *m.*, Freiheitsberaubung *f.*: ~ ***a scopo di estorsione*** erpresserischer Menschenraub **3** MED. Sequester *m.* ◆ ~ ***cautelativo*** Sicherungsbeschlagnahme *f.*; ~ ***conservativo*** Beschlagnahme *f.* zur Verwahrung; ~ ***giudiziale*** gerichtliche Beschlagnahme.

se|quo|ia f. Sequoia *f.*, Sequoie *f.*

se|ra f. Abend *m.*: ***scende la*** ~ der Abend bricht an; ***alla*** ~ am Abend; ***la ~ del...*** am Abend des...; ***la ~ dopo, seguente*** am nächsten Abend; ***la ~ precedente*** am vorherigen Abend; ***prima di*** ~ vor dem Abend; ***verso ~, sul fare della*** ~ gegen Abend; ***si fa*** ~ es wird Abend ◆ ***abito da*** ~ Abendkleid *n.*; *(per uomo)* Abendanzug *m.*; ***alle 8 di*** ~ um 8 Uhr abends; ***buona ~!*** guten Abend! ***di*** ~ abends; ***domani*** ~ morgen Abend; ***edizione della*** ~ Abendausgabe *f.*; ~ ***di festa*** Festabend *m.*; ***giornale della*** ~ Abendzeitung *f.*; ***ieri*** ~ gestern Abend; ~ ***d'inverno*** Winterabend *m.*; ***lunedì*** ~ Montagabend *m.*; ***di lunedì*** ~ montagabends; ***una ~ di maggio*** ein Maiabend; ***dalla mattina alla*** ~ von morgens bis abends; ***lavorare dalla mattina alla*** ~ von morgens bis abends arbeiten; ***dalla ~ alla mattina*** vom Abend bis zum Morgen; *(in breve tempo)* über Nacht; ~ ***(della vigilia) di Natale*** Weihnachtsabend *m.*; ***notiziario della*** ~ Abendnachrichten *pl.*; ***ogni*** ~ jeden Abend (*o* allabendlich); ***preghiera della*** ~ Nachtgebet *n.*; ***questa*** ~ heute Abend; ***stella della*** ~ Abendstern *m.*; ***la ~ tardi*** spätabends; ***treno della*** ~ Abendzug *m.*; ***tutte le -e*** jeden Abend; ***una*** ~ *(nel passato)* eines Abends; ***una ~, una di queste -e*** demnächst mal abends; ***la ~ della vita*** der Lebensabend; PROV. ***rosso di ~, bel tempo si spera*** Abendrot, Schönwetterbot.

se|rac|ca|ta f. Eisbrüche *pl.*, Séracs *pl.* **se|rac|co** m. *(-chi)* Sérac *m.*

se|ra|fi|ca|men|te avv. seraphisch. **se|ra|fi|co** agg. *(-ci,-che)* **1** seraphisch **2** FIG. *(tranquillo)* seelenruhig. **se|ra|fi|no** m. Seraph *m.*

se|ra|le agg. abendlich, Abend-: ***lezione*** ~ Abendunterricht *m.*; ***ore -i*** Abendstunden *pl.*; ***scuola*** ~ Abendschule *f.*; ***spettacolo*** ~ Abendvorstellung *f.*

Se|ra|pi|de n.pr.m. Sarapis *m.*, Serapis *m.*

se|ra|ta f. Abend *m.*: ***passare una ~ con gli amici*** einen Abend mit Freunden verbringen; ***una piacevole, noiosa*** ~ ein gemütlicher, langweiler Abend; ***una ~ in onore di qcn.*** ein Abend zu jds Ehren ◆ ~ ***d'addio*** Abschiedsabend *m.*; ~ ***di beneficenza*** abendliche Wohltätigkeitsveranstaltung; ~ ***danzante*** Tanzabend *m.*; ~ ***d'estate, estiva*** Sommerabend *m.*; ~ ***di gala*** Galaabend *m.*; ~ ***d'inverno, invernale*** Winterabend *m.*; ~ ***musicale*** Konzertabend *m.* (*o* musikalischer Abend); ~ ***d'onore*** Ehrenabend *m.*; TELEV. ***prima*** ~ Hauptsendezeit *f.* (zwischen 20 und 22 Uhr); TELEV. ***seconda*** ~ Sendezeit *f.* nach 22 Uhr; ***programma di seconda*** ~ Spätprogramm *n.*

ser|ba|re tr. **1** auf‿bewahren, bewahren: ~ ***qcs. per il futuro, per ricordo*** etw. für die Zukunft, als Andenken aufbewahren; ~ ***fedeltà a qcn.*** jdm die Treue bewahren; ~ ***il silenzio su qcs., un segreto*** Stillschweigen über etw., ein Geheimnis bewahren **2a** ~ ***rancore, odio nei confronti di qcn.*** Groll, Hass gegen jdn hegen **b** ~ ***un buon ricordo di qcn., qcs.*** jdn, etw. in guter Erinnerung behalten **c** ~ ***un giuramento*** einen Eid halten.

ser|ba|to|io m. *(-toi)* **1** Behälter *m.*, Tank *m.*: ~ ***pieno, vuoto*** voller, leerer Tank; ***riempire il*** ~ den Tank füllen; ***il ~ ha una capacità di 1000 litri*** der Tank hat eine Kapazität (*o* ein Fassungsvermögen) von 1000 Litern **2** *(bacino idrico)* Speicherbecken *n.* ◆ ~ ***dell'acqua*** Wasserspeicher *m.*; ~ ***alare*** Flügelbehälter *m.*; ~ ***della benzina*** Benzintank *m.*; ~ ***del carburante*** Kraftstoffbehälter *m.*; ~ ***del combustibile*** Brennstoffbehälter *m.*; ~ ***del gas*** Gasbehälter *m.*; ~ ***del lubrificante*** Schmierstoffbehälter *m.*; ~ ***dell'olio*** Öltank *m.*; ~ ***di ossigeno*** Sauerstofftank *m.*; ~ ***di riserva*** Reservetank *m.*; ***tappo del*** ~ Tankverschluss *m.*; ~ ***di zavorra*** Tauchtank *m.*

Ser|bia n.pr.f. Serbien *n.*

1.ser|bo m. ***mettere in ~ qcs.*** etw. auf‿heben (*o* auf‿bewahren); ***tenere, avere in ~ qcs.*** etw. auf‿heben (*o* verwahren); FIG. etw. auf Lager haben.

2.ser|bo I agg. serbisch **II** m. **1** *(abitante)* Serbe *m.* **2** *(lingua)* Serbisch(e) *n.* **ser|bo|bo|sni|a|co I** agg. *(-ci,-che)* serbisch-bosnisch **II** m. *(-ci)* Serbe *m.* Bosniens (*o* bosnischer Serbe *m.*). **ser|bo|cro|a|to I** agg. serbokroatisch **II** m. *(lingua)* Serbokroatisch(e) *n.*

se|re|na|men|te avv. **1** unbeschwert, ruhig, heiter, gelassen: ***vivere*** ~ unbeschwert leben; ***accettare qcs.*** ~ etw. gelassen hin‿nehmen **2** *(spassionatamente)* sachlich, unparteilich, unparteiisch: ***giudicare*** ~ unparteilich urteilen.

se|re|na|ta f. **1** Ständchen *n.*: ***fare una ~ a qcn.*** jdm ein Ständchen bringen **2** ESTENS. *(chiassata)* Krach *m.*, Lärm *m.* **3** MUS. Serenade *f.*

Se|re|nis|si|ma n.pr.f. ***la*** ~ = die Republik Venedig. **se|re|nis|si|mo** agg. durchlaucht, allerdurchlauchtigst; ***Sua Altezza Serenissima*** Durchlaucht *f.* (*o* Serenissimus *m.*); ~ ***Principe*** Seine Durchlaucht, der Fürst; ***-a principessa*** Ihre Durchlaucht, die Prinzessin.

se|re|ni|tà f. **1** Heiterkeit *f.*, Ruhe *f.*, Gelassenheit *f.*: ~ ***d'animo*** Heiterkeit des Gemüts; ***essere di una ~ olimpica*** eine himmlische Ruhe haben; ***guardare al futuro, alla morte con*** ~ der Zukunft, dem Tod mit Gelassenheit (*o* gelassen) entgegensehen **2** METEOR. Heiterkeit *f.* **3** *(obiettività)* Sachlichkeit *f.*, Unparteilichkeit *f.*: ~ ***di giudizio*** Unparteilichkeit des Urteils ◆ ~ ***d'animo*** Seelenruhe *f.* (*o* Gemütsruhe *f.*); ***Sua Serenità*** Durchlaucht *f.* **se|re|no I** agg. **1** unbeschwert, heiter, ruhig, gelassen, friedvoll: ***una persona -a*** ein heiterer (*o* unbeschwerter) Mensch; ***animo*** ~ heiteres (*o* ruhiges) Gemüt **2** *(limpido)* klar, rein: ***notte -a*** klare Nacht **3** *(obiettivo)* sachlich, unparteilich: ***giudizio*** ~ unparteiliches Urteil **4** METEOR. heiter, wolkenlos: ***cielo*** ~ heiterer Himmel; ***giornata -a*** heiterer Tag; ***tempo in prevalenza*** ~ vorwiegend heiteres Wetter **II** m. heiteres Wetter *n.* ◆ FIG. ***un fulmine a ciel*** ~ ein Blitz aus heiterem Himmel; ***è tornato il*** ~ es hat sich wieder aufgeheitert; FIG. es herrscht wieder Ruhe und Frieden; ~ ***variabile*** heiter bis wolkig; PROV. ***dopo la pioggia torna il*** ~ auf Regen folgt Sonnenschein.

ser|gen|te m. **1** Unteroffizier *m.*, Sergeant *m.*, Wachtmeister *m.* **2** FIG. *(persona dispotica)* Feldwebel *m.* **3** FAL. Leimzwinge *f.*, Leimknecht *m.*, Schraub(en)zwinge *f.* ◆ ~ ***maggiore*** Feldwebel *m.*, Wachtmeister *m.*

Ser|gio n.pr.m. Sergius *m.*

se|ri|al ['sɪərɪəl, *üblich* 'sɛrjal] m.inv. Serial *n.*, Serie *f.*

se|ria|le agg. **1** reihenweise, Reihen- **2** INFORM. seriell: ***accesso*** ~ serieller Zugriff; ***porta*** ~ serielle Schnittstelle **3** MUS. seriell.

se|ri|al kil|ler ['sɪərɪəl 'kɪlə, *üblich* 'sɛrjal 'killer] m.inv. Serientäter *m.*, Serienmörder *m.*

se|ria|men|te avv. ernsthaft, ernst, ernstlich: ***lavorare*** ~ ernsthaft arbeiten; ***essere ~ ammalato*** ernsthaft krank sein; ***essere ~ coinvolto in uno scandalo*** ernstlich in einen Skandal verwickelt sein; ***parlare*** ~ es ernst meinen; ***non prendere la cosa così ~!*** nimm die Sache nicht so wichtig (*o* ernst)!

se|ria|re tr. *(serio, seri)* auf‿reihen, reihenweise an‿ordnen.

se|ri|ce|o agg. LETT. seiden, Seide-. **se|ri|co** agg. *(-ci,-che)* **1** Seiden-, seiden: ***industria -a*** Seidenindustrie *f.* **2** FIG. seidig: ***capelli -ci*** seidige Haare. **se|ri|co|lo** agg. Seidenraupen-, die Seidenraupenzucht betreffend. **se|ri|col|to|re** m. Seidenzüchter *m.*, Seidenraupenzüchter *m.* **se|ri|col|tu|ra** f. Seidenbau *m.*, Seidenraupenzucht *f.*

se|rie f.inv. **1** Reihe *f.*, Serie *f.*: ***una ~ di persone, di fatti*** eine Reihe von Personen, Ereignissen; ***una ~ di successi, di omicidi*** eine Serie von Erfolgen, Morden **2** *(raccolta)* Satz *m.*, Serie *f.*: ***una ~ di francobolli*** eine Serie Briefmarken; ***due auto della stessa*** ~ zwei Autos der gleichen Serie; ***la ~ completa dei fascicoli*** der vollständige Satz der Hefte **3** GIORN. RAD. TELEV. Serie *f.*, Folge *f.*: ***una ~ in sei puntate*** eine sechsteilige Serie **4** SPORT Liga *f.*, Klasse *f.* ◆ SPORT ~ ***A*** erste Liga; ~ ***alifatica*** Fettreihe *f.*; SPORT ~ ***B*** zweite Liga; FIG. ***di ~ B*** zweiter Klasse; ***essere trattati come cittadini di ~ B*** als Bürger zweiter Klasse behandelt werden; ***di*** ~ serienmäßig (*o* Serien-); ***modello di*** ~ Serienmodell *n.*; ***vettura di*** ~ Serienwagen *m.*;

gli alzacristalli elettrici sono di ~ die elektrischen Fensterheber sind serienmäßig; SPORT **~ C** dritte Liga; MAT. **~ doppia** Doppelreihe *f.*; ***modello di fine ~*** Auslaufmodell *n.*; ***fuori ~*** Sonder-, Spezial-; ***(vettura) fuori ~*** (Auto) nicht in Serie produziert; ***in ~*** in Serie, serienmäßig (*o* Serien-); ***produrre qcs. in ~*** etw. in Serie (*o* serienmäßig) fertigen; ***lavorazione, produzione in ~*** Serienherstellung *f.* (*o* Serien[an]fertigung *f.*); EL. ***collegare in ~*** hintereinander schalten, in Reihe schalten; ***collegamento in ~*** Reihenschaltung *f.*, Serienschaltung *f.*; ***~ di indizi*** Indizienkette *f.*; ***~ numerica*** Zahlenreihe *f.* (*o* Zahlenfolge *f.*); ***numero di ~*** Seriennummer *f.*; ***~ di prove*** Versuchsserie *f.* (*o* Versuchsreihe *f.*); ***~ radiofonica*** Hörfolge *f.*; ***~ televisiva*** Fernsehserie *f.*

se|rie|tà f. **1a** Ernst *m.*, Ernsthaftigkeit *f.*: ***agire con ~*** mit Ernst vor‿gehen; ***la ~ del suo discorso*** der Ernst seiner Rede **b** *(gravità)* Ernst *m.*: ***la ~ delle condizioni di un malato*** der Ernst des Zustandes eines Kranken; ***la ~ della situazione*** der Ernst der Lage **2** *(affidabilità)* Seriosität *f.*, Zuverlässigkeit *f.* **3** *(rettitudine, moralità)* Anständigkeit *f.* ◆ ***in tutta ~*** in vollem Ernst.

se|ri|gra|fi|a f. Siebdruck *m.*, Serigraphie *f.*, Schablonendruck *m.* ◆ ***inchiostro per ~*** Siebdruckfarbe *f.* **se|ri|gra|fi|co** agg. *(-ci,-che)* Siebdruck-: ***procedimento ~*** Siebdruckverfahren *n.*

se|rio I agg. *(-ri,-rie)* **1** ernst, ernsthaft: ***discorsi -ri*** ernst gemeinte Reden; ***proposta -a*** ernsthafter Vorschlag; ***avere intenzioni -rie con qcn.*** ernste Absichten auf jdn haben; ***avere -ri dubbi*** ernste (*o* ernstlich) Bedenken haben; ***fare una faccia -a*** ein ernstes Gesicht machen (*o* eine ernste Miene auf‿setzen); ***musica -a*** ernste Musik (*o* E-Musik); ***non riuscire a restare ~*** nicht ernst bleiben können; *(grave)* ***la faccenda si fa -a*** jetzt wird's ernst; ***una ferita -a*** eine ernste Verletzung; ***una malattia -a*** eine ernsthafte Krankheit; ***è una cosa -a?*** ist es etwas Ernstes? **2** *(capace)* gut: ***un insegnante molto ~*** ein sehr guter Lehrer **3** *(affidabile)* seriös, zuverlässig: ***una persona, una ditta -a*** ein seriöser Mensch, eine seriöse Firma; ***poco ~*** unseriös **4** *(retto, morale)* anständig **II** m. *(-ri)* **1** Ernst *m.*: ***parlare tra il ~ e il faceto*** halb im Ernst, halb im Spaß reden **2** ***sul ~*** ernst, im Ernst; ***dire, fare sul ~*** es ernst meinen; ***prendere qcs. sul ~*** etw. ernst nehmen; ***ci sono riuscito – sul ~?*** ich habe es geschafft – im Ernst? ***ma ti piace davvero? – sul ~!*** gefällt dir das wirklich? – doch, im Ernst; ***è bravo sul ~!*** er ist wirklich gut! ***prendersi troppo sul ~*** sich selbst zu ernst (*o* wichtig) nehmen ◆ ***opera -a*** Opera seria *f.*

se|rio|sa|men|te avv. ernst. **se|rio|so** agg. ernst, SCHERZ. bierernst. **se|ris|si|mo** agg. bitterernst, todernst.

se|rit|te|rio m. *(-ri)* Spinndrüse *f.*

ser|mo|ne m. **1** Predigt *f.* **2** *(paternale)* Predigt *f.*, Gardinenpredigt *f.*: ***fare un ~ a qcn.*** jdm eine Gardinenpredigt halten **3** *(discorso lungo e noioso)* Sermon *m.*, Salbaderei *f.* ◆ BIBL. ***~ della montagna*** Bergpredigt *f.*; ***~ domenicale*** Sonntagspredigt *f.*

se|ro|ti|no agg. **1** Spät-, spät, spät reifend: ***frutto ~*** Spätfrucht *f.* **2** LETT. abendlich, Abend-.

se|ro|to|ni|na f. Serotonin *n.*

ser|pa f. **1** Bock *m.*, Bocksitz *m.*: ***montare in ~*** auf den Bock steigen **2** MAR. Galion *n.*

ser|pa|io m. *(-ai)* **1** Schlangennest *n.* **2** *(cacciatore di serpi)* Schlangenfänger *m.*

ser|pe f. **1** Schlange *f.* **2** FIG. Schlange *f.*; *(donna)* Hexe *f.*; *(uomo)* fieser Kerl *m.*: ***è una vera ~*** sie ist eine richtige Schlange; ***allevarsi una ~ in seno*** eine Schlange am Busen nähren.

ser|peg|gia|men|to m. Schlängeln *n.* **ser|peg|gian|te** agg. gewunden, kurvenreich: ***il corso ~ del fiume*** der gewundene (*o* sich schlängelnde) Flusslauf.

ser|peg|gia|re intr. *(serpeggio, serpeggi*; aus. *avere)* **1** sich schlängeln, sich winden: ***il fiume serpeggia nella valle*** der Fluss schlängelt sich durch das Tal; ***la via sale serpeggiando*** der Weg schlängelt sich bergauf **2** FIG. sich breit machen: ***il malcontento serpeggia tra la popolazione*** im Volk macht sich Unmut breit.

ser|pen|ta|rio m. *(-ri)* ORNIT. Sekretär *m.*

ser|pen|te m. **1** Schlange *f.*: ***il ~ striscia, sibila, cambia la pelle*** die Schlange windet sich, zischt, streift ihre Haut ab; ***incantare i -i*** die Schlangen beschwören; FIG. ***velenoso come un ~*** giftig wie eine Schlange **2a** FIG. *(persona maligna)* Schlange *f.*; *(donna)* Hexe *f.*; *(uomo)* fieser Kerl *m.* **b** *(persona furba)* Luchs *m.*, Fuchs *m.* **3** *(pelle)* Schlangenleder *n.*: ***borsa di ~*** Tasche *f.* aus Schlangenleder **4** MUS. Serpent *m.*, Schlangenhorn *n.* ◆ ***~ boa*** Boa *f.*; ***incantatore di -i*** Schlangenbeschwörer *m.*; ***~ di mare*** Seeschlange *f.*; FIG. Ente *f.*; ***~ monetario (europeo)*** (europäische) Währungsschlange *f.*; ***rientrare nel ~ monetario*** in die Währungsschlange zurückkehren; ***morso di ~*** Schlangenbiss *m.*; ***~ dagli occhiali*** Brillenschlange *f.*; ***~ a sonagli*** Klapperschlange *f.*; ***uovo di ~*** Schlangenei *n.*; ***~ velenoso*** Giftschlange *f.* (*o* giftige Schlange). **ser|pen|ti|for|me** agg. schlangenförmig.

ser|pen|ti|na f. **1** *(linea)* Schlangenlinie *f.* **2** *(strada)* Serpentinenstraße *f.*, Serpentine *f.* **3** TECN. Schlange *f.* **4** MINER. Serpentin *m.* ◆ ***~ di raffreddamento*** Kühlschlange *f.*; ***~ di riscaldamento*** Heizschlange *f.*; *(sci)* ***scendere a ~*** wedeln; ***strada a ~*** Serpentinenstraße *f.*

ser|pen|ti|no I agg. Schlangen-, schlangenartig, schlangengleich **II** m. **1** *(linea)* Schlangenlinie *f.* **2** TECN. Schlange *f.* **3** MINER. Serpentin *m.* ◆ FIG. ***lingua -a*** Lästermaul *n.*; ***~ di raffreddamento*** Kühlschlange *f.*; ***~ di riscaldamento*** Heizschlange *f.*; ***roccia di ~*** Serpentingestein *n.* **ser|pen|to|ne** m. **1** große Schlange *f.*, Riesenschlange *f.* **2** *(corteo)* Schlange *f.* **3** STRAD. Fahrbahnbegrenzung *f.* **4** MUS. Serpent *m.*, Schlangenhorn *n.* ◆ ***~ di auto*** Autoschlange *f.*; ***~ di persone*** Menschenschlange *f.*

ser|qua f. **1** COLLOQ. Dutzend *n.*: ***una ~ di uova*** ein Dutzend Eier **2** ESTENS. Haufen *m.*, Schar *f.*, Schwall *m.*: ***una ~ di figli*** eine Schar Kinder; ***una ~ di ingiurie*** ein Schwall von Beleidigungen.

ser|ra f. **1** Treibhaus *n.*, Gewächshaus *n.*: ***~ temperata*** temperiertes Gewächshaus *n.* **2** *(sbarramento)* Sperre *f.*, Damm *m.* ◆ ***~ calda*** Warmhaus *n.* (*o* Kaldarium *n.*); ***coltura in ~*** Treibhauskultur *f.*; ***effetto ~*** Treibhauseffekt *m.*; ***fiore di ~*** Treibhausgewächs *n.*; FIG. *(persona delicata)* Mimose *f.*; ***~ fredda*** Kalthaus *n.* (*o* Überwinterungshaus *n.*); ***pianta da ~*** Treibhaus-, Gewächshauspflanze *f.*

ser|ra|fi|lo m. Drahtklemme *f.*

ser|rag|gio m. *(-gi)* Anziehen *n.*, Spannen *n.*, Klemmen *n.* ◆ ***dispositivo di ~*** Klemmvorrichtung *f.*; ***forza di ~*** Spannkraft *f.*

1.ser|ra|glio m. *(-gli)* **1** Menagerie *f.*, Tierschau *f.* **2** FIG. wilder Haufen *m.*: ***quella classe è un vero ~*** diese Klasse ist ein wilder Haufen.

2.ser|ra|glio m. *(-gli)* **1** *(palazzo del sultano)* Serail *m.* **2** *(harem)* Harem *m.*

ser|ra|ma|ni|co m., ***coltello a ~*** Klappmesser *n.*, Schnappmesser *n.*

ser|ra|men|to m. (pl. *i serramenti*; als Sammelname *le serramenta*) Fenster und Türen *pl.*

ser|ran|da f. **1a** Rollladen *m.*: ***alzare, abbassare la ~*** den Rollladen hoch‿ziehen, herunter‿lassen **b** *(di negozio)* Rollgitter *n.* **2** *(del forno)* Schieber *m.* **3** TECN. Klappe *f.*, Schleuse *f.*, Schieber *m.* ◆ ***armadio a ~*** Rollschrank *m.* (*o* Rollladenschrank *m.*).

ser|ra|ni|di m.pl. Zackenbarsche *pl.*, Serranidae *pl.*

ser|ra|re I tr. **1** verschließen, verriegeln, zu‿riegeln: ***~ la porta*** die Tür verriegeln **2** *(stringere)* an‿ziehen, spannen: ***~ una vite*** eine Schraube anziehen; ***~ qcs. nella morsa*** etw. in den Schraubstock spannen **3** *(sbarrare)* ab‿riegeln, versperren: ***il monte serra la valle*** der Berg riegelt das Tal ab **4** *(incalzare)* bedrängen: ***~ il nemico*** den Feind bedrängen **5** *(intensificare)* steigern, beschleunigen: ***~ il ritmo, il passo*** den Rhythmus, den Schritt beschleunigen **II** intr. (aus. *avere*) schließen: ***questa finestra non serra bene*** dieses Fenster schließt nicht richtig **III** pronom. **serrarsi** dicht zusammen‿rücken: ***-rsi gli uni agli altri*** dicht zusammenrücken ◆ ***sentirsi ~ il cuore*** fühlen, wie sich einem das Herz zusammenkrampft; ***~ le fila, file*** die Reihen schließen (*o* auf‿schließen) (anche FIG.); ***~ le labbra*** die Lippen zusammen‿pressen; ***il pianto le serrava la gola*** vom Weinen war ihr die Kehle wie zugeschnürt; ***~ i pugni*** die Fäuste ballen; ***~ le vele*** die Segel ein‿rollen. **ser|ra ser|ra** m.inv. Gedränge *n.* **ser|ra|ta** f. Aussperrung *f.*

ser|ra|to p.pass. agg. **1** → **serrare 2a** verschlossen, (ab‿)geschlossen, verriegelt, zugeriegelt **b** *(di vite)* festgezogen **3** *(fitto)* dicht, dicht gedrängt **4** *(concitato)* rasch, schnell: ***ritmo ~*** schneller Rhythmus **5** *(incalzante)* eindringlich; ***interrogatorio ~*** strenges Verhör **6a** FIG. *(logico)* folgerichtig, logisch **b** *(conciso)* knapp, bündig ◆ ***pugni -i*** geballte Fäuste; ***schiere -e*** geschlossene Reihen; ***trotto ~*** scharfer Trab.

ser|ra|tu|ra f. Schloss *n.*, Türschloss *n.*: ***infilare la chiave nella ~*** den Schlüssel ins Schloss stecken; ***girare la chiave nella ~*** den Schlüssel im Schloss herum‿drehen; ***forzare, scassinare una ~*** ein Schloss auf‿brechen ◆ ***buco della ~*** Schlüsselloch *n.*; ***guardare dal buco della ~*** durch das Schlüsselloch sehen; ***~ a combinazione*** Kombinationsschloss *n.*, Vexierschloss *n.*, Zahlenschloss *n.*; ***~ a lucchetto*** Vorhängeschloss *n.*; ***~ a una, doppia mandata*** eintouriges, zweitouriges Schloss; ***~ a scatto*** Schnappschloss *n.*; ***~ di sicurezza*** Sicherheitsschloss *n.*

ser|to m. Kranz *m.*, Krone *f.* ◆ ***~ nuziale*** Brautkrone *f.*

ser|va f. **1a** Dienstmädchen *n.* **b** ANT. Dienerin *f.*, Dienstmagd *f.*, Magd *f.* **2** SPREG. Waschweib *n.* ◆ ***chiacchiere da ~*** Getratsche *n.*; ***fare i conti della ~*** *(far un conto dettagliato)* = ausführliche Berechnungen an‿stellen; *(rinfacciarsi reciproche mancanze)* sich gegenseitig alle Fehler vor‿rechnen; ***dormire con la ~*** hinter dem

Mond leben; ***sono stufa di farti da ~*** ich hab es satt, dich hinten und vorne zu bedienen; FIG. ***essere il figlio della ~*** = überhaupt nichts zu sagen haben; ***non sono il figlio della ~*** ich bin nicht der letzte Dreck; ***pettegolezzi da ~*** Getratsche *n.*; ***la ~ del Signore*** die Magd des Herrn.

ser|vag|gio m. *(-gi)* LETT. Knechtschaft *f.* ◆ ***~ ereditario*** Erbuntertänigkeit *f.*

ser|va|lo m. Serval *m.*, Buschkatze *f.*

ser|ven|te I agg. **1** ANT. ***cavalier ~*** Cicisbeo *m*; *(ammiratore)* Kavalier *m.* (anche FIG.) **2** DIR. ***fondo ~*** dienstbares Grundstück **II** m. ANT. Bediente *m.*, Diener *m.*

ser|vi|gio m. *(-gi)* **1** Dienst *m.*, Gefälligkeit *f.*: ***rendere un ~ a qcn.*** jdm einen Dienst erweisen **2** *(merito)* Verdienst *m.*: ***ha reso grandi -gi alla città*** er hat sich große Verdienste um die Stadt erworben **3** ANT. *(rapporto di vassallaggio)* Frondienst *m.*

ser|vi|le agg. **1** Knechts-, niedrig: ***lavori -i*** Knechtsarbeiten **2** SPREG. *(vile, da servo)* knechtisch, unterwürfig: ***atteggiamento ~*** unterwürfiges Verhalten **3** *(pedissequo)* sklavisch: ***imitazione ~*** sklavische Nachahmung ◆ ***di animo ~*** unterwürfig; STOR. ***guerre -i*** Sklavenkriege; ***verbi -i*** Modalverben *pl.* **ser|vi|li|smo** m. Unterwürfigkeit *f.*, Servilismus *m.* **ser|vi|li|tà** f. Unterwürfigkeit *f.*, Servilität *f.* **ser|vil|men|te** avv. knechtisch, unterwürfig, untertänig.

ser|vi|re I tr. **1a *~ qcn., qcs.*** jdm, etw. dienen; ***~ i potenti*** den Mächtigen dienen; ***in che cosa posso servirLa?*** womit kann ich Ihnen dienen? ***~ la patria, lo Stato*** dem Vaterlande, dem Staat dienen; ***~ la scienza, il Signore, Dio*** der Wissenschaft, dem Herrn, Gott dienen **b** *(come domestico)* bei jdm im Dienst stehen (*o* sein): ***ho servito per anni una famiglia numerosa*** ich bin jahrelang bei einer großen Familie im Dienst gewesen **2a** *(in negozi e ristoranti)* bedienen: ***servo subito il signore*** ich bediene den Herrn sofort **b** assol. ***in questo locale sono lenti a ~*** in diesem Lokal ist die Bedienung sehr langsam **3** *(portare in tavola)* auf‿tischen, servieren, auf‿tragen: ***~ il pranzo, il caffè, da bere*** das Mittagessen, den Kaffee, ein Getränk servieren; ***~ il vino migliore*** den besten Wein auftischen; ***il pranzo è servito*** das Essen ist aufgetragen **4** *(avere come cliente)* als Kunden haben: ***il suo studio di consulenza serve le più grandi aziende della città*** sein Beratungsbüro hat die größten Firmen der Stadt als Kunden **5** *(di mezzi di trasporto)* erreichen, erschließen: ***la metropolitana serve tutti i quartieri periferici*** die U-Bahn erreicht alle Außenbezirke **6** *(di impianti, negozi)* versorgen, beliefern: ***una sola caldaia serve tutto il condominio*** ein einziger Heizkessel versorgt das ganze Haus; ***questo negozio serve tutto il quartiere*** dieses Geschäft versorgt (*o* beliefert) das ganze Viertel **7** COLLOQ. IRON. kaufen, vor‿knöpfen: ***ora lo servo io*** den kaufe ich mir jetzt **8** GIOC. aus‿teilen **9a** SPORT *(tennis)* an‿geben, auf‿schlagen, servieren **b** *(calcio)* zu‿spielen, vor‿legen: ***~ la palla*** den Ball zuspielen **10** *(funzionare)* seinen Dienst tun, funktionieren: ***il vecchio orologio mi serve ancora bene*** meine alte Uhr tut noch ihre Dienste (*o* ihren Dienst); ***le gambe mi servono ancora bene*** meine Beine funktionieren noch recht gut **II** intr. (aus. *avere, essere*) **1** dienen, bedienen: ***~ come cameriere*** als Kellner bedienen (*o* arbeiten); ***~ nell'esercito*** bei der Armee dienen **2** *(essere utile)* dienen, nützen: ***questo locale serve da, come sgabuzzino*** dieses Zimmer dient als Abstellraum; ***a che cosa serve questo attrezzo?*** wozu dient dieses Werkzeug? ***non serve a niente*** das nützt nichts; ***a che serve recriminare?*** was nützt das Klagen? **3 *a qcn. serve qcn., qcs.*** jd braucht jdn, etw.; ***mi serve un abito nuovo*** ich brauche ein neues Kleid; ***mi servi da testimone*** ich brauche dich als Zeugen; ***a che cosa mi serve?*** wozu soll ich das brauchen? COLLOQ. was soll ich damit? ***non mi serve a niente*** das brauche ich absolut nicht **4** *(bastare)* reichen: ***questa porzione serve appena per una persona*** diese Portion reicht gerade für eine Person **III** pronom. **servirsi 1 *-rsi di qcs.*** etw. benutzen; von etw. Gebrauch machen; sich etw. (G) bedienen; etw. verwenden; ***-rsi dei mezzi pubblici*** die öffentlichen Verkehrsmittel benutzen; ***non sa -rsi del computer*** er kann den Computer nicht benutzen **2** *(sfruttare)* aus‿nutzen, benutzen: ***-rsi di qcn. per raggiungere uno scopo*** jdn ausnutzen (*o* benutzen), um ein Ziel zu erreichen **3** *(prendere)* sich bedienen, zu‿greifen: ***prego, si serva!*** bitte, greifen Sie zu; ***servitevi (pure)!*** bedienen Sie sich, bitte! **4** *(essere cliente)* kaufen, ein‿kaufen: ***-rsi abitualmente in un negozio*** gewöhnlich in einem Geschäft einkaufen ◆ FIG. ***~ qcn. di barba e capelli*** jdn übel zu‿richten (*o* jdm übel mit‿spielen); ***chi è da ~?*** wer ist an der Reihe? wer ist dran? ***-rsi delle proprie gambe*** zu Fuß gehen; ***in che cosa posso servirla?*** womit kann ich (Ihnen) dienen? ***che ti serva da lezione!*** das soll dir eine Lehre sein! ***~ messa*** ministrieren; BIBL. ***non si possono ~ due padroni*** man kann nicht zwei Herren dienen; ***per servirLa!*** zu Diensten! ***~ a tavola*** servieren (*o* auf‿tischen); ***~ qcn. in tutto e per tutto*** jdn hinten und vorne bedienen.

ser|vi|ta f. Servit *m.*

ser|vi|to p.pass. agg. **1** → **servire 2 *la signora è -a?*** werden Sie bereits bedient? **3** *(di vivande)* aufgetragen: ***il pranzo è ~*** das Essen ist aufgetragen **4** GIOC. bedient ◆ ***ben ~ dai mezzi*** in günstiger Verkehrslage.

ser|vi|to|re m. **1** Diener *m.* (anche FIG.): ***~ fedele*** treuer Diener; ***un ~ dello stato, della chiesa*** ein Diener des Staats, der Kirche **2** SPREG. Knecht *m.* ◆ ***tal padrone, tal ~*** wie der Herr, so 's Gescherr.

ser|vi|tù f. **1** Dienerschaft *f.*, Sklaverei *f.*; ***liberare dalla ~*** von der Knechtschaft befreien **2** *(domestici)* Dienerschaft *f.*, Dienstboten *pl.*; ANT. Gesinde *n.*, Hausgesinde *n.* **3** DIR. Dienstbarkeit *f.*, Servitut *f.* ◆ STOR. ***~ per debiti*** Schuldknechtschaft *f.*; ***~ della gleba*** Leibeigenschaft *f.*; ***~ di passaggio*** Wegerecht *n.*; ***~ personale*** Personalservitut *f.*; ***~ prediale*** Grundlast *f.*; ***ridurre qcn. in ~*** jdn zum Sklaven machen (*o* jdn versklaven). **ser|vi|zie|vo|le** agg. hilfsbereit, zuvorkommend.

ser|vi|zio m. *(-zi)* **1** Dienst *m.*: ***al ~ di qcn.*** in jds Dienst (*o* im Dienste jds); ***essere al ~ di qcn., a ~ presso qcn.*** bei jdm in Dienst sein, stehen (*o* bei jdm dienen); ***mettersi al ~ di qcn.*** in jds Dienst treten, bei jdm in Dienst treten; ***prendere qcn. al proprio ~*** jdn in Dienst nehmen; ***prestare ~ presso qcn.*** jdm dienen; ***prestare ~ in aeronautica*** bei der Luftwaffe dienen; ***prendere ~*** den Dienst auf‿nehmen, an‿treten; ***entrare in ~*** zum Dienst an‿treten; ***essere in ~*** im Dienst sein; ***essere di ~*** Dienst haben; ***lasciare il ~*** aus dem Dienst aus‿scheiden; ***in ~ attivo*** im aktiven Dienst; ***quale farmacia è in ~ oggi?*** welche Apotheke hat heute Dienst? (*o* ist heute dienstbereit?); ***mettersi al ~ di una causa*** sich in den Dienst einer Sache stellen; ***la polizia è al ~ della comunità*** die Polizei ist, steht im Dienste der Gemeinschaft **2** *(in ristorante, bar)* Bedienung *f.*, Bedienungsgeld *n.*: ***~ (non) compreso*** Bedienung (nicht) inbegriffen **3a** *(prestazione)* Dienst *m.*: ***rendere un cattivo ~ a qcn.*** jdm einen schlechten Dienst erweisen; IRON. ***mi hai fatto davvero un bel ~!*** da hast du mir einen schönen Dienst erwiesen! **b** *(favore)* Gefälligkeit *f.*, Gefallen *m.*: ***sei disposto a farmi un ~?*** könntest du mir einen Gefallen tun? **4** *(uffici)* Abteilung *f.*, Dienstbereich *m.*, Dienststelle *f.*: ***~ tecnico*** technische Abteilung **5** pl. ECON. Dienstleistung *f.*: ***beni e -zi*** Güter und Dienstleistungen **6** *(assistenza)* Kundendienst *m.*, Service *m.* e *n.* **7** *(insieme di oggetti)* Service *n.* **8** pl. ***-zi (igienici)*** Badezimmer *n.* und Toilette *f.*: ***casa con doppi -zi*** Wohnung mit zwei Badezimmern **9** GIORN. Bericht *m.*, Reportage *f.* **10** SPORT Aufschlag *m.*, Service *m.* ◆ ***abitazione di ~*** Dienstwohnung *f.*; ***~ accettazione*** Annahme *f.* (*o* Annahmestelle *f.*); ***~ acquisti*** Einkauf *m.* (*o* Einkaufsabteilung *f.*); ***~ all'americana*** Platzdeckchen *pl.* (*o* Sets *pl.*); ***~ amministrativo*** Verwaltung *f.* (*o* Verwaltungsdienst *m.*); ***anzianità di ~*** Dienstalter *n.*, Dienstzeit *f.*; ***area di ~*** Raststätte *f.*, Rastplatz *m.*; ***~ ausiliario*** Hilfsdienst *m.* (*o* Wehrersatzdienst *m.*); ***auto di ~*** Dienstwagen *m.*; ***azienda di -zi*** Dienstleistungsbetrieb *m.*; ***-zi bancari*** Bankgeschäfte *pl.*, Bankservice *m.*; ***~ da caffè*** Kaffeeservice *n.*; ***~ civile*** Zivildienst *m.*; ***contrassegno di ~*** Dienstabzeichen *n.*; ***~ di cronaca*** Reportage *f.* (*o* Berichterstattung *f.*); ***~ a domicilio*** Heimservice *m.*, Lieferung *f.* ins Haus; ***donna di ~*** Haushaltshilfe *f.*; ***~ di emergenza*** Bereitschaftsdienst *m.*; ***entrata in ~*** Dienstantritt *m.*, Einstand *m.*; ***~ fotografico*** Fotoreportage *f.*, Bildbericht *m.*; ***fuori ~*** außer Dienst; *(non funzionante)* außer Betrieb; ***~ di guardia*** Wachdienst *m.*; ***~ informazioni*** Auskunft *f.*; ***-zi igienici*** Toilette *f.*; ***in ~*** im Dienst; *(funzionante)* in Betrieb; ***~ di leva*** Militärdienst *m.*; ***~ di linea*** Linienverkehr *m.*, Liniendienst *m.*; ***medico di ~*** Dienst tuender Arzt; ***~ mensa*** Betriebskantine *f.*; ***~ meteorologico*** Wetterdienst *m.*; ***~ meteorologico dell'aeronautica*** Flugwetterdienst *m.*; ***mezzo ~*** Halbtagsarbeit *f.*; ***lavorare a mezzo ~*** halbtags arbeiten; ***~ militare*** Wehrdienst *m.* (*o* Militärdienst *m.*); ***fare il ~ militare*** Militärdienst leisten; ***norme di ~*** Dienstanweisung *f.*; ***~ notturno*** Nachtdienst *m.*; ***~ d'ordine*** Ordnungsdienst *m.*; ***~ passeggeri*** Passagierdienst *m.*; ***personale di ~*** Dienstpersonal *n.*; ***~ di porcellana*** Porzellanservice *n.*; ***porta di ~*** Lieferanteneingang *m.* (*o* Hintereingang *m.* *o* Dienstboteneingang *m.*); ***~ di posate*** Tafelbesteck *n.*; ***~ postale*** Postverkehr *m.* (*o* Postdienst *m.*); ***~ propaganda*** Werbeabteilung *f.*; ***~ pubblico*** öffentlicher Dienst; ***regolamento di ~*** Dienstordnung *f.* (*o* Dienstreglement *n.*); ***~ sanitario*** Sanitätsdienst *m.*; ***~ sanitario nazionale*** nationaler Gesundheitsdienst; ***scala di ~*** Hintertreppe *f.*; ***scompartimento di ~*** Dienstabteil *n.*; ***~ segreto*** Geheimdienst *m.*; ***~ sociale*** Sozialhilfe *f.*; ***società di -zi*** Dienstleistungsbetrieb *m.*; ***~ speciale*** Sonderbericht *m.*; ***~ sportivo*** Sportreportage *f.*; ***~ di stato*** Staatsdienst *m.*; ***stazione di ~*** Tankstelle *f.*; ***~ da tavola*** Tafelgeschirr *n.*, Tafelservice *n.*; ~ ***da tè*** Teeservice *n.*; ***ufficiale di*** ~ Offizier *m.* vom Dienst; ~ ***vendite*** Verkaufsabteilung *f.*; ***sempre al Vostro*** ~ stets zu Ihren Diensten.

ser|vo I m. 1 Knecht *m.*, Diener *m.*: ~ ***di Dio*** Diener *m.* Gottes; ANT. ~ ***suo (umilissimo)*** Ihr ergebenster Diener 2 *(schiavo)* Sklave *m.* 3 FIG. LETT. Diener *m.*, Sklave *m.*: ***essere ~ delle proprie passioni*** ein Diener seiner Leidenschaften sein ◆ ***-i di Maria*** Serviten *pl.*; ~ ***della gleba*** Leibeigene *m.* II agg. LETT. sklavisch, knechtisch.

ser|vo|fre|no m. Servobremse *f.*

ser|vo|mo|to|re m. Servomotor *m.*

ser|vo|ster|zo m. Servolenkung *f.*

se|sa|mo m. Sesam *m.* ◆ ***apriti*** ~ Sesam, öffne dich!

se|squi|pe|da|le agg. riesengroß, unermesslich.

ses|sa|ge|na|rio I agg. *(-ri,-rie)* LETT. sechzigjährig II m. *(-ri)* Sechzigjährige *m.*

ses|sa|ge|si|ma|le agg. sexagesimal, Sexagesimal-. **ses|sa|ge|si|mo** agg. LETT. sechzigst.

ses|san|ta I agg.inv. sechzig: ~ ***pagine, giorni*** sechzig Seiten, Tage; ***avere ~ anni*** sechzig Jahre alt sein; ***fra ~ giorni*** in sechzig Tagen; ***a pagina*** ~ auf Seite sechzig; ~ ***persone su cento*** sechzig Personen von Hundert II m.inv. 1a Sechzig *f.*: ***puntare sul*** ~ auf die Sechzig setzen; ***contare fino a*** ~ bis sechzig zählen b *(di tram e bus)* ***prendere il, la*** ~ den Sechziger, die Sechzig nehmen c pl. *(sessant'anni)* ***avvicinarsi ai*** ~ auf die sechzig zu‿gehen; ***aver superato i*** ~ die sechzig überschritten haben (*o* über sechzig sein); ***essere vicino ai*** ~ an die sechzig sein 2 *(il 1960)* das Jahr 1960: ***questo fatto risale al*** ~ dieses Ereignis geht auf das Jahr 1960 zurück; ***è nato nel*** ~ er ist 60 geboren ◆ ***gli anni*** ~ die sechziger Jahre; ***di sessant'anni*** sechzigjährig; ***essere del ~, '60*** *(di persone)* 60 geboren sein; *(di prodotti, vini)* Jahrgang 60 sein; *(di film, canzoni, ecc.)* aus dem Jahr 1960 sein; ~ ***volte*** sechzigmal. **ses|san|ten|ne** I agg. sechzigjährig II m. e f. Sechzigjährige *m.* e *f.* **ses|san|ten|nio** m. *(-ni)* sechzig Jahre *pl.*

ses|san|te|si|mo I agg. sechzigste II m. 1 Sechzigste *m.* 2 *(frazione)* Sechzigstel *n.* **ses|san|ti|na** f. 1 ***una ~ di persone, di pagine*** etwa sechzig Personen, Seiten 2 *(età)* Sechzig *f.*: ***essere sulla ~, avere una ~ d'anni*** um die sechzig sein.

ses|san|tot|te|sco agg. *(-schi,-sche)* das Jahr 1968 betreffend. **ses|san|tot|ti|no** m. Achtundsechziger *m.*

ses|si|le agg. stiellos.

ses|sio|ne f. Sitzung *f.*, Versammlung *f.*, Sitzungsperiode *f.*, Session *f.* ◆ UNIV. ~ ***d'esami*** Prüfungstermin *m.*; ~ ***plenaria*** Plenartagung *f.*, Plenarsitzung *f.*; ~ ***straordinaria*** Sondersitzung *f.*

ses|si|smo m. Sexismus *m.* **ses|si|sta** *(-i,-e)* I m. e f. Sexist *m.* (-in *f.*) II agg. sexistisch.

ses|so m. 1 Geschlecht *n.*: ~ ***femminile, maschile*** weibliches, männliches Geschlecht; ***la lotta tra i -i*** der Kampf zwischen den Geschlechtern; ***il ~ debole, forte*** das schwache, starke Geschlecht; SCHERZ. ***il bel, gentil*** ~ das schöne, zarte Geschlecht 2 *(attività sessuale)* Sex *m.*: ***fare (del)*** ~ Sex machen 3 *(organi sessuali)* Geschlechtsorgane *pl.* ◆ FIG. ***discutere sul ~ degli angeli*** um des Kaisers Bart streiten; ***cambiamento di*** ~ Geschlechtsumwandlung *f.*; ***determinazione del*** ~ Geschlechtsbestimmung *f.*; ***differenza di*** ~ Geschlechtsunterschied *m.*; ***di ~ femminile*** weiblichen Geschlechts, weiblich; ~ ***di gruppo*** Gruppensex *m.*; ***legato al*** ~ geschlechtsabhängig, geschlechtsgebunden; ***di ~ maschile*** männlichen Geschlechts, männlich; ***ruolo dei -i*** Geschlechtsrolle *f.*; ***sfera del*** ~ Sexuelle *n.*, Intimsphäre *f.*; ~ ***sicuro*** Safer Sex *m.*, geschützter Sex; ***dello stesso*** ~ gleichgeschlechtig; ***individuo dello stesso*** ~ Geschlechtsgenosse *m.*; ***il terzo*** ~ das dritte Geschlecht; ***turismo del*** ~ Sextourismus *m.*

ses|sua|le agg. geschlechtlich, Geschlechts-, sexuell, Sexual-, sexual: ***fascino*** ~ sexuelle Anziehungskraft ◆ ***atto*** ~ Geschlechtsakt *m.*; ***caratteri -i primari, secondari*** primäre, sekundäre Geschlechtsmerkmale; ***delitto (a sfondo)*** ~ Sexualdelikt *n.* (*o* Sexual-, Triebverbrechen *n.*); ***educazione*** ~ Sexualerziehung *f.* (*o* Sexualaufklärung *f.*); SCOL. Sexualkunde *f.*; ***libro di educazione*** ~ Buch *n.* zur Sexualerziehung, Aufklärungsbuch *n.*; ***ghiandole -i*** Geschlechtsdrüsen *pl.*; ***igiene*** ~ Sexualhygiene *f.*; ***istinto*** ~ Geschlechtstrieb *m.* (*o* Sexualtrieb *m.*); ***maniaco*** ~ (sexueller) Triebtäter *m.*; SCHERZ. Lüstling *m.*; SCHERZ. ***essere un maniaco*** ~ nur Sex im Kopf haben; ***maturità*** ~ Geschlechtsreife *f.*; ***oggetto*** ~ Sexualobjekt *n.*; ***organi -i*** Geschlechts-, Sexualorgane *pl.*; ***ormoni*** ~ Geschlechtshormone *pl.* (*o* Sexualhormone *pl.*); ***partner*** ~ Sexualpartner *m.*; ***perversione*** ~ Geschlechtsverwirrung *f.* (*o* sexuelle Perversion); ***pulsione*** ~ Geschlechtstrieb *m.* (*o* Sexualtrieb *m.*); ***rapporti -i*** Geschlechts-, Sexualverkehr *m.*; ***avere rapporti -i con qcn.*** mit jdm geschlechtlich verkehren (*o* Geschlechtsverkehr mit jdm haben); ***riproduzione*** ~ geschlechtliche Fortpflanzung; ***malattia trasmessa per via*** ~ durch Geschlechtsverkehr übertragene Krankheit; ***vita*** ~ Sexual-, Geschlechtsleben *n.*

ses|sua|li|tà f. Sexualität *f.*

ses|sual|men|te avv. sexuell: ***essere ~ inibito*** sexuell verklemmt sein ◆ ~ ***maturo*** geschlechtsreif.

ses|sua|to agg. mit Geschlechtsorganen versehen.

ses|suo|fo|bi|a f. Geschlechtsangst *f.*, ESTENS. Geschlechtshass *m.* **ses|suo|fo|bi|co** agg. *(-ci,-che)* an Geschlechtsangst leidend. **ses|suo|fo|bo** m. an Geschlechtsangst (*o* Geschlechtshass) Leidende *m.*, COLLOQ. Sexmuffel *m.*

ses|suo|lo|gi|a f. Sexologie *f.*, Sexualforschung *f.*, Sexualwissenschaft *f.* **ses|suo|lo|gi|co** agg. *(-ci,-che)* sexologisch, sexualwissenschaftlich. **ses|suo|lo|go** m. *(-gi)* Sexologe *m.*, Sexualforscher *m.*, Sexualwissenschaftler *m.*

ses|suo|ma|ne m. Sexbesessene *m.*, COLLOQ. Lüstling *m.*, Lustmolch *m.* **ses|suo|ma|ni|a** f. Sexbesessenheit *f.*

se|sta f. 1 LIT. Sext *f.* 2a MUS. Sexte *f.* b *(sinfonia)* Sechste *f.*: ***la Sesta di Beethoven*** Beethovens Sechste 3 *(nella danza classica)* sechste Position *f.* 4 *(taglia)* Größe *f.* 6 ◆ ***accordo di*** ~ Sextakkord *m.*; ***intervallo di*** ~ Sexte *f.*

se|stan|te m. Sextant *m.*

se|ster|zio m. *(-zi)* Sesterz *m.*

se|stet|to m. 1 *(insieme di sei persone)* Sechs *pl.* 2 MUS. Sextett *n.* ◆ SPORT ~ ***difensivo*** Hintermannschaft *f.*

se|stie|re m. STOR. Stadtteil *m.*, Stadtbezirk *m.*

se|sti|na f. 1 METR. Sestine *f.* 2 MUS. Sextole *f.*

1.se|sto I agg. sechste: ***il ~ secolo*** das sechste Jahrhundert; ***Paolo*** ~ Paul der Sechste II m. 1 Sechste *m.*: ***è il ~ da destra*** er ist der Sechste von rechts 2 *(frazione)* Sechstel *n.*: ***un ~, due -i*** ein, zwei Sechstel; ***un ~ della somma*** ein Sechstel des Betrages ◆ ALP. ~ ***grado*** sechster Grad; ***-a nota*** Sexte *f.*; METR. ***-a rima*** Sestine *f.*

2.se|sto m. Ordnung *f.*: ***rimettere in ~ qcs.*** etw. (wieder) in Ordnung bringen; COLLOQ. etw. (wieder) in Schuss bringen ◆ ***rimettersi in*** ~ *(rendersi presentabile)* sich zurecht‿machen; *(essere di nuovo in forma)* wieder in Form kommen; ***sentirsi fuori (di)*** ~ sich nicht in Form fühlen.

3.se|sto m. ARCH. ***arco a tutto*** ~ Rundbogen *m.*; ***arco a ~ acuto*** Spitzbogen *m.*; ***arco a ~ rialzato*** überhöhter Bogen; ***arco a ~ ribassato*** Flachbogen *m.*

se|stul|ti|mo I agg. sechstletzt II m. Sechstletzte *m.*

se|stu|pli|ca|re *(sestuplico, sestuplichi)* I tr. versechsfachen, sechsfach vergrößern II pronom. **sestuplicarsi** sich versechsfachen, sich sechsfach vergrößern. **se|stu|plo** I agg. sechsfach II m. Sechsfache *n.*

set m.inv. 1 *(serie)* Satz *m.*, Set *n.* e *m.*: ***un ~ di pentole*** ein Satz Kochtöpfe; ***un ~ di pettine, spazzola e specchio*** ein Set aus Kamm, Bürste und Spiegel 2 SPORT Satz *m.*: ***vincere in tre*** ~ in drei Sätzen gewinnen 3 CINEM. Drehort *m.*: ***sul*** ~ am Drehort ◆ ~ ***all'americana*** Sets *pl.* (*o* Platzdeckchen *pl.*); ~ ***da cucito*** Nähzeug *n.*; ~ ***da viaggio*** Kofferset *n.*; ~ ***vincente*** Gewinnsatz *m.*

se|ta f. Seide *f.*: ***un vestito di ~ bianca*** ein Kleid aus weißer Seide (*o* ein weißes Seidenkleid) ◆ ~ ***artificiale*** Kunstseide *f.*; ***baco da*** ~ Seidenraupe *f.*; ***calza di*** ~ Seidenstrumpf *m.*; ***camicetta di*** ~ Seidenbluse *f.*; ***capelli di, come*** ~ seidiges Haar; ***come*** ~ seidig (*o* seiden); ~ ***cotta*** gekochte (*o* entbastete) Seide; ~ ***cruda*** Rohseide *f.*; ***di*** ~ seiden (*o* Seiden-); ***filato di*** ~ Seidengarn *n.*; ***filatura della*** ~ Seidenspinnerei *f.*; ***filo di*** ~ Seidenfaden *m.*; ***foulard di*** ~ Seidentuch *n.*; ~ ***greggia*** Rohseide *f.*; ***industria della*** ~ Seidenindustrie *f.*; ~ ***lavata*** Waschseide *f.*; ***lucentezza della*** ~ Seidenglanz *m.*; ~ ***marina*** Muschelseide *f.*; ***morbido come la*** ~ seidenweich; ~ ***naturale*** Naturseide *f.*; ***pittura su*** ~ Seidenmalerei *f.*; ***produzione della*** ~ Seidengewinnung *f.*; ~ ***pura*** echte (*o* reine) Seide; ***scialle di*** ~ Seidenschal *m.*; ***tessitura della*** ~ Seidenweberei *f.*; ***tessuto di*** ~ Seidengewebe *n.* (*o* Seide *f.*); ~ ***vegetale*** Kunstseide *f.* (*o* Pflanzenseide *f.*); STOR. ***via della*** ~ Seidenstraße *f.*

se|tac|cia|re tr. *(setaccio, setacci)* 1 durch‿sieben, sieben: ~ ***la farina*** das Mehl (durch)sieben 2a FIG. *(vagliare)* sieben: ~ ***i candidati*** die Bewerber sieben b *(perlustrare)* durch‿kämmen: ~ ***tutta la zona*** das ganze Gebiet durchkämmen. **se|tac|cia|tu|ra** f. 1 Sieben *n.* 2 *(residuo)* Kleie *f.*

se|tac|cio m. *(-ci)* Sieb *n.*: ***passare qcs. al*** ~ etw. durch ein Sieb rühren (*o* streichen), etw. sieben (*o* durch‿sieben); ***togliere le pietre dalla sabbia col*** ~ die Steine aus dem Sand sieben (*o* aus‿sieben) ◆ ~ ***da farina*** Mehlsieb *n.*; ~ ***fine*** Feinsieb *n.*, Passiersieb *n.*

se|ta|io|lo m. 1 *(filatore)* Seidenspinner *m.* 2 *(tessitore)* Seidenweber *m.* 3 *(commerciante)* Seidenhändler *m.*

set ball [bɔ:l] m.inv. Satzball *m.*

se|te f. **1** Durst *m.*: ***placare la ~*** den Durst stillen; ***togliere, spegnere la ~*** den Durst löschen; ***avere ~ (di qcs.)*** (auf etw. [A]) Durst haben, durstig sein; LETT. ***patire la ~*** dürsten, Durst leiden **2** FIG. Durst *m.*, Gier *f.*, Begierde *f.*: ***~ di qcs.*** Durst nach etw.; ***~ di denaro, guadagno*** Geld-, Profitgier *f.*; ***~ di gloria, potere, sapere*** Ruhmbegierde *f.*, Herrschsucht *f.*, Wissensdurst *m.*; ***~ di vendetta*** Rachsucht *f.*, LETT. Rachedurst *m.* ◆ ***~ di nuove esperienze*** Erlebnishunger *m.*; ***~ di libertà*** Freiheitsdrang *m.*; ***una ~ da morire*** ein wahnsinniger Durst; ***morire di ~*** verdursten (anche FIG.); ***~ dell'oro*** Gier *f.* nach Gold; ***~ di sangue*** Blutrünstigkeit *f.*, Blutdurst *m.*; ***sciopero della ~*** Durststreik *m.*

se|te|ri|a f. **1a** *(stabilimento)* Seidenfabrik *f.* **b** *(filanda)* Seidenspinnerei *f.* **2** *(negozio)* Seidenhandlung *f.* **3** pl. *(tessuti in seta)* Seidenware *f.* **se|ti|col|tu|ra** f. Seidenbau *m.*, Seidenraupenzucht *f.* **se|ti|fi|cio** m. *(-ci)* Seidenfabrik *f.*

1.se|to|la f. **1** Borste *f.* (anche SCHERZ.) **2** *(spazzola)* Bürste *f.* ◆ ***~ di maiale*** Schweinsborste *f.*; ***pennello di -e*** Haarpinsel *m.*

2.se|to|la f. **1** *(screpolatura)* Schrunde *f.*, Riss *m.* **2** ZOOL. *(dello zoccolo del cavallo)* Hornspalte *f.* **se|to|lo|so, se|to|lu|to** agg. borstig.

se|to|so agg. seidenweich, seidig.

set point m.inv. Satzball *m.*

set|ta f. **1** RELIG. Sekte *f.* **2** *(società segreta)* Geheimbund *m.*

set|tan|ta I agg.inv. siebzig: ***~ pagine, giorni*** siebzig Seiten, Tage; ***avere ~ anni*** siebzig (Jahre alt) sein; ***a pagina ~*** auf Seite siebzig **II** m.inv. **1a** Siebzig *f.*: ***puntare sul ~*** auf die Siebzig setzen; ***contare fino a ~*** bis siebzig zählen **b** *(di tram e bus)* ***prendere il, la ~*** den Siebziger, die Siebzig nehmen **c** pl. *(settant'anni)* ***avvicinarsi ai ~*** auf die siebzig zu‿gehen; ***avere superato i ~*** die siebzig überschritten haben, über siebzig sein; ***essere vicino ai ~*** an die siebzig sein **2** *(il 1970)* das Jahr 1970: ***questo fatto risale al ~*** dieses Ereignis geht auf das Jahr 1970 zurück; ***è nato nel ~*** er ist 70 geboren ◆ ***gli anni ~*** die siebziger Jahre; ***di settant'anni*** siebzigjährig; ***essere del ~, '70*** *(di persone)* 70 geboren sein; *(di prodotti, vini, ecc.)* Jahrgang 70 sein; *(di film, canzoni, ecc.)* aus dem Jahr 1970 sein; BIBL. ***traduzione dei Settanta*** Septuaginta *f.*; ***~ volte*** siebzigmal.

set|tan|ten|ne I agg. siebzigjährig **II** m. e f. Siebzigjährige *m.* e *f.* **set|tan|ten|nio** m. *(-ni)* siebzig Jahre *pl.* **set|tan|te|si|mo I** agg. siebzigste **II** m. **1** Siebzigste *m.* **2** *(frazione)* Siebzigstel *n.* **set|tan|ti|na** f. **1** ***una ~ di persone, pagine*** etwa (*o* ungefähr) siebzig Personen, Seiten **2** *(età)* Siebzig *f.*: ***avere una ~ d'anni, essere sulla ~*** um die siebzig sein.

set|ta|re tr. **1** MECC. ein‿stellen **2** INFORM. ein‿setzen.

set|ta|rio I agg. *(-ri,-rie)* **1** sektiererisch **2** ESTENS. sektiererisch, parteiisch: ***spirito ~*** sektiererische Haltung **II** m. *(-ri)* **1** Sektierer *m.* **2** ESTENS. parteiischer Mensch *m.*, Sektierer *m.* **set|ta|ri|smo** m. Sektierertum *n.*

set|te I agg.inv. sieben: ***avere ~ anni*** sieben (Jahre alt) sein; ***fra ~ giorni*** in sieben Tagen; ***ogni ~ giorni*** alle sieben Tage; ***il muro è alto ~ metri*** die Mauer ist sieben Meter hoch; *(posposto)* ***a pagina ~*** auf Seite sieben; ***i primi ~*** die ersten sieben **II** m.inv. **1a** Sieben *f.*: ***puntare sul ~*** auf die Sieben setzen; ***contare fino a ~*** bis sieben zählen **b** *(tram, bus)* ***prendere il ~*** die Sieben, den Siebener nehmen **c** *(carta)* ***scartare il ~*** die Sieben ab‿legen; ***il ~ di quadri*** die Kreuzsieben **2** *(voto)* = Drei *f.*: ***prendere un ~ di chimica*** eine Drei in Chemie bekommen **3** *(giorno del mese)* Siebte *m.*: ***il ~ di gennaio*** der siebte Januar; ***parto il ~ di gennaio*** ich fahre am siebten Januar ab; ***oggi è il ~*** heute ist der Siebte **4** COLLOQ. *(strappo)* Dreiangel *m.*, Triangel *m.* **III** f.pl. sieben Uhr, sieben: ***alle ~*** um sieben (Uhr); ***sono le ~, le ~ e mezzo*** es ist sieben Uhr, halb acht; ***le ~ meno un quarto, le ~ e un quarto*** (ein) Viertel vor, nach sieben ◆ ***di ~ anni*** siebenjährig; ***la guerra dei ~ anni*** der Siebenjährige Krieg; ***essere in ~*** zu siebt sein; ***di ~ mesi*** siebenmonatig, Siebenmonats-; ***bambino nato di ~ mesi*** Siebenmonatskind *n.*; ***incinta di ~ mesi*** im siebten Monat schwanger; ***~ e mezzo*** siebeneinhalb; ABBIGL. ***~ ottavi*** = lange Jacke; ***stivali delle ~ leghe*** Siebenmeilenstiefel *pl.*; ***avere ~ vite come i gatti*** sieben Leben haben; ***~ volte*** siebenmal, siebenfach; ***ingrandire qcs. (di) ~ volte*** etw. siebenfach vergrößern.

set|te|bel|lo m. **1** GIOC. *(sette di quadri)* Karosieben *f.*; *(sette di denari)* Schellensieben *f.* **2** FERR. = ehemaliger Luxus-Expresszug *m.* Mailand-Rom **3** SPORT intrad. (italienische Wasserballnationalmannschaft).

set|te|cen|te|sco agg. *(-schi,-sche)* aus dem achtzehnten Jahrhundert, des achtzehnten Jahrhunderts. **set|te|cen|ti|sta** m. e f. *(-i,-e)* **1a** *(scrittore)* Schriftsteller *m.* (-in *f.*) des achtzehnten Jahrhunderts **b** *(artista)* Künstler *m.* (-in *f.*) des achtzehnten Jahrhunderts **c** *(artista o scrittore italiano)* Settecentist *m.* **2** *(studioso)* Experte *m.* (Expertin *f.*) des achtzehnten Jahrhunderts.

set|te|cen|to I agg.inv. **1** siebenhundert **2** ART. ARRED. ***stile ~*** Stil *m.* des achtzehnten Jahrhunderts **II** m. Siebenhundert *n.*

Set|te|cen|to m.inv. **1** achtzehntes (*o* 18.) Jahrhundert *n.*: ***la letteratura del primo ~*** die Literatur des frühen achtzehnten Jahrhunderts; ***la filosofia del ~ francese*** die französische Philosophie des achtzehnten Jahrhunderts **2** *(nell'arte italiana)* Settecento *n.*

set|te e mez|zo m. INTRAD. (Kartenspiel).

set|tem|bre m. September *m.*: ***a, in ~*** im September; ***all'inizio, alla fine di ~*** Anfang, Ende September; ***a metà ~*** Mitte September; ***il primo, il due (di) ~*** der erste, zweite September; ***tornerò il 15 (di) ~*** ich komme am 15. September zurück. **set|tem|bri|no** agg. September-: ***aria -a*** Septemberluft *f.*; ***sole ~*** Septembersonne *f.*

set|te|mi|la agg.inv. siebentausend.

set|te|na|rio I agg. *(-ri,-rie)* siebensilbig **II** m. *(-ri)* Siebensilber *m.*; *(nella poesia latina)* Septenar *m.*

set|ten|na|le agg. **1** *(che dura sette anni)* siebenjährig **2** *(che ricorre ogni sette anni)* siebenjährlich. **set|ten|na|to** m. **1** POL. siebenjährige Amtsdauer *f.* **2** *(settennio)* sieben Jahre *pl.* **set|ten|ne I** agg. siebenjährig **II** m. e f. Siebenjährige *m.* e *f.* **set|ten|nio** m. *(-ni)* sieben Jahre *pl.*

set|ten|trio|na|le I agg. nördlich, Nord-: ***l'emisfero ~*** die nördliche Halbkugel; ***Italia, Germania, Europa ~*** Norditalien *n.*, -deutschland *n.*, -europa *n.*; ***costa, versante ~*** Nordküste *f.*, -hang *m.* **II** m. e f. **1** Nordländer *m.* (-in *f.*) **2** *(italiano del Nord)* Norditaliener *m.* (-in *f.*). **set|ten|trio|na|li|smo** m. **1** LING. norditalienischer Ausdruck *m.* **2** STOR. POL. = Bestrebung *f.*, den Norden Italiens (gegenüber dem Süden) zu begünstigen.

set|ten|trio|ne m. **1** *(punto cardinale)* Nord *m.* **2** *(regione a nord)* Norden *m.*: ***il ~ d'Italia*** der Norden Italiens **3** *(l'Italia del Nord)* Norditalien *n.* ◆ ***essere situato a ~ di...*** nördlich von... gelegen sein.

set|te-ot|ta|vi m.inv. ABBIGL. = lange Jacke *f.*

set|ter m.inv. Setter *m.*

set|ti|ce|mi|a f. Blutvergiftung *f.*, Sepsis *f.* **set|ti|ce|mi|co** agg. *(-ci,-che)* Sepsis-.

set|ti|co agg. *(-ci,-che)* septisch.

set|ti|le agg. **1** lamellar **2** *(tagliabile)* schneidbar.

set|ti|ma f. **1** MUS. Septime *f.*; ***accordo di ~*** Septimenakkord *m.*, Septakkord *m.* **2** *(taglia)* Größe 7. *f.*

set|ti|ma|na f. **1** Woche *f.*: ***questa ~*** diese Woche; ***la ~ scorsa, prossima*** letzte, nächste Woche; ***tra una ~*** in einer Woche; ***una ~ fa*** vor einer Woche; ***a metà ~*** Mitte der Woche; ***due volte alla ~*** zweimal in der Woche (*o* wöchentlich); ***durante la ~*** während der Woche; ***ogni ~*** jede Woche; ***fermarsi due -e*** zwei Wochen lang bleiben; ***sono tre -e che non la vedo*** ich habe sie drei Wochen lang nicht mehr gesehen **2** *(paga)* Wochenlohn *m.* ◆ ***a ~*** wochenweise; ***~ bianca*** Skiwoche *f.*, weiße Woche; ***~ corta*** Kurzwoche *f.*; ***fine ~*** Wochenende *n.*; ***giorni della ~*** Wochentage *pl.*; ***in ~*** im Lauf(e) der Woche; ***inizio della ~*** Wochenanfang *m.*; ***~ lavorativa*** Arbeitswoche *f.*; ***per -e*** wochenlang; ***~ di quaranta ore*** Vierzigstundenwoche *f.*; ***~ santa*** Karwoche *f.*

set|ti|ma|na|le I m. *(giornale)* Wochenzeitung *f.*, Wochenblatt *n.* **II** agg. Wochen-, wöchentlich: ***abbonamento ~*** Wochenkarte *f.*; ***orario ~*** Wochenstunden *pl.*; ***paga ~*** Wochenlohn *m.* **set|ti|ma|nal|men|te** avv. wöchentlich.

set|ti|mi|no I agg. Siebenmonats- **II** m. **1** Siebenmonatskind *n.* **2** MUS. Septett *n.*

set|ti|mo I agg. siebte, siebente: ***il ~ sacramento*** das siebte Sakrament; ***il ~ giorno*** der siebte Tag; ***il ~ secolo*** das siebte Jahrhundert; ***Clemente VII*** Klemens der Siebte **II** m. **1** Siebte *m.*: ***è il ~ da sinistra*** er ist der Siebte von links **2** *(frazione)* Siebtel *n.*: ***un ~, due -i*** ein, zwei Siebtel; ***un ~ della somma*** ein Siebtel des Betrages ◆ ***essere al ~ cielo*** im siebten Himmel sein; ***sentirsi al ~ cielo*** sich im siebten Himmel fühlen.

set|to m. Scheidewand *f.*; ***~ nasale*** Nasenscheidewand *f.*

1.set|to|re m. **1** GEOM. Sektor *m.*, Ausschnitt *m.* **2** *(parte)* Teil *m.*, Sektor *m.*: ***~ di destra, di sinistra*** rechter, linker Sektor; ***Berlino fu divisa in quattro -i*** Berlin wurde in vier Sektoren geteilt; ***il ~ americano (a Berlino)*** der amerikanische Sektor **3** *(ambito)* Sektor *m.*, Bereich *m.*, Gebiet *n.*, Fach *n.*: ***annoverare qcs. in un ~*** etw. einem Bereich zu‿rechnen; ***essere esperto, al primo posto in un ~*** auf einem Gebiet bewandert, führend sein **4** *(ripartizione)* Abteilung *f.*, Amt *n.* ◆ ***~ alberghiero*** Hotelfach *n.*, Hotelgewerbe *n.*; ***~ alimentare*** Lebensmittelbranche *f.*; ***~ di attività*** Geschäftszweig *m.*; ***~ bancario*** Bankwesen *n.*; ***~ circolare*** Kreisausschnitt *m.*; ***~ di competenza*** Dezernat *n.*, Kompetenzbereich *m.*; ***consulente di ~*** Fachberater *m.*; ***~ economico*** Wirtschaftszweig *m.*; ***~ edile*** Bauwesen *n.*;

~ ***finanziario*** Finanzbereich *m.*; MIL. ~ ***del fronte*** Frontabschnitt *m.*; SPORT ~ ***di lancio*** Wurfkreis *m.*; ***leader di*** ~ Marktführer *m.*; ~ ***primario*** primärer Sektor; ~ ***privato*** privater Sektor, Privatwirtschaft *f.*; ~ ***produttivo*** Produktionszweig *m.*; ~ ***pubblico*** öffentlicher Sektor; ~ ***sanitario*** Gesundheitswesen *n.*; ~ ***secondario*** sekundärer Sektor; ~ ***sferico*** Kugelausschnitt *m.*, Kugelsektor *m.*; ~ ***specifico*** Teilgebiet *n.*; ~ ***terziario*** tertiärer Sektor; ~ ***tessile*** Textilbranche *f.*

2.set|to|re **I** m. MED. Prosektor *m.* **II** agg. Prosektor-: ***perito*** ~ amtlicher Leichenöffner (*o* Prosektor *m.*).

set|to|ria|le agg. branchenspezifisch, Fach-: ***linguaggio*** ~ Fachsprache *f.*

set|to|ria|li|smo m. Bevorzugung *f.* der Teilinteressen.

set|to|rial|men|te avv. branchenspezifisch.

set|tua|ge|na|rio **I** agg. *(-ri,-rie)* siebzigjährig **II** m. *(-ri)* Siebzigjährige *m.*

set|tu|plo **I** m. Siebenfache *n.* **II** agg. siebenfach.

Seul n.pr.f. Seoul *n.*

se|ve|ra|men|te avv. streng: ***rimproverare qcn.*** ~ jdn streng tadeln; ~ ***vietato*** streng verboten.

Se|ve|ri|no n.pr.m. Severin *m.*, Severinus *m.*

se|ve|ri|tà f. Strenge *f.*, Härte *f.*: ***educare qcn. con*** ~ jdn mit Strenge erziehen; ***trattare qcn. con*** ~ jdn streng behandeln.

se|ve|ro agg. **1** streng, hart: ***essere ~ con qcn.*** mit jdm streng sein (*o* umgehen); ***uno sguardo*** ~ ein strenger Blick; ***adottare misure -e*** strenge Maßstäbe an‿legen; ***giudizio*** ~ strenges Urteil **2** *(austero)* streng, ernst: ***costumi -i*** strenge Sitten; ***stile, profilo*** ~ strenger Stil, Profil; ***abito di taglio*** ~ ein streng geschnittenes Kleid **3** *(ingente)* stark: ***gli investimenti hanno subito un ~ ridimensionamento*** die Investitionen sind stark zurückgegangen ◆ ***sottoporre qcn. a un ~ esame*** jdn, etw. einer gründlichen Prüfung unterziehen; ***essere sottoposto a controlli -i*** scharfen Kontrollen unterliegen.

se|vi|zia f. Misshandlungen *pl.*, Folter *f.*, Quälerei *f.*; ***subire le -e di qcn.*** von jdm misshandelt werden. **se|vi|zia|re** tr. *(sevizio, sevizi)* **1** misshandeln, quälen **2** *(violentare)* vergewaltigen. **se|vi|zia|to|re** m. **1** Peiniger *m.*, Quäler *m.* **2** *(violentatore)* Vergewaltiger *m.*

sex ap|peal [-ˈəpiːl] m.inv. Sexappeal *m.*

sex-shop [-ʃɔp] m.inv. Sexboutique *f.*, Sexshop *m.*

sex sym|bol m.inv. Sexsymbol *n.*

sex|y agg.inv. **1** sexy, aufreizend; ***biancheria*** ~ Reizwäsche *f.*; ***una donna (molto)*** ~ eine (sehr) aufreizende Frau **2** *(erotico)* Sex-: ***film*** ~ Sexfilm *m.*

se|zio|na|men|to m. Zergliederung *f.* **se|zio|na|re** tr. **1** zerlegen, zerteilen, zergliedern: ~ ***un frutto*** eine Frucht zerlegen **2** ESTENS. *(spartire, dividere)* auf‿teilen, gliedern, trennen **3** MED. sezieren, obduzieren **4** EL. trennen.

se|zio|ne f. **1** *(parte)* Abschnitt *m.*: ***il corso si articola in tre -i*** der Kurs ist in drei Abschnitte unterteilt **2** MED. Sezierung *f.*, Sektion *f.*, Zergliederung *f.* **3** GEOM. Schnitt *m.* **4a** ESTENS. Schnitt *m.*, Querschnitt *m.*: ***una ~ orizzontale dell'edificio*** ein waagrechter Schnitt durch das Gebäude; ***rappresentare qcs. in*** ~ etw. im Schnitt dar‿stellen; ~ ***circolare*** kreisförmiger Querschnitt **b** *(strato sottilissimo)* Schnitt *m.*, Dünnschliff *m.* **5a** *(reparto)* Abteilung *f.*: ***la ~ contabilità di una ditta*** die Buchhaltung(sabteilung) einer Firma **b** *(di partito)* Sektion *f.*, Ortsgruppe *f.*: ***la ~ locale di un partito*** die örtliche Sektion (*o* die Ortsgruppe) einer Partei **6** SCOL. Abteilung *f.*, Kurs *m.* **7** *(di libro)* Teil *m.*, Abschnitt *m.* **8** MUS. Gruppe *f.*: ~ ***degli archi*** Streichergruppe *f.* ◆ ~ ***aurea*** goldener Schnitt; ***capo*** ~ Dezernent *m.*; ~ ***civile*** Zivilkammer *f.*; ~ ***conica*** Kegelschnitt *m.*; ~ ***elettorale*** Wahllokal *n.*; ~ ***femminile*** Mädchenabteilung *f.*; *(di carcere)* Frauenabteilung *f.*; ~ ***finanziaria*** Finanzabteilung *f.*; ~ ***longitudinale*** Längsschnitt *m.*; ~ ***maschile*** Jungenabteilung *f.*; ~ ***narcotici*** Rauschgiftdezernat *n.*; ~ ***penale*** Strafkammer *f.*, Strafsenat *m.*; ~ ***radiale*** Radialschnitt *m.*; ~ ***sagittale*** Längsschnitt *m.*; ~ ***trasversale*** Querschnitt *m.*; ***a ~ triangolare*** dreikantig; MIN. ~ ***verticale*** Seigerriss *m.*

sfac|cen|da|re intr. hantieren, schaffen: ~ ***in cantina*** im Keller hantieren.

sfac|cen|da|to **I** p.pass. agg. **1** → **sfaccendare** **2** unbeschäftigt, beschäftigungslos **II** m. **1** Unbeschäftigte *m.* **2** *(fannullone)* Müßiggänger *m.*, Nichtstuer *m.*

sfac|cet|ta|re tr. **1** facettieren **2** FIG. von allen Seiten betrachten. **sfac|cet|ta|to** p.pass. agg. **1** → **sfaccettare** **2** facettiert: ***diamante*** ~ facettierter Diamant **3** FIG. *(con molti aspetti)* vielschichtig, vielseitig: ***una questione -a*** ein vielschichtiges Problem. **sfac|cet|ta|tu|ra** f. **1** *(azione)* Facettierung *f.*, Facettenschliff *m.* **2** *(lato)* Facette *f.* ◆ ~ ***di pietra preziosa*** Edelsteinschliff *m.*

sfac|chi|na|re intr. (aus. *avere*) schuften, sich ab‿schinden, sich ab‿schuften, sich ab‿racken: ***ho sfacchinato tutto il giorno*** ich habe den ganzen Tag geschuftet; ~ ***come uno schiavo*** wie ein Kuli arbeiten müssen; ~ ***dal mattino alla sera*** sich von früh bis spät abschuften. **sfac|chi|na|ta** f. Schufterei *f.*, Schinderei *f.*, Strapaze *f.*: ***che ~!*** so eine Schufterei!

sfac|cia|tag|gi|ne f. Frechheit *f.*, Unverschämtheit *f.*, Unverfrorenheit *f.*: ***avere la ~ di fare qcs.*** die Frechheit besitzen, etw. zu tun; ***essere di una ~ inaudita*** unerhört frech (*o* von einer unerhörten Frechheit) sein; ***che ~!*** so eine Unverschämtheit!

sfac|cia|ta|men|te avv. frech, unverschämt. **sfac|cia|to** **I** agg. **1** frech, unverschämt, unverfroren: ***una risposta, proposta -a*** eine freche Antwort, ein unverfrorener Vorschlag; ***avere una fortuna -a*** unverschämtes Glück haben **2** *(sgargiante)* grell: ***colori -i*** grelle Farben **II** m. unverschämte Person *f.*, Frechling *m.*

sfa|ce|lo m. **1** Verfall *m.*, Zusammenbruch *m.*: ***lo ~ del corpo*** der körperliche Verfall **2** FIG. Verfall *m.*, Untergang *m.*, Ruin *m.*, Zusammenbruch *m.*: ***essere (ridotto) allo*** ~ kurz vor dem Zusammenbruch stehen.

sfa|gio|la|re intr. (aus. *essere*) COLLOQ. ~ ***a qcn.*** jdm zu‿sagen (*o* gefallen, passen).

sfal|da|bi|le agg. brüchig. **sfal|da|men|to** m. **1** Zerbröckeln *n.*, Zerbröckelung *f.*, Abbröckelung *f.* **2** FIG. Auflösung *f.*

sfal|da|re **I** tr. spalten, zerbröckeln **II** pronom. **sfaldarsi** **1** sich spalten, blättern, ab‿blättern, brüchig werden: ***il colore si sfalda*** die Farbe blättert **2** FIG. auseinander fallen: ***il gruppo si sfalda*** die Gruppe fällt auseinander. **sfal|da|tu|ra** f. **1** Spaltung *f.*, Auflösung *f.* **2** MIN. Spaltung *f.*, Splitterung *f.*

sfal|sa|re tr. **1** (gegeneinander) verrücken, verschieben **2** SPORT parieren **3** *(nel tiro a segno)* ab‿lenken.

sfal|sa|to p.pass. agg. **1** → **sfalsare** **2a** (gegeneinander) verrückt, verschoben **b** *(deviato)* abgelenkt.

sfa|ma|re **I** tr. **1** den Hunger stillen **2** *(nutrire)* ernähren: ~ ***un' intera popolazione*** das ganze Volk ernähren ◆ ***avere quattro bocche da*** ~ vier hungrige Mäuler zu stopfen haben.

sfan|ga|re *(sfango, sfanghi)* **I** intr. (aus. *avere*) aus dem Schlamm heraus‿kommen **II** tr. schlämmen ◆ COLLOQ. ***sfangarsela*** sich aus der Patsche ziehen.

sfa|re *(sfaccio, sfai; sfeci; sfatto)* **I** tr. **1** auf‿trennen, lösen: ~ ***una cucitura*** eine Naht auftrennen **2** *(liquefare)* schmelzen **3** *(distruggere)* zerstören, vernichten **II** pronom. **sfarsi** **1** *(sciogliersi)* auf‿gehen, sich auf‿lösen: ***il nodo si è sfatto*** der Knoten ist aufgegangen **2** *(liquefarsi)* schmelzen, zergehen, zerfließen **3** FIG. *(sfiorire)* verwelken.

sfar|fal|la|men|to m. **1** *(di crisalide)* Entpuppung *f.* **2** FIG. *(volubilità)* Unbeständigkeit *f.*, Wechselhaftigkeit *f.* **3** CINEM. OTT. TELEV. Flimmern *n.* **sfar|fal|la|re** intr. (aus. *avere*) **1** *(di crisalide)* sich entpuppen **2** *(svolazzare)* flattern, umher‿flattern **3** FIG. *(essere volubile, incostante)* unbeständig sein **4** CINEM. OTT. TELEV. flimmern **5** *(di motore)* flattern, schlagen. **sfar|fal|li|o** m. CINEM. OTT. TELEV. Flimmern *n.*

sfa|ri|na|re **I** tr. zermalen, zerreiben **II** pronom. **sfarinarsi** **1** ab‿bröckeln **2** ESTENS. *(sciogliersi)* zergehen.

sfar|zo m. Prunk *m.*, Gepränge *n.*, Pracht *f.*: ***vivere nello*** ~ im Prunk leben; ***ostentare*** ~ große Pracht entfalten; ~ ***sontuoso*** verschwenderische Pracht ◆ ***amore per lo*** ~ Prachtliebe *f.*; ***con*** ~ prachtvoll; ***senza*** ~ prunklos. **sfar|zo|si|tà** f. Prunkhaftigkeit *f.*, Pracht *f.* **sfar|zo|so** agg. prachtvoll, prunkvoll: ***palazzo*** ~ prunkvoller Palast; ***edificio*** ~ Prachtbau *m.*

sfa|sa|men|to m. **1** EL. FIS. Phasenverschiebung *f.* **2** FIG. *(scombussolamento)* Zerfahrenheit *f.*, Verwirrung *f.*: ***attraversare un periodo di*** ~ eine Zeit der Verwirrung durch‿machen. **sfa|sa|re** tr. **1** FIS. außer Phase bringen **2** FIG. *(scombussolare)* verwirren.

sfa|sa|to p.pass. agg. **1** → **sfasare** **2** außer Phase **3** FIG. *(scombussolato)* zerfahren, verwirrt, wirr (im Kopf).

sfa|sa|tu|ra f. → **sfasamento.**

sfa|scia|car|roz|ze m.inv. Schrotthändler *m.*

sfa|scia|men|to m. Zerschlagung *f.*, Zertrümmerung *f.*

1.sfa|scia|re tr. *(sfascio, sfasci)* den Verband ab‿nehmen: ~ ***una ferita*** den Verband von einer Wunde abnehmen.

2.sfa|scia|re *(sfascio, sfasci)* **I** tr. zerbrechen, kaputt‿machen, kaputt‿schlagen: ~ ***i piatti, una sedia*** die Teller, einen Stuhl kaputtmachen; ~ ***la macchina*** den Wagen zu Schrott fahren **II** pronom. **sfasciarsi** **1** zerbrechen, kaputt‿gehen, in die Brüche gehen **2a** FIG. *(andare in rovina)* zusammen‿brechen, zusammen‿stürzen **b** *(disgregarsi)* in die Brüche gehen **3** *(prendere forma)* auseinander gehen ◆ ~ ***tutto*** alles kurz und klein hauen.

sfa|scia|to p.pass. agg. **1** → **2.sfasciare** **2** *(disfatto)* kaputt, zerrüttet, zerbrochen; COLLOQ. im Eimer.

sfa|scia|tu|ra f. **1** *(di benda, fascia)* Abnahme *f.* des Verbands **2** *(di bambino)* Aufwickeln *n.*
sfa|scio m. *(-sci)* **1** Zersetzung *f.*, Verwesung *f.* **2** FIG. Verfall *m.*, Zusammenbruch *m.*: ***essere (ridotto) allo ~*** kurz vor dem Zusammenbruch stehen; ***mandare qcs. allo ~*** etw. verfallen lassen. **sfa|sciu|me** m. **1** Trümmer *pl.*, Schutt *m.* **2** FIG. Wrack *n.* **3** GEOL. Geröll *n.*
sfa|ta|re tr. ***~ qcs.*** etw. (D) den Zauber nehmen: ***~ una leggenda*** einer Legende den Zauber nehmen.
sfa|ti|ca|ta f. Plackerei *f.*, Schufterei *f.*, Ochsentour *f.*; ***fare una ~*** sich ab‿placken, sich ab‿schuften. **sfa|ti|ca|to I** agg. faul **II** m. Faulenzer *m.*, Faulpelz *m.*, Nichtstuer *m.*
sfat|to p.pass. agg. **1** → **sfare 2** ***letto ~*** aufgedecktes Bett **3a** FIG. *(sfiorito)* verwelkt: ***un volto ~*** ein verwelktes Gesicht **b** *(rovinato)* zerstört: ***~ dall'alcol*** vom Alkohol zerstört **c** *(malandato)* heruntergekommen.
sfa|vil|lan|te agg. **1** glänzend, glitzernd: ***un abito ~*** ein glitzerndes Kleid **2** ESTENS. strahlend: ***viso ~ di gioia*** vor Freude strahlendes Gesicht. **sfa|vil|la|re** intr. (aus. *avere*) **1** Funken sprühen **2** FIG. glitzern, funkeln, auf‿leuchten. **sfa|vil|li|o** m. Glitzern *n.*, Gefunkel *n.*, Funkeln *n.*
sfa|vo|re m. ***in, a ~ di qcn.*** zuungunsten (*o* zu Ungunsten) jds; ***a vostro ~*** zu euren Ungunsten; ***a ~ dell'inquilino*** zuungunsten des Mieters ◆ ***votare a ~*** dagegen stimmen; ***voto a ~*** Gegenstimme *f.*
sfa|vo|re|vo|le agg. **1** ungünstig, widrig: ***un momento ~*** ein ungünstiger Moment; ***vento ~*** widriger Wind; ***tempo ~*** ungünstiges Wetter, ungünstige Witterung; ***condizioni -i*** ungünstige (*o* widrige) Bedingungen; ***le circostanze erano -i*** die Umstände waren ungünstig **2** *(di risposta)* abschlägig **3** *(mal disposto)* abgeneigt. **sfa|vo|re|vol|men|te** avv. ungünstig, absprechend.
sfa|vo|ri|re tr. *(sfavorisco, sfavorisci)* benachteiligen.
sfeb|bra|re intr. (aus. *essere*) fieberfrei werden. **sfeb|bra|to** p.pass. → **sfebbrare** ◆ ***essere ~*** fieberfrei sein, kein Fieber mehr haben.
sfe|ga|tar|si pronom. *(mi sfegato)* **1a** *(dedicarsi completamente)* ***~ per qcs.*** sich etw. (D) völlig widmen; sich etw. (D) mit Haut und Haaren verschreiben; ***~ per il partito*** sich fanatisch der Partei widmen **b** *(impegnarsi)* ***~ per qcs.*** sich für etw. große Mühe geben **2** *(urlare)* sich die Lunge aus dem Hals schreien. **sfe|ga|ta|to I** p.pass. agg. **1** → **sfegatarsi 2a** *(di persona)* fanatisch, besessen: ***un tifoso ~*** ein besessener Fußballfan **b** ***un odio ~*** ein leidenschaftlicher Hass **II** m. Fanatiker *m.*
sfe|noi|de m. Keilbein *n.*
sfe|ra f. **1** GEOM. Kugel *f.* (anche ESTENS.) **2** FIG. *(ambito)* Sphäre *f.*, Bereich *m.*, Kreis *m.*: ***~ affettiva*** seelischer Bereich; ***~ politica*** politische Sphäre **3** *(cerchia)* Kreis *m.*: ***le alte -e*** die höheren Kreise ◆ ***armonia delle -e*** Sphärenharmonie *f.*, Sphärenmusik *f.*; ***~ d'azione*** Wirkungskreis *m.*; ***~ cava*** Hohlkugel *f.*; ***~ celeste*** Himmelskugel *f.*, Himmelsgewölbe *n.*; ***~ di competenza*** Zuständigkeitsbereich *m.*; ***~ di cristallo*** Kristallkugel *f.*; COLLOQ. ***~ di cuoio*** Leder *n.*; ***cuscinetto a ~*** Kugellager *n.*; ***~ d'influenza*** Einflussbereich *m.*; ***~ d'interesse*** Interessensphäre *f.*; ***~ intima*** Intimsphäre *f.*; ***~ lavorativa*** Arbeitsbereich *m.*; ***~ di metallo*** Metallkugel *f.*; ***penna a ~*** Kugelschreiber *m.*; ***~ privata*** Privatsphäre *f.* (*o* Privatleben *n.*); ***~ terrestre*** Weltkugel *f.* (*o* Erdkugel *f.*).
sfe|ri|ci|tà f. Kugelform *f.* **sfe|ri|co** agg. *(-ci, -che)* **1** kugelförmig, kugelig, Kugel-: ***superficie -a*** kugelförmige Oberfläche **2** MAT. sphärisch, Kugel-: ***trigonometria -a*** sphärische Trigonometrie ◆ ***articolazione -a*** Kugelgelenk *n.*; ***corpo ~*** Kugel *f.*; ***forma -a*** Kugelform *f.*; ***fulmine ~*** Kugelblitz *m.*; ***giunto ~*** Kugelgelenk *n.*; ***segmento ~*** Kugelabschnitt *m.*, Kugelsegment *n.*; ***settore ~*** Kugelsektor *m.*
sfe|ri|ste|rio m. *(-ri)* Ballspielplatz *m.*
sfe|roi|da|le agg. sphäroidisch. **sfe|roi|de** m. Sphäroid *n.*
sfer|ra|glia|re intr. *(sferraglio, sferragli*; aus. *avere)* rattern, klirren.
sfer|ra|re I tr. **1** ***~ un cavallo*** einem Pferd die Hufeisen ab‿nehmen **2a** FIG. versetzen: ***~ un calcio, un pugno*** einen Tritt, einen Faustschlag versetzen **b** ***~ un attacco*** zum Angriff über‿gehen; ***~ un attacco contro qcn., qcs.*** jdn, etw. an‿greifen **II** pronom. **sferrarsi** **1** *(di cavallo)* die Hufeisen verlieren **2** *(scagliarsi)* ***-rsi su qcn., qcs.*** sich auf jdn, etw. stürzen, auf jdn, etw. los‿gehen.
sfer|ruz|za|re intr. (aus. *avere*) stricken.
sfer|za f. Peitsche *f.* (anche FIG.). **sfer|zan|te** agg. **1** prasselnd: ***pioggia ~*** prasselnder Regen **2** FIG. hart, beißend: ***un giudizio ~*** ein hartes Urteil; ***una risposta ~*** eine beißende Antwort. **sfer|za|re** tr. **1** peitschen: ***~ i cavalli*** die Pferde peitschen; ESTENS. ***la pioggia sferza i vetri*** der Regen peitscht gegen die Fensterscheiben **2** FIG. *(biasimare aspramente)* ab‿kanzeln. **sfer|za|ta** f. **1** Peitschenhieb *m.* **2** FIG. bitterer Vorwurf *m.*, scharfe Kritik *f.*

sfiam|ma|re I tr. die Entzündung lindern (*o* hemmen) **II** pronom. **sfiammarsi** zurück‿gehen, ab‿heilen: ***l'ascesso si è sfiammato*** der Abszess ist zurückgegangen.
sfian|ca|men|to m. Schinden *n.* **sfian|ca|re** *(sfianco, sfianchi)* **I** tr. **1** *(animali)* ab‿hetzen, völlig erschöpfen **2** *(persone)* völlig erschöpfen **II** pronom. **sfiancarsi** **1** sich ab‿hetzen, sich völlig erschöpfen **2** sich völlig erschöpfen. **sfian|ca|to** p.pass. agg. **1** → **sfiancare 2** *(di animali)* abgehetzt, erschöpft **3** *(di persone)* erschöpft.
sfia|ta|men|to m. Ausströmen *n.* **sfia|ta|re I** intr. (aus. *avere*) aus‿strömen **II** pronom. **sfiatarsi** **1** MUS. an Klangfarbe ein‿büßen **2a** COLLOQ. *(perdere il fiato)* außer Atem kommen **b** *(sgolarsi)* sich heiser schreien ◆ ***fare ~ qcs.*** etw. entlüften.
sfia|ta|to p.pass. agg. **1** → **sfiatare 2** MUS. ohne Klangfarbe: ***lo strumento è ~*** das Instrument hat an Klangfarbe eingebüßt **3** COLLOQ. *(senza voce)* mit schwacher Stimme. **sfia|ta|to|io** m. *(-oi)* **1** TECN. Entlüfter *m.*, Luftabzug *m.* **2** ZOOL. Spritzloch *n.*, Luftloch *n.* **sfia|ta|tu|ra** f. → **sfiatamento. sfia|to** m. Entlüfter *m.*, Luftabzug *m.*
sfib|bia|re tr. *(sfibbio, sfibbi)* ab‿schnallen, auf‿schnallen.
sfi|bran|te agg. entnervend, aufreibend, zermürbend: ***un'attesa ~*** ein aufreibendes Warten; ***un lavoro ~*** eine aufreibende Arbeit. **sfi|bra|re I** tr. **1** zerfasern **2** FIG. entnerven, auf‿reiben **II** pronom. **sfibrarsi** **1** zerfasern **2** FIG. sich auf‿reiben. **sfi|bra|to** p.pass. agg. **1** → **sfibrare 2** zerfasert **3** FIG. entnervt, aufgerieben.
sfi|da f. Herausforderung *f.* (anche FIG.): ***raccogliere una ~*** eine Herausforderung an‿nehmen; ***lanciare una ~ a qcn.*** jdn heraus‿fordern; ***atteggiamento di ~*** herausforderndes Verhalten ◆ ***~ elettorale*** Wahlkampf *m.* **sfi|dan|te I** agg. herausfordernd: ***squadra ~*** herausfordernde Mannschaft **II** m. e f. Herausforderer *m.* (-forderin *f.*).
sfi|da|re I tr. **1a** heraus‿fordern (anche SPORT): ***~ qcn. a duello*** jdn zum Duell herausfordern; ***~ il detentore del titolo*** den Titelverteidiger herausfordern; ***~ la sorte*** das Schicksal herausfordern **b** ESTENS. ***lo sfido a dimostrarmi il contrario*** er soll mir erst einmal das Gegenteil beweisen **2** *(affrontare)* ***~ qcs.*** etw. (D) trotzen; ***~ le onde*** den Wellen trotzen; ***~ la morte*** dem Tod trotzen **II** pronom. **sfidarsi** sich heraus‿fordern: ***si sono sfidati a duello*** sie haben sich zum Duell herausgefordert; *(hanno duellato)* sie haben sich duelliert ◆ ***sfido io!*** das glaube ich gern!
sfi|du|cia f. Misstrauen *n.* ◆ ***mozione di ~*** Misstrauensantrag *m.*; ***presentare una mozione di ~*** einen Misstrauensantrag stellen (*o* ein‿bringen); ***voto di ~*** Misstrauensvotum *n.*
sfi|du|cia|re *(sfiducio, sfiduci)* **I** tr. **1** entmutigen: ***con le sue continue critiche lo ha sfiduciato*** er hat ihn durch seine ständige Kritik entmutigt **2** POL. ***~ qcn., qcs.*** jdm, etw. das Misstrauen aus‿sprechen **II** pronom. **sfiduciarsi** sein Selbstvertrauen verlieren, den Mut verlieren. **sfi|du|cia|to** p.pass. agg. **1** → **sfiduciare 2** niedergeschlagen, mutlos ◆ ***governo ~*** Regierung, der das Misstrauen ausgesprochen wurde.
sfi|ga f. *(-ghe)* VOLG. Pech *n.* ◆ ***che ~!*** so ein Mist! **sfi|ga|to I** agg. VOLG. ***essere ~*** Pech haben **II** m. **1** *(persona sfortunata)* Pechvogel *m.* **2** *(persona poco considerata)* armes Schwein *n.*
sfig|mo|ma|no|me|tro m. Blutdruckmesser *m.*, Sphygmomanometer *n.*
sfi|gu|ra|re I tr. **1** verunstalten, entstellen : ***~ il volto di qcn., qcn. in volto*** jds Gesicht verunstalten (*o* entstellen); ***~ una statua*** eine Statue verunstalten (*o* beschädigen) **2** FIG. (das Gesicht) verzerren: ***la paura lo sfigurò*** die Angst verzerrte sein Gesicht **II** intr. (aus. *avere*) **1** blamieren: ***non farmi ~*** blamiere mich nicht **2** *(essere inferiore)* nicht zur Geltung kommen: ***qui questo tappeto sfigura*** dieser Teppich kommt hier nicht zur Geltung. **sfi|gu|ra|to** p.pass. agg. **1** → **sfigurare 2** verunstaltet, entstellt **3** FIG. verzerrt: ***~ dalla rabbia*** vor Wut verzerrt; ***~ dal dolore*** schmerzverzerrt.
sfi|lac|cia|re *(sfilaccio, sfilacci)* **I** tr. aus‿fransen, zerfasern **II** pronom. **sfilacciarsi** (sich) aus‿fransen, fasern, zerfasern. **sfi|lac|cia|to** p.pass. agg. **1** → **sfilacciare 2** ausgefranst. **sfi|lac|cia|tri|ce** f. Reißer *m.* ◆ ***~ per stracci*** Lumpenreißer *m.* **sfi|lac|cia|tu|ra** f. **1** *(lo sfilacciare)* Ausfransen *n.*, Faserung *f.* **2** *(punto sfilacciato)* ausgefranste Stelle *f.*
1.sfi|la|re I tr. **1** aus‿fädeln: ***~ un filo da qcs.*** einen Faden ausfädeln **2** *(togliere da un filo)* ab‿streifen, ab‿ziehen: ***~ le perle dalla collana*** die Perlen von der Kette abstreifen **3** *(togliere)* aus‿ziehen: ***~ il cappotto a qcn.*** jdm den Mantel ausziehen **4** *(estrarre)* heraus‿ziehen: ***~ la chiave dalla serratura*** den Schlüssel aus dem Schloss herausziehen; ***~ il portafoglio dalla borsetta di qcn.*** die Geldbörse aus jds Tasche herausziehen **II** pronom. **sfilarsi** **1** rutschen: ***il filo si è sfilato dall'ago*** der Faden ist aus dem Nadelöhr gerutscht **2** *(di monili)* reißen: ***la collana si è sfilata*** die Kette ist

gerissen **3a** *(togliersi)* sich (D) etw. aus‿ziehen: ***-rsi la giacca*** sich die Jacke ausziehen **b** *(guanti, anelli...)* ***-rsi qcs.*** etw. ab‿streifen **c** ***-rsi la cintura*** den Gürtel ab‿legen, ab‿nehmen **4** *(smagliarsi)* eine Laufmasche bekommen **5** *(sfilacciarsi)* fasern.

2.sfi|la|re intr. (aus. *avere*) **1** vorbei‿gehen, vorbei‿ziehen, ziehen: ***i manifestanti sfilano per le strade della città*** die Demonstranten ziehen durch die Stadt **2** MIL. vorbei‿ziehen, defilieren, vorbei‿marschieren **3** ***~ in passerella*** (auf dem Laufsteg) Mode vor‿führen **4** FIG. vorüber‿ziehen: ***le immagini sfilavano nella sua mente*** die Bilder zogen in Gedanken an ihm vorüber.

sfi|la|ta f. **1** Corso *m.*, Korso *m.* **2** MIL. Parade *f.*, Defilee *n.* **3** ABBIGL. Modenschau *f.* ◆ ***passare in ~*** vorbei‿ziehen; ***~ militare*** Militärparade *f.*; ***~ di moda*** Modenschau *f.*

sfi|la|ti|no m. REGION. Baguettebrötchen *n.*; *(pezzo intero da cui si taglia)* Stangenbrot *n.*

sfi|la|tu|ra f. **1** Laufen *n.* **2** *(punto smagliato)* Laufmasche *f.*

sfi|za f. Reihe *f.*: ***una ~ di errori, di critiche*** eine Reihe von Fehlern, Kritiken.

sfin|ge f. **1** Sphinx *f.* (anche FIG.) **2** ARCHEOL. Sphinx *m.* **3** ENTOM. Totenkopf *m.*, Schwärmer *m.* ◆ ***~ dell'oleandro*** Oleanderschwärmer *m.*; ***~ ligustina*** Ligusterschwärmer *m.* **sfin|gi|di** m.pl. Schwärmer *pl.*

sfi|ni|men|to m. Erschöpfung *f.*, Zerschlagenheit *f.*, Überanstrengung *f.*: ***fino allo ~*** bis zur Erschöpfung; ***essere in uno stato di ~*** vollkommen erschöpft sein.

sfi|ni|re *(sfinisco, sfinisci)* **I** tr. erschöpfen, überanstrengen: ***la febbre, il caldo l'ha sfinito*** das Fieber, die Hitze hat ihn erschöpft; ***~ un cavallo*** ein Pferd erschöpfen **II** pronom. **sfinirsi** sich ab‿mühen, sich auf‿reiben, überanstrengen ◆ ***~ qcn. a furia di parole*** jdm den Kopf voll reden. **sfi|ni|tez|za** f. Erschöpfung *f.* **sfi|ni|to** p.pass. agg. **1** → **sfinire 2** erschöpft, zerschlagen, überanstrengt: ***essere ~*** erschöpft sein.

sfin|te|re m. Schließmuskel *m.*, Sphinkter *m.*: ***~ anale*** Afterschließmuskel *m.* **sfin|te|ri|co** agg. *(-ci,-che)* Schließmuskel-, sphinkterisch.

sfioc|ca|re *(sfiocco, sfiocchi)* **I** tr. flockig machen **II** pronom. **sfioccarsi** flocken.

sfio|ra|men|to m. Streifen *n.*

sfio|ra|re I tr. **1a** streifen, umspielen: ***~ la spalla di qcn.*** jdn an der Schulter streifen; ***i riccioli le sfiorano le tempie*** die Locken umspielen ihre Schläfen; ***un sorriso le sfiorò le labbra*** ein Lächeln umspielte seine Lippen; ***l'auto mi ha sfiorato*** das Auto hat mich gestreift **b** FIG. streifen: ***~ appena un argomento*** ein Thema nur streifen (*o* an‿tippen) **2a** *(giungere vicinissimo)* beinah erreichen: ***l'auto sfiora i 200 all'ora*** das Auto erreicht beinahe 200 Stundenkilometer; ***~ la lite*** beinahe in einem Streit enden **b** *(essere vicino a conseguire)* ***~ qcs.*** an etw. (D) nahe sein, knapp an etw. (D) vorbei‿gehen: ***~ il successo*** knapp am Erfolg vorbeigehen **c** ***~ il ridicolo, il grottesco*** ans Lächerliche, ans Groteske grenzen **II** pronom. **sfiorarsi** sich leicht berühren ◆ ***~ la fronte di qcn. con un bacio*** jdm einen Kuss auf die Stirn hauchen; ***~ qcn. con una carezza*** jdn leicht streicheln; ***non ti ha neanche sfiorato il pensiero*** du hast nicht im Entferntesten daran gedacht. **sfio|ra|to|re** *m.* Überlauf *m.*

sfio|ri|re intr. *(sfiorisco, sfiorisci*; aus. *essere)* verblühen, verwelken (anche FIG.): ***dopo pochi anni la sua bellezza cominciò a ~*** nach einigen Jahren begann ihre Schönheit zu verblühen. **sfio|ri|tu|ra** f. Verblühen *n.*, Verwelken *n.*

sfit|ta|re I tr. unvermietet lassen **II** pronom. **sfittarsi** frei werden, unvermietet sein.

sfit|ti|re tr. *(sfittisco, sfittisci)* lichten.

sfit|to p.pass. agg. **1** → **sfittare 2** frei, unvermietet, leer, leer stehend: ***camera -a*** Leerzimmer *n.*

sfi|zio m. *(-zi)* Lust *f.*, Laune *f.*: ***togliersi uno ~*** einer Laune nach‿geben; ***per ~*** aus Lust und Laune. **sfi|zio|si|tà** f. Lust *f.*, Laune *f.* **sfi|zio|so** agg. lecker.

sfo|ca|re tr. *(sfoco, sfochi)* unscharf auf‿nehmen. **sfo|ca|to** p.pass. agg. **1** → **sfocare 2** unscharf. **sfo|ca|tu|ra** f. Unschärfe *f.*

sfo|cia|re intr. *(sfocio, sfoci*; aus. *essere)* **1** ein‿münden, münden: ***il fiume sfocia nel mare*** der Fluss mündet ins Meer **2** FIG. enden, münden: ***~ in qcs.*** in etw. (D) enden, in etw. (A) münden: ***i disordini sono sfociati in una rivolta*** die Unruhen mündeten in einem Aufstand.

1.sfo|de|ra|re tr. *(sfodero)* **1** *(sguainare)* heraus‿ziehen: ***~ la spada*** das Schwert aus der Scheide ziehen **2** *(mostrare, ostentare)* hervor‿holen, zur Schau stellen: ***~ tutto il proprio fascino*** seinen gesamten Charme hervorholen (*o* auf‿wenden) ◆ SCHERZ. ***~ un sorriso smagliante*** ein strahlendes Lächeln auf‿setzen.

2.sfo|de|ra|re tr. *(sfodero)* ab‿ziehen: ***~ un cuscino*** ein Kissen abziehen. **sfo|de|ra|to** p.pass. agg. **1** → **2.sfoderare 2** ungefüttert.

sfo|ga|re *(sfogo, sfoghi)* **I** tr. **1** *(far uscire)* ab‿lassen **2** FIG. ***~ qcs.*** etw. aus‿lassen (*o* ab‿reagieren), etw. (D) freien Lauf lassen: ***~ la propria ira su qcn.*** seine Wut an jdm auslassen (*o* abreagieren) **II** intr. (aus. *essere*) **1** COLLOQ. ***lasciare ~ una malattia*** eine Krankheit richtig raus‿kommen lassen **2** *(aria)* ab‿ziehen: ***il fumo sfoga dalla finestra*** der Rauch zieht durch das Fenster ab **III** pronom. **sfogarsi 1** sich ab‿reagieren, sich (D) Luft machen: ***-rsi su qcn.*** sich an jdm abreagieren **2** *(aprirsi)* ***-rsi con qcn.*** jdm sein Herz aus‿schütten **3** *(togliersi la voglia)* ***-rsi a gridare*** sich aus‿schreien; ***-rsi a mangiare, mangiando*** sich durch Essen trösten; ***-rsi piangendo*** sich aus‿weinen ◆ ***~ i propri istinti*** seine Triebe aus‿leben.

sfog|gia|re *(sfoggio, sfoggi)* **I** tr. prunken, prangen, zur Schau stellen: ***~ qcs.*** in, mit etw. (D) prunken: ***~ vestiti costosi*** in kostbaren Kleidern prunken; ***~ la propria cultura*** die eigene Bildung zur Schau stellen **II** intr. (aus. *avere*) Prunk entfalten, prunken: ***~ in gioielli*** mit Juwelen prunken; ***~ in ricevimenti*** glänzende Empfänge geben.

sfog|gio m. *(-gi)* Prunk *m.*, Pracht *f.*, Aufwand *m.*; ***fare ~ di qcs.*** mit etw. prunken; ***fare ~ di ricchezza*** mit Reichtum prunken; ***fare inutile ~ di parole*** unnötigen Wortaufwand treiben; ***con grande ~*** in großem Prunk.

sfo|glia f. **1** *(lamina)* Folie *f.*, Blättchen *n.* **2** GASTR. ausgerollter Teig *m.* ◆ ***pasta ~*** Blätterteig *m.*

1.sfo|glia|re *(sfoglio, sfogli)* **I** tr. *(petali)* die Blätter ab‿zupfen; *(foglie)* die Blätter entfernen: ***~ una margherita*** die Blütenblätter einer Margerite abzupfen **II** pronom. **sfogliarsi** sich entblättern.

2.sfo|glia|re *(sfoglio, sfogli)* **I** tr. blättern, durch‿blättern: ***~ un libro, una rivista*** ein Buch, eine Zeitschrift durchblättern (*o* in einem Buch, in einer Zeitschrift blättern) **II** pronom. **sfogliarsi** *(sfaldarsi)* in Schichten ab‿bröckeln, zerblättern. **sfo|glia|ta** f. Durchblättern *n.*; ***dare una ~ a un giornale*** eine Zeitung durch‿blättern.

sfo|glia|tri|ce f. Schälmaschine *f.* Furnierschälmaschine *f.*

1.sfo|glia|tu|ra f. AGR. Entlaubung *f.*, Entblätterung *f.*

2.sfo|glia|tu|ra f. METALL. Schälung *f.*

sfo|go m. *(-ghi)* **1a** Abzug *m.*: ***~ d'aria, di fumo*** Luft-, Rauchabzug *m.* **b** *(di liquidi)* Abfluss *m.*: ***~ d'acqua*** Wasserabfluss *m.* **2** *(sbocco)* Zugang *m.*: ***senza ~ sul mare*** ohne Zugang zum Meer **3** FIG. Ausbruch *m.*: ***~ emotivo, di rabbia*** Gefühlsausbruch *m.*, Zornesausbruch *m.* **4** COLLOQ. *(eruzione cutanea)* Ausschlag *m.*, Hautausschlag *m.* ◆ ***dare libero ~ ai sentimenti, alla fantasia*** seinen Gefühlen, seiner Fantasie freien Lauf lassen; ***valvola di ~*** Ventil *n.* (anche FIG.).

sfol|go|ran|te agg. leuchtend, glänzend, strahlend: ***una luce ~*** ein strahlendes Licht. **sfol|go|ra|re** intr. *(sfolgoro*; aus. *essere, avere)* glänzen, strahlen: ***~ di gioia*** vor Freude strahlen. **sfol|go|ri|o** m. Funkeln *n.*, Leuchten *n.*, Strahlen *n.*: ***lo ~ delle luci*** das Funkeln der Lichter.

sfol|la|gen|te m.inv. Gummiknüppel *m.*

sfol|la|men|to m. **1** Evakuierung *f.*, Räumen *n.*: ***~ di una città*** die Evakuierung einer Stadt **2** *(riduzione del personale)* Personalabbau *m.*

sfol|la|re I intr. (aus. *essere*) **1** sich verlaufen **2** *(evacuare)* räumen: ***~ da una città*** eine Stadt räumen **II** tr. **1** räumen, leeren, verlassen: ***~ lo stadio*** das Stadion verlassen **2** *(far evacuare)* räumen, evakuieren **III** pronom. **sfollarsi** sich leeren. **sfol|la|to I** p.pass. agg. **1** → **sfollare 2a** geräumt, geleert **b** *(evacuato)* geräumt, evakuiert **II** m. Evakuierte *m.*

sfol|ti|men|to m. Lichten *n.*, Ausdünnung *f.*

sfol|ti|re *(sfoltisco, sfoltisci)* **I** tr. **1** lichten, aus‿dünnen: ***~ una foresta*** einen Wald lichten; ***~ i capelli*** die Haare ausdünnen **2** ESTENS. ab‿bauen: ***~ il personale*** das Personal abbauen **II** pronom. **sfoltirsi 1** dünner werden, sich lichten **2** *(di capelli)* dünner werden, schütter werden ◆ ***~ le sopracciglia*** die Augenbrauen zupfen. **sfol|ti|ta** f. **1** Lichten *n.* **2** *(di capelli)* Ausdünnen *n.*; ***dare una ~ ai capelli*** die Haare etwas aus‿dünnen.

sfon|da|men|to m. **1** Einbruch *m.*, Einschlagen *n.*, Durchbruch *m.*, Einsturz *m.*: ***lo ~ di un tetto*** der Einsturz eines Daches; ***lo ~ di una vetrina*** das Einschlagen eines Schaufensters **2** MIL. Durchbruch *m.*, Durchstoß *m.*: ***~ del fronte nemico*** Durchbruch der feindlichen Verteidigungslinien.

sfon|da|re I tr. **1a** *(rompere il fondo)* durchbrechen, durchstoßen: ***~ una scatola di cartone*** den Boden eines Kartons durchstoßen **b** *(sedie, poltrone)* durch‿sitzen: ***~ il divano*** das Sofa durchsitzen **c** *(scarpe)* durch‿laufen **2a** *(abbattere)* durchstoßen, ein‿schlagen, ein‿brechen, ein‿stoßen: ***~ una parete, un muro*** eine Wand, eine Mauer durchstoßen; ***~ una porta*** eine Tür einschlagen (*o* ein‿treten) **b** MIL. durchbrechen: ***~ il fronte nemico*** die feindlichen Verteidigungslinien durchbrechen **3** *(oltrepassare)* überschreiten: ***~ il tetto del debito pubblico*** die Höchstgrenze der öffentlichen Schulden überschreiten **II** intr. (aus. *avere*) sich durch‿setzen, durch‿schlagen: ***il suo libro sta sfondando*** sein Buch setzt sich durch; ***questo prodotto ha sfondato sul mercato*** dieses Produkt hat sich auf dem Markt durchgesetzt; ***~ nel cinema, come pittore*** sich in der Filmszene, sich als Maler durchsetzen **III** pronom. **sfondarsi** durch‿brechen, ein‿brechen: ***il muro si è sfondato*** die Mauer ist eingebrochen ◆ ***~ una porta aperta*** offene Türen ein‿rennen.

sfon|da|to I p.pass. agg. **1** → **sfondare 2a** durchgebrochen **b** *(strappato)* zerrissen **3** FIG. *(insaziabile)* unersättlich, gefräßig **II** m. Nimmersatt *m.*, Gierhals *m.* ◆ ***ricco*** ~ steinreich, schwerreich.

sfon|do m. **1** Hintergrund *m.* (anche FIG.): ***lo ~ di un quadro*** der Hintergrund eines Gemäldes; ***staccarsi nettamente dallo ~*** sich vom Hintergrund scharf ab‿heben; ***sullo ~ si vedono le Alpi*** im Hintergrund sieht man die Alpen; ***strisce blu su ~ rosso*** blaue Streifen auf rotem Grund; ***un romanzo a ~ storico*** ein Roman mit geschichtlichem Hintergrund; ***rimanere sullo ~*** im Hintergrund bleiben (anche FIG.) **2** *(teatrale)* Bühnenhintergrund *m.* ◆ ***dallo ~ chiaro*** hellgrundig; ***delitto a ~ passionale*** Affekthandlung *f.*; ***delitto a ~ sessuale*** Sexualdelikt *n.*, Triebverbrechen *n.*

sfon|do|ne m. grober Fehler *m.*: ***uscirsene con uno ~*** einen groben Fehler machen.

sfo|rac|chia|re tr. *(sforacchio, sforacchi)* zerlöchern, durchlöchern.

sfo|ra|re intr. (aus. *avere*) überziehen: ***~ il tempo di trasmissione*** die Sendezeit überziehen.

sfor|bi|cia|re *(sforbicio, sforbici)* **I** tr. zerschneiden, COLLOQ. zerschnippeln **II** intr. (aus. *avere*) SPORT scheren, eine Schere aus‿führen: ***~ con le gambe*** mit den Beinen scheren. **sfor|bi|cia|ta** f. **1** Scherenschnitt *m.* **2** SPORT Schere *f.*

sfor|ma|re I tr. **1** *(deformare)* verformen, aus der Form bringen **2** *(togliere dallo stampo)* aus der Form nehmen: ***~ un dolce*** einen Kuchen aus der Form nehmen **3** *(metalli, ceramica)* entformen **II** pronom. **sformarsi** die Form verlieren: ***il maglione si è sformato lavandolo*** der Pullover hat beim Waschen die Form verloren; ***le scarpe si sono sformate*** die Schuhe sind ausgetreten.

sfor|ma|to I p.pass. agg. **1** → **sformare 2a** *(deformato)* verformt: ***cappello ~*** verformter Hut **b** ausgetreten: ***scarpe -e*** ausgetretene Schuhe **3** *(privo di forma)* unförmig **II** m. GASTR. Auflauf *m.*: ***~ di riso, di verdure*** Reisauflauf *m.*, Gemüseauflauf *m.*; ***stampo per -i*** Auflaufform *f.*

sfor|na|re tr. **1** aus dem Backofen nehmen **2** FIG. heraus‿bringen, produzieren: ***~ un libro al mese*** ein Buch pro Monat herausbringen; SCHERZ. ***ha sfornato subito un figlio*** sie hat sofort ein Kind produziert. **sfor|na|to** p.pass. agg. **1** → **sfornare 2** frisch gebacken: ***pane appena ~*** frisch gebackenes Brot.

sfor|ni|re *(sfornisco, sfornisci)* **I** tr. entblößen, berauben **II** pronom. ***-rsi di qcs.*** sich etw. (G) berauben.

sfor|ni|to p.pass. agg. **1** → **sfornire 2** entblößt, ohne, -los: ***~ di qcs.*** entblößt etw. (G), ohne etw.; ***~ di mezzi*** aller Mittel entblößt (*o* mittellos); ***essere ~ di moneta*** kein Kleingeld haben **3** *(mal fornito)* schlecht sortiert, schlecht ausgestattet: ***un negozio ~*** ein schlecht sortiertes Geschäft.

sfor|tu|na f. Unglück *n.*, Pech *n.*: ***avere ~*** Pech haben; ***portare ~*** Unglück bringen; ***il 17 porta ~*** die 17 bringt Unglück; ***essere perseguitato dalla ~*** vom Unglück verfolgt sein ◆ ***che ~!*** so ein Pech! ***questa si chiama ~!*** das nenn ich Pech! ***per colmo di ~*** zu allem Unglück; ***avere fortuna nella ~*** Glück im Unglück haben; ***per sua, nostra ~*** zu seinem, unserem Unglück; PROV. ***~ al gioco, fortuna in amore*** Pech im Spiel, Glück in der Liebe.

sfor|tu|na|ta|men|te avv. unglücklicherweise; ***~ per lui, te*** zu seinem, deinem Unglück.

sfor|tu|na|to I agg. **1** unglücklich, Unglücks-: ***un amore ~*** eine unglückliche Liebe; ***una coincidenza -a*** ein unglückliches Zusammentreffen; ***giorno, numero ~*** Unglückstag *m.*, Unglückszahl *f.* **2** *(non riuscito)* missglückt, misslungen, nicht gelungen: ***impresa -a*** missglücktes Unterfangen; ***viaggio ~*** misslungene Reise **II** m. glückloser Mensch *m.* ◆ ***essere ~ in qcs.*** in etw. (D) kein Glück haben (*o* Pech haben); PROV. ***~ al gioco, fortunato in amore*** Pech im Spiel, Glück in der Liebe.

sfor|zan|do m. MUS. Sforzando *n.*, Sforzato *n.*

sfor|za|re I tr. **1** an‿strengen, überanstrengen, (über)beanspruchen: ***~ il motore*** den Motor überbeanspruchen; ***~ la voce*** die Stimme überanstrengen; ***~ gli occhi, la memoria*** die Augen, das Gedächtnis anstrengen; ***~ un cavallo*** ein Pferd überanstrengen **2** *(forzare)* auf‿sprengen, auf‿brechen: ***~ un cassetto*** eine Schublade aufbrechen; ***~ la serratura*** das Schloss aufsprengen **3** *(costringere)* zwingen: ***~ il bambino a mangiare*** das Kind zum Essen zwingen **4** assol. seine Kräfte beanspruchen: ***ha sforzato troppo all'inizio della corsa*** er hat sich zu Beginn des Laufes verausgabt **II** pronom. **sforzarsi 1** sich an‿strengen, sich bemühen: ***-rsi di fare qcs.*** sich anstrengen, etw. zu tun; ***-rsi di ricordare qcs.*** sich anstrengen, sich an etw. zu erinnern **2** *(costringersi a)* sich zwingen: ***-rsi di rimanere sveglio*** sich zwingen, wach zu bleiben; ***-rsi di mangiare qcs.*** sich zwingen, etw. zu essen; ***-rsi di apparire allegro, di non piangere*** sich zwingen, fröhlich zu wirken, nicht zu weinen; ***-rsi di sorridere*** sich ein Lächeln ab‿ringen **3** IRON. sich überanstrengen, sich Mühe geben: ***non ti sforzare!*** überanstrenge dich ja nicht! ***cento lire di mancia! si è sforzato!*** hundert Lire Trinkgeld! da hat er sich aber Mühe gegeben! **sfor|za|to** p.pass. agg. **1** → **sforzare 2** gezwungen, unnatürlich, künstlich: ***un sorriso ~*** ein gezwungenes Lächeln **3** *(arbitrario)* willkürlich, gezwungen.

sfor|ze|sco agg. *(-schi, -sche)* der Sforza ◆ ***il castello ~*** das Castello Sforzesco.

sfor|zo m. **1** Anstrengung *f.*, Mühe *f.*, Bemühung *f.*: ***~ fisico*** körperliche (*o* physische) Anstrengung; ***~ mentale*** geistige Anstrengung; ***fare uno ~*** sich an‿strengen; ***fare grandi -i*** große Anstrengungen machen; ***essere sfinito per lo ~*** durch die Anstrengung völlig erschöpft sein; ***evitare gli -i*** Anstrengungen vermeiden; ***moltiplicare gli -i*** die Anstrengungen vervielfachen; ***ogni ~ fu vano*** alle Anstrengungen waren vergebens; ***nonostante tutti gli -i*** trotz aller Bemühungen **2a** TECN. *(fatica)* Beanspruchung *f.*; ***sottoporre il motore a uno ~*** den Motor überbeanspruchen **b** *(forza)* Kraft *f.* ◆ IRON. ***bello ~!*** enorme Anstrengung! ***che ~!*** wie anstrengend! ***costare molto ~*** viel Mühe kosten; ***~ eccessivo*** Überbelastung *f.*; ***con il minimo ~*** mit dem geringstmöglichen Aufwand; ***~ muscolare*** Muskelanstrengung *f.*; ***senza ~*** ohne Mühe (*o* mühelos); ***sotto ~*** unter Belastung; TECN. ***~ di trazione*** Zugkraft *f.*; ***~ di volontà*** Willensanstrengung *f.* (*o* Willensanspannung *f.*).

sfot|te|re COLLOQ. **I** tr. auf‿ziehen, verspotten, verarschen **II** pronom. **sfottersi** sich (gegenseitig) auf‿ziehen. **sfot|ti|men|to** m. COLLOQ. Spötterei *f.*, Verarschung *f.*: ***uno ~ continuo*** eine dauernde Verarschung. **sfot|ti|to|re** m. COLLOQ. Spötter *m.* **sfot|ti|tu|ra** f. COLLOQ. Spötterei *f.* **sfot|tò** m.inv. COLLOQ. Fopperei *f.*

sfra|cel|la|re I tr. zerschmettern: ***gli sfracellò il cranio*** er zerschmetterte ihm den Schädel **II** pronom. **sfracellarsi** zerschellen: ***l'aereo si sfracellò contro una montagna*** das Flugzeug zerschellte an einem Berg.

sfra|gi|sti|ca f. Siegelkunde *f.*

sfran|gia|re *(sfrangio, sfrangi)* **I** tr. aus‿fransen: ***~ una tovaglia*** eine Tischdecke ausfransen **II** pronom. **sfrangiarsi** aus‿fransen, sich aus‿fransen: ***il tappeto si è sfrangiato*** der Teppich hat sich ausgefranst. **sfran|gia|to** p.pass. agg. **1** → **sfrangiare 2** ausgefranst, fransig: ***pantaloni -i*** ausgefranste Hose. **sfran|gia|tu|ra** f. **1** Ausfransung *f.* **2** *(parte sfrangiata)* Fransenrand *m.*, Fransen *pl.*

sfra|tar|si pronom. die Kutte ab‿legen, aus einem Orden aus‿treten.

sfrat|ta|re I tr. **1** *(annunciare lo sfratto)* ***~ qcn.*** jdm kündigen **2** *(eseguire lo sfratto)* exmittieren, AUSTR. delogieren **II** intr. (aus. *avere*) weg‿ziehen, aus‿ziehen: ***devo ~ di qui*** ich muss hier ausziehen. **sfrat|ta|to I** p.pass. agg. **1** → **sfrattare 2** gekündigt **II** m. gekündigter Mieter *m.*

sfrat|to m. **1** Kündigung *f.*: ***subire, ricevere lo ~*** eine Kündigung bekommen (*o* erhalten) **2** *(esecuzione)* Zwangsräumung *f.*, Exmission *f.*, AUSTR. Delogierung *f.* ◆ ***avviso di ~*** Kündigung *f.*, Kündigungsschreiben *n.*; ***dare lo ~ a qcn.*** jdm kündigen; ***~ esecutivo*** Zwangsräumung *f.*, Exmission *f.*; ***intimare lo ~ a qcn.*** zur Räumung auf‿fordern; ***intimazione di ~*** Räumungsklage *f.*; ***ordine di ~*** Räumungsbefehl *m.*; ***termine di ~*** Räumungsfrist *f.*

sfrec|cia|re intr. *(sfreccio, sfrecci;* aus. *essere, avere)* vorbei‿flitzen, vorbei‿sausen, herum‿schießen, schießen: ***gli uccelli sfrecciavano nel cielo*** die Vögel schossen durch die Luft ◆ ***~ via*** davon‿sausen (*o* davon‿schießen).

sfre|ga|men|to 1 Reiben *n.*, Reibung *f.* **2** MED. Reibegeräusche *pl.*

sfre|ga|re *(sfrego, sfreghi)* **I** tr. **1** reiben: ***~ un fiammifero*** ein Streichholz reiben **2a** *(pulire)* ab‿reiben, reiben: ***~ l'argenteria*** das Silberzeug abreiben **b** *(pavimento)* schrubben **3** ESTENS. streifen: ***~ la macchina contro un muro*** mit dem Auto eine Mauer streifen **II** pronom. **sfregarsi** sich (D) reiben: ***-rsi le mani*** sich die Hände reiben; ***-rsi gli occhi*** sich die Augen reiben. **sfre|ga|tu|ra** f. **1** Reibung *f.*, Abreibung *f.* **2** *(segno)* Kratzer *m.*

sfre|gia|re *(sfregio, sfregi)* **I** tr. **1** mit einem Schnitt verunstalten (*o* verunzieren): ***~ il viso a qcn.*** jds Gesicht mit einem Schnitt verunstalten **2** *(deturpare)* verunstalten, beschädigen: ***~ un'opera d'arte*** ein Kunstwerk beschädigen **3** *(macchiare)* besudeln **4** FIG. *(disonorare)* entehren, schänden **II** pronom. **sfregiarsi 1** *(con un graffio)* einen Kratzer ab‿bekommen **2** *(con un taglio)* sich eine Schnittwunde zu‿fügen. **sfre|gia|to I** p.pass. agg. **1** → **sfregiare 2** durch Narben verunstaltet: ***un viso ~*** ein durch Narben verunstaltetes Gesicht **II** m. Narbengesicht *n.*

sfre|gio m. *(-gi)* **1a** Schnitt *m.* **b** *(cicatrice)* Narbe *f.*: ***uno ~ sulla guancia*** eine Narbe auf der Backe **2** *(taglio, graffio)* Schnitt *m.*, Kratzer *m.* **3** *(macchia)* Besudeln *n.* **4** FIG. *(offesa)* Schmach *f.*, Beleidigung *f.*: ***ricevere uno ~*** eine Schmach erleiden.

sfre|na|re I tr. **1** die Bremsen lösen **2** FIG. ***~ qcs.*** etw. (D) freien Lauf lassen, etw. entfesseln; ***~ le passioni*** der Leidenschaft freien Lauf lassen; ***~ la fantasia*** der Fantasie freien Lauf lassen **II** pronom. **sfrenarsi** sich gehen lassen, sich aus‿toben. **sfre|na|ta|men|te** avv. zügellos, unbeherrscht.

sfre|na|tez|za f. **1** Hemmungslosigkeit *f.*, Zügellosigkeit *f.* **2** *(azione sfrenata)* Ausschweifung *f.*, Maßlosigkeit *f.*: ***abbandonarsi a ogni tipo di -e*** Ausschweifungen jeder Art hin‿geben.

sfre|na|to p.pass. agg. **1** → **sfrenare 2a** zügellos, ungehemmt, ungezügelt: ***passione -a*** zügellose Leidenschaft **b** *(incontrollato)* unbeherrscht **c** *(esagerato)* maßlos, unmäßig: ***ambizione -a*** maßloser Ehrgeiz; ***lusso ~*** maßloser Luxus; ***vita -a*** maßloses Leben; ***piaceri -i*** unmäßiges Vergnügen **3** *(scatenato)* wild, hemmungslos: ***ballo ~*** wilder Tanz ◆ ***attività -a*** hektische Tätigkeit; ***corsa -a*** kopfloser Lauf; ***fantasia -a*** ausschweifende (*o* wilde) Fantasie.

sfri|do m. Abfall *m.*, Abfallstoff *m.*

sfrig|ge|re intr. *(sfriggo, sfriggi; sfrissi; sfritto*; aus. *avere)* zischen.

sfri|go|la|re intr. *(sfrigolo*; aus. *avere)* zischen. **sfri|go|li|o** m. Gezisch *n.*

sfron|da|men|to m. **1** Entlaubung *f.* **2** FIG. Kürzung *f.*, Abkürzung *f.* **sfron|da|re I** tr. **1** entlauben: ***~ un bosco*** einen Wald entlauben **2** FIG. ab‿kürzen, kürzen: ***~ un testo*** einen Text kürzen **II** pronom. **sfrondarsi** sich entlauben. **sfron|da|to** p.pass. agg. **1** → **sfrondare 2** entlaubt, kahl **3** FIG. gekürzt, abgekürzt. **sfron|da|tu|ra** f. **1** Entlaubung *f.* **2** FIG. Kürzung *f.*, Abkürzung *f.*

sfron|ta|ta|men|te avv. frech, dreist. **sfron|ta|tez|za** f. Frechheit *f.* Unverschämtheit *f.*, Unverfrorenheit *f.*

sfron|ta|to I agg. frech, unverschämt, unverfroren, dreist: ***una ragazza -a*** ein freches Mädchen; ***comportamento ~*** unverschämtes Verhalten **II** m. Frechling *m.*

sfrut|ta|bi|le agg. ausbeutbar, (aus)nutzbar: ***una miniera ancora ~*** eine noch ausbeutbare Mine; ***terreno ~ a vigna*** ein für den Weinanbau nutzbarer Boden.

sfrut|ta|men|to m. **1** Nutzung *f.*: ***~ agricolo, dell'energia eolica*** landwirtschaftliche Nutzung, Nutzung der Windenergie; ***~ di una possibilità*** Nutzung einer Möglichkeit **2a** *(l'approfittare)* Ausnutzung *f.* **b** *(il trarre vantaggio dal lavoro altrui)* Ausbeutung *f.*, SPREG. Ausbeuterei *f.*: ***~ dei lavoratori*** Ausbeutung der Arbeiter **3** MIN. Ausbeutung *f.*, Abbau *m.* ◆ ***~ della prostituzione*** Zuhälterei *f.*; ***praticare uno ~ selvaggio*** Raubbau treiben; ***~ del suolo*** Bodennutzung *f.*

sfrut|ta|re tr. **1** nutzen: ***~ le risorse del terreno*** die Bodenschätze nutzen; ***~ fonti di energia alternative*** alternative Energiequellen nutzen **2** *(trarre vantaggio)* aus‿nutzen, nutzen: ***~ il momento favorevole*** den günstigen Augenblick nutzen; ***~ un'occasione*** eine Gelegenheit (aus)nutzen; *(utilizzare)* ***~ le proprie conoscenze, capacità*** sein Wissen, seine Fähigkeiten ausnutzen; ***~ ogni minuto*** jede Minute nutzen; *(approfittare)* ***~ la debolezza di qcn.*** jds Schwäche ausnutzen **3** *(trarre vantaggio dal lavoro altrui)* aus‿beuten, aus‿nutzen: ***~ i propri operai*** seine Arbeiter ausbeuten **4** *(farsi mantenere)* sich aus‿halten lassen: ***~ una donna*** sich von einer Frau aushalten lassen **5** MIN. aus‿beuten, ab‿bauen: ***~ una miniera*** eine Mine ausbeuten ◆ ***~ un brevetto*** ein Patent verwerten. **sfrut|ta|to I** p.pass. agg. → **sfruttare II** m. Ausgebeutete *m.* ◆ ***giacimenti minerari non -i*** unerschlossene Erzvorkommen.

sfrut|ta|to|re I agg. ausbeuterisch: ***un padrone ~*** ein ausbeuterischer Arbeitgeber **II** m. **1** Ausbeuter *m.* **2** *(di prostitute)* Zuhälter *m.*

sfug|gen|te agg. **1** flüchtig: ***sguardo ~*** flüchtiger Blick **2** *(poco marcato)* fliehend: ***fronte, mento ~*** fliehende Stirn, fliehendes Kinn. **sfug|ge|vo|le** agg. flüchtig: ***ricordo ~*** flüchtige Erinnerung; ***immagine ~*** flüchtiges Bild.

sfug|gi|re *(sfuggo, sfuggi)* **I** intr. (aus. *essere*) **1** *(eludere)* entkommen, entgehen: ***~ agli inseguitori*** den Verfolgern entgehen; ***~ alla giustizia*** dem Gesetz entgehen; ***~ all'arresto*** der Verhaftung entgehen **2** *(scampare)* entrinnen, entgehen, entkommen: ***~ a una strage*** einem Blutbad entgehen **3a** *(scivolare inavvertitamente)* entschlüpfen, entfallen, entgleiten: ***gli è sfuggito il cucchiaio*** der Löffel ist ihm entglitten **b** *(essere detto inavvertitamente)* heraus‿rutschen, entschlüpfen: ***gli è sfuggita una parolaccia*** ihm ist ein Schimpfwort herausgerutscht; ***gli è sfuggita un'osservazione incauta*** ihm ist eine unvorsichtige Bemerkung entschlüpft **4a** *(passare inosservato)* entgehen: ***non gli sfugge nulla*** ihm entgeht nichts **b** *(errori)* unterlaufen: ***all'insegnante è sfuggito un errore*** dem Lehrer ist ein Fehler unterlaufen **5** *(non ricordare)* entfallen, nicht ein‿fallen: ***mi sfugge il suo nome*** sein Name ist mir entfallen (*o* fällt mir nicht ein) **II** tr. **1** ***~ qcs.*** etw. (D) entrinnen, entgehen: ***~ la morte, un pericolo*** dem Tod, einer Gefahr entrinnen **2** *(evitare)* ***~ qcs.*** etw. (D) aus‿weichen: ***~ una domanda, lo sguardo di qcn.*** einer Frage, jds Blick ausweichen ◆ ***è sfuggito alla mia attenzione*** das ist mir entgangen; ***gli è sfuggito un colpo*** ein Schuss ist losgegangen; ***~ detto*** entschlüpfen (*o* heraus‿rutschen): ***mi sfuggì detto che la conoscevo già*** mir entschlüpfte (*o* mir rutschte heraus), dass ich sie schon kannte; ***lasciarsi ~ qcs.*** sich (D) etw. entgehen lassen: ***lasciarsi ~ un buon affare*** sich ein gutes Geschäft entgehen lassen; ***lasciarsi ~ un'occasione*** sich eine Gelegenheit entgehen lassen; ***~ di mano*** aus der Hand rutschen; FIG. ***la situazione gli è sfuggita di mano*** die Situation ist ihm aus der Hand geglitten (*o* entglitten); ***~ di mente*** entfallen; ***sentirsi ~ le forze*** fühlen, wie die Kräfte nachlassen.

sfug|gi|ta f. Sprung *m.*: ***fare una ~ a Roma*** einen Sprung nach Rom machen ◆ ***di ~*** flüchtig; ***vedere qcn., qcs. di ~*** jdn, etw. flüchtig sehen.

sfu|ma|re I intr. (aus. *essere*) **1** *(dileguarsi)* sich auf‿lösen: ***la nebbia sta sfumando*** der Nebel löst sich auf **2a** FIG. *(svanire)* verrauchen, in Rauch auf‿gehen, sich in Rauch auf‿lösen: ***sono sfumate tutte le sue speranze*** seine ganzen Hoffnungen sind in Rauch aufgegangen (*o* haben sich in Rauch aufgelöst) **b** *(andare a monte)* ins Wasser fallen, platzen: ***la festa è sfumata*** das Fest ist ins Wasser gefallen; ***l'affare è sfumato*** das Geschäft ist geplatzt **3a** *(digradare di tono)* spielen: ***questo colore sfuma nel grigio*** diese Farbe spielt ins Grau **b** *(di suoni)* verklingen, ab‿klingen **4** *(perdere la precisione dei contorni)* verschwimmen **II** tr. **1** ab‿tönen, schattieren, nuancieren: ***~ un disegno*** eine Zeichnung schattieren; ***~ un'ombra*** einen Schatten nuancieren; ***~ i vari toni del verde*** die verschiedenen Grüntöne nuancieren **2** *(suoni)* aus‿klingen lassen: ***~ un brano musicale*** ein Musikstück ausklingen lassen ◆ ***~ i capelli*** die Haare im Fassonschnitt schneiden.

sfu|ma|to p.pass. agg. **1** → **sfumare 2a** *(svanito)* verraucht, verloren: ***occasione -a*** verlorene Gelegenheit **b** *(andato a monte)* ins Wasser gefallen, geplatzt **3a** *(di colore)* abgetönt, nuanciert **b** *(di suono)* verklungen **4** *(vago)* verschwommen: ***contorni -i*** verschwommene Umrisse.

sfu|ma|tu|ra f. **1** PITT. Schattierung *f.* **2a** *(gradazione)* Abtönung *f.*, Nuancierung *f.* **b** *(tonalità)* Nuance *f.*, Ton *m.*: ***le varie -e di un colore*** die verschiedenen Töne einer Farbe **3** MUS. Verklingen *n.* **4** *(taglio dei capelli)* Fassonschnitt *m.* **5** FIG. Nuance *f.*: ***-e stilistiche*** stilistische Nuancen; ***cogliere le -e*** die Nuancen heraus‿hören **6** FIG. *(cenno)* Hauch *m.*, Färbung *f.*: ***una ~ di ironia*** eine Hauch von Ironie ◆ ***ricco di -e*** nuancenreich. **sfu|mi|no** m. Wischer *m.*

sfuo|ca|re, sfuo|ca|to... → **sfocare, sfocato...**

sfu|ria|ta f. **1** Wutausbruch *m.*: ***fare una ~ per qcs.*** einen Wutausbruch wegen etw. haben **2** *(sgridata)* Anschreien *n.*; ***fare una ~ a qcn.*** jdn an‿schreien ◆ ***continue -e*** Toberei *f.*; ***~ di pioggia*** Regenschauer *m.*; ***~ di vento*** Windstoß *m.*

sfu|so agg. **1** *(liquefatto)* zerlassen, geschmolzen: ***burro ~*** zerlassene Butter **2** *(non confezionato)* offen, lose: ***caramelle -e*** lose Bonbons; ***vino ~*** offener Wein.

SG ⇒ *Sua Grazia* Euer Gnaden.

sga|bel|lo m. Hocker *m.*, Schemel *m.*: ***salire su uno ~*** auf einen Hocker steigen ◆ ***~ da bagno*** Badezimmerhocker *m.*; ***~ da bar*** Barhocker *m.*; ***~ da calzolaio*** Schusterhocker *m.*; ***~ girevole*** Drehhocker *m.*; ***~ per mungere*** Melkschemel *m.*; ***~ da pianoforte*** Klavierhocker *m.*; ***~ poggiapiedi*** Fußschemel *m.*; ***~ a tre gambe*** Dreifuß *m.*, Dreibein *n.*

sga|buz|zi|no m. Abstellraum *m.*, Kabuff *n.*, Besenkammer *f.*; COLLOQ. Rumpelkammer *f.*

sgam|ba|ta f. mühseliger Marsch *m.*: ***fare una ~*** einen mühseligen Marsch machen.

sgam|ba|to agg. mit hohem Beinausschnitt: ***costume da bagno ~*** Badeanzug mit hohem Beinausschnitt.

sgam|bet|ta|re I intr. (aus. *avere*) **1** strampeln, (mit den Beinen) zappeln **2** ESTENS. *(camminare a passetti)* trippeln **II** tr. ***~ qcn.*** jdm ein Bein stellen. **sgam|bet|ti|o** m. Getrippel *n.* **sgam|bet|to** m. Beinstellen *n.*: ***fare lo ~ a qcn.*** jdm ein Bein stellen (anche FIG.).

sga|na|scia|re *(sganascio, sganasci)* **I** tr. die Kinnlade aus‿renken: ***~ l'avversario con un pugno*** dem Gegner mit einem Fausthieb die Kinnlade ausrenken **II** pronom. ***-rsi dalle risate*** sich krumm‿lachen (*o* sich vor Lachen aus‿schütteln, sich schief‿lachen).

sga|na|scio|ne m. Ohrfeige *f.*, Maulschelle *f.*, Backpfeife *f.*

sgan|cia|bi|le agg. **1** abhängbar **2** AER. abwerfbar.

sgan|cia|men|to m. **1** Abhaken *n.* **2a** *(distacco)* Abhängen *n.* **b** FERR. Abkuppeln *f.*, Abhängen *n.* **3** *(di bombe)* Abwurf *m.* **4** MIL. Rückzugsbewegung *f.* **5** FIG. *(stacco)* Losmachen *n.*

sgan|cia|re *(sgancio, sganci)* **I** tr. **1** ab‿haken, los‿haken, auf‿haken **2a** *(staccare)* ab‿hängen **b** FERR. ab‿kuppeln, ab‿hängen: ***~ un vagone*** einen Wagen abhängen (*o* abkuppeln) **3** *(bombe)* ab‿werfen (anche assol.) **4** COLLOQ. heraus‿rücken: ***finalmente ha sganciato i soldi*** endlich hat er das Geld herausgerückt **II** pronom. **sganciarsi 1** *(staccarsi)* sich los‿lösen, sich los‿machen **2** FIG. sich los‿lösen, sich los‿machen: ***-rsi da qcn., qcs.*** sich von jdm, etw. loslösen (*o* losmachen) **3** MIL. sich ab‿setzen, sich zurück‿ziehen ◆ ***~ la cintura di sicurezza*** den Sicherheitsgurt öffnen, lösen.

sgan|cio m. *(-ci)* **1** Abhaken *n.* **2** *(distacco)* Ablängen *n.* **3** *(di bombe)* Abwurf *m.*, Bombenabwurf *m.* **4** TECN. Auslösung *f.*: ***~ automatico*** Selbstauslösung *f.*

sgan|ghe|ra|re *(sganghero)* **I** tr. **1** aus‿heben, aus den Angeln heben: ***~ una porta*** eine Tür aus den Angeln heben **2** FIG. *(sfasciare)* zerschlagen, zerbrechen **II** pronom. ***-rsi dalle risa*** sich krumm‿lachen (*o* sich schief‿lachen). **sgan|ghe|ra|ta|men|te** avv. **1** *(smodatamente)* unmäßig: ***ridere ~*** unmäßig lachen **2** *(sguaiatamente)* unanständig, ordinär.

sgan|ghe|ra|to p.pass. agg. **1** → **sgangerare 2** klapprig: ***un pianoforte ~*** ein klappriges Klavier **3** *(sconnesso)* unzusammenhängend, zusammenhangslos: ***discorso ~*** zusammenhangsloses Gerede **4** *(scomposto)* unmäßig, ausgelassen: ***riso ~*** unmäßiges Lachen **5** *(sguaiato)* unanständig, ordinär.

sgar|ba|tag|gi|ne f. → **sgarbatezza. sgar|ba|ta|men|te** avv. **1** *(scortesemente)* unhöflich **2** *(con villania)* ruppig, grob: ***comportarsi ~*** sich ruppig benehmen; ***trattare qcn. ~*** jdm grob kommen. **sgar|ba|tez|za** f. **1** *(scortesia)* Unhöflichkeit *f.* **2** *(villania)* Ruppigkeit *f.*, Grobheit *f.* **sgar|ba|to** agg. **1** unhöflich, unfreundlich: ***risposta -a*** unfreundliche Antwort; ***essere ~ verso qcn., nei confronti di qcn.*** jdm gegenüber unhöflich sein **2** *(villano)* ruppig.

sgar|be|ri|a f. Unhöflichkeit *f.*

sgar|bo m. **1** *(scortesia)* Unhöflichkeit *f.* **2** *(villania)* Ruppigkeit *f.*, Grobheit *f.* ◆ ***fare uno ~ a qcn.*** jdn beleidigen; ***ricevere uno ~ da qcn.*** von jdm beleidigt werden.

sgar|bu|glia|re tr. *(sgarbuglio, sgarbugli)* **1** entwirren: ***~ una matassa*** einen Strang entwirren **2** FIG. entwirren, lösen: ***~ una questione*** ein verwickeltes Problem lösen.

sgar|gian|te agg. **1** grell, schreiend: ***colore ~*** schreiende Farbe **2** *(appariscente)* auffallend: ***abbigliamento ~*** auffallende Kleidung.

sgar|ra|re intr. (aus. *avere*) **1** *(sbagliare)* nicht genau sein: ***non ~*** genau (*o* präzis) sein; ***l'orologio non sgarra di un minuto*** die Uhr geht auf die Minute genau **2** *(mancare al proprio dovere)* seine Pflicht vernachlässigen: ***non ~ mai*** seine Pflicht nie vernachlässigen.

sgar|ret|ta|re tr. zurück‿schneiden, zurück‿stutzen.

sgar|ro m. **1** Ungenauigkeit *f.* **2** FIG. *(mancanza)* Verfehlung *f.* **3** GERG. = Verstoß *m.* gegen den Verhaltenskodex der Mafia.

sga|sa|re intr. (aus. *avere*) **1** *(bevande)* die Kohlensäure (eines Getränkes) entweichen lassen **2** COLLOQ. AUT. den Motor aufheulen lassen.

sgat|ta|io|la|re *(sgattaiolo,* RAR. *sgattaiolo)* **I** intr. (aus. *essere*) schleichen, wischen, sich stehlen: ***~ in camera, fuori dalla camera*** sich ins, aus dem Zimmer stehlen; ***~ dalla porta di servizio*** durch die Hintertür schlüpfen **II** pronom. **sgattaiolarsela** sich (leise) davon‿machen ◆ ***~ via*** entschlüpfen, fort‿schlüpfen.

sga|vaz|za|re intr. (aus. *avere*) ANT. schlemmen.

sge|la|re I tr. **1** auf‿tauen **2** FIG. auf‿lockern: ***~ l'ambiente*** die Atmosphäre auflockern **II** intr. (aus. *essere, avere*) auf‿tauen, tauen **III** pronom. **sgelarsi 1** auf‿tauen, tauen **2** FIG. sich auf‿lockern: ***l'atmosfera si è sgelata*** die Atmosphäre hat sich aufgelockert.

sghem|bo I agg. **1** schief: ***muro ~*** schiefe Mauer **2** *(obliquo)* schräg: ***linea -a*** schräge Linie **3** GEOM. windschief, krumm **II** avv. **1** schief **2** *(obliquamente)* schräg ◆ ***a ~*** schräg; ***camminare di ~*** humpeln.

sgher|ro m. **1** Scherge *m.* **2** ANT. Häscher *m.* ◆ ***lavoro da ~*** Schergendienst *m.*

sghi|gnaz|za|men|to m. Hohnlachen *n.* **sghi|gnaz|za|re** intr. (aus. *avere*) **1** hohnlachen **2** *(ridere sguaiatamente)* ordinär lachen. **sghi|gnaz|za|ta** f. **1** Hohngelächter *n.* **2** *(risata sguaiata)* ordinäres Gelächter *n.* ◆ ***farsi una ~*** hohnlachen.

sghim|be|scio agg. *(-sci, scie)* **1** krumm, schief: ***muro ~*** schiefe Mauer **2** *(obliquo)* schräg ◆ ***a, di ~*** schräg: ***tagliare a ~*** schräg schneiden.

sghi|ri|biz|zo m. COLLOQ. Grille *f.*, Laune *f.*

sgob|ba|re intr. (aus. *avere*) **1** schuften, rackern: ***~ tutto il giorno*** den ganzen Tag schuften **2** *(secchiare)* pauken, büffeln: ***~ per un'esame*** für eine Prüfung büffeln. **sgob|ba|ta** f. **1** Schufterei *f.*; ***fare una ~*** schuften **2** *(secchiata)* Paukerei *f.*, Büffelei *f.* **sgob|bo|ne** m. **1** Arbeitstier *n.* **2** *(secchione)* Streber *m.*

sgoc|cio|la|re *(sgocciolo)* **I** tr. **1** tröpfeln, tropfen (lassen) **2** ESTENS. *(bere)* aus‿trinken, bis auf den letzten Tropfen leeren: ***~ una bottiglia di vino*** eine Flasche Wein austrinken **II** intr. **1** (aus. *avere*) tröpfeln, tropfen: ***la candela sgocciola*** die Kerze tropft **2** *(di liquido*; aus. *essere)* tröpfeln, ab‿tropfen: ***il vino è sgocciolato dalla botte*** der Wein ist aus dem Fass getröpfelt: ***far ~ i piatti*** die Teller abtropfen lassen.

sgoc|cio|la|to|io m. *(-oi)* **1** Abtropfvorrichtung *f.* **2** *(scolapiatti)* Abtropfständer *m.* **3** FOT. Trockenständer *m.*

sgoc|cio|la|tu|ra f. **1** Abtropfen *n.*, Tropfen *n.*: ***~ di olio*** Abtropfen des Öls **2** *(goccie cadute)* Tropfen *pl.* **3** *(residuo nel bicchiere)* letzter Rest *m.*, letztes Tröpfchen *n.*

sgoc|cio|li|o m. Tröpfeln *n.*, Getröpfel *n.*

sgoc|cio|lo, *essere agli -i* am Ende sein; ***la mia pazienza è agli -i*** meine Geduld ist am Ende.

sgo|lar|si pronom. **1** *(parlando)* sich heiser reden **2** *(urlando)* sich heiser schreien.

sgom|be|ra|re tr. *(sgombero)* **1** räumen: ***la polizia ha fatto ~ la strada*** die Polizei hat die Straße räumen lassen; ***~ il sentiero dalla neve*** den Weg vom Schnee räumen; ***~ un magazzino, un immobile*** ein Lager, eine Wohnung räumen **2a** *(liberare)* aus‿räumen: ***~ un appartamento*** eine Wohnung ausräumen **b** assol. räumen, frei‿machen **3** *(tavolo o simili)* weg‿räumen: ***~ la scrivania dalle carte*** das Papier vom Schreibtisch wegräumen **4a** MIL. räumen: ***~ una città*** eine Stadt räumen **b** *(evacuare)* evakuieren: ***~ i civili da una zona*** die Zivilisten aus einem Gebiet evakuieren **5** *(feriti)* ab‿transportieren. **sgom|be|ra|to|re** m. Räumer *m.*

sgom|be|ro m. **1** Räumung *f.* **2** *(il vuotare)* Ausräumen *n.*: ***lo ~ di una stanza*** das Ausräumen eines Zimmers **3a** MIL. Räumung *f.* **b** *(evacuazione)* Evakuierung *f.* **4** *(di feriti)* Abtransport *m.* ◆ ***lavori di ~*** Räumungsarbeiten *pl.*; ***~ neve*** Schneeräumung *f.*

sgom|bra|ne|ve I agg.inv. ***mezzo ~*** Schneepflug *m.*, Schneeräumer *m.* **II** m.inv. Schneepflug *m.*, Schneeräumer *m.* ◆ ***~ a turbina*** Schneefräse *f.*

sgom|bra|re tr. **1** räumen: ***~ il sentiero dalla neve*** den Weg vom Schnee räumen; ***silenzio o faccio ~ l'aula!*** Ruhe, oder ich lasse den Saal räumen! ***~ un magazzino*** ein Lager räumen **2a** *(liberare)* aus‿räumen: ***~ un appartamento*** eine Wohnung ausräumen **b** assol. räumen, (die Wohnung) frei‿machen **3** *(tavolo o simili)* ab‿räumen **4a** MIL. räumen: ***~ una città*** eine Stadt räumen **b** *(evacuare)* evakuieren ◆ ***il vento ha sgombrato il cielo dalle nubi*** der Wind hat den Himmel von den Wolken vertrieben; ***~ la mente dai pensieri*** Gedanken ab‿schütteln.

1.sgom|bro agg. frei, leer (anche FIG.): ***~ da qcs.*** leer von etw.; ***stanza -a*** leeres Zimmer ◆ ***animo ~ da preoccupazioni*** sorgloses Gemüt; ***~ dalla neve*** schneefrei.

2.sgom|bro m. ZOOL. Makrele *f.*

sgo|men|ta|re I tr. bestürzen, erschüttern **II** pronom. **sgomentarsi** bestürzt sein. **sgo|men|to I** m. Bestürzung *f.*; ***farsi prendere dallo ~*** zutiefst bestürzt sein **II** agg. bestürzt, erschüttert: ***faccia -a*** bestürztes Gesicht.

sgo|mi|na|re tr. *(sgomino)* **1** zerschlagen, auseinander jagen, nieder‿werfen: ***~ il nemico*** den Feind zerschlagen **2** ESTENS. aus‿heben: ***~ una banda di malviventi*** eine Verbrecherbande ausheben **3** FIG. *(avere nettissimo successo)* ***~ gli avversari*** die Gegner weit hinter sich lassen.

sgo|mi|ta|re intr. *(sgomito*; aus. *avere)* sich durch‿boxen.

sgo|mi|to|la|re *(sgomitolo)* **I** tr. **1** ab‿wickeln, entknäueln **2** ANT. FIG. geordnet erzählen **II** pronom. **sgomitolarsi** sich ab‿wickeln.

sgom|ma|re I tr. TESS. depurgieren **II** intr. (aus. *avere*) mit den Reifen quietschen **III** pronom. **sgommarsi** sich lösen: ***il francobollo si è sgommato*** die Briefmake hat sich gelöst.

sgom|ma|ta f. Quietschen *n.* der Reifen; COLLOQ. Kavaliersstart *m.*: ***fare una ~*** einen Kavaliersstart hin‿legen.

sgon|fia|re *(sgonfio, sgonfi)* **I** tr. **1** ***~ qcs.*** aus etw. die Luft aus‿lassen: ***~ un palloncino, uno pneumatico*** aus einem Luftballon, Reifen die Luft auslassen; FIG. **~ una notizia** eine Nachricht auf ihren Kern zurück‿führen 2 *(far passare il gonfiore)* abschwellen lassen: **il ghiaccio gli ha sgonfiato la caviglia** durch das Eis ist sein Knöchel abgeschwollen 3 COLLOQ. *(annoiare)* langweilen **II** pronom. **sgonfiarsi 1a** schlaff werden **b** *(di pneumatico)* platt werden 2 MED. ab‿schwellen, zurück‿gehen: **l'ascesso si è sgonfiato** der Abszess ist abgeschwollen 3 COLLOQ. *(annoiarsi)* sich langweilen 4 FIG. *(perdere la boria)* kleinlaut werden 5 *(non destare più scalpore)* **il caso si è sgonfiato** der Fall hat sich als harmlos herausgestellt. **sgon|fia|tu|ra** f. 1 Abschwellen *n.* 2 *(lo sgonfiarsi)* Schlaffwerden *n.*

sgon|fio p.pass. agg. *(-fi,-fie)* 1 → **sgonfiare 2a** schlaff **b** *(di pneumatico)* platt.

sgor|bia f. Hohlmeißel *m.*, Hohlbeitel *m.* ◆ **~ triangolare** Gehreisen *n.*

sgor|bia|re tr. *(sgorbio, sgorbi)* 1 (be)kritzeln, beschmieren: **~ un foglio di carta** ein Blatt Papier bekritzeln 2 *(macchiare)* beflecken. **sgor|bio** m. *(-bi)* 1 Gekritzel *n.*, Kritzelei *f.*; **fare -bi** kritzeln 2 *(persona brutta e deforme)* Missgeburt *f.*

sgor|ga|re *(sgorgo, sgorghi)* **I** intr. (aus. *essere*) 1 sprudeln, strömen, fließen: **l'acqua sgorga dalla sorgente** das Wasser sprudelt aus der Quelle; **il sangue sgorga dalla ferita** Blut strömt aus der Wunde; **lacrime sgorgavano dai suoi occhi** Tränen strömten aus seinen Augen 2 FIG. kommen, entspringen: **parole che sgorgano dal cuore** Worte, die von Herzen kommen **II** tr. reinigen: **~ un tubo, lo scarico di un lavandino** ein Rohr, den Abfluss eines Waschbeckens reinigen.

sgot|ta|re tr. aus‿ösen.

sgoz|za|men|to m. Abstechen *n.*, Abschlachten *n.*

sgoz|za|re tr. 1 **~ qcn.** jdm die Kehle durch‿schneiden 2 *(macellare)* ab‿stechen, schlachten 3 FIG. *(sottoporre a strozzinaggio)* **~ qcn.** jdm den Hals ab‿schneiden (*o* brechen).

sgra|de|vo|le agg. unangenehm: **un odore ~** ein unangenehmer Geruch; **una persona, voce, situazione ~** ein unangenehmer Mensch, eine unangenehme Stimme, Situation. **sgra|de|vo|lez|za** f. Unangenehme *n.*, Störende *n.* **sgra|de|vol|men|te** avv. unangenehm.

sgra|di|to agg. 1 unangenehm: **una notizia -a** eine unangenehme Nachricht; **un lavoro ~** eine unangenehme Arbeit; **avere una -a sorpresa** eine unangenehme Überraschung erleben 2 *(indesiderato)* unerwünscht: **un ospite ~** ein unerwünschter Gast.

sgraf|fia|re tr. *(sgraffio, sgraffi)* kratzen.

sgraf|fi|gna|re tr. stibitzen, klauen: **~ qcs. a qcn.** jdm etw. stibitzen.

sgraf|fio m. *(-fi)* Kratzer *m.*

sgram|ma|ti|ca|re intr. *(sgrammatico, sgrammatichi*; aus. *avere)* Grammatikfehler machen.

sgram|ma|ti|ca|to I p.pass. agg. 1 → **sgrammaticare** 2 (grammatisch) unkorrekt, (grammatisch) falsch, fehlerhaft 3 *(pieno di errori)* voller Fehler: **discorso, testo ~** Rede, Text voller Fehler 4 *(di persone)* fehlerhaft sprechend **II** avv. (grammatisch) unkorrekt, fehlerhaft. **sgram|ma|ti|ca|tu|ra** f. Grammatikfehler *m.*, grammatischer Fehler *m.*

1.sgra|na|re tr. **1a** enthülsen, aus‿hülsen: **~ i fagioli** die Bohnen enthülsen **b** *(cotone)* egrenieren **c** *(mais)* entkörnen **2a ~ il rosario** den Rosenkranz beten **b** COLLOQ. **~ preghiere** Gebete herunter‿leiern 3 *(spalancare)* **~ gli occhi** die Augen groß (*o* weit) auf‿reißen.

2.sgra|na|re I tr. *(disfare)* zerbröckeln **II** pronom. **sgranarsi** zerbröckeln.

3.sgra|na|re I tr. 1 *(disinserire da ingranaggio)* aus‿schalten 2 *(disinnestare)* heraus‿nehmen **II** intr. (aus. *avere*) AUT. nicht richtig schalten **III** pronom. **sgranarsi** heraus‿springen.

sgra|na|to p.pass. agg. 1 → **1.sgranare** 2 **occhi -i** weit aufgerissene Augen. **sgra|na|tri|ce** f. 1 Entkörnungsmaschine *f.* 2 *(per cotone)* Egreniermaschine *f.* **sgra|na|tu|ra** f. 1 Entkörnung *f.* 2 TESS. Egrenieren *n.*

sgran|chi|re *(sgranchisco, sgranchisci)* **I** tr. strecken: **~ le gambe, le braccia** die Beine, die Arme strecken **II** pronom. **sgranchirsi 1** sich recken 2 **-rsi le gambe** sich die Beine vertreten.

sgra|noc|chia|re tr. *(sgranocchio, sgranocchi)* knabbern: **~ biscotti, noccioline** Kekse, Erdnüsse knabbern.

sgrap|po|la|re tr. *(sgrappolo)* ab‿beeren, rebeln.

sgras|sag|gio m. Entfettung *f.* **sgras|sa|re** tr. 1 entfetten 2 **~ il brodo** das Fett von der Brühe ab‿schöpfen. **sgras|sa|to|re** m. Entfetter *m.* **sgras|sa|tu|ra** f. 1 Entfettung *f.* 2 TESS. Entschweißung *f.* ◆ **bagno di ~** Entfettungsbad *n.*

sgra|va|re I tr. entlasten: **~ la coscienza** das Gewissen entlasten; **~ i contribuenti** die Steuerzahler entlasten; **~ qcn. da una responsabilità** jdm eine Verantwortung ab‿nehmen **II** pronom. **sgravarsi 1** sich befreien: **-rsi di qcs.** sich von etw. befreien 2 **-rsi qcs.** etw. erleichtern; **-rsi la coscienza** das Gewissen erleichtern **3a** COLLOQ. *(partorire)* entbinden **b** *(di animali)* werfen.

sgra|vio m. *(-vi)* Entlastung *f.*, Erleichterung *f.*: **per ~ di coscienza** zur Erleichterung des Gewissens; ANT. **a, per mio, tuo ~** zu meiner, deiner Entlastung ◆ **~ fiscale** Steuerermäßigung *f.*, Steuerentlastung *f.*

sgra|zia|tag|gi|ne f. Plumpheit *f.* **sgra|zia|ta|men|te** avv. plump: **muoversi ~** sich plump bewegen. **sgra|zia|to** agg. 1 plump, ungraziös 2 *(sgradevole)* unangenehm: **una voce -a** eine unangenehme Stimme.

sgre|to|la|men|to m. Abbröck(e)lung *f.*, Zerbröck(e)lung *f.* **sgre|to|la|re** *(sgretolo)* **I** tr. 1 bröckeln, zerbröckeln 2 FIG. *(distruggere un po' alla volta)* zerpflücken: **~ gli argomenti dell'avversario** die Argumente der Gegner zerpflücken 3 *(sgranocchiare)* knabbern **II** pronom. **sgretolarsi** ab‿bröckeln, zerbröckeln: **il muro si sgretola** die Mauer zerbröckelt.

sgre|to|la|to p.pass. agg. 1 → **sgretolare** 2 abgebröckelt. **sgre|to|li|o** m. Abbröckeln *n.*

sgri|da|re tr. aus‿schimpfen, schimpfen: **~ qcn. per qcs.** jdn wegen etw. ausschimpfen. **sgri|da|ta** f. Schelte *f.*; COLLOQ. Schimpfe *f.*; **prendersi una ~** ausgeschimpft werden.

sgrin|fia f. Kralle *f.*, Klaue *f.*

sgrom|ma|re tr. **~ qcs.** den Weinstein von etw. entfernen. **sgrom|ma|tu|ra** f. Entfernung *f.* des Weinsteins.

sgron|da|re I tr. abtropfen lassen **II** intr. (aus. *avere*) 1 ab‿tropfen: **mettere a ~ la biancheria** die Wäsche abtropfen lassen 2 *(grondare)* tropfen. **sgron|da|tu|ra** f. Abtropfen *n.*

sgrop|pa|re I tr. 1 **~ un animale** ein Tier überlasten 2 *(sfiancare)* schinden **II** intr. (aus. *avere*) buckeln, bocken **III** pronom. **sgropparsi** sich schinden. **sgrop|pa|ta** f. 1 Buckeln *n.* 2 *(breve cavalcata)* kurzer Ritt *m.*, Probegalopp *m.* 3 SPORT Spurt *m.*

sgros|sa|men|to m. 1 Zuhauen *n.*, Behauen *n.*, grobe Bearbeitung *f.* 2 FIG. *(dirozzamento)* Verfeinerung *f.*

sgros|sa|re I tr. 1 zu‿hauen, grob behauen, grob bearbeiten: **~ un blocco di marmo** einen Marmorblock behauen 2 *(abbozzare)* skizzieren 3 *(dirozzare)* **~ qcn.** jdm Manieren bei‿bringen **II** pronom. **sgrossarsi** sich verfeinern, sich gute Manieren zu‿legen. **sgros|sa|tu|ra** f. Zuhauen *n.*, Behauen *n.*

sgro|vi|glia|re tr. *(sgroviglio, sgrovigli)* entwirren, lösen: **~ una matassa** einen Strang entwirren; **~ un nodo** einen Knoten lösen; FIG. **~ una situazione intricata** eine verzwickte Situation lösen.

sgru|gna|re I tr. COLLOQ. **~ qcn.** jdm die Fresse polieren **II** pronom. **sgrugnarsi** sich (D) den Schädel ein‿rennen. **sgru|gna|ta** f. Schlag *m.* in die Fresse.

sgua|ia|tag|gi|ne f. Unanständigkeit *f.*, Vulgarität *f.* **sgua|ia|ta|men|te** avv. unanständig, ordinär, vulgär: **ridere, urlare ~** ordinär lachen, schreien. **sgua|ia|to I** agg. unanständig, ordinär, vulgär: **risata, canzone -a** unanständiges (*o* ordinäres) Lachen, Lied; **comportamento ~** unanständiges Benehmen; **persona -a** ordinäre Person **II** m. ordinäre Person *f.*

sguai|na|re tr. *(sguaino)* zücken, ziehen: **~ la spada, la sciabola** das Schwert, den Säbel zücken (*o* ziehen); FIG. **~ le unghie** die Krallen zeigen. **sguai|na|to** p.pass. agg. 1 → **sguainare** 2 gezückt, gezogen: **spada -a** gezücktes Schwert.

sgual|ci|re *(sgualcisco, sgualcisci)* **I** tr. zerknittern: **~ un vestito** ein Kleid zerknittern **II** pronom. **sgualcirsi** knittern: **questa stoffa si sgualcisce facilmente** dieser Stoff knittert leicht.

sgual|ci|to p.pass. agg. 1 → **sgualcire** 2 zerknittert. **sgual|ci|tu|ra** f. 1 Zerknittern *n.* 2 *(parte sgualcita)* Knitterfalte *f.*

sgual|dri|na f. 1 leichte Frau *f.* 2 *(prostituta)* Dirne *f.*, Hure *f.* **sgual|dri|nel|la** f. leichtes Mädchen *n.*

sguan|cia f. *(-ce)* Backenstück *n.*

sguan|cio m. *(-ci)* 1 Schräge *f.* 2 *(strombatura)* Gewände *n.* ◆ **a ~** schräg.

sguar|do m. Blick *m.*: **uno ~ amorevole, fisso, pieno d'odio, spento, languido** ein liebevoller, starrer, hasserfüllter, erloschener, schmachtender Blick; **al primo ~** auf den ersten Blick; **alzare, abbassare lo ~** den Blick senken, heben; **dare, lanciare uno ~ a qcn., qcs.** einen Blick auf jdn, etw. werfen; **distogliere lo ~ da qcn., qcs.** den Blick von etw., jdm ab‿wenden; **evitare lo ~ di qcn.** jds Blick aus‿weichen; **sottrarsi allo ~ di qcn.** sich jds Blick entziehen; **tenere lo ~ fisso a terra** den Blick gesenkt (*o* die Augen niedergeschlagen) halten; **non degnare qcn. di uno ~** jdn keines Blickes würdigen; **fulminare qcn. con lo ~** jdm einen vernichtenden Blick zuwerfen ◆ **accennare con lo ~** mit den Augen zwinkern; **fin dove arriva, giunge lo ~** soweit das Auge reicht; **uno ~ d'insieme su qcs.** ein Überblick über etw.

sguar|ni|re tr. *(sguarnisco, sguarnisci)* **1** ~ **qcs.** den Schmuck von etw. ab_nehmen: ~ ***un abito*** den Schmuck von einem Kleid abnehmen **2** MIL. entblößen: ~ ***una fortezza*** eine Festung (von den Truppen) entblößen **3** SPORT ungedeckt lassen: ~ ***la difesa*** die Abwehr ungedeckt lassen **4** MAR. ab_takeln. **sguar|ni|to** p.pass. agg. **1** → **sguarnire 2** ABBIGL. schmucklos **3** *(indifeso)* wehrlos, entblößt **4** SPORT ungedeckt ◆ ~ ***di qcs.*** ohne etw.

sgua|tte|ra f. Küchenmädchen *n.* **sguat|te|ro** m. Küchenjunge *m.*

sguaz|za|re intr. (aus. *avere*) **1** planschen: ~ ***in acqua*** im Wasser planschen **2** ~ ***nell'oro*** im Gold schwimmen **3** *(trovarsi a proprio agio)* ~ ***in qcs., sguazzarci*** sich in seinem Element fühlen **4** *(di liquidi; sciabordare)* schwappen.

sguin|cia|re tr. *(sguincio, sguinci)* schräg ab_schneiden. **sguin|cio, *di*** ~ schräg.

sguin|za|glia|re tr. *(sguinzaglio, sguinzagli)* **1** los_lassen, hetzen: ~ ***i cani contro qcn.*** die Hunde auf jdn loslassen **2** FIG. hetzen: ~ ***la polizia dietro qcn.*** die Polizei auf jdn hetzen.

1.sgu|scia|re intr. *(sguscio, sgusci*; aus. *essere)* **1** *(sfuggire)* entgleiten, schlüpfen; COLLOQ. flutschen: ~ ***di mano*** aus der Hand schlüpfen (*o* flutschen) **2** FIG. ~ ***(via)*** entschlüpfen, entwischen.

2.sgu|scia|re *(sguscio, sgusci)* **I** tr. **1** schälen: ~ ***le uova*** die Eier schälen **2** *(sbaccellare)* enthülsen **3** *(noci)* (auf_)knacken **II** intr. (aus. *essere*) *(di pulcini)* aus_kriechen, aus_schlüpfen.

sgu|scia|to p.pass. agg. **1** → **1., 2.sgusciare 2** geschält **3** *(privato del baccello)* enthülst **4** *(di noci)* geknackt **5** *(di pulcino)* ausgekrochen, ausgeschlüpft. **sgu|scia|tri|ce** f. Schälmaschine *f.* **sgu|scia|tu|ra** f. **1** Schälen *n.* **2** *(sbaccellatura)* Enthülsen *n.*

shake ['ʃeik] m.inv. Shake *m.*: ***ballare, fare uno*** ~ einen Shake tanzen.

shak|er ['ʃeikə] m.inv. Shaker *m.*, Mixbecher *m.*; ***agitare qcs. nello*** ~ etw. shakern (*o* etw. im Shaker mischen). **shake|ra|re** [ʃeke-] tr. shakern, mixen.

shake|spea|ria|no agg. **1** Shakespeares, shakespearisch: ***dramma*** ~ shakespearisches Drama **2** *(che si riferisce a Shakespeare)* Shakespeare-: ***critica -a*** Shakespearekritik *f.*

sham|poo [ʃæm'pu, *üblich* 'ʃampo] m.inv. Shampoo(n) *n.*, Schampun *n.*, Haarwaschmittel *n.*: ***farsi uno*** ~ das Haar shampoonieren (*o* sich das Haar waschen) ◆ ~ ***curativo*** Pflegeschampoo *n.*, Kurshampoo *n.*; ~ ***contro la forfora*** Schampoo gegen Schuppen (*o* Schuppenshampoo *n.*); ~ ***secco*** Trockenschampoo *n.* (*o* Haarpuder *m.*).

shan|ghai [ʃa-] m. GIOC. Mikado *n.*

Shan|ghai [ʃa-] n.pr.f. Schanghai *n.*

shan|tung m.inv. Schantung *m.*, Schantungseide *f.*

sher|pa ['ʃɛrpə] m.inv. Sherpa *m.*

sher|ry ['ʃeri] m.inv. Sherry *m.*

shet|land ['ʃetlənd] m.inv. **1** *(lana)* Shetlandwolle *f.* **2** *(tessuto)* Shetland *m.*

shin|to|i|smo, shin|to|i|sta → **scintoismo, scintoista.**

Shi|va n.pr.m. S(c)hiwa *m.*

shock [ʃɔk] m.inv. Schock *m.*: ***essere sotto*** ~ unter Schock (*o* unter Schockwirkung) stehen *f.* ◆ ~ ***anafilattico*** anaphylaktischer Schock; ~ ***nervoso*** Nervenschock *m.*; ***stato di*** ~ Schockwirkung *f.*

shock|ing ['ʃɔkiŋ] agg.inv. ***rosa*** ~ grelles Rosa (*o* Schockrosa *n.*).

shock-te|ra|pi|a [ʃɔk-] f. Schocktherapie *f.*

shop|per ['ʃɔpə] m.inv. Plastiktüte *f.*, Plastikbeutel *m.*

shop|ping ['ʃɔpiŋ] m. Shopping *n.*, Einkaufsbummel *m.*: ***fare lo*** ~ einen Einkaufsbummel machen. **shop|ping cen|ter** ['ʃɔpiŋ sentər] m.inv. Einkaufszentrum *n.*, Shoppingcenter *n.*

short [ʃɔt] m.inv. Kurzfilm *m.*

shorts [ʃɔts] m.pl. Shorts *pl.*, kurze Hose *f.*

show [ʃoʊ] m.inv. Show *f.*, Schau *f.*

show bus|iness ['ʃoʊ'biznis] m.inv. Showbusiness *n.*, Schaugeschäft *n.* **show|girl** ['ʃougəl] f.inv. Showgirl *n.* **show|man** ['ʃoumən] m.inv. Showman *m.* **show-room** ['ʃourum] m. Vorführungsraum *m.*, Ausstellungsraum *m.*

shut|tle ['ʃʌtə] m.inv. Shuttle *m.*

1.si pron.pers. m. e f. **1a** *(riflessivo: complemento oggetto)* sich (A): ~ ***veste con eleganza*** sie kleidet sich elegant; *(enclitico)* ***lavarsi*** sich waschen **b** *(riflessivo: complemento di termine)* sich (D): ~ ***è comprato una macchina nuova*** er hat sich ein neues Auto gekauft; ~ ***mette il cappello*** er setzt sich den Hut auf **c** *(intensivo; anche non tradotto)* ***guardarsi un film*** sich (D) einen Film ansehen; ~ ***è divorato la torta da solo*** er hat den ganzen Kuchen allein verschlungen **2** *(reciproco)* einander, sich (gegenseitig): ~ ***aiutano a vicenda*** sie helfen sich gegenseitig; ***non*** ~ ***salutano*** sie grüßen sich nicht; ~ ***sono separati*** sie haben sich getrennt; ***vogliono conoscersi meglio*** sie wollen einander (*o* sich) besser kennen lernen; *(non tradotto)* ~ ***telefonano ogni sera*** sie telefonieren jeden Abend **3** *(con verbi pronominali; anche non tradotto)* ~ ***vergogna*** er schämt sich; ***la situazione*** ~ ***è chiarita*** die Situation hat sich geklärt; ***stancarsi*** müde werden; ***ammalarsi*** krank werden; ***la porta*** ~ ***è aperta*** die Tür ist aufgegangen **4** *(passivante)* ***qui*** ~ ***vendono i biglietti del tram*** hier werden Straßenbahnfahrkarten verkauft; ***non*** ~ ***accettano reclami*** es werden keine Beschwerden angenommen; ~ ***apre alle 9*** um 9 wird geöffnet **5** *(impersonale)* ***in quest'ufficio*** ~ ***lavora troppo*** in diesem Büro wird zu viel gearbeitet; ~ ***dice che sia molto ricca*** man sagt, sie sei sehr reich; ***non*** ~ ***sa mai*** man kann nie wissen; ~ ***sa!*** das ist bekannt! ***qui non*** ~ ***fuma*** hier raucht man nicht; *(con valore imperativo)* hier wird nicht geraucht; *(enclitico)* ***affittasi, vendesi*** zu vermieten, zu verkaufen.

2.si m. MUS. h, H *n.*: ~ ***be molle*** b *n.*; ~ ***bemolle maggiore*** B-Dur *n.*; ~ ***bemolle minore*** b-Moll *n.*; ~ ***maggiore*** H-Dur *n.*; ~ ***minore*** h-Moll *n.*

1.sì I avv. **1a** ja: ***hai preso il giornale? – sì*** hast du die Zeitung gekauft? – ja; ~, ***certo*** ja, sicher; ***certo che*** ~ na klar, selbstverständlich; ***dire di*** ~ Ja sagen; ***lei dice di*** ~ sie behauptet Ja; ***se*** ~ wenn ja; ***ma*** ~! aber ja! **b** schon: ***mi sembra di*** ~ ich glaube schon; ***spero di*** ~ ich hoffe schon; ***io non mangio carne, ma Marco*** ~ ich esse kein Fleisch, aber Marco schon **2** *(dopo interrogativa negativa)* doch: ***non hai fame? –*** ~! hast du keinen Hunger? – doch! **3a** *(enfatico)* ja, aber, zwar, wohl: ***questa*** ~ ***che è bella*** das ist ja unglaublich! ***tu*** ~ ***che sei bravo!*** ja du, du bist gut! ***allora*** ~ ***che potrò lavorare in pace*** dann werde ich wohl endlich ungestört arbeiten können; ***e*** ~ ***che l'avevo avvertito*** ich hatte ihn ja gewarnt **b** *(seguito da proposizione avversativa)* zwar, wohl: ***è bello*** ~, ***ma antipatico*** er ist zwar schön, aber unsympathisch; ***il caffè mi piace caldo*** ~, ***ma non bollente*** ich mag den Kaffee wohl (*o* zwar) heiß, aber nicht kochend heiß **4** *(al telefono)* hallo, ja **II** m. **1** Ja *n.*: ***decidersi per il*** ~ sich für das Ja entscheiden **2** *(voto favorevole)* Jastimme *f*, Ja *n.*: ***ci sono stati 5*** ~ ***e 4 no*** es gab 5 Jastimmen und 4 Neinstimmen **3a** *(risposta affermativa)* Bejahung *f.*, Ja *n.* **b** *(assenso)* Zustimmung *f.*, Ja *n.*: ***aspetto ancora il*** ~ ***del capo*** ich warte noch auf die Zustimmung des Chefs **4** *(assenso di matrimonio)* Jawort *n.*: ***pronunciare il*** ~ das Jawort geben ◆ ***far cenno di*** ~ mit einem Zeichen bejahen; ***dire di*** ~ ***alla vita*** das Leben bejahen; IRON. ~, ***domani!*** schön wär's! ***essere per il*** ~ dafür sein; ***una giornata*** ~ ein günstiger (*o* guter) Tag; ***lingua del*** ~ italienische Sprache; ~ ***e no!*** ja und nein! ***è sempre tra il*** ~ ***e il no*** er ist immer unsicher; ***saranno*** ~ ***e no due chilometri*** es werden ungefähr (*o* mehr oder weniger) zwei Kilometer sein; ***uno*** ~ ***e uno no*** jeder Zweite; ***uno*** ~ ***e l'altro no*** abwechselnd; ***un giorno*** ~ ***e un giorno no*** jeden zweiten Tag; ***oh*** ~! ja doch! (*o* gewiss); ***ora*** ~! nun erst recht! ***più*** ~ ***che no*** wahrscheinlich ja; ***rispondere di*** ~ bejahen.

2.sì avv. LETT. **1** *(così)* so, auf diese Weise **2** *(tanto)* dermaßen, derart, so ◆ ***far*** ~ ***che...*** dafür sorgen, dass...; ~***... come...*** so... wie...; ~ ***come*** *(siccome)* da; *(appena)* sobald.

sia cong. **1** ~***...***~***...,*** ~***...che...*** sowohl... als auch... (*o* sei es..., sei es...); ~ ***lui*** ~ ***lei amano lo sport*** sowohl er als auch sie mögen Sport; ~ ***d'estate*** ~ ***in inverno*** sowohl im Sommer als auch im Winter (*o* sei es im Sommer, sei es im Winter); ***devi parlare*** ~ ***con me che con lei*** du musst sowohl mit mir als auch mit ihr sprechen **2** *(con valore disgiuntivo)* ~ ***che venga,*** ~ ***che non venga per me è lo stesso*** ob er kommt oder nicht, ist mir egal; ~ ***bello (o)*** ~ ***brutto, non m'interessa*** ob er schön oder hässlich ist, interessiert mich nicht.

S.I.A.E. ⇒ *Società Italiana Autori Editori* Italienische Gesellschaft für Autoren und Verleger.

Siam n.pr.m. Siam *n.* **sia|me|se I** agg. siamesisch **II** m. e f. Siamese *m.* (-mesin *f.*) **III** m. **1** *(lingua)* Thaisprache *f.* **2** *(gatto)* Siamkatze *f.* ◆ ***gemelli -i*** siamesische Zwillinge.

Si|ba|ri n.pr.f. Sybaris *n.* **si|ba|ri|ta** m. e f. *(-i,-e)* **1** Sybarit *m.* **2** FIG. Schlemmer *m.*, Schwelger *m.* **si|ba|ri|ti|co** agg. *(-ci,-che)* **1** sybaritisch **2** FIG. genusssüchtig, wollüstig.

sib|ben → **sebbene.**

Si|be|ria n.pr.f. Sibirien *n.* **si|be|ria|no I** agg. sibirisch: ***freddo*** ~ sibirische Kälte **II** m. Sibir(i)er *m.*

si|bi|lan|te I agg. zischend, Zisch- **II** f. Zischlaut *m.*, Sibilant *m.*

si|bi|la|re intr. *(sibilo*; aus. *avere)* **1** *(fischiare)* zischen, zischeln: ***il serpente sibila*** die Schlange zischelt **2** ESTENS. pfeifen: ***il vento sibila tra gli alberi*** der Wind pfeift zwischen den Bäumen.

si|bi|lio m. Gezisch(e) *n.*

si|bil|la f. **1** Sibylle *f.*: ***la*** ~ ***cumana*** die Sibylle von Cumae **2** SCHERZ. Weissagerin *f.*, Wahrsagerin *f.*, Seherin *f.*

Si|bil|la n.pr.f. Sibylle *f.*

si|bil|li|no agg. **1** sibyllinisch: ***responso*** ~ sibyllinischer Orakelspruch; ***libri -i*** sibyllinische Bücher **2** FIG. geheimnisvoll: ***risposta***

-a geheimnisvolle Antwort ◆ *parlare in modo ~* orakeln.

si|bi|lo m. 1 *(fischio)* Zischen *n.* 2 ESTENS. Pfeifen *n.*: *il ~ del vento, di un proiettile* das Pfeifen des Windes, einer Kugel.

sic avv. sic, wörtlich.

si|ca|rio m. *(-ri)* (gedungener) Mörder *m.*, Killer *m.*

sic|ché cong. 1 so dass: *era forte ~ nessuno poteva vincerlo* er war so stark, dass niemand ihn besiegen konnte 2 *(quindi, dunque)* daher, also: *era ammalato, ~ non è potuto venire* er war krank, daher konnte er nicht kommen 3 *(allora)* also: *~ non c'è speranza?* es besteht also keine Hoffnung?

sic|ci|tà f. Dürre *f.*, Trockenheit *f.*: *la ~ ha rovinato il raccolto* die Dürre hat die Ernte verdorben ◆ *periodo di ~* Trockenperiode *f.*, Dürreperiode *f.*; *danni provocati dalla ~* Dürreschäden *pl.*

sic|co|me I cong. da, weil: *~ pioveva, non sono uscita* da es regnete, bin ich nicht ausgegangen **II** avv. LETT. so... wie, wie.

Si|ci|lia n.pr.f. Sizilien *n.* **si|ci|lia|no I** agg. sizilianisch, sizilisch **II** m. 1 *(abitante)* Sizilianer *m.* 2 *(dialetto)* Sizilianisch(e) *n.*

si|co|fan|te m. 1 STOR. Sykophant *m.* 2a *(delatore)* Denunziant *m.* b *(calunniatore)* Verleumder *m.*

si|co|mo|ro m. 1 Sykomore *f.*, Maulbeerfeigenbaum *m.*; *legno di ~* Sykomore *f.* 2 *(frutto)* Maulbeerfeige *f.*

si|co|nio m. *(-ni)* Feigenblüte *f.*, Feige *f.*

si|co|si f. Sykose *f.*

si|cu|lo I agg. 1 STOR. sikulisch 2 *(siciliano)* sizilianisch, sizilisch **II** m. 1 STOR. Sikuler *m.* 2 *(siciliano)* Sizilianer *m.*

si|cu|me|ra f. LETT. Hochmut *m.*, Dünkel *m.*

si|cu|ra f. Sicherung *f.*, Sicherungsvorrichtung *f.*; *mettere la ~ a qcs.* etw. sichern; *togliere la ~ a qcs.* etw. entsichern.

si|cu|ra|men|te avv. 1 *(di certo)* sicher(lich), gewiss, bestimmt: *~ ha perso il treno* sicher hat er den Zug versäumt; *~ non viene* er kommt bestimmt nicht; *~ sì, no* ganz gewiss, gewiss nicht 2 *(con cautela)* sicher.

si|cu|rez|za f. 1 Sicherheit *f.*: *la ~ pubblica, interna* die öffentliche, innere Sicherheit; *la ~ sul posto di lavoro* die Sicherheit am Arbeitsplatz 2 *(certezza)* Gewissheit *f.*, Sicherheit *f.*: *con assoluta ~* mit absoluter Sicherheit; *avere la ~ di vincere* die Sicherheit haben zu gewinnen; *per ~* zur Sicherheit ◆ *camera di ~* Arrestzelle *f.*; *carcere di massima ~* Hochsicherheitsgefängnis *n.*; *cassetta di ~* Banksafe *m.* e *n.*, Tresorfach *n.*, Schließfach *n.*; *catenella di ~ (di gioielli)* Sicherheitskettchen *n.*; *chiusura di ~ (di gioielli)* Sicherheitsverschluss *m.*; *cintura di ~* Sicherheitsgurt *m.*, Anschnallgurt *m.*; *con ~* sicher (*o* mit Sicherheit); *consiglio di ~ (delle Nazioni Unite)* Sicherheitsrat *m.* (der Vereinten Nationen); *distanza di ~* Sicherheitsabstand *m.*; EL. *interruttore di ~* Sicherung *f.*; MIN. *lampada di ~* Sicherheitslampe *f.* (*o* Wetterlampe *f.*); *~ del lavoro* Arbeitssicherheit *f.*; *misure di ~* DIR. vorbeugende Maßnahmen; *(precauzioni)* Sicherheitsmaßnahmen *pl.*, Sicherheitsvorkehrungen *pl.*; *per motivi di ~* aus Sicherheitsgründen, wegen Sicherheitsbedenken, der Sicherheit halber, sicherheitshalber; *norme di ~* Sicherheitsvorschriften *pl.*; *Pubblica ~* Polizei *f.*; *agente di Pubblica ~* Polizist *m.*; *autorità di Pubblica ~* Polizeibehörde *f.*; *funzionario di Pubblica ~* Polizeibeamter *m.*; *scala di ~* Notleiter *f.*, Feuerleiter *f.*; *~ di sé* Selbstsicherheit *f.*; *serratura di ~* Sicherheitsschloss *n.*; *servizio di ~* Sicherheitsdienst *m.*; *soglia di ~* Sicherheitsschwelle *f.*; *~ stradale* Verkehrssicherheit *f.*; *uscita di ~* Notausgang *m.*; *valvola di ~* Sicherheitsventil *n.*; *~ di un veicolo* Fahrsicherheit *f.*; *vetro di ~* Sicherheitsglas *n.*

si|cu|ro I agg. 1 sicher: *un metodo ~* eine sichere Methode; *un posto (di lavoro) ~* ein sicherer Arbeitsplatz; *guidare (l'auto) in modo ~* sicher (Auto) fahren; *la cosa più -a sarebbe di...* das Sicherste wäre, zu...; *(efficace) un rimedio ~* ein sicheres Mittel; *(esperto) mano -a* sichere Hand 2 *(certo)* sicher, gewiss: *una notizia -a* eine sichere Nachricht; *da fonte -a* aus sicherer Quelle; *essere ~ di qcs.* (sich) etw. (G) sicher sein; *essere ~ del fatto proprio* seiner Sache sicher sein; *ero ~ di conoscerlo* ich war (mir) sicher, ihn zu kennen; *è ~ che verrà* es ist sicher, dass er kommen wird 3 *(affidabile)* zuverlässig: *un motore ~* ein zuverlässiger Motor 4 *(in espressioni esortative) stia ~ che tutto andrà bene* sicherlich wird alles gut gehen **II** avv. 1 sicher(lich), bestimmt, gewiss: *verrai anche tu? – ~!* kommst du auch mit? – sicher (*o* gewiss)! 2 *(nelle risposte positive a domande negative)* doch: *non ti sei divertito? – ~ ma...* hast du dich nicht amüsiert? – doch, aber... **III** m. 1 Sicherheit *f.*, sichere Stelle *f.* 2 *(certezza)* Gewissheit *f.*, Sicherheit *f.* ◆ *al ~* in Sicherheit: *là si sentiva al ~* dort fühlte er sich sicher; *mettere qcs. al ~* etw. in Sicherheit bringen; *mettere i soldi al ~* Geld sicher auf‿bewahren; *essere al ~* in Sicherheit sein; *essere al ~ da qcs.* vor etw. sicher sein; *andare sul ~* auf festem Grund gehen; FIG. sicher‿gehen; COLLOQ. auf Nummer Sicher gehen; *è meglio andare sul ~* sicher ist sicher; *cavallo ~* sicherer Tip (anche FIG.); *andare a colpo ~* ganz sicher gehen; *dare qcs. per ~* etw. als sicher voraus‿setzen; *di ~* sicher(lich) (*o* gewiss); *ma ~!* aber natürlich! *muoversi sul ~* → *andare sul ~*; *no di ~!* bestimmt nicht! *procedere con passo ~* mit festem (*o* sicherem) Schritt gehen; FIG. mit Sicherheit vor‿gehen; *praticamente ~* so gut wie sicher; *rendere ~ qcs.* etw. sichern; *~ di sé* selbstsicher (*o* selbstbewusst); *~ che sì!* ja, ganz sicher! *di ~ successo* erfolgssicher; *veicolo ~* verkehrssicheres Fahrzeug; *~ della vittoria* siegessicher (*o* siegesgewiss).

si|cur|tà f. ANT. 1 Sicherung *f.* 2 *(assicurazione)* Versicherung *f.* ◆ *istituto di ~* Versicherungsgesellschaft *f.*; *polizza di ~* Police *f.* (*o* Versicherungspolice *f.*).

si|de-car ['saɪd-] m.inv. Beiwagen *m.*; SVIZZ. Seitenwagen *m.*: *salire sul ~* in den Beiwagen klettern.

si|de|ra|le agg. siderisch: *rivoluzione ~* siderische Umlaufzeit; *spazio ~* siderischer Raum ◆ *anno ~* Sternjahr *n.* (*o* siderisches Jahr); *giorno ~* Sterntag *m.*; *ora ~* Sternzeit *f.*; *temperatura ~* = eisige Temperatur. **si|de|re|o** agg. 1 ASTR. → **siderale** 2 *(stellare)* Stern-, die Sterne betreffend.

si|de|ri|te f. 1 MINER. Siderit *m.*, Eisenspat *n.* 2 *(meteorite)* Siderolith *m.*

si|de|ro|gra|fi|a f. Stahlstich *m.*, Siderographie *f.*

si|de|ro|si f. Eisenlunge *f.*, Siderose *f.*

si|de|rur|gi|a f. Stahlindustrie *f.* **si|de|rur|gi|co I** agg. *(-ci,-che)* Stahl-, Eisen verarbeitend: *industria -a* Stahlindustrie *f.*; *operaio ~* Stahlarbeiter *m.*; COLLOQ. Stahlkocher *m.* **II** m. *(-ci)* Stahlarbeiter *m.*

Si|do|ne n.pr.f. Sidon *n.*

si|dro m. Obstwein *m.* ◆ *~ di mele* Apfelwein *m.*, Apfelcidre *m.*, Zider *m.*

sie|mens ['zi:-] m.inv. Siemens *n.*

sie|pe f. 1 Hecke *f.*: *piantare una ~ intorno a qcs.* eine Hecke um etw. an‿pflanzen (*o* an‿legen) 2 ESTENS. *(barriera)* Mauer *f.*: *una ~ di poliziotti, di baionette* eine Mauer von Polizisten, Bajonetten 3a SPORT *(nell'ippica)* Hindernis *n.* (aus Büschen) b *(nell'atletica)* Hindernis *n.* ◆ *~ artificiale* Zaun *m.*; *~ di bosso* Buchsbaumhecke *f.*; *cesoie da ~* Heckenschere *f.*; *corsa -i (nell'atletica)* Hindernislauf *m.*; *(nell'ippica)* Hindernisrennen *n.* (*o* Steeplechase *f.*); *~ morta* Zaun *m.*; *~ di rose* Rosenhecke *f.*; *~ di spini* Dornenhecke *f.*; SPORT *tremila -i* 3000-Meter-Hindernislauf *m.*; *~ viva* lebender Zaun.

sie|ro m. Serum *n.* ◆ *~ antidifterico* Diphtherieserum *n.*; *~ antitetanico* Tetanusserum *n.*; *~ antivipera* Immunserum *n.* gegen Schlangengift; *~ del latte* Molke *f.*; *~ del sangue* Blutserum *n.*; *~ della verità* Wahrheitsdroge *f.*

sie|ro|dia|gno|si f. Serodiagnostik *f.*

sie|ro|lo|gi|a f. Serologie *f.* **sie|ro|lo|gi|co** agg. *(-ci,-che)* serologisch; *trattamento ~* Serumbehandlung *f.* **sie|ro|lo|go** m. *(-gi)* Serologe *m.*

sie|ro|ne|ga|ti|vi|tà f. HIV-negativ-Sein *n.* **sie|ro|ne|ga|ti|vo I** agg. HIV-negativ **II** m. HIV-Negative *m.* **sie|ro|po|si|ti|vi|tà** f. HIV-positiv-Sein *n.* **sie|ro|po|si|ti|vo I** agg. HIV-positiv **II** m. HIV-Positive *m.*

sie|ro|pro|fi|las|si f. Serumprophylaxe *f.*

sie|ro|sa f. Serosa *f.* **sie|ro|so** agg. serös; *membrana -a* Serosa *f.*

sie|ro|te|ra|pi|a f. Serumbehandlung *f.*

sie|sta f. Siesta *f.*: *fare una ~* eine Siesta halten.

sif|fat|to agg. ANT. solch, derartig: *un ~ individuo* ein derartiger Typ; *accuse -e* Anklagen solcher Art.

si|fi|li|de f. Syphilis *f.*, Lues *f.*; *malato di ~* syphiliskrank. **si|fi|li|ti|co I** agg. *(-ci,-che)* syphilitisch, luetisch **II** m. *(-ci)* Syphilitiker *m.*

si|fo|ne m. 1a IDR. Siphon *m.*, Geruchsverschluss *m.* b *(tubo a U)* Saugheber *m.* 2 *(contenitore del seltz)* Siphon *m.* 3 ZOOL. Sipho *m.* 4 BOT. *~ pollinico* Pollenschlauch *m.*

si|fo|no|fo|ri m.pl. Siphonophoren *pl.*, Staatsquallen *pl.*

sig., Sig. ⇒ *Signore* Herr (H[r].). **sig.a, Sig.a** ⇒ *Signora* Frau (Fr.).

si|ga|ra|ia f. 1 *(operaia)* Arbeiterin *f.* in einer Tabakfabrik 2 *(venditrice)* Zigarettenverkäuferin *f.* **si|ga|ra|io** m. *(-ai)* 1 *(operaio)* Arbeiter *m.* in einer Tabakfabrik 2 ZOOL. Wickler *m.*

si|ga|ret|ta f. Zigarette *f.*: *una stecca di -e* eine Stange Zigaretten; *~ con filtro* Filterzigarette *f.*; *~ senza filtro* filterlose Zigarette; *accendere, fumare, spegnere una ~* eine Zigarette an‿zünden (*o* an‿stecken), rauchen, aus‿drücken; *dare un tiro alla ~* an der Zigarette ziehen; *farsi una ~* (sich) eine Zigarette drehen ◆ *bocchino per -e* Zigarettenspitze *f.*; *cartina per (fare) le -e* Zigarettenpapier(chen) *n.*; *cenere della ~* Zigarettenasche *f.*; *distributore di -e* Zigarettenautomat *m.*; *fabbrica di -e* Zigarettenfabrik *f.*; *-e fatte*

a mano selbstgedrehte (*o* selbstgerollte) Zigaretten; ***mozzicone di ~*** Zigarettenstummel *m.*; ***pacchetto di -e*** Zigarettenschachtel *f.*

si|ga|ret|to m. Zigarillo *m.* e *n.*

si|ga|ro m. Zigarre *f.*: ***accendersi un ~*** sich eine Zigarre an‿zünden (*o* an‿stecken); ***aspirare il ~*** an der Zigarre saugen; ***tirare una boccata al ~*** an der Zigarre ziehen (*o* einen Zug an der Zigarre tun); ***spuntare (tagliare), trinciare (coi denti) un ~*** die Zigarrenspitze ab‿schneiden, ab‿beißen ◆ ***~ avana*** Havanna(zigarre) *f.*; ***fabbrica di -i*** Zigarrenfabrik *f.*; ***mozzicone di ~*** Zigarrenstummel *m.*; ***punta del ~*** Zigarrenspitze *f.*; ***scatola di -i*** Zigarrenschachtel *f.*

Sig|fri|do n.pr.m. Siegfried *m.*, Sigfrid *m.*

sigg. ⇒ *signori* Herren.

Si|gi|ber|to n.pr.m. Siegbert *m.*

si|gil|lan|te m. Dichtungsmasse *f.*

si|gil|la|re tr. **1** (ver)siegeln: ***~ una lettera*** einen Brief (ver)siegeln; ***l'appartamento è stato sigillato dalla polizia*** die Wohnung ist von der Polizei versiegelt worden **2** ESTENS. *(chiudere bene)* (hermetisch) verschließen **3** FIG. *(rafforzare)* besiegeln: ***~ l'amicizia con una stretta di mano*** die Freundschaft mit einem Handschlag besiegeln ◆ ***~ le labbra a qcn.*** jdn zur Verschwiegenheit an‿halten; *(con la forza)* jdn zum Schweigen zwingen (*o* bringen); ***~ col piombo*** plombieren.

si|gil|la|ria f. Sigillaria *f.*, Siegelbaum *m.*

si|gil|la|tu|ra f. Versiegelung *f.*, Siegelung *f.*

si|gil|lo m. Siegel *n.*: ***apporre un ~ a qcs.*** an etw. (A) ein Siegel an‿bringen; ***mettere qcs. sotto ~*** etw. mit einem Siegel versehen (*o* etw. versiegeln); ***rimuovere, togliere i -i*** die Siegel entfernen, öffnen; ***rompere i -i*** die Siegel auf‿brechen ◆ ***anello con ~*** Siegelring *m.*; ***apposizione dei -i*** Versiegelung *f.*; ***mettere il ~ alla bocca di qcn.*** → ***mettere il ~ alle labbra di qcn.***; ***~ della confessione*** Beichtgeheimnis *n.*; ***~ doganale*** Zollsiegel *n.*; ***impronta del ~*** Siegelbild *n.*; ***mettere il ~ alle labbra di qcn.*** jdn zur Verschwiegenheit an‿halten; *(con la forza)* jdn zum Schweigen zwingen (*o* bringen); ***ha il ~ alle labbra*** seine Lippen sind versiegelt; ***~ notarile*** Notariatssiegel *n.*; ***~ di piombo*** Bleisiegel *n.*, Plombe *f.*; BOT. ***~ di Salomone*** Salomon(s)siegel *n.*; FIG. ***mettere qcs. sotto sette -i*** etw. einer strenger Geheimhaltung unterwerfen; ***~ dello Stato*** staatliches Siegel; ***~ d'ufficio*** Amtssiegel *n.*; DIR. ***violazione dei -i*** Siegelbruch *m.*

Si|gi|smon|do n.pr.m. Siegmund *m.*, Sigmund *m.*

si|gla f. **1** Kennzeichen *n.*; BUROCR. Paraphe *f.* **2** *(abbreviazione)* Abkürzung *f.*: ***GB è la ~ della Gran Bretagna*** GB ist die Abkürzung für Großbritannien **3** *(firma)* Namenszeichen *n.*, Signatur *f.*: ***apporre la propria ~ a qcs.*** sein Namenszeichen unter etw. (A) setzen (*o* etw. ab‿zeichnen) ◆ ***~ automobilistica*** Kraftfahrzeugkennzeichen *n.*; ***~ dell'editore*** Signet *n.*; RAD. TELEV. ***~ musicale*** Erkennungsmelodie *f.* **si|gla|re** tr. signieren; BUROCR. paraphieren. **si|gla|tu|ra** f. **1** Signieren *n.*; BUROCR. Paraphieren *n.* **2** *(sigla)* Signatur *f.*; BUROCR. Paraphe *f.*

sig|ma m. e f.inv. Sigma *n.*

sig|ma|ti|smo m. Sigmatismus *m.*

sig.na ⇒ *signorina* Fräulein (Frl.).

si|gni|fi|can|te **I** agg. LETT. **1** *(importante)* viel sagend, bedeutungsvoll **2** *(importante)* wichtig **II** m. Signifikant *m.*

si|gni|fi|ca|re tr. *(significo, significhi)* **1** bedeuten, heißen: ***cosa significa questa parola?*** was bedeutet (*o* heißt) dieses Wort? ***il verde significa speranza*** Grün bedeutet Hoffnung; ***la promozione significa molto per lui*** die Beförderung bedeutet ihm sehr viel; ***che significa ciò?*** was soll das bedeuten (*o* heißen)? **2** LETT. *(esprimere)* mit‿teilen, aus‿drücken ◆ ***non significa niente*** *(non ha significato)* das bedeutet nichts; *(non ha importanza)* das hat nichts zu bedeuten (*o* zu sagen).

si|gni|fi|ca|ti|va|men|te avv. bedeutungsvoll, bedeutsam. **si|gni|fi|ca|ti|vi|tà** f. Bedeutsamkeit *f.*

si|gni|fi|ca|ti|vo agg. **1** *(importante)* bedeutend, bedeutsam: ***un giorno ~*** ein bedeutender Tag **2** *(ricco di significato)* bedeutungsvoll, bedeutsam, viel sagend: ***sguardo ~*** bedeutungsvoller (*o* viel sagender) Blick **3** LING. signifikativ.

si|gni|fi|ca|to m. **1** Bedeutung *f.*, Sinn *m.*: ***un ~ oscuro*** eine dunkle Bedeutung; ***~ proprio, figurato*** eigentlicher, übertragener Sinn; ***perdere di ~*** an Bedeutung verlieren; ***assumere un ~ particolare*** eine besondere Bedeutung bekommen, gewinnen; ***il ~ di una frase, di un gesto*** der Sinn eines Satzes, einer Geste **2** FIG. *(importanza)* Bedeutung *f.*, Wichtigkeit *f.*: ***avere grande ~*** von großer Bedeutung sein; ***i soldi non hanno ~ per lui*** Geld bedeutet ihm nichts **3** LING. Signifikat *n.* ◆ ***~ connotativo*** Konnotat *n.*, konnotative Bedeutung; ***~ fondamentale*** Grundbedeutung *f.*; ***dai molti -i*** vieldeutig; ***mutamento di ~*** Bedeutungswandel *m.*; ***~ originario*** Urbedeutung *f.*; ***~ di una parola*** Wortbedeutung *f.*; ***con più -i*** mehrdeutig; ***polivalenza di -i*** Vieldeutigkeit *f.*; ***privo di ~*** sinnlos; ***~ recondito*** verborgener Sinn; ***secondo ~*** Nebenbedeutung *f.*, Nebensinn *m.* **si|gni|fi|ca|zio|ne** f. LETT. Bedeutung *f.*

si|gno|ra f. **1** Frau *f.*, Dame *f.*: ***una ~ anziana, una giovane ~*** eine ältere, junge Frau (*o* Dame); ***la ~ desidera?*** was wünscht die Dame? ***buon giorno ~*** guten Tag, gnädige Frau **2** FIG. Dame *f.*: ***fare la (gran) ~*** die große Dame spielen; ***si comporta da vera ~*** sie benimmt sich damenhaft, wie eine wahre Dame **3** *(seguito da nome proprio)* Frau *f.*: ***una ~ di nome Müller*** eine Frau namens Müller; ***la ~ Schultz, nata Meier*** Frau Schultz, geborene Meier; ***il Signor Meier e ~*** Herr und Frau Meier; *(nella corrispondenza)* ***alla ~ Weiß*** (an) Frau Weiß; ***gentile ~ (Schnurr)*** sehr geehrte Frau (Schnurr); ANT. ***pregiatissima ~*** verehrte gnädige Frau **4** *(moglie)* Frau *f.*, Gattin *f.*: ***come sta la Sua ~?*** wie geht es Ihrer Frau? ***mi ossequi la Sua ~*** bitte empfehlen Sie mich Ihrer Gattin **5a** LETT. *(padrona)* Herrscherin *f.*; ***Roma era la ~ del mondo*** Rom herrschte über die ganze Welt **b** *(padrona di casa)* Hausherrin *f.* **6** COLLOQ. *(con funzione di agg.)* schön, toll: ***questa sì che è una ~ poltrona!*** das ist wirklich ein schöner Sessel! **7** SPORT ***La Signora*** = Fußballmannschaft *f.* Juventus ◆ ***cappello da ~*** Damenhut *m.*; ***da ~*** damenhaft; ***moda per ~*** Damenmode *f.*; ***Nostra Signora*** Unsere Liebe Frau; ***chiesa di Nostra Signora*** Liebfrauenkirche *f.*; ***parrucchiere per ~*** Damenfriseur *m.*; ***sarto per ~*** Damenschneider *m.*; ***-e e signori*** meine Damen und Herren; ***toeletta per -e*** Damentoilette *f.*

si|gno|re m. **1a** Herr *m.*: ***egregio, caro signor Müller*** sehr geehrter, lieber Herr Müller; ***signor direttore, ministro, conte*** Herr Direktor, Minister, Graf; ***il signor tal dei tali*** Herr Soundso; ***buona sera, -i!*** guten Abend, meine Herren! ***il ~ desidera?*** was wünschen Sie, mein Herr (*o* was wünscht der Herr)? ***il ~ non è in casa*** der Herr ist nicht zu Hause **b** FIG. *(uomo raffinato)* ***essere un ~*** ein vornehmer Herr sein; ***un gesto da vero ~*** eine Geste eines wahren Herrn; *(uomo benestante)* ***vivere da (gran) ~*** wie ein großer Herr leben; ***fare il ~*** den großen Herrn spielen; ***avere modi da ~*** wie ein Herr auf‿treten **2** pl. Herren *pl.*, Herrschaften *pl.*: ***signore e -i*** meine Damen und Herren; ***i -i possono accomodarsi*** die Herrschaften können Platz nehmen **3** *(Dio)* ***Signore*** Herr *m.*, Herrgott *m.*: ***invocare il Signore*** den Herrn an‿rufen; ***Nostro Signore*** unser Herr; ***la casa del Signore*** das Haus des Herrn; ***Signore Gesù*** Herr Jesus; ***ascoltaci, o Signore!*** Herr, erhöre uns! ***nell'anno del Signore 1235*** im Jahre des Herrn 1235; ***(O) Signore!*** Herrgott (noch mal)! **4** *(uomo)* Mann *m.*: ***c'è un ~ che ti cerca*** da ist ein Mann, der dich verlangt **5** STOR. Herr *m.*, Herrscher *m.*: ***il ~ di Milano*** der Herr von Mailand; ***essere ~ di un paese*** Herrscher über ein Land sein **6** COLLOQ. *(con funzione di agg.: di grande qualità)* klasse, toll: ***un signor televisore*** ein tolles Fernsehgerät ◆ ***i -i della guerra*** die Kriegsherren; ***il Signore Iddio*** der Herrgott; ***-i si nasce*** als Gentleman wird man geboren; ***i poveri e i -i*** die Armen und die Reichen; ***far vita da ~*** ein Herrenleben führen.

si|gno|reg|gia|re *(signoreggio, signoreggi)* **I** tr. **1** beherrschen: ***~ un territorio, un popolo*** ein Gebiet, Volk beherrschen; FIG. ***~ le proprie passioni*** seine Leidenschaften beherrschen **2** *(sovrastare)* überragen **II** intr. (aus. *avere*) herrschen: ***~ su qcs.*** über etw. (A) herrschen.

si|gno|ri|a f. **1** Herrschaft *f.*: ***esercitare la ~ su qcn., qcs.*** die Herrschaft über jdn, etw. aus‿üben; ***tenere qcn. sotto la propria ~*** jdn unter seiner Herrschaft halten **2** STOR. Signoria *f.*, Signorie *f.*; ***la ~ dei Medici a Firenze*** die Signoria der Medici in Florenz **3** *(titolo)* ***Vostra, Sua Signoria*** Euer, Ihrer Hochwohlgeboren.

si|gno|ri|le agg. **1** herrschaftlich, vornehm: ***casa ~*** herrschaftliches Haus; ***modi -i*** vornehmes Benehmen **2** STOR. Adels-, Herren-: ***residenza ~*** Herrensitz *m.* **si|gno|ri|li|tà** f. Vornehmheit *f.* **si|gno|ril|men|te** avv. vornehm: ***esprimersi, comportarsi ~*** sich vornehm aus‿drücken, benehmen.

si|gno|ri|na f. **1** Fräulein *n.*: ***buongiorno ~ Müller*** guten Tag, Fräulein Müller; *(cameriera)* ***il conto, ~!*** Fräulein, bitte zahlen! **2** *(giovane donna)* junge Frau *f.*, junge Dame *f.* **3** *(donna nubile)* ***è rimasta ~*** sie hat nicht geheiratet ◆ ***nome da ~*** Mädchenname *m.* **si|gno|ri|no** m. **1** junger Herr *m.* **2** SPREG. IRON. *(giovane viziato)* Herrensöhnchen *n.*

si|gnor|nò avv. nein, mein Herr.

si|gno|ro|ne m. reicher Herr *m.* **si|gno|rot|to** m. Gutsbesitzer *m.*, Gutsherr *m.*

si|gnor|sì avv. jawohl, mein Herr.

sig.ra ⇒ *signora* Frau (Fr.).

si|khi|smo m. Sikhismus *m.*

sil|lag|gio m. *(-gi)* Silage *f.*
Si|le|no n.pr.m. Silen *m.*
si|len|te agg. still: ***notte*** ~ stille Nacht. **si|len|zia|to|re** m. Schalldämpfer *m.*: ***una pistola con*** ~ eine Pistole mit Schalldämpfer (*o* schallgedämpfte Pistole).
si|len|zio m. *(-zi)* **1a** *(assenza di rumore)* Stille *f.*, Ruhe *f.*: ***il ~ della notte, del bosco*** die Stille der Nacht, des Waldes; ***regnava il*** ~ es herrschte Stille; ~! Ruhe! **b** *(il tacere)* Schweigen *n.*, Stillschweigen *n.*: ***~ glaciale, profondo, imbarazzante, eloquente, opprimente*** eisiges, tiefes, verlegenes, beredtes, bedrückendes Schweigen; ***chiudersi nel*** ~ sich in Stillschweigen (*o* Schweigen) hüllen; ***ridurre, costringere qcn. al*** ~ jdn zum Schweigen bringen (*o* jdn mundtot machen); ***serbare, mantenere il ~ su qcs.*** über etw. Stillschweigen bewahren; ***rompere il*** ~ das Schweigen brechen; ***condannato al*** ~ zum Schweigen verurteilt **2** MIL. Zapfenstreich *m.*: ***suonare il*** ~ den Zapfenstreich blasen ◆ ***cadere nel*** ~ in Vergessenheit geraten; ***esigere il ~ assoluto*** absolutes Stillschweigen verlangen; ***fare*** ~ *(non fare rumore)* still sein; *(tacere)* schweigen; ***imporre il*** ~ Stillschweigen auf‿erlegen; ***in*** ~ (still)schweigend; ***sopportare qcs. in*** ~ etw. stillschweigend ertragen; ***soffrire, ascoltare in*** ~ (still)schweigend leiden, zu‿hören; ***minuto di*** ~ Schweigeminute *f.*; ***far osservare un minuto di*** ~ eine Schweigeminute ein‿legen; ***~ di morte*** Totenstille *f.*; ***passare qcs. sotto*** ~ etw. mit Stillschweigen übergehen; ***qcs. passa sotto*** ~ etw. wird stillschweigend übergangen; ***~ radio*** Funkstille *f.*; ***rimanere in*** ~ schweigen; ***~ stampa*** Nachrichtensperre *f.*; ***imporre, togliere il ~ stampa*** eine Nachrichtensperre verhängen, auf‿heben; ***stare in*** ~ *(non far rumore)* sich ruhig (*o* still) verhalten; *(tacere)* schweigen; ***~ di tomba*** Totenstille *f.* (*o* Grabesstille *f.*); ***c'era un ~ di tomba*** es war totenstill; PROV. ***la parola è d'argento, il ~ è d'oro*** Reden ist Silber, Schweigen ist Gold.
si|len|zio|sa|men|te avv. still, ruhig. **si|len|zio|si|tà** f. **1** Stille *f.*, Ruhe *f.* **2** *(assenza di rumore)* Geräuschlosigkeit *f.*, Lautlosigkeit *f.* ◆ ***~ di funzionamento*** Laufruhe *f.*
si|len|zio|so agg. **1** still, ruhig: ***valle, notte -a*** stilles Tal, stille Nacht; ***vicini -i*** stille Nachbarn **2** *(taciturno)* schweigend, schweigsam: ***la maggioranza -a*** die schweigende Mehrheit **3** *(che non fa rumore)* leise, geräuschlos, lautlos: ***apparecchio, motore*** ~ leises Gerät, leiser Motor; ***auto -a*** leises (*o* leise laufendes) Auto ◆ ***rimanere*** ~ schweigen.
sil|fi|de f. Sylphide *f.* (anche FIG.).
sil|fo m. Sylphe *m.*, Luftgeist *m.*
sil|houet|te [silw'ɛt] f.inv. **1** Silhouette *f.*: ***ritagliare una*** ~ eine Silhouette schneiden **2a** *(profilo)* Profil *n.* **b** *(linea snella)* schlanke Figur *f.*
si|li|ca|to m. Silikat *n.*, Silicat *n.* **si|li|ce** f. Kieselerde *f.* **si|li|ce|o** agg. Kiesel-, kieselig. **si|li|ci|co** agg. *(-ci,-che)* kieselsauer, Kiesel-: ***acido*** ~ Kieselsäure *f.* **si|li|cio** m. Silicium *n.*, Silizium *n.* **si|li|ciz|za|re I** tr. silifizieren, verkieseln **II** pronom. **silicizzarsi** verkieseln. **si|li|ciz|za|to** p.pass. agg. **1** → **silicizzare 2** verkieselt. **si|li|ciz|za|zio|ne** f. Silifikation *f.*, Verkieselung *f.* **si|li|co|ne** m. Silikon *n.*: ***protesi (mammaria) al*** ~ Brustprothese *f.* aus Silikon. **si|li|co|si** f. Silikose *f.*
si|li|qua f. Schote *f.*
si|li|qua|stro m. Judasbaum *m.*
sil|la|ba f. Silbe *f.*: ***dividere in -e*** in Silben trennen; ***~ aperta, chiusa, corta, lunga*** offene, geschlossene, kurze, lange Silbe; ***~ atona, tonica, con accento secondario*** unbetonte, betonte, nebentonige Silbe; ***l'accento cade sulla prima*** ~ der Akzent liegt auf der ersten Silbe ◆ ***non capire una*** ~ kein einziges Wort verstehen; ***di due, tre -e*** zweisilbig, dreisilbig; ***non dire una*** ~ kein Wort verlauten lassen; ***divisione in -e*** Silbentrennung *f.*; ***~ finale*** Endsilbe *f.*; ***~ iniziale*** Anfangssilbe *f.*; ***lunghezza della*** ~ Silbenlänge *f.*; ***~ radicale*** Stammsilbe *f.*
sil|la|ba|re tr. *(sillabo)* **1** *(scandire le sillabe)* die einzelnen Silben betonen **2** *(dividere in sillabe)* in Silben trennen **3** *(fare lo spelling)* buchstabieren.
sil|la|ba|rio m. *(-ri)* Abc-Buch *n.*, Fibel *f.*
sil|la|ba|zio|ne f. **1** *(lo scandire le sillabe)* Betonung *f.* der einzelnen Silben **2** *(divisione in sillabe)* Silbentrennung *f.* **3** *(spelling)* Buchstabieren *n.* **sil|la|bi|co** agg. *(-ci,-che)* **1** Silben-: ***scrittura, divisione -a*** Silbenschrift *f.*, Silbentrennung *f.*; ***cruciverba*** ~ Silbenrätsel *n.* **2** MUS. syllabisch.
sil|la|bo m. Syllabus *m.*
sil|lep|si, sil|les|si f.inv. Syllepsis *f.*
sil|lo|ge f. Sammlung *f.*
sil|lo|gi|smo m. **1** Syllogismus *m.* **2** ESTENS. *(ragionamento)* Schlussfolgerung *f.*, Überlegungen *pl.* **sil|lo|gi|sti|ca** f. Syllogistik *f.* **sil|lo|gi|sti|co** agg. *(-ci,-che)* syllogistisch. **sil|lo|giz|za|re** intr. (aus. *avere*) **1** Syllogismen an‿wenden, in Syllosgismen denken **2** *(cavillare)* spitzfindige Überlegungen an‿stellen.
si|lo m. *(-i/-s)* Silo *m.* e *n.*, Siloturm *m.* ◆ ***~ per cereali*** Getreidesilo *m.* e *n.*; ***~ per foraggio*** Futtersilo *m.* e *n.*
si|lo|fa|go agg. *(-gi)* ***insetto*** ~ Holzkäfer *m.*
si|lo|fo|ni|sta m. e f. *(-i,-e)* Xylophonist *m.* (-in *f.*). **si|lo|fo|no** m. Xylophon *n.*
si|lo|gra|fi|a f. **1** *(tecnica)* Holzschneidekunst *f.*, Xylographie *f.* **2** Holzschnitt *m.*, Xylographie *f.* **si|lo|gra|fi|co** agg. *(-ci,-che)* xylographisch. **si|lo|gra|fo** m. Xylograph *m.*
si|lo|lo|gi|a f. Holzwissenschaft *f.* **si|lo|lo|gi|co** agg. *(-ci,-che)* holzwissenschaftlich. **si|lo|lo|go** m. *(-gi)* Holzexperte *m.*
si|lo|me|tro m. Xylometer *n.*
si|los → **silo.**
si|lo|te|ca f. *(-che)* Holzmustersammlung *f.*
si|luet|ta → **silhouette.**
si|lu|ra|men|to m. **1** Torpedierung *f.* **2a** FIG. *(il far fallire)* Torpedierung *f.* **b** *(allontanamento)* Schassen *n.* **si|lu|ran|te** m. Torpedoboot *n.*
si|lu|ra|re tr. **1** torpedieren: ***~ una nave*** ein Schiff torpedieren **2a** FIG. *(far fallire)* torpedieren: ***~ un progetto, una proposta*** einen Plan, einen Vorschlag torpedieren **b** *(allontanare, scalzare)* schassen, ab‿sägen: ***~ il direttore, un generale*** den Direktor, einen General schassen.
si|lu|ria|no I agg. silurisch **II** m. Silur *n.* **si|lu|ri|co I** agg. *(-ci,-che)* silurisch **II** m. Silur *n.*
si|lu|ri|fi|cio m. *(-ci)* Torpedowerk *n.*, Torpedofabrik *f.* **si|lu|ri|for|me** agg. torpedoförmig. **si|lu|ri|sta** m. Torpeder *m.*
1.si|lu|ro m. Torpedo *m.*: ***lanciare un ~ contro qcs.*** einen Torpedo gegen etw. ab‿schießen ◆ ***~ aereo*** Lufttorpedo *m.*
2.si|lu|ro m. ITTIOL. Wels *m.*
sil|va|no agg. LETT. Wald-.
Sil|va|no n.pr.m. Silvan *m.*, Silvanus *m.*
sil|ve|stre agg. **1** Wald- **2** ESTENS. *(selvoso)* waldig, bewaldet **3** FIG. *(impervio)* unwegsam ◆ ***pino*** ~ Waldkiefer *f.* (*o* Föhre *f.*).
Sil|ve|stro n.pr.m. Silvester *m.*
sil|via f. **1** ORNIT. Grasmücke *f.* **2** BOT. Buschwindröschen *n.*
sil|vi|co|lo agg. Wald-, Forst-. **sil|vi|col|to|re** m. Forstwirtschaftler *m.* **sil|vi|col|tu|ra** f. Forstwirtschaft *f.*
Sil|vio n.pr.m. Silvius *m.*
sim. ⇒ *simili* dergleichen (dgl.).
1.si|ma f. ARCH. Sima *f.*
2.si|ma m. GEOL. Sima *n.*
sim|bi|on|te m. Symbiont *m.* **sim|bio|si** f.inv. Symbiose *f.*: ***vivere in*** ~ in Symbiose leben (anche FIG.). **sim|bio|ti|co** agg. *(-ci,-che)* symbiotisch (anche FIG.).
sim|bo|leg|gia|re tr. *(simboleggio, simboleggi)* symbolisieren, versinnbildlichen: ***la colomba simboleggia la pace*** die Taube symbolisiert den Frieden. **sim|bo|li|ca** f. Symbolik *f.* **sim|bo|li|ca|men|te** avv. symbolisch, sinnbildlich: ***rappresentare qcs.*** ~ etw. symbolisch dar‿stellen. **sim|bo|li|ci|tà** f. Symbolik *f.*, Sinnbildlichkeit *f.*
sim|bo|li|co agg. *(-ci,-che)* symbolisch, sinnbildlich: ***significato, gesto, prezzo, valore*** ~ symbolische Bedeutung, Geste, symbolischer Preis, Wert; ***protesta, rappresentazione -a*** symbolischer Protest, symbolische Darstellung; ***logica -a*** symbolische Logik ◆ ***carattere*** ~ Symbolcharakter *m.*; ***figura -a*** Symbolfigur *f.*
sim|bo|li|smo m. **1** Symbolik *f.*: ***~ religioso, medievale*** religiöse, mittelalterliche Symbolik; ***il ~ di una poesia, di un rito*** die Symbolik eines Gedichts, eines Ritus **2** ART. Symbolismus *m.* ◆ ***~ cromatico*** Farbensymbolik *f.* **sim|bo|li|sta** *(-i,-e)* **I** agg. symbolistisch **II** m. e f. Symbolist *m.* (-in *f.*). **sim|bo|li|sti|co** agg. *(-ci,-che)* symbolistisch.
sim|bo|liz|za|re → **simboleggiare. sim|bo|liz|za|zio|ne** f. Symbolisierung *f.*
sim|bo|lo m. **1** Symbol *n.*, Sinnbild *n.*, Wahrzeichen *n.*: ***~ cristiano, magico*** christliches, magisches Symbol; ***~ di pace, di speranza*** Symbol des Friedens, der Hoffnung; ***qcs. è ~ di qcs.*** etw. ist ein Symbol etw. (G), für etw.; ***la colomba è ~ di pace*** die Taube ist ein Symbol des Friedens **2** *(segno)* Symbol *n.*, Zeichen *n.*: ***~ matematico, chimico*** mathematisches, chemisches Zeichen **3** RELIG. Symbol *n.*, Glaubensbekenntnis *n.* ◆ ***~ apostolico*** Apostolikum *n.*; ***assurgere a*** ~ Symbolwert erhalten; ***~ cartografico*** Kartenzeichen *n.*; ***~ fallico*** Phallussymbol *n.* **sim|bo|lo|gi|a** f. Symbolik *f.*
Si|me|o|ne n.pr.m. Simeon *m.*
si|mi|la|re agg. ähnlich, gleichartig. **si|mi|la|ri|tà** f. Ähnlichkeit *f.*, Gleichartigkeit *f.*
si|mi|le I agg. **1** ähnlich (anche MAT.): ***i due corsi sono -i*** die beiden

Kurse sind ähnlich; ***ho già avuto un problema ~*** ich hatte schon mal ein ähnliches Problem **2** *(tale)* solch, derartig: ***con gente ~ non voglio avere niente a che fare*** mit solchen Leuten möchte ich nichts zu tun haben **II** m. **1** Artgenosse *m.*: ***i felini non attaccano i propri -i*** Wildkatzen greifen ihre Artgenossen nicht an **2** *(uomo)* Mitmensch *m.* **3** *(cosa simile)* Ähnliche *n.* ◆ ***chi poteva immaginare una cosa ~!*** wer hätte so etwas gedacht! ***il ~ cura il ~*** Ähnliches wird durch Ähnliches geheilt; ***...e -i*** und Ähnliches; ***i loro, miei -i*** ihresgleichen, meinesgleichen; ***qualcosa di ~*** etwas Ähnliches; ***qualcosa di ~ a...*** eine Art...; COLLOQ. ***non ho visto niente di ~*** so etwas habe ich noch nie gesehen.

si|mi|li|tu|di|ne f. **1** RET. Gleichnis *n.* **2** *(somiglianza)* Ähnlichkeit *f.* (anche MAT.). **si|mil|men|te** avv. ähnlich.

si|mi|lo|ro m. Schaumgold *n.* **si|mil|pel|le** m. Kunstleder *n.*

sim|me|tri|a f. Symmetrie *f.* ◆ ***asse di ~*** Symmetrieachse *f.*; ***~ assiale*** Achsensymmetrie *f.*; ***piano di ~*** Symmetrieebene *f.*; ***~ radiale, raggiata*** Radialsymmetrie *f.* **sim|me|tri|ca|men|te** avv. symmetrisch. **sim|me|tri|co** agg. *(-ci,-che)* symmetrisch.

Si|mo|na n.pr.f. Simone *f.* **Si|mo|ne** n.pr.m. Simon *m.*

si|mo|ni|a f. Simonie *f.* **si|mo|ni|a|co I** agg. *(-ci,-che)* simonisch, simonistisch **II** m. *(-ci)* Ämterschacherer *m.*, Simonist *m.*

sim|pa|te|ti|co agg. *(-ci,-che)* sympathetisch.

sim|pa|ti|a f. **1** Sympathie *f.*, Zuneigung *f.*: ***accattivarsi, ricambiare la ~ di qcn.*** jds Sympathie gewinnen, erwidern; ***incontrare la ~ di qcn.*** jds (volle) Sympathie haben; ***giocarsi la ~ di qcn.*** sich alle Sympathien bei jdm verscherzen; ***provare, avere (una) ~ per qcn.*** jdn sympathisch finden (*o* Sympathie für jdn empfinden) **2** MED. PSIC. SOCIOL. FILOS. Sympathie *f.* ◆ ***prendere qcn. in ~*** jdn lieb gewinnen; ***guadagnarsi le -e di qcn.*** jdn für sich ein‿nehmen; ***andare a ~, -e*** seine Lieblinge haben.

1.sim|pa|ti|co I agg. *(-ci,-che)* **1** sympathisch: ***trovare qcn. ~*** jdn sympathisch finden; ***essere ~ a qcn.*** jdm sympathisch sein **2** *(piacevole, gradevole)* nett: ***una -a serata*** ein netter Abend; ***un locale ~*** ein nettes Lokal **II** m. *(-ci)* sympathischer Mensch *m.* ◆ ***inchiostro ~*** Geheimtinte *f.*, unsichtbare Tinte.

2.sim|pa|ti|co MED. **I** agg. *(-ci,-che)* ***sistema nervoso ~*** sympathisches Nervensystem (*o* Sympathikus *m.*) **II** m. Sympathikus *m.* ◆ ***nervo del gran ~*** Lebensnerv *m.*

sim|pa|ti|co|ne m. lustiger Mensch *m.*

sim|pa|tiz|zan|te m. e f. Sympathisant *m.* (-in *f.*): ***essere un ~ di qcs.*** ein Sympathisant von etw. sein. **sim|pa|tiz|za|re** intr. (aus. *avere*) **1** sympathisieren, sich verstehen: ***~ con i nuovi colleghi*** mit den neuen Kollegen sympathisieren **2** POL. sympathisieren: ***~ per qcs.*** mit etw. sympathisieren.

Sim|pli|cio n.pr.m. Simplicius *m.* ◆ ***~ Simplicissimo*** Simplizius Simplizissimus.

sim|po|sio m. *(-si)* Symposion *n.*, Symposium *n.*, Kolloquium *n.*, Colloquium *n.*

si|mu|la|cro m. **1** Götterbild *n.* **2** FIG. Trugbild *n.*, Scheinbild *n.*

si|mu|la|re tr. *(simulo)* **1** vor‿täuschen, vor‿spiegeln, heucheln, fingieren, simulieren: ***~ interesse*** Interesse heucheln; ***~ un furto*** einen Diebstahl vortäuschen (*o* vorspiegeln) **2** *(imitare)* nach‿ahmen **3** TECN. simulieren. **si|mu|la|to** p.pass. agg. **1** → **simulare 2** vorgetäuscht, vorgespiegelt, geheuchelt **2** *(imitato)* nachgeahmt **3** TECN. simuliert.

si|mu|la|to|re m. **1a** Heuchler *m.* **b** *(di malattie)* Simulant *m.* **2** TECN. Simulator *m.* ◆ ***~ di volo*** Flugsimulator *m.*

si|mu|la|zio|ne f. **1** Vortäuschung *f.*, Vorspiegelung *f.*, Heuchelei *f.* **2** *(imitazione)* Nachahmung *f.* **3** DIR. Vortäuschung *f.* **4** TECN. Simulation *f.* ◆ ***~ al computer*** Computersimulation *f.*; ***~ bellica*** Kriegsspiel *n.*, Planspiel *n.*

si|mul|ta|ne|a|men|te avv. gleichzeitig, simultan, zeitgleich; ***~ a qcs.*** mit etw. gleichzeitig. **si|mul|ta|ne|i|sta** m. e f. *(-i,-e)* **1** *(interprete)* Simultandolmetscher *m.* (-in *f.*) **2** *(scacchista impegnato in più gare)* Simultanspieler *m.* (-in *f.*). **si|mul|ta|nei|tà** f. Gleichzeitigkeit *f.*, Simultaneität *f.*

si|mul|ta|ne|o agg. gleichzeitig, simultan ◆ ***azione -a*** Simultaneität *f.*; ***in ~*** gleichzeitig (*o* simultan); ***interpretazione, traduzione -a*** Simultandolmetschen *n.*; ***traduttore ~*** Simultandolmetscher *m.*

si|na|go|ga f. *(-ghe)* Synagoge *f.*

Si|nai n.pr.m. Sinai *m.* ◆ ***monte ~*** Sinaigebirge *n.*; ***penisola del ~*** Sinaihalbinsel *f.*

si|na|le|fe f. Synalöphe *f.*

si|na|psi f.inv. Synapse *f.*

si|nar|tro|si f.inv. Synarthrose *f.*

sin|car|pio m. *(-pi)* Sammelfrucht *f.*

sin|ce|ra|men|te avv. **1** ehrlich, aufrichtig **2** *(francamente)* ehrlich gesagt: ***~ non so cosa pensare*** ehrlich gesagt, weiß ich nicht, was ich denken soll **3** *(di cuore)* herzlich **4** *(sentitamente)* innig. **sin|ce|ra|re I** tr. überzeugen **II** pronom. **sincerarsi** sich vergewissern: ***-rsi di qcs.*** sich etw. (G) vergewissern. **sin|ce|ri|tà** f. Ehrlichkeit *f.*, Aufrichtigkeit *f.* ◆ ***mancanza di ~*** Unaufrichtigkeit *f.*, Unehrlichkeit *f.* **sin|ce|ro** agg. **1** ehrlich, aufrichtig: ***una persona -a*** ein ehrlicher Mensch; ***un amico ~*** ein aufrichtiger Freund **2** *(cordiale)* aufrichtig, herzlich: ***~ cordoglio*** aufrichtiges Beileid; ***-i auguri di buon compleanno!*** herzliche Glückwünsche zum Geburtstag! **3** *(sentito)* innig ◆ ***poco ~*** unaufrichtig; ***i più -i ringraziamenti!*** verbindlichen Dank! ***siamo -i!*** Hand aufs Herz!

sin|ché cong. → **finché.**

sin|cli|na|le f. Mulde *f.*, Synklinale *f.*

sin|co|pa|re tr. *(sincopo)* synkopieren. **sin|co|pa|to** p.pass. agg. **1** → **sincopare 2** synkopiert. **sin|co|pe** f. Synkope *f.*

sin|cre|ti|smo m. Synkretismus *m.* **sin|cre|ti|sti|co** agg. *(-ci,-che)* synkretistisch.

sin|cro|ni|a f. **1** Gleichzeitigkeit *f.* **2** LING. Synchronie *f.* ◆ ***in ~*** gleichzeitig (*o* synchron); ***mettere in ~*** synchronisieren. **sin|cro|ni|co** agg. *(-ci,-che)* **1** gleichzeitig, synchron **2** LING. synchron, synchronisch: ***linguistica -a*** synchronische Sprachwissenschaft. **sin|cro|ni|smo** m. **1** Gleichzeitigkeit *f.* **2** TECN. Synchronismus *m.*, Gleichlauf *m.*, Gleichläufigkeit *f.* **3** CINEM. Lippensynchronisation *f.* ◆ ***~ audio-video*** Lippensynchronisation *f.* **sin|cro|ni|sti|co** agg. *(-ci,-che)* synchronistisch.

sin|cro|niz|za|re I tr. synchronisieren **II** pronom. **sincronizzarsi 1** synchron werden, Synchronie erreichen **2** FIG. *(procedere all'unisono)* sich in Einklang bringen. **sin|cro|niz|za|to** p.pass. agg. **1** → **sincronizzare 2** synchronisiert **3** CINEM. lippensynchron ◆ ***cambio ~, marce -e*** Synchrongetriebe *n.*; ***nuoto ~*** Synchronschwimmen *n.*; ***semafori -i*** grüne Welle. **sin|cro|niz|za|to|re I** m. **1** Synchronisiereinrichtung *f.* **2** AUT. Synchronisierung *f.* **II** agg. ELETTRON. ***impulso ~*** Trabant *m.* **sin|cro|niz|za|zio|ne** f. Synchronisierung *f.*

sin|cro|no agg. synchron, gleichzeitig, gleichläufig: ***movimenti -i*** synchrone Bewegungen.

sin|cro|tro|ne m. Synchrotron *n.*

sin|da|ca|bi|le agg. anfechtbar, bestreitbar.

1.sin|da|ca|le agg. gewerkschaftlich, Gewerkschafts-: ***libertà, unità ~*** gewerkschaftliche Freiheit, Einheit; ***attività, movimento ~*** Gewerkschaftsarbeit *f.*, Gewerkschaftsbewegung *f.*; ***lotte -i*** Gewerkschaftskämpfe *pl.*; ***apparato, confederazione ~*** Gewerkschaftsapparat *m.*, Gewerkschaftsbund *m.*; ***assemblea, riunione ~*** Gewerkschaftsversammlung *f.*, Gewerkschaftssitzung *f.*; ***delegato, dirigente, leader, segretario ~*** Gewerkschaftsvertreter *m.*, Gewerkschaftsvorsitzende *m.*, Gewerkschaftsführer *m.*, Gewerkschaftssekretär *m.* ◆ ***rappresentante ~*** Vertrauensmann *m.*; ***tregua ~*** Arbeitsfrieden *m.*

2.sin|da|ca|le agg. **1** *(del sindaco)* Bürgermeister-: ***ordinanza ~*** Anordnung *f.* des Bürgermeisters **2** ECON. ***collegio ~*** *(di società)* Aufsichtsrat *m.*

sin|da|ca|li|smo m. Gewerkschaftsbewegung *f.*, Syndikalismus *m.*, Gewerkschaftswesen *n.* **sin|da|ca|li|sta** m. e f. *(-i,-e)* Gewerkschaft(l)er *m.* (-in *f.*). **sin|da|ca|liz|za|re I** intr. (aus. *avere*) Gewerkschaftsarbeit leisten **II** tr. *(organizzare in sindacato)* gewerkschaftlich organisieren: ***~ una categoria*** eine Berufsgruppe gewerkschaftlich organisieren **III** pronom. **sindacalizzarsi** gewerkschaftliches Bewusstsein erlangen. **sin|da|ca|liz|za|zio|ne** f. gewerkschaftliche Organisation *f.* **sin|da|cal|men|te** avv. gewerkschaftlich.

sin|da|ca|re tr. *(sindaco, sindachi)* **1** AMM. überprüfen **2** *(criticare)* an‿fechten, bestreiten, kritisieren.

1.sin|da|ca|to m. **1** Gewerkschaft *f.*: ***iscriversi al ~*** in eine Gewerkschaft ein‿treten **2** ECON. Syndikat *n.* ◆ ***-i autonomi*** autonome Gewerkschaften; ***~ bianco*** katholische Gewerkschaft; ***~ del crimine*** Verbrechersyndikat *n.*; ***~ degli imprenditori*** Unternehmerverband *m.*; ***iscritto al ~*** Gewerkschaftsmitglied *n.*; ***~ dei lavoratori*** Arbeitergewerkschaft *f.*; ***-i liberi*** freie Gewerkschaften; ***membro del ~*** Gewerkschaftsmitglied *n.*; ***organizzato in ~*** gewerkschaftlich organisiert; ***~ di polizia*** Polizeigewerkschaft *f.*; ***sede del ~*** Gewerkschaftshaus *n.*; ***~ unitario*** Einheitsgewerkschaft *f.*

2.sin|da|ca|to I p.pass. agg. **1** → **sindacare 2** AMM. überprüft **II** m. AMM. Überprüfung *f.*

sin|da|co m. *(-ci)* **1** Bürgermeister *m.*: ***eleggere qcn. ~*** jdn zum Bürgermeister wählen **2** *(di società)* Aufsichtsrat *m.* ◆ ***collegio di -ci*** Aufsichtsrat *m.*

sin|do|ne f. Leichentuch *n.*, Grabtuch *n.* ◆ ***la Sacra Sindone*** das Leichentuch Christi (*o* das Grabtuch Christi).

sin|dro|me f. Syndrom *n.* ◆ ***~ di Down*** Downsyndrom *n.*; ***~ da immunodeficienza acquisita*** erworbenes Immunschwächesyndrom.

si|ne|cu|ra f. Sinekure *f.*
si|ned|do|che f. Synekdoche *f.*
si|ne di|e avv. ***rimandare, rinviare qcs.*** ~ etw. auf unbestimmte Zeit vertagen.
si|ne|drio m. *(-dri)* **1** *(presso i greci)* Synedrion *n.* **2** *(presso gli ebrei)* Synedrium *n.*, Sanhedrin *n.*, Hoher Rat *m.*
sine qua non, ***conditio*** ~ Conditio sine qua non *f.*, unerlässliche Voraussetzung *f.*
si|ne|re|si f.inv. Synärese *f.*
si|ner|gi|a f. Synergie *f.* (anche ESTENS.). **si|ner|gi|co** agg. *(-ci,-che)* synergetisch. **si|ner|gi|smo** m. Synergismus *m.*
si|ne|ste|si|a f. Synästhesie *f.*
sin|fi|si f.inv. Symphyse *f.* ◆ ~ ***pubica*** Schambeinfuge *f.*
sin|fo|ni|a f. **1** Sinfonie *f.*, Symphonie *f.*: ***suonare, dirigere, comporre una*** ~ eine Sinfonie spielen, dirigieren, komponieren; ***la nona*** ~ ***di Beethoven*** die neunte Symphonie von Beethoven **2** FIG. Sinfonie *f.*, Zusammenspiel *n.* ◆ ***una*** ~ ***di colori*** Farbensinfonie *f.*; ~ ***pastorale*** Pastoralsinfonie *f.*
sin|fo|ni|co agg. *(-ci,-che)* symphonisch, sinfonisch: ***musica -a*** symphonische Musik; ***poema*** ~ sinfonische Dichtung ◆ ***concerto*** ~ Symphoniekonzert *n.*; ***orchestra -a*** Sinfonieorchester *n.*; ***Orchestra -a di Vienna*** Wiener Symphoniker *pl.* **sin|fo|ni|smo** m. Sinfonismus *m.*
sin|ga|le|se I agg. singhalesisch **II** m. e f. Singhalese *m.* (Singhalesin *f.*) **III** m. *(lingua)* Singhalesisch(e) *n.*
Sin|ga|po|re n.pr.f. Singapur *n.*
sin|ghioz|za|re intr. (aus. *avere*) **1** *(avere il singhiozzo)* den Schlucken (*o* Schluckauf) haben, schlucksen **2** *(piangendo)* auf‿schluchzen, schluchzen **3** FIG. *(procedere a sbalzi)* sprunghaft vorwärts‿gehen. **sin|ghioz|zo** m. **1** Schlucken *m.*, Schluckser *m.*, Schluckauf *m.*: ***avere il*** ~ schlucksen, den Schlucken (*o* Schluckauf) haben **2** *(piangendo)* Schluchzer *m.*: ***scoppiare in -i*** in Schluchzen aus‿brechen; ***frenare i -i*** das Schluchzen zurück‿halten ◆ ***a*** ~ sprungweise (*o* sprunghaft, stoßweise); ***voce rotta dai -i*** schluchzende Stimme; ***sciopero a*** ~ = kein durchgehender Streik.
single ['siŋgəl] m. e f.inv. Single *m.*: ***essere (un)*** ~ ein Single sein.
sin|go|la|re I agg. **1** singulär **2a** *(insolito, strano)* eigenartig, ungewöhnlich, merkwürdig: ***un tipo*** ~ ein ungewöhnlicher Typ; ***una storia*** ~ eine ungewöhnliche Geschichte; ***trovare qcs.*** ~ etw. merkwürdig finden **b** *(straordinario)* außergewöhnlich: ***una donna di*** ~ ***bellezza*** eine Frau von außergewöhnlicher Schönheit **c** *(unico)* einzigartig, einmalig; ***in modo*** ~ einzigartig **II** m. **1** GRAMM. Singular *m.*, Einzahl *f.*: ***al*** ~ im Singular; ***terza persona*** ~ dritte Person Singular; ***mettere qcs. al*** ~ etw. in den Singular setzen **2** SPORT Einzelspiel *n.*, Einzel *n.* ◆ ~ ***femminile*** Dameneinzel *n.*; ~ ***maschile*** Herreneinzel *n.*; ***sfidare qcn. a singolar tenzone*** jdn zum Zweikampf heraus‿fordern.
sin|go|la|ri|tà f.inv. **1a** *(stranezza)* Merkwürdigkeit *f.*, Eigenart *f.*, Eigenartigkeit *f.* **b** *(particolarità)* Besonderheit *f.* **c** *(unicità)* Einzigkeit *f.*, Einzigartigkeit *f.*, Einmaligkeit *f.* **2** MAT. Singularität *f.*
sin|go|lar|men|te avv. **1** einzeln: ***considerare i fatti*** ~ die Fakten einzeln betrachten; ***non vendibile*** ~ nicht einzeln verkäuflich **2a** *(insolitamente)* merkwürdig, außergewöhnlich **b** *(stranamente)* eigenartig, sonderbar **3** *(particolarmente)* ausgesprochen.
sin|go|lo I agg. **1** einzeln, Einzel-: ***le -e parti di un motore*** die einzelnen Teile eines Motors; ***ogni -a persona*** jede einzelne Person; ***rispondere a ogni -a domanda*** jede Frage einzeln beantworten; ***considerare i -i casi*** die Einzelfälle berücksichtigen **2** *(unico)* einfach, einzeln, Einzel-: ***in copia -a*** in einfacher Ausfertigung *f.* **3** *(per una persona)* Einzel-, Einmann- **II** m. **1** Einzelne *m.*, Einzelperson *f.*: ***i diritti, gli interessi del*** ~ die Rechte, die Interessen des Einzelnen **2** TEL. Einzelanschluss *m.* **3** SPORT Einzel *n.*, Einzelspiel *n.* ◆ ***cabina -a*** Einmannkabine *f.*, Einzelkabine *f.*; ***camera -a*** Einzelzimmer *n.*; ***comando*** ~ Einzelantrieb *m.*; ***elemento*** ~ Einzelelement *n.*; ~ ***femminile*** Dameneinzel *n.*; ~ ***individuo*** Einzelwesen *n.*; ***letto*** ~ Einzelbett *n.*; ~ ***maschile*** Herreneinzel *n.*; ***-a persona*** Einzelperson *f.*; ***scompartimento*** ~ Einzelabteil *n.*
sin|gul|to m. **1** *(singhiozzo)* Schlucken *n.*, Schluckser *m.*, Schluckauf *m.*: ***avere il*** ~ (den) Schluckauf haben (*o* schlucksen) **2** *(piangendo)* Schluchzer *m.*
si|ni|scal|co m. *(-chi)* Seneschall *m.*
si|nist, si|ni|str avv. MIL. links ◆ ***attenti a*** ~! Augen links! ***fianco*** ~! linksum kehrt! ***fianco*** ~, ~! links um! ***fronte a*** ~! Augen links; ~, ***destr, passo!*** links, rechts, marsch!
si|ni|stra f. **1** Linke *f.*: ***sedere alla*** ~ ***di qcn.*** zu jds Linken sitzen **2** *(mano)* linke Hand *f.*: ***tenere qcs. nella*** ~ etw. in der linken Hand halten **3** POL. Linke *f.*: ***la*** ~ ***progressista, rivoluzionaria, riformista, moderata*** ~ die progressive, revolutionäre, reformistische, gemäßigte Linke; ***l'estrema, la nuova*** ~ die äußerste (*o* radikale), neue Linke; ***i rappresentanti della*** ~ die Vertreter der Linken; ***la*** ~ ***extraparlamentare*** die außerparlamentarische Linke; ***militante di, della*** ~ Aktivist der Linken; COLLOQ. ***uno di*** ~ ein Linker ◆ ***a*** ~ links, zur Linken, linker Hand; *(moto a luogo)* nach links; ***in alto, in basso a*** ~ links oben, unten; ***svoltare a*** ~ nach links ab‿biegen; ***a*** ~ ***della finestra*** links vom Fenster; ***alla tua*** ~ links von dir, auf deiner Linken; ***la prossima strada a*** ~ die nächste Straße links; TIP. ***allineamento a*** ~ Linksbündigkeit *f.*; ***cattolico di*** ~ Linkskatholik *m.*; ***cercare a destra e a*** ~ überall suchen; ***circolazione a*** ~ Linksverkehr *m.*, Linkssteuerung *f.*; ***scrivere, suonare con la*** ~ linkshändig (*o* mit der linken Hand) schreiben, spielen; ***curva a*** ~ Linkskurve *f.*; ***da, dalla*** ~ von links; ***scrivere da*** ~ ***a destra*** von links nach rechts schreiben; ***di*** ~ link, Links- (*o* links stehend, linksorientiert, linkseingestellt); ***giornale, coalizione, governo di*** ~ linke Zeitung, Koalition, Regierung; ***terrorista di*** ~ linker Terrorist; ***essere di*** ~ politisch links (*o* linksorientiert) sein; ***di estrema*** ~ linksradikal; ***estremista di*** ~ Linksextremist *m.*, Linksradikale *m.*; ***auto con guida a*** ~ Auto *n.* mit Linkssteuerung; ***intellettuale di*** ~ Linksintellektuelle *m.*; ***liberale di*** ~ linksliberal; ***partito di*** ~ Linkspartei *f.*; ***sulla*** ~ linkerseits, auf der linken Seite, linker Hand: ***il negozio è sulla*** ~ ***della strada*** das Geschäft ist auf der linken Seite der Straße; ***svolta a*** ~ Linkswendung *f.*; POL. Linkskurs *m.*; *(incremento dei voti della sinistra)* Linksruck *m.*; ***tenere la*** ~ sich links halten; ***girare qcs. verso*** ~ etw. linksherum drehen; ***viaggiare a*** ~ links fahren.
si|ni|stra|men|te avv. **1** finster, düster **2** *(infaustamente)* unheilvoll.
si|ni|stra|re tr. **1** *(rovinare)* schädigen, Schaden an‿richten **2** *(colpire)* betreffen: ***l'alluvione ha sinistrato più città*** die Überschwemmung hat mehrere Städte betroffen.
si|ni|stra|to I p.pass. agg. **1** → **sinistrare II** m. Geschädigte *m.* ◆ ~ ***da bombardamento*** Bombengeschädigte *m.*; COLLOQ. Ausgebombte *m.*; ~ ***di guerra*** Kriegsgeschädigte *m.*; ~ ***dall'incendio*** Brandgeschädigte *m.*; COLLOQ. Abgebrannte *m.*; ***zona -a*** Notstandsgebiet *m.*
si|ni|stre|se m. = Jargon *m.* der Linken.
si|ni|stro I agg. **1** link: ***mano -a*** linke Hand; ***sul lato*** ~ auf der linken Seite, linksseitig **2** *(infausto)* unheilvoll, unheimlich: ***luogo*** ~ unheimlicher Ort; ***un*** ~ ***presagio*** ein unheilvolles Vorzeichen **3** *(di persona)* finster, düster: ***un tipo*** ~ ein finsterer Typ; ***sguardo*** ~ finsterer Blick; ***avere un aspetto*** ~ finster aus‿sehen **II** m. **1** *(incidente)* Schaden *m.*, Unfall *m.*; BUROCR. Versicherungsfall *m.* **2** *(nella boxe)* Linke *f.*: ***colpire qcn. con un*** ~ jdn mit einer Linken treffen **3a** *(nel calcio)* linker Fuß *m.*: ***colpire la palla di*** ~, ***calciare di, col*** ~ mit dem linken Fuß schießen **b** *(tiro)* ***un*** ~ ***imprendibile*** ein unhaltbarer Schuss mit dem linken Fuß ◆ ***ala -a*** linker Flügel (anche POL.); SPORT Linksaußen *m.*; ***assicurazione contro i -i*** Unfallversicherung *f.*; ***in caso di*** ~ im Schadensfall; ~ ***marittimo*** Seeunfall *m.*; DIR. ***rapporto di, del*** ~ Schadensbericht *m.*; FIS. ***regola della mano -a*** Linkehandregel *f.*; ***terzino*** ~ linker Verteidiger.
si|ni|stro|gi|ro agg. linksdrehend, linksläufig.
si|ni|stroi|de I agg. linksorientiert, links stehend, links angehaucht **II** m. e f. Linksorientierte *m.* e *f.*, Linksstehende *m.* e *f.*
si|ni|stror|so I agg. **1** linksdrehend, linksgängig, linksläufig (anche CHIM. FIS.): ***vite -a*** linksgängige Schraube; ***scrittura -a*** linksläufige Schrift **2** SPREG. linksorientiert **II** m. Linksorientierte *m.* ◆ ***rotazione -a*** Linksdrehung *f.*
si|no prep. e avv. → **fino.**
si|no|da|le agg. synodal. **si|no|di|co** agg. *(-ci,-che)* synodisch: ***rivoluzione -a*** synodische Umlaufzeit.
si|no|do m. Synode *f.*, Synodenversammlung *f.* ◆ ~ ***diocesano*** Diözesansynode *f.*; ~ ***episcopale*** Bischofssynode *f.*; ~ ***evangelico*** Generalsynode *f.*; *(nella chiesa russa)* ***Santo Sinodo*** Heiliger Synod.
si|no|lo|gi|a f. Sinologie *f.* **si|no|lo|gi|co** agg. *(-ci,-che)* sinologisch. **si|no|lo|go** m. *(-gi)* Sinologe *m.*
si|no|ni|mi|a f. **1** Synonymie *f.*, Sinnesverwandtschaft *f.* **2** *(sinonimo)* Synonym *n.* **si|no|ni|mi|co** agg. *(-ci,-che)* **1** synonym, sinnverwandt: ***coppia -a*** synonymes Wortpaar **2** *(di sinonimia)* synonymisch.
si|no|ni|mo I agg. synonym, sinnverwandt: ***parole -e*** synonyme Wörter **II** m. Synonym *n.*, sinnverwandtes Wort *n.*: ***essere*** ~ ***di qcs.*** Synonym für etw. sein (*o* als Synonym für etw. gelten); FIG. ***diventare*** ~ ***di qcs.*** zum Synonym für etw. werden; ***qcs. è*** ~ ***di qcs.*** etw. ist ein anderes Wort (*o* ein Synonym) für etw. ◆ ***dizionario dei -i*** Synonymwörterbuch *n.*
si|no|pia f. Sinopie *f.*
si|no|psi f.inv. Exposé *n.*
si|no|ra avv. → **finora.**

si|no|s|si f.inv. **1** Synopse *f.*, Synopsis *f.*: ~ ***evangelica, dei quattro vangeli*** Synopse (*o* Synopsis) der Evangelien. **si|not|ti|co** *(-ci, -che)* agg. synoptisch, Übersichts-: ***carta, tavola -a*** Übersichtskarte *f.*, Übersichtstafel *f.*; ***vangeli -ci*** synoptische Evangelien.
si|no|via f. Synovia *f.*, Gelenkschmiere *f.* **si|no|via|le** agg. ***borsa*** ~ Schleimbeutel *m.*; ***liquido*** ~ Gelenkschmiere *f.* **si|no|vi|te** f. Gelenkhautentzündung *f.*
sin|tag|ma m. Syntagma *n.* ◆ ~ ***lessicale*** Wortverbindung *f.* **sin|tag|ma|ti|co** agg. *(-ci,-che)* syntagmatisch.
sin|tan|to|ché cong. → **fintantoché.**
sin|tas|si f.inv. **1** Syntax *f.*, Satzlehre *f.* **2** *(manuale)* Grammatik *f.* **3** *(struttura di frase)* Satzbau *m.*, Satzgefüge *n.*, Satzbildung *f.*: ~ ***scorretta, incerta*** unkorrekter, unsicherer Satzbau **4** FIG. Gefüge *n.*, Aufbau *m.*: ~ ***architettonica*** architektonisches Gefüge ◆ ***errore di*** ~ Syntaxfehler *m.* (*o* syntaktischer Fehler); ~ ***del periodo*** Syntax *f.* **sin|tat|ti|ca|men|te** avv. syntaktisch.
sin|tat|ti|co agg. *(-ci,-che)* syntaktisch, Syntax-: ***strutture -e*** syntaktische Strukturen ◆ ***gruppo*** ~ Kette *f.*; ***modello*** ~ Satzbauplan *m.*; ***regole -che*** Syntaxregeln *pl.* (*o* syntaktische Regeln); ***nucleo ~-semantico*** Satzkern *m.*
sin|te|ra|to agg. gesintert; ***metallo*** ~ Sintermetall *n.* **sin|te|ra|zio|ne** f. Sinterung *f.*, Sintern *n.* **sin|te|riz|za|re** tr. sintern. **sin|te|riz|za|to** p.pass. agg. **1** → **sinterizzare 2** Sinter-, gesintert: ***metallo*** ~ Sintermetall *n.*; ***vetro*** ~ Sinterglas *n.* **sin|te|riz|za|zio|ne** f. Sinterung *f.*, Sintern *n.*
sin|te|si f.inv. **1** Synthese *f.* (anche FILOS.) **2a** *(riassunto)* Zusammenfassung *f.*: ***fare la ~ di un articolo*** die Zusammenfassung eines Artikels geben (*o* einen Artikel zusammen‿fassen) **b** *(essenza, risultato)* Fazit *n.* **3** CHIM. FIS. Synthese *f.*, Aufbau *m.*: ~ ***enzimatica*** enzymatische Synthese ◆ ***capacità di*** ~ Fähigkeit *f.*, sich kurz zu fassen; ~ ***clorofilliana*** Photosynthese *f.*, Synthese des Chlorophylls; ***in*** ~ zusammenfassend; *(in poche parole)* in wenigen Worten (*o* kurz); ***in ~ non è cambiato niente*** um es kurz zu sagen, nichts hat sich geändert; FILOS. ~ ***a priori*** synthetisches Urteil a priori; ***prodotto di*** ~ Syntheseprodukt *n.*; ~ ***delle proteine*** Proteinbiosynthese *f.*
sin|te|ti|ca|men|te avv. **1** synthetisch, knapp, zusammenfassend, kurz gefasst: ***riassumere*** ~ knapp zusammen‿fassen **2** CHIM. synthetisch: ***produrre qcs.*** ~ etw. synthetisch erzeugen.
sin|te|ti|co agg. *(-ci,-che)* **1** synthetisch, knapp: ***un riassunto*** ~ eine knappe Zusammenfassung; ***avere un'intelligenza -a*** einen synthetischen Verstand haben **2** *(artificiale)* Kunst-, künstlich, synthetisch: ***gemma -a*** künstlicher Edelstein; ***tessuto*** ~ synthetisches Gewebe; ***ghiaccio*** ~ künstliches Eis; ***gomma -a*** synthetischer Kautschuk **3** LING. FILOS. MAT. synthetisch: ***lingue -che*** synthetische Sprachen; ***geometria -a*** synthetische Geometrie; ***giudizio*** ~ synthetisches Urteil ◆ ***budello*** ~ Kunstdarm *m.*; ***fibre -che*** Chemiefasern, Kunstfasern, Synthesefasern (*o* Synthetics) *pl.*; ***prato*** ~ Kunststoffrasen *m.*; ***resina -a*** Kunstharz *n.*; ***rivestimento*** ~ Kunststoffbeschichtung *f.*; ***seta -a*** Kunstseide *f.*
sin|te|tiz|za|re tr. **1a** zusammen‿fassen: ~ ***un discorso*** eine Rede zusammenfassen **b** ~ ***il risultato di qcs.*** das Fazit aus etw. ziehen **2a** assol. *(riassumere)* eine Zusammenfassung geben **b** *(essere conciso)* sich kurz fassen: ***cerca di*** ~ versuch dich kurz zu fassen **3** CHIM. BIOL. synthetisieren. **sin|te|tiz|za|to|re** m. Sinthesizer *m.* **sin|te|tiz|za|zio|ne** f. **1** Zusammenfassung *f.* **2** CHIM. BIOL. Synthetisierung *f.*
sin|to|ma|ti|co agg. *(-ci,-che)* symptomatisch: ***terapia -a*** symptomatische Behandlung; ***un caso*** ~ ein symptomatischer Fall; ***febbre -a*** symptomatisches Fieber; ~ ***di qcs.*** für etw. symptomatisch ◆ ***carbonchio*** ~ Rauschbrand *m.* **sin|to|ma|to|lo|gi|a** f. **1** Symptomatologie *f.*, Symptomatik *f.* **2** *(sintomi)* Symptome *pl.*, Symptomenkomplex *m.*
sin|to|mo m. **1** MED. Symptom *n.*, Anzeichen *n.*, Erscheinung *f.*: ***avere tutti i -i di una malattia*** alle Symptome einer Krankheit haben; ***i primi -i*** die ersten Anzeichen **2** ESTENS. Symptom *n.*, Zeichen *n.*, Anzeichen *n.*: ***essere ~ di qcs.*** Symptom etw. (G) (*o* für etw.) sein; ***un ~ di crisi*** ein Anzeichen für eine Krise ◆ ~ ***di avvelenamento*** Vergiftungserscheinung *f.*; ***complesso di -i*** Symptomenkomplex *m.*; ~ ***precoce*** Frühsymptom *n.*; ~ ***prodromico*** Prodromalsymptom *n.*
sin|to|ni|a f. **1a** FIS. Synchronismus *m.* **b** RAD. Abstimmung *f.*, Einstellung *f.* **2** FIG. *(armonia)* Einklang *m.*, Syntonie *f.*: ***essere in ~ con qcn.*** mit jdm im (*o* in) Einklang stehen ◆ ***circuito di*** ~ Abstimmkreis *m.*; ~ ***fine*** Scharfabstimmung *f.*; RAD. ***fuori*** ~ verstimmt; RAD. ***in*** ~ abgestimmt; ***manopola di*** ~ Abstimmknopf *m.*, Einstellknopf *m.*; RAD. ***mettere in*** ~ ab‿stimmen; ***scala di*** ~ Einstellskala *f.* **sin|to|ni|co** agg. *(-ci,-che)* abgestimmt, eingestellt.
sin|to|niz|za|re I tr. **1** ein‿stellen, ab‿stimmen: ~ ***la radio su una stazione*** das Radio auf einen Sender einstellen **2** FIG. in Einklang bringen **II** pronom. **sintonizzarsi 1** RAD. das Empfangsgerät ein‿stellen, ein‿schalten: ***-rsi su un canale*** das Empfangsgerät auf einen Sender einstellen **2** FIG. ***-rsi con qcn.*** Einklang mit jdm her‿stellen. **sin|to|niz|za|to|re** m. Abstimmapparat *m.*, Tuner *m.*; ~ ***manuale*** Handabstimmer *m.* **sin|to|niz|za|zio|ne** f. Abstimmung *f.*, Einstellung *f.*
si|nuo|si|tà f. Gewundenheit *f.*, Windung *f.* **si|nuo|so** agg. **1** gewunden (anche FIG.): ***sentiero*** ~ gewundener Weg **2** *(di corpo)* kurvenreich.
si|nu|si|te f. Entzündung *f.* der Nasennebenhöhle, Sinusitis *f.*, Stirnhöhlenentzündung *f.* ◆ ~ ***catarrale*** Stirnhöhlenkatarrh *m.*
si|nu|soi|da|le agg. sinusförmig, Sinus-: ***oscillazione*** ~ Sinusschwingung *f.* **si|nu|soi|de** f. Sinuskurve *f.*, Sinuslinie *f.*
Sion n.pr.m. Zion *m.* **sio|ni|smo** m. Zionismus *m.* **sio|ni|sta** m. e f. *(-i,-e)* Zionist *m.* (-in *f.*). **sio|ni|sti|co** agg. *(-ci,-che)* zionistisch.
si|pa|riet|to m. Zwischenvorhang *m.*
si|pa|rio m. *(-ri)* Vorhang *m.*, Bühnenvorhang *m.*: ***alzare, calare il*** ~ den Vorhang auf‿ziehen, fallen lassen; FIG. ***calare il ~ su qcs.*** den Vorhang über etw. (A) fallen lassen; ***si alza, cala il*** ~ der Vorhang hebt sich (*o* geht auf), senkt sich (*o* fällt) (anche FIG.).
Si|ra|cu|sa n.pr.f. Syrakus *n.* **si|ra|cu|sa|no I** agg. syrakusisch **II** m. Syrakuser *m.*
si|re m. Sire *m.*, Majestät *f.*
1.si|re|na f. **1** MITOL. Sirene *f.*, Wassernixe *f.* **2** FIG. Sirene *f.*, Verführerin *f.* **3** ZOOL. Seekuh *f.* ◆ ***il canto delle -e*** der Sirenengesang.
2.si|re|na f. Sirene *f.*: ***il suono di una*** ~ das Heulen einer Sirene ◆ ~ ***d'allarme*** Alarmsirene *f.*; *(per attacco aereo)* Fliegeralarm *m.*; ~ ***di ambulanza*** Martinshorn *n.*; ~ ***di nave*** Schiffssirene *f.*; ~ ***da nebbia*** Nebelhorn *n.*; ***a -e spiegate*** mit Sirenengeheul.
si|re|net|ta f. **1** kleine Seejungfrau *f.* **2** FIG. verführerisches Mädchen *n.*
Si|ria n.pr.f. Syrien *n.* **si|ria|no I** agg. syrisch **II** m. Syrer *m.*, Syrier *m.*
si|ri|ce f. Holzwespe *f.*
si|rin|ga f. *(-ghe)* **1** Spritze *f.*: ~ ***usata, sterile*** gebrauchte, sterile Spritze; ***riempire la*** ~ die Spritze auf‿ziehen **2** GASTR. Teigspritze *f.*, Tortenspritze *f.*, Garnierspritze *f.* **3** MUS. Syrinx *f.*, Panflöte *f.*, Hirtenflöte *f.* ◆ ***distributore di -ghe*** Spritzenautomat *m.*; ~ ***per iniezioni*** Injektionsspritze *f.*; ~ ***da insulina*** Insulinspritze *f.*; ~ ***monouso*** Einwegspritze *f.* **si|rin|ga|re** tr. *(siringo, siringhi)* punktieren.
si|rin|ge f. Syrinx *f.*
Si|rio n.pr.f. Hundsstern *m.*, Sirius *m.*
sir|ven|te|se m. Sirventes *n.*, Sirventese *n.*
si|sal f.inv. **1** BOT. Sisalagave *f.* **2** TESS. Sisal *m.*, Sisalfaser *f.*
Si|si|fo n.pr.m. Sisyphus *m.*: ***fatica di*** ~ Sisyphusarbeit *f.*
si|sma m. Erdbeben *n.* **si|smi|ci|tà** f. Seismizität *f.*, Erdbebengefährdung *f.*
si|smi|co agg. *(-ci,-che)* seismisch, Erdbeben-: ***fenomeni -ci*** seismische Phänomene; ***scosse, onde -che*** seismische Erschütterungen, Wellen; ***osservatorio*** ~ Erdbebenwarte *f.*; ***zona -a*** Erdbebengebiet *n.*
si|smo|gra|fi|a f. Erdbebenmessung *f.*, seismographische Aufzeichnung *f.* **si|smo|gra|fi|co** agg. *(-ci,-che)* seismographisch. **si|smo|gra|fo** m. Seismograph *m.* **si|smo|gram|ma** m. Seismogramm *n.*
si|smo|lo|gi|a f. Seismologie *f.*, Erdbebenkunde *f.* **si|smo|lo|gi|co** agg. *(-ci,-che)* seismologisch. **si|smo|lo|go** m. *(-gi)* Seismologe *m.*
si|smo|me|tri|a f. Seismometrie *f.* **si|smo|me|tri|co** agg. *(-ci,-che)* seismometrisch. **si|smo|me|tro** m. Seismometer *n.*
sis|si|gno|ra f. jawohl, meine Dame! **sis|si|gno|re** avv. jawohl, mein Herr!
si|ste|ma m. **1** System *n.*: ***rovesciare, combattere il*** ~ das System um‿stürzen, bekämpfen; ***integrarsi nel*** ~ sich ins System ein‿fügen, integrieren; ~ ***democratico, marxista, totalitario, capitalistico*** demokratisches, marxistisches, totalitäres, kapitalistisches System; ***la lingua è un ~ di segni*** die Sprache ist ein System von Zeichen; ~ ***centimetro-grammo-secondo*** Zentimeter-Gramm-Sekunden-System *n.*; ***-i linguistici*** sprachliche Systeme; ***un ~ di dighe e canali*** ein System von Dämmen und Kanälen **2** *(metodo)* System *n.*, Methode *f.*, Verfahren *n.*: ***un ~ infallibile*** eine unfehlbare Methode; ***procedere secondo un*** ~ nach einem System vor‿gehen **3** *(modo)* Art *f.*: ***che -i sono questi?*** was ist das für eine Art? was für eine Art und Weise ist das? **4** COLLOQ. *(abitudine)* Gewohnheit *f.*: ***per*** ~ aus Gewohnheit ◆ ~ ***d'allarme*** Warnsystem *n.*; ***analisi di -i*** Systemanalyse *f.*; ~ ***aureo*** Goldstandard *m.*; ~ ***bancario*** Bankwesen *n.*; ~ ***bicamerale*** Zweikammersystem *n.*; ~ ***biparti-***

tico Zweiparteiensystem *n.*; ***contrario al ~*** systemfeindlich; ***~ di coordinate*** Koordinatensystem *n.*; ***~ copernicano*** kopernikanisches Weltbild; ***~ di costruzione*** Bauverfahren *n.*; ***~ decimale*** Dezimalsystem *n.*; ***~ difensivo*** Verteidigungssystem *n.*; ***~ economico*** Wirtschaftssystem *n.*; ***~ elettorale*** Wahlsystem *n.*; ***~ di equazioni*** System *n.* von Gleichungen; ***~ feudale*** Feudalsystem *n.*; ***~ fiscale*** Steuerwesen *n.*; ***~ galattico*** Milchstraßensystem *n.*; ***~ di governo*** Regierungssystem *n.*; ***~ hegeliano*** hegelsches System; ***~ immunitario*** Immunsystem *n.*; ***~ di lavoro*** Arbeitsmethode *f.*; ***~ maggioritario*** Mehrheitswahlrecht *n.*; ***~ metrico (decimale)*** Dezimalsystem *n.*; ***~ monetario*** Währungssystem *n.*; ***~ montuoso*** Gebirgskette *f.*; ***~ multimediale*** Multimediasystem *n.*; ***~ nervoso*** Nervensystem *n.*; INFORM. ***~ operativo*** Betriebssystem *n.*; ***~ parlamentare*** parlamentarisches System; ***~ periodico degli elementi*** periodisches System der Elemente; ***~ (elettorale) proporzionale*** Proportionalwahlsystem *n.*; ***~ di riferimento*** Bezug(s)system *n.*; ***~ sociale*** Gesellschaftssystem *n.*; ***~ solare*** Sonnensystem *n.*; ***~ tolemaico*** ptolemäisches System; ***fare un ~ al totocalcio*** nach einem System spielen; ***~ (elettorale) uninominale*** Mehrheitswahlrecht *n.*; ***~ di valori*** Wertsystem *n.*; ***~ di vita*** Lebensweise *f.*

si|ste|ma|re I tr. **1** *(mettere a posto)* in Ordnung bringen, ein‿ordnen, ordnen: ***~ la stanza*** das Zimmer in Ordnung bringen; ***~ i libri sullo scaffale*** die Bücher im Regal in Ordnung bringen (*o* ordnen); ***~ i libri per materia*** die Bücher nach Sachgebieten einordnen **2** *(collocare)* stellen: ***~ la scrivania sotto la finestra*** den Schreibtisch unter das Fenster stellen; ***~ un vaso sul davanzale*** einen Blumentopf auf die Fensterbank stellen; ***~ i bagagli nel bagagliaio*** das Gepäck im Kofferraum verstauen **3** *(procurare un alloggio a)* unter‿bringen: ***~qcn. in albergo, da parenti*** jdn im Hotel, bei Verwandten unterbringen **4** *(risolvere)* erledigen, regeln: ***~ una questione*** eine Frage erledigen; ***avere alcune faccende da ~*** etwas zu erledigen haben; ***puoi ~ la faccenda?*** kannst du die Sache regeln (*o* in Ordnung bringen)? ***~ i propri affari*** seine Geschäfte regeln **5** *(aggiustare)* instand setzen, her‿richten, richten: ***~ una macchina*** ein Auto instand setzen; ***~ una vecchia casa*** ein altes Haus herrichten **6** *(maritare)* unter die Haube bringen: ***~ una figlia*** eine Tochter unter die Haube bringen **7** *(procurare un lavoro)* unter‿bringen: ***~ un amico in banca*** einen Freund bei einer Bank unterbringen **8** COLLOQ. *(dare una lezione)* ***~ qcn.*** sich (D) jdn vor‿knöpfen; ***adesso lo sistemo io!*** den knöpfe ich mir jetzt vor! **II** pronom. **sistemarsi 1** sich ein‿richten, sich etablieren, unter‿kommen: ***-rsi sul divano*** sich auf der Couch einrichten; ***-rsi in un piccolo appartamento*** sich in einer kleinen Wohnung etablieren; ***-rsi alla meglio*** halbwegs gut unterkommen **2** *(trovare un lavoro)* unter‿kommen, eine Stelle finden: ***si è sistemato in banca*** er ist bei einer Bank untergekommen **3** *(sposarsi)* heiraten **4** *(risolversi)* in Ordnung kommen: ***la faccenda si è sistemata da sola*** die Angelegenheit ist von selbst in Ordnung gekommen **5** *(aggiustarsi)* zurecht‿rücken: ***-rsi gli occhiali sul naso, la cravatta*** die Brille auf der Nase, die Krawatte zurechtrücken ◆ ***-rsi i capelli*** sich (D) die Haare zurecht‿machen.

si|ste|ma|ta f. ***darsi una ~*** sich schnell frisch machen (*o* zurecht‿machen).

si|ste|ma|ti|ca f. Systematik *f.*

si|ste|ma|ti|ca|men|te avv. **1** systematisch **2** *(regolarmente)* regelmäßig: ***arrivare ~ in ritardo*** regelmäßig zu spät kommen.

si|ste|ma|ti|ci|tà f. **1** Systematik *f.* **2** *(regolarità)* Regelmäßigkeit *f.*

si|ste|ma|ti|co I agg. *(-ci,-che)* **1** systematisch: ***studio ~ degli insetti*** systematisches Studium der Insekten; ***classificazione -a*** systematische Klassifizierung; ***non ~*** unsystematisch; ***opposizione -a*** systematische Opposition **2** *(ricorrente)* regelmäßig: ***il ripetersi ~ di un evento*** die regelmäßige Wiederholung eines Ereignisses **II** m. *(-ci)* Systematiker *m.*

si|ste|ma|tiz|za|re tr. systematisieren. **si|ste|ma|tiz|za|zio|ne** f. Systematisierung *f.*

si|ste|ma|to p.pass. agg. **1** → **sistemare 2** ***qcn. è ben ~*** jdm fehlt es an nichts.

si|ste|ma|zio|ne f. **1** Ordnung *f.*, Anordnung *f.* **2a** *(alloggio)* Unterbringung *f.*, Unterkunft *f.*: ***trovare una ~ presso qcn.*** bei jdm eine Unterkunft finden; ***una ~ provvisoria*** eine provisorische Unterbringung **b** ESTENS. Platz *m.* **3** *(posto di lavoro)* Stelle *f.* **4** *(risoluzione)* Erledigung *f.*, Regelung *f.*

si|ste|mi|co agg. *(-ci,-che)* systemisch, System-: ***malattia -a*** Systemerkrankung *f.*

si|ste|mi|sta m. e f. *(-i,-e)* **1** Systemspieler *m.* (-in *f.*) **2** INFORM. Systemanalytiker *m.* (-in *f.*). **si|ste|mi|sti|ca** f. Systemtechnik *f.* **si|ste|mi|sti|co** agg. *(-ci,-che)* systemtechnisch.

Si|sti|na n.pr.f. Sixtine *f.* **si|sti|no** agg. sixtinisch: ***cappella -a*** Sixtinische Kappelle.

Si|sto n.pr.m. Sixtus *m.*, Sixt *m.*

si|sto|le f. Systole *f.* **si|sto|li|co** agg. *(-ci,-che)* systolisch.

si|ti|bon|do agg. LETT. durstig (anche FIG.).

sit in m.inv. Sit-in *n.*

si|to LETT. **I** m. Ort *m.*, Stelle *f.*, Platz *m.*, Stätte *f.* **II** agg. gelegen ◆ ***~ archeologico*** Ausgrabungsstätte *f.*

si|to|fo|bi|a f. Sitophobie *f.*, Nahrungsverweigerung *f.* **si|to|lo|gi|a** f. Ernährungswissenschaft *f.* **si|to|lo|go** m. *(-gi)* Ernährungswissenschaftler *m.*

si|tua|re *(situo)* **I** tr. **1** *(verticalmente)* stellen, setzen; ***l'armadio va situato vicino alla finestra*** der Schrank kommt neben das Fenster **2** *(orizzontalmente)* legen **3** *(disporre)* auf‿stellen, postieren **4** FIG. ein‿stufen, ein‿betten: ***~ un problema nella dimensione storica*** ein Problem historisch einbetten **II** pronom. **situarsi 1** liegen: ***la casa si situa sul mare*** das Haus liegt am Meer **2** FIG. *(annoverarsi)* sich ein‿reihen.

si|tua|to p.pass. agg. **1** → **situare 2** ***essere ~*** liegen; ***la città è -a sul lago, in pianura*** die Stadt liegt am See, in der Ebene; ***essere ~ in bella posizione*** schön liegen ◆ ***~ in alto*** hoch gelegen; ***essere ~ intorno a qcs.*** um etw. herum‿liegen; ***~ lontano*** fernab gelegen.

si|tua|zio|na|le agg. situationell, situativ.

si|tua|zio|ne f. **1** Lage *f.*, Situation *f.*: ***~ difficile, incresciosa*** schwierige, missliche Lage; ***una ~ delicata, critica*** eine heikle, brenzlige Situation; ***essere in una brutta ~*** in einer schlimmen Lage sein; ***mettere qcn. in una ~ imbarazzante*** jdn in eine peinliche Lage bringen; ***rimanere padrone della ~*** Herr der Situation bleiben; ***essere all'altezza della ~*** der Situation gewachsen sein; ***nella tua ~*** in deiner Lage; ***controllare la ~*** die Situation überblicken **2** *(stato)* Zustand *m.*, Stand *m.*, Situation *f.* **3** ANT. *(posizione)* Stellung *f.*, Lage *f.* ◆ ***~ di cassa*** Kassenstand *m.*; ***~ conflittuale*** Konfliktsituation *f.*; ***~ di crisi*** Krisensituation *f.*; ***data la ~*** in Anbetracht der Lage; ***~ di diritto*** Rechtslage *f.* (*o* rechtliche Lage); ***~ economica*** Wirtschaftslage *f.*; ***~ di emergenza*** Notlage *f.*; ***~ di fatto*** Sachlage *f.*; ***~ finanziaria*** Finanzlage *f.*; ***~ limite*** Grenzsituation *f.*; ***~ del mercato*** Marktlage *f.*; ***~ patrimoniale*** Vermögenslage *f.*; ***~ di stallo*** Stillstand *m.*; ***~ del tempo*** Wetterlage *f.*; ***~ del traffico*** Verkehrslage *f.*; ***~ senza via d'uscita*** ausweglose Situation.

si|vie|ra f. Pfanne *f.*

Si|vi|glia n.pr.f. Sevilla *n.*

si|zi|gia f. Springflut *f.* **si|zi|gia|le** agg. ***marea ~*** Springflut *f.*

skai m. Skai *n.*

skate-board ['skeɪtbɔ:d] m.inv. Skateboard *n.*: ***andare sullo ~*** Skateboard fahren.

sketch [sketʃ] m.inv. Sketch *m.*

ski-lift, ski|lift [ski:'lɪft] m.inv. Skilift *m.*

skin ['skɪn], **skin|head** ['skɪnhed] m.inv. Skin *m.*, Skinhead *m.*

ski-pass ['ski:pɑ:s] m.inv. Skipass *m.*

skip|per [skɪpə, *üblich* 'skipper] m. e f.inv. Skipper *m.*

slab|bra|re I tr. **1** aus‿leiern **2** *(ferita)* auf‿brechen **II** intr. (aus. *essere*) über‿laufen **III** pronom. **slabbrarsi 1** aus‿leiern: ***il maglione si è slabbrato nel collo*** der Pullover ist am Halsausschnitt ausgeleiert **2** *(di ferita)* auf‿brechen. **slab|bra|to** p.pass. agg. **1** → **slabbrare 2** ausgeleiert: ***un maglione ~*** ein ausgeleierter Pullover **3** *(di ferita)* aufgebrochen. **slab|bra|tu|ra** f. **1a** Ausleiern *n.* **b** *(di ferita)* Aufbrechen *n.* **2a** *(punto slabbrato)* ausgeleierte Stelle *f.* **b** *(ferita)* aufgebrochene Stelle *f.*

slac|cia|re *(slaccio, slacci)* **I** tr. **1** auf‿schnüren, auf‿binden: ***~ le scarpe, le stringhe*** die Schuhe, die Schnürsenkel aufschnüren; ***~ il corsetto*** das Korsett aufschnüren; ***~ il grembiule*** die Schürze aufbinden **2a** *(sganciare)* auf‿schnallen, lösen: ***~ la cintura*** den Gürtel aufschnallen; ***~ le cinture di sicurezza*** die Sicherheitsgurte lösen (*o* öffnen) **b** *(qcs. provvisto di ganci)* auf‿haken: ***~ il reggiseno*** den Büstenhalter auf‿haken (*o* öffnen) **3** *(qcs. provvisto di cerniera)* öffnen: ***~ la gonna, il vestito*** den Rock, das Kleid öffnen **4** *(sbottonare)* auf‿knöpfen **II** pronom. **slacciarsi 1** sich lösen, auf‿gehen: ***mi si è slacciata la scarpa*** mein Schuh ist aufgegangen **2** ***-rsi le scarpe, il grembiule*** sich (D) die Schuhe auf‿binden, sich (D) die Schürze auf‿binden **3a** ***-rsi la cintura*** sich (D) den Gürtel auf‿schnallen **b** ***-rsi il reggiseno*** sich (D) den Büstenhalter auf‿haken (*o* öffnen) **4** *(qcs. provvisto di cerniera)* ***-rsi la gonna*** sich (D) den Rock öffnen **5** *(sbottonare)* ***-rsi qcs.*** sich (D) etw. auf‿knöpfen. **slac|cia|to** p.pass. agg. **1** → **slacciare 2** aufgeschnürt, aufgemacht: ***scarpe -e*** aufgeschnürte Schuhe **3** *(sbottonato)* aufgeknöpft.

sla|lom m.inv. **1** Slalom *m.* **2** ESTENS. Zickzacklauf *m.*, Zickzackkurs *m.*: ***uno ~ tra la folla*** ein Zickzacklauf durch die Menge; ***fare uno ~ tra le macchine*** sich im Zickzackkurs durch die Autos

schlängeln ◆ FIG. ***fare lo ~ tra le difficoltà*** Schwierigkeiten umgehen; ~ ***gigante*** Riesenslalom *m.*; ~ ***speciale*** Spezialslalom *m.*
sla|lo|mi|sta m. e f. *(-i,-e)* Slalomläufer *m.* (-in *f.*).
slam [slæm] m.inv. **1** GIOC. Schlemm *m.*; ***fare ~*** schlemm machen; ***piccolo, grande ~*** kleiner, großer Schlemm **2** SPORT Slam *m.*: ***grande ~*** Grand Slam.
slan|cia|re *(slancio, slanci)* **I** tr. **1** *(di abiti)* schlank machen: ***questo vestito ti slancia*** dieses Kleid macht dich schlank **2** RAR. *(lanciare)* aus‿schwingen: ~ ***le braccia*** die Arme ausschwingen **II** pronom. **slanciarsi 1** sich stürzen, sich werfen: ***-rsi contro qcn.*** sich auf jdn stürzen **2** FIG. streben: ***la torre si slancia verso il cielo*** der Turm strebt zum Himmel.
slan|cia|to p.pass. agg. **1** → **slanciare 2** schlank: ***una figura -a*** eine schlanke Gestalt; ***colonne -e*** schlanke Säulen.
slan|cio m. *(-ci)* **1** Schwung *m.*: ***prendere lo ~*** Schwung nehmen; ***superare la staccionata con uno ~*** mit Schwung über den Zaun springen **2a** FIG. Schwung *m.*, Elan *m.*: ***fare qcs. con ~*** etw. mit Elan tun; ***imprimere ~ a qcs.*** Schwung in etw. (A) bringen; ***dare ~ al turismo*** den Tourismus fördern **b** *(accesso, impulso)* Anwandlung *f.*: ***in uno ~ di generosità*** in einer Anwandlung von Großzügigkeit **3** *(aspetto slanciato)* Schlankheit *f.*, schlanke Linie *f.* ◆ ***~ di affetto*** Gefühlsüberschwang *m.*; ***di ~*** im Schwung; ***pieno di ~*** schwungvoll; ***senza ~*** schwunglos.
slang [slæŋ] m.inv. Slang *m.*
slar|ga|re *(slargo, slarghi)* **I** tr. erweitern, aus‿weiten: ***~ una manica*** einen Ärmel ausweiten; ***hai slargato il maglione nei gomiti*** du hast den Pullover an den Ellbogen ausgeweitet; ***~ un'apertura*** eine Öffnung erweitern **II** pronom. **slargarsi** weiter werden, sich erweitern, sich aus‿weiten, sich verbreitern: ***la strada si slarga*** die Straße verbreitert sich; ***il pullover si è slargato*** der Pullover hat sich ausgeweitet ◆ ***~ il cuore*** das Herz erweichen.
slar|go m. *(-ghi)* Verbreiterung *f.*, Erweiterung *f.*: ***non è proprio una piazza, ma uno ~*** es ist kein richtiger Platz, sondern eine Straßenverbreiterung.
slat|ta|men|to m. Entwöhnung *f.*, Abstillen *n.* **slat|ta|re** tr. entwöhnen, ab‿stillen.
sla|va|to agg. **1** verblichen, verwaschen, verblasst: ***colore ~*** verblasste Farbe **2** FIG. farblos, ausdrucklos: ***viso ~*** ausdrucksloses Gesicht.
sla|vi|na f. Lawine *f.*
sla|vi|smo m. **1** LING. Slawismus *m.* **2** POL. Panslawismus *m.* **sla|vi|sta** m. e f. *(-i,-e)* Slawist *m.* (-in *f.*). **sla|vi|sti|ca** f. Slawistik *f.*
sla|vo I agg. slawisch **II** m. **1** Slawe *m.* **2** *(lingua)* Slawisch(e) *n.* ◆ ***cultura -a*** Slawentum *n.*
sle|a|le agg. **1** unehrlich, unfair, unredlich: ***persona ~*** unehrlicher Mensch; ***azione ~*** unfaire Handlung; ***~ nel gioco*** unfair im Spiel; ***mossa ~*** unfairer Schritt **2** *(non legittimo)* unlauter: ***concorrenza ~*** unlautere Konkurrenz; ***mezzi -i*** unlautere Mittel. **sle|al|men|te** avv. unehrlich, unfair, unredlich. **sle|al|tà** f.inv. Unehrlichkeit *f.*, Unredlichkeit *f.*
sle|ga|re *(slego, sleghi)* **I** tr. **1** auf‿knoten, los‿binden, auf‿schnüren: ***~ un pacco*** ein Paket aufschnüren **2a** *(liberare)* los‿lassen: ***~ il cane*** den Hund loslassen **b** FIG. ***~ la fantasia*** der Fantasie freien Lauf lassen **II** pronom. **slegarsi 1** auf‿gehen, sich lösen **2** FIG. sich los‿lösen, sich los‿machen: ***è riuscito a -rsi*** es gelang ihm, sich loszumachen.
sle|ga|to p.pass. agg. **1** → **slegare 2** aufgeknotet, aufgeschnürt, los: ***un pacco ~*** ein aufgeschnürtes Paket; ***il cane è ~*** der Hund ist los **3** *(non rilegato)* ungebunden: ***un libro ~*** ein ungebundenes Buch **4** *(incoerente)* zusammenhanglos: ***frasi -e*** zusammenhanglose Sätze.
Sle|sia n.pr.f. Schlesien *n.* ◆ ***alta ~*** Oberschlesien *n.* **sle|sia|no I** agg. schlesisch **II** m. Schlesier *m.*
slice [slaɪs] m.inv. SPORT Slice *m.*; ***giocare, tirare uno ~*** slicen, einen Slice spielen.
slip m.inv. Slip *m.*
sli|ta f. Schlitten *m.* (anche MECC.): ***andare in ~*** Schlitten fahren ◆ ***cane da ~*** Schlittenhund *m.*; ***~ trainata da cani*** Hundeschlitten *m.*; ***~ trainata da cavalli*** Pferdeschlitten *m.*; ***~ da corsa*** Rennschlitten *m.*; ***pattino della ~*** Schlittenkufe *f.*; ***~ a vela*** Eisjacht *f.*
slit|ta|men|to m. **1a** Schlittern *n.*, Rutschen *n.*: ***lo ~ di un veicolo sul ghiaccio*** das Schlittern eines Fahrzeugs auf dem Eis; ***lo ~ delle ruote*** das Rutschen der Räder **b** *(di terreno)* Abrutschen *n.*: ***lo ~ di una massa rocciosa*** das Abrutschen einer Gesteinsmasse **2** FIG. *(deviazione)* Abweichung *f.* **3** *(rinvio)* Verschiebung *f.*: ***~ delle scadenze*** Verschiebung der Termine **4** ECON. Sinken *n.*: ***lo ~ del dollaro*** das Sinken des Dollarkurses.
slit|ta|re intr. **1** (aus. *avere*) Schlitten fahren **2** *(scivolare*; aus. *essere)* schlittern, rutschen: ***l'auto slittò sulla strada bagnata*** das Auto schlitterte auf der nassen Fahrbahn; ***le ruote slittano sul ghiaccio*** die Räder rutschen auf dem Eis **3** FIG. (aus. *essere*) ab‿rutschen: ***il partito slitta verso destra*** die Partei driftet nach rechts (*o* macht einen Rechtsrutsch) **4** *(essere rimandato*; aus. *essere)* sich verschieben: ***l'appuntamento slitta a domani*** die Verabredung verschiebt sich auf morgen; ***la partenza slitta di un'ora*** die Abreise verschiebt sich um eine Stunde **5** ECON. (aus. *essere*) sinken: ***il dollaro slitta*** der Dollar sinkt.
slit|ti|no m. **1** *(per bambini)* Rodelschlitten *m.* **2** SPORT Rennrodel *m.*
sli|vo|viz m.inv. Slibowitz *m.*
s.l.m. ⇒ *sul livello del mare* über dem Meeresspiegel (ü. d. M).
slo|ga|men|to m. Verrenkung *f.*, Ausrenkung *f.*
slo|gan ['slougən, *üblich* 'zlɔgan] m.inv. **1** Slogan *m.*: ***~ pubblicitario*** Werbeslogan *m.* (*o* Werbespruch *m.*) **2** *(motto)* Schlagwort *n.*, Parole *f.*: ***~ politici*** politische Schlagworte; ***~ elettorale*** Wahlparole *f.*
slo|ga|re *(slogo, sloghi)* **I** tr. verrenken, verstauchen **II** pronom. **slogarsi** sich verstauchen: ***-rsi il piede*** sich (D) den Fuß verstauchen. **slo|ga|to** p.pass. agg. **1** → **slogare 2** verstaucht **3** FIG. *(snodato)* gelenkig. **slo|ga|tu|ra** f. Verstauchung *f.*
slog|gia|re *(sloggio, sloggi)* **I** tr. weisen, vertreiben: ***~ gli inquilini dall'appartamento*** die Mieter aus der Wohnung weisen; ***~ il nemico da una posizione*** den Feind aus seiner Stellung vertreiben **II** intr. (aus. *avere*) **1** aus‿ziehen, weg‿ziehen: ***costringere qcn. a ~*** jdn zwingen auszuziehen **2** COLLOQ. *(andare via)* ab‿hauen, verschwinden: ***sloggia!*** hau ab (*o* verschwinde)!
slom|ba|to agg. **1** *(stanco)* erschöpft **2** *(debole)* ermattet, schwach.
slot-ma|chi|ne ['slɒt məʃiːn, *üblich* zlɔt ma'ʃin] f.inv. Spielautomat *m.*
Slo|vac|chia, Slo|vac|chi|a n.pr.f. Slowakei *f.* **slo|vac|co I** agg. *(-chi,-che)* slowakisch **II** m. *(-chi)* **1** Slowake *m.* **2** *(lingua)* Slowakisch(e) *n.*
Slo|ve|nia n.pr.f. Slowenien *n.* **slo|ve|no I** agg. slowenisch **II** m. **1** Slowene *m.* **2** *(lingua)* Slowenisch(e) *n.*
slum [slʌm, *üblich* zlam] m.inv. Slum *m.*
SM ⇒ *Sua Maestà* Seine Majestät (S. M.)
smac|ca|ta|men|te avv. übermäßig, übertrieben. **smac|ca|to** agg. **1** süßlich: ***vino ~*** süßlicher Wein **2** FIG. *(esagerato)* übermäßig, übertrieben: ***lodi -e*** übermäßiges Lob **3** *(sfrontato)* frech.
smac|chia|re tr. *(smacchio, smacchi)* ***~ qcs.*** von etw. die Flecken entfernen: ***~ un vestito*** von einem Kleid die Flecken entfernen ◆ ***prodotto per ~*** Fleck(en)entferner *m.*
smac|chia|to|re m. **1** Verantwortliche *m.* für die Fleckenentfernung **2** *(sostanza)* Fleck(en)entferner *m.* **smac|chia|tu|ra** f. Fleckenentfernung *f.*, Reinigung *f.* ◆ ***alone della ~*** Schmutzrand *m.*
smac|co m. *(-chi)* Schmach *f.*: ***subire uno ~*** eine Schmach erleiden; ***subire lo ~ di una sconfitta*** die Schmach einer Niederlage erleiden.
sma|glian|te agg. glänzend, strahlend, blendend: ***sorriso ~*** strahlendes Lächeln; ***essere in forma ~*** in glänzender Form sein.
sma|glia|re *(smaglio, smagli)* **I** tr. **1a** ***~ le calze*** eine Laufmasche (*o* Laufmaschen) haben **b** *(rete)* auf‿trennen **2** MED. ***la gravidanza le ha smagliato il seno*** durch die Schwangerschaft haben sich auf ihrem Busen Dehnungsstreifen gebildet (*o* auf ihrer Brust haben sich Schwangerschaftsstreifen gebildet) **II** pronom. **smagliarsi 1a** *(di calze)* eine Laufmasche haben **b** *(di rete)* sich lösen **2a** MED. Dehnungsstreifen (*o* Geweberisse) bekommen **b** *(in gravidanza)* Schwangerschaftsstreifen bekommen.
sma|glia|to p.pass. agg. **1** → **smagliare 2** mit Laufmaschen: ***calze -e*** Strümpfe mit Laufmaschen **3** MED. mit Dehnungsstreifen: ***pelle -a*** Haut mit Dehnungsstreifen.
sma|glia|tu|ra f. **1** Laufmasche *f.*: ***una ~ nella calza*** eine Laufmasche im Strumpf **2a** MED. Dehnungsstreifen *m.* **b** *(di gravidanza)* Schwangerschaftsstreifen *m.* **3** FIG. Lücke *f.*: ***una ~ nel piano organizzativo*** eine Lücke im Organisationsplan.
sma|gne|tiz|za|re I tr. entmagnetisieren **II** pronom. **smagnetizzarsi** entmagnetisiert werden: ***la carta di credito si è smagnetizzata*** die Kreditkarte ist entmagnetisiert. **sma|gne|tiz|za|zio|ne** f. Entmagnetisierung *f.*
sma|gri|re *(smagrisco, smagrisci)* **I** tr. mager (*o* dünner) machen, abmagern lassen; ***la malattia lo ha smagrito*** durch die Krankheit ist er abgemagert **II** intr. (aus. *essere*) ab‿magern **III** pronom. **smagrirsi** abmagern, mager werden. **sma|gri|to** p.pass. agg. **1** → **smagrire 2** abgemagert, mager: ***viso ~*** abgemagertes Gesicht.
sma|li|zia|re *(smalizio, smalizi)* **I** tr. schlau(er) machen, klüger ma-

chen, gewitzt(er) machen **II** pronom. **smaliziarsi 1** schlau(er) werden, klüger werden, gewitzt(er) werden, COLLOQ. gewiefter werden **2** *(diventare più esperto)* Erfahrung sammeln, erfahrener werden. **sma|li|zia|to** p.pass. agg. **1** → **smaliziare 2** schlau, gewitzt, gerissen, COLLOQ. gewieft **3** *(esperto)* erfahren.

smal|ta|re I tr. **1** emaillieren, glasieren **2** FIG. LETT. verzieren, schmücken **II** pronom. ***-rsi le unghie*** sich (D) die Fingernägel lackieren. **smal|ta|to** p.pass. agg. **1** → **smaltare 2** Email-: ***bicchiere ~*** Emailglas *n.*; ***stoviglie -e*** Emailgeschirr *n.* ◆ ***unghie -e*** lackierte Nägel. **smal|ta|to|re** m. Emailleur *m.* **smal|ta|tu|ra** f. Emaillierung *f.*, Glasur *f.* ◆ ***forno per ~*** Emaillierofen *m.*

smal|te|ri|a f. Emaillierwerk *n.*

smal|ti|men|to m. **1** Entsorgung *f.*: ***~ dei rifiuti*** Müllentsorgung *f.* **2** *(digestione)* Verdauung *f.* **3** ESTENS. *(deflusso)* Abfluss *m.* **4** FIG. *(svendita)* Ausverkauf *m.* **smal|ti|re** tr. *(smaltisco, smaltisci)* **1a** *(eliminare)* entsorgen, beseitigen: ***~ i rifiuti*** Müll entsorgen **b** *(acque)* abfließen lassen, ab‿leiten **2** *(digerire)* verdauen; ***difficile da ~*** schwer verdaulich **3** *(svendere)* aus‿verkaufen **4** FIG. *(evadere)* erledigen: ***~ la posta*** die Post erledigen ◆ ***~ la rabbia*** die Wut verrauchen lassen; ***~ la sbornia*** seinen Rausch aus‿schlafen; ***~ la stanchezza*** sich aus‿ruhen; *(dormendo)* aus‿schlafen; ***~ il traffico*** den Verkehr regulieren. **smal|ti|to|io** m. *(-oi)* Schleuse *f.*

smal|to m. **1a** *(sostanza)* Email *n.*, Glasur *f.*, Schmelz *m.*; ***ricoprire qcs. di ~*** etw. emaillieren **b** *(oggetto smaltato)* emaillierter Gegenstand *m.*, Emailware *f.* **2a** *(vernice brillante)* Emaillack *m.*, Lack *m.* **b** COSMET. Nagellack *m.*: ***mettere, togliere lo ~*** Nagellack auf‿tragen (*o* [sich] die Nägel lackieren), Nagellack entfernen **3** FIG. *(vitalità)* Elan *m.*, Schwung *m.*: ***perdere lo ~*** an Schwung (*o* Elan) verlieren; ***riacquistare lo ~*** Elan entwickeln **4** ANAT. Zahnschmelz *m.* **5** ARALD. heraldische Farben *pl.* ◆ ***~ colorato*** Emailfarbe *f.* (*o* Schmelzfarbe *f.*); ***decorare a ~*** emaillieren; ***~ dentario*** Zahnschmelz *m.*; ***pittura a ~*** Emailmalerei *f.*, Schmelzmalerei *f.*; ***~ per unghie*** Nagellack *m.*

smam|ma|re intr. (aus. *avere*) COLLOQ. ab‿zischen: ***smamma!*** zisch ab!

sma|nac|cia|re *(smanaccio, smanacci)* **I** intr. (aus. *avere*) COLLOQ. wild gestikulieren, mit den Händen herum‿fuchteln **II** tr. **1** *(manipolare maldestramente)* ***~ un apparecchio*** an einem Gerät fummeln **2** SPORT ***~ la palla*** *(toccarla)* den Ball mit der Hand berühren; *(respingerla malamente)* den Ball (mit der Hand) irgendwie weg‿schlagen. **sma|nac|cia|ta** f. **1** ausholende Geste *f.* **2** *(colpo con la mano)* Handschlag *m.*

sman|ce|ri|a f. Getue *n.* **sman|ce|ro|so** agg. übertrieben liebenswürdig, affektiert.

sma|net|ta|re intr. (aus. *avere*) COLLOQ. **1** *(azionare l'acceleratore)* den Motor aufheulen lassen **2** *(correre con la moto)* mit dem Motorrad rasen.

sman|gia|re *(smangio, smangi)* **I** tr. **1** *(corrodere)* zerfressen **2** *(consumare)* ab‿wetzen **II** pronom. **smangiarsi 1** zerfressen werden **2** *(consumarsi)* sich ab‿wetzen.

sman|giuc|chia|re → **mangiucchiare.**

sma|nia f. **1** *(agitazione)* Unruhe *f.*, Anspannung *f.*; ***dare in -e*** sehr unruhig sein (*o* sich erregen) **2** FIG. *(bramosia)* Sucht *f.*, Begierde *f.*: ***~ di denaro*** Sucht (*o* Begierde) nach Geld; ***avere la ~ di fare qcs.*** darauf brennen, etw. zu tun ◆ ***~ del lavoro*** Arbeitswut *f.*; ***~ di onori*** Ehrsucht *f.*; ***~ di piacere*** Gefallsucht *f.*; ***~ di successo*** Erfolgsdenken *n.*; ***~ di vanagloria*** Prahlsucht *f.*

sma|nia|re intr. *(smanio, smani*; aus. *avere)* **1** *(agitarsi)* unruhig sein, sich erregen: ***~ per qcs.*** wegen etw. (G) unruhig sein **2** FIG. *(bramare)* brennen: ***~ per qcs.*** auf etw. (A) brennen; ***~ di fare qcs.*** darauf brennen, etw. zu tun.

sma|nio|sa|men|te avv. unruhig, erregt. **sma|nio|so** agg. **1** unruhig, erregt **2** FIG. *(bramoso)* begierig: ***essere ~ di qcs.*** auf etw. (A) begierig sein.

sman|tel|la|men|to m. **1a** Abbruch *m.*, Abbau *m.*, Demontage *f.* **b** MIL. Abrüstung *f.*: ***~ delle armi nucleari*** Abrüstung der Atomwaffen **2** *(demolizione)* Abriss *m.*, Abbruch *m.* **3** FIG. Entkräften *n.*: ***lo ~ delle accuse*** das Entkräften der Anklagen.

sman|tel|la|re tr. **1a** ab‿brechen, ab‿bauen, demontieren **b** MIL. ab‿rüsten **c** MAR. ab‿wracken **2** *(demolire)* nieder‿reißen, ab‿reißen **3** FIG. entkräften, ab‿bauen: ***~ pregiudizi*** Vorurteile abbauen.

smar|ca|men|to m. Freispielen *n.* **smar|ca|re** *(smarco, smarchi)* **I** tr. frei‿spielen **II** pronom. **smarcarsi** sich frei‿spielen, sich frei‿laufen. **smar|ca|to** p.pass. agg. **1** → **smarcare 2** ungedeckt, freistehend.

smar|gias|sa|ta f. Prahlerei *f.*, Angeberei *f.*, Aufschneiderei *f.* **smar|gias|so** m. Angeber *m.*, Prahler *m.*, Aufschneider *m.*; ***fare lo ~*** prahlen (*o* auf‿schneiden), COLLOQ. das Maul (weit) auf‿reißen (*o* den großen Max spielen).

smar|gi|na|tu|ra f. Beschneidung *f.* des Randes.

smar|ri|men|to m. **1** Verlust *m*: ***in caso di ~*** bei Verlust **2** FIG. *(turbamento)* Verwirrung *f.*; ***avere un attimo di ~*** einen Moment lang verwirrt sein; ***essere preso dallo ~*** in Verwirrung geraten (*o* verwirrt werden) **3a** *(svenimento)* ***avere spesso degli -i, andare soggetto a frequenti -i*** oft das Bewusstsein verlieren (*o* oft in Ohnmacht fallen) **b** *(perdita di memoria)* Gedächtnisstörung *f.* ◆ ***denuncia di ~*** Verlustanzeige *f.*

smar|ri|re *(smarrisco, smarrisci)* **I** tr. verlieren: ***~ i documenti*** die Dokumente verlieren **II** pronom. **smarrirsi 1** *(non sapersi orientare)* sich verlaufen, sich verirren: ***-rsi nel bosco*** sich im Wald verlaufen **2** ESTENS. *(perdere la retta via)* sich verlieren, sich verirren **3a** *(confondersi)* sich verwirren **b** *(perdersi d'animo)* verzagen ◆ ***~ il filo del discorso*** den Faden verlieren; ***~ la ragione, il senno*** den Verstand verlieren; ***~ i sensi*** das Bewusstsein verlieren (*o* in Ohnmach fallen); ***~ la strada*** sich verlaufen; *(con veicolo)* sich verfahren; ***~ la (retta) via*** sich verlaufen (anche FIG.).

smar|ri|to p.pass. agg. **1** → **smarrire 2** verloren (anche FIG.): ***sentirsi ~ in una grande città*** sich in einer großen Stadt verloren fühlen **3a** FIG. *(turbato)* verirrt **b** *(attonito)* verstört: ***sguardo ~*** verstörter Blick ◆ ***andare ~*** verloren gehen; *(negli annunci)* ***cane ~*** entlaufener Hund; ***ufficio oggetti -i*** Fundbüro *n.*; BIBL. ***una pecorella -a*** ein verirrtes Schaf.

sma|scel|lar|si pronom. ***~ dalle risa*** sich schief‿lachen.

sma|sche|ra|men|to m. **1** Demaskierung *f.* **2a** FIG. *(di persone)* Demaskierung *f.*, Entlarvung *f.* **b** *(di cose)* Enthüllung *f.*

sma|sche|ra|re *(smaschero)* **I** tr. **1** ***~ qcn.*** jdm die Maske ab‿nehmen **2a** FIG. *(persone)* demaskieren, entlarven, enttarnen: ***~ un imbroglione*** einen Betrüger demaskieren (*o* entlarven); ***~ una spia*** einen Spion entlarven (*o* enttarnen) **b** *(cose)* enthüllen, auf‿decken: ***~ le proprie intenzioni*** seine Absichten enthüllen; ***~ le contraddizioni della società*** die Widersprüche der Gesellschaft aufdecken **II** pronom. **smascherarsi 1** sich demaskieren **2** FIG. sich (D) die Maske ab‿nehmen.

smash [smæʃ] m.inv. Schmetterball *m.*

sma|te|ria|liz|za|re I tr. entmaterialisieren, entstofflichen **II** pronom. **smaterializzarsi** sich entmaterialisieren. **sma|te|ria|liz|za|zio|ne** f. Entmaterialisierung *f.*

SMAU ⇒ *Salone Internazionale Macchine Arredamento Ufficio* Internationale Büroausstattungsmesse.

smaz|za|ta f. Runde *f.*, Spiel *n.*

SME ⇒ *Sistema Monetario Europeo* Europäisches Währungssystem (EWS).

smem|bra|men|to m. **1** Zerstück(e)lung *f.*, Zergliederung *f.*: ***lo ~ di un cadavere*** die Zerstückelung einer Leiche **2** ESTENS. *(suddivisione in parti)* Zerteilung *f.*, Zerstückelung *f.*: ***lo ~ di un paese*** die Zerstückelung eines Landes **3** GRAMM. ***lo ~ di un periodo*** die Zergliederung eines Satzes.

smem|bra|re tr. **1** zerstückeln, zergliedern **2** FIG. zerstückeln, zergliedern, auf‿lösen, auf‿teilen: ***~ un paese*** ein Land zerstückeln; ***~ una famiglia*** eine Familie auflösen. **smem|bra|to** p.pass. agg. **1** → **smembrare 2** *(fatto a pezzi)* zerstückelt **3** FIG. geteilt, aufgelöst: ***una famiglia, una nazione -a*** eine aufgelöste Familie, eine geteilte Nation.

sme|mo|ra|tag|gi|ne, sme|mo|ra|tez|za f. Vergesslichkeit *f.* **sme|mo|ra|to I** agg. vergesslich **II** m. vergesslicher Mensch *m.*

smen|ti|re *(smentisco, smentisci)* **I** tr. **1a** *(cose)* dementieren, widerrufen: ***~ un'affermazione*** eine Behauptung dementieren (*o* widerrufen) **b** *(persone)* widersprechen **2** *(dimostrare falso)* Lügen strafen: ***i fatti smentiscono le tue affermazioni*** die Tatsachen strafen deine Behauptungen Lügen **3** DIR. widerrufen **4** FIG. ***~ qcs.*** etw. (D) nicht gerecht werden; ***smentisce la propria fama*** er wird seinem Ruhm nicht gerecht **II** pronom. **smentirsi 1** *(contraddirsi)* sich (D) widersprechen **2** ESTENS. *(spec. in frasi negative)* sich verleugnen: ***non ti smentisci mai!*** du verleugnest dich nie! COLLOQ. es ist immer das Gleiche mit dir! **smen|ti|ta** f. Widerruf *m.*, Dementierung *f.*: ***una ~ ufficiale*** ein amtlicher Widerruf; ***dare ~ di qcs.*** etw. widerrufen (*o* dementieren); ***fare una (pubblica) ~*** (öffentlich) Widerruf leisten.

sme|ral|di|no agg. smaragdgrün. **sme|ral|do I** m. Smaragd *m.* **II** agg.inv. ***color, verde ~*** smaragdgrün ◆ ***di ~*** smaragden, smaragd-: ***anello di ~*** Smaragdring *m.*

smer|cia|bi|le agg. verkäuflich, absetzbar: ***facilmente, difficilmente ~*** leicht, schwer verkäuflich (*o* absetzbar). **smer|cia|bi|li|tà** f. Verkäuflichkeit *f.*

smer|cia|re tr. *(smercio, smerci)* verkaufen, ab‿setzen.

smer|cio m. *(-ci)* Verkauf *m.*, Absatz *m.*: ***essere di, trovare (facile, difficile) ~*** (leicht, schwer) Absatz finden (*o* verkäuflich sein); ***di questo articolo c'è poco ~*** dieser Artikel verkauft sich schlecht; ***quel negozio ha poco ~*** das Geschäft hat keinen großen Umsatz ◆ ***articolo di ~*** Verkaufsartikel *m.*; ***grosso ~*** Massenabsatz *m.*; ***~ di merce*** Warenverkauf *m.*; ***possibilità di ~*** Absatzmöglichkeit *f.*

smer|da|re I tr. VOLG. **1** verscheißen **2** ESTENS. *(insudiciare)* besudeln, voll schmieren **3** FIG. *(svergognare)* beschämen, schlecht machen **II** pronom. **smerdarsi** VOLG. **1** sich verscheißen **2** ESTENS. *(insudiciarsi)* sich besudeln **3** FIG. sich blamieren.

smer|go m. *(-ghi)* Säger *m.* ◆ ***~ maggiore*** Gänsesäger *m.*; ***~ minore*** Zwergsäger *m.*

sme|ri|glia|re tr. *(smeriglio, smerigli)* schmirgeln, schleifen; ***~ il vetro*** Glas schleifen (*o* mattieren). **sme|ri|glia|to** p.pass. agg. **1** → **smerigliare 2** geschliffen ◆ ***carta -a*** Schleifpapier *n.*, Schmirgelpapier *n.*; ***vetro ~*** Mattglas *n.* **sme|ri|glia|to|re** m. **1** *(operaio)* Schleifer *m.* **2** *(utensile)* Schleifmaschine *f.* **sme|ri|glia|tri|ce** f. Schleifmaschine *f.* **sme|ri|glia|tu|ra** f. Schmirgeln *n.*, Schleifen *n.*

1.sme|ri|glio I m. **1** MINER. Schmirgel *m.*; ***levigare con ~*** ab‿schmirgeln **2** *(polvere)* Schleifsand *m.* **II** agg.inv. Schmirgel-: ***carta, mola ~*** Schmirgelpapier *n.* (*o* Schleifpapier *n.*), Schmirgelscheibe *f.* ◆ ***tela ~*** Schmirgelleinwand *f.* (*o* Schleifleinen *n.*).

2.sme|ri|glio m. *(-gli)* ORNIT. Merlin *m.*

3.sme|ri|glio m. *(-gli)* ITTIOL. Heringshai *m.*

smer|la|re tr. festonieren, langettieren. **smer|la|tu|ra** f. Feston *n.*, Langette *f.*

smer|let|ta|re → **smerlare.**

smer|lo m. Feston *n.*, Langette *f.* ◆ ***punto (a) ~*** Festonstich *m.* (*o* Langettenstich *m.*).

smes|so p.pass. agg. **1** → **smettere 2** abgetragen, abgenutzt, abgelegt: ***abiti -i*** abgetragene Kleider.

smet|te|re *(smisi, smesso)* **I** tr. **1a** *(interrompere)* ***~ qcs.*** mit etw. auf‿hören, etw. auf‿geben: ***~ un lavoro*** mit einer Arbeit aufhören; ***smettila!*** hör auf (damit)! ***smettila una buona volta!*** hör endlich auf! **b** ***~ di fare qcs.*** aufhören, etw. zu tun; ***~ di fumare*** aufhören zu rauchen; ***ha smesso di piovere*** es hat aufgehört zu regnen; ***non smette mai di lavorare*** er hört nie auf zu arbeiten **2** *(rinunciare a)* auf‿geben: ***~ gli studi, un'abitudine*** das Studium, eine Gewohnheit aufgeben **3** *(indumenti)* ab‿legen **4** FIG. LETT. *(mettere da parte)* ***~ qcs.*** von etw. ab‿lassen, lassen **II** intr. (aus. *avere*) auf‿hören ◆ ***~ (di portare) il lutto*** Trauer ab‿legen.

smi|dol|la|re I tr. ***~ qcs.*** das Mark aus etw. lösen **II** pronom. **smidollarsi** ermatten, erschlaffen. **smi|dol|la|to I** p.pass. agg. **1** → **smidollare 2** *(privo di midollo)* ohne Mark **3** FIG. kraftlos, marklos **II** m. Schlappschwanz *m.*, Schwächling *m.* ◆ ***essere (uno) ~*** kein Mark (*o* keinen Saft) in den Knochen haben.

smie|la|re tr. Honig (aus den Waben) schleudern. **smie|la|to|re** m. Honigschleuder *f.*

smi|li|ta|riz|za|re I tr. entmilitarisieren **II** pronom. **smilitarizzarsi** entmilitarisiert werden. **smi|li|ta|riz|za|to** p.pass. agg. **1** → **smilitarizzare 2** entmilitarisiert: ***zona -a*** entmilitarisierte Zone. **smi|li|ta|riz|za|zio|ne** f. Entmilitarisierung *f.*

smil|zo agg. **1a** *(esile)* schmächtig **b** *(magro)* mager **2** FIG. mager.

smi|na|men|to m. Entminung *f.* **smi|na|re** tr. entminen.

smi|nu|i|re *(sminuisco, sminuisci)* **I** tr. schmälern, ab‿werten, (im Wert) herab‿setzen, herab‿würdigen: ***~ le capacità di qcn., ~ qcn. nelle sue capacità*** jds Fähigkeiten schmälern (*o* herabsetzen); ***sminuisce tutto*** er würdigt alles herab **II** pronom. **sminuirsi** sich herab‿würdigen, sich herab‿setzen, sich unterschätzen: ***non sminuirti così!*** unterschätz dich nicht so! COLLOQ. mach dich nicht kleiner als du bist! **smi|nu|i|to** p.pass. agg. **1** → **sminuire 2** herabgesetzt, geschmälert, herabgewürdigt.

smi|nuz|za|men|to m. Zerkleinerung *f.*, Zerbröckelung *f.* **smi|nuz|za|re I** tr. zerkleinern, zerbröckeln: ***~ un pezzo di pane*** ein Stück Brot zerbröckeln **II** pronom. **sminuzzarsi** zerkrümeln, zerbröckeln.

Smir|ne n.pr.f. Smyrna *f.*, Izmir *n.*

smi|sta|men|to m. **1** Sortierung *f.* **2** FERR. Rangieren *n.*, Verschieben *n.* ◆ ***campo di ~*** Durchgangslager *n.*; ***~ della corrispondenza*** Briefsortierung *f.*; ***manovra di ~*** Rangiermanöver *n.*; ***stazione di ~*** Verladebahnhof *m.* (*o* Umstellbahnhof *m.*). **smi|sta|re** tr. **1** sortieren: ***~ la corrispondenza*** die Post sortieren **2** FERR. verschieben, rangieren, um‿stellen **3** MIL. ein‿teilen **4** SPORT ***~ la palla, il pallone*** den Ball zu‿spielen.

smi|su|ra|ta|men|te avv. **1** schrankenlos, unermesslich: ***essere ~ ricchi*** unermesslich reich sein **2** *(a dismisura)* maßlos, unmäßig. **smi|su|ra|tez|za** f. **1** Schrankenlosigkeit *f.*, Unermesslichkeit *f.* **2** *(dismisura)* Maßlosigkeit *f.* **smi|su|ra|to** agg. **1** grenzenlos, unermesslich, endlos: ***lo spazio cosmico è ~*** der Weltraum ist unermesslich **2** *(smodato)* maßlos, unmäßig: ***pretese -e*** maßlose Ansprüche.

smith|so|ni|te f. Zinkspat *m.*

smi|tiz|za|re tr. **1** entmythisieren **2** ESTENS. entglorifizieren, entgöttern, nüchtern beurteilen. **smi|tiz|za|zio|ne** f. **1** Entmythisierung *f.* **2** ESTENS. Entglorifizierung *f.*, nüchterne Beurteilung *f.*

smo|bi|li|ta|re *(smobilito)* **I** tr. **1** demobilisieren: ***~ le truppe*** die Truppen demobilisieren **2** FIG. normalisieren **II** intr. (aus. *avere*) **1** *(cessare un'attività)* eine Tätigkeit auf‿geben **2** *(mollare)* nach‿lassen, sich zur Ruhe setzen: ***raggiunto il primo obiettivo non dobbiamo ~*** nachdem wir das erste Ziel erreicht haben, dürfen wir uns nicht zur Ruhe setzen **3** *(fare le valigie)* auf‿brechen, die Koffer packen. **smo|bi|li|ta|zio|ne** f. **1** Demobilisierung *f.*, Demobilmachung *f.* **2** FIG. Normalisierung *f.* ◆ ***aria di ~*** Aufbruchsstimmung *f.*

smo|bi|liz|zo m. Mobilisierung *f.*, Flüssigmachung *f.*

smoc|co|la|re *(smoccolo)* **I** tr. ***~ qcs.*** den Docht etw. (G) beschneiden, ANT. etw. schnäuzen: ***~ una candela*** den Docht einer Kerze beschneiden **II** intr. **1** *(sgocciolare)* tropfen **2** COLLOQ. *(bestemmiare)* fluchen. **smoc|co|la|to|io** m. *(-oi)* Lichtputzschere *f.* **smoc|co|la|tu|ra** f. **1** Beschneiden *n.* des Dochts **2** *(parte di stoppino)* Schuppe *f.* **3** *(cera colata)* Wachstropfen *pl.*

smo|da|ta|men|te avv. unmäßig, maßlos, übermäßig viel: ***bere ~*** unmäßig trinken. **smo|da|tez|za** f. Unmäßigkeit *f.*, Maßlosigkeit *f.* **smo|da|to** agg. **1** unmäßig, maßlos: ***ambizione -a*** maßloser Ehrgeiz **2** *(esagerato)* übermäßig, übertrieben.

smo|de|ra|tez|za Unmäßigkeit *f.*, Maßlosigkeit *f.* **smo|de|ra|to** agg. unmäßig, maßlos: ***pretese -e*** maßlose Forderungen.

smog m. Smog *m.* ◆ ***cappa di ~*** Dunstglocke *f.*

smo|king ['zmɔkiŋ(g)] m.inv. Smoking *m.*

smol|la|re I tr. lockern, lösen **II** pronom. **smollarsi** sich lockern, locker (*o* lose) werden.

smo|na|car|si pronom. *(mi smonaco, ti smonachi)* aus dem Kloster aus‿treten.

smon|ta|bi|le agg. zerlegbar.

smon|tag|gio m. *(-gi)* **1** *(scomposizione)* Zerlegung *f.* **2** *(rimozione)* Abmontierung *f.*, Ausbau *n.*: ***lo ~ di una batteria*** der Ausbau einer Batterie **3** *(di impianti industriali)* Abbau *m.*, Demontage *f.*, Demontierung *f.* **4** *(di impalcature, tende)* Abbau *m.*

smon|ta|re I tr. **1** *(scomporre nelle singole parti)* (in seine Bestandteile) zerlegen, auseinander nehmen: ***~ un motore, un orologio*** einen Motor, eine Uhr (in seine, ihre Bestandteile) zerlegen (*o* auseinander nehmen); ***~ un armadio*** einen Schrank zerlegen **2** *(rimuovere)* ab‿montieren, aus‿montieren, aus‿bauen: ***~ una ruota*** ein Rad abmontieren; ***~ la batteria*** die Batterie ausbauen (*o* ausmontieren) **3a** *(impianti industriali)* demontieren, ab‿bauen **b** *(impalcature, tende)* ab‿bauen **4** GASTR. wieder flüssig werden lassen **5** FIG. *(scoraggiare)* ***~ qcn.*** jdm einen Dämpfer geben **II** intr. (aus. *essere*) **1** herab‿steigen: ***~ da una scala*** von einer Leiter herabsteigen **2** *(da mezzo di trasporto)* aus‿steigen; *(da moto, bicicletta, cavallo)* ab‿steigen: ***~ dal treno, alla prossima fermata*** aus dem Zug, bei der nächsten Haltestelle aussteigen **3** *(terminare il turno lavorativo)* Feierabend machen: ***il venerdì sera smontiamo alle quattro*** am Freitagabend machen wir um vier Uhr Feierabend **4** GASTR. wieder flüssig werden **5** *(stingere;* aus. *avere)* aus‿bleichen **III** pronom. **smontarsi 1** *(scoraggiarsi)* einen Dämpfer bekommen **2** GASTR. zerlaufen ◆ ***~ di guardia*** von der Wache ab‿treten (*o* ab‿ziehen); ***~ un diamante*** einen Diamanten aus der Fassung heraus‿nehmen.

smor|fia f. **1** Grimasse *f.*, Fratze *f.*: ***fare -e*** Grimassen schneiden (*o* ziehen); ***fare una ~ a qcn.*** jdm eine Fratze schneiden **2** *(moina)* Ziererei *f.*, Getue *n.* ◆ ***fare una ~ di dolore, di ribrezzo*** vor Schmerz, vor Ekel das Gesicht verziehen.

smor|fio|sa f. Zimperliese *f.*: ◆ ***fare la -a*** zimperlich sein; *(fare la civetta)* kokettieren. **smor|fio|so I** agg. zimperlich **II** m. Zimperling *m.*; ***fare lo ~*** zimperlich sein.

smor|to agg. **1** blass, bleich: ***diventare ~ per la paura*** bleich vor Angst werden **2** *(sbiadito)* verblasst, fahl: ***giallo ~*** verblasstes Gelb **3** ESTENS. *(poco vivace)* ausdruckslos, glanzlos.

smor|za|men|to m. Dämpfung *f.*, Abdämpfung *f.*, Abschwächung *f.* ◆ ***~ di suono*** Schalldämpfung *f.*

smor|za|re I tr. **1a** dämpfen, ab‿schwächen (anche FIG.): ***~ un suono*** einen Ton dämpfen; ***~ gli entusiasmi di qcn.*** jds Begeisterung dämpfen **b** *(luce)* ab‿dämpfen, dämpfen **2** *(placare)* stillen, löschen: ***~ la sete*** den Durst löschen **3** SPORT ***~ la palla*** den Ball stoppen **II** pronom. **smorzarsi 1** sich ab‿schwächen, schwächer werden **2** *(di suono; spegnersi a poco a poco)* ab‿klingen, verklingen,

verhallen **3** FIG. sich vermindern, sinken.
smor|za|ta f. Stoppball *m.*; ***fare una ~*** den Ball stoppen. **smor|za|to** p.pass. agg. **1** → **smorzare 2** SPORT ***palla -a*** Stoppball *m.* **smor|za|to|re I** m. Dämpfer *m.* **II** agg. dämpfend, Dämpfungs- ◆ ***~ di oscillazione*** Schwingungsdämpfer *m.*
smot|ta|men|to m. Erdrutsch *m.* **smot|ta|re** intr. (aus. *essere*) ab‿rutschen, rutschen.
smoz|zi|ca|re tr. *(smozzico, smozzichi)* **1** zerschneiden: ***~ un pezzo di pane*** ein Stück Brot zerschneiden **2** *(mordicchiare)* knabbern **3** FIG. verstümmeln: ***~ una frase, le parole*** einen Satz, die Wörter verstümmeln.
smoz|zi|ca|to p.pass. agg. **1** → **smozzicare 2** zerschnitten **3** *(mordicchiato)* angeknabbert **4** FIG. verstümmelt, abgehackt: ***un modo di parlare ~*** eine abgehackte Redeweise.
smun|to agg. abgemagert, abgezehrt: ***viso ~*** abgemagertes Gesicht.
smuo|ve|re *(smossi, smosso)* **I** tr. **1** weg‿rücken, verrücken, verschieben: ***~ un armadio*** einen Schrank verrücken **2** *(rivoltare)* auf‿lockern: ***~ il terreno con la vanga*** den Boden mit dem Spaten auflockern **3** FIG. *(dissuadere)* ab‿bringen: ***~ qcn. da qcs.*** jdn von etw. abbringen: ***quando si mette in testa qualcosa nessuno lo smuove più*** wenn er sich etwas in den Kopf setzt, bringt ihn niemand mehr davon ab; ***non si è lasciato ~ neppure dalla moglie*** nicht einmal seine Frau hat ihn von seiner Meinung abbringen können **4** FIG. *(scuotere)* auf‿rütteln: ***neppure quella notizia lo smosse*** nicht einmal diese Nachricht rüttelte ihn auf **II** pronom. **smuoversi 1** sich bewegen **2** *(recedere)* seine Meinung ändern **3** FIG. *(scuotersi)* aufgerüttelt werden ◆ FIG. ***~ le montagne*** Berge versetzen; FIG. ***non -rsi di un millimetro*** keinen Millimeter von etw. ab‿weichen.
smus|sa|men|to m. → **smussatura.**
smus|sa|re tr. **1** ab‿kanten, ab‿runden: ***~ uno spigolo*** eine Kante abrunden **2** FIG. mildern, ab‿runden: ***~ l'asprezza del proprio carattere*** die Härte seines Charakters mildern; ***~ le asprezze dello stile*** die Härten des Stils abrunden **II** pronom. **smussarsi** ab‿stumpfen, stumpf werden. **smus|sa|to** p.pass. agg. **1** → **smussare 2a** abgekantet, abgerundet, bestoßen **b** *(non affilato)* stumpf, abgestumpft **3** FIG. gemildert, abgerundet ◆ ***angolo ~*** Schrägkante *f.*; ***spigolo ~*** Fase *f.*
smus|sa|tu|ra f. Abkantung *f.*, Abrundung *f.*
snack ['snæk, *üblich* znek] m.inv. Snack *m.*, Imbiss *m.*
snack-bar ['snæk bɑː, *üblich* znek 'bar] m.inv. Snackbar *f.*, Imbissstube *f.*
sna|tu|ra|re I tr. **1** ***~ qcs.*** etw., die Natur von etw. zerstören **2** *(deturpare)* verunstalten, entstellen **3** FIG. entstellen, verdrehen: ***~ il senso di un testo traducendolo*** beim Übersetzen den Sinn eines Textes entstellen **II** pronom. **snaturarsi** entarten.
sna|tu|ra|to p.pass. agg. **1** → **snaturare 2** *(deturpato)* verunstaltet, entstellt: ***un'area -a dall'industrializzazione*** ein durch die Industrialisierung verunstaltetes Gebiet **3a** *(di persona)* ungeraten, entartet: ***figlio ~*** entarteter Sohn **b** ***madre -a, padre ~*** Rabenmutter *f.*, Rabenvater *m.*
sna|zio|na|liz|za|re tr. **1** entnationalisieren **2** *(privatizzare)* privatisieren. **sna|zio|na|liz|za|zio|ne** f. **1** Entnationalisierung *f.* **2** *(riprivatizzazione)* Privatisierung *f.*
sneb|bia|re tr. *(snebbio, snebbi)* entnebeln, vom Nebel befreien: ***~ l'aeroporto*** den Flughafen vom Nebel befreien ◆ ***~ la mente a qcn.*** jdn ernüchtern.
snel|lez|za f. **1** Schlankheit *f.* **2** FIG. *(pregnanza)* Prägnanz *f.* **3** *(scorrevolezza)* Gewandtheit *f.*, Flüssigkeit *f.*: ***~ di stile*** Gewandtheit des Stils.
snel|li|men|to m. **1** Schlankmachen *n.* **2** FIG. *(semplificazione)* Vereinfachung *f.*; *(lo sveltire)* Beschleunigung *f.*: ***lo ~ di una procedura burocratica*** die Beschleunigung eines bürokratischen Verfahrens.
snel|li|re *(snellisco, snellisci)* **I** tr. **1** schlank machen; ***esercizi ginnici per ~ i fianchi*** Gymnastikübungen, um die Hüften schlank zu machen **2** *(far apparire più snello)* schlank machen, schlank erscheinen lassen: ***questo abito la snellisce*** dieses Kleid macht sie schlank **3** FIG. *(semplificare)* vereinfachen: ***~ una procedura burocratica*** ein bürokratisches Verfahren vereinfachen **II** pronom. **snellirsi** schlank werden.
snel|lo agg. **1** schlank: ***vita -a*** schlanke Taille; ***di corporatura -a*** von schlankem Bau; ***agile e ~*** rank und schlank **2** *(agile, svelto)* flink, behend(e) **3** FIG. *(pregnante)* prägnant **4** *(scorrevole)* gewandt, flüssig: ***stile ~*** flüssiger Stil.
sner|va|men|to m. **1** Entnervung *f.* **2** TECN. Fließen *n.*
sner|van|te agg. entnervend, enervierend, nervenaufreibend, COLLOQ. nervend: ***rumore ~*** entnervender Lärm; ***caldo ~*** enervierende Hitze; ***essere ~*** nerven, enervieren; ***un'attesa ~*** ein zermürbendes Warten. **sner|va|re I** tr. **1a** *(logorare)* zermürben, COLLOQ. nerven: ***l'attesa lo ha snervato*** das Warten hat ihn genervt **b** *(sfinire)* entkräften, schwächen **2** TECN. fließen **II** pronom. **snervarsi 1** *(logorarsi)* sich auf‿reiben **2** *(sfinirsi)* sich ab‿mühen, ermatten.
sni|da|re tr. **1** auf‿stöbern, auf‿jagen: ***~ un uccello*** einen Vogel aufstöbern **2** ESTENS. aus‿heben: ***~ un covo di malviventi*** ein Verbrechernest ausheben.
snif|fa|re tr. sniffen (anche assol.): ***~ cocaina*** Kokain sniffen (*o* koksen). **snif|fa|ta** f. Sniff *m.* **snif|fa|to|re** m. Sniffer *m.*
snob I agg.inv. snobistisch, blasiert **II** m.inv. Snob *m.* ◆ ***diventare ~*** versnoben. **snob|ba|re** tr. schneiden, ignorieren: ***~ qcn.*** jdn schneiden (*o* jdm die kalte Schulter zeigen).
sno|bi|smo m. Snobismus *m.* **sno|bi|sta** *(-i,-e)* **I** m. e f. Snob *m.* **II** agg. snobistisch. **sno|bi|sti|ca|men|te** avv. snobistisch, blasiert. **sno|bi|sti|co** agg. *(-ci,-che)* snobistisch.
snoc|cio|la|men|to m. Entkernung *f.* **snoc|cio|la|re** tr. *(snocciolo)* **1** entkernen, entsteinen: ***~ le olive*** Oliven entkernen **2** FIG. ***~ una sfilza di bugie*** eine Unmenge von Lügen von sich geben **3** COLLOQ. *(sborsare)* heraus‿rücken. **snoc|cio|la|to|io** m. *(-oi)* Entkerner *m.*
sno|da|bi|le agg. verstellbar, Gelenk-: ***lampada ~*** verstellbare Lampe.
sno|da|re I tr. **1** *(sfare il nodo)* auf‿knoten, auf‿knüpfen: ***~ una fune*** ein Seil aufknoten **2** *(rendere agile)* gelenkig machen, geschmeidig machen: ***la ginnastica snoda le gambe*** Gymnastik macht die Beine gelenkig **II** pronom. **snodarsi** sich schlängeln, sich winden, sich krümmen: ***la strada si snoda tra i campi*** der Weg windet sich durch die Felder ◆ FIG. ***~ la lingua*** die Zunge lösen.
sno|da|to p.pass. agg. **1** → **snodare 2** gelenkig, Gelenk-: ***è molto -a*** sie ist sehr gelenkig; ***braccio ~*** Gelenkarm *m.*
sno|do m. MECC. Gelenk *n.* ◆ ***~ autostradale*** Autobahnkreuz *m.*; ***~ a crociera*** Kardangelenk *n.* (*o* Kreuzgelenk *n.*); ***~ sferico*** Kugelgelenk *n.*
snu|da|re tr. LETT. ***~ la spada*** das Schwert zücken (*o* blank‿ziehen).
SO ⇒ *Sudovest* Südwest.
soap op|e|ra ['soʊp 'ɒpərə] f.inv. Seifenoper *f.*
so|a|ve|men|te avv. angenehm, lieblich. **so|a|ve** avv. angenehm, lieblich: ***voce ~*** angenehme Stimme; ***suono ~*** lieblicher Klang; ***profumo ~*** lieblicher Duft. **so|a|vi|tà** f. Lieblichkeit *f.*
sob|bal|za|re intr. (aus. *avere*) **1** holpern: ***la macchina sobbalzava sui ciottoli*** das Auto holperte über das Straßenpflaster **2** *(trasalire)* zusammen‿fahren ◆ ***fare ~ qcn. dallo spavento*** jdn auf‿schrecken. **sob|bal|zo** m. **1** Sprung *m.*, Satz *m.* **2** *(trasalimento)* Zusammenfahren *n.*; ***fare un ~*** zusammen‿fahren (*o* in die Höhe fahren) **3** *(di macchina)* Stoß *m.* ◆ ***di ~*** plötzlich; ***svegliarsi di ~*** aus dem Schlaf auf‿fahren.
sob|bar|ca|re *(sobbarco, sobbarchi)* **I** tr. überhäufen: ***~ qcn. di lavoro*** jdn mit Arbeit überhäufen **II** pronom. ***sobbarcarsi qcs.*** sich (D) etw. auf‿bürden; ***mi sono sobbarcato tutte le spese*** ich habe mir sämtliche Kosten aufgebürdet.
sob|bol|li|re intr. (aus. *avere*) **1** *(bollire leggermente)* köcheln **2** *(iniziare a bollire)* auf‿kochen.
sob|bor|go m. *(-ghi)* Vorort *m.*, Vorstadt *f.*
so|bil|la|men|to m. Hetzerei *f.*, Aufwiegelei *f.*
so|bil|la|re tr. auf‿hetzen, auf‿wiegeln: ***~ qcn. contro qcn., qcs.*** jdn gegen jdn, etw. aufhetzen (*o* aufwiegeln); ***~ qcn. alla violenza*** jdn zur Gewalt aufhetzen. **so|bil|la|to|re I** m. Hetzer *m.*, Aufhetzer *m.*, Aufwiegler *m.* **II** agg. aufhetzend, aufwiegelnd. **so|bil|la|zio|ne** f. Hetzerei *f.*, Aufwiegelei *f.*
so|bria|men|te avv. **1** nüchtern, schlicht: ***una stanza arredata ~*** ein nüchtern eingerichtetes Zimmer; ***essere vestito ~*** schlicht gekleidet sein **2** *(moderatamente)* schlicht. **so|brie|tà** f. **1** Nüchternheit *f.* **2** *(moderazione)* Mäßigkeit *f.*: ***~ nel bere e nel mangiare*** Mäßigkeit im Trinken und Essen.
so|brio agg. *(-bri,-brie)* **1** *(non ubriaco)* nüchtern **2** *(essenziale)* nüchtern, sachlich: ***stile ~*** sachlicher Stil **3** *(semplice)* einfach: ***abbigliamento ~*** einfache Kleidung **4** *(moderato)* mäßig: ***un pasto ~*** eine mäßige Mahlzeit; ***stile di vita ~*** mäßige Lebensweise.
soc. ⇒ *società* Gesellschaft (Ges.).
soc|chiu|de|re tr. *(socchiusi, socchiuso)* **1** halb schließen: ***~ gli occhi*** die Augen halb schließen **2** *(porte, finestre)* an‿lehnen.
soc|chiu|so p.pass. agg. **1** → **socchiudere 2a** *(semichiuso)* halbgeschlossen; *(semiaperto)* halboffen **b** *(di porte e finestre)* angelehnt.
soc|ci|da f. Viehpacht *f.*
soc|com|ben|te I agg. **1** unterlegen, unterliegend **2** DIR. den Prozess verlierend **II** m. **1** Unterliegende *m.* **2** DIR. verlierende Partei *f.*

soc|com|be|re intr. *(soccombei/soccombetti;* aus. *essere)* **1** *(cedere)* unterliegen, erliegen: ***~ alla violenza, al nemico*** der Gewalt, dem Feind unterliegen; ***essere destinato a ~*** unterliegen müssen **2** *(morire)* erliegen ◆ ***~ in giudizio*** den Prozess verlieren.

soc|cor|re|re *(soccorsi, soccorso)* **I** tr. **1** ***~ qcn.*** jdm zu Hilfe kommen, jdm Hilfe bringen: ***~ i feriti*** den Verletzten Hilfe bringen **II** intr. (aus. *essere, avere*) LETT. *(venire in mente)* in den Sinn kommen **III** pronom. **soccorrersi** einander (D) Hilfe bringen.

soc|cor|re|vo|le agg. hilfreich, hilfsbereit.

soc|cor|ri|to|re I m. Helfer *m.* **II** agg. helfend.

soc|cor|so m. **1** Hilfe *f.*, Beistand *m.*: ***andare in ~ di qcn.*** jdm zu Hilfe kommen; ***chiamare qcn. in ~*** jdn zu Hilfe rufen; ***prestare ~ a qcn.*** jdm Hilfe leisten; ***~ medico*** ärztliche Hilfe **2** pl. Hilfe *f.*, Hilfsgüter *pl.*: ***inviare -i alle popolazioni colpite dal terremoto*** der erdbebengeschädigten Bevölkerung Hilfe zukommen lassen ◆ ***~ aeronautico*** Flugrettungsdienst *m.*; ***~ alpino*** Bergwacht *f.*; ***chiamata di ~*** Hilferuf *m.*; ***colonnina di ~*** Notrufsäule *f.*; ***~ marittimo*** Seenotrettungsdienst *m.*; ***società di mutuo ~*** Gegenseitigkeitsverein *m.*, Hilfsverein *m.* auf Gegenseitigkeit; ***omissione di ~*** unterlassene Hilfeleistung; ***pronto ~*** erste Hilfe; *(in ospedale)* Ambulanz *f.*, Notaufnahme *f.*; ***cassetta di pronto ~*** Verband(s)kasten *m.*; ***servizio di ~*** Hilfsdienst *m.*; ***~ stradale*** Pannendienst *m.*

so|cia|bi|le agg. soziabel. **so|cia|bi|li|tà** f. Soziabilität *f.*

so|cial|de|mo|cra|ti|co I agg. *(-ci,-che)* sozialdemokratisch: ***partito ~*** sozialdemokratische Partei **II** m. *(-ci)* Sozialdemokrat *m.* **so|cial|de|mo|cra|zi|a** f. Sozialdemokratie *f.*

so|cia|le I agg. **1** *(della vita associata, in comunità)* gesellschaftlich, Gesellschafts-: ***vita ~*** gesellschaftliches Leben **2** *(della, per la società)* sozial, Sozial-: ***condizioni, valori -i*** soziale Verhältnisse, Sozialwerte *pl.*; ***questione, giustizia ~*** Sozialfrage *f.*, soziale Gerechtigkeit; ***servizio ~*** sozialer Dienst; ***riforma ~*** Sozialreform *f.*; ***strutture -i*** Sozialwesen *n.* **3** *(che concerne un'associazione)* Gesellschafts-: ***capitale ~*** Gesellschaftskapital *n.*; ***quota ~*** Gesellschaftsanteil *m.* **II** m. Sozialwesen *n.*: ***impegnarsi nel ~*** im Sozialwesen tätig sein ◆ ***assistente ~*** Sozialhilfe *f.*; ***attività ~*** soziale Tätigkeit; *(mondana)* gesellschaftliche Aktivität; ***classe ~*** Gesellschaftsklasse *f.*; ***conflitto ~*** Sozialkonflikt *m.*, gesellschaftlicher Konflikt; ***impegno ~*** soziales Engangement; *(mondano)* gesellschaftliche Verpflichtung; ***parti -i*** Sozialpartner *m.*; ***previdenza ~*** Sozialversicherung *f.*, gesetzliche Sozialfürsorge; ***scienze -i*** Sozialwissenschaften *pl.*; ***Stato ~*** Sozialstaat *m.*; ***Stato ~ di diritto*** sozialer Rechtsstaat.

so|cia|li|smo m. Sozialismus *m.*: ***~ reale*** realer Sozialismus; ***~ riformistico*** Reformsozialismus *m.*; ***~ di Stato*** Staatssozialismus *m.*

so|cia|li|sta *(-i,-e)* **I** agg. sozialistisch **II** m. e f. Sozialist *m.* (-in *f.*).

so|cia|li|sti|co agg. *(-ci,-che)* sozialistisch.

so|cia|li|tà f. Gemeinschaftssinn *m.*, Soziabilität *f.*

so|cia|liz|za|re I tr. ECON. sozialisieren, vergesellschaften **II** intr. (aus. *avere*) Kontakte knüpfen: ***avere difficoltà a ~*** Schwierigkeiten haben, Kontakte zu knüpfen. **so|cia|liz|za|zio|ne** f. **1** ECON. Sozialisierung *f.*, Vergesellschaftung *f.* **2** PSIC. Sozialisation *f.*

so|cial|men|te avv. gesellschaftlich, sozial: ***elevarsi ~*** sozial auf‿steigen; ***essere impegnato ~*** sozial engagiert sein ◆ ***~ pericoloso*** gemeingefährlich.

so|cie|tà f.inv. **1** Gesellschaft *f.*: ***vivere in ~*** in der Gesellschaft leben; ***essere utile alla ~*** der Gesellschaft nutzen; ***debuttare in ~*** in die Gesellschaft eingeführt werden; ***essere presentato in ~*** der Gesellschaft vorgestellt werden; ***introdurre qcn. in ~*** jdn in die Gesellschaft ein‿führen; ***la ~ moderna*** die moderne Gesellschaft; ***~ borghese, pluralistica*** bürgerliche, pluralistische Gesellschaft **2** ECON. Gesellschaft *f.*, Unternehmen *n.*: ***una ~ giapponese*** eine japanische Gesellschaft; ***mettersi in, fondare una ~ con qcn.*** mit jdm eine Gesellschaft gründen **3** *(associazione)* Klub *m.*, Verein *m.* **4** ZOOL. Sozietät *f.*, Staat *m.* ◆ ***~ in accomandita*** Kommanditgesellschaft *f.*; ***alta ~*** Highsociety *f.*; ***appartenere all'alta ~*** zur Gesellschaft gehören; ***~ di assicurazioni*** Versicherungsgesellschaft *f.*; ***~ per azioni*** Aktiengesellschaft *f.*; ***~ del benessere*** Wohlstandsgesellschaft *f.*; ***~ di calcio*** Fußballverein *m.*; ***~ di capitali*** Kapitalgesellschaft *f.*; ***~ civile*** Bürgerschaft *f.*; ***~ in nome collettivo*** offene Handelsgesellschaft; ***~ commerciale*** Handelsgesellschaft *f.*; ***~ di comodo*** Scheingesellschaft *f.*; ***~ dei consumi*** Konsumgesellschaft *f.*; ***~ di costruzioni*** Baugesellschaft *f.*; ***~ distributrice*** Vertriebsgesellschaft *f.*; ***~ elettrica*** Elektrizitätsgesellschaft *f.*; ***essere in ~ con qcn., fare ~ con qcn.*** jds Partner sein; *(collaborare)* mit jdm zusammen‿arbeiten; ***~ feudale*** Feudalgesellschaft *f.*; ***~ fiduciaria*** Treuhandgesellschaft *f.*; ***~ finanziaria*** Finanzgesellschaft *f.*, Holdinggesellschaft *f.*; ***~ fittizia*** Scheingesellschaft *f.*; ***gioco di ~*** Gesellschaftsspiel *n.*; ***~ avente personalità giuridica*** rechtsfähige Gesellschaft; ***~ immobiliare*** Immobiliengesellschaft *f.*; ***imposta sulla ~*** Gesellschaftssteuer *f.*; FIG. ***fare qcs. in ~ con qcn.*** etw. gemeinsam mit jdm machen; ***~ di investimento*** Investmentgesellschaft *f.*, Investmenttrust *m.*; ***Isole della Società*** Gesellschaftsinseln *pl.*; ***~ letteraria*** Schriftstellerverein *m.*; ***~ madre*** Muttergesellschaft *f.*; ***~ di massa*** Massengesellschaft *f.*; ***~ mineraria*** Bergbaugesellschaft *f.*; ***~ di navigazione*** Schifffahrtsgesellschaft *f.*; ***~ di navigazione aerea*** Luftverkehrsgesellschaft *f.*; ***Società delle Nazioni*** Völkerbund *m.*; ***l'onorata ~*** *(in Campania)* = Kamorra *f.*; *(in Sicilia)* = Mafia *f.*; ***~ di partecipazione*** Holding *f.*; ***~ petrolifera*** Erdölgesellschaft *f.*; ***~ registrata*** eingetragene Gesellschaft; ***~ a responsabilità limitata, illimitata*** Gesellschaft mit beschränkter, unbeschränkter Haftung; ***~ segreta*** Geheimbund *m.*; ***~ di servizi*** Dienstleistungsbetrieb *m.*; ***~ di mutuo soccorso*** Gegenseitigkeitsverein *m.*, Hilfsverein *m.* auf Gegenseitigkeit; ***~ sportiva*** Sportklub *m.*

so|cie|ta|rio agg. *(-ri,-rie)* Unternehmens-, Gesellschafts-: ***diritto ~*** Unternehmensrecht *n.*; ***patto ~*** Gesellschaftsabkommen *n.*

so|cie|vo|le agg. **1** umgänglich, verträglich, gesellig: ***una persona ~*** ein verträglicher Mensch; ***avere un'indole ~*** eine gesellige Natur haben **2** SOCIOL. soziabel. **so|cie|vo|lez|za** f. Geselligkeit *f.* **so|cie|vol|men|te** avv. gesellig.

so|cio m. *(-ci)* **1** ECON. Gesellschafter *m.*, Teilhaber *m.*: ***~ accomandante, limitatamente responsabile*** beschränkt haftender Gesellschafter; ***~ accomandatario, illimitatamente responsabile*** persönlich haftender Gesellschafter; ***~ minoritario, maggioritario*** Teilhaber mit Aktienminderheit, mit Aktienmehrheit; ***~ occulto*** stiller Teilhaber **2** *(di club, associazioni)* Mitglied *n.*: ***~ effettivo*** ordentliches Mitglied; ***~ promotore*** förderndes Mitglied; ***riservato ai -ci*** nur für Mitglieder **3** SCHERZ. Sozius *m.*, Genosse *m.*, Kumpan *m.* ◆ ***~ d'affari*** Geschäftspartner *m.*; ***~ fondatore*** Gründungsmitglied *n.*; ***~ onorario*** Ehrenmitglied *n.*; ***tessera di ~*** Mitgliedskarte *f.*

so|cio|cul|tu|ra|le agg. soziokulturell.

so|cio|e|co|no|mi|co agg. *(-ci,-che)* sozioökonomisch.

so|cio|gra|fi|a f. Soziographie *f.*

so|cio|let|to m. Soziolekt *m.*

so|cio|lin|gui|sti|ca f. Soziolinguistik *f.* **so|cio|lin|gui|sti|co** agg. *(-ci,-che)* soziolinguistisch.

so|cio|lo|gi|a f. Soziologie *f.*, Gesellschaftslehre *f.* ◆ ***~ del diritto*** Rechtssoziologie *f.*; ***~ del lavoro*** Arbeitssoziologie *f.*; ***~ della letteratura*** Literatursoziologie *f.* **so|cio|lo|gi|ca|men|te** avv. soziologisch. **so|cio|lo|gi|co** agg. *(-ci,-che)* soziologisch. **so|cio|lo|go** m. *(-gi)* Soziologe *m.*

so|cio|me|tri|a f. Soziometrie *f.*

so|cio|po|li|ti|co agg. *(-ci,-che)* gesellschaftspolitisch.

so|cio|sa|ni|ta|rio agg. *(-ri,-rie)* des Gesundheitswesens: ***strutture -rie*** Einrichtungen des Gesundheitswesens.

So|cra|te n.pr.m. Sokrates *m.* **so|cra|ti|co I** agg. *(-ci,-che)* sokratisch: ***metodo ~*** sokratische Methode **II** m. *(-ci)* Sokratiker *m.*

so|da f. **1** CHIM. Natriumkarbonat *n.* **2** *(acqua)* Soda *f.* e *n.*, Sodawasser *n.*: ***whisky e ~*** Whisky mit Soda ◆ ***~ caustica*** Ätznatron *n.*, kaustische (*o* kaustisches) Soda; ***soluzione di ~ caustica*** Natronlauge *f.*

so|da|glia f. Brachfeld *n.*, Brache *f.*

so|da|le m. e f. **1** STOR. Gesellschaftsmitglied *n.* **2** LETT. Kamerad *m.* (-in *f.*), Genosse *m.* (Genossin *f.*).

so|da|li|zio m. *(-zi)* **1** Verein *m.* **2** FIG. Bund *m.*, Freundschaftsbund *m.* ◆ ***~ sportivo*** Sportverein *m.*

sod|di|sfa|cen|te agg. befriedigend, zufrieden stellend: ***risultato ~*** zufrieden stellendes Ergebnis; ***la situazione si evolve in modo ~*** die Entwicklung der Lage ist zufrieden stellend ◆ ***non ~*** unbefriedigend.

sod|di|sfa|ci|men|to m. **1** Befriedigung *f.*: ***il ~ dei bisogno primari*** die Befriedigung der Grundbedürfnisse **2** *(adempimento)* Erfüllung *f.*, Befriedigung *f.*: ***il ~ di un desiderio*** die Befriedigung (*o* Erfüllung) eines Wunsches **3** *(pagamento)* Bezahlung *f.*, Befriedigung *f.*

sod|di|sfa|re *(soddisfaccio/soddisfo, soddisfai/soddisfi; soddisfeci; soddisfatto)* **I** tr. **1** befriedigen, zufrieden stellen: ***~ i bisogni, le pretese*** die Bedürfnisse, die Ansprüche befriedigen; ***~ i propri istinti*** seine Triebe befriedigen; ***~ i clienti*** die Kunden zufrieden stellen; ***~ qcn. sessualmente*** jdn sexuell befriedigen; ***questo lavoro non mi soddisfa*** diese Arbeit befriedigt mich nicht **2** *(appagare)* befriedigen, stillen: ***~ la curiosità*** die Neugierde stillen (*o* befriedigen); ***~ la fame, la sete*** den Hunger, den Durst stillen **3a** *(adempiere)* ***~ qcs.*** etw. erfüllen, etw. (D) nach‿kommen; ***~ un'esigenza*** einer Forderung nachkommen; ***~ un impegno, un desi-***

derio einen Auftrag, einen Wunsch erfüllen; COMM. ~ la domanda der Nachfrage nachkommen **b** ~ gli obblighi militari die Wehrpflicht ab‿leisten **4** (riparare) wieder gut‿machen: ~ un'offesa eine Beleidigung wieder gutmachen **5** (pagare) zufrieden stellen, begleichen: ~ i creditori die Gläubiger zufrieden stellen; ~ un debito Schulden begleichen **6** MAT. FIS. erfüllen, entsprechen: quale valore di x soddisfa questa equazione? welcher Wert für x erfüllt (o welchem Wert für x entspricht) diese Gleichung? **II** intr. (aus. avere) **1** ~ a qcs. etw. (D) nach‿kommen, etw. erfüllen: ~ a una condizione eine Bedingung erfüllen; ~ a una promessa ein Versprechen erfüllen **2** (riparare) wieder gut‿machen: ~ a un'offesa eine Beleidigung wieder gutmachen.

sod|di|sfat|to p.pass. agg. **1** → soddisfare **2** zufrieden, befriedigt: essere ~ di qcn., qcs. mit jdm, etw. zufrieden sein; mostrarsi ~ sich zufrieden zeigen; restare ~ zufrieden sein, bleiben **3** (pagato) bezahlt, beglichen, befriedigt: debito ~ beglichene Schuld.

sod|di|sfa|zio|ne f. **1** Befriedigung f., Zufriedenheit f.: provare ~ Befriedigung empfinden; con mia ~ zu meiner Zufriedenheit (o Genugtuung); è per me motivo di ~ für mich ist das ein Grund zur Zufriedenheit **2** (riparazione) Genugtuung f.: chiedere, dare ~ di un'offesa Genugtuung für eine Beleidigung fordern, geben ◆ avere molte -i nella vita ein sehr befriedigendes Leben haben; IRON. bella ~! das ist nicht grad toll! ~ di un bisogno Bedürfnisbefriedigung f.; non c'è ~ es macht keinen Spaß; dare molte -i sehr aus‿füllen, befriedigen; questo lavoro mi dà molte -i diese Arbeit füllt mich sehr aus; il figlio gli dà molte -i der Sohn macht ihm viel Freude.

so|dez|za f. Festigkeit f., Straffheit f.

so|di|co agg. (-ci,-che) Natrium-, Natron-: cloruro ~ Natriumchlorid n. **so|dio** m. Natrium n. ◆ bicarbonato di ~ Natron n.; carbonato di ~ Natriumkarbonat n., kohlensaures Natron; cloruro di ~ Natriumchlorid n.; idrossido di ~ Natriumhydroxid n.; iposolfito di ~ Fixiersalz n.; nitrato di ~ Natriumnitrat n., salpetersaures Natron; povero di ~ natriumarm; solfato di ~ Natriumsulfat n.

so|do **I** agg. fest, hart, straff: braccia -e straffe Arme **II** avv. fest, hart: dormire, picchiare ~ fest schlafen, zu‿schlagen; lavorare ~ hart arbeiten **III** m. fester Grund m., fester Boden m.: costruire sul ~ auf festem Grund bauen ◆ uova -e hart gekochte Eier; FIG. venire, passare al ~ zur Sache kommen.

So|do|ma n.pr.f. Sodom n.

so|do|mi|a f. **1** Analverkehr m. **2** (omosessualità) (männliche) Homosexualität f. **so|do|mi|ta** m. **1** Sodomit m. **2** (omosessuale) Homosexuelle m. **so|do|mi|ti|co** agg. (-ci,-che) **1** anal, Anal-: rapporti -ci Analverkehr m. **2** (omosessuale) homosexuell. **so|do|miz|za|re** tr. sodomisieren. **so|do|miz|za|zio|ne** f. Ausübung f. des Analverkehrs.

so|fà m.inv. Sofa n.

sof|fe|ren|te **I** agg. **1** leidend, -leidend: espressione ~ leidender Gesichtsausdruck; umanità ~ leidende Menschheit; ~ di stomaco, di fegato magen-, leberleidend **2** (malato) krank, leidend: ~ di asma an Asthma leidend **II** m. Leidende m. ◆ avere un'aria ~ mitgenommen aus‿sehen.

sof|fe|ren|za f. Leiden n., Qual f.: sopportare tutte le -e alle Qualen ertragen; liberazione dalla ~ Befreiung vom Leiden; morire tra le -e unter Qualen sterben ◆ che ~! wie furchtbar! cambiale in ~ überfälliger Wechsel; vita piena di -e leidvolles Leben.

sof|fer|ma|re **I** tr. an‿halten, auf‿halten, ruhen lassen: ~ lo sguardo su qcn., qcs. den Blick auf jdn, etw. ruhen lassen **II** pronom. soffermarsi **1** (sostare) stehen bleiben **2** FIG. verweilen, sich auf‿halten: -rsi su un argomento bei einem Thema verweilen; -rsi su faccende secondarie, sui particolari sich bei Nebensächlichkeiten, bei Einzelheiten aufhalten.

sof|fer|to p.pass. agg. **1** → soffrire **2** leidend: sguardo ~ leidender Blick **3** (travagliato) schwierig: scelta -a schwierige Entscheidung ◆ vittoria -a hart erkämpfter Sieg.

sof|fia|re (soffio, soffi) **I** intr. (aus. avere) **1** blasen, pusten: ~ sulla minestra auf die Suppe blasen (o pusten); ~ sulla brace in die Glut blasen; ~ aria in un palloncino Luft in einen Luftballon blasen **2** (di vento) wehen, blasen: il vento soffia da nord der Wind weht von Norden **3** (sbuffare) schnauben: ~ d'impazienza vor Ungeduld schnauben **4** (di felino) fauchen **5** (di serpente) zischen **II** tr. **1** blasen: ~ il fumo dal naso den Rauch durch die Nase blasen; ~ il vetro Glas blasen **2** (cereali) puffen: ~ il riso, il mais Reis, Mais puffen **3a** COLLOQ. (sottrarre) weg‿schnappen: ~ il posto a qcn. jdm den Posten wegschnappen **b** (persone) aus‿spannen, weg‿angeln, abspenstig machen; ~ la ragazza a qcn. jdm die Freundin ausspannen **c** SPORT ~ la palla a qcn. jdm den Ball ab‿nehmen (o jdm den Ball vom Fuß spitzeln) **d** (rubare) klauen: ~ il portafoglio a qcn. jdm den Geldbeutel klauen **4a** GERG. (spifferare) aus‿plaudern **b** assol. plaudern **5** GIOC. weg‿nehmen: ~ una pedina all'avversario dem Gegenspieler einen Stein wegnehmen ◆ ~ su una candela e spegnerla eine Kerze aus‿blasen; FIG. ~ sul collo a qcn. jdm im Nacken sitzen; ~ il fumo in faccia a qcn. jdm den Rauch ins Gesicht pusten (o blasen); ~ sul fuoco in die Glut blasen; FIG. das Feuer schüren; ~ come un mantice wie eine Lokomotive schnaufen; -rsi il naso sich die Nase schnäuzen (o putzen); ~ il naso a qcn. jdm die Nase putzen; ~ qcs. nell'orecchio etw. ins Ohr flüstern; ~ via ab‿blasen (o weg‿blasen).

sof|fia|ta f. **1a** Blasen n. **b** ~ di naso Schnauben n. **2** (suggerimento) Tipp m., Wink m. **3a** GERG. (notizia riservata) (geheimer) Tipp m., (geheimer) Hinweis m.; da chi hai avuto la ~? wer hat dir den Tipp gegeben? **b** (delazione) Anzeige f.

sof|fia|to p.pass. agg. **1** → soffiare **2** vetro ~ (mund)geblasenes Glas **3** (insufflato) eingeblasen ◆ riso ~ Puffreis m. **sof|fia|to|re** m. **1** Glasbläser m. **2** (canna per fuoco) Blasrohr n. **sof|fia|tu|ra** f. **1** Blasen n., Blaserei f. **2** METALL. Lunker m., Lunkerung f. ◆ ~ del vetro Glasbläserei f., Glasblasen n.

sof|fi|ce agg. **1** weich, mollig: cuscino, letto ~ weiches Kissen, Bett; pane ~ weiches Brot **2** (non compatto) locker: neve ~ lockerer Schnee; terreno ~ lockerer Boden **3** FIG. (dolce) sanft ◆ ~ come una piuma daunenweich.

sof|fie|ri|a Gebläse n., Windgebläse n.

sof|fiet|to m. **1a** Blasebalg m. **b** (per insetticidi) Sprühgerät n. **2** FOT. Balgen m. **3** GIORN. Propagandaartikel m. ◆ porta a ~ Falttür f.; macchina fotografica a ~ Balgenkamera f.

sof|fio m. (-fi) **1** Blasen n., Hauch m.: non c'è un ~ di vento es regt sich kein Hauch **2** (di felino) Fauchen n. **3** (di serpente) Zischen n. **4** MED. Geräusch n. **5** FIG. (ispirazione) Eingebung f. ◆ essere a un ~ da qcs. knapp vor etw. stehen; ~ d'aria Lufthauch m.; avere il ~ al cuore ein Herzgeräusch haben; FIG. di un ~ um ein Haar (o um Haaresbreite): mancare il bersaglio di un ~ das Ziel um Haaresbreite verfehlen; FIG. in un ~ im Nu; FIG. per un ~ um ein Haar (o um Haaresbreite), ganz knapp: vincere per un ~ ganz knapp gewinnen; spegnere la candela con un ~ die Kerze mit einem Atemzug aus‿pusten; ~ di vento Windhauch m.

sof|fio|ne m. **1** GEOL. Soffione f., Bläser m. **2** BOT. Löwenzahn m.; COLLOQ. Pusteblume f. **3** (canna per fuoco) Blasrohr n.

sof|fit|ta f. **1** (piano) Dachgeschoss n. **2a** (locale) Dachboden m., Boden m., Speicher m. **b** (mansarda) Dachkammer f., Mansarde f. **3** TEATR. Schnürboden m.

sof|fit|ta|re tr. mit Decke versehen, die Decke ein‿ziehen. **sof|fit|ta|tu|ra** f. Deckenkonstruktion f.

sof|fit|to m. **1** Decke f. **2** ALP. Überhang m. ◆ ~ a cassettoni Kassettendecke f.; ~ in legno Holzdecke f.; rivestimento del ~ Deckenverkleidung f.; ~ a stucchi Stuckdecke f.; ~ a travi, con travi a vista Balkendecke f.

sof|fo|ca|men|to m. **1** Erstickung f., Ersticken n.: morire per ~ an Erstickung sterben **2** FIG. Beklemmung f. ◆ morte per ~ Erstickungstod m., Tod m. durch Erstickung; principio di ~ Erstickungsanfall m.

sof|fo|can|te agg. **1** drückend, erstickend, stickig: caldo ~ drückende Hitze **2** FIG. erdrückend, beklemmend, erstickend ◆ aria ~ stickige Luft.

sof|fo|ca|re (soffoco, soffochi) **I** tr. **1** ersticken: ~ qcn. con un cuscino jdn mit einem Kissen ersticken; ~ le fiamme die Flammen ersticken; l'edera soffoca l'albero der Efeu erstickt den Baum **2** FIG. erdrücken: ~ qcn. di attenzioni jdn mit seiner Aufmerksamkeit erdrücken **3** FIG. (reprimere) unterdrücken, ersticken: ~ la libertà di qcn. jds Freiheit unterdrücken; ~ una rivolta nel sangue einen Aufstand im Blut ersticken; ~ l'ira den Zorn unterdrücken; ~ il riso das Lachen unterdrücken **II** intr. (aus. essere) ersticken: ~ per il fumo durch den Rauch ersticken; ESTENS. con questo fumo si soffoca bei diesem Rauch erstickt man fast; qui dentro si soffoca hier ist die Luft zum Ersticken; mi sento ~ ich habe das Gefühl, zu ersticken (o ich bekomme keine Luft) ◆ FIG. ~ qcs. sul nascere etw. im Keim ersticken; ~ uno sbadiglio ein Gähnen unterdrücken; ~ uno scandalo einen Skandal vertuschen. **sof|fo|ca|to** p.pass. agg. **1** → soffocare **2** erstickt: una voce -a dal pianto eine tränenerstickte Stimme **3** (represso) unterdrückt: grido ~ unterdrückter Schrei **4** (attutito) erstickt, gedämpft, abgeschwächt: rumore ~ gedämpftes Geräusch. **sof|fo|ca|zio|ne** f. **1** Erstickung f., Ersticken n. **2** FIG. Beklemmung f.

sof|frig|ge|re (soffriggo, soffriggi; soffrissi; soffritto) **I** tr. an‿braten, an‿düsten: ~ le cipolle die Zwiebeln andüsten **II** intr. (aus. avere) an‿braten.

sof|fri|re (soffrii/soffersi; sofferto) **I** tr. **1** leiden, erleiden: ~ la fame

Hunger leiden; ***~ il caldo, il freddo*** unter Hitze, Kälte leiden; ***~ la solitudine*** unter Einsamkeit leiden **2a** *(tollerare)* leiden, erleiden, ertragen, erdulden, dulden, aus‿stehen: ***non poter ~ qcs.*** etw. nicht leiden (*o* ausstehen) können; ***non posso ~ il suo tono*** ich ertrage ihren Ton nicht; ***non posso ~ che lo si tratti così*** ich kann es nicht leiden, dass man ihn so behandelt **b** *(persone)* aus‿stehen, leiden: ***non poter ~ qcn.*** jdn nicht ausstehen können **3** *(subire)* erleiden, erdulden, ertragen: ***~ una perdita*** einen Verlust erleiden **II** intr. (aus. *avere*) leiden: ***~ molto per la morte di qcn.*** unter jds Tod sehr leiden; ***~ in silenzio*** still leiden; ***~ di qcs.*** an etw. (D) leiden; ***~ di una malattia*** an einer Krankheit leiden; ***~ di emicrania*** an Migräne leiden; ***~ di nostalgia*** an Heimweh leiden; ***le piante hanno sofferto per la siccità*** die Pflanzen haben unter der Trockenheit gelitten ◆ ***~ di cuore*** ein Herzleiden haben; EUFEM. ***finire di ~*** ausgelitten haben; FIG. ***~ le pene dell'inferno*** Höllenqualen aus‿stehen (*o* erleiden).

sof|frit|to I p.pass. agg. **1** → **soffriggere 2** angebraten, angedünstet **II** m. angebratenes Gemüse *n.*

sof|fu|so agg. **1** bedeckt, übergossen **2** *(di luce)* dezent, gedämpft, diffus ◆ ***azzurro ~*** verschwommenes Blau; ***occhi -i di lacrime*** tränenverschwommene Augen; ***un volto ~ di rossore*** ein rot angelaufenes Gesicht.

So|fia n.pr.f. Sofia *n.*

So|fi|a n.pr.f. Sophia *f.*, Sophie *f.*

so|fi|sma m. **1** Sophismus *m.* **2a** *(ragionamento cavilloso)* Spitzfindigkeit *f.* **b** *(ragionamento fallace)* Trugschluss *m.* **so|fi|sta** m. e f. *(-i,-e)* **1** Sophist *m.* **2** FIG. *(cavillatore)* Sophist *m.* (-in *f.*), Deutler *m.* (-in *f.*), Rabulist *m.* (-in *f.*). **so|fi|sti|ca** f. Sophistik *f.*

so|fi|sti|ca|re *(sofistico, sofistichi)* **I** intr. (aus. *avere*) **1** Sophismen verwenden **2** FIG. *(cavillare)* deuteln **II** tr. *(adulterare)* verfälschen; *(vino)* panschen.

so|fi|sti|ca|to p.pass. agg. **1** → **sofisticare 2a** verfälscht **b** *(di vino)* gepanscht **3a** FIG. *(ricercato)* gesucht, gekünstelt, geziert, affektiert: ***modi -i*** gekünsteltes Benehmen; ***una donna -a*** eine affektierte Frau **b** *(esagerato)* überspitzt **4** *(tecnicamente avanzato)* hoch entwickelt: ***tecnologia -a*** hoch entwickelte Technologie.

so|fi|sti|ca|to|re m. Verfälscher *m.*, Fälscher *m.*; *(di vino)* Panscher *m.* **so|fi|sti|ca|zio|ne** f. Verfälschung *f.*; *(di vino)* Panschen *n.*

so|fi|sti|che|ri|a f. **1** Sophisterei *f.*, Spitzfindigkeit *f.* **2** *(ragionamento cavilloso)* Spitzfindigkeit *f.*, Haarspalterei *f.*

so|fi|sti|co I agg. *(-ci,-che)* **1** sophistisch **2a** *(schizzinoso)* pingelig **b** *(cavilloso)* sophistisch, spitzfindig, haarspalterisch, rabulistisch **II** m. *(-ci)* **1** *(pedante)* Pedant *m.* **2** *(cavilloso)* Haarspalter *m.*, Rabulist *m.*

So|fo|cle n.pr.m. Sophokles *m.*

soft|ware [-weə, *üblich* -wer] m.inv. Software *f.* ◆ ***~ applicativo*** Anwendersoftware *f.*; ***~ di sistema*** Systemsoftware *f.*; ***~ utente*** Anwendersoftware *f.*

sog|get|ti|sta m. e f. *(-i,-e)* **1** CINEM. Filmautor *m.* (-in *f.*) **2** TELEV. Fernsehautor *m.* (-in *f.*).

sog|get|ti|va|men|te avv. subjektiv. **sog|get|ti|va|re** tr. subjektivieren. **sog|get|ti|vi|smo** m. Subjektivismus *m.* **sog|get|ti|vi|sti|co** agg. *(-ci,-che)* subjektivistisch. **sog|get|ti|vi|tà** f. Subjektivität *f.*

sog|get|ti|vo agg. **1** subjektiv **2** GRAMM. subjektiv, Subjekt-: ***proposizione -a*** Subjektsatz *m.* ◆ ***imposta -a*** Subjektsteuer *f.* (*o* Personalsteuer *f.*).

1.sog|get|to agg. **1** verpflichtet **2** *(sottomesso)* unterworfen: ***~ a qcn.*** jdm unterworfen **3a** *(predisposto)* anfällig: ***essere ~ a qcs.*** für etw. anfällig sein; ***essere ~ a raffreddori*** für Erkältungen anfällig sein (*o* zu Erkältungen neigen); ***essere ~ alla malinconia*** zu Schwermut neigen **b** *(esposto)* ***essere ~ a qcs.*** etw. (D) unterworfen sein (*o* etw. [D] unterliegen); ***essere ~ a cambiamenti*** dem Wandel unterworfen sein; ***essere ~ a cambiamenti d'umore*** Stimmungsschwankungen unterliegen ◆ ***zona -a ad alluvioni*** Überschwemmungsgebiet *n.*; ***~ a coscrizione*** gestellungspflichtig; ***~ a dazio, a dogana*** zollpflichtig; ***~ a imposta*** steuerpflichtig; ***essere ~ a imposta*** steuerpflichtig sein (*o* einer Steuer unterliegen); ***~ a imposta sul reddito*** einkommen(s)steuerpflichtig; ***~ agli obblighi militari (di leva)*** wehrpflichtig; ***~ a mutamento*** wandelbar; ***~ a prescrizione medica*** verschreibungspflichtig; ***~ all'obbligo scolastico*** schulpflichtig.

2.sog|get|to m. **1** Thema *n.*, Gegenstand *m.*: ***il ~ della conversazione*** der Gegenstand des Gesprächs **2** GRAMM. Subjekt *n.*, Satzgegenstand *m.*: ***il ~ va al nominativo*** das Subjekt steht im Nominativ **3** FILOS. PSIC. Subjekt *n.* **4** MUS. Subjekt *n.*, Thema *n.* **5** *(persona)* Subjekt *n.*, Typ *m.*: ***un cattivo ~*** ein übles Subjekt; ***è meglio evitare certi -i*** es ist besser, gewisse Typen zu meiden **6** TELEV. CINEM. Sujet *n.*, Stoff *m.* ◆ IRON. ***è proprio un bel ~!*** das ist vielleicht einer! ***catalogo per -i*** Schlagwortkatalog *m.*; ***commedia a ~*** Stegreifkomödie *f.*; ***~ di diritto*** Rechtssubjekt *n.* (*o* Rechtsperson *f.*); ***~ fiscale, d'imposta*** Steuersubjekt *n.* (*o* Steuerpflichtige *m.*); ***complemento predicativo del ~*** Gleichsetzungsnominativ *m.*; ***recitare a ~*** aus dem Stegreif spielen; MED. ***essere un ~ a rischio*** gefährdet sein; ***un ~ a rischio*** ein Gefährdeter.

sog|ge|zio|ne f. **1** Befangenheit *f.*; ***avere ~ di qcn.*** sich vor jdm befangen fühlen; ***essere in ~*** befangen sein; ***incutere, mettere ~ a qcn.*** jdn befangen machen **2** *(sottomissione)* Unterwerfung *f.*

sog|ghi|gna|re intr. (aus. *avere*) grinsen. **sog|ghi|gno** m. Grinsen *n.*

sog|gia|ce|re intr. *(soggiaccio, soggiaci; soggiacqui; soggiaciuto;* aus. *essere, avere)* unterworfen sein, unterliegen: ***~ a qcs.*** etw. (D) unterliegen, etw. (D) unterworfen sein; ***~ alla volontà di qcn.*** jds Willen unterliegen (*o* jdm zu Willen sein); ***~ al nemico*** dem Feind unterliegen (*o* unterworfen sein).

sog|gio|ga|men|to m. Unterjochung *f.* **sog|gio|ga|re** tr. *(soggiogo, soggioghi)* **1** unterjochen, ins Joch zwingen **2** *(domare)* zügeln: ***~ le passioni*** die Leidenschaft zügeln.

sog|gior|na|re intr. (aus. *avere*) sich auf‿halten, Aufenthalt nehmen: ***~ due mesi al mare*** sich zwei Monate lang am Meer aufhalten.

sog|gior|no m. **1** Aufenthalt *m.*: ***prolungare, interrompere un ~*** einen Aufenthalt verlängern, unterbrechen; ***~ in montagna*** Aufenthalt in den Bergen (*o* im Gebirge); ***~ al mare*** Aufenthalt am Meer **2a** *(stanza)* Wohnzimmer *n.* **b** *(mobili)* Möbel *n.* des Wohnzimmers ◆ ***~ in campagna*** Landaufenthalt *m.*; ***~ all'estero*** Auslandsaufenthalt *m.*; ***luogo di ~*** Aufenthaltsort *m.*; DIR. ***~ obbligato*** Zwangsaufenthalt *m.*; ***permesso di ~*** Aufenthaltserlaubnis *f.* (*o* Aufenthaltsgenehmigung *f.*); ***limitazione del permesso di ~*** Aufenthaltsbeschränkung *f.*; ***proroga del permesso di ~*** Aufenthaltsverlängerung *f.*; ***~ di studio*** Studienaufenthalt *m.*; ***tassa di ~*** Kurtaxe *f.*

sog|giun|ge|re tr. *(soggiungo, soggiungi; soggiunsi; soggiunto)* hinzu‿fügen, hinzu‿setzen.

sog|go|lo m. **1** MIL. Kinnriemen *m.*, Sturmriemen *m.* **2** *(di suore)* Brustschleier *m.* **3** ABBIGL. Halsschleier *m.*, Kinnband *n.* **4** *(di cavalli)* Kehlriemen *m.*

so|glia f. Schwelle *f.* (anche TECN. GEOGR. PSIC. FIG.): ***varcare la ~*** über die Schwelle treten (*o* die Schwelle überschreiten); ***rimanere sulla ~*** auf der Schwelle stehen bleiben; ***la ~ della coscienza*** die Schwelle des Bewusstseins; ***alle -e del 3000*** an der Schwelle des Jahres 3000 ◆ ***~ del dolore*** Schmerzgrenze *f.*; ***~ della porta*** Türschwelle *f.*; ***~ di sicurezza*** Sicherheitsschwelle *f.*; ***~ dello stimolo*** Reizschwelle *f.*; ***~ di tossicità*** Schädlichkeitsgrenze *f.*; ***~ di udibilità*** Schallschwelle *f.*

so|glio m. *(-gli)* **1** Thron *m.* **2** *(dignità)* Würde *f.* ◆ ***~ pontificio*** Heiliger Stuhl.

so|glio|la f. Seezunge *f.* ◆ ***~ limanda*** Kliesche *f.*; TECN. ***motore a ~*** Boxermotor *m.*

so|gnan|te agg. träumerisch, verträumt: ***uno sguardo ~*** ein verträumter Blick.

so|gna|re I tr. e intr. (aus. *avere*) träumen (anche FIG.): ***~ qcn., qcs.*** von jdm, etw. träumen; ***ti ho sognato*** ich habe von dir geträumt; ***~ la casa paterna*** vom Elternhaus träumen; ***questa notte ho sognato qcs. di brutto*** heute nacht habe ich etw. Schreckliches geträumt; ***~ di diventare famoso*** davon träumen, berühmt zu werden; ***~ a occhi aperti*** mit offenen Augen träumen **II** pronom. **sognarsi 1 *-rsi qcs.*** etw. träumen, sich (D) etw. träumen: ***mi sono sognato che...*** ich habe geträumt, dass...; ***non se lo sarebbe mai sognato che...*** er hätte es sich nie träumen lassen, dass... **2** COLLOQ. *(credere)* glauben: ***non ti sognerai di uscire così conciato!*** du glaubst doch nicht wirklich, in diesem Aufzug aus dem Haus gehen zu können! ◆ ***te lo sogni!*** du träumst! ***vuol, vorrà dire che me lo sono sognato*** das habe ich mir wohl nur eingebildet; ***non me lo sogno nemmeno*** ich denke nicht im Traum daran; ***mi sembra di ~*** das ist wie ein Traum.

so|gna|to|re I agg. träumerisch, verträumt **II** m. Träumer *m.* (anche FIG.). **so|gna|tri|ce** f. Träumerin *f.* (anche FIG.).

so|gno m. **1** Traum *m.*: ***un ~ ricorrente*** ein häufiger (*o* wiederkehrender) Traum; ***fare un (brutto) ~*** etwas Schreckliches (*o* Böses) träumen; ***apparire in ~*** im Traum erscheinen **2** *(desiderio)* Traum *m.*, Wunschtraum *m.*: ***un ~ irrealizzabile*** ein unerfüllbarer Traum; ***un ~ diventato realtà, che si è avverato*** ein Traum, der sich verwirklicht hat; ***il mio ~ è diventare attore*** mein Traum ist es, Schauspieler zu werden ◆ ***quest'auto è un ~*** dies ist ein Traumauto; ***casa da ~*** traumhaftes Haus (*o* Traumhaus *n.*); ***un ~ nel cas-***

setto = ein heimlicher Wunschtraum; *da* ~ traumhaft; *la donna dei suoi -i* seine Traumfrau; *fabbrica dei -i* Traumfabrik *f.*; *interpretazione dei -i* Traumdeutung *f.*; *libro dei -i* Traumbuch *n.*; *mondo dei -i* Traumwelt *f.*; *neanche, nemmeno per ~!* nicht mal im Traum! ~ *di una notte di mezza estate* Sommernachtstraum *m.*; ~ *a occhi aperti* Wachtraum *m.*; *-i d'oro!* träume süß! *l'uomo dei suoi -i* ihr Traummann.

so|ia f. Sojabohne *f.*, Soja *f.* ◆ *bistecca di* ~ Sojasteak *n.*; *farina di* ~ Sojamehl *n.*; *germoglio di* ~ Sojasspross *m.*; *latte di* ~ Sojamilch *f.*; *olio di* ~ Sojaöl *n.*; *pane di* ~ Sojabrot *n.*; *salsa di* ~ Sojasoße *f.*

soi|rée [swa're] f.inv. Soiree *f.*

1.sol m.inv. MUS. g *n.*, G *n.* ◆ ~ *bemolle* ges *n.* (*o* Ges *n.*); ~ *bemolle minore* ges-Moll *n.*; ~ *bemolle maggiore* Ges-Dur *n.*; *chiave di* ~ Violinschlüssel *m.*; *corda del* ~ G-Saite *f.*; ~ *diesis* gis *n.* (*o* Gis *n.*); ~ *diesis minore* gis-Moll *n.*; ~ *diesis maggiore* Gis-Dur *n.*; ~ *maggiore* G-Dur *n.*; ~ *minore* G-Moll *n.*; *scala di* ~ *maggiore* G-Dur-Tonleiter *f.*

2.sol m. CHIM. Sol *n.*

so|la|io m. *(-ai)* **1** Zwischenboden *m.* **2** *(soffitta)* Dachboden *m.*

so|la|men|te avv. **1** nur, allein; COLLOQ. bloß: ~ *lui poteva decidere* nur (*o* allein) er konnte entscheiden; *non* ~..., *ma anche...* nicht nur..., sondern auch... **2a** *(con valore temporale)* erst: *parto* ~ *domani* ich fahre erst morgen ab **b** *(rif. al passato)* noch: ~ *ieri stava bene* noch gestern ging es ihm gut.

so|la|na|ce|e f.pl. Nachtschattengewächse *pl.*

so|la|no m. Nachtschatten *m.*

1.so|la|re agg. **1** solar, Sonnen-, Solar-: *luce, radiazione* ~ Sonnenlicht *n.*, Sonnenstrahlung *f.*; *olio, crema, protezione* ~ Sonnenöl *n.*, Sonnencreme *f.*, Sonnenschutz *m.*; *eritema* ~ Sonnenerythem *n.*, Sonnenbrand *m.* **2** FIG. sonnig: *un carattere* ~ ein sonniges Gemüt ◆ *anno* ~ Kalenderjahr *n.*; ASTR. Sonnenjahr *n.*, Solarjahr *n.*; *batteria* ~ Solarbatterie *f.* (*o* Sonnenbatterie *f.*); *centrale (ad energia)* ~ Sonnenkraftwerk *n.*; *corona* ~ Korona *f.*; *costante* ~ Solarkonstante *f.*; *disco* ~ Sonnenrad *n.* (*o* Sonnenscheibe *f.*); *eclissi* ~ Sonnenfinsternis *f.*; *energia* ~ Sonnenenergie *f.* (*o* Solarenergie *f.*); *giorno* ~ Sonnentag *m.*; *macchia* ~ Sonnenfleck *m.*; *ora* ~ Sonnenzeit *f.*; *orbita* ~ Sonnenbahn *f.*; *orologio* ~ Sonnenuhr *f.*; *pannello* ~ Sonnenkollektor *m.*; *(di satellite)* Sonnensegel *n.*; ANAT. *plesso* ~ Solarplexus *m.* (*o* Sonnengeflecht *n.*); *riscaldamento a energia* ~ Sonnenheizung *f.*; *sistema* ~ Sonnensystem *n.*

2.so|la|re → suolare.

so|la|ri|tà f. Helligkeit *f.*

so|la|rium m.inv. **1** Solarium *n.*, Sonnenterrasse *f.*, Liegeterrasse *f.* **2** *(lettino)* Sonnenbank *f.*

so|la|ti|o agg. sonnig.

so|la|tu|ra → **suolatura.**

sol|ca|re tr. *(solco, solchi)* **1** durchfurchen, um‿pflügen: ~ *il terreno con l'aratro* den Boden mit dem Pflug durchfurchen **2** *(navigare)* ~ *le acque, il mare* über das Meer fahren **3** FIG. durchziehen, zerfurchen: *le rughe gli solcavano il viso* die Falten zerfurchten sein Gesicht. **sol|ca|tu|ra** f. Furchung *f.*

sol|co m. *(-chi)* **1** Furche *f.*, Saatrille *f.*, Ackerfurche *f.*: *tracciare -chi con l'aratro* mit dem Pflug Furchen ziehen; *scavare -chi in qcs.* etw. zerfurchen, etw. mit Furchen durchziehen **2** *(traccia)* Spur *f.* (anche FIG.): *lasciare dei -chi sulla neve con gli sci* mit den Skiern Spuren im Schnee hinterlassen; FIG. *lasciare -chi nell'animo* sich in das Bewusstsein ein‿prägen **3** ANAT. Falte *f.*, Furche *f.* **4** *(di disco)* Rille *f.* ◆ ANAT. ~ *intergluteo* Gesäßspalte *f.*

sol|co|me|tro m. Log *n.* ◆ ~ *a barchetta* Logscheit *n.*

sol|da|nel|la f. Alpenglöckchen *n.*, Soldanella *f.*

sol|da|ta|glia f. Soldateska *f.*, Soldatenhaufen *m.*

sol|da|te|sca f. *(-sche)* **1** Kriegsvolk *n.* **2** SPREG. Soldateska *f.*, Soldatenhaufen *m.* **sol|da|te|sco** agg. *(-schi,-sche)* **1** soldatisch, soldatenhaft **2** SPREG. derb, roh.

sol|da|tes|sa f. Soldatin *f.*

sol|da|ti|no m. **1** junger Soldat *m.* **2** *(giocattolo)* Soldat *m.*: *giocare ai -i* mit den Soldaten spielen ◆ ~ *di piombo* Zinnsoldat *m.*

sol|da|to m. Soldat *m.*: *arruolare, addestrare -i* Soldaten ein‿berufen, aus‿bilden; *fare il* ~ Soldat sein; COLLOQ. bei den Soldaten sein; *(prestare il servizio militare)* den Wehrdienst ab‿leisten; *partire per (fare) il* ~ zum Militär ein‿rücken; COLLOQ. zu den Soldaten gehen ◆ *andare* ~ ein‿rücken; ~ *di carriera* Berufssoldat *m.*; ~ *di cavalleria* Kavallerist *m.*; ~ *di complemento* Reservist *m.*; ~ *di fanteria* Fußsoldat *m.*, Infanterist *m.*; ~ *del genio* Pionier *m.*; ~ *della guardia* Gardist *m.*; ~ *d'ordinanza* Ordonnanz *f.*; *paga del* ~ Sold *m.*, Wehrsold *m.*; ~ *semplice* gemeiner (*o* einfacher) Soldat; ~ *di ventura* Söldner *m.*

sol|do m. **1** STOR. Soldo *m.*, Sold *m.* **2** *(moneta di scarso valore)* Pfennig *m.*, Heller *m.*, Groschen *m.*: *essere senza un* ~ keinen Pfennig haben **3** pl. *(denaro)* Geld *n.*: *spendere molti -i* viel Geld aus‿geben; *costare troppi -i* zu viel Geld kosten; *costare, fare un sacco di -i* einen Haufen Geld (*o* ein Heidengeld) kosten, verdienen; *portare i -i in banca* sein Geld auf die Bank bringen; *sposare qcn. per i -i* jdn wegen seines Geldes heiraten; *avere -i a palate* Geld wie Heu haben ◆ *giocare a -i* um Geld spielen; *essere al* ~ *di qcn.* in jds Sold stehen; *badare ai -i* aufs Geld sehen; *valere quanto un* ~ *bucato* keinen Heller (*o* keinen Pfennig) wert sein; *-i buttati via* hinausgeworfenes Geld; *essere alto un* ~ *di cacio* ein Dreikäsehoch sein; *non dare un* ~ keinen Pfennig geben; *una vecchia macchina per cui non darei un* ~ ein altes Auto, für das ich keinen Pfennig gäbe; *-i falsi* Falschgeld *n.*; *dover misurare ogni singolo* ~ mit jedem Pfennig rechnen müssen, jeden Pfennig dreimal umdrehen müssen; *avere molti -i* bei Geld sein; *da quattro -i* wertlos, Groschen-: *una casa da quattro -i* ein wertloses Haus; *romanzo da quattro -i* Groschenroman *m.*; *per quattro -i* für einen Apfel und ein Ei; *non valere un* ~ keinen Pfennig (*o* keinen Heller) wert sein; FIG. nichts taugen.

so|le m. Sonne *f.*; *(nelle favole)* Frau Sonne *f.*: *il* ~ *sorge, tramonta* die Sonne geht auf, geht unter; *il* ~ *è alto, basso* die Sonne steht hoch, tief (*o* niedrig); *il* ~ *splende in cielo* die Sonne steht am Himmel; *oggi c'è il* ~ heute scheint die Sonne; *c'è un bel* ~ die Sonne scheint (*o* lacht); *il* ~ *mi abbaglia* die Sonne blendet (mich); *arrostirsi al* ~ sich in der Sonne braten lassen; *il* ~ *scotta, picchia* die Sonne brennt (*o* sticht); *il* ~ *fa capolino tra le nuvole* die Sonne blickt durch die Wolken; *sul mio balcone batte il* ~ auf meinen Balkon scheint die Sonne; *il* ~ *è entrato nel segno del Leone* die Sonne steht im Zeichen des Löwens ◆ *adoratore del* ~ Sonnenanbeter *m.*; *al* ~ *(stato in luogo)* in, an der Sonne (*o* im Sonnenschein); *(moto a luogo)* in, an die Sonne; *sciogliersi al* ~ in der Sonne schmelzen; *seccarsi al* ~ in der Sonne trocknen; *mettere qcs. al* ~ etw. in die Sonne legen; *bagno di* ~ Sonnenbad *n.*; *fare un bagno di* ~ ein Sonnenbad nehmen (*o* sonnenbaden); COLLOQ. *dove non batte il* ~ = das Hinterteil, der Hintern; *bello come il* ~ strahlend schön; *al calar del* ~ bei Sonnenuntergang; *chiaro come il* ~ sonnenklar; *colpi di* ~ helle Strähnchen; *colpo di* ~ Sonnenstich *m.*; *contro* ~ gegen die Sonne; *fotografare contro* ~ gegen die Sonne fotografieren; *crogiolarsi al* ~ sich in der Sonne aalen; *culto del* ~ Sonnenkult *m.*; *Dio del* ~ Sonnengott *m.*; *avere il* ~ *in faccia* die Sonne im Gesicht haben; *giocare con il* ~ *in faccia* mit der Sonne im Gesicht spielen; *giornata, giorno di* ~ Sonnentag *m.*; *inondato dal* ~ sonnendurchflutet; *il paese del sol levante* das Land der aufgehenden Sonne; *al levar del* ~ bei Sonnenaufgang; *farsi bello del* ~ *di luglio* sich mit fremden Federn schmücken; *vendere il* ~ *di luglio* Schnee im Winter verkaufen; ~ *malato* blasse Sonne; *maturato al* ~ sonnengereift; ~ *di mezzanotte* Mitternachtssonne *f.*; ~ *di alta montagna* Höhensonne *f.*; LETT. *al nuovo* ~ am nächsten Morgen; *occhiali da* ~ Sonnenbrille *f.*; *parte esposta al* ~ Sonnenseite *f.*; ~ *a picco* Sonne *f.* im Zenit; *in pieno* ~ in der prallen Sonne; FIG. *un posto al* ~ ein Platz an der Sonne; *prendere il* ~ sich sonnen; *sotto il* ~ unter der Sonne; *raggio di* ~ Sonnenstrahl *m.*; *il Re Sole* Sonnenkönig *m.*; *vedere il* ~ *a scacchi* hinter schwedischen Gardinen sitzen; *con il* ~ *alle spalle* mit der Sonne im Rücken; *allo spuntar del* ~ bei Sonnenaufgang; *tenda da* ~ Sonnendach *n.*; PROV. *niente di nuovo sotto il* ~ nichts Neues unter der Sonne.

so|le|ci|smo m. Solözismus *m.*

so|leg|gia|re tr. *(soleggio, soleggi)* in die Sonne legen, sonnen. **so|leg|gia|to** p.pass. agg. **1** → **soleggiare 2** sonnig: *stanza -a* sonniges Zimmer.

so|len|ne agg. **1** feierlich, festlich, hoch, Hoch-: *festa* ~ hoher Feiertag; *messa* ~ Hochamt *n.*; *discorso, sepoltura* ~ feierliche Ansprache, Beisetzung **2** *(grave)* ernst, feierlich **3a** COLLOQ. *(potente)* wuchtig, schallend; COLLOQ. Mords-: *un* ~ *ceffone* eine schallende Ohrfeige **b** *(matricolato)* Erz-: *è un* ~ *bugiardo* er ist ein Erzlügner ◆ *in questo momento* ~ in dieser Feierstunde; *ora* ~ Weihestunde *f.*; *promessa* ~ feierliches Versprechen.

so|len|ne|men|te avv. feierlich, ernsthaft: *promettere, giurare* ~ feierlich versprechen, ernsthaft schwören.

so|len|ni|tà f.inv. **1** Feierlichkeit *f.*: *la* ~ *di una cerimonia* die Feierlichkeit einer Zeremonie **2** *(ricorrenza)* Festtag *m.*, Feiertag *m.*: ~ *civili e religiose* staatliche und kirchliche Feiertage.

so|len|niz|za|re tr. festlich begehen.

so|le|noi|de m. Solenoid *n.*

so|le|re intr. *(soglio, suoli; pass.rem. solei; congiunt.pres. soglia; ohne zusammengesetzte Formen)* ~ *fare qcs.* etw. gewöhnlich tun

(*o* pflegen, etw. zu tun); ***soleva alzarsi presto*** er stand gewöhnlich früh auf ◆ ***come si suol dire*** wie es so schön heißt.
so|ler|te agg. **1** emsig, fleißig, pflichtbewusst: ***un impiegato ~*** ein fleißiger Beamter **2** *(accurato)* sorgfältig. **so|ler|zia** f. **1** Emsigkeit *f.*, Fleiß *m.*, Pflichtbewusstsein *n.* **2** *(accuratezza)* Sorgfalt *f.*
so|let|ta f. **1** *(di calza)* Strumpfsohle *f.* **2** *(di scarpa)* Brandsohle *f.*, Einlegesohle *f.* **3** EDIL. Platte *f.*, Decke *f.* **so|let|ta|re** tr. mit einer Brandsohle versehen. **so|let|ta|tu|ra** f. **1** Anbringung *f.* der Brandsohle **2** EDIL. Plattenbau *m.*
sol|fa f. **1** *(discorso monotono)* Leier *f.*, Lied *n.*: ***è sempre la solita ~!*** es ist immer das alte Lied (*o* die alte Leier)! ***ecco che ricomincia con la vecchia ~!*** das ist der Anfang vom Lied! **2** MUS. Solmisation *f.*, Solfeggio *n.* ◆ ***battere la ~*** den Takt schlagen.
sol|fa|nel|lo → **zolfanello.**
sol|fa|ra f. Schwefelquelle *f.*, Schwefelvorkommen *n.* **sol|fa|re** tr. schwefeln. **sol|fa|ta|ra** f. Solfatare *f.*, Solfatara *f.*
sol|fa|to m. Sulfat *n.* ◆ ***~ di magnesio*** Magnesiumsulfat *n.*; ***~ di piombo*** Bleisulfat *n.*; ***~ di potassio*** schwefelsaures Kalium; ***~ di rame*** Kupfersulfat *n.*; ***~ di sodio*** Natriumsulfat *n.*; ***~ di zinco*** Zinksulfat *n.*
sol|feg|gia|re tr. e intr. *(solfeggio, solfeggi;* aus. *avere)* solfeggieren. **sol|feg|gio** m. *(-gi)* Solfeggio *n.*: ***~ parlato, cantato*** rhythmisches, gesungenes Solfeggio.
sol|fi|dri|co agg. *(-ci,-che)* ***acido ~*** Schwefelwasserstoff *m.* **sol|fi|fe|ro** agg. schwefelhaltig, Schwefel-: ***deposito ~*** Schwefelvorkommen *n.* **sol|fi|ta|re** tr. schwefeln. **sol|fi|to** m. Sulfit *n.* **sol|fo** → **zolfo.**
sol|fo|bat|te|ro m. Schwefelbakterium *n.*
sol|fo|ra|re tr. schwefeln. **sol|fo|ra|to** p.pass. agg. **1** → **solforare** **2** geschwefelt, Schwefel-: ***idrogeno ~*** Schwefelwasserstoff *m.* **sol|fo|ra|zio|ne** f. Schwefelung *f.* **sol|fo|ri|co** agg. *(-ci,-che)* schwefelhaltig, Schwefel-, schwefelsauer: ***acido ~*** Schwefelsäure *f.*; ***anidride -a*** Schwefelsäureanhydrid *n.* **sol|fo|ro|so** agg. ***anidride -a*** Schwefeldioxid *n.* **sol|fu|ro** m. Sulfid *n.* ◆ ***~ di carbonio*** Schwefelkohlenstoff *m.*; ***~ di ferro*** Schwefeleisen *n.*; ***~ di piombo*** Bleisulfid *n.*
so|li|da|le agg. **1** solidarisch: ***essere ~ con qcn.*** mit jdm solidarisch sein; ***dichiararsi ~*** sich solidarisch erklären; ***atteggiamento ~*** solidarische Haltung **2** DIR. Gesamt-, solidarisch: ***debito ~*** Gesamtschuld *f.*; ***debitore ~*** Gesamtschuldner *m.* **3** TECN. einteilig, fest verbunden.
so|li|da|rie|tà f. **1** Solidarität *f.*, Anteilnahme *f.*: ***mostrare ~ a qcn.*** jdm Solidarität bezeugen **2** DIR. Gesamthaftung *f.* **3** TECN. feste Verbindung *f.* ◆ ***conto corrente di ~*** Spendenkonto *n.*; ***manifestazione di ~*** Solidaritätsbekundung *f.*; ***sciopero di ~*** Solidaritätsstreik *m.*; ***sentimento di ~*** Solidaritätsgefühl *n.*; ***spirito di ~*** Gemeinschaftsgefühl *n.* **so|li|da|ri|smo** m. **1** Gemeinschaftsgeist *m.* **2** *(indirizzo sociale)* Solidarismus *m.* **so|li|da|ri|sti|co** agg. *(-ci, -che)* Solidaritäts-. **so|li|da|riz|za|re** intr. (aus. *avere*) sich solidarisieren, sich solidarisch erklären: ***~ con qcn.*** sich mit jdm solidarisieren.
so|li|di|fi|ca|re *(solidifico, solidifichi)* **I** tr. fest werden lassen, erstarren lassen, verfestigen **II** intr. (aus. *essere*) e pronom. **solidificarsi** erstarren, erhärten, sich verfestigen. **so|li|di|fi|ca|to** p.pass. agg. **1** → **solidificare** **2** fest, verfestigt. **so|li|di|fi|ca|zio|ne** f. Härtung *f.*, Erstarren *n.*, Erstarrung *f.* ◆ ***punto di ~*** Stockpunkt *m.*
so|li|di|tà f. **1** *(stabilità)* Festigkeit *f.*, Solidität *f.*, Stärke *f.* (anche FIG.): ***la ~ di un materiale*** die Festigkeit eines Materials; ***la ~ di un sistema politico, di una ditta*** die Solidität eines politischen Systems, einer Firma **2** FIG. *(fondatezza)* Stichhaltigkeit *f.*: ***la ~ di un'argomentazione*** die Stichhaltigkeit eines Arguments **3** *(di colore)* Beständigkeit *f.*, Echtheit *f.*
so|li|da|men|te avv. fest, solide, gediegen: ***un ponte costruito ~*** eine solide gebaute Brücke.
so|li|do **I** agg. **1** *(duro, consistente)* fest (anche FIS.): ***cibo ~*** feste Nahrung; ***carburante ~*** fester Treibstoff; ***essere allo stato ~*** in festem Zustand sein **2** GEOM. räumlich: ***geometria -a*** räumliche Geometrie **3a** *(resistente)* fest, solide, gediegen: ***muri -i*** solide (*o* feste) Mauer; ***scarpe -e*** solide Schuhe; ***un materiale ~*** ein solides Material **b** *(di colore)* beständig, echt **c** FIG. solide, fest: ***una cultura -a*** solides Wissen; ***un rapporto ~*** eine solide Beziehung; ***ditta -a*** eine solide Firma; ***costruire su basi -e*** auf festen Grundlagen auf_bauen **II** m. **1** FIS. Feststoff *m.*, Festkörper *m.*: ***-i e liquidi*** Feststoffe und Flüssigkeiten **2** GEOM. Körper *m.*: ***calcolare il volume di un ~*** das Volumen eines Körpers berechnen ◆ ***angolo ~*** Raumwinkel *m.*; ***~ dei colori*** Farbkörper *m.*; ***combustibile ~*** Festbrennstoff *m.*; ***debitore in ~*** Gesamtschuldner *m.*; ***fisica dei -i*** Festkörperphysik *f.*; DIR. ***garantire qcs. in~*** für etw. solidarisch haften; *(di colore)* ***~ al lavaggio*** waschecht; ***responsabilità in ~*** Solidarhaftung *f.*; ***~ di rotazione*** Rotationskörper *m.*
so|li|dun|go agg. *(-ghi,-ghe)*, **so|li|dun|go|lo** agg. LETT. ***animale ~*** Einhufer *m.*
so|li|fu|go m. *(-ghi/-gi)* Walzenspinne *f.*, Solifuge *f.*
so|li|lo|quio m. *(-qui)* Selbstgespräch *n.*
so|lin|go agg. *(-ghi,-ghe)* LETT. einsam: ***un luogo ~*** ein einsamer Ort.
so|li|no m. **1** abnehmbarer Hemdkragen *m.* **2** MAR. Matrosenkragen *m.*
so|li|pe|de agg. einhufig. **so|li|pe|di** m.pl. Einhufer *pl.*
so|li|psi|smo m. **1** Solipsismus *m.* **2** ESTENS. *(soggettivismo)* Subjektivismus *m.* **so|li|psi|sta** m. e f. *(-i,-e)* **1** Solipsist *m.* (-in *f.*) **2** ESTENS. *(soggettivista)* Subjektivist *m.* (-in *f.*). **so|li|psi|sti|co** agg. *(-ci,-che)* solipsistisch **2** ESTENS. *(soggettivistico)* subjektivistisch.
so|li|sta *(-i,-e)* **I** m. e f. Solist *m.* (-in *f.*): ***applaudire un ~*** einem Solisten applaudieren **II** agg. solistisch, Solo-: ***canto, voce ~*** Sologesang *m.*, Solostimme *f.*; ***chitarra ~*** Sologitarre *f.* ◆ ***cantante ~*** Solosänger *m.* (*o* Solist *m.*); ***parte da ~, pezzo per ~*** Solopart *m.* **so|li|sti|co** agg. *(-ci,-che)* solistisch, Solo-.
so|li|ta|men|te avv. gewöhnlich, üblich.
so|li|ta|rio **I** agg. *(-ri,-rie)* **1** einsam: ***condurre un'esistenza -a*** ein einsames Leben führen **2** *(deserto)* einsam, verlassen, öde: ***un luogo ~*** ein einsamer Ort **II** m. *(-ri)* **1** Einzelgänger *m.* **2** *(nel gioco delle carte)* Patience *f.*: ***fare un ~*** eine Patience legen; ***il ~ (mi) è riuscito*** die Patience ist aufgegangen **3** *(brillante)* Solitär *m.* ◆ ***navigatore ~*** einsamer Seefahrer; ***tipo ~*** Einzelgänger *m.*; COLLOQ. ***verme ~*** Bandwurm *m.*
so|li|to **I** agg. **1** üblich, gewohnt: ***trovarsi al ~ posto*** sich am üblichen Platz treffen; ***alla -a ora*** zur gewohnten Stunde **2** *(stesso)* üblich: ***sei sempre il ~ pessimista*** du bist immer der übliche Pessimist **II** m. Übliche *n.*: ***oggi ha camminato più, meno del ~*** heute ist er mehr, weniger als üblich gelaufen; ***che cosa desidera? – il ~*** was wünschen Sie? – das Übliche ◆ ***siamo alle -e*** da haben wir es wieder; ***come al, il ~*** wie üblich, wie gewöhnlich; ***diverso dal ~*** anders als sonst; ***arrivò più tardi del ~*** er kam später als sonst; ***di ~*** *(di consueto)* gewöhnlich; *(per lo più)* meist, meistens; ***essere ~ fare qcs.*** gewöhnlich etw. tun; ***essere ~ alzarsi presto*** gewöhnlich früh auf_stehen; ***secondo il mio ~*** nach meiner Gewohnheit; ***è sempre la -a storia*** es ist immer wieder die alte Geschichte; ***sei sempre il ~*** du bist immer der Gleiche; ***il ~ tran tran*** der Alltagstrott (*o* die Tretmühle).
so|li|tu|di|ne f. Einsamkeit *f.*: ***vivere in ~*** in Einsamkeit leben.
sol|laz|za|re **I** tr. LETT. ergötzen **II** pronom. **sollazzarsi** sich ergötzen. **sol|laz|zo** m. Ergötzung *f.* ◆ ***essere il ~ di qcn.*** die Zielscheibe des Spotts sein; ***dare ~ a qcn.*** jdn amüsieren (*o* unterhalten).
sol|le|ci|ta|re tr. *(sollecito)* **1a** an_mahnen: ***~ una risposta, una consegna*** eine Antwort, eine Lieferung anmahnen **b** COMM. mahnen: ***~ un debitore*** einen Schuldner mahnen **2** *(chiedere insistentemente)* auf_fordern: ***~ qcs. da qcn.*** etw. von jdm fordern (*o* verlangen); ***~ qcn. a fare qcs.*** jdn auffordern, etw. zu tun **3** *(stimolare)* an_regen, fördern: ***~ la fantasia*** die Fantasie anregen **4** *(caricare)* belasten, beanspruchen: ***~ un'articolazione*** ein Gelenk belasten **5** LETT. *(incitare)* an_halten: ***~ al bene*** zum Guten anhalten. **sol|le|ci|ta|to|re** m. DIR. Mahner *m.*
sol|le|ci|ta|zio|ne f. **1a** *(sollecito)* Anmahnung *f.* **b** COMM. Mahnung *f.* **2** MECC. Belastung *f.*, Beanspruchung *f.*: ***~ statica*** statische Beanspruchung **3** FIG. *(stimolo)* Anregung *f.* ◆ ***~ di compressione*** Druckspannung *f.*; ***~ d'esercizio*** Betriebsbeanspruchung *f.*; ***~ di flessione*** Biegespannung *f.*; COMM. ***~ di ordini*** Auftragswerbung *f.*; ***~ termica*** Wärmespannung *f.* (*o* Wärmebeanspruchung *f.*); ***~ di torsione*** Drehspannung *f.*; ***~ di trazione*** Zugspannung *f.*; ***~ d'urto*** Schlagbeanspruchung *f.* (*o* Stoßbeanspruchung *f.*); ***~ vibratoria*** Schwingungsbeanspruchung *f.*
1.sol|le|ci|to agg. **1** *(diligente)* fleißig, eifrig: ***un impiegato ~*** ein eifriger Angestellter **2** *(rapido)* umgehend, baldig, prompt: ***attendere una risposta -a*** auf baldige Antwort warten; ***in attesa di Vostro ~ riscontro*** in Erwartung Ihrer baldigen Antwort **3** LETT. *(premuroso)* zuvorkommend, besorgt, fürsorglich: ***essere ~ verso qcn.*** jdm gegenüber zuvorkommend sein.
2.sol|le|ci|to m. **1** Mahnung *f.*; ***fare un ~ telefonico a qcn.*** jdn telefonisch mahnen **2** *(scritto)* Mahnschreiben *n.*, Mahnbrief *m.*: ***mandare un ~ a qcn.*** jdm einen Mahnbrief schicken ◆ ***lettera di ~*** Mahnschreiben *n.*, Mahnbrief *m.*; ***~ di pagamento*** Zahlungsaufforderung *f.*
sol|le|ci|tu|di|ne f. **1** *(diligenza)* Eifer *m.*, Fleiß *m.* **2** *(rapidità)* Eile *f.*, Promptheit *f.*; ***con ~*** prompt **3a** *(premure)* Zuvorkommenheit *f.*; ***essere pieno di ~ verso qcn.*** jdm gegenüber sehr zuvorkommend sein **b** *(dedizione)* Fürsorge *f.* **c** *(nel servizio)* Dienst-

barkeit *f.*, Dienstbeflissenheit *f.* **4** LETT. *(preoccupazione)* Sorge *f.*, Kummer *m.*

sol|le|o|ne m. **1** *(calura)* Sommerhitze *f.* **2** *(canicola)* Hundstage *pl.*

sol|le|ti|ca|men|to m. **1** *(il solleticare)* Kitzeln *n.* **2** *(solletico)* Kitzel *m.*

sol|le|ti|ca|re tr. *(solletico, solletichi)* **1** kitzeln **2** FIG. erregen, reizen, wecken: ***~ l'appetito*** den Appetit reizen; ***~ l'ambizione di qcn.*** jds Ehrgeiz wecken.

sol|le|ti|co m. Kitzel *m.*; ***soffrire, patire il ~*** kitzelig sein; ***fare il ~ a qcn.*** jdn kitzeln; FIG. *(lasciare indifferente)* jdn kalt lassen.

sol|le|va|men|to m. **1** *(il sollevare)* Heben *n.*, Anheben *n.*, Hochheben *n.* **2** *(il sollevarsi)* Steigen *n.*, Ansteigen *n.* ◆ ***esercizi di ~*** Übungen *pl.* im Gewichtheben; ***impianto di ~*** Hebewerk *n.* (*o* Hebevorrichtung *f.*, Hebebühne *f.*); SPORT ***~ pesi*** Gewichtheben *n.*

sol|le|va|re tr. **1a** heben, auf‿heben, ab‿heben: ***~ un peso*** ein Gewicht heben; ***~ qcs. da terra*** etw. (vom Boden) aufheben; ***~ il braccio*** den Arm heben; ***~ il coperchio, il ricevitore (la cornetta)*** den Deckel, den Hörer abheben **b** *(elevare)* heben, erheben: ***~ lo sguardo*** den Blick erheben; ***~ la testa*** den Kopf heben; LETT. ***~ qcn. al trono*** jdn auf den Thron heben **c** *(con argani e simili)* auf‿winden, hoch‿winden **d** FIG. ***~ il morale, lo spirito a qcn.*** jdn auf‿muntern **2** *(polvere)* auf‿wirbeln, hoch‿wirbeln: ***~ una nuvola di polvere*** eine Staubwolke aufwirbeln **3** *(liberare, esonerare)* ***~ qcn. da qcs.*** jdm etw. ab‿nehmen, jdn etw. (G) entheben, jdn von etw. befreien; ***~ qcn. da un'incombenza, da una responsabilità*** jdm eine Aufgabe, eine Verantwortung abnehmen; ***~ qcn. da un incarico*** jdn seines Amtes entheben **4a** *(avanzare)* erheben, ein‿legen: ***~ un'obiezione*** Einspruch erheben **b** *(porre)* auf‿werfen: ***~ una questione*** ein Problem aufwerfen **5** *(causare)* hervor‿rufen, aus‿lösen, verursachen: ***il suo discorso sollevò vivaci polemiche*** seine Rede löste lebhafte Polemiken aus; ***~ uno scandalo*** einen Skandal verursachen **6** *(spingere alla ribellione)* auf‿wiegeln, auf‿hetzen: ***~ il popolo contro gli oppressori*** das Volk gegen die Unterdrücker aufwiegeln **7** *(confortare)* erleichtern, auf‿richten; ***la sua telefonata mi ha sollevato*** sein Anruf hat mich erleichtert **II** pronom. **sollevarsi 1** sich auf‿richten, sich erheben, auf‿stehen: ***-rsi dalla poltrona*** sich aus dem Sessel erheben **2** *(innalzarsi)* sich erheben, auf‿steigen: ***si solleva una nuvola di polvere*** eine Staubwolke erhebt sich; ***si solleva una colonna di fumo*** eine Rauchsäule steigt auf **3** *(ristabilirsi)* sich erholen: ***-rsi da una crisi*** sich von einer Krise erholen **4** *(ribellarsi)* sich erheben, sich empören: ***-rsi contro qcn.*** sich gegen jdn erheben ◆ ***~ un (gran) polverone*** (viel) Staub auf‿wirbeln (anche FIG.); ***~ un putiferio*** Zeter und Mordio schreien; ***~ scalpore*** Aufsehen erregen; ***~ un vespaio*** in ein Wespennest greifen; ***-rsi in volo*** sich in die Luft erheben (*o* ab‿heben).

sol|le|va|to p.pass. agg. **1** → **sollevare 2** (an)gehoben, erhoben, hochgehoben **3a** FIG. *(ripreso)* erholt **b** *(alleggerito)* erleichtert: ***sentirsi ~*** sich erleichtert fühlen.

sol|le|va|to|re I agg. Hebe-: ***ponte ~*** Hebebühne *f.* **II** m. Heber *m.*, Hebewerk *n.*, Hebevorrichtung *f.*: ***~ idraulico*** hydraulisches Hebewerk ◆ ***~ a forca*** Gabelstapler *m.*; ***~ di pesi*** Gewichtheber *m.*

sol|le|va|zio|ne f. **1** *(ribellione)* Aufstand *m.* **2** *(il sollevare)* Erhebung *f.*

sol|lie|vo m. **1** Erleichterung *f.*; ***provare un senso di ~*** sich erleichtert fühlen; ***tirare un sospiro di ~*** erleichtert auf‿atmen **2** *(da dolore)* Linderung *f.*; ***dare ~*** lindern **3** *(conforto)* Trost *m.*: ***essere di ~ a qcn.*** jdm ein Trost sein ◆ ***che ~!*** da fällt mir ein Stein vom Herzen (*o* was für eine Erleichterung)!

sol|lu|che|ro, sol|luc|che|ro m. ***andare in ~*** vor Wonne zergehen; ***mandare qcn. in ~*** jdn vor Wonne zergehen lassen.

sol|mi|sa|zio|ne, sol|miz|za|zio|ne f. Solmisation *f.*

so|lo I agg. **1a** allein: ***lasciare ~ qcn.*** jdn allein lassen; ***rimanere, stare, vivere ~*** allein bleiben, sein, leben **b** *(abbandonato)* einsam, allein: ***sentirsi ~*** sich einsam fühlen **2a *da ~*** allein: ***viaggiare da ~*** allein reisen **b** *(da sé)* von selbst: ***mettersi in moto da ~*** sich von selbst in Bewegung setzen **3** *(unico)* einzig: ***non è venuta una -a volta*** sie ist kein einziges Mal gekommen; ***ho questa -a possibilità*** ich habe nur diese einzige Möglichkeit **4** *(soltanto)* allein, nur, einzig: ***per -i adulti*** nur für Erwachsene; ***accesso ai -i residenti*** (Einfahrt) nur für Anlieger; ***Maria -a è venuta*** nur Maria ist gekommen **5** *(che vive da solo)* allein stehend: ***donna -a*** allein stehende Frau (*o* Alleinstehende *f.*) **II** m. **1** Einzige *m.*: ***è il ~ a essere d'accordo*** er ist der einzige, der (damit) einverstanden ist **2** MUS. Solo *n.* **III** avv. **1** nur, allein; COLLOQ. bloß: ***~ una volta*** nur einmal; ***bevo ~ tè*** ich trinke nur Tee; ***c'erano ~ uomini*** es waren nur Männer da; ***~ lui poteva decidere*** nur (*o* allein) er konnte entscheiden; ***non ~... ma anche...*** nicht nur..., sondern auch...; ***non è ~ stupido, ma anche pigro*** er ist nicht nur dumm, sondern auch faul **2a** *(nel tempo)* erst: ***parto ~ domani*** ich fahre erst morgen ab **b** *(rif. al passato)* noch: ***~ ieri stava ancora bene*** gestern ging es ihm noch gut **IV** cong. aber: ***il film è stato bello, ~ troppo lungo*** der Film war schön, aber zu lang ◆ ***~ come un cane*** mutterseelenallein; ***~ che*** *(seguito da indicativo)* aber, nur; *(seguito da congiunt.)* wenn... nur; ***ti accompagnerei, ~ che non ho la macchina*** ich würde dich begleiten, aber ich habe kein Auto (*o* nur habe ich kein Auto); ***si è fatto da ~*** er hat sich aus eigener Kraft (*o* von allein) emporgearbeitet; ***finalmente -i!*** endlich unter uns (*o* endlich allein)! ***parlare da ~*** mit sich selbst reden; ***il ~ pensiero*** allein der Gedanke; ***al ~ pensiero*** beim bloßem Gedanke; ***~ se*** nur wenn; ***~ soletto*** ganz allein (*o* mutterseelenallein); PROV. ***meglio -i che male accompagnati*** besser allein als in schlechter Gesellschaft.

so|lo|ne m. Gesetzgeber *m.* **So|lo|ne** n.pr.m. Solon *m.*

sol|sti|zia|le agg. ***punto ~*** Wendepunkt *m.* (*o* Solstitialpunkt *m.*). **sol|sti|zio** m. *(-zi)* Solstitium *n.*, Sonnenwende *f.* ◆ ***~ d'estate*** Sommersonnenwende *f.*; ***~ d'inverno*** Wintersonnenwende *f.*

sol|tan|to I avv. **1** nur, allein; COLLOQ. bloß: ***~ lui, lui ~ poteva decidere*** nur (*o* allein) er konnte entscheiden; ***non è ~ stupido, ma anche pigro*** er ist nicht nur dumm, sondern auch faul; ***~ se...*** nur wenn... **2a** *(con valore temporale)* erst: ***parto ~ domani*** ich fahre erst morgen ab **b** *(rif. al passato)* noch: ***~ ieri stava ancora bene*** gestern ging es ihm noch gut **II** cong. aber: ***il film è stato bello, ~ troppo lungo*** der Film war schön, aber zu lang ◆ ***~ che*** *(seguito da indicativo)* aber, nur; *(seguito da congiunt.)* wenn... nur: ***riusciresti, ~ che tu volessi*** du würdest es schaffen, wenn du (es) nur wolltest.

so|lu|bi|le agg. **1** löslich, auflösbar, solubel: ***caffè ~*** löslicher Kaffee **2** FIG. *(risolvibile)* lösbar ◆ ***~ in acqua*** wasserlöslich (*o* in Wasser löslich); ***non ~ in acqua*** wasserunlöslich; ***difficilmente ~*** schwer löslich; ***facilmente ~*** leicht löslich; ***non ~*** unlöslich (*o* unauflösbar *o* nicht löslich); ***~ in olio*** öllöslich. **so|lu|bi|li|tà** f. **1** Löslichkeit *f.*, Auflösbarkeit *f.* **2** FIG. Lösbarkeit *f.* **so|lu|bi|liz|za|re** tr. auf‿schließen, auf‿lösen, löslich machen. **so|lu|bi|liz|za|zio|ne** f. Solubilisation *f.*, Löslichmachen *n.* **so|lu|to I** agg. LETT. (auf)gelöst **II** m. CHIM. gelöste Substanz *f.*

so|lu|to|re m. ***~ di cruciverba*** Rätsellöser *m.*

so|lu|zio|ne f. **1a** *(lo sciogliere)* Auflösung *f.*, Auflösen *n.*, Sichauflösen *n.* **b** *(sostanza)* Lösung *f.*: ***una ~ satura, acquosa*** eine gesättigte, wässrige Lösung **2** *(risoluzione)* Lösung *f.*, Aufklärung *f.*: ***giungere alla ~ di qcs.*** zur Lösung von etw. kommen; ***trovare, non trovare una ~ per qcs.*** eine Lösung, keine Lösung für etw. finden; ***escogitare una ~ per qcs.*** eine Lösung für etw. ersinnen; ***la ~ è...*** die Lösung lautet...; ***la ~ di un caso di omicidio*** die Aufklärung eines Mordes; MAT. ***la ~ di un'equazione*** die Lösung einer Gleichung ◆ ***~ alcalina*** Lauge *f.* (*o* laugenartige Lösung); ***~ alternativa*** Alternativlösung *f.*; ***non vedere altra ~ che...*** sich keinen anderen Rat wissen, als...; ***~ ammoniacale*** Salmiaklösung *f.*; ***~ di compromesso*** Kompromisslösung *f.*; ***~ di continuità*** Unterbrechung *f.*; ***senza ~ di continuità*** ohne Unterbrechung; ***~ di un debito*** Schuldentilgung *f.*; ***~ drastica*** Radikallösung *f.*; CHIM. ***di facile ~*** leicht löslich; STOR. ***~ finale*** Endlösung *f.*; ***~ fittizia*** Scheinlösung *f.*; ***~ globale*** Globallösung *f.*; ***~ ideale*** Ideallösung *f.*; ***~ intermedia*** Zwischenlösung *f.*; ***~ miracolosa*** Wunderlösung *f.*; ***~ negoziata*** Verhandlungslösung *f.*; MED. ***~ nutritiva*** Nährlösung *f.*; ***~ parziale*** Teillösung *f.*; ***possibilità di ~*** Lösungsmöglichkeit *f.*; ***~ di ripiego*** Notlösung *f.*; ***~ salina*** Salzlösung *f.*; ***~ sostitutiva*** Ersatzlösung *f.*; ***~ tampone*** Behelfslösung *f.*; ***~ transitoria*** Übergangslösung *f.*; COMM. ***~ unica*** einmalige Zahlung; ***pagare in un'unica ~*** (den ganzen Betrag) auf einmal bezahlen; POL. ***~ zero*** Nulllösung *f.*

sol|ven|te I agg. **1** CHIM. Lösungs-, lösend, auflösend **2** COMM. zahlungsfähig, solvent **II** m. Lösungsmittel *n.* ◆ ***benzina ~*** Leichtbenzin *n.* (*o* Waschbenzin *n.*); ***potere ~*** Lösungsvermögen *n.*; ***~ per smalto*** Nagellackentferner *m.*; ***~ per vernici*** Abbeizmittel *n.*

sol|ven|za f. Zahlungsfähigkeit *f.*, Solvenz *f.*

sol|vi|bi|le agg. **1** zahlungsfähig, solvent **2** *(pagabile)* (be)zahlbar. **sol|vi|bi|li|tà** f. Zahlungsfähigkeit *f.*, Solvenz *f.*

1.so|ma f. **1** Last *f.*, Bürde *f.* (anche FIG.) **2** STOR. Saum *f.*, Traglast *f.* ◆ ***asino da ~*** Lastesel *m.*; COLLOQ. Packesel *m.*; ***bestia da ~*** Lasttier *n.* (*o* Saumtier *n.*); FIG. Arbeitstier *n.*; ***cavallo da ~*** Lastpferd *n.*

2.so|ma m. MED. Soma *n.*, Körper *m.*

so|ma|lo I agg. somalisch **II** m. **1** Somalier *m.* **2** *(lingua)* Somali *n.*

so|ma|rel|lo m. **1** kleiner Esel *m.* **2** SCHERZ. Dumm(er)chen *n.* **so|ma|ro** m. Esel *m.* (anche SPREG.): ***che ~, sei un ~!*** du (alter) Esel! ◆ ***essere carico come un ~*** wie ein Packesel beladen sein; ***lavorare come un ~*** wie ein Arbeitstier schuften.

so|ma|ti|co agg. *(-ci,-che)* somatisch. **so|ma|tiz|za|re** tr. somatisieren. **so|ma|tiz|za|zio|ne** f. Somatisierung *f.* **so|ma|to|ge|ni|co** agg. *(-ci,-che)*, **so|ma|to|ge|no** agg. somatogen. **so|ma|to|lo|gi|a** f. Somatologie *f.*

so|mie|re m. **1** Windlade *f.* **2** LETT. *(bestia da soma)* Lasttier *n.*

so|mi|glian|te agg. ähnlich: ***essere molto ~ a qcn.*** jdm sehr ähnlich sein (*o* jdm sehr äheln); ***del tutto ~*** täuschend ähnlich. **so|mi|glian|za** f. Ähnlichkeit *f.*: ***trovare una ~ con qcn.*** eine Ähnlichkeit mit jdm fest‿stellen; ***c'è una ~ tra i due*** es besteht eine Ähnlichkeit zwischen den beiden; ***una ~ impressionante*** eine verblüffende Ähnlichkeit ◆ LETT. ***a ~ di qcs., qcn.*** wie etw., jd; ***Dio creò l'uomo a sua immagine e ~*** Gott schuf den Menschen nach seinem Bilde. **so|mi|glia|re** *(somiglio, somigli)* **I** intr. (aus. *avere, essere*) ***~ a qcn., qcs.*** jdm, etw. äheln (*o* ähnlich sehen), gleichen (*o* gleich‿sehen) **II** pronom. **somigliarsi** sich (D) äheln, sich (D) (täuschend) ähnlich sehen, sich (D) gleichen: ***non si somigliano affatto*** sie äheln sich überhaupt nicht ◆ ***-rsi come due gocce d'acqua*** sich wie ein Ei dem anderen (*o* aufs Haar) gleichen.

som|ma f. **1** MAT. Summe *f.*: ***fare, calcolare una ~*** eine Summe bilden, errechnen; ***sbagliare la ~*** eine Summe falsch errechnen (*o* falsch addieren); ***la ~ (di 4 + 5) è 9*** die Summe (von 4 und 5) ist 9 **2** *(quantità di denaro)* Summe *f.*, Betrag *m.*, Geldbetrag *m.*: ***una ~ considerevole, notevole*** eine beträchtliche, stattliche Summe; ***una bella ~*** hübsche Summe; ***una ~ in cifre tonde*** eine runde Summe; ***rimettere, versare una ~ a qcn.*** jdm einen Betrag überweisen, zahlen; ***perdere forti -e al gioco*** große Beträge beim Spiel verlieren **3** ESTENS. *(insieme)* Gesamtheit *f.*, Summe *f.*: ***la ~ delle mie esperienze*** die Summe meiner Erfahrungen; ***la ~ degli affari*** das gesamte Geschäftsvolumen **4** FIG. *(sostanza)* Substanz *f.*, Kern *m.*, Wesentliche *n.*, Fazit *n.*: ***la ~ del discorso*** der Kern der Rede; ***la ~ del ragionamento*** das Fazit der Überlegungen **5** *(compendio)* Summa *f.* ◆ ***~ versata in acconto*** Anzahlungssumme *f.*; ***~ algebrica*** algebraische Summe; ***~ aritmetica*** arithmetische Summe; ***~ data in cauzione*** Kautionssumme *f.*; LETT. ***la ~ del comando*** die oberste (*o* höchste) Gewalt; ***~ complessiva*** Gesamtbetrag *m.* (*o* Gesamtsumme *f.*); ***~ in contanti*** Barbetrag *m.*; ***pagare l'intera ~ in contanti*** den vollen Betrag bar bezahlen; LETT. ***la ~ delle cose*** die oberste (*o* höchste) Gewalt; COLLOQ. ***la ~ delle -e*** das Endergebnis; ***~ in denaro*** Geldsumme *f.* (*o* Geldbetrag *m.*); ***~ finale*** Endsumme *f.*; ***~ forfettaria*** Pauschalsumme *f.*; ***~ globale*** Globalsumme *f.* (*o* Gesamtsumme *f.*); ***~ massima*** Höchstbetrag *m.* (*o* Höchstsumme *f.*); ***~ residua, rimanente*** Restsumme *f.*; ***~ risparmiata*** Spareinlage *f.*; FIG. ***tirare le -e (di qcs.)*** die Summe von etw. (*o* die Bilanz aus etw.) ziehen.

som|mac|co m. *(-chi)* Sumach *m.*, Färberbaum *m.*

som|ma|men|te avv. überaus, in höchstem Maße.

som|ma|re **I** tr. **1** MAT. addieren, zusammen‿zählen, summieren: ***~ un numero a un altro*** eine Zahl zu einer anderen addieren (*o* eine Zahl mit einer anderen zusammenzählen) **2** FIG. *(aggiungere)* hinzu‿rechnen, dazu‿rechnen **II** intr. (aus. *avere, essere*) betragen, sich belaufen: ***il totale somma a due milioni*** die Gesamtsumme beträgt zwei Millionen; ***le perdite sommano a tre miliardi*** die Verluste belaufen sich auf drei Milliarden **III** pronom. **sommarsi** sich addieren, sich summieren: ***-rsi a qcs.*** sich auf etw. (A) addieren.

som|ma|ria|men|te avv. summarisch, kurz. **som|ma|rie|tà** f. Kürze *f.*

1.som|ma|rio agg. *(-ri,-rie)* **1** summarisch, kurz, zusammengefasst: ***fare giustizia -a*** kurzen Prozess machen **2** ESTENS. *(approssimativo, superficiale)* summarisch, oberflächlich: ***un progetto ~*** ein summarischer Entwurf ◆ ***esecuzione -a*** Hinrichtung *f.* ohne Verfahren (*o* Prozess); ***giudizio ~*** Pauschalurteil *n.*; ***istruzione -a*** Schnellverfahren *n.*; ***procedimento, processo ~*** Schnellverfahren *n.*

2.som|ma|rio m. *(-ri)* **1** *(compendio)* Abriss *m.*, Kompendium *n.* **2a** ESTENS. *(riassunto)* Zusammenfassung *f.* **b** *(indice)* Inhaltsangabe *f.*, Inhaltsverzeichnis *n.*

som|ma|to p.pass. → **sommare** ◆ ***tutto ~*** alles in allem.

som|ma|to|ria f. **1** *(simbolo)* Summenzeichen *n.* **2** *(somma)* Summierung *f.*, Summation *f.*

som|me|lier ['-lije] m. e f.inv. Weinkellner *m.* (-in *f.*).

som|mer|ge|re *(sommergo, sommergi; sommersi; sommerso)* **I** tr. **1** überschwemmen, überfluten: ***le onde hanno sommerso la nave*** die Wellen haben das Schiff überflutet **2** FIG. überhäufen: ***~ qcn. di qcs.*** jdn mit etw. überhäufen **II** pronom. **sommergersi** (ver)sinken, unter‿gehen: ***la nave si sommerse*** das Schiff ging unter ◆ ***~ qcs. nell'oblio*** etw. in Vergessenheit geraten lassen.

som|mer|gi|bi|le **I** m. Unterseeboot *n.*, U-Boot *n.* **II** agg. tauchfähig ◆ ***~ atomico*** Atomunterseeboot *n.* (*o* Atom-U-Boot *n.*); ***equipaggio di ~*** U-Boot-Besatzung *f.*; ***~ lanciamissili*** raketenbestücktes U-Boot.

som|mer|so **I** p.pass. agg. **1** → **sommergere** **2** überschwemmt, überflutet **3** FIG. überhäuft: ***essere ~ dal lavoro, dai debiti, dagli applausi*** mit Arbeit, Schulden, vom Beifallsrausch überhäuft sein **II** m. Schattenwirtschaft *f.* ◆ ***economia -a*** Schattenwirtschaft *f.*; ***lavoro ~*** Schwarzarbeit *f.*

som|mes|sa|men|te avv. leise. **som|mes|so** **I** agg. leise: ***voce -a*** leise Stimme; ***piangere in tono ~*** leise weinen **II** avv. leise: ***parlare ~*** leise sprechen.

som|met|ta f. Sümmchen *n.*: COLLOQ. ***una bella ~*** ein hübsches Sümmchen.

som|mier ['-mje] m.inv. Schlafcouch *f.*, Ausziehcouch *f.*

som|mi|ni|stra|re tr. **1** MED. verabreichen: ***~ qcs. a qcn.*** jdm etw. verabreichen **2** *(distribuire)* aus‿teilen, verteilen **3** IRON. versetzen: ***~ uno schiaffo a qcn.*** jdm eine Ohrfeige versetzen ◆ ***~ per infuso*** infundieren; ***~ un sacramento*** ein Sakrament aus‿teilen (*o* spenden). **som|mi|ni|stra|to|re** **I** agg. **1** MED. verabreichend **2** ESTENS. verteilend, austeilend **II** m. Verteiler *m.* **som|mi|ni|stra|zio|ne** f. **1** MED. Verabreichung *f.* **2** ESTENS. Verteilung *f.*, Austeilung *f.*

som|mi|tà f.inv. **1** Gipfel *m.*, Spitze *f.* **2** FIG. Gipfel *m.*, Höhepunkt *m.*: ***giungere alla ~ della fama*** den Gipfel des Ruhms erreichen (*o* auf dem Gipfel des Ruhms an‿langen) ◆ ***~ del capo*** Scheitel *m.*; ***~ del monte*** Berggipfel *m.* (*o* Bergspitze *f.*); ***~ della torre*** Turmspitze *f.*

som|mo **I** agg. **1** LETT. *(il più alto)* höchst: ***le -e vette*** die höchsten Gipfel **2** *(massimo)* höchst, größt: ***il ~ bene*** das höchste Gut; ***con nostro ~ piacere*** zu unserer größten Freude; ***di -a importanza*** von größter Bedeutung **3** *(eccellente)* vortrefflich **II** m. **1** Gipfel *m.*, Spitze *f.* **2** FIG. *(apice)* Gipfel *m.*, Höhepunkt *m.*: ***essere al ~ della felicità*** auf dem Gipfel des Glücks sein ◆ ***al ~*** überaus (*o* in höchstem Maße); ***per -i capi*** in groben Zügen; ***in ~ grado*** in höchstem Maße (*o* Grad); RELIG. ***~ pastore*** Oberhirt *m.*; ***il Sommo Poeta*** = Dante Alighieri; ***il sommo pontefice*** der Papst; ***~ sacerdote*** Hohepriester *m.*; *(nel cattolicesimo)* Papst *m.*

som|mos|sa f. Aufruhr *m.*, Aufstand *m.*, Erhebung *f.*: ***dominare una ~*** einen Aufstand nieder‿werfen ◆ ***fomentatore di -e*** Aufrührer *m.* (*o* Aufwiegler *m.*).

som|moz|za|to|re m. **1** Taucher *m.* **2** MIL. *(uomo rana)* Froschmann *m.*

som|muo|ve|re tr. *(sommossi; sommosso)* LETT. **1** auf‿peitschen, erschüttern: ***la tempesta sommuove le onde*** der Sturm peitscht die Wellen auf **2a** FIG. *(eccitare)* auf‿rütteln, auf‿peitschen **b** *(turbare)* erschüttern **3** *(sobillare)* auf‿hetzen.

so|na|glie|ra f. Schellenhalsband *n.* ◆ ***slitta con -e*** Schellenschlitten *m.*

so|na|glio m. *(-gli)* **1** Schelle *f.* **2** *(gioco per bambini)* Rassel *f.* ◆ ***berretto a -gli*** Schellenkappe *f.*; ***serpente a -gli*** Klapperschlange *f.*

1.so|nan|te agg. klingend (anche FIG.): ***pagare con moneta ~*** mit klingender Münze zahlen.

2.so|nan|te **I** agg. FON. sonantisch **II** f. FON. Sonant *m.*

so|nar m.inv. Sonar *n.*, Sonargerät *n.*

so|na|re → **suonare.**

so|na|ta f. **1** → **suonata** **2** MUS. Sonate *f.* ◆ ***forma ~*** Sonatenform *f.* (*o* Sonatensatz *m.*); ***~ per pianoforte*** Klaviersonate *f.*; ***~ per violino*** Violinsonate *f.* **so|na|ti|na** f. Sonatine *f.*

so|na|to → **suonato.**

son|da f. **1** Sonde *f.* (anche MED.): ***introdurre una ~ nello stomaco*** eine Sonde in den Magen ein‿führen **2a** MIN. Bohrer *m.*, Sonde *f.* **b** MAR. Lot *n.* **3** TECN. *(sensore)* Fühler *m.*, Sensor *m.* ◆ ***~ atmosferica*** Versuchsballon *m.* (*o* Registrierballon *m.*); ***~ campionatrice*** Kernbohrer *m.*; ***~ gastrica*** Magensonde *f.*; ***~ lunare*** Mondsonde *f.*; ***pallone ~*** Versuchsballon *m.* (*o* Radiosonde *f.*), ***~ di perforazione*** Erdbohrer *m.*; ***~ spaziale*** Raumsonde *f.* (*o* Weltraumsonde *f.*); ***~ termica*** Wärmefühler *m.*

Son|da n.pr.f. ***isole della ~*** Sundainseln *pl.*; ***Mar della ~*** Sundasee *f.*

son|da|bi|le agg. sondierbar.

son|dag|gio m. *(-gi)* **1a** Sondierung *f.* (anche MED. MIN.) **b** MAR. Lotung *f.*, Loten *n.*, Sondierung *f.* **2** *(indagine)* Umfrage *f.*: ***fare, effettuare, compiere un ~ su qcs.*** eine Umfrage über etw. machen, veranstalten; ***~ statistico*** statistische Umfrage; ***dal ~ emerge che...*** aus der Umfrage ergibt sich, dass...; ***il ~ dimostra che...*** die Umfrage beweist, dass... ◆ ***~ esplorativo*** Suchbohrung *f.*; TELEV. ***~ sull'indice di gradimento*** Teletest *m.*; ***~ marino*** Lotung *f.* (*o* Loten *n.*); ***~ d'opinione*** Meinungsumfrage *f.* (*o* Meinungsforschung *f.*).

son|da|re tr. **1a** sondieren (anche MED. MIN.): ***~ il sottosuolo alla ricerca di petrolio*** den Boden auf Erdöl sondieren **b** MAR. aus‿loten, sondieren **2** FIG. *(indagare)* sondieren, erforschen: ***~ il terreno***

das Terrain sondieren; ***~ l'opinione pubblica, il mercato*** die öffentliche Meinung, den Markt erforschen. **son|di|no** m. Sonde *f.*
so|net|to m. Sonett *n.*
So|nia n.pr.f. Sonja *f.*
so|ni|co agg. *(-ci,-che)* Schall-: ***barriera -a, muro ~*** Schallmauer *f.*; ***velocità -a*** Schallgeschwindigkeit *f.*
son|nac|chia|re → **sonnecchiare. son|nac|chio|so** agg. **1** schläfrig, verschlafen: ***occhi -i*** schläfrige Augen **2** FIG. *(indolente)* träge.
son|nam|bu|li|smo m. Schlafwandeln *n.*, Nachtwandeln *n.*, Mondsüchtigkeit *f.*; MED. Somnambulismus *m.*
son|nam|bu|lo I agg. schlafwandlerisch, nachtwandlerisch, mondsüchtig; MED. somnambul **II** m. Schlafwandler *m.*, Nachtwandler *m.*, Mondsüchtige *m.*; MED. Somnambule *m.*; ***essere ~, fare il ~*** schlafwandeln (*o* nachtwandeln); MED. somnambulieren.
son|nec|chia|re intr. *(sonnecchio, sonnecchi*; aus. *avere)* **1** dösen, schlummern **2** *(essere poco attivo)* dösen.
son|nel|li|no m. Schläfchen *n.*; COLLOQ. Nickerchen *n.*: ***fare un ~*** ein Schläfchen halten ◆ ***~ pomeridiano*** Mittagsschläfchen *n.* (*o* Nachmittagsschläfchen *n.*).
son|ni|fe|ro m. Schlafmittel *n.*; *(compressa)* Schlaftablette *f.*: ***un tubetto di -i*** ein Röhrchen Schlaftabletten; ***prendere un ~*** eine Schlaftablette ein‿nehmen ◆ ***compressa di ~*** Schlaftablette *f.*; ***dipendenza da -i*** Schlafmittelsucht *f.*; ***intossicazione da -i*** Schlafmittelvergiftung *f.*
son|no m. **1** Schlaf *m.*: ***~ ristoratore, tranquillo*** erholsamer (*o* geruhsamer), ruhiger Schlaf; ***avere il ~ pesante, leggero*** einen festen, leichten Schlaf haben; ***avere il ~ agitato*** unruhig schlafen; ***strappare qcn. al ~*** jdn aus dem Schlaf reißen (*o* rütteln); ***essere vinto dal ~*** vom Schlaf übermannt (*o* überwältigt) werden; ***recuperare ~*** Schlaf nach‿holen; FIG. ***il paese è immerso nel ~*** das Dorf liegt im Schlaf **2** *(stanchezza)* Müdigkeit *f.*: ***crollare dal ~*** vor Müdigkeit um‿sinken; ***sbadigliare per il ~*** vor Müdigkeit gähnen **3** FIG. *(inerzia)* Trägheit *f.*: ***il ~ della ragione*** die Trägheit der Vernunft ◆ ***avere ~*** müde (*o* schläfrig) sein; ***bisogno di ~*** Schlafbedürfnis *n.*; ***bisognoso di ~*** schlafbedürftig; FISIOL. ***centro del ~*** Schlafzentrum *n.*; ***avere un colpo di ~*** jdm fallen die Augen zu; ***conciliare il ~*** einschläfernd wirken; ***cura del ~*** Schlaftherapie *f.* (*o* Schlafkur *f.*); ***disturbo del ~*** Schlafstörung *f.*; ***il ~ eterno*** die ewige Ruhe; ***dormire il ~ del giusto*** den Schlaf des Gerechten schlafen; ***essere impastato di ~*** noch ganz verschlafen sein; ***~ invernale*** Winterschlaf *m.*; ***malattia del ~*** Schlafkrankheit *f.*; ***mettere ~ a qcn.*** jdn schläfrig machen; FIG. jdn langweilen; ***morire di ~*** todmüde (*o* hundemüde) sein; COLLOQ. ***essere morto di ~*** todmüde sein; FIG. eine Schlafmütze sein; ***~ notturno*** Nachtschlaf *m.*; ***mi è passato il ~*** ich bin wieder munter; ***perdere il ~*** nicht mehr schlafen können; ***posizione (del corpo) durante il ~*** Schlafstellung *f.*; ***prendere ~*** ein‿schlafen; ***~ profondo*** Tiefschlaf *m.*; ***essere immerso in un ~ profondo*** in tiefem Schlaf liegen (*o* tief im Schlaf versunken sein); ***~ prolungato*** Dauerschlaf *m.*; ***riprendere ~*** wieder ein‿schlafen; ***~ ristoratore*** erquickender Schlaf; COLLOQ. ***rubare ore di ~ a qcn.*** jdm den Schlaf rauben; ***spegnersi nel ~*** im Schlaf sterben; ***terapia del ~*** Schlaftherapie *f.*; ***togliere il ~ a qcn.*** jdm den Schlaf rauben; ***dormire -i tranquilli*** ruhig schlafen; EUFEM. ***l'ultimo ~*** die ewige Ruhe; COLLOQ. ***farsi un ~ unico*** durch‿schlafen; ***ciclo (del) ~-veglia*** Schlaf-wach-Rhythmus *m.*; ***far venire ~ a qcn.*** jdn schläfrig machen; FIG. jdn langweilen; ***mi è venuto ~*** ich bin schläfrig geworden.
son|no|len|to agg. **1** schläfrig, verschlafen: ***una cittadina -a*** ein verschlafenes Städtchen; ***un ~ pomeriggio estivo*** ein schläfriger Sommernachmittag **2** FIG. LETT. träge.
son|no|len|za f. **1** Schläfrigkeit *f.*, Verschlafenheit *f.*; ***dopo pranzo mi prende la ~*** nach dem Mittagessen werde ich müde **2** FIG. LETT. Trägheit *f.*
so|no|ra f. LING. stimmhafter Laut *m.*
so|no|ra|men|te avv. **1** klingend, tönend **2** ordentlich: ***prenderle ~*** ordentlich versohlt werden; ***essere ~ battuto*** ordentlich geschlagen werden.
so|no|ri|tà f.inv. **1** Wohlklang *m.*, Klangfülle *f.* **2** *(acustica)* Klangwirkung *f.*, Akustik *f.*: ***avere una buona ~*** eine gute Klangwirkung haben **3** LING. Stimmhaftigkeit *f.*
so|no|riz|za|re tr. **1** LING. stimmhaft machen **2** CINEM. synchronisieren, vertonen. **so|no|riz|za|zio|ne** f. **1** LING. Stimmhaftigkeit *f.* **2** CINEM. Synchronisierung *f.*, Vertonung *f.*
so|no|ro I agg. **1** Schall-: ***onda -a*** Schallwelle *f.* **2a** ESTENS. *(dal suono pieno)* sonor: ***voce -a*** sonore Stimme **b** ***una sala -a*** ein Saal mit einer guten Akustik **3** *(rumoroso)* schallend: ***un ~ ceffone*** eine schallende Ohrfeige; ***un riso ~*** schallendes Gelächter **4** *(di versi poetici)* wohlklingend, klangvoll **5a** FIG. *(come si deve)* gehörig: ***una -a lezione*** eine gehörige Lektion **b** *(pesante)* schwer: ***una -a sconfitta*** eine schwere (*o* vernichtende) Niederlage **6** FIG. *(altisonante)* hochtrabend: ***un discorso ~*** eine hochtrabende Rede **7** CINEM. Ton-: ***cinema ~*** Tonfilm *m.* **8** LING. stimmhaft: ***consonante -a*** stimmhafter Konsonant **II** m. **1** CINEM. Tonfilm *m.*; ***l'avvento del ~*** der Anbruch der Tonfilmzeit **2** *(colonna sonora)* Tonspur *f.* ◆ ***colonna -a*** Tonspur *f.*; *(musiche di un film)* Filmmusik *f.*; ***effetto ~*** Klangeffekt *m.* (*o* Klangwirkung *f.*); ***segnale ~*** Dauerton *m.*
son|tuo|si|tà f. Pracht *f.*, Prunk *m.* **son|tuo|so** agg. prächtig, prunkvoll.
so|per|chia|re, so|per|chio... → **soverchiare, soverchio ...**
so|pi|men|to m. LETT. Beruhigung *f.*, Besänftigung *f.* **so|pi|re** tr. *(sopisco, sopisci)* LETT. beruhigen, besänftigen: ***~ la collera*** die Wut besänftigen. **so|po|re** Schlummer *m.*, Halbschlaf *m.* **so|po|ri|fe|ro** agg. **1** einschläfernd **2** FIG. *(noioso)* einschläfernd, zum Einschlafen: ***un discorso ~*** eine einschläfernde Rede.
sop|pal|ca|re tr. *(soppalco, soppalchi)* ***~ un locale*** in einen Raum einen Hängeboden ein‿bauen. **sop|pal|co** m. *(-chi)* Hängeboden *m.*
sop|pe|ri|re intr. *(sopperisco, sopperisci;* aus. *avere)* ***~ a qcs.*** etw. wett‿machen (*o* aus‿gleichen); ***~ a un errore, a una perdita*** einen Fehler, einen Verlust wettmachen; ***~ alla scarsa bellezza con l'amabilità*** mangelnde Schönheit durch Liebenswürdigkeit wettmachen ◆ ***~ a un bisogno*** einem Bedürfnis nach‿kommen; ***~ a spese impreviste*** unvorhergesehene Kosten ab‿decken, für unvorhergesehene Kosten auf‿kommen.
sop|pe|sa|re tr. **1** wägen, ab‿wiegen **2** FIG. *(valutare)* ab‿wägen: ***~ i pro e i contro*** die Vor- und Nachteile abwägen ◆ ***~ ogni cosa, ogni parola*** alles, jedes Wort auf die Waagschale legen.
sop|pian|ta|men|to m. Verdrängung *f.* **sop|pian|ta|re** tr. verdrängen, aus‿stechen: ***~ un rivale*** einen Rivalen ausstechen; ***~ qcn. in qcs.*** jdn in etw. (D) ausstechen; ***la televisione ha soppiantato la radio*** das Fernsehen hat das Radio verdrängt.
sop|piat|to, *di ~* heimlich, unbemerkt, verstohlen; ***andarsene di ~*** sich heimlich davon‿machen; ***avvicinarsi di ~ a qcs.*** sich an etw. (A) heran‿pirschen; ***gettare un'occhiata di ~*** einen Blick riskieren; ***uscire di ~*** sich hinaus‿stehlen.
sop|por|ta|bi|le agg. erträglich. **sop|por|ta|bi|li|tà** f. Erträglichkeit *f.* **sop|por|ta|bil|men|te** avv. erträglich.
sop|por|ta|re I tr. **1** tragen, stand‿halten: ***~ un carico*** eine Last tragen **2** *(tollerare)* vertragen: ***non ~ il fumo, una medicina*** Rauch, ein Medikament nicht ertragen; ***una pianta che sopporta gli sbalzi di temperatura*** eine Pflanze, die Temperaturschwankungen verträgt **3** *(persone)* aus‿halten, ertragen, aus‿stehen: ***non ~ qcn.*** jdn nicht ausstehen können; ***non lo sopporto più*** ich kann ihn nicht mehr ausstehen; ***devo sopportarlo ancora una settimana*** ich muss ihn noch eine Woche ertragen **4a** *(subire, patire)* tragen, ertragen, auf sich nehmen: ***~ un dolore, qcs. in silenzio*** einen Schmerz, etw. still ertragen; ***~ sacrifici*** Opfer tragen; ***dover ~ le conseguenze*** die Konsequenzen tragen müssen; ***~ grandi privazioni*** große Entbehrungen auf sich nehmen **b** assol. mit an‿sehen: ***~ senza lamentarsi*** alles stillschweigend mit ansehen; ***ho sopportato a lungo, ma adesso basta*** ich habe mir das lange mit angesehen, aber jetzt reicht es **II** pronom. **sopportarsi** sich ertragen: ***non si amano, si sopportano*** sie lieben sich nicht, sie ertragen sich (gegenseitig).
sop|por|ta|zio|ne f. Duldung *f.*, Duldsamkeit *f.*, Geduld *f.*; ***dimostrare molta ~*** sehr duldsam sein ◆ ***qcn. è al limite della ~*** jdm reißt gleich der Geduldsfaden.
sop|pres|sa, sop|pres|sa|ta f. Schwartenmagen *m.*, Presskopf *m.*, Presssack *m.*
sop|pres|sio|ne f. **1** Aufhebung *f.*: ***la ~ di un decreto*** die Aufhebung eines Dekrets **2** *(eliminazione, occultamento)* Beseitigung *f.* ◆ DIR. ***~ di atti*** Urkundenunterdrückung *f.*; DIR. ***~ di stato*** Unterdrückung *f.* des Personenstandes. **sop|pres|si|vo** agg. unterdrückend: ***leggi, provvedimenti -i*** unterdrückende Gesetze, Maßnahmen.
sop|pres|so → **sopprimere.**
sop|pri|me|re tr. *(soppressi, soppresso)* **1a** *(abolire)* auf‿heben, still‿legen: ***~ una fermata, una linea (ferroviaria)*** eine Haltestelle aufheben, eine Linie stilllegen **b** DIR. auf‿heben, ab‿schaffen: ***~ una legge*** ein Gesetz aufheben **2a** *(uccidere)* beseitigen **b** *(animali)* ein‿schläfern, ab‿spritzen.
so|pra I prep. **1a** *(con contatto; stato in luogo)* auf + dat.: ***il libro è ~ la scrivania*** das Buch ist auf dem Schreibtisch **b** *(moto a luogo)* auf + acc.: ***metti le scarpe ~ il davanzale*** stell die Schuhe auf die Fensterbank; ***salire ~ la sedia*** auf den Stuhl steigen **2a** *(senza contatto; stato in luogo)* über + dat.: ***il quadro è appeso ~ la scrivania***

das Bild hängt über dem Schreibtisch **b** *(moto a luogo)* über + acc.: ***volare ~ la città*** über die Stadt fliegen **3** *(di indumenti)* über + dat. *o* acc.: ***portare la giacca ~ la camicia*** die Jacke über dem Hemd tragen; ***mettersi il gilet ~ la camicia*** sich eine Weste über das Hemd ziehen **4** *(più di, oltre)* über + acc.: ***cinque gradi ~ zero*** fünf Grad über Null; ***essere ~ la cinquantina*** über (die) fünfzig sein **5** *(a nord di)* nördlich von: ***Como è ~ Milano*** Como liegt nördlich von Mailand **6a** ***~ a qcn., qcs.*** auf jdm, etw. **b** *(moto a luogo)* auf jdn, etw. **II** avv. **1a** *(stato in luogo)* oben, darauf: ***abitare ~*** oben wohnen; ***una torta con ~ la panna*** eine Torte mit Sahne darauf; ***qui ~*** hier oben **b** ***abitare un piano ~*** einen Stock höher wohnen **2a** *(moto a luogo; avvicinandosi a chi parla)* herauf: ***vieni ~!*** komm herauf! ***metti i libri qui ~*** leg die Bücher hierauf **b** *(allontanandosi da chi parla)* hinauf, nach oben: ***sali là ~*** steig dort hinauf; ***vai ~ a prendere la cassetta*** gehe nach oben, und hol die Kassette **3** *(sulla superficie esterna)* oben: ***il coperchio è smaltato ~*** der Deckel ist oben emailliert **III** agg.inv. obere, Ober-: ***la parte ~ si è rovinata*** die obere Seite ist beschädigt **IV** m. obere Seite *f.*, Obere *n.*, Oberteil *n.* e *m.*: ***il ~ del completo*** das Oberteil des Kostüms ◆ ***al di ~ di qcs.*** oberhalb etw. (G), über etw. (D, A); ***al di ~ della media*** überm Durchschnitt; ***essere al di ~ di ogni sospetto*** über jeden Verdacht erhaben sein; ***al di ~ delle parti*** überparteilich; ***i libri sono uno ~ l'altro*** die Bücher liegen übereinander; ***bere ~ un dispiacere*** = seinen Kummer im Alkohol ertränken; ***fin ~ i capelli*** bis über die Ohren; ***~ citato*** oben erwähnt, oben genannt; ***come ~*** wie oben, siehe oben; ***~ coperta*** auf Deck; ***di cui ~*** oben genannt (*o* oben erwähnt); ***da ~*** von oben; ***visto da ~*** von oben gesehen; ***fare debiti ~ debiti*** Schulden über Schulden machen; ***di ~*** *(stato in luogo)* oben; *(moto a luogo)* nach oben, hinauf, hierauf; *(avvicinandosi a chi parla)* herauf: ***è di ~*** er ist oben; ***vai di ~ con lui*** geh nach oben mit ihm; ***il piano di ~*** das obere Stockwerk; ***abita (due piani) ~ di me*** er wohnt (zwei Stockwerke) über mir; FIG. ***non ha nessuno ~ di lui*** er hat niemanden über sich; ***dormirci ~*** darüber schlafen; ***~ il ginocchio*** kniefrei; ***lì ~*** dort oben; ***~ la media*** überm Durchschnitt; ***amare qcn. ~ ogni altra cosa*** jdn über alles lieben; ***passare ~ a qcs.*** über etw. (A) gehen; *(con veicolo)* über etw. (A) fahren; FIG. über etw. (A) hinweg‿sehen (*o* hinweg‿gehen); ***essere ~ pensiero*** gedankenverloren (*o* in Gedanken versunken) sein; ***piangere ~ qcs.*** über etw. (A) weinen; ***mettiamoci una pietra ~*** Schwamm drüber; ***con riguardo a quanto ~*** bezüglich des oben Gesagten; ***tirare una riga ~ qcs.*** einen Strich über etw. (A) machen; FIG. ***~ le righe*** überschwänglich; FIG. ***stare ~ a qcn.*** über jdm stehen; ***tornare sempre ~ qcs.*** immer wieder auf etw. (A) zurück‿kommen; ***vedi ~*** siehe oben.

so|pra|bi|to m. Überzieher *m.*, Übergangsmantel *m.*

so|prac|cen|na|to agg. oben erwähnt, oben genannt.

so|prac|ci|glia|re → **sopracciliare**. **so|prac|ci|glio** m. (*-a* f.pl.) Augenbraue *f.*: ***aggrottare, inarcare le -a*** die Augenbrauen runzeln, hoch‿ziehen; ***-a folte, rade, depilate*** buschige, dünne, gezupfte Augenbrauen ◆ ***matita per -a*** Augenbrauenstift *m.* **so|prac|ci|lia|re** agg. Augenbrauen-: ***arcata ~*** Augenbrauenbogen *m.*

so|prac|ci|ta|to agg. oben erwähnt, oben angeführt.

so|prac|co|per|ta I f. **1** Überdecke *f.* **2** *(di libro)* Schutzumschlag *m.* **3** MAR. Deck *n.* **II** avv. ***stare ~*** auf Deck sein.

so|pra|ci|lia|re → **sopracciliare**.

so|pra|ci|ta|to → **sopraccitato**.

so|prad|det|to agg. oben genannt, oben erwähnt.

so|pra|e|di|fi|ca|re → **sopredificare**. **so|pra|e|di|fi|ca|zio|ne** → **sopredificazione**.

sopra|e|len|ca|to agg. oben angeführt.

so|pra|e|le|va|re, so|pra|e|le|va|ta... → **soprelevare, soprelevata...**

so|pra|e|spor|re → **sovresporre**. **so|pra|e|spo|sto** → **sovresposto**.

so|praf|fa|re tr. *(sopraffaccio, sopraffai; sopraffeci; sopraffatto)* **1** überwältigen: ***~ il nemico*** den Feind überwältigen **2** FIG. übermannen, überkommen, überwältigen: ***un senso di nausea, di panico lo sopraffece*** Ekel, Panik überkam ihn; ***essere sopraffatto dal sonno*** vom Schlaf überwältigt (*o* übermannt) werden; ***essere sopraffatto dalla commozione*** von Rührung überwältigt (*o* überkommen) werden. **so|praf|fat|to|re** m. Überwältiger *m.* **so|praf|fa|zio|ne** f. **1** Überwältigung *f.* **2** *(repressione)* Unterdrückung *f.*: ***~ dei diritti altrui*** Unterdrückung der Rechte anderer **3** *(sopruso)* Übergriff *m.*

so|praf|fi|lo m. Saumnaht *f.*

so|praf|fi|no agg. **1** GASTR. feinst, hochfein: ***olio ~*** feinstes Öl; ***pranzetto ~*** hochfeine Mahlzeit **2** *(straordinario)* hervorragend, außerordentlich, außergewöhnlich; ***astuzia -a*** außerordentliche Schlauheit; ***ingegno ~*** außerordentlicher Geist; ***gusto ~*** hervorragender Geschmack; ***una cuoca -a*** eine hervorragende Köchin.

so|prag|git|to m. Übernaht *f.*, Überwendlingsnaht *f.*

1.so|prag|giun|ge|re *(sopraggiungo, sopraggiungi; sopraggiunsi; sopraggiunto)* **I** intr. (aus. *essere*) **1** (plötzlich) kommen, (plötzlich) erscheinen, auf‿tauchen: ***sopraggiunse il padre e li scoprì subito*** plötzlich erschien der Vater und entdeckte sie sofort **2** ESTENS. hinzu‿kommen, ein‿treten, ein‿fallen, herein‿brechen: ***sopraggiunse l'oscurità*** die Dunkelheit brach herein; ***sopraggiunse l'inverno*** der Winter fiel ein; MED. ***sono sopraggiunte complicazioni*** Komplikationen sind eingetreten **II** tr. *(cogliere di sorpresa)* überraschen.

2.so|prag|giun|ge|re m. Einbruch *m.*, Einfall *m.*: ***il ~ della notte, dell'inverno*** der Einfall der Nacht, der Wintereinfall.

so|prag|giun|ta f. neuerliche Ergänzung *f.* ◆ ***di, per ~*** dazu, obendrein.

so|pra|in|di|ca|to agg. oben erwähnt, oben angeführt.

so|pra|in|ten|den|te → **sovrintendente**. **so|pra|in|ten|den|za** → **sovrintendenza**.

so|pral|luo|go m. *(-ghi)* **1** Inspektion *f.*, Besichtigung *f.* **2** DIR. Lokaltermin *m.*, AUSTR. Lokalaugenschein *m.*: ***fare, effettuare un ~*** einen Lokaltermin vor‿nehmen; ***ordinare un ~*** einen Lokaltermin an‿setzen.

so|pram|ma|ni|ca f. *(-che)* Ärmelschoner *m.*, Ärmelschützer *m.*

so|pram|men|zio|na|to agg. oben erwähnt, oben genannt.

so|pram|mer|ca|to m., **so|pram|mi|su|ra** f. ***per ~*** dazu, obendrein.

so|pram|mo|bi|le m. Nippfigur *f.*; pl. Nippsachen *pl.*, Nippes *pl.*

so|pram|mo|do avv. überaus, äußerst.

so|pra|ni|sta m. *(-i)* Sopranist *m.*

so|pran|na|tu|ra|le I agg. übersinnlich, übernatürlich, überirdisch: ***poteri -i*** übersinnliche Kräfte; ***essere di una bellezza ~*** von überirdischer Schönheit sein **II** m. Übernatürliche *n.*: ***credere nel ~*** an das Übernatürliche glauben.

so|pran|na|zio|na|le agg. übernational, überstaatlich: ***organizzazione ~*** überstaatliche Organisation.

so|pran|no agg. über ein Jahr alt.

so|pran|no|me m. Beiname *m.*, Spitzname *m.*: ***essere conosciuto con il ~ di...*** unter dem Beinamen... bekannt sein. **so|pran|no|mi|na|re** tr. *(soprannomino)* ***~ qcn., qcs.*** jdm, etw. einen Beinamen geben. **so|pran|no|mi|na|to** p.pass. agg. **1** → **soprannominare** **2** genannt: ***Giorgio Barbarelli, ~ il Giorgione*** Giorgio Barbarelli, genannt Giorgione.

so|pran|nu|me|ra|rio agg. *(-ri, -rie)* **1** überzählig: ***dito ~*** überzähliger Finger **2** AMM. außerplanmäßig: ***impiegato ~*** außerplanmäßiger Angestellter. **so|pran|nu|me|ro I** m. Überzahl *f.*; ***essere in ~*** überzählig sein **II** agg.inv. überzählig: ***le ore ~*** die überzähligen Stunden.

so|pra|no I m. *(registro)* Sopran *m.*, Sopranstimme *f.* **II** m. e f. Sopran *m.*, Sopranistin *f.*: ***~ leggero*** leichter Sopran; ***~ lirico, drammatico*** lyrischer, dramatischer Sopran **III** agg. Sopran-: ***strumento ~*** Sopraninstrument *n.* ◆ ***chiave di ~*** Sopranschlüssel *m.*; ***mezzo ~*** Mezzosopran *m.*

so|pra|nor|ma|le agg. paranormal, übersinnlich.

so|pra|por|ta f. Sopraporte *f.*

so|prap|pa|ga f. *(-ghe)* übertariflicher Lohn *m.*

so|prap|pas|sag|gio m. *(-gi)* Überführung *f.*

so|prap|pen|sie|ro avv. in Gedanken versunken, gedankenverloren.

so|prap|pe|so → **sovrappeso**.

so|prap|più → **sovrappiù**.

so|pra|scrit|ta f. Überschrift *f.* **so|pra|scrit|to** agg. oben aufgeführt.

so|pra|sen|si|bi|le agg. übersinnlich.

so|pras|sal|to m. Satz *m.*: ***fare un ~*** einen Satz machen ◆ ***di ~*** plötzlich; ***destarsi di ~*** aus dem Schlaf auf‿fahren.

so|pras|sa|tu|ra|re tr. *(soprassaturo)* übersättigen. **so|pras|sa|tu|ra|zio|ne** f. Übersättigung *f.* **so|pras|sa|tu|ro** agg. übersättigt.

so|pras|se|de|re intr. *(soprassiedo/soprasseggo; soprassedei/soprassedetti;* aus. *avere)* ***~ a, su qcs.*** etw. auf‿schieben; ***~ a, su una decisione*** eine Entscheidung aufschieben.

so|pras|so|glio m. *(-gli)* **1** *(architrave)* Tragebalken *m.* **2** *(rinforzo di argine)* Uferbefestigung *f.*

so|pras|suo|lo m. **1** Erdoberfläche *f.* **2** *(vegetazione)* Pflanzenbestand *m.*, Vegetation *f.*; ***~ boschivo*** Waldbestand *m.*

so|pra|strut|tu|ra → **sovrastruttura**.

so|prat|tas|sa f. **1** Steuerzuschlag *m.* **2** *(su affrancatura postale)* Nachgebühr *f.*, Mehrporto *n.*

so|prat|tut|to avv. vor allem, besonders, insbesonders: ***questo riguarda ~ i pensionati*** das betrifft insbesonders die Rentner; ***all'iniziativa hanno aderito ~ i giovani*** der Initiative stimmten vor allem junge Leute zu; ***è sempre stanca, ~ di mattina*** sie ist immer müde, besonders morgens.

so|pra|van|za|re I tr. übertreffen, überflügeln: ***~ qcn. in qcs.*** jdn in etw. (D) übertreffen **II** intr. (aus. *essere*) übrig bleiben: ***qcs. sopravanza a qcn.*** jdm bleibt etw. übrig. **so|pra|van|zo** m. Überrest *m.* ◆ ***di ~*** zuzüglich.

so|pra|ven|to → **sopravvento.**

so|prav|va|lu|ta|re tr. *(sopravvaluto)* **1** über‿bewerten, überschätzen: ***~ le capacità di qcn., una difficoltà, l'importanza di qcs.*** jds Fähigkeiten, eine Schwierigkeit, die Wichtigkeit von etw. überschätzen; ***~ una persona*** eine Person überbewerten (*o* überschätzen) **2** ECON. über‿bewerten. **so|prav|va|lu|ta|zio|ne** f. Überbewertung *f.*, Überschätzung *f.*

so|prav|ve|ni|re intr. *(sopravvengo, sopravvieni; sopravvenni; sopravvenuto*; aus. *essere)* **1** (plötzlich) kommen, (plötzlich) erscheinen, auf‿tauchen **2** ESTENS. *(accadere)* ein‿treten, hinzu‿kommen, (plötzlich) geschehen: ***è sopravvenuta una disgrazia, una crisi*** ein Unglück ist geschehen (*o* hat sich ereignet), eine Krise ist eingetreten; ***sono sopravvenute complicazioni*** es sind Komplikationen eingetreten.

so|prav|ven|to I m. **1** MAR. Luv *f.* **2** FIG. *(vantaggio)* Oberhand *f.*: ***avere, prendere il ~ su qcn.*** die Oberhand über jdn gewinnen (*o* bekommen) **II** avv. mit dem Wind im Rücken: ***navigare ~*** mit dem Wind im Rücken segeln.

so|prav|ve|nu|to p.pass. agg. **1** → **sopravvenire 2** eingetreten.

so|prav|ve|ste f. **1** Überkleid *n.* **2** MIL. Waffenrock *m.*

so|prav|vis|su|to I p.pass. agg. **1** → **sopravvivere 2** überlebend **3** FIG. *(arretrato)* altmodisch **II** m. Überlebende *m.*

so|prav|vi|ven|za f. Überleben *n.* ◆ ***in caso di ~*** im Überlebensfalle; ***certificato di ~*** Überlebensbescheinigung *f.*; ***clausola di ~*** Überlebensklausel *f.*; ***corso di ~*** Überlebenskurs *m.*; ***istinto di ~*** Selbsterhaltungstrieb *m.*; ***lotta per la ~*** Überlebenskampf *m.*; ***possibilità di ~*** Überlebenschance *f.*; ***probabilità di ~*** Überlebenswahrscheinlichkeit *f.*

so|prav|vi|ve|re intr. *(sopravvissi; sopravvissuto*; aus. *essere)* **1** ***~ a qcn., qcs.*** jdn, etw. überleben; ***~ alla guerra, a una catastrofe*** den Krieg, eine Katastrophe überleben; ***è sopravvissuta al proprio marito*** sie hat ihren Mann überlebt; ***il malato non sopravviverà*** der Kranke wird nicht überleben **2** *(idealmente)* fort‿leben, weiter‿leben: ***~ nella memoria*** in der Erinnerung weiterleben **3** *(perdurare)* fort‿leben, lebendig sein: ***questa tradizione è sopravvissuta fino ad oggi*** diese Tradition lebt bis heute fort.

so|pre|di|fi|ca|re intr. *(sopredifico, sopredifichi*; aus. *avere)* auf‿stocken. **so|pre|di|fi|ca|zio|ne** f. Aufstockung *f.*

so|pre|len|ca|to → **sopraelencato.**

so|pre|le|va|re I tr. **1** auf‿stocken, erhöhen: ***~ un edificio di tre piani*** ein Gebäude um drei Stockwerke aufstocken **2** *(elevare sopra il livello normale)* überhöhen: ***~ una strada*** eine Straße überhöhen **II** pronom. **soprelevarsi** überragen. **so|pre|le|va|ta** f. **1** Hochstraße *f.* **2** FERR. Hochbahn *f.* **so|pre|le|va|to** p.pass. agg. **1** → **soprelevare 2** überhöht. **so|pre|le|va|zio|ne** f. **1** Überhöhung *f.* **2** EDIL. Aufstockung *f.*

so|prin|di|ca|to → **sopraindicato.**

so|prin|ten|den|te, so|prin|ten|den|za... → **sovrintendente, sovrintendenza...**

so|pros|so m. COLLOQ. Überbein *n.*

so|pru|so m. Übergriff *m.*, Missbrauch *m.*: ***fare un ~ a qcn.*** sich jdm gegenüber einen Übergriff erlauben; ***subire un ~ da parte di qcn.*** jds Übergriff ausgesetzt sein.

soq|qua|dro m. Durcheinander *n.*; ***a ~*** durcheinander; ***mettere a ~ qcs.*** etw. durcheinander bringen.

so|ra|bo I agg. sorbisch **II** m. **1** Sorbe *m.* **2** *(lingua)* Sorbisch(e) *n.*

sor|ba f. Vogelbeere *f.*

sor|bet|te|ri|a f. Eisdiele *f.*, Eiscafé *n.* **sor|bet|tie|ra** f. Eismaschine *f.* **sor|bet|to** m. Sorbet *m.* e *n.*

sor|bi|co agg. *(-ci,-che)* ***acido ~*** Sorbinsäure *f.*

sor|bi|re *(sorbisco, sorbisci)* **I** tr. schlürfen: ***~ il caffè, un bicchiere di liquore*** den Kaffee, ein Glas Likör schlürfen **II** pronom. **sorbirsi** FIG. SCHERZ. über sich ergehen lassen, ertragen: ***-rsi una lunga conferenza*** eine lange Konferenz über sich ergehen lassen; ***-rsi una persona noiosa*** eine langweilige Person ertragen.

sor|bi|to|lo m. Sorbit *m.*

1.sor|bo m. Eberesche *f.* ◆ ***~ domestico*** Speierling *m.*; ***~ degli uccellatori*** Vogelbeerbaum *m.*

2.sor|bo → **sorabo.**

sor|bo|la f. Vogelbeere *f.*

sor|cio m *(-ci)* Maus *f.* ◆ ***far vedere i -ci verdi a qcn.*** = jdm zu schaffen machen.

sor|da|men|te avv. dumpf: ***risuonare ~*** dumpf klingen.

sor|da|stro I agg. schwerhörig **II** m. Schwerhörige *m.*

sor|di|da|men|te avv. **1** dreckig **2** *(con avarizia)* geizig. **sor|di|dez|za** f. **1** Schmutzigkeit *f.* **2** *(turpitudine)* Schändlichkeit *f.* **3** *(avarizia)* Geiz *m.*, Knauserei *f.* **sor|di|do** agg. **1** schmutzig, dreckig **2** *(turpe)* dreckig, gemein, schamlos **3** *(avaro)* geizig.

sor|di|na f. Dämpfer *m.*, Sordine *f.* ◆ FIG. ***in ~*** heimlich; ***mettere la ~*** einen Dämpfer aufsetzen; FIG. mildern.

sor|di|tà f. **1** Taubheit *f.* **2** FIG. *(insensibilità)* Unempfindlichkeit *f.*, Gefühllosigkeit *f.*

sor|do I agg. **1** taub: ***essere ~ da un orecchio*** auf einem Ohr taub sein; ***essere ~ dalla nascita*** von Geburt an taub sein; IRON. ***ma sei ~?*** bist du eigentlich taub? **2** *(insensibile)* taub, unempfänglich: ***essere ~ a qcs.*** taub für (*o* gegen) etw. sein; ***essere ~ alle preghiere di qcn.*** gegen jds Bitten taub sein; ***essere ~ ai problemi sociali*** für soziale Probleme unempfänglich sein **3** *(cupo)* dumpf: ***rumore, colpo ~*** dumpfes Geräusch, dumpfer Schlag **4** *(privo di risonanza)* mit schlechter Akustik **5** *(tacito, nascosto)* versteckt, heimlich: ***~ rancore*** versteckter Groll; ***c'è una -a rivalità tra loro*** es besteht eine versteckte Rivalität zwischen ihnen **6** LING. stimmlos: ***consonanti -e*** stimmlose Konsonanten **II** m. Taube *m.*: ***un dialogo tra -i*** ein Dialog zwischen Tauben ◆ ***~ come una campana*** stocktaub; ***cantare ai -i*** → ***parlare ai -i***; ***dolore ~*** dumpfer Schmerz; ***fare il ~*** sich taub stellen; ***parlare ai -i*** tauben Ohren predigen; PROV. ***non c'è peggior ~ di chi non vuol sentire*** tauben Ohren ist nicht zu predigen.

sor|do|cie|co I agg. *(-chi,-che)* taubblind **II** m. *(-chi)* Taubblinde *m.*

sor|do|mu|ti|smo m. Taubstummheit *f.*

sor|do|mu|to I agg. taubstumm **II** m. Taubstumme *m.* ◆ ***linguaggio dei -i*** Taubstummensprache *f.*

1.sor|do|ne m. ZOOL. Alpenbraunelle *f.*

2.sor|do|ne m. MUS. Sordun *m.* e *n.*

so|rel|la I f. **1** Schwester *f.*: ***(la) mia ~ maggiore, minore*** meine ältere, jüngere Schwester **2** ESTENS. ***essere ~ di qcs.*** mit etw. verschwägert sein; ***la presunzione è ~ dell'ignoranza*** die Anmaßung ist mit der Dummheit verschwägert **II** agg. *(consorella)* Schwester- ◆ ***~ adottiva*** Adoptivschwester *f.*; ***essere fratelli e -e, fratello e ~*** Geschwister sein; ***amarsi come fratello e ~*** sich wie Bruder und Schwester lieben; ***~ gemella*** Zwillingsschwester *f.*; ***lingue -e*** verwandte Sprachen; ***le sette -e*** die sieben Schwestern.

so|rel|lan|za f. Schwesternschaft *f.* **so|rel|la|stra** f. Stiefschwester *f.*, Halbschwester *f.* **so|rel|li|na** f. Schwesterchen *n.*

sor|gen|te f. Quelle *f.* (anche FIG.): ***le -i del Nilo*** die Quellen des Nils; ***la ~ zampilla, si esaurisce*** die Quelle sprudelt, versiegt; ***dalla ~ alla foce*** von der Quelle bis zur Mündung; FIG. ***una ~ di dolore*** eine Quelle des Schmerzes ◆ ***acqua di ~*** Quellwasser *n.*; RAD. ***~ di disturbo*** Störquelle *f.*; ***~ di energia*** Energiequelle *f.*; ***~ ferruginosa*** Eisenquelle *f.*; ***~ di guadagno*** Einnahmequelle *f.*; ***~ intermittente*** Hungerquelle *f.*; ***~ di luce, luminosa*** Lichtquelle *f.*; ***~ di acqua minerale*** Mineralquelle *f.*; ***portata della ~*** Quellschüttung *f.*; ***~ di radiazioni*** Strahlenquelle *f.*; ***sale di ~*** Solsalz *n.*; ***~ salina*** Solquelle *f.*; ***~ sonora*** Schallquelle *f.*; ***~ sulfurea*** Schwefelquelle *f.*; ***~ termale*** Thermalquelle *f.*; ***~ termica*** Wärmequelle *f.*

sor|gen|ti|fe|ro agg. Quell-: ***regione -a*** Quellgebiet *n.*; ***rami -i*** Quellausläufer *pl.*

1.sor|ge|re intr. *(sorgo, sorgi; sorsi; sorto*; aus. *essere)* **1** *(di astri)* auf‿gehen: ***il sole sorge alle cinque*** die Sonne geht um 5 Uhr auf **2** *(levarsi)* sich erheben: ***dalla folla sorse un grido di protesta*** aus der Menge erhob sich ein Protestschrei **3a** *(ergersi)* stehen, sich erheben, empor‿ragen: ***la casa sorge sulla collina*** das Haus steht auf dem Hügel; ***dietro il municipio sorge la chiesa*** hinter dem Rathaus erhebt sich die Kirche **b** *(essere costruito)* entstehen: ***qui sorgerà la nuova scuola*** hier wird die neue Schule entstehen **4** *(scaturire)* entspringen: ***il Danubio sorge nella Foresta Nera*** die Donau entspringt im Schwarzwald **5a** FIG. *(nascere)* auf‿kommen, wach werden, auf‿steigen: ***sono sorte alcune difficoltà*** es traten einige Schwierigkeiten auf; ***è sorta una lite*** ein Streit ist entstanden; ***mi è sorto un dubbio*** in mir ist ein Zweifel aufgekommen; ***mi sorge un sospetto*** in mir steigt ein Verdacht auf **b** *(cominciare)* beginnen, an‿brechen: ***è sorta una nuova era*** eine neue Zeit ist angebrochen **6** LETT. *(alzarsi in piedi)* sich erheben.

2.sor|ge|re m. **1** Aufgang *m.* **2** *(insorgere)* Entstehen *n.* ◆ ***il ~ del sole*** der Sonnenaufgang: ***prima, dopo, al ~ del sole*** vor, nach, bei Sonnenaufgang.

sor|gi|va f. LETT. Quelle *f.* **sor|gi|vo** agg. Quell-: ***acqua -a*** Quellwasser *n.*

sor|go m. *(-ghi)* Hirse *f.*

so|ria|no I agg. ***gatto ~*** Tigerkatze *f.* **II** m. Tigerkatze *f.*

so|ri|te m. Kettenschluss *m.*

sor|mon|ta|re I tr. **1** überragen: ***il campanile sormonta tutte le case*** der Kirchenturm überragt alle Häuser **2** *(superare)* überwinden: ***~ delle difficoltà*** Schwierigkeiten überwinden **II** intr. (aus. *avere*) ABBIGL. übereinander liegen.

sor|nio|ne I agg. scheinheilig: ***avere un'aria -a*** ein scheinheiliges Gesicht machen **II** m. Scheinheilige *m.*

sor|pas|sa|re tr. **1** überragen, übertreffen: ***~ qcn. in qcs.*** jdn an etw. überragen; ***~ qcn. in altezza*** jdn an Höhe überragen **2** *(veicoli)* überholen: ***~ in curva*** in der Kurve überholen. **sor|pas|sa|to** p.pass. agg. **1** → **sorpassare 2** überholt, veraltet: ***una teoria -a*** eine überholte Theorie. **sor|pas|so** m. Überholen *n.*; ***effettuare un ~*** überholen ◆ ***corsia di ~*** Überholspur *f.*; ***divieto di ~*** Überholverbot *n.*; ***manovra di ~*** Überholmanöver *n.*

sor|pren|den|te agg. überraschend, erstaunlich: ***risultato, notizia ~*** überraschendes Ergebnis, überraschende Nachricht. **sor|pren|den|te|men|te** avv. überraschend, erstaunlich.

sor|pren|de|re *(sorpresi, sorpreso)* **I** tr. **1** überraschen, wundern, erstaunen: ***l'offerta mi ha sorpreso*** das Angebot hat mich sehr überrascht; ***~ qcn. con qcs.*** jdn mit etw. überraschen; ***mi sorprende che...*** es wundert mich, dass...; ***essere sorpreso dalla pioggia*** vom Regen überrascht werden **2** *(cogliere sul fatto)* überraschen, ertappen: ***~ qcn. a rubare*** jdn beim Stehlen ertappen; ***~ qcn. in flagrante*** jdn auf frischer Tat ertappen **II sorprendersi** pronom. **1** sich ertappen: ***-rsi a pensare che...*** sich beim Gedanken ertappen, dass... **2** *(stupirsi)* sich wundern: ***-rsi di qcs.*** sich über etw. (A) wundern.

sor|pre|sa f. Überraschung *f.*: ***fare una ~ a qcn.*** jdm eine Überraschung bereiten; ***una bella, sgradevole ~*** eine schöne, unangenehme Überraschung; ***con mia grande ~*** zu meiner großen Überraschung; ***espressione di ~*** Ausdruck *m.* der Überraschung; ***riaversi dalla ~*** sich von der Überraschung erholen; ***che ~!*** das ist aber eine Überraschung! IRON. ***bella ~!*** eine schöne Überraschung! *(regalo)* ***avere, comprare una ~ per qcn.*** eine Überraschung für jdn haben, kaufen ◆ ***di ~*** überraschend; ***cogliere qcn. di ~*** jdn überraschen; ***attacco di ~*** Überraschungsangriff *m.*

sor|pre|so p.pass. agg. **1** → **sorprendere 2** überrascht: ***fare una faccia -a*** ein überraschtes Gesicht machen ◆ ***~ di qcs.*** von etw. überrascht; *(meravigliato)* über etw. (A) verwundert; *(stupito)* über etw. (A) erstaunt.

sor|reg|ge|re I tr. *(sorreggo, sorreggi; sorressi; sorretto)* **1** stützen: ***~ un ferito*** einen Verwundeten stützen **2** EDIL. stützen, tragen: ***le colonne sorreggono il tetto*** die Säulen tragen das Dach **3** FIG. aufrecht halten, stützen: ***la fede ci sorregge*** der Glaube hält uns aufrecht; ***non ha nessuno che lo sorregga*** er hat niemanden, der ihn stützt **II** pronom. **sorreggersi** sich stützen.

sor|ren|ti|no I agg. sorrentinisch **II** m. Sorrentiner *m.* **Sor|ren|to** n.pr.f. Sorrent *n.*

sor|ri|den|te agg. lächelnd: ***viso ~*** lächelndes Gesicht.

sor|ri|de|re intr. *(sorrisi, sorriso*; aus. *avere)* **1a** lächeln: ***~ amichevolmente, dolcemente*** freundlich, sanft lächeln; ***~ fra le lacrime*** unter Tränen lächeln; ***~ di qcn.*** über jdn lächeln **b** ***~ a qcn.*** jdn an‿lächeln, jdm zu‿lächeln **2** FIG. *(arridere)* hold sein, lächeln; ***la sorte gli sorride*** das Glück ist ihm hold **3** FIG. *(allettare)* ***~ a qcn.*** jdn reizen, jdm gefallen; ***l'idea mi sorride*** diese Idee reizt mich ◆ ***sorrida prego!*** bitte, recht freundlich!

sor|ri|so m. Lächeln *n.*: ***un ~ entusiasta, forzato, civettuolo*** ein begeistertes, gezwungenes, kokettes Lächeln; ***fare un ~*** lächeln; ***fare un ~ a qcn.*** jdn an‿lächeln, jdm zu‿lächeln, jdm ein Lächeln schenken; ***abbozzare un ~*** ein Lächeln an‿deuten; ***ricambiare un ~*** zurück‿lächeln; ***avere sempre il ~ sulle labbra*** immer ein Lächeln auf den Lippen haben; ***avere un ~ per tutti*** für jedermann ein Lächeln haben; ***il ~ gli si gelò, gli morì sulle labbra*** sein Lächeln gefror, erstarb ihm auf den Lippen; ***avere un bel ~*** ein hübsches Lächeln haben.

sor|sa|ta f. Schluck *m.*, Zug *m.*: ***bere una ~ d'acqua*** einen Schluck Wasser trinken; ***bere a lunghe -e*** in großen Zügen trinken.

sor|seg|gia|re tr. *(sorseggio, sorseggi)* in kleinen Schlucken trinken, Schluck für Schluck trinken, schlürfen.

sor|si|no m. Schlückchen *n.*

sor|so m. Schluck *m.*: ***un ~ di vino*** ein Schluck Wein; ***un bel ~*** ein tüchtiger Schluck; ***versarsi un ~ di liquore*** sich (D) einen Schluck Likör ein‿schenken; ***bere a piccoli -i*** in kleinen Schlucken trinken ◆ ***~ a ~*** Schlückchen für Schlückchen; ***bere in un ~*** in einem Zug trinken.

sor|ta f. Sorte *f.*, Art *f.*: ***gente di questa, tal ~ non mi piace*** Leute dieser Art (*o* solche Leute) gefallen mir nicht ◆ ***~ di animale*** Tierart *f.*; ***non c'è difficoltà di ~*** es gibt keinerlei Schwierigkeit; ***di ogni ~*** jeder Art: ***animali di ogni ~*** Tiere jeder Art; ***ogni ~ di colori*** vielerlei Farben; ***fare ogni ~ di esperienza*** alle möglichen Erfahrungen machen; ***di tutte le -e*** jeder Sorte (*o* Art), vielerlei.

sor|te f. **1** Schicksal *n.*, Los *n.*: ***una ~ crudele, avversa*** ein grausames, widriges Schicksal; ***una dura ~*** ein schweres Los; ***accettare la propria ~*** sich in sein Schicksal fügen; ***sopportare la propria ~*** sein Los ertragen; ***abbandonare qcn. alla propria ~*** jdn seinem Schicksal überlassen; ***in balia della ~*** dem Schicksal ausgeliefert; ***sfidare la ~*** das Schicksal heraus‿fordern; ***la sua ~ è segnata*** sein Schicksal ist besiegelt (*o* bestimmt); ***decidere della ~ di qcn.*** über jds Schicksal entscheiden; ***predire la ~ a qcn.*** jdm das Schicksal voraus‿sagen **2** *(sorteggio)* Los *n.*: ***la scelta fu affidata alla ~*** die Entscheidung fiel durch das Los ◆ ***estrarre, tirare a ~*** das Los ziehen, durch(s) Los entscheiden; ***estrarre a ~ qcs.*** etw. verlosen, aus‿losen; ***buona ~*** Glück *n.*; ***cattiva ~*** Unglück *n.*; ***nella buona e nella cattiva ~*** in guten und schlechten Zeiten; ***ironia della ~*** Ironie *f.* des Schicksals; ***mala ~*** Unglück *n.*, Missgeschick *n.*; ***reggere le -i di un paese*** die Geschicke eines Landes lenken; ***tentare la ~*** sein Glück versuchen; ***a qcn. tocca in ~ qcs.*** jdm wird etw. zuteil.

sor|teg|gia|re tr. *(sorteggio, sorteggi)* **1** *(assegnare)* verlosen: ***~ i premi*** die Preise verlosen **2** *(scegliere sorteggiando)* aus‿losen, durch(s) Los bestimmen: ***~ i partecipanti*** die Teilnehmer auslosen.

sor|teg|gio m. *(-gi)* **1** Verlosung *f.*; ***fare il ~ dei premi*** die Preise verlosen **2** *(scelta)* Auslosung *f.*

sor|ti|le|gio m. *(-gi)* **1** Sortilegium *n.* **2** *(operazione magica)* Zauber *m.*, Zauberei *f.*

sor|ti|re tr. *(sortisco, sortisci)* erzielen, bewirken: ***~ un effetto*** eine Wirkung erzielen; ***~ l'effetto contrario*** das Gegenteil bewirken.

sor|ti|ta f. **1** MIL. Ausfall *m.*, Ausbruch *m.*: ***tentare una ~*** einen Ausfall versuchen **2** TEATR. Auftritt *m.*: ***la ~ di un attore*** der Auftritt eines Schauspielers **3** *(battuta)* witziger Einfall *m.*, geistreiche Bemerkung *f.*: ***certe volte ha delle -e molto spiritose*** manchmal hat er sehr witzige Einfälle (*o* macht er geistreiche Bemerkungen).

sor|to → **sorgere.**

sor|ve|glian|te I agg. Wach-, Aufsichts- **II** m. e f. Aufseher *m.* (-in *f.*), Wächter *m.* (-in *f.*), Wärter *m.* (-in *f.*) ◆ ***~ notturno*** Nachtwächter *m.*; ***~ di parcheggio*** Parkwächter *m.* **sor|ve|glian|za** f. Aufsicht *f.*, Überwachung *f.*: ***eludere la ~ di qcn.*** jds Wachsamkeit täuschen ◆ ***~ interna (di stabilimento industriale)*** Betriebsschutz *m.*; ***~ notturna*** Nachtwache *f.*; ***obbligo di ~*** Aufsichtspflicht *f.*; ***essere sotto ~*** unter Polizeiüberwachung sein; ***~ speciale*** Polizeiaufsicht *f.*; ***sotto stretta ~*** unter scharfer Bewachung.

sor|ve|glia|re tr. *(sorveglio, sorvegli)* **1** überwachen: ***~ il traffico*** den Verkehr überwachen **2** *(osservare attentamente)* aufmerksam verfolgen: ***~ le mosse dei nemici*** die Manöver der Feinde aufmerksam verfolgen **3** *(badare)* ***~ qcn., qcs.*** auf jdn, etw. auf‿passen: ***~ i bambini, una casa*** auf die Kinder, ein Haus aufpassen.

sor|ve|glia|to I p.pass. agg. **1** → **sorvegliare 2a** überwacht; ***zona -a*** bewachtes Gebiet **b** *(controllato)* beaufsichtigt, überwacht **II** m. Bewachte *m.*, Überwachte *m.* ◆ ***non ~*** aufsichtslos, unbewacht; ***~ speciale*** unter Polizeiaufsicht Stehende *m.*

sor|vo|la|re I tr. **1** überfliegen; ***~ una città, il Polo Nord*** eine Stadt, den Nordpol überfliegen (*o* über eine Stadt, den Nordpol fliegen) **2** FIG. *(non soffermarsi)* ***~ qcs.*** etw. übergehen, über etw. (A) hinweg‿gehen **II** intr. (aus. *avere*) ***~ su qcs.*** etw. übergehen, über etw. (A) hinweg‿gehen; ***~ su una questione*** ein Problem übergehen. **sor|vo|lo** m. Überfliegen *n.*

S.O.S. m.inv. SOS *n.*, SOS-Ruf *m.*: ***lanciare, trasmettere un ~ (via radio)*** einen SOS-Ruf funken; ***lanciare un ~ con segnali luminosi*** SOS blinken.

so|sia m. e f.inv. Doppelgänger *m.* (-in *f.*).

so|spen|de|re tr. *(sospesi, sospeso)* **1** *(appendere)* hängen: ***~ un lampadario al soffitto*** eine Lampe an die Zimmerdecke hängen **2** *(interrompere)* unterbrechen, ein‿stellen: ***~ un lavoro, una cura*** eine Arbeit, eine Therapie unterbrechen; ***~ la produzione, le forniture, i pagamenti*** die Produktion, die Lieferungen, die Zahlungen einstellen; ***~ le ostilità*** die Feindseligkeiten einstellen **3** *(rinviare)* verschieben, aus‿setzen: ***~ uno spettacolo*** eine Vorstellung verschieben; ***~la partita per la pioggia*** das Spiel wegen Regens unterbrechen; ***~ un processo*** einen Prozess aussetzen **4** *(da un incarico)* suspendieren, entheben: ***~ qcn. da un incarico*** jdn seines Amtes entheben; ***~ qcn. dal servizio*** jdn vom Dienst suspendieren **5** SPORT sperren: ***~ un giocatore*** einen Spieler sperren **6** SCOL. ***~ qcn. (dalle lezioni)*** jdn vom Unterricht aus‿schließen **7** *(ritirare)* entziehen: ***~ la patente*** den Führerschein entziehen **8** CHIM.

suspendieren ◆ RELIG. ~ ***a divinis*** von der Weihegewalt aus‿schließen.

so|spen|sio|ne f. **1** Aufhängen *n.* **2** *(interruzione)* Unterbrechung *f.*, Einstellung *f.*: ~ ***di una cura*** Unterbrechung einer Therapie; ~ ***delle importazioni, dei pagamenti*** Einstellung der Einfuhren, Zahlungseinstellung *f.* **3a** *(rinvio)* Verschiebung *f.*, Aussetzung *f.*: ~ ***delle trattative*** Aussetzung der Verhandlungen **b** DIR. Aussetzung *f.*: ~ ***dell'esecuzione*** Aussetzung der Vollziehung; ~ ***della pena*** Strafaussetzung *f.* **4** *(da un incarico)* Suspendierung *f.*, Amtsenthebung *f.* **5** pl. MECC. Aufhängung *f.*: ***le -i di un'auto*** die Aufhängung eines Autos; ***-i anteriori, posteriori*** Vorderrad-, Hinterradaufhängung *f.* **6** CHIM. Suspension *f.*: ~ ***colloidale*** kolloidale Suspension ◆ ~ ***cardanica*** kardanische Aufhängung; ~ ***condizionale della pena*** bedingter Straferlass (*o* Strafaussetzung *f.* zur Bewährung); ~ ***del lavoro*** Arbeitsniederlegung *f.*; ***particelle in*** ~ Schwebeteilchen *pl.*; ~ ***della patente*** Fahrverbot *n.* (*o* Entzug *m.* der Fahrererlaubnis); MIL. ~ ***dei permessi*** Urlaubssperre *f.*; ~ ***a perno*** Zapfenaufhängung *f.*; ***puntini di*** ~ Auslassungspunkte *pl.*; ~ ***a ruote indipendenti*** Einzelradaufhängung *f.*; ~ ***dal servizio*** Dienstenthebung *f.*

so|spen|si|va f. BUROCR. Aussetzung *f.* **so|spen|si|vo** agg. aufhebend, suspensiv, Suspensiv-: ***veto*** ~ suspensives Veto.

so|spen|so|rio m. *(-ri)* Suspensorium *n.*

so|spe|so I p.pass. agg. **1** → **sospendere** **2** aufgehängt, hängend **3** *(sollevato)* gehoben, erhoben: ***mano -a*** erhobene Hand **4** FIG. *(interrotto)* unterbrochen, eingestellt **5** *(rinviato)* verschoben **II** m. COMM. unerledigte Angelegenheit *f.*, ausstehende Rechnung *f.* ◆ ***essere ~ in aria*** in der Luft schweben; FIG. in der Schwebe sein; ***avere un conto in ~ con qcn.*** eine Rechnung mit jdm zu begleichen haben; ***col fiato*** ~ mit angehaltenem Atem; ***tenere qcn. col fiato*** ~ jdn im Ungewissen lassen (*o* jdn auf die Folter spannen); FIG. ***essere ~ a un filo*** an einem dünnen Faden hängen; ***in*** ~ schwebend (*o* unentschieden); ***lasciare qcs. in*** ~ etw. offen lassen; ***ponte*** ~ Hängebrücke *f.*; ***rimanere, stare in*** ~ in (der) Schwebe bleiben; ***tenere qcn. in*** ~ jdn im Ungewissen lassen, jdn auf die Folter spannen.

so|spet|ta|bi|le agg. verdächtig. **so|spet|ta|bi|li|tà** f. Verdächtigkeit *f.*

so|spet|ta|re I tr. **1** verdächtigen: ~ ***qcn. di tradimento*** jdn des Verrates verdächtigen; ~ ***qcn. di aver rubato le chiavi*** jdn verdächtigen, die Schlüssel gestohlen zu haben; ***si sospetta una lesione del menisco*** es besteht (der) Verdacht auf eine Meniskusverletzung **2** *(ipotizzare)* argwöhnen, vermuten, ahnen: ~ ***una trappola*** eine Falle argwöhnen; ~ ***la verità*** die Wahrheit ahnen; ***non sospetta nulla*** er ahnt nichts; ***non avrei mai sospettato in lui tanta pazienza*** ich hätte nicht so viel Geduld bei ihm vermutet; ***chi lo avrebbe mai sospettato!*** wer hätte das je vermutet! **II** intr. (aus. *avere*) ~ ***di qcn.*** jdn verdächtigen, jdn in (*o* im) Verdacht haben; *(diffidare)* jdm misstrauen, gegen jdn misstrauisch sein ◆ ~ ***di tutto e di tutti*** immer misstrauisch sein; ***senza ~ nulla*** nichts ahnend. **so|spet|ta|to I** p.pass. agg. **1** → **sospettare** **2** verdächtigt: ***essere ~ di omicidio*** des Mordes verdächtigt sein (*o* werden) **II** m. Verdächtigte *m.*

1.so|spet|to I agg. verdächtig: ***individuo*** ~ verdächtiger Typ; ***rumori -i*** verdächtige Geräusche **II** m. *(sospettato)* Verdächtige *m.* ◆ ***persona -a*** Verdachtsperson *f.*; ***testimone non*** ~ unbefangener Zeuge.

2.so|spet|to m. Verdacht *m.*: ~ ***infondato*** unbegründeter Verdacht; ***un ~ ricade su qcn.*** ein Verdacht fällt auf (*o* richtet sich gegen) jdn; ***dissipare un*** ~ einen Verdacht zerstreuen; ***destare*** ~ Verdacht erregen, sich verdächtig machen; ***ho il vago ~ che...*** ich habe den Verdacht, dass...; ***c'è il ~ di un tumore*** es besteht Verdacht auf einen Tumor ◆ ***con*** ~ argwöhnisch: ***essere pieno di -i*** misstrauisch sein; ***senza alcun*** ~ nichts ahnend; ***essere al di sopra di ogni*** ~ über jeden Verdacht erhaben sein.

so|spet|to|sa|men|te avv. argwöhnisch. **so|spet|to|si|tà** f. Argwohn *m.* **so|spet|to|so** agg. **1** argwöhnisch **2** *(diffidente)* misstrauisch: ***sguardo*** ~ misstrauischer Blick.

so|spin|ge|re tr. *(sospingo, sospingi; sospinsi; sospinto)* **1** schieben **2** FIG. treiben: ~ ***la carrozzina*** den Kinderwagen treiben. **so|spin|to** p.pass. agg. → **sospingere** ◆ ***a ogni piè*** ~ auf Schritt und Tritt.

so|spi|ra|re I intr. (aus. *avere*) seufzen: ~ ***profondamente*** tief seufzen **II** tr. herbei‿sehnen, herbei‿wünschen, ersehnen: ~ ***le vacanze*** die Ferien herbeisehnen ◆ FIG. ***far ~ qcn.*** jdn schmachten lassen, jdm viele Sorgen bereiten; ***far ~ qcs. a qcn.*** jdn auf etw. (A) warten lassen; ***farsi*** ~ sich rar machen.

so|spi|ra|to p.pass. agg. **1** → **sospirare** **2** ersehnt: ***il momento (tanto) ~ era arrivato*** der ersehnte Augenblick war gekommen; ***la tanto -a promozione*** die heiß ersehnte Beförderung.

so|spi|ro m. Seufzer *m.*: ***fare, mandare un profondo*** ~ einen tiefen Seufzer tun; ***emettere un*** ~ einen Seufzer aus‿stoßen; ***un ~ di sollievo*** ein Seufzer der Erleichterung; ***tirare un ~ di sollievo*** auf‿atmen, erleichtert seufzen; LETT. ***esalare, rendere l'ultimo*** ~ seinen letzten Seufzer tun (*o* den letzten Hauch von sich geben). **so|spi|ro|ne** m. Stoßseufzer *m.*: ***mandare un*** ~ einen Stoßseufzer von sich geben. **so|spi|ro|so** agg. **1** LETT. schluchzend **2** FIG. sentimental.

so|sta f. **1** *(arresto di veicolo)* Halt *m.*, Anhalten *n.*; ***fare ~ in un luogo*** an einem Ort Halt machen (*o* an‿halten); ***il treno fa una ~ di pochi minuti*** der Zug hält wenige Minuten (an) **2** *(fermata prolungata)* Station *f.*, Halt *m.*: ***fare una ~ a Firenze*** einen Halt in Florenz machen, in Florenz Station machen; ***un viaggio senza -e intermedie*** eine Reise ohne Zwischenstationen **3** ESTENS. *(pausa, riposo)* Rast *f.*, Pause *f.*: ***fare una ~ di un'ora*** eine Stunde pausieren (*o* Rast machen); ***concedersi una*** ~ sich (D) eine Pause gönnen ◆ ***area di*** ~ Rastplatz *m.*; SPORT ~ ***ai box*** Boxenstopp *m.*; ***non dare ~ a qcn.*** jdm keine Ruhe geben (*o* lassen); COMM. ***diritto di*** ~ Lagerrecht *n.*; ***divieto di ~ (e di fermata)*** (absolutes) Halteverbot *n.*; ***veicoli in*** ~ geparkte (*o* parkende) Wagen; ***lasciare la macchina in*** ~ das Auto parken; ***senza*** ~ rastlos, pausenlos; ***camminare senza*** ~ durch‿wandern; ***viaggiare senza*** ~ durch‿reisen; ~ ***vietata*** Parkverbot *n.*, Parken verboten.

so|stan|ti|va|le agg. substantivisch. **so|stan|ti|va|re** tr. substantivieren. **so|stan|ti|va|to** p.pass. agg. **1** → **sostantivare** **2** ***aggettivo*** ~ substantiviertes Adjektiv. **so|stan|ti|va|zio|ne** f. Substantivierung *f.* **so|stan|ti|vo I** m. Substantiv *n.*, Hauptwort *n.*: ***-i femminili, maschili*** weibliche, männliche Substantive **II** agg. substantivisch.

so|stan|za f. **1** *(essenza)* Substanz *f.*, Wesen *n.* (anche FILOS.): ***l'identità di apparenza e*** ~ die Identität von Erscheinung und Wesen **2** ESTENS. *(parte essenziale)* Kern *m.*, Wesen *n.*: ***la ~ del discorso*** der Kern der Rede **3** ALIM. *(parte più nutritiva)* Nährwert *m.*; ***cibi con poca, molta*** ~ nährwertarme, nährwertreiche Speisen **4** *(elemento chimico)* Substanz *f.*, Stoff *m.*, Mittel *n.*: ***una ~ solida, liquida, gassosa*** eine feste, flüssige, gasförmige Substanz **5** pl. *(patrimonio)* Besitz *m.*, Vermögen *n.* **6** ANAT. BIOL. *(materia)* Substanz *f.*, Stoff *m.* ◆ ~ ***alimentare*** Nährstoff *m.*; ~ ***aromatica*** Würzstoff *m.*; ~ ***attiva*** Wirkstoff *m.*; ANAT. ~ ***bianca*** weiße Gehirnmasse; ~ ***cerebrale*** Gehirnsubstanz *f.*; ~ ***colorante*** Farbstoff *m.*, Färbemittel *n.*; ~ ***corrosiva*** Ätzmittel *n.*; ***dare*** ~ ernähren; ~ ***detergente*** Reinigungsmittel *n.*; ANAT. ~ ***grigia*** graue Gehirnmasse; ~ ***impregnante*** Tränkstoff *m.*; ***in*** ~ *(in ultima analisi)* im Wesentlichen; *(insomma)* also; *(effettivamente)* im Grunde genommen (*o* eigentlich); ~ ***irritante*** Reizstoff *m.*; ~ ***lubrificante*** Schmierstoff *m.*; ~ ***luminescente*** Leuchtstoff *m.*; ~ ***medicamentosa, medicinale*** Arzneistoff *m.*, heilende Substanz; ANAT. ~ ***midollare*** Mark *n.*; ~ ***minerale*** Mineralstoff *m.*; ~ ***nociva*** Schadstoff *m.*; ~ ***nutritiva*** Nährstoff *m.*; ~ ***odorosa*** Geruchsstoff *m.*; ~ ***ossea*** Knochensubstanz *f.*; ***perdita di*** ~ Substanzverlust *m.*; ***privo di*** ~ substanzlos; ~ ***stimolante*** Reizmittel *n.*; ~ ***stupefacente*** Rauschmittel *n.*; ~ ***tossica, velenosa*** Giftstoff *m.*

so|stan|zia|le I agg. **1** FILOS. substanziell **2** *(essenziale)* wesentlich, substanziell **II** m. Wesentliche *n.* **so|stan|zia|li|tà** f. **1** FILOS. Substanzialität *f.* **2** *(importanza)* Bedeutsamkeit *f.* **so|stan|zial|men|te** avv. **1a** *(fondamentalmente)* grundsätzlich **b** *(effettivamente)* eigentlich, im Grunde genommen **2** FILOS. substanziell.

so|stan|zia|re tr. *(sostanzio, sostanzi)* LETT. bekräftigen, untermauern: ~ ***qcs. di, con qcs.*** etw. mit etw. bekräftigen, etw. durch etw. untermauern.

so|stan|zio|si|tà f. **1** ALIM. Nahrhaftigkeit *f.* **2** FIG. Reichtum *m.* an Gehalt. **so|stan|zio|so** agg. **1** *(nutriente)* nahrhaft, kräftig: ***un piatto*** ~ ein nahrhaftes (*o* kräftiges) Gericht **2** ESTENS. *(cospicuo)* beträchtlich **3** FIG. *(ricco di contenuto)* gehaltvoll.

so|sta|re intr. (aus. *avere*) **1** halten, an‿halten **2** *(fare una pausa)* rasten, pausieren: ~ ***dal lavoro*** bei der Arbeit rasten, von der Arbeit pausieren.

so|ste|gno m. **1** Stütze *f.* (anche EDIL. AGR.): ***i -i di un tetto*** die Stützen eines Dachs; ***fornire un ~ a una pianta*** eine Pflanze ab‿stützen **2a** FIG. *(appoggio)* Stütze *f.*, Unterstützung *f.*, Halt *m.*: ***essere il ~ della famiglia*** die Stütze der Familie sein; ***essere di ~ a qcn., qcs., essere un ~ per qcn., qcs.*** für jdn, etw. eine Stütze sein; ***avere un ~ in qcn.*** eine Stütze an jdm haben; ~ ***morale, psicologico*** moralischer, psychologischer Halt; ***senza il suo ~ il piano non può riuscire*** ohne seine Unterstützung kann der Plan nicht gelingen **b** Unterstützung *f.*, Förderung *f.*: ***avere il ~ dello stato*** staatliche Unterstützung haben **3** *(appiglio)* Stütze *f.*, Haltegriff *m.*, Griff *m.*: ***reggersi agli appositi -i*** sich an den dazu bestimmten Stützen (*o* Griffen) fest‿halten ◆ ***a ~ di qcs.*** zur Unterstützung etw. (G);

ECON. *acquisto di* ~ Stützungskauf *m.*; SCOL. *corso di* ~ Stützkurs *m.*, Nachhilfekurs *m.*; ~ *finanziario* finanzielle Unterstützung; *insegnante di* ~ Zusatzlehrkraft *f.* (für behinderte oder lernschwache Kinder); *(in mezzi di trasporto) maniglia di* ~ Haltegriff *m.*; *misura di* ~ Förderungsmaßnahme *f.*; *muro di* ~ Stützmauer *f.*; *pilastro di* ~ Stützpfeiler *m.*; ECON. ~ *della quota* Kurspflege *f.*; *struttura di* ~ Gestell *n.*, Stützgerüst *n.*; ANAT. *tessuto di* ~ Stützgewebe *n.*; ~ *per vivere* Lebenshilfe *f.*

so|ste|ne|re *(sostengo, sostieni; sostenni; sostenuto)* **I** tr. **1a** *(reggere)* stützen, tragen: *il ponte non sostiene il peso dell'automezzo* die Brücke trägt die Last des Kraftwagens nicht; ~ *un ferito* einen Verletzten stützen; *sei pilastri sostengono il ponte* sechs Pfeiler stützen die Brücke **b** FIG. stützen, aufrecht‿erhalten: *la fede lo sostiene* der Glauben erhält ihn aufrecht; ECON. ~ *una moneta* eine Währung stützen **2** FIG. *(mantenere alto)* hoch‿halten, halten, stützen: ~ *i prezzi* die Preise hochhalten; MUS. ~ *una nota* eine Note halten **3** FIG. *(appoggiare, aiutare)* unterstützen, fördern: ~ *giovani talenti, un partito* junge Talente, eine Partei unterstützen; ~ *finanziariamente qcn.* jdn (finanziell) unterstützen; ~ *un amico nel bisogno* einen Freund in der Not unterstützen **4** *(propugnare)* vertreten, verfechten: ~ *una teoria, un'opinione* eine Theorie, eine Ansicht vertreten, verfechten (*o* für eine Theorie, für eine Ansicht eintreten); ~ *i propri diritti* für seine Rechte eintreten **5** *(affermare)* behaupten: *sostiene di aver parlato con lui* er behauptet, mit ihm gesprochen zu haben **6a** *(sopportare)* ertragen, aus‿halten: *non riesce a* ~ *questa tensione* er kann die Spannung nicht aushalten **b** COMM. tragen, übernehmen: ~ *le spese* die Kosten tragen **7** *(tollerare)* vertragen: ~ *l'alcol* Alkohol vertragen **8** *(esami, prove)* ab‿legen **9** TEATR. *(recitare)* spielen: ~ *una parte* eine Rolle spielen **10** FIG. *(nutrire)* ernähren **II** pronom. **sostenersi 1** *(reggersi in piedi)* sich stützen, sich auf den Beinen halten: *-rsi con il, al bastone* sich auf den Stock stützen **2** *(appoggiarsi)* sich stützen: *-rsi su qcs.* sich auf etw. (A) stützen **3** FIG. *(mantenersi in forma)* sich stärken: *-rsi con cibi nutrienti* sich mit nahrhaften Speisen stärken **4** *(mantenersi economicamente)* seinen Unterhalt bestreiten, für seinen Unterhalt auf‿kommen: *-rsi con il contributo della famiglia* mit dem Beitrag der Familie seinen Unterhalt bestreiten ◆ ~ *il confronto* dem Vergleich stand‿halten; ~ *una conversazione con qcn.* mit jdm über etw. (A) eine Unterhaltung führen; ~ *una disputa su qcs.* eine Kontroverse über, um etw. aus‿tragen; ~ *grandi fatiche* große Mühen durch‿stehen; ~ *la propria innocenza* seine Unschuld beteuern; ~ *una lotta contro qcn., qcs.* einen Kampf gegen jdn, etw. durch‿stehen; ~ *il mare (di persona)* seefest sein; *(di imbarcazione)* seetüchtig sein; ~ *uno sguardo* einem Blick stand‿halten.

so|ste|ni|bi|le agg. **1** tragbar: *costi -i* tragbare Kosten **2** FIG. vertretbar, haltbar: *una teoria* ~ eine vertretbare Theorie. **so|ste|ni|bi|li|tà** f. **1** Tragbarkeit *f.* **2** FIG. Vertretbarkeit *f.*, Haltbarkeit *f.*

so|ste|ni|to|re I agg. fördernd, unterstützend: *socio* ~ förderndes Mitglied **II** m. **1** *(propugnatore)* Vertreter *m.*, Verfechter *m.*: *essere, farsi* ~ *di un'iniziativa* Verfechter einer Initiative sein **2** *(seguace)* Anhänger *m.*, Anhängerschaft *f.*: *i -i di un politico* die Anhänger eines Politikers ◆ ~ *di una dottrina* Doktrinär *m.* (*o* Verfechter *m.* einer Doktrin); ~ *del governo* Regierungsfreund *m.* **so|ste|ni|tri|ce** f. Vertreterin *f.*, Verfechterin *f.*, Anhängerin *f.* ◆ ~ *dei diritti delle donne* Frauenrechtlerin *f.*

so|sten|ta|men|to m. **1** Unterhalt *m.*, Lebensunterhalt *m.*: *provvedere al* ~ *di qcn.* für jds Unterhalt sorgen; *provvedere al proprio* ~ seinen Unterhalt bestreiten **2** FIS. AER. Auftrieb *m.* ◆ ~ *della famiglia* Familienunterhalt *m.*; *fonte di* ~ Nahrungsquelle *f.*; *mezzi di* ~ Mittel zur Bestreitung des Unterhalts; *spese di* ~ Unterhaltskosten *pl.*

so|sten|ta|re I tr. **1** *(mantenere)* unterhalten **2** *(nutrire)* ernähren **3** FIS. in der Schwebe, im Gleichgewicht halten **II** pronom. **sostentarsi 1** *(mantenersi)* sich erhalten; *non ha di che -rsi* er hat keinen Lebensunterhalt **2** *(nutrirsi)* sich ernähren **3** FIS. AER. sich in der Schwebe, im Gleichgewicht halten.

so|sten|ta|to|re I m. Erhalter *m.* **II** agg. **1** unterhaltend, ernährend **2** FIS. auftreibend.

so|ste|nu|tez|za f. **1** *(riserbo)* Zurückhaltung *f.*; ~ *di modi* zurückhaltendes Benehmen **2** *(elevatezza)* hohes Niveau *n.* **3** TESS. *(robustezza)* Festigkeit *f.*

so|ste|nu|to I p.pass. agg. **1** → **sostenere 2** *(poco cordiale)* zurückhaltend, kühl **3a** *(elevato)* erhöht: *a velocità -a* mit erhöhter Geschwindigkeit **b** FIG. *(di stile)* gehoben; *(di discorso, parole)* anspruchsvoll; *in tono* ~ in hehrem Ton **4a** ECON. steigend: *prezzi -i* steigende Preise **b** *(che mantiene livelli alti)* stabil: *mercato* ~ stabiler Markt **5** TESS. *(robusto)* fest **6** MUS. sostenuto, getragen **II** m. abweisender Mensch *m.*; *fare il* ~ sich abweisend geben ◆ *avere un'andatura -a* zügig gehen, einen forschen Gang haben; *a ritmo* ~ zügig, rasch.

so|sti|tuen|te m. Substituent *m.*

so|sti|tu|i|bi|le agg. **1** ersetzbar, substituierbar **2** *(intercambiabile)* austauschbar. **so|sti|tui|bi|li|tà** f. **1** Ersetzbarkeit *f.* **2** *(intercambiabilità)* Austauschbarkeit *f.*

so|sti|tu|i|re *(sostituisco, sostituisci)* **I** tr. **1a** *(rimpiazzare)* ersetzen, aus‿wechseln: ~ *qcn., qcs. con qcn., qcs.* jdn, etw. durch jdn, etw. ersetzen, jdn, etw. gegen jdn, etw. auswechseln; ~ *la lampadina fulminata (con una nuova)* eine durchgebrannte Glühbirne (durch eine neue) ersetzen; ~ *una pila* eine Batterie auswechseln; SPORT ~ *un giocatore* einen Spieler auswechseln **b** *(animali da lavoro)* aus‿wechseln, um‿spannen **2** *(scambiare)* aus‿tauschen: ~ *l'originale con la copia* das Original gegen die Kopie austauschen **3a** *(supplire)* vertreten **b** *(momentaneamente)* ~ *qcn.* für jdn ein‿springen **4** TECN. *(convertire)* um‿stellen **5** CHIM. MAT. GRAMM. substituieren **II** pronom. **sostituirsi 1** *(subentrare) -rsi a qcn.* jdn ersetzen (*o* an jds Stelle treten) **2** *(avvicendarsi)* sich ab‿wechseln ◆ ~ *la lametta* eine neue Klinge ein‿legen. **so|sti|tu|i|to** p.pass. agg. → **sostituire** ◆ *erede* ~ Ersatzerbe *m.*

so|sti|tu|ti|vo agg. Ersatz-, substituierend, Substitutions-: *essere* ~ *di qcs.* etw. ersetzen; *farmaci -i* substituierende Arzneimittel ◆ PSIC. *appagamento* ~ Ersatzbefriedigung *f.*; *autolinea -a (della ferrovia)* Bahnbus *m.*; *certificato* ~ Ersatzbescheinigung *f.*; *contributi -i* Ausgleichsabgabe *f.*; MIL. *servizio* ~ Ersatzdienst *m.*; *soluzione -a* Ersatzlösung *f.*

so|sti|tu|to m. Stellvertreter *m.*, Ersatz(mann) *m.*, COMM. Stellvertreter *m.*, Substitut *m.*; *il* ~ *del direttore* der stellvertretende Direktor; *fungere da* ~ als Ersatz fungieren ◆ ~ *d'imposta* Steuersubstitut *m.*; ~ *procuratore (della Repubblica)* Staatsanwalt *m.*; *subentrare a qcn. come* ~ jdn vertreten, für jdn ein‿springen.

so|sti|tu|zio|ne f. **1a** *(rimpiazzo)* Ersatz *m.*, Auswechseln *n.*: *la* ~ *di un cavo* das Auswechseln eines Kabels **b** *(di animali da lavoro)* Auswechseln *n.*, Umspannen *n.* **2** *(il supplire)* Vertretung *f.* **3** DIR. Verwechselung *f.* **4** SPORT Auswechselung *f.* **5** TECN. *(conversione)* Umstellung *f.* **6** CHIM. MAT. GRAMM. Substituierung *f.*, Substitution *f.* ◆ *in* ~ *di qcn., qcs.* anstelle von jdm, etw.; MAT. *metodo di* ~ Substitutionsmethode *f.*; DIR. ~ *di neonato* Kindesunterschiebung *f.*; DIR. ~ *di persona* vorsätzliche Veränderung des Personenstandes; ~ *del pneumatico* Reifenwechsel *m.*; ~ *della ruota* Radwechsel *m.*; DIR. ~ *testamentaria* Nacherbschaft *f.* (*o* Ersatzerbschaft *f.*).

so|stra|to m. **1** GEOL. Untergrund *m.* **2** FIG. Basis *f.*: *il* ~ *di una teoria politica* die Basis einer politischen Theorie **3** LING. FILOS. Substrat *n.*

so|stru|zio|ne f. Grundbau *m.*

so|te|rio|lo|gi|a f. Soteriologie *f.* **so|te|rio|lo|gi|co** agg. *(-ci, -che)* soteriologisch.

sot|ta|bi|to m. Unterkleid *n.*, Unterrock *m.*

sot|ta|ce|re intr. *(sottaccio, sottaci; sottacqui; sottaciuto*; aus. *avere)* LETT. verschweigen.

sot|ta|ce|to I agg.inv. in Essig eingelegt, Essig-: **II** m.pl. Mixpickles *pl.* **III** avv. in Essig: *mettere qcs.* ~ etw. in Essig ein‿legen ◆ *cetriolo* ~ Essiggurke *f.*, Gewürzgurke *f.*

sot|tac|qua avv. unter Wasser.

sot|ta|na f. **1** *(sottoveste)* Unterkleid *n.*, Unterrock *m.* **2** *(gonna)* Rock *m.* **3** *(veste talare)* Talar *m.*, Soutane *f.* ◆ *andare, correre dietro a tutte le -e* ein Schürzenjäger sein (*o* hinter jeder Schürze her‿laufen); *essere attaccato, cucito alla* ~ *della mamma* am Rockzipfel der Mutter hängen.

sot|tar|co m. *(-chi)* Pfeilerbogen *m.*

sot|tec|chi, *di* ~ verstohlen, heimlich: *guardare qcn. di* ~ jdn verstohlen an‿schauen.

sot|ten|de|re tr. *(sottesi, sotteso)* **1** GEOM. unterspannen **2** FIG. LETT. *(presupporre)* ein‿schließen.

sot|ter|fu|gio m. *(-gi)* **1** Heimlichtuerei *f.*; *servirsi di, fare -gi* Ausflüchte machen **2** *(espediente)* Ausflucht *f.*, Vorwand *m.* ◆ *di* ~ heimlich.

sot|ter|ra|men|to m. Eingrabung *f.*, Vergraben *n.*

sot|ter|ra|ne|a f. U-Bahn *f.*, Untergrundbahn *f.*

sot|ter|ra|ne|o I agg. **1** unterirdisch: *passaggio* ~ unterirdischer Gang; *prigione -a* unterirdischer Kerker **2** FIG. *(segreto)* heimlich: *manovre -e* heimliche Manöver **II** m. Untergeschoss *n.* ◆ *acqua -a* Grundwasser *n.*; *bunker* ~ Tiefbunker *m.*; *cavo* ~ Erdkabel *n.*; *economia -a* Schattenwirtschaft *f.*; *ferrovia -a* Untergrundbahn *f.*, U-Bahn *f.*; *garage* ~ Tiefgarage *f.*; LETT. *mondo* ~ Unterwelt *f.*

sot|ter|ra|re tr. **1a** ein‿graben **b** *(velocemente e in superficie)* verscharren: *il cane ha sotterrato l'osso* der Hund hat den Knochen verscharrt **2** *(nascondere)* vergraben: ~ *un tesoro* einen Schatz vergraben **3** *(seppellire)* begraben, beerdigen ◆ FIG. ***~ l'ascia di guerra*** das Kriegsbeil begraben; ***~ il carnevale*** = den Faschingsdienstag (*o* Fastnachtsdienstag) feiern; ***andare a farsi ~*** sich begraben lassen; ***~ una questione*** eine Angelegenheit begraben; SCHERZ. ***finirà per sotterrarci tutti*** er wird uns noch alle überleben.

sot|te|so p.pass. agg. **1** → **sottendere** **2** GEOM. untergespannt **3** FIG. LETT. gestimmt: ***una canzone -a di malinconia*** ein wehmütig gestimmtes Lied.

sot|ti|glie|z|za f. **1** Dünne *f.*, Dünnheit *f.* **2a** FIG. *(finezza)* Feinheit *f.*, Subtilität *f.*: ***la ~ di una distinzione*** die Subtilität einer Unterscheidung **b** *(acutezza)* Scharfsinn *m.*, Klugheit *f.*; ***ragionare con ~*** scharfsinnig argumentieren **3** *(cavillosità)* Haarspalterei *f.*, Spitzfindigkeit *f.*: ***queste sono -e*** das sind Haarspaltereien.

sot|ti|le I agg. **1** dünn: ***uno strato ~ di ghiaccio*** eine dünne Schicht Eis **2** *(esile)* zierlich, schlank, schmal: ***una figura ~*** eine zierliche Figur; ***una vita ~*** eine schlanke Taille; ***labbra, mani -i*** schmale Lippen, Hände; ***naso ~*** schmale Nase; ***collo ~*** schlanker Hals **3** FIG. scharfsinnig, subtil: ***un'osservazione ~*** eine scharfsinnige Bemerkung; ***allusioni -i*** subtile Anspielungen; ***una ~ differenza*** eine subtile Unterscheidung; ***un'ironia ~*** eine subtile (*o* leise) Ironie; ***un'argomentazione ~*** eine scharfsinnige Argumentation ◆ ***aria ~*** dünne Luft; ***~ come un giunco*** schlank wie eine Tanne; ***lamiera ~*** Feinblech *n.*; ***mal ~*** Schwindsucht *f.*; ***non andare, guardare troppo per il ~*** keine falschen Rücksichten nehmen, sich nicht mit Kleinigkeiten aufhalten; ***udito ~*** feines Gehör; ***voce ~*** schrille Stimme.

sot|ti|let|ta f. Scheiblette *f.*

sot|ti|liz|za|re intr. (aus. *avere*) tüfteln, deuteln, klügeln: ***~ su questioni poco importanti*** über belanglose Sachen klügeln.

sot|tin|sù I avv. ***di ~*** von unten herauf: ***guardare di ~*** von unten herauf‿schauen **II** m. Froschperspektive *f.*

sot|tin|ten|de|re tr. *(sottintesi, sottinteso)* **1** durch‿blicken lassen, an‿deuten: ***il discorso lasciava ~ un possibile accordo*** die Rede ließ eine mögliche Einigung durchblicken **2** *(comportare)* ein‿schließen, ein‿beziehen, beinhalten: ***i diritti sottintendono dei doveri*** Rechte schließen Pflichten mit ein **3** GRAMM. implizieren: ***~ il soggetto*** das Subjekt implizieren.

sot|tin|te|so I p.pass. agg. **1** → **sottintendere** **2a** implizit, stillschweigend, unausgesprochen: ***un consenso ~*** ein stillschweigendes Einverständnis **b** *(ovvio)* selbstverständlich **3** GRAMM. implizit: ***soggetto ~*** implizites Subjekt **II** m. Andeutung *f.*: ***un discorso pieno di -i*** eine Rede voller Andeutungen; ***parlare per -i*** in Andeutungen sprechen; ***capire il ~*** die Andeutung verstehen ◆ ***è ~!*** das versteht sich von selbst! ***è ~ che...*** es versteht sich von selbst, dass...; ***questo è ~*** das ist selbstverständlich, das versteht sich von selbst; ***restare ~*** unausgesprochen bleiben; ***senza -i*** klipp und klar.

sot|to I prep. **1a** *(stato in luogo)* unter + dat: ***il quaderno è ~ il libro*** das Heft liegt unter dem Buch; ***indossare una camicia ~ la giacca*** ein Hemd unter der Jacke tragen; ***essere seduto ~ l'ombrellone*** unter dem Sonnenschirm sitzen; ***abitano ~ (di) noi*** sie wohnen unter uns **b** *(moto a luogo)* unter + acc.: ***mettere la valigia ~ il letto*** den Koffer unters Bett stellen; ***è finito ~ un'auto*** er ist unter ein Auto gekommen; ***mettere una bacinella ~ il lavandino che perde*** eine Schüssel unter das tropfende Waschbecken stellen **2a** *(dipendenza)* unter + dat.: ***avere molti impiegati ~ di sé*** viele Angestellte unter sich haben **b** *(ai tempi di)* ***visse ~ Augusto*** er lebte unter Augustus **3** *(non oltre, meno di)* unter + dat.: ***i bambini ~ i sei anni non pagano*** Kinder unter sechs Jahren zahlen nichts; ***dieci gradi ~ zero*** zehn Grad unter Null; ***essere ~ la trentina*** unter Dreißig sein **4** *(a sud)* südlich von: ***80 km ~ Roma*** 80 km südlich von Rom; ***Piacenza è ~ Milano*** Piacenza liegt südlich von Mailand **5** *(con valore temporale)* in + dat.: ***~ Natale*** in der Weihnachtszeit **6** *(dietro)* unter + dat., hinter + dat.: ***~ la sua gentilezza si nasconde qualche cattiva intenzione*** hinter seiner Liebenswürdigkeit versteckt sich eine böse Absicht **7** *(in cambio di)* gegen + acc.: ***rilasciare qcn. ~ pagamento di una cauzione*** jdn gegen Zahlung einer Kaution frei‿lassen **II** avv. **1** *(stato in luogo)* unten: ***~ c'è la cantina*** unten ist der Keller; ***abitare un piano ~*** einen Stock tiefer (*o* niedriger) wohnen **2a** *(moto a luogo, avvicinandosi a chi parla)* herunter **b** *(allontanandosi da chi parla)* hinunter, nach unten **3a** ***di ~*** *(stato in luogo)* unten; ***essere di ~*** unten sein **b** *(moto a luogo)* nach unten: ***vai di ~ a prendere la cassetta*** gehe nach unten und hol die Kassette **c** *(inferiore)* untere: ***il piano di ~*** das untere Stockwerk **d** ***al di ~ di qcs.*** unter etw. (D); ***al di ~ della media*** unter dem Durchschnitt **4** *(sotto il vestito)* unter den Kleidern, auf der Haut **5** *(sotto a questo)* darunter: ***sulla scrivania c'era il giornale e ~ il cestino*** auf dem Tisch lag die Zeitung, und darunter stand der Papierkorb **6** ESCLAM. los, ran: ***~, tocca a te*** los, du bist an der Reihe **III** agg. untere: ***la riga ~*** die untere Zeile **IV** m. **1** Unterteil *n.*, Unterseite *f.*: ***il ~ è di plastica*** das Unterteil ist aus Kunststoff **2** *(rovescio)* Rückseite *f.*, Kehrseite *f.* ◆ ***~ a qcn., qcs.*** unter jdm, etw.; *(moto a luogo)* unter jdn, etw.; ***~ accusa*** unter Anklage; ***sott'aceto*** → **sottaceto**; ***sott'acqua*** unter Wasser; ***essere ~ le armi*** Soldat sein, seinen Militärdienst ab‿leisten; ***~ questo aspetto*** unter diesem Aspekt; ***~ l'azione di qcs.*** unter der Wirkung von etw.; ***~ banco*** → **sottobanco**; COLLOQ. ***~ casa*** vor dem Haus; *(nelle vicinanze)* gleich vor dem Haus, ganz nahe am Haus; ***qui c'è ~ qcs.*** da steckt etw. dahinter; ***~ chiave*** unter Verschluss; ***tenere qcs. ~ chiave*** etw. unter Verschluss halten; ***~ controllo*** unter Kontrolle; ***~ coperta*** → **sottocoperta**; ***~ costa*** vor der Küste (*o* unter Land); ***tenersi ~ costa*** sich an der Küste halten; ***da ~*** von unten; ***la musica veniva da ~*** die Musik kam von unten; COLLOQ. ***diamoci ~!*** dann wollen wir mal! ***essere ~ l'effetto della droga*** unter dem Einfluss von Drogen stehen; ***essere ~ esami*** vor dem Examen stehen; COLLOQ. ***farsela ~*** sich in die Hosen machen; ***farsi ~*** sich heran‿machen (*o* an‿schleichen); ***~ giuramento*** unter Eid; ***~ la guida di qcn.*** unter jds Leitung; ***vivere ~ l'incubo di qcs.*** mit dem Schreckgespenst von etw. leben; ***~ indicato*** unten angeführt; ***lì ~*** dort unten; ***~ mano*** griffbereit, zur Hand, in Griffweite; ***mettere ~ qcn.*** *(investire)* jdn überfahren; *(sconfiggere)* jdn schlagen; *(trattare severamente)* jdn an die Kandare nehmen; FIG. ***mettersi ~*** sich dran machen; ***essere ~ la minaccia di una pistola*** mit einer Pistole bedroht werden; ***~ il monte*** am Fuße des Berges; FIG. ***avere qcs. ~ il naso*** etw. vor seiner Nase liegen haben; ***~ falso nome*** unter falschem Namen; ***avere qcs. ~ gli occhi*** etw. vor Augen haben; ***tenere qcn., qcs. sott'occhio*** jdn, etw. im Auge behalten; ***sott'olio*** → **sottolio**; ***mettere qcn. ~ i piedi*** jdn mit Füßen treten; ***stare ~ la pioggia*** im Regen stehen; ***essere ~ processo*** unter Anklage stehen; ***~ pseudonimo*** unter Pseudonym; ***~ questo punto di vista*** unter diesem Gesichtspunkt; ***come dimostrato qui ~*** wie unten gezeigt; ***~ scorta*** unter Bewachung; ***essere nato ~ il segno del capricorno*** im (*o* unter dem) Zeichen des Steinbocks geboren sein; ***nulla di nuovo ~ il sole*** nichts Neues unter der Sonne; ***mettere qcn. ~ sorveglianza*** jdn unter Aufsicht stellen; ***~ sotto*** insgeheim (*o* in seinem Inneren); ***stare ~ a qcn.*** jdm unterstehen; ***~ le stelle*** unter freiem Himmel; ***tenere qcn. ~*** jdn beherrschen; ***finire ~ terra*** unter der Erde enden; EL. ***~ traccia*** unter Putz; ***essere ~ tutela*** unter Vormundschaft stehen; ***vedi ~*** siehe unten; ***visto di ~*** von unten gesehen; ***~ voce*** → **sottovoce**; ***~ vuoto (spinto)*** vakuumverpackt; ***~ zero*** unter Null.

sot|to|a|li|men|ta|re tr. **1** unzureichend ernähren **2** TECN. unzureichend versorgen. **sot|to|a|li|men|ta|to** p.pass. agg. **1** → **sottoalimentare** **2** *(sottonutrito)* unterernährt **3** TECN. unterversorgt. **sot|to|a|li|men|ta|zio|ne** f. **1** Unterernährung *f.* **2** TECN. Unterversorgung *f.*

sot|to|a|scel|la f. Schweißblatt *n.*

sot|to|ban|co avv. unter der Hand, unter dem Ladentisch: ***vendere ~*** unter der Hand verkaufen ◆ ***mettere, passare qcs. ~*** etw. vertuschen; *(non occuparsene più)* etw. beiseite lassen.

sot|to|bic|chie|re m. Untersetzer *m.*, Glasuntersetzer *m.*

sot|to|bor|do avv. längsseits des Schiffes.

sot|to|bo|sco m. *(-schi)* **1** Unterholz *n.*, Niederholz *n.* **2** FIG. Unterwelt *f.*, zwielichtiges Milieu *n.* ◆ ***operazione di ~*** zwielichtiges Manöver.

sot|to|bot|ti|glia m.inv. Untersetzer *m.*, Flaschenuntersetzer *m.*

sot|to|brac|cio avv. eingehakt, Arm in Arm: ***camminare ~ a qcn.*** mit jdm eingehakt gehen; ***prendere qcn. ~*** sich bei jdm ein‿hängen (*o* jdn unterhaken).

sot|to|ca|po m. Unterführer *m.*

sot|toc|chio avv. im Auge, vor sich: ***tenere ~ qcn., qcs.*** jdn, etw. im Auge behalten; ***avere ~ qcs.*** etw. vor sich (liegen) haben.

sot|toc|cu|pa|to I agg. unterbeschäftigt **II** m. Unterbeschäftigte *m.* **sot|toc|cu|pa|zio|ne** f. Unterbeschäftigung *f.*

sot|to|chia|ve avv. unter Verschluss: ***tenere qcs. ~*** etw. unter Verschluss halten ◆ ***tenere qcn. ~*** jdn ein‿schließen (*o* ein‿sperren).

sot|to|clas|se f. **1** Untermenge *f.* **2** ZOOL. BOT. Unterklasse *f.*, Untergattung *f.*

sot|to|com|mis|sio|ne f. Unterausschuss *m.*

sot|to|co|per|ta I m. Unterdeck *n.* **II** avv. unter Deck.

sot|to|cop|pa m.inv. **1** Untertasse *f.* **2** MOT. Ölwanne *f.*

sot|to|co|sto I avv. unter (dem), unterm Preis, unter (dem) Wert: ***vendere qcs. ~*** etw. unter (dem) Preis verkaufen **II** agg.inv. unter (dem), unterm Preis (angeboten): ***merce ~*** unterm Preis angebotene Ware.

sot|to|cul|tu|ra f. Subkultur *f.* **sot|to|cul|tu|ra|le** agg. subkulturell.

sot|to|cu|ta|ne|o agg. subkutan: ***iniezione -a*** subkutane Injektion.

sot|to|cu|te I m. Unterhaut *f.*, Subkutis *f.* **II** avv. subkutan.

sot|to|do|mi|nan|te I m. Unterdominante *f.*, Subdominante *f.* **II** agg. Subdominant- ◆ ***accordo di*** ~ Subdominantakkord *m.*, Quartenakkord *m.*

sot|to|e|len|ca|to agg. nachstehend aufgeführt: ***la merce -a*** die nachstehend aufgeführte Ware.

sot|to|e|spor|re tr. *(sottoespongo, sottoesponi; sottoesposi; sottoesposto)* unterbelichten. **sot|to|e|spo|si|zio|ne** f. Unterbelichtung *f.* **sot|to|e|spo|sto** p.pass. agg. **1** → **sottoesporre 2** unterbelichtet: ***una foto -a*** ein unterbelichtetes Foto.

sot|to|fa|mi|glia f. Unterfamilie *f.*

sot|to|fa|scia I m.inv. Streifbandzeitung *f.*, Streifbandsendung *f.* **II** f. *(-sce)* Umblatt *n.*, Einlage *f.* **III** avv. ***spedire*** ~ mit Streifband (versehen) verschicken.

sot|to|fon|do m. **1** Unterbau *m.* **2** CINEM. TELEV. Hintergrund *m.*: ~ ***musicale*** musikalischer Hintergrund (*o* musikalische Untermalung); ***musica di*** ~ Hintergrundmusik *f.* **3** FIG. *(ombra)* Hintergrund *m.*, Unterton *m.* ◆ ***rumori di*** ~ Geräuschkulisse *f.*

sot|to|gam|ba, *prendere qcs.* ~ etw. auf die leichte Achsel (*o* Schulter) nehmen.

sot|to|ge|ne|re m. Untergattung *f.*

sot|to|go|la m. e f.inv. **1** Kinnband *n.*, Sturmband *n.*, Sturmriemen *m.* **2** EQUIT. Kehlriemen *m.*

sot|to|gon|na f. Unterrock *m.*

sot|to|go|ver|no m. Ämterpatronage *f.*, Günstlingswirtschaft *f.*

sot|to|grup|po m. Untergruppe *f.*

sot|to|in|sie|me m. Untermenge *f.*, Teilmenge *f.*

sot|to|li|ne|a|re tr. *(sottolineo)* **1** unterstreichen: ~ ***una frase*** einen Satz unterstreichen **2** FIG. unterstreichen, betonen: ~ ***l'importanza di qcs.*** die Wichtigkeit etw. (G) betonen; ***il vestito sottolinea la vita*** das Kleid betont die Taille. **sot|to|li|ne|a|tu|ra** f. **1** Unterstreichung *f.* **2** FIG. Betonung *f.*

sot|to|lin|gua|le agg. **1** ANAT. unter der Zunge liegend, sublingual **2** FARM. perlingual.

sot|to|lio I avv. in Öl: ***conservare qcs.*** ~ etw. in Öl ein‿legen **II** agg. in Öl (eingelegt): ***sardine, funghi*** ~ in Öl eingelegte Sardinen, Pilze; ***tonno*** ~ Thunfisch in Öl.

sot|to|ma|no I avv. **1** griffbereit: ***avere l'occorrente*** ~ alles Nötige griffbereit haben **2** *(a disposizione)* zur Verfügung: ***avere un'ingente somma*** ~ eine beträchtliche Summe zur Verfügung haben **3** FIG. *(sottobanco)* unter der Hand: ***vendere*** ~ unter der Hand verkaufen **II** m. Schreibmappe *f.*, Schreibunterlage *f.*

sot|to|ma|ri|no I agg. **1** GEOL. unterseeisch **2** BIOL. submarin **II** m. Unterseeboot *n.*, U-Boot *n.* ◆ ~ ***atomico*** Atomunterseeboot *n.* (*o* Atom-U-Boot *n.*); ***cavo*** ~ Seekabel *n.*; ***guerra -a*** Unterwasserkrieg *m.*; ***osservatorio*** ~ Unterwasserstation *f.* (*o* Habitat *n.*); ***trivellazione -a*** Offshorebohrung *f.*

sot|to|mes|so p.pass. agg. **1** → **sottomettere 2** *(assoggettato)* unterworfen **3** *(remissivo)* gefügig ◆ ~ ***al volere di Dio*** gottergeben.

sot|to|met|te|re *(sottomisi, sottomesso)* **I** tr. **1a** *(assoggettare)* unterwerfen, unterordnen **b** *(rendere ubbidiente)* gefügig machen **2** *(sottoporre)* vor‿legen: ~ ***un caso a un giudice*** einem Richter einen Fall vorlegen **II** pronom. **sottomettersi 1** sich unterwerfen **2** *(piegarsi)* sich beugen: ***-rsi alla volontà di qcn.*** sich jds Willen beugen. **sot|to|mis|sio|ne** f. Unterwerfung *f.* ◆ ***gesto di*** ~ Demutsgebärde *f.*; ***atteggiamento di*** ~ Demutshaltung *f.*

sot|to|mul|ti|plo m. Teiler *m.*, Divisor *m.*

sot|to|mu|ra|re tr. untermauern, unterfangen.

sot|to|pa|ga|re tr. *(sottopago, sottopaghi)* unterbezahlen.

sot|to|pan|cia m.inv. Sattelgurt *m.*

sot|to|pas|sag|gio m. *(-gi)* Unterführung *f.* ◆ ~ ***ferroviario*** Eisenbahnunterführung *f.* (*o* Bahnunterführung *f.*); ~ ***pedonale*** Fußgängerunterführung *f.* **sot|to|pas|so** m. Unterführung *f.*

sot|to|pen|to|la m.inv. Topfuntersetzer *m.*

sot|to|pe|so agg. untergewichtig: ***un neonato*** ~ ein untergewichtiger Neugeborener ◆ ***essere*** ~ ***di 5 kg*** 5 kg Untergewicht haben.

sot|to|piat|to m. Gedeckteller *m.*, Platzteller *m.*

sot|to|pie|de m. **1** Steg *m.* **2** *(soletta)* Einlegsohle *f.*

sot|to|por|re *(sottopongo, sottoponi; sottoposi; sottoposto)* **I** tr. **1a** *(esporre)* aus‿setzen: ~ ***qcs. a uno sforzo*** etw. einer Belastung aussetzen **b** *(costringere ad affrontare)* unterziehen: ~ ***qcn. a una prova*** jdn einer Prüfung unterziehen; ~ ***qcn. a maltrattamenti*** jdn misshandeln **2** *(porre al vaglio)* unterbreiten, vor‿legen: ~ ***a qcn. un progetto, un quesito*** jdm ein Projekt, eine Frage vorlegen **II** pronom. **sottoporsi 1** ***-rsi a qcs.*** sich etw. (D) unterziehen; ***-rsi a una cura disintossicante*** sich einer Entziehungskur unterziehen; ***-rsi a una visita medica*** sich ärztlich untersuchen lassen **2** *(esporsi)* ***-rsi a umiliazioni*** sich (A) Demütigungen aussetzen. **sot|to|po|sto I** p.pass. agg. **1** → **sottoporre 2** untergeben **II** m. Untergebene *m.*

sot|to|prez|zo avv. unterm Preis: ***vendere*** ~ unterm Preis verkaufen.

sot|to|pro|dot|to m. **1** Nebenprodukt *n.* **2** ESTENS. *(prodotto di scarsa qualità)* minderwertiges Produkt *n.* **sot|to|pro|du|zio|ne** f. Unterproduktion *f.*

sot|to|pro|le|ta|ria|to m. Lumpenproletariat *n.* **sot|to|pro|le|ta|rio I** agg. *(-ri,-rie)* des Lumpenproletariats **II** m. *(-ri)* Lumpenproletarier *m.*

sot|tor|di|ne m. Unterordnung *f.* ◆ ***in*** ~ untergeordnet.

sot|to|sca|la m.inv. Raum *m.* unter der Treppe.

sot|to|scoc|ca f. *(-che)* Unterboden *m.*

sot|to|scrit|to I p.pass. agg. **1** → **sottoscrivere 2** unterzeichnet, unterschrieben **II** m. ***il*** ~ ich, der Unterzeichnete; ***il*** ~ ***fa richiesta di...*** hiermit beantrage ich... **sot|to|scrit|to|re** m. **1** Unterzeichner *m.* **2** COMM. Subskribent *m.* **3** ECON. Zeichner *m.* ◆ ~ ***di una polizza*** Versicherungsnehmer *m.*; ~ ***di prestito*** Anleihezeichner *m.*

sot|to|scri|ve|re tr. *(sottoscrissi; sottoscritto)* **1** unterschreiben, unterzeichnen: ~ ***una polizza*** eine Versicherung unterzeichnen **2** *(approvare)* billigen, gut‿heißen. **sot|to|scri|zio|ne** f. **1** Unterzeichnung *f.* **2a** *(di firme)* Unterschriftsaktion *f.* **b** *(di fondi)* Spendenaktion *f.* **3** ECON. Zeichnung *f.* ◆ ~ ***di azioni*** Aktienzeichnung *f.*; ~ ***di prestito*** Anleihezeichnung *f.*; ~ ***pubblica*** Sammelaktion *f.*

sot|to|se|gre|ta|rio m. *(-ri)* Untersekretär *m.* ◆ ~ ***di stato*** Staatssekretär *m.*

sot|to|se|zio|ne f. Unterabteilung *f.*

sot|to|si|ste|ma m. Subsystem *n.*

sot|to|so|pra avv. **1** umgekehrt **2** *(in disordine)* in Unordnung: ***mettere*** ~ ***una stanza*** ein Zimmer auf den Kopf stellen (*o* in einem Zimmer das Unterste zuoberst kehren) **3** *(scombussolato)* durcheinander: ***sentirsi*** ~ durcheinander sein.

sot|to|spe|cie f.inv. **1** ZOOL. BOT. Unterart *f.*, Subspezies *f.* **2** SPREG. niedere Art *f.*, Imitation *f.*

sot|to|stan|te agg. darunter liegend: ***la valle*** ~ das darunter liegende Tal; ***il negozio*** ~ das darunter liegende Geschäft.

sot|to|sta|re intr. *(sottostò, sottostai; sottostetti; sottostato;* aus. *essere)* **1** unterstehen: ~ ***all'autorità centrale*** der zentralen Behörde unterstehen **2** *(essere soggetto)* unterliegen: ~ ***a una regola*** einer Regel unterliegen.

sot|to|sti|ma|re tr. **1** zu niedrig taxieren, zu niedrig schätzen **2** *(sottovalutare)* unterschätzen, unterbewerten.

sot|to|suo|lo m. Untergrund *m.*, Unterboden *m.* ◆ ***risorse del*** ~ Bodenschätze *pl.*

sot|to|svi|lup|pa|to agg. unterentwickelt: ***paesi -i*** unterentwickelte Länder. **sot|to|svi|lup|po** m. Unterentwicklung *f.*

sot|to|te|nen|te m. Leutnant *m.*: ~ ***di vascello*** Leutnant zur See ◆ ***grado di*** ~ Leutnantsrang *m.*

sot|to|ter|ra avv. **1a** *(stato in luogo)* unter der Erde **b** *(moto a luogo)* unter die Erde **2** MIN. unter Tag(e).

sot|to|tet|to m. Dachboden *m.*, Dachgeschoss *n.*

sot|to|ti|to|la|re tr. untertiteln: ***il film è sottotitolato in tedesco*** der Film ist deutsch untertitelt. **sot|to|ti|to|lo** m. Untertitel *m.*

sot|to|va|lu|ta|re tr. *(sottovaluto/sottovaluto)* unterschätzen, unterbewerten: ~ ***il nemico, le proprie forze, una difficoltà, un pericolo*** den Gegner, seine Kräfte, eine Schwierigkeit, eine Gefahr unterschätzen. **sot|to|va|lu|ta|zio|ne** f. Unterschätzung *f.*, Unterbewertung *f.*

sot|to|va|so m. Untersetzer *m.*, Unterteller *m.*

sot|to|ven|to I avv. leewärts **II** m. Leeseite *f.* ◆ ***portarsi*** ~ ab‿fallen.

sot|to|ve|ste f. Unterrock *m.*

sot|to|vi|a m. e f. Straßenunterführung *f.*, Unterführung *f.*

sot|to|vo|ce avv. mit leiser Stimme, leise, halblaut.

sot|to|vuo|to I avv. ~ ***(spinto)*** vakuumverpackt; ***mettere qcs.*** ~ etw. vakuumverschließen **II** agg.inv. vakuumverpackt: ***caffè*** ~ vakuumverpackter Kaffee ◆ ***confezione*** ~ Vakuumverpackung *f.*

sot|tra|en|do m. Subtrahend *m.*

sot|trar|re *(sottraggo, sottrai; sottrassi; sottratto)* **I** tr. **1** entreißen, retten: ~ ***qcs. alle fiamme*** etw. den Flammen entreißen; ~ ***qcn. alla morte*** jdn dem Tod entreißen (*o* jdn vor dem Tod retten) **2** *(rubare)* entwenden: ~ ***il portafogli a qcn.*** jdm den Geldbeutel entwenden **3** MAT. subtrahieren, ab‿ziehen **II** pronom. **sottrarsi** sich entziehen, entgehen: ***-rsi alla giustizia*** sich der Justiz entziehen; ***-rsi ai propri doveri*** sich seinen Pflichten entziehen; ***-rsi alla cattura*** der Verhaftung entgehen. **sot|trat|to** → **sottrarre.**

sot|tra|zio|ne f. **1** *(furto)* Entwendung *f.*, Unterschlagung *f.* **2** MAT. Subtraktion *f.* ◆ ~ ***di atti*** Urkundenunterschlagung *f.*; ~ ***di prove*** Beweisunterschlagung *f.*

sot|tuf|fi|cia|le m. Unteroffizier *m.*

sou|brette [su'brɛt] f.inv. Soubrette *f.*
souf|flé [su'fle] m.inv. Soufflé *n.*, Auflauf *m.*
soul [səʊl] m.inv. Soul *m.*
sou|ve|nir [suv'ni:r] m.inv. Souvenir *n.*, Andenken *n.*
so|ven|te avv. ***(di)*** ~ oft, häufig.
so|ver|chian|te agg. überwältigend. **so|ver|chia|re** tr. *(soverchio, soverchi)* **1** überragen **2** *(sopraffare)* überwältigen. **so|ver|chie|ri|a** f. Überwältigung *f.* **so|ver|chio I** agg. *(-chi,-chie)* übermäßig, übertrieben **II** m. Übermaß *n.*, Überschuss *m.*
so|ve|scio m. *(-sci)* Gründüngung *f.*
so|viet [sʌ'vjɛt *üblich* 'sovjet] Sowjet *m.*: ***il ~ supremo*** der Oberste Sowjet. **so|vie|ti|co I** agg. *(-ci,-che)* sowjetisch, Sowjet- **II** m. *(-ci)* Sowjetbürger *m.*; ***i -ci*** die Sowjets ◆ ***Repubbliche -che*** Sowjetrepubliken; ***Russia -a*** Sowjetrussland *n.*; ***Unione Sovietica*** Sowjetunion *f.*
so|vra → **sopra.**
so|vrab|bon|dan|te agg. überreichlich. **so|vrab|bon|dan|za** f. Überfluss *m.*, Überfülle *f.*, Übermaß *n.* ◆ ***in ~*** überreichlich (*o* im Überfluss, im Übermaß).
so|vrab|bon|da|re intr. (aus. *essere, avere*) **1** *(esserci in grande abbondanza)* überreichlich vorhanden sein, im Überfluss vorhanden sein **2** *(avere in grande abbondanza)* ***~ di qcs.*** etw. im Überfluss besitzen (*o* mit etw. reich gesegnet sein).
so|vrac|ca|pa|ci|tà f. Überkapazität *f.*
so|vrac|ca|ri|ca|re tr. *(sovraccarico, sovraccarichi)* überlasten, überfrachten: ***~ un veicolo, una nave, una rete telefonica*** ein Fahrzeug, ein Schiff, ein Telefonnetz überlasten; ***~ qcn. di lavoro*** jdn mit Arbeit überlasten.
so|vrac|ca|ri|co I agg. *(-chi,-che)* überlastet, überladen: ***il camion era ~*** der LKW war überladen; ***essere ~ di lavoro, di impegni*** mit Arbeit, Terminen überlastet sein; ***una facciata -a di decorazioni*** eine mit Verzierungen überladene Fassade **II** m. *(-chi)* **1** Überlastung *f.* **2** *(carico eccedente)* Mehrgewicht *n.* ◆ ***~ ammissibile*** Überlastbarkeit *f.*; ***~ di lavoro*** Arbeitsüberlastung *f.*
so|vra|con|fes|sio|na|le agg. überkonfessionell.
so|vrac|co|per|ta → **sopraccoperta.**
so|vra|e|spor|re → **sovresporre.**
so|vraf|fa|ti|ca|re *(sovraffatico, sovraffatichi)* **I** tr. überan‿strengen, überstrapazieren: ***~ il cuore*** das Herz überanstrengen; ***~ un motore*** einen Motor überstrapazieren **II** pronom. **sovraffaticarsi** sich überanstrengen. **so|vraf|fa|ti|ca|men|to** m. Überanstrengung *f.*
so|vraf|fol|la|men|to m. Überfüllung *f.* **so|vraf|fol|la|to** agg. überfüllt: ***un locale ~*** ein überfülltes Lokal.
so|vra|li|men|ta|re tr. **1** auf‿laden **2** MED. überernähren. **so|vra|li|men|ta|to** p.pass. agg. **1** → **sovralimentare 2** aufgeladen **3** MED. überernährt. **so|vra|li|men|ta|to|re** m. Kompressor *m.* **so|vra|li|men|ta|zio|ne** f. **1** Aufladung *f.* **2** MED. Überernährung *f.*
so|vra|mo|du|la|re tr. *(sovramodulo)* übersteuern. **so|vra|mo|du|la|zio|ne** f. Übersteuerung *f.*
so|vra|na|men|te avv. souverän.
so|vra|na|zio|na|le agg. übernational, überstaatlich.
so|vra|ni|tà f. Souveränität *f.*, Hoheit *f.*: ***la ~ su un territorio*** die Souveränität über ein Gebiet; ***violare la ~*** die Souveränität verletzen; ***essere sotto la ~ di qcn.*** unter jds Hoheit stehen ◆ ***~ aerea*** Lufthoheit *f.*; ***atto di ~*** Hoheitsakt *m.*; ***diritto di ~*** Souveränitätsrecht *n.*; ***~ doganale*** Zollhoheit *f.*; ***~ fiscale*** Finanzhoheit *f.*; ***~ nazionale*** nationale Souveränität; ***~ del popolo*** Volkssouveränität *f.*; ***rivendicazione di ~*** Souveränitätsanspruch *m.*; ***~ dello stato*** Staatshoheit *f.*; ***~ territoriale*** Gebietshoheit *f.* (*o* Landeshoheit *f.*).
so|vran|na|tu|ra|le → **soprannaturale.**
so|vra|no I agg. souverän: ***stato ~*** souveräner Staat **II** m. Souverän *m.*, Herrscher *m.*: ***essere ~ di un paese*** Herrscher über ein Land sein ◆ ***~ assoluto*** Alleinherrscher *m.*; ***potere ~*** Herrschergewalt *f.*
so|vra|oc|cu|pa|zio|ne f. Überbeschäftigung *f.*
so|vrap|pen|sie|ro → **soprappensiero.**
so|vrap|pe|so I agg. übergewichtig: ***essere ~*** übergewichtig sein; ***una persona ~*** eine übergewichtige Person **II** m. Übergewicht *n.*
so|vrap|più m. **1** Zugabe *f.*, Zusatz *m.* **2** *(sovrapprezzo)* Aufschlag *m.* ***pagare un ~*** einen Aufschlag bezahlen ◆ ***in ~*** als Zugabe, als Extra; ***per ~*** zuzüglich.
so|vrap|po|ni|bi|le agg. übereinanderlegbar.
so|vrap|po|po|la|men|to m. Über(be)völkerung *f.* **so|vrap|po|po|la|re** tr. *(sovrappopolo)* über(be)völkern. **so|vrap|po|po|la|to** p.pass. agg. **1** → **sovrappopolare 2** über(be)völkert. **so|vrap|po|po|la|zio|ne** f. Über(be)völkerung *f.*
so|vrap|por|re *(sovrappongo, sovrapponi; sovrapposi; sovrapposto)* **I** tr. **1** übereinander legen, übereinander setzen: ***~ due fogli di carta*** zwei Blätter Papier übereinander legen **2** *(anteporre)* über‿ordnen: **II sovrapporsi** pronom. **1a** sich überlagern **b** *(di suoni)* übertönen: ***-rsi a qcs.*** etw. übertönen: ***il rumore si sovrappone alle voci, al canto*** der Lärm übertönt die Stimmen, den Gesang **2a** FIG. *(coincidere)* sich überschneiden, sich überlagern: ***i due impegni si sovrappongono*** die beiden Termine überschneiden sich **b** *(aggiungersi)* hinzu‿kommen: ***altre difficoltà si sovrapposero alle precedenti*** weitere Schwierigkeiten kamen zu den vorhergehenden hinzu. **so|vrap|po|si|zio|ne** f. Überlagerung *f.* (anche FIG.). **so|vrap|po|sto** p.pass. agg. **1** → **sovrapporre 2** übereinander liegend, überlagert; ***essere -i*** *(in posizione orizzontale)* übereinander liegen; *(in posizione verticale)* übereinander stehen.
so|vrap|prez|zo m. Aufschlag *m.*, Aufpreis *m.*
so|vrap|pro|du|zio|ne f. Überproduktion *f.*
so|vra|sen|si|bi|le → **soprasensibile.**
so|vra|stam|pa f. Überdruck *m.* **so|vra|stam|pa|re** tr. überdrucken.
so|vra|stan|te agg. **1** überragend, beherrschend **2** *(incombente)* drohend: ***un pericolo ~*** eine drohende Gefahr. **so|vra|sta|re I** tr. **1** überragen: ***il campanile sovrasta tutti gli edifici*** der Kirchturm überragt alle Gebäude; FIG. *(superare)* ***~ qcn. in qcs.*** jdn an etw. (D) überragen (*o* weit übertreffen) **2** *(suono)* übertönen **3** *(incombere)* bedrohen: ***un pericolo ci sovrasta*** eine Gefahr bedroht uns **II** intr. (aus. *essere*) **1** ***~ su qcs.*** etw. beherrschen **2** *(incombere)* drohen.
so|vra|ster|zan|te agg. übersteuernd. **so|vra|ster|za|re** intr. (aus. *avere*) übersteuern. **so|vra|ster|za|ta** f. Übersteuerung *f.*
so|vra|sti|ma|re tr. überschätzen, zu hoch taxieren.
so|vra|strut|tu|ra f. **1a** EDIL. Überbau *m.*, Aufbau *m.* **b** ***~ stradale*** Oberbau *m.* **2** FILOS. Überbau *m.* **3** MAR. Aufbau *m.*
so|vra|tem|po|ra|le agg. überzeitlich.
so|vra|ten|sio|ne f. Überspannung *f.*
so|vrat|tas|sa → **soprattassa.**
so|vrec|ce|den|te I agg. überschüssig, Über- **II** m. Überschuss *m.* **so|vrec|ce|den|za** f. **1** Überschuss *m.*, Übermaß *m.*: ***avere qcs. in ~*** einen Überschuss an etw. (D) haben, etw. im Übermaß besitzen; ***~ di manodopera*** Überschuss an Arbeitskräften **2** BANC. Plus *n.*, Spitze *f.* ◆ ***~ di cassa*** Kassenüberschuss *m.*; ***in ~*** überschüssig (*o* überschießend). **so|vrec|ce|de|re** *(sovreccedei/sovreccedetti; sovrecceduto)* **I** tr. überschreiten **II** intr. (aus. *avere*) übertreiben.
so|vrec|ci|ta|bi|le agg. leicht reizbar: ***un temperamento ~*** ein leicht reizbares Temperament. **so|vrec|ci|ta|bi|li|tà** f. Überreizbarkeit *f.* **so|vrec|ci|ta|men|to** m. Überreizung *f.* **so|vrec|ci|ta|re** *(sovreccito)* **I** tr. überreizen **II** pronom. **sovreccitarsi** sich übermäßig erregen. **so|vrec|ci|ta|to** p.pass. agg. **1** → **sovreccitare 2** überreizt. **so|vrec|ci|ta|zio|ne** f. Überreiztheit *f.*
so|vre|spor|re tr. *(sovrespongo, sovresponi; sovresposi; sovresposto)* überbelichten: ***~ una pellicola*** einen Film überbelichten. **so|vre|spo|si|zio|ne** f. Überbelichtung *f.* **so|vre|spo|sto** p.pass. agg. **1** → **sovresporre 2** überbelichtet.
so|vrim|po|sta f. Steuerzuschlag *m.*
so|vrim|pres|sio|ne f. Doppelbelichtung *f.*
so|vrin|ten|den|te m. e f. **1** Leiter *m.* (-in *f.*), Vorsteher *m.* (-in *f.*) **2** *(di teatri)* Oberintendant *m.* (-in *f.*) **3** *(nella polizia)* Polizeimeister *m.* ◆ ***~ alle Belle Arti*** Landesdenkmalspfleger *m.* (-in *f.*), Landeskonservator *m.* (-in *f.*).
so|vrin|ten|den|za f. **1** Aufsicht *f.*, Leitung *f.*: ***avere la ~ ai lavori*** die Aufsicht über die Arbeiten haben **2** *(ente)* Landesdenkmalamt *n.*, AUSTR. Bundesdenkmalamt *n.* ◆ ***~ alle Belle Arti*** Amt *n.* für Denkmalspflege; ***~ scolastica*** Schulaufsichtsbehörde *f.*
so|vrin|ten|de|re intr. *(sovrintesi, sovrinteso;* aus. *avere)* ***~ a qcs.*** etw. (D) vor‿stehen, etw. leiten: ***~ ai lavori*** die Arbeiten leiten.
so|vru|ma|no agg. übermenschlich: ***sforzo ~*** übermenschliche Anstrengung.
sov|ve|ni|re *(sovvengo, sovvieni; sovvenni; sovvenuto)* **I** tr. ***~ qcn., qcs.*** jdm, etw. helfen **II** intr. **1** (aus. *avere*) helfen: ***~ a qcn., qcs.*** jdm, etw. helfen **2** *(venire in mente;* aus. *essere)* ein‿fallen **II** pronom. ***-rsi (di) qcn., qcs.*** sich an jdn, etw. erinnern.
sov|ven|zio|na|men|to m. Subvention *f.*, Unterstützung *f.*, Zuschuss *m.* **sov|ven|zio|na|re** tr. subventionieren, unterstützen: ***~ l'agricoltura, il teatro*** die Landwirtschaft, das Theater subventionieren; ***~ un'azienda, un progetto*** einen Betrieb, ein Projekt unterstützen. **sov|ven|zio|na|to** p.pass. agg. **1** → **sovvenzionare 2** subventioniert, unterstützt, Zuschuss-: ***industria -a dallo stato*** staatlich subventionierte Industrie; ***impresa -a*** Zuschussbetrieb *m.*

sov|ven|zio|ne f. Subvention *f.*, Unterstützung *f.*, Zuschuss *m.*: ***-i statali*** staatliche Subventionen; ***chiedere una ~*** eine Unterstützung beantragen; ***concedere una ~ a qcn.*** jdm eine Unterstützung gewähren ◆ ***politica di ~*** Subventionspolitik *f.*
sov|ver|sio|ne f. Subversion *f.*, Umwälzung *f.* **sov|ver|si|vo I** agg. subversiv: ***attività, propaganda -a*** subversive Aktivität, Propaganda; ***idee -e*** subversive Ideen; ***elementi -i*** subversive Elemente **II** m. Subversive *f.*, Umstürzler *m.*
sov|ver|ti|men|to m. Umsturz *m.*, Umwälzung *f.*: ***~ politico*** politischer Umsturz. **sov|ver|ti|re** tr. um‿stürzen, um‿wälzen, zersetzen: ***~ l'ordine costituito*** die bestehende Ordnung umstürzen; ***~ le istituzioni*** die Institutionen zersetzen. **sov|ver|ti|to|re I** agg. umstürzlerisch, subversiv **II** m. Umstürzler *m.*
soz|zo agg. **1** schmutzig, dreckig: ***mani -e*** dreckige Hände **2** FIG. *(turpe)* schmierig, unflätig, dreckig: ***un ~ individuo*** ein schmieriger Typ. **soz|zo|ne I** agg. schmutzig, dreckig **II** m. Schwein *n.*, Dreckschwein *n.* (anche FIG.).
soz|zu|me f. Schmutz *m.*, Dreck *m.* **soz|zu|ra** f. **1** Schmutzigkeit *f.*, Unsauberkeit *f.* **2** *(cosa sozza)* Schmutz *m.* **3** FIG. Unflat *m.*
SP ⇒ **1** *Santo Padre* Heiliger Vater **2** *Strada Provinciale* Landstraße.
S.p.A. ⇒ *Società per Azioni* Aktiengesellschaft (AG).
spac|ca|le|gna m.inv. Holzhacker *m.*
spac|ca|pie|tre m.inv. Steinhauer *m.*
spac|ca|re *(spacco, spacchi)* **I** tr. **1** *(fendere)* spalten: ***~ la legna*** Holz spalten **2** *(mandare in pezzi)* zerbrechen, zerschlagen: ***~ un piatto*** einen Teller zerschlagen **3** *(fracassare)* ein‿schlagen, zerschlagen: ***~ un vetro*** eine Fensterscheibe einschlagen **II** pronom. **spaccarsi 1** sich spalten, brechen: ***l'asse si è spaccata*** die Achse ist gebrochen; ***il partito si è spaccato*** die Partei hat sich gespalten **2** *(andare in pezzi)* zerbrechen: ***-rsi in mille pezzi*** in tausend Stücke zerbrechen ◆ FIG. ***~ il capello in quattro*** Haare spalten, Haarspalterei betreiben; ***~ la faccia a qcn.*** jdm die Fresse polieren; ***un orologio che spacca il minuto*** eine auf die Minute präzise Uhr; ***un sole che spacca le pietre*** eine sengende Sonne; ***~ la testa a qcn.*** jdm den Schädel ein‿schlagen; ***o la va o la spacca*** wir müssen alles auf eine Karte setzen.
spac|ca|ta f. **1** Spaltung *f.* **2** SPORT Spagat *m.* e *n.*: ***fare una ~*** einen Spagat machen; ***andare in ~*** in den Spagat gehen.
spac|ca|to I p.pass. agg. **1** → **spaccare 2** gespalten, gespaltet: ***legna -a*** gespaltetes Holz **3** *(rotto)* zerbrochen **4** *(screpolato)* gerissen, rissig **5** COLLOQ. *(identico)* ***è ~ suo padre*** er ist seinem Vater wie aus dem Gesicht geschnitten **II** m. **1** Querschnitt *m.*, Schnitt *m.*: ***lo ~ di un cono*** der Querschnitt eines Kegels **2** FIG. Querschnitt *n.*: ***uno ~ della letteratura*** ein Querschnitt durch die Literatur.
spac|ca|tu|ra f. **1** Spaltung *f.*, Spalt *m.* **2** *(crepa)* Riss *m.*
spac|chet|ta|re tr. aus‿packen: ***~ un regalo*** ein Geschenk auspacken.
spac|cia|re *(spaccio, spacci)* **I** tr. **1** *(distribuire)* vertreiben **2a** *(vendere illecitamente)* in Umlauf bringen, verbreiten: ***~ banconote false*** Falschgeld in Umlauf bringen **b** ***~ droga*** mit Rauschgift handeln, GERG. dealen **3** *(diffondere)* verbreiten: ***~ notizie false e tendenziose*** falsche und tendenziöse Nachrichten verbreiten **4** *(far passare)* aus‿geben: ***~ qcn., qcs. per qcs.*** jdn, etw. für etw. ausgeben **II** pronom. **spacciarsi** sich aus‿geben: ***-rsi per un gran medico*** sich für einen berühmten Arzt ausgeben. **spac|cia|to** p.pass. agg. **1** → **spacciare 2** COLLOQ. *(rovinato, morto)* geliefert, COLLOQ. aufgeschmissen; ***dare qcn. per ~*** jdn auf‿geben. **spac|cia|to|re** m. **1** Vertreiber *m.* **2** *(di droga)* Rauschgifthändler *m.*; GERG. Dealer *m.* ◆ ***~ di monete false*** Falschmünzer *m.*
spac|cio m. *(-ci)* **1a** Direktverkauf *m.*, Vertrieb *m.*; ***in quel negozio c'è molto ~*** in dem Geschäft wird viel umgesetzt (*o* verkauft) **b** *(vendita illecita)* Handel *m.*: ***~ di droga*** Rauschgifthandel *m.* **2a** *(negozio)* Verkaufsstelle *f.*, Laden *m.* **b** *(di alcolici)* Ausschank *m.*
spac|co m. *(-chi)* **1** Spaltung *f.*, Spalt *m.*, Riss *m.*: ***uno ~ nel muro*** ein Mauerspalt **2** *(strappo)* Riss *m.*: ***uno ~ nei pantaloni*** ein Riss in der Hose **3** ABBIGL. Schlitz *m.*: ***una gonna con lo ~ dietro*** ein Rock mit Schlitz hinten; ***~ laterale*** Seitenschlitz *m.*
spac|co|na|ta f. Aufschneiderei *f.*, Angeberei *f.*, Prahlerei *f.*
spac|co|ne m. Aufschneider *m.*, Prahler *m.*, Angeber *m.*, Großmaul *n.*: ***essere uno ~*** ein Großmaul sein (*o* ein großes Maul haben); ***fare lo ~*** aufschneiderische Reden führen (*o* COLLOQ. großkotzig daher‿reden); ***comportamento da ~*** angeberisches Benehmen.
spa|da f. **1a** Schwert *n.*, ANT. Degen *m.*: ***portare la ~*** ein Schwert tragen (*o* führen); ***cingere la ~*** das Schwert gürten; ***cingere la ~ a qcn.*** jdn mit dem Schwert umgürten; ***impugnare la ~*** zum Schwert greifen; ***sguainare, brandire la ~*** das Schwert ziehen (*o* zücken), schwingen; ***rimettere la ~ nel fodero*** das Schwert wieder in die Scheide stecken **b** FIG. *(spadaccino)* Fechter *m.*: ***essere una buona ~*** ein guter Fechter sein **2** SPORT Degen *m.*, Fechtdegen *m.* **3** pl. *(nelle carte)* Schwerter *pl.* ◆ ***romanzo di cappa e ~*** Mantel-und-Degen-Roman *m.*; ***colpo di ~*** Schwertstreich *m.*; ***~ di Damocle*** Damoklesschwert *n.*; ***passare qcn. a fil di ~*** jdn über die Klinge springen lassen; ***a forma di ~*** schwertförmig; ***impugnatura della ~*** Degengriff *m.*; ***incrociare le -e*** die Klingen kreuzen; ***lama della ~*** Schwertklinge *f.*; ***mangiatore di -e*** Schwertschlucker *m.*; ***nobiltà di ~*** Schwertadel *m.*; ***pesce ~*** Schwertfisch *m.*; ***pomo della ~*** Schwertknauf *m.*; ***difendere qcn., qcs. a ~ tratta*** sich (leidenschaftlich) für jdn, etw. ein‿setzen; PROV. ***chi di ~ ferisce di ~ perisce*** wer das Schwert nimmt, der soll durchs Schwert um‿kommen; ***ne uccide più la lingua che la ~*** scharfe Schwerter schneiden sehr, scharfe Zungen noch viel mehr.
spa|dac|ci|no m. Fechter *m.* **spa|da|io** m. *(-ai)* Waffenschmied *m.*
spa|del|la|re intr. (aus. *avere*) **1** *(gergo dei cacciatori)* fehl‿schießen, daneben‿schießen **2** *(ai fornelli)* am Herd stehen.
spa|di|no m. kurzes Schwert *n.*
spa|di|sta m. e f. *(-i,-e)* Degenfechter *m.* (-in *f.*), Fechter *m.* (-in *f.*).
spa|do|ne m. Zweihänder *m.*, zweischneidiges Schwert *n.*
spa|dro|neg|gia|re intr. *(spadroneggio, spadroneggi*; aus. *avere)* sich als Herr auf‿spielen: ***~ a casa degli altri*** sich im Haus anderer als Herr aufspielen.
spa|e|sa|to agg. verwirrt, unbehaglich: ***sentirsi ~*** sich unbehaglich fühlen; ***sembrare ~*** verwirrt wirken.
spa|ghet|ta|ta f. Spaghettiessen *n.* **spa|ghet|te|ri|a** f. Spaghettirestaurant *n.*
1.spa|ghet|to m. **1** Bindfaden *m.* **2** pl. GASTR. Spaghetti *pl.*: ***un piatto di -i*** ein Teller Spaghetti; ***~ in bianco*** Spaghetti mit Butter und Käse; ***~ al pomodoro, al sugo*** Spaghetti mit Tomatensauce.
2.spa|ghet|to m. COLLOQ. *(spavento)* Bammel *m.*: ***prendersi uno ~*** einen mächtigen Bammel haben.
spa|gi|na|re tr. *(spagino)* neu umbrechen.
spa|glia|re *(spaglio, spagli)* **I** tr. ***~ qcs.*** von etw. das Stroh entfernen **II** intr. (aus. *avere*) **1** das Stroh durcheinander werfen **2** *(di animali)* Stroh fressen **III** pronom. **spagliarsi** das Stroh verlieren ◆ ***andare a ~ in casa altrui*** nassauern.
spa|gna f. BOT. Blaue Luzerne *f.*, Saatluzerne *f.*
Spa|gna n.pr.f. Spanien *n.* ◆ ***aglio di ~*** Perlzwiebel *f.*; ***cera di ~*** Siegellack *m.*; ***fagiolo di ~*** Feuerbohne *f.*; ***pan di ~*** Biskuit *n.* e *m.* (*o* Biskuitteig *m.*).
spa|gno|la f. **1** Spanierin *f.* **2** MED. spanische Krankheit *f.*
spa|gno|leg|gia|re intr. *(spagnoleggio, spagnoleggi*; aus. *avere)* groß‿tun, sich spreizen.
spa|gno|let|ta f. **1** Garnröllchen *n.* **2** *(arachide)* Erdnuss *f.*
spa|gno|li|smo m. Hispanismus *m.* **spa|gno|lo I** agg. spanisch: ***febbre -a*** spanische Grippe **II** m. **1** Spanier *m.* **2** *(lingua)* Spanisch(e) *n.*
spa|go m. *(-ghi)* Schnur *f.*, Bindfaden *m.*: ***legare qcs. con lo ~*** etw. schnüren, verschnüren; ***avvolgere uno ~ attorno a qcs.*** etw. mit einer Schnur umwickeln ◆ COLLOQ. ***dare ~ a qcn.*** jdn zum Reden reizen (*o* jdn zu Vertraulichkeiten animieren); ***~ per imballaggio*** Paketschnur *f.* (*o* Kordel *f.*).
spa|ia|re tr. *(spaio, spai)* entzweien, trennen. **spa|ia|to** p.pass. agg. **1** → **spaiare 2** getrennt, einzeln, nicht zusammengehörend: ***calze -e*** nicht zusammengehörende Strümpfe; ***una scarpa -a*** ein einzelner Schuh.
spa|lan|ca|re *(spalanco, spalanchi)* **I** tr. auf‿reißen: ***~ la porta, la finestra*** die Tür, das Fenster aufreißen; ***~ gli occhi, la bocca*** die Augen, den Mund aufreißen **II** pronom. **spalancarsi 1** auf‿gehen: ***l'uscio si spalancò*** die Tür ging auf **2** *(aprirsi allo sguardo)* sich auf‿tun: ***davanti a lui si spalancò l'abisso*** vor ihm tut sich ein Abgrund auf ◆ ***~ le braccia*** die Arme aus‿breiten; ***~ gli orecchi*** die Ohren auf‿sperren.
spa|lan|ca|to p.pass. agg. **1** → **spalancare 2** aufgerissen, sperrangelweit offen, weit geöffnet: ***una porta -a*** eine weit geöffnete Tür ◆ ***a braccia -e*** mit ausgebreiteten Armen.
spa|la|re tr. schaufeln, COLLOQ. schippen: ***~ la neve*** Schnee schaufeln. **spa|la|ta** f. Schaufeln *n.*, COLLOQ. Schippen *n.*
Spa|la|to n.pr.f. Split *n.*
spa|la|to|re m. Schneeräumer *m.*, Schneeschipper *m.* **spa|la|tri|ce** f. Schneeräumer *m.*, Schneepflug *m.* **spa|la|tu|ra** f. Schaufeln *n.*, Schippen *n.*
spal|la f. **1a** Schulter *f.*, Achsel *f.*: ***-e larghe, strette, cadenti*** breite, schmale, abfallende Schultern **b** *(articolazione)* Schultergelenk *n.*; ***lussazione della ~*** Luxation des Schultergelenks **2** pl. *(schiena, dorso)* Rücken *m.*, Schultern *pl.* **3** *(macelleria)* Bug *m.*,

Schulterstück *n.*: ***un pezzo di ~*** ein Stück von der Schulter **4** ABBIGL. Schulter *f.*, Schulterteil *n.*: ***-e imbottite*** gepolsterte Schultern **5** *(fianco di montagna)* Hang *m.* **6** EDIL. Widerlager *n.* **7** TEATR. Partner *m.* (eines Komikers) ◆ ***a ~*** auf dem Rücken (*o* auf den Schultern); ***portare qcs. a ~*** etw. auf dem Rücken tragen; ***~ a ~*** Schulter an Schulter; IRON. ***accarezzare le -e a qcn.*** jdm die Hucke voll hauen; ***alle -e di qcn.*** hinter jdm (*o* hinter jds Rücken); ***avere qcn. alle -e*** jdn im Rücken haben; FIG. ***colpire, pugnalare qcn. alle -e*** jdm in den Rücken fallen; ***dire qcs. alle -e di qcn.*** jdm etw. nach‿sagen; ***guardarsi alle -e*** sich den Rücken frei‿halten (*o* sich vor‿sehen); ***mangiare alle -e di qcn.*** jdm auf der Tasche liegen; ***ridere alle -e di qcn.*** hinter jds Rücken lachen; ***divertirsi alle -e di qcn.*** sich auf jds Kosten amüsieren; ***vivere alle -e di qcn.*** auf jds Kosten leben; ***all'altezza delle -e*** in Schulterhöhe (*o* schulterhoch); *(di capelli)* schulterlang; ***articolazione della ~*** Schultergelenk *n.*; ***alzare le -e*** die Achseln zucken; ***alzata di -e*** Achselzucken *n.*; ***battere sulla ~ di qcn.*** jdm auf die Schulter klopfen; ***coprire le -e a qcn.*** jdm den Rücken decken (*o* frei‿halten); ***fare da ~ a qcn.*** jdm die Bälle zu‿spielen; ***dietro le -e di qcn.*** hinter jds Rücken; ***buttarsi qcs. dietro le -e*** etw. hinter sich werfen; ***mettersi le gambe in ~*** die Beine in die Hand (*o* die Beine unter die Arme) nehmen; ***caricarsi qcs. in ~*** etw. auf den Rücken nehmen, etw. schultern: ***caricarsi lo zaino, il fucile in ~*** den Rucksack, das Gewehr schultern; ***mettersi in ~ qcn.*** jdn auf den Schultern tragen; ***avere le -e larghe*** einen breiten Rücken (*o* Buckel) haben; FIG. allerlei aus‿halten können; ***essere con le -e al muro*** mit dem Rücken zur Wand sein; ***mettere qcn. con le -e al muro*** jdn in die Enge treiben (*o* jdn an die Wand drängen); ***prosciutto di ~*** Vorderschinken *m.*; ***scusate le -e*** verzeiht, wenn ich euch den Rücken zukehre; ***stringersi nelle -e*** mit den Achseln zucken; ***su con le -e!*** halte dich gerade! ***prendersi qcs. sulle -e*** etw. auf sich nehmen; ***la responsabilità grava sulle sue -e*** die Verantwortung lastet (*o* liegt) auf seinen Schultern; ***avere molti anni sulle -e*** viele Jahre auf dem Buckel haben; ***avere la testa sulle -e*** *(essere equilibrato)* = ausgeglichen sein; *(essere coscienzioso)* = pflichtbewusst sein; ***voltare le -e a qcn.*** jdm den Rücken kehren; ***la fortuna gli ha voltato le -e*** das Glück hat ihm den Rücken gekehrt.

spal|lac|cio m. *(-ci)* **1** Tragegurt *m.*, Schulterriemen *m.* **2** MIL. Schulterriemen *m.*

spal|la|re tr. an‿legen.

spal|la|ta f. **1** Stoß *m.* mit der Schulter, Schulterstoß *m.* **2** *(alzata di spalle)* Achselzucken *n.*

spal|leg|gia|men|to m. Unterstützung *f.*, Schulterschluss *m.*, Beistand *m.* **spal|leg|gia|re** *(spalleggio, spalleggi)* **I** tr. ***~ qcn.*** jdn unterstützen, jdm bei‿stehen **II** pronom. **spalleggiarsi** sich gegenseitig bei‿stehen.

spal|let|ta f. **1a** *(argine)* Damm *m.* **b** *(di ponte)* Brückengeländer *n.*, **2** EDIL. Laibung *f.*, Leibung *f.*: ***~ della finestra*** Fensterlaibung *f.*

spal|lie|ra f. **1** Rückenlehne *f.* **2a** *(a capo del letto)* Kopfende *n.*, Betthaupt *n.* **b** *(ai piedi del letto)* Fußende *n.*, Fußteil *m.* e *n.* **3** AGR. Spalier *n.* **4** GINN. Sprossenwand *f.*

spal|li|na f. **1** MIL. Schulterklappe *f.*, Achselklappe *f.* **2a** ABBIGL. Träger *m.*, Spaghettiträger *m.* **b** *(imbottita)* Schulterpolster *n.* ◆ ***albero a ~*** Spalierbaum *m.*; FIG. ***guadagnarsi le -e*** sich (D) die Sporen verdienen; ***senza -e*** trägerlos.

spal|lo|ne m. **1** Schulterteil *m.* e *n.* **2** GERG. Schmuggler *m.*

spal|luc|cia f. *(-ce)* ***fare -ce*** mit den Schultern (*o* Achseln) zucken.

spal|ma|bi|le agg. streichfähig, Streich-: ***formaggio ~*** Streichkäse *m.* **spal|ma|bi|li|tà** f. Streichfähigkeit *f.*

spal|ma|re **I** tr. **1a** streichen, verstreichen: ***~ il burro sul pane*** Butter aufs Brot streichen **b** bestreichen, streichen: ***~ il pane di burro*** das Brot mit Butter bestreichen **2** *(applicare)* streichen, ein‿schmieren, auf‿tragen: ***~ la pomata su una ferita*** die Salbe auf eine Wunde streichen; ***~ la crema solare sulla schiena di qcn.*** die Sonnencreme auf jds Rücken streichen **II** pronom. **spalmarsi** sich ein‿cremen, sich ein‿schmieren: ***-rsi di olio solare*** sich mit Sonnenöl einschmieren; ***-rsi il viso di crema*** sich (D) das Gesicht mit Creme eincremen ◆ ***~, -rsi la crema su qcs.*** etw. eincremen, sich mit etw. ein‿cremen.

spal|to m. **1** MIL. Wall *m.*, Glacis *n.* **2** pl. *(di stadio)* Ränge *pl.*

spam|pa|na|re *(spampano)* **I** tr. entlauben **II** pronom. **spampanarsi** **1** sich entlauben, das Laub verlieren **2** *(di fiori)* verblühen. **spam|pa|na|to** p.pass. agg. **1** → **spampanare** **2** entlaubt **3** *(di fiori)* verblüht.

spa|na|re **I** tr. aus‿leiern: ***~ una vite*** eine Schraube ausleiern **II** pronom. **spanarsi** sich aus‿leiern. **spa|na|to** p.pass. agg. **1** → **spanare** **2** ausgeleiert: ***vite -a*** ausgeleierte Schraube.

span|cia|re *(spancio, spanci)* **I** intr. (aus. *avere*) **1** *(tuffandosi)* einen Bauchklatscher machen **2** *(presentare un rigonfiamento)* sich wölben **II** pronom. ***-rsi dalle risate*** sich (D) den Bauch vor Lachen halten. **span|cia|ta** f. **1** Bauchklatscher *m.*: ***dare una ~*** einen Bauchklatscher machen **2** COLLOQ. → **scorpacciata.**

span|de|re *(spandei, spanto)* **I** tr. **1** aus‿streuen, streuen: ***~ il mangime*** das Futter ausstreuen **2** *(stendere)* auf‿tragen: ***~ la cera sul pavimento*** Bohnerwachs auf den Boden auftragen **3** *(liquidi)* verschütten, vergießen: ***~ il latte sul pavimento*** Milch auf den Boden verschütten **4** *(profumi)* aus‿strömen, verströmen, verbreiten: ***~ nell'aria un profumo delizioso*** einen herrlichen Duft verströmen **5** *(luce)* aus‿gießen: ***la luna spande la sua luce sui campi*** der Mond gießt sein Licht über die Fluren aus **6** FIG. *(diffondere)* verbreiten **II** pronom. **spandersi** **1** sich verbreiten, sich aus‿breiten **2** *(di liquidi)* sich ergießen **3** *(di profumi)* sich ausbreiten: ***si spande un delicato profumo*** ein zarter Duft breitet sich aus **4** FIG. *(diffondersi)* sich verbreiten ◆ ***~ lacrime, sangue*** Ströme von Tränen, Blut vergießen; ***spendere e ~*** das Geld mit vollen Händen aus‿geben.

span|di|con|ci|me m.inv. Düngerstreuer *m.*

span|di|sab|bia m.inv. Sandstreuwagen *m.*

span|di|sa|le m.inv. Streuwagen *m.*, Streufahrzeug *n.*

span|na f. Spanne *f.*, Handbreit *f.*: ***lungo, largo una ~*** eine Spanne lang, breit; ***si fermò (a) una ~ da me*** er blieb eine Handbreit vor mir stehen ◆ ***misurare qcs. a -e*** etw. über den Daumen peilen; FIG. ***essere alto una ~*** ein Dreikäsehoch sein.

span|na|re tr. entrahmen, ab‿sahnen.

span|noc|chia|re tr. *(spannocchio, spannocchi)* schälen. **span|noc|chia|tu|ra** f. Maisschälen *n.*

spa|pa|ran|zar|si pronom. COLLOQ. sich fläzen, sich hin‿fläzen: ***-rsi sul divano*** sich auf der Couch fläzen. **spa|pa|ran|za|to** p.pass. → **spaparanzarsi** ◆ ***starsene ~*** herum‿fläzen.

spap|po|la|men|to m. **1** Breiigwerden *n.*, Auseinanderfallen *n.* **2** MED. Quetschung *f.* **spap|po|la|re** *(spappolo, spappoli)* **I** tr. **1** zerquetschen, zerdrücken **2** MED. quetschen **II** pronom. **spappolarsi** **1** auseinander fallen, breiig werden **2** MED. gequetscht werden. **spap|po|la|to** p.pass. agg. **1** → **spappolare** **2** breiig, zergangen **3** MED. gequetscht: ***milza -a*** gequetschte Milz.

spa|rac|chia|re tr. *(sparacchio, sparacchi)* ballern.

spa|ra|chio|di **I** agg.inv. ***pistola ~*** Tacker *m.* **II** f.inv. Tacker *m.*

spa|ra|ne|ve agg.inv. ***cannone ~*** Schneekanone *f.*

spa|ra|pan|zar|si, spa|ra|pan|za|to → **spaparanzarsi, spaparanzato.**

1.spa|ra|re **I** tr. **1a** ab‿feuern, schießen: ***~ una fucilata*** einen Gewehrschuss abfeuern (*o* ab‿geben); ***~ un colpo in testa a qcn.*** jdm eine Kugel in den Kopf schießen **b** assol. ***~ bene, velocemente, con precisione*** gut, schnell, genau schießen **c** SPORT ***~ la palla in porta*** den Ball ins Tor schießen **2** *(sferrare)* versetzen: ***~ un pugno, un calcio*** einen Faustschlag, einen Tritt versetzen **3a** FIG. *(raccontare)* auf‿tischen: ***~ fandonie, balle*** Lügen auftischen **b** COLLOQ. ***~ una notizia in prima pagina*** eine Nachricht auf die Titelseite setzen **II** intr. (aus. *avere*) **1** schießen, feuern: ***~ a, addosso a qcn.*** auf jdn, etw. schießen; ***~ a, contro qcs.*** nach etw. schießen; ***~ alle gambe a qcn.*** jdm in die Beine schießen; ***~ a qcn. a tradimento*** auf jdn aus dem Hinterhalt schießen; ***~ a un bersaglio, sulla folla*** auf eine Zielscheibe, in die Menschenmenge schießen; ***~ con la pistola, col fucile*** mit der Pistole, mit dem Gewehr schießen; ***~ a pallini*** mit Schrot schießen **2** TELEV. blenden **III** pronom. **spararsi** sich schießen: ***-rsi (un colpo) alla testa*** sich (D) eine Kugel in den Kopf schießen ◆ ***~ un colpo in aria*** einen Schuss in die Luft feuern (*o* schießen); ***~ a bruciapelo contro qcn.*** auf jdn aus nächster Nähe schießen; ***~ calci*** *(di cavallo)* aus‿schlagen; *(di persona)* treten; ***~ l'intero caricatore*** das Magazin leer schießen; FIG. ***~ l'ultima cartuccia*** die letzte Karte aus‿spielen, sein letztes Pulver verschießen; ***~ alla cieca*** blind drauflos‿schießen; ***-rsi un colpo*** sich erschießen; ***spararle grosse*** dick auf‿tragen, Lügenmärchen erzählen; ***~ mortaretti*** böllern; ***ordine di ~*** Schussbefehl *m.*; ***~ un prezzo esorbitante*** einen Schwindel erregenden Preis verlangen; ***~ a salve*** blind schießen; ***~ alle spalle*** von hinten schießen; COLLOQ. ***avanti, spara!*** *(parla)* schieß los! ***~ a vista*** ohne Vorwarnung schießen; FIG. ***~ a zero su qcn., qcs.*** jdn, etw. hart an‿greifen (*o* jdn, etw. attackieren).

2.spa|ra|re tr. ANT. *(squartare)* auf‿schlitzen, auf‿schneiden.

spa|ra|ta f. **1** *(spacconata)* Aufschneiderei *f.*, Prahlerei *f.* **2** *(scenata)* Szene *f.*, Auftritt *m.*

1.spa|ra|to p.pass. agg. **1** → **1.sparare** **2** *(velocissimo)* angeschossen, angesaust; COLLOQ. ***arrivare ~*** angeschossen kommen; ***andare ~ verso (contro) qcn., qcs.*** auf jdn, etw. zu‿schießen.

2.spa|ra|to m. Hemdbrust *f.*
spa|ra|to|ria f. Schießerei *f.*, Schusswechsel *m.*: ***una violenta ~*** eine heftige Schießerei; ***si giunse a una ~*** es kam zu einer Schießerei.
spa|rec|chia|men|to m. Abdecken *n.*, Abräumen *n.* **spa|rec|chia|re** tr. *(sparecchio, sparecchi)* ab‿decken, ab‿räumen: ***~ la tavola*** den Tisch abdecken.
spa|reg|gio m. *(-gi)* **1a** SPORT Entscheidungsspiel *n.*, Entscheidungskampf *m.*, Stichkampf *m.*: ***arrivare allo ~*** (bis) zum Entscheidungskampf kommen; ***disputare lo ~*** den Entscheidungskampf aus‿tragen **b** GIOC. Entscheidungspartie *f.* **2** *(disparità)* Unterschied *m.*, Ungleichheit *f.* **3** COMM. *(disavanzo)* Fehlbetrag *m.* ◆ GIOC. ***domanda di ~*** Stechfrage *f.*, Stichfrage *f.*; ***partita di ~*** Entscheidungsspiel *n.*
spar|ge|re I tr. *(spargo, spargi; sparsi; sparso)* **1** verstreuen, streuen: ***~ fiori, ghiaia, concime*** Blumen, Kies, Düngemittel streuen; ***~ le proprie cose per tutta la casa*** seine Sachen im ganzen Haus verstreuen **2** *(liquidi)* verschütten, vergießen: ***~ lacrime, sangue*** Tränen, Blut vergießen **3** *(emanare)* aus‿strahlen, aus‿strömen: ***~ calore*** Wärme ausstrahlen **4** *(diffondere)* verbreiten: ***~ una voce*** ein Gerücht verbreiten; ***~ un segreto ai quattro venti*** ein Geheimnis an die große Glocke hängen **II** pronom. **spargersi 1** sich verstreuen: ***-rsi per la campagna*** sich über das Land verstreuen **2** *(diffondersi)* sich verbreiten: ***si sparse la notizia che...*** es verbreitete sich die Nachricht, dass...
spar|gi|men|to m. **1** Ausstreuen *n.*, Verstreuung *f.* **2** *(di liquidi)* Verschütten *n.*, Vergießen *n.*; ***senza ~ di sangue*** ohne Blutvergießen **3** *(diffusione)* Verbreitung *f.*
spar|gi|pe|pe m.inv. Pfefferstreuer *m.* **spar|gi|sa|le** m.inv. **1** Salzstreuer *m.* **2** → **spandisale. spar|gi|zuc|che|ro** m.inv. Zuckerstreuer *m.*
spa|ri|glia|re tr. *(spariglio, sparigli)* **1** trennen **2** GIOC. stechen.
spa|ri|re intr. *(sparisco, sparisci; aus. essere)* verschwinden: ***il sole sparì dietro una nuvola*** die Sonne verschwand hinter einer Wolke; ***mi è sparito l'orologio*** meine Uhr ist verschwunden; ***alcuni documenti sono spariti*** einige Dokumente sind verschwunden; ***è sparito già da due ore*** er ist schon seit zwei Stunden verschwunden; SCHERZ. ***appena messi in tavola (i pasticcini), sono spariti*** kaum auf dem Tisch, waren die Törtchen schon verschwunden; *(levarsi di torno)* ***sparisci!*** verschwinde! hau ab! ◆ ***~ dalla circolazione*** verschwinden, ab‿tauchen; ***il dolore è sparito*** der Schmerz ist vergangen; ***~ dalla faccia della terra*** *(estinguersi)* aus‿sterben; FIG. vom Erdboden verschwinden; ***fare ~ qcs.*** etw. verschwinden lassen; (*o* etw. mit‿gehen lassen); *(con un incanto)* etw. fort‿zaubern; ***~ fra la folla*** in der Masse verschwinden (*o* unter‿gehen); ***~ nel nulla*** ins Nichts verschwinden; ***il ricordo di quel fatto è ormai sparito*** die Erinnerung an dieses Ereignis ist schon verblasst; ***~ per sempre*** auf Nimmerwiedersehen verschwinden; ***~ senza lasciare traccia*** spurlos verschwinden. **spa|ri|zio|ne** f. Verschwinden *n.*
spar|la|re intr. (aus. *avere*) ***~ di qcn., qcs.*** über jdn, etw. schlecht reden, über jdn, etw. her‿ziehen.
spa|ro m. Schuss *m.*: ***udire degli -i*** Schüsse hören; ***c'è stato uno ~*** ein Schuss ist gefallen ◆ ***~ di mortaretto*** Böllerschuss *m.*; ***polvere da ~*** Schießpulver *n.*
spar|pa|glia|men|to m. Verstreuung *f.* **spar|pa|glia|re** *(sparpaglio, sparpagli)* **I** tr. verstreuen: ***~ fogli sul tavolo*** Blätter über den Tisch verstreuen **II** pronom. **sparpagliarsi** sich verstreuen: ***-rsi per tutta la casa*** sich im ganzen Haus verstreuen. **spar|pa|glia|to** p.pass. agg. **1** → **sparpagliare 2** verstreut: ***i suoi vestiti erano -i per tutta la stanza*** seine Kleider lagen im ganzen Zimmer verstreut.
spar|ring part|ner ['spɑ:rɪŋ 'pa:tnə] m.inv. Sparringspartner *m.*
spar|so p.pass. agg. **1** → **spargere 2** verstreut **3** *(distribuito)* verteilt, verstreut: ***le filiali sono -e in tutta Europa*** die Filialen sind über ganz Europa verteilt **4** *(versato qua e là)* vergossen, ausgegossen **5** *(sciolto)* aufgelöst, lose **6** LETT. *(cosparso)* bestreut ◆ ***in ordine ~*** verstreut; ***rime -e*** = nicht in Sammlungen aufgenommene Gedichte; LETT. ***viso ~ di rossore*** rot angelaufenes Gesicht.
spar|ta|chi|smo m. Spartakusbund *m.* **spar|ta|chi|sta** m. e f. *(-i,-e)* Spartakist *m.* (-in *f.*).
Spar|ta|co n.pr.m. Spartakus *m.*
spar|ta|na|men|te avv. spartanisch. **spar|ta|no I** agg. **1** spartanisch **2** *(rigido)* spartanisch, hart, streng **II** m. Spartaner *m.*
spar|te|i|na f. Spartein *n.*
spar|ti|ac|que m.inv. **1** Wasserscheide *f.* **2** FIG. Trennungslinie *f.*: ***~ ideologico*** ideologische Trennungslinie.
spar|tia|ta m. spartanischer Vollbürger *m.*
spar|ti|fuo|co I m.inv. eiserner Vorhang *m.* **II** agg.inv. ***muro ~*** Brandmauer *f.*, Feuermauer *f.*
spar|ti|ne|ve m.inv. Schneepflug *m.*
spar|ti|re *(spartisco, spartisci)* **I** tr. **1** auf‿teilen, teilen: ***~ un patrimonio fra gli eredi*** ein Vermögen unter die Erben aufteilen; ***~ l'utile fra i soci*** den Gewinn unter die Gesellschafter aufteilen **2** *(capelli)* scheiteln **3** MUS. spartieren, in Partitur setzen **II** pronom. ***spartirsi qcs. con qcn.*** sich (D) etw. mit jdm teilen, auf‿teilen; ***si sono spartiti il bottino*** sie haben sich die Beute untereinander aufgeteilt (*o* sie haben die Beute unter sich verteilt) ◆ ***non avere nulla da ~ con qcn.*** mit jdm nichts zu tun haben; FIG. ***-rsi la torta*** sich (D) den Kuchen teilen.
spar|ti|to I p.pass. agg. **1** → **spartire 2** geteilt, aufgeteilt **3** *(di capelli)* gescheitelt **II** m. Partitur *f.*
spar|ti|traf|fi|co I m.inv. Mittelstreifen *m.* **II** agg.inv. ***cordone ~*** Mittelstreifen *m.*; ***isola ~*** Verkehrsinsel *f.*
spar|ti|zio|ne f. **1** Teilung *f.*, Aufteilung *f.*: ***la ~ del bottino*** die Aufteilung der Beute **2** *(distribuzione)* Verteilung *f.* ◆ ***contratto di ~*** Teilungsvertrag *m.*; ***~ di eredità*** Erbschaftsteilung *f.*
spar|to m. **1** BOT. Spartgras *n.* **2** TESS. Espartofaser *f.*
spa|ru|to agg. **1** schmächtig, hager **2** *(esiguo)* spärlich.
spar|vie|re, spar|vie|ro m. **1** Sperber *m.* **2** EDIL. Sparbrett *n.*
spa|si|man|te m. e f. Verehrer *m.* (-in *f.*). **spa|si|ma|re** intr. *(spasimo;* aus. *avere)* schmachten: ***~ d'amore*** nach Liebe schmachten; ***~ per qcn.*** nach jdm schmachten. **spa|si|mo** m. **1** MED. Krampf *m.* **2** FIG. Qual *f.*: ***-i d'amore*** Liebesqualen *pl.*
spa|smo m. Krampf *m.*, Spasmus *m.* ◆ ***~ muscolare*** Muskelkrampf *m.*; ***~ pilorico*** Pförtnerkrampf *m.*
spa|smo|di|ca|men|te avv. **1** MED. spasmodisch **2a** FIG. krampfhaft, verkrampft **b** *(angosciosamente)* qualvoll, quälend.
spa|smo|di|co agg. *(-ci,-che)* **1** MED. spasmodisch, Krampf-, krampfhaft: ***contrazioni -che*** spasmodische Krämpfe **2a** FIG. krampfhaft, verkrampft: ***ricerca -a*** krampfhafte Suche **b** *(angoscioso)* qualvoll, quälend: ***attesa -a*** qualvolles Warten.
spa|smo|li|ti|co I agg. *(-ci,-che)* spasmolytisch, krampflösend **II** m. *(-ci)* Spasmolytikum *n.*
spas|sar|si pronom. es sich gut gehen lassen, in Saus und Braus leben, herrlich und in Freuden leben, sich amüsieren ◆ ***spassarsela (con qcn.)*** es sich (mit jdm) gut gehen lassen.
spas|sio|na|ta|men|te avv. unbefangen, unvoreingenommen. **spas|sio|na|tez|za** f. Unbefangenheit *f.* **spas|sio|na|to** agg. unbefangen: ***giudizio ~*** unbefangenes Urteil.
spas|so m. **1** Vergnügen *n.*, Spaß *m.*: ***la festa è stata un vero ~*** das Fest war ein echtes Vergnügen **2** *(persona spassosa)* ***sei proprio uno ~!*** du bist einfach herrlich! ◆ ***andare a ~*** spazieren gehen; FIG. ***essere a ~*** auf der Straße sitzen; ***mandare a ~ qcn.*** *(toglierselo dai piedi)* sich (D) jdn vom Halse schaffen; *(licenziarlo)* jdn auf die Straße setzen; ***portare a ~ qcn.*** jdn spazieren führen.
spas|so|sa|men|te avv. amüsant, lustig. **spas|so|so** agg. lustig, amüsant: ***storiella -a*** amüsante Geschichte; ***un tipo ~*** ein lustiger Bursche.
spa|sti|co I agg. *(-ci,-che)* spastisch: ***contrazione -a*** spastische Kontraktion; ***paralisi -a*** spastische Lähmung **II** m. *(-ci)* Spastiker *m.*
spa|to m. Spat *m.* ◆ ***~ di fluoro*** Flussspat *m.*, Fluorit *n.*
spa|to|la f. **1** Spachtel *m.* e *f.*, Spatel *m.* e *f.* (anche MED.) **2** *(di sci)* Schaufel *f.* **3** ORNIT. weißer Löffler *m.*, Löffelreiher *m.* ◆ ***dipingere a ~*** spachteln; ***pittura a ~*** Spachtelmalerei *f.*
spau|rac|chio m. *(-chi)* **1** Vogelscheuche *f.* **2** FIG. Schreckgespenst *n.*, Schrecken *m.*: ***essere lo ~ di qcn.*** jds Schrecken sein; ***far diventare qcn., qcs. uno ~*** jdn, etw. zum Schreckgespenst machen.
spau|ri|re *(spaurisco, spaurisci)* **I** tr. ängstigen **II** pronom. **spaurirsi** Angst haben, sich ängstigen. **spau|ri|to** p.pass. agg. **1** → **spaurire 2** angstvoll, verängstigt.
spa|val|da|men|te avv. übermütig, dreist, draufgängerisch.
spa|val|de|ri|a f. **1** *(temerarietà)* Übermut *m.*, Draufgängertum *n.* **2** *(sfrontatezza)* Frechheit *f.*, Dreistigkeit *f.*, Keckheit *f.*
spa|val|do I agg. **1** *(temerario)* übermütig, draufgängerisch **2** *(sfrontato)* dreist, frech, keck **II** m. Draufgänger *m.*; ***fare lo ~*** frech (*o* keck) auf‿treten.
spa|ven|ta|pas|se|ri m.inv. Vogelscheuche *f.* (anche FIG.).
spa|ven|ta|re I tr. erschrecken: ***~ qcn. con qcs.*** jdn mit etw. erschrecken; ***~ a morte qcn.*** jdn zu Tode erschrecken **II** pronom. **spaventarsi** erschrecken: ***-rsi per qcn., qcs.*** vor jdm, über etw. (A) erschrecken. **spa|ven|ta|to** p.pass. agg. **1** → **spaventare 2** erschreckt, erschrocken: ***~ a morte*** zu Tode erschrocken.
spa|ven|te|vo|le agg. erschreckend, schrecklich.
spa|ven|to m. Schreck *m.*: ***prendersi uno ~*** einen Schreck bekommen; ***morire dallo ~*** sich zu Tode erschrecken; ***fare ~ a qcn.*** jdn erschrecken ◆ ***brutto da fare ~*** zum Davonlaufen hässlich; ***che ~!*** was für ein Schreck!

spa|ven|to|sa|men|te avv. furchtbar: ***è un film ~ brutto*** der Film ist furchtbar schlecht. **spa|ven|to|si|tà** f.inv. Schrecklichkeit *f.*

spa|ven|to|so agg. **1** Schrecken erregend, erschreckend, schrecklich: ***avvenimenti -i*** Schrecken erregende Ereignisse; ***una vista -a*** ein erschreckender Anblick, ein Schreckensbild **2** *(terribile)* schrecklich, furchtbar, entsetzlich, fürchterlich: ***una sciagura -a*** ein schreckliches Unglück **3** FIG. *(incredibile)* schrecklich, furchtbar: ***essere di una bruttezza -a*** furchtbar hässlich sein ◆ ***urla -e*** Mordsgeschrei *n.*; ***velocità -a*** Höllentempo *n.*

spa|zia|le agg. **1** Raum-, räumlich: ***geometria ~*** räumliche Geometrie **2** ASTR. Weltraum-, Raum-: ***capsula, navicella ~*** Weltraumkapsel *f.*, Raumschiff *n.*; ***viaggio, volo ~*** Weltraumflug *m.* (*o* Raumflug *m.*); ***stazione, laboratorio ~*** Weltraumstation *f.*, Weltraumlabor *n.*; ***era ~*** Raumzeitalter *n.* **spa|zia|li|tà** f.inv. Räumlichkeit *f.*

spa|zia|re *(spazio, spazi)* **I** tr. **1** in Abständen auf‿stellen **2** TIP. sperren, spationieren, durchschießen **II** intr. (aus. *avere*) **1** umher‿schweifen, schweben: ***~ nel cielo*** in der Luft schweben **2** FIG. schweifen, sich bewegen: ***l'occhio spaziava sull'intera valle*** der Blick schweifte über das ganze Tal; ***~ in tutti i campi del sapere*** sich in allen Wissenbereichen bewegen. **spa|zia|to** p.pass. agg. **1** → **spaziare 2** gesperrt, spationiert, durchschossen; ***ben ~*** mit genügendem Durchschuss. **spa|zia|to|re** agg., ***sbarra -trice*** Leertaste *f.* **spa|zia|tu|ra** f. Leerstelle *f.*

spa|zieg|gia|re tr. *(spazieggio, spazieggi)* sperren, spationieren, durchschießen. **spa|zieg|gia|to** p.pass. agg. **1** → **spazieggiare 2** ***stampa -a*** Sperrdruck *m.*

spa|zien|ti|re *(spazientisco, spazientisci)* **I** tr. nervös machen **II** pronom. **spazientirsi** ungeduldig werden, die Geduld verlieren. **spa|zien|ti|to** p.pass. agg. **1** → **spazientire 2** ungeduldig.

spa|zio m. *(-zi)* **1** MAT. FILOS. Raum *m.*: ***~ incommensurabile*** unermesslicher Raum **2** *(cosmo)* Weltraum *m.*, Raum *m.*: ***la conquista dello ~*** die Eroberung des Weltraums; ***lanciare un missile nello ~*** eine Rakete in den Weltraum schießen **3** *(posto)* Platz *m.*, Raum *m.*: ***fare ~ a qcn.*** jdm Platz machen; ***fare ~ per qcs.*** für etw. Platz schaffen; ***occupare molto ~*** viel Raum (*o* Platz) ein‿nehmen; FIG. ***nel mondo d'oggi non c'è ~ per gli anziani*** in der heutigen Welt ist kein Platz für alte Menschen; ***lasciare, dedicare, dare ~ a qcs.*** für etw. Raum lassen, gewähren, etw. (D) Raum geben; ***non lasciare ~ alla discussione*** der Diskussion keinen Raum lassen **4a** *(distanza)* Zwischenraum *m.*: ***lasciare un metro di ~*** einen Meter Zwischenraum lassen **b** *(di tempo)* Zeitraum *m.* **5** TIP. Spatium *n.*, Leerzeichen *n.* ◆ ***~ aereo*** Luftraum *m.*; ***~ aperto*** Freigelände *n.*; TIP. ***~ in bianco*** Zwischenraum *m.*; ***lasciare uno ~ in bianco*** die Leertaste drücken; ***~ economico*** Wirtschaftsraum *m.*; ***~ di frenata*** Bremsweg *m.*; ***~ intercellulare*** Interzellularraum *m.*, Zwischenzellraum *m.*; ***~ intercostale*** Rippenzwischenraum *m.*; ***~ interplanetario*** Weltraum *m.*; ***per mancanza di ~*** aus Platzmangel; ***per motivi di ~*** aus Platzgründen; ***nello ~ di pochi secondi, minuti*** binnen weniger Sekunden, Minuten; ***~ pubblicitario*** Werbefläche *f.*; ***~ pubblico*** öffentlicher Raum; ***-zi verdi*** Grünanlagen *pl.*; ***~ vitale*** Lebensraum *m.*

spa|zio|si|tà f. Geräumigkeit *f.*, Weite *f.* **spa|zio|so** agg. geräumig, weit: ***una stanza -a*** ein geräumiges Zimmer ◆ ***fronte -a*** hohe Stirn.

spa|zio-tem|po m. Raum-Zeit-Kontinuum *n.*, Raum-Zeit-Welt *f.* **spa|zio-tem|po|ra|le** agg. raumzeitlich ◆ ***continuum ~*** Raum-Zeit-Kontinuum *n.*

spaz|za|ca|mi|no m. Schornsteinfeger *m.*, Kaminfeger *m.*

spaz|za|mi|ne m.inv. Minensuchboot *n.*

spaz|za|ne|ve m.inv. **1** Schneepflug *m.*, Schneeräumer *m.* **2** *(nello sci)* Schneepflug *m.*: ***scendere a ~*** im Schneepflug ab‿fahren; ***curva a ~*** Schneepflugbogen *m.*

spaz|za|re tr. **1** fegen, kehren: ***~ il pavimento*** den Fußboden fegen **2** ESTENS. hinweg‿fegen: ***il vento spazza le foglie*** der Wind fegt die Blätter hinweg **3** FIG. *(eliminare)* aus‿rotten: ***~ pregiudizi*** Vorurteile ausrotten ◆ ***~ via*** weg‿kehren, fort‿fegen, hinweg‿fegen. **spaz|za|ta** f., ***dare una ~ a qcs.*** etw. flüchtig fegen (*o* kehren). **spaz|za|tri|ce** f. Kehrmaschine *f.*

spaz|za|tu|ra f. **1** Müll *m.*, Abfall *m.*, Kehricht *m.*: ***portare via la ~*** Müll ab‿holen **2** RAR. *(lo spazzare)* Fegen *n.*, Kehren *n.* ◆ ***bidone della ~*** Mülltonne *f.*; ***cassonetto della ~*** Abfalltonne *f.* (*o* Müllcontainer) *m.*; ***mucchio di ~*** Müllhaufen *m.*; ***secchio della ~*** Mülleimer *m.*; *(a pedale)* Treteimer *m.*

spaz|zi|no m. Straßenkehrer *m.*

spaz|zo|la f. **1** Bürste *f.* (anche EL.) **2** *(di tergicristallo)* Wischblatt *n.* **3** MUS. Schlagbesen *m.*, Stahlbesen *m.* ◆ ***~ per bottiglie*** Flaschenbürste *f.*; ***~ per capelli*** Haarbürste *f.*; ***capelli a ~*** Bürstenschnitt *m.*, Bürstenfrisur *f.*; ***~ per cappelli*** Hutbürste *f.*; EL. ***~ di carbone*** Kohlenbürste *f.*; EL. ***contatto a ~*** Bürstenkontakt *m.*; ***~ del distributore*** Verteilerläufer *m.*; ***~ con manico*** Stielbürste *f.*; ***~ per, da scarpe*** Schuhbürste *f.*; ***~ per tappeti*** Teppichbürste *f.*; ***~ per vestiti*** Kleiderbürste *f.*

spaz|zo|la|re *(spazzolo)* **I** tr. bürsten, ab‿bürsten, aus‿bürsten: ***~ una giacca*** eine Jacke ausbürsten; ***~ le scarpe*** die Schuhe bürsten; ***~ i capelli a qcn.*** jdm die Haare bürsten **II** pronom. ***-rsi i capelli*** sich (D) die Haare bürsten. **spaz|zo|la|ta** f. ***dare una ~ a qcs.*** etw. aus‿bürsten; ***darsi una ~*** sich ab‿bürsten.

spaz|zo|li|no m. **1** Bürstchen *n.*, Bürste *f.* **2** *(da denti)* Zahnbürste *f.*: ***lavarsi i denti con lo ~*** sich (D) die Zähne mit der Zahnbürste putzen **3** EL. Bürste *f.* ◆ ***~ da denti*** Zahnbürste *f.*; ***~ da denti elettrico*** elektrische Zahnbürste; ***~ per unghie*** Nagelbürste *f.* **spaz|zo|lo|ne** m. Scheuerbürste *f.*, Schrubber *m.*

speak|er ['spikə] m. e f.inv. **1** RAD. TELEV. Sprecher *m.* (-in *f.*) **2** POL. *(in USA, Gran Bretagna)* Speaker *m.*

spec|chiar|si pronom. *(mi specchio, ti specchi)* **1** *(guardarsi allo specchio)* sich im Spiegel betrachten **2** ***~ in qcs.*** sich in etw. (D) spiegeln: ***~ in una vetrina*** sich in einem Schaufenster spiegeln; ***la luna si specchia nel lago*** der Mond spiegelt sich im See **3** FIG. ***~ in qcn., qcs.*** jdn, etw. zum Vorbild nehmen. **spec|chia|to** p.pass. agg. **1** → **specchiarsi 2** beispielhaft, musterhaft: ***una persona di -a virtù*** ein Mensch von beispielhafter Tugend.

spec|chie|ra f. **1** Wandspiegel *m.* **2** *(con tavolino)* Spiegeltischchen *n.*, Toilettentisch *m.*

spec|chiet|to m. **1a** Spiegelchen *n.*, kleiner Spiegel *m.* **b** *(da borsetta)* Handspiegel *m.* **c** *(retrovisore)* Rückspiegel *m.*; *(laterale)* Seitenspiegel *m.*, Außenspiegel *m.* **2** *(breve prospetto)* Übersicht *f.*, Übersichtstafel *f.* ◆ ***~ per le allodole*** Köder *m.*; ***~ da dentista*** Zahnspiegel *m.*; ***~ laterale*** Seitenspiegel *m.* (*o* Außenspiegel *m.*); ***~ retrovisore*** Rückspiegel *m.*

spec|chio m. *(-chi)* **1a** Spiegel *m.*: ***guardarsi allo ~*** sich im Spiegel betrachten; ***stare allo ~*** vor dem Spiegel stehen **b** *(immagine)* Spiegel *m.*, Spiegelbild *n.*: ***gli occhi sono lo ~ dell'anima*** die Augen sind der Spiegel der Seele **2** FIG. *(modello)* Muster *n.*: ***uno ~ di virtù*** ein Muster der Tugend **3** *(pannello)* Paneel *n.*, Füllung *f.* **4** *(prospetto)* Übersicht *f.*, Übersichtstafel *f.* ◆ ***una villa a ~ del mare*** eine direkt am Meer gelegene Villa; ***~ d'acqua*** Wasserspiegel *m.*; ***~ dell'armadio*** Schrankspiegel *m.*; ***~ da barba*** Rasierspiegel *m.*; ***~, ~ delle mie brame, chi è la più bella del reame?*** Spieglein, Spieglein an der Wand, wer ist die Schönste im ganzen Land? ***~ concavo*** Hohlspiegel *m.*, Konkavspiegel *m.*; ***~ convesso*** Konvexspiegel *m.*; ***~ deformante*** Zerrspiegel *m.*, Vexierspiegel *m.*; ***~ freatico*** Grundwasserspiegel *m.*; ***lucidare qcs. a ~*** etw. auf Hochglanz polieren; ***lucido come uno ~*** spiegelblank; ***~ magico*** Zauberspiegel *m.*; ***il mare oggi è uno ~*** heute ist das Meer spiegelglatt; ***occhiali a ~*** Spiegelbrille *f.*; ***~ parabolico*** Parabolspiegel *m.*; ***~ piano*** Planspiegel *m.*; MAR. ***~ di poppa*** Achterspiegel *m.*; SPORT ***mancare lo ~ della porta*** das Tor verfehlen; ***~ riflettore*** Beleuchtungsspiegel *m.*; ***~ solare*** Sonnenspiegel *m.*; ***strumento a ~*** Spiegelinstrument *n.*; ***superficie a ~*** Spiegelfläche *f.*; ***~ ustorio*** Brennspiegel *m.*; ***~ di Venere*** Frauenspiegel *m.*; ***vetro a ~*** Einwegscheibe *f.*

spe|cial ['spɛʃəl, *üblich* 'spɛtʃal] m.inv. Special *n.*, Spezialbericht *m.*

spe|cia|le **I** agg. **1** Sonder-, speziell: ***commissione, incarico ~*** Sonderkommission *f.*, Sonderauftrag *m.*; ***inviato ~*** Sonderberichterstatter *m.*; ***missione ~*** Sondermission *f.*; ***disposizione, provvedimento, regolamentazione ~*** Sonderbestimmung *f.*, Sondermaßnahme *f.*, Sonderregelung *f.*; ***offerta, prezzo ~*** Sonderangebot *n.*, Sonderpreis *m.*; ***edizione, numero ~*** Sonderausgabe *f.*, Sondernummer *f.* **2** *(singolare)* eigenartig: ***è un tipo un po' ~*** er ist ein etwas eigenartiger Typ **3** *(di ottima qualità)* besonder: ***questo vino è ~*** es ist ein besonderer Wein **II** m. **1** SPORT Spezialslalom *m.* **2** TELEV. Spezialbericht *m.*, Dokumentation *f.* ◆ ***in special modo*** besonders (*o* im Besonderen, insbesondere); ***niente di ~*** nichts Besonderes; DIR. ***procura ~*** Spezialvollmacht *f.*; ***qualcosa di (molto) ~*** etwas (ganz) Besonderes; ***slalom ~*** Spezialslalom *m.*; ***sorveglianza ~*** Polizeiaufsicht *f.*; ***treno ~*** Sonderzug *m.*, SVIZZ. Extrazug *m.*; ***tribunale ~*** Sondergericht *n.* (*o* Ausnahmegericht *n.*).

spe|cia|li|sta *(-i,-e)* **I** m. e f. **1** Spezialist *m.* (-in *f.*), Fachmann *m.* (-frau *f.*): ***essere uno ~ in qcs.*** ein Spezialist in etw. (D), für etw. sein **2** *(medico)* Facharzt *m.* (-ärztin *f.*): ***~ in pediatria*** Facharzt für Kinderheilkunde **3** SPORT ***è uno ~ in, di...*** seine Disziplin ist... **II** agg. ***medico ~*** Facharzt *m.* ◆ ***da ~*** fachmännisch; ***gergo da -i*** Fachjargon *m.*, Fachchinesisch *n.* **spe|cia|li|sti|co** agg. *(-ci,-che)* **1** Fach-, fachmännisch: ***competenza, conoscenza, consulenza -a*** Fachkompetenz *f.*, Fachkenntnis *f.* (*o* Sachkenntnis *f.*), Fachberatung *f.*; ***campo*** ~ Fachgebiet *n.*; ; ***gergo, termine*** ~ Fachjargon *m.*, Fachausdruck *m.* **2** *(in campo medico)* fachärztlich ◆ ***dizionario*** ~ Sachwörterbuch *n.* (*o* Reallexikon *n.*); SCOL. ***materie -che*** Spezialfächer *pl.*; ***opera -a*** fachspezifisches Werk.

spe|cia|li|tà f.inv. **1** Spezialität *f.*, Stärke *f.*: ***i ritratti sono la sua ~*** Porträts sind seine Spezialität; ***la matematica non è mai stata la sua ~*** Mathematik war nie seine Stärke **2** *(settore di specializzazione)* Fachgebiet *n.*, Spezialfach *n.*; ***la sua ~ è la chirurgia*** er ist Facharzt für Chirurgie **3** SPORT Disziplin *f.* **4** *(prodotto)* Spezialität *f.*: ***la ~ della casa*** die Spezialität des Hauses **5** MIL. *(reparto)* Spezialeinheit *f.* ◆ ***~ gastronomica*** Feinkostspezialität *f.*, Feinkost *f.*; ***ristorante di ~ siciliane*** sizilianisches Spezialitätenrestaurant.

spe|cia|liz|za|re I tr. spezialisieren: ***~ qcn. in qcs.*** jdn auf etw. (A) spezialisieren **II** pronom. **specializzarsi 1** sich spezialisieren (anche BIOL.): ***-rsi in qcs.*** sich auf etw. (A) spezialisieren **2** *(di medico)* Facharzt werden: ***-rsi in pediatria*** Facharzt für Kinderheilkunde werden.

spe|cia|liz|za|to p.pass. agg. **1** → **specializzare 2** Fach-, spezialisiert (anche BIOL.): ***essere ~ in un determinato settore*** auf ein bestimmtes Gebiet spezialisiert sein; ***biblioteca, libreria -a*** Fachbibliothek *f.*, Fachbuchhandlung *f.*; ***negozio ~*** Fachgeschäft *n.* (*o* Spezialgeschäft *n.*); ***operaio, personale ~*** Facharbeiter *m.*, Fachpersonal *n.* (*o* Fachkräfte *pl.*); ***giornale ~, rivista -a*** Fachzeitung *f.*, Fachzeitschrift *f.* ◆ ***altamente ~*** hoch qualifiziert; ***medico ~ in qcs.*** Facharzt für etw.

spe|cia|liz|za|zio|ne f. **1a** Spezialisierung *f.*: ***~ in qcs.*** Spezialisierung auf etw. (A); ***conseguire la ~ in qcs.*** sich auf etw. (A) spezialisieren; ***avere una ~ in qcs.*** auf etw. (A) spezialisiert sein **b** *(preparazione specifica)* Spezialausbildung *f.*, Fachausbildung *f.* **2** SPORT Disziplin *f.* ◆ ***ambito di ~*** Fachbereich *m.*; ***campo di ~*** Fachgebiet *n.* (*o* Spezialgebiet *n.*); ***corso di ~*** Fortbildungskurs *m.*; ***grado di ~*** Ausbildungsgrad *m.*; ***materia di ~*** Spezialfach *n.*; UNIV. ***scuola di ~*** Spezialisierungskurs *m.*; ***settore di ~*** → ***campo di ~***.

spe|cial|men|te avv. besonders, im Besonderen, insbesondere.

spe|cie I f.inv. **1** BIOL. Art *f.* **2** ESTENS. *(tipo)* Sorte *f.*, Art *f.*: ***un imbroglione della peggior ~*** ein Betrüger übelster Sorte (*o* Art); ***una ~ di...*** eine Art (von)... **II** avv. besonders, im Besonderen, insbesondere ◆ ***~ animale*** Tierart *f.*; ***che ~ d'uomo è quello?*** was für ein Mensch ist er? ***conservazione della ~*** Arterhaltung *f.*; ***di diversa ~*** verschiedener Art (*o* verschiedenartig); ***di due ~*** zweierlei; ***Specie Eucaristiche*** eucharistische Gestalten; COLLOQ. ***mi fa ~ che...*** es erstaunt mich, dass...; ***in ~*** besonders (*o* im Besonderen); ***di molte ~*** vielfältig (*o* vielerlei); ***molteplicità delle ~*** Artenvielfalt *f.*; BOT. ***~ nana*** Zwergform *f.*; DIR. ***nella ~*** im vorliegenden Fall; ***ogni ~ di, di ogni ~*** aller Art; ***teoria sull'origine della ~*** Abstammungslehre *f.*; ZOOL. ***~ protetta*** geschützte Tierart; BOT. geschützte Pflanzenart; ***protezione della ~*** Artenschutz *m.*; ***sotto ~ di qcs.*** in Gestalt von etw.; *(sotto il pretesto)* unter dem Vorwand von etw.; ***della stessa ~*** derselben Art (*o* artgleich); ***individuo della stessa ~*** Artgenosse *m.*; ***di tale ~*** solcherlei, solcherart; ***~ di uccelli*** Vogelart *f.*; ***~ umana*** Menschengeschlecht *n.*; ***di varie ~*** verschiedenartig; ***~ vegetale*** Pflanzenart *f.*

spe|ci|fi|ca f. *(-che)* Aufstellung *f.*, Verzeichnis *n.*, Spezifikation *f.*: ***redigere una ~*** ein Verzeichnis auf‿stellen.

spe|ci|fi|ca|bi|le agg. spezifizierbar.

spe|ci|fi|ca|men|te avv. im Besonderen, besonders.

spe|ci|fi|ca|re tr. *(specifico, specifichi)* detailliert an‿führen, genau an‿geben, spezifizieren: ***~ nome e cognome*** seinen Vor- und Nachnamen genau angeben.

spe|ci|fi|ca|ta|men|te avv. **1** detailliert, genau **2** → **specificamente.**

spe|ci|fi|ca|ti|vo agg. spezifizierend.

spe|ci|fi|ca|to p.pass. agg. **1** → **specificare 2** *(elencato)* verzeichnet: ***le merci qui -e*** die hier verzeichneten Waren ◆ ***con riferimento a quanto ~ nella Vs. offerta*** mit Bezug auf Ihr Angebot.

spe|ci|fi|ca|zio|ne f. **1** *(elenco)* Spezifikation *f.*, Einzelaufstellung *f.* **2** *(descrizione)* detaillierte Beschreibung *f.* ◆ ***complemento di ~*** Zugehörigkeitsangabe *f.*; DIR. ***compravendita su ~*** Spezifikationskauf *m.*; ***genitivo di ~*** Genitivattribut *n.*

spe|ci|fi|ci|tà f.inv. Spezifizität *f.*, Spezifikum *n.*

spe|ci|fi|co I agg. *(-ci, -che)* **1** spezifisch: ***caratteristica -a*** spezifische Eigenart **2** *(specialistico)* Fach-, Sach-: ***competenza, conoscenza -a*** Sachkompetenz *f.*, Fachkenntnis *f.* (*o* Sachkenntnis *f.*); ***termine ~*** Sachbegriff *m.* **3** ESTENS. *(particolare)* bestimmt, besonder: ***per un motivo ~*** aus einem bestimmten Grund **4** BIOL. arteigen **5** FIS. TECN. spezifisch: ***peso ~*** spezifisches Gewicht **II** m. *(-ci)* **1a** Spezifische *n.*, Spezifik *f.* **b** ESTENS. Spezifische *n.*: ***lo ~ teatrale*** das für das Theater Spezifische **2** FARM. Spezifikum *n.*: ***uno ~ per l'influenza*** ein Spezifikum gegen Grippe ◆ ***accuse -che*** direkte Anschuldigungen; ***nel caso ~*** im vorliegenden Fall; ***dazio ~*** Gewichtszoll *m.*; ***farmaco ~*** Spezifikum *n.*; ***imposta -a*** Sondersteuer *f.*; DIR. ***obbligazione -a*** Speziesschuld *f.*; DIR. ***prova -a*** direkter Beweis; FARM. ***rimedio ~*** Spezifikum *n.*

spe|cil|lo m. Sonde *f.*

spe|ci|men m.inv. **1** Muster *n.*, Probe *f.* **2** EDIT. Probeheft *n.*, Leseprobe *f.*

spe|cio|si|tà f. LETT. Scheinbarkeit *f.*, Scheinbare *n.* **spe|cio|so** agg. LETT. scheinbar.

speck [ʃpɛk, *üblich* spɛk] m.inv. Räucherschinken *m.*

spe|co m. *(-chi)* **1** LETT. *(grotta)* Höhle *f.* **2** ANAT. Wirbelkanal *m.*

spe|co|la f. Observatorium *n.*, Sternwarte *f.*

spe|co|lo → **speculum.**

1.spe|cu|la|re *(speculo)* **I** intr. (aus. *avere*) **1** FILOS. spekulieren: ***~ su qcs.*** über etw. (A) spekulieren **2** ECON. spekulieren: ***~ su qcs.*** mit (*o* in) etw. spekulieren; ***~ in Borsa*** an der Börse spekulieren; ***~ al rialzo, al ribasso*** auf Hausse, Baisse spekulieren **3** ESTENS. ***~ su qcs.*** etw. aus‿nutzen (*o* aus etw. Kapital ziehen) **II** tr. FILOS. ***~ qcs.*** über etw. (A) spekulieren.

2.spe|cu|la|re agg. Spiegel-, spiegelbildlich: ***immagine ~*** Spiegelbild *n.*; ***scrittura ~*** Spiegelschrift *f.*; ***superficie ~*** Spiegelfläche *f.* **spe|cu|lar|men|te** avv. spiegelbildlich.

spe|cu|la|ti|vo agg. **1a** spekulativ **b** ESTENS. abstrakt, theoretisch: ***scienze -e*** theoretische Wissenschaften; ***mente -a*** spekulativer Geist **2** ECON. spekulativ, Spekulations-: ***attività -a*** spekulative Betätigung; ***operazione -a*** Spekulationsgeschäft *n.* ◆ ***acquisto a scopo ~*** Spekulationskauf *m.* **spe|cu|la|to|re I** m. **1** ECON. Spekulant *m.* **2** ESTENS. SPREG. Geschäftemacher *m.* **II** agg. spekulativ ◆ ***~ di Borsa*** Börsenspekulant *m.*, GERG. Jobber *m.*; ***~ al rialzo*** Haussier *m.*; ***~ al ribasso*** Baissier *m.* **spe|cu|la|to|rio** agg. *(-ri, -rie)* Spekulations-, spekulativ.

spe|cu|la|zio|ne f. **1** Spekulation *f.*: ***-i metafisiche*** metaphysische Spekulationen; ***~ sui terreni*** Spekulation mit Grundstücken (*o* Grundstücksspekulation *f.*) **2** ESTENS. SPREG. Spekulation *f.*, Ausnutzung *f.* ◆ ***~ in Borsa*** Börsenspekulation *f.*; ***~ edilizia*** Bauspekulation *f.*; ***~ fondiaria*** Bodenspekulation *f.*; ***guadagno (ricavato) da ~*** Spekulationsgewinn *m.*; ***oggetto della ~*** Spekulationsobjekt *n.*; ***~ al rialzo*** Haussespekulation *f.*; ***~ al ribasso*** Baissespekulation *f.* (*o* Kontermine *f.*); ***~ sulle valute*** Devisenspekulation *f.*

spe|cu|lum m.inv. Spekulum *n.*, Spiegel *m.*; ***esaminare con lo ~*** mit dem Spekulum untersuchen (*o* spiegeln) ◆ ***~ vaginale*** Scheidenspekulum *n.* (*o* Scheidenspiegel *m.*).

spe|di|re tr. *(spedisco, spedisci)* **1a** schicken, senden: ***~ qcs. a qcn.*** jdm (*o* an jdn) etw. senden (*o* schicken); ***~ qcs. in contrassegno*** etw. per Nachnahme schicken; ***~ un telegramma*** ein Telegramm schicken; ***~ qcs. per posta, per espresso*** etw. mit der (*o* durch die) Post, durch Eilboten schicken; ***~ merce per espresso*** Ware als Expressgut befördern; ***~ qcs. con un, a mezzo corriere*** etw. durch einen Kurier schicken **b** *(su richiesta)* zu‿schicken, zu‿senden, übersenden: ***Le spediamo la merce ordinata*** wir schicken (*o* senden) Ihnen die bestellte Ware zu; ***farsi ~ un catalogo*** sich (D) einen Katalog zuschicken lassen **c** *(su larga scala)* versenden, verschicken **d** *(per mare)* verschiffen **2** *(persone)* (ent)senden, schicken: ***~ le truppe nella zona del disastro*** die Truppen ins Katastrophengebiet senden; COLLOQ. ***~ i bambini a letto*** die Kinder ins Bett schicken ◆ ***~ i bagagli*** das Gepäck auf‿geben; COMM. ***~ una bolla*** einen Schein aus‿stellen (*o* aus‿füllen); DIR. ***~ una causa*** ein Urteil fällen; ***~ qcn. all'inferno*** jdn zum Teufel schicken; ***~ qcn. all'altro mondo*** jdn ins Jenseits befördern; MED. ***~ una ricetta*** ein Rezept aus‿stellen (*o* aus‿schreiben).

spe|di|ta|men|te avv. **1** *(rapidamente)* schnell, rasch, zügig: ***parlare ~*** schnell sprechen; ***camminare ~*** zügig gehen **2** *(facilmente)* mühelos. **spe|di|tez|za** f. Schnelligkeit *f.*, Zügigkeit *f.*

spe|di|to I p.pass. agg. **1** → **spedire 2** *(rapido)* schnell, zügig, flink: ***procedere a ritmo ~*** ein zügiges Tempo vor‿legen **3** *(sicuro, sciolto)* gewandt, ungezwungen **II** avv. → **speditamente.**

spe|di|to|re m. Expedient *m.*

spe|di|zio|ne f. **1a** Versand *m.*, Versendung *f.*, Spedition *f.* **b** *(con mezzo di trasporto)* Beförderung *f.*, Fracht *f.* **c** *(per mare)* Verschiffung *f.* **2** *(merce)* Sendung *f.*, Frachtgut *n.*: ***una ~ di arance*** eine Sendung Orangen; ***effettuare, ricevere una ~*** eine Sendung aus‿führen, erhalten **3** MIL. Feldzug *m.*, Unternehmen *n.* **4** *(viaggio di ricerca)* Expedition *f.*: ***~ al polo Nord, Sud*** Nordpolexpedition *f.* Südpolexpedition *f.* ◆ ***~ (di merce) via aerea*** Luftfracht *f.*; ***~ assicurata*** Wertsendung *f.*; ***~ dei bagagli*** Aufgabe *f.* des Gepäcks; ***bolla di ~*** Lieferschein *m.*; ***~ (in) contrassegno*** Nachnahmesendung *f.*; ***ditta di -i*** Speditionsfirma *f.*; ***documenti di ~*** Begleitpapiere *pl.*; ***~ per espresso*** Eilsendung *f.*; ***impresa di -i*** → ***dit-***

ta di ~; ***~ internazionale*** internationale Spedition (*o* Auslandsspendung *f.*); ***~ (di merce) via mare*** Seefracht *f.*; ***~ di merci*** Warensendung *f.*; ***~ militare*** militärisches Unternehmen, STOR. Heerfahrt *f.*; STOR. ***~ dei Mille*** Zug *m.* der Tausend; ***ordine di ~*** Frachtorder *f.*; ***~ polare*** Polarexpedition *f.*; ***~ a mezzo posta*** Postversand *m.*; ***~ postale*** Postsendung *f.*; ***pronto per la ~*** versandbereit; ***~ punitiva*** Strafexpedition *f.*; ***~ per raccomandata*** Einschreibesendung *f.*; ***reparto -i*** Versandabteilung *f.*, Speditionsabteilung *f.*; ***~ di ritorno*** Rücksendung *f.*; ***spese di ~*** Versandkosten *pl.*, Speditionskosten *pl.*; ***~ via terra*** Beförderung *f.* auf dem Landweg; ***ufficio -i*** Speditionsbüro *n.*, Abfertigungsstelle *f.*; ***~ urgente*** Eilsendung *f.*; *(merce)* Eilfracht *f.* **spe|di|zio|nie|re** m. Spediteur *m.*, Speditionsfirma *f.*

spe|gna|re tr. ein‿lösen.

spe|gne|re *(spengo, spegni/spengi; spensi; spento)* **I** tr. **1a** aus‿löschen, löschen: ***~ un incendio*** einen Brand löschen **b** *(soffiando)* aus‿blasen, aus‿pusten **c** FIG. aus‿löschen: ***il tempo spegne i ricordi*** die Zeit löscht die Erinnerungen aus **2a** *(circuiti elettrici)* aus‿schalten, ab‿stellen, ab‿schalten, COLLOQ. aus‿machen: ***~ la luce*** das Licht ausschalten (*o* ausmachen); ***~ la radio*** das Radio ausschalten (*o* abstellen) **b** *(girando)* aus‿drehen, ab‿drehen **c** *(macchinari, motori)* ab‿stellen, COLLOQ. aus‿machen: ***~ il motore*** den Motor abstellen (*o* ausmachen); ***~ la caldaia*** die Heizung abstellen **3** ECON. tilgen: ***~ un debito*** Schulden tilgen **II** pronom. **spegnersi 1a** erlöschen, verlöschen (anche FIG.): ***il vulcano si è spento*** der Vulkan ist erloschen; ***le passioni si spengono*** Leidenschaften erlöschen **2** *(di circuiti elettrici)* sich ab‿schalten, aus‿gehen; ***-rsi automaticamente*** sich von allein (*o* automatisch) abschalten **3** *(di suoni)* ab‿klingen **4** *(morire)* entschlafen, sterben: ***-rsi serenamente*** sanft entschlafen ◆ ***~ la calce viva*** den Kalk löschen; ***~ la farina*** dem Mehl Flüssigkeit hinzu‿fügen; ***~ le luci!*** Licht aus! ***~ le polemiche*** die Streitigkeiten bei‿legen; ***~ la sete*** den Durst löschen; ***~ una sigaretta*** eine Zigarette aus‿drücken; ***il sorriso si spense sulle sue labbra*** das Lächeln erstarb auf seinen Lippen.

spe|gni|men|to m. **1a** *(lo spegnere)* Löschen *n.*, Auslöschen *n.* (anche FIG.) **b** *(lo spegnersi)* Erlöschen *n.* **2** *(di apparecchi)* Ausschalten *n.*, Ausschaltung *f.* ◆ ***opere di ~*** Löscharbeiten *pl.* **spe|gni|to|io** m. *(-oi)* Löschhütchen *n.*

spe|lac|chia|re *(spelacchio, spelacchi)* **I** tr. aus‿rupfen **II** pronom. **spelacchiarsi** (sich) haaren, Haare verlieren. **spe|lac|chia|to** p.pass. agg. **1** → **spelacchiare 2a** halb kahl: ***un cane ~*** ein halb kahler Hund **b** *(di persona)* fast kahl **3** *(di pelliccia)* abgewetzt. **spe|la|re I** tr. aus‿rupfen **II** pronom. **spelarsi 1** *(di animali)* (sich) haaren **2** *(di persona)* Haare verlieren.

spe|le|o agg. ***orso ~*** Höhlenbär *m.*

spe|le|o|lo|gi|a f. Speläologie *f.*, Höhlenkunde *f.* **spe|le|o|lo|gi|co** agg. *(-ci,-che)* speläologisch. **spe|le|o|lo|go** m. *(-gi)* Speläologe *m.*, Höhlenforscher *m.*

spel|la|re I tr. **1** *(scuoiare)* ab‿häuten, häuten **2** FIG. SCHERZ. *(chiedere un compenso esagerato)* aus‿nehmen **3** COLLOQ. *(scorticare)* ab‿schürfen, auf‿schürfen **II** pronom. **spellarsi 1** *(perdere la pelle)* sich ab‿schälen, sich schälen: ***ti stai spellando sulla schiena*** du schälst dich am Rücken **2** COLLOQ. *(scorticarsi)* sich ab‿schürfen, sich auf‿schürfen: ***-rsi il gomito*** sich (D) den Ellenbogen aufschürfen. **spel|la|tu|ra** f. **1** Häutung *f.*, Abhäuten *n.* **2** *(escoriazione)* Schürfwunde *f.*, Abschürfung *f.*

spel|ling m.inv. Buchstabieren *n.*

spe|lon|ca f. *(-che)* **1** *(caverna)* Höhle *f.* **2** FIG. Loch *n.*, Spelunke *f.*

spel|ta f. Spelt *m.*, Spelz *m.*

spe|me f. LETT. Hoffnung *f.*

spen|dac|cio|ne m. Verschwender *m.*

spen|de|re tr. *(spesi; speso)* **1** aus‿geben: ***~ un milione in, per qcs.*** eine Million für etw. ausgeben; ***~ un patrimonio*** ein Vermögen ausgeben **2** *(consumare)* verwenden, auf‿wenden: ***~ energia in qcs.*** Energie für etw. aufwenden **3** *(trascorrere)* verbringen: ***~ il proprio tempo, una notte intera a fare qcs.*** seine Zeit, eine ganze Nacht damit verbringen, etw. zu tun ◆ ***~ bene i propri soldi*** sein Geld gut an‿legen (*o* einen guten Kauf tätigen); ***~ il nome di qcn.*** sich jds Namens bedienen; ***~ una buona parola per qcn.*** ein gutes Wort für jdn ein‿legen; ***~ due parole su qcs.*** kurz über etw. (A) sprechen; ***~ e spandere*** das Geld mit vollen Händen aus‿geben; PROV. ***chi più spende meno spende*** = wer mehr ausgibt, hat auch mehr davon (*o* es lohnt sich immer, etwas mehr auszugeben).

spen|de|rec|cio agg. *(-ci,-ce)* verschwenderisch.

spen|di|bi|le agg. verwendbar. **spen|di|bi|li|tà** f. Verwendbarkeit *f.*

spen|ge|re → **spegnere.**

spen|nac|chia|re tr. *(spennacchio, spennacchi)* rupfen. **spen|nac|chia|to** p.pass. agg. **1** → **spennacchiare 2** gerupft **3** *(privo di capelli)* glatzköpfig, kahl.

spen|na|re I tr. **1** rupfen: ***~ un pollo*** ein Huhn rupfen **2** FIG. rupfen, aus‿nehmen: ***~ qcn. al gioco*** jdn beim Spiel ausnehmen **II** pronom. **spennarsi** die Federn verlieren.

spen|nel|la|re tr. **1** bestreichen, bepinseln: ***~ un dolce col rosso d'uovo*** einen Kuchen mit Eigelb bestreichen **2** MED. ein‿pinseln, bepinseln: ***~ una ferita con tintura di iodio*** eine Wunde mit Jod einpinseln. **spen|nel|la|ta** f. **1a** Bestreichen *n.*: ***dare una ~ a qcs.*** etw. bestreichen **b** MED. Einpinseln *n.*, Bepinseln *n.* **2** *(tratto di pennello)* Pinselstrich *m.* **spen|nel|la|tu|ra** f. **1** Bestreichen *n.* **2** MED. Einpinseln *n.*, Einpinselung *f.*, Bepinseln *n.*

spen|sie|ra|tag|gi|ne f. **1** Sorglosigkeit *f.*, Unbeschwertheit *f.*, Unbekümmertheit *f.* **2** *(leggerezza)* Unbedachtheit *f.* **spen|sie|ra|ta|men|te** avv. sorglos, unbeschwert, unbekümmert: ***vivere ~*** unbeschwert leben; ***ridere ~*** unbekümmert lachen. **spen|sie|ra|tez|za** f. Sorglosigkeit *f.*, Unbeschwertheit *f.* **spen|sie|ra|to** agg. sorglos, sorgenfrei, unbeschwert, unbekümmert: ***un'infanzia -a*** eine unbeschwerte Kindheit; ***una vita -a*** ein sorgloses Leben; ***una ragazza -a*** ein unbekümmertes Mädchen.

spen|to p.pass. agg. **1** → **spegnere 2a** erloschen: ***fuoco, fiammifero, vulcano ~*** erloschenes Feuer, Streichholz, erloschener Vulkan **b** *(di candela)* gelöscht **3a** *(di apparecchiatura elettrica)* ausgeschaltet: ***luce -a*** ausgeschaltetes Licht; ***televisore, computer ~*** ausgeschalteter Fernseher, Computer **b** *(di motore)* abgestellt **4a** *(smorto)* matt: ***colori -i*** matte Farben; ***voce -a*** matte Stimme **b** ***sguardo ~*** erloschener Blick ◆ ***calce -a*** Löschkalk *m.*

spen|zo|la|re *(spenzolo)* **I** tr. baumeln lassen: ***~ le gambe*** die Beine baumeln lassen **II** intr. (aus. *avere*) baumeln.

spe|ra|bi|le agg. wünschenswert; ***è ~ che...*** es ist zu wünschen, dass..., hoffentlich...; ***è ~ che tu non commetta errori*** hoffentlich machst du keine Fehler.

spe|ran|za f. Hoffnung *f.*: ***una ~ fondata, falsa*** eine begründete, falsche Hoffnung; ***avere la ~ che..., di...*** die Hoffnung haben, dass..., zu...; ***nella ~ di sentirti presto*** in der Hoffnung, bald von dir zu hören; ***perdere, nutrire la ~*** die Hoffnung verlieren, hegen; ***infondere -e in qcn.*** jdm Hoffnungen machen; ***essere pieno di, senza ~*** voller, ohne Hoffnung sein; ***senza ~ di miglioramento*** ohne Hoffnung auf Besserung; ***abbandonarsi alla ~ che...*** sich der Hoffnung hin‿geben, dass...; ***riporre le proprie -e in qcn., qcs.*** seine Hoffnung auf jdn, etw. setzen; ***tutte le speranze della squadra sono riposte in lui*** alle Hoffnungen der Mannschaft sind auf ihn gerichtet (*o* gesetzt); ***suscitare in qcn. vane -e*** in jdm falsche Hoffnungen wecken; ***deporre una ~*** eine Hoffnung begraben; ***sei la nostra ultima ~*** du bist unsere letzte Hoffnung; ***una ~ del cinema, del calcio*** eine Hoffnung im Filmgeschäft, im Fußball ◆ ***di belle -e*** hoffnungsvoll, aussichtsreich; ***un caso senza ~*** ein hoffnungsloser Fall; ***vivere di -e*** von leeren Hoffnungen leben; PROV. ***la ~ è l'ultima a morire*** es hofft der Mensch, solang er lebt.

spe|ran|zo|so agg. hoffnungsvoll.

spe|ra|re I tr. ***~ qcs.*** auf etw. (A) hoffen; ***~ di fare qcs.*** hoffen, etw. zu tun; ***spero di sì, no*** das will ich hoffen, nicht hoffen; ***lo spero bene!*** ich hoffe doch sehr! ***speriamo!*** das wollen wir hoffen! ***spero che stiate bene*** ich hoffe, es geht euch gut; ***speriamo che tu abbia ragione*** hoffentlich hast du Recht **II** intr. (aus. *avere*) ***~ in qcn., qcs.*** auf jdn, etw. hoffen, seine Hoffnung auf jdn, etw. setzen; ***~ nel bel tempo, in un miracolo, nell'aiuto di qcn.*** auf gutes Wetter, auf ein Wunder, auf jds Hilfe hoffen; ***~ in Dio*** auf Gott vertrauen ◆ ***speriamo bene*** hoffentlich; ***ci spero poco*** darauf habe ich keine große Hoffnung. **spe|ra|to** p.pass. agg. **1** → **sperare 2** erhofft: ***ottenere il premio ~*** den erhofften Preis erhalten.

sper|der|si pronom. *(mi spersi; sperso)* sich verirren. **sper|du|to** p.pass. agg. **1** → **sperdersi 2** verirrt **3** *(isolato)* abgelegen, einsam: ***luogo ~*** abgelegener Ort; ***un paesino ~ tra i monti*** ein einsam in den Bergen liegendes Dorf ◆ ***sentirsi, trovarsi ~*** sich verloren fühlen.

spe|re|qua|to agg. unausgeglichen, ungleich. **spe|re|qua|zio|ne** f. **1** Missverhältnis *n.*, Unausgeglichenheit *f.* **2** ECON. Ungleichheit *f.*: ***~ delle retribuzioni*** Ungleichheit der Entlohnung; ***~ tributaria*** ungleiche Steuerverteilung.

sper|giu|ra|re intr. (aus. *avere*) einen Meineid schwören ◆ ***giurare e ~*** hoch und heilig schwören.

sper|giu|ro I agg. **1** meineidig: ***un testimone ~*** ein meineidiger Zeuge **2** *(che manca al giuramento)* eidbrüchig **II** m. **1a** Meineidige *m.* **b** *(chi rompe il giuramento)* Eidbrüchige *m.* **2** *(giuramento falso)* Meineid *m.*: ***fare uno ~*** einen Meineid schwören, leisten.

sper|go|la f. Spörgel *m.*

spe|ri|co|la|ta|men|te avv. waghalsig, draufgängerisch: ***guidare ~*** waghalsig fahren. **spe|ri|co|la|tez|za** f. Waghalsigkeit *f.*, Draufgängertum *n.* **spe|ri|co|la|to I** agg. waghalsig, risikofreudig, draufgängerisch: ***un guidatore ~*** ein waghalsiger Fahrer; ***una vita -a*** ein draufgängerisches (*o* risikoreiches) Leben **II** m. Draufgänger *m.*, Wagehals *m.*

spe|ri|men|ta|bi|le agg. experimentierbar.

spe|ri|men|ta|le agg. Versuchs-, Experimental-, experimentell: ***scienza, psicologia ~*** experimentelle Wissenschaft, Psychologie; ***fisica ~*** Experimentalphysik *f.*; ***metodo, fase, modello ~*** Versuchsmethode *f.*, Versuchsstadium *n.*, Versuchsmodell *n.*; ***centro ~*** Versuchszentrum *n.*; ***cinema ~*** Experimentalfilm *m.*; ***un romanzo, una poesia ~*** ein experimenteller Roman, ein experimentelles Gedicht; ***teatro ~*** Experimentiertheater *n.*, Experimentierbühne *f.* ◆ ***a scopo ~*** zu Versuchszwecken; ***scuola ~*** Projektschule *f.*; ***in via ~*** versuchsweise.

spe|ri|men|ta|li|smo m. experimentelle Richtung *f.* (in Kunst und Literatur). **spe|ri|men|ta|li|sta** m e f. *(-i,-e)* Vertreter *m.* (-in *f.*) der experimentellen Richtung (in Kunst und Literatur). **spe|ri|men|ta|li|sti|co** agg. *(-ci,-che)* experimentell, Versuchs-.

spe|ri|men|tal|men|te avv. experimentell, versuchsweise.

spe|ri|men|ta|re I tr. **1** erproben, versuchen: ***~ un nuovo metodo, una macchina*** eine neue Methode, eine Maschine erproben; ***~ un farmaco sui pazienti*** ein Medikament an Patienten erproben; ***~ una nuova ricetta*** ein neues Rezept versuchen **2** *(mettere alla prova)* auf die Probe stellen, erproben: ***~ la fedeltà di qcn.*** jds Treue auf die Probe stellen; ***~ le proprie forze*** die eigenen Kräfte erproben **3** *(su di sé)* ***~ qcs.*** mit etw. Erfahrung machen, etw. erfahren: ***~ il dolore*** Schmerz erfahren **II** intr. (aus. *avere*) experimentieren, Versuche durch‿führen: ***~ sugli animali*** Tierversuche durchführen **III** pronom. **sperimentarsi in qcs.** sich in, an etw. (D) versuchen; ***-rsi nella pittura*** sich in der Malerei versuchen.

spe|ri|men|ta|to p.pass. agg. **1** → **sperimentare 2** erprobt, bewährt: ***un metodo ~*** eine erprobte Methode; ***-a fedeltà*** bewährte Treue **3** *(esperto)* erfahren, erprobt: ***un insegnante ~*** ein erfahrener Lehrer. **spe|ri|men|ta|to|re** m. Experimentator *m.*

spe|ri|men|ta|zio|ne f. **1** Experimentieren *n.*, Durchführung *f.* von Versuchen **2** *(esperimenti)* Versuche *pl.* ◆ ***~ animale*** Tierversuche *pl.*; ***centro di ~*** Versuchsanstalt *f.*; ***~ didattica*** Lehrversuch *m.*, didaktische Versuche; ***in fase di ~*** im Versuchsstadium; ***metodo di ~*** Experimentiermethode *f.*; ***~ umana*** Humanversuche *pl.*

sper|la|no m. Stint *m.*

sper|ma m. Sperma *n.* ◆ ***banca dello ~*** Samenbank *f.*

sper|ma|ce|ti m.inv. Walrat *m.* e *n.*, Spermazet *n.*

sper|ma|ti|co agg. *(-ci,-che)* Samen-: ***condotto, funicolo, liquido ~*** Samenleiter *m.*, Samenstrang *m.*, Samenflüssigkeit *f.*; ***cellula -a*** Samenzelle *f.*

sper|ma|to|fi|te f.pl. Spermatophyten *pl.*, Samenpflanzen *pl.*, Blütenpflanzen *pl.* **sper|ma|to|ge|ne|si** f. Spermatogenese *f.*, Samenbildung *f.* **sper|ma|tor|re|a** f. Spermatorrhö(e) *f.*, Samenfluss *m.* **sper|ma|to|zo|o** m. Spermium *n.*, Spermatozoon *n.*, Samenzelle *f.*

sper|mi|ci|da I agg. Spermizid-, samenabtötend: ***crema ~*** samenabtötende Creme **II** m. Spermizid *n.*

sper|mi|co agg. *(-ci,-che)* → **spermatico.**

sper|mio m. *(-mi)* → **spermatozoo. sper|mio|ge|ne|si** f. → **spermatogenesi.**

spe|ro|na|men|to m. Rammen *n.* **spe|ro|na|re** tr. **1** rammen: ***~ una nave*** ein Schiff rammen **2** ESTENS. ***~ qcn.*** jdm seitlich hinein‿fahren.

spe|ro|ne m. **1** Sporn *m.*: ***portare gli -i*** Sporen tragen; ***mettersi gli -i*** sich (D) die Sporen an‿schnallen **2** MAR. Rammsporn *m.* **3** *(di cani)* Afterklaue *f.* **4** *(di uccelli)* Sporn *m.* **5** GEOGR. Ausläufer *m.* **6** EDIL. Strebemauer *f.*, Strebe *f.* ◆ ***rotella dello ~*** Spornrädchen *n.*

spe|ro|nel|la f. Rittersporn *m.*

sper|pe|ra|men|to m. Verschwendung *f.*, Vergeudung *f.*

sper|pe|ra|re tr. *(sperpero)* verschwenden, vergeuden: ***~ un patrimonio*** ein Vermögen verschwenden; FIG. ***~ tempo, energia, le proprie forze*** Zeit, Energie, seine Kräfte vergeuden. **sper|pe|ra|to|re** m. Verschwender *m.*, Vergeuder *m.* **sper|pe|ri|o** m. fortgesetztes Verschwenden *n.* **sper|pe|ro** m. Verschwendung *f.*, Vergeudung *f.*; ***~ di denaro*** Geldverschwendung *f.*; ***~ di tempo*** Zeitverschwendung *f.* (*o* Zeitvergeudung *f.*).

sper|so → **sperduto.**

sper|so|na|liz|za|re I tr. **1** entpersönlichen **2** *(privare di un'impronta troppo personale)* ***~ qcs.*** etw. (D) seine persönliche Note (*o* seinen persönlichen Charakter) nehmen **3** *(decisione, conflitto)* entpersonalisieren **II** pronom. **spersonalizzarsi** seine Persönlichkeit verlieren. **sper|so|na|liz|za|zio|ne** f. Entpersönlichung *f.*

sper|ti|car|si pronom. *(mi spertico, ti spertichi)* sich ergehen: ***~ in ringraziamenti*** sich in Dankesworten ergehen. **sper|ti|ca|to** p.pass. agg. **1** → **sperticarsi 2** übertrieben, überschwänglich: ***lodi -e*** übertriebenes Lob.

spe|sa f. **1** Ausgabe *f.*: ***-e inutili*** unnötige Ausgaben; ***una ~ di un milione*** eine Ausgabe von einer Million; ***per una ~ di...*** für eine Ausgabe über... **2a** *(acquisto)* Einkauf *m.*, Kauf *m.*: ***è stata un'ottima ~*** das war ein ausgezeichneter Kauf **b** *(cose acquistate)* Einkäufe *pl.*: ***dove hai messo la ~?*** wohin hast du die Einkäufe gestellt? **3a** *(costo)* Kosten *pl.*, Unkosten *pl.*; *(diaria)* Spesen *pl.*: ***~ ingente, forte, modica*** beträchtliche, hohe, geringe Unkosten; ***la ~ ammonta a un milione*** die Kosten betragen eine Million; ***preventivare una ~ di 3 milioni di lire*** die Kosten auf 3 Millionen Lire veranschlagen; ***-e fisse, correnti, straordinarie*** feste, laufende, außerordentliche Kosten; ***sostenere, calcolare, assumersi, rimborsare le -e*** die Kosten tragen, berechnen, übernehmen, erstatten; ***avere molte -e*** hohe Kosten haben; ***più, meno le -e*** zuzüglich, abzüglich der Kosten (*o* plus, minus Spesen) **b** *(per servizi)* Gebühr *f.*: ***-e bancarie, postali*** Bank-, Postgebühren *pl.* ◆ ***a -e di qcn.*** auf jds Kosten (anche FIG.); ***-e accessorie*** Nebenkosten *pl.*, Nebenausgaben *pl.*; ***anticipo sulle -e*** Kostenvorschuss *m.*; ***aumento delle -e*** Kostensteigerung *f.*; ***non badare a -e*** keine Ausgaben (*o* Kosten) scheuen; ***borsa della ~*** Einkaufstasche *f.*; ***carrello della ~*** Einkaufswagen *m.*; ***conto delle -e*** Kostenrechnung *f.*; ***contributo alle -e*** Unkostenbeitrag *m.*; ***copertura delle -e*** Kostendeckung *f.*; ***dedotte le -e*** nach Abzug der Kosten; ***-e doganali*** Zollgebühren *pl.*; ***-e d'esercizio*** Geschäftskosten *pl.*, Betriebskosten *pl.*; ***-e extra*** Extraausgaben *pl.*; ***fare la ~*** ein‿kaufen; FIG. ***fare le -e di qcs.*** die Folgen von etw. tragen (müssen); ***-e d'impianto*** Einrichtungskosten *pl.*; ***lavorare per le -e*** für Kost und Logis arbeiten; ***-e legali*** Gerichtskosten *pl.*; ***-e di manutenzione*** Wartungskosten *pl.*, Unterhaltungskosten *pl.*; ***partecipazione alle -e*** Kostenbeteiligung *f.*; ***fare -e pazze*** Wahnsinnsgeld aus‿geben; ***-e di personale*** Personalkosten *pl.*; ***piano di ~*** Kostenplan *m.*; ***-e processuali*** Prozesskosten *pl.*, Verfahrenskosten *pl.*; ***imparare qcs. a proprie -e*** etw. am eigenen Leib erfahren; ***~ pubblica*** öffentliche Ausgaben (*o* Staatsausgaben *pl.*); ***quota di ~*** Kostenanteil *m.*; ***-e di rappresentanza*** Repräsentationsgelder *pl.*; ***rete per la ~*** Einkaufsnetz *n.*; ***riduzione delle -e*** Kostensenkung *f.*; ***rimborso -e*** Kostenerstattung *f.*, Erstattung *f.* der Unkosten; ***senza ~*** kostenfrei; ***soggetto a -e*** kostenpflichtig; ***-e di spedizione*** Versandkosten *pl.*, Speditionskosten *pl.*; ***stare nelle -e*** die Kosten nicht überschreiten; ***-e supplementari*** Mehrkosten *pl.*, zusätzliche Kosten; ***-e di trasporto*** Transportkosten *pl.*; ***valere la ~*** sein Geld wert sein; ***-e di viaggio*** Reisekosten *pl.*; ***-e vive*** Selbstkosten *pl.*

spe|sa|re tr. ***~ qcn.*** jdm die Spesen bezahlen, jds Spesen übernehmen. **spe|sa|to** p.pass. agg. **1** → **spesare 2** ***~ da qcn.*** auf jds Kosten: ***un viaggio ~ dall'azienda*** eine Reise auf Kosten der Firma ◆ ***essere ~ di tutto*** sämtliche Spesen gezahlt bekommen. **spe|so** → **spendere.**

spes|si|me|tro m. Dickenmesser *m.*

spes|so I agg. **1** dick: ***vetro ~*** dickes Glas; ***una lamiera -a 3 mm*** ein 3 mm dickes Blech **2** *(denso)* dickflüssig, dick: ***una salsa -a*** eine dicke Sauce **3** *(fitto)* dicht: ***capelli -i*** dichtes Haar; ***un bosco molto ~*** ein sehr dichter Wald **II** avv. oft, häufig: ***essere ~ all'estero*** oft im Ausland sein; ***si vedono ~*** sie sehen sich häufig; ***il più ~ possibile*** so oft wie möglich; ***molto ~*** sehr häufig, sehr oft ◆ ***altrettanto ~*** ebenso häufig (*o* ebenso oft); ***meno ~ di prima*** seltener als vorher; ***più ~*** häufiger (*o* öfter); ***troppo ~*** zu oft (*o* allzu oft); ***~ e volentieri*** sehr oft; ***-e volte*** viele Male (*o* oft).

spes|so|re m. **1** Dicke *f.*, Stärke *f.*: ***lo ~ di un muro*** die Dicke einer Mauer; ***2 cm di ~*** eine Dicke von 2 cm **2** FIG. *(rilievo)* Substanz *f.*: ***un testo di notevole ~*** ein Roman von beträchtlicher Substanz **3** TECN. Zwischenlage *f.*, Zwischenstück *n.*

Spett. ⇒ *spettabile* sehr geehrt.

spet|ta|bi|le agg. sehr geehrt ◆ ***~ ditta...*** *(sulla busta)* (an) Firma...; *(nelle lettere)* sehr geehrte Damen und Herren.

spet|ta|co|la|re agg. **1** spektakulär, Aufsehen erregend: ***un evento ~*** ein spektakuläres Ereignis **2** *(grandioso)* großartig, grandios: ***festa ~*** großartiges Fest ◆ ***film ~*** Ausstattungsfilm *m.* **spet|ta|co|la|ri|tà** f. **1** spektakulärer Charakter *m.* **2** *(grandiosità)* Großartigkeit *f.*, Grandiosität *f.*

spet|ta|co|la|riz|za|re I tr. ***~ qcs.*** ein Spektakel aus etw. machen **II** pronom. **spettacolarizzarsi** zum Spektakel werden: ***la politica si va spettacolarizzando*** die Politik wird immer mehr zum Spektakel. **spet|ta|co|la|riz|za|zio|ne** f. Verwandlung *f.* in ein Spektakel.

spet|ta|co|lo m. **1** Vorstellung *f.*, Aufführung *f.*: ***lo ~ delle otto*** die Achtuhrvorstellung: ***assistere a uno ~*** einer Aufführung bei‿wohnen, eine Aufführung sehen **2** *(vista)* Schauspiel *n.*, Anblick *m.*: ***lo ~ delle cascate del Niagara*** der Anblick der Niagarafälle; ***ci si presentò uno ~ orribile*** ein schrecklicher Anblick bot sich uns; ***il tramonto fu uno ~ sublime*** der Sonnenuntergang war ein erhabenes Schauspiel ◆ ***~ in abbonamento*** Abonnement(s)-vorstellung *f.*; ***~ per bambini*** Kindervorstellung *f.*; ***~ di beneficenza*** Wohltätigkeitsveranstaltung *f.*; TEATR. CINEM. ***~ di cassetta*** Kassenschlager *m.*; ***che (magnifico) ~!*** was für ein (herrlicher) Blick! ***~ cinematografico*** Kinovorstellung *f.*; ***dare ~*** Aufsehen erregen, COLLOQ. Theater machen, eine Schau ab‿ziehen; ***dare ~ di sé*** die Aufmerksamkeit auf sich lenken; ***~ di gala*** Galavorstellung *f.*; ***~ gratuito*** Gratisvorstellung *f.*; ***industria dello ~*** Schaugeschäft *n.*; ***~ di marionette*** Marionettenspiel *n.*; ***mondo dello ~*** Showbusiness *n.*; ***~ naturale*** Naturschauspiel *n.*; ***~ pirotecnico*** Feuerwerk *n.*; ***~ per ragazzi*** Jugendvorstellung *f.*; ***~ serale*** Abendvorstellung *f.*; ***~ teatrale*** Theateraufführung *f.*; CINEM. ***ultimo ~*** Spätvorstellung *f.*; ***~ di varietà*** Varieté *n.* (*o* Varietévorstellung *f.*).

spet|ta|co|lo|so agg. großartig, Aufsehen erregend: ***una festa -a*** ein großartiges Fest.

spet|tan|te agg. gebührend: ***retribuzione ~*** gebührender Lohn.

spet|tan|za f. **1** Kompetenz *f.*, Zuständigkeit *f.*, Aufgabenbereich *m.*: ***non è di nostra ~*** das fällt nicht in unsere Zuständigkeit **2** *(somma)* zustehender (*o* schuldiger) Betrag *m.*, Gebühr *f.*: ***liquidare le -e a qcn.*** jdm den schuldigen Betrag aus‿zahlen; ***il calcolo delle -e*** die Berechnung der zustehenden Beträge.

spet|ta|re intr. (aus. *essere*) **1** *(essere compito di)* ***~ a qcn.*** jds Aufgabe (*o* Sache) sein: ***l'educazione dei figli spetta ai genitori*** die Erziehung der Kinder ist Aufgabe der Eltern; ***questo lavoro oggi spetta a me*** diese Arbeit ist heute meine Aufgabe **2** *(competere)* zu‿stehen: ***la decisione spetta a lui*** diese Entscheidung steht ihm zu; ***non spetta a me dirlo*** es steht mir nicht zu (*o* es ist nicht meine Sache), das zu sagen; ***questo denaro mi spetta*** dieses Geld steht mir zu.

spet|ta|to|re m. **1** Zuschauer *m.* **2** *(presente)* Beiwohner *m.*, Zuschauer *m.*: ***uno ~ involontario*** ein unfreiwilliger Zuschauer; ***essere ~ di qcs.*** einer Sache bei‿wohnen **3** *(testimone)* Zeuge *m.*: ***l'incidente non ebbe -i*** bei dem Unfall gab es keine Zeugen ◆ ***~ televisivo*** Fernsehzuschauer *m.*; ***partecipare come semplice ~*** nur passiver Teilnehmer sein.

spet|te|go|la|re intr. *(spettegolo*; aus. *avere)* klatschen, tratschen: ***~ su qcn., qcs.*** über jdn, etw. klatschen (*o* tratschen); ***~ su tutto e su tutti*** über alles und alle klatschen.

spet|ti|na|re *(spettino)* **I** tr. zerzausen: ***il vento gli ha spettinato i capelli*** der Wind hat ihm das Haar zerzaust **II** pronom. **spettinarsi** sich (D) die Haare zerzausen; ***con questo vento si è tutto spettinato*** dieser Wind hat seine Haare völlig zerzaust. **spet|ti|na|to** p.pass. agg. **1** → **spettinare** **2** zerzaust, ungekämmt: ***essere tutto ~*** ganz zerzaust aus‿sehen; ***capelli -i*** ungekämmtes Haar.

spet|tra|le agg. **1** gespensterhaft, geisterhaft, gespenstisch: ***apparizione ~*** gespensterhafte Erscheinung; ***pallore ~*** gespenstische Bleiche; ***luce ~*** gespenstisches Licht **2** FIS. Spektral-: ***analisi ~*** Spektralanalyse *f.* ◆ ***figura ~*** Spukgestalt *f.*

spet|tro m. **1a** Gespenst *n.*: ***avere paura degli -i*** Angst vor Gespenstern haben; ***sembrare uno ~*** wie ein Gespenst aus‿sehen **b** FIG. Schreckgespenst *n.*: ***lo ~ della fame*** das Schreckgespenst des Hungers **2** FIS. CHIM. Spektrum *n.* (anche FIG.): ***l'ampio ~ della musica moderna*** das breite Spektrum der modernen Musik ◆ ***~ acustico*** Klangspektrum *n.*; ***apparizione di -i*** Spuk *m.* (*o* Geistererscheinung *f.*); ***~ d'assorbimento*** Absorptionsspektrum *n.*; ***~ d'azione*** Wirkungsbereich *m.*; ***classe di ~*** Spektralklasse *f.*; ***colori dello ~*** Spektralfarben *pl.*; ***~ di diffrazione*** Beugungsspektrum *n.*; ***~ magnetico*** Kraftlinienspektrum *n.*; ***~ di raggi X*** Röntgenspektrum *n.*; ***~ a righe*** Linienspektrum *n.*; ***~ solare*** Sonnenspektrum *n.*

spet|tro|gra|fi|a f. Spektrographie *f.* **spet|tro|gra|fi|co** agg. *(-ci, -che)* spektrographisch. **spet|tro|gra|fo** m. Spektrograph *m.* ◆ ***~ di massa*** Massenspektrograph *m.*

spet|tro|me|tri|a f. Spektrometrie *f.* **spet|tro|me|tro** m. Spektrometer *n.*

spet|tro|sco|pi|a f. Spektroskopie *f.* **spet|tro|sco|pi|co** agg. *(-ci, -che)* spektroskopisch: ***esame ~*** spektroskopische Untersuchung. **spet|tro|sco|pio** m. *(-pi)* Spektroskop *n.*

spe|zia f. Gewürz *n.*: ***una ~ piccante*** ein scharfes Gewürz ◆ ***aggiungere -e a qcs.*** etw. nach‿würzen; ***condire, insaporire con le -e*** würzen; ***misto di ~*** Gewürzmischung *f.* **spe|zia|le** m. ANT. **1** Drogist *m.* **2** *(farmacista)* Apotheker *m.* **spe|zie|ri|a** f. ANT. **1** Drogerie *f.* **2** *(farmacia)* Apotheke *f.*

spez|za|re **I** tr. **1** brechen (anche FIG.): ***~ il pane*** das Brot brechen; ***~ un braccio a qcn.*** jdm einen Arm brechen; ***~ la resistenza di qcn.*** jds Widerstand brechen **2** *(staccare)* ab‿brechen: ***~ un ramo*** einen Ast abbrechen **3** *(frantumare)* zerbrechen **4** *(con violenza)* sprengen: ***~ le catene*** die Ketten sprengen **5** *(interrompere)* unterbrechen: ***~ il pomeriggio con un tè*** den Nachmittag mit einer Teepause unterbrechen **II** pronom. **spezzarsi** **1** sich brechen: ***-rsi un braccio*** sich (D) einen Arm brechen **2** *(staccarsi)* ab‿brechen: ***il ramo si è spezzato sotto il peso dei frutti*** der Ast ist unter der Last der Früchte abgebrochen **3** *(frantumarsi)* zerbrechen ◆ ***~ un circolo vizioso*** einen Teufelskreis durchbrechen; ***~ il cuore a qcn.*** jdm das Herz brechen; ***mi si spezza il cuore*** mir bricht das Herz; ***~ qcs. con i denti*** etw. (mit den Zähnen) durch‿beißen, ab‿reißen; ***-rsi in due per qcn.*** sich für jdn auf‿opfern; ***~ un filo*** einen Faden ab‿reißen; ***~ una lancia in favore di qcn.*** für jdn eine Lanze brechen; LING. ***~ un periodo*** einen Satz auf‿spalten; ***-rsi, ma non piegarsi*** = um keinen Preis nach‿geben.

spez|za|ti|no m. INTRAD. (gulaschähnliches Fleischgericht).

spez|za|to **I** p.pass. agg. **1** → **spezzare** **2** gebrochen **3** *(staccato)* abgebrochen **4** *(frantumato)* zerbrochen **5** *(interrotto)* unterbrochen: ***orario di lavoro ~*** (durch die Mittagspause) unterbrochene Arbeitszeit; GEOM. ***linea -a*** unterbrochene Linie **II** m. Kombination *f.*

spez|zet|ta|men|to m. Zerstück(e)lung *f.* **spez|zet|ta|re** tr. **1** zerstückeln: ***~ il pane*** das Brot zerstückeln **2** FIG. unterbrechen: ***~ un discorso*** eine Rede durch Pausen unterbrechen. **spez|zet|ta|tu|ra** f. **1** Zerstück(e)lung *f.* **2** FIG. Unterbrechung *f.*

spez|zo|ne m. **1** Teil *m.*, Stück *n.*, Bruchstück *n.* **2** *(di film)* Filmausschnitt *m.* **3** MIL. Splitterbombe *f.* ◆ ***~ incendiario*** Brandbombe *f.*

S.P.G.M. ⇒ *Sue Proprie Gentili Mani* zu Händen (z. H.).

spi|a **I** f. **1** *(agente segreto)* Spion *m.*, *(donna)* Spionin *f.*: ***scoprire una ~*** einen Spion enttarnen; ***fare la ~*** spionieren **2a** *(informatore)* Spitzel *m.*: ***una ~ della polizia*** ein Polizeispitzel **b** *(fra bambini)* Petze *f.* **3** TECN. Anzeigelampe *f.*, Kontrollleuchte *f.*, Anzeiger *m.* **4** FIG. Anzeichen *n.*, Indikator *m.*, Hinweis *m.* **II** agg.inv. **1** Spionage-: ***satellite ~*** Spionagesatellit *m.* **2** TECN. Anzeige-, Kontroll-: ***lampada ~*** Kontrolllampe *f.* ◆ ***~ dell'acqua*** Kühlwasseranzeiger *m.*; ***~ della batteria*** Ladestromkontrolllampe *f.*; ***~ della benzina*** Benzinanzeiger *m.*; ***fare la ~ a qcn.*** GERG. jdn verpetzen (*o* verpfeifen); ***~ di guerra*** Kriegsspion *m.*; ***~ luminosa*** Kontrolllampe *f.*, Kontrollleuchte *f.*; ***~ dell'olio*** Ölstandanzeiger *m.*; ***satellite ~*** Spähsatellit *m.*

spiac|ci|ca|re *(spiaccico, spiaccichi)* **I** tr. zerquetschen: ***~ un insetto contro il vetro*** ein Insekt an der Fensterscheibe zerquetschen **II** pronom. **spiaccicarsi** zerquetscht werden.

spia|cen|te agg. ***essere ~ di qcs.*** etw. bedauern: ***sono ~ di non poter venire*** ich bedaure, nicht kommen zu können; ***~, non ho tempo*** ich bedaure (*o* es tut mir Leid), aber ich habe keine Zeit; ***sono molto ~*** ich bedaure es sehr, es tut mir sehr Leid.

spia|ce|re intr. *(spiaccio, spiaci, spiacqui, spiaciuto*; aus. *essere)* **1** ***a qcn. spiace qcs.*** etw. tut jdm Leid, jd bedauert etw.: ***mi spiace di non poter venire*** ich bedaure, nicht kommen zu können; ***ci spiace molto di doverLa informare che...*** wir bedauern sehr, Ihnen mitteilen zu müssen, dass... **2** impers. *(essere doloroso)* bedauerlich sein, betrüblich sein: ***spiace dover constatare tanta indifferenza*** es ist bedauerlich, so viel Gleichgültigkeit feststellen zu müssen **3** *(in formule di cortesia)* ***Le spiace se mi siedo?*** haben Sie etwas dagegen, wenn ich mich setze? ***ti spiace se apro la finestra?*** macht es dir etwas aus (*o* hast du etwas dagegen), wenn ich das Fenster aufmache? **II** pronom. **spiacersi** bedauern: ***qcn. si spiace di qcs.*** jd bedauert etw., etw. tut jdm Leid.

spia|ce|vo|le agg. **1** unerfreulich: ***una ~ sorpresa*** eine unerfreuliche Überraschung **2** *(sgradevole)* unangenehm, unbehaglich: ***una sensazione ~*** eine unangenehme Empfindung; ***un sentimento ~*** ein unbehagliches Gefühl **3** *(increscioso)* bedauerlich: ***uno ~ equivoco*** ein bedauerliches Missverständnis. **spia|ce|vo|lez|za** f. Unerfreulichkeit *f.* **spia|ce|vol|men|te** avv. unangenehm: ***essere colpito ~ da qcs.*** von etw. unangenehm berührt sein.

spiag|gia f. *(-ge)* Strand *m.*: ***~ affollata, tranquilla*** überfüllter, ruhiger Strand; ***~ ghiaiosa, sabbiosa*** Kies-, Sandstrand *m.*; ***~ libera*** öffentlicher Strand; ***andare in ~*** an den Strand gehen; ***starsene in ~, essere in, sulla ~*** am Strand sein ◆ ***lettura da ~*** Strandlektüre *f.*; ***~ marina*** Meeresstrand *m.*; ***~ nudista*** Nacktbadestrand *m.*; SCHERZ. ***tipo da ~*** komischer Kauz; FIG. ***ultima ~*** letzte Hoffnung; ***vestito da ~*** Strandkleid *n.*; ***vita di, da ~*** Strandleben *n.*

spia|na|men|to m. **1a** Ebnung *f.*, Einebnung *f.*, Planierung *f.* **b** *(di colline)* Abtragung *f.* **2** *(il lisciare)* Glättung *f.* **3** MECC. Abrichten *n.*, Planen *n.*

spia|na|re I tr. **1a** ebnen: ~ ***il terreno*** das Gelände ebnen **b** *(colline)* ab_tragen **2** *(rendere liscio)* glätten: ~ ***la fronte*** die Stirn glätten **3** *(stirare)* aus_bügeln, bügeln: ~ ***le cuciture di un vestito*** die Nähte eines Kleides ausbügeln **4** ESTENS.*(radere al suolo)* dem Erdboden gleich_machen: ~ ***una città*** eine Stadt dem Erdboden gleichmachen **5** FIG. beseitigen, aus dem Weg räumen: ~ ***una difficoltà*** eine Schwierigkeit beseitigen **6** *(puntare)* richten: ~ ***il fucile, il mitra contro qcn.*** das Gewehr, die Maschinenpistole auf jdn richten **7** MECC. planen, ab_richten **II** pronom. **spianarsi** glatt werden, sich glätten ◆ ***martello per*** ~ Plätthammer *m.*; ~ ***qcs. col martello*** etw. platt hämmern; ~ ***la pasta*** den Teig aus_rollen; ~ ***la strada a qcn.*** → ~ ***la via a qcn.***; ***tornio per*** ~ Plandrehbank *f.*; ~ ***la via a qcn.*** jdm den Weg ebnen (*o* die Steine aus dem Weg räumen).

spia|na|ta f. **1** Ebnung *f.*, Einebnung *f.* **2a** *(spiazzo)* ebene Fläche *f.* **b** *(davanti a edifici)* Esplanade *f.* ◆ ***dare una ~ alla pasta*** den Teig aus_rollen.

spia|na|to p.pass. agg. **1** → **spianare 2** flach ◆ ***ha la strada -a verso il successo*** seinem Erfolg steht nichts mehr im Wege; ***tenere il fucile*** ~ das Gewehr im Anschlag halten.

spia|na|to|ia f. Nudelbrett *n.*, Backbrett *n.* **spia|na|to|io** m. *(-oi)* Teigrolle *f.*, Teigroller *m.*, Nudelholz *n.*

spia|na|tu|ra f. **1a** Ebnung *f.*, Einebnung *f.* **b** *(di colline)* Abtragung *f.* **2** *(il lisciare)* Glättung *f.* **3** MECC. Planung *f.*, Abrichtung *f.*

spia|no, ***andare, lavorare a tutto*** ~ mit Karacho fahren, mit Volldampf arbeiten; ***mangiare a tutto*** ~ tüchtig essen; ***correre a tutto*** ~ rennen, so schnell man kann.

spian|ta|re tr. **1** aus_reißen: ~ ***un albero*** einen Baum ausreißen **2** FIG. ruinieren: ~ ***la famiglia*** die Familie ruinieren.

spian|ta|to I p.pass. agg. **1** → **spiantare 2** *(in miseria)* ruiniert **II** m. Habenichts *m.*

spia|re tr. **1** aus_spionieren: ~ ***il nemico*** den Feind ausspionieren; ~ ***le mosse di qcn.*** jds Vorgehen ausspionieren; ~ ***le intenzioni di qcn.*** jds Absichten ausspionieren **2** *(pedinare)* bespitzeln: ***lo hanno fatto*** ~ sie haben ihn bespitzeln lassen **3a** *(guardare)* beobachten, COLLOQ. gucken: ~ ***qcn. dal buco della serratura*** jdn durch das Schlüsselloch beobachten **b** *(origliare)* belauschen **4** *(aspettare)* ~ ***qcs.*** auf etw. (A) lauern: ~ ***l'occasione*** auf die Gelegenheit lauern.

spia|ta f. *(denuncia)* Anzeige *f.*, GERG. Verpfeifen *n.* ◆ ***fare una ~ su qcn.*** jdn verpfeifen.

spiat|tel|la|re tr. **1** aus_plaudern, aus_posaunen: ~ ***i fatti altrui*** fremde Angelegenheiten ausplaudern **2** COLLOQ. *(mostrare)* unter die Nase halten: ~ ***qcs. sotto il naso di qcn.*** jdm etw. unter die Nase halten.

spiaz|za|men|to m. **1** Täuschung *f.* **2** FIG. Verwirrung *f.*, Desorientierung *f.* **spiaz|za|re** tr. **1** SPORT täuschen: ~ ***il portiere avversario*** den gegnerischen Torwart täuschen **2** FIG. in Schwierigkeiten bringen, verwirren: ~ ***qcn. con una domanda imprevista*** jdn mit einer unerwarteten Frage in Schwierigkeiten bringen. **spiaz|za|to** p.pass. agg. → **spiazzare** ◆ ***trovarsi*** ~ sich in einer unangenehmen Lage befinden.

spiaz|zo m. **1** freier Platz *m.* **2** *(radura)* Lichtung *f.*: ***uno ~ in mezzo al bosco*** eine Lichtung im Wald, eine Waldlichtung ◆ ~ ***erboso*** Rasenfläche *f.*

spic|ca|re *(spicco, spicchi)* **I** tr. **1** pflücken: ~ ***una mela dal ramo*** einen Apfel vom Ast pflücken **2a** *(emettere)* aus_stellen: ~ ***un assegno, una fattura*** einen Scheck, eine Rechnung ausstellen **b** DIR. erlassen: ~ ***un mandato di cattura*** einen Haftbefehl erlassen **c** COMM. ziehen: ~ ***una cambiale su qcn.*** einen Wechsel auf jdn ziehen **II** intr. (aus. *avere*) **1** *(risaltare)* auf_fallen, hervor_stechen, sich ab_heben: ***il rosso spicca*** das Rot sticht hervor; ***il quadro spiccava sulla parete vuota*** das Bild hob sich von der leeren Wand ab **2** *(emergere)* hervor_ragen: ***spiccava per la sua intelligenza*** er ragte durch seine Intelligenz hervor ◆ ~ ***il bollore*** auf_kochen; ~ ***le parole*** die Worte deutlich aus_sprechen; ~ ***il salto*** zum Sprung an_setzen; ~ ***il volo*** auf_fliegen (*o* ab_heben); FIG. sich verziehen.

spic|ca|ta|men|te avv. **1** *(chiaramente)* deutlich: ***le figure risaltavano*** ~ die Figuren hoben sich deutlich ab **2** *(in modo marcato, notevole)* ausgeprägt, ausgesprochen: ***un accento ~ straniero*** ein ausgeprägt ausländischer Akzent. **spic|ca|to** p.pass. agg. **1** → **spiccare 2** *(che risalta)* deutlich: ***una figura dai contorni -i*** eine Figur mit deutlichen Umrissen **3** *(notevole, marcato)* ausgeprägt: ***un'intelligenza -a*** eine ausgeprägte Intelligenz; ***uno ~ accento straniero*** ein ausgeprägter ausländischer Akzent.

spic|chio m. *(-chi)* **1** Scheibe *f.*, Schnitz *m.*; *(pezzo)* Stück *n.*: ***uno ~ di torta, di formaggio, di pera*** ein Stück Kuchen, Käse, ein Schnitz Birne; ~ ***d'arancia*** Orangenschnitz *m.*; ***tagliare una mela a -chi*** einen Apfel in kleine Stücke schneiden, vierteln **2** ARCH. Spandrille *f.*, Zwickel *m.* ◆ ***a -chi*** schnitzweise; ~ ***d'aglio*** Knoblauchzehe *f.*; ~ ***di luna*** Mondsichel *f.*; ~ ***sferico*** Kugelsegment *n.*

spic|cia|re *(spiccio, spicci)* COLLOQ. **I** tr. **1** erledigen: ~ ***le faccende di casa*** die Hausarbeit erledigen **2** *(accontentare)* ab_fertigen: ~ ***un cliente*** einen Kunden abfertigen **3** REGION. *(riordinare)* auf_räumen **II** pronom. **spicciarsi** sich beeilen, schnell machen: ***-rsi a fare qcs.*** sich beeilen, etw. zu tun; ***spicciati!*** mach schnell! mach mal ein bisschen flott!

spic|cia|ti|vo agg. **1** *(di persona)* kurz angebunden **2** *(di metodi)* schnell, rasch **3** *(di lavoro)* rasch erledigt.

spic|ci|ca|re *(spiccico, spiccichi)* **I** tr. **1** *(staccare)* ab_lösen: ~ ***un francobollo*** eine Briefmarke ablösen **2a** *(separare)* voneinander trennen, auseinander bringen: ~ ***i fogli*** die (einzelnen) Blätter voneinander trennen **b** FIG. ***quando si incontrano non si riesce più a spiccicarli*** wenn sie zusammen sind, sind sie nicht mehr voneinander zu trennen **II** pronom. **spiccicarsi 1** sich ab_lösen, ab_gehen: ***si è spiccicato il francobollo*** die Briefmarke hat sich abgelöst **2** *(dividersi)* sich trennen, voneinander los_kommen **3** *(liberarsi)* los_werden, sich vom Leib halten: ***non riesco a spiccicarmelo di torno*** ich weiß nicht, wie ich ihn los werden kann (*o* wie ich ihn mir vom Leib halten kann) ◆ ***non ~ (una) parola*** kein Wort heraus_bringen; ***non ~ una parola di russo*** kein Wort Russisch können. **spic|ci|ca|to** p.pass. agg. **1** → **spiccicare 2** *(uguale)* genau gleich, ganz: ***è ~ suo padre, è suo padre*** ~ er ist ganz der Vater.

spic|cio **I** agg. *(-ci, -ce)* **1** eilfertig, schnell: ***metodi -ci*** eilfertige (*o* schnelle) Methoden **2** *(spicciolo)* Klein-: ***denaro*** ~ Kleingeld *n.* **II** m.pl. *(-ci)* Kleingeld *n.*: ***non avere -ci*** kein Kleingeld haben ◆ ***andare per le -ce*** es kurz machen; ***essere di modi -ci*** kurz angebunden sein.

spic|cio|la|ta, ***alla*** ~ einzeln: ***arrivare alla*** ~ einzeln an_kommen.

spic|cio|lo **I** agg. **1** Wechsel-, Klein-: ***moneta -a*** Kleingeld *n.*; ***mille lire -e*** tausend Lire in Kleingeld (*o* in Münzen) **2** FIG. einfach: ***in parole -e*** in einfachen Worten **II** m.pl. Kleingeld *n.*, Münzen *pl.*: ***hai -i*** hast du Kleingeld? ***cambiare in -i una banconota*** einen Geldschein in Kleingeld (*o* Münzen) wechseln.

spic|co m. *(-chi)* Auffälligkeit *f.* ◆ ***di*** ~ herausragend, hervorragend: ***un personaggio di*** ~ eine herausragende Persönlichkeit; ***una notizia di*** ~ eine äußerst wichtige Nachricht; ***fare*** ~ auf_fallen (*o* sich ab_heben, sich heraus_heben); ***quel colore fa*** ~ diese Farbe sticht hervor; ***faceva ~ in mezzo a tutti*** er fiel unter allen auf.

spi|der ['spaɪdə, *üblich* 'spaider] m. e f.inv. Spider *m.*, Roadster *m.*

spi|doc|chia|men|to m. Entlausung *f.* **spi|doc|chia|re** *(spidocchio, spidocchi)* **I** tr. entlausen, lausen **II** pronom. **spidocchiarsi 1** sich lausen **2** *(reciprocamente)* einander lausen, sich lausen.

spie|di|no m. Spießchen *n.*

spie|do m. **1** Spieß *m.*, Bratspieß *m.* **2** STOR. Speer *m.*, Spieß *m.* ◆ ***allo*** ~ vom Spieß, am Spieß; ***carne allo*** ~ Fleisch vom Spieß; ***cuocere un pollo allo*** ~ ein Huhn am Spieß braten.

spie|ga|bi|le agg. **1** erklärbar **2** *(comprensibile)* verständlich, erklärlich: ***un comportamento del tutto*** ~ ein vollkommen verständliches Verhalten.

spie|ga|men|to m. **1** MIL. Aufstellung *f.*: ~ ***di truppe*** Truppenaufstellung *f.* **2** *(impiego)* Aufgebot *n.*: ***un massiccio ~ di forze di polizia*** ein starkes Aufgebot von Polizeikräften (*o* Polizeiaufgebot).

spie|ga|re *(spiego, spieghi)* **I** tr. **1a** *(distendere)* aus_breiten: ~ ***un lenzuolo*** ein Betttuch ausbreiten; ~ ***le ali*** die Flügel ausbreiten **b** *(srotolare)* auseinander rollen, aus_rollen **c** *(carta geografica)* entfalten, auseinander falten (*o* aus_breiten): ~ ***la carta stradale*** die Straßenkarte auseinander falten **2a** *(far comprendere)* erklären: ~ ***una poesia, un teorema*** ein Gedicht, einen Lehrsatz erklären; ~ ***qcs. a qcn. con un esempio*** jdm etw. an einem Beispiel erklären; ***mi spiegò come fare*** er erklärte mir, wie es ging (*o* was ich tun sollte); ***questo spiega tutto*** das erklärt alles **b** *(chiarire)* erläutern **c** *(esporre)* dar_legen **d** *(interpretare)* aus_legen **e** assol. erklären, unterrichten: ***l'insegnante spiega male*** der Lehrer unterrichtet schlecht **3** *(indicare)* zeigen, weisen: ~ ***la strada a qcn.*** jdm den Weg zeigen **4** MIL. auf_stellen: ~ ***le truppe*** die Truppen in Schlachtordnung aufstellen **5** *(mostrare, manifestare)* zeigen, beweisen: ~ ***un gran coraggio*** großen Mut zeigen **II** pronom. **spiegarsi 1** sich erklären: ***questo si spiega da sé*** das erklärt sich aus sich selbst; ***mi spiego con un esempio*** ich erkläre es anhand eines Beispiels **2** *(comprendere)* ***qcn. si spiega qcs.*** jd versteht etw. (*o* jdm ist etw. klar): ***ora mi spiego perché l'hai fatto*** jetzt ist mir klar, warum du es getan hast **3** *(esprimersi)* sich aus_drücken: ***-rsi chiaramente*** sich klar ausdrücken; ***si spieghi meglio*** drücken Sie sich klarer aus 4 *(reciprocamente)* sich aus‿sprechen: **dopo mesi di incomprensioni si sono spiegati** nach monatelangen Missverständnissen haben sie sich endlich ausgesprochen 5 *(aprirsi)* sich aus‿breiten ◆ **~ la bandiera** die Flagge hissen; **~ il canto** sehr laut singen; **~ la lezione** die Lektion (*o* den Unterrichtsstoff) durch‿nehmen; **mi spiego:...** ich will sagen:...; **mi sono spiegato?** verstanden? (*o* war ich klar genug?); **non so se mi spiego!** verstehst du? (*o* verstehen Sie?); **questo si spiega da sé** das versteht sich von selbst; **~ le vele** die Segel setzen (*o* unter Segel gehen); **~ la voce** die Stimme erschallen lassen; **~ il volo** auf‿fliegen.

spie|ga|to p.pass. agg. 1 → **spiegare** 2 *(disteso)* ausgebreitet: **una tovaglia -a** ein ausgebreitetes Tischtuch 3 *(chiarito)* geklärt ◆ **bandiere -e** wehende Fahnen; **navigare a vele -e** mit vollem Wind segeln; **a voce -a** aus vollem Hals.

spie|ga|zio|ne f. 1 Erklärung *f.*, Erläuterung *f.*: **dare, chiedere, esigere una ~** eine Erklärung ab‿geben, fordern, verlangen; **chiedere ~ di qcs. a qcn.** jdm eine Erklärung über etw. ab‿verlangen; **dovere una ~ a qcn.** jdm eine Erklärung schulden; **trovare una ~ a tutto** für alles eine Erklärung finden; **non c'è ~ per quello che hai fatto** für das, was du getan hast, gibt es keine Erklärung 2 *(chiarimento)* Klärung *f.*: **la ~ di un problema** die Klärung eines Problems ◆ **avere una ~ con qcn.** eine Aussprache mit jdm haben.

spie|gaz|za|men|to m. Zerknittern *n.*, Zerknüllen *n.*

spie|gaz|za|re I tr. (zer)knittern, (zer)knüllen, COLLOQ. zerknautschen: **~ un foglio** ein Blatt Papier zerknittern; **~ un vestito** ein Kleid zerknittern **II** pronom. **spiegazzarsi** knittern, knüllen: **la stoffa si spiegazza facilmente** der Stoff knüllt (*o* knittert) leicht.

spie|gaz|za|to p.pass. agg. 1 → **spiegazzare** 2 zerknittert, zerknüllt, faltig, knittrig, COLLOQ. schrumplig.

spie|gaz|za|tu|ra f. 1 Zerknittern *n.*, Zerknüllen *n.* 2 *(piega)* Falte *f.*, Knitter *m.*

spie|ta|ta|men|te avv. erbarmungslos. **spie|ta|tez|za** f. Erbarmungslosigkeit *f.*, Unbarmherzigkeit *f.*, Herzlosigkeit *f.*

spie|ta|to agg. 1 erbarmungslos, unbarmherzig, grausam, herzlos: **un uomo ~** ein herzloser Mensch; **un delitto ~** ein grausames Verbrechen **2a** *(inesorabile)* unerbittlich: **concorrenza -a** unerbittliche Konkurrenz; **un destino ~** ein unerbittliches Schicksal; **una lotta -a per il potere** ein unerbittlicher Kampf um die Macht **b** *(accanito)* hartnäckig: **fare una corte -a a qcn.** jdm hartnäckig den Hof machen ◆ **un giudizio ~** ein vernichtendes Urteil.

spif|fe|ra|re *(spiffero)* **I** tr. aus‿plaudern, aus‿schwatzen: **~ un segreto** ein Geheimnis ausschwatzen **II** intr. (aus. *avere*) pfeifen, ziehen, blasen: **il vento spiffera dalle fessure** der Wind pfeift durch die Ritzen.

spif|fe|ro m. Luftzug *m.*, Zugluft *f.*: **lo ~ dietro la schiena mi dà fastidio** die Zugluft im Rücken stört mich; **sento uno ~ dietro alle spalle** es zieht mir an den Schultern; **dalla finestra viene uno ~** vom Fenster her zieht es.

spi|ga f. *(-ghe)* Ähre *f.* ◆ **a ~** Fischgrät(en)muster; **tessuto a ~** Stoff *m.* in Fischgrätmuster; **pavimento a ~** Boden *m.* mit Fischgrätmuster; **campo di -ghe** Ährenfeld *n.*; **~ di grano** Kornähre *f.*; **~ d'orzo** Gerstenähre *f.*

spi|ga|re intr. *(spigo, spighi;* aus. *avere, essere)* Ähren an‿setzen. **spi|ga|to I** p.pass. agg. 1 → **spigare** 2 **tessuto ~** Köper *m.* **II** m. Köper *m.* **spi|ga|tu|ra** f. Ährenschießen *n.*

spi|ghet|ta f. ABBIGL. Litze *f.*

spi|glia|ta|men|te avv. ungezwungen, unbefangen: **comportarsi ~** sich unbefangen benehmen. **spi|glia|tez|za** f. Ungezwungenheit *f.*, Unbefangenheit *f.* **spi|glia|to** agg. unbefangen, ungezwungen; **comportamento ~** ungezwungenes Benehmen; **una conversazione -a** eine ungezwungene Unterhaltung.

spi|gnat|ta|re intr. (aus. *avere*) am Herd hantieren, sich am Herd zu schaffen machen.

spi|gno|ra|men|to m. 1 Aufhebung *f.* einer Pfändung 2 *(riscatto)* Einlösung *f.* eines Pfandes. **spi|gno|ra|re** tr. 1 **~ qcs.** die Pfändung etw. (G) auf‿heben 2 *(riscattare)* ein‿lösen.

spi|go|la f. Seebarsch *m.*

spi|go|la|re tr. *(spigolo)* 1 **~ il grano** Ähren lesen 2 FIG. *(raccogliere)* sammeln, zusammen‿tragen. **spi|go|la|to|re** m. Ährenleser *m.* **spi|go|la|tu|ra** f. 1 Ährenlese *f.* 2 *(aneddoti)* Anekdotensammlung *f.*

spi|go|lo m. 1 Kante *f.*: **~ vivo, smussato** scharfe, abgerundete Kante; **urtare contro uno ~** sich an einer (*o* gegen eine) Kante stoßen; GEOM. **gli -i di un cubo** die Kanten eines Würfels 2 pl. FIG. *(asprezza)* Schroffheit *f.* ◆ **~ interno** Innenkante *f.*; **~ superiore** Oberkante *f.* **~ del tavolo** Tischkante *f.*; **tutto -i** kantig; **un viso tutto -i** ein kantiges Gesicht; FIG. **persona tutta -i** schroffer Mensch. **spi|go|lo|so** agg. 1 kantig: **volto ~** kantiges Gesicht 2 FIG. *(scontroso)* schroff, abweisend.

spil|la f. 1 Brosche *f.*, Nadel *f.*: **portare una ~ d'argento** eine silberne Nadel tragen (*o* angesteckt haben); **staccare una ~** eine Brosche ab‿nehmen; **appuntare, mettere una ~ sulla giacca** eine Brosche an die Jacke stecken 2 REGION. *(spillo)* Nadel *f.* ◆ **~ da balia** → **~ di sicurezza**; **~ di brillanti** Brillantbrosche *f.*, brillantene Brosche; **~ da cravatta** Krawattennadel *f.*; **~ di sicurezza** Sicherheitsnadel *f.*

1.spil|la|re I tr. 1 an‿zapfen, zapfen: **~ vino** Wein zapfen; **~ vino da una botte** ein Weinfass anzapfen 2 FIG. *(carpire)* ab‿knöpfen: **~ denaro a qcn.** jdm Geld abknöpfen **II** intr. (aus. *essere*) tropfen.

2.spil|la|re tr. *(unire con spillatrice)* zusammen‿heften: **~ due fogli** zwei Blätter zusammenheften.

spil|la|ti|co m. *(-ci)* Nadelgeld *n.*

spil|la|tri|ce f. Heftmaschine *f.*

spil|la|tu|ra f. Anzapfung *f.*, Anzapfen *n.*

spil|lo m. 1 Nadel *f.*: **appuntare qcs. con -i** etw. mit Nadeln an‿stecken (*o* fest‿stecken); **pungere qcn. con uno ~** jdn mit einer Nadel stechen 2 *(spilla)* Brosche *f.*, Nadel *f.* **3a** *(per botti)* Zapfenbohrer *m.* **b** *(foro)* Zapfloch *n.*, Stichloch *n.* ◆ **~ da balia** Sicherheitsnadel *f.*; **capocchia di ~** Stecknadelkopf *m.*; **cuscinetto per gli -i** Nadelkissen *n.*; **tacco a ~** Pfennigabsatz *m.* **spil|lo|ne** m. 1 *(per capelli)* Haarnadel *f.* 2 *(per cappelli)* Hutnadel *f.*

spil|luz|zi|ca|men|to m. Nascherei *f.* **spil|luz|zi|ca|re** tr. *(spilluzzico, spilluzzichi)* knabbern, naschen.

spi|lor|ce|ri|a f. Knausern *n.*, Knauserei *f.* **spi|lor|cio I** agg. *(-ci, -ce)* knauserig **II** m. *(-ci)* Knauser *m.*

spi|lun|go|ne m. Bohnenstange *f.*, (langer) Lulatsch *m.*

spi|luz|zi|ca|men|to, spi|luz|zi|ca|re → **spilluzzicamento, spilluzzicare.**

spi|na f. **1a** BOT. Dorn *m.*: **conficcarsi una ~ nel piede** sich (D) einen Dorn in den Fuß ein‿treten; **pungersi con una ~** sich an einem Dorn stechen **b** *(aculeo)* Stachel *m.*: **le -e di un cactus, di un riccio** die Stacheln eines Kaktus, eines Igels 2 *(lisca)* Fischgräte *f.*, Gräte *f.* 3 EL. Stecker *m.*: **mettere, infilare, inserire la ~** den Stecker ein‿stecken; **infilare la ~ nella presa** den Stecker in die Dose stecken; **togliere, staccare la ~** den Stecker heraus‿ziehen 4 *(della botte)* Zapfhahn *m.* 5 *(fitta)* Stich *m.*: **sentirsi una ~ al petto** einen Stich in der Brust verspüren ◆ **alla ~** vom Fass; **birra alla ~** Bier vom Fass (*o* Fassbier *n.*); **corona di -e** Dornenkrone *f.*; **ha una ~ nel cuore** ihm dreht sich das Herz im Leib(e) herum; **~ doppia** Doppelstecker *m.*; ANAT. **~ dorsale** Rückgrat *n.*: FIG. **non avere ~ dorsale** kein Rückgrat haben; **una ~ nel fianco** ein Stachel im Fleisch; **~ di pesce** Fischgräte *f.*; **a ~ di pesce** in Fischgrät(en)muster; **~ di raccordo** Verbindungsstecker *m.*; **essere, stare sulle -e** wie auf Nadeln (*o* auf glühenden Kohlen) sitzen; **uva ~** Stachelbeere *f.*; PROV. **non c'è rosa senza -e** keine Rose ohne Dornen.

spi|na|cio m. *(-ci)* Spinat *m.*

spi|na|le agg. spinal, Spinal-, Rückenmark-: **lesione ~** Rückenmarkverletzung *f.*; **paralisi ~** Spinalparalyse *f.* ◆ **midollo ~** Rückenmark *n.*

spi|na|re tr. entgräten: **~ un pesce** einen Fisch entgräten.

spi|na|rel|lo m. Stichling *m.*

spi|na|ro|lo m. Dornhai *m.*

spi|na|to agg. **filo ~** Stacheldraht *m.*

1.spi|nel|lo m. Joint *m.*: **preparare, fumare uno ~** einen Joint bauen, rauchen; **rollarsi, farsi uno ~** sich (D) einen Joint drehen.

2.spi|nel|lo m. MINER. Spinell *m.*

spi|ne|to m. Dorngestrüpp *n.*

spi|net|ta f. Spinett *n.*

spin|gar|da f. 1 Entenflinte *f.* 2 MIL. ANT. Steinschleuder *m.*

spin|ge|re *(spingo, spingi; spinsi; spinto)* **I** tr. 1 schieben: **~ un tavolo contro la parete** einen Tisch an die Wand schieben; **~ una macchina** ein Auto schieben 2 *(con forza)* stoßen: **~ la barca in acqua** das Boot ins Wasser stoßen; **è stato spinto dentro** er wurde hineingestoßen; **~ qcn. da una parte** jdn auf die Seite stoßen 3 *(premere)* drücken: **~ il bottone** den Knopf drücken **4a** *(portare)* treiben, bringen: **il vento spinse la nave contro gli scogli** der Wind trieb das Schiff gegen die Klippen; **~ il motore al massimo** den Motor auf Hochtouren bringen **b** FIG. *(indurre)* **~ qcn. al suicidio, alla disperazione** jdn zum Selbstmord, zur Verzweiflung treiben; **~ qcn. a fare qcs.** jdn dazu bringen, etw. zu tun **II** intr. (aus. *avere*) 1 drücken: **la folla spinge contro le transenne** die Menge drückt gegen die Absperrung 2 *(dare spinte)* dränge(l)n: **non spingete!** nicht drängeln! **III** pronom. **spingersi** 1 vor‿dringen: **-rsi in una direzione** in eine Richtung vordringen; **-rsi fino al polo Sud** bis zum Südpol vordringen 2 FIG. *(arrivare)* gehen: **-rsi fino a sostenere che...** so weit gehen zu behaupten, dass...; **-rsi (fino) a ne**

gare l'evidenza so weit gehen, die Tatsache zu leugnen; ***non credevo che si sarebbe spinto a tanto*** ich hätte nicht gedacht, dass er so weit gehen würde ◆ ~ ***sull'acceleratore*** aufs Gas steigen; ~ ***avanti*** vorwärts schieben; ~ ***dentro*** hinein‿schieben; ~ ***fuori*** hinaus‿schieben; ~ ***giù*** hinunter‿schieben; ~ ***indietro*** zurück‿schieben; ~ ***sui pedali*** in die Pedale treten; ~ ***lo sguardo lontano*** den Blick in die Ferne richten; ~ ***su*** hinauf‿schieben.

spin|na|ker ['spɪnəkə] m.inv. Spinnaker *m.*

spi|no I m. **1** Dornbusch *m.* **2** REGION. *(spina)* Dorn *m.* **II** agg. stachelig, Dorn-, Stachel- ◆ ***uva -a*** Stachelbeere *f.*; ***porco*** ~ Stachelschwein *n.*; *(riccio)* Igel *m.*

spi|no|ne m. Bracke *m.*

spi|no|so agg. **1a** dornig, Dorn-, Dornen-: ***ramo, arbusto*** ~ dorniger Zweig, Dornbusch *m.*; ***siepe -a*** Dornenhecke *f.* **b** *(con aculei)* stachelig: ***un cactus*** ~ ein stacheliger Kaktus **2** FIG. *(difficile)* heikel, schwierig: ***una questione -a*** eine heikle Frage **3** *(scontroso)* schwierig, widerborstig: ***carattere*** ~ widerborstiger Charakter ◆ ***quercia -a*** Kermeseiche *f.*, Scharlacheiche *f.*

spi|not|to m. **1** Bolzen *m.* **2** EL. Steckerstift *m.* ◆ ~ ***del pistone*** Kolbenbolzen *m.*

spi|no|zia|no agg. spinozistisch. **spi|no|zi|smo** m. Spinozismus *m.*

spin|ta f. **1** Schub *m.*; *(violenta)* Stoß *m.*: ***ricevere una ~ verso l'alto, il basso*** einen Stoß nach oben, nach unten versetzt bekommen; ***la ~ lo fece cadere*** der Stoß brachte ihn zu Fall **2** FIS. Schub *m.*, Vortrieb *m.*: ***una ~ di 600 tonnellate*** ein Schub von 600 Tonnen; ***la ~ di un missile*** der Schub einer Rakete **3a** FIG. *(impulso)* Anreiz *m.*, Ansporn *m.*: ~ ***psicologica*** psychologischer Anreiz; ***questo successo è una ~ a proseguire*** dieser Erfolg ist ein Ansporn, um weiterzumachen **b** *(costrizione, pressione)* Druck *m.* **4** *(raccomandazione)* Beziehungen *pl.*, Protektion *f.*: ***andare avanti a -e*** = durch Beziehungen Karriere machen ◆ ***a -e*** schubsend; ***farsi largo a -e*** sich durch‿drängeln; ~ ***aerostatica*** Auftrieb *m.*; ~ ***di Archimede*** statischer Auftrieb; ~ ***assiale*** Achsenlängsschub *m.*; ***dare una ~ a qcn.*** jdn an‿schieben; *(urtare)* jdn stoßen; FIG. *(aiutare)* jdm helfen; ~ ***idrostatica*** Auftrieb *m.*; ~ ***laterale*** Seitendruck *m.*; AUT. ***partire a ~*** mit Anschieben an‿springen; ***potenza di*** ~ Schubleistung *f.*

spin|ta|rel|la f. **1** Schubs *m.*: ***dare una ~ a qcn.*** jdm einen Schubs geben (*o* jdn schubsen) **2** FIG. *(raccomandazione)* Beziehungen *pl.*: ***ottenere un posto grazie a una*** ~ dank (seiner) Beziehungen eine Stelle bekommen.

spin|te|ro|ge|no m. Zündverteiler *m.*, Verteiler *m.* ◆ ***calotta dello*** ~ Verteilerkappe *f.*

spin|te|ro|me|tro m. Funkenstrecke *f.*

spin|to p.pass. agg. **1** → **spingere 2** *(portato, indotto)* getrieben, veranlasst: ***sentirsi ~ a fare qcs.*** sich veranlasst fühlen, etw. zu tun; *(mosso)* ~ ***dall'ambizione*** vom Ehrgeiz getrieben; ***fare qcs. ~ dalla curiosità, disperazione*** etw. von der Neugier, Verzweiflung getrieben (*o* aus Neugier, Verzweiflung) tun **3** *(licenzioso)* anstößig, schmutzig: ***barzelletta -a*** schmutziger Witz **4** *(esagerato)* übertrieben: ***velocità -a*** übertriebene Geschwindigkeit **5** *(estremistico)* extremistisch: ***idee -e*** extremistische Ideen **6** TECN. forciert, auf Hochtouren gebracht: ***motore*** ~ forcierter (*o* auf Hochtouren gebrachter) Motor ◆ ***sottovuoto*** ~ vakuumverpackt.

spin|to|na|re tr. stoßen, schubsen.

spin|to|ne m. **1** Stoß *m.*; ***dare uno ~ a qcn.*** jdn stoßen **2** FIG. *(raccomandazione)* Beziehungen *pl.* ◆ ***farsi avanti a -i*** sich vor‿drängeln; ***essere promosso a forza di -i*** mit Ach und Krach das Examen schaffen.

spio|nag|gio m. *(-gi)* Spionage *f.*: ***praticare lo*** ~ Spionage treiben; ***essere sospettato di*** ~ unter Spionageverdacht stehen ◆ ***caso di*** ~ Spionageaffäre *f.*, Spionagefall *m.*; ~ ***economico*** Wirtschaftsspionage *f.*; ***film di*** ~ Spionagefilm *m.*; ~ ***industriale*** Industriespionage *f.*

spion|ci|no m. Guckloch *n.*, Spion *m.*: ***guardare attraverso lo*** ~ durch den Spion sehen, blicken.

spio|ne m. Spion *m.*

spio|ni|sti|co agg. *(-ci,-che)* Spionage-: ***organizzazione, rete -a*** Spionageorganisation *f.*, Spionagenetz *n.*; ***apparato*** ~ Spionageapparat *m.*

spio|ven|te I agg. **1** abfallend: ***tetto*** ~ abfallendes Dach **2** SPORT ***tiro, pallone*** ~ hoher Schuss **II** m. **1** ARCH. Dachfläche *f.* **2** SPORT hoher Schuss *m.* **3** GEOGR. Hang *m.*, Abhang *m.*

1.spio|ve|re intr. (aus. *essere*) impers. zu regnen auf‿hören.

2.spio|ve|re intr. (aus. *essere*) **1** *(scolare)* herab‿fließen **2** FIG. *(ricadere)* fallen: ***i capelli le spiovono sulle spalle*** die Haare fallen ihr auf die Schultern.

spi|ra f. **1** Windung *f.*: ***le -e di un serpente*** die Windungen einer Schlange **2** *(filetto)* Gewinde *f.* ◆ ***a -e*** spiralförmig.

Spi|ra n.pr.f. Speyer *n.*

spi|ra|glio m. *(-gli)* **1** *(di porta, finestra)* Spalt *m.*: ***aprire uno*** ~ einen Spalt öffnen **2** *(di luce)* Lichtstrahl *m.* **3** *(di aria)* Lufthauch *m.* **4** FIG. Schimmer *m.*, Lichtblick *m.*: ***uno ~ di speranza*** ein Hoffnungsschimmer *m.*; ***aprire uno*** ~ einen Lichtblick geben.

spi|ra|le I f. **1** Spirale *f.*: ***tracciare una*** ~ eine Spirale zeichnen; ***l'aereo disegnò una*** ~ das Flugzeug beschrieb eine Spirale; ~ ***logaritmica*** logarithmische Spirale **2** *(dispositivo intrauterino)* Spirale *f.*, Intrauterinpessar *n.*: ***farsi mettere la*** ~ sich (D) die Spirale ein‿setzen lassen **3** FIG. Eskalation *f.*, Spirale *f.*: ~ ***di violenza, di criminalità*** Eskalation der Gewalt, der Kriminalität **II** agg. Spiral-, Schrauben- ◆ ***a*** ~ Schrauben-; ***avvolgersi a*** ~ sich zusammen‿ringeln; ***a forma di*** ~ spiralförmig; ~ ***di fumo*** Rauchfahne *f.*; ***molla a*** ~ Schraubenfeder *f.*; ***movimento a*** ~ Schraubenbewegung *f.*; ***muoversi a*** ~ sich schrauben, eine schraubenförmige Bewegung beschreiben; ***nebulosa a*** ~ Spiralnebel *m.*; ~ ***dei prezzi*** Preisspirale *f.*; ~ ***salari-prezzi*** Preis-Lohn-Spirale *f.*

spi|ra|li|for|me agg. spiralförmig, spiralig.

spi|ran|te I f. Spirant *m.*, Spirans *f.* **II** agg. spirantisch.

1.spi|ra|re I intr. (aus. *avere*) **1** wehen, blasen, säuseln: ***spirava una leggera brezza*** es wehte eine leichte Brise; ***il vento spira fra i rami*** der Wind säuselt in den Zweigen **2** FIG. *(emanare)* ***dal suo volto spira dolcezza*** sein Gesicht strahlt Sanftheit aus **3** ANT. atmen **II** tr. LETT. aus‿strahlen, aus‿drücken: ~ ***dolcezza*** Zärtlichkeit ausstrahlen.

2.spi|ra|re intr. (aus. *essere*) *(morire)* verscheiden, hin‿scheiden, ein‿schlafen.

spi|ril|lo m. Spirille *f.*

spi|ri|tac|cio m. *(-ci)* Geistesgegenwart *f.*, Schlagfertigkeit *f.*

spi|ri|ta|to I agg. **1a** besessen **b** entgeistert: ***occhi -i*** entgeisterter Blick **2** FIG. (äußerst) lebhaft, quicklebendig **II** m. Besessene *m.* **2** Energiebündel *n.*

spi|ri|tel|lo m. Kobold *m.*

spi|ri|ti|co agg. *(-ci,-che)* spiritistisch: ***seduta -a*** spiritistische Sitzung.

spi|ri|ti|smo m. Spiritismus *m.* **spi|ri|ti|sta** m. e f. *(-i,-e)* Spiritist *m.* (-in *f.*). **spi|ri|ti|sti|co** agg. *(-ci,-che)* spiritistisch.

1.spi|ri|to m. **1a** Geist *m.*: ***essere uno ~ inquieto*** ein unruhiger Geist sein; *(mente)* ***uno ~ inventivo*** ein erfinderischer Geist **b** *(anima)* ***esalare lo*** ~ den Geist aus‿hauchen (*o* auf‿geben) **c** *(defunto, fantasma)* ***nel castello ci sono gli -i*** im Schloss gehen Geister um (*o* im Schloss spukt es) **2** *(animo)* Gemüt *n.*: ***calmare gli -i*** die Gemüter beruhigen **3** *(disposizione, stato d'animo)* Gemüt *n.*, Stimmung *f.*: ***non essere nello ~ per fare qcs.*** nicht in der richtigen Stimmung sein, um etw. zu tun; ***risollevare lo ~ di qcn.*** jds Stimmung heben **4** *(inclinazione)* Sinn *m.*, Geist *m.*: ***avere ~ pratico*** Sinn fürs Praktische haben **5** *(umorismo)* Witz *m.*, Humor *m.*: ***avere ~, mancare di*** ~ Humor haben, humorlos sein; ***fare dello*** ~ Witze reißen **6** *(significato)* Sinn *m.*, Gehalt *m.*, Geist *m.*: ***secondo lo ~ della legge*** im Sinne des Gesetzes **7** ANT. *(soffio)* Hauch *m.* ◆ ~ ***angelico*** guter Geist; ***battuta di*** ~ geistreiche Bemerkung; ***-i beati*** Seligen *pl.*; ***bello*** ~ Schöngeist *m.*; ~ ***del bene*** guter Geist; ***placare, calmare i bollenti -i*** die erhitzten Gemüter beruhigen; ~ ***del bosco*** Waldgeist *m.*; ***lo ~ è forte ma la carne è debole*** der Geist ist willig, aber das Fleisch ist schwach; ***con*** ~ witzig; ***condizioni di*** ~ Gemütsverfassung *f.*; ~ ***di contraddizione*** Widerspruchsgeist *m.*; ~ ***di corpo*** Korpsgeist *m.*; ~ ***demoniaco*** dämonischer Geist; ***una persona di*** ~ ein Mensch von Geist; ***entrare nello ~ di qcs.*** sich in etw. (A) hinein‿denken; ~ ***di gruppo*** Gemeinschaftsgeist *m.*; ***in*** ~ in Gedanken, im Geiste: ***ti siamo vicini in*** ~ wir sind in Gedanken bei dir, wir sind dir in Gedanken nah; ***-i infernali*** Höllengeister *pl.*; ~ ***d'iniziativa*** Unternehmungsgeist *m.*; ~ ***libero*** Freigeist *m.*; ~ ***del male, maligno*** böser Geist; ~ ***della nazione*** Nationalgeist *m.*; ***ora degli -i*** Geisterstunde *f.*; ~ ***d'osservazione*** Beobachtungsgabe *f.*; ~ ***di parte*** Parteigeist *m.*; COLLOQ. ~ ***da patata*** blöder Witz; ***lo ~ di un popolo*** der Geist eines Volkes; ***povero di*** ~ geistlos; FIG. *(persona semplice)* Einfältiger *m.*; BIBL. ***i poveri di*** ~ die geistig Armen, die Armen im Geiste; ***presenza di*** ~ Geistesgegenwart *f.*; ~ ***profetico*** Sehergabe *f.*; ***rendere lo ~ a Dio*** seine Seele Gott befehlen; ~ ***di sacrificio*** Opfergeist *m.*; ***Spirito Santo*** Heiliger Geist; ~ ***del tempo, dei tempi*** der Zeitgeist; ~ ***universale*** Weltgeist *m.*; ***valori dello*** ~ geistige Werte; ~ ***vitale*** Lebensgeist *m.*

2.spi|ri|to m. Alkohol *m.*, Spiritus *m.*: ***ciliege sotto*** ~ in Alkohol eingelegte Kirschen; ***mettere qcs. sotto*** ~ etw. in Alkohol ein‿legen ◆ ***fornelletto a*** ~ Spirituskocher *m.*

3.spi|ri|to m. GRAMM. Spiritus *m.*: ~ ***dolce, aspro*** Spiritus lenis, asper.

spi|ri|to|sag|gi|ne f. **1** Witzigkeit *f.* **2** *(battuta)* Witzelei *f.*, Albernheit *f.*

spi|ri|to|sa|men|te avv. witzig, geistreich.

spi|ri|to|so I agg. **1** geistreich, witzig: ***osservazione -a*** geistreiche Bemerkung; ***domanda -a*** geistreiche Frage; ***allusioni -e*** geistreiche Anspielungen; ***essere ~*** geistreich sein **2** *(che contiene alcol)* spiritushaltig **II** m. Witzbold *m.* ◆ ***fare lo ~*** Witze reißen.

spir|i|tu|al ['spɪrɪtʃuəl, *üblich* 'spiritwal] m.inv. Spiritual *n.* e *m.*

spi|ri|tua|le I agg. **1** geistig, spirituell: ***avere affinità -i con qcn.*** mit jdm geistig verwandt sein; ***appartenere al patrimonio ~*** zum geistigen Besitz gehören; ***valori -i*** geistige Werte; ***rinascita ~*** geistige Wiedergeburt **2** RELIG. geistlich, Seel(en)-: ***vita ~*** geistiges Leben; ***assistenza ~*** geistlicher Beistand; ***potere ~*** geistliche Macht; ***esercizi -i*** geistliche Übungen (*o* Andachtsübungen) **II** m. **1** Geistige *n.* **2** STOR. RELIG. Spiritual *m.* ◆ ***affinità ~*** Geistesverwandtschaft *f.*; ***comunità ~*** Seelengemeinschaft *f.*; ***eredità ~*** geistiges Erbe *n.*; ***guida ~*** geistlicher Führer; ***libertà ~*** Geistesfreiheit *f.*; ***padre ~*** Seelsorger *m.*, geistlicher Vater; ***di alto valore ~*** hochgeistig.

spi|ri|tua|li|smo m. Spiritualismus *m.* **spi|ri|tua|li|sta** m. e f. *(-i,-e)* Spiritualist *m.* (-in *f.*). **spi|ri|tua|li|sti|co** agg. *(-ci,-che)* spiritualistisch.

spi|ri|tua|li|tà f. Geistigkeit *f.*, geistiger Charakter *m.*, Spiritualität *f.*: ***la ~ dell'anima*** der geistige Charakter der Seele; ***la ~ della chiesa orientale*** die Spiritualität der Ostkirche.

spi|ri|tua|liz|za|re tr. vergeistigen, spiritualisieren. **spi|ri|tua|liz|za|zio|ne** f. Vergeistigung *f.*

spi|ri|tual|men|te avv. **1** geistig **2** RELIG. geistlich.

spi|ro|che|ta f. Spirochäte *f.* **spi|ro|che|to|si** f. Spirochätose *f.*

spi|ro|gi|ra f. Schraubenalge *f.*

spi|roi|da|le agg. spiralförmig, spiralig.

spi|ro|me|tri|a f. Spirometrie *f.* **spi|ro|me|tro** m. Spirometer *n.*

spir|to LETT. → **1.spirito.**

spiu|mac|cia|re tr. *(spiumaccio, spiumacci)* auf‿schütteln.

spiu|ma|re tr. **1** rupfen, entfedern **2** FIG. ***~ qcn.*** jdn aus‿nehmen.

spiz|zi|ca|re tr. *(spizzico, spizzichi)* naschen, knabbern.

spiz|zi|co, *a ~, a -chi* stückchenweise.

splash [splæʃ] inter. platsch.

spleen [spli:n] m.inv. Weltschmerz *m.*

splen|den|te agg. strahlend, leuchtend, glänzend.

splen|de|re intr. *(splendei/splendetti;* ohne zusammengesetzte Formen) **1** scheinen, glänzen, leuchten: ***il sole splende*** die Sonne scheint; ***le stelle splendono in cielo*** die Sterne glänzen am Himmel; ***la neve splende al sole*** der Schnee glänzt in der Sonne **2** FIG. strahlen, glänzen: ***~ di gioia*** vor Freude strahlen.

splen|di|da|men|te avv. prachtvoll, wunderbar.

splen|di|do agg. **1** strahlend, glänzend: ***sole ~*** strahlende Sonne; ***una giornata -a*** ein strahlender (*o* herrlicher) Tag; ***tempo ~*** strahlendes (*o* herrliches) Wetter **2** *(magnifico)* prächtig, wunderschön, wunderbar: ***gioielli, vestiti, edifici -i*** prächtige Juwelen, Kleider, Bauwerke; ***una -a idea*** eine wunderbare Idee; ***una -a vacanza*** ein wunderbarer Urlaub; ***un quadro, un romanzo ~*** ein wunderbares Bild, ein wunderbarer Roman; ***una -a ragazza*** ein wunderschönes Mädchen; ***una -a carriera*** eine glänzende Karriere ◆ ***fare lo ~*** den Großzügigen spielen.

splen|do|re m. **1** Glanz *m.*: ***lo ~ del sole*** der Sonnenglanz; ***lo ~ dell'oro*** der Glanz des Goldes **2** *(fulgore)* Glanz *m.*, Pracht *f.*: ***lo ~ della giovinezza*** der Glanz der Jugend **3** *(magnificenza)* Herrlichkeit *f.*, Pracht *f.*: ***una festa di straordinario ~*** ein Fest von außergewöhnlicher Pracht; ***mostrarsi in tutto il proprio ~*** sich in seiner ganzen Pracht zeigen.

sple|ne m. Milz *f.* **sple|ne|ti|co I** agg. *(-ci,-che)* **1** ANAT. Milz- **2** MED. milzkrank **3** FIG. melancholisch **II** m. *(-ci)* **1** Milzkranke *m.* **2** FIG. Melancholiker *m.* **sple|ni|co I** agg. *(-ci,-che)* Milz- **II** m. *(-ci)* Milzkranke *m.* **sple|ni|te** f. Milzerkrankung *f.*, Splenitis *f.*

Splu|ga n.pr.m. ***passo dello ~*** Splügenpass *m.*

S.P.M. ⇒ *Sue Proprie Mani* zu Händen (z. H.).

spoc|chia f. Aufgeblasenheit *f.*, Dünkel *m.* **spoc|chio|si|tà** f. Dünkelhaftigkeit *f.* **spoc|chio|so** agg. aufgeblasen, dünkelhaft.

spo|de|sta|re tr. **1** entmachten **2** *(destituire)* ab‿setzen, entthronen **3** *(privare dei beni)* enteignen.

spo|e|tiz|zan|te agg. ernüchternd, entzaubernd. **spo|e|tiz|za|re** tr. ernüchtern, entzaubern.

spo|glia f. **1** Balg *m.*, Haut *f.*: ***~ del serpente*** Schlangenhaut *f.* **2** *(salma)* Leiche *f.*, LETT. sterbliche Hülle *f.*, Leichnam *m.*: ***le -e mortali*** die sterblichen Überreste **3** pl. *(bottino)* Spolien *pl.*; STOR. ***-e opime*** Siegesbeute *f.* ◆ ***sotto le -e di un gentiluomo*** im Gewand eines Ehrenmanns; ***sotto mentite -e*** verkleidet; FIG. unter falschem Namen.

spo|glia|re *(spoglio, spogli)* **I** tr. **1** aus‿ziehen, entkleiden, aus‿kleiden: ***~ qcn.*** jdn ausziehen **2** *(privare)* entkleiden, berauben, entblößen: ***~ una stanza dei suoi quadri*** ein Zimmer seiner Gemälde berauben; FIG. ***~ qcn. dei suoi averi, dei suoi diritti*** jdn seiner Mittel entblößen, seiner Rechte berauben **3** *(esaminare)* sortieren: ***~ la corrispondenza*** die Korrespondenz sortieren **II** pronom. **spogliarsi 1a** sich aus‿ziehen, sich entkleiden: ***-rsi nudo*** sich nackt ausziehen **b** *(dal medico)* sich frei‿machen: ***si spogli e si stenda là*** machen Sie sich frei, und legen Sie sich bitte dorthin **2** *(privarsi)* sich entäußern: ***-rsi dei propri averi*** sich seiner Habe entäußern **3** *(liberarsi)* ***-rsi di qcs.*** etw. ab‿legen; ***-rsi dell'abituale riservatezza*** seine gewöhnliche Zurückhaltung ablegen **4** *(di alberi)* kahl werden ◆ ***~ l'abito sacerdotale*** das geistliche Gewand ab‿legen.

spo|glia|rel|li|sta m. e f. *(-i,-e)* Stripteasetänzer *m.* (-in *f.*), COLLOQ. Stripper *m.* (-in *f.*). **spo|glia|rel|lo** m. Striptease *m.* e *n.*: ***fare lo ~*** einen Striptease vor‿führen, COLLOQ. strippen.

spo|glia|to|io m. *(-oi)* Umkleideraum *m.*, Ankleideraum *m.* ◆ ***cabina ~*** Umkleidekabine *f.*, Ankleidekabine *f.*

spo|glia|to|re m. Plünderer *m.*, Räuber *m.*; *(profanatore di tombe)* Grabplünderer *m.* ◆ ***~ di cadaveri*** Leichenfledderer *m.*

1.spo|glio agg. *(-gli,-glie)* **1** kahl, nackt: ***un albero ~*** ein kahler Baum **2** FIG. *(disadorno)* kahl, schmucklos: ***una stanza -a*** ein kahles Zimmer **3** FIG. *(scarno)* nüchtern: ***stile ~*** nüchterner Stil ◆ ***~ di qcs.*** ohne etw., bar etw. (G).

2.spo|glio m. *(-gli)* **1** Auswertung *f.*, Sichtung *f.* **2** *(conteggio)* Auszählung *f.* **3** ECCL. Spolien *pl.* ◆ ***fare lo ~ della corrispondenza*** die Post durch‿sehen (*o* sortieren); ***fare lo ~ dei voti, delle schede (elettorali)*** die Stimmen, die Stimmzettel aus‿zählen; ***materiale di ~*** Spolien *pl.*; ***~ dei voti*** Stimmenauszählung *f.*

spoi|ler m.inv. Spoiler *m.*

spo|la f. Spule *f.* ◆ ***fare la ~*** hin- und her‿laufen; *(con veicolo)* hin- und her‿fahren, hin- und her‿pendeln; ***fare la ~ tra Torino e Milano*** zwischen Turin und Mailand hin- und herpendeln.

spo|let|ta f. **1a** TESS. Schiffchen *n.* **b** *(di macchina per cucire)* Spule *f.*, Garnspule *f.* **2** ARM. Zünder *m.*, Schlagzünder *m.* ◆ ***~ a tempo*** Zeitzünder *m.*; ***~ ad azione ritardata*** Spätzünder *m.* **spo|let|ta|re** tr. mit einem Zünder versehen.

spo|lia|zio|ne f. Plünderung *f.*, Ausraubung *f.*

spo|li|ti|ciz|za|re I tr. entpolitisieren **II** pronom. **spoliticizzarsi** sich entpolitisieren. **spo|li|ti|ciz|za|zio|ne** f. Entpolitisierung *f.*

spol|lo|na|re tr. von Schösslingen befreien. **spol|lo|na|tu|ra** f. Entfernung *f.* der Schösslinge.

spol|mo|nar|si pronom. sich (D) die Lunge aus dem Hals schreien, sich (D) einen ab‿schreien.

spol|pa|re tr. **1** entfleischen **2** ***~ un frutto*** das Fruchtfleisch (von einer Frucht) entfernen **3** FIG. aus‿saugen, aus‿nehmen.

spol|ve|ra|re tr. *(spolvero)* **1a** ab‿stauben: ***~ i mobili*** die Möbel abstauben **b** assol. Staub wischen **2** GASTR. bestreuen, bestäuben: ***~ la torta di cacao*** den Kuchen mit Kakao bestäuben **3** SCHERZ. *(mangiare avidamente)* verputzen: ***in men che non si dica ha spolverato la torta*** im Nu hat er den ganzen Kuchen verputzt **4** COLLOQ. *(picchiare)* verbläuen. **spol|ve|ra|ta** f. **1** Abstauben *n.* **2** GASTR. Bestreuen *n.*, Bestäuben *n.* ◆ ***dare una ~ a qcs.*** etw. ab‿stauben; GASTR. etw. bestreuen (*o* bestäuben); COLLOQ. ***dare una ~ a qcn.*** jdn verbläuen; ***una ~ di neve*** ein leichter Schneefall. **spol|ve|ra|tu|ra** f. **1** Abstauben *n.*, Staubwischen *n.* **2** GASTR. Bestreuen *n.*, Bestäuben *n.* ◆ FIG. ***dare una ~ a qcs.*** etw. auf‿frischen: ***dare una ~ alle proprie cognizioni di fisica*** seine Physikkenntnisse auf‿frischen.

1.spol|ve|ri|no m. ABBIGL. **1** Staubmantel *m.*, Popelinemantel *m.* **2** *(per il lavoro)* Arbeitskittel *m.*, Arbeitsmantel *m.*

2.spol|ve|ri|no m. **1** *(piumino per spolverare)* Staubwedel *m.* **2** GASTR. Streudose *f.*

spol|ve|riz|za|re tr. bestreuen: ***~ qcs. di qcs.*** etw. mit etw. bestreuen.

spol|ve|ro m. **1** Abstauben *n.* **2a** GASTR. Bestreuen *n.* **b** *(strato)* Schicht *f.*: ***uno ~ di zucchero, di cacao*** eine Schicht Zucker, eine Kakaoschicht **3** COLLOQ. *(infarinatura)* oberflächliche Kenntnisse *pl.* **4** PITT. Durchstäubung *f.* ◆ ***straccio da ~*** Staubtuch *n.*

spom|pa|re COLLOQ. **I** tr. völlig erschöpfen, schlauchen **II** pronom. **spomparsi** sich erschöpfen. **spom|pa|to** p.pass. agg. COLLOQ. **1** → **spompare 2** völlig erschöpft, geschlaucht.

spon|da f. **1** Ufer *n.*: ***una ~ ripida, scoscesa*** ein steiles Ufer (*o* ein Steilufer); ***~ del fiume, del lago*** Flussufer *n.*, Seeufer *n.*; ***sull'altra ~*** am anderen Ufer; ***sulla ~ destra, sinistra*** auf dem rechten, linken Ufer (*o* rechts-, linksufrig) **2** *(bordo)* Kante *f.*, Rand *m.*: ***~ del letto*** Bettkante *f.* **3** *(nel biliardo)* Bande *f.*: ***giocare di ~*** über die Bande spielen **4** *(parapetto)* Geländer *n.*: ***~ del ponte*** Brückengelän-

der *n.* ◆ COLLOQ. ***essere dell'altra*** ~ vom anderen Ufer sein; ***fare da*** ~ sich zum Doppelpass an‿bieten.
spon|dai|co agg. *(-ci,-che)* spondeisch. **spon|de|o** m. Spondeus *m.*
spon|de|ruo|la f. Simshobel *m.*, Kehlhobel *m.*
spon|di|li|te f. Spondylitis *f.*, Wirbelentzündung *f.* **spon|di|lo** m. Wirbel *f.* **spon|di|lo|si** f. Spondylose *f.*
spon|sa|li m.pl. **1** *(fidanzamento solenne)* Sponsalien *pl.* **2** ESTENS. *(matrimonio)* Trauung *f.*, Hochzeit *f.*
spon|sor m.inv. Sponsor *m.*: ~ ***ufficiale della nazionale*** offizieller Sponsor der Nationalmannschaft. **spon|so|riz|za|re** tr. sponsern: ***essere sponsorizzato da qcn.*** von jdm gesponsert sein (*o* werden). **spon|so|riz|za|zio|ne** f. Sponsoring *n.*
spon|ta|ne|a|men|te avv. spontan.
spon|ta|ne|i|smo m. undogmatische Haltung *f.*, COLLOQ. Spontiverhalten *n.* **spon|ta|ne|i|sta** m. e f. *(-i,-e)* GERG. Sponti *m.* **spon|ta|ne|i|sti|co** agg. *(-ci,-che)* Sponti-: ***gruppo*** ~ Spontigruppe *f.*
spon|ta|nei|tà f. Spontaneität *f.*
spon|ta|ne|o agg. **1** spontan, ungezwungen, unbefangen: ***persona -a*** spontaner Mensch; ***gesto*** ~ spontane Geste; ***comportamento*** ~ ungezwungenes Benehmen **2** *(volontario)* spontan, freiwillig: ***decisione -a*** spontane (*o* freiwillige) Entscheidung; ***rinuncia -a*** spontaner Verzicht **3** *(selvatico)* wild: ***vegetazione -a*** wilde Vegetation ◆ ***di mia, tua, sua ... -a volontà*** aus freiem Willen.
spo|po|la|men|to m. Entvölkerung *f.* ◆ ~ ***delle campagne*** Landflucht *f.*
spo|po|la|re *(spopolo)* **I** tr. **1** entvölkern: ***l'epidemia ha spopolato la zona*** die Epidemie hat das Gebiet entvölkert **2** ESTENS. leer fegen: ***il temporale ha spopolato lo stadio*** das Gewitter hat das Stadion leer gefegt **II** intr. (aus. *avere*) (sehr) erfolgreich sein, COLLOQ. Furore machen: ***un attore che spopola*** ein erfolgreicher Schauspieler **III** pronom. **spopolarsi 1** sich entvölkern **2** ESTENS. sich leeren: ***d'estate le città si spopolano*** im Sommer leeren sich die Städte. **spo|po|la|to** p.pass. agg. **1** → **spopolare 2** entvölkert, menschenleer **3** ESTENS. leer, leer gefegt.
spo|ra f. Spore *f.*
spo|ra|di|ca|men|te avv. sporadisch, gelegentlich, vereinzelt. **spo|ra|di|ci|tà** f. sporadisches Auftreten *n.* **spo|ra|di|co** agg. *(-ci,-che)* sporadisch, gelegentlich, vereinzelt: ***incontri -ci*** sporadische Begegnungen; ***piogge -che*** vereinzelte Niederschläge.
spo|ran|gio m. *(-gi)* Sporenbehälter *m.*, Sporenträger *m.*
spor|cac|cio|ne I agg. **1** schmutzig, dreckig **2** FIG. schweinisch **II** m. **1** Ferkel *m.*, Schmutzfink *m.* **2** FIG. *(persona sconcia)* Dreckschwein *n.*, Schmutzfink *m.*
spor|ca|re *(sporco, sporchi)* **I** tr. **1a** beschmutzen, schmutzig machen, verschmutzen **b** *(macchiare)* beflecken, bekleckern: ~ ***la tovaglia di caffè*** die Tischdecke mit Kaffee bekleckern **2** FIG. beflecken, besudeln: ~ ***il proprio nome*** seinen Namen beflecken **II** pronom. **sporcarsi 1a** sich beschmutzen, sich schmutzig machen: ***-rsi con, di qcs.*** sich mit etw. beschmutzen **b** ***-rsi la camicia di gelato*** sich (D) das Hemd mit Eis schmutzig machen (*o* beschmutzen) **c** FIG. ***non -rsi a fare qcs.*** = sich nicht herab‿lassen, etw. zu tun; ***-rsi le mani in qcs.*** sich bei etw. die Hände schmutzig machen **2a** *(macchiarsi)* sich beflecken **b** FIG. ***-rsi le mani di sangue*** sich (D) die Hände mit Blut beflecken.
spor|ci|zia f. **1a** *(l'essere sporco)* Schmutzigkeit *f.*, Unsauberkeit *f.* **b** *(sporco)* Schmutz *m.*, Dreck *m.* **2** FIG. Schmutzigkeit *f.*, Schweinerei *f.*
spor|co I agg. *(-chi,-che)* **1a** schmutzig, dreckig, verschmutzt: ***mani -che*** schmutzige Hände; ***piatti -chi*** schmutziges Geschirr; ***biancheria -a*** schmutzige Wäsche; AUT. ***candele -che*** verschmutzte Kerzen **b** *(macchiato)* befleckt, bekleckert: ***una tovaglia -a di vino*** eine mit Wein befleckte Tischdecke (*o* eine Tischdecke mit Weinflecken) **2** *(scorretto, losco)* schmutzig, unsauber: ***denaro*** ~ schmutziges Geld; ***affari -chi*** schmutzige (*o* unsaubere) Geschäfte **3** *(sconcio)* schmutzig: ***barzelletta -a*** schmutziger (*o* dreckiger) Witz **4** FIG. SPREG. dreckig: ***uno*** ~ ***fascista*** ein dreckiger Faschist **II** m. **1** Schmutz *m.*, Dreck *m.*: ***vivere nello*** ~ im Dreck leben; ***lo*** ~ ***non viene via*** der Schmutz geht nicht weg **2** *(spazzatura)* Müll *m.*: ***buttare lo*** ~ den Müll beseitigen ◆ ***avere la coscienza -a*** ein schlechtes Gewissen haben; ***lavare i panni -chi in famiglia*** seine schmutzige Wäsche nicht vor anderen Leuten waschen; ***farla -a*** = eine Gemeinheit begehen; ***avere la fedina penale -a*** = vorbestraft sein, COLLOQ. keine weiße (*o* saubere) Weste haben; FIG. ***giocare*** ~ ein falsches (*o* unehrliches) Spiel treiben, mit gezinkten Karten spielen; FIG. ***fare, condurre un gioco*** ~ ***con qcn.*** ein falsches (*o* unehrliches) Spiel mit jdm treiben; ***incrostazione di*** ~ Schmutzkruste *f.*; ***macchia di*** ~ Schmutzfleck *m.*; ***strato di*** ~ Schmutzschicht *f.*
spor|gen|te agg. **1** vorspringend, (her)vorstehend, hervortretend: ***occhi -i*** hervorstehende Augen; ***mento*** ~ vorspringendes Kinn; ***denti -i*** vorstehende Zähne **2** ARCH. vorspringend, auskragend, vorkragend ◆ ***cornicione*** ~ Kranzgesims *n.*
spor|gen|za f. **1** Vorsprung *m.* **2** ARCH. Auskragung *f.* ◆ ~ ***rocciosa*** Felsvorsprung *m.*
spor|ge|re *(sporgo, sporgi)* **I** tr. hinaus‿strecken, strecken: ~ ***il braccio, la testa dal finestrino*** den Arm, den Kopf aus dem Fenster strecken **II** intr. (aus. *essere*) **1** vor‿springen, vor‿stehen **2** ARCH. vor‿stehen, vor‿kragen, aus‿kragen: ***il balcone sporge di mezzo metro*** der Balkon steht einen halben Meter vor **III** pronom. **sporgersi** sich hinaus‿lehnen, sich lehnen: ***-rsi dal balcone, dalla finestra*** sich über das Balkongeländer, aus dem Fenster lehnen; ***è vietato -rsi dal finestrino*** nicht hinaus‿lehnen (*o* es ist verboten, sich aus dem Fenster zu lehnen) ◆ ~ ***denuncia*** Anzeige erstatten; ~ ***querela*** Klage erheben; ~ ***reclamo*** reklamieren.
spo|ri|fe|ro agg. Sporen tragend.
spo|ro|car|pio m. *(-pi)* Sporenfrucht *f.*
spo|ro|fil|lo m. Sporophyll *n.*
spo|ro|ge|ne|si f. Sporenbildung *f.* **spo|ro|ge|no** agg. Sporen bildend.
spo|ro|go|ni|a f. Sporogonie *f.*
spo|ro|zoi m.pl. Sporentierchen *pl.*, Sporozoen *pl.*
sport m.inv. Sport *m.*, Sportart *f.*: ***fare (dello), praticare uno*** ~ Sport treiben, eine Sportart aus‿üben ◆ ~ ***acquatico*** Wassersport *m.*; ~ ***alpino*** Bergsport *m.* (*o* Alpinistik *f.*); ***appassionato di*** ~ Sport(s)freund *m.*, Sportbegeisterter *m.*; ~ ***automobilistico*** Autosport *m.*; ~ ***equestre*** Reitsport *m.*; ~ ***estremo*** Extremsport *m.*; ~ ***su ghiaccio*** Eissport *m.*; ~ ***individuale*** Einzelsport *m.* (*o* Einzelsportart *f.*); ~ ***invernale*** Wintersport *m.*; *(specialità)* Wintersportart *f.*; ~ ***di massa*** Massensport *m.* (*o* Breitensport *m.*, Volkssport *m.*); ***pagina dello*** ~ Sportseite *f.*; ***palazzetto dello*** ~ Sporthalle *f.*; ***fare qcs. per*** ~ etw. zum Zeitvertreib (*o* als Hobby) tun; ~ ***di squadra*** Mannschaftssport *m.* (*o* Mannschaftssportart *f.*); ***tipo di*** ~ Sportart *f.*
spor|ta f. Tasche *f.*, Einkaufstasche *f.*, Tragetasche *f.*: ***una*** ~ ***di mele*** eine Tasche voller Äpfel ◆ ***un sacco e una*** ~ eine Unmenge; ***prenderne un sacco e una*** ~ gehörig verprügelt werden.
spor|tel|li|sta m. e f. *(-i,-e)* Schalterbeamte *m.* (-tin *f.*).
spor|tel|lo m. **1** Tür *f.*; *(di auto)* Autotür *f.* **2** *(di ufficio)* Schalter *m.*: ***allo*** ~ am Schalter **3** *(filiale di banca)* Filiale *f.* ◆ ~ ***automatico*** Geldautomat *m.*; ***orario di*** ~ Schalterstunden *pl.*; ~ ***di ufficio postale*** Postschalter *m.*; ~ ***dei versamenti*** Einzahlungsschalter *m.*
spor|ti|va|men|te avv. **1** sportlich: ***vestire*** ~ sich sportlich kleiden **2** *(correttamente)* sportlich, fair **3** *(serenamente)* gelassen: ***prendere qcs.*** ~ etw. gelassen hin‿nehmen.
spor|ti|vi|tà f. **1** Sportlichkeit *f.* **2** *(correttezza)* Sport(s)geist *m.*, Fairness *f.*
spor|ti|vo I agg. **1** sportlich, Sport-: ***da giovane era molto*** ~ in seiner Jugend war er sehr sportlich **2** *(corretto)* sportlich, fair **II** m. **1** sportlicher Mensch *m.* **2** *(atleta)* Sportler *m.* **3** *(appassionato)* Sport(s)freund *m.* ◆ ***abbigliamento*** ~ sportliche Kleidung; *(per lo sport)* Sportkleidung *f.*; ***articoli -i*** Sportartikel *pl.*; ***auto -a*** sportliches Auto; *(per lo sport)* Sportwagen *m.*; ***avvenimento*** ~ Sportereignis *n.*; ***campo*** ~ Sportplatz *m.*; ***circolo*** ~ Sportverein *m.*; *(sede di impianti)* Sportklub *m.*; ***club*** ~ Sportklub *m.*; ***cronaca -a*** Sportteil *m.*; ***cronista*** ~ Sportreporter *m.*, Sportberichterstatter *m.*; ***disciplina -a*** Sportdisziplin *f.*, Sportart *f.*; ***avere una guida -a*** sportlich fahren; ***impianto*** ~ Sportanlage *f.*; ***notizie -e*** Sportnachrichten *pl.*; ***spirito*** ~ Sport(s)geist *m.*; ***trasmissione -a*** Sportsendung *f.*
spor|to m. **1** *(aggetto)* Vorsprung *m.*, Mauervorsprung *m.* **2** *(imposta)* Holzladen *m.* **3** EDIL. Vorkragung *f.*, Ausladung *f.*
spo|ru|la → **spora. spo|ru|la|zio|ne** f. **1** BOT. Sporenbildung *f.*, Schizogonie *f.* **2** ZOOL. Vermehrung *f.* durch Zellteilung.
spo|sa f. **1** Braut *f.*: ***accompagnare la*** ~ ***all'altare*** die Braut zum Altar führen **2** *(moglie)* Ehefrau *f.*, Gattin *f.*, Frau *f.*: ***dare la figlia in*** ~ ***a qcn.*** jdm seine Tochter zur Frau geben; ***la futura*** ~ die zukünftige Frau ◆ ***abito da*** ~ Brautkleid *n.*, Hochzeitskleid *n.*; ***andare*** ~ ***a qcn.*** jds Frau werden, jdn heiraten; ***bouquet da*** ~ Brautstrauß *m.*; ~ ***di Cristo*** Braut Christi *f.*; ***da*** ~ bräutlich, Braut-; ~ ***di guerra*** Kriegsbraut *f.*; ~ ***novella*** Jungvermählte *f.*, junge Braut; ***promessa*** ~ Verlobte *f.*; ***velo da*** ~ Brautschleier *m.*
spo|sa|li|zio m. *(-zi)* Hochzeit *f.*, Trauung *f.*
spo|sa|re I tr. **1** heiraten: ~ ***qcn. per amore, per interesse*** jdn aus Liebe, aus Kalkül heiraten; ***non l'ho mica sposato!*** wir sind doch nicht verheiratet! **2** *(unire in matrimonio)* trauen, vermählen: ***li ha sposati il parroco, il sindaco*** der Pfarrer, der Bürgermeister hat sie getraut **3** *(dare in matrimonio)* verheiraten: ~ ***la figlia a qcn.*** die Tochter mit jdm verheiraten **4** FIG. ~ ***qcs.*** für etw. ein‿treten,

etw. vertreten: ~ ***la causa di qcn., una moda*** für jds Sache, für eine Mode eintreten; ~ ***un'opinione*** eine Meinung vertreten **5** FIG. *(unire)* verbinden: ~ ***l'utile al dilettevole*** das Angenehme mit dem Nützlichen verbinden **II** pronom. **sposarsi** heiraten, sich verheiraten: ***-rsi con qcn.*** jdn heiraten, sich mit jdm verheiraten; ***-rsi in chiesa, in municipio*** kirchlich, standesamtlich heiraten; ***-rsi in bianco*** weiß heiraten; ***-rsi per la seconda volta*** sich zum zweiten Mal verheiraten.

spo|sa|to I p.pass. agg. **1** → **sposare 2** verheiratet, vermählt: ***un uomo ~, non ~*** ein verheirateter, unverheirateter Mann; ~ ***da poco, felicemente*** frisch, glücklich verheiratet **II** m. Verheiratete *m.*

spo|si|na f. **1** *(giovane sposa)* junge Braut *f.* **2** *(sposa novella)* Jungvermählte *f.*, junge Braut *f.* **spo|si|no** m. **1** *(giovane sposo)* junger Bräutigam *m.* **2** *(sposo novello)* Jungvermählte *m.*

spo|so m. **1** Bräutigam *m.* **2** *(marito)* Ehemann *m.*, Gatte *m.*, Mann *m.* **3** *(uomo sposato da poco)* junger Ehemann *m.*, Jungvermählte *m.* **4** pl. Ehepaar *n.*, Eheleute *pl.*, Hochzeitspaar *n.*: ***brindare agli -i*** auf das Hochzeitspaar an‿stoßen ◆ ***andare*** ~ heiraten, sich verheiraten; RELIG. ~ ***mistico*** Seelenbräutigam *m.*; ***-i novelli*** Jungverheirateten *pl.*, ANT. Jungvermählten *pl.*; ***promesso*** ~ Verlobte *m.*

spos|sa|men|to m. → **spossatezza. spos|san|te** agg. **1** mühsam, mühselig **2** *(sfibrante)* erschöpfend, entkräftend.

spos|sa|re I tr. **1** entkräften, erschöpfen (anche assol.): ***la malattia lo ha spossato*** die Krankheit hat ihn erschöpft; ***un lavoro che spossa fisicamente e intellettualmente*** eine Arbeit, die physisch und psychisch erschöpft **II** pronom. **spossarsi** ermüden, sich erschöpfen. **spos|sa|tez|za** f. Erschöpfung *f.*, Entkräftung *f.*, Zerschlagenheit *f.* **spos|sa|to** p.pass. agg. **1** → **spossare 2** erschöpft, entkräftet, matt, zerschlagen: ***essere ~ dalla fatica*** vor Anstrengung entkräftet sein; ***sentirsi ~*** sich zerschlagen fühlen.

spos|ses|sa|re I tr. **1** des Besitzes berauben **2** DIR. enteignen **II** pronom. **spossessarsi** sich seines Besitzes entäußern.

spo|sta|bi|le agg. **1** verschiebbar, verrückbar **2** *(regolabile)* verstellbar.

spo|sta|men|to m. **1** Verschiebung *f.* **2** *(diversa disposizione)* Verstellung *f.*, Umstellung *f.* **3a** *(trasferimento)* Verlegung *f.*, Umlegung *f.*: ~ ***di sede*** Verlegung der Dienststelle **b** *(di impiegato)* Versetzung *f.* **4** FIG. Verlagerung *f.* **5** *(trasloco)* Umzug *m.* **6** PSIC. Ersatzhandlung *f.* ◆ ~ ***di accento*** Akzentverschiebung *f.*; ~ ***angolare*** Winkelverschiebung *f.*; ~ ***d'aria*** Druckwelle *f.*; ~ ***assiale*** Axialverschiebung *f.*; ~ ***in avanti*** Fortbewegung *f.*; ~ ***di fase*** Phasenverschiebung *f.*; ~ ***d'orario*** Terminänderung *f.*; GEOL. ~ ***orizzontale*** Horizontalverschiebung *f.*; ~ ***parallelo*** Parallelverschiebung *f.*; FIS. ~ ***verso il rosso*** Rotverschiebung *f.*; ~ ***trasversale*** Querverschiebung *f.*; ~ ***verticale*** Vertikalverschiebung *f.*

spo|sta|re tr. **1a** *(spingendo)* verschieben, verrücken: ~ ***un tavolo*** einen Tisch verschieben (*o* verrücken) **b** *(specificando il luogo)* rücken, schieben: ~ ***la sedia in un angolo*** den Stuhl in eine Ecke rücken **2** *(cambiare di posto)* versetzen, verlegen: ~ ***i bottoni del cappotto*** die Mantelknöpfe versetzen **3a** *(disporre diversamente)* um‿stellen: ~ ***i mobili*** die Möbel umstellen; ~ ***una leva*** einen Hebel umstellen (*o* um‿legen); ~ ***l'orologio*** die Uhr umstellen **b** *(mettere fuori posto)* verstellen **4a** *(trasferire)* verlegen: ~ ***la residenza a Milano*** den Wohnsitz nach Mailand verlegen **b** *(persona)* versetzen: ~ ***un impiegato*** einen Angestellten versetzen **c** *(truppe)* verlegen, verschieben **d** verlagern: ~ ***il baricentro*** den Schwerpunkt verlagern; ~ ***il peso sull'altra gamba*** das Gewicht auf das andere Bein verlagern **5a** *(differire)* verschieben, verlegen: ~ ***la data degli esami*** den Prüfungstermin verschieben **b** *(anticipare)* vor‿verlegen **II** pronom. **spostarsi 1a** *(muoversi)* sich bewegen: ***la lancetta si è spostata*** der Zeiger hat sich bewegt **b** *(cambiare posizione)* sich verstellen: ***la leva si è spostata*** der Hebel hat sich verstellt **2** *(viaggiare)* reisen, unterwegs sein: ***si sposta spesso per affari*** er ist geschäftlich oft unterwegs **3** *(trasferirsi)* ziehen: ***-rsi a Roma*** nach Rom ziehen **4** *(scostarsi)* rücken, zur Seite gehen: ***spostatevi un po'*** rückt mal ein Stück weiter; ***spostati, che non ci vedo*** geh zur Seite, ich kann nichts sehen! **5a** *(cambiare posizione)* sich verlagern, ziehen: ***la perturbazione si sposta a nord*** die Schlechtwetterfront verlagert sich (*o* zieht) nach Norden **b** FIG. *(indirizzarsi altrove)* sich verlagern: ***l'attenzione si sposta su qcn., qcs.*** die Aufmerksamkeit verlagert sich auf jdn, etw.

spo|sta|to I p.pass. agg. **1** → **spostare 2a** verschoben, verrückt **b** *(con indicazione di luogo)* gerückt **3** *(disposto diversamente)* umgestellt **4** *(messo fuori posto)* verstellt **5a** *(trasferito)* verlegt **b** *(di persona)* versetzt **6a** *(differito)* verschoben, verlegt **b** *(anticipato)* vorverlegt **II** m. gescheiterte (*o* verkrachte) Existenz *f.*

spot m.inv. **1** Spot *m.*: ~ ***pubblicitario*** Werbespot *m.* **2** CINEM. TEATR. Spotlight *n.* **3** *(riflettore)* Strahler *m.*

spran|ga f. *(-ghe)* **1** Stange *f.* **2** *(lucchetto)* Riegel *m.*: ***mettere la ~ alla porta*** den Riegel vor die Tür schieben.

spran|ga|re tr. *(sprango, spranghi)* **1** verriegeln: ~ ***la porta di casa*** die Haustür verriegeln **2** *(percuotere)* ~ ***qcn.*** mit einer Eisenstange auf jdn ein‿schlagen. **spran|ga|ta** f. Schlag *m.* mit einer Eisenstange. **spran|ga|to** p.pass. agg. **1** → **sprangare 2** verriegelt. **spran|ga|tu|ra** f. Verrieg(e)lung *f.*

spray [spreɪ, *üblich* sprai] **I** m.inv. Spray *m.* e *n.*: ***spruzzare qcs. con uno ~*** etw. mit (einem) Spray besprühen (*o* etw. sprayen) **II** agg.inv. Spray-: ***bomboletta, deodorante, lacca ~*** Spraydose *f.*, Deo(dorant)spray *m.* e *n.*, Haarspray *m.* e *n.*; ***insetticida ~*** Insektenspray *m.* e *n.* ◆ ~ ***antizanzare*** Mückenspray *m.* e *n.*; ~ ***per igiene intima*** Intimspray *m.* e *n.*; ~ ***nasale*** Schnupfenspray *m.* e *n.*, Nasenspray *m.* e *n.* **spra|ya|re** tr. besprayen, sprayen.

spraz|zo m. **1** *(raggio)* Strahl *m.* **2** FIG. *(intuizione improvvisa)* Geistesblitz *m.* **3** FIG. Augenblick *m.*, Anwandlung *f.*: ***in uno ~ di lucidità lo ha riconosciuto*** in einem lichten Augenblick hat er ihn erkannt; ***uno ~ di allegria*** eine Anwandlung von Heiterkeit **4** LETT. *(spruzzo)* Spritzer *m.* ◆ ***a -i*** teilweise; ~ ***di genio*** Geistesblitz *m.*; ~ ***di luce*** Lichtstrahl *m.*; ~ ***di sole*** Sonnenstrahl *m.*

Spre|a n.pr.f. Spree *f.*

spre|ca|re *(spreco, sprechi)* **I** tr. verschwenden, vergeuden: ~ ***tempo, denaro*** Zeit, Geld verschwenden; ~ ***la propria vita, le proprie energie*** sein Leben, seine Kräfte vergeuden; ~ ***energia elettrica*** elektrische Energie verschwenden **II** pronom. **sprecarsi 1** seine Kräfte verschwenden: ***-rsi in qcs.*** seine Kräfte für etw. verschwenden **2** IRON. *(consumarsi)* sich verausgaben: ***non si è certo sprecato a studiare*** er hat sich beim Lernen sicherlich nicht verausgabt! ◆ ***non ~ il fiato!*** spar dir die Worte! ***non ~ il fiato per qcs.*** kein Wort über etw. verlieren; ~ ***una (buona) occasione*** eine (gute) Gelegenheit verpassen; SPORT ~ ***la palla*** eine Torchance vergeben.

spre|ca|to p.pass. agg. **1** → **sprecare 2** verschwendet, vergeudet ◆ ***è fatica -a*** das ist doch vergeudete Mühe; ***un'intelligenza -a*** eine ungenutzte Intelligenz; ***essere ~ per qcs., qcn.*** zu schade für, zu etw., für jdn sein; ***tempo ~*** Zeitverschwendung *f.*: ***è tempo ~ parlare con lui!*** es ist reine Zeitverschwendung, mit ihm zu sprechen!

spre|co m. *(-chi)* Verschwendung *f.*, Vergeudung *f.*: ~ ***di denaro, tempo*** Geld-, Zeitverschwendung *f.*; ~ ***di energia*** Energieverschwendung *f.*; ***porre un freno agli -chi*** der Verschwendung Einhalt gebieten ◆ ***fare ~ di qcs.*** etw. verschwenden, vergeuden; ***società dello ~*** Wegwerfgesellschaft *f.*

spre|co|ne I agg. verschwenderisch **II** m. Verschwender *m.*, Vergeuder *m.*

spre|ge|vo|le agg. verachtenswert, verächtlich: ***gente ~*** verachtenswerte Leute; ***comportamento, azione ~*** verächtliches Verhalten, verächtliche Tat.

spre|gia|re tr. *(spregio, spregi)* LETT. verachten, verschmähen, gering schätzen.

spre|gia|ti|vo I agg. **1** verächtlich: ***sguardo ~*** verächtlicher Blick **2** LING. pejorativ, abwertend **II** m. Pejorativum *n.*

spre|gia|to|re m. LETT. Verächter *m.*

spre|gio m. *(-gi)* Verachtung *f.*, Verschmähung *f.*, Geringschätzung *f.* ◆ ***avere in ~ qcs.*** etw. verachten; ***in ~ a qcn.*** jdm zum Hohn.

spre|giu|di|ca|tez|za f. **1** Vorurteilslosigkeit *f.*, Unvoreingenommenheit *f.*: ***agire con la massima ~*** vollkommen unvoreingenommen handeln (*o* vor‿gehen) **2** *(assenza di scrupoli)* Skrupellosigkeit *f.* **spre|giu|di|ca|to I** agg. **1** vorurteilslos, unvoreingenommen: ***un comportamento ~*** ein unvoreingenommenes Benehmen **2** *(privo di scrupoli)* skrupellos **II** m. skrupelloser Mensch *m.*

spre|me|re tr. **1a** aus‿pressen, aus‿drücken, aus‿quetschen: ~ ***un limone*** eine Zitrone auspressen; ~ ***il tubetto del dentifricio*** die Zahnpastatube ausdrücken **b** FIG. ~ ***qcn. come un limone*** jdn wie eine Zitrone aus‿quetschen (*o* aus‿pressen) **2** *(far uscire)* aus‿pressen, pressen, heraus‿pressen, (her)aus‿drücken: ~ ***il succo da un limone*** den Saft aus einer Zitrone herauspressen; ~ ***olio*** das Öl pressen ◆ ***-rsi il cervello*** sein Hirn an‿strengen, sich (D) den Kopf zerbrechen; ~ ***denaro a qcn.*** jdm Geld ab‿zapfen; ~ ***le lacrime a qcn.*** jdn zu Tränen rühren; ***-rsi le meningi*** → ***-rsi il cervello***; ~ ***qcn. fino al midollo*** jdn bis aufs Blut aus‿saugen; FIG. ~ ***il succo di un testo, di un discorso*** aus einem Text, einer Rede das Wesentliche heraus‿schälen.

spre|mi|a|gru|mi m.inv. Zitruspresse *f.* **spre|mi|fru|tta** m.inv. Saftpresse *f.* **spre|mi|li|mo|ni** m.inv. Zitruspresse *f.*, Zitronenpresse *f.*

spre|mi|to|io m. *(-oi)* Fruchtpresse *f.*, Presse *f.*

spre|mi|tu|ra f. **1** Pressen *n.*, Auspressen *n.* **2** ESTENS. Pressung *f.*

spre|mu|ta f. **1** Auspressen *n.*; ***dare una ~ a qcs.*** etw. aus‿pressen

2 *(succo)* (frisch gepresster) Saft *m.*: ~ ***di arancia*** frisch gepresster Orangensaft.

spre|mu|to p.pass. agg. **1** → **spremere** **2** ausgepresst, ausgedrückt: ***appena*** ~ frisch ausgepresst ◆ FIG. ***essere un limone*** ~ wie eine Zitrone ausgequetscht sein; ***olio*** ~ ***a freddo*** kaltgeschlagenes Öl.

spre|tar|si pronom. aus dem Priesterstand aus‿treten. **spre|ta|to** **I** p.pass. agg. **1** → **spretare** **2** ***prete*** ~ ehemaliger Priester **II** m. ehemaliger Priester *m.*

sprez|zan|te agg. verächtlich, geringschätzig, wegwerfend, abfällig: ***sguardo*** ~ verächtlicher Blick; ***osservazione*** ~ abfällige Bemerkung; ***ridere in modo*** ~ verächtlich lachen ◆ ***avere un atteggiamento*** ~ ***nei confronti di qcn.*** voller Geringschätzung jdm gegenüber sein (*o* jdn geringschätzig behandeln); ***giudizio*** ~ Abqualifizierung *f.*; ~ ***del pericolo*** todesmutig. **sprez|za|re** tr. **1** verachten **2** *(tenere in poco conto)* gering schätzen, missachten: ~ ***il pericolo*** die Gefahr missachten **3** *(disdegnare)* verschmähen.

sprez|zo m. **1** Verachtung *f.*, Geringschätzung *f.*; ***con*** ~ ***di qcs.*** etw. (A) verachtend (*o* achtend, gering schätzend) **2** *(noncuranza)* Missachtung *f.*, Verachtung *f.* ◆ ***con*** ~ ***della morte, del pericolo*** mit Todesverachtung, todesmutig.

spri|gio|na|men|to m. Ausströmen *n.* **spri|gio|na|re** **I** tr. aus‿strömen: ~ ***un odore*** einen Geruch ausströmen **II** pronom. **sprigionarsi** **1** ANT. *(liberarsi)* sich befreien **2** *(uscire)* aus‿strömen, strömen.

spri|mac|cia|re tr. *(sprimaccio, sprimacci)* auf‿schütteln: ~ ***un cuscino*** ein Kopfkissen aufschütteln.

sprint m.inv. Spurt *m.*, Sprint *m.*: ***fare uno*** ~ ***negli ultimi 100 metri*** auf den letzten 100 Metern einen Spurt ein‿legen; ***scattare per lo*** ~ zum Spurt an‿setzen ◆ ~ ***finale*** Endspurt *m.*; ***avere un ottimo*** ~ spurtstark sein. **sprin|ta|re** intr. (aus. *avere*) spurten, sprinten. **sprin|ter** ['sprɪntər] m.inv. Sprinter *m.*

spriz|za|re **I** tr. **1** spritzen, sprühen: ***la ferita sprizzava sangue*** aus der Wunde spritzte Blut **2** *(scintille)* spritzen, schlagen **II** intr. (aus. *essere*) aus‿spritzen, spritzen: ***l'acqua sprizza da una fessura nella roccia*** das Wasser spritzt aus einem Felsspalt ◆ ~ ***gioia, salute da tutti i pori*** außer sich vor Freude sein, vor Gesundheit strotzen; ***i suoi occhi sprizzavano gioia*** seine Augen strahlten vor Freude.

spriz|zo m. **1** Strahl *m.*: ***uno*** ~ ***d'acqua*** ein Strahl Wasser (*o* ein Wasserstrahl); ~ ***di sangue*** Blutstrahl *m.* **2** FIG. Funken *m.*: ***uno*** ~ ***di energia, di allegria*** ein Funken Energie, Fröhlichkeit.

spro|fon|da|men|to m. **1** *(di terreno)* Nachgeben *n.*, Absinken *n.* **2** *(di casa)* Einsturz *m.*, Einbruch *m.* **3a** *(parte sprofondata)* Senkung *f.* **b** GEOL. Einsturz *m.*

spro|fon|da|re **I** intr. (aus. *essere*) **1a** *(crollare)* ein‿brechen: ***il tetto sprofondò sotto il peso della neve*** das Dach brach unter dem Gewicht des Schnees ein; ~ ***nel ghiaccio*** auf dem Eis einbrechen **b** *(di terreno)* ab‿sinken **2** *(affondare)* ein‿sinken, sinken, versinken (anche FIG.): ~ ***in qcs.*** in etw. (D) einsinken (*o* versinken); ~ ***nel fango*** im Schlamm einsinken; ~ ***nel sonno*** in den Schlaf sinken; ~ ***nella tristezza*** in Traurigkeit versinken; ~ ***per la vergogna*** vor Scham versinken (können); ***sarei voluto*** ~ ***(per la vergogna)*** ich wäre am liebsten in den Boden versunken **II** pronom. **sprofondarsi** **1** *(lasciarsi affondare)* versinken: ***-rsi nella poltrona*** im Sessel versinken **2** FIG. sich versenken, sich vertiefen: ***-rsi in qcs.*** sich in etw. (A) vertiefen (*o* versenken); ***-rsi nella meditazione*** sich in die Meditation versenken; ***-rsi nella lettura di un libro*** sich in ein Buch vertiefen **III** tr. versenken (anche FIG.). **spro|fon|da|to** p.pass. agg. **1** → **sprofondare** **2** gesunken: ~ ***nella poltrona*** in den Sessel gesunken **3** *(assorto)* versunken, vertieft: ~ ***nello studio*** ins Studium vertieft (*o* versunken).

spro|lo|quia|re intr. *(sproloquio, sproloqui*; aus. *avere)* schwafeln. **spro|lo|quio** m. *(-qui)* Wortschwall *m.*

spro|na|re tr. **1** ~ ***il cavallo*** das Pferd an‿spornen, dem Pferd die Sporen geben **2** FIG. an‿spornen, an‿treiben: ~ ***qcn. a qcs.*** jdn zu etw. anspornen; ~ ***qcn. a fare qcs.*** jdn anspornen (*o* antreiben), etw. zu tun. **spro|na|ta** f. **1** *(colpo)* Spornstich *m.* **2** FIG. Ansporn *m.*, Antrieb *m.*; ***dare una*** ~ ***a qcn.*** jdn an‿spornen (*o* an‿treiben).

spro|ne m. **1** Sporn *m.*: ***dar di*** ~ ***al cavallo*** dem Pferd die Sporen geben (*o* das Pferd an‿spornen) **2** FIG. Ansporn *m.*: ***qcs. è uno*** ~ ***per qcn.*** etw. ist ein Ansporn für jdn (*o* etw. spornt jdn an) **3** SART. Schulterpasse *f.*, Passe *f.* ◆ ***a spron battuto*** spornstreichs; FIG. unverzüglich, ohne Verzug, ohne Aufschub; ~ ***del gallo*** Hahnensporn *m.*; ~ ***di roccia*** Felsenvorsprung *m.*

spro|por|zio|na|ta|men|te avv. **1** unverhältnismäßig **2** *(eccessivamente)* übertrieben. **spro|por|zio|na|to** agg. **1** *(disarmonico)* unproportioniert, disproportioniert: ***avere gambe -e alla statura*** im Verhältnis zum Körperbau unproportionierte Beine haben **2a** ESTENS. unverhältnismäßig, in keinem Verhältnis stehend: ***essere*** ~ ***rispetto a qcs.*** in keinem Verhältnis zu etw. stehen **b** *(eccessivo)* unverhältnismäßig groß, hoch: ***costi -i*** unverhältnimäßig hohe Kosten. **spro|por|zio|ne** f. Missverhältnis *n.*, Disproportion *f.*, Disproportionalität *f.*

spro|po|si|ta|to agg. **1** *(pieno di spropositi)* fehlerhaft, voller Fehler **2a** FIG. *(enorme)* unproportioniert: ***naso*** ~ unproportionierte Nase **b** *(esagerato)* übertrieben.

spro|po|si|to m. **1** Dummheit *f.*, Unsinn *m.*: ***dire -i*** Unsinn reden; ***commettere uno*** ~ eine Dummheit begehen (*o* Unsinn machen) **2** *(errore)* grober Fehler *m.* **3a** COLLOQ. *(quantità eccessiva)* Unmenge *f.* **b** *(di denaro)* Unsumme *f.* ◆ ***a*** ~ ungelegen (*o* unangebracht); ***l'osservazione è a*** ~, ***cade a*** ~ die Bemerkung ist fehl am Platz.

spro|vin|cia|liz|za|re **I** tr. ~ ***qcn.*** jdm das Provinzielle nehmen **II** pronom. **sprovincializzarsi** seine Provinzialität, den Provinzialismus ab‿legen.

sprov|ve|du|tez|za f. **1** *(incapacità)* Unbegabtheit *f.* **2** *(ingenuità)* Naivität *f.* **sprov|ve|du|to** **I** agg. **1a** *(privo di doti particolari)* unbegabt **b** *(imprudente)* unbedacht **c** *(impreparato)* unvorbereitet **2** *(ingenuo)* naiv **3** RAR. → **sprovvisto** **II** m. Naivling *m.* ◆ ***agire da*** ~ unbedacht handeln.

sprov|vi|sto agg. nicht versehen: ~ ***di qcs.*** mit etw. nicht versehen (*o* ohne etw.); ~ ***di denaro*** ohne Geld; ~ ***di mezzi*** mittellos ◆ ***alla -a*** unvorbereitet (*o* überrascht); ***cogliere, prendere qcn. alla -a*** jdn überraschen; ~ ***di tutto*** völlig mittellos.

spruz|za|re **I** tr. **1a** (be)spritzen: ~ ***la vernice sulla parete*** die Farbe an die Wand spritzen; ~ ***acqua addosso a qcn.***, ~ ***qcn. d'acqua*** jdn mit Wasser bespritzen; ~ ***acqua in faccia a qcn.*** jdm Wasser ins Gesicht spritzen **b** *(nebulizzare)* (be)sprühen: ~ ***qcs. con uno spray*** etw. mit Spray besprühen (*o* etw. sprayen); ~ ***lacca sui capelli*** Haarfestiger ins Haar sprühen **2a** ESTENS. *(lavando)* ab‿spritzen **b** *(sporcando)* verspritzen: ~ ***fango*** Schlamm verspritzen **3** *(irrorare)* versprühen; *(con macchinari)* verregnen: ~ ***un insetticida*** ein Insektenschutzmittel versprühen **4** *(inumidire)* ein‿sprühen, sprengen, (mit Wasser) besprühen: ~ ***la biancheria*** die Wäsche einsprühen **5** GASTR. *(spolverare)* (be)streuen: ~ ***la torta di cacao*** den Kuchen mit Kakao bestreuen (*o* Kakao auf den Kuchen streuen) **II** pronom. **spruzzarsi** **1** sich bespritzen: ***-rsi di fango*** sich mit Schlamm bespritzen **2** *(nebulizzando)* sich besprühen: ***-rsi di profumo*** sich mit Parfüm besprühen.

spruz|za|ta f. **1a** *(lo spruzzare)* Bespritzen *n.*; *(il nebulizzare)* Besprühen *n.*; ***dare una*** ~ ***a qcs.*** etw. bespritzen (*o* besprühen) **b** ***dare una*** ~ ***(d'acqua) al giardino*** den Garten sprengen **2a** GASTR. *(spolverata)* ***una*** ~ ***di cacao*** etwas Kakao **b** *(sostanza spruzzata)* Spritzer *m.*, Schuss *m.*: ***una*** ~ ***di limone*** ein Spritzer Zitronensaft; ***un Martini con una*** ~ ***di gin*** ein Martini mit einem Spritzer (*o* Schuss) Gin **3** FIG. *(pioggia lieve)* Nieselregen *m.*, Sprühregen *m.* ◆ ***una*** ~ ***di neve*** ein leichter Schneefall; ~ ***di pioggia*** Sprühregen *m.*

spruz|za|to|re m. **1a** Spritze *f.* **b** *(per vernice)* Spritzapparat *m.* **c** *(per insetticida)* Sprühgerät *n.* **2a** *(nebulizzatore)* Zerstäuber *m.* **b** *(per profumo)* Parfümzerstäuber *m.* **3** AUT. Einspritzdüse *f.* ◆ ~ ***a pistola*** Spritzpistole *f.* **spruz|za|tu|ra** f. **1a** *(lo spruzzare)* Bespritzen *n.* **b** *(il nebulizzare)* Besprühen *n.* **2** *(sostanza spruzzata)* Sprühmittel *n.* **3** *(macchia spruzzata)* Spritzer *m.*, Fleck *m.*

spruz|zet|ta f. Spritzflasche *f.*

spruz|zo m. **1** Spritzer *m.*: ~ ***d'acqua*** Wasserspritzer *m.* **2** GASTR. *(sostanza spruzzata)* Spritzer *m.*, Schuss *m.*: ***uno*** ~ ***di soda nel whisky*** ein Schuss Sodawasser in den Whisky ◆ ~ ***di neve*** *(strato)* dünne Schneeschicht; *(nevicata)* Schneeschauer *m.*; ~ ***di pioggia*** Sprühregen *m.*; ***pistola a*** ~ Spritzpistole *f.*; COLLOQ. ***riempire di -i qcs.*** etw. voll spritzen; ***vernice a*** ~ Spritzlack *m.*; ***verniciare a*** ~ ***qcs.*** etw. spritzen; ***verniciatura a*** ~ Spritzlackierung *f.*

spu|do|ra|ta|men|te avv. **1** schamlos **2** *(sfacciatamente)* unverschämt. **spu|do|ra|tez|za** f. **1** Schamlosigkeit *f.* **2** *(sfacciataggine)* Unverschämtheit *f.* **spu|do|ra|to** **I** agg. **1** schamlos **2** *(sfacciato)* unverschämt **II** m. schamloser Mensch *m.*; ***essere uno*** ~ keine Scham (im Leibe) haben.

spu|gna f. **1** Schwamm *m.* (anche ZOOL.): ***strizzare la*** ~ den Schwamm aus‿drücken **2** TESS. Frottee *n.*; AUSTR. Frotté *n.* ◆ ***accappatoio di*** ~ Frottiermantel *m.*; ~ ***artificiale*** künstlicher Schwamm; ***asciugamano di*** ~ Frottierhandtuch *n.*; ~ ***da bagno*** Badeschwamm *m.*; COLLOQ. ***bere come una*** ~ wie ein Loch (*o* eine Senke) saufen; FIG. ***colpo di*** ~ Tilgung *f.*; ***dare un colpo di*** ~ ***a, su qcs.*** einen Strich unter etw. ziehen; FIG. ***gettare la*** ~ das Handtuch werfen; ***guanto di*** ~ ***(per lavarsi)*** Frottierhandschuh *m.*, Waschhandschuh *m.*, Waschlappen *m.*; ***passare la*** ~ ***su qcs.*** etw. mit dem Schwamm ab‿wischen; FIG. etw. aus der Erinnerung tilgen; ***passiamoci sopra la*** ~ Schwamm drüber; ***tessuto di*** ~ Frottiergewe-

be *n.*; COLLOQ. ***essere una vecchia ~*** ein versoffenes Loch sein.
spu|gna|tu|ra f. Abreiben *n.* mit einem Schwamm.
spu|gnet|ta f. Schwämmchen *n.* **spu|gno|la** f. Morchel *f.*
spu|gno|si|tà f. Schwammigkeit *f.* **spu|gno|so** agg. schwammig, schwammartig.
spu|la|re tr. worfeln.
spul|cia|re *(spulcio, spulci)* **I** tr. **1** flöhen **2** FIG. durch‿ackern; COLLOQ. wälzen **II** pronom. **spulciarsi** sich flöhen.
spu|ma f. **1** Schaum *m.* **2** *(bevanda)* Limonade *f.* **3** GASTR. Mousse *f.* ◆ ***~ della birra*** Bierschaum *m.*; MINER. ***~ di mare*** Meerschaum *m.*
spu|man|te **I** m. Sekt *m.*, Schaumwein *m.*: ***~ secco, dolce*** trockener, süßer Sekt; ***lo ~ trabocca, fa le bollicine*** der Sekt schäumt über, schäumt (*o* perlt, moussiert) **II** agg. Schaum-, schäumend ◆ ***bicchiere di, da ~*** Glas *n.* Sekt, Sektglas *n.*; ***bottiglia di, da ~*** Flasche *f.* Sekt, Sektflasche *f.*; ***calice di, da ~*** Kelch *m.* Sekt, Sektkelch *m.*; ***coppa di, da ~*** Schale *f.* Sekt, Sektschale *f.*; ***~ alla frutta*** Fruchtsekt *m.*; ***moscato ~*** Muskatellerschaumwein *m.*; ***secchiello dello ~*** Sektkübel *m.*, Sektkühler *m.*; ***tappo da ~*** Sektkorken *m.*; ***vino ~*** Schaumwein *m.* **spu|man|ti|no** m. kleine Flasche Sekt *f.*, COLLOQ. Pikkolo *m.*
spu|ma|re intr. (aus. *avere*) **1** schäumen (anche FIG.): ***~ di rabbia*** vor Wut schäumen **2** ENOL. schäumen, moussieren, perlen.
spu|meg|gian|te agg. **1** schäumend **2** ENOL. schäumend, moussierend, perlend **3a** FIG. spritzig: ***umorismo ~*** spritziger Humor **b** *(di persona)* überschäumend: ***una ragazza ~*** ein Mädchen von überschäumendem Temperament. **spu|meg|gia|re** intr. *(spumeggio, spumeggi*; aus. *avere)* **1** schäumen **2** ENOL. moussieren, perlen.
spu|mi|glia f. Baiser *n.*, Meringe *f.*
spu|mo|ne m. **1** GASTR. Schaumgebäck *n.* **2** *(semifreddo)* halbgefrorene Mousse *f.*
spu|mo|si|tà f. Schaumigkeit *f.* **spu|mo|so** agg. **1** schaumig, schaumartig **2** *(che produce spuma)* schäumend **3** FIG. *(vaporoso)* flaumig.
spun|ta f. **1** *(controllo)* Abhaken *n.* **2** *(segno)* Häkchen *n.*
1.spun|ta|re **I** tr. **1a** *(rompere la punta di)* ***~ qcs.*** die Spitze etw. (G) (*o* von etw.) ab‿brechen **b** *(arrotondare la punta di)* stumpf machen, ab‿stumpfen **2a** ESTENS. *(tagliare la punta di)* ab‿schneiden: ***~ un sigaro*** eine Zigarre abschneiden **b** *(accorciare)* stutzen, beschneiden, zurück‿schneiden: ***~ una siepe*** eine Hecke zurückschneiden (*o* beschneiden, stutzen); ***~ i capelli, la barba a qcn.*** jdm die Haare, den Bart stutzen **3** *(staccare)* ab‿nehmen: ***~ il modello dalla stoffa tagliata*** das Muster vom zugeschnittenen Stoff abnehmen **II** intr. (aus. *essere*) **1a** *(nascere; di germogli)* sprießen **b** *(di denti)* durch‿brechen, wachsen **c** *(di capelli, peli)* wachsen **d** *(del sole)* auf‿gehen **2** *(sporgere)* hervor‿kommen, heraus‿sehen: ***la gonna spunta dal cappotto*** der Rock sieht unter dem Mantel hervor **3** *(apparire)* auf‿tauchen, erscheinen (anche FIG.): ***quando spuntò la polizia i ladri scapparono*** als die Polizei erschien, flohen die Diebe; ***un sorriso gli spuntò sulle labbra*** ein Lächeln erschien auf seinen Lippen; ***qcs. spunta davanti ai nostri occhi*** etw. taucht vor unseren Augen auf **4** FIG. *(sbucare all'improvviso)* hervor‿kommen, hervor‿brechen: ***uno scoiattolo spuntò dal cespuglio*** ein Eichhörnchen kam aus dem Gebüsch hervor; ***da dove sei spuntato?*** wo kommst du denn her? **5** *(cominciare)* an‿brechen: ***spunta un nuovo giorno, una nuova era*** ein neuer Tag, ein neues Zeitalter bricht an **6a** *(fare capolino)* hervor‿scheinen; COLLOQ. durch‿kommen **b** *(di cose inanimate)* sichtbar werden: ***una casetta spuntava tra gli alberi*** ein Häuschen wurde zwischen den Bäumen sichtbar **III** pronom. **spuntarsi** **1a** *(perdere la punta)* die Spitze verlieren **b** ***la matita si è spuntata*** die Spitze des Bleistifts ist abgebrochen **c** *(arrotondarsi)* stumpf werden **2** *(accorciarsi)* sich (D) stutzen: ***-rsi la barba, i capelli*** sich den Bart, die Haare stutzen ◆ ***~ come funghi*** wie Pilze aus der Erde schießen; ***gli spuntarono le lacrime agli occhi*** ihr traten die Tränen in die Augen; ***~ un buon prezzo*** einen günstigen Preis aus‿handeln; ***spuntarla*** es schaffen; ***spuntarla su qcn.*** sich gegen jdn durch‿setzen.
2.spun|ta|re m. **1** *(il sorgere)* Aufgehen *n.*, Aufgang *m.*; ***lo ~ del sole*** der Sonnenaufgang **2** *(inizio)* Anbrechen *n.*, Anbruch *m.*; ***allo ~ del giorno*** bei Tagesanbruch.
3.spun|ta|re tr. *(contrassegnare)* ab‿haken: ***~ i nomi di una lista*** die Namen auf (*o* in) einer Liste abhaken.
1.spun|ta|ta f. Stutzen *n.*, Beschneiden *n.*; ***dare una ~ ai capelli, alla siepe*** die Haare stutzen, die Hecke stutzen (*o* beschneiden).
2.spun|ta|ta f. *(il contrassegnare)* Abhaken *n.*; ***dare una ~*** abhaken.
spun|ta|to p.pass. agg. **1** → **1.spuntare** **2a** *(senza punta)* stumpf **b** *(con la punta arrotondata)* abgestumpft **c** *(con la punta rotta)* mit abgebrochener Spitze.
spun|ta|tu|ra f. **1** *(taglio della punta)* Stutzen *n.*, Beschneiden *n.* **2** *(carne)* Rippchen *n.* ◆ ***~ di sigaro*** abgeschnittene Zigarrenspitzen *pl.*
spun|ti|no m. Imbiss *m.*, Zwischenmahlzeit *f.*; *(di mattina)* Gabelfrühstück *n.*: ***fare, preparare uno ~*** einen Imbiss ein‿nehmen (*o* nehmen), zu‿bereiten.
1.spun|to m. **1a** TEATR. Stichwort *n.*, Merkwort *n.*: ***dare lo ~*** das Stichwort geben **b** MUS. Anfangstakte *pl.* **2** ESTENS. *(motivo)* Anlass *m.*, Anregung *f.*: ***dare, offrire a qcn. lo ~ per qcs.*** jdm (den) Anlass (*o* Stoff) zu etw. geben; ***prendere lo ~ da qcs.*** sich von etw. anregen lassen **3** SPORT Spurt *m.* **4a** MOT. *(avviamento)* Anlauf *m.* **b** *(accelerazione)* Beschleunigung *f.* ◆ SPORT ***~ finale*** Endspurt *m.*; ***~ di riflessione*** Denkanstoß *m.*
2.spun|to m. ENOL. Stich *m.*, Essigstich *m.*; ***avere lo ~*** einen Essigstich haben.
spun|to|ne m. **1** *(grossa spina)* Stachel *m.* **2** *(punta)* Spitze *f.* **3** *(sporgenza di roccia)* Felsvorsprung *m.*, Felsenspitze *f.*
spu|paz|za|re **I** tr. COLLOQ. (ver)hätscheln **II** pronom. **spupazzarsi** REGION. **1** *(amoreggiare)* ***-rsi qcn.*** mit jdm flirten **2** *(accollarsi malvolentieri)* auf dem Hals haben: ***-rsi la suocera tutto il giorno*** die Schwiegermutter den ganzen Tag auf dem Hals haben.
spur|ga|re *(spurgo, spurghi)* **I** tr. **1** *(canali, fogne)* reinigen, säubern **2** MED. aus‿werfen, aus‿husten **3** FIG. *(espurgare)* ***~ un testo*** anstößige Stellen aus einem Text entfernen **II** pronom. **spurgarsi** aus‿werfen, aus‿husten. **spur|go** m. *(-ghi)* **1** Reinigung *f.*, Säuberung *f.* **2** *(materia spurgata)* Schmutz *m.* **3** MED. Auswurf *m.* **4** pl. FIG. Ausschuss *m.*, Ausschussware *f.* ◆ ***~ dei canali*** Kanalreinigung *f.*; ***valvola di ~*** Schmutzventil *n.*
spu|rio agg. *(-ri, -rie)* **1** *(non autentico)* unecht, gefälscht: ***documenti -ri*** gefälschte Urkunden **2** ANAT. BIOL. falsch: ***organi -ri*** falsche Organe **3** *(adulterino)* unehelich.
spu|tac|chia|re *(sputacchio, sputacchi)* **I** intr. (aus. *avere*) (fortwährend) spucken, geifern **II** tr. an‿spucken, bespucken. **spu|tac|chie|ra** f. Spucknapf *m.* **spu|tac|chio** m. *(-chi)* Auswurf *m.*
spu|ta|fuo|co SCHERZ. **I** m.inv. Schießeisen *n.*, Schießprügel *m.* **II** f.inv. *(pistola)* Puste *f.*, Ballermann *m.*
spu|ta|re **I** intr. (aus. *avere*) spucken, speien: ***~ per terra*** auf den Boden spucken; ***~ in faccia a qcn.*** jdm ins Gesicht spucken **II** tr. **1** aus‿spucken: ***~ un nocciolo*** einen Kern ausspucken **2** ESTENS. aus‿stoßen, spucken, speien: ***il vulcano sputa lava incandescente*** der Vulkan speit glühende Lava ◆ ***~ fuori*** ausspucken, ausspeien; FIG. ausspucken; *(denaro)* heraus‿rücken; ***~ insulti in faccia a qcn.*** jdn Beleidigungen an den Kopf werfen; ***sputa l'osso!*** spuck's (schon) aus! *(restituisci)* heraus damit! ***~ nel piatto in cui si mangia*** sein eigenes Nest beschmutzen; ***~ i polmoni*** sich (D) die Lunge (her)aus‿husten; ***sputa il rospo!*** spuck's (schon) aus! ***~ sangue*** Blut spucken (*o* speien); FIG. Blut und Wasser schwitzen; ***~ sentenze*** Weisheiten von sich geben, COLLOQ. Sprüche klopfen; FIG. ***~ sopra a qcs., su qcs.*** auf etw. spucken; ***~ veleno*** sein Gift verspritzen (*o* versprühen).
spu|ta|sen|ten|ze m. e f.inv. Besserwisser *m.* (-in *f.*), Weisheitskrämer *m.* (-in *f.*).
spu|ta|to p.pass. agg. **1** → **sputare** **2** COLLOQ. ***è suo padre (nato e) ~*** er ist seinem Vater wie aus dem Gesicht geschnitten.
spu|to m. **1** Spucke *f.*, Auswurf *m.* **2** *(sputata)* Spucken *n.* ◆ FIG. ***appicciato con lo ~*** = notdürftig (*o* behelfsmäßig); ***coprire di -i qcn., qcs.*** jd an‿spucken; FIG. *(insultare)* jdn wüst beschimpfen; ***fatto con lo ~*** wack(e)lig; ***è a un tiro di ~*** da kann man hin‿spucken; ***non valere uno ~*** nichts taugen.
sput|ta|na|men|to m. VOLG. Bloßstellung *f.* **sput|ta|na|re** **I** VOLG. tr. bloß‿stellen, schlecht machen, durch den Dreck (*o* Schmutz) ziehen **II** pronom. **sputtanarsi** VOLG. sich bloß‿stellen.
squa|der|na|re **I** tr. **1** durch‿blättern **2** ESTENS. *(mostrare)* vor Augen halten, COLLOQ. unter die Nase halten **II** pronom. **squadernarsi** *(palesarsi)* sich offenbaren.
1.squa|dra f. *(strumento)* Winkeldreieck *n.*, Winkelmaß *n.*, Zeichendreieck *n.* ◆ ***a ~*** rechtwinklig; ***essere a ~*** rechtwinklig sein; ***mettere a ~*** rechtwinklig machen; ***mettere le gambe a ~*** die Beine an‿winkeln; ***~ da disegno*** Zeichendreieck *n.*; ***falsa ~*** Schmiege *f.*; ***essere fuori ~*** aus dem Lot (*o* schräg) sein; FIG. nicht in Ordnung sein (*o* unordentlich sein); ***~ da muratore*** Maurerwinkel *m.*; ***uscire di ~*** schief stehen; FIG. aus der Haut fahren.
2.squa|dra f. **1a** Gruppe *f.*, Team *n.*: ***la ~ degli operai*** die Gruppe (*o* der Trupp) der Arbeiter; ***una ~ ben affiatata*** ein gut abgestimmtes Team **b** SPORT Mannschaft *f.*, Team *n.*: ***~ di basket, calcio*** Basketball-, Fußballmannschaft *f.*; ***giocare in una ~*** in einer Mannschaft spielen **2** MIL. Trupp *m.*, Kommando *n.* **3** MAR. AER. Ge-

schwader *n.* ◆ ***a -e*** riegenweise; ***~ aerea*** Fluggeschwader *n.*, Luftgeschwader *n.*; ***~ di artificieri*** Sprengkommando *n.*; ***~ d'assalto*** Rollkommando *n.*; ***~ del buon costume*** Sittenpolizei *f.*, Sittendezernat *n.*; ***campionato a -e*** Mannschaftsmeisterschaft *f.*; ***~ di casa*** Heimmannschaft *f.*, einheimische Mannschaft; ***corsa a -e*** Mannschaftsfahren *n.*; ***~ femminile*** Damenmannschaft *f.*; ***gara a -e*** Mannschaftskampf *m.*; ***gioco di ~*** Mannschaftsspiel *n.*; ***gioco a -e*** Mannschaftsspiel *n.*; *(all'aperto)* Geländespiel *n.*; ***~ giovanile*** Jugendmannschaft *f.*; ***lavoro di ~*** Teamarbeit *f.*, Gruppenarbeit *f.*; ***~ mobile*** INTRAD. (mobiles Einsatzkommando der Polizei); ***~ navale*** Schiffsgeschwader *n.*; ***~ olimpica*** Olympiamannschaft *f.*; ***~ omicidi*** Mordkommission *f.*; ***~ ospitante*** Gastgeber *m.*, gastgebende Mannschaft; ***~ ospite*** Gastmannschaft *f.*; ***~ di polizia*** Kommando *n.*, Polizeieinheit *f.*; ***punteggio di ~*** Mannschaftswertung *f.*; ***~ di soccorso*** Rettungsmannschaft *f.*, Bergungsmannschaft *f.*; ***spirito di ~*** Teamgeist *m.*; ***~ di vigilanza*** Wachmannschaft *f.*; ***~ vincente*** siegreiche Mannschaft, Siegermannschaft *f.*; ***~ volante*** Überfallkommando *n.*

squa|drac|cia f. **1** faschistischer Schlägertrupp *m.* **2** ESTENS. Schlägerbande *f.*, Schlägertrupp *m.*, Schlägertruppe *f.*

squa|dra|re tr. **1** quadratisch zu‿schneiden (*o* schneiden): ***~ un foglio*** ein Blatt quadratisch zuschneiden **2a** *(ridurre a sezione quadra)* rechtwinklig (*o* quadratisch) behauen: ***~ una pietra*** einen Stein rechtwinklig behauen **b** *(legno)* ab‿vieren **3** FIG. *(osservare)* mustern, messen: ***~ qcn. da capo a piedi*** jdn von Kopf bis Fuß mustern. **squa|dra|to** p.pass. agg. **1** → **squadrare** **2** rechteckig, quadratisch: ***una pietra -a*** ein quadratisch behauener Stein (*o* Quaderstein *m.*) ◆ ***viso ~*** eckiges (*o* kantiges) Gesicht. **squa|dra|tu|ra** f. Abvieren *n.*; *(di pietra)* Behauen *n.*

squa|dri|glia f. **1** MAR. Flottille *f.*, Verband *m.* **2** AER. Geschwader *n.*, Staffel *f.* ◆ ***~ di aerei*** Flugzeugstaffel *f.*; ***~ di bombardieri*** Bombengeschwader *n.*

squa|dri|smo m. **1** STOR. Organisation *f.* der faschistischen Sturmabteilungen **2** ESTENS. = organisierte politische Gewalt *f.* **squa|dri|sta** m. e f. *(-i,-e)* **1** STOR. Mitglied *n.* der faschistischen Sturmabteilungen **2** ESTENS. Angehöriger *m.* eines politischen Schlägertrupps.

1.squa|dro m. TECN. Winkelkopf *m.*, Kreuzscheibe *f.* ◆ ***lavori di ~*** Messarbeiten *pl.*

2.squa|dro m. ITTIOL. Meerengel *m.*, Engelfisch *m.*

squa|dro|ne m. Schwadron *f.* ◆ ***~ della morte*** Todesschwadron *f.*

squa|glia|re *(squaglio, squagli)* **I** tr. schmelzen **II** pronom. **squagliarsi** **1** zergehen, schmelzen: ***il burro si è squagliato*** die Butter ist geschmolzen **2** **squagliarsela** verschwinden, sich davon‿machen, verduften: ***qui è meglio che ce la squagliamo*** es ist besser, wenn wir uns davonmachen.

squa|li|fi|ca f. *(-che)* **1** Disqualifizierung *f.*, Disqualifikation *f.*: ***~ a vita*** Disqualifizierung auf Lebenszeit **2** *(interdizione)* Ausschluss *m.*, Sperre *f.*, Spielverbot *n.*: ***ricevere due giorni di ~*** für zwei Spieltage gesperrt werden; ***infliggere due giornate di ~*** zwei Tage Spielverbot verhängen.

squa|li|fi|ca|re *(squalifico, squalifichi)* **I** tr. **1** disqualifizieren (anche FIG.): ***quel gesto lo ha squalificato*** mit dieser Geste hat er sich disqualifiziert **2** *(interdire)* sperren: ***~ un giocatore per tre mesi*** einen Spieler für drei Monate sperren **II** pronom. **squalificarsi** sich in Misskredit bringen, sich disqualifizieren. **squa|li|fi|ca|to** **I** p.pass. agg. **1** → **squalificare** **2** SPORT disqualifiziert **3** *(interdetto)* gesperrt **4** *(screditato)* verrufen, verschrien **II** m. *(atleta)* gesperrter Sportler *m.*; *(giocatore)* gesperrter Spieler *m.*

squa|li|for|mi m.pl. Haie *pl.*, Haifische *pl.*, Haiähnliche *pl.*, Selachier *pl.*

squal|li|dez|za f. **1** Düsterheit *f.* **2** *(di luoghi)* Öde *f.*

squal|li|do agg. **1** trostlos, elend: ***una -a catapecchia*** eine elende Behausung; ***vita -a*** elendes Leben; ***paesaggio ~*** trostlose Gegend **2a** *(sciatto)* schäbig **b** *(trascurato)* ungepflegt, nachlässig: ***essere vestito in modo ~*** nachlässig angezogen sein **3** *(spoglio)* kahl **4** *(cupo)* düster **5a** *(meschino)* gemein: ***una persona -a*** ein gemeiner Mensch **b** *(ripugnante)* abscheulich, schäbig: ***un'azione -a*** eine abscheuliche Tat; ***una vicenda -a*** eine schäbige Angelegenheit **6** *(abbandonato)* öde, verwahrlost, verlassen: ***una campagna -a*** eine öde Landschaft ◆ ***vivere nella più -a miseria*** im tiefsten Elend leben.

squal|lo|re m. **1** *(cupezza)* Düsterkeit *f.* **2** *(di luoghi)* Trostlosigkeit *f.*: ***lo ~ della periferia metropolitana*** die Trostlosigkeit der Großstadtperipherie **3** *(abbandono)* Verlassenheit *f.* **4** *(miseria)* Elend *n.*: ***vivere nello ~*** im Elend leben.

squa|lo m. Hai *m.*, Haifisch *m.* (anche FIG.) ◆ ***~ grigio*** Grauhai *m.*; ***~ tigre*** Tigerhai *m.*

squa|ma f. **1** Schuppe *f.*; ***togliere le -e a qcs.*** etw. entschuppen **2** *(scaglia)* Plättchen *n.*, Metallplättchen *n.* ◆ ***~ di pesce*** Fischschuppe *f.* **squa|ma|re** **I** tr. schuppen, ab‿schuppen, entschuppen: ***~ un pesce*** einen Fisch schuppen **II** pronom. **squamarsi** (sich) schuppen, (sich) ab‿schuppen: ***la pelle si squama*** die Haut schuppt sich. **squa|ma|ti** m.pl. Schuppenkriechtiere *pl.* **squa|ma|to** p.pass. agg. **1** → **squamare** **2** Schuppen-, schuppig, schuppenartig. **squa|mo|so** agg. schuppig, Schuppen- ◆ ***dermatosi -a*** Flechte *f.*

squar|cia|go|la, *a ~* aus vollem Halse, aus voller Kehle; ***gridare a ~*** aus vollem Halse (*o* aus voller Kehle) schreien.

squar|cia|men|to m. **1** Zerreißung *f.* **2** *(squarcio)* Riss *m.*, Spalt *m.*

squar|cia|re *(squarcio, squarci)* **I** tr. **1** zerreißen, auf‿reißen: ***~ un lenzuolo*** ein Laken zerreißen **2** *(tagliare)* durch‿schneiden: ***~ la gola a qcn.*** jdm die Gurgel durchschneiden **3** FIG. zerreißen: ***un lampo squarciò le tenebre*** ein Blitz zerriss die Finsternis; ***gli spari squarciarono il silenzio*** die Schüsse zerrissen die Stille **II** pronom. **squarciarsi** sich zerreißen, auf‿brechen ◆ ***il sole squarcia le nuvole*** die Sonne durchbricht die Wolken.

squar|cio m. *(-ci)* **1** Riss *m.*, Aufbrechen *n.*: ***uno ~ nei pantaloni*** ein Riss in der Hose **2** FIG. *(tra le nuvole)* Durchbruch *m.*, Lücke *f.*: ***uno ~ nelle nuvole*** eine Lücke in den Wolken **3** *(ferita)* klaffende Wunde *f.*: ***uno ~ nella gamba*** eine klaffende Wunde am Bein **4** *(brano)* Ausschnitt *m.* ◆ ***~ di sole*** Sonnenstrahl *m.*

squar|ta|men|to **1** *(lo squartare)* Zerlegen *n.*, Zerteilen *n.* **2** ESTENS. *(uccisione)* Zerreißen *n.* **3** STOR. Vierteilung *f.*

squar|ta|re tr. **1** zerlegen, zerteilen **2** ESTENS. *(uccidere)* zerreißen **3** STOR. vierteilen. **squar|ta|to|io** m. *(-oi)* Schlachtmesser *n.* **squar|ta|to|re** m. **1** Schlachter *m.* **2** STOR. Vierteiler *m.* ◆ ***Jack lo Squartatore*** Jack the Ripper.

squas|sa|men|to m. Rütteln *n.*, Schütteln *n.*, Erschütterung *f.* **squas|sa|re** tr. rütteln, schütteln, erschüttern: ***il terremoto squassò l'edificio*** das Erdbeben erschütterte das Gebäude; ***la tosse gli squassava il petto*** der Husten zerriss ihm die Brust.

squat|tri|na|to **I** agg. abgebrannt, mittellos **II** m. Hungerleider *m.*, Habenichts *m.*

squi|li|bra|re **I** tr. **1** aus dem Gleichgewicht bringen **2** FIG. *(dissestare)* zerrütten **3** PSIC. aus dem seelischen Gleichgewicht bringen **II** pronom. **squilibrarsi** das Gleichgewicht verlieren. **squi|li|bra|to** **I** p.pass. agg. **1** → **squilibrare** **2** unausgewogen, unausgeglichen: ***alimentazione -a*** unausgewogene Ernährung **3** PSIC. geistig gestört **II** m. Geistesgestörte *m.*

squi|li|brio m. *(-bri)* **1** Ungleichgewicht *n.* **2** FIG. Ungleichgewicht *n.*, Missverhältnis *n.*, Unausgeglichenheit *f.*: ***uno ~ nella bilancia commerciale*** ein Ungleichgewicht in der Handelsbilanz; ***~ tra le entrate e le uscite*** Ungleichgewicht zwischen Ein- und Ausgaben **3** PSIC. ***~ (mentale)*** Geistesstörung *f.*; *(stato)* Geistesgestörtheit *f.*; ***dare segni di ~*** Anzeichen geistiger Gestörtheit erkennen lassen.

squil|la f. **1** *(campana)* Glocke *f.* **2** *(suono)* Geläute *n.*

squil|lan|te agg. **1** *(acuto)* hell, schrill, schmetternd: ***una voce ~*** eine helle Stimme **2** FIG. schreiend, grell: ***colore ~*** grelle Farbe.

squil|la|re intr. (aus. *essere, avere*) **1** klingeln, schellen: ***squilla il telefono*** das Telefon klingelt **2** *(di tromba)* schmettern **3** *(di voce)* schallen, klingen, tönen **4** *(di colore)* grell sein, schreiend sein.

squil|lo **I** m. Klingeln *n.*: ***lo ~ del telefono*** das Klingeln des Telefons **II** f.inv. Callgirl *f.* **III** agg.inv. ***ragazza ~*** Callgirl *n.* ◆ ***~ di tromba*** Trompetenstoß *m.*

squin|ter|na|re tr. **1** auseinander nehmen, auseinander reißen, zerfled(d)ern: ***~ un libro*** ein Buch auseinander reißen **2a** FIG. *(disordinare)* in Unordnung bringen **b** *(scombussolare)* verwirren.

squin|ter|na|to **I** p.pass. agg. **1** → **squinternare** **2** *(scompaginato)* zerfled(d)ert: ***libro ~*** zerfleddertes Buch **3** ESTENS. windschief: ***una capanna -a*** eine windschiefe Hütte **4** FIG. wirr: ***fare un discorso ~*** wirres Zeug reden **II** m. Wirrkopf *m.*, Spinner *m.*

squi|si|ta|men|te avv. **1** köstlich, vortrefflich **2** *(finemente)* fein **3** *(tipicamente)* vornehmlich: ***una virtù ~ femminile*** eine vornehmlich weibliche Tugend.

squi|si|tez|za f. **1** Köstlichkeit *f.*, Vorzüglichkeit *f.*, Vortrefflichkeit *f.*, Erlesenheit *f.* **2** *(finezza)* Feinheit *f.*, Erlesenheit *f.*: ***la ~ dei suoi modi*** die Feinheit seines Benehmens **3** *(cosa squisita)* Leckerbissen *m.*, köstliche Speise *f.*

squi|si|to agg. **1** köstlich, erlesen: ***una torta -a*** ein köstlicher Kuchen; ***vino ~*** erlesener Wein; ***avere un sapore ~*** köstlich schmecken **2** FIG. fein, erlesen, ausgesucht: ***una persona -a*** ein feiner Mensch; ***con -a gentilezza*** mit ausgesuchter Höflichkeit; ***gusto ~*** feiner (*o* erlesener) Geschmack **3** *(gradevole)* reizend: ***un conversatore ~*** ein reizender Unterhalter.

squit|ti|o m. **1** Gequieke *n.* **2** FIG. SCHERZ. Gekreische *n.*
squit|ti|re intr. *(squittisco, squittisci*; aus. *avere)* **1a** *(di uccelli)* piepen, piepsen **b** *(di topi)* quieken, quieksen **2** FIG. SCHERZ. piepsen, kreischen.
sra|di|ca|men|to m. **1** Entwurz(e)lung *f.* (anche FIG.) **2** *(eliminazione)* Ausrottung *f.*, Entwurz(e)lung *f.*
sra|di|ca|re *(sradico, sradichi)* tr. **1** entwurzeln: ***~ gli alberi*** Bäume entwurzeln **2** FIG. reißen, entwurzeln: ***~ una persona dal suo ambiente*** einen Menschen aus seiner Umgebung reißen **3** *(eliminare)* aus‿merzen, aus‿rotten: ***~ la corruzione*** die Korruption ausmerzen; ***~ i vizi*** das Laster ausrotten. **sra|di|ca|to I** p.pass. agg. **1** → **sradicare 2** entwurzelt **3** FIG. entwurzelt, wurzellos **II** m. entwurzelter Mensch *m.*
sra|gio|na|re intr. (aus. *avere*) faseln, wirres Zeug reden.
sre|go|la|ta|men|te avv. **1** regellos **2** *(in modo dissoluto)* ausschweifend, liederlich: ***vivere ~*** ausschweifend leben **3** *(in modo eccessivo)* maßlos.
sre|go|la|tez|za f. **1a** *(dissolutezza)* Ausschweifung *f.*, Liederlichkeit *f.*; ***~ di vita*** ausschweifendes Leben (*o* ausschweifender Lebenstil) **b** *(eccesso)* Unmäßigkeit *f.* **2** Regellosigkeit *f.*, Regelwidrigkeit *f.* **sre|go|la|to** agg. **1** ausschweifend, liederlich: ***condurre una vita -a*** ein ausschweifendes Leben führen **2** *(smodato)* maßlos: ***essere ~ nel bere, nel mangiare*** maßlos im Trinken, im Essen sein **3** *(senza regole)* ungeregelt, regellos.
S.r.l. ⇒ *Società a responsabilità limitata* Gesellschaft mit beschränkter Haftung (GmbH).
sro|to|la|re *(srotolo)* **I** tr. **1** ab‿rollen, entrollen, auf‿rollen: ***~ una tela, un gomitolo di spago*** einen Stoffballen, ein Bindfadenknäuel abrollen; ***~ una bandiera*** eine Fahne entrollen **2** *(stendere su una superficie)* aus‿rollen: ***~ una guida in corridoio*** einen Läufer im Flur aus‿rollen **II** pronom. **srotolarsi** sich ab‿rollen.
S.S. ⇒ **1** *Sua Santità* Seine Heiligkeit **2** *Santa Sede* Heiliger Stuhl **3** *Strada Statale* Staatsstraße.
SSN ⇒ *Servizio Sanitario Nazionale* Nationaler Gesundheitsdienst.
sss, sst, st inter. **1** st, pst **2** *(per attirare l'attenzione)* hei.
stab|bia|re *(stabbio, stabbi)* **I** intr. (aus. *avere*) im Pferch, in der Hürde sein (zur Düngung) **II** pferchen, ein‿pferchen (zur Düngung). **stab|bia|tu|ra** f. Einpferchen *n.* **stab|bio** m. *(-bi)* **1** Pferch *m.* **2** *(letame)* Mist *m.*
sta|bi|le I agg. **1a** stabil: ***muro, scala ~*** stabile Mauer, Leiter; ***governo, tempo, equilibrio ~*** stabile Regierung, stabiles (*o* beständiges) Wetter, Gleichgewicht; ***prezzi -i*** stabile Preise; FIS. ***atomo ~*** stabiles Atom; ***mantenersi ~*** stabil bleiben **b** *(durevole)* dauerhaft, stabil: ***amicizia ~*** dauerhafte Freundschaft; ***pace ~*** stabiler Frieden **2** *(inalterabile)* beständig: ***tinta ~*** beständige Farbe **3** *(fisso, solido)* fest: ***domicilio, impiego ~*** fester Wohnsitz, feste Anstellung **4** *(immutato)* unverändert: ***il suo stato di salute è ~*** sein Gesundheitszustand ist unverändert **5** *(sicuro)* standsicher **II** m. **1** Gebäude *n.* **2** TEATR. ständiges Theater *n.* ◆ ***beni -i*** Grund *m.*, Immobilien *pl.*; ***compagnia ~*** ständige Theatergruppe *f.*, Ensemble *n.*; AUT. ***~ in curva*** kurvenfest; ***in pianta ~*** *(di impiegato)* fest angestellt; SCHERZ. ***è in pianta ~ a casa mia*** er hat sich bei mir häuslich niedergelassen; ***poco ~*** locker; ***rendere ~ qcs.*** etw. stabilisieren; ***teatro ~*** ständiges Theater, festes Haus; ***valuta ~*** stabile (*o* wertbeständige) Währung.
sta|bi|li|men|to m. **1** Werk *n.*, Fabrik *f.* **2** *(impianto)* Anlage *f.*, Betriebsanlage *f.*, Werkanlage *f.*: ***~ industriale*** Fabrikanlage *f.* **3** pl. *(colonie)* Niederlassungen *pl.*, Kolonien *pl.* **4** *(lo stabilire)* Etablierung *f.* **5** *(lo stabilirsi)* Niederlassung *f.* ◆ ***~ balneare*** Strandbad *n.*, Badeanstalt *f.*; ***~ carcerario*** Haftanstalt *f.* (*o* Gefängnis *n.*); ***~ chimico*** Chemiewerk *n.*; ***direttore di ~*** Werkleiter *m.*; COMM. ***franco nostro ~*** frei (unser) Werk; ***~ metallurgico*** Metallhüttenwerk *n.*, Hüttenwerk *n.*; ***~ termale*** Thermalbad *n.*; ***~ tessile*** Textilfabrik *f.*
sta|bi|li|re *(stabilisco, stabilisci)* **I** tr. **1a** fest‿legen, fest‿setzen, bestimmen: ***~ il prezzo di qcs.*** den Preis etw. (G) festlegen; ***~ le condizioni di un trattato*** die Bedingungen eines Vertrages festlegen; ***~ la data di qcs.*** das Datum von etw. festlegen; ***~ i doveri di qcn.*** jds Pflichten festlegen; ***~ un termine*** einen Termin bestimmen; ***~ i termini di una questione*** den Sachverhalt einer Frage festlegen **b** ***~ un record, delle norme, una regola*** einen Rekord, Normen, eine Regel auf‿stellen **c** ***~ un paragone tra due cose*** einen Vergleich zwischen zwei Dingen an‿stellen **2** *(concordare)* vereinbaren, verabreden **3** *(decidere)* ***~ di fare qcs.*** entscheiden (*o* beschließen), etw. zu tun **4** *(accertare)* fest‿stellen, ermitteln: ***~ la causa di qcs.*** die Ursache etw. (G) feststellen; ***~ la provenienza di qcs.*** die Herkunft etw. (G) feststellen **5a** *(allacciare)* (an‿)knüpfen, auf‿nehmen: ***~ contatti*** Kontakte (an)knüpfen; ***~ relazioni diplomatiche*** diplomatische Beziehungen aufnehmen **b** ***~ un collegamento radio, telefonico*** eine Funkverbindung, eine telefonische Verbindung her‿stellen **II** pronom. **stabilirsi** sich nieder‿lassen: ***-rsi in un'altra città*** sich in einer anderen Stadt niederlassen ◆ ***~ la propria residenza*** seinen Wohnsitz auf‿schlagen.
sta|bi|li|tà f. **1** Stabilität *f.*, Festigkeit *f.*, Standfestigkeit *f.*: ***la ~ di un edificio,*** die Stabilität eines Gebäudes; ***~ politica, economica*** politische, wirtschaftliche Stabilität **2** *(continuità)* Bestand *m.* **3** *(sicurezza)* Standsicherheit *f.* ◆ ***~ del colore*** Farbechtheit *f.*; AUT. ***~ in curva*** Kurvenstabilität *f.*; ***~ direzionale*** Richtungsstabilität *f.*; ***~ monetaria*** Währungsstabilität *f.*; ***~ dei prezzi*** Preisstabilität *f.*
sta|bi|li|to p.pass. agg. **1** → **stabilire 2** festgelegt, festgesetzt: ***il giorno ~*** der festgelegte Tag **3** *(concordato)* vereinbart: ***prezzo ~*** vereinbarter Preis.
sta|bi|li|tu|ra f. Feinputz *m.*, Glattputz *m.*
sta|bi|liz|zan|te I agg. stabilisierend **II** m. CHIM. Stabilisator *m.*
sta|bi|liz|za|re I tr. stabilisieren: ***~ i prezzi*** die Preise stabilisieren **II** pronom. **stabilizzarsi 1** sich stabilisieren **2** TECN. *(assestarsi)* sich ein‿spielen. **sta|bi|liz|za|to|re I** agg. stabilisierend **II** m. **1** TECN. AUT. CHIM. Stabilisator *m.* **2** AER. Stabilisierungsfläche *f.*, Stabilisierungsflosse *f.* ◆ ***forza -trice*** Richtkraft *f.*; MAR. ***~ giroscopico*** Schlingerkreisel *m.*, Kreiselstabilisator *m.*: ***~ di tensione*** Spannungsstabilisator *m.*; AER. ***~ verticale*** Seitenflosse *f.* **sta|bi|liz|za|zio|ne** f. Stabilisierung *f.*
sta|bil|men|te avv. **1** stabil, fest **2** *(in modo permanente)* ständig: ***abitare ~ in campagna*** ständig auf dem Land wohnen.
sta|bu|la|re *(stabulo)* **I** intr. (aus. *avere*) im Stall stehen **II** tr. im Stall halten. **sta|bu|la|zio|ne** f. **1** Stallen *n.* **2** *(allevamento)* Stalltieraufzucht *f.*
sta|ca|no|vi|smo m. **1** Stachanowbewegung *f.*, Stachanowsystem *n.* **2** SCHERZ. Übereifer *m.*, Arbeitswut *f.* **sta|ca|no|vi|sta** *(-i, -e)* **I** agg. **1** Stachanow- **2** SCHERZ. übereifrig, arbeitswütig **II** m. e f. **1** Stachanowist *m.* (-in *f.*), Anhänger *m.* (-in *f.*) der Stachanowbewegung **2** SCHERZ. Arbeitstier *n.* **sta|ca|no|vi|sti|co** agg. *(-ci, -che)* **1** Stachanow- **2** SCHERZ. übereifrig, arbeitswütig.
stac|ca|bi|le agg. abnehmbar, abtrennbar: ***manico ~*** abnehmbarer Griff; ***fodera ~*** abtrennbares Futter; ***maniche -i*** abtrennbare Ärmel ◆ ***blocco, calendario a fogli -i*** Abreißblock *m.*, Abreißkalender *m.*
stac|ca|re *(stacco, stacchi)* **I** tr. **1a** ab‿nehmen: ***~ un manifesto dalla parete*** ein Plakat von der Wand abnehmen **b** *(con cura)* (ab‿)lösen: ***~ un francobollo dalla busta*** eine Briefmarke vom Umschlag ablösen **c** *(qualcosa di appuntato)* ab‿stecken **d** *(torcendo)* ab‿drehen: ***~ il picciolo dalla mela*** den Stiel vom Apfel abdrehen **2** *(distogliere)* ab‿wenden, lösen: ***non riuscire a ~ lo sguardo, gli occhi da qcn., qcs.*** seinen Blick von jdm, etw. nicht lösen können **3a** *(separare)* ab‿trennen: ***~ una manica da un vestito*** den Ärmel von einem Kleid abtrennen **b** *(recidere)* ***~ una mano a qcn.*** jdm eine Hand abtrennen **4a** *(sganciare)* ab‿hängen, ab‿nehmen: ***~ un quadro dal muro*** ein Bild von der Wand abhängen **b** *(veicoli)* ab‿hängen, ab‿koppeln: ***~ un vagone dal treno*** einen Waggon (vom Zug) abhängen; ***~ un rimorchio*** einen Anhänger abkoppeln **5** *(sciogliere)* lösen: ***~ un cane dalla catena*** einen Hund von der Kette lösen **6** *(strappare)* ab‿reißen, heraus‿reißen: ***~ un foglio dal calendario*** den Kalender abreißen; ***~ una pagina da un libro*** eine Seite aus einem Buch herausreißen **7** *(scostare)* ab‿rücken: ***~ un mobile dalla parete*** ein Möbel von der Wand abrücken **8** SPORT ab‿hängen: ***~ gli avversari*** die Gegner abhängen **9a** EL. ab‿schalten, ab‿stellen: ***~ la corrente*** den Strom abschalten; ***~ il telefono*** das Telefon abstellen **b** *(apparecchi)* aus‿schalten: ***~ il frigorifero*** den Kühlschrank ausschalten **c** ***~ una spina*** einen Stecker heraus‿ziehen **10** *(pronunciare distintamente)* einzeln aus‿sprechen: ***~ le parole*** die Worte einzeln aussprechen **II** intr. (aus. *avere*) **1a** *(smettere di lavorare)* Feierabend machen: ***~ alle cinque*** um fünf Uhr Feierabend machen **b** *(fare una pausa)* eine Pause ein‿legen (*o* machen): ***stacchiamo un momento!*** lasst uns eine kleine Pause einlegen! **2** *(risaltare)* sich ab‿heben, sich heraus‿heben: ***la figura staccava sul fondo scuro*** die Figur hob sich gegen den (*o* vom) dunklen Hintergrund ab **III** pronom. **staccarsi 1a** *(separarsi)* sich lösen, sich trennen, sich los‿machen: ***-rsi da qcn.*** sich von jdm trennen; ***-rsi dalla famiglia*** sich von der Familie lösen **b** *(allontanarsi)* ab‿rücken **2** *(venir via)* sich lösen, ab‿gehen: ***il francobollo si è staccato*** die Briefmarke hat sich abgelöst; ***mi si è staccato un bottone*** mir ist ein Knopf abgegangen **3a** *(scostarsi)* (sich) ab‿stoßen: ***la barca si stacca dalla riva*** das Boot stößt vom Ufer ab **b** *(sollevarsi)* ab‿heben: ***l'aereo si è staccato da terra*** das Flugzeug hat abgehoben **4** *(scrostarsi)* (ab‿)bröckeln

5 *(liberarsi)* los‿kommen: ***-rsi dall'alcool*** vom Alkohol loskommen ◆ ***~ un assegno*** einen Scheck abtrennen; ***~ un biglietto*** eine Karte lösen; ***~ i cavalli*** die Pferde aus‿spannen; AUT. ***~ la frizione*** die Kupplung treten; ***~ qcs. con un morso*** etw. ab‿beißen; ***~ il ricevitore*** den Hörer neben das Telefon legen; ***riuscire a ~ due cose*** zwei Dinge auseinander bringen; ***riuscire a ~ un'etichetta*** ein Etikett los‿kriegen.

stac|ca|to I p.pass. agg. **1** → **staccare 2** getrennt, los(e): ***un bottone ~*** ein loser Knopf **3** MUS. ungebunden **II** m. Staccato *n.*, Stakkato *n.*

stac|cia|io m. *(-ai)* Siebmacher *m.* **stac|cia|re** tr. *(staccio, stacci)* sieben. **stac|cio** m. *(-ci)* Sieb *n.*

stac|cio|na|ta f. **1** Lattenzaun *m.*, Bretterzaun *m.* **2** EQUIT. Hürde *f.*

stac|co m. *(-chi)* **1** Abtrennung *f.*, Trennung *f.* **2a** *(pausa)* Pause *f.*: ***fare uno ~*** eine Pause ein‿legen **b** *(interruzione)* Unterbrechung *f.* **3** *(breve frase musicale)* Tusch *m.* **4** *(intervallo)* Zäsur *f.* **5** FIG. *(contrasto)* Kontrast *m.* **6** SPORT Absprung *m.* ◆ ***fare ~*** hervor‿stechen; ***~ pubblicitario*** Werbeeinschaltung *f.*

sta|de|ra f. Laufgewichtswaage *f.*

sta|dia f. Messlatte *f.*, Nivellierlatte *f.*

sta|dio m. *(-di)* **1** Stadion *n.*: ***andare allo ~*** ins Stadion gehen **2** *(fase)* Stadium *n.*, Phase *f.*: ***lo ~ avanzato di un progetto*** das fortgeschrittene Stadium eines Projektes; ***uno ~ nuovo della sua vita*** eine neue Phase seines Lebens; ***gli -di di una malattia*** die Stadien einer Krankheit **3** AER. Stufe *f.*: ***primo, secondo ~*** erste, zweite Stufe **4** STOR. *(unità di misura)* Stadion *n.* ◆ ***~ di calcio*** Fußballstadion *n.*; ***~ iniziale*** Anfangsstadium *n.*; ***~ intermedio*** Zwischenstadium *n.*; ***~ olimpico*** Olympiastadion *n.*; ***~ preliminare*** Vorstadium *f.* (*o* Vorstufe *f.*); ***~ di sviluppo*** Entwicklungsstadium *n.*; ***~ di transizione*** Übergangsstadium *n.*; ***ultimo ~*** Endstadium *n.*; ***all'ultimo ~*** im Endstadium.

staff m.inv. **1** Stab *m.* **2** ESTENS. *(équipe)* Team *n.* ◆ ***~ di collaboratori*** Mitarbeiterstab *m.*

staf|fa f. **1** Steigbügel *m.* (anche ANAT.) **2** *(di pantaloni)* Steg *m.* **3** *(di calza)* Ferse *f.* **4** *(predellino)* Trittbrett *n.* **5** EDIL. Bügel *m.* ◆ ***bicchiere della ~*** Abschiedstrunk *m.*; ***~ di fissaggio*** Spannbügel *m.*; ***perdere le -e*** die Fassung verlieren; ***far perdere le -e a qcn.*** jdn aus der Fassung bringen; ***tenere il piede in due -e*** zwei Eisen im Feuer haben; *(fare il doppio gioco)* ein falsches Spiel treiben; ***~ per tubi*** Rohrschelle *f.*

staf|fet|ta f. **1** SPORT Staffel *f.*, Staffellauf *m.*: ***correre la ~*** die Staffel laufen; ***~ 4 x 100*** 4 x 100-Meter-Staffel *f.*; *(nuoto)* ***~ mista*** Lagenstaffel *f.*; ***~ di stile libero*** Kraulstaffel *f.* **2** FIG. *(avvicendamento)* Wechseln *n.* **3** STOR. Meldereiter *m.*, Stafette *f.*, Meldegänger *m.* **4** *(scorta)* Stafette *f.* **staf|fet|ti|sta** m. e f. *(-i,-e)* Staffelläufer *m.* (-in *f.*).

staf|fie|re m. Reitknecht *m.*, Sattelknecht *m.*

staf|fi|la|re tr. *(staffilo)* **1** peitschen **2** FIG. *(criticare)* (scharf) kritisieren. **staf|fi|la|ta** f. **1** Peitschenhieb *m.* **2** ESTENS. SPORT *(tiro violento)* scharfer Schuss *m.* **3** FIG. *(critica)* scharfe Kritik *f.* **staf|fi|le** m. **1** Bügelriemen *m.*, Steigriemen *m.* **2** *(frusta)* Peitsche *f.*, Knute *f.*

sta|fi|li|no m. Raubkäfer *m.*

sta|fi|lo|coc|co m. *(-chi)* Staphylokokkus *m.*

sta|fi|sa|gria f. Stephanskraut *n.*

stage [sta:ʒ, steɪdʒ] m.inv. **1** Volontariat *n.* **2** *(soggiorno di studio)* Studienaufenthalt *m.*

stag|fla|zio|ne f. Stagflation *f.*

stag|gio m. *(-gi)* **1** Pfosten *m.*, Stütze *f.* **2** *(della sedia)* Hinterbein *n.* **3** *(nelle gabbie)* Stäbchen *n.*

sta|gio|na|le I agg. **1** der Jahreszeit, jahreszeitlich, Jahreszeit-: ***frutta ~*** Obst der Jahreszeit **2** *(che dura una stagione)* Saison-, saisonal: ***lavoro ~*** Saisonarbeit *f.*; ***apertura ~*** Saisonbeginn *m.* **II** m. Saisonarbeiter *m.* **sta|gio|nal|men|te** avv. saisonweise.

sta|gio|na|men|to m. → **stagionatura. sta|gio|na|re I** tr. **1** lagern **2** *(legno)* ab‿lagern **II** pronom. **stagionarsi** ab‿lagern. **sta|gio|na|to** p.pass. agg. **1** → **stagionare 2** gelagert, abgelagert: ***legno ~*** abgelagertes Holz **3** SCHERZ. *(attempato)* betagt. **sta|gio|na|tu|ra** f. Ablagerung *f.*

sta|gio|ne f. **1** Jahreszeit *f.*: ***le quattro -i*** die vier Jahreszeiten; ***la bella, brutta ~*** die warme, kalte Jahreszeit; ***~ avanzata*** vorgerückte Jahreszeit; ***cambiamento di ~*** Wechsel *m.* der Jahreszeiten; ***frutta di ~*** Obst *n.* der Jahreszeit **2** ESTENS. *(periodo)* Zeit *f.*: ***~ delle piogge*** Regenzeit *f.*; ***~ delle ciliege, dei fichi*** Kirschen-, Feigenzeit *f.*; ***~ della semina*** Saatzeit *f.* **3** *(turismo, sport, moda)* Saison *f.* ◆ ORNIT. ***~ degli accoppiamenti*** Balzzeit *f.*; ZOOL. ***~ degli amori*** Brunftzeit *f.*; ***alta ~*** Hochsaison *f.*; ***~ balneare*** Badesaison *f.*; ***bassa ~*** Nebensaison *f.*; ***~ della caccia*** Jagdzeit *f.*; ***~ estiva*** Sommersaison *f.*; ***qcs. ha fatto la sua ~*** die Zeit von etw. ist abgelaufen; ***fine ~*** Saisonschluss *m.*; ***saldi di fine ~*** *(estivi)* Sommerschlussverkauf *m.*; *(invernali)* Winterschlussverkauf *m.*; VENAT. ***~ della fregola*** Ranzzeit *f.*; ***fuori ~*** außerhalb der Saison; ***frutta fuori ~*** Frühobst *n.*; ***mezza ~*** Übergangszeit *f.*; ***~ morta*** tote Zeit; ***~ teatrale*** Spielzeit *f.*, Theatersaison *f.*; ***~ turistica*** Reisezeit *f.*

sta|gi|sta m. e f. *(-i,-e)* **1** Volontär *m.* (-in *f.*) **2** *(studente ospite)* Gasthörer *m.* (-in *f.*).

sta|gliar|si pronom. *(mi staglio, ti stagli)* sich ab‿heben: ***-rsi contro il cielo*** sich vom (*o* gegen den) Himmel abheben.

sta|gna|io m. *(-ai)* Klempner *m.*

sta|gna|men|to m. **1** Stauung *f.*, Anstauung *f.* **2** FIG. Stagnation *f.*, Flaute *f.*, Stockung *f.* **sta|gnan|te** agg. **1** stillstehend, stehend: ***acqua ~*** stehendes Gewässer **2** *(di odori)* abgestanden **3** FIG. stagnierend: ***economia ~*** stagnierende Wirtschaft.

1.sta|gna|re intr. (aus. *avere*) **1** (still)stehen, sich stauen: ***l'acqua stagna*** das Wasser steht **2** FIG. stagnieren, stocken.

2.sta|gna|re tr. **1** *(ricoprire di stagno)* verzinnen **2** *(chiudere ermeticamente)* hermetisch verschließen, ab‿dichten: ***~ un barile*** eine Tonne hermetisch verschließen; ***~ lo scafo di un'imbarcazione*** den Rumpf eines Schiffes abdichten.

sta|gna|to p.pass. agg. **1** → **2.stagnare 2** verzinnt. **sta|gna|tu|ra** f. Verzinnung *f.*

sta|gna|zio|ne f. Stagnation *f.*, Flaute *f.*, Stockung *f.*

sta|gni|no m. REGION. → **stagnaio.**

1.sta|gno m. Teich *m.*, Weiher *m.*

2.sta|gno m. CHIM. Zinn *n.* ◆ ***di ~*** zinnern, Zinn-; ***brocca di ~*** Zinnkrug *m.*

3.sta|gno agg. hermetisch, dicht: ***chiusura -a*** hermetischer Verschluss ◆ ***compartimenti -i*** (wasserdichte) Schotte *pl.*; FIG. ***compartimenti -i*** nicht miteinander kommunizierende Bereiche; ***ragionare a compartimenti -i*** eingleisig denken; ***paratie -e*** → ***compartimenti -i***; ***a tenuta -a*** dicht.

sta|gno|la f. ***(carta) ~*** Stanniol *n.*, Stanniolpapier *n.*, Zinnfolie *f.*

sta|io m. *(-a* f.pl.) Scheffel *m.* ◆ ***cappello a ~*** Zylinder *m.*, Zylinderhut *m.*

sta|lag|mi|te f. Stalagmit *m.* **sta|lag|mi|ti|co** agg. *(-ci,-che)* stalagmitisch, Stalagmit-.

sta|lat|ti|te f. **1** Stalaktit *m.* **2** ARCH. Stalaktitengewölbe *n.* ◆ ***grotta con -i e stalagmiti*** Tropfsteinhöhle *f.* **sta|lat|ti|ti|co** agg. *(-ci,-che)* stalaktitisch, Stalaktit-.

sta|li|ni|smo m. Stalinismus *m.* **sta|li|ni|sta** *(-i,-e)* **I** m. e f. Stalinist *m.* (-in *f.*) **II** agg. stalinistisch.

stal|la f. **1** Stall *m.*: ***ripulire la ~*** den Stall aus‿misten; ***spingere il bestiame fuori dalla ~*** das Vieh aus dem Stall treiben **2** FIG. Saustall *m.*, Dreckloch *n.* ◆ MITOL. ***-e di Augia*** Augiasstall *m.*; ***chiudere la ~ quando i buoi sono fuggiti*** den Brunnen zu‿decken (*o* ab‿decken), wenn das Kind hineingefallen ist; ***garzone di ~*** Stallknecht *m.*; ***dalle stelle alle -e*** vom Ruhm zum Ruin; ***~ per vacche*** Kuhstall *m.* **stal|lag|gio** m. *(-gi)* Stall *m.*, Stallung *f.* ◆ ***locanda con ~*** Ausspann *m.* **stal|la|ti|co I** agg. *(-ci,-che)* Stall- **II** m. *(-ci)* **1** *(letame)* Stallmist *m.* **2** *(stallaggio)* Stallung *f.*, Jauche *f.*

stal|li|a f. Liegezeit *f.*

stal|lie|re m. Stallknecht *m.*, Stallbursche *m.*

1.stal|lo m. **1** Sitz *m.* **2** *(negli scacchi)* Patt *n.* **3** FIG. Patt *n.*, toter Punkt *m.* ◆ ***~ da coro*** Chorstuhl *m.*; ***situazione, fase di ~*** Stillstand *m.*, toter Punkt: ***essere in una situazione di ~*** an einem toten Punkt sein; ***sbloccare una situazione di ~*** den toten Punkt überwinden.

2.stal|lo m. AER. Überziehen *n.*

stal|lo|ne m. **1** Hengst *m.*, Zuchthengst *m.* **2** SCHERZ. Sexprotz *m.* ◆ ***~ bianco*** Schimmelhengst *m.*

sta|ma|ni, sta|mat|ti|na avv. heute Morgen, heute früh.

stam|bec|co m. *(-chi)* Steinbock *m.*

stam|ber|ga f. *(-ghe)* Spelunke *f.*

stam|bu|gio m. *(-gi)* dunkles Zimmer *n.*, Loch *n.*

sta|me m. **1a** *(di lana)* Wollgarn *n.* **b** *(di filo)* Faden *m.* **2** BOT. Staubblatt *n.*

sta|mi|gna, sta|mi|na f. Etamin *n.*, Etamine *f.*

stam|pa I f. **1** Druck *m.*, Druckverfahren *n.*, Abdruck *m.*: ***andare in ~*** in Druck gehen; ***in corso di ~*** im Druck befindlich; ***essere in corso di ~*** im (*o* in) Druck sein; ***dare alle -e*** in Druck geben **2** *(riproduzione)* Abdruck *m.*, Stich *m.*, Druck *m.*: ***una ~ dell'Ottocento*** ein Stich aus dem neunzehnten Jahrhundert **3a** *(giornali)* Presse *f.*, Zeitungswesen *n.*: ***~ nazionale, internazionale, estera*** nationale, internationale, ausländische Presse **b** *(giornalisti)* Presse *f.*, Presseleute *pl.*: ***comunicare una notizia alla ~*** der Presse eine Nachricht bekannt geben **4** FOT. Abzug *m.*: ***sviluppo e ~ in un'ora***

Entwicklung mit Abzügen in einer Stunde **5** pl. *(nelle poste)* Drucksache *f.* **II** agg.inv. Presse- ◆ ***addetto ~*** Pressereferent *m.*, DIPL. Presseattaché *m.*; ***agenzia (di) ~*** Presseagentur *f.*, Nachrichtenagentur *f.*; ***autorizzazione di ~*** Druckerlaubnis *f.*; ***~ di banconote*** Notendruck *m.*; ***~ in bianco*** Schöndruck *m.*; ***~ in bianco e nero*** Schwarzweißabzug *m.*; ***bozza di ~*** Korrekturfahne *f.*, Druckfahne *f.*; ***campagna di ~*** Pressekampagne *f.*; ***carattere di ~*** Druckschrift *f.*; ***carta da ~*** Druckpapier *n.*; ***colonna di ~*** Druckspalte *f.*; ***~ a colori*** Farbdruck *m.*; ***comunicato ~*** Presseerklärung *f.*; ***conferenza ~*** Pressekonferenz *f.*; ***~ a contatto*** Kontaktkopieren *n.*; ***errore di ~*** Druckfehler *m.*; ***~ estera*** Auslandspresse *f.*; ***foglio di ~*** Druckbogen *m.*, Bogen *m.*; ***~ del fondo*** Tondruck *m.*; ***~ fotografica, di pellicole fotografiche*** Abzug *m.*; ***fresco di ~*** druckfrisch; ***~ illustrata*** Illustriertenpresse *f.*; ***~ d'informazione*** Informationspresse *f.*; ***~ a ingrandimento*** Vergrößerungsabzug *m.*; ***libertà di ~*** Pressefreiheit *f.*; ***~ locale*** Lokalpresse *f.*; ***~ a macchina*** Maschinendruck *m.*; ***macchina da ~*** Druckmaschine *f.*; ***~ a mano*** Handdruck *m.*; ***~ in neretto*** Fettdruck *m.*; ***~ (in) offset*** Offsetdruck *m.*; *(procedimento)* Offsetdruckverfahren *n.*; ***organo di ~*** Presseorgan *n.*; ***~ in piano*** Flachdruck *m.*; ***~ a pigmento*** Pigmentdruck *m.*; ***~ pirata*** Raubdruck *m.*; ***~ da positivo*** Positivverfahren *n.*; ***pronto per la ~*** druckreif (*o* druckfertig); ***prova di ~*** Probeabzug *m.*; ***~ in quadricromia*** Vierfarbendruck *m.*; ***~ quotidiana*** Tagespresse *f.*; ***rassegna ~*** Presseschau *f.*; ***~ a, in rilievo*** Reliefdruck *m.*; ***~ rosa*** Regenbogenpresse *f.*; ***~ a rotocalco*** Rotationsdruck *m.*; ***sala ~*** Pressezentrum *n.*; ***~ scandalistica*** Sensationspresse *f.* (*o* Skandalpresse *f.*); ***silenzio ~*** Nachrichtensperre *f.*; ***imporre il silenzio ~*** die Nachrichtensperre verhängen; ***~ spazieggiata*** Sperrdruck *m.*; ***~ specializzata*** Fachpresse *f.*; ***~ su stoffa*** Zeugdruck *m.*; ***terminare la ~ di qcs.*** etw. aus‿drucken; ***~ dei tessuti*** Zeugdruck *m.*; ***~ tipografica*** Buchdruck *m.* (*o* Typendruck *m.*); ***~ in tricromia*** Dreifarbendruck *m.*; ***tribuna ~*** Pressetribüne *f.*; ***ufficio ~*** Presseamt *n.* (*o* Pressestelle *f.*); ***~ su vetro*** Glasdruck *m.*; ***~ in volta*** Widerdruck *m.*

stam|pa|bi|le agg. druckbar, druckfähig.

stam|pag|gio m. *(-gi)* **1** *(fucinatura)* Gesenkschmieden *n.* **2** *(di lamiere)* Stanzen *n.* **3** *(di plastica)* Pressen *n.* ◆ ***~ a caldo*** Warmpressen *n.*; ***~ a compressione*** Formpressen *n.*; ***~ a freddo*** Kaltpressen *n.*; ***~ a iniezione*** Spritzpressen *n.*

stam|pan|te I agg. Druck- **II** f. Drucker *m.* ◆ ***~ ad aghi*** Nadeldrucker *m.*; ***~ a catena*** Kettendrucker *m.*; ***~ a getto d'inchiostro*** Tintenstrahldrucker *m.*; ***~ laser*** Laserdrucker *m.*; ***~ parallela*** Paralleldrucker *m.*; ***~ seriale*** Seriendrucker *m.*; ***sistema ~*** Drucksystem *n.*; ***testina della ~*** Druckkopf *m.*

stam|pa|re I tr. **1** drucken, ab‿drucken, auf‿drucken: ***~ un giornale*** eine Zeitung drucken; ***~ un libro ad alta tiratura*** ein Buch in hoher Auflage drucken; ***~ qcs. su carta, su stoffa*** etw. auf Papier, auf Stoff drucken; ***~ un'incisione*** einen Stich drucken **2** ESTENS. *(pubblicare)* veröffentlichen, drucken lassen, heraus‿geben: ***quell'autore stampa un libro all'anno*** dieser Autor veröffentlicht alle Jahre ein Buch **3a** TECN. pressen **b** *(fucinare)* schmieden **c** *(con punzone)* stanzen **d** *(coniare)* prägen **4** FOT. ab‿ziehen, ziehen: ***~ una fotografia in bianco e nero*** ein Schwarzweißfoto abziehen **II** pronom. **stamparsi** sich ein‿prägen: ***-rsi nel ricordo di qcn.*** sich jdm ins Gedächtnis einprägen ◆ ***~ un bacio sulla guancia di qcn.*** jdm einen Kuss auf die Wange drücken; ***~ qcs. a colori*** etw. in Farbe (*o* farbig) drucken; ***~ le cinque dita in faccia a qcn.*** jdm den Abdruck aller fünf Finger im Gesicht hinterlassen; ***~ in offset*** Offset drucken; ***~ qcs. a reticolo*** etw. pattieren; ***~ a rotocalco*** tief‿drucken. **stam|pa|ta** f. Ausdruck *m.*

stam|pa|tel|lo I agg. Block-, Druck-: ***carattere ~*** Blockschrift *f.* **II** m. Blockschrift *f.*, Druckschrift *f.*, Majuskelschrift *f.*: ***scrivere in ~*** in Blockschrift schreiben.

stam|pa|to I p.pass. agg. **1** → **stampare 2** gedruckt, bedruckt: ***carta -a*** bedrucktes Papier; ***circuito ~*** gedruckte Schaltung **3a** TECN. gepresst **b** *(fucinato)* gesenkgeschmiedet **c** *(con punzone)* gestanzt **4** FIG. *(impresso)* eingeprägt: ***sul suo volto è -a la sofferenza*** auf seinem Gesicht hat sich ein leidender Ausdruck eingeprägt **II** m. **1a** *(dépliant)* Druckerzeugnis *n.* **b** *(modulo)* Vordruck *m.*, Hochdruck *m.*, Formular *n.* **c** *(di medicinali)* Beipackzettel *m.* **2** TESS. Druckstoff *m.*: ***~ a fiori*** geblümter Druckstoff ◆ ***parlare come un libro ~*** wie gedruckt sprechen; ***~ in neretto*** fett gedruckt; ***pagina -a*** Druckseite *f.*; ***vetro ~*** Pressglas *n.*

stam|pa|to|re m. **1** Drucker *m.* **2** *(addetto allo stampaggio)* Former *m.* **stam|pa|tri|ce** f. **1** Kopiermaschine *f.* **2** TIP. Druckmaschine *f.* **stam|pa|tu|ra** f. → **stampaggio.**

stam|pel|la f. **1** Krücke *f.*: ***camminare con le -e*** an (*o* auf) Krücken gehen **2** *(per abiti)* Kleiderbügel *m.*, Bügel *m.*: ***appendere qcs. alla ~*** etw. über den Bügel hängen.

stam|pe|ri|a f. Druckerei *f.*

stam|pi|glia f. Stempel *m.* **stam|pi|glia|re** tr. *(stampiglio, stampigli)* ab‿stempeln, auf‿stempeln, auf‿drucken. **stam|pi|glia|tri|ce** f. Stempelmaschine *f.* **stam|pi|glia|tu|ra** f. Abstempelung *f.*

stam|pi|na|re tr. schablonieren. **stam|pi|no** m. **1** Schablone *f.* **2** *(per bucare il cuoio)* Locheisen *n.* **3** *(mascherina)* Form *f.* ◆ ***sembrano fatti con lo ~*** sie scheinen aus einem Guss zu sein.

stam|po m. **1a** Form *f.* **b** METALL. Gesenk *n.* **c** *(per fusione)* Form *f.*, Gussform *f.*, Pressform *f.* **2a** *(tipo)* Schlag *m.*, Art *f.*: ***persone dello stesso ~*** Leute vom gleichen Schlag **b** *(stile)* Stil *m.*: ***crimine di ~ mafioso*** Verbrechen im Stil der Mafia **3** *(attrezzo)* Stempel *m.* ◆ ***~ per budino*** Puddingform *f.*; ***~ per burro*** Butterform *f.*; ***sembrano fatti con lo ~*** sie scheinen aus einem Guss zu sein; ***~ per dolci*** Backform *f.*; ***~ in gesso*** Gipsform *f.*; ***se ne è perso lo ~*** diese Art ist ausgestorben; ***~ per sformati*** Auflaufform *f.*; ***di vecchio ~*** vom alten Schlag.

sta|na|re tr. **1a** auf‿stöbern, auf‿scheuchen): ***~ la selvaggina*** das Wild aufstöbern **b** ***~ un malvivente*** einen Verbrecher aufspüren **2** *(far uscire)* heraus‿bringen: ***sta sempre in casa e non è facile stanarlo*** er ist immer zu Hause, und es ist nicht leicht, ihn herauszubringen.

stan|ca f. **1** höchster Pegelstand *m.*, Stauwasser *n.* **2** FIG. Flaute *f.*: ***essere in fase di ~*** eine Flaute durch‿machen; ***un periodo di ~*** eine müde Zeit. **stan|ca|bi|le** agg. ermüdbar. **stan|ca|men|te** avv. **1** müde: ***trascinarsi ~*** sich müde dahin‿schleppen **2** *(svogliatamente)* lustlos. **stan|can|te** agg. ermüdend, beschwerlich: ***un lavoro ~*** eine ermüdende Arbeit.

stan|ca|re *(stanco, stanchi)* **I** tr. **1a** ermüden, müde machen, an‿strengen: ***scrivere a lungo stanca la mano*** das lange Schreiben ermüdet die Hand; assol. ***lavorare stanca*** Arbeiten macht müde **b** *(fiaccare)* ermüden, schwächen: ***la gita lo ha stancato*** die Wanderung hat ihn ermüdet; ***~ l'avversario con continue finte*** den Gegner mit immer neuen Finten schwächen **2** *(annoiare)* ***qcs. stanca qcn.*** jd hat etw. (A) leid; jd ist etw. (G) leid; jd ist (*o* wird) etw. (G) müde: ***le tue continue lamentele mi hanno stancato*** ich habe deine ständigen Klagen leid **3** *(spazientire)* ***qcs. stanca qcn.*** etw. ist jdm lästig: ***il suo modo di fare mi ha stancato*** sein Benehmen ist mir lästig **II** pronom. **stancarsi 1** müde werden, ermüden: ***-rsi in fretta*** schnell müde werden **2** *(annoiarsi)* ***-rsi di qcn., qcs.*** jds, etw. leid sein **3** *(averne abbastanza)* ***-rsi di qcs.*** etw. satt haben; ***-rsi di fare qcs.*** es satt haben (*o* es müde werden), etw. zu tun; ***non mi stancherò mai di ripeterlo*** ich werde nie müde werden, das zu wiederholen; ***non si stancava di guardarlo*** sie konnte sich an ihm nicht satt sehen ◆ ***~ un terreno*** einen Boden erschöpfen, aus‿laugen.

stan|chez|za f. **1** Müdigkeit *f.*: ***essere vinto, colto, sopraffatto dalla ~*** von Müdigkeit befallen, ergriffen, übermannt werden; ***crollare dalla ~*** vor Müdigkeit umfallen; ***la ~ lo assalì*** Müdigkeit überfiel ihn; ***dare segni di ~*** Anzeichen von Müdigkeit zeigen **2** *(calo di interesse)* Langeweile *f.*

stan|co agg. *(-chi,-che)* **1** müde, matt, ermüdet: ***sentirsi molto ~*** sich sehr müde fühlen; ***avere la vista -a*** ermüdete Augen haben; ***essere ~ di parlare*** vom Reden müde werden **2** *(annoiato, infastidito)* ***essere ~ di qcn., qcs.*** jds, etw. müde sein (*o* jdn, etw. leid haben); ***sono -a di lui*** ich habe (*o* bin) ihn satt; ***essere ~ di fare qcs.*** es satt haben, etw. zu tun **3** FIG. *(poco vivace)* langweilig ◆ ***mercato ~*** flauer Markt; ***~ da morire, ~ morto*** todmüde; ***nato ~*** schon müde geboren; ***terreno ~*** ausgelaugter Boden; ***~ di vivere*** lebensmüde.

stand [stænd] m.inv. **1** Stand *m.* **2** SPORT *(tribuna)* Tribüne *f.* **3** SPORT *(per il tiro a volo)* Schießstand *m.* ◆ ***~ espositivo*** Ausstellungsstand *m.*; ***~ fieristico*** Messestand *m.*

stan|dard I m.inv. **1** Standard *m.* (anche FIG.): ***un elevato ~ tecnico*** ein hoher technischer Standard **2** ESTENS. *(modello, riferimento)* Modell *n.*, Muster *n.* **3** FIG. *(rendimento abituale)* Niveau *n.*: ***lo ~ di un atleta*** das Niveau eines Sportlers **II** agg. Standard-, Normal- ◆ ***formato ~*** Standardformat *n.*, Einheitsformat *n.*, Normgröße *f.*; ***lettera ~*** Schemabrief *m.*; ***lingua ~*** Standardsprache *f.*, Hochsprache *f.*; ***misura ~*** Einheitsmaß *n.*, Standardmaß *n.*; ***modello ~*** Standardmodell *n.*; ***peso ~*** Eichgewicht *n.*; ***prezzo ~*** Standardpreis *m.*; ***~ di produzione*** Soll *n.*, Norm *f.*; ***taglia ~*** Konfektionsgröße *f.*; ***~ di vita*** Lebensstandard *m.* **stan|dar|diz|za|re** tr. **1** standardisieren, normen, normieren: ***~ la produzione, i prezzi di un prodotto*** die Produktion, die Preise eines Produktes standardisieren **2** FIG. *(uniformare)* vereinheitlichen.

stan|dar|diz|za|to p.pass. agg. **1** standardisiert, genormt, normiert, Norm- **2** FIG. vereinheitlicht ◆ ***formato ~*** Standardformat *n.*, Normalformat *n.* **stan|dar|diz|za|zio|ne** f. **1** Standardisierung *f.*,

Normierung *f.*, Typisierung *f.* **2** FIG. *(uniformazione)* Vereinheitlichung *f.*

stand-by [stænd-baɪ] m.inv. **1** ECON. Bereitschaft *f.* **2** AER. Stand-by *n.*

stan|di|sta m. e. f. *(-i,-e)* **1** Standbetreuer *m.* (-in *f.*) **2** *(espositore)* Aussteller *m.* (-in *f.*).

stan|ga f. *(-ghe)* **1** Stange *f.* **2** *(di carro)* Deichsel *f.* **3** COLLOQ. *(persona alta e magra)* großer (*o* dünner) langer Mensch *m.*, Hopfenstange *f.* **4** *(battifianco)* Stallbaum *m.* ◆ **essere alla ~** eingespannt sein (anche FIG.)

stan|ga|re tr. *(stango, stanghi)* **1** mit einer Stange schlagen **2a** FIG. *(far pagare troppo)* übervorteilen; COLLOQ. neppen **b** *(aumentare le tasse)* die Steuerschraube an‿ziehen (*o* an der Steuerschraube drehen) **3** *(bocciare)* durch‿sausen lassen: **l'hanno stangato agli esami** sie haben ihn bei der Prüfung durchsausen lassen.

stan|ga|ta f. **1** Schlag *m.* mit einer Stange **2** *(somma ingente)* Aderlass *m.*: **~ fiscale** steuerlicher Aderlass **3** SPORT scharfer Schuss *m.*

stan|ghet|ta f. **1** *(di occhiali)* Bügel *m.* **2** *(piccola stanga)* kleine Stange *f.* **3** *(nelle chiavi)* Schlüsselbart *m.* **4** *(nella scrittura)* Strich *m.* **5** MUS. Taktstrich *m.*, Querbalken *m.*

stan|go|ne m. **1** lange Stange *f.* **2** *(persona alta)* lange Latte *f.*

Sta|ni|sla|o n.pr.m. Stanislaus *m.*

Stan|lio n.pr.m. **~ e Ollio** Dick und Doof.

sta|not|te avv. **1** heute Nacht **2** *(la notte passata)* heute Nacht, vorige Nacht, gestern Nacht.

stan|te **I** agg. stehend: **figura ~** stehende Figur **II** prep. wegen + gen., in Anbetracht + gen., angesichts + gen.: **~ il cattivo tempo, la gita è rimandata** wegen des schlechten Wetters ist der Ausflug verschoben ◆ **~ che...** angesichts (*o* in Anbetracht) der Tatsache, dass...; **-i le attuali condizioni** in Anbetracht der Umstände; **a sé ~** für sich, selbstständig; **seduta ~** auf der Stelle, vom Fleck weg.

stan|ti|o agg. **1** altbacken: **pane ~** altbackenes Brot **2** FIG. veraltet, alt(backen): **idee -e** veraltete Ideen ◆ **odore di ~** abgestandener Geruch; **sapere di ~** altbacken schmecken (*o* riechen); FIG. veraltet sein.

stan|tuf|fo m. Kolben *m.* ◆ **asta dello ~** Kolbenstange *f.*; **~ cavo** Hohlkolben *m.*; **corsa dello ~** Kolbenhub *m.*; **~ rotante** Drehkolben *m.*; **motore a ~ rotante** Kolbenmotor *m.*; **valvola a ~** Kolbenschieber *m.*

stan|za f. **1** Zimmer *n.*: **prenotare, lasciare una ~** ein Zimmer bestellen, verlassen; **la ~ guarda a sud, sul retro** das Zimmer geht nach Süden, nach hinten **2** MIL. Garnison *f.*, Standort *m.* **3** ANT. LETT. *(dimora)* Wohnsitz *m.*: **prendere ~ in un posto** seinen Wohnsitz an einem Ort auf‿schlagen (*o* sich an einem Ort nieder‿lassen) **4** METR. Stanze *f.* ◆ **~ da bagno** Badezimmer *n.*; **~ dei bambini** Kinderzimmer *n.*; **~ dei bottoni** Schaltzentrale *f.*, Kommandozentrale *f.*; MIL. **essere di ~** garnisonieren, in Garnison liegen; **appartamento di due -e** Zweizimmerwohnung *f.*; **~ da letto** Schlafzimmer *n.*; **appartamento di quattro -e** Vierzimmerwohnung *f.*; **-e di Raffaello** Stanzen *pl.*; **essere alla ricerca di una ~** auf Zimmersuche sein; **~ di soggiorno** Wohnzimmer *n.* **stan|zet|ta** f. Kammer *f.*, kleines Zimmer *n.* ◆ **~ sul retro** Hinterstübchen *n.*

stan|zia|le agg. **1** stehend, Stand-: **selvaggina ~** Standwild *n.*; **uccello ~** Standvogel *m.*; **esercito ~** stehendes Heer **2** *(di popolazioni)* sesshaft.

stan|zia|men|to m. **1a** Bereitstellung *f.*: **lo ~ di una somma** die Bereitstellung einer Summe **b** *(fondi di bilancio)* Haushaltsmittel *pl.*: **chiedere lo ~ di fondi** Haushaltsmittel an‿fordern (*o* beantragen) **2** *(lo stanziarsi)* Niederlassung *f.* **stan|zia|re** *(stanzio, stanzi)* **I** tr. bereit‿stellen: **~ una somma per qcs.** eine Summe für etw. bereitstellen **II** intr. (aus. *avere*) in Garnison liegen, garnisonieren: **il reggimento stanzia in questa città** das Regiment liegt in dieser Stadt in Garnison **III** pronom. **stanziarsi** sich nieder‿lassen.

stan|zi|no m. **1** *(piccola stanza)* kleines Zimmer *n.* **2** *(ripostiglio)* Abstellraum *m.*

stap|pa|re tr. **1a** entkorken: **~ una bottiglia di vino** eine Flasche Wein entkorken **b** ESTENS. *(aprire)* auf‿machen **2** ESTENS. *(sturare)* reinigen, frei‿machen ◆ **~ le orecchie a qcn.** jdm die Ohren öffnen.

star f.inv. Star *m.*: **fare di qcn. una ~** aus jdm einen Star machen ◆ **~ della canzone** Schlagerstar *m.*; **~ del cinema** Filmstar *m.*; **~ di fama mondiale** Weltstar *m.*; **parata di ~** Starparade *f.*; **piccola ~** Kinderstar *m.*; **~ del rock** Rockstar *m.*

sta|re intr. (pres. *sto, stai, sta, stiamo, state, stanno;* fut. *starò;* pass. rem. *stetti, stesti, stette, stemmo, steste, stettero;* congiunt.pres. *stia, stiamo, stiate, stiano;* congiunt.imperf. *stessi;* imper. *sta/sta'/stai;* p.pass. *stato;* aus. *essere*) **1a** *(rimanere)* bleiben, sein: **~ due giorni, fino alle sei da qualche parte** zwei Tage, bis sechs Uhr irgendwo bleiben; **~ fuori tutto il pomeriggio** den ganzen Nachmittag weg (*o* außer Haus) sein; **~ in casa** zu Hause bleiben; **~ al buio, al caldo** im Dunkeln, im Warmen bleiben (*o* sein) **b** *(risultare)* sein: **~ antipatico, simpatico a qcn.** jdm unsympathisch, sympathisch sein **2a** *(vivere)* leben: **senza la sua famiglia non riesce a ~** ohne seine Familie kann er nicht leben; **sta ancora dai suoi** er lebt noch bei seinen Eltern; **sta da molti anni in Turchia** er lebt schon lange in der Türkei **b** *(abitare)* wohnen: **sta sopra di me** er wohnt über mir; **~ presso amici, in campagna** bei Freunden, auf dem Land wohnen; **sta a Roma da due mesi** er wohnt seit zwei Monaten in Rom **3a** *(in posizione verticale)* stehen: **i libri stanno nello scaffale** die Bücher stehen im Regal **b** *(orizzontale)* liegen: **il gatto sta sul divano** die Katze liegt auf dem Sofa **c** *(essere infilato)* stecken: **il portafogli stava nella tasca sinistra** das Portemonnaie steckte in der linken Tasche **d** *(trovarsi)* liegen, (gelegen) sein, sich befinden: **il campeggio sta a pochi metri dal mare** der Campingplatz liegt wenige Meter vom Meer entfernt; **~ in compagnia** sich in Gesellschaft befinden **4** *(svolgere una mansione)* sitzen, stehen: **~ alla cassa** an der Kasse sitzen; *(in piedi)* **~ allo sportello** am Schalter stehen **5** *(spettare)* liegen, zu‿kommen, zu‿stehen: **(non) sta a te decidere** die Entscheidung steht dir (nicht) zu **6** *(attenersi)* sich halten: **~ ai fatti, ai patti** sich an die Tatsachen, an die Abmachungen halten; **devo ~ a quello che mi hanno detto** ich muss mich an das halten, was man mir sagt **7** *(consistere)* bestehen, liegen: **il problema, la difficoltà sta in questo, sta qui** das Problem, die Schwierigkeit besteht darin, liegt hier **8** *(con gerundio)* **sto leggendo, studiando** ich lese, lerne gerade; **lo sto facendo** ich bin gerade dabei **9a** MAT. sich verhalten: **2 sta a 3 come 4 sta a 6** 2 verhält sich zu 3 wie 4 zu 6 **b** *(nella divisione)* enthalten sein, COLLOQ. hinein‿gehen: **il 2 nel 6 (ci) sta 3 volte** die 2 ist dreimal in der 6 enthalten **10a starci** *(trovar posto)* hinein‿gehen, hinein‿passen: **qui in quattro non ci stiamo** hier passen wir zu viert nicht hinein: **in questo cassetto non ci sta più niente** in diese Schublade geht nichts mehr hinein; **ci stanno 5 litri scarsi** es passen knapp 5 Liter hinein **b** COLLOQ. *(essere d'accordo)* einverstanden sein, mit‿machen, dabei sein: **ci sto!** ich bin dabei! **c** *(concedersi)* **è una, uno che ci sta** bei der, dem läuft was **11** *(con a + inf.; non tradotto)* **~ a discutere su qcs.** über etw. diskutieren; **non stare a pensarci troppo!** denk nicht zu lange darüber nach! **~ ad aspettare** warten **II** pronom. **starsene** sein: **~ in casa senza far nulla** tatenlos zu Hause herum‿sitzen; **~ solo soletto** ganz alleine sein ◆ **~ addosso a qcn.** jdm auf den Pelz rücken; **andare a ~** ziehen: **è andato a ~ in città** er ist in die Stadt gezogen; **sto bene** ich fühle mich wohl; *(di salute)* mir geht es gut; **stia bene!** leben Sie wohl! **stammi bene!** mach's gut! *(convenirsi)* **non sta bene parlare forte** es gehört sich nicht, laut zu sprechen; *(andare bene)* **mercoledì mi sta bene** Mittwoch passt (es) mir gut; *(addirsi)* **stai molto bene con la gonna!** im Rock siehst du sehr gut aus! Röcke stehen dir sehr gut! **il rosso sta bene col bianco** Rot passt gut zu Weiß; *(trovarsi bene)* **~ bene con qcn.** mit jdm gern zusammen sein; **~ bene insieme** sich gut miteinander verstehen (*o* gut aus‿kommen); **~ bene a soldi** gut bei Kasse sein; COLLOQ. **ti sta bene! ben ti sta!** das geschieht dir recht! **come stai?** wie geht es dir? **come stiamo a soldi?** wie sieht's mit dem Geld aus? **~ con qcn.** mit jdm zusammen sein; *(di coppia)* mit jdm zusammen sein; *(abitare insieme)* mit jdm zusammen‿wohnen; *(convivere)* mit jdm zusammen‿leben; FIG. *(essere solidale)* auf jds Seite stehen: **stai con me o contro di me?** stehst du auf meiner Seite oder nicht? **le cose stanno così** die Dinge liegen so; **se le cose stanno così...** wenn das so ist...; **stando così le cose** unter diesen Umständen; **raccontare le cose (così) come stanno** die Dinge (so) wieder‿geben, wie sie sich zugetragen haben; COMM. **star del credere** Delkredere *n.*; **~ dietro a qcn.** *(seguire)* jdm nach‿gehen; *(prendersi cura)* sich um jdn kümmern; *(fare la corte)* hinter jdm her‿sein; **~ disteso** liegen; **~ all'erta** wachsam (*o* auf der Hut) sein; **fatto sta che...** Tatsache ist, dass...; **sta di fatto che...** auf jeden Fall...; **sta' fermo!** halt still! **~ per finire** (gleich) zu Ende sein; *(esaurirsi)* zu Ende gehen; *(di persona)* gleich (*o* fast) fertig sein; **le provviste stanno per finire** die Vorräte gehen zu Ende; **l'inverno sta per finire** der Winter geht zu Ende; FIG. **star fresco** *(essere nei guai)* in der Tinte sitzen; *(per disilludere qcn.)* **stai ~!** da kannst du lange warten! **~ insieme** zusammen sein: **siamo stati insieme tutta la notte** wir waren die ganze Nacht zusammen; *(di coppia)* zusammen sein: **quei due stanno insieme** die beiden sind zusammen; *(abitare insieme)* zusammen‿wohnen; *(convivere)* zusammen‿leben; **lasciare ~** sein lassen: **lascia ~ quel lavoro, lo finisco io** lass diese Arbeit sein, ich mache sie fertig; **lascia ~, pago io** lass nur, ich bezahle; **lasciamo ~** wir lassen es am besten sein; *(non toccare)* **lascia ~ quel vaso** lass die Vase stehen; *(non disturbare)* **lasciami ~!** lass mich in Ruhe! **sto male** ich fühle mich nicht wohl; *(di salute)* mir geht es schlecht (*o* nicht gut); **sto male solo a pensarci** beim bloßen Gedanken daran wird mir schon schlecht; *(non convenirsi)* **sta male parlare con la bocca piena** es gehört sich nicht, mit vollem Mund zu sprechen; *(stonare)* **il rosso sta male con il verde** Rot passt nicht zu Grün; **questo quadro sta male qui** dieses Bild passt hier nicht hin; *(non adattarsi)* **sta male con i capelli corti, con i pantaloni** mit kurzem Haar sieht sie nicht gut aus, Hosen stehen ihr nicht; **che ne è stato di tutto il tuo lavoro?** was ist aus deiner ganzen Arbeit geworden? **sto per andarmene, per fare i bagagli** ich bin dabei zu gehen, zu packen; **sta per mettersi a piangere** er fängt gleich an zu weinen; **sta per piovere** es fängt gleich an zu regnen; **sta per cominciare** es fängt gleich an; *(rischiare di)* **stava per soffocare, annegare** er wäre fast erstickt, ertrunken (*o* er drohte zu ersticken, ertrinken); **~ in piedi** auf festen Füßen stehen; FIG. **questa storia non sta in piedi** an dieser Geschichte ist etwas faul; **~ allo scherzo** Spaß verstehen, einen Spaß vertragen; **così sta scritto** so steht es geschrieben; **non ~ in sé dalla felicità** außer sich vor Freude sein; **~ seduto** sitzen; **stai sicuro che...** du kannst sicher sein, dass...; **~ sulle spese** die Kosten nicht überschreiten; **stando ai fatti** den Tatsachen nach zu urteilen; **stando alle apparenze** dem Anschein nach; **stando a quel che si dice** nach dem, was man so hört; **qui stiamo stretti** hier ist es sehr eng; **~ su** *(rimanere in piedi, di persone)* stehen bleiben, sich auf den Beinen halten; *(di cose)* stehen bleiben; *(rimanere appeso)* hängen bleiben, halten; *(rimanere attaccato)* halten: **la tappezzeria non sta su** die Tapete hält nicht; **sta' su (con le spalle)!** halt dich gerade! *(rimanere sveglio)* **è stato su tutta la notte** er ist die ganze Nacht aufgeblieben; **una persona che sta sulle sue** ein zurückhaltender Mensch; **~ a tavola** bei Tisch sitzen; **stai tranquillo** mach dir keine Gedanken; **tutto sta nel non perdersi d'animo** nur nicht den Mut verlieren; **stiamo a vedere che cosa succede** wir werden ja sehen, was geschieht; **sta' a vedere che anche oggi piove** du wirst sehen, dass es auch heute regnet; **~ sul chi vive** Acht geben, auf der Hut sein; **sta' zitto!** sei still!

star|na f. Rebhuhn *n.* **star|na|re** tr. aus‿weiden.

star|naz|za|re intr. (aus. *avere*) **1** mit den Flügeln Staub auf‿wirbeln **2** FIG. *(far chiasso)* lärmen, schnattern.

star|nu|ta|re intr. (aus. *avere*), **star|nu|ti|re** intr. *(starnutisco, starnutisci*; aus. *avere)* niesen; **~ forte** laut niesen; **qcs. fa ~** etw. reizt zum Niesen ◆ **stimolo a ~** Niesreiz *m.* **star|nu|to** m. Niesen *n.*: **fare uno ~** niesen; **soffocare, reprimere uno ~** ein Niesen unterdrücken.

start [stɑ:t, *üblich* start] m.inv. **1** SPORT Startsignal *n.* **2** CINEM. Ersteinblendung *f.* **start|er** ['stɑ:tə, *üblich* 'starter] m.inv. **1** SPORT Starter *m.* **2** AUT. Starter *m.*, Anlasser *m.* ◆ **pistola dello ~** Starterpistole *f.*

sta|sa|re tr. reinigen, frei‿machen.

sta|se|ra avv. heute Abend.

sta|si f.inv. **1** MED. Stauung *f.*, Stasis *f.* **2** FIG. Stillstand *m.*, Stagnation *f.*: **un momento di ~ negli affari** ein Stillstand in den Geschäften; **una ~ nel commercio** eine Stagnation im Handel ◆ **~ sanguigna** Blutstauung *f.*

sta|ta|le I agg. staatlich, Staats-: **scuola, università, amministrazione ~** staatliche Schule, Universität, Verwaltung **II** m. e f. *(impiegato)* Beamte *m.* (Beamtin *f.*), Staatsangestellte *m.* e *f.* **III** f. Staatsstraße *f.*; *(in stati federali)* Bundesstraße *f.* ◆ **archivio ~** Staatsarchiv *n.*; **controllo ~** Staatsaufsicht *f.*; **impiegato ~** Staatsbeamte *m.*; **ordinamento ~** Staatsordnung *f.*; **posto di ~** Beamtenstelle *f.*; **potere ~** Staatsmacht *f.*

sta|ta|li|smo m. **1** Etatismus *m.* **2** = Befürwortung *f.* einer wesentlichen Beteiligung des Staates am wirtschaftlichen und sozialen Leben. **sta|ta|li|sta** m. e f. *(-i,-e)* **1** Befürworter *m.* (-in *f.*) des Etatismus **2** Befürworter *m.* (-in *f.*) der Beteiligung des Staates am wirtschaftlichen und sozialen Leben. **sta|ta|li|sti|co** *(-ci,-che)* agg. etatistisch.

sta|ta|liz|za|re tr. verstaatlichen: **~ una ditta** eine Firma verstaatlichen. **sta|ta|liz|za|to|re** m. Verstaatlicher *m.* **sta|ta|liz|za|zio|ne** f. Verstaatlichung *f.*

sta|ti|ca f. **1** FIS. ECON. FILOS. Statik *f.* **2** EDIL. Statik *f.*, Baustatik *f.*: **calcolare la ~ di un edificio** die Statik eines Gebäudes berechnen ◆ **massa ~** Ruhmasse *f.*

sta|ti|ca|men|te avv. statisch.

sta|ti|ci|tà f. **1** statischer Charakter **2** FIG. Starrheit *f.*, Unbeweglichkeit *f.*

sta|ti|co agg. *(-ci,-che)* **1** statisch: **equilibrio ~** statisches Gleichgewicht; **elettricità, figura -a** statische Elektrizität, Figur **2** FIG. statisch, starr: **una personalità -a** eine starre Persönlichkeit; **concezione -a della vita** starre Lebensanschauung.

sta|ti|no m. **1** BUROCR. Übersicht *f.* **2** UNIV. Zulassungsbescheinigung *f.*

sta|tion-wag|on ['steɪʃən'wægən, *üblich* 'steʃon'vɛgon] m.inv. Kombiwagen *m.*, Kombi *m.*

sta|ti|sta m. Staatsmann *m.*

sta|ti|sti|ca f. *(-che)* Statistik *f.*: **fare una ~ su qcs.** etw. statistisch erfassen, eine Statistik über etw. (A) erstellen; **secondo la ~** laut (der) Statistik ◆ **annuario di ~** statistisches Jahrbuch; **~ degli infortuni** Unfallstatistik *f.*; **~ medica** Medizinalstatistik *f.*; **~ quantistica** Quantenstatistik *f.*; **~ sociale** Sozialstatistik *f.*

sta|ti|sti|ca|men|te avv. statistisch: **~ provato** statistisch erwiesen.

sta|ti|sti|co I agg. *(-ci,-che)* statistisch: **materiale ~** statistisches Material; **dati -ci** statistische Daten; **rilevare dati -ci** Daten statistisch erfassen **II** m. *(-ci)* Statistiker *m.*

Sta|ti U|ni|ti n.pr.m.pl. Vereinigte Staaten *pl.*

sta|ti|vo m. Stativ *n.*

sta|tiz|za|re tr. verstaatlichen. **sta|tiz|za|zio|ne** f. Verstaatlichung *f.*

1.sta|to m. **1** *(condizione)* Zustand *m.* (anche GRAMM. CHIM.): **in buono, cattivo ~** in gutem, schlechtem Zustand; **essere ridotto in uno ~ pietoso** sich in einem üblen Zustand befinden; **in ~ di ubriachezza** in betrunkenem Zustand; **allo ~ solido, liquido, gassoso** in festem, flüssigem, gasförmigem Zustand **2** POL. Staat *m.*: **~ sovrano, totalitario** souveräner, totalitärer Staat **3** AMM. STOR. Stand *m.*: **terzo, quarto ~** dritter, vierter Stand ◆ **essere in ~ di accusa** unter Anklage stehen; **mettere qcn. in ~ di accusa** jdn an‿klagen (*o* unter Anklage stellen); **affare di ~** Staatsgeschäft *n.*; FIG. Staatsaffäre *f.*: **fare di qcs. un affare di ~** eine Staatsaffäre aus etw. machen; **~ d'aggregazione** Aggregatzustand *m.*; **~ di allarme** Alarmzustand *m.*; **amministrazione dello ~** Staatsverwaltung *f.* **~ d'animo** Gemütszustand *m.*, Gemütsverfassung *f.*, Gemütslage *f.*; **archivio di ~** Staatsarchiv *n.*; **essere in ~ di arresto** in Haft sein; **~ di assedio** Belagerungszustand *m.*; **~ assistenziale** Wohlfahrtsstaat *m.*, Versorgungsstaat *m.*; **allo ~ attuale** beim jetzigen Stand; **azienda di ~** Staatsbetrieb *m.*, staatliches Unternehmen *n.*; **banca di ~** Staatsbank *f.*; **allo ~ brado** frei, wild; FIS. **cambiamento di ~** Zustandsänderung *f.*; **capo di ~** Staatsoberhaupt *m.*, Staatschef *m.*; **casse dello ~** Staatskasse *f.*; **chiesa di ~** Staatskirche *f.*; **~ civile** Familienstand *m.*, Personenstand *m.*; **ufficio di ~ civile** Standesamt *n.*; **ufficiale di ~ civile** Standesbeamte *m.*; **colpo di ~** Staatsstreich *m.*; *(militare)* Militärputsch *m.*; **fare un colpo di ~** putschen; **~ confinante** Anliegerstaat *m.*, Nachbarstaat *m.*; **confini dello ~** Staatsgrenzen *pl.*; **~ di conservazione** Erhaltungszustand *m.*; **consiglio di ~** Staatsrat *m.*; **in questo ~ di cose** unter diesen Umständen; **~ cuscinetto** Pufferstaat *m.*; **~ di diritto** Rechtsstaat *m.*; **~ di emergenza** Notstand *m.*; POL. Ausnahmezustand *m.*; **esame di ~** Staatsexamen *n.*, Staatsprüfung *f.*; **~ di famiglia** Familienstandszeugnis *n.*, Auszug *m.* aus dem Familienbuch; **~ federale** Bundesstaat *m.*; **essere in ~ di fermo** in Haft sein; **finanze dello ~** Staatsfinanzen; **funerali di ~** Staatsbegräbnis *n.*; **-i generali** Generalstände; FIS. **grandezza di ~** Zustandsgröße *f.*; **trovarsi, essere in ~ di grazia** TEOL. im Zustand der Gnade sein; FIG. *(condizione eccellente)* in einer hervorragenden Verfassung sein; **~ di guerra** Kriegszustand *m.*; **guida dello ~** Staatsführung *f.*; **~ di impotenza** Hilflosigkeit *f.*; **~ di incoscienza** Bewusstlosigkeit *f.*; **essere in ~ interessante** in anderen Umständen sein; ANT. **libero ~** Freistaat *m.*; **allo ~ libero** frei; **complemento di ~ in luogo** lokale Umstandsbestimmung; **~ Maggiore** Oberkommando *n.*; ESTENS. *(gruppo dirigente)* Führung *f.*; **capo di ~ maggiore** Generalinspekteur *m.*; **~ mentale** Geisteszustand *m.*; **monopolio di ~** Staatsmonopol *n.*; **~ di natura** Naturzustand *m.*; **~ di necessità** Notstand *m.*; **~ normale** Normalzustand *m.*; **ordinamento dello ~** Staatsform *f.*; **~ patrimoniale** *(bilancio)* Bilanz *f.*; *(situazione)* Vermögenslage *f.*; **prigione di ~** Staatsgefängnis *n.*; **proprietà dello ~** Staatseigentum *n.*; **~ di quiete** Ruhezustand *m.*; **ragione di ~** Staatsräson *f.*; **religione di ~** Staatsreligion *f.*; **~ di salute** Gesundheitszustand *m.*; **~ satellite** Satellitenstaat *m.*; **~ di saturazione** Sättigungszustand *m.*; **segretario di ~** Staatssekretär *m.*; **segreto di ~** Staatsgeheimnis *n.*; **allo ~ selvaggio** frei (*o* wild); **~ sociale** Sozialstaat *m.*; **sottosegretario di ~** Unterstaatssekretär *m.*; **territorio dello ~** Staatsgebiet *n.*; **titoli di ~** Staatspapiere *pl.*; **uomo di ~** Staatsmann *m.*; **~ vassallo** Vasallenstaat *m.*; **verbo di ~** Zustandsverb *n.*; **visita di ~** Staatsbesuch *m.*

2.sta|to → **1.essere.**

sta|to|la|tri|a m. Staatsverehrung *f.*

sta|to|re m. Stator *m.*, Ständer *m.*

sta|tua f. Statue *f.*, Figur *f.*: *sembrare una ~* wie eine Statue aus‿sehen ◆ *~ di bronzo* Bronzestatue *f.*; *~ di cera* Wachsfigur *f.*; *~ colossale* Kolossalstatue *f.*; *~ equestre* Reiterstandbild *n.*; *~ di legno* Holzstatue *f.*, Holzfigur *f.*; *~ della libertà* Freiheitsstatue *f.*; *~ di marmo* Marmorstatue *f.*; BIBL. *~ di sale* Salzsäule *f.*

sta|tua|le agg. staatlich, Staats-.

sta|tua|ria f. Bildhauerkunst *f.* **sta|tua|rio** agg. *(-ri,-rie)* **1** statuarisch **2** *(simile a una statua)* statuenhaft **3** FIG. *(solenne)* feierlich, majestätisch. **sta|tuet|ta** f. Statuette *f.* **sta|tu|i|na** f. Statuette *f.*, Figur *f.*

sta|tu|i|re tr. *(statuisco, statuisci)* statuieren.

sta|tu|ni|ten|se **I** agg. der Vereinigten Staaten von Amerika, aus den USA, US-amerikanisch **II** m. e f. Nordamerikaner *m.* (-in *f.*), US-Amerikaner *m.* (-in *f.*).

sta|tu|ra f. **1** Statur *f.*, Größe *f.*, Wuchs *m.*, Gestalt *f.*: *di piccola, media, alta ~* von kleiner, mittlerer, großer Statur; *piccolo di ~* klein von Wuchs **2** FIG. Format *n.*, Größe *f.*: *non ha la ~ necessaria* es fehlt ihm am Format; *un uomo di elevata ~ morale* ein Mann von hoher moralischer Gesinnung ◆ *~ gigantesca* Riesengestalt *f.*; *~ media* Mittelgröße *f.*

sta|tus m.inv. Status *m.*: *~ sociale* gesellschaftlicher Status; *~ giuridico* Rechtsstatus *m.* (*o* rechtliche Stellung); *~ speciale* Sonderstatus *m.*

sta|tus quo m.inv. Status quo *m.*

sta|tus sym|bol m.inv. Statussymbol *n.*

sta|tu|ta|rio agg. *(-ri,-rie)* statutarisch, satzungsgemäß: *norma -a* statutarische Vorschrift; *modifica -a* Satzungsänderung *f.*

sta|tu|to m. **1** Statut *n.*, Satzung *f.*; *(di società)* Gesellschaftssatzung *f.*: *redigere uno ~* ein Statut auf‿stellen **2** *(carta costituzionale)* Statut *n.*, Verfassung *f.*, Grundgesetz *n.* ◆ *~ di un'associazione* Vereinssatzung *f.*; *conforme allo ~* statutengemäß, satzungsgemäß; *~ di una fondazione* Stiftungssatzung *f.*; *~ dei lavoratori* = Arbeitnehmerstatut *n.*; *modifica dello ~* Satzungsänderung *f.*; *~ d'occupazione* Besatzungsstatut *n.*; *~ speciale* Sonderstatut *n.*; *regione a ~ speciale* Region *f.* mit Sonderstatut.

sta|vol|ta avv. diesmal, dieses Mal: *per ~* für diesmal.

sta|zio|na|men|to m. Parken *n.* ◆ *freno di ~* Feststellbremse *f.*

sta|zio|na|re intr. (aus. *avere*) parken.

sta|zio|na|rio agg. *(-ri,-rie)* **1** Stand- **2** FIG. *(immutato)* unverändert: *temperatura -a* unveränderte Temperatur; *le condizioni del paziente sono -rie* der Zustand des Patienten ist unverändert ◆ *uccello ~* Standvogel *m.*

sta|zio|ne f. **1** Bahnhof *m.*: *accompagnare, portare qcn. alla, in ~* jdn zum Bahnhof begleiten, bringen; *andare a prendere qcn. alla ~* jdn am Bahnhof ab‿holen **2** TECN. Station *f.* **3** TELEV. RAD. Sender *m.*, Station *f.* **4** *(località)* Ort *m.* **5** *(postura)* Haltung *f.* **6** ANT. *(sosta)* Station *f.*: *fare ~ in un luogo* an einem Ort Station machen ◆ *atrio della ~* Bahnhofshalle *f.*; *~ degli autobus* Busbahnhof *m.*; *~ balneare* Badeort *m.*; MIN. *~ di caricamento* Füllort *m.*; *~ di carico* Verladebahnhof *m.*; *~ centrale* Hauptbahnhof *m.*; *~ di confine* Grenzbahnhof *m.*, Übergangsbahnhof *m.*; *~ di controllo* Kontrollstation *f.*; *~ della Via Crucis* Kreuzwegstation *f.*; *~ di destinazione* Zielbahnhof *m.*; MIN. *~ esterna* Hängebank *f.*; *~ ferroviaria* Bahnhof *m.*; *franco ~* frei Bahnhof, bahnfrei; *~ invernale* Winterkurort *m.*; INFORM. *~ di lavoro* Arbeitsstation *f.*, Dialogstation *f.*; *~ merci* Güterbahnhof *m.*, Freiladebahnhof *m.*; *~ meteorologica* Wetterwarte *f.*, Wetterstation *f.*; *~ della metropolitana* U-Bahn-Station *f.*; *~ di monta* Deckstation *f.*; *~ orbitale* Raumstation *f.*; *~ ornitologica* Vogelwarte *f.*; *~ di polizia* Polizeirevier *n.*, Polizeiwache *f.*; *~ di pompaggio* Pumpstation *f.*; ANT. *~ di posta* Posthalterei *f.*; *~ dei pullman* Busbahnhof *m.*; *quartiere della ~* Bahnhofsviertel *n.*; *~ radar* Radarstation *f.*; *~ radio* Radiosender *m.*, Rundfunkstation *f.*; *~ di ricerca* Forschungsstation *f.*; *~ (radio) ricevente* Empfangsstation *f.*; *~ ripetitrice* Relaisstation *f.*; *ristorante della ~* Bahnhofsrestaurant *n.*; *~ satellitare* Satellitenstation *f.*; *~ sciistica* Skiort *m.*; *~ di servizio* Tankstelle *f.*; *~ di smistamento* Verladebahnhof *m.*, Umstellbahnhof *m.*; *~ spaziale* Weltraumstation *f.*, Raumstation *f.*; *~ di taxi* Taxistand *m.*; *~ televisiva* Fernsehstation *f.*, Fernsehsender *m.*; *~ termale* Badeort *m.*; *~ di testa* Kopfbahnhof *m.*; *~ di transito* Durchgangsbahnhof *m.*; *~ di trasbordo* Umladebahnhof *m.*, Umschlagbahnhof *m.*; *~ trasmittente* Sendestation *f.*

staz|za f. **1** MAR. Tonnage *f.*, Schiffsraumgehalt *n.* **2** FIG. starker Körperbau *m.* ◆ *tonnellata di ~* Registertonne *f.*; *tonnellata di ~ lorda, netta* Bruttoregistertonne *f.*, Nettoregistertonne *f.* (*o* Nettoraumzahl *f.*).

staz|za|re **I** tr. vermessen **II** intr. (aus. *avere*) eine Tonnage haben: *~ mille tonnellate* eine Tonnage von tausend Tonnen haben.

staz|za|tu|ra f. **1** Schiffseichung *f.*, Schiffsvermessung *f.* **2** *(stazza)* Tonnage *f.*, Schiffsraum *m.* ◆ *tassa di ~* Eichgebühr *f.*

staz|zo m. Pferch *m.*

staz|zo|na|re tr. zerdrücken, zerknittern.

ste|a|ri|co agg. *(-ci,-che)* Stearin- ◆ *acido ~* Stearinsäure *f.*; *candela -a* Stearinkerze *f.*

ste|a|ri|na f. Stearin *n.*

ste|a|ti|te f. Speckstein *m.*

stec|ca f. *(-che)* **1** Stab *m.* **2** *(confezione)* Stange *f.*: *una ~ di sigarette* eine Stange Zigaretten **3** MED. Schiene *f.* **4a** *(nel biliardo)* Stange *f.* **b** ESTENS. *(giocatore)* Billardspieler *m.* ◆ *~ di balena* Fischbein *n.*; *~ da biliardo* Billardstock *m.*, Queue *n.*; *~ di cioccolata* Schokoladeriegel *m.*; *~ del corsetto* Korsettstange *f.*; COLLOQ. *fare una ~ (cantando)* falsch singen (*o* COLLOQ. gicksen); *(suonando)* falsch spielen, sich verspielen; *~ dell'ombrello* Schirmstab *m.*; COLLOQ. *prendere una ~* → *fare una ~*; *~ di vaniglia* Vanillestange *f.*

stec|ca|re *(stecco, stecchi)* **I** tr. **1** *(recingere)* umzäunen **2** MED. an‿schienen, schienen **3** *~ una nota (suonando)* eine Note falsch spielen; *(cantando)* eine Note falsch singen **4** GASTR. spicken: *~ l'arrosto* den Braten spicken **II** intr. (aus. *avere*) **1** *(nel biliardo)* kicksen **2a** *(suonando)* falsch spielen **b** *(cantando)* falsch singen, COLLOQ. gicksen.

stec|ca|ta f. **1** Stockschlag *m.* **2** *(steccato)* Lattenzaun *m.*

stec|ca|to m. **1** Lattenzaun *m.*: *erigere uno ~* einen Lattenzaun errichten **2** FIG. Schrank *m.*

stec|chet|to, *a ~* knapp, kurz; *tenere, mettere qcn. a ~* jdn kurz halten; *(di cibo) essere a ~* kurz gehalten werden.

stec|chi|no m. Zahnstocher *m.*

stec|chi|re tr. *(stecchisco, stecchisci)* kalt‿machen, um‿legen.

stec|chi|to p.pass. agg. → **stecchire** ◆ *morto ~* mausetot; *rimanere ~* auf der Stelle tot sein; *(essere stupefatto)* sprachlos sein.

stec|co m. *(-chi)* dürrer Zweig *m.* ◆ FIG. *essere magro come uno ~* dünn wie eine Bohnenstange (*o* wie ein Strich in der Landschaft) sein.

stec|co|na|ta f., **stec|co|na|to** m. Lattenzaun *m.*

stec|co|ne m. Zaunlatte *f.*

ste|chio|me|tri|a f. Stöchiometrie *f.* **ste|chio|me|tri|co** agg. *(-ci, -che)* stöchiometrisch.

Ste|fa|nia n.pr.f. Stephanie *f.*, Stefanie *f.*

Ste|fa|no n.pr.m. Stephan *m.*, Stefan *m.* ◆ *santo ~* Stephanstag *m.*, Stephanitag *m.*, zweiter Weihnachtstag *m.*

ste|go|la f. Pflugsterz *m.*

ste|go|sau|ro m. Stegosaurus *m.*

ste|le f. Stele *f.*: *~ funeraria* Grabstele *f.*

stel|la f. **1** Stern *m.*: *le -e brillano, scintillano, sfavillano, splendono in cielo* die Sterne blinken, flimmern, funkeln, strahlen am Himmel; *orientarsi con le -e* sich nach (*o* an) den Sternen orientieren; ASTROL. *leggere nelle -e* in den Sternen lesen; *essere scritto nelle -e* in den Sternen geschrieben stehen; FIG. *la sua ~ sta nascendo, tramontando* sein Stern geht auf, sinkt **2** *(attore, attrice)* Star *m.* **3** *(di cavalli)* Blesse *f.* **4** TIP. Sternchen *n.* **5** COLLOQ. *(persona cara)* Liebling *m.*: *povera ~!* armer kleiner Liebling! ◆ *albergo a tre, quattro -e* Dreisternehotel *n.*, Viersternehotel *n.*; *~ alpina* Edelweiß *n.*; *buona ~* guter (*o* glücklicher) Stern, Glücksstern *m.*; *essere nati sotto una buona ~* unter einem guten (*o* günstigen) Stern geboren sein; *~ cadente* Sternschnuppe *f.*; *cattiva ~* ungünstiger Stern (*o* Unstern *m.*); *essere nati sotto una cattiva ~* unter keinem günstigen Stern geboren sein; *chiarore delle -e* Sternenschein *m.*; *chiave a ~* Zwölfkantringschlüssel *m.*; *~ del cinema* Filmstar *m.*; *collegamento a ~* Sternschaltung *f.*; *~ cometa* Komet *m.*, Haarstern *m.*; *~ di David* Davidstern *m.* (*o* Judenstern *m.*); *~ errante* Wandelstern *m.*; *~ filante* Sternschnuppe *f.*; *-e filanti* Luftschlangen, Papierschlangen *pl.*; *~ fissa* Fixstern *m.*; *a forma di ~* sternförmig; *~ gigante* Riesenstern *m.*; *luce delle -e* Sternenlicht *n.*; *~ marina* Seestern *m.*; *~ del mattino* Morgenstern *m.*; *avere il morale alle -e* blendend gelaunt sein; *motore a ~* Sternmotor *m.*; *~ nana* Zwergstern *m.*; *~ di Natale* Weihnachtsstern *m.*; *~ del nord* Nordstern *m.*; *~ onorifica* Ordensstern *m.*; *pioggia di -e* Goldregen *m.*; *~ polare* Polarstern *m.*; *portare qcn., qcs. alle -e* jdn, etw. in den Himmel heben (*o* jdn, etw. über den grünen Klee loben); *i prezzi salgono alle -e* die Preise schnellen in die Höhe; *~ rossa* roter Stern; *(dell'URSS)* Sowjetstern *m.*; *~ dello sceriffo* Sheriffstern *m.*; *senza -e* sternlos; *~ della sera* Abendstern *m.*; *sotto le -e* unter freiem Himmel; *dalle -e alle stalle* vom Ruhm zum Ruin; *a -e e strisce* Sterne-und-Streifen-; *~ variabile* Veränderliche *m.*; *vedere le -e* Sterne sehen; *~ vespertina* Abendstern *m.*; *volta a ~* Sterngewölbe *n.*

stel|la|ria f. Sternkraut *n.*, Miere *f.*

stel|lag|gio m. *(-gi)* Stellagegeschäft *n.*
stel|la|re agg. stellar, Stern- ◆ ***ammasso ~*** Sternhaufen *m.*; ***guerre -i*** Krieg *m.* der Sterne; ***nebulosa ~*** Sternwolke *f.*, Nebelstern *m.*
stel|la|to agg. gestirnt, besternt, Stern- ◆ ***cielo ~*** Sternenhimmel *m.*; ***notte -a*** sternhelle, sternklare Nacht, Sternennacht *f.*; ARCH. ***volta -a*** Sterngewölbe *n.*
stel|let|ta f. **1** MIL. Stern *m.* **2** *(asterisco)* Sternchen *n.*, Stern *m.*
stel|li|na f. **1** Sternchen *n.* (anche FIG.) **2** pl. GASTR. Sternchennudeln *pl.* ◆ ***~ odorosa*** Waldmeister *m.* (*o* Maikraut *n.*).
stel|lon|ci|no m. Notiz *f.*, Pressenotiz *f.*
ste|lo m. **1** BOT. Stängel *m.*, Stiel *m.* **2** *(sostegno)* Ständer *m.* **3** TECN. Schaft *m.* ◆ ***lampada a ~*** Stehlampe *f.*
stem|ma m. **1** Wappen *n.* **2** FILOL. Stemma *n.* ◆ ***campo dello ~*** Wappenfeld *n.*; ***~ di città*** Stadtwappen *n.*; ***~ imperiale*** Reichswappen *n.*; ***~ di un paese*** Landeswappen *n.*
stem|ma|to agg. wappengeschmückt, mit Wappen versehen.
stem|pe|ra|re **I** tr. *(stempero)* **1** verdünnen, auf‿lösen **2** TECN. weich machen, enthärten **3** FIG. verwässern: ***~ un sentimento*** ein Gefühl verwässern **II** pronom. **stemperarsi** **1** sich auf‿lösen **2** TECN. weich werden ◆ ***~ i colori nell'olio*** die Farben mit Öl an‿rühren; ***~ un concetto*** einen Begriff aus‿höhlen.
stem|piar|si pronom. *(mi stempio, ti stempi)* kahle Schläfen bekommen, COLLOQ. Geheimratsecken bekommen. **stem|pia|to** p.pass. agg. **1** → **stempiarsi** **2** kahl an den Schläfen. **stem|pia|tu|ra** f. Kahlheit *f.* an den Schläfen, COLLOQ. Geheimratsecke *f.*
stem|pra|re → **stemperare.**
sten|dar|do m. **1a** Standarte *f.*, Banner *n.* **b** FIG. Fahne *f.* **2** BOT. Fahne *f.*
sten|de|re *(stesi; steso)* **I** tr. **1** aus‿strecken: ***~ la mano*** die Hand ausstrecken; ***~ le gambe sotto il tavolo*** die Beine unter dem Tisch ausstrecken **2a** *(svolgere)* aus‿breiten: ***~ la tovaglia sul tavolo*** die Tischdecke auf dem Tisch ausbreiten; ***~ le reti al sole*** die Netze in der Sonne ausbreiten **b** *(srotolare)* aus‿rollen, aus‿breiten: ***~ un tappeto*** einen Teppich ausrollen (*o* ausbreiten) **3** *(mettere sdraiato)* legen, hin‿legen: ***~ qcn. sulla barella*** jdn auf die Tragbahre legen **4** *(appendere)* ***~ (il bucato)*** die Wäsche auf‿hängen **5** GASTR. aus‿rollen: ***~ la pasta*** den Teig ausrollen; ***~ qcs. con il mattarello*** etw. ausrollen **6** *(redigere)* ab‿fassen, auf‿setzen: ***~ un contratto*** einen Vertrag aufsetzen; ***~ un verbale*** ein Protokoll an‿fertigen (*o* auf‿nehmen) **7a** COLLOQ. *(atterrare)* nieder‿schlagen, nieder‿strecken: ***~ qcn. con un pugno*** jdn mit einem Fausthieb niederschlagen **b** ESTENS. *(uccidere)* um‿legen: ***~ qcn. con una fucilata*** jdn mit einem Gewehrschuss umlegen **8** *(spalmare)* auf‿tragen: ***~ la pomata sulla ferita*** die Salbe auf die Wunde auftragen; ***~ il colore sulla tela*** die Farbe auf die Leinwand auftragen **II** pronom. **stendersi** **1** sich aus‿strecken, sich legen, sich hin‿legen: ***-rsi sulla sabbia, al sole, sul divano*** sich in den Sand, in die Sonne, aufs Sofa legen; ***-rsi sul letto*** sich aufs (*o* ins) Bett legen **2** *(stiracchiarsi)* sich recken **3** *(estendersi)* sich erstrecken: ***davanti ai nostri occhi si stendeva una pianura infinita*** vor unseren Augen erstreckte sich eine endlose Ebene ◆ ***corda per ~*** Wäscheleine *f.*; ***~ un velo pietoso su qcs.*** den Mantel des Schweigens über etw. (A) breiten (*o* decken).
sten|di|bian|che|ri|a m.inv. Wäscheständer *m.*, Wäschetrockner m. ◆ ***~ a ombrello*** Wäschespinne *f.*
sten|di|men|to m. Ausbreitung *f.*, Spreizung *f.*
sten|di|to|io m. *(-oi)* **1** Wäscheständer *m.*, Wäschetrockner *m.* **2** *(stanza)* Aufhängeboden *m.*, Trockenboden *m.*, Trockenraum *m.*
ste|ni|a f. Sthenie *f.*, Vollkraft *f.*
ste|ni|co agg. *(-ci,-che)* sthenisch, kraftvoll.
ste|no|dat|ti|lo|gra|fa f. Stenotypistin *f.* **ste|no|dat|ti|lo|gra|fi|a** f. Stenotypieren *n.* **ste|no|dat|ti|lo|gra|fo** m. Stenotypist *m.*
ste|no|gra|fa f. Stenographin *f.* **ste|no|gra|fa|re** tr. *(stenografo)* stenographieren. **ste|no|gra|fi|a** f. Stenographie *f.*, Kurzschrift *f.*, Steno *n.*: ***scrivere in ~*** in Steno schreiben ◆ ***blocco per ~*** Stenogrammblock *m.*; ***matita per ~*** Stenostift *m.*
ste|no|gra|fi|co agg. *(-ci,-che)* stenographisch, Kurzschrift-: ***annotazione -a, segni -ci*** stenographische Aufzeichnung, stenographische Zeichen ◆ ***sistema ~ unificato*** Einheitskurzschrift *f.*
ste|no|gra|fo m. Stenograph *m.*
ste|no|gram|ma m. **1** Stenogramm *n.*, Kürzel *n.*, Steno *n.* **2** *(segno)* Stenozeichen *n.*
ste|no|si f. Stenose *f.*, Striktur *f.*, Verengung *f.*: ***~ del piloro*** Pylorusverengung *f.*, Pylorenstenose *f.*; ***~ dell'esofago*** Speiseröhrenverengung *f.*, Speiseröhrenstenose *f.*
ste|no|ti|pi|a f. Stenotypie *f.* **ste|no|ti|pi|sta** m. e f. *(-i,-e)* Stenotypist *m.* (-in *f.*).
sten|ta|re **I** intr. (aus. *avere*) Mühe haben, sich ab‿mühen, sich quälen: ***~ a leggere, parlare, scrivere*** beim Lesen, Sprechen, Schreiben Mühe haben (*o* kaum lesen, sprechen, schreiben können); ***il malato stenta a fare qualunque movimento*** dem Kranken fällt jede Bewegung schwer; ***stento a crederlo*** ich kann es kaum glauben **II** tr. **1** mühsam verdienen **2** assol. *(vivere in ristrettezze)* sich mühsam durch‿schlagen.
sten|ta|ta|men|te avv. mühselig, mühsam: ***tirare avanti ~*** sich mühsam durch‿schlagen; ***campare ~*** mühsam sein Leben fristen ◆ ***parlare una lingua ~*** eine Sprache gebrochen sprechen.
sten|ta|tez|za f. Mühseligkeit *f.*, Beschwerlichkeit *f.*
sten|ta|to p.pass. agg. **1** → **stentare** **2** *(conseguito a fatica)* mühsam, mühselig, holperig, gebrochen: ***parlare in un tedesco ~*** in holperigem Deutsch sprechen **3** *(misero)* elend, kümmerlich: ***condurre una vita -a*** ein kümmerliches Leben fristen (*o* kümmerlich sein Leben fristen) **4** *(innaturale, forzato)* gezwungen: ***sorriso ~*** gezwungenes Lachen; ***stile ~*** gezwungener Stil.
sten|to m. **1** *(fatica)* Mühe *f.*, Anstrengung *f.* **2** pl. Not *f.*, Elend *n.*, Entbehrung *f.*: ***un volto segnato dagli -i*** ein vom Elend gezeichnetes Gesicht; ***una vita di -i*** ein kümmerliches Leben (*o* Dasein); ***fare una vita di ~*** kümmerlich sein Leben fristen ◆ ***a ~*** mit Mühe (*o* kaum); ***riuscì a trattenersi a ~*** er konnte sich kaum zügeln; ***trattenere a ~ le lacrime*** kaum die Tränen zurückhalten können; ***procedere a ~*** schleppend voran‿kommen; ***pieno di -i*** entbehrungsvoll; ***vita di -i*** Hungerleben *n.*
sten|to|re|o agg. klangvoll, Stentor-: ***voce -a*** Stentorstimme *f.*
step|pa f. Steppe *f.*: ***la ~ russa*** die russische Steppe.
step|po|so agg. steppenartig.
ster|co m. *(-chi)* Mist *m.*, Kot *m.*
ster|co|ra|rio **I** agg. *(-ri,-rie)* Mist-: ***scarabeo ~*** Mistkäfer *m.* (*o* Rosskäfer *m.*, Dungkäfer *m.*) **II** m. *(-ri)* ORNIT. Raubmöwe *f.*
ste|re|o **I** agg.inv. ***impianto ~*** Stereoanlage *f.*; ***registrazione ~*** Stereoaufnahme *f.*; ***programma ~*** Stereoprogramm *n.* **II** m.inv. COLLOQ. Stereogerät *n.*, Stereoanlage *f.*
ste|re|o|fo|ni|a f. Stereophonie *f.*, Stereoakustik *f.* ◆ ***in ~*** stereophonisch, Stereo-. **ste|re|o|fo|ni|co** agg. *(-ci,-che)* stereophon, Stereo-, stereoakustisch: ***effetto ~*** Stereoeffekt *m.*
ste|re|o|fo|to|gra|fi|a f. Stereophotographie *f.* **ste|re|o|fo|to|gram|me|tri|a** f. Stereophotogrammetrie *f.*, Raumbildmessung *f.*
ste|re|o|gra|fi|a f. Stereographie *f.* **ste|re|o|gra|fi|co** agg. *(-ci,-che)* stereographisch.
ste|re|o|gram|ma m. Raumbild *n.*
ste|re|o|me|tri|a f. Stereometrie *f.* **ste|re|o|me|tri|co** agg. *(-ci,-che)* stereometrisch.
ste|re|o|sco|pi|a f. Stereoskopie *f.* **ste|re|o|sco|pi|co** agg. *(-ci,-che)* ***macchina fotografica -a*** Stereokamera *f.*; ***effetto ~*** Raumeffekt *m.*, Tiefenwirkung *f.* **ste|re|o|sco|pio** m. *(-pi)* Stereoskop *n.*
ste|re|o|ti|pa|re tr. *(stereotipo)* stereotypieren.
ste|re|o|ti|pa|to p.pass. agg. **1** → **stereotipare** **2** stereotyp, Stereotyp- (anche FIG.): ***sorriso ~*** stereotypes Lächeln; ***risposta -a*** stereotype Antwort.
ste|re|o|ti|pi|a f. **1** *(procedimento)* Stereotypie *f.* **2** *(lastra)* Stereotypplatte *f.* **ste|re|o|ti|pi|co** agg. *(-ci,-che)* stereotyp. **ste|re|o|ti|pi|sta** m. e f. *(-i,-e)* Stereotypeur *m.* (-in *f.*).
ste|re|o|ti|po **I** m. Stereotyp *n.* **II** agg. stereotyp, Stereotyp-.
ste|ri|le agg. **1a** unfruchtbar, steril **b** *(di terreno)* unfruchbar **2** FIG. fruchtlos, unnütz, nutzlos: ***discussione ~*** unfruchtbares Gespräch; ***rimpianti -i*** nutzloses Bedauern **3** MED. steril, keimfrei: ***soluzione ~*** sterile Lösung **4** MIN. taub: ***roccia ~*** taubes Gestein. **ste|ri|li|tà** f. **1** Unfruchtbarkeit *f.*, Sterilität **2** MED. Sterilität *f.*, Keimfreiheit *f.*
ste|ri|liz|za|re tr. **1** *(rendere infecondo)* sterilisieren **2a** *(disinfestare)* sterilisieren, steril machen, entkeimen **b** *(bollendo)* ab‿kochen. **ste|ri|liz|za|to|re** **I** m. **1** Sterilisierer *m.* **2** *(apparecchio)* Sterilisator *m.*, Sterilisierapparat *m.* **II** agg. sterilisierend, entkeimend, Entkeimungs-. **ste|ri|liz|za|zio|ne** f. Sterilisierung *f.*, Sterilisation *f.*
ster|li|na f. ***(lira) ~*** Pfund *n.*, Sterling *m.*
ster|mi|na|re tr. *(stermino)* vernichten, aus‿rotten, vertilgen. **ster|mi|na|to** p.pass. agg. **1** → **sterminare** **2** unabsehbar, endlos: ***piantagioni -e*** endlose Plantagen. **ster|mi|na|to|re** **I** agg. vernichtend, Vernichtungs-: ***guerra -trice*** Vernichtungskrieg *m.* **II** m. Vernichter *m.*, Ausrotter *m.* ◆ ***angelo ~*** Würgeengel *m.*
ster|mi|nio m. *(-ni)* **1** Vernichtung *f.*, Ausrottung *f.*; *(di insetti)* Vertilgung *f.* **2** COLLOQ. *(grande quantità)* Unmenge *f.*, Unzahl *f.* ◆ ***campo di ~*** Vernichtungslager *n.*; ***~ degli ebrei*** Judenvernichtung *f.*
ster|na f. Seeschwalbe *f.*
ster|na|le agg. sternal, Brustbein-. **ster|no** m. Brustbein *n.*

ster|nu|ti|re, ster|nu|to → **starnutire, starnuto.**

ste|roi|de m. Steroid *n.*, Steroide *pl.* **ste|roi|de|o** agg. ***ormone ~*** Steroidhormon *n.*

ster|pa|glia, ster|pa|ia f., **ster|pa|io** m. *(-ai)* Gestrüpp *n.*

ster|pa|ro|la, ster|paz|zo|la f. Dorngrasmücke *f.*

ster|po m. **1** *(ramo)* dürrer Zweig *m.* **2** *(arbusto)* (ausgedörrter) Dornbusch *m.*, Dornengestrüpp *n.* **ster|po|so** agg. voller Gestrüpp.

ster|ra|men|to m. Ausheben *n.* einer Grube. **ster|ra|re** tr. **1a** *(fossa)* aus‿heben, **b** *(strada, terra)* ab‿tragen **2** ASSOL. Erde aus‿heben. **ster|ra|to I** p.pass. agg. **1** → **sterrare 2** ausgehoben **II** m. Randstreifen *m.* ◆ ***strada -a*** Schotterstraße *f.* (*o* unasphaltierte Straße). **ster|ra|to|re** m. Erdarbeiter *m.* **ster|ro** m. **1** Erdarbeit *f.* **2** *(materiale asportato)* Erdaushub *m.*

ster|zan|te agg. Lenk-: ***asse ~*** Lenkachse *f.*

ster|za|re intr. (aus. *avere*) steuern, ein‿schlagen: ***~ a destra, a sinistra*** nach rechts, links steuern (*o* einschlagen) ◆ ***~ bruscamente*** das Lenkrad herum‿reißen. **ster|za|ta** f. **1a** Einschlagen *n.*, Wendemanöver *n.* **b** *(per evitare un ostacolo)* Ausweichmanöver *n.* **2** FIG. Einlenkung *f.*, Kurswechsel *m.* ◆ POL. ***~ a destra*** Rechtsruck *m.*; ***diametro di ~*** Wendekreis *m.*; POL. ***~ a sinistra*** Linksruck *m.* **ster|za|tu|ra** f. Steuerung *f.*

ster|zo m. **1** Lenkung *f.*, Steuerung *f.*: ***lo ~ ha troppo gioco*** die Lenkung hat zu viel Spiel **2a** *(volante)* Lenkrad *n.* **b** *(manubrio)* Lenkstange *f.* ◆ ***piantone dello ~*** Steuersäule *f.*; ***~ a vite senza fine*** Schneckenlenkung *f.*

ste|so p.pass. agg. **1** → **stendere 2a** aufgehängt **b** *(disteso)* ausgestreckt.

stes|so I agg. **1** *(medesimo)* derselbe, dieselbe, dasselbe, gleich: ***persone della -a età*** Personen gleichen Alters; ***porta sempre lo ~ abito*** er trägt immer denselben (*o* den gleichen) Anzug; ***essere dello ~ parere*** derselben (*o* der gleichen) Meinung sein; ***è la -a cosa*** das ist dasselbe (*o* das Gleiche); ***la -a cosa vale per tutti*** das Gleiche gilt für alle; *(esatto, preciso)* ***in quello ~ momento*** im gleichen (*o* selben) Moment **2** ***se ~*** sich selbst: ***pensare solo a se ~*** nur an sich (selbst) denken; ***sentirsi in pace con se ~*** mit sich selbst im Reinen sein; ***il problema in se ~ è semplice*** das Problem an sich ist einfach **3** *(con pronome possessivo)* eigen, eigene, eigenes: ***con le sue -e mani*** mit seinen eigenen Händen **4** *(posposto; in persona)* selbst: ***io, tu, lui ~*** ich, du, er selbst; ***noi, voi, loro -i*** wir, ihr, sie selbst; ***gli amici -i lo abbandonarono*** selbst seine Freunde ließen ihn im Stich; ***quell'uomo è la bontà -a*** dieser Mann ist die Güte selbst **II** pron. **1** *(la stessa persona)* derselbe, dieselbe: ***lo ~, la -a affermò che...*** derselbe, dieselbe behauptete, dass...; COLLOQ. ***essere sempre lo ~*** immer der Alte (*o* immer derselbe, der Gleiche) sein **2** *(la stessa cosa)* dasselbe, das Gleiche: ***anche a me è capitato lo ~*** mir ist dasselbe passiert; ***lo ~ vale per te*** das Gleiche gilt auch für dich **3** *(esso, essa; di parti già nominate)* dieser, diese, dieses, derselbe, dieselbe, dasselbe: ***il Comune intende bandire un concorso per il posto di direttore amministrativo; lo ~ si riserva di comunicare al più presto le modalità*** die Gemeinde hat die Absicht, einen Wettbewerb für die Stelle des Verwaltungsdirektors auszuschreiben; dieselbe behält sich vor, die Austragungsbedingungen in Bälde bekannt zu geben **4a** ***è, fa lo ~*** das ist gleich, das ist egal; *(non fa niente)* es macht nichts; ***per me è lo ~*** mir ist es gleich (*o* egal); ***questo o quello fa lo ~*** dies oder jenes ist ganz gleich (*o* egal) **b** *(ugualmente)* ***lo ~*** trotzdem, doch: ***la mela non era buona, ma l'ho mangiata lo ~*** der Apfel hat mir nicht geschmeckt, aber ich habe ihn trotzdem gegessen; ***anche se non vuoi, ci andrai lo ~*** auch wenn du nicht willst, wirst du trotzdem hingehen ◆ ***domani ~*** gleich morgen; ***della -a età*** gleich alt (*o* gleichaltrig); ***allo ~ modo*** gleich; ***lo ~ che niente*** so gut wie nichts; ***oggi ~*** heute noch (*o* noch heute); ***di per se ~*** an (und für) sich; ***qui ~*** sofort hier; COLLOQ. ***è la stessissima cosa*** es ist genau dasselbe; ***allo ~ tempo, al tempo ~*** zur gleichen (*o* selben) Zeit, zugleich, gleichzeitig; *(con valore avversativo)* gleichwohl.

ste|su|ra f. **1** *(lo stendere)* Auftragen *n.*; ***la ~ della prima mano di colore*** das Auftragen der ersten Farbschicht **2a** *(per iscritto)* Abfassung *f.*, Aufsetzen *n.*, Anfertigung *f.*: ***la ~ di una lettera*** die Abfassung (*o* das Aufsetzen) eines Briefes; ***la ~ di una perizia*** die Anfertigung eines Gutachtens **b** *(di opera letteraria)* Fassung *f.* ◆ ***~ del bilancio*** Bilanzaufstellung *f.* (*o* Bilanzierung *f.*); ***~ definitiva, finale*** Endfassung *f.*; ***~ integrale*** ungekürzte Fassung; ***prima ~*** erste Fassung, Rohfassung *f.*, Rohentwurf *m.*; ***prima ~ di una traduzione*** Rohübersetzung *f.*; ***~ di un testo*** Textfassung *f.*; ***~ di un verbale*** Protokollaufnahme *f.*

ste|to|sco|pio m. *(-pi)* Stethoskop *n.*, Hörrohr *n.*

Stet|ti|no n.pr.f. Stettin *n.*

steward ['stju:əd, *üblich* 'stjuard] m.inv. **1** AER. Steward *m.*, Flugbegleiter *m.* **2** MAR. Steward *m.*

sti|a f. Hühnerkäfig *m.*

stick m.inv. Stift *m.* ◆ ***~ di burro (di) cacao*** Fettstift *m.*; ***colla (a) ~*** Klebestift *m.*; ***~ deodorante*** Deostick *m.*, Deostift *m.*, Deoroller *m.*

stie|pi|di|re → **intiepidire.**

Sti|ge n.pr.m. Styx *f.* e *m.*

sti|glia|re tr. *(stiglio, stigli)* brechen. **sti|glia|tu|ra** f. Brechen *n.*

stig|ma m. (*stigmate* f.pl. e *stigmi* m.pl.) **1a** STOR. (pl. *stigmate*) Brandmal *n.*, Stigma *n.* **b** FIG. LETT. Stigma *n.*, Mal *n.*: ***recare lo ~ dello sfacelo*** das Stigma des Verfalls tragen **2** MED. (pl. *stigmate*) Mal *n.* **3** ECCL. (pl. *stigmate*) Stigmen *pl.*, Wundmale *pl.*: ***le stigmate di Cristo*** die Wundmale Christi **4a** BOT. (pl. *stigmi*) Narbe *f.*, Stigma *n.* **b** ZOOL. Stigma *n.*, Atemöffnung *f.* **stig|ma|te** pl. → **stigma.**

stig|ma|ti|co agg. *(-ci,-che)* **1** BOT. die Narbe betreffend **2** OTT. stigmatisch. **stig|ma|ti|smo** m. Stigmatismus *m.*

stig|ma|tiz|za|re tr. stigmatisieren (anche FIG.). **stig|ma|tiz|za|to** m. Stigmatisierte *m.* **stig|ma|tiz|za|zio|ne** f. **1** STOR. Stigmatisierung *f.* (anche FIG.) **2** *(apparizione delle stigmate)* Stigmatisation *f.*

sti|la|re tr. auf‿setzen, ab‿fassen.

sti|le m. **1** Stil *m.* (anche ART.): ***~ elevato, ampolloso, elaborato, scorrevole, sobrio*** gehobener, geschwollener, ausgefeilter, flüssiger, nüchterner Stil; ***lo ~ di un poeta*** der Stil eines Dichters; ***scrivere in uno ~ conciso, vivace*** in einem knappen, lebendigen Stil schreiben; ***una chiesa in ~ gotico*** eine Kirche in gotischem Stil **2a** *(tecnica di esecuzione)* Stil *m.*, Art *f.*: ***avere uno ~ personalissimo nel tuffarsi*** einen ganz persönlichen Stil beim Kopfsprung haben **b** *(modo, maniera)* ***una signora vecchio ~*** eine Dame vom alten Schlag; ***un cavaliere vecchio ~*** ein Kavalier alter Schule; ***è nel suo ~ arrivare in ritardo*** es ist ganz seine Art, zu spät zu kommen; ***non è nel suo ~*** das ist nicht sein Stil **3** *(distinzione, eleganza)* Stil *m.*: ***è (tutta) questione di ~*** es ist eine Frage des Stils; ***avere ~ nel vestirsi*** sich stilvoll kleiden ◆ ***~ architettonico*** Baustil *m.*; ***~ barocco*** Barockstil *m.*; ***~ coloniale*** Kolonialstil *m.*; ***con ~*** stilvoll; ***~ (a) delfino*** Delphin *n.*; ***discontinuità di ~*** Stilbruch *m.*; ***~ epistolare*** Briefstil *m.*; ***errore di ~*** Stilfehler *m.*; ***esercizio di ~*** Stilübung *f.*; ***~ (a) farfalla*** Schmetterlingsstil *m.*, Schmetterling *m.*; ***in grande ~*** in großem Stil; ***~ di guida*** Fahrstil *m.*; ***~ impero*** Empirestil *m.*; ***in ~*** stilgerecht (*o* Stil-); ***essere in ~ con qcs.*** dem Stil von etw. entsprechen; ***(nuoto a) ~ libero*** Freistil *m.* Kraulstil *m.*, Kraulschwimmen *n.*; ***nuotare a ~ libero*** kraulen; ***maestro di ~*** Stilkünstler *m.*; ***mancanza di ~*** Stillosigkeit *f.*; ***mobili in ~*** Stilmöbel *pl.*; ***~ nominale*** Nominalstil *m.*; ***~ di nuoto*** Schwimmstil *m.*, Schwimmart *f.*; ***~ ornamentale*** Ornamentenstil *m.*; ***privo di ~*** stillos; ***~ rococò*** Rokokostil *m.*; ***~ romanico*** romanischer Stil; ***senso dello ~*** Stilempfinden *n.*, Stilgefühl *n.*; ***senza ~*** stillos; ***~ tardo*** Spätstil *m.*; ***~ telegrafico*** Telegrammstil *m.*; ***tipo di ~*** Stilart *f.*; ***~ di vita*** Lebensstil *m.*

sti|le|ma m. **1** Stilelement *n.* **2** ESTENS. *(caratteristica)* typischer Zug *m.*

sti|let|ta|re tr. **1** *(ferire)* mit einem Stilett verwunden **2** *(uccidere)* mit einem Stilett erstechen. **sti|let|ta|ta** f. **1** Stilettstich *m.* **2** FIG. Stich *m.*, stechender Schmerz *m.* **sti|let|to** m. Stilett *n.*

sti|li|smo m. **1** (übertriebene) Pflege *f.* des Stils **2** *(preziosismo)* stilistische Feinheit *f.*

sti|li|sta m. e f. *(-i,-e)* **1a** *(designer)* Designer *m.* (-in *f.*) **b** *(di moda)* Modedesigner *m.* (-in *f.*), Modeschöpfer *m.* (-in *f.*) **2** *(chi ha grande cura dello stile)* Stilist *m.* (-in *f.*).

sti|li|sti|ca f. Stilistik *f.*, Stillehre *f.*, Stilkunde *f.*

sti|li|sti|ca|men|te avv. stilistisch. **sti|li|sti|co** agg. *(-ci,-che)* stilistisch, Stil- ◆ ***analisi -a*** Stilanalyse *f.*; ***dizionario ~*** Stilwörterbuch *n.*; ***elemento ~*** Stilelement *n.*; ***errore ~*** Stilfehler *m.*; ***livello ~*** Stilebene *f.*; ***tendenza -a*** Stilrichtung *f.*

sti|li|ta, sti|li|te m. Säulenheilige *m.*, Stylit *m.*

sti|liz|za|re tr. stilisieren. **sti|liz|za|to** p.pass. agg. **1** → **stilizzare 2** stilisiert. **sti|liz|za|zio|ne** f. Stilisierung *f.*

stil|la f. LETT. Tropfen *m.* (anche ESTENS.): ***qualche ~ di profumo*** einige Tropfen Parfüm ◆ ***~ a ~*** tropfenweise; ***-e di pianto*** = Tränen; ***~ di rugiada*** Tautropfen *m.*; ***~ di sangue*** Blutstropfen *m.*; ***~ di sudore*** Schweißtropfen *m.*

stil|la|re LETT. **I** intr. (aus. *essere*) perlen, tropfen, tröpfeln: ***la rugiada stilla dalle foglie*** der Tau perlt (*o* tropft) von den Blättern **II** tr. (tropfenweise) ab‿sondern: ***gli abeti stillano resina*** die Tannen sondern Harz ab (*o* harzen) ◆ ***~ lacrime*** weinen; ***~ sangue*** bluten; ***~ sudore*** schwitzen.

stil|li|ci|dio m. *(-di)* **1** Tropfen *n.*, Tröpfeln *n.* **2** FIG. ständige Wiederholung *f.*
stil|no|vi|smo m. **1** *(stilnovo)* Dolce stil nuovo *m.* **2** *(arte del poetare)* Dichtung *f.* des Dolce stil nuovo. **stil|no|vi|sta I** agg. *(-i,-e)* des (*o* im) Dolce stil nuovo **II** m. *(-i)* Dichter *m.* des Dolce stil nuovo. **stil|no|vi|sti|co** agg. *(-ci,-che)* des (*o* im) Dolce stil nuovo. **stil|no|vo** m. Dolce stil nuovo *m.*
sti|lo m. **1** STOR. BOT. Griffel *m.*, Stylos *m.* **2a** ESTENS. *(arnese a forma di asta)* Stange *f.* **b** *(sostegno)* Stütze *f.* **3** *(stiletto)* Stilett *n.* **4** *(braccio della stadera)* Waagebalken *m.*
sti|lo|ba|te m. Stylobat *m.*
sti|lo|fo|ro I agg. Säulen tragend **II** m. Säulen tragendes Tier *n.*
sti|lo|gra|fi|ca f. *(-che)* Füllfederhalter *m.*, AUSTR. SVIZZ. Füllfeder *f.*, COLLOQ. Füller *m.* ◆ **~ *a cartucce*** Patronenfüllhalter *m.*
sti|lo|gra|fi|co agg. *(-ci,-che)* ***penna -a*** Füllfederhalter *m.*; ***inchiostro ~*** Füllertinte *f.*
sti|ma f. **1** *(valutazione)* Schätzung *f.*, Taxierung *f.*, Einschätzung *f.*: ***fare la ~ di una cosa*** die Schätzung einer Sache (*o* von einer Sache) vor‿nehmen (*o* eine Sache schätzen, taxieren); ***far fare la ~ di qcs.*** etw. schätzen (*o* taxieren) lassen **2a** *(prezzo stimato)* Schätzpreis *m.*, Taxpreis *m.* **b** *(valore stimato)* Schätzwert *m.*, Taxwert *m.*: ***la ~ è di 1 milione*** der Schätzwert beläuft sich auf 1 Million; ***la ~ del danno è di 3 milioni*** der Schaden beläuft sich schätzungsweise auf 3 Millionen (*o* der Schaden wird auf 3 Millionen geschätzt) **c** STATIST. Hochrechnung *f.* **3** FIG. *(buona opinione)* Achtung *f.*, Wertschätzung *f.*: ***godere della (massima) ~ di, presso qcn.*** bei jdm in hoher Achtung stehen (*o* jds Hochachtung genießen); ***avere molta ~ di, per qcn.*** vor jdm große Achtung haben, COLLOQ. große Stücke auf jdn halten; ***non meritare alcuna ~*** keine Achtung verdienen; ***conquistarsi la ~ di qcn.*** sich (D) jds Achtung erobern; ***perdere la ~ di qcn.*** in jds Achtung sinken ◆ ***a ~*** ungefähr: ***lettura a ~*** ungefähres Lesen; GRAMM. ***complemento di ~*** standardisierte Maßobjekte; ***con ~*** achtungsvoll; ***~ del danno*** Schadensfeststellung *f.*; ***essere degno di ~*** Achtung verdienen; ***grande ~*** Hochachtung *f.*, Hochschätzung *f.*; ***avere in grande ~ qcn.*** jdn hoch achten; ***manifestazione di ~*** Achtungsbezeigung *f.*; *(nelle lettere)* ***con la massima ~*** mit vorzüglicher Hochachtung (*o* hochachtungsvoll); DIR. ***-e morte*** totes Inventar; ***fare la ~ a occhio di qcs.*** etw. grob schätzen; ***pieno di ~*** achtungsvoll; ***prezzo di ~*** Schätzpreis *m.*; MAR. AER. ***~ della rotta*** Gissen *n.*; ***scarsa ~*** Geringachtung *f.*, Geringschätzung *f.*; ***valore di ~*** Schätzwert *m.*, Taxwert *m.*; DIR. ***-e vive*** lebendes Inventar.
sti|ma|bi|le agg. **1** *(valutabile)* schätzbar, taxierbar **2** FIG. achtbar, schätzenswert.
sti|ma|re I tr. **1** *(valutare)* schätzen, taxieren: ***~ qcs. secondo il suo valore*** etw. auf seinen Wert schätzen, taxieren (*o* etw. ab‿schätzen) **2** ESTENS. *(ritenere)* halten: ***lo stimo un imbroglione*** ich halte ihn für einen Betrüger **3** FIG. *(apprezzare)* achten, schätzen: ***tutti lo stimano*** alle schätzen ihn; ***~ molto, poco qcn.*** jdn hoch achten, gering achten (*o* jdn hoch schätzen, gering schätzen) **II** pronom. **stimarsi** sich schätzen, sich halten: ***-rsi particolarmente intelligente*** sich für besonders klug halten; ***-rsi felice*** sich glücklich schätzen ◆ ***far ~ qcs.*** etw. schätzen (*o* taxieren) lassen; ***-rsi molto*** sehr von sich eingenommen sein; ***~ qcs. a occhio (e croce)*** etw. über den Daumen peilen (*o* etw. grob schätzen); MAR. ***~ la posizione*** gissen.
sti|ma|to p.pass. agg. **1** → **stimare 2** hoch geschätzt, hoch geachtet, hoch angesehen **3** *(nelle lettere)* ***~, stimatissimo*** sehr geehrt (*o* sehr verehrt) ◆ ***prezzo ~*** Schätzpreis *m.*; ***valore ~*** Schätzwert *m.*, Taxwert *m.*
sti|ma|to|re m. Schätzer *m.*, Taxator *m.*
stim|ma, stim|ma|te ... → **stigma, stigmate ...**
sti|mo|lan|te I agg. anregend, stimulierend, belebend: ***il caffè ha un effetto ~*** Kaffee hat eine anregende Wirkung; ***avere un effetto ~ su qcn.*** eine stimulierende Wirkung auf jdn haben; ***un farmaco ~*** ein anregendes Medikament; FIG. ***una lettura, discussione ~*** eine anregende Lektüre, Diskussion; ***essere ~ per qcn., qcs.*** für jdn, etw. anregend sein (*o* jdn, etw. stimulieren) **II** m. Stimulans *n.*, Anregungsmittel *n.*, Reizmittel *n.*
sti|mo|la|re tr. *(stimolo)* **1** *(incitare)* an‿spornen, stimulieren: ***~ qcn. a qcs.*** jdn zu etw. anspornen (*o* stimulieren) **2a** *(eccitare)* an‿regen, stimulieren: ***~ la fantasia di qcn.*** jds Fantasie anregen **b** MED. ***un farmaco che stimola, per ~ l'attività intestinale*** ein Mittel zur Anregung der Darmtätigkeit; ***~ l'appetito*** den Appetit anregen ◆ ***~ i sensi*** die Sinne erregen.
sti|mo|la|to|re I agg. anregend, stimulierend **II** m. **1** *(sostanza)* Stimulans *n.*, Anregungsmittel *n.*, Reizmittel *n.* **2** *(persona)* Anreger *m.* ◆ MED. ***~ cardiaco*** Herzschrittmacher *m.* (*o* Pacemaker *m.*).
sti|mo|la|zio|ne f. **1** *(l'incitare)* Ansporn *m.*, Stimulierung *f.* **2** FISIOL. *(l'eccitare)* Anregung *f.*, Stimulierung *f.* **3** MED. ***~ cardiaca*** Anregung *f.* der Herztätigkeit.
sti|mo|lo m. **1** *(incitamento)* Ansporn *m.*, Antrieb *m.*, Anreiz *m.*, Anregung *f.*: ***uno ~ al risparmio*** ein Anreiz zum Sparen; ***questo è uno ~ per fare qcs.*** das ist ein Ansporn, etw. zu tun; ***ti serva di ~*** das soll dir als Anregung dienen **2** *(fisico)* Reiz *m.*, Drang *m.*, Stimulus *m.*: ***reagire a uno ~*** auf einen Reiz reagieren (*o* an‿sprechen) ◆ ***~ all'evacuazione*** Stuhldrang *m.*; ***~ della fame*** Hungergefühl *n.*; ***~ fisiologico*** Drang *m.*; ***~ alla minzione*** Harndrang *m.*; ***~ sensoriale*** Sinnesreiz *m.*; ***soglia dello ~*** Reizschwelle *f.*; ***~ a tossire*** Hustenreiz *m.*
sti|mo|lo|te|ra|pi|a f. Reiz(körper)therapie *f.*
stin|co m. *(-chi)* **1** Schienbein *n.*, REGION. SCHERZ. Haxe *f.*: ***dare un calcio negli -chi a qcn.*** jdn gegen das (*o* ans) Schienbein treten **2a** *(di maiale)* Schweinshaxe *f.* **b** *(di vitello)* Kalbshaxe *f.* **3** pl. *(di cavallo)* Mittefuß *m.* ◆ ***non essere certo uno ~ di santo*** nicht gerade ein Heiliger sein; ***rompere gli -chi a qcn.*** jdm auf die Nerven gehen, COLLOQ. jdm auf den Wecker gehen.
stin|ge|re *(stingo, stingi; stinsi; stinto)* **I** tr. bleichen, aus‿bleichen: ***il sole ha stinto la stoffa*** die Sonne hat den Stoff ausgebleicht; ***questo sapone stinge i tessuti*** diese Seife bleicht die Gewebe aus **II** intr. (aus. *essere, avere*) pronom. **stingersi** aus‿bleichen, ab‿färben, sich entfärben: ***la camicetta si è stinta*** die Bluse ist ausgebleicht.
stin|to p.pass. agg. **1** → **stingere 2** entfärbt, verschossen.
sti|pa|re I tr. **1** hinein‿zwängen, zwängen, ein‿pferchen, zusammen‿pferchen, zusammen‿drängen: ***~ molte persone in una stanza*** viele Personen in einem Raum zusammenpferchen; ***~ le valige nel bagagliaio, gli abiti nell'armadio*** die Koffer in den Kofferraum, die Kleider in den Schrank zwängen **2** *(gremire)* füllen: ***gli spettatori stipavano il teatro*** die Zuschauer füllten das Theater **II** pronom. **stiparsi 1** sich hinein‿zwängen, sich zwängen, COLLOQ. sich quetschen: ***-rsi in una macchina*** sich in ein Auto zwängen **2** *(accalcarsi)* sich drängen: ***la gente si stipava per vedere*** die Leute drängten sich, um etw. zu sehen. **sti|pa|to** p.pass. agg. **1** → **stipare 2** gepresst: ***vestiti -i nell'armadio*** in den Schrank gepresste Kleider **3** *(gremito)* überfüllt: ***un tram ~ di gente*** eine überfüllte Straßenbahn **4** *(accalcato)* zusammengedrängt: ***la folla era -a nella piazza*** die Menge stand dicht gedrängt auf dem Platz.
sti|pen|dia|re tr. *(stipendio, stipendi)* **1a *~ qcn.*** jdm ein Gehalt bezahlen **b** *(dipendenti statali, militari)* besolden **2** *(assumere)* ein‿stellen, an‿stellen. **sti|pen|dia|to I** p.pass. agg. **1** → **stipendiare 2a** entlohnt **b** *(amministrazione statale)* besoldet **II** m. Gehaltsempfänger *m.*
sti|pen|dio m. *(-di)* **1** Gehalt *n.*, Bezüge *pl.*: ***aumentare, corrispondere, percepire lo ~*** das Gehalt erhöhen, bezahlen, beziehen; ***~ fisso*** festes Gehalt **2** STOR. Soldo *m.*, Sold *m.* ◆ ***~ annuo*** Jahresgehalt *n.*; ***aumento di ~*** Gehaltserhöhung *f.*; ***~ (di) base*** Grundgehalt *n.*; ***~ iniziale*** Anfangsgehalt *n.*; ***~ lordo*** Bruttogehalt *n.*; ***~ mensile*** Monatsgehalt *n.*; ***~ netto*** Nettogehalt *n.*; ***trattenuta sullo ~*** Gehaltsabzug *m.*
sti|pet|to m. **1** Schränkchen *n.* **2** MAR. Spind *m.*
sti|pi|te m. **1** Pfosten *m.* **2a** BOT. Stamm *m.* **b** *(di funghi)* Stiel *m.* ◆ ***~ della porta*** Türpfosten *m.*
sti|po m. Schränkchen *n.*
sti|po|la f. BOT. Nebenblatt *n.*
stip|si f. Verstopfung *f.* **stip|ti|co** agg. *(-ci,-che)* verstopft.
sti|pu|la f. Abschluss *m.* ◆ ***~ del contratto*** Vertragsabschluss *m.*
sti|pu|lan|te I agg. vertragschließend **II** m. Vertragspartner *m.*, Vertragspartei *f.*
sti|pu|la|re tr. *(stipulo)* schließen, ab‿schließen: ***~ un contratto, un trattato di pace, un armistizio con qcn.*** einen Vertrag, einen Friedensvertrag, einen Waffenstillstand mit jdm abschließen; ***~ un patto, un accordo*** ein Bündnis, ein Abkommen schließen; ***~ un'assicurazione sulla vita*** eine Lebensversicherung abschließen. **sti|pu|la|zio|ne** f. Abschluss *m.* ◆ ***~ di un contratto*** Vertragsabschluss *m.*
sti|ra|cal|zo|ni m.inv. Hosenpresse *f.*
sti|rac|chia|men|to m. Strecken *n.* **sti|rac|chia|re** *(stiracchio, stiracchi)* **I** tr. **1** aus‿strecken, strecken: ***~ le gambe*** die Beine ausstrecken **2** FIG. COLLOQ. *(forzare)* verdrehen: ***~ il senso di una parola*** den Sinn eines Wortes verdrehen **II** pronom. **stiracchiarsi 1** sich strecken, sich dehnen **2 *-rsi le gambe, le membra*** seine Beine, seine Glieder strecken. **sti|rac|chia|to** p.pass. agg. **1** → **stiracchiare 2a** verzerrt, gezwungen: ***interpretazione -a*** verzerrte Auslegung **b** *(di voto)* knapp ◆ SPORT ***vittoria -a*** knapper Sieg.
sti|ra|men|to m. **1** Strecken *n.* **2** MED. Zerrung *f.* ◆ ***~ muscolare***

Muskelzerrung *f.*; ***~ di un tendine*** Sehnenzerrung *f.*

sti|ra|re I tr. **1** strecken, aus‿strecken: ***~ le gambe*** die Beine ausstrecken **2** *(con il ferro)* bügeln, plätten (anche assol.): ***~ una camicia*** ein Hemd bügeln; ***~ a vapore*** mit dem Dampfbügeleisen bügeln **3** *(capelli)* glätten **II** pronom. **stirarsi 1** sich strecken **2** MED. ***-rsi un muscolo*** sich (D) einen Muskel zerren ◆ ***biancheria da ~*** Bügelwäsche *f.*; ***che si può ~*** bügelfest; ***che non si stira*** bügelfrei.

sti|ra|ta f. Bügeln *n.* ◆ ***dare una ~ a qcs.*** etw. kurz (über)bügeln.

sti|ra|to p.pass. agg. **1** → **stirare 2** gestreckt **3** *(con il ferro)* gebügelt: ***camicetta -a*** gebügelte Bluse.

sti|ra|to|io m. *(-oi)* **1** Strecker *m.*, Streckwerk *n.* **2** *(ripiano per disegno)* Reißbrett *n.* **3** *(asse da stiro)* Bügelbrett *n.* **sti|ra|tri|ce** f. **1** Büglerin *f.* **2** *(macchina)* Bügelmaschine *f.* **3** TESS. *(stiratoio)* Strecker *m.*, Streckwerk *n.* **sti|ra|tu|ra** f. **1** Bügeln *n.* **2** TECN. Strecken *n.*

sti|re|ne → **stirolo.**

sti|re|ri|a f. Büglerei *f.*

Sti|ria n.pr.f. Steiermark *f.* **sti|ria|no I** agg. steirisch, steiermärkisch, Steiermärker **II** m. Steiermärker *m.*, Steirer *m.*

sti|ro m. **1** Bügeln *n.* **2** TECN. Strecken *n.* ◆ ***asse da ~*** Bügelbrett *n.*; ***ferro da ~*** Bügeleisen *n.*; ***tavolo da ~*** Bügeltisch *m.*

sti|ro|lo m. Styrol *n.*

stir|pe f. **1** Stamm *m.* **2** *(famiglia)* Geschlecht *n.*: ***derivare da una nobile, antica ~*** aus einem edlen, alten Geschlecht stammen.

sti|ti|chez|za f. Verstopfung *f.* **sti|ti|co I** agg. *(-ci,-che)* **1** verstopft **2** FIG. COLLOQ. *(avaro)* geizig **II** m. *(-ci)* an Verstopfung Leidende *m.*

sti|va f. MAR. AER. Laderaum *m.* **sti|vag|gio** m. *(-gi)* Verladen *n.*, Trimmen *n.*

sti|va|le m. **1** Stiefel *m.*: ***un paio di -i*** ein Paar Stiefel; ***calzare, portare, pulire gli -i*** die Stiefel anziehen, tragen, putzen **2** *(Italia)* ***lo Stivale*** = Italien *n.* **3** *(boccale di birra)* Stiefel *m.* ◆ ***~ da caccia*** Jagdstiefel *m.*; ***~ da cavallerizzo*** Reitstiefel *m.*; ***gambale dello ~*** Stiefelschaft *m.*; ***il gatto con gli -i*** der Gestiefelte Kater; ***~ di gomma*** Gummistiefel *m.*; ***~ con lacci*** Schnürstiefel *m.*; ***-i delle sette leghe*** Siebenmeilenstiefel *pl.*; FIG. ***lustrare gli -i a qcn.*** jdm um den Bart streichen; ***dei miei -i*** unfähig, nichtsnutzig; ***~ di pelle*** Lederstiefel *m.*; ***punta dello ~*** Stiefelspitze *f.*; ***~ con risvolto*** Stulpenstiefel *m.*; ***rompere gli ~ a qcn.*** jdm auf die Nerven (*o* auf den Wecker) gehen.

sti|va|let|to m. Stiefelette *f.*, Halbstiefel *m.* ◆ ***~ malese*** spanischer Stiefel.

sti|va|re I tr. **1** MAR. AER. stauen, trimmen, verladen **2** *(stipare)* hinein‿zwängen, zwängen **II** pronom. **stivarsi** sich hinein‿zwängen, sich zwängen. **sti|va|to** p.pass. agg. **1** → **stivare 2** gezwängt **3** *(gremito)* überfüllt. **sti|va|to|re** m. Stauer *m.*

stiz|za f. Ärger *m.*, Wut *f.*, Jähzorn *m.*: ***sfogare la propria ~ su qcn.*** seine Wut an jdm aus‿lassen; ***farsi prendere dalla ~*** vom Jähzorn gepackt werden ◆ ***gesto, moto di ~*** zornige Geste.

stiz|zi|re *(stizzisco, stizzisci)* **I** tr. ärgern, erbosen, zornig machen: ***le tue parole lo hanno stizzito*** deine Worte haben ihn erbost **II** pronom. **stizzirsi** sich ärgern, zornig werden. **stiz|zi|to** p.pass. agg. **1** → **stizzire 2** erbost, ärgerlich, zornig: ***essere ~ con qcn.*** über jdn erbost sein.

stiz|zo|sa|men|te avv. wütend, zornig. **stiz|zo|so** m. **1** wütend, zornig: ***risposta -a*** wütende Antwort; ***parole -e*** wütende Worte **2** *(irascibile)* jähzornig: ***carattere ~*** jähzorniger Charakter ◆ ***tosse -a*** lästiger Husten.

(')sto COLLOQ. → **questo.**

sto|a, sto|à f. Stoa *f.*

sto|ca|sti|co agg. *(-ci,-che)* stochastisch: ***processo ~*** stochastischer Vorgang.

stoc|ca|fis|so m. Stockfisch *m.*

stoc|cag|gio m. *(-gi)* Lagerung *f.* ◆ ***~ finale*** Endlagerung *f.*

Stoc|car|da n.pr.f. Stuttgart *n.*

stoc|ca|re tr. *(stocco, stocchi)* lagern, ein‿lagern.

stoc|ca|ta f. **1** Degenstoß *m.*, Degenstich *m.* **2** *(nella scherma)* Stich *m.* **3** FIG. *(battuta)* Seitenhieb *m.* **4** *(nel calcio)* Torschuss *m.*

stoc|co m. *(-chi)* **1** Stoßdegen *m.* **2** *(bastone animato)* Dolchstab *m.*, Stabdolch *m.*

Stoc|col|ma n.pr.f. Stockholm *n.*

stock m.inv. Warenbestand *m.*

stof|fa f. Stoff *m.*: ***~ pesante, leggera, morbida*** schwerer, leichter, weicher Stoff; ***~ fine, grezza*** feiner, grober Stoff; ***~ a tinta unica, fantasia*** einfarbiger, gemusterter Stoff; ***~ di seta, di lana*** Stoff aus Seide, Wolle; ***tagliare la ~ per un vestito*** den Stoff für ein Kleid zu‿schneiden; ***commerciare in -e*** mit Stoffen handeln ◆ ***avere la ~ del musicista, del capo, del giornalista*** das Zeug zum Musiker, zum Chef, zum Journalisten haben; ***avere (del)la ~*** Talent haben, COLLOQ. etw. auf dem Kasten haben (*o* etw. drauf haben).

stoi|ca|men|te avv. stoisch. **stoi|ci|smo** m. Stoizismus *m.* (anche FIG.). **stoi|co I** agg. *(-ci,-che)* stoisch: ***la filosofia -a*** die stoische Philosophie; FIG. ***atteggiamento ~*** stoische Haltung **II** m. *(-ci)* Stoiker *m.* (anche FIG.).

sto|i|no m. Fußmatte *f.*

sto|la f. Stola *f.* ◆ ***~ di visone*** Nerzstola *f.*

sto|li|da|men|te avv. töricht, dümmlich. **sto|li|di|tà** f. Torheit *f.*, Dummheit *f.* **sto|li|do I** agg. töricht, dumm **II** m. Tor *m.*

sto|lo|ne m. **1** BOT. Stolo *m.*, Ausläufer *m.* **2** ZOOL. Stolo *m.*

stol|ta|men|te avv. töricht, dumm. **stol|tez|za** f. Torheit *f.*, Dummheit *f.* **stol|to I** agg. töricht, dumm **II** m. Tor *m.*

sto|ma m. Stoma *n.*

sto|ma|ca|re *(stomaco, stomachi)* **I** tr. an‿ekeln, an‿widern: ***i suoi discorsi mi stomacano*** seine Reden widern mich an **II** pronom. **stomacarsi** sich ekeln: ***-rsi di qcs.*** sich vor etw. (D) ekeln.

sto|ma|che|vo|le agg. **1** Ekel erregend, ek(e)lig: ***sapore ~*** Ekel erregender Geschmack **2** FIG. ekelhaft, widerlich.

sto|ma|chi|co agg. *(-ci,-che)* **1** *(che concerne lo stomaco)* stomachal **2** *(che giova allo stomaco)* magenstärkend.

sto|ma|co m. *(-chi e -ci)* Magen *m.*: ***avere uno ~ debole*** einen empfindlichen Magen haben; ***~ dilatato*** erweiterter Magen; ***avere lo ~ imbarazzato*** einen verdorbenen Magen haben ◆ ***ci vuole un bello ~*** da muss man schon ziemlich viel wegstecken können; ***dar di ~*** sich übergeben; ***~ di ferro*** guter Magen; ***mal di ~*** Magenschmerzen *pl.*; ***mi fa venire (il) mal di ~*** das schlägt mir auf den Magen; ***avere il pelo sullo ~*** = skrupellos sein; ***a ~ pieno*** mit vollem Magen; ***riempirsi lo ~*** sich (D) den Magen voll schlagen; ***qcs. rimane sullo ~ a qcn.*** etw. liegt jdm schwer (*o* wie Blei) im Magen; FIG. etw. stößt jdm sauer auf; ***(far) rivoltare lo ~*** den Magen um‿drehen (*o* an‿ekeln); ***avere qcs. sullo ~*** wegen etw. Bauchgrimmen haben; ***qcs. sta sullo ~ a qcn.*** jdm liegt etw. im Magen; ***qcn. sta sullo ~ a qcn.*** = jd kann jdn nicht leiden; ***a ~ vuoto*** mit leerem Magen (*o* auf nüchternen Magen).

sto|ma|ti|te f. Stomatitis *f.*, Mundschleimhautentzündung *f.* ◆ ***~ ulcerosa*** Mundfäule *f.*

sto|ma|to|lo|gi|a f. Stomatologie *f.* **sto|ma|to|lo|gi|co** agg. *(-ci, -che)* stomatologisch. **sto|ma|to|lo|go** m. *(-gi)* Stomatologe *m.*

1.sto|na|re I tr. *(suonando)* falsch spielen; *(cantando)* falsch singen: ***~ una nota*** eine Note falsch spielen (*o* falsch singen) **II** intr. (aus. *avere*) ***~ con qcs.*** zu etw. nicht passen; ***quel colore stona con il resto dell'appartamento*** diese Farbe passt nicht zu der übrigen Einrichtung; ***quei discorsi stonano in bocca tua*** die Reden passen nicht zu dir.

2.sto|na|re tr. *(confondere, stordire)* verwirren: ***la notizia lo ha stonato*** die Nachricht hat ihn verwirrt.

sto|na|ta f. **1** *(di musicista)* Falschspielen *n.* **2** *(di cantante)* Falschsingen *n.*

1.sto|na|to p.pass. agg. **1** → **1.stonare 2** falsch: ***nota -a*** falscher Ton (*o* falsche Note); ***essere ~*** falsch singen; ***una cantante -a*** eine falsch singende Sängerin; ***pianoforte ~*** verstimmtes Klavier **3** *(non armonizzato)* nicht passend.

2.sto|na|to p.pass. agg. **1** → **2.stonare 2** *(confuso, stordito)* verwirrt: ***essere, sentirsi ~*** sich verwirrt fühlen.

sto|na|tu|ra f. **1** *(di musicista)* Falschspielen *n.*; *(di cantanti)* Falschsingen *n.* **2** FIG. Unpassende *n.*: ***quel tappeto in sala è una ~*** dieser Teppich passt nicht ins Wohnzimmer.

stop I m.inv. **1** *(segnale stradale)* Stoppschild *f.*: ***fermarsi allo ~*** am (*o* beim) Stoppschild halten; ***non rispettare lo ~*** ein Stoppschild überfahren (*o* das Stoppschild nicht beachten) **2** TEL. Stopp *n.*, Punkt *m.* **3** *(fanalini dell'auto)* Bremslicht *n.* **4** SPORT Stoppen *n.*: ***~ di piede, di petto*** Stoppen mit dem Fuß, mit der Brust **II** avv. halt! stopp! ***avanti, avanti...~!*** vorwärts, vorwärts... halt! ◆ ***segnale di ~*** Stoppsignal *n.* (*o* Haltesignal *n.*), Stoppschild *n.*

stop|pa f. Werg *n.* ◆ ***di ~*** wergen (*o* Werg-); ***capelli di ~*** strohige Haare; ***essere come ~*** wie Stroh sein; ***gambe di ~*** wackelige Beine; ***sembrare ~ (di bistecca)*** zäh (wie Leder) sein; ***un uomo di ~*** schlapper Kerl *m.*, COLLOQ. Schlappschwanz *m.*

stop|pac|cio|so agg. → **stopposo.**

1.stop|pa|re tr. mit Werg verstopfen.

2.stop|pa|re tr. SPORT stoppen. **stop|pa|ta** f. SPORT Stoppen *n.*

stop|per ['stɒpə, *üblich* 'stopper] m.inv. Vorstopper *m.*, Stopper *m.*

stop|pia f. Stoppel *f.*

stop|pi|no m. **1** Docht *m.* **2** *(miccia)* Zündschnur *f.*

stop|po|so agg. **1** wie Werg, wergen, Werg- **2** FIG. zäh: ***la bistecca è -a*** das Steak ist zäh wie Leder ◆ ***capelli -i*** strohiges Haar.

stor|ce|re *(storco, storci; storsi; storto)* **I** tr. **1** verbiegen: ***~ una chia-***

ve einen Schlüssel verbiegen **2** *(parti del corpo)* verdrehen, um‿drehen: ***~ un braccio a qcn.*** jdm einen Arm verdrehen; ***~ gli occhi*** die Augen verdrehen **II** pronom. **storcersi 1** sich verbiegen: ***il chiodo si è storto*** der Nagel hat sich verbogen **2** *(parti del corpo)* ***-rsi un piede*** sich (D) den Fuß vertreten; ***-rsi il polso*** sich (D) das Handgelenk verrenken ◆ ***~ la bocca*** den Mund verziehen; FIG. ***~ il naso*** die Nase rümpfen; ***~ gli occhi*** die Augen verdrehen.

stor|di|men|to m. Betäubung *f.*, Benommenheit *f.*

stor|di|re *(stordisco, stordisci)* **I** tr. **1a** betäuben: ***quel profumo lo stordiva*** der Duft betäubte ihn; ***~ qcn. con una bastonata*** jdn mit einem Stockschlag betäuben **b** *(con alcol)* benebeln **2** FIG. *(sbalordire)* verblüffen, bestürzen **II** pronom. **stordirsi** sich betäuben: ***-rsi con l'alcol, con il lavoro*** sich mit Alkohol, durch Arbeit betäuben ◆ ***un odore che stordisce*** ein betäubender Geruch.

stor|di|tag|gi|ne f. Zerstreutheit *f.*, Unbesonnenheit *f.*

stor|di|to I p.pass. agg. **1** → **stordire 2a** betäubt, benommen, verwirrt: ***mi sento ~*** ich fühle mich wie betäubt (*o* ich bin ganz benommen); ***ti vedo un po' ~*** du wirkst ein bisschen durcheinander (*o* verwirrt) **b** *(dall'alcol)* benebelt **3** *(sbalordito)* verblüfft **II** m. verwirrter Mensch *m.* ◆ ***~ dalla luce*** lichttrunken.

sto|ria f. **1** Geschichte *f.*: ***passare alla ~*** in die Geschichte ein‿gehen; ***entrare negli annali della ~*** in die Annalen der Geschichte ein‿gehen; ***fare ~*** Geschichte machen; ***il corso della ~*** der Lauf (*o* der Gang) der Geschichte; ***un evento come questo non ha precedenti nella ~*** ein solches Ereignis ist ohne Beispiel in der Geschichte; ***la ~ insegna che...*** die Geschichte lehrt, dass...; ***la ~ della filosofia*** die Geschichte der Philosophie; ***la ~ della mia vita*** meine Lebensgeschichte **2** *(racconto)* Geschichte *f.*: ***raccontare una ~*** eine Geschichte erzählen; ***una ~ vera*** eine wahre Geschichte **3** pl. *(fandonie)* Märchen *pl.*: ***raccontare solo -e*** nur Märchen erzählen **4** *(faccenda, questione)* Angelegenheit *f.*, Affäre *f.*, Geschichte *f.*: ***tenersi fuori da una ~*** sich aus einer Geschichte heraus‿halten; ***una ~ intricata*** eine verzwickte Angelegenheit **5** *(relazione sentimentale)* Verhältnis *n.*: ***avere una ~ con qcn.*** ein Verhältnis mit jdm haben ◆ ***~ d'amore*** Liebesgeschichte *f.*; ***~ antica*** Geschichte des Altertums; SCOL. UNIV. Alte Geschichte; ***~ dell'arte*** Kunstgeschichte *f.*; ***~ della chiesa*** Kirchengeschichte *f.*; ***~ della civiltà*** Kulturgeschichte *f.*; ***~ contemporanea*** Zeitgeschichte *f.*; ***~ del diritto*** Rechtsgeschichte *f.*; ***~ economica*** Wirtschaftsgeschichte *f.*; ***esame di ~*** Geschichtsprüfung *f.*; ***~ di fantasmi*** Geistergeschichte *f.*, Gespenstergeschichte *f.*, Gruselgeschichte *f.*; ***non fare -e!*** mach keine Geschichten! ***~ illustrata*** Bildergeschichte *f.*; ***~ della letteratura*** Literaturgeschichte *f.*; ***~ della lingua*** Sprachgeschichte *f.*; ***~ medievale*** Geschichte des Mittelalters, mittelalterliche Geschichte; SCOL. UNIV. Mittlere Geschichte; ***~ moderna*** Geschichte der Neuzeit, moderne Geschichte; SCOL. UNIV. Neuere Geschichte; ***~ naturale*** Naturgeschichte *f.*; ***~ del pensiero*** Geistesgeschichte *f.*; ***professore di ~*** Geschichtslehrer *m.*; *(all'università)* Professor *m.* für Geschichte; ***quante -e per così poco!*** so viel Lärm um nichts! ***quante -e!*** so ein Theater! ***rinvangare vecchie -e*** alte Geschichten auf‿rühren; ***~ romanzata*** Geschichtsroman *m.*; ***~ sacra*** biblische Geschichte; ***senso della ~*** Geschichtsverständnis *n.*; ***senza ~*** geschichtslos; ***è sempre la solita, stessa ~!*** es ist immer die alte Geschichte! ***storie!*** Unsinn! ***senza tante -e*** ohne großes Getue; ***~ del teatro*** Theatergeschichte *f.*; ***la ~ della terra*** die Erdgeschichte; ***~ universale*** Weltgeschichte *f.*; PROV. ***la ~ è maestra di vita*** die Geschichte ist die Lehrmeisterin des Lebens.

sto|ri|ca|men|te avv. **1** *(dal punto di vista storico)* geschichtlich, historisch, geschichtlich betrachtet, in Bezug auf die Geschichte: ***studiare ~ un problema*** ein Problem geschichtlich betrachten **2** *(realmente, di fatto)* historisch.

sto|ri|ci|smo m. Historismus *m.*, Historizismus *m.* **sto|ri|ci|sta** m. e f. *(-i,-e)* Historist *m.* (-in *f.*). **sto|ri|ci|sti|co** agg. *(-ci,-che)* historistisch.

sto|ri|ci|tà f. Historizität *f.*

sto|ri|co I agg. *(-ci,-che)* **1** Geschichts-, geschichtlich, historisch: ***personaggio ~*** historische Persönlichkeit; ***romanzo ~*** historischer Roman; ***dal punto di vista ~*** aus historischer Sicht; ***excursus ~*** historischer Streifzug; ***un evento ~*** ein historisches Ereignis; ***fatto ~*** geschichtliche Begebenheit **2** *(degno di nota)* denkwürdig: ***una giornata -a*** ein denkwürdiger Tag **II** m. *(-ci)* Historiker *m.*, Geschichtsforscher *m.*, Geschichtswissenschaftler *m.* ◆ ***~ dell'arte*** Kunsthistoriker *m.*; ***atlante ~*** Geschichtsatlas *m.*; ***centro ~*** Altstadt *f.*; ***~-culturale*** kulturgeschichtlich; ***falso ~*** Geschichtsfälschung *f.*; ***~-letterario*** literaturgeschichtlich; ***monumento ~*** historisches Monument, Kulturdenkmal *n.*; ***opera -a*** Geschichtswerk *n.*; ***presente ~*** historisches Präsens.

sto|riel|la f. **1a** kleine Geschichte *f.*, Histörchen *n.* **b** *(aneddoto)* Anekdote *f.* **2** *(barzelletta)* Witz *m.*: ***-e sporche*** schmierige Witze.

sto|rio|gra|fi|a f. Geschichtsschreibung *f.*, Historiographie *f.*

sto|rio|gra|fi|co agg. *(-ci,-che)* historiographisch, Geschichts-: ***opera -a*** Geschichtswerk *n.* **sto|rio|gra|fo** m. Geschichtsschreiber *m.*, Historiograph *m.*

sto|rio|ne m. Stör *m.*: ***uova di ~*** Störeier.

stor|mi|re intr. *(stormisco, stormisci*; aus. *avere)* rauschen, rascheln.

stor|mo m. **1** Schwarm *m.*, Schar *f.* (anche FIG.): ***uno ~ di rondini, di uccelli*** ein Schwarm Schwalben, ein Vogelschwarm (*o* eine Vogelschar); ***a -i*** in Schwärmen; ***uno ~ di ammiratori*** eine Schar Bewunderer **2** AER. Geschwader *n.* ◆ ***suonare a ~*** Sturm läuten; ***volare a ~*** schwärmen.

stor|na|re tr. **1** ab‿wenden, ab‿lenken: ***~ un pericolo*** eine Gefahr abwenden; ***~ i sospetti da qcn.*** den Verdacht von jdm ablenken **2** COMM. stornieren, rückbuchen: ***~ un accredito*** eine Gutschrift stornieren; ***~ un ordine*** eine Bestellung stornieren.

stor|nel|la|ta f. **1** Vortrag m. (*o* Singen *n.*) von Stornelli **2** *(insieme di stornelli)* Reihe *f.* von Stornelli. **stor|nel|la|to|re** m. Sänger *m.* von Stornelli. **stor|nel|lo** m. Stornello *n.*

1.stor|no m. ORNIT. Star *m.*

2.stor|no m. COMM. Stornierung *f.*, Storno *m.* e *n.*, Rückbuchung *f.* ◆ ***~ di una rimessa*** Rücküberweisung *f.*

3.stor|no agg. ***cavallo ~*** Grauschimmel *m.*

stor|pia|men|to m. **1** Verkrüpp(e)lung *f.* **2** FIG. Entstellung *f.*

stor|pia|re tr. *(storpio, storpi)* **1** verkrüppeln **2a** FIG. entstellen: ***~ un testo*** einen Text entstellen **b** *(pronunciare male)* radebrechen, falsch aus‿sprechen: ***~ il francese*** Französisch radebrechen; ***~ una parola*** ein Wort falsch aussprechen. **stor|pia|to** p.pass. agg. **1** → **storpiare 2** verunstaltet, verkrüppelt. **stor|pia|tu|ra** f. **1** Verkrüpp(e)lung *f.* **2** FIG. Entstellung *f.*

stor|pio I agg. *(-pi,-pie)* verkrüppelt, krüppelig; ***rendere qcn. ~*** jdn zum Krüppel machen **II** m. *(-pi)* Krüppel *m.* ◆ ***come uno ~*** krüppelhaft.

1.stor|ta f. CHIM. Retorte *f.* ◆ ***carbone di ~*** Retortenkohle *f.*; ***forno a ~*** Retortenofen *m.*

2.stor|ta f. COLLOQ. Verstauchen *n.*, Verstauchung *f.*: ***prendersi una ~ alla caviglia*** sich (D) das Fußgelenk verstauchen.

stor|to I p.pass. agg. **1** → **storcere 2a** krumm: ***gambe -e*** krumme Beine **b** *(di occhi)* schielend; ***avere gli occhi -i*** schielen **3** *(sghembo)* schief: ***lo scaffale è ~*** das Regal steht schief **4** FIG. *(avverso)* schief **II** avv. **1** krumm: ***stare ~*** eine krumme Haltung haben (*o* sich krumm halten) **2** *(sghembo)* schief ◆ ***andar ~*** krumm laufen; ***gli è andato tutto ~*** ihm ist alles schief gegangen; ***una giornata -a*** ein Tag, an dem alles schief geht; ***guardar ~ qcn.*** jdn schief an‿sehen; ***avere la luna -a*** schlecht gelaunt sein (*o* schlechter Laune sein).

stor|tu|ra f. **1** Krümmung *f.* **2** FIG. Verdrehtheit *f.*

sto|vi|glie f.pl. Geschirr *n.*: ***lavare le ~*** das Geschirr spülen.

stoz|za|re tr. stoßen. **stoz|za|tri|ce** f. Stoßmaschine *f.* **stoz|zo** m. Stoßvorrichtung *f.*

stra|bi|co I agg. *(-ci, che)* Schiel-: ***occhi -ci*** Schielaugen *pl.*; ***essere ~ da un occhio*** auf einem Auge schielen **II** m. *(-ci)* Schielende *m.*

stra|bi|lian|te agg. verblüffend, erstaunlich: ***essere di una bellezza ~*** von erstaunlicher Schönheit sein. **stra|bi|lia|re** *(strabilio, strabili)* **I** tr. verblüffen: ***~ qcn. con dei racconti suggestivi*** jdn mit eindrucksvollen Erzählungen verblüffen **II** intr. (aus. *avere*) erstaunt sein, staunen, verblüfft sein: ***c'è da ~*** da kann man nur staunen. **stra|bi|lia|to** p.pass. agg. **1** → **strabiliare 2** verblüfft: ***rimanere ~ da qcs.*** über etw. verblüfft sein; ***occhiata -a*** verblüffter Blick.

stra|bi|smo m. Schielen *n.*, Strabismus *m.*; ***essere affetti da ~*** schielen ◆ ***~ convergente*** Einwärtsschielen *n.*; ***~ divergente*** Auswärtsschielen *n.*; ***~ di Venere*** Silberblick *m.*

stra|boc|che|vo|le agg. maßlos, übermäßig: ***ricchezze -i*** maßloser Reichtum ◆ ***folla ~*** ungeheure Menschenmenge.

stra|buz|za|re tr. verdrehen: ***~ gli occhi*** die Augen verdrehen, Stielaugen (*o* Glotzaugen) machen.

stra|ca|ri|co agg. *(-chi,-che)* überladen, überfüllt (anche FIG.): ***un carro ~*** ein überladener Wagen; ***essere ~ di qcs.*** mit etw. überladen sein; ***essere ~ di lavoro*** mit Arbeit überladen sein.

strac|ca|men|te avv. lustlos, widerwillig. **strac|ca|re** *(stracco, stracchi)* REGION. **I** tr. ermüden, ermatten **II** pronom. **straccarsi** sich ermüden, ermatten.

strac|cet|to m. **1** Lappen *m.* **2** COLLOQ. Fummel *m.*, Fähnchen *n.*

strac|chi|no m. INTRAD. (norditalienischer Weichkäse).

strac|cia|io|lo m. Lumpensammler *m.*

strac|cia|re *(straccio, stracci)* **I** tr. **1** zerreißen, zerfetzen, in Stücke zerreißen: ***~ un vestito, una lettera*** ein Kleid, einen Brief zerreißen **2** TESS. *(sfilacciare la seta dai bozzoli)* (vom Kokon) ab‿

haspeln 3 FIG. COLLOQ. *(battere)* fertig machen, vernichtend schlagen: ~ ***la squadra avversaria*** die gegnerische Mannschaft fertig machen (*o* in Grund und Boden spielen) **II** pronom. **stracciarsi** zerreißen, ein‿reißen; ***i pantaloni si sono stracciati*** die Hose ist zerrissen ◆ FIG. ***-rsi le vesti*** sich der Verzweiflung überlassen.

strac|cia|tel|la f. 1 INTRAD. (Fleischbrühe mit Eiereinlauf) 2 INTRAD. *(gelato)* (Vanilleeis mit Schokoladenstücken).

strac|cia|to p.pass. agg. 1 → **stracciare 2a** zerrissen **b** *(ridotto a brandelli)* zerfetzt 3 *(di persona)* zerlumpt: ***andare in giro tutto*** ~ völlig zerlumpt herum‿laufen ◆ ***prezzi -i*** Schleuderpreise *pl.*

1.strac|cio m. *(-ci)* 1 Lappen *m.*: ***tagliare un vestito per farne -ci*** ein Kleid zu Lappen zerschneiden 2 *(abito logoro)* Lumpen *m.*; ***vestirsi di -ci*** in Lumpen herum‿laufen; ***non avere uno ~ da mettersi*** nichts zum Anziehen haben ◆ ***non avere uno ~ di marito, di amico*** nicht einmal einen lumpigen Ehemann, Freund haben; ***essere (ridotto a) uno*** ~ elend aus‿sehen; ***passare lo ~*** *(spolverare il tavolo, il mobile...)* den Tisch, das Möbel... ab‿wischen; *(lavare il pavimento)* den Fußboden ab‿wischen; ***~ per pavimenti*** Aufwischlappen *m.*; ***~ per la polvere*** Staublappen *m.*; ***~ per le pulizie*** Putzlappen *m.*; FIG. ***la malattia lo ha ridotto uno*** ~ die Krankheit hat ihn sehr heruntergebracht; ***sentirsi uno*** ~ sich ganz kaputt fühlen (*o* auf dem Zahnfleisch gehen).

2.strac|cio agg. *(-ci,-ce)* ***carta -a*** Altpapier *n.*

strac|cio|ne I m. 1 zerlumpter Mensch *m.* 2 ESTENS. *(mendicante)* Bettler *m.* **II** agg. bettelarm.

strac|ci|ven|do|lo m. Lumpensammler *m.*

strac|co agg. *(-chi,-che)* REGION. 1 müde, matt 2 COLLOQ. *(sfinito)* kaputt, fertig, erledigt.

stra|col|mo agg. überfüllt, übervoll: ***essere ~ di qcs.*** von etw. überfüllt sein.

stra|cot|to I p.pass. agg. 1 → **stracuocere** 2 (total) verkocht, zerkocht: ***la carne è -a*** das Fleisch ist total verkocht 3 FIG. *(innamoratissimo)* verknallt: ***essere ~ di qcn.*** in jdn bis über beide Ohren verknallt sein **II** m. GASTR. Geschmorte *m.*, Schmorbraten *m.*

stra|cuo|ce|re tr. *(stracuocio, stracuoci; stracossi; stracotto)* verkochen, zerkochen.

stra|da f. 1 Straße *f.*: ***~ carrozzabile, lastricata, asfaltata*** befahrbare, gepflasterte Straße, Asphaltstraße *f.* 2 *(percorso)* Weg *m.*: ***fare, percorrere una ~*** einen Weg zurück‿legen; ***indicare la, fare ~ a qcn.*** jdm den Weg zeigen (*o* weisen); ***conoscere la ~*** den Weg kennen; ***chiedere la ~ a qcn.*** jdn nach dem Weg fragen; ***cambiare ~*** einen anderen Weg gehen, ein‿schlagen (anche FIG.); FIG. ***spianare la ~ a qcn.*** jdm den Weg ebnen (*o* jdm die Steine aus dem Weg räumen); ***smarrire, perdere la ~*** vom rechten Weg ab‿kommen 3 *(varco)* Weg *m.*, Bahn *f.*: ***farsi ~ fra la folla*** sich (D) einen Weg durch die Menge bahnen; ***farsi ~ in mezzo alle difficoltà della vita*** sich durch die Schwierigkeiten des Lebens kämpfen 4 FIG. *(mezzo)* Mittel *n.*, Weg *m.*: ***tentare tutte le -e possibili*** alle möglichen Mittel und Wege versuchen ◆ ***essere sulla buona ~ per fare qcs.*** auf dem besten Weg sein, etw. zu tun; ***mettersi sulla cattiva ~*** auf die schiefe Bahn geraten (*o* kommen), krumme Wege gehen; ***codice della ~*** Straßenverkehrsordnung *f.*; ***corsa su ~*** Straßenrennen *n.*; ***~ a mezza costa*** Straße auf halber Höhe; ***~ costiera*** Küstenstraße *f.*; ***divorare la ~*** Kilometer fressen; ***donna di ~*** Straßenmädchen *n.*, Mädchen *n.* von der Straße; ***~ facendo*** unterwegs; ***farsi ~*** sich (D) einen Weg bahnen; FIG. *(diffondersi)* sich verbreiten, um sich greifen; *(progredire nella vita)* seinen Weg machen; *(raggiungere una buona posizione)* es zu etw. bringen, vorwärts‿kommen; ***~ ferrata*** Eisenbahn *f.*; ***mettere qcn. fuori ~*** jdn irre‿führen (*o* jdn aufs Glatteis führen); FIG. ***essere fuori ~*** vom Weg ab‿kommen (*o* auf dem Holzweg sein); ***essere a un giorno di ~*** eine Tagereise (entfernt) sein; ***~ interrotta*** unterbrochene Straße; ***linguaggio da ~*** derbe Ausdrucksweise, Gassenjargon *m.*; ***~ maestra*** Hauptstraße *f.*; ***manutenzione della ~*** Straßeninstandhaltung *f.*; ***essere a metà ~*** auf halbem Weg sein; ***fermarsi a metà ~*** auf halber Strecke Halt machen; ***incontrarsi a metà ~*** sich auf halbem Weg treffen (anche FIG.); FIG. ***essere in mezzo alla ~*** auf der Straße sitzen; ***lasciare qcn. in mezzo alla ~*** jdn auf die Straße setzen; ***~ militare*** Heerstraße *f.*; ***far molta ~*** weit gehen (*o* eine lange Strecke zurück‿legen); FIG. weit kommen (*o* es weit bringen, seinen Weg machen); ***un ragazzo che farà molta ~*** ein Junge, der seinen Weg machen wird; ***a due ore di ~*** zwei Stunden Weg (*o* Fahrt); ***~ panoramica*** Panoramastraße *f.*; ***fare poca ~*** eine kleine Strecke zurück‿legen; FIG. nicht sehr weit kommen; ***~ privata*** Privatweg *m.*; ***andare per la propria ~*** seines Weges gehen, unbeirrt seinen Weg gehen; FIG. ***trovare la propria ~*** seinen Weg finden; ***~ provinciale*** Landstraße *f.*; ***pulizia delle -e*** Straßenreinigung *f.*; ***raccogliere qcn. dalla ~*** jdn von der Straße auf‿lesen; ***ragazzo di ~*** Straßenjunge *m.*; *(monello)* Lausbub *m.*; ***sbagliare ~*** *(a piedi)* sich verlaufen; *(in auto)* sich verfahren; ***~ secondaria*** Nebenstraße *f.*; *(di campagna)* Laubstraße *f.*; ***~ statale*** Staatsstraße *f.*; *(in Germania e Austria)* Bundesstraße *f.*; ***~ sterrata*** Schotterstraße *f.*; ***traffico su ~*** Straßenverkehr *m.*; ***trasporto su ~*** Straßenverkehr *m.*; ***tratto di ~*** Wegstrecke *f.* (*o* Strecke *f.*); ***~ traversa*** Querstraße *f.*; ***~ a senso unico*** Einbahnstraße *f.*; ***l'uomo della ~*** der Mann auf der Straße; ***uscire di ~*** von der Straße ab‿kommen; FIG. sich irren; ***~ senza uscita*** Sackgasse *f.*; PROV. ***tutte le -e portano a Roma*** alle Straßen führen nach Rom; ***la ~ dell'inferno è lastricata di buone intenzioni*** der Weg zur Hölle ist mit guten Vorsätzen gepflastert.

stra|da|le I agg. Straßen-, Verkehrs-: ***incidente ~*** Verkehrsunfall *m.*; ***segnale ~*** Verkehrszeichen *n.* **II** f. COLLOQ. Verkehrspolizei *f.* ◆ ***banchina ~*** Straßenbankett *n.*; ***blocco ~*** Straßensperre *f.*; ***carta ~*** Straßenkarte *f.*; ***cartello ~*** Verkehrsschild *n.*; ***circolazione ~*** Straßenverkehr *m.*; ***educazione ~*** Verkehrsunterricht *m.*; ***fondo ~*** Straßenbelag *m.*; ***indicazione ~*** Wegweiser *m.*; ***lavori -i*** Straßenarbeiten *pl.*; ***manto ~*** Straßendecke *f.*, Straßenbelag *m.*; ***manutenzione ~*** Straßeninstandhaltung *f.*; ***pattuglia della ~*** Verkehrsstreife *f.*; ***polizia ~*** Verkehrspolizei *f.*; ***raccordo ~*** Zubringerstraße *f.*; ***rete ~*** Straßennetz *n.*; ***sicurezza ~*** Verkehrssicherheit *f.*; ***soccorso ~*** Pannendienst *m.*

stra|da|rio m. *(-ri)* Straßenverzeichnis *n.*

stra|det|ta f. Sträßchen *n.*

stra|di|no m. Straßenarbeiter *m.*

stra|di|sta m. Straßenfahrer *m.*

stra|di|va|rio *(-ri)* Stradivarius *f.*, Stradivari *f.* ◆ ***violino ~*** Stradivarigeige *f.*

stra|do|ne m. 1 Landstraße *f.*, Chaussee *f.* 2 *(viale)* Allee *f.*

stra|fal|cio|ne m. grober Fehler *m.*, COLLOQ. Schnitzer *m.*: ***un tema pieno di -i*** ein Aufsatz voll grober Fehler.

stra|fa|re intr. *(strafaccio/*LETT. *strafò; strafeci; strafatto; aus. avere)* übertreiben, des Guten zu viel tun: ***non ~!*** übertreibe nicht!

stra|fat|to agg. COLLOQ. überreif: ***frutta -a*** überreifes Obst.

stra|fo|ro, di ~ *(furtivamente)* heimlich; *(di sfuggita)* flüchtig; *(indirettamente)* auf Umwegen: ***lo ha saputo di ~*** er hat es auf Umwegen erfahren ◆ ***entrare di ~*** sich ein‿schmuggeln.

stra|fot|ten|te I agg. unverschämt, unverfroren: ***risposta ~*** unverschämte Antwort **II** m. Rüpel *m.* ◆ ***non fare lo ~!*** sei nicht so frech! **stra|fot|ten|za** f. Unverschämtheit *f.*, Unverfrorenheit *f.*; ***rispondere con ~*** unverschämt antworten.

stra|ge f. 1 Blutbad *n.*, Massaker *n.*, Massenmord *m.*: ***fare una ~*** ein Blutbad an‿richten 2 ESTENS. *(distruzione)* Massaker *n.*, Verheerung *f.*, Zerstörung *f.*: ***la volpe ha fatto ~ di polli*** der Fuchs hat ein Massaker unter den Hühnern angerichtet; COLLOQ. ***agli esami hanno fatto una ~*** die Prüfungen sind verheerend ausgefallen 3 FAM. *(quantità enorme)* Unmenge *f.* ◆ ***far ~ di cuori*** viele Herzen brechen; BIBL. ***la ~ degli innocenti*** der bethlehemitische Kindermord; ***~ di stato*** = blutiger Terrorakt mit der Beteiligung von Staatsorganen.

stra|gi|smo m. = politischer Terrorismus *m.* **stra|gi|sta** m. e f. = politischer Terrorist *m.* (politische Terroristin *f.*).

stra|glio m. *(-gli)* 1 EDIL. Spanndraht *m.* 2 MAR. Stag *n.* ◆ ***~ di parrocchetto*** Stegstag *n.*

stra|gran|de agg. 1 überwältigend: ***la ~ maggioranza*** die überwältigende Mehrheit 2 *(enorme)* riesengroß.

stral|cia|re tr. *(stralcio, stralci)* 1 streichen, heraus‿nehmen: ***~ un passo da un libro*** einen Abschnitt eines Buches streichen; ***~ un nome da un elenco*** einen Namen aus einer Liste streichen 2 COMM. *(liquidare)* liquidieren: ***~ un'azienda*** ein Unternehmen liquidieren 3 DIR. BUROCR. aus‿klammern: ***~ la posizione di un imputato da un processo*** die Position eines Angeklagten aus einem Prozess ausklammern ◆ ***~ qcs. dal conto*** etw. ab‿rechnen (*o* ab‿schreiben); ***~ un debito a qcn.*** jdm eine Schuld erlassen; FIG. ***~ un problema*** ein Problem isoliert betrachten.

stral|cio m. *(-ci)* Auszug *m.* ◆ ***~ di un debito, di debiti*** Schuldenerlass *m.*; ***legge ~*** Übergangsgesetz *n.*; ***~ di un testo*** Textauszug *m.*; ***vendere a ~*** aus‿verkaufen.

stra|le m. LETT. 1 Pfeil *m.* 2 FIG. Strahl *m.*, Pfeil *m.*: ***gli -i di Cupido*** Amors Pfeile ◆ FIG. ***lanciare i propri -i contro qcn.*** jdm gegenüber beißende Bemerkungen fallen lassen (*o* machen).

stral|la|re tr. EDIL. ab‿spannen: ***~ un'antenna*** eine Antenne abspannen.

stral|lo → **straglio.**

stra|lo|da|re tr. außerordentlich loben.

stra|lu|na|men|to m. Verdrehen *n.*: ***~ d'occhi*** Augenverdrehen *n.*

stra|lu|na|re tr. ***~ gli occhi*** die Augen verdrehen (*o* rollen). **stra|lu|na|to** p.pass. agg. → 1 **stralunare** 2 verdreht: ***occhi -i*** verdrehte

Augen **3** *(sconvolto)* verwirrt: ***espressione -a*** verwirrte Miene.
stra|ma|le|det|to p.pass. agg. **1** → **stramaledire 2** verdammt. **stra|ma|le|di|re** tr. *(stramaledico, stramaledici; stramaledissi; stramaledetto)* auf ewig verfluchen.
stra|maz|za|re intr. (aus. *essere*) stürzen, hin‿stürzen: ***~ al suolo*** zu Boden stürzen.
stram|ba|re intr. (aus. *avere*) MAR. schiften.
stram|be|ri|a f. Sonderbarkeit *f.*, Extravaganz *f.*, Skurrilität *f.*, Verschrobenheit *f.*, Verdrehtheit *f.*: ***è una delle sue solite -e*** das ist wieder eine seiner Verschrobenheiten.
stram|bo agg. sonderbar, merkwürdig, skurril, komisch, abwegig: ***tipo ~*** skurriler Mensch; ***comportamento ~*** sonderbares (*o* merkwürdiges) Verhalten; ***un'idea -a*** eine abwegige (*o* skurrile) Idee.
stram|bot|to m. Strambotto *n.*
stra|me m. Streu *f.*
stra|mo|nio m. *(-ni)* Stechapfel *m.*, Dornapfel *m.*
stram|pa|la|tag|gi|ne → **strampaleria.**
stram|pa|la|to I agg. verrückt, komisch, quer: ***tipo ~*** verrückter Typ; ***idee -e*** quere Ideen; ***fare discorsi -i*** komisches Zeug reden; ***ragionamento ~*** komischer Gedankengang **II** m. Verrückte *m.*
stram|pa|le|ri|a f. **1** Verstiegenheit *f.*, Verrücktheit *f.* **2** *(azione)* Verrücktheit *f.*, Tollheit *f.*
stra|nez|za f. Sonderbarkeit *f.*, Merkwürdigkeit *f.*, Abwegigkeit *f.*: ***la ~ di un'osservazione*** die Merkwürdigkeit einer Bemerkung; ***notare alcune -e nel comportamento di qcn.*** einige Sonderlichkeiten in jds Verhalten bemerken; ***fare, dire -e*** sich merkwürdig benehmen, merkwürdiges Zeug reden.
stran|go|la|men|to m. Erwürgung *f.*, Erdrosselung *f.* ◆ ***morire per ~*** erwürgt werden (*o* durch Erwürgen sterben); ***segno di ~*** Würgemal *n.*
stran|go|la|pre|ti m.inv. → **strozzapreti.**
stran|go|la|re tr. *(strangolo)* **1** erwürgen, erdrosseln **2** ESTENS. würgen: ***questo colletto mi strangola*** dieser Kragen würgt mich.
stran|go|la|to|re m. Würger *m.*, Erwürger *m.*, Erdrossler *m.*
stran|gu|ria, stran|gu|ri|a f. MED. Harnzwang *m.*, Strangurie *f.*
stra|nia|men|to m. **1** Entfremdung *f.*, Verfremdung *f.* **2** LETT. Verfremdung *f.* ◆ ***effetto di ~*** Verfremdungseffekt *m.* (*o* V-Effekt *m.*).
stra|nia|re *(stranio, strani)* **I** tr. entfremden, verfremden **II** pronom. **straniarsi** (sich) entfremden: ***-rsi dalla famiglia*** sich der Familie entfremden.
stra|nie|ro I agg. **1** Fremd(en)-, fremd: ***lingua, parola -a*** Fremdsprache *f.*, -wort *n.*; ***paese ~*** fremdes Land; ***capitale ~*** Fremdkapital *n.* **2** *(estero)* ausländisch: ***lavoratore ~*** ausländischer Arbeiter (*o* Gastarbeiter *m.*); ***essere cittadino ~*** ausländischer Staatsbürger (*o* Ausländer) sein; ***accento ~*** ausländischer Akzent **II** m. **1** Ausländer *m.* **2** *(forestiero)* Fremde *m.* **3** ESTENS. *(nemico)* Feind *m.*: ***cacciare lo ~*** den Feind verjagen ◆ ***legione -a*** Fremdenlegion *f.*; ***ostilità verso gli -i*** Fremdenfeindlichkeit *f.*; ***ufficio -i*** Ausländeramt *n.*; ***università per -i*** Ausländeruniversität *f.*
stra|ni|to agg. verwirrt, benommen: ***~ dal sonno*** vom Schlaf benommen.
stra|no I agg. sonderbar, merkwürdig, komisch, seltsam: ***un tipo ~*** ein komischer Typ; ***abbigliamento ~*** sonderbare Kleidung; ***un fatto ~*** ein sonderbares (*o* seltsames) Ereignis; ***una -a sensazione*** ein komisches Gefühl; ***mi sembra ~*** das kommt mir seltsam vor; ***avere uno ~ presentimento*** eine merkwürdige Vorahnung haben; ***comportamento ~*** merkwürdiges Verhalten; ***(è) ~ che non sia venuto*** es ist merkwürdig, dass er nicht gekommen ist **II** m. Komische *n.*, Merkwürdige *n.*: ***lo ~ è che non si è fatto più vedere*** das Merkwürdige (daran) ist, dass er sich nicht mehr hat blicken lassen ◆ ***che -a idea!*** was für eine drollige Idee!
stra|or|di|na|ria|men|te avv. außerordentlich, außergewöhnlich: ***fa ~ caldo*** es ist außergewöhnlich heiß.
stra|or|di|na|rie|tà f. Außerordentliche *n.*, Außergewöhnliche *n.*, außerordentlicher Charakter *m.*: ***la ~ di un provvedimento*** der außerordentliche Charakter einer Maßnahme.
stra|or|di|na|rio I agg. *(-ri, -rie)* **1a** außerordentlich, außergewöhnlich: ***avvenimento ~*** außerordentliches Ereignis; ***una persona -a*** ein außergewöhnlicher Mensch; ***seduta -a*** außerordentliche Sitzung; ***assemblea -a*** außerordentliche Versammlung; ***provvedimenti -i*** außergewöhnliche Maßnahmen **b** *(speciale)* Extra-, Sonder- **2a** *(grandissimo)* außergewöhnlich: ***intelligenza, forza -a*** außergewöhnliche Intelligenz, Kraft; ***un successo ~*** ein außergewöhnlicher Erfolg **b** *(splendido)* wundervoll **II** m. *(-ri)* **1** Außergewöhnliche *n.*, Besondere *n.*: ***non c'è niente di ~*** daran ist nichts Außergewöhnliches (*o* Besonderes) **2** *(lavoro)* Überstunde *f.*: ***fare tre ore di ~*** drei Überstunden machen **3** *(professore)* = Professor *m.* auf Probe ◆ ***caso ~*** Sonderfall *m.*; ***edizione -a*** Extraausgabe *f.*, Sonderausgabe *f.*; ***imposta -a*** Sondersteuer *f.*; ***lavoro ~*** Überstunden *pl.*; ***ore -e*** Überstunden *pl.*; ***professore ~*** außerordentlicher Professor; ***retribuzione degli -i*** Überstundengeld *n.*; ***spese -e*** außerplanmäßige Ausgaben; ***treno ~*** Sonderzug *m.*
stra|pa|e|se m. INTRAD. (die Heimatliteratur).
stra|pa|ga|re tr. *(strapago, strapaghi)* überbezahlen, überzahlen.
stra|par|la|re intr. (aus. *avere*) **1** zu viel reden, COLLOQ. quasseln, REGION. sabbeln **2** *(farneticare)* faseln, COLLOQ. quatschen.
stra|paz|za|men|to m. **1** Rücksichtslosigkeit *f.* **2** *(lo strapazzarsi)* Überanstrengung *f.*, Überforderung *f.*
stra|paz|za|re I tr. **1** misshandeln, schlecht behandeln, malträtieren: ***~ un dipendente*** einen Angestellten schlecht behandeln **2** *(sciupare, affaticare)* strapazieren, überanstrengen, überfordern, schinden: ***~ il motore, un cavallo*** den Motor, ein Pferd strapazieren (*o* schinden) **3** *(eseguire male)* herunter‿lesen, herunter‿leiern, heulen: ***~ una canzone*** ein Lied heulen **4** *(interpretare male)* fehlinterpretieren, falsch verstehen: ***~ un autore*** einen Autor fehlinterpretieren **II** pronom. **strapazzarsi** sich strapazieren.
stra|paz|za|ta f. **1** Strapaze *f.*: ***la gita è stata una ~*** der Ausflug war eine Strapaze **2** *(rimprovero)* heftiger Vorwurf *m.*, COLLOQ. Anpfiff *m.*: ***ricevere una bella ~*** einen gehörigen Anpfiff bekommen.
stra|paz|za|to p.pass. agg. **1** → **strapazzare 2** *(malconcio)* übel zugerichtet **3** *(maltrattato)* misshandelt **4** *(affaticato)* überanstrengt, strapaziert **5** *(pieno di strapazzi)* mühselig, beschwerlich: ***vita -a*** mühseliges Dasein ◆ ***uova -e*** Rührei *n.*
stra|paz|zo m. Strapaze *f.*: ***gli -i del viaggio*** die Strapazen der Reise ◆ ***avvocato da ~*** Winkeladvokat *m.*; ***da ~*** Strapazier-, strapazierfähig: ***pantaloni, scarpe da ~*** strapazierfähige Hose, Strapazierschuhe *pl.*; ***vestito da ~*** Alltagskleidung *f.*; ***medico da ~*** Quacksalber *m.*; ***pittore da ~*** Farbenkleckser *m.*; ***scrittore da ~*** Schreiberling *m.* (*o* Federfuchser *m.*).
stra|pie|no agg. **1** überfüllt, übervoll, voll gestopft, gesteckt voll: ***una sala -a di gente*** ein übervoller Saal; ***il teatro era ~*** das Theater war gesteckt voll; ***un armadio ~ di roba*** ein mit Zeug voll gestopfter Schrank **2** *(che ha mangiato troppo)* übersatt, vollkommen satt.
stra|piom|ban|te agg. überhängend, hängend. **stra|piom|ba|re** intr. (aus. *essere, avere*) **1** über‿hängen, über‿ragen **2** *(non essere a piombo)* aus dem Lot fallen.
stra|piom|bo m. **1** Überhang *m.*, Felsvorsprung *m.*, Steilhang *m.*: ***cadere da uno ~*** von einem Felsvorsprung herab‿stürzen **2a** EDIL. Ausladung *f.*, Vorladung *f.*, Auskragung *f.* **b** *(aggetto)* Vorsprung *m.*, Vorbau *m.* ◆ ***a ~*** überhängend (*o* überragend); ***roccia a ~*** überhängende Felswand; ***scendere a ~*** über‿hängen.
stra|po|ten|te agg. **1** *(potentissimo)* sehr mächtig **2** *(eccessivamente potente)* übermächtig. **stra|po|ten|za** f. **1** *(grande potenza)* außerordentliche Macht *f.* **2** *(eccessiva potenza)* Übermacht *f.* **stra|po|te|re** m. Übermacht *f.*
strap|pa|bi|le agg. zerreißbar.
strap|pa|cuo|re agg.inv. herzzerreißend: ***scena ~*** herzzerreißende Szene. **strap|pa|la|cri|me** agg.inv. rührselig, schnulzig, schmalzig: ***un romanzo ~*** ein schmalziger Roman.
strap|pa|men|to m. **1** Zerreißen *n.*, Reißen *n.* **2** Riss *m.* **3** MED. Zerrung *f.*
strap|pa|re I tr. **1** ab‿reißen, aus‿reißen, reißen: ***~ una pianta con le radici*** eine Pflanze samt Wurzeln ausreißen; ***~ le erbacce*** Unkraut ausreißen; ***~ un foglio da un quaderno*** ein Blatt aus einem Heft reißen **2** *(sottrarre)* entreißen: ***~ la borsa a qcn.*** jdm die Tasche entreißen; FIG. ***~ i figli alla madre*** der Mutter die Kinder entreißen **3** *(stracciare)* zerreißen: ***~ una foto*** ein Foto zerreißen **4** *(capelli, penne...)* aus‿raufen, raufen, rupfen **5** FIG. *(carpire)* entreißen, erzwingen: ***~ un segreto a qcn.*** jdm ein Geheimnis entreißen; ***~ una vittoria*** einen Sieg entreißen **II** intr. (aus. *avere*) rupfen: ***la frizione strappa*** die Kupplung rupft **III** pronom. **strapparsi 1** zerreißen, ein‿reißen, reißen: ***i pantaloni si sono strappati*** die Hose ist zerrissen; ***i tessuti resistenti non si strappano facilmente*** feste Stoffe reißen nicht leicht **2** MED. ***-rsi un tendine*** sich (D) eine Sehne zerren ◆ ***~ gli applausi*** Beifall ernten; ***-rsi i capelli dalla rabbia*** sich (D) vor Wut die Haare raufen (*o* aus‿raufen); ***~ una confessione*** ein Geständnis erzwingen; ***~ il cuore*** das Herz aus‿reißen; FIG. das Herz zerreißen; ***~ un dente*** einen Zahn aus‿reißen; ***~ qcs. di dosso a qcn.*** jdm etw. vom Leibe reißen; ***~ le lacrime*** auf die Tränendrüse drücken; ***~ qcs. di mano a qcn.*** jdm etw. aus der Hand reißen; ***~ con un morso*** heraus‿beißen; ***~ qcn. alla morte*** jdn dem Tod entreißen; ***~ in pezzi*** zerreißen (*o* in Stücke reißen); ***~ una promessa*** ein Versprechen ab‿ringen; ***~ qcn. al sonno*** jdn aus dem Schlaf reißen; ***-rsi le sopracciglia con le pinzette*** sich die Augenbrauen aus‿zupfen; ***~ un sorriso a qcn.*** jdn

ein Lächeln ab‿nötigen; ~ ***via*** ab‿reißen; ~ ***via un manifesto*** ein Plakat abreißen.
strap|pa|ta f. **1** Reißen *n.*, Riss *m.* **2** *(tirata)* Ruck *m.* ◆ ***dare una ~ a qcs.*** an etw. (D) reißen; *(tirare)* etw. ziehen. **strap|pa|to** p.pass. agg. **1** → **strappare 2** zerrissen: ***camicia -a*** zerrissenes Hemd; ***libro*** ~ zerrissenes Buch.
strap|po m. **1** *(tirata)* Ruck *m.*: ***il cane si è liberato dalla catena con uno*** ~ der Hund hat sich mit einem Ruck von der Kette losgerissen **2** *(lacerazione)* Riss *m.*: ***uno ~ nella fodera*** ein Riss im Futter **3a** FIG. Bruch *m.*: ***uno ~ fra i partiti*** ein Bruch zwischen den Parteien **b** *(sconnessione)* Sprung *m.*: ***uno ~ nel ragionamento*** ein Sprung (*o* eine Lücke) in der Argumentation **4** MED. Zerrung *f.* **5** COLLOQ. *(passaggio in auto)* Mitnehmen *n.*; ***dare uno ~ a qcn.*** jdn mit‿nehmen; ***mi ha chiesto uno*** ~ er hat mich gebeten, ihn mitzunehmen **6a** SPORT Spurt *m.* **b** *(sollevamento pesi)* Reißen *n.* ◆ ***a -i*** ruckweise (*o* ruckartig); ***avanzare a -i*** sich ruckartig nach vorne bewegen; ***chiusura a*** ~ Klett(en)verschluss *m.*; ***dare uno ~ alla fune*** am Seil ziehen; ~ ***muscolare*** Muskelriss *m.*; ***fare uno ~ alla regola*** eine Ausnahme machen; ***senza -i*** ruckfrei, stoßfrei.
stra|pun|ti|no m. **1** AUT. Klappsitz *m.* **2** MAR. Bettsack *m.*
stra|ric|co agg. *(-chi,-che)* überreich, schwerreich, steinreich.
stra|ri|pa|men|to m. Überfließen *n.* **stra|ri|pan|te** agg. überfließend: ~ ***di gioia*** vor Freude überfließend ◆ ***una folla*** ~ eine Riesenmenge. **stra|ri|pa|re** intr. (aus. *essere, avere*) über die Ufer treten, über‿fließen, über‿treten.
stras|bur|ghe|se I agg. Strassburger **II** m. e f. Strassburger *m.* (-in *f.*). **Stras|bur|go** n.pr.f. Strassburg *n.*
stra|sci|ca|men|to m. Schleppen *n.*
stra|sci|ca|re *(strascico, strascichi)* **I** tr. **1** schleppen, schleifen: ~ ***un sacco*** einen Sack schleppen **2** FIG. *(tirare per le lunghe)* in die Länge ziehen, verschleppen: ~ ***un lavoro*** eine Arbeit in die Länge ziehen; ~ ***una malattia*** eine Krankheit verschleppen **II** intr. (aus. *avere*) schleifen, schleppen: ***il cappotto strascica per terra*** der Mantel schleift auf dem Boden **III** pronom. **strascicarsi** sich vorwärts schleppen ◆ ~ ***le gambe*** schleppend gehen (*o* einen schleppenden Gang haben); ~ ***le parole*** schleppend sprechen; ~ ***i piedi*** mit den Füßen schlurfen.
stra|sci|ca|to p.pass. agg. **1** → **strascicare 2** schlurfend, schleppend: ***passo*** ~ schlurfender Schritt ◆ ***parlare con voce -a*** gedehnt sprechen.
stra|sci|co m. *(-chi)* **1** Schleppen *n.* **2** ABBIGL. Schleppe *f.*: ***reggere lo*** ~ die Schleppe tragen **3** *(sbavatura di lumaca)* Schleimspur *f.* **4** *(seguito)* Gefolge *n.*: ***uno ~ di ammiratori*** ein ganzes Gefolge von Verehrern **5** FIG. Nachwirkung *f.*, Folge *f.*: ***gli -chi della guerra, della malattia*** die Nachwirkungen des Kriegs, der Krankheit ◆ ***parlare con lo*** ~ schleppend sprechen; ***pesca a*** ~ Schleppnetzfischerei *f.*; ***rete a*** ~ Schleppnetz *n.*; ***vestito con lo*** ~ Schleppenkleid *n.*
stra|sci|co|ni avv. schleppend, schleifend; ***camminare*** ~ einen schleppenden Gang haben.
stra|sci|na|re → **trascinare.**
stra|sci|ni|o m. **1** Schleifen *n.*, Schleppen *n.* **2** *(rumore)* Geschleife *n.*, Geschleppe *n.*
strass m.inv. Strass *m.*, Glasfluss *m.*
stra|ta|gem|ma m. List *f.*, Trick *m.*: ***ricorrere a uno*** ~ zu einer List greifen; ***escogitare uno*** ~ sich einen Trick aus‿denken.
stra|te|ga m. *(-ghi)* Stratege *m.* (anche ESTENS.).
stra|te|gi|a f. Strategie *f.* (anche ESTENS.): ***elaborare, adottare una*** ~ eine Strategie aus‿arbeiten, an‿wenden; ***attenersi a una*** ~ eine Strategie befolgen; ~ ***politica*** politische Strategie ◆ ~ ***di dissuasione*** Abschreckungsstrategie *f.*; ~ ***di guerra*** Kriegsführung *f.*; ~ ***pubblicitaria*** Werbestrategie *f.*
stra|te|gi|ca|men|te avv. strategisch. **stra|te|gi|co** agg. *(-ci,-che)* strategisch (anche ESTENS.): ***un importante punto*** ~ ein strategisch wichtiger Punkt; ***armi -che*** strategische Waffen; ***obiettivo*** ~ strategisches Ziel; ***ritirata -a*** strategischer Rückzug; ***mossa -a*** strategisches (*o* taktisches) Manöver (anche ESTENS.) ◆ ***di importanza -a*** MIL. kriegswichtig; ESTENS. strategisch wichtig.
stra|te|go → **stratega.**
stra|ti|fi|ca|re *(stratifico, stratifichi)* **I** tr. **1** schichten **2** GEOL. stratifizieren **II** pronom. **stratificarsi 1** sich schichten **2** GEOL. sich in Schichten ab‿lagern. **stra|ti|fi|ca|to** p.pass. agg. **1** → **stratificare 2** geschichtet, Schicht-: ***rocce -e*** Schichtgestein *n.* ◆ ***vetro*** ~ Verbundglas *n.* **stra|ti|fi|ca|zio|ne** f. **1** Schichtung *f.* (anche FIG.): ~ ***sociale*** soziale Schichtung **2** GEOL. Stratifikation *f.* ◆ ***mutamento di*** ~ Umschichtung *f.*
stra|ti|for|me agg. in Schichten, schichtförmig.
stra|ti|gra|fi|a f. Stratigraphie *f.* **stra|ti|gra|fi|co** agg. *(-ci,-che)* stratigraphisch.
stra|to m. **1** Schicht *f.*, \TAUSTR. Schichte *f.*: ***uno ~ di colore, di polvere, di sporco, di vernice*** eine Farb-, Staub-, Schmutz-, Lackschicht; ~ ***roccioso*** Gesteinsschicht *f.*; ***-i geologici*** geologische Schichten; ~ ***sociale*** Gesellschaftsschicht *f.* **2** METEOR. Stratus *m.*, Stratuswolke *f.* ◆ ***a -i*** schicht(en)weise, in Schichten; ~ ***adesivo*** Haftschicht *f.*; ~ ***atmosferico*** Luftschicht *f.*; ~ ***erboso*** Grasnarbe *f.*; ~ ***di ghiaia*** Schotterdecke *f.*, Kiesschicht *f.*; ~ ***inferiore*** Unterschicht *f.*; ~ ***intermedio*** Zwischenschicht *f.*; ~ ***isolante*** Isolierschicht *f.*; ~ ***di minerale*** Flöz *n.*; ***nuvola a -i*** Schichtwolke *f.*, Stratuswolke *f.*; ~ ***di ozono*** Ozonschicht *f.*; ~ ***protettivo*** Schutzschicht *f.*; ***serie di -i*** Schichtenfolge *f.*; ~ ***superficiale, superiore*** Oberschicht *f.*
stra|to|cu|mu|lo m. Stratokumulus *m.* **stra|to|nem|bo** m. Stratuswolke *f.*, Stratus *m.*
stra|to|re|at|to|re m. Stratosphärenflugzeug *n.*
stra|to|sfe|ra f. Stratosphäre *f.* **stra|to|sfe|ri|co** agg. *(-ci,-che)* **1** stratosphärisch **2a** FIG. *(esorbitante)* astronomisch **b** *(incomprensibile)* abstrus ◆ ***volo*** ~ Stratosphärenflug *m.*
strat|to|na|re tr. **1** einen Stoß geben **2** SPORT fest‿halten, (durch Festhalten) behindern: ~ ***l'avversario*** den Gegner festhalten (*o* behindern). **strat|to|ne** m. **1** Ruck *m.*, Rucken *n.*: ***partire senza il minimo*** ~ ohne das geringste Rucken an‿fahren; ***liberarsi con uno*** ~ sich mit einem Ruck los‿reißen **2** *(spinta)* (heftiger) Stoß *m.* ◆ ***a -i*** ruckweise; ***dare uno ~ a qcs.*** *(tirando)* an etw. (D) (heftig) ziehen; *(spingendo)* jdm einen (heftigen) Stoß geben.
stra|vac|car|si pronom. *(mi stravacco, ti stravacchi)* COLLOQ. sich hin‿lümmeln, sich lümmeln, sich hin‿flegeln, sich flegeln: ~ ***sul divano*** sich aufs Sofa lümmeln. **stra|vac|ca|to** p.pass. → **stravaccarsi** ◆ ***starsene*** ~ herum‿flegeln.
stra|va|gan|te I agg. **1a** *(di persona)* extravagant **b** *(di cosa)* extravagant, verrückt, verstiegen: ***modi -i*** extravagantes Benehmen; ***idee -i*** verrückte Ideen **2** *(strano, bizzarro)* sonderbar, seltsam **II** m. e f. **1** extravaganter Mensch *m.*; ***fare lo*** ~ sich extravagant benehmen **2** *(persona bizzarra)* Sonderling *m.* (sonderliche Frau *f.*) ◆ ***tempo*** ~ wechselhaftes Wetter.
stra|va|gan|za f. Extravaganz *f.*, Verrücktheit *f.*; ***sono stufo delle tue -e*** ich bin deine Verrücktheiten leid; ***vestire con*** ~ sich extravagant kleiden ◆ ***le -e del tempo*** die Wechselhaftigkeit des Wetters.
stra|vec|chio agg. *(-chi,-chie)* **1** *(molto vecchio)* uralt **2** *(stagionato)* abgelagert, gealtert.
stra|ve|de|re intr. *(stravidi; stravisto*; aus. *avere)* COLLOQ. **1** doppelt sehen; *(ingannarsi)* sich täuschen: ***stravedo, o sei proprio tu?*** täusche ich mich, oder bist du es tatsächlich? ***sono così stanco che stravedo*** ich bin so müde, dass ich alles doppelt sehe **2** FIG. ~ ***per qcn., qcs.*** jdn, etw. an‿beten (*o* vergöttern).
stra|vin|ce|re tr. *(stravinco, stravinci; stravinsi; stravinto)* **1** haushoch besiegen, vernichtend schlagen, eine vernichtende Niederlage bei‿bringen: ~ ***gli avversari*** die Gegner haushoch besiegen **2a** assol. auf der ganzen Linie siegen **b** *(nei giochi)* haushoch gewinnen.
stra|vi|zio m. *(-zi)* Ausschweifung *f.*; ***darsi agli -zi*** ausschweifend leben.
stra|vol|ge|re *(stravolgo, stravolgi; stravolsi; stravolto)* **I** tr. **1a** *(storcere, alterare)* verdrehen (anche FIG.): ~ ***gli occhi*** die Augen verdrehen; ~ ***la verità*** die Wahrheit verdrehen **b** *(deformare)* verzerren; ***il dolore gli stravolse i lineamenti*** sein Gesicht war schmerzverzerrt **2** FIG. *(turbare)* verwirren, durcheinander bringen **II** pronom. **stravolgersi** sich krümmen: ***-rsi dal dolore*** sich vor Schmerz krümmen.
stra|vol|gi|men|to m. Verdrehung *f.*
stra|vol|to p.pass. agg. **1** → **stravolgere 2a** *(distorto, alterato)* verdreht (anche FIG.) **b** *(del volto)* verzerrt: ~ ***dal dolore*** schmerzverzerrt **3** FIG. *(turbato)* verwirrt, verstört **4** COLLOQ. *(sfinito)* erledigt ◆ ~ ***dall'odio*** hasserfüllt; ~ ***dalla rabbia*** wutentbrannt.
stra|zian|te agg. **1a** quälend: ***sofferenze -i*** quälende Schmerzen **b** ESTENS. *(angoscioso)* herzzerreißend: ***urla*** ~ herzzerreißende Schreie; ***una scena*** ~ eine herzzerreißende Szene **2** SCHERZ. schrecklich, entsetzlich: ***una musica*** ~ eine entsetzliche Musik.
stra|zia|re tr. *(strazio, strazi)* **1a** *(lacerare)* zerreißen, zerfleischen, zerfetzen **b** FIG. zerreißen, quälen, peinigen: ~ ***il cuore*** das Herz zerreißen **2** *(infastidire)* plagen; ***una musica che strazia le orecchie*** eine Musik, die in den Ohren wehtut **3** FIG. *(rovinare)* verpfuschen, ruinieren: ~ ***un brano musicale*** ein Musikstück ruinieren, verpfuschen. **stra|zia|to** p.pass. agg. **1** → **straziare 2** *(lacerato)* zerfetzt **2** FIG. zerrissen, gequält, gepeinigt: ***animo*** ~ gepeinigte Seele.
stra|zio m. *(-zi)* **1** *(lacerazione)* Zerfleischung *f.*, Zerreißung *f.* **2** FIG.

Qual *f.*, Pein *f.*: ***subire lo ~ della tortura*** die Qual (*o* Pein) der Tortur erleiden **3** COLLOQ. *(fastidio)* Qual *f.*: ***che ~ quella musica!*** diese Musik ist eine echte Qual! ◆ ***fare ~ di qcs.*** etw. zerfleischen (*o* zerreißen); FIG. etw. ruinieren (*o* verpfuschen).

stre|ga f. *(-ghe)* Hexe *f.* (anche ESTENS.): ***quella vecchia ~!*** diese alte Hexe! ◆ STOR. ***caccia alle -ghe*** Hexenverfolgung *f.*, Hexenjagd *f.* (anche FIG.); ***colpo della ~*** Hexenschuss *m.*; ***erba ~*** Teufelskralle *f.*; ***latte di ~*** Hexenmilch *f.*; ***processo alle -ghe*** Hexenprozess *m.*; ***punto (a) ~*** Hexenstich *m.*; ***ridda di -ghe*** Hexentanz *m.*; ***sabba delle -ghe*** Hexensabbat *m.*; ***scopa da ~*** Hexenbesen *m.*

stre|ga|re tr. *(strego, streghi)* verhexen, behexen (anche FIG.). **stre|ga|to** p.pass. agg. **1** → **stregare 2** verhext, behext (anche FIG.).

stre|go|ne m. **1** Hexenmeister *m.*, Hexer *m.* **2a** ETNOL. Medizinmann *m.* **b** *(guaritore)* Wunderdoktor *m.*

stre|go|ne|ri|a f. **1** Hexerei *f.*, Zauberei *f.*, Verhexung *f.*, Zauber *m.* (anche FIG.) **2** ETNOL. Magie *f.*

stre|go|ne|sco agg. *(-schi,-sche)* hexenartig, hexenhaft.

stre|gua, ***alla ~ di*** (gleich) wie; ***trattare uno alla ~ degli altri*** alle gleich behandeln; ***alla stessa ~*** auf die gleiche Art wie, mit gleichem Maß: ***giudicare tutti alla stessa ~*** alle mit gleichem Maß messen.

stre|lit|zia f. Strelitzia *f.*

stre|ma|re tr. **1** erschöpfen, (völlig) ermatten **2** *(depauperare)* verarmen lassen: ***le spese belliche hanno stremato il paese*** die Kriegsausgaben haben das Land verarmen lassen. **stre|ma|to** p.pass. agg. **1** → **stremare 2** erschöpft, (völlig) ermattet: ***essere ~ da qcs.*** vor etw. erschöpft sein.

stre|mo, ***allo ~*** am Ende (seiner Kräfte); ***essere (ridotto) allo ~ (delle forze)*** am Ende (seiner Kräfte) sein; ***lavorare fino allo ~ (delle forze)*** bis zur völligen Erschöpfung (*o* bis ans Ende seiner Kräfte) arbeiten.

stren|na f. **1** Gabe *f.*, Geschenk *n.* **2** EDIT. *(libro)* Geschenkband *m.* ◆ ***~ natalizia*** Weihnachtsgeschenk *n.*, Weihnachtsgabe *f.*

stre|nua|men|te avv. tapfer, wacker. **stre|nui|tà** f. LETT. Tapferkeit *f.* **stre|nuo** agg. **1** LETT. tapfer, wacker **2** ESTENS. *(instancabile)* unermüdlich, wacker ◆ ***opporre una -a resistenza*** zähen Widerstand leisten.

stre|pi|ta|re intr. *(strepito*; aus. *avere)* **1a** *(fare rumore)* lärmen, poltern **b** *(di ferraglia)* rattern, rasseln **2** COLLOQ. *(gridare)* lärmen, brüllen; ***cosa c'è da ~ tanto?*** was soll das (ganze) Geschrei?

stre|pi|ti|o m. dauerndes Lärmen *n.*, Gepolter *n.*; *(di ferraglia)* Rasselei *f.*

stre|pi|to m. Lärm *m.*; *(di ferraglia)* Gerassel *n.* ◆ ***fare ~*** Aufsehen erregen.

stre|pi|to|sa|men|te avv. **1** lärmend, geräuschvoll **2** *(straordinariamente)* einschlagend, überwältigend. **stre|pi|to|so** agg. **1a** *(rumoroso)* lärmend, geräuschvoll, laut: ***grida -e*** laute Rufe **b** *(fragoroso)* tosend, schallend: ***applauso ~*** tosender Beifall; ***una risata -a*** ein schallendes Lachen **2** FIG. *(straordinario)* überwältigend, durchschlagend: ***vittoria -a*** überwältigender Sieg; ***successo ~*** durchschlagender Erfolg **3a** COLLOQ. *(bellissimo)* toll, umwerfend: ***una ragazza -a*** ein tolles (*o* umwerfendes) Mädchen **b** *(grandioso)* großartig, toll; ***è ~!*** das ist (wirklich) großartig! ***un'idea -a*** eine großartige (*o* tolle) Idee.

strep|to|coc|co m. *(-chi)* Streptokokkus *m.* **strep|to|mi|ci|na** f. Streptomycin *f.*, Streptomyzin *f.*

stress m.inv. Stress *m.*, Belastung *f.*: ***essere sotto ~*** unter Stress stehen (*o* sein); ***~ psicologico*** psychologische Belastung ◆ ***resistenza allo ~*** Stressresistenz *f.*; ***situazione di ~*** Stresssituation *f.*

stres|san|te agg. Stress verursachend, zu Stress führend; COLLOQ. stressig, stressend. **stres|sa|re I** tr. belasten, überbeanspruchen, stressen **II** pronom. **stressarsi** unter Stress stehen. **stres|sa|to I** p.pass. agg. **1** → **stressare 2** gestresst: ***essere, sentirsi ~*** gestresst sein (*o* im Stress sein) **II** m. Gestresste *m.*

stretch [-tʃ] **I** agg.inv. Stretch-: ***tessuto ~*** Stretchgewebe *n.* **II** m. inv. Stretch *m.*

stretch|ing ['stretʃɛŋ] m.inv. Stretching *n.*

stret|ta f. **1a** *(presa)* Griff *m.*: ***allentare la ~*** den Griff lockern **b** *(pressione)* Druck *m.* **c** *(forte abbraccio)* Umschlingung *f.* **2** *(calca)* Gedränge *n.* **3a** *(fitta)* Stich *m.*: ***~ allo stomaco*** Stich im Magen **b** FIG. ***a quella scena provai una ~ al cuore*** bei dieser Szene krampfte sich mein Herz zusammen **4** *(strettoia)* Engpass *m.* (anche FIG.): ***trovarsi in una ~ finanziaria*** sich in einem finanziellen Engpass befinden **5** MUS. Stretta *f.* ◆ ***essere alle -e*** in einer ausweglosen Situation sein; ***venire alle -e*** zur Sache kommen; ***mettere qcn. alle -e*** jdn in die Enge treiben; ***~ creditizia*** Kreditverknappung *f.*; ***venire alla ~ finale*** zur Sache kommen; ***~ alla gola*** Würgegriff *m.*; ***~ di mano*** Händedruck *m.*, Händeschütteln *n.*; ***nella ~ della morte*** im Würgegriff des Todes; ***dare una ~ al nodo*** den Knoten zu‿ziehen; ***dare una ~ di vite*** die Schraube an‿ziehen.

stret|ta|men|te avv. **1** eng **2a** FIG. *(rigorosamente)* streng: ***~ confidenziale, riservato*** streng vertraulich, geheim **b** *(assolutamente)* unbedingt: ***~ necessario*** unbedingt notwendig (*o* allernötigst) ◆ ***~ imparentato*** nah verwandt; ***~ legato*** eng verbunden.

stret|tez|za f. **1** Enge *f.*, Engheit *f.* **2a** FIG. *(scarsità)* Knappheit *f.*, Mangel *m.*: ***~ di denaro, tempo*** Geld-, Zeitmangel *m.* **b** *(limitatezza)* Beschränktheit *f.* ◆ ***trovarsi, vivere in -e*** in Elend geraten sein, in beschränkten Verhältnissen leben.

1.stret|to p.pass. agg. **1** → **stringere 2a** eng, schmal: ***una scrivania -a*** ein schmaler Schreibtisch; ***una strada -a*** eine enge (*o* schmale) Straße; ***spalle -e*** schmale Schultern **b** *(di indumenti)* eng: ***pantaloni -i*** enge Hose; ***essere, andare, stare ~*** eng sein (*o* sitzen) **3** *(prossimo, vicino)* eng, nah: ***una -a amicizia*** eine enge Freundschaft; ***i parenti -i*** die nahen Verwandten; ***avere -i contatti con qcn.*** einen engen Kontakt mit jdm haben **4a** *(serrato)* fest: ***un nodo ~*** ein fester Knoten; ***tenere i pugni -i*** die Fäuste (fest) ballen; ***a pugni -i*** mit geballten Fäusten; ***la vite è ben -a*** die Schraube ist fest angezogen **5** *(compresso)* gedrängt, zusammengedrängt: ***essere, stare -i come sardine*** zusammengedrängt sein wie die Ölsardinen **6** *(scarso)* knapp, schwach: ***una -a maggioranza*** eine knappe Mehrheit **7** *(assoluto, rigoroso)* streng, scharf: ***seguire una dieta -a*** eine strenge Diät ein‿halten (*o* befolgen); ***sotto -a sorveglianza*** unter scharfer Überwachung; ***in senso ~*** in engerem (*o* im eigentlichen) Sinn; ***imporre a qcn. il più ~ riserbo*** jdm strengstes Stillschweigen auf‿erlegen **8** *(genuino)* rein: ***parlare un dialetto ~*** reinen Dialekt sprechen **9** FON. geschlossen ◆ ***essere un amico ~ di qcn.*** mit jdm eng befreundet sein; ***tenere la borsa -a*** den Beutel fest‿halten, zu‿halten; ***curva -a*** scharfe Kurve; ***prendere una curva -a*** eine Kurve eng nehmen; ***ridere a denti -i*** gezwungen, mit zusammengebissenen Zähnen lächeln; ***sopportare qcn. a denti -i*** jdn mit Müh und Not ertragen; ***a ~ giro di posta*** postwendend; ***a maglia -a*** engmaschig (*o* feinmaschig); ***essere di manica -a*** *(avaro)* geizig ein; *(rigido, severo)* = streng sein; SPORT ***marcare ~*** eng decken; ***uno ~ margine di profitto*** eine geringe Gewinnspanne; ***vincere di -a misura*** knapp siegen; ***vittoria di -a misura*** knapper Sieg; ***lo ~ necessario*** das Allernotwendigste, das Allernötigste; ***di -a necessità*** unbedingt notwendig; ***passaggio ~*** Engpass *m.*; ***a ~ rigore*** streng genommen; ***tenere ~ qcn., qcs.*** jdn, etw. fest‿halten; ***tenere qcn. ~ a sé*** jdn fest an sich drücken; ***vivere allo ~*** auf engem Raum leben; ***essere ~ nei voti*** streng benoten (*o* streng in der Notengebung sein).

2.stret|to m. GEOGR. Meerenge *f.*, Meeresstraße *f.*: ***lo ~ di Messina*** die Meerenge von Messina ◆ ***~ di Bering*** Beringstraße *f.*

stret|to|ia f. **1** STRAD. Engpass *m.*, Verengung *f.* **2** FIG. Engpass *m.*, schwierige Lage *f.*: ***trovarsi in una ~*** sich in einer schwierigen Lage befinden.

stret|to|io m. *(-oi)* Spannrahmen *m.*

stri|a f. **1** Streifen *m.* (anche ANAT.) **2a** *(scanalatura)* Kannelierung *f.*, Riffel *f.* **b** TECN. Schliere *f.*

stria|re tr. **1** durchziehen **2** *(scanalare)* kannelieren, riffeln. **stria|to** p.pass. agg. **1** → **striare 2** gestreift: ***~ di rosso*** rot gestreift; ***pelliccia -a*** gestreiftes Fell **3a** ANAT. ***muscoli -i*** quer gestreifte Muskeln **b** ***corpo ~*** Streifenhügel *m.* **stria|tu|ra** f. Streifen *pl.*

stric|ni|na f. Strychnin *n.*

stri|den|te agg. **1** kreischend, schrill, quietschend: ***freni -i*** kreischende (*o* quietschende) Bremsen; ***suono ~*** schrilles Geräusch **2** *(contrastante)* widerstreitend, entgegengesetzt: ***opinioni -i*** widerstreitende Meinungen **3a** *(che risalta)* ***contrasto ~*** krasser (*o* schreiender) Gegensatz **b** *(di colore)* grell, schreiend.

stri|de|re intr. *(stridei/stridetti*; aus. *avere)* **1a** kreischen, quietschen: ***il gesso stride sulla lavagna*** die Kreide quietscht auf der Tafel; ***la porta stride*** die Tür quietscht **b** *(del fuoco)* knistern, prasseln **c** *(di oggetto caldo nell'acqua)* zischen **2a** FIG. *(essere in contrasto)* im Widerspruch stehen, im Widerstreit stehen: ***le conclusioni stridono con le premesse*** die Schlussfolgerungen stehen im Widerspruch zu den Voraussetzungen **b** *(di colori)* sich beißen: ***il viola sul rosso stride*** Lila und Rot beißen sich.

stri|di|o m. **1** Gekreisch(e) *n.* **2** *(cigolio)* Gequietsche *n.*, Quietschen *n.*

stri|do m. (*-di* m.pl e *-da* f.pl.) Schrei *m.*

stri|do|re m. Kreischen *n.*, Quietschen *n.* ◆ ***~ di denti*** Zähneknirschen *n.*

stri|du|lo agg. schrill, kreischend: ***suoni -i*** schrille Töne; ***voce, risata -a*** schrille Stimme, Lache.

stri|gi|di pl. Eulen *pl.*, Eulenvögel *pl.*

stri|gi|le m. Striegel *m.*

stri|glia f. Striegel *m.*
stri|glia|re *(striglio, strigli)* **I** tr. **1** striegeln: *~ i cavalli* die Pferde striegeln **2** FIG. *(rimproverare)* aus‿schelten, zurecht‿weisen, aus‿schimpfen, schimpfen **II** pronom. SCHERZ. *-rsi i capelli* sich (D) die Haare striegeln.
stri|glia|ta f. **1** Striegeln *n.* **2** FIG. *(rimprovero)* Schelte *f.* ◆ *dare una ~ a qcn.* jdn aus‿schimpfen (*o* jdn zurecht‿weisen); *prendersi una ~* ausgeschimpft werden. **stri|glia|tu|ra** f. Striegeln *n.*
strike [straɪk] m.inv. Strike *m.*
stril|la|re I intr. (aus. *avere*) schreien: *il bambino strilla tutto il giorno* das Kind schreit den ganzen Tag **II** tr. **1a** schreien, brüllen: *~ qcs. nell'orecchio a qcn.* jdm etw. ins Ohr brüllen **b** *~ a qcn. di fare qcs.* jdm zu‿rufen, etw. zu tun **2** COLLOQ. aus‿schimpfen: *se faccio tardi mia madre mi strilla* wenn ich zu spät nach Hause komme, schimpft mich meine Mutter aus. **stril|la|ta** f. Geschrei *n.*
stril|lo m. Schrei *m.*: *lanciare, fare uno ~* einen Schrei aus‿stoßen.
stril|lo|ne m. **1** Zeitungsverkäufer *m.* **2** COLLOQ. *(chi è solito strillare)* Schreier *m.*, Schreihals *m.*
stri|min|zi|re *(striminzisco, striminzisci)* **I** tr. klein machen, dünn machen **II** pronom. **striminzirsi** ab‿magern.
stri|min|zi|to p.pass. agg. **1** → **striminzire 2** eng, klein: *un maglione ~* ein enger Pullover **3** FIG. kümmerlich, dürftig, COLLOQ. mick(e)rig: *un ragazzo ~* ein kümmerlicher (*o* mickriger) Junge; *uno stipendio ~* ein kümmerliches Gehalt.
strim|pel|la|men|to m. Klimperei *f.*, Geklimper *n.* **strim|pel|la|re** tr. klimpern: *~ una melodia* eine Melodie klimpern; *~ il pianoforte* auf dem Klavier klimpern. **strim|pel|la|ta** f. Klimperei *f.*, Geklimper *n.* **strim|pel|la|to|re** m. Klimperer *m.* **strim|pel|li|o** m. Klimperei *f.*
stri|na|re I tr. **1** ab‿sengen: *~ un pollo* ein Huhn absengen **2** *(bruciacchiare)* versengen: *~ una camicia* ein Hemd versengen **II** pronom. *-rsi qcs.* sich (D) etw. versengen. **stri|na|to** p.pass. agg. **1** → **strinarsi 2** GASTR. abgesengt **3** *(bruciacchiato)* versengt.
stri|na|tu|ra f. **1** GASTR. Absengung *f.* **2** *(bruciacchiatura)* Versengung *f.*
strin|ga f. *(-ghe)* **1** Schuhband *n.*, Schnürsenkel *m.* **2** INFORM. Zeichenfolge *f.*, Kette *f.*
strin|ga|re tr. *(stringo, stringhi)* **1** schnüren, zusammen‿schnüren **2** FIG. *(rendere conciso)* kürzen, verknappen. **strin|ga|tez|za** f. Knappheit *f.*, Gedrängtheit *f.* **strin|ga|to** p.pass. agg. **1** → **stringare 2** knapp, gedrängt: *stile, racconto ~* gedrängter Stil, knappe Erzählung.
strin|gen|do m. Stringendo *n.*
strin|gen|te agg. **1** dringend, zwingend: *necessità ~* dringende Notwendigkeit **2** *(convincente)* zwingend, stringent, überzeugend: *logica ~* stringente Logik; *argomentazioni -i* zwingende (*o* überzeugende) Argumente.
strin|ge|re *(stringo, stringi; strinsi; stretto)* **I** tr. **1** drücken, zu‿drücken: *~ la mano a qcn.* jdm die Hand drücken; *~ la gola a qcn.* jdm die Kehle zudrücken **2** *(serrare)* schließen, nehmen: *~ qcn. tra le braccia* jdn in die Arme schließen (*o* nehmen) **c** *~ a sé qcs.* etw. an sich pressen (*o* drücken) **3** MECC. an‿ziehen, fest‿ziehen: *~ un bullone, una vite* einen Bolzen, eine Schraube anziehen **4** *(tenere) ~ qcs. nella mano* etw. fest in der Hand halten **5** *(stipulare)* schließen: *~ un'alleanza, amicizia con qcn.* mit jdm ein Bündnis, Freundschaft schließen **6** *(rendere più stretto)* enger machen, verengern: *~ i pantaloni* die Hose enger machen **7a** *(sintetizzare)* kürzen, straffen, kurz fassen **b** assol. *stringi!* fass dich kürzer! **8a** *(di indumenti)* ein‿schnüren: *la cravatta mi stringe il collo* die Krawatte schnürt mir den Hals ein **b** assol. *le scarpe stringono* die Schuhe sind eng (*o* drücken); *il colletto stringe troppo* der Kragen ist zu eng; *la gonna stringe in vita* der Rock ist in der Taille zu eng (*o* schnürt die Taille ein) **II** pronom. **stringersi 1** sich verengen, enger werden: *la strada si stringe* die Straße verengt sich; *il maglione si è stretto* der Pullover ist enger geworden **2** *(avvolgersi)* sich (ein‿)hüllen: *-rsi nel mantello* sich in den Mantel (ein)hüllen **3a** *(accostarsi)* sich drücken: *-rsi contro il muro* sich gegen (*o* an) die Wand drücken **b** *-rsi intorno a qcn.* sich um jdn drängen **4** *(farsi più vicini)* zusammen‿rücken: *se vi stringete possiamo sederci tutti sulla panca* wenn ihr zusammenrückt, haben wir alle auf der Bank Platz ◆ *~ d'assedio una città* eine Stadt belagern; *~ la cinghia* den Gürtel (*o* den Riemen) enger schnallen (anche FIG.); *gli si stringe il cuore* ihm krampft sich das Herz zusammen; *~ in curva* die Kurve eng nehmen; *~ i denti* die Zähne zusammen‿beißen (anche FIG.); FIG. *~ i freni* die Zügel straffer anziehen; *~ le labbra* die Lippen zusammen‿pressen; *~ qcs. in una morsa* etw. in einen Schraubstock spannen; *~ qcn. nella morsa* jdn in die Zange nehmen; FIG. *~ qcn. al muro* jdn in die Enge treiben; *~ il pugno* die Faust ballen; *-rsi nelle spalle* mit den Schultern zucken; *stringi stringi* letzten Endes; *~ i tempi* sich beeilen; *~ i tempi di qcs.* etw. beschleunigen; *il tempo stringe* die Zeit drängt (*o* ist knapp); MAR. *~ il vento* an‿luven, an den Wind gehen; PROV. *chi troppo vuole, nulla stringe* = wer zu viel fasst, lässt viel fallen.
strin|gi|men|to m. Drücken *n.*
strin|gi|na|so m.inv. *occhiali a ~* Kneifer *m.*
strip m.inv. → **strip-tease.**
strip|pa|re intr. (aus. *avere*) sich den Bauch voll schlagen. **strip|pa|ta** f. großes Essen *n.*
strip-tease [strɪp'tiz] m.inv. Striptease *m.*: *fare uno ~* einen Striptease hin‿legen.
stri|scia f. *(-sce)* **1** Streifen *m.*: *tagliare qcs. a -sce* etw. in Streifen schneiden **2** *(fumetto)* Comic *m.*, Bildstreifen *m.* ◆ *a -sce* gestreift; *a -sce blu e gialle* blau und gelb gestreift; *~ di carta* Papierstreifen *m.*; *~ di metallo* Metallstreifen *m.*; *-sce pedonali* Zebrastreifen *m.*, Fußgängerübergang *m.*; *~ di pelle* Lederstreifen *m.*; *~ di stoffa* Stoffstreifen *m.*; *~ di terra* Landstrich *m.*
stri|scia|men|to m. Kriechen *n.*
stri|scian|te agg. **1** kriechend: *pianta ~* kriechende Pflanze **2** FIG. schleichend: *inflazione ~* schleichende Inflation **3** *(servile)* kriecherisch: *atteggiamento ~* kriecherisches Verhalten ◆ EL. *contatto ~* Schleifkontakt *m.*
stri|scia|re *(striscio, strisci)* **I** intr. (aus. *avere*) **1** kriechen: *i vermi strisciano* die Würmer kriechen; FIG. *~ davanti a qcn.* vor jdm kriechen **2** *(passare rasente)* sich entlang‿drücken: *~ contro il muro* sich an der Mauer entlangdrücken **II** tr. **1** *(trascinare)* schleppen **2** *(rigare)* verkratzen: *~ la portiera dell'auto, il pavimento* die Autotür, den Fußboden verkratzen **III** pronom. **strisciarsi** sich reiben ◆ *~ i piedi* schlurfen.
stri|scia|ta f. **1** Streifen *n.* **2** *(segno)* Schleifspur *f.*, Kriechspur *f.* **3** FOT. Bildreihe *f.* **4** TIP. Fahne *f.* **stri|scia|tu|ra** f. **1** Streifen *n.* **2** *(segno)* Schleifspur *f.*, Kriechspur *f.*
stri|scio m. *(-sci)* **1** Streifen *n.* **2a** MED. *(esame)* Abstrich *m.* **b** *(vetrino)* Ausstrich *m.*, Abstrich *m.* ◆ *colpire di ~* streifen; *colpo di ~* Streifschuss *m.*; *ferita di ~* Streifwunde *f.*; *(da proiettile)* Streifschuss *m.*; *~ vaginale* Abstrich vom Gebärmutterhals. **stri|scio|ne** m. **1** *(politico)* Spruchband *n.*, Transparent *n.* **2** *(pubblicitario)* Werbeband *n.*, Reklamestreifen *m.* ◆ SPORT *~ d'arrivo* Zielband *n.*
stri|to|la|men|to m. Zermalmen *n.*
stri|to|la|re *(stritolo)* **I** tr. **1** zermalmen **2** *(annientare)* vernichten **II** pronom. **stritolarsi** zerbröckeln. **stri|to|li|o** m. **1** Zermalmen *n.* **2** *(rumore)* Knirschen *n.*
striz|za f. COLLOQ. Bammel *m.*, Schiss *m.*: *avere ~ di qcn., qcs.* Schiss vor jdm, etw. haben ◆ VOLG. *qcn. ha la ~ al culo* jdm geht der Arsch mit (*o* auf) Grundeis.
striz|za|cer|vel|li m. e f.inv. SCHERZ. Seelenarzt *m.*
striz|za|re tr. **1** aus‿wringen, wringen: *~ i panni* die Wäsche auswringen **2** *(spremere)* aus‿pressen, aus‿drücken: *~ una spugna* einen Schwamm ausdrücken ◆ *~ gli occhi* die Augen zusammen‿kneifen; *~ l'occhio a qcn.* jdm zu‿zwinkern (*o* zu‿blinzeln).
striz|za|ta f. Auswringen *n.*; *dare una ~ a qcs.* etw. aus‿wringen ◆ *~ d'occhio* Augenzwinkern *n.* **striz|za|tu|ra** f. **1** Auswringen *n.* **2** *(spremitura)* Auspressen *n.*, Ausdrücken *n.*
striz|zo|ne m. **1** Drücken *n.* **2** *(fitta)* Stich *m.*, Kneifen *n.* **3** REGION. *(freddo intenso)* Hundekälte *f.*
stro|bi|la|zio|ne f. Knospung *f.* **stro|bi|lo** m. Zapfen *m.*
stro|bo|sco|pi|co agg. *(-ci,-che)* stroboskopisch. **stro|bo|sco|pio** m. *(-pi)* Stroboskop *n.*
stro|fa f., **stro|fe** f.inv. Strophe *f.* ◆ *~ iniziale* Eingangsstrophe *f.*; *~ di dieci versi* Dezime *f.* **stro|fi|co** agg. *(-ci,-che)* Strophen-, strophisch: *poesia -a* Strophendichtung *f.*; *struttura -a* strophischer Aufbau.
stro|fi|nac|cio m. *(-ci)* Putzlappen *m.*, Scheuerlappen *m.* ◆ *~ da cucina* Geschirrtuch *n.*
stro|fi|na|men|to m. Scheuern *n.*, Reiben *n.*
stro|fi|na|re I tr. **1** ab‿reiben, reiben: *~ le scarpe con un panno* die Schuhe mit einem Tuch abreiben **2** *(sfregare)* scheuern: *~ il pavimento* den Boden scheuern **II** pronom. **strofinarsi 1a** sich reiben: *il gatto si strofina contro il muro* die Katze reibt sich an der Wand **b** *-rsi le mani, il naso, gli occhi* sich (D) die Hände, die Nase, die Augen reiben **2** *(sfregarsi)* sich scheuern **3** FIG. sich ein‿schmeicheln: *-rsi a qcn.* sich bei jdm einschmeicheln.
stro|fi|na|ta 1a kurzes Reiben *n.* **b** *(sfregamento)* kurzes Scheuern *n.*; *dare una ~ al pavimento* den Boden kurz scheuern. **stro|fi|ni|o** m. (dauerndes) Reiben *n.*
strom|ba|re tr. aus‿schmiegen. **strom|ba|tu|ra** f. Leibung *f.*
strom|baz|za|men|to m. **1** Gehupe *n.*, COLLOQ. Hupkonzert *n.* **2**

FIG. *(divulgazione)* Ausposaunen *n.* **strom|baz|za|re I** intr. (aus. *avere*) wiederholt (laut und lästig) hupen **II** tr. *(divulgare)* aus‿posaunen, posaunen, an die große Glocke hängen: ***~ una notizia ai quattro venti*** eine Nachricht ausposaunen. **strom|baz|za|ta** f. Ausposaunen *n.* **strom|baz|za|to|re** m. jd, der (alles) ausposaunt.

strom|bet|ta|re intr. (aus. *avere*) **1** trompeten **2** *(suonare il clacson)* (wiederholt) hupen. **strom|bet|ta|ta** f. **1** Trompeten *n.* **2** *(di clacson)* Hupen *n.* **strom|bet|ti|o** m. Trompetengeschmetter *n.*

1.strom|bo m. → **strombatura.**

2.strom|bo m. ZOOL. Flügelschnecke *f.*

stron|ca|re tr. *(stronco, stronchi)* **1** *(troncare)* ab‿brechen: ***~ un ramo*** einen Ast abbrechen **2** FIG. *(affaticare)* in die Beine gehen: ***una salita che stronca le gambe*** ein Aufstieg, der in die Beine geht **3** *(uccidere)* erliegen: ***fu stroncato da un infarto*** er erlag einem Herzinfarkt **4a** *(reprimere)* unterdrücken, nieder‿schlagen, nieder‿werfen: ***~ una rivolta*** einen Aufstand unterdrücken **b** *(far fallire)* zunichte machen, zerstören, jäh unterbrechen **5a** *(demolire con critiche)* verreißen, vernichtend kritisieren, zerpflücken: ***il libro fu stroncato dalla critica*** das Buch wurde von der Kritik verrissen **b** ***~ la carriera a qcn.*** jds Karriere zerstören.

stron|ca|to|re I m. schonungsloser Kritiker *m.* **II** agg. vernichtend: ***una critica -trice*** eine vernichtende Kritik. **stron|ca|to|rio** agg. *(-ri,-rie)* vernichtend. **stron|ca|tu|ra** f. **1** Abbrechen *n.*, Abschlagen *n.* **2** *(critica)* Verriss *m.*, vernichtende Kritik *f.*: ***fare la ~ di un film*** einen Verriss über einen Film schreiben (*o* einen Film verreißen).

stron|zag|gi|ne f. VOLG. **1** Hinterfotzigkeit *f.* **2** *(azione, discorso)* Scheiß *m.*, Scheißdreck *m.* **stron|za|ta** f. VOLG. Scheiß *m.*, Scheißdreck *m.*: ***non fare, dire -e!*** mach, red keinen Scheiß!

stron|zio m. Strontium *n.*

stron|zo m. VOLG. **1** Stück *n.* Scheiße **2** *(persona)* Arschloch *n.*, Scheißkerl *m.*: ***che ~!*** dieses Arschloch! ◆ ***non fare lo ~!*** sei nicht so fies!

stro|pic|cia|men|to m. Reiben *n.*

stro|pic|cia|re *(stropiccio, stropicci)* **I** tr. **1** *(spiegazzare)* zerknittern, verknautschen: ***~ un foglio di carta*** ein Blatt Papier zerknittern; ***~ un vestito*** ein Kleid zerknittern **2** *(sfregare)* reiben **II** pronom. **stropicciarsi 1** knittern: ***il lino si stropiccia facilmente*** Leinen knittert leicht **2** *(sfregarsi)* sich reiben: ***-rsi gli occhi, le mani*** sich (D) die Augen, die Hände reiben.

stro|pic|cia|ta, stro|pic|cia|tu|ra f. Reiben *n.*

strop|pia|re tr. *(stroppio, stroppi)* COLLOQ. *(storpiare)* verkrüppeln, verstümmeln ◆ PROV. ***il troppo stroppia*** allzu viel ist ungesund.

stroz|za f. COLLOQ. Gurgel *f.*

stroz|za|men|to m. **1** Erwürgung *f.*, Erwürgen *n.*, Erdrosselung *f.* **2** *(restringimento)* Verengung *f.*: ***lo ~ della conduttura*** die Verengung der Leitung **3** MED. Einklemmung *f.*, Inkarzeration *f.* ◆ ***~ erniario*** Brucheinklemmung *f.*

stroz|za|pre|ti m.inv. INTRAD. (Teigklößchen mit Spinat und Ricotta).

stroz|za|re I tr. **1a** (er)würgen, (er)drosseln: ***~ qcn.*** jdn erwürgen; ***il collare strozza il cane*** das Halsband würgt den Hund **b** COLLOQ. ***lo strozzerei*** ich könnte ihn erwürgen **2** *(restringere)* verengen, ein‿schnüren: ***~ un tubo*** ein Rohr verengen **3** FIG. *(di usurai)* Hals ab‿schneiden, brechen: ***gli usurai strozzano i commercianti (con interessi troppo alti)*** die Wucherer brechen den Kaufleuten (mit allzu hohen Zinsen) den Hals **4** *(soffocare)* ersticken: ***quel boccone per poco non lo strozzava*** er wäre an dem Bissen fast erstickt **5** MAR. ab‿drosseln, drosseln **6** MED. ein‿klemmen **7** FIG. *(soffocare)* ab‿würgen: ***~ una discussione*** eine Diskussion abwürgen **II** pronom. **strozzarsi 1a** sich würgen: ***-rsi con qcs.*** sich mit etw. würgen; ***il cane si strozza col guinzaglio*** der Hund würgt sich mit seinem Halsband **b** *(con esito mortale)* sich erdrosseln, sich erwürgen **2** *(restringersi)* sich verengen, eng werden, klemmen.

stroz|za|to p.pass. agg. **1** → **strozzare 2** erwürgt, erdrosselt **3** *(ristretto)* verengt, eingeklemmt: ***condotto ~*** verengte Leitung **4** MED. ***ernia -a*** eingeklemmter Bruch **5** *(soffocato)* erstickt: ***voce -a*** erstickte Stimme.

stroz|za|tu|ra f. **1** Erwürgung *f.*, Erdrosselung *f.* **2** *(restringimento)* Verengung *f.*: ***la ~ di una bottiglia*** die Verengung einer Flasche **3** FIG. *(ostacolo)* Hindernis *n.* ◆ ***~ del traffico*** Verkehrshindernis *n.*; ***~ di un tubo*** Drosselstelle *f.*

stroz|zi|nag|gio m. *(-gi)* Wucherei *f.*, Wucher *m.*, Geldschneiderei *f.*: ***applicare lo ~*** Wucher treiben. **stroz|zi|ne|sco** agg. *(-schi, -sche)* wucherisch, Wucher-, Halsabschneider-. **stroz|zi|no** m. Wucherer *m.*, Halsabschneider *m.*

struc|can|te agg., ***lozione, crema ~*** Lotion, Creme zum Abschminken. **struc|ca|re** *(strucco, strucchi)* **I** tr. ab‿schminken **II** pronom. **struccarsi** sich ab‿schminken. **struc|ca|tu|ra** f., **struc|co** m. *(-chi)* Abschminken *n.*

stru|del m.inv. Strudel *m.*: ***~ di mele*** Apfelstrudel *m.*

strug|gen|te agg. verzehrend, schmelzend: ***desiderio ~*** verzehrender Wunsch; ***sguardi, passioni -i*** verzehrende Blicke, Leidenschaften; ***voce ~*** schmelzende Stimme.

strug|ge|re *(struggo, struggi; strussi; strutto)* **I** tr. **1** *(fondere)* schmelzen: ***~ la cera*** Wachs schmelzen **2** FIG. verzehren: ***la nostalgia lo struggeva*** das Heimweh verzehrte ihn **II** pronom. **struggersi 1** schmelzen **2** FIG. ***-rsi per qcs.*** sich in etw. (D) verzehren, vor etw. (D) vergehen; ***-rsi per qcn.*** sich nach jdm verzehren; ***-rsi dal desiderio di rivedere qcn.*** vor Sehnsucht vergehen, jdn wieder zu sehen; ***-rsi di nostalgia*** sich vor Heimweh verzehren. **strug|gi|men|to** m. **1** heftiges Verlangen *n.*, Sehnsucht *f.* **2** *(angoscia)* Pein *f.*

stru|ma f. Kropf *m.*, Struma *f.*

stru|men|ta|le I agg. **1** instrumental, Instrumental- (anche MUS.): ***musica, pezzo ~*** Instrumentalmusik *f.*, Instrumentalstück *n.*; ***concerto ~*** Instrumentalkonzert *n.* **2** *(dipendente da strumenti)* instrumentell: ***dati, errori -i*** instrumentelle Daten, Fehler **3** *(funzionale)* zweckmäßig, funktionell **II** m. GRAMM. Instrumentalis *m.*, Instrumental *m.* ◆ ***atterraggio ~*** Blindlandung *f.* (*o* Instrumentenlandung *f.*); ECON. ***beni -i*** Produktionsgüter *pl.*; FIG. ***essere ~*** (nur) Mittel zum Zweck sein: ***il tuo discorso, comportamento è ~*** deine Rede, dein Verhalten ist nur Mittel zum Zweck; GRAMM. ***proposizione ~*** Instrumentalsatz *m.*; ***fare un uso ~ di qcs.*** etw. für seine Zwecke benutzen, etw. instrumentalisieren; ***volo ~*** Instrumentenflug *m.* **stru|men|ta|li|tà** f. instrumentaler Charakter *m.*

stru|men|ta|liz|za|re tr. **1a** aus‿nutzen, instrumentalisieren: ***~ una notizia, un'amicizia*** eine Nachricht, eine Freundschaft instrumentalisieren **b** ***~ qcn.*** jdn zum Werkzeug machen, für seine Zwecke benutzen **2** MUS. instrumentalisieren. **stru|men|ta|liz|za|zio|ne** f. Instrumentalisierung *f.* (anche MUS.). **stru|men|ta|re** tr. instrumentieren.

stru|men|ta|rio m. *(-ri)* Besteck *n.*, Geräte *pl.*: ***~ chirurgico*** chirurgisches Besteck. **stru|men|ta|to|re** m. Instrumentator *m.*

stru|men|ta|zio|ne f. **1** MUS. Instrumentierung *f.*, Instrumentation *f.* **2** *(apparecchiatura)* instrumentelle Ausrüstung *f.*, Instrumentarium *n.*: ***~ aeroportuale*** Instrumentarium eines Flughafens **3** *(risorse)* Vermögen *n.* **stru|men|ti|sta** m. e f. *(-i,-e)* Instrumentalist *m.* (-in *f.*).

stru|men|to m. **1a** *(arnese)* Werkzeug *n.*, Gerät *n.*: ***gli -i del fabbro*** das Werkzeug des Schmiedes **b** *(apparecchio)* Apparat *m.*, Gerät *n.*, Instrument *n.* **2** MUS. Musikinstrument *n.*, Instrument *n.*: ***suonare, accordare, padroneggiare uno ~*** ein Instrument spielen, stimmen, beherrschen **3a** FIG. *(mezzo, veicolo)* Mittel *n.*: ***i mass media sono -i di manipolazione*** die Massenmedien sind Manipulationsmittel **b** *(rif. a persona)* Werkzeug *n.*: ***essere uno ~ nelle mani di qcn.*** ein Werkzeug in jds Händen sein; ***essere ~ di qcn., di qcs.*** jds, etw. Werkzeug sein; ***essere lo ~ della provvidenza*** das Werkzeug der Vorsehung sein **4** DIR. Urkunde *f.* ◆ ***~ ad arco*** Streichinstrument *n.*; ***-i di bordo*** Bordinstrumente *pl.*; ***-i chirurgici*** chirurgische Instrumente; ***complemento di ~*** instrumentale Angabe; ***~ a corde*** Saiten-, Streichinstrument *n.*; ***~ didattico*** Lehrmittel *n.*; ***~ a fiato*** Blasinstrument *n.*; MUS. ***~ a frizione*** Friktionsinstrument *n.*; ***~ di lavoro*** Handwerkszeug *n.*, Arbeitsmittel *n.* (anche FIG.); ***~ di misura*** Messgerät *n.* (*o* Messinstrument *n.*); ***~ musicale*** Musikinstrument *n.*; ***~ d'osservazione*** Beobachtungsgerät *n.*; ***~ a percussione*** Schlaginstrument *n.* (*o* Perkussionsinstrument *n.*); ***~ a pizzico*** Zupfinstrument *n.*; ***~ di potere*** Machtmittel *n.*; ***~ di precisione*** Präzisionswerkzeug *n.*; ***~ solista*** Soloinstrument *n.*; ***~ di tortura*** Folterwerkzeug *n.* (*o* Marterwerkzeug *n.*).

stru|scia|men|to m. **1** Schleifen *n.* **2** *(sfregamento)* Scheuern *n.* **3** *(rumore)* Schleifgeräusch *n.*

stru|scia|re *(struscio, strusci)* **I** tr. **1** streifen **2** *(sfregare)* scheuern **II** intr. (aus. *avere*) schleifen: ***la sciarpa struscia sul pavimento*** der Schal schleift auf dem Boden **III** pronom. **strusciarsi 1** *(sfregarsi)* sich reiben: ***il gatto si struscia contro il muro*** die Katze reibt sich an der Mauer **2a** *(l'un l'altro)* sich streifen **b** COLLOQ. sich ab‿küssen **3** FIG. *(adulare)* ***-rsi a qcn.*** jdn um‿schmeicheln, jdn um den Bart streichen.

stru|scio m. *(-sci)* REGION. Flanieren *n.*

1.strut|to m. Schweineschmalz *n.*, Schmalz *n.*

2.strut|to → **struggere.**

strut|tu|ra f. **1** Struktur *f.*, Aufbau *m.*, Gliederung *f.*, Gefüge *n.*: ***la ~ dell'atomo*** die Struktur des Atoms; ***la ~ di una frase, di un edificio*** die Struktur (*o* der Aufbau) eines Satzes, eines Gebäudes; ***la ~***

politica, economica di un paese die politische, wirtschaftliche Struktur eines Landes; ***la ~ di un romanzo*** der Aufbau (*o* die Struktur) eines Romans; ***un'opera dalla ~ complessa*** ein komplex strukturiertes Werk; ***la ~ di un tema*** die Gliederung eines Aufsatzes; ***modificare qcs. nella sua ~*** etw. in seiner Struktur verändern; ***la ~ della lingua tedesca*** die Struktur der deutschen Sprache **2** *(costruzione)* Bau *m.*, Struktur *f.*: ***un'originale ~ architettonica*** eine originelle architektonische Struktur **3a** *(intelaiatura)* Bau *m.*, Gerüst *n.*, Skelett *n.*: ***la ~ di un ponte*** das Gerüst einer Brücke; ***una ~ in cemento armato*** ein Eisenbetonskelett **b** *(del corpo umano)* Bau *m.*, Skelett *n.*: ***la ~ del corpo umano*** der Bau des menschlichen Körpers **4** *(composizione)* Beschaffenheit *f.*: ***la ~ del terreno*** die Bodenbeschaffenheit **5** *(intelaiatura)* Gestell *n.*, Rahmen *m.*: ***la ~ della poltrona è in legno*** der Rahmen des Sessels ist aus Holz; ***la ~ di un veicolo*** der Rahmen eines Fahrzeuges **6** *(impianto)* Einrichtung *f.*, Anlage *f.*: ***-e sportive, industriali*** Sport-, Industrieanlagen *pl.* ◆ ***~ della cellula*** Zellbau *m.*; ***~ demografica*** Bevölkerungsstruktur *f.*; PSIC. ***~ della personalità*** Persönlichkeitsstruktur *f.*; EDIL. ***~ portante*** Tragwerk *n.*; ***un ragazzo di ~ robusta*** ein Junge von robuster Statur (*o* von robustem Körperbau); ***~ scolastica*** Schulaufbau *m.*; ***~ sintattica*** Satzbau *m.*; ***~ sociale*** Sozialstruktur *f.* (*o* Gesellschaftsstruktur *f.*, Sozialgefüge *n.*).

strut|tu|ra|le agg. Struktur-, strukturell, struktural: ***gli elementi -i di qcs.*** die Strukturelemente von etw.; ***analisi, riforma ~*** Strukturanalyse *f.*, Strukturreform *f.*

strut|tu|ra|li|smo m. Strukturalismus *m.* **strut|tu|ra|li|sta** *(-i,-e)* **I** m. e f. Strukturalist *m.* (-in *f.*) **II** agg. strukturalistisch. **strut|tu|ra|li|sti|co** agg. *(-ci,-che)* strukturalistisch.

strut|tu|ral|men|te avv. strukturell.

strut|tu|ra|re I tr. gliedern, strukturieren, auf‿bauen: ***~ bene un discorso*** eine Rede gut aufbauen; ***~ un complesso di edifici*** einen Gebäudekomplex strukturieren **II** pronom. **strutturarsi** gegliedert sein, strukturiert sein: ***la lezione si struttura in due parti*** der Unterricht ist in zwei Teile gegliedert. **strut|tu|ra|to** p.pass. agg. **1** → **strutturare 2** gegliedert, strukturiert, aufgebaut: ***un discorso ~ in tre parti*** eine in drei Teile gegliederte Rede; ***un progetto ben ~*** ein gut strukturierter Plan. **strut|tu|ra|zio|ne** f. Gliederung *f.*, Strukturierung *f.*

struz|zo m. Strauß *m.* ◆ ***boa di ~*** Federboa *f.*; FIG. ***fare lo ~*** den Kopf in den Sand stecken; ***piuma di ~*** Straußenfeder *f.*; ***fare la politica dello ~*** (eine) Vogel-Strauß-Politik treiben; FIG. ***avere uno stomaco di ~*** einen eisernen Magen haben; ***uovo di ~*** Straußenei *n.*

1.stuc|ca|re tr. *(stucco, stucchi)* **1** verkitten, (ver)spachteln: ***~ una fessura*** einen Riss verkitten **2** *(decorare)* stuckieren: ***~ un soffitto*** eine Decke stuckieren.

2.stuc|ca|re tr. *(stucco, stucchi)* **1** *(nauseare)* ***qcs. stucca a qcn.*** jd hat etw. satt; COLLOQ. jd hat etw. über **2** assol. ***l'uva troppo dolce stucca*** zu süße Weintrauben bekommt man schnell über **3** FIG. belästigen, langweilen.

stuc|ca|to|re m. **1** Verkitter *m.* **2** *(decoratore)* Stukkateur *m.* **stuc|ca|tu|ra** f. Verkittung *f.*

stuc|che|vo|le agg. **1** *(di cibi)* ekelhaft, Ekel erregend, ek(e)lig **2** FIG. süßlich, schleimig: ***un complimento ~*** ein schleimiges Kompliment **3** *(noioso)* langweilig, lästig. **stuc|che|vo|lez|za** f. **1** *(di cibi)* Ekelhaftigkeit *f.* **2** FIG. Süßlichkeit *f.* **3** *(noiosità)* Langweiligkeit *f.*

1.stuc|co m. *(-chi)* **1** Kitt *m.* **2** *(ornamento)* Stuck *m.*, Stuckarbeit *f.*, Stukkatur *f.* ◆ ***~ per finestre*** Fensterkitt *m.*; ***~ per legno*** Holzkitt *m.*; COLLOQ. ***restare, rimanere di ~*** verblüfft sein; ***soffitto a -i*** Stuckdecke *f.*

2.stuc|co agg. *(-chi,-che)* ***essere ~ di qcs.*** etw. (G) überdrüssig sein, etw. satt haben.

stu|den|ta|to m. **1** Studienzeit *f.* **2** *(alloggio per studenti)* Studentenheim *n.* **stu|den|te** m. **1** SCOL. Schüler *m.* **2** UNIV. Student *m.* ◆ ***~ lavoratore*** Werkstudent *m.*; ***~ liceale*** Gymnasiast *m.*; ***~ di medicina*** Medizinstudent *m.* (*o* Mediziner *m.*); ***~ del politecnico*** Polytechniker *m.*; ***~ straniero*** Auslandsstudent *m.*; ***tessera da ~*** Studentenausweis *m.* **stu|den|te|sco** agg. *(-schi,-sche)* Schüler-; Studenten-: ***movimento ~*** Studentenbewegung *f.* **stu|den|tes|sa** f. **1** SCOL. Schülerin *f.* **2** UNIV. Studentin *f.* **stu|diac|chia|re** *(studiacchio, studiacchi)* tr. lustlos lernen (anche assol.).

stu|dia|re *(studio, studi)* **I** tr. **1** lernen (anche assol.): ***~ una lingua*** eine Sprache lernen; ***non avere voglia di ~*** keine Lust haben zu lernen; ***~ la lezione*** seine Lektion lernen; ***~ pianoforte*** Klavier lernen; ***~ per un esame*** für eine Prüfung lernen **2** *(all'università)* studieren (anche assol.): ***~ medicina*** Medizin studieren; ***~ all'università*** (an der Universität) studieren; ***~ al conservatorio*** an der Musikhochschule studieren **3** assol. *(frequentare una scuola)* besuchen: ***~ alla scuola americana*** die amerikanische Schule besuchen; ***~ al liceo*** das Gymnasium besuchen (*o* aufs Gymnasium gehen) **4a** ESTENS. *(analizzare)* studieren: ***~ un problema, il carattere di qcn.*** ein Problem, jds Charakter studieren **b** *(osservare)* beobachten: ***~ le mosse dell'avversario*** die feindlichen Manöver beobachten **c** *(indagare)* untersuchen, erforschen: ***~ il comportamento degli animali*** das Verhalten der Tiere erforschen (*o* untersuchen) **5** *(preparare)* vor‿bereiten: ***~ un piano di fuga*** einen Fluchtplan vorbereiten **6** *(esercitarsi)* ein‿studieren, üben, ein‿üben: ***~ una parte*** eine Rolle einstudieren **7** *(ponderare)* ab‿wägen: ***~ le parole*** die Worte abwägen **II** pronom. **studiarsi 1** *(osservarsi con attenzione)* sich betrachten: ***-rsi allo specchio*** sich im Spiegel betrachten **2** *(sforzarsi)* sich bemühen, sich an‿strengen: ***-rsi di fare meglio*** sich bemühen, es besser zu machen ◆ ***~ da geometra*** eine Ausbildung als Vermessungstechniker machen; ***~ da avvocato*** eine Ausbildung als Rechtsanwalt machen; ***~ a memoria*** auswendig lernen; ***smettere di ~*** seine Ausbildung ab‿brechen; *(all'università)* das Studium ab‿brechen; COLLOQ. ***studiarle tutte*** alles probieren. **stu|dia|to** p.pass. agg. **1** → **studiare 2** *(fatto con cura)* wohl durchdacht: ***un discorso ~ bene*** eine wohl durchdachte Rede **3** *(ricercato, affettato)* gekünstelt, affektiert, gesucht: ***un sorriso ~*** ein gekünsteltes Lächeln.

stu|dio m. *(-di)* **1** Lernen *n.*, Studium *n.*: ***lo ~ della matematica*** das Studium der Mathematik; ***lo ~ del greco, della filosofia*** das Studium des Griechischen, der Philosophie **2** pl. *(all'università)* Studium *n.*, Studiengang *m.*: ***terminare gli -di*** das Studium ab‿schließen; ***abbandonare gli -di*** das Studium ab‿brechen **3** *(saggio)* Studie *f.*: ***uno ~ su Dante*** eine Studie über Dante **4** *(indagine)* Forschung *f.*, Erforschung *f.*, Untersuchung *f.*: ***uno ~ sull'inquinamento atmosferico*** eine Untersuchung über die Luftverschmutzung **5** *(locale)* Arbeitszimmer *n.*: ***ritirarsi nello ~*** sich ins Arbeitszimmer zurück‿ziehen; *(mobili)* ***uno ~ in noce*** ein Arbeitszimmer aus Nussholz **6a** *(ufficio)* Büro *n.* **b** *(di medico)* Praxis *f.* **c** *(di artisti ecc.)* Atelier *n.* **d** RAD. TELEV. CINEM. Studio *n.* **7** MUS. Etüde *f.* **8** *(progetto)* Entwurf *m.*, Projekt *n.* **9** ART. *(disegno preparatorio)* Studie *f.*, Entwurfszeichnung *f.* ◆ ***essere allo ~*** sich in Ausarbeitung (*o* Vorbereitung) befinden; ***~ di architetto*** Architektenbüro *n.*; ***a bello ~*** mit Absicht (*o* absichtlich); ***borsa di ~*** Stipendium *n.*; ***~ dentistico*** Zahnarztpraxis *f.*; ***~ fotografico*** Fotoatelier *n.*; ***~ legale*** Rechtsanwaltsbüro *n.*, Anwaltsbüro *n.*; ***-di letterari*** humanistische Ausbildung; ***materia di ~*** Studienfach *n.*; ***~ medico*** Arztpraxis *f.*; ***~ notarile*** Notariat *n.*; ***~ del pianoforte*** Klavierstudium *n.*; ***~ preliminare*** Vorstudie *f.*; ***provveditorato agli -di*** Provinzialschulamt *n.*; ***provveditore agli -di*** Provinzialschulrat *m.*; ***~ radiofonico*** Rundfunkstudio *n.*, Senderaum *m.*; ***ramo di -di*** Studienfach *n.*; ***~ di registrazione*** Tonstudio *n.*; ***-di scientifici*** wissenschaftliche Studien; ***soggiorno di ~*** Studienaufenthalt *m.*; ***~ televisivo*** Fernsehstudio *n.*; ***titolo di ~*** Schulabschluss *m.*, Ausbildung *f.*; ***vacanza ~*** Bildungsurlaub *m.*; ART. ***~ dal vero*** Naturstudie *f.*

stu|dio|lo m. kleines Arbeitszimmer *n.*

stu|dio|so I agg. fleißig **II** m. Gelehrte *m.*, Forscher *m.*, Wissenschaftler *m.*: ***~ di diritto, di storia*** Rechtsgelehrte *m.*, Geschichtsgelehrte *m.*; ***~ di letteratura*** Literaturwissenschaftler *m.*

stu|fa f. Ofen *m.*: ***accendere la ~*** den Ofen an‿zünden ◆ ***~ a carbone*** Kohlenofen *m.*; ***~ a cherosene*** Petroleumofen *m.*; ***~ elettrica*** Elektroofen *m.* (*o* Heizstrahler *m.*); ***~ a gas*** Gasofen *m.*; ***~ a legna*** Holzofen *m.*; ***~ di maiolica*** Kachelofen *m.*; ***riscaldamento a ~*** Ofenheizung *f.*

stu|fa|re I tr. **1** GASTR. schmoren, dünsten **2** COLLOQ. ***qcn., qcs. mi stufa*** ich habe von jdm, etw. die Nase voll **II** pronom. **stufarsi** genug haben. **stu|fa|to I** p.pass. agg. **1** → **stufare 2** GASTR. geschmort: ***verdura -a*** geschmortes Gemüse **II** m. Geschmorte *n.*, Schmorbraten *m.* ◆ ***carne da ~*** Schmorfleisch *n.*; ***~ di manzo*** geschmortes Rindfleisch.

stu|fo agg. COLLOQ. ***essere ~ di qcn., qcs.*** jdn, etw. satt haben; ***sono ~ di lui*** ich habe ihn satt.

stunt|man ['stʌntmən] m.inv. Stuntman *m.*

stuo|ia f. Matte *f.* ◆ ***~ di canne*** Schilfmatte *f.*; ***~ di fibra di cocco*** Kokosmatte *f.*; ***~ di paglia*** Strohmatte *f.*; ***~ di rafia*** Bastmatte *f.* **stuo|i|no** m. Türvorleger *m.*

stuo|lo m. Schar *f.*, Menge *f.*: ***uno ~ di ammiratori*** eine Schar von Bewunderern.

stu|pe|fa|cen|te I agg. **1** *(sorprendente)* erstaunlich, verblüffend, verwunderlich, staunenswert: ***risultati -i*** erstaunliche Ergebnisse **2** *(tossico)* Rausch-: ***sostanza ~*** Rauschmittel *n.*, Rauschgift *n.* **II** m. Rauschmittel *n.*, Rauschgift *n.* ◆ ***consumo di -i*** Drogenkonsum *m.*; ***traffico di -i*** Rauschgifthandel *m.*

stu|pe|fa|re *(supefaccio, stupefai; stupefeci; stupefatto)* **I** tr. erstaunen, verblüffen **II** pronom. **stupefarsi** staunen. **stu|pe|fat|to** p.pass. agg. **1** → **stupefare** **2** erstaunt, verblüfft: ***viso ~*** erstauntes Gesicht; ***rimanere ~*** erstaunt bleiben, sein. **stu|pe|fa|zio|ne** f. **1** Erstaunen *n.*, Verwunderung *f.* **2** MED. Rauschzustand *m.*, Betäubungszustand *m.*

stu|pen|da|men|te avv. wunderbar.

stu|pen|do agg. wunderbar, fantastisch: ***persona -a*** wunderbarer Mensch; ***tempo ~*** wunderbares Wetter ◆ COLLOQ. ***è ~!*** das ist absolute Spitze!

stu|pi|dag|gi|ne f. **1** Dummheit *f.*, Unsinn *m.*, Blödsinn *m.*: ***non dire -i!*** red keinen Blödsinn! ***fare una ~*** eine Dummheit begehen; ***che ~!*** so ein Blödsinn! **2** *(stupidità)* Dummheit *f.*, Stupidität *f.* **3** *(inezia)* Kinderspiel *n.*, Kleinigkeit *f.*: ***prendersela per una ~*** wegen einer Kleinigkeit ein‿schnappen. **stu|pi|da|men|te** avv. dummerweise, unsinnigerweise. **stu|pi|da|rio** m. *(-ri)* Stilblütensammlung *f.* **stu|pi|da|ta** f. → **stupidaggine.** **stu|pi|di|no** m. Dummerchen *n.* **stu|pi|di|tà** f. Dummheit *f.*, Stupidität *f.*

stu|pi|do I agg. dumm, blöd(e), stupid(e): ***è tutt'altro che ~*** er ist alles andere als dumm; ***uno scherzo ~*** ein dummer Spaß; ***far passare qcn. per ~*** jdn als dumm hin‿stellen **II** m. Dummkopf *m.*, Dumme *m.*; ***non fare lo ~!*** tu nicht so dumm!

stu|pi|re *(stupisco, stupisci)* **I** tr. erstaunen, verwundern, in Erstaunen setzen: ***~ qcn. con le proprie capacità*** jdn durch seine Fähigkeiten erstaunen; ***il suo rifiuto non mi stupisce*** seine Weigerung erstaunt mich nicht; ***non finirai mai di stupirmi*** du erstaunst mich immer wieder aufs Neue **II** pronom. **stupirsi** sich wundern, staunen: ***-rsi di qcs.*** über etw. (A) staunen, sich über etw. (A) wundern: ***non mi stupirei se fosse vero*** es würde mich nicht wundern, wenn es wahr wäre. **stu|pi|to** p.pass. agg. **1** → **stupire** **2** verwundert, erstaunt: ***essere ~ di qcs.*** über etw. (A) erstaunt sein.

stu|po|re m. **1** Staunen *n.*, Erstaunen *n.*, Verblüffung *f.*: ***essere colto da ~*** ins Staunen geraten; ***riempire qcn. di ~*** jdn mit Staunen erfüllen (*o* in Erstaunen versetzen); ***con mio grande ~*** zu meinem großen Erstaunen **2** MED. Stupor *m.* **stu|po|ro|so** agg. MED. stuporös.

stu|pra|re tr. vergewaltigen. **stu|pra|to|re** m. Vergewaltiger *m.*

stu|pro m. Vergewaltigung *f.*; ***subire uno ~*** vergewaltigt werden.

stu|ra f. Entkorken *n.* ◆ FIG. ***dare la ~ a qcs.*** etw. (D) freien Lauf lassen, etw. aus‿lösen. **stu|ra|bot|ti|glie** m.inv. Korkenzieher *m.* **stu|ra|la|van|di|ni** m.inv. Saugglocke *f.*

stu|ra|re I tr. **1** entkorken, entstöpseln: ***~ una bottiglia di vino*** eine Flasche Wein entkorken **2** *(stasare)* reinigen, frei machen **II** pronom. **sturarsi** frei werden, auf‿gehen: ***mi si è sturato l'orecchio*** mein Ohr ist aufgegangen ◆ ***~ una botte*** ein Fass an‿zapfen; ***~ qcs. con un getto d'aria*** etw. durch‿blasen.

stuz|zi|ca|den|ti m.inv. Zahnstocher *m.*

stuz|zi|ca|men|to m. **1** Stochern *n.*, Bohren *n.* **2** FIG. *(punzecchiamento)* Stichelei *f.* **stuz|zi|can|te** agg. **1** *(allettante)* anregend, reizend: ***un argomento ~*** ein anregendes Thema **2** *(di cibo)* appetitanregend.

stuz|zi|ca|re *(stuzzico, stuzzichi)* **I** tr. **1** reizen (anche FIG.): ***~ una ferita*** eine Wunde reizen; ***~ qcn. con continui motteggi*** jdn durch ständiges Spötteln reizen **2** *(eccitare)* reizen, erregen, an‿regen: ***~ la curiosità di qcn.*** jds Neugier reizen (*o* erregen); ***~ l'appetito*** den Appetit anregen **II** pronom. **stuzzicarsi** sich necken ◆ ***-rsi i denti*** sich (D) in den Zähnen stochern; ***~ il palato*** den Gaumen kitzeln; ***~ la vanità di qcn.*** jds Eitelkeit schmeicheln.

stuz|zi|chi|no m. Häppchen *n.*

styl|ing ['staɪlɪŋ] m. Styling *n.*

su I prep. (artcl. **sul, sullo, sulla, sull'**; pl. **sui, sugli, sulle**) **1a** *(con contatto; stato in luogo)* auf + dat.: ***il libro è sul tavolo*** das Buch liegt auf dem Tisch **b** *(moto a luogo)* auf + acc.: ***salire sulla scala*** auf die Leiter steigen **2a** *(senza contatto; stato in luogo)* über + dat. **b** *(moto a luogo)* über + acc.: ***l'aereo vola sulla città*** das Flugzeug fliegt über die Stadt **3** *(di indumenti)* über + dat., über + acc.: ***portare un gilet sulla camicia*** eine Weste überm Hemd tragen **4a** *(con nomi di fiumi e laghi; stato in luogo)* an + dat.: ***quali sono le città sul Tevere?*** welche Städte liegen am Tiber? **b** *(moto a luogo)* an + acc.: ***andiamo sul Lago Maggiore*** wir fahren an den Lago Maggiore **5** *(di ponti, cavalcavia...)* über + acc.: ***il ponte sul fiume*** die Brücke über den Fluss **6a** *(mezzi di trasporto; stato in luogo)* in + dat.: ***incontrare qcn. sul treno*** jdn im Zug begegnen **b** *(moto a luogo)* in + acc.: ***salire sull'autobus*** in den Bus steigen **7** *(libri, giornali...)* in + dat.: ***leggere qcs. sul giornale*** etw. in der Zeitung lesen **8** *(argomento)* über + acc.: ***una conferenza sul disarmo*** ein Vortrag über die Abrüstung **9** *(circa, più o meno)* ungefähr, etwa, circa: ***impiegarci sulle tre ore*** ungefähr (*o* etwa) drei Stunden brauchen; ***costare sul mezzo milione*** ungefähr eine halbe Million kosten; ***essere sui vent'anni*** etwa zwanzig Jahre alt sein **10** *(distributivo)* ***uno ~ dieci*** einer von zehn **11** *(per indicare iterazione)* ***commettere sbagli ~ sbagli*** einen Fehler nach dem anderen (*o* Fehler über Fehler) begehen **II** avv. **1** *(stato in luogo)* oben; darauf: ***~ fa più freddo*** oben ist es kälter **2a** *(moto a luogo)* nach oben: ***guarda ~*** sieh nach oben **b** *(avvicinandosi a chi parla)* herauf: ***vieni ~!*** komm herauf! **c** *(allontanandosi da chi parla)* hinauf: ***vai ~!*** geh hinauf! **III** inter. auf, los: ***~, veloce*** auf, schnell! ***~,~*** los, los! ◆ ***da ~*** von oben; ***la camera dà sul terrazzo*** das Zimmer geht auf die Terrasse; ***dormirci ~*** darüber schlafen; ***~ esempio di qcn.*** nach dem Beispiel von jdm; ***sul far del giorno*** bei Tagesanbruch; ***sul finire del secolo*** gegen Ende des Jahrhunderts; ***~ e giù*** auf und ab (*o* hinauf und hinunter); ***giurare ~ qcn., qcs.*** auf etw., jdn schwören; ***in ~*** hinauf (*o* nach oben); ***guardare in ~*** hinauf‿schauen; ***dai diciott'anni in ~*** von achtzehn Jahren aufwärts (*o* ab achtzehn Jahren); ***incisione ~ bronzo, rame*** Bronze-, Kupferradierung *f.* (*o* Kupferstich *m.*); ***~ invito di qcn.*** auf jds Einladung; ***~ le mani!*** Hände hoch! ***marciare ~ una città*** gegen eine Stadt marschieren; ***~ misura*** nach Maß; ABBIGL. auf Maß (*o* maßgeschneidert); ***sul momento*** im Augenblick; ***~ col morale!*** Kopf hoch! ***non andare né ~ né giù*** weder rauf- noch runter‿gehen; FIG. wie Blei im Magen liegen; ***pensarci ~*** darüber nach‿denken; ***~ per giù*** ungefähr (*o* etwa); ***andare ~ per la montagna*** den Berg hoch‿gehen; ***~ due piedi*** spontan; ***più ~*** weiter oben; ***sul presto*** eher früh; ***~ richiesta*** auf Bestellung; ***salta ~!*** steig ein! ***scrivere ~ un pezzo di carta*** auf ein Stück Papier schreiben; ***sparare sulla folla*** auf die Menge schießen; ***sulla spiaggia*** am Strand; ***stare ~*** oben bleiben; *(stare dritto)* sich aufrecht halten; *(rimanere in piedi)* stehen bleiben, sich auf den Beinen halten; ***sul tardi*** *(nella mattinata)* am späten Morgen; *(nel pomeriggio)* am späten Nachmittag; *(di sera)* am späten Abend; ***avere vantaggio ~ qcn.*** einen Vorteil jdm gegenüber haben.

su|ac|cen|na|to → **sopraccennato.**

sua|den|te agg. **1** *(persuasivo)* überzeugend: ***parole -i*** überzeugende Worte **2** *(carezzevole)* schmeichelnd: ***voce ~*** schmeichelnde Stimme.

sub m. e f.inv. Taucher *m.* (-in *f.*). **su|bac|que|o I** agg. Unterwasser-: ***cavo ~, pesca -a*** Unterwasserkabel *n.*, Unterwasserjagd *f.*; ***macchina (fotografica) -a*** Unterwasserkamera *f.* **II** m. Taucher *m.*

su|ba|cu|to agg. subakut.

su|baf|fit|ta|re tr. **1** *(dare in subaffitto)* untervermieten **2** *(prendere in subaffitto)* zur Untermiete wohnen. **su|baf|fit|to** m. Untermiete *f.*: ***abitare in ~*** zur Untermiete wohnen. **su|baf|fit|tua|rio** m. *(-ri)* Untermieter *m.*

su|baf|fluen|te m. in einen Nebenfluss mündender Fluss *m.*

su|ba|gen|te m. Untervertreter *m.*, Unteragent *m.*

su|bal|pi|no agg. **1** subalpin: ***fauna -a*** subalpine Fauna **2** STOR. *(piemontese)* piemontesisch.

su|bal|ter|no I m. Untergebene *m.*, Subalterne *m.* **II** agg. untergeben, subaltern, Subaltern-: ***impiegato ~*** Subalternbeamte *m.*; ***ufficiale ~*** Subalternoffizier *m.*

su|ban|tar|ti|co agg. *(-ci,-che)* subantarktisch.

su|bap|pal|ta|re tr. **1** *(dare in subappalto)* Aufträge weiter‿geben **2** *(prendere in subappalto)* weitergegebene Aufträge übernehmen. **su|bap|pal|ta|to|re** m. Subunternehmer *m.*

su|bap|pal|to m. Weitervergebung *f.* (von Aufträgen): ***dare in ~*** (Aufträge) weiter‿vergeben; ***prendere in ~*** weitervergebene Aufträge an‿nehmen.

su|bap|pen|ni|ni|co agg. *(-ci,-che)* subapenninisch.

su|bar|ti|co agg. *(-ci,-che)* subarktisch.

su|ba|to|mi|co agg. *(-ci,-che)* subatomar, Elementar-: ***particella -a*** Elementarteilchen *n.*

sub|bio m. *(-bi)* Zeugbaum *m.*; ***avvolgere l'ordito attorno al ~*** bäumen ◆ ***~ avvolgitore*** Stoffbaum *m.*; ***~ d'ordito*** Kettbaum *m.*

sub|bu|glio m. *(-gli)* Aufregung *f.*, Aufruhr *m.*: ***essere in ~*** in Aufruhr sein; ***mettere qcn. in ~*** jdn in Aufregung versetzen; ***ho lo stomaco in ~*** mein Magen ist in Aufruhr (*o* in Unordnung).

sub|con|scio I m. Unterbewusstsein *n.* **II** agg. *(-sci, -scie/-sce)* unterbewusst.

sub|con|ti|nen|te m. Subkontinent *m.*

sub|co|scien|te I m. Unterbewusstsein *n.* **II** agg. unterbewusst.

sub|cul|tu|ra f. Subkultur *f.*

sub|do|la|men|te avv. heimtückisch, hinterlistig.

sub|do|lo agg. hinterlistig, falsch, heimtückisch: ***modi -i*** hinterlistige Art; ***persona -a*** heimtückische Person.

sub|do|mi|nan|te I f. Subdominante *f.* **II** agg. subdominant.

su|ben|tran|te agg. **1** *(che succede)* nachfolgend **2** *(che sostituisce)* stellvertretend **3** MED. ***coliche -i*** aufeinander folgende Koliken ◆ ***inquilino ~*** Nachmieter *m.*

su|ben|tra|re intr. (aus. *essere*) **1** *(sostituire)* ***~ a qcn. in qcs.*** etw. an jds Stelle übernehmen: ***~ a qcn. nella direzione di un'azienda*** die Firmenleitung an jds Stelle übernehmen **2** ESTENS. *(seguire)* ***~ a qcs.*** etw. (D) folgen: ***la speranza subentrò allo scoraggiamento*** der Entmutigung folgte Hoffnung **3** *(sopraggiungere)* ein‿treten: ***sono subentrate complicazioni*** es sind Komplikationen eingetreten. **su|ben|tro** m. Nachfolge *f.*

su|be|qua|to|ria|le agg. subäquatorial.

su|bin|qui|li|no m. Untermieter *m.*

su|bi|re tr. *(subisco, subisci)* **1** erleiden: ***~ un torto, un'ingiustizia*** Unrecht, eine Ungerechtigkeit erleiden; ***~ danni*** Schaden erleiden; ***~ una ricaduta, una disfatta*** einen Rückfall, ein Debakel erleiden; ***~ le conseguenze di qcs.*** die Folgen von etw. erleiden **2** *(essere sottoposto)* ***~ qcs.*** etw. (D) unterzogen werden: ***~ un interrogatorio, un intervento*** einem Verhör, einer Operation unterzogen werden **3** *(sopportare)* ertragen **4** FIG. *(ingoiare)* hinunter‿schlucken, hin‿nehmen (ohne sich zu wehren): ***~ qcs. senza lamentarsi*** etw. stillschweigend hinnehmen ◆ ***~ l'influenza di qcn.*** unter jds Einfluss stehen; ***~ un ritardo*** sich verzögern; ***~ alcune variazioni*** einige Veränderungen erfahren.

su|bis|sa|re tr. überhäufen: ***~ qcn. di qcs.*** jdn mit etw. überhäufen; ***~ qcn. di domande, di insulti*** jdn mit Fragen, mit Beleidigungen überhäufen ◆ ***~ qcn. di fischi*** jdn aus‿pfeifen.

su|bis|so m. Unmenge *f.*: ***ricevere un ~ di regali*** eine Unmenge Geschenke bekommen ◆ ***~ di applausi*** Beifallssturm *m.*

su|bi|ta|men|te avv. LETT. unvermutet, unversehens.

su|bi|ta|ne|a|men|te avv. plötzlich, unversehens, jäh. **su|bi|ta|nei|tà** f. Plötzlichkeit *f.*, Jähheit *f.* **su|bi|ta|ne|o** agg. plötzlich, jäh.

su|bi|to avv. sofort, gleich: ***vieni ~*** komm sofort; ***il suo treno arriva ~*** sein Zug kommt gleich; ***~ dopo, prima*** gleich danach, zuvor; ***vieni qui ~!*** komm sofort her! ***da ~*** ab sofort.

su|bi|to p.pass. agg. **1** → **subire 2** erlitten: ***danno ~*** erlittener Schaden.

su|bli|ma|re I tr. **1** CHIM. PSIC. sublimieren: ***~ un istinto*** einen Trieb sublimieren **2** FIG. sublimieren, erheben, erhöhen **II** intr. (aus. *essere*) CHIM. PSIC. sublimieren **III** pronom. **sublimarsi** FIG. sich adeln. **su|bli|ma|to I** p.pass. agg. → **sublimare II** m. CHIM. Sublimat *n.* ◆ ***zolfo ~*** Schwefelblüte *f.* **su|bli|ma|zio|ne** f. **1** CHIM. Sublimation *f.* **2** PSIC. Sublimierung *f.* **3** FIG. Erhebung *f.*, Erhöhung *f.*, Adelung *f.*

su|bli|me I agg. erhaben, sublim: ***sentimento, spettacolo ~*** erhabenes Gefühl, Schauspiel **II** m. Erhabene *n.*, Sublime *n.* ◆ STOR. ***la Sublime Porta*** die Hohe Pforte.

sub|li|mi|na|le agg. subliminal, unterschwellig.

su|bli|mi|tà f. Sublimität *f.*, Erhabenheit *f.*

sub|lin|gua|le → **sottolinguale.**

sub|lo|ca|re tr. *(subloco, sublochi)* → **subaffittare. sub|lo|ca|ta|rio** m. *(-ri)* → **subaffituario. sub|lo|ca|zio|ne** f. Untervermietung *f.*

sub|lu|na|re agg. sublunarisch, irdisch ◆ ***mondo ~*** = Erde *f.*

sub|mon|ta|no agg. am Fuße des Berges liegend.

sub|nor|ma|le I agg. **1** unterentwickelt **2** *(ritardato)* zurückgeblieben **II** m. e f. **1** Unterentwickelte *m.* e *f.* **2** *(ritardato)* Zurückgebliebene *m.* e *f.*

su|bo|ce|a|ni|co agg. *(-ci,-che)* subozeanisch.

su|bo|do|ra|re tr. wittern, ahnen: ***~ un imbroglio*** einen Betrug wittern.

su|bor|di|nan|te agg. unterordnend, subordinierend. **su|bor|di|na|re** tr. *(subordino)* **1** *(sottoporre)* unter‿ordnen, unter‿stellen: ***~ i propri interessi al bene comune*** seine Interessen dem Gemeinwohl unterordnen **2** GRAMM. subordinieren, unter‿ordnen. **su|bor|di|na|ta** f. Nebensatz *m.*, Gliedsatz *m.*, abhängiger Satz *m.* **su|bor|di|na|ta|men|te** avv. ***~ a qcs.*** je nach etw. (D); ***~ ai nostri impegni*** je nach unseren Verpflichtungen. **su|bor|di|na|ti|vo** agg. **1** unterordnend **2** GRAMM. unterordnend, subordinierend.

su|bor|di|na|to I p.pass. agg. **1** → **subordinare 2** *(sottoposto)* untergeordnet, unterstellt: ***essere ~ a qcn., qcs.*** jdm, etw. untergeordnet (*o* unterstellt) sein **3** *(dipendente)* abhängig: ***~ a qcn., qcs.*** von jdm, etw. abhängig; ***una scelta -a alle circostanze*** eine von den Umständen abhängige Entscheidung; ***lavoro ~*** abhängige Arbeit **4** GRAMM. abhängig, untergeordnet **5** DIR. eventuell, Eventual-: ***richiesta -a*** Eventualantrag *m.*: ***richiedere qcs. in via -a*** den Eventualantrag für etw. stellen **II** m. Untergebene *m.*, Untergeordnete *m.* ◆ GRAMM. ***proposizione -a*** Nebensatz *m.*, Gliedsatz *m.*, abhängiger Satz. **su|bor|di|na|zio|ne** f. **1** Unterordnung *f.*, Unterstellung *f.* **2** *(dipendenza)* Abhängigkeit *f.* **3** GRAMM. Subordination *f.* ◆ ***rapporto di ~*** Abhängigkeitsverhältnis *n.* **su|bor|di|ne, in ~** untergeordnet; ***una posizione in ~*** eine untergeordnete Stelle ◆ DIR. ***richiedere in ~*** den Eventualantrag stellen.

su|bor|na|re tr. beeinflussen: ***~ un teste*** einen Zeugen beeinflussen. **su|bor|na|zio|ne** f. Beeinflussung *f.*, Bestechung *f.*; ***~ di teste*** Zeugenbestechung *f.*

sub|po|la|re agg. Subpolar-, subpolar: ***clima ~*** subpolares Klima; ***zona ~*** Subpolarzone *f.*

sub|so|ni|co agg. *(-ci,-che)* subsonisch, Unterschall-: ***velocità -a*** Unterschallgeschwindigkeit *f.*

sub|stra|to m. **1** GEOL. CHIM. Substrat *n.*, Unterlage *f.* **2** LING. Substrat *n.* **3** BIOL. Substrat *n.*, Nährboden *m.* ◆ ***~ linguistico*** Substratsprache *f.* (*o* Substrat *n.*).

sub|to|ta|le m. Zwischensumme *f.*

sub|tro|pi|ca|le agg. subtropisch: ***clima ~*** subtropisches Klima; ***regioni -i*** Subtropen *pl.*

su|bu|ma|no agg. unmenschlich.

su|bur|ba|no agg. vorstädtisch, Vorort-: ***strade -e*** vorstädtische Straßen; ***traffico ~*** Vorortverkehr *m.* **su|bur|bio** m. *(-bi)* **1** Vorstadt *f.*, Vorort *m.* **2** STOR. Suburbium *n.*

su|bur|ra f. LETT. = verrufener Stadtteil *m.*

suc|ce|da|ne|o I agg. Ersatz-: ***prodotto ~*** Ersatzmittel *n.* **II** m. Ersatz(stoff) *m.*, Ersatzmittel *n.*

suc|ce|de|re *(successi/succedei/succedetti; successo/succeduto)* **I** intr. (aus. *essere*) **1a** *(accadere;* p.pass. *successo)* geschehen, passieren, vor‿kommen: ***che cosa è successo?*** was ist geschehen (*o* passiert)? ***cosa succede?*** was ist los? ***che cosa ti è successo?*** was ist dir passiert (*o* was ist mit dir los)? ***può ~ a chiunque*** das kann jedem mal passieren; ***come spesso succede*** wie es oft geschieht; ***qualunque cosa succeda*** was auch immer geschehen mag; ***sono cose che succedono*** so etwas kommt (eben) vor (*o* so was kann passieren); ***è successa una cosa tremenda*** es ist etwas Schreckliches passiert **b** impers. ***a volte succede di, che...*** manchmal passiert es, dass...; ***successe che...*** es geschah, dass... **2** *(subentrare;* p.pass. *succeduto)* ***~ a qcn. in un impegno*** jds Aufgabe übernehmen **3** *(seguire;* p.pass. *succeduto)* ***~ a qcn. in qcs.*** jdm (*o* auf jdn) in etw. (D) folgen; ***Ludovico il Pio successe a Carlo Magno*** auf Karl den Großen folgte Ludwig der Fromme; ***al giorno succede la notte*** dem (*o* auf den) Tag folgt die Nacht **II** pronom. **succedersi** aufeinander folgen ◆ ***~ al trono*** der Thronfolger sein; COLLOQ. ***è successo il finimondo!*** es hat einen Mordskrach gegeben!

suc|ces|si|bi|le agg. erbfähig.

suc|ces|sio|ne f. **1** Nachfolge *f.*, Folge *f.*: ***la ~ al vertice del partito*** die Nachfolge an der Parteispitze **2** *(eredità)* Erbschaft *f.*, Nachlass *m.* **3a** *(serie)* Folge *f.*, Reihe *f.*, Reihenfolge *f.*: ***una linea è una ~ infinita di punti*** eine Linie ist eine unendliche Reihe von Punkten; ***in ~ alfabetica*** in alphabetischer Reihenfolge; ***in rapida ~*** in rascher Folge **b** MAT. *(di numeri)* Reihe *f.* ◆ ***~ apostolica*** apostolische Sukzession; ***certificato di ~*** Erbschein *m.*; ***~ delle colture*** Fruchtwechsel *m.*; ***diritto di ~*** Erbrecht *n.*; ***~ ereditaria*** Erbfolge *f.* (*o* Sukzession *f.*); ***~ di generazioni*** Geschlechterfolge *f.*; STOR. ***guerra di ~*** Erbfolgekrieg *m.* (*o* Sukzessionskrieg *m.*); ***~ di immagini*** Bildfolge *f.*; ***~ di passi*** Schrittfolge *f.*; ***~ di strati (geologici)*** Schichtenfolge *f.*; ***tassa di ~*** Erbschaftssteuer *f.* (*o* Nachlasssteuer *f.*); ***~ temporale*** Zeit-, Reihenfolge *f.*; ***~ testamentaria*** testamentarische Erbfolge; ***~ di toni*** Tonfolge *f.*; ***~ al trono*** Thronfolge *f.* (*o* Nachfolge *f.* auf dem Thron).

suc|ces|si|va|men|te avv. später, danach, nachher ◆ ***~ a qcs.*** nach etw. (D). **suc|ces|si|vo** agg. (darauf) folgend, nächst: ***il giorno ~*** am (darauf) folgenden (*o* nächsten) Tag; ***la fermata -a*** die nächste Haltestelle ◆ ***il giorno ~ alla sua partenza*** am Tag nach seiner Abreise; ***essere ~ a qcs.*** etw. (D) folgen, auf etw. (A) folgen.

1.suc|ces|so m. Erfolg *m.*: ***avere ~ con qcn., in qcs.*** bei jdm, etw. Erfolg haben (*o* bei jdm, etw. erfolgreich sein); ***essere accompagnato dal ~*** vom Erfolg begleitet sein; ***aspirare al ~*** nach Erfolg streben; ***sull'onda del ~*** auf den Wogen des Erfolgs; ***la chiave del ~*** der Schlüssel zum Erfolg ◆ ***autore di ~*** Erfolgsautor *m.*; ***brama di ~*** Erfolgssucht *f.*; ***canzone di ~*** Schlager *m.*, Hit *m.*; TEATR. CINEM. ***~ di cassetta*** Kassenerfolg *m.*; ***~ cinematografico*** Kinoerfolg *m.*; ***coronato dal ~*** erfolggekrönt; ***di (grande) ~*** erfolgreich (*o* Erfolgs-): ***scrittore di ~*** erfolgreicher Schriftsteller; ***libro, film di ~*** Erfolgsbuch *n.*, Erfolgsfilm *m.*; ***~ elettorale*** Wahlerfolg *m.*; ***~ finale*** Enderfolg *m.*; ***~ iniziale*** Anfangserfolg *m.*; ***che mira al ~*** erfolgsorientiert; ***~ parziale*** Teilerfolg *m.*; ***possibilità di ~*** Erfolgsaussichten *pl.*; ***~ di pubblico*** Publikumserfolg *m.*; ***ricetta per il ~*** Erfolgsrezept *n.*; ***senza ~*** erfolglos; ***di sicuro ~*** erfolgssicher; ***essere sulla strada del ~*** auf Erfolgsskurs sein.

2.suc|ces|so → **succedere.**
suc|ces|so|ne m. COLLOQ. Bombenerfolg *m.*
suc|ces|so|re I m. **1** Nachfolger *m.*: ***designare qcn. come (proprio)*** ~ jdn zu seinem Nachfolger ernennnen; ***il ~ di Kennedy fu Johnson*** Kennedys Nachfolger war Johnson (*o* auf Kennedy folgte Johnson) **2** *(erede)* Erbe *m.* **II** agg. Nachfolger-: ***stato*** ~ Nachfolgerstaat *m.* ◆ ~ ***legale*** Rechtsnachfolger *m.*; ~ ***al trono*** Thronfolger *m.* **suc|ces|so|rio** agg. *(-ri,-rie)* erbschaftlich, Erb-: ***imposta -a*** Erbschaftssteuer *f.*; ***patto*** ~ Erbvertrag *m.*
suc|chia|re tr. *(succhio, succhi)* **1** saugen: ~ ***il latte dal biberon*** Milch aus der Flasche saugen; ~ ***il latte dal seno materno*** an der Mutterbrust saugen; ***le api succhiano il polline dai fiori*** die Bienen saugen Nektar aus den Blumen; FIG. ~ ***il sangue a qcn.*** jdm das Mark aus den Knochen saugen **2** *(fare sciogliere in bocca)* lutschen: ~ ***una caramella*** ein Bonbon lutschen ◆ ~ ***qcs. con la cannuccia*** etw. mit einem Trinkhalm trinken; ~***, -rsi il pollice*** am Daumen lutschen. **suc|chia|ta** f. Saugen *n.*; ***dare una ~ a qcs.*** an etw. (D) saugen. **suc|chia|to|io** m. *(-oi)* Saugrüssel *m.*, Saugorgan *n.* **suc|chia|to|re, *organo*** ~ Saugrüssel *m.* (*o* Saugorgan *n.*).
suc|chiel|la|re tr. (mit einem Nagelbohrer) auf‿bohren. **suc|chiel|lo** m. Nagelbohrer *m.*
suc|chiot|to m. **1** Schnuller *m.*; COLLOQ. Nuckel *m.*, Sauger *m.* **2** COLLOQ. *(segno sulla pelle)* Knutschfleck *m.*
suc|cia|me|le m.inv. Sommerwurz *f.*
suc|ci|ni|co agg. *(-ci,-che)* ***acido*** ~ Bernsteinsäure *f.*
suc|cin|ta|men|te avv. (kurz und) knapp: ***comunicare qcs. molto*** ~ etw. kurz und knapp mit‿teilen.
suc|cin|to agg. **1** *(di abiti)* knapp, wenig: ***in abiti -i*** wenig bekleidet **2** ANT. LETT. *(trattenuto con cintura)* hochgegürtet **3** FIG. *(conciso)* knapp, kurz, bündig: ***una risposta -a*** eine knappe (*o* bündige) Antwort; ***un discorso*** ~ eine kurze Rede.
suc|ci|ta|to → **sopraccitato.**
suc|cla|vio agg. *(-vi,-vie)* unter dem Schlüsselbein liegend.
suc|co m. *(-chi)* **1** Saft *m.* (anche ANAT.); SVIZZ. Jus *m.* e *n.*: ***un bicchiere di ~ d'arancia*** ein Glas Orangensaft; ***spremere il ~ di un limone*** den Saft einer Zitrone aus‿pressen **2** FIG. *(parte essenziale)* Kern *m.*, Wesentliche *n.* ◆ ~ ***d'albicocca*** Aprikosensaft *m.*; ~ ***d'arancia*** Orangensaft *m.*, Apfelsinensaft *m.*; ~ ***di carota*** Möhrensaft *m.*, Karottensaft *m.*; ~ ***di ciliegia*** Kirschsaft *m.*; ~ ***di frutta*** Obstsaft *m.*, Fruchtsaft *m.*; ~ ***gastrico*** Magensaft *m.*, Verdauungssaft *m.*; ~ ***di lamponi*** Himbeersaft *m.*; ~ ***di limone*** Zitronensaft *m.*; ~ ***di mela*** Apfelsaft *m.*; ~ ***di pera*** Birnensaft *m.*; ~ ***di pomodoro*** Tomatensaft *m.*; ***ricco di*** ~ saftig; ~ ***d'uva*** Traubensaft *m.*
suc|co|si|tà f. **1** Saftigkeit *f.* **2** FIG. *(ricchezza di contenuti)* Gehaltfülle *f.*, Reichtum *m.* an Gehalt. **suc|co|so** agg. **1** saftig **2** FIG. *(ricco di contenuto)* gehaltvoll.
suc|cu|be, suc|cu|bo I agg. hörig: ***essere ~ di qcn., qcs.*** jdm, etw. hörig sein; ***una donna ~ del marito*** eine ihrem Mann hörige Frau **II** m. e f. **1** Hörige *m.* **2** STOR. *(spirito maligno)* Sukkubus *m.*
suc|cu|len|to agg. **1** *(ricco di succo)* saftig, saftvoll **2** ESTENS. *(gustoso)* köstlich, lecker **3** BOT. sukkulent. **suc|cu|len|za** f. **1** Saftigkeit *f.* **2** ESTENS. Köstlichkeit *f.* **3** BOT. Sukkulenz *f.*
suc|cur|sa|le I f. Filiale *f.*, Zweigstelle *f.*, Zweigniederlassung *f.* **II** agg. Zweig- ◆ ~ ***di una banca*** Bankfiliale *f.*; ~ ***di un'impresa*** Zweigbetrieb *m.*
su|ci|do agg. ***lana -a*** Schweißwolle *f.*
sud I m. **1** Süden *m.*: ***da, verso*** ~ von, nach Süden; ***una camera esposta a*** ~ ein nach Süden gelegenes Zimmer; ***popolazioni giunte dal*** ~ aus dem Süden zugewanderte Völker; ***un viaggio nel*** ~ eine Reise in den Süden **2** *(Italia meridionale)* Süditalien *n.* **II** agg.inv. Süd-, südlich: ***emisfero*** ~ südliche Hemisphäre; ***in direzione*** ~ in südlicher Richtung; ***uscita*** ~ Ausgang Süd *m.* ◆ ***a ~ di Roma*** südlich von Rom; ***ala*** ~ *(di edificio)* Südflügel *m.*; ***Corea del*** ~ Südkorea *n.*; ASTR. ***la Croce del*** ~ das Kreuz des Südens (*o* das Südliche Kreuz); ***del*** ~ südlich, Süd-: ***regioni del*** ~ südliche Länder; ***Italia, America del*** ~ Süditalien *n.*, Südamerika *n.*; ***finestra (esposta) a*** ~ Südfenster *n.*; ***40 gradi di latitudine*** ~ 40 Grad südlicher Breite; ***lato*** ~ Südseite *f.*; ***Mare del*** ~ Südsee *f.*; ***il ~ del mondo*** die südliche Halbkugel (der Erde); ***parete*** ~ Südwand *f.*; ***polo*** ~ Südpol *m.*; ***vento del*** ~ Südwind *m.*; ***versante*** ~ Südhang *m.*; ***verso*** ~ südwärts.
Su|da|fri|ca n.pr.m. Südafrika *n.*; ***del*** ~ südafrikanisch. **su|da|fri|ca|no I** agg. südafrikanisch **II** m. Südafrikaner *m.*
Su|da|me|ri|ca n.pr.m. Südamerika *n.*; ***del*** ~ südamerikanisch. **su|da|me|ri|ca|no I** agg. südamerikanisch **II** m. Südamerikaner *m.*
Su|dan n.pr.m. Sudan *m.* **su|da|ne|se I** agg. sudan(es)isch **II** m. e f. Sudaner *m.* (-in *f.*), Sudanese *m.* (-sin *f.*).
su|da|re I intr. (aus. *avere*) **1** schwitzen: ~ ***poco, molto*** leicht, stark schwitzen; ~ ***per la paura, per il caldo*** vor Angst, Hitze schwitzen; ***gli sudano le mani*** er schwitzt an den Händen **2** *(faticare)* ~ ***su qcs.*** über etw. (D) schwitzen; ~ ***sui libri*** über den Büchern schwitzen **II** tr. schwitzen: ~ ***umidità*** schwitzen **III** pronom. ***-rsi qcs.*** sich (D) etw. erarbeiten ◆ ~ ***freddo*** kalt schwitzen; FIG. Blut und Wasser schwitzen; ~ ***sangue*** Blut und Wasser schwitzen; ~ ***sette camicie*** sich im Schweiße seines Angesichts ab‿mühen.
su|da|rio m. *(-ri)* **1** Leichentuch *n.*, Totenhemd *n.* **2** RELIG. ***Santo*** ~ Schweißtuch *n.* Christi (*o* der Veronika).
su|da|ta f. **1** ***fare una*** ~ schwitzen (*o* sich nass schwitzen) **2** *(fatica)* Anstrengung *f.* **su|da|tic|cio** agg. *(-ci,-ce)* schweißig, schweißnass.
su|da|to p.pass. agg. **1** → **sudare 2** verschwitzt, schweißig, schweißnass, schwitzig: ***mani -e*** schwitzige Hände; ***piedi -i*** Schweißfüße *pl.* **3** FIG. mühevoll erreicht, sauer verdient: ***promozione -a*** mühevoll erreichte Beförderung.
sud|co|re|a|no I agg. südkoreanisch **II** m. Südkoreaner *m.*
sud|det|to I agg. oben genannt, oben erwähnt, besagt, obig **II** m. Obenerwähnte *m.*, Besagte *m.*, Obige *m.*
sud|di|tan|za f. **1** Untertänigkeit *f.* **2** FIG. Abhängigkeit *f.*: ~ ***psicologica*** psychologische Abhängigkeit. **sud|di|to** m. Untertan *m.*
sud|di|vi|de|re *(suddivisi; suddiviso)* **I** tr. **1** unterteilen **2** *(ripartire)* verteilen **II** pronom. **suddividersi** sich verteilen. **sud|di|vi|si|bi|le** agg. unterteilbar. **sud|di|vi|sio|ne** f. **1** Unterteilung *f.* **2** *(ripartizione)* Verteilung *f.*
su|dest m. Südosten *m.*: ***a ~ di*** im Südosten (*o* südöstlich) von; ***da, verso*** ~ von, nach Südosten.
Su|de|ti n.pr.m.pl. Sudeten *pl.*
su|di|ce|ri|a f. **1** Schmierigkeit *f.* **2** FIG. *(porcheria)* Schweinerei *f.*, Schweinigelei *f.*: ***fare, dire -e*** Schweinereien an‿richten, sagen.
su|di|cio I agg. *(-ci,-ce)* schmutzig, dreckig, schmierig (anche FIG.) **II** m. Dreck *m.* **su|di|cio|ne I** agg. dreckig, schmierig (anche FIG.) **II** m. Schmierfink *m.*, Dreckschwein *m.*, Ferkel *n.* (anche FIG.). **su|di|ciu|me** m. Dreck *m.*
su|di|sta *(-i,-e)* **I** agg. **1** STOR. südstaatlich, Süd- **2** *(di stati separati)* Süd- **II** STOR. m. e f. Südstaatler *m.* (-in *f.*) ◆ ***stati -i*** Südstaaten *pl.*
su|doc|ci|den|ta|le agg. südwestlich.
su|do|ra|zio|ne f. Schwitzen *n.*, Schweißabsonderung *f.*
su|do|re m. Schweiß *m.* (anche FIG.): ***asciugarsi il ~ dalla fronte*** den Schweiß von der Stirn wischen ◆ ***bagnare di*** ~ verschwitzen; ***bagnato di*** ~ schweißgebadet, schweißnass; ***essere in un bagno di*** ~ schweißgebadet (*o* schweißnass) sein; MED. ***bagno di*** ~ Schweißbad *n.*; ***gli sono venuti i -i freddi*** ihm brach der kalte Schweiß aus; FIG. ***con il ~ della fronte*** im Schweiße seines Angesichts; ***goccia di*** ~ Schweißtropfen *m.*; ***grondante di*** ~ schweißtriefend; ***macchia di*** ~ Schweißfleck *m.*; ***madido di*** ~ durchgeschwitzt; ~ ***dei piedi*** Fußschweiß *m.*; ***puzza di*** ~ Schweißgeruch *m.*
su|do|rien|ta|le agg. südöstlich.
su|do|ri|fe|ro, su|do|ri|pa|ro agg. Schweiß-: ***ghiandola -a*** Schweißdrüse *f.*
su|do|vest m. Südwesten *m.*: ***a ~ di*** im Südwesten von (*o* südwestlich von); ***da, verso*** ~ von, nach Südwesten.
sud|ti|ro|le|se I agg. südtirolisch, Südtiroler **II** m. e f. Südtiroler *m.* (-in *f.*). **Sud|ti|ro|lo** n.pr.m. Südtirol *n.*
suf|fi|cien|te I agg. **1a** genügend, ausreichend; ***essere*** ~ genügen, aus‿reichen, reichen **b** MAT. ***condizione*** ~ hinreichende Bedingung **2** *(sussiegoso)* süffisant, überheblich, gönnerhaft: ***tono*** ~ überheblicher Ton **3** SCOL. ausreichend **II** m. Notwendige *n.*; ***avere il ~ per vivere*** das Notwendige zum Leben haben **III** m. e f. überheblicher Mensch *m.*; ***fare il, la*** ~ überheblich tun. **suf|fi|cien|te|men|te** avv. genügend, ausreichend: ***essere ~ preparati*** ausreichend vorbereitet sein.
suf|fi|cien|za f. **1** Genüge *f.* **2** *(sussiego)* Süffisanz *f.*, Überheblichkeit *f.* **3** SCOL. Ausreichend *n.*, Genügend *n.*: ***ottenere, prendere la*** ~ ein Ausreichend bekommen ◆ ***a*** ~ genug, zur Genüge; ***con aria di*** ~ mit süffisanter Miene; ***con*** ~ überheblich, gönnerhaft.
suf|fis|sa|le agg. ***elemento*** ~ Suffix *n.*, Nachsilbe *f.* **suf|fis|sa|re** tr. ~ ***qcs.*** etw. (D), an etw. (A) ein Suffix an‿hängen. **suf|fis|sa|zio|ne** f. Suffixbildung *f.*
suf|fis|so m. Suffix *n.*, Nachsilbe *f.*: ***-i produttivi*** produktive Suffixe ◆ ~ ***accrescitivo*** Vergrößerungssilbe *f.*; ~ ***diminutivo*** Verkleinerungssilbe *f.* **suf|fis|soi|de** m. uneigentliches Suffix *n.*
suf|flè → **soufflé.**
suf|fra|ga|ne|o agg. ***vescovo*** ~ Suffragan *m.*
suf|fra|ga|re tr. *(suffrago, suffraghi)* **1** billigen, zustimmen **2** ESTENS. bekräftigen: ~ ***una tesi*** eine These bekräftigen **3** LIT. ~ ***un defunto*** für das Seelenheil eines Verstorbenen beten.
suf|fra|get|ta f. Suffragette *f.*
suf|fra|gio m. *(-gi)* **1** Wahlrecht *n.*: ~ ***universale*** allgemeines Wahl-

recht **2** *(voto)* Stimme *f.* **3** *(parere favorevole)* Zustimmung *f.* **4** LIT. ***messa di ~*** Seelenmesse *f.*, Seelenamt *n.*, Totenamt *n.*; ***celebrare una messa di ~*** ein Seelenamt ab‿halten; ***messa in ~ di qcn.*** Seelenamt für jdn **5** STOR. Dreiklassenrecht *n.* ◆ ***~ censitario*** Zensuswahlrecht *n.*; ***~ censitario per classi*** Klassenwahlrecht *n.*; ***~ femminile*** Frauenwahlrecht *n.* **suf|fra|gi|sta** *(-i,-e)* **I** agg. Suffragetten- **II** m. e f. Verfechter *m.* (-in *f.*) des Frauenwahlrechts, Frauenrechtler *m.* (-in *f.*), Suffragette *f.*

suf|fru|ti|ce m. Halbstrauch *m.*

suf|fu|mi|ca|re tr. *(suffumico, suffumichi)* **1** räuchern **2** *(locali)* durch‿räuchern, aus‿räuchern. **suf|fu|mi|ca|zio|ne** f. **1** Räucherung *f.* **2** *(di locali)* Durchräucherung *f.*, Ausräucherung *f.*

suf|fu|mi|gio m. *(-gi)* Inhalation *f.*; ***fare i -gi*** inhalieren.

sug|gel|la|re tr. **1** versiegeln **2** FIG. besiegeln: ***~ un patto*** einen Pakt besiegeln. **sug|gel|lo** m. **1** Siegel *n.* **2** FIG. Besiegelung *f.*: ***a ~ di qcs.*** zur Besiegelung etw. (G).

sug|ge|re tr. *(suggo, suggi)* LETT. saugen.

sug|ge|ri|men|to m. **1a** *(consiglio)* Ratschlag *m.*, Rat *m.*, Empfehlung *f.*: ***dare un ~ a qcn.*** jdm einen Rat geben (*o* jdm etw. raten, empfehlen); ***ascoltare, seguire il ~ di qcn.*** auf jds Rat hören, jds Rat folgen; ***dietro ~ di qcn.*** auf jds Rat (*o* Empfehlung) hin **b** *(proposta)* Vorschlag *m.* **2** SCOL. Vorsagen *n.*, Einsagen *n.*

sug|ge|ri|re tr. *(suggerisco, suggerisci)* **1a** raten, empfehlen: ***~ qcs. a qcn.*** jdm etw. empfehlen **b** *(proporre)* vor‿schlagen **2** SCOL. vor‿sagen, ein‿sagen (anche assol.): ***~ (la risposta) a qcn.*** jdm (die Antwort) vorsagen **3** TEATR. soufflieren **4** *(esprimere un'opinione)* ***~ che...*** die Meinung vertreten, dass... ◆ ***~ l'idea di qcs.*** etw. suggerieren. **sug|ge|ri|to|re** m. Souffleur *m.* ◆ ***buca del ~*** Souffleurkasten *m.*

sug|ge|stio|na|bi|le agg. suggestibel, beeinflussbar ◆ ***non ~*** unbeeinflussbar. **sug|ge|stio|na|bi|li|tà** f. Suggestibilität *f.*, Beeinflussbarkeit *f.* **sug|ge|stio|nan|te** agg. suggestiv. **sug|ge|stio|na|re** **I** tr. beeinflussen **II** pronom. **suggestionarsi** sich beeindrucken lassen ◆ ***lasciarsi ~*** beeinflussbar sein.

sug|ge|stio|ne f. **1** Suggestion *f.*, Beeinflussung *f.*: ***con la ~*** durch (*o* auf dem Wege der) Suggestion; ***potere di ~*** suggestive Macht **2** *(fascino, impressione)* Zauber *m.*, Eindruck *m.*: ***la ~ di un paesaggio*** der Zauber einer Landschaft.

sug|ge|sti|va|men|te avv. suggestiv, beeindruckend. **sug|ge|sti|vi|tà** f. Zauber *m.*, Eindruck *m.*: ***la ~ di una musica*** der Eindruck eines Musikstücks.

sug|ge|sti|vo agg. **1** suggestiv **2a** ESTENS. *(che sollecita emozioni)* stimmungsvoll, bezaubernd, eindrucksvoll: ***paesaggio ~*** stimmungsvolle Landschaft; ***immagine -a*** Stimmungsbild *n.* **b** *(affascinante)* beeindruckend, faszinierend: ***ipotesi -a*** beeindruckende Hypothese; ***evento ~*** faszinierendes Ereignis ◆ DIR. ***domanda -a*** Suggestivfrage *f.*

su|ghe|ra f. Korkeiche *f.* **su|ghe|re|to** m. Korkeichenwald *m.* **su|ghe|ri|col|tu|ra** f. Korkeichenbau *m.* **su|ghe|ri|fi|cio** m. *(-ci)* Korkfabrik *f.* **su|ghe|ro** m. **1** BOT. Korkeiche *f.* **2** *(materiale)* Kork *m.* ◆ ***di, in ~*** Kork-; ***tappo di ~*** Korken *m.*

su|gli → **su.**

su|gna f. **1** Flom *m.*, Flomen *m.* **2** *(strutto)* Schmalz *n.*

su|go m. *(-ghi)* **1** Soße *f.* **2** *(succo)* Saft *m.* **3** FIG. Kern *m.* ◆ ***pasta al ~*** Nudeln *pl.* mit Tomatensoße; ***~ di carne*** Fleischsoße *f.*; COLLOQ. ***non c'è ~ a fare qcs.*** es macht keinen Spaß, etw. zu tun; ***~ ai funghi*** Pilzsoße *f.*; ***~ di pomodoro*** Tomatensoße *f.*; ***~ alle vongole*** Venusmuschelsoße *f.* **su|go|si|tà** f. **1** Saftigkeit *f.* **2** FIG. *(ricchezza di contenuto)* Gehaltfülle *f.*, Reichtum *m.* an Gehalt. **su|go|so** agg. **1** saftig, saftvoll: ***pesca -a*** saftiger Pfirsich; ***essere ~*** saftig sein **2** FIG. *(ricco di contenuto)* gehaltvoll.

sui → **su.**

sui|ci|da *(-i,-e)* **I** m. e f. Selbstmörder *m.* (-in *f.*) **II** agg. selbstmörderisch, Selbstmord-: ***mania ~*** Selbstmordsucht *f.*; ***commando ~*** Selbstmordkommando *n.* **sui|ci|dar|si** pronom. Selbstmord begehen, sich um‿bringen.

sui|ci|dio m. *(-di)* **1** Selbstmord *m.*, Suizid *m.* e *n.*, Freitod *m.*: ***tentare il ~*** einen Selbstmordversuch machen; ***spingere qcn. al ~*** jdn in den (*o* zum) Selbstmord treiben; ***minacciare il ~*** mit Selbstmord drohen; ***commettere ~*** Selbstmord begehen **2** FIG. Selbstmord *m.*: ***è un vero ~*** das ist reiner Selbstmord: ***~ politico*** politischer Selbstmord ◆ ***minaccia di ~*** Selbstmorddrohung *f.*; ***tentativo di ~*** Selbstmordversuch *m.*

sui|di m.pl. Suidae *pl.*

su|in|di|ca|to agg. oben genannt, oben erwähnt.

su|i|no **I** m. Schwein *n.* **II** agg. Schweine-: ***carne -a*** Schweinefleisch *n.*; ***peste -a*** Schweinepest *f.* ◆ ***allevamento di -i*** Schweinezucht *f.*

suite [sɥit] f.inv. Suite *f.* (anche MUS.): ***affittare una ~*** eine Suite mieten; MUS. ***le ~ di Ravel*** die Suiten Ravels ◆ ***~ presidenziale*** Präsidentensuite *f.*

sul → **su.**

sul|fa|mi|di|co **I** agg. *(-ci,-che)* Sulfonamid- **II** m. *(-ci)* Sulfonamid *m.*

sul|fu|re|o agg. **1** schwefelig, schwefelartig, Schwefel- **2** *(contenente zolfo)* schwefelhaltig, Schwefel-: ***acque -e*** schwefelhaltige Quellen **3** *(del colore dello zolfo)* schwefelfarbig, schwefelgelb ◆ ***bagno ~*** Schwefelbad *n.*; ***sorgente di acqua -a*** Schwefelquelle *f.*; ***vapori -i*** Schwefeldämpfe *pl.*

sulk|y ['sʌlki] m.inv. Sulky *n.*

sul|la, sul|le, sul|lo → **su.**

sul|ta|na f. **1** Sultanin *f.* **2** *(divano)* Diwan *m.*, Sofa *n.* **sul|ta|na|to** m. Sultanat *n.*

sul|ta|ni|na **I** agg. ***uva -a*** Sultanine *f.* **II** f. Sultanine *f.*

sul|ta|no m. Sultan *m.*

su|me|ri|co agg. *(-ci,-che)* sumerisch. **su|me|ro** m. **1** *(abitante)* Sumerer *m.* **2** *(lingua)* Sumerisch(e) *n.*

sum|ma f. **1** FILOS. Summa *f.* **2** ESTENS. systematische Darstellung *n.*

sum|men|zio|na|to agg. oben erwähnt, oben genannt.

sum|mit ['sʌmɪt] m.inv. Gipfeltreffen *n.*

sun|ni|smo m. sunnitische Glaubensrichtung *f.* **sun|ni|ta** *(-i,-e)* **I** agg. sunnitisch **II** m. e f. Sunnit *m.* (-in *f.*).

sun|no|mi|na|to agg. oben erwähnt, oben genannt. **sun|no|ta|to** agg. oben erwähnt.

sun|teg|gia|re tr. *(sunteggio, sunteggi)* zusammen‿fassen.

sun|to m. Zusammenfassung *f.*; ***fare un ~ di qcs.*** etw. zusammen‿fassen ◆ ***in ~*** kurz.

suo **I** agg.poss. (f. *sua*; m.pl. *suoi*; f.pl. *sue*) **1a** *(di lui)* sein: ***~ padre*** sein Vater; ***la -a casa*** sein Haus; ***una -a amica*** eine seiner Freundinnen, eine Freundin von ihm; ***di -a sorella*** seiner Schwester; ***a ~ zio*** (zu) seinem Onkel; ***il cappello è ~*** das ist sein Hut **b** *(di lei)* ihr, ihre: ***~ fratello*** ihr Bruder; ***le -e speranze*** ihre Hoffnungen; ***un ~ amico*** einer ihrer Freunde, ein Freund von ihr; ***di ~ padre*** ihres Vaters; ***a -a zia*** (zu) ihrer Tante; ***il cappotto è ~*** das ist ihrer Mantel **c** *(rif. a cose o animali)* sein, ihr: ***l'associazione e i suoi membri*** der Verein und seine Mitglieder; ***il gatto e i suoi piccoli*** die Katze und ihre Jungen **2** *(forma di cortesia)* Ihr, Ihre: ***ringraziamo per il Suo gentile invito*** wir bedanken uns für Ihre freundliche Einladung **II** pron.poss. **1a** *(di lui)* seiner, seines, seine: ***questo cappello è come il ~*** dieser Hut ist wie seiner; ***questa casa era la -a*** das war sein Haus **b** *(di lei)* ihrer, ihres, ihre: ***questa camicetta è bella come la -a*** diese Bluse ist so schön wie ihre **c** *(rif. a cose o animali)* seiner, seines, seine; ihrer, ihres, ihre **2** *(forma di cortesia)* Ihrer, Ihre, Ihres: ***mio padre sta bene, e il ~?*** meinem Vater geht es gut und Ihrem? ***la borsa è la sua?*** ist dies Ihre Tasche? **3** *(lettera)* ***la Sua*** Ihr Schreiben; ***ho ricevuto la Sua*** ich habe Ihr Schreiben erhalten ◆ ***per amor ~*** ihm zuliebe; ***a ciascuno il ~*** jedem das Seine; ***noi stiamo tutti dalla -a (parte)*** wir sind alle auf seiner Seite; ***ci ha rimesso del ~*** er hat aus eigener Tasche zahlen müssen; ***deve sempre dire la -a*** er muss immer mit‿reden (*o* seine Meinung sagen); ***un par ~, un ~ pari*** seinesgleichen; ***sta sempre sulle -e*** er ist immer sehr zurückhaltend; ***i suoi*** seine Eltern; ***ogni cosa a ~ tempo*** alles zu seiner Zeit; ***ha un modo di fare tutto ~*** er hat eine ganz eigene Art; ***ne ha combinata una delle -e*** er hat mal wieder etwas angerichtet.

suo|ce|ra f. **1** Schwiegermutter *f.* **2** SPREG. SCHERZ. herrisches Weib *n.*; COLLOQ. (alte) Ziege *f.*: ***non fare la ~*** sei keine alte Ziege ◆ ***dire a nuora perché ~ intenda*** = jdm etw. durch die Blume sagen.

suo|ce|ro m. **1** Schwiegervater *m.* **2** pl. *(suocero e suocera)* Schwiegereltern *pl.*

suo|la f. **1** Sohle *f.*, Schuhsole *f.*: ***avere le -e consumate*** durchgelaufene Schuhsohlen haben **2** *(nello sci)* Lauffläche *f.* **3** *(nell'aratro)* Sech *n.* **4** *(nello zocccolo del cavallo)* Huf *m.* **5** FERR. Schienenfuß *m.* **6** MAR. Schiffsrumpf *m.*, Schiffskiel *m.* **7** MIN. Sohle *f.* ◆ ***~ di cuoio*** Ledersohle *f.*; ***~ doppia*** Doppelsohle *f.*; ***fare le -e a qcs.*** etw. besohlen; ***~ di gomma*** Gummisohle *f.*; ***~ interna*** Brandsohle *f.*; ***~ di legno*** Holzsohle *f.*; ***mezza ~*** Halbsohle *f.*; ***~ di para*** Kreppsohle *f.*; ***rifare le -e a qcs.*** etw. neu besohlen; ***~ di sughero*** Korksohle *f.*; ***~ con la zeppa*** Plateausohle *f.* **suo|la|re** tr. besohlen, sohlen. **suo|la|tu|ra** f. Sohlen *n.*, Besohlen *n.*

suo|lo m. **1** Boden *m.*, Grund *m.*: ***~ fertile*** fruchtbarer Boden; ***stramazzare, cadere al ~*** zu Boden stürzen, hin‿fallen; ***giacere al ~*** auf dem Boden liegen; ***radere al ~ qcs.*** etw. dem Boden (*o* dem Erdboden, der Erde) gleich‿machen **2** LETT. Land *n.* ◆ ***condizioni del ~*** Bodenverhältnisse *pl.*; TECN. ***distanza dal ~*** Bodenfreiheit *f.*; ***gelo al ~*** Bodenfrost *m.*; ***a livello del ~*** ebenerdig; ***il ~ natio***

die Heimat; ~ ***pubblico*** öffentlicher Grund und Boden; ~ ***sabbioso*** Sandboden *m.*; ***sfruttamento del*** ~ Bodennutzung *f.*; ***visibilità al*** ~ Sicht *f.* in Bodennähe.

suo|na|re I tr. **1a** spielen: ~ ***il pianoforte, il violino*** Klavier, Geige spielen; ~ ***un disco*** eine Schallplatte spielen **b** assol. ~ ***in un'orchestra*** in einem Orchester spielen **2** *(scoccare)* schlagen, läuten: ***l'orologio suona la mezzanotte*** die Uhr schlägt Mitternacht **3** FIG. klingen: ***le sue parole suonavano riprovazione*** seine Worte klangen vorwurfsvoll **II** intr. (aus. *avere*) **1a** *(di campanello)* läuten, klingeln, schellen **b** *(di telefono e sveglia)* klingeln **c** *(di campane)* läuten: ~ ***l'Avemaria*** das Ave-Maria läuten **2** FIG. (aus. *essere, avere*) klingen: ~ ***bene, male*** gut, schlecht klingen; ***le sue parole suonano crudeli*** seine Worte klingen grausam; ***suona già meglio*** das klingt schon besser ◆ ~ ***l'allarme*** Alarm geben; ~ ***il campanello*** klingeln, schellen, auf die Klingel drücken; *(tirando)* die Glocke läuten (*o* ziehen); ~ ***il clacson*** hupen; ~ ***a distesa*** = alle Glocken läuten; ~ ***a festa*** zum Fest läuten; ~ ***a martello*** Sturm läuten; ~ ***la messa*** zur Messe läuten; ~ ***a morto*** die Totenglocke läuten; FIG. ***è suonata la sua ora*** seine Stunde hat geschlagen; ~ ***a orecchio*** nach dem Gehör spielen; ~ ***alla porta*** an der Tür klingeln; ~ ***la ritirata*** den Zapfenstreich blasen; ~ ***il silenzio*** den Zapfenstreich blasen; ~ ***a stormo*** Sturm läuten; ***mi suona strano*** das kommt mir seltsam vor; COLLOQ. ***suonarle a qcn.*** jdn verhauen (*o* verprügeln); ~ ***a prima vista*** vom Blatt spielen.

suo|na|ta 1a *(di campanello)* Geläut(e) *n.* **b** *(di campanelli)* Geklingel *n.* **2** MUS. Sonate *f.* **3** COLLOQ. *(bastonatura)* Tracht *f.* Prügel: ***dare una*** ~ ***a qcn.*** jdm eine Tracht Prügel verabreichen.

suo|na|to p.pass. agg. **1** → **suonare 2** ***avere trent'anni -i*** (schon) über dreißig sein **3** COLLOQ. *(toccato)* verrückt, bekloppt.

suo|na|to|re m. Spieler *m.*: ~ ***di cornamusa, di violino*** Dudelsackspieler *m.*, Geigenspieler *m.* ◆ ~ ***ambulante*** Straßenmusikant *m.*; COLLOQ. ***e buonanotte (ai) -i!*** na, dann gute Nacht! ~ ***di organetto*** Laierkastenmann *m.*

suo|ne|ri|a f. **1** *(di orologio)* Schlagwerk *n.* **2** *(di sveglia)* Klingel *f.*, Glocke *f.*, Weckmechanismus *m.*: ***ricaricare la*** ~ ***di una sveglia*** den Weckmechanismus eines Weckers ein‿stellen **3** *(di carillon)* Spielwerk *n.* **4** *(allarme)* Alarmglocke *f.*, Alarm *m.*

suo|no m. **1** Klang *m.*, Ton *m.*: ~ ***alto, acuto*** hoher Ton; ***un*** ~ ***metallico, cupo*** ein metallischer, dunkler Klang; ***il*** ~ ***della voce, dei passi*** der Klang der Stimme, der Schritte; ***dare, mandare, emettere un*** ~ einen Ton von sich geben; ***percepire un*** ~ einen Ton wahr‿nehmen **2** *(musicalità)* Klang *m.*, Wohlklang *m.*: ***un*** ~ ***cristallino*** ein glockenheller Klang **3** LING. Laut *m.* **4** FIS. Schall *m.*: ***il*** ~ ***si diffonde*** der Schall breitet sich aus; ***smorzare il*** ~ den Schall dämpfen ◆ ***a suon di musica*** beim Klang der Musik; ***accogliere qcn. a suon di fischi*** jdn mit einem Pfeifkonzert empfangen; ***a suon di bastonate*** mit Prügel; ***al*** ~ ***di qcs.*** beim (*o* zum) Spiel von etw.: ***al*** ~ ***dei violini*** beim Klang von Geigen; ***ballare al*** ~ ***di una fisarmonica*** zum Spiel einer Ziehharmonika tanzen; ***altezza del*** ~ Tonhöhe *f.*, Tonlage *f.*; ***amplificatore del*** ~ Schallverstärker *m.*; ***assorbimento del*** ~ Schallabsorption *f.*; ***barriera del*** ~ Schallmauer *f.*; ***il*** ~ ***del clacson*** Hupton *m.*; ~ ***complessivo*** Klangbild *n.*; ~ ***consonantico*** Konsonant *m.* (*o* Mitlaut *m.*); ***intensità di un*** ~ Schallstärke *f.*; ***muro del*** ~ Schallmauer *f.*; ***percezione del*** ~ akustische Wahrnehmung; ***pienezza del*** ~ Klangfülle *f.*; ***qualità del*** ~ Tonqualität *f.*; ***registrazione del*** ~ Schallaufzeichnung *f.*, Tonaufnahme *f.*; ***regolatore del*** ~ Lautstärkeregler *m.*; ***tecnico del*** ~ Tontechniker *m.*; ***timbro di un*** ~ Klangfarbe *f.*, Timbre *n.*; ***velocità del*** ~ Schallgeschwindigkeit *f.*; ~ ***vocalico*** Vokal *m.*, Selbstlaut *m.*

suo|ra f. Nonne *f.*, Schwester *f.*: ***farsi*** ~ Nonne werden; ***suor Maria*** Schwester Maria ◆ ***abito da*** ~ Schwesterntracht *f.*; ***-e Carmelitane*** Karmelitinnen *pl.*; ~ ***di clausura*** Klausurschwester *f.*; ***da*** ~ nonnenhaft; ~ ***laica*** Laienschwester *f.*; ~ ***orsolina*** Ursulinerin *f.* **suo|ri|na** f. Nönnchen *n.*

su|per agg.inv. Super-: ***benzina*** ~ Super(benzin) *n.*

su|pe|ra|bi|le agg. **1** überwindbar: ***ostacolo*** ~ überwindbares Hindernis **2** *(vincibile)* schlagbar, übertreffbar, besiegbar.

su|pe|ra|ci|di|tà f. Übersäuerung *f.*

su|pe|ral|co|li|co I m. *(-ci)* Spirituose *f.*; COLLOQ. Hochprozentige *n.* **II** agg. *(-ci,-che)* hochprozentig.

su|pe|ra|li|men|ta|zio|ne f. Überernährung *f.*

su|pe|ral|le|na|men|to m. Übertraining *n.* **su|per|al|le|na|re** tr. übertrainieren.

su|pe|ra|men|to m. **1** Übersteigung *f.*, Übersteigen *n.*: ***il*** ~ ***di un muro*** die Übersteigung einer Mauer **2** *(il varcare)* Überschreiten *n.*: ***il*** ~ ***di un limite*** das Überschreiten einer Grenze **3** *(sorpasso)* Überholen *n.* **4** *(di un esame)* Bestehen *n.* **5** FIG. Überwinden *n.*: ***il*** ~ ***di una difficoltà*** das Überwinden einer Schwierigkeit.

su|pe|ra|re tr. *(supero)* **1** *(in quantità)* überschreiten: ***la produzione di quest'anno supera quella dell'anno scorso*** die Produktion dieses Jahres übertrifft die letztjährige; ~ ***la sessantina*** die sechzig überschreiten; ~ ***i 10 chili*** das Gewicht von 10 Kilo überschreiten; ~ ***di 2 chili*** um 2 Kilo überschreiten **2a** *(in altezza)* überschreiten, überragen, übertreffen: ***il livello dell'acqua ha superato i due metri*** der Wasserstand hat zwei Meter überschritten; ~ ***qcs. di due centimetri*** etw. um zwei Zentimeter überragen **b** *(di persona)* ~ ***qcn. (in altezza)*** größer sein als jd (*o* jdn an Größe übertreffen, jdn überragen) **3** *(sorpassare)* überholen: ***la macchina ha superato il camion*** das Auto hat den Lastwagen überholt **4a** *(oltrepassare)* überschreiten; ~ ***il traguardo*** das Ziel erreichen, durchs Ziel gehen, ins Ziel kommen **b** FIG. übertreffen: ~ ***le aspettative*** die Erwartungen übertreffen **5** *(essere più bravo)* ~ ***qcn. in qcs.*** jdn an etw. übertreffen; ***ha superato se stesso*** er hat sich selbst übertroffen **6a** *(vincere)* besiegen, überwinden: ~ ***un avversario*** einen Gegner überwinden **b** FIG. überwinden: ~ ***un ostacolo, una difficoltà, un pregiudizio*** ein Hindernis, eine Schwierigkeit, ein Vorurteil überwinden; ~ ***una crisi, la morte di qcn.*** eine Krise, jds Tod überwinden **7** *(un esame)* bestehen ◆ ~ ***il peso*** das Gewicht überschreiten; ~ ***un record*** einen Rekord brechen.

su|pe|ras|si|cu|ra|zio|ne f. Überversicherung *f.*

su|pe|ra|to p.pass. agg. **1** → **superare 2** überholt: ***un'idea, una moda -a*** ein überholter Begriff, eine überholte Mode.

su|pe|rat|ti|co m. *(-ci)* elegante Dachwohnung *f.*

su|per|bia f. **1** Hochmut *m.*, Stolz *m.*; ***trattare tutti con*** ~ alle stolz (*o* hochmütig) behandeln **2** TEOL. Hochmut *m.* ◆ ***gonfio di*** ~ stolz, aufgeblasen; ***montare in*** ~ sich aufs hohe Ross setzen; PROV. ***la*** ~ ***è figlia dell'ignoranza*** Dummheit und Stolz wachsen auf einem Holz.

su|per|bo I agg. **1** stolz, hochmütig: ***risposta -a*** hochmütige Antwort **2** *(grandioso)* großartig, prächtig **3** LETT. *(orgoglioso)* stolz: ***essere, andare*** ~ ***di qcn., qcs.*** auf (*o* über) jdn, etw. stolz sein **II** m. Hochmütige *m.*

su|per|bol|lo m. = Sondersteuer *f.* für Dieselkraftfahrzeuge.

su|per|car|bu|ran|te m. Superbenzin *n.*, Super *n.*

su|per|car|ce|re m. ausbruchsicheres Gefängnis *n.*

su|per|con|dut|ti|vi|tà f. Supraleitung *f.* **su|per|con|dut|to|re** m. Supraleiter *m.*

su|per|cop|pa f. Supercup *m.*

su|per|don|na f. SPREG. eingebildete Frau *f.*

su|per|do|ta|to agg. hoch begabt.

Su|per-E|go m. Überich *n.*

su|per|fe|ta|zio|ne f. **1** Superfetation *f.* **2** FIG. *(ridondanza)* Schwulst *m.*, Überladensein *n.*

su|per|fi|cia|le I agg. **1** *(della superficie)* oberflächlich: ***ferita*** ~ oberflächliche Wunde **2** *(superiore)* obere: ***strato*** ~ obere Schicht **3** FIG. oberflächlich **II** m. e f. oberflächlicher Mensch *m.* **su|per|fi|cia|li|tà** f. Oberflächlichkeit *f.* (anche FIG.). **su|per|fi|cial|men|te** avv. oberflächlich.

su|per|fi|cie f. *(-ci* e *-cie)* **1** Oberfläche *f.*: ~ ***liscia, ruvida*** glatte, raue Oberfläche; ***la*** ~ ***della terra, dell'acqua*** die Oberfläche der Erde, des Wassers **2** GEOM. Fläche *f.*, Oberfläche *f.*; ~ ***piana, inclinata*** ebene, schräge Fläche; ***calcolare la*** ~ ***di un triangolo*** die Fläche eines Dreiecks berechnen ◆ ~ ***alare*** Tragfläche *f.*, Flügelfläche *f.*; ~ ***d'appoggio*** Abstellfläche *f.*; ~ ***d'attrito*** Reibungsfläche *f.*; ~ ***boscosa*** bewaldete Fläche; ~ ***del cerchio*** Kreisfläche *f.*; ~ ***coltivabile*** Anbaufläche *f.*; ~ ***del cono*** Kegelmantel *m.*; ~ ***di contatto*** Berührungsfläche *f.*; ***diritto di*** ~ Erbbaurecht *n.*; ~ ***espositiva*** Ausstellungsfläche *f.*; ~ ***esterna*** Außenfläche *f.*; ***in*** ~ an (*o* auf) der Oberfläche; *(non interrato)* oberirdisch; ***emergere in*** ~ an die Oberfläche kommen (*o* auf‿tauchen); ***rimanere in*** ~ an der Oberfläche bleiben; ***tornare in*** ~ auf‿tauchen; ~ ***interna*** Innenfläche *f.*; ~ ***laterale*** Seitenfläche *f.*; ~ ***del mare*** Meeresoberfläche *f.*; ***mezzi di*** ~ oberirdische Verkehrsmittel; AER. ~ ***portante*** Tragfläche *f.*; ~ ***rettificata*** Schliffflläche *f.*; ~ ***di rotazione*** Rotationsfläche *f.*; ~ ***di scorrimento*** Lauffläche *f.*; ~ ***sferica*** Kugelfläche *f.*; ~ ***speculare*** Spiegelfläche *f.*; ~ ***stradale*** Straßendecke *f.*; ~ ***terrestre*** Erdoberfläche *f.*; ~ ***totale*** Gesamtfläche *f.*; ~ ***velica*** Segelfläche *f.*

su|per|flui|tà f. Überflüssigkeit *f.*

su|per|fluo I agg. überflüssig, unnötig: ***spese -e*** überflüssige Ausgaben; ***discorso*** ~ unnötiges Gerede **II** m. Überflüssige *n.*

su|per|gi|gan|te m. Superriesenslalom *m.*, Super-G *m.*

Su|per-I|o m. Überich *n.*

su|pe|rio|ra I f. Oberin *f.* **II** agg. ***madre*** ~ Oberin *f.*

su|pe|rio|re I agg. **1** obere, Ober-: ***i rami -i dell'albero*** die oberen Äste des Baumes; ***arti -i*** obere Gliedmaßen **2** *(di numeri e misure)* ~ ***a qcs.*** höher (*o* über, größer, mehr) als etw.; ***un numero*** ~ ***a 100***

eine Zahl über 100; ***di età ~ ai 18 anni*** über 18 (Jahre); ***a temperature -i*** bei höheren Temperaturen; ***il livello dell'acqua è ~ di due metri rispetto all'anno scorso*** der Wasserstand ist zwei Meter höher als letztes Jahr; ***una misura ~*** eine größere Nummer **3** *(di qualità migliore)* höherwertig, besser, best: ***merce di qualità ~*** Ware von bester Qualität (*o* hochwertige Qualitätsware) **4a** *(più bravo)* überlegen: ***~ a qcn., qcs.*** jdm, etw. (D) überlegen **b** *(eccelso)* ***una mente ~*** ein überlegener Geist **II** m. **1** Vorgesetzte *m.*: ***avere un buon rapporto con i -i*** eine gute Beziehung zu den Vorgesetzten haben **2** RELIG. Obere *m.*, Superior *m.* **III** f.pl. SCOL. höhere Schule *f.* ◆ ***i risultati sono -i alle aspettative*** die Ergebnisse übertreffen die Erwartungen; ***di ceto ~*** von höherem Stand; ***corso ~ di un fiume*** der Oberlauf eines Flusses; ***essere ~ a qcn., qcs.*** *(essere migliore)* jdm, etw. (D) überlegen sein; FIG. *(passare sopra)* ***noi siamo -i a queste cose*** wir stehen darüber; *(andare al di là)* ***è ~ alle mie forze*** das geht über (*o* übersteigt) meine Kräfte; ***labbro ~*** Oberlippe *f.*; ***mandibola ~*** Oberkiefer *m.*; ***~ alla media*** überdurchschnittlich; ***avere un'intelligenza ~ alla media*** überdurchschnittlich begabt sein; ***molare ~*** oberer Backenzahn; ***numericamente ~*** zahlenmäßig überlegen; ***parte ~*** Oberteil *n.*; ***piano ~*** Obergeschoss *n.*, oberer Stock, oberes Stockwerk; ***abitare al piano ~*** eine Etage höher wohnen; ***di rango ~*** von höherem Rang; ***scuola media ~*** höhere Schule (neuntes bis dreizehntes Schuljahr); ***sentirsi ~ a qcn.*** sich jdm überlegen fühlen; ***ufficiali -i*** ranghöhere Offiziere.

su|pe|rio|ri|tà f. Überlegenheit *f.*, Superiorität *f.*: ***~ numerica*** zahlenmäßige Überlegenheit ◆ ***darsi arie di ~*** etwas Besseres sein wollen; ***senso di ~*** Überlegenheitsgefühl *n.* **su|pe|rior|men|te** avv. oben, obenhalb.

su|per|la|ti|vo I agg. **1** GRAMM. superlativisch **2** FIG. höchst, vorzüglich, großartig, außergewöhnlich **II** m. Superlativ *m.* ◆ ***~ assoluto*** absoluter Superlativ; ***grado ~*** Superlativ *m.*, Höchststufe *f.*; ***~ relativo*** (relativer) Superlativ *m.*

su|per|la|vo|ro m. übermäßige Arbeit *f.*

su|per|leg|ge|ro I agg. superleicht **II** m. Superleichtgewicht *n.*

su|per|man ['su:pəmæn, *üblich* su:per'mɛn] m.inv. Supermann *m.*

su|per|mar|ket [super'market] m.inv. Supermarkt *m.*, Supermarket *m.*

su|per|mas|si|mo m. Superschwergewicht *n.*

su|per|mer|ca|to m. Supermarkt *m.*

su|per|no agg. LETT. höher, erhaben.

su|per|no|va f. Supernova *f.*

su|per|nu|tri|zio|ne f. Überernährung *f.*

su|pe|ro|mi|smo m. Übermenschentum *n.*

su|pe|rot|to I m. Super-8-Film *m.* **II** agg. Super-8-.

su|per|pa|ga|to agg. hoch bezahlt, überbezahlt.

su|per|pe|ri|to m. Hauptgutachter *m.* **su|per|pe|ri|zia** f. Hauptgutachten *n.*

su|per|pe|tro|lie|ra f. Großtankschiff *n.*, Supertanker *m.*

su|per|po|ten|za f. Supermacht *f.*

su|per|so|ni|co agg. *(-ci,-che)* supersonisch, Überschall-, Ultraschall-: ***aereo ~*** Überschallflugzeug *n.*; ***velocità -a*** Überschallgeschwindigkeit *f.*

su|per|star f.inv. Superstar *m.*

su|per|sti|te I m. e f. Überlebende *m.* e *f.*, Hinterbliebene *m.* e *f.* **II** agg. **1** überlebend **2** FIG. hinterblieben, verblieben.

su|per|sti|zio|ne f. Aberglaube *m.* **su|per|sti|zio|si|tà** f. Aberglaube *m.* **su|per|sti|zio|so I** agg. abergläubisch, abergläubig **II** m. abergläubischer Mensch *m.*

su|per|stra|da f. Schnellstraße *f.*

su|per|tas|sa|to agg. hoch besteuert.

su|per|te|ste, su|per|te|sti|mo|ne m. Hauptzeuge *m.*

su|per|tran|sa|tlan|ti|co m. *(-ci)* Ozeanriese *m.*

su|pe|ruo|mo m. *(superuomini)* **1** FILOS. Übermensch *m.* **2** IRON. großer Mann *m.*: ***sentirsi un ~*** sich als großer Mann auf‿spielen.

su|per|va|lu|ta|re tr. *(supervaluto)* zu hoch schätzen: ***~ l'usato*** die Gebrauchtwagenpreise zu hoch (*o* über den Wert) schätzen. **su|per|va|lu|ta|zio|ne** f. Schätzung *f.* über den Wert: ***~ dell'usato*** Schätzung von Gebrauchtwagen über ihren Wert.

su|per|vi|sio|na|re tr. beaufsichtigen. **su|per|vi|sio|ne** f. **1** Oberaufsicht *f.*: ***sotto la ~ di qcn.*** unter jds Oberaufsicht **2** CINEM. künstlerische Leitung *f.* **su|per|vi|so|re** m. **1** Oberleiter *m.* **2** CINEM. künstlerischer Leiter *m.*

su|pi|na|men|te avv. **1** rücklings, auf dem Rücken **2** FIG. bedingungslos, sklavisch, unterwürfig.

1.su|pi|no agg. **1** auf dem Rücken: ***dormire ~*** auf dem Rücken schlafen **2** *(servile)* bedingungslos: ***obbedienza -a*** bedingungsloser Gehorsam.

2.su|pi|no m. LING. Supinum *n.*

sup|pel|let|ti|le f. spec. pl. **1** Einrichtungsgegenstand *m.* **2** ARCHEOL. Fundgegenstand *m.* ◆ ***-i di casa*** Hausrat *m.*; ***-i sacre*** Kirchengeräte *pl.*; ***-i di una scuola*** Schulgeräte *pl.*

sup|per|giù avv. COLLOQ. ungefähr, etwa.

sup|ple|men|ta|re agg. **1** zusätzlich, Zusatz-, ergänzend, Ergänzungs-: ***un esercizio ~*** eine ergänzende Aufgabe; ***spese -i*** zusätzliche Kosten **2** MAT. GEOM. Supplement-, ergänzend: ***angolo ~*** Supplementwinkel *m.* ◆ ***acquisto ~*** Zukauf *m.*; ***apporto ~*** Zusatzbeitrag *m.*; ***assicurazione ~*** Zusatzversicherung *f.*; ***corsa ~*** Extratour *f.*; ***dazio ~*** Zusatzzoll *m.*; ***fascicolo ~*** Ergänzungsheft *n.*; ***norma ~*** Zusatzbestimmung *f.*; ***numero ~*** Zusatzzahl *f.*; ***pagamento ~*** Zuzahlung *f.* (*o* Nachzahlung *f.*); ***porzione ~*** Nachschlag *m.*; ***proposta ~*** Zusatzantrag *m.*; ***razione ~*** Zusatzration *f.*; SPORT ***tempo ~*** Verlängerung *f.*; ***andare ai tempi -i*** in die Verlängerung gehen; ***terapia ~*** Nachbehandlung *f.*; ***treno ~*** Zusatzzug *m.*; ***in via ~*** ergänzungsweise; ***volume ~*** Ergänzungsband *m.*

sup|ple|men|to m. **1** Ergänzung *f.* **2** FERR. Zuschlag *m.*: ***pagare un ~*** einen Zuschlag zahlen **3a** *(di libri, vocabolari)* Supplement *n.* **b** *(di giornali)* Beilage *f.* **4** MAT. Supplement *n.*: ***~ di un angolo*** Supplement eines Winkels ◆ ***~ d'anzianità*** Alterszulage *f.*; ***~ illustrato*** Bildbeilage *f.*; ***~ d'imposta*** Steuerzuschlag *m.*; ***~ letterario*** Literaturbeilage *f.*; ***con ~ obbligatorio*** zuschlagpflichtig; FERR. ***~ rapido*** Schnellzugzuschlag *m.*; ***senza ~*** zuschlagfrei; GIORN. ***~ speciale*** Sonderbeilage *f.*

sup|plen|te I m. e f. **1** Aushilfskraft *f.* **2** SCOL. Vertretungslehrer *m.* (-in *f.*) **II** agg. **1** Aushilfs- **2** SCOL. vertretend: ***professore ~*** Vertretungslehrer *m.* **sup|plen|za** f. Vertretung *f.*

sup|ple|ti|vo agg. **1** zusätzlich, ergänzend: ***norme -e*** ergänzende Regel **2** GRAMM. suppletiv.

sup|plì m.inv. Reiskrokette *f.*

sup|pli|ca f. *(-che)* **1a** Bitte *f.* **b** *(scritta)* Bittschrift *f.*: ***rivolgere una ~ a qcn.*** eine Bittschrift an jdn richten **2** RELIG. Anrufung *f.* **sup|pli|can|te I** agg. flehend, bittend: ***con voce ~*** mit flehender Stimme **II** m. e f. Bittsteller *m.* (-in *f.*).

sup|pli|ca|re tr. *(supplico, supplichi)* an‿flehen: ***~ qcn. per qcs.*** jdn um etw. anflehen; ***~ gli Dei*** die Götter anflehen ◆ ***ti supplico, smettila!*** ich bitte dich, hör auf! **sup|pli|ca|zio|ne** f. → **supplica.**

sup|pli|ce I agg. LETT. flehend, bittend **II** m. e f. Flehende *m.* e *f.* **sup|pli|che|vo|le** agg. flehend, bittend: ***sguardo, tono ~*** bittender Blick, Ton. **sup|pli|che|vol|men|te** avv. flehend, bittend.

sup|pli|re *(supplisco, supplisci)* **I** intr. (aus. *avere*) ***~ a qcs. con qcs.*** etw. durch etw. aus‿gleichen (*o* wett‿machen); ***~ alle carenze con la buona volontà*** die Mängel durch guten Willen wettmachen **II** tr. vertreten, ersetzen: ***~ l'insegnante ammalato*** den erkrankten Lehrer vertreten.

sup|pli|zio m. *(-zi)* **1a** Tortur *f.* **b** *(pena di morte)* Hinrichtung *f.*: ***condurre qcn. al ~ (estremo)*** jdn hin‿richten **2** FIG. Qual *f.*, Heimsuchung *f.*: ***che ~ questa donna!*** diese Frau ist ja eine Heimsuchung! ***che ~!*** was für eine Qual! ◆ ***~ sul rogo*** Hexenverbrennung *f.*; ***il ~ di Tantalo*** Tantalusqualen *pl.*

sup|po|nen|te agg. anmaßend, vermessen. **sup|po|nen|za** f. Anmaßung *f.*, Vermessenheit *f.*

sup|po|ni|bi|le agg. **1** vorstellbar **2** *(che si presume)* vermutlich, wahrscheinlich.

sup|por|re tr. *(suppongo, supponi; supposi; supposto)* an‿nehmen, vermuten: ***suppongo che sia in ufficio*** ich vermute ihn im Büro; ***supponiamo che abbia ragione*** nehmen wir an, er hätte recht; ***si può soltanto ~ che...*** es lässt sich nur vermuten, dass...; ***supponendo che...*** angenommen (*o* nehmen wir an), dass...; ***supposto che...*** angenommen, dass...; ***tutto fa ~ che...*** alles deutet darauf hin, dass...

sup|por|ta|re tr. **1** ***~ qcn., qcs.*** jdn, etw. stützen **2** MECC. lagern. **sup|por|ta|to** p.pass. agg. **1** → **supportare 2** gestützt: ***~ da computer, da immagini*** computer-, bildgestützt.

sup|por|to m. **1** Stütze *f.* (anche FIG.) **2** *(base)* Träger *m.*, Halter *m.*, Unterlage *f.*: ***utilizzare qcs. come ~*** etw. als Unterlage benutzen; ***un ~ di legno, di cartone*** eine Unterlage aus Holz, aus Pappe **3** *(struttura)* Gestell *n.* ◆ ***~ per affissioni*** Plakatträger *m.*; ***~ audio*** Tonträger *m.*; ***~ base*** Untersatz *m.*; ***~ dati*** Datenträger *m.*; ***~ di memorizzazione*** Informationsträger *m.*; ***sistema di ~*** Lagerstätte *f.*

sup|po|si|ti|vo agg. auf einer Annahme beruhend.

sup|po|si|zio|ne f. **1** Annahme *f.*, Vermutung *f.*: ***rafforzare una ~*** eine Vermutung bestärken **2** DIR. Unterschiebung *f.*: ***~ d'infante*** Kindesunterschiebung *f.*

sup|po|sta f. Zäpfchen *n.*: ***mettersi una ~*** sich (D) ein Zäpfchen ein‿führen.

sup|po|sto p.pass. agg. **1** → **supporre 2** *(presunto)* vermutlich, vor-

geblich ◆ ~ ***che...*** angenommen, dass...
sup|pu|ran|te agg. eiternd. **sup|pu|ra|re** intr. (aus. *essere, avere*) vereitern, eitern. **sup|pu|ra|ti|vo** agg. **1** eiternd **2** *(che facilita la suppurazione)* Eiter absondernd, eiterungsfördernd. **sup|pu|ra|zio|ne** f. Eiterung *f.*
su|pre|ma|zi|a f. Vorherrschaft *f.*, Vormacht *f.*: ***avere, mantenere la ~ in qcs.*** bei etw. die Vorherrschaft haben, behalten ◆ ***~ aerea*** Luftherrschaft *f.*; ***posizione di ~*** Vormachtstellung *f.*
su|pre|mo agg. **1** höchst, oberst, Oberst-, Größt-: ***l'ente ~*** das höchste Wesen; ***rivolgersi all'autorità -a*** an höchster Stelle vor‿sprechen **2** FIG. *(ultimo)* letzt: ***il giorno ~*** der letzte Tag ◆ ***capo ~*** Oberherr *m.*; ***comandante ~*** Oberbefehlshaber *m.*; ***comando ~*** Oberkommando *n.*; ***corte -a*** oberster Gerichtshof; ***Soviet ~*** oberster Sowjet.
1.su|ra f. RELIG. Sure *f.*
2.su|ra f. ANAT. Wade *f.*
sur|clas|sa|re tr. **1** *(stravincere)* vernichtend schlagen, haushoch besiegen **2** *(essere molto superiore)* weit überlegen sein: ***~ qcn. in qcs.*** jdm an (*o* in) etw. (D) weit überlegen sein.
sur|di|men|sio|na|to agg. überdimensional.
sur|do|sag|gio m. *(-gi)* Überdosierung *f.*
surf [səf] m.inv. **1** Surfing *n.*, Surfen *n.* **2** *(tavola)* Surfbrett *n.* ◆ ***fare ~*** surfen; ***tavola da ~*** Surfbrett *n.* **surf|ing** ['səfiŋ] m.inv. Surfing *n.*, Surfen *n.* **sur|fi|sta** m. e f. *(-i,-e)* Surfer *m.* (-in *f.*).
sur|ge|la|men|to m. Tiefkühlung *f.* **sur|ge|la|re** tr. tief‿kühlen, tief‿gefrieren. **sur|ge|la|to I** p.pass. agg. **1** → **surgelare 2** tiefgekühlt, tiefgefroren: ***carne -a*** tiefgefrorenes Fleisch **II** m. Tiefkühlkost *f.*, Tiefgefrorene *n.* **sur|ge|la|zio|ne** f. Tiefkühlung *f.*
Su|ri|na|me n.pr.m. Surinam *n.*
sur|me|na|ge [syrmə'naʒ] m.inv. Überanstrengung *f.*
sur|mo|lot|to m. Wanderratte *f.*
sur|pla|ce [syr'plas] m.inv. Stehen *n.*
sur|plus [syr'ply] m.inv. Überschuss *m.*, Gewinn *m.*, Surplus *n.* ◆ ***~ di importazione*** Importüberschuss *m.*
sur|raf|fred|da|men|to m. Unterkühlung *f.*
sur|re|a|le agg. surreal. **sur|re|a|li|smo** m. Surrealismus *m.* **sur|re|a|li|sta** *(-i,-e)* **I** m. e f. Surrealist *m.* (-in *f.*) **II** agg. surrealistisch. **sur|re|a|li|sti|co** agg. *(-ci,-che)* surrealistisch.
sur|re|na|le agg. Nebennieren-: ***corteccia ~*** Nebennierenrinde *f.*, ***ghiandola ~*** Nebenniere *m.* (*o* Nebennierendrüse *f.*). **sur|re|ne** m. Nebenniere *f.*
sur|ret|ti|zio agg. *(-zi,-zie)* vorsätzlich verschwiegen: ***clausola -a*** vorsätzlich verschwiegene Klausel.
sur|ri|fe|ri|to agg. oben erwähnt.
sur|ri|scal|da|men|to m. **1** Überheizung *f.* **2** FIS. TECN. Überhitzung *f.* **sur|ri|scal|da|re I** tr. **1** überheizen **2** FIS. TECN. überhitzen **II** pronom. **surriscaldarsi 1** heiß‿laufen: ***il motore si è surriscaldato*** der Motor ist heißgelaufen **2** FIG. *(sovreccitarsi)* sich erhitzen, sich auf‿heizen: ***il clima si è surriscaldato*** die Atmosphäre hat sich aufgeheizt. **sur|ri|scal|da|to** p.pass. agg. **1** → **surriscaldare 2** überheizt **3** FIS. TECN. überhitzt **4** FIG. *(sovreccitato)* erhitzt, aufgeheizt. **sur|ri|scal|da|to|re** m. Überhitzer *m.*
sur|ro|ga f. **1** BUROCR. Surrogation *f.* **2** DIR. Bürgschaft *f.* **sur|ro|ga|bi|le** agg. ersetzbar, ersatzfähig. **sur|ro|ga|re** tr. *(surrogo/surrogo, surroghi/surroghi)* **1** *(sostituire)* ersetzen: ***~ qcn., qcs. con qcn., qcs.*** jdn, etw. durch jdn, etw. ersetzen **2** *(subentrare)* ***~ qcn.*** für jdn ein‿springen. **sur|ro|ga|to I** p.pass. agg. **1** → **surrogare 2** Ersatz-: ***alimento ~*** Ersatznahrungsmittel *n.* **II** m Ersatz *m.*, Surrogat *n.* (anche FIG.) ◆ ***~ di caffè*** Kaffee-Ersatz *m.*
sur|ro|ga|zio|ne f. **1** BUROCR. Surrogation *f.* **2** DIR. Bürgschaft *f.*
Su|san|na n.pr.f. Susanne *f.*
su|scet|ti|bi|le agg. **1** fähig: ***~ di qcs.*** zu etw. fähig; ***~ di cambiamento*** änderungsfähig; ***~ di miglioramento*** verbesserungsfähig **2** *(permaloso)* empfindlich. **su|scet|ti|bi|li|tà** f. Empfindlichkeit *f.*: ***urtare la ~ di qcn.*** jds Empfindlichkeit reizen.
su|sci|ta|re tr. *(suscito)* erregen, erwecken, aus‿lösen, hervor‿rufen: ***~ scalpore, ilarità, gelosia*** Aufsehen, Heiterkeit, Eifersucht erregen; ***~ l'ira, l'ammirazione di qcn.*** jds Zorn, Bewunderung erregen; ***~ curiosità, interesse*** Neugier, Interesse erwecken; ***~ sorpresa*** Überraschung auslösen; ***~ meraviglia*** Erstaunen hervorrufen. **su|sci|ta|to|re I** m. Erreger *m.*, Erwecker *m.* **II** agg. erregend, erweckend.
su|si|na f. Susine *f.* **su|si|no** m. Susinenbaum *m.*
sus|pense ['səspens] f.inv. Spannung *f.* ◆ ***ricco di ~*** spannend.
su|spi|cio|ne f. ANT. Verdacht *m.* ◆ DIR. ***legittima ~*** Befangenheit *f.*
sus|se|guen|te agg. (nach)folgend. **sus|se|guen|te|men|te** avv. später, danach, nachher ◆ ***~ a qcs.*** infolge etw. (G), infolge von etw.
sus|se|gui|re I intr. (aus. *essere*) folgen: ***a qcs. sussegue qcs.*** etw. folgt etw. (D); ***ne sussegue che...*** daraus folgt, dass... **II** pronom. **susseguirsi** aufeinander folgen: ***i treni si susseguono a breve distanza*** die Züge folgen in kurzem Abstand aufeinander.
sus|si|dia|re tr. *(sussidio, sussidi)* **1** unterstützen **2** *(sovvenzionare)* subventionieren. **sus|si|dia|rio I** *(-ri,-rie)* agg. Hilfs-: ***truppe -rie*** Hilfstruppen *pl.* **II** m. *(-ri)* Lehrbuch *n.* für die Grundschule.
sus|si|dio m. *(-di)* **1** Hilfsmittel *n.*: ***-di audiovisivi*** audiovisuelle Hilfsmittel **2** *(economico)* Beihilfe *f.*, Zuschuss *m.*, Unterstützung *f.*: ***dare un ~ a qcn. per qcs.*** jdm einen Zuschuss für etw. geben ◆ ***con il ~ di qcs.*** mit Hilfe einer Sache; ***~ didattico*** Lehrmittel *n.*; ***~ di disoccupazione*** Arbeitslosenunterstützung *f.*, Arbeitslosenhilfe *f.*; ***domanda di ~*** Unterstützungsantrag *m.*; ***~ per malattia*** Krankengeld *n.*; ***~ per maternità*** Schwangerschaftsgeld *n.*; ***~ statale*** Staatsbeihilfe *f.*; ***~ di vecchiaia*** Altersbeihilfe *f.*
sus|sie|go m. *(-ghi)* Gemessenheit *f.*, würdevolle Haltung *f.* **sus|sie|go|so** agg. gemessen, würdevoll.
sus|si|sten|te agg. **1** vorhanden, bestehend **2** *(valido)* triftig, schlagkräftig: ***motivi -i*** triftige Gründe.
sus|si|sten|za f. **1** Bestehen *n.* **2** *(sostentamento)* Unterhalt *m.*, Auskommen *n.* **3** MIL. Verpflegung *f.* **4** FILOS. Subsistenz *f.* ◆ ***economia di ~*** Subsistenzwirtschaft *f.*; ***mezzi di ~*** Lebensunterhalt *m.*
sus|si|ste|re intr. *(sussistei/sussistetti; sussistito;* aus. *essere)* **1** bestehen, vor‿liegen: ***il reato non sussiste*** es liegt keine Straftat vor; ***non sussiste alcun dubbio riguardo a ciò*** darüber besteht kein Zweifel **2** FILOS. subsistieren.
sus|sul|ta|re intr. (aus. *avere*) **1** zusammen‿fahren, hoch‿fahren, zusammen‿zucken, auf‿fahren: ***~ per lo spavento*** vor Schreck zusammenfahren; ***~ per la sorpresa*** vor Überraschung auffahren **2** *(di veicoli)* rumpeln, holpern; ***l'auto sussultava sul selciato*** das Auto holperte über das Pflaster ◆ ***~ per il singhozzo*** vom Schluckauf geschüttelt werden; ***fare ~ qcs.*** etw. schütteln.
sus|sul|to m. **1** Zucken *n.*, Zusammenfahren *n.*; ***avere un ~*** zusammen‿fahren **2** *(di terremoto)* Beben *n.* **sus|sul|to|rio** agg. *(-ri, -rie)* sukkussorisch: ***terremoto ~*** sukkussorisches Erdbeben.
sus|su|me|re tr. subsumieren.
sus|sur|ra|re I tr. **1** zu‿flüstern, flüstern, raunen: ***~ qcs. all'orecchio a qcn.*** jdm etw. ins Ohr flüstern **2** *(dire di nascosto)* munkeln: ***la gente sussurra che...*** die Leute munkeln, dass... **II** intr. (aus. *avere*) **1** flüstern **2a** *(di vento)* säuseln **b** *(di ruscello)* rauschen **c** *(di foglie)* rascheln, rauschen **3** *(parlare male)* munkeln: ***~ contro qcn.*** über jdn munkeln **III** pronom. ***-rsi qcs.*** sich (D) etw. zu‿flüstern.
sus|sur|ri|o m. **1** Geflüster *n.* **2a** *(di vento)* Gesäusel *n.* **b** *(di foglie)* Rascheln *n.* **c** *(di ruscello)* Gemurmel *n.*
sus|sur|ro m. **1** Flüstern *n.*, Murmeln *n.* **2a** *(di vento)* Säuseln *n.* **b** *(di foglie)* Rascheln *n.*, Rauschen *n.* **c** *(di ruscello)* Rauschen *n.*
su|tu|ra f. **1a** CHIR. *(il suturare)* Nähen *n.* **b** *(parte suturata)* Sutur *f.*, Naht *f.* **2** ANAT. Sutur *f.*, Knochennaht *f.* **3** FIG. *(nesso)* Zusammenhang *m.* ◆ ***~ coronale*** Kranznaht *f.*; ***~ cranica*** Schädelnaht *f.*; ***~ lamboidea*** Lambdanaht *f.*; ***punto di ~*** Nahtstelle *f.*; ***~ sagittale*** Pfeilnaht *f.* **su|tu|ra|re** tr. nähen.
suv|via inter. komm (doch), los.
su|zio|ne f. Saugen *n.* ◆ ***riflesso della ~*** Saugreflex *m.*
svac|car|si pronom. *(mi svacco, ti svacchi)* COLLOQ. sich hin‿lümmeln, lümmeln: ***~ sul divano*** sich auf das Sofa lümmeln. **svac|ca|to** p.pass. agg. **1** → **svaccarsi 2** schlampig, lustlos.
sva|ga|re *(svago, svaghi)* **I** tr. **1** ab‿lenken, ab‿halten **2** *(distrarre)* ab‿lenken, auf andere Gedanken bringen **II** pronom. **svagarsi** sich ab‿lenken, sich zerstreuen.
sva|ga|tez|za f. Zerstreutheit *f.*, Gedankenlosigkeit *f.* **sva|ga|to** p.pass. agg. **1** → **svagare 2** zerstreut, gedankenlos.
sva|go m. *(-ghi)* Zerstreuung *f.*, Ablenkung *f.*, Abwechslung *f.*
sva|li|gia|men|to m. **1** Ausplünderung *f.* **2** ESTENS. *(scasso)* Einbruch *m.* **sva|li|gia|re** tr. *(svaligio, svaligi)* **1** aus‿rauben, aus‿plündern: ***~ un negozio, una banca, una villa*** ein Geschäft, eine Bank, eine Villa ausrauben (*o* ausplündern) **2** ESTENS. *(entrare scassinando)* ein‿brechen. **sva|li|gia|to|re** m. Plünderer *m.*
sva|lo|riz|za|re tr. entwerten, ab‿werten. **sva|lo|riz|za|zio|ne** f. Entwertung *f.*, Abwertung *f.*
sva|lu|ta|re I tr. **1** ab‿werten, entwerten: ***~ la lira*** die Lira abwerten **2** *(sminuire)* herab‿setzen, herab‿würdigen: ***~ i meriti di qcn.*** jds Verdienste herabsetzen **II** pronom. **svalutarsi 1** an Wert verlieren **2** *(sminuirsi)* sich herab‿würdigen. **sva|lu|ta|zio|ne** f. Entwertung *f.*, Abwertung *f.*: ***~ del capitale*** Kapitalentwertung *f.*; ***~ monetaria*** Geldabwertung *f.*
svam|pi|to I agg. zerstreut, geistesabwesend **II** m. zerstreute Person *f.*

sva|ni|re intr. *(svanisco, svanisci;* aus. *essere)* **1** *(scomparire)* verschwinden, schwinden: ***il sole svanì dietro le nuvole*** die Sonne verschwand hinter den Wolken; ***la sua speranza, fiducia svanisce*** seine Hoffnung, sein Vertrauen schwindet **2** *(disperdersi)* sich auf‿lösen: ***la nebbia svanì a poco a poco*** der Nebel löste sich langsam auf **3** *(di odori)* verfliegen **4** *(di suoni)* verklingen.

sva|ni|to p.pass. agg. **1** → **svanire 2** ***profumo ~*** verflogener Duft **3** *(svampito)* zerstreut: ***essere un po' ~*** etwas zerstreut sein **4** FIG. ***speranza -a*** geschwundene Hoffnung.

svan|tag|gia|re tr. *(svantaggio, svantaggi)* benachteiligen. **svan|tag|gia|to** p.pass. agg. **1** → **svantaggiare 2** benachteiligt: ***essere ~ rispetto a qcn.*** jdm gegenüber benachteiligt sein (*o* sich jdm gegenüber im Nachteil befinden).

svan|tag|gio m. *(-gi)* **1** Nachteil *m.*: ***essere in ~ rispetto a qcn.*** jdm gegenüber im Nachteil sein; ***a ~ di qcn.*** zu jds Nachteil (*o* Ungunsten); ***torna tutto a mio ~*** das ist alles zu meinem Nachteil; ***questo ha lo ~ che...*** das hat den Nachteil, dass... **2** SPORT Rückstand *m.*: ***rimontare lo ~*** den Rückstand auf‿holen; ***avere tre punti di ~*** mit drei Punkten im Rückstand liegen (*o* sein) **3** *(nel gioco delle carte)* Miese *f.*: ***andare in ~*** in die Miesen kommen; ***essere in ~*** in den Miesen sein ◆ ***andare a ~ di qcn., qcs.*** jdm, etw. schaden, für jdn, etw. von Nachteil sein. **svan|tag|gio|sa|men|te** avv. nachteilig.

svan|tag|gio|so agg. nachteilig, ungünstig, unvorteilhaft: ***accordo ~*** nachteiliges Abkommen; ***affare ~*** unvorteilhaftes Geschäft; ***condizioni -e*** ungünstige Bedingungen; ***clausola -a per qcn.*** für jdn ungünstige Klausel.

sva|po|ra|re intr. (aus. *essere*) **1a** sich verflüchtigen, verfliegen: ***l'alcol svapora rapidamente*** Alkohol verflüchtigt sich leicht **b** *(perdere aroma, odore)* verduften **2** FIG. schwinden, verrauchen: ***la sua rabbia è già svaporata*** sein Zorn ist schon verraucht. **sva|po|ra|to** p.pass. agg. → **1 svaporare 2** verdunstet, verflogen: ***profumo ~*** verflogener Duft **3** *(svampito)* zerstreut.

sva|ria|re *(svario, svari)* **I** tr. **1** *(variare)* ab‿wechseln, variieren: ***~ i colori*** die Farben abwechseln **2** FIG. *(divagare, divertire)* ab‿lenken: ***~ i bambini*** die Kinder ablenken **II** pronom. **svariarsi** *(svagarsi)* sich ab‿lenken: ***andare al cinema per -rsi un po'*** ins Kino gehen, um sich abzulenken. **sva|ria|to** p.pass. agg. **1** → **svariare 2** verschieden, unterschiedlich, vielerlei: ***nei colori più -i*** in verschiedensten Farben **3** *(vario)* verschieden: ***in -i modelli*** in verschiedenen Ausführungen ◆ ***-e volte*** mehrmals.

sva|rio|ne m. grober Fehler *m.*, Schnitzer *m.*

sva|sa|men|to m. → **svasatura. sva|sa|re** tr. **1** SART. (nach unten) aus‿stellen: ***~ una gonna*** einen Rock ausstellen **2** *(piante)* um‿topfen. **sva|sa|to** p.pass. agg. → **1 svasare 2** SART. ausgestellt: ***gonna -a*** ausgestellter Rock. **sva|sa|tu|ra** f. **1** SART. Ausstellen *n.* **2** *(parte svasata)* ausgestellter Teil *m.* **3** *(di pianta)* Umtopfen *n.* **4** ARCH. Ausschmiegung *f.*

sva|sti|ca f. *(-che)* Hakenkreuz *n.*

svec|chia|men|to m. **1** Modernisierung *f.* **2** *(rinnovo)* Erneuerung *f.* **svec|chia|re** tr. *(svecchio, svecchi)* **1** verjüngen: ***~ l'azienda*** den Betrieb verjüngen **2** *(rinnovare)* erneuern: ***~ il guardaroba*** die Garderobe erneuern.

sve|de|se I agg. schwedisch: ***corona ~*** schwedische Krone **II** m. e f. *(abitante)* Schwede *m.* (-din *f.*) **III** m. *(lingua)* Schwedisch(e) *n.* ◆ ***fiammifero ~*** Zündholz *n.*; ***quadro ~*** Sprossenwand *f.*

sve|glia f. **1** Wecken *n.*; ***la ~ è alle cinque*** um fünf Uhr wird geweckt; MIL. ***suonare la ~*** zum Wecken blasen; ***dare la ~*** wecken **2** *(orologio)* Wecker *m.*: ***mettere la ~ alle sei*** den Wecker auf sechs Uhr stellen; ***caricare la ~*** den Wecker auf‿ziehen; ***la ~ suona*** der Wecker klingelt (*o* rasselt) ◆ ***sveglia!*** *(muoviti!)* mach schon! (*o* wird's bald?) *(stai attento)* pass doch auf! *(non essere ingenuo)* mach die Augen auf! ***radio-~*** Radiowecker *m.*; ***~ telefonica*** telefonischer Weckdienst.

sve|glia|re *(sveglio, svegli)* **I** tr. **1** auf‿wecken, wecken: ***la luce lo ha svegliato*** das Licht hat ihn geweckt; ***~ qcn. alle otto*** jdn um acht Uhr wecken; ***non lo sveglierebbero neppure le cannonate*** ihn würde nicht einmal Kanonendonner aufwecken **2a** FIG. *(rendere avveduto)* ***~ qcn.*** jdm die Augen öffnen **b** *(scuotere dall'apatia)* auf‿rütteln **II** pronom. **svegliarsi 1** auf‿wachen, erwachen, wach werden: ***si è svegliato alle sette*** er ist um sieben Uhr aufgewacht; ***-rsi per il rumore*** von dem Lärm aufwachen (*o* wach werden); ***-rsi dal sonno, dalla narcosi*** aus dem Schlaf, aus der Narkose erwachen **2a** FIG. *(scaltrirsi)* gewitzter werden **b** *(scuotersi dall'apatia)* sich auf‿raffen ◆ ***-rsi di soprassalto*** aus dem Schlaf auf‿fahren; PROV. ***non ~ il can che dorme*** schlafende Hunde soll man nicht wecken.

sve|glio agg. *(-gli,-glie)* **1** wach: ***restare ~*** wach bleiben; ***il caffè mi tiene ~*** Kaffee hält mich wach **2** FIG. aufgeweckt, wach, hell: ***è un ragazzo molto ~*** er ist ein sehr aufgeweckter Junge; ***un bimbo ~*** ein aufgewecktes Kind; ***un tipo ~*** ein heller Kopf; ein helles Köpfchen.

sve|la|re I tr. **1** LETT. enthüllen **2** FIG. enthüllen, verraten: ***~ a qcn. un segreto*** jdm ein Geheimnis enthüllen (*o* lüften); ***~ un trucco a qcn.*** jdm einen Trick verraten; ***~ le proprie intenzioni*** seine Absichten verraten **II** pronom. **svelarsi** sich erweisen, sich zeigen.

sve|le|ni|re *(svelenisco, svelenisci)* **I** tr. **1** entgiften **2** FIG. besänftigen **II** pronom. **svelenirsi** sich besänftigen.

svel|le|re tr. *(svello/svelgo, svelli; svelsi; svelto)* LETT. **1** (mit der Wurzel) aus‿rotten, aus‿reißen, entwurzeln: ***~ le erbacce*** Unkraut ausreißen **2** FIG. entwurzeln.

svel|tez|za f. **1** *(velocità)* Schnelligkeit *f.*, Raschheit *f.* **2** *(prontezza)* Aufgewecktheit *f.*, Flinkheit *f.* **3** *(snellezza)* Schlankheit *f.*

svel|ti|na f. VOLG. ***fare una ~*** eine schnelle Nummer schieben.

svel|ti|men|to m. **1** Beschleunigung *f.* **2** *(semplificazione)* Vereinfachung *f.*

svel|ti|re *(sveltisco, sveltisci)* **I** tr. **1** beschleunigen: ***~ il traffico*** den Verkehr beschleunigen **2** *(semplificare)* vereinfachen: ***~ una procedura*** ein Verfahren vereinfachen **3** FIG. *(rendere disinvolto)* aufgeweckter machen **4** *(rendere snello)* schlank machen **II** pronom. **sveltirsi 1** schneller werden **2** FIG. aufgeweckter werden.

1.svel|to agg. **1** schnell, rasch: ***camminare con passo ~*** schnellen Schrittes gehen; ***essere ~ nel mangiare*** beim Essen schnell sein (*o* hastig essen) **2** *(pronto)* flink, behend, schnell: ***essere ~ nel lavoro*** flink bei der Arbeit sein **3** FIG. *(sveglio)* aufgeweckt, flink **4** FIG. *(snello)* schlank: ***avere una figura -a*** eine schlanke Figur haben ◆ ***alla -a*** schnell; ***essere ~ di lingua*** ein loses Mundwerk haben; ***~ di mano*** lange Finger haben.

2.svel|to → **svellere.**

sve|na|re I tr. **1** ***~ qcn.*** jdm die Adern auf‿schneiden **2** FIG. aus‿saugen: ***l'usuraio l'ha svenato*** der Wucherer hat ihn ausgesaugt **II** pronom. **svenarsi 1** sich (D) die Adern auf‿schneiden **2** SCHERZ. *(perdere sangue)* bluten **3** FIG. *(sborsare grandi somme)* sich völlig verausgaben.

sven|de|re tr. *(svendei/svendetti; svenduto)* **1a** verschleudern **b** GERG. verramschen, verkloppen **c** *(rimanenze)* aus‿verkaufen **2** FIG. *(ideali, valori)* verraten.

sven|di|ta f. **1** Verschleuderung *f.*, Sonderverkauf *m.* **2** *(di rimanenze)* Ausverkauf *m.*, Totalausverkauf *m.* ◆ ***~ di fine stagione*** Schlussverkauf *m.*

sve|ne|vo|le I agg. geziert: ***comportamento ~*** geziertes Verhalten **II** m. gezierter Mensch *m.*; ***fare lo ~*** sich zieren. **sve|ne|vo|lez|za** f. Ziererei *f.*

sve|ni|men|to m. Ohnmacht *f.*, Ohnmachtsanfall *m.*: ***avere uno ~*** in Ohnmacht fallen (*o* ohnmächtig werden).

sve|ni|re intr. *(svengo, svieni; svenni; svenuto;* aus. *essere)* in Ohnmacht fallen: ***~ dalla paura*** vor Angst in Ohnmacht fallen ◆ ***mi sento ~*** mir ist schlecht (*o* mir wird schlecht).

sven|ta|glia|re *(sventaglio, sventagli)* **I** tr. **1** *(sventolare)* ***~ qcs.*** mit etw. wedeln; ***~ un biglietto da cinquantamila*** mit einem Fünfzigtausendlireschein wedeln **2** *(aprire a ventaglio)* aus‿breiten **II** pronom. **sventagliarsi** sich (D) Luft zu‿fächeln, sich (D) fächeln: ***-rsi con il giornale*** sich mit der Zeitung fächeln; ***-rsi il viso*** sich das Gesicht fächeln. **sven|ta|glia|ta** f. **1** Fächeln *n.* **2** *(raffica)* Garbe *f.*: ***una ~ di mitragliatrice*** eine Garbe aus einem Maschinengewehr.

sven|ta|re tr. **1a** vereiteln: ***~ un attentato*** ein Attentat vereiteln **b** *(ostacolare)* verhindern **2** MIL. ***~ una mina*** eine Mine entschärfen **3** MAR. killen lassen.

sven|ta|ta|men|te avv. unbedacht, leichtsinnig. **sven|ta|tez|za** f. Leichtsinn *m.*, Leichtfertigkeit *f.*, Unbedachtsamkeit *f.*

sven|ta|to I p.pass. agg. **1** → **sventare 2** leichtsinnig, leichtfertig: ***giovane ~*** leichtsinniger Junge; ***comportarsi da ~*** leichtsinnig handeln **II** m. leichtsinniger Mensch *m.*

sven|to|la f. Ohrfeige *f.*: ***dare una ~ a qcn.*** jdn ohrfeigen ◆ ***orecchie a ~*** Segelohren *pl.*

sven|to|la|men|to m. **1** Schwenken *n.* **2a** *(lo sventolare)* Wedeln *n.*, Fächeln *n.* **b** *(agitarsi al vento)* Wehen *n.*, Flattern *n.*

sven|to|la|re *(sventolo)* **I** tr. schwenken: ***~ il fazzoletto*** das Taschentuch schwenken **2** *(fuoco)* an‿fachen **II** intr. (aus. *avere*) flattern, wehen: ***la bandiera sventola al vento*** die Fahne weht im Wind **III** pronom. **sventolarsi** sich (D) Luft zu‿fächeln.

sven|to|li|o m. Flattern *n.*, Geflatter *n.*, Wehen *n.*: ***~ di bandiere*** Flattern der Fahnen.

sven|tra|men|to m. **1a** Ausnehmen *n.*, Ausweiden *n.* **2** MED. Leistenbruch *m.* **3** EDIL. Niederreißen *n.*, Abreißen *n.*

sven|tra|re tr. **1** aus‿nehmen, aus‿weiden: ***~ un agnello*** ein Lamm ausnehmen **2** *(uccidere)* **~ *qcn.*** jdm den Bauch auf‿schlitzen **3** EDIL. nieder‿reißen, ab‿reißen.

sven|tu|ra f. **1** Unglück *n.*, Unheil *n.*, Pech *n.*: ***essere perseguitato dalla ~*** vom Unglück (*o* vom Pech) verfolgt werden; ***per mia ~*** zu meinem Unglück (*o* Pech); ***la ~ si abbattè su di lui*** Unheil kam über ihn; ***correre verso la propria ~*** in sein Unglück laufen **2** *(disgrazia)* Unglück *n.*, Unglücksfall *m.*: ***le raccontò le sue -e*** er erzählte ihr sein ganzes Unglück; ***ebbe la ~ di incontrarlo*** er hatte das Unglück, ihm zu begegnen ◆ ***per colmo di ~*** zu allem Übel, zu allem Unglück; ***compagno di ~*** Leidensgenosse *m.*; ***messaggero di ~*** Unglücksbote *m.* **sven|tu|ra|ta|men|te** avv. unglücklicherweise.

sven|tu|ra|to I agg. **1** unglücklich, unglückselig: ***uomo ~*** unglückseliger Mensch **2** *(che costituisce una sventura)* unheilvoll: ***incontro ~*** unheilvolle Begegnung **II** m. Unglückliche *m.*

sve|nu|to p.pass. agg. **1** → **svenire 2** ohnmächtig: ***cadere (a terra) ~*** ohnmächtig fallen (*o* um‿fallen, zusammen‿brechen); ***giacere ~*** in Ohnmacht liegen.

sver|gi|na|re tr. *(svergino)* **1** entjungfern **2** FIG. SCHERZ. *(usare per la prima volta)* ein‿weihen.

sver|go|gna|re tr. **1** beschämen **2** *(smascherare in pubblico)* bloß‿stellen: **~ *pubblicamente qcn.*** jdn in aller Öffentlichkeit bloßstellen. **sver|go|gna|ta|men|te** avv. schamlos. **sver|go|gna|tez|za** f. Schamlosigkeit *f.* **sver|go|gna|to I** p.pass. agg. **1** → **svergognare 2** schamlos **II** m. schamloser Mensch *m.*

sver|go|la|re *(svergolo)* **I** tr. verziehen **II** pronom. **svergolarsi** sich verziehen, sich werfen. **sver|go|la|tu|ra** f. Verziehen *n.*

sver|na|men|to m. Überwintern *n.* **sver|na|re** intr. (aus. *avere*) überwintern.

sver|ni|cia|re tr. *(svernicio, svernici)* den Lack entfernen, ab‿beizen: **~ *la porta*** die Tür abbeizen. **sver|ni|cia|to|re** m. Lacklösungsmittel *n.*, Abbeizmittel *n.* **sver|ni|cia|tu|ra** f. Entfernen *n.* des Lacks, Abbeizen *n.*

sve|sti|re I tr. aus‿ziehen **II** pronom. **svestirsi 1** sich aus‿ziehen **2a** ESTENS. *(abbandonare)* ***-rsi di qcs.*** etw. nieder‿legen; ***-rsi di una carica*** ein Amt niederlegen **b** *(atteggiamento)* ***-rsi di qcs.*** etw. ab‿legen; **~ *della superbia*** seinen Hochmut ablegen. **sve|sti|to** p.pass. agg. **1** → **svestire 2a** ausgezogen **b** *(nudo)* nackt **3** *(senza rivestimento)* unverkleidet ◆ ***riso ~*** geschälter (*o* polierter) Reis.

svet|tan|te agg. emporragend: ***cime -i*** emporragende Gipfel. **svet|ta|re I** intr. (aus. *avere*) empor‿ragen, auf‿ragen: ***gli alberi svettano nel cielo*** die Bäume ragen zum Himmel empor **II** tr. *(cimare)* kappen, stutzen. **svet|ta|to|io** m. *(-oi)* Astschere *f.*

Sve|via n.pr.f. Schwaben *n.* ◆ STOR. ***la casa di ~*** das Haus Hohenstaufen. **sve|vo I** agg. **1** schwäbisch **2** STOR. (hohen)staufisch, Hohenstaufen- **II** m. **1** Schwabe *m.* **2** STOR. Hohenstaufe *m.* **3** *(dialetto)* Schwäbisch(e) *n.* ◆ STOR. ***codice ~*** Schwabenspiegel *m.*

Sve|zia n.pr.f. Schweden *n.*

svez|za|men|to m. **1** Entwöhnung *f.*, Abstillen *n.* **2** *(di animali)* Absetzen *n.*

svez|za|re I tr. **1** entwöhnen, ab‿stillen: **~ *un neonato*** einen Säugling abstillen **2** *(animali)* ab‿setzen **3** FIG. *(disabituare)* **~ *qcn. da qcs.*** jdm etw. ab‿gewöhnen **II** pronom. **svezzarsi *-rsi da qcs.*** sich (D) etw. ab‿gewöhnen, sich etw. (G) entwöhnen.

svia|men|to m. **1** Ablenkung *f.* **2** FERR. Entgleisung *f.*

svi|a|re I tr. **1** irre‿führen: ***l'indicazione sbagliata mi ha sviato*** die falsche Auskunft hat mich irregeführt **2a** FIG. *(deviare)* ab‿lenken: **~ *il discorso*** das Gespräch ablenken; ***gravi problemi lo hanno sviato dallo studio*** schwere Probleme haben ihn vom Studium abgelenkt **b ~ *le indagini*** die Ermittlungen auf eine falsche Spur lenken **3** *(evitare)* aus‿weichen (anche FIG.): **~ *un colpo, una domanda*** einem Schlag, einer Frage ausweichen **4** FIG. *(traviare)* auf Abwege bringen, vom rechten Weg ab‿bringen **II** pronom. **sviarsi 1** vom Weg ab‿kommen **2** FIG. *(traviarsi)* auf Abwege geraten.

svi|co|la|re intr. *(svicolo*; aus. *essere, avere)* **1** um die Ecke biegen **2** ESTENS. *(defilarsi)* sich davon‿machen, sich verdrücken **3** FIG. *(eludere)* nach Ausflüchten suchen.

svi|gna|re intr. (aus. *essere*) e pronom. **svignarsela** sich davon‿machen, sich verdrücken, sich aus dem Staub machen.

svi|go|ri|re *(svigorisco, svigorisci)* **I** tr. entkräften, schwächen **II** pronom. **svigorirsi** ermatten, schwach werden, kraftlos werden.

svi|li|men|to m. **1** Herabsetzung *f.*, Herabwürdigung *f.*, Erniedrigung *f.* **2** *(svalutazione)* Abwertung *f.* **svi|li|re** tr. *(svilisco, svilisci)* **1** herab‿setzen, herab‿würdigen, erniedrigen **2** *(svalutare)* ab‿werten.

svil|la|neg|gia|re tr. *(svillaneggio, svillaneggi)* beleidigen, beschimpfen.

svi|lup|pa|bi|le agg. entwicklungsfähig.

svi|lup|pa|re I tr. **1a** *(potenziare, stimolare)* entwickeln, fördern, entfalten: ***lo studio sviluppa la memoria*** Lernen fördert das Gedächtnis; **~ *la propria fantasia, personalità*** seine Fantasie, Persönlichkeit entfalten; **~ *qcs. ulteriormente*** etw. weiter‿entwickeln **b** *(espandere)* aus‿bauen: **~ *un'azienda*** einen Betrieb ausbauen **2** ESTENS. *(provocare)* aus‿lösen: ***l'iniziativa sviluppò una vasta eco*** die Initiative löste großes Echo aus **3** *(elaborare)* entwickeln, aus‿arbeiten: **~ *un progetto*** einen Plan ausarbeiten **4** *(trattare ampiamente)* ausführlich behandeln: **~ *un argomento*** ein Thema ausführlich behandeln **5a** CHIM. *(sprigionare)* entwickeln, ab‿geben: **~ *calore, energia*** Hitze, Energie entwickeln (*o* abgeben); ***la reazione sviluppa calore*** bei dieser Reaktion entsteht (*o* bildet sich) Wärme **b** MOT. leisten: ***questo motore sviluppa (una potenza di) 100 CV*** dieser Motor leistet 100 PS **6** FOT. entwickeln: ***(fare) ~ una pellicola*** einen Film entwickeln (lassen) **7a** MAT. entwickeln, lösen, ab‿leiten **b** GEOM. entwickeln **8** ANT. LETT. *(districare, sciogliere)* ab‿wickeln, auf‿lösen **II** pronom. **svilupparsi 1a** BIOL. sich entwickeln, entstehen: ***il bambino si è sviluppato precocemente*** das Kind hat sich früh entwickelt; ***il bruco si sviluppa in farfalla*** aus der Raupe entwickelt sich der Schmetterling **b** *(nascere)* entstehen: ***dal bocciolo si è sviluppato un fiore*** aus der Knospe ist eine Blüte entstanden **c** BOT. *(crescere)* wachsen: ***una pianta che si sviluppa velocemente*** eine Pflanze, die schnell wächst **2a** *(potenziarsi)* sich entwickeln: ***l'industria automobilistica si sviluppò dopo la guerra*** die Autoindustrie entwickelte sich nach dem Krieg; ESTENS. ***la situazione si è sviluppata in senso negativo*** die Lage hat sich negativ entwickelt **b** *(rafforzarsi)* sich stärken: ***i muscoli si sviluppano con l'esercizio*** die Muskeln stärken sich durch Übung **3** ESTENS. *(espandersi)* sich aus‿dehnen **4** *(scoppiare, propagarsi)* aus‿brechen: ***si è sviluppata un'epidemia*** eine Epidemie ist ausgebrochen; ***si è sviluppato un incendio*** ein Brand ist ausgebrochen (*o* hat sich entwickelt) **5** *(formarsi)* entstehen: ***si è sviluppata una nube tossica*** eine Giftwolke ist entstanden **6** CHIM. *(sprigionarsi)* sich entwickeln.

svi|lup|pa|to p.pass. agg. **1** → **sviluppare 2** entwickelt: ***un paese industrialmente ~*** ein industriell entwickeltes Land; ***una ragazza -a*** ein körperlich voll entwickeltes Mädchen; ***completamente ~*** voll entwickelt; ***molto ~*** hochentwickelt; ***poco ~*** schwach entwickelt. **svi|lup|pa|to|re** m. Entwickler *m.*

svi|lup|po m. **1a** *(crescita, potenziamento)* Entwicklung *f.*: ***rallentare, promuovere lo ~*** die Entwicklung verlangsamen, fördern (*o* an‿kurbeln); **~ *economico, naturale*** wirtschaftliche, natürliche Entwicklung **b** *(il manifestarsi)* Entfaltung *f.*: ***lo ~ della fantasia*** die Entfaltung der Fantasie **c** *(ampliamento)* Ausbau *m.*, Erweiterung *f.* **d** *(rafforzamento)* Stärkung *f.*: ***lo ~ dei muscoli*** die Stärkung der Muskeln **2** *(l'insorgere)* Entstehen *n.*: ***lo ~ degli incendi nei boschi*** das Entstehen der Waldbrände **3** *(andamento)* Verlauf *m.*: ***lo ~ di una malattia, dei fatti*** der Verlauf einer Krankheit, der Ereignisse **4** *(elaborazione, evoluzione)* Entwicklung *f.*, Ausarbeitung *f.* **5** *(trattazione dettagliata)* Ausführung *f.* **6a** FOT. Entwicklung *f.* **b** *(bagno)* Entwicklerbad *n.* **7** CHIM. *(sprigionamento)* Ausströmen *n.*, Entwicklung *f.* **8a** MAT. Entwicklung *f.*, Lösen *n.*, Ableitung *f.* **b** GEOM. Entwicklung *f.* **9** MUS. Durchführung *f.* ◆ ***gli anni dello ~*** die Entwicklungsjahre; **~ *di un arco*** Bogenlänge *f.*; FOT. ***bagno di ~*** Entwicklerbad *n.*; **~ *di calore*** Wärmeentwicklung *f.*; **~ *demografico*** Bevölkerungsentwicklung *f.*; MED. ***disturbo dello ~*** Entwicklungsstörung *f.*; ***età dello ~*** Entwicklungsalter *n.*; ***grado di ~*** Entwicklungsgrad *m.*; ***periodo di ~*** Entwicklungszeit *f.*, Entwicklungsperiode *f.*; **~ *della personalità*** Persönlichkeitsentfaltung *f.*, Persönlichkeitsentwicklung *f.*; ***piano di ~*** Entwicklungsplan *m.*; ***politica dello ~*** Entwicklungspolitik *f.*; ***processo di ~*** Entwicklungsprozess *m.* (*o* Entwicklungsverlauf *m.*); ***che rallenta lo ~*** entwicklungshemmend; ***ricco di -i*** folgenreich; ***stadio di ~*** Entwicklungsstufe *f.*, Entwicklungsstadium *n.*; ***suscettibile di ~*** entwicklungsfähig; **~ *ulteriore*** Weiterentwicklung *f.*; ***essere in via di ~*** sich in der Entwicklung befinden; ***paese in via di ~*** Entwicklungsland *n.*

svi|na|re tr. (Most) ab‿stechen. **svi|na|tu|ra** f. Abstich *m.* des Mostes.

svin|co|la|re *(svincolo)* **I** tr. **1** ECON. DIR. befreien: **~ *qcs. da un'ipoteca*** etw. von einer Hypothek befreien **2** COMM. *(sdoganare)* verzollen **II** pronom. **svincolarsi** sich befreien: ***-rsi da qcs.*** sich aus etw. befreien; ***-rsi da una stretta mortale*** sich aus einer tödlichen Umklammerung befreien. **svin|co|lo** m. **1** Befreiung *f.* **2** COMM. *(sdoganamento)* Verzollung *f.* **3** STRAD. **~ *(autostradale)*** Autobahnkreuz *n.*, Autobahndreieck *n.*

svio|li|na|re tr. COLLOQ. **~ *qcn.*** jdm schmeicheln; SPREG. jdm lobhudeln. **svio|li|na|ta** f. COLLOQ. **1** *(lo sviolinare)* Schmeicheln *n.* **2** *(di-*

scorso) Schmeichelei *f.*; SPREG. Lobhudelei *f.*

svir|go|la|re tr. *(svirgolo)* SPORT verziehen: ~ ***la palla*** den Ball (*o* den Schuss) verziehen.

svi|sa|men|to m. Entstellung *f.*, Verzerrung *f.* **svi|sa|re** tr. entstellen, verzerren: ~ ***i fatti*** den Sachverhalt entstellen.

svi|sce|ra|re *(sviscero)* **I** tr. **1** aus‿nehmen, aus‿weiden **2a** *(trattare in modo esauriente)* eingehend behandeln **b** *(studiare a fondo)* eingehend untersuchen **II** pronom. ANT. ***-rsi per qcs.*** für jdn schwärmen. **svi|sce|ra|ta|men|te** avv. **1** *(intensamente)* leidenschaftlich **2** SPREG. *(esageratamente)* übertrieben. **svi|sce|ra|to** p.pass. agg. **1** → **sviscerare 2** *(intenso)* leidenschaftlich, heftig **3** SPREG. *(esagerato)* übertrieben.

svi|sta f. Versehen *n.*: ***per*** ~ aus Versehen; ***gli è sfuggita una*** ~ ihm ist ein Versehen unterlaufen.

svi|ta|re I tr. **1** *(allentare viti)* lösen, lockern, auf‿drehen **2a** *(staccando parti avvitate)* ab‿schrauben: ~ ***l'anta di un armadio*** die Schranktür abschrauben **b** *(aprendo una cosa avvitata)* auf‿schrauben, auf‿drehen: ~ ***un barattolo di marmellata*** ein Marmeladenglas aufschrauben **c** *(estraendo)* (her)aus‿schrauben, heraus‿drehen: ~ ***una lampadina*** eine Birne herausschrauben **II** pronom. **svitarsi** sich lösen, sich lockern.

svi|ta|to I p.pass. agg. **1** → **svitare 2** *(di viti)* locker **3** *(di parti staccate)* abgeschraubt **4** FIG. COLLOQ. verschroben, verrückt; ***è un po'*** ~ bei ihm ist eine Schraube locker **II** m. COLLOQ. Spinner *m.*

sviz|ze|ra f. GASTR. Hamburger *m.*

Sviz|ze|ra n.pr.f. Schweiz *f.*; ***essere in*** ~ in der Schweiz sein; ***andare in*** ~ in die Schweiz fahren. **sviz|ze|ro I** agg. schweizerisch, Schweizer- **II** m. **1** *(abitante)* Schweizer *m.* **2** *(soldato della guardia svizzera)* Schweizer *m.* ◆ ***formaggio*** ~ Schweizer Käse; ***franco*** ~ Schweizer Franken; ***guardia -a*** Schweizer *m.*; *(pontificia)* Schweizergarde *f.*; ***tedesco*** ~ schweizerdeutsch; *(lingua)* Schweizerdeutsch(e) *n.*; *(persona)* Schweizerdeutsche *m.*

svo|glia|tag|gi|ne f. → **svogliatezza. svo|glia|ta|men|te** avv. lustlos; ***fare qcs.*** ~ etw. lustlos (*o* mit Unlust) tun. **svo|glia|tez|za** f. Lustlosigkeit *f.*, Unlust *f.*; ***con*** ~ lustlos ◆ ***senso di*** ~ Unlustgefühl *n.* **svo|glia|to I** agg. **1** lustlos; ***essere*** ~ ***in qcs.*** keine Lust zu etw. haben **2** *(pigro)* faul, träge **II** m. lustloser Mensch *m.*

svo|laz|za|men|to m. Flattern *n.*, Geflatter *n.* **svo|laz|zan|te** agg. flatternd, fliegend. **svo|laz|za|re** intr. (aus. *avere*) **1** fliegen, flattern: ***i fogli svolazzano per aria*** die Blätter flattern durch die Luft **2** FIG. springen: ~ ***da un tema all'altro*** von einem Thema zum anderen springen.

svo|laz|zo m. **1** Flattern *n.*, Geflatter *n.* **2** *(lembo che svolazza)* Zipfel *m.* **3** *(calligrafico)* Schnörkel *m.* ◆ ***ornare di -i*** verschnörkeln; ***una prosa piena di -i*** eine sehr ausgeschmückte Prosa.

svol|ge|re *(svolgo, svolgi; svolsi; svolto)* **I** tr. **1a** ab‿wickeln, ab‿spulen, ab‿rollen: ~ ***una matassa, un gomitolo*** einen Strang, ein Knäuel abwickeln; ~ ***un rocchetto*** eine Spule abrollen; FIG. ~ ***il filo della narrazione*** den Faden der Erzählung abrollen **b** *(pacchi)* aus‿packen, aus‿wickeln **2a** FIG. *(sviluppare per esteso)* behandeln **b** *(per iscritto)* schreiben: ~ ***un tema*** einen Aufsatz schreiben **3** *(attività)* aus‿üben: ***che attività svolge?*** welche Tätigkeit (*o* welchen Beruf) üben Sie aus? **II** pronom. **svolgersi 1** ab‿rollen: ***il filo si svolge dalla spoletta*** der Faden rollt von der Spule ab **2** *(realizzarsi)* ab‿laufen, laufen, verlaufen, sich ab‿spielen: ***come si sono svolti i fatti?*** wie spielten sich die Dinge ab? ***il lavoro si svolge regolarmente*** die Arbeit läuft reibungslos; ***-rsi secondo programma*** programmgemäß ablaufen; ***-rsi parallelamente a qcs.*** parallel mit etw. laufen **3** *(avere luogo)* statt‿finden: ***il congresso si svolge a Roma*** der Kongress findet in Rom statt **4** *(essere ambientato)* spielen: ***la storia si svolge nel Medioevo*** die Geschichte spielt im Mittelalter; ***la scena si svolge alla stazione*** die Szene spielt am Bahnhof ◆ ~ ***indagini*** Untersuchungen an‿stellen; ~ ***un'attività politica*** sich politisch betätigen.

svol|gi|men|to m. **1** Abrollen *n.*, Abwickeln *n.* **2a** *(esecuzione)* Durchführung *f.*, Ausführung *f.*: ***lo*** ~ ***di un lavoro*** die Ausführung einer Arbeit **b** *(andamento)* Ablauf *m.*: ***lo*** ~ ***dei fatti*** der Ablauf der Ereignisse **3** SCOL. Ausarbeitung *f.*: ***lo*** ~ ***di un tema*** die Ausarbeitung eines Aufsatzes.

svol|ta f. **1** Abbiegen *n.* **2** *(curva)* Kurve *f.*, Biegung *f.*: ***strada piena di -e*** kurvenreiche Straße: ~ ***pericolosa*** gefährliche Kurve **3** FIG. Wende *f.*, Wendepunkt *m.*, Umschwung *m.*: ***una*** ~ ***politica, economica*** ein politischer, wirtschaftlicher Umschwung; ***questo avvenimento segna una*** ~ ***storica*** dieses Ereignis stellt eine historische Wende dar; ~ ***decisiva*** entscheidende Wende; ***arrivare a una*** ~ an einem Wendepunkt an‿kommen, an einen Wendepunkt an‿langen ◆ ***corsia di*** ~ ***a destra, sinistra*** Rechtsabbiegerspur *f.*, Linksabbiegerspur *f.*; ~ ***a destra*** Rechtswendung *f.*; POL. Rechtsruck *m.*; ***divieto di*** ~ ***a sinistra*** Linksabbiegen verboten; FIG. ***essere a una*** ~ an einem Wendepunkt angelangt, angekommen sein; ***fare una*** ~ ab‿biegen; ***punto di*** ~ Wendepunkt *m.*; ~ ***a sinistra*** Linkswendung *f.*; POL. Linksruck *m.* **svol|ta|re** intr. (aus. *avere*) ab‿biegen: ~ ***a destra, sinistra*** rechts, links abbiegen; ~ ***all'angolo*** an der Ecke abbiegen; ~ ***in una strada*** in eine Straße ein‿biegen.

svol|to p.pass. agg. **1** → **svolgere 2** entfaltet, entwickelt **3** *(condotto)* durchgeführt, ausgeführt, verrichtet: ***un compito ben*** ~ eine sorgfältig ausgeführte Aufgabe.

svol|to|la|re tr. aus‿wickeln, aus‿packen.

svuo|ta|men|to m. **1** Leerung *f.*, Entleerung *f.* **2** *(di strade, città)* Verödung *f.* **svuo|ta|re I** tr. leeren, entleeren (anche FIG.): ~ ***una bottiglia*** eine Flasche leeren; ~ ***un discorso di significato*** eine Rede ihres Sinnes entleeren **II** pronom. **svuotarsi 1** leer‿laufen: ***lascia che la tanica si svuoti*** lass den Tank leerlaufen **2a** sich leeren: ***il treno si svuota a Firenze*** der Zug leert sich in Florenz **b** *(di strade, città)* veröden, sich leeren. **svuo|ta|to** p.pass. agg. **1** → **svuotare 2** leer, geleert.

swa|hi|li [swa'(h)ili] m. Kiswahili *n.*, Kisuaheli *n.*

swing [swiŋ] m.inv. Swing *m.*

sym|po|sium → **simposio.**

T

t, T f. e m.inv. t, T *n.*: ***una T maiuscola, una t minuscola*** ein großes T, ein kleines t; ***a (forma di) ~*** T-förmig.

t ⇒ *tonnellata* Tonne (t).

T ⇒ *tabacchi* (auf Ladenschildern) Tabakwaren.

ta|bac|ca|io m. *(-ai)* **1** Inhaber *m.* eines Tabakwarengeschäftes; AUSTR. Tabaktrafikant *m.* **2** ESTENS. → **tabaccheria. ta|bac|che|ri|a** f. Tabakwarengeschäft *n.*; COLLOQ. Tabakladen *m.*; AUSTR. Tabaktrafik *f.*

ta|bac|chi|col|to|re m. Tabakpflanzer *m.* **ta|bac|chi|col|tu|ra** f. Tabakanbau *m.*

ta|bac|chie|ra f. Schnupftabak(s)dose *f.*

ta|bac|chi|fi|cio m. *(-ci)* Tabakfabrik *f.* **ta|bac|chi|no** m. **1** Tabakfabrikarbeiter *m.* **2** REGION. → **tabaccaio.**

ta|bac|co I m. *(-chi)* **1** Tabak *m.*: ***~ leggero, forte, biondo, scuro*** leichter, starker, heller, dunkler Tabak; ***piantare, coltivare ~*** Tabak pflanzen, an‿bauen; ***masticare, fiutare ~*** Tabak kauen (*o* priemen), schnupfen; ***conciare il ~*** Tabak beizen; ***trinciare il ~*** Tabak schneiden; ***una presa di ~*** eine Prise Schnupftabak **2** *(pianta)* Tabak *m.*, Tabakpflanze *f.* **3** pl. *(prodotti di tabaccheria)* Tabakwaren *pl.*, Rauchwaren *pl.* **4** ESTENS. *(fumo)* Rauchen *n.*: ***il ~ è dannoso alla salute*** Rauchen schadet der Gesundheit **II** agg.inv. ***(color) ~*** tabakbraun ◆ ***borsa per il ~*** Tabaksbeutel *m.*; ***color ~*** tabakbraun; ***coltivazione del ~*** Tabakbau *m.*; ***commercio di -chi*** Rauchwarenhandel *m.*; ***~ da fiuto*** Schnupftabak *m.*; ***foglia di ~*** Tabakblatt *n.*; ***fumatore di ~*** Tabakraucher *m.*; ***~ da fumo*** Rauchtabak *m.*; ***~ grezzo*** Rohtabak *m.*; ***imposta sul ~*** Tabaksteuer *f.*; ***industria del ~*** Tabakindustrie *f.*; ***lavorazione del ~*** Tabakverarbeitung *f.*; ***~ da masticare*** Kautabak *m.* (*o* Priemtabak *m.*); ***monopolio dei -chi*** Tabakmonopol *n.*; ***~ da naso*** Schnupftabak *m.*; ***piantagione di ~*** Tabakpflanzung *f.*; ***~ da pipa*** Pfeifentabak *m.*; ***~ in rotoli*** Rollentabak *m.*; ***~ trinciato*** Schnitttabak *m.*

ta|ba|gi|co agg. *(-ci,-che)* Tabak-: ***intossicazione -a*** Tabakvergiftung *f.* **ta|ba|gi|smo** m. Nikotinsucht *f.*, (chronische) Nikotinvergiftung *f.* **ta|ba|gi|sta** m. e f. *(-i,-e)* Nikotinsüchtige *m.* e *f.*

ta|bar|ro m. **1** ANT. Schlüpfer *m.*, schwerer Winterumhang *m.* **2** ESTENS. schwerer Wintermantel *m.*

ta|ba|sco m.inv. Tabasco® *m.*

ta|be f. Schwindsucht *f.*; ***~ dorsale*** Rückenmarkschwindsucht *f.*

ta|bel|la f. Tabelle *f.*: ***preparare, fare una ~*** eine Tabelle an‿fertigen (*o* auf‿stellen); ***aggiornare una ~*** neue Daten in eine Tabelle ein‿fügen ◆ ***in forma di ~*** tabellenförmig; ***~ di marcia*** Zeitplan *m.* (anche FIG.); ***~ dei prezzi*** Preistafel *f.* **ta|bel|la|re** agg. tabellarisch, Tabellen-: ***rappresentazione ~*** tabellarische Darstellung ◆ ***aumento ~ (degli stipendi)*** Lohnerhöhung *f.* nach der Lohntabelle. **ta|bel|li|na** f. **1** kleine Tabelle *f.* **2** MAT. kleines Einmaleins *n.*; ***~ del nove*** Neunerreihe *f.*

ta|bel|lo|ne m. **1** Tafel *f.* **2** *(per risultati sportivi)* Punktetafel *f.* **3** *(per affissioni)* Anschlagtafel *f.* **4** *(nella pallacanestro)* Korbbrett *n.* ◆ ***~ per affissioni*** Anschlagtafel *f.*; ***~ degli arrivi*** Ankunftstafel *f.*; ***~ delle partenze*** Abfahrtstafel *f.*; ***~ pubblicitario*** Plakatwand *f.*; ***~ dei punti*** Anzeigetafel *f.*

ta|ber|na|co|lo m. **1** Tabernakel *n.* **2** *(edicola)* Nische *f.* **3** BIBL. Laubhütte *f.*; ***festa dei -i*** Laubhüttenfest *n.*

tab|loid [tæb-, *üblich* tab-] **I** m.inv. kleinformatige Zeitung *f.* **II** agg.inv. ***formato ~*** Kleinformat *n.*

ta|bù I m.inv. Tabu *n.*: ***infrangere, violare un ~*** ein Tabu brechen, verletzen **II** agg. tabu, Tabu-: ***la questione è ~*** die Sache ist tabu: ***parola, argomento ~*** Tabuwort *n.*, Tabuthema *n.* **ta|buiz|za|re** tr. tabuieren, tabuisieren.

ta|bu|la ra|sa f. FILOS. Tabula rasa *f.* ◆ SCHERZ. ***essere una ~*** ein Hohlkopf sein; ***far ~ di qcs.*** Tabula rasa (*o* reinen Tisch) mit etw. machen.

1.ta|bu|la|re agg. flach.

2.ta|bu|la|re tr. tabellarisieren.

ta|bu|la|to m. Tabelle *f.*, Übersicht *f.*; ***~ dei dati*** Datentabelle *f.* **ta|bu|la|to|re** m. Tabulator *m.* **ta|bu|la|zio|ne** f. Tabellarisierung *f.*

1.tac inter. tack.

2.tac, TAC f.inv. (⇒ *tomografia assiale computerizzata*) Computertomographie *f.*, CT *f.*

tac|ca f. *(-che)* **1a** Kerbe *f.*: ***fare una ~ in, su qcs.*** eine Kerbe in etw. (A) schneiden, etw. kerben **2** *(di lama)* Scharte *f.* **3** *(macchia)* Fleck *m.* **4** *(difetto)* Makel *m.* ◆ ***~ della freccia*** Kerbe *f.*; ***intaglio a -che*** Kerbschnitt *m.*; FIG. ***un uomo di mezza ~*** eine kleine Nummer (*o* ein Würstchen); ***~ di mira*** Kimme *f.*

tac|ca|gne|ri|a f. Knauserigkeit *f.*, Pfennigfuchserei *f.*, Knick(e)rigkeit *f.* **tac|ca|gno I** agg. knauserig, knick(e)rig **II** m. Knauser *m.*, Pfennigfuchser *m.*, Knicker *m.*, Geizhals *m.*

1.tac|cheg|gia|re *(taccheggio, taccheggi)* **I** intr. (aus. *avere*) einen Ladendiebstahl begehen **II** tr. im Laden stehlen.

2.tac|cheg|gia|re tr. *(taccheggio, taccheggi)* TIP. zu‿richten.

tac|cheg|gia|to|re m. Ladendieb *m.*

1.tac|cheg|gio m. *(-gi)* Ladendiebstahl *m.*

2.tac|cheg|gio m. *(-gi)* TIP. Zurichtung *f.*

tac|chet|ta|re intr. (aus. *avere*) trippeln. **tac|chet|ti|o** m. Trippeln *n.*

tac|chet|to m. **1** dünner Absatz *m.* **2** *(di scarpe da calcio)* Stollen *m.*

tac|chi|na Truthenne *f.*, Pute *f.* **tac|chi|no** m. Truthahn *m.*, Puter *m.* ◆ ***arrosto di ~*** Putenbraten *m.*; ***diventare rosso come un ~*** puterrot an‿laufen (*o* werden).

tac|cia f. *(-ce)* Verruf *m.*; ***avere la ~ di disonesto*** als unehrlich verrufen sein. **tac|cia|re** tr. *(taccio, tacci)* beschuldigen: ***~ qcn. di qcs.*** jdn etw. (G) beschuldigen; ***~ qcn. di disonestà*** jdn der Unehrlichkeit beschuldigen.

tac|co m. *(-chi)* **1** Absatz *m.*: ***~ basso, alto*** flacher (*o* niedriger), hoher Absatz; ***~ consumato*** abgelaufener Absatz; ***farsi rifare i -i*** die Absätze erneuern lassen **2** TIP. Unterlage *f.*, Aufsatz *m.* ◆ ***alzare i -chi*** Fersengeld geben, ab‿zischen; MIL. ***battere i -chi*** die Hacken zusammen‿schlagen; FIG. COLLOQ. Fersengeld geben, die Beine unter die Arme nehmen; SPORT ***colpo di ~*** Hackentrick *m.*; FIG. ***girare sui -chi*** auf dem Absatz kehrt‿machen; ***~ di gomma*** Gummiabsatz *m.*; ***~ a spillo*** Pfennigabsatz *m.*

tac|co|la f. ORNIT. Dohle *f.*

tac|cui|no m. Notizbuch *n.*

ta|ce|re *(taccio, taci; tacqui; taciuto)* **I** intr. (aus. *avere*) **1** schweigen: ***~ su qcs.*** über etw. (A), zu etw. schweigen FIG. ***le armi tacciono*** die Waffen schweigen **2** *(cessare di parlare)* verstummen: ***d'improvviso tacque*** plötzlich verstummte er **II** tr. **1** verschweigen: ***~ il nome del complice*** den Namen des Mittäters verschweigen **2** *(omettere)* aus‿lassen: ***~ un particolare*** eine Einzelheit auslassen **III** pronom. **tacersi** LETT. schweigen ◆ ***far ~ qcn.*** jdn zum Schweigen bringen; FIG. ***far ~ qcs.*** *(reprimere)* etw. unterdrücken: ***far ~ i morsi della fame*** den quälenden Hunger unterdrücken; ***mettere qcs. a ~*** etw. vertuschen; PROV. ***chi tace acconsente*** = wer schweigt, stimmt zu.

ta|che|o|me|tri|a f. Tachymetrie *f.* **ta|che|o|me|tro** m. Tachymeter *n.*

ta|chi|car|di|a f. Tachykardie *f.*, Herzjagen *n.* **ta|chi|car|di|co I** agg. *(-ci,-che)* tachykardisch **II** m. *(-ci)* Tachykardiepatient *m.*

ta|chi|glos|si|de f. Schnabeligel *m.*

ta|chi|gra|fi|a f. **1** Kurzschrift *f.*, Stenographie *f.* **2** STOR. Tachygraphie *f.* **ta|chi|gra|fo** m. Tachograf *m.*, Tachygraph *m.*, Fahrtschreiber *m.*

ta|chi|me|tri|a f. Tachometrie *f.* **ta|chi|me|tro** m. Tachometer *m.* e *n.*; COLLOQ. Tacho *m.*

ta|chi|pne|a f. Kurzatmigkeit *f.*

ta|ci|ta|men|te avv. **1** *(silenziosamente)* still, stillschweigend **2** *(segretamente)* heimlich **3** *(in modo implicito)* stillschweigend: ***accettare qcs. ~*** etw. stillschweigend an‿nehmen.

ta|ci|ta|re tr. (*tacito*) **1** vertuschen, verheimlichen: ***~ uno scandalo***

einen Skandal vertuschen **2** COMM. ab‿finden, befriedigen: ~ ***un creditore*** einen Gläubiger abfinden. **ta|ci|ta|zio|ne** f. Abfindung *f.*
ta|ci|tia|no agg. **1** taciteisch **2** FIG. *(conciso)* knapp, gedrängt. **ta|ci|ti|smo** m. **1** Tacitusforschung *f.* **2** *(imitazione)* Anlehnung *f.* an den Stil des Tacitus.
ta|ci|to agg. **1a** *(zitto)* schweigsam, stillschweigend **b** *(silenzioso)* ruhig, still **2** FIG. *(implicito, non espresso)* stillschweigend, still: ***tra loro c'è un ~ accordo*** zwischen ihnen besteht ein stillschweigendes Übereinkommen; ~ ***rimprovero*** stiller Vorwurf.
Ta|ci|to n.pr.m. Tacitus *m.*
ta|ci|tur|no agg. schweigsam, still.
tackle ['tækəl] m.inv. Tackling *n.*: ~ ***scivolato*** Gleittackling *n.*
Tad|de|o n.pr.m. Taddäus *m.*
tae-kwon-do [tɛ kwan'do] m.inv. Taekwondo *n.*
ta|fa|no m. Bremse *f.*, Rinderbremse *f.* ◆ ***puntura di ~*** Bremsenstich *m.*
taf|fe|ru|glio m. *(-gli)* **1** Rauferei *f.*, Geraufe *n.*, Handgemenge *n.*: ***scoppiò un ~*** es kam zu einer Rauferei; ***venire coinvolto in un ~*** in ein Handgemenge verwickelt werden **2** *(tumulto)* Trubel *m.*
taf|fe|tà, taf|fet|tà m. Taft *m.* ◆ ***vestito di ~*** Taftkleid *n.*
ta|gic|co, ta|gi|co I agg. *(-chi,-che)* tadschikisch **II** m. *(-chi)* Tadschike *m.* **Ta|gi|ki|stan** n.pr.m. Tadschikistan *n.* **ta|gi|ko** → **tagicco.**
ta|glia f. **1** Größe *f.*: ***un vestito di ~ 50*** ein Kleid der Größe 50; ***che ~ porti?*** was für eine Größe hast (*o* trägst) du? **2a** *(corporatura)* Statur *f.*, Körperbau *m.*: ***essere di ~ media, robusta*** von mittlerer, kräftiger Statur sein **b** *(di animali)* ***di piccola, grossa, media ~*** klein, groß, mittelgroß **3** *(ricompensa)* Kopfgeld *n.*, Belohnung *f.*: ***mettere una ~ su qcn.*** auf jdn ein Kopfgeld aus‿setzen; ***sul capo di qcn. pende una grossa ~*** auf jds Kopf ist eine hohe Belohnung ausgesetzt **4** *(imposta)* Steuer *f.*, Abgabe *f.* ◆ ***-e calibrate*** Sondergrößen *pl.*; ***-e forti*** Übergrößen *pl.*, Überweiten *pl.*; ~ ***intermedia*** Zwischengröße *f.*; ~ ***media*** Mittelgröße *f.*; ~ ***standard*** Konfektionsgröße *f.*; ~ ***unica*** Einheitsgröße *f.*
ta|glia|bor|se m.inv. Taschendieb *m.*, Beutelschneider *m.*
ta|glia|bo|schi m.inv. Holzfäller *m.*
ta|glia|car|te m.inv. Brieföffner *m.*
ta|glia|cir|cui|to m.inv. ~ ***fusibile*** Abschmelzsicherung *f.*
ta|gliac|que m.inv. Eisbrecher *m.*
ta|glia|er|ba I m.inv. Rasenmäher *m.*, Rasenmähmaschine *f.* **II** agg.inv. ***forbice*** ~ Rasenschere *f.*
ta|glia|fi|li I m.inv. Drahtschere *f.* **II** agg.inv. ***pinza*** ~ Drahtschere *f.*
ta|glia|fuo|co I m.inv. **1** Feuerschutz *m.* **2** *(terreno)* Feuerschutzschneise *f.* **II** agg.inv. Feuer-, Brand-: ***muro*** ~ Brandmauer *f.*; ***porta*** ~ Feuertür *f.*
ta|glia|le|gna m.inv. Holzfäller *m.*
ta|glia|ma|re m.inv. Scheg *m.*
ta|glian|do m. Abschnitt *m.*, Coupon *m.*: ~ ***scaduto*** abgelaufener Coupon ◆ ~ ***d'acquisto*** Kaufabschnitt *m.*; ~ ***di controllo*** Kontrollabschnitt *m.*; ~ ***degli interessi*** Zinsabschnitt *m.*; ~ ***dei premi*** Prämienschein *m.*
ta|glia|pa|sta m.inv. Teigrädchen *n.*
ta|glia|pie|tre m.inv. Steinhauer *m.*
ta|glia|re *(taglio, tagli)* **I** tr. **1a** schneiden, ab‿schneiden; *(dividere)* durch‿schneiden: ~ ***con un coltello, con una sega, con le forbici*** mit einem Messer, mit einer Säge, mit der Schere schneiden; ~ ***qcs. a dadi, in pezzi, a strisce*** etw. in Würfel, Stücke, Streifen schneiden; ~ ***un salame (a fette)*** eine Salami in Scheiben schneiden; ~ ***a fette una torta*** einen Kuchen in Stücke schneiden; ~ ***i capelli a qcn.*** jdm die Haare (ab)schneiden; ~ ***un nastro con le forbici*** ein Band mit der Schere durchschneiden; ~ ***il grano*** das Getreide schneiden; ~ ***un ramo*** einen Zweig abschneiden **b** assol. ***queste forbici (non) tagliano*** diese Schere schneidet (nicht) **2a** *(potare)* stutzen, schneiden, zurück‿schneiden **b** *(erba)* schneiden, mähen **c** *(alberi)* fällen **d** *(boschi)* ab‿holzen **3** *(intersecare)* schneiden: ***la retta taglia la circonferenza in due punti*** die Gerade schneidet den Kreis in zwei Punkten; ***la strada taglia la linea ferroviaria*** die Straße schneidet die Bahnlinie **4** assol. *(fare un percorso più breve)* (den Weg) ab‿schneiden **5a** *(interrompere)* unterbrechen: ~ ***le comunicazioni*** die Verbindungen unterbrechen **b** *(interrompere l'erogazione)* sperren: ~ ***il gas, la luce*** das Gas, das Licht sperren **6** *(ridurre)* kürzen: ~ ***un racconto*** eine Erzählung kürzen; ~ ***le spese*** die Ausgaben kürzen **7a** *(eliminare)* entziehen; *(sopprimere)* streichen: ~ ***i fondi a qcn.*** jdm die finanzielle Unterstützung entziehen **b** *(posti di lavoro)* ab‿bauen **8** SART. zu‿schneiden: ~ ***una gonna (secondo un modello)*** einen Rock (nach einem Schnitt) zuschneiden **9** CINEM. heraus‿schneiden: ~ ***delle scene da un film*** Szenen aus einem Film herausschneiden **10** *(amputare)* ab‿nehmen, amputieren **11** *(incidere)* auf‿schneiden: ~ ***un ascesso*** einen Abszess aufschneiden **12** schleifen, schneiden: ~ ***un diamante*** einen Diamanten schleifen **13** ENOL. verschneiden: ~ ***il vino*** den Wein verschneiden **14** *(stupefacenti)* ~ ***l'eroina*** Heroin strecken **II** pronom. **tagliarsi** sich schneiden: ***-rsi un dito col coltello*** sich (D) mit dem Messer in einen Finger schneiden; ***-rsi radendosi*** sich beim Rasieren schneiden; ***-rsi le vene*** sich die Pulsadern auf‿schneiden; *(accorciare)* ***-rsi la barba, le unghie*** sich (D) den Bart, die Fingernägel schneiden ◆ ~ ***con un'accetta*** mit einer Axt spalten; GIOC. ~ ***le carte*** die Karten ab‿heben; ***una nebbia che si taglia col coltello*** ein Nebel, bei dem man die Hand nicht vor den Augen sieht; ~ ***la corda*** sich aus dem Staub machen, sich ab‿seilen; COLLOQ. ***taglia corto!*** mach's kurz! ~ ***corto con qcn., qcs.*** mit jdm, etw. kurzen Prozess machen; ***avere una lingua che taglia e cuce*** eine scharfe Zunge haben; ~ ***una curva*** eine Kurve schneiden; ~ ***qcs. in due*** etw. in zwei Hälften schneiden; ***il freddo taglia la faccia*** die Kälte schneidet ins Gesicht; ~ ***fuori qcs.*** ab‿schneiden; FIG. ~ ***fuori qcn.*** jdn aus‿schließen; ***una salita che taglia le gambe*** ein Anstieg, der in die Beine geht; FIG. ~ ***le gambe a qcn.*** jdm den Wind aus den Segeln nehmen; ~ ***la gola a qcn.*** jdm die Kehle (*o* die Gurgel) durch‿schneiden; ~ ***la legna*** Holz hacken; ~ ***a metà*** halbieren; ~ ***le pagine di un libro*** die Buchseiten auf‿schneiden; ~ ***la palla*** den Ball schneiden, an‿schneiden; FIG. ~ ***i panni addosso a qcn.*** jdn durch‿hecheln; ~ ***i ponti con qcn.*** die Beziehungen zu jdm ab‿brechen; ~ ***i ponti con qcs., con il passato*** einen Strich unter etw., unter die Vergangenheit ziehen; ~ ***la strada a qcn. (nel sorpasso)*** jdn (beim Überholen) schneiden; ~ ***la testa a qcn.*** jdm den Kopf ab‿schlagen (*o* jdn köpfen); ~ ***la testa al toro*** kurzen Prozess machen; ~ ***il traguardo*** durchs Ziel gehen; ~ ***via qcs.*** etw. weg‿schneiden; FIG. ~ ***i viveri*** den Hahn ab‿drehen.
ta|glia|si|ga|ri m.inv. Zigarrenabschneider *m.*
ta|glia|ta f. **1** Schneiden *n.*, Abschneiden *n.*, Stutzen *n.*; ***dare una ~ alla siepe*** die Hecke stutzen; ***farsi dare una ~ ai capelli*** sich die Haare schneiden lassen **2** GASTR. INTRAD. (gebratenes, in dünne Scheiben geschnittenes Rindfleisch mit Öl und Gewürzen) **3** ANT. *(radura)* Lichtung *f.*
ta|glia|tel|le f.pl. Bandnudeln *pl.*; ~ ***all'uovo*** Eierbandnudeln *pl.*
ta|glia|to p.pass. agg. **1** → **tagliare 2a** geschnitten **b** *(diviso)* geteilt: ~ ***in due*** zweigeteilt **c** *(erba, grano)* geschnitten: ***erba appena -a*** frisch geschnittenes Gras **3** *(attraversato)* durchgeschnitten, durchquert: ***un bosco ~ da una strada*** ein von einer Straße durchschnittener Wald **4** *(eliminato)* gestrichen: ***le parti -e di un articolo*** die gestrichenen Teile eines Artikels **5** *(ridotto)* gekürzt: ***scena -a*** gekürzte Szene **6a** *(alterato)* verschnitten: ***vino ~*** verschnittener Wein **b** *(di stupefacenti)* versetzt **7** FIG. *(portato per qcs.)* geeignet: ***essere ~ per qcs.*** für etw. geeignet sein ◆ ~ ***con l'accetta*** *(eseguito grossolanamente)* grob ausgeführt; *(di persona)* grob, grobschlächtig, ungehobelt; ~ ***corto*** kurz geschnitten: ***capelli -i corti*** kurz geschnittenes Haar; ~ ***fuori*** ausgeschlossen; ~ ***a metà*** halbiert; ~ ***a quarti, in quattro*** geviertelt; SPORT ***palla -a*** geschnittener Ball.
ta|glia|to|re m. **1** SART. Zuschneider *m.* **2** *(al macello)* Zerleger *m.* ◆ ~ ***di diamanti*** Diamantenschleifer *m.* **ta|glia|tri|ce** f. **1** SART. Zuschneiderin *f.* **2** *(macchina)* Schneidemaschine *f.* **3** MIN. Schrämbohrer *m.*
ta|glia|tu|bi I m.inv. Rohrabschneider *m.* **II** agg.inv. ***cesoia*** ~ Rohrschere *f.*
ta|glia|uo|va m.inv. Eierschneider *m.*
ta|glia|ve|tro I m.inv. Glasschneider *m.* **II** agg.inv. ***diamante*** ~ Glaserdiamant *m.*
ta|glieg|gia|re tr. *(taglieggio, taglieggi)* erpressen. **ta|glieg|gia|to|re** m. Erpresser *m.*
ta|glien|te agg. **1** scharf: ***coltello*** ~ scharfes Messer **2** FIG. *(mordace)* scharf, bissig: ***lingua*** ~ scharfe Zunge; ***risposta*** ~ bissige Antwort **3** FIG. *(penetrante)* schneidend: ***vento, dolore*** ~ schneidender Wind, Schmerz; ***freddo*** ~ schneidende (*o* beißende) Kälte.
ta|glie|re m. Hackbrett *n.*, Wiegebrett *n.*, Küchenbrett *n.*
ta|glie|ri|a f. Diamantenschleiferei *f.*
ta|glie|ri|na f. **1a** Schneidewerkzeug *n.*, Schneidegerät *n.* **b** TECN. Schneidemaschine *f.* **2** *(per carta)* Papierschneidegerät *n.*
ta|gliet|to m. kleiner Schnitt *m.*
ta|glio m. *(-gli)* **1a** Schnitt *m.*: ***fare un ~ nella stoffa*** einen Schnitt in den Stoff machen **b** *(ferita)* Schnitt *m.*, Schnittwunde *f.*: ~ ***profondo, superficiale*** tiefer, oberflächlicher Schnitt; ***mi sono fatto un ~ al dito*** ich habe mich in den Finger geschnitten **2** *(riduzione)* Kürzung *f.*: ***-gli alla spesa pubblica*** Kürzung der Staatsausgaben **3** *(soppressione)* Streichung *f.*: ***i -gli della censura*** die Streichungen der Zensur; ***fare un ~ in un testo*** eine Stelle in einem Text streichen **4** *(affettatura)* Schneiden *n.*, Aufschneiden *n.* **5** *(falciatura)*

Mähen *n.*: ***il ~ dell'erba*** das Grasmähen **6** *(di alberi)* Fällen *n.*, Schlag *m.* **7a** MED. *(amputazione)* Abnehmen *n.*, Amputation *f.* **b** *(incisione)* Einschnitt *m.*, Schnitt *m.* **8** *(interruzione)* Unterbrechung *f.*, Einstellung *f.*: ***~ dei viveri*** Unterbrechung der Lebensmittelversorgung **9a** *(parte della lama)* Schneide *f.* **b** *(affilatura)* Schärfe *f.*, Schliff *m.*: ***perdere il ~*** den Schliff verlieren **10** *(pezzo)* Stück *m.*: ***un ~ di stoffa*** ein Stück Stoff; ***il filetto è un ~ tenero*** Filet ist ein zartes Fleischstück **11** *(formato)* Format *n.*, Größe *f.*: ***mattonelle dello stesso ~*** Fliesen in gleichem Format (*o* gleichen Formats) **12** *(parte più stretta)* Schmalseite *f.*, Rücken *m.* **13** *(stile)* Schnitt *m.*: ***giacca di ~ sportivo*** Jacke in sportlichem Schnitt **14** *(impostazione)* Ton *m.*, Zuschnitt *m.*: ***giornale di ~ conservatore*** Zeitung konservativen Zuschnitts; ***dare al discorso un ~ polemico*** der Rede einen polemischen Ton geben **15** ENOL. Verschnitt *m.* **16** *(di stupefacenti)* Strecken *n.* **17** *(di gemme)* Schliff *m.* ◆ ***vendere a ~*** stückweise verkaufen; ***~ addizionale*** Hilfslinie *f.*; ***arma da ~*** Hiebwaffe *f.*; ***~ del bosco*** Abholzen *n.*, Abholzung *f.*; ***bosco da ~*** Holzschlag *m.*; ***~ a brillante*** Brillantschliff *m.*; ***~ di, dei capelli*** Haarschnitt *m.*; ***~ di carne*** Fleischstück *m.*; ***~ cesareo*** Kaiserschnitt *m.*; ***dacci un ~!*** lass uns ein Ende machen! ***di ~*** hochkant, senkrecht: ***sistemare i libri di ~ nello scaffale*** die Bücher hochkant in das Regal stellen; ***colpire di ~*** mit der Schneide treffen; ***colpire la palla di ~*** den Ball (an)schneiden; ***arma a doppio ~*** zweischneidiges Schwert (anche FIG.); ***ferita da ~*** Schnittwunde *f.*, Hiebwunde *f.*; ***banconote di grosso ~*** große Banknoten; ***legna da ~*** Schnittholz *n.*; ***~ longitudinale*** Längsschnitt *m.*; ***~ netto*** glatter Schnitt; FIG. Abbruch *m.*; ***dare un ~ netto a qcs.*** unter etw. einen Schlussstrich ziehen; ***~ obliquo*** Querschnitt *m.*; ***banconote di piccolo ~*** kleine Banknoten; ***pizza al ~*** Pizza *f.* im Stück; ***~ a rosetta*** Rosettenschliff *m.*; ***scuola di ~ (e cucito)*** Zuschneideschule *f.*; MECC. ***sforzo di ~*** Schnittkraft *f.*; ***strumento da ~*** Schneidewerkzeug *n.*; ***vino da ~*** Wein *m.* zum Verschneiden.

ta|glio|la f. **1** Fangeisen *n.*, Tellereisen *n.* **2** *(trappola)* Falle *f.* ◆ ***~ per lupi*** Wolfsangel *f.*; ***~ per volpi*** Fuchseisen *n.*

ta|glio|li|ni m.pl. INTRAD. (schmale Bandnudeln).

ta|glio|ne m. Talion *m.*; ***legge del ~*** Talionslehre *f.*

ta|gliuz|za|men|to m. Zerschneiden *n.* (in Schnipsel); COLLOQ. Zerschnippeln *n.* **ta|gliuz|za|re** tr. zerschneiden, klein schneiden; COLLOQ. (zer)schnippeln.

tai|ga f. Taiga *f.*

tai|lan|de|se I agg. thailändisch **II** m. e f. *(abitante)* Thailänder *m.* (-in *f.*) **III** m. *(lingua)* Thailändisch(e) *n.* **Tai|lan|dia** n.pr.f. Thailand *n.*

tail|leur [ta'jør] m.inv. Kostüm *n.*, Damenkostüm *n.* ◆ ***~ pantalone*** Hosenanzug *m.*

tal → **tale.**

ta|lal|tro pron.indef. ein anderer: ***taluno ci prova, ~ rinuncia*** einer versucht es, ein anderer verzichtet ◆ ***talvolta sì, -a no*** mal ja, mal nein (*o* einmal ja, ein andermal nein).

ta|la|mo m. **1a** *(camera)* Brautgemach *n.*, Ehegemach *n.* **b** *(letto nuziale)* Ehebett *n.* **c** LETT. *(letto)* Bett *n.* **2** BOT. Blüte *f.* ◆ ***condurre una donna al ~*** eine Frau zum Altar führen; ***abbandonare il ~ nuziale*** den häuslichen Herd verlassen; ANAT. ***~ ottico*** Sehhügel *m.*, Thalamus *m.*

ta|la|re agg. ***abito, veste ~*** Talar *m.* ◆ ***prendere l'abito ~*** zum Priester geweiht werden; ***abbandonare l'abito ~*** aus dem Priesterstand aus‿treten.

ta|las|se|mi|a f. Thalassämie *f.*, Mittelmeeranämie *f.* **ta|las|se|mi|co I** agg. *(-ci,-che)* thalassämisch **II** m. *(-ci)* an Thalassämie Leidende *m.*

ta|las|so|bio|lo|gi|a f. Meeresbiologie *f.* **ta|las|so|gra|fi|a** f. Meereskunde *f.* **ta|las|so|gra|fi|co** agg. *(-ci,-che)* meereskundlich.

ta|las|so|lo|gi|a f. Meereskunde *f.* **ta|las|so|te|ra|pi|a** f. Thalassotherapie *f.*

tal|ché cong. LETT. dermaßen, so dass, dass.

tal|co m. *(-chi)* **1** *(borotalco)* (talkumhaltiger) Puder *m.*; ***cospargersi di ~*** sich ein‿pudern **2** MIN. Talk *m.* ◆ ***~ mentolato*** Mentholpuder *m.*; ***~ in polvere*** Talkumpuder *m.*

ta|le I agg.dimostr. **1** solcher, derartig, so ein, solch ein: ***-i persone*** solche Leute; ***in -i casi occorre prudenza*** in solchen Fällen muss man vorsichtig sein; ***non ho mai visto una ~ maleducazione*** so eine (*o* eine solche, derartige) Ungezogenheit ist mir noch nie untergekommen; ***c'è una ~ confusione!*** hier herrscht ein solches Durcheinander! ***non lo credevo capace di una ~ azione*** ich hätte nicht geglaubt, dass er zu einer derartigen (*o* solchen) Tat fähig ist; ***in una ~ circostanza*** bei so einer Gelegenheit (*o* zu einem solchen Anlass) **2** *(questo)* dieser: ***dopo -i parole se ne andò*** nach diesen Worten ging er **3** *(correlato con* **che, da***)* so, dermaßen, derartig: ***c'era un ~ caldo che non si riusciva a dormire*** es war derartig heiß, dass man nicht schlafen konnte **4a** *(correlato con* **quale***)* genau wie, so wie, ganz wie: ***riferì il discorso ~ e quale lo aveva sentito*** er gab die Rede so wieder, wie er sie gehört hatte; ***~ e quale a te*** genau wie du **b** ***~ (il) padre, ~ (il) figlio*** wie der Vater, so der Sohn **II** agg.indef. **1** *(preceduto da artc.indet.)* gewiss: ***un tal signor Rossi, un ~ Giovanni*** ein gewisser Herr Rossi, Giovanni **2** *(preceduto da artc.det.)* der: ***quel ~ amico di cui ti ho parlato*** der Freund, von dem ich dir erzählt habe; ***ci incontreremo il giorno ~ all'ora ~*** wir treffen uns an dem und dem Tag um die und die Zeit **III** pron.dimostr. der, derjenige, die Person: ***la ~*** die, diejenige: ***lui è il ~ che cerchi*** er ist der (*o* derjenige), den du suchst; ***è il ~ che ha telefonato poco fa*** es ist die Person, die vorhin angerufen hat **IV** pron.indef. **1** *(preceduto da artc.indet.)* einer, jemand, eine Person: ***ho conosciuto un ~ di Roma*** ich habe jemanden (*o* eine Person) aus Rom kennen gelernt; ***ho incontrato un ~ che dice di conoscerti*** ich habe jemanden getroffen, der sagt, dass er dich kennt; ***c'è un ~ di là che ti aspetta*** drüben wartet jemand auf dich **2** *(preceduto da* quel, quella*)* die Person, COLLOQ. der Typ: ***è venuto quel ~ dell'assicurazione*** der Versicherungstyp (*o* der Typ von der Versicherung) ist da gekommen ◆ ***in tal caso*** in diesem Fall; ***come ~*** als solcher; ***una cosa ~*** so etwas; ***una cosa ~ non dovrebbe accadere*** so etwas dürfte nicht vorkommen; ***il tal giorno*** am Soundsovielten; ***in modo ~*** solcherart, dermaßen; ***a ~ proposito*** diesbezüglich; ***a ~ proposito vorrei dire che...*** diesbezüglich (*o* dazu) möchte ich sagen, dass...; ***a ~ proposito non è stato deciso ancora niente*** diesbezüglich wurde noch nichts entschieden (*o* darüber wurde noch nicht entschieden); ***a tal punto*** so weit; *(talmente)* derart, dermaßen; ***si è arrivati a tal punto da...*** es ist so weit gekommen, dass...; ***la situazione è rimasta ~ quale*** die Lage ist unverändert; ***sei rimasto ~ quale*** du bist derselbe geblieben; ***in quanto ~*** deshalb: ***è minorenne e, in quanto ~, non può votare*** er ist minderjährig und darf deshalb nicht wählen; ***la cosa in quanto ~*** die Sache als solche; ***ripetere qcs. ~ e quale*** etw. wortwörtlich wiederholen; ***a ~ scopo*** dazu (*o* zu diesem Zweck); ***il signor Tal dei Tali*** Herr Soundso; ***di ~ specie*** solcherlei, derlei, solcherart, derartig.

ta|le|a f. Steckling *m.*

ta|leg|gio m. INTRAD. (weicher Frischkäse).

ta|len|to m. **1** Talent *n.*: ***avere ~ per qcs.*** Talent für etw., zu etw. haben **2** *(persona dotata)* Talent *n.*, talentvoller Mensch *m.*: ***cercare giovani -i*** junge Talente suchen **3** STOR. *(unità di misura)* Talent *n.* ◆ ***di ~*** talentiert, begabt (*o* von Talent): ***un artista di ~*** ein talentierter Künstler; ***un giovane di ~*** ein begabter Junge; ***mancanza di ~*** Talentlosigkeit *f.*; ***~ naturale*** Naturtalent *n.*; ***pieno di ~*** talentvoll; ***privo di ~*** talentlos.

tal|ent-scout [-skaʊt] m.inv. Talentsucher *m.*

Ta|le|te n.pr.m. Thales *m.*

Ta|lia n.pr.f. Thalia *f.*

ta|lia|ce|o m. Salpe *f.*

ta|li|sma|no m. Talisman *m.*

talk show ['tɔːkʃoʊ] m.inv. Talkshow *f.*

tal|le|ro m Taler *m.* ◆ ***~ imperiale*** Reichstaler *m.*

tal|lio m. Thallium *n.*

tal|lo m. Thallus *m.* **tal|lo|fi|ta** f. Lagerpflanze *f.*, Thalluspflanze *f.*

tal|lo|na|men|to m. Verfolgung *f.* **tal|lo|na|re** tr. **1** ***~ qcn.*** jdm auf den Fersen sein, jdn verfolgen **2** *(nel rugby)* mit dem Absatz spielen. **tal|lo|na|ta** f. Fersenstoß *m.*

tal|lon|ci|no m. **1** Kontrollabschnitt *m.*, Abschnitt *m.*, Zettel *m.*, Talon *m.* **2** *(pubblicità)* kleine Werbung *f.* ◆ ***~ dei dividendi*** Dividendenschein *m.*

1.tal|lo|ne m. **1a** Ferse *f.* **b** *(osso)* Fersenbein *n.* **2** *(nel gioco delle carte)* Talon *m.* **3** *(di pneumatico)* Reifenwulst *m.* ◆ ***~ d'Achille*** Achillesferse *f.*; ***battere i -i*** die Hacken zusammen‿schlagen; ***girare sui -i*** kehrt‿machen.

2.tal|lo|ne m. ECON. Währung *f.* ◆ ***~ aureo*** Goldwährung *f.*

tal|men|te avv. dermaßen, derart(ig), so: ***faceva ~ caldo da non riuscire a dormire*** es war derartig heiß, dass man nicht schlafen konnte; ***sono ~ triste che mi metterei a piangere*** ich bin so traurig, dass ich am liebsten weinen würde; ***ero ~ sorpreso che...*** ich war dermaßen überrascht, dass...; ***è ~ simpatico!*** er ist so sympathisch!

tal|mud m.inv. Talmud *m.* **tal|mu|di|ca** f. Talmudismus *m.* **tal|mu|di|co** agg. *(-ci,-che)* talmudisch. **tal|mu|di|sta** m. Talmudist *m.* **tal|mu|di|sti|co** agg. *(-ci,-che)* talmudistisch.

ta|lo|ra avv. **1** zuweilen, bisweilen, manchmal **2** *(correlato)* manchmal.

tal|pa f. **1** Maulwurf *m.*: ***cieco come una ~*** blind wie ein Maulwurf **2** FIG. *(infiltrato)* Spitzel *m.* **3** *(escavatrice)* Schaufelradbagger *m.*

ta|lu|no I agg.indef. einig: ***-i scienziati non sono d'accordo con questa teoria*** einige Wissenschaftler sind mit dieser Theorie nicht einverstanden; ***-e leggi sono incomprensibili*** einige Gesetze sind unverständlich **II** pron.indef. **1** einer, irgend jemand **2** pl. einige: ***-i si lamentano in continuazione*** einige beklagen sich ständig; *(correlato)* ***-i..., talaltri...*** einige..., andere...

tal|vol|ta avv. **1** zuweilen, bisweilen, manchmal, hin und wieder: ***~ torna a casa molto tardi*** zuweilen kommt er sehr spät nach Hause; ***~ è molto maleducato*** manchmal ist er sehr ungezogen; ***~ penso che...*** manchmal denke ich, dass... **2** *(correlato)* manchmal..., manchmal...; einmal..., ein anderes Mal...; mal..., mal...: ***~ vado al mare, ~ in montagna*** manchmal fahre ich ans Meer, manchmal in die Berge; ***~ è allegro, talaltra è di pessimo umore*** einmal ist er guter, ein anderes Mal äußerst schlechter Laune.

ta|ma|rin|do m. **1** Tamarinde *f.*, Tamarindenbaum *m.* **2** *(frutto)* Tamarinde *f.* **3** *(sciroppo)* Tamarindensirup *m.* **4** *(bibita)* Tamarindengetränk *n.*

ta|mar|ro m. REGION. SPREG. Stenz *m.*, Geck *m.*

tam|bu|cio m. *(-ci)* Süll *m.*

tam|bu|ra|re I tr. furnieren **II** intr. (aus. *avere*) trommeln.

tam|bu|reg|gia|men|to m. **1a** Trommeln *n.* **b** *(serie di colpi)* Getrommel *n.* **2** *(di arma da fuoco)* Trommelfeuer *n.* (anche FIG.). **tam|bu|reg|gian|te** agg. trommelnd ◆ ***fuoco ~*** Trommelfeuer *n.* **tam|bu|reg|gia|re** intr. *(tambureggio, tambureggi;* aus. *avere)* **1** trommeln **2** *(di armi da fuoco)* unter Beschuss nehmen.

tam|bu|rel|la|re intr. (aus. *avere*) **1** das Tamburin schlagen **2** *(battere)* trommeln: ***~ con le dita sul tavolo*** mit den Fingern auf den Tisch trommeln; ***la pioggia tamburella sui vetri*** der Regen trommelt gegen die Scheiben. **tam|bu|rel|li|sta** m. e f. *(-i,-e)* Trommelballspieler *m.* (-in *f.*).

tam|bu|rel|lo m. **1** MUS. Tamburin *n.*, Schellentrommel *f.* **2** SPORT Trommelballspiel *n.*, Trommelball *m.* **3** *(da ricamo)* Stickrahmen *m.*

tam|bu|ri|no m. **1** Trommler *m.*, Tambour *m.* **2** *(piccolo tamburo)* kleine Trommel *f.* **3** GIORN. Veranstaltungskalender *m.*

tam|bu|ro m. **1** Trommel *f.* **2** *(suonatore)* Trommler *m.* **3a** ARCH. Tambour *m.* **b** *(di colonna)* Trommel *f.*, Säulentrommel *f.* **4** *(del freno)* Bremstrommel *f.* **5** *(di pistola)* Trommel *f.*, Patronentrommel *f.* ◆ ***~ avvolgitore*** Seiltrommel *f.*; ***bacchetta del ~*** Trommelstock *m.*; ***~ basco*** Tamburin *n.*; ***rispondere a ~ battente*** wie aus der Pistole geschossen antworten; AUT. ***freno a ~*** Trommelbremse *f.*; ***~ di latta*** Blechtrommel *f.*; MIL. ***~ maggiore*** Tambourmajor *m.*; BOT. ***mazza da ~*** Schirmling *m.*; ***pistola a ~*** Trommelrevolver *m.*, Trommelpistole *f.*; ***rullo di ~*** Trommelwirbel *m.*, Trommelschlag *m.*; ***suonare il ~*** trommeln, die Trommel schlagen; MIN. ***vaglio a ~*** Trommelsieb *n.*

ta|me|ri|ce f. Tamariske *f.*

Ta|mer|la|no n.pr.m. Tamerlan *m.*

ta|mia m.inv. Chipmunk *n.*

Ta|mi|gi n.pr.m. Themse *f.*

ta|mil, ta|mil I m. e f.inv. Tamile *m.* (-lin *f.*) **II** m. *(lingua)* Tamil *n.* **III** agg. tamilisch. **ta|mi|li|co** agg. *(-ci,-che)* tamilisch.

tam|pi|na|re tr. REGION. belästigen.

tam|po|na|men|to m. **1** Stopfen *n.*, Verstopfen *n.* **2** *(di una falla)* Dichten *n.*, Abdichtung *f.* **3** AUT. Auffahrunfall *m.* **4** MED. Tamponade *f.* **5** TECN. Tamponage *f.* **6** EDIL. Ausfachen *n.* ◆ ***~ a catena*** Massenkarambolage *f.*

tam|po|na|re tr. **1a** stopfen, verstopfen **b** *(otturare)* ab‿dichten, dichten **2** AUT. ***~ un veicolo, qcn.*** auf ein Fahrzeug, jdn auf‿fahren **3** MED. tamponieren: ***~ una ferita*** eine Wunde tamponieren **4** CHIM. puffern **5** FIG. *(rimediare provvisoriamente)* ab‿helfen ◆ ***~ una falla*** ein Leck abdichten; FIG. ein Loch stopfen.

tam|po|ne m. **1** Pfropf *m.*, Pfropfen *m.* **2** MED. Tupfer *m.*, Tampon *m.* **3a** *(per timbri)* Stempelkissen *n.* **b** *(di carta assorbente)* Löscher *m.*, Löschwiege *f.* **4** *(assorbente igienico)* Tampon *m.* **5** FERR. INFORM. CHIM. Puffer *m.* ◆ EL. ***batteria ~*** Pufferbatterie *f.*; EL. ***carica in ~*** Pufferladung *f.*; EL. ***funzionamento in ~*** Pufferbetrieb *m.*; ***legge ~*** Notgesetz *n.*; INFORM. ***memoria ~*** Pufferspeicher *m.*; ***provvedimento ~*** Übergangslösung *f.*; CHIM. ***soluzione ~*** Pufferlösung *f.*; ***sostanza ~*** Puffersubstanz *f.*

tam|tam, tam-tam m.inv. Tamtam *n.* (anche FIG.).

ta|na f. **1** Höhle *f.*, Bau *m.*, Loch *n.*: ***costruire una ~*** eine Höhle bauen **2** ESTENS. *(nascondiglio)* Schlupfwinkel *m.* **3** *(stamberga)* Loch *n.*, Höhle *f.* **4** *(nei giochi)* Haus *n.* ◆ ***~ di coniglio*** Kaninchenbau *m.*; ***~ di lupo*** Wolfshöhle *f.*; ***~ di orso*** Bärenhöhle *f.*; ***~ di tasso*** Dachsbau *m.*; ***~ di topo*** Mäuseloch *n.*; ***~ di volpe*** Fuchsbau *m.* (*o* Fuchshöhle *f.*).

ta|na|ce|to m. Rainfarn *m.*

ta|na|gra f. Tanagrafigur *f.*

ta|na|to|fo|bi|a f. Thanatophobie *f.*, pathologische Todesangst *f.*

ta|na|to|lo|gi|a f. Thanatologie *f.*

ta|na|to|si f. Thanatose *f.*

tan|ca f. *(-che)* Tank *m.*

Tan|cre|di n.pr.m. Tankred *m.*

tan|dem m.inv. Tandem *n.*: ***andare in ~*** auf, mit dem Tandem fahren ◆ ***assale in ~*** Tandemachse *f.*; ***disposizione in ~*** Tandemanordnung *f.*; FIG. ***in ~*** zusammen; ***lavorare in ~*** im Gespann, zusammen arbeiten.

tan|fo m. Modergeruch *m.*, dumpfer Geruch *m.*

tan|ga m.inv. Tanga *m.*

Tan|ga|ni|ca n.pr.m. **1** Tanganjika *n.* **2** *(lago)* Tanganjikasee *m.*

tan|gen|te I agg. tangierend, tangential: ***superficie ~*** tangentiale Fläche **II** f. **1** GEOM. Tangente *f.*: ***tracciare una ~*** eine Tangente ziehen **2** MAT. Tangens *m.* **3** *(bustarella)* Schmiergeld *n.* **4** *(quota)* Anteil *m.* ◆ GEOM. ***essere ~ a qcs.*** etw. tangieren; COLLOQ. ***andarsene, partire per la ~*** sich aus dem Staube machen; *(divagare)* aus‿schweifen; ***retta ~*** Tangente *f.*

tan|gen|to|po|li f. Schmiergeldrepublik *f.*

tan|gen|za f. **1** Tangieren *n.* **2** AER. Gipfelhöhe *f.* ◆ AER. ***~ pratica*** Betriebsgipfelhöhe *f.*; GEOM. ***punto di ~*** Berühungspunkt *m.*; AER. ***~ teorica*** höchste Gipfelhöhe.

tan|gen|zia|le I agg. **1** tangential; ***piano ~*** Tangentialebene *f.* **2** FIG. *(marginale)* nebensächlich **II** m. Umgehungsstraße *f.*, Tangente *f.* **tan|gen|zial|men|te** avv. tangential.

tan|ge|re tr. *(tango, tangi)* berühren, tangieren: ***la cosa, questo problema non mi tange*** das, dieses Problem berührt mich nicht.

Tan|ge|ri n.pr.f. Tanger *n.*

tan|ghe|ro m. Rüpel *m.*; COLLOQ. Fläz *m.*

tan|gi|bi|le agg. **1** *(palpabile)* tastbar, greifbar, palpabel **2** FIG. *(reale)* greifbar, handgreiflich, konkret. **tan|gi|bi|li|tà** f. Greifbarkeit *f.*, Konkretheit *f.* **tan|gi|bil|men|te** avv. konkret, greifbar, handgreiflich.

tan|go m. *(-ghi)* Tango *m.*

tan|go|ne m. Spinnakerbaum *m.*

ta|ni|ca f. *(-che)* Kanister *m.*, Tank *m.* ◆ ***~ di benzina*** Benzinkanister *m.*; ***~ di olio*** Ölkanister *m.*

tank [tæŋk] m.inv. **1** MIL. Panzer *m.*; ANT. Tank *m.* **2** RAR. *(tanica)* Tank *m.*

tan|ni|co agg. *(-ci,-che)* ***acido ~*** Gerbsäure *f.* **tan|ni|no** m. Tannin *n.* ◆ ***concia al ~*** Tanninbeize *f.*; ***conciare al ~*** tannieren.

tan|ta|lio m. Tantal *n.*

Tan|ta|lo n.pr.m. ◆ ***supplizio di ~*** Tantalusqualen *pl.*

tan|ti|no COLLOQ. **I** avv. ***un ~*** etwas, ein bisschen: ***mi riposo un ~*** ich ruhe mich ein wenig (*o* ein bisschen, etwas) aus; *(alquanto)* ***oggi sto un ~ meglio*** heute geht es mir ein bisschen (*o* ein wenig, etwas) besser **II** m. ***un ~*** etwas, ein bisschen: ***mangia almeno un ~*** iss doch wenigstens etwas (*o* ein bisschen); ***conosce solo un ~ di inglese*** er spricht nur ein bisschen (*o* ein wenig) Englisch; ***se hai un ~ di tempo vorrei parlarti*** wenn du etwas (*o* ein bisschen) Zeit hast, würde ich dich gerne sprechen.

tan|to I agg. **1a** *(di quantità)* viel: ***~ denaro, -a pazienza*** viel Geld, Geduld; ***-e persone*** viele Leute; ***-e cose buone*** viel Gutes **b** *(di intensità, tempo)* lang: ***dopo ~ cercare l'ho finalmente trovato*** nach langem Suchen habe ich es endlich gefunden; ***dopo ~ tempo*** nach langer Zeit **c** *(di spazio)* lang, weit: ***abbiamo fatto -a strada*** wir haben eine lange Strecke zurückgelegt; ***c'è ancora -a strada da fare*** wir haben noch einen weiten Weg vor uns **2** *(grande)* groß: ***-a sete*** großer Durst; ***la tua visita mi ha fatto ~ piacere*** dein Besuch hat mich sehr gefreut (*o* hat mir große Freude bereitet) **3a** *(in espressioni ellittiche)* viel: ***avere ~ da fare*** viel zu tun haben; ***prenderne -e*** ordentlich verprügelt werden **b** *(di tempo)* lang: ***rimarremo qui (per) ~*** wir werden lange hier‿bleiben; ***è (da) ~ che lo aspetto*** ich warte schon lange auf ihn **c** *(di spazio)* weit: ***non c'è ~ da qui (fino) alla stazione*** von hier ist es nicht weit (bis) zum Bahnhof **4** *(troppo)* (sehr) viel: ***10 milioni sono -i*** 10 Millionen sind sehr viel **5** pl. ***(così) -i, -e*** so viele: ***perchè hai mangiato (così) -i biscotti?*** warum hast du so viele Kekse gegessen? ***perchè dici (così) -e bugie?*** warum lügst du so (viel)? **6** *(correlato con* **che,** *da)* ***~... che..., ~... da...*** so viel..., dass...: ***c'era (così) -a gente che mi sono perso*** es waren so viele Leute da, dass ich mich verloren fühlte **7** *(in compar. di uguaglianza)* ***~..., come...; ~... quanto...; ~..., ~...*** so viel..., wie...: ***non ho -i vestiti come te, quanti ne hai tu*** ich habe nicht so viele Kleider wie du **8** *(tot)* ***ogni -i anni*** alle zig Jahre; ***ogni -i chilometri*** nach einer gewissen Strecke **II** avv. **1** *(di* *quantità)* viel: ***parlare ~*** viel sprechen; ***perchè mangi (così) ~?*** warum isst du so viel? **2** *(di intensità)* sehr: ***la ama proprio ~*** er liebt sie wirklich sehr; *(con agg. e avv.)* ***sto ~ bene*** es geht mir sehr gut; ***~ lontano da qui*** sehr weit von hier; ***~ rapidamente*** sehr schnell; ***una cosa ~ bella*** so etwas Schönes **3** *(di tempo)* lange: ***senza pensarci ~*** ohne lange zu überlegen; ***metterci ~*** lange (*o* eine ganze Weile) brauchen **4** *(con compar.)* viel: ***è ~ più alta di lui*** sie ist viel größer als er **5a** *(correlato con* **che, da***)* ***~..., che...; ~..., da...*** so..., dass...: ***sono ~ stanca che vado a dormire subito*** ich bin so müde, dass ich sofort schlafen gehe **b** *(di quantità)* so viel..., dass...: ***ha mangiato ~ da sentirsi male*** er hat so viel gegessen, dass ihm übel geworden ist **6** *(in proposizione compar.)* ***~... quanto...*** so (viel)... wie...: ***è ~ bello quanto interessante*** es ist eben so schön wie interessant; ***non studia ~ quanto dovrebbe*** er lernt nicht so viel, wie er sollte **7** *(sia... sia)* ***~... quanto...*** sowohl... als auch...: ***l'ho spiegato ~ a lei quanto a lui*** ich habe es sowohl ihr als auch ihm erklärt **8a** ***quanto più..., ~ più...; ~ più..., ~ più...*** je mehr..., umso (*o* desto) mehr...: ***quanto più si invecchia, ~ più si diventa saggi*** je älter man wird, desto weiser wird man; ***~ più si studia, ~ più ci si accorge di non sapere abbastanza*** je mehr man lernt, desto bewusster wird man sich (dessen), nicht genug zu wissen **b** ***~ più..., ~ meno...*** je mehr..., umso (*o* desto) weniger...: ***~ più lo conosco, ~ meno lo capisco*** je besser ich ihn kenne, umso weniger verstehe ich ihn **c** ***quanto prima, ~ meglio*** je eher, desto besser **III** pron. **1** *(molto)* viel: ***ho poca pazienza, mentre ce ne vorrebbe -a*** ich habe keine Geduld, dabei bräuchte man so viel **2** pl. *(di persone)* viele: ***-i di noi*** viele von uns; ***essere in -i*** viele sein **3** *(correlato con* **quanto***)* ***~ quanto...*** so viel, dass...; ***aggiungi il brodo, ~ quanto basta per coprire la carne*** gieße Brühe hinzu, bis das Fleisch bedeckt ist **IV** m. **1** *(tot)* soundso viel: ***un ~ al mese*** soundso viel pro Monat; ***un ~ percento*** soundso viel Prozent **2** ***il ~*** das Viele **3** ENFAT. *(seguito dal partitivo)* (schön) groß: ***un uomo con ~ di baffi*** ein Mann mit einem schönen großen Schnurrbart **V** cong. sowieso: ***prendilo pure, ~ non mi serve*** nimm es ruhig, ich brauche es sowieso nicht; ***~ è lo stesso*** es kommt sowieso auf dasselbe heraus ◆ ***non sono mai arrivato a ~*** so weit ist es bei mir noch nie gekommen (*o* so weit habe ich es noch nie gebracht); ***-i auguri!*** viel Glück! herzlichen Glückwunsch! ***~ (mi) basta*** so viel reicht mir; ***quel ~ che basta*** so viel wie eben nötig ist (*o* dass es reicht); ***~ per cambiare*** zur Abwechslung (anche IRON.); ***non lo credevo capace di ~*** ich dachte nicht, dass er dazu fähig sei; ***si muovevano come -i automi*** sie bewegten sich wie Roboter; ***tant'è che*** *(persino)* sogar; *(tanto vale che)* genauso gut; ***da ~*** seit langem; ***è più lungo di ~ così*** es ist um so viel länger; ***a dir ~*** höchstens; ***~ per dire*** nur so; ***~ tempo fa*** vor langer Zeit; ***~ per fare*** nur so; ***è già ~ se...*** es wäre schon viel, wenn...; ***-e grazie!*** ich danke bestens (anche IRON.); vielen Dank! COLLOQ. ***~ di guadagnato*** umso besser; ***di ~ in ~*** von Zeit zu Zeit (*o* ab und zu); ***non farla ~ lunga*** mach es nicht so spannend; ***~ meglio (così)*** umso besser; ***non ~*** wenig (*o* nicht so sehr); ***lo dico non ~ per me quanto per te*** ich sage es nicht so sehr für mich, als für dich; ***ogni ~*** ab und zu (*o* hin und wieder, von Zeit zu Zeit); ***~ peggio*** umso schlimmer; ***per ~ (tempo)*** lange; ***~ per...*** nur um... (*o* um ein bisschen...): ***esco un po', ~ per fare una passeggiata*** ich gehe eine Weile hinaus, um ein bisschen spazieren zu gehen; ***~ più che...*** umso mehr als (*o* zumal, da); ***non più di ~*** nicht mehr als das; ***poco o ~*** wenig oder viel; ***né poco né ~*** überhaupt nicht; ENFAT. ***~ e poi ~*** sehr viel; ***né ~ né quanto*** ganz und gar nicht (*o* nicht im Geringsten); ***mandare -i saluti a qcn.*** jdn vielmals grüßen lassen; ***scusi ~!*** entschuldigen Sie vielmals! ***se ~ mi dà ~*** unter diesen Umständen; ***-e teste, -e opinioni (idee)*** jeder hat seine eigene Meinung; ***~ vale*** genauso gut; ***non ci voleva ~ a capirlo*** es gehörte nicht viel dazu, um das zu verstehen; ***una volta ~*** *(raramente)* selten; *(finalmente)* endlich; ***un ~ alla, per volta*** nicht alles auf einmal; ***-e volte*** so oft; ***è largo due, quattro, dieci volte ~*** es ist zweimal, viermal, zehnmal so lang.

tan|tra m.inv. Tantra *n.* **tan|tri|co** agg. *(-ci,-che)* tantrisch. **tan|tri|smo** m. Tantrismus *m.*

Tan|za|nia n.pr.f. Tansania *n.* **tan|za|nia|no I** agg. tansanisch **II** m. Tansanier *m.*

ta|o m.inv. Tao *n.* **ta|o|i|smo** m. Taoismus *m.* **ta|o|i|sta** *(-i,-e)* **I** agg. taoistisch **II** m. e f. Taoist *m.* (-in *f.*). **ta|o|i|sti|co** agg. *(-ci,-che)* taoistisch.

ta|pi|no LETT. **I** agg. elend, arm **II** m. Arme *m.*, Unglückliche *m.*: ***me ~!*** ich Unglücklicher!

ta|pio|ca f. Tapioka *f.*

ta|pi|ro m. Tapir *m.*: ***~ della gualdrappa*** Schabrackentapir *m.*

ta|pis rou|lant [ta'pi ru'lã] m.inv. **1** *(per persone)* Rollteppich *m.* **2** *(per merci)* Förderband *n.*

tap|pa f. **1** *(sosta)* Zwischenstation *f.*, Etappe *f.*: ***le -e del viaggio sono Roma, Firenze e Venezia*** die Etappen der Reise sind Rom, Florenz und Venedig; ***fare (una) ~*** Station (*o* Rast) machen **2** *(luogo di sosta)* Rastplatz *m.* **3** *(percorso tra due soste)* Teilstrecke *f.*, Streckenabschnitt *m.*, Etappe *f.* **4** SPORT MIL. Etappe *f.* (anche FIG.): ***fare un percorso in due -e*** eine Strecke in zwei Etappen zurück‿legen; ***percorrere molte -e*** viele Etappen durchlaufen; ***una ~ sulla via del successo*** eine Etappe (*o* Stufe) auf dem Weg zum Erfolg; ***una ~ importante della sua vita*** eine wichtige Etappe seines Lebens ◆ ***a -e*** etappenweise; FIG. ***bruciare le -e*** eine Blitzkarriere machen; ***corsa a -e*** Etappenlauf *m.* (*o* Etappenrennen *n.*); ***~ a cronometro*** Zeitfahren *n.*; ***~ intermedia (di un viaggio)*** Zwischenstation *f.*, Zwischenaufenthalt *m.*; ***traguardo di ~*** Etappenziel *n.*; ***vincitore della ~*** Etappensieger *m.*; ***vittoria di ~*** Etappensieg *m.*

tap|pa|bu|chi m.inv. COLLOQ. Lückenbüßer *m.*: ***fare il, da ~*** den Lückenbüßer spielen.

tap|pa|re I tr. **1a** *(chiudere)* verschließen **b** *(con un tappo di sughero)* verkorken: ***~ una bottiglia*** eine Flasche verkorken **2a** ESTENS. *(otturare)* zu‿stopfen, verstopfen: ***~ un buco*** ein Loch zustopfen; ***~ un buco con qcs.*** ein Loch mit etw. verstopfen; FIG. ein Loch stopfen; ***il naso è tappato*** die Nase ist verstopft **b** *(con colla, stucco)* zu‿schmieren **3** *(sigillare)* ab‿dichten: ***~ le finestre*** die Fenster abdichten **II** pronom. **tapparsi 1** sich (D) zu‿halten: ***-rsi il naso, le orecchie*** sich die Nase, die Ohren zuhalten **2** ESTENS. *(otturarsi)* verstopfen: ***lo scarico si è tappato*** der Abfluss ist verstopft; ***-rsi le orecchie*** sich die Ohren verstopfen **3** *(chiudersi)* sich ein‿sperren ◆ FIG. ***-rsi la bocca*** den Mund halten; FIG. ***~ la bocca a qcn.*** jdm den Mund stopfen; ***-rsi in casa*** das Haus hüten; FIG. ***-rsi gli occhi*** nicht sehen wollen.

tap|pa|rel|la f. Rollladen *m.*: ***alzare, abbassare le -e*** die Rollläden hinauf‿ziehen, herunter‿lassen. **tap|pa|rel|li|sta** m. Rollladenmonteur *m.*

tap|pa|to p.pass. agg. **1** → **tappare 2** *(di naso)* verstopft **3** *(di orecchie)* ***qcn. ha le orecchie -e*** jds Ohren sind zu **4** *(coperto con le mani)* zugehalten.

tap|pe|ti|no m. **1** Matte *f.*, kleiner Teppich *m.* **2** AUT. Fußmatte *f.* ◆ ***~ da bagno*** Badematte *f.*

tap|pe|to m. **1** Teppich *m.*: ***battere, arrotolare un ~*** einen Teppich klopfen, auf‿rollen; ***tessere, annodare -i*** Teppiche weben, knüpfen; ***consumare un ~*** einen Teppich ab‿treten; ***disporre -i in una sala*** einen Saal mit Teppichen aus‿legen; FIG. ***un ~ di muschio*** ein Teppich aus Moos **2** SPORT Matte *f.* ◆ SPORT ***andare al ~*** zu Boden gehen; ***~ annodato*** Knüpfteppich *m.*; ***bombardamento a ~*** Bombenteppich *m.*, Flächenbombardierung *f.*; ***~ erboso*** Grasteppich *m.*, Rasenteppich *m.*; ***indagine a ~*** Großfahndung *f.*, Ringfahndung *f.*; SPORT ***lotta sul ~*** Bodenkampf *m.*; ***mandare qcn. al ~*** jdn zu Boden strecken, jdn nieder‿schlagen; ***mercante di -i*** Teppichhändler *m.*; ***mettere qcn. al ~*** SPORT jdn auf die Matte legen; FIG. jdn überrunden; ***~ orientale*** Orientteppich *m.*; ***~ persiano*** Perserteppich *m.*; ***~ da preghiera*** Gebetsteppich *m.*; FIG. ***porre una questione sul ~*** ein Problem aufs Tapet bringen; ***tessitore di -i*** Teppichwirker *m.*, Teppichweber *m.*; ***~ verde*** Spieltisch *m.*; ***vittoria al ~*** Schultersieg *m.*; ***il ~ volante*** der fliegende Teppich.

tap|pez|za|re tr. **1** tapezieren: ***(far) ~ l'ingresso*** den Flur tapezieren (lassen) **2** *(rivestire auto, mobili)* verkleiden, beziehen **3** ESTENS. *(ricoprire completamente)* voll kleben, tapezieren: ***~ una stanza di fotografie*** ein Zimmer mit Fotos voll kleben (*o* tapezieren).

tap|pez|ze|ri|a f. **1** Tapete *f.*: ***~ lavabile, a fiori*** abwaschbare, geblümte Tapete; ***mettere la ~*** tapezieren **2a** *(rivestimento)* Verkleidung *f.* **b** *(di mobili)* Dekorationsstoff *m.* **c** *(di auto)* Polsterung *f.* **3** *(attività del tappezziere)* Tapezierarbeit *f.* ◆ ***disegno della ~*** Tapetenmuster *n.*; COLLOQ. ***fare ~*** Mauerblümchen sein; ***lavori di ~*** Tapezierarbeit *f.*; ***rotolo di ~*** Tapetenrolle *f.* **tap|pez|zie|re** m. Tapezierer *m.* ◆ ***chiodo da ~*** Tapeziernagel *m.*; ***colla da ~*** Tapetenleim *m.*; ***tavolo da ~*** Tapeziertisch *m.*

tap|po m. **1** Pfropfen *m.*, Stöpsel *m.*; *(di sughero)* Korken *m.*: ***togliere il ~*** den Korken heraus‿ziehen; ***tirare il ~ della vasca da bagno*** den Stöpsel aus der Badewanne ziehen **2** COLLOQ. *(persona bassa)* Knirps *m.* ◆ ***~ di cerume*** Ohrenschmalzpfropfen *m.*; ***~ a corona*** Kronenkorken *m.*; ***-i per le orecchie*** Ohrenstöpsel *pl.*; ***avere i -i nelle orecchie*** auf den Ohren sitzen; ***sapere di ~*** nach Korken schmecken; ***~ del serbatoio*** Tankverschluss *m.*; ***~ da spumante*** Sektkorken *m.*; ***~ a vite*** Schraubverschluss *m.*

TAR ⇒ *Tribunale Amministrativo Regionale* Regionales Verwaltungsgericht.

ta|ra f. **1** Tara *f.* **2** MED. Erbkrankheit *f.*, erbliche Belastung *f.* ◆ ***~ ereditaria*** Erbkrankheit *f.* (*o* erbliche Belastung); ***essere affetto da,***

avere -e ereditarie erblich belastet sein; ***essere immune da -e ereditarie*** erbgesund sein; ***fare la ~ di qcs.*** die Tara bestimmen; FIG. ***fare la ~ a qcs.*** etw. nicht für bare Münze nehmen.

ta|ra|bu|so m. Rohrdommel *f.*

ta|ral|lo m. INTRAD. (kleines ringförmiges Gebäck aus Süditalien). **ta|ral|luc|cio** m. *(-ci)* INTRAD. (kleiner Tarallo) ◆ COLLOQ. ***finire a -ci e vino*** = sich in eitel Freude auf‿lösen.

ta|ran|tel|la f. Tarantella *f.*

ta|ran|ti|no I agg. tarentinisch **II** m. Tarentiner *m.*, Tarenter *m.* **Ta|ran|to** n.pr.f. Tarent *n.*

ta|ran|to|la f. Tarantel *f.*: ***come morso dalla ~*** wie von der (*o* einer) Tarantel gestochen (*o* gebissen). **ta|ran|to|la|to** agg. von der Tarantel gestochen.

ta|ra|re tr. **1** *(detrarre la tara)* tarieren, die Tara bestimmen **2** TECN. eichen: ***~ una bilancia, uno strumento di misura*** eine Waage, ein Messgerät eichen.

ta|ras|sa|co m. *(-chi)* Löwenzahn *m.*

ta|ra|to p.pass. agg. **1** → **tarare 2** *(di peso)* tariert **3** TECN. *(di strumento)* geeicht **4** MED. *(affetto da tare ereditarie)* erblich belastet **5** ESTENS. *(stupido)* schwachsinnig ◆ ***~ mentalmente*** schwachsinnig. **ta|ra|to|re** m. Eicher *m.* **ta|ra|tu|ra** f. **1** Tarierung *f.* **2** TECN. Eichung *f.* ◆ ***bilancia per la ~*** Tarierwaage *f.*

tar|chia|to agg. untersetzt, gedrungen.

tar|da|re I intr. (aus. *avere*) **1** *(fare tardi)* sich verspäten, verspätet kommen, zu spät kommen: ***~ ad arrivare*** sich verspäten; ***~ a un appuntamento*** zu einer Verabredung zu spät kommen; ***il treno ha tardato di 10 minuti*** der Zug hat sich (um) 10 Minuten verspätet **2** *(indugiare)* zögern, im Rückstand sein: ***~ a rispondere*** mit der Antwort zögern; ***~ nei pagamenti*** mit der Zahlung im Rückstand sein **II** tr. verzögern: ***~ la partenza*** die Abfahrt verzögern; ***~ la consegna della merce*** die Lieferung der Ware verzögern.

tar|di avv. **1** spät: ***alzarsi ~*** spät auf‿stehen; ***ha avuto ~ il terzo bambino*** sie hat das dritte Kind spät bekommen; ***(molto) più ~ del solito*** (viel) später als sonst; ***qualche giorno più ~*** einige Tage später **2** *(in ritardo)* (zu) spät, verspätet: ***ormai è ~ per...*** jetzt ist es zu spät, um...; ***arrivare sempre ~*** immer zu spät kommen ◆ ***fare ~*** es spät werden lassen; *(arrivare in ritardo)* zu spät kommen (*o* sich verspäten); COLLOQ. spät dran sein; ***non fare ~!*** komm nicht zu spät nach Haus! ***si è fatto ~*** es ist spät geworden (*o* es ist schon spät); ***fino a ~*** bis spät; ***a più ~!*** bis später! ***al più ~*** spätestens; ***non più ~ di...*** nicht später als...; ***di pomeriggio ~*** spätnachmittags, am späten Nachmittag; ***presto o ~*** früher oder später; ***di sera ~*** spätabends, am späten Abend, spät am Abend; ***sul ~*** *(nella mattinata)* am späten Morgen; *(nel pomeriggio)* am späten Nachmittag; *(di sera)* am späten Abend; ***tirare ~*** es spät werden lassen, bis spät auf‿bleiben; ***abbiamo tirato ~*** es ist spät geworden; ***verso il ~*** spät; PROV. ***meglio ~ che mai*** besser spät als nie; ***chi ~ arriva male alloggia*** wer nicht kommt zur rechten Zeit, der muss sehn, was übrig bleibt.

tar|di|va|men|te avv. spät, verspätet.

tar|di|vo agg. **1a** *(che si manifesta tardi)* spät: ***estate -a*** später Sommer; ***pentimento ~*** späte Reue **b** BOT. spät, spät reifend: ***un tipo di mele -e*** eine späte (*o* spät reifende) Apfelsorte **2** *(inefficace perché in ritardo)* verspätet: ***provvedimento ~*** verspätete Maßnahme **3** FIG. *(ritardato)* zurückgeblieben ◆ ***effetto ~*** Spätwirkung *f.*; ***frutta -a*** Spätobst *n.*; ***maturazione -a*** Spätreife *f.*; ***parto ~*** Spätgeburt *f.*; ***ragazzo ~*** Spätentwickler *m.*; ***vendemmia -a*** Spätlese *f.*

tar|do agg. **1** *(di tempo)* spät, Spät-: ***a -a ora*** zu später Stunde; ***nel ~ pomeriggio, in -a mattinata*** am späten Nachmittag, Morgen; ***un'opera -a di Goethe*** ein spätes Werk von Goethe (*o* ein Werk des späten Goethes) **2a** FIG. *(lento nel comprendere)* begriffsstutzig **b** *(lento nel muoversi)* langsam **3** *(tardivo)* verspätet: ***confessione -a*** verspätetes Geständnis ◆ ***~ autunno*** Spätherbst *m.*; ***~ barocco*** Spätbarock *n.* e *m.* (*o* Spätzeit *f.* des Barocks); ***epoca -a*** Spätzeit *f.*; ***in epoca più -a*** in späteren Zeiten; ***-a estate*** Spätsommer *m.*; ***in -a età*** in hohem Alter; ***-a fioritura*** Nachblüte *f.*; ***~ gotico*** Spätgotik *f.*; ***~ d'ingegno*** begriffsstutzig (*o* schwer von Begriff); ***~ inverno*** Spätwinter *m.*; ***~ latino*** Spätlatein *n.*; ***~ medioevo*** Spätmittelalter *n.*; ***a -a notte*** spätnachts; ***fino a -a notte*** bis spät in die Nacht hinein; ***opera -a*** Spätwerk *n.*; ***~ pomeriggio*** Spätnachmittag *m.*; ***~ rinascimento*** Spätrenaissance *f.*; ***~ romanticismo*** Spätromantik *f.*; ***a -a sera*** spätabends; ***stile ~*** Spätstil *m.*

tar|do|na f. COLLOQ. (nicht mehr junge) aufgedonnerte Frau *f.*

tar|ga f. *(-ghe)* **1** Schild *n.* **2a** *(applicata a un veicolo)* Nummernschild *n.* **b** *(sequenza dei numeri)* (polizeiliches) Kennzeichen *n.*: ***~ straniera*** ausländisches Kennzeichen **3** *(commemorativa)* Gedenktafel *f.* **4** *(sulla porta)* Namensschild *n.* **5** *(premio)* Plakette *f.* ◆ ***~ automobilistica*** polizeiliches (*o* amtliches) Kennzeichen; ***~ commemorativa*** Gedenktafel *f.*, Gedenkplatte *f.*; ***numero di ~*** polizeiliches Kennzeichen, COLLOQ. Autonummer *f.*; ***piccola ~*** Plakette *f.*; ***~ stradale*** Straßenschild *n.*; ***~ di veicolo*** Kraftfahrzeugkennzeichen *n.*

tar|ga|re tr. *(targo, targhi)* ***~ un veicolo*** ein Kraftfahrzeug mit dem polizeilichen Kennzeichen versehen. **tar|ga|to** p.pass. agg. **1** → **targare 2** mit dem Kennzeichen: ***la macchina -a...*** das Auto mit dem polizeilichen Kennzeichen...

tar|get ['tɑːgɪt, *üblich* 'target] m.inv. Zielgruppe *f.*

tar|ghet|ta f. **1a** (kleines) Schild *n.*, Schildchen *n.* **b** *(con nome)* Namensschild *n.* **2** TECN. Typenschild *n.* ◆ ***~ d'identificazione*** Kennzeichen *n.*; ***~ con il nome*** Namensschild *n.*; ***~ in ottone*** Messingschild *n.*; ***~ sulla porta*** Türschild *n.*; ***~ con il prezzo*** Preisschild *n.*

ta|rif|fa f. Tarif *m.*, Gebühr *f.*: ***~ fissa*** fester Tarif; ***~ normale, dimezzata, intera*** regulärer, halber, voller Tarif; ***fissare una ~*** einen Tarif fest‿setzen ◆ ***~ chilometrica*** Kilometertarif *m.*; ***~ doganale*** Zolltarif *m.*; ***~ economica*** Billigtarif *m.*; ***~ ferroviaria*** Eisenbahntarif *m.*; ***~ giornaliera*** Tagessatz *m.*; ***~ massima*** Höchsttarif *m.*; ***~ nazionale*** Inlandstarif *m.*; ***~ notturna*** Nachttarif *m.*; ***~ ordinaria*** Normaltarif *m.*; ***~ postale*** Posttarif *m.*; ***~ ridotta*** ermäßigte Gebühr; ***~ ridotta notturna*** *(per teleselezione)* Mondscheintarif *m.*; ***~ salariale*** Lohntarif *m.*; ***secondo ~*** tarifgemäß, nach Tarif; ***~ speciale*** Sondertarif *m.*; ***~ telefonica*** Fernsprechgebühr *f.*, Telefongebühr *f.*; ***~ unitaria*** Einheitstarif *m.*; ***~ di zona*** Zonentarif *m.* **ta|rif|fa|le** agg. Tarif-, tariflich. **ta|rif|fa|rio I** agg. *(-ri,-rie)* Tarif-, tariflich: ***accordo ~*** Tarifabkommen *n.*; ***riduzione -a, aumento ~*** Tarifermäßigung *f.*, Tariferhöhung *f.* **II** m. *(-ri)* Tariftabelle *f.* **ta|rif|fa|zio|ne** f. Tarifierung *f.*

tar|la|re I tr. wurmstichig machen **II** pronom. **tarlarsi** wurmstichig werden. **tar|la|to** p.pass. agg. **1** → **tarlare 2** wurmstichig. **tar|la|tu|ra** f. **1** Holzwurmlöcher *pl.* **2** *(polvere di legno)* Holzmehl *n.*

tar|lo m. **1** Holzwurm *m.* **2** FIG. Nagen *n.*, nagendes Gefühl *n.*; ***il ~ della gelosia*** die nagende Eifersucht; ***il ~ del dubbio*** nagender Zweifel.

tar|ma f. Motte *f.*, Kleidermotte *f.* ◆ ***~ della lana*** Pelzmotte *f.* **tar|ma|re I** tr. befallen, zerfressen **II** pronom. **tarmarsi** von Kleidermotten befallen (*o* zerfressen) werden. **tar|mi|ci|da I** m. Mottenvertilgungsmittel *n.* **II** agg. Motten vertilgend.

Tar|pe|a n.pr.f., ***Rupe ~*** Tarpejischer Fels.

1.ta|roc|co m. *(-chi)* **1** Tarockkarte *f.* **2** *(gioco)* Tarock *n.*, Tarockspiel *n.* ◆ ***giocare ai -chi*** Tarock spielen (*o* tarocken).

2.ta|roc|co m. *(-chi)* Tarocco *m.* (Orangensorte aus Sizilien).

tar|pa|re tr. stutzen, beschneiden ◆ ***~ le ali a qcn.*** jdm die Flügel beschneiden (*o* stutzen).

Tar|qui|nio n.pr.m. Tarquinius *m.*: ***~ Prisco*** Tarquinius Priscus; ***~ il Superbo*** Tarquinius Superbus.

tar|sa|le agg. Fußwurzel-: ***ossa -i*** Fußwurzelknochen *pl.*

tar|si|a, tar|sia f. Einlegearbeit *f.*, Intarsia *f.*, Intarsie *f.*

tar|so m. Fußwurzel *f.*

tar|ta|glia|men|to m. Stottern *n.* **tar|ta|glia|re** intr. *(tartaglio, tartagli;* aus. *avere)* stottern. **tar|ta|glio|ne** m. Stotterer *m.*

tar|tan m.inv. Tartan® *m.* ◆ ***pista in ~*** Tartanbahn *f.*

tar|ta|na f. **1** MAR. Tartane *f.* **2** *(rete)* Schleppnetz *n.*

tar|ta|re|o agg. LETT. tartareisch.

tar|ta|ri|co agg. *(-ci,-che)* Weinstein- ◆ ***acido ~*** Weinsäure *f.*

1.tar|ta|ro I agg. tatarisch **II** m. Tatar *m.* ◆ ***carne alla -a*** Tatarbeefsteak *n.*; ***salsa -a*** Tatarensoße *f.*

2.tar|ta|ro m. **1** *(dei denti)* Zahnstein *m.* **2** *(incrostazione calcarea)* Kalksteinbelag *m.* **3** CHIM. Tartarus *m.* **4** *(di vino)* Weinstein *m.*

Tar|ta|ro n.pr.m. Tartarus *m.*, Tartaros *m.*

tar|ta|ru|ga f. *(-ghe)* **1** Schildkröte *f.* **2** ESTENS. *(materiale)* Schildpatt *n.* **3** *(persona lenta)* Schnecke *f.*, Trödler *m.*: ***lento come una ~*** langsam wie eine Schnecke ◆ ***brodo di ~*** Schildkrötensuppe *f.*; ***camminare come una ~*** im Schneckentempo gehen; ***~ embricata*** Karettschildkröte *f.*; ***~ gigante*** Riesenschildkröte *f.*; ***~ marina*** Meeresschildkröte *f.*; ***pettine di ~*** Schildpattkamm *m.*

tar|tas|sa|re tr. **1** schinden, schikanieren, plagen: ***~ qcn. di domande*** jdn mit Fragen plagen; ***~ i contribuenti*** die Steuerzahler plagen **2** *(strumenti musicali)* malträtieren.

tar|tel|let|ta f. GASTR. Törtchen *n.*

tar|ti|na f. belegtes Brot *n.*, Brotschnitte *f.*

tar|tu|fa|ia f. Trüffelfeld *n.* **tar|tu|fa|io** m. *(-ai)* Trüffelhändler *m.* **tar|tu|fa|re** tr. trüffeln, mit Trüffeln zu‿bereiten. **tar|tu|fa|to** p.pass. agg. **1** → **tartufare 2** getrüffelt. **tar|tu|fi|col|to|re** m. Trüffelzüchter *m.* **tar|tu|fi|col|tu|ra** f. Trüffelzucht *f.*, Trüffelanbau *m.*

1.tar|tu|fo m. **1** BOT. Trüffel *f.* **2** ZOOL. Venusmuschel *f.* **3** *(di cane)* Muffel *m.* ◆ ***~ bianco*** Weißtrüffel *f.*; ***cane da ~*** Trüffelhund *m.*; ***~ di cioccolato*** Schokoladentrüffel *f.*; ***~ nero*** Schwarztrüffel *f.*

2.tar|tu|fo m. *(ipocrita)* Tartüff *m.*, Heuchler *m.*
Tar|vi|sio n.pr.m. Tarvis *n.*
ta|sca f. *(-sche)* **1** Tasche *f.*: ***mettersi le mani in ~*** die Hände in die Tasche stecken; ***frugarsi nelle -sche*** in den Taschen herum‿wühlen; ***~ applicata*** aufgesetzte Tasche **2** *(scomparto)* Fach *n.* **3** Spritzbeutel *m.*, Spritztüte *f.* **4** ANAT. Beutel *m.*, Sack *m.* ◆ ***conoscere qcn., qcs. come le proprie -sche*** jdn, etw. wie seine eigene Westentasche kennen; ***fare i conti in ~ a qcn.*** jdm alles nach‿rechnen; ***da ~*** Taschen-; ***orologio da ~*** Taschenuhr *f.*; ***~ gengivale*** Zahnfleischtasche *f.*; ***~ del grembiule*** Schürzentasche *f.*; ***avere qcn. in ~*** jdn satt haben; ***~ interna*** Innentasche *f.*; ***avere le lacrime in ~*** nahe am Wasser gebaut haben; ***~ laterale*** Seitentasche *f.*; FIG. ***starsene con le mani in ~*** die Hände in den Schoß legen; FIG. ***mettere mano alla ~*** in die Tasche greifen; ***~ dei pantaloni*** Hosentasche *f.*; ***~ a patta*** Pattentasche *f.*; ***avere le -sche piene di qcn., qcs.*** von jdm, etw. die Nase voll haben; ***~ posteriore*** Gesäßtasche *f.*; ***pagare di ~ propria*** aus eigener Tasche zahlen; ***rivoltare le -sche*** die Taschen um‿stülpen; ***rompere le -sche a qcn.*** jdm auf den Wecker gehen; ***non rompermi le -sche!*** nerv mich nicht! ***svuotare le -sche di qcn.*** jdm das Geld aus der Tasche ziehen; ***~ verticale*** Flügeltasche *f.*; ***non mi viene nulla in ~*** mir trägt es nichts ein (*o* ich habe nichts davon, bei mir bleibt nichts hängen); ***avere le -sche vuote*** auf dem Trockenen sitzen.
ta|sca|bi|le I agg. **1** Taschen-: ***calcolatrice, lampadina ~*** Taschenrechner *m.*, Taschenlampe *f.*; ***edizione, formato ~*** Taschenausgabe *f.*, Taschenformat *n.*; ***dizionario, libro ~*** Taschenwörterbuch *n.*, Taschenbuch *n.* **2** SCHERZ. klein, winzig **II** m. Taschenbuch *n.*
ta|sca|pa|ne m.inv. Brotbeutel *m.*, Wandertasche *f.*
ta|schi|no m. **1** *(piccola tasca)* Täschchen *n.*, kleine Tasche *f.* **2** *(di panciotto)* Westentasche *f.*, Brusttasche *f.* ◆ ***orologio da ~*** Taschenuhr *f.*; ***fazzoletto da ~*** Kavalier(s)tuch *n.*
Ta|sma|nia n.pr.f. Tasmanien *n.* **ta|sma|nia|no I** agg. tasmanisch **II** m. Tasmanier *m.*
tas|sa f. **1** Gebühr *f.*: ***pagare una ~*** eine Gebühr entrichten (*o* bezahlen) **2** COLLOQ. *(imposta)* Steuer *f.*, Abgabe *f.*: ***riscuotere, pagare le -e*** Steuern erheben, bezahlen; ***aumentare, ridurre le -e*** die Steuern erhöhen, senken; ***detrarre qcs. dalle -e*** etw. von der Steuer ab‿setzen; ***evadere le -e*** die Steuern hinterziehen ◆ ***~ aggiuntiva*** Zusatzsteuer *f.* (*o* zusätzliche Steuer, Gebühr); ***-e amministrative*** Verwaltungsgebühren *pl.*; ***aumento delle -e*** Steuererhöhung *f.*; ***~ di circolazione*** Kraftfahrzeugsteuer *f.*; ***~ a carico del destinatario*** Postgebühr bezahlt der Empfänger; ***~ d'esame*** Prüfungsgebühr *f.*; ***esattore delle -e*** Steuereinnehmer *m.*; ***esente da -e*** gebührenfrei; *(da imposte)* steuerfrei (*o* abgabenfrei); ***~ d'iscrizione*** Anmeldegebühr *f.*; UNIV. Einschreibegebühr *f.*; ***-e postali*** Postgebühren *pl.*; ***~ sulla salute*** = Pflichtbeitrag *m.* an die gesetzliche Krankenversicherung; ***-e scolastiche*** Schulgeld *n.*; ***soggetto a ~*** gebührenpflichtig; *(a imposte)* steuerpflichtig (*o* abgabenpflichtig); ***~ di soggiorno*** Kurtaxe *f.*; ***~ di successione*** Erbschaftssteuer *f.* (*o* Nachlasssteuer *f.*); ***ufficio delle -e*** Finanzamt *n.*; ***~ unica*** einmalige Gebühr; ***-e universitarie*** Studiengebühren *pl.* **tas|sa|bi|le** agg. **1** gebührenpflichtig **2** *(soggetto a imposte)* steuerpflichtig, abgabenpflichtig, besteuerbar.
tas|sa|me|tro m. Fahrpreisanzeiger *m.*, Taxameter *m.* ◆ ***~ di parcheggio*** Parkuhr *f.*
tas|sa|re I tr. **1** mit einer Gebühr belegen **2** *(con imposte)* besteuern, mit Steuern belegen **II** pronom. ***-rsi di qcs.*** etw. spenden.
tas|sa|ti|va|men|te avv. strikt: ***vietare ~ qcs.*** etw. strikt verbieten. **tas|sa|ti|vo** agg. strikt, endgültig: ***ordine ~*** strikter Befehl; ***termine ~*** endgültiger Termin.
tas|sa|to p.pass. agg. **1** → **tassare 2** besteuert, versteuert: ***fortemente ~*** hoch besteuert; ***non ~*** unversteuert.
tas|sa|zio|ne f. Besteuerung *f.*, Versteuerung *f.*, Versteuern *n.* ◆ ***base di ~*** Besteuerungsgrundlage *f.*; ***~ doppia*** Doppelbesteuerung *f.*; ***~ alla fonte*** Quellensteuer *f.*; ***forfettaria*** Pauschalbesteuerung *f.*; ***~ degli interessi*** Zinsabschlagsteuer *f.*; ***~ minima*** Mindestbesteuerung *f.*; ***soggetto a ~*** steuerpflichtig (*o* abgabenpflichtig).
tas|sel|la|re tr. **1** dübeln, zusammen‿dübeln: ***~ un mobile*** ein Möbelstück zusammen‿dübeln **2** *(tagliare da qcs.)* ***~ qcs.*** ein Stück aus etw. heraus‿schneiden.
tas|sel|lo m. **1a** Dübel *m.* **b** *(per restauro)* Einsatzstück *n.* **2** ABBIGL. Zwickel *m.* **3** *(di cocomero, formaggio)* Probierstück *n.* ◆ ***~ a espansione*** Spreizdübel *m.*; ***~ di legno*** Holzdübel *m.*; ***~ mobile*** Schieber *m.*; ***~ da muro*** Mauerdübel *m.*; ***~ da parete*** Wanddübel *m.*; FIG. ***gli ultimi -i*** die letzten noch fehlenden Teile.
tas|sì → **taxi.**
tas|si|der|mi|a f. Taxidermie *f.* **tas|si|der|mi|sta** m. e f. *(-i,-e)* Taxidermist *m.* (-in *f.*).
tas|si|sta → **taxista.**
1.tas|so m. BOT. Taxus *m.*, Eibe *f.*
2.tas|so m. **1** Rate *f.*, Anteil *m.*, Ausmaß *n.* **2** ECON. Satz *m.*, Fuß *m.* ◆ ***~ di cambio*** Wechselkurs *m.*; ***~ di crescita*** Wachstumsrate *f.*, Steigerungsrate *f.*; ***a ~ fisso*** festverzinslich; ***~ glicemico*** Blutzuckerspiegel *m.*, Zuckerspiegel *m.*; ***~ d'inquinamento*** Schadstoffanteil *m.*; ***~ d'interesse*** Zinssatz *m.*; ***~ di mortalità*** Sterblichkeitsrate *f.*; ***~ di natalità*** Geburtsrate *f.*; ***~ percentuale*** Prozentsatz *m.*; ***~ di sconto*** Diskontsatz *m.*
3.tas|so m. **1** ZOOL. Dachs *m.* **2** *(pelo)* Dachshaare *pl.* ◆ ***pennello di ~*** Dachshaarpinsel *m.*; ***dormire come un ~*** wie ein Dachs schlafen.
tas|so|no|mi|a f. Taxonomie *f.* **tas|so|no|mi|co** agg. *(-ci,-che)* taxonomisch.
ta|sta|re tr. tasten, betasten, fühlen, befühlen: ***~ il polso a qcn.*** jdm den Puls fühlen ◆ FIG. ***~ il terreno*** das Terrain sondieren. **ta|sta|ta** f. Tasten *n.*, Betasten *n.*: ***dare una ~ a qcs.*** etw. betasten.
ta|steg|gia|re tr. *(tasteggio, tasteggi)* → **tastare.**
ta|stie|ra f. **1a** MUS. Tastatur *f.* **b** *(di strumenti a corda)* Griffbrett *n.* **c** ESTENS. *(elettronica)* Keyboard *n.* **2** *(di macchina da scrivere, computer)* Tastatur *f.* ◆ ***~ elettronica*** Keyboard *n.*; ***telefono a ~*** Tastentelefon *n.* **ta|stie|ri|sta** m. e f. *(-i,-e)* **1** Keyboardspieler *m.* (-in *f.*) **2** TIP. Setzer *m.* (-in *f.*) **3** INFORM. Eingeber *m.* (-in *f.*).
ta|sto m. **1** Taste *f.*: ***premere, schiacciare un ~ della calcolatrice, del telefono*** eine Taste des Taschenrechners, des Telefons drücken; ***battere i -i della macchina per scrivere, del piano*** die Tasten der Schreibmaschine, des Klaviers an‿schlagen **2** *(campione)* Probe *f.* ◆ ***~ d'arresto*** Sperrtaste *f.*; ***~ con arresto*** Stopptaste *f.*; *(nel pianoforte)* ***~ bianco*** Untertaste *f.*; ***~ di cancellazione*** Löschtaste *f.*; ***~ di comando*** Bedienungstaste *f.*; ***~ correttore*** Korrekturtaste *f.*; ***~ fissamaiuscole*** Feststelltaste *f.*; INFORM. ***~ funzione*** Funktionstaste *f.*; INFORM. ***~ di invio*** Eingabetaste *f.*; ***~ delle maiuscole*** Umschalter *m.*; INFORM. ***~ del mouse*** Maustaste *f.*; *(nel pianoforte)* ***~ nero*** Obertaste *f.*; ***premendo un ~*** auf Tastendruck; ***~ ripetitore*** Wiederholtaste *f.*; ***~ di ritorno*** Rück(stell)taste *f.*; FIG. ***battere sempre sullo stesso ~*** immer wieder auf dasselbe zurück‿kommen; ***telefono a -i*** Tastentelefon *n.*; FIG. ***è meglio non toccare questo ~*** rühren wir lieber nicht daran! ***toccare un ~ dolente*** an eine alte Wunde rühren.
ta|sto|ni avv. **1** ***(a) ~*** tastend; ***andare, procedere (a) ~*** sich vorwärts tasten (*o* vorwärts tappen); ***cercare qcs. (a) ~*** nach etw. tasten **2** FIG. ***(a) ~*** auf gut Glück; ***procedere a ~ in una ricerca*** bei einer Forschung auf gut Glück vor‿gehen.
ta|ta f. FAM. Kindermädchen *n.*
ta|ta|ro → **1.tartaro.**
tat|ti|ca f. *(-che)* Taktik *f.* (anche FIG.): ***~ politica*** politische Taktik ◆ ***~ dilatoria*** Verzögerungstaktik *f.*; ***~ elettorale*** Wahlkampftaktik *f.*; SPORT ***~ di gioco*** Spieltaktik *f.*; ***~ di guerriglia*** Guerillamethode *f.*; ***~ offensiva*** Angriffstaktik *f.*, Offensivtaktik *f.*; ***~ ostruzionistica*** Obstruktionstaktik *f.*; ***~ di temporeggiamento*** Verzögerungstaktik *f.* **tat|ti|ca|men|te** avv. taktisch. **tat|ti|ci|smo** m. übermäßiges Taktieren *n.*
1.tat|ti|co I agg. *(-ci,-che)* **1** taktisch: ***mossa -a*** taktischer Zug; ***errore ~*** taktischer Fehler **2** FIG. *(accorto)* taktisch, umsichtig, vorsichtig **II** m. *(-ci)* Taktiker *m.*
2.tat|ti|co agg. *(-ci,-che)* BIOL. taktisch ◆ ***movimenti -ci*** Taxis *f.*, Taxie *f.*
tat|ti|le agg. taktil, Tast-: ***sensazione, percezione ~*** Tastempfindung *f.* **tat|ti|li|tà** f. **1** *(possibilità di essere percepito)* Ertastbarkeit *f.* **2** *(capacità tattile)* Tastsinn *m.*
tat|to m. **1** Tastsinn *m.* **2** FIG. Takt *m.*, Taktgefühl *n.*, Feingefühl *n.*, Zartgefühl *n.* ◆ ***essere morbido, ruvido al ~*** sich weich, rau an‿fühlen; ***mancanza di ~*** Taktlosigkeit *f.*; ***pieno di ~*** taktvoll; ***privo di ~*** taktlos; ***senso del ~*** Tastsinn *m.*
ta|tuag|gio m. *(-gi)* Tätowierung *f.*, Eintätowierung *f.* **ta|tua|re** tr. tätowieren, tatauieren: ***~ qcn. sul braccio, sul petto*** jdm den Arm, die Brust tätowieren.
tau m.inv. Tau *n.*
tau|ma|tur|gi|a f. Wundertätigkeit *f.* **tau|ma|tur|gi|co** agg. *(-ci,-che)* wundertätig, Wunder-: ***poteri -ci*** Wunderkraft *f.* **tau|ma|tur|go** m. *(-gi/-ghi)* Wundertäter *m.*
Tau|ri|de n.pr.f. Tauris *f.*
tau|ri|no agg. ***collo ~*** Stiernacken *m.*; COLLOQ. Specknacken *m.*
Tau|ro n.pr.m. Taurus *m.*
tau|ro|ma|chi|a f. Stierkampf *m.*
tau|to|lo|gi|a f. Tautologie *f.* **tau|to|lo|gi|co** agg. *(-ci,-che)* tautologisch.
ta|vel|la f. Hourdi *m.*, Hourdistein *m.*

ta|ver|na f. 1 Taverne *f.*, Wirtshaus *n.*, Schenke *f.* 2 *(bettola)* Spelunke *f.* 3a *(locale in uno scantinato)* Keller *m.*, Kellerlokal *n.* b *(di casa privata)* Kellerbar *f.* **ta|ver|net|ta** f. Kellerbar *f.* **ta|ver|nie|re** m. Schankwirt *m.*, Wirt *m.*

ta|vo|la f. 1 Tisch *m.*, Tafel *f.*: ***apparecchiare, sparecchiare la ~*** den Tisch decken, ab‿räumen; ***portare in ~ (il pranzo)*** das Essen auf den Tisch bringen; ***mettersi a ~*** sich zu Tisch setzen; ***sedere a ~*** bei Tisch sitzen; ***siamo a ~*** wir sind bei Tisch; ***a ~!*** zu Tisch! ***alzarsi da ~*** vom Tisch auf‿stehen 2 *(asse)* Brett *n.*, Platte *f.*: ***una ~ di pino*** ein Kiefernbrett 3 *(piastra)* Tafel *f.*, Platte *f.* 4 *(quadro)* Bild *n.*, Gemälde *n.*: ***una ~ di Raffaello*** ein Gemälde von Raffaello 5 *(tabella)* Tabelle *f.*, Tafel *f.* 6 *(illustrazione)* Tafel *f.*, Bildtafel *f.* ◆ ***~ armonica*** Resonanzboden *m.*; ***biancheria da ~*** Tischwäsche *f.*; ***amare la buona ~*** die gute Küche schätzen; ***~ calda*** Imbissstube *f.* (mit warmen Mahlzeiten), Snackbar *f.*; FIG. ***mettere le carte in ~*** Farbe bekennen, den Spieß um‿drehen; STOR. ***~ di cera, cerata*** Wachstafel *f.*; TIP. ***~ per composizione*** Setztisch *m.*; ***cronologica*** Zeittafel *f.*; ***dipinto su ~*** Tafelbild *n.*; STOR. ***legge delle dodici -e*** Zwölftafelgesetz *n.*; ***~ fredda*** Imbissstube *f.*; BIBL. ***-e della legge*** Gesetzestafeln *pl.*; ***~ dei logaritmi*** Logarithmentafel *f.*; ***il mare è una ~*** das Meer ist spiegelglatt; ***monte a ~*** Tafelberg *m.*; ***~ numerica*** Zahlentabelle *f.*; ***olio da ~*** Tafelöl *n.*; Speiseöl *n.*; ***-e del palcoscenico*** Bühnenbretter *pl.*; ***i piaceri della ~*** die Tafelfreuden; ***~ pitagorica*** COLLOQ. Einmaleins *n.*; ***pittura su ~*** Tafelmalerei *f.*; GIOC. ***~ reale*** Tricktrack *n.* (*o* Puffspiel *n.*); ***~ rotonda*** Konferenz *f.* am runden Tisch, Round-Table-Konferenz *f.*; *(dibattito)* Round-Table-Gespräch *n.*: ***i cavalieri della ~ rotonda*** die Ritter der Tafelrunde (des Königs Artus); ***~ sinottica*** Übersichtstafel *f.*; ***~ a vela*** Surfbrett *n.*; ***vicina di ~*** Tischdame *f.*; ***vicino di ~*** Tischherr *m.*; ***vino da ~*** Tischwein *m.*, Tafelwein *m.*; PROV. ***a ~ non si invecchia*** Essen und Trinken hält Leib und Seele zusammen.

ta|vo|lac|cio m. *(-ci)* 1 alter, schlechter Tisch *m.* 2 *(pancaccio)* Pritsche *f.* **ta|vo|la|me** m. 1 Bretter *pl.* 2 FAL. Bauholz *n.* **ta|vo|la|re** tr. *(tavolo)* täfeln. **ta|vo|la|ta** f. Tischgesellschaft *f.*, Tafelrunde *f.*: ***un'allegra ~*** eine lustige Tafelrunde ◆ ***fare una ~ unica*** die Tische zusammen‿rücken. **ta|vo|la|to** m. 1a Täfelung *f.* b *(di pavimento)* Dielenbelag *m.*, Bohlenbelag *m.* 2 GEOGR. Hochebene *f.*, Plateau *n.*

ta|vo|let|ta f. 1 kleine Tafel *f.* 2 ESTENS. Tafel *f.*: ***una ~ di cioccolata*** eine Tafel Schokolade 3 TOPOGR. Karte *f.* ◆ AUT. ***andare a ~*** das Gaspedal durch‿treten, mit Vollgas fahren; ***~ d'argilla*** Tontafel *f.*; STOR. ***~ di cera, cerata*** Wachstafel *f.*; ***~ da disegno*** Reißbrett *n.*, Zeichenbrett *n.*; INFORM. ***~ grafica*** Grafiktablett *n.*; ***~ pretoriana*** Messtisch *m.*; ***~ da stiro*** Ärmelbrett *n.*

ta|vo|lie|re m. 1 GEOGR. Tiefebene *f.* 2 *(tavolo da biliardo)* Billardtisch *m.*

ta|vo|li|no m. 1 Tischchen *n.* 2 *(scrittoio)* Schreibtisch *m.*: ***passare le ore al ~*** stundenlang am Schreibtisch sitzen ◆ ***risolvere un problema a ~*** ein Problem vom grünen Tisch aus lösen; ***~ da campeggio*** Campingtisch *m.*; ***~ da fumo*** Rauchtischchen *n.*; ***~ da notte*** Nachttischchen *n.*; ***~ da picnic*** Campingtisch *m.*; ***~ pieghevole*** Klapptisch *m.*; ***~ da salotto*** Couchtisch *m.*; ***~ per, da scacchi*** Schachtisch *m.*; ***~ da tè*** Teetisch *m.*

ta|vo|lo m. Tisch *m.*: ***~ rotondo*** runder Tisch; ***sedere intorno a un ~*** um einen Tisch sitzen; ***prenotare un ~ per otto*** einen Tisch für acht Personen reservieren lassen ◆ ***~ allungabile*** Ausziehtisch *m.*, ausziehbarer Tisch; ***~ da biliardo*** Billardtisch *m.*; ***~ da cucina*** Küchentisch *m.*; ***~ da disegno*** Zeichentisch *m.*; ***gamba del ~*** Tischbein *n.*; ***~ da gioco*** Spieltisch *m.*; ***lampada da ~*** Tischlampe *f.*; ***~ da lavoro*** Arbeitstisch *m.*; ***~ operatorio*** Operationstisch *m.*; ***piano del ~*** Tischplatte *f.*; ***~ pieghevole*** Klapptisch *m.*; ***~ da ping-pong*** Tischtennisplatte *f.*; ***~ da, per gli scacchi*** Schachtisch *m.*; ***~ da stiro*** Bügeltisch *m.*; ***~ da tè*** Teetisch *n.*; ***~ delle trattative*** Verhandlungstisch *m.* **ta|vo|lo|ne** m. 1 großer Tisch *m.* 2 *(asse)* großes Brett *n.* 3 FAL. Bohle *f.*

ta|vo|loz|za f. Palette *f.* (anche FIG.): ***prendere pennello e ~*** Pinsel und Palette nehmen.

ta|xi m.inv. Taxi *n.* e SVIZZ. *m.*: ***chiamare, prendere un ~*** ein Taxi rufen (*o* bestellen), nehmen; ***andare in ~*** mit dem Taxi fahren ◆ ***corsa in ~*** Taxifahrt *f.*; ***posteggio di ~*** Taxistand *m.* **ta|xi|sta** m. e f. *(-i,-e)* Taxifahrer *m.* (-in *f.*).

tay|lo|ri|smo m. Taylorismus *m.* **tay|lo|ri|sti|co** agg. *(-ci,-che)* Taylor-: ***sistema ~*** Taylorsystem *n.*

ta|ze|ba|o → **dazebao.**

taz|za f. 1 Tasse *f.*: ***bere una ~ di tè*** eine Tasse Tee trinken 3 *(di fontana)* Becken *n.*, Brunnenbecken *n.* 4 *(di gabinetto)* Klosettschüssel *f.* ◆ ***~ con beccuccio*** Schnabeltasse *f.*; ***~ da caffè*** Kaffeetasse *f.*; TECN. ***elevatore a -e*** Becherwerk *n.*; ***~ del gabinetto*** Klosettschüssel *f.*; ***~ di porcellana*** Porzellantasse *f.*; ***~ da tè*** Teetasse *f.* **taz|zi|na** f. Tässchen *n.*, kleine Tasse *f.*; ***~ da caffè*** Mokkatasse *f.* **taz|zo|na** f., **taz|zo|ne** m. Pott *m.*

tbc f. Tbc *f.*

te pron.pers. 1 *(complemento oggetto)* dich: ***cercano proprio ~*** sie suchen ausgerechnet dich; ***chiamavano ~, non Paolo*** sie haben dich, nicht Paul gerufen 2 *(complemento introdotto da preposizione)* dich, dir: ***ha parlato di ~*** er hat von dir (*o* über dich) gesprochen; ***a ~ è mai successo?*** ist dir das schon mal passiert? ***qualcosa è cambiato in ~*** etwas hat sich in dir geändert; ***sei soddisfatto di ~ stesso?*** bist du mit dir selbst zufrieden? 3a *(nome del predicato)* du: ***lui non è come ~*** er ist nicht wie du; ***sembra ~*** er sieht wie du aus b *(nelle espressioni comparative)* du: ***è vecchio come ~*** er ist so alt wie du; ***ne sa quanto ~*** er weiß so viel wie du 4a *(forma atona, variante di* **ti** *davanti alle forme pronominali atone: la, le, li, lo, ne)* ***~ li ha restituiti*** er hat sie dir zurückgegeben; ***~ lo disse*** er sagte es dir; ***~ ne sei andato*** du bist fortgegangen b *(enclitico)* ***risparmiatelo!*** spare dir das! ***compratelo*** kauf es doch! ***cerca di ricordartelo*** versuch dich daran zu erinnern! ◆ ***beato ~*** du Glücklicher! ***fra ~ e ~*** vor dich hin; ***povero ~*** du Ärmster! ***(in) quanto a ~*** was dich betrifft (*o* angeht); ***secondo ~*** deiner Meinung nach; ***tra ~ e ~*** vor dich hin.

tè m. 1 BOT. Teestrauch *m.* 2a *(bevanda)* Tee *m.*: ***fare il ~*** Tee kochen; ***prendere il ~*** Tee trinken; ***un ~ aromatico, leggero, forte*** ein aromatischer, schwacher, starker Tee; ***lasciare il ~ in infusione*** den Tee ziehen lassen; ***colare il ~*** den Tee durch das Teesieb gießen b *(ricevimento)* ***ti aspetto domani per il ~*** ich erwarte dich morgen zum Tee ◆ ***bustina da ~*** Teebeutel *m.*; ***casa da ~*** Teehaus *n.*; ***il ~ delle cinque*** der Fünfuhrtee; ***~ danzante*** Tanztee *m.*; ***~ freddo*** Eistee *m.*; ***~ nero*** schwarzer Tee; ***pasticcini da ~*** Teegebäck *n.*; ***raccolto del ~*** Tee-Ernte *f.*; ***sala da ~*** Teestube *f.*; ***servizio da ~*** Teeservice *n.*; ***uovo da ~*** Tee-Ei *n.*; ***~ verde*** grüner Tee.

te|a agg. ***rosa ~*** Teerose *f.* **te|a|ce|e** f.pl. Teegewächse *pl.*

teak [ti:k; *üblich* tɛk] m.inv. 1 *(albero)* Teakbaum *m.* 2 *(legno)* Teak *n.*, Teakholz *n.*

team [ti:m] m.inv. Team *n.*

te|a|tra|bi|le agg. bühnenreif.

te|a|tra|le agg. 1 Theater-, Bühnen-: ***lavoro, opera ~*** Theaterstück *n.* (*o* Bühnenstück *n.*, Bühnenwerk *n.*); ***personaggio ~*** Bühnengestalt *f.*; ***impresario, regista, critico ~*** Theateragent *m.*, Theaterregisseur *m.*, Theaterkritiker *m.*; ***rappresentazione, spettacolo ~*** Theateraufführung *f.*, Theatervorstellung *f.* 2 FIG. theatralisch: ***gesto ~*** theatralische Geste ◆ ***compagnia ~*** Theater *n.*, Theatertruppe *f.*; ***macchinista ~*** Kulissenschieber *m.*; ***stagione ~*** Spielzeit *f.*, Theatersaison *f.* **te|a|tra|li|tà** f. Theatralik *f.* **te|a|tral|men|te** avv. theatralisch: ***comportarsi ~*** sich theatralisch auf‿führen.

te|a|tran|te m. e f. 1 Schmierenkomödiant *m.* (-in *f.*) 2 FIG. Komödiant *m.* (-in *f.*), Schmierenkomödiant *m.* (-in *f.*).

te|a|tri|no m. 1 kleines Theater *n.* 2 *(per bambini)* Kindertheater *n.* 3 *(di marionette)* Puppentheater *n.* 4 FIG. *(spettacolo ridicolo)* Komödie *f.*

te|a|tro m. 1 Theater *n.*: ***andare a ~*** ins Theater gehen; ***avere un abbonamento a ~*** ein Theaterabonnement haben; ***fare ~*** am (*o* beim) Theater sein; ***il ~ è esaurito*** das Theater ist ausverkauft; ***~ stabile*** ständiges Theater; ***tutto il ~ applaudì*** das ganze Theater applaudierte; ***il ~ antico*** das antike Theater 2 *(edificio)* Theater *n.*, Schauspielhaus *n.* 3 FIG. Schauplatz *m.*: ***Austerlitz fu ~ di una famosa battaglia*** Austerlitz war Schauplatz einer berühmten Schlacht ◆ ***~ anatomico*** Anatomiehörsaal *m.*; ***~ all'aperto*** Freilichttheater *n.*; ***attore di ~*** Bühnenkünstler *m.*, Theaterschauspieler *m.*; ***autore di ~*** Bühnenautor *m.*; ***~ d'avanguardia*** Avantgardetheater *n.*; ***~ bellico*** Kriegsschauplatz *m.*; ***biglietto per il ~*** Theaterkarte *f.*; ***binocolo da ~*** Theaterglas *n.*, Opernglas *n.*; ***cassa del ~*** Theaterkasse *f.*; ***~ comunale*** Stadttheater *n.*; ***~ di corte*** Hoftheater *n.*; ***~ filodrammatico*** Laientheater *n.*; ***gente di ~*** Theaterleute *pl.*; ***~ di guerra*** Kriegsschauplatz *m.*; ***~ lirico*** Opernhaus *n.*; ***~ di marionette*** Marionettentheater *n.*; ***~ nazionale*** Staatstheater *n.*, Nationaltheater *n.*; ***~ delle ombre*** Schattenspiel *n.*; ***~ dell'opera*** Opernhaus *n.*; ***~ di posa*** Filmstudio *n.*, Filmatelier *n.*; ***~ di prosa*** Schauspielhaus *n.*; ***scrittore di ~*** Theaterschriftsteller *m.*, Theaterautor *m.*; ***~ sperimentale*** Experimentiertheater *n.*, Experimentierbühne *f.*; ***storia del ~*** Theatergeschichte *f.*; ***~ studio*** Studiobühne *f.*; ***uomo di ~*** Theatermann *m.*

te|a|tro-ten|da m. Zelttheater *n.*

Te|bai|de n.pr.f. Thebais *f.* **te|ba|no** I agg. thebanisch II m. Thebaner *m.* **Te|be** n.pr.f. Theben *n.*

te|ca f. *(-che)* 1 Etui *n.* 2 *(reliquiario)* Reliquiar *n.* 3 BIOL. Schale *f.*: ***~ cranica*** Hirnschale *f.*

tech|ni|color [tek-] m. Technicolor® *n.* ◆ ***film in ~*** Farbfilm *m.*; SCHERZ. ***in ~*** bunt wie ein Papagei.
teck → **teak.**
Te|cla n.pr.f. Thekla *f.*
tec|ne|to, tec|ne|zio m. Technetium *n.*
tec|ni|ca f. *(-che)* **1** Technik *f.*: ***i progressi della ~*** die Fortschritte der Technik; ***una meraviglia della ~*** ein Wunder der Technik; ***imparare, possedere una ~*** eine Technik erlernen, beherrschen **2** *(procedimento, metodo)* Technik *f.*, Verfahren *n.*, Verfahrensweise *f.*: ***utilizzare le -che più moderne*** die modernsten Verfahren an‿wenden **3** *(trucco)* Masche *f.*, Trick *m.*: ***una ~ per impietosire*** eine Masche, um Mitleid zu erregen ◆ ***~ bancaria*** Bankbetriebslehre *f.*; ***~ cinematografica*** Filmtechnik *f.*; MUS. ***~ compositiva*** Kompositionstechnik *f.*, Tonsatz *m.*; TIP. ***~ di composizione*** Satztechnik *f.*; ***~ idraulica*** Wasserbau *m.*, Hydrotechnik *f.*; ***~ di lavorazione*** Bearbeitungstechnik *f.*; ***~ medica*** Medizintechnik *f.*; ***~ di misurazione*** Messtechnik *f.*; ***~ narrativa*** Erzähltechnik *f.*; ***~ produttiva*** Produktionstechnik *f.*, Herstellungsverfahren *n.*; ***~ respiratoria*** Atemtechnik *f.*; TIP. ***~ di riproduzione*** Reproduktionstechnik *f.*; MUS. ***~ seriale*** Zwölftontechnik *f.*; ***~ spaziale*** Weltraumtechnik *f.*; ***~ delle telecomunicazioni*** Fernmeldetechnik *f.*; ***~ tipografica*** Druckverfahren *n.* **tec|ni|ca|men|te** avv. technisch: ***~ perfetto*** technisch perfekt.
tec|ni|ci|smo m. Technizismus *m.* **tec|ni|ci|sti|co** agg. *(-ci,-che)* technizistisch.
tec|ni|ciz|za|re tr. technisieren, vertechnisieren. **tec|ni|ciz|za|to** p.pass. agg. **1** → **tecnicizzare 2** technisiert. **tec|ni|ciz|za|zio|ne** f. Technisierung *f.*
tec|ni|co I agg. *(-ci,-che)* technisch: ***direzione -a*** technische Leitung; ***abilità -a*** technische Fertigkeit (*o* technisches Können); ***strumenti, inconvenienti -ci*** technische Instrumente, Störungen; ***disegno ~*** technische Zeichnung; ***istruzione -a*** technische Ausbildung; ***per motivi -ci*** aus technischen Gründen **II** m. *(-ci)* **1** Techniker *m.* **2** *(esperto)* Techniker *m.*, Fachmann *m.* ◆ ***competenza -a*** Fachkompetenz *f.*; ***discussione -a*** Fachgespräch *n.*; ***dizionario ~*** Fachwörterbuch *n.*; ***~ elettronico*** Elektroniker *m.*; ***istituto ~*** Technikum *n.*; ***linguaggio ~*** Fachsprache *f.*; ***~ delle luci*** Beleuchter *m.*; ***~ del missaggio*** Bildmischer *m.*; ***secondo il parere dei -ci*** nach fachmännischem Urteil; ***~ di scena*** Bühnenarbeiter *m.*; ***~ del suono*** Tontechniker *m.*; ***~ della televisione*** Fernsehtechniker *m.*; ***termine ~*** Fachausdruck *m.*, Terminus *m.*, Fachterminus *m.*; ***testo ~*** Fachbuch *n.*; ***traduzione -a*** technische Übersetzung, Fachübersetzung *f.*; ***ufficio ~ del comune*** Stadtbauamt *n.*
tec|ni|co-sa|ni|ta|rio agg. *(-ri,-rie)* medizinisch-technisch: ***assistente ~*** medizinisch-technischer Assistent.
tec|ni|fi|ca|re tr. *(tecnifico, tecnifichi)* technifizieren.
tec|ni|gra|fo m. Zeichenmaschine *f.*
tec|no|cra|te m. e f. Technokrat *m.* (-in *f.*). **tec|no|cra|ti|co** agg. *(-ci,-che)* technokratisch. **tec|no|cra|zi|a** f. Technokratie *f.*
tec|no|lo|gi|a f. **1** Technologie *f.* **2** *(tecnica)* Technik *f.* ◆ ***~ alimentare*** Lebensmitteltechnologie *f.*; ***alta ~*** Hochtechnologie *f.*; ***~ ambientale*** Umwelttechnologie *f.*; ***~ d'avanguardia*** Spitzentechnologie *f.*; ***~ avanzata*** Hochtechnologie *f.*; ***~ dura*** harte Technologie; ***nuove -e*** neue Technologien; ***trasferimento di ~*** Technologietransfer *m.* **tec|no|lo|gi|ca|men|te** avv. technologisch. **tec|no|lo|gi|co** agg. *(-ci,-che)* technologisch: ***progresso ~*** technologischer Fortschritt. **tec|no|lo|go** m. *(-gi)* Technologe *m.*
tec|no|strut|tu|ra f. Technostruktur *f.*
te|co pron. LETT. mit dir.
te|de|sco I agg. *(-chi,-che)* deutsch: ***letteratura -a*** deutsche Literatur **II** m. **1** Deutsche *m.* **2** *(lingua)* Deutsch(e) *n.*: ***in ~*** auf Deutsch; ***parlare ~*** Deutsch sprechen; ***imparare, insegnare il ~*** Deutsch lernen, lehren (*o* unterrichten) ◆ ***alto ~*** Hochdeutsch(e) *n.*; ***alto ~ antico*** Althochdeutsch(e) *n.*; ***alto ~ moderno*** Neuhochdeutsch(e) *n.*; ***basso ~*** Niederdeutsch(e) *n.*; ***~ commerciale*** Handelsdeutsch *n.*; ***inno nazionale ~*** Deutschlandlied *n.*; ***insegnante di ~*** Deutschlehrer *m.*; ***~ letterario*** Schriftdeutsch(e) *n.*; ***lingua -a*** Deutsch *n.* (*o* deutsche Sprache *f.*); ***di lingua -a*** deutschsprachig; ***marco ~*** Deutsche Mark; ***medio ~*** Mitteldeutsch(e) *n.*; ***alto ~ medio*** Mittelhochdeutsch(e) *n.*; ***~ del nord*** norddeutsch; *(persona)* Norddeutsche *m.*; ***~ occidentale*** westdeutsch; *(persona)* Westdeutsche *m.*; ***~ orientale*** ostdeutsch; *(persona)* Ostdeutsche *m.*; ***di origine -a*** deutschstämmig; ***pastore ~*** deutscher Schäferhund; ***~ parlato*** (deutsche) Umgangssprache *f.*; ***questione -a*** Deutschlandfrage *f.*; ***~ scritto*** Schriftdeutsch(e) *n.*; ***~ del sud*** süddeutsch; *(persona)* Süddeutsche *m.*; ***~ superiore*** Oberdeutsch(e) *n.*; ***svizzero ~*** schweizerdeutsch; *(lingua)* Schweizerdeutsch(e) *n.*; *(persona)* Schweizerdeutsche *m.*

te|de|sco|fi|lo I agg. deutschfreundlich **II** m. Deutschenfreund *m.* **te|de|sco|fo|bo I** agg. deutschfeindlich **II** m. Deutschenfeind *m.*
Te Deum m. Tedeum *n.*
te|dia|re *(tedio, tedi)* **I** tr. langweilen, an‿öden **II** pronom. **tediarsi** sich langweilen. **te|dio** m. Öde *f.* **te|dio|si|tà** f. Ödheit *f.*, Ödigkeit *f.* **te|dio|so** agg. öde.
te|do|fo|ro I m. Fackelträger *m.* **II** agg. fackeltragend.
teen-ag|er ['ti:neɪdʒə, *üblich* -'eger] m. e f.inv. Teenager *m.*
tee-shirt ['ti:ʃə:t, *üblich* -'ʃə:t] f.inv. T-Shirt *n.*
te|flon m.inv. Teflon® *n.* ◆ ***rivestito di ~*** teflonbeschichtet; ***padella in ~*** Teflonpfanne *f.* **te|flo|na|to** agg. teflonbeschichtet.
te|ga|me m. **1** (flacher) Kochtopf *m.* **2** *(padella)* Pfanne *f.* **te|ga|mi|no** m. kleine Pfanne *f.* ◆ ***uova al ~*** Spiegeleier *pl.*
te|glia f. Backform *f.*; *(quadrata)* Kastenform *f.*; ***ungere la ~*** die Backform aus‿fetten; ***imburrare la ~*** die Backform buttern (*o* mit Butter aus‿fetten).
te|go|la f. Dachziegel *m.* ◆ ***~ a canale*** Mönch *m.*; ***~ di colmo*** Firstziegel *m.*; ***~ curva*** Dachpfanne *f.*, Mönch *m.*; ***~ a incastro*** Falzziegel *m.*; ***~ piana*** Flachziegel *m.*, Kappziegel *m.*; ***~ di terracotta*** Tonziegel *m.*; FIG. ***gli è cascata, piovuta una ~ in testa*** = er hat einen schweren Schlag erlitten.
te|gu|men|to m. **1** Integument *n.* **2** *(di seme)* Samenhülle *f.*
tei|col|to|re m. Teepflanzer *m.* **tei|col|tu|ra** f. Teeanbau *f.*
te|ie|ra f. Teekanne *f.*
te|i|na f. Thein *n.*
te|i|smo m. Theismus *m.* **te|i|sta** m. e f. *(-i,-e)* Theist *m.* (-in *f.*) **te|i|sti|co** agg. *(-ci,-che)* theistisch.
tek → **teak.**
tel. ⇒ *telefono* Telefon (Tel.).
te|la f. **1** Gewebe *n.*, Tuch *n.* **2a** PITT. Leinwand *f.*, Malerleinwand *f.* **b** *(dipinto)* Gemälde *n.* **3** TIP. Sieb *n.* **4** LETT. *(intreccio)* Handlung *f.* ◆ ***~ bachelizzata*** Hartgewebe *n.*; ***~ cerata*** Wachstuch *n.*, Öltuch *n.*; COLLOQ. ***far ~*** ab‿hauen; ***~ gommata*** Gummiunterlage *f.*; ***~ da imballaggio*** Packleinwand *f.*; EDIT. ***in ~*** leinen; ***volume rilegato in ~*** Leinenband *m.*; ***rilegatura in ~*** Leineneinband *m.*; ***~ di lino*** Leinengewebe *n.*; EDIT. ***in mezza ~*** halbleinen; ***volume rilegato in mezza ~*** Halbleinenband *m.*; ***~ olona*** Segeltuch *n.*; ***~ di ragno*** Spinngewebe *n.*, Spinnwebe *f.*; SART. ***~ di rinforzo*** Schneiderleinen *n.*, Steifleinen *n.*, Wattierleinen *n.*; ***~ da sacco*** Sackleinwand *f.*, Sackleinen *n.*; ***~ smerigliata*** Schmirgelleinwand *f.*; ***~ smeriglio*** Schleifleinen *n.*, Schmiergelleinwand *f.*; EDIT. ***in tutta ~*** ganzleinen; ***volume rilegato in tutta ~*** Ganzleinenband *m.*; ***~ da vele*** Segeltuch *n.*
te|la|io m. *(-ai)* **1** Webstuhl *m.* **2** *(struttura)* Rahmen *m.*, Gestell *n.* **3** *(di auto)* Untergestell *n.*, Fahrgestell *n.*, Chassis *n.* **4** TIP. Schließrahmen *m.* ◆ ***antenna a ~*** Rahmenantenne *f.*; ***~ di ferro*** Eisenrahmen *m.*; ***~ di finestra*** Fensterrahmen *m.*; ***~ a mano*** Handwebstuhl *m.*; ***numero di ~*** Fahrgestellnummer *f.*; ***~ di poppa*** Vor(der)steven *m.*; ***~ di porta*** Türrahmen *m.*; ***~ da ricamo*** Stickrahmen *m.*; ***sega a ~*** Spannsäge *f.*; ***~ di stampa*** Schließrahmen *m.*; ***~ tubolare*** Rohrrahmen *m.*
te|la|mo|ne m. Telamon *m.* e *n.*
te|la|re intr. (aus. *essere*) COLLOQ. ab‿hauen. **te|la|to** p.pass. agg. **1** → **telare 2** *(simile alla tela)* Leinen-: ***carta -a*** Leinenpapier *n.* **3** *(rinforzato con la tela)* textilverstärkt: ***gomma -a*** textilverstärkter Gummi.
te|le f.inv. COLLOQ. Mattscheibe *f.*
te|le|ab|bo|na|to m. Fernsehteilnehmer *m.*
te|le|ar|ma f. Fernlenkwaffe *f.*
te|le|au|dio|con|fe|ren|za f. → **teleconferenza.**
te|le|ca|bi|na f. Seilbahnkabine *f.*
te|le|ca|me|ra f. Fernsehkamera *f.*, Kamera *f.*
te|le|ci|ne|si f. Telekinese *f.* **te|le|ci|ne|ti|co** agg. *(-ci,-che)* telekinetisch.
te|le|co|man|da|re tr. fern‿steuern, fern‿bedienen, fern‿lenken: ***~ un aereo, un missile*** ein Flugzeug, eine Rakete fernsteuern. **te|le|co|man|da|to** p.pass. agg. **1** → **telecomandare 2** ferngesteuert, fernbedient, ferngelenkt.
te|le|co|man|do m. **1** *(dispositivo)* Fernbedienung *f.*, Fernsteuerung *f.* **2** *(tecnica)* Fernbedienung *f.*, Fernsteuerung *f.*, Fernwirken *n.*, Fernlenkung *f.* ◆ ***~ a raggi infrarossi*** Infrarot-Fernbedienung *f.*, Infrarotlenkung *f.*
te|le|com|po|si|zio|ne f. Fernsetzen *n.*
te|le|co|mu|ni|ca|zio|ne f. **1** Telekommunikation *f.* **2** pl. Fernmeldewesen *n.* ◆ ***impianto di -i*** Fernmeldeanlage *f.*; ***ministero delle poste e -i*** Ministerium *n.* für Post- und Fermeldewesen; ***rete di ~*** Fernmeldenetz *n.*; ***satellite per -i*** Kommunikationssatellit *m.* (*o* Nachrichtensatellit *m.*); ***tecnica delle -i*** Fernmeldetechnik *f.*

te|le|con|fe|ren|za f. Telekonferenz *f.*, Videokonferenz *f.*
te|le|con|trol|lo m. Fernüberwachung *f.*
te|le|co|pia f. Fernkopie *f.*, Telefax *n.* **te|le|co|pia|re** tr. *(telecopio, telecopi)* telefaxen, fern‿kopieren. **te|le|co|pia|to|re** m., **te|le|co|pia|tri|ce** f. Fernkopierer *m.*, Telekopierer *m.*, Telefax *n.*
te|le|cro|na|ca f. *(-che)* Fernsehreportage *f.*, Fernsehübertragung *f.* **te|le|cro|ni|sta** m. e f. *(-i,-e)* Fernsehreporter *m.* (-in *f.*).
te|le|dif|fu|sio|ne f. Fernsehübertragung *f.*
te|le|di|pen|den|te I agg. fernsehsüchtig **II** m. e f. Fernsehsüchtige *m.* e *f.*
te|le|dram|ma m. Fernsehspiel *n.*
te|le|drin m.inv. **1** *(sistema)* Personensuchanlage *f.* **2** *(ricevitore)* Piepser *m.*
te|le|e|la|bo|ra|zio|ne f. Teleprocessing *n.*, Fernverarbeitung *f.*
te|le|fax m.inv. Telefax *n.*: ***mandare qcs. per ~*** etw. (tele)faxen (*o* per Telefax schicken); ***mandare, ricevere un ~*** ein Telefax schicken, erhalten; ***numero di ~*** Telefaxnummer *f.*
te|le|fe|ri|ca f. *(-che)* Schwebebahn *f.* **te|le|fe|ri|co** agg. *(-ci,-che)* Schwebebahn-.
te|le|film m.inv. Fernsehfilm *m.*
te|le|fo|na|re *(telefono)* **I** intr. (aus. *avere*) an‿rufen, telefonieren; ***~ a qcn.*** jdn anrufen (*o* mit jdm telefonieren); ***ha telefonato qualcuno?*** hat jemand angerufen? ***~ in Germania*** nach Deutschland telefonieren **II** tr. telefonisch übermitteln: ***~ una notizia a qcn.*** jdm telefonisch eine Nachricht übermitteln **III** pronom. **telefonarsi** miteinander telefonieren: ***si telefonano ogni giorno*** sie telefonieren jeden Tag miteinander.
te|le|fo|na|ta f. Anruf *m.*, Telefonanruf *m.*, Telefonat *n.*; *(conversazione)* Gespräch *n.*, Telefongespräch *n.*: ***fare una ~*** an‿rufen, einen Anruf machen; ***ricevere una ~*** einen Anruf bekommen (*o* erhalten); ***passare una ~ a qcn.*** ein Telefongespräch durch‿stellen; ***ascoltare, intercettare una ~*** ein Telefongespräch mit‿hören, ab‿hören ◆ ***~ intercontinentale*** Überseegespräch *n.*; ***~ internazionale*** Auslandsgespräch *n.*; ***~ interurbana*** Ferngespräch *n.*; ***~ minatoria*** Drohanruf *m.*; ***~ nazionale*** Inlandsgespräch *n.*; ***~ privata*** Privatgespräch *n.*, privates Telefongespräch; ***~ di servizio*** Dienstgespräch *n.*, dienstliches Telefongespräch; ***~ in teleselezione*** Selbstwählferngespräch *n.*; ***~ urbana*** Ortsgespräch *n.*; ***~ urgente*** dringendes Telefongespräch.
te|le|fo|ni|a f. Telefonie *f.*, Fernsprechwesen *n.*
te|le|fo|ni|ca|men|te avv. telefonisch: ***raggiungibile ~*** telefonisch erreichbar; ***collegarsi ~ con qcn.*** sich mit jdm telefonisch in Verbindung setzen.
te|le|fo|ni|co agg. *(-ci,-che)* telefonisch ◆ ***alfabeto ~*** Buchstabiertafel *f.*; ***apparecchio ~*** Telefonapparat *m.*, BUROCR. Fernsprechapparat *m.*; ***bolletta -a*** Telefonrechnung *f.*; ***cabina -a*** Telefonzelle *f.*, Fernsprechzelle *f.*; ***carta -a*** Telefonkarte *f.*; ***centrale -a*** Telefonzentrale *f.*; ***centralino ~*** Fernsprechvermittlung *f.*; ***collegamento ~*** *(linea)* Telefonverbindung *f.*; *(impianto)* Telefonanschluss *m.*; ***conversazione -a*** Telefongespräch *n.*; ***elenco ~*** Telefonverzeichnis *n.*, Telefon-, Fernsprechbuch *n.*; ***intercettazione -a*** Telefonüberwachung *f.*; ***linea -a*** Telefonleitung *f.*; ***numero ~*** Telefonnummer *f.*; ***rete -a*** Telefonnetz *n.*; ***scheda -a*** Telefon(magnet)karte *f.*; ***segreteria -a*** Anrufbeantworter *m.*; *(servizio)* Fernsprechauftragsdienst *m.*; ***tariffa -a*** Fernsprechgebühr *f.*, Telefongebühr *f.*
te|le|fo|ni|no m. COLLOQ. Handy *n.*
te|le|fo|ni|sta m. e f. **1** Telefonist *m.* (-in *f.*) **2** *(operaio)* Fernsprechtechniker *m.* (-in *f.*).
te|le|fo|no m. Telefon *n.*, Fernsprecher *m.*: ***chiamare qcn. al ~*** jdn ans Telefon rufen; ***andare al ~*** ans Telefon gehen; COLLOQ. ***stare attaccato al ~*** am Telefon hängen; ***non risponde nessuno al ~*** am Telefon meldet sich niemand; ***il ~ suona*** das Telefon läutet (*o* klingelt); ***farsi mettere il ~*** sich (D) ein Telefon legen lassen ◆ ***al ~!*** (ans) Telefon! ***ti vogliono al ~*** du wirst am Telefon verlangt; ***~ amico*** Telefonseelsorge *f.*; ***bolletta del ~*** Telefonrechnung *f.*; ***cabina del ~*** Telefonzelle *f.*, Fernsprechzelle *f.*; ***~ da campo*** Feldtelefon *n.*; ***~ cellulare*** Mobiltelefon *n.*, COLLOQ. Handy *n.*; ***dare un colpo di ~ a qcn.*** jdn kurz an‿rufen; ***essere al ~ con qcn.*** mit jdm telefonieren; ***~ senza fili*** schnurloses Telefon; ***filo del ~*** Telefonschnur *f.*; ***~ a gettoni*** Münzfernsprecher *m.*; ***guida del ~*** Telefonbuch *n.*; ***~ da muro*** Wandapparat *m.*; ***numero di ~*** Telefonnummer *f.*; ***parlare al ~ con qcn.*** mit jdm telefonieren; ***~ portatile*** Mobiltelefon *n.*; ***~ pubblico*** öffentlicher Fernsprecher; ***~ rosso*** rotes Telefon; ***~ satellitare*** Satellitentelefon *n.*; ***~ a scheda*** Kartentelefon *n.*; ***~ a tastiera*** Tastentelefon *n.*; ***~ da tavolo*** Tischtelefon *n.*
te|le|fo|to f.inv., **te|le|fo|to|gra|fi|a** f. Telefoto *n.*, Telefotografie *f.*
te|le|ge|ni|co agg. *(-ci,-che)* telegen.
te|le|gior|na|le m. Tagesschau *f.*, Fernsehnachrichten *pl.*
te|le|gra|fa|re tr. e intr. *(telegrafo;* aus. *avere)* telegrafieren: ***~ qcs. a qcn.*** jdm etw. telegrafieren. **te|le|gra|fi|a** f. Telegrafie *f.* **te|le|gra|fi|ca|men|te** avv. **1** telegrafisch: ***trasmettere qcs. ~*** etw. telegrafisch übermitteln **2** FIG. *(concisamente)* im Telegrammstil.
te|le|gra|fi|co agg. *(-ci,-che)* **1** telegrafisch **2** FIG. *(conciso)* knapp ◆ ***apparecchio ~*** Telegrafenapparat *m.*; ***linea -a*** Telegrafenleitung *f.*; ***rete -a*** Telegrafennetz *n.*; ***servizio ~*** Telegrafendienst *m.*; ***stile ~*** Telegrammstil *m.*; ***vaglia ~*** telegrafische Geldanweisung.
te|le|gra|fi|sta m. e f. *(-i,-e)* Telegrafist *m.* (-in *f.*).
te|le|gra|fo m. Telegraf *m.* ◆ ***palo del ~*** Telegrafenmast *m.*; ***ufficio del ~*** Telegrafenamt *n.*
te|le|gram|ma m. Telegramm *n.*: ***spedire, dettare un ~*** ein Telegramm schicken, diktieren; ***~ urgente*** dringendes Telegramm ◆ ***modulo per -i*** Telegrammformular *n.*; ***~ di saluto*** Grußtelegramm *n.*
te|le|gui|da f. Fernlenkung *f.*, Fernsteuerung *f.* **te|le|gui|da|re** tr. fern‿lenken, fern‿steuern. **te|le|gui|da|to** p.pass. agg. **1** → **teleguidare 2** ferngelenkt, ferngesteuert: ***missile ~*** ferngesteuerte Rakete ◆ ***arma -a*** Fernlenkwaffe *f.*
te|le|in|for|ma|ti|ca f. Telematik *f.*
te|le|la|vo|ro m. Telearbeit *f.*
Te|le|ma|co n.pr.m. Telemachos *m.*
te|le|mar|ket|ing m.invar. Telemarketing *n.*
te|le|ma|ti|ca f. Telematik *f.* **te|le|ma|ti|co** agg. *(-ci,-che)* telematisch. **te|le|ma|tiz|za|re** tr. auf telematischen Betrieb um‿stellen.
te|le|me|tri|a f. Telemetrie *f.* **te|le|me|tri|co** agg. *(-ci,-che)* telemetrisch. **te|le|me|tro** m. Telemeter *n.*, Entfernungsmesser *m.*
te|le|mi|su|ra f. Fernmessung *f.*
te|len|ce|fa|lo m. Telencephalon *n.*, Telenzephalon *n.*
te|le|no|ve|la f. INTRAD. (triviales Serial).
te|le|o(b)|biet|ti|vo m. Teleobjektiv *n.*
te|le|o|lo|gi|a f. Teleologie *f.* **te|le|o|lo|gi|co** agg. *(-ci,-che)* teleologisch.
te|le|o|stei m.pl. Teleostier *pl.*
te|le|pass m.inv. = italienisches System *n.* zur automatischen Abbuchung der Autobahngebühren.
te|le|pa|ti|a f. **1** Telepathie *f.* **2** ESTENS. Gedankenlesen *n.* **te|le|pa|ti|ca|men|te** avv. telepathisch. **te|le|pa|ti|co** agg. *(-ci,-che)* telepathisch.
te|le|pe|dag|gio m. *(-gi)* = System *n.* zur automatischen Abbuchung der Autobahngebühren.
te|le|pi|lo|ta|re tr. fern‿steuern, fern‿lenken.
te|le|pro|ces|sing ['teliprousesiŋ] m.inv. Teleprocessing *n.*
te|le|quiz m.inv. Fernsehquiz *n.*
te|le|ra|dio|tra|smet|te|re tr. *(teleradiotrasmisi; teleradiotrasmesso)* im Rundfunk und Fernsehen übertragen (*o* senden).
te|le|re|go|la|zio|ne f. Ferneinstellung *f.*
te|le|ri|a f. **1** Weißwaren *pl.* **2** *(negozio)* Stoffgeschäft *n.*
te|le|ri|ce|ven|te I agg. fernempfangend **II** m. Fernempfangsstation *f.*
te|le|ri|le|va|men|to m. Fernvermessung *f.*, Fernaufnahme *f.*
te|le|ri|pre|sa f. Fernsehaufnahme *f.*
te|le|ri|scal|da|men|to m. Fernheizung *f.*
te|le|ro|man|zo m. Fernsehverfilmung *f.* eines Romans.
te|le|rut|to|re m. Fernschalter *m.*
te|le|scher|mo m. **1** Bildschirm *m.*, Fernsehschirm *m.* **2** ESTENS. *(televisione)* Fernsehen *n.*
te|le|sco|pi|a f. Teleskopie *f.* **te|le|sco|pi|co** agg. *(-ci,-che)* **1** teleskopisch **2a** TECN. Teleskop- **b** *(allungabile)* ausziehbar: ***scala -a*** ausziehbare Leiter ◆ ***ammortizzatore ~*** Teleskopstoßdämpfer *m.*; ***antenna -a*** Teleskopantenne *f.*; ***occhio ~*** Teleskopauge *n.*
te|le|sco|pio m. *(-pi)* Teleskop *n.*, Fernrohr *n.* ◆ ***~ catadiottrico*** Spiegellinsenfernrohr *n.*, katadioptrisches Fernrohr; ***~ a riflessione, riflettore*** Spiegelteleskop *n.*, Spiegelfernrohr *n.*; ***~ rifrattore*** Refraktor *m.*, Linsenfernrohr *n.*
te|le|scri|ven|te f. Fernschreiber *m.* ◆ ***comunicare qcs. per ~*** etw. fernschriftlich mit‿teilen.
te|le|se|let|ti|vo agg. Selbstwähl-, Durchwahl- ◆ ***prefisso ~*** Vorwahlnummer *f.* **te|le|se|le|zio|ne** f. Selbstwählferndienst *m.* ◆ ***~ automatica*** Durchwahl *f.*; ***chiamare in ~*** durch‿wählen.
te|le|soc|cor|so m. = Funknotrufsystem *n.*
te|le|spet|ta|to|re m. Fernsehzuschauer *m.*
te|le|ste|si|a f. Fernwahrnehmung *f.*
te|le|tex m.inv. Teletex *n.*
te|le|text m.inv. Videotext *m.*
te|le|tra|smet|te|re tr. *(teletrasmisi; teletrasmesso)* **1** in weite Entfernungen übertragen **2** TELEV. im Fernsehen übertragen (*o* senden). **te|le|tra|smis|sio|ne** f. **1** Fernübertragung *f.* **2** TELEV.

Fernsehübertragung *f.*

te|let|ta f. Steifleinen *n.*

te|le|u|ten|te m. e f. Fernsehteilnehmer *m.* (-in *f.*)

te|le|ven|di|ta f. Fernsehverkauf *m.*, Verkauf *m.* über das Fernsehen.

te|le|vi|de|o m.inv. (italienischer) Videotext *m.*

te|le|vi|sio|ne f. **1** Fernsehen *n.*: ***vedere qcs. alla ~*** etw. im Fernsehen sehen; ***che cosa c'è questa sera alla ~?*** was gibt's heute abend im Fernsehen? ***in ~ danno*** (*o* ***c'è) un vecchio film*** das Fernsehen bringt einen alten Film; ***trasmettere per ~*** im Fernsehen übertragen; ***lavorare alla ~*** beim Fernsehen arbeiten **2** COLLOQ. *(televisore)* Fernseher *m.* ◆ ***~ via cavo*** Kabelfernsehen *n.*; ***~ a circuito chiuso*** Fernsehüberwachung *f.*; ***~ a colori*** Farbfernsehen *n.*; ***~ commerciale*** Kommerzfernsehen *n.*; ***guardare la ~*** fern_sehen; ***~ privata*** Privatfernsehen *n.*, privates Fernsehen; ***~ pubblica*** öffentliches Fernsehen; ***~ via satellite*** Satellitenfernsehen *n.*; ***torre della ~*** Fernsehturm *m.*

te|le|vi|si|vo agg. Fernseh- ◆ ***annunciatore ~*** Fernsehansager *m.*; ***antenna -a*** Fernsehantenne *f.*; ***apparecchio ~*** Fernsehapparat *m.*; ***canale ~*** Fernsehkanal *m.*; ***canone ~*** Fernsehgebühr *f.*; ***emittente -a*** Fernsehsender *m.*; ***giornalista ~*** Fernsehjournalist *m.*; ***immagine -a*** Fernsehbild *n.*; ***notiziario ~*** Fernsehnachrichten *pl.*; ***programma ~*** Fernsehprogramm *n.*; ***pubblicità -a*** Werbefernsehen *n.*; ***pubblico ~*** Fernsehpublikum *n.*; ***ripresa -a*** Fernsehaufnahme *f.*; ***serie -a*** Fernsehserie *f.*; ***spot ~*** Fernsehspot *m.*; ***studio ~*** Fernsehstudio *n.*; ***trasmissione -a*** Fernsehsendung *f.*; ***troupe -a*** Fernsehteam *n.*

te|le|vi|so|re m. Fernsehapparat *m.*, Fernsehgerät *n.*, Fernseher *m.*: ***accendere, spegnere il ~*** den Fernseher ein_schalten, aus_schalten ◆ ***~ in bianco e nero*** Schwarzweißfernseher *m.*; ***~ a colori*** Farbfernsehgerät *n.*, Farbfernseher; ***~ portatile*** tragbarer Fernseher.

te|lex m.inv. **1** Telex *n.*, Fernschreiben *n.* **2** *(apparecchio)* Telex *n.*, Fernschreiber *m.* ◆ ***mandare un ~*** telexen; ***numero di ~*** Telexnummer *f.*

tel|li|na f. Tellmuschel *f.*

tel|lu|ri|co agg. *(-ci,-che)* tellurisch ◆ ***corrente -a*** Erdstrom *m.*; ***movimento ~*** Erdbewegung *f.*; ***scosse -che*** Erdstöße *pl.*

tel|lu|rio m. Tellur *n.*

te|lo m. Tuch *n.* ◆ ***~ da bagno*** Badetuch *n.*; ***~ da mare*** Strandtuch *n.*; ***~ da salvataggio*** Sprungtuch *n.*

te|lo|fa|se f. Telophase *f.*

te|lo|na|to agg. ***mezzo ~*** mit einer Plane abgedecktes Fahrzeug.

te|lo|ne m. **1** Plane *f.* **2** TEATR. *(sipario)* Vorhang *m.* ◆ ***~ di salvataggio*** Sprungtuch *n.*

1.te|ma m. **1** *(argomento)* Thema *n.*, Gegenstand *m.*: ***il ~ di un convegno*** das Thema eines Kongresses; ***un ~ d'attualità*** ein aktuelles Thema; ***il ~ della conversazione era...*** der Gegenstand des Gesprächs war...; ***trattare, toccare un ~ scottante*** ein heißes Thema behandeln, an_schneiden; ***rimanere in ~*** beim Thema bleiben **2** *(motivo ricorrente)* Motiv *n.*, Thema *n.* (anche MUS.): ***il ~ dell'infanticidio nello Sturm und Drang*** das Thema des Kindsmords im Sturm und Drang; ***variazioni sul ~*** Variationen über das Thema **3** SCOL. Aufsatz *m.*: ***svolgere un ~*** einen Aufsatz schreiben **4** LING. Stamm *m.*, Wurzel *f.* ◆ ***~ di conversazione*** Gesprächsgegenstand *m.*; ***andare fuori ~*** vom Thema ab_kommen; SCOL. das Thema verfehlen; ***fuori ~*** Thema verfehlt; ***~ nominale*** Nominalstamm *m.*; MUS. ***~ principale*** Hauptthema *n.*; ***~ verbale*** Verbalstamm *m.*

2.te|ma f. LETT. Furcht *f.*, Angst *f.*: ***per ~ di qcs., qcn.*** aus Furcht vor etw., jdm.

te|ma|ti|ca f. *(-che)* **1** Thematik *f.*, Themenkreis *m.* **2** MUS. Thematik *f.*

te|ma|ti|co agg. *(-ci,-che)* **1** thematisch (anche MUS.) **2** LING. Stamm-, Thema-: ***vocale -a*** Themavokal *m.*

te|me|ra|ria|men|te avv. verwegen, kühn. **te|me|ra|rie|tà** f. Verwegenheit *f.*, Waghalsigkeit *f.*, Tollkühnheit *f.*

te|me|ra|rio **I** agg. *(-ri,-rie)* verwegen, waghalsig, (toll)kühn: ***impresa -a*** tollkühnes Unternehmen; ***giudizio ~*** kühnes Urteil **II** m. *(-ri)* waghalsiger Mensch *m.*

te|me|re *(temei/temetti)* **I** tr. **1** fürchten, befürchten: ***~ il peggio*** das Schlimmste (be)fürchten; ***~ Dio*** Gott fürchten; ***non ~ alcun confronto*** keine Auseinandersetzung fürchten; ***temo di non arrivare in tempo*** ich fürchte, nicht rechtzeitig anzukommen; ***temo che venga anche lui*** ich (be)fürchte, dass auch er kommen wird; ***temo che non abbia capito nulla*** ich fürchte, dass er nichts verstanden hat **2** *(sospettare)* befürchten: ***~ un tranello*** eine Falle befürchten **II** intr. (aus. *avere*) fürchten, sich fürchten, bangen: ***~ per qcn., qcs.*** für (*o* um) jdn, etw. fürchten (*o* bangen); ***~ per la salute di qcn.*** für jds Gesundheit fürchten ◆ ***temere il freddo*** kältempfindlich sein; ***~ la luce*** lichtempfindlich sein; ***non ~!*** keine Angst! ***non hai nulla da ~*** du brauchst dich nicht zu fürchten (*o* du hast nichts zu befürchten); ***teme l'umidità ~*** vor Feuchtigkeit schützen.

te|me|ri|tà → **temerarietà.**

te|mi|bi|le agg. gefährlich.

te|mo|lo m. Äsche *f.*

tem|pac|cio m. Mistwetter *n.*, mieses Wetter *n.*

tem|pe|ra f. **1** *(tecnica)* Tempera *f.* **2** *(materiale)* Temperafarbe *f.* **3** *(dipinto)* Temperamalerei *f.* ◆ ***colore a ~*** Temperafarbe *f.*; ***ritratto a ~*** Temperaporträt *n.*

tem|pe|ra|ma|ti|te m.inv. Bleistiftspitzer *m.*, Anspitzer *m.*

tem|pe|ra|men|to m. **1** Temperament *n.*: ***avere del ~*** Temperament haben; ***avere un ~ passionale, malinconico*** ein leidenschaftliches, melancholisches Temperament haben **2** MUS. Temperatur *f.* ◆ ***per ~*** veranlagungsgemäß; ***è irascibile per ~*** er ist cholerisch veranlagt; ***pieno di ~*** temperamentvoll; ***privo di ~*** temperamentlos.

tem|pe|ra|mi|ne m.inv. Minenanspitzer *m.*

tem|pe|ran|te agg. mäßig, enthaltsam: ***essere ~ nel bere*** mäßig trinken (*o* im Trinken mäßig sein). **tem|pe|ran|za** f. **1** Mäßigkeit *f.*, Enthaltsamkeit *f.*, Maß *n.*: ***con ~*** mit Maß **2** *(virtù cardinale)* Besonnenheit *f.*

tem|pe|ra|re tr. *(tempero)* **1** mäßigen, temperieren, mildern: ***~ l'ardore dei propri sentimenti*** die Leidenschaftlichkeit seiner Gefühle mäßigen; ***~ il rigore*** die Strenge mildern **2** *(fare la punta)* spitzen, an_spitzen: ***~ la matita*** den Bleistift spitzen **3** TECN. härten **4** MUS. temperieren. **tem|pe|ra|ta|men|te** avv. mäßig.

tem|pe|ra|to p.pass. agg. **1** → **temperare** **2** GEOGR. gemäßigt: ***clima ~*** gemäßigtes Klima; ***zona -a*** gemäßigte Zone **3** *(moderato)* mäßig: ***~ ottimismo*** mäßiger Optimismus **4** TECN. gehärtet: ***acciaio ~*** gehärteter Stahl **5** MUS. temperiert: ***ben ~*** wohl temperiert.

tem|pe|ra|tu|ra f. **1** Temperatur *f.*: ***misurare la ~*** die Temperatur messen; ***la ~ è in aumento, diminuzione*** die Temperatur steigt, sinkt; ***~ alta, bassa*** hohe, tiefe Temperatur **2** *(febbre)* Temperatur *f.*, Fieber *n.*: ***misurare, prendere la ~*** das Fieber messen; ***avere qualche linea di ~*** leichtes Fieber haben ◆ ***~ ambiente*** Raumtemperatur *f.*, Zimmertemperatur *f.*; ***~ dell'aria*** Lufttemperatur *f.*; ***~ assoluta*** Kelvintemperatur *f.*, absolute Temperatur; ***aumento di ~*** Temperaturanstieg *m.*; ***~ basale*** Basaltemperatur *f.*; ***~ di congelamento*** Gefriertemperatur *f.*; ***~ corporea*** Körpertemperatur *f.*; ***diminuzione della ~*** Temperaturrückgang *m.*; ***~ di ebollizione*** Siedetemperatur *f.*, Kochtemperatur *f.*; ***~ esterna*** Außentemperatur *f.*; ***~ di fusione*** Schmelztemperatur *f.*; ***~ interna*** Innentemperatur *f.*; ***~ massima*** Höchsttemperatur *f.*; ***~ media*** Durchschnittstemperatur *f.*; ***~ minima*** Tiefsttemperatur *f.*; ***oscillazione della ~*** Temperaturschwankung *f.*; ***~ rettale*** Rektaltemperatur *f.*; ***sbalzo di ~*** plötzlicher Temperaturwechsel.

tem|pe|rie f.inv. **1a** *(condizioni climatiche)* Klima *n.*, Witterung *f.*, Wetter *n.* **b** *(clima temperato)* mildes Klima *n.* **2** FIG. Klima *n.*: ***~ politica, culturale*** politisches, geistiges Klima.

tem|pe|ri|no m. **1** Taschenmesser *n.* **2** → **temperamatite.**

tem|pe|sta f. **1** Sturm *m.* (anche FIG.): ***una violenta ~*** ein heftiger Sturm; ***la ~ si scatena, infuria, si placa*** der Sturm bricht los (*o* kommt auf), tobt (*o* wütet), legt sich (*o* flaut ab); ***una ~ di passioni*** ein Sturm der Leidenschaft **2** *(gragnola)* Trommelfeuer *n.* ◆ ***qui c'è aria di ~*** hier herrscht dicke Luft; ***una ~ in un bicchier d'acqua*** ein Sturm im Wasserglas; ***~ con grandine*** Hagelsturm *m.*; ***mare in ~*** stürmisches Meer; ***~ magnetica*** Magnetsturm *m.*; ***~ di neve*** Schneesturm *m.*; ***notte di ~*** Sturmnacht *f.*; ***~ ormonale*** hormonelle Störung; ***la quiete prima della ~*** die Ruhe vor dem Sturm; ***~ di sabbia*** Sandsturm *m.*; MAR. ***segnale di ~*** Sturmsignal *n.* (*o* Sturmball *m.*); ***~ solare*** Sonnensturm *m.*; PROV. ***chi semina vento raccoglie ~*** wer Wind sät, wird Sturm ernten.

tem|pe|sta|re **I** tr. **1** *(colpire)* bearbeiten: ***~ una porta di pugni*** eine Tür mit Fäusten bearbeiten **2** FIG. bestürmen: ***~ qcn. di domande*** jdn mit Fragen bestürmen **II** intr. (aus. *avere, essere*) stürmen.

tem|pe|sta|to p.pass. agg. **1** → **tempestare** **2** *(decorato con gemme)* besetzt: ***~ di diamanti*** diamantenbesetzt, mit Diamanten besetzt.

tem|pe|sti|va|men|te avv. **1** rechtzeitig: ***intervenire ~*** rechtzeitig ein_greifen **2** *(sollecitamente)* prompt **3** *(entro i termini)* fristgerecht: ***rinnovare un contratto ~*** einen Vertrag fristgerecht erneuern. **tem|pe|sti|vi|tà** f. **1** Rechtzeitigkeit *f.* **2** *(sollecitudine)* Promptheit *f.* **tem|pe|sti|vo** agg. **1** rechtzeitig: ***aiuto ~*** rechtzeitige Hilfe **2** *(sollecito)* prompt.

tem|pe|sto|so agg. stürmisch (anche FIG.).

tem|pia f. Schläfe *f.*: ***avere le -e brizzolate*** graue Schläfen haben;

puntare la pistola alla ~ di qcn. jdm die Pistole an die Schläfe setzen.

tem|pi|et|to m. kleiner Tempel *m.*

tem|pio m. *(-pli)* **1** Tempel *m.*: ~ *dorico, ionico, corinzio* dorischer, ionischer, korinthischer Tempel; *dedicare un ~ a una divinità* einer Gottheit einen Tempel weihen; *il ~ della saggezza* der Weisheitstempel **2** *(chiesa)* Kirche *f.*, Gotteshaus *n.* **3** *(costruzione commemorativa)* Gedenkstätte *f.* ◆ *~ a colonne* Säulentempel *m.*; *~ monoptero* Monopteros *m.*; *~ periptero* Peripteros *m.*; *profanazione di un ~* Tempelschändung *f.*

tem|pi|smo m. **1** Fähigkeit *f.*, den richtigen Moment zu nutzen; *agire con ~* im richtigen Moment handeln; *(prontamente)* prompt reagieren **2** *(tempestività)* Rechtzeitigkeit *f.* **3** SPORT Timing *n.*

tem|pi|sta m. e f. *(-i,-e)* **1** MUS. Tempospieler *m.* (-in *f.*) **2** ESTENS. Person *f.* mit Gespür für den richtigen Zeitpunkt; COLLOQ. Abstauber *m.* (-in *f.*).

tem|pla|re I agg. Tempel-: *cavaliere ~* Tempelritter *m.* **II** m. Tempelherr *m.*, Templer *m.* ◆ *ordine ~, dei -i* Tempelorden *m.*

tem|po m. **1a** Zeit *f.*: *il ~ passa* die Zeit vergeht; *non sa come passare il ~* er weiß nicht, wie er sich die Zeit vertreiben soll; *passare, trascorrere il ~ leggendo* die Zeit mit Lesen verbringen; *il ~ sembra non passare mai* die Zeit scheint stehen geblieben zu sein; *(non) avere ~* (keine) Zeit haben; *hai un po' di ~?* hast du einen Moment Zeit? *non avere ~ da perdere* keine Zeit zu verlieren haben; *c'è ~* wir haben Zeit (*o* das eilt nicht); *ci vuol ~* dazu braucht man Zeit (*o* das dauert); *la dimensione, il fluire del ~* die Dimension, das Verfließen der Zeit; *nel corso del ~* im Laufe der Zeit; *col ~ dimenticherai* mit der Zeit wirst du vergessen; *avere un mese di ~* einen Monat Zeit haben **b** *~ un mese e avrai dimenticato tutto!* binnen eines Monats wirst du alles vergessen haben! **2** *(spazio temporale)* Zeitraum *m.*, Zeit *f.*, Zeitlang *f.*, Dauer *f.*: *per un ~ determinato* für eine begrenzte Dauer (*o* für einen begrenzten Zeitraum); *per un ~ indeterminato* für unbegrenzte Dauer (*o* Zeit); *i -i previsti* der vorgesehene Zeitraum **3** *(epoca)* Zeit *f.*, Zeitalter *n.*, Epoche *f.*: *un uomo del nostro ~* ein Mensch unserer Zeit; *ai -i di mio nonno, degli antichi romani* zu Zeiten meines Großvaters, der Römer; *al ~ di Dante* zu Dantes Zeiten; *ai miei -i* zu meiner Zeit; *ai -i del mio soggiorno in Francia* als ich mich in Frankreich aufhielt; *i -i sono maturi* die Zeit ist reif; *un segno dei -i* ein Zeichen der Zeit **4** *(fase)* Phase *f.*, Stufe *f.*: *uno sviluppo in più -i* eine Entwicklung in mehreren Phasen; *un pagamento in due -i* eine Zahlung in zwei Raten **5** METEOR. Wetter *n.*: *brutto, bel ~* schlechtes, schönes Wetter; *che ~ fa?* wie ist das Wetter? *~ permettendo* wenn es das Wetter zulässt **6a** GRAMM. Tempus *n.*, Zeitform *f.*, Zeit *f.*: *-i semplici, composti* einfache, zusammengesetzte Zeiten **b** *~ presente, passato, futuro* Zeitform des Präsens, der Vergangenheit, der Zukunft (*o* Präsens *n.*, Vergangenheit *f.*, Zukunft *f.*) **7a** MUS. Zeitmaß *n.* **b** *(durata di nota)* Notendauer *f.* **c** *(movimento)* Satz *m.* **d** *(sistema di battute)* Takt *m.*: *andare a ~* im Takt bleiben; *andare fuori ~* aus dem Takt kommen; *battere il ~* den Takt schlagen; *dare il ~* den Takt angeben **8a** SPORT Zeit *f.*: *il miglior ~* die beste Zeit, die Bestzeit *f.* **b** *(fase di gioco)* Halbzeit *f.*: *primo, secondo ~* erste, zweite Halbzeit **9** CINEM. Hälfte *f.*: *primo, secondo ~* erste, zweite Hälfte **10** MOT. Takt *m.*: *motore a due, quattro -i* 2-Takt-Motor *m.*, 4-Takt-Motor *m.* ◆ *accelerare i -i* den Rhythmus (*o* die Geschwindigkeit) beschleunigen; *~ addietro* früher; *ammazzare il ~* die Zeit tot_schlagen; *con l'andar del ~* mit der Zeit; *i bei -i andati* die guten alten Zeiten; *anzi ~* vorzeitig; *per breve ~* kurze Zeit; *~ da cani* Hundewetter *n.*; GRAMM. *complemento di ~* Zeitangabe *f.*; *coi -i che corrono* in der heutigen Zeit; *una corsa contro il ~* ein Wettlauf mit der Zeit; *dare ~ a qcn.* jdm Zeit geben; *dare ~ al ~* abwarten und Tee trinken; *a ~ debito* zu gegebener (*o* gelegener) Zeit, beizeiten; MUS. *~ debole* unbetonte Note; *al ~ dei -i* in grauer Vorzeit, vor undenklichen Zeiten; *a ~ determinato* befristet; *contratto a ~ determinato* befristeter Vertrag; *poco ~ dopo* kurz darauf, kurz danach; *è ~ che* es ist höchste Zeit, dass...; *~ di esposizione* Belichtungszeit *f.*, Belichtungsdauer *f.*; *~ fa* vor einiger Zeit; *fare il bello e cattivo ~* den Ton an_geben; *ha fatto il suo ~* das hat sich überlebt; MUS. *~ forte* betonte Note; *~ di gioco* Spielzeit *f.*; *guadagnare ~* Zeit gewinnen (*o* heraus_schlagen); SPORT auf Zeit spielen; *in ~ di guerra* in Kriegszeiten; *in ~* rechtzeitig; *fare qcs. in ~* etw. rechtzeitig machen; *fare in ~ a fare qcs.* etw. noch rechtzeitig machen; *essere in ~ per fare qcs.* etw. noch rechtzeitig machen können; *non essere più in ~* zu spät daran sein; *a ~ indeterminato* auf unbestimmte Zeit; *contratto a ~ indeterminato* unbefristeter Vertrag; *ingannare il ~* die Zeit tot_schlagen; *lasso di ~* Zeitspanne *f.*; *-i di lavorazione* Bearbeitungszeit *f.*; *per lungo ~* lange, eine lange Zeit, für lange Zeit; *a ~ e luogo* am rechten Ort und zur rechten Zeit; *~ da lupi* Hundewetter *n.*; *andare fuori ~ massimo* die Höchstzeit überschreiten; *meccanismo a ~* Zeitzündermechanismus *m.*; *lavoro a metà ~* Halbtagsbeschäftigung *f.*; *lavorare a metà ~* halbtags arbeiten; *per molto ~* → *per lungo ~*; *perdersi nella notte dei -i* in graue Vorzeiten zurück_kehren; *perdere la nozione del ~* das Zeitgefühl verlieren; *in ~ di pace* in Friedenszeiten; *impiego a ~ parziale* Teilzeitbeschäftigung *f.*; *per ~* rechtzeitig; *perdita di ~* Zeitverlust *m.*; *a ~ perso* nebenbei; *è ~ perso!* es ist Zeitverschwendung! *impiego a ~ pieno* Vollzeitbeschäftigung *f.*; *lavorare a ~ pieno* ganztags arbeiten; *per poco ~* → *per breve ~*; *~ di posa* Belichtungszeit *f.*; *prendere ~* Zeit schinden; *prenditi ~* lass dir Zeit; MUS. *prendere il ~* die Zeit stoppen; *previsioni del ~* Wettervorhersage *f.*; *prima del ~* vorzeitig; *poco ~ prima* kurz vorher (*o* zuvor); *in un primo ~* anfänglich (*o* zunächst, zuerst); *-i di programmazione* Programmierzeiten; *fra qualche ~* in kurzer Zeit, in Kürze; *per qualche ~* für einige Zeit; *quanto ~...?* wie lange...? *quanto ~ ha il bambino?* wie alt ist das Kind? *a quei -i* zu jener Zeit; *a quel ~* zu der Zeit; *di questi -i* unter den gegebenen Umständen, in der heutigen Situation; *in ~ reale* in Realzeit; *~ di reazione* Reaktionszeit *f.*; *ridurre i -i* beschleunigt vor_gehen; *ridurre i -i di qcs.* etw. beschleunigen; *in un secondo ~* später; *~ della semina* Saatzeit *f.*; *senza ~* zeitlos; *~ siderale* siderische Zeit; *~ solare* Sonnenzeit *f.*; *spazio di ~* Zeitraum *m.*; *nello stesso ~, al ~ stesso* *(contemporaneamente)* gleichzeitig (*o* zugleich); *(con valore avversativo)* gleichwohl; *stringere i -i* sich beeilen; *a suo ~* seinerzeit; *(con il futuro)* zur gegeben Zeit; SPORT *-i supplementari* Verlängerung *f.*; *-i tecnici* Bearbeitungszeit *f.*; *un ~ in tre quarti* ein Dreivierteltakt *m.*; *lascia il ~ che trova* es bleibt alles beim alten; *negli ultimi -i* in letzter Zeit; *un ~* einst; *~ universale* Greenwichzeit *f.*; *~ utile* letztmöglicher Termin; *in ~ utile* rechtzeitig; *~ di valzer* Walzer-Takt; *~ della vendemmia* Erntezeit *f.*; PROV. *a pagare e morire c'è sempre ~* = mit dem Bezahlen und dem Sterben hat es keine Eile; *chi ha ~ non aspetti ~* was du heute kannst besorgen, das verschiebe nicht auf morgen; *chi ha ~ ha vita* Zeit gewonnen, alles gewonnen; *il ~ è il miglior medico* die Zeit heilt alle Wunden; *il ~ porta consiglio* kommt Zeit, kommt Rat; *il ~ è denaro* Zeit ist Geld; *rosso di sera bel ~ si spera* Abendrot Schönwetterbot; *il ~ scopre ogni cosa* die Sonne bringt es an den Tag; *c'è un ~ per ogni cosa* ein jegliches hat seine Zeit, alles hat seine Zeit; *ogni cosa a suo ~* alles zu seiner Zeit.

1.tem|po|ra|le I agg. **1** zeitlich, Zeit-: *limite, successione ~* zeitliche Grenze, Zeitfolge *f.* (*o* Reihenfolge *f.*) **2** *(laico)* weltlich: *potere ~* weltliche Macht **3** GRAMM. temporal, Temporal-, Zeit- **II** f. Temporalsatz *m.* ◆ *determinazione ~* Zeitbestimmung *f.*; *indicazione ~* Zeitangabe *f.*; *proposizione ~* Temporalsatz *m.*

2.tem|po|ra|le m. Gewitter *n.*: *un violento ~* ein heftiges (*o* schweres) Gewitter; *il ~ arriva, scoppia, si allontana* das Gewitter kommt, entlädt sich (*o* tobt sich aus), zieht ab ◆ *aria di ~* Gewitterstimmung *f.* (anche FIG.).

3.tem|po|ra|le agg. ANAT. Schläfen-: *arteria, osso, regione ~* Schläfenarterie *f.*, -bein *n.*, -gegend *f.*

tem|po|ra|le|sco agg. *(-schi,-sche)* gewitterig, Gewitter- ◆ *fronte ~* Gewitterfront *f.*; *manifestazioni -sche* Gewitter *pl.*; *nuvole -e* Gewitterwolken *pl.*; *precipitazioni -sche, a carattere ~* Gewitterschauer *pl.*

tem|po|ra|li|tà f. Zeitlichkeit *f.*

tem|po|ra|ne|a|men|te avv. **1** vorübergehend **2** *(limitato alla situazione presente)* vorläufig. **tem|po|ra|nei|tà** f. Vorläufigkeit *f.* **tem|po|ra|ne|o** agg. **1** vorübergehend **2** *(limitato al presente)* vorläufig ◆ *sussidio ~* Überbrückungshilfe *f.*

tem|po|ra|rio agg. *(-ri, rie)* *rana -a* Grasfrosch *m.*

tem|po|reg|gia|men|to m. Zeitgewinn *m.* ◆ *tattica di ~* Verzögerungstaktik *f.* **tem|po|reg|gia|re** intr. *(temporeggio, temporeggi; aus. avere)* Zeit gewinnen. **tem|po|reg|gia|to|re** m. Zauderer *m.* (anche STOR.).

tem|po|riz|za|to|re m. Schaltuhr *f.*

tem|pra f. **1a** TECN. *(procedimento)* Härtung *f.* **b** *(effetto)* Härte *f.* **2a** FIG. *(indole)* Natur *f.* **b** *(capacità)* Fähigkeiten *pl.*, COLLOQ. Zeug *n.*: *(non) avere la ~ per qcs.* (nicht) das Zeug zu etw. haben; *un uomo di una ~ straordinaria* ein überaus fähiger Mann **c** *(costituzione)* Verfassung *f.*, Konstitution *f.* **d** *(vigore)* Energie *f.*: *avere una grande ~* viel Energie haben (*o* sehr energisch sein) **e** *(resistenza)* Durchhaltevermögen *n.*, Ausdauer *f.* **3** *(di suono)* Klangfarbe *f.*, Timbre *n.* ◆ *acciaio di buona ~* harter Stahl; *bagno di ~* TECN. Härtebad *n.*, Abschreckbad *n.*; *forno per ~* Härteofen *m.*

tem|pra|re I tr. **1** TECN. härten, ab_schrecken: *~ i metalli* Metalle härten **2** FIG. ab_härten, stählen: *~ il proprio corpo con lo sport* seinen Körper durch Sport abhärten **II** pronom. **temprarsi** FIG. sich ab‿härten, sich stählen.

tem|pra|to p.pass. agg. **1** → **temprare 2** TECN. gehärtet: ***acciaio ~*** gehärteter Stahl **3** FIG. abgehärtet: ***essere ~ a tutte le sofferenze*** gegen alle Leiden abgehärtet sein ◆ ***vetro ~*** Hartglas *n.*

te|na|ce agg. **1a** *(resistente)* zäh, widerstandsfähig **b** *(che fa presa)* stark, fest: ***un collante ~*** ein starker Kleber **c** *(resistente alla trazione)* reißfest: ***filo ~*** reißfester Faden **2a** FIG. zäh, hartnäckig, verbissen: ***opporre ~ resistenza*** zähen Widerstand leisten **b** *(ostinato)* hartnäckig, fest, beharrlich: ***essere ~ nel perseguire i propri propositi*** fest (*o* beharrlich) bei seinen Vorsätzen bleiben ◆ ***memoria ~*** gutes Gedächtnis; ***odio ~*** ewiger Hass. **te|na|ce|men|te** avv. **1** *(con forza)* zäh **2** *(con ostinazione)* hartnäckig, fest.

te|na|cia f. **1** Zähigkeit *f.*, Zähheit *f.* **2a** FIG. Zähigkeit *f.*, Hartnäckigkeit *f.*, Verbissenheit *f.* **b** *(ostinazione)* Hartnäckigkeit *f.*, Beharrlichkeit *f.*, Ausdauer *f.*: ***perseguire qcs. con ~*** etw. mit Beharrlichkeit verfolgen. **te|na|ci|tà** f. **1a** Widerstandsfähigkeit *f.*, Festigkeit *f.*, Zähigkeit *f.* **b** *(buona presa)* Stärke *f.*, Festigkeit *f.* **c** *(alla trazione)* Reißfestigkeit *f.* **2** FIG. Zähigkeit *f.* **3** AGR. Festigkeit *f.*

te|na|glia f. **1** spec. pl. Zange *f.* (anche MED.): ***estrarre qcs. con la ~, le -e*** etw. mit einer Zange ziehen (*o* heraus‿ziehen); ***un paio di -e*** eine Zange **2** COLLOQ. pl. *(chele)* Scheren *pl.* ◆ ***a ~*** Zangen-: ***presa a ~*** Zangengriff *m.*; ***~ articolata*** Kniehebelzange *f.*; ***~ da fabbro*** Schmiedezange *f.*; ***a forma di ~*** zangenförmig; ***manovra a ~*** Umfassungsmanöver *n.*; ***~ perforatrice*** Lochzange *f.*; FIG. ***tirar fuori qcs. a qcn. con le -e*** jdm etw. aus der Nase heraus‿ziehen; ***~ per tubi*** Rohrzange *f.* **te|na|gliet|ta** f. kleine Zange *f.*

ten|da f. **1a** spec. pl. Vorhang *m.*: ***tirare, chiudere le -e*** den Vorhang zu‿ziehen; ***aprire le -e*** den Vorhang auf‿ziehen **b** *(tendina)* Gardine *f.*, Vorhang *m.*, Store *m.* **2** *(da campo)* Zelt *n.*: ***montare, smontare una ~*** ein Zelt auf‿bauen (*o* auf‿schlagen), ab‿bauen; ***dormire in ~*** im Zelt schlafen ◆ ***~ da campeggio*** Campingzelt *n.*; ***~ canadese*** Hauszelt *n.*; ***~ a casetta*** Bungalowzelt *n.*; ***~ del circo*** Zirkuszelt *n.*; ***~ a due posti, per due*** Zweimannzelt *n.*; ***~ increspata*** Wolkenstore *m.*; ***levare le -e*** die Zelte ab‿brechen (anche FIG.); MED. ***~ a ossigeno*** Sauerstoffzelt *n.*; ***~ a pacchetto*** Faltgardine *f.*; ***piantare le -e*** die Zelte auf‿schlagen (anche FIG.); ***picchetto da ~*** Zeltpflock *m.* (*o* Zeltstock *m.*); ***~ a rullo*** Rouleau *n.*, Rollo *n.*; ***~ da sole*** Markise *f.*, Sonnendach *n.*; ***teatro ~*** Zelttheater *n.*; ***telo da ~*** Zeltleinwand *f.*; ***togliere le -e*** die Zelte ab‿brechen (anche FIG.); ***~ alla veneziana*** Jalousette *f.* **ten|dag|gio** m. *(-gi)* Vorhänge *pl.* **ten|da|me** m. Vorhänge *pl.*

ten|den|za f. **1a** Tendenz *f.*, Entwicklung *f.*, Trend *m.*: ***si delinea una ~*** eine Tendenz zeichnet sich ab; ***le -e di mercato*** die Tendenzen des Marktes; POL. ***~ conservatrice*** konservative Tendenz **b** *(corrente)* Richtung *f.*, Tendenz *f.*, Strömung *f.*: ***le nuove -e artistiche, della moda*** die neuen Richtungen in der Kunst, die neuesten Modetrends **2a** *(inclinazione)* Neigung *f.*, Tendenz *f.*, Hang *m.*: ***avere la ~ a ingrassare*** die Neigung zum Dickwerden haben; ***avere la ~ a criticare tutto*** den Hang haben, alles zu kritisieren; ***le sue opinioni rivelano una ~ al dogmatismo*** seine Ansichten haben eine Tendenz zum Dogmatismus **b** *(attitudine)* Neigung *f.*, Veranlagung *f.* ◆ ***c'è la ~ a fare qcs.*** es herrscht die Tendenz, etw. zu tun; ***fare ~*** Trend machen; ***inversione di ~*** Tendenzwende *f.*; ECON. ***~ al rialzo*** Aufwärtstendenz *f.*, steigende Tendenz; ***~ al ribasso*** Abwärtstendenz *f.*, rückläufige (*o* sinkende) Tendenz; ***~ stilistica*** Stilrichtung *f.*

ten|den|zia|le agg. tendenziell. **ten|den|zial|men|te** avv. tendenziell.

ten|den|zio|si|tà f. Parteilichkeit *f.* **ten|den|zio|so** agg. tendenziös, parteiisch: ***notizie false e -e*** falsche und tendenziöse Nachrichten.

ten|de|re *(tesi, teso)* **I** tr. **1** spannen, an‿spannen: ***~ una corda*** ein Seil spannen; ***~ i muscoli*** die Muskeln anspannen; ***~ un arco*** einen Bogen spannen **2** *(stendere)* aus‿strecken: ***~ le braccia*** die Arme ausstrecken **3** *(porgere)* hin‿strecken, reichen: ***~ la mano a qcn.*** jdm die Hand reichen **4** *(preparare)* stellen, legen: ***~ una trappola, un tranello a qcn.*** jdm eine Falle stellen **II** intr. (aus. *avere*) **1a** neigen: ***~ a fare qcs.*** dazu neigen, etw. zu tun; ***tende a ingrassare*** er neigt dazu zuzunehmen **b** *(non tradotto)* ***il calore tende a salire*** die Wärme steigt nach oben; ***un tessuto che tende a restringersi*** ein Gewebe, das eingeht; ***il tempo tende al bello*** das Wetter wird schön; ***tenderei a escluderlo*** das würde ich ausschließen **2** *(avvicinarsi)* über‿gehen, gehen: ***un giallo che tende all'arancione*** ein Gelb, das ins Orange geht **III** pronom. **tendersi** sich spannen ◆ ***~ un agguato a qcn.*** jdn aus dem Hinterhalt überfallen, jdm eine Falle stellen; ***~ un elastico*** einen Gummi dehnen; ***~ le orecchie*** horchen, die Ohren spitzen; ***~ politicamente a destra, sinistra*** politisch rechts, links orientiert sein.

ten|di|gon|na m.inv. Rockspanner *m.*

ten|di|na f. **1** Gardine *f.*, Store *m.* **2** *(di finestrini)* Vorhang *m.* **3** FOT. Schlitzverschluss *m.*

ten|di|ne m. Sehne *f.*: ***~ d'Achille*** Achillessehne *f.* **ten|di|ne|o** agg. Sehnen-: ***guaina -a*** Sehnenscheide *f.* **ten|di|ni|te** f. Sehnenentzündung *f.*, Tendinitis *f.* **ten|di|no|so** agg. sehnig.

ten|di|scar|pe m.inv. Spanner *m.*, Schuhspanner *m.*

ten|do|ne m. **1** *(tenda)* Vorhang *m.* **2** *(telone)* Plane *f.* **3a** *(grande tenda)* Zelt *n.* **b** *(di circo)* Zirkuszelt *n.*

ten|do|po|li f.inv. Zeltstadt *f.*

ten|do|va|gi|ni|te f. Sehnenscheidenentzündung *f.*, Tendovaginitis *f.*

te|ne|bra f. spec. pl. **1** *(buio)* Finsternis *f.*: ***le -e della notte*** die Finsternis der Nacht (*o* die nächtliche Finsternis) **2** *(notte)* Dunkelheit *f.*, Nacht *f.*: ***al calar delle -e*** bei Einbruch der Dunkelheit; ***col favore delle -e*** im Schutz der Dunkelheit **3** FIG. *(oscurità)* Dunkelheit *f.*, Finsternis *f.*: BIBL. ***il regno delle -e*** das Reich der Finsternis; ***il principe, l'angelo delle -e*** der Fürst der Finsternis.

te|ne|brio|ne m. ***~ mugnaio*** Mehlkäfer *m.* **te|ne|brio|ni|de** m. Schwarzkäfer *m.*

te|ne|bro|si|tà f. Finsternis *f.* (anche FIG.). **te|ne|bro|so** agg. finster, dunkel (anche FIG.): ***notte -a*** dunkle Nacht.

te|nen|te m. Oberleutnant *m.*; ARALD. Schildhalter *m.* ◆ ***~ colonnello*** Oberstleutnant *m.*; ***~ colonnello medico*** Oberfeldarzt *m.*; ***~ generale*** Generalleutnant *m.*; ***~ medico*** Oberarzt *m.*; MAR. ***~ di vascello*** Kapitänleutnant *m.*

te|ne|ra|men|te avv. zärtlich: ***amare ~ qcn.*** jdn zärtlich lieben.

te|ne|re *(tengo, tieni, tiene, teniamo, tenete, tengono;* fut. *terrò;* imperf. *tenevo;* pass.rem. *tenni;* congiunt.pres. *tenga, teniamo, teniate, tengano;* congiunt.pass. *tenessi;* condiz. *terrei;* imper. *tieni, tenete;* ger. *tenendo;* p.pres. *tenente;* p.pass. *tenuto)* **I** tr. **1a** halten: ***~ in mano qcs.*** etw. in der Hand halten; ***~ in braccio un bambino*** ein Kind im Arm halten; ***~ qcs. per il manico*** etw. am Griff halten; ***~ stretto qcs.*** etw. gut fest‿halten; ***~ qcn. per mano*** jdn an (*o* bei) der Hand halten; ***tienimi la borsa, per piacere*** halt mir bitte die Tasche **b** *(mantenere)* halten, behalten: ***~ la testa dritta*** den Kopf gerade halten; ***~ le mani a posto*** seine Hände bei sich behalten; ***~ il cappello (in testa)*** den Hut aufbehalten; ***~ in ordine la stanza*** das Zimmer in Ordnung halten; ***~ le vivande in caldo*** die Speisen warm halten; ***~ qcn. informato, al corrente*** jdn auf dem Laufenden halten; ***~ una buona (velocità) media*** eine gute Durchschnittsgeschwindigkeit halten; ***~ una rotta*** einen Kurs halten **c** ***~ la destra, la sinistra*** sich rechts, links halten **d** MIL. ***~ una posizione*** eine Position halten **e** MUS. ***~ una nota*** eine Note halten **2** *(lasciare)* lassen, halten: ***~ la porta aperta, chiusa*** die Tür offen, geschlossen halten (*o* lassen) **3a** *(conservare)* auf‿bewahren: ***ha tenuto tutte le lettere*** sie hat alle Briefe aufbewahrt **b** haben: ***~ le chiavi in borsa*** die Schlüssel in der Handtasche haben; ***dove tieni il vino?*** wo steht der Wein? COLLOQ. wo hast du den Wein? **4** *(contenere)* fassen: ***una bottiglia che tiene due litri*** eine Flasche, die zwei Liter fasst; ***uno stadio che tiene 3000 persone*** ein Stadion, das 3000 Personen fasst **5** *(occupare)* ein‿nehmen: ***un armadio che tiene tutta la parete*** ein Schrank, der die ganze Wand einnimmt **6** *(trattare)* halten, behandeln: ***~ bene, male i libri*** die Bücher gut, schlecht behandeln (*o* mit den Büchern gut, schlecht umgehen) **7** *(effettuare)* ab‿halten, halten: ***~ una conferenza stampa*** eine Pressekonferenz abhalten; ***~ un discorso*** eine Rede halten **8** *(gestire)* führen: ***~ bottega*** ein Geschäft führen; ***~ i libri*** die Bücher führen **9** ***~, tenerci molto a qcs.*** viel auf etw. halten (*o* großen Wert auf etw. legen): ***(ci) tiene molto all'etichetta*** er hält viel auf Etikette; ***non ci tengo*** es liegt mir nichts daran **10** REGION. *(avere)* haben: ***~ moglie e figli*** Frau und Kinder haben **II** pronom. **tenersi 1** sich fest‿halten: ***-rsi forte a qcs.*** sich gut an etw. (D) festhalten **2** *(mantenersi)* sich halten: ***-rsi in piedi*** sich auf den Beinen halten; ***-rsi lontano da qcn.*** sich von jdm fern halten; ***-rsi pronto*** sich bereit halten; ***-rsi aggiornato*** sich auf dem Laufenden halten; ***-rsi sulla destra*** sich rechts halten **3** *(trattenersi)* sich halten, sich zurück‿halten: ***non -rsi dal ridere*** sich vor Lachen nicht halten können **4** ***-rsi qcs.*** etw. behalten: ***tientelo per te*** behalte es für dich **III** intr. (aus. *avere*) **1** halten: ***il tappo, la cerniera non tiene (più)*** der Verschluss, der Reißverschluss hält nicht (mehr); ***la colla tiene*** der Leim hält **2** *(resistere)* sich halten, stand‿halten: ***la città non riuscirà a ~ a lungo (contro il nemico)*** die Stadt wird sich nicht mehr lange (gegen den Feind) halten können **3** *(tifare)* ***~ a, per una squadra*** zu einer Mannschaft halten ◆ ***~ allegro qcn.*** jdn belustigen; ***~ il banco*** die Bank halten; FIG. ***~ banco*** das große Wort führen; ~ per certo qcs. von etw. aus‿gehen; ~ una (certa) linea di condotta eine bestimmte Linie (o Vorgangsweise) ein‿halten; ~ qcn. in grande considerazione jdn sehr schätzen; ~ qcs. in considerazione etw. in Betracht ziehen; (stimare) etw. schätzen; ~ consiglio Rat halten; ~ conto di qcs. etw. in Rechnung stellen, etw. (D) Rechnung tragen; ~ qcs. da conto etw. schonen, auf‿bewahren; ~ a dieta qcn. jdn auf Diät setzen; ~ dietro a qcn., qcs. jdm, etw. folgen können (anche FIG.); ~ qcs. a disposizione etw. zur Verfügung stellen; ~ le distanze Distanz wahren (anche FIG.); ~ duro aus‿harren; (non cedere) nicht nachgeben; (come presupposto) ~ fermo qcs. von etw. aus‿gehen; ~ la lingua a posto, a freno die Zunge im Zaum halten; ~ le mani a posto sich anständig benehmen; -rsi per mano sich bei der Hand halten; ~ qcs. a mente etw. im Kopf behalten; ~ d'occhio qcn., qcs. jdn, etw. im Auge behalten; tieni gli occhi aperti! halte deine Augen offen! ~ la parola data das Versprechen halten; ~ il passo con qcn., qcs. mit jdm, etw. Schritt halten (anche FIG.); (di capelli) ~ la piega die Form nicht verlieren; ~ un posto a, per qcn. jdm einen Platz frei‿halten; ~ presente qcs. sich (D) etw. merken; (tenere conto di qcs.) etw. berücksichtigen; ~ qcn., qcs. in pugno jdn, etw. in der Hand haben; non c'è scusa che tenga da hilft keine Ausrede; ~ un segreto ein Geheimnis bewahren; ~ qcs. in sospeso etw. offen lassen; AUT. ~ la strada eine gute Straßenlage haben (o gut haften); ~ le mani in tasca die Hände in den Taschen haben; se il tempo tiene wenn sich das Wetter hält; -rsi la testa fra le mani den Kopf in die Hände stützen; ~ qcn. in vita jdn am Leben erhalten.

te|ne|rez|za f. 1 (morbidezza) Zartheit f., Weichheit f. 2 FIG. (affettuosità) Zärtlichkeit f.: provare grande ~ per qcn. für jdn (eine) große Zärtlichkeit empfinden; un abbraccio pieno di ~ eine Umarmung voller Zärtlichkeit; scambiarsi -e Zärtlichkeiten aus‿tauschen ◆ fare ~ a qcn. jdm das Herz erweichen (o rühren).

Te|ne|ri|fe n.pr.f. Tenerifa n.

te|ne|ro I agg. 1 zart, weich: legno ~ weiches Holz; carne -a zartes Fleisch; un ~ germoglio ein zarter Spross; in -a età in zartem Alter 2a FIG. weich, weichherzig: suo madre è troppo -a con lui seine Mutter ist zu weich mit ihm; avere un cuore ~ ein weiches Herz haben b (che esprime tenerezza) zärtlich: un ~ bacio ein zärtlicher Kuss 3 (di colore; pallido) zart: verde ~ zartes Grün II m. Zarte n., Weiche n.: mangiare il ~ das Weiche essen ◆ formaggio ~ Weichkäse m.; tra loro c'è del ~ zwischen ihnen ist mehr als eine Freundschaft.

te|ne|ro|ne m. Schmuser m.; è un ~ er ist zart besaitet. **te|ne|ru|me** m. 1 (parti tenere) Weiche n., Zarte n. 2 GASTR. Knorpel m. 3 FIG. Ziererei f., Zärteleien pl.

te|ne|smo m. Tenesmus m. ◆ ~ vescicale Harndrang m.

te|nia f. Bandwurm m. ◆ ~ saginata Rinderbandwurm m. **te|ni|a|si** f. Bandwurmbefall m.

ten|nis m.inv. Tennis n.: giocare a ~ Tennis spielen ◆ campionato di ~ Tennismeisterschaft f.; campione di ~ Tennischampion m.; campo da ~ Tennisplatz m. circolo del ~ Tennisklub m.; incontro di ~ Tennismatch n.; palla, pallina da ~ Tennisball m.; partita di ~ Tennisspiel n.; ~ su prato Rasentennis n.; racchetta da ~ Tennisschläger m.; scarpe da ~ Tennisschuhe pl.; ~ da tavolo Tischtennis n.; torneo di ~ Tennisturnier n. **ten|ni|sta** m. e f. (-i,-e) Tennisspieler m. (-in f.) ◆ MED. gomito del ~ Tennisell(en)bogen m. **ten|ni|sti|co** agg. (-ci,-che) Tennis-: torneo ~ Tennisturnier n.; impianto ~ Tennisanlage f.

te|no|ne m. Zapfen m. ◆ unione a ~ Verzapfung f.

te|no|re I m. 1 (tono) Ton m., Tenor m.: il ~ di un discorso der Tenor einer Rede 2 (percentuale) Gehalt m.: ~ di ferro Eisengehalt m. 3 (cantante) Tenor m.: ~ lirico lyrischer Tenor; cantare da ~ Tenor singen II agg. Tenor- ◆ ~ drammatico, eroico Heldentenor m.; BUROCR. a ~ di legge laut Gesetz; parte da ~ Tenorpartie f.; ~ di vita Lebensstandard m.; voce da ~ Tenorstimme f.

te|no|ri|le agg. tenoral, Tenor-: registro ~ Tenorlage f.; voce ~ Tenorstimme f.

ten|sio|at|ti|vo I agg. oberflächenaktiv, spannungsaktiv II m. Tensid n., oberflächenaktive (o waschaktive) Substanz f.

ten|sio|ne f. Spannung f.: la ~ cresce, aumenta, cede die Spannung wächst, steigt, lässt nach; la ~ di una corda, di un muscolo die Spannung einer Saite, eines Muskels; EL. essere in ~ unter Spannung stehen; la ~ è di 220 Volt die Spannung beträgt 220 Volt; FIG. c'è grande ~ fra loro due zwischen den beiden herrscht große Spannung; -i sociali, internazionali soziale, internationale Spannungen ◆ alta ~ Hochspannung f.; ~ alternata Wechselspannung f.; bassa ~ Niederspannung f.; caduta di ~ Spannungsabfall m.; atmosfera carica di ~ spannungsgeladene Atmosphäre; coefficiente di ~ Spannungskoeffizient m.; essere in ~ per qcs. wegen etw. aufgeregt sein; EL. ~ interna Spannung f.; regolatore di ~ Spannungsregler m.; ~ di rete Netzspannung f.; sotto ~ unter Druck (anche FIG.); FIS. ~ superficiale Oberflächenspannung f.; zona di ~ Spannungsgebiet n.

ten|sio|strut|tu|ra f. zugbeanspruchte Konstruktion f.

ten|so|re m. I agg. Streck-: muscolo ~ Streckmuskel m. (o Strecker m.) II m. MAT. Tensor m.

ten|ta|bi|le I agg. versuchbar II m. Versuchbare n.

ten|ta|co|la|re agg. 1 fangarmartig 2a FIG. (che attrae e corrompe) wuchernd: città ~ wuchernde Stadt b (ramificato ovunque) fein verzweigt: organizzazione ~ fein verzweigte Organisation. **ten|ta|co|lo** m. 1 Fangarm m., Tentakel n. o. m., Tastorgan n. 2 FIG. Fessel f.: i -i del vizio die Fesseln des Lasters 3 BOT. Tentakel m. e n. ◆ ~ urticante Nesselfaden m.

ten|ta|re tr. 1 versuchen: ~ la fuga, l'impossibile die Flucht, das Unmögliche versuchen; ~ qcs. con ogni mezzo etw. mit allen Mitteln versuchen; il prigioniero tentò di fuggire der Gefangene versuchte zu fliehen; ~ la fortuna, la sorte sein Glück versuchen; ~ ogni strada alles versuchen 2a RELIG. in Versuchung führen; essere tentato dal demonio vom Teufel in Versuchung geführt werden b (allettare) versuchen, reizen: la tua proposta mi tenta molto dein Vorschlag reizt mich sehr 3 (mettere alla prova) auf die Probe stellen ◆ PROV. tentar non nuoce = versuchen kostet nichts.

ten|ta|ti|vo m. Versuch m.: fare un ~ einen Versuch machen; il ~ fallì der Versuch scheiterte; al primo, terzo ~ beim ersten, dritten Versuch ◆ ~ di colpo di stato Putschversuch m.; ~ di corruzione Bestechungsversuch m.; ~ di evasione Ausbruchsversuch m.; ~ di fuga Fluchtversuch m.; andare, procedere per -i versuchsweise vor‿gehen; ~ di suicidio Selbstmordversuch m.; COLLOQ. un ~ andato a vuoto ein Schuss in den Ofen.

ten|ta|to p.pass. agg. 1 → tentare 2a versucht: essere, sentirsi ~ di fare qcs. versucht sein, sich versucht fühlen, etw. zu tun b -a rapina versuchter Raub; ~ omicidio, suicidio Mord-, Selbstmordversuch m. **ten|ta|to|re** m. Verführer m., Versucher m. ◆ il diavolo ~ der Versucher.

ten|ta|zio|ne f. Versuchung f.: indurre (qcn.) in ~ (jdn) in Versuchung führen (o bringen); cadere in ~ in Versuchung kommen (o geraten); avere la ~ di fare qcs. versucht sein, etw. zu tun; resistere alle -i den Versuchungen widerstehen; quella torta era una ~ der Kuchen war eine Versuchung.

ten|ten|na m.inv. SCHERZ. Zauderer m.

ten|ten|na|men|to m. Schwanken n. **ten|ten|nan|te** agg. 1 schwankend 2 (esistante) zaudernd, zögernd. **ten|ten|na|re** I intr. (aus. avere) 1 schwanken 2 FIG. (esitare) zaudern, zögern, schwanken II tr. wiegen: ~ il capo den Kopf wiegen.

ten|to|ni avv. 1 tastend 2 FIG. blindlings ◆ andare (a) ~ sich tasten; camminare (a) ~ sich vorwärts‿tasten; cercare qcs. (a) ~ nach etw. tasten; procedere (a) ~ sich vor‿tasten; FIG. ohne feste Vorstellung vor‿gehen.

ten|tre|di|ne f. Blattwespe f.

te|nue agg. 1a (sottile) dünn b (di colori) zart c (di luce) sanft, mild d (di suoni) zart, sanft 2 FIG. schwach: ~ speranza schwache Hoffnung ◆ LING. consonante ~ Tenuis f.; ANAT. intestino ~ Dünndarm m.

te|nu|ta f. 1 Halten n. 2 (ermeticità) Dichte f. 3 (capacità) Kapazität f., Fassungsvermögen n. 4 (possedimento terriero) Landgut n. 5a ABBIGL. Dress m. b (abito da uomo) Anzug m. c MIL. (uniforme) Uniform f. 6 (gestione) Führung f. 7 (resistenza) Ausdauer f., Widerstandsfähigkeit f. ◆ a ~ d'acqua wasserdicht; anello di ~ Dichtungsring m.; a ~ d'aria dicht (o luftdicht); chiusura a ~ d'aria luftdichter Abschluss; ~ da caccia Jagdanzug m.; ~ coloniale Tropenanzug m.; ~ da combattimento Kampfanzug m.; ~ di gala Galauniform f.; ~ dei registri, di registro Registerführung f.; ~ da sci Skianzug m.; ~ sportiva Sportdress m.; a ~ stagna dicht; ~ di strada Straßenlage f.; avere una buona ~ di strada eine gute Straßenlage haben; ~ da tennis Tennisdress m.

te|nu|ta|ri|a f. Puffmutter f. **te|nu|ta|rio** m. (-ri) 1 (di casa di appuntamenti) Bordellwirt m. 2 (di bisca) Spielhölleninhaber m., Spielhöllenbesitzer m.

te|nu|to p.pass. agg. 1 → tenere 2 verpflichtet: essere, sentirsi ~ a fare qcs. verpflichtet sein, sich verpflichtet fühlen, etw. zu tun 3 MUS. tenuto.

ten|zo|ne f. 1 Kampf m. 2 (disputa) Auseinandersetzung f. 3 LETT. Tenzone f. ◆ singolar ~ Zweikampf m.

Te|o n.pr.m. Theo m.

te|o|bro|mi|na f. Theobromin n.

te|o|cen|tri|co agg. (-ci,-che) theozentrisch. **te|o|cen|tri|smo** m. Theozentrismus m.

te|o|cra|ti|co agg. *(-ci,-che)* theokratisch. **te|o|cra|zi|a** f. Theokratie *f.*

te|o|di|ce|a f. Theodizee *f.*

Te|o|do|bal|do n.pr.m. Dietbald *m.*, Theo(de)bald *m.*

Te|o|do|ber|to n.pr.m. Dietbart *m.*, Theodebert *m.*

Te|o|do|lin|da n.pr.f. Theodolinde *f.*, Dietlind *f.*

te|o|do|li|te m. Theodolit *m.*

Te|o|do|ra n.pr.f. Theodora *f.*

Te|o|do|ri|co n.pr.m. Theoderich *m.*, Dietrich *m.*

Te|o|do|ro n.pr.m. Theodor *m.*

Te|o|do|sio n.pr.m. Theodosius *m.*

te|o|fa|ni|a f. Theofanie *f.*

Te|o|fi|lo n.pr.m. Theophilus *m.*

te|o|go|ni|a f. Theogonie *f.*

te|o|lo|ga|le agg. theologisch: ***le virtù -i*** die theologischen Tugenden.

te|o|lo|gi|a f. Theologie *f.* ◆ ***corso di studi in ~*** teologisches Studium; ***~ della liberazione*** Befreiungstheologie *f.*; ***~ morale*** Moraltheologie *f.*; ***~ pastorale*** Pastoraltheologie *f.*

te|o|lo|gi|ca|men|te avv. theologisch. **te|o|lo|gi|co** agg. *(-ci,-che)* theologisch.

te|o|lo|giz|za|re intr. (aus. *avere*) theologisieren.

te|o|lo|go m. *(-gi)* Theologe *m.*

te|o|re|ma m. *(-i)* Lehrsatz *m.*, Theorem *n.*: ***dimostrare un ~*** einen Lehrsatz beweisen ◆ ***~ della congruenza*** Kongruenzsatz *m.*; ***~ di Euclide*** Euklidischer Lehrsatz; ***~ di Pitagora*** pythagoreischer Lehrsatz; ***~ di reciprocità*** Reziprozitätstheorem *n.*; ***~ del seno*** Sinussatz *m.*

te|o|re|si f. Theorie *f.* **te|o|re|ta** m. e f. Theoretiker *m.* (-in *f.*). **te|o|re|ti|ca** f. theoretische Philosophie *f.* **te|o|re|ti|co** agg. *(-ci,-che)* theoretisch: ***filosofia -a*** theoretische Philosophie.

te|o|ri|a f. **1** Theorie *f.*: ***enunciare, dimostrare, sostenere, respingere una ~*** eine Theorie auf‿stellen, beweisen, vertreten, verwerfen **2** *(processione)* Prozession *f.*, Zug *m.* ◆ ***~ atomica*** Atomtheorie *f.*; ***~ dei colori*** Farbenlehre *f.*; ***~ della conoscenza*** Erkenntnistheorie *f.*; ***~ corpuscolare*** Korpuskulartheorie *f.*; ***~ economica*** Wirtschaftstheorie *f.*; ***~ dell'evoluzione*** Evolutionstheorie *f.*; ***in ~*** theoretisch; ***~ dell'influsso ambientale*** Milieulehre *f.*; ***~ degli insiemi*** Mengenlehre *f.*; ***~ della musica*** Musiklehre *f.*; ***~ dei numeri*** Zahlenlehre *f.*; ECON. ***~ del plusvalore*** Mehrwerttheorie *f.*; ***~ delle probabilità*** Wahrscheinlichkeitstheorie *f.*; ***~ dei quanti*** Quantentheorie *f.*; ***~ della relatività*** Relativitätstheorie *f.*; ***~ della selezione naturale*** Selektionstheorie *f.*; ***~ dei sistemi*** Systemtheorie *f.*

te|o|ri|ca|men|te avv. theoretisch.

te|o|ri|ci|tà f. theoretischer Charakter *m.*

te|o|ri|co I agg. *(-ci,-che)* theoretisch: ***conoscenze, basi -che*** theoretische Kenntnisse, Grundlagen; ***possibilità -a*** theoretische Möglichkeit; ***fisica -a*** theoretische Physik **II** m. *(-ci)* Theoretiker *m.*

te|o|riz|za|re tr. **1** ***~ qcs.*** Theorien über etw. auf‿stellen **2** assol. theoretisieren. **te|o|riz|za|zio|ne** f. Theoretisieren *n.*

te|o|so|fi|a f. Theosophie *f.* **te|o|so|fi|co** agg. *(-ci,-che)* theosophisch. **te|o|so|fo** m. Theosoph *m.*

te|pa|lo m. Perigonblatt *n.*

te|pi|do → **tiepido.**

te|po|re m. (angenehme) Wärme *f.*

tep|pa, tep|pa|glia f. Gelump *n.*, Gelichter *n.*

tep|pi|smo m. Rowdytum *n.* **tep|pi|sta** m. Rowdy *m.* **tep|pi|sti|co** agg. *(-ci,-che)* rowdyhaft.

te|qui|la [te'kila] f.inv. Tequila *m.*

ter agg.inv. dritte.

te|ra|peu|ta m. e f. *(-i,-e)* Therapeut *m.* (-in *f.*). **te|ra|peu|ti|ca** f. Therapeutik. **te|ra|peu|ti|co** agg. *(-ci,-che)* therapeutisch ◆ ***effetto ~*** Heilwirkung *f.*; ***trattamento ~*** Heilbehandlung *f.*; ***virtù -a*** Heilkraft *f.*

te|ra|pi|a f. Therapie *f.*, Heilbehandlung *f.*: ***applicare, sospendere una ~*** eine Therapie an‿wenden, ab‿setzen ◆ ***~ comportamentale*** Verhaltenstherapie *f.*; ***~ disintossicante*** Entziehungskur *f.*; ***~ di gruppo*** Gruppentherapie *f.*; ***~ d'urto*** Stoßtherapie *f.* **te|ra|pi|sta** m. e f. *(-i,-e)* Therapeut *m.* (-in *f.*).

te|ra|to|ge|no agg. teratogen.

te|ra|to|lo|gi|a f. Teratologie *f.* **te|ra|to|lo|gi|co** agg. *(-ci,-che)* missbildend.

te|ra|to|ma m. Teratom *n.*

ter|bio m. Terbium *n.*

te|re|bin|to m. Terebinthe *f.*, Terpetinpistazie *f.*

te|re|di|ne f. Bohrwurm *m.*, Pfahlwurm *m.*

Te|ren|zio n.pr.m. Terenz *m.*, Terentius *m.*

Te|re|o, Te|re|o n.pr.m. Tereus *m.*

Te|re|sa n.pr.f. Therese *m.*, Theres(i)a *f.* **te|re|sia|no** agg. Maria-Theresia-.

ter|ge|re tr. *(tergo, tergi; tersi; terso)* LETT. wischen, ab‿wischen.

ter|gi|cri|stal|lo m. Scheibenwischer *m.* **ter|gi|lu|not|to** m. Heckscheibenwischer *m.*

ter|gi|ver|sa|re intr. (aus. *avere*) **1** Ausflüchte machen, COLLOQ. fackeln **2** *(temporeggiare)* zögern. **ter|gi|ver|sa|zio|ne** f. Ausflüchte *pl.*, COLLOQ. Fackeln *n.*

ter|go m. *(-ghi* m.pl. e *-ga* f.pl.*)* **1** LETT. (pl. *-ghi* e *-ga)* Rücken *m.*: ***voltare, dare il ~ a qcn.*** jdm den Rücken zu‿wenden **2** *(facciata posteriore*; pl. *-ghi)* Rückseite *f.*: ***sul ~ del foglio*** auf der Rückseite des Blattes; ◆ ***a ~*** rückwärts; ***vedi a ~*** siehe Rückseite; ***da ~*** von hinten, von rückwärts.

te|rio|mor|fi|smo m. Tiergottheit *f.* **te|rio|mor|fo** agg. theriomorph, tiergestaltig.

ter|ma|le agg. **1** Thermal- **2** ARCHEOL. Thermen- ◆ ***bagno ~*** Thermalbad *n.*; ***cura ~*** Badekur *f.*; ***località ~*** Badeort *m.*; ***medico ~*** Badearzt *m.*; ***sorgente ~*** Thermalquelle *f.*; ***stazione ~*** Kurort *m.*

ter|ma|li|smo m. Bäderwesen *n.* **ter|me** f.pl. **1** Therme *f.*, Thermalbad *n.* **2** ARCHEOL. Thermen *pl.*

ter|mi|co agg. *(-ci,-che)* Wärme-, thermisch ◆ ***accumulatore ~*** Wärmespeicher *m.*; ***bilancio ~*** Wärmehaushalt *m.*; ***borsa -a*** Kühltasche *f.*; ***centrale -a*** Heizwerk *n.*; ***conduttore ~*** Wärmeleiter *m.*; ***contatore ~*** Wärmezähler *m.*; ***curva -a*** Temperaturkurve *f.*; ***dilatazione -a*** Wärmeausdehnung *f.*; ***dispersione -a*** Wärmeverlust *m.*; ***energia -a*** Wärmeenergie *f.* (*o* thermische Energie); ***grado ~*** Wärmewert *m.*; ***inquinamento ~*** Wärmebelastung *f.*; ***isolamento ~*** Wärmeisolierung *f.*, Wärmeschutz *m.*; ***isolante ~*** Wärmedämmstoff *m.*, Wärmeisolierstoff *m.*; ***lunotto ~*** beheizbare Heckscheibe; ***radiazione -a*** Wärmestrahlung *f.*; ***scala -a*** Temperaturskala *f.*; ***scambio ~*** Wärmeaustausch *m.*; ASTR. ***scudo ~*** Hitzeschild *m.*; METALL. ***trattamento ~*** Wärmebehandlung *f.*; ***unità -a*** Wärmeeinheit *f.*

ter|mi|na|bi|le agg. beendbar.

ter|mi|nal m.inv. Terminal *m.* e *n.*

ter|mi|na|le I agg. End-, terminal **2** *(di confine)* Grenz-: ***pietra ~*** Grenzstein *m.* **II** m. **1** Terminal *n.* **2** EL. Klemme *f.* ◆ BOT. ***gemma ~*** Endknospe *f.*; ***malato ~*** Kranker *m.* im Endstadium; ***morena ~*** Endmoräne *f.*; EL. ***~ a morsetto*** Anschlussklemme *f.*; ***stazione ~*** Endstation *f.*; ***~ video*** Bildschirmterminal *m.* e *n.*, Videoterminal *m.* e *n.* **ter|mi|na|li|sta** m. e f. *(-i,-e)* Angestellte *m.* e *f.* an einem Bildschirmarbeitsplatz.

ter|mi|na|re *(termino)* **I** tr. **1** *(giungere alla fine)* beenden: ***~ un lavoro*** eine Arbeit beenden; ***~ di fare qcs.*** etw. beenden (*o* mit etw. fertig sein) **2** *(concludere)* beenden, ab‿schließen: ***~ gli studi*** sein Studium abschließen (*o* beenden) **II** intr. (aus. *essere*) **1** *(concludersi)* enden, auf‿hören, ab‿schließen: ***lo spettacolo termina alle sette*** die Vorstellung endet um sieben; ***qui termina la strada*** hier hört der Weg auf; ***il romanzo termina con la morte dell'eroe*** der Roman endet mit dem Tod des Helden (*o* schließt mit dem Tod des Helden ab) **2** LING. enden: ***~ in "a", in vocale*** auf „a", auf einen Vokal enden **3** *(avere l'estremità)* zu‿laufen, aus‿gehen: ***~ a forma di cuneo*** keilförmig zulaufen; ***~ con una, a punta*** in einer Spitze enden (*o* aus‿laufen, spitz zu‿laufen) ◆ SPORT ***~ in parità*** sich unentschieden trennen; *(di partita)* unentschieden enden; ***non ~ la scuola*** die Schule ohne Abschluss verlassen.

ter|mi|na|to p.pass. → **terminare** ◆ ***-a la scuola, -i gli studi*** nach Abschluss des Studiums, der Schule.

ter|mi|na|zio|ne f. **1** *(conclusione)* Abschluss *m.*, Ende *n.* **2** *(parte terminale)* Endpunkt *m.* **3** LING. *(desinenza)* Endung *f.* **4** TIP. Schraffe *f.* ◆ ***~ nervosa*** Nervenende *n.*

ter|mi|ne m. **1a** *(fine)* Ende *n.*, Schluss *m.*: ***al ~ della strada*** am Ende der Straße; ***al ~ dell'estate*** am Ende des Sommers **b** *(conclusione, compimento)* Abschluss *m.*, Beend(ig)ung *f.*: ***il ~ dei lavori*** der Abschluss (*o* die Beendigung) der Arbeiten; ***giungere al ~ di qcs.*** zum Ende (*o* zum Schluss) von etw. kommen **2** *(lasso di tempo)* Frist *f.*, Zeit *f.*, Zeitspanne *f.*: ***osservare, fissare, oltrepassare, prorogare un ~*** eine Frist ein‿halten, setzen (*o* fest‿setzen, fest‿legen), überschreiten, verlängern; ***il ~ è scaduto*** die Frist ist abgelaufen; ***allo scadere del ~*** bei Ablauf der Frist **3** *(scadenza)* Termin *m.*: ***il ~ ultimo, massimo*** der letzte, äußerste Termin; ***~ inderogabile*** unaufschiebbarer Termin **4a** LETT. *(confine)* Grenze *f.* **b** *(elemento che segna il confine)* Grenzstein *m.*, Markstein *m.* **5** pl. FIG. *(limiti, condizioni convenuti)* Bedingungen *pl.*: ***stabilire i -i del contratto*** die Vertragsbedingungen fest‿setzen; ***rimanere entro i -i prescritti della legge*** sich an die gesetzlich vorgeschriebenen Bedingungen halten; ***comportarsi nei -i della correttezza*** sich korrekt verhalten **6** *(parola, locuzione)* Ausdruck *m.*, Wort *n.*:

~ dialettale, medico, scientifico dialektaler, medizinischer, wissenschaftlicher Ausdruck; ***~ appropriato, improprio*** passender, unpassender Ausdruck; ***esprimere qcs. in -i semplici*** etw. in einfachen Worten aus‿drücken **7** MAT. Term *m.* **8** GRAMM. *(elemento)* Element *n.*, Satzteil *n.*, Satzglied *n.* **9** FILOS. *(concetto)* Terminus *m.*, Begriff *m.* ◆ ***a ~*** ECON. Ziel-; *(a tempo determinato)* befristet (*o* auf Zeit *o* zeit- *o* termingebunden); ***un rapporto di lavoro a ~*** ein befristetes Arbeitsverhältnis; ***acquisto a ~*** Zielkauf *m.*; ***al ~ (di ciò)*** im Anschluss daran (*o* anschließend); ***in altri -i*** mit anderen Worten; ***avere ~*** enden, auf‿hören; ***a breve ~*** kurzfristig; ***complemento di ~*** Dativobjekt *n.*; ***condurre a ~ qcs.*** etw. zum Abschluss bringen; ***~ di consegna*** *(lasso di tempo)* Lieferfrist *f.*; *(scadenza)* Liefertermin *m.*; ***contrattazione a ~*** Termingeschäft *n.*; ***contratto a ~*** Zeitvertrag *m.*; ***secondo i -i del contratto*** vertragsgemäß, laut Vertrag; ***entro i -i (convenuti, stabiliti)*** fristgemäß, fristgerecht; *(scadenza)* termingemäß, termingerecht; ***in -i finanziari*** finanziell gesehen (*o* was den finanziellen Aspekt betrifft); ***~ generico*** Oberbegriff *m.*; ***indice dei -i*** Wortregister *n.*; ***~ d'iscrizione*** Anmeldefrist *f.*; ***~ legale*** gesetzliche Frist; ***a(i) -i di legge*** laut Gesetz; ***a lungo ~*** langfristig; ***programma a lungo ~*** Langzeitprogramm *n.*; ***a medio ~*** mittelfristig; ECON. ***mercato a ~*** Terminmarkt *m.*; ***mettere ~ a qcs.*** etw. (D) ein Ende bereiten (*o* setzen); ***senza mezzi -i*** klipp und klar (*o* unverblümt); ***parlare senza mezzi -i*** die Dinge beim Namen nennen; ***ricorrere a mezzi -i*** einen Kompromiss schließen; MAT. ***ridurre una frazione ai minimi -i*** einen Bruch auf den kleinsten gemeinsamen Nenner kürzen; ***ridurre qcs. ai minimi -i*** etw. auf die einfachste Form bringen, etw. auf ein Minimum reduzieren; ***ridursi ai minimi -i*** an einem Tiefpunkt an‿kommen; ***misurare, moderare i -i*** die Ausdrucksweise zügeln; ECON. ***operazione a ~*** Liefer-, Termingeschäft *n.*; ***~ di pagamento*** Zahlungsfrist *f.*; *(scadenza)* Zahlungstermin *m.*: ***il ~ di pagamento è tre mesi*** die Zahlungsfrist beträgt drei Monate; ***~ di paragone*** Vergleichsgröße *f.* (*o* Vergleichsmaßstab *m.*); GRAMM. Vergleichsform *f.*; ***parto a ~*** Geburt *f.* nach normaler Schwangerschaftsdauer; ***parto post ~*** Spätgeburt *f.*; MAT. ***a più -i*** mehrglied(e)rig; ***porre ~ a qcs.*** etw. (D) ein Ende bereiten (*o* setzen); mit etw. auf‿hören (*o* Schluss machen); ***portare a ~ qcs.*** etw. zu Ende führen (*o* zum Abschluss bringen); ***~ di preavviso*** Kündigungsfrist *f.*; ***~ di prescrizione*** Verjährungsfrist *f.*; ***~ di presentazione di un ricorso*** Beschwerdefrist *f.*; ***~ di presentazione di una domanda di assunzione*** Bewerbungsschluss *m.*; ***-i processuali*** Verfahrensfrist *f.*; MAT. ***~ di una proporzione*** Proportionale *f.*; GRAMM. ***-i di una proposizione*** Satzglieder; ***proroga del ~*** Fristverlängerung *f.*; ***~ di protesto*** Protestfrist *f.*; ***la cosa sta in questi -i...*** die Angelegenheit verhält sich folgendermaßen...; ***a rigor di -i*** streng genommen; ***rispettando i -i*** termingerecht; ***scadenza del ~*** Fristablauf *m.*; ***entro la scadenza del ~*** vor Ablauf der Frist; ***~ di scadenza*** Fälligkeitstermin *m.*; BANC. Verfalltag *m.*; ***scelta dei -i*** Wortwahl *f.*; ***~ di sfratto*** Räumungsfrist *f.*; ***~ specialistico*** → ***~ tecnico***; ***~ (ultimo) di spedizione*** Einsendeschluss *m.*; ***superamento del ~*** Fristüberschreitung *f.*; ***~ tecnico*** Fachausdruck *m.*, Terminus *m.*, Fachterminus *m.*; ***vendere a ~*** auf Ziel verkaufen; ***vendita a ~*** Terminverkauf *m.*; ***~ della vita*** Lebensende *n.*; ***il secolo che volge al ~*** das ausgehende Jahrhundert; ***volgere al ~*** dem Ende zu‿gehen.

ter|mi|no|lo|gi|a f. Terminologie *f.*: ***~ filosofica*** philosophische Terminologie; ***~ tecnica*** Fachterminologie *f.* **ter|mi|no|lo|gi|co** agg. *(-ci,-che)* terminologisch.

ter|mi|ta|io m. *(-ai)* Termitenhügel *m.*, Termitensäule *f.* **ter|mi|te** f. Termite *f.*

ter|mo|a|e|ro|te|ra|pi|a f. Heißluftbehandlung *f.*

ter|mo|cau|te|rio m. *(-ri)* Glühbrenner *m.*, Thermokauter *m.*

ter|mo|chi|mi|ca f. Thermochemie *f.* **ter|mo|chi|mi|co** agg. *(-ci,-che)* thermochemisch.

ter|mo|con|dut|to|re m. Wärmeleiter *m.*

ter|mo|con|vet|to|re m. Konvektor *m.*

ter|mo|co|per|ta f. Heizdecke *f.*

ter|mo|cop|pia f. Thermoelement *n.*

ter|mo|di|na|mi|ca f. Thermodynamik *f.* **ter|mo|di|na|mi|co** agg. *(-ci,-che)* thermodynamisch.

ter|mo|e|let|tri|ci|tà f. Thermoelektrizität *f.* **ter|mo|e|let|tri|co** agg. *(-ci,-che)* thermoelektrisch ◆ ***centrale -a*** Heizkraftwerk *n.*, Wärmekraftwerk *n.*; ***coppia -a*** Thermoelement *n.*

ter|mo|fo|ro m. Heizkissen *n.*

ter|mo|ge|no agg. Wärme erzeugend.

ter|mo|gra|fi|a f. Thermographie *f.* **ter|mo|gra|fo** m. Thermograph *m.*, Temperaturschreiber *m.*

ter|mo|i|so|lan|te I agg. wärmeisolierend, wärmedämmend **II** m. Wärmeschutz *m.*, Wärmedämmung *f.* ◆ ***materiale ~*** Dämmstoff *m.* (*o* wärmeisolierender Stoff).

ter|mo|lo|gi|a f. Kalorik *f.*, Wärmelehre *f.*

ter|mo|me|tri|a f. Thermometrie *f.* **ter|mo|me|tri|co** agg. *(-ci,-che)* thermometrisch ◆ ***scala -a*** Temperaturskala *f.*

ter|mo|me|tro m. **1** Thermometer *n.* (anche FIG.): ***il ~ è salito, sceso a 15 gradi, di 5 gradi*** das Thermometer ist auf 15 Grad, um 5 Grad gestiegen, gefallen; ***il ~ indica, segna 4 gradi sotto 0, meno 3 (gradi)*** das Thermometer zeigt 4 Grad unter Null, minus 3 Grad (*o* 3 Grad minus) **2** *(clinico)* Fieberthermometer *n.*, Thermometer *n.*: ***misurare la febbre con il ~*** das Fieber mit dem Thermometer messen ◆ ***~ a minima*** Minimumthermometer *n.*

ter|mo|nu|cle|a|re agg. thermonuklear ◆ ***centrale ~*** Kernkraftwerk *n.*

Ter|mo|pi|li n.pr.f.pl. Thermopylen *pl.*

ter|mo|pla|sti|co agg. *(-ci,-che)* thermoplastisch; ***materiale ~*** Thermoplast *n.*

ter|mo|re|at|to|re m. Wärmereaktor *n.*

ter|mo|re|go|la|to|re I agg. Temperaturregler-, wärmeregelnd **II** m. Temperaturregler *m.*, Wärmeregler *m.* **ter|mo|re|go|la|zio|ne** f. Temperaturregelung *f.*

ter|mo|si|fo|ne m. **1** *(impianto di riscaldamento)* Warmwasserheizung *f.* **2** *(radiatore)* Heizkörper *m.* ◆ ***~ a elementi*** Rippenheizkörper *m.*

ter|mo|sta|to m. Thermostat *m.*, Temperaturregler *m.* ◆ COLLOQ. ***alzare il ~*** höher stellen; ***abbassare il ~*** runter‿stellen.

ter|mo|tec|ni|ca f. Wärmetechnik *f.*

ter|mo|te|ra|pi|a f. Wärmebehandlung *f.*, Thermotherapie *f.*

ter|mo|ven|ti|la|to|re m. Heizlüfter *m.* **ter|mo|ven|ti|la|zio|ne** f. Heißluftheizung *f.*

ter|na f. **1** *(insieme di tre elementi)* Dreierreihe *f.* **2** *(di persone)* Dreinamenliste *f.*; ***la ~ dei concorrenti*** die drei Wettbewerbsteilnehmer **3** GIOC. Terne *f.*; ***fare ~*** eine Terne (*o* eine Dreierkombination) haben.

ter|na|rio I agg. *(-ri,-rie)* **1** dreifach, Dreier-: MUS. ***misura -a*** Dreiertakt *m.* **2** CHIM. ternär **3** MAT. ***(numero) ~*** Tripel *n.* **II** m. *(-ri)* Terzine *f.* ◆ ***metro ~*** Terzinenversmaß *n.*; ***strofa -a*** Terzine *f.*; ***verso ~*** dreisilbiger Vers.

ter|no m. **1** GIOC. Terne *f.*; AUSTR. Terno *m.*; ***vincere un ~*** einen Hauptgewinn im Lotto haben **2** *(fascicolo di tre fogli)* Dreibogenheft *n.* ◆ ***un ~ al lotto*** Hauptgewinn *m.* im Lotto; FIG. ein Geschenk des Himmels; FIG. ***vincere un ~ al lotto*** das große Los ziehen; ***è come vincere un ~ al lotto*** es ist reine Glückssache.

ter|ra I f. **1** ASTR. Erde *f.*: ***la Terra ruota intorno al sole*** die Erde umkreist die Sonne **2a** ESTENS. *(mondo)* Welt *f.*, Erde *f.*: ***gli uomini hanno popolato tutta la ~*** die Menschen haben die ganze Welt bevölkert; ***il paradiso in ~*** das Paradies auf Erden; ***su tutta la ~*** auf der ganzen Welt **b** *(umanità)* Welt *f.*, Menschheit *f.*: ***tutta la ~*** die ganze Welt **3** *(suolo)* Erdboden *m.*, Boden *m.*: ***sdraiarsi, sedersi per ~*** sich auf den Boden legen, setzen; ***giacere, stare seduto per ~*** auf dem Boden liegen, sitzen; ***sparire dalla faccia della ~*** vom Erdboden verschwinden; ***dormire sulla nuda ~*** auf dem blanken Boden (*o* der blanken Erde) schlafen; ***stare con gli occhi fissi a ~*** auf den Boden starren; ***faccia, pancia a ~*** mit dem Gesicht zu Boden (*o* bäuchlings); *(terreno)* ***~ fertile, sterile*** fruchtbarer, unfruchtbarer Boden **4a** *(sostanza, terriccio)* Erde *f.*: ***~ argillosa*** tonhaltige Erde **b** *(argilla)* ***~ (cotta)*** Ton *m.* **5** *(paese, regione)* Land *n.*, Boden *m.*: ***amare la propria ~*** sein Land lieben; ***la ~ dei nostri padri*** das Land unserer Väter; ***in ~ tedesca*** auf deutschem Boden; ***morire in ~ straniera*** in der Fremde sterben; EUFEM. ***riposare in ~ straniera*** in fremder Erde ruhen **6** *(terraferma)* Land *n.*, Festland *n.*: ***~ sconfinata, inesplorata*** unendliches, unerforschtes Land; ***sbarcare a ~*** an Land gehen (*o* sich aus‿schiffen); ***~ (in vista)!*** Land in Sicht! **7** *(campo)* Land *n.*, Boden *m.*, Ackerboden *m.*: ***arare la ~*** den Boden pflügen; ***coltivare la ~*** das Land bebauen; ***possedere un pezzo di ~*** ein Stück Land besitzen **8** EL. Erdleitung *f.*, Erde *f.* **II** agg.inv. **1** *(al livello del suolo)* Erd- **2** *(del colore della terra)* erdfarben, erdfarbig ◆ ***a ~!*** *(dal cavallo)* abgesessen! MIL. hinlegen! ***abitante della ~*** Erdbewohner *m.*; ***andare per ~*** hin‿fallen; ***missile ~-aria*** Boden-Luft-Rakete *f.*; ***~ assorbente*** Kieselgur *f.*; ***~ battuta*** festgestampfter Boden; ***brezza di ~*** Landbrise *f.*, Landwind *m.*; FIG. ***fare ~ bruciata di qcs.*** etw. dem Erdboden gleich‿machen; ***fare ~ bruciata intorno*** eine Politik der verbrannten Erde betreiben; ***buttare qcn. a ~*** jdn zu Boden werfen; FIG. jdn am Boden zerstören; ***buttarsi a ~*** sich zu Boden werfen; FIG. den Mut verlieren; ***cadere a, per ~*** hin‿fallen (*o* zu Boden fallen); ***centro della ~*** Erdmittelpunkt *m.*; COLLOQ. ***non stare né in cielo né in ~*** weder Hand noch Fuß haben; ***ci corre quanto tra (il) cielo e (la) ~***

das ist ein Unterschied wie Tag und Nacht; *muovere cielo e ~* alles in Bewegung setzen; *circumnavigazione della ~* Erdumseg(e)lung *f.*; *cittadino della ~* Erdenbürger *m.*; EL. *collegamento a ~* → *messa a ~*; *~ colorante* Farberde *f.*; *~ di conquista* erobertes Land; EL. *dispersione a ~* Erdschluss *m.*; *-e emerse* Landmasse *f.*, aufgetauchtes Land; *esercito di ~* Landheer *n.*; *essere a ~* am Boden liegen; FIG. am Boden zerstört sein; *(finanziariamente)* finanziell ruiniert sein; *~ ferma* Festland *n.*, fester Boden; *sulla ~ ferma* auf festem Land; *finire a, per ~* hin_fallen; *(nella boxe)* zu Boden gehen (*o* nieder_stürzen); *~ per fiori* Blumenerde *f.*; *forze (armate) di ~* Landstreitkräfte; *Terra del Fuoco* Feuerland *n.*; *avere una gomma a ~* einen Platten haben; *hostess di ~* Bodenstewardess *f.*; EUFEM. *lasciare questa ~* aus der Welt scheiden; *lavoratore della ~* Landarbeiter *m.*; *lingua di ~* Landzunge *f.*; SART. *lungo fino a ~* bodenlang; *la madre ~* Mutter Erde; FIG. *sentirsi mancare la ~ sotto i piedi* den Boden unter den Füßen verlieren; *per mare e per ~* zu Wasser und zu Lande; FIG. auf dem ganzen Erdenrund; *cercare qcs. per mare e per ~* = etw. in allen Ecken suchen; EL. *messa a ~* Erdung *f.*, Erdungsleitung *f.*; *presa con messa a ~* Schutzkontaktsteckdose *f.*; *spina con messa a ~* Schutzkontaktstecker *m.*; SPORT *mettere a ~ qcn.* zu Boden strecken; FIG. jdn finanziell fertig machen; EL. *mettere a ~* erden; *montagna di ~* Erdhügel *m.*; *avere il morale a ~* am Boden zerstört sein; *mucchio di ~* Erdhaufen *m.*; *~ natale* Heimatland *n.*; GEOL. *~ nera* Schwarzerde *f.*; *~ di nessuno* Niemandsland *n.* (anche FIG.); PITT. *~ (d')ombra* Umbra *f.*, Umber *m.*; *~ palustre* Moorerde *f.*; *pane di ~* Erdballen *m.*; AER. *personale di ~* Bodenpersonal *n.*; *piano ~* Erdgeschoss *n.*; *metter piede a ~* an Land gehen; FIG. *stare con i piedi per ~* mit beiden Füßen fest auf der Erde stehen; *popolazione della ~* Erdbevölkerung *f.*; EL. *presa di ~* geerdete Steckdose; *prodotti della ~* Bodenerzeugnisse (*o* landwirtschaftliche Produkte); BIBL. *la Terra Promessa* das Gelobte Land (anche FIG.); *pulce di ~* Erdfloh *m.*; CHIM. *-e rare* seltene Erden; *volare raso ~* dicht über dem Boden fliegen; *~ di riporto* Füllerde *f.*; *~ rossa* Roterde *f.*; *rotazione della ~* Erdumdrehung *f.* (*o* Erdrotation *f.*); *rotazione intorno alla ~* Erdumkreisung *f.*; *essere il sale della ~* das Salz der Erde sein; *Terra Santa* das Heilige Land; *dal sapore di ~* erdig; *satellite della ~* Erdsatellit *m.*; *a qcn. scotta la ~ sotto i piedi* jdm brennt der Boden unter den Füßen; ASTROL. *segni di ~* Erdzeichen *pl.*; *sentirsi a ~* am Boden zerstört sein; *~ di Siena* Sienaerde *f.*; *sotto ~* unter der Erde; *(sotterraneo)* unterirdisch; *mettere qcn. sotto ~* jdn beerdigen; *spirito della ~* Erdgeist *m.*; *strato di ~* Erdschicht *f.*; *una striscia di ~* Landstrich *m.*; *superficie della ~* Erdoberfläche *f.*; FIG. *~ terra* *(semplice)* einfach; *(pratico)* realistisch; *(mediocre)* mittelmäßig; *missile ~-terra* Boden-Boden-Rakete *f.*; *toccare ~* AER. MAR. an Land gehen (*o* landen); *(sfiorare il terreno)* den Boden berühren; *tratto di ~* Landstrich *m.*; *veduta aerea della ~* Erdsicht *f.*; *vento di ~* Landwind *m.*; *~ vergine* Neuland *n.* (*o* unbebautes Land); *verme di ~* Regenwurm *m.*; *verso ~* landwärts; *spedizione via ~* Lieferung *f.* per Achse; *zolla di ~* Erdscholle *f.*

ter|ra-a|ria agg.inv. Boden-Luft-: *missile ~* Boden-Luft-Rakete *f.*

ter|ra|cot|ta f. *(terrecotte)* **1** *(materiale)* Terrakotta *f.*, gebrannter Ton *m.*: *stoviglie, vasellame, vasi di, in ~* Tongeschirr *n.*, Tonwaren *pl.*, Tontöpfe *pl.* (*o* Terrakottatöpfe *pl.*) **2** *(manufatto)* Terrakotta *f.*

ter|rac|que|o agg. *globo ~* Erdkugel *f.*; LETT. *orbe ~* Erdkreis *m.*

ter|ra|fer|ma f. *(terreferme)* Festland *n.*, Land *n.*: *sulla ~* auf festem Land (*o* auf dem Land).

ter|ra|glia f. Steingut *n.*

ter|ra|ma|ra f. *(-e* e *terremare)* Terramare *f.*

ter|ra|no|va m.inv. ZOOL. Neufundländer *m.* **Ter|ra|no|va** n.pr.f. Neufundland *n.* ◆ *abitante di ~* Neufundländer *m.*; *di ~* neufundländisch.

ter|ra|pie|no m. Erdwall *m.*, Erddamm *m.*; FERR. Bahndamm *m.*

ter|ra|rio m. *(-ri)* Terrarium *n.*

Ter|ra|san|ta n.pr.f. das Heilige Land *n.*

ter|ra-ter|ra agg.inv. Boden-Boden-: *missile ~* Boden-Boden-Rakete *f.*

ter|raz|za f. Terrasse *f.* ◆ *coltivazione a -e* Terrassenanbau *m.*

ter|raz|za|men|to m. Terrassierung *f.* **ter|raz|za|re** tr. terrassieren. **ter|raz|za|to** p.pass. agg. **1** → **terrazzare** **2** stufig, terrassenartig, terrassenförmig, Terrassen-: *giardino ~* Terrassengarten *m.*

ter|raz|zi|no m. Balkon *m.*

ter|raz|zo m. **1** Terrasse *f.* **2** *(balcone)* Balkon *m.* **3** GEOL. AGR. Terrasse *f.* **4** *(tipo di pavimento)* Terrazzo *m.* ◆ *pavimento a ~* Terrazzofußboden *m.*

ter|re|mo|ta|to **I** agg. erdbebengeschädigt: *zona -a* erdbebengeschädigtes Gebiet **II** m. Erdbebenopfer *n.* **ter|re|mo|to** m. **1** Erdbeben *n.*, Beben *n.*: *un ~ colpì la zona* ein Erdbeben suchte die Gegend heim **2** FIG. Umsturz *m.* **3** FIG. *(persona vivace)* Wildfang *m.*, Wirbelwind *m.*: *quel bambino è un ~* dieses Kind ist ein richtiger Wirbelwind ◆ *epicentro del ~* Erdbebenherd *m.*, Epizentrum *n.*; *scossa di ~* Erdstoß *m.*

1.ter|re|no agg. irdisch, weltlich: *vita -a* irdisches Leben; *beni -i* irdische Güter ◆ *pian ~* Erdgeschoss *n.*, Parterre *n.*

2.ter|re|no m. **1** Land *n.*, Gelände *n.*: *lottizzare un ~* Land in Parzellen auf_teilen **2** AGR. Boden *m.*: *~ fertile, sabbioso, arido* fruchtbarer, sandiger, dürrer Boden; *arare, dissodare il ~* den Boden pflügen, urbar machen **3** *(fondo)* Grund *m.*, Grundstück *n.*: *acquistare un ~* ein Grundstück erwerben **4** *(zona)* Gelände *n.*, Terrain *n.*: *perlustrare il ~* das Gelände ab_suchen **5** SPORT Feld *n.*, Spielfeld *n.* **6** FIG. *(campo)* Gebiet *n.*, Fach *n.*: *su questo ~ è lui l'esperto* auf diesem Gebiet ist er Fachmann ◆ *~ alluvionale* Schwemmland *n.*, Anschwemmung *f.*; *~ argilloso* Lehmboden *m.*; *~ collinoso* Hügelgelände *n.*; *~ coltivabile* Ackerboden *m.*; BIOL. *~ di coltura* Nährboden *m.*; *~ fabbricabile* Baugelände *n.*, Bauland *n.*; *~ di gioco* Spielfeld *n.*; *guadagnare ~* an Boden gewinnen; *~ incolto* unbebautes Land; *sentirsi mancare il ~ sotto i piedi* den Boden unter den Füßen verlieren; FIG. *~ neutro* neutraler Boden; *~ paludoso* Sumpfboden *m.*, Moorboden *m.*; *~ da pascolo* Weideland *n.*; *perdere ~* an Boden verlieren; *permeabilità del ~* Bodendurchlässigkeit *f.*; *~ pietroso* Steinboden *m.*; FIG. *preparare il ~* den Boden gar machen; *~ sabbioso* Sandboden *m.*; *sondare, tastare il ~* das Terrain sondieren; FIG. *trovare il ~ adatto* den geeigneten Nährboden vor_finden.

ter|re|o agg. **1** erdfarben, erdfarbig **2** *(livido)* fahl: *farsi ~ in volto* fahl im Gesicht werden.

ter|re|stre **I** agg. **1** Erd- **2** *(terreno)* irdisch, weltlich **3** *(della terraferma)* Land-, Boden-: *battaglia ~* Bodenkampf *m.* **4** ZOOL. landlebend, Land-: *animali -i* Landtiere **5** BIOL. Land- **II** m. Erdbewohner *m.* ◆ *asse ~* Erdachse *f.*; *crosta ~* Erdkruste *f.*; *emisfero ~* Erdhalbkugel *f.*; *globo ~* Erdball *m.*, Weltkugel *f.*; *orbita ~* Erdumlaufbahn *f.*, Erdbahn *f.*; *paradiso ~* irdisches Paradies (*o* Eden *m.*); ESTENS. *(luogo meraviglioso)* Paradies *n.*; *rotazione ~* Erdumdrehung *f.*, Erdrotation *f.*; *superficie ~* Erdoberfläche *f.*

ter|ri|bi|le agg. schrecklich, furchtbar, fürchterlich: *una ~ sciagura* ein schreckliches Unglück; *dubbio ~* fürchterlicher Zweifel; *un freddo ~* eine fürchterliche (*o* schreckliche) Kälte; *un nemico ~* ein schrecklicher Feind; *un bambino ~* ein fürchterliches (*o* schreckliches) Kind. **ter|ri|bi|li|tà** f. Furchtbarkeit *f.* **ter|ri|bil|men|te** avv. schrecklich, furchtbar, fürchterlich: *il film è ~ noioso* der Film ist fürchterlich (*o* furchtbar) langweilig.

ter|ric|cia|to m. Komposterde *f.* **ter|ric|cio** m. *(-ci)* Gartenerde *f.*, Komposterde *f.* ◆ *~ torboso* Torfmull *m.* (*o* Torferde *f.*)

ter|ri|co|lo agg. **1** ZOOL. landlebend, Land-, flugunfähig **2** BOT. Land-: *piante -i* Landpflanzen.

ter|rier m.inv. Terrier *m.*

ter|rie|ro agg. Grund-, Land-: *proprietario ~* Grundbesitzer *m.*

ter|ri|fi|can|te agg. **1** schrecklich, entsetzlich, schauerlich: *scena ~* schauerliche Szene **2** COLLOQ. irrsinnig, Wahnsinns-: *prezzi -i* Wahnsinnspreise. **ter|ri|fi|ca|re** tr. *(terrifico, terrifichi)* erschrecken, entsetzen.

ter|ri|gno agg. **1** erdfarben, erdfarbig **2** *(livido)* fahl.

ter|ri|na f. REGION. Schüssel *f.*, Terrine *f.*, Pott *m.*

ter|ri|to|ria|le agg. territorial, Landes- ◆ *acque -i* Hoheitsgewässer (*o* Territorialgewässer); *confini -i* Landesgrenzen *pl.*; *milizia ~* Landwehr *f.*; *ordinamento ~* Raumordung *f.*; *pianificazione ~* Raumplanung *f.*; *rivendicazione ~* Gebietsanspruch *m.*; *sovranità ~* Gebietshoheit *f.* (*o* Landeshoheit *f.*).

ter|ri|to|ria|li|tà f. Territorialität *f.* **ter|ri|to|rial|men|te** avv. territorial.

ter|ri|to|rio m. *(-ri)* **1a** Gebiet *n.*: *~ montuoso, pianeggiante, nemico* gebirgiges, ebenes, feindliches Gebiet **b** AMM. Territorium *n.*, Hoheitsgebiet *n.* **2** ZOOL. Revier *n.*: *marcare il ~* das Revier markieren ◆ *~ comunale* Stadtgebiet *n.*, Gemeindegebiet *n.*; *~ sotto amministrazione fiduciaria* Treuhandgebiet *n.*; *~ nazionale* Hoheitsgebiet *n.*; *problemi del ~* Umweltprobleme *pl.*; *~ dello stato* Staatsgebiet *n.*; *studi sul ~* Gebietsstudien *pl.*.

ter|ro|ne SPREG. **I** agg. = süditalienisch **II** m. = Süditaliener *m.*

ter|ro|re m. **1** Schrecken *m.*, (furchtbare) Angst *f.*: *essere in preda al ~* von Entsetzen gepackt werden (*o* sein): *incutere ~ a qcn.* jdm furchtbare Angst ein_flößen; *avere il ~ di qcs.* furchtbare Angst vor etw. haben; *essere il ~ di qcn.* jds Schreckgespenst sein **2** STOR. Schreckensherrschaft *f.* ◆ *regime di ~* Schreckensherrschaft *f.*, Terrorherrschaft *f.*

ter|ro|ri|smo m. Terrorismus *m.*: *~ di destra, di sinistra* Rechts-,

Linksterrorismus *m.* ◆ ***lotta al ~*** Bekämpfung *f.* des Terrorismus; ***ondata di ~*** Terrorwelle *f.*; ***~ psicologico*** Psychoterror *m.*; ***~ di stato*** Staatsterrorismus *m.* **ter|ro|ri|sta** m. e f. *(-i,-e)* Terrorist *m.* (-in *f.*): ***~ pentito*** = Terrorist, der sich losgesagt hat und mit der Justiz zusammenarbeitet. **ter|ro|ri|sti|co** agg. *(-ci,-che)* terroristisch, Terror-: ***attentato ~*** Terroranschlag *m.*; ***azione -a*** Terrorakt *m.*; ***regime ~*** Schreckensherrschaft *f.*, Terrorherrschaft *f.*

ter|ro|riz|za|re tr. terrorisieren (anche ESTENS.).

ter|ro|riz|za|to p.pass. agg. **1** → **terrorizzare 2** zu Tode erschrocken.

ter|ro|so agg. **1** *(che contiene terra)* Erd-, erdhaltig: ***metallo ~*** Erdmetall *n.* **2** *(simile a terra)* erdartig, erdig.

ter|so p.pass. agg. **1** → **tergere 2** rein, sauber, klar: ***aria -a*** reine Luft; ***cielo ~*** klarer Himmel **3** FIG. klar.

ter|za f. **1a** *(di scuola elementare)* dritte Klasse *f.* **b** *(di scuola media)* achte Klasse *f.* **c** *(di scuola superiore)* elfte Klasse *f.* **2** AUT. dritter Gang *m.*: ***ingranare, mettere la ~*** in den dritten Gang schalten; ***essere in ~*** im dritten Gang fahren **3** MAT. dritte Potenz *f.*: ***elevare un numero alla ~*** eine Zahl in die dritte Potenz erheben **4a** MUS. *(intervallo)* Terz *f.*: ***~ maggiore, minore*** große, kleine Terz **b** *(sinfonia)* Dritte *f.*: ***la Terza di Beethoven*** Beethovens Dritte **5** SPORT Terz *f.* ◆ EDIT. ***~ di copertina*** Rückseite *f.* des Buchdeckels.

ter|za|na f. Tertiana *f.*, Tertianafieber *n.* ◆ ***febbre ~*** Tertianafieber *n.*

ter|za|ro|la|re tr. reffen. **ter|za|ro|lo** m. Reff *n.*: ***nodo piano di ~*** Kreuzknoten *m.*

ter|ze|ra f. Pfette *f.*, Dachstuhlbalken *m.*

ter|zet|to m. **1** MUS. Terzett *n.* **2** SCHERZ. *(gruppo di tre)* Trio *n.*

ter|zia|rio I agg. *(-ri,-rie)* **1** GEOL. ECON. tertiär: ***settore ~*** tertiärer Sektor **2** RELIG. ***ordine ~*** Tertiarierorden *m.* **II** m. *(-ri)* **1** ECON. Tertiär *n.*, Dienstleistungsbereich *n.* **2** GEOL. Tertiär *n.* **3** RELIG. Tertiarier *m.* ◆ ***era -a*** Tertiär *n.*

ter|zi|na f. **1** METR. Terzine *f.* **2** MUS. Triole *f.*

ter|zi|no m. SPORT Verteidiger *m.*

ter|zo I agg. **1** dritte: ***arrivare ~*** Dritter werden; ***essere al ~ posto*** auf dem dritten Platz sein; ***al ~ piano*** im dritten Stock; ***la -a volta*** das dritte Mal; ***al ~ tentativo*** beim dritten Versuch **2** *(posposto a nomi propri)* der Dritte: ***Carlo III*** Karl der Dritte **3** *(in ordine di grandezza)* drittgrößte **4** *(in ordine di altezza)* dritthöchste **II** m. **1** Dritte *m.*: ***è il ~ da sinistra*** er ist der Dritte von links; ***chiedere il parere di un ~*** um das Urteil eines Dritten bitten **2a** pl. *(altri)* dritte Seite *f.*, Dritten *pl.*, andere *pl.*: ***venire a conoscenza di qcs. da -i*** etw. von dritter Seite (*o* Dritten) erfahren **b** COMM. DIR. Dritte *m.*, andere *pl.*: ***contratto a favore di -i*** Vertrag *m.* zugunsten Dritter; ***acquistare, vendere qcs. per conto -i*** etw. für, auf Rechnung eines Dritten kaufen, verkaufen; ***lavorare per conto (di) -i*** für, auf Rechnung anderer arbeiten **3** *(frazione)* Drittel *n.*: ***diminuire il prezzi di un ~*** die Preise um ein Drittel vermindern; ***un ~ di litro*** ein Drittel Liter; ***due -i della somma*** zwei Drittel der Summe **III** avv. *(in terzo luogo)* drittens ◆ DIR. ***~ debitore*** Drittschuldner *m.*; ***-a età*** Alter *n.*; ***sport, attività per la -a età*** Seniorensport *m.*, Aktivitäten für Senioren; ***università della -a età*** Volksbildungswerk *n.* für Senioren; FIG. ***~ grado*** Kreuzverhör *n.*; ***fare il ~ grado a qcn.*** jdn ins Kreuzverhör nehmen; ***fare da ~ incomodo*** der ungelegene Dritte sein; ***in ~ luogo*** drittens; ***in ~ e ultimo luogo*** drittens und letztens; ***il Terzo Mondo*** die Dritte Welt; ***il ~ occhio*** das dritte Auge; ***di terz'ordine*** dritter Wahl, drittklassig; ***locale di terz'ordine*** ein Lokal dritter Wahl (*o* ein drittklassiges Lokal); ***-a pagina*** Feuilleton *n.*; ***articolo in -a pagina*** Feuilletonartikel *m.*; ***il Terzo Reich*** das Dritte Reich; ***~ stato*** dritter Stand; PROV. ***tra i due litiganti il ~ gode*** wenn zwei sich streiten, freut sich der Dritte.

ter|zo|ge|ni|to I m. Drittgeborene *m.* **II** agg. drittgeboren: ***figlio ~*** drittgeborener Sohn.

ter|zo|mon|di|smo m. Entwicklungshilfe *f.* **ter|zo|mon|di|sta I** m. Kenner *m.* der Probleme der dritten Welt **II** agg. Drittewelt-: ***politica ~*** Dritteweltpolitik *f.*

ter|zul|ti|mo I m. Drittletzte *m.* **II** agg. drittletzt.

te|sa f. **1** *(di cappelli)* Krempe *f.*, Hutkrempe *f.* **2** *(unità di misura)* Klafter *m.* e *n.* ◆ VENAT. ***fare la ~*** die Vogelnetze spannen; ***a ~ larga*** breitkrempig.

te|sa|re tr. **1** spannen, vorspannen **2** MAR. steif setzen. **te|sa|tu|ra** f. **1** Spannen *n.*, Vorspannen *n.* **2** MAR. Steifsetzen *n.*

te|sau|riz|za|re I intr. (aus. *avere*) Schätze anhäufen **II** tr. sammeln, anhäufen. **te|sau|riz|za|zio|ne** f. Sammlung *f.*, Anhäufung *f.*

te|schio m. *(-schi)* Schädel *m.*, Totenkopf *m.*

te|si f.inv. **1** These *f.* (anche FILOS.): ***sostenere, confutare una ~*** eine These auf‿stellen, verwerfen; ***~ controversa*** umstrittene These **2a** *(di laurea)* Examensarbeit *f.*, Diplomarbeit *f.*: ***ha fatto la ~ su Canetti*** er hat seine Diplomarbeit über Canetti geschrieben **b** *(di dottorato)* Doktorarbeit *f.*, Dissertation *f.* **3** METR. *(quantitativa)* Thesis *f.* **4** MUS. Thesis *f.* **5** MAT. Behauptung *f.* ◆ ***discutere la ~*** seine Doktorarbeit verteidigen; *(la tesi di dottorato)* promovieren; ***dramma a ~*** Tendenzstück *n.* **te|si|na** f. Seminararbeit *f.*

te|so p.pass. agg. **1** → **tendere 2a** gespannt, angespannt (anche FIG.): ***corda -a*** gespanntes Seil; ***avere i nervi -i*** angespannte Nerven haben; ***avere rapporti -i con qcn.*** ein gespanntes Verhältnis zu jdm haben **b** *(tirato)* prall, straff: ***vela -a*** pralles Segel; ***elastico ~*** straffes Gummiband; ***pelle -a*** straffe Haut **3** *(proteso)* ausgestreckt: ***mani -e*** ausgestreckte Hände; ***a gambe -e*** mit ausgestreckten Beinen **4** *(rivolto)* gerichtet: ***essere ~ verso qcs.*** auf etw. (A) gerichtet sein; ***tutta l'energia era -a verso il traguardo*** die ganze Energie war auf das Ziel gerichtet **5** MIL. rasant: ***tiro ~*** rasanter (*o* flacher) Schuss ◆ ***stare con le orecchie -e*** die Ohren spitzen; ***vento ~*** steifer Wind; ***essere ~ come una corda di violino*** zum Zerreißen gespannt sein.

te|so|reg|gia|men|to m. → **tesaurizzazione.**

te|so|reg|gia|re *(tesoreggio, tesoreggi)* → **tesaurizzare.**

te|so|re|ri|a f. Schatzkammer *f.*, Schatzamt *n.* ◆ ***~ centrale*** Hauptkasse *f.*; ***~ comunale*** Gemeindekasse *f.*, Stadtkasse *f.*; ***servizio di ~*** Kassendienst *m.*; ***~ dello stato*** Staatskasse *f.*

te|so|rie|re m. Schatzmeister *m.*, Kassenwart *m.*

te|so|ro m. **1** Schatz *m.*: ***sotterrare, disotterrare, trovare un ~*** einen Schatz vergraben, aus‿graben, finden **2** FIG. Schatz *m.*, Liebling *m.*: ***sei proprio un ~!*** du bist wirklich ein Schatz! ***~ mio!*** Liebling! Schatz! ***è un ~ di ragazza*** das Mädchen ist ein Schatz **3** *(tesoro pubblico)* Staatsschatz *m.* **4** *(caveau)* Tresor *m.* **5** *(opera enciclopedica)* Thesaurus *m.* ◆ ***-i artistici*** Kunstschätze *pl.*; ***buono del ~*** Schatzanweisung *f.*; GIOC. ***caccia al ~*** Schnitzeljagd *f.*; ***cercatore di -i*** Schatzsucher *m.*; ***certificato del ~*** Schatzschein *m.*; ***~ della corona*** Kronschatz *m.*; ***fare ~ di qcs.*** etw. beherzigen; ***fare ~ dei suggerimenti di qcn., di un'esperienza*** jds Ratschläge, eine Erfahrung beherzigen; ***isola del ~*** Schatzinsel *f.*; ***mappa del ~*** Schatzplan *m.*; ***ministero del ~*** Schatzministerium *n.*; ***ministro del ~*** Schatzminister *m.*; ***~ dei Nibelunghi*** Nibelungenhort *m.*; ***-i del sottosuolo*** Bodenschätze *pl.*; ***valere un ~*** ein Vermögen wert sein; PROV. ***chi trova un amico trova un ~*** ein treuer Freund ist Goldes wert.

Te|spi n.pr.m. SCHERZ. ***carro di ~*** Thespiskarren *m.*

Tes|sa|glia n.pr.f. Thessalien *n.* **tes|sa|li|co** agg. *(-ci,-che)* thessalisch. **tes|sa|lo I** agg. thessalisch **II** m. Thessalier *m.*

Tes|sa|lo|ni|ca n.pr.f. Thessaloniki *n.* **tes|sa|lo|ni|ce|se I** agg. thessalonisch **II** m. Thessalonicher *m.*

tes|se|ra f. **1a** Karte *f.* **b** *(per mezzi pubblici)* Zeitkarte *f.*: ***~ mensile, settimanale*** Monats(zeit)karte *f.*, Wochen(zeit)karte *f.* **2** *(di riconoscimento)* Ausweis *m.*: ***rinnovare una ~*** einen Ausweis verlängern lassen; ***controllare le -e*** Ausweise kontrollieren; ***esibire la ~ all'ingresso*** seinen Ausweis am Eingang vorzeigen **3a** *(tessera associativa)* Mitgliedsausweis *m.*, Ausweis *m.* **b** *(di partito)* Parteibuch *n.*: ***restituire la propria ~*** sein Parteibuch zurück‿geben **4** *(di mosaico)* Mosaikstein *m.* **5** *(del domino)* Dominostein *m.* ◆ ***~ annonaria*** Lebensmittelkarte *f.*; ***~ (per) anziani*** Seniorenkarte *f.*; ***~ associativa*** Mitgliedsausweis *m.*; ***~ di biblioteca*** Bibliotheksausweis *m.*; ***~ elettronica*** Chipkarte *f.*; ***fare una ~*** sich ein‿schreiben; ***~ ferroviaria*** Eisenbahnerausweis *m.*; ***fotografia formato ~*** Passbild *n.*, Passfoto *n.*; ***~ di giornalista*** Presseausweis *m.*; ***~ di ingresso*** Eintrittskarte *f.*; ***~ magnetica*** Magnetkarte *f.*; ***~ mensile*** Monatskarte *f.*; ***~ permanente*** Dauerausweis *m.*; ***~ sanitaria*** Krankenversicherungsnachweis *m.*; ***~ settimanale*** Wochenkarte *f.*; ***~ di studente*** Studentenausweis *m.*; ***~ (per) studenti*** Monatskarte *f.* für Schüler, für Studenten; COLLOQ. ***~ del tram*** Zeitkarte *f.*

tes|se|ra|men|to m. **1** Anwerbung *f.* **2** *(razionamento)* Rationierung *f.* ◆ ***campagna di ~*** Mitgliederwerbekampagne *f.*, Anwerbekampagne *f.* **tes|se|ra|re** *(tessero)* **I** tr. **1** an‿werben **2** *(razionare)* rationieren **II** pronom. **tesserarsi 1** sich ein‿schreiben, Mitglied werden **2** ***-rsi a un partito*** in eine Partei ein‿treten.

tes|se|ra|to I p.pass. agg. → **tesserare II** m. Mitglied *n.*

tes|se|re tr. *(tessei; tessuto)* **1** weben: ***~ a mano*** von Hand weben **2** *(intrecciare)* flechten **3** *(di ragno)* spinnen: ***il ragno tesse la sua tela*** die Spinne spinnt ihr Netz; FIG. ***~ inganni contro qcn.*** Intrigen gegen jdn spinnen ◆ ***~ le lodi di qcn.*** jds Lob singen.

tes|se|ri|no m. **1a** Karte *f.* **b** *(per mezzi pubblici)* Zeitkarte *f.* **2** *(di riconoscimento)* Ausweis *m.* ◆ ***~ magnetico*** Magnetkarte *f.*

tes|si|le I agg. Textil- **II** m. **1** Textilarbeiter *m.* **2** pl. *(prodotti tessili)* Textilien *pl.* ◆ ***fibra ~*** Textilfaser *f.*; ***impresa ~*** Textilbetrieb *m.*; ***industria ~*** Textilindustrie *f.*; ***macchina ~*** Textilmaschine *f.*; ***operaio ~*** Textilarbeiter *m.*; ***pianta ~*** Faserpflanze *f.*; ***prodotti -i*** Textilien *pl.*; settore ~ Textilbranche *f.*; stabilimento ~ Textilfabrik *f.*

tes|si|to|re m. **1** Weber *m.* **2** FIG. *(orditore)* Anzettler *m.* **3** ORNIT. Webervogel *m.* **tes|si|tri|ce** f. Weberin *f.* **tes|si|tu|ra** f. **1a** Weberei *f.*, Webarbeit *f.* **b** *(intreccio)* Flechten *n.* **2** *(stabilimento)* Weberei *f.*, Textilfabrik *f.* **3a** FIG. *(struttura)* Struktur *f.*, Aufbau *m.* **b** *(macchinazione)* Anzetteln *n.*, Schmieden *n.*: la ~ di un complotto das Schmieden eines Komplotts **4** MUS. Stimmlage *f.* ◆ ~ del lino Leinweberei *f.*; ~ a mano Handweberei *f.*; ~ della seta Seidenweberei *f.*

tes|su|ta|le agg. geweblich, Gewebe-: coltura ~ Gewebekultur *f.*

tes|su|to **I** p.pass. agg. **1** → tessere **2** gewebt **II** m. **1** Gewebe *n.*, Stoff *m.*: ~ sintetico synthetisches Gewebe **2** ANAT. Gewebe *n.*: ~ umano, animale menschliches, tierisches Gewebe **3** FIG. Gefüge *n.*: il ~ sociale das soziale Gefüge ◆ ANAT. ~ adiposo Fettgewebe *n.*; ~ per camicia Hemdenstoff *m.*; campione di ~ ANAT. Gewebeprobe *f.*; Stoffprobe *f.*; ~ cellulare Zellgewebe *n.*; ~ connettivo Bindegewebe *n.*; ~ di cotone Baumwollgewebe *n.*; ANAT. ~ fibroso Fasergewebe *n.*; ~ di lana Wollgewebe *n.*; ~ lavabile Waschstoff *m.*; ~ di lino Leinengewebe *n.*, Linnen *n.*; ~ a mano handgewebt; ~ misto Mischgewebe *n.*; ~ muscolare Muskelgewebe *n.*; ANAT. ~ osseo Knochengewebe *n.*; ~ di seta Seidengewebe *n.*; ~ di spugna Frottiergewebe *n.*; stampa dei -i Zeugdruck *m.*; trapianto di ~ Gewebetransplantation *f.*; BOT. ~ vascolare Leitgewebe *n.*

test m.inv. Test *m.*: elaborare, superare un ~ einen Test aus‿arbeiten, bestehen; sottoporsi, sottoporre qcn. a un ~ sich, jdn einem Test unterziehen; il ~ ha dimostrato che... der Test hat ergeben, dass...; ~ psicologico psychologischer Test ◆ ~ dell'Aids Aidstest *m.*; ~ di ammissione Aufnahmeprüfung *f.*; ~ attitudinale Eignungstest *m.*; ~ di gravidanza Schwangerschaftstest *m.*; ~ nucleare Atomtest *m.*; ~ di rendimento Leistungstest *m.*; risultato di un ~ Testergebnis *n.*; serie di ~ Testserie *f.*; ~ dell'udito Hörtest *m.*

te|sta f. **1** Kopf *m.*: a ~ coperta, scoperta mit bedecktem, bloßem Kopf; scuotere, grattarsi la ~ den Kopf schütteln, sich den Kopf kratzen; ~ rotonda, allungata runder, länglicher Kopf; ESTENS. usare la ~ seinen Kopf an‿strengen **2** *(persona)* Person *f.*, Kopf *m.* **3** *(estremità)* Kopf *m.*, Spitze *f.*: la ~ del treno die Spitze des Zuges; la ~ del corteo der Kopf des Festzuges **4** *(ippica)* Kopflänge *f.*; vincere per una ~ um eine Kopflänge gewinnen ◆ a ~ pro Kopf; COLLOQ. pro Nase; un milione a ~ eine Million pro Kopf; ~ d'aglio Knoblauchzwiebel *f.*; alla ~ an der Spitze; alla ~ di un corteo an der Spitze eines Demonstrationszuges; essere alla ~ di qcs. bei etw. an der Spitze liegen (*o* etw. an‿führen); a ~ alta erhobenen Hauptes (*o* mit erhobenem Kopf); avere in ~ qcs. etw. im Sinn haben; averne fin sopra la ~ es gründlich satt haben; a ~ bassa gesenkten Hauptes (*o* mit hängendem Kopf); MOT. battere in ~ klopfen; ETNOL. cacciatore di -e Kopfjäger *m.*; FIG. Headhunter *m.*; ~ calda Hitzkopf *m.*; mettersi il cappello in ~ den Hut auf den Kopf setzen; VOLG. ~ di cazzo Arschloch *n.*, Arsch *m.*; chiedere la ~ di qcn. jds Kopf fordern; chinare la ~ (davanti a qcn., qcs.) sich jdm fügen; SPORT in ~ alla classifica an der Tabellenspitze; essere in ~ alla classifica Tabellenführer sein; SPORT colpire di ~ köpfen; SPORT colpo di ~ Kopfball *m.*; FIG. = Kurzschlusshandlung *f.*; ~ coronata gekröntes Haupt; ~ o croce Kopf oder Zahl; fare a ~ o croce eine Münze werfen; MIL. ~ di cuoio = Sondereinsatzgruppe der Polizei; dare alla ~ a qcn. jdm zu (*o* in den) Kopf steigen; il successo gli ha dato alla ~ der Erfolg ist ihm zu Kopf gestiegen; il vino gli ha dato alla ~ der Wein ist ihm in den Kopf gestiegen; domandare la ~ di qcn. jds Kopf fordern; dove hai la ~? wo bist du mit deinen Gedanken? ~ dura Dickkopf *m.* (*o* Betonkopf *m.*); avere la ~ dura ein Dickkopf sein; la matematica non gli entra in ~ die Mathematik will ihm einfach nicht in den Kopf; non esserci con la ~ seinen Kopf woanders haben (*o* mit dem Kopf nicht dabei sein); fasciarsi la ~ prima di essersela rotta = sich unnötige Sorgen machen; ~ del femore Oberschenkelkopf *m.*; ferita alla ~ Kopfwunde *f.*; ficcarsi in ~ qcs. sich (D) etw. in den Kopf setzen; avere lavoro fin sopra la ~ bis über den Kopf in Arbeit stecken; COLLOQ. essere fuori di ~ nicht alle Tassen im Schrank haben (*o* nicht ganz richtig im Kopf sein); ma sei fuori di ~? du bist wohl übergeschnappt! andare fuori di ~ durch‿drehen; gettarsi a ~ bassa contro qcn. auf jdn los‿gehen; girare la ~ den Kopf drehen; a qcn. gira la ~ jdm dreht sich alles; jdm ist schwindlig; FIG. far girare la ~ a qcn. jdm den Kopf verdrehen; giurare qcs. sulla ~ di qcn. etw. feierlich schwören; gonfiare la ~ a qcn. jdm die Ohren voll‿schwatzen; essere una gran ~ ein kluger Kopf sein; SPORT gruppo di ~ Spitzengruppe *f.*; in ~ *(su pagina)* oben; *(in classifica)* an der Spitze; SPORT essere in ~ führen (*o* an der Spitze liegen); è in ~ con 30 punti er führt die Tabelle mit 30 Punkten; passare in ~ die Führung übernehmen; andare in ~ sich an die Spitze setzen; lanciarsi a ~ bassa in qcs. sich Hals über Kopf in etw. stürzen; lavoro di ~ Kopfarbeit *f.*; SPREG. ~ di legno Holzkopf *m.*; in ~ alla lettera im Briefkopf; levatelo dalla ~! das kannst du dir aus dem Kopf schlagen; mal di testa Kopfschmerzen *pl.*; ~ matta Spinner *m.*; mettere qcs. in ~ a qcn. jdm etw. in den Kopf setzen; mettere la ~ a posto Vernunft an‿nehmen; mettersi in ~ qcs. sich (D) etw. in den Kopf setzen; mettersi in ~ di fare qcs. sich (D) in den Kopf setzen, etw. zu tun; *(memorizzare)* sich (D) etw. ein‿prägen; montarsi la ~ sich Wunder was ein‿bilden; ~ di moro dunkelbraun; ENTOM. ~ di morto Totenkopf *m.*; avere la ~ tra le nuvole auf Wolken, in (*o* über) den Wolken schweben; mettere la ~ a partito Vernunft an‿nehmen, zur Vernunft kommen; passare per la ~ durch den Kopf gehen; gli passano spesso strane idee per la ~ ihm gehen oft seltsame Gedanken durch den Kopf; avere ~ per qcs. für etw. begabt sein; perdere la ~ den Kopf verlieren; perdere la ~ per qcn., qcs. sich in jdn, etw. verlieben; far perdere la ~ a qcn. jdm den Kopf verdrehen; dalla ~ ai piedi von Kopf bis Fuß; MECC. ~ del pistone Kolbenkopf *m.*; MIL. ~ di ponte Brückenkopf *m.*; avere la ~ a posto vernünftig sein; non avere la ~ a posto nicht ganz richtig im Kopf sein; agire, fare di ~ propria seinen Kopf durch‿setzen; fare qcs. di ~ propria etw. auf eigene Faust unter‿nehmen; ~ quadra Dickkopf *m.*, COLLOQ. Dickschädel *m.*; ~ di rapa Dummkopf *m.*; ~ rapata Glatzkopf *m.*, Kahlkopf *m.*; ~ ricciuta Lockenkopf *m.*; *(capelli crespi)* Krauskopf *m.*; rompersi la ~ su, in qcs. sich den Kopf an etw. ein‿rennen; uscirne con la ~ rotta den Kürzeren ziehen; fare le cose con la ~ nel sacco kopflos handeln; saltare in ~ a qcn. jdm ein‿fallen; sbattere la ~ contro qcs. mit dem Kopf gegen etw. rennen; non sapere dove sbattere la ~ nicht mehr aus noch ein wissen; ci scommetto la ~ darauf kannst du Gift nehmen; SPORT segnare di ~ ein Kopfballtor erzielen (*o* den Ball ins Tor köpfen); senza ~ kopflos; fare le cose senza ~ kopflos handeln; SPORT ~ di serie gesetzter Favorit; avere la ~ sulle spalle = *(essere equilibrato)* ausgeglichen sein; *(essere coscienzioso)* = pflichtbewusst sein; FERR. stazione di ~ Kopfbahnhof *m.*; tagliare la ~ a qcn. jdn köpfen (*o* jdm den Kopf ab‿schlagen); tenere ~ a qcn. sich von jdm nicht unterkriegen lassen (*o* jdm die Stirn bieten); ~ di terracotta Tonkopf *m.*; ~ a testa Kopf-an-Kopf-Rennen *n.* (anche FIG.); arrivare ~ a ~ Kopf an Kopf durchs Ziel gehen; titoli di ~ Vorspann *m.*; tagliare la ~ al toro kurzen Prozess machen; tuffo di ~ Kopfsprung *m.*; ~ di turco Prügelknabe *m.*; ~ d'uovo kluger Kopf (*o* Egghead *m.*); ne va della ~ di qcn. etw. kostet jdm den Kopf; ~ della vite Schraubenkopf *m.*; voce di ~ Kopfstimme *f.*; ~ vuota Hohlkopf *m.*, Strohkopf *m.*; PROV. chi non ha ~, metta, ha gambe was man nicht im Kopf hat, muss man in den Beinen haben; chi ha la ~ di vetro non vada a battaglia di sassi wer im Glashaus sitzt, soll nicht mit Steinen werfen.

te|sta|cei m.pl. Testazeen *pl.*

te|sta-co|da, te|sta|co|da m.inv. = Drehung *f.* um die eigene Achse: fare un ~ = sich um die eigene Achse drehen.

te|sta|men|ta|rio agg. *(-ri)* testamentarisch, Testaments-, letztwillig: successione -a testamentarische Erbfolge; disposizione, donazione -a letztwillige Verfügung, Schenkung ◆ diritto ~ Testamentsrecht *n.*; esecutore ~ Testamentsvollstrecker *m.*; testimone ~ Testamentszeuge *m.* (-zeugin *f.*).

te|sta|men|to m. Testament *n.*: fare ~ sein Testament machen; redigere, impugnare, aprire, revocare, annullare un ~ ein Testament auf‿setzen (*o* errichten), an‿fechten, eröffnen, widerrufen, auf‿heben; ~ olografo eigenhändiges Testament ◆ Antico Testamento Altes Testament; dell'Antico Testamento alttestamentlich (*o* alttestamentarisch); disporre per ~ testamentarisch verfügen; Nuovo Testamento Neues Testament; del Nuovo Testamento neutestamentlich. **te|stan|te** **I** agg. testierend **II** m. e f. Erblasser *m.* (-in *f.*).

te|star|dag|gi|ne f. Starrsinn *m.*, Dickköpfigkeit *f.* **te|star|do** **I** agg. starrsinnig, dickköpfig, eigensinnig **II** m. Dickkopf *m.*

1.te|sta|re tr. aus‿testen, testen: ~ un medicinale ein Medikament testen.

2.te|sta|re intr. (aus. *avere*) *(fare testamento)* testieren ◆ capace di ~ testierfähig.

te|sta|ta f. **1** Kopfstoß *m.*, Stoß *m.* mit dem Kopf **2** *(del letto)* Kopfende *n.* **3** ARM. Sprengkopf *m.* **4a** *(di giornale)* Kopf *m.* **b** *(titolo)* Titel *m.* **c** ESTENS. *(giornale)* Zeitung *f.* **5** MECC. Zylinderkopf *m.*, Kopf *m.* **6** ARCH. Stirnseite *f.* ◆ dare una ~ contro qcs. mit dem Kopf gegen etw. stoßen; MIN. ~ di galleria Ort *n.*; MECC. guarnizione della ~ Zylinderkopfdichtung *f.*; ~ della lettera Briefkopf *m.*; ~ di missile Raketensprengkopf *m.*; ARM. ~ multipla Mehrfachsprengkopf *m.*; ARM. ~ nucleare Atomsprengkopf *m.*; GEOL. ~ di strato Schichtenkopf *m.*; ~ di valle Talschluss *m.*

te|sta|ti|co m. *(-ci)* Kopfsteuer *f.*
te|sta|ti|na f. Kolumnentitel *m.*, Spaltentitel *m.*
te|sta|to|re m. Erblasser *m.*, Testator *m.*
te|ste m. e f. Zeuge *m.* (Zeugin *f.*): ***nominare, produrre, interrogare, contestare un ~*** einen Zeugen benennen, stellen, befragen, ab‿lehnen ◆ ***~ d'accusa*** Belastungszeuge *m.*, Zeuge *m.* der Anklage; ***assunzione dei -i*** Zeugeneinvernahme *f.*; ***~ a carico*** Belastungszeuge *m.*; ***~ a difesa, ~ a discarico*** Entlastungszeuge *m.*; ***~ a prova contraria*** Gegenzeuge *m.*
te|sté avv. soeben.
te|sti|co|la|re agg. Hoden-. **te|sti|co|lo** m. Hoden *m.*, Testikel *m.*
te|stie|ra f. **1** Kopfende *n.* **2** *(per parrucche)* Perückenkopf *m.*
te|sti|mo|ne m. e f. **1a** Zeuge *m.* (Zeugin *f.*): ***nominare, produrre, citare, interrogare, contestare un ~*** einen Zeugen benennen, stellen, vor‿laden, befragen (*o* verhören), ab‿lehnen; ***deporre, comparire come ~*** als Zeuge aus‿sagen, erscheinen; ***~ involontario, attendibile di qcs.*** unfreiwilliger, glaubhafter Zeuge von etw.; ***in presenza di -i*** in Gegenwart von Zeugen; ***chiamare qcn. a ~*** jdn als Zeugen anrufen; ***Dio mi è ~ che...*** Gott ist mein Zeuge, dass... **b** *(di nozze)* Trauzeuge *m.* (-zeugin *f.*): ***fare da ~ a qcn.*** Trauzeuge bei jds Hochzeit sein **2** SPORT Staffelstab *m.*, Stab *m.*: ***passare a qcn. il ~*** an jdn den Stab übergeben ◆ ***~ d'accusa*** Belastungszeuge *m.*; ***~ auricolare*** Ohrenzeuge *m.*; ***banco dei ~*** Zeugenbank *f.*; ***~ a carico*** Belastungszeuge *m.*; ***~ a discarico*** Entlastungszeuge *m.*; ***~ di Geova*** Zeuge *m.* Jehovas; ***interrogatorio del ~*** Zeugenbefragung *f.*; ***~ di nozze*** Trauzeuge *m.*; ***~ oculare*** Augenzeuge *m.*; ***~ principale*** Hauptzeuge *m.*; ***~ del reato*** Tatzeuge *m.*; ***~ testamentario*** Testamentszeuge *m.*
tes|ti|mo|nial m.inv. **1** Testimonial *n.* **2** *(persona famosa che reclamizza)* Werbeträger *m.*
te|sti|mo|nia|le I agg. Zeugen-: ***prova ~*** Zeugenbeweis *m.* **II** m. **1** *(testimoni)* Zeugen *pl.* **2** *(testimonianze)* Zeugenaussagen *pl.* ◆ ***~ d'accusa*** Belastungszeugen *pl.* **te|sti|mo|nian|za** f. **1** Zeugnis *n.*; ANT. Zeugenaussage *f.*, Aussage *f.*: ***rendere ~ di qcs.*** über etw. aus‿sagen (*o* etw. bezeugen); ***invocare la ~ di qcn.*** sich auf jds Aussage berufen **2** ESTENS. *(prova)* Beweis *m.*, Zeugnis *n.*: ***a ~ di qcs.*** als Zeugnis für etw.; ***essere una ~ eloquente di qcs.*** ein beredtes Zeugnis von etw. sein **3** MINER. Bohrprobe *f.* ◆ BIBL. ***non dire falsa ~*** du sollst kein falsches Zeugnis ab‿legen; DIR. ***falsa ~*** Falschaussage *f.*; ***~ di fiducia*** Vertrauensbeweis *m.*
te|sti|mo|nia|re *(testimonio, testimoni)* **I** tr. **1** aus‿sagen, bezeugen: ***~ l'innocenza di qcn.*** jds Unschuld bezeugen **2** ESTENS. *(provare)* ***~ qcs.*** von etw. zeugen (*o* etw. beweisen) **II** intr. (aus. *avere*) aus‿sagen: ***~ contro qcn.*** gegen jdn aussagen; ***~ su un fatto*** über einen Sachverhalt aussagen ◆ ***chiamare qcn. a ~*** jdn als Zeugen vor‿laden (*o* an‿rufen); ***~ il falso*** eine falsche Aussage machen; ***obbligo di ~*** Zeugnispflicht *f.*; ***rifiuto di ~*** Zeugnisverweigerung *f.*; ***~ il vero*** eine wahrheitsgetreue Aussage machen.
te|sti|mo|nio m. *(-ni)* **1a** *(testimone)* Zeuge *m.* **b** *(di nozze)* Trauzeuge *m.* **2** ANT. *(testimonianza)* Zeugenaussage *f.* **3** MINER. Bohrprobe *f.*
te|sti|na f. **1** Köpfchen *n.* **2** GASTR. Kopf *m.*: ***~ di maiale, di vitello*** Schweins-, Kalbskopf *m.* **3** TECN. Kopf *m.* ◆ ***~ di cancellazione (del registratore)*** Löschkopf *m.*; ***~ fonografica*** Tonabnehmer *m.*; ***~ del giradischi*** Tonkopf *m.*; ***~ di lettura*** Abtaster *m.*; ***~ magnetica*** Magnetkopf *m.*; ***~ del rasoio*** Scherblatt *n.*; ***~ di registrazione*** Tonkopf *m.* (*o* Aufnahmekopf *m.*); ***~ ricciuta*** Lockenköpfchen *n.*; *(capelli crespi)* Krausköpfchen *n.*; TIP. ***~ rotante*** Kugelkopf *m.*
1.te|sto m. **1** Text *m.*: ***~ letterario, giuridico, integrale*** literarischer, juristischer, vollständiger Text; ***redigere, correggere, modificare un ~*** einen Text ab‿fassen, korrigieren, ändern; ***scrive lui i -i delle sue canzoni*** er schreibt die Texte zu seinen Liedern selbst; ***questo è nel ~*** das steht im Text **2** ESTENS. *(opera)* Werk *n.*, Buch *n.*: ***-i classici*** klassische Werke; ***~ sacro*** heiliges Buch, heilige Schrift (anche FIG.) **3** *(versione)* Fassung *f.*: ***~ definitivo*** endgültige Fassung *f.* **4** *(contenuto)* Inhalt *m.*, Wortlaut *m.*: ***variare il ~ di una lettera*** den Inhalt eines Briefes verändern ◆ ***analisi del ~*** Textanalyse *f.*; ***autore del ~ (di una canzone)*** Textautor *m.*; ***elaborazione di -i*** Textverarbeitung *f.*; ***fare ~*** maßgebend sein; ***traduzione con ~ a fronte*** Originaltext mit nebenstehender Übersetzung; ***tavole fuori ~*** Tafeln *pl.*; ***illustrazione del, nel ~*** Textabbildung *f.*; ***libri di ~*** Schulbücher *pl.*; ***nota al ~*** Anmerkung *f.*; ***~ originale*** Originaltext *m.*; ***passo di un ~*** Textstelle *f.*; ***~ pubblicitario*** Werbetext *m.*; ***ideare -i pubblicitari*** texten; ***redazione di un ~*** Textverfassung *f.*; DIR. ***~ unico*** Rechtsordnung *f.*
2.te|sto m. **1** *(teglia)* Backform *f.* **2** ANT. *(vaso di terracotta)* Tonvase *f.*
te|sto|ne m. **1** großer Kopf *m.* **2** *(testardo, ottuso)* Dickkopf *m.*, Dickschädel *m.*
te|sto|ste|ro|ne m. Testosteron *n.*
te|stua|le agg. **1** Text-, textlich **2** ESTENS. *(letterale)* (wort)wörtlich, wortgetreu,: ***queste sono le sue -i parole...*** das hat er wortwörtlich gesagt... ◆ ***analisi ~*** Textanalyse *f.*; ***critica ~*** Textkritik *f.*; ***linguistica ~*** Textlingustik *f.* **te|stual|men|te** avv. wörtlich, im (vollen) Wortlaut.
te|stug|gi|ne f. **1a** Schildkröte *f.* **b** *(tartaruga marina)* Seeschildkröte *f.* (*o* Meeresschildröte *f.*) **2** STOR. MIL. Testudo *f.*
te|stu|ra f. **1** *(tessitura)* Weben *n.* **2** *(struttura)* Textur *f.*: ***la ~ di un testo*** die Textur eines Textes.
te|ta f. Theta *n.*
te|ta|ni|co agg. *(-ci,-che)* tetanisch. **te|ta|no** m. Wundstarrkrampf *m.*, Tetanus *m.*
Te|ti|de f. Tethys *f.*, Tethysmeer *n.*
te|tra|ci|cli|na f. Tetracyclin *n.*, Breitbandantibiotika *pl.*
te|tra|cor|do m. Tetrachord *m.* e *n.*
te|tra|e|dro m. Tetraeder *n.*, Vierflächner *m.*
te|tra|e|ti|le m. Tetraäthyl *n.*
te|trag|gi|ne f. Düsterheit *f.*, Düsterkeit *f.* (anche FIG.).
te|tra|go|na|le agg. tetragonal. **te|tra|go|no** m. **I** agg. **1** GEOM. tetragonal **2a** FIG. *(solido)* fest, standhaft **b** *(irremovibile)* unbeugsam, starrsinnig **II** m. Tetragon *n.* ◆ ***dal carattere ~*** starrsinnig.
te|tra|gram|ma m. Tetragramm *n.*
te|tra|lo|gi|a f. Tetralogie *f.*
te|tra|me|tro I m. Tetrameter *m.* **II** agg. tetrametrisch.
te|tra|pak m.inv. Tetrapack *m.*
te|tra|ple|gi|a f. Tetraplegie *f.* **te|tra|ple|gi|co I** agg. *(-ci,-che)* tetraplegisch **II** m. Tetraplegiker *m.*
te|tra|po|de I agg. vierfüßig **II** m. Tetrapode *m.*, Vierfüßer *m.*
te|tra|po|di|a f. Tetrapodie *f.*
te|trar|ca m. *(-chi)* Tetrarch *m.*, Vierfürst *m.* **te|trar|chi|a** f. Tetrarchie *f.*
te|tra|sti|co agg. *(-ci,-che)* **1** METR. vierzeilig **2** *(di quattro parti)* vierteilig **3** ARCH. *(di portico)* mit vier Säulenreihen ◆ ***altare ~*** vierflügeliger Altar.
te|tra|sti|lo m. ARCH. viersäulig.
te|tra|to|mi|co agg. *(-ci,-che)* vieratomig, aus vier Atomen.
te|tra|va|len|te agg. vierwertig: ***legame ~*** vierwertige Verbindung ◆ ***vaccino ~*** Vierfachimpfstoff *m.* **te|tra|va|len|za** f. Vierwertigkeit *f.*
te|tro agg. **1** *(scuro)* dunkel, düster, finster: ***cielo ~*** dunkler Himmel **2** *(cupo)* düster, finster: ***atmosfera -a*** düstere Atmosphäre; ***umore ~*** düstere Stimmung **3** *(triste)* griesgrämig, mürrisch.
tet|ta f. COLLOQ. Titte *f.*
tet|ta|rel|la f. **1** Sauger *m.* **2** *(succhiotto)* Schnuller *m.* **3** *(nella mungitrice)* Saugkopf *m.*
tet|to m. **1** Dach *n.*: ***~ spiovente, piano*** schräges (*o* abfallendes), flaches Dach; ***coprire il ~*** das Dach decken; ***vivere sotto lo stesso ~ (con qcn.)*** (mit jdm) unter einem Dach leben; ***non avere un ~ sopra la testa*** kein Dach über dem Kopf haben **2a** AUT. Dach *n.*, Autodach *n.* **b** *(di decapottabile)* Verdeck *n.* **3** ALP. Felsvorsprung *m.* **4** MIN. Hangende *n.* **5** FIG. Höchstgrenze *f.*: ***superare il ~ dei due milioni*** die Höchstgrenze von zwei Millionen überschreiten; ***sfondare il ~*** die Höchstgrenze überschreiten ◆ ***~ di ardesia*** Schieferdach *n.*; ***armatura del ~*** Dachstuhl *m.*; ***~ a botte*** Tonnendach *n.*; ***~ a bulbo*** Zwiebeldach *n.*; ***~ di canne*** Schilfdach *n.*; ***~ a capanna*** Satteldach *n.*; DIR. ***abbandono del ~ coniugale*** Verlassen der ehelichen Wohnung; ***~ di coppi*** Pfannendach *n.*; ***coprire con un ~*** bedachen (*o* überdachen); ***~ a cupola*** Kuppeldach *n.*; ***~ a gradini*** Stufendach *n.*; ***il ~ dell'inflazione*** Inflationshöchstgrenze *f.*; ***~ in lamiera ondulata*** Wellblechdach *n.*; ***~ a mansarda*** Mansardendach *n.*; ***manto di copertura del ~*** Dachhaut *f.*; ***il ~ del mondo*** das Dach der Welt; ***~ di paglia*** Strohdach *n.*; ***~ a pagoda*** Pagodendach *n.*; ***~ di pannelli solari*** Energiedach *n.*; ***~ paterno*** Elternhaus *n.*; ***~ piano*** Flachdach *n.*; ARCH. ***~ a piramide*** Zeltdach *n.*; ***~ a punta*** Spitzdach *n.*; ***senza ~*** obdachlos; ***~ a uno spiovente*** Pultdach *n.*; ***~ a due spioventi*** Satteldach *n.*; ***~ di tegole*** Ziegeldach *n.*; ***~ a terrazza*** Terrassendach *n.*; ***terrazza sul ~*** Dachterrasse *f.*; ***travatura del ~*** Dachgebälk *n.*
tet|to|ia f. **1** Wetterdach *n.* **2** *(pensilina)* Schutzdach *n.*, Überdachung *f.* **3** *(sporgente)* Vordach *n.*, Schirmdach *n.*
tet|to|na f. COLLOQ. vollbusige Frau *f.*
tet|to|ni|ca f. **1** Tektonik *f.* **2** BIOL. Schichtung *f.* ◆ ***~ a placche*** Plattentektonik *f.* **tet|to|ni|co** agg. *(-ci,-che)* tektonisch.
tet|tuc|cio m. *(-ci)* **1** kleines Dach *n.* **2a** AUT. Dach *n.* **b** *(di decapottabile)* Verdeck *n.* **3** AER. Kanzel *f.* ◆ ***~ apribile*** Hebedach *n.*; AUT. *(scorrevole)* Schiebedach *n.*; ***~ ripiegabile*** Klappverdeck *n.*

teu|to|ne m. Teutone *m.* **teu|to|ni|co** *(-ci,-che)* **1** agg. teutonisch **2** SCHERZ. teutonisch, deutsch: ***disciplina -a*** teutonische Disziplin ◆ SCHERZ. ***efficienza -a*** echt deutsche Leistungsfähigkeit; ***Ordine Teutonico*** Deutscher Orden.

Te|ve|re n.pr.m. Tiber *m.*

te|xa|no I agg. texanisch, Texaner- **II** m. *(abitante)* Texaner *m.*

thai I agg. **1** thailändisch **2** *(di lingua)* Thai- **II** m. e f. Thailänder *m.* (-in *f.*) **III** m. *(lingua)* Thai *n.* **thai|lan|de|se I** agg. thailändisch **II** m. e f. Thailänder *m.* (-in *f.*) **III** m. *(lingua)* Thai *n.* **Thai|lan|dia** n.pr.f Thailand *n.*

the → **tè.**

the|ta → **teta.**

thril|ler ['θrɪlə, *üblich* 'triller] m.inv. Thriller *m.* ◆ ***~ psicologico*** Psychothriller *m.*

ti pron.pers.sing. **1** *(complemento oggetto)* dich: ***~ informerò subito*** ich werde dich sofort benachrichtigen; ***~ sta guardando*** er sieht dich an; *(enclitico)* ***sono felice di vederti*** ich bin glücklich, dich zu sehen; ***fatti sentire!*** melde dich mal wieder! (*o* lass von dir hören!) **2** *(complemento di termine)* dir: ***che cosa ~ ha detto?*** was hat er dir gesagt? *(enclitico)* ***comprati una macchina*** kauf dir ein Auto **3** *(con verbi pronominali)* dich, dir: ***qui ~ annoi*** hier langweilst du dich; ***ma non ~ vergogni?*** schämst du dich nicht? ***~ sei lavato?*** hast du dich gewaschen? ***~ sei tagliato i capelli?*** hast du dir die Haare schneiden lassen? ***~ stai preparando?*** machst du dich (gerade) fertig? ◆ ***eccoti finalmente!*** da bist du ja endlich! ***fai come ~ pare!*** mach, was du willst! ***levati di torno*** hau ab!

tia|mi|na f. Thiamin *n.*

tia|ra f. Tiara *f.*: ***~ papale*** päpstliche Tiara.

Ti|bal|do n.pr.m. Dietbald *m.*, Theobald *m.*

Ti|be|ri|a|de n.pr.f. Tiberias *n.* ◆ ***lago di ~*** See Genezareth.

Ti|be|rio n.pr.m. Tiberius *m.*

Ti|bet n.pr.m. Tibet *n.* **ti|be|ta|no I** agg. tibetisch, tibetanisch **II** m. **1** Tibetaner *m.*, Tibeter *m.* **2** *(lingua)* Tibetisch(e)*n.*

ti|bia f. **1** ANAT. Tibia *f.*, Schienbein *n.* **2** MUS. Tibia *f.* ◆ ***frattura della ~*** Schienbeinbruch *m.* **ti|bia|le I** agg. Schienbein-: ***nervo ~*** Schienbeinnerv *m.* **II** m. **1** *(muscolo)* Schienbeinmuskel *m.* **2** *(schiniere)* Beinröhre *f.*

Ti|bul|lo n.pr.m. Tibull *m.*, Tibullus *m.*

ti|bu|rio m. *(-ri)* Vierungskuppel *f.*

tic I inter. tick **II** m.inv. **1** Tic(k) *m.* **2** *(fissazione)* Tick *m.*, Schrulle *f.* ◆ ***~ nervoso*** nervöse Zuckungen; ***~ tac*** ticktack; ***fare ~ tac*** ticken; ticktack machen.

tic|chet|ta|re I intr. (aus. *avere*) **1** ticken **2** *(di macchina da scrivere)* klappern **II** m. Ticken *n.*; ***il ~ dell'orologio*** das Ticken der Uhr. **tic|chet|ti|o** m. **1** Ticken *n.*, Ticktack *n.*: ***il ~ dei passi, dell'orologio*** das Ticken der Schritte, der Uhr **2** *(di macchina per scrivere)* Klappern *n.*, Geklapper *n.*

1.tic|chio m. *(-chi)* Laune *f.*, Anwandlung *f.* ◆ ***gli è saltato il ~ di partire*** er ist plötzlich auf die (seltsame) Idee gekommen abzufahren.

2.tic|chio m. *(-chi)* *(macchiolina)* Tupfen *m.*

ti|ci|ne|se I agg. tessinisch **II** m. e f. Tessiner *m.* (-in *f.*). **Ti|ci|no** m. Tessin *n.*

tick|et ['tɪkɪt, *üblich* 'tiket] m.inv. **1a** *(per servizi sanitari)* Kostenselbstbeteiligung *f.* **b** *(per medicinali)* Rezeptgebühr *f.* **2** *(buono)* Gutschein *m.* **3** SPORT Marke *f.*, Wettschein *m.* ◆ ***~ restaurant*** = Essensgutschein *m.*

tic|tac I inter. ticktack **II** m. Ticktack *n.*, Ticken *n.*; ***fare ~*** ticktack machen, ticken.

tie-break ['taɪ breɪk, *üblich* tai'brɛk] m.inv. Tie-Break *m.* e *n.*

tie|pi|dez|za, tie|pi|di|tà f. Lauheit *f.* (anche FIG.). **tie|pi|do** agg. **1a** lau(warm): ***latte ~*** lauwarme Milch **b** *(di clima)* mild **2** FIG. kühl, kalt, lau; ***una -a accoglienza*** ein kühler Empfang ◆ ***mostrare un ~ interesse per qcs.*** geringes Interesse für etw. zeigen; ***lavare in acqua -a*** handwarm waschen.

ti|fa|re intr. (aus. *avere*) **1** schwärmen, Fan sein, Anhänger sein: ***~ per qcn., qcs.*** für jdn, etw. schwärmen **2** ESTENS. *(parteggiare)* Partei nehmen: ***~ per qcn.*** für jdn Partei nehmen.

ti|fi|co agg. *(-ci,-che)* Thyphus-: ***febbre -a*** Thyphusfieber *n.*

ti|fo m. **1** Thyphus *m.* **2a** SPORT Begeisterung *f.* **b** *(incoraggiamento)* Anfeuern *n.* ◆ ***epidemia di ~*** Thyphusepidemie *f.*; ***~ esantematico*** Fleckthyphus *m.* (*o* Fleckfieber *n.*); ***fare il ~ per qcn.*** Fan von jdm sein; *(parteggiare)* zu jdm halten; *(incoraggiare)* jdn an‿feuern; ***~ petecchiale*** Fleckthyphus *m.* (*o* Fleckfieber *n.*). **ti|foi|de, ti|foi|de|o** agg. thyphusartig, Thyphus-: ***febbre -a*** Thyphusfieber *n.* **ti|foi|de|a** f. Thyphusfieber *n.*

ti|fo|ne m. Taifun *m.*

ti|fo|se|ri|a f. **1** Anhängerschaft *f.* **2** *(insieme dei tifosi)* Fans *pl.* **ti|fo|so I** agg. **1** SPORT Sportfan *m.* **2** MED. thyphuskrank **II** m. **1** SPORT Anhänger *m.*, Fan *m.*: ***un ~ del Milan*** ein Milanfan *m.*; ***~ di calcio*** Fußballfan *m.* **2** MED. Thyphuskranke *m.*

tight [taɪt] m.inv. Cut(away) *m.*

ti|glia|ce|e pl. Lindengewächse *pl.* **ti|glio** m. *(-gli)* **1** Linde *f.*, Lindenbaum *m.* **2** *(legno)* Linde *f.*, Lindenholz *n.* **3** ESTENS. *(fibra)* Faser *f.* ◆ ***fiori di ~*** Lindenblüten *pl.*; ***infuso di ~*** Lindenblütentee *m.*; ***miele di ~*** Lindenhonig *m.*

ti|glio|so agg. faserig, zäh: ***carne -a*** zähes Fleisch.

ti|gna f. Grind *m.*, COLLOQ. Gnatz *m.*

ti|gno|la f. Motte *f.* ◆ ***~ delle susine*** Pflaumenwickler *m.*; ***~ dell'uva*** Traubenwickler *m.*

ti|gno|sa f. Wulstling *m.* ◆ ***~ bigia*** Pantherpilz *m.* **ti|gno|so I** agg. grindig **II** m. Grindige *m.*

ti|gra|to agg. getigert: ***gatto ~*** getigerte Katze. **ti|gre** f. **1** Tiger *m.* **2a** FIG. *(persona feroce)* grausamer Mensch *m.*; ***avere un cuore di ~*** ein grausames Herz haben **b** *(persona coraggiosa)* Kämpfernatur *f.* ◆ ***~ di carta*** Papiertiger *m.*; FIG. ***cavalcare la ~*** = etw. fast Unmögliches bewältigen; ***~ femmina*** Tigerin *f.*; ***occhio di ~*** Tigerauge *n.*; ***pelle di ~*** Tigerfell *n.* **ti|gre|sco** agg. *(-schi,-sche)* tigerhaft.

Ti|gri n.pr.m. Tigris *m.*

ti|grot|to m. Tigerjunge *n.*

til|de f. Tilde *f.*

tilt m.inv. ***andare in ~*** *(di flipper)* außer Betrieb sein; *(di persona)* aus‿rasten; *(di computer)* verrückt spielen; ***durante l'interrogazione è andato in ~*** bei der Prüfung ist er ausgerastet; ***essere in ~*** einen Blackout haben.

tim|bal|lo m. **1a** GASTR. Pastete *f.* **b** *(sformato)* Auflauf *m.* **2** *(stampo)* Auflaufform *f.*, Backform *f.* **3** MUS. Pauke *f.*, Kesselpauke *f.* ◆ ***~ di riso*** Reisauflauf *m.*

tim|bra|re tr. **1** ab‿stempeln, stempeln: ***~ i francobolli*** Briefmaken (ab)stempeln; ***~ documenti*** Akten stempeln **2** *(annullare)* stempeln, entwerten: ***~ il biglietto del tram*** die Straßenbahnfahrkarte stempeln (*o* entwerten) ◆ ***~ il cartellino*** die Stechkarte stechen (*o* stempeln). **tim|bra|to|re** m. Stempel-: ***orologio ~*** Stempeluhr *f.* (*o* Stechuhr *f.*). **tim|bra|tri|ce** f. Stempelmaschine *f.* **tim|bra|tu|ra** f. **1** *(il timbrare)* Stempeln *n.*, Abstempeln *n.* **2** *(timbro)* Stempel *m.*

tim|bri|co agg. *(-ci,-che)* Klang-, klanglich.

1.tim|bro m. Stempel *m.* ◆ ***affrancatura a ~*** Freistempel *m.*; ***apporre un ~ su qcs.*** etw. mit einem Stempel versehen; ***~ d'arrivo*** Eingangsstempel *m.*; ***~ di controllo*** Kontrollstempel *m.*; ***~ della ditta*** Firmenstempel *m.*; ***~ del giorno di emissione*** Ersttagsstempel *m.*; ***~ di gomma*** Gummistempel *m.*; ***mettere un ~ a qcs.*** etw. stempeln (*o* ab‿stempeln); ***mettere il ~ su qcs.*** den Stempel auf etw. drücken; ***~ con il nome*** Namensstempel *m.*; ***~ postale*** Poststempel *m.*; ***~ a rulli*** Rollstempel *m.*; ***~ a secco*** Trockenstempel *m.*; ***~ speciale*** Sonderstempel *m.*

2.tim|bro m. MUS. **1** Klangfarbe *f.*, Klang *m.*; Timbre *n.*: ***riconoscere qcn. dal ~ della voce*** jdn am Klang seiner Stimme erkennen; ***~ metallico, nasale*** metallischer, nasaler Klang **2** FIG. *(tono)* Ton *m.*

time out ['taɪm aʊt] m.inv. Time-out *n.*, Auszeit *f.*

tim|er ['taɪmə, *üblich* 'taimer] m.inv. Zeitschaltuhr *f.*, Schaltuhr *f.*, Zeitschalter *m.*, Kurzzeitmesser *m.*

ti|mi|da|men|te avv. **1** scheu, schüchtern: ***sorridere ~*** schüchtern lächeln **2** *(timorosamente)* furchtsam, zaghaft: ***avvicinarsi ~*** sich furchtsam nähern. **ti|mi|dez|za** f. Schüchternheit *f.*, Scheu *f.*: ***mettere da parte, vincere la propria ~*** seine Scheu ab‿legen.

ti|mi|do I agg. schüchtern, scheu: ***un bambino ~*** ein schüchternes Kind; ***un ~ sorriso*** ein scheues Lächeln; ESTENS. ***un ~ tentativo*** ein schüchterner Versuch **II** m. schüchterner Mensch *m.*

1.ti|mo m. BOT. Thymian *m.*

2.ti|mo m. ANAT. Thymus *m.*, Thymusdrüse *f.*

ti|mo|cra|zi|a f. Timokratie *f.*

ti|mo|ne m. **1** AER. MAR. Steuer *n.*, Ruder *n.* **2** *(di carro)* Deichsel *f.* **3** *(di aratro)* Pflugbaum *m.* **4** FIG. Leitung *f.*, Ruder *n.*, Steuer *n.*: ***prendere il ~*** das Ruder übernehmen (*o* ans Ruder kommen); ***prendere il ~ dello stato*** das Steuer des Staates übernehmen; ***essere al ~*** das Ruder führen, am Ruder sein (*o* stehen), steuern; ***rimanere al ~*** am Ruder bleiben ◆ ***~ a barra*** Ruderpinne *f.*; ***barra del ~*** Pinne *f.*; ***~ di direzione*** Seitensteuer *n.*; ***~ a dritta!*** steuerbord! ***~ di poppa*** Stevenruder *n.*; ***~ di profondità*** Tiefenruder *n.*; ***~ di quota*** Höhenruder *n.*, Höhenleitwerk *n.*; ***ruota del ~*** Steuerrad *n.*

ti|mo|ne|ri|a f. Steuerung *f.*; AER. Steuerwerk *n.*, Leitwerk *n.* **ti|mo|nie|ra** f. Ruderhaus *n.*, Steuerhaus *n.* **ti|mo|nie|re** m. Steuermann *m.* **ti|mo|nie|ro** agg. Steuer-, Ruder-.

ti|mo|ra|to agg. gewissenhaft: ***~ di Dio*** gottesfürchtig.

ti|mo|re m. **1** Furcht *f.*, Angst *f.*: ***~ delle malattie*** Angst vor Krankheiten; *~ della morte* Furcht vor dem Tod (*o* Todesfurcht *f.*); *per ~ di offenderlo* aus Furcht, ihn zu beleidigen; *un ~ infondato* eine unbegründete Angst **2** *(soggezione, rispetto)* Ehrfurcht *f.*, Respekt *m.*: *incutere ~ a qcn.* jdm Ehrfurcht ein‿flößen ◆ *avere ~ di fare qcs.* fürchten, etw. zu tun; *timor di Dio* Gottesfurcht *f.*; *aver timor di Dio* Gott fürchten; *senza timor di Dio* gottlos, gottvergessen; *timor panico* panische Angst; *avere un ~ reverenziale per qcn.* vor jdm Ehrfurcht haben; *senza ~* furchtlos.

ti|mo|ro|sa|men|te avv. ängstlich, furchtsam. **ti|mo|ro|so** agg. ängstlich, furchtsam: *sguardo ~* ängstlicher Blick.

Ti|mo|te|o n.pr.m. Timotheus *m.*

tim|pa|ni|co agg. *(-ci,-che)* ◆ *cassa -a* Paukenhöhle *f.*; *membrana -a* Paukenfell *n.* (*o* Trommelfell *n.*). **tim|pa|ni|smo** m. Aufblähung *f.* **tim|pa|ni|sta** m. e f. *(-i,-e)* Paukenschläger *m.* (-in *f.*).

tim|pa|no m. **1a** ANAT. Paukenhöhle *f.*, Tympanum *n.* **b** *(membrana)* Trommelfell *n.* **2** MUS. Pauke *f.* **3** ARCH. Tympanon *n.*, Giebelfeld *n.* ◆ COLLOQ. *essere duro di -i* schwerhörig sein; COLLOQ. *rompere i -i a qcn.* jdm die Ohren voll schreien.

tin|ca f. *(-che)* Schleie *f.*

ti|nel|lo m. Esszimmer *n.*, Essraum *m.*

tin|ge|re *(tingo, tingi; tinsi; tinto)* **I** tr. **1** färben: *~ un vestito di nero* ein Kleid schwarz färben **2** *(macchiare)* verfärben: *la camicia blu ha tinto il bucato* das blaue Hemd hat die Wäsche verfärbt **3** LETT. *(colorare)* färben, tönen: *il sole tinge d'oro le cime dei monti* die Sonne färbt die Bergspitzen golden **II** pronom. **tingersi 1** sich färben (anche FIG.): *-rsi i capelli* sich die Haare färben; *il cielo si è tinto di rosso* der Himmel hat sich rot gefärbt **2** *(macchiarsi)* sich verfärben: *il bucato si è tinto di blu* die Wäsche hat sich blau verfärbt.

tin|ni|re intr. *(tinnisco, tinnisci;* aus. *avere)* LETT. klingen.

ti|no m. Bottich *m.*, Bütte *f.* ◆ *forno a ~* Schachtofen *m.*

ti|noz|za f. **1** Bottich *m.* **2a** *(per bucato)* Waschbütte *f.* **b** *(per lavarsi)* Wanne *f.*, Badewanne *f.*

tin|ta f. **1** Farbe *f.*, Farbton *m.*: *-e calde* warme Farben (*o* Farbtöne); *a -e vivaci* in lebhaften Farben; bunt **2** *(materiale per colorare)* Farbe *f.*, Farbstoff *m.*: *stendere la ~* die Farbe auf‿tragen; *~ naturale, vegetale, ecologica* natürlicher, pflanzlicher, ungiftiger Farbstoff **3** FIG. spec.pl. Farbe *f.*, Ton *m.*: *vedere tutto a fosche -e* alles in den schwärzesten Farben sehen ◆ *calcare le -e* die Farben stark auf‿tragen; *~ a colla* Leimfarbe *f.*; *un dramma a forti -e* ein spannungsreiches Drama; *in ~ con qcs.* im Farbton etw. (G): *una cintura in ~ con la borsa* ein Gürtel im Farbton der Tasche; *dare una mano di ~ al salotto* das Wohnzimmer streichen; PITT. *mezza ~* Halbton *m.*; *mezze -e* Zwischenfarben *pl.*; *~ pastello* Pastellton *m.*; *rinfrescare la ~* auf‿färben (*o* farblich auf‿frischen); *smorzare le -e* ab‿schwächen; *~ su ~* in einheitlichen Farbtönen; *~ unita* Uni *n.*; *a ~ unita* unifarben (*o* einfarbig).

tin|ta|rel|la f. COLLOQ. Sonnenbräune *f.*: *prendere la ~* sich sonnen (*o* einen Sonnenbad nehmen). **tin|teg|gia|re** *(tinteggio, tinteggi)* tr. an‿streichen, streichen: *~ le pareti* die Wände anstreichen. **tin|teg|gia|tu|ra** f. Anstrich *m.*

tin|tin|na|re intr. (aus. *avere*) **1** klingeln, klimpern: *le monete tintinnano in tasca* die Münzen klimpern in der Tasche **2** *(di campanelli)* bimmeln. **tin|tin|ni|o** m. Geklingel *n.*, Gebimmel *n.* ◆ *~ di bicchieri* Gläserklang *m.*

tin|to p.pass. agg. **1** → **tingere 2** gefärbt: *stoffa -a* gefärbter Stoff; *capelli -i* gefärbte Haare **3** *(macchiato)* verfärbt **4** *(colorato)* farbig, gefärbt, getönt: *un cielo ~ di rosso* ein rot getönter Himmel.

tin|to|re m. Färber *m.* **tin|to|ri|a** f. **1** Färberei *f.* **2** ESTENS. *(lavanderia)* Reinigung *f.*: *portare qcs. in ~* etw. in die Reinigung bringen; *ritirare qcs. dalla ~* etw. aus der Reinigung ab‿holen. **tin|to|rio** agg. *(-ri,-rie)* Farb-, Färbe-: *materie -rie* Färbemittel; *piante -rie* Färberpflanzen.

tin|tu|ra f. **1** *(il tingere)* Färbung *f.* **2** *(materiale)* Farbmittel *n.* **3** CHIM. Tinktur *f.* ◆ *~ di arnica* Arnikatinktur *f.*; *~ per capelli* Haarfärbemittel *n.*; *~ di iodio* Jodtinktur *f.*

ti|pi|ca|men|te avv. typisch, kennzeichnenderweise: *una caratteristica ~ femminile* eine typisch weibliche Eigenart ◆ *~ tedesco* echt deutsch. **ti|pi|ci|tà** f. Eigentümlichkeit *f.*

ti|pi|ciz|za|re → **tipizzare.**

ti|pi|co agg. *(-ci,-che)* typisch: *un ~ berlinese* ein typischer Berliner; *un esempio ~* ein typisches Beispiel; *un ~ caso di...* ein typischer Fall von...; *cucina -a messicana* typisch mexikanische Küche; *~ di qcs.* typisch für etw.; *~ dell'uomo, della donna* typisch Mann, Frau ◆ *caso ~* Beispielfall *m.*

ti|piz|za|re tr. **1** typisieren **2** TECN. typen. **ti|piz|za|zio|ne** f. **1** Typisierung *f.* **2** TECN. Typung *f.*

ti|po I m. **1a** Typ *m.*; COLLOQ. Type *f.*: *un ~ strano, tranquillo, ansioso* ein komischer (*o* merkwürdiger), ruhiger, ängstlicher Typ; *è un ~ completamente diverso da suo fratello* er ist ein ganz anderer Typ als sein Bruder; *sei il mio ~* du bist mein Typ; *incarnare il ~ dell'intellettuale* den Typ des Intellektuellen verkörpern; *non essere il ~ da fare qcs.* nicht der Typ dafür (*o* dazu) sein; *non è ~ da fare una cosa simile* er ist nicht der Typ, der so etwas tut **b** *(tizio)* Kerl *m.*, Typ *m.*: *un ~ robusto, abile* ein kräftiger, tüchtiger Kerl; *c'è un ~ che ti vuol parlare* da ist ein Typ, der dich sprechen möchte; *un ~ in gamba* ein patenter Kerl **2** *(sorta)* Art *f.*, Sorte *f.*: *che ~ di macchina preferisci?* welche Art von Wagen ziehst du vor? *diversi -i di pane* verschiedene Brotsorten; *una giacca di ~ sportivo* eine sportliche Jacke **3** TIP. Typen *pl.*, Drucktypen *pl.*, Lettern *pl.* **4** MED. ANTROP. FILOS. BOT. Typ *m.*, Typus *m.*: *~ negroide, mongolo* negroider, mongolischer Typ; *~ sanguigno* sanguinischer Typ **II** agg.inv. **1a** typisch: *una famiglia ~* eine typische Familie; *un appartamento ~* eine typische Wohnung **b** Muster-: *impianto ~* Musteranlage *f.* **2a** *(simile)* -ähnlich: *una pietra ~ diamante* ein diamantähnlicher Edelstein **b** *(a imitazione di)* -imitation: *pelle ~ camoscio* Gamslederimitation *f.* **c** *(come)* wie: *una chiesa ~ la cattedrale di Reims* eine Kirche wie die Kathedrale von Reims ◆ *sei un bel ~!* dir geht's wohl zu gut! *non è bella, ma è un ~* sie ist nicht schön, aber einTyp für sich; *che ~ di libri?* was für Bücher? *del ~ di* → *sul ~ di*; FILOS. *~ ideale* Idealtyp *m.*; *di ogni ~* aller Art (*o* jederlei *o* jederart); *prodotti di ogni ~* Waren aller Art; *gente di ogni ~* jederlei Leute; *un ~ a sé* ein Typ für sich; *sul ~ di* ähnlich (*o* in der Art) wie; *un lavoro sul ~ (che facevo) dell'anno scorso* eine ähnliche Arbeit wie letztes Jahr; *di tutti i -i* aller Art (*o* jederlei *o* jederart).

ti|po|gra|fi|a f. **1** *(arte)* Typographie *f.* **2** *(laboratorio)* Druckerei *f.* **ti|po|gra|fi|co** agg. *(-ci,-che)* typographisch, Druck- ◆ *caratteri -i* Drucktypen; *errore ~* Druckfehler *m.*; *industria -a* Druckindustrie *f.* **ti|po|gra|fo** m. **1** Buchdrucker *m.*, Drucker *m.* **2** *(compositore)* Schriftsetzer *m.*, Typograph *m.*

ti|po|li|to|gra|fi|a f. Druckerei *f.* (für Buchdruck und Litographie).

ti|po|lo|gi|a f. Typologie *f.*, Typenlehre *f.* **ti|po|lo|gi|co** agg. *(-ci, -che)* typologisch.

tip tap I inter. tipp, tapp **II** m. Stepp *m.* ◆ *ballare il ~* steppen (*o* Stepp tanzen); *ballerino di ~* Stepptänzer *m.*

ti|pu|la f. Schnake *f.*

tir, TIR m.inv. (⇒ *Transports Internationaux Routiers*) **1** Fernlastwagen *m.*; *(autotreno)* Fernlastzug *m.* **2** ESTENS. *(camion)* LKW *m.*

ti|ra|ba|ci m.inv. Schmachtlocke *f.*

ti|ra|boz|ze m.inv. Abzieher *m.* ◆ *torchio ~* Abziehpresse *f.*

ti|ra|chio|di m.inv. Nageleisen *n.*, Geißfuß *m.*

ti|ra e mol|la → **tiremmolla.**

ti|rag|gio m. *(-gi)* Abzug *m.*, Zug *m.*: *avere un buon ~* einen guten Abzug haben; *la stufa ha un buon ~* der Ofen zieht gut.

ti|ra|lat|te m.inv. Milchpumpe *f.*

ti|ra|li|ne|e m.inv. Ziehfeder *f.*, Reißfeder *f.*

ti|ra|mi|sù m.inv. INTRAD. (Dessert auf der Basis von in Kaffee getränktem Biskuit und Mascarpone).

ti|ra mol|la, ti|ra|mol|la → **tiremmolla.**

ti|ran|neg|gia|men|to m. Tyrannisieren *n.*

ti|ran|neg|gia|re *(tiranneggio, tiranneggi)* **I** tr. tyrannisieren **II** intr. (aus. *avere*) tyrannisieren, sich als Tyrann auf‿spielen.

ti|ran|ne|sco agg. *(-schi,-sche)* → **tirannico.**

ti|ran|ni|a f. Tyrannei *f.*, Tyrannentum *n.*, Gewaltherrschaft *f.*: *subire la ~ di qcn.* jds Tyrannei ausgesetzt sein; *sottrarsi alla ~ di qcn.* sich jds Tyrannei entziehen; *la ~ del lavoro, del tempo* die Tyrannei der Zeit, der Arbeit. **ti|ran|ni|ca|men|te** avv. tyrannisch. **ti|ran|ni|ci|da** *(-i,-e)* **I** m. e f. Tyrannenmörder *m.* (-in *f.*) **II** agg. *mano ~* Tyrannenmörder *m.* **ti|ran|ni|ci|dio** m. *(-di)* Tyrannenmord *m.* **ti|ran|ni|co** agg. *(-ci,-che)* tyrannisch, Tyrannen-. **ti|ran|ni|de** f. Tyrannis *f.*

ti|ran|no I m. Tyrann *m.*, Gewaltherrscher *m.*: *essere un vero ~* ein richtiger Tyrann sein **II** agg. tyrannisch: *un governo ~* eine tyrannische Regierung; *un marito ~* ein tyrannischer Mann ◆ *il tempo è ~* wir sind Sklaven der Zeit.

ti|ran|no|sau|ro m. Tyrannosaurus *m.*

ti|ran|te m. **1** Zugstange *f.*, Hubstrebe *f.* **2a** EDIL. Zuganker *m.*, Zugseil *n.* **b** *(di ponte sospeso)* Zugband *n.* **3** MAR. Läufer *m.* **4** *(di stivali)* Schlaufe *f.* ◆ *~ dell'acceleratore* Drosselgestänge *n.*; *~ del freno* Bremszugstange *f.* **ti|ran|te|ri|a** f. Gestänge *n.* ◆ *~ dell'acceleratore* Gasgestänge *n.*; *~ di comando* Steuergestänge *n.*; *~ del freno* Bremsgestänge *n.*; *~ di regolazione* Reguliergestänge *n.*

ti|ra|pie|di m.inv. **1** STOR. Henkersknecht *m.* **2** SPREG. Handlanger *m.*

ti|ra|pu|gni m.inv. Schlagring *m.*

ti|ra|re I tr. **1a** ziehen: **~ *qcn. per un braccio*** jdn an einem Arm ziehen; **~ *il freno a mano*** die Handbremse ziehen **b** *(con forza)* zerren: ***il cane tira il guinzaglio*** der Hund zerrt an der Leine **c** *(per chiudere)* zu_ziehen: **~ *le tende*** die Gardinen zuziehen **2a** *(lanciare)* werfen: **~ *qcs. a qcn.*** jdn mit etw. bewerfen; **~ *i pomodori a qcn.*** jdn mit faulen Tomaten bewerfen; **~ *sassi*** mit Steinen werfen; **~ *un sasso contro la vetrina*** einen Stein gegen das Schaufenster werfen **b** *(con il piede)* schießen: **~ *una pallonata*** den Ball schießen; assol. **~ *in porta*** ins Tor schießen **3** *(sparare)* schießen: **~ *alla selvaggina*** auf Wild schießen **4** *(tendere)* spannen, ziehen: **~ *un filo*** einen Faden spannen **5** *(spostare)* rücken: **~ *il tavolo sotto la finestra*** den Tisch an (*o* unter) das Fenster rücken **6** *(tracciare)* **~ *una linea*** eine Linie ziehen **7** *(portare con sé)* nach sich ziehen: ***una disgrazia tira l'altra*** ein Unglück zieht das nächste nach sich **8** TIP. drucken: **~ *molte copie di una rivista*** viele Exemplare einer Zeitschrift drucken; **~ *le bozze*** die Korrekturbögen drucken **II** intr. (aus. *avere*) **1a** ziehen: ***il camino, il motore tira male*** der Kamin, der Motor zieht schlecht **b** *(succhiare)* saugen **2** *(di vento)* wehen: ***ieri tirava un vento gelido*** gestern wehte ein eiskalter Wind **3** *(sparare)* schießen **4** *(essere teso, tirato)* spannen: ***i pantaloni tirano in vita*** die Hosen spannen um die Taille; ***mi tira la pelle*** meine Haut ist gespannt **5** FIG. *(aver successo)* an_kommen, gut gehen: ***la sua ditta tira molto forte*** sein Betrieb geht sehr gut; ***questo prodotto tira*** dieses Produkt kommt gut an **6** FIG. *(tendere, mirare)* **~ *a qcs.*** es auf etw. abgesehen haben: ***ha sempre tirato al successo*** er hat es immer nur auf den Erfolg abgesehen gehabt **7a** **~ *avanti*** *(continuare)* weiter_machen, fort_setzen **b** *(vivacchiare)* durch_halten, sich durch_schlagen; ***come va? – tiro avanti*** wie geht's? – es geht (so)! **c** **~ *avanti per la propria strada*** seinen Weg gehen **8a** **~ *dentro*** *(portare dentro)* (he)rein_bringen **b** FIG. *(coinvolgere)* hinein_ziehen, verwickeln: ***l'hanno tirato dentro nella faccenda*** sie haben ihn in die Sache hineingezogen **9** **~ *dietro*** nach_werfen (anche FIG.) **10a** **~ *fuori*** heraus_holen, heraus_ziehen, heraus_strecken: **~ *fuori qcs. dalla borsa*** etw. aus der Tasche herausziehen; ***tira fuori i soldi!*** hol (*o* rück) das Geld heraus! ***tira fuori la lingua!*** streck die Zunge heraus! **b** FIG. **~ *fuori un sacco di scuse*** einen Haufen Ausreden vorbringen (*o* parat haben); ***tira fuori sempre la solita storia*** er fängt immer wieder mit derselben Geschichte an; **~ *finalmente fuori la verità*** schließlich mit der Wahrheit heraus_rücken; **~ *qcn. fuori dai guai*** jdm aus der Patsche helfen **11a** **~ *giù*** herunter_lassen: **~ *giù le veneziane*** die Jalousien herunterlassen **b** *(spostare in basso)* herunter_holen: **~ *giù i soprammobili dal ripiano*** die Nippes vom Regal herunterholen **c** *(buttare per terra)* um_reißen **d** *(lanciare di sotto)* herunter_werfen: ***tirami giù le chiavi della macchina*** wirf mir die Autoschlüssel herunter **12a** **~ *indietro*** zurück_ziehen **b** *(lancette dell'orologio)* zurück_stellen **13a** **~ *su*** auf_heben **b** *(erigere, costruire)* errichten, hoch_ziehen: **~ *su una parete*** eine Wand hochziehen **c** *(rialzare)* hoch_ziehen: ***tirami su!*** zieh mich hoch! **~ *su le braccia*** die Arme hoch_strecken **d** *(lanciare in su)* hinauf_werfen, herauf_werfen **e** **~ *su il finestrino*** das Fenster hoch_schieben **f** FIG. *(confortare)* auf_heitern: ***la notizia mi ha tirato su*** die Nachricht hat mich aufgeheitert **g** *(allevare)* auf_ziehen, groß_ziehen: **~ *su un figlio*** ein Kind großziehen **h** **~ *su col naso*** (die Nase) hoch_ziehen **i** **~ *su le maniche*** die Ärmel zurück_streifen; *(di camicia)* die Ärmel hoch_krempeln **j** **~ *su le lenzuola*** die Laken glatt ziehen **14a** **~ *via*** *(strappare)* ab_ziehen **b** *(togliere)* ab_nehmen, weg_räumen: ***tira via i vestiti dalla sedia!*** räum die Kleider vom Stuhl weg! **c** *(fare le cose di fretta)* flüchtig erledigen, pfuschen **15** GERG. *(sniffare)* sniffen **III** pronom. **tirarsi 1** sich (gegenseitig) ziehen: ***-rsi i capelli*** sich an den Haaren ziehen **2a** ***-rsi addosso qcs.*** etw. um_reißen **b** FIG. *(attirarsi)* ***si è tirato addosso la malevolenza di tutti*** er hat sich die Missgunst aller zugezogen **3a** ***-rsi dietro qcs.*** etw. hinter sich her_ziehen (*o* etw. nach sich ziehen); FIG. etw. nach_ziehen (*o* etw. mit sich führen): ***il problema si tirò dietro tutta una serie di complicazioni*** das Problem zog eine Reihe von Komplikationen nach sich; ***si tira sempre dietro il fidanzato*** sie schleppt immer ihren Freund mit **b** *(per chiudere)* ***-rsi dietro la porta*** die Tür hinter sich (D) zu_ziehen **4a** ***-rsi indietro*** zurück_treten **b** *(ritirarsi)* sich zurück_ziehen **c** *(prendere le distanze)* Abstand nehmen: ***-rsi indietro da qcs.*** von etw. Abstand nehmen **d** *(sottrarsi a un impegno)* ***-rsi indietro da qcs.*** sich vor etw. drücken **5a** ***-rsi su*** *(alzarsi)* auf_stehen **b** *(mettersi dritto)* sich auf_richten **c** *(mettersi seduto)* sich auf_setzen **d** FIG. *(di morale)* sich auf_heitern **e** *(economicamente, fisicamente)* sich erholen, wieder auf die Beine kommen, sich auf_rappeln **f** ***-rsi su i capelli*** (sich) das Haar hoch_stecken **g** ***-rsi su la gonna*** den Rock schürzen **6** COLLOQ. ***-rsi via il cappello, la fasciatura*** den Hut, den Verband ab_nehmen ◆ **~ *a qcs.*** in etw. (A) gehen; ***un verde che tira al grigio*** ein Grün, das ins Graue geht (*o* mit einem Stich ins Graue); ***lo sterzo tira a destra, a sinistra*** die Lenkung zieht nach rechts, links; **~ *l'acqua*** spülen, die Spülung betätigen; ***gli affari tirano*** der Schornstein raucht (*o* das Geschäft blüht); ***una parola tira l'altra*** ein Wort gibt das andere; **~ *con l'arco*** mit dem Bogen schießen; ***che aria tira?*** wie ist die Stimmung? ***con l'aria che tira...!*** so wie die Dinge stehen...! (*o* so wie es im Moment aussieht...!); **~ *al bersaglio*** auf eine Zielscheibe schießen; **~ *bestemmie*** Flüche aus_stoßen; COLLOQ. **~ *un bidone a qcn.*** jdn sitzen lassen; *(imbrogliare)* jdn herein_legen; **~ *di boxe*** boxen; **~ *calci*** mit (den) Füßen treten; *(di animali)* aus_schlagen; **~ *a campare*** sich schlecht und recht durch_schlagen (*o* sich durchs Leben schlagen, sein Leben fristen); **~ *la cinghia*** den Gürtel enger schnallen; **~ *un colpo*** einen Schuss ab_feuern; **~ *le cuoia*** *(di animali)* alle viere von sich strecken; *(di persone)* sein Leben lassen; **~ *i dadi*** würfeln; ***tirar dritto*** geradeaus gehen; *(andare oltre)* weiter_gehen; *(con un veicolo)* weiter_fahren; **~ *il fiato*** atmen (*o* Atem holen); **~ *il gruppo*** die Gruppe mit sich ziehen; **~ *a indovinare*** auf gut Glück antworten; ***-rsi in là*** rücken (*o* treten); *(da seduto)* zur Seite rücken; **~ *a lucido*** auf Hochglanz bringen; **~ *in lungo qcs.*** etw. lange hinaus_ziehen (*o* etw. auf die lange Bank schieben); **~ *mattina*** die Nacht durch_machen; **~ *le orecchie a qcn.*** jdn an den Ohren ziehen; FIG. jdm die Ohren lang ziehen; **~ *qcn. da parte*** jdn auf die (*o* zur) Seite nehmen; **~ *la pasta*** den Teig aus_rollen; **~ *sul prezzo*** um den Preis feilschen (*o* handeln); **~ *pugni*** mit den Fäusten zu_schlagen; **~ *le reti*** die Netze ein_holen; **~ *di scherma*** fechten; **~ *le somme*** die Summe von etw. (*o* die Bilanz aus etw.) ziehen (anche FIG.); **~ *a sorte*** aus_losen (*o* durchs Los entscheiden); **~ *tardi*** es spät werden lassen; ***ieri abbiamo tirato tardi*** gestern ist es bei uns spät geworden; COLLOQ. ***tirarsela*** sich auf_blasen.

ti|ra|sti|va|li m.inv. Stiefelknecht *m.*

ti|ra|ta f. **1a** Ziehen *n.*: ***dare una ~ di capelli a qcn.*** jdn an den Haaren ziehen **b** *(scrollone)* Zug *m.*, Ruck *m.*: ***una ~ alle redini*** ein Ruck am Zügel **2** *(di sigaretta)* Zug *m.*; ***fammi fare una ~*** lass mich mal ziehen **3** *(lunga invettiva)* Tirade *f.*: ***fare una ~ contro qcn.*** auf jdn schimpfen ◆ ***dare una ~ d'orecchi a qcn.*** jdm die Ohren lang ziehen; ***fare tutta una ~ da Milano a Napoli*** in einem Stück von Mailand nach Neapel durch_fahren.

ti|ra|tar|di m.inv. Nachtschwärmer *m.*, Nachtfalter *m.*, Nachteule *f.*

ti|ra|to p.pass. agg. **1** → **tirare 2** (an)gespannt; ***corda -a*** gespanntes Seil; ***avere i nervi -i*** angespannte Nerven haben **3** *(affaticato)* angespannt, abgespannt, verkrampft: ***volto ~*** angespannter Gesichtsausdruck; ***sorriso ~*** verkrampftes Lächeln **4** *(tirchio)* knauserig ◆ **~ *per i capelli*** an den Haaren herbeigezogen; ***lavoro ~ via*** Schluderarbeit *f.* (*o* schludrige Arbeit *o* Pfuscherei *f.*); **~ *a lucido*** poliert.

ti|ra|to|re m. **1** Schütze *m.* **2** SPORT Torschütze *m.* ◆ ***franco ~*** Heckenschütze *m.* (anche POL.); **~ *scelto*** Scharfschütze *m.*

ti|ra|tu|ra f. Auflage *f.*: ***avere una forte ~*** eine hohe Auflage haben; ***rivista ad alta ~*** Zeitschrift mit hoher Auflage ◆ ***a bassa ~*** auflagenschwach; ***a forte ~*** auflagenstark.

tir|chie|ri|a f. Knauserei *f.*, Geiz *m.*, Pfennigfuchserei *f.*

tir|chio I agg. *(-chi,-chie)* knauserig, geizig **II** m. *(-chi)* Knauser *m.*, Geizhals *m.*, Pfennigfuchser *m.*

ti|rel|la f. Strang *m.*

ti|rem|mol|la m.inv. Hin und Her *n.*, Gezerre *n.*: ***dopo un lungo ~*** nach langem Hin und Her; ***fare a ~*** hin und her reden.

ti|ret|to m. REGION. Schublade *f.*, Schubfach *n.*

ti|ri|te|ra f. COLLOQ. **1** *(filastrocca)* Kinderreim *m.* **2** *(discorso lungo e noioso)* Litanei *f.*

ti|ro m. **1a** *(il tirare)* Ziehen *n.* **b** *(con armi)* Schießen *n.*, Abfeuern *n.* **2** *(traino di un veicolo)* Zug *m.*, Gespann *n.* **3a** *(il lanciare)* Werfen *n.* **b** *(il lancio)* Wurf *m.* **4** SPORT *(di mano)* Wurf *m.*; *(di piede)* Schuss *m.*: ***parare un ~*** einen Schuss ab_wehren **5** *(colpo di arma)* Schuss *m.*: ***un ~ in aria*** ein Schuss in die Luft; MIL. **~ *teso*** rasanter Schuss; ***aggiustare il ~*** sich auf etw. (A) ein_schießen; FIG. ein Ziel an_visieren **6** FIG. *(scherzo, inganno)* Streich *m.*: ***il ~ gli è riuscito*** dieser Streich ist ihm gelungen; **~ *mancino*** tückischer (*o* böser) Streich **7** COLLOQ. *(boccata)* Zug *m.*: ***fare un ~ con la pipa, dare un ~ alla sigaretta*** einen Zug aus der Pfeife, an der Zigarette tun (*o* an der Pfeife, Zigarette ziehen) **8** ALP. **~ *(di corda)*** Seillänge *f.* ◆ VENAT. ***a ~*** schussgerecht; ***essere a ~*** in Schussweite sein; FIG. *(a portata di mano)* in Reichweite sein; ***addestramento al ~*** Schießausbildung *f.*; ***alzare il ~*** weiter schießen; FIG. die Methoden verschärfen; ***angolo di ~*** Schusswinkel *m.*; ***animale da ~*** Zugtier *n.*; **~ *con l'arco*** Bogenschießen *n.*; **~ *al bersaglio*** Scheibenschießen *n.*; ~ *in bianco* blinder Schuss; ~ *birbone* Schelmenstreich *m.*, Schurkenstreich *m.*; *giocare un brutto ~ a qcn.* jdm einen bösen (*o* schlimmen) Streich spielen; *campo di ~* Schussfeld *n.* (anche FIG.); *(nel calcio) ~ a candela* Kerze *f.*; *fare un ~ a candela* eine Kerze schießen; *~ a canestro* Korbwurf *m.*; COLLOQ. *se mi capita a ~* bei der nächsten Gelegenheit; *un ~ di cavalli* ein Pferdegespann; *cavallo da ~* Zugpferd *n.*; GERG. *~ di cocaina* Sniff *m.*; MIL. *~ curvo* Steilfeuer *n.*; *~ di dadi* Würfelwurf *m.*; *~ a due* Zweigespann *n.*; *(veicolo)* Zweispänner *m.*; SPORT *~ a effetto* Effetschuss *m.*; *(nel biliardo)* Effetstoß *m.*; *esercitazione di ~* Schießübung *f.*; VENAT. *~ a fermo* Schießen *n.* auf ein unbewegliches Ziel; *~ con la freccia* Pfeilschuss *m.*; *~ alla fune* Tauziehen *n.*, Seilziehen *n.*; *essere fuori ~* außer Schussweite sein; *gara di ~* Wettschießen *n.* (*o* Preisschießen *n.*); *~ del giavellotto* Speerwurf *m.*; COLLOQ. *essere in ~* in Schale sein; *~ libero* Freiwurf *m.* (*o* Freischlag *m.*); *linea di ~* Schusslinie *f.*; *~ lungo* Weitschuss *m.*; *~ da maestro* Meisterschuss *m.*; *numero di -i* Schusszahl *f.*; *~ contro il palo* Pfostenschuss *m.*; *~ al piattello* Tontaubenschießen *n.*, Wurftaubenschießen *n.*; *~ al piccione* Taubenschießen *n.*; *poligono di ~* Schießplatz *m.* (*o* Schießstätte *f.*, Schießbahn *f.*); Schießstand *m.*; *~ in porta* Torschuss *m.* (Schuss *m.* aufs Tor); *potenza di ~* Schusskraft *f.*; *pronto per il ~* schussbereit; *~ di punizione* Freistoß *m.*; *un ~ a quattro* Viergespann *n.*; *(veicolo)* Vierspänner *m.*; *~ radente* Flachschuss *m.*; MIL. *~ rapido* Schnellfeuer *n.*; *fucile a ~ rapido* Schnellfeuergewehr *n.*; *pistola a ~ rapido* Schnellfeuerpistole *f.*; *~ rasoterra* Flachschuss *m.*; *~ a rete* Torschuss *m.* (Schuss *m.* aufs Tor); *~ di rinvio* Abstoß *m.*; *sbagliare nel ~* sich verschießen (*o* daneben‿schießen); *~ di scherma* Fechthieb *m.*; *essere a un ~ di schioppo* einen Steinwurf (weit) entfernt sein; *abitare a un ~ di schioppo* nur einen Katzensprung entfernt wohnen; *scuola di ~* Schießschule *f.*; *~ a segno* Scheibenschießen *n.*; *campione di ~ a segno* Schützenkönig *m.*; *baraccone del ~ a segno* Schießbude *f.*; *società del ~ a segno* Schützenverein *m.*; *~ a sei* Sechsgespann *n.*; *(veicolo)* Sechsspänner *m.*; *sicurezza nel ~* Treffsicherheit *f.* (*o* Zielsicherheit *f.*); *essere sotto ~* unter Beschuss stehen, FIG. unter Beschuss liegen; MIL. *tenere qcs. sotto ~* etw. unter Beschuss halten (anche FIG.); MIL. *finire sotto ~* unter Beschuss geraten (anche FIG.); *~ di testa* Kopfball *m.*; *~ contro la traversa* Lattenschuss *m.*; VENAT. *~ a volo* Schießen *n.* auf ein bewegliches Ziel; SPORT *~ al volo* Flugball *m.*; *fare un ~ al volo* den Ball im Flug treffen; *~ a vuoto* Schuss *m.* ins Blaue; *zona di ~* Schussbereich *m.*

ti|ro|ci|nan|te I agg. praktisch **II** m. e f. **1** Praktikant *m.* (-in *f.*) (anche UNIV.) **2** *(apprendista)* Auszubildende *m.* e *f.*

ti|ro|ci|nio m. *(-ni)* **1** Praktikum *n.*; *fare ~* ein Praktikum absolvieren (*o* machen); *un anno di ~* ein praktisches Jahr **2** *(apprendistato)* Lehre *f.* ◆ *~ nelle scuole* Schulpraktikum *n.*

ti|roi|de f. Schilddrüse *f.* ◆ *ormone della ~* Schilddrüsenhormon *n.* **ti|roi|de|o** agg. Schilddrüsen-. **ti|roi|di|smo** m. Schilddrüsenerkrankung *f.*

ti|ro|le|se I agg. Tiroler-, tirolisch; AUSTR. tirolerisch **II** m. e f. Tiroler *m.* (-in *f.*) ◆ *cappello alla ~* Tirolerhut *m.*; *pantaloni (di pelle) alla ~* Lederhosen; *vestito alla ~* Dirndl(kleid) *n.* **Ti|ro|lo** n.pr.m. Tirol *n.*

tir|re|ni|co agg. *(-ci,-che)* tyrrhenisch. **tir|re|no I** agg. STOR. GEOGR. tyrrhenisch: *il Mar Tirreno* das Tyrrhenische Meer **II** m. STOR. Tyrrhener *m.* **Tir|re|no** n.pr.m. Tyrrhenisches Meer *n.*

tir|so m. Thyrsos *m.*, Thyrsus *m.*

ti|sa|na f. Tee *m.*, Aufguss *m.*: *~ alle erbe* Kräutertee *m.*; *~ contro la tosse* Hustentee *m.*

ti|si f. Schwindsucht *f.*; Lungenschwindsucht *f.*, Phthise *f.* **ti|si|co I** agg. *(-ci,-che)* **1** MED. schwindsüchtig, phthisisch **2** FIG. *(debole)* schwächlich **II** m. *(-ci)* Schwindsüchtige *m.*, Phthisiker *m.* **ti|sio|lo|gi|a** f. Lungenheilkunde *f.* **ti|sio|lo|go** m. *(-gi)* Facharzt *m.* für Lungenkrankheiten.

tis|su|la|re, tis|su|ta|le → **tessutale.**

ti|ta|ni|co agg. *(-ci,-che)* **1** MITOL. titanisch **2** ESTENS. titanisch, titanenhaft, riesig.

ti|ta|nio m. Titan *n.* ◆ *minerale di ~* Titanerz *n.*

ti|ta|ni|smo m. LETT. Himmelstürmerei *f.* **ti|ta|no** m. Titan *m.* (anche FIG.). **Ti|ta|no** n.pr.m. Titan *m.*

ti|til|la|re tr. kitzeln (anche FIG.).

Ti|to n.pr.m. Titus *m.*

1.ti|to|la|re I agg. **1** *(che ricopre a pieno titolo una carica)* ordentlich: *professore ~* ordentlicher Professor **2** *(che ha solo il titolo nominale)* Titular- **II** m. e f. **1a** *(chi ricopre a pieno titolo una carica)* Inhaber *m.* (-in *f.*) eines Amtes; Amtsinhaber *m.* (-in *f.*); *essere ~ di una cattedra di latino* einen Lehrstuhl für Latein inne‿haben **b** *(chi detiene un titolo)* Titelträger *m.* (-in *f.*) **2** ESTENS. *(proprietario)* Eigentümer *m.* (-in *f.*): *il ~ di un negozio* der Eigentümer eines Geschäftes **3** SPORT Stammspieler *m.* (-in *f.*) ◆ *~ di un brevetto* Patentinhaber *m.*; *~ di cattedra* Lehrstuhlinhaber *m.*; *chiesa ~* Titelkirche *f.*; BANC. *~ di un conto* Kontoinhaber *m.*; *~ di una ditta* Firmeneigentümer *m.*; *~ unico* Alleineigentümer *m.*; *vescovo ~* Titularbischof *m.*

2.ti|to|la|re tr. *(titolo)* **1** EDIT. GIORN. betiteln **2** CHIM. TESS. titrieren **3** RAR. *(attribuire un titolo nobiliare) ~ qcn.* jdm einen Adelstitel verleihen.

ti|to|la|to I p.pass. agg. **1** → **titolare 2** *(nobile)* adelig **2** CHIM. TESS. titriert **II** m. **1** *(chi è in possesso di un titolo)* Titelträger *m.* **2** *(nobile)* Adelige *m.*

ti|to|la|tri|ce f. Titelgerät *n.* **ti|to|la|tu|ra** f. *(complesso dei titoli)* Titulatur *f.*, Ehrenbezeichnung *f.* **ti|to|la|zio|ne** f. **1** CHIM. TESS. Titration *f.* **2** GIORN. Betitelung *f.* ◆ *~ potenziometrica* Potentiometrie *f.*

Ti|to Li|vio n.pr.m. Titus Livius *m.*

ti|to|lo m. **1a** Titel *m.*, Überschrift *f.*: *il ~ di un romanzo* der Titel eines Romans; *dare un ~ a un libro, a un articolo* ein Buch, einen Artikel betiteln; *un ~ a tre colonne* eine Überschrift über drei Spalten **b** DIR. *(paragrafo)* Titel *m.* **2** *(di persona; qualifica, grado)* Titel *m.* (anche SPORT): *~ accademico, ereditario* akademischer, erblicher Titel; *avere, detenere, acquisire, perdere, difendere un ~* einen Titel inne‿haben, halten, erwerben, verlieren, verteidigen; *conferire, togliere un ~ a qcn.* jdm einen Titel verleihen, ab‿erkennen; *insignire qcn. di un ~* jdm einen Titel verleihen; *lottare per il ~ (di campione)* um den Weltmeistertitel kämpfen **3a** *(appellativo)* Bezeichnung *f.*: *meritare il ~ di eroe* die Bezeichnung Held verdienen **b** ESTENS. SCHERZ. *(ingiuria)* Schimpfwort *n.*: *ricoprire qcn. di -i* jdn mit Schimpfwörtern überhäufen **4** *(requisito)* Voraussetzung *f.*: *ha tutti i -i per quel posto* er bringt alle Voraussetzungen für die Stelle mit **5** DIR. Rechtsanspruch *m.*, Rechtstitel *m.* **6** ECON. Wertpapier *n.*, Papier *n.*: *i -i sono scesi, saliti* die Papiere sind gefallen (*o* gesunken), gestiegen; *investire il proprio denaro in -i* sein Geld in Wertpapieren an‿legen; *realizzare un ~* ein Wertpapier (*o* Papier) ab‿stoßen; *~ negoziato in borsa, a reddito fisso* börsengängiges, festverzinsliches Wertpapier **7** CHIM. TESS. Titer *m.* ◆ DIR. *~ d'acquisto* Kaufberechtigung *f.*; *aspirante a un ~* Titelaspirant *m.*; Titelanwärter *m.*; *~ azionario* Aktienbrief *m.* (*o* Aktie *f.*); *-i bancari* Bankpapiere *pl.*; *~ di borsa* Börsenpapier *n.*; *~ di campione del mondo* Weltmeistertitel *m.*; *a che ~...?* aus welchem Grund...? CINEM. TELEV. *-i di coda* Nachspann *m.*; *commercio in -i* Wertpapierhandel *m.* (*o* Effektenhandel *m.*); *compravendita di -i* Wertpapiergeschäft *n.*; *concorso per -i* = Stellenbesetzung im öffentlichen Dienst durch Qualifikationswettbewerb; *conquista del ~* Titelgewinn *m.*; *~ di conte* Grafentitel *m.*; *~ di copertina* Titel *m.*; *-i di credito* Schuldschein *m.*; *a ~ di cronaca* zur Information; *~ a caratteri cubitali* Balkenüberschrift *f.*, fett gedruckte Schlagzeile; *a ~ di curiosità* aus reiner Neugier; *custodia (e amministrazione) -i* Effektenverwahrung *f.*; *detentore, difensore del ~* Titelverteidiger *m.*; *~ di dottore* Doktorwürde *f.*; *a ~ d'esempio* beispielsweise; *fare ~* Aufsehen erregen; *~ giuridico* Rechtstitel *m.*; *a ~ gratuito* kostenlos; *a ~ d'informazione* zur Information; TIP. *~ interno* Zwischentitel *m.*; *-i d'investimento* Anlagepapiere *pl.*; *ipoteca sui -i* Briefhypothek *f.*; *~ ipotecario* Hypothekenbrief *m.*; *lotta per il ~* Titelkampf *m.*; *~ di una moneta* Münzfuß *m.*; *~ nobiliare* Adelstitel *m.*; *-i nominativi* Namenspapiere *pl.*; *-i obbligazionari* Obligationen *pl.*; *a ~ oneroso* gegen Entgelt; *~ onorifico* Ehrentitel *m.*; *a ~ onorifico* ehrenamtlich; ECON. *~ dell'oro* Goldgehalt *m.*; *a ~ di paragone* vergleichsweise; *a ~ personale* persönlich; *a pieno ~* vollberechtigt; *-i al portatore* Inhaberpapiere *pl.*; *a ~ di prestito* leihweise; *~ principale* Haupttitel *m.*; *~ di principe* Fürstenstand *m.*; *-i privilegiati* Vorzugspapiere *pl.*, Prioritätspapiere *pl.*; *~ professionale* Beruf *m.*, Berufsausbildung *f.*; *~ di professore* Professorentitel *m.*; *a ~ di prova* probeweise; *-i di rendita* Rentenpapiere *pl.*; *senza ~* titellos; ECON. *~ senza valore* Nonvaleur *m.*; *-i di stato* Staatspapiere *pl.*; *~ di studio* Schulabschluss *m.*; CINEM. TELEV. *-i di testa* Vorspann *m.*; *transazione in -i* Wertpapiergeschäft *n.*; *trasferimento di -i* Effektengiroverkehr *m.*; EDIT. *tutela del ~* Titelschutz *m.*; *a ~ ufficiale* offiziell, in amtlicher Eigenschaft; *~ in valuta (estera)* Valutapapier *n.* **ti|to|lo|ne** m. Schlagzeile *f.*; COLLOQ. Aufmacher *m.*

ti|tu|ban|te agg. **1** *(esitante)* zögernd, zaghaft: *risposta ~* zögernde Antwort **2** *(indeciso)* unschlüssig, unsicher: *essere ~ in qcs.* sich (D) unschlüssig über etw. (A) sein; *sono ~ sul da farsi* ich bin mir unschlüssig (darüber), was ich tun soll. **ti|tu|ban|za** f. **1** *(esitazione)* Zögern *n.*, Zaghaftigkeit *f.* **2** *(indecisione)* Unschlüssigkeit *f.*,

Unsicherheit *f.* **ti|tu|ba|re** intr. *(titubo*; aus. *avere)* zögern.
ti|vù f.inv. COLLOQ. **1** Fernsehen *n.* **2** *(apparecchio)* Fernseher *m.*; COLLOQ. Glotze *f.*, Glotzkasten *m.*, Glotzkiste *f.*: ***stare davanti alla ~*** vor dem Fernseher sitzen; COLLOQ. vor der Glotze sitzen ◆ ***~ a colori*** Farbfernsehen *n.*; ***~ privata*** Privatfernsehen *n.*; ***~ via cavo*** Kabelfernsehen *n.*
ti|zia|ne|sco agg. *(-schi,-sche)* **1** ART. tizianisch, im Stil Tizians **2** ***rosso ~*** tizianrot. **ti|zia|no** agg.inv. ***rosso ~*** tizianrot, tizian. **Ti|zia|no** n.pr.m. Tizian *m.*
ti|zio m. *(-zi)* Typ *m.*; SPREG. Kerl *m.*: ***un ~ chiede di te*** ein Typ fragt nach dir; ***un ~ qualsiasi*** eine x-beliebige Person ◆ ***Tizio, Caio e Sempronio*** Hinz und Kunz (*o* Krethi und Plethi).
tiz|zo, tiz|zo|ne m. **1** *(carbone)* brennende Kohle *f.* **2** *(pezzo di legno)* brennendes Holzscheit *n.* ◆ FIG. ***~ d'inferno*** Teufelsbraten *m.*, Satansbraten *m.*; ***nero come un ~*** kohlrabenschwarz; FIG. stocksauer.
tme|si f. Tmesis *f.*
TMG ⇒ *Tempo Medio di Greenwich* Greenwichzeit, westeuropäische Zeit (WEZ).
to' → **toh.**
toast [toust, *üblich* tɔst] m.inv. Toast *m.* ◆ ***pane per ~*** Toastbrot *n.*
To|bi|a n.pr.m. Tobias *m.*
to|bo|ga m.inv. **1** *(slitta)* Toboggan *m.* **2** *(scivolo)* Rutschbahn *f.*
to|cai m.inv. Tokaier *m.*, Tokajer *m.*
toc|can|te agg. ergreifend, rührend, bewegend.
toc|ca|re *(tocco, tocchi)* **I** tr. **1a** berühren, an‿rühren: ***~ la fronte a qcn.*** jdm an der Stirn berühren; ***il tavolo tocca la parete*** der Tisch berührt die Wand; ***si prega di non ~*** bitte nicht berühren! ***non mi ~!*** rühr mich nicht an! ***non ~ le sue cose!*** rühr seine Sachen nicht an! **b** ESTENS. *(afferrare)* an‿fassen: ***i bambini toccano tutto*** die Kinder fassen alles an **2** assol. *(in acqua)* stehen, Grund haben: ***qui non si ~*** hier kann man nicht stehen (*o* hier hat man keinen Grund) **3** *(trattare brevemente)* berühren, an‿rühren: ***~ un argomento, una questione*** ein Thema, Problem berühren **4a** FIG. *(turbare, commuovere)* (be)rühren, ergreifen, bewegen: ***il suo discorso mi ha molto toccato*** seine Rede hat mich sehr berührt **b** assol. bewegend (*o* erschütternd) sein: ***queste notizie toccano profondamente*** diese Nachrichten sind tief bewegend **c** COLLOQ. ***guai a toccargli la famiglia*** wehe, man bringt seine Familie ins Spiel **5** FIG. *(riguardare)* betreffen, an‿gehen: ***il problema ti tocca da vicino*** das Problem betrifft dich direkt (*o* geht dich direkt an) **6** COLLOQ. *(di età)* ***~ la sessantina*** an die sechzig sein **II** intr. (aus. *essere*) **1** widerfahren, zustoßen, treffen: ***mi è toccato il compito più difficile*** die schwierigste Aufgabe hat mich getroffen; ***gli è toccata una (bella) fortuna*** ein großes Glück ist ihm widerfahren **2** *(spettare)* zu‿stehen: ***a ciascuno toccano 10 marchi*** jeder Person stehen 10 DM zu; ***il primo premio è toccato a lui*** der erste Preis stand ihm zu **3** *(essere di turno)* an der Reihe sein, dran sein: ***a chi tocca?*** wer ist an der Reihe? ***ora tocca a me giocare*** jetzt bin ich dran zu spielen **4** *(essere costretto)* müssen, gezwungen sein: ***mi tocca andarci di persona*** ich bin gezwungen, persönlich hinzugehen; ***ma guarda cosa mi tocca fare!*** was ich hier nicht alles machen muss! **III** pronom. **toccarsi 1a** sich berühren: ***-rsi il naso*** sich an der Nase berühren **b** *(l'un l'altro)* ***gli estremi si toccano*** die Endpunkte berühren sich **2** COLLOQ. *(masturbarsi)* onanieren ◆ ***a chi tocca tocca*** irgendwann trifft es jeden einmal; ***non ~ cibo*** das Essen nicht an‿rühren; ***~ il cuore di qcn.*** jds Herz rühren; ***~ ferro*** auf Holz klopfen; ***~ il fondo*** den Grund berühren, auf Grund kommen; FIG. völlig heruntergekommen sein; *(economicamente)* die Talsohle erreicht haben; ***~ qcn. nei suoi interessi*** jds Interessen ins Gehege kommen; FIG. ***~ con mano qcs.*** etw. am eigenen Leib erfahren, sich etw. (G) vergewissern; ***~ l'onore di qcn.*** jds Ehre kränken (*o* jds Ehre an‿greifen); ***~ un porto*** einen Hafen an‿laufen; ***~ il soffitto*** die Decke erreichen; ***~ un tasto dolente*** an eine alte Wunde rühren; ***è meglio non ~ questo tasto!*** rühren wir lieber nicht daran! ***~ terra*** AER. landen; MAR. an‿legen, landen; ***la gonna tocca terra*** der Rock ist bodenlang; ***~ qcn. sul, nel vivo*** jds wunden Punkt berühren.
toc|ca|sa|na m.inv. **1** Heilmittel *n.*, Mittel *n.* **2** FIG. Mittel *n.*
toc|ca|ta f. **1** Berührung *f.*; ***dare una ~ a qcs.*** etw. berühren **2** MUS. Tokkata *f.*, Toccata *f.*: ***~ e fuga*** Toccata und Fuge.
toc|ca|to p.pass. agg. **1** → **toccare 2** *(nella scherma)* getroffen, touché **3** *(picchiato, tonto)* verrückt; COLLOQ. bekloppt, behämmert, bescheuert **4a** FIG. *(ferito)* verletzt: ***~ negli affetti*** in seinen Gefühlen verletzt **b** *(turbato)* berührt, bewegt, ergriffen.
1.toc|co m. *(-chi)* **1** Berührung *f.*: ***un leggero ~ sul braccio*** eine leichte Berührung am Arm; ***al minimo ~*** bei der leisesten Berührung; ***qcs. è piacevole al ~*** etw. fasst sich gut an (*o* ist angenehm zu berühren) **2** *(piccola quantità)* Hauch *m.*, Spur *f.*: ***un ~ di cipria*** eine Spur Puder; FIG. ***un ~ di classe*** ein Hauch von Klasse **3a** PITT. *(pennellata)* Pinselstrich *m.*, Strich *m.*: ***dipingere a piccoli -chi*** mit kleinen Pinselstrichen malen **b** *(modo di dipingere)* Stil *m.*: ***un pittore dal ~ inconfondibile*** ein Maler mit unverwechselbarem Stil **4** MUS. Anschlag *m.*; *(di archi)* Strich *m.*: ***suona con un ~ morbido*** er spielt mit einem weichen Anschlag **5a** ESTENS. *(rintocco; di orologio)* Schlag *m.*, Schlagen *n.* **b** *(di campana)* Läuten *n.* **c** REGION. *(l'una dopo mezzogiorno)* ***il ~*** ein Uhr (nachmittags) **6** SPORT *(colpo)* Schlag *m.* **7** GIOC. *(a nascondino)* Anschlag *m.*: ***~ per Paolo*** Anschlag für Paolo ◆ ***~ della campana*** Glockenläuten *n.*; ***~ di colore*** Farbtupfen *m.*, Farbtupfer *m.*; ESTENS. *(nelle opere letterarie)* belebender Hauch; ***dare il ~ finale a qcs.*** etw. (D) den letzten Schliff geben; ***~ d'ironia*** ein Schuss (*o* ein Schimmer) von Ironie; ***~ delle ore*** Stundenschlag *m.*; ***un ~ di pennello*** Pinselstrich *m.*; ***dare gli ultimi -chi a qcs.*** etw. (D) den letzten Schliff geben.
2.toc|co agg. *(-chi,-che)* **1** *(picchiato, tonto)* verrückt, bekloppt, behämmert, bescheuert.
3.toc|co m. *(-chi)* **1** *(pezzo)* Stück *n.*: ***un (bel) ~ di carne*** ein (schönes) Stück Fleisch **2** FIG. COLLOQ. ***un bel ~ di ragazza*** ein tolles Mädchen; ***un bel ~ d'uomo*** ein Mordskerl.
4.toc|co m. *(-chi)* *(copricapo)* Barett *n.*
to|e|let|ta → **toilette.**
to|fo m. ***~ (gottoso)*** Gichtknoten *m.*
to|ga f. *(-ghe)* **1** STOR. Toga *f.* **2** *(di giudici, magistrati)* Talar *m.* **3** ESTENS. *(attività forense)* juristische Tätigkeit *f.* ◆ ***abbandonare la ~*** das Richteramt nieder‿legen; ***nobiltà di ~*** Dienstadel *m.*; ***prendere la ~*** Richter werden. **to|ga|to I** agg. **1** STOR. mit der Toga bekleidet **2** *(di giudici, magistrati)* im Talar, mit dem Talar bekleidet **3a** FIG. *(solenne)* feierlich **b** *(ampolloso)* schwülstig, geschwollen **II** m. Richter *m.*
to|glie|re *(tolgo, togli*; fut. *toglierò/torrò*; pass.rem. *tolsi*; p.pass. *tolto)* **I** tr. **1** ab‿nehmen, weg‿nehmen, weg‿räumen: ***~ una pentola dal fornello*** einen Topf vom Herd nehmen; ***~ un ostacolo dal percorso*** ein Hindernis aus dem Weg räumen; ***~ il piede dall'acceleratore*** den Fuß vom Gaspedal nehmen; ***quegli alberi tolgono la vista*** diese Bäume nehmen einem die Aussicht **2a** *(asportare, rimuovere)* entfernen, ab‿ziehen: ***~ una macchia*** einen Fleck entfernen; ***~ la buccia*** die Schale entfernen (*o* abziehen) **b** *(sfilare, strappare)* ab‿ziehen: ***~ un anello dal dito*** einen Ring vom Finger abziehen; ***~ un cerotto*** ein Heftpflaster abziehen **3** *(estrarre)* heraus‿ziehen, ziehen: ***~ un dente*** einen Zahn ziehen; ***~ un tappo*** einen Korken herausziehen **4a** *(indumenti, scarpe)* aus‿ziehen, ab‿legen: ***~ i pantaloni, le scarpe*** die Hose, Schuhe ausziehen; ***si tolga il cappotto!*** legen Sie (den Mantel) ab! **b** *(cappello, occhiali)* ab‿nehmen **5** FIG. *(privare)* entziehen, ab‿nehmen, nehmen: ***~ la speranza a qcn.*** jdm die Hoffnung nehmen; ***~ la parola a qcn.*** jdm das Wort entziehen; ***~ un peso a qcn.*** jdm eine Last abnehmen **6** *(abolire)* auf‿heben: ***~ il blocco a qcs.*** die Sperre von etw. aufheben **7** *(ritirare)* entziehen: ***~ il passaporto a qcn.*** jdm den Pass entziehen **8** *(sottrarre)* ab‿ziehen: ***~ cinque da nove*** fünf von neun abziehen **9** *(liberare)* befreien, heraus‿ziehen, ziehen: ***~ qcn. da una situazione difficile*** jdn aus einer schwierigen Lage befreien **10** *(eliminare)* entfernen, streichen: ***~ un paragrafo dal libro*** einen Abschnitt aus dem Buch streichen; ***~ un nome da un elenco*** einen Namen aus einer Liste streichen **11** *(ricavare)* entnehmen: ***l'espressione è stata tolta da un testo latino*** dieser Ausdruck wurde einem lateinischen Text entnommen **II** pronom. **togliersi 1a** sich aus‿ziehen, ab‿legen: ***-rsi le scarpe, il maglione*** sich die Schuhe, den Pullover ausziehen; ***-rsi il cappotto*** den Mantel ablegen **b** *(cappello, occhiali)* ab‿nehmen **2** *(liberarsi)* sich befreien: ***-rsi un peso dal cuore*** sich von einer Last befreien **3a** *(spostarsi)* rücken, zur Seite gehen **4** *(cessare da, perdere)* ab‿legen: ***-rsi un'abitudine, un vizio*** eine Gewohnheit, ein Laster ablegen ◆ FIG. ***~ l'aria a qcn.*** jdm keine Luft zum Atmen lassen; FIG. ***~ le castagne dal fuoco a qcn.*** für jdn die Kastanien aus dem Feuer holen; ***~ qcs. dalla circolazione*** etw. aus dem Verkehr (*o* Umlauf) ziehen; EL. ***~ la corrente*** den Strom ab‿schalten; ***~ un dubbio a qcn.*** jds Zweifel beheben (*o* beseitigen); ***~ la fame*** den Hunger stillen; FIG. ***~ il fiato a qcn.*** jdm den Atem verschlagen (anche FIG.); ***~ il freno a mano*** die Handbremse lösen; ***~ qcn. dai guai*** jdn aus seinen Schwierigkeiten (*o* aus der Klemme) heraus‿helfen; ***-rsi qcs. dalla mente*** sich etw. aus dem Sinn schlagen; ***non riesco a togliermelo dalla mente*** das will mir nicht aus dem Sinn gehen; ***~ di mezzo qcn.*** jdn aus dem Weg räumen (*o* schaffen); ***-rsi di mezzo*** aus dem Weg gehen; ***ciò non toglie che...*** das schließt nicht aus, dass... (*o* dennoch muss man zugeben, dass...); ***non ~ gli occhi di dosso a qcn.*** den Blick nicht von jdm ab‿wenden; ***-rsi il pane di***

bocca sich das Brot (*o* jeden Bissen) vom Mund ab‿sparen; ***mi sono tolto il pensiero!*** ich habe das Problem gelöst! ***-rsi dai piedi*** sich aus dem Staub machen; ***-rsi qcn. dai piedi*** sich jdn vom Hals schaffen; ***~ la polvere*** den Staub ab‿wischen; MED. ***~ i punti*** Fäden ziehen; ***~ il saluto a qcn.*** jdn nicht mehr grüßen, jdm den Gruß entziehen; ***~, -rsi gli sci*** die Skier ab‿schnallen; ***~ la sete*** den Durst löschen (*o* stillen); ***~ il sonno a qcn.*** jdn um den Schlaf bringen; ***~ qcn. dalla strada*** jdn von der Straße holen; ***-rsi qcs. dalla testa*** sich etw. aus dem Kopf schlagen; ***~ un titolo a qcn.*** jdm einen Titel ab‿erkennen; ***-rsi la vita*** sich das Leben nehmen; ***~ la vita a qcn.*** jdn töten; ***-rsi una voglia*** einer Laune nach‿geben.

toh inter. **1** *(tieni)* da (nimm's): ***~, prendi questo!*** da, nimm's! **2** nanu, schau mal: ***~, guarda chi si vede!*** nanu (*o* schau mal), wen sieht man da!

toi|let|te [twa'lɛt] f.inv. **1** Toilette *f.*: ***fare ~*** Toilette machen; *(abito elegante)* ***presentarsi in gran ~*** in großer Toilette erscheinen **2** *(mobile)* Toilettentisch *m.* **3** *(bagno)* Toilette *f.*, Klosett *n.*: ***andare alla ~*** auf die, zur Toilette gehen ◆ ***articolo da ~*** Toilettenartikel *m.*; ***mantellina da ~*** Frisierumhang *m.*; ***nécessaire da ~*** Waschzeug *n.*; ***~ serale*** Abendtoilette *f.*; ***~ delle signore*** Damentoilette *f.*; ***specchio da ~*** Toilettenspiegel *m.*; ***~ degli uomini*** Herrentoilette *f.*

to|kaj m. Tokaier(wein) *m.*, Tokajer(wein) *m.*

To|kio, To|kyo n.pr.f. Tokio *n.*

tol|da f. Deck *n.*

to|le|mai|co agg. *(-ci,-che)* ptolemäisch: ***sistema ~*** ptolemäisches Weltsystem ◆ ***regno ~*** Ptolemäerreich *n.*

to|let|ta → **toilette.**

tol|le|ra|bi|le agg. **1** tolerierbar, tolerabel **2** *(sopportabile)* erträglich **3** *(di medicinale)* verträglich. **tol|le|ra|bi|li|tà** f. **1** Erträglichkeit *f.* **2** *(di medicinale)* Verträglichkeit *f.* **tol|le|ran|te** agg. tolerant, duldsam: ***essere ~ nei confronti di qcn., qcs.*** jdm, etw. gegenüber tolerant sein; gegen jdn, etw. tolerant sein. **tol|le|ran|za** f. **1** Toleranz *f.* (anche MED. TECN.): ***~ religiosa*** religiöse Toleranz; ***giudicare qcs. con ~*** etw. tolerant beurteilen; ***la ~ dell'organismo verso un medicinale*** die Toleranz des Organismus für ein Medikament **2** *(tempo)* ***con una ~ di dieci minuti*** mit höchstens zehn Minuten Verspätung ◆ ***casa di ~*** Freudenhaus *n.*; ***limite di ~*** Toleranzgrenze *f.*; ***margine di ~*** Toleranzbereich *m.*

tol|le|ra|re tr. *(tollero)* **1** tolerieren, dulden, zu‿lassen: ***non ~ ingiustizie*** keine Ungerechtigkeiten dulden; ***~ un ritardo di 24 ore*** eine Verspätung von 24 Stunden tolerieren; ***~ che qcn. faccia qcs.*** zulassen, dass jd etw. tut **2a** *(reggere)* ertragen: ***~ il freddo*** die Kälte ertragen; ***non ~ il rumore*** keinen Lärm ertragen **b** *(sopportare)* vertragen: ***non ~ il fumo, un medicinale*** Rauch, ein Medikament nicht vertragen.

To|lo|mei n.pr.m.pl. Ptolomäer *pl.*

To|lo|me|o n.pr.m. Ptolomäus *m.*

To|lo|sa n.pr.f. Toulouse *n.*

tol|to p.pass. agg. **1** → **togliere 2** abgesehen von: ***-i tre giorni è piovuto tutto il mese*** abgesehen von drei Tagen hat es den ganzen Monat geregnet; ***~ te, lo sanno tutti*** abgesehen von dir wissen es alle **3** *(sottratto)* abzüglich: ***-e le spese*** abzüglich der Kosten ◆ ***il mal ~*** das unrechtmäßig erworbene Gut; ***la seduta è -a*** die Sitzung ist aufgehoben.

to|lue|ne, to|luo|lo m. Toluol *n.*

1.to|ma f. ***capire Roma per ~*** = etw. völlig missverstehen; ***promettere Roma e ~*** goldene Berge versprechen.

2.to|ma f. INTRAD. (Käse aus Piemont und dem Aostatal).

to|ma|ia f., **to|ma|io** m. *(-ai)* Oberleder *n.*

tom|ba f. Grab *n.*: ***giacere nella ~*** im Grab liegen; ***scavare una ~*** ein Grab aus‿heben (*o* schaufeln); ***profanare una ~*** ein Grab schänden ◆ ***dalla culla alla ~*** von der Wiege bis zur Bahre; ***essere (muto come) una ~*** schweigen wie ein Grab; ***~ di famiglia*** Familiengrab *n.*; ***~ megalitica*** Megalithgrab *n.*; ***portare qcn. alla ~*** jdn zu Grabe tragen; FIG. ***rivoltarsi nella ~*** sich im Grab um‿drehen; ***~ rupestre*** Felsengrab *n.*; ***portarsi un segreto nella ~*** ein Geheimnis mit ins Grab nehmen; ***seguire qcn. nella ~*** jdm ins Grab folgen; ***silenzio di ~*** Grabesstille *f.*

tom|bac|co m. *(-chi)* Tombak *m.*

tom|ba|le agg. Grab-, Grabes-: ***pietra ~*** Grabstein *m.*; ***silenzio ~*** Grabesstille *f.*

tom|ba|ro|lo m. Plünderer *m.* antiker Gräber.

tom|bi|no m. Gully *m.*

1.tom|bo|la f. Lotto *n.*: ***fare ~*** beim Lotto gewinnen; FIG. einen Volltreffer landen.

2.tom|bo|la m. *(caduta)* Sturz *m.*, Plumps *m.* ◆ ***fare una ~*** hin‿plumpsen.

tom|bo|la|re intr. *(tombolo;* aus. *essere)* hin‿plumpsen.

1.tom|bo|lo m. **1** *(cuscino)* Schlummerrolle *f.* **2** *(cuscinetto per ricamare)* Klöppelkissen *n.* ◆ ***lavorare al ~*** klöppeln; ***lavoro al ~*** Klöppelarbeit *f.*

2.tom|bo|lo m. *(caduta)* Sturz *m.*, Plumps *m.* ◆ ***fare un ~*** hin‿plumpsen.

3.tom|bo|lo m. Sanddüne *f.* (an der toskanischen Küste).

to|men|to m. Pelz *m.* **to|men|to|so** agg. pelzig.

to|mi|no m. INTRAD. (Frischkäse aus Ziegenmilch).

to|mi|smo m. Thomismus *m.* **to|mi|sta** *(-i,-e)* **I** m e f. Thomist *m.* (-in *f.*) **II** agg. thomistisch. **to|mi|sti|co** agg. *(-ci,-che)* thomistisch.

Tom|ma|so n.pr.m. Thomas *m.* ◆ ***~ d'Aquino*** Thomas von Aquin; ***essere come san ~*** ein ungläubiger Thomas sein; ***~ Moro*** Thomas Morus.

1.to|mo m. **1** *(volume)* Band *m.*: ***opera in due -i*** Werk in zwei Bänden, zweibändiges Werk **2** *(libro)* Buch *n.*

2.to|mo m. ANT. *(caduta)* Sturz *m.*

to|mo|gra|fi|a f. Tomographie *f.* ◆ ***~ assiale computerizzata*** Computertomographie *f.* **to|mo|gra|fo** m. Tomograph *m.*

ton inter. ***~ ~*** ding, dong.

to|na|ca f. *(-che)* **1a** *(di frati)* Kutte *f.*, Mönchskutte *f.* **b** *(di preti)* Talar *m.* **c** *(di monache)* Schwesterntracht *f.* **2** ANAT. Wand *f.* ◆ ***-che delle arterie*** Arterienwände *pl.*; ***gettare la ~ (alle ortiche)*** *(di frati e preti)* das Priestergewand, den Talar an den Nagel hängen; *(di monache)* den Schleier an den Nagel hängen; ***~ dello stomaco*** Magenwand *f.*; ***vestire la ~*** *(di frate)* die Kutte an‿legen; *(farsi monaca)* den Schleier nehmen.

to|na|le agg. **1** tonal, Ton-: ***musica ~*** tonale Musik; ***sistema ~*** Tonsystem *n.* **2** PITT. Ton-. **to|na|li|smo** m. **1** Tonalität *f.* **2** PITT. Tönung *f.*, Tongebung *f.*

to|na|li|tà f.inv. **1** MUS. Tonalität *f.*, Tonart *f.*: ***trasportare un pezzo in un'altra ~*** ein Stück in eine andere Tonart übertragen **2** *(di colore)* Farbton *m.*: ***~ chiare, scure*** helle, dunkle Farbtöne **3** PITT. Tönung *f.* ◆ ***~ di grigio*** Grauton *m.*; ***~ maggiore*** Durtonart *f.*; ***~ minore*** Molltonart *f.*; ***~ parallela*** Paralleltonart *f.*; ***~ di rosso*** Rotton *m.*; ***~ di verde*** Grünton *m.*

to|nan|te agg. **1** donnernd **2** *(risonante)* schallend, tönend: ***voce ~*** schallende Stimme ◆ ***miscela ~*** Knallgas *n.*

to|na|re → **tuonare.**

ton|ca f. *(-che)* Tonkabohne *f.*

Ton|chi|no n.pr.m. Tongking *n.*

ton|deg|gian|te agg. rundlich ◆ ***cima ~*** Bergkuppe *f.* **ton|deg|gia|re** intr. *(tondeggio, tondeggi;* aus. *essere)* rundlich sein.

ton|del|lo m. **1** runder Gegenstand *m.* **2** NUMISM. Platte *f.* **3** *(punzone)* Prägestempel *m.* ◆ ***~ di legno*** geschältes Rundholz. **ton|di|no** m. **1** rundes Plättchen *n.* **2** METALL. Rundeisen *n.* **3** *(per cemento armato)* Betonstahl *m.* **4** ARCH. Astragal *m.* **5** NUMISM. Platte *f.* **6** *(sottobicchiere)* Untersetzer *m.*

ton|do I agg. **1** rund: ***viso ~*** rundes Gesicht; ***parentesi -a*** runde Klammer **2** ***sei mesi -i*** genau sechs Monate; ***costa 100 marchi -i -i*** das kostet glatt 100 Mark **II** m. **1** *(cerchio)* Kreis *m.* **2** *(oggetto tondo)* runder Gegenstand *m.* **3** ART. Tondo *n.* **4** TIP. Antiqua *f.* ◆ TIP. ***carattere ~*** Antiqua *f.*; ***chiaro e ~*** klar und deutlich (*o* klar und offen, kurz und klar); ***cifra -a*** runde Zahl; ***fare cifra -a*** runde Zahl machen; ***girare in ~*** sich im Kreise drehen; ***scultura a tutto ~*** Vollplastik *f.*; ***~ di vetro*** Butzenscheibe *f.*; ***voce -a*** volltönende Stimme.

to|ner ['touna, *üblich* 'tɔner] m.inv. Toner *m.*

ton|fa|no m. Kolk *m.*

ton|fe|te inter. plumps.

ton|fo m. dumpfer Schlag *m.*, dumpfes Geräusch *n.*, COLLOQ. Plumps *m.*: ***ho sentito un ~*** ich habe ein dumpfes Geräusch gehört; ***cadere con un ~*** mit einem Plumps hinfallen ◆ ***fare un ~*** plumpsen.

to|ni|ca f. *(-che)* **1** MUS. Tonika *f.*, Hauptton *m.* **2** *(acqua tonica)* Tonic *n.* **to|ni|ci|tà** f. **1** MUS. tonischer Charakter *m.* **2** LING. Betontheit *f.*

to|ni|co I agg. *(-ci,-che)* **1** LING. betont, Ton-: ***sillaba -a*** betonte Silbe **2** MUS. MED. tonisch **3** *(stimolante)* kräftigend **II** m. *(-ci)* **1** FARM. Kräftigungsmittel *n.*, Tonikum *n.* **2** COSMET. Gesichtswasser *n.* ◆ ***accento ~*** Ton *m.*; ***acqua -a*** Tonicwater *n.*, Tonic *n.*; ***nota -a*** Grundton *m.*

to|ni|fi|can|te agg. kräftigend, belebend. **to|ni|fi|ca|re** tr. *(tonifico, tonifichi)* **1a** kräftigen, stärken **b** *(rinvigorire)* beleben, an‿regen: ***~ l'organismo*** den Körper kräftigen **2** MED. tonisieren ◆ ***~ la pelle*** die Haut geschmeidig machen.

ton|na|ra f. Großfanganlage *f.* für Thunfische.

ton|na|rel|li m.pl. INTRAD. (vierkantige Spaghetti).

ton|na|to agg. ***salsa -a*** Thunfischsoße *f.* ◆ ***vitello ~*** INTRAD. (Kalbfleisch in Thunfischsoße).

ton|né → **tonnato.**
ton|neau [tɔ'no] m.inv. Rolle *f.*
ton|neg|gia|re *(tonneggio, tonneggi)* **I** tr. warpen **II** pronom. **tonneggiarsi** warpen. **ton|neg|gio** m. *(-gi)* Warp *m.* ◆ ***ancora da ~*** Warpanker *m.*
ton|nel|lag|gio m. *(-gi)* **1** MAR. Tonnage *f.*, Tonnengehalt *m.* **2** FERR. Tragfähigkeit *f.* **ton|nel|la|ta** f. Tonne *f.*: ***una ~ di ferro*** eine Tonne Eisen; ***dal peso di una ~*** mit einem Gewicht von einer Tonne ◆ ***~ di stazza lorda*** Bruttoregistertonne *f.*; ***~ metrica*** Metertonne *f.*; ***~ di stazza netta*** Nettoregistertonne *f.*; ***~ di stazza*** Registertonne *f.*
ton|nel|la|ta-chi|lo|me|tro f. Tonnenkilometer *m.*
ton|no m. Thunfisch *m.*: ***una scatoletta di ~*** eine Dose Thunfisch; ***~ al naturale*** Thunfisch nature (*o* ohne Öl).
to|no m. **1a** Ton *m.*: ***in ~ cattedratico, conciliante, impersonale*** in dozierendem, versöhnlichem, sachlichem Ton; ***assumere un ~ confidenziale*** einen persönlichen Ton an‿schlagen; ***che ~ è questo?*** was ist das für ein Ton? ***non rispondere con quel ~!*** antworte nicht in diesem Ton! ***se la metti su questo ~, mi rifiuto di rispondere*** wenn du solche Töne anschlägst, weigere ich mich zu antworten; ***ti proibisco di usare quel ~ con me!*** ich verbitte mir diesen Ton! **b** ESTENS. *(voce)* Stimme *f.*: ***alzare il ~ (di voce)*** die Stimme heben **2** MUS. Ton *m.*: ***dare il ~*** den Ton an‿geben; ***-i acuti, gravi*** hohe, tiefe Töne; ***abbassare qcs. di un ~*** etw. um einen Ton senken **3** *(gradazione di colore)* Ton *m.*, Farbton *m.*: ***-i caldi, freddi*** warme, kalte Töne; ***nel quadro predominano i -i rossi*** in dem Gemälde herrschen rote Farbtöne vor; ***~ su ~*** Ton in Ton **4a** *(stato di tensione)* Tonus *m.*, Ton *m.* **b** ESTENS. Elastizität *f.*: ***un cosmetico che dà ~ all'epidermide*** ein Kosmetikum, das der Haut Elastizität verleiht **5** FOT. Tonwert *n.* ◆ ***rispondere a ~*** keine Antwort schuldig bleiben; ***abbassare il ~*** die Stimme senken; ESTENS. sich ab‿regen; ***calare di ~*** FIG. sich verschlechtern, im Niveau sinken; ***cambiar ~*** ein‿lenken; ***~ cardiaco*** Herzschlag *m.*; ***~ di comando*** Befehlston *m.*; ***che dà il ~*** tonangebend; ***darsi un ~*** Haltung an‿nehmen; MUS. ***cantare fuori ~*** falsch singen; ***essere giù di ~*** schlecht in Form sein; FIG. niedergeschlagen sein; MUS. ***~ intero*** Ganzton *m.*; ***lingua a -i*** Tonsprache *f.*; ***~ muscolare*** Muskeltonus *m.*; MUS. ***-i parziali*** Partialtöne *pl.*; ***-i pastello*** Pastelltöne *pl.*; ***parlare in ~ piagnucoloso*** in weinerlichem Ton sprechen; MUS. ***quarto di ~*** Viertelton *m.*; ***e avanti di questo ~*** und in dem Stil geht es weiter; ***rispondere a ~*** eine gehörige Antwort geben; FIG. ***scendere di ~*** nach‿lassen; FOT. ***~ verdastro*** Grünstich *m.*
ton|sil|la f. Mandel *f.*, Tonsille *f.*: ***avere le -e ingrossate, infiammate*** dicke, entzündete Mandeln haben; ***togliere le -e*** die Mandeln heraus‿nehmen ◆ COLLOQ. ***operazione delle -e*** Mandeloperation *f.* **ton|sil|la|re** agg. Mandel-, tonsillar. **ton|sil|lec|to|mi|a** f. Mandeloperation *f.*, Tonsillektomie *f.* **ton|sil|li|te** f. Mandelentzündung *f.*, Tonsillitis *f.*
ton|so|re m. SCHERZ. Barbier *m.*
ton|su|ra f. Tonsur *f.* **ton|su|ra|re** tr. tonsurieren.
ton|to COLLOQ. **I** m. Trottel *m.*, Dummkopf *m.* **II** agg. dumm, blöde ◆ ***fare il finto ~*** sich dumm stellen. **ton|to|lo|ne** m. COLLOQ. Jäckel *m.*, Trottel *m.*
top m.inv. **1** ABBIGL. Top *n.*: ***un ~ in seta*** ein Seidentop **2** COLLOQ. *(culmine)* Spitze *f.*, Gipfel *m.*: ***essere il ~*** spitze (*o* an der Spitze) sein ◆ ***~ della forma*** Topform *f.*
to|pa|ia f. **1** Mäusenest *n.* **2** FIG. Höhle *f.*, Loch *n.*
to|pa|zio **I** m. *(-zi)* **1** Topas *m.* **2** *(colore)* Goldgelb *n.* **II** agg.inv. ***color ~*** Goldgelb *n.*
1.to|pi|ca f. RET. Topik *f.*
2.to|pi|ca f. *(-che)* *(gaffe)* Fauxpas *m.*, Entgleisung *f.*: ***fare una ~*** einen Fauxpas begehen.
to|pi|ci|da **I** m. Rattengift *n.*, Mäusengift *n.* **II** agg. mäusevernichtend, mäusevertilgend.
to|pi|co agg. *(-ci,-che)* **1** RET. die Topoi betreffend **2** *(locale)* topisch, örtlich **3** FARM. äußerlich: ***medicamento (ad uso) ~*** Arznei *f.* für den äußerlichen Gebrauch **4** *(decisivo)* entscheidend.
to|pi|nam|bur m.inv. Topinambur *f.*, Erdapfel *m.*
to|pi|no m. **1** Mäuschen *n.*, Mäuslein *n.* (anche VEZZ.) **2** ORNIT. Uferschwalbe *f.*
top|less ['tɒples] m.inv. Oben-ohne-Badeanzug *m.*; ***ragazza in ~*** Mädchen *n.* in oben ohne; ***il ~ è vietato*** oben ohne verboten.
top man|ager ['tɒp mænidʒə] m.inv. Topmanager *m.*
top mo|del ['tɒp m'ɒdəl] f.inv. Topmodel *n.*, Starmannequin *f.*
to|po m. Maus *f.* ◆ ***~ d'acqua*** Biberratte *f.*; ***~ d'albergo*** Hoteldieb *m.*; ***~ d'auto*** Autodieb *m.*, Automarder *m.*; ***~ di biblioteca*** Bücherwurm *m.*; ***~ campagnolo*** Feldmaus *f.* ***~ comune, domestico*** Hausmaus *f.*; ***fare la fine del ~*** schließlich doch in die Falle gehen; ***~ di fogna*** Wanderratte *f.*; ***giocare al gatto e al ~*** Katze und Maus spielen; ***grigio ~*** mausgrau, mausfarbig; ***invasione di -i*** Mäuseplage *f.*; ***~ muschiato*** Bisamratte *f.*; ***tana di ~*** Mäuseloch *n.*; ***veleno per -i*** Mäusegift *n.*, Rattengift *n.*; PROV. ***quando il gatto non c'è i -i ballano*** wenn die Katze aus dem Haus ist, tanzen die Mäuse; ***i -i abbandonano la nave che affonda*** die Ratten verlassen das sinkende Schiff.
to|po|gra|fi|a f. Topographie *f.*, Geländekunde *f.* ◆ ***~ mineraria*** Markscheidekunst *f.* **to|po|gra|fi|co** agg. *(-ci,-che)* topographisch: ***carta -a*** topographische Karte ◆ ***catalogo ~*** Standortkatalog *m.*; ***rilevamento ~*** Geländeaufnahme *f.* **to|po|gra|fo** m. Topograph *m.*, Vermessungsingenieur *m.*
to|po|li|no m. Mäuschen *n.*, Mäuslein *n.* (anche VEZZ.).
To|po|li|no n.pr.m. Mickymaus *f.*
to|po|lo|gi|a f. **1** Topologie *f.* **2** GRAMM. Wortstellung *f.* **to|po|lo|gi|co** agg. *(-ci,-che)* topologisch.
to|po|ni|mi|a → **toponomastica.**
to|po|ni|mi|co agg. *(-ci,-che)* toponymisch. **to|po|ni|mo** m. Ortsname *m.* **to|po|no|ma|sti|ca** f. *(-che)* **1** Toponomastik *f.*, Ortsnamenkunde *f.* **2** *(insieme di nomi di un luogo)* Ortsnamen *pl.* **to|po|no|ma|sti|co** agg. *(-ci,-che)* toponomastisch.
to|po|ra|gno m. Spitzmaus *f.*
to|pos m. *(-poi)* Topos *m.*
top|pa f. **1** Flicken *m.*: ***mettere una ~ a qcs.*** einen Flicken auf etw. (auf‿)nähen; FIG. für etw. eine Notlösung finden **2a** *(buco della serratura)* Schlüsselloch *n.*: ***girare la chiave nella ~*** den Schlüssel im Schlüsselloch drehen **b** ESTENS. *(serratura)* Türschloss *n.*, Schloss *n.* ◆ ***togliere la chiave dalla ~*** den Schlüssel ab‿ziehen.
top|po m. Baumstumpf *m.*, Wurzelstock *m.*
top se|cret [tɒp 'si:krit] agg. streng geheim, topsecret.
to|rà → **torah.**
to|ra|ce m. Brustkorb *m.*, Thorax *m.* **to|ra|cen|te|si** f. Thorakozentese *f.* **to|ra|ci|co** agg. *(-ci,-che)* Brust-: ***cavità -a*** Brusthöhle *f.*; ***cassa -a*** Brustkorb *m.*
to|ra|co|cen|te|si → **toracentesi.**
to|rah f. Thora *f.*
tor|ba f. Torf *m.*: ***estrarre ~*** Torf graben; ***scavare ~*** Torf stechen ◆ ***estrazione della ~*** Torfgewinnung *f.*; ***strame di ~*** Torfstreu *f.*; ***trasformazione in ~*** Vertorfung *f.*
tor|bi|dez|za, tor|bi|di|tà f. **1** Trübe *f.*, Trübung *f.*, Trübheit *f.* **2** FIG. Unklarheit *f.*, Trübung *f.*
tor|bi|do agg. **1** trübe: ***acqua -a*** trübes Wasser **2a** FIG. unklar, trübe: ***sguardo ~*** trüber Blick **b** *(illecito)* verboten: ***passioni -e*** verbotene Leidenschaften **II** m. Trübe *f.* ◆ ***pescare nel ~*** im Trüben fischen.
tor|bie|ra f. Torfmoor *n.*, Torfgrube *f.* **tor|bo|so** agg. torfhaltig, torfreich ◆ ***terreno ~*** Torfboden *m.*; ***terriccio ~*** Torferde *f.*, Torfmull *m.*
tor|cen|te agg. FIS. MECC. drehend, Dreh-: ***momento ~*** Drehmoment *m.*
tor|ce|re *(torco, torci; torsi; torto)* **I** tr. **1** TECN. verwinden, verdrillen, drehen: ***~ il filo*** das Garn drehen **2** *(storcere)* verdrehen, verziehen: ***~ il braccio a qcn.*** jdm den Arm verdrehen; ***~ la bocca*** den Mund verziehen **3** *(strizzare)* winden, aus‿winden, aus‿wringen: ***~ i panni*** die Wäsche auswringen **II** pronom. **torcersi** **1** sich krümmen, sich winden: ***-rsi dalle risa, dal dolore*** sich vor Lachen, vor Schmerzen krümmen **2** ***-rsi le mani*** die Hände ringen ◆ ***non ~ un capello a qcn.*** jdm kein Haar krümmen; ***~ il collo a qcn.*** jdm den Hals um‿drehen; ***dare del filo da ~ a qcn.*** jdm eine harte Nuss zu knacken geben, jdm zu schaffen machen.
tor|cet|to m. INTRAD. (herzförmiges Plätzchen mit Karamellguss).
tor|chia|re tr. *(torchio, torchi)* **1a** pressen **b** *(uva)* keltern **2** FIG. aus‿pressen, aus‿quetschen; ***~ qcn.*** jdn in die Mangel nehmen. **tor|chia|tu|ra** f. Pressen *n.*
tor|chio m. *(-chi)* **1** Presse *f.*: ***~ idraulico*** hydraulische Presse **2** *(per uva)* Kelter *f.* **3** TIP. Druckerpresse *f.*, Druckpresse *f.* ◆ ***essere sotto (il) ~*** *(essere in corso di stampa)* im Druck sein; FIG. *(venire interrogato)* ausgequetscht werden; TIP. ***~ a mano*** Handpresse *f.*; FIG. ***mettere sotto ~ qcn.*** jdn in die Mangel nehmen, jdn ausquetschen; ***~ pneumatico*** Luftpresse *f.*; ***~ tirabozze*** Abziehpresse *f.*; ***~ a vite*** Schraubenpresse *f.*
tor|cia f. *(-ce)* **1** Fackel *f.* **2** *(lampada tascabile)* Taschenlampe *f.* ◆ ***~ elettrica*** Taschenlampe *f.*; ***~ a vento*** Pechfackel *f.*
tor|ci|bu|del|la m.inv. Rachenputzer *m.*
tor|ci|col|lo m. steifer Hals *m.*, Halsstarre *f.*: ***mi è venuto il ~*** ich habe einen steifen Hals bekommen; COLLOQ. ***avere il ~*** ein steifes Genick haben.
tor|ci|glio|ne m. Haarband *n.*

tor|ci|tu|ra f. Drehung *f.*; TESS. Zwirnen *n.*
tor|do m. **1** ORNIT. Drossel *f.* **2a** FIG. *(cicciottello)* Dickerchen *n.* **b** *(sempliciotto)* Dummkopf *m.* ◆ ~ ***comune*** Singdrossel *f.*
to|re|a|re intr. (aus. *avere*) als Stierkämpfer auftreten.
1.to|rel|lo m. **1** ZOOL. junger Stier *m.* **2** *(ragazzo robusto)* junger, kräftiger Mensch *m.*
2.to|rel|lo m. MAR. Kielgang *m.*
to|re|ro m. Stierkämpfer *m.*, Torero *m.*
to|reu|ti|ca f. *(-che)* Toreutik *f.*
to|ri|ne|se I agg. turinisch, Turiner **II** m. e f. *(abitante)* Turiner *m.* (-in *f.*). **To|ri|no** n.pr.f. Turin *n.*
to|rio m. CHIM. Thorium *n.*, Thor *n.*
tor|ma f. **1** *(folla, gruppo)* Schar *f.*, Haufen *m.* **2** STOR. *(reparto di cavalleria)* Reiterschar *f.* **3** *(branco di animali)* Rudel *n.* ◆ ***a -e*** haufenweise, in hellen Scharen.
tor|ma|li|na f. MINER. Turmalin *m.*
tor|men|ta f. Schneesturm *m.*, Schneegestöber *n.*
tor|men|ta|re I tr. **1** *(torturare)* quälen, foltern, martern **2** FIG. *(affliggere)* quälen, plagen, peinigen: ***essere tormentato dai dubbi*** von Zweifeln gequält sein; ~ ***qcn. con le proprie domande*** jdn mit seinen Fragen peinigen **II** pronom. **tormentarsi** sich quälen, sich peinigen, sich martern: ***-rsi nei sensi di colpa*** sich mit Schuldgefühlen quälen.
tor|men|ta|to p.pass. agg. **1** → **tormentare 2** gequält: ***spirito*** ~ gequälter Geist **3a** *(travagliato)* mühselig: ***vita -a*** mühseliges Leben **b** *(difficile)* schwierig: ***scelta -a*** schwierige Wahl. **tor|men|ta|to|re** m. Quäler *m.*, Peiniger *m.*
tor|men|til|la f. Blutwurz *f.*
tor|men|to m. **1** Qual *f.*, Pein *f.*: ***il ~ della sete*** die Qual des Durstes; ***morire fra atroci -i*** unter furchtbaren Qualen sterben; ***rendere la vita di qcn. un*** ~ jdm das Leben zur Pein machen **2a** *(fastidio)* Plage *f.*, Qual *f.*: ***che ~ le tue domande inutili!*** deine nutzlosen Fragen sind die reinste Qual; ***rendere qcs. un ~ per qcn.*** jdm etw. zur Plage machen **b** *(persona fastidiosa)* Quälgeist *m.*; COLLOQ. Nervensäge *f.* **3** *(assillo)* Stachel *m.*, Qual *f.*: ***il ~ del dubbio*** der Stachel des Zweifels; ***il ~ del rimorso*** die Qual der Gewissensbisse **4a** *(tortura)* Folter *f.*, Qual *f.* **b** *(strumento di tortura)* Foltergerät *n.* ◆ ~ ***interiore*** innere Qual.
tor|men|to|ne m. **1** *(lagna)* Quälgeist *m.*, Nervensäge *f.* **2** *(argomento ripetuto)* Quälerei *f.*, Qual *f.*
tor|men|to|sa|men|te avv. quälend. **tor|men|to|so** agg. **1** quälend: ***dolore, dubbio, pensiero*** ~ quälender Schmerz, Zweifel, Gedanke **2** *(straziante)* qualvoll: ***morte -a*** qualvoller Tod.
tor|na|con|to m. Gewinn *m.*, Vorteil *m.*: ***pensare al, cercare il proprio*** ~ auf seinen eigenen Vorteil bedacht sein ◆ ***trovare il proprio*** ~ auf seine Rechnung kommen.
tor|na|do m.inv. Tornado *m.*
tor|nan|te m. Serpentine *f.*, Kehre *f.*, Kehrschleife *f.*; *(molto stretto)* Haarnadelkurve *f.*
tor|na|re intr. (aus. *essere*) **1a** wieder kommen: ***torna presto!*** komm bald wieder! ***un'occasione simile non tornerà più*** eine solche Gelegenheit kommt nicht wieder (*o* bietet sich nicht noch einmal); ~ ***alla, in mente*** wieder in den Sinn kommen; ~ ***di moda*** wieder in Mode kommen; ~ ***in sé*** wieder zu sich kommen; ***è tornato l'autunno*** es ist wieder Herbst **b** *(rientrare)* zurück‿kehren, zurück‿kommen: ~ ***al proprio paese, al proprio posto*** in sein Land, auf seinen Platz zurückkehren; ~ ***per cena, a notte inoltrata*** zum Abendessen, spät in der Nacht zurückkommen; ~ ***dalla montagna, dalle vacanze*** aus den Bergen, den Ferien zurückkehren; ~ ***dal lavoro, da una riunione*** von der Arbeit, einer Sitzung zurückkommen; ~ ***su un argomento*** auf ein Thema zurückkommen **c** *(con un veicolo)* zurück‿fahren **d** *(riandare)* wieder gehen: ***tra un mese torno in ospedale*** in einem Monat muss ich wieder ins Krankenhaus (gehen) **2** *(riuscire)* sich erweisen, sein: ~ ***utile, comodo*** nützlich sein, sich als bequem erweisen; ***questo torna a suo vantaggio*** das ist zu seinem Vorteil **3** *(ridiventare)* wieder werden: ~ ***come nuovo, pulito*** wieder wie neu, sauber werden ◆ ~ ***a fare qcs.*** wieder etw. tun; ***tornò a piovere*** es begann wieder zu regnen; ***tornare a dire qcs.*** etw. noch einmal sagen (*o* wiederholen); ~ ***d'attualità*** wieder aktuell werden; ~ ***bambino*** wieder ein Kind werden; ~ ***bene*** sich als nützlich erweisen; ~ ***a bomba*** zur Sache zurück‿kommen; ~ ***a casa*** heim‿kommen, nach Hause kommen; ***il conto torna*** die Rechnung geht auf (anche FIG.); ~ ***daccapo*** von neuem anfangen; ***gli è tornata la febbre*** er hat wieder Fieber; ~ ***a galla*** wieder an die Oberfläche kommen; FIG. wieder auf‿kommen; ~ ***indietro*** zurück‿kommen, zurück‿kehren; ***non si può più ~ indietro*** man kann nicht mehr zurück; FIG. es gibt kein Zurück mehr; ~ ***al lavoro*** die Arbeit wieder auf‿nehmen; ~ ***male*** sich als Nachteil erweisen, sich nachteilig aus‿wirken; ~ ***con la mente al passato*** an etw. (A) zurück‿denken; ***non*** ~ nicht stimmen: ***il conto non torna*** die Rechnung stimmt nicht; FIG. die Rechnung geht nicht auf; ~ ***sui propri passi*** zurück‿gehen; FIG. es sich noch einmal überlegen; ~ ***col pensiero a qcs.*** an etw. (A) zurück‿denken; ~ ***polvere*** wieder zu Staub werden; ~ ***sulle proprie posizioni*** seine Meinung überdenken; ~ ***alla ribalta*** ein Come-back erleben; COLLOQ. ***non torniamoci più su*** reden wir nicht mehr davon; ~ ***su*** *(di cibo)* auf‿stoßen; ***ti torna?*** bist du (davon) überzeugt? ***vado e torno*** ich komme sofort wieder; ~ ***in vita*** wieder auf‿leben; ~ ***in voga*** wieder auf‿kommen.
tor|na|so|le m.inv. Lackmus *m.* e *n.*: ***cartina al, di*** ~ Lackmuspapier *n.* ◆ FIG. ***qcs. fa da cartina al, di ~ per qcs.*** etw. dient als Probe, Nachweis für etw.
tor|na|ta f. **1** Sitzung *f.*, Tagung *f.* **2** METR. Abgesang *m.* ◆ ~ ***elettorale*** Wahlgang *m.*
tor|na|to p.pass. agg. **1** → **tornare 2** ***ben ~!*** schön, dass du wieder da bist!
tor|nel|la, tor|nel|lo m. Drehkreuz *n.*
tor|ne|o m. **1** Turnier *n.* (anche STOR.) **2** *(campionato)* Meisterschaft *f.* ◆ ~ ***di tennis*** Tennisturnier *n.*; ~ ***di scacchi*** Schachturnier *n.*
tor|nio m. *(-ni)* Drehbank *f.* ◆ ~ ***automatico*** Drehautomat *m.*; ***fatto al*** ~ gedrechselt; FIG. *(di gambe, braccia)* wohlgestaltet; ~ ***per filettare*** Schraubendrehbank *f.*; ~ ***finitore*** Schlichtdrehbank *f.*; ~ ***frontale*** Plandrehbank *f.*; ***lavoro al*** ~ Drechselarbeit *f.*; ~ ***per legno*** Holzdrehbank *f.*; ~ ***per metalli*** Metalldrehbank *f.*; ***passare al*** ~ nach‿schneiden; ~ ***a revolver, a torretta*** Revolverdrehbank *f.*; ~ ***da vasaio*** Töpferscheibe *f.*
tor|ni|re tr. *(tornisco, tornisci)* **1a** drechseln **b** METALL. drehen **2** FIG. aus‿feilen: ~ ***una frase*** einen Satz ausfeilen.
tor|ni|to p.pass. agg. **1** → **tornire 2** gedrechselt **3** METALL. gedreht **4** ***braccia -e*** wohlgestaltete Arme. **tor|ni|to|re** m. Dreher *m.*, Drechsler *m.* ◆ ~ ***di corno*** Horndrechsler *m.* **tor|ni|tu|ra** f. **1** Drehen *n.*, Drechseln *n.* **2** *(rimasugli)* Drehspäne *pl.* ◆ ~ ***piana*** Plandrehen *n.*; ~ ***a sagoma*** Formdrehen *n.*
tor|no m. Runde *f.* ◆ ~ ~ ringsherum; ***in quel ~ di tempo*** zu jener Zeit; ***togliersi di ~ qcn.*** sich (D) jdn vom Halse schaffen; ***togliti di ~!*** verschwinde von hier! (*o* schau, dass du fortkommst).
1.to|ro m. **1** Stier *m.*, Bulle *m.* **2** FIG. *(persona robusta)* starker Mensch *m.* **3** ASTROL. Stier *m.*: ***è del, è un*** ~ er ist (ein) Stier; ***essere nato nel segno del*** ~ im Zeichen des Stiers geboren sein; ***entrare, essere nel segno del*** ~ in das Zeichen des Stiers treten, im Zeichen des Stiers stehen ◆ ~ ***da combattimento*** Kampfstier *m.*; ***prendere il ~ per le corna*** den Stier bei den Hörnern fassen (*o* packen); ***essere forte come un*** ~ bullenstark (*o* bärenstark) sein; ~ ***da monta*** Zuchtstier *m.*; ***tagliare la testa al*** ~ kurzen Prozess machen.
2.to|ro m. **1** ARCH. Wulst *m.* **2** GEOM. Torus *m.*, Kreiswulst *f.*
1.tor|pe|di|ne f. ITTIOL. Zitterrochen *m.*, Torpedofisch *m.*
2.tor|pe|di|ne f. MIL. Torpedo *m.* **tor|pe|di|nie|ra** f. MIL. Torpedoboot *n.*
tor|pe|do|ne m. Autobus *m.*, Omnibus *m.*
tor|pi|dez|za f. **1** Schlaffheit *f.* **2** *(indolenza)* Unlust *f.*, Lustlosigkeit *f.* **tor|pi|do** agg. **1** taub, schlaff: ***membra -e*** taube Glieder **2** FIG. stumpf.
tor|po|re m. **1** Taubheit *f.* **2** FIG. Trägheit *f.*: ***scuotere qcn. dal suo*** ~ jdn aus seiner Trägheit auf‿rütteln ◆ ***senso di*** ~ benommenes Gefühl.
tor|re f. **1** Turm *m.* (anche GIOC.): ***un'alta*** ~ ein hoher Turm; ***la ~ vacilla, crolla*** der Turm wankt, stürzt; **2** *(oggetto a forma di torre)* Turm *m.*, Turmbau *m.* **3** STOR. MIL. Panzerturm *m.*, Geschützturm *m.* **4** ALP. Bergzinne *f.* ◆ ***chiudersi in una ~ d'avorio*** sich in einen Elfenbeinturm ein‿schließen; BIBL. ~ ***di Babele*** Turm zu Babel, Babylonischer Turm; FIG. babylonisches Sprachgewirr; ~ ***campanaria*** Glockenturm *m.*; ~ ***di comando*** Kommandoturm *m.*; AER. ~ ***di controllo*** Kontrollturm *m.*, Tower *m.*; ~ ***Eiffel*** Eiffelturm *m.*; MIN. ~ ***di estrazione*** Förderturm *m.*; STOR. ~ ***della fame*** Hungerturm *m.*; ~ ***di guardia*** Wacht(t)urm *m.*, ANT. Luginsland *m.*; ASTR. ~ ***di lancio*** Startturm *m.*; ***orologio della*** ~ Turmuhr *f.*; ~ ***di osservazione*** Wach(t)turm *m.*; ***la ~ di Pisa*** der Turm von Pisa; ~ ***radar*** Radarturm *m.*; ~ ***della (antenna) radio*** Funkturm *m.*; ~ ***di raffreddamento*** Kühlturm *m.*; ~ ***della televisione*** Fernsehturm *m.*; MIN. ~ ***di trivellazione*** Bohrturm *m.*, Ölbohrturm *m.*; ~ ***di vedetta*** Wacht(t)urm *m.*, ANT. Warte *f.*
tor|re|fa|re tr. *(torrefaccio, torrefai; torrefeci; torrefatto)* rösten; *(caffè)* rösten, brennen. **tor|re|fa|zio|ne** f. **1a** Rösten *n.* **b** *(di caffè)* Rösten *n.*, Brennen *n.* **2** ESTENS. *(laboratorio)* Kaffeerösterei *f.*

3 *(negozio)* Kaffeegeschäft *n.*
tor|reg|gia|re intr. *(torreggio, torreggi;* aus. *avere)* empor‿ragen: ***~ su qcn.*** jdn überragen.
tor|ren|te m. **1** Sturzbach *m.*, Wildbach *m.*, Gießbach *m.*: ***seguire il corso di un ~*** dem Lauf eines Sturzbaches folgen **2** FIG. Strom *m.*, Fluss *m.*, Schwall *m.* ◆ ***a -i*** in Strömen; ***~ glaciale*** Gletscherbach *m.*; ***~ di lava*** Lavastrom *m.*; ***~ di montagna*** Wildbach *m.*, Gebirgsbach *m.*; ***~ di mulino*** Mühlbach *m.*; ***~ di parole*** Wortschwall *m.* **tor|ren|tel|lo** m. Bächlein *n.* **tor|ren|ti|zio** agg. *(-zi, -zie)* Sturzbach-. **tor|ren|zia|le** agg. strömend: ***pioggia ~*** strömender Regen.
tor|ret|ta f. **1** *(piccola torre)* Türmchen *n.* **2** MAR. AER. Turm *m.* **3** MIL. Turm *m.*, Panzerturm *m.*, Geschützturm *m.* **3** TECN. Drehkopf *m.*, Revolverkopf *m.* ◆ ***tornio a ~*** Revolverdrehbank *f.*
tor|ri|do agg. (drückend) heiß: ***un'estate -a*** ein drückend heißer Sommer ◆ ***caldo ~*** Bruthitze *f.*; GEOGR. ***zona -a*** tropische Zone.
tor|rio|ne m. **1** STOR. Wach(t)turm *m.*, Hauptturm *m.* **2** MAR. Geschützturm *m.*
tor|ro|ne m. INTRAD. (Süßigkeit aus Zucker, Honig, Nüssen oder Mandeln in Barrenform).
tor|sio|ne f. **1** Torsion *f.*, Drall *m.*, Verdrillung *f.*, Verwindung *f.* **2** TESS. *(di filo)* Drall *m.*, Drallung *f.* **3** GINN. Drehung *f.*: ***~ del busto*** Drehung des Oberkörpers **4** MED. *(di arto)* Kontorsion *f.* ◆ ***bilancia di ~*** Drehwaage *f.*, Torsionswaage *f.*; MECC. ***~ destrorsa*** Rechtsdrall *m.*; ***elasticità di ~*** Drall *m.*; MED. ***~ intestinale*** Darmverschlingung *f.*; ***~ sinistrorsa*** Linksdrall *m.*
tor|so m. **1** Rumpf *m.*, Oberkörper *m.*: ***a ~ nudo*** mit bloßem Oberkörper **2** *(torsolo)* Kerngehäuse *n.* **tor|so|lo** m. Kerngehäuse *n.*
tor|ta f. **1** Kuchen *m.*; *(dolce morbido)* Torte *f.*: ***una fetta di ~*** ein Stück Kuchen; ***fare una ~*** einen Kuchen machen, backen **2** *(salata)* pikanter Kuchen *m.*, Gemüsetorte *f.* ◆ ***~ al cioccolato*** Schokoladentorte *f.*; ***~ di compleanno*** Geburtstagstorte *f.*; ***~ alla crema*** Cremetorte *f.*; ***prendere qcn. a -e in faccia*** jdn wie den letzten Dreck behandeln; ***~ di formaggio*** Käsetorte *f.*; ***~ alla, di frutta*** Obstkuchen *m.*; ***~ gelato*** Eistorte *f.*; STATIST. ***grafico a ~*** Kreisdiagramm *n.*; ***~ di mandorle*** Mandelkuchen *m.*; ***~ di mele*** Apfelkuchen *m.*; ***~ nuziale*** Hochzeitstorte *f.*; ***~ alla panna*** Sahnetorte *f.*; ***~ salata*** pikanter Kuchen *m.*; ***spartirsi la ~*** sich (D) den Kuchen teilen (anche FIG.).
tor|tel|li|no m. INTRAD. (mit Fleisch gefüllte, ringförmige Nudelart).
tor|tel|lo m. INTRAD. (mit Gemüse gefüllte Nudelart).
tor|tie|ra f. Kuchenform *f.*
tor|ti|glio|ne m. **1** Spiralform *f.* **2** INTRAD. (spiralförmige Nudeln) ◆ ***a ~*** schraubenförmig; ***trivella a ~*** Schlangenbohrer *m.*
tor|ti|le agg. spiralförmig: ***colonna ~*** spiralförmige Säule.
tor|ti|na f. Törtchen *n.* **tor|ti|no** m. kleine Gemüsetorte *f.*; *(sformato)* Auflauf *m.*
1.tor|to p.pass. agg. **1** → **torcere** **2** gedreht **3** *(storto)* krumm: ***gambe -e*** krumme Beine ◆ ***piede ~*** Knickfuß *m.*
2.tor|to m. Unrecht *n.*: ***a ~*** zu Unrecht; ***essere in ~*** im Unrecht sein; ***fare un ~ a qcn.*** jdm ein Unrecht an‿tun; ***subire un ~*** ein Unrecht erleiden; ***rimediare a un ~*** ein Unrecht wieder gut‿machen; ***mettere qcn., mettersi dalla parte del ~*** jdn, sich ins Unrecht setzen ◆ ***ammettere il proprio ~*** zu‿geben, dass man Unrecht hat; ***avere ~*** Unrecht haben; ***dare ~ a qcn.*** jdm Unrecht geben; ***avere ~ marcio*** völlig im Unrecht sein; ***a ~ o a ragione*** im Recht oder Unrecht; ***non avere tutti i -i*** nicht ganz Unrecht haben.
tor|to|ra **I** f. Turteltaube *f.* **II** agg. ***(color) ~*** taubengrau ◆ ***~ dal collare*** Türkentaube *f.*
tor|tri|ce f. Wickler *m.* ◆ ***~ della quercia*** Eichenwickler *m.*; ***~ della vite*** Traubenwickler *m.*
tor|tuo|sa|men|te avv. **1** krumm **2** FIG. *(in modo contorto)* umständlich. **tor|tuo|si|tà** f. **1** Gewundenheit *f.* **2** *(ansa)* Windung *f.*: ***le ~ di un fiume*** die Windungen eines Flusses **3** FIG. Gewundenheit *f.*
tor|tuo|so agg. **1** gewunden, verschlungen: ***percorso ~*** verschlungener Verlauf; ***strada -a*** in Windungen verlaufende Straße **2** FIG. *(contorto)* umständlich, unklar: ***ragionamento ~*** umständlicher Gedankengang.
tor|tu|ra f. **1** Folter *f.*: ***sottoporre qcn. alla ~*** jdn der Folter unterwerfen **2** FIG. Qual *f.*, Tortur *f.*: ***~ psicologica*** psychologische Qual; ***questo viaggio è stato una ~*** diese Reise war eine Tortur; ***ascoltarlo è una ~*** es ist eine Qual, ihm zuzuhören ◆ ***camera della ~*** Folterkammer *f.*; ***strumento di ~*** Folterwerkzeug *n.*, Marterwerkzeug *n.*; ***tavolo della ~*** Folterbank *f.*
tor|tu|ra|re **I** tr. **1** foltern **2** FIG. *(tormentare)* quälen, peinigen: ***essere torturato dalla sete*** von Durst gepeinigt sein **II** pronom. ***torturarsi*** sich quälen, sich peinigen.
tor|va|men|te avv. finster, scheel. **tor|vo** agg. finster, scheel: ***occhiata -a*** finsterer (*o* scheeler) Blick; ***con occhi -i*** mit scheelen Augen.
to|ry ['tɔ:rɪ] **I** agg.inv. torystisch **II** m.inv. Tory *m.*
to|sa → **tosatura.**
to|sa|ca|ni m.inv. **1** Hundescherer *m.* **2** *(barbiere poco abile)* Haarschnippler *m.* **to|sa|er|ba** m. e f.inv. Rasenmäher *m.* **to|sa|re** tr. **1** scheren (anche SCHERZ.): ***~ le pecore*** die Schafe scheren **2a** ESTENS. *(tagliare)* schneiden, zurück‿schneiden: ***~ le siepi*** die Hecken schneiden **b** ***~ il prato*** den Rasen mähen **3** FIG. *(lasciare senza soldi)* aus‿nehmen **4** NUMISM. rasieren.
to|sa|to p.pass. agg. **1** → **tosarsi** **2** geschoren: ***cane ~*** geschorener Hund **3a** ESTENS. geschnitten **b** *(di prato)* gemäht. **to|sa|to|re** m. Scherer *m.* ◆ ***~ di pecore*** Schafscherer *m.* **to|sa|tri|ce** f. **1** Schneidemaschine *f.* **2** *(tosaerba)* Rasenmäher *m.* **to|sa|tu|ra** f. **1** Schur *f.* **2a** ESTENS. Schneiden *n.* **b** *(di prato)* Mähen *n.* **3** *(lana tosata)* Schurwolle *f.* ◆ ***~ delle pecore*** Schafschur *f.*
To|sca|na n.pr.f. Toskana *f.* **to|sca|neg|gian|te** agg. toskanische Ausdrücke anwendend. **to|sca|neg|gia|re** intr. *(toscaneggio, toscaneggi;* aus. *avere)* toskanische Ausdrücke an‿wenden. **to|sca|ni|smo** m. toskanischer Ausdruck *m.* **to|sca|ni|tà** f. toskanischer Charakter *m.* **to|sca|no** **I** agg. toskanisch **II** m. **1** Toskaner *m.* **2** *(sigaro)* INTRAD. (italienische Zigarrensorte aus starkem, dunklem Tabak).
1.to|sco LETT. **I** agg. *(-schi,-sche)* toskanisch **II** m. *(-chi)* Toskaner *m.*
2.to|sco m. LETT. *(veleno)* Gift *n.*
to|so|ne m. Vlies *n.* ◆ ***toson d'oro*** Orden vom Goldenen Vlies.
tos|se f. Husten *m.*: ***avere, prendere la ~*** Husten haben, bekommen ◆ ***~ asinina*** Keuchhusten *m.*; ***attacco di ~*** Hustenanfall *m.*; ***~ canina*** Keuchhusten *m.*; ***~ catarrosa*** Schleimhusten *m.*; ***colpo di ~*** Hustenanfall *m.*; ***~ convulsa*** Krampfhusten *m.*; ***~ da fumatore*** Raucherhusten *m.*; ***pastiglia per la ~*** Hustenbonbon *m.*; ***sciroppo per la ~*** Hustensaft *m.*; ***~ secca*** Reizhusten *m.*, trockener Husten.
tos|sic|chia|re intr. *(tossicchio, tossicchi;* aus. *avere)* hüsteln.
tos|si|ci|tà f. Giftigkeit *f.*, Toxizität *f.* **tos|si|co** **I** agg. *(-ci,-che)* giftig, toxisch, Gift-: ***sostanza -a*** giftige Substanz; ***gas ~*** giftiges Gas **II** m. *(-ci)* **1** LETT. Gift *n.* **2** GERG. *(tossicodipendente)* Fixer *m.* ◆ ***nube -a*** Giftwolke *f.*; ***rifiuti -ci*** Giftmüll *m.*
tos|si|co|di|pen|den|te **I** agg. drogenabhängig **II** m. e f. Drogenabhängige *m.* e *f.* **tos|si|co|di|pen|den|za** f. Drogenabhängigkeit *f.*
tos|si|co|lo|gi|a f. Toxikologie *f.*, Giftlehre *f.* **tos|si|co|lo|gi|co** agg. *(-ci,-che)* toxikologisch: ***esame ~*** toxikologische Untersuchung.
tos|si|co|lo|go m. *(-gi)* Toxikologe *m.*
tos|si|co|lo|so agg. hüstelnd.
tos|si|co|ma|ne **I** agg. rauschgiftsüchtig **II** m. e f. Rauschgiftsüchtige *m.* e *f.* **tos|si|co|ma|ni|a** f. Rauschgiftsucht *f.*
tos|si|co|si f. Toxikose *f.*
tos|si|fu|go **I** agg. *(-ghi,-ghe)* hustenstillend **II** m. *(-ghi)* Hustenmittel *n.*
tos|si|na f. Toxin *n.* ◆ ***~ cadaverica*** Leichengift *n.*
tos|si|re intr. *(tossisco, tossisci;* aus. *avere)* husten.
to|sta|caf|fè m.inv. Kaffeeröstmaschine *f.*
to|sta|pa|ne m.inv. Toaster *m.*
to|sta|re tr. **1** rösten, brennen: ***~ caffè, mandorle*** Kaffee, Mandeln rösten (*o* brennen) **2** *(pane)* toasten.
to|sta|to p.pass. agg. **1** → **tostare** **2a** geröstet, gebrannt: ***caffè ~*** gerösteter Kaffee **b** *(pane)* getoastet ◆ ***pane ~*** Toastbrot *n.* **to|sta|tu|ra** f. Rösten *n.*
1.to|sto avv. LETT. *(subito)* sofort, gleich ◆ ***~ che*** sobald.
2.to|sto agg. **1** *(duro)* hart, fest **2** COLLOQ. taff: ***un tipo ~*** ein taffer Typ ◆ ***avere faccia -a*** ein Frechling (*o* ein unverschämter Mensch) sein; ***avere la faccia -a di fare qcs.*** die Frechheit haben, etw. zu tun.
3.to|sto m. → **toast.**
tot **I** agg.indef. soundso viel: ***guadagnare ~ milioni all'anno*** soundso viele Millionen im Jahr verdienen **II** pron.indef. soundso viel: ***costare ~*** soundso viel kosten **III** m. bestimmter Betrag *m.*, bestimmte Summe *f.*: ***vogliono un ~ al mese*** sie verlangen einen bestimmten Betrag pro Monat.
to|ta|le **I** agg. **1** gesamt, Gesamt-: ***numero ~*** gesamte Anzahl **2a** *(completo)* völlig, total, gänzlich: ***insuccesso, distruzione ~*** totaler Misserfolg, totale Zerstörung; ***una ~ mancanza di fantasia*** ein völliger Mangel an Fantasie **b** *(assoluto)* absolut: ***silenzio ~*** absolute Stille **II** m. Summe *f.*: ***fare il ~*** die Summe ziehen ◆ ***eclissi di sole ~*** totale Sonnenfinsternis; ***importo ~*** Gesamtbetrag *m.*; ***in ~*** insgesamt; ***in ~ siamo in dieci*** insgesamt sind wir zu zehnt; ***lunghezza ~*** Gesamtlänge *f.*; ***~ parziale*** Teilsumme *f.*; ***peso ~*** Gesamtgewicht *n.*; ***somma ~*** Gesamtsumme *f.*

to|ta|li|tà f. 1 *(insieme)* Gesamtheit *f.*: ***la ~ dei presenti*** die Gesamtheit der Anwesenden; ***la ~ dello scibile*** die Gesamtheit des Wissens 2 *(interezza)* Gesamtheit *f.*, Ganzheit *f.*, Vollständigkeit *f.*, Totalität *f.*: ***studiare un fenomeno nella sua ~*** ein Phänomen in seiner Gesamtheit studieren; ***cogliere qcs. nella sua ~*** etw. in seiner Ganzheit erfassen ◆ ***nella (quasi) ~ dei casi*** in (fast) allen Fällen.

to|ta|li|ta|rio agg. *(-ri,-rie)* totalitär: ***stato, regime ~*** totalitärer Staat, totalitäres Regime. **to|ta|li|ta|ri|smo** m. Totalitarismus *m.* **to|ta|li|ta|ri|sti|co** agg. *(-ci,-che)* totalitaristisch.

to|ta|liz|zan|te agg. allumfassend: ***esperienza ~*** allumfassende Erfahrung. **to|ta|liz|za|re** tr. insgesamt erzielen: ***~ trenta punti*** insgesamt dreißig Punkte erzielen. **to|ta|liz|za|to|re** m. 1 Totalisator *m.* 2 *(indicatore del totale)* Zählwerk *n.* ◆ ***~ dei punti*** Punktestandzähler *m.*

to|tal|men|te avv. völlig, vollkommen, vollständig: ***l'edificio è stato ~ distrutto*** das Gebäude wurde vollständig zerstört; ***dimenticare ~ qcs.*** etw. vollkommen vergessen; ***è ~ ubriaco*** er ist vollkommen betrunken.

to|ta|no m. 1 ITTIOL. Pfeilkalmar *m.* 2 ORNIT. dunkler Wasserläufer *m.*

to|tem m.inv. 1 Totem *n.* 2 *(palo)* Totempfahl *m.* **to|te|mi|co** agg. *(-ci,-che)* totemistisch ◆ ***animale ~*** Totemtier *n.* **to|te|mi|smo** m. Totemismus *m.*

to|tip m. Pferdetoto *m.*, Pferdelotto *n.*, Rennwette *f.*

to|to|cal|cio m. Fußballtoto *n.*, Toto *n.*: ***giocare, vincere al ~*** im Toto spielen, gewinnen ◆ ***risultato al ~*** Totoergebnis *n.*; ***schedina del ~*** Tippzettel *m.*; ***vincita al ~*** Totogewinn *m.*

to|to|gol m. INTRAD. (Fußballtoto, bei dem auf die acht Spiele mit der höchsten Gesamttorzahl getippt wird).

to|to|ne|ro m. illegales Fußballtoto *n.*

tou|pet [tu'pɛ] m.inv. Toupet *n.*

tour [tu:r] m.inv. 1 Tour *f.*, Reise *f.*, Rundreise *f.*: ***un ~ per l'Europa*** eine Reise (*o* Rundreise) durch Europa 2 SPORT Tour de France *f.*

tour|bil|lon [turbi'jɔ̃] m.inv. 1 SPORT Angriff *m.* mit Stellungswechsel 2 FIG. *(rapido susseguirsi)* rasches Aufeinanderfolgen *n.*: ***un ~ di notizie*** ein rasches Aufeinanderfolgen von Nachrichten.

tour de for|ce [tur də 'fɔrs] m.inv. 1 Kraftprobe *f.* 2 *(grande fatica)* Strapaze *f.*: ***sottoporsi a un ~*** Strapazen auf sich nehmen.

tour|née f.inv. Tournee *f.*, Gastspielreise *f.*: ***fare, iniziare una ~*** eine Tournee machen, starten; ***andare, essere in ~*** auf Tournee gehen, sein ◆ ***~ all'estero*** Auslandstournee *f.*

tour|ni|quet [turni'kɛ] m.inv. 1 *(tornante)* Serpentine *f.* 2 *(porta girevole)* Drehtür *f.*

tour op|e|ra|tor ['tʊə ɒpə'reɪtə] m.inv. Reiseveranstalter *m.*

tout court [tu'ku:r] avv. kurz (gesagt), ganz einfach.

to|va|glia f. Tischtuch *n.*, Tischdecke *f.*: ***stendere, scuotere la ~*** das Tischtuch auflegen, aus‿schütteln ◆ ***~ di lino*** Leinentischtuch *n.*; ***~ di plastica*** Plastiktischdecke *f.* **to|va|glia|to** m. 1 Tischwäsche *f.* 2 *(tessuto)* Tischwäschestoff *m.* **to|va|gliet|ta** f. kleine Tischdecke *f.* ◆ ***~ all'americana*** Set *n.* **to|va|glio|li|no** m. COLLOQ. Papierserviette *f.*

to|va|glio|lo m. Serviette *f.*: ***mettersi il ~*** sich (D) die Serviette auf den Schoß legen; *(al collo)* sich (D) die Serviette um‿binden; ***pulirsi la bocca con un ~*** sich (D) den Mund mit einer Serviette ab‿wischen; ***piegare il ~*** die Serviette zusammen‿falten ◆ ***~ di carta*** Papierserviette *f.*; ***~ di stoffa*** Stoffserviette *f.*

to|xo|pla|sma m. Toxiplasma *n.* **to|xo|pla|smo|si** f. Toxoplasmose *f.*

1.toz|zo agg. 1 gedrungen, untersetzt, stämmig: ***un corpo ~*** ein gedrungener Körper 2 *(di cosa)* breit und niedrig: ***un edificio ~*** ein breites und niedriges Gebäude ◆ ***mani -e*** klobige Hände.

2.toz|zo m. Stück *n.*: ***un ~ di pane*** ein Stück Brot ◆ FIG. ***vendere qcs. per un ~ di pane*** etw. für einen Apfel und ein Ei verkaufen; ***lavorare per un ~ di pane*** für ein Butterbrot arbeiten.

tr. ⇒ *tratta* Tratte.

tra prep. 1a *(in posizione intermedia; stato in luogo)* zwischen + dat.: ***la sua casa si trova ~ la piazza del mercato e la stazione*** sein Haus befindet sich zwischen dem Marktplatz und dem Bahnhof; ***il Liechtenstein si trova ~ l'Austria e la Svizzera*** Liechtenstein liegt zwischen Österreich und der Schweiz **b** *(di moto)* zwischen + acc.: ***mi sedetti ~ il mio amico e sua moglie*** ich setzte mich zwischen meinen Freund und seine Frau 2a *(in mezzo a più persone o cose; stato in luogo)* unter + dat., in + dat.: ***cercare ~ i libri*** unter den Büchern suchen; ***gli uccelli cantano ~ i rami*** die Vögel singen in den Zweigen; ***stringere qcn. ~ le braccia*** jdn in die Arme schließen **b** *(moto)* unter + acc.: ***mescolarsi ~ la folla*** sich unter die Menge mischen 3a *(di relazione tra persone)* zwischen + dat., unter + dat.: ***~ (di) noi va tutto bene*** zwischen uns läuft alles gut; ***detto ~ noi*** unter uns gesagt; ***~ amici*** unter Freunden **b** *(presso)* ***è molto amato ~ i suoi colleghi*** bei seinen Kollegen ist er sehr beliebt **c** *(modale)* zwischen + dat.: ***domani inizieranno le trattative ~ governo e sindacati*** morgen beginnen die Verhandlungen zwischen Regierung und Gewerkschaft 4 *(moto per luogo; attraverso)* durch + acc.: ***passare ~ la folla*** durch die Menge gehen 5a *(di tempo; entro)* in + dat., binnen + dat., innerhalb + gen.: ***ci rivediamo ~ tre ore, una settimana*** wir sehen uns in drei Stunden, einer Woche wieder **b** *(arco di tempo)* zwischen + dat.: ***~ le 2 e le 3*** zwischen 2 und 3 Uhr; ***~ il 9 e il 14 aprile*** zwischen dem 9. und dem 14. April 6 *(distanza)* nach + dat.: ***~ 15 chilometri saremo a Torino*** wir haben noch 15 km bis Turin 7 *(quantità approssimata)* zwischen + dat.: ***l'edificio è alto ~ i 25 e i 30 metri*** das Gebäude ist zwischen 25 und 30 Meter hoch; ***guadagna ~ i 3000 e i 4000 marchi al mese*** er verdient zwischen 3000 und 4000 DM im Monat 8 *(distributivo)* unter + dat.: ***distribuire qcs. ~ molte persone*** etw. unter vielen Leuten verteilen 9 *(partitivo)* von + dat., unter + dat. (manchmal mit Genitiv übersetzt): ***il più vecchio ~ noi*** der Älteste von uns; ***è uno ~ i migliori*** er ist einer der Besten; ***~ decine di candidati hanno scelto lui*** unter Dutzenden von Kandidaten wurde er ausgewählt; ***chi ~ (di) noi...*** wer von uns... 10 *(per indicare un insieme)* insgesamt, im Ganzen: ***~ viaggio e soggiorno ho speso 2 milioni*** für Reise und Aufenthalt habe ich insgesamt (*o* im Ganzen) 2 Millionen Lire ausgegeben; ***~ tutti saremo stati una ventina*** wir waren (insgesamt) ungefähr zwanzig ◆ ***~ l'altro*** unter anderem; ***~ breve, poco*** bald, in Kürze; ***parlare, pensare ~ sé (e sé)*** vor sich hin sprechen, bei sich denken; ***~ il serio e il faceto*** halb im Spaß, halb im Ernst; ***~ il sonno e la veglia*** im Halbschlaf; ***essere ~ la vita e la morte*** zwischen Leben und Tod schweben.

tra|bal|la|men|to m. 1 *(di persona)* Taumeln *n.* 2 *(di cosa)* Wackeln *n.*

tra|bal|lan|te agg. wackelig (anche FIG.): ***tavolo ~*** wackeliger Tisch; ***teoria ~*** wackelige Theorie.

tra|bal|la|re intr. (aus. *avere*) 1a *(di persona)* taumeln, wanken **b** *(di cosa)* wackeln: ***il tavolo traballa*** der Tisch wackelt 2 *(tremare)* beben, wackeln: ***la casa traballò*** das Haus bebte 3 FIG. wackeln, wanken; ***la ditta traballa*** die Firma wackelt; ***il governo traballa*** mit der Regierung steht es wackelig; ***la sua sicurezza cominciò a ~*** seine Sicherheit begann zu schwanken. **tra|bal|li|o** m. Wackeln *n.*

tra|be|a|zio|ne f. Gebälk *n.*

tra|bic|co|lo m. 1 Klappergestell *n.* 2 *(auto)* Blechkiste *f.*, Karre *f.*, Nuckelpinne *f.*

tra|boc|ca|men|to m. Überfließen *n.*

tra|boc|can|te agg. 1 übervoll, bis an der Rand voll: ***~ di qcs.*** von etw. übervoll; ***essere ~*** übervoll (*o* bis an den Rand voll) sein 2 FIG. überfließend: ***~ di gioia*** vor Freude überfließend.

tra|boc|ca|re intr. *(trabocco, trabocchi*; aus. *avere)* 1 über‿laufen, über‿fließen, überströmen: ***l'acqua è traboccata dalla vasca*** das Wasser in der Badewanne ist übergelaufen 2a *(essere colmo)* übervoll sein, bis an den Rand voll sein **b** *(di luogo)* gerammelt voll sein: ***il teatro traboccava di gente*** das Theater war gerammelt voll 3 FIG. über‿fließen: ***il suo cuore trabocca di felicità*** sein Herz fließt vor Freude über ◆ ***la goccia che ha fatto ~ il vaso è stato il fatto che...*** der Tropfen, der das Fass zum Überlaufen gebracht hat, war, dass...; ***questa è la goccia che fa ~ il vaso*** das bringt das Fass zum Überlaufen.

tra|boc|chet|to m. 1 Falltür *f.* 2 FIG. *(trappola)* Falle *f.*, Fallstrick *m.*: ***tendere un ~ a qcn.*** jdm eine Falle stellen (*o* jdm Fallstricke legen); ***cadere in un ~*** in eine Falle gehen ◆ ***domanda ~*** Fangfrage *f.*

tra|boc|co m. *(-chi)* ***~ di sangue*** Blutsturz *m.*

trac I inter. krack II m.inv. Lampenfieber *n.*

tra|ca|gnot|to I agg. untersetzt II m. untersetzter Mensch *m.*

tra|can|na|re tr. hinunter‿stürzen, hinunter‿gießen, hinunter‿kippen.

trac|ca|gnot|to → **tracagnotto.**

trac|cheg|gia|re intr. *(traccheggio, traccheggi*; aus. *avere)* Zeit gewinnen.

trac|cia f. *(-ce)* 1 Spur *f.* (anche FIG. INFORM. MED.): ***una ~ profonda, chiara, fresca*** eine tiefe, deutliche, frische Spur; ***-ce di un'antica civiltà*** Spuren einer alten Kultur; ***-ce di veleno*** Spuren von Gift; ***seguire le -ce di qcn.*** jds Spuren folgen (*o* nach‿gehen); ***non c'è ~ dell'assassino*** von dem Mörder fehlt jede Spur; ***essere sulle -ce di qcn., qcs.*** jdm, etw. auf der Spur sein; ***mettere qcn. su una ~*** jdn auf eine Spur an‿setzen; ***non lasciare alcuna ~*** keine Spuren hinterlassen; ***sparire senza lasciare ~*** spurlos verschwinden; ***far perdere le proprie -ce*** spurlos verschwinden 2 VENAT. Spur *f.*, Fährte *f.*, Schleppe *f.* 3a *(abbozzo)* Entwurf *m.*, Exposé *n.*, Skizze *f.*: ***la ~ di un romanzo*** das Exposé eines Romans **b** REGION. *(tema scolastico)*

Schulaufsatz *m.* 4 EDIL. Gang *m.*, Kanal *m.*, Führung *f.* ◆ ~ *di frenata* Bremsspur *f.*; ~ *luminosa* Leuchtspur *f.*; *-ce di sangue* Blutspuren *pl.*; EL. *sotto* ~ unter Putz.

trac|cia|men|to m. Abstecken *n.*, Absteckung *f.* ◆ *corda di* ~ Absteckschnur *f.*

trac|cian|te I agg. Leuchtspur-: *proiettile* ~ Leuchtspurgeschoss *n.* II m. Leuchtspurgeschoss *n.*

trac|cia|re tr. *(traccio, tracci)* 1 fest‿legen, trassieren, ab‿stecken: ~ *una strada* einen Straßenverlauf trassieren (*o* festlegen); ~ *il percorso di una gara di sci* den Kurs für ein Skirennen abstecken 2a *(disegnare)* zeichnen: ~ *uno schizzo* eine Skizze zeichnen b *(linee)* zeichnen, ziehen: ~ *una linea* eine Linie zeichnen (*o* ziehen); ~ *un cerchio con il compasso* mit dem Zirkel einen Kreis ziehen; ESTENS. ~ *solchi con l'aratro* mit dem Pflug Furchen ziehen c TECN. ~ *qcs.* die Zeichnung etw. (G) an‿fertigen: ~ *un ponte* die Zeichnung einer Brücke anfertigen 3 ESTENS. *(lasciare una traccia)* hinterlassen: *i cingoli tracciano profondi solchi nel campo* die Raupenketten hinterlassen tiefe Furchen im Feld 4a FIG. *(rendere a grandi linee)* ~ *il quadro della situazione* in groben Strichen die Situation schildern (*o* die Situation kurz umreißen) b *(indicare)* vor‿zeichnen: ~ *la via, la rotta* den Weg, den Kurs vorzeichnen ◆ *corda per* ~ Richtschnur *f.*; *punta per* ~ Reißnadel *f.*

trac|cia|to m. 1 EDIL. TECN. Trasse *f.*: *il* ~ *di una strada* die Trasse einer Straße 2 ESTENS. *(piantina)* Plan *m.*: *il* ~ *dell'impianto elettrico* der Plan der elektrischen Leitung 3 *(diagramma)* Diagramm *n.* 4 SPORT *(percorso di gara)* Rennstrecke *f.* 5 MAR. Kurs *m.* **trac|cia|to|re** m. 1 SPORT Abstecker *m.* 2 TECN. Anreißer *m.* 3 INFORM. Plotter *m.* ◆ MAR. ~ *di rotta* Kursrechner *m.* **trac|cia|tu|ra** f. Anriss *m.*

tra|ce → **tracio.**

tra|che|a f. Trachea *f.*, Luftröhre *f.* **tra|che|a|le** agg. tracheal, Tracheal-: *cannula* ~ Trachealkanüle *f.* **tra|che|i|te** f. Tracheitis *f.*, Luftröhrenentzündung *f.* **tra|che|o|to|mi|a** f. Tracheotomie *f.*, Luftröhrenschnitt *m.*

tra|chi|no m. Drachenfisch *m.*

Tra|cia n.pr.f. Thrakien *n.*, Thrazien *n.*

tra|ci|ma|re intr. (aus. *avere*) über‿fließen, über die Ufer treten. **tra|ci|ma|zio|ne** f. Überfließen *n.*

tra|ci|na f. REGION. → **trachino.**

tra|cio I agg. *(-ci,-ce)* thrakisch II m. *(-ci)* Thraker *m.*, Thrazier *m.*

tra|col|la f. Tragriemen *m.* ◆ *borsa a* ~ Umhängetasche *f.*; *mettere qcs. a* ~ etw. um‿hängen (*o* über‿hängen).

tra|col|la|re intr. (aus. *essere*) 1 kippen 2 FIG. sinken, stürzen.

tra|col|lo m. Zusammenbruch *m.*, Crash *m.*: ~ *finanziario* finanzieller Zusammenbruch; *subire un* ~ einen Zusammenbruch erleiden ◆ ~ *della Borsa* Börsenkrach *m.*, Börsensturz *m.*; ~ *dei corsi* Kurseinbruch *m.*; ~ *dei prezzi* Preissturz *m.*; ~ *delle quotazioni (di borsa)* Kurseinbruch *m.*

tra|co|tan|te I agg. anmaßend, überheblich, hybrid, vermessen II m. e f. anmaßender Mensch *m.* **tra|co|tan|za** f. Anmaßung *f.*, Überheblichkeit *f.*

trad. ⇒ *traduzione* Übersetzung.

tra|di|men|to m. 1 Verrat *m.* 2 *(infedeltà)* Untreue *f.* ◆ *a* ~ hinterrücks, meuchlerisch; *colpire qcn. a* ~ jdn hinterrücks überfallen (anche FIG.); *alto* ~ Hochverrat *m.*; *colpevole di alto* ~ Hochverräter *m.*; *assassinio a* ~ Meuchelmord *m.*; *mangiapane a* ~ = Schmarotzer *m.*; *mangiare pane a* ~ schmarotzen.

tra|di|re *(tradisco, tradisci)* I tr. 1 verraten (anche FIG.): ~ *la patria* das Vaterland verraten; ~ *un segreto* ein Geheimnis verraten; *il suo sguardo tradiva odio* sein Blick verriet Hass 2 *(essere infedele)* betrügen: ~ *il marito* den Ehemann betrügen 3 *(deludere)* enttäuschen: ~ *le aspettative di qcn.* jds Erwartungen enttäuschen; ~ *la fiducia di qcn.* jds Vertrauen enttäuschen 4 *(ingannare)* trügen: *se la memoria non mi tradisce* wenn mich mein Gedächtnis nicht trügt II pronom. **tradirsi** sich verraten: *con quella frase si è tradito* durch diesen Satz hat er sich verraten.

tra|di|to|re I m. Verräter *m.* II agg. verräterisch ◆ ~ *della patria* Vaterlandsverräter *m.*

tra|di|zio|na|le agg. 1 traditionell: *costume* ~ traditionelle Tracht 2 *(convenzionale)* konventionell: *ruoli -i* konventionelle Rollen ◆ *medicina* ~ Schulmedizin *f.*

tra|di|zio|na|li|smo m. Traditionalismus *m.* **tra|di|zio|na|li|sta** *(-i,-e)* I agg. traditionalistisch, traditionsbewusst II m. e f. Traditionalist *m.* (-in *f.*). **tra|di|zio|na|li|sti|co** agg. *(-ci,-che)* traditionalistisch.

tra|di|zio|nal|men|te avv. traditionsgemäß.

tra|di|zio|ne f. 1a Tradition *f.*: *portare avanti una* ~ eine Tradition fort‿setzen (*o* fort‿führen); *rompere con la* ~ mit der Tradition brechen b *(patrimonio culturale trasmesso)* Überlieferung *f.*: ~ *scritta, orale* schriftliche, mündliche Überlieferung 2 *(usanza)* Brauch *m.*: *è* ~ *fare qcs.* es ist Brauch, etw. zu tun 3 FILOL. Überlieferung *f.*: *la* ~ *delle opere di Omero* die Überlieferung von Homers Werken 4 DIR. Übergabe *f.* ◆ ~ *di famiglia* Familienbrauch *m.*; ~ *giuridica* Rechtstradition *f.*; *legato alle -i* traditionsgebunden; ~ *popolare* Volksbrauch *m.*; *ricco di -i* traditionsreich; *secondo la* ~ traditionsgemäß.

tra|dot|ta f. Truppentransport *m.*

tra|dot|to p.pass. agg. 1 → **tradurre** 2 übersetzt: *un romanzo* ~ *dal tedesco* ein aus dem Deutschen übersetzter Roman.

tra|du|ci|bi|le agg. 1 übersetzbar: *un proverbio non* ~ ein nicht übersetzbares Sprichwort 2 ESTENS. ausdrückend: *un sentimento difficilmente* ~ *in parole* ein Gefühl, das schwer in Worten auszudrücken ist. **tra|du|ci|bi|li|tà** f. Übersetzbarkeit *f.*

tra|dur|re *(traduco, traduci; tradussi; tradotto)* I tr. 1a übersetzen: ~ *un testo dall'inglese in tedesco* einen Text aus dem (*o* vom) Englischen ins Deutsche übersetzen; ~ *in, verso una lingua* in eine Sprache übersetzen; ~ *alla lettera, liberamente, a senso* wörtlich, frei, sinngemäß übersetzen; ~ *all'impronta* aus dem Stegreif übersetzen; ~ *qcs. parola per parola* etw. Wort für Wort übersetzen; ~ *oralmente* mündlich übersetzen b *(fare da interprete)* dolmetschen 2 FIG. aus‿drücken: ~ *un sentimento in parole* ein Gefühl in Worten ausdrücken; ~ *qcs. in cifre* etw. in Zahlen ausdrücken 3 *(trasferire)* überführen: ~ *qcn. in carcere* jdn ins Gefängnis überführen 4 INFORM. übersetzen II pronom. **tradursi** FIG. sich zeigen ◆ ~ *qcs. in atto* etw. in die Tat um‿setzen; ~ *in giudizio* vor Gericht bringen; ~ *qcs. in pratica* etw. in die Praxis um‿setzen.

tra|dut|to|re m. 1 Übersetzer *m.*: *fare il* ~ als Übersetzer tätig sein 2 *(libretto per studenti)* Klatsche *f.* 3 INFORM. Übersetzer *m.*, Übersetzungsprogramm *n.* ◆ ~ *elettronico* Übersetzungscomputer *m.*; ~ *giurato* vereidigter Übersetzer; *nota del* ~ Anmerkung des Übersetzers. **tra|dut|tri|ce** f. Übersetzerin *f.*

tra|du|zio|ne f. 1a Übersetzung *f.*: *fare, eseguire una* ~ eine Übersetzung machen, an‿fertigen; ~ *letterale, libera* wörtliche, freie Übersetzung; ~ *tecnica* technische Übersetzung, Fachübersetzung *f.*; ~ *asseverata* beglaubigte Übersetzung b *(versione pubblicata di testo letterario)* Übertragung *f.* 2 *(trasferimento)* Überführung *f.* ◆ *agenzia di -i* Übersetzungsbüro *n.*; ~ *consecutiva* Konsekutivdolmetschen *n.*; ~ *di...* Übersetzung von...; ~ *dall'inglese di...* (Übertragung) aus dem Englischen von...; *errore di* ~ Übersetzungsfehler *m.*; ~ *con testo a fronte* Originaltext mit nebenstehender Übersetzung; *lavoro di* ~ Übersetzungsarbeit *f.*; *problema di* ~ Übersetzungsproblem *n.*; ~ *in prosa* Prosaübersetzung *f.*; ~ *simultanea* Simultandolmetschen *n.*

tra|en|te I agg. ziehend, Zug-: *fune* ~ Zugseil *n.* II m. e f. 1 Aussteller *m.* (-in *f.*): ~ *dell'assegno* Scheckaussteller *m.* (-in *f.*) 2 *(di tratta)* Trassant *m.* (-in *f.*).

tra|fe|la|to agg. atemlos, abgehetzt.

traf|fi|can|te m. e f. Händler *m.* (-in *f.*) ◆ ~ *d'armi* Waffenhändler *m.*; ~ *di droga* Rauschgifthändler *m.* (-in *f.*); ~ *d'oppio* Opiumschmuggler *m.*

traf|fi|ca|re intr. *(traffico, traffichi*; aus. *avere)* 1 verschieben, handeln: ~ *in diamanti, in droga* mit Diamanten, mit Rauschgift handeln; ~ *in armi* Waffen verschieben 2 COLLOQ. *(affaccendarsi)* arbeiten, schaffen, hantieren.

traf|fi|ca|to p.pass. agg. 1 → **trafficare** 2 befahren: *una strada molto, poco -a* eine verkehrsreiche (*o* stark befahrene), verkehrsarme (*o* wenig befahrene) Straße; *strada non -a* verkehrsfreie Straße.

traf|fi|chi|no m. 1 Geschäftemacher *m.* 2 *(intrigante)* Intrigant *m.*

traf|fi|co m. *(-ci)* 1 Verkehr *m.*: ~ *intenso* reger (*o* starker) Verkehr; ~ *regolare, scorrevole* fließender (*o* flüssiger) Verkehr; *bloccare, intralciare il* ~ den Verkehr blockieren (*o* behindern); *regolare, dirigere il* ~ den Verkehr regeln, lenken; *deviare il* ~ den Verkehr um‿leiten; *aprire, chiudere una strada al* ~ eine Straße für den Verkehr frei‿geben, sperren; *rimanere imbottigliato nel* ~ im Verkehr stecken bleiben 2 *(commercio)* Handel *m.*, Geschäft *n.*: ~ *clandestino* illegaler Handel; ~ *di armi, diamanti, droga* Waffen-, Diamantenhandel *m.*, Drogengeschäft *n.* 3 COLLOQ. *(viavai)* Hin und Her *n.*, Kommen und Gehen *n.* 4 TEL. Fernverkehr *m.* ◆ ~ *aereo* Luftverkehr *m.*, Flugverkehr *m.*; ~ *a senso alternato* Wechselverkehr *m.*; ~ *automobilistico* Autoverkehr *m.*; ~ *cittadino* Stadtverkehr *m.*; ~ *in senso contrario* Gegenverkehr *m.*; ~ *ferroviario* Bahnverkehr *m.*, Zugverkehr *m.*; *interruzione del* ~ Verkehrsunterbrechung *f.*; *intralcio al* ~ Verkehrshindernis *n.*; *zona a* ~ *limitato* verkehrsberuhigte Zone; *limitazione del* ~ Verkehrsbeschränkung *f.*; ~ ***marittimo*** Seeverkehr *m.*; ~ ***merci*** Güterverkehr *m.*, Warenverkehr *m.*; ~ ***pesante*** Schwerlastverkehr *m.*; ~ ***dell'ora di punta*** Stoßverkehr *m.*; ***rumore del*** ~ Verkehrslärm *m.*; ***situazione del*** ~ Verkehrslage *f.*; ~ ***stradale*** Straßenverkehr *m.*; ~ ***in transito*** Durchgangsverkehr *m.*, Transitverkehr *m.*; ~ ***a senso unico*** Richtungsverkehr *m.*; ~ ***urbano*** Stadtverkehr *m.*; ***volume del*** ~ Verkehrsaufkommen *n.*

traf|fi|co|ne m. **1** Geschäftemacher *m.* **2** *(chi fa commerci illegali)* Schieber *m.*

tra|fig|ge|re *(trafiggo, trafiggi; trafissi; trafitto)* **I** tr. durchbohren, durchstechen: ~ ***qcn. con una lancia*** jdn mit einem Speer durchbohren; FIG. ~ ***qcn. con lo sguardo*** jdn mit dem Blick durchbohren **II** pronom. **trafiggersi** sich durchbohren ◆ FIG. ~ ***il cuore a qcn.*** jdn direkt ins Herz treffen; ~ ***a morte*** tot_stechen.

tra|fi|la f. **1** Prozedur *f.*: ***seguire la solita*** ~ der üblichen Prozedur folgen; ***ripetere tutta la*** ~ die ganze Prozedur wiederholen **2** MECC. Matrize *f.*, Ziehmatrize *f.*

tra|fi|la|re tr. ziehen ◆ ~ ***a freddo*** kalt_ziehen. **tra|fi|la|to I** p.pass. agg. **1** → **trafilare 2** gezogen **II** m. gezogenes Stück *n.* **tra|fi|la|to|re** m. Drahtzieher *m.* **tra|fi|la|tri|ce** f. Ziehmaschine *f.*, Ziehbank *f.* **tra|fi|la|tu|ra** f. Ziehen *n.*, Durchziehen *n.*

tra|fi|let|to m. Pressenotiz *f.*

tra|fit|tu|ra f. **1** Durchbohren *n.*, Durchstechen *n.* **2** *(dolore acuto)* Stich *m.*

tra|fo|ra|re tr. **1a** ~ ***qcs.*** in etw. (A) ein Loch bohren, etw. durchbohren **b** *(terreno)* durch_graben **2** *(lavorare a traforo)* mit Lochstickerei versehen. **tra|fo|ra|to** p.pass. agg. **1** → **traforare 2** durchbohrt **3a** *(ricamato a traforo)* Loch-: ***ricamo*** ~ Lochstickerei *f.* **b** *(di maglia)* in Lochmuster. **tra|fo|ra|zio|ne** f. Durchbohrung *f.*

tra|fo|ro m. **1** Durchbohrung *f.*, Durchbohren *n.* **2** *(galleria)* Tunnel *m.* **3** *(lavoro di ricamo)* Lochstickerei *f.* **4** ARCH. *(di finestre)* Maßwerk *n.* **5** TECN. Laubsäge *f.* ◆ ~ ***alpino*** Alpentunnel *m.*; ***sega, seghetto da*** ~ Laubsäge *f.*; ~ ***del Sempione*** Simplontunnel *m.*

tra|fu|ga|men|to m. Entwendung *f.* **tra|fu|ga|re** tr. *(trafugo, trafughi)* entwenden: ~ ***gioielli*** Juwelen entwenden.

tra|ge|dia f. **1** Tragödie *f.*, Trauerspiel *n.*: ~ ***greca*** griechische Tragödie; ***una*** ~ ***in cinque atti*** eine Tragödie in fünf Akten **2** FIG. Tragödie *f.*: ***fare una*** ~ ***di qcs.*** aus etw. eine Tragödie machen; ***non farne una*** ~! das ist doch keine Tragödie! ◆ LETT. ~ ***del destino*** Schicksalstragödie *f.*, Schicksalsdrama *n.* **tra|ge|dio|gra|fo** m. Tragödiendichter *m.*, Tragiker *m.*

tra|ghet|ta|men|to m. Überfahren *n.*, Übersetzen *n.*, Überfahrt *f.* **tra|ghet|ta|re** tr. **1** über_setzen, über_fahren: ~ ***qcn. dall'altra parte del fiume*** jdn ans andere Flussufer übersetzen **2** *(attraversare in barca)* überqueren: ~ ***il fiume*** den Fluss überqueren. **tra|ghet|ta|to|re** m. Fährmann *m.*

tra|ghet|to m. Fähre *f.*; *(con posti auto)* Autofähre *f.*: ***prendere il*** ~ die Fähre nehmen, mit der Fähre fahren; ***imbarcarsi sul*** ~ ***per la Sardegna*** sich auf der Autofähre nach Sardinien ein_schiffen ◆ ~ ***a cavo*** Gierfähre *f.*; ~ ***ferroviario*** Eisenbahnfähre *f.*; ~ ***a fune*** Gierfähre *f.*; ***nave*** ~ Fährschiff *n.*; ~ ***spaziale*** Weltraumfähre *f.*

tra|gi|ca|men|te avv. tragisch, auf tragische Weise: ***il film finisce*** ~ der Film endet tragisch. **tra|gi|ci|tà** f. Tragik *f.*

tra|gi|co I agg. *(-ci,-che)* **1** TEATR. Tragödien-, tragisch: ***stile, eroe*** ~ tragischer Stil, Held **2** *(luttuoso)* tragisch: ***in circostanze -che*** unter tragischen Umständen; ***avvenimento*** ~ tragisches Ereignis; ***avere una -a fine*** ein tragisches Ende nehmen **II** m. *(-ci)* **1** Tragiker *m.*: ***un famoso*** ~ ***greco*** ein berühmter griechischer Tragiker **2** ESTENS. *(aspetto tragico)* Tragische *n.*: ***il*** ~ ***della faccenda*** das Tragische an der Sache ◆ ***attore*** ~ Tragöde *m.*; ***attrice -a*** Tragödin *f.*; ***non fare il*** ~! mach kein Theater! ***musa -a*** ernste Muse; ***notizia -a*** Trauerbotschaft *f.*; ***prendere qcs. sul*** ~ etw. tragisch nehmen; ***scrittore*** ~ Tragödiendichter *m.* **tra|gi|co|mi|co I** agg. *(-ci,-che)* tragikomisch **II** m. *(-ci)* Tragikomik *f.* **tra|gi|com|me|dia** f. Tragikomödie *f.* (anche FIG.).

tra|git|to m. Fahrt *f.*, Strecke *f.*, Weg *m.*: ***percorrere un*** ~ ***in due ore*** eine Strecke in zwei Stunden zurück_legen ◆ ***durante il*** ~ unterwegs.

tra|guar|do m. **1** Ziel *n.* (anche FIG.): ***arrivare al*** ~ ins Ziel kommen; FIG. sein Ziel erreichen; ***giungere per primo al*** ~ als Erster ins Ziel gehen; ***tagliare il*** ~ durchs Ziel gehen **2** *(dispositivo di armi)* Visier *n.* ◆ ~ ***futuro*** Fernziel *n.*; ***linea del*** ~ Ziellinie *f.*; ***nastro del*** ~ Zielband *n.*; ~ ***di volo*** Flugbahn *f.*

Tra|ia|no n.pr.m. Trajan *m.*, Trajanus *m.* ◆ ***vallo di*** ~ Trajanswall *m.*

tra|iet|to|ria f. Bahn *f.*; *(di proiettile)* Geschossbahn *f.*; *(di volo)* Flugbahn *f.*: ~ ***radente*** rasante Flugbahn; ***descrivere una*** ~ eine Bahn beschreiben; ***seguire la*** ~ seine Bahn ziehen; *(di proiettile)* in der Geschossbahn bleiben; ***deviare dalla*** ~ von (*o* aus) der Flugbahn ab_kommen ◆ ~ ***balistica*** Geschossbahn *f.*; ~ ***curva*** Kurvenbahn *f.*; ~ ***di lancio*** Wurfbahn *f.*; ~ ***del proiettile*** Geschossbahn *f.*; ~ ***di volo*** Flugbahn *f.*

trail|er ['treılə] m.inv. Trailer *m.*

trai|na f. Schleppseil *n.*, Schlepptau *n.* ◆ ***pesca a*** ~ Schlepp(netz)-fischerei *f.*

trai|nan|te agg. **1** treibend: ***forza*** ~ treibende Kraft **2** FIG. ***un settore*** ~ ***dell'economia*** eine Kraft, die die Wirtschaft mit sich zieht.

trai|na|re tr. *(traino)* **1** schleppen, ab_schleppen, ziehen: ~ ***un carro, una slitta*** einen Wagen, einen Schlitten ziehen **2** FIG. *(trascinare)* mit_ziehen, an_kurbeln: ***questo settore traina l'economia*** die Zugkraft dieses Bereichs zieht die Wirtschaft mit; ***il suo entusiasmo trainava tutti*** seine Begeisterung zog alle mit ◆ ***farsi*** ~ sich ab_schleppen lassen; FIG. sich mit_schleppen lassen. **trai|na|to** p.pass. agg. **1** → **trainare 2** geschleppt, gezogen ◆ MECC. ***attrezzo*** ~ Anhängegerät *n.*; ~ ***da cavalli*** pferdebespannt.

train|er ['treınə] m.inv. Trainer *m.* **train|ing** ['treınıŋ] m.inv. Training *n.*: ~ ***autogeno*** autogenes Training.

trai|no m. **1** Schleppen *n.*, Ziehen *n.* **2** *(carico)* Ladung *f.*, Anhängerladung *f.*, Waggonladung *f.*: ***un*** ~ ***di legname*** eine Ladung Holz **3** *(elemento trainante)* Zugvorrichtung *f.* ◆ ***animale da*** ~ Zugtier *n.*; ***cavo da*** ~ Abschleppseil *n.*; ***fare da*** ~ ziehen; FIG. mit_ziehen, an_kurbeln; ***pesca al*** ~ Schleppfischerei *f.*

trait d'u|nion [trɛ dy'njɔ̃] m.inv. **1** Verbindung *f.*, Band *n.* **2a** FIG. *(legame)* Bindung *f.*, Verbindung *f.* **b** *(anello di congiunzione)* Bindeglied *n.*, Zwischenglied *n.* **c** *(intermediario)* Mittelsperson *f.*, Vermittler *m.*

tra|la|scia|men|to m. Auslassung *f.*, Weglassen *n.*

tra|la|scia|re tr. *(tralascio, tralasci)* **1** aus_lassen, weg_lassen, unterlassen, beiseite lassen: ~ ***un dettaglio*** ein Detail weglassen; ~ ***le formalità*** die Förmlichkeiten beiseite lassen; ~ ***di fare qcs.*** unterlassen, etw. zu tun **2** *(sospendere)* ab_brechen, ein_stellen.

tral|cio m. *(-ci)* **1** Schössling *m.*, Trieb *m.*, Ranke *f.*: ~ ***d'edera*** Efeuranke *f.* **2** *(della vite)* Rebling *m.*

tra|lic|cio m. *(-ci)* **1** EL. Gittermast *m.* **2** ARCH. Fachwerk *n.*: ***casa a*** ~ Fachwerkhaus *n.* **3** TESS. Drillich *m.*, Drill *m.* ◆ ~ ***per linea aerea*** Leitungsmast *m.*

tra|li|ce, *in, di* ~ schräg, schief: ***guardare qcn. in*** ~ jdn schief an_sehen.

tra|li|gna|men|to m. Entartung *f.* **tra|li|gna|re** intr. (aus. *essere, avere*) entarten, verkommen.

tral|lal|là inter. **trallallero** (o **trallallera**) ~ trallala, trallala.

tra|lu|ce|re intr. *(traluco, traluci; ohne zusammengetzte Formen)* **1** *(mandare luce)* hindurch_scheinen, durch_schimmern **2** *(lasciare trasparire)* durchscheinend sein: ***l'alabastro traluce*** Alabaster ist durchscheinend **3** FIG. *(trasparire, trapelare)* durch_schimmern.

tram m.inv. Straßenbahn *f.*: ***andare in*** ~ mit der Straßenbahn fahren; ***prendere il*** ~ die Straßenbahn nehmen; ***scendere dal*** ~ aus der Straßenbahn aus_steigen; ***il*** ~ ***passa ogni 10 minuti*** die Straßenbahn verkehrt alle 10 Minuten ◆ COLLOQ. ***attaccati al*** ~! steck dir das an den Hut! ***fermata del*** ~ Straßenbahnhaltstelle *f.*; ***linea del*** ~ Straßenbahnlinie *f.*; ***perdere il*** ~ die Straßenbahn verpassen; FIG. = eine (günstige) Chance verpassen.

tra|ma f. **1** TESS. Schussfaden *m.* **2** *(intreccio)* Handlung *f.*: ***la*** ~ ***di un romanzo*** die Handlung eines Romans **3** *(macchinazione)* Machenschaften *pl.*, Ränke *pl.*, Intrige *f.*: ***ordire una*** ~ ***contro qcn.*** Ränke gegen jdn schmieden; ***scoprire, sventare una*** ~ Machenschaften (*o* eine Intrige) auf_decken, eine Intrige vereiteln ◆ ***compattezza della*** ~ Fadendichte *f.*

tra|ma|glio m. *(-gli)* dreifaches Setzgarn *n.*

tra|man|da|re I tr. **1** überliefern, weiter_führen, tradieren: ~ ***una leggenda oralmente*** eine Legende mündlich überliefern; ~ ***una tradizione*** einen Brauch weitergeben **2** *(lasciare)* hinterlassen; ~ ***un'opera ai posteri*** ein Werk der Nachwelt hinterlassen **II** pronom. **tramandarsi** sich weiter_vererben, sich fort_erben: ***-rsi di padre in figlio*** sich vom Vater auf den Sohn forterben. **tra|man|da|to** p.pass. agg. **1** → **tramandare 2** überliefert; ~ ***dai tempi antichi*** altüberliefert.

tra|ma|re tr. komplottieren, an_zetteln, Ränke schmieden (anche assol.): ~ ***contro qcn.*** gegen jdn komplottieren; ~ ***un inganno*** zu einer List greifen.

tram|bu|sto m. Getümmel *n.*, Gewühl *n.*, Durcheinander *n.*: ***essere in*** ~ ***per qcs.*** wegen etw. ganz durcheinander sein.

tra|me|sti|o m. Durcheinander *n.*

tra|mez|za f. **1** Zwischenwand *f.* **2** *(di scarpa)* Brandsohle *f.*

tra|mez|za|re tr. **1** ein_schieben, ein_legen **2** EDIL. durch eine Zwischenwand auf_teilen.

tra|mez|zi|no m. belegtes Brötchen *n.*, Sandwich *m.* e *n.*

tra|me̲z|zo m. Zwischenwand *f.*, Trennwand *f.*; *(mobile)* Stellwand *f.*; *(di assi)* Bretterwand *f.* ◆ ***pontile ~*** Lettner *m.*

tra̲|mi|te I prep. mittels + gen., durch + acc.: ***ottenere qcs. ~ qcn.*** etw. durch jdn bekommen; ***spedire qcs. ~ corriere*** etw. mittels eines Boten verschicken **II** m. Vermittler *m.*, Mittelsmann *m.*: ***fare da ~*** als Vermittler ein‿treten (*o* vermitteln).

tra|mo̲g|gia f. *(-ge)* Trichter *m.* ◆ ***~ di caricamento*** Beschickungstrichter *m.*; ***carro a ~*** Trichterwagen *m.*; ***~ di scarico*** Sammelmulde *f.*

tra|mon|ta̲|na f. **1** Tramontana *f.*, Tramontane *f.* **2** ESTENS. *(direzione)* Nord *m.*, Norden *m.*; ***vento di ~*** Nordwind *m.* ◆ FIG. ***perdere la ~*** den Kopf verlieren.

tra|mon|ta̲|re intr. (aus. *essere*) **1** unter‿gehen: ***il sole, la luna tramonta*** die Sonne, der Mond geht unter **2** FIG. schwinden, vergehen.

tra|mo̲n|to m. **1** *(del sole)* Sonnenuntergang *m.*: ***prima del, dopo il, al ~*** vor, nach, bei Sonnenuntergang; ***dall'alba al ~*** von Sonnenaufgang bis Sonnenuntergang; ***un ~ rosso fuoco*** ein feuerroter Sonnenuntergang **2** FIG. Untergang *m.*, Niedergang *m.*: ***il ~ dell'Occidente, della cultura, della morale*** der Untergang des Abendlandes, der Kultur, der Niedergang der Moral; ***il ~ dell'impero romano*** der Niedergang (*o* der Untergang) des römischen Reiches ◆ ***un attore sul viale del ~*** ein Schauspieler, dessen Stern im Sinken ist; ***luce del ~*** Abendlicht *n.*

tra|mor|ti̲|re *(tramortisco, tramortisci)* **I** tr. **1** *(colpire con forza)* nieder‿schlagen: ***~ qcn. con un colpo alla nuca*** jdn mit einem Schlag ins Genick niederschlagen **2** *(stordire)* betäuben **II** intr. (aus. *essere*) die Besinnung verlieren, ohnmächtig werden, bewusstlos werden: ***tramortì e cadde*** er wurde bewusstlos und fiel zu Boden. **tra|mor|ti̲|to** p.pass. agg. **1** → **tramortire 2a** besinnungslos, ohnmächtig **c** *(stordito)* betäubt: ***restare ~*** betäubt sein.

tram|po|lie̲|re m. Stelzenläufer *m.*, Stelzvogel *m.*

tram|po|li̲|no m. **1a** SPORT *(nuoto, ginnastica)* Sprungbrett *n.*, Trampolin *n.*: ***tuffarsi, fare un tuffo dal ~*** vom Sprungbrett springen (*o* herunter‿springen) **b** *(nello sci)* Sprungschanze *f.* **c** *(pedana)* Sprungbrett *n.* **2** FIG. Sprungbrett *n.*: ***utilizzare qcs. come ~ per la carriera*** etw. als Sprungbrett für die Karriere benutzen; ***servire da ~ a qcn.*** jdm als Sprungbrett dienen ◆ FIG. ***~ di lancio*** Sprungbrett *n.*; ***~ da tre metri, da un metro*** Dreimeterbrett *n.*, Einmeterbrett *n.*; ***salto dal ~*** *(disciplina)* Skispringen *n.*, Sprunglauf *m.*

tra̲m|po|lo m. Stelze *f.* (anche SCHERZ.): ***camminare sui -i*** auf Stelzen laufen (*o* gehen) ◆ FIG. ***reggersi sui -i*** auf schwachen Füßen stehen.

tra|mu|ta̲|re I tr. **1** verwandeln: ***~ qcn., qcs. in qcs.*** jdn, etw. in etw. (A) verwandeln **2** FIG. verwandeln, um‿wandeln **II** pronom. **tramutarsi** sich verwandeln: ***-rsi in qcs.*** sich in etw. (A) verwandeln.

tram|va̲i, tram|vi̲|a... → **tranvai, tranvia ...**

tra̲n|ce ['trɑːns] f.inv. Trance *f.*: ***cadere in ~*** in Trance geraten (*o* fallen); ***far cadere qcn. in ~*** jdn in Trance versetzen ◆ ***stato di ~*** Trancezustand *m.*

tra̲n|che ['trɑ̃ʃ] f.inv. Tranche *f.*

tra̲n|cia f. *(-ce)* **1** METALL. Schneidegerät *n.*, Schneidewerkzeug *n.*, Schneidemaschine *f.* **2** GASTR. Tranche *f.*

tran|cia̲|re tr. *(trancio, tranci)* **1a** METALL. stanzen, schneiden **b** GASTR. tranchieren **2** ESTENS. *(recidere)* ab‿trennen ◆ ***coltello per ~*** Tranchiermesser *n.* **tran|cia|to̲|re** m. Stanzer *m.* **tran|cia|tu̲|ra** f. **1** METALL. Stanzen *n.*, Schneiden *n.* **2** GASTR. Tranchieren *n.*

tra̲n|cio m. *(-ci)* Stück *n.*, Tranche *f.*: ***pizza al ~*** Pizza *f.* in Stücken.

tra|ne̲l|lo m. Falle *f.* (anche FIG.): ***cadere nel ~ (di qcn.)*** (jdm) in die Falle gehen; ***preparare, tendere un ~ a qcn.*** jdm eine Falle stellen; ***attirare qcn. in un ~*** jdn in eine Falle locken ◆ ***domanda a ~*** Fangfrage *f.*

tran|gu|gia̲|re tr. *(trangugio, trangùgi)* **1a** (ver)schlingen, hinunter‿schlingen **b** *(bevanda)* schlucken, hinunter‿schlucken, hinunter‿gießen, COLLOQ. hinunter‿kippen **2** FIG. schlucken, hinunter‿schlucken: ***~ un'offesa*** eine Beleidigung (hinunter)schlucken; ***~ un boccone amaro*** eine bittere Pille schlucken.

tra̲n|ne prep. außer + dat., ausgenommen + acc. o dat.; COMM. ausschließlich + gen., exklusive + gen.: ***tutti, ~ tua sorella*** alle außer deiner Schwester (*o* alle ausgenommen deine Schwester, nur deine Schwester nicht); ***contraddice tutti ~ (che) suo padre*** er widerspricht allen, ausgenommen (*o* außer) seinem Vater (*o* seinen Vater ausgenommen); ***mangio di tutto, ~ le cipolle*** ich esse alles, nur keine Zwiebeln (*o* außer Zwiebeln); ***~ le spese*** ausschließlich der Unkosten (*o* exklusive Unkosten); ***~ poche eccezioni*** von wenigen Ausnahmen abgesehen ◆ ***~ che*** es sei denn, außer (wenn), ausgenommen; ***vengo ~ che piova*** ich komme, es sei denn (*o* außer wenn) es regnet.

tran|quil|la|me̲n|te avv. ruhig: ***ascoltare ~*** ruhig zu‿hören; ESTENS. ***puoi telefonare ~ dopo le dieci*** du kannst ruhig nach zehn Uhr an‿rufen; COLLOQ. ***arriveremo ~ in orario*** wir werden gewiss pünktlich an‿kommen.

tran|quil|la̲n|te I agg. beruhigend, Beruhigungs-: ***farmaco ~*** Beruhigungsmittel *n.* **II** m. Beruhigungsmittel *n.*, Tranquilizer *m.* ◆ ***iniezione di ~*** Beruhigungsspritze *f.*

tran|quil|li|tà f. Ruhe *f.*: ***in tutta ~*** in aller Ruhe; ***con ~*** ruhig (*o* in Ruhe); ***non avere un attimo di ~*** keine ruhige Minute haben.

tran|quil|liz|za̲n|te agg. beruhigend, besänftigend.

tran|quil|liz|za̲|re I tr. beruhigen, besänftigen: ***per tranquillizzarLa posso dirle che...*** zu Ihrer Beruhigung kann ich Ihnen sagen, dass...; ***mi tranquillizza sapere che...*** es ist mir eine Beruhigung (*o* es ist beruhigend für mich) zu wissen, dass...; ***~ la coscienza*** sein Gewissen beschwichtigen **II** pronom. **tranquillizzarsi** sich beruhigen, sich besänftigen, ruhig(er) werden.

tran|qui̲l|lo agg. **1** ruhig, beruhigt: ***un tipo ~*** ein ruhiger Typ; ***oggi il mare è ~*** heute ist die See ruhig; ***una città -a*** eine ruhige Stadt; ***un sonno ~*** ein ruhiger Schlaf; ***se stai bene sono ~*** wenn es dir gut geht, bin ich beruhigt; ***stia ~*** Sie können beruhigt sein **2** *(silenzioso)* still, ruhig: ***un angolino ~*** ein stilles Eckchen; ***vivere in una zona -a*** in einer ruhigen (*o* stillen) Gegend leben; ***vicini -i*** ruhige Nachbarn **3** MUS. tranquillo ◆ ***avere la coscienza -a*** ein ruhiges Gewissen haben; ***star ~*** unbesorgt (*o* beruhigt) sein.

tran|sal|pi̲|no I agg. **1** transalpin(isch), jenseits der Alpen: ***regioni -e*** transalpine Gebiete **2** *(francese)* = französisch **II** m. = Franzose *m.*

tran|sa|mi|na̲|si f. Transaminase *f.*

tran|sap|pen|ni̲|ni|co agg. *(-ci,-che)* **1** *(al di là degli Appennini)* jenseits des Apennins **2** *(che attraversa gli Appennini)* über den Apennin führend.

tran|sa|tla̲n|ti|co I agg. *(-ci,-che)* transatlantisch, überseeisch **II** m. *(-ci)* Überseedampfer *m.*, Ozeandampfer *m.*

tran|sa̲t|to → **transigere.**

tran|sa|zio|na̲|le agg. Transaktions-: ***analisi ~*** Transaktionsanalyse *f.*

tran|sa|zio̲|ne f. **1** DIR. Vergleich *m.*: ***fare una ~*** einen Vergleich schließen; ***pervenire a una ~*** sich durch einen Vergleich einigen **2** COMM. Transaktion *f.* ◆ ***pagamento per, a titolo di ~*** Vergleichszahlung *f.*; ***~ a termine*** Termingeschäft *n.*; ***~ in titoli*** Wertpapierverkehr *m.*; FIG. ***venire a ~ con la propria coscienza*** = sein Gewissen beruhigen.

Tran|scau|ca̲|sia n.pr.f. Transkaukasien *n.*

tran|sco|di|fi|ca̲|re tr. *(transcodifico, transcodifichi)* transkodieren. **tran|sco|di|fi|ca|zio̲|ne** f. Transkodierung *f.*

tran|scon|ti|nen|ta̲|le agg. transkontinental.

tran|se̲n|na f. **1** ARCH. Geländer *n.* **2** STRAD. Sperre *f.*, Sperrvorrichtung *f.*; ***sbarrare un strada con -e*** eine Straße ab‿sperren (*o* ab‿riegeln). **tran|sen|na̲|re** tr. ab‿sperren, ab‿riegeln.

tran|ses|sua̲|le I agg. transsexuell **II** m. e f. Transexuelle *m.* e *f.* **tran|ses|sua|li̲|smo** m., **tran|ses|sua|li|tà** f. Transsexualismus *m.*

tran|se̲t|to m. Transept *n.*, Querschiff *n.*

tran|se|u̲n|te agg. vergänglich.

tra̲ns|fer ['trænsfə, *üblich* 'transfer] m.inv. Transfer *m.* ◆ ***macchina a ~*** Transfermaschine *f.*

tra̲n|sfert m.inv. **1** PSIC. Transfert *m.*, Übertragung *f.* **2** PED. ECON. Transfer *m.*

trans|fo̲rm|er [træns'fɔːmə, *üblich* trans'former] m.inv. Transformator *m.*

tra̲n|sfu|ga m. e f. *(-ghi,-ghe)* Überläufer *m.*

Trans|gior|da̲|nia n.pr.f. Transjordanien *n.*

Tran|si|be|ria̲|na n.pr.f. Transsibirische Eisenbahn *f.* **tran|si|be|ria̲|no** agg. transsibirisch ◆ ***ferrovia -a*** Transsibirische Eisenbahn.

tran|si̲|ge|re *(transigo, transigi; transigei/transigetti)* **I** tr. durch Vergleich bei‿legen **II** intr. (aus. *avere*) nach‿geben, einen Kompromiss ein‿gehen: ***~ su qcs.*** bei etw. nachgeben.

Tran|sil|va̲|nia n.pr.f. Transsilvanien (*o* Transsylvanien) *n.*, Siebenbürgen *n.* **tran|sil|va̲|no I** agg. transsilvanisch, transsylvanisch, siebenbürgisch **II** m. Siebenbürger *m.*

tran|si̲|stor m.inv. Transistor *m.* ◆ ***apparecchio a ~*** Transistorgerät *n.*; ***radio a ~*** Transistorradio *n.* **tran|si|sto|riz|za̲|re** tr. transistorieren, transistorisieren.

tran|si|ta̲|bi|le agg. **1** *(a piedi)* begehbar **2** *(con veicolo)* befahrbar ◆ ***non ~*** unbegehbar; *(con veicolo)* unbefahrbar. **tran|si|ta|bi|li|tà** f. **1** *(a piedi)* Begehbarkeit *f.* **2** *(con veicolo)* Befahrbarkeit *f.*

tran|si|ta̲|re intr. *(transito*; aus. *essere)* **1a** *(a piedi)* gehen **b** *(con veicolo)* fahren: ***~ sull'autostrada*** auf der Autobahn fahren **2** *(con re-*

golarità; di mezzi di trasporto pubblici) verkehren: ***il treno transita ogni ora*** der Zug verkehrt jede Stunde.

tran|si|ti|vi|tà f. transitiver Charakter *m.* **tran|si|ti|vo I** agg. **1** GRAMM. transitiv: ***verbo ~*** transitives Verb **2** MAT. ***proprietà -a*** Transitivität *f.* **II** m. Transitivum *n.*

tran|si|to m. **1** *(passaggio)* Übergang *m.*, Transit *m.* **2a** *(a piedi)* Durchgang *m.* **b** *(con veicolo)* Durchfahrt *f.* **c** *(durante il viaggio)* Durchreise *f.*: ***essere in ~*** auf der Durchreise sein **3** COMM. Transit *m.*, Durchfuhr *f.* **4** ASTR. Durchgang *m.* **5** LETT. *(morte)* letzte Reise *f.*, Hinscheiden *n.*, Ableben *n.* ◆ ***bolletta di ~*** Transitzoll *m.*, Transitschein *m.*; ***commercio di ~*** Transithandel *m.*; ***dazio di ~*** Durchfuhrzoll *m.*; ***divieto di ~*** Durchfahrt verboten; COMM. Durchfuhrverbot *n.*; ***dogana di ~*** Transitzoll *m.*; ***libertà di ~*** freie Durchfahrt; ***linee di ~*** Transitstrecken *pl.*, Durchfahrtsstrecken *pl.*; ***merce in ~*** Transitware *f.*; ***passeggero in ~*** Durchreisende *m.*; ***percorso di ~*** Transitstrecke *f.*; ***permesso di ~*** Durchreiseerlaubnis *f.*; COMM. Durchfuhrerlaubnis *f.*; ***stazione di ~*** Übergangsbahnhof *m.*; ***strada di ~*** Durchgangsstraße *f.*; ***traffico in ~*** Durchgangsverkehr *m.*, Transitverkehr *m.*; ***uccelli di ~*** Durchzügler *pl.*; ***via di ~*** Transitweg *m.*; ***viaggiatore in ~*** Durchreisende *m.*, Transitreisende *m.*; ***vietato il ~*** → ***divieto di ~***; ***visto di ~*** Transitvisum *n.*

tran|si|to|ria|men|te avv. **1** *(in modo passeggero)* vergänglich **2** *(provvisoriamente)* vorübergehend, provisorisch.

tran|si|to|rie|tà f. **1** Vergänglichkeit *f.* **2** *(provvisorietà)* Vorläufigkeit *f.*

tran|si|to|rio agg. *(-ri,-rie)* **1** *(passeggero)* vergänglich **2** *(provvisorio)* vorübergehend, vorläufig, provisorisch, Übergangs-: ***governo ~*** provisorische Regierung; ***clausola -a*** Übergangsklausel *f.*; ***disposizione -a*** Übergangsbestimmung *f.*; ***fenomeno ~*** Übergangserscheinung *f.*; ***soluzione -a*** Übergangslösung *f.*

tran|si|zio|ne f. Übergang *m.* ◆ ***epoca di ~*** Übergangszeit *f.*; ***fase di ~*** Übergangsphase *f.*; ***governo di ~*** Übergangsregierung *f.*; ***periodo di ~*** Übergangsperiode *f.*, Übergangszeit *f.*; ***senza ~*** übergangslos; ***stadio di ~*** Übergangsstadium *n.*

tran|slit|te|ra|re → **traslitterare. tran|slit|te|ra|zio|ne** → **traslitterazione.**

tran|slu|ci|do → **traslucido.**

trans|na|zio|na|le agg. transnational.

tran|so|ce|a|ni|co agg. *(-ci,-che)* transozeanisch.

trans|pa|da|no agg. transpadanisch.

tran|su|man|te agg. transhumant. **tran|su|man|za** f. Transhumanz *f.*

tran|su|ra|ni|co agg. *(-ci,-che)* ***elemento ~*** Transuran *n.*

tran|su|stan|zia|zio|ne f. Transsubstantiation *f.*, Verwandlung *f.*

tran|tran, tran tran m.inv. COLLOQ. Trott *m.*: ***il ~ quotidiano*** der alltägliche Trott (*o* der Alltagstrott); ***è il solito ~*** es geht alles seinen gewohnten Trott; ***ricominciare (con) il solito ~*** in den alten Trott verfallen (*o* zurück‿fallen).

tran|vai m.inv. COLLOQ. **1** *(tram)* Straßenbahn *f.* **2** *(tranvia)* Straßenbahnlinie *f.* **tran|vi|a** f. Straßenbahnlinie *f.* **tran|via|rio** agg. *(-ri, -rie)* Straßenbahn-: ***fermata, linea -a*** Straßenbahnhaltestelle *f.*; Straßenbahnlinie *f.*; ***sede -a*** Straßenbahngleise *f.*; ***vettura -a*** Straßenbahnwagen *m.* **tran|vie|re** m. **1** *(conduttore)* Straßenbahnfahrer *m.* **2** *(controllore)* Straßenbahnschaffner *m.*

tra|pa|na|re tr. *(trapano)* **1** *(forare col trapano)* durch‿bohren, auf‿bohren: ***~ una parete*** eine Wand durchbohren (*o* ein Loch in die Wand bohren) **2** CHIR. auf‿bohren, bohren: ***~ un dente*** an einem Zahn bohren **3** FIG. ***~ le orecchie a qcn.*** jdm die Ohren voll schreien. **tra|pa|na|to|re** m. Bohrer *m.* **tra|pa|na|tu|ra** f., **tra|pa|na|zio|ne** f. Bohrung *f.*, Aufbohrung *f.*, Durchbohrung *f.* ◆ ***~ del cranio*** Trepanation *f.* des Schädels.

tra|pa|no m. **1** Bohrer *m.*, Bohrmaschine *f.*: ***~ automatico*** elektrische Bohrmaschine; ***fare un foro nel muro col ~*** ein Loch in die Wand bohren (*o* die Wand durch‿bohren) **2** CHIR. Bohrer *m.*; *(per il cranio)* Trepan *m.* ◆ ***~ a cricco*** Bohrknarre *f.*; ***~ a punta elicoidale*** Schneckenbohrer *m.*; ***estrarre col ~*** heraus‿bohren; ***~ da falegname*** Holzbohrmaschine *f.*; ***~ a mano, a manovella*** Handbohrer *m.*; ***~ meccanico*** Bohrmaschine *f.*; ***~ a percussione*** Schlagbohrer *m.*; ***~ a petto*** Brustleier *m.*; ***~ a revolver*** Revolverbohrmaschine *f.*; ***~ a ultrasuoni*** Ultraschallbohrer *m.*; ***~ per vetro*** Glasbohrer *m.*; ***~ a vite*** Drillbohrer *m.*

tra|pas|sa|re I tr. **1** durchbohren, durchdringen: ***la pallottola gli trapassò il petto*** die Kugel durchbohrte seine Brust; FIG. ***~ qcn. con lo sguardo*** jdn mit Blicken durchbohren **2** LETT. *(oltrepassare)* überschreiten **3** LETT. *(di tempo; trascorrere)* verbringen, verbrauchen **II** intr. (aus. *essere*) **1a** durch‿gehen, durch‿dringen **b** *(di luce)* durch‿scheinen **2** LETT. *(morire)* verscheiden, sterben **3** *(passare)* vorbei‿gehen, über‿gehen: ***~ a qcn.*** auf jdn übergehen.

tra|pas|sa|to I p.pass. agg. **1** → **trapassare 2** durchbohrt **II** m. **1** Verstorbene *m.*: ***le anime dei -i*** die Seelen der Verstorbenen **2** GRAMM. ***~ prossimo*** erstes Plusquamperfekt; ***~ remoto*** zweites Plusquamperfekt.

tra|pas|so m. **1a** *(passaggio)* Übertragung *f.* **b** *(transizione)* Übergang *m.* **2** *(morte)* Hinscheiden *n.*, Ableben *n.* ◆ ***atto di ~*** Übertragungsurkunde *f.*; ***~ di diritti*** Rechtsübertragung *f.*; ***epoca di ~*** Übergangszeit *f.*; ***fase di ~*** Übergangsphase *f.*; ***~ di intestazione*** Überschreibung *f.*; ***~ di proprietà*** Übertragung *f.* des Eigentums.

tra|pe|la|re intr. (aus. *essere*) **1a** sickern, durch‿sickern, durch‿dringen **b** *(di luce)* durch‿scheinen **2** FIG. *(manifestarsi)* durch‿sickern: ***sono trapelati particolari del piano*** Einzelheiten des Planes sind durchgesickert ◆ ***lasciare ~ qcs.*** etw. verlauten lassen: ***non lasciar ~ nulla*** nichts verlauten lassen; *(tradire)* verraten: ***lo sguardo lasciava ~ la sua inquietudine*** der Blick verriet seine Unruhe.

tra|pe|zio m. *(-zi)* **1a** Trapez *n.*: ***~ isoscele, rettangolo*** gleichschenkliges, rechtwinkliges Trapez **b** GINN. ***fare esercizi al, sul ~*** am, auf dem Trapez turnen **2** ANAT. Trapezmuskel *m.* ◆ ***numero al ~*** Trapezakt *m.* **tra|pe|zi|sta** m. e f. *(-i,-e)* Trapezkünstler *m.* (-in *f.*). **tra|pe|zoi|da|le** agg. trapezförmig ◆ ***cinghia ~*** Keilriemen *m.* **tra|pe|zoi|de I** agg. trapezförmig **II** m. Trapezoid *n.*

tra|pian|ta|bi|le agg. **1** verpflanzbar **2** CHIR. transplantierbar.

tra|pian|ta|re I tr. **1** um‿pflanzen, um‿setzen, verpflanzen: ***~ una pianta in un altro vaso*** eine Pflanze in einen anderen Topf umpflanzen; ***~ un albero*** einen Baum verpflanzen **2** CHIR. transplantieren, verpflanzen: ***~ organi, un cuore, un tessuto*** Organe, ein Herz, ein Gewebe transplantieren **3** FIG. *(trasferire)* verpflanzen **II** pronom. **trapiantarsi** übersiedeln. **tra|pian|ta|to I** p.pass. agg. **1** → **trapiantare 2** verpflanzt **II** m. Organempfänger *m.* ◆ ***organo, tessuto ~*** Transplantat *n.*

tra|pian|ta|to|io m. *(-oi)* Pflanzenkelle *f.*, Gartenkelle *f.* **tra|pian|ta|tri|ce** f. Umpflanzgerät *n.*

tra|pian|to m. **1** Umpflanzung *f.*, Verpflanzung *f.* **2** CHIR. Transplantation *f.*, Verpflanzung *f.*: ***eseguire un ~*** eine Transplantation vor‿nehmen, durch‿führen ◆ ***~ di capelli*** Haarverpflanzung *f.*; ***~ cardiaco, di cuore*** Herztransplantation *f.*; ***~ cutaneo*** Hauttransplantation *f.*; ***~ di organi*** Organtransplantation *f.*; ***~ di rene*** Nierentransplantation *f.*; ***~ di tessuto*** Gewebetransplantation *f.* **tra|pian|to|lo|gi|a** f. Transplantationsmedizin *f.*

trap|pa f. Trappistenkloster *n.*

trap|pe|to m. REGION. Ölmühle *f.*

trap|pi|sta m. Trappist *m.* ◆ ***ordine dei -i*** Trappistenorden *m.*

trap|po|la f. **1** Falle *f.* (anche FIG.): ***mettere una ~ per un animale*** eine Falle für ein Tier aufstellen; ***rimanere preso in una ~*** in eine Falle gehen; ***attirare qcn. in una ~*** jdn in eine Falle locken; ***cadere in ~*** in die Falle gehen; ***essere in ~*** in der Falle sitzen; ***fiutare la ~*** eine Falle wittern; ***prendere in ~*** ertappen; ***tendere una ~ a qcn.*** jdm eine Falle stellen **2a** ESTENS. *(trabiccolo)* Klappergestell *n.* **b** *(auto)* Blechkiste *f.*, Karre *f.* ◆ ***~ per topi*** Mausefalle *f.*

tra|pun|ta f. Steppdecke *f.* **tra|pun|ta|re** tr. steppen: ***~ un tessuto*** einen Stoff steppen. **tra|pun|ta|to** p.pass. agg. **1** → **trapuntare 2** gesteppt, Stepp-: ***giacca -a*** Steppjacke *f.* **tra|pun|ta|tri|ce** f. Steppmaschine *f.*

tra|pun|to I agg. **1** gesteppt **2** FIG. übersät: ***cielo ~ di stelle*** mit Sternen übersäter Himmel **II** m. **1** Stepperei *f.* **2** *(punto)* Steppstich *m.*

trar|re *(traggo, trai*/ANT. *traggi, trae, traiamo*/ANT. *traggiamo, traete, traggono*; fut. *trarrò*; imperf. *traevo*; pass.rem. *trassi, traesti, trasse, traemmo, traeste, trassero*; congiunt.pres. *tragga, traiamo*/ANT. *traggiamo*; congiunt.pass. *traessi*; imper. *trai, traete*; ger. *traendo*; p.pres. *traente*; p.pass. *tratto)* **I** tr. **1** ziehen: ***~ qcs. a sé*** etw. an sich (A) ziehen; ***~ qcs. a riva*** etw. an Land ziehen; *(estrarre)* ***~ fuori dalla tasca una pistola*** eine Pistole aus der Tasche ziehen **2** *(desumere, far derivare)* entnehmen: ***~ brani da un romanzo*** Stücke aus einem Roman entnehmen; ***~ le proprie informazioni dai giornali*** seine Informationen den Zeitungen entnehmen; ***il film è tratto da un romanzo*** der Film beruht auf einem Roman **3** *(condurre)* bringen, führen **4** *(indurre)* veranlassen: ***~ qcn. a qcs.*** jdn zu etw. veranlassen; ***~ qcn. a fare qcs.*** jdn veranlassen, etw. zu tun **II** pronom. ***trarsi da parte, di lato*** zur Seite treten ◆ ***~ in arresto*** verhaften; ***~ una cambiale*** einen Wechsel ziehen; ***~ le conclusioni*** Schlüsse ziehen; ***~ conforto da qcs.*** aus etw. Trost schöpfen; ***~ le conseguenze da qcs.*** aus etw. die Konsequenzen ziehen; ***~ diletto da qcs.*** Vergnügen bei etw. empfinden, aus etw. ziehen; ***~ in errore*** irre‿leiten, irre‿führen; ***~ giovamento da qcs.*** aus etw. Nutzen ziehen; ***-rsi fuori dai guai*** sich aus einer Verlegenheit helfen; ***~ qcn. d'impaccio*** jdm aus der Klemme helfen; ***-rsi d'impaccio*** sich aus der Affäre ziehen; ***-rsi d'impiccio*** sich aus der Affäre ziehen; ***~ in inganno qcn.*** jdn betrügen, täuschen; ***non lasciarti ~ in inganno dalle apparenze*** lass dich durch den Schein nicht trügen; ***~ un insegnamento da qcs.*** Lehren aus etw. ziehen; ***~ ispirazione da qcs.*** sich durch etw. inspirieren (*o* an_regen) lassen; ***~ origine da qcs.*** in etw. (D) seinen Ursprung haben; ***~ profitto da qcs.*** aus etw. Gewinn ziehen, heraus_schlagen; ***~ in salvo*** retten, in Sicherheit bringen; ***~ un sospiro di sollievo*** erleichtert auf_atmen (*o* seufzen); ***~ un vantaggio da qcs.*** einen Vorteil aus etw. ziehen.

tra|sa|li|men|to m. Zusammenfahren *n.* ◆ ***avere un ~*** zusammen_fahren. **tra|sa|li|re** intr. *(trasalisco, trasalisci;* aus. *avere, essere)* **1** zusammen_fahren, zusammen_zucken: ***~ per lo spavento, per un rumore*** vor Schrecken, bei einem Geräusch zusammenfahren **2** *(sobbalzare)* auf_fahren, hoch_fahren: ***~ per la sorpresa*** vor Überraschung auffahren.

tra|san|da|tez|za f. Ungepflegtheit *f.*, Schlampigkeit *f.*

tra|san|da|to agg. ungepflegt, schlampig: ***una persona -a*** ein ungepflegter Mensch; ***abiti -i*** schlampige Kleidung; ***avere un'aria -a*** ungepflegt aus_sehen, wirken.

tra|sbor|da|re I tr. **1a** *(persone)* umsteigen lassen **b** MAR. um_schiffen **2a** *(cose)* um_laden, um_schlagen: ***~ merci*** Güter umladen **b** MAR. um_schiffen **II** intr. (aus. *avere*) **1** um_steigen: ***~ da un treno su un autobus*** vom Zug in einen Bus umsteigen **2** MAR. an Bord eines anderen Schiffes gehen.

tra|sbor|do m. **1a** *(di persone)* Umsteigen *n.* **b** *(di cose)* Umladung *f.*, Umschlag *m.* **2** MAR. Umschiffung *f.* ◆ ***porto di ~*** Umladehafen *m.*, Umschlaghafen *m.*; ***spese di ~*** Umladungskosten *pl.*; ***stazione di ~*** Umladebahnhof *m.*, Umschlagbahnhof *m.*

tra|sce|glie|re tr. *(trascelgo, trascegli; trascelsi; trascelto)* aus_wählen, wählen.

tra|scen|den|ta|le agg. **1** transzendental: ***meditazione ~*** transzendentale Meditation; ***filosofia ~*** Transzendentalphilosophie *f.* **2** ESTENS. *(eccezionale)* außergewöhnlich: ***non è niente di ~*** das ist nichts Außergewöhnliches. **tra|scen|den|ta|li|smo** m. Transzendentalismus *m.*, Transzendentalphilosophie *f.* **tra|scen|den|te I** agg. transzendent: ***numero ~*** transzendente Zahl **II** m. Transzendente *n.* **tra|scen|den|za** f. Transzendenz *f.*

tra|scen|de|re *(trascesi; trasceso)* **I** tr. **1** ***~ qcs.*** etw. übersteigen, über etw. (A) gehen: ***ciò trascende le mie forze, possibilità*** das geht über meine Kräfte, Möglichkeiten **2** FILOS. transzendieren **II** intr. (aus. *avere, essere*) zu weit gehen, übertreiben, sich hin_reißen lassen: ***mi scusi se ho trasceso*** verzeihen Sie mir, wenn ich zu weit gegangen bin; ***~ nel bere*** es mit dem Trinken übertreiben; ***~ a ingiurie volgari*** sich zu üblen Beleidigungen hinreißen lassen.

tra|sci|na|men|to m. **1** Schleppen *n.* **2** MECC. Mitnehmen *n.* **3** MOT. Schubbetrieb *m.* ◆ ***dente di ~*** Mitnehmer *m.*

tra|sci|nan|te agg. mitreißend: ***ritmo, musica ~*** mitreißender Rhythmus, mitreißende Musik.

tra|sci|na|re I tr. **1a** schleppen, mit_schleppen, schleifen, mit_schleifen: ***~ una cassa pesante*** eine schwere Kiste schleppen; ***essere trascinato da una macchina*** von einem Auto mitgeschleift werden **b** *(condurre a forza)* ***~ qcn. a teatro*** jdn ins Theater schleppen; ***~ qcn. in tribunale*** jdn vor Gericht schleppen **c** ***~ via qcs.*** etw. mit_reißen (*o* etw. fort_reißen); ***la barca fu trascinata via dalla corrente*** das Boot wurde von der Strömung mitgerissen **d** ***~ la gamba ferita*** das verletzte Bein nach_ziehen **2** *(avvincere)* mit_reißen: ***è riuscito a ~ il pubblico*** er konnte das Publikum mitreißen; ***lasciarsi ~ dall'entusiasmo*** sich von der Begeisterung mitreißen lassen **3** FIG. *(spingere)* treiben: ***~ il paese sull'orlo della guerra civile, una ditta alla rovina*** das Land an den Rand des Bürgerkrieges, eine Firma in den Ruin treiben **II** pronom. **trascinarsi 1** sich schleppen: ***il ferito si trascinò fino alla porta*** der Verletzte schleppte sich bis zur Tür; ***-rsi stancamente*** sich müde fort_schleppen **2** FIG. *(protrarsi)* sich hin_ziehen: ***la faccenda si è trascinata per una settimana*** die Angelegenheit hat sich eine Woche lang hingezogen.

tra|sci|na|to|re I agg. mitreißend **II** m. MECC. Mitnehmer *m.* ◆ FIG. ***essere un ~*** andere mit_reißen; ***essere un ~ di folle*** die Menge mitzureißen verstehen.

tra|sco|lo|ra|re intr. (aus. *essere*) e pronom. **trascolorarsi 1** sich verfärben **2** *(impallidire)* erblassen, erbleichen.

1.tra|scor|re|re *(trascorsi; trascorso)* **I** tr. verbringen: ***~ la serata leggendo*** den Abend mit Lesen verbringen; ***~ le vacanze all'estero*** den Urlaub im Ausland verbringen **II** intr. (aus. *essere*) **1** vergehen: ***il tempo trascorre lento*** die Zeit vergeht langsam; ***sono trascorsi due anni da allora*** seit damals sind zwei Jahre vergangen; ***non erano trascorsi cinque minuti che...*** es waren noch keine fünf Minuten vergangen, als... **2** *(sorvolare)* ***~ su qcs.*** etw. übergehen, über etw. (A) hinweg_gehen **3** *(trascendere;* aus. *essere, avere)* zu weit gehen, übertreiben ◆ ***~ a vie di fatto*** zu Tätlichkeiten übergehen.

2.tra|scor|re|re m. ***con il ~ degli anni, del tempo*** im Laufe der Jahre, im Laufe der Zeit (*o* mit der Zeit); ***qui non si avverte il ~ del tempo*** hier merkt man nicht, wie die Zeit vergeht.

tra|scor|so I p.pass. agg. **1** → **trascorrere 2a** verbracht **b** vergangen **II** m. Fehler *m.* ◆ ***-i di gioventù*** Jugendsünden *pl.*

tra|scri|ve|re tr. *(trascrissi; trascritto)* **1** ab_schreiben, übertragen: ***~ un testo su un quaderno*** einen Text in ein Heft abschreiben **2** *(mettere per iscritto)* nieder_schreiben, auf_schreiben **3** LING. MUS. transkribieren: ***~ un testo in caratteri latini*** einen Text in die lateinische Schrift transkribieren; ***~ un brano musicale per uno strumento*** ein Musikstück für ein Instrument transkribieren **4** DIR. ein_tragen, übertragen ◆ ***~ qcs. in bella copia*** etw. ins Reine schreiben; ***~ qcs. in molte copie*** viele Abschriften von etw. an_fertigen.

tra|scri|zio|ne f. **1a** Abschreiben *n.*, Übertragung *f.* **b** *(copia trascritta)* Abschrift *f.* **2** LING. MUS. Transkription *f.*, Umschreibung *f.*: ***~ per pianoforte*** Transkription für Klavier **3** DIR. Eintragung *f.*, Übertragung *f.* **4** BIOL. Transkription *f.* ◆ ***errore di ~*** Abschreibfehler *m.*; ***~ fonetica*** phonetische Umschreibung.

tra|scu|ra|bi|le agg. vernachlässigbar, unbedeutend, unbeträchtlich: ***particolare ~*** vernachlässigbare Einzelheit; ***quantità, differenza ~*** unbedeutende Menge, Differenz; ***un contributo non ~*** ein nicht zu verachtender Beitrag.

tra|scu|ra|re I tr. **1** vernachlässigen: ***~ i propri figli*** seine Kinder vernachlässigen; ***~ i propri interessi, lo studio*** seine Interessen, sein Studium vernachlässigen; ***~ un dettaglio, i particolari*** ein Detail, die Einzelheiten vernachlässigen **2** ***~ di fare qcs.*** versäumen, etw. zu tun **II** pronom. **trascurarsi** sich vernachlässigen ◆ ***~ una malattia*** eine Krankheit verschleppen. **tra|scu|ra|tez|za** f. Nachlässigkeit *f.*

tra|scu|ra|to I p.pass. agg. **1** → **trascurare 2** vernachlässigt, nachlässig: ***sentirsi ~*** sich vernachlässigt fühlen; ***abbigliamento ~*** nachlässige (*o* vernachlässigte) Kleidung; ***essere ~ nel vestire*** sich nachlässig kleiden **3** *(abbandonato)* verwahrlost: ***un giardino ~*** ein verwahrloster Garten **II** m. unordentlicher Mensch *m.*

tra|sdur|re tr. *(trasduco, trasduci; trasdussi; trasdotto)* um_setzen, übertragen: ***~ energia meccanica in energia elettrica*** mechanische in elektrische Energie umsetzen. **tra|sdut|to|re** m. **1** Geber *m.* **2** EL. Wandler *m.* ◆ ***~ elettroacustico*** Schallwandler *m.*

tra|se|co|la|re intr. *(trasecolo;* aus. *essere, avere)* erstaunen, verblüfft sein: ***a quella vista trasecolò*** bei diesem Anblick war er verblüfft.

tra|sfe|ri|bi|le agg. **1a** verlegbar: ***sede ~*** verlegbarer (*o* versetzbarer) Sitz **b** *(di persona)* versetzbar **2** COMM. DIR. übertragbar: ***assegno, cambiale non ~*** nicht übertragbarer Scheck, Wechsel. **tra|sfe|ri|bi|li|tà** f. **1a** Verlegbarkeit *f.* **b** *(di persona)* Versetzbarkeit *f.* **2** COMM. DIR. Übertragbarkeit *f.*

tra|sfe|ri|men|to m. **1a** Verlegung *f.*, Verlegen *n.* **b** *(di persone)* Versetzung *f.* **c** *(di popolazioni)* Umsiedlung *f.* **2** *(trasloco)* Umzug *m.* **3** *(trasporto)* Überführung *f.*, Transfer *m.* **4a** COMM. Übertragung *f.* **b** *(di fondi)* Überweisung *f.*, Transfer *m.* **5** *(di proprietà)* Übereignung *f.*, Überschreibung *f.* **6** *(cessione)* Übertragung *f.* **7** SPORT Transfer *m.* ◆ ***~ bancario*** Banküberweisung *f.*; ***~ di competenze*** Befugnisübertragung *f.*; ***in caso di ~ del destinatario...*** falls Empfänger verzogen...; ***fare domanda di ~*** ein Versetzungsgesuch ein_reichen; ***~ di effetti*** Effektengiroverkehr *m.*; ***~ dei geni*** Gentransfer *m.*; ***~ di proprietà*** Eigentumsübertragung *f.*, Übereignung *f.*; ***~ di tecnologie*** Technologietransfer *m.*; ***~ di titoli*** Effektengiroverkehr *m.*

tra|sfe|ri|re *(trasferisco, trasferisci)* **I** tr. **1a** verlegen: ***~ la sede di una ditta*** den Sitz einer Firma verlegen **b** *(persona)* versetzen: ***~ un impiegato*** einen Beamten versetzen **c** *(popolazione)* um_siedeln: ***~ una parte della popolazione*** einen Teil der Bevölkerung umsiedeln **2** *(trasportare)* über_führen: ***~ delle merci*** Waren überführen **3** COMM. überweisen: ***~ una somma su un conto*** eine Summe auf ein Konto überweisen **4** *(una proprietà)* übereignen **5** DIR. *(cedere)* übertragen: ***~ la proprietà a qcn.*** jdm das Eigentum übertragen **6** MIL. ab_kommandieren **II** pronom. **trasferirsi** ziehen, um_ziehen: ***-rsi in un appartamento più grande*** in eine größere Wohnung (um)ziehen; ***-rsi da qcn.*** zu jdm ziehen (*o* mit jdm zusammen_ziehen); ***-rsi da Roma a Milano*** von Rom nach Mailand (um)ziehen ◆ ***~ un malato*** einen Kranken um_legen; ***~ il peso*** das Gewicht verlagern. **tra|sfe|ri|to** p.pass. agg. **1** → **trasferire 2a** verlegt **b** *(persone)* versetzt ◆ ***destinatario ~*** Empfänger verzogen.

tra|sfe|r|ta f. **1** Dienstreise *f.*: ***andare in ~*** auf Dienstreise gehen **2** SPORT Auswärtsspiel *n.*; ***giocare in ~*** auswärts spielen **3** MIL. Abkommandierung *f.* **4** ***(indennità di) ~*** Reisekostenvergütung *f.* ◆ ***macchina a ~*** Transfermaschine *f.*

tra|sfi|gu|ra|re I tr. **1** verändern, verwandeln: ***la malattia lo ha trasfigurato*** die Krankheit hat ihn verändert **2** FIG. verklären, verzerren: ***la gioia le trasfigurò il volto*** Freude verklärte ihr Gesicht; ***~ un pensiero*** einen Gedanken verzerren **II** pronom. **trasfigurarsi** sich verändern, sich verwandeln. **tra|sfi|gu|ra|zio|ne** f. **1** Transfiguration *f.*, Verklärung *f.*: ***~ di Cristo*** Verklärung Christi **2** FIG. Veränderung *f.*, Verwandlung *f.*

tra|sfon|de|re tr. *(trasfusi; trasfuso)* **1** *(liquidi)* um‿füllen **2** FIG. vermitteln: ***~ a qcn. la propria passione per l'arte*** jdm seine Kunstleidenschaft vermitteln.

tra|sfor|ma|bi|le agg. **1** verwandelbar **2** *(adattabile)* umwandelbar ◆ ***macchina ~*** Kabriolett *n.*

tra|sfor|ma|re I tr. **1a** *(cambiare)* ändern, verändern: ***~ l'indole di una persona*** das Temperament eines Menschen verändern **b** *(modificare)* um‿ändern, ab‿ändern: ***~ un programma*** ein Programm abändern **2** *(elaborare)* verarbeiten: ***~ un prodotto*** ein Produkt verarbeiten **3** *(mutare)* verwandeln, verzaubern: ***essere trasformato in qcs.*** in etw. (A) verwandelt werden **4** EL. um‿spannen, transformieren **5** MAT. um‿wandeln, transformieren **6** SPORT verwandeln: ***~ un rigore, un calcio di punizione*** einen Elfmeter, Freistoß verwandeln **II** pronom. **trasformarsi 1** sich verwandeln: ***-rsi in qcs.*** sich in etw. (A) verwandeln: ***il bruco si trasforma in farfalla*** die Raupe verwandelt sich in einen Schmetterling **2** *(cambiare)* sich ändern, sich wandeln **3** FIG. *(diventare)* ***-rsi in qcs.*** zu etw. werden: ***il timore si trasformò in panico*** die Furcht wurde zu panischer Angst.

tra|sfor|ma|to p.pass. agg. **1** → **trasformare 2** verwandelt **3** *(cambiato)* verändert, verwandelt, gewandelt **4** MAT. umgewandelt, transformiert **5** SPORT verwandelt: ***rigore ~*** verwandelter Elfmeter.

tra|sfor|ma|to|re m. **1** Verwandler *m.* **2** EL. Transformator *m.*, Wandler *m.* ◆ ***~ di corrente*** Stromwandler *m.*; ***~ di fase*** Phasentransformator *m.*; ***~ di frequenza*** Frequenzumformer *m.*; ***~ di potenza*** Leistungstransformator *m.*, Krafttransformator *m.*; ***~ di tensione*** Spannungstransformator *m.*

tra|sfor|ma|zio|na|le agg. transformationell, Transformations-: ***grammatica generativa ~*** generative Transformationsgrammatik.

tra|sfor|ma|zio|ne f. **1** Veränderung *f.*, Umwandlung *f.*, Änderung *f.*; ***subire una ~*** sich verändern **2a** *(modifica)* Umänderung *f.*, Abänderung *f.*, Änderung *f.*; ***la ~ di un progetto*** die Abänderung eines Planes **b** *(riorganizzazione)* Umgestaltung *f.* **3** *(elaborazione)* Verarbeitung *f.*, Weiterverarbeitung *f.* **4** *(tramite magia)* Verwandlung *f.*, Verzauberung *f.* **5** FIS. MAT. EL. GRAMM. Transformation *f.* **6** SPORT Verwandlung *f.* ◆ ***cabina di ~*** Transformator(en)häuschen *n.*; ***~ di energia*** Energieumwandlung *f.*; ***impianto di ~*** Umspannwerk *n.*; ***industria di ~*** verarbeitende Industrie; ***processo di ~*** Umwandlungsprozess *m.*

tra|sfor|mi|smo m. Transformismus *m.*, politische Wandlungsfähigkeit *f.* **tra|sfor|mi|sta** *(-i,-e)* **I** m. e f. **1** (politischer) Opportunist *m.* (-in *f.*) **2** *(opportunista)* Wendehals *m.* **3** *(artista)* Verwandlungskünstler *m.* (-in *f.*) **4** *(chi cambia spesso opinione)* unbeständiger Mensch *m.*, COLLOQ. Wetterfahne *f.* **II** agg. transformistisch.

tra|sfu|sio|na|le agg. Transfusions-: ***centro ~*** Transfusionszentrum *n.* **tra|sfu|sio|ne** f. Transfusion *f.*: ***~ di sangue*** Bluttransfusion *f.* (*o* Blutübertragung *f.*); ***praticare, fare una ~ a qcn.*** jdm eine Transfusion geben.

tra|sgre|di|re *(trasgredisco, trasgredisci)* **I** tr. übertreten, verletzen: ***~ una legge*** ein Gesetz übertreten **II** intr. (aus. *avere*) zuwider‿handeln: ***~ a un ordine*** einem Befehl zuwiderhandeln.

tra|sgres|sio|ne f. **1** Übertretung *f.*, Zuwiderhandlung *f.*: ***~ contro qcs.*** Zuwiderhandlung gegen etw.; ***ogni ~ verrà severamente punita*** jede Übertretung wird streng bestraft **2** ESTENS. Verletzung *f.* der Konventionen; *(comportamento)* unkonventionelles Verhalten *n.* **3** GEOL. Transgression *f.*

tra|sgres|si|vi|tà f. **1** Übertreten *n.* von Normen **2** ESTENS. unkonventionelle Art *f.*

tra|sgres|si|vo agg. **1** regelwidrig: ***azione -a*** regelwidrige Handlung **2** ESTENS. antikonformistisch, unkonventionell: ***comportamento ~*** antikonformistisches Benehmen **3** GEOL. transgressiv: ***sedimento ~*** transgressiver Niederschlag.

tra|sgres|so|re m. Gesetzesbrecher *m.* ◆ ***i -i verranno puniti a norma di legge*** Zuwiderhandlungen werden gesetzlich verfolgt.

Tra|si|me|no n.pr.m. ***(lago) ~*** Trasimenischer See *m.*

tra|sla|re I tr. *(salme)* überführen **II** intr. (aus. *avere*) kreisen, sich drehen: ***la terra trasla intorno al sole*** die Erde kreist um die Sonne. **tra|sla|to I** p.pass. agg. **1** → **traslare 2** übertragen: ***in senso ~*** in übertragenem Sinne **II** m. übertragener Sinn *m.* ◆ ***parlare per -i*** sich in Metaphern aus‿drücken. **tra|sla|to|rio** agg. *(-ri,-rie)* Translations-: ***moto ~*** Translationsbewegung *f.* **tra|sla|zio|ne** f. **1** *(trasporto)* Überführung *f.*: ***la ~ di una salma*** die Überführung einer Leiche **2** ECCL. Translation *f.*, Überführung *f.*: ***~ di reliquie*** Translation von Reliquien **3** GEOM. MAT. Translation *f.*, Parallelverschiebung *f.*: ***la ~ di un triangolo*** die Translation eines Dreiecks **4** ECON. DIR. Übertragung *f.* **5** ANT. *(traduzione)* Übersetzung *f.*, Translation *f.* ◆ ***~ d'imposta*** Steuerabwälzung *f.*; GEOL. ***teoria della ~*** Translationslehre *f.*

tra|slit|te|ra|re tr. *(traslittero)* transliterieren. **tra|slit|te|ra|zio|ne** f. Transliteration *f.*

tra|slo|ca|re *(trasloco, traslochi)* **I** tr. **1** versetzen, verlegen: ***~ un ufficio*** ein Büro verlegen **2** *(fare cambiare alloggio)* um‿quartieren **II** intr. (aus. *avere*) um‿ziehen, ziehen: ***~ in un appartamento più grande*** in eine größere Wohnung (um)ziehen; ***aiutare qcn. a ~*** jdm beim Umzug helfen. **tra|slo|co** m. *(-chi)* Umzug *m.*: ***fare un ~*** um‿ziehen ◆ ***furgone per -chi*** Möbelwagen *m.*; ***impresa di -chi*** Möbelspediteur *m.*; ***spese di ~*** Umzugskosten *pl.*

tra|slu|ci|do agg. durchscheinend.

tra|smet|te|re *(trasmisi; trasmesso)* **I** tr. **1a** übertragen: ***~ una malattia*** eine Krankheit übertragen; ***il cambio trasmette il movimento alle ruote*** das Getriebe überträgt die Bewegung auf die Räder; ***~ un diritto a qcn.*** jdm ein Recht übertragen; ***~ il proprio entusiasmo a qcn.*** jdm seine Begeisterung übertragen **b** *(per eredità)* vererben **2** RAD. TELEV. senden, übertragen: ***~ una notizia*** eine Nachricht übertragen (*o* senden); ***~ un appello via radio*** einen Appell im Radio senden; ***~ qcs. in diretta*** etw. live (*o* direkt) übertragen **3** *(mandare)* senden: ***~ una lettera, un telegramma*** einen Brief, ein Telegramm senden; ***~ qcs. via fax*** etw. (tele)faxen **4a** *(comunicare)* mit‿teilen, übermitteln, aus‿richten: ***~ una notizia a qcn.*** jdm eine Nachricht übermitteln; ***~ a qcn. i saluti di qcn.*** jdm Grüße von jdm ausrichten **b** COMM. erteilen: ***~ un ordine a qcn.*** jdm einen Auftrag erteilen **5** *(tramandare)* überliefern: ***~ un'opera ai posteri*** der Nachwelt ein Werk überliefern **II** pronom. **trasmettersi** sich übertragen, übertragen werde; ***-rsi per contagio*** sich durch Ansteckung übertragen.

tra|smet|ti|to|re I m. **1a** Telegraphist *m.* **b** *(radiotelegrafista)* Funker *m.* **2** *(dispositivo)* Übertragungsgerät *n.*, Sender *m.*: ***~ acustico, meccanico*** akustisches, mechanisches Übertragungsgerät; ***~ automatico*** automatischer Sender **3** RAD. EL. *(stazione)* Sender *m.*, Sendestation *f.* **II** agg. **1** übertragend, Übertrags- **2** RAD. TELEV. Sende-, Übertragung- ◆ ***~ a onde corte*** Kurzwellensender *m.*; TEL. ***~ direzionale*** Weichensender *m.*; RAD. MIL. ***~ di disturbi*** Störsender *m.*; ***~ morse*** Morseapparat *m.*; ***~ a grande raggio*** Großsender *m.*; ***~ telegrafico*** Telegraphiesender *m.*; ***~ televisivo*** Fernsehsender *m.*; ***~ a valvole*** Röhrensender *m.*; ***~ video*** Bildsender *m.*

tra|smi|gra|re intr. (aus. *essere, avere*) **1a** wandern **b** *(di uccelli)* wandern, ziehen **2** *(emigrare)* aus‿wandern **3** *(trasmettersi)* vererben: ***~ in qcn.*** auf jdn vererben **4** RELIG. *(di anime)* wandern.

tra|smi|gra|zio|ne f. **1a** Wanderung *f.* **b** *(di uccelli)* Wandern *n.* **2** *(emigrazione)* Auswanderung *n.* ◆ RELIG. ***~ delle anime*** Seelenwanderung *f.*

tra|smis|si|bi|le agg. **1** übertragbar: ***malattia facilmente ~*** leicht übertragbare Krankheit **2** *(per eredità)* vererblich. **tra|smis|si|bi|li|tà** f. **1** Übertragbarkeit *f.*: ***la ~ di un diritto*** die Übertragbarkeit eines Rechtes **2** *(per eredità)* Vererblichkeit *f.*

tra|smis|sio|ne f. **1** Übertragung *f.* (anche FIS.): ***la ~ di una malattia*** die Übertragung einer Krankheit **2** *(per eredità)* Vererbung *f.*: ***~ di caratteri ereditari*** Vererbung von Erbmerkmalen **3** *(invio)* Einreichen *n.*, Stellen *n.*: ***la ~ di una richiesta*** das Einreichen eines Antrags **4a** RAD. TELEV. Übertragung *f.*, Sendung *f.* **b** *(programma)* Programm *n.*, Sendung *f.* **5a** MECC. Transmission *f.*, Übersetzung *f.*, Übertragung *f.* **b** *(congegno)* Antrieb *m.*, Getriebe *n.*: ***~ meccanica, idraulica*** mechanischer, hydraulischer Antrieb **6** pl. MIL. Nachrichtentruppen *pl.* ◆ ***~ ad albero*** Wellenantrieb *m.*; ***albero di ~*** Antriebswelle *f.*; AUT. ***~ anteriore*** Vorderachsantrieb *m.*; ***~ cardanica*** Kardanantrieb *m.*, Kardanwelle *f.*; ***~ a catena*** Kettenantrieb *m.*; ***~ a cinghia*** Riemenantrieb *m.*; RAD. ***~ clandestina*** Schwarzsendung *f.*; INFORM. ***~ dati*** Datenübertragung *f.*; MECC. ***~ diretta*** Direktantrieb *m.*; TELEV. ***~ in diretta*** Direktübertragung *f.*, Livesendung *f.*; FIS. ***~ di energia*** Energie-, Kraftübertragung *f.*; BIOL. ***~ ereditaria*** Vererbung *f.*; ***fine delle -i*** Sendeschluss *m.*; ***frequenza di ~*** Sendefrequenz *f.*; ***~ a ingranaggi*** Zahnradübertragung *f.*; ***~ di notizie*** Nachrichtenübertragung *f.*; AUT. ***~ posteriore***

Hinterradenatrieb *m.*; **~ radiofonica** Rundfunksendung *f.*; TECN. **rapporto di ~** Übersetzung *f.*; **~ via satellite** Satellitenübertragung *f.*; **segnale di ~** Sendezeichen *n.*; **~ sportiva** Sportsendung *f.*; **~ in stereofonia** Stereosendung *f.*; **~ straordinaria** Sondersendung *f.*; **~ televisiva** Fernsehsendung *f.*; **~ dal vivo** Livesendung *f.*

tra|smit|ten|te I agg. übertragend, Sende-: **apparecchio, radiostazione ~** Sendegerät *n.*, Sendestation *f.* **II** f. Sender *m.*, Sendestation *f.* ◆ **~ clandestina** Geheimsender *m.*

tra|smo|da|re intr. (aus. *avere*) übertreiben: **~ nel bere** mit dem Trinken übertreiben.

tra|smu|ta|zio|ne f. Transmutation *f.*

tra|so|gna|to agg. träumerisch, traumverloren, traumversunken, verträumt: **sguardo ~** träumerischer Blick; **essere ~** traumverloren sein.

tra|spa|da|no → **transpadano.**

tra|spa|ren|te I agg. **1** transparent, durchsichtig **2** ESTENS. *(sottilissimo)* hauchdünn: **una fetta di salame ~** eine hauchdünne Salamischeibe **3a** FIG. *(evidente)* offensichtlich, eindeutig **b** *(schietto, aperto)* ehrlich, aufrichtig, offen: **una persona ~** ein ehrlicher Mensch; **uno sguardo ~** ein offener Blick **c** *(esente da manipolazioni)* offen, sauber, transparent: **una politica ~** eine transparente Politik **II** m. **1** CINEM. TEATR. Transparent *n.*, Spruchband *n.* **2** SART. *(stoffa colorata)* Spitzengrund *m.* **3** *(lucido per lavagna luminosa)* Klarsichtfolie *f.* ◆ **colore ~** Lasurfarbe *f.*; **non ~** undurchsichtig; **pellicola ~** Klarsichtfolie *f.*; **sacchetto (di plastica) ~** Klarsichtbeutel *m.*; SCHERZ. **(guarda che) non sei ~!** du bist nicht aus Glas! (*o* ist dein Vater Glaser?); **vernice ~** Lasurlack *m.*, Lasur *f.*; **~ come il vetro** glasklar.

tra|spa|ren|za f. Transparenz *f.*, Durchsichtigkeit *f.* (anche FIG.) ◆ **guardare qcs. in ~** etw. gegen das Licht betrachten; **~ di mercato** Markttransparenz *f.*

tra|spa|ri|re intr. *(traspaio, traspai; trasparvi/trasparsi; trasparso*; aus. *essere)* **1** durch‿scheinen **2** FIG. *(trapelare)* **non lasciare ~ nulla** nichts durchblicken lassen **3** *(manifestarsi)* **dal suo viso traspare stupore** sein Gesicht drückt Erstaunen aus.

tra|spi|ra|re I intr. (aus. *essere*) **1** *(sudare)* transpirieren, schwitzen **2** BOT. schwitzen, ab‿sondern **II** tr. aus‿strömen, aus‿dünsten. **tra|spi|ra|to|rio** agg. *(-ri,-rie)* Transpirations-. **tra|spi|ra|zio|ne** f. Transpiration *f.*, Ausdünstung *f.*: **~ cutanea** Hautausdünstung *f.*

tra|spor|re tr. *(traspongo, trasponi; trasposi; trasposto)* **1** um‿stellen, um‿setzen: **~ una parola in una frase** in einem Satz ein Wort umstellen **2** *(adattare)* um‿arbeiten, setzen, bearbeiten: **~ una ballata in un racconto** eine Ballade in eine Erzählung umarbeiten; **~ un dramma in versi** ein Drama in Verse setzen; **~ un romanzo per il teatro** einen Roman fürs Theater bearbeiten **3** MUS. transponieren ◆ **~ qcs. per il cinema** etw. verfilmen.

tra|spor|ta|bi|le agg. **1a** *(di cose)* transportabel **b** *(portatile)* tragbar **2** *(di malati, feriti)* transportfähig.

tra|spor|ta|re tr. **1a** *(con mezzo di trasporto)* transportieren, befördern; *(per nave)* verschiffen: **~ merci su mezzi pesanti, per ferrovia, per via aerea** Güter auf Lastwagen, mit der Bahn, im Flugzeug transportieren (*o* befördern); **~ i passeggeri in pullman** die Fahrgäste mit dem Bus befördern **b** *(malati, feriti)* überführen: **~ qcn. all'ospedale** jdn ins Krankenhaus überführen **2a** *(portare altrove)* transportieren, tragen; *(qualcosa di pesante)* schleppen: **~ in barella, a braccia** auf einer Bahre, auf den Armen tragen; **~ un baule in solaio** eine Truhe auf den Speicher tragen (*o* schleppen) **b** *(portare con sé)* mit‿führen: **il fiume trasporta molti detriti** der Fluss führt viel Schotter mit **3** FIG. *(trasferire)* verlegen: **~ la sede della ditta in un'altra città** den Firmensitz in eine andere Stadt verlegen **4a** FIG. *(portare altrove con l'immaginazione)* versetzen: **il film trasporta lo spettatore nel futuro** der Film versetzt den Zuschauer in die Zukunft **b** assol. *(di sentimento positivo, passione)* mit‿reißen: **una melodia che trasporta** eine mitreißende Melodie; **lasciarsi ~ dall'entusiasmo** sich von der Begeisterung mitreißen lassen **c** *(con impeto)* **lasciarsi ~ dall'ira** vom Zorn gepackt werden **5** *(copiare, trascrivere)* übertragen **6** MUS. transponieren ◆ **~ via** weg‿transportieren, ab‿transportieren, ab‿führen.

tra|spor|ta|to I p.pass. agg. **1** → **trasportare 2** Förder-: **materiale ~** Fördergut *n.* **3a** FIG. *(da sentimento positivo, passione)* mitgerissen **b** *(dall'impeto)* gepackt **4** MUS. **tono ~** transponierter Ton **II** m. Insasse *m.*; **assicurazione terzi -i** Insassenversicherung *f.*

tra|spor|ta|to|re I agg. Förder-, Transport- **II** m. **1** Transporteur *m.*, Transportunternehmen *n.*, Beförderer *m.* **2** TECN. Förderwerk *n.* ◆ **~ a catena** Kettenförderer *m.*; **~ a coclea** Transportschnecke *f.*; **impianto ~** Transportanlage *f.*, Förderanlage *f.*; **nastro ~** Förderband *n.*, Transportband *n.*; **~ a nastro** Bandförderer *m.*; **~ pneumatico** Druckluftförderer *m.*; **rullo ~** Förderrolle *f.*

tra|spor|to m. **1a** Transport *m.*, Beförderung *f.*; *(per nave)* Verschiffung *f.*: **durante il ~** auf dem Transport; **il prezzo comprensivo di ~** der Preis einschließlich Transport **b** *(di malati, feriti)* Überführung *f.* **2** pl. *(sistema di servizi)* Verkehrsmittel *pl.*, Verkehrswesen *n.*, Transportwesen *n.*: **-i urbani** städtische Verkehrsmittel **3a** FIG. *(impeto)* Anfall *m.*: **in un ~ d'ira** in einem Wutanfall **b** *(entusiasmo, slancio)* Begeisterung *f.*: **fare qcs. con ~** etw. mit Begeisterung tun **4** *(copiatura, trascrizione)* Übertragung *f.* **5** MUS. Transposition *f.* ◆ **~ aereo** Luftbeförderung *f.*; **aereo da ~** Transportflugzeug *n.*; **~ combinato** kombinierter Verkehr; **~ combinato su rotaia-strada** Huckepackverkehr *m.*; **condizioni di ~** Beförderungsbedingungen *pl.*; **~ eccezionale** Schwertransport *m.*; **~ di feriti** Verwundetentransport *m.*; **~ per ferrovia, ferroviario** Bahntransport *m.*; **~ fluviale** Flusstransport *m.*; **~ franco** frachtfrei; **~ su gomma** Transport *m.* auf der Straße; MECC. **impianto di ~** Förderanlage *f.*, Transportanlage *f.*; **impresa di -i** Transportunternehmen *n.*; **~ (per) via mare, marittimo** Verschiffung *f.* (*o* Seetransport *m.*, Seefracht *f.*); **~ merci** Güterbeförderung *f.*, Güterverkehr *m.*; **mezzo di ~** Transport-, Beförderungsmittel *pl.*; *(per persone)* Verkehrsmittel *pl.*; **mezzi di ~ pubblico** öffentliche Verkehrsmittel *pl.*; **ministero dei -i** Verkehrsministerium *n.*; **ministro dei -i** Verkehrsminister *m.*; **modalità di ~** Beförderungsart *f.*; **nave da ~** Transportschiff *n.*; **~ pagato** frachtfrei; **~ passeggeri** Personenbeförderung *f.*; **(mezzi di) ~ pesante** Lastkraftwagen *m.*; **politica dei -i** Verkehrspolitik *f.*; **-i pubblici** öffentliche Verkehrsmittel *pl.*; **azienda dei -i pubblici** Verkehrsbetrieb *m.*; **rete dei -i** Verkehrsnetz *n.*; **~ su rotaie** Transport *m.* auf Schienen; **spese di ~** Transportkosten *pl.*, Beförderungskosten *pl.*; **~ su strada** → **~ su gomma**; **~ (per) via terra** Straßen- und Eisenbahnverkehr *m.*; **veicolo da ~** Transporter *m.*

tra|spo|si|zio|ne f. **1** Umstellung *f.*, Umsetzung *f.* **2** *(adattamento)* Übertragung *f.*, Bearbeitung *f.* **3** CHIM. Verteilung *f.* **4** MUS. LING. Transposition *f.*

tras|sa|to I agg. trassiert **II** m. Trassat *m.*

tra|stul|la|re I tr. **~ qcn.** jdn unterhalten, jdm die Zeit vertreiben **II** pronom. **trastullarsi 1** sich unterhalten, sich die Zeit vertreiben, sich vergnügen **2** ESTENS. *(perdere tempo)* Zeit verschwenden, herum‿trödeln, trödeln. **tra|stul|lo** m. Unterhaltung *f.*, Zeitvertreib *m.*

tra|su|da|men|to m. Schwitzen *n.*, Ausschwitzen *n.*, Absonderung *f.* **tra|su|da|re I** intr. **1** (aus. *avere*) schwitzen **2** *(trapelare*; aus. *essere)* aus‿schwitzen: **l'acqua trasuda dal vaso** aus dem Blumentopf schwitzt Wasser aus **II** tr. **1** aus‿schwitzen; **le pareti trasudano umidità** die Wände schwitzen Feuchtigkeit aus **2** FIG. *(lasciar trapelare)* verraten; **le sue parole trasudano invidia** aus seinen Worten spricht Neid.

tra|sver|sa|le I agg. **1** quer, Quer- **2** FIG. POL. parteiübergreifend: **partito, alleanza ~** parteiübergreifende Gruppierung, Allianz **3** MAT. FIS. transversal, Transversal- **II** f. Transversale *f.* ◆ **asse ~** Querachse *m.*; **direzione ~** Querrichtung *f.*; **linea ~** Querlinie *f.*; **movimento ~** Querbewegung *f.*; **navata ~** Querschiff *n.*; FIS. **onda ~** Transversalwelle *f.*; **retta ~** Transversale *f.*; **riga ~** Querstrich *m.*; **spostamento ~** Querverschiebung *f.*; **taglio ~** Schrägschnitt *m.*; FIG. **vendetta ~** indirekte Rache; **via ~** Querstraße *f.* **tra|sver|sa|li|smo** m. = Neigung *f.* zur Bildung parteiübergreifender Gruppierungen. **tra|sver|sal|men|te** avv. quer.

tra|sver|so agg. **1** ANAT. Quer-: **processo ~** Querfortsatz *m.* **2** → **trasversale.**

tra|svo|la|re tr. e intr. (aus. *essere, avere*) **1 ~ (su) qcs.** etw. überfliegen (*o* überqueren), über etw. (A) fliegen **2** FIG. **~ su un argomento** ein Thema an‿sprechen. **tra|svo|la|ta** f. **1** Überflug *m.* **2** *(volo non-stop)* Non-Stop-Flug *m.*

trat|ta f. **1** *(traffico illecito)* Menschenhandel *m.*; Handel *m.* **2** BANC. COMM. Tratte *f.*, (gezogener) Wechsel *m.*: **emettere, spiccare una ~ su qcn.** einen Wechsel auf jdn aus‿stellen, ziehen; **accettare, pagare una ~** einen Wechsel an‿nehmen (*o* akzeptieren), ein‿lösen **3** *(percorso)* Strecke *f.* ◆ **~ accettata** Akzept *n.*; **~ delle bianche** Mädchenhandel *m.*; **~ documentaria, documentata** Dokumentenwechsel *m.*; *(di mezzo pubblico)* **limite della ~ (urbana)** Grenze *f.* des innerstädtischen Bereichs; FERR. **~ principale** Hauptstrecke *f.*; **~ degli schiavi** Sklavenhandel *m.*; **~ di volo** Flugstrecke *f.*

trat|ta|bi|le agg. **1** *(che si può trattare)* behandelbar (anche MED.) **2** *(di prezzo non fisso)* nicht fix, auszuhandelnd; **prezzo ~** Preisvorstellung *f.*; **300 milioni -i** Verhandlungsbasis 300 Millionen **3** FIG. *(affabile)* umgänglich.

trat|ta|men|to m. **1** Behandlung *f.* (anche MED.): **il ~ chimico di un materiale** die chemische Behandlung eines Stoffs; **ricevere un buon ~** gut behandelt werden; **riservare un pessimo ~ a qcn.** jdn schlecht behandeln **2** COSMET. Pflege *f.* **3** *(accoglienza, servizio)* Bewirtung *f.* **4** *(retribuzione)* Entlohnung *f.*, Entgelt *n.* **5** INFORM. Verarbeitung *f.* ◆ **~ *delle acque (di scarico)*** Abwasseraufbereitung *f.*; **~ *di bellezza*** Schönheitspflege *f.*; INFORM. **~ *dei dati*** Datenverarbeitung *f.*; **~ *economico*** Entgelt *n.* (*o* Entlohnung *f.*); **~ *di favore*** bevorzugte Behandlung; ***ricevere un ~ di favore*** bevorzugt werden; **~ *di fine rapporto*** Abfindung *f.*, Abgangsentschädigung *f.*; **~ *individuale*** Einzelbehandlung *f.*; **~ *a base di ormoni*** Hormonbehandlung *f.*; ***pari ~, parità di ~*** gleiche Behandlung; **~ *della pelle*** Hautpflege *f.*; **~ *postoperatorio*** Nachbehandlung *f.*; **~ *speciale*** Sonderbehandlung *f.*; **~ *delle superfici*** Oberflächenbehandlung *f.*; **~ *terapeutico*** Heilbehandlung *f.*; METALL. **~ *termico*** Wärmebehandlung *f.*; INFORM. **~ *(di) testi*** Textverarbeitung *f.*; **~ *con ultrasuoni*** Ultraschallbehandlung *f.*

trat|ta|re **I** tr. **1a** behandeln: **~ *qcn., qcs. bene, male*** jdn, etw. gut, schlecht behandeln; **~ *qcn. con gentilezza*** jdn freundlich behandeln; **~ *qcn. da amico*** jdn als Freund behandeln; **~ *qcn. come un bambino*** jdn wie ein Kind behandeln; **~ *qcn. come un cane*** jdn wie ein Stück Vieh behandeln **b** *(comportarsi)* **~ *qcn.*** mit jdm um‿gehen: ***sa come ~ gli anziani*** sie weiß mit Alten umzugehen **c** *(fare uso di particolari procedimenti)* behandeln, bearbeiten: **~ *un malato con la penicillina*** einen Kranken mit Penizillin behandeln; **~ *i mobili con la cera*** die Möbel mit Wachs bearbeiten **2a** *(argomenti)* behandeln: ***l'autore tratta un tema molto importante*** der Autor behandelt ein sehr wichtiges Thema **b** *(argomenti scolastici)* durch‿nehmen **c** DIR. führen: **~ *cause penali, civili*** Straf-, Zivilprozesse führen **3a** *(commerciare)* **~ *qcs.*** über etw. (A) verhandeln: **~ *un grosso affare*** über ein großes Geschäft verhandeln; **~ *il prezzo*** über den Preis verhandeln (*o* den Preis aus‿handeln); *(fare oggetto di trattative)* **~ *la pace, l'armistizio*** über den Frieden, Waffenstillstand verhandeln **b** *(avere in vendita)* führen: ***non trattiamo questo articolo*** wir führen diesen Artikel nicht **II** intr. (aus. *avere*) **1** *(di argomento)* handeln: **~ *di qcs.*** von etw. handeln; ***di cosa tratta il film?*** wovon handelt dieser Film? **2** *(avere a che fare)* zu tun haben, um‿gehen: **~ *con qcn. personalmente*** mit jdm persönlich zu tun haben; ***con lei non si può ~*** mit ihr kann man nicht umgehen (*o* es ist schwer, mit ihr umzugehen) **3** *(giungere a patti)* verhandeln: ***i guerriglieri non vogliono ~*** die Guerrillakämpfer wollen nicht verhandeln **III** pronom. **trattarsi** **1** impers. sich handeln, gehen: ***-rsi di qcs.*** sich um etw. handeln (*o* um etw. gehen); ***di cosa si tratta?*** worum handelt es sich? ***si tratta della mia vita*** es geht um mein Leben; ***si trattava solo di una battuta*** das war nur eine witzige Bemerkung; ***si tratta di stabilire chi ha torto e chi ragione*** es geht darum festzustellen, wer Recht hat und wer nicht; ***ora si tratta di decidere*** die Hauptsache ist jetzt (*o* jetzt geht es darum) zu entscheiden **2** sich behandeln; ***si trattano proprio bene!*** sie lassen es sich gut gehen! ◆ **~ *con acido*** ätzen; ***disposto a ~*** verhandlungsbereit; **~ *qcn. con i guanti*** jdn mit Samthandschuhen (*o* Glacéhandschuhen) an‿fassen; **~ *qcn. da idiota*** jdn wie einen Idioten behandeln; ***modo di ~*** Behandlungsweise *f.*; **~ *qcn. come una pezza da piedi*** jdn mit Füßen treten; **~ *qcn. da gran signore*** jdn wie einen vornehmen Herren behandeln.

trat|ta|rio **I** m. *(-ri)* Bezogene *m.*, Zahlungspflichtige *m.*, Trassat *m.* **II** agg. *(-ri,-rie)* bezogen.

trat|ta|ti|sta m. e f. *(-i,-e)* Verfasser *m.* (-in *f.*) einer Abhandlung.

trat|ta|ti|va f. Verhandlung *f.*: ***essere in ~ con qcn.*** in Verhandlung mit jdm stehen; ***condurre, interrompere, continuare, concludere una ~*** eine Verhandlung führen, unterbrechen, fort‿führen, ab‿schließen; ***rompere le -e*** die Verhandlungen ab‿brechen ◆ ***-e salariali*** Lohnverhandlungen *pl.*; ***-e preliminari*** Vorverhandlungen *pl.*

1.trat|ta|to m. **1** *(disquisizione scritta)* Abhandlung *f.*, Traktat *n.*: **~ *di filosofia*** Abhandlung über Philosophie (*o* philosophische Abhandlung) **2** *(accordo)* Vertrag *m.*, Abkommen *n.*: ***stipulare un ~*** ein Abkommen schließen ◆ **~ *d'alleanza*** Bündnis *n.* (*o* Allianz *f.*); **~ *commerciale*** Handelsabkommen *n.*; **~ *di cooperazione*** Kooperationsvertrag *m.*; **~ *economico*** Wirtschaftsvertrag *m.* (*o* Wirtschaftsabkommen *n.*); **~ *internazionale*** internationales Abkommen; **~ *di navigazione*** Schiffahrtsabkommen *n.*; **~ *di pace*** Friedensvertrag *m.*; **~ *di Roma*** Römische Verträge *pl.*; **~ *di stato*** Staatsvertrag *m.*

2.trat|ta|to p.pass. agg. **1** → **trattare** **2** behandelt: ***materiale ~, frutta -a*** behandeltes Material, Obst.

trat|ta|zio|ne f. **1** Behandlung *f.* **2** *(trattato)* Abhandlung *f.*

trat|teg|gia|re tr. *(tratteggio, tratteggi)* **1a** stricheln **b** *(zona d'ombra)* schraffieren **2** ESTENS. *(abbozzare)* grob skizzieren **3** FIG. *(descrivere)* um‿reißen, skizzieren. **trat|teg|gia|to** p.pass. agg. **1** → **tratteggiare** **2** gestrichelt: ***linea -a*** gestrichelte Linie; ***staccare lungo la linea -a*** an der gestrichelten Linie ab‿trennen **3** *(disegnato)* schraffiert **4** FIG. *(descritto)* skizziert: ***un personaggio ben ~*** ein gut skizzierter Charakter. **trat|teg|gio** m. *(-gi)* Schraffierung *f.*, Schraffur *f.*

trat|te|ne|re *(trattengo, trattieni; trattenni; trattenuto)* **I** tr. **1a** zurück‿halten, auf‿halten: **~ *qcn. per più di un'ora*** jdn über eine Stunde aufhalten; **~ *qcn. per la manica*** jdn am Ärmel zurückhalten; ***non La trattengo oltre*** ich will Sie nicht länger aufhalten; **~ *documenti*** Urkunden einbehalten **b** *(con la forza)* fest‿halten: **~ *un ostaggio*** eine Geisel festhalten **2a** *(conservare)* zurück‿behalten, behalten: **~ *qcs. come pegno*** etw. als Pfand (zurück)behalten **b** ESTENS. *(detrarre)* ein‿behalten, ab‿ziehen: **~ *una percentuale sul ricavato della vendita*** einen Prozentsatz des Gewinns einbehalten **3a** *(frenare)* zurück‿halten, unterdrücken: **~ *un impulso, le lacrime, la collera*** einen Impuls, die Tränen, den Zorn zurückhalten; **~ *il riso*** das Lachen unterdrücken; **~ *un grido*** einen Schrei unterdrücken **b** *(persone)* ab‿halten: ***l'unica cosa che mi trattiene è che...*** das Einzige, was mich abhalten kann, ist... **II** pronom. **trattenersi** **1a** sich auf‿halten, bleiben, verweilen: ***si trattiene due giorni a Milano*** er bleibt für zwei Tage in Mailand; ***-rsi presso amici*** sich bei Freunden aufhalten; ***-rsi a pranzo, a cena*** zum Mittagessen, Abendessen bleiben; ***-rsi al capezzale di qcn.*** an jds Krankenbett verweilen **b** FIG. *(soffermarsi)* verweilen, sich auf‿halten: ***-rsi su un argomento*** bei einem Thema verweilen **2** *(frenarsi)* sich beherrschen, sich zurück‿halten; ***si trattenne a fatica dal mollargli uno schiaffo*** er musste sich sehr beherrschen, um ihm keine Ohrfeige zu geben ◆ **~ *il fiato*** den Atem an‿halten; **~ *qcn. in prigione*** jdn gefangen‿halten; **~ *l'urina*** den Harn halten.

trat|te|ni|men|to m. Veranstaltung *f.*, Gesellschaftsabend *m.*

trat|te|nu|ta f. Abzug *m.*: ***operare una ~*** einen Abzug vornehmen ◆ **~ *fiscale*** Steuerabzug *m.*; **~ *sullo stipendio*** Gehaltsabzug *m.*

trat|ti|no m. **1** Strich *m.* **2a** *(di unione, negli a capo)* Bindestrich *m.* **b** *(di separazione)* Trennungsstrich *m.*, Trennungszeichen *n.* **c** *(negli incisi)* Gedankenstrich *m.* **3** *(di disegno a tratteggio)* Schraffierstrich *m.*

1.trat|to m. **1** *(segno tracciato)* Strich *m.*, Zug *m.*: ***schizzare qcs. con pochi -i veloci*** etw. in wenigen, schnelle Strichen skizzieren; ***avere un ~ fine, elegante*** einen feinen, eleganten Strich haben **2** *(lineamenti)* Gesichtszug *m.*, Zug *m.*: ***-i regolari, marcati*** regelmäßige, scharfe Züge **3** *(caratteristica)* Zug *m.*, Eigenschaft *f.*, Merkmal *n.*, Wesenszug *m.*: ***i -i principali del suo carattere*** die Hauptmerkmale seines Charakters; **~ *distintivo*** charakteristisches Merkmal; ***è un ~ inconsueto per lui*** das ist ein fremder Zug an ihm **4a** *(parte, pezzo)* Strecke *f.*, Abschnitt *m.*, Teil *m.*: ***un ~ di mare*** ein Teil des Meeres; **~ *di strada, di autostrada*** Straßenabschnitt *m.* (*o* Fahrstrecke *f.*), Autobahnabschnitt *m.*; ***accompagnare qcn. per un ~*** jdn eine Strecke begleiten; ***fare un ~ a nuoto*** eine Strecke schwimmen; ***per lunghi -i*** über weite Strecken **b** *(periodo)* Zeit *f.*: ***lo aspettarono per un ~ abbastanza lungo*** sie warteten längere Zeit auf ihn **c** TECN. Abschnitt *m.*, Teil *m.*: ***un ~ della conduttura dell'acqua*** ein Teil der Wasserleitung ◆ ***a un ~, tutt'a un ~*** unvermittelt (*o* plötzlich); ***a -i (qua e là)*** streckenweise; *(di tanto in tanto)* von Zeit zu Zeit; **~ *di costa*** Küstenstrich *m.*; ***disegno al ~*** Strichzeichnung *f.*; ***dipingere, descrivere qcs. a grandi -i*** etw. in großen (*o* groben) Umrissen zeichnen, beschreiben; ***incisione a ~*** Strichätzung *f.*; ***per largo ~*** in weitem Umkreis; **~ *della lima*** Feilenhieb *m.*; **~ *di penna*** Federstrich *m.*; **~ *di pennello*** Pinselstrich *m.*; ***-i razziali*** Rassenmerkmale *pl.*; **~ *in salita*** Anstieg *m.* (*o* Steigung *f.*); ***-i della scrittura*** Schriftzüge *pl.*

2.trat|to p.pass. agg. **1** → **trarre** **2** *(ripreso)* ***spettacolo liberamente ~ da Goethe*** Aufführung frei nach Goethe ◆ ***il dado è ~*** die Würfel sind gefallen; ***a spada -a*** mit gezogenem Schwert; FIG. ***difendere qcs., qcn. a spada -a*** = sich (leidenschaftlich) für etw., jdn ein‿setzen.

1.trat|to|re m. Traktor *m.*, Zugmaschine *f.*, Schlepper *m.* ◆ **~ *cingolato*** Raupenschlepper *m.*

2.trat|to|re m. *(oste)* Wirt *m.*, Gastwirt *m.* **trat|to|ri|a** f. Gaststätte *f.*, Wirtshaus *n.*; *(in Italia)* Trattoria *f.*

trat|to|ri|sta m. Traktorist *m.*

trat|tri|ce f. *(ostessa)* Wirtin *f.*

trat|tu|ro m. Trift *f.*

trau|ma m. **1** PSIC. Trauma *n.*: ***subire un ~*** ein Trauma erleiden; **~ *psichico*** psychisches Trauma **2** *(lesione)* Verletzung *f.*: **~ *cranico*** Schädelverletzung *f.* **trau|ma|ti|ca|men|te** avv. traumatisch. **trau|ma|ti|co** agg. *(-ci,-che)* traumatisch: ***esperienze -che*** traumatische Erlebnisse ◆ ***febbre -a*** Wundfieber *n.*

trau|ma|tiz|zan|te agg. **1** ein Trauma verursachend **2** FIG. erschütternd, schockierend. **trau|ma|tiz|za|re** tr. **1** ein Trauma verursachen **2** FIG. erschüttern, schockieren: ***rimanere traumatizzato da qcs.*** durch etw. schockiert sein.

trau|ma|to|lo|gi|a f. Traumatologie *f.*, Unfallchirurgie *f.* **trau|ma|to|lo|gi|co** agg. *(-ci,-che)* traumatologisch. **trau|ma|to|lo|go** m. *(-gi)* Traumatologe *m.*, Unfallarzt *m.*

tra|va|glia|re *(travaglio, travagli)* **I** tr. quälen, peinigen, plagen: ***il mal di denti lo travaglia*** die Zahnschmerzen quälen ihn **II** pronom. **travagliarsi** sich quälen, sich ab‿quälen, sich plagen: ***-rsi da mattina a sera per qcs.*** sich von morgens bis abends für etw. plagen. **tra|va|glia|to** p.pass. agg. **1** → **travagliato 2** zerrissen, geplagt, mühselig: ***una vita -a*** ein mühseliges Leben.

tra|va|glio m. *(-gli)* **1** Leiden *n.*, Sorge *f.*, Qual *f.*: ***~ interiore*** seelische Qual, Seelenqual *f.* **2** MED. *(di parto)* Geburtswehen *pl.* **3** LETT. Mühsal *f.*, Anstrengung *f.* ◆ ***~ di stomaco*** Magenbeschwerden *pl.*

tra|va|li|ca|men|to m. Überschreiten *n.*, Überwinden *n.*

tra|va|li|ca|re *(travalico, travalichi)* **I** tr. **1** ***~ qcs.*** etw. überwinden, überschreiten; *(con un veicolo)* über etw. (A) fahren: ***~ un monte*** über einen Berg fahren **2** FIG. überschreiten: ***~ i limiti*** die Grenzen überschreiten **II** intr. (aus. *avere*) übertreiben.

tra|va|sa|re I tr. **1** um‿schütten, um‿füllen: ***~ il vino in una caraffa*** den Wein in eine Karaffe umfüllen **2** FIG. weiter‿geben; ***~ in qcn. il proprio sapere*** an jdn sein ganzes Wissen weitergeben **II** pronom. **travasarsi** über‿laufen.

tra|va|so m. **1** Umfüllen *n.* **2** MED. Ergießung *f.*, Erguss *m.* ◆ ***~ di bile*** Erguss von Gallenflüssigkeit; ***ha avuto un ~ di bile*** ihm ist die Galle übergelaufen, hochgekommen (anche FIG.); ***~ di sangue*** Bluterguss *m.*

tra|va|tu|ra f. EDIL. **1** *(travi)* Gebälk *n.* **2** *(sostegno)* Balkenwerk *n.* ◆ ***~ del tetto*** Dachgebälk *n.*

tra|ve f. **1** Balken *m.*, Träger *m.*: ***~d'acciaio, di ferro, di legno*** Stahl-, Eisenträger *m.*, Holzbalken *m.* **2** GINN. Schwebebalken *m.*: ***esercizi alla ~*** Übungen *pl.* auf dem Schwebebalken ◆ ***~ di appoggio*** Auflagebalken *m.*; ***~ armata*** Betonträger *m.*; ***~ di colmo*** Firstbalken *m.*; ***~ maestra*** Haupt(stütz)balken *m.*; ***~ orizzontale*** Rähm *m.*; ***~ piena*** Vollträger *m.*; ***~ profilata*** Profilträger *m.*; ***soffitto a -i*** Balkendecke *f.*; ***testa della ~*** Balkenkopf *m.*; ***~ di testa*** Firstbalken *m.*; ***~ trasversale*** Querbalken *m.*; PROV. ***fare di ogni fuscello una ~*** aus jeder Mücke einen Elefanten machen; ***non vedere la ~ nel proprio occhio*** nicht den Balken im eigenen Auge sehen.

tra|veg|go|le, ***avere le ~*** sich täuschen, sich vertun.

tra|vel|ler's cheque ['trævələz'tʃek] m.inv. Reisescheck *m.*, Travellerscheck *m.*

tra|ver|sa f. **1** *(trave)* Querbalken *m.*, Querträger *m.* **2** *(strada)* Querstraße *f.* **3** *(di letto)* Unterlage *f.* **4** SPORT Latte *f.*, Querlatte *f.*: ***colpire la ~*** die Latte treffen ◆ ***tiro contro la ~*** Lattenschuss *m.*

tra|ver|sa|re tr. **1** überqueren, durchqueren: ***~ una strada, il fiume, l'Atlantico*** eine Straße, den Fluss, den Atlantik überqueren; ***~ la Francia*** Frankreich durchqueren **2** assol. SPORT flanken ◆ ***~ a cavallo*** durchreiten; ***~ a nuoto*** durchschwimmen; ***~ in volo*** überfliegen. **tra|ver|sa|ta** f. **1** Überquerung *f.*, Durchquerung *f.* **2a** *(viaggio in nave)* Überfahrt *f.* **b** *(in aereo)* Überflug *m.*, Überfliegen *n.* **3** *(a nuoto)* Durchschwimmen *n.*

tra|ver|si|a f. **1** spec.pl. Widrigkeiten *pl.* **2** MAR. Seitenwind *m.*

tra|ver|si|na f. **1** Bahnschwelle *f.*, Schwelle *f.* **2** MUS. Bund *m.*

tra|ver|si|no m. **1** MAR. Steg *m.* **2** *(nelle catene)* Kettensteg *m.*

tra|ver|so I agg. quer, Quer-: ***palo ~*** Querbalken *m.* **II** m. Quere *f.*: ***sul ~*** auf der Querseite ◆ ***di ~*** quer; ***camminare di ~*** quer laufen; ***di ~ a qcs.*** quer zu etw.; ***la macchina si è messa di ~ sulla strada*** das Auto hat sich auf der Straße quer gestellt; ***per diritto e per ~*** von allen Seiten; ***flauto ~*** Querflöte *f.*; ***guardare qcn. di ~*** jdn schief (*o* schräg) an‿sehen; ***occhiata di ~*** Seitenblick *m.*; ***per ~ a qcs.*** quer zu etw.; ***qcs. mi va di ~*** ich bekomme etw. in die falsche Kehle (anche FIG.); COLLOQ. ***oggi mi va tutto di ~*** heute läuft alles schief; ***via -a*** Querstraße *f.*; FIG. ***vie -e*** Schleichwege *pl.*; ***ottenere qcs. per vie -e*** etw. auf Schleichwegen erreichen. **tra|ver|so|ne** m. **1** SPORT Flanke *f.*: ***effettuare un ~*** flanken (*o* eine Flanke schlagen) **2** *(trave)* großer Querbalken *m.*

tra|ver|ti|no m. Travertin *m.*

tra|ve|sti|men|to m. **1** Verkleidung *f.* **2** FIG. Verwandlung *f.*

tra|ve|sti|re I tr. **1** verkleiden: ***~ qcn. da qcs.*** jdn als etw. verkleiden **2** FIG. *(trasformare)* verwandeln **II** pronom. **travestirsi 1** sich verkleiden: ***-rsi da qcs.*** sich als etw. verkleiden **2** FIG. *(trasformarsi)* sich verwandeln.

tra|ve|sti|ti|smo m. Transvestismus *m.*, Transvestitismus *m.* **tra|ve|sti|to I** p.pass. agg. **1** → **travestire 2** verkleidet: ***~ da qcs.*** als etw. verkleidet **3** FIG. verwandelt **II** m. Transvestit *m.*

tra|vet m.inv. REGION. kleiner Beamter *m.*

tra|vet|to m. **1** kleiner Balken *m.* **2** EDIL. Deckenträger *m.*

tra|via|men|to m. **1** *(il traviare)* Irreleitung *f.* **2** *(effetto)* Verirrung *f.*

tra|via|re *(travio, travi)* **I** tr. vom rechten Wege ab‿bringen **II** pronom. **traviarsi** vom rechten Wege ab‿kommen. **tra|via|to** p.pass. agg. **1** → **traviare 2** verderbt.

tra|vi|cel|lo m. kleiner Balken *m.*

tra|vi|sa|men|to m. Entstellung *f.*, Verfälschung *f.*, Verdrehung *f.*

tra|vi|sa|re tr. entstellen, verfälschen, verdrehen: ***~ le parole di qcn.*** jds Worte entstellen; ***~ i fatti, la verità, la legge*** die Tatsachen, die Wahrheit, das Recht verdrehen.

tra|vol|gen|te agg. **1** fortreißend **2** FIG. *(irresistibile)* überwältigend, hinreißend, mitreißend: ***successo, vittoria ~*** überwältigender Erfolg, Sieg; ***una bellezza ~*** eine hinreißende Schönheit; ***comicità ~*** mitreißende Komik; ***passione ~*** stürmische Leidenschaft.

tra|vol|ge|re tr. *(travolgo, travolgi; travolsi; travolto)* **1** fort‿reißen: ***la corrente, la folla lo travolse*** der Strom, die Menge riss ihn fort **2** *(investire)* überfahren: ***essere travolto da un'auto*** von einem Auto überfahren werden **3** MIL. überrennen: ***~ le difese nemiche*** die feindlichen Verteidigungsstellungen überrennen **4** FIG. *(sopraffare)* überwältigen, fort‿reißen; ***farsi ~ dalla passione*** sich von der Leidenschaft fortreißen lassen.

tra|zio|ne f. **1** Zug *m.* **2** MECC. Antrieb *m.* **3** MED. Traktion *f.* ◆ ***~ anteriore*** Vorderradantrieb *m.*; FIS. ***forza di ~*** Zugkraft *f.*; ***~ integrale*** Vierradantrieb *m.*; ***molla di ~*** Zugfeder *f.*; ***~ posteriore*** Hinterradantrieb *m.*; ***~ a quattro ruote*** Vierradantrieb *m.*; ***resistente alla ~*** zerreißfest, zugfest; ***tensione di ~*** Zugspannung *f.*; ***~ a vapore*** Dampfantrieb *m.*

tre I agg.inv. **1a** drei: ***~ pagine, giorni*** drei Seiten, Tage; ***avere ~ anni*** drei Jahre alt sein; ***~ persone su cento*** drei Personen von hundert; ***fra ~ giorni*** in drei Tagen **b** *(posposto)* ***a pagina ~*** auf Seite drei **2** *(con valore generico)* einig, ein paar: ***scrivere ~ righe*** ein paar Zeilen schreiben; ***ci saranno state ~ persone*** es war fast niemand da **II** m. **1a** Drei *f.*: ***puntare sul ~*** auf die Drei setzen; ***contare fino a ~*** bis drei zählen; ***fare un ~ (con i dadi)*** eine Drei würfeln **b** *(tram, bus)* ***prendere il ~*** die Drei nehmen **c** *(carta)* ***il ~ di cuori, di picche*** die Herzdrei, Pikdrei; ***scartare un ~*** eine Drei ab‿werfen, ab‿legen **2** *(voto)* = Sechs *f.* **3** *(giorno del mese)* Dritte *m.*: ***il ~ (di) maggio*** am dritten Mai; ***il ~ del mese*** am Dritten des Monats; ***oggi è il ~*** heute ist der Dritte **4** *(il 1903)* das Jahr 1903: ***è nato nel ~*** er ist im Jahre drei geboren; ***è del ~*** er ist Jahrgang 1903 **III** f.pl. drei Uhr, drei: ***alle ~*** um drei Uhr; ***verso le ~*** gegen drei Uhr; ***sono le ~, le ~ e mezzo*** es ist drei Uhr, halb vier; ***un quarto alle ~, le ~ meno un quarto*** (ein) Viertel vor drei ◆ ***di ~ anni*** dreijährig; ***~ volte*** dreimal; PROV. ***chi fa da sé fa per ~*** selbst ist der Mann! ***non c'è due senza ~*** aller guten Dinge sind drei.

tre|al|be|ri f.inv. Dreimaster *m.*

treb|bia f. **1** Dreschmaschine *f.* **2** *(trebbiatura)* Dreschen *n.*

treb|bia|no m. INTRAD. (Weißwein aus Mittel- und Norditalien).

treb|bia|re tr. *(trebbio, trebbi)* dreschen. **treb|bia|to|re** m. Drescher *m.* **treb|bia|tri|ce** f. Dreschmaschine *f.* **treb|bia|tu|ra** f. Dreschen *n.*

tre|bi|son|da, SCHERZ. ***perdere la ~*** den Kopf verlieren.

trec|cia f. *(-ce)* **1** Zopf *m.*: ***farsi le -ce*** sich (D) Zöpfe flechten; ***sciogliersi le -ce*** die Zöpfe lösen; ***portare le -ce*** Zöpfe tragen **2** ARCH. Flechtwerk *n.* ◆ ***motivo a ~*** Zopfmuster *n.* **trec|ci|na** f. Zöpfchen *n.*

tre|cen|te|sco agg. *(-schi,-sche)* **1** aus dem vierzehnten Jahrhundert, des vierzehnten Jahrhunderts, das vierzehnte Jahrhundert betreffend **2** *(arte, cultura italiana)* des Trecento(s). **tre|cen|ti|sta** m e f. *(-i)* **1a** *(scrittore)* Schriftsteller *m.* (-in *f.*) des 14. Jahrhunderts **b** *(artista)* Künstler *m.* (-in *f.*) des 14. Jahrhunderts **c** *(artista, poeta italiano)* Trecentist *m.* **2** *(esperto)* Experte *m.* des 14. Jahrhunderts.

tre|cen|to I agg.inv. dreihundert **II** m. Dreihundert *f.*

Tre|cen|to m. **1** vierzehntes Jahrhundert *n.* **2** *(arte, cultura italiana)* Trecento *n.*

tre|di|cen|ne I agg. dreizehnjährig **II** m. e f. Dreizehnjährige *m.* e *f.*

tre|di|ce|si|ma f. dreizehntes Monatsgehalt *n.* **tre|di|ce|si|mo I** agg. dreizehnte **II** m. **1** Dreizehnte *m.* **2** *(frazione)* Dreizehntel *n.*

tre|di|ci I agg.inv. dreizehn **II** m. **1** Dreizehn *f.* **2** *(giorno del mese)* Dreizehnte *m.*: ***il ~ (di) maggio*** am dreizehnten Mai; ***il ~ del mese*** am Dreizehnten des Monats **3** *(il 1913)* das Jahr 1913: ***questo fatto risale al ~*** dieses Ereignis geht auf das Jahr 1913 zurück **III** f.pl. dreizehn Uhr: ***alle ~*** um dreizehn Uhr ◆ ***di ~ anni*** dreizehnjährig; ***fare ~ (al totocalcio)*** 13 Richtige tippen, AUSTR. einen Totozwölfer machen. **tre|di|ci|sta** m. e f. *(-i,-e)* jemand, der 13 Richtige getippt hat.

tre|fo|lo m. Litze *f.*
tre|gen|da f. **1** Hexentanz *m.* **2** *(pandemonio)* Durcheinander *n.* ◆ ***notte di*** ~ Hexennacht *f.*
treg|gia f. *(-ge)* Schleife *f.*
tre|gua f. **1** Waffenruhe *f.*: ***rispettare, violare la*** ~ die Waffenruhe ein‿halten, brechen; ***chiedere una*** ~ (eine) Waffenruhe fordern; ***una ~ di tre giorni*** eine dreitägige Waffenruhe **2** FIG. *(interruzione)* Ruhe *f.*, Pause *f.* ◆ ***non dare ~ a qcn.*** jdm keine Ruhe lassen; ***non dare*** ~ *(non diminuire mai)* nicht nach‿lassen; STOR. ***~ di Dio*** Gottesfriede *m.*; ~ ***salariale*** Lohnstopp *m.*; ***senza*** ~ pausenlos (*o* rastlos); ***piove senza ~*** es regnet pausenlos.
trek|king ['trekıŋ, *üblich* 'trɛkkiŋ(g)] m. Trekking *n.*: ***fare*** ~ Trekking machen (*o* trekken).
tre|man|te agg. zitternd, zittrig, schlottrig, tatterig: ***rispondere con voce*** ~ mit zitternder Stimme antworten; ***~ di paura, di freddo*** vor Angst, Kälte zitternd; ***mani -i*** zittrige (*o* zitternde) Hände.
tre|ma|re intr. (aus. *avere*) zittern, beben, schlottern: ***~ di freddo, di paura*** vor Kälte, vor Angst zittern (*o* schlottern); ***~ come una foglia*** wie Espenlaub zittern; ***~ in tutto il corpo, da capo a piedi*** am ganzen Körper zittern; ***le sue mani tremano*** seine Hände zittern (*o* ihm zittern die Hände); ***mi tremano le gambe (dallo spavento)*** mir zittern die Knie (vor Schrecken); ***le pareti tremano*** die Wände zittern; ***~ davanti a qcn.*** vor jdm zittern; ***~ per qcs., per qcn.*** um etw., für jdn zittern; ***la sua voce tremava dall'ira*** seine Stimme bebte vor Zorn; ***la terra tremò*** die Erde bebte ◆ ***fare*** ~ erbeben lassen, zittern lassen; ***l'esplosione fece ~ la casa*** die Explosion ließ das Haus erbeben; ***fare ~ i vetri*** die Fensterscheiben vibrieren lassen; ***mi trema la vista*** mir flimmert es vor den Augen.
tre|ma|rel|la f. Zittern *n.*: ***avere la*** ~ zittern, COLLOQ. Bammel haben; ***far venire la ~ a qcn.*** jdn in Aufregung versetzen; ***mi viene la*** ~ ich kriege das Zittern.
tre|ma|to|di m.pl. Saugwürmer *pl.*
tre|me|bon|do agg. **1** zitternd, bebend **2a** FIG. *(timoroso)* furchtsam, ängstlich **b** *(indeciso)* unentschlossen.
tre|men|da|men|te avv. furchtbar, schrecklich, fürchterlich (anche ESTENS.): ***il film è ~ noioso*** der Film ist furchtbar langweilig.
tre|men|do agg. **1** schrecklich, fürchterlich, furchtbar, entsetzlich (anche ESTENS.): ***una sciagura -a*** ein schreckliches Unglück; ***un caldo*** ~ eine fürchterliche Hitze; ***una confusione -a*** ein fürchterliches Durcheinander **2** *(severissimo)* äußerst streng **3** *(vivacissimo)* ***un bambino*** ~ ein Teufelsbraten.
tre|men|ti|na f. Terpentin *n.* ◆ ***olio di*** ~ Terpentinöl *n.*
tre|mi|la I agg.inv. dreitausend **II** m. **1** Dreitausend *f.* **2** *(montagna)* Dreitausender *m.*
tre|mi|to m. **1** Zittern *n.*, Beben *n.* **2** *(sussulto)* Zucken *n.*: ***un ~ lo percorse in tutto il corpo*** ein Zucken ging durch seinen Körper ◆ ***fui scosso da -i di paura*** es schüttelte mich vor Angst.
tre|mo|lan|te agg. **1** zitternd, zittrig: ***mani -i*** zittrige Hände; ***voce*** ~ zitternde Stimme **2a** *(di luce)* flimmernd, flimm(e)rig **3** *(di fiamma)* flackernd. **tre|mo|la|re** intr. *(tremolo;* aus. *avere)* **1** zittern **2a** *(di luce)* flimmern: ***le stelle tremolano*** die Sterne flimmern **b** *(di fiamma)* flackern. **tre|mo|li|o** m. **1** Zittern *n.* **2a** *(di luce)* Flimmern *n.* **b** *(di fiamma)* Flackern *n.* **tre|mo|lo I** agg. → **tremolante II** m. **1** MUS. Tremolo *n.* **2** *(nell'organo)* Tremulant *m.* ◆ ***(pioppo)*** ~ Zitterpappel *f.*
tre|mo|re m. **1** Zittern *n.*; ***essere colto da*** ~ zu zittern an‿fangen **2** MED. Tremor *m.* **3a** FIG. *(trepidazione)* Bangigkeit *f.*, Bangnis *f.* **b** *(agitazione)* Aufregung *f.*
tre|mu|lo → **tremolo.**
trench [trentʃ] m.inv. Trenchcoat *m.*
trend m.inv. Trend *m.*, Tendenz *f.* ◆ ***~ di crescita*** Wachstumstrend *m.*; ~ ***futuro*** Zukunftstrend *m.*; ~ ***inflazionistico*** Inflationsentwicklung *f.*
tre|net|te f.pl. INTRAD. (schmale Bandnudeln).
tre|ni|no m. **1** Lokalbahn *f.* **2** *(giocattolo)* Spielzeugeisenbahn *f.*: ~ ***elettrico*** elektrische Spielzeugeisenbahn.
tre|no m. Zug *m.*: ***il treno parte, (si) ferma, arriva*** der Zug fährt ab, hält, kommt an; ***salire sul*** ~ in den Zug ein‿steigen; ***scendere dal*** ~ aus dem Zug aus‿steigen; ***prendere, perdere il*** ~ den Zug nehmen, verpassen; ***andare col*** ~ mit dem Zug (*o* mit der Bahn) fahren; ***il ~ per Milano è in arrivo al binario 4*** der Zug nach Mailand fährt auf Gleis 4 ein; ***il ~ delle 11*** der 11-Uhr-Zug ◆ ~ ***anteriore*** *(di veicolo)* Vorderachse *f.*; *(di animale)* Vorderhand *f.*; ***cambiare*** ~ um‿steigen; ~ ***diretto*** Eilzug *m.*; ~ ***espresso*** D-Zug *m.*; ~ ***eurocity*** Eurocity(zug) *m.*; ***~ di gomme*** Reifensatz *m.*; ~ ***intercity*** Intercity(zug) *m.*; ~ ***interregionale*** Interregiozug *m.*, Fernzug *m.*; ~ ***locale*** Nahverkehrszug *m.*; ~ ***merci*** Güterzug *m.*; ~ ***navetta (per auto)*** Autoreisezug *m.*; ***numero del*** ~ Zugnummer *f.*; ~ ***passeggeri*** Reisezug *m.*; ~ ***postale*** Postzug *m.*; ~ ***posteriore*** *(di veicolo)* Hinterachse *f.*; *(di animale)* Hinterhand *f.*; ~ ***regionale*** Regionalzug *m.*, Nahverkehrszug *m.*; ~ ***straordinario*** Sonderzug *m.*
tren|ta I agg.inv. dreißig: ***~ pagine, giorni*** dreißig Seiten, Tage; ***avere trent'anni*** dreißig (Jahre alt) sein; ***a pagina*** ~ auf Seite dreißig **II** m.inv. **1a** Dreißig *f.*: ***puntare sul*** ~ auf die Dreißig setzen; ***contare fino a*** ~ bis dreißig zählen **b** *(tram, bus)* ***prendere il*** ~ die Dreißig nehmen **c** pl. *(trent'anni)* ***avvicinarsi ai*** ~ auf die dreißig zu‿gehen; ***avere superato i*** ~ die dreißig überschritten haben (*o* über dreißig sein); ***essere vicino ai*** ~ an die dreißig sein **2** *(giorno del mese)* Dreißigste *m.*: ***il ~ di settembre*** am dreißigsten September; ***oggi è il*** ~ heute ist der Dreißigste; ***Milano, 30 luglio*** Mailand, den dreißigsten Juli **3** *(il 1930)* das Jahr 1930: ***questo fatto risale al*** ~ dieses Ereignis geht auf das Jahr 1930 zurück; ***è nato nel*** ~ er ist 30 geboren ◆ ***gli anni*** ~ die dreißiger Jahre; ***di trent'anni*** dreißigjährig; ***essere del ~, '30*** *(di persone)* 30 geboren sein; *(di prodotti, vini ...)* Jahrgang 30 sein; *(di film, canzoni ...)* aus dem Jahr 1930 sein; ***la guerra dei Trent'anni*** der Dreißigjährige Krieg; ***s'è fatto ~ facciamo trentuno*** wer A sagt, muss auch B sagen; ~ ***volte*** dreißigmal.
tren|ten|na|le I agg. **1** dreißigjährig **2** *(che ricorre ogni trent'anni)* dreißigjährlich **II** m. ***il ~ della fondazione di...*** das dreißigjährige Bestehen von... **tren|ten|ne I** agg. dreißigjährig **II** m. e f. Dreißigjährige *m.* e *f.* **tren|ten|nio** m. *(-ni)* dreißig Jahre *pl.*
tren|te|si|mo I agg. dreißigste **II** m. **1** Dreißigste *m.* **2** *(frazione)* Dreißigstel *n.*
tren|ti|na f. **1** etwa dreißig: ***una ~ di persone*** etwa (*o* ungefähr) dreißig Personen **2** *(età)* dreißig *f.*: ***avere una ~ d'anni, essere sulla*** ~ um die dreißig sein.
tren|ti|no I agg. Trienter **II** m. **1** *(di Trento)* Trienter *m.*, Trentiner *m.* **2** *(del Trentino)* Einwohner *m.* des Trentino **Tren|ti|no** n.pr.m. Trentino *n.* **Tren|to** n.pr.f. Trient *n.* ◆ ***il Concilio di*** ~ das Tridentinische (*o* Trienter) Konzil.
tre|pi|dan|te agg. bange: ***essere in ~ attesa*** in banger Erwartung sein. **tre|pi|da|re** intr. *(trepido;* aus. *avere)* bangen: ***~ per qcn., qcs.*** um jdn, etw. bangen. **tre|pi|da|zio|ne** f. Bangigkeit *f.* **tre|pi|do** agg. bange.
trep|pie|de m., **trep|pie|di** m.inv. **1** Dreifuß *m.* **2** FOT. Stativ *n.* **3** MIL. Dreibein *n.*
tre|quar|ti m.inv. **1** dreiviertellanger Mantel *m.* **2** *(nel rugby)* Stürmer *m.*
tre|sca f. *(-sche)* **1** Intrige *f.*, Ränke *pl.*: ***ordire una*** ~ Ränke schmieden **2** *(relazione illecita)* Techtelmechtel *n.*: ***avere una ~ con qcn.*** ein Techtelmechtel mit jdm haben. **tre|sca|re** intr. *(tresco, treschi;* aus. *avere)* **1** *(ordire tresche)* Ränke schmieden **2** *(avere una tresca)* ein Techtelmechtel haben.
tre|spo|lo m. **1** Ständer *m.* **2** *(sgabello alto)* Bock *m.* **3** SCHERZ. *(auto)* Klappergestell *n.*, Klapperkiste *f.*
tres|set|te m.inv. INTRAD. (Kartenspiel).
tre|vi|gia|no I agg. aus Treviso **II** m. Einwohner *m.* von Treviso.
Tre|vi|ri n.pr.f. Trier *n.*
tre|vi|sa|no → **trevigiano.**
tri|a f. Mühle *f.*, Mühlespiel *n.*
tri|a|de f. **1** Triade *f.*, Dreiheit *f.*, Trias *f.* **2** MUS. Dreiklang *m.*: ~ ***minore*** Molldreiklang *m.* **3** CHIM. Triade *f.* **tria|di|co** agg. *(-ci,-che)* triadisch.
trial ['traıəl *üblich* tr'ial] m. Trial *n.*
1.tri|an|go|la|re agg. **1** dreieckig: ***un viso*** ~ ein dreieckiges Gesicht **2** FIG. dreiseitig: ***accordo*** ~ dreiseitiges Abkommen ◆ ***dado*** ~ Dreikantmutter *f.*; ***prisma*** ~ Dreikantprisma *n.*; ***a sezione*** ~ dreikantig; ***sgorbia*** ~ Gehreisen *n.*; ***vite a testa*** ~ Dreikantschraube *f.*
2.tri|an|go|la|re *(triangolo)* **I** tr. triangulieren **II** intr. (aus. *avere*) SPORT einen Doppelpass spielen.
tri|an|go|la|zio|ne f. **1** Triangulation *f.*, Dreiecksaufnahme *f.* **2** SPORT Doppelpass *m.*, Doppelpassspiel *n.* **tri|an|go|lo** m. **1a** Dreieck *n.*; ***~ equilatero, isoscele, scaleno*** gleichseitiges, gleichschenkliges, ungleichseitiges Dreieck; ***~ rettangolo, acutangolo, ottusangolo*** rechtwink(e)liges, spitzwink(e)liges, stumpfwink(e)liges Dreieck **b** ESTENS. ***un ~ di terreno, di stoffa*** ein dreieckiges Grundstück, ein Stoffdreieck **2** MUS. Triangel *n.* **3** COLLOQ. *(relazione amorosa a tre)* Dreiecksverhältnis *n.* ◆ ***il Triangolo delle Bermude*** das Bermudadreieck; AUT. ***~ d'emergenza*** Warndreieck *n.*; ~ ***industriale*** Industriedreieck *n.*; ***~ per neonati*** Dreieckswindel *f.*
tri|ar|chi|a f. Triarchie *f.*
tri|as m. Trias *f.* **trias|si|co I** *(-ci,-che)* agg. triassisch, Trias- **II** m. Trias *f.*, Triasformation *f.*
tri|a|t(h)|lon m. Triathlon *n.*, Dreikampf *m.*

tri|a|to|mi|co agg. *(-ci,-che)* dreiatomig.

tri|ba|le agg. Stamm-, Stammes-: ***costumi -i*** Stammesbräuche *pl.*; ***rito ~*** Stammesritus *m.*; ***società ~*** Stammesgesellschaft *f.* **tri|ba|li|smo** m. Tribalismus *m.*

tri|bo|e|let|tri|ci|tà f. Reibungselektrizität *f.*

tri|bo|la|re intr. *(tribolo*; aus. *avere)* **1** *(soffrire)* leiden **2** *(faticare)* sich ab‿mühen, sich ab‿quälen, sich quälen: ***~ a fare un lavoro*** sich mit einer Arbeit (ab)quälen; ***ho tribolato molto per convincerlo*** ich habe mich lange abgemüht, um ihn zu überreden; ***ha tribolato tutta la vita*** er hatte ein schweres Leben ◆ ***far ~ qcn.*** jdm viele Sorgen machen (*o* jdm zu schaffen machen); ***ha finito di ~*** er hat ausgelitten. **tri|bo|la|to I** p.pass. agg. **1** → **tribolare 2** geplagt; ***~ dalle sofferenze*** leidgeplagt **II** m. geplagter Mensch *m.*

tri|bo|la|zio|ne f. **1** *(sofferenza)* Leid *n.*, Plage *f.* **2** *(angustia, preoccupazione)* Sorge *f.*, Kummer *m.* **tri|bo|lo** m. **1** BOT. Burzeldorn *m.* **2** LETT. *(pruno)* Dornbusch *m.* **3** FIG. LETT. *(sofferenza)* Leid *n.*, Plage *f.*, Dornen *pl.* **4** FIG. *(angustia, preoccupazione)* Sorge *f.*, Kummer *m.*

tri|bor|do m. Steuerbord *n.*

tri|bù f.inv. **1** Stamm *m.*, Volkstamm *m.*: ***le ~ germaniche*** die germanischen Stämme; ***~ indiana*** Indianerstamm *m.* **2** ZOOL. BOT. STOR. Tribus *f.* **3** SCHERZ. Sippschaft *f.*, Sippe *f.*

tri|bu|na f. **1** Tribüne *f.*: ***sedere in ~*** auf der Tribüne sitzen **2** *(palco)* Estrade *f.*, Bühne *f.* **3a** ARCH. Presbyterium *n.* **b** *(matroneo)* Empore *f.* ◆ ***~ elettorale*** = politische Fernsehdiskussion während des Wahlkampfes; ***~ d'onore*** Ehrentribüne *f.*; ***~ degli oratori*** Rednertribüne *f.*; ***~ politica*** = politische Fernsehdiskussion; ***posto in ~*** Tribünenplatz *m.*; ***~ degli spettatori*** Zuschauertribüne *f.*; ***~ (della) stampa*** Pressetribüne *f.*

tri|bu|na|le m. **1** Gericht *n.*, Landgericht *n.*: ***comparire, deporre in ~*** vor Gericht erscheinen, aus‿sagen; ***appellarsi al ~*** das Gericht an‿rufen; ***trascinare qcn. in ~*** jdn vor Gericht bringen; ***andare in ~*** vor Gericht gehen **2** *(edificio)* Gericht *n.*, Gerichtsgebäude *n.* **3** STOR. Tribunal *n.* ◆ ***~ amministrativo regionale*** regionales Verwaltungsgericht; ***~ arbitrale*** Schiedsgericht *n.*; ***aula di ~*** Gerichtssaal *m.*; ***~ civile*** Zivilgericht *n.*; ***~ commerciale*** Handelsgericht *n.*; ***~ disciplinare*** Disziplinargericht *n.*; ***~ ecclesiastico*** kirchliches Gericht; ***~ di guerra*** Kriegsgericht *n.*; ***~ dell'inquisizione*** Inquisitionsgericht *n.*, Ketzergericht *n.*; ***~ del lavoro*** Arbeitsgericht *n.*; ***messo del ~*** Gerichtsbote *m.*; ***~ militare*** Militärgericht *n.*; ***~ dei, per i minori*** Jugendgericht *n.*; ***~ penale*** Strafgericht *n.*; STOR. ***~ del popolo*** Volksgericht *n.*; MAR. ***~ delle prede*** Prisengericht *n.*; ***~ rivoluzionario*** Revolutionstribunal *n.*; ***sentenza del ~*** Gerichtsurteil *m.*; ***~ speciale*** Sondergericht *n.*, Ausnahmegericht *n.*; ***~ sportivo*** Sportgericht *n.*; ***~ straordinario*** Sondergericht *n.*, Ausnahmegericht *n.*

tri|bu|na|to m. Tribunat *n.* **tri|bu|ni|zio** agg. *(-zi,-zie)* **1** STOR. tribunizisch **2** SPREG. demagogisch. **tri|bu|no** m. **1** Tribun *m.* **2** FIG. Demagoge *m.* ◆ ***~ della plebe*** Volkstribun *m.*

tri|bu|ta|re tr. zollen, erweisen: ***~ stima, lode, gratitudine a qcn.*** jdm Anerkennung, Lob, Dank zollen; ***~ onori a qcn.*** jdm Ehrungen erweisen.

tri|bu|ta|ria f. Steuerfahndungsdienst *m.*

tri|bu|ta|rio I agg. *(-ri,-rie)* **1** steuerlich, Steuer- **2** *(soggetto a tributo)* tributpflichtig, abgabepflichtig, steuerpflichtig **II** m. *(-ri)* GEOGR. Nebenfluss *m.* ◆ ***diritto ~*** Steuerrecht *n.*; ***del diritto ~*** steuerrechtlich; ***fiume ~*** Zufluss *m.*; ***inchiesta -a*** Steuerfahndung *f.*; ***infrazione -a*** Steuervergehen *n.*; ***legge -a*** Steuergesetz *n.*; ***materia -a*** Steuerwesen *n.*; ***politica -a*** Steuerpolitik *f.*; ***polizia -a*** Steuerfahndungsdienst *m.*; ***riforma -a*** Steuerreform *f.*; ***sistema ~*** Steuersystem *n.*

tri|bu|ta|ri|sta m. e f. *(-i,-e)* **1** *(esperto)* Steuerfachmann *m.*, Steuerexperte *m.* (-expertin *f.*) **2** *(studioso)* Steuerrechtler *m.* (-in *f.*).

1.tri|bu|to agg. ***comizi -i*** Tribusversammlungen *pl.*

2.tri|bu|to m. **1** STOR. Tribut m. (anche FIG.): ***imporre, pagare, riscuotere un ~*** einen Tribut auf‿erlegen, zahlen (*o* entrichten), erheben; ***un grosso ~ in vite umane*** ein großer Tribut an Menschenleben **2** *(imposta)* Steuer *f.*; *(tassa)* Gebühr *f.*: ***pagare, riscuotere un ~*** eine Steuer (*o* Gebühr) zahlen, erheben ◆ ***~ di sangue*** Blutzoll *m.*

tric|che trac|che → **tric trac.**

tri|che|co m. *(-chi)* Walross *n.*

tri|chi|na f. Trichine *f.*

tri|ci|clo m. Dreirad *n.*

tri|ci|pi|te I m. Trizeps *m.* **II** agg. ***muscolo ~*** Trizeps *m.*

tri|cli|nio m. *(-ni)* Triklinium *n.*

tri|clo|ro|e|ti|le|ne m. Trichloräthylen *n.*

tri|co|ce|fa|lo m. Peitschenwurm *m.* **tri|co|ce|fa|lo|si** f. Peitschenwurmkrankheit *f.*

tri|co|lo|gi|a f. Haarkunde *f.* **tri|co|lo|gi|co** agg. *(-ci,-che)* Haar-: ***centro ~*** Haarbehandlungszentrum *n.* **tri|co|lo|go** m. *(-gi)* Haarspezialist *m.*

tri|co|lo|ma m. Ritterling *m.*

tri|co|lo|re I agg. dreifarbig, Dreifarben- **II** m. Trikolore *f.*

tri|cor|no m. Dreispitz *m.*, Dreimaster *m.*

tri|co|si f. Trichose *f.*

tri|cot [tri'ko] m.inv. Trikot *n.* e *m.*

tri|cro|mi|a f. Dreifarbendruck *m.*

tric trac m.inv. GIOC. Tricktrack *n.*, Puff *n.*

tri|dac|na f. Riesenmuschel *f.* (aus der Südsee).

tri|dat|ti|lo agg. Dreifinger-, dreifing(e)rig.

tri|den|te m. Dreizack *m.*

tri|den|ti|no agg. tridentinisch ◆ ***il Concilio ~*** das Tridentinische (*o* Trienter) Konzil.

tri|di|men|sio|na|le agg. dreidimensional: ***spazio, film ~*** dreidimensionaler Raum, Film. **tri|di|men|sio|na|li|tà** f. Dreidimensionalität *f.*, dreidimensionaler Charakter *m.*

tri|duo m. Triduum *n.*

trie|li|na f. Trichloräthylen *n.*

tri|en|na|le I agg. **1** *(che dura tre anni)* dreijährig: ***corso ~*** dreijähriger Kurs **2** *(che ricorre ogni tre anni)* dreijährlich, alle drei Jahre stattfindend: ***fiera ~*** dreijährliche Messe **II** m. Triennale *f.*: ***la Triennale di Milano*** die Mailänder Triennale ◆ AGR. ***rotazione ~*** Dreifelderwirtschaft *f.* (*o* Bewirtschaftung *f.* in dreijährigem Wechsel). **tri|en|nio** m. *(-ni)* Zeitraum *m.* von drei Jahren, drei Jahre *pl.*

Trie|ste n.pr.f. Triest *n.* **trie|sti|no I** agg. Triester **II** m. Triester *m.*

tri|fa|se I agg.inv. Dreh-, dreiphasig **II** m. Drehstromanlage *f.* ◆ ***corrente ~*** Dreiphasenstrom *m.*, Drehstrom *m.*; ***generatore ~*** Drehstromgenerator *m.*; ***impianto ~*** Drehstromanlage *f.*; ***motore ~*** Drehstrommotor *m.*; ***trasformatore ~*** Drehstromtransformator *m.* **tri|fa|si|co** agg. *(-ci,-che)* FIS. Dreh-: ***corrente -a*** Drehstrom *m.* ◆ MED. ***pillola -a*** Dreiphasenpille *f.*

tri|fo|glia|to agg. dreiblätt(e)rig. **tri|fo|glio** m. *(-gli)* Klee *m.*, Wiesenklee *m.* ◆ ***~ bianco*** Weißklee *m.*; ***campo di ~*** Kleefeld *n.*; ***foglia di ~*** dreiblättriges Kleeblatt; ***prato misto a ~*** Kleegras *n.*; ***~ rosso*** Rotklee *m.*

tri|fo|la|to agg. **1** INTRAD. (kleingehackt und mit Öl, Knoblauch und Petersilie angebraten) **2** *(con tartufo)* mit Trüffel.

tri|fo|ra I agg.f. dreibogig **II** f. dreibogiges Fenster *n.*

tri|for|cu|to agg. dreizinkig.

tri|fo|rio m. *(-ri)* Triforium *n.*

tri|ge|mel|la|re agg. ***parto ~*** Drillingsgeburt *f.* **tri|ge|mi|no I** agg. Drillings-: ***parto ~*** Drillingsgeburt *f.*; ***nervo ~*** Drillingsnerv *m.* (*o* Trigeminus *m.*) **II** m. Drillingsnerv *m.*, Trigeminus *m.*: ***nevralgia del ~*** Trigeminusneuralgie *f.*

tri|ge|si|ma, *messa di ~* = Seelenamt *n.* am dreißigsten Tag nach jds Begräbnis. **tri|ge|si|mo I** agg. LETT. dreißigste **II** m. = dreißigster Tag *m.* nach jds Tod.

tri|glia f. Meerbarbe *f.*, Seebarbe *f.* ◆ SCHERZ. ***fare l'occhio di ~ a qcn.*** jdn an‿schmachten.

tri|gli|ce|ri|de [-gli-] m. Triglyzerid *n.*

tri|gli|fo [-gli] m. Triglyph *m.*, Triglyphe *f.*

tri|go|no|me|tri|a f. Trigonometrie *f.*: ***~ piana, sferica*** Flächentrigonometrie *f.*, sphärische Trigonometrie. **tri|go|no|me|tri|co** agg. *(-ci,-che)* trigonometrisch: ***funzione -a*** trigonometrische Funktion; TOPOGR. ***punto ~*** trigonometrischer Punkt, Triangulationspunkt *m.*

tri|la|te|ra|le agg. trilateral, dreiseitig.

tri|lin|gue I agg. dreisprachig **II** m. e f. dreisprachiger Mensch *m.* **tri|lin|gui|smo** m. Dreisprachigkeit *f.*

tri|lio|ne m. Trillion *f.*

tril|la|re intr. (aus. *avere*) **1a** trillern, trällern **b** *(di campanello, telefono)* klingeln **2** MUS. einen Triller spielen. **tril|lo** m. **1** Triller *m.* (anche MUS.) **2** *(di campanello, telefono)* Klingeln *n.*, Klingelzeichen *n.*

tri|lo|ba|to agg. **1** BIOL. dreilappig, dreigelappt, dreiblätt(e)rig **2** ARCH. Dreipass-: ***arco ~*** Dreipassbogen *m.*

tri|lo|gi|a f. Trilogie *f.*

trim. ⇒ *trimestre* Trimester.

tri|ma|ra|no m. Trimaran *m.* e *n.*

tri|me|stra|le agg. **1** *(che dura tre mesi)* dreimonatig, vierteljährig: ***abbonamento ~*** vierteljähriges Abonnement **2** *(che ricorre ogni tre mesi)* dreimonatlich, vierteljährlich, Vierteljahres-: ***pubblicazione ~*** Vierteljahresschrift *f.* **tri|me|stra|liz|za|re** tr. in Trimester ein‿teilen, vierteljährlich machen. **tri|me|stral|men|te** avv. dreimonatlich, vierteljährlich, alle Vierteljahre, alle drei Monate.

tri|me|stre m. **1** Vierteljahr *n.*, Quartal *n.*; ***ogni ~*** vierteljährlich, dreimonatlich **2** SCOL. Trimester *m.* **3** *(somma pagata)* vierteljährliche Zahlung *f.* ◆ ***fine del ~*** Quartalsende *n.*; COMM. Quartalsabschluss *m.*

tri|me|tro m. Trimeter *m.*: ***~ giambico*** jambischer Trimeter.

tri|mo|to|re I agg. dreimotorig **II** m. dreimotoriges Flugzeug *n.*

tri|mur|ti f. Trimurti *f.*

tri|na f. Spitze *f.*

trin|ca f. *(-che)* MAR. Laschung *f.*

1.trin|ca|re tr. *(trinco, trinchi)* MAR. laschen.

2.trin|ca|re tr. *(trinco, trinchi)* COLLOQ. reichlich tanken, SPREG. saufen. **trin|ca|ta** f. Zechen *n.*, SPREG. Saufen *n.*

trin|ce|a f. **1** MIL. Schützengraben *m.*: ***scavare una ~*** einen Schützengraben aus‿heben (*o* ziehen); ***~ di prima linea*** vorderster Schützengraben **2** STRAD. Straßeneinschnitt *m.* ◆ ***guerra di ~*** Grabenkrieg *m.*; ***stare in ~*** MIL. im Schützengraben liegen; FIG. auf einem schwierigen Posten stehen.

trin|ce|ra|men|to m. Verschanzung *f.* (anche FIG.) ◆ MIL. ***lavoro di ~*** Schanzarbeit *f.* **trin|ce|ra|re I** tr. verschanzen **II** pronom. **trincerarsi** sich verschanzen (anche FIG.): ***-rsi dietro un pretesto*** sich hinter einer Ausrede verschanzen.

trin|cet|to m. Schustermesser *n.*

trin|chet|to m. **1** *(albero)* Fockmast *m.*, Vormast *m.* **2** *(pennone)* Fockrahe *f.* **3** *(vela)* Focksegel *n.*, Fock *f.*

trin|cia|fo|rag|gi m.inv. Feldhäcksler *m.*, Häckselmaschine *f.* **trin|cian|te** m. Tranchiermesser *n.* **trin|cia|pa|glia** m.inv. Häckselmaschine *f.* **trin|cia|pol|li, trin|cia|pol|lo** m.inv. Geflügelschere *f.*

trin|cia|re *(trincio, trinci)* **I** tr. **1a** schneiden, zerkleinern, zerlegen: ***~ tabacco*** Tabak schneiden **b** GASTR. tranchieren, zerlegen **2** *(mordendo)* ab‿beißen: ***~ coi denti un sigaro*** eine Zigarre abbeißen **3** FIG. ***~ giudizi, sentenze*** vorschnell urteilen **4** FIG. *(tagliare)* ***~ l'aria con ampi gesti della mano*** mit der Hand herum‿fuchteln (*o* fuchteln) **II** pronom. **trinciarsi** reißen ◆ FIG. ***~ i panni addosso a qcn.*** jdn durch‿hecheln. **trin|cia|to I** p.pass. agg. **1** → **trinciare 2** ARALD. schräg geteilt: ***scudo ~*** schräg geteilter Schild **II** m. Schnitttabak *m.* ◆ ***~ fine*** Feinschnitt *m.*; ***~ medio*** Krüllschnitt *m.*

trin|cia|tri|ce f. Schneidemaschine *f.* **trin|cia|tu|ra** f. **1a** Schneiden *n.*, Zerkleinerung *f.* **b** GASTR. Tranchieren *n.*, Zerlegung *f.* **2** *(frammenti trinciati)* Schnittgut *n.*

trin|ga f. *(-ghe)* ORNIT. Wasserläufer *m.*

tri|ni|tà f. **1** Dreiheit *f.* **2** TEOL. Trinität *f.*, Dreieinigkeit *f.*, Dreifaltigkeit *f.* ◆ ***(festa della) Santissima Trinità*** Trinitatis *n.*, Trinitatisfest *n.*, Dreieinigkeitsfest *n.*, Dreifaltigkeitssonntag *m.* **tri|ni|ta|rio I** agg. *(-ri,-rie)* trinitarisch **II** m. *(-ri)* Trinitarier *m.* ◆ ***padre ~*** Trinitarier *m.*

tri|ni|tro|fe|no|lo m. Pikrinsäure *f.*

tri|ni|tro|to|lue|ne m. Trinitrotoluol *n.*, Trotyl *n.*

tri|no, ***Dio uno e ~*** dreieiniger Gott.

tri|no|mio m. *(-mi)* **1** MAT. Trinom *n.* **2** FIG. Dreiheit *f.* ◆ ***equazione -a*** trinomische (*o* dreigliedrige) Gleichung.

tri|o m. Trio *n.* (anche ESTENS.).

tri|o|do m. Triode *f.*

trion|fa|le agg. triumphal, Triumph-, Sieges-: ***un'accoglienza ~*** ein triumphaler Empfang ◆ ***arco ~*** Triumphbogen *m.*; ***carro ~*** Triumphwagen *m.*; ***colonna ~*** Siegessäule *f.*; ***corteo ~*** Triumphzug *m.*; ***marcia ~*** Triumphmarsch *m.*

trion|fa|li|smo m. übertriebene Siegessicherheit *f.*, triumphales Gehabe *n.* **trion|fa|li|sta** m. e f. *(-i,-e)* übertrieben siegessicherer (*o* triumphal auftretender) Mensch *m.* **trion|fa|li|sti|co** agg. *(-ci, -che)* **1** übertrieben siegessicher **2** COLLOQ. SPREG. großkotzig.

trion|fal|men|te avv. triumphal.

trion|fan|te agg. **1** triumphierend, siegreich: ***essere ~ su qcn., qcs.*** über jdn, etw. triumphieren; ***un esercito ~*** ein triumphierendes (*o* siegreiches) Heer **2** ESTENS. triumphierend: ***con espressione ~*** mit triumphierender Miene.

trion|fa|re intr. (aus. *avere*) **1** triumphieren: ***~ su qcn., qcs.*** über jdn, etw. triumphieren **2** FIG. siegen, triumphieren **3** STOR. in einem Triumphzug ein‿ziehen ◆ ***far ~ la verità*** der Wahrheit zum Sieg verhelfen. **trion|fa|to|re I** agg. triumphierend **II** m. Triumphator *m.*

trion|fo m. **1a** Triumph *m.*: ***ottenere, celebrare un ~*** einen Triumph erringen, feiern; ***assaporare il proprio ~*** seinen Triumph genießen; ***portare qcn. in ~*** jdn feiern **b** STOR. Triumphzug *m.*; ***portare qcn. in ~ per la città*** jdn im Triumphzug durch die Stadt geleiten **2** ESTENS. *(successo strepitoso)* Triumph *m.*, (großer) Erfolg *m.*: ***lo spettacolo fu un ~*** die Aufführung war ein Triumph (*o* großer Erfolg) **3** FIG. Sieg *m.*, Triumph *m.*: ***il ~ del bene sul male*** der Sieg des Guten über das Böse **4** GASTR. Tafelaufsatz *m.*, Aufsatz *m.* ◆ ***arco di ~*** Triumphbogen *m.*; ***con aria di ~*** trimphierend; ***espressione di ~*** Siegermiene *f.*; ***grida di ~*** Triumphgeschrei *n.*; ***~ da tavola*** Tafelaufsatz *m.*, Aufsatz *m.*

trip m.inv. GERG. Trip *m.*: ***essere in ~*** auf einem Trip sein.

tri|pa|no|so|ma m. Trypanosoma *n.* **tri|pa|no|so|mi|a|si** f. Trypanosomiasis *f.*, Schlafkrankheit *f.*

tri|par|ti|re tr. *(tripartisco, tripartisci)* drei‿teilen.

tri|par|ti|ti|co agg. *(-ci,-che)* Dreiparteien-: ***governo ~*** Dreiparteienregierung *f.*

1.tri|par|ti|to p.pass. agg. **1** → **tripartire 2** dreiteilig, Dreier- ◆ STOR. ***patto ~*** Dreimächtepakt *m.*

2.tri|par|ti|to POL. **I** agg. Dreiparteien- **II** m. Dreiparteienregierung *f.*

tri|par|ti|zio|ne f. Dreiteilung *f.*

tri|pla f. Tippen *n.* auf drei Ergebnisse.

tri|pla|no m. Dreidecker *m.*

tri|plet|ta f. **1** SPORT drei Tore *pl.* (eines Spielers): ***segnare una ~*** drei Tore schießen **2** *(fucile)* Drilling *m.* **3** *(bicicletta)* Dreiertandem *n.* **4** BIOL. Triplett *n.*

tri|pli|ca|re *(triplico, triplichi)* **I** tr. verdreifachen **II** pronom. **triplicarsi** sich verdreifachen. **tri|pli|ca|zio|ne** f. Verdreifachung *f.*

tri|pli|ce agg. **1** dreifach: ***in ~ copia*** in dreifacher Ausfertigung **2** *(diviso in tre parti)* dreiteilig ◆ STOR. ***triplice alleanza*** Tripelallianz *f.*, Dreibund *m.*; STOR. ***Triplice Intesa*** Tripelentente *f.*

tri|plo I agg. e avv. dreifach **II** m. Dreifache *n.*: ***questa borsa costa il ~ di quella*** diese Tasche kostet das Dreifache von jener; ***alto il ~*** dreimal so hoch; ***guadagnare il ~ di prima*** dreimal so viel wie vorher verdienen ◆ ***concerto ~*** Tripelkonzert *n.*; SPORT ***salto ~*** Dreisprung *m.*

tri|po|de m. Tripus *m.*, Dreifuß *m.* **tri|po|di|a** f. Tripodie *f.* **tri|po|di|co** agg. *(-ci,-che)* Tripodien-.

tri|po|la|re agg. dreipolig. **tri|po|la|ri|smo** f. POL. dreipoliges politisches System *n.*

tri|po|li m. Tripel *m.*

Tri|po|li n.pr.f. Tripolis *n.* **tri|po|li|no I** agg. tripolitanisch **II** m. Tripolitanier *m.* **Tri|po|li|ta|nia** n.pr.f. Tripolitanien *n.*

tri|po|sto agg.inv. dreisitzig.

trip|pa f. **1** Kutteln *pl.* **2** SCHERZ. *(pancia)* Bauch *m.*, Wampe *f.* **trip|po|ne** m. Fettwanst *m.*

trip|si|na f. Trypsin *n.*

tri|pu|dia|re intr. *(tripudio, tripudi;* aus. *avere)* jubeln. **tri|pu|dio** m. *(-di)* Jubel *m.* ◆ ***~ di colori*** Farbenpracht *f.*

tri|re|at|to|re I agg. dreistrahlig **II** m. dreistrahliges Flugzeug *n.*

tri|re|gno m. Tiara *f.*

tri|re|me f. Triere *f.*, Trireme *f.*

tris m.inv. **1** *(nel gioco delle carte)* Drilling *m.*: ***un ~ di...*** drei...; ***avere un ~ d'assi, di re*** drei Asse, Könige haben ◆ ***corsa ~*** Dreierwette *f.*

tri|sa|vo|lo m. **1a** Urgroßvater *m.* **b** pl. Ururgroßeltern *pl.* **2** ESTENS. *(antenato)* Ahn *m.*

tri|sil|la|bi|co agg. *(-ci,-che)* dreisilbig. **tri|sil|la|bo I** agg. dreisilbig **II** m. **1** dreisilbiges Wort *n.* **2** *(verso)* Dreisilbner *m.*

tri|sma, tri|smo m. Kiefersperre *f.*, Trismus *m.*

tri|snon|na f. Ururgroßmutter *f.* **tri|snon|no** m. Ururgroßvater *m.*

Tri|sta|no n.pr.m. Tristan *m.*

tri|ste agg. **1a** traurig, betrübt: ***essere ~ per qcs.*** über etw. traurig sein; ***vita, infanzia ~*** trauriges Leben, traurige Kindheit; ***fare una faccia ~*** ein trauriges Gesicht machen; ***sguardo ~*** trauriger Blick **b** *(tetro)* trübe: ***giornate -i*** trübe Tage **c** *(malinconico)* wehmütig **d** *(desolato)* trist, freudlos, öde: ***un ambiente ~*** eine triste Umgebung **2** *(spiacevole)* traurig, betrüblich: ***notizia ~*** betrübliche Mitteilung; ***spettacolo ~*** trauriger Anblick; ***avere il ~ dovere di fare qcs.*** die traurige Pflicht haben, etw. zu tun; ***è ~ ma vero*** es ist traurig, aber wahr. **tri|ste|men|te** avv. traurig ◆ ***~ famoso, noto*** zu trauriger Berühmtheit gelangt.

tri|stez|za f. **1** Traurigkeit *f.*, Betrübnis *f.*, Trauer *f.*: ***sprofondare nella ~*** in Traurigkeit versinken; ***che ~!*** traurig, traurig! **2** *(fatto triste)* Traurigkeit *f.*

tri|stis|si|mo agg. todtraurig, tieftraurig, zum Sterben traurig.

tri|sto agg. LETT. schlecht, böse.

tri|ta|car|ne m.inv. Fleischwolf *m.* **tri|ta|ghiac|cio** m.inv. Eiszerkleinerer *m.*

tri|ta|re tr. **1** zerkleinern **2a** GASTR. hacken, AUSTR. faschieren: ***~ cipolle*** Zwiebeln hacken **b** ***~ la carne*** das Fleisch durch den Wolf drehen **c** *(pestare)* zerstoßen.

tri|ta|ri|fiu|ti m.inv. Müllzerkleinerer *m.*

tri|ta|to I p.pass. agg. **1** → **tritare 2** zerkleinert **3** GASTR. gehackt, Hack-: ***prezzemolo ~*** gehackte Petersilie; ***carne -a*** Hackfleisch *n.*

II m. *(carne)* Hackfleisch *n.*, Gehackte *n.* **tri|ta|tu|ra** f. Zerkleinerung *f.*

tri|ta|tut|to m.inv. Allesschneider *m.*

tri|tel|lo m. Grütze *f.*: ~ *d'orzo* Gerstengrütze *f.*

tri|tio → **trizio.**

tri|to I agg. **1a** *(logoro)* abgenutzt **b** *(di abito)* abgetragen **2** FIG. *(abusato)* abgedroschen **3a** *(tritato)* zerkleinert **b** GASTR. gehackt **II** m. ~ *di cipolla, aglio* gehackte Zwiebeln, gehackter Knoblauch ◆ *carne -a* Hackfleisch *n.*; FIG. ~ *e ritrito* abgedroschen; *è una storia -a e ritrita* das ist ein alter Hut.

tri|to|lo m. Trinitrotoluol *n.*

1.tri|to|ne m. **1** MITOL. Triton *m.* **2** ZOOL. Molch *m.*, Schwanzlurch *m.* ◆ ~ *alpino* Alpenmolch *m.*, Bergmolch *m.*; ~ *crestato* Kammmolch *m.*

2.tri|to|ne m. FIS. Triton *n.*

Tri|to|ne n.pr.m. Triton *m.*

tri|to|no m. Tritonus *m.*

trit|ti|co m. *(-ci)* **1** ART. Triptychon *n.* **2** ESTENS. *(trilogia)* Trilogie *f.* **3** *(francobollo)* Dreierserie *f.* **4** AUT. Triptik *n.*

trit|ton|go m. *(-ghi)* Triphthong *m.*, Dreilaut *m.*

tri|tu|me m. Krümel *pl.*, Brösel *n.*

tri|tu|ra|re tr. **1** zerkleinern **2** *(macinare)* zermahlen. **tri|tu|ra|to|re** m. **1** Zerkleinerungsmaschine *f.*, Zerkleinerer *m.* **2** *(per auto)* Shredder *m.* **tri|tu|ra|zio|ne** f. Zerkleinerung *f.*

trium|vi|ra|le agg. **1** des Triumvirs, des Triumvirats, Triumvirn- **2** ESTENS. dreiköpfig. **trium|vi|ra|to** m. **1** Triumvirat *n.* **2** ESTENS. Dreimännerherrschaft *f.* **tri|um|vi|ro** m. Triumvir *m.*

triun|vi|ra|le, triun|vi|ra|to... → **triumvirale, triumvirato...**

tri|va|len|te agg. dreiwertig. **tri|va|len|za** f. Dreiwertigkeit *f.*

tri|vel|la f. **1** MIN. Stangenbohrer *m.*, Schappe *f.*, Bohrhammer *m.* **2** FAL. Holzbohrer *m.* ◆ ~ *a elica* Schlangenbohrer *m.*; ~ *a percussione* Schlagbohrer *m.*

tri|vel|la|re tr. **1** bohren (anche assol.): ~ *in cerca di petrolio* nach Erdöl bohren **2** FIG. *(assillare)* belästigen, peinigen ◆ ~ *in profondità* tief‿bohren. **tri|vel|la|to|re** m. Bohrer *m.*, Bohrwerkzeug *n.* **tri|vel|la|zio|ne** f. Bohrung *f.* ◆ *foro di* ~ Bohrloch *n.*; *impianto di* ~ Bohranlage *f.*; ~ *petrolifera* Ölbohrung *f.*; ~ *in profondità* Tiefbohrung *f.*; *prova di* ~ Probebohrung *f.*; ~ *sottomarina* Offshorebohrung *f.*; *torre di* ~ Bohrturm *m.*, Ölbohrturm *m.*

tri|ve|ne|to agg. der drei Venetien.

tri|via|le agg. **1** vulgär, ordinär: *espressione, persona* ~ vulgärer Ausdruck, Mensch **2** ESTENS. *(banale)* trivial, abgedroschen. **tri|via|li|tà** f. Vulgarität *f.*, Trivialität *f.* **tri|vial|men|te** avv. ordinär.

tri|vio m. *(-vi)* **1** Kreuzung *f.* dreier Straßen **2** STOR. Trivium *n.* ◆ *da* ~ ordinär.

tri|zio m. Tritium *n.*

tro|ba|do|ri|co → **trovadorico.**

tro|cai|co agg. *(-ci,-che)* trochäisch.

tro|can|te|re m. Rollhügel *m.*, Rollhocker *m.*

tro|che|o m. Trochäus *m.*

tro|cle|a f. ANAT. Rolle *f.*

tro|fe|o m. **1** Trophäe *f.*, Siegerpokal *m.*, Siegespreis *m.* **2** *(monumento)* Siegessäule *f.* **3** FIG. LETT. *(vittoria)* Sieg *m.* ◆ ~ *di caccia* Jagdtrophäe *f.*

tro|fi|co agg. *(-ci,-che)* trophisch. **tro|fi|smo** m. Ernährungszustand *m.*

tro|fo|bla|sto m. Trophoblast *m.*

tro|glo|di|ta m e f. *(-i,-e)* **1** Höhlenbewohner *m.* (-in *f.*), Troglodyt *m.* (-in *f.*) **2** FIG. *(persona rozza)* grober Mensch *m.* **tro|glo|di|ti|co** agg. *(-ci,-che)* **1** Höhlen- **2** FIG. *(rozzo)* grob.

tro|go|lo m. Trog *m.*

tro|ia f. **1** Sau *f.* **2** VOLG. *(puttana)* Nutte *f.*

Tro|ia n.pr.f. Troja *n.* ◆ *il cavallo di* ~ das Trojanische Pferd; *la guerra di* ~ der Trojanische Krieg.

tro|ia|io m. *(-ai)* **1** Schweinestall *m.* **2a** VOLG. *(pensione equivoca)* Absteige *f.* **b** *(locale frequentato da prostitute)* Nuttenlokal *m.* **3** VOLG. *(luogo sudicio)* Schweinestall *m.* **4** VOLG. *(sporcizia)* Dreckhaufen *m.* **tro|ia|ta** f. VOLG. **1** Schweinerei *f.* **2** *(cosa fatta male)* Mist *m.*, Sauarbeit *f.*

tro|ia|no I agg. trojanisch **II** m. Trojaner *m.*

troi|ca, troi|ka f. Troika *f.*

trol|ley [ˈtrɒlɪ] m.inv. Stangenstromabnehmer *m.*

trom|ba f. **1** Trompete *f.*: *suonare la* ~ Trompete blasen (*o* spielen), trompeten; *dar fiato alle -e* in die Trompeten stoßen **2** *(suonatore di tromba)* Trompeter *m.* **3** *(proboscide)* Rüssel *m.* **4** *(clacson)* Hupe *f.* **5** METEOR. Trombe *f.* ◆ *a (forma di)* ~ trompetenförmig; ~ *d'aria* Windhose *f.*; ~ *dell'ascensore* Aufzugsschacht *m.*; *assolo di* ~ Trompetensolo *n.*; ~ *d'Eustachio* Ohrtrompete *f.*, Eustachische Röhre *f.*; ~ *di Falloppio* Eileiter *m.*; *le -e del giudizio* die Posaunen des (Jüngsten) Gerichts; ~ *marina* Wasserhose *f.*; FIG. *partire in* ~ = etw. mit großem Elan in Angriff nehmen; ~ *delle scale* Treppenhaus *n.*, Stiegenhaus *n.*; *squillo di* ~ Trompetenstoß *m.*; ~ *degli stivali* Stiefelschaft *m.*

trom|ba|re tr. **1** COLLOQ. ~ *qcn. a un esame* jdn bei einer Prüfung durch‿sausen lassen **2** VOLG. vögeln, bumsen.

trom|bet|ta f. **1** INFANT. Tuthorn *n.* **2** → **trombettiere** ◆ *pesce* ~ Schnepfenfisch *m.* **trom|bet|tie|re** m. Trompeter *m.* **trom|bet|ti|sta** m. e f. *(-i,-e)* Trompeter *m.* (-in *f.*): ~ *jazz* Jazztrompeter *m.* (-in *f.*).

trom|bo m. Thrombus *m.*, Blutpfropf *m.* **trom|bo|ci|ta, trom|bo|ci|to** m. Thrombozyt *m.*, Blutplättchen *n.* **trom|bo|fle|bi|te** f. Thrombophlebitis *f.*

trom|bo|ne m. **1** MUS. Posaune *f.*: *suonare il* ~ (die) Posaune blasen (*o* spielen), posaunen **2** *(suonatore)* Posaunist *m.*, Posaunenbläser *m.* **3** FIG. *(oratore, scrittore)* Schaumschläger *m.*, Schwafler *m.* **4** *(schioppo)* Donnerbüchse *f.* **5** *(stivale)* Stulpenstiefel *m.* **6** BOT. Osterglocke *f.* ◆ *russare come un* ~ (Holz) sägen; *suonatore di* ~ Posaunenbläser *m.*; *suono di* ~ Posaunenschall *m.* **trom|bo|ni|sta** m. e f. *(-i,-e)* Posaunist *m.* (-in *f.*), Posaunenbläser *m.* (-in *f.*).

trom|bo|si f.inv. Thrombose *f.* **trom|bo|ti|co** agg. *(-ci,-che)* thrombotisch.

trom|pe-l'oeil [trɔ̃p ˈlœkj] m.inv. Trompe-l'oeil *m.*

tron|ca|men|to m. **1** *(il troncare)* Abbrechen *n.*, Abschneiden *n.*, Abschlagen *n.* **2** FIG. Abbrechen *n.*, Abschneiden *n.* **3** GRAMM. Apokope *f.* **tron|ca|re** tr. *(tronco, tronchi)* **1** ab‿brechen, ab‿schneiden, ab‿schlagen: ~ *un ramo* einen Ast abbrechen **2** FIG. ab‿brechen, ab‿schneiden: ~ *i rapporti con qcn.* die Beziehungen zu jdm abbrechen; ~ *una discussione a metà* eine Diskussion mittendrin abbrechen; ~ *la parola (in bocca) a qcn.* jdm das Wort abschneiden; ~ *gli studi* die Studien abbrechen ◆ GRAMM. ~ *una parola* (ein Wort) apokopieren; ~ *la testa a qcn.* jdn köpfen, jdm den Kopf ab‿schlagen. **tron|ca|tu|ra** f. → **troncamento.**

tron|che|se m. e f. Seitenschneider *m.* **tron|che|si|na** f., **tron|che|si|no** m. Nagelzange *f.*, COLLOQ. Nagelknipser *m.*

tron|chet|to m. **1** Stämmlein *n.* **2** GASTR. Rolle *f.* ◆ BOT. ~ *della felicità* Yucca *f.*, Palmlilie *f.*

1.tron|co agg. *(-chi,-che)* **1a** *(reciso, troncato)* abgebrochen, abgeschnitten, abgeschlagen **b** *(monco)* stumpf: *cono* ~ stumpfer Kegel; *piramide -a* Pyramidenstumpf *m.* **2** FIG. *(interrotto)* abgebrochen, unvollständig: *un ragionamento* ~ ein unvollständiger Gedankengang **3** METR. männlich: *rima -a* männlicher Reim ◆ *in* ~ *(improvvisamente)* plötzlich, unversehens; *(bruscamente)* jäh, abrupt; *(senza preavviso)* fristlos; *lasciare qcs. in* ~ etw. ab‿brechen; *licenziare in* ~ fristlos kündigen; GRAMM. *parola -a* endbetontes Wort.

2.tron|co m. *(-chi)* **1** BOT. Stamm *m.*, Baumstamm *m.*: *tagliare un* ~ *per farne assi* einen Stamm zu Brettern schneiden **2** *(parte troncata)* Stumpf *m.* (anche GEOM.) **3** ANAT. *(busto)* Rumpf *m.* **4** STRAD. Teilabschnitt *m.* ◆ ~ *d'albero* Baumstamm *m.*, Stamm *m.*; *capanna di -chi* Blockhaus *n.*, Blockhütte *f.*; ~ *di cono* Kegelstumpf *m.*; ~ *encefalico* Stammhirn *n.*; ~ *ferroviario* Bahnstrecke *f.*; *(pezzo di)* ~ *nodoso* Knorren *m.*; ~ *di piramide* Pyramidenstumpf *m.*

tron|co|ne m. **1** BOT. großer Baumstamm *m.* **2** *(parte spezzata, moncone)* Stumpf *m.*: ~ *di braccio, di gamba* Armstumpf *m.*, Beinstumpf *m.*

tro|neg|gia|re intr. *(troneggio, troneggi*; aus. *avere)* **1** thronen **2** ESTENS. *(spiccare)* hervor‿ragen, heraus‿ragen: *troneggiava su tutti per la sua intelligenza* er ragte unter allen durch seine Intelligenz hervor.

tron|fio agg. *(-fi,-fie)* **1** dünkelhaft, aufgeblasen, eingebildet **2** FIG. *(ampolloso)* schwülstig, hochgestochen, geschwollen.

tro|no m. Thron *m.*: *salire al* ~ den Thron besteigen; *succedere a qcn. sul* ~ jdm auf den Thron folgen; *deporre qcn. dal* ~ jdn entthronen, jdn vom Thron stoßen; *abdicare, rinunciare al* ~ auf den Thron verzichten; FIG. *il suo* ~ *vacilla* sein Thron wackelt; FIG. *mettere qcn., qcs. sul* ~ jdn, etw. auf den Thron heben ◆ *ascesa al* ~ Thronbesteigung *f.*; *aspirante al* ~ Thronanwärter *m.*; *baldacchino del* ~ Thronhimmel *m.*; *erede al* ~ Thronerbe *m.* (*o* Kronerbe *m.*); *innalzamento al* ~ Thronerhebung *f.*; ~ *papale* päpstlicher Thron; STOR. ~ *del pavone* Pfauenthron *m.*; *pretendente al* ~ Thronprätendent *m.*, Kronprätendent *m.*; ~ *reale* Königsthron *m.*; *sala del* ~ Thronsaal *m.*; *sedere sul* ~ auf dem Thron sitzen; *(regnare)* thronen, herrschen; *successione al* ~ Thronfolge *f.*, Nachfolge *f.* auf dem Thron; *subentrare nella successione al* ~ die Thronfolge an‿treten; *successore al* ~ Thronfolger *m.*; *usurpatore del* ~ Thronräuber *m.*

tro|pi|ca|le agg. tropisch, Tropen-: **pioggia, caldo ~** tropischer Regen, tropische Hitze ◆ **clima ~** Tropenklima *n.*; **adatto al clima ~** tropentauglich; **fauna ~** Tropenfauna *f.*; **febbre ~** Tropenfieber *n.*; **foresta ~** Regenwald *m.*, Buschwald *m.*; **malattia ~** Tropenkrankheit *f.*; **medicina ~** Tropenmedizin *f.*; **istituto di medicina ~** Tropeninstitut *n.*; **pianta ~** Tropenpflanze *f.*; **regioni, zone -i** Tropen *pl.* **tro|pi|ca|liz|za|to** agg. TECN. tropentauglich.

tro|pi|co m. *(-ci)* **1** GEOGR. Wendekreis *m.*: **~ del Cancro, del Capricorno** Wendekreis des Krebses, des Steinbocks (*o* nördlicher, südlicher Wendekreis) **2** pl. *(zone tropicali)* Tropen *pl.*: **vivere ai -ci** in den Tropen leben.

tro|pi|smo m. Tropismus *m.*

tro|po m. **1** RET. Trope *f.*, Tropus *m.* **2** MUS. Tropus *m.*

tro|po|sfe|ra f. Troposphäre *f.*

trop|po I agg. **1a** *(di quantità)* zu viel: **~ sale** zu viel Salz **b** pl. zu viele: **-i biscotti** zu viele Kekse; **ho -e cose da fare** ich habe zu viel zu tun **2** *(di tempo)* allzu lange: **dopo ~ tempo** nach allzu langer Zeit; **da ~ tempo** seit allzu langer Zeit; **è ~ tempo che...** es ist allzu lange her, dass... **3** *(di distanza)* zu lange, zu weit: **abbiamo fatto -a strada** wir sind zu weit gefahren **II** avv. **1a** *(con verbi; di quantità)* zuviel: **bere, parlare, spendere ~** zu viel trinken, reden, aus‿geben **b** *(di intensità)* zu sehr: **ti stanchi ~** du strengst dich zu sehr an **2a** *(con agg. e avv.; di quantità)* zu: **è ~ grande** es ist zu groß; **~ rapidamente** zu schnell; **faceva ~ freddo** es war zu kalt; **costare ~ poco** zu billig sein; **è ~ tardi per scusarsi** es ist zu spät, um sich zu entschuldigen **b** *(di intensità)* sehr, besonders: **non ~ volentieri** nicht sehr (*o* besonders) gern; **sei ~ gentile!** das ist sehr nett von dir! **~ buono!** sehr gut! **3** *(di tempo)* zu lange: **ho aspettato ~** ich habe zu lange gewartet; **metterci ~** zu lange brauchen **4** *(di distanza)* zu weit: **c'è ~ da qui alla stazione** es ist zu weit bis zum Bahnhof **5** *(preceduto da* **fin** *e* **anche***)* viel zu, genug: **sono stata fin ~ paziente con te** mit dir war ich viel zu geduldig; **ti conosco anche ~ bene** ich kenne dich viel zu gut, ich kenne dich gut genug; **ho sopportato anche ~** ich habe schon genug ertragen; **lo sai fin ~ bene** das weißt du ganz genau **6** COLLOQ. *(moltissimo)* allzu: **è ~ vero quello che dici** es ist nur allzu wahr, was du sagst; **~ giusto!** einsame Spitze! **III** pron. **1** zu viel: **la torta era ottima, ma ne ho mangiata -a** die Torte war hervorragend, aber ich habe zu viel davon gegessen; **avere ~ da fare** zu viel zu tun haben; **l'hanno ucciso perché sapeva ~** man hat ihn ermordet, weil er zuviel wusste **2** pl. *(di persone)* zu viele: **-i credono all'astrologia** zu viele (Menschen) glauben an die Astrologie; **essere in -i** zu viele sein **IV** m. Zuviel *n.*, Überflüssige *n.* ◆ **essere ~ avanti** zu weit voraus sein; **bere qualche bicchiere di ~** zu viel trinken; **sentirsi di ~** sich überflüssig fühlen; SCHERZ. **-a grazia (Sant'Antonio)!** zu viel des Guten! **essere ~ indietro** zu weit zurück sein; **non ~** nicht besonders; **quando è ~ è ~** was zu viel ist, ist zu viel; **questo è ~!** das geht zu weit! **-e volte** zu oft; PROV. **chi ~ vuole nulla stringe** = wer zu viel fasst, lässt viel fallen; **meglio ~ che ~ poco** besser zu viel als zu wenig; **il ~ stroppia** = allzu viel ist ungesund.

trop|po|pie|no m.inv. Überlauf *m.* ◆ **tubo di ~** Überlaufrohr *n.*

tro|ta f. Forelle *f.* ◆ **~ affumicata** geräucherte Forelle; **allevamento di -e** Forellenzucht *f.*; **~ bollita** Forelle blau; **~ comune, di fiume** Bachforelle *f.*; **~ iridea** Regenbogenforelle *f.*; **~ di lago** Seeforelle *f.*; **~ alla mugnaia** Forelle auf Müllerinart; **~ salmonata** Lachsforelle *f.*; **vivaio di -e** Forellenteich *m.*

trot|ta|re intr. (aus. *avere*) traben (anche ESTENS.): **il cavallo trotta** das Pferd trabt; COLLOQ. **~ tutto il giorno** den ganzen Tag auf Trab sein ◆ **far ~ (il cavallo)** in Trab setzen; FIG. *(qcn.)* auf Trab bringen. **trot|ta|ta** f. **1** Trab *m.*: **fare una ~ (a cavallo)** im Trab reiten **2** ESTENS. COLLOQ. Rennerei *f.*, Hetzerei *f.* **trot|ta|to|io** m. *(-oi)* Trabrennbahn *f.* **trot|ta|to|re** m. Traber *m.*

trot|te|rel|la|re intr. (aus. *avere*) **1a** *(di cavallo)* im leichten Trab laufen **b** *(di cavaliere)* im leichten Trab reiten **2** ESTENS. trippeln: **trotterellava dietro a lui** er trippelte hinter ihm her.

trot|to m. **1** Trab *m.*: **andare, cavalcare al ~** im Trab laufen, reiten; **piccolo ~, ~ serrato** leichter, harter (*o* scharfer) Trab; **mettere il cavallo al ~** das Pferd in Trab setzen **2** ESTENS. schneller Schritt *m.*, zügiger Schritt *m.* ◆ **corsa al, gara di ~** Trabrennen *n.*; **~ all'inglese** Englischtraben *n.*

trot|to|la f. **1** Kreisel *m.* **2** SPORT Pirouette *f.* ◆ **girare come una ~** sich wie ein Kreisel drehen; FIG. immer in Bewegung sein; **~ musicale** Brummkreisel *m.*

trotz|ki|smo m. Trotzkismus *m.* **trotz|ki|sta** *(-i,-e)* **I** agg. trotzkistisch **II** m. e f. Trotzkist *m.* (-in *f.*).

troupe [trup] f.inv. **1** Team *n.*: **~ televisiva** Fernsehteam *n.* **2** TEATR. CINEM. Truppe *f.*

trousse [trus] f.inv. **1** *(astuccio)* Necessaire *n.* **2** *(borsetta da sera)* Abendtäschchen *n.* ◆ **~ della manicure** Nagelnecessaire *n.*; **~ da trucco** Schminkbeutel *m.*; **~ da viaggio** Reisenecessaire *n.*

tro|va|do|re → **trovatore. tro|va|do|ri|co** agg. *(-ci,-che)* Troubadour-, der Trobadoure: **poesia -a** Dichtung *f.* der Troubadoure.

tro|va|re I tr. **1** finden: **ho trovato le chiavi** ich habe die Schlüssel gefunden; **~ la strada di casa** den Weg nach Hause finden; **ti trovo a casa domani?** bist du morgen zu Hause? (*o* treffe ich dich morgen zu Hause an?); **~ il tempo di, per fare qcs.** die Zeit finden, (um) etw. zu tun; **che cosa ci trovi in quest'uomo?** was findest du bloß an diesem Mann? *(ottenere)* **~ lavoro, casa** eine Arbeit, eine Wohnung finden; **~ aiuto e comprensione** Hilfe und Verständnis finden; **~ da sedere, da dormire** einen Sitzplatz, eine Schlafgelegenheit finden; ESTENS. *(ritenere)* **la trovo bellissima** ich finde sie wunderschön; **ti trovo bene, stanco** du siehst gut, müde aus; **trovo strano che...** ich finde es komisch, dass...; assol. **è un po' caro, non trovi?** das ist etwas teuer, findest du nicht? **2** COLLOQ. *(racimolare)* auf‿treiben: **~ un po' di soldi** etwas Geld auftreiben **3a** *(ritrovare)* wieder finden **b** *(oggetto, persona smarrita)* auf‿finden: **l'auto rubata è stata trovata in un parcheggio** das gestohlene Auto ist auf einem Parkplatz (auf)gefunden worden **c** *(scovare)* ausfindig machen: **~ l'indirizzo di qcn.** jds Adresse ausfindig machen; **~ il ladro** den Dieb finden (*o* ausfindig machen) **4** *(scoprire)* heraus‿finden, finden: **~ la soluzione di un problema** die Lösung eines Problems finden **5a** *(imbattersi)* treffen: **ho trovato gli amici in discoteca** ich habe meine Freunde in der Diskothek getroffen; COLLOQ. **entro e chi ti trovo?** ich geh rein, und wen seh ich? **b ~ qcs.** auf etw. (A) stoßen; **~ difficoltà, ostacoli** auf Schwierigkeiten, Hindernisse stoßen **c** *(per indicare la condizione al momento dell'incontro)* **ho trovato la porta chiusa** ich stand vor verschlossener Tür; **l'ho trovata in lacrime** ich fand sie in Tränen; **improvvisamente me lo sono trovato davanti** plötzlich stand er vor mir; **me lo trovo sempre attorno** er ist immer um mich herum **6** *(sorprendere, cogliere)* erwischen, ertappen: **ci ha trovati insieme** er hat uns zusammen erwischt **7** *(inventare, escogitare)* erfinden, sich aus‿denken: **~ accuse** Ausreden erfinden **II** pronom. **trovarsi 1** *(incontrarsi)* sich treffen, sich finden: **ci troviamo dopo cena** wir treffen uns nach dem Abendessen; SCHERZ. **si sono proprio trovati** die beiden haben sich gefunden **2** FIG. *(essere d'accordo)* **-rsi su qcs.** sich über etw. (A) einig sein; **(non) -rsi sul prezzo** sich über den Preis (nicht) einig sein **3** *(sentirsi)* sich fühlen: **-rsi bene (a proprio agio), male** sich wohl, nicht wohl fühlen **4** *(essere situato)* sich befinden, liegen, sein, stehen: **la casa si trova vicino alla chiesa** das Haus befindet sich (*o* steht) neben der Kirche; **Milano si trova in Lombardia** Mailand liegt in der Lombardei **5** *(di persona; essere, stare)* sein, finden: **ieri mi trovavo a Londra** gestern war ich in London; **-rsi solo** allein sein; **mi trovo senza un soldo** ich habe kein Geld **6** *(presentarsi)* sich ein‿finden; **trovati qui stasera** finde dich heute Abend hier ein **7** *(essere in vendita)* erhältlich sein: **questo libro non si trova da nessuna parte** das Buch ist nirgends erhältlich ◆ **-rsi d'accordo su qcs. con qcn.** sich mit jdm über etw. (A) einig sein; **andare a ~ qcn.** jdn besuchen (gehen); **-rsi bene con qcn.** mit jdm gut aus‿kommen; **non ci trovo niente di nuovo** darin finde ich nichts Neues; **non ci trovo niente di male** ich finde nichts Schlimmes dabei; **-rsi in difficoltà** in Schwierigkeiten kommen (*o* geraten); **~ un giacimento** fündig werden; **~ la morte** ums Leben kommen (*o* um‿kommen); **-rsi a passare** zufällig vorbei‿kommen; **-rsi in pericolo** sich in Gefahr befinden; **~ da ridire su tutto** immer etw. auszusetzen haben; **riuscire a ~ qcn., qcs.** jdn, etw. ausfindig machen; **~ se stesso** (zu) sich selbst finden; **qcs. lascia il tempo che trova** etw. bleibt alles beim Alten; PROV. **chi cerca trova** wer such(e)t, der findet; **paese che vai, usanze che trovi** andere Länder, andere Sitten; **chi trova un amico, trova un tesoro** ein Freund ist Gold(es) wert.

tro|va|ro|be m. e f.inv. Requisiteur *m.*

tro|va|ta f. **1** Einfall *m.*: **una ~ geniale** ein genialer Einfall; **questa sì che è una ~!** das ist ein grandioser Einfall! **2** TEATR. CINEM. Gag *m.* ◆ **~ pubblicitaria** Werbegag *m.*

tro|va|tel|lo m. Findelkind *n.*

tro|va|to|re m. Troubadour *m.*

truc|ca|re *(trucco, trucchi)* **I** tr. **1a** *(travestire)* verkleiden, maskieren: **~ qcn. da clown** jdn als Clown verkleiden **b** *(cammuffare)* tarnen: **~ qcn., qcs. da qcs.** jdn, etw. als etw. tarnen **c** *(voce)* verstellen **2** COSMET. schminken: **~ gli occhi a qcn.** jdm die Augen schminken **3a** *(manipolare)* (ver)fälschen, manipulieren; COLLOQ. frisieren: **~ una partita di calcio** ein Fußballspiel manipulieren; **~ le elezioni** die Wahlergebnisse (ver)fälschen; **~ i dadi** die Würfel manipulieren; **~ il bilancio** eine Bilanz fälschen (*o* frisieren); **~ un motore** einen Motor frisieren **b ~ le carte (segnandole)** die Karten zinken **II** pronom. **truccarsi** **1** sich schminken: ***-rsi leggermente, pesantemente*** sich leicht, stark schminken; ***-rsi gli occhi, il viso*** sich (D) die Augen, das Gesicht schminken **2a** *(travestirsi)* sich verkleiden, sich maskieren, sich kostümieren: ***-rsi da clown*** sich als Clown verkleiden **b** *(cammuffarsi)* sich tarnen: ***-rsi da qcs.*** sich als etw. tarnen. **truc|ca|to** p.pass. agg. **1** → **truccare** **2** geschminkt: ***occhi -i*** geschminkte Auge **3** *(manipolato)* manipuliert, verfälscht, COLLOQ. frisiert: ***corsa -a*** manipuliertes Rennen; ***dadi -i*** manipulierte Würfel; ***motore ~*** frisierter Motor ◆ ***carte -e*** gezinkte Karten; COSMET. ***non ~*** ungeschminkt. **truc|ca|to|re** m. Maskenbildner *m.* **truc|ca|tri|ce** f. Maskenbildnerin *f.* **truc|ca|tu|ra** f. **1** *(travestimento)* Verkleidung *f.*, Maskierung *f.*, Kostümierung *f.* **2** COSMET. Schminken *n.*

truc|co m. *(-chi)* **1** *(artificio)* Trick *m.*, Kniff *m.*: ***i -chi di un prestigiatore*** die Tricks eines Taschenspielers; ***un ~ meschino, vecchissimo*** ein billiger, uralter Trick; ***scoprire, svelare il ~*** hinter den Trick kommen, den Trick verraten; ***usare un ~, ricorrere a un ~*** einen Trick an‿wenden; ***conosco il ~!*** den Trick kenne ich! **2** ESTENS. *(raggiro)* Trick *m.*, Betrug *m.*, Schwindel *m.*: ***deve esserci sotto qualche ~*** dahinter steckt (*o* verbirgt sich) ein Trick; ***conoscere i -chi del mestiere*** die nötigen Tricks kennen **3** COSMET. Schminke *f.*, Make-up *n.*: ***rimuovere, togliersi il ~*** sich ab‿schminken; ***rifarsi il ~*** sich nach‿schminken; ***ritoccare il ~*** die Schminke auf‿frischen; ***darsi un ~ leggero, pesante*** sich leicht, stark schminken ◆ ***borsetta per il ~*** Schminkbeutel *m.*; ***il ~ c'è, ma non si vede*** dahinter steckt ein Trick; ***~ cinematografico*** Trickaufnahme *f.*; ***~ da prestigiatore*** Zaubertrick *m.*; ***~ pubblicitario*** Reklamegag *m.*; ***senza ~*** ungeschminkt.

tru|ce agg. **1** *(minaccioso)* finster, grimmig, düster: ***sguardo, occhio ~*** finsterer (*o* grimmiger) Blick **2** *(feroce)* grausam. **tru|ci|da|re** tr. *(trucido)* hin‿schlachten, nieder‿metzeln, grausam ermorden. **tru|ci|do** → **truce.**

tru|cio|la|re agg. Span-: ***pannello ~*** Spanplatte *f.* **tru|cio|la|to** m. ***(pannello di) ~*** Spanplatte *f.*, Holzspanplatte *f.* **tru|cio|lo** m. Span *m.* ◆ ***~ di legno*** Holzspan *m.*; ***~ di limatura*** Feilspan *m.*; ***~ di piallatura*** Hobelspan *m.*

tru|cu|len|to agg. **1** *(sanguinario)* Schauder erregend, blutrünstig: ***storia -a*** blutrünstige Geschichte **2** *(minaccioso)* grimmig, finster, düster: ***espressione -a*** finsterer Ausdruck; ***aspetto ~*** düsterer Anblick. **tru|cu|len|za** f. **1** Grausamkeit *f.* **2** *(l'essere minaccioso)* Grimmigkeit *f.*, Düsterheit *f.*, Düsterkeit *f.*

truf|fa f. **1** DIR. Betrug *m.*: ***una ~ ai danni dello stato*** ein Betrug zu Lasten des Staates **2** ESTENS. Betrug *m.*, Schwindel *m.*, Prellerei *f.*: ***perpetrare una ~ ai danni di qcn.*** einen Betrug auf jds Kosten begehen; ***rivelarsi una ~*** sich als Betrug heraus‿stellen ◆ ***concorso in ~*** Beihilfe zum Betrug; COLLOQ. ***legge ~*** Schwindelgesetz *n.* **truf|fal|di|no** agg. **I** agg. betrügerisch, schwindlerisch, gaunerhaft **II** m. Betrüger *m.*, Schwindler *m.*, Gauner *m.*

truf|fa|re tr. betrügen, prellen: ***~ una somma a qcn.*** jdn um eine Summe betrügen (*o* prellen); ***~ i propri clienti*** seine Kunden prellen. **truf|fa|to|re** m. Betrüger *m.*, Schwindler *m.*

tru|i|smo m. Binsenwahrheit *f.*, Binsenweisheit *f.*

trul|lo m. INTRAD. (typisch apulisches Haus aus Steinen mit kegelförmigem Dach).

tru|meau [try'mo] m.inv. **1** *(mobile)* Sekretär *m.*, Schreibschrank *m.* **2** ARCH. Trumeau *n.*

trup|pa f. **1** MIL. Truppe *f.*: ***-e alleate, nemiche, regolari, irregolari*** alliierte, feindliche, reguläre, irreguläre Truppen **2** FIG. SCHERZ. Schar *f.*: ***arrivare in ~*** in Scharen an‿kommen ◆ ***-e aerotrasportate*** Luftlandetruppen *pl.*; ***ammasso di -e*** Truppenkonzentration *f.*, Truppenmassierung *f.*; ***-e d'assalto*** Sturmtruppen *pl.*; ***-e ausiliarie*** Hilfstruppen *pl.*; ***comandante delle -e*** Truppenführer *m.*; ***concentrazione di -e*** Truppenkonzentration *f.*; ***-e mercenarie*** Söldnertruppen *pl.*; ***militare di ~*** Truppensoldat *m.*; ***-e d'occupazione*** Besatzungstruppen *pl.*; ***rassegna delle -e*** Truppenparade *f.*; ***-e di rincalzo*** Hilfstruppen *pl.*; ***-e di rinforzo*** Verstärkungsverbände *pl.*; ***-e di riserva*** Reservetruppen *pl.*; ***ritiro delle -e*** Truppenabzug *m.*; ***-e da sbarco*** Landungstruppen *pl.*; ***-e scelte*** Elitetruppe *f.*; ***smobilitazione delle -e*** Truppenabbau *m.*; ***-e di terra*** Bodenstreitkräfte *pl.*; ***trasporto -e*** Truppentransporter *m.*

trust [trʌst] m.inv. Trust *m.*; ***concentrare, unire in un ~*** vertrusten.

tse-tse agg.inv. ***mosca ~*** Tsetsefliege *f.*

T-shirt ['ti:ʃə:t, *üblich* ti'ʃœkrt] f.inv. T-Shirt *n.*

tu pron. pers. **1a** *(atono)* du: ***~ ci sei stato?*** bist du da gewesen? **b** *(tonico)* ***sei stato ~!*** du bist es gewesen! ***diglielo ~*** sag du es ihm; ***io mi annoio, ~ ti diverti*** ich langweile mich, du amüsierst dich; ***~ ed io*** du und ich; ***~ stesso*** du selbst; ***anche ~*** auch du; ***nemmeno, neanche ~*** nicht einmal du; ***solo ~*** nur du; ***da un po' di tempo non sei più ~*** seit einiger Zeit erkenne ich dich nicht mehr wieder **2** *(impersonale)* man: ***(~) puoi fare come vuoi*** man kann es machen, wie man will ◆ ***dare del ~ a qcn.*** jdn duzen; ***darsi del ~ (con qcn.)*** sich (mit jdm) duzen, (mit jdm) auf Duzfuß stehen; ***passare al ~*** an‿fangen, jdn zu duzen (*o* sich zu duzen); ***parlare a ~ per ~ con qcn.*** unter vier Augen mit jdm sprechen; ***trovarsi a ~ per ~ con la morte*** dem Tod ins Auge (*o* ins Antlitz) sehen.

tua|reg(h) **I** agg.inv. Tuareg- **II** m. e f. *(abitante)* Tuareg *m.* e *f.* **III** m. *(lingua)* Tuareg *n.*

tu|ba f. **1** MUS. STOR. Tuba *f.* **2** LETT. *(tromba)* Trompete *f.* **3** *(cappello)* Zylinder(hut) *m.* **4** ANAT. Tube *f.*, Tuba *f.* ◆ ***~ uditiva, di Eustachio*** Tube *f.*, Eustachische Röhre *f.*; ***~ uterina, di Fallopio*** Eileiter *m.*

tu|ba|re intr. (aus. *avere*) **1** gurren, girren **2** FIG. *(di innamorati)* turteln, girren.

tu|ba|ri|co agg. *(-ci,-che)* Eileiter-: ***gravidanza -a*** Eileiterschwangerschaft *f.*; ***insufflazione -a*** Eileiterdurchblasung *f.*

tu|ba|tu|ra f. **1** Rohrleitung *f.* **2** *(complesso di tubi)* Rohrleitungssystem *n.*, Rohrnetz *n.* ◆ ***~ dell'acqua*** Wasserleitung *f.*; ***~ del gas*** Gasleitung *f.*; ***~ di scarico*** Abflussleitung *f.*; ***sistema di -e*** Rohrnetz *n.* **tu|ba|zio|ne** f. Rohrleitung *f.* ◆ ***~ del freno*** Bremsleitung *f.*

tube|less ['tju:bləs] agg.inv. schlauchlos.

tu|be|ra|ce|e f.pl. Askomyzete *pl.*, Schlauchpilze *pl.*

tu|ber|co|la|re agg. **1** *(di tubercolo)* tuberkular, knotig **2** *(della tubercolosi)* Tuberkel-, tuberkulös: ***bacillo ~*** Tuberkelbazillus *m.* **tu|ber|co|li|na** f. Tuberkulin *n.* **tu|ber|co|lo** m. **1** MED. Tuberkel *m.*, Knötchen *n.* **2** ANAT. Höcker *m.*, Knötchen *n.*

tu|ber|co|lo|sa|rio m. *(-ri)* Lungenheilstätte *f.* **tu|ber|co|lo|si** f. Tuberkulose *f.* ◆ ***~ bovina*** Perlsucht *f.*; ***focolaio di ~*** Tuberkuloseherd *m.*; ***~ miliare*** Miliartuberkulose *f.*; ***~ ossea*** Knochentuberkulose *f.*; ***~ polmonare*** Lungentuberkulose *f.* **tu|ber|co|lo|so** **I** agg. **1** MED. *(che presenta tubercoli)* tuberkulös, Tuberkulose- **2** *(persona)* tuberkulös, Tb(c)-krank, lungenkrank **II** m. Tuberkulosekranke *m.*, Tb(c)-Kranke *m.* **tu|ber|co|lo|ti|co** **I** agg. *(-ci,-che)* **1** MED. Tuberkulose- **2** *(persona)* tuberkulös, Tb(c)-krank, lungenkrank **II** m. *(-ci)* Tuberkulosekranke *m.*, Tb(c)-Kranke *m.*

tu|be|ro m. Knolle *f.*

tu|be|ro|sa f. Tuberose *f.*

tu|be|ro|si|tà f. **1** Knollenförmigkeit *f.* **2** *(protuberanza)* Knolligkeit *f.* **tu|be|ro|so** agg. **1** knollig **2** *(che assomiglia a tubero)* knollenartig, Knollen-.

tu|bet|to m. **1** *(rigido)* Röhrchen *n.*: ***un ~ di pastiglie, caramelle*** ein Röhrchen Tabletten, Bonbons **2** *(spremibile)* Tube *f.*: ***un ~ di crema*** eine Tube Creme; ***spremere il ~ del dentifricio*** auf die Zahnpastatube drücken ◆ ***~ di colore*** Farbtube *f.*

tu|bi|ci|no m. Röhrchen *n.*

Tu|bin|ga n.pr.f. Tübingen *n.*

tu|bi|no m. **1** *(piccolo tubo)* kleines Rohr *n.* **2** *(abito)* Schlauchkleid *n.*

tu|bi|sta m. Installateur *m.*, Rohrleger *m.*

tu|bo m. **1a** Rohr *n.*, Röhre *f.* **b** *(flessibile)* Schlauch *m.* **2** ANAT. Trakt *m.*, Kanal *m.* **3** BOT. Röhre *f.*, Schlauch *m.* ◆ ***a ~*** rohr-, röhrenförmig; ***~ d'acciaio*** Stahlrohr *n.*; ***~ dell'acqua*** Wasserrohr *n.*; ***~ di alimentazione*** Zuleitungsrohr *n.*; ***~ di alimentazione del carburante*** Kraftstoffleitung *f.*; ***~ articolato*** Gliederröhre *f.*; ***~ aspirante, di aspirazione*** Ansaugrohr *n.* (*o* Saugrohr *n.*); ***~ di Braun*** braunsche Röhre *f.*; FIS. ***~ capillare*** Kapillargefäß *n.*; COLLOQ. ***non capisce un ~*** er versteht immer nur Bahnhof; ***non ci capisco un ~*** davon verstehe ich keinen Ton; ***~ catodico, a raggi catodici*** Bildröhre *f.*; ***chiave a ~*** Steckschlüssel *m.*; ***~ collettore*** Sammelrohr *n.*; ***~ digerente*** Verdauungstrakt *m.*; ***~ di drenaggio*** Sickerrohr *n.*; ***~ elettronico*** Elektronenröhre *f.*; ***non fare un ~*** keinen Strich tun; EL. ***~ fluorescente*** Leuchtstoffröhre *f.*; COLLOQ. ***non me ne frega un ~*** das geht mich einen feuchten Dreck an; ***~ del gas*** Gasrohr *n.*; ***~ Geiger*** Geiger-Müller-Zählrohr *n.*; ***~ di ghisa*** Gussrohr *n.*; ***~ a gomito*** Knierohr *n.*; ***~ di gomma*** Gummischlauch *m.*; ***~ lanciasiluri*** Torpedorohr *n.*; ***~ di lancio*** Abschussrohr *n.*; ***~ luminescente*** Leuchtröhre *f.*; ***~ di mandata dell'olio*** Öldruckleitung *f.*; ***~ Mannesmann*** Mannesmannrohr *n.* (*o* nahtloses Rohr); ***~ al neon*** Neonröhre *f.*; AUT. ***~ dell'olio*** Ölleitung *f.*; ***pantaloni a ~*** Röhrenhosen; BOT. ***~ pollinico*** Pollenschlauch *m.*; ***~ di raccordo*** Verbindungsrohr *n.*; ***~ di raffreddamento*** Kühlrohr *n.*; ***~ di rame*** Kupferrohr *n.*; SPORT ***~ respiratore*** Schnorchel *m.*; ***~ a s*** S-Rohr *n.*; ***~ di scappamento*** Auspuffrohr *n.*; ***~ di scarico*** AUT. Auspuffrohr *n.*; IDR. Abflussrohr *n.*; ***~ della stufa*** Ofenrohr *n.*; ***~ unipolare*** Einpolröhre *f.*; COLLOQ. ***non vale un ~*** das taugt überhaupt nichts; ***~ di ventilazione*** Lüftungsrohr *n.*; ***~ di vetro*** Glasrohr *n.*; RAD. ***~ a vuoto*** Vakuumröhre *f.*

tu|bo-ad|do|mi|na|le, tu|bo|ad|do|mi|na|le agg. ***gravidanza ~*** Bauchhöhlenschwangerschaft *f.*
tu|bo|la|re I agg. **1** *(a forma di tubo)* röhrenförmig, schlauchförmig: ***struttura ~*** röhrenförmige Struktur **2** *(fatto di tubi)* Rohr-, Röhren-: ***impalcatura ~*** Rohrgestell *n.* **II** m. **1** Schlauchreifen *m.* **2** *(calza)* Schlauchstrumpf *m.* ◆ ***filo ~*** Rohrdraht *m.*; ***lampada ~*** Rohrlampe *f.*; ***lavorare a maglia ~*** rund‿stricken; ***ferro da maglia ~*** Rundstricknadel *f.*; ***osso ~*** Röhrenknochen *m.*
tu|bo|lo, tu|bu|lo m. *(piccolo tubo)* Röhrchen *n.* (anche ANAT. BOT.). **tu|bu|lo|so** agg. Röhren-: ***corolla -a*** Röhrenblüte *f.*
tu|ca|no m. Tukan *m.*, Pfefferfresser *m.*
tu|cul m.inv. runde Strohhütte *f.*
tu|fa|ce|o agg. Tuff-: ***roccia -a*** Tuffstein *m.*
tuf|fa|re I tr. tauchen, ein‿tauchen: ***~ la mano nell'acqua*** die Hand ins Wasser tauchen **II** pronom. **tuffarsi 1** springen: ***-rsi in acqua*** ins Wasser springen **2** *(lanciarsi)* sich stürzen: ***-rsi nel vuoto*** sich in die Tiefe stürzen; FIG. ***-rsi nel lavoro*** sich in die Arbeit stürzen **3** FIG. *(sprofondare)* sich vertiefen, sich versenken: ***-rsi nella lettura*** sich in die Lektüre vertiefen **4** SPORT hechten: ***-rsi sul pallone*** nach dem Ball hechten. **tuf|fa|ta** f. **1a** *(il tuffare)* Eintauchen *n.*, Tauchen *n.* **b** *(il tuffarsi)* Tauchen *n.* **2** *(tuffo)* Sprung *m.* **tuf|fa|to|re I** m. **1** SPORT Kunstspringer *m.* **2a** GERG. *(aereo)* Sturzkampfflugzeug *n.* **b** *(pilota)* Stukapilot *m.* **II** agg. Tauch-: ***uccello ~*** Tauchvogel *m.*
tuf|fet|to m. ORNIT. Tauchente *f.*
tuf|fi|sta m. e f. *(-i,-e)* Kunstspringer *m.* (-in *f.*).
tuf|fo m. **1** Sprung *m.*: ***fare un ~ dal trampolino*** einen Sprung vom Sprungbrett machen; ***un ~ nel lago*** ein Sprung in den See; ***un ~ in avanti, all'indietro*** ein Sprung nach vorne, nach hinten **2** ESTENS. *(breve bagno)* ***fare un ~*** kurz schwimmen **3** *(nel calcio)* Hechtsprung *m.*: ***respingere la palla di ~*** mit einem Hechtsprung den Ball ab‿wehren **4** AER. *(picchiata)* Sturzflug *m.* ◆ ***buttarsi a ~ su qcs.*** sich auf etw. (A) stürzen; ***~ acrobatico*** Kunstsprung *m.*; ***~ carpiato*** Hechtsprung *m.*; ***provò un ~ al cuore*** das Herz schlug ihm bis zum Hals; ***gara di -i*** Wettbewerb *m.* im Kunstspringen; ***un ~ nel passato*** ein Rückblick in die Vergangenheit; ***~ di piedi*** Fußsprung *m.*; ***~ di testa*** Kopfsprung *m.*
tu|fo m. Tuff(stein) *m.* ◆ ***~ basaltico*** Basalttuff *m.*; ***~ calcareo*** Kalktuff *m.*
tu|gu|rio m. *(-ri)* elende Hütte *f.*, Elendsquartier *n.*
tu|ia f. Thuja *f.*, Thuje *f.*, Lebensbaum *m.*
tu|lio m. Thulium *n.*
tu|li|pa|no m. Tulpe *f.* ◆ ***bulbo di ~*** Tulpenzwiebel *f.*
tul|le m. Tüll *m.* ◆ ***velo di ~*** Tüllschleier *m.*
Tul|lio n.pr.m. Tullius *m.*
tu|me|fa|re *(tumefaccio, tumefai; tumefeci; tumefatto)* **I** tr. anschwellen lassen; ***il colpo gli ha tumefatto il naso*** durch den Schlag ist seine Nase angeschwollen **II** pronom. **tumefarsi** an‿schwellen, schwellen. **tu|me|fat|to** p.pass. agg. **1** → **tumefare 2** (an)geschwollen: ***labbra -e*** geschwollene Lippen. **tu|me|fa|zio|ne** f. Schwellung *f.*, Anschwellung *f.*, Intumeszenz *f.* **tu|me|scen|te** agg. (an)geschwollen. **tu|me|scen|za** → **tumefazione.**
tu|mi|dez|za, tu|mi|di|tà f. Geschwollenheit *f.* **tu|mi|do** agg. geschwollen: ***labbra -e*** geschwollene Lippen.
tu|mo|ra|le agg. Tumor-, Geschwulst-, geschwulstartig: ***cellula ~*** Tumorzelle *f.*; ***formazione ~*** Geschwulstbildung *f.*
tu|mo|re m. Tumor *m.*, Geschwulst *f.*: ***asportare un ~*** einen Tumor entfernen; ***il ~ si diffonde*** der Tumor verbreitet sich; ***~ benigno, maligno*** gutartiger, bösartiger Tumor ◆ ***~ carcinomatoso*** Krebsgeschwulst *f.*; ***~ al cervello*** Gehirntumor *m.*, Hirntumor *m.*; ***~ intestinale*** Darmkrebs *m.*; ***malato di ~*** Tumorkranke *m.*; ***~ muscolare*** Muskelgeschwulst *f.*; ***~ osseo*** Knochenkrebs *m.*; ***~ ai polmoni*** Lungentumor *m.*
tu|mu|la|re tr. *(tumulo)* beisetzen, beerdigen. **tu|mu|la|zio|ne** f. Beisetzung *f.*, Beerdigung *f.*
tu|mu|lo m. **1** Erdhügel *m.* **2** ARCHEOL. Tumulus *m.*, Hügelgrab *n.* **3** ESTENS. *(sepolcro)* Grab *n.*
tu|mul|to m. **1a** Tumult *m.*: ***un ~ generale*** ein allgemeiner Tumult; ***scoppiarono aspri, violenti -i*** es kam zu schweren, heftigen Tumulten; ***nacque un ~*** es entstand ein Tumult **b** *(disordini)* Unruhe *f.* **c** *(sommossa)* Aufstand *m.* **2** FIG. Aufruhr *m.*, Wirbel *m.* **tu|mul|tua|re** intr. (aus. *avere*) lärmen. **tu|mul|tuo|so** agg. tumultuös.
tun|dra f. Tundra *f.*
tun|er ['tju:nə] m.inv. Tuner *m.*
tun|fe|te → **tonfete.**
tung|ste|ni|te f. Wolframit *n.* **tung|ste|no** m. Tungsten *n.*, Wolfram *n.*
tu|ni|ca f. *(-che)* **1** Tunika *f.* **2** ANAT. BOT. Tunica *f.*
tu|ni|ca|ti m.pl. Tunikaten *pl.*, Manteltiere *pl.*
Tu|ni|si n.pr.f. Tunis *n.* **Tu|ni|si|a** n.pr.f. Tunesien *n.* **tu|ni|si|no I** agg. **1** *(della Tunisia)* tunesisch, Tuneser **2** *(di Tunisi)* tunisisch, Tuniser **II** m. **1** *(abitante della Tunisia)* Tunesier *m.*, Tuneser *m.* **2** *(abitante di Tunisi)* Tuniser *m.*
tun|nel m.inv. **1** Tunnel *m.* e *n.*: ***costruire un ~*** einen Tunnel bauen; ***scavare un ~ sotto qcs.*** einen Tunnel unter etw. (D) graben (*o* TECN. etw. untertunneln); ***entrare in un ~*** in einen Tunnel hinein‿fahren; ***uscire da un ~*** aus einem Tunnel heraus‿kommen **2** FIG. ***entrare nel ~ della droga*** der Droge, dem Rauschgift verfallen; ***uscire dal ~ della droga*** der Droge entkommen **3** SPORT ***fare il ~ a qcn.*** jdm den Ball durch die Beine spielen ◆ MAR. ***~ dell'asse*** Wellentunnel *m.*; ***~ ferroviario*** Eisenbahntunnel *m.*; ***~ della Manica*** Ärmelkanaltunnel *m.*; ***~ stradale*** Straßentunnel *m.*
tu|o (f. *tua*; m.pl. *tuoi*; f.pl. *tue*) **I** agg.poss. dein: ***~ padre*** dein Vater; ***la -a casa*** dein Haus; ***un ~ amico*** einer deiner Freunde (*o* ein Freund von dir); ***di ~ fratello*** deines Bruders; ***a ~ zio*** (zu) deinem Onkel; ***questo è ~*** das ist deiner (*o* deine, deines); ***questa auto è -a*** das Auto ist deines **II** pron.poss. deiner, deines, deine: ***questo cappello è come il ~*** dieser Hut ist wie deiner; ***questa casa era la -a*** das war dein Haus ◆ ***a casa -a*** bei dir zu Hause; ***hai il direttore dalla -a*** du hast den Direktor auf deiner Seite; ***adesso devi dire la -a*** jetzt musst du deine Meinung äußern; ***di ~ pugno*** eigenhändig; ***l'hai scritto di ~ pugno*** das hast du eigenhändig geschrieben; ***ci hai rimesso del ~?*** hast du draufzahlen müssen? ***i tuoi*** deine Eltern (*o* deine Familie); ***ne hai combinata una delle -e*** da hast du mal wieder was Schönes angerichtet; ***in -a vece*** an deiner Stelle; ***di -a volontà*** aus freiem Willen.
tuo|na|re intr. **1** impers. (aus. *avere, essere*) **tuona** es donnert **2** FIG. (aus. *avere*) ***~ contro qcn., qcs.*** gegen jdn, etw. wettern **3** ESTENS. (aus. *avere*) donnern: ***i cannoni tuonavano*** die Kanonen donnerten.
tuo|no m. **1** Donner *m.*: ***il ~ mugghia, rimbomba*** der Donner rollt, kracht **2** *(rombo cupo)* Donnern *n.* ◆ ***~ di cannoni*** Kanonendonner *m.*; ***il fragore del ~*** das Grollen des Donners; FIG. ***dire, fare -i e fulmini*** wettern; ***voce di ~*** drohende Stimme, Donnerstimme *f.*
tuor|lo m. Eigelb *n.*, Eidotter *m.* e *n.*: ***separare il ~ dall'albume*** das Eigelb vom Eiweiß trennen.
tu|pè → **toupet.**
tu|rac|cio|lo m. Korken *m.*
tu|ra|re I tr. **1** zu‿stopfen, ab‿dichten: ***~ una falla*** ein Leck zustopfen; FIG. ***~ la bocca a qcn.*** jdm den Mund stopfen **2** *(con un turacciolo)* verkorken **II** pronom. **turarsi** verstopfen: ***il lavandino si è turato*** das Waschbecken ist verstopft; ***-rsi le orecchie*** sich (D) die Ohren verstopfen (*o* zu‿stopfen); ***-rsi il naso*** sich (D) die Nase zu‿halten. **tu|ra|to** p.pass. agg. **1** → **turare 2** verstopft.
1.tur|ba f. Menge *f.*, Schwarm *m.*
2.tur|ba f. MED. Störung *f.*: ***-e psichiche, nervose*** psychische, nervöse Störungen ◆ ***~ mentale*** Geistesverwirrung *f.*
tur|ba|men|to m. **1** Verstörung *f.*, Verstörtheit *f.*, Verwirrung *f.*; ***essere in preda a un profondo ~*** äußerst verwirrt sein **2** *(agitazione)* Unruhe *f.*
tur|ban|te m. Turban *m.*, ANT. Türkenbund *m.*: ***fare un ~*** einen Turban wickeln.
tur|ba|re I tr. **1a** stören: ***~ l'ordine pubblico*** die öffentliche Ordnung stören; ***~ l'armonia della famiglia*** die Harmonie der Familie stören **b** ESTENS. trüben: ***~ la felicità di qcn.*** jds Glück trüben **2** *(mettere in agitazione)* erschüttern: ***~ qcn. profondamente*** jdn im Innersten erschüttern **II** pronom. **turbarsi 1** erschüttern **2a** *(rannuvolarsi)* sich zu‿ziehen **b** FIG. ***si turbò in volto*** sein Gesicht verdüsterte sich. **tur|ba|ti|va** f. Störung *f.* ◆ ***~ del possesso*** Besitzstörung *f.*; ***~ di proprietà*** Eigentumsstörung *f.* **tur|ba|to** p.pass. agg. **1** → **turbare 2** erschüttert: ***profondamente ~*** tief erschüttert.
tur|bi|na f. Turbine *f.* ◆ ***a ~*** turbinengetrieben; ***~ a gas*** Gasturbine *f.*; ***~ idraulica*** Wasserturbine *f.*; ***propulsione a ~*** Turbinenantrieb *m.*; ***~ radiale*** Radialturbine *f.*; ***sala -e*** Turbinenhaus *n.*; ***~ a vapore*** Dampfturbine *f.*; ***~ a vapore di scarico*** Abgasturbine *f.*; ***~ a vento*** Windturbine *f.*
tur|bi|na|re intr. *(turbino*; aus. *avere)* herum‿wirbeln, wirbeln (anche FIG.): ***il vento turbinava*** der Wind wirbelte; ***mille pensieri mi turbinavano nella mente*** tausend Gedanken wirbelten mir im Kopf herum.
tur|bi|na|to I m. Nasenmuschel *f.* **II** agg. kreiselförmig, spiralförmig.
tur|bi|ne m. **1** Wirbelwind *m.*, Wirbel *m.*, Gewirbel *n.* **2** FIG. Wirbel *m.*: ***nel ~ della passione*** im Wirbel der Leidenschaft ◆ ***~ di neve*** Schneewirbel *m.*; ***~ di sabbia*** Sandwirbel *m.* **tur|bi|ni|o** m. Wir-

bel *m.*, Gewirbel *n.*, Wirbeln *n.* **tur|bi|no|so** agg. wirbelig, Wirbel-: ***vento ~*** Wirbelwind *m.*; ***danza -a*** wirbelnder Tanz.

tur|bo I m.inv. *(motore)* Turbo *m.*, Turbomotor *m.* **II** m. e f.inv. *(auto)* Turbo *m.* **III** agg.inv. Turbo-: ***motore ~*** Turbomotor *m.*

tur|bo|com|pres|so|re m. Turbokompressor *m.*, Turbolader *m.*

tur|bo|die|sel [-di:-] **I** m.inv. *(motore)* Turbodiesel *m.*, Turbodieselmotor *m.* **II** m. e f.inv. *(auto)* Turbodiesel *m.* **III** agg.inv. Turbodiesel-: ***motore ~*** Turbodieselmotor *m.*

tur|bo|e|li|ca I f. *(-che)* Propellerturbine *f.*, Turbo-Prop-Triebwerk *n.* **II** m.inv. *(velivolo)* Turbo-Prop-Flugzeug *n.*

tur|bo|get|to m. **1** *(motore)* Strahlturbine *f.* **2** *(aereo)* Turbinenflugzeug *n.*

tur|bo|len|to agg. **1** stürmisch, turbulent: ***giorni -i*** stürmische Tage **2** *(irrequieto)* unbändig, unruhig: ***un ragazzo ~*** ein unbändiger Junge **3** FIS. turbulent. **tur|bo|len|za** f. **1** Turbulenz *f.*, Unruhe *f.* **2** FIS. Turbulenz *f.* ◆ ***~ atmosferica*** atmosphärische Turbulenz.

tur|bo|na|ve f. Turbinenschiff *n.* **tur|bo|pro|pul|so|re** m. Propellerturbine *f.* **tur|bo|re|at|to|re** → **turbogetto. tur|bo|ven|ti|la|to|re** m. Kreisellüfter *m.*, Turboventilator *m.*

tur|ca f. *(-che)* **1** Türkin *f.* **2** *(ottomana)* Ottomane *f.* **3** *(toilette)* Stehtoilette *f.*

tur|cas|so m. Pfeilköcher *m.*

tur|che|se I m. e f. Türkis *m.* **II** agg. ***(color)*** ~ türkis, türkisfarben, türkisfarbig.

Tur|chi|a f. Türkei *f.*: ***andare in ~*** in die Türkei fahren; ***venire dalla ~*** aus der Türkei kommen.

tur|chi|no I agg. tiefblau **II** m. Tiefblau *n.*

tur|ci|co, *sella -a* Türkensattel *m.*

tur|co I agg. *(-chi,-che)* türkisch, Türken- **II** m. *(-chi)* **1** Türke *m.* **2** *(lingua)* Türkisch(e) *n.* ◆ ***bagno ~*** Dampfbad *n.*, türkisches Bad; ***bestemmiare come un ~*** wie ein Bierkutscher fluchen; ***caffè alla -a*** türkischer Kaffee; SCHERZ. ***cose -che*** unglaubliche Dinge; ***divano alla -a*** Ottomane *f.*; ***fumare come un ~*** wie ein Schlot rauchen; ***gabinetto alla -a*** Stehklosett *n.*; ***grano ~*** Mais *m.*; ***sedere, stare seduti alla -a*** im Schneidersitz sitzen; ***testa di ~*** Prügelknabe *m.* **tur|co|lo|gi|a** f. Turkologie *f.*

tur|gi|dez|za f. Prallheit *f.* **tur|gi|di|tà** f. Prallheit *f.* **tur|gi|do** agg. **1** prall, schwellend: ***seno ~*** pralle Brust; ***labbra -e*** schwellende Lippen **2** FIG. *(ampolloso)* schwülstig, geschwollen.

tur|go|re m. Prallheit *f.*

Tur|go|via n.pr.f. Thurgau *m.*

tu|ri|bo|lo m. Weihrauchfass *n.*, Räucherfass *n.*

Tu|rin|gia n.pr.f. Thüringen *n.*

tu|ri|smo m. Tourismus *m.*, Fremdenverkehr *m.*; ***fare del ~*** als Tourist unterwegs sein; ***vivere di ~*** vom Fremdenverkehr leben ◆ ***aereo da ~*** Sportflugzeug *n.*; ***~ alternativo*** Alternativtourismus *m.* (*o* alternativer Tourismus); ***borsa del ~*** Touristikbörse *f.*; ***ente del ~*** Fremdenverkehrsverein *m.*, Verkehrsverein *m.*, Verkehrsamt *n.*; ***~ di massa*** Massentourismus *m.*; ***~ del sesso*** Sextourismus *m.*; ***ufficio del ~*** Fremdenverkehrsverein *m.*; ***vettura da ~*** Tourenwagen *m.* **tu|ri|sta** m. e f. *(-i,-e)* Tourist *m.* (-in *f.*) ◆ ***ondata di -i*** Reisewelle *f.*

tu|ri|sti|co agg. *(-ci,-che)* touristisch, Touristen-, Reise-: ***località, meta -a*** Ferienort *m.*, Reiseziel *n.* ◆ ***agenzia -a*** Reisebüro *n.*; ***classe -a*** Touristenklasse *f.*; ***giro ~*** Rundfahrt *f.*, Rundreise *f.*; ***giro ~ della città*** Stadtrundfahrt *f.*; ***guida -a*** Fremdenführer *m.* (-in *f.*), Reiseführer *m.* (-in *f.*); *(libro)* Reiseführer *m.*; ***menu ~*** Touristenmenü *n.*; ***operatore ~*** Reiseveranstalter *m.*, Tourismusfachmann *m.*, Fachmann *m.* für Touristik; ***paese ~*** Reiseland *n.*; ***pullmann ~*** Reisebus *m.*; ***settore ~*** Touristik *f.*; ***stagione -a*** Saison *f.*; ***ufficio ~*** Fremdenverkehrsverein *m.*; ***villaggio ~*** Feriendorf *n.*

tur|lu|pi|na|re tr. beschwindeln, hintergehen, herein‿legen. **tur|lu|pi|na|to|re** m. Schwindler *m.* **tur|lu|pi|na|tu|ra** f. Schwindel *m.*

tur|ni|sta m. e f. *(-i,-e)* Schichtarbeiter *m.* (-in *f.*).

tur|no m. **1** Schicht *f.*: ***in questa azienda si fanno tre -i*** in dieser Firma arbeitet man in drei Schichten **2** *(servizio)* Dienst *m.* **3** POL. Wahldurchgang *m.*: ***passare al primo ~*** im ersten Wahldurchgang gewinnen ◆ ***a ~*** abwechselnd, der Reihe nach (*o* nacheinander); ***fare a ~*** sich ab‿wechseln; ***aspettare il proprio ~*** warten, bis man an der Reihe ist; ***cambio di ~*** Schichtwechsel *m.*, Schichtablösung *f.*; ***il presidente di ~*** der jeweilige Präsident; ***doppio ~*** Doppelschicht *f.*; ***elezioni a doppio ~*** Wahl *f.* in zwei Durchgängen; ***essere di ~*** Dienst haben; ***farmacia di ~*** Apotheke *f.* mit Feiertagsdienst; ***~ festivo*** Sonn- und Feiertagsdienst *m.*; ***fuori ~*** außer der Reihe; ***~ di giorno*** Tagschicht *f.*; ***~ di guardia*** Wachrunde *f.*; ***~ di lavoro*** Arbeitsschicht *f.*; ***medico di ~*** Bereitschaftsarzt *m.*, diensthabender Arzt; ***adesso è il mio ~*** jetzt bin ich dran (*o* an der Reihe); ***~ di notte*** Nachtschicht *f.*; ***fare il ~ di notte*** Nachtschicht haben; ***~ pomeridiano*** Mittagsschicht *f.*; ***~ di riposo*** Ruhetag *m.*; ***~ straordinario*** Sonderschicht *f.*, Überschicht *f.*; ***verrà il tuo ~*** du kommst auch (noch) an die Reihe.

turn|o|ver [tə:nouvə, *üblich* turn'over] m.inv. **1a** Personalwechsel *m.* **b** SPORT abwechselnder Einsatz *m.* der Spieler **2** *(giro d'affari)* Umsatz *m.*, Geschäftsumfang *m.*

tur|pe agg. schamlos, abscheulich: ***parole -i*** schamlose Worte; ***un ~ individuo*** ein schamloser Kerl; ***azione ~*** abscheuliche Tat; ***un ~ inganno*** ein abscheulicher Betrug. **tur|pe|men|te** avv. schamlos.

tur|pi|lo|quio m. *(-qui)* schamloses Gerede *n.*

tur|pi|tu|di|ne f. Abscheulichkeit *f.*: ***è capace di qualsiasi ~*** er ist zu jeder Abscheulichkeit fähig.

tur|ri|to agg. mit Türmen versehen (*o* bewert) ◆ ***corona -a*** Zackenkrone *f.*

TUS ⇒ *Tasso Ufficiale di Sconto* Diskontsatz.

tu|sca|ni|co agg. *(-ci,-che)* toskanisch.

TUT ⇒ *Tariffa Urbana a Tempo* Zeiteinheit für Ortsgespräche.

tu|ta f. **1** Anzug *m.*, Overall *m.* **2** SPORT Trainingsanzug *m.* ◆ ***~ d'amianto*** Asbestanzug *m.*; ***giacca della ~*** Trainingsjacke *f.*; ***~ da ginnastica*** Sportanzug *m.*, Turnanzug *m.*, Trainingsanzug *m.*; ***~ da jogging*** Jogginganzug *m.*; ***~ da lavoro*** Arbeitsanzug *m.*; ***~ mimetica*** Tarnanzug *m.*; ***pantaloni della ~*** Trainingshose *f.*; ***~ protettiva*** Schutzanzug *m.*; ***~ da sci*** Skianzug *m.*; ***~ spaziale*** Raumanzug *m.*; ***~ subacquea*** Taucheranzug *m.*

tu|te|la f. **1** DIR. Vormundschaft *f.*: ***assumere la ~ di qcn.*** die Vormundschaft über jdn übernehmen; ***assegnare, togliere la ~ a qcn.*** jdm die Vormundschaft übertragen, entziehen; ***essere sotto ~*** unter Vormundschaft stehen; ***mettere qcn. sotto ~*** jdm einen Vormund geben **2** ESTENS. *(protezione)* Schutz *m.*: ***sotto la ~ della legge*** unter dem Schutz des Gesetzes; ***a ~ di qcs.*** zum Schutz etw. (G) ◆ ***~ ambientale, dell'ambiente*** Umweltschutz *m.*; ***~ assicurativa*** Versicherungsschutz *m.*; ***~ dei diritti d'autore*** Urheberrechtsschutz *m.*; ***~ dei consumatori*** Verbraucherschutz *m.*; ***~ costituzionale*** Verfassungsschutz *m.*; ***~ dei diritti*** Rechtswahrung *f.*; ***~ giuridica*** Rechtsschutz *m.*; ***~ dell'immagine*** Imageschutz *m.*; ***~ degli interessi*** Interessenvertretung *f.*; ***~ degli investimenti*** Investitionsschutz *m.*; ***~ del lavoro*** Arbeitsschutz *m.*; ***~ del marchio di fabbrica*** Warenzeichenschutz *m.*; ***~ della maternità*** Mutterschaftsschutz *m.*; ***~ delle minoranze*** Minderheitenschutz *m.*; ***~ dei minori*** Jugendschutz *m.*; ***~ dei monumenti*** Denkmalsschutz *m.*; ***~ della natura*** Naturschutz *m.*; ***~ dell'ordine pubblico*** Schutz *m.* der öffentlichen Ordnung; ***~ del paesaggio*** Landschaftspflege *f.*; ***~ del patrimonio artistico*** Denkmalschutz *m.*; ***~ del possesso*** Besitzschutz *m.*; ***~ della proprietà*** Eigentumsschutz *m.*; ***~ dello stato*** Staatsschutz *m.*; ***~ del titolo*** Titelschutz *m.*; ***~ dei diritti umani*** Schutz der Menschenrechte.

1.tu|te|la|re agg. **1** vormundschaftlich: ***poteri -i*** vormundschaftliche Rechte **2** ESTENS. *(che protegge)* schützend, Schutz- ◆ ***angelo ~*** Schutzengel *m.*; ***divinità ~*** Schutzgott *m.*; ***giudice ~*** Vormundschaftsrichter *m.*; ***nume ~*** Schutzgott *m.*

2.tu|te|la|re I tr. wahren, schützen: ***~ i propri interessi, diritti*** seine Interessen, Rechte wahren; ***~ la proprietà, il patrimonio artistico*** das Eigentum, die Kulturgüter schützen **II** pronom. **tutelarsi** sich schützen: ***-rsi da, contro qcs.*** sich vor etw. (D) schützen; ***-rsi contro i furti, da un rischio*** sich vor Diebstahl, vor einer Gefahr schützen.

tu|ti|na f. **1** *(per bambini)* Strampelhose *f.*, Strampelanzug *m.* **2** *(body)* Bodysuit *m.*

tu|to|re m. **1** DIR. Vormund *m.*: ***nominare un ~, nominare qcn. ~*** einen Vormund bestellen, jdn zum Vormund bestellen **2** ESTENS. Hüter *m.* **3** AGR. Stütze *f.* ◆ ***fare da ~ a qcn.*** die Vormundschaft über jdn übernehmen; ***~ della legge*** Gesetzeshüter *m.*; ***~ dell'ordine*** Ordnungshüter *m.*; ***essere sotto ~*** unter Vormundschaft stehen.

tu|to|ri|al [tu'tɔrial] m.inv. INFORM. Lernprogramm *n.*

tu|to|rio agg. *(-ri,-rie)* vormundschaftlich ◆ ***amministrazione -a*** Vormundschaftsverwaltung *f.*; ***autorità -a*** Vormundschaftsbehörde *f.*; ***diritto ~*** Vormundschaftsrecht *n.*

tut|tal|più, tutt'al più avv. **1** schlimmstenfalls: ***~ pagherò una multa*** schlimmstenfalls werde ich eine Strafe bezahlen **2** *(al massimo)* höchstens: ***costerà ~ 10 000 lire*** das kostet höchstens 10 000 Lire.

tut|ta|vi|a cong. dennoch, trotzdem: ***la situazione era disperata, ~ non si scoraggiò*** die Lage war aussichtslos, und trotzdem verlor er nicht den Mut; ***non stava bene, ~ partì ugualmente*** es ging ihm nicht gut, aber er fuhr trotzdem ab (*o* aber dennoch fuhr er ab); ***ha studiato molto, pur ~ non ha superato l'esame*** er hat viel gelernt, und dennoch (*o* trotzdem) hat er die Prüfung nicht geschafft.

tut|to I agg. **1a** ganz: ***abbiamo mangiato -a la torta*** wir haben den ganzen Kuchen gegessen; ***ho dormito ~ il tempo*** ich habe die ganze Zeit geschlafen; ***(per) ~ il giorno*** den ganzen Tag; ***in -a Europa*** in ganz Europa; ***la merce disponibile è -a in magazzino*** die ganze verfügbare Ware ist im Lager **b** *(valore intensivo)* ***era -a bagnata*** sie war ganz nass; ***è ~ solo*** er ist ganz allein; ***ha un appartamento ~ suo*** er hat eine Wohnung ganz für sich (allein); ***la figlia è -a la madre*** die Tochter ist ganz die Mutter **2** pl. all(e): ***-i i cittadini*** alle Bürger; ***-e queste cose*** all diese Dinge (*o* all das); ***-e e tre le sorelle*** alle drei Schwestern; ***-i noi*** wir alle; ***i bambini sono -i a letto*** die Kinder sind alle im Bett **3** pl. *(ogni, qualsiasi)* jeder: ***-e le sere*** jeden Abend; ***a -i i costi*** um jeden Preis; ***-e le occasioni sono buone per fare qcs.*** jede Gelegenheit ist recht, um etw. zu tun **II** pron. **1** alles: ***ho visto ~*** ich habe alles gesehen; ***ho fatto ~ da solo*** ich habe alles allein gemacht; ***sa fare ~*** er kann alles; ***è ~ pronto?*** ist alles fertig? ***questo è ~, ecco ~*** das ist alles; ***e non è ~!*** und das ist noch nicht alles! ***è ~? ~ qui?*** ist das alles? ***va ~ bene?*** ist alles in Ordnung? **2** pl. alle: ***sono venuti -i*** alle sind gekommen; ***-i sapevano che...*** alle wussten, dass...; ***non -i la pensano come te*** nicht alle sind deiner Meinung **III** avv. ganz, völlig: ***è ~ l'opposto di ciò che pensi*** es ist ganz anders, als du denkst **IV** m. Ganze *n.*: ***le varie parti formano un ~ unico*** die verschiedenen Teile bilden ein Ganzes; ***quanto costa il ~?*** was kostet das Ganze? ***cuocere il ~ per un'ora*** lassen Sie das Ganze eine Stunde kochen ◆ ***a tutt'oggi*** bis (einschließlich) heute; ***tutt'altro*** ganz im Gegenteil, ganz und gar nicht; ***tutt'altro che*** alles andere als; ***sono di tutt'altro parere*** ich bin ganz anderer Meinung; ***avanti -a!*** MAR. mit Volldampf voraus! volle Fahrt (*o* Kraft) voraus! ***essere ~ casa*** immer zu Hause sein; ***in -i i casi*** auf jeden Fall; ***~ ciò*** das alles; ***~ ciò non mi interessa*** das alles interessiert mich nicht; ***~ ciò che...*** alles, was...; ***con ~*** trotz; ***con tutta la sua arroganza*** trotz (*o* bei all) seiner Arroganz; ***con ~ ciò*** trotz alledem; ***con ~ che era stato male, venne a trovarmi*** obwohl es ihm nicht gut ging, ist er mich besuchen gekommen; ***con -i i soldi che ha non mi fa mai un regalo*** trotz all seines Geldes macht er mir nie ein Geschenk; ***contento tu, contenti -i*** Hauptsache, du bist zufrieden; ***di ~ cuore*** von ganzem Herzen; ***del ~*** absolut, völlig (*o* ganz und gar); ***è del ~ inutile fare qcs.*** es ist absolut unnütz, etw. zu unternehmen; ***sono del ~ insoddisfatto*** ich bin ganz und gar unzufrieden; ***essere del ~ contrario*** völlig dagegen sein; ***di ~*** alles (Mögliche); ***mangiare di ~*** alles essen; ***-i e due*** alle beide; ***fare di ~ per ottenere qcs.*** alles daran‿setzen, um etw. zu erhalten; ***fare di ~*** alles Mögliche machen; ***in ~*** insgesamt; ***c'erano in ~ 60 studenti*** insgesamt waren es 60 Studenten; ***quanto fa in ~?*** was macht das zusammen? ***innanzi ~*** zunächst (*o* vor allem); ***~ intero*** ganz; ***tutt'intorno*** darum herum; ***essere ~ lavoro*** immer arbeiten; ***leggere ~ Goethe*** alles von Goethe lesen; ***in -i modi*** mit allen Mitteln; ***oltre ~*** außerdem; ***o ~ o niente!*** alles oder nichts! ***essere tutt'occhi*** ganz Auge sein; ***a -e le ore*** jederzeit; ***essere tutt'orecchi*** ganz Ohr sein; ***in ~ e per ~*** ganz (*o* völlig, vollkommen); ***un uomo ~ d'un pezzo*** ein gestandener Mann; ***tutt'al più*** höchstens; ***di ~ un po'*** von allem ein bisschen; ***prima di ~*** zunächst, zuallererst, vor allem; ***di ~ punto*** vollkommen, vollständig; ***-i quelli che*** alle, die (*o* all diejenigen, die); ***~ questo*** all dies; ***rischiare il ~ per ~*** alles auf eine Karte setzen; ***per -a risposta...*** anstatt zu antworten...; ***~ sommato*** alles in allem; ***a ~ spiano*** mit Volldampf; ***~ sta a...*** es hängt alles davon ab,... (*o* das Wichtige dabei ist,... die Hauptsache ist,...); ***~ sta ad arrivare in tempo*** die Hauptsache ist, wir kommen rechtzeitig an; ***tentarle -e*** nichts unversucht lassen; ***tutt' a un tratto*** plötzlich; ***uno per -i, -i per uno*** einer für alle, alle für einen; ***a -a velocità*** mit voller Geschwindigkeit; ***correre a -a velocità*** schnell laufen; ***con -a la buona volontà*** beim besten Willen; ***una volta per -e*** ein für alle Mal.

tut|to|fa|re, tut|to fa|re I agg.inv. für alles: ***impiegato, impiegata ~*** SCHERZ. Mädchen *n.* für alles **II** m. e f.inv. Mädchen *n.* für alles.

tut|to|lo|go m. *(-gi)* IRON. Alleswisser *m.*

tut|to|ra avv. noch (immer), immer noch: ***è ~ assente*** er ist immer noch abwesend.

tut|to|ton|do, tut|to to|ndo m. ***scultura a ~*** Vollplastik *f.*

tu|tù m.inv. Tutu *n.*, Ballettrock *m.*

TV [ti'vu, tiv'vu] f.inv. **1** Fernsehen *n.*: ***guardare la ~*** fern‿sehen **2** *(televisore)* Fernseher *m.*

tweed [twi:d] m. Tweed *m.*

twin-set ['twɪn set] m.inv. Twinset *n.*

twist [twɪst] m. Twist *m.*; ***ballare il ~*** twisten (*o* Twist tanzen).

tze-tze → **tse-tse.**

tzi|ga|no → **zigano.**

U

u, U f. e m.inv. u, U *n.*: ***una U maiuscola, una u minuscola*** ein großes U, ein kleines u ◆ ***a (forma di) ~*** u-förmig; ***inversione a ~*** Wenden *n.*

ua|di m.inv. Wadi *n.*

ub|bi|a f. **1** *(fisima)* Hirngespinst *n.*, fixe Idee *f.* **2** *(pregiudizio)* Vorurteil *n.*

ub|bi|dien|te, ub|bi|dien|za... → **obbediente, obbedienza...**

u|ber|tà f. LETT. **1** Fruchtbarkeit *f.* **2** *(abbondanza)* Üppigkeit *f.*

U|ber|to n.pr.m. Hubert *m.*, Hubertus *m.* ◆ ***cane di sant'~*** Bluthund *m.*

u|ber|to|so agg. LETT. **1** fruchtbar **2** *(abbondante)* üppig.

u|bi|ca|re tr. *(ubico, ubichi)* BUROCR. legen. **u|bi|ca|to** p.pass. agg. BUROCR. **1** → **ubicare** **2** gelegen, liegend: ***un edificio ~ in un quartiere periferico*** ein in einem Vorort gelegenes Haus. **u|bi|ca|zio|ne** f. BUROCR. Standort *m.*, Lage *f.*: ***l'esatta ~ di un fondo*** die genaue Lage eines Grundstücks.

u|bi con|si|stam m.inv. Grundlage *f.*: ***la sua tesi manca di un ~*** seine Behauptung entbehrt jeder Grundlage.

u|bi|qui|tà f. Ubiquität *f.*, Allgegenwart *f.* ◆ SCHERZ. ***non ho il dono dell'~!*** ich kann nicht überall gleichzeitig sein!

u|bria|ca|re *(ubriaco, ubriachi)* **I** tr. **1** betrunken machen, berauschen (anche assol.): ***lo ubriacarono di vino*** sie machten ihn mit Wein betrunken; assol. ***questa birra ubriaca*** dieses Bier macht betrunken **2** *(frastornare)* durcheinander bringen, trunken machen: ***~ qcn. di chiacchiere*** jdn mit Geschwätz durcheinander bringen (*o* jdn dumm reden) **II** pronom. **ubriacarsi** sich betrinken: ***si ubriaca tutte le sere*** er betrinkt sich jeden Abend. **u|bria|ca|tu|ra** f. **1** Rausch *m.*: ***passato l'effetto dell'~ non ricordava niente*** nachdem sein Rausch verflogen war, erinnerte er sich an nichts mehr **2** FIG. Schwärmerei *f.*; ***prendere un'~ per qcn.*** für jdn schwärmen.

u|bria|chez|za f. Trunkenheit *f.*, Betrunkenheit *f.*, Rausch *m.* ◆ ***guidare in stato di ~*** in betrunkenem Zustand fahren; ***guida in stato di ~*** Trunkenheit *f.* am Steuer.

u|bria|co **I** agg. *(-chi,-che)* betrunken **II** m. *(-chi)* Betrunkene *m.* ◆ ***~ d'amore*** liebestrunken, im Liebesrausch; ***essere ~ fradicio*** stockbetrunken (*o* stockbesoffen) sein; ***~ di gioia*** freudetrunken; ***~ di sonno*** schlaftrunken; ***~ di stanchezza*** todmüde.

u|bria|co|ne m. Säufer *m.*, Saufbold *m.*, Schlucker *m.*

UC ⇒ *Ufficio di Collocamento* Arbeitsvermittlungsstelle.

uc|cel|la|gio|ne *f.* **1** *(caccia)* Vogelfang *m.* **2** *(uccelli catturati)* gefangene Vögel *pl.*

uc|cel|la|re intr. (aus. *avere*) auf Vogelfang gehen, Vögel fangen, Vögeln nach‿stellen. **uc|cel|la|to|re** m. Vogelfänger *m.*

uc|cel|lie|ra f. Voliere *f.*, Vogelhaus *n.*

uc|cel|li|no **1** Vögelchen *n.*, Vöglein *n.* **2** *(uccello appena nato)* Vogeljunge *n.* ◆ ***mangiare come un ~*** wie ein Spatz essen; GASTR. ***-i scappati*** INTRAD. (mit Schinken und Salbei gefüllte Rouladen).

uc|cel|lo m. **1** Vogel *m.* **2** VOLG. Schwanz *m.* ◆ ***~ acquatico*** Wasservogel *m.*; ***~ di bosco*** Waldvogel *m.*; FIG. ***essere uccel di bosco*** = unauffindbar sein; ***gabbia per -i*** Vogelkäfig *m.*; ***essere libero come un ~*** frei wie ein Vogel sein; ***~ lira*** Leierschwanz *m.*; ***~ del malaugurio*** Schwarzmaler *m.*; ***non fare l'~ del malaugurio*** male nicht den Teufel an die Wand; ***~ marino*** Seevogel *m.*; ***~ migratore*** Zugvogel *m.*, Wandervogel *m.*; ***~ mosca*** Kolibri *m.*; ***~ notturno*** Nachtvogel *m.*; ***~ del paradiso*** Paradiesvogel *m.*; ***~ predatore*** Raubvogel *m.*; ***~ rapace*** Raubvogel *m.*, Greifvogel *m.*; ***~ da richiamo*** Lockvogel *m.*; ***stormo di -i*** Vogelschwarm *m.*, Vogelschar *f.*; ***~ delle tempeste*** Sturmschwalbe *f.*, Sturmvogel *m.*; FIG. ***a volo d'~*** aus der Vogelperspektive.

uc|ci|de|re *(uccisi, ucciso)* **I** tr. **1a** töten, um‿bringen; *(assassinare)* ermorden: ***~ qcn. a tradimento, a sangue freddo*** jdn hinterrücks umbringen, jdn kaltblütig ermorden; ***~ qcn. per gelosia*** jdn aus Eifersucht ermorden **b** *(con arma da fuoco)* erschießen: ***essere ucciso in un conflitto a fuoco*** bei einem Schusswechsel erschossen werden **c** *(con arma bianca)* erstechen **2** FIG. um‿bringen, COLLOQ. fertig machen: ***questo caldo mi uccide*** diese Hitze macht mich fertig; ***la noia, questa attesa mi uccide*** die Langeweile bringt mich um, diese Warterei macht mich fertig **3** ESTENS. *(distruggere)* vernichten: ***il gelo uccide le piante*** der Frost vernichtet die Pflanzen **4** *(affrettare la morte)* ins Grab bringen: ***lo hanno ucciso le preoccupazioni*** die Sorgen haben ihn (vorzeitig) ins Grab gebracht **5** FIG. *(opprimere)* unterdrücken, zunichte machen: ***~ le speranze, ogni entusiasmo*** die Hoffnungen, jegliche Begeisterung zunichte machen; ***~ la libertà*** die Freiheit unterdrücken **6** *(macellare)* schlachten **7** BIOL. töten, ab‿töten: ***~ i germi*** die Keime abtöten **II** pronom. **uccidersi** **1** sich um‿bringen, Selbstmord begehen **2** *(reciproco)* sich gegenseitig um‿bringen ◆ ***una malattia che uccide*** eine unheilbare Krankheit; BIBL. ***non ~*** du sollst nicht töten.

uc|ci|sio|ne f. **1** Tötung *f.* **2** *(omicidio)* Mord *m.*, Ermordung *f.* **3** BIOL. Tötung *f.*, Abtötung *f.*

uc|ci|so **I** p.pass. agg. **1** → **uccidere** **2** ***rimanere ~ in un incidente, nel crollo di una casa*** bei einem Unfall, beim Einsturz eines Hauses getötet werden (*o* um‿kommen) **II** m. **1** Tote *m.* **2** *(assassinato)* Ermordete *m.*: ***il cadavere dell'~*** die Leiche des Ermordeteten.

uc|ci|so|re m. Mörder *m.*

U|crai|na, U|cra|i|na n.pr.f. Ukraine *f.* **u|crai|no, u|cra|i|no** **I** agg. ukrainisch **II** m. **1** Ukrainer *m.* **2** *(lingua)* Ukrainisch(e) *n.*

u|di|bi|le agg. hörbar, vernehmbar. **u|di|bi|li|tà** f. Hörbarkeit *f.*, Vernehmbarkeit *f.* ◆ ***campo di ~*** Hörbereich *m.*; ***distanza di ~*** Hörweite *f.*; ***soglia di ~*** Schallschwelle *f.*

u|dien|za f. **1** Gehör *n.*; *(presso un'autorità)* Audienz *f.*: ***chiedere ~ a qcn.*** jdn um Gehör (*o* eine Audienz) bitten; ***dare, concedere ~ a qcn.*** jdm Gehör schenken (*o* jdm eine Audienz gewähren); ***essere ricevuto in ~*** zu einer Audienz zugelassen werden; ***~ pontificia*** päpstliche Audienz **2** DIR. Verhandlung *f.*: ***~ a porte chiuse*** Verhandlung unter Ausschluss der Öffentlichkeit; ***sospendere l'~*** die Verhandlung vertagen ◆ ***data dell'~*** Verhandlungstermin *m.*; ***~ preliminare*** Vorverhandlung *f.*; ***~ privata*** Privataudienz *f.*; ***~ pubblica*** öffentliche Verhandlung.

u|di|re tr. *(odo, odi, ode, udiamo, udite, odono;* fut. *udirò/udrò;* imperf. *udivo;* pass.rem. *udii, udisti, udì, udimmo, udiste, udirono;* congiunt.pres. *oda, udiamo;* congiunt.pass. *udissi;* condiz. *udirei/udrei;* imper. *odi, udite;* p.pres. *udente*/RAR. *udiente;* p.pass. *udito)* **1** hören: ***~ un rumore, una parola*** ein Geräusch, ein Wort hören; ***~ qcn. piangere*** jdn weinen hören (*o* hören, dass jd weint); ***udite, gente!*** hört, hört! **2** *(venire a sapere)* hören, erfahren: ***ho udito del tuo nuovo lavoro*** ich habe von deiner neuen Arbeit erfahren **3a** FIG. *(prestare ascolto)* ***~ qcs.*** auf etw. (A) hören, etw. an‿hören **b** *(capire)* verstehen: ***se ho ben udito...*** wenn ich richtig verstanden habe... **c** *(esaudire)* erhören: ***Dio udì le sue preghiere*** Gott erhörte seine Gebete.

u|di|ti|vo agg. Gehör-, Hör-: ***condotto, organo ~*** Gehörgang *m.*, -organ *n.*; ***difetto ~*** Gehörfehler *m.* ◆ FIS. ***campo ~*** Hörbereich *m.*

u|di|to m. Gehör *n.*: ***avere un buon ~, un ~ debole, fine*** ein gutes, schwaches (*o* schlechtes), feines Gehör haben; ***perdere l'~*** das Gehör verlieren ◆ ***debole d'~*** schwach von Gehör; ***debolezza d'~*** Schwerhörigkeit *f.*; ***senso dell'~*** Gehörsinn *m.*; ***test dell'~*** Hörtest *m.*

u|di|to|re m. **1** *(ascoltatore)* Zuhörer *m.*, Hörer *m.* **2** SCOL. UNIV. Gasthörer *m.*, Hospitant *m.* **3** DIR. Gerichtsreferendar *m.* ◆ ***~ di Rota*** Auditor *m.* **u|di|to|rio** m. *(-ri)* Zuhörerschaft *f.*, Hörerschaft *f.*

UEO ⇒ *Unione dell'Europa Occidentale* Westeuropäische Union (WEU).

UEP ⇒ *Unione Europea dei Pagamenti* Europäische Zahlungsunion (EZU).

uf|fa inter. uff.
1.uf|fi|cia|le agg. offiziell, amtlich: ***notizia, comunicazione ~*** offizielle (*o* amtliche) Nachricht, Mitteilung; ***ricevere un invito ~*** eine offizielle Einladung bekommen; ***dichiarazioni -i*** amtliche Erklärungen; ***la cosa è ~*** die Sache ist offiziel; ***fidanzamento ~*** offizielle Verlobung; SPORT ***risultato ~*** offizielles Ergebnis ◆ ***bollettino ~*** Amtsblatt *n.*; ***Gazzetta Ufficiale*** INTRAD. (Amtsblatt entsprechend dem Gesetzblatt); ***lingua ~*** Amtssprache *f.*; ***in veste ~*** in amtlichem Auftrag; ***per via ~*** auf dem Amtsweg.
2.uf|fi|cia|le m. **1** Beamte *m.* **2** MIL. Offizier *m.*: ***alto ~*** hoher Offizier; ***-i superiori*** höhere Offiziere ◆ ***allievo ~*** Offiziersanwärter *m.*; ***~ di carriera*** Berufsoffizier *m.*; ***carriera di ~*** Offizierslaufbahn *f.*; ***~ di complemento*** Offizier auf Zeit; ***~ generale*** General *m.*; ***~ giudiziario*** Gerichtsvollzieher *m.*; ***grado di ~*** Offiziersrang *m.*; ***-i inferiori*** Hauptleute *pl.*; ***~ di marina*** Marineoffizier *m.*; ***mensa -i*** Offiziersmesse *f.*; ***oltraggio a pubblico ~*** Beamtenbeleidigung *f.*; ***~ d'ordinanza*** Ordonnanzoffizier *m.*; MAR. ***primo ~*** Erster Offizier *m.*; DIR. ***pubblico ~*** Amtsperson *f.*; ***~ sanitario*** Amtsarzt *m.*; ***~ di stato civile*** Standesbeamte *m.*; ***~ di Stato Maggiore*** Stabsoffizier *m.*
1.uf|fi|cia|li|tà f. offizieller Charakter *m.*: ***l'~ della notizia*** der offizielle Charakter einer Nachricht.
2.uf|fi|cia|li|tà f. MIL. Offizierkorps *n.*
uf|fi|cia|liz|za|re tr. offiziell bekannt geben. **uf|fi|cia|liz|za|zio|ne** f. offizielle Bekanntgabe *f.*
uf|fi|cial|men|te avv. offiziell: ***comunicare ~ una notizia*** eine Nachricht offiziell bekannt geben; ***~ io non so nulla*** offiziell weiß ich nichts davon.
uf|fi|cia|re → **officiare. uf|fi|cia|tu|ra** f. ANT. Zelebrieren *n.*
uf|fi|cio m. *(-ci)* **1a** Büro *n.*: ***andare in ~*** ins Büro gehen; ***l'~ del direttore*** das Büro des Direktors **b** *(pubblico)* Amt *n.*, Stelle *f.*: ***l'~ competente*** das zuständige Amt, die zuständige Stelle; ***andare in un ~*** auf ein Amt gehen **2a** *(incarico)* Amtspflicht *f.*, Amt *n.*: ***sospendere qcn. da un ~*** jdn seines Amtes entheben; ***adempiere ai propri doveri d'~*** seines Amtes walten **b** *(carica)* Amt *n.*: ***l'~ del direttore*** das Amt des Direktors **3** *(dovere)* Pflicht *f.* **4** ECCL. Stundengebet *n.* ◆ ***abuso dei poteri d'~*** Amtsmissbrauch *m.*; ***~ amministrativo*** Verwaltungsbüro *n.*; ***atto d'~*** Amtshandlung *f.*; ***~ brevetti*** Patentamt *n.*; ***interporre i propri buoni -ci in favore di qcn.*** sich für jdn verwenden; ***~ (di) collocamento*** Arbeitsamt *n.*, Arbeitsnachweisstelle *f.*; ***~ contabilità*** Buchhaltung *f.*; ***procedere d'~*** von Amts wegen vorgehen; ***difensore d'~*** Pflichtverteidiger *m.*, Offizialverteidiger *m.*; ***diritti d'~*** Amtsgebühren *pl.*; ***~ doganale*** Zollamt *n.*; ***dovere d'~*** Amtspflicht *f.*; ***~ esportazioni*** Exportabteilung *f.*; ***~ funebre*** Totenamt *n.*, Sterbeamt *n.*; ***giuramento d'~*** Amtseid *m.*; ***lavoro d'~*** Büroarbeit *f.*; ***~ legale*** Anwaltsbüro *n.* (*o* Anwaltskanzlei *f.*); ***macchine per ~*** Büromaschinen *pl.*; ***mobili per ~*** Büromöbel *pl.*; ***per motivi d'~*** amtshalber; ***~ notarile*** Notariat *n.*; ***~ oggetti smarriti*** Fundbüro *n.*; ***orario d'~*** Bürostunden *pl.*, Bürozeit *f.*; *(di ufficio pubblico)* Amtsstunden *pl.*; ***~ passaporti*** Passstelle *f.*, Passamt *n.*; ***~ personale*** Personalabteilung *f.*; ***~ postale*** Postamt *n.*, Poststelle *f.*; DIPL. ***~ protocollo*** Protokollabteilung *f.*; ***~ del registro*** = Amt *n.* für die rechtliche Registrierung von Verträgen; ***segreto d'~*** Amtsgeheimnis *n.*, Dienstgeheimnis *n.*, Amtsverschwiegenheit *f.*; ***~ spedizioni*** Speditionsbüro *n.*, Abfertigungsstelle *f.*; ***~ stampa*** Pressestelle *f.*, Presseamt *n.*; ***~ stranieri*** Ausländeramt *n.*; ***tutela d'~*** Amtsvormundschaft *f.*; ***~ vendite*** Vertrieb *m.*; ***~ di vigilanza*** Aufsichtsamt *n.*
uf|fi|cio|sa|men|te avv. halbamtlich. **uf|fi|cio|si|tà** f. halbamtlicher Charakter *m.* **uf|fi|cio|so** agg. halbamtlich, offiziös: ***notizie, fonti -e*** halbamtliche Nachrichten, Quellen ◆ ***in via -a*** offiziös.
uf|fi|zio m. *(-zi)* Offizium *n.*: ***il Sant'Uffizio*** das Heilige Offizium ◆ ***suonare a ~*** zur Messe läuten.
1.u|fo, *mangiare a ~* kostenlos essen.
2.u|fo, U|FO m.inv. Ufo *n.*
u|fo|lo|gi|a f. Ufologie *f.* **u|fo|lo|gi|co** agg. *(-ci,-che)* ufologisch. **u|fo|lo|go** m. *(-gi)* Ufologe *m.*
U|gan|da n.pr.m. Uganda *n.* **u|gan|de|se I** agg. ugandisch **II** m. e f. Ugander *m.* (-in *f.*) **III** m. *(lingua)* Ugandisch(e) *n.*
u|gel|lo m. Düse *f.* ◆ ***~ nebulizzatore*** Nebeldüse *f.*
ug|gia f. *(-ge)* **1** *(noia)* Langeweile *f.* **2** *(fastidio)* Überdruss *m.*: ***venire in ~*** Überdruss bereiten, lästig werden ◆ ***avere, prendere in ~ qcn.*** Abneigung gegen jdn empfinden, jds überdrüssig werden; ***dare ~*** auf die Nerven gehen; ***mettere l'~ addosso (a qcn.)*** jdn verstimmen (*o* verdrießen).
ug|gio|la|re intr. *(uggiolo*; aus. *avere)* winseln, jaulen.
ug|gio|si|tà f. **1** Langweiligkeit *f.*, Langweiligsein *n.* **2** *(fastidio)* Lästigkeit *f.* **ug|gio|so** agg. **1** langweilig **2** *(fastidioso)* lästig ◆ ***tempo ~*** trübes Wetter.
u|go|la f. **1** Gaumenzäpfchen *n.* **2** ESTENS. *(gola)* Kehle *f.*: ***bagnarsi l'~*** sich (D) die Kehle an‿feuchten; ***avere l'~ secca*** eine trockene Kehle haben ◆ ***~ d'oro*** goldene Kehle; ***avere l'~ d'oro*** Gold in der Kehle haben.
u|go|not|to I agg. hugenottisch **II** m. Hugenotte *m.*
u|gro-fin|ni|co I agg. *(-ci,-che)* finnisch-ugrisch **II** m. *(-ci)* finnisch-ugrische Sprachen *pl.* **III** f. finnisch-ugrische Sprache *f.*
u|gua|glian|za f. Gleichheit *f.* (anche MAT.): ***~ sociale*** soziale Gleichheit; ***l'~ di tutti di fronte alla legge*** die Gleichheit aller vor dem Gesetz; ***l'~ tra due triangoli*** die Gleichheit zwischen zwei Dreiecken ◆ ***principio di ~*** Gleichheitsprinzip *n.*; ***segno di ~*** Gleichheitszeichen *n.*
u|gua|glia|re *(uguaglio, uguagli)* **I** tr. **1a** *(rendere uguali)* gleich machen, aus‿gleichen: ***la sofferenza uguaglia tutti gli uomini*** das Leiden macht alle Menschen gleich **b** *(rendere uniformi)* gleichmäßig machen, egalisieren **2** *(essere pari)* gleichkommen: ***~ qcn. in qcs.*** jdm an etw. (A) gleichkommen; ***~ il proprio maestro*** seinem Lehrer gleich kommen (*o* seinem Lehrer ebenbürtig sein); ***~ qcn. in bellezza*** jdm an Schönheit gleichkommen; ***volere ~ qcn.*** es jdm gleich‿tun (wollen) **3** SPORT egalisieren, ein‿stellen: ***~ un primato, un record*** einen Rekord egalisieren (*o* einstellen) **4** *(giudicare uguale)* gleich‿stellen, vergleichen: ***nessun poeta può essere uguagliato a Dante*** kein Dichter lässt sich mit Dante vergleichen **5** *(pareggiare tagliando)* gleich(mäßig) schneiden **II** pronom. **uguagliarsi 1** gleich sein, gleichwertig sein: ***le due prestazioni si uguagliano*** die beiden Leistungen sind gleichwertig **2** *(paragonarsi)* sich gleich‿stellen, gleich‿tun, sich vergleichen: ***-rsi a qcn.*** es jdm gleichtun (*o* sich mit jdm vergleichen).
u|gua|le I agg. **1** gleich, derselbe: ***abiti di colore ~*** Kleider derselben Farbe; ***indossare vestiti -i*** gleiche Kleider tragen; ***il prezzo è ~ per tutti*** der Preis ist für alle gleich; ***essere ~ a qcn., qcs.*** jdm, etw. gleich sein; ***essere ~ di forma, statura, peso*** gleicher Form, Größe, gleichen Gewichtes sein; ***il mio cappello è ~ al tuo*** mein Hut ist wie deiner; ***gli uomini sono tutti -i*** die Menschen sind alle gleich; ***essere sempre ~ a se stesso*** immer derselbe sein **2** *(uniforme)* gleichmäßig, gleichförmig, egal: ***avanzare ad andatura ~*** mit gleichmäßigem Schritt gehen **3** *(liscio)* eben(mäßig), glatt: ***la superficie è ~ dappertutto*** die Oberfläche ist überall eben **4a** *(indifferente)* gleich(gültig), egal: ***per me è ~*** mir ist es egal (*o* gleichgültig) **b** *(non fa differenza)* ***è ~*** das ist dasselbe **5** MAT. gleich: ***sei più sei ~ dodici*** sechs plus sechs gleich zwölf **II** avv. COLLOQ. gleich: ***sono bravi ~*** sie sind gleich gut **III** m. **1** MAT. *(segno)* Gleichheitszeichen *n.* **2a** *(di persone)* Gleichgestellte *m.*, Gleiche *m.*: ***non avere -i, l'~*** nicht seinesgleichen haben **b** *(di cose)* Gleiche *n.* **3** pl. STOR. ***gli Uguali*** = die Jakobiner ◆ ***la legge è ~ per tutti*** vor dem Gesetz sind alle gleich; ***in misura ~*** gleichermaßen; ***in parti -i*** gleichmäßig; ***rimanere ~, -i*** gleich bleiben; ***sempre ~*** gleichförmig; ***di ~ valore*** gleichwertig (*o* gleichrangig); ***~ valore*** Gleichwertigkeit *f.*
u|gua|li|ta|rio → **egualitario. u|gua|li|ta|ri|smo** → **egualitarismo.**
u|gual|men|te avv. **1** *(nella stessa maniera)* gleich, ebenso, genauso, in gleicher Weise: ***essere ~ bello, veloce*** gleich (*o* ebenso *o* genauso) schön, schnell sein; ***~ importante*** von gleicher Bedeutung (*o* ebenso wichtig) **2** *(uniformemente)* gleichmäßig: ***distribuire ~ le ricchezze*** den Reichtum gleichmäßig verteilen **3a** *(lo stesso)* dennoch, trotzdem: ***lo faccio ~*** ich mache es trotzdem (*o* dennoch) **b** *(tuttavia)* doch, dennoch, gleichermaßen: ***riusciremo ~ a farcela*** wir werden es dennoch schaffen.
uh inter. hu(ch): ***~, che freddo!*** hu, wie kalt!
UIC ⇒ **1** *Ufficio Italiano Cambi* italienisches Amt für Wechselkurse **2** *Unione Italiana Ciechi* Italienischer Blindenbund.
UIL ⇒ **1** *Ufficio internazionale del Lavoro* Internationales Arbeitsamt **2** *Unione Italiana del Lavoro* allgemeiner italienischer Gewerkschaftsbund.
UIT ⇒ *Unione Internazionale delle Telecomunicazioni* Internationale Vereinigung für Telekommunikation.
u|la|no m. Ulan *m.*
ul|ce|ra f. **1** Geschwür *n.*, Ulkus *m.* **2** estens. *(ulcera gastrica)* Magengeschwür *n.*: ***far venire, provocare l'~*** zum Magengeschwür führen; ***soffrire di ulcera*** an einem Magengeschwür leiden ◆ ***~ cancrenosa*** Brandgeschwür *n.*; ***coperto di -e*** geschwürig; ***~ duodenale*** Zwölffingerdarmgeschwür *n.*; ***~ gastrica*** Magengeschwür *n.*; ***~ intestinale*** Darmgeschwür *n.*; ***~ purulenta*** Eitergeschwür *n.*; ***~ venerea*** Schanker *m.*
ul|ce|ra|re *(ulcero)* **I** tr. ***~ qcs.*** auf (*o* in, an) etw. (D) ein Geschwür hervor‿rufen **II** intr. (aus. *essere*) e pronom. **ulcerarsi** geschwürig werden, ulzerieren. **ul|ce|ra|ti|vo** agg. **1** *(che provoca ulcera)* ge-

schwürbildend **2** *(di ulcera)* Geschwür-. **ul|ce|ra|zio|ne** f. Geschwürbildung *f.*, Ulzeration *f.* **ul|ce|ro|so** agg. geschwürig, ulzerös ◆ ***stomatite -a*** Mundfäule *f.*

U|lis|se n.pr.m. Odysseus *m.*

u|li|va → **oliva. u|li|ve|to** m. Olivenhain *m.* **u|li|vo** → **olivo.**

Ul|ma n.pr.f. Ulm *n.*

ul|na f. Elle *f.*, Ellbogen *m.*

Ul|ri|ca n.pr.f. Ulrika *f.*, Ulrike *f.* **Ul|ri|co** n.pr.m. Ulrich *m.*

ul|te|rio|re agg. weiter, zusätzlich: ***-i documenti*** zusätzliche Unterlagen; ***costi -i*** zusätzliche Kosten; ***un'~ settimana di proroga*** eine weitere Woche Frist; ***per -i informazioni rivolgersi a...*** für weitere Auskünfte wenden Sie sich an... (*o* Näheres erfahren Sie bei...) ◆ ***controllo*** ~ Nachkontrolle *f.*; ***ordinazione*** ~ Nachbestellung *f.*; ***sviluppo*** ~ Weiterentwicklung *f.* **ul|te|rior|men|te** avv. weiter.

ul|ti|ma f. Neu(e)ste *n.*, letzte Neuheit *f.*: ***la sai l'~?*** weißt du schon das Neu(e)ste? *(di barzelletta)* kennst du schon den letzten (*o* neuesten) Witz?

ul|ti|ma|men|te avv. in der letzten Zeit, kürzlich.

ul|ti|ma|re tr. *(ultimo)* beenden, zu Ende führen, ab‿schließen, fertig stellen: ***~ gli studi*** die Studien abschließen.

ul|ti|ma|ti|vo agg. ultimativ: ***richiesta -a*** ultimative Forderung.

ul|ti|ma|tum m.inv. Ultimatum *n.*: ***dare un*** ~ ein Ultimatum stellen; ***l'~ è scaduto*** das Ultimatum ist abgelaufen.

ul|ti|ma|zio|ne f. Fertigstellung *f.*

ul|ti|mis|si|mo agg. allerletzt.

ul|ti|mo I agg. **1** *(di successione)* letzt: ***l'~ giorno di scuola*** der letzte Schultag; ***abitare all'~ piano*** im letzten (*o* obersten) Stock wohnen; ***all'~ momento*** im letzten Augenblick **2** *(molto recente, giovane)* jüngste, neueste, letzte: ***il loro ~ figlio*** ihr jüngster Sohn; ***all'-a moda*** nach der neuesten (*o* letzten) Mode; ***l'-a novità*** die letzte Neuheit, das Neu(e)ste; ***-e notizie*** neueste Nachrichten; ***negli -i tempi*** in der letzten Zeit (*o* in jüngster Zeit); ***gli -i avvenimenti*** die jüngsten Ereignisse **3** *(estremo)* äußerst, letzt: ***l'-a offerta*** das letzte Angebot; ***l'~ prezzo*** der äußerste Preis **4** *(massimo)* höchst: ***giungere all'~ gradino della carriera*** die höchste Stufe der Karriere erreichen **5** FIG. *(di minima importanza, di minimo valore)* geringst: ***per lui i soldi sono l'-a preoccupazione*** das Geld ist seine geringste Sorge; ***merce di -a qualità*** Ware (von) geringster (*o* schlechtester) Qualität **6** *(tardo)* spät, Spät-: ***le -e ore del mattino*** die späten Morgenstunden; ***l'~ Goethe*** der späte (*o* alte) Goethe **7** *(con valore avverbiale)* ***(per)*** ~ als Letzter, zuletzt; ***arrivare (per) ~*** als Letzter (an‿)kommen **II** m. Letzte *m.*: ***l'~ di una lista*** der Letzte auf der Liste; ***essere tra gli -i*** unter den Letzten sein; ***gli -i tre*** die letzten drei; *(ultimo giorno)* ***oggi è l'~ (del mese)*** heute ist der Letzte des Monats ◆ ***all'~*** im letzten Augenblick, zuletzt, am Ende; ***in -a analisi*** letzten Endes; ***l'~ dell'anno*** Silvester *n.*; ***essere l'~ arrivato*** der Depp vom Dienst sein; ***non essere l'ultimo arrivato*** nicht von gestern sein; ***~ atto*** Schlussakt *m.* (anche FIG.); ***causa -a*** Endursache *f.*; ***l'Ultima Cena*** das Letzte Abendmahl; ***fino all'~ centesimo*** bis auf den letzten Pfennig (*o* Heller), auf Heller und Pfennig; ***l'~ della classe*** der Klassenschlechteste; ***~ in classifica*** Tabellenletzte *m.*; ***~ classificato*** Letztplazierte *m.*; ***-a cosa*** Letzte *n.*; ***per -a cosa*** als Letztes; ***da*** ~ zuletzt, zum Schluss; ***essere ~ in qcs.*** bei etw. Letzter sein (*o* werden); ***-a fermata*** Endstation *f.*; ***essere l'~ della fila*** zuletzt an die Reihe kommen; ***fine*** ~ Endzweck *m.*; ***fino all'~*** bis zum letzten Moment; ***all'~ grado*** in höchstem Grade; ***l'~ grido*** der letzte Schrei, der Dernier Cri; ***all'~ grido*** nach dem letzten Schrei; ***in ~ (luogo)*** letztens, als Letztes, an letzter Stelle, schließlich; ***-a maniera*** spät; ***un Picasso -a maniera*** ein später Picasso; ***dare l'-a mano a qcs.*** etw. (D) den letzten Anstrich geben; ***~ del mese*** Monatsletzte *m.*; ***pagare l'affitto (al)l'~ del mese*** die Miete am Letzten des Monats bezahlen; ***meta -a*** Endziel *n.*; ***l'~ nato*** der Letztgeborene; ***-a parola*** Schlusswort *n.*; ***voler avere sempre l'-a parola*** immer das letzte Wort haben wollen; ***non è (ancora) detta l'-a parola*** das letzte Wort ist noch nicht gesprochen; ***per*** ~ zuletzt, als Letzter; *(in ultimo luogo)* letztens; ***all'~ posto*** an letzter Stelle; ***dal primo all'~*** vom Ersten bis zum Letzten; ***quest'~ affermò che...*** Letzterer behauptete, dass...; ***esalare l'~ respiro*** seinen letzten Seufzen tun, den letzten Hauch von sich geben; ***essere l'-a ruota del carro*** das fünfte Rad am Wagen sein; ***duello all'~ sangue*** Duell *n.* auf Leben und Tod; BUROCR. ***~ scorso*** vergangener (*o* letzter) Monat; ***il nostro incontro del 9 ~ scorso*** unser Treffen am 9. des vergangenen Monats; ***~ stadio*** Endstadium *n.*; ***termine ~ di invio*** Einsendeschluss *m.*; ***essere l'~ fra tutti*** der Allerletzte sein; ***le -e volontà*** der Letzte Wille; ***per l'-a volta*** zum letzten Mal; ***la prima e l'-a volta*** das erste und letzte Mal; PROV. ***gli -i saranno i primi*** die Letzten werden die Ersten sein; ***ride bene chi ride ~*** wer zuletzt lacht, lacht am besten.

ul|ti|mo|ge|ni|to I agg. letztgeboren **II** m. Letztgeborene *m.*

ul|tra, ul|tra m. *(-s)*, **ul|trà** m.inv. **1** POL. GERG. Ultra *m.*, Radikale *m.*, Extremist *m.*: ***~ di destra*** Rechtsradikale *m.* **2** (pl. *-s*) SPORT Hooligan *m.*

ul|tra|cen|te|na|rio I agg. *(-ri,-rie)* über hundertjährig, mehr als hundert Jahre alt **II** m. *(-ri)* über Hundertjährige *m.*

ul|tra|con|ser|va|to|re agg. ultrakonservativ, erzkonservativ.

ul|tra|cor|to agg. ultrakurz, Ultrakurz-: ***onde -e*** Ultrakurzwellen.

ul|tra|leg|ge|ro agg. superleicht.

ul|tra|mi|cro|sco|pio m. *(-pi)* Ultramikroskop n.

ul|tra|mo|der|no agg. hypermodern, hochmodern, äußerst modern.

ul|tra|mon|da|no → **oltremondano.**

ul|tra|mon|ta|ni|smo m. Ultramontanismus *m.* **ul|tra|mon|ta|no I** agg. **1** STOR. ultramontan **2** jenseits der Berge **II** m. STOR. Ultramontane *m.*

ul|tra|piat|to agg. superflach, superdünn.

ul|tra|po|ten|te agg. übermächtig.

ul|tra|ra|pi|do agg. **1** überschnell **2** FOT. hoch empfindlich **3** *(di servizio)* superschnell.

ul|tra|ros|so I agg. ultrarot **II** m. Ultrarot *n.*

ul|tra|sen|si|bi|le agg. höchst empfindlich.

ul|tra|so|ni|co agg. *(-ci,-che)* Ultraschall-: ***onde -che*** Ultraschallwellen; ***velocità -a*** Ultraschallgeschwindigkeit *f.* **ul|tra|so|no|gra|fi|a** f. Ultraschalldiagnostik *f.* **ul|tra|so|no|ro** → **ultrasonico.**

ul|tra|suo|no m. Ultraschall *m.*: ***curare con gli -i*** beschallen, mit Ultraschall behandeln ◆ ***rivelatore a -i*** Ultraschalldetektor *m.*; ***terapia a -i*** Ultraschallbehandlung *f.*, Beschallung *f.* **ul|tra|suo|no|te|ra|pi|a** f. Ultraschalltherapie *f.*

ul|tra|ter|re|no agg. überirdisch: ***la vita -a*** das überirdische Leben ◆ ***mondo ~*** Jenseits *n.*

ul|tra|vio|let|to I agg. ultraviolett, Ultraviolett-, UV- **II** m. Ultraviolett *n.* ◆ ***radiazione -a*** ultraviolette Strahlung; ***raggi -i*** UV-Strahlen *pl.*; ***filtro a raggi -i*** UV-Filter *m.*; ***lampada a raggi -i*** UV-Lampe *f.*; ***trattamento con raggi -i*** Ultraviolettbehandlung *f.*

u|lu|la f. Sperbereule *f.*

u|lu|la|re intr. *(ululo*; aus. *avere)* heulen (anche ESTENS.). **u|lu|la|to** m. **1** Heulen *n.* **2** *(prolungato e lamentoso)* Geheul *n.* (anche FIG.): ***l'~ della sirena*** das Geheul der Sirene.

u|lu|lo|ne m. Unke *f.*

u|ma|na|men|te avv. menschlich, human: ***trattare qcn. ~*** jdn menschlich behandeln ◆ ***~ (im)possibile*** menschen(un)möglich; ***fare quanto è ~ possibile*** das Menschenmögliche tun.

u|ma|na|zio|ne f. Menschwerdung *f.*

u|ma|ne|si|mo m. Humanismus *m.* **u|ma|ni|sta** *(-i,-e)* **I** m. e f. **1** STOR. Humanist *m.* (-in *f.*) **2** *(studioso)* Geisteswissenschaftler *m.* (-in *f.*), Humanist *m.* (-in *f.*) **II** agg. **1** STOR. humanistisch **2** ESTENS. geisteswissenschaftlich, humanistisch. **u|ma|ni|sti|co** agg. *(-ci, -che)* **1** STOR. humanistisch **2** ESTENS. geisteswissenschaftlich, humanistisch: ***studi -ci*** humanistische Studien; ***avere una formazione -a*** humanistisch geschult sein (*o* eine humanistische Bildung haben) ◆ ***facoltà -a*** geisteswissenschaftliche Fakultät; ***latino ~*** Neulatein *n.*

u|ma|ni|tà f. **1** *(genere umano)* Menschheit *f.*: ***l'intera ~*** die gesamte Menschheit **2** *(natura umana)* Menschlichkeit *f.*, Menschsein *n.*: ***l'~ di Cristo*** das Menschsein Christi **3** *(benevolenza)* Menschlichkeit *f.*, Humanität *f.*: ***un atto di ~*** ein Akt der Menschlichkeit; ***sentimento di ~*** menschliches Gefühl; ***dare prova di ~*** seine Menschlichkeit zeigen ◆ ***con ~*** menschlich, human; ***il sogno dell'~*** der Menschheitstraum; ***storia dell'~*** Menschheitsgeschichte *f.*

u|ma|ni|ta|rio agg. *(-ri,-rie)* humanitär, menschenfreundlich, Humanitäts-: ***organizzazione -a*** humanitäre Organisation (*o* Hilfsorganisation *f.*); ***aiuti -ri ai paesi del Terzo Mondo*** humanitäre Hilfe für Dritte-Welt-Länder; ***ideale ~*** Humanitätsideal *n.*; ***sentimentalismo ~*** Humanitätsduselei *f.* ◆ ***per spirito ~*** aus Humanität.

u|ma|ni|ta|ri|smo m. Humanitätsdenken *n.* **u|ma|ni|ta|ri|sti|co** agg. *(-ci,-che)* Humanitäts-: ***ideale ~*** Humanitätsideal *n.*

u|ma|niz|za|re I tr. **1** *(dotare di caratteristiche umane)* vermenschlichen, personifizieren; ***nelle favole gli animali vengono umanizzati*** in den Märchen werden die Tiere vermenschlicht **2** *(rendere civile)* zivilisieren **3a** FIG. *(rendere umano)* humanisieren, menschlicher machen: ***~ le condizioni di vita dei profughi*** die Lebensbedingungen der Flüchtlinge humanisieren (*o* menschlicher machen) **b** *(persona)* menschlicher machen: ***le brutte esperienze lo hanno umanizzato*** die bitteren Erfahrungen haben ihn menschlicher gemacht **II** pronom. **umanizzarsi 1** *(diventare civile)* sich zivilisieren **2** *(diventare più umano)* menschlicher werden ◆ ***~ il lat-***

te = der Tiermilch Eigenschaften der Muttermilch verleihen.

u|ma|niz|za|zio|ne f. **1** REL. Menschwerdung *f.* **2** *(di condizioni ambientali)* Humanisierung *f.*: ***~ delle condizioni di lavoro*** Humanisierung der Arbeitsbedingungen.

u|ma|no I agg. **1** *(proprio dell'uomo)* menschlich, Menschen-: ***il corpo ~*** der menschliche Körper; ***l'animo ~*** das menschliche Gemüt; ***il sapere, il linguaggio ~*** das menschliche Wissen, die menschliche Sprache; ***un essere ~*** ein menschliches Wesen (*o* ein Mensch) **2** *(benevolo)* menschlich, human, menschenfreundlich: ***gesto ~*** menschliche Geste; ***trattare qcn. in modo ~*** jdn menschlich (*o* human) behandeln **II** m. **1** Menschliche *n.*: ***non avere in sé niente di ~*** nichts Menschliches an sich (D) haben **2** spec.pl. *(nella fantascienza)* Mensch *m.* ◆ ***anima -a*** Menschenseele *f.*; ***calore ~*** Wärme *f.*, menschliche Nähe *f.*; ***carne -a*** Menschenfleisch *n.*; ***catena -a*** Menschenkette *f.*; ***creatura -a*** Menschenkind *n.*; ***dignità -a*** Menschenwürde *f.*; ***diritti -i*** Menschenrechte *pl.*; ***violazione dei diritti -i*** Menschenrechtsverletzung *f.*; ***forza -a*** Menschenkraft *f.*; ***genere ~*** Menschengeschlecht *n.*; ***evoluzione del genere ~*** Menschheitsentwicklung *f.*; ***immagine -a*** Menschenbild *n.*; ***intelletto ~*** Menschenverstand *m.*; ***natura -a*** Menschennatur *f.*; ***razza -a*** Menschenrasse *f.*; ***relitto ~*** (menschliches) Wrack; ***rendere ~*** humanisieren; ***risorse -e*** Reichtum *m.* an Menschen; ***sacrificio ~*** Menschenopfer *n.*; ***scienze -e*** Geisteswissenschaften *pl.*, Humanwissenschaften *pl.*; ***studioso di scienze -e*** Geisteswissenschaftler *m.*; ***sembianza -a*** Menschengestalt *f.*; ***sorte -a*** Menschenlos *n.*; ***vita -a*** Menschenleben *n.*; ***voce -a*** Menschenstimme *f.*; PROV. ***errare è ~*** Irren ist menschlich.

u|ma|noi|de m. menschenähnliches Wesen *n.*

Um|ber|to n.pr.m. Humbert *m.*, Humbrecht *m.*

um|bo|ne m. **1** *(sugli scudi)* Buckel *m.* e *f.* **2** ZOOL. Schalenwirbel *m.* **3** BOT. Buckel *m.*

um|bra|ti|le agg. LETT. **1** beschattet, schattig **2** FIG. *(schivo, solitario)* zurückhaltend, zurückgezogen, scheu.

Um|bria n.pr.f. Umbrien *n.* **um|bro I** agg. umbrisch **II** m. **1** Umbrer *m.* **2** *(dialetto)* Umbrisch(e) *n.*

u|met|ta|re I tr. benetzen, an‿feuchten, befeuchten: ***~ le labbra*** die Lippen benetzen (*o* befeuchten); ***~ la biancheria da stirare*** die Bügelwäsche anfeuchten **II** pronom. ***-rsi le labbra*** sich (D) die Lippen an‿feuchten (*o* befeuchten). **u|met|ta|zio|ne** f. Befeuchten *n.*, Benetzen *n.*, Anfeuchtung *f.*, Befeuchtung *f.*

u|mi|dic|cio agg. *(-ci,-ce)* **1** *(sgradevolmente umido)* (unangenehm) feucht **2** *(appena umido)* (etwas) feucht.

u|mi|di|fi|ca|re tr. *(umidifico, umidifichi)* befeuchten. **u|mi|di|fi|ca|to|re** m. Luftbefeuchter *m.* **u|mi|di|fi|ca|zio|ne** f. Luftbefeuchtung *f.*

u|mi|di|tà f. Feuchtigkeit *f.*: ***proteggere qcs. dall'~*** etw. vor Feuchtigkeit schützen ◆ ***~ dell'aria*** Luftfeuchtigkeit *f.*; ***contenuto di ~*** Feuchtigkeitsgehalt *m.*; ***grado di ~*** Feuchtigkeitsgrad *m.*

u|mi|do I agg. feucht: ***clima ~*** feuchtes Klima **II** m. Feuchtigkeit *f.* **2** GASTR. Geschmorte *n.* ◆ ***~ e afoso*** feuchtschwül; ***caldo ~*** feuchtwarm; ***il caldo ~*** die feuchte Hitze; *(afa)* die Schwüle; ***freddo ~*** feuchtkalt; GASTR. ***in ~*** geschmort, Schmor-: ***arrosto in ~*** Schmorbraten *m.*; ***cuocere in ~*** schmoren; ***~ di pianto*** tränennass; ***~ di rugiada*** taufrisch; ***~ di sudore*** schweißfeucht.

u|mi|le I agg. **1** demütig: ***uno sguardo ~*** ein demütiger Blick **2** *(deferente)* ergeben: ***essere ~ con i superiori*** den Vorgesetzten ergeben sein; ***un ~ servo*** ein ergebener Diener **3a** *(modesto)* bescheiden: ***un'~ dimora*** ein bescheidenes Heim **b** *(basso, vile)* niedrig: ***lavori -i*** niedrige Arbeiten **4a** *(non abbiente)* bescheiden: ***di -i origini*** aus bescheidenen Verhältnissen **b** *(non nobile)* niedrig: ***di -i natali*** von niedriger Herkunft (*o* niedriger Abkunft) **II** m. e f. Demütige *m.* e *f.*

u|mi|lian|te agg. demütigend, erniedrigend: ***offesa, sconfitta ~*** demütigende Beleidigung, Niederlage; ***lavoro ~*** demütigende Arbeit; ***condizioni -i*** erniedrigende Bedingungen.

u|mi|lia|re *(umilio, umili)* **I** tr. **1** demütigen, erniedrigen, herab‿würdigen **2** *(reprimere)* unterdrücken, bezwingen **II** pronom. **umiliarsi** sich demütigen, sich erniedrigen, sich herab‿würdigen: ***-rsi di fronte, davanti a qcn.*** sich vor jdm erniedrigen; ***-rsi pubblicamente*** sich öffentlich demütigen ◆ BIBL. ***chi s'innalza sarà umiliato*** wer sich erhöht, der wird erniedrigt werden.

u|mi|lia|zio|ne f. Demütigung *f.*, Herabwürdigung *f.*: ***subire un'~*** eine Demütigung erleiden; ***infliggere un'~ a qcn.*** jdn demütigen.

u|mi|lis|si|mo, ANT. ***il Vostro ~ servo*** Euer untertänigster (*o* gehorsamster) Diener.

u|mil|men|te avv. demütig: ***chiedo ~ perdono*** ich bitte demütig um Verzeihung.

u|mil|tà f. **1** Demut *f.*: ***sopportare con ~*** in Demut ertragen **2** *(modestia)* Bescheidenheit *f.*: ***l'~ di una dimora*** die Bescheidenheit eines Heims.

um|laut m.inv. Umlaut *m.*

u|mo|ra|le agg. **1** MED. humoral **2** *(volubile)* launisch ◆ ***persona ~*** Stimmungsmensch *m.*; ***dottrina ~*** Humoralpathologie *f.*

u|mo|re m. **1a** ANAT. Körpersaft *m.*, Körperflüssigkeit *f.*, Humor *m.* **b** BOT. Pflanzensaft *m.*, Saft *m.* **2** LETT. Flüssigkeit *f.* **3** FIG. Stimmung *f.*, Laune *f.*: ***non essere dell'~ giusto per fare qcs.*** nicht in der (richtigen) Stimmung sein, etw. zu tun; ***essere di buon ~, di cattivo ~*** gut, schlecht gelaunt (*o* guter, schlechter Laune) sein; ***di pessimo ~*** übel gelaunt (*o* übellaunig); ***essere di ottimo ~*** bester Stimmung sein; ***a seconda dell'~*** je nach Lust und Laune; ***avere, essere soggetto a sbalzi d'~*** Stimmungsschwankungen unterliegen; ***essere soggetto a cambiamenti d'~*** wechselnden Stimmungen unterworfen sein ◆ ***umor acqueo*** Kammerwasser *n.*; ***umor vitreo*** Glaskörper *m.*

u|mo|ri|smo m. Humor *m.*: ***avere (il) senso dell'~*** Humor haben (*o* besitzen); ***non avere il senso dell'~*** keinen Humor haben; ***fare dell'~*** humorvoll (*o* witzig) sein (*o* den Witzbold machen) ◆ ***~ macabro*** Galgenhumor *m.*; ***mancanza di senso dell'~*** Humorlosigkeit *f.*; ***mancare, essere privo del senso dell'~*** humorlos sein.

u|mo|ri|sta m. e f. *(-i,-e)* **1** humorvoller Mensch *m.* **2** *(autore di testi, disegnatore)* Humorist *m.* (-in *f.*). **u|mo|ri|sti|co** agg. *(-ci,-che)* humorvoll, humoristisch: ***vena -a*** humorvolle Ader; ***racconto ~*** humoristische Erzählung ◆ ***giornale ~*** Witzblatt *n.*; ***pagina -a (di un giornale)*** Witzseite *f.*

un → **uno.**

u|na I → **uno II** f. ein Uhr, eins: ***all'~*** um ein Uhr; ***verso l'~*** gegen eins; ***è l'~, l'~ e mezza*** es ist ein Uhr, halb zwei.

u|na|ni|me agg. einstimmig, einhellig, einmütig: ***decisione ~*** einstimmiger Beschluss; ***consenso ~*** einhellige Zustimmung. **u|na|ni|me|men|te** avv. einstimmig. **u|na|ni|mi|tà** f. Einstimmigkeit *f.*, Einmütigkeit *f.*, Einhelligkeit *f.* ◆ ***all'~*** einstimmig.

u|na tan|tum I agg.inv. einmalig **II** avv. ein für alle Mal **III** f.inv. **1** *(assegnazione di denaro)* außerordentliche Vergütung *f.* **2** *(tassa)* Sonderabgabe *f.*

un|ci|na|re tr. **1** hakenförmig biegen, krümmen **2** *(afferrare con un uncino)* ein‿haken, haken, mit einem Haken fassen. **un|ci|na|to** p.pass. agg. **1** → **uncinare 2** *(a forma di uncino)* hakenförmig, Haken- **3** *(munito di uncini)* mit Haken ◆ ***croce -a*** Hakenkreuz *n.*; ***parentesi -a*** spitze Klammer.

un|ci|net|to m. Häkelnadel *f.*, Häkelhaken *m.*; ***lavorare all'~*** häkeln ◆ ***coperta, lavoro, pizzo all'~*** Häkeldecke *f.*, -arbeit *f.*, -spitze *f.*

un|ci|no m. Haken *m.*, Kloben *m.*, Widerhaken *m.* ◆ ***a ~*** hakenförmig.

un|de|ci|mo → **undicesimo.**

un|der 21 [ʌndə, *üblich* ander] f.inv. Unter-21-Team *n.*

un|der|ground ['ʌndəgraʊnd, *üblich* ander'graund] agg.inv. Underground-: ***musica ~*** Undergroundmusik *f.*

un|di|cen|ne I agg. elfjährig **II** m. e f. Elfjährige *m.* e *f.*

un|di|ce|si|mo I agg. elft **II** m. **1** Elfte *m.* **2** *(frazione)* Elftel *n.*

un|di|ci I agg.inv. elf: ***~ pagine, giorni*** elf Seiten, Tage; ***avere ~ anni*** elf (Jahre alt) sein; ***a pagina ~*** auf Seite elf **II** m.inv. **1a** Elf *f.*: ***puntare sull'~*** auf die Elf setzen; ***contare fino a ~*** bis elf zählen **b** *(di tram e bus)* ***prendere l'~*** die Elf nehmen **2** *(giorno del mese)* Elfte *m.*: ***l'~ (di) settembre*** am elften September; ***oggi è l'~*** heute ist der Elfte; ***Milano, 11 luglio*** Mailand, den elften Juli **3** *(il 1911)* das Jahr 1911: ***questo fatto risale all'~*** dieses Ereignis geht auf das Jahr 1911 zurück; ***è nato nell'~*** er ist 11 geboren **4** SPORT *(squadra)* Elf *f.* **III** f.pl. elf Uhr, elf: ***alle ~*** um elf (Uhr); ***sono le ~, le ~ e mezza*** es ist elf Uhr, halb zwölf; ***le ~ meno un quarto, un quarto alle ~*** ein Viertel vor elf; ***le ~ e un quarto*** ein Viertel nach elf ◆ ***di ~ anni*** elfjährig; ***essere dell'~, dell'11*** *(di persone)* 11 geboren sein; *(di prodotti)* Jahrgang 11 sein; *(di film, canzoni...)* aus dem Jahr 1911 sein; ***~ volte*** elfmal.

un|ga|ri|co agg. *(-ci,-che)* ungarisch. **un|ga|ro I** agg. ungarisch **II** m. Ungar *m.*

un|ge|re *(ungo, ungi; unsi; unto)* **I** tr. **1** aus‿fetten, ein‿fetten: ***~ una teglia*** eine Backform ausfetten **2** *(sporcare di unto)* mit Fett beschmutzen: ***~ la tovaglia*** die Tischdecke mit Fett beschmutzen; ***ti sei unto tutta la camicia*** dein Hemd ist voller Fettflecken **3a** *(lubrificare)* ab‿schmieren, schmieren: ***~ gli ingranaggi*** das Getriebe abschmieren **b** *(oliare)* ölen **4** FIG. *(corrompere)* schmieren, spicken **5** RELIG. salben **II** pronom. **ungersi 1a** sich ein‿schmieren **b** *(con olio)* sich ein‿ölen **2** *(sporcarsi di grasso)* sich mit Fett beschmieren ◆ ***~ le ruote*** die Räder ölen; FIG. *(accelerare un procedimento burocratico)* Schmiergeld zahlen.

un|ghe|re|se I agg. ungarisch **II** m. e f. Ungar *m.* (-in *f.*) **III** m. Un-

garisch(e) *n.* **Un|ghe|ri|a** n.pr.f. Ungarn *n.*
un|ghia f. **1a** *(della mano)* Fingernagel *m.*, Nagel *m.*: ***-e lunghe, corte*** lange, kurze Fingernägel; ***-e sporche, curate*** schmutzige, gepflegte Fingernägel; ***farsi crescere le -e*** sich (D) die Fingernägel wachsen lassen; ***tagliarsi, limarsi le -e*** sich (D) die Fingernägel schneiden, feilen; ***mangiarsi le -e*** an den Fingernägeln kauen; ***curarsi, farsi (fare) le -e*** seine Fingernägel maniküren (lassen); ***mi si è spezzata un'~*** mir ist ein Fingernagel abgebrochen; ***mi si spezzano le -e*** meine Fingernägel brechen leicht **b** *(del piede)* Zehennagel *m.*, Fußnagel *m.*, Nagel *m.*: ***~ incarnita*** eingewachsener Nagel **2a** *(di felini)* Klaue *f.*, Kralle *m.*: ***farsi le -e su qcs.*** sich (D) die Krallen an etw. (D) wetzen **b** *(di ungulati)* Huf *m.* **3** ARCH. Kappe *f.* **4** FIG. *(dimensione minima)* ***grosso quanto un'~*** stecknadelkopfgroß; ***spesso quanto un'~, dello spessore di un'~*** fein wie eine Rasierklinge ◆ ***difendere qcs. con le -e e coi denti*** etw. mit Zähnen und Klauen verteidigen; ***forbicine per -e*** Nagelschere *f.*; ***letto dell'~*** Nagelbett *n.*; ***lima per -e*** Nagelfeile *f.*; ***matrice dell'~*** Nagelbett *n.*; ***pellicina dell'~*** Nagelhäutchen *n.*; ***radice dell'~*** Nagelwurzel *f.*; ***smalto per -e*** Nagellack *m.*; ***spazzolino per -e*** Nagelbürste *f.*; FIG. ***sull'~*** bar und sofort; ***pagare mille marchi sull'~*** tausend Mark auf die Hand zahlen; ***tirar fuori le -e*** die Krallen zeigen; FIG. die Zähne zeigen. **un|ghia|ta** f. **1** ***dare un'~ a qcn.*** jdn kratzen **2** *(ferita)* Kratzwunde *f.* **un|ghiel|lo** m. Kralle *f.* **un|ghio|ne** m. **1** *(artiglio)* Kralle *f.* **2** *(zoccolo)* Huf *m.* **un|ghiu|to** agg. mit Krallen versehen (*o* ausgestattet).
un|gi|tu|ra f. **1** Einfetten *n.* **2** *(lubrificazione)* Schmieren *n.*
un|gue|a|le agg. Nagel-: ***letto ~*** Nagelbett *n.*
un|guen|to m. Heilsalbe *f.*, Salbe *f.*: ***spalmare un ~ su qcs.*** eine Salbe auf etw. (A) auf‿tragen; ***frizionare qcs. con un ~*** etw. mit einer Salbe ein‿reiben; ***ungere di ~*** ein‿salben, salben ◆ ***~ mercuriale*** Quecksilbersalbe *f.*; ***~ per scottature*** Brandsalbe *f.*
un|gu|la f. Huf *m.* **un|gu|la|ti** m.pl. Huftiere *pl.*
u|nia|te I agg. uniert **II** m. unierte Kirchen *pl.*
u|ni|ca f. *(-che)* **1** Einzige *f.* **2** *(possibilità)* einzige Möglichkeit *f.*: ***l'~ è andarci direttamente*** die einzige Möglichkeit (*o* das Beste) ist, persönlich hinzugehen.
u|ni|ca|men|te avv. **1** *(soltanto)* nur: ***lo dico ~ nel tuo interesse*** ich sage es nur in deinem Interesse **2** *(esclusivamente)* ausschließlich, einzig und allein: ***lo faccio ~ per te*** ich tue es ausschließlich für dich.
u|ni|ca|me|ra|le agg. Einkammer-: ***sistema ~*** Einkammersystem *n.*
u|ni|cel|lu|la|re, u|ni|cel|lu|la|to agg. einzellig ◆ ***organismo ~*** Einzeller *m.*
u|ni|ci|tà f. **1** Einzigkeit *f.* **2** *(irripetibilità)* Einmaligkeit *f.*, Einzigartigkeit *f.*
u|ni|co I agg. *(-ci,-che)* **1a** einzig, Einzel-, Allein-: ***il suo ~ amico*** sein einziger Freund; ***il suo ~ desiderio è...*** sein einziger Wunsch ist...; ***l'~ momento libero della giornata*** der einzig(e) freie Augenblick des Tages **b** *(in una sola volta)* einmalig: ***un ~ pagamento*** eine einmalige Zahlung **2** *(senza uguali)* einzigartig, einmalig: ***~ nel suo genere*** einzigartig (*o* einzig in seiner Art); ***un'occasione -a*** eine einmalige Gelegenheit; ***sei ~*** du bist einmalig **II** m. *(-ci)* Einzige *m.*: ***è l'~ che abbiamo*** das ist der Einzige, den wir haben; ***sei l'~ ad agire così*** du bist der Einzige, der so handelt; ***sei l'~ a saperlo*** du bist der Einzige, der das weiß ◆ TEATR. ***atto ~*** Einakter *m.*; ***a binario ~*** eingleisig (*o* einspurig); ***~ colpevole*** Einzeltäter *m.*; FARM. ***dose -a*** Einzeldosis *f.*, Einzelgabe *f.*; ***di una comicità, simpatia -a*** äußerst lustig, sympathisch; ***erede ~*** Alleinerbe *m.*, Gesamterbe *m.*; ***esemplare ~*** Unikat *n.*, Einzelexemplar *n.*; ***figlio ~*** Einzelkind *n.*; EDIT. ***numero ~*** Sondernummer *f.*, Einzelnummer *f.*; ***pezzo ~*** Einzelstück *n.*; ***un piatto ~*** Einganggericht *n.*; ***produttore ~*** Alleinhersteller *m.*; ***proprietario ~*** Alleinbesitzer *m.*; ***rappresentante ~*** Alleinvertreter *m.*; ***più ~ che raro*** einmalig; ***un caso più ~ che raro*** ein Einzelfall; ***è una cosa più -a che rara*** es ist eine Ausnahme; ***~ responsabile*** Alleinverantwortliche *m.*; ***a senso ~*** einbahnig; ***strada a senso ~*** Einbahnstraße *f.*; ***taglia -a*** Einheitsgröße *f.*; DIR. ***testo ~*** Rechtsordnung *f.*; ***titolare ~*** Alleineigentümer *m.*; ***un tutt'~*** ein geschlossenes Ganzes; ***volume ~*** Einzelband *m.*
u|ni|cor|no I agg. einhörnig **II** m. Einhorn *n.*
u|ni|cum m.inv. Unikum *n.*
u|ni|di|men|sio|na|le agg. eindimensional.
u|ni|di|re|zio|na|le agg. **1** in eine Richtung verlaufend **2** FIG. einseitig ◆ ***corrente ~*** Gleichstrom *m.*
u|ni|fa|mi|lia|re agg. Einfamilien-: ***casa ~*** Einfamilienhaus *n.*
u|ni|fi|ca|bi|le agg. vereinbar.
u|ni|fi|ca|re *(unifico, unifichi)* **I** tr. **1** vereinigen **2** *(standardizzare)* vereinheitlichen, normen **II** pronom. **unificarsi** sich vereinigen.
u|ni|fi|ca|ti|vo agg. vereinend. **u|ni|fi|ca|to** p.pass. agg. **1** → **unificare 2** vereinigt **3** *(standardizzato)* vereinheitlicht, genormt ◆ ***a reti -e*** über alle Sender, auf allen Kanälen. **u|ni|fi|ca|to|re I** agg. **1** vereinigend **2** *(standardizzatore)* vereinheitlichend **II** m. Einiger *m.*
u|ni|fi|ca|zio|ne f. **1** Vereinigung *f.*: ***l'~ della Germania*** die Vereinigung Deutschlands **2** *(standardizzazione)* Vereinheitlichung *f.*, Normung *f.*
u|ni|for|ma|re I tr. **1** gleich‿machen **2** *(omologare)* uniformieren **3** FIG. *(adattare)* an‿passen: ***~ il proprio comportamento alle leggi*** sein Verhalten an die Gesetze anpassen **4** TECN. egalisieren **II** pronom. **uniformarsi** sich an‿passen: ***-rsi a qcs.*** sich an etw. (A) anpassen. **u|ni|for|ma|zio|ne** f. **1** Gleichmachung *f.* **2** *(omologazione)* Uniformierung *f.* **3** FIG. *(adattamento)* Anpassung *f.* **4** TECN. Egalisierung *f.*
1.u|ni|for|me agg. **1** gleich, gleichförmig **2** *(omogeneo, costante)* gleichmäßig: ***ritmo ~*** gleichmäßiger Rhythmus; ***paesaggio ~*** eintönige Landschaft.
2.u|ni|for|me f. Uniform *f.* ◆ ***alta ~*** Paradeuniform *f.*; ***~ della polizia*** Polizeiuniform *f.*
u|ni|for|me|men|te avv. gleichmäßig: ***moto ~ accelerato*** gleichmäßig beschleunigte Bewegung.
u|ni|for|mi|tà f. **1** Gleichmäßigkeit *f.* **2** *(accordo, concordanza)* Übereinstimmung *f.*
u|ni|ge|ni|to I agg. eingeboren: ***Gesù Cristo, ~ figlio di Dio*** Jesus Christus, Gottes eingeborener Sohn **II** m. eingeborener Sohn *m.*
u|ni|la|te|ra|le agg. **1** einseitig: ***paresi ~*** einseitige Parese **2** DIR. einseitig, unilateral: ***negozio giuridico ~*** einseitiges Rechtsgeschäft **3** FIG. einseitig, parteiisch: ***giudizio ~*** einseitige Beurteilung. **u|ni|la|te|ra|li|tà** f. **1** Einseitigkeit *f.* **2** FIG. *(parzialità)* Einseitigkeit *f.*, Parteilichkeit *f.* **u|ni|la|te|ral|men|te** avv. einseitig.
u|ni|no|mi|na|le agg. Einmann-: ***collegio ~*** Einmannwahlkreis *m.* ◆ ***sistema ~*** Mehrheitswahlrecht *n.*
u|nio|ne f. **1** Verbindung *f.*, Vereinigung *f.*: ***l'~ di due frasi con una congiunzione*** die Verbindung von zwei Sätzen durch eine Konjunktion **2** *(concordia)* Einigkeit *f.*, Eintracht *f.*: ***in famiglia regna un'~ perfetta*** in der Familie herrscht vollkommene Eintracht **3** *(coesione, continuità)* Zusammenhang *m.*, Verbindung *f.*: ***tra i capitoli del libro c'è scarsa ~*** zwischen den Kapiteln des Buchs besteht nicht viel Zusammenhang **4** *(alleanza)* Verband *m.*, Vereinigung *f.*, Union *f.* **5** *(annessione)* Anschluss *m.*, Angliederung *f.* **6** *(relazione)* Verbindung *f.*: ***~ matrimoniale*** eheliche Verbindung *f.* (*o* Ehe *f.*); ***dalla loro ~ nacque un figlio*** aus der Ehe ging ein Kind hervor **7** *(associazione)* Verein *m.*, Vereinigung *f.*, Verbund *m.*, Verband *m.*: ***~ delle camere di commercio*** Verband der Handelskammern **8** MAT. Vereinigung *f.* ◆ ***~ doganale*** Zollunion *f.*; STOR. Zollverein *m.*; ***~ economica*** Wirtschaftsunion *f.*; ***Unione dell'Europa Occidentale*** Westeuropäische Union *f.*; ***Unione Europea*** Europäische Union; ***~ monetaria*** Währungsunion *f.*; STOR. ***~ personale*** Personalunion *f.*; ***Unione delle Repubbliche Socialiste Sovietiche*** Union der Sozialistischen Sowjetrepubliken; ***~ tariffaria*** Tarifverband *m.*; ***~ internazionale delle telecomunicazioni*** Internationaler Fernmeldeverein; PROV. ***l'~ fa la forza*** Einigkeit macht stark.
U|nio|ne So|vie|ti|ca n.pr.f. Sowjetunion *f.*
u|nio|ni|sta I agg. *(-i,-e)* unionistisch **II** m. *(-i)* Unionist *m.*
u|ni|pa|ro agg. nur ein Junges werfend.
u|ni|po|la|re agg. einpolig, unipolar ◆ ***tubo ~*** Einpolröhre *f.*
u|ni|re *(unisco, unisci)* **I** tr. **1** vereinen, vereinigen, verbinden: ***un ponte unisce le due sponde*** eine Brücke verbindet die beiden Ufer; ***~ due punti con una retta*** zwei Punkte durch eine Gerade verbinden; ***~ le forze*** die Kräfte vereinen; ***un abito che unisce praticità ed eleganza*** ein Kleid, das in sich Zweckmäßigkeit und Eleganz vereinigt; ***ci unisce l'amore per la musica*** uns verbindet die Liebe für die Musik **2** *(avvicinare)* zusammen‿stellen: ***~ due tavoli*** zwei Tische zusammenstellen **3** *(mettere insieme)* zusammen‿legen, zusammen‿setzen: ***~ i pezzi di un mosaico*** die Stücke eines Mosaiks zusammensetzen; ***i due soci hanno unito i loro capitali*** die beiden Partner haben ihr Kapital zusammengelegt **4** GASTR. *(aggiungere)* geben: ***~ la farina alle uova*** das Mehl zu den Eiern geben (*o* hinzufügen) **5** *(annettere)* an‿schließen, an‿gliedern **6** *(allegare)* bei‿legen: ***~ un curriculum alla lettera*** dem Brief einen Lebenslauf beilegen **II** pronom. **unirsi 1** sich verbinden, sich zusammen‿schließen, sich vereinigen, sich vereinen: ***-rsi in un'azione comune*** sich zu gemeinsamem Handeln vereinen **2** *(mettersi insieme ad altri)* sich an‿schließen: ***-rsi a un gruppo*** sich einer Gruppe anschließen ◆ ***~ in matrimonio*** trauen; ***-rsi in matrimonio*** in den Stand der Ehe ein‿treten; ***~ l'utile al dilettevole*** das

Angenehme mit dem Nützlichen verbinden.

u|ni|ses|sua|le agg. eingeschlechtig.

u|ni|sex, u|ni|sex agg.inv. Unisex-.

u|ni|so|no I agg. **1** unisono, im Einklang, einstimmig **2** FIG. übereinstimmend, einstimmig: **II** m. Unisono *n.* ◆ ***all'~*** unisono, im Einklang, einstimmig; ***cantare all'~*** einstimmig (*o* im Einklang) singen; FIG. ***rispondere all'~*** einstimmig antworten; ***essere di opinioni -e*** einer Meinung sein.

u|ni|tà f.inv. **1** Einheit *f.*: ***~ di tempo, luogo e azione*** Einheit von Zeit, Ort und Handlung; ***l'~ di un popolo*** die Einheit eines Volkes **2** *(unificazione)* Einigung *f.*, Vereinigung *f.*, Einheit *f.*: ***l'~ d'Italia*** die Einheit Italiens **3** *(concordia)* Einigkeit *f.*, Übereinstimmung *f.* **4** *(unità di misura)* Maßeinheit *f.*, Einheit *f.*, Maß *n.* **5a** MAT. Einheit *f.* **b** *(cifra dall'uno al nove)* Einer *m.*, Einerstelle *f.*: ***sommare prima le ~ poi le decine*** zuerst die Einer und dann die Zehner addieren **6** MIL. Einheit *f.*, Truppeneinheit *f.*: ***~ motorizzata*** motorisierte Einheit *f.* **7a** *(singola nave)* Schiff *n.* **b** *(insieme di navi)* Einheit *f.* **8a** *(singolo aereo)* Flugzeug *n.* **b** *(insieme di aerei)* Einheit *f.*, Fliegereinheit *f.* ◆ ***~ abitativa*** Wohneinheit *f.*; INFORM. ***~ centrale*** Zentraleinheit *f.*; ***~ combattente*** Kampfeinheit *f.*; ***~ di compensazione*** Verrechnungseinheit *f.*; ***~ di conto*** Rechnungseinheit *f.*; ***~ di controllo*** Steuerwerk *n.*; INFORM. Steuerwerk *n.*, Leitwerk *n.*; MIL. ***~ corazzata*** Panzerverband *m.*; ***~ coronarica*** = Intensivstation *f.* für Herzkrankungen; ***~ di crisi*** Krisenstab *m.*; SCOL. ***~ didattica*** Unterrichtseinheit *f.*; INFORM. ***~ disco*** Diskettenlaufwerk *n.*; INFORM. ***~ d'entrata*** Eingabegerät *n.*; FIS. ***~ fondamentale*** Grundeinheit *f.*; ***~ fotometrica*** Lichteinheit *f.*; MIL. ***grande ~*** Truppenverband *m.*; ***~ di intenti*** Übereinstimmung *f.*; ***~ di lunghezza*** Längeneinheit *f.*; ***~ di misura*** Maßeinheit *f.*; ***~ monetaria*** Währungseinheit *f.*; MIL. ***~ navale*** Flottenverband *m.*; MIL. ***~ operativa*** Einsatzkommando *n.*; INFORM. ***~ periferica*** Peripheriegerät *n.*, periphere Einheit; ***~ di peso*** Gewichtseinheit *f.*; ***~ di rianimazione*** Reanimationszentrum *n.*, Wiederbelebungsstation *f.*; ***~ sociosanitaria locale*** (örtliches) Gesundheitsamt *n.*; ***~ di superficie*** Flächeneinheit *f.*; ***~ termica*** Wärmeeinheit *f.*; ***~ di uscita*** Ausgabegerät *n.*; ***~ di volume*** Volumeinheit *f.*, Raumeinheit *f.*

u|ni|ta|men|te avv. **1** ***~ a qcs.*** zusammen mit etw., gemeinsam mit etw. **2** *(uniformemente)* gleichmäßig: ***stendere il colore ~*** die Farbe gleichmäßig auftragen.

u|ni|ta|rie|tà f. Einheitlichkeit *f.* **u|ni|ta|rio** agg. *(-ri,-rie)* einheitlich, Einheits-: ***un insieme ~*** ein einheitliches Ganzes ◆ ***movimento ~*** Einheitsbewegung *f.*; ***prezzo ~*** Stückpreis *m.*, Einzelpreis *m.*; ***sforzo ~*** Einheitsbestrebung *f.*

u|ni|ta|ri|smo m. Unitarismus *m.*

u|ni|to agg. **1** *(congiunto, collegato)* zusammengefügt, verbunden **2** *(accostato)* zusammengestellt, beigestellt **3** POL. vereint, vereinigt: ***Nazioni Unite*** Vereinte Nationen; ***Regno Unito*** Vereinigtes Königreich; ***Stati Uniti*** Vereinigte Staaten **4** *(insieme)* gemeinsam: ***lottare -i contro il nemico*** gemeinsam gegen den Feind kämpfen **5** *(allegato)* beiliegend **6** *(affiatato, concorde)* einig, einträchtig: ***una famiglia -a*** eine einträchtige Familie ◆ ***a, in tinta -a*** einfarbig, unifarbig.

u|ni|ver|sa|le I agg. **1** Welt-: ***storia ~*** Weltgeschichte *f.* **2** ESTENS. universal, universell, Universal- **3** *(di tutti)* allgemein, allgemein gültig: ***suffragio ~*** allgemeines Wahlrecht; ***consenso ~*** allgemeine Zustimmung **II** m. **1** Allgemeine *n.* **2** TECN. Universalinstrument *n.* **3** FILOS. pl. Allgemeinbegriffe *pl.*, Universalien *pl.* ◆ ***chiave ~*** Hauptschlüssel *m.*; ***diluvio ~*** Sintflut *f.*; ***donatore ~*** Universalspender *m.*; ***enciclopedia ~*** Universallexikon *n.*; ***erede ~*** Universalerbe *m.*, Gesamterbe *m.*; ***genio ~*** Universalgenie *n.*; ***giudizio ~*** Weltgericht *n.*, Jüngstes (*o* Letztes) Gericht; ***motore ~*** Allstrommotor *m.*; ***recettore ~*** Universalempfänger *m.*; ***rimedio ~*** Universalmittel *n.*, Allheilmittel *n.*

u|ni|ver|sa|li|smo m. Universalismus *m.* **u|ni|ver|sa|li|sta** m. e f. *(-i,-e)* Universalist *m.* (-in *f.*). **u|ni|ver|sa|li|sti|co** agg. (-ci,-che) universalistisch.

u|ni|ver|sa|li|tà f. **1** Universalität *f.*, Allgemeinheit *f.*, Allgemeingültigkeit *f.* **2** *(totalità)* Gesamtheit *f.*, Universalität *f.*

u|ni|ver|sa|liz|za|re I tr. **1** verallgemeinern **2** *(diffondere largamente)* allgemein verbreiten **II** pronom. **universalizzarsi 1** sich verallgemeinern **2** *(diffondersi)* sich allgemein verbreiten.

u|ni|ver|sal|men|te avv. allgemein, universell ◆ ***~ noto*** weltbekannt, allgemein bekannt.

u|ni|ver|si|a|de f. Universiade *f.*

u|ni|ver|si|tà f.inv. **1** Universität *f.*, Hochschule *f.*: ***l'~ di Colonia*** die Universität Köln; ***studiare all'~ di Heidelberg*** an der Universität (in) Heidelberg studieren; ***andare all'~*** die Universität besuchen; ***iscriversi all'~*** sich an der Universität ein_schreiben (*o* sich immatrikulieren) **2** STOR. Zunft *f.*, Innung *f.* ◆ ***compagno di ~*** Studienkollege *m.*, Kommilitone *m.*; ***fare l'~*** studieren; ***~ libera*** Freie Universität; ***~ popolare*** Volkshochschule *f.*

u|ni|ver|si|ta|rio I agg. *(-ri,-rie)* Universitäts-, Hochschul- **II** m. *(-ri)* **1** *(studente)* Student *m.* **2** *(professore)* Universitätsprofessor *m.* ◆ ***biblioteca -a*** Universitätsbibliothek *f.*; ***carriera -a*** Universitätslaufbahn *f.*; ***città -a*** Universitätsstadt *f.*; ***clinica -a*** Universitätsklinik *f.*; ***corsi -ri*** Universitätskurse *pl.*; ***docente ~*** Hochschuldozent *m.*, Dozent *m.* an einer Hochschule; ***istituto ~*** Universitätsinstitut *n.*; ***libretto ~*** Studienbuch *n.*; ***professore ~*** Universitätsprofessor *m.*; ***studi -ri*** Universitätsstudium *n.*

u|ni|ver|so 1 Universum *n.*, Weltall *n.*, All *n.*: ***l'origine dell'~*** die Entstehung des Universums **2** FIG. Welt *f.*, Universum *n.* **2** STATIST. Gesamtheit *f.*

u|ni|vo|ca|men|te avv. eindeutig. **u|ni|vo|ci|tà** f. **1** Eindeutigkeit *f.* **2** MAT. Einnamigkeit *f.* **u|ni|vo|co** agg. *(-ci,-che)* **1** eindeutig **2** MAT. einnamig.

un|no I m. Hunne *m.* **II** agg. hunnisch, Hunnen-: ***la calata degli -i*** der Hunnenzug.

u|no I artc.indet. m. (**uno, un, una, un'**: vor Vokalen und konsonantischem Anlaut, außer vor *s + Konsonanten*, *gn*, *pn*, *ps*, *x* und *z*, wird die männliche Form zu *un*; vor Vokalen wird die weibliche Form meistens zu *un'*) **1** ein, eine: ***~ sbaglio*** ein Fehler; ***-a donna, ragazza*** eine Frau, ein Mädchen; ***un uomo*** ein Mann; ***un fiore, una stella*** eine Blume, ein Stern; ***udire ~ sparo*** einen Schuss hören; ***possiede un Picasso*** er besitzt einen Picasso **2** *(pressapoco)* etwa, rund, an: ***disterà un venti chilometri*** es wird etwa zwanzig Kilometer entfernt sein **3** ENFAT. *(tale)* so, derartig, derart, dermaßen: ***ho preso ~ spavento!*** ich bin derart erschrocken! **II** agg. **1a** *(invariabile, posposto)* eins: ***a pagina ~*** auf Seite eins; ***numero ~*** Nummer eins **2** *(variabile, anteposto)* ein, eine: ***avere un anno*** ein Jahr alt sein; ***-a persona su cento*** eine Person von hundert; ***fra un giorno*** in einem Tag; ***un metro*** ein Meter **3** *(stesso)* derselbe, dieselbe, dasselbe, gleich: ***a un tempo*** zur gleichen Zeit (*o* zu derselben Zeit) **III** pron.indef. **uno, una 1** einer, eine, eines: ***l'~ o l'altro*** der eine oder der andere; ***gli -i e gli altri*** die einen und die anderen; ***~ dei due*** einer von beiden; ***~ dei suoi figli*** eines seiner Kinder; ***-a delle mie amiche*** eine meiner Freundinnen; ***~ dei miei fratelli*** einer meiner Brüder **2** *(qualcuno)* einer, eines, eine, jemand: ***ho parlato con ~ che ti ha visto*** ich habe mit jemandem gesprochen, der dich gesehen hat; ***c'è ~ che ti vuole*** da ist einer, der dich wünscht **3** impers. man, einer: ***se ~ non capisce può chiedere spiegazioni*** wenn einer etwas nicht versteht, kann er um Erklärungen bitten **IV** m. **1a** Eins *f.*: ***puntare sull'~*** auf die Eins setzen **b** *(tram, bus)* ***prendere l'~*** die Eins nehmen **2** *(il 1901)* das Jahr 1901: ***questo fatto risale all'~*** dieses Ereignis geht auf das Jahr 1901 zurück; ***è nato nell'~, è dell'~*** er ist (im Jahre) 1901 geboren **3** FILOS. Eine *n.* **4** RELIG. Eine *m.* ◆ ***a ~ a ~*** einzeln; ***vincere tre a ~*** drei zu eins gewinnen; ***l'un l'altro*** gegenseitig, einander; ***aiutarsi l'~ l'altro*** sich gegenseitig helfen; ***l'~ e l'altro*** beide(s); ***non me ne va bene -a*** mir gelingt auch gar nichts; ***me n'è capitata -a veramente bella*** mir ist wirklich etwas Unglaubliches passiert; ***l'~ contro l'altro*** gegeneinander; ***-a cosa*** etwas; ***per dirne -a*** nur um eins zu sagen; MIL. ***~ due!*** links, rechts! ***~ o due*** ein bis zwei; ***e ~!*** das Erste wäre geschafft! ***un giorno mi disse...*** eines Tages sagte er mir...; ***~ e mezzo*** eineinhalb, anderthalb; ***non ~*** kein; ***non ho capito -a parola*** ich habe kein Wort verstanden; ***un po' per ~*** jeder ein wenig, jeder etwas; ***mangiatene un po' per ~*** esst jeder ein wenig davon; ***l'~ per cento*** ein Prozent; ***dell'~ per cento*** einprozentig; ***-a di quelle*** eine von denen, eine Prostituierte; ***te ne racconto -a bella*** hör dir das an; ***è venuto ~ solo*** nur einer (*o* ein Einziger) ist gekommen; ***~ dei tanti*** irgendwer (*o* irgendeiner *o* einer von vielen *o* einer der vielen); ***essere tutt'~*** eins sein; ***vederlo e scappare è stato tutt'~*** ihn sehen und weglaufen war eins; ***~ per tutti e tutti per ~*** einer für alle und alle für einen; ***~ alla volta*** einer nach dem anderen; ***-a volta*** einmal; *(un tempo)* früher.

un|tic|cio I agg. *(-ci,-ce)* (etwas) fettig, (etwas) schmierig **II** m. Fett *n.*, Schmiere *f.* **un|to I** p.pass. agg. **1** → **ungere 2** fettig, schmierig: ***~ e bisunto*** fettig und schmierig **II** m. Fett *n.* ◆ ***macchia d'~*** Fettfleck *m.*; RELIG. ***l'Unto del Signore*** der Gesalbte.

un|to|re m. STOR. INTRAD. (der absichtlichen Verbreitung der Pest Verdächtigter).

un|tu|me m. Fett *n.*, Schmiere *f.*

un|tuo|si|tà f. Fettigkeit *f.*, Schmierigkeit *f.* **un|tuo|so** agg. **1** fettig, schmierig **2** FIG. *(viscido)* schmierig.

un|zio|ne f. **1** Einsalben *n.*, Einreibung *f.* **2** RELIG. Salbung *f.*, Ölung *f.* ◆ ***estrema ~, ~ degli infermi*** Krankensalbung *f.*, ANT. Letzte

Ölung *f.*; ***dare l'estrema ~ a qcn.*** jdn salben; ***~ sacerdotale*** Priestersalbung *f.*

uo|mo m. *(uomini)* **1** *(essere umano)* Mensch *m.*: ***tutti gli uomini sono uguali*** alle Menschen sind gleich; ***l'~ è un animale ragionevole*** der Mensch ist ein Vernunftwesen; ***la libertà dell'~*** die menschliche Freiheit **2a** *(individuo maschio)* Mann *m.*: ***l'uguaglianza tra ~ e donna*** die Gleichheit zwischen Mann und Frau; ***un vero ~*** ein richtiger Mann; ***è l'~ della mia vita*** er ist der Mann meines Lebens; ***diventare, farsi ~*** zum Mann reifen (*o* werden); ***sii ~!*** sei ein Mann! ***un ~ di carattere*** ein Mann von (*o* mit) Charakter **b** *(membro di un gruppo, di una squadra...)* ***un esercito di diecimila uomini*** ein zehntausend Mann starkes Heer; ***il capitano parlò ai suoi uomini*** der Kapitän sprach zu seinen Männern **3** *(partner)* Freund *m.*, Mann *m.* **4** *(addetto, incaricato)* Arbeiter *m.*, Mann *m.*: ***l'~ del gas*** der Gasmann **5** *(qualcuno, un tale)* jemand, einer: ***c'è un ~ che ci segue*** da ist jemand, der uns folgt **6** *(personalità, individuo)* Persönlichkeit *f.*, Charakter *m.*: ***l'~ Manzoni*** die Persönlichkeit Manzonis ◆ ***abbigliamento, abiti da ~*** Herrenkleidung *f.*; ***~ d'affari*** Geschäftsmann *m.*; ***amicizia tra uomini*** Männerfreundschaft *f.*; ***l'~ dell'anno*** der Mann des Jahres; LETT. ***~ d'arme*** Krieger *m.*; ***~ d'azione*** Mann der Tat (*o* Tatmensch *m.*); ***bicicletta da ~*** Herrenfahrrad *n.*; ***camicia da ~*** Herrenhemd *n.* (*o* Hemd *n.*); ***~ di chiesa*** Geistliche *m.*; ***~ di città*** Städter *m.*; ***~ di colore*** Farbige *m.*; ***~ comune*** Durchschnittsmensch *m.*; ***~ di corte*** Höfling *m.*; ***cosa da uomini*** Männersache *f.*; ***da ~ a ~*** von Mann zu Mann; ***degno di un ~*** menschenwürdig; ***~ di Dio*** Gottesmann *m.*; ***i diritti dell'~*** die Menschenrechte; ***~ di fatica*** Schwerarbeiter *m.*; ***essere un ~ fatto*** ein gemachter Mann sein; ***~ di fiducia*** Vertrauensmann *m.*; BIBL. ***Figlio dell'Uomo*** Menschensohn *m.*; ***l'~ del giorno*** der Mann des Tages (*o* die Tagesberühmtheit); ***l'~ giusto*** der Richtige; ***l'~ gol*** der Torjäger; ***un grand'~*** ein großer Mensch; ***~ ideale*** idealer Mann; ***~ di legge*** Jurist *m.*; ***~ di lettere*** Literat *m.*; SPORT ***marcare a ~*** Mann decken; SPORT ***marcatura a ~*** Manndeckung *f.*; ***~ in mare!*** Mann über Bord! ***~ di mare*** Seemann *m.*; ***a memoria d'~*** seit Menschengedenken; ***a misura d'~*** menschengerecht; ***un ~ di mondo*** ein Mann von Welt; ***~ morto*** *(nei tram)* Totmannbremse *f.*; *(appendiabiti)* Garderobenständer *m.*; FIG. ***essere un ~ morto*** ein toter Mann sein; ***~ di Neandertal*** Neandertaler *m.*; GIOC. ***l'~ nero*** der schwarze Peter; *(nelle storie per bambini)* der schwarze Mann; ***~ delle nevi*** Schneemensch *m.*; ***~ d'onore*** Ehrenmann *m.* (*o* Mann *m.* von Ehre); *(mafioso)* Mafioso *m.*; ***opera dell'~*** Menschenwerk *n.*; ***ostile agli uomini*** männerfeindlich; ***~ di paglia*** Strohmann *m.*; ***un ~ di parola*** ein Mann von Wort; ***parrucchiere da ~*** Herrenfriseur *m.*; ***l'~ partita*** der spielentscheidende Mann; ***a passo d'~*** im Schritttempo; ANTROP. ***~ di Pechino*** Pekingmensch *m.*; ***un pover'~*** ein armer Mensch; *(che vale poco)* ein armseliger Mensch; ***~ preistorico*** Urmensch *m.*; ***essere il primo ~*** der wichtigste Mann sein; ***~ delle pulizie*** Raumpfleger *m.*; ***~ radar*** Fluglotse *m.*; ***~ rana*** Froschmann *m.*; ***reparto uomini*** *(in ospedale)* Männerstation *f.*; ***~ sandwich*** Sandwichmann *m.*; ***un sant'~*** ein Heiliger; ***scarpa da ~*** Herrenschuh *m.*; ***~ di scienza*** Mann *m.* der Wissenschaften; ***senza uomini*** männerlos; FIG. ***come un sol ~*** mit vereinten Kräften; ***rivista, spettacolo per soli uomini*** Männerzeitschrift *f.*, Vorstellung *f.* nur für Männer; ***~ di spirito*** geistreicher Mensch; ***spirito dell'~*** Menschengeist *m.*; ***~ di stato*** Staatsmann *m.*; ***l'~ della strada*** der Mann auf der Straße; ***~ di successo*** Erfolgsmensch *m.*; ***taglia da ~*** Männergröße *f.*; ***~ di teatro*** Theatermann *m.*; ***vestito da ~*** Herrenanzug *m.*; PROV. ***~ avvisato, mezzo salvato*** wer gewarnt ist, ist halb gerettet; ***l'~ propone e Dio dispone*** der Mensch denkt, Gott lenkt; ***l'occasione fa l'~ ladro*** Gelegenheit macht Diebe; ***l'~ è la misura di tutte le cose*** der Mensch ist das Maß aller Dinge.

uo|po, LETT. ***essere d'~*** vonnöten sein; ***all'~*** wenn nötig.

uo|sa f. Gamasche *f.*

uo|vo m. (*-a* f.pl.) Ei *n.*; ***deporre le -a*** *(di gallina)* Eier legen; *(di pesci e anfibi)* Eier ab‿legen; ***covare le -a*** Eier aus‿brüten; ***sbattere, cuocere, raffreddare un ~*** ein Ei schlagen (*o* rühren), kochen, ab‿schrecken; ***sgusciare dall'~*** aus dem Ei schlüpfen; BIOL. ***l'~ si sviluppa in embrione*** das Ei entwickelt sich zum Embryo ◆ ***-a affogate*** verlorene Eier; ***-a al bacon*** Eier mit Speck; ***~ da bere*** Trinkei *n.*; ***bianco d'~*** Eiweiß *n.*; ***-a in camicia*** verlorene Eier; FIG. ***camminare sulle -a*** wie auf Eiern gehen; ***chiara d'~*** Eiweiß *n.*; ***~ di cioccolato*** Schokoladenei *n.*; ***l'~ di Colombo*** das Ei des Kolumbus; ***~ alla, à la coque*** weich gekochtes (*o* weiches) Ei: ***fare un ~ alla coque*** ein Ei weich kochen; ***~ del cuculo*** Kuckucksei *n.*; ***deposizione dell'~*** *(di gallina)* Eierlegen *n.*; *(di pesci e anfibi)* Eiablage *f.*; SPORT ***discesa a ~*** Abfahrt *f.* in windschlüpfriger Haltung; ***facile come bere un ~*** = kinderleicht; ***~ fresco*** Frischei *n.*; ***~ di gallina*** Hühnerei *n.*; ***gallina da -a*** Legehenne *f.*; ***la gallina dalle -a d'oro*** der Goldesel (*o* Dukatenesel); ***chi è venuto prima: l'~ o la gallina?*** wer war zuerst da: das Ei oder die Henne? ***(di colore) giallo ~*** dottergelb; ***-a (fresche) di giornata*** frische Eier (des Tages), frisch gelegte Eier; ***guscio d'~*** Ei(er)schale *f.*; ***~ senza guscio*** Windei *n.*; ***liquore all'~*** Eierlikör *m.*; ***~ all'occhio di bue*** Spiegelei *n.*; ***rompere le -a nel paniere a qcn.*** jdm einen Strich durch die Rechnung machen; ***~ di Pasqua*** Osterei *n.*; ***pasta all'~*** Eiernudeln *pl.*; ***cercare il pelo nell'~*** immer ein Haar in der Suppe finden; ***~ di pesce*** Fischei *n.*, Fischrogen *m.*; ***essere pieno come un ~*** voll bis oben hin sein; ***-a in polvere*** Trockenei *n.*; SPORT ***posizione a ~*** Abfahrtshaltung *f.*; ***~ da rammendo*** Stopfei *n.*; ***rosso d'~*** Eigelb *n.*; ***~ di serpente*** Schlangenei *n.*; ***~ sodo*** hart gekochtes Ei: ***fare un ~ sodo*** ein Ei hart kochen; ***~ strapazzato*** Rührei *n.*; BOT. ***~ di strega*** Teufelsei *n.*; ***~ di struzzo*** Straußenei *n.*; ***~ da tè*** Tee-Ei *n.*; ***~ al tegamino*** Spiegelei *n.*; ***testa d'~*** Eierkopf *m.*; ***tuorlo d'~*** Eidotter *n.*, Eigelb *n.*; ***~ di uccello*** Vogelei *n.*; PROV. ***meglio un ~ oggi che una gallina domani*** besser ein Spatz in der Hand als eine Taube auf dem Dach; ***non si fanno frittate senza rompere le -a*** wo gehobelt wird, fallen Späne.

up|per|cut ['ʌpəkʌt] m.inv. Aufwärtshaken *m.*, Uppercut *m.*

UPU ⇒ *Unione Postale Universale* Weltpostverein (WPV).

u|pu|pa f. Wiedehopf *m.*

u|ra|ga|no m. **1** METEOR. Hurrikan *m.*, Wirbelsturm *m.* **2** ESTENS. *(tempesta)* Orkan *m.*, heftiger Sturm *m.*: ***scoppiò, infuriava un ~*** ein Orkan brach los, tobte (*o* wütete) **3** FIG. Sturm *m.*: ***un ~ di proteste, applausi*** ein Sturm des Protests, Beifalls ◆ ***forza di un ~*** Orkanstärke *f.*

U|ra|li n.pr.m.pl. ***(Monti) ~*** Ural *m.* (*o* Uralgebirge *n.*). **u|ra|li|co** agg. *(-ci,-che)* uralisch.

u|ra|nia|no agg. Uranus-.

u|ra|ni|fe|ro agg. uranhaltig. **u|ra|nio** m. Uran *n.* ◆ ***minerale di ~*** Uranerz *n.*; ***miniera di ~*** Uranbergwerk *n.*

U|ra|no n.pr.m. **1** MITOL. Uranos *m.*, Uranus *m.* **2** ASTR. Uranus *m.*

URAR-TV ⇒ *Ufficio Registro Abbonamento Radio e Televisione* Gebührenstelle für Rundfunk- und Fernsehteilnehmer.

ur|ba|ne|si|mo m. Landflucht *f.*

ur|ba|ni|sta m. e f. *(-i,-e)* Stadtplaner *m.* (-in *f.*). **ur|ba|ni|sti|ca** f. **1** Urbanistik *f.*, Städtebau *m.* **2** *(progettazione)* Stadtplanung *f.* **ur|ba|ni|sti|co** agg. *(-ci,-che)* urbanistisch, städtebaulich ◆ ***pianificazione -a*** Stadtplanung *f.*

ur|ba|ni|tà f. Urbanität *f.*

ur|ba|niz|za|re **I** tr. urbanisieren, verstädtern (anche ESTENS.) **II** pronom. **urbanizzarsi** verstädtern (anche ESTENS.). **ur|ba|niz|za|zio|ne** f. Urbanisierung *f.*, Verstädterung *f.*, Urbanisation *f.* (anche ESTENS.).

ur|ba|no agg. **1** *(della città)* städtisch, Stadt-: ***trasporti -i*** städtische Verkehrsmittel **2** FIG. *(cortese)* urban, weltmännisch ◆ ***distretto ~*** Stadtkreis *m.*; ***guerriglia -a*** Stadtguerrilla *f.*; ***mura -e*** Stadtmauern *pl.*; ***nettezza -a*** städtische Müllabfuhr; ***popolazione -a*** Stadtbevölkerung *f.*; TEL. ***rete -a*** Netz *n.* der städtischen Verkehrsmittel; TEL. Ortsnetz *n.*; ***risanamento ~*** Stadtsanierung *f.*; ***telefonata -a*** Ortsgespräch *n.*; ***traffico ~*** Stadtverkehr *m.*; ***vigile ~*** (städtischer) Polizist *m.*

Ur|ba|no n.pr.m. Urban *m.*

ur|be f. LETT. Stadt *f.* ◆ ***l'Urbe*** die Urbs aeterna, Rom.

ur|bi et or|bi avv. e agg. urbi et orbi, der ganzen Welt ◆ ***benedizione ~*** Urbi et orbi *n.*

ur|bi|na|te **I** agg. von Urbino **II** m. e f. Einwohner *m.* (-in *f.*) Urbinos ◆ ***l'Urbinate*** = Raffael *m.*

u|re|a f. Harnstoff *m.*

u|re|di|na|li f.pl. Rostpilze *pl.*

u|rei|co agg. *(-ci,-che)* Harnstoff-.

u|re|mi|a f. Harnvergiftung *f.*, MED. Urämie *f.*

u|re|mi|co agg. *(-ci,-che)* **1** urämisch **2** *(affetto da uremia)* Urämie-: ***paziente ~*** Urämiepatient *m.*

u|re|te|ra|le agg. Harnleiter-: ***meato ~*** Harnleiterausgang *m.* **u|re|te|re** m. Harnleiter *m.*; MED. Ureter *m.*

u|re|tra f. Harnröhre *f.*, Urethra *f.* **u|re|tra|le** agg. Harnröhren-.

urg. ⇒ *urgente* dringend.

ur|gen|te agg. **1** dringend, dringlich: ***telefonata ~*** dringendes Telefongespräch; ***comunicazione ~ per...*** dringende Mitteilung für...; ***faccenda ~*** dringliche Angelegenheit; COLLOQ. ***ho un bisogno ~*** ich muss mal dringend; ***estremamente ~*** äußerst dringend; ***avere ~ bisogno di qcs.*** etw. dringend benötigen **2** *(posta, telegrafia)* Eil- ◆ ***chiamata ~*** Notgespräch *n.*; ***merce ~*** Eilgut *n.* (*o.* Eilfracht *f.*); ***ordinazione ~*** Eilbestellung *f.* **ur|gen|te|men|te** avv. dringend.

ur|gen|tis|si|mo agg. sehr dringend, sehr eilig.

ur|gen|za f. Dringlichkeit *f.*, Eile *f.*: ***eseguire qcs. con la massima ~*** etw. mit größter Eile aus‿führen; ***con ~*** dringend; ***della massima ~*** äußerst dringlich ◆ ***in caso d'~*** im Notfall; ***chirurgia d'~*** Unfallchirurgie *f.*; ***procedura d'~*** Eilverfahren *n.*

ur|ge|re intr. *(urgo, urgi; ohne zusammengesetzte Formen)* (dringend) nötig sein: ***urgono aiuti immediati*** sofortige Hilfe ist nötig; ***urge assolutamente la sua presenza*** seine Anwesenheit ist dringend nötig ◆ ***urge fare qualcosa*** man muss dringend etwas unternehmen (*o* es muss dringend etwas unternommen werden).

u|ri, u|rì f.inv. Huri *f.*

u|ria f. Lumme *f.*

u|ri|ce|mi|a f. Urikämie *f.* **u|ri|co** agg. *(-ci,-che)* Harn-: ***acido ~*** Harnsäure *f.*

u|ri|na f. Harn *m.*, Urin *m.*: ***trattenere l'~*** den Harn halten ◆ ***analisi delle -e*** Urinuntersuchung *f.*; ***campione di ~*** Urinprobe *f.*

u|ri|na|re I intr. (aus. *avere*) harnen, urinieren **II** tr. harnen. **u|ri|na|rio** agg. *(-ri,-rie)* urinal, Harn- ◆ ***ritenzione -a*** Harnverhaltung *f.*; ***vescica -a*** Harnblase *f.*; ***vie -e*** Harnwege *pl.*; ***calcolo delle vie -e*** Harnstein *m.* **u|ri|na|zio|ne** f. Harnlassen *n.*

ur|la|re I intr. (aus. *avere*) **1** schreien, brüllen: ***~ per la paura, di gioia, dal dolore*** vor Angst, Freude, Schmerz schreien (*o* brüllen); ***~ a perdifiato, a squarciagola, a più non posso*** aus Leibeskräften (*o* vollem Halse, voller Kehle) schreien; ***non ~ così, ti capisco lo stesso!*** schrei nicht so, ich versteh dich sehr gut! ***smettila di ~*** hör auf mit dem Geschrei **2** *(ululare)* heulen **II** tr. schreien, brüllen: ***~ un nome*** einen Namen schreien (*o* brüllen). **ur|la|ta** f. Geschrei *n.*, Gebrüll *n.* **ur|la|to|re I** agg. ZOOL. ***scimmia -trice*** Brüllaffe *m.* **II** m. **1** Schreier *m.*, Brüller *m.*, Schreihals *m.* **2** MUS. *(cantante urlatore)* Schreier *m.*

ur|li|o m. Geschrei *n.*, Gebrüll *n.*

ur|lo m. (*-i* m.pl. e *-a* f.pl.) **1** (pl. *-i*) Schrei *m.*: ***emettere, cacciare un ~*** einen Schrei aus‿stoßen **2a** *(di animali)* Schrei *m.*, Schreien *n.*: ***gli -i dei gabbiani*** die Schreie (*o* das Schreien) der Möwen **b** *(ululato)* Heulen *n.* **3** pl. (pl. *-a*) Schreie *pl.*, SPREG. Geschrei *n.*: ***nessuno sentì le sue -a*** niemand hörte seine Schreie; ***le sue -a si sentirono per tutta la casa*** sein Geschrei hörte man im ganzen Haus **4** FIG. *(suono forte e acuto*; pl. *-i)* Heulen *n.*, Geheul *n.*: ***l'~ del vento*** das Heulen des Windes; ***l'~ della sirena*** das Geheul der Sirene ◆ COLLOQ. ***da ~*** umwerfend; ***~ di dolore*** Schmerzensschrei *m.*; ***~ di gioia*** Freudenschrei *m.*; ***~ di terrore*** Entsetzensschrei *m.*

ur|lo|ne m. COLLOQ. Schreihals *m.*

ur|na f. **1** Urne *f.*: POL. ***andare alle -e*** zu den Urnen gehen **2** LETT. *(tomba)* Grab *n.* ◆ ARCHEOL. ***civiltà dei campi di -e*** Urnenfelderkultur *f.*; ARCHEOL. ***~ cineraria*** Aschenkrug *m.*; ***~ elettorale*** Wahlurne *f.*; ***esito delle -e*** Wahlergebnis *n.*; ***~ funeraria*** Graburne *f.*; ***responso delle -e*** Wahlergebnis *n.*

u|ro m. Ur *m.*, Auerochse *m.*

u|ro|bi|li|na f. Urobilin *n.*

u|ro|de|li m.pl. Molche *pl.*, Schwanzlurche *pl.*

u|ro|gal|lo m. Auerhahn *m.*

u|ro|ge|ni|ta|le agg. urogenital, Urogenital-: ***sistema ~*** Urogenitalsystem *n.*

u|ro|gra|fi|a f. Harnleiterspiegelung *f.*, Urographie *f.*

u|ro|li|to m. Harnstein *m.*, Urolith *m.*

u|ro|lo|gi|a f. Urologie *f.* **u|ro|lo|gi|co** agg. *(-ci,-che)* urologisch. **u|ro|lo|go** m. *(-gi)* Urologe *m.*

u|ro|pi|gio m. *(-gi)* Bürzeldrüse *f.*

ur|rà I inter. hurra: ***hip, hip, hip, ~!*** hipp, hipp, hurra! **II** m.inv. Hurra *n.*, Hurraruf *m.*

URSS ⇒ *Unione delle Repubbliche Socialiste Sovietiche* Union der Sozialistischen Sowjetrepubliken (UdSSR).

Ur|su|la n.pr.f. Ursula *f.*

ur|tan|te I agg. irritierend **II** m. MAR. **1** *(trave)* Stütze *f.*, Stützbalken *m.* **2** *(congegno esplosivo)* Kontaktzünder *m.*, Druckzünder *m.*

ur|ta|re I tr. **1a** ***~ qcs. (contro qcs.)*** mit etw. (gegen etw.) stoßen, mit etw. (gegen etw.) prallen: ***~ la fronte contro uno spigolo*** mit der Stirn gegen eine Kante stoßen (*o* prallen); ***la nave urtò un iceberg*** das Schiff stieß gegen einen Eisberg **b** ***~ qcn.*** jdn an‿stoßen, gegen jdn stoßen: ***~ un passante*** einen Fußgänger anstoßen (*o* gegen einen Fußgänger stoßen) **2** FIG. *(irritare)* irritieren, verletzen, Anstoß erregen: ***il suo comportamento mi urta*** sein Verhalten irritiert mich; ***~ la suscettibilità di qcn.*** jds Feingefühl verletzen **II** intr. (aus. *avere*) ***~ contro qcs.*** gegen etw. stoßen, auf etw. (A) auf‿prallen: ***~ contro la sedia*** gegen den Stuhl stoßen; ***~ contro un palo*** auf einen Mast aufprallen **III** pronom. **urtarsi 1** zusammen‿stoßen, zusammen‿prallen, aufeinander prallen: ***le auto si sono urtate frontalmente*** die Autos sind frontal zusammengestoßen **2** *(irritarsi)* sich ärgern, sich auf‿regen: ***-rsi per un nonnulla*** sich wegen jeder Kleinigkeit aufregen (*o* ärgern) **3a** FIG. *(entrare in contrasto)* aneinander geraten: ***-rsi con i vicini*** mit den Nachbarn aneinander geraten; ***si sono urtati per il solito motivo*** sie sind aus dem üblichen Grund aneinander geraten ◆ ***~ i nervi di qcn.*** jdm auf die Nerven fallen. **ur|ta|ta** f. Stoß *m.*; ***dare un'~ a qcs.*** an etw. (A) stoßen, etw. (D) einen Stoß geben (*o* versetzen). **ur|ta|to** p.pass. agg. **1** → **urtare 2** FIG. gereizt, irritiert, aufgebracht.

ur|ti|ca|ce|e f.pl. Nesselgewächse *pl.*

ur|ti|can|te → **orticante.**

ur|to m. **1a** Stoß *m.*, Schlag *m.* **b** *(scontro, collisione)* Zusammenstoß *m.*, Aufprall *m.* **2** FIG. *(contrasto)* Streit *m.*: ***essere in ~ con qcn.*** mit jdm im Streit sein **3** MIL. Zusammenstoß *m.* **4** FIS. Stoß *m.* ◆ FARM. ***dose d'~*** Stoßdosis *f.*; ***forza d'~*** Stoßkraft *f.*, Aufprallkraft *f.*; *(di veicoli)* Aufprall *m.*; ***mettersi in ~ con qcn.*** sich mit jdm an‿legen; FIS. ***onda d'~*** Stoßwelle *f.*; ***resistente agli -i*** stoßfest, schlagfest; ***terapia d'~*** Stoßtherapie *f.*

u|ru|gua|ia|no I agg. uruguayisch **II** m. Uruguayer *m.* **U|ru|guay** n.pr.m. **1** Uruguay *n.* **2** *(fiume)* Uruguay *m.* **u|ru|gua|ya|no** → **uruguaiano.**

u.s. ⇒ COMM. *ultimo scorso* vergangen.

US ⇒ **1** *Ufficio Stampa* Pressestelle **2** *Uscita di Sicurezza* Notausgang.

u|sa|bi|le agg. brauchbar, benutzbar, verwendbar.

u|sa e get|ta agg.inv. Einweg-, Einmal-: ***rasoio ~*** Einmalrasierer *m.*; ***siringa ~*** Einwegspritze *f.*

u|san|za f. **1** Brauch *m.*, Sitte *f.*: ***~ locale*** lokaler Brauch; ***le -e di un popolo*** die Bräuche eines Volkes; ***è (buona) ~*** es ist Sitte; ***oggi questa ~ è del tutto scomparsa*** heute ist man von diesem Brauch ganz abgekommen **2** *(abitudine)* Gewohnheit *f.*, Angewohnheit *f.*, Gepflogenheit *f.*: ***avere strane -e*** seltsame Gepflogenheiten haben; ***com'è sua ~*** wie es seine Gewohnheit ist **3** *(moda)* Mode *f.* ◆ ***all'~ degli antichi*** nach altem Brauch; ***~ di un paese*** Landessitte *f.*; ***~ popolare*** Volksbrauch *m.*; PROV. ***paese che vai, ~ che trovi*** andere Länder, andere Sitten.

u|sa|re I tr. **1a** benutzen, gebrauchen: ***posso ~ il telefono?*** darf ich das Telefon benutzen? ***~ un dopobarba*** ein Rasierwasser benutzen; ***~ un linguaggio ricercato*** eine gewählte Ausdrucksweise benutzen; ***non posso ~ la mano destra*** ich kann die rechte Hand nicht benutzen **b** *(impiegare)* verwenden: ***~ solo olio d'oliva*** nur Olivenöl verwenden; ***~ i propri soldi per qcs.*** sein Geld für etw. verwenden **c** *(applicare)* an‿wenden: ***~ nuove tecniche*** neue Techniken anwenden; ***~ le minacce, l'inganno*** Drohungen, List anwenden; ***~ le buone maniere*** sich guter Manieren bedienen **2** *(sfruttare)* ein‿setzen, aus‿nutzen: ***~ male il tempo libero*** die Freizeit schlecht nutzen; ***~ le proprie capacità*** seine Fähigkeiten einsetzen **3** *(esercitare)* üben, walten lassen: ***~ indulgenza, discrezione*** Nachsicht, Diskretion üben; ***~ clemenza*** Milde walten lassen **4** *(essere solito)* ***~ fare qcs.*** pflegen, etw. zu tun (*o* etw. gewöhnlich tun); ***mio padre usava fare così*** mein Großvater pflegte es so zu machen; ***usa alzarsi molto presto*** er steht gewöhnlich sehr früh auf **II** intr. (aus. *essere*) **1** ***~ di qcs.*** von etw. Gebrauch machen **2** impers. ***(si) usa*** es ist Sitte, es ist üblich, gebräuchlich, gang und gäbe: ***da noi si usa così*** bei uns ist das üblich; ***(si) usa fare qcs.*** es ist gang und gäbe, etw. zu tun; ***un tempo si usava credere che...*** man glaubte früher, dass... **3** impers. *(essere di moda)* ***si usa, si usano*** es ist, sind Mode: ***quest'anno le gonne si usano più corte*** dieses Jahr sind kürzere Röcke Mode ◆ ***~ attenzione*** Acht geben (*o* vorsichtig sein); ***~ comprensione nei confronti di qcn.*** jdm Verständnis entgegen‿bringen; ***usami la cortesia di dirglielo tu*** sei so freundlich, und sag es ihm du; ***~ un diritto*** von einem Recht Gebrauch machen; ***usami il favore di prestarmi l'auto*** tu mir den Gefallen, und leih mir das Auto; ***non ~ più*** überholt sein; ***sono abitudini che non usano più*** das sind überholte Gewohnheiten; ***questi metodi non usano più*** diese Methoden sind überholt; ***~ le orecchie*** die Ohren spitzen; ***~ tutto il proprio potere*** seine ganze Macht gebrauchen; ***~ prudenza*** Vorsicht üben; ***non si usa salutare?*** nun grüß mal schön! ***sapere ~ bene qcs.*** gut (*o* geschickt) mit etw. umgehen können; sich mit etw. gut aus‿kennen; ***~ la testa*** seinen Kopf an‿strengen; ***~ la violenza*** Gewalt an‿wenden; ***~ violenza a qcn.*** jdm Gewalt an‿tun; *(violentare)* jdn vergewaltigen. **u|sa|to I** p.pass. agg. **1** → **usare 2a** gebraucht, Gebraucht-: ***auto -a*** Gebrauchtwagen *m.*; ***mobili, vestiti -i*** Gebrauchtmöbel, gebrauchte Kleider **b** *(di seconda mano)* Secondhand-, aus zweiter Hand: ***libri -i*** Bücher aus zweiter Hand **3** *(consumato)* abgenutzt, abgenützt **4** *(abituato)* gewohnt: ***~ a qcs.*** an etw. (A) gewohnt **5** *(abituale)* gewöhnlich, üblich, gebräuchlich **II** m. **1** Gebrauchte *n.*, Gebrauchtwaren *pl.* **2** *(solito)* Gewohnte *n.*, Gewöhnliche *n.*; ***cose fuori dall'~*** außergewöhnliche Dinge (*o* Außergewöhnliches) ◆ ***bancarella della roba -a*** Gebrauchtwarenstand *m.*; ***mercato dell'~*** Gebrauchtwarenmarkt *m.*; ***molto ~*** viel gebraucht; ***negozio di roba -a*** Secondhandladen *m.*, Gebrauchtwarenladen *m.*, Seconhandshop *m.*; ***olio ~*** Altöl *n.*; ***i prezzi dell'~*** die Preise der Gebrauchtwagen; ***vetro ~*** Altglas *n.*

U|sbe|chi|stan n.pr.m. Usbekistan *n.* **u|sbe|co I** agg. *(-chi,-che)* usbekisch **II** m. *(-chi)* **1** Usbeke *m.* **2** *(lingua)* Usbekisch(e) *n.*

u|sber|go m. *(-ghi)* **1** *(corazza)* Rüstung *f.*, Panzer *m.* **2** FIG. *(protezione)* Schutz *m.*, Schirm *m.*.

u|scen|te agg. **1** ablaufend, auslaufend, zu Ende gehend: ***l'anno ~*** das ablaufende Jahr **2** *(alla fine del mandato)* ausscheidend: ***il ministro ~*** der ausscheidende (*o* aus der Regierung scheidende) Minister **3** LING. endend: ***i verbi -i in "are"*** die auf „are" endenden Verben.

u|scie|re m. **1** Amtshelfer *m.*, Amtsgehilfe *m.* **2** ANT. *(ufficiale giudiziario)* Gerichtsdiener *m.*

u|scio m. *(usci)* REGION. Tür *f.*: ***sbattere l'~*** die Tür zu_schlagen; ***stare sull'~*** an der Tür stehen; ***farsi sull'~*** an die Tür treten; FIG. ***mettere qcn. all'~*** jdn vor die Tür setzen; ***prendere l'~*** zur Tür hinaus_gehen ◆ ***essere a ~ e bottega*** Tür an Tür wohnen; ***~ di casa*** Haustür *f.*; ***essere tra l'~ e il muro*** keinen Ausweg haben (*o* in der Klemme sitzen); ***non si trova a ogni ~*** das findet man nicht auf der Straße.

u|sci|re intr. *(esco, esci, esce, usciamo, uscite, escono*; fut. *uscirò*; imperf. *uscivo*; pass.rem. *uscii*; congiunt.pres. *esca, usciamo*; congiunt.pass. *uscisse*; imper. *esci, uscite*; p.pres. *uscente*; p.pass. *uscito*; aus. *essere)* **1a** *(allontanandosi)* hinaus_gehen, gehen; *(avvicinandosi)* heraus_kommen: ***~ di, da casa, dalla stanza*** aus dem Haus, dem Zimmer gehen; ***è uscito il sole*** die Sonne ist herausgekommen; ***~ fuori in giardino*** in den Garten hinausgehen; ***il chiodo esce dall'altra parte*** der Nagel kommt auf der anderen Seite heraus; ***si esce di qui*** hier ist der Ausgang **b** *(con veicolo)* hinaus_fahren, fahren; *(avvicinandosi)* heraus_fahren: ***~ dal garage con l'auto*** mit dem Auto aus der Garage fahren **c** *(di veicoli)* heraus_fahren; ***il treno esce dalla stazione*** der Zug fährt aus dem Bahnhof hinaus **d** *(di imbarcazione)* aus_laufen: ***~ dal porto*** aus dem Hafen auslaufen **2** *(provenire)* kommen: ***parole che escono dal cuore*** Worte, die aus dem Herzen kommen; ***dalla sua bocca uscirono insulti irripetibili*** aus seinem Mund kamen nicht wiederzugebende Beleidigungen; ***è uscito da un'ottima scuola*** er kommt aus einer ausgezeichneten Schule **3** *(da veicolo)* aus_steigen: ***~ dall'auto*** aus dem Auto aussteigen **4** *(per divertimento)* aus_gehen: ***stasera non esco*** heute abend gehe ich nicht aus; ***i suoi genitori non la fanno mai ~*** ihre Eltern lassen sie nie ausgehen; ***sono malato e non posso ~*** ich bin krank und darf nicht raus **5** MIL. *(in formazione)* aus_ziehen, aus_marschieren **6** *(smettere di far parte)* aus_treten: ***~ da un partito*** aus einer Partei austreten **7** *(da uno stato straniero)* ***~ dal territorio francese*** das französische Staatsgebiet verlassen **8** *(lasciare un luogo)* gehen: ***esco di casa alle otto*** um acht Uhr gehe ich aus dem Hause (*o* verlasse ich das Haus); ***~ dall'ufficio*** das Büro verlassen **9a** *(di sostanze)* heraus_treten, heraus_kommen **b** *(di liquidi)* aus_fließen, fließen: ***l'acqua esce dal rubinetto*** das Wässer fließt aus dem Hahn **c** *(di gas)* aus_strömen **10** *(di pubblicazione)* erscheinen, heraus_kommen: ***il libro è appena uscito*** das Buch ist gerade erschienen: ***questa rivista esce il lunedì*** diese Zeitschrift kommt montags heraus; ***sta per uscire il suo nuovo disco*** bald wird seine neue Platte erscheinen (*o* herauskommen) **11a** *(venire estratto)* gezogen werden: ***è uscito il 22*** die 22 ist gezogen worden **b** *(rif. a persone)* ***il mio nome è uscito per primo*** ich komme als Erster dran **12** *(esclamare, sbottare)* heraus_platzen; ***uscirsene con un'imprecazione*** einen Fluch aus_stoßen **13** *(scampare, cavarsela)* entkommen, davon_kommen: ***uscirne vivo*** mit dem Leben davonkommen; ***~ illeso, indenne*** heil (*o* mit heiler Haut), unverletzt davonkommen; ***~ indenne da un pericolo*** einer Gefahr heil entkommen **14** *(lasciare dietro di sé)* hinter sich lassen: ***~ dall'inverno*** den Winter hinter sich lassen; ***è uscito da un brutto periodo*** er hat eine schlimme Zeit hinter sich (gelassen) **15** *(sporgere)* hervor_stechen **16** *(sboccare)* münden: ***questa strada esce sulla piazza*** diese Straße mündet auf den (*o* dem) Platz **17** *(essere ricavato)* ***da questa stoffa escono tre camicie*** dieser Stoff reicht für drei Hemden **18** *(essere prodotto)* hergestellt werden: ***dalla fabbrica escono mille pezzi al giorno*** in der Fabrik werden täglich 1000 Stück hergestellt **19** INFORM. heraus_gehen, gehen: ***~ dal programma*** aus dem Programm gehen ◆ ***~ all'aperto*** ins Freie (*o* nach draußen) gehen; ***~ dall'autostrada*** von der Autobahn ab_fahren, die Autobahn verlassen; ***~ di bocca*** entschlüpfen; SPORT ***~ dal campo*** das Spielfeld verlassen; ***~ dal convento*** den Orden verlassen; ***~ di corsa*** hinaus_laufen; COLLOQ. ***ma da dove sei uscito?*** wo kommst du denn her? ***fare ~ qcn.*** jdn hinaus_lassen; ***non fatelo ~!*** lasst ihn nicht hinaus! *(carte)* ***~ a fiori*** Kreuz ab_legen; ***~ dai gangheri*** in Harnisch geraten, aus der Haut fahren; ***fare ~ qcn. dai gangheri*** jdn in Harnisch bringen; ***~ dal lavoro*** Feierabend haben; *(per il pranzo)* Mittagspause haben; ***~ dal letto*** auf_stehen; ***il torrente è uscito dal suo letto*** der Sturzbach ist über die Ufer getreten; ***~ da una malattia*** von einer Krankheit genesen; ***~ in mare aperto*** aufs offene Meer hinaus_fahren; ***mi è uscito di mente*** es ist mir aus dem Sinn gekommen; ***~ sul mercato*** auf den Markt kommen; ***~ dalla mischia*** aus dem Gewühl heraus_kommen; ***mi esce dagli occhi*** ich kann das nicht mehr sehen; FIG. ***uscirne con onore*** mit Ehren daraus hervor_gehen; ***mi esce dalle orecchie*** ich kann das nicht mehr hören; ***~ dall'ospedale*** aus dem Krankenhaus entlassen werden; ***~ a passeggio*** spazieren gehen; COLLOQ. ***~ pazzo*** durch_drehen (*o* aus_flippen); SPORT ***~ di porta*** aus dem Tor heraus_laufen; ***~ di prigione*** aus dem Gefängnis entlassen werden; SPORT ***~ di pugno*** den Ball mit der Faust ab_wehren; ***uscirsene con una risata*** in Gelächter aus_brechen; ***~ dal riserbo*** die Zurückhaltung auf_geben; ***gli esce il sangue dal naso*** er blutet aus der Nase; ***~ di scena*** von der Bühne ab_treten; FIG. von der Bildfläche verschwinden; ***~ di sé*** außer sich geraten; ***~ dal seminato*** vom Thema ab_kommen; ***~ di senno*** den Verstand verlieren; ***~ di strada*** von der Straße ab_kommen; ***esci subito!*** geh sofort! *(avvicinandosi)* komm sofort heraus! ***~ vincitore*** als Sieger hervor_gehen.

u|sci|ta f. **1a** Ausgang *m.*, Ausgehen *n.* **b** *(di veicoli)* Ausfahrt *f.* **c** MAR. Auslaufen *n.*: ***l'~ della nave dal porto*** das Auslaufen des Schiffes aus dem Hafen **2a** *(luogo)* Ausgang *m.*: ***all'~*** am Ausgang; ***aspettami all'~*** warte am Ausgang auf mich **b** *(per veicoli)* Ausfahrt *f.* **3** *(lo scendere da un veicolo)* Aussteigen *n.* **4a** *(di liquidi)* Austritt *m.*, Ausfluss *m.* **b** *(di gas)* Ausströmen *n.*, Austritt *m.* **c** *(di fumo)* Aufsteigen *n.* **5** *(foro d'uscita)* Auslass *m.*, Austritt *m.* **6** *(espatrio)* Ausreise *f.* **7** FIG. *(osservazione, battuta)* Bemerkung *f.*: ***un'~ infelice*** eine unglückliche Bemerkung **8** COMM. INFORM. Ausgabe *f.*: ***le entrate e le -e*** Einnahmen und Ausgaben; ***le -e ammontano a...*** die Einnahmen belaufen sich auf... **9** *(pubblicazione)* Veröffentlichung *f.*, Erscheinung *f.* **10** LING. Auslaut *m.*, Endung *f.* **11a** TEATR. *(l'uscire di scena)* Abgang *m.* **b** *(entrata in scena)* Auftreten *n.*, Auftritt *m.* **12a** SPORT *(calcio)* Herauslaufen *n.*: ***l'~ del portiere*** das Herauslaufen des Torwarts **b** *(scherma)* Ausfall *m.* ◆ ***~ dell'autostrada*** Autobahnausfahrt *f.*; ***buona ~*** Abfindung *f.*; ***~ dei dati*** Datenausgabe *f.*; ***~ di emergenza*** Notausgang *m.*; ***giorno di ~*** Ausgehtag *m.* (*o* Ausgang *m.*); ***trovare l'~ del labirinto*** aus dem Labyrinth heraus_finden; MIL. ***essere in libera ~*** Ausgang haben; ***~ delle merci dal deposito*** Auslagerung der Waren; EL. ***potenza d'~*** Ausgangsleistung *f.*; ***~ principale*** Haupteingang *m.*; ***~ secondaria*** Nebeneingang *m.*; ***~ di sicurezza*** Notausgang *m.*; ***strada senza ~*** Sackgasse *f.*; ***~ del vapore*** Dampfaustritt *m.*; FIG. ***via d'~*** Ausweg *m.*; ***non c'è via d'~*** es gibt keinen Ausweg (*o* es ist ausweglos); ***una situazione senza via d'~*** eine ausweglose Lage.

u|si|gno|lo m. Nachtigall *f.*: ***cantare come un'~*** wie eine Nachtigall singen.

u|si|ta|to agg. üblich, gebräuchlich, gewöhnlich: ***all'ora -a*** zur gewöhnlichen Zeit.

USL ⇒ *Unità Sanitaria Locale* örtliches Gesundheitsamt.

1.u|so m. **1a** Gebrauch *m.*, Benutzung *f.*, Verwendung *f.*: ***l'~ del vocabolario*** der Gebrauch des Wörterbuchs **b** *(applicazione)* Anwendung *f.* **2a** *(ingestione)* Genuss *m.*: ***l'~ di alcol*** der Genuss von Alkohol **b** *(di farmaci)* Einnahme *f.*, Gebrauch *m.*: ***l'~ di tranquillanti*** die Einnahme von Beruhigungsmitteln **3** *(pratica)* Übung *f.*, Praxis *f.*: ***le lingue si apprendono con l'~*** Sprachen lernt man durch Übung **4** *(fine, destinazione)* Verwendungszweck *m.*, Zweck *m.*, Gebrauch *m.*: ***per ~ industriale*** für industrielle Zwecke; ***per tutti gli -i*** für alle Verwendungszwecke **5** LING. Sinn *m.*, Gebrauch *m.*: ***l'~ proprio, estensivo, figurato di una parola*** der eigentliche, erweiterte, übertragene Sinn eines Wortes **6a** *(usanza)* Brauch *m.*, Sitte *f.*: ***-i e costumi*** Sitten und Bräuche; ***secondo l'~ del tempo*** nach damaligem Brauch **b** *(abitudine)* Angewohnheit *f.*: ***ha l'~ di interrompere tutti*** er hat die Angewohnheit, alle zu unterbrechen; ***farci l'~*** sich daran gewöhnen **7** DIR. Nießbrauch *m.*, Nutznießung *f.*, Nutzung *f.* ◆ ***agitare prima dell'~*** vor Gebrauch schütteln; ***all'~*** auf Art; ***all'~ indiano*** auf indische Art; ***per ~ amministrativo*** für Amtszwecke; ***qui c'è l'~ di dare la mano*** hier ist es Sitte, die Hand zu geben; ***secondo gli -i commerciali*** handelsüblich; ***entrare nell'~ comune*** allgemein gebräuchlich werden; ***a proprio ~ e consumo*** für den Hausgebrauch; ***di ~ corrente*** gebräuchlich; ***parola di ~ corrente*** geläufiger Ausdruck; ***generi di ~ corrente*** Güter des täglichen Bedarfs; ***~ (di) cucina*** Kochgelegenheit *f.*; ***di ~*** gebräuchlich, für den Gebrauch; ***di ~ pubblico*** für den allgemeinen Gebrauch; *(abituale)* üblich: ***lo sconto d'~*** der übliche Nachlass; ***alle condizioni d'~*** zu den üblichen Bedingungen; ***per ~ domestico*** für den Hausgebrauch; ***entrare nell'~*** gebräuchlich werden; FARM. ***per ~ esterno*** zum (*o* für den) äußerlichen Gebrauch; ***fare ~ di qcs.*** von etw. Gebrauch machen, etw. an‿wenden, etw. benutzen, etw. verwenden: ***fare ~ di un veicolo*** ein Fahrzeug benutzen; ***fare ~ della forza*** Gewalt anwenden; ***fare ~ di stupefacenti*** Drogen nehmen; ***fuori ~*** *(non più usato)* außer Gebrauch; *(inutilizzabile)* unbrauchbar; *(fuori servizio)* außer Betrieb: ***mettere qcs. fuori ~*** etw. außer Betrieb setzen; ***in ~*** im Gebrauch, gebräuchlich; ***pratiche in ~ presso qcn.*** bei jdm gebräuchliche Sitten; ***non essere più in ~*** nicht mehr gebräuchlich sein; *(di moda)* ***essere in ~*** Mode sein (*o* modern sein); ***tornare in ~*** wieder modern sein; ***~ indebito*** unrechtmäßiger Gebrauch; FARM. ***per ~ interno*** für innerliche Anwendung; ***istruzioni per l'~*** Gebrauchsanweisung *f.*, Bedienungsanleitung *f.*; ***la presente si rilascia per gli -i consentiti dalla legge*** diese Erklärung gilt für gesetzlich vorgesehene Verwendungszwecke; ***lingua d'~*** Alltagssprache *f.*; ***secondo l'~ locale*** ortsüblich; DIR. ***~ marittimo*** Seegebrauch *m.*, Seegewohnheitsbrauch *m.*; ***perdere l'~*** verlieren; ***perdere l'~ della parola, della ragione*** die Sprache, den Verstand verlieren; ***perdere l'~ delle gambe*** nicht mehr gehen können; ***oggetti d'~ personale*** persönliche Gebrauchsgegenstände; ***per ~ personale*** für den persönlichen Bedarf; ***apparecchio per più -i*** Mehrzweckgerät *n.*; ***per, a ~ privato*** zum Privatgebrauch; ***pronto per l'~*** gebrauchsfertig; ***riacquistare l'~ di qcs.*** etw. wieder gebrauchen können; ***per ~ scolastico*** für den Schulgebrauch; ***fotografia (per) ~ tessera*** Passbild *n.*; ***locali ~ ufficio*** Büroräume *pl.*; ***valore d'~*** Nutzwert *m.*, Gebrauchswert *m.*

2.u|so, LETT. ***essere ~ a qcs.*** an etw. (A) gewöhnt sein; ***essere ~ a fare qcs.*** gewohnt sein, etw. zu tun.

us|sa|ro, us|se|ro m. Husar *m.*

us|si|ta *(-i,-e)* **I** agg. hussitisch **II** m. e f. Hussit *m.* (-in *f.*).

USSL ⇒ *Unità Socio-Sanitaria Locale* örtliches Gesundheitsamt.

u|sti|la|gi|ne f. Brandpilz *m.*

u|stio|na|re I tr. verbrennen; *(con liquidi)* verbrühen **II** pronom. **ustionarsi** sich verbrennen; *(con liquidi)* sich verbrühen. **u|stio|na|to** m. Verletzte *m.* mit Verbrennungen (*o* Brandwunden) ◆ ***reparto grandi -i*** Station *f.* für Patienten mit schweren Verbrennungen. **u|stio|ne** f. **1** Verbrennung *f.* **2** *(ferita)* Verbrennung *f.*, Brandwunde *f.*; *(con liquidi)* Verbrühung *f.*: ***~ superficiale*** oberflächliche Verbrennung; ***-i di primo, secondo, terzo grado*** Verbrennungen ersten, zweiten, dritten Grades; ***una grave ~*** eine schwere Verbrennung; ***riportare (gravi) -i*** (schwere) Verbrennungen erleiden (*o* davon‿tragen).

u|sto|rio agg. *(-ri,-rie)* Brenn-: ***specchio ~*** Brennspiegel *m.*

u|sua|le agg. üblich, gewöhnlich, gebräuchlich: ***un'espressione ~*** eine gebräuchliche Redensart. **u|sual|men|te** avv. üblich, üblicherweise, gewöhnlich.

u|su|ca|pio|ne f. DIR. Ersitzung *f.* **u|su|ca|pi|re** tr. *(usucapisco, usucapisci)* DIR. ersitzen.

u|su|fru|i|bi|le agg. nutzbar.

u|su|fru|i|re intr. *(usufruisco, usufruisci*; aus. *avere)* **1** DIR. nutznießen **2a** ESTENS. *(godere)* ***~ di qcs.*** etw. genießen; ***~ di un privilegio*** ein Privileg genießen **b** *(avere a disposizione)* ***~ di qcs.*** sich etw. (G) bedienen, etw. benutzen, von etw. Gebrauch machen; ***~ della cucina*** die Küche benützen **c** *(di un servizio)* in Anspruch nehmen, Gebrauch machen.

u|su|frut|to m. Nutznießung *f.*, Nießbrauch *m.*, Nießnutz *m.*: ***lasciare qcs. in ~ a qcn.*** jdm etw. zur Nutznießung überlassen ◆ ***diritto di ~*** Nutzungsrecht *n.* **u|su|frut|tua|rio I** agg. *(-ri,-rie)* nutznießend **II** m. *(-ri)* Nutznießer *m.*, Nießbraucher *m.*, Nießnutzer *m.*

1.u|su|ra f. **1** *(attività)* Wucher *m.*, Wucherei *f.*: ***esercitare l'~*** Wucher treiben (*o* wuchern) **2** *(interesse)* Zinswucher *m.*; ***prestare denaro a ~*** Geld zu Wucherzinsen leihen ◆ FIG. ***a ~*** reichlich: ***ricompensare qcn. a ~*** jdn reichlich entlohnen.

2.u|su|ra f. **1** *(logoramento)* Verschleiß *m.*, Abnutzung *f.*: ***l'~ delle suole*** die Abnutzung der Sohlen; ***essere sottoposto a una forte ~*** einem starken Verschleiß unterliegen **2** FIG. Aufreibung *f.*, Zerrüttung *f.* ◆ ***prova di ~*** Verschleißprüfung *f.*; ***resistente all'~*** verschleißfest; ***resistenza all'~*** Verschleißfestigkeit *f.*; ***segno dell'~*** Verschleißerscheinung *f.*; ***test d'~*** Verschleißprüfung *f.*

u|su|ra|io m. *(-ai)* Wucherer *m.* ◆ ***prezzo da ~*** Wucherpreis *m.*

u|su|ra|re I tr. ab‿nutzen, verschleißen **II** pronom. **usurarsi** sich ab‿nutzen, verschleißen.

u|su|ra|rio agg. *(-ri,-rie)* wucherisch, Wucher-: ***interessi -ri*** Wucherzinsen.

u|sur|pa|re tr. **1** usurpieren: ***~ il trono*** den Thron usurpieren **2** ESTENS. ***~ qcs.*** sich (D) etw. widerrechtlich an‿eignen ◆ ***~ il diritto di qcn.*** in jds Rechte ein‿greifen. **u|sur|pa|ti|vo** agg. usurpatorisch. **u|sur|pa|to|re I** agg. usurpatorisch **II** m. Usurpator *m.* **u|sur|pa|zio|ne** f. **1** Usurpation *f.* **2** ESTENS. Aneignung *f.*

1.u|ten|si|le I agg. Werkzeug-: ***macchina ~*** Werkzeugmaschine *f.* **II** m. → **2.utensile.**

2.u|ten|si|le m. **1** Gerät *n.* **2** TECN. Werkzeug *n.*, Utensil *n.* ◆ ***~ da cucina*** Küchengerät *n.*; ***-i da falegname*** Tischlerwerkzeug *n.*; ***-i manuali*** Handwerkszeug *n.* **u|ten|si|le|ri|a** f. Werkzeuge *pl.*, Handwerkszeug *n.* **u|ten|si|li|sta** m. e f. *(-i,-e)* Werkzeugmacher *m.* (-in *f.*).

u|ten|te m. e f. **1** Benutzer *m.* (-in *f.*): ***gli -i della biblioteca*** die Benutzer der Bibliothek **2** *(di un servizio)* Teilnehmer *m.* (-in *f.*), Abnehmer *m.* (-in *f.*) ◆ ***~ della corrente elettrica*** Stromabnehmer *m.*; ***~ del gas*** Gasabnehmer *m.*; ***~ dei mezzi pubblici*** Verkehrsteilnehmer *m.*; ***~ della radio*** Rundfunkteilnehmer *m.*; ***~ telefonico, del telefono*** Fernsprechteilnehmer *m.*; ***~ della televisione, televisivo*** Fernsehteilnehmer *m.* **u|ten|za** f. **1** Benutzung *f.* **2** *(insieme degli utenti)* Teilnehmer *pl.*, Abnehmer *pl.*, Abnehmerkreis *m.*

u|te|ri|no agg. **1** uterin, Gebärmutter-: ***prolasso ~*** Gebärmuttervorfall *m.* **2** FIG. gefühlsmäßig, unbeherrscht ◆ ***morsi -i*** Nachwehen *pl.*; ***retroflessione, retroversione -a*** Rückwärtsneigung *f.*, Rückwärtsknickung *f.* der Gebärmutter; ***tromba -a*** Muttertrompete *f.*; ***tuba -a*** Eileiter *m.*

u|te|ro m. Gebärmutter *f.*, Uterus *m.*: ***~ retroverso, retroflesso*** rückwärts geneigte, rückwärts geknickte Gebärmutter ◆ ***abbassamento dell'~*** Gebärmuttersenkung *f.*; ***bocca dell'~*** Gebärmuttermund *m.*; ***collo dell'~*** Gebärmutterhals *m.*; ***raschiamento dell'~*** Ausschabung *f.* der Gebärmutter.

u|ti|le I agg. **1** nützlich: ***un regalo ~*** ein nützliches Geschenk; ***un consiglio ~*** ein nützlicher Ratschlag **2** *(vantaggioso)* vorteilhaft, von Vorteil, nützlich: ***sarebbe ~ saperlo*** es wäre vorteilhaft, (das) zu wissen **3** *(di persona)* behilflich, hilfreich, nützlich **4** *(funzionale)* zweckdienlich, zweckmäßig: ***un mobile ~*** ein zweckdienliches Möbelstück **5** TECN. Nutz- **II** m. **1** Nützliche *n.* **2** ECON. Gewinn *m.*, Profit *m.*: ***realizzare un ~ del 8 %*** 8 % Gewinn erzielen ◆ ***~ di bilancio*** Bilanzgewinn *m.*; ***~ di capitale*** Kapitalgewinn *m.*; ***carico ~*** Nutzlast *f.*; ***~ contabile*** Buchgewinn *m.*; ***unire l'~ al dilettevole*** das Angenehme mit dem Nützlichen verbinden; ***distribuzione degli -i*** Gewinnausschüttung *f.*; ***~ fittizio*** Scheingewinn *m.*; ***dare indicazioni -i alla polizia*** der Polizei zweckdienliche Hinweise liefern; ***~ lordo*** Bruttoverdienst *m.*; ***~ netto*** Nettoertrag *m.*, Reinertrag *m.*; ***partecipazione agli -i*** Gewinnbeteiligung *f.*; ***posso esserle ~?*** kann ich Ihnen helfen (*o* behilflich sein)? ***quota di ~*** Gewinnanteil *m.*; ***rendersi ~*** sich nützlich machen; ***è ~ sapere che...*** es ist gut zu wissen, dass...; ***superficie ~*** Nutzfläche *f.*; ***tempo ~*** letztmöglicher Termin; ***in tempo ~*** rechtzeitig; ***tornare, venire ~*** zugute kommen.

u|ti|li|tà f. **1** Nützlichkeit *f.*, Nutzen *m.*: ***l'~ di una precauzione*** die Nützlichkeit (*o* der Nutzen) einer Schutzmaßnahme **2** *(vantaggio)* Nutzen *m.*, Vorteil *m.*: ***di poca, molta ~*** von geringem, großem Nutzen ◆ INFORM. ***programma di ~*** Hilfsprogramm *n.*; ***pubblica ~*** Gemeinnutz *m.*; ***di pubblica ~*** gemeinnützig; ***servizio di pubblica ~*** öffentliche Dienstleistung.

u|ti|li|ta|ria f. Kleinwagen *m.*, Kleinauto *n.* **u|ti|li|ta|rio** agg. *(-ri,-rie)* ***vettura, automobile -a*** Kleinwagen *m.*, Kleinauto *n.*

u|ti|li|ta|ri|smo m. **1** FILOS. Utilitarismus *m.*, Nützlichkeitsprinzip *n.* **2** *(il pensare al proprio utile)* Nützlichkeitsdenken *n.* **u|ti|li|ta|ri|sta** m. e f. *(-i,-e)* Utilitarist *m.* (-in *f.*). **u|ti|li|ta|ri|sti|co** agg. *(-ci,-che)* utilitaristisch, Nützlichkeits-: ***pensiero ~*** Nützlichkeitsdenken *n.*; ***principio ~*** Nützlichkeitsprinzip *n.*

u|ti|liz|za|bi|le agg. benutzbar, brauchbar, nutzbar, verwendbar, verwertbar: ***essere ~ per molti scopi*** für mehrere Zwecke verwendbar sein; ***questa macchina non è ~*** dieses Auto ist nicht benutzbar (*o* ist unbenutzbar). **u|ti|liz|za|bi|li|tà** f. Brauchbarkeit *f.*, Nutzbarkeit *f.*, Verwendbarkeit *f.*, Verwertbarkeit *f.*

u|ti|liz|za|re tr. **1a** (be)nutzen, gebrauchen: ***~ il trapano*** den Bohrer benutzen; ***~ una stanza come biblioteca*** ein Zimmer als Bibliothek nutzen **b** *(fare uso di)* verwenden: ***~ solo olio d'oliva*** nur Olivenöl verwenden; ***~ materiali di prima qualità*** Material bester Qualität verwenden; ***~ male il proprio tempo*** seine Zeit schlecht verwenden **c** *(applicare)* an‿wenden: ***~ nuove tecniche*** neue Techniken anwenden **2** *(trarre vantaggio)* ein‿setzen, aus‿nutzen: ***~ le proprie capacità*** seine Fähigkeiten einsetzen **3** *(sfrutta-*

re) verwerten, nutzen: ~ ***gli scarti*** die Abfälle verwerten ◆ ~ ***un credito*** einen Kredit in Anspruch nehmen. **u|ti|liz|za|to|re** m. Benutzer *m.*, Verwender *m.* **u|ti|liz|za|zio|ne** f. **1a** Benutzung *f.* **b** *(impiego)* Verwendung *f.* **c** *(applicazione)* Anwendung *f.* **2** BUROCR. Ingebrauchnahme *f.* **3** *(sfruttamento)* Verwertung *f.*, Ausnutzung *f.* ◆ ~ ***di un'area*** Flächennutzung *f.*

u|ti|liz|zo m. **1a** Benutzung *f.* **b** *(impiego)* Verwendung *f.* **c** *(applicazione)* Anwendung *f.* **2** BUROCR. Inanspruchnahme *f.* **3** *(sfruttamento)* Verwertung *f.*, Ausnutzung *f.* ◆ ***mancato*** ~ Nichtbenutzung *f.*

u|til|men|te avv. vorteilhaft, nützlich.

u|to|pi|a f. Utopie *f.* (anche ESTENS.): ***è pura*** ~ das ist reine Utopie! **u|to|pi|co** agg. *(-ci,-che)* utopisch. **u|to|pi|sta** m. e f. *(-i,-e)* Utopist *m.* (-in *f.*). **u|to|pi|sti|co** agg. *(-ci,-che)* utopisch.

UV ⇒ *ultravioletto* ultraviolett (UV) ◆ ***filtro*** ~ UV-Filter *m.*; ***radiazione*** ~ UV-Strahlung *f.*; ***raggi*** ~ UV-Strahlen.

u|va f. Trauben *pl.*: ~ ***nera, bianca*** blaue, grüne (*o* weiße) Trauben; ***pigiare l'~*** Trauben keltern ◆ ***acino d'~*** Weinbeere *f.*; ***grappolo d'~*** Weintraube *f.*; ~ ***orsina*** Bärentraube *f.*; ~ ***passa*** Rosinen *pl.*; ~ ***spina*** Stachelbeere *f.*; ***succo d'~*** Traubensaft *m.*; ~ ***sultanina*** Sultanine *f.*; ~ ***da tavola*** Tafeltrauben *pl.*; ***tignola dell'~*** Traubenwickler *m.*; ***torchio per l'~*** Traubenpresse *f.* (*o* Weinpresse *f.*); ~ ***turca*** Scharlachbeere *f.*, Kermesbeere *f.*

u|vet|ta f. Rosinen *pl.* ◆ ***pane all'~*** Rosinenbrot *n.*

u|vu|la → **ugola.** **u|vu|la|re** agg. Gaumenzäpfchen-, uvular.

u|xo|ri|ci|da I m. e f. *(-i,-e)* Gattenmörder *m.* (-in *f.*) **II** agg. Gattenmörder-. **u|xo|ri|ci|dio** m. *(-di)* Gattenmord *m.*

u|xo|rio agg. *(-ri,-rie)* die Ehefrau betreffend ◆ ***beni -ri*** Vermögen *n.* der Ehefrau; ***more*** ~ in wilder Ehe.

uz|be|co → **us.**

V

v, V f. e m.inv. v, V *n.*: ***una V maiuscola, una v minuscola*** ein großes V, ein kleines v ◆ ***a (forma di)*** ~ v-förmig; ***maglione a*** ~ Pullover mit V-Ausschnitt; ***scollatura, scollo a*** ~ V-Ausschnitt *m.*
v. ⇒ **1** *vedi* siehe (s.) **2** *via* Straße (Str.).
VA ⇒ *Vostra Altezza* Eure Hoheit.
va' inter. nanu! schau mal!
va|can|te agg. vakant, frei, unbesetzt: ***la cattedra è ancora*** ~ der Lehrstuhl ist noch vakant; ***carica, posto*** ~ unbesetztes Amt, freie Stelle ◆ RELIG. ***sede*** ~ Sedisvakanz *f.*
va|can|za f. **1** Urlaub *m.*, SCOL. Ferien *pl.*: ***essere in*** ~ Urlaub (*o* Ferien) haben; ***andare in*** ~ in Urlaub (*o* in die Ferien) fahren; ***fare*** ~ Urlaub (*o* Ferien) machen; ***prendersi una*** ~ Urlaub nehmen; ***oggi è*** ~ heute ist frei; ***un giorno di*** ~ ein Tag Urlaub; ***avere un giorno di*** ~ einen Tag frei (*o* SCOL. schulfrei) haben; ***trascorrere le -e al mare, in montagna*** seinen Urlaub an der See, im Gebirge verbringen **2** *(riposo)* Erholung *f.* **3** *(di sede, carica)* Vakanz *f.* ◆ ***compiti per le -e*** Sommerhausaufgaben *f.*, Hausaufgaben *f.* für die Ferien; ***-e estive*** Sommerferien *pl.*; ***gruppo -e*** Reisegruppe *f.*; ***-e natalizie*** Weihnachtsferien *pl.*; ***-e pasquali*** Osterferien *pl.*; ***-e scolastiche*** Schulferien *pl.*; ***-e studio*** Lernurlaub *m.*; ***villaggio -e*** Feriendorf *n.*
va|can|zie|re m. Urlauber *m.* **va|can|zie|ro** agg. Urlaubs-: ***clima*** ~ Urlaubsstimmung *f.*; ***folla -a*** Menge von Urlaubern.
va|ca|zio|ne f. DIR. **1** *(periodo)* Wartefrist *f.* **2** *(compenso)* Honorar *n.*
vac|ca f. *(-che)* **1** Kuh *f.*: ~ ***pezzata*** scheckige Kuh; ~ ***sacra*** heilige Kuh **2** SPREG. Nutte *f.*, Hure *f.* **3** *(di baco da seta)* verdorbene Seidenraupe *f.* ◆ COLLOQ. ***andare in*** ~ in die Hose gehen; ***stalla per le -che*** Kuhstall *m.*; ***tempo di -che grasse, magre*** fette, magere Jahre. **vac|ca|io** m. *(-ai)*, **vac|ca|ro** m. Kuhhirt *m.*, Rinderhirt *m.* **vac|ca|ta** f. VOLG. Mist *m.*: ***non dire -e!*** red keinen Mist!
vac|chet|ta f. Rindsleder *n.*, Vacheleder *n.*
vac|ci|na f. **1** *(carne di vacca)* Rindfleisch *n.* **2** *(sterco)* Kuhmist *m.* **3** ANT. → **vaccino.**
vac|ci|na|re tr. **1** impfen, vakzinieren: ***farsi*** ~ sich impfen lassen **2** FIG. impfen, feien. **vac|ci|na|to I** p.pass. agg. **1** → **vaccinare 2** geimpft **3** FIG. gefeit: ***essere ~ contro qcs.*** gegen etw. gefeit sein **II** m. Impfling *m.* ◆ ***essere adulto*** (o ***maggiorenne) e*** ~ = groß genug sein. **vac|ci|na|to|re** agg. ***medico*** ~ Impfarzt *m.*
vac|ci|na|zio|ne f. Impfung *f.*, Vakzination *f.*: ***farsi fare una*** ~ sich impfen lassen (*o* geimpft werden) ◆ ~ ***anticolera*** Choleraschutzimpfung *f.*; ~ ***antidifterica*** Diphtherieschutzimpfung *f.*; ~ ***antinfluenzale*** Grippeschutzimpfung *f.*; ~ ***antipolio*** Polioimpfung *f.* (*o* Schluckimpfung *f.*); ~ ***antirabbica*** Tollwutschutzimpfung *f.*; ~ ***antitetanica*** Tetanusschutzimpfung *f.*; ~ ***antivaiolosa*** Pockenimpfung *f.*; ***campagna di*** ~ Impfaktion *f.*; ***certificato di*** ~ Impfschein *m.*; ***libretto di*** ~ Impfpass *m.*; ~ ***obbligatoria*** Pflichtimpfung *f.*, (gesetzlich) vorgeschriebene Impfung; ~ ***per via orale*** Schluckimpfung *f.*; ~ ***preventiva*** Schutzimpfung *f.*; ~ ***di richiamo*** Nachimpfung *f.*
vac|ci|ni|co agg. *(-ci,-che)* Impf-, Impfungs-: ***immunità -a*** Impfschutz *m.*; ***pustola -a*** Impfpustel *f.* ◆ ***linfa -a*** Lymphe *f.*
vac|ci|no m. **I** agg. Kuh-: ***latte*** ~ Kuhmilch *f.*; ***vaiolo*** ~ Kuhpocken *pl.* **II** m. Impfstoff *m.*, Vakzin *n.*, Vakzine *f.* ◆ ~ ***antitetanico*** Tetanusserum *n.*; ~ ***monovalente*** Monovakzine *f.*; ~ ***polivalente*** Mehrfachimpfstoff *m.* (*o* Polyvakzine *f.*). **vac|ci|no|pro|fi|las|si** f.inv. Schutzimpfung *f.* **vac|ci|no|te|ra|pi|a** f. Vakzinebehandlung *f.*, Heilimpfung *f.*
va|cil|la|men|to m. **1** Wanken *n.*, Schwanken *n.* (anche FIG.) **2** *(di fiamma)* Flackern *n.* **3** *(di luce)* Flimmern *n.* **va|cil|lan|te** agg. **1** wankend, schwankend, unsicher (anche FIG.): ***camminare con passo*** ~ schwankend (*o* mit schwankenden Schritten) gehen; ***fede*** ~ schwankender Glaube **2a** *(tremolante)* flackernd **b** *(di luce)* flimmernd. **va|cil|la|re** intr. (aus. *avere*) **1** schwanken, wanken, wackeln (anche FIG.): ***la torre vacilla*** der Turm wankt; ~ ***per la debolezza*** vor Schwäche schwanken; ***la sua fede vacilla*** sein Glaube wankt; ***il trono vacilla*** der Thron wackelt **2a** *(tremolare)* flackern: ***la fiamma vacilla*** die Flamme flackert **b** *(di luce)* flimmern **3** *(venir meno)* nach‿lassen: ***la memoria mi vacilla*** mein Gedächtnis lässt nach ◆ ***fare*** ~ ins Wanken bringen.
va|cui|tà f. **1** Leere *f.*, Leersein *n.*, Leerheit *f.* **2** FIG. *(inconsistenza)* Gehaltslosigkeit *f.*, Inhaltslosigkeit *f.*, ANT. Eitelkeit *f.* **va|cuo I** agg. **1** ANT. leer **2a** FIG. leer, nichts sagend: ***esistenza -a*** leeres Leben; ***sguardo*** ~ leerer Blick; ***uomo*** ~ nichts sagender Mann **b** *(senza contenuto)* gehaltlos, inhaltslos, leer **II** m. Vakuum *n.*
va|cuo|la|re agg. porös. **va|cuo|lo** m. BIOL. Vakuole *f.*, Saftraum *m.*
va|cuo|me|tro m. Vakuummeter *n.*
va|de|me|cum m.inv. Vademekum *n.*, Ratgeber *m.*, Lehrbuch *n.*: ***il ~ del traduttore*** der Ratgeber für den Übersetzer.
va e vie|ni m.inv. Kommen und Gehen *n.*, Hin und Her *n.*: ***un continuo ~ di gente*** ein ständiges Kommen und Gehen (von Leuten).
vaf|fan|cu|lo inter. VOLG. ***(ma) ~!*** leck mich am Arsch!
va|ga|bon|dag|gi|ne f. Herumtreiberei *f.*, Vagabondieren *n.*
va|ga|bon|dag|gio m. *(-gi)* **1** Landstreicherei *f.* **2** ESTENS. *(viaggio senza meta)* Bummelei *f.* **3** FIG. freier Lauf *m.*: ***i -gi della fantasia*** der freie Lauf der Fantasie.
va|ga|bon|da|re intr. (aus. *avere*) **1a** vagabundieren, herum‿vagabundieren **b** *(di animali)* streunen **2** ESTENS. herum‿ziehen, ziehen, vagabundieren: ~ ***per l'Europa*** in Europa herumziehen (*o* durch Europa ziehen).
va|ga|bon|do I m. **1a** Vagabund *m.*, Landstreicher *m.*, Tramp *m.*; ***fare il*** ~ vagabundieren **b** *(di città)* Stadtstreicher *m.* **2** ESTENS. *(giramondo)* Weltenbummler *m.* **3** *(fannullone)* Taugenichts *m.* **II** agg. **1a** Vagabunden-, Wander-: ***vita -a*** Wanderleben *n.*, Vagabundenleben *n.* **b** *(di animale; randagio)* streunend **2** ESTENS. umherschweifend: ***pensieri -i*** umherschweifende Gedanken.
va|ga|men|te avv. **1** vage, dunkel: ***accennare qcs.*** ~ etw. vage an‿deuten; ***ricordarsi ~ di qcs.*** sich nur noch vage (*o* dunkel) an etw. (A) erinnern **2** *(superficialmente)* flüchtig.
va|gan|te agg. **1** herumziehend, wandernd, vagabundierend **2** FIG. umherschweifend: ***pensieri -i*** umherschweifende Gedanken ◆ ***chierico*** ~ fahrender Schüler, Vagant *m.*; ***dolori -i*** hier und dort auftretende Schmerzen; FIG. ***mina*** ~ wandelndes Pulverfass; ***proiettile*** ~ verirrte Kugel. **va|ga|re** intr. *(vago, vaghi*; aus. *avere)* **1** umher‿ziehen, umher‿irren, wandern: ~ ***per il paese*** durchs Land wandern; ~ ***senza meta*** ziellos umherirren **2** ESTENS. schweifen, umher‿schweifen: ***lasciar ~ i pensieri*** die Gedanken schweifen lassen; ~ ***con lo sguardo*** die Augen umherschweifen lassen; ***il suo sguardo vagava per la stanza*** seine Blicke schweiften durch den Raum ◆ ~ ***come un'anima in pena*** irrlichtern.
va|gheg|gia|men|to m. **1** Anhimmelung *f.* **2** *(desiderio)* Erträumen *n.*, Sehnsucht *f.* **3** *(sogno)* Wunschtraum *m.*
va|gheg|gia|re tr. *(vagheggio, vagheggi)* **1** an‿himmeln, an‿schmachten: ~ ***la persona amata*** die geliebte Person anhimmeln **2** *(desiderare ardentemente)* ~ ***qcs.*** sich (D) etw. erträumen (*o* ersehnen), sich nach etw. sehnen, von etw. träumen: ~ ***la gloria*** sich nach Ruhm sehnen; ~ ***una vita serena*** von einem ruhigen Leben träumen. **va|gheg|gia|to** p.pass. agg. **1** → **vagheggiare 2** angehimmelt **3** *(ardentemente desiderato)* erträumt, ersehnt: ***un successo a lungo*** ~ ein lang ersehnter Erfolg.
va|gheg|gi|no m. Flattergeist *m.*
va|ghez|za f. **1** Unbestimmtheit *f.*, Undeutlichkeit *f.*, Vagheit *f.* **2** LETT. *(leggiadria)* Anmut *f.*
va|gi|na f. Scheide *f.*, Vagina *f.* **va|gi|na|le** agg. vaginal, Scheiden-: ***infiammazione, specolo*** ~ Scheidenentzündung *f.*, Scheidenspiegel *m.*; ***flora batterica*** ~ Scheidenflora *f.* **va|gi|ni|smo** m. Vaginismus *m.*, Scheidenkrampf *m.* **va|gi|ni|te** f. Vaginitis *f.*, Scheidenentzündung *f.*
va|gi|re intr. *(vagisco, vagisci*; aus. *avere)* wimmern. **va|gi|to** m. **1** Wimmern *n.* **2** FIG. Anzeichen *n.*: ***i primi -i di qcs.*** die ersten Anzeichen von etw.

1.va|glia, ***di (gran) ~*** bedeutend.
2.va|glia m.inv. Anweisung *f.*, Geldanweisung *f.*, Überweisung *f.*: ***spedire (mandare), fare un ~*** eine Überweisung schicken ◆ ***~ cambiario*** Eigenwechsel *m.*; ***~ cumulativo*** Sammelüberweisung *f.*; ***~ postale*** Postanweisung *f.*; ***~ telegrafico*** telegrafische Geldanweisung.
va|glia|re tr. *(vaglio, vagli)* **1** sieben, durch‿sieben: ***~ il grano*** die Körner sieben **2** FIG. *(esaminare accuratamente)* eingehend ab‿wägen, eingehend prüfen: ***~ una proposta*** einen Vorschlag eingehend prüfen. **va|glia|tu|ra** f. Sieben *n.*, Durchsieben *n.*, Aussieben *n.*
va|glio m. *(-gli)* **1a** Sieb *n.* **b** *(di metallo)* Drahtsieb *n.* **2** FIG. (eingehende) Prüfung *f.*: ***essere al ~ di qcn.*** jdm zur Prüfung vor‿liegen; ***passare, sottoporre qcs. al ~*** etw. eingehend prüfen ◆ ***~ meccanico*** Siebmaschine *f.*
va|go I agg. *(-ghi,-ghe)* **1** vage, dunkel, nebulos (*o* nebulös): ***avere un ~ sospetto*** einen vagen Verdacht haben; ***un ~ ricordo, presentimento*** eine dunkle Erinnerung, Ahnung **2** LETT. *(leggiadro)* anmutig, reizend **II** m. ANAT. Vagus *m.* ◆ ***nervo ~*** Vagus *m.*; ***restare, rimanere sul ~*** sich vage äußern (*o* im Vagen bleiben); IRON. ***avere la -a sensazione che...*** das leise Gefühl haben, dass...
va|go|la|re intr. *(vagolo*; aus. *avere)* umher‿ziehen, umher‿streifen.
va|go|na|ta f. **1** Waggon *m.* **2** FIG. große Menge *f.*: ***una ~ di qcs.*** eine große Menge an etw. (D).
va|gon|ci|no m. **1** MIN. Lore *f.*, Förderwagen *m.*; ***~ ribaltabile*** Kipplore *f.* **2** *(di teleferica)* Kippkasten *m.*
va|go|ne m. **1** Waggon *m.*, Wagen *n.*: ***agganciare un ~ alla locomotiva*** einen Waggon an die Lokomotive an‿hängen; ***sganciare un ~ dal treno*** einen Waggon vom Zug ab‿hängen; ***~ aperto, chiuso*** offener, gedeckter Wagen **2** *(quantità contenuta)* Wagen *m.* voll, Waggon *m.*, Wagen *m.*: ***un ~ di carbone*** ein Waggon Kohle **3** FIG. große Menge *f.* ◆ ***~ cisterna*** Behälterwagen *m.*, Kesselwagen *m.*; ***~ ferroviario*** Eisenbahnwaggon *m.*; ***franco ~*** bahnfrei; ***~ frigorifero*** Kühlwagen *m.*; ***~ letto*** Schlafwagen *m.*; ***~ merci*** Güterwagen *m.*; ***~ postale*** Postwagen *m.*; ***~ ristorante*** Speisewagen *m.*
1.va|io I agg. *(vai, vaie)* **1** grauschwarz, schwarzgrau **2** *(screziato)* schwarz gesprenkelt **II** m. Dunkelgrau *n.*
2.va|io m. *(vai)* ZOOL. **1** Feh *n.*, sibirisches Eichhörnchen *n.* **2** *(pelliccia)* Feh *n.*, Fehwerk *n.*, Grauwerk *n.*
va|io|la|to agg. gesprenkelt.
va|io|la|tu|ra f. **1** Korrosionszeichen *n.* **2** BOT. Brand *m.*
va|io|lo m. **1** Pocken *pl.*, Variole *f.*, Variola *f.* **2** BOT. Brand *m.* ◆ ***epidemia di ~*** Pockenepidemie *f.*; VETER. ***~ vaccino*** Kuhpocken *pl.*; ***virus del ~*** Pockenvirus *n.* **va|io|lo|so I** agg. **1** Pocken-: ***esantema ~*** Pockenausschlag *m.* **2** *(affetto da vaiolo)* pockenkrank **II** m. Pockenkranke *m.*
val → **valle.**
val. ⇒ **1** *valore* Wert **2** *valuta* Valuta.
Va|lac|chia n.pr.f. Walachei *f.* **va|lac|co I** agg. *(-chi,-che)* walachisch **II** m. *(-chi)* Walache *m.*
va|lan|ga f. *(-ghe)* **1** Lawine *f.*, Schneelawine *f.*: ***una ~ si stacca, viene giù, si abbatte a valle*** eine Lawine geht ab, geht nieder, donnert zu (*o* ins) Tal; ***provocare una ~*** eine Lawine aus‿lösen; ***essere travolto da una ~*** von einer Lawine verschüttet werden; ***rimanere sepolto sotto una ~*** unter einer Lawine begraben werden **2** FIG. Lawine *f.*, Haufen *m.*, Flut *f.*: ***una ~ di lettere*** eine Lawine von Briefen; ***una ~ di doni*** ein Haufen Geschenke; ***una ~ d'insulti*** eine Flut von Schimpfwörtern ◆ ***cane da ~*** Lawinen(such)hund *m.*; ***pericolo di -ghe*** Lawinengefahr *f.*
val|chi|ria f. Walküre *f.* (anche FIG.).
val|de|se I agg. waldensisch **II** m. e f. Waldenser *m.* (-in *f.*).
val|do|sta|no I agg. aus dem Aostatal, des Aostatals **II** m. Bewohner *m.* des Aostatals ◆ ***cotoletta alla -a*** INTRAD. (paniertes, mit Käse und Schinken belegtes Kalbschnitzel).
va|len|cien|nes [valɑ̃'sjɛn] **I** m.inv. Valenciennesspitze *f.* **II** agg. ***pizzo ~*** Valenciennesspitze *f.*
va|len|te agg. tüchtig, fähig. **va|len|ti|a** f. Tüchtigkeit *f.*, Fähigkeit *f.*
Va|len|ti|na n.pr.f. Valentine *f.*, Valentina *f.* **Va|len|ti|no** n.pr.m. Valentin *m.* ◆ ***giorno di San ~*** Valentinstag *m.*
va|len|za f. **1** CHIM. Wertigkeit *f.*, Valenz *f.* **2** FIG. Bedeutung *f.*, Wert *m.*: ***un fatto di grande ~ politica*** ein Ereignis von großer politischer Bedeutung ◆ CHIM. ***~ secondaria*** Nebenvalenz *f.*
va|le|re *(valgo, vali, vale, valiamo, valete, valgono*; fut. *varrò*; imperf. *valevo*; pass.rem. *valsi, valesti, valse, valemmo, valeste, valsero*; congiunt.pres. *valga, valiamo*; congiunt.pass. *valesse*; p.pres. *valente*; p.pass. *valso)* **I** intr. (aus. *essere*) **1** wert sein: ***~ molto, poco, niente*** viel, wenig, nichts wert sein; ***quanto vale il dollaro?*** wie viel ist der Dollar wert? ***questo vaso vale un milione*** diese Vase ist eine Million wert; ***questa casa vale il suo prezzo*** dieses Haus ist seinen Preis wert; ***i risultati non valgono la fatica*** das Ergebnis ist die Mühe nicht wert **2** *(essere valente)* tüchtig sein, taugen: ***come sciatore non vale molto*** als Skifahrer taugt er nicht viel; ***vale più come musicista che come cantante*** als Musiker taugt er mehr denn als Sänger **3** *(avere validità)* gelten, gültig sein: ***il biglietto vale un mese*** die Fahrkarte gilt einen Monat (*o* ist einen Monat gültig); ***questa legge non vale in questo caso*** dieses Gesetz gilt in diesem Fall nicht **4** *(contare)* zählen: ***questa partita vale per il campionato*** dieses Spiel zählt für die Meisterschaft; ***la regina vale più del fante*** die Königin zählt mehr als der Bube; ***il tuo parere non vale niente*** deine Meinung zählt nichts **5** *(significare)* bedeuten: ***non sai quanto vale per me questa lettera!*** du weißt nicht, was (*o* wie viel) mir dieser Brief bedeutet! **6** *(corrispondere a)* ***~ qcs.*** etw. (D) entsprechen: ***un miglio vale circa 1600 metri*** eine Meile entspricht ungefähr 1600 Metern **7** *(giovare)* nützen: ***a nulla valsero i miei consigli*** meine Ratschläge nützten nichts **II** tr. ein‿bringen, ein‿tragen: ***questa canzone gli valse il disco d'oro*** dieser Schlager brachte ihm die goldene Schallplatte ein **III** pronom. ***valersi di qcs.*** sich (D) etw. zunutze machen, sich etw. (G) bedienen: ***-rsi della collaborazione di qcn.*** sich jds Mitarbeit bedienen ◆ ***uno vale l'altro*** das bleibt sich gleich (*o* das ist egal); ***il gioco non vale la candela*** = das ist nicht der Mühe wert; ***a che vale...?*** wozu (soll man)...? ***non ~ una cicca*** nicht einen Deut wert sein; ***così non vale!*** das gilt nicht! ESTENS. das ist nicht fair! ***vale a dire*** will sagen, das heißt; ***far ~*** geltend machen; *(imporre)* durch‿setzen: ***far ~ i propri diritti*** seine Rechte geltend machen; ***farsi ~*** sich durch‿setzen (*o* sich [D] Geldung verschaffen); ***non ~ un fico secco*** keinen Pfifferling wert sein; ***qcn., qcs. vale tanto oro quanto pesa*** = jd, etw. ist Gold wert; ***(ne) vale la pena*** es lohnt sich; ***che vale poco*** wertlos; ***il mio parere, per quanto vale, è il seguente...*** mein Urteil, so weit es zählt (*o* es von Bedeutung ist), lautet folgendermaßen...; ***prendere qcs. per quello che vale*** etw. (D) keinen allzu großen Wert bei‿messen; ***tanto vale*** genauso gut: ***tanto vale, varrebbe andarci domani*** dann könnten wir genauso gut (auch) morgen hingehen.
Va|le|ria n.pr.f. Valerie *f.*, Valeria *f.*
va|le|ria|na f. Baldrian *m.*, Speik *m.*, Valeriana *f.* ◆ ***gocce di ~*** Baldriantropfen *pl.*
va|le|ria|nel|la f. Feldsalat *m.*
Va|le|ria|no n.pr.m. Valerian *m.*
Va|le|rio n.pr.m. Valerius *m.*
va|le|tu|di|na|rio I agg. *(-ri,-rie)* kränklich, kränkelnd, gebrechlich **II** m. *(-ri)* kränklicher Mensch *m.*
va|le|vo|le agg. gültig, geltend: ***la partita è ~ per il campionato*** das Spiel ist für die Meisterschaft gültig; ***~ a partire dal 1º aprile*** gültig ab 1. April ◆ ***incontro ~ per le qualificazioni*** Qualifikationsspiel *n.*
val|gi|smo m. x-förmige Verbiegung *f.* (*o* Krümmung *f.*).
val|go agg. *(-ghi,-ghe)* nach innen gedreht, x-förmig verbogen; ***ginocchio ~*** X-Bein *n.*
va|li|ca|bi|le agg. passierbar. **va|li|ca|re** tr. *(valico, valichi)* überschreiten, überqueren, passieren: ***~ gli Appennini*** die Apenninen überqueren. **va|li|co** m. *(-chi)* **1** Überschreiten *n.*, Übergang *m.* **2** *(passo)* Pass *m.*: ***~ appenninico, alpino*** apenninischer Pass, Alpenpass *m.* ◆ ***~ di frontiera*** Grenzübergang *m.*
va|li|da|men|te avv. **1** wirksam **2** DIR. gültig.
va|li|di|tà f. **1** Gültigkeit *f.*: ***la ~ di un principio, di un documento*** die Gültigkeit eines Prinzips, eines Ausweises **2** *(efficacia)* Wirksamkeit *f.* ◆ ***~ legale*** Rechtsgültigkeit *f.*; ***periodo di ~*** Gültigkeitsdauer *f.*
va|li|do agg. **1** gültig: ***una regola (universalmente) -a*** eine (allgemein) gültige Regel; ***un biglietto ~ un mese*** eine Fahrkarte, die einen Monat gültig ist; ***documento ~*** gültiger Ausweis; ***voti -i*** gültige Stimmen; ***non essere più ~*** nicht mehr gültig (*o* ungültig) sein; ***l'invito è ~ per due persone*** die Einladung gilt für zwei Personen **2** *(efficace, prezioso)* wirksam, wertvoll: ***un ~ aiuto*** eine wirksame Hilfe; ***un ~ appoggio*** eine wertvolle Stütze **3** *(fondato)* triftig: ***una -a ragione*** ein triftiger Grund; ***un ~ argomento*** ein triftiges Argument **4a** *(vigoroso)* tüchtig, kräftig: ***un uomo ~*** ein tüchtiger Mann **b** *(capace)* tüchtig: ***un collaboratore ~*** ein tüchtiger Mitarbeiter **c** MIL. tüchtig **5a** FIG. *(di valore)* wertvoll: ***un film ~ dal punto di vista artistico*** ein künstlerisch wertvoller Film **b** *(buono)* gut: ***un libro ~*** ein gutes Buch ◆ ***legalmente ~*** rechtsgültig (*o* rechtskräftig); ***pienamente ~*** vollgültig.
va|li|ge|ri|a f. **1** Lederwaren *pl.* **2** *(negozio)* Lederwarengeschäft *n.* **3** *(fabbrica)* Lederwarenfabrik *f.*
va|li|get|ta f. Köfferchen *n.*, kleiner Koffer *m.* ◆ ***~ di campionario*** Musterkoffer *m.*; ***~ portadocumenti*** Aktenkoffer *m.*; ***~ ventiquattrore*** Handkoffer *m.*, Aktenkoffer *m.*

va|li|gia f. *(-gie* e *-ge)* **1** Koffer *m.*, Reisekoffer *m.*: ***fare le -ge*** die Koffer packen (anche FIG.); ***disfare le -ge*** (die Koffer) aus‿packen; ***rifare la ~*** den Koffer um‿packen; ***cacciar tutto in ~*** alles in den Koffer stopfen **2** pl. ESTENS. *(bagaglio)* Gepäck *n.* ◆ ***~ diplomatica*** Diplomatenkoffer *m.*; ***etichetta della ~*** Kofferanhänger *m.*, Anhängeschild *n.*; ***~ di, in pelle*** Lederkoffer *m.* **va|li|gia|io** m. *(-ai)* **1** *(produttore)* Lederwarenhersteller *m.* **2** *(venditore)* Lederwarenhändler *m.*

val|la|ta f. Tal *n.*, Talebene *f.*

val|le f. Tal *n.*: ***la ~ si allarga, si apre, si restringe*** das Tal erweitert, öffnet, verengt sich ◆ ***a ~*** *(moto a luogo)* ins Tal, tal(ab)wärts, zu Tal; *(stato in luogo)* im Tal, unten; FIG. *(successivo)* später, nachher: ***precipitare a ~*** ins Tal (*o* talwärts) hinab‿stürzen; ***scendere a ~*** zu Tal fahren; *(di fiume)* zu Tal fließen; ***~ alpina*** Alpental *n.*; ***alta ~*** Hochtal *n.*; ***Val d'Aosta*** Aostatal *n.*; ***a ~ di qcs.*** unterhalb etw. (G); ***discesa a ~*** Talfahrt *f.*; ***~ fluviale*** Flusstal *n.*; ***~ glaciale*** Gletschertal *n.*; ***~ di lacrime*** Jammertal *n.*; ***~ laterale*** Seitental *n.*, Nebental *n.*; ***Valle della Loira*** Loiretal *n.*; ***per monti e per -i*** über Berg und Tal; ***nella ~*** talein, im Tal; ***~ prativa*** Wiesental *n.*; ***~ sospesa*** Hängetal *n.*; ***su per la ~*** talauf(wärts); ***~ trasversale*** Quertal *n.*; ***~ a U*** Trogtal *n.*; ***~ a V*** Kerbtal *n.*; ***verso ~*** talwärts, talabwärts.

val|le|a → **vallata.**

Val|le|se n.pr.m. Wallis *n.* **val|le|se I** m. e f. Walliser *m.* (-in *f.*) **II** agg. walliserisch, Walliser.

val|let|ta f. Assistentin *f.*

val|let|to m. **1** STOR. Page *m.*, Knappe *m.* **2** *(usciere municipale)* Gemeindediener *m.* **3** TELEV. Assistent *m.*

val|li|gia|no I agg. Tal- **II** m. Talbewohner *m.* **val|li|vo** agg. Tal-.

val|lo m. **1** STOR. Wall *m.* **2** ESTENS. *(trincea)* Graben *m.*, Schützengraben *m.* ◆ ***~ di Adriano*** Hadrianswall *m.*; ***~ di cinta*** Ringwall *m.*; GEOL. ***~ morenico*** Moränenwall *m.*; ***~ di Traiano*** Trajanswall *m.*; ANAT. ***~ ungueale*** Nagelbett *n.*

1.val|lo|ne m. tiefes Tal *n.*

2.val|lo|ne I agg. wallonisch **II** m. e f. Wallone *m.* e *f.* **III** m. *(lingua)* Wallonisch *n.* **Val|lo|nia** n.pr.f. Wallonien *n.*

va|lo|re m. **1a** Wert *m.*: ***aumentare, perdere (di) ~*** im Wert steigen (*o* an Wert gewinnen), an Wert verlieren; ***dare ~ a qcs.*** Wert auf etw. (A) legen; ***non avere alcun ~*** nichts wert sein; ***il ~ dei soldi, delle azioni, dell'oro*** der Wert des Geldes, der Aktien, des Goldes; ***~ artistico, morale*** künstlerischer, moralischer Wert; ***~ dichiarato*** deklarierter Wert; ***un gioiello di inestimabile ~*** ein Schmuckstück von unschätzbarem Wert; ***-i umani*** menschliche Werte; MUS. ***il ~ di una croma*** der Wert einer Achtelnote; MAT. ***~ assoluto*** absoluter Wert **b** MED. ***-i epatici, ematici*** Leber-, Blutwerte pl. **2** pl. *(oggetti di valore)* Wertsachen *pl.*, Valoren *pl.* **3** *(importanza, significato)* Bedeutung *f.*: ***il ~ di un gesto*** die Bedeutung einer Tat; ***non dar ~ a qcs.*** etw. (D) keine Bedeutung bei‿messen **4** *(coraggio)* Mut *m.*, Tapferkeit *f.*: ***combattere con ~*** tapfer kämpfen **5** *(funzione)* Funktion *f.*; ***con ~ aggettivale*** adjektivisch gebraucht ◆ ***~ d'acquisto*** Kaufwert *m.*; ***~ affettivo*** Erinnerungswert *m.*, Gefühlswert *m.*; ***~ aggiunto*** Mehrwert *m.*; ***~ approssimativo*** Annäherungswert *m.*; MAT. Näherungswert *m.*; ***atto di ~*** Heldentat *f.*; ***~ attuale*** Zeitwert *m.*; ***avere ~ di qcs.*** etw. (D) gleich‿kommen (*o* mit etw. gleichbedeutend sein); ***avere ~ di legge*** rechtsgültig sein; ***-i bollati*** Wertzeichen *pl.*; ***Borsa -i*** Wertpapierbörse *f.*, Effektenbörse *f.*; ***-i di borsa*** Börsenpapiere *pl.*; ***cambiamento di ~*** Umwertung *f.*; ***medaglia al ~ civile*** Lebensrettungsmedaille *f.*, Rettungsmedaille *f.*; ***~ commerciale*** Handelswert *m.*; ***~ comparativo*** Vergleichswert *m.*; ***dazio sul ~*** Wertzoll *m.*; ***di ~*** wertvoll, Wert-: ***una persona di ~*** ein wertvoller Mensch; ***oggetto di ~*** Wertgegenstand *m.*; ***di grande ~*** von hohem (*o* großem) Wert; ***~ dichiarato*** Wertangabe *f.*; ***diminuzione di ~*** Wertminderung *f.*; ***filosofia dei -i*** Wertphilosophie *f.*; ***incremento di ~*** Wertzuwachs *m.*; ***~ indicativo*** Richtwert *m.*; ***~ intrinseco*** Sachwert *m.*; NUMISM. ***~ legale*** Nennwert *m.*; ***mancanza di ~*** Wertlosigkeit *f.*; ***~ medio*** Mittelwert *m.*; ***~ di mercato*** Marktwert *m.*; ***medaglia al ~ militare*** Tapferkeitsmedaille *f.*; ***misura del ~*** Wertmaß *n.*; ***-i mobiliari*** Wertpapiere *pl.*; ***~ monetario*** Geldwert *m.*; ***-i negoziabili*** marktgängige Effekten, handelsfähige Wertpapiere; ***~ nominale*** Nennwert *m.*, Nominalwert *m.*; ***senza ~ nominale*** nennwertlos; ***~ della nota*** Notenwert *m.*; ***~ numerico*** Zahlenwert *m.*; ***~ nutritivo*** Nährwert *m.*; ***~ dell'oro*** Goldwert *m.*; ***~ parziale*** Teilwert *m.*; ***per un ~ di...*** im Wert von...; ***~ postale*** Postwertzeichen *n.*; ***~ reale*** Realwert *m.*; ***~ di riferimento*** Richtwert *m.*; ECON. Eckwert *m.*; ***scala di -i*** Wertskala *f.*; ***di scarso ~*** von geringem Wert; ***senza ~*** wertlos; COMM. ***campione senza ~*** Muster ohne Wert; ***di ~ stabile*** wertbeständig; ***-i di stato*** Staatspapiere *pl.*; ***teoria del ~*** Werttheorie *f.*; ***~ d'uso*** Gebrauchswert *m.*, Nutzwert *m.*

va|lo|riz|za|re I tr. **1a** auf‿werten **b** ECON. valorisieren **2** *(mettere in risalto)* hervor‿heben, zur Geltung kommen lassen, zur Geltung bringen **II** pronom. **valorizzarsi** sich auf‿werten ◆ ***~ una località turistica*** einen Ferienort erschließen. **va|lo|riz|za|zio|ne** f. **1** Aufwertung *f.*, Valorisierung *f.* **2** *(di località, terreni)* Erschließung *f.* **3** *(aumento di valore)* Wertsteigerung *f.*

va|lo|ro|sa|men|te avv. tapfer, mutig: ***combattere ~*** mutig kämpfen. **va|lo|ro|so I** agg. tapfer, mutig: ***un ~ combattente*** ein tapferer Kämpfer; ***impresa -a*** mutiges Unterfangen; ***comportamento ~*** mutiges Verhalten **II** m. mutiger Mensch *m.*

val|po|li|cel|la m. INTRAD. (herber Rotwein aus dem gleichnamigen Tal nördlich von Verona).

Val|pur|ga n.pr.f. Walpurga *f.*, Walpurgis *f.* ◆ ***notte di ~*** Walpurgisnacht *f.*

val|so → **valere.**

Val|tel|li|na n.pr.f. Veltlin *n.*

va|lu|ta f. **1a** Währung *f.*: ***~ nazionale, estera*** Landeswährung *f.*, Fremdwährung *f.* (*o* ausländische Währung); ***~ debole, stabile, forte (pregiata)*** weiche, wertbeständige, starke Währung **b** *(estera)* Devisen *pl.*, Sorten *pl.*: ***domandare, offrire ~*** Devisen an‿fordern, an‿bieten **2** BANC. Valuta *f.*, Wertstellung *f.*: ***accreditare con ~ del 13 maggio*** mit Valuta vom 13. Mai gut‿schreiben ◆ ***~ aurea*** Goldwährung *f.*; ***cambio di ~*** Geldwechsel *m.*, Geldumtausch *m.*; ***compravendita delle -e*** Devisenhandel *m.*; ***corso delle -e*** Geldkurs *m.*; ***credito in ~*** Valutakredit *m.*; ***disponibilità di ~*** Devisenbestand *m.*; ***giorno di ~*** Valutatag *m.*; ***~ guida*** Leitwährung *f.*; ***obbligazioni in ~ estera*** Valutaschuld *f.*; ***prestito in ~*** Valutaanleihe *f.*; ***quotazione delle -e*** Devisennotierung *f.*; ***riserva in ~*** Devisenbestand *m.*; ***titolo in ~*** Valutapapier *n.*; ***traffico di ~*** Devisenschmuggel *m.*

va|lu|ta|bi|le agg. abschätzbar, schätzbar, berechenbar; ***il danno non è ~*** der Schaden lässt sich nicht abschätzen. **va|lu|ta|bi|li|tà** f. Berechenbarkeit *f.*, Schätzbarkeit *f.*

va|lu|ta|re tr. *(valuto/valuto)* **1** (be)werten, beurteilen, ein‿schätzen: ***~ troppo qcn.*** jdn zu hoch einschätzen; ***~ qcn. in base a qcs.*** jdn nach etw. beurteilen **2** *(determinare l'entità)* schätzen, ab‿schätzen: ***~ l'età, il peso di qcn.*** jds Alter, Gewicht schätzen; ***~ un gioiello, un'opera d'arte*** ein Schmuckstück, ein Kunstwerk schätzen; ***~ un danno, un patrimonio*** einen Schaden, ein Vermögen (ab)schätzen; ***~ approssimativamente qcs.*** etw. grob schätzen **3** *(considerare attentamente)* ab‿wägen, ab‿schätzen: ***~ i pro e i contro*** das Pro und Kontra abwägen; ***bisogna ~ le conseguenze*** man muss die Folgen abschätzen.

va|lu|ta|rio agg. *(-ri,-rie)* **1** Währungs-: ***riforma -a*** Währungsreform *f.* **2** *(di valuta straniera)* Devisen-: ***legge -a*** Devisengesetz *n.*; ***disposizioni, norme -rie*** Devisenbestimmungen *pl.*; ***riserve -rie*** Devisenbestand *m.*, Devisenreserven *pl.*

va|lu|ta|ti|vo agg. bewertend, Bewertungs-: ***criterio, errore ~*** Bewertungsmaßstab *m.*, Bewertungsfehler *m.*

va|lu|ta|zio|ne f. **1** Schätzung *f.*: ***~ di un immobile*** Schätzung einer Immobilie; ***~ approssimativa*** grobe Schätzung; ***stando alle prime -i*** nach ersten Schätzungen **2** *(giudizio)* Bewertung *f.*, Wertbestimmung *f.*, Beurteilung *f.*: ***~ di un lavoro*** Bewertung einer Arbeit **3** SCOL. Benotung *f.* ◆ ***criteri di ~*** Bewertungsmaßstäbe *pl.*; ***~ di un danno*** Schadensschätzung *f.*; ***errore di ~*** Bewertungsfehler *m.*; ***~ del fabbisogno*** Bedarfsschätzung *f.*; ***metro di ~*** Bewertungsmaßstab *m.*; ***parametro di ~*** Wertmaßstab *m.*; ***~ patrimoniale*** Vermögens(ab)schätzung *f.*

val|va f. ZOOL. Muschelschale *f.* **val|va|re** agg. ZOOL. Schalen-.

val|vas|si|no m. Lehnsmann *m.*, Valvassine *m.* **val|vas|so|re** m. Lehnsherr *m.*, Valvassor *m.*

val|vo|la f. **1** MECC. Ventil *n.*, Klappe *f.* **2** EL. Sicherung *f.* **3** ANAT. Klappe *f.* ◆ ***~ ad ago*** Nadelventil *n.*; ***~ amplificatrice*** Verstärkerröhre *f.*; ***~ d'arresto*** Absperrventil *n.*; ***~ d'aspirazione*** Einlassventil *n.*; ***~ automatica*** Selbstschlussventil *n.*; ***~ della camera d'aria*** Schlauchventil *n.*; ***~ cardiaca*** Herzklappe *f.*; ***~ di decompressione*** Dekompressionsventil *n.*; ***~ elettronica*** Elektronenröhre *f.*; ***~ a farfalla*** Drosselklappe *f.*, Drosselventil *n.*; EL. ***~ fusibile*** Schmelzsicherung *f.*; ANAT. ***~ mitrale*** Mitralklappe *f.*; ***~ a saracinesca*** Schieberventil *n.*; ***~ di scarico*** IDR. Abflussventil *n.*; *(di vapore, gas)* Auslassventil *n.*; ***~ a sfera*** Kugelventil *n.*; ***~ di sfogo*** Ventil *n.* (anche FIG.); ***~ di sicurezza*** Sicherheitsventil *n.* (anche FIG.); ***~ termoionica*** Glühkathodenröhre *f.*; ***~ tricuspidale*** Trikuspidalklappe *f.*; ***~ d'uscita*** Endverstärkerröhre *f.*

val|vo|la|re agg. **1** Röhren- **2** ANAT. Klappen-.

val|vo|lie|ra f. Sicherungskasten *m.*

val|zer m.inv. Walzer *m.*: ***ballare il ~*** Walzer tanzen; ***fare un giro di ~*** einen Walzer drehen; ***~ lento*** langsamer Walzer; ***~ viennese*** Wiener Walzer; ***a passo di ~*** im Walzerschritt.

vamp [væmp, *üblich* vamp] f.inv. Vamp *m.*

vam|pa f. **1** Flamme *f.*: ***le -e dell'incendio*** die Flammen eines Brandes **2** *(ondata di calore)* Hitze *f.* **3** *(di arma da fuoco)* Mündungsfeuer *n.* **4** *(arrossamento del viso)* Glut *f.* **5** FIG. Hitze *f.*, Glut *f.*

vam|pa|ta f. **1** Stichflamme *f.* **2a** *(ondata di calore)* Hitze *f.*, Glut *f.* **b** *(caldana)* Hitzewallung *f.* ◆ ***qcn. ha una ~ di rossore*** jdm steigt die Röte ins Gesicht; ***~ d'ira*** Wutanfall *m.*

vam|pi|re|sco agg. *(-schi,-sche)* Vampir-, vampirisch. **vam|pi|ri|smo** m. Vampirismus *m.* **vam|pi|ro** m. Vampir *m.* (anche FIG.) ◆ ***donna ~*** Vamp *m.*

va|na|dio m. Vanadium *n.*, Vanadin *n.*

va|na|glo|ria f. Eitelkeit *f.*, Gefallsucht *f.*, Ruhmsucht *f.*

va|na|glo|riar|si pronom. prahlen, sich auf‿spielen. **va|na|glo|rio|so I** agg. eitel, gefallsüchtig, ruhmsüchtig **II** m. Eitle *m.*, gefallsüchtiger Mensch *m.*

va|na|men|te avv. vergeblich.

van|da|li|co agg. *(-ci,-che)* wandalisch, vandalisch (anche FIG.): ***atti -ci*** wandalische Taten, Wandalismus *m.*, Vandalismus *m.* ◆ ***furia -a*** Zerstörungswut *f.* **van|da|li|smo** m. Wandalismus *m.*, Vandalismus *m.*; ***atti di ~*** wandalische Taten. **van|da|lo** m. **1** STOR. Wandale *m.*, Vandale *m.* **2** FIG. Wandale *m.*, Vandale *m.*, Randalierer *m.*: ***comportarsi da -i*** wie die Wandalen hausen.

va|neg|gia|men|to m. **1** Fantasieren *n.*, Irrereden *n.* **2** FIG. Wahnvorstellung *f.*, Wahnwitz *m.* **va|neg|gia|re** intr. *(vaneggio, vaneggi;* aus. *avere)* **1** fantasieren, irre‿reden: ***~ per la febbre*** im Fieber fantasieren **2** ESTENS. fantasieren, COLLOQ. spinnen: ***stai vaneggiando?*** fantasierst du?

va|ne|sio I agg. *(-si,-sie)* aufgeblasen, eitel **II** m. *(-si)* aufgeblasener Mensch *m.*, eitle Person *f.*, COLLOQ. Prahlhans *m.*

va|nes|sa f. Tagfalter *m.* ◆ ***~ atalanta*** Admiral *m.*; ***~ del cardo*** Distelfalter *m.*; ***~ io*** Tagpfauenauge *n.*; ***~ policlora*** Rüsterfalter *m.*

van|ga f. *(-ghe)* Spaten *m.* ◆ ***colpo di ~*** Spatenstich *m.*; ***lama della ~*** Spatenblatt *n.* **van|ga|re** tr. *(vango, vanghi)* um‿graben, um‿stechen: ***~ un'aiuola*** ein Beet umgraben; ***~ nel giardino*** im Garten umgraben. **van|ga|ta** f. **1** *(il vangare)* Umgraben *n.*, Umstechen *n.*; ***dare una ~ al terreno*** den Boden um‿graben **2** *(colpo di vanga)* Spatenstich *m.* **3** *(colpo con la vanga)* Spatenhieb *m.* **van|ga|tri|ce** f. Umstechmaschine *f.* **van|ga|tu|ra** f. Umgraben *n.*

van|ge|lo m. Evangelium *n.* (anche ESTENS.): ***annunciare, predicare il ~*** das Evangelium verkündigen, predigen; ***quello che diceva era ~ per lui*** was er sagte, war (ein) Evangelium für ihn ◆ ***-i apocrifi*** apokryphe Evangelien (*o* Apokryphen *pl.*); ***~ di, secondo Giovanni*** Johannesevangelium *n.* (*o* Evangelium *n.* des, nach Johannes); ***~ di, secondo Luca*** Lukasevangelium *n.* (*o* Evangelium *n.* des, nach Lukas); ***~ di, secondo Marco*** Markusevangelium *n.* (*o* Evangelium *n.* des, nach Markus); ***~ di, secondo Matteo*** Matthäusevangelium *n.* (*o* Evangelium *n.* des, nach Matthäus).

va|ni|fi|ca|re tr. *(vanifico, vanifichi)* vereiteln, nutzlos machen.

va|ni|glia f. **1** Vanille *f.* **2** *(baccello)* Vanilleschote *f.* ◆ ***alla ~*** Vanille-: ***budino, gelato alla ~*** Vanillepudding *m.*, Vanilleeis *n.*; ***stecca di ~*** Vanillestange *f.* **va|ni|glia|to** agg. Vanille-: ***zucchero ~*** Vanillezucker *m.* **va|ni|gli|na, va|nil|li|na** f. Vanillin *f.*

va|ni|lo|quio m. *(-qui)* leeres Gerede *n.*, Gefasel *n.*, Faselei *f.*

va|ni|tà f. **1** *(vanagloria)* Eitelkeit *f.*, Selbstgefälligkeit *f.*: ***solleticare la ~ di qcn.*** jds Eitelkeit schmeicheln **2** FIG. *(inutilità, inefficacia)* Vergeblichkeit *f.*, Erfolglosigkeit *f.*: ***la ~ dei suoi sforzi*** die Vergeblichkeit seiner Bemühungen **3** FIG. *(caducità)* Vergänglichkeit *f.*

va|ni|to|sa|men|te avv. selbstgefällig. **va|ni|to|so I** agg. eitel, selbstgefällig **II** m. eitler (*o* selbstgefälliger) Mensch *m.*; ***fare il ~*** eitel sein.

va|no I agg. **1** *(inutile)* vergeblich: ***speranza -a*** vergebliche Hoffnung; ***sforzo ~*** vergebliche Bemühungen; ***ogni tentativo fu ~*** jeder Versuch war vergeblich (*o* umsonst) **2** FIG. *(senza fondamento)* unbegründet, leer: ***promesse, parole -e*** leere Versprechungen, Worte; ***-i timori*** unbegründete Angst **3** FIG. *(caduco)* vergänglich, hinfällig **4** RAR. *(vanitoso)* eitel **II** m. **1** *(spazio)* Öffnung *f.*, Raum *m.* **2** *(locale)* Zimmer *n.*, Raum *m.*: ***un appartamento di tre -i*** eine Dreizimmerwohnung ◆ ***~ dell'ascensore*** Aufzugschacht *m.*; ***~ della finestra*** Fensteröffnung *f.*; ***~ motore*** Motorraum *m.*; ***~ della porta*** Türöffnung *f.*; ***~ portabagagli*** Kofferraum *m.*; AUT. ***~ portaoggetti*** Handschuhfach *n.*; ***rendere ~ qcs.*** etw. vereiteln; ***riuscire ~*** erfolglos sein.

van|tag|gio m. *(-gi)* **1a** *(privilegio)* Vorteil *m.*: ***offrire, avere molti -gi*** viele Vorteile bieten, haben; ***ha il ~ di essere ancora giovane*** er hat den Vorteil, noch jung zu sein **b** *(profitto)* Vorteil *m.*, Nutzen *m.*: ***trarre, ricavare un ~ da qcs.*** einen Vorteil aus etw. (*o* aus etw. Nutzen) ziehen **2a** SPORT Vorteil *m.*, Vorsprung *m.*: ***avere un netto ~ su qcn.*** einen deutlichen Vorsprung vor jdm haben; ***essere in ~ (rispetto a qcn.)*** (jdm gegenüber) im Vorteil sein; ***avere un ~ di 10 metri*** einen Vorsprung von 10 Metern (*o* 10 Meter Vorsprung) haben; ***dare a qcn. un ~ di 30 punti, di un giro*** jdm 30 Punkte, eine Runde Vorsprung geben; ***aumentare il ~*** den Vorsprung vergrößern; ***concedere un ~*** einen Vorsprung geben **b** ***andare, portarsi in ~*** in Führung gehen **3** TIP. Schiff *n.* ◆ ***andare a ~ di qcn.*** für jdn von Vorteil sein (*o* zu jds Vorteil sein); ***questo va a mio ~*** das ist zu meinem Vorteil; ***gol del ~*** Führungstor *n.*; ***punto di ~*** Pluspunkt *m.*; *(nel calcio)* ***regola del ~*** Vorteilsregel *f.*; ***applicare la regola del ~*** Vorteil gelten lassen.

van|tag|gio|sa|men|te avv. vorteilhaft, günstig. **van|tag|gio|so** agg. vorteilhaft, günstig: ***un affare ~*** ein vorteilhaftes Geschäft; ***prezzi -i*** günstige Preise; ***un'offerta -a*** ein vorteilhaftes Angebot; ***essere ~*** günstig (*o* von Vorteil) sein.

van|ta|re I tr. **1a** *(elogiare)* an‿preisen, rühmen: ***~ la qualità di un prodotto*** die Qualität eines Produkts anpreisen **b** *(ostentando)* heraus‿kehren: ***~ i propri meriti*** seine Verdienste herauskehren **2** ESTENS. *(farsi vanto di)* ***~ qcs.*** sich etw. (G) rühmen; ***~ nobili origini*** sich seiner adeligen Herkunft rühmen **3a** *(pretendere)* fordern; ***~ un credito nei confronti di qcn.*** eine Forderung an jdn haben **b** *(accampare)* erheben: ***~ diritti su qcn.*** Ansprüche auf jdn erheben **II** pronom. **vantarsi** prahlen, (sich) groß‿tun, sich brüsten, COLLOQ. an‿geben, sich groß‿machen: ***-rsi di qcs. con qcn.*** mit etw. vor jdm prahlen, sich mit etw. vor jdm großtun; ***si vanta di saper fare tutto*** er prahlt damit, alles zu können; ***non vantarti!*** gib bloß nicht so an! ***non (faccio) per vantarmi, ma...*** ohne mich rühmen zu wollen, aber...

van|te|ri|a f. Prahlerei *f.*, Großtuerei *f.*; COLLOQ. Angeberei *f.*

van|to m. **1** *(il vantare)* Prahlen *n.*, Angeben *n.*; ***far, farsi ~ di qcs.*** mit etw. prahlen (*o* an‿geben); ***menar ~ di qcs.*** mit etw. prahlen, sich mit etw. brüsten **2** *(motivo di orgoglio)* Stolz *m.*: ***essere il ~ di qcn.*** jds Stolz sein; ***gli spazi verdi sono il ~ della città*** die Grünanlagen sind der Stolz der Stadt **3** *(pregio)* Vorzug *m.*: ***avere il ~ dell'onestà*** den Vorzug der Ehrlichkeit haben.

van|ve|ra, *parlare a ~* drauflos‿reden, ins Blaue hinein reden.

va|po|re m. **1** Dampf *m.*: ***emettere ~*** ab‿dampfen; ***scaricare il ~*** Dampf ab‿lassen; ***-i nocivi*** giftige Dämpfe **2** *(nebbiolina)* Dunst *m.*: ***-i mefitici*** mephitische Dünste **3** RAR. *(piroscafo)* Dampfer *m.*, Dampfschiff *n.* ◆ ***~ acqueo*** Wasserdampf *m.*; GASTR. ***(cotto) al ~*** gedämpft; ***bagno di ~*** Dampfbad *n.*; ***caldaia a ~*** Dampfkessel *m.*; ***cavallo ~*** Pferdestärke *f.*; ***centrale (termoelettrica) a ~*** Dampfkraftwerk *n.*; ***cuocere a ~*** dämpfen; ***emanare ~*** dampfen; ***ferro (da stiro) a ~*** Dampfbügeleisen *n.*; ***forza motrice del ~*** Dampfkraft *f.*; ***getto di ~*** Dampfstrahl *m.*; ***locomotiva a ~*** Dampflokomotive *f.*; ***macchina a ~*** Dampfmaschine *f.*; ***maglio a ~*** Dampfhammer *m.*; ***-i di mercurio*** Quecksilberdampf *m.*; ***nave a ~*** Dampfschiff *n.*, Dampfer *m.*; ***navigazione a ~*** Dampfschifffahrt *f.*; ***nuvola di ~*** Dampfwolke *f.*; ***pieno di ~*** dampfig; ***pressione del ~*** Dampfdruck *m.*; ***riscaldamento a ~*** Dampfheizung *f.*; ***~ di scarico*** Abdampf *m.*; ***~ sulfureo*** Schwefeldampf *m.*; ***trazione a ~*** Dampfantrieb *m.*; ***turbina a ~*** Dampfturbine *f.*; ***a tutto ~!*** mit Volldampf voraus! ***andare a tutto ~*** mit Volldampf fahren; ***valvola del ~*** Dampfventil *n.*

va|po|ret|to m. **1** Dampfer *m.*, Dampfschiff *n.* **2** *(motonave di piccole dimensioni)* kleines Linienmotorboot *n.*

va|po|rie|ra f. ANT. Dampflokomotive *f.*

va|po|ri|me|tro m. Dampfmesser *m.*

va|po|riz|za|re I tr. **1** verdampfen, verdunsten (lassen), ANT. vaporisieren **2** *(nebulizzare)* zerstäuben, verdunsten **3** TECN. dämpfen **4** COSMET. über Dampf halten **II** intr. (aus. *avere*) e pronom. **vaporizzarsi** verdampfen, verdunsten, zu Dampf werden, ANT. vaporisieren. **va|po|riz|za|to|re** m. **1** Verdampfer *m.* **2a** *(nebulizzatore)* Zerstäuber *m.*, Sprühgerät *n.*, Sprühflasche *f.* **b** *(per profumo)* Atomiseur *m.* **va|po|riz|za|zio|ne** f. **1** Verdampfung *f.*, Verdunstung *f.* **2** *(nebulizzazione)* Zerstäubung *f.* ◆ ***calore di ~*** Abdampfwärme *f.*

va|po|ro|sa|men|te avv. duftig, luftig. **va|po|ro|si|tà** f. **1** Duftigkeit *f.* **2** ABBIGL. Luftigkeit *f.*, Leichtigkeit *f.* **va|po|ro|so** agg. **1** duftig: ***capelli -i*** duftiges Haar **2** ABBIGL. luftig, leicht **3** FIG. *(indeterminato)* unbestimmt.

va|ra|no m. Waran *m.*

va|ra|re tr. **1** MAR. vom Stapel laufen lassen; ***la nave è stata varata*** das Schiff ist vom Stapel gelaufen **2a** FIG. *(attuare)* verabschieden: ***~ una legge*** ein Gesetz verabschieden **b** *(progetti)* initiieren **c** *(provvedimenti)* beschließen **3a** *(mettere in scena)* auf die Bühne bringen **b** *(pubblicare)* veröffentlichen ◆ ***~ una squadra, una formazione*** eine Mannschaft auf‿stellen.

var|ca|bi|le agg. überschreitbar.

var|ca|re tr. *(varco, varchi)* **1** überschreiten: **~ *la soglia, il confine*** die Schwelle, die Grenze überschreiten; FIG. **~ *la quarantina*** die vierzig überschreiten **2** ESTENS. *(attraversare)* überqueren. **var|co** m. *(-chi)* Durchgang *m.*; *(con veicolo)* Durchfahrt *f.*: ***un ~ tra i cespugli*** ein Durchgang zwischen den Büschen; FIG. ***aprirsi un ~ tra la folla*** sich (D) einen Weg durch die Menge bahnen ◆ ***aspettare qcn. al ~*** jdm auf‿lauern; **~ *di frontiera*** Grenzübergang *m.*

va|rec|chi|na, va|re|chi|na f. Chlorbleiche *f.*

va|ria f. Verschiedene *n.*, Varia *pl.* ◆ ***-e ed eventuali*** Sonstige *n.*

va|ria|bi|le I agg. **1a** veränderlich, wechselhaft, wandelbar, variabel: ***tempo ~*** veränderliches Wetter; ***il barometro segna ~*** das Barometer steht auf „veränderlich"; ASTR. ***stelle -i*** veränderliche Sterne **b** *(di persona)* unbeständig, wechselhaft: ***essere ~ nelle proprie prestazioni*** unbeständig in seinen Leistungen sein **2** *(che oscilla)* schwankend: ***temperatura ~*** schwankende Temperatur; ***prezzi -i*** schwankende Preise; ECON. ***corso ~*** schwankender Kurs **3** MAT. veränderlich, variabel: ***grandezza ~*** variable Größe **4** GRAMM. flektierbar **II** f. Variable *f.*: **~ *dipendente, indipendente*** abhängige, unabhängige Variable ◆ ***condensatore ~*** Drehkondensator *m.*; ***sereno ~*** heiter bis wolkig; ***trasformatore ~*** Regeltransformator *m.*; ***essere di umore ~*** launenhaft (*o* launisch) sein.

va|ria|bi|li|tà f. **1a** Veränderlichkeit *f.*, Unbeständigkeit *f.*, Wechselhaftigkeit *f.*, Variabilität *f.* **b** *(di persona)* Unbeständigkeit *f.*, Wechselhaftigkeit *f.* **2** MAT. Veränderlichkeit *f.*, Variabilität *f.* ◆ **~ *d'umore*** Launenhaftigkeit *f.*

va|ria|men|te avv. verschiedenartig.

va|rian|te f. **1** Veränderung *f.*, Variante *f.*, Abänderung *f.*: ***le -i di un modello*** die Varianten eines Modells; ***apportare una ~ a qcs.*** etw. ab‿ändern, eine Abänderung an etw. (D) vor‿nehmen **2** FILOL. Lesart *f.*, Variante *f.* **3** LING. Variante *f.* ◆ **~ *grafica*** verschiedene Schreibweise; ***ricco di -i*** variantenreich.

va|rian|za f. Varianz *f.*

va|ria|re *(vario, vari)* **I** tr. **1** *(modificare)* (ver)ändern, ab‿ändern: **~ *la rotta di 30 gradi*** den Kurs um 30 Grad ändern; **~ *un programma*** ein Programm abändern **2a** *(rendere vario)* variieren, ab‿wechseln: MUS. **~ *un tema*** ein Thema variieren **b** assol. SCHERZ. ***(tanto) per ~ siamo andati al ristorante cinese*** (nur) zur Abwechselung sind wir wieder ins chinesische Restaurant gegangen **II** intr. **1a** (aus. *essere*) sich ändern: ***il suo umore varia secondo il tempo*** seine Laune ändert sich je nach Wetter **b** *(di persona*: aus. *avere*) **~ *di aspetto*** sich im Aussehen ändern; **~ *di opinione*** seine Meinung ändern **2** *(essere differente*; aus. *essere)* variieren, verschieden sein, sich ändern: ***gli usi variano da popolo a popolo*** die Bräuche variieren (*o* ändern sich) von Volk zu Volk; **~ *da luogo a luogo*** örtlich verschieden sein **3** *(oscillare*; aus. *essere)* schwanken.

va|ria|ta|men|te avv. abwechslungsreich.

va|ria|to p.pass. agg. **1** → **variare 2** abwechslungsreich: ***un'alimentazione -a*** eine abwechslungsreiche Ernährung **3** *(diverso)* verschieden: ***colori -i*** verschiedene Farben.

va|ria|to|re m. Regler *m.* ◆ **~ *continuo di velocità*** stufenloses Getriebe; **~ *di fase*** Phasenschieber *m.*

va|ria|zio|ne f. **1** Veränderung *f.*, Abänderung *f.*, Variation *f.*: ***subire alcune -i*** einige Variationen erfahren **2** *(oscillazione)* Schwankung *f.*: ***essere soggetto a -i*** Schwankungen unterworfen sein **3** MUS. BIOL. MAT. Variation *f.*: ***-i su un tema*** Variationen über ein Thema ◆ ***calcolo delle -i*** Variationsrechnung *f.*; **~ *del clima, climatica*** Klimaänderung *f.*; **~ *di colore*** Farbveränderung *f.*, Farbwechsel *m.*; ECON. **~ *del corso*** Kursänderung *f.*; **~ *(del tasso) di interesse*** Zinsschwankung *f.*; ASTR. **~ *di luminosità*** Lichtwechsel *m.*; **~ *di pressione*** Druckschwankung *f.*; **~ *di prezzo*** Preisänderung *f.*; **~ *ritmica*** Taktwechsel *m.*; **~ *di temperatura*** Temperaturschwankung *f.*, Temperaturwechsel *m.*; **~ *di umore*** Stimmungsschwankung *f.*

va|ri|ce f. Krampfader *f.*, Varix *f.*, Varize *f.*

va|ri|cel|la f. Windpocken *pl.*

va|ri|co|ce|le m. Varikozele *f.*

va|ri|co|so agg. varikös ◆ ***vena -a*** Krampfader *f.*

va|rie|ga|to agg. **1** gestreift, von Streifen durchzogen: ***marmo ~*** von Streifen durchzogener Marmor **2** *(screziato)* gesprenkelt **3a** *(multicolore)* vielfarbig, bunt **b** FIG. bunt, abwechslungsreich: ***un ambiente ~*** ein buntes Milieu. **va|rie|ga|tu|ra** f. **1a** Streifung *f.* **b** *(policromia)* Buntheit *f.* **2** FIG. Vielfältigkeit *f.*, Vielfalt *f.*, Buntheit *f.*

1.va|rie|tà f.inv. **1** Vielfalt *f.*, Vielfältigkeit *f.*: ***la ~ delle lingue europee*** die Vielfalt der europäischen Sprachen; **~ *di prodotti*** Vielfalt an Waren **2** *(mancanza di monotonia)* Abwechslungsreichtum *m.*: ***la ~ del paesaggio*** der Abwechslungsreichtum der Landschaft **3** *(tipo)* Sorte *f.*, Art *f.*: ***una rara ~ di rose*** eine seltene Rosensorte **4** BOT. *(sottospecie)* Varietät *f.* ◆ **~ *di forme*** Vielförmigkeit *f.*; **~ *di opinioni*** Meinungsvielfalt *f.*; ***tutte le ~ di...*** alle Arten von...

2.va|rie|tà m.inv. **1** Varietee *n.* **2** *(teatro)* Revuetheater *n.*, Varieteetheater *n.* ◆ ***artista di ~*** Artist *m.*; ***presentatore di ~*** Conférencier *m.*; ***serata di ~*** bunter Abend; ***spettacolo di ~*** Varieteevorstellung *f.*, Varietee *n.*; ***teatro di ~*** Revuetheater *n.* (*o* Varieteetheater *n.*).

va|rio I agg. *(-ri,-rie)* **1a** verschiedenartig, verschieden **b** *(non monotono)* abwechslungsreich: ***paesaggio ~*** abwechslungsreiche Landschaft; ***un viaggio ~*** eine abwechslungsreiche Reise; ***una conversazione -a e piacevole*** ein abwechslungsreiches und angenehmes Gespräch **2** *(diverso, molteplice)* verschieden, vielfältig: ***oggetti di ~ genere*** Gegenstände vielfältiger (*o* verschiedenster) Art; ***abbiamo parlato di -rie cose*** wir haben Verschiedenes besprochen; ***in -ri colori*** in verschiedenen Farben **3** *(irregolare)* ungleichmäßig, unregelmäßig: ***moto ~*** ungleichmäßige Bewegung **4** pl. *(parecchi, numerosi)* verschiedene, mehrere, einige, vielerlei: ***ci sono -ri motivi*** es gibt vielerlei Ursachen dafür; ***lo conosco da -ri anni*** ich kenne ihn seit einigen Jahren; ***erano presenti -rie persone*** mehrere Leute waren anwesend **II** m. **1** Verschiedenheit *f.*, Unterschiedlichkeit *f.* **2** pl. *(diverse persone)* verschiedene (*o* mehrere) Leute *pl.* ◆ ***autori -ri*** verschiedene Autoren; ***-rie ed eventuali*** Sonstige *n.*; ***negozio di generi -ri*** Gemischtwarenhandlung *f.*; PROV. ***il mondo è bello perché è vario*** = die Welt ist schön, weil sie vielfältig ist.

va|rio|me|tro m. Variometer *n.*

va|rio|pin|to agg. bunt.

va|ri|smo m. o-förmige Biegung *f.*

1.va|ro m. **1** MAR. Stapellauf *m.* **2** FIG. Verabschiedung *f.*, Beschluss *m.*: ***il ~ di una legge*** die Verabschiedung eines Gesetzes; ***il ~ di un provvedimento*** der Beschluss einer Maßnahme.

2.va|ro agg. ***piede ~*** Klumpfuß *m.*

Var|sa|via n.pr.f. Warschau *n.* ◆ ***il Patto di ~*** der Warschauer Pakt.

va|sa|io m. *(-ai)* **1** Töpfer *m.* **2** *(venditore di vasi)* Tonwarenhändler *m.*

va|sa|le agg. Gefäß-, vasal: ***parete ~*** Gefäßwand *f.*

va|sca f. *(-sche)* **1** Wanne *f.*, Becken *n.* **2** *(da bagno)* Wanne *f.*, Badewanne *f.*: ***entrare nella ~*** in die Badewanne steigen **3a** *(piscina)* Becken *n.*, Schwimmbecken *n.* **b** *(lunghezza della piscina)* Bahn *f.*: ***ho fatto venti -sche*** ich bin zwanzig Bahnen geschwommen; **~ *da cinquanta metri*** Fünfzigmeterbahn *f.* ◆ **~ *da bagno*** Badewanne *f.*; NUCL. **~ *di decadimento*** Abklingbecken *n.*; **~ *di decantazione*** Klärbecken *n.*; COLLOQ. ***fare le -sche*** = auf und ab flanieren; **~ *dei pesci*** Fischglas *n.*; **~ *a sedile*** Sitzbadewanne *f.*; **~ *di sedimentazione*** Absetzbecken *n.*

va|scel|lo m. **1** Schiff *n.* ◆ ***capitano di ~*** Kapitän *m.* zur See *m.*; **~ *fantasma*** Geisterschiff *n.*; ***tenente di ~*** Kapitänleutnant *m.*; ***ufficiale di ~*** Seeoffizier *m.*

va|schet|ta f. **1** kleine Wanne *f.*, Wännchen *n.* **2** *(contenitore in plastica)* Schale *f.* ◆ ***una ~ di gelato*** eine Packung Eis.

va|sco|la|re agg. **1** ANAT. BOT. vaskular, vaskulär, Gefäß-: ***sistema ~*** Gefäßsystem *n.*; ***chirurgia ~*** Gefäßchirurgie *f.* **2** *(di vaso)* Vasen-, Töpfer-: ***pittura ~*** Vasenmalerei *f.*

va|sco|la|riz|za|to agg. mit Blutgefäßen versehen, Gefäß-: ***tessuto ~*** Gefäßgewebe *n.* **va|sco|la|riz|za|zio|ne** f. **1** Vaskularisation *f.* **2** *(irrorazione sanguigna)* Durchblutung *f.*

va|sco|lo m. Botanisiertrommel *f.*

va|sec|to|mi|a f. Vasektomie *f.*, Vasoresektion *f.* **va|sec|to|miz|za|re** tr. einer Vasektomie unterziehen.

va|se|li|na f. Vaseline *f.*, Vaselin *n.*

va|sel|la|io → **vasaio.**

va|sel|la|me m. Geschirr *n.*, Töpferwaren *pl.* ◆ **~ *d'argento*** Silbergeschirr *n.*; **~ *da cucina*** Küchengeschirr *n.*; **~ *di terracotta*** Tongeschirr *n.*

va|si|stas m.inv. Klappfenster *n.*, Kippfenster *n.*

va|so m. **1a** Gefäß *n.* **b** *(di terracotta)* Topf *m.*: ***un ~ di gerani*** ein Topf Geranien **c** *(di vetro)* Glas *n.* **2** *(decorativo o per fiori recisi)* Vase *f.*: ***mettere i fiori in un ~*** die Blumen in eine Vase stellen; ***un ~di porcellana*** eine Porzellanvase **3** *(in servizi igienici)* Klosettschüssel *f.*, Abortbecken *n.* **4** ANAT. Gefäß *n.* **5** FIS. Röhre *f.*, Gefäß *n.* ◆ **~ *capillare*** Kapillargefäß *n.*; FIG. ***il ~ è colmo*** das Maß ist voll; FIS. ***-i comunicanti*** kommunizierende Röhren (*o* Gefäße); **~ *da conserva*** Einmachglas *n.*, Einweckglas *n.*; **~ *di cristallo*** Kristallvase *f.*; BIBL. **~ *d'elezione*** auserwähltes Gefäß; **~ *di espansione*** Überlaufgefäß *n.*; **~ *da fiori*** Blumentopf *m.*; *(per fiori recisi)* Blumenvase *f.*; **~ *linfatico*** Lymphgefäß *n.*, Lymphbahn *f.*; **~ *di marmellata*** Marmeladenglas *n.*; **~ *da notte*** Nachttopf *m.*; ***il ~ di Pandora*** die Büchse der Pandora; ***pianta in ~*** Topfpflanze *f.*; ***-i sacri***

liturgische Geräte; ***portare -i a Samo*** Holz in den Wald tragen, Eulen nach Athen tragen; ***~ sanguigno*** Blutgefäß *n.*; ***~ a sedile*** Sitzklosett *n.*; ***~ alla turca*** Stehklosett *n.*

va|so|co|strit|to|re I agg. gefäßverengend **II** m. gefäßverengendes Mittel *n.*, Vasokonstriktor *m.* **va|so|co|stri|zio|ne** f. Gefäßverengung *f.*

va|so|di|la|ta|to|re I agg. gefäßerweiternd **II** m. gefäßerweiterndes Mittel *n.*, Vasodilatator *m.* **va|so|di|la|ta|zio|ne** f. Gefäßerweiterung *f.*

va|so|mo|ti|li|tà f. Vasomotion *f.* **va|so|mo|to|re** agg. vasomotorisch; ***nervi -i*** Vasomotoren *pl.* (*o* vasomotorische Nerven). **va|so|mo|to|rio** agg. *(-ri,-rie)* vasomotorisch.

va|so|re|se|zio|ne f. Vasoresektion *f.*, Vasektomie *f.*

vas|sal|lag|gio m. **1** STOR. Vasallentum *n.*, Lehnschaft *f.* **2** FIG. *(sudditanza)* Abhängigkeit *f.* ◆ ***giuramento di ~*** Lehnseid *m.* **vas|sal|le|sco** agg. *(-schi,-sche)* vasallisch. **vas|sal|lo I** agg. vasallisch, Vasallen-: ***stato ~*** Vasallenstaat *m.* **II** m. **1** Vasall *m.*, Lehnsmann *m.* **2** ESTENS. *(suddito)* Untertan *m.* **3** SPREG. *(servo)* Knecht *m.*, Diener *m.*

vas|so|ia|ta f. **1** Tablett *n.* voll **2** *(colpo dato con vassoio)* Schlag *m.* mit dem Tablett. **vas|so|io** m. *(-oi)* Tablett *n.*, Servierbrett *n.*: ***mangiare un ~ di paste*** ein Tablett voll Gebäck essen ◆ ***~ d'argento*** Silbertablett *n.*; FIG. ***servire qcs. a qcn. su un ~ d'argento*** jdm etw. auf einem silbernen Tablett servieren; ***~ di cartone*** Papptablett *n.*

va|sti|tà f. **1** Weite *f.*: ***la ~ di un territorio*** die Weite eines Gebietes **2** FIG. Umfang *m.*, Größe *f.*, Ausmaß *n.*: ***la ~ della sua cultura*** das Ausmaß seiner Kultur.

va|sto agg. **1** weit, ausgedehnt: ***una -a pianura*** eine weite Ebene **2** FIG. umfangreich, umfassend, groß, reich: ***un uomo di -a cultura*** ein Mann mit umfassender Bildung; ***-e conoscenze*** umfangreiche Kenntnisse; ***una -a esperienza*** eine reiche Erfahrung **3** *(diversificato)* reich, breit: ***una -a gamma*** eine breite Palette; ***una -a scelta*** eine reiche Auswahl ◆ ***di -a portata*** weit greifend; ***di -e proporzioni*** von großem Ausmaß; ***su -a scala*** auf breiter Ebene; ***ricerche su -a scala*** umfangreiche Nachforschungen.

va|te m. LETT. **1** Prophet *m.*, Seher *m.* **2a** ESTENS. *(poeta)* Dichter *m.* **b** *(grande poeta)* Dichterfürst *m.* **c** *(animato da impegno civile)* engagierter Dichter *m.*

va|ti|ca|ni|sta m. **1** Vatikanforscher *m.*, Vatikankenner *m.* **2** *(giornalista)* Vatikankorrespondent *m.* **3** *(sostenitore)* Vatikananhänger *m.* **va|ti|ca|no** agg. vatikanisch, Vatikan-: ***Musei Vaticani*** Vatikanische Museen; ***radio -a*** vatikanischer Rundfunk.

Va|ti|ca|no n.pr.m. Vatikan *m.* ◆ ***città del ~*** Vatikanstadt *f.*

va|ti|ci|na|re tr. *(vaticino/vaticino)* LETT. wahr‿sagen, weissagen, prophezeien. **va|ti|ci|nio** m. *(-ni)* Wahrsagung *f.*, Weissagung *f.*, Prophezeiung *f.*: ***il ~ si avverò*** die Weissagung erfüllte sich.

vat|te|lap|pe|sca avv. COLLOQ. was weiß ich, (das) weiß der Kuckuck, (das) weiß der Teufel: ***~ dove si è andato a cacciare*** was weiß ich, wo er steckt ◆ ***e ~*** = und so weiter (*o* und so fort).

va|tus|so → **watusso.**

Vaud n.pr.m. Waadt *f.*

vau|de|vil|le [vod'vil] m.inv. Vaudeville *n.*

VE ⇒ *Vostra Eccellenza* Eure Exzellenz.

ve I pron. pers. **1** euch: ***~ l'ha detto*** er hat es euch gesagt; *(enclitico)* ***ricordatevelo!*** merkt es euch! **2** *(con i verbi pronominali)* ihr: ***~ ne siete accorti troppo tardi*** ihr habt es zu spät bemerkt; ***~ ne siete andati via*** ihr seid fortgegangen; ***~ ne pentirete*** ihr werdet es bereuen **II** avv. **1a** *(stato)* hier, da, dabei: ***non ~ l'ho trovato*** ich habe ihn da nicht gefunden **b** *(moto)* dorthin: ***~ lo misi*** ich habe es dorthin getan **2** *(anche non tradotto)* ***non ~ ne sono*** es gibt keine.

ve' inter. **1** *(bada)* bloß: ***attento, ~!*** pass bloß auf! ***non farlo più, ~!*** mach das bloß nicht noch einmal! **2** *(indicando stupore)* ja: ***~, com'è grande!*** das ist ja irrsinnig groß! **3** *(davvero)* gelt: ***è buono, ~, questo gelato?*** das Eis ist gut, gelt?

vec|chia f. alte Frau *f.*, Alte *f.*

vec|chiac|cia f. SPREG. alte Ziege *f.*

vec|chia|ia *f.* Alter *n.*: ***nella, in ~*** im Alter ◆ ***gli acciacchi della ~*** die Altersbeschwerden (*o* Alterserscheinungen); ***essere il bastone della ~ di qcn.*** die Stütze in jds Alter sein; SCHERZ. ***è la ~!*** man wird eben alt! ***morire di ~*** an Altersschwäche sterben.

vec|chiar|do m. Greis *m.*, Opa *m.* **vec|chiet|ta** f. alte Frau *f.*, altes Mütterchen *n.* **vec|chiet|to** m. altes Männlein *n.*, Oldie *m.*

vec|chiez|za f. Alter *n.*

vec|chi|na f. alte Frau *f.*, altes Mütterchen *n.*

vec|chio I agg. *(-chi,-chie)* **1** alt: ***alberi -chi*** alte Bäume; ***un ~ amico*** ein alter Freund; ***vino ~*** alter Wein; ***vestiti -chi*** alte Kleider; ***una -a abitudine*** eine alte Gewohnheit; ***una -a ferita*** eine alte Wunde; ***-chie usanze*** alte Sitten; ***i -chi tempi*** die alten Zeiten; ***i -chi sistemi*** das alte System; ***sentirsi ~*** sich alt fühlen **2** *(che dura da molto tempo)* lang, seit langem bestehend, langjährig: ***una -a amicizia*** eine langjährige Freundschaft **3** *(precedente)* alt, ehemalig, vorherig, früher: ***l'anno ~*** das alte Jahr; ***il ~ direttore*** der vorherige (*o* frühere) Direktor; ***la mia -a casa*** mein vorheriges (*o* ehemaliges) Haus **4** *(superato)* überholt: ***un ~ procedimento*** ein überholtes Verfahren **II** m. *(-chi)* **1** alter Mann *m.*, Alte *m.*, Greis *m.*: ***i miei -chi*** meine Alten; ***ho chiesto al ~*** ich habe den Alten gefragt **2** *(ciò che è vecchio)* Alte *n.*: ***soppiantare il ~ per il nuovo*** Altes durch Neues ersetzen **3** *(negli appellativi)* der Ältere: ***Plinio il Vecchio*** Plinius der Ältere ◆ ***città -a*** Altstadt *f.*; COLLOQ. ***~ come il cucco*** = uralt, steinalt; ***da ~*** greisenhaft (*o* alt): ***un viso da ~*** ein altes Gesicht; ***avere modi da ~*** sich wie ein alter Mann benehmen; ***pensare da ~*** wie ein alter Mann denken; ***da ~ mi trasferirò in campagna*** im Alter werde ich aufs Land ziehen; ***diventare ~*** altern (*o* alt werden); ***ferri -chi*** Alteisen *n.*, Brucheisen *n.*; ***-chie glorie del cinema*** alte Filmberühmtheiten; ***luna -a*** abnehmender Mond; ***un ~ lupo di mare*** ein (alter) Seebär; ***alla -a maniera*** nach der alten Art; *(come al solito)* wie üblich (*o* nach gehabtem Muster); ***~ come Matusalemme*** alt wie Methusalem; ***essere ~ del mestiere*** = Erfahrung haben (*o* bewandert sein); ***~ mio!*** mein Alter! alter Junge! ***come va, ~ mio?*** wie geht's, mein Alter? ***il ~ mondo*** die Alte Welt; ***sapere di ~*** alt schmecken; ***la -a solfa*** die alte Leier; ***un gentiluomo (di) ~ stampo*** ein Gentleman vom alten Schlag; ***di ~ stile*** alten Stils; *(superato)* überholt; ***il Vecchio Testamento*** das Alte Testament; ***-a volpe*** schlauer Fuchs.

vec|chiot|to agg. altmodisch, veraltet, altbacken, altersschwach: ***la sua auto è un po' -a*** sein Auto ist ein bisschen altersschwach; ***i mobili sono un po' -i*** die Möbel sind etwas altmodisch.

vec|chis|si|mo agg. uralt, hochbetagt.

vec|chiu|me m. **1** alter Kram *m.*, altes Zeug *n.*, Gerümpel *n.* **2** FIG. kalter Kaffee *m.*

vec|cia f. *(-ce)* Wicke *f.*

ve|ce f. *(-ci)* **1** LETT. *(cambiamento)* Wechsel *m.* **2** LETT. *(avvicendamento)* Abwechslung *f.* ◆ ***fare le -ci di qcn.*** jdn vertreten: ***fare le -ci del direttore*** den Chef vertreten; ***in ~ di qcn.*** an jds Stelle, anstelle von jdm: ***in sua ~*** an seiner Stelle.

ved. ⇒ **1** *vedovo* Witwer (Wwr.) **2** *vedova* Witwe (Wwe.).

Ve|da m. Weda *m.*, Veda *m.*

ve|den|te I agg. sehend **II** m. e f. Sehende *m.* e *f.* ◆ ***non ~*** blind; *(persona)* Blinde *m.* e *f.*

ve|de|re *(vidi, veduto/visto)* **I** tr. **1a** sehen (anche assol.): ***~ qcn., qcs. da lontano*** jdn, etw. von weitem sehen; ***sono contento di vederti*** ich freue mich, dich zu sehen; ***non lo vedo da questa mattina*** ich habe ihn seit heute morgen nicht mehr gesehen; ***l'ho visto partire*** ich habe ihn abfahren sehen; ***vedere un film, una commedia*** einen Film, eine Komödie sehen; ***~ qcs. in televisione*** etw. im Fernsehen sehen; ***fammi ~ !*** lass mich (mal) sehen! ***non l'ho mai vista così!*** ich habe sie noch nie so gesehen! ***non si è ancora visto nessuno*** es ist noch niemand erschienen **b** assol. *(avere la capacità visiva)* ***~, vederci bene, male*** gut, schlecht sehen; ***senza occhiali non (ci) vedo*** ohne Brille sehe ich nichts; ***~, vederci doppio*** doppelt sehen **c** ESTENS. ***vedrò cosa posso fare*** ich werde sehen, was ich machen kann **d** *(notare)* ***lo vedrebbe anche un cieco!*** das würde selbst ein Blinder sehen! **e** *(constatare)* ***vedo che non sei cambiato affatto*** ich sehe, dass du dich überhaupt nicht verändert hast; ***~ deluse le proprie aspettative*** seine Erwartungen enttäuscht sehen **f** *(trovare)* ***non ci vedo niente di male, di particolare*** darin sehe ich nichts Böses, Besonderes **g** *(nel gioco del poker)* ***vedo!*** ich sehe! **2** *(incontrare)* treffen, sehen: ***la vedo alle 8*** ich sehe sie um 8 Uhr; ***l'ho visto da Mario*** ich habe ihn bei Mario gesehen (*o* getroffen); ***guarda chi si vede!*** wen sieht man denn da! ***ci vediamo!*** bis bald! **3** *(sopportare)* riechen, ertragen, aus‿halten: ***non lo posso ~*** ich kann ihn nicht riechen **4** *(mostre, musei)* besichtigen, besuchen, sich (D) an‿schauen, sich (D) an‿sehen: ***(andare a) ~ una mostra*** sich eine Ausstellung ansehen (*o* eine Ausstellung besuchen) **5** *(decidere)* entscheiden, sehen: ***vedi tu*** mach du mal (*o* entscheide du); ***non so, vedrò*** ich weiß nicht, ich muss noch (*o* mal) sehen; ***è ancora da ~ se...*** es wird sich zeigen (*o* herausstellen), ob... **6** *(giudicare)* beurteilen, sehen: ***come vede la situazione politica?*** wie sehen Sie die politische Lage? **7** *(capire)* verstehen, wissen, ein‿sehen: ***non vedo come tu possa farcela*** ich weiß nicht, wie du es schaffen kannst; ***perché, vedi, la cosa è complicata*** die Angelegenheit ist kompliziert, verstehst du? ***non vedo perché dovrei farlo*** ich sehe nicht ein, warum ich es tun sollte **8** *(cercare, tentare)* zu‿sehen, sehen, versuchen: ***vedrò di venire oggi*** ich werde versuchen, heute zu kommen; ***vedrò di non arri-***

vare troppo tardi ich will (zu)sehen, dass ich nicht zu spät komme; ***vedi di essere puntuale*** sieh zu, dass du pünktlich bist **9** *(immaginarsi)* sich (D) vor‿stellen: ***lo vedrei bene come giornalista*** ich könnte ihn mir gut als Journalist vorstellen; ***mi sembra ancora di vederlo*** ich kann ihn mir lebhaft vorstellen; ***me lo vedo!*** den kann ich mir vorstellen! ***non ce la vedo proprio a fare la casalinga!*** ich kann sie mir als Hausfrau überhaupt nicht vorstellen! **10** *(consultare)* ***devo ~ il commercialista, l'avvocato, il dottore*** ich muss mit dem Steuerberater, Rechtsanwalt sprechen, ich muss zum Arzt gehen **11** *(controllare)* nach‿sehen, überprufen: ***~ i conti*** die Abrechnung überprüfen **12** *(esaminare, prendere in considerazione)* ***questo problema lo vedremo più avanti*** dieses Problem gehen wir später an **II** pronom. **vedersi 1** sich sehen: ***-rsi allo specchio*** sich im Spiegel sehen **2** *(considerarsi)* sich sehen, sich glauben: ***-rsi perduto*** sich verloren glauben; ***-rsi costretto a fare qcs.*** sich gezwungen sehen, etw. zu tun **3** *(reciproco)* sich treffen: ***ci vediamo alle 2*** wir treffen uns um 2 Uhr; ***ci vediamo domani*** bis morgen ◆ ***vederne delle belle*** sein blaues Wunder erleben; ***ne vedremo ancora delle belle*** wir werden noch einiges erleben; ***ti vedo bene!*** gut siehst du aus! ***bisogna ~*** man muss abwarten; ***bisogna ~ cosa dice il capo*** man muss abwarten, was der Chef sagt; ***vedersela brutta*** schlimm dran sein, in Schwierigkeiten sein; ***~ di buon occhio qcn., qcs.*** jdm wohlgesinnt sein, etw. (D) positiv gegenüber‿stehen; ***e chi s'è visto s'è visto*** und damit ist der Fall erledigt; ***vederci chiaro (in qcs.)*** (in Bezug auf etw. [A]) klar sehen; ***averne viste di tutti i colori*** alles Mögliche erlebt (*o* durchgemacht) haben; ***una mostra, uno spettacolo da ~*** eine sehenswerte Ausstellung, Vorstellung; ***dare a ~*** sehen lassen, zeigen: ***non dà a ~ quanto soffre*** er zeigt nicht, wie sehr er leidet; ***non vederci dalla fame*** vor Hunger um‿fallen; ***far ~*** zeigen: ***fammi ~ come funziona la lavatrice*** zeig mir, wie die Waschmaschine funktioniert; ***fammi ~ come si fa*** zeig mir, wie es geht (*o* wie man es macht); ***gli faccio ~ io!*** dem werde ich (es) schon zeigen! der kann was erleben! ***deve sempre far ~ che è il migliore*** er muss immer zeigen, dass er der Beste ist; ***farsi ~*** sich sehen (*o* blicken) lassen, sich zeigen; *(farsi notare)* sich zeigen: ***non si è fatto ancora ~*** er hat sich noch nicht blicken lassen; ***fatti ~ qualche volta*** lass dich ab und zu mal sehen; ***vieni qui, fatti un po' ~*** komm her, zeig dich mal; ***lo fa solo per farsi ~*** er macht es nur, um sich zu zeigen; ***farsi ~ da un medico*** zum Arzt gehen; *(farsi visitare)* sich untersuchen lassen; FIG. ***~ lontano*** weitsichtig sein; ***~ la luce*** das Licht der Welt erblicken; ***a mio modo di ~*** meines Erachtens, meiner Ansicht nach; ***non ~ più lontano del proprio naso*** nicht über die Nasenspitze hinaus‿sehen; ***~ tutto nero*** alles schwarz sehen; ***non avere nulla a che ~ con qcn., qcs.*** nichts mit jdm, etw. zu tun haben; ***non ~ l'ora di fare qcs.*** es nicht erwarten (*o* ab‿warten) können, etw. zu tun: ***non vedo l'ora di incontrarlo*** ich kann es nicht erwarten, ihn zu treffen; ***vedi pagina...*** siehe Seite...; ***a quel punto non ci ho visto più*** in dem Moment habe ich rot gesehen (*o* in dem Moment platzte mir der Kragen); ***non vederci dalla rabbia*** vor Wut rauchen (*o* blind vor Wut sein); ***vedi retro*** siehe Rückseite, siehe hinten; ***~ tutto rosa*** alles durch eine rosarote Brille (*o* im rosigen Licht) sehen; ***si vede subito che è sveglio*** man sieht sofort, dass er aufgeweckt ist; *(ipotetico)* ***si vede che si è perso*** er hat sich wohl verlaufen; ***vedi sopra, sotto*** siehe oben, unten; ***stare a ~*** ab‿warten, zu‿warten, sehen: ***stiamo a ~ come vanno le cose*** warten wir ab, wie es weitergeht (*o* läuft); ***staremo a ~!*** wir werden (schon) sehen! *(fai attenzione)* ***stai a ~!*** pass auf! ***stai a ~ che...*** du wirst schon sehen, dass...: ***stai a ~ che adesso è colpa mia*** du wirst sehen, dass es jetzt auf einmal meine Schuld ist; ***~ le stelle*** Sterne sehen; ***aver visto tempi migliori*** bessere Zeiten erlebt haben; ***è ancora tutto da ~*** das wird sich noch zeigen; ***vedersela con qcn.*** es mit jdm zu tun bekommen: ***te la vedrai con me!*** du wirst es mit mir zu tun bekommen! ***vediamo un po'!*** (lass) mal sehen! ***vediamo un po' cosa sa fare!*** sehen wir mal, was er kann! ***vedrai che non ci riesce!*** du wirst sehen, dass er es nicht kann! ***aspetta e vedrai!*** lass dich überraschen! ***vedrai che andrà bene!*** es wird schon gut gehen! ***mah, vedremo!*** wir werden sehen! PROV. ***quattro occhi vedono meglio di due*** vier Augen sehen mehr als zwei.

ve|det|ta f. **1a** Wache *f.*: ***stare di ~*** auf Wache sein (*o* stehen) **b** *(sulla nave)* Ausguck *m.* **2** *(imbarcazione)* Wachboot *n.*

ve|det|te [və'dɛt, *üblich* ve'dɛt] f.inv. Vedette *f.*, Star *m.*

ve|di|co agg. *(-ci,-che)* wedisch, vedisch.

ve|do|va f. **1** Witwe *f.*: ***una ~ inconsolabile*** eine untröstliche Witwe **2** ORNIT. Witwenvogel *m.* ◆ ***la ~ allegra*** die lustige Witwe; ***~ bianca*** Strohwitwe *f.*; ***~ di guerra*** Kriegerwitwe *f.*; ***~ nera*** schwarze Witwe. **ve|do|van|za** f. Witwenschaft *f.*; *(di uomo)* Witwerschaft *f.* **ve|do|vi|le** agg. Witwen-: ***pensione ~*** Witwenrente *f.*

ve|do|vo I m. Witwer *m.*: ***rimanere ~*** Witwer werden **II** agg. verwitwet.

ve|dret|ta f. Firnfeld *n.*

ve|du|ta f. **1** Aussicht *f.*, Ansicht *f.*, Blick *m.*: ***di qui si gode di un'ottima ~*** von hier hat man eine sehr gute Aussicht **2** PITT. Vedute *f.* **3** FOT. Aufnahme *f.* **4** pl. *(modo di pensare)* Ansicht *f.* ◆ ***~ aerea*** Luftaufnahme *f.*; ***~ dall'alto*** Aufsicht *f.*; ***~ d'insieme*** Gesamtansicht *f.*; ***essere di larghe -e*** aufgeschlossen sein; ***larghezza di -e*** Aufgeschlossenheit *f.*; ***essere di -e ristrette*** engstirnig sein; ***ristrettezza di -e*** Engstirnigkeit *f.*; ***scambio di -e*** Meinungsaustausch *m.*

ve|du|ti|smo m. Vedutenmalerei *f.* **ve|du|ti|sta** m. e f. *(-i,-e)* Vedutenmaler *m.* (-in *f.*).

ve|du|to p.pass. agg. → **vedere** ◆ ***a ragion -a*** nach reiflicher Überlegung.

ve|e|men|te agg. vehement, ungestüm, heftig, stürmisch: ***un tono ~*** ein heftiger Ton; ***-i proteste*** vehementer (*o* stürmischer) Protest. **ve|e|men|za** f. Vehemenz *f.*, Ungestüm *n.*, Heftigkeit *f.*

ve|ge|ta|le I agg. **1** Pflanzen-, pflanzlich: ***organismo ~*** pflanzlicher Organismus; ***regno, vita ~*** Pflanzenreich *n.*, Pflanzenleben *n.* **2** *(ricavato da vegetali)* Pflanzen-, pflanzlich, vegetabil(isch): ***grasso ~*** Pflanzenfett *n.* (*o* pflanzliches Fett); ***olio, burro ~*** Pflanzenöl *n.*, Pflanzenbutter *f.*; ***colorante, estratto ~*** Pflanzenfarbstoff *m.*, Pflanzenextrat *m.*; TESS. ***fibra ~*** Pflanzenfaser *f.* (*o* pflanzliche Faser) **II** m. Pflanze *f.*, Vegetabile *n.* ◆ ***brodo ~*** Gemüsebrühe *f.*; ***cenere ~*** Pflanzenasche *f.*; ***crine ~*** Seegras *n.*; ***dado ~*** Gemüsebrühwürfel *m.* **ve|ge|ta|re** intr. *(vegeto*; aus. *avere)* **1** gedeihen **2** FIG. dahin‿vegetieren, vegetieren.

ve|ge|ta|ria|ni|smo m. Vegetarismus *m.* **ve|ge|ta|ria|no I** agg. vegetarisch, fleischlos: ***alimentazione -a*** vegetarische (*o* fleischlose) Kost; ***ristorante, menù ~*** vegetarisches Restaurant, Essen; ***essere ~*** Vegetarier sein (*o* vegetarisch leben, sich vegetarisch ernähren) **II** m. Vegetarier *m.* **ve|ge|ta|ri|smo** → **vegetarianismo.**

ve|ge|ta|ti|vo agg. vegetativ: ***riproduzione -a*** vegetative Vermehrung; ***sistema nervoso ~*** vegetatives Nervensystem.

ve|ge|ta|zio|ne f. **1** Vegetation *f.*: ***~ mediterranea*** Mittelmeervegetation *f.* (*o* mediterrane Vegetation); ***~ tropicale, rigogliosa*** tropische, üppige Vegetation **2** MED. Vegetation *f.*, Wucherung *f.*: ***~ adenoidea*** Drüsenwucherung *f.*

ve|ge|to agg., ***vivo e ~*** gesund und munter.

veg|gen|te m. e f. Seher *m.* (-in *f.*). **veg|gen|za** f. Sehergabe *f.*

ve|glia f. Wache *f.*; ***fare la ~ a qcn.*** bei jdm wachen ◆ ***~ danzante*** Tanzabend *m.*; ***~ funebre*** Totenwache *f.*; ***ore di ~*** wache Stunden; ***~ pasquale*** Osternacht *f.* (*o* Ostervigil *f.*); ***~ di preghiera*** Gebetsversammlung *f.*; ***in stato di ~*** im Wachzustand.

ve|gliar|do m. (würdiger) Greis *m.*

ve|glia|re *(veglio, vegli)* **I** intr. (aus. *avere*) wachen: ***~ su qcn., qcs.*** über jdn, etw. wachen **II** tr. ***~ qcn.*** bei jdm wachen: ***~ un malato, un morto*** bei einem Kranken, einem Toten wachen.

ve|glio|ne m. Feier *f.*, Ball *m.* ◆ ***~ di fine anno, di San Silvestro*** Silvesterfeier *f.*; ***~ di carnevale*** Faschingsball *m.*, Fastnachtsball *m.*

veh → **ve'.**

1.vei|co|la|re agg. **1** Fahrzeug- **2** MED. übertragend, Übertragungs- ◆ ***lingua ~*** Verkehrssprache *f.*, Kommunikationssprache *f.*; BUROCR. ***traffico ~*** Kraftverkehr *m.*

2.vei|co|la|re tr. *(veicolo)* **1** übertragen: ***i ratti possono ~ malattie*** Ratten können Krankheiten übertragen **2** ESTENS. übermitteln: ***~ idee*** Ideen übermitteln.

ve|i|co|lo m. **1** Fahrzeug *n.* **2** FIG. Vehikel *n.*, Mittel *n.* **3** MED. Überträger *m.*, Träger *m.*: ***essere ~ d'infezione*** Überträger von Infektionen sein **4** FARM. Vehikel *n.*, Trägerstoff *m.* ◆ ***~ cingolato*** Kettenfahrzeug *n.* (*o* Raupenfahrzeug *n.*); ***~ elettrico*** Elektrofahrzeug *n.*; ***~ lunare*** Mondfähre *f.*; ***~ privato*** Privatfahrzeug *n.*; ***proprietario di ~*** Fahrzeughalter *m.*; ***~ pubblicitario*** Werbeträger *m.*; ***~ su rotaia*** Schienenfahrzeug *n.*, schienengebundenes Fahrzeug; ***~ semicingolato*** Halbkettenfahrzeug *f.*; ***~ spaziale*** Raumfahrzeug *n.* (*o* Raumflugkörper *m.*).

ve|la f. **1** Segel *n.*: ***issare le -e*** die Segel hissen, auf‿ziehen **2** SPORT Segeln *n.*, Segelsport *m.* **3** ARCH. Kappe *f.*, Kappenstück *n.* ◆ ***alzare le -e*** die Segel hissen; FIG. sich auf den Weg machen; ***ammainare le -e*** die Segel ein‿holen, ein‿ziehen; FIG. die Segel streichen; ***barca a ~*** Segelboot *n.*; ***~ di cappa*** Sturmsegel *n.*; ***corso di ~*** Segelkurs *m.*; ***fare ~*** segeln; ***~ di gabbia*** Marssegel *n.*; ***gara di ~*** Segelregatta *f.*; ***andare a gonfie -e*** bestens laufen; ***imbarcazione a ~*** Segelboot *n.*; ***~ latina*** Lateinersegel *n.*; ***~ (di) maestra*** Hauptsegel *n.* (*o* Großsegel *n.*); ***nave a ~*** Segelschiff *n.*; ***navigare a ~*** segeln; ***navigazione a ~*** Segelfahrt *f.*; ***~ di poppa*** Achtersegel *n.*; ***~ di prora*** Vorsegel *n.*; ***~ quadra*** Rahsegel *n.* (*o* Großsegel *n.*); ***~ di randa*** Gaffelsegel *n.*; ***regata di ~*** Segelregatta *f.*; ***scuola di ~*** Segelschule *f.*; ***senza -e*** segellos; ***slitta a ~*** Eisjacht *f.*; ***spiegare le -e (al vento)*** die Segel setzen (*o* unter Segel gehen); ***navigare a -e spiegate*** mit vollem Wind segeln; ***sport della ~*** Segelsport *m.*; ***telo da -e*** Segeltuch *n.*; ***~ di trinchetto*** Fock *f.*, Focksegel *n.*; ***volo a ~*** Segelflug *m.*; ***scuola di volo a ~*** Segelflugschule *f.*; ***praticare il volo a ~*** segel‿fliegen; ***volta a ~*** Kreuzrippengewölbe *n.*

ve|lac|ci|no m. Vorbramsegel *n.* **ve|lac|cio** m. *(-ci)* Bramsegel *n.* ◆ ***albero di ~*** Bram *f.*; ***pennone di ~*** Bramstange *f.* **ve|la|io** m. *(-ai)* Segelmacher *m.*

1.ve|la|me m. LETT. Schleier (anche FIG.).

2.ve|la|me m. MAR. Segelwerk *n.*

1.ve|la|re I agg. **1** ANAT. Gaumensegel- **2** FON. Gaumensegel-, velar, Velar-: ***suono ~*** Gaumensegellaut *m.* (*o* Velarlaut *m.*) **II** f. Velar *m.*, Velarlaut *m.*

2.ve|la|re I tr. **1** *(coprire con un velo)* verschleiern, verhüllen: ***~ il volto*** das Gesicht verschleiern; ***~ un quadro*** ein Bild verhüllen **2a** ESTENS. *(offuscare)* verschleiern: ***le lacrime gli velavano gli occhi*** die Tränen verschleierten (*o* trübten) seinen Blick **b** *(attenuare)* dämpfen: ***~ la luce*** das Licht dämpfen **3** FIG. *(celare)* verstecken, verbergen: ***~ le proprie intenzioni*** seine Absichten verstecken **II** pronom. **velarsi 1** *(coprirsi con un velo)* ***-rsi il viso*** sich (D) das Gesicht verschleiern; ***-rsi il capo*** das Haupt verhüllen **2** ESTENS. *(offuscarsi)* sich verschleiern, sich trüben: ***il cielo si velò*** der Himmel trübte sich; ***gli si velarono gli occhi di tristezza*** seine Augen waren tränenverschleiert (*o* füllten sich mit Tränen) **3** REL. den Schleier nehmen.

ve|la|rio m. *(-ri)* **1** STOR. Sonnensegel *n.* **2a** ESTENS. *(tendaggio)* Vorhänge *pl.* **b** TEATR. Bühnenvorhang *m.*, Vorhang *m.*

ve|la|ta|men|te avv. verschleiert, verhüllt.

ve|la|tis|si|mo agg. hauchzart: ***calze -e*** hauchzarte Strümpfe.

ve|la|to p.pass. agg. **1** → **velare 2** verschleiert (anche ESTENS.): ***donna -a*** verschleierte Frau; ***cielo ~*** verschleierter Himmel **3** *(attenuato)* gedämpft: ***luce -a*** gedämpftes Licht **4** FIG. *(non esplicito)* versteckt, verhüllt: ***minacce -e*** verhüllte Drohungen; ***rimprovero ~*** versteckter Vorwurf ◆ ***calze -e, collant -i*** Feinstrumpfhose *f.*; ***sguardo ~ di lacrime*** tränenverschleierter Blick; ***non ~*** unverschleiert; ***voce -a*** belegte Stimme.

1.ve|la|tu|ra f. **1** *(il velare)* Verschleierung *f.*, Verhüllung *f.* **2a** *(strato sottile)* Hauch *m.*, Schleier *m.*: ***una ~ di cipria*** ein Hauch Puder **3a** PITT. *(il velare)* Lasierung *f.* **b** *(effetto velato)* Lasur *f.* **4** FOT. Schleier *m.*

2.ve|la|tu|ra f. MAR. Segelwerk *n.*

vel|cro, *chiusura a ~* Klettverschluss *m.*

ve|leg|gia|re intr. *(veleggio, veleggi*, aus. *avere)* **1** MAR. segeln **2** AER. segel‿fliegen. **ve|leg|gia|to|re I** agg. **1** MAR. segelnd **2** AER. segelfliegend **II** m. **1** MAR. Segler *m.* **2** AER. Segelflugzeug *n.* **ve|leg|gio** m. *(-gi)* **1** MAR. Segeln (anche ZOOL.) **2** AER. Segelfliegen *n.*

ve|le|ni|fe|ro agg. gifthaltig, Gift-: ***ghiandole -e*** Giftdrüsen; ZOOL. ***dente ~*** Giftzahn *m.*

ve|le|no m. Gift *n.* (anche ESTENS.): ***prendere il ~*** Gift nehmen; ***~ letale, lento*** tödliches, schleichendes Gift; ***il caffè è ~ per me*** Kaffee ist Gift für mich ◆ ***~ dell'ape*** Bienengift *n.*; ***calice di ~*** Giftbecher *m.*; FIG. ***avere il ~ in corpo*** voller Gift stecken; ***~ per frecce*** Pfeilgift *n.*; ***immune da ~*** giftfest; FIG. ***mangiare ~*** seinen Zorn unterdrücken; ***pieno di ~*** giftig (anche FIG.): ***parole piene di ~*** giftige Worte; FIG. ***essere pieno di ~*** voller Gift sein; ***~ di serpente*** Schlangengift *n.*; ***sputare ~*** sein Gift verspritzen (*o* versprühen); ***~ per topi*** Mäusegift *n.*, Rattengift *n.*; ***uccidere qcn. con il ~*** jdn vergiften; ***uccidersi col ~*** sich vergiften; ***~ vegetale*** Pflanzengift *n.*

ve|le|no|sa|men|te avv. giftig, boshaft. **ve|le|no|sis|si|mo** agg. hochgiftig. **ve|le|no|si|tà** f. **1** Giftigkeit *f.* **2** FIG. Giftigkeit *f.*, Boshaftigkeit *f.*, Scharfzüngigkeit *f.*

ve|le|no|so agg. **1** giftig, Gift-: ***esalazioni -e*** giftige Dünste; ***serpente, fungo ~*** Giftschlange *f.*, Giftpilz *m.*; ***pianta -a*** Giftpflanze *f.*; ***sostanza -a*** Giftstoff *m.* **2** FIG. giftig, boshaft, scharfzüngig: ***un'osservazione -a*** eine giftige (*o* boshafte) Bemerkung; ***avere una lingua -a*** eine giftige (*o* scharfe) Zunge haben (*o* scharfzüngig sein).

ve|let|ta f. Schleier *m.*, Hutschleier *m.*

ve|li|co agg. *(-ci,-che)* Segel-: ***regata -a*** Segelregatta *f.*; ***sport ~*** Segelsport *m.*

ve|lie|ro m. Segelschiff *n.*, Segler *m.* ◆ ***~ a due, tre, quattro alberi*** Zwei-, Drei-, Viermaster *m.*

ve|li|na f. **1** *(carta velina)* Seidenpapier *n.*, Durchschlagpapier *n.* **2** *(copia)* Durchschlag *m.* **3** GIORN. Einflüsterung *f.* **ve|li|no I** agg. ***carta -a*** Seidenpapier *n.* **II** m. Velin *n.*

ve|li|smo m. Segeln *n.*, Segelsport *m.* **ve|li|sta** m. e f. *(-i,-e)* Segler *m.* (-in *f.*).

ve|li|vo|lo m. Flugzeug *n.*

vel|lei|tà f.inv. **1** Velleität *f.*, kraftloses Wünschen *n.* **2** *(ambizione, aspirazione infondata)* Ambition *f.*, Anwandlung *f.*, Wunschvorstellung *f.*: ***avere ~ artistiche, politiche*** künstlerische Ambitionen, politische Wunschvorstellungen haben; ***~ giovanili*** jugendliche Anwandlungen.

vel|lei|ta|ria|men|te avv. **1** zaghaft, kraftlos **2** *(ambiziosamente)* ehrgeizig, SPREG. ambitiös. **vel|lei|ta|rio** agg. *(-ri,-rie)* **1** zaghaft, kraftlos: ***tentativi -ri*** zaghafte Versuche **2** *(ambizioso)* ehrgeizig, hoch gesteckt, SPREG. ambitiös: ***progetto ~*** ehrgeiziges (*o* hoch gestecktes) Projekt **3** *(di persona)* strebsam, ehrgeizig, ambitioniert: SPREG. ambitiös. **vel|lei|ta|ri|smo** m. Ehrgeiz *m.*, Ambition *f.*

vel|lo m. LETT. **1** Vlies *n.* **2** ESTENS. *(pelo di animali da pelliccia)* Fell *n.* ◆ ***il ~ d'oro*** das Goldene Vlies.

vel|lu|ta|re tr. samtig machen. **vel|lu|ta|to** p.pass. agg. **1** → **vellutare 2** samtig, samtweich: ***la pelle -a della pesca*** die samtige Haut des Pfirsichs; ***rosso ~*** samtiges Rot; ***voce -a*** samtige (*o* samtweiche) Stimme; ***pelle -a*** samtige Haut (o Haut wie Samt).

vel|lu|ti|no m. **1** leichter Samt *m.* **2** *(nastro)* Samtband *n.*

vel|lu|to m. Samt *m.* ◆ FIG. ***camminare sul ~*** = auf keine Schwierigkeiten stoßen; ***~ a coste*** Cordsamt *m.*, Kordsamt *m.*; ***~ a coste larghe*** Breitcord *m.*; ***di ~*** samten, Samt-; ***giacca di ~*** Samtjacke *f.*; ***gonna di ~*** Samtrock *m.*; ***guanto di ~*** Samthandschuh *m.*; ***morbido come il ~*** samtweich: ***pelle morbida come il ~*** samtweiche Haut; ***nastro di ~*** Samtband *n.*; ***pantaloni di ~*** Samthosen *pl.*; ***~ di seta*** Seidensamt *m.*; ***stoffa di ~*** Samtstoff *m.*; ***vestito di ~*** Samtkleid *n.*

ve|lo m. **1** Schleier *m.* (anche FOT. CINEM.): ***portare, alzare il ~*** den Schleier tragen, hoch‿nehmen (*o* zurück‿schlagen); ***coprire il viso con un ~*** das Gesicht mit einem Schleier verhüllen **2a** ESTENS. *(strato sottile)* Hauch *m.*: ***un ~ di cipria*** ein Hauch Puder; ***con un ~ di zucchero*** mit Puderzucker bestäubt **b** *(patina)* Film *m.* **3** FIG. Hauch *m.*: ***un ~ d'ironia, di tristezza*** ein Hauch von Ironie, Traurigkeit **4** *(membrana, pellicina)* Haut *f.*, Häutchen: ***il ~ della cipolla*** die Haut der Zwiebel ◆ ***~ battesimale*** Taufschleier *m.*; RELIG. ***deporre il ~*** den Schleier ab‿legen; ***~ di foschia*** Dunstschleier *m.*; ***~ di ghiaccio*** dünne Eisschicht; ***~ di lacrime*** Tränenschleier *m.*; ***~ da lutto*** Trauerschleier *m.*; ***~ di nebbia*** Nebelschleier *m.*; ***~ di nubi*** Wolkenschleier *m.*; ***~ nuziale*** Brautschleier *m.*; ***obbligo di portare il ~*** Schleierzwang *m.*; ***~ d'olio*** Ölfilm *m.*; ANAT. ***~ palatino, pendulo*** Gaumensegel *n.*, Velum *n.*; ***stendere un ~ pietoso su qcs.*** den Mantel des Schweigens über etw. (A) breiten (*o* decken); ***~ di polvere*** Staubschicht *f.*; RELIG. ***prendere il ~*** den Schleier nehmen; ***senza -i*** unverschleiert; FIG. offen (*o* ungeschminkt): ***parlare senza -i*** offen reden; ***dire la verità senza -i*** die ungeschminkte Wahrheit sagen; ***~ da sposa*** Brautschleier *m.*; ***~ di tulle*** Tüllschleier *m.*; ***zucchero a ~*** Puderzucker *m.*

ve|lo|ce I agg. **1** schnell, geschwind: ***una macchina ~*** ein schnelles Auto; ***una stenografa ~*** eine schnelle Stenotypistin; ***nel modo più ~*** auf schnellstem Weg; ***sempre più ~*** schneller und schneller (*o* immer schneller); ***essere ~ nell'imparare*** schnell lernen; ***a passo ~*** schnellen (*o* geschwinden) Schrittes **2** *(in breve tempo)* kurz, flüchtig: ***dare un'occhiata ~ al giornale*** die Zeitung kurz (*o* flüchtig) durch‿blättern **II** avv. **1** schnell: ***le ore trascorrono -i*** die Stunden vergehen schnell **2** *(in fretta)* rasch, eilig ◆ ***~ come un fulmine, lampo*** blitzschnell; SPORT ***neve ~*** schneller Schnee; ***traffico ~*** Schnellverkehr *m.*; ***~ come il vento*** schnell wie der Wind (*o* pfeilschnell). **ve|lo|ce|men|te** avv. **1** schnell: ***parlare ~*** schnell reden; ***il più ~ possibile*** schnellstmöglich **2** *(in fretta)* schnell, rasch, eilig: ***fare un lavoro ~*** eine Arbeit rasch (*o* schnell) erledigen.

ve|lo|ci|pe|de m. **1** Hochrad *n.* **2** ESTENS. *(bicicletta)* Veloziped *n.*, Fahrrad *n.*

ve|lo|cis|si|mo agg. überschnell, blitzschnell.

ve|lo|ci|sta m. e f. *(-i,-e)* **1** Sprinter *m.* (-in *f.*), Kurzstreckenläufer *m.* (-in *f.*) **2** *(ciclista)* Sprinter *m.* (-in *f.*), Flieger *m.* (-in *f.*).

ve|lo|ci|tà f.inv. **1** Geschwindigkeit *f.*, Tempo *n.*: ***ridurre, limitare, aumentare, mantenere la ~*** die Geschwindigkeit verringern, beschränken (*o* begrenzen), erhöhen (*o* steigern), bei‿behalten; ***acquistare, perdere in ~*** an Geschwindigkeit zu‿nehmen, verlieren; ***viaggiare ad alta, a bassa ~*** mit hohem, niedrigem Tempo (*o* mit hoher, niedriger Geschwindigkeit) fahren; ***~ eccessiva*** überhöhte Geschwindigkeit; ***sorpasso in ~*** Überholen bei hoher Geschwindigkeit **2** *(rapidità)* Schnelligkeit *f.*: ***a gran ~*** mit großer Schnelligkeit **3** MOT. *(marcia)* Gang *m.* ◆ ***treno ad alta ~*** Hochgeschwindigkeitszug *m.*; ***aumento della ~*** Geschwindigkeitszunahme *f.*; FIS. ***~ di caduta*** Fallgeschwindigkeit *f.*; ***~ di calcolo*** Rechengeschwindigkeit *f.*; ***cambio di ~*** Gangschaltung *f.*; ***cambio a cinque ~*** Fünfganggetriebe *n.*; ***~ consigliata*** Richtgeschwindigkeit *f.*; ***controllo (automatico) della ~*** Geschwindigkeitskontrolle *f.*; ***~ di crociera*** Reisegeschwindigkeit *f.*; ***~ di decollo*** Abhebegeschwindigkeit *f.*;

eccesso di ~ Geschwindigkeitsüberschreitung *f.*; INFORM. ~ ***di elaborazione*** Arbeitsgeschwindigkeit *f.*; FIS. ~ ***d'espansione*** Expansionsgeschwindigkeit *f.*; ~ ***finale*** Endgeschwindigkeit *f.*; ***a*** ~ ***folle*** mit irrer Geschwindigkeit; FIS. ~ ***di fuga*** Fluchtgeschwindigkeit *f.*, Entweichgeschwindigkeit *f.*; ***con la*** ~ ***di un fulmine*** in (*o* mit) Blitzesschnelle; ***gara di*** ~ Kurzstreckenlauf *m.*; ***merce a grande*** ~ Eilgut *n.*; ~ ***istantanea*** momentane Geschwindigkeit; ***limite di*** ~ Geschwindigkeitsbegrenzung *f.*; ***il limite di*** ~ ***nei centri urbani è di 50 km/h*** in Städten liegt die Geschwindigkeitsbegrenzung bei 50 km/h; ~ ***della luce*** Lichtgeschwindigkeit *f.*; ~ ***di marcia*** Fahrgeschwindigkeit *f.*; ~ ***massima*** Höchstgeschwindigkeit *f.*, Spitzengeschwindigkeit *f.*; ~ ***media*** Durchschnittsgeschwindigkeit *f.*; ~ ***minima*** Mindestgeschwindigkeit *f.*; ~ ***oraria*** Stundengeschwindigkeit *f.*; ***merce a piccola*** ~ Frachtgut *n.*; ~ ***di propagazione*** Fortpflanzungsgeschwindigkeit *f.*; ~ ***propria*** Eigengeschwindigkeit *f.*; ~ ***radiale*** Radialgeschwindigkeit *f.*; ~ ***di reazione*** Reaktionsgeschwindigkeit *f.*; ~ ***relativa*** relative Geschwindigkeit; ASTR. ~ ***di rivoluzione*** Umlaufgeschwindigkeit *f.*; ~ ***di rotazione*** Umdrehungsgeschwindigkeit *f.*; ~ ***al secondo*** Sekundengeschwindigkeit *f.*; ~ ***di sedimentazione*** Senkungsgeschwindigkeit *f.*; ~ ***del suono*** Schallgeschwindigkeit *f.*; ~ ***supersonica*** Überschallgeschwindigkeit *f.*; ***a tutta*** ~ mit voller Geschwindigkeit; TECN. ~ ***di uscita*** Austrittsgeschwindigkeit *f.*; ~ ***del vento*** Windgeschwindigkeit *f.*; ***correre con la*** ~ ***del vento*** schnell wie der Wind laufen.

ve|lo|ciz|za|re **I** tr. beschleunigen: ~ ***un lavoro*** eine Arbeit beschleunigen **II** pronom. **velocizzarsi** sich beschleunigen. **ve|lo|ciz|za|zio|ne** f. Beschleunigung *f.*

ve|lo|dro|mo m. Radrennbahn *f.*, Velodrom *n.*

ve|lo|pen|du|lo m. Gaumensegel *n.*, Velum *n.*

ve|lours [vəˈluːr] m.inv. Velours *m.*

vel|tro m. LETT. Jagdhund *m.*, Hetzhund *m.*

V.Em. ⇒ *Vostra Eminenza* Eure Eminenz.

ve|na f. **1** Ader *f.*, Vene *f.*: ***le -e del braccio*** die Venen (*o* Adern) des Arms **2a** *(venatura)* Ader *f.* **b** *(del legno)* Maserung *f.* **3** GEOL. Ader *f.*, Gang *m.* **4** FIG. (dichterische) Ader *f.*: ~ ***poetica*** dichterische Ader; ***la sua*** ~ ***si è esaurita*** seine dichterische Ader ist versiegt **5** *(stato d'animo)* Stimmung *f.*, Laune *f.* **6** FIG. *(traccia, sfumatura)* Spur *f.*, Hauch *m.*: ***una*** ~ ***di malinconia*** eine Spur von Melancholie ◆ GEOL. ~ ***d'acqua*** Wasserader *f.*; ~ ***aurifera*** Goldader *f.*; ~ ***cava*** Hohlvene *f.*; ***essere in*** ~ ***di fare qcs.*** in der Stimmung sein, etw. zu tun (*o* zu etw. aufgelegt sein); ***essere in*** ~ ***di scherzare*** zu Scherzen (*o* Streichen) aufgelegt sein; ***oggi non sono in*** ~ ***di festeggiamenti*** heute bin ich nicht zum Feiern aufgelegt; ***essere in*** ~ ***di generosità*** in Geberlaune sein, Spendierhosen an‿haben; ***oggi non sono in*** ~ heute bin ich nicht in der richtigen Stimmung; ***avere il fuoco nelle -e*** Paprika im Blut haben; ***mi sono sentito gelare il sangue nelle -e*** mir ist das Blut in den Adern erstarrt (*o* gefroren, geronnen); ~ ***giugulare*** Halsschlagader *f.*; ~ ***del marmo*** Marmorader *f.*; ~ ***porta*** Pfortader *f.*; ***qcn. si sente ribollire il sangue nelle -e*** jdm kocht das Blut in den Adern; FIG. ***non avere sangue nelle vene*** kein Rückgrat haben; ***tagliarsi le -e*** sich die Pulsadern auf‿schneiden; ~ ***varicosa*** Krampfader *f.*

ve|na|le agg. **1** Verkaufs-, Handels-: ***valore*** ~ Verkaufswert *m.*; ***prezzo*** ~ Verkaufspreis *m.* **2** *(avido)* geldgierig **3a** *(corruttibile)* käuflich, bestechlich: ***un funzionario*** ~ ein käuflicher Beamter **b** *(fatto per denaro)* käuflich: ***amore*** ~ käufliche Liebe. **ve|na|li|tà** f. **1** Verkäuflichkeit *f.* **2** *(avidità)* Geldgier *f.* **3** *(corruttibilità)* Käuflichkeit *f.*, Bestechlichkeit *f.*

ve|na|re **I** tr. ädern, masern **II** pronom. **venarsi** ***il cielo si è venato di rosso*** rote Streifen spannten sich über den Himmel ***le sue parole si venarono di tristezza*** in seinen Worten schwang Traurigkeit mit. **ve|na|to** p.pass. agg. **1** → **venare** **2a** *(di marmo)* geädert **b** *(di legno)* maserig, gemasert **3** FIG. durchdrungen: ***una canzone -a di malinconia*** ein von Wehmut durchdrungenes Lied.

ve|na|to|rio agg. *(-ri,-rie)* Jagd-: ***arte -a*** Jägerei *f.*, Jagdwesen *n.*; ***legge -a*** Jagdgesetz *n.*; ***stagione -a*** Jagdzeit *f.*

ve|na|tu|ra f. **1a** Äderung *f.*, Ader *f.*: ***la*** ~ ***delle tempie*** die Adern der Schläfen **b** *(del legno)* Maserung *f.*, Maser *f.* **2** FIG. Hauch *m.*, Spur *f.*: ***una*** ~ ***di tristezza*** ein Hauch von Traurigkeit ◆ ~ ***delle foglie*** Blattäderung *f.*; ~ ***del legno*** Holzmaserung *f.*; ~ ***del marmo*** Äderung des Marmors (*o* Marmoräderung *f.*).

Ven|ce|sla|o n.pr.m. Wenzeslaus *m.*, Wenzel *m.*

ven|dem|mia f. Weinlese *f.*, Weinernte *f.*, Traubenlese *f.*, Lese *f.*: ***fare la*** ~ Weinlese halten; ***una*** ~ ***abbondante*** eine reiche Lese ◆ ***festa della*** ~ Winzerfest *n.* **ven|dem|mia|re** *(vendemmio, vendemmi)* **I** tr. lesen: ~ ***l'uva*** Wein lesen **II** intr. (aus. *avere*) Wein lesen, Weinlese halten. **ven|dem|mia|to|re** m. Weinleser *m.*

ven|de|re *(vendei/vendetti)* **I** tr. verkaufen: ~ ***a buon mercato*** billig verkaufen; ***questo negozio non vende giocattoli*** in diesem Geschäft werden keine Spielsachen verkauft; ~ ***un calciatore*** einen Fußballspieler verkaufen; FIG. ~ ***il proprio onore, la propria arte*** seine Ehre, seine Kunst verkaufen **II** intr. (aus. *avere*) sich verkaufen: ***è un libro che vende bene*** es ist ein Buch, das sich gut verkauft **III** pronom. **vendersi** **1** sich verkaufen: ***-rsi bene, male*** sich gut, schlecht verkaufen; ***-rsi al nemico*** sich dem (*o* an den) Feind verkaufen **2** ANT. *(prostituirsi)* sich zu Markte tragen ◆ ~ ***l'anima al diavolo*** seine Seele dem Teufel verschreiben; ~ ***all'asta*** versteigern; ~ ***qcs. in blocco*** etw. im Ganzen verkaufen; ***-rsi anche la camicia*** sich verausgaben; FIG. ***te la vendo come l'ho comprata*** ich habe es auch nur (als Gerücht) gehört (*o* ich gebe nur weiter, was ich gehört habe); ~ ***in contanti*** gegen Barzahlung verkaufen; ~ ***il proprio corpo*** = sich prostituieren; ***averne da*** ~ in Hülle und Fülle davon haben; ***di coraggio ne ha da*** ~ an Mut fehlt es ihm bestimmt nicht; ***hai ragione da*** ~ du hast völlig Recht; ~ ***al dettaglio*** en Detail (*o* einzeln) verkaufen; ~ ***fumo*** blauen Dunst vor‿machen; ~ ***all'incanto*** versteigern (*o* auktionieren); ~ ***all'ingrosso*** im Großen (*o* en gros) verkaufen; ***per due lire venderebbe sua madre*** für Geld würde er seine eigene Großmutter verkaufen (*o* für Geld würde er alles tun); FIG. ***saper*** ~ ***la propria merce*** sich gut verkaufen können; ~ ***al minuto*** im Kleinen (*o* Einzelnen) verkaufen; ***questa non me la vendi!*** das kannst du mir nicht erzählen! ~ ***cara la pelle*** sein Leben, seine Haut teuer verkaufen; ~ ***a peso*** nach Gewicht verkaufen; FIG. ~ ***a peso d'oro*** teuer verkaufen; ~ ***a rate*** ratenweise verkaufen; ***vendesi*** zu verkaufen.

ven|det|ta f. Rache *f.*: ***giurare*** ~ ***a qcn.*** jdm Rache schwören; ***meditare*** ~ auf Rache sinnen; ***fare*** ~ Rache üben; ***fare qcs. per*** ~ etw. aus Rache tun ◆ ***assetato di*** ~ rachedurstig, rachedürstend; ***brama di*** ~ Rachgier *f.*; ***dea della*** ~ Rachegöttin *f.*; ***gridare*** ~ nach Rache schreien; ***per*** ~ aus Rache; ***prendersi la propria*** ~ sich rächen; ~ ***di sangue*** Blutrache *f.*; ***sete di*** ~ Rachsucht *f.*, LETT. Rachedurst *m.*; PROV. ***la miglior*** ~ ***è il perdono*** der Siege göttlichster ist das Vergeben.

ven|di|bi|le agg. verkäuflich, absetzbar. **ven|di|bi|li|tà** f. Verkäuflichkeit *f.*

ven|di|ca|re *(vendico, vendichi)* **I** tr. rächen: ~ ***qcn.*** jdn rächen; ~ ***la morte di qcn., un'offesa*** jds Tod, eine Beleidigung rächen **II** pronom. **vendicarsi** sich rächen, Rache üben, sich revanchieren: ***-rsi su qcn. per qcs.*** sich an jdm für etw. rächen; ***-rsi di qcn.*** an jdm Rache nehmen ◆ ***-rsi col sangue*** Blutrache üben.

ven|di|ca|ti|vi|tà f. Rachsucht *f.* **ven|di|ca|ti|vo** **I** agg. rachsüchtig **II** m. rachsüchtiger Mensch *m.*

ven|di|ca|to|re **I** m. Rächer *m.* **II** agg. rächend, Rache-: ***angelo*** ~ Racheengel *m.*

ven|di|fu|mo m.inv. Schaumschläger *m.*, Blender *m.*

ven|di|ta f. **1** Verkauf *m.*: ***mettere in*** ~ zum Verkauf an‿bieten (*o* bringen) **2** *(quantità venduta)* Absatz *m.*, Verkauf *m.*: ***le -e diminuiscono*** der Absatz geht zurück; ***aumentare le -e del 40 %*** die Verkäufe um 40 % steigern **3** *(negozio)* Geschäft *n.*, Debit *m.* ◆ ***addetto alle -e*** Verkaufsleiter *m.*, für den Verkauf zuständiger Mitarbeiter; ~ ***all'asta*** Versteigerung *f.*, Auktion *f.*; ***atto di*** ~ Verkaufsvertrag *m.*; ***aumento delle -e*** steigende Verkaufszahlen; ***banco di*** ~ Verkaufstisch *m.*; ~ ***di beneficenza*** Wohltätigkeitsbasar *m.*; ***calo delle -e*** sinkende Verkaufszahlen; ~ ***su catalogo*** Versandhandel *m.*; ***condizioni di*** ~ Verkaufsbedingungen *pl.*; ~ ***in, per contanti*** Barverkauf *m.*; ***contratto di*** ~ Verkaufsvertrag *m.*; ~ ***per corrispondenza*** Versandhandel *m.*, Versandgeschäft *n.*; ~ ***al dettaglio*** Einzelverkauf *m.*; ~ ***diretta*** Direktverkauf *m.*; ***direttore delle -e*** Verkaufsleiter *m.*; ~ ***esclusiva*** Alleinverkauf *m.*; ~ ***fallimentare*** Zwangsverkauf *m.* im Konkursverfahren; ~ ***giudiziaria*** Zwangsverkauf *m.*; ***in*** ~ erhältlich, verkäuflich; ***il prodotto è in*** ~ ***in tutte le farmacie*** das Produkt ist in allen Apotheken erhältlich; ***i biglietti non sono ancora in*** ~ die Eintrittskarten sind noch nicht erhältlich; ~ ***all'incanto*** Auktion *f.*; ~ ***delle indulgenze*** Ablasshandel *m.*; ~ ***all'ingrosso*** Großhandel *m.*; ~ ***al minuto*** Einzelhandel *m.*; ~ ***porta a porta*** Haustürgeschäft *n.*; ***prezzo di*** ~ Verkaufspreis *m.*; ***punto*** ~ Verkaufsstelle *f.*; ~ ***a rate*** Ratenverkauf *m.*; ~ ***a termine*** Terminverkauf *m.*; ***ufficio -e*** Verkaufsabteilung *f.*; ***volume delle -e*** Absatzvolumen *n.*

ven|di|to|re m. **1** Verkäufer *m.* **2** *(gestore di un negozio)* Händler *m.*, Kaufmann *m.* ◆ ~ ***ambulante*** Straßenhändler *m.*; ~ ***autorizzato (di auto)*** Vertragshändler *m.*; ~ ***di fumo*** Schaumschläger *m.*, Blender *m.*

ven|du|to **I** p.pass. **1** → **vendere** **2** verkauft **3** FIG. gekauft, bestechlich, korrupt: ***un funzionario*** ~ ein bestechlicher Beamter **II** m. **1** verkaufte Ware *f.* **2** SPREG. korrupter Mensch *m.*; ***sei un*** ~ du bist durch und durch korrupt ◆ ***salvo il*** ~ soweit der Vorrat reicht;

arbitro ~ geschmierter Schiedsrichter.

ve|ne|fi|cio m. *(-ci)* LETT. Giftmord *m.*

ve|ne|fi|co agg. *(-ci,-che)* **1** giftig, Gift-: ***fungo*** ~ Giftpilz *m.*; ***sostanze -che*** giftige Stoffe **2** ESTENS. *(nocivo)* schädlich, ungesund **3** FIG. *(moralmente dannoso)* verderblich, zersetzend: ***dottrine -che*** verderbliche Lehren.

ve|ne|ra|bi|le I agg. **1** ehrwürdig, verehrungswürdig, ANT. venerabel: ***età*** ~ ehrwürdiges Alter; ***persona*** ~ ehrwürdiger Mensch **2a** ECCL. ehrwürdig, hochwürdig **II** m. *(capo di loggia massonica)* Logenmeister *m.*, Meister *m.* vom Stuhl. **ve|ne|ra|bi|li|tà** f. Ehrwürdigkeit *f.*, Verehrungswürdigkeit *f.*

ve|ne|ran|do agg. ehrwürdig: ***un'età -a*** ein ehrwürdiges Alter ◆ ***alla -a età di 90 anni*** im gesegneten (*o* ehrwürdigen) Alter von 90 Jahren.

ve|ne|ra|re tr. *(venero)* verehren: ***~ un dio, il sole*** einen Gott, die Sonne verehren; ***~ qcn. come un santo*** jdn wie einen Heiligen verehren.

ve|ne|ra|to|re I agg. verehrend **II** m. Verehrer *m.*

ve|ne|ra|zio|ne f. Verehrung *f.*, ANT. Veneration *f.* ◆ ***avere una vera e propria ~ per qcn.*** jdn aufrichtig verehren; ***degno di*** ~ verehrungswürdig; ***~ della Madonna*** Marienverehrung *f.*; ***essere oggetto di*** ~ verehrt werden; ***fare oggetto di*** ~ verehren.

ve|ner|dì m.inv. Freitag *m.*: ***arrivo*** ~ ich komme am Freitag an; ***~ 17 settembre*** Freitag, den 17. September; ***di, il*** ~ freitags; ***un*** ~ eines Freitags, an einem Freitag; ***ogni ~, tutti i*** ~ jeden Freitag; ***ogni due ~, un ~ sì e uno no*** jeden zweiten Freitag; ***la notte tra ~ e sabato*** die Nacht von Freitag auf Samstag; ***~ prossimo*** nächsten Freitag; ***da ~ prossimo*** ab kommenden Freitag; ***~ scorso*** vergangenen, letzten Freitag; ***da ~ scorso*** seit vorigem Freitag ◆ FIG. ***gli manca un*** ~ er hat nicht alle Tassen im Schrank; ***di, il ~ mattina*** freitagmorgens; ***~ pomeriggio*** Freitagnachmittag *m.*; ***di, il ~ pomeriggio*** freitagnachmittags; ***~ santo*** Karfreitag *m.*; ***~ sera*** Freitagabend *m.*; ***di, il ~ sera*** freitagabends; PROV. ***chi ride di ~ piange di domenica*** auf Freud folgt Leid.

ve|ne|re f. **1** *(bella donna)* Schönheit *f.*: ***non è una*** ~ sie ist nicht gerade eine Schönheit **2** *(venerdì)* Freitag *m.* ◆ ***monte di*** ~ Venusberg *m.*; ***piaceri di*** ~ Liebesfreuden *pl.*; ***~ solitaria*** Onanie *f.*, Masturbation *f.*; ***strabismo di*** ~ Silberblick *m.*; ***~ vagante*** Dirne *f.*, Freudenmädchen *n.*; PROV. ***Bacco, tabacco e ~ riducon l'uomo in cenere*** Wein, Weib und Gesang sind des Mannes Untergang; ***di ~ e di marte non si sposa né si parte*** = freitags und dienstags soll man weder heiraten noch verreisen.

Ve|ne|re n.pr.f. ASTR. MITOL. Venus *f.*; ***una ~ di Tiziano*** eine Venus des Tizian.

ve|ne|re|o agg. venerisch, Geschlechts-: ***malattia -a*** Geschlechtskrankheit *f.*

Ve|ne|ri|di m.pl. Venusmuscheln *pl.*

ve|ne|to I agg. **1** venetisch, Venetianer: ***Alpi Venete*** Venetianer Alpen **2** *(veneziano)* venezianisch **II** m. **1** Veneter *m.* **2** *(dialetto)* venetischer Dialekt *m.* **Ve|ne|to** n.pr.m. Venetien *n.*

Ve|ne|zia n.pr.f. Venedig *n.* ◆ ***~ Giulia*** Julisches Venetien *n.* **ve|ne|zia|na** f. **1** Venezianerin *f.* **2** INTRAD. (mit Zucker bestreuter Napfkuchen) **3** *(serramento)* Jalousie *f.* **ve|ne|zia|no I** agg. venezianisch, Venezianer **II** m. **1** Venezianer *m.* **2** *(dialetto)* Venezianisch(e) *n.* **3** SPORT COLLOQ. Fummler *m.*

Ve|ne|zue|la n.pr.m. Venezuela *n.* **ve|ne|zue|la|no I** agg. venezolanisch, venezuelisch **II** m. Venezolaner *m.*

ve|nia f. Verzeihung *f.*: ***chiedere*** ~ um Verzeihung bitten.

ve|nia|le agg. **1** RELIG. lässlich: ***peccato*** ~ lässliche Sünde **2** ESTENS. verzeihlich: ***una mancanza*** ~ ein verzeihlicher Fehler. **ve|nia|li|tà** f. **1** RELIG. Lässlichkeit *f.* **2** ESTENS. verzeihliche Art *f.*

1.ve|ni|re *(vengo, vieni, viene, veniamo, venite, vengono*; fut. *verrò*; imperf. *venivo*; pass.rem. *venni, venisti, venne, venimmo, veniste, vennero*; congiunt.pres. *venga, veniamo*; congiunt.pass. *venisse*; p.pass. *venuto*; aus. *essere)* **1a** kommen: ***sono venuto per parlarti*** ich bin gekommen, um mit dir zu sprechen; ***veniamo con voi*** wir kommen mit; ***viene l'inverno*** der Winter kommt; ***~ da qcn.*** zu jdm kommen; ***~ a casa di qcn.*** zu jdm (nach Hause) kommen; ***gente che va e che viene*** Leute, die kommen und gehen; ***venne il momento di partire*** der Moment der Abreise kam **b** *(provenire)* stammen, her‿kommen, kommen: ***da dove vieni?*** woher kommst du? ***vengo dall'Italia*** ich komme aus Italien; ***questa parola viene dal latino*** dieses Wort kommt aus dem Lateinischen; ***viene da un'ottima famiglia*** er stammt (*o* kommt) aus bester Familie; ESTENS. ***da dove ti viene tanta sicurezza?*** was gibt dir so viel Sicherheit? **2** *(sorgere, manifestarsi)* ***mi è venuto mal di testa*** ich habe Kopfschmerzen bekommen; ***gli è venuta l'influenza*** er hat Grippe bekommen; ***mi è venuta fame*** ich habe Hunger bekommen; ***mi sta venendo il raffreddore*** ich bekomme einen Schnupfen; ***mi viene da piangere*** mir kommen die Tränen (*o* ich muss weinen); ***mi viene da ridere, da sbadigliare*** ich muss lachen, gähnen; ***se ci penso, mi viene una rabbia!*** ich komme in Wut, wenn ich daran denke! ***mi stanno venendo dei dubbi*** mir kommen langsam Zweifel; ***mi viene la nausea*** mir wird schlecht **3** *(riuscire)* gelingen, heraus‿kommen: ***la torta mi è venuta bene*** der Kuchen ist mir gut gelungen (*o* ist gut geworden); ***~ bene, male in fotografia*** auf Fotos gut, schlecht aus‿sehen **4** COLLOQ. *(avere un orgasmo)* kommen **5a** MAT. heraus‿kommen, sich ergeben: ***la somma viene 30*** als Summe kommt 30 heraus **b** *(riuscire)* auf‿gehen: ***il conto non (mi) viene*** die Rechnung geht (mir) nicht auf **6a ~ su** herauf‿kommen **b** *(crescere, svilupparsi)* wachsen: ***questa pianta è venuta su bene*** diese Pflanze ist gut gewachsen; ***i suoi figli sono venuti su bene*** seine Kinder haben sich gut entwickelt **c** *(di cibo)* auf‿stoßen **7a ~ fuori** heraus‿kommen (anche FIG.); ***la verità verrà fuori comunque*** die Wahrheit kommt auf jeden Fall heraus **b** *(venir estratto)* gezogen werden: ***è venuto fuori il 42*** es wurde die 42 gezogen **c** *(esternare)* ***(se ne) venne fuori con una strana richiesta*** er kam mit einer seltsamen Bitte **8** *(essere prioritario)* ***~ prima*** zuvor kommen; ***per lui il lavoro viene prima di tutto*** für ihn kommt zuerst die Arbeit **9a** *(avvicinarsi)* ***~ avanti*** näher kommen, heran‿kommen **b** *(entrare)* herein‿kommen, ein‿treten **10a ~ via** sich lösen, ab‿gehen, verschwinden **b** *(di macchie)* heraus‿gehen **11 ~ incontro** entgegen‿kommen (anche FIG.): ***ti vengo incontro a metà strada*** ich komme dir auf halbem Weg entgegen; ***cercherò di venirLe incontro sul prezzo*** ich werde versuchen, Ihnen im Preis entgegenzukommen **12a *far ~ qcn.*** jdn kommen lassen, rufen, holen: ***far ~ il dottore*** den Arzt kommen lassen (*o* holen) **b** *(provocare)* machen, stimmen: ***questo film (mi) fa ~ sonno*** dieser Film macht (mich) schläfrig; ***questo tempo fa ~ la depressione*** dieses Wetter macht (*o* stimmt) ganz depressiv; ***questa musica mi fa ~ il mal di testa*** von dieser Musik bekomme ich Kopfschmerzen **13 ~ giù** herunter‿kommen; ***veniva giù che Dio la mandava*** es goss in Strömen (*o* wie aus Eimern) **14 ~ dentro** herein‿kommen **15 ~ dietro** folgen: ***vienimi dietro*** folge mir **16** *(ausiliare del passivo)* werden: ***venne giustiziato*** er wurde hingerichtet **17** *(con il gerundio)* ***si è venuto sempre più convincendo*** er war immer mehr davon überzeugt ◆ ***negli anni a*** ~ in den kommenden Jahren; ***~ in antipatia a qcn.*** jdm unsympathisch werden; ***ora viene il bello*** nun kommt das Schönste; ***mi vengono i brividi*** mich überläuft es kalt; ***~ a capo di qcs.*** mit etw. klar‿kommen (*o* zurecht‿kommen); ***che viene*** kommend: ***il mese che viene*** im kommenden Monat; ***come viene viene*** irgendwie; ***prendila come viene*** du musst die Dinge nehmen, wie sie kommen; ***~ alla conclusione*** zum Schluss kommen; ***~ a conoscenza di qcs.*** etw. erfahren (*o* in Kenntnis über etw. [A] gesetzt werden); ***~ a costare*** kosten; ***da*** ~ folgend, zukünftig; ***~ al dunque*** zur Sache kommen; ***~ a galla*** hoch‿kommen, nach oben kommen; FIG. heraus‿kommen; ***mi è venuta un'idea*** ich habe eine Idee; ***si vedrà negli anni di là da*** ~ das wird sich in den kommenden Jahren zeigen; ***le generazioni di là da*** ~ die zukünftigen Generationen; ***è di là da*** ~ das liegt noch in der Zukunft; ***~ alla luce*** *(nascere)* das Licht der Welt erblicken; *(emergere)* ans Licht kommen; ***mi viene male solo a pensarci*** allein bei dem Gedanken daran wird mir schlecht; ***~ alle mani*** handgreiflich werden; ***~ meno*** ohnmächtig werden; ***~ meno a qcs.*** etw. vernachlässigen; ***~ meno ad un impegno*** eine Verpflichtung nicht erfüllen; ***~ in mente*** ein‿fallen, in den Sinn kommen: ***quel nome non mi viene in mente*** der Name fällt mir nicht ein; ***ma che ti viene in mente!*** was fällt dir ein! ***~ al mondo*** auf die Welt kommen; ***~ al nocciolo*** auf den Punkt (*o* zum Kern) kommen; ***~ a noia*** zum Überdruss werden; COLLOQ. ***non mi viene*** ich komme nicht darauf; ***quando verrà l'occasione*** wenn sich die Gelegenheit bietet; ***~ agli orecchi di qcn.*** jdm zu Ohren kommen; ***~ a parlare di qcs.*** auf etw. (A) zu sprechen kommen; ***~ a patti*** sich einigen; ***~ in possesso di qcs.*** in den Besitz etw. (G) kommen; ***~ a prendere*** ab‿holen; ***vieni a prendere il caffè da me*** komm auf eine Tasse Kaffee zu mir; ***~ al punto*** zur Sache kommen; ***quanto viene?*** wie viel kommt heraus? ***~ a sapere qcs.*** etw. erfahren; ***viene da sé*** es versteht sich von selbst; ***~ al sodo*** zur Sache kommen; ***mi è venuto spontaneo rispondere così*** ich habe spontan so geantwortet; ***venite a tavola!*** zu Tisch! *(di cibo)* ***~ in tavola*** auf den Tisch kommen; ***venite a trovarmi*** kommt mich doch besuchen; ***ti venga, venisse un accidente, un colpo!*** der Schlag soll dich treffen! ***venir via*** weg‿gehen; ***~ vicino a qcn.*** neben jdn kommen; ***~ vicino a qcs.*** zu etw. kommen; ***mi viene voglia di fare qcs.*** ich bekomme Lust, etw. zu tun.

2.ve|ni|re m. Kommen *n.*: ***un continuo andare e*** ~ ein ständiges

Kommen und Gehen (*o* Hin und Her).

ve|no|so agg. venös: ***sangue ~*** venöses Blut.

Ve|no|sta, *Val ~* n.pr.f. Vintschgautal *n.*

ven|ta|gli|na f. Frauenmantel *m.*

ven|ta|glio m. *(-gli)* **1** Fächer *m.* **2** FIG. Bandbreite *f.*: ***un ~ di possibilità*** eine Bandbreite von Möglichkeiten **3** ZOOL. Kammmuschel *f.* ◆ ***a ~*** fächerartig, Fächer-; ***disporre qcs. a ~*** etw. fächern (*o* aus‿fächern); ***~ di felce*** Farnwedel *m.*; ***volta a ~*** Fächergewölbe *n.*

ven|ta|ta f. **1** Windstoß *m.* **2** FIG. Welle *f.*: ***una ~ di allegria*** eine Welle von Fröhlichkeit; ***portare una ~ di aria fresca*** frischen Wind bringen.

ven|ten|na|le I agg. **1** *(che dura vent'anni)* zwanzigjährig: ***conflitto ~*** zwanzigjähriger Konflikt; ***periodo ~*** Zeitraum von zwanzig Jahren **2** *(che ricorre ogni vent'anni)* zwanzigjährlich, Zwanzigjahr-: ***celebrazione ~*** Zwanzigjahrfeier *f.* **II** m. zwanzigster Jahrestag *m.* **ven|ten|ne I** agg. zwanzigjährig **II** m. e f. Zwanzigjährige *m.* e *f.* **ven|ten|nio** m. *(-ni)* Zeitraum *m.* von zwanzig Jahren, zwanzig Jahre *pl.* ◆ ***il ~ (fascista)*** STOR. INTRAD. (Zeit der faschistischen Diktatur in Italien).

ven|te|si|mo I agg. zwanzigste **II** m. **1** Zwanzigste *m.* **2** *(frazione)* Zwanzigstel *n.*

ven|ti I agg.inv. zwanzig: ***~ pagine, giorni*** zwanzig Seiten, Tage; ***avere vent'anni*** zwanzig (Jahre alt) sein; ***a pagina ~*** auf Seite zwanzig; ***~ persone su cento*** zwanzig Personen von hundert **II** m.inv. **1a** Zwanzig *f.*: ***puntare sul ~*** auf die Zwanzig setzen; ***contare fino a ~*** bis zwanzig zählen **b** *(di tram, bus)* ***prendere il ~*** die Zwanzig nehmen **c** pl. *(vent'anni)* ***avvicinarsi ai ~*** auf die zwanzig zu‿gehen; ***avere superato i ~*** die zwanzig überschritten haben, über zwanzig sein; ***essere vicino ai ~*** an die zwanzig sein **2** *(giorno del mese)* Zwanzigste *m.*: ***il ~ (di) maggio*** am zwanzigsten Mai; ***il ~ del mese*** am Zwanzigsten des Monats; ***oggi è il ~*** heute ist der Zwanzigste **3** *(il 1920)* das Jahr 1920: ***questo fatto risale al ~*** dieses Ereignis geht auf das Jahr 1920 zurück; ***è nato nel ~*** er ist 20 geboren **III** f.pl. zwanzig Uhr: ***alle ~*** um zwanzig Uhr ◆ ***gli anni ~*** die zwanziger Jahre; ***di vent'anni*** zwanzigjährig; ***essere del ~*** *(di persone)* zwanzig geboren sein; *(di cose)* aus dem Jahr 1920 sein; ***non hai più vent'anni*** du bist auch nicht mehr der Jüngste; ***~ volte*** zwanzigmal.

ven|ti|cel|lo m. Luft *f.*, Lüftchen *n.*, Luftbewegung *f.*, Windchen *n.*: ***tira un ~*** es geht ein Lüftchen.

ven|ti|la|bro m. **1** AGR. Worfschaufel *f.* **2** MUS. Ventil *n.*, Spielventil *n.*

ven|ti|la|re tr. *(ventilo)* **1** lüften, entlüften, durchlüften, ventilieren: ***~ un locale*** ein Zimmer lüften **2** *(cereali)* worfeln **3** MIN. bewettern **4** FIG. *(proporre)* an‿reißen, zur Diskussion stellen, vor‿schlagen: ***~ un'ipotesi*** eine Hypothese zur Diskussion stellen. **ven|ti|la|to** p.pass. agg. **1** → **ventilare 2** luftig. **ven|ti|la|to|re** m. **1** Ventilator *m.*, Lüfter *m.* **2** MOT. Gebläse *n.*

ven|ti|la|zio|ne f. **1** Lüftung *f.*, Ventilation *f.*, Entlüftung *f.*, Durchlüftung *f.*, Auslüftung *f.* **2** MIN. Bewetterung *f.*, Wetterführung *f.* **3** TECN. Belüftung *f.* ◆ MIN. ***condotta di ~*** Lutte *f.*; ***impianto di ~*** Lüftungsanlage *f.* (*o* Belüftungsanlage *f.*); ***manica di ~*** Dunstschlauch *m.*; MED. ***~ polmonare*** Lungenbeatmung *f.*; MIN. ***pozzo di ~*** Luftschacht *m.*; ***~ del terreno*** Bodenlüftung *f.*

ven|ti|na f. **1** etwa zwanzig: ***una ~ di persone*** etwa zwanzig Personen **2** *(età)* ***essere sulla ~*** um die Zwanzig sein.

ven|ti|quat|tro I agg.inv. vierundzwanzig: ***abbiamo solo ~ ore (di tempo)*** wir haben nur vierundzwanzig Stunden (Zeit); ***~ ore su ~*** vierundzwanzig Stunden (*o* rund um die Uhr); ***aperto ~ ore su ~*** durchgehend vierundzwanzig Stunden geöffnet **II** m.inv. **1a** Vierundzwanzig *f.*: ***puntare sul ~*** auf die Vierundzwanzig setzen; ***contare fino a ~*** bis vierundzwanzig zählen **b** *(di tram e bus)* ***prendere il ~*** die Vierundzwanzig nehmen **2** *(giorno del mese)* Vierundzwanzigste *m.*: ***il ~ (di) maggio*** am vierundzwanzigsten Mai; ***il ~ del mese*** am Vierundzwanzigsten des Monats; ***oggi è il ~*** heute ist der Vierundzwanzigste **III** f.pl. vierundzwanzig Uhr.

ven|ti|quat|tro|re f.inv. **1** *(valigetta)* Handkoffer *m.*, Aktenkoffer *m.* **2** SPORT Vierundzwanzigstundenrennen *n.*

ven|ti|tré agg. dreiundzwanzig ◆ ***portare il cappello sulle ~*** = den Hut schief tragen.

ven|to m. Wind *m.*: ***un ~ gelido, tagliente, mite*** ein eisiger, schneidender, lauer Wind; ***si leva, si alza, soffia (tira) un forte ~*** ein starker Wind erhebt sich, kommt auf, weht; ***il ~ fischia, mugghia*** der Wind pfeift, braust; ***il ~ cambia, si placa*** der Wind dreht sich, flaut ab (*o* legt sich); ***un ~ sfavorevole, contrario*** ein ungünstiger Wind; ***asciugarsi al ~*** im Wind trocknen ◆ ***qual buon ~ ti porta?*** was verschafft uns das Vergnügen deines Besuchs? ***buttare qcs. al ~*** etw. zum Schornstein hinaus‿jagen; ***cambiamento del ~*** Drehung *f.* des Windes; ***~ catabatico*** Fallwind *m.*, katabatischer Wind; ***colpo di ~*** Windstoß *m.*; ***navigare contro ~*** gegen den Wind segeln; ***folata di ~*** Windbö(e) *f.*; ***galleria del ~*** Windkanal *m.*; ***fatiche gettate al ~*** vergebliche Mühe; ***giacca a ~*** Windjacke *f.*; *(con cappuccio)* Anorak *m.*; ***manica a ~*** Sack *m.*; ***~ di mezzanave*** halber Wind; ***~ di montagna*** Fallwind *m.*; ***mulino a ~*** Windmühle *f.*; ***parlare al ~*** in den Wind sprechen; ***~ in poppa*** Rückenwind *m.*; ***andare, navigare col ~ in poppa*** mit geblähten Segeln (*o* mit Rückenwind) segeln; ***urlare qcs. ai quattro -i*** etw. aus‿posaunen; ***spargere qcs. ai quattro -i*** etw. in alle Winde zerstreuen; ***riparato dal ~*** windgeschützt; ***rosa dei -i*** Windrose *f.*; ***soffio di ~*** Windhauch *m.*; ***~ di terra*** Landwind *m.*; ***tira ~*** es zieht; ***(non) sapere da che parte tira il vento*** (nicht) wissen, woher der Wind weht; ***torcia a ~*** Pechfackel *f.*; MAR. ***~ di traversia*** Seitenwind *m.*; ***veloce come il ~*** schnell wie der Wind; ***velocità del ~*** Windgeschwindigkeit *f.*; ***alla velocità del ~*** in Windeseile; PROV. ***chi semina ~ raccoglie tempesta*** wer Wind sät, wird Sturm ernten.

ven|to|la f. **1** Flügelrad *n.*, Schaufelrad *n.* **2** IDR. Klappe *f.* **3** *(attrezzo per il fuoco)* Blasebalg *m.* ◆ ***muro a ~*** Trennwand *f.*

ven|to|sa f. **1** Saugnapf *m.* *(anche* ZOOL.*)* **2** MED. Schröpfkopf *m.*

ven|to|si|tà f. **1** Windigkeit *f.* **2** FIG. *(boria)* Aufgeblasenheit *f.* **3** MED. *(flatulenza)* Blähung *f.*, Darmgas *n.* **ven|to|so** agg. windig: ***tempo ~*** windiges Wetter; ***angolo ~*** windige Ecke.

ven|tra|le agg. **1** Bauch-, ventral **2** ESTENS. *(inferiore)* unter, Unter-: ***la parte ~ di un aereo*** die Unterseite eines Flugzeugs ◆ ***dolori -i*** Bauchschmerzen *pl.*; ***pinna ~*** Bauchflosse *f.*

ven|tre m. **1** Bauch *m.*: ***stare, mettersi ~ a terra*** auf dem Bauch liegen, sich auf den Bauch legen; ***colpire qcn. al ~*** jdn am Bauch treffen **2** *(grembo)* Schoß *m.*, Leib *m.*: ***benedetto il frutto del ~ tuo*** gebenedeit ist die Frucht deines Leibes **3a** *(parte rigonfia)* Bauch *m.*, Bauchung *f.*, Wölbung *f.*: ***il ~ di una botte*** der Bauch eines Fasses; ***nel ~ della nave, dell'aereo*** im Bauch des Schiffes, des Flugzeugs **b** *(di colonna)* Schwellung *f.* **4** *(cavità)* Innere *n.*, Hohlraum *m.* ◆ ***basso ~*** Unterleib *m.*; ***danza del ~*** Bauchtanz *m.*; ***fare la danza del ~*** bauch‿tanzen; ***essere ferito al ~*** eine Bauchverletzung haben, am Bauch verletzt sein; *(di animali)* weidwund sein; ***il ~ molle di qcs.*** der schwache Punkt einer Sache; ***essere dedito ai piaceri del ~*** gefräßig sein; ***riempirsi il ~*** sich satt essen; ***correre ~ a terra*** in gestrecktem Galopp reiten; PROV. ***~ digiuno non ode nessuno*** einem hungrigen Magen ist schlecht predigen.

ven|tre|sca f. Bauchfleisch *n.* des Thunfisches.

ven|tri|co|la|re agg. Herzkammer-, ventrikulär ◆ ***cavità ~*** Herzkammer *f.* **ven|tri|co|lo** m. **1** Kammer *f.*, Ventrikel *m.* **2** ANT. *(stomaco)* Magen *m.* ◆ ***~ cardiaco*** Herzkammer *f.*; ***~ cerebrale*** Hirnkammer *f.*, Hirnventrikel *m.*

ven|trie|ra f. **1** Bauchbinde *f.* **2** *(borsa)* Gürteltasche *f.*

ven|tri|glio m. *(-gli)* **1** ORNIT. Muskelmagen *m.* **2** ZOOL. Labmagen *m.*

ven|tri|lo|quio m. *(-qui)* Bauchreden *n.*, Ventriloquismus *m.* **ven|tri|lo|quo I** m. Bauchredner *m.*, Ventriloquist *m.* **II** agg. Bauchredner-, bauchredend.

ven|tu|ra f. **1** LETT. *(sorte)* Schicksal *n.*, Los *n.* **2** *(buona sorte)* Glück *n.*: ***alla ~*** auf gut Glück; ***andare alla ~*** etw. auf gut Glück machen ◆ ***capitano di ~*** Kondottiere *m.*; STOR. ***compagnia di ~*** Söldnertruppe *f.*; STOR. ***soldato di ~*** Söldner *m.*

ven|tu|ro agg. kommend, nächst, künftig: ***l'anno ~*** das kommende Jahr; ***domenica -a*** nächsten Sonntag.

ven|tu|ro|so agg. LETT. glücklich.

ve|nu|la f. kleine Vene *f.*

ve|nu|sia|no I agg. der Venus, Venus- **II** m. Venusbewohner *m.*

ve|nu|stà f. LETT. Anmut *f.*, Liebreiz *m.* **ve|nu|sto** agg. LETT. anmutig, lieblich.

ve|nu|ta f. Kommen *n.*, Ankunft *f.*, Erscheinen *n.*: ***la ~ del Messia*** das Kommen des Messias; ***attendere la ~ di qcn.*** auf jds Kommen warten. **ve|nu|to I** p.pass. agg. → **venire II** m. Angekommene *m.*, Ankömmling *m.* ◆ ***un uomo ~ dal nulla*** ein Mann, der aus dem Nichts gekommen ist; ***i nuovi -i*** die Neuankömmlinge; FIG. ***il primo ~*** der Nächstbeste, der erste Beste.

ve|nuz|za f. Äderchen *n.*

ver LETT. → **3.verso.**

ve|ra f. **1** *(anello matrimoniale)* Trauring *m.* **2** *(del pozzo)* Brunnenbrüstung *f.*

ve|ra|ce agg. **1** wahr, aufrichtig **2** *(autentico)* echt, waschecht: ***un napoletano ~*** ein waschechter Neapolitaner **3** *(reale)* wirklich, real. **ve|ra|ci|tà** f. Authentizität *f.*

ve|ra|men|te avv. **1** wirklich, echt: ***faceva ~ caldo*** es war wirklich heiß; ***sei ~ un tesoro*** du bist wirklich ein Schatz; ***questo è ~ troppo!*** das ist wirklich zu viel! ***il tuo amico è ~ forte*** dein Freund ist echt stark; ***è ~ un grande scrittore*** er ist wirklich ein großer Schriftsteller; ***lo faccio volentieri, ~!*** das mache ich gern, wirklich!

2 *(effettivamente)* tatsächlich: ***le cose stanno ~ così*** die Dinge liegen tatsächlich so 3 *(in realtà)* eigentlich: ***~ dovrei essere a casa*** ich sollte eigentlich zu Hause sein; ***chi è Lei ~?*** wer sind Sie eigentlich?

ve|ran|da f. Veranda *f.*

ve|ra|tro m. Germer *m.*, Nieswurz *f.*

1.ver|ba|le agg. 1 *(a voce)* mündlich, verbal: ***ordine ~*** mündlicher Befehl 2 *(costituito da parole)* Wort-: ***scontro ~*** Wortwechsel *m.* 3 GRAMM. Verbal-, verbal, Verb-: ***aggettivo ~*** Verbaladjektiv *n.*; ***derivazioni -i*** verbale Ableitungen; ***forma ~*** Verbform *f.*, Aktionsform *f.* ◆ ***predicato ~*** Aussage *f.*, Prädikat *n.*

2.ver|ba|le m. 1 Protokoll *n.*: ***redigere, stendere, firmare un ~*** ein Protokoll führen, auf‿setzen, unterschreiben; ***mettere qcs. a ~*** etw. zu Protokoll geben 2 *(contravvenzione)* Strafmandat *n.* ◆ ***~ di contravvenzione*** Strafprotokoll *n.*; ***~ di processo*** Prozessprotokoll *n.*; ***~ registrato*** Tonbandprotokoll *n.*; ***~ di seduta*** Sitzungsprotokoll *n.*; ***stesura del ~*** Protokollaufnahme *f.*

ver|ba|liz|za|re tr. 1 *(mettere a verbale)* nieder‿schreiben, protokollieren 2 *(esprimere in parole)* mit Worten aus‿drücken. **ver|ba|liz|za|zio|ne** f. Protokollierung *f.*

ver|bal|men|te avv. mündlich: ***comunicare qcs. ~*** etw. mündlich mit‿teilen.

ver|ba|sco m. *(-schi)* Königskerze *f.*, Wollkraut *n.*

ver|be|na f. Eisenkraut *n.*, Verbene *f.*

ver|bo m. 1 GRAMM. Verb *n.*, Zeitwort *n.*: ***coniugare un ~ al futuro*** ein Verb in die Zukunft setzen (*o* in der Zukunft konjugieren); ***il ~ è al congiuntivo*** das Verb steht im Konjunktiv 2 BIBL. ***il Verbo*** das Wort: ***in principio era il Verbo*** im Anfang war das Wort; ***il Verbo si è fatto carne*** das Wort ward Fleisch 3 ESTENS. *(messaggio)* Botschaft *f.* 4 ANT. *(parola)* Wort *n.*: ***non proferir ~ con nessuno*** verlier kein Wort darüber ◆ ***~ attivo*** aktives Verb; ***~ ausiliare*** Hilfsverb *n.*; ***~ causativo*** Kausativ *n.*, Veranlassungsverb *n.*; ***~ debole*** schwaches Verb; ***~ deponente*** Deponens *n.*; ***~ difettivo*** defektives Verb; ***~ forte*** starkes Verb; ***~ impersonale*** Impersonale *n.*, unpersönliches Verb; ***~ intransitivo*** intransitives Verb; ***~ irregolare*** unregelmäßiges Verb; ***~ iterativo*** Iterativ *n.*, iteratives Verb; ***~ medio*** mediales Verb; ***~ modale*** Modalverb *n.*; ***~ di moto*** Verb *m.* der Bewegung; ***~ regolare*** regelmäßiges Verb; ***~ transitivo*** transitives Zeitwort.

ver|bo|sa|men|te avv. wortreich. **ver|bo|si|tà** f. Wortreichtum *m.*, Wortfülle *f.* **ver|bo|so** agg. 1 wortreich 2 *(di persona)* redselig.

Ver|cin|ge|to|ri|ge m. Vercingetorix *m.*

ver|da|stro agg. grünlich.

ver|de I agg. 1a grün: ***pepe ~*** grüner Pfeffer **b** *(acerbo)* grün, unreif: ***mela ~*** grüner Apfel; ***legna ~*** grünes Holz 2 *(di volto, livido)* blass, gelb 3 POL. grün 4 *(agricolo)* landwirtschaftlich, Land- 5 *(ecologico)* umweltfreundlich, umweltverträglich **II** m. 1a Grün *n.*: ***il ~ non mi dona*** Grün steht mir nicht; ***il colore tende al ~*** die Farbe spielt ins Grüne **b** ***il semaforo è ~*** die Ampel zeigt Grün; ***scatta il ~*** die Ampel springt auf Grün; ***passare al ~*** bei Grün durch‿fahren 2 *(natura)* Grüne *n.*, Natur *f.*: ***vivere nel ~*** im Grünen wohnen; ***il ~ pubblico*** öffentliche Grünanlagen 3 *(parte verde)* grüner Teil *m.*, Grün *n.*: ***il ~ della bandiera italiana*** das Grün der italienischen Flagge 4 POL. Grüne *m.* ◆ ***~ acqua*** hellgrün; FIG. ***essere al ~*** abgebrannt (*o* blank) sein; GASTR. ***formaggio al ~*** Kräuterkäse *m.*; ***~ azzurro*** grünblau; ***~ bandiera*** giftgrün; ***benzina ~*** bleifreies Benzin; ***il biglietto ~*** = der Dollar; ***~ bottiglia*** flaschengrün; ***~ brillante*** giftgrün; ***Capo Verde*** Kapverde *n.*; ***Isole di Capo Verde*** Kapverden *pl.*, Kapverdische Inseln; ***carta ~*** grüne Versicherungskarte; ***~ chiaro*** hellgrün; ***~ età*** Jugend *f.*, Jugendzeit *f.*; ***~ giada*** jadegrün; ***essere ~ dall'invidia*** gelb vor Neid sein; ***~ mare*** meergrün; ***~ mela*** apfelgrün; ***~ muschio*** moosgrün; ***numero ~*** kostenlose Rufnummer; ***~ oliva*** oliv, olivgrün; *(di semaforo)* ***onda ~*** grüne Welle; ***~ pallido*** lindgrün; ***piano ~*** Agrarplan *m.*; ***~ pisello*** erbsengrün; ***avere il pollice ~*** einen grünen Daumen haben; ***polmone ~*** grüne Lunge; ***~ prato*** grasgrün; ***essere, diventare ~ dalla rabbia*** dunkelrot vor Zorn sein, sich grün und blau ärgern; ***ridere ~*** gezwungen lachen; ***~ scuro*** dunkelgrün; ***~ smeraldo*** smaragdgrün; ***tappeto ~*** *(prato)* Rasen *m.*; *(tavolo da gioco)* Spieltisch *m.*; ***tavolo ~*** grüner Tisch; ***~ vellutato*** Samtgrün; ***zona ~*** Grünanlage *f.*, Grünfläche *f.*

ver|de|az|zur|ro I agg. grünblau **II** m. Grünblau *m.*

ver|deg|gian|te agg. grün, grünend. **ver|deg|gia|re** intr. *(verdeggio, verdeggi;* aus. *avere)* 1 *(essere verde)* grünen, grün sein 2 *(diventare verde)* grün werden.

ver|de|ma|re I agg.inv. meergrün **II** m. Meergrün *n.*

ver|de|ra|me m.inv. 1 *(solfato di rame)* Kupfersulfat *n.* 2 *(patina)* Grünspan *m.*

ver|de|sca f. *(-sche)* Blauhai *m.*, Menschenhai *m.*

ver|det|to m. 1 DIR. Urteil *n.*, Urteilsspruch *m.*, Spruch *m.*: Verdikt *n.*: ***pronunciare il ~*** das Urteil sprechen; ***emettere un ~*** einen Urteilsspruch fällen 2 SPORT Entscheidung *f.* 3 FIG. *(giudizio)* Urteil *n.*: ***il ~ spetta alla storia*** das Urteil bleibt der Geschichte überlassen ◆ ***~ dell'arbitro*** Schiedsrichterurteil *n.*; ***~ di assoluzione*** Freispruch *m.*; ***~ di colpevolezza*** Schuldspruch *m.*; ***~ di condanna*** Verurteilung *f.*; ***~ della giuria*** Geschworenenspruch *m.*; ***~ scandaloso*** Schandurteil *n.*

ver|dic|chio m. INTRAD. (trockener Weißwein aus den Marken).

ver|di|no I agg. grünlich **II** m. 1 grünlicher Farbton *m.* 2 *(fico)* INTRAD. (Spätfeigensorte).

ver|do|gno|lo agg. grünlich. **ver|do|li|no I** agg. lindgrün, hellgrün, zartgrün **II** m. 1 Lindgrün *n.*, Hellgrün *n.*, Zartgrün *n.* 2 ORNIT. Girlitz *m.* **ver|do|ne I** agg. dunkelgrün, tiefgrün **II** m. 1 Dunkelgrün *n.*, Tiefgrün *n.* 2 ORNIT. Grünling *m.*, Grünfink *m.* 3 pl. *(pomodori)* grüne Salattomaten *pl.* 4 COLLOQ. Dollar *m.*

ver|du|ra f. 1 Gemüse *n.* 2 ANT. Vegetation *f.* ◆ ***~ cruda*** Rohgemüse *n.*; ***~ in foglia*** Blattgemüse *n.*; ***~ fresca*** Frischgemüse *n.*; ***minestra di ~*** Gemüsesuppe *f.*; ***~ mista*** Mischgemüse *n.*

ver|du|ra|io m. *(-ai)* Gemüsehändler *m.*

ve|re|con|dia f. Schamhaftigkeit *f.*, Sittsamkeit *f.* **ve|re|con|do** agg. 1 schamhaft, sittsam 2 *(modesto)* bescheiden.

ver|ga f. *(-ghe)* 1 Rute *f.*, Gerte *f.* 2 *(bacchetta)* Stab *m.*, Stock *m.* 3 METALL. Barren *m.* 4 *(pene)* Rute *f.* ◆ ***~ d'oro*** Goldbarren *m.*; ***~ pastorale*** Bischofsstab *m.* ***~ del pastore*** Hirtenstab *m.*; ***~ del rabdomante*** Wünschelrute *f.*; ***tremare come una ~*** wie Espenlaub zittern. **ver|ga|re** tr. *(vergo, verghi)* 1 *(percuotere)* mit einer Rute schlagen 2 *(scrivere)* (mit der Hand) schreiben 3a *(tracciare righe su tessuto)* rippen **b** *(su carta)* liniieren.

ver|ga|ti|no I agg. 1 gerippt: ***carta -a*** geripptes Wasser, Durchschlagpapier *n.* 2 TESS. schmal gestreift **II** TESS. schmal gestreifter Stoff *m.* **ver|ga|to** p.pass. agg. 1 → **vergare** 2a TESS. gestreift, streifig **b** CART. gerippt. **ver|ga|tu|ra** f. 1 TESS. Streifenmuster *n.* 2 CART. Wasserliniierung *f.*

ver|gel|la f. Walzdraht *m.*

ver|gi|na|le agg. jungfräulich: ***pudore ~*** jungfräuliche Schamhaftigkeit. **ver|gi|ne I** agg. 1 jungfräulich, unberührt: ***una ragazza ~*** ein jungfräuliches Mädchen; ***natura ~*** unberührte Natur; ***paesaggio, terreno ~*** jungfräuliche Landschaft, unberührter Boden; FIG. ***campo ~*** unberührtes Gebiet 2 FIG. *(puro, casto)* rein, unschuldig 3 *(di prodotti)* rein: ***miele, cera ~*** reiner Bienenhonig, Bienenwachs *n.*; ***pura lana ~*** reine Schurwolle **II** f. 1 Jungfrau *f.* (anche ASTROL.): ***la Santa Vergine*** die Heilige Jungfrau; ***è della ~*** er ist Jungfrau; ***è nato sotto il segno della ~*** er ist im Zeichen der Jungfrau geboren 2 LETT. *(fanciulla)* Jungfer *m.* ◆ ***cassetta ~*** unbespielte Kassette; ***dischetto ~*** leere (*o* unbeschriebene) Diskette; ***foresta ~*** Urwald *m.*; ***Isole Vergini*** Jungferninseln *pl.*; ***nastro ~*** unbespieltes Band; ***la ~ di Norimberga*** die eiserne Jungfrau; ***terra ~*** Neuland *n.*, unbebautes Land. **ver|gi|nel|la** f. 1 (kleine) Jungfer *f.* 2 *(persona che si finge ingenua)* Unschuldsengel *m.*

ver|gi|ne|o → **virgineo.**

ver|gi|ni|tà f. Jungfräulichkeit *f.*: ***conservare, perdere la ~*** die Jungfräulichkeit bewahren, verlieren ◆ FIG. ***rifarsi una ~*** seinen guten Ruf zurück‿gewinnen; ***fare voto di ~*** das Keuschheitsgelübde ab‿legen

ver|go|gna f. 1 Scham *f.*; ***avere ~ per, di qcs., qcn.*** sich vor etw., jdm schämen; ***provare ~*** sich schämen, Scham empfinden; ***morire di ~*** vor Scham vergehen; ***arrossire di ~*** vor Scham erröten 2 *(onta)* Schande *f.*: ***coprirsi di ~*** sich mit Schande bedecken (*o* beladen); ***è una ~!*** das ist eine Schande! ***che ~!*** welche Schande! ***~!*** (pfui) Schande! 3 *(persona)* Schande *f.*, Schandfleck *m.*; ***è la ~ della famiglia*** er ist die Schande der Familie 4 pl. *(parti genitali)* Schamteile *pl.*, Scham *f.*, Schamgegend *f.* ◆ ***~ con mia ~*** zu meiner Beschämung; ***per la ~*** aus Scham; ***rosso di ~*** schamrot; ***senza ~*** schamlos.

ver|go|gnar|si pronom. 1 sich schämen: ***~ di qcs.*** sich für etw. schämen; ***mi vergogno per lui a vedere come si comporta*** ich schäme mich für ihn, wenn ich sehe, wie er sich benimmt; ***ci vergognamo di te*** wir schämen uns für dich; ***vergognati!*** schäm dich! ***~ a morte*** sich zu Tode schämen; ***~ di se stesso*** sich vor sich selbst schämen 2 *(provare ritegno)* sich genieren: ***mi vergogno a chiederlo*** ich geniere mich, danach zu fragen ◆ ***~ come un ladro*** sich in Grund und Boden schämen.

ver|go|gno|sa|men|te avv. 1 schändlich 2 ESTENS. sündhaft, schamlos: ***arricchirsi ~*** sich schamlos bereichern.

ver|go|gno|so I agg. 1 schamhaft, verschämt: ***uno sguardo ~*** ein schamhafter Blick 2 *(timido)* scheu, schüchtern: ***un bambino ~*** ein schüchternes Kind; ***è ~ con le ragazze*** er ist schüchtern mit (*o* bei) Mädchen 3 *(scandaloso)* schändlich: ***un comportamento ~*** ein schändliches Benehmen **II** m. Schüchterne *m.*

ve|ri|di|ci|tà f. **1** *(di persone)* Wahrhaftigkeit *f.* **2** *(di affermazioni)* Wahrheitsgehalt *m.* **ve|ri|di|co** agg. *(-ci,-che)* **1** *(di persone)* wahrheitsliebend, wahrhaftig **2** *(di cose)* wahrheitsgemäß.

ve|ri|fi|ca f. *(-che)* **1** Überprüfung *f.*, Prüfung *f.*, Nachprüfung *f.*, Kontrolle *f.*, Verifizierung *f.* **2** SCOL. Klassenarbeit *f.* ◆ ***~ di cassa*** Kassenrevision *f.*; ***~ contabile*** Rechnungsprüfung *f.*

ve|ri|fi|ca|bi|le agg. überprüfbar, nachprüfbar, prüfbar, kontrollierbar. **ve|ri|fi|ca|bi|li|tà** f. Überprüfbarkeit *f.*, Nachprüfbarkeit *f.*, Prüfbarkeit *f.*, Kontrollierbarkeit *f.*

ve|ri|fi|ca|re *(verifico, verifichi)* **I** tr. **1** überprüfen, prüfen, nach‿prüfen, kontrollieren, verifizieren: ***~ un conto, un risultato*** eine Rechnung, ein Ergebnis überprüfen; ***~ la credibilità di un testimone*** die Glaubwürdigkeit eines Zeugen überprüfen; ***~ l'esattezza di qcs.*** etw. auf seine Richtigkeit prüfen; ***~ un motore*** einen Motor überprüfen; ***~ un'ipotesi*** eine Hypothese verifizieren **2** *(stabilire)* fest‿stellen: ***~ se un progetto è fattibile*** feststellen, ob ein Projekt durchführbar ist **II** pronom. **verificarsi** **1** *(accadere)* sich ereignen, vor‿fallen: ***si è verificato un incidente*** ein Unfall hat sich ereignet **2** *(avverarsi)* ein‿treten: ***la crisi si è verificata*** die Krise ist eingetreten. **ve|ri|fi|ca|to|re** m. **1** Prüfer *m.*, Kontrolleur *m.* **2** FERR. Wagenmeister *m.* ◆ ***~ dei conti*** Rechnungsprüfer *m.*

ve|ri|smo m. **1** Verismus *m.* **2** ESTENS. Realismus *m.*; ***un film di grande ~*** ein äußerst realistischer Film. **ve|ri|sta** *(-i,-e)* **I** agg. veristisch **II** m. e f. Verist *m.* (-in *f.*). **ve|ri|sti|co** agg. *(-ci,-che)* veristisch.

ve|ri|tà f.inv. **1** Wahrheit *f.*: ***dire la ~ a qcn.*** jdm die Wahrheit sagen; ***la ~ nuda e cruda*** die nackte, ungeschminkte Wahrheit; ***la pura ~*** die reine Wahrheit; ***la ~ sacrosanta*** die sakrosankte, unantastbare Wahrheit; ***appurare la ~*** der Wahrheit auf den Grund gehen; ***una mezza ~*** eine halbe Wahrheit; ***a, per dire la ~*** um die Wahrheit zu sagen **2** *(giustezza)* Richtigkeit *f.*, Wahrheit *f.*: ***la ~ di una tesi*** die Richtigkeit einer Behauptung ◆ ***amore della ~*** Wahrheitsliebe *f.*; ***per amore della ~*** der Wahrheit zuliebe; ***~ di fatto*** Tatsachenwahrheit *f.*; DIR. ***giuro di dire la ~, tutta la ~, nient'altro che la ~*** ich schwöre, die reine Wahrheit zu sagen, nichts zu verschweigen und nichts hinzufügen; ***in ~*** in Wahrheit; BIBL. ***in ~, in ~ vi dico*** wahrlich, wahrlich, ich sage euch; ***~ lapalissiana*** Binsenwahrheit *f.*; ***macchina della ~*** Lügendetektor *m.*; ***ricerca della ~*** Wahrheitssuche *f.*; ***~ rivelate*** Offenbarungen *pl.*; PROV. ***i bambini sono la bocca della ~*** Kindermund tut Wahrheit kund; ***la ~ viene sempre a galla*** die Wahrheit kommt immer ans Tageslicht.

ve|ri|tie|ro agg. **1** wahrhaftig, aufrichtig, glaubhaft: ***testimone ~*** glaubhafter Zeuge **2** *(conforme a verità)* wahrheitsgetreu, wahrheitsgemäß: ***un resoconto ~*** ein wahrheitsgetreuer Bericht.

ver|me m. **1** Wurm *m.*: ***nella mela c'è un ~*** im Apfel sitzt ein Wurm, der Apfel ist wurmstichig; ***avere i -i*** Würmer haben, an Würmern leiden **2** FIG. Schurke *m.*, Lump *n.*: ***sei un ~!*** du Wurm! du Schurke! ***è un ~*** er ist ein elender Lump ◆ ***~ da esca*** Köderwurm *m.*; ***fare i -i*** verfaulen, schlecht werden; ***nudo come un ~*** splitter(faser)nackt; ***sentirsi un ~*** *(provare un forte senso di inferiorità)* = sich klein und unbedeutend fühlen; *(vergognarsi di se stesso)* = sich vor sich selbst schämen; ***~ solitario*** Bandwurm *m.*; ***strisciare come un ~ davanti a qcn.*** vor jdm kriechen; ***~ di terra*** Regenwurm *m.*

ver|me|na f. LETT. Schössling *m.*, Zweig *m.*

ver|mi|cel|lo m. **1** Würmchen *n.* **2** pl. Vermicelli *pl.*, Fadennudeln *pl.*

ver|mi|co|la|re agg. wurmförmig, wurmähnlich, Wurm- ◆ ***appendice ~*** Wurmfortsatz *m.*; ***polso ~*** fliegender Puls; GEOL. ***solchi -i*** Sandschliff *m.* **ver|mi|for|me** agg. wurmförmig, wurmartig, Wurm-: ***appendice ~*** Wurmfortsatz *m.* **ver|mi|fu|go** **I** agg. *(-ghi, -ghe)* wurmabtreibend **II** m. *(-ghi)* Wurmmittel *n.*, Wurmkur *f.*

ver|mi|glio **I** agg. *(-gli,-glie)* hochrot, tomatenrot, vermeil **II** m. Hochrot *n.*, Tomatenrot *n.*

ver|mi|no|si f. Wurmkrankheit *f.*, Wurmleiden *n.* **ver|mi|no|so** agg. **1** wurmig, wurmstichig **2** MED. VETER. Wurm-.

ver|mout(h), ver|mut m.inv. Wermut *m.*, Wermutwein *m.*: ***~ liscio*** Wermut pur.

ver|nac|cia f. *(-ce)* INTRAD. (Weißweinsorte).

ver|na|co|la|re agg. mundartlich, Mundart-: ***poesia ~*** Mundartdichtung *f.* **ver|na|co|lo** **I** m. Mundart *f.*, (mundartliche) Volkssprache *f.*; ***parlare in ~*** Mundart sprechen **II** agg. mundartlich, Mundart-.

ver|na|liz|za|re tr. vernalisieren, jarowisieren. **ver|na|liz|za|zio|ne** f. Jarowisation *f.*, Vernalisation *f.*

ver|ni|ce f. **1a** Lack *m.*: ***diluire la ~*** den Lack verdünnen; ***dare una mano di ~*** eine Schicht Lack auf‿tragen **b** *(a olio)* Firnis *m.* **c** *(per legno)* Beize *f.* **2** *(pittura)* Farbe *f.*, Anstrich *m.* **3** *(pelle)* Lackleder *n.* **4** FIG. *(apparenza esteriore)* (äußerer) Schein *m.*, Firnis *m.* **5** *(inaugurazione)* Vernissage *f.* ◆ ***~ all'alcol*** Spirituslack *m.*; ***~ antiruggine*** Rostschutzfarbe *f.*; ***~ bituminosa*** Asphaltlack *m.*, Eisenlack *m.*; ***~ caseosa*** Käseschmiere *f.*; ***~ di fondo*** Grundierlack *m.*; ***~ fresca!*** frisch gestrichen! ***~ incolore*** farbloser Lack; ***~ per legno*** Holzlack *m.*; ***~ alla nitrocellulosa*** Nitrolack *m.*; ***~ a olio*** Ölfirnis *m.*; ***~ opaca*** Mattlack *m.*; ***~ protettiva*** *(incolore)* Schutzlack *m.*; *(colorata)* Schutzanstrich *m.*; ***scarpe di ~*** Lackschuhe *pl.*; ***~ a smalto*** Emaillack *m.*; ***~ a spruzzo*** Spritzlack *m.*; ***strato di ~*** Lackschicht *f.*; ***~ trasparente*** Lasur *f.*, Lasurlack *m.*

ver|ni|cia|re tr. *(vernicio, vernici)* **1a** lackieren: ***~ i mobili*** die Möbel lackieren **b** *(con vernice a olio)* firnissen **c** *(legno)* beizen **2** *(pitturare)* streichen: ***~ la parete di bianco*** die Wand weiß streichen ◆ ***~ a smalto*** emaillieren; ***~ a spruzzo*** spritzlackieren. **ver|ni|cia|ta** f. Anstrich *m.*; ***dare una ~ a qcs.*** etw. an‿streichen. **ver|ni|cia|to|re** m. **1** Lackierer *m.* **2** *(apparecchio)* Lackiermaschine *f.* ◆ ***~ a spruzzo*** Spritzpistole *f.*

ver|ni|cia|tu|ra f. **1a** *(il verniciare)* Lackieren *n.* **b** *(il pitturare)* Anstreichen *n.*, Streichen *n.* **2** *(del legno)* Beizen *n.* **3a** *(strato di vernice)* Lackierung *f.* **b** *(strato di pittura)* Anstrich *m.* **4a** FIG. *(conoscenza superficiale)* Anstrich *m.* **b** *(falsa apparenza)* Anschein *m.*, Schein *m.* ◆ ***~ a spruzzo*** Spritzlackierung *f.*, Spritzarbeit *f.*

ver|ni|no agg. Winter-: ***frutto ~*** Winterfrucht *f.*; ***pianta -a*** Wintersaat *f.*

ver|nis|sa|ge [vɛrni'sa:ʒ] m.inv. Vernissage *f.*

ver|no m. LETT. **1** Winter *m.* **2a** *(freddo)* Kälte *f.* **b** *(gelo)* Frost *m.*

ve|ro **I** agg. **1** wahr, richtig: ***una storia, una notizia -a*** eine wahre Geschichte, Nachricht; ***incredibile, ma ~*** unglaublich, aber wahr; ***è un ~ piacere*** es ist eine wahre Freude; ***è il suo ~ nome?*** ist das sein richtiger Name? ***è stato un ~ miracolo che...*** es war ein wahres Wunder, dass...; ***sarebbe un ~ delitto*** es wäre eine wahre Schande **2** *(reale)* wirklich: ***un fatto ~*** eine wirkliche Gelegenheit; ***la vita -a*** das wirkliche Leben; ***sembrare ~*** wie wirklich aus‿sehen **3** *(autentico)* echt, wahr: ***è un ~ artista*** er ist ein wahrer Künstler; ***un ~ gentiluomo*** ein echter Kavalier; ***un ~ amico*** ein wahrer (*o* echter Freund); ***questo non è ~ amore, -a amicizia*** das ist keine echte Liebe, Freundschaft; ***comportarsi da ~ idiota*** sich wie ein echter Idiot verhalten **4** *(effettivo)* eigentlich, tatsächlich, wirklich: ***il ~ problema sta nel fatto che...*** das eigentliche Problem liegt darin, dass...; ***la -a causa*** die tatsächliche Ursache; ***il ~ colpevole*** der wirklich Schuldige; ***il suo ~ nome è...*** sein wirklicher Name ist... **5** *(come intercalare)* nicht wahr, oder, ja: ***è una brava persona, ~?*** er ist ein netter Mensch, nicht wahr? ***vieni anche tu, ~?*** du kommst doch mit, oder? ***rimani ancora un po', (non è) ~?*** du bleibst doch noch ein wenig, ja? **II** m. Wahre *n.*, Wahrheit *f.*, Echte *n.*: ***dire il ~*** die Wahrheit sagen; ***non dire il ~*** lügen; ***distinguere tra ~ e falso*** zwischen Echtem und Unechtem unterscheiden ◆ ***non è affatto ~*** es ist gar nicht wahr; ***amare qcn. di ~ amore*** jdn aufrichtig lieben; ***è troppo bello per essere ~!*** es ist zu schön, um wahr zu sein! ***è proprio ~ che...*** es ist wirklich wahr, dass...; ***com'è ~!*** wie wahr! ***conforme al ~*** wahrheitsgemäß; ***disegnare, dipingere dal ~*** nach der Natur zeichnen, malen; ***a dire il ~*** ehrlich gesagt (*o* offen gestanden); ***fosse ~!*** schön wär's! ***oro ~*** echtes Gold; ***d'oro ~*** echtgolden; ***non mi par ~!*** ich kann es kaum glauben! ***non c'è una parola di ~ in tutto ciò*** davon ist kein Wort wahr; ***niente di più ~!*** das kann man wohl sagen! ***~ e proprio*** regelrecht, richtig; ***è stata una -a e propria rissa*** das war eine richtige (*o* regelrechte) Schlägerei; ***quant'è ~ Iddio*** so wahr mir Gott helfe; ***non mi sembra ~!*** ich kann es kaum (*o* noch gar nicht) glauben (*o* fassen)! ***nel ~ senso della parola*** im wahrsten Sinn des Wortes; ***tant'è ~ che...*** dafür spricht, dass...; ***tant'è ~ che lo ha fatto anche ieri*** dafür spricht, dass er es auch gestern getan hat; ***tenere per ~*** für wahr halten; ***verissimo*** ganz richtig.

ve|ro|ne m. LETT. Balkon *m.*

ve|ro|ne|se **I** agg. veronesisch **II** m. e f. Veroneser *m.* (-in *f.*).

1.ve|ro|ni|ca f. BOT. Ehrenpreis *m.* e *n.*, Veronika *f.*

2.ve|ro|ni|ca f.inv. RELIG. Schweißtuch *n.* der Veronika.

Ve|ro|ni|ca n.pr.f. Veronika *f.*

ve|ro|si|mi|glian|za f. Wahrscheinlichkeit *f.*

ve|ro|si|mi|le **I** agg. wahrscheinlich: ***non è ~ che...*** es ist nicht wahrscheinlich, dass... (*o* es ist unwahrscheinlich, dass...) **II** m. Wahrscheinliche *n.*: ***il vero e il ~*** das Wahre und das Wahrscheinliche. **ve|ro|si|mil|men|te** avv. wahrscheinlich.

ver|ri|cel|lo m. Winde *f.*

ver|ro m. Eber *m.*, Zuchteber *m.*

ver|ru|ca f. *(-che)* Warze *f.* **ver|ru|co|so** agg. warzig.

ver|sac|cio m. *(-ci)* **1** *(smorfia)* Grimasse *f.*, Fratze *f.*: ***fare -ci*** Grimassen schneiden **2** *(suono)* hässlicher Laut *m.*: ***fare un ~*** einen hässlichen Laut von sich geben (*o* aus‿stoßen).

ver|sa|men|to m. **1** BANC. Einzahlung *f.*: ***effettuare un ~ sul conto corrente*** eine Einzahlung auf das Girokonto vor‿nehmen; ***~ in***

posta Einzahlung bei der Post **2** MED. Erguss *m.* ◆ ***causale del ~*** Zahlungszweck *m.*; ***~ in contanti*** Bareinzahlung *f.*; ***~ dei contributi*** Beitragsleistung *f.*; ***distinta di ~*** Einzahlungsformular *n.*; ***modulo di~*** Überweisungsformular *n.*; ***pagabile con ~*** einzahlbar; ***~ pleurico*** Rippenfellerguss *m.*; ***~ postale*** Postüberweisung *f.*; ***ricevuta di ~*** Einzahlungsbeleg *m.*, Einzahlungsschein *m.*; ***~ continuato del salario*** Lohnfortzahlung *f.*; ***sportello di ~*** Einzahlungsschalter *m.*

1.ver|san|te m. **1a** Hang *m.*, Abhang *m.*: ***~ meridionale*** Südhang *m.* **b** ESTENS. *(parte)* Seite *f.*: ***il ~ italiano del Monte Bianco*** die italienische Seite des Mont Blancs **2** FIG. ***sul ~ politico la situazione appare tesa*** die politische Lage hat sich zugespitzt (*o* was die Politik anbelangt, scheint die Lage angespannt).

2.ver|san|te m. e f. Einzahler *m.* (-in *f.*).

ver|sa|re I tr. **1a** gießen, ein‿gießen, ein‿schenken: ***~ l'acqua nel bicchiere*** das Wasser in das Glas gießen; ***~ qcs. da bere a qcn.*** jdm etw. ins Glas gießen, jdm etw. einschenken; ***posso versarLe ancora un po' di vino?*** darf ich Ihnen noch ein wenig Wein einschenken (*o* nachschenken)? **b** ***~ un liquido in un recipiente*** eine Flüssigkeit in ein Gefäß füllen **2a** *(rovesciare)* schütten, verschütten, aus‿schütten, kippen: ***~ il sale sulla tovaglia*** das Salz auf der Tischdecke verschütten; ***~ l'acqua sul pavimento, nel lavandino*** das Wasser auf den Boden, ins Waschbecken schütten **b** ***~ qcs. addosso a qcn.*** jdn mit etw. übergießen **3** FIG. vergießen: ***~ lacrime, sudore, sangue*** Tränen, Schweiß, Blut vergießen **4** *(di fiumi)* ***il Reno versa le sue acque nel Mar del Nord*** der Rhein ergießt sich in die Nordsee **5a** *(somma di denaro)* ein‿zahlen, ein‿legen: ***~ denaro su un conto*** Geld auf ein Konto einzahlen; ***~ l'affitto sul conto del locatario*** die Miete auf das Konto des Vermieters einzahlen; ***~ un importo*** einen Betrag einzahlen **b** *(somma iniziale)* leisten: ***~ un anticipo*** einen Vorschuss leisten; ***~ la caparra, la cauzione*** die Anzahlung, die Kaution leisten **6** *(perdere)* ***il serbatoio versa acqua*** aus dem Tank läuft Wasser aus; assol. ***il rubinetto versa*** der Wasserhahn tropft **II** intr. (aus. *avere*) **1** *(trovarsi)* sich befinden, sein: ***~ in gravi condizioni*** sich in Lebensgefahr befinden **2** ANT. *(fuoriuscire)* aus‿fließen, fließen **III** pronom. **versarsi 1a** sich (D) schütten: ***-rsi del vino sulla camicia*** sich Wein über das Hemd schütten **b** ***-rsi addosso qcs.*** sich mit etw. übergießen **2** *(mescere)* ***-rsi qcs. da bere*** sich (D) etw. ins Glas gießen (*o* sich [D] etw. ein‿gießen); ***versati da bere!*** schenk dir ein! **3** *(di fiumi)* sich ergießen: ***il Po si versa nell'Adriatico*** der Po ergießt sich in die Adria **4** FIG. *(affluire)* strömen: ***la gente si versa in strada*** die Leute strömen auf die Straße ◆ ***~ goccia a goccia*** ein‿tröpfeln, träufeln; ***~ fiumi d'inchiostro su qcs.*** über etw. (A) viel Tinte verspritzen; ***~ in fin di vita*** im Sterben liegen; ***~ in pericolo di vita*** in Lebensgefahr schweben.

ver|sa|ti|le agg. vielseitig: ***persona, mente ~*** vielseitiger Mensch, Geist. **ver|sa|ti|li|tà** f. Vielseitigkeit *f.* ◆ ***apparecchiatura ad alta ~*** vielseitig anwendbares Gerät.

ver|sa|to p.pass. agg. **1** → **versare 2** gewandt, versiert: ***essere ~ in qcs.*** sehr versiert in etw. (D) sein; ***~ negli affari*** geschäftsgewandt.

ver|seg|gia|re *(verseggio, verseggi)* **I** tr. in Verse setzen (*o* fassen), in Versen ab‿fassen **II** intr. (aus. *avere*) Verse machen dichten. **ver|seg|gia|to|re** m. Verskünstler *m.*, Versdichter *m.*, Versemacher *m.* **ver|seg|gia|tu|ra** f. **1** Versemachen *n.*, Versedichten *n.* **2** Versbau *m.*, Versfassung *f.*

ver|set|to m. **1** Verslein *n.* **2** BIBL. Vers *m.*, Bibelvers *m.*

ver|si|fi|ca|re *(versifico, versifichi)* → **verseggiare. ver|si|fi|ca|to|re** m. Verskünstler *m.*, Versdichter *m.* **ver|si|fi|ca|to|rio** agg. *(-ri, -rie)* Vers-, Versbau-. **ver|si|fi|ca|zio|ne** f. Versbau *m,* Versifikation *f.*, Verskunst *f.*

ver|sio|ne f. **1a** *(traduzione)* Übersetzung *f.*: ***~ dal latino all'italiano*** Übersetzung vom Lateinischen ins Italienische **b** *(di testo letterario)* Übertragung *f.* **2** *(interpretazione)* Darstellung *f.*, Version *f.*, Ansicht *f.*: ***raccontare la propria ~ dei fatti*** seine Darstellung der Vorgänge geben; ***dammi la tua ~ dei fatti*** gib mir deine Version der Dinge (*o* deine Ansicht von der Ereignissen) **3** CINEM. TELEV. LETT. Fassung *f.*: ***film in ~ originale*** Film in Originalfassung; ***in ~ abbreviata*** in gekürzter Fassung; ***la ~ cinematografica di un romanzo*** die Kinofassung eines Romans; ***la nuova ~ di un disco*** die Neufassung einer Schallplatte; ***~ in rima*** Fassung in Versform; ***~ riveduta e ampliata*** überarbeitete und erweiterte Fassung; ***~ aggiornata*** neu bearbeitete Fassung **4** *(variazione di serie)* Modell *n.*, Version *f.*, Ausführung *f.*: ***la ~ a due porte di una macchina*** die zweitürige Ausführung eines Autos; ***la nuova ~ della Golf*** die neue Ausführung des Golf, das neue Golfmodell ◆ ***~ libera*** Nachdichtung *f.*; ***~ originale*** Urfassung *f.*; ***~ in prosa*** Prosaübersetzung *f.*, Prosaversion *f.*; ***~ ridotta*** Kurzfassung *f.*, gekürzte Fassung; BIBL. ***versione dei settanta*** Septuaginta *f.*; ***~ speciale*** Sonderausführung *f.*

1.ver|so m. **1a** METR. Vers *m.*, Verszeile *f.*: ***~ endecasillabo*** elfsilbiger Vers; ***-i sciolti*** reimlose (*o* freie) Verse; ***-i liberi*** freie Rhythmen; ***scrivere in -i*** dichten, in Verse fassen; ***trasporre, mettere qcs. in -i*** etw. in Verse übertragen, setzen **b** pl. *(componimento)* Gedicht *n.*, Dichtung *f.*: ***i -i di Leopardi*** Leopardis Dichtung **2** *(di animali)* Laut *m.*, Ruf *m.*: ***il ~ della rana*** der Laut des Frosches; ***il ~ della civetta*** der Ruf der Eule **3** *(smorfia)* Grimasse *f.*: ***fare -i*** Grimassen ziehen **4a** *(direzione)* Richtung *f.*: ***percorrere una strada per il ~ sbagliato*** eine Straße in verkehrter Richtung befahren; ***nel ~ opposto*** in umgekehrter (*o* entgegengesetzter) Richtung **b** *(lato)* Seite *f.*; ***nel ~ giusto*** seitenrichtig; ***nel ~ contrario*** seitenverkehrt; ***mettere un maglione per il ~ contrario*** einen Pullover verkehrt herum (*o* auf links) an‿ziehen **c** *(di pelo, tessuto)* Strich *m.*: ***secondo il ~*** mit dem Strich ◆ ***capire qcs. per il ~ giusto*** etw. richtig verstehen; ***non c'è ~ di fare qcs.*** es ist unmöglich, etw. zu tun; ***non c'è stato ~*** da war nichts zu wollen (*o* es gab keine Möglichkeit); ***per un certo ~*** in gewisser Hinsicht; ***fare il ~ a qcn.*** jdn nach‿äffen; ***fare -i*** schnauben; ***per ogni ~*** jedenfalls; ***per un ~ è logico, per l'altro no*** einerseits ist es logisch, andererseits nicht; ***per un ~ o per l'altro*** auf die eine oder andere Art; ***saper prendere qcn. per il ~ giusto*** jdn zu nehmen wissen; ***non so per quale ~ prenderlo*** ich weiß nicht, wie ich ihn nehmen soll; ***prendere qcs. per il ~ giusto, per il suo ~*** etw. am richtigen Ende an‿fassen; ***prendere le cose per il loro ~*** die Dinge nehmen, wie sie sind; ***procedere per il ~ giusto*** gut voran‿kommen; ***raccolta di -i*** Gedichtsammlung *f.*; ***~ di richiamo*** Lockruf *m.*; ***rifare il ~ a qcn.*** jdn nach‿äffen; ***trovare il ~*** Mittel und Wege finden.

2.ver|so I agg. ***pollice ~*** Daumen nach unten; FIG. Ablehnung *f.* **II** m.inv. *(rovescio)* Rückseite *f.*

3.ver|so prep. **1** *(moto a luogo)* in Richtung, auf + acc., gegen + acc., zu + dat. -wärts: ***andare ~ lo stadio*** (in) Richtung Stadion fahren; ***viaggiare ~ Milano*** in Richtung Mailand fahren; ***andare ~ qcn.*** auf jdn zu‿gehen; ***avviarsi ~ i settanta*** auf die siebzig zu‿gehen; ***~ l'esterno*** nach außen; ***guardare ~ il cielo*** himmelwärts (*o* zum Himmel) sehen; ***navigare ~ Nord*** gegen Nord (*o* nordwärts) fahren **2** *(stato in luogo)* in der Nähe von + dat., bei + dat.: ***lavora ~ Brescia*** er arbeitet in der Nähe von Brescia **3** *(tempo)* gegen: ***ci vediamo ~ le nove*** wir treffen uns gegen neun Uhr **4** *(nei riguardi di)* gegenüber + dat., zu + dat.: ***essere molto gentile ~ qcn.*** sehr höflich zu jdm sein; ***essere generoso ~ qcn.*** großzügig jdm gegenüber sein ◆ ***~ l'alto*** aufwärts; ***~ il basso*** unterwärts, abwärts, niederwärts; ***~ casa*** heimwärts; ***~ l'interno*** einwärts; ***~ il mare*** meerwärts; ***~ il monte*** bergwärts; ***~ sud*** südwärts; ***~ terra*** landwärts.

ver|te|bra f. Wirbel *m.*, Wirbelknochen *m.* ◆ ***~ caudale*** Schwanzwirbel *m.*; ***~ cervicale*** Halswirbel *m.*, Nackenwirbel *m.*; ***~ dorsale*** Rückenwirbel *m.*; ***~ lombare*** Lendenwirbel *m.* **ver|te|bra|le** agg. Wirbel-, vertebral: ***arco ~*** Wirbelbogen *m.*; ***colonna ~*** Wirbelsäule *f.*; ***disco ~*** Wirbel *m.*; ***lesione ~*** Wirbelverletzung *f.*

ver|te|bra|to I agg. Wirbel- **II** pl. Wirbeltiere *pl.*, Vertebraten *pl.*

ver|ten|za f. Rechtssache *f.*, Rechtsstreit *m.*, Rechtsstreitigkeit *f.*, Streitsache *f.*: ***~ sindacale*** Gewerkschaftsstreit *m.*

ver|te|re intr. *(ohne zusammengesetzte Formen)* **1** ***~ su qcs.*** etw. behandeln, sich um etw. (A) drehen; ***il romanzo verte sulla rivoluzione francese*** der Roman behandelt die Französische Revolution; ***la discussione verte sulla politica estera*** die Diskussion dreht sich um Außenpolitik; ***l'esame verte sul programma di questo anno*** die Prüfung umfasst das Programm dieses Jahres **2** DIR. *(essere pendente, in corso)* im Gange sein.

ver|ti|ca|le I agg. **1** senkrecht **2** ESTENS. vertikal, Vertikal-: ***organizzazione ~*** vertikale Organisation **3** MIN. seiger, senkrecht **II** f. **1** GEOM. Senkrechte *f.*, Vertikale *f.* **2** *(ginnastica)* ***fare la ~*** einen Handstand machen; *(sulla testa)* Kopfstand machen **3** pl. *(enigmistica)* senkrecht einzutragende Wörter *pl.* ◆ ***conduttura ~*** Steigleitung *f.*; ***decollo ~*** Senkrechtstart *m.*; FOT. ***formato ~*** Hochformat *n.*; ***impennaggio ~*** Seitenleitwerk *n.*; SPORT ***passaggio in ~*** steiler Pass (*o* Steilpass *m.*); GEOM. ***piano ~*** Vertikalebene *f.*; ***pianoforte ~*** Klavier *n.*; MIN. ***pozzo ~*** Seigerschacht *m.*; ***a righe -i*** längs gestreift; ***salire in ~*** senkrecht auf‿steigen; MIN. ***sezione ~*** Seigerriß *m.*; ***spostamento ~*** Vertikalverschiebung *f.*; AER. ***stabilizzatore ~*** Seitenflosse *f.*; ***trust ~*** Vertikalkonzern *m.* **ver|ti|ca|li|tà** f. vertikale Struktur *f.*

ver|ti|ca|liz|za|re tr. **1** ECON. vertikal organisieren **2a** SPORT *(passare in profondità)* steil passen **b** *(attaccare)* ***~ il gioco*** zur Offensive übergehen.

ver|ti|cal|men|te avv. senkrecht.

ver|ti|ce m. **1** GEOM. Scheitelpunkt *m.* **2** *(cima)* Spitze *f.*, Gipfel *m.*: ***il ~ di una montagna, di una piramide*** die Spitze eines Berges, einer Pyramide **3** FIG. *(culmine, apice)* Gipfel *m.*, Höhepunkt *m.*,

Spitze *f.*: ***raggiungere il ~ della carriera*** den Gipfel der Laufbahn erreichen **4** FIG. *(livello massimo)* Spitze *f.*, Führung *f.*, Führungsspitze *f.* **5** *(incontro dei massimi livelli)* Gipfeltreffen *n.*: ***convocare un ~*** ein Gipfeltreffen anberaumen ◆ ***-i dell'azienda*** Betriebsführung *f.* (*o* Topmanagement *n.*); ***conferenza al ~*** Gipfelkonferenz *f.*; ***~ economico*** Wirtschaftsgipfel *m.*; ***funzionario al ~*** Spitzenfunktionär *m.*; ***incontro al ~*** Gipfeltreffen *n.*; ***angolo opposto al ~*** Scheitelwinkel *m.*; ***-i del partito*** Parteispitze *f.*; ***posizione al ~*** Spitzenposition *f.*

ver|ti|cil|la|to agg. quirlständig, quirlig. **ver|ti|cil|lo** m. Quirl *m.*, Wirtel *m.*

ver|ti|ci|smo m. Machtkonzentration *f.* an der Spitze. **ver|ti|ci|sti|co** agg. *(-ci,-che)* **1** ***organizzazione -a*** = kopflastige, führungsbetonte Organisation **2** POL. an der Spitze: ***contrasti -ci*** Meinungsverschiedenheiten an der Spitze, Führungskämpfe *pl.*

ver|ti|gi|ne f. **1** Schwindel *m.*: ***soffrire di -i*** an Schwindel leiden; ***non soffrire di -i*** schwindelfrei sein; ***ho le -i*** mir ist schwind(e)lig (*o* es schwindelt mir); ***far venire le -i a qcn.*** jdn schwind(e)lig machen **2** FIG. *(ebbrezza)* Rausch *m.*: ***la ~ del potere*** der Rausch der Macht ◆ ***senso di ~*** Schwindelgefühl *n.* **ver|ti|gi|no|sa|men|te** avv. rasend schnell: ***i prezzi sono saliti ~*** die Preise sind rasend schnell gestiegen.

ver|ti|gi|no|so agg. **1** Schwindel erregend: ***altezza -a*** Schwindel erregende Höhe **2** FIG. Schwindel erregend, rasend: ***ritmo ~*** Schwindel erregendes Tempo; ***un ~ aumento dei prezzi*** ein Schwindel erregender Anstieg der Preise; ***andare a velocità -a*** mit rasender Geschwindigkeit fahren ◆ ***scollatura -a*** atemberaubender Ausschnitt.

ver|ve [vɛrv] f. **1** *(brio)* Verve *f.*, Schwung *m.* **2** *(estro)* Eingebung *f.*

ver|za f. Wirsing *m.*, Wirsingkohl *m.*

ver|zel|li|no m. Girlitz *m.*

ver|zie|re m. **1** *(giardino)* Garten *m.* **2** *(frutteto)* Obstgarten *m.* **3** *(orto)* Gemüsegarten *m.*

ver|zi|no m. Rotholz *n.*

ver|zu|ra f. Vegetation *f.*

Vesc. ⇒ *Vescovo* Bischof.

ve|scia f. *(-sce)* Stäubling *m.*, Staubpilz *m.*

ve|sci|ca f. *(-che)* **1** Blase *f.*, Wasserblase *f.*: ***mi è venuta una ~ al piede*** ich habe eine Blase am Fuß bekommen (*o* ich habe mir eine Blase gelaufen); ***mi è scoppiata una ~*** mir ist eine Wasserblase geplatzt; ***far scoppiare una ~*** eine Wasserblase auf‿stechen **2** *(nell'apparato urinario)* Harnblase *f.* ◆ ***~ biliare*** Gallenblase *f.*; ***cancro della ~*** Blasenkrebs *m.*; ***malato alla ~*** blasenkrank; ***~ natatoria*** Schwimmblase *f.*; ***~ urinaria*** Harnblase *f.*; ***~ ustoria*** Brandblase *f.* **ve|sci|ca|le** agg. Blasen-: ***spasmo ~*** Blasenkrampf *m.* **ve|sci|can|te I** agg. Blasen ziehend, Blasen verursachend **II** m. Vesikatorium *n.*, Vesikans *n.*, Blasen ziehendes Mittel *n.* **ve|sci|ca|to|rio** agg. *(-ri,-rie)* Blasen ziehend: ***gas ~*** Blasen ziehendes Gas. **ve|sci|ca|zio|ne** f. **1** Bläschenausschlag *m.* **2** *(trattamento)* Behandlung *f.* mit Blasen ziehenden Mitteln.

ve|sci|co|la f. Bläschen *n.* ◆ ZOOL. ***occhio a ~*** Kameraauge *n.*; ***~ seminale*** Samenblase *f.* **ve|sci|co|la|re** agg. Blasen-.

ve|sci|co|so agg. blasig.

ve|sco|va|do, ve|sco|va|to m. **1** *(episcopato)* Bischofswürde *f.*, Bischofsamt *n.*, Episkopat *n.* **2** *(territorio)* Bistum *n.* **3** *(palazzo)* Bischofspalast *m.* **ve|sco|vi|le** agg. bischöflich, episkopal, Bischofs-: ***dignità ~*** Bischofswürde *f.*; ***sede ~*** Bischofssitz *m.*; ***sedia ~*** Bischofsstuhl *m.* **ve|sco|vo** m. Bischof *m.*, Episkopus *m.* ◆ STOR. ***~ principe*** Fürstbischof *m.*; ***~ suffraganeo*** Suffragan *m.*; ***~ titolare*** Titularbischof *m.*

1.ve|spa f. ZOOL. Wespe *f.* ◆ ***~ ammofila*** Sandwespe *f.*; ***puntura di ~*** Wespenstich *m.*; ***~ delle sabbie*** Sandwespe *f.*; ***vitino di ~*** Wespentaille *f.*

2.ve|spa f. *(motorino)* Vespa *f.*

ve|spa|io m. *(-ai)* Wespennest *n.*: FIG. ***suscitare un ~*** in ein Wespennest stechen (*o* den Funken ins Pulverfass schleudern).

ve|spa|sia|no m. Pissoir *n.*

ve|spe|ro → **vespro. ve|sper|ti|no** agg. Abend-.

ve|spro m. **1** Abend *m.* **2** RELIG. Vesper *f.*, Abendandacht *f.*: ***recitare, dire il ~*** Vesper halten; ***le campane suonano il ~*** die Glocken läuten die Vesper ein ◆ ***campana del ~*** Vesperläuten *n.*; STOR. ***Vespri siciliani*** Sizilianische Vesper.

ves|sa|re tr. schinden, schikanieren, drangsalieren. **ves|sa|to|re** m. Schinder *m.* **ves|sa|to|rio** agg. *(-ri,-rie)* schindend, schikanös: ***un provvedimento ~*** eine schikanöse Vorschrift. **ves|sa|zio|ne** f. Schinderei *f.*, Schikane *f.*: ***essere soggetto a, oggetto di continue -i (da parte di qcn.)*** (von jdm) andauernd schikaniert werden.

ves|sil|li|fe|ro m. Fahnenjunker *m.* **ves|sil|lo** m. **1** Fahne *f.*, Banner *n.*: ***tenere alto il ~ della libertà*** das Banner (*o* die Fahne) der Freiheit hoch‿halten; ***fare di qcs. il proprio ~*** etw. auf seine Fahne schreiben **2** BOT. ZOOL. Fahne *f.*

ve|sta|glia f. Morgenrock *m.*, Morgenmantel *m.*: ***stare in ~*** im Morgenrock sein.

ve|sta|le f. **1** STOR. Vestalin *f.* **2** FIG. Hüterin *f.*

ve|ste f. **1** Kleid *n.*, Gewand *n.*: ***una ~ lunga fino ai piedi*** ein bis zu den Füßen reichendes Gewand **2** pl. *(indumenti)* Gewänder *pl.*, Kleider *pl.*: ***indossare -i sontuose*** prunkvolle Gewänder (*o* Kleider) tragen **3a** FIG. *(qualità)* Eigenschaft *f.*: ***agire in ~ ufficiale, privata*** in amtlicher, privater Eigenschaft; ***in ~ di giudice, di presidente*** in der Eigenschaft als Richter, Vorsitzender; ***in ~ di amico*** als Freund **b** *(autorità)* Befugnis *f.*: ***avere la ~ per fare qcs.*** die Befugnis haben, etw. zu tun (*o* befugt sein, etw. zu tun) **4** FIG. *(espressione)* Gestalt *f.*, Form *f.*: ***dare ~ poetica ai propri pensieri*** seinen Gedanken eine dichterische Gestalt geben (*o* verleihen) **5** EDIT. TIP. Aufmachung *f.*: ***~ editoriale*** Aufmachung des Buchs; ***~ tipografica*** grafische Aufmachung ◆ ***~ da camera, casa*** Morgenrock *m.*; *(da uomo)* Hausrock *m.*; ***~ di penitente*** Büßergewand *n.*; ***strapparsi le -i di dosso*** sich (D) die Kleider vom Leibe reißen; FIG. sich (D) die Haare aus‿raufen; ***~ talare*** Talar *m.*

Vest|fa|lia n.pr.f. Westfalen *n.* ◆ ***la pace di ~*** der Westfälische Frieden. **vest|fa|li|co** agg. *(-ci,-che)* westfälisch.

ve|stia|rio m. *(-ri)* **1** Kleidung *f.*, Garderobe *f.* **2** TEATR. Kostüme *pl.* ◆ ***capo di ~*** Kleidungsstück *n.*; ***~ da donna*** Damenkleidung *f.*; ***~ da uomo*** Herrenkleidung *f.*

ve|stia|ri|sta m. e f. *(-i,-e)* Garderobier *m.* (-e *f.*).

ve|sti|bi|li|tà f. Kleidsamkeit *f.*; ***una giacca di grande ~*** eine kleidsame Jacke.

ve|sti|bo|la|re agg. Vestibular-: ***apparato ~*** Vestibularapparat *m.* **ve|sti|bo|lo** m. **1** Vestibül *n.* **2** ARCH. ANAT. Vestibulum *n.*

ve|sti|gio m. (*-a* f.pl. e *-gi* m.pl.) Spur *f.*: ***le -a di una civiltà del passato*** die Spuren einer vergangenen Kultur ◆ ***seguire le -a di qcn.*** in jds Fußstapfen treten.

1.ve|sti|re I tr. **1** an‿ziehen: ***~ un bambino*** ein Kind anziehen **2** ESTENS. *(fornire di vestiti)* ein‿kleiden, kleiden: ***~ le persone più importanti della città*** die wichtigsten Persönlichkeiten der Stadt (ein)kleiden **3** *(indossare)* tragen: ***~ abiti provocanti*** aufreizende Kleidung tragen **4** *(di vestito; adattarsi)* kleiden, stehen: ***quel pantalone ti veste bene*** die Hose kleidet dich (*o* steht dir) gut **5** *(mascherare)* verkleiden, kostümieren **II** intr. (aus. *avere*) **1** *(vestirsi)* sich kleiden, sich an‿ziehen: ***~ in modo elegante, sportivo*** sich elegant, sportlich kleiden (*o* anziehen) **2** *(indossare)* tragen: ***~ di bianco*** Weiß tragen, weiß gekleidet sein **3** *(di vestito; adattarsi)* kleiden; ***una giacca che veste bene*** eine kleidsame Jacke **III** pronom. **vestirsi 1** sich an‿ziehen, sich an‿kleiden, sich kleiden: ***-rsi in modo elegante*** sich elegant anziehen (*o* kleiden); ***-rsi di rosso, di seta*** sich rot (*o* in Rot), in Seide kleiden; ***-rsi da sera, a festa*** sich für den Abend, festlich kleiden; ***-rsi alla moda, alla marinara*** sich nach der Mode (*o* modisch), im Matrosenstil kleiden; ***-rsi da inverno, da estate*** sich winterlich, sommerlich kleiden (*o* anziehen); ***-rsi di più, di meno*** sich wärmer, leichter anziehen (*o* kleiden); ***sapersi ~*** sich zu kleiden wissen; ***-rsi per uscire*** sich zum Ausgehen anziehen (*o* ankleiden) **2** ESTENS. *(fornirsi di vestiti)* sich ein‿kleiden: ***-rsi ai grandi magazzini*** sich im Kaufhaus einkleiden; ***-rsi dal sarto migliore*** sich vom besten Schneider einkleiden lassen **3** *(travestirsi)* sich verkleiden, sich kostümieren: ***-rsi da clown*** sich als Clown verkleiden **4** LETT. *(ricoprirsi)* tragen: ***la campagna si veste di verde*** das Land trägt ein grünes Kleid ◆ ***-rsi bene*** sich gut an‿ziehen; *(con abiti caldi)* sich warm an‿ziehen; ***~ la divisa*** Uniform tragen; *(diventare soldato)* zum Militär gehen; ***~, -rsi (d)a lutto*** in Trauer gehen (*o* Trauer tragen); FIG. ***~ il saio*** die Kutte an‿legen; FIG. ***~ la toga*** auf dem Richterstuhl sitzen.

2.ve|sti|re m. **1** *(vestiario)* Kleidung *f.* **2** *(modo di vestirsi)* Kleiden *n.*; ***è ricercato nel ~*** er ist ausgesucht gekleidet.

ve|sti|ti|no m. **1** Kleidchen *n.* **2** *(per i bambini)* Kinderkleid *n.* ◆ ***~ della bambola*** Puppenkleid *n.*

1.ve|sti|to p.pass. agg. **1** → **vestire 2** gekleidet, angezogen: ***~ a festa*** festlich gekleidet (*o* angezogen); ***~ di bianco*** weiß (*o* in Weiß) angezogen; ***essere ~ da inverno*** winterlich angezogen (*o* gekleidet) sein; ***stai bene ~ così!*** so angezogen siehst du gut aus! ***buttarsi ~ sul letto*** sich angezogen aufs Bett werfen **3** *(travestito)* verkleidet: ***~ da clown*** als Clown verkleidet **4** *(ricoperto)* bedeckt: ***un prato ~ di fiori*** eine mit Blumen übersäte Wiese; ***un tronco ~ di muschio*** ein moosbedeckter Stamm **5** BOT. ungeschält ◆ ***ben ~*** gut gekleidet; ***un idiota calzato e ~*** ein ausgemachter Idiot; ***essere ~ di tutto punto*** perfekt angezogen sein.

2.ve|sti|to m. **1** Kleid *n.*; *(solo da uomo)* Anzug *m.*: ***mettersi (indossare) togliersi, portare un ~*** ein Kleid an‿ziehen, aus‿ziehen, tragen; ***farsi fare un ~*** sich ein Kleid machen lassen; ***un ~ accollato, senza maniche*** ein hochgeschlossenes, ärmelloses Kleid; ***un ~ fatto su misura*** ein maßgeschneidertes Kleid; *(da uomo)* ein maßgeschneiderter Anzug **2** pl. *(abbigliamento)* Kleidung *f.*, Kleider *pl.*: ***un armadio pieno di -i*** ein Schrank voller Kleider (*o* voll Kleidung) ◆ ***armadio dei -i*** Kleiderschrank *m.*; COLLOQ. ***il ~ buono*** der gute Anzug; ***cambiare, cambiarsi ~*** sich um‿ziehen; ***~ da casa*** Hauskleid *n.*; ***~ da cerimonia*** Festkleid *n.*; ***~ di cotone*** Baumwollkleid *n.*; *(da uomo)* Anzug *m.* aus Baumwolle (*o* Baumwollstoff); ***~ della domenica*** Sonntagskleid *n.*; *(da uomo)* Sonntagsanzug *m.*; ***~ estivo*** Sommerkleid *n.*; ***~ della festa*** Festtagskleid *n.* (*o* Sonntagskleid *n.*); *(da uomo)* Festanzug *m.* (*o* Sonntagsanzug *m.*); ***~ di tutti i giorni*** Alltagskleidung *f.*; ***~ invernale*** Winterkleid *n.*; ***~ di lana*** Wollkleid *n.*; *(da uomo)* Anzug *m.* aus Wolle (*o* Wollstoff); ***-i da lavoro*** Arbeitskleidung *f.*; ***~ da lutto*** Trauerkleidung *f.*; ***~ alla marinara*** Matrosenanzug *m.*; ***-i pre-maman*** Umstandskleidung *f.*; ***~ a sacco*** Sackkleid *n.*; ***senza -i*** unbekleidet; ***~ da sera*** Abendkleid *n.*; ***spazzola per -i*** Kleiderbürste *f.*; ***~ da sposa*** Brautkleid *n.*; ***-i per la mezza stagione*** Übergangskleidung *f.*; ***stoffa per -i*** Kleiderstoff *m.*; ***~ con lo strascico*** Schleppenkleid *n.*; ***~ di taffetà*** Taftkleid *n.*; ***tessuto per -i*** Kleiderstoff *m.*; ***-i usati*** Secondhandkleidung *f.*; ***negozio di -i usati*** Secondhandshop *m.*; ***~ da uomo*** Herrenanzug *m.* (*o* Anzug *m.*); ***~ di velluto*** Samtkleid *n.*

ve|sti|zio|ne f. Einkleidung *f.*

ve|su|via|no agg. vesuvisch. **Ve|su|vio** n.pr.m. Vesuv *m.*

ve|te|ra|no I agg. **1** MIL. altgedient **2** FIG. altbewährt **II** m. **1** MIL. Veteran *m.* **2a** FIG. Veteran *m.*, Oldtimer *m.* (anche SPORT): ***un ~ del mestiere*** ein Veteran auf seinem Gebiet **b** *(nel ciclismo)* Senior *m.* ◆ ***~ di guerra*** Kriegsveteran *m.*

ve|te|ri|na|ria f. **1** Tiermedizin *f.*, Veterinärmedizin *f.* **2** *(dottoressa)* Tierärztin *f.*, Veterinärin *f.* **ve|te|ri|na|rio I** agg. *(-ri,-rie)* tierärztlich, veterinär, Tier-: ***clinica, medicina -a*** Tierklinik *f.*, Tiermedizin *f.*; ***medico ~*** Tierarzt *m.* (*o* Veterinär *m.*) **II** m. *(-ri)* Tierarzt *m.*, Veterinär *m.*

ve|te|ro|te|sta|men|ta|rio agg. *(-ri,-rie)* alttestamentlich, alttestamentarisch.

ve|to n. Veto *n.*, Einspruch *m.*: ***opporre, mettere il proprio ~ a qcs.*** gegen etw. sein Veto ein‿legen; ***togliere il ~*** sein Veto (*o* seinen Einspruch) zurück‿ziehen ◆ ***diritto di ~*** Vetorecht *n.* (*o* Einspruchsrecht *n.*); ***esercitare il proprio diritto di ~*** von seinem Vetorecht Gebrauch machen.

ve|tra|io m. *(-ai)* **1** *(operaio)* Glaswerker *m.* **2** *(chi applica vetri)* Glaser *m.* **3** *(soffiatore)* Glasbläser *m.*, Bläser *m.* ◆ ***mastro ~*** Glasermeister *m.*; ***stucco da ~*** Glaserkitt *m.* **ve|tra|rio** agg. *(-ri,-rie)* Glas-: ***industria -a*** Glasindustrie *f.*; ***pittura -a*** Glasmalerei *f.*

ve|tra|ta f. **1a** *(parete)* Glaswand *f.* **b** *(porta)* Glastür *f.* **c** *(finestra)* Glasfenster *n.* **2** *(lastra)* Glasscheibe *f.* **ve|tra|to** agg. Glas-: ***finestra -a*** Glasfenster *n.*; ***porta -a*** Glastür *f.* ◆ ***carta -a*** Glaspapier *n.*, Sandpapier *n.*

ve|tre|ri|a f. **1** *(negozio)* Glaserei *f.* **2a** *(stabilimento industriale)* Glashütte *f.* **b** *(di soffiatura)* Glasbläserei *f.* **3** pl. *(oggetti in vetro)* Glaswaren *pl.*

ve|tri|fi|ca|re *(vetrifico, vetrifichi)* **I** tr. verglasen **II** intr. (aus. *essere*) e pronom. **vetrificarsi** zu Glas werden. **ve|tri|fi|ca|zio|ne** f. Verglasung *f.*

1.ve|tri|na f. **1** Schaufenster *n.* (anche FIG.): ***esporre, mettere qcs. in ~*** etw. im Schaufenster aus‿stellen; ***allestire una ~*** ein Schaufenster dekorieren; ***guardare le -e*** sich die Schaufenster an‿sehen; ***qcs. è, sta in ~*** etw. liegt, steht im Schaufenster; ***questa fiera è la ~ del progresso tecnologico*** diese Messe ist das Schaufenster des technologischen Fortschritts **2a** *(bacheca)* Vitrine *f.*, Schaukasten *m.* **b** *(credenza a vetri)* Vitrine *f.*, Glasschrank *m.* ◆ ***allestimento di ~*** Schaufensterdekoration *f.*; ***merce esposta in ~*** Schaufensterauslage *f.*; FIG. ***mettersi in ~*** sich zur Schau stellen; ***andare in giro per -e*** einen Schaufensterbummel machen.

2.ve|tri|na f. *(vernice)* Glasur *f.*; ***rivestire di ~*** glasieren. **ve|tri|na|re** tr. glasieren. **ve|tri|na|tu|ra** f. Glasieren *n.*, Glasur *f.*

ve|tri|net|ta f. Vitrine *f.*, Schaukasten *m.* **ve|tri|ni|sta** m. e f. *(-i,-e)* Schaufensterdekorateur *m.* (-in *f.*). **ve|tri|ni|sti|ca** f. Schaufensterdekoration *f.*

ve|tri|no m. **1** Scheibchen *n.* **2** *(per il microscopio)* ***~ (portaoggetti)*** Objektträger *m.* **3** *(dell'orologio)* Uhrglas *n.*

ve|trio|lo m. Vitriol *n.* ◆ ***~ azzurro*** Kupfervitriol *n.*; FIG. ***critica al ~*** vernichtende Kritik; ***~ verde*** Eisenvitriol *n.*

ve|tro I m. **1a** Glas *n.*: ***soffiare, molare il ~*** Glas blasen, schleifen **b** *(oggetto in vetro)* Glas *n.*, Glasarbeit *f.* **2** *(di finestra)* Fensterscheibe *f.*, Scheibe *f.*: ***rompere un ~*** eine Scheibe zerbrechen; ***montare un ~ sulla finestra*** eine Scheibe (ins Fenster) ein‿setzen **3a** ESTENS. *(finestra)* Fenster *n.* **b** *(dell'auto)* Scheibe *f.* **4** *(frammento di vetro)* Glasscherbe *f.* **5** *(degli occhiali)* Brillenglas *n.* **6** *(dell'orologio)* Uhrglas *n.* ◆ ***ampolla di ~*** Glaskolben *m.*; ***~ antiproiettile*** kugelsicheres Glas, Panzerglas *n.*; ***~ antiriflesso*** blendfreies Glas; ***~ armato*** Drahtglas *n.*; ***barattolo di ~*** Glas *n.*; ***~ di bottiglia*** Flaschenglas *n.*; ***campana di ~*** Glasglocke *f.*; FIG. ***mettere qcn., vivere sotto una campana di ~*** jdn unter eine Glasglocke tun, unter einer Glasglocke leben; ***contenitore di ~*** Glasbehälter *m.*; ***detergente per -i*** Glasreiniger *m.*; ***di ~*** gläsern, Glas-, aus Glas: ***essere (fatto) di ~*** aus Glas sein (anche FIG.); ***doppi -i*** Doppelverglasung *f.*; ***fibra di ~*** Glasfaser *f.* (*o* Glasfiber *f.*); ***~ filato*** Fadenglas *n.*; ***~ della finestra*** Fensterscheibe *f.*; ***frammento di ~*** Glasscherbe *f.*; ***~ fumé*** Rauchglas *n.*; ***~ grezzo*** Rohglas *n.*; ***~ infrangibile*** unzerbrechliches Glas; ***lampadario di ~*** Glaslampe *f.*; ***lana di ~*** Glaswolle *f.*; ***lastra di ~*** Glasscheibe *f.*; ***~ in lastre*** Tafelglas *n.*; ***molatura del ~*** Glasschliff *m.*; ***occhio di ~*** Glasauge *n.*; ***oggetto in, di ~*** Glasarbeit *f.*; ***~ opaco*** Mattglas *n.*; ***~ opalino*** Milchglas *n.* (*o* Opalglas *n.*); ***palazzo di ~*** Glaspalast *m.*; ***palla di ~*** Glaskugel *f.*; ***parete di ~*** Glaswand *f.*; ***perla di ~*** Glasperle *f.*; ***pezzo di ~*** Glasscherbe *f.*; ***~ al piombo*** Bleiglas *n.*; ***pittura su ~*** Glasmalerei *f.*; ***polvere di ~*** Glaspulver *n.*; ***porta a -i*** Glastür *f.*; AUT. ***~ posteriore*** Heckfenster *n.* (*o* Heckscheibe *f.*); ***~ di protezione*** Schutzglas *n.*; ***raccolta del ~*** Altglassammlung *f.*; ***recipiente di ~*** Glasbehälter *m.*; ***scheggia di ~*** Glassplitter *m.*; ***~ di sicurezza*** Sicherheitsglas *n.*; ***~ smerigliato*** Mattglas *n.*; ***~ soffiato*** geblasenes Glas; ***soffiatura del ~*** Glasbläserei *f.*, Glasblasen *n.*; ***sotto ~*** unter Glas; ***~ per specchi*** Spiegelglas *n.*; ***~ stampato*** Pressglas *n.*; ***tavolo di ~*** Glastisch *m.*; ***~ temprato*** Hartglas *n.*; ***trasparente come il ~*** glasklar; ***veranda a -i*** Glasveranda *f.*

ve|tro|ce|men|to m. Glasbeton *m.*

ve|tro|ce|ra|mi|ca f. Glaskeramik *f.*

ve|tro|fa|ni|a f. Diaphanie *f.*

ve|tro|re|si|na f. Glasfaserkunststoff *m.*

ve|tro|so agg. glasartig.

vet|ta f. **1a** Gipfel *m.*: ***raggiungere, conquistare la ~*** den Gipfel erreichen, erobern; ***salire sulla ~*** zum Gipfel auf‿steigen (*o* den Gipfel ersteigen) **b** *(di albero)* Wipfel *m.* **c** *(di torre, campanile...)* Spitze *f.* **2** FIG. Gipfel *m.*, Spitze *f.*, Höhepunkt *m.*: ***raggiungere la ~ del successo*** den Gipfel des Erfolgs erreichen; ***essere in ~ alla classifica*** an der Spitze der Tabelle stehen; ***le -e del sapere*** das höchste Wissen ◆ ***~ della classifica*** Tabellenspitze *f.*; ALP. ***croce di ~*** Gipfelkreuz *n.*; ***Vetta d'Italia*** Großvenediger *m.*; ALP. ***libro di ~*** Gipfelbuch *n.*; ***~ del monte*** Berggipfel *m.*

vet|to|re I m. **1** MAT. FIS. Vektor *m.* **2** COMM. DIR. *(trasportatore)* Frachtführer *m.* **3** ASTR. Träger *m.*, Trägerrakete *f.* **4** BIOL. Überträger *m.* **II** agg. **1** *(che trasporta)* Träger- **2** MED. krankheitsübertragend ◆ ***~ di testata nucleare*** Kernwaffenträger *m.*; ***raggio ~*** Leitstrahl *m.*; ***razzo ~*** Trägerrakete *f.*; ***~ unitario*** Einheitsvektor *m.*

vet|to|ria|le agg. vektoriell, Vektor-: ***grandezza, campo ~*** vektorielle Größe, Vektorfeld *n.*; ***calcolo ~*** Vektorrechnung *f.*; ***analisi ~*** Vektoranalyse *f.*

vet|to|va|glia f.pl. Proviant *m.*, Mundvorrat *m.*: ***rifornirsi di -e*** sich mit Proviant versorgen (*o* ein‿decken) ◆ ***rifornimento di -e*** Proviantnachschub *m.* **vet|to|va|glia|men|to** m. Versorgen *n.* mit Proviant, Verpflegung *f.* **vet|to|va|glia|re** tr. *(vettovaglio, vettovagli)* verproviantieren, verpflegen.

vet|tu|ra f. **1a** FERR. Eisenbahnwagen *m.*, Wagen *m.*, Waggon *m.*: ***-e di prima, seconda classe*** Erste-, Zweite-Klasse-Wagen (*o* Wagen erster, zweiter Klasse); ***signori, in ~!*** bitte einsteigen! **b** *(carrozza a cavalli)* Kutsche *f.*, Droschke *f.*, Pferdedroschke *f.* **2** *(autovettura)* Wagen *m.*, Fahrzeug *n.* ◆ ***~ a cavalli*** Pferdedroschke *f.*; ***~ da competizione*** Rennwagen *m.*; ***~ della ditta*** Geschäftswagen *m.*; ***~ a due posti*** Zweisitzer *m.*; ***~ d'epoca*** Oldtimer *m.*; ***~ ferroviaria*** Eisenbahnwagen *m.*; DIR. ***lettera di ~*** Frachtbrief *m.*; ***~ letto*** Schlafwagen *m.*; ***parco -e*** Fuhrpark *m.*; ***~ di piazza*** Kutsche *f.*, Droschke *f.*; ***~ postale*** Postwagen *m.*; ***~ privata*** Privatfahrzeug *n.*; ***~ di prova*** Vorführwagen *m.*; ***~ ristorante*** Speisewagen *m.*; ***~ di serie*** Serienwagen *m.*; ***~ di servizio*** Dienstwagen *m.*; ***~ sportiva*** Sportwagen *m.*; ***~ supplementare (di tram, autobus)*** Einsatzwagen *m.*; ***~ tranviaria*** Straßenbahnwagen *m.*; ***~ usata*** Gebrauchtwagen *m.*

vet|tu|ra|le m. Fuhrmann *m.* **vet|tu|ri|no** m. Kutscher *m.*, Droschkenkutscher *m.*

ve|tu|stà f. LETT. hohes Alter *n.*: ***la ~ di una tradizione*** das hohe Alter einer Tradition. **ve|tu|sto** agg. **1** LETT. althergebracht **2** ESTENS. *(molto vecchio)* uralt.

vez|zeg|gia|men|to m. Liebkosung *f.*, Hätscheln *n.* **vez|zeg|gia|re** tr. *(vezzeggio, vezzeggi)* liebkosen, hätscheln. **vez|zeg|gia|ti|vo I** agg. Kose-: ***espressioni -e*** Kosewörter; ***forma -a*** Koseform *f.* **II** m. **1** *(nome)* Kosename *m.* **2** GRAMM. Koseform *f.* ◆ ***suffisso ~*** Verkleinerungssuffix *n.*, Verniedlichungssuffix *n.*

vez|zo m. **1** Angewohnheit *f.*: ***ha il brutto ~ di succhiarsi il pollice*** er hat die (schlechte) Angewohnheit, am Daumen zu lutschen **2a** pl. *(leggiadria)* Anmut *f.* **b** *(moine)* Getue *n.*, Schmeicheleien *pl.* **3** *(gioiello)* Kette *f.*; *(filo)* Schnur *f.*: ***un ~ di perle, corallo*** eine Perlenschnur, eine Korallenkette.

vez|zo|si|tà f. Anmut *f.*, Charme *m.* **vez|zo|so I** agg. **1** *(grazioso)* anmutig **2** *(affettato)* affektiert, kokett; SPREG. geziert **II** m. affektierter Mensch *m.*; ***non fare il ~!*** sei nicht so kokett!

VF ⇒ *Vigili del Fuoco* Feuerwehr.

vi I pron.pers.pl. **1a** *(complemento oggetto)* euch: ***~ informerò subito*** ich werde euch sofort benachrichtigen; ***~ sta guardando*** er sieht euch an; *(enclitico)* ***sono felice di vedervi*** ich bin glücklich, euch zu sehen; ***fatevi sentire!*** meldet euch! **b** *(complemento di termine)* euch: ***che cosa ~ ha detto?*** was hat er euch gesagt? *(enclitico)* ***compratevi una macchina*** kauft euch ein Auto **2a** *(forma di cortesia; complemento oggetto)* Sie **b** *(complemento di termine)* Ihnen: ***Vi invieremo le merce ordinata*** wir werden Ihnen die bestellte Ware zusenden **3a** *(con verbi pronominali)* euch (einander): ***qui ~ annoiate*** hier langweilt ihr euch; ***~ siete lavati le mani?*** habt ihr euch die Hände gewaschen? ***~ siete tagliati i capelli?*** habt ihr euch die Haare schneiden lassen? ***si vede che ~ amate molto*** man sieht, dass ihr euch sehr liebt; *(enclitico)* ***non occupatevi di questo*** kümmert euch nicht darum; ***vergognatevi!*** schämt euch! **b** *(forma di cortesia)* sich: ***Vi accontentate di questo prodotto?*** sind Sie mit diesem Produkt zufrieden? **II** pron.dimostr. *(a ciò, di ciò...)* daran, darauf, darüber, davon...: ***non ~ penso mai*** daran denke ich nie; ***non ~ capisco niente*** davon verstehe ich nichts **III** avv. **1** *(qui)* hier **2a** *(là, lì; stato in luogo)* dort: ***abito in campagna e ~ sto volentieri*** ich wohne auf dem Land und lebe gern dort; ***non ~ trovai nessuno*** ich fand dort niemanden **b** *(moto a luogo)* dorthin: ***~ si può andare a piedi?*** kann man dorthin zu Fuß gehen? ***~ andrò domani*** ich werde morgen hingehen **c** *(di lì, di là)* ***~ passo tutti i giorni*** da komme ich jeden Tag vorbei **3a** LETT. *(con il verbo essere)* ***v'è, ~ sono*** es gibt; ***là v'è un teatro*** dort gibt es ein Theater **b** *(essere presente)* ***esservi*** da sein; ***ieri v'erano tutti*** gestern waren alle da; ***non v'è più latte*** es ist keine Milch mehr da ◆ ***eccovi finalmente!*** da seid ihr ja endlich!

1.vi|a f. **1a** *(strada)* Straße *f.*, Weg *m.*: ***percorrere una ~*** eine Straße entlang‿gehen; *(con veicolo)* auf einer Straße fahren; ***prendi questa ~!*** nimm diese Straße! ***sbarrare una ~*** einen Weg (*o* eine Straße) sperren; ***l'unica ~ percorribile*** die einzig befahrbare Straße (*o* der einzig begehbare Weg); ***essere sulla ~ per...*** auf dem Weg nach... sein **b** *(seguito da nome proprio)* ***abito in Via Roma*** ich wohne in (der) Via Roma; ***la Via Aurelia*** die Via Aurelia **2a** ESTENS. *(percorso)* Weg *m.*: ***la ~ più breve per l'aeroporto*** der kürzeste Weg zum Flughafen; ***aprirsi una ~ tra la folla*** sich einen Weg durch die Menge bahnen; FIG. ***la ~ del successo*** der Weg zum Erfolg **b** *(passando per)* über + acc., via + acc.: ***da Roma a Londra ~ Parigi*** von Rom nach London über (*o* via) Paris **c** ALP. Kletterpfad *m.*, Weg *m.*: ***aprire una nuova ~*** einen neuen Kletterpfad ein‿richten **3** *(mezzo, maniera)* Weg *m.*, Möglichkeit *f.*: ***arrivare alla soluzione per altre -e*** auf anderen Wegen zu einer Lösung gelangen; ***non vedo altra ~ che...*** ich sehe keine andere Möglichkeit (*o* keinen anderen Weg), als... **4** pl. ANAT. Wege *pl.*: ***-e biliari, respiratorie, urinarie*** Gallenwege, Atemwege, Harnwege ◆ ***~ d'accesso*** Zugangsweg *m.*, Zugangsstraße *f.*; *(con veicolo)* Zufahrtsweg *m.*, Zufahrtsstraße *f.*; ***~ d'acqua*** Wasserstraße *f.*, Wasserweg *m.*; ***(per) ~ aerea*** per Luftpost; MED. ***-e aeree*** Atemwege *pl.*; ***in ~ amichevole*** auf gütlichem Weg; ***sulla ~ di casa*** auf dem Heimweg (*o* Nachhauseweg *m.*); ***~ cavo*** Kabel-; ***televisione ~ cavo*** Kabelfernsehen *n.*; COLLOQ. ***per ~ che*** da; ***~ commerciale*** Geschäftsstraße *f.*, Ladenstraße *f.*; ***~ di comunicazione*** Verkehrsweg *m.*; ***in ~ di costruzione*** im (*o* in) Bau; ***~ crucis*** Kreuzweg *m.*; ***per ~ di*** *(a causa)* wegen + gen., aufgrund + gen.; *(tramite)* durch + acc.; ***hanno litigato per ~ di una donna*** sie haben wegen einer Frau gestritten; ***e ~ dicendo*** und so weiter; ***in ~ eccezionale*** ausnahmsweise; ***per ~ endovenosa*** intravenös; ***essere in ~ d'estinzione*** im Aussterben begriffen sein; ***passare alle -e di fatto*** zu Tätlichkeiten übergreifen, handgreiflich werden; AMM. ***foglio di ~*** Ausweisungsbescheid *m.*; ***~ di fuga*** Fluchtweg *m.*; ***per ~ gerarchica*** auf dem Instanzenweg, auf dem Dienstweg; ***procedere per ~ gerarchica*** den Amtsweg (*o* Dienstweg) beschreiten; ***essere in ~ di guarigione*** auf dem Weg der Genesung sein; ***per ~ intramuscolare*** intramuskulär; ***~ laterale*** Seitenweg *m.*, Seitenstraße *f.*; ***~ lattea*** Milchstraße *f.*; ***adire le -e legali*** den Rechtsweg beschreiten; ***~ libera!*** Bahn frei! FIG. ***dare ~ libera*** grünes Licht geben; ***~ maestra*** Hauptstraße *f.*; ***~ mare*** auf dem Seeweg; ***trasporto ~ mare*** Seefracht *f.*; ***~ di mezzo*** Mittelweg *m.*, Kompromiss *m.*; ***tentare ogni ~ per...*** alles versuchen, um... zu...; ***per ~ orale*** oral; ***per ~*** auf dem Weg, unterwegs; ***~ principale*** Hauptstraße *f.*; ***~ privata*** Privatstraße *f.*, Privatweg *m.*; ***in ~ provvisoria*** vorübergehend; ***~ radio*** über Funk; ***essere sulla retta ~*** auf dem rechten Weg sein (anche FIG.); ***smarrire la retta ~*** vom rechten Weg ab‿kommen; ***per ~ rettale*** rektal; ***sulla ~ del ritorno*** auf dem Rückweg; ***~ romana*** Römerstraße *f.*; ALP. ***~ di salita*** Aufstieg *m.*; FIG. ***~ di salvezza*** Fluchtweg *m.*; ***~ satellite*** über Satellit; ***televisione, trasmissione ~ satellite*** Satellitenfernsehen *n.*, Satellitenübertragung *f.*; ***~ di scampo*** Ausweg *m.*; ***~ secondaria*** Nebenweg *m.*; ***~ della seta*** Seidenstraße *f.*; ***in ~ sperimentale*** versuchsweise; ***paesi in ~ di sviluppo*** Entwicklungsländer *pl.*; ***~ terra*** auf dem Landweg; ***in ~ transitoria*** vorübergehend; ***-e di trasporto*** Verkehrswege; ***~ trasversale, traversa*** Querstraße *f.*; FIG. ***per -e traverse*** auf Schleichwegen; ***in ~ ufficiale, ufficiosa*** auf dem Amtsweg, offiziös; ***~ a senso unico*** Einbahnstraße *f.*; ***~ d'uscita*** Ausweg *m.*; ***una situazione senza ~ d'uscita*** eine ausweglose Lage (*o* eine Sackgasse); ***non avere -e d'uscita*** sich in einer ausweglosen Lage befinden; PROV. ***le -e del Signore sono infinite*** die Wege des Herrn sind zahlreich; ***la ~ dell'inferno è lastricata di buone intenzioni*** der Weg zur Hölle ist mit guten Vorsätzen gepflastert.

2.vi|a avv. **1** *(unito a voci verbali)* weg; COLLOQ. fort: ***andare ~*** weg‿gehen (*o* fort‿gehen); ***gettare ~ qcs.*** etw. weg‿werfen (*o* fort‿werfen); ***dare ~ qcs.*** etw. weg‿geben (*o* fort‿geben); ***essere ~*** weg sein (*o* fort sein); RAFFORZ. ***vattene ~!*** geh weg (*o* schleich dich *o* verschwinde)! **2a** *(man mano)* ***~ ~ (che)*** nach und nach: ***~ ~ (che) si presenta l'occasione esamineremo ciascuna questione*** bei passender Gelegenheit werden wir nach und nach jedes Problem behandeln; ***va ~ ~ migliorando*** es geht ihr immer besser **b** *(mentre)* während; ***~ ~ che il tempo passa*** während die Zeit vergeht **II** m.inv. **1** Startzeichen *n.*, Startsignal *n.*: ***scattare al ~*** beim Startsignal starten; ***dare il ~*** das Startzeichen geben **2** FIG. Startschuss *m.*: ***il ~ ai lavori*** der Startschuss zum Baubeginn; ***dare il ~ a qcs.*** den Startschuss zu etw. geben (*o* mit etw. an‿fangen) **III** inter. **1a** *(di incoraggiamento, incitamento)* los, komm: ***deciditi, ~!*** entscheide dich, los! ***~, non perderti d'animo!*** komm, verlier nicht den Mut! ***oh ~, smettila*** na komm, hör auf damit! **b** *(di allontanamento)* weg, fort: ***~ di qui, di là!*** weg hier, weg da! ***~ le mani!*** Hände weg; ***~, a letto!*** ab, ins Bett! **c** *(di stupore, incredulità)* ja, wirklich: ***~, non può essere così*** nein, das kann wohl kaum so sein **d** *(di conclusione)* also: ***~, parliamone più tardi*** also, sprechen wir später darüber **2** *(comando di partenza)* los: ***uno, due, tre, ~!*** Achtung, fertig, los! ***ai vostri posti, pronti, ~!*** auf die Plätze, fertig, los! ◆ ***e così ~, e ~ dicendo, e ~ di questo passo, e ~ di seguito*** und so weiter (*o* und so fort).

via|bi|li|tà f. **1** *(percorribilità)* Straßenzustand *m.*, Verkehrslage *f.* **2a** *(rete stradale)* Straßennetz *n.* **b** *(complesso e stato delle vie)* Verkehrswesen *n.* **3a** *(norme sulla costruzione di strade)* Straßenbauordnung *f.* **b** *(norme sul traffico)* Straßenverkehrsordnung *f.*

via|card f.inv. INTRAD. (Karte für die bargeldlose Zahlung der Autobahngebühren).

via cru|cis f. **1** Kreuzweg *m.*: ***fare la ~*** den Kreuzweg beten **2** FIG. Leidensweg *m.*

via|do m. *(-s)* = (sich prostituierender) Transsexuelle *m.* aus Südamerika.

via|dot|to m. Überführung *f.*, Viadukt *m.* ◆ ***~ ferroviario*** Bahnüberführung *f.*

viag|gian|te agg. reisend, fahrend ◆ ***personale ~*** Zug(begleit)personal *n.*

viag|gia|re intr. *(viaggio, viaggi*; aus. *avere)* **1a** reisen: ***~ in treno*** mit dem Zug reisen; ***~ in prima, seconda classe*** erster, zweiter Klasse reisen; ***ha viaggiato molto per l'America*** er ist viel durch Amerika gereist; ***~ per la ditta Rossi*** für die Firma Rossi reisen **b** *(andare)* fahren: ***viaggio sempre in auto*** ich fahre immer mit dem Auto **2** *(di veicolo)* fahren: ***~ a 100 chilometri orari*** mit einer Geschwindigkeit von 100 Stundenkilometern fahren **3** *(andare in giro)* unterwegs sein: ***quell'uomo viaggia sempre con l'ombrello*** dieser Mann ist immer mit dem Regenschirm unterwegs ◆ ***~ per affari*** geschäftlich reisen; ***~ con la fantasia*** der Fantasie freien Lauf lassen; ***~ per lavoro*** dienstlich verreisen; ***~ per mare*** auf dem Seeweg reisen; ***la merce viaggia a rischio del committente*** der Transport der Ware erfolgt auf Gefahr des Bestellers; FERR. ***il treno viaggia con un ritardo di venti minuti*** der Zug hat zwanzig Minuten Verspätung; ***~ per studio*** eine Studienreise unternehmen; ***~ per terra***

auf dem Landweg reisen; ***uno che ha viaggiato molto*** ein weit gereister Mann.

viag|gia|to|re m. **1** Reisende *m.*: ***i -i sono pregati di prendere posto*** die Reisenden werden gebeten, ihre Plätze einzunehmen **2** *(passeggero)* Fahrgast *m.*, Passagier *m.* ◆ ***commesso ~*** Handelsreisende *m.* (*o* Handlungsreisende *m.*); ***piccione ~*** Brieftaube *f.*

viag|gio m. *(-gi)* **1** Reise *f.*: ***fare un ~*** eine Reise machen; ***partire per un ~*** auf Reisen gehen; ***mettersi, essere in ~*** sich auf die Reise machen, auf Reisen (*o* verreist) sein; ***un ~ ad Amburgo*** eine Reise nach Hamburg **2a** *(tragitto, corsa)* Fahrt *f.*: ***il ~ da Roma e Milano*** die Fahrt von Rom nach Mailand **b** ***per portare tutti quei pacchi dovrò fare due -i*** um alle Pakete zu transportieren, muss ich zweimal gehen, *(con veicolo)* fahren **3** GERG. Trip *m.*, Reise *f.*: ***essere in, fare un ~*** auf dem Trip sein ◆ ***~ aereo*** Flugreise *f.*; ***~ d'affari*** Geschäftsreise *f.*; ***agenzia di -i*** Reisebüro *n.*; ***~ di andata*** Hinreise *f.*, Hinfahrt *f.*; ***~ di andata e ritorno*** Hin- und Rückfahrt *f.*, COLLOQ. hin und zurück; ***~ in automobile*** Autoreise *f.*; ***buon ~!*** gute Reise! gute Fahrt! ***compagno di ~*** Mitreisende *m.*, Mitfahrer *m.*; ***da ~*** Reise-; ***borsa da ~*** Reisetasche *f.*; ***diario di ~*** Reisebericht *m.*; ***~ di esplorazione*** Forschungsreise *f.*, Entdeckungsreise *f.*; ***~ d'istruzione*** Bildungsreise *f.*; ***~ di lavoro*** Geschäftsreise *f.*; ***~ per mare*** Seereise *f.*; ***~ intorno al mondo*** Weltreise *f.*; ***~ di nozze*** Hochzeitsreise *f.*; ***~ organizzato*** Gruppenreise *f.*; ***~ di piacere*** Vergnügungsreise *f.*; ***~ di ritorno*** Rückreise *f.*, Rückfahrt *f.*; ***spese di ~*** Reisekosten *pl.*; ***~ di studio*** Studienreise *f.*; ***~ in treno*** Zugreise *f.*, Eisenbahnfahrt *f.*; FIG. ***l'ultimo ~*** die letzte Reise; ***~ a vuoto*** Leerfahrt *f.*; FIG. ***fare un ~ a vuoto*** umsonst gehen (*o* fahren).

via|le m. **1** Allee *f.* **2** *(in giardini)* Weg *m.* **via|let|to** m. **1** schmale Allee *f.* **2** *(in giardino)* schmaler Weg *m.*

vian|dan|te m. e f. Wanderer *m.* (Wanderin *f.*).

via|rio agg. *(-ri,-rie)* Straßen-: ***rete -a*** Straßennetz *n.*

via|ti|co m. *(-ci)* **1** ECCL. Viatikum *n.*, Wegzehrung *f.*, Sterbesakramente *pl.* **2** FIG. *(conforto, sostegno)* Trost *m.*, Ermunterung *f.* **3** STOR. Reiseproviant *m.*, Wegzehrung *f.*

via|vai m.inv. **1** Hin und Her *n.*, Kommen und Gehen *n.*, Gelaufe *n.*: ***un ~ di gente*** ein Kommen und Gehen von Menschen **2** TECN. Auf und Ab *n.*

vi|bra|fo|ni|sta m. e f. *(-i,-e)* Vibraphonspieler *m.* (-in *f.*), Vibraphonist *m.* (-in *f.*). **vi|bra|fo|no** m. Vibraphon *n.*

vi|bran|te I agg. **1** vibrierend, schwingend **2** *(di voce)* tönend, schallend **3a** FIG. *(fremente)* zitternd **b** *(pieno)* voll: ***parole -i di entusiasmo*** Worte voller Begeisterung **4** FON. Zitter- **II** f. FON. Vibrant *m.*, Zitterlaut *m.* ◆ ***parole -i di commozione*** bewegende Worte; ***~ d'odio*** hasserfüllt; ***~ di passione*** leidenschaftlich; ***parole -i di sdegno*** zornige Worte.

vi|bra|re I tr. **1** versetzen: ***~ un colpo*** einen Schlag versetzen **2** LETT. *(scagliare)* schleudern, werfen **3** EDIL. *(calcestruzzo)* rütteln **II** intr. (aus. *avere*) **1** vibrieren, flattern, schwingen: ***il volante vibra*** die Lenkung flattert; ***la membrana vibra*** die Membran schwingt; ***la scossa di terremoto fece ~ i vetri*** der Erdstoß brachte die Scheiben zum Vibrieren **2** *(risuonare)* schwingen: ***le note vibrano nell'aria*** die Töne schwingen im Raum **3** FIG. beben, zittern: ***~ di sdegno, commozione*** vor Empörung, Bewegung zittern ◆ ***fare ~ qcs.*** etw. zum Schwingen bringen.

vi|bra|ti|le agg. Flimmer-, flimmernd, schwingend: ***ciglio ~*** Flimmerhärchen *n.*

vi|bra|to I p.pass. agg. **1** → **vibrare 2** FIG. *(concitato)* erregt, heftig: ***una -a protesta*** ein heftiger Protest **II** m. MUS. Vibrato *n.* ◆ ***calcestruzzo ~*** Rüttelbeton *m.*

vi|bra|to|re m. **1** Vibrator *m.*, Vibrationsgerät *n.* **2** EDIL. Rüttler *m.* **3** *(per stimolazioni sessuali)* Massagestab *m.* **vi|bra|to|rio** agg. *(-ri,-rie)* Schwing-, schwingend, Vibrations-: ***movimento ~*** Vibrationsbewegung.

vi|bra|zio|ne f. **1** Vibration *f.*, Schwingung *f.*: ***le -i del diapason*** die Schwingungen der Stimmgabel; ***eliminare le -i del volante*** die Vibration am Steuer beseitigen **2** FIG. *(fremito)* Erregung *f.*, Bewegung *f.*, Schwingung *f.*: ***le -i dell'anima*** die Schwingungen der Seele ◆ ***~ sismica*** seismische Bewegung; ***~ sonora*** Schallschwingung *f.*

vi|brio|ne m. Vibrio *m.* ◆ ***~ del colera*** Cholerabazillus *m.* (*o* Kommabazillus *m.*).

vi|bris|sa f. **1** Spürhaar *n.* **2** *(baffi)* Schnurrhaar *n.*

vi|bro|mas|sag|gia|to|re m. Vibrator *m.*, Vibrationsgerät *n.* **vi|bro|mas|sag|gio** m. *(-gi)* Vibrationsmassage *f.*, Vibromassage *f.*

vi|ca|ria|le agg. Vikar-, des Vikars. **vi|ca|ria|to** m. **1** Vikariat *n.* **2** *(territorio)* Amtsbezirk *m.* eines Vikars. **vi|ca|rio I** agg. *(-ri,-rie)* stellvertretend **II** m. *(-ri)* **1** Stellvertreter *m.* **2** ECCL. Vikar *m.*: ***~ del vescovo*** Vikar des Bischofs; ***~ apostolico*** Apostolischer Vikar ◆ ***~ cardinale*** Kardinalvikar *m.*; ***~ di Cristo*** Christi Stellvertreter; ***~ generale*** Generalvikar *m.*; ***~ del parroco*** Hilfsgeistliche *m.*, Pfarrvikar *m.*

vi|ce m. e f.inv. Stellvertreter *m.* (-in *f.*), Vize *m.*

vi|ce|am|mi|ra|glio m. *(-gli)* Vizeadmiral *m.*

vi|ce|can|cel|lie|re m. Vizekanzler *m.*

vi|ce|con|so|le m. Vizekonsul *m.*

vi|ce|di|ret|to|re m. stellvertretender Direktor *m.*, Vizedirektor *m.*

vi|cen|da f. **1a** Geschichte *f.*, Begebenheit *f.*, Angelegenheit *f.*: ***una triste, scandalosa ~*** eine traurige Geschichte, eine Skandalgeschichte; ***una tormentata ~ sentimentale*** eine komplizierte Liebesgeschichte; ***il film si basa su una ~ realmente accaduta*** dem Film liegt eine wahre Begebenheit zugrunde **b** *(accaduto)* Vorfall *m.*, Ereignis *n.*: ***questa ~ ha un antefatto*** dieser Vorfall hat eine Vorgeschichte **2** *(serie)* Reihe *f.*, Folge *f.*: ***una ~ di gioie e dolori*** eine Folge von Freuden und Leiden **3** AGR. Fruchtfolge *f.* ◆ ***a ~*** *(reciprocamente)* gegenseitig; *(a turno)* abwechselnd; ***si accusano a ~ del delitto*** sie beschuldigen sich gegenseitig des Verbrechens.

vi|cen|de|vo|le agg. gegenseitig: ***una ~ stima*** gegenseitige Achtung. **vi|cen|de|vol|men|te** avv. gegenseitig.

vi|ce|par|ro|co m. *(-ci)* Pfarrvikar *m.*, Kaplan *m.*

vi|ce|pre|si|de m. e f. **1** *(di scuola media)* Konrektor *m.* **2** *(di scuola superiore)* Stellvertreter *m.* (-in *f.*) des Direktors.

vi|ce|pre|si|den|te m. Vizepräsident *m.* **vi|ce|pre|si|den|za** f. Vizepräsidentschaft *f.*, stellvertretender Vorsitz *m.*

vi|ce|que|sto|re m. stellvertretender Polizeipräsident *m.*

vi|ce|ré m.inv. Vizekönig *m.* **vi|ce|re|a|me** m. Vizekönigreich *n.*

vi|ce|se|gre|ta|rio m. *(-ri)* stellvertretender Sekretär *m.*

vi|ce|sin|da|co m. *(-ci)* stellvertretender Bürgermeister *m.*

vi|ce|ver|sa I avv. **1** *(al contrario)* umgekehrt: ***bisogna andare da destra a sinistra e non ~*** man muss von rechts nach links gehen, nicht umgekehrt **2** *(di tragitti)* zurück: ***andare da Milano a Roma e ~*** von Mailand nach Rom fahren und zurück **II** cong. COLLOQ. aber, dagegen: ***voleva andare in montagna, ~ è andato al mare*** er wollte eigentlich ins Gebirge fahren, ist aber dann ans Meer gefahren.

vi|chin|go I agg. *(-ghi,-ghe)* **1** wikingisch, Wikinger- **2** SCHERZ. = nordländisch **II** m. *(-ghi)* **1** Wikinger *m.*, Wiking *m.* **2** SCHERZ. = Nordländer *m.* ◆ ***drakar ~*** Drachen *m.*; ***nave -a*** Wikingerschiff *n.*

vi|ci|na f. Nachbarin *f.* ◆ ***~ di tavola*** Tischdame *f.*

vi|ci|na|le agg. Neben-: ***ferrovia ~*** Nebenbahn *f.*; ***strada ~*** Nebenstraße *f.*

vi|ci|nan|za f. **1** Nähe *f.*: ***cercare la ~ di qcn.*** jds Nähe suchen; ***la tua ~ lo disturba*** deine Nähe stört ihn **2** FIG. *(affinità, comunanza)* Ähnlichkeit *f.*: ***~ di opinioni*** ähnliche Meinungen ◆ ***in ~ di qcs.*** in der Nähe von etw.; ***nelle -e (di qcs.)*** in der Nähe (von etw.); ***nelle immediate -e*** in unmittelbarer Nähe, in nächster Umgebung; ***rimanete nelle -e*** bleibt in der Nähe; ***nelle -e del mare, della stazione*** in Meeres-, Bahnhofsnähe.

vi|ci|na|to m. **1** Nachbarschaft *f.*: ***avere rapporti di buon ~*** gute Nachbarschaft (*o* gutnachbarliche Beziehungen) halten, haben **2a** *(i vicini)* Nachbarn *pl.*, Nachbarschaft *f.*: ***tutto il ~ ne era al corrente*** die ganze Nachbarschaft wusste Bescheid **b** *(rione)* Nachbarschaft *f.*: ***essere famoso in tutto il ~*** in der ganzen Nachbarschaft berühmt sein.

vi|ci|no I agg. **1a** nah: ***da qui la posta è -a*** von hier (aus) ist es nicht weit bis zur Post; ***la vittoria era -a*** der Sieg war zum Greifen nah; ***l'ospedale più ~ è a 15 km*** das nächste Krankenhaus ist 15 km entfernt **b** *(di località)* nah gelegen: ***è nato in un paese ~*** er ist in einem nahe gelegenen Dorf geboren; ***la città più -a*** die nächstgelegene Stadt **c** *(tempo)* ***essere ~*** nah sein, an‿stehen: ***le elezioni sono -e*** die Wahlen stehen an (*o* stehen vor der Tür); ***l'estate è ormai -a*** der Sommer ist nah **2a** *(adiacente)* angrenzend, nebenan, Neben-: ***il palazzo ~*** das Gebäude nebenan; ***la casa -a*** das Nebenhaus; ***la stanza -a*** das angrenzende Zimmer (*o* das Zimmer nebenan); ***tavolo ~*** Nebentisch *m.* **b** *(confinante)* benachbart, Nachbar-: ***il giardino ~*** der Nachbargarten; ***la nazione -a*** das Nachbarland (*o* das benachbarte Land) **c** *(prossimo)* nah, in der Nähe **3a** FIG. nahe stehend: ***giornale ~ al partito*** der Partei nahe stehende Zeitung **b** FIG. ***essere -i a qcn. (nel dolore)*** mit jdm mit‿fühlen; ***durante la malattia mi è stato molto ~*** während der Krankheit hat er sich sehr um mich gekümmert (*o* hat er mir sehr beigestanden) **c** ***essere ~ ai cinquanta*** nahe an fünfzig sein (*o* fast fünfzig sein *o* auf die fünzig zu‿gehen) **4** *(simile)* ähnlich: ***una tinta -a al verde bottiglia*** eine dem Flaschengrün ähnliche Farbe **II** avv. **1** nah: ***vieni più ~*** komm näher; *(da seduto)* rück näher; ***abitiamo -i*** wir wohnen nah beieinander; ***stammi ~*** bleib nahe (*o* dicht) bei mir **2** *(nelle vicinanze)* in der Nähe: ***qui ~ c'è un buon ristorante*** hier in der Nähe gibt es ein gutes Restaurant; ***abitano qui ~*** sie wohnen hier in der Nähe **III** m. Nachbar *m.* **IV** prep. **~ a 1a** *(stato in luogo)* neben + dat., nah an + dat., dicht an + dat.: ***sei troppo ~ al fuoco*** du bist zu nah (*o* dicht) am Feuer; ***il tavolo è ~ alla finestra*** der Tisch steht neben dem (*o* nah am) Fenster; ***chi è l'uomo ~ a te nella foto?*** wer ist der Mann neben dir auf dem Foto? **b** *(accanto)* nebenan: ***l'appartamento qui ~ è vuoto*** die Wohnung nebenan steht leer **c** *(nelle vicinanze)* in der Nähe von: ***sono nato ~ a Torino*** ich bin in der Nähe von Turin geboren; ***~ al parco*** nah beim Park (*o* in der Nähe des Parks) **d** *(tempo)* ***siamo -i a Pasqua*** es geht auf Ostern zu **2a** *(moto a luogo)* neben + acc.: ***metti l'ombrello ~ alla porta*** stell den Regenschirm neben die Tür **b** *(nelle vicinanze)* in die Nähe von: ***devo andare ~ a Roma*** ich muss in die Nähe von Rom fahren **c** ***essere ~ a perdere la pazienza*** nah daran sein, die Geduld zu verlieren; ***essere ~ a scoprire qcs.*** kurz (*o* knapp) davor stehen, etw. zu entdecken ◆ ***uno ~ all'altro*** nebeneinander; ***andarci ~*** *(a un bersaglio)* knapp daneben‿gehen (*o* knapp daneben‿treffen); *(con una risposta)* nahe dran sein; ***~ di casa*** Nachbar *m.*; ***da ~*** von nahem (*o* aus der Nähe); ***da molto ~*** aus nächster Nähe; ***visto più da ~*** näher betrachtet; ***esserci ~*** kurz davor stehen; ***non si è ancora sposato ma ci è ~*** er hat noch nicht geheiratet, steht aber kurz davor; ***farsi ~*** sich nähern; ***occhiali da ~*** Brille für die Nähe (*o* Lesebrille *f.*); ***Vicino Oriente*** Nahost *m.*; ***un mio ~ parente*** ein naher Verwandter von mir; ***~ di tavola*** Tischnachbar *m.*; ***è molto ~ al vero*** das kommt der Wahrheit sehr nahe; ***vicinissimo*** ganz in der Nähe (*o* ganz nah).

vi|cis|si|tu|di|ne f. spec.pl. Missgeschick *n.*: ***mi raccontò le sue -i*** er erzählte mir seine Missgeschicke; ***le -i della vita*** die Wechselfälle des Lebens.

vi|co|lo m. Gasse *f.*: ***nel ~*** auf der Gasse ◆ ***~ cieco*** Sackgasse *f.* (anche FIG.); ***finire in un ~ cieco*** in eine Sackgasse geraten; ***essere, trovarsi in un ~ cieco*** in der Klemme stecken; ***~ laterale*** Seitengasse *f.*

vi|de|a|ta f. Bildschirminhalt *m.*

vi|de|o I m.inv. **1** Videogerät *n.* **2** *(schermo)* Bildschirm *m.*: ***lavorare a ~*** am Bildschirm arbeiten **3** *(videoterminale)* Videoterminal *m.* e *n.* **4** *(monitor)* Monitor *m.* **5** *(videoclip)* Video *n.*, Videoclip *m.* **II** agg.inv. Video-: ***apparecchiature ~*** Videotechnik *f.*; ***segnale ~*** Videosignal *n.*; ***sistema ~*** Videosystem *n.* ◆ ***testo a ~*** Bildschirmtext *m.*

vi|de|o|a|ma|to|re m. Amateurfilmer *m.* **vi|de|o|ca|me|ra** f. Videokamera *f.*, Kamerarecorder *m.* **vi|de|o|cas|set|ta** f. Videokassette *f.*, Kassette *f.* ◆ ***film su ~*** Videofilm *m.* **vi|de|o|ci|to|fo|no** m. Video(tür)sprechanlage *f.* **vi|de|o|clip** m.inv. Videoclip *m.*, Video *n.* **vi|de|o|con|fe|ren|za** f. Videokonferenz *f.*

vi|de|o|di|pen|den|te I agg. fernsehabhängig **II** m. e f. Fernsehabhängige *m.* e *f.*

vi|de|o|di|sco m. *(-schi)* Bildplatte *f.*, Videoplatte *f.* ◆ ***lettore di -schi*** Bildplattenspieler *m.* **vi|de|o|film** m.inv. Videofilm *m.* **vi|de|o|fre|quen|za** f. Videofrequenz *f.*

vide|o|game [-geim] m.inv., **vi|de|o|gio|co** m. *(-chi)* Videospiel *n.*, Telespiel *n.*

vi|de|o|gra|fi|ca f. Computergrafik *f.*

vi|de|o|le|so I agg. sehgeschädigt **II** m. Sehgeschädigte *m.*

vi|de|o|let|to|re m. Video(kassetten)recorder *m.* **vi|de|o|na|stro** m. Videoband *n.*

vi|de|o|no|leg|gia|to|re m. Videoverleiher *m.* **vi|de|o|no|leg|gio** m. *(-gi)* **1** Videoverleih *m.* **2** *(negozio)* Videothek *f.*

vi|de|o|re|gi|stra|re tr. auf Video auf‿nehmen. **vi|de|o|re|gi|stra|to|re** m. Videorecorder *m.* **vi|de|o|re|gi|stra|zio|ne** f. Videoaufzeichnung *f.*, Bildaufzeichnung *f.*

vi|de|o|ri|pro|dut|to|re m. Videorecorder *m.* **vi|de|o|scrit|tu|ra** f. Textverarbeitung *f.* **vi|de|o|se|gna|le** m. Videosignal *n.* **vi|de|o|si|ste|ma** m. Videosystem *n.*

vide|o|tape ['vɪdoʊteɪp, *üblich* video'teip] m.inv. Videoband *n.*

vi|de|o|te|ca f. *(-che)* Videothek *f.*

vi|de|o|tel m.inv. Bildschirmtext *m.* **vi|de|o|te|le|fo|ni|a** f. Bildtelefonsystem *n.* **vi|de|o|te|le|fo|no** m. Videotelefon *n.*

vi|de|o|ter|mi|na|le m. Videoterminal *m.* e *n.*, Datensichtstation *f.*

vi|de|o|tex m.inv., **vi|de|o|text** m.inv. Videotext *m.*

vi|di|ma|re tr. *(vidimo)* **1** *(con bollo)* mit einem Sichtvermerk versehen **2** *(autenticare)* beglaubigen, vidimieren **3** *(obliterare)* entwerten. **vi|di|ma|zio|ne** f. **1** *(con bollo)* Sichtvermerk *m.* **2** *(autenticazione)* Beglaubigung *f.*, Vidimation *f.* **3** *(obliterazione)* Entwertung *f.*

Vien|na n.pr.f. Wien *n.* ◆ ***il Congresso di ~*** der Wiener Kongress. **vien|ne|se I** agg. Wiener, wienerisch: ***valzer ~*** Wiener Walzer **II** m. e f. Wiener *m.* (-in *f.*).

viep|più avv. noch mehr.

vie|ta|re tr. verbieten, untersagen: ***~ a qcn. di fare qcs.*** jdm verbieten (*o* untersagen), etw. zu tun ◆ ***nulla vieta che...*** nichts spricht dagegen, dass...

vie|ta|to p.pass. agg. **1** → **vietare** **2** verboten: ***severamente ~*** streng verboten; ***~ fumare*** Rauchen verboten; ***~ attraversare i binari*** Überschreiten der Gleise verboten; ***~ ai minori di 18 anni*** für Jugendliche unter 18 verboten; ***~ l'accesso*** Zutritt (*o* Zugang) verboten; ***~ sporgersi*** nicht hinaus‿lehnen ◆ ***multa per sosta -a*** Strafzettel für falsches Parken.

viet|cong I agg.inv. Vietcong- **II** m.inv. Vietcong *m.*

Viet|nam n.pr.m. Vietnam *n.* ◆ ***guerra del ~*** Vietnamkrieg *m.* **viet|na|mi|ta** *(-i,-e)* **I** agg. vietnamesisch **II** m. e f. Vietnamese *m.* (-namesin *f.*).

vie|to agg. veraltet.

vi|gen|te agg. geltend, gültig: ***norme, leggi -i*** gültige Vorschriften, Gesetze. **vi|gen|za** f. Gültigkeit *f.* **vi|ge|re** intr. *(vige, vigono)* gültig, in Kraft sein.

vi|ge|si|mo agg. zwanzigste.

vi|gi|lan|te I agg. **1** *(vigile)* wachsam, aufmerksam **2** ESTENS. Aufsichts-, Überwachungs-: ***organo ~*** Aufsichtsorgan *n.* (*o* Überwachungsorgan *n.*) **II** m. e f. **1** *(guardia)* Wächter *m.* (-in *f.*) **2** *(sorvegliante)* Aufseher *m.* (-in *f.*).

vi|gi|lan|za f. **1** Wachsamkeit *f.* **2** *(sorveglianza)* Aufsicht *f.*, Überwachung *f.*: ***la ~ di un palazzo*** die Überwachung eines Hauses **3** *(attenzione, cura)* Aufmerksamkeit *f.*: ***occorre la massima ~*** höchste Aufmerksamkeit ist geboten ◆ ***addetto alla ~*** Aufsicht Führende *m.*, Aufsicht *f.*; ***essere addetto alla ~*** Aufsicht führend sein; ***~ sulla borsa*** Börsenaufsicht *f.*; ***commissione di ~*** Aufsichtskommission *f.*; ***servizio di ~ notturna*** Nachtwächter *pl.*; ***servizio di ~*** Überwachungsdienst *m.*; ***~ speciale*** verschärfte Überwachung *f.*

vi|gi|la|re intr. *(vigilo*; aus. *avere)* **1** wachsam sein **2** *(sorvegliare, curare)* überwachen, beaufsichtigen: ***~ su qcn.*** über jdn wachen; ***~ su qcs.*** etw. überwachen (*o* beaufsichtigen).

vi|gi|la|to p.pass. → **vigilare** ◆ ***libertà -a*** Freiheit *f.* unter Polizeiaufsicht; ***~ speciale*** unter Polizeiaufsicht stehende Person.

vi|gi|la|tri|ce f. **1** (weibliche) Aufsichtsperson *f.* **2** *(di scuola materna)* Kinderpflegerin *f.*; *(in colonie)* Betreuerin *f.*

vi|gi|le I agg. wachsam: ***sguardo ~*** wachsamer Blick **II** m. **1** *(vigile urbano)* (städtischer) Polizist *m.* **2** *(vigile del fuoco)* Feuerwehrmann *m.* ◆ ***(corpo dei) -i del fuoco*** Feuerwehr *f.*; ***comandante dei -i del fuoco*** Feuerwehrhauptmann *m.*; ***caserma dei -i del fuoco*** Feuerwache *f.*; ***sotto l'occhio ~ di qcn.*** unter jds wachsamen Blick.

vi|gi|les|sa f. (städtische) Polizistin *f.*

vi|gi|lia f. **1a** *(sera)* Vorabend *m.* **b** *(giorno)* Vortag *m.*: ***alla ~ dell'esame*** am Vortag der Prüfung **2** ESTENS. Vorabend *m.*: ***alla ~ della guerra*** am Vorabend des Kriegs ◆ ***~ di Natale*** Heiligabend *m.*, Weihnachtsabend *m.*

vi|gliac|ca|men|te avv. feig. **vi|gliac|ca|ta** f. Gemeinheit *f.*, Schurkerei *f.* **vi|gliac|che|ri|a** f. **1** Feigheit *f.* **2** *(vigliaccata)* Gemeinheit *f.* **vi|gliac|co I** agg. *(-chi,-che)* feig **II** m. *(-chi)* **1** Feigling *m.* **2** *(chi se la prende con i più deboli)* Schwächling *m.*

vi|gna f. **1** *(vigneto)* Weinberg *m.*; *(in pianura)* Weingarten *m.* **2** *(viti)* Weinreben *pl.*, Reben *pl.*, Weinstöcke *pl.*, Rebstöcke *pl.*; ***coltivare un terreno a ~*** auf einem Stück Land Wein an‿bauen ◆ ***coltivazione di -e*** Weinanbau *m.* **vi|gna|io|lo** m. Winzer *m.*, Weingärtner *m.*, Weinbauer *m.* **vi|gne|to** m. Weinberg *m.*; *(in pianura)* Weingarten *m.* ◆ ***zona di -i*** Weingegend *f.*, Weinbaugebiet *n.*

vi|gnet|ta f. **1** Karikatur *f.* **2** *(incisione ornamentale)* Vignette *f.* **3** *(parte stampata di francobollo)* Briefmarkenbild *n.* **vi|gnet|ti|sta** m. e f. *(-i,-e)* Karikaturist *m.* (-in *f.*), Karikaturenzeichner *m.* (-in *f.*).

vi|go|gna f. **1** ZOOL. Vikunja *n.* **2a** *(lana)* Vikunjawolle *f.* **b** *(tessuto)* Vigogne *f.*, Vigognewolle *f.*

vi|go|re m. **1** Kraft *f.*, Energie *f.*: ***il ~ della gioventù*** die Energie der Jugend; ***un fisico nel suo pieno ~*** ein Körper auf dem Höhepunkt seiner Leistungsfähigkeit; ***perdere, riprendere ~*** an Kraft verlieren, wieder zu Kräften kommen; ***essere nel pieno ~ degli anni*** im besten Mannesalter (*o* in seinen besten Jahren) sein **2** FIG. Kraft *f.*, Stärke *f.*, Nachdruck *m.*: ***il ~ dello stile*** die Kraft des Stils; ***pensieri pieni di ~*** kraftvolle Gedanken; ***il ~ della sua poesia*** die Kraft seiner Lyrik; ***protestare con ~*** mit Nachdruck protestieren **3** AMM. Kraft *f.*, Gültigkeit *f.*: ***essere, non essere più in ~*** in, außer Kraft sein; ***entrare, andare in ~ da...*** ab... in Kraft treten; ***rimettere in ~*** wieder in Kraft setzen ◆ ***entrata in ~*** Inkrafttreten *n.*; ***in ~*** geltend (*o* gültig): ***la legge in ~*** das geltende Gesetz; ***in ~ dal...*** ab... gültig.

vi|go|ri|a f. → **vigore.**

vi|go|ro|sa|men|te avv. kräftig, kraftvoll. **vi|go|ro|si|tà** f. Kräftigkeit *f.* **vi|go|ro|so** agg. kräftig, kraftvoll.

vi|le I agg. **1** *(codardo)* feig(e): ***un comportamento ~*** ein feiges Benehmen **2** *(spregevole)* niederträchtig, gemein: ***un ~ traditore*** ein gemeiner Verräter; ***una ~ azione*** eine niederträchtige (*o* gemeine) Tat; ***agire in modo*** ~ niederträchtig (*o* gemein) handeln **3** LETT. *(privo di valore)* billig: ***oggetti -i*** billige Gegenstände; ***metallo ~*** billiges Metall; ***comprare qcs. per una ~ cifra*** etw. für eine lächerlich kleine Summe kaufen **4** ESTENS. *(umile)* niedrig: ***di -i origini*** von niedriger Herkunft **II** m. e f. **1** *(codardo)* Feigling *m.* **2** *(persona spregevole)* niederträchtiger Mensch *m.*, Schurke *m.*; ***comportarsi da ~*** sich niederträchtig (*o* schurkisch) benehmen ◆ ***per il ~ denaro*** um des schnöden Geldes willen; ***metalli -i*** unedle Metalle.

Vil|fre|do n.pr.m. Wilfried *m.*

vi|li|pen|de|re tr. *(vilipesi; vilipeso)* verunglimpfen. **vi|li|pen|dio** m. *(-di)* Verunglimpfung *f.* ◆ ***~ alla nazione*** Staatsverleumdung *f.*

vil|la f. **1a** STOR. Villa *f.* **b** ESTENS. Villa *f.*, herrschaftliches Haus *n.* **2** REGION. *(parco pubblico)* öffentlicher Park *m.* ◆ ***~ di campagna*** Landhaus *n.*; ***~ comunale*** Stadtpark *m.*

Vil|la|co n.pr.f. Villach *n.*

vil|lag|gio m. *(-gi)* **1** Dorf *n.* **2** *(complesso edilizio)* Siedlung *f.*, Dorf *n.* ◆ ***abitante di ~*** Dorfbewohner *m.*; ***~ alpino*** Alpendorf *n.*; ***comunità del ~*** Dorfgemeinschaft *f.*; ***~ di contadini*** Bauerndorf *n.*; ***~ globale*** global village *n.*, globales Dorf; ***~ di montagna, montano*** Bergdorf *m.*, Gebirgsdorf *n.*; ***~ olimpico*** Olympiadorf *n.*; ***~ di pescatori*** Fischerdorf *n.*; ***~ residenziale*** Wohnsiedlung *f.*; ***scemo del ~*** Dorftrottel *m.*; ***~ turistico, vacanze*** Feriendorf *n.*; ***~ vicino*** Nachbardorf *n.*

vil|la|na|ta f. Grobheit *f.*, SPREG. Flegelhaftigkeit *f.*, Rüpelhaftigkeit *f.*

vil|la|neg|gia|re → **svillaneggiare.**

vil|la|nel|la f. **1** LETT. Bauernmädchen *n.* **2** MUS. Villanell *n.*, Villanella *f.*, Villanelle *f.* **vil|la|nel|lo** m. LETT. Bauernbursche *m.*

vil|la|ne|sco agg. *(-schi,-sche)* grob, flegelhaft, rüpelhaft. **vil|la|ni|a** f. **1** *(scortesia)* Ungezogenheit *f.*, Flegelei *f.*, Lümmelei *f.*, Rüpelei *f.*; ***è di un'incredibile ~*** er ist unglaublich ungezogen **2** *(atto, detto offensivo)* Grobheit *f.*, Flegelhaftigkeit *f.*, Rüpelhaftigkeit *f.*; ***fare una ~ a qcn.*** sich jdm gegenüber flegelhaft benehmen. **vil|la|no I** agg. **1** LETT. *(da contadino)* bäurisch **2** SPREG. grob, flegelhaft, lümmelhaft, rüpelhaft **II** m. **1** LETT. *(contadino)* Bauer *m.* **2** SPREG. Flegel *m.*, Lümmel *m.*, Rüpel *m.*: ***che ~!*** so ein Flegel!

vil|la|no|via|no agg. Villanova-: ***civiltà -a*** Villanovakultur *f.*

vil|lan|zo|ne m. Grobian *m.*

vil|leg|gian|te m. e f. Feriengast *m.*, Urlauber *m.* (-in *f.*). **vil|leg|gia|re** intr. *(villeggio, villeggi;* aus. *avere)* seinen Urlaub verbringen. **vil|leg|gia|tu|ra** f. Sommerfrische *f.*, Ferien *pl.*: ***andare in ~*** in Urlaub (*o* in die Sommerfrische) fahren ◆ ***località, luogo di ~*** Ferienort *m.* (*o* Urlaubsort *m.*); ***meta della ~*** Ferienziel *n.*

vil|le|rec|cio agg. *(-ci,-ce)* LETT. ländlich.

vil|let|ta f. **1** STOR. kleine Villa *f.* **2** *(moderna)* (kleines) Haus *n.* (mit Garten): ***~ bifamiliare, unifamiliare*** Zweifamilien-, Einfamilienhaus *n.*; ***~ a schiera*** Reihenhaus *n.*

vil|li|co m. *(-ci)* **1** Landbewohner *m.* **2** SCHERZ. Dörfler *m.*

vil|li|no m. **1** STOR. kleine Villa *f.* **2** *(piccola casa)* Einzelhaus *n.*

vil|lo m. Zotte *f.* ◆ ***-i coriali*** Chorionzotten *pl.*; ***-i intestinali*** Darmzotten *pl.*

vil|lo|si|tà f. Behaarung *f.* **vil|lo|so** agg. **1** stark behaart, (dicht) behaart, haarig: ***un petto ~*** eine behaarte Brust **2** ANAT. BOT. zottig, zottenreich.

vil|men|te avv. niederträchtig, gemein.

Vil|na, Vil|nus n.pr.f. Wilna *n.*, Vilnius *n.*

vil|tà f.inv. **1** *(codardia)* Feigheit *f.*; ***atto di ~*** feige Tat **2** *(bassezza; azione spregevole)* Niedertracht *f.*, Niederträchtigkeit *f.*, Gemeinheit *f.*: ***commettere una ~*** eine Niedertracht begehen; ***dire qcs. per ~*** etw. aus Niedertracht (*o* Gemeinheit) sagen.

vi|luc|chio m. *(-chi)* Ackerwinde *f.*

vi|lup|po m. **1** Gewirr *n.*: ***un ~ di fili, di stradine*** ein Gewirr von Fäden, engen Gassen **2** ESTENS. *(groviglio, confusione)* Wirrwarr *m.*, Durcheinander *n.* (anche FIG.): ***un ~ d'idee*** ein Wirrwarr von Ideen.

Vi|mi|na|le m. POL. = italienisches Innenministerium.

vi|mi|ne m. Weidenrute *f.*, Weidengerte *f.*, Weide *f.* ◆ ***cesto, poltrona, sedia di, in -i*** Weidenkorb *m.*, -sessel *m.*, -stuhl *m.*

vi|nac|cia f. *(-ce)* Trester *m.* ◆ ***acquavite di ~*** Tresterschnaps *m.*

vi|na|io m. *(-ai)* Weinhändler *m.*

vi|na|rio agg. *(-ri,-rie)* Wein-: ***otre ~*** Weinschlauch *m.*

vin bru|lé [vɛ̃ bry'le, *üblich* vim bru'le] m.inv. Glühwein *m.*

vin|ca|stro m. Weidenrute *f.*, Weidengerte *f.*

vin|cen|te I agg. **1** siegreich, sieghaft: ***tornare ~ dalla battaglia*** siegreich aus der Schlacht zurück‿kehren **2** *(che fa vincere)* Gewinn-, Sieges-: ***biglietto, numero ~*** Gewinnlos *n.*, Gewinnnummer *f.*; ***colpo ~*** Siegestreffer *m.* **II** m. e f. Gewinner *m.*, Sieger *m.*, COLLOQ. Siegertyp *m.*: ***essere un ~*** ein Siegertyp sein ◆ ***cavallo ~*** Favorit *m.* (anche FIG.); ***mossa ~*** erfolgreicher Zug (anche FIG.); ***squadra ~*** Siegermannschaft *f.*, siegreiche Mannschaft.

vin|cen|zi|na f. RELIG. Vinzentinerin *f.*

Vin|cen|zo n.pr.m. Vinzenz *m.*

vin|ce|re *(vinco, vinci; vinsi; vinto)* **I** tr. **1** *(sconfiggere)* besiegen, schlagen: ***~ il nemico in battaglia*** den Feind in der Schlacht besiegen (*o* schlagen); ***~ la concorrenza*** die Konkurrenz (aus dem Feld) schlagen (*o* besiegen) **2a** *(concludere vittoriosamente)* gewinnen: ***~ la guerra, una gara, un processo, le elezioni*** den Krieg, einen Wettkampf, einen Prozess, die Wahlen gewinnen **b** *(ottenere)* ***~ il primo premio*** den ersten Preis gewinnen **3a** FIG. *(superare, dominare)* überwinden, besiegen: ***~ la stanchezza*** die Müdigkeit überwinden (*o* besiegen); ***~ le difficoltà*** die Schwierigkeiten überwinden; ***~ le resistenze di qcn.*** jds Widerstand überwinden (*o* brechen); ***~ la timidezza*** seine Schüchternheit besiegen (*o* überwinden) **b** *(reprimere)* unterdrücken: ***~ la collera*** die Wut unterdrücken **4a** *(sopraffare)* überwältigen: ***fu vinto dal sonno*** er wurde vom Schlaf überwältigt **b** ***lasciarsi ~ dallo sconforto*** sich entmutigen lassen; ***lasciarsi ~ dalle tentazioni*** den Versuchungen erliegen **5** *(essere superiore)* übertreffen: ***~ qcn. in qcs.*** jdn an etw. (D) übertreffen **6** *(convincere)* sich gewinnen lassen: ***lasciarsi ~ dai modi di qcn.*** sich von jds Art gewinnen lassen **II** intr. (aus. *avere*) **1a** gewinnen: ***~ a carte*** beim Kartenspielen gewinnen; ***~ (per) due a zero*** zwei zu null gewinnen; ***~ di larga, stretta misura*** hoch, knapp gewinnen; ***~ ai punti, ai rigori*** nach Punkten, durch Elfmeterschießen gewinnen; ***~ con l'inganno*** durch Betrug gewinnen; ***vinca il migliore!*** der Beste möge gewinnen! **b** ***~ su qcn.*** über jdn siegen (*o* jdn besiegen) **2** *(prevalere)* sich durch‿setzen: ***la maggioranza vince*** die Mehrheit setzt sich durch **III** pronom. **vincersi** sich überwinden, sich beherrschen ◆ ***giocare per ~*** auf Sieg spielen; ***sicuro di ~*** siegessicher; ***~ un terno al lotto*** einen Sechser im Lotto haben; FIG. das große Los ziehen; ***vincerla (su qcn.)*** sich (gegen jdn) durch‿setzen; PROV. ***l'importante non è ~, ma partecipare*** = teilnehmen ist wichtiger als siegen; ***chi la dura, la vince*** Beharrlichkeit führt zum Ziel.

vin|ci|ta f. Gewinn *m.* ◆ ***~ complessiva*** Gesamtgewinn *m.*; ***~ al gioco*** Spielgewinn *m.*; ***~ al lotto*** Lottogewinn *m.*; ***~ al totocalcio*** Totogewinn *m.*

vin|ci|to|re I agg. siegreich, Sieger-: ***truppe -trici*** siegreiche Truppen **II** m. **1** Sieger *m.* (anche SPORT): ***proclamare qcn. ~*** jdn zum Sieger erklären; ***risultare, riuscire ~ di qcs.*** als Sieger aus etw. hervor‿gehen **2** GIOC. Gewinner *m.* ◆ ***~ assoluto*** Gesamtsieger *m.*; ***~ della coppa*** Pokalsieger *m.*; ***~ di una medaglia*** Medaillengewinner *m.*; ***~ del premio Nobel*** Nobelpreisträger *m.*; ***podio dei -i*** Siegerpodest *n.*; ***potenza -trice*** Siegermacht *f.*; ***~ di un premio*** Preisträger *m.*; ***~ del primo premio*** Hauptgewinner *m.*; ***squadra -trice*** Siegermannschaft *f.*

vin|ci|tri|ce f. Siegerin *f.*, Gewinnerin *f.*

vin|co m. *(-chi)* Korbweide *f.*

vin|co|lan|te agg. verbindlich, bindend, rechtsverbindlich: ***un giuramento ~*** ein verbindlicher (*o* bindender) Eid; ***offerta ~*** verbindliches Angebot; ***questa norma non ha carattere ~*** diese Norm hat keine Verbindlichkeit ◆ ***giuridicamente ~*** rechtsverbindlich; ***non ~*** unverbindlich.

vin|co|la|re tr. *(vincolo)* **1** *(limitare, impacciare)* ein‿engen **2** FIG. *(obbligare)* binden; *(di giuramento, voto ecc.)* verpflichten: ***~ qcn. con un giuramento*** jdn durch einen Eid verpflichten; ***~ qcn. con una promessa*** jdn durch ein Versprechen, Gelübde binden **3** BANC. fest‿legen.

vin|co|la|ti|vo agg. bindend.

vin|co|la|to p.pass. agg. **1** → **vincolare 2a** gebunden (anche MECC.): ***~ da una promessa*** durch ein Versprechen gebunden; ***non essere ~ ad alcun schema*** an kein Schema gebunden sein **b** *(di giuramento, voto ecc.)* verpflichtet **3** BANC. Fest-, Sperr-, fest angelegt ◆ ***conto ~*** Sperrkonto *n.*; ***~ per contratto*** vertragsgebunden; ***deposito ~*** Sperrguthaben *n.*, Festgeld *n.*; ***importo ~*** Sperrbetrag *m.*; ***prezzo ~*** gebundener Preis; ***a prezzo ~*** preisgebunden.

vin|co|li|sti|co agg. *(-ci,-che)* Zwangs-: ***regime ~*** Zwangswirtschaft *f.*

vin|co|lo m. Bindung *f.*, Band *n.*; ***avere un ~ di gratitudine*** zu Dank verpflichtet sein ◆ ***-i amorosi*** Liebesbande *pl.*; ***-i familiari*** Familienbande *pl.*; ***~ giuridico*** Rechtsverbindlichkeit *f.*; ***~ ipotecario*** Hypothekenlast *f.*, hypothekarische Belastung; ***il sacro ~ del matrimonio*** das heilige Band der Ehe; ***-i di sangue*** Blutsbande *pl.*

vin|di|ce I agg. LETT. rächend **II** m. LETT. Rächer *m.* ◆ ***farsi ~ di qcs.*** etw. rächen.

vi|nel|lo m. süffiger Wein *m.*

vi|ni|co|lo agg. Wein- ◆ ***consorzio ~, cooperativa -a*** Winzergenossenschaft *f.*; *produzione* -*a* Weinherstellung *f.*; *regione* -*a* Weingebiet *n.*

vi|ni|fi|ca|re *(vinifico, vinifichi)* **I** intr. (aus. *avere*) Wein her‿stellen **II** tr. zu Wein machen. **vi|ni|fi|ca|to|re** m. Winzer *m.* **vi|ni|fi|ca|zio|ne** f. Weinherstellung *f.*

vi|ni|le m. Vinyl *n.* **vi|ni|li|co** agg. *(-ci,-che)* Vinyl-: *gruppo* ~ Vinylgruppe *f.*

vi|no m. Wein *m.*: *un ~ leggero, pesante, dolce, secco, amabile, aspro* ein leichter, schwerer, süßer, trockener, lieblicher, herber Wein; *~ genuino, tagliato* reiner, verschnittener Wein; *~ bianco, rosso* Weiß-, Rotwein *m.*; *una bottiglia di, da ~* eine Flasche Wein, eine Weinflasche; *un bicchiere di, da ~* ein Glas Wein, ein Weinglas; *fare, degustare, adulterare, tagliare il ~* Wein keltern, probieren, panschen, verschneiden; *~ da pesce, da arrosto* zu Fisch, Braten passender Wein; *il ~ gli dà alla testa* der Wein steigt ihm zu Kopf ◆ *aceto di ~* Weinessig *m.*; *~ d'annata* Jahrgangswein *m.*; *~ battezzato* = verwässerter Wein; *bevitore di ~* Weintrinker *m.*; *~ in botti* Fasswein *m.*; *~ in bottiglia* Flaschenwein *m.*; *carta dei -i* Weinkarte *f.*; *~ consacrato* Abendmahlswein *m.*; *~ da dessert* Dessertwein *m.*; *~ dolce* Süßwein *m.*; *~ frizzante* spritziger Wein, Perlwein *m.*; *~ alla frutta* Obstwein *m.*, Fruchtwein *m.*; *intenditore di ~* Weinkenner *m.*; *~ locale* Landwein *m.*; *~ da messa* Messwein *m.*; *negozio di -i* Weinhandlung *f.*; *~ novello* neuer Wein; *dire pane al pane e ~ al ~* das Kind beim rechten Namen nennen; *~ da pasto* Tafelwein *m.*; *produttore di ~* Weinproduzent *m.*; *paesi produttori di ~* Weinländer *pl.*; *~ di qualità* Qualitätswein *m.*; *~ rosato, rosé* Rosé *m.*, Roséwein *m.*; *buon ~ fa buon sangue* guter Wein macht gutes Blut; *vin santo* Messwein *m.*; *(nel gusto) sapere di ~* weinig (*o* nach Wein) schmecken; *~ selezionato* Auslese *f.*; *~ sfuso* offener Wein; ALCH. *spirito di ~* Weingeist *m.*; *~ spumante* Schaumwein *m.*; *~ da tavola* Tafelwein *m.*, Tischwein *m.*; PROV. *in ~ veritas* im Wein ist (*o* liegt) Wahrheit. **vi|no|so** agg. **1** Wein-: *fermentazione -a* Weingärung *f.* **2** *(simile al vino)* weinig.

vin|san|to m. INTRAD. (süßer Weißwein).

vin|to I p.pass. agg. **1** → **vincere** **2** *(sconfitto)* besiegt: *dichiararsi ~* sich für besiegt erklären **3** *(conquistato)* gewonnen **4** FIG. *(sopraffatto)* überwältigt: *~ dalla stanchezza* von Müdigkeit überwältigt (*o* übermannt) **II** m. Besiegte *m.* ◆ *averla -a* sich durch‿setzen; *averle tutte -e* stets seinen Willen durch‿setzen; *darle tutte -e a qcn.* jdm alles durchgehen lassen; *darsi per ~* sich geschlagen geben (*o* das Spiel verloren geben); *non si dà mai per ~* er gibt sich nie geschlagen; FIG. *dare partita -a a qcn.* jdm gegenüber nach‿geben; *avere partita -a con qcn.* bei jdm gewonnenes Spiel haben; *volerla sempre -a* stets seinen Willen (*o* Kopf) durchsetzen wollen.

1.vio|la I f. BOT. Veilchen *n.*, Viola *f.* **II** m.inv. Violett *n.*, Veilchenblau *n.* **III** agg. violett, veilchenblau ◆ *~ inodora* Hundsveilchen *n.*; *~ mammola* Märzveilchen *n.*; *~ matronale, notturna* Nachtviole *f.*; *~ del pensiero* Stiefmütterchen *n.*

2.vio|la f. MUS. Bratsche *f.*, Viola *f.* ◆ *~ d'amore* Viola d'amore *f.*; *~ da braccio* Bratsche *f.* (*o* Viola da braccio *f.*); *~ da gamba* Gambe *f.*, Viola da gamba *f.*; *suonatore di ~* Bratschist *m.*, Bratscher *m.*

vio|lac|cioc|ca, vio|la|cioc|ca f. *(-che)* Levkoje *f.*

vio|la|ce|o agg. violett, veilchenblau.

vio|la|re tr. *(violo)* **1** *(trasgredire)* *~ qcs.* etw. verletzen; gegen etw. verstoßen; etw. brechen: *~ la legge, un tabù* das Gesetz verletzen, gegen ein Tabu verstoßen; *~ il segreto professionale* das Berufsgeheimnis verletzen; *~ un segreto* ein Geheimnis enthüllen; *~ un contratto, un giuramento* einen Vertrag, einen Eid brechen **2** *(invadere illegalmente)* verletzen: *~ lo spazio aereo* den Luftraum verletzen **3** *(profanare)* entweihen, schänden: *~ una chiesa, una tomba* eine Kirche entweihen, ein Grab schänden; *~ una donna* eine Frau schänden (*o* vergewaltigen).

vio|la|zio|ne f. **1** *(trasgressione)* Verletzung *f.*, Bruch *m.* **2** *(profanazione)* Schändung *f.* ◆ *~ dei confini* Grenzverletzung *f.*; *~ di contratto* Vertragsverletzung *f.*; *~ della costituzione* Verfassungsbruch *m.*; *~ dei diritti umani* Menschenrechtsverletzung *f.*; *~ del diritto* Rechtsbruch *m.*; *~ di domicilio* Hausfriedensbruch *m.*; *~ di un giuramento* Eidbruch *m.*; *~ della neutralità* Neutralitätsbruch *m.*, Neutralitätsverletzung *f.*; *~ della pace* Friedensbruch *m.*; *~ dei sigilli* Siegelbruch *m.*; *~ di una tomba* Grabschändung *f.*

vio|len|ta|re tr. vergewaltigen (anche FIG.). **vio|len|ta|to|re** m. Vergewaltiger *m.*

vio|len|te|men|te avv. **1** gewaltsam: *aprire la porta ~* die Tür gewaltsam öffnen **2** FIG. *(furiosamente)* heftig.

vio|len|to I agg. **1a** *(di cosa)* gewaltsam: *metodi -i* gewaltsame Methoden; *morte -a* gewaltsamer Tod **b** *(di persona)* gewalttätig **2a** FIG. *(furioso)* heftig: *un ~ temporale* ein heftiges Gewitter; *una lite -a* ein heftiger Streit **b** *(di luce intensa)* grell **II** m. gewalttätiger Mensch *m.* ◆ *non ~* gewaltlos; SPORT *tiro ~* Gewaltschuss *m.*

vio|len|za f. **1** Gewalt *f.*: *ricorrere alla ~* Gewalt an‿wenden; *~ fisica, morale* körperliche, moralische Gewalt **2** FIG. *(furia, impeto)* Gewalt *f.*, Heftigkeit *f.*: *la ~ di un temporale* die Gewalt (*o* Heftigkeit) eines Gewitters; *reagire con ~* heftig reagieren ◆ *atto di ~* Gewaltakt *m.*; *~ carnale* Vergewaltigung *f.*, Notzucht *f.*; *fare ~ a qcn.* jdm Gewalt an‿tun; *(violentare)* jdn vergewaltigen; *non ~* Gewaltlosigkeit *f.*; *~ privata* Nötigung *f.*; *usare ~ a, nei confronti di qcn.* jdm Gewalt an‿tun; *(violentare)* jdn vergewaltigen (anche FIG.).

vio|let|ta f. **1** Märzveilchen *n.* **2** *(profumo)* Veilchenduft *m.* ◆ *~ africana* Usambaraveilchen *n.*; *mazzo di -e* Veilchenstrauß *m.*

vio|let|to I m. Violett *n.*, Veilchenblau *n.* **II** agg. violett, veilchenblau.

vio|li|ni|sta m. e f. *(-i,-e)* Geiger *m.* (-in *f.*), Violinist *m.* (-in *f.*).

vio|li|ni|sti|co agg. *(-ci,-che)* Violin-: *concerto ~* Violinkonzert *n.*

vio|li|no m. **1** Geige *f.*, Violine *f.*: *suonare il ~* Geige spielen; *esercitarsi al ~* Geige üben **2** ESTENS. *(suonatore)* Geige *f.*: *essere il primo ~* die erste Geige spielen ◆ *archetto di ~* Geigenbogen *m.*; *chiave di ~* Violinschlüssel *m.*; *concerto per ~ (e orchestra)* Violinkonzert *n.*; *corda di ~* Geigensaite *f.*; FIG. *essere teso come una corda di ~* zum Zerreißen gespannt sein; *custodia del ~* Geigenkasten *m.*; *manico di ~* Geigenhals *m.*; *pirolo del ~* Geigenwirbel *m.*; *ponticello del ~* Geigensteg *m.*; *primo ~* Primgeiger *m.* (*o* erste Geige); *sonata per ~* Violinsonate *f.*

vio|li|sta m. e f. *(-i,-e)* Bratscher *m.* (-in *f.*), Bratschist *m.* (-in *f.*).

vio|lon|cel|li|sta m. e f. *(-i,-e)* Cellist *m.* (-in *f.*), Violoncellist *m.* (-in *f.*). **vio|lon|cel|lo** m. **1** Cello *n.*, Violoncello *n.* **2** ESTENS. *(suonatore)* Cellist *m.*, Violoncellist *m.*

vio|lo|ne m. Violone *m.*

viot|to|lo m. Weg *m.*, Pfad *m.*: *~ di campagna, di montagna* Feldweg *m.*, Bergpfad *m.*

vip I m. e f.inv. VIP *m.* **II** agg.inv. VIP-: *sala ~* VIP-Lounge *f.*

vi|pe|ra f. **1** Otter *f.*, Viper *f.* **2** FIG. Schlange *f.*, Natter *f.* ◆ *~ cornuta* Hornviper *f.*; *covo di -e* Schlangennest *n.*; FIG. Natterngezücht *n.*, Natternbrut *f.*; *~ del deserto* Puffotter *f.*; FIG. *lingua di ~* Lästerzunge *f.*

vi|pe|ra|io m. *(-ai)* Vipernnest *n.*

vi|pe|ri|no agg. **1** Vipern-: *veleno ~* Viperngift *n.* **2** FIG. *(perfido)* giftig: *sguardo ~* giftiger Blick; *lingua -a* böse Zunge.

Vi|pi|te|no n.pr.f. Sterzing *n.*

vi|rag|gio m. *(-gi)* **1** MAR. AER. Wendung *f.* **2** FOT. OTT. Tonung *f.*

vi|ra|go m. *(-gini)* LETT. Virago *f.*, Mannweib *n.*

vi|ra|le agg. Virus-: *malattia, infezione ~* Viruserkrankung *f.*, Virusinfektion *f.*; *epatite, influenza ~* Virushepatitis *f.*, Virusgrippe *f.*

vi|ra|re intr. (aus. *avere*) **1** AER. MAR. ab‿drehen **2** *(nel nuoto)* wenden **3** FOT. OTT. tonen **4** FIG. den Kurs ändern ◆ *~ di poppa* halsen; *~ di prora* wenden. **vi|ra|ta** f. **1** AER. MAR. Abdrehen *n.*, Wenden *n.* **2** *(nel nuoto)* Wende *f.* **3** FIG. *(inversione)* Kursänderung *f.* ◆ *~ di poppa* Halse *f.*; *~ di prora* Wende *f.*

vir|gi|lia|no agg. vergilsch: *la poesia -a* die vergilsche Dichtung.

Vir|gi|lio n.pr.m. Vergil *m.*, Vergilius *m.*

vir|gi|na|le → **verginale**. **vir|gi|ne|o** agg. LETT. jungfräulich.

vir|gi|nia f. **1** *(tabacco)* Virginiatabak *m.* **2** *(sigaro)* Virginia *f.*, Virginiazigarre *f.*

vir|go|la f. Komma *n.* (anche MAT.); AUSTR. Beistrich *m.*: *mettere, aggiungere una ~* ein Komma setzen, hinzu‿fügen; *calcolare qcs. fino a due cifre dopo la ~* etw. bis auf zwei Stellen hinter dem Komma aus‿rechnen ◆ *bacillo ~* Kommabazillus *m.*; INFORM. *~ mobile* Gleitkomma *n.*; FIG. *non cambiare, spostare nemmeno una ~ in qcs.* rein gar nichts verändern, nicht ein Tüpfelchen an etw. (D) ändern; *punto e ~* Semikolon *n.* (*o* Strichpunkt *m.*); *fino all'ultima ~* bis aufs Letzte.

vir|go|let|ta f. spec.pl. Anführungszeichen *n.*: *mettere una parola tra -e* ein Wort in Anführungszeichen setzen; *-e aperte, chiuse* Anführungszeichen unten, oben ◆ FIG. *tra -e* so genannt; *(per così dire)* sozusagen; *l'ho letto in un giornale tra -e serio* ich habe es in einer sozusagen seriösen Zeitung gelesen; *questo eroe tra -e* dieser so genannte Held. **vir|go|let|ta|re** tr. in Anführungszeichen setzen.

vir|gul|to m. LETT. **1** BOT. Schössling *m.*, Spross *m.* **2** FIG. *(rampollo)* Spross *m.*, Sprössling *f.*

vi|ri|le agg. **1** *(mascolino)* männlich, viril, Mannes-: *membro ~* männliches Glied **2** FIG. *(coraggioso, risoluto)* mannhaft ◆ *età ~* Mannesalter *n.*; *forza ~* Manneskraft *f.* (*o* männliche Kraft); *poco ~* unmännlich; *voce ~* Männerstimme *f.* **vi|ri|li|smo** m. Virilismus *m.* **vi|ri|li|tà** f. **1** *(mascolinità)* Männlichkeit *f.*; MED. Virilität *f.* **2** FIG. *(coraggio, risolutezza)* Mannhaftigkeit *f.* **vi|ril|men|te** avv. **1** männlich, viril **2** FIG. *(coraggiosamente)* mannhaft.

vi|ro|lo|gi|a f. Virologie *f.* **vi|ro|lo|gi|co** agg. *(-ci,-che)* virologisch. **vi|ro|lo|go** m. *(-gi)* Virologe *m.* **vi|ro|si** f. Virose *f.*, Viruserkrankung *f.*, Viruskrankheit *f.*

vir|tù f.inv. **1** Tugend *f.*: ***praticare la ~*** Tugend üben; ***seguire la via della ~*** auf dem Pfad der Tugend wandeln; ***~ cristiane, femminili*** christliche, weibliche Tugenden; ***essere un esempio di ~*** ein Muster an Tugend sein; ESTENS. ***la ~ della pazienza*** die Tugend der Geduld **2** *(efficacia, potere)* Wirkungskraft *f.*, Kraft *f.* ◆ ***campione di ~*** Tugendheld *m.*; ***~ cardinale*** Kardinaltugend *f.*; ***in ~ di qcs.*** kraft etw. (G): ***in ~ dei poteri conferitimi, della legge*** kraft meines Amts, des Gesetzes; ***~ magica*** Zauberkraft *f.*; IRON. ***modello di ~*** Ausbund *m.* von, an Tugend; ***~ teologali*** theologische Tugenden; ***~ terapeutica*** Heilkraft *f.*; ***avere vizi e ~*** Stärken und Schwächen haben; PROV. ***fare di necessità ~*** aus der Not eine Tugend machen.

vir|tua|le agg. **1** potenziell, möglich: ***capacità ~*** potenzielle Fähigkeit **2** FIS. virtuell: ***immagine ~*** virtuelles Bild; ***realtà ~*** virtuelle Realität. **vir|tua|li|tà** f. Virtualität *f.*, Möglichkeit *f.* **vir|tual|men|te** avv. virtuell, potenziell.

vir|tuo|sa|men|te avv. tugendhaft. **vir|tuo|si|smo** m. Virtuosität *f.*, Virtuosentum *n.* **vir|tuo|si|sti|co** agg. *(-ci,-che)* virtuos.

vir|tuo|so **I** agg. **1** tugendhaft, tugendreich **2** ART. SPORT virtuos **II** m. Virtuose *m.* ◆ ***un ~ del pallone*** ein Ballvirtuose; ***un ~ del violino*** ein Geigenvirtuose.

vi|ru|len|to agg. **1** BIOL. MED. virulent, ansteckend **2** FIG. *(aggressivo)* bissig, boshaft: ***satira -a*** bissige Satire. **vi|ru|len|za** f. **1** BIOL. MED. Virulenz *f.* **2** FIG. *(aggessività)* Bissigkeit *f.*, Boshaftigkeit *f.*: ***~ di linguaggio*** Bissigkeit des Sprachstils.

vi|rus m.inv. Virus *n.* e *m.* (anche INFORM.): ***scoprire un ~*** ein Virus entdecken ◆ ***~ dell'influenza*** Grippevirus *n.*; ***~ del vaiolo*** Pockenvirus *n.*

vi|sa|gi|smo m. Gesichtskosmetik *f.* **vi|sa|gi|sta** m. e f. *(-i,-e)* Visagist *m.* (-in *f.*), Kosmetiker *m.* (-in *f.*).

vis-à-vis [viz a 'vi] **I** avv. vis-à-vis, gegenüber: ***trovarsi ~ con qcn.*** vis-à-vis jdm gegenüber_stehen **II** m. Visavis *n.*

vi|sce|ra|le agg. **1** Eingeweide-, viszeral **2** FIG. leidenschaftlich, innig, tief: ***amore, odio ~*** leidenschaftliche (*o* innige) Liebe, leidenschaftlicher Hass; ***passione ~*** unbezähmbare Leidenschaft. **vi|sce|ral|men|te** avv. leidenschaftlich.

vi|sce|re m. *(-e* f.pl. e *-i* m.pl.) **1** (pl. *-i* e *-e*) Eingeweide *pl.*: LETT. ***il dolore gli attanaglia le -e*** der Schmerz wühlt in seinen Eingeweiden **2** (pl. *-e*) FIG. Innere *n.*: ***nelle -e della terra*** tief im Inneren der Erde.

vi|schio m. *(-schi)* **1** *(pianta)* Mistel *f.* **2** *(sostanza)* Vogelleim *m.* ◆ ***baciarsi sotto il ~*** sich unter einem Mistelzweig küssen; ***~ per i bruchi*** Raupenleim *m.*; ***ramoscello di ~*** Mistelzweig *m.*

vi|schio|si|tà f. **1** Klebrigkeit *f.* **2** *(viscosità)* Zähflüssigkeit *f.* **vi|schio|so** agg. leimig, klebrig.

vi|sci|da|men|te avv. schleimig, schmierig. **vi|sci|di|tà** f. **1** Glätte *f.*, glitschige Beschaffenheit *f.* **2** FIG. Schlüpfrigkeit *f.*

vi|sci|do agg. **1a** glitschig, schleimig, schlüpfrig **b** *(scivoloso)* rutschig, glitschig **2** FIG. *(subdolo)* schleimig, schmierig: ***un tipo ~*** ein schleimiger Typ; ***un comportamento ~*** ein aalglattes Benehmen ◆ ***~ come un'anguilla*** schlüpfrig wie ein Aal; FIG. aalglatt; ***~ come un serpente*** glatt wie eine Schlange.

vi|scio|la f. Vogelkirsche *f.*, Schattenmorelle *f.*, Sauerkirsche *f.* **vi|scio|lo** m. Vogelkirschbaum *m.*, Schattenmorelle *f.*, Sauerkirsche *f.*

vis co|mi|ca f. Komik *f.*, Humor *m.*

vi|scon|te m. Vicomte *m.*; *(in Italia)* Visconte *m.*

vi|sco|sa f. Viskose *f.*

vi|sco|si|me|tro m. Viskosimeter *n.*

vi|sco|si|tà f. **1** Zähflüssigkeit *f.* **2** FIS. Viskosität *f.* **vi|sco|so** agg. **1** zähflüssig, dickflüssig: ***l'olio, il miele è ~*** das Öl, der Honig ist zähflüssig **2** FIS. viskos, viskös: ***sostanza -a*** viskose Substanz.

vi|si|bi|le agg. **1** sichtbar: ***~ a distanza*** weithin sichtbar; ***rendere ~*** sichtbar machen **2** *(visitabile)* zu besichtigen, zu sehen; ***una mostra ~ solo nel pomeriggio*** eine nur nachmittags zu besichtigende Ausstellung **3** *(di emozioni)* sichtlich: ***una ~ emozione*** eine sichtliche Gefühlsregung; ***con ~ impazienza*** mit sichtlicher Ungeduld ◆ ***ben ~*** gut zu sehen; ***~ a occhio nudo*** mit bloßem Auge erkennbar.

vi|si|bi|lio m. *(-li)* große Menge *f.*, Haufen *m.*, Unmenge *f.*: ***un ~ di gente*** eine Unmenge Leute ◆ ***andare, mandare in ~*** in Entzücken (*o* Verzückung) geraten, versetzen.

vi|si|bi|li|tà f. **1** Sichtbarkeit *f.* **2** *(possibilità di vedere)* Sicht *f.*, Sichtweite *f.*: ***buona ~*** gute Sicht; ***~ limitata, ridotta*** begrenzte Sichtweite: ***presenza di nebbia con ~ sotto i 50 metri*** Nebel mit Sichtweite unter 50 Metern; ***la ~ migliora*** die Sicht bessert sich (*o* wird besser); ***la ~ peggiora*** die Sicht verschlechtert sich (*o* wird schlechter) **3** MAR. Sichtigkeit *f.* ◆ ***condizioni di ~*** Sichtverhältnisse *pl.*; ***~ scarsa*** Sichtbehinderung *f.*; AER. ***~ al suolo*** Bodensicht *f.* **vi|si|bil|men|te** avv. sichtbar, sichtlich: ***~ nervoso, emozionato, sollevato, sorpreso*** sichtlich nervös, gerührt, erleichtert, erstaunt.

vi|sie|ra f. **1** *(di elmo, casco)* Visier *n.* **2** *(di berretto)* Schirm *m.*, Mützenschirm *m.* ◆ ***berretto con ~*** Schirmmütze *f.*

vi|si|go|ti|co agg. *(-ci,-che)* westgotisch, Westgoten-: ***dominazione -a*** westgotische Herrschaft. **vi|si|go|to** **I** agg. westgotisch, Westgoten- **II** m. Westgote *m.*

vi|sio|na|re tr. **1** CINEM. ***~ un film*** (sich) einen Film an_sehen **2** ESTENS. *(esaminare)* prüfen: ***~ la merce*** die Ware prüfen.

vi|sio|na|rio **I** agg. *(-ri,-rie)* visionär **II** m. *(-ri)* Visionär *m.*

vi|sio|ne f. **1** FISIOL. Sehvermögen *n.*: ***~ tridimensionale*** dreidimensionales Sehvermögen **2** *(esame)* Ansicht *f.*, Einsicht *f.*: ***prendere ~ di qcs.*** in etw. (A) Einsicht nehmen; ***inviare qcs. in ~ a qcn.*** jdm etw. zur Ansicht schicken; ***dare, prendere, ricevere qcs. in ~*** etw. zum Durchsehen (*o* Durchlesen) geben, nehmen, bekommen **3** FIG. *(concezione)* Vorstellung *f.*: ***avere una ~ distorta di qcs.*** eine falsche Vorstellung von etw. haben **4** *(vista, scena)* Anblick *m.*: ***una ~ suggestiva*** ein eindrucksvoller Anblick **5** RELIG. Gesicht *n.*, Vision *f.*: ***~ profetica*** prophetische Vision; ***-i miracolose della Madonna*** wunderbare Visionen der Madonna; ***avere una ~*** eine Vision haben (anche ESTENS.); IRON. ***hai le -i?*** träumst du? ◆ ***campione in ~*** Probe *f.*, Muster *n.*, Probestück *n.*; ***copia in ~*** Probeexemplar *n.*, Ansichtsexemplar *n.*; ***la ~ di alcuni film è vietata ai minori*** einige Filme sind für Minderjährige verboten; ***~ generale*** Gesamtansicht *f.*; ***~ d'insieme*** Überblick *m.*; ***~ del mondo*** Weltanschauung *f.*; ***~ onirica*** Traumbild *n.*, Traumgebilde *n.*; ***~ parziale*** Teilansicht *f.*; BUROCR. ***presa in ~*** Einsichtnahme *f.*; ***film in prima ~*** Erstaufführung *f.*; *(in TV)* Erstausstrahlung *f.*; ***~ della vita*** Lebenseinstellung *f.*, Lebensauffassung *f.*

vi|sir m.inv. Wesir *m.* ◆ ***Gran ~*** Großwesir *m.*

vi|si|ta f. **1** Besuch *m.*; ***fare (una) ~ a qcn.*** jdn besuchen, jdm einen Besuch ab_statten; ***ricevere una ~*** Besuch bekommen; ***avere -e*** Besuch haben; ***restituire una ~*** einen Gegenbesuch machen, einen Besuch erwidern; ***ci sono -e*** da kommt Besuch, Besuch ist da; ***essere in ~ da qcn.*** bei jdm zu (*o* auf) Besuch sein **2** *(di musei, città)* Besichtigung *f.*, Besuch *m.* **3** MED. Untersuchung *f.*: ***~ medica, specialistica*** ärztliche, fachärztliche Untersuchung; ***~ ambulatoriale*** Untersuchung in der Praxis; ***sottoporsi a una ~*** sich einer Untersuchung unterziehen (*o* sich untersuchen lassen) **4** MIL. Musterung *f.*; ***passare la ~ di leva, militare*** gemustert werden ◆ ***biglietto da ~*** Visitenkarte *f.*; ***~ di condoglianze*** Beileidsbesuch *m.*; ***~ di controllo*** Kontrolluntersuchung *f.*; ***~ di cortesia*** Höflichkeitsbesuch *m.*, Anstandsbesuch *m.*; ***~ doganale*** Zollkontrolle *f.*; ***~ a domicilio*** Hausbesuch *m.*; ***~ guidata*** Führung *f.*; ***marcare ~*** MIL. sich krankmelden; SCHERZ. *(darsi malato)* krankfeiern; ***~ di un museo*** Museumsbesuch *m.*; ***orario delle -e*** *(in ospedale)* Besuchszeiten *pl.*; ***~ pastorale*** Visitation *f.*; ***in ~ privata*** auf Privatbesuch; ***~ di stato*** Staatsbesuch *m.*; ***~ ufficiale*** offizieller Besuch.

vi|si|ta|re tr. *(visito)* **1** besuchen: ***~ i nonni*** die Großeltern besuchen **2** *(musei, città)* besichtigen, besuchen **3** MED. untersuchen: ***~ un paziente*** einen Patienten untersuchen; ***farsi ~*** sich untersuchen lassen. **vi|si|ta|to|re** m. Besucher *m.* ◆ ***numero di -i*** Besucherzahl *f.* **vi|si|ta|zio|ne** f. Heimsuchung *f.* Mariä.

vi|si|va|men|te avv. visuell. **vi|si|vo** agg. Seh-, visuell: ***memoria -a*** visuelles Gedächtnis ◆ ***arti -e*** darstellende Kunst; ***campo ~*** Gesichtsfeld *n.*; ***capacità -a*** Sehleistung *f.*; ***facoltà -a*** Sehvermögen *n.*

Vi|snù n.pr.m. Wischnu *m.*

vi|so m. Gesicht *n.*: ***un ~ affilato, tondo*** ein schmales, rundes Gesicht; ***vedere qcn. in ~*** jds Gesicht sehen ◆ ***a ~ aperto*** offen (*o* geradeheraus); ***fare buon ~ a cattivo gioco*** gute Miene zum bösen Spiel machen; ***crema per il ~*** Gesichtscreme *f.*; ***-i pallidi*** Bleichgesichter *pl.*; ***pulizia del ~*** Gesichtsreinigung *f.*; ***i rapinatori erano a ~ scoperto*** die Räuber waren nicht maskiert.

vi|so|ne m. **1** Nerz *m.* **2** *(pelliccia)* Nerzmantel *m.* ◆ ***allevamento di -i*** Nerzfarm *f.*; ***collo di ~*** Nerzkragen *m.*; ***pelliccia di ~*** Nerzmantel *m.*; ***stola di ~*** Nerzstola *f.*

vi|so|re m. **1** FOT. Diabetrachter *m.* **2** *(microlettore)* Lesegerät *n.* **3** *(video)* Bildschirm *m.*

vi|spo agg. lebhaft, rege.

vis|su|to **I** p.pass. agg. **1** → **vivere** **2** FIG. *(che ha esperienza di vita)* erfahren: ***una donna -a*** eine erfahrene Frau **II** m. Erlebte *n.* ◆ ***esperienze di vita -a*** eigene Lebenserfahrungen.

vi|sta f. **1** Sehen *n.*, Sehkraft *f.*; ***avere una buona, cattiva ~*** gut, schlecht sehen; ***avere una ~ acuta, debole*** scharfe, schwache Augen haben; ***perdere la ~*** das Augenlicht verlieren **2** *(scena, spettacolo)* Anblick *m.*: ***una ~ raccapricciante*** ein schauriger Anblick **3** *(visuale)* Sicht *f.*: ***impedire, togliere la ~ a qcn.*** jdm die Sicht versperren, nehmen; ***sottrarsi alla ~ di qcn.*** sich jds Blick entziehen **4** *(panorama)* Aussicht *f.*, Blick *m.*, Ausblick *m.*: ***di qui si gode un'ottima ~*** von hier hat man einen herrlichen Ausblick (*o* von hier aus genießt man einen herrlichen Ausblick); ***una camera con ~ sul lago*** ein Zimmer mit Blick auf den See (*o* mit Seeblick) ◆ ***alla ~ del sangue svenne*** beim bloßen Anblick des Blutes wurde er ohnmächtig; ***alla ~ del ladro urlò*** als sie den Dieb sah, schrie sie; ***~ dall'alto*** Aufsicht *f.*; FIG. ***avere qcs. in ~*** etw. in Aussicht haben: ***avere in ~ un lavoro*** einen Job in Aussicht haben; ***cambiale a ~*** Sichtwechsel *m.*; ***conoscere qcn. solo di ~*** jdn nur vom Sehen her kennen; ***difetto della ~*** Sehfehler *m.*, Sehbehinderung *f.*; ***disturbo della ~*** Sehstörung *f.*; ***esame della ~*** Sehprüfung *f.*, Sehtest *m.*; ***guardare a ~*** im Auge behalten; ***in ~*** in Sicht; *(con senso di minaccia)* im Anzug; ***terra in ~!*** Land in Sicht; ***pericolo, temporale in ~*** Gefahr, Gewitter im Anzug; *(in previsione)* ***sono in ~ dei cambiamenti nell'azienda*** in der Firma stehen Änderungen bevor; ***in ~ di qcs.*** in, im Hinblick auf etw. (A), für etw.: ***in ~ del centenario*** in Hinblick auf die bevorstehende Hundertjahrfeier; ***risparmiare in ~ delle vacanze*** für den Urlaub sparen; ***~ d'insieme*** Gesamtansicht *f.*; ***~ laterale*** Seitenansicht *f.*; ***mattoni a ~*** unverputzte Backsteine; ***mettere qcs. (bene) in ~, in (bella) ~*** etw. (gut) sichtbar hin‿legen, hin‿stellen; ***mettersi in ~*** sich zur Schau stellen, sich hervor‿tun; ***occhiali da ~*** Brille *f.*; ***a ~ d'occhio*** zusehends: ***il bambino cresce a ~ d'occhio*** das Kind wächst zusehends; ***pagabile a ~*** auf Sicht zahlbar; ***pagabile a trenta giorni a ~*** dreißig Tage nach Sicht zahlbar; ***~ parziale*** Teilansicht *f.*; ***perdere di ~ qcn., qcs.*** jdn, etw. aus den Augen verlieren; ***non perdere di ~ qcn.*** jdn nicht aus den Augen lassen; ***una persona in ~*** eine Person im Blickfeld der Öffentlichkeit; ***a prima ~*** auf den ersten Blick: ***amore a prima ~*** Liebe auf den ersten Blick; ***punto di ~*** Gesichtspunkt *m.* (*o* Standpunkt *m.*); ***è una questione di punti di ~*** das ist Ansichtssache; ***dal mio punto di ~*** aus meiner Sicht (*o* von meinem Gesichtspunkt aus); ***sotto, da questo punto di ~*** unter diesem Gesichtspunkt; ***seconda ~*** zweites Gesicht; ***sorvegliare a ~*** scharf bewachen; ***sparare a ~*** ohne Vorwarnung schießen; ***suonare a prima ~*** vom Blatt spielen; ***tradurre a prima ~*** aus dem Stegreif übersetzen; ***trave a ~*** unverkleideter Balken; ***uscire di, dalla ~*** aus dem Blickfeld verschwinden.

vi|sta|re tr. **1** AMM. mit einem Visum versehen **2** EDIT. zum Druck frei‿geben.

vi|sto I p.pass. agg. **1** → **vedere 2** gesehen: ***~ da davanti, da dietro, di lato*** von vorn(e), von hinten, von der Seite gesehen **3** *(considerato)* in Anbetracht + gen., angesichts + gen.: ***-e le circostanze*** in Anbetracht der Umstände; ***~ il suo stato è meglio che rimanga a letto*** in Anbetracht seines Zustands ist es besser, wenn er im Bett bleibt **II** m. **1** AMM. Sichtvermerk *m.*: ***apporre il ~ a qcs.*** etw. mit einem Sichtvermerk versehen **2** *(per l'espatrio)* Visum *n.*: ***richiedere, concedere il ~*** ein Visum beantragen, gewähren; ***~ illimitato*** unbegrenztes Visum ◆ ***~ l'articolo primo della legge...*** laut (*o* nach) Paragraph eins des Gesetzes...; ***essere ben ~*** gern gesehen sein; ***~ che*** da (*o* in Anbetracht dessen, dass); ***~ che non vuoi andare tu, andrò io*** da du nicht hingehen willst, werde ich es tun; ***~ come stavano le cose, se ne andò*** in Anbetracht der Lage, ging er; ***~ di entrata*** Einreisevisum *n.*; ***mai ~*** nie gesehen; COLLOQ. ***un successo mai ~*** ein nie da gewesener Erfolg; ***essere mal ~*** unbeliebt sein; ***obbligo di ~*** Visum(s)zwang *m.*; EDIT. ***~ si stampi*** imprimatur (*o* druckfertig); ***~ di transito*** Transitvisum *n.*; ***~ di uscita*** Ausreisevisum *n.*; PROV. ***chi s'è ~ s'è ~*** der ist auf und davon.

Vi|sto|la n.pr.f. Weichsel *f.*

vi|sto|sa|men|te avv. **1** *(in modo appariscente)* auffällig, auffallend **2** *(considerevolmente)* beträchtlich, ansehnlich. **vi|sto|si|tà** f. Auffälligkeit *f.* **vi|sto|so** agg. **1** auffällig, auffallend: ***essere vestito in modo ~*** auffallend (*o* auffällig) gekleidet sein; ***colori -i*** auffällige Farben **2** ESTENS. grob: ***un errore ~*** ein grober Fehler **3** *(cospicuo)* beträchtlich, beachtlich, ansehnlich: ***~ aumento dei prezzi*** beträchtliche Preiserhöhung.

vi|sua|le I agg. Seh-, Sicht- **II** f. **1** Sicht *f.*: ***impedire la ~ su qcs.*** die Sicht auf etw. (A) versperren; ***avere la ~ libera*** freie Sicht haben **2** *(panorama)* Aussicht *f.*, Ausblick *m.*: ***una bella ~*** eine schöne Aussicht ◆ ***angolo ~*** Sehwinkel *m.*, Gesichtswinkel *m.*; FIG. Gesichtspunkt *m.*; OTT. FOT. ***angolo del campo ~*** Bildwinkel *m.*; ***~ posteriore*** Rückansicht *f.*

vi|sua|liz|za|re tr. veranschaulichen, visualisieren, bildlich dar‿stellen. **vi|sua|liz|za|to|re** m. Datensichtgerät *n.* **vi|sua|liz|za|zio|ne** f. Veranschaulichung *f.*, Visualisierung *f.*, bildliche Darstellung *f.*

vi|su|ra f. Einsichtnahme *f.*

vi|sus m.inv. Sehleistung *f.*

1.vi|ta f. **1** Leben *n.*: ***godersi la ~*** sein Leben genießen; ***salvare la ~ a qcn.*** jdm das Leben retten; ***perdere, rischiare la ~ (in un incidente)*** (bei einem Unfall) ums Leben kommen, das Leben riskieren; ***la ~ dopo la morte*** das Leben nach dem Tod; ***in ~ mia non sono mai stato all'estero*** ich bin in meinem ganzen Leben (noch) nie im Ausland gewesen; ***la ~ culturale della città*** das kulturelle Leben der Stadt; *(esseri viventi)* ***l'origine della ~ sulla Terra*** der Ursprung des Lebens auf der Erde; ***la guerra ha stroncato molte -e (umane)*** der Krieg hat viele Menschenleben gekostet; *(modo di vivere)* ***condurre una ~ sana, attiva, stressante*** ein gesundes, aktives, stressiges Leben führen; ***iniziare una nuova ~*** ein neues Leben an‿fangen; ***rendere la ~ difficile, insopportabile a qcn.*** jdm das Leben schwer, unerträglich machen; ***rendere la ~ un inferno a qcn.*** jdm das Leben zur Hölle machen; *(successione di avvenimenti)* ***ripercorrere la propria ~ con la memoria*** sein Leben in der Erinnerung an sich (D) vorbeiziehen lassen; *(energia)* ***il sole è ~ per le piante*** die Sonne ist für die Pflanzen lebenswichtig; *(passione)* ***lo sport per lui è la ~*** der Sport ist sein Leben **2** FIG. *(biografia)* Lebensbeschreibung *f.* **3** FIG. *(eternità)* Ewigkeit *f.*: ***è una ~ che non ci vediamo!*** wir haben uns seit einer Ewigkeit (*o* schon ewig) nicht mehr gesehen; ***lo conosco da una ~*** ich kenne ihn schon ewig (*o* seit einer Ewigkeit); ***durare una ~*** eine Ewigkeit, ewig (*o* ein Leben lang) dauern ◆ ***a ~*** lebenslang; ***carcere a ~*** lebenslängliche Haft; ***~ affettiva*** Gefühlsleben *n.*; ***albero della ~*** Lebensbaum *m.*; ***~ animale*** Tierwelt *f.*; ***vita degli animali*** Tierleben *n.*; ***anno di ~*** Lebensjahr *n.*; ***assicurazione sulla ~*** Lebensversicherung *f.*; ***essere attaccato alla ~*** am Leben hängen; ***attentare alla ~ di qcn.*** ein Attentat auf jdn verüben; ***~ attiva*** tätiges Leben (*o* Vita activa); ***aver ~*** leben; ***darsi alla bella ~*** das süße Leben genießen; ***o la borsa o la ~!*** Geld oder Leben! FIG. ***avere ~ breve*** kurzlebig sein; ***cambiare ~*** sein Leben (*o* seine Lebensweise) ändern; ***~ di campagna*** Landleben *n.*; ***fare una ~ da cani*** ein Hundeleben führen; ***se ti è cara la ~*** wenn dir dein Leben lieb ist; ***~ di città*** Stadtleben *n.*; ***che ~!*** was für ein Leben! ***compagna di ~*** Lebengefährtin *f.*; ***compagno di ~*** Lebensgefährte *m.*; ***concezione della ~*** Lebensauffassung *f.*; ***condizioni di ~*** Lebensumstände *pl.*; ***condotta di ~*** Lebensführung *f.*, Lebenswandel *m.*; ***conoscere la ~*** sich im Leben aus‿kennnen; ***~ contemplativa*** kontemplatives Leben; ***corpo senza ~*** Leichnam *m.*; ***costo della ~*** Lebenshaltungskosten *pl.*; ***dare la ~ a qcn.*** *(far nascere)* jdn gebären (*o* jdm das Leben schenken); ***dare la ~ per qcn., qcs.*** sich für jdn, etw. opfern, für jdn, etw. sein Leben lassen (*o* hin‿geben); ***dar ~ a qcs.*** etw. ins Leben rufen; ***dare un po' di ~ alla festa*** das Fest beleben (*o* Schwung ins Fest bringen); ***avere... anni di ~*** schon seit... Jahren bestehen; ***diritto alla ~*** Lebensrecht *n.*; ***la dolce ~*** das süße Leben; ***donna di ~*** Lebedame *f.*; ***avere una doppia ~*** ein Doppelleben führen; ***dovere la ~ a qcn.*** jdm das Leben verdanken; ***~ natural durante*** das ganze Leben lang; ***durata della ~*** Lebensdauer *f.*; ***(così) è la ~!*** so ist das Leben (nun mal)! ***avere esperienza di ~*** Lebenserfahrung haben; ***essere in ~*** am Leben sein; ***la ~ eterna*** das ewige Leben; ***avere la ~ facile*** ein leichtes Leben haben; ***~ di famiglia*** Familienleben *n.*; ***fare la ~*** = sich prostituieren; ***fase della ~*** Lebensphase *f.*; ***filosofia di ~*** Lebensphilosophie *f.*; ***essere in fin di ~*** im Sterben liegen; ***ridurre qcn. in fin di ~*** jdn lebensgefährlich verletzen; ***fonte di ~*** Lebensquelle *f.*; ***forma di ~*** Lebensform *f.*; ***mettere la propria ~ in gioco*** sein Leben aufs Spiel setzen; ***~ interiore*** Innenleben *n.*; ***linea della ~*** Lebenslinie *f.*; ***livello di ~*** Lebensstandard *m.*; STAT. ***~ media*** durchschnittliche Lebensdauer; ***passare a miglior ~*** in die ewige (*o* zur ewigen) Ruhe ein‿gehen; ***~ militare*** Soldatenleben *n.*; ***sapere ~, morte e miracoli di qcn.*** = alles von jdm wissen; ***~ monastica*** Klosterleben *n.*; ***è una questione di ~ o di morte*** es geht um Leben und Tod; ***essere tra la ~ e la morte*** zwischen Leben und Tod schweben; ***~ notturna*** Nachtleben *n.*; ***pena la ~*** bei Todesstrafe; ***per tutta la ~*** lebenslang (*o* das Leben lang); ***ti amerò per tutta la ~*** ich werde dich mein ganzes Leben lang lieben; ***pericolo di ~*** Lebensgefahr *f.*; ***periodo di ~*** Lebensabschnitt *m.*; ***pieno di ~*** belebt; *(di persona)* lebensfroh; *(vivace)* lebhaft; ***una città piena di ~*** eine Stadt voller Leben (*o* eine belebte Stadt); ***prendere la ~ così com'è, così come viene*** das Leben nehmen, wie es ist; ***~ privata*** Privatleben *n.*; ***~ professionale*** Berufsleben *n.*; ***prospettiva di ~*** Lebenschance *f.*; ***~ pubblica*** öffentliches Leben; ***qualità della ~*** Lebensqualität *f.*; ***questa (sì che) è ~!*** das nenne ich Leben (*o* so lässt sich's leben)! ***~ quotidiana*** Alltagsleben *n.*; ***ragione di ~*** Lebensinhalt *m.*; ***regola di ~*** Lebensregel *f.*; ***rimanere in ~*** am Leben bleiben; ***rimetterci la ~*** ums Leben kommen; ***fare ~ ritirata*** zurückgezogen leben; ***ritmo di ~*** Lebensrhythmus *m.*; ***rovinarsi la ~*** seines Lebens nicht mehr froh werden; ***avere salva la ~*** mit dem Leben davon‿kommen; ***scopo della ~*** Lebenszweck *m.*;

segno di ~ Lebenszeichen *n.*; ***senza*** ~ leblos; ***speranza di*** ~ Lebenserwartung *f.*; ***stile di*** ~ Lebensstil *m.*; ***storia della*** ~ Lebensgeschichte *f.*; ~ ***studentesca*** Studentenleben *n.*; ***su con la*** ~! Kopf hoch! ***tenore di*** ~ Lebensstandard *m.*; ***togliere la ~ a qcn.*** jdn um_bringen, töten; ***togliersi la*** ~ sich das Leben nehmen; ***perdita di -e umane*** Todesopfer *pl.*; ~ ***umana*** Menschenleben *n.*; ***unione per la*** ~ Lebensgemeinschaft *f.*; ***come va la ~?*** wie geht's? ~ ***vegetale*** Pflanzenwelt *f.*; ~ ***vissuta*** = (eigene) Lebenserfahrung *f.*; ***di ~ vissuta*** lebensnah; ***aver vissuto la propria*** ~ das Leben hinter sich haben; ***volerci una*** ~ ewig dauern; ***cosa vuoi dalla mia ~?*** was willst du überhaupt von mir? PROV. ***finché c'è ~ c'è speranza*** solange es Leben gibt, gibt es Hoffnung (*o* solange man lebt, hofft man).

2.vi|ta f. **1** Taille *f.*: ***avere la ~ sottile*** eine schlanke Taille haben; ***questa gonna stringe in*** ~ der Rock ist in der Taille zu eng; ***essere stretto, largo in*** ~ in der Taille eng, weit sein; ***un vestito stretto in*** ~ ein eng tailliertes Kleid **2** *(torace)* Oberkörper *m.*: ***essere corto di*** ~ einen kurzen Oberkörper haben ◆ ***giro*** ~ Taillenumfang *m.*; ***punto di*** ~ Taille *f.*

vi|tac|cia f. COLLOQ. Hundeleben *n.*

vi|ta|ce|e f.pl. Weinrebengewächse *pl.*

vi|ta|le agg. **1** Lebens-, lebens- **2** FIG. *(essenziale)* lebensnotwendig, lebenswichtig, vital: ***di interesse*** ~ von vitalem Interesse (*o* lebenswichtig) **3** MED. *(che può vivere)* lebensfähig: ***vivo e*** ~ lebendig und lebensfähig **4a** FIG. *(pieno di vita)* vital **b** *(con spirito d'iniziativa)* unternehmungslustig ◆ ***elemento*** ~ Lebenselement *n.*; ***forza*** ~ Lebenskraft *f.*; ***funzione ~ (del corpo)*** Vitalfunktion *f.*, Lebensfunktion *f.*; ***di ~ importanza*** lebenswichtig; LETT. ***linfa*** ~ Lebenssaft *m.*; ***necessità*** ~ Lebensnotwendigkeit *f.*; ***spazio*** ~ Lebensraum *m.*

vi|ta|li|smo m. Vitalismus *m.* **vi|ta|li|sta** m. e f. *(-i,-e)* Vitalist *m.* (-in *f.*). **vi|ta|li|sti|co** agg. *(-ci,-che)* vitalistisch.

vi|ta|li|tà f. Vitalität *f.*, Lebenskraft *f.*, Lebendigkeit *f.*; ***pieno di*** ~ lebenssprühend (*o* voller Lebenskraft).

vi|ta|li|zio I agg. *(-zi,-zie)* lebenslänglich, Leib-: ***rendita -a*** Leibrente *f.* **II** m. *(-zi)* Leibrente *f.*

vi|ta|liz|za|re tr. vitalisieren.

vi|ta|mi|na f. Vitamin *n.*: ~ ***A, B, C*** Vitamin A, B, C; ***contenere -e*** Vitamine enthalten; ***-e idrosolubili, liposolubili*** wasserlösliche, fettlösliche Vitamine; ***arricchito di -e*** mit Vitaminen angereichert ◆ ***carente di*** ~ vitaminarm; ***carenza di -e*** Vitaminmangel *m.*; ***compressa di -e*** Vitamintablette *f.*; ***contenuto di -e*** Vitamingehalt *m.*; ***povero di -e*** vitaminarm; ***ricco di -e*** vitaminreich.

vi|ta|mi|ni|co agg. *(-ci,-che)* **1** Vitamin- **2** *(contenente vitamine)* vitaminreich ◆ ***carenza -a*** Vitaminmangel *m.*; ***ad alto contenuto*** ~ mit hohem Vitamingehalt; ***fabbisogno giornaliero*** ~ täglicher Vitaminbedarf; ***gruppo ~ B*** Vitamin-B-Gruppe *f.*; ***preparato*** ~ Vitaminpräparat *n.* **vi|ta|mi|niz|za|re** tr. vitaminieren, vitaminisieren.

1.vi|te f. BOT. Weinrebe *f.*, Weinstock *m.*, Rebe *f.*, Rebstock *m.*; ***coltivare la*** ~ Wein(reben) an_bauen ◆ ~ ***americana*** Amerikanerrebe *f.*; ~ ***canadese*** wilder Wein; ***fiori della*** ~ Rebenblüte *f.* (*o* Gescheín *n.*); FIG. ***piangere come una ~ tagliata*** zum Steinerweichen weinen; ~ ***rampicante*** Kletterwein *m.*; ~ ***selvatica*** wilder Wein *m.*; ***tralcio di*** ~ Rebling *m.*; ***varietà di*** ~ Rebsorte *f.*; ~ ***vergine*** Gemeine Jungfernrebe *f.*

2.vi|te f. MECC. Schraube *f.* (anche SPORT AER.): ***stringere, allentare una*** ~ eine Schraube an_ziehen, lockern (*o* lösen); ***filettare -i*** Schrauben schneiden ◆ ***a*** ~ schraubenförmig, Schraub(en)-; ~ ***ad alette*** Flügelschraube *f.*; ~ ***di Archimede*** archimedische Schraube, Förderschnecke *f.*; ~ ***d'arresto*** Feststellschraube *f.*, Klemmschraube *f.*; ~ ***autofilettante*** selbstschneidende Schraube; ~ ***di bloccaggio*** Spannschraube *f.*; AER. ***cadere in*** ~ ab_trudeln; ***chiuso a*** ~ verschraubt; ***chiusura a*** ~ Schraubverschluss *m.*; ***coperchio a*** ~ Schraubdeckel *m.*; ~ ***con testa a croce*** Kreuzschlitzschraube *f.*; ~ ***destrorsa*** rechtsgängige Schraube; ~ ***a testa esagonale*** Sechskantschraube *f.*; ***filettatura della*** ~ Schraubengewinde *n.*; ~ ***senza fine*** Schraube *f.* ohne Ende; ~ ***di fissaggio*** Befestigungsschraube *f.*; ***fissare qcs. con -i*** etw. fest_schrauben, an_schrauben (*o* etw. mit Schrauben befestigen); ***foro per la*** ~ Schraubenloch *n.*; ***dare un giro di*** ~ die Schrauben fester an_ziehen; FIG. die Zügel straffer an_ziehen; ***ingranaggio a*** ~ Schneckengetriebe *n.*; ~ ***da legno*** Holzschraube *f.*; ***martinetto a*** ~ Schraubenwinde *f.*; ***morsetto a*** ~ Feilkolben *m.*; AER. ~ ***orizzontale*** Rolle *f.*; ***passo della*** ~ Schraubengang *m.*; ~ ***perpetua*** Schraube *f.* ohne Ende; ***pressa a*** ~ Spindelpresse *f.*; ~ ***di regolazione*** Einstellschraube *f.*, Stellschraube *f.*; ***tappo a*** ~ Schraubverschluss *m.*; ***testa della*** ~ Schraubenkopf *m.*; ***torchio a*** ~ Schraubenpresse *f.*; ***trapano a*** ~ Drillbohrer *m.*; ~ ***a testa triangolare*** Dreikantschraube *f.*; ***unire con -i*** zusammen_schrauben.

vi|tel|la f. **1** Kuhkalb *n.*, Färse *f.* **2** *(carne)* Kalbfleisch *n.*

vi|tel|li|no I m. Kälbchen *n.* **II** agg. BIOL. Dotter-: ***membrana -a, sacco*** ~ Dottersack *m.*

1.vi|tel|lo m. **1** ZOOL. Kalb *n.* **2** GASTR. Kalbfleisch *n.*, Kalb *n.* **3** *(pelle conciata)* Kalbsleder *n.* ◆ ***arrosto di*** ~ Kalbsbraten *m.*; ***bistecca di*** ~ Kalbssteak *n.*; ***coscia di*** ~ Kalbskeule *f.*; ***cotoletta di*** ~ Kalbsschnitzel *n.*; ***fegato di*** ~ Kalbsleber *f.*; ***fesa di*** ~ Kalbsnuss *f.*; ***filetto di*** ~ Kalbsfilet *n.*; ~ ***di latte*** Milchkalb *n.*; ***lombata di*** ~ Kalbslende *f.*; ~ ***marino*** Seehund *m.*, Meerkalb *n.*; ***medaglione di*** ~ Kalbsmedaillon *n.*; ***noce di*** ~ Kalbsnuss *f.*; BIBL. ***il ~ d'oro*** das Goldene Kalb; ***pelle di*** ~ Kalbfell *n.*; *(conciata)* Kalbleder *n.*; ***petto di*** ~ Kalbsbrust *f.*; ***piangere come un*** ~ = in Tränen zerfließen; ***testina di*** ~ Kalbskopf *m.*; ~ ***tonnato*** INTRAD. (Kalbfleisch in Thunfischsoße).

2.vi|tel|lo m. BIOL. Dotter *m.* e *n.*, Deutoplasma *n.*

vi|tel|lo|ne m. **1a** ZOOL. Jungrind *n.*; *(castrato)* Jungochse *m.* **b** GASTR. Rindfleisch *n.*, Rind *n.* **2** COLLOQ. *(giovane ozioso)* Müßiggänger *m.*, Herumtreiber *m.* ◆ ***arrosto di*** ~ Rinderbraten *m.*; ***fegato di*** ~ Rinderleber *f.*

vi|tic|cio m. *(-ci)* **1a** Ranke *f.* **b** *(di vite)* Rebe *f.*: ***legare i -ci*** die Reben auf_binden **2** ART. Rankenwerk *n.*

vi|ti|co|lo agg. Reb-, Weinbau-: ***zona -a*** Rebland *n.*, Weinbaugebiet *n.* **vi|ti|col|to|re** m. Weinbauer *m.*, Winzer *m.* **vi|ti|col|tu|ra** f. Weinbau *m.*, Weinanbau *m.*

vi|ti|gno m. Weinrebensorte *f.*, Rebsorte *f.*

vi|ti|li|gi|ne f. Vitiligo *f.*

vi|ti|na f. Schräubchen *n.*

vi|ti|no m. schlanke Taille *f.* ◆ ~ ***di vespa*** Wespentaille *f.*

vi|ti|vi|ni|co|lo agg. Wein-, Weinbau- und Weinerzeugungs-: ***area -a*** Weingegend *f.*; ***azienda, industria -a*** Weinhersteller *m.* **vi|ti|vi|ni|col|tu|ra** f. Weinbau *m.* und Weinerzeugung *f.*

Vi|to n.pr.m. Veit *m.* ◆ MED. ***ballo di San*** ~ Veitstanz *m.*; ESTENS. ***avere il ballo di San*** ~ ein unruhiger Geist sein.

vi|tre|o I agg. **1** gläsern, Glas-: ***corpo*** ~ Glaskörper *m.* **2** *(simile al vetro)* glasig **II** m. Glaskörper *m.* ◆ FIG. ***occhio, sguardo*** ~ starrer Blick.

vi|tri|te f. Glanzkohle *f.*

vi|tro m. ***fecondazione in*** ~ In-vitro-Fertilisation *f.*

vit|ti|ma f. **1** Todesopfer *n.*, Opfer *n.* (anche FIG.): ***il terremoto provocò più di 1000 -e*** das Erdbeben forderte über 1000 Opfer; ***il cancro continua a mietere -e*** der Krebs rafft weiterhin Opfer dahin; ***essere, rimanere, cadere ~ di qcn., qcs.*** jdm, etw. zum Opfer fallen; ***rimanere ~ di un incidente*** einem Unfall zum Opfer fallen **2** *(animale sacrificale)* Opfertier *n.* ◆ ***fare la*** ~ das Opfer spielen; ~ ***di guerra*** Kriegsopfer *n.*; ~ ***di un incendio*** Brandopfer *n.*; ~ ***di un incidente*** Unfallopfer *n.*; ~ ***innocente*** Opferlamm *n.*; ~ ***della strada*** Verkehrsopfer *n.*

vit|ti|mi|smo m. Selbstbemitleidung *f.*, Neigung *f.* zum Selbstmitleid. **vit|ti|mi|sta** m. e f. *(-i,-e)* = jd, der sich gern als Opfer sieht. **vit|ti|mi|sti|co** agg. *(-ci,-che)* zum Selbstmitleid neigend; ***atteggiamento*** ~ Selbstbemitleidung *f.*

vit|ti|miz|za|re tr. als Opfer hin_stellen.

vit|to m. Kost *f.*, Verpflegung *f.*, Verköstigung *f.*: ~ ***e alloggio*** Kost und Logis (*o* Unterkunft und Verpflegung); ~ ***e alloggio gratis*** freie Kost und Logis; ***spese per il*** ~ Verpflegungskosten *pl.*

vit|to|ria f. Sieg *m.*: ***una ~ risicata, netta, schiacciante*** ein knapper, klarer, überwältigender (*o* haushoher) Sieg; ***riportare una ~ su qcn.*** einen Sieg über jdn davon_tragen; ***assegnare la ~ a qcn.*** jdm den Sieg zu_sprechen; ***regalare, strappare la*** ~ den Sieg verschenken, entreißen; ***assaporare la*** ~ den Sieg aus_kosten; ~ ***morale*** moralischer Sieg ◆ ***alloro della*** ~ Siegeslorbeer *m.*; ***annuncio della*** ~ Siegesbotschaft *f.*; ***cantare*** ~ frohlocken, siegessicher sein: ***ha cantato ~ troppo presto*** er war zu früh siegessicher (*o* er hat zu früh frohlockt); ***doppia*** ~ Doppelsieg *m.*; ~ ***elettorale*** Wahlsieg *m.* (*o* Sieg im Wahlkampf); ~ ***finale*** Endsieg *m.*; SPORT Gesamtsieg *m.*; ***goal della*** ~ Siegestor *n.*, Siegestreffer *m.*; ***grido di*** ~ Siegesschrei *m.*; ~ ***lampo*** Blitzsieg *m.*; ~ ***olimpica*** Olympiasieg *m.*; ***palma della*** ~ Siegespalme *f.*; ~ ***di Pirro*** Pyrrhussieg *m.*; ***avere la ~ in pugno*** den Sieg schon in der Tasche haben; ~ ***ai punti*** Punktsieg *m.*; ~ ***al tappeto*** Schultersieg *m.*

Vit|to|ria n.pr.f. Viktoria *f.* ◆ ***cascate*** ~ Viktoriafälle *pl.*; ***lago*** ~ Viktoriasee *m.*; ***la regina*** ~ die Königin Viktoria.

vit|to|ria|no agg. viktorianisch.

Vit|to|rio n.pr.m. Viktor *m.*

vit|to|rio|sa|men|te avv. als Sieger: ***tagliare ~ il traguardo*** als Sieger durchs Ziel gehen.

vit|to|rio|so agg. **1** siegreich, Sieger-: ***battaglia -a*** siegreiche Schlacht; ***squadra -a*** siegreiche Mannschaft (*o* Siegermannschaft *f.*); ***uscire ~ da qcs.*** siegreich aus etw. hervor_gehen **2** *(di, da vincitore)* sieg-

haft: *sorriso ~* sieghaftes Lächeln.
vi|tu|pe|ran|do agg. tadelnswert. **vi|tu|pe|ra|re** tr. *(vitupero)* **1a** *(insultare)* beschimpfen **b** *(offendere)* beleidigen **2** *(screditare)* verleumden, schmähen. **vi|tu|pe|re|vo|le** agg. schändlich.
vi|tu|pe|rio m. *(-ri)* **1** *(ingiuria)* Beschimpfung *f.*, Schmähung *f.*: *coprire qcn. di -ri* jdn mit Schimpfwörtern überhäufen **2** *(vergogna)* Schande *f.*, Schandfleck *m.*: *essere il ~ della famiglia* die Schande der Familie sein.
vi|uz|za f. Gasse *f.*, Sträßchen *n.*
vi|va inter. es lebe, hoch lebe: *~ l'Italia!* es lebe Italien! *~ la libertà!* es lebe die Freiheit! *~ gli sposi!* hoch lebe das Brautpaar! ◆ *~ la sincerità!* das nenne ich offen und ehrlich sprechen!
vi|vac|chia|re intr. *(vivacchio, vicacchi;* aus. *avere)* sich durch‿schlagen.
vi|va|ce agg. **1** lebhaft, lebendig, munter: *un bambino ~* ein lebhaftes Kind; *uno stile ~* ein lebendiger Stil **2** *(animato)* lebhaft: *una ~ discussione* eine lebhafte Diskussion **3** *(vivido)* rege, regsam: *avere un'intelligenza ~* eine wache, scharfe Intelligenz besitzen **4** *(di colori)* leuchtend, grell: *una stoffa dai colori -i* ein Stoff mit (*o* in) leuchtenden (*o* grellen) Farben **5** *(di luce)* stark **6** MUS. vivace, lebhaft. **vi|va|ce|men|te** avv. lebhaft ◆ *~ colorato* sehr bunt (*o* grellbunt). **vi|va|ci|tà** f. **1** Lebhaftigkeit *f.*, Lebendigkeit *f.*, Munterkeit *f.* **2** *(di ingegno)* Regsamkeit *f.* **3** *(di colori)* Grelle *f.*, Leuchtkraft *f.*
vi|va|ciz|za|re tr. beleben, lebhafter gestalten, lebhafter machen.
vi|vad|dio inter. so Gott will.
vi|va|gno m. Salband *n.*, Salleiste *f.*
vi|va|io m. *(-ai)* **1** *(di piante)* Baumschule *f.* **2** *(di pesci)* Fischteich *m.*, Fischzucht *f.* **3a** FIG. Brutstätte *f.* **b** SPORT Talentschmiede *f.*, Nachwuchszentrum *n.*, Trainingszentrum *n.* ◆ *~ di carpe* Karpfenteich *m.*; *~ forestale* Schonung *f.*; *~ di ostriche* Austernbank *f.*; *~ di trote* Forellenteich *m.* **vi|va|i|sta** m. e f. *(-i,-e)* **1a** *(operaio)* Baumschularbeiter *m.* (-in *f.*) **b** *(esperto)* Baumschulfachmann *m.* **2** *(per pesci)* Fischzüchter *m.* (-in *f.*). **vi|va|i|sti|co** agg. *(-ci,-che)* **1** *(di piante)* Baumschul- **2** *(di pesci)* Fischteich-.
vi|va|men|te avv. **1a** nachdrücklich: *pregare ~ qcn. di fare qcs.* jdn nachdrücklich bitten, etw. zu tun; *sei ~ pregato di smetterla* hör bitte damit auf **b** *(con veemenza)* heftig: *protestare ~* heftig protestieren **2** *(di cuore)* herzlich: *congratularsi ~ con qcn.* jdm herzlich gratulieren **3** *(vivacemente)* lebhaft.
vi|van|da f. Speise *f.*, Gericht *n.*, Essen *n.*: *una ~ prelibata* eine köstliche Speise. **vi|van|die|ra** f. Marketenderin *f.* **vi|van|die|re** m. Marketender *m.*
vi|va|vo|ce m.inv. Freisprechanlage *f.*
vi|ven|te I agg. lebend: *organismo ~* lebender Organismus; *uno scrittore ~* ein lebender Schriftsteller; FIG. *essere un esempio ~ di qcs.* ein lebendes Beispiel für etw. sein; *essere la prova ~ di qcs.* der lebende Beweis für etw. sein **II** m. e f. Lebende *m.* e *f.* ◆ *essere ~* Lebewesen *n.*
1.vi|ve|re *(vissi; vissuto)* **I** intr. (aus. *essere, avere*) **1** leben: *~ bene, male* gut, schlecht leben; *vive a Roma* er lebt in Rom; *è vissuto 90 anni* er hat 90 Jahre lang gelebt; *~ fino a tarda età* ein hohes Alter erreichen; *~ in campagna* auf dem Land leben; *~ agiatamente* im Wohlstand leben *avere di che ~* genug zum Leben haben; *di che cosa vive?* wovon lebt er? *~ del proprio lavoro* von seiner Arbeit leben; *~ di espedienti* von Notbehelfen leben (*o* sich durchs Leben schlagen); *~ per i figli* für die Kinder leben; *saper ~* zu leben wissen; *impara a ~!* lerne zu leben! **2** *(sopravvivere)* weiter‿leben, fort‿leben: *vive in noi il suo ricordo* in uns lebt die Erinnerung an sie fort (*o* weiter); *usanze che ancora vivono presso alcune tribù* Bräuche, die bei einigen Stämme noch lebendig sind (*o* überlebt haben) **II** tr. **1** *(trascorrere)* führen: *~ un'esistenza travagliata* ein mühseliges Leben führen; *~ un brutto periodo* eine harte Zeit durch‿machen; *~ la propria vita* sein Leben leben **2** *(passare)* erleben: *~ ore di gioia* frohe Stunden erleben; *ha vissuto gli orrori della prigionia* er hat die Schrecken der Gefangenschaft erlebt; *ha vissuto la guerra* er hat den Krieg miterlebt ◆ *~ d'aria e d'amore* von Luft und Liebe leben; *cessare di ~* versterben; *stare sul chi vive* auf der Hut sein; *...e vissero (tutti) felici e contenti* ...und wenn si nicht gestorben sind, leben sie noch heute; *~ nuove esperienze* neue Erfahrungen machen; *~ alla giornata* in den Tag hinein leben; *~ di illusioni* sich falschen Hoffnungen hin‿geben; *non mi lascia più ~ da quando...* er lässt mir keine Ruhe mehr, seitdem...; *modo di ~* Lebensweise *f.*, Lebensart *f.*; *~ di rendita* von Zinsen leben; FIG. sich auf seinen Lorbeeren aus‿ruhen; TIP. *vive* bleibt; PROV. *non si vive di solo pane* der Mensch lebt nicht vom Brot allein; *vivi e lascia ~* leben und leben lassen; *chi vivrà vedrà* abwarten und Tee trinken.
2.vi|ve|re m. Leben *n.*; *il tuo è un gran bel ~* du lebst wiklich gut; *quieto ~* ruhiges Leben; *essere amante del quieto ~* das ruhige Leben lieben; *per amore del quieto ~* um des lieben Friedens willen.
vi|ve|ri m.pl. Lebensmittel *pl.*, Nahrungsmittel *pl.*: *i ~ scarseggiano* es mangelt an Lebensmitteln ◆ *razionamento dei ~* Lebensmittelrationierung *f.*; *rifornimento di ~* Lebensmittelversorgung *f.*; FIG. *tagliare i ~ a qcn.* jdm den Hahn ab‿drehen.
vi|ver|ri|di m.pl. Schleichkatzen *pl.*
vi|veur [-'vœ:r] m.inv. Lebemann *m.*
vi|vez|za f. **1** *(vivacità)* Lebhaftigkeit *f.* **2** *(efficacia espressiva)* Lebendigkeit *f.*
Vi|via|na n.pr.f. Viviane *f.*
vi|via|ni|te f. Blaueisenerz *n.*
vi|vi|bi|le agg. menschengerecht, den Lebensbedürfnissen angemessen; *una città ~* eine Stadt, in der es sich gut leben lässt. **vi|vi|bi|li|tà** f. Angebot *n.* an Lebensqualität.
vi|vi|dez|za f. **1** *(di colori)* Grelle *f.*, Grellheit *f.* **2** *(di ingegno)* Regsamkeit *f.* **3** *(vivacità)* Lebhaftigkeit *f.* **vi|vi|do** agg. **1** *(di colori)* grell, leuchtend **2** *(di ingegno)* rege, regsam **3** *(vivace)* lebhaft.
vi|vi|fi|ca|re tr. *(vivifico, vivifichi)* beleben: *~ un ambiente* einen Raum beleben. **vi|vi|fi|ca|to|re** agg. belebend. **vi|vi|fi|co** agg. *(-ci, -che)* belebend.
vi|vi|na|ta|li|tà f. Lebendgeburten *pl.* ◆ *tasso di ~* Rate *f.* der Lebendgeburten.
vi|vi|pa|ro I agg. vivipar, lebend gebärend **II** m. lebend gebärendes Tier *n.*
vi|vi|se|zio|na|re tr. **1** vivisezieren **2** FIG. eingehend untersuchen. **vi|vi|se|zio|ne** f. **1** Vivisektion *f.* **2** FIG. eingehende Untersuchung *f.*
vi|vo I agg. **1** lebendig; *essere ~* leben; *questa pianta è ancora -a* diese Pflanze lebt noch; *seppellire, bruciare ~ qcn.* jdn lebendig (*o* bei lebendigem Leib) begraben, verbrennen; *più morto che ~* mehr tot als lebendig; *~ o morto* lebend oder tot **2a** FIG. lebendig, lebhaft: *un fatto ~ nella memoria* ein Ereignis, das in der Erinnerung noch lebendig ist; *un ~ ricordo* eine lebhafte (*o* lebendige) Erinnerung; *con ~ interesse* mit lebhaftem Interesse **b** *(in uso)* *una tradizione ancora -a* ein noch lebendiger Brauch **3a** *(vivace)* lebhaft: *sguardo ~* lebhafter Blick; *occhi -i* lebhafte Augen; *(vivido)* *una descrizione molto -a* eine sehr lebendige Beschreibung **b** *(di ingegno)* rege, regsam: *essere dotati di un ~ ingegno* einen regen Geist haben **4** *(forte, intenso)* groß: *suscitare ~ scalpore* großes Aufsehen erregen; *con ~ rammarico* mit großem Bedauern **II** m. Lebende *m.* ◆ *non c'era anima -a* keine Menschenseele war da; *angolo ~* scharfe Kante; *argento ~* Quecksilber *n.*; FIG. *avere l'argento ~ addosso* Quecksilber im Leib haben; *calce -a* Branntkalk *m.*, Ätzkalk *m.*; *carne -a* rohes Fleisch; *colpire qcn. nel ~* jdn empfindlich (*o* an seiner schwachen Stelle) treffen; *vivissime congratulazioni* allerherzlichste Glückwünsche; *da ~* zu seinen Lebzeiten; *dal ~* Live-, live: *cantare dal ~* live singen; *trasmettere dal ~* live übertragen (*o* senden); *concerto dal ~* Livekonzert *n.*; *registrazione dal ~* Liveaufnahme *f.*; *entrare nel ~ della questione* zum Kern der Sache kommen; *farsi ~* von sich hören lassen; *farsi ~ con qcn.* sich bei jdm melden: *a -a forza* gewaltsam, mit aller Gewalt; FIS. *forza -a* Bewegungsenergie *f.*; *cuocere a fuoco ~* auf großer Flamme kochen; *lingua -a* lebende Sprache; *mangiare ~ qcn.* jdn zur Schnecke machen; *nato ~* lebend geboren; *nel ~ di qcs.* auf dem Höhepunkt von etw.; *nel ~ delle trattative* in der entscheidenden Phase der Verhandlungen; *peso ~* Lebendgewicht *n.*; *pungere qcn. sul ~* jdn an seiner wunden (*o* empfindlichen) Stelle treffen; *con i più -i ringraziamenti* mit dem herzlichsten Dank; *roccia -a* kahler Fels; *rosso ~* flammend rot; *spese -e* Selbstkosten *pl.*; *spigolo ~* scharfe Kante; *~ e vegeto* gesund und munter; *a -a voce* persönlich; *glielo dirò a -a voce* das werde ich ihm persönlich sagen; *-a voce* → **vivavoce.**
vi|zia|re *(vizio, vizi)* **I** tr. **1** verwöhnen; COLLOQ. verhätscheln: *~ i propri figli* seine Kinder verwöhnen **2** FIG. *(deteriorare)* unbrauchbar machen **3** DIR. *(invalidare)* ungültig machen: *~ un contratto* einen Vertrag ungültig machen **II** pronom. **viziarsi** sich verwöhnen. **vi|zia|to I** p.pass. agg. **1** → **viziare 2** verwöhnt, verzogen: *bambino ~* verwöhntes Kind **3** FIG. *(difettoso)* fehlerhaft **4** DIR. ungültig ◆ *aria -a* verbrauchte Luft.
vi|zio m. *(-zi)* **1a** Laster *n.*, Untugend *f.*: *essere schiavo del ~* dem Laster frönen; *vivere nel ~* lasterhaft leben; *abbandonarsi ai -zi* dem Laster verfallen, sich dem Laster ergeben; *avere il ~ del gioco, del bere* dem Spiel, dem Alkohol verfallen sein; *-zi radicati* alte (*o* tief sitzende) Laster **b** ESTENS. *(cattiva abitudine)* schlechte Angewohnheit *f.*: *prendere, togliersi un ~* eine schlechte Angewohnheit an‿nehmen, ab‿legen; *ha il brutto ~ di succhiarsi il pollice* er hat die schlechte Angewohnheit, am Daumen zu lutschen **2** DIR.

Mangel *m.*: *denuncia di -zi nella compravendita* Anzeige von Mängeln im Kaufvertrag **3a** FIG. *(errore, imperfezione)* Fehler *m.* (anche MED.) **b** TECN. Mangel *m.* ◆ *i sette -zi capitali* die sieben Todsünden; *~ cardiaco* Herzfehler *m.*, Herzklappenfehler *m.*; DIR. *~ della cosa* Sachmangel *m.*; COLLOQ. *covo di -zi* Lasterhöhle *f.*; *è un ~ di famiglia* das liegt in der Familie; DIR. *~ di forma* Formfehler *m.*; *pieno di -zi* lasterhaft; *~ di procedura* Verfahrensfehler *m.*; *~ di pronuncia* Sprachfehler *m.*; PROV. *l'ozio è il padre dei -zi* Müßiggang ist aller Laster Anfang; *il lupo perde il pelo, ma non il ~* die Katze läßt das Mausen nicht.

vi|zio|sa|men|te avv. lasterhaft. **vi|zio|si|tà** f. Lasterhaftigkeit *f.*

vi|zio|so I agg. **1** lasterhaft: *un uomo ~* ein lasterhafter Mann **2** FIG. fehlerhaft **II** m. lasterhafter Mensch *m.* ◆ *circolo ~* Teufelskreis *m.*; *vita -a* Lasterleben *n.*

viz|zo agg. LETT. welk.

Vla|di|mi|ro n.pr.m. Wladimir *m.*

VM ⇒ *Vostra Maestà* Eure Majestät.

VN ⇒ *valore nominale* Nennwert.

VO ⇒ CINEM. *versione originale* Originalfassung.

vo|ca|bo|la|rio m. *(-ri)* **1** Wörterbuch *n.*; ANT. Lexikon *n.*: *~ monolingue, bilingue, tecnico* einsprachiges, zweisprachiges, technisches Wörterbuch; *consultare un ~* in einem Wörterbuch nach‿schlagen; *il ~ della lingua italiana* das Wörterbuch der italienischen Sprache **2** *(lessico)* Wortschatz *m.*, Vokabular *n.*: *ampliare, arricchire il proprio ~* seinen Wortschatz erweitern; *avere un ~ povero, ricco* einen beschränkten, reichen Wortschatz haben; COLLOQ. *nel suo ~ non esiste quella parola* dieses Wort gehört nicht zu seinem Wortschatz ◆ *~ di base* Grundwortschatz *m.*; *~ dialettale* Mundartwörterbuch *n.*

vo|ca|bo|lo m. Vokabel *f.*, Wort *n.*: *studiare i -i* die Vokabeln lernen ◆ *~ infantile* Lallwort *n.*; *ricchezza di -i* Wortreichtum *m.*; *ricco di -i* wortreich.

1.vo|ca|le agg. **1** *(della voce)* Stimm-, stimmlich: *corde -i* Stimmbänder *pl.*; *estensione ~* Stimmumfang *m.* **2** MUS. vokal, Vokal-: *musica ~* Vokalmusik *f.*; *brano, concerto ~* Vokalstück *n.*, Vokalkonzert *n.* ◆ *parte ~* Vokalpart *m.*, Vokalpartie *f.*, Singstimme *f.*; *registro ~* Stimmlage *f.*; ZOOL. *sacco ~* Schallblase *f.*

2.vo|ca|le f. LING. Vokal *m.*, Selbstlaut *m.*: *~ aperta, chiusa* offener, geschlossener Vokal; *~ breve, lunga* kurzer, langer Vokal; *~ tonica, atona* betonter, unbetonter Vokal; *terminare in ~* auf, mit Vokal enden ◆ *~ anteriore* Vorderzungenvokal *m.*; *~ doppia* Doppelvokal *m.*; *~ finale* Endvokal *m.*; *~ nasale* Nasalvokal *m.*; *~ posteriore* Hinterzungenvokal *m.*; *~ tematica* Themavokal *m.* **vo|ca|li|co** agg. *(-ci,-che)* vokalisch, selbstlautend: *suono ~* vokalischer Laut.

vo|ca|li|smo m. Vokalismus *m.*

vo|ca|li|sta m. e f. *(-i,-e)* Vokalist *m.* (-in *f.*), Sänger *m.* (-in *f.*). **vo|ca|liz|za|re I** tr. e intr. (aus. *avere*) LING. MUS. vokalisieren **II** pronom. **vocalizzarsi** Vokal werden. **vo|ca|liz|za|zio|ne** f. **1** LING. Vokalisierung *f.* **2** MUS. Vokalise *f.* **vo|ca|liz|zo** m. Vokalise *f.*

vo|ca|ti|vo I agg. *caso ~, forma -a* Anredefall *m.*, Vokativ *m.* **II** m. Vokativ *m.*

vo|ca|zio|ne f. **1** RELIG. Berufung *f.*, Vokation *f.*: *avere la ~ (al sacerdozio)* sich zum Priester berufen fühlen **2** FIG. *(predisposizione)* Berufung *f.*, Neigung *f.*: *sentire, avere la ~ per qcs.* sich zu etw. berufen fühlen; *fare l'insegnante per ~* Lehrer aus Berufung sein; *seguire la propria ~* seinen Neigungen folgen ◆ *complemento di ~* Vokativ *m.*

vo|ce f. **1** Stimme *f.* (anche MUS.): *~ acuta, grave, roca, nasale* hohe, tiefe, raue, nasale Stimme; *avere una bella ~* eine schöne Stimme haben; *abbassare la ~* die Stimme senken; *perdere la ~* die Stimme verlieren; *non avere ~* keine Stimme haben; *contraffare la ~* seine Stimme verstellen; MUS. *le -i di una fuga* die Stimmen einer Fuge; *fare la seconda ~* die zweite Stimme singen; FIG. *la ~ della coscienza, del cuore* die Stimme des Gewissens, des Herzens; *(opinione) -i di protesta si levano ovunque* Stimmen des Protests erheben sich überall; *la sua ~ conta molto* seine Stimme gilt viel; *la ~ del popolo* die Stimme des Volks **2a** ESTENS. *(di animali)* Laut *m.*, Ruf *m.*: *la ~ della civetta* der Ruf des Käuzchens **b** *(di strumenti)* Klang *m.* **3** FIG. *(diceria)* Gerücht *n.*: *spargere una ~* ein Gerücht in Umlauf bringen; *corre ~ che...* es geht das Gerücht um, dass... (*o* es kursiert das Gerücht, dass...); *sono solo -i di corridoio* = das sind nur Gerüchte; *una ~ infondata* ein leeres Gerücht **4a** *(parola)* Wort *n.*, Ausdruck *m.*: *~ d'uso popolare* umgangssprachliches Wort **b** *(lemma)* Stichwort *n.*: *cercare sotto la ~ "lavoro"* unter dem Stichwort „Arbeit" nach‿schlagen **5** COMM. BUROCR. Position *f.*, Posten *m.*: *le -i di un ordine* die Positionen (*o* einzelnen Posten) einer Bestellung; *sotto la ~ "uscite"* unter dem Posten „Ausgaben" **6** GRAMM. Form *f.*: *"cossi" è ~ del verbo "cuocere"* „cossi" ist eine Form des Verbes „cuocere" ◆ *a (viva) ~* mündlich, persönlich; *tradurre a ~* mündlich übersetzen; *ad alta ~* mit lauter Stimme, laut; *alzare la ~* die Stimme heben (*o* lauter sprechen); FIG. wütend sein; *alzare la ~ con qcn.* jdn an‿fahren; *~ angelica* Engelsstimme *f.*; COMM. *~ attiva* Aktivposten *m.*; *~ di bambino* Kinderstimme *f.*; *~ di baritono* Baritonstimme *f.*; *a bassa ~* mit leiser Stimme, leise; *~ di basso* Bassstimme *f.*; *-i bianche* Knabenstimmen *pl.*; *~ di bilancio* Bilanzposten *m.*; MED. *cambiare ~ (negli adolescenti)* im Stimmbruch sein; FIG. *(non) avere ~ in capitolo* (nicht) mitzureden haben; *~ di contralto* Altstimme *f.*; *~ di controcanto* Gegenstimme *f.*; *dare ~ a qcs.* etw. (D) Ausdruck verleihen; COLLOQ. *(chiamare) dare una ~ a qcn.* jdn rufen; *(contraddire) dare sulla ~ a qcn.* jdm über den Mund fahren; COLLOQ. *darsi la ~* etw. (untereinander) weiter‿sagen; LING. *~ derivata* Ableitung *f.*, abgeleitetes Wort *n.*; *a due -i* zweistimmig; *canto a due -i* Zwiegesang *m.*, Duett *n.*; *~ di donna* Frauenstimme *f.*; *emissione di ~* Stimmgebung *f.*; *~ in falsetto* Falsettstimme *f.*, Fistelstimme *f.*; *~ di una fattura* Rechnungsposten *m.*; *~ femminile* Frauenstimme *f.*; *dire qcs. con un fil di ~* etw. kaum hörbar sagen; *(sospirare)* etw. hauchen; *un filo di ~* eine kaum hörbare Stimme; CINEM. TELEV. TEATR. *~ fuori campo* Offstimme *f.*; *essere giù di ~* eine heisere Stimme haben; MUS. nicht gut bei Stimme sein; *a gran ~* mit lauter Stimme, schreiend; *gridare con quanta ~ si ha in corpo* sich (D) die Kehle aus dem Hals schreien (*o* sich heiser schreien); *fare la ~ grossa* einen drohenden Ton an‿schlagen; FIG. sich durch‿setzen; *~ maschile* Männerstimme *f.*; *a mezza ~* halblaut; *~ di mezzosoprano* Mezzosopranstimme *f.*; *passare la ~* etw. weiter‿sagen; COMM. *~ passiva* Passivposten *m.*; *~ di petto* Bruststimme *f.*; *a più -i* mehrstimmig; *a quattro -i* vierstimmig, für vier Stimmen; *scaldare la ~* sich ein‿singen; *essere senza ~* keine Stimme haben, heiser sein; *~ sepolcrale* Grabesstimme *f.*; *~ solista* Solostimme *f.*; *~ di soprano* Sopranstimme *f.*; *sotto ~* leise; *a ~ spiegata* aus vollem Hals; *~ straniera* Fremdwort *n.*; *~ sussurrata* Flüsterstimme *f.*; *~ tecnica* Fachwort *n.*, Fachausdruck *m.*; *~ di tenore* Tenorstimme *f.*; *~ di testa* Kopfstimme *f.*; *~ tonante* Donnerstimme *f.*, schallende Stimme; *a tre -i* dreistimmig; *~ umana* Menschenstimme *f.*; MUS. *a una ~* einstimmig (anche FIG.); *~ verbale* Verbalform *f.*; *voce!* lauter! PROV. *~ di popolo, ~ di Dio* Volkes Stimme, Gottes Stimme.

1.vo|cia|re intr. *(vocio, voci*; aus. *avere)* schreien; COLLOQ. klatschen.

2.vo|cia|re m. Geschrei *n.*

vo|ci|fe|ra|re *(vocifero)* **I** intr. (aus. *avere*) laut reden **II** tr. munkeln: *si vocifera su di lui che...* es wird über ihn gemunkelt, dass... **vo|ci|fe|ra|to|re** m. Gerüchtemacher *m.* **vo|ci|fe|ra|zio|ne** f. Gemunkel *n.*

vo|ci|o m. Geschrei *n.*

vod|ka f. Wodka *m.*: *un bicchiere di ~* ein Glas Wodka.

vo|ga f. *(-ghe)* **1** MAR. Rudern *n.* **2** FIG. *(slancio)* Schwung *m.*, Elan *m.*, Eifer *m.*; *studiare con ~* eifrig lernen **3** FIG. *(diffusione)* Mode *f.*: *essere, venire in ~* Mode sein, werden; *tornare in ~* wieder modern werden ◆ *canzone in ~* beliebter Schlager; *scrittore in ~* Modeschriftsteller *m.*, beliebter Schriftsteller. **vo|ga|re** intr. *(vogo, voghi*; aus. *avere)* rudern, pullen. **vo|ga|ta** f. **1** Rudern *n.* **2** *(colpo di remo)* Ruderschlag *m.* **vo|ga|to|re** m. **1** Ruderer *m.* **2** GINN. Ruderkasten *m.*

vo|glia f. **1** Lust *f.*: *avere ~ di qcs.* auf etw. (A) Lust haben; *avere (una gran) ~ di fare qcs.* (große) Lust haben, etw. zu tun; *ho (una gran) ~ di uscire* ich möchte (sehr gern) ausgehen, ich habe große Lust auszugehen; *avere poca ~* wenig Lust haben; *avere una ~ matta di qcs.* eine wahnsinnige Lust auf etw. (A) haben; *non ne ho ~* dazu habe ich keine Lust; *(appetito sessuale) soddisfare le proprie -e* seine Lust befriedigen **2** ESTENS. *(intenzione)* Lust *f.*, Wille *m.*: *non avere nessuna ~ di fare qcs.* keine Lust haben, etw. zu tun; *non avere nessuna ~ di studiare* absolut keine Lust zum Lernen haben **3** COLLOQ. *(in gravidanza)* Heißhunger *m.*, Gelüst *n.*: *avere le -e di qcs.* einen Heißhunger auf etw. (A) (*o* Gelüste nach etw.) haben **4** *(sulla pelle)* Muttermal *n.* ◆ *~ di avventura* Abenteuerlust *f.*; *di buona ~* gern; *una ~ di caffelatte (sulla pelle)* bräunliches Muttermal; *contro ~* widerwillig, ungern; *~ di fare* Tatenlust *f.*, Tatendrang *m.*; *una ~ di fragola (sulla pelle)* hellrotes Muttermal; COLLOQ. *hai ~ a dirglielo, ma non lo capirà mai* das kannst du ihm noch so oft sagen, er wird es nie verstehen; *di mala ~* unlustig, widerwillig, mit Unlust (*o* Widerwille); *~ di mangiare* Esslust *f.*; *morire dalla ~ di fare qcs.* wahnsinnig Lust haben (etw. zu tun); *muoio dalla ~ di dirlo* es brennt mir auf der Zunge; *a qcn. passa la ~ di fare qcs.* jdm vergeht die Lust, etw. zu tun; *far passare la ~ a qcn.* jdm die Lust nehmen; *~ di ridere* Lachlust *f.*; *a qcn. rimane la ~ di fare qcs.* jd hat noch Lust, etw. zu tun; *togliersi la ~ di qcs.* seine Lust auf etw. (A) befriedigen; *far venire*

la ~ di qcs. a qcn. jdm Lust auf etw. (A) machen; ***~ di viaggiare*** Reiselust *f.*; ***a qcn. viene la ~ di fare qcs.*** jd bekommt Lust, etw. zu tun; ***~ di vino (sulla pelle)*** dunkelrotes Muttermal; ***~ di vivere*** Lebenslust *f.*; ***avere ~ di vivere*** lebenslustig sein, Freude am Leben haben.

vo|glio|sa|men|te avv. lüstern. **vo|glio|so** agg. **1** lüstern, gelüstig, begierig: ***~ di qcs.*** auf etw. (A) (*o* nach etw.) lüstern, auf etw. (A) gelüstig; ***essere ~ di successo*** begierig auf Erfolg sein **2** *(sessualmente)* lüstern, geil.

voi I pron.pers. **1a** *(soggetto)* ihr: ***(~) avete lavorato molto*** ihr habt viel gearbeitet **b** *(impersonale)* man: ***se ~ considerate che...*** wenn man bedenkt, dass... **2** *(oggetto e complementi indiretti)* euch: ***ha visto me, ma non ~*** er hat mich, aber nicht euch gesehen; ***da ~ non me lo sarei mai aspettato*** von euch hätte ich das nie erwartet; ***andiamo da ~*** gehen wir zu euch; ***per ~*** für euch; ***con ~*** mit euch **3** *(forma di cortesia)* Sie: ***~ cosa ne pensate?*** was denken Sie darüber? ***cercavo proprio ~*** genau Sie habe ich gesucht; ***da ~ non mi faccio dire certe cose*** so etwas lasse ich mir von Ihnen nicht sagen; ***con ~*** mit Ihnen; ***per ~*** für Sie **II** m. ***darsi del ~*** sich siezen.

voi|al|tri pron.pers. rafforz. → **voi.**

voile [vwal] m.inv. Voile *m.* ◆ ***vestito in ~*** Voilekleid *n.*

voi|vo|da m. Woiwod(e) *m.*

vol. ⇒ *volume* Band (Bd.).

vo|la|no m. **1a** Federball *m.* **b** ESTENS. *(gioco)* Federball *m.*, Federballspiel *n.* **2** MECC. Schwungrad *n.*, Schwungscheibe *f.* ◆ ***cinghia del ~*** Schwungriemen *m.*; ***partita di, a ~*** Federballspiel *n.*

vo|lant [vɔ'lɑ̃] m.inv. Volant *m.*

1.vo|lan|te I agg. fliegend, Flug-: ***insetto ~*** fliegendes Insekt; ***disco ~*** fliegende Untertasse; ***tappeto ~*** fliegender Teppich; MED. ***mosche -i*** fliegende Mücken **II** f. Überfallkommando *n.* ◆ ZOOL. ***cervo ~*** Hirschkäfer *m.*; *(aquilone)* Drachen *m.*; ZOOL. ***drago ~*** Flugdrache *m.*, Flatterechse *f.*; ***foglio ~*** loses Blatt; ZOOL. ***gatto ~*** Pelzflatterer *m.*; ***oggetto ~*** Flugobjekt *n.*; ***oggetto ~ non identificato*** unbekanntes fliegendes Objekt; ***otto ~*** Achterbahn *f.*; ***squadra ~*** Überfallkommando *n.*

2.vo|lan|te m. Steuer *n.*, Lenkrad *n.*: ***essere, stare al ~*** am Steuer sitzen; ***prendere il ~*** das Steuer übernehmen; ***darsi il cambio al ~*** sich am Steuer ab‿wechseln; ***il ~ vibra*** das Steuer flattert.

vo|lan|ti|nag|gio m. *(-gi)* Flugblattaktion *f.*: ***fare ~*** Flugblätter verteilen. **vo|lan|ti|na|re** intr. (aus. *avere*) Flugblätter verteilen.

1.vo|lan|ti|no m. Flugblatt *n.*, Handzettel *m.*: ***distribuire, stampare -i*** Flugblätter verteilen, drucken ◆ ***~ di propaganda*** Propagandaflugblatt *n.*; ***~ pubblicitario*** Werbeblatt *n.*

2.vo|lan|ti|no m. MECC. Handrad *n.* ◆ ***~ a croce*** Drehkreuz *n.*

vo|la|re intr. (aus. *essere, avere*) **1** fliegen: ***gli uccelli volano*** die Vögel fliegen; ***l'elicottero vola sulle case*** der Hubschrauber fliegt über die Häuser; ***non ho mai volato prima*** ich bin noch nie zuvor geflogen; ***~ con una compagnia straniera*** mit einer ausländischen Fluggesellschaft fliegen; ***le foglie volano nel vento*** die Blätter fliegen im Wind; ***~ in aria*** in die Luft fliegen; FIG. ***i corridori volavano sulla pista*** die Läufer flogen über die Bahn; ***la palla volò oltre la linea di fondocampo*** der Ball flog über die Grundlinie hinaus **2** *(correre, affrettarsi)* rasen, eilen: ***è volato alla stazione e ha preso il primo treno*** er ist in Windeseile zum Bahnhof gerast und hat den ersten Zug genommen **3** COLLOQ. hageln: ***tra quei due volano spesso schiaffi e insulti*** zwischen den beiden hagelt es häufig Ohrfeigen und Beleidigungen; ***volano botte*** es hagelt Prügel **4** *(scagliarsi)* ***~ su qcn., qcs.*** sich auf jdn, etw. stürzen **5** *(riandare con la mente)* ***il suo pensiero volava spesso alla patria lontana*** in Gedanken war er oft in der fernen Heimat **6a** *(cadere dall'alto; avvicinamento)* herunter‿fliegen **b** *(allontanamento)* hinunter‿fliegen: ***è volato dal terzo piano*** er ist vom dritten Stock hinuntergeflogen ◆ ***~ basso*** nichts überstürzen; ***non si sente ~ una mosca*** man könnte eine Stecknadel fallen hören (*o* es herrscht Totenstille); ***il tempo vola*** die Zeit verfliegt, rast; ***~ via*** weg‿fliegen; *(di vento)* ***far ~ via*** wehen, hinweg‿fegen.

vo|la|ta f. **1** ***fare una ~*** eilen; ***fare una ~ alla posta*** zur Post eilen **2** SPORT Spurt *m.*, Sprint *m.*: ***battere gli avversari in ~*** die Gegner im Endspurt schlagen; ***vincere in ~*** im Spurt gewinnen ◆ ***di ~*** eilig; ***prese di ~ il cappotto e uscì*** er nahm eilig seinen Mantel und ging; ***andò di ~ alla finestra ma lei non c'era più*** er stürzte zum Fenster, aber sie war nicht mehr da; ***~ finale*** Endspurt *m.*; ***vittoria in ~*** Spurtsieg *m.*

vo|la|ti|le I agg. flüchtig, volatil: ***sostanze -i*** flüchtige Substanzen **II** m. **1** Vogel *m.* **2** pl. Federvieh *n.* **vo|la|ti|li|tà** f. Flüchtigkeit *f.* **vo|la|ti|liz|za|re I** tr. flüchtig machen **II** pronom. **volatilizzarsi** **1** sich verflüchtigen **2** FIG. sich in Luft aus‿lösen: ***il rapinatore si è volatilizzato*** der Räuber hat sich in Luft ausgelöst. **vo|la|ti|liz|za|zio|ne** f. Verflüchtigung *f.* **vo|la|to|re I** agg. fliegend **II** m. Flieger *m.*: ***il fagiano non è un buon ~*** der Fasan ist kein guter Flieger.

vol-au-vent [vɔl-o-vɑ̃] m.inv. Vol-au-Vent *m.*

vo|lée [-vɔ'le] f.inv. Flugball *m.*

vo|len|te, ***~ o nolente*** wohl oder übel.

vo|len|te|ro|sa|men|te → **volonterosamente. vo|len|te|ro|so** → **volonteroso.**

vo|len|tie|ri avv. gern: ***bevi un caffè? – sì, ~*** möchtest du einen Kaffee trinken? – ja, gern; ***ben ~*** sehr gern ◆ COLLOQ. ***spesso e ~*** sehr oft.

1.vo|le|re *(voglio, vuoi, vuole, vogliamo, volete, vogliono*; fut. *vorrò;* imperf. *volevo;* pass. rem. *volli, volesti, volle, volemmo, voleste, vollero;* congiunt.pres. *voglia, vogliamo;* congiunt.pass. *volesse;* p.pres. *volente;* p.pass. *voluto)* **I** mod. **1** wollen: ***voglio diventare ingegnere*** ich will Ingenieur werden; ***prima di uscire voglio mettere a posto la casa*** bevor ich ausgehe, will ich die Wohnung aufräumen; ***non sono voluto partire*** ich habe nicht abfahren wollen; ***non voleva più andarsene*** er wollte nicht mehr weg‿gehen; ***volete smetterla una buona volta?*** wollt ihr wohl aufhören! ***voglia gradire i miei omaggi*** wollen Sie meine ergebenste Hochachtung entgegennehmen; COLLOQ. ***il motore non vuole mettersi in moto*** der Motor will nicht anspringen; ***l'accendino non vuole funzionare*** das Feuerzeug will nicht; ***sembra proprio che voglia piovere*** es sieht so aus, als ob es regnen wollte; ***vuoi sapere una cosa?*** weißt du was? **2a** *(in ordini impliciti)* möchten: ***il direttore ti vuole vedere*** der Direktor möchte dich sprechen; ***non voglio essere disturbato*** ich möchte nicht gestört werden **b** *(per esprimere desiderio)* ***vorrei*** ich möchte gern, ich würde gern: ***vorrei conoscere la tua opinione*** ich möchte gern deine Meinung wissen; ***l'anno prossimo vorrei andare in Spagna*** nächstes Jahr würde ich gern nach Spanien fahren; ***vorrei sapere se è possibile*** ich würde gern wissen, ob es möglich ist **3a** ***voler dire*** heißen, bedeuten; ***cosa vuole dire questa espressione?*** was heißt dieser Ausdruck? ***la tua reazione vuol dire che...*** deine Reaktion heißt (*o* zeigt), dass...; ***non vuol dire*** das heißt (*o* beweist) nichts, das will nichts besagen; ***questo vuol dire molto per me*** das bedeutet mir viel; ***e con questo cosa vuoi dire?*** was soll denn das heißen? was meinst du denn damit? **b** *(intendere)* meinen: ***non mi interessa, voglio dire, per adesso*** das interessiert mich nicht, ich meine, nicht zu diesem Zeitpunkt; ***volevo dire proprio questo*** genau das wollte ich sagen (*o* habe ich gemeint) **c** *(sostenere)* behaupten: ***vorreste forse dire che non avete alcuna colpa?*** wollt ihr etwa behaupten, dass ihr keine Schuld habt? **II** tr. **1** wollen: ***non sa nemmeno lui quello che vuole*** er weiß selbst nicht, was er will; ***tienilo e fanne ciò che vuoi*** nimm es, und mach damit, was du willst; ***voglio ciò che mi spetta*** ich will das, was mir zusteht; ***ha voluto fermamente quel posto*** er hat diesen Platz unbedingt gewollt; ***che cos'altro vuoi da me?*** was willst du denn noch von mir? ***(il) destino volle...*** das Schicksal wollte... **2a** *(in ordini impliciti)* ***voglio una relazione dettagliata per domani mattina*** morgen früh möchte ich einen detaillierten Bericht; ***il capo ti vuole nel suo ufficio*** der Chef möchte, dass du in sein Zimmer kommst **b** *(in richieste cortesi)* ***vorrei, volevo*** ich möchte (*o* ich hätte gern): ***vorrei un bicchier d'acqua*** ich hätte gern ein Glas Wasser; ***volevo due panini e un litro di latte*** ich hätte gern (*o* möchte) zwei Brötchen und einen Liter Milch; ***vuoi ancora del vino?*** möchtest du noch Wein? **c** *(in espressioni cortesi)* mögen: ***prendine quanto vuoi*** nimm davon so viel, wie du magst **3** *(con complemento predicativo)* gern sehen: ***suo padre lo vuole dottore*** sein Vater sähe ihn gern als Arzt; ***ti voglio felice*** ich sähe dich gern glücklich **4a** *(necessitare)* brauchen: ***piante che vogliono un clima umido*** Pflanzen, die ein feuchtes Klima brauchen **b** COLLOQ. *(in espressioni grammaticali)* verlangen, regieren: ***una preposizione che vuole il dativo*** eine Präposition, die den Dativ regiert; ***questo verbo vuole l'ausiliare "essere"*** dieses Verb verlangt das Hilfsverb „sein" **5** assol. *(permettere)* erlauben: ***la mamma non vuole*** meine Mama erlaubt das nicht **6** *(ritenere)* glauben: ***alcuni vogliono che si sia trattato di un complotto*** einige glauben, dass es sich um ein Komplott gehandelt hat; ***c'è chi lo vuole innocente*** einige glauben, dass er unschuldig ist (*o* einige halten ihn für unschuldig); ***una vecchia leggenda vuole che...*** nach einer alten Legende... **7a** *(essere necessario)* ***volerci*** brauchen, nötig sein: ***con te ci vuole molta pazienza*** mit dir braucht man wirklich Geduld; ***ci vorrebbe un esperto*** hier wäre ein Fachmann nötig; ***quando ci vuole, ci vuole*** was nötig ist, ist nun einmal nötig; ***è proprio quello che ci vuole*** das ist genau das Richtige; ***che ci vuole?*** was ist das schon? **b** *(di tempo)* dauern: ***ci vuole un po' di tempo*** das dauert seine Zeit; ***ci vuole troppo tempo per farlo*** es dauert zu lang, um es zu machen; ***ce n'è voluto per convincerlo*** es hat lange gedauert, um ihn zu überzeugen **c** *(riferito a tragitto)* entfernt sein: ***da***

qui alla posta ci vogliono 10 minuti a piedi die Post ist 10 Minuten zu Fuß entfernt **d** *(costare)* kosten: ci vogliono 2 milioni solo per il viaggio die Reise allein kostet schon 2 Millionen **e** *(ingredienti, componenti)* benötigen: per la torta ci vogliono... für den Kuchen benötigt man... **f** *(andare bene)* passen: con questo abito ci vuole un foulard rosso zu diesem Kleid passt ein rotes Halstuch; con la carne ci vuole il vino rosso zum Fleisch gehört Rotwein **8a** *(gradire)* volerne mögen: non ne voglio più ich mag nicht mehr **b** *(avercela)* volerne a qcn. es mit jdm haben (*o* auf jdn böse sein); non volermene, ma non sono proprio potuto arrivare prima sei mir nicht böse, ich konnte wirklich nicht früher kommen **III** pronom. volersi bene sich gern haben, sich lieben ◆ ci vuol (ben) altro che... es gehört mehr dazu, um...; ci vuol altro che un novellino per... da muss schon ein anderer her als so ein Neuling, um...; anche volendo non ce l'avrei fatta auch (*o* selbst) wenn ich gewollt hätte, würde ich es nicht geschafft haben; ~ andare hin‿wollen; dove vuoi andare? wo willst du hin? dove vuoi arrivare con questo? worauf willst du mit deinen Reden hinaus? volevo ben dire das dachte ich doch; ~ bene a qcn. jdn mögen (*o* gern haben); capace di intendere e di ~ zurechnungsfähig; che vuoi, volete was soll man da machen; che vuoi: è disperato was soll man da machen, er ist verzweifelt; come vuoi (tu) wie du willst; come vuoi che ti creda? wie soll ich dir denn glauben? come vuole ganz wie Sie wünschen; ci vuole coraggio dazu gehört Mut; *(faccia tosta)* ci vuole un bel coraggio a comportarsi così! man muss ganz schön unverschämt sein, um sich so zu benehmen! cosa vuoi? was willst du denn? se Dio vuole, Dio volendo wenn Gott will; finché vuoi solange du Lust hast; te la sei voluta du hast es ja nicht anders gewollt; ~ male a qcn. jdm übel wollen; SPREG. non ci vuole molto dazu gehört nicht viel; vuoi per un motivo, vuoi per un altro ob nun aus dem einen oder anderen Grund; ce n'è voluto! das war nötig! neanche, nemmeno volendo potrei aiutarti auch wenn ich wollte, könnte ich dir nicht helfen; FIG. non ci vuole niente das ist doch keine Kunst; cosa vuoi di più? was willst du (noch) mehr? vorrei piuttosto... ich würde lieber...; ci vuol poco a... das ist nicht schwierig zu...; vuoi proprio farmi arrabbiare du hast es wohl darauf angelegt, mich zu ärgern; fallo, se proprio vuoi tu, was du nicht lassen kannst; pur volendo non ce l'avrei fatta selbst (*o* auch) wenn ich gewollt hätte, würde ich es nicht geschafft haben; quanto vuoi per la gonna? wieviel kostet der Rock? puoi arrabbiarti quanto vuoi... du kannst dich noch so ärgern...; ci voleva anche questa! das fehlte noch! qui ti voglio! da liegt der Hund begraben; non volerne sapere di fare qcs. nichts von etw. wissen wollen; non ne voglio più sapere niente ich will nichts mehr davon hören; senza volerlo ohne es zu wollen (*o* unabsichtlich); sfortuna volle che... zu seinem Unglück geschah es, dass...; voglio sperare che tu stia scherzando ich will hoffen, dass du es nicht ernst meinst; ti vogliono al telefono du wirst am Telefon verlangt; ~ tornare zurück‿wollen; vuoi vedere che... es scheint doch tatsächlich...; vuoi vedere che è stata la madre? es scheint doch tatsächlich die Mutter gewesen zu sein; cosa vuoi dalla mia vita? was willst du eigentlich von mir? ~ o volare ob man will oder nicht; volendo potremmo vederci domani wir könnten uns morgen treffen; volendo vedere non è tutta colpa sua ehrlich gesagt, ist es nicht nur seine Schuld; PROV. ~ è potere wo ein Wille ist, da ist ein Weg; chi troppo vuole nulla stringe = wer zu viel will, steht letztlich mit leeren Händen da.

2.vo|le|re m. Wille *m.*: rispettare il ~ altrui den Willen der anderen respektieren.

volf|ra|mio m. Wolfram *n.* **volf|ra|mi|te** f. Wolframit *n.*

Vo|lga n.pr.m. Wolga *f.*

vol|ga|re I agg. **1** *(del popolo)* volkstümlich, Volks-: tradizioni -i volkstümliche Traditionen **2** ZOOL. BOT. Trivial-: nome ~ Trivialname *m.* **3** *(ordinario, comune)* gemein, ordinär, vulgär: un profumo ~ ein ordinäres Parfüm; una ~ imitazione eine vulgäre Imitation; una persona ~ ein gemeiner (*o* vulgärer) Mensch; un comportamento ~ ein vulgäres (*o* gemeines) Benehmen; parlare in modo ~ vulgär reden **4** LING. Vulgär-: lingua ~ Vulgärsprache *f.*; latino ~ Vulgärlatein *n.* **II** m. **1** *(parlata volgare)* Vulgärsprache *f.* **2** *(volgarità)* Vulgarität *f.*; cadere nel ~ vulgär werden **3** *(persona volgare)* vulgärer Mensch *m.*; non fare il ~! sei nicht so vulgär!

vol|ga|ri|tà f.inv. **1** Vulgarität *f.*; ~ d'animo vulgäres Gemüt **2** *(parola volgare)* unanständige Äußerung *f.*: dire ~ unanständige Äußerungen machen.

vol|ga|riz|za|men|to m. **1** Übertragung *f.* in eine Vulgärsprache **2** ESTENS. *(opera tradotta)* in eine Vulgärsprache übertragenes Werk *n.* **vol|ga|riz|za|re** tr. **1** in eine Vulgärsprache übertragen **2** ESTENS. *(divulgare)* popularisieren, gemeinverständlich dar‿stellen; SPREG. vulgarisieren. **vol|ga|riz|za|to|re** m. **1** Übersetzer *m.* in eine Vulgärsprache **2** ESTENS. *(divulgatore)* populärwissenschaftlicher Autor *m.* **vol|ga|riz|za|zio|ne** f. **1** ESTENS. *(divulgazione)* Popularisierung *f.*, Vulgarisierung *f.*

vol|gar|men|te avv. **1** vulgär: esprimersi ~ sich vulgär äußern **2** *(comunemente)* einfach: ~ detto schlicht und einfach gesagt.

1.vo|lge|re *(volgo, volgi; volsi; volto)* **I** tr. **1a** richten, wenden: ~ lo sguardo verso qcn., qcs. den Blick auf jdn, etw. richten; ~ lo sguardo lontano den Blick in die Ferne richten **b** FIG. richten: ~ l'attenzione, i pensieri a qcn., qcs. seine Aufmerksamkeit, Gedanken auf jdn, etw. richten **2** FIG. *(trasformare)* um‿wandeln, wenden: ~ il tragico in ironico das Tragische ins Ironische umwandeln **3** *(tradurre)* übersetzen: ~ un testo in italiano einen Text ins Italienische übersetzen **II** intr. (aus. *avere*) **1** *(cambiare direzione)* ab‿biegen: il sentiero volge a destra der Weg biegt rechts ab **2a** FIG. *(evolvere)* sich wenden: la situazione volge al meglio die Lage wendet sich zum Besten **b** *(del tempo)* werden: il tempo volge al bello das Wetter wird schön **III** pronom. **volgersi 1** sich wenden, sich zu‿wenden: si volse a sinistra er wandte sich nach links; -rsi verso qcn. sich jdm zuwenden **2** FIG. *(riversarsi)* sich richten: la sua collera si volse contro di noi seine Wut richtete sich gegen uns **3** FIG. *(dedicarsi)* sich widmen: -rsi agli studi sich dem Studium widmen ◆ -rsi altrove sich ab‿wenden; ~ qcs. in burla etw. ins Lächerliche ziehen; ~ le cose a proprio favore die Dinge zu seinem Vorteil drehen; ~ in fuga il nemico den Feind in die Flucht schlagen; -rsi a guardare indietro zurück‿blicken; -rsi indietro sich zurück‿wenden; ~ le spalle a qcn., qcs. jdm, etw. den Rücken zu‿wenden, zu‿drehen (anche FIG.); ~ al termine dem Ende zu‿gehen; il secolo, il giorno che volge al termine das ausgehende Jahrhundert, der ausgehende Tag.

2.vol|ge|re, con il ~ degli anni im Laufe der Jahre.

vol|go m. *(-ghi)* LETT. Volk *n.*; SPREG. Pöbel *m.*: il ~ comune der gemeine Pöbel.

vo|lie|ra f. Vogelhaus *n.*

vo|li|ti|vo I agg. willensstark.

vo|lo m. **1** Flug *m.*: il ~ di un uccello, di un aereo, di un missile der Flug eines Vogels, eins Flugzeugs, einer Rakete; FIG. il ~ della fantasia der Flug der Fantasie; *(viaggio aereo)* prenotare, cancellare un ~ einen Flug buchen, streichen; un ~ per Francoforte ein Flug nach Frankfurt; *(traiettoria)* il ~ del pallone der Flug des Balls **2** *(stormo)* Schwarm *m.*, Flug *m.*: un ~ di piccioni ein Schwarm Tauben **3** *(caduta)* Fall *m.*, Sturz *m.*: un ~ dal terzo piano ein Sturz aus dem dritten Stock; fare un ~ di tre metri drei Meter in die Tiefe stürzen ◆ ~ acrobatico Kunstflug *m.*; afferrare, prendere qcs. al ~ etw. aus der Luft auf‿fangen; FIG. etw. im Nu (*o* auf Anhieb) verstehen; prendere, colpire la palla al ~ den Ball aus der Luft auf‿fangen, zurück‿schlagen; alzarsi in ~ auf‿fliegen; *(di aereo)* auf‿steigen; ~ di andata Hinflug *m.*; ~ di andata e ritorno Hin- und Rückflug *m.*; assistente di ~ Flugbegleiter *m.* (-in *f.*); autonomia di ~ Flugbereich *m.*; brevetto di ~ Flugschein *m.*; ~ charter Charterflug *m.*; ~ cieco Blindflug *m.*; ~ di collaudo Testflug *m.*; AER. condizioni di ~ Flugwetter *n.*; controllore di ~ Flugleiter *m.*, Fluglotse *m.*; ~ in deltaplano Drachenflug *m.*; ~ dimostrativo Schauflug *m.*; ~ diretto Direktflug *m.*; durata del ~ Flugdauer *f.*; essere in ~ fliegen; ~ in formazione Formationsflug *m.*; idoneità al ~ Flugtauglichkeit *f.*; idoneo al ~ flugtauglich; ~ internazionale Ausland(s)flug *m.*; istruttore di ~ Fluglehrer *m.*; levarsi in ~ (zum Flug) ab‿heben, ab‿fliegen; librarsi in ~ *(di uccello)* auf‿fliegen; *(di veicolo senza motore)* gleiten; ~ di linea Linienflug *m.*; ~ sulla luna Mondflug *m.*; ~ nazionale Inland(s)flug *m.*; ~ notturno Nachtflug *m.*; ZOOL. ~ nuziale Hochzeitsflug *m.*; cogliere l'occasione al ~ die Gelegenheit beim Schopf(e) ergreifen (*o* packen); ore di ~ Flugstunden *pl.*; personale di ~ Flugpersonal *n.*; piano di ~ Flugplan *m.*; ~ pindarico Gedankensprung *m.*; ~ planato Gleitflug *m.*; ponte di ~ Flugdeck *n.*; prendere il ~ auf‿fliegen, weg‿fliegen; *(sparire)* verschwinden; proseguire in ~ weiter‿fliegen; ~ di prova Probeflug *m.*, Testflug *m.*; quota di ~ Flughöhe *f.*; ~ ad alta, a bassa quota Höhenflug *m.*, Tiefflug *m.*; ~ di ricognizione Erkundungsflug *m.*, Aufklärungsflug *m.*; rifornimento in ~ Lufttanken *n.*; ~ di ritorno Rückflug *m.*; ~ senza scalo Nonstopflug *m.*, Ohnehaltflug *m.*; scuola di ~ Flugschule *f.*, Fliegerschule *f.*; scuola di ~ militare Militärfliegerschule *f.*; ~ simulato simulierter Flug; simulatore di ~ Flugsimulator *m.*; ~ spaziale Raumflug *m.*, Weltraumflug *m.*; spiccare il ~ hoch‿fliegen, auf‿fliegen; sport del ~ Flugsport *m.*; ~ strumentale Instrumentenflug *m.*; ~ supersonico Überschallflug *m.*; ~ transoceanico Überseeflug *m.*; tratta di ~ Flugstrecke *f.*; FIG. a ~ d'uccello flüchtig, oberflächlich; AER. ~ a vela Segelflug *m.*; scuola di ~ a vela Segelflugschule *f.*; praticare il ~ a

vela segel‿fliegen; ***velocità di ~*** Fluggeschwindigkeit *f.*; ***~ a vista*** Sichtflug *m.*

vo|lon|tà f.inv. Wille *m.*: ***una ~ debole, forte, di ferro*** ein schwacher, starker, eiserner Wille; ***fare qcs. contro la ~ di qcn.*** etw. gegen (*o* wider) jds Willen tun; ***imporre la propria ~ a qcn.*** seinen Willen bei jdm durch‿setzen; ***soggiacere alla ~ di qcn.*** jdm zu Willen sein; ***qcs. va contro la sua ~*** etw. widerstrebt ihm (*o* etw. ist gegen seinen Willen); ***non è cattiva ~ da parte mia, se...*** es ist kein böser Wille von mir, wenn...; ***la ~ del defunto*** der Wille des Verstorbenen ◆ ***a ~*** nach Wunsch (*o* nach Belieben), wie du willst; ***puoi mangiarne a ~*** du kannst davon so viel essen, wie du willst; ***atto di ~*** Willensakt *m.*; ***con tutta la buona ~*** beim besten Willen; ***gli uomini di buona ~*** die Menschen guten Willens; DIR. ***dichiarazione di ~*** Willenserklärung *f.*; ***la ~ di Dio*** Gottes Wille; ***sia fatta la tua ~*** dein Wille geschehe; ***forza di ~*** Willenstärke *f.*; ***dotato di forza di ~*** willensstark; ***mancanza di ~*** Willensschwäche *f.*; ***manifestazione di ~*** Willensbekundung *f.*, Willensäußerung *f.*; ***dotato di, con poca ~*** willensschwach; ***~ di potenza*** Wille zur Macht; ***privo di ~*** willenlos; ***di propria ~*** aus freiem Willen; ***sforzo di ~*** Willensanspannung *f.*, Willensanstrengung *f.*; ***le ultime ~*** der letzte Wille; ***~ di vincere*** Siegeswille *m.*; ***~ di vivere*** Lebenswille *m.*

vo|lon|ta|ria|men|te avv. freiwillig, aus freien Stücken. **vo|lon|ta|ria|to** m. **1** wohltätige Aktivität *f.* **2** MIL. freiwilliger Wehrdienst *m.* **vo|lon|ta|rie|tà** f. Freiwilligkeit *f.*

vo|lon|ta|rio I agg. *(-ri,-rie)* **1** freiwillig: ***servizio ~*** freiwilliger Dienst; ***offrirsi ~*** sich freiwillig melden **2** ANAT. *(intenzionale)* willkürlich: ***movimenti, muscoli -ri*** willkürliche Bewegungen, Muskeln **II** m. *(-ri)* Freiwillige *m.* ◆ MIL. ***corpo di -ri*** Freischar *f.*; ***~ in guerra*** Kriegsfreiwillige *m.*; ***omicidio ~*** vorsätzlicher Totschlag.

vo|lon|ta|ri|smo m. **1** Voluntarismus *m.* **2** *(soldati volontari)* Freiwilligen *pl.* **vo|lon|ta|ri|sti|co** agg. *(-ci,-che)* voluntaristisch.

vo|lon|te|ro|sa|men|te avv. eifrig. **vo|lon|te|ro|so** agg. eifrig, willig.

vo|lo|ve|li|smo m. Segelflugsport *m.* **vo|lo|ve|li|sta** m. e f. *(-i,-e)* Segelflieger *m.* (-in *f.*).

vol|pac|chiot|to m. **1** Füchschen *n.*, Füchslein *n.*, Fuchsjunge *n.* **2** FIG. schlauer Fuchs *m.*

vol|pe f. **1** Fuchs *m.* **2** *(pelliccia)* Fuchspelz *m.*, Fuchs *m.* ◆ ***~ argentata*** Silberfuchs *m.*; ***~ azzurra*** Blaufuchs *m.*; ***caccia alla ~*** Fuchsjagd *f.*; ***coda di ~*** Fuchsschwanz *m.*; ***~ del deserto*** Wüstenfuchs *m.*; ***~ femmina*** Füchsin *f.*; ***pelliccia di ~*** Fuchspelz *m.*; ***~ polare*** Polarfuchs *m.*; ***~ rossa*** Rotfuchs *m.*; ***~ della steppa*** Steppenfuchs *m.*; ***tana di ~*** Fuchsbau *m.*; ***fare come la ~ con l'uva*** = auf etwas Unerreichbares verzichten; FIG. ***è una vecchia ~*** er ist ein schlauer Fuchs; PROV. ***con la ~ convien volpeggiare*** mit den Wölfen heulen.

vol|pi|no I agg. **1** *(di volpe)* Fuchs-: ***muso ~*** Fuchsschnauze *f.* **2** FIG. schlau; ***astuzia -a*** Schlauheit *f.* **II** m. *(razza di cane)* Spitz *m.* **vol|po|ne** m. **1** ZOOL. großer Fuchs *m.* **2** FIG. schlauer Fuchs *m.*, ausgefuchster Mensch *m.*

volt m.inv. Volt *n.*

1.vol|ta f. **1a** Mal *n.*, mal: ***la prima, seconda ~*** das erste, zweite Mal; ***per la prima, seconda ~*** zum ersten, zweiten Mal; ***la prossima ~*** das nächste Mal, nächstes Mal; ***la ~ scorsa*** voriges Mal; ***una ~ sola, un'unica ~*** ein einziges Mal; ***una ~ dice così, una ~ cosà*** er sagt mal so, mal so **b** *(preceduto da numero cardinale)* -mal: ***due, tre, mille -e*** zweimal, dreimal, tausendmal; ***gliel'ho detto mille -e*** ich habe ihm das tausendmal gesagt; ***una o due -e*** ein- bis zweimal; MAT. ***tre -e tre fa nove*** drei mal drei ist neun **2** AER. ***(gran) ~*** Todeskreis *m.* **3** GINN. Riesenfelge *f.* **4** EQUIT. Volte *f.* **5** TIP. Widerdruck *m.* **6** *(danza)* Volta *f.* ◆ ***a -e*** manchmal, ab und zu; ***a mia, sua ~*** meinerseits, deinerseits (*o* was mich, dich angeht); ***fare una cosa alla ~*** eine Sache nach der anderen machen; ***fare due o tre cose alla ~*** zwei oder drei Sachen auf einmal machen; ***uno alla ~*** einer nach dem anderen; ***alle -e*** → ***certe -e***; ***una ~ o l'altra*** irgendwann (*o* früher oder später); ***ancora una ~*** noch einmal; ***una buona ~*** endlich einmal; ***questa è la ~ buona!*** dieses Mal wird's klappen! ***c'era una ~*** es war einmal; ***certe -e*** ab und zu (manchmal, hin und wieder); ***ti ha dato di ~ il cervello?*** bist du übergeschnappt? ***una ~ che...*** wenn du einmal...; ***a ~ di corriere*** postwendend; ***delle -e*** → ***certe -e***; ***di ~ in ~*** jedesmal; ***alla ~ di*** in Richtung (*o* nach); ***per l'ennesima ~*** zum x-ten Mal; ***mettere in ~*** in die Flucht schlagen; ***mezza ~ (in più)*** einhalbmal (mehr); ***una ~ e mezzo*** eineinhalbmal, anderthalbmal; ***molte -e*** oftmals, mehrmals; ***neppure una ~*** kein, nicht ein einziges Mal (*o* keinmal); ***nove -e su dieci*** in 90 % der Fälle; ***ogni ~ che...*** jedesmal (*o* immer) wenn... (*o* sooft...); ***uno per ~*** der Reihe nach; ***due, tre per ~*** je(weils) zwei, je(weils) drei; ***fare una cosa per ~*** eine Sache nach der anderen machen; ***~ per ~*** jedesmal; ***più -e*** mehrmals, öfters; ***più di una ~*** mehr als einmal; ***poche -e*** selten; ***qualche ~*** manchmal; ***quante -e?*** wie oft? ***ti ricordi quella ~ che...?*** erinnerst du dich an damals, als...? ***questa ~*** diesmal, dieses Mal; ***rare -e*** selten; GINN. ***~ alla sbarra*** Riesenfelge *f.*; ***una ~ per sempre*** ein für alle Mal; ***spesse -e*** viele Male, oft; TIP. ***stampa in ~*** Widerdruck *m.*; ***tante -e*** so oft; ***una ~ tanto*** *(raramente)* selten; *(finalmente)* endlich; ***una ~ per tutte*** ein für alle Mal; ***tutte le -e*** jedes Mal; ***tutte le -e che...*** jedes Mal wenn... (*o* sooft...); ***tutto in una ~*** alles auf einmal; ***l'ultima ~*** letztes Mal; ***per l'ultima ~*** zum letzten Mal; ***una ~*** einmal; *(un tempo)* früher; ***una ~ e basta*** einmal und nie wieder; ***una ~ all'anno, al mese*** einmal im Jahr, im Monat; ***una ~ al giorno*** einmal täglich (*o* am Tag); ***una ~ era insegnante*** früher war er Lehrer; ***non è più quello di una ~*** er ist nicht mehr der Alte (*o* derselbe); ***un po' per, alla ~*** nach und nach.

2.vol|ta f. ARCH. Gewölbe *n.* ◆ ***a ~*** gewölbt; ***soffitto a ~*** gewölbte Decke; ***arco di ~*** Gewölbebogen *m.*; ***~ a botte*** Tonnengewölbe *n.*; ***~ a cassettoni*** Kassettengewölbe *n.*; ***~ celeste*** Himmelsgewölbe *n.*, Himmelskuppel *f.*; ***chiave di ~*** Schlussstein *m.*, Scheitelstein *m.* (anche FIG.); ***~ a chiglia*** Spiegelgewölbe *n.*; ***~ a costoloni*** Rippengewölbe *n.*; ***~ cranica*** Schädeldecke *f.*; ***~ a crociera*** Kreuzgewölbe *n.*; ***~ a cupola*** Kuppelgewölbe *n.*; ***curvare a ~*** wölben; ***~ a imbuto*** Trichtergewölbe *n.*; ANAT. ***~ palatina*** Gaumenbogen *m.*; ***~ reticolata*** Zellengewölbe *n.*; ***~ a schifo*** Spiegelgewölbe *n.*; ***~ a stella*** Sterngewölbe *n.*; ***~ a vela*** Kreuzrippengewölbe *n.*; ***~ a ventaglio*** Fächergewölbe *n.*

vol|ta|fac|cia m.inv. Gesinnungswechsel *m.*; COLLOQ. Kehrtwendung *f.*, Umfall *m.*, Frontwechsel *m.*: ***un ~ politico*** ein politischer Gesinnungswechsel; ***fare un ~*** um‿fallen.

vol|ta|fie|no m.inv. Heuwender *m.*

vol|ta|gab|ba|na m. e f.inv. Wendehals *m.*, Umfaller *m.*

vol|tag|gio m. *(-gi)* Spannung *f.* ◆ ***~ universale*** Allstrom *m.*; ***apparecchio a ~ universale*** Allstromgerät *n.*

vol|tai|co agg. *(-ci,-che)* voltaisch ◆ ***arco ~*** Lichtbogen *m.*; ***pila -a*** Voltasäule *f.*, voltaische Säule.

vol|ta|me|tro m. Voltmeter *n.*

vol|tam|pe|re [-'pɛr] m.inv. Voltampere *n.* **vol|tam|pe|ro|me|tro** m. Voltamperemeter *n.*

vol|tam|pe|ro|ra m. Voltamperestunde *f.* **vol|tam|pe|ro|ra|me|tro** m. Scheinleistungszähler *m.*

vol|ta|pie|tre m.inv. Steinwälzer *m.*

vol|ta|re I tr. **1** wenden, drehen: ***~ la testa*** den Kopf wenden **2** *(dirigere)* richten: ***~ lo sguardo verso qcn.*** den Blick auf jdn richten **3** *(girare)* wenden, um‿drehen: ***~ la frittata*** das Omelette wenden; ***~ una moneta*** eine Münze umdrehen **4** ***~ l'angolo*** um die Ecke biegen **II** intr. (aus. *avere*) ab‿biegen: ***la strada volta a destra*** die Straße biegt nach rechts ab **III** pronom. **voltarsi** sich um‿drehen, sich um‿wenden: ***-rsi indietro*** sich umwenden; ***voltati e guardami*** dreh dich um, und sieh mich an ◆ ***~ pagina*** FIG. einen neuen Abschnitt beginnen; *(in trasmissioni televisive)* ein neues Thema an‿schneiden; ***~ le spalle a qcn.*** jdm den Rücken kehren (anche FIG.).

vol|ta|sto|ma|co, *dare, far venire il ~ a qcn.* jdm den Magen um‿drehen; FIG. für jdn unerträglich sein.

vol|ta|ta f. **1** Umwenden *n.*, Umdrehen *n.* **2** *(curva)* Kurve *f.*, Biegung *f.*

vol|teg|gia|men|to m. Kreisen *n.* **vol|teg|gia|re** intr. *(volteggio, volteggi*; aus. *avere)* **1** kreisen: ***~ in cielo*** am Himmel kreisen **2a** GINN. kreisen: ***~ alle parallele*** einen Überschlag am Barren machen **b** *(agli anelli)* schwingen **3** ESTENS. umher‿wirbeln: ***i ballerini volteggiavano sul palco*** die Tänzer wirbelten auf der Bühne umher **4** EQUIT. voltigieren.

vol|teg|gio m. *(-gi)* **1** GINN. Umschwung *m.*, Überschlag *m.*: ***eseguire un ~*** einen Umschwung aus‿führen **2** *(ippica)* Voltige *f.* **3** AER. Looping *m.* e *n.*

vol|te|let|tro|ne m. Elektronenvolt *n.*

vol|ti|me|tro m. Voltmeter *n.*, Spannungsmesser *m.*

vol|ti|no m. Schwanzsäge *f.*

volt|me|tro → **voltimetro.**

1.vol|to p.pass. agg. **1** → **volgere 2** gerichtet: ***~ a sud*** nach Süden gerichtet **3** FIG. gezielt: ***~ alla soluzione del problema*** auf die Lösung des Problems gezielt.

2.vol|to m. Gesicht *n.*; ANT. Antlitz *n.*, Angesicht *n.*: ***un bel ~*** ein schönes Gesicht; ***un ~ familiare*** ein vertrautes Gesicht; ***un ~ dai tratti nobili*** ein edles Antlitz; ***sbiancare in ~*** blass (*o* bleich) werden; ***illuminarsi in ~*** über das ganze Gesicht strahlen; FIG. ***il vero ~ di qcn.*** jds wahres Gesicht; ***i mille -i della realtà*** die tausend Gesichter der Wirklichkeit; ***il ~ della città*** das Gesicht der Stadt.

vol|to|la|re *(voltolo)* **I** tr. um‿drehen, rollen **II** pronom. **voltolarsi** sich (ständig) um‿drehen, sich wälzen.

vol|tu|ra f. **1** DIR. Überschreibung *f.*, Übereignung *f.*, Umschreibung *f.*, Übertragung *f.* **2** BUROCR. Ummeldung *f.*, Ummelden *n.*: ***la ~ del telefono*** das Ummelden des Telefons. **vol|tu|ra|re** tr. überschreiben, übereignen: ***~ un terreno*** ein Grundstück überschreiben.

vo|lu|bi|le agg. **1** unbeständig, wechselhaft, wankelmütig: ***una persona ~*** eine unbeständige Person; ***un carattere ~*** ein wechselhafter Charakter **2** BOT. rankig, windend. **vo|lu|bi|li|tà** f. Unbeständigkeit *f.*, Wechselhaftigkeit *f.*, Wankelmut *m.*

vo|lu|me m. **1** GEOM. Volumen *n.*, Inhalt *m.*, Rauminhalt *m.*: ***calcolare il ~ di un cubo*** das Volumen eines Würfels berechnen **2** FIS. Volumen *n.*: ***~ specifico*** spezifisches Volumen **3a** *(quantità)* Volumen *n.*, Umfang *m.*: ***il ~ delle esportazioni*** das Volumen der Exporte; ***aumentare di ~*** an Volumen zu‿nehmen **b** ESTENS. *(ingombro)* Platz *m.*, Ausmaß *n.*, Raumbedarf *m.*; ***fare molto ~*** viel Platz nehmen; ***di poco ~*** Platz sparend; ***di grosso ~*** voluminös **4a** *(intensità di suono)* Lautstärke *f.*: ***~ alto, basso*** hohe, niedrige Lautstärke; ***regolare il ~*** die Lautstärke regeln; ***alzare, abbassare il ~ della televisione*** den Fernseher lauter, leiser stellen; ***a tutto ~*** mit voller Lautstärke **b** *(manopola)* Lautstärkeregler *m.* **5a** EDIT. Band *m.*: ***un'opera in quattro -i*** ein Werk in vier Bänden (*o* ein vierbändiges Werk) **b** *(libro)* Buch *n.*; ***un ~ di poesie*** ein Band Gedichte **6** ART. Inhalt *m.* ◆ ***~ di affari*** Geschäftsvolumen *n.*, Geschäftsumfang *m.*, Umsatz *m.*; ***~ d'affari annuo*** Jahresumsatz *m.*; ***auto a due, tre -i*** Auto *n.* mit Zweiraum-, Dreiraumkarrosserie; MOT. ***~ di compressione*** Verdichtungsraum *m.*; ***~ creditizio*** Kreditumfang *m.*; ***~ doppio*** Doppelband *m.*; SPORT ***~ di gioco*** Spielanteil *m.*; ***~ illustrato*** Bildband *m.*; ***~ di lusso*** Prachtband *m.*; ***~ in ottavo*** Oktavband *m.*; ***~ in pelle*** Lederband *m.*; ***~ in pergamena*** Pergamentband *m.*; ***~ di produzione*** Produktionsvolumen *n.*; ***~ in quarto*** Quartband *m.*; ***~ sonoro*** Lautstärke *f.*; ***~ in tela*** Leinenband *m.*, Ganzleinenband *m.*; ***~ in mezza tela*** Halbleinenband *m.*; ***~ di traffico*** Verkehrsaufkommen *n.*; ***~ unico*** Einzelband *m.*; ***unità di ~*** Raumeinheit *f.*, Volumeneinheit *f.*; ***~ delle vendite*** Absatzvolumen *n.*

vo|lu|me|tri|a f. Volumetrie *f.*, Maßanalyse *f.* **vo|lu|me|tri|co** agg. *(-ci,-che)* volumetrisch ◆ CHIM. ***analisi -a*** Maßanalyse *f.*

vo|lu|mi|no|si|tà f. Umfang *m.*, Größe *f.* **vo|lu|mi|no|so** agg. voluminös, umfangreich, groß: ***un mobile ~*** ein großes Möbelstück.

vo|lu|ta f. **1** Spirale *f.* **2** ARCH. Volute *f.* ◆ ***~ di fumo*** Rauchfahne *f.*

vo|lu|ta|men|te avv. absichtlich, willentlich: ***lo ha urtato ~*** er hat ihn absichtlich gestoßen. **vo|lu|to** p.pass. agg. **1** → **volere** **2** gewollt, gewünscht, beabsichtigt: ***ottenere l'effetto ~*** die gewünschte Wirkung erzielen **3** *(artefatto)* gekünstelt ◆ ***~ da Dio*** gottgewollt; ***nel modo ~*** nach Wunsch; ***non ~*** ungewollt.

vo|lut|tà f. **1** Wollust *f.* **2** ESTENS. Genuss *m.*; ***assaporare qcs. con ~*** etw. genüsslich essen. **vo|lut|tua|rio** agg. *(-ri,-rie)* Luxus-, Genuss-: ***bene ~*** Luxusgut *n.*; ***genere ~*** Genussmittel *n.*

vo|lut|tuo|sa|men|te avv. **1** wollüstig **2** ESTENS. genüsslich. **vo|lut|tuo|si|tà** f. Sinnlichkeit *f.* **vo|lut|tuo|so** agg. **1a** wollüstig: ***uno sguardo ~*** ein wollüstiger Blick **b** *(sensuale)* sinnlich **2** ESTENS. genüsslich, genießerisch.

vol|vo|lo m. Darmverschlingung *f.*

vo|me|re m. **1** Pflugschar *f.*, Schar *f.* **2** ANAT. Pflugscharbein *n.* ◆ ***aratro a ~*** Scharpflug *m.*, Schaufelpflug *m.*

vo|mi|co agg. *(-ci,-che)* Brech-: ***noce -a*** Brechnuss *f.*, Speinuss *f.*

vo|mi|ta|re *(vomito)* **I** tr. **1** brechen, erbrechen, sich (A) übergeben; COLLOQ. kotzen: ***mi viene da ~*** ich muss brechen; ESTENS. ***questo film fa (venire da) ~*** dieser Film ist zum Kotzen; ***uno spettacolo da far ~*** ein ekelhaftes Schauspiel **2** FIG. aus‿stoßen: ***il vulcano vomita lava*** der Vulkan stößt Lava aus; ***~ improperi*** Schimpfwörter ausstoßen **II** pronom. ***-rsi addosso*** sich voll kotzen.

vo|mi|ta|tic|cio m. *(-ci)* Erbrochene *n.* **vo|mi|ta|ti|vo** agg. Brech-, emetisch. **vo|mi|ta|to|rio** agg. *(-ri,-rie)* Brech-, emetisch. **vo|mi|te|vo|le** agg. **1** emetisch, Brech- **2** FIG. *(ributtante)* ekelhaft, widerlich, abstoßend.

vo|mi|to m. **1** Erbrechen *n.*, Brechen *n.*; ***provocare il ~*** Brechreiz hervor‿rufen; FIG. ***far venire il ~*** an‿ekeln **2** *(vomitaticcio)* Erbrochene *n.* ◆ ***conato di ~*** Brechreiz *m.*; ***diarrea con ~*** Brechdurchfall *m.*; ***~ gravidico*** Schwangerschaftserbrechen *n.*

vo|mi|zio|ne f. Erbrechen *n.*, Brechen *n.*

von|go|la f. Venusmuschel *f.*

voo|doo [vu'du] m.inv. Wodu *m.*

vo|ra|ce agg. gefräßig (anche ESTENS.): ***un lupo, un bambino ~*** ein gefräßiger Wolf, ein gefräßiges Kind. **vo|ra|ce|men|te** avv. **1** gefräßig **2** *(avidamente)* gierig. **vo|ra|ci|tà** f. **1** Gefräßigkeit *f.* **2** FIG. Gier *f.*: ***la ~ di uno strozzino*** die Gier eines Wucherers.

vo|ra|gi|ne f. **1** Schlund *m.*, Abgrund *m.*: ***si è aperta una ~*** ein Abgrund tat sich auf; ***la ~ del cratere*** der Schlund des Kraters **2** FIG. Fass *n.* ohne Boden: ***la ~ del debito pubblico*** das Fass ohne Boden der Staatsverschuldung, der Schuldenberg des Staates.

Vos|gi n.pr.pl. Vogesen *pl.*

vor|ti|ca|re intr. *(vortico, vortichi*; aus. *avere)* wirbeln, strudeln: ***le foglie vorticano nell'aria*** die Blätter wirbeln durch die Luft.

vor|ti|ce m. **1** Strudel *m.*, Wirbel *m.*: ***venire risucchiato da un ~*** von einem Strudel erfasst werden; ***alzarsi in ~*** auf‿wirbeln **2** ESTENS. FIG. Wirbel *m.*: ***il ~ della danza*** der Wirbel des Tanzes; ***il ~ della passione*** der Wirbel der Leidenschaft ◆ ***~ d'acqua*** Wasserstrudel *m.*; ***~ d'aria*** Luftwirbel *m.*; ***~ di vento*** Wirbelwind *m.*

vor|ti|cel|la f. Glockentierchen *n.*

vor|ti|co|sa|men|te avv. wirbelnd. **vor|ti|co|so** agg. **1** wirbelnd, Wirbel-: ***vento ~*** Wirbelsturm *m.* **2** ESTENS. *(frenetico)* wirbelnd, hektisch: ***danza -a*** wirbelnder Tanz; ***un ritmo di vita ~*** ein hektischer Lebensrhythmus.

vos|si|gno|ri|a f. REGION. Euer Wohlgeboren *m.*

vo|stro (f. *vostra*; m.pl. *vostri*; f.pl. *vostre*) **I** agg.poss. **1** euer, eure: ***~ fratello*** euer Bruder; ***-a sorella*** eure Schwester; ***la -a macchina*** euer Auto; ***le -e speranze*** eure Hoffnungen; ***un ~ amico*** einer eurer Freunde, ein Freund von euch; ***questo ~ insegnante*** dieser eurer Lehrer; ***alcuni -i parenti*** einige eurer Verwandten; *(in posizione predicativa)* ***questa valigia è -a*** das ist eurer Koffer, der Koffer gehört euch **2** *(forma di cortesia)* Ihr, Ihre: ***abbiamo ricevuto la Vostra lettera*** wir haben Ihr Schreiben bekommen; ***ringraziamo per la Vostra cortese attenzione*** wir danken Ihnen für Ihre Aufmerksamkeit **II** pron.poss. **1a** eurer, eures, eure: ***la nostra valigia è come la -a*** unser Koffer ist wie der eure; ***la nostra scuola si trova in centro, invece la -a è in periferia*** unsere Schule befindet sich im Zentrum, eure hingegen am Stadtrand **b** *(forma di cortesia)* Ihrer, Ihres, Ihre: ***ho ritirato la mia lettera ma non la -a*** ich habe meinen Brief abgeholt, aber nicht Ihren **2** COMM. *(Vostra lettera)* Ihr Schreiben *n.*: COMM. ***la Vostra del 3 aprile*** Ihr Schreiben vom 3. April **3** pl. *(vostri parenti, amici, uomini...)* Eurigen *pl.*, Euren *pl.*: ***la vittoria è stata dei -i*** die Eurigen haben den Sieg davongetragen ◆ ***a ~ avviso*** eurer Meinung nach; ***per causa, colpa -a*** euretwegen; ***è, sta dalla -a*** er steht auf eurer Seite; ***avete fatto la -a parte*** ihr habt euren Teil (*o* das Eure) getan; ***da parte -a*** eurerseits; ***ci avete rimesso del ~*** ihr habt draufzahlen müssen; ***ai -i tempi*** zu eurer Zeit; ***in vece -a*** an eurer Stelle; ***lo avete fatto di -a volontà*** ihr habt es aus freiem Willen getan.

vo|tan|te **I** agg. **1** *(che ha diritto al voto)* wahlberechtigt **2** *(che partecipa alla votazione)* wählend **II** m. e f. **1** *(chi ha diritto al voto)* Wahlberechtigte *m.* e *f.* **2** *(chi partecipa alla votazione)* Wähler *m.* (-in *f.*) ◆ ***la percentuale dei -i*** die Wahlbeteiligung.

vo|ta|re **I** tr. **1** ***~ qcs.*** über etw. (A) ab‿stimmen: ***~ una legge, una proposta*** über ein Gesetz, einen Antrag abstimmen; ***~ per alzata di mano*** durch Handaufheben abstimmen **2** *(dare la preferenza)* wählen (anche assol.): ***~ un candidato*** einen Kandidaten wählen; ***sono già andato a ~*** ich bin schon wählen gegangen; ***andare a ~ a giugno*** im Juni zur Wahl gehen **3** *(approvare)* verabschieden: ***la legge è stata votata*** das Gesetz ist verabschiedet worden **4** *(consacrare)* weihen: ***~ la vita alla patria*** sein Leben dem Vaterland weihen **II** intr. (aus. *avere*) stimmen: ***~ a favore, contro qcn., qcs.*** für, gegen jdn, etw. stimmen **III** pronom. **votarsi** **1** *(consacrarsi)* sein Leben weihen: ***-rsi a Dio*** sein Leben Gott weihen; ESTENS. ***-rsi alla scienza*** sein Leben der Wissenschaft weihen **2** *(dedicarsi)* sich verschreiben, sich ergeben ◆ ***-rsi a una causa*** sich für etw. ein‿setzen; ***non sapere (più) a che santo -rsi*** = weder ein noch aus wissen (*o* sich nicht zu helfen wissen).

vo|ta|zio|ne f. **1** Abstimmung *f.*: ***~ segreta*** geheime Abstimmung; ***~ per alzata di mano*** Abstimmung per Handzeichen; ***procedere alla ~*** zur Abstimmung schreiten **2** *(elezione)* Wahl *f.* **3** SCOL. Zensuren *pl.*, Noten *pl.*: ***avere una buona, cattiva ~*** gute, schlechte Noten haben.

vo|ti|vo agg. Votiv-: ***cappella, chiesa, messa -a*** Votivkapelle *f.*, Votivkirche *f.*, Votivmesse *f.*; ***dono ~*** Votivgabe *f.*; ***immagine, iscrizione -a*** Votivbild *n.*, Votivtafel *f.* ◆ ***offerta -a*** Weihgabe *f.*

vo|to m. **1** SCOL. Note *f.*, Zensur *f.*: ***prendere un brutto, bel ~*** eine schlechte, gute Note bekommen; ***~ nell'orale, nello scritto*** mündliche, schriftliche Note **2** DIR. Stimme *f.*, Votum *n.*: ***dare il proprio ~ a qcn.*** jdm seine Stimme geben, für jdn seine Stimme ab‿geben; ***guadagnare, perdere -i*** Stimmen gewinnen, verlieren; ***raccogliere molti -i*** viele Stimmen sammeln; ***astenersi dal ~*** sich der Stimme enthalten; ***fare lo spoglio dei -i*** die (abgegebenen) Stimmen (*o* die Stimmzettel) aus‿zählen; ***ottenere la maggioranza dei -i*** die meisten Stimmen erhalten (*o* auf sich [A] vereinigen); ***~ espresso, valido, nullo*** abgegebene, gültige, ungültige Stimme; ***~ deliberativo, consultivo*** entscheidende, beratende Stimme; **3** ESTENS. *(votazione)* Wahl *f.*, Abstimmung *f.*: ***il ~ del 7 giugno*** die Wahl vom

7. Juni; ***procedere al ~*** zur Abstimmung schreiten; ***decidere col ~*** durch Abstimmung entscheiden; ***con ~ palese*** durch offene Wahl; ***votare con ~ palese*** offen ab‿stimmen; ***~ segreto*** geheime Wahl **4** *(diritto di votare)* Wahlrecht *n.*, Stimmrecht *n.*: ***negare il ~ alle donne*** den Frauen das Wahlrecht verweigern **5a** RELIG. *(promessa)* Gelübde *n.*, Gelöbnis *n.*: ***rispettare, infrangere un ~*** ein Gelübde ein‿halten, brechen; ***il ~ di povertà, obbedienza*** das Gelübde der Armut, des Gehorsams; ***pronunciare, fare un ~*** ein Gelübde ab‿legen, tun; ***sciogliere qcn. da un ~*** jdn von einem Gelübde los‿sprechen **b** *(offerta votiva)* Votivgabe *f.* ◆ ***astensione dal ~*** Stimmenthaltung *f.*; ***~ del battesimo*** Taufgelübde *n.*; ***~ di castità*** Keuschheitsgelübde *n.*; SCOL. ***~ complessivo*** Gesamtnote *f.*; ***~ di condotta*** Betragensnote *f.*; ***~ contrario*** Gegenstimme *f.*; ***~ per corrispondenza*** Briefwahl *f.*; ***diritto di, al ~*** Wahlrecht *n.*, Stimmrecht *n.*; ***diritto di ~ delle donne*** Frauenstimmrecht *n.*; ***avente diritto al ~*** stimmberechtigt, wahlberechtigt; ***gli aventi diritto al ~*** die Stimmberechtigten, die Wahlberechtigten; ***esito del ~*** Wahlausgang *m.*; RELIG. ***ex ~*** Exvoto *n.*, Votivgabe *f.*; *(immagine)* Votivbild *n.*; ***~ favorevole*** Jastimme *f.*; ***esprimere ~ favorevole*** eine Jastimme ab‿geben; ***~ di fiducia*** Vertrauensvotum *n.*; ***libertà di ~*** Wahlfreiheit *f.*; ***lista dei -i*** Stimmliste *f.*; ***maggioranza di -i*** Stimmenmehrheit *f.*; ***~ di maggioranza*** Mehrheitsstimme *f.*; ***mettere ai -i qcs.*** etw. zur Wahl stellen; ***obbligo di ~*** Wahlpflicht *f.*; ***operazione di ~*** Wahlakt *m.*, Wahlhandlung *f.*; ***a parità di -i*** bei Stimmengleichheit; ***partecipazione al ~*** Wahlbeteiligung *f.*; ***perdita di -i*** Stimmenverlust *m.*; ***a pieni -i*** mit der Bestnote (*o* Höchstnote); ***~ di preferenza*** Vorzugsstimme *f.*; RELIG. ***prendere, pronunciare i -i*** die ewigen Gelübde (*o* die Ordensgelübde) ab‿legen; ***~ di protesta*** Proteststimme *f.*; ***~ religioso*** Ordensgelübde *n.*; ***~ di scambio*** gekaufte Stimme; ***scheda di ~*** Stimmzettel *m.*, Wahlzettel *m.*; SCOL. ***~ di scrutinio*** Abschlussnote *f.*; ***~ sfavorevole*** Neinstimme *f.*; ***esprimere ~ sfavorevole*** eine Neinstimme ab‿geben; ***~ di sfiducia*** Misstrauensvotum *n.*; ***spoglio dei -i*** Stimmenauszählung *f.*; ***~ unanime*** Einstimmigkeit *f.*

vouch|er ['vaʊtʃə] m.inv. Voucher *n.* e *m.*

vo|yeur [vwa'jœ:r] m.inv. Voyeur *m.* **vo|yeu|ri|smo** m. Voyeurismus *m.*

VP ⇒ **1** *Vaglia Postale* Postanweisung **2** *Vicepresidente* Vizepräsident.

VPC ⇒ *Vendita Per Corrispondenza* Versandhandel.

v.r. ⇒ *vedi retro* siehe Rückseite.

Vs., VS ⇒ *Vostro* Ihr.

VU ⇒ *Vigile Urbano* (städtischer Polizist).

vu cum|prà m.inv. COLLOQ. SPREG. = (nord)afrikanischer Straßenverkäufer *m.*

vu|du, vu|dù → **voodoo.**

vul|ca|ne|si|mo → **vulcanismo.**

vul|ca|ni|co agg. *(-ci,-che)* **1** vulkanisch, Vulkan-: ***pietra, eruzione -a*** vulkanisches Gestein, vulkanische Eruption **2** FIG. sprühend: ***una mente -a*** ein sprühender Geist ◆ ***lago ~*** Kratersee *m.*, Maar *n.*

vul|ca|ni|smo m. Vulkanismus *m.*

vul|ca|niz|za|re tr. **1** vulkanisieren **2** *(pneumatici)* runderneuern. **vul|ca|niz|za|to|re** m. Vulkaniseur *m.* **vul|ca|niz|za|zio|ne** f. **1** Vulkanisierung *f.* **2** *(di pneumatici)* Runderneuerung *f.*

vul|ca|no m. **1** Vulkan *m.*: ***un ~ attivo, inattivo, in eruzione, spento*** ein tätiger, untätiger, Feuer speiender, erloschener Vulkan; ***il ~ è entrato in attività*** der Vulkan ist in Tätigkeit getreten (*o* ist ausgebrochen) **2** FIG. Energiebündel *n.*: ***è un vero ~*** er ist ein wahres Energiebündel; ***essere un ~ d'idee*** vor Einfällen über‿sprudeln ◆ ***eruzione di un ~*** Vulkanausbruch *m.*; FIG. ***essere (seduto) su un ~*** auf einem Pulverfass sitzen.

Vul|ca|no n.pr.m. Vulkan *m.*

vul|ca|no|lo|gi|a f. Vulkanologie *f.* **vul|ca|no|lo|gi|co** agg. *(-ci, -che)* vulkanologisch. **vul|ca|no|lo|go** m. *(-gi)* Vulkanologe *m.*

vul|ga|ta f. Vulgata *f.*

vul|ne|ra|bi|le agg. **1** verwundbar, schwach **2** *(che si può facilmente ferire)* verwundbar, verletzbar, verletzlich **3** FIG. *(debole)* schwach, verwundbar, Schwach- ◆ ***punto ~*** Schwachstelle *f.*, Schwachpunkt *m.* **vul|ne|ra|bi|li|tà** f. Verwundbarkeit *f.*, Verletzlichkeit *f.*

vul|va f. Vulva *f.* **vul|va|re** agg. Vulva-.

vuo|ta|men|to m. Leerung *f.*, Ausleeren *n.*

vuo|ta|re I tr. leeren aus‿leeren: ***~ una scatola, una bottiglia*** eine Schachtel, eine Flasche (aus)leeren; ***~ il bicchiere*** das Glas leeren (*o* leer trinken, aus‿trinken); ***~ il piatto*** den Teller leeren (*o* leer essen) **II** pronom. **vuotarsi 1** sich leeren, leer werden **2** *(di liquidi)* leer laufen: ***il serbatoio dell'acqua si vuota molto velocemente*** der Wassertank läuft sehr schnell leer ◆ ***~ un appartamento*** eine Wohnung aus‿räumen; *(svaligiare)* eine Wohnung aus‿rauben; FIG. ***~ il sacco*** aus‿packen; ***~ le tasche a qcn.*** jdm die Taschen leeren (anche FIG.).

vuo|tez|za f. Leere *f.* (anche FIG.) ◆ ***~ d'idee*** Ideenlosigkeit *f.*

vuo|to I agg. **1** leer (anche FIG.): ***un bicchiere ~*** ein leeres Glas; ***occupare un posto ~*** einen leeren Platz besetzen; ***città, strade -e*** leere Städte, Straßen; *(privo di senso)* ***parole -e, discorsi -i*** leere Worte, leeres Gerede; ***vita, esistenza -a*** leeres Leben, Dasein; *(disabitato)* ***l'appartamento è ~*** die Wohnung ist (*o* steht) leer **2** *(cavo)* hohl: ***una noce -a*** eine hohle Nuss **II** m. **1** *(l'essere vuoto)* Leere *f.*: ***il ~ di una stanza*** die Leere eines Zimmers **2** Leere *n.*: ***gettarsi, precipitare nel ~*** ins Leere springen, stürzen; ***avere gli occhi fissi nel ~*** ins Leere starren **3** *(cavità)* Hohlraum *m.* **4** FIG. *(lacuna)* Lücke *f.*, Leere *f.*: ***la sua morte ha lasciato un grande ~ dietro di sé*** sein Tod hat eine große Lücke hinterlassen; ***un ~ spirituale, interiore*** eine geistige, innere Leere; ***sentirsi un ~ (dentro)*** sich leer fühlen **5** *(recipiente vuoto)* Leergut *n.* **6** FIS. Vakuum *n.*, Leere *f.*: ***il ~ assoluto*** die absolute Leere; ***produrre il ~*** ein Vakuum erzeugen ◆ ***a ~*** umsonst; ***parlare a ~*** umsonst (*o* gegen die Wand) reden; ***andare a ~*** fehl‿schlagen (*o* umsonst sein, misslingen); ***~ d'aria*** Luftloch *n.*; ***assegno a ~*** ungedeckter Scheck; ***cadere nel ~*** ins Leere fallen; FIG. auf taube Ohren stoßen; ***~ di cassa*** Kassendefizit *n.*; ***colpo a ~*** Fehlschlag *m.* (*o* Fehlschuss *m.*); FIG. ***un colpo a ~*** ein Schuss in den Ofen; ***fare il ~ attorno a sé*** alle ab‿stoßen, sich mit allen verfeinden; SPORT die Gegner hinter sich zurück‿lassen (*o* die Gegner ab‿hängen); MECC. ***girare a ~*** leer laufen; FIG. sich im Kreis drehen; MAT. ***insieme ~*** Nullmenge *f.*; ***~ legislativo*** Gesetzeslücke *f.*; ***a mani -e*** mit leeren Händen; ***restare a mani -e*** leer aus‿gehen; ***avere un ~ di memoria*** eine Gedächtnislücke haben; ***mezzo ~*** halbleer; ***-i a perdere*** ohne Pfand; ***~ a perdere*** *(bottiglia)* Einwegflasche *f.* (*o* Wegwerfflasche *f.*); ***~ di potere*** Machtvakuum *n.*; ***-i a rendere*** mit Pfand; ***~ a rendere*** *(bottiglia)* Pfandflasche *f.* (*o* Mehrwegflasche *f.*); ***confezionato, confezione sotto ~*** vakuumverpackt, Vakuumverpackung *f.*; ***~ spinto*** Hochvakuum *n.*; ***a stomaco ~*** mit leerem Magen (*o* auf nüchternen Magen); ***essere a stomaco ~*** nichts im Magen haben; ***testa -a*** Hohlkopf *m.*; ***essere una testa -a*** nichts im Kopf haben, ein Hohlkopf sein; ***fare un viaggio a ~*** umsonst hin‿gehen; *(con veicolo)* umsonst hin‿fahren.

W

w, W f. e m.inv. w, W *n.*: ***una W maiuscola, una w minuscola*** ein großes W, ein kleines w.
W ⇒ *evviva* es lebe.
wa|fer ['va-] m.inv. Waffel *f.* ◆ **~ *al cioccolato*** Schokoladenwaffel *f.*
wag|ne|ria|no I agg. wagnersch, Wagners, Wagner- **II** m. Wagnerianer *m.*
wa|gon-lit [vagɔ̃'li] m.inv. Schlafwagen *m.*
wal|hal|la [val'hala] m.inv. Walhall *n.*, Walhalla *f.* e *n.*
walkie-talkie [wɔ:kɪ'tɔ:kɪ] m.inv. Walkie-talkie *n.*
walk|man ['wɔ:kmən] m.inv. Walkman *m.*
Wal|ter n.pr.m. Walter m., Walther m.
war game, war|game ['wɔ:geɪm, *üblich* wɔr'geim] m.inv. *(-s)* **1** MIL. Planspiel *n.*, Kriegsspiel *n.* **2** GIOC. Kriegsspiel *n.*
wa|ter ['wɔ:tə, *üblich* 'vater] m.inv. Toilettenbecken *n.*, Toilettenschüssel *f.*, Klosettbecken *n.* ◆ ***sedile del*** **~** Klosettsitz *m.* **wa|ter-clos|et** [-klɒzɪt] m.inv. Wasserklosett *n.*
wa|ter|proof ['wɔ:təpru:f] agg.inv. wasserdicht, waterproof.
watt [vat] m.inv. Watt *n.*: ***una lampadina da 100*** **~** eine 100-Watt-Birne. **watt|me|tro** m. Wattmeter *n.* **wat|to|ra** f.inv. Wattstunde *f.* **watt|se|con|do** m. Wattsekunde *f.*
wa|tus|so [va-] **I** agg. Watussi- **II** m. **1** Watussi *m.* **2** COLLOQ. *(persona molto alta)* Bohnenstange *f.*
WC ⇒ *Water closet* WC.
week(-)end ['wi:k end, *üblich* wi'kend] m.inv. Wochenende *n.*, Weekend *n.*: ***nel*** **~** am Wochenende; ***andare via, partire per il*** **~** über das Wochenende verreisen; ***buon ~!*** schönes Wochenende!
Welt|an|schau|ung ['vɛltanʃaʊʊŋ, *üblich* veltan'ʃauŋ(g)] f.inv. Weltanschauung *f.*
wel|ter ['weltə, *üblich* 'vɛlter] **I** agg.inv. Welter-: ***peso*** **~** Weltergewicht *n.* **II** m. **1** *(categoria)* Weltergewicht *n.* **2** *(pugile)* Weltergewichtler *m.*, Weltergewicht *n.*
west [west] m.inv. Westen *m.*: ***il selvaggio West*** der wilde Westen.
west|ern ['westən, *üblich* 'wɛstern] **I** m.inv. Western *m.*, Wildwestfilm *m.* **II** agg.inv. ***film*** **~** Western *m.*, Wildwestfilm *m.* ◆ **~ *all'italiana*** Italowestern *m.*
whis|ky ['wɪskɪ] m.inv. Whisky *m.*, Whiskey *m.*: ***bere un ~ liscio, un ~ e soda*** einen Whisky pur, (mit) Soda trinken.
whist [wɪst] m.inv. Whist *n.*
wind|surf ['wɪndsə:f, *üblich* wind'sœrf] m.inv. **1** *(tavola)* Surfbrett *n.* **2** *(disciplina)* Windsurfing *n.*, Windsurfen *n.*; ***praticare il, fare*** **~** windsurfen. **wind|surf|ing** [-fiŋ] m.inv. Windsurfing *n.*, Windsurfen *n.* **wind|sur|fi|sta** m. e f. *(-i,-e)* Windsurfer *m.* (-in *f.*).
WL ⇒ *Wagons-lit* Schlafwagen.
wol|fra|mio [v-] m. Wolfram *n.* **wol|fra|mi|te** f. Wolframit *n.*
word pro|cess|ing [wə:d 'proʊsesiŋ] m.inv. Textverarbeitung *f.* **word pro|cess|or** [-sesə] m.inv. Textverarbeitungssystem *n.*
work|shop ['wə:kʃɒp] m.inv. Workshop *m.*
würs|tel ['vyrstəl] m.inv. Würstchen *n.*

X

x, X f. e m.inv. x, X *n.*: ***una X maiuscola, una x minuscola*** ein großes X, ein kleines x ◆ ***a (forma di) x*** x-förmig, X-; MAT. ***asse (delle) x*** x-Achse *f.*; ***cromosoma X*** X-Chromosom *n.*; ***risolvere un'equazione rispetto a x*** eine Gleichung nach x auf‿lösen; ***gambe a x*** X-Beine; ***con le gambe a ~*** x-beinig; ***il giorno x*** der Tag X; ***l'ora X*** die Stunde X; ***raggi X*** Röntgenstrahlen *pl.*; ***il sig. X*** Herr X; FIS. ***unità x*** X-Einheit *f.*

xan|to|fil|la f. Xantophyll *n.*, Lutein *n.*

xe|no m. Xenon *n.*

xe|no|fi|li|a f. Xenophilie *f.* **xe|no|fi|lo** agg. xenophil.

xe|no|fo|bi|a f. Xenophobie *f.*, Ausländerfeindlichkeit *f.*, Fremdenhass *m.* **xe|no|fo|bi|co** agg. *(-ci,-che)* xenophob, ausländerfeindlich. **xe|no|fo|bo** **I** m. Ausländerfeind *m.* **II** agg. xenophob, ausländerfeindlich.

xe|ro|co|pia f. Xerokopie *f.*

xe|ro|fi|lo agg. xerophil. **xe|ro|fi|ta** m. Xerophyt *m.*

xe|ro|gra|fi|a f. Xerographie *f.* **xe|ro|gra|fi|co** agg. *(-ci,-che)* xerographisch.

xi|foi|de **I** agg. ***appendice ~*** Schwertfortsatz *m.* **II** m. e f. Schwertfortsatz *m.*

xi|fo|su|ro m. Pfeilschwanz *m.*

xi|le|ma m. Xylem *n.*

xi|lo|co|pa f. Holzbiene *f.*

xi|lo|fa|go **I** agg. *(-gi,-ghe)* Holz fressend, Holz-: ***insetto ~*** Holzkäfer *m.* **II** m. *(-gi)* Holzkäfer *m.*

xi|lo|fo|ni|sta m. e f. *(-i,-e)* Xylophonspieler *m.* (-in *f.*). **xi|lo|fo|no** m. Xylophon *n.*: ***suonare lo ~*** Xylophon spielen.

xi|lo|gra|fi|a f. **1** Xylographie *f.*, Holzschneidekunst *f.* **2** *(stampa)* Holzschnitt *m.* **xi|lo|gra|fi|co** agg. *(-ci,-che)* xylographisch. **xi|lo|gra|fo** m. Xylograph *m.*, Holzschneider *m.*

xi|lo|sio m. Xylose *f.*

xio|li|te f. Xyolith® *m.*, Steinholz *n.*

Y

y, Y f. e m.inv. y, Y *n.*: ***una Y maiuscola, una y minuscola*** ein großes Y, ein kleines y ◆ ***asse (delle) y*** y-Achse *f.*; ***cromosoma Y*** Y-Chromosom *n.*; ***risolvere un'equazione rispetto a y*** eine Gleichung nach y auf‿lösen.

yacht [jɒt] m.inv. Jacht *f.*, Yacht *f.*: ***~ a vela*** Segeljacht *f.*

yak [jæk, *üblich* jak] m.inv. Jak *m.*, Yak *m.*

Yal|ta n.pr.f. Jalta *n.*

yang [jaŋ] m.inv. Yang *n.*

yan|kee ['jæŋkɪ] m.inv. Yankee *m.*

yard [jɑ:d] m. e f.inv. Yard *n.*

Ye|men n.pr.m. Jemen *m.*: ***~ del sud*** Südjemen *n.* **ye|me|ni|ta** *(-i,-e)* **I** agg. jemenitisch **II** m. e f. Jemenit *m.* (-in *f.*).

yen [ɛn, *üblich* jɛn] m.inv. Yen *m.*

ye|ti m.inv. Yeti *m.*

yid|dish ['jɪdɪʃ] **I** m. Jiddisch(e) *n.* **II** agg.inv. jiddisch ◆ ***lingua e letteratura ~*** Jiddistik *f.*

yin [in, *üblich* jin] m.inv. Yin *n.*

yip|pie [-pi] m.inv. Yippie *m.*

yo|ga m.inv. Yoga *m.* e *n.*, Joga *m.* e *n.*: ***praticare lo ~*** Yoga betreiben ◆ ***esercizio di ~*** Yogaübung *f.* **yo|gin** [-gin] m.inv. Yogin *m.*, Yogi *m.*, Jogin *m.*, Jogi *m.*

yo|gurt m.inv. Jog(h)urt *m.* e *n.* **yo|gur|tie|ra** f. Joghurtmaschine *f.*, Joghurtbereiter *m.*

yo-yo m.inv. Jo-Jo *n.*, Yo-Yo *n.*

y|psi|lon f. e m.inv. Ypsilon *n.*

yt|tro m. Yttrium *n.*

yuan m.inv. Yuan *m.*

yuc|ca f. *(-che)* Yucca *f.*, Palmlilie *f.*

yup|pie ['jʌpɪ, *üblich* 'juppi] m.inv. Yuppie *m.* **yup|pi|smo** m. yuppiehaftes Benehmen *n.*

Z

z, Z f. e m.inv. z, Z *n.*: ***una Z maiuscola, una z minuscola*** ein großes Z, ein kleines z ◆ ***dalla a alla*** **~** von A bis Z; FIG. vom Anfang bis zum Ende.

za|ba|glio|ne, za|ba|io|ne m. **1** Zabaione *f.*, Zabaglione *f.*, Weinschaumcreme *f.* **2** *(liquore)* Likör *m.* aus Zabaione.

Zac|ca|ri|a n.pr.m. Zacharias *m.*

zac|che|ra f. Spritzer *m.*, Schmutzspritzer *m.*

zaf|fa|re tr. **1** verspunden, verspünden **2** MED. tamponieren: ***~ una ferita*** eine Wunde tamponieren. **zaf|fa|ta** f. **1** *(tanfo)* übel riechende Dunstwolke *f.*, Gestank *n.* **2a** *(getto di liquido)* Strahl *m.* **b** *(di gas)* Schwaden *m.*

zaf|fe|ra|no I m. Safran *m.* **II** agg.inv. ***(color)*** **~** safrangelb ◆ ***risotto allo*** **~** Safranrisotto *m.*

zaf|fi|ri|no agg. **1** Saphir- **2** *(simile a zaffiro)* saphirähnlich.

zaf|fi|ro m. Saphir *m.* ◆ **~ *artificiale*** Amaryl *m.*; ***punta di*** **~** Saphirnadel *f.*; ***vetro di*** **~** Saphirglas *n.*

zaf|fo m. **1** Zapfen *m.*, Spund *m.*, Spundverschluss *m.* **2** MED. Tampon *m.*

Za|ga|bria n.pr.f. Zagreb *n.*

za|ga|glia f. primitive Lanze *f.*

za|ga|ra f. **1** *(fiore di limone)* Zitronenblüte *f.* **2** *(fiore di arancia)* Orangenblüte *f.*

zai|net|to m. kleiner Rucksack *m.* **zai|no** m. Rucksack *m.*; MIL. Tornister *m.*: ***mettersi lo ~ in spalla*** den Rucksack schultern (*o* um‿hängen); ***portare lo*** **~** den Rucksack tragen; ***fare lo*** **~** den Rucksack packen; ***legare il sacco a pelo allo*** **~** den Schlafsack auf den Rucksack binden; ***lo ~ pesa*** der Rucksack drückt.

Za|i|re n.pr.m. Zaire *n.* **zai|re|se I** agg. zairisch **II** m. e f. Zairer *m.* (-in *f.*).

Zam|be|si n.pr.m. Sambesi *m.*

Zam|bia n.pr.m. Sambia *n.* **zam|bia|no I** agg. sambisch **II** m. Sambier *m.*

zam|pa f. **1** *(arto)* Bein *n.*, Lauf *m.*: ***~ di cane, di cavallo, di elefante, di gallina*** Hundelauf *m.*, Pferdebein *n.* (*o* Pferdelauf *m.*), Elefantenbein *n.*, Hühnerbein *n.*; ***le -e della mosca*** die Fliegenbeine; ***le -e anteriori e posteriori di un quadrupede*** die Vorder- und Hinterläufe eines Vierfüßers; ***il cane alza la*** **~** der Hund hebt das Bein **2a** *(piede)* Fuß *m.*; *(di piccoli quadrupedi)* Pfote *f.*: ***il cane dà la*** **~** der Hund gibt die Pfote; ***ferirsi la*** **~** sich (D) die Pfote verletzen **b** *(di grossi carnivori)* Pranke *f.*, Tatze *f.*: ***la ~ del leone, dell'orso*** die Löwentatze, die Bärentatze (*o* Bärenpranke) **3** SCHERZ. SPREG. Pfote *f.*: ***giù le -e!*** Pfoten weg! ◆ ***animale a due, quattro*** **~** Zweifüßer *m.*, Vierfüßer *m.*; ***pantaloni a ~ di elefante*** Hosen mit Schlag; FIG. ***-e di gallina*** *(rughe)* Krähenfüße *pl.*; *(scrittura illeggibile)* Geschmier(e) *n.*, Gekritzel *n.*; ENTOM. **~ *mediana*** Mittelbein *n.*; **~ *prensile*** Klammerfuß *m.*; COLLOQ. ***qua la ~!*** schlag ein! ***camminare a quattro -e*** auf allen vieren kriechen (*o* gehen).

zam|pa|re intr. (aus. *avere*) mit den Füßen stampfen.

zam|pa|ta f. **1a** *(colpo)* Pfotenhieb *m.* **b** *(di grossi carnivori)* Prankenhieb *m.*, Prankenschlag *m.* **2a** *(impronta)* Spur *f.* einer Pfote **b** *(di grossi carnivori)* Spur *f.* einer Pranke.

zam|pet|ta|re intr. (aus. *avere*) trippeln.

zam|pet|to m. GASTR. Hachse *f.*, Haxe *f.*

zam|pil|la|re intr. (aus. *essere, avere*) **1** *(sprizzare)* heraus‿spritzen **2** *(sgorgare)* (ent)sprudeln: ***~ da qcs.*** aus etw. sprudeln.

zam|pil|li|o m. Herausspritzen *n.* **zam|pil|lo** m. (dünner) Strahl *m.*: ***~ di sangue*** Blutstrahl *m.*

zam|pi|no m. kleine Pfote *f.* ◆ ***c'è lo ~ di qcn.*** jd hat seine Finger im Spiel; ***mettere lo ~ in qcs.*** seine Hand (*o* Hände) bei etw. im Spiel haben; PROV. ***tanto va la gatta al lardo che ci lascia lo*** **~** der Krug geht so lange zum Brunnen, bis er bricht.

zam|pi|ro|ne m. **1** Räucherspirale *f.* gegen Insekten **2** SCHERZ. *(sigaretta di tabacco scadente)* schlechte Zigarette *f.*

zam|po|gna f. Dudelsack *m.*, Sackpfeife *f.* **zam|po|gna|ro** m. Dudelsackpfeifer *m.*

zam|po|ne m. INTRAD. (gefüllter Schweinsfuß).

zan|go|la f. Butterfass *n.*, Kirne *f.*

zan|na f. **1** Stoßzahn *m.*: ***le -e dell'elefante*** die Stoßzähne des Elefanten **2** *(di carnivori)* Reißzahn *m.* **3** SCHERZ. Zahn *m.*, Hauer *m.*: FIG. ***mostrare le -e*** die Zähne zeigen. **zan|na|ta** f. **1** *(colpo)* Hieb *m.* mit dem Stoßzahn **2** *(ferita)* von einem Stoßzahn verursachte Wunde *f.* **zan|nu|to** agg. mit Stoßzähnen versehen.

zan|za|ra f. **1** Stechmücke *f.*, Mücke *f.*, REGION. Schnake *f.*: ***le -e ronzano*** die Mücken sirren (*o* schwirren) **2** FIG. *(persona fastidiosa)* Quälgeist *n.*, Nervensäge *f.* ◆ **~ *anofele, della malaria*** Anophelesmücke *f.*, Malariamücke *f.*; ***noioso come una*** **~** lästig wie eine Fliege; ***nugolo di -e*** Mückenschwarm *m.*; ***puntura di*** **~** Mückenstich *m.* **zan|za|rie|ra** f. **1** *(alle finestre)* Fliegengitter *n.* **2** *(intorno al letto)* Moskitonetz *n.*, Mückennetz *n.*

zan|za|ro|ne m. **1** große Mücke *f.* **2** *(tipula)* Schnake *f.*

Zan|zi|bar n.pr.f. Sansibar *n.*

zap|pa f. Hacke *f.* ◆ ***darsi la ~ sui piedi*** sich ins eigene Fleisch schneiden.

zap|pa|re tr. hacken, um‿hacken: ***~ un campo*** einen Acker hacken; FIG. COLLOQ. ***~ sul pianoforte*** aufs Klavier hacken.

zap|pa|ta f. **1** Schlag *m.* mit der Hacke **2** *(lavoro)* Hacken *n.*; ***il campo ha bisogno di una*** **~** das Feld muss gehackt werden.

zap|pa|ter|ra m.inv. **1** *(lavorante)* Feldarbeiter *m.* **2** *(contadino)* Bauer *m.* **3** SPREG. *(persona rozza)* Rüpel *m.*, Lümmel *m.*

zap|pa|to|re m. **1** *(lavorante)* Feldarbeiter *m.* **2** ESTENS. *(contadino)* Bauer *m.* **3** MIL. Sappeur *m.* **zap|pa|tri|ce** f. **1** Hackmaschine *f.* **2** *(lavorante)* Feldarbeiterin *f.*

zap|pa|tu|ra f. **1** Hacken *n.* **2** *(terra zappata)* umgehackte Erde *f.*

zap|pet|ta f. **1** kleine Hacke *f.* **2** *(chiodo)* Zwecke *f.*

zap|pet|ta|re tr. leicht behacken.

zap|ping ['dzɛppiŋ, *üblich* zepping] m. Zappen *n.*; ***fare*** **~** zappen.

zap|po|ne m. Karst *m.*

zar m.inv. Zar *m.* **za|ri|na** f. Zarin *f.*

za|ri|smo m. Zarismus *m.*, Zarentum *n.* **za|ri|sta** *(-i,-e)* **I** agg. zaristisch, Zaren-: ***impero*** **~** Zarenreich *n.*; ***politica*** **~** zaristische Politik **II** m. e f. Anhänger *m.* (-in *f.*) des Zaren, Zarist *m.* (-in *f.*).

zat|te|ra f. **1** Floß *n.* **2** EDIL. Schwellrost *m.* ◆ **~ *(di salvataggio) autogonfiabile*** Rettungsinsel *f.*; MAR. **~ *cellulare*** Wallgang *m.*; **~ *di legno*** Holzfloß *n.*; ***ponte di -e*** Floßbrücke *f.*; ***trasportare qcs. su*** **~** etw. flößen; ***navigare su*** **~** flößen; ***viaggio in*** **~** Floßfahrt *f.*

zat|te|rie|re m. Flößer *m.*

zat|te|ro|ne m. **1** großes Floß *n.* **2** *(scarpa)* Schuh *m.* mit Keilabsatz **3** EDIL. Schwellrost *m.*

za|vor|ra f. Ballast *m.* (anche FIG.): ***caricare, scaricare la*** **~** Ballast auf‿nehmen, ab‿werfen.

za|vor|ra|men|to m. Ballastaufnahme *f.*

za|vor|ra|re tr. mit Ballast beschweren (*o* versehen).

zaz|ze|ra f. Mähne *f.* **zaz|ze|ru|to I** agg. langhaarig **II** m. Langhaarige *m.*

ze|be|dei m.pl. COLLOQ. Eier *pl.*: ***rompere gli ~ a qcn.*** jdm auf die Eier (*o* auf den Sack) gehen.

ze|bra f. **1** ZOOL. Zebra *n.* **2** pl. COLLOQ. *(strisce pedonali)* Zebrastreifen *m.*

ze|bra|to agg. schwarzweiß gestreift. **ze|bra|tu|ra** f. **1** Schwarzweißstreifen *pl.*, Zebramuster *n.* **2 ~ *(stradale)*** Zebrastreifen *pl.*

ze|bù m.inv. Zebu *m.* e *n.*

1.zec|ca f. *(-che)* Münzstätte *f.*, Münzanstalt *f.*, Präge *f.* ◆ **~ *clandestina*** Falschmünzerei *f.*; ***direttore della*** **~** Münzmeister *m.*; ***funzionario della*** **~** Münzbeamte *m.*; ***nuovo di*** **~** nagelneu (*o* funkelnagelneu); ***operaio della*** **~** Münzarbeiter *m.*

2.zec|ca f. *(-che)* ZOOL. Zecke *f.*

zec|chi|no m. Zechine *f.* ◆ ***oro*** **~** Dukatengold *n.*

zef|fi|ro → **zefiro.**

ze|fir m.inv., **ze|fi|ro** m. Zephir *m.*, Zephyr *m.*

Ze|fi|ro n.pr.m. Zephir *m.*

ze|lan|te agg. **1** eifrig, fleißig: ***eccessivamente ~*** übereifrig (*o* übereifrig) **2** *(coscienzioso)* gewissenhaft. **ze|lan|te|men|te** avv. eifrig, fleißig.

ze|la|to|re m. Eiferer *m.*

ze|lo m. Eifer *m.*: ***pieno di ~*** voller Eifer; ***lavorare con ~*** mit Eifer (*o* Fleiß) arbeiten; ***~ religioso, patriottico*** religiöser, patriotischer Eifer; ***~ nel lavoro, nello studio*** Arbeitseifer *m.*, Lerneifer *m.* ◆ ***eccesso di ~*** Übereifer *m.*

ze|lo|ta m. Zelot *m.* **ze|lo|ti|smo** m. zelotische Partei *f.*

zen I m.inv. Zen *n.* **II** agg.inv. Zen-: ***arte, maestro ~*** Zenkunst *f.*, Zenmeister *m.*

ze|nit m.inv. Zenit *m.*, Scheitelpunkt *m.*: ***essere allo ~*** im Zenit stehen (anche FIG.). **ze|ni|ta|le** agg. zenital, Zenit(al)-, Scheitel-: ***distanza ~*** Zenitdistanz *f.*; ***cerchio ~*** Scheitelkreis *m.*

Ze|no|ne n.pr.m. Zenon *m.*, Zeno *m.*

zen|ze|ro m. Ingwer *m.*

zep|pa f. **1** Keil *m.* **2** FIG. *(rimedio)* Abhilfe *f.*; ***mettere una ~ a qcs.*** etw. ab‿helfen (*o* für Abhilfe sorgen) **3** *(di calzature)* Keilabsatz *m.*, Plateausohle *f.*: ***scarpe con la ~*** Schuhe mit Keilabsatz **4a** *(parola)* Füllwort *n.* **b** *(frase)* Einschub *m.*

zep|pe|lin m.inv. Zeppelin *m.*, Zeppelinluftschiff *n.*

zep|po agg. COLLOQ. **1** voll(er): ***un lavoro ~ di errori*** eine Arbeit voller Fehler; ***un cesto ~ di frutti*** ein Korb voller Früchte; ***essere ~ di qcs.*** voll von etw. sein **2** *(di luogo)* überfüllt, proppenvoll, (gerammelt) voll: ***un tram ~ (di persone)*** eine gerammelt volle Straßenbahn ◆ ***pieno ~*** voll *(di ambienti, mezzi pubblici)* gerammelt voll, proppenvoll.

zep|po|la f. REGION. INTRAD. (süßer Pfannkuchen).

zer|bi|no m. Fußmatte *f.*, Fußabtreter *m.*

zer|bi|not|to m. Geck *m.*, Stutzer *m.*

ze|ro I m. **1** Null *f.*: ***sopra, sotto ~*** über, unter Null; ***scendere sotto, a ~*** unter, auf Null sinken; ***salire sopra lo ~*** über Null steigen; ***il termometro è sullo ~, segna ~*** das Thermometer steht auf (*o* zeigt) Null; ***tendere a ~*** gegen Null tendieren; ***4 gradi sopra, sotto ~*** 4 Grad (über Null) (*o* 5 Grad plus), 4 Grad unter Null (*o* 4 Grad minus); ***una cifra con tre -i*** eine Zahl mit drei Nullen **2** FIG. *(di persona; nullità)* Null *f.*, Versager *m.*: ***essere uno ~ assoluto*** eine (absolute) Null sein; ***nella vita è uno ~*** im Leben ist er ein Versager **3** SCOL. *(grave insufficienza)* = ungenügend **4** FIS. Nullpunkt *m.*: ***lo ~ assoluto*** der absolute Nullpunkt **II** agg.inv. null, Null-: ***ci sono ~ gradi*** wir haben null Grad ◆ ***~ a ~*** null zu null; ***l'anno ~*** das Jahr Null; ***tagliare i capelli a ~*** sich kahl scheren lassen; ***non capire uno ~*** gar nichts kapieren (*o* null Ahnung haben); FIG. ***contare meno di ~*** überhaupt nichts zählen; ***costo ~*** Nulltarif *m.*; ***crescita ~*** Nullwachstum *n.*; *(toccare il fondo)* ***essere a ~*** auf den Nullpunkt gesunken sein; LING. ***grado ~*** Schwundstufe *f.*, Zero *f.*; ***credito a interessi ~*** zinsloser Kredit; ***linea dello ~*** Nulllinie *f.*; ***meridiano ~*** Nullmeridian *m.*; TECN. ***mettere a ~ uno strumento*** ein Instrument auf null ein‿stellen; EDIT. ***numero ~*** Nullnummer *f.*; ***opzione ~*** Nulloption *f.*; ***l'ora ~*** die Stunde null; ***partire da ~*** bei Null an‿fangen; FIG. ganz von vorne an‿fangen; FIS. ***punto ~*** Nullpunkt *f.*; ***raparsi a ~*** sich vollkommen kahl scheren lassen; FIG. ***essere ridotto a ~*** gleich null sein; POL. ***soluzione ~*** Nulllösung *f.*; FIG. ***sparare a ~ su, contro qcn., qcs.*** jdn, etw. hart an‿greifen (*o* attackieren); ***non valere uno ~*** keinen Deut wert sein; ***~ via ~ fa ~*** aus nichts wird nichts.

ze|ta f. e m.inv. **1** z, Z *n.* **2** *(dell'alfabeto greco)* Zeta *n.* ◆ ***dall'a alla ~*** von A bis Z.

zeug|ma m. Zeugma *n.*

zi|a f. Tante *f.*: ***una ~ materna, paterna*** eine Tante mütterlicherseits, väterlicherseits; ***la chiamiamo ~*** sie ist unsere Nenntante.

zi|bal|do|ne m. **1** LETT. Miszellaneen *pl.*, Miszellen *pl.* **2** SPREG. Sammelsurium *n.*

zi|bel|li|na f. Zibeline *f.*

zi|bel|li|no m. **1** Zobel *m.* **2** *(pelliccia)* Zobel *m.*, Zobelpelz *m.*

zi|bet|to m. **1** ZOOL. Zibetkatze *f.* **2** *(sostanza odorosa)* Zibet *m.*

zi|bib|bo m. INTRAD. (süße Weintraubensorte).

zi|fi|di m.pl. Schnabelwale *pl.*

zi|ga|no I agg. Zigeuner-: ***musica -a*** Zigeunermusik *f.*; ***orchestra -a*** Zigeunerkapelle *f.* **II** m. Zigeuner *m.*

zi|ge|na f. Zygäne *f.*

zig|gu|rat m.inv. Zikkurat *f.*, Zikurrat *f.*

zi|go|lo m. Ammer *f.* ◆ ***~ giallo*** Goldammer *f.*; ***~ di palude*** Rohrammer *f.*

zi|go|ma|ti|co agg. *(-ci,-che)* Joch-: ***arcata -a*** Jochbogen *m.*; ***osso ~*** Jochbein *n.*

zi|go|mo m. Jochbogen *m.*, Backenknochen *m.*: ***avere gli -i sporgenti*** hervorstehende Backenknochen haben.

zi|go|mor|fo agg. zygomorph.

zi|go|te m. Zygote *f.*

zi|gri|na|re tr. **1** CONC. chagrinieren, narben **2** MECC. rändeln.

zi|gri|na|to p.pass. agg. **1** → **zigrinare 2** Rändel-: ***dado ~*** Rändelmutter *f.*; ***rotella -a*** Rändelrad *n.*; ***vite a testa -a*** Rändelschraube *f.*

zi|gri|na|tu|ra f. **1** CONC. Narbung *f.* **2** MECC. Rändelung *f.*

zi|gri|no m. **1** Haifischleder *n.* **2** ESTENS. *(pelle conciata)* Chagrinleder *n.*, Chagrin *n.*, Narbenleder *n.* **3** MECC. Rändeleisen *n.*

zig|zag, zig-zag m.inv. Zickzack *m.*: ***andare a ~*** im Zickzack (*o* zickzack) gehen, fahren; ***il sentiero procedeva a ~*** der Pfad verlief im Zickzack ◆ ***andamento a ~*** Zickzackkurs *m.*; ***linea a ~*** Zickzacklinie *f.* **zig|za|ga|re** intr. *(zigzago, zigzaghi*; aus. *avere)* zickzacken.

zi|mar|ra f. **1** Zimarra *f.*, Simarre *f.* **2** *(veste da camera)* Hausrock *m.* **3** *(cappotto lungo e malandato)* schäbiger langer Mantel *m.*

zi|ma|si f.inv. Zymase *f.*

Zim|ba|bwe [-'bawe] n.pr.m. Simbabwe *n.*

zim|bel|lo m. **1** ORNIT. Lockvogel *m.* **2** FIG. Spott *m.*, Gespött *n.*: ***diventare lo ~ di tutti*** zum Spott (*o* Gespött) aller werden.

zin|ca|re tr. *(zinco, zinchi)* verzinken. **zin|ca|to** p.pass. agg. **1** → **zincare 2** Zink-: ***lamiera -a*** Zinkblech *n.* **zin|ca|tu|ra** f. Verzinkung *f.*

zin|ci|te f. Rotzinkerz *n.*

zin|co m. Zink *n.* ◆ ***bianco di ~*** Zinkweiß *n.*; ***cloruro di ~*** Zinkchlorid *n.*; ***di ~*** zinken; ***filo di ~*** Zinkdraht *m.*; ***lastra di ~*** Zinkplatte *f.*; ***ossido di ~*** Zinkoxid *n.*; ***solfato di ~*** Zinksulfat *n.*; ***vasca di ~*** Zinkwanne *f.*

zin|co|gra|fi|a f. Zinkdruck *m.*, Zinkographie *f.*, Zinkstecher *m.* **zin|co|gra|fo** m. Chemiegraph *m.*

zin|co|ti|pi|a f. Zinkhochätzung *f.*, Zinkotypie *f.*

zin|ga|re|sco agg. *(-schi,-sche)* zigeunerhaft, zigeunerisch: ***aspetto ~*** zigeunerhaftes Aussehen.

zin|ga|ro m. Zigeuner *m.* (anche FIG.): ***sembri proprio uno ~*** du siehst wie ein richtiger Zigeuner aus ◆ ***accampamento, campo (di) -i*** Zigeunerlager *n.*; ***girovagare come uno ~*** zigeunern; ***lingua degli -i*** Zigeunersprache *f.*; ***vita da ~*** Zigeunerleben *n.*

zin|nia f. Zinnie *f.*

zi|o m. Onkel *m.*: ***mio ~ materno, paterno*** mein Onkel mütterlicherseits, väterlicherseits; ***lo chiamiamo tutti ~*** er ist unser Nennonkel ◆ SCHERZ. ***~ d'America*** Erbonkel *m.*

zip f.inv. Reißverschluss *m.*

zir|co|ne m. Zirkon *m.* **zir|co|nio** m. Zirkonium *n.*

zir|la|re intr. (aus. *avere*) **1** *(di tordo)* pfeifen **2** *(di pulcino)* piep(s)en **3** *(di topo)* quiek(s)en. **zir|lo** m. **1** *(di tordo)* Pfeifen *n.* **2** *(di pulcino)* Piep(s)en *n.* **3** *(di topo)* Quiek(s)en *n.*

zi|tel|la f. **1** unverheiratete Frau *f.* **2** SPREG. alte Jungfer *f.*, EUFEM. spätes Mädchen *n.*: ***è una vecchia ~!*** sie ist eine (richtige) alte Jungfer! COLLOQ. ***restare ~*** sitzen bleiben. **zi|tel|lo|na** f. alte Jungfer *f.* **zi|tel|lo|ne** m. (eingefleischter) Junggeselle *m.*

zi|ti m.pl. INTRAD. (makkaroniartige Spaghetti).

zit|ti|re *(zittisco, zittisci)* **I** tr. zum Schweigen bringen: ***~ qcn. con lo sguardo*** jdn mit einem Blick zum Schweigen bringen **II** intr. (aus. *avere*) schweigen.

zit|to agg. still: ***stare ~*** still sein (*o* den Mund halten); ***(sta') ~!*** sei still! ◆ ***fare stare ~ qcn.*** jdn zum Schweigen zwingen; ***zitto, zitto*** still und leise; *(in gran segreto)* heimlich.

ziz|za|nia f. **1** BOT. Taumellolch *m.* **2** FIG. Zwietracht *f.*: ***seminare, spargere, mettere ~ tra due persone*** unter (*o* zwischen) zwei Menschen Zwietracht säen.

zoc|co|la f. **1** VOLG. *(prostituta)* Nutte *f.* **2** REGION. *(topo di fogna)* Ratte *f.*

zoc|co|la|re intr. (aus. *avere*) mit Holzschuhen klappern.

zoc|co|la|ta f. Hufschlag *m.*

zoc|co|lo m. **1a** Holzschuh *m.* **b** *(da spiaggia)* Holzpantoffel *m.* **2** ZOOL. Huf *m.* **3a** ARCH. *(base)* Sockel *m.*: ***lo ~ di una colonna, un mobile*** der Sockel einer Säule, eines Möbelstücks **b** *(battiscopa)* Wandsockel *m.*, Fußleiste *f.*, Zierleiste *f.* **4** GEOL. EL. Sockel *m.* **5** TIP. Klischeefuß *m.* ◆ ***~ di cavallo*** Pferdehuf *m.*; ***colpo di ~*** Hufschlag *m.*; ZOOL. ***con gli -i*** behuft; GEOL. ***~ continentale*** Kontinentalsockel *m.*; FIG. ***lo ~ duro*** der harte Kern; ***~ posteriore*** Hinterhuf *m.*

zo|dia|ca|le agg. zodiakal, Tierkreis-: ***figura ~*** Tierkreissternbild *n.*; ***luce ~*** Zodiakallicht *n.*; ***segno ~*** Sternzeichen *n.*, Tierkreissternzeichen *n.* **zo|di|a|co** m. *(-ci)* Tierkreis *m.*, Zodiakus *m.* ◆ ***segno dello ~*** Sternzeichen *n.*, Tierkreissternzeichen *n.*

zol|fa|nel|lo m. Schwefelhölzchen *n.*, Streichholz *n.* ◆ FIG. ***accen-***

dersi come uno ~ leicht auf‿brausen.

zol|fa|ra, zol|fa|ta|ra → solfara, solfatara.

zol|fo n. Schwefel *m.*, Sulfur *n.* ◆ biossido di ~ Schwefeldioxid *n.*; capocchia di ~ Zündkopf *m.*; color ~ Schwefelfarbe *f.*; colorante allo ~ Schwefelfarbstoff *m.*; contenente ~ schwefelhaltig; dare lo ~ alle viti die Reben schwefeln; fiore di ~ Schwefelblüte *f.*, Schwefelblume *f.*; giallo ~ schwefelgelb; c'è odore di ~ es riecht schweflig; pomata allo ~ Schwefelsalbe *f.*; sapone allo ~ schwefelhaltige Seife; vapori di ~ Schwefeldämpfe *pl.*

zol|la f. 1 *(di terra)* Scholle *f.*, Erdscholle *f.* 2 ESTENS. *(di altro materiale)* Stück *n.* ◆ ~ continentale Festlandssockel *m.*; -e erbose Rasenstück *n.*; FIG. possedere due -e di terra etwas (*o* einen Flecken) Land besitzen; rivoltare le -e um‿graben.

zol|let|ta f. Würfel *m.*, Stück *n.*: tre -e di zucchero drei Stück Zucker; zucchero in -e Würfelzucker *m.*

zom|bi, zom|bie [-bi] m. e f.inv. Zombie *m.* (anche FIG.).

zom|pa|re intr. (aus. *essere*) REGION. hüpfen, springen.

zo|na f. 1 *(fascia)* Zone *f.*: ~ torrida, tropicale, temperata, glaciale heiße, tropische, gemäßigte, kalte Zone 2 ESTENS. *(area)* Zone *f.*, Gegend *f.*, Gebiet *n.*: ~ montuosa, pianeggiante gebirgige, flache Gegend; ~ denuclearizzata, smilitarizzata atomwaffenfreie, entmilitarisierte Zone; abitare in una ~ tranquilla in einer ruhigen Gegend wohnen; una ~ occupata ein besetztes Gebiet 3 AMM. Bezirk *m.* ◆ ~ di alta pressione Hochdruckgebiet *n.*; ~ arida Trockengebiet *n.*; ~ d'ascolto Hörbereich *m.*; ~ di bassa pressione Tiefdruckgebiet *n.*; ~ blu blaue Zone; ~ di caccia Jagdgrund *m.*; FIG. ~ calda Krisengebiet *n.*; ~ della città Stadtteil *m.*; ~ collinare Hügelland *n.*; ~ di combattimento Kampfgebiet *n.*; commissariato di ~ Polizeirevier *n.*; ~ di confine Grenzgebiet *n.*; consiglio di ~ Bezirksrat *m.*; ~ costiera Küstengebiet *n.*; da ~ a ~ von Gegend zu Gegend (*o* je nach der Gegend) ~ depressa rückständiges Gebiet; ~ desertica Wüstengebiet *n.*; di ~ zonal; SPORT difesa a ~ Raumdeckung *f.*; ~ disco blaue Zone; -e erogene erogene Zonen; ~ franca Zollfreigebiet *n.*; ~ per non fumatori Nichtraucherzone *f.*; essere fuori ~ abgelegen liegen; giocare a ~ Raumdeckung spielen; SPORT gioco a ~ Raumdeckung *f.*; ~ giorno Wohnräume *pl.*, Wohnbereich *m.*; ~ di guerra Kriegsgebiet *n.*; essere in ~ in der Nähe sein; ~ industriale, industrializzata Industriegebiet *n.*; ~ d'influenza Einflussgebiet *n.*; SPORT marcare a ~ (den) Raum decken; marcatura a ~ Raumdeckung *f.*; ~ delle dodici miglia Zwölfmeilenzone *f.*; ~ militare militärisches Sperrgebiet; ~ minata Minengebiet *n.*, Minensperrgebiet *n.*; ~ notte Schlafräume *pl.*, Schlafbereich *m.*; STOR. ~ occidentale (di Berlino) Westteil *m.* e *n.* (Berlins), Westzone *f.* (Berlins); ~ d'ombra schattige Stelle; FIS. Schattengebiet *n.*; FIG. Dunkelzone *f.*; STOR. ~ orientale (di Berlino) Ostteil *m.* e *n.* (Berlins), Ostzone *f.* (Berlins); ~ paludosa mooriges Gebiet, Sumpfgebiet *n.*; ~ pedonale Fußgängerzone *f.*; ~ periferica Randgebiet *n.*; ~ di pesca Fischfanggebiet *n.*, Fanggebiet *n.*; ~ polare Polarzone *f.*; ~ portuale Hafengelände *n.*; ~ pranzo Essecke *f.*; ~ protetta Naturschutzgebiet *n.*, Schutzgebiet *n.*; ~ residenziale Wohngebiet *n.*; *(elegante)* Villenviertel *n.*; ~ di risanamento Sanierungsgebiet *n.*; ~ di libero scambio Freihandelszone *f.*; ~ del silenzio Zone *f.* mit Hupverbot; ~ sismica Erdbebengebiet *n.*; tariffa di ~ Zonentarif *m.*; ~ di tiro Schussbereich *m.*; ~ verde Grünanlagen *pl.*; ~ vietata Sperrgebiet *n.*, Sperrbezirk *m.*

zo|na|le agg. 1 zonal, Zonen-: confine ~ Zonengrenze *f.* 2 AMM. Bezirks-: commissariato ~ Polizeirevier *n.*

zon|zo, andare a ~ herum‿bummeln, flanieren, herum‿schlendern.

zo|o m.inv. Zoo *m.*: andare allo ~ in den Zoo gehen ◆ SCHERZ. avere uno ~ in casa eine ganze Menagerie im Haus haben; ~ safari Safaripark *m.*

zo|o|co|ri|a f. Zoochorie *f.*

zo|o|fa|go I agg. *(-gi,-ghe)* zoophag, Fleisch fressend II m. *(-gi)* Zoophage *m.*, Fleischfresser *m.*

zo|o|fi|li|a f. 1 Tierliebe *f.* 2 PSIC. Sodomie *f.* **zo|o|fi|lo** I agg. 1 tierliebend 2 PSIC. sodomistisch II m. 1 Tierfreund *m.* 2 PSIC. Sodomist *m.*

zo|o|fo|bi|a f. Zoophobie *f.*

zo|o|ge|ni|co agg. *(-ci,-che)*, **zo|o|ge|no** agg. zoogen.

zo|o|ge|o|gra|fi|a f. Zoogeographie *f.*, Tiergeographie *f.*

zo|o|gra|fi|a f. Zoographie *f.*

zo|o|la|tri|a f. Zoolatrie *f.*, Tierkult *m.*

zo|o|lo|gi|a f. Zoologie *f.*, Tierkunde *f.* **zo|o|lo|gi|co** agg. *(-ci,-che)* zoologisch: giardino ~ zoologischer Garten. **zo|o|lo|go** m. *(-gi)* Zoologe *m.*

zoom [zu:m; *üblich* dzum] m.inv. Zoom *n.*, Zoomobjektiv *n.*, Varioobjektiv *n.*, Gummilinse *f.* **zoo|ma|re** tr. e intr. (aus. *avere*) ~ (su) qcs. etw. zoomen.

zo|o|mor|fi|smo m. Zoomorphismus *m.* **zo|o|mor|fo** agg. zoomorph.

zo|o|no|si f. Zoonose *f.*

zo|o|planc|ton m.inv. Zooplankton *n.*

zo|o|sa|fa|ri m.inv. Safaripark *m.*

zo|o|spo|ra f. Zoospore *f.*

zo|o|tec|ni|a, zo|o|tec|ni|ca f. Viehzucht *f.*, Tierzucht *f.*, Zootechnik *f.* **zo|o|tec|ni|co** I agg. *(-ci,-che)* Viehzucht-, Tierzucht-, zootechnisch II m. *(-ci)* Viehzüchter *m.*, Tierzüchter *m.*, Zootechniker *m.* ◆ patrimonio ~ Viehbestand *m.*

zo|o|to|mi|a f. Zootomie *f.*

zop|pag|gi|ne f. Hinken *n.*

zop|pi|can|te agg. 1 hinkend, lahmend 2 *(traballante)* wackelig 3a FIG. hinkend: un paragone ~ ein hinkender Vergleich b SCOL. wack(e)lig: ~ in latino wacklig in Latein.

zop|pi|ca|re intr. (*zoppico, zoppichi*; aus. *avere*) 1a hinken, lahmen 2 *(traballare)* wackeln 3a FIG. hinken: il paragone zoppica der Vergleich hinkt b SCOL. zoppica in latino, matematica in Latein, Mathematik hapert es bei ihm.

zop|po I agg. 1 hinkend, lahmend; è ~ dalla gamba sinistra er hinkt auf (*o* mit) dem linken Bein; diventare, rimanere ~ hinken 2 *(traballante)* wackelig 3 FIG. schwach: un ragionamento ~ eine schwache Argumentation II m. Hinkende *m.*, Hinkebein *n.* ◆ verso ~ Hinkvers *m.*, holpriger Vers; PROV. chi va con lo ~ impara a zoppicare schlechte Beispiele verderben gute Sitten.

zo|ril|la f. Zorilla *m.*

zo|ro|a|stri|smo m. Zoroastrismus *m.* **Zo|ro|a|stro** n.pr.m. Zoroaster *m.*

zo|ster m.inv. Zoster *m.* ◆ herpes ~ Zoster *m.*, Herpes zoster *m.*, Gürtelrose *f.*

zo|ste|ra f. Seegras *n.*, Seetang *m.*

zo|ti|cag|gi|ne, zo|ti|chez|za f. Grobheit *f.*, Lümmelhaftigkeit *f.* **zo|ti|co** I agg. *(-ci,-che)* grob, flegelhaft, lümmelhaft, rüpelhaft II m.*(-ci)* Grobian *m.*, Flegel *m.*, Lümmel *m.*, Rüpel *m.* **zo|ti|co|ne** m. Grobian *m.*, Lümmel *m.*, Rüpel *m.*

zoz|zo, zoz|zo|ne... → sozzo, sozzone...

zua|vo m. Zuave *m.* ◆ calzoni, pantaloni alla -a Knickerbocker *pl.*, Kniebundhose *f.*, Pumphose *f.*

zuc|ca f. *(-che)* 1 Kürbis *m.* 2 FIG. *(testa)* Birne *f.* ◆ ~ a fiasco Kalebasse *f.*; fiore di ~ Kürbisblüte *f.*; ~ ornamentale Zierkürbis *m.*; avere sale in ~ etw. auf dem Kasten haben; non avere sale in ~ nicht viel Grütze (im Kopf) haben; semi di ~ Kürbiskerne *pl.*; tortelli di ~ INTRAD. (Teigtaschen mit Kürbisfüllung); ~ da vino Flaschenkürbis *m.*; ~ vuota Hohlkopf *m.*

zuc|ca|ta f. Stoß *m.* mit dem Kopf; dare una ~ contro qcs. mit dem Kopf gegen etw. stoßen.

zuc|che|ra|re tr. (*zucchero*) zuckern. **zuc|che|ra|to** p.pass. agg. 1 → zuccherare 2 gezuckert, Zucker-: acqua -a Zuckerwasser *n.* 3 FIG. *(mellifluo)* zuckersüß, süßlich ◆ non ~ ungezuckert.

zuc|che|rie|ra f. Zuckerdose *f.* **zuc|che|rie|ro** agg. Zucker-: industria -a Zuckerindustrie *f.*

zuc|che|ri|fi|cio m. *(-ci)* 1 Zuckerfabrik *f.* 2 *(raffineria)* Zuckerraffinerie *f.*

zuc|che|ri|no I agg. 1 *(che contiene lo zucchero)* zuckerhaltig, Zucker-: contenuto ~ Zuckergehalt *m.*; soluzione -a Zuckerlösung *f.* 2 *(molto dolce)* zuckersüß: uva -a zuckersüße Trauben II m. 1 *(zolletta di zucchero)* Zuckerstück *n.*: uno ~ ein Stück Zucker 2 FIG. *(di persona)* zuckersüßer Mensch *m.*; essere uno ~ zuckersüß sein ◆ FIG. non è uno ~! das ist kein Zuckerlecken (*o* Honiglecken)!

zuc|che|ro m. 1 Zucker *m.* (anche CHIM.): cospargere qcs. con dello ~, di ~ etw. mit Zucker bestreuen; una zolletta, un cucchiaio di ~ ein Stück, ein Löffel Zucker; prendere il caffè con lo ~ Zucker zum Kaffee nehmen; mettere ~ nel tè Zucker in den Tee tun; ESTENS. questo ananas è uno ~ diese Ananas ist zuckersüß 2a FIG. *(di persona)* gutmütiger Mensch *m.* b SPREG. *(mellifluo)* zuckersüßer Mensch *m.* ◆ barbabietola da ~ Zuckerrübe *f.*; ~ di barbabietola Rübenzucker *m.*; bastoncino di ~ Zuckerstange *f.*; pane, burro e ~ Zuckerbrot *n.*; ~ candito Kandiszucker *m.*; canna da ~ Zuckerrohr *n.*; ~ di canna Rohrzucker *m.* (*o* brauner Zucker); ~ caramellato Karamellzucker *m.*; color carta da ~ = (Art *f.* von) Hellblau *n.*; FIG. dolce come lo ~ zuckersüß; ~ di fecola Kartoffelzucker *m.*; ~ filato Zuckerwatte *f.*; ~ gelatinizzante Gelierzucker *m.*; ~ in grani, granulato Hagelzucker *m.*; ~ grezzo Rohzucker *m.*; ~ invertito Invertzucker *m.*; essere tutto ~ e miele zuckersüß sein; ~ d'orzo Gerstenzucker *m.*; pan di ~ Zuckerhut *m.*;

~ in pani Hutzucker *m.*; ***~ in polvere*** Staubzucker *m.*; ***~ raffinato*** Raffinade *f.*; ***raffineria di ~*** Zuckerraffinerie *f.*; ***~ semolato*** Kristallzucker *m.*; ***senza ~*** ohne Zucker, ungesüßt; ***~ vanigliato*** Vanillezucker *m.*; ***~ a velo*** Puderzucker *m.*; ***~ in zollette*** Würfelzucker *m.*

zuc|che|ro|so agg. **1** zuckersüß **2** FIG. *(mellifluo)* zuckersüß, süßlich: ***un fare ~*** ein süßliches Gehabe.

zuc|chet|to m. **1** *(zucchina)* Zucchino *m.* **2** *(copricapo degli ecclesiastici)* Kalotte *f.* **3** ESTENS. *(copricapo di forma sferica)* Scheitelkäppchen *n.*

zuc|chi|na f., **zuc|chi|no** m. Zucchino *m.*

zuc|co|nag|gi|ne f. Dummheit *f.*, Begriffsstutzigkeit *f.*

zuc|co|ne I agg. dumm, begriffsstutzig **II** m. Dummkopf *m.*

zuc|cot|to m. INTRAD. (Halbgefrorenes mit kandierten Früchten und Schokoladenstückchen).

zuf|fa f. **1** Rauferei *f.*, Handgemenge *n.*, Balgerei *f.*, Raufhandel *m.* **2** ESTENS. *(polemica)* Wortgefecht *n.*

zu|fo|la|re *(zufolo)* **I** intr. (aus. *avere*) **1** *(suonare lo zufolo)* (auf der) Hirtenflöte spielen **2** ESTENS. *(fischiettare)* pfeifen **II** tr. pfeifen. **zu|fo|lo** m. Hirtenflöte *f.*

zuin|glia|no → **zwingliano.**

zu|lu, zu|lù I agg.inv. Zulu-; ***lingua ~*** Zulu *n.* **II** m. e f.inv. **1** ETNOL. Zulu *m.* e *f.* **2** SPREG. Flegel *m.*, Lümmel *m.*

zu|ma|re tr. e intr. (aus. *avere*) ***~ (su) qcs.*** etw. zoomen. **zu|ma|ta** f. Zoomen *n.*

zup|pa f. **1** Suppe *f.* **2** FIG. SPREG. *(pasticcio)* Mischmasch *m.* **3** COLLOQ. *(cosa noiosa)* = langweilige Angelegenheit *f.*: ***che ~!*** so etwas Langweiliges! ***una ~ di conferenza*** eine stinklangweilige Konferenz ◆ ***~ di cipolle*** Zwiebelsuppe *f.*; ***~ di fagioli*** Bohnensuppe *f.*; ***~ di gamberetti*** Krebssuppe *f.*; ***~ inglese*** INTRAD. (Süßspeise aus Creme und in Likör getränkten Löffelbiskuits); ***~ di latte*** Milchsuppe *f.*; ***~ di lenticchie*** Linsensuppe *f.*; ***~ di patate*** Kartoffelsuppe *f.*; ***~ (alla) pavese*** INTRAD. (Fleischbrühe mit Ei, gerösteten Brotscheiben und Käse); ***~ di pesce*** Fischsuppe *f.*; ***~ santé*** INTRAD. (Gemüsesuppe mit gerösteten Brotwürfeln); COLLOQ. ***è sempre la solita ~!*** es ist immer das alte Lied! ***~ di verdure*** Gemüsesuppe *f.*; PROV. ***se non è ~ è pan bagnato*** = das sind nur verschiedene Seiten der gleichen Sache.

zup|pet|ta f. COLLOQ. ***fare (la) ~ con pane, biscotti nel latte*** Brot, Kekse in Milch ein‿tunken.

zup|pie|ra f. Suppenschüssel *f.*

zup|po agg. durchnässt, COLLOQ. klatschnass, pudelnass: ***~ fradicio, ~ fino alle ossa*** bis auf die Haut durchnässt.

zu|ri|ghe|se I agg. züricherisch, zürcherisch **II** m. e f. Züricher *m.*, Zürcher *m.* (-in *f.*).

Zu|ri|go n.pr.f. Zürich *n.* ◆ ***di ~*** züricherisch, zürcherisch, Zürich-; ***lago di ~*** Zürichsee *m.*

zuz|ze|rel|lo|ne, zuz|zu|rel|lo|ne m. REGION. Kindskopf *m.*

zwin|glia|no m. Zwinglianer *m.*

zzz inter. summ.

Appendice
Anhang

UNREGELMÄSSIGE DEUTSCHE VERBEN

Infinitiv	*Indikativ Präsens (2.u.3.Person Sg.)*	*Präteritum (3. Person Sg.)*	*Perfekt (3. Person Sg.)*
backen	bäckst/backst, bäckt/backt	backte/buk	hat gebacken
bedürfen	bedarf	bedurfte	hat bedurft
befehlen	befiehlst, befiehlt	befahl	hat befohlen
beginnen		begann	hat begonnen
beißen		biss	hat gebissen
bergen	birgst, birgt	barg	hat geborgen
bersten	birst, birst	barst	ist geborsten
betrügen		betrog	hat betrogen
bewegen		bewog	hat bewogen
biegen		bog	hat/ist gebogen
bieten		bot	hat geboten
binden		band	hat gebunden
bitten		bat	hat gebeten
blasen	bläst, bläst	blies	hat geblasen
bleiben		blieb	ist geblieben
braten	brätst, brät	briet	hat gebraten
brechen	brichst, bricht	brach	ist/hat gebrochen
brennen		brannte	hat gebrannt
bringen		brachte	hat gebracht
denken		dachte	hat gedacht
dingen		dang/dingte	hat gedungen/ gedingt
dreschen	drischst, drischt	drosch	hat gedroschen
dringen		drang	hat/ist gedrungen
dünken	dünkt/deucht	dünkte/deuchte	hat gedünkt/ gedeucht
dürfen	darfst,darf	durfte	hat gedurft
empfangen	empfängst, empfängt	empfing	hat empfangen
empfehlen	empfiehlst, empfiehlt	empfahl	hat empfohlen
empfinden		empfand	hat empfunden
erkiesen		erkor	hat erkoren
erklimmen		erklomm	hat erklommen
erlöschen	erlischst, erlischt	erlosch	ist erloschen
erschallen		erscholl	ist erschollen
erschrecken	erschrickst, erschrickt	erschrak	ist erschrocken
erwägen		erwog	hat erwogen
essen	isst, isst	aß	hat gegessen
fahren	fährst, fährt	fuhr	ist/hat gefahren
fallen	fällst, fällt	fiel	ist gefallen
fangen	fängst, fängt	fing	hat gefangen
fechten	fichst, ficht	focht	hat gefochten
finden		fand	hat gefunden
flechten	flichtst, flicht	flocht	hat geflochten
fliegen		flog	ist/hat geflogen
fliehen		floh	ist/hat geflohen
fließen		floss	ist geflossen
fressen	frisst, frisst	fraß	hat gefressen
frieren		fror	hat gefroren
gären		gor	hat/ist gegoren
gebären	gebierst, gebiert	gebar	hat geboren
geben	gibst, gibt	gab	hat gegeben
gedeihen		gedieh	ist gediehen
gehen		ging	ist gegangen
gelingen		gelang	ist gelungen
gelten	giltst, gilt	galt	hat gegolten
genesen		genas	ist genesen
genießen		genoss	hat genossen

Infinitiv	*Indikativ Präsens (2.u.3.Person Sg.)*	*Präteritum (3. Person Sg.)*	*Perfekt (3. Person Sg.)*
geraten	gerätst, gerät	geriet	ist geraten
geschehen	geschieht	geschah	ist geschehen
gewinnen		gewann	hat gewonnen
gießen		goss	hat gegossen
gleichen		glich	hat geglichen
gleiten		glitt	ist geglitten
glimmen		glomm/ glimmte	hat geglommen/ geglimmt
graben	gräbst, gräbt	grub	hat gegraben
greifen		griff	hat gegriffen
haben	hast, hat	hatte	hat gehabt
halten	hältst, hält	hielt	hat gehalten
hängen	hängst, hängt	hing	hat gehangen
hauen		hieb/haute	hat gehauen
heben		hob	hat gehoben
heißen		hieß	hat geheißen
helfen	hilfst, hilft	half	hat geholfen
kennen		kannte	hat gekannt
klimmen		klomm/ klimmte	ist geklommen/ geklimmt
klingen		klang	hat geklungen
kneifen		kniff	hat gekniffen
kommen		kam	ist gekommen
können	kannst, kann	konnte	hat gekonnt
kreischen		kreischte/ krisch	hat gekreischt/ gekrischen
kriechen		kroch	ist gekrochen
küren		kürte/kor	hat gekürt/ gekoren
laden	lädst, lädt	lud	hat geladen
lassen	lässt, lässt	ließ	hat gelassen
laufen	läufst, läuft	lief	ist gelaufen
leiden		litt	hat gelitten
leihen		lieh	hat geliehen
lesen	liest, liest	las	hat gelesen
liegen		lag	hat gelegen
lügen		log	hat gelogen
mahlen		mahlte	hat gemahlen
meiden		mied	hat gemieden
melken	melkst/milkst, melkt/milkt	melkte/molk	hat gemolken/ gemelkt
messen	misst, misst	maß	hat gemessen
misslingen		mißlang	ist misslungen
mögen	magst, mag	mochte	hat gemocht
müssen	musst, muss	musste	hat gemusst
nehmen	nimmst, nimmt	nahm	hat genommen
nennen		nannte	hat genannt
pfeifen		pfiff	hat gepfiffen
pflegen		pflegte/pflog	hat gepflegt/ gepflogen
preisen		pries	hat gepriesen
quellen	quillst, quillt	quoll	ist gequollen
raten	rätst, rät	riet	hat geraten
reiben		rieb	hat gerieben
reißen		riss	hat/ist gerissen
reiten		ritt	ist/hat geritten
rennen		rannte	ist gerannt
riechen		roch	hat gerochen
ringen		rang	hat gerungen
rinnen		rann	ist geronnen
rufen		rief	hat gerufen
salzen		salzte	hat gesalzen/ gesalzt
saufen	säufst, säuft	soff	hat gesoffen
saugen		sog/saugte	hat gesogen/ gesaugt

Infinitiv	*Indikativ Präsens (2.u.3.Person Sg.)*	*Präteritum (3. Person Sg.)*	*Perfekt (3. Person Sg.)*
schaffen		schuf	hat geschaffen
schallen		schallte/scholl	hat geschallt
scheiden		schied	hat/ist geschieden
scheinen		schien	hat geschienen
scheißen		schiss	hat geschissen
schelten	schiltst, schilt	schalt	hat gescholten
scheren		schor	hat geschoren
schieben		schob	hat geschoben
schießen		schoss	hat/ist geschossen
schinden		schindete/ schund	hat geschunden
schlafen	schläfst, schläft	schlief	hat geschlafen
schlagen	schlägst, schlägt	schlug	hat geschlagen
schleichen		schlich	ist geschlichen
schleifen		schliff	hat geschliffen
schleißen		schliss	hat geschlissen
schließen		schloss	hat geschlossen
schlingen		schlang	hat geschlungen
schmeißen		schmiss	hat geschmissen
schmelzen	schmilzt, schmilzt	schmolz	ist/hat geschmolzen
schnauben		schnaubte/ schnob	hat geschnaubt/ geschnoben
schneiden		schnitt	hat geschnitten
schrecken	schreckst/ schrickst, schreckt/ schrickt	schreckte/ schrak	ist geschreckt
schreiben		schrieb	hat geschrieben
schreien		schrie	hat geschrie(e)n
schreiten		schritt	ist geschritten
schweigen		schwieg	hat geschwiegen
schwellen	schwillst, schwillt	schwoll	ist geschwollen
schwimmen		schwamm	ist/hat geschwommen
schwinden		schwand	ist geschwunden
schwingen		schwang	hat geschwungen
schwören		schwor/schwur	hat geschworen
sehen	siehst, sieht	sah	hat gesehen
sein	bist, ist	war	ist gewesen
senden		sandte/ sendete	hat gesandt/ gesendet
sieden		sott/siedete	hat gesotten/ gesiedet
singen		sang	hat gesungen
sinken		sank	ist gesunken
sinnen		sann	hat gesonnen
sitzen		saß	hat gesessen
sollen	sollst, soll	sollte	hat gesollt
spalten		spaltete	hat gespalten/ gespaltet
speien		spie	hat gespie(e)n
spinnen		spann	hat gesponnen

Infinitiv	*Indikativ Präsens (2.u.3.Person Sg.)*	*Präteritum (3. Person Sg.)*	*Perfekt (3. Person Sg.)*
spleißen		spliss	hat gesplissen
sprechen	sprichst, spricht	sprach	hat gesprochen
sprießen		sproß	ist gesprossen
springen		sprang	ist gesprungen
stechen	stichst, sticht	stach	hat gestochen
stecken		steckte/stak	hat gesteckt
stehen		stand	hat gestanden
stehlen	stiehlst, stiehlt	stahl	hat gestohlen
steigen		stieg	ist gestiegen
sterben	stirbst, stirbt	starb	ist gestorben
stieben		stob/stiebte	hat/ist gestoben/gestiebt
stinken		stank	hat gestunken
stoßen		stieß	hat/ist gestoßen
streichen		strich	hat/ist gestrichen
streiten		stritt	hat gestritten
tragen	trägst, trägt	trug	hat getragen
treffen	triffst, trifft	traf	hat getroffen
treiben		trieb	hat/ist getrieben
treten	trittst, tritt	trat	hat/ist getreten
triefen		triefte/troff	hat getrieft/ getroffen
trinken		trank	hat getrunken
trügen		trog	hat getrogen
tun		tat	hat getan
verbleichen		verblich/ verbleichte	ist verblichen/ verbleicht
verderben	verdirbst, verdirbt	verdarb	hat/ist verdorben
verdrießen		verdross	hat verdrossen
vergessen	vergisst, vergisst	vergaß	hat vergessen
verlieren		verlor	hat verloren
verlöschen	verlischst, verlischt	verlosch	ist verloschen
verzeihen		verzieh	hat verziehen
wachsen	wächst, wächst	wuchs	ist gewachsen
wägen		wog	hat gewogen
waschen	wäschst, wäscht	wusch	hat gewaschen
weben		wob/webte	hat gewoben/ gewebt
weichen		wich	ist gewichen
weisen		wies	hat gewiesen
wenden		wendete/ wandte	hat gewendet/ gewandt
werben	wirbst, wirbt	warb	hat geworben
werden	wirst, wird	wurde	ist geworden
werfen	wirfst, wirft	warf	hat geworfen
wiegen		wog	hat gewogen
winden		wand	hat gewunden
wissen	weißt, weiß	wusste	hat gewusst
wollen	willst, will	wollte	hat gewollt
wringen		wrang	hat gewrungen
zeihen		zieh	hat geziehen
ziehen		zog	hat/ist gezogen
zwingen		zwang	hat gezwungen

VERBI IRREGOLARI ITALIANI

infinito	*indicativo pres. (I e II pers. sing.)*	*pass.rem. (I pers. sing.)*	*pass. prossimo (I pers. sing.)*
accendere		accesi	ho acceso
accludere		acclusi	ho accluso
accorgersi		mi accorsi	mi sono accorto
affiggere		affissi	ho affisso
affliggere		afflissi	ho afflitto
alludere		allusi	ho alluso
andare	vado, vai	andai	sono andato
annettere		annettei/ annessi	ho annesso
apparire	appaio, appari	apparvi/ apparsi	sono apparso
appendere		appesi	ho appeso
aprire		aprii/apersi	ho aperto
ardere		arsi	ho arso
aspergere		aspersi	ho asperso
assalire	assalgo, assali	assalii	ho assalito
assidersi		mi assisi	mi sono assiso
assistere		assistei/ assistetti	ho assistito
assolvere		assolvei/ assolvetti/ assolsi	ho assolto
assumere		assunsi	ho assunto
avere	ho, hai	ebbi	ho avuto
bere	bevo, bevi	bevvi/ bevetti	ho bevuto
cadere		caddi	sono caduto
cedere		cedei/ cedetti	ho ceduto
chiedere		chiesi	ho chiesto
chiudere		chiusi	ho chiuso
cingere		cinsi	ho cinto
circoncidere		circoncisi	ho circonciso
cogliere	colgo, cogli	colsi	ho colto
coincidere		coincisi	ho coinciso
comparire	comparisco/ compaio	comparvi/ comparsi/ comparii	sono comparso
compiere		compii/compiei	ho compiuto
comprimere		compressi	ho compresso
concedere		concessi/ concedei/ concedetti	ho concesso
concludere		conclusi	ho concluso
condurre	conduco, conduci	condussi	ho condotto
confondere		confusi	ho confuso
connettere		connettei/ connessi	ho connesso
conoscere		conobbi	ho conosciuto
consistere		consistei/ consistetti	sono consistito
contundersi		mi contusi	mi sono contuso
convergere		conversi/ convergei	
coprire		coprii/ copersi	ho coperto
correggere		corressi	ho corretto
correre		corsi	ho/sono corso
crescere		crebbi	sono cresciuto
cuocere		cossi	ho cotto
dare	do, dai	diedi/detti	ho dato
decidere		decisi	ho deciso
deludere		delusi	ho deluso
deprimere		depressi	ho depresso
desistere		desistei/ desistetti	ho desistito
desumere		desunsi	ho desunto
devolvere		devolvei/ devolvetti	ho devoluto
difendere		difesi	ho difeso
dipendere		dipesi	sono dipeso
dipingere		dipinsi	ho dipinto
dire	dico, dici	dissi	ho detto
dirigere		diressi	ho diretto
discutere		discussi	ho discusso
dissolvere		dissolsi	ho dissolto
dissuadere		dissuasi	ho dissuaso
distinguere		distinsi	ho distinto
distruggere		distrussi	ho distrutto
divellere	divello/ divelgo	divelsi	ho divelto
dividere		divisi	ho diviso
dolere	dolgo, duoli	dolsi	è doluto
dovere	devo/debbo, devi	dovei/dovetti	ho dovuto
eccellere		eccelsi	
elidere		elisi	ho eliso
eludere		elusi	ho eluso
emergere		emersi	sono emerso
empiere, empire		empii/empiei	ho empito/empiuto
ergere		ersi	ho erto
erigere		eressi	ho eretto
escludere		esclusi	ho escluso
esigere		esigei/esigetti	
esistere		esistei/esistetti	sono esistito
espellere		espulsi	ho espulso
esplodere		esplosi	ho/sono esploso
esprimere		espressi	ho espresso
essere	sono, sei	fui	sono stato
estinguere		estinsi	ho estinto
evadere		evasi	ho/sono evaso
evolvere		evolvetti/ evolvei/ evolsi	sono evoluto
fare	faccio, fai	feci	ho fatto
fendere		fendei/fendetti	ho fenduto/ fesso
figgere		fissi	ho fitto
fingere		finsi	ho finto
flettere		flettei/flessi	ho flesso
fondere		fusi	ho fuso
frangere		fransi	ho franto
friggere		frissi	ho fritto
fungere		funsi	ho funto
giacere	giaccio, giaci	giacqui	sono giaciuto
giungere		giunsi	sono giunto
godere		godei/godetti	ho goduto
illudere		illusi	ho illuso
immergere		immersi	ho immerso
imprimere		impressi	ho impresso
incidere		incisi	ho inciso
includere		inclusi	ho incluso
incutere		incussi/incutei	ho incusso
indulgere		indulsi	ho indulto
indurre	induco, induci	indussi	ho indotto
infliggere		inflissi	ho inflitto
insistere		insistei/insistetti	ho insistito
intridere		intrisi	ho intriso

infinito	*indicativo pres. (I e II pers. sing.)*	*pass.rem. (I pers. sing.)*	*pass. prossimo (I pers. sing.)*
introdurre	introduco, introduci	introdussi	ho introdotto
invadere		invasi	ho invaso
ledere		lesi	ho leso
leggere		lessi	ho letto
mettere		misi	ho messo
mordere		morsi	ho morso
morire	muoio, muori	morii	sono morto
mungere		munsi	ho munto
muovere		mossi	ho mosso
nascere		nacqui	sono nato
nascondere		nascosi	ho nascosto
nuocere	nuoccio, nuoci	nocqui	ho nuociuto
offendere		offesi	ho offeso
offrire		offrii/offersi	ho offerto
opprimere		oppressi	ho oppresso
parere	paio, pari	parvi	sono parso
pendere		pendei/ pendetti	ho penduto
percuotere		percossi	ho percosso
perdere		persi	ho perso
permanere	permango, permani	permasi	sono permaso
persistere		persistei/ persistetti	ho persistito
persuadere		persuasi	ho persuaso
piacere	piaccio, piaci	piacqui	sono piaciuto
piangere		piansi	ho pianto
piovere		piovve	è/ha piovuto
porgere		porsi	ho porto
porre	pongo, poni	posi	ho posto
possedere	possiedo, possiedi	possedei/ possedetti	ho posseduto
potere	posso, puoi	potei	ho potuto
precludere		preclusi	ho precluso
prediligere		predilessi	ho prediletto
prefiggere		prefissi	ho prefisso
preludere		prelusi	ho preluso
prendere		presi	ho preso
prescindere		prescindei/ prescissi	ho prescisso
presiedere		presiedei/ presiedetti	ho presieduto
presumere		presunsi	ho presunto
produrre	produco, produci	produssi	ho prodotto
proteggere		protessi	ho protetto
pungere		punsi	ho punto
radere		rasi	ho raso
recidere		recisi	ho reciso
recludere		reclusi	ho recluso
redigere		redassi/redigei/ redigetti	ho redatto
redimere		redensi	ho redento
reggere		ressi	ho retto
rendere		resi	ho reso
reprimere		repressi	ho represso
resistere		resistei/ resistetti	ho resistito
ridere		risi	ho riso
ridurre	riduco, riduci	ridussi	ho ridotto
riflettere		riflettei/riflessi	ho riflettuto/ riflesso
rifulgere		rifulsi	sono/ho rifulso
rimanere	rimango, rimani	rimasi	sono rimasto
risolvere		risolvei/ risolvetti/ risolsi	ho risolto
rispondere		risposi	ho risposto
rodere		rosi	ho roso

infinito	*indicativo pres. (I e II pers. sing.)*	*pass.rem. (I pers. sing.)*	*pass. prossimo (I pers. sing.)*
rompere		ruppi	ho rotto
salire	salgo, sali	salii	sono/ho salito
sapere	so, sai	seppi	ho saputo
seppellire	seppellisco	seppellii	ho seppellito/ sepolto
scegliere	scelgo, scegli	scelsi	ho scelto
scendere		scesi	sono/ho sceso
scindere		scissi	ho scisso
sciogliere	sciolgo, sciogli	sciolsi	ho sciolto
sconfiggere		sconfissi	ho sconfitto
sconvolgere		sconvolsi	ho sconvolto
scoprire		scoprii/scopersi	ho scoperto
scorgere		scorsi	ho scorto
scrivere		scrissi	ho scritto
scuotere		scossi	ho scosso
sedere	siedo/seggo, siedi	sedetti/sedei	sono seduto
sedurre	seduco, seduci	sedussi	ho sedotto
soddisfare	soddisfaccio/ soddisfo, soddisfai/ soddisfi	soddisfeci, soddisfece/ soddisfò	ho soddisfatto
soffrire		soffrii/soffersi	ho sofferto
solere	soglio, suoli	solei	
sommergere		sommersi	ho sommerso
sopprimere		soppressi	ho soppresso
sorgere		sorsi	sono sorto
spandere		spandei	ho spanto
spargere		sparsi	ho sparso
spegnere	spengo, spegni	spensi	ho spento
spendere		spesi	ho speso
spingere		spinsi	ho spinto
sporgere		sporsi	ho sporto
stare	sto, stai	stetti	sono stato
stendere		stesi	ho steso
stringere		strinsi	ho stretto
struggere		strussi	ho strutto
svello	svello/svelgo	svelsi	ho svelto
succedere		successi/ succedei/ succedetti	è successo/ sono succeduto
sussistere		sussistei/ sussistetti	sono sussistito
tacere	taccio, taci	tacqui	ho taciuto
temere		temei/temetti	ho temuto
tendere		tesi	ho teso
tenere	tengo, tieni	tenni	ho tenuto
tergere		tersi	ho terso
tingere		tinsi	ho tinto
togliere	tolgo, togli	tolsi	ho tolto
torcere		torsi	ho torto
tradurre	traduco, traduci	tradussi	ho tradotto
trafiggere		trafissi	ho trafisso
transigere		transigei/ transigetti	
trarre	traggo, trai	trassi	ho tratto
uccidere		uccisi	ho ucciso
udire	odo, odi	udii	ho udito
ungere		unsi	ho unto
uscire	esco, esci	uscii	sono uscito
valere	valgo, vali	valsi	sono valso
vedere		vidi	ho visto
vendere		vendei/vendetti	ho venduto
venire	vengo, vieni	venni	sono venuto
vilipendere		vilipesi	ho vilipeso
vincere		vinsi	ho vinto
vivere		vissi	sono/ho vissuto
volere	voglio, vuoi	volli	ho voluto
volgere		volsi	ho volto

GUIDA PRATICA ALLA SCRITTURA DI LETTERE IN TEDESCO

A. La busta

Le convenzioni tedesche per la compilazione della busta presentano alcune particolarità. In primo luogo, *Herrn* (all'accusativo dopo un *an* soppresso), *Frau*, *Fräulein* e la maggior parte dei titoli sono scritti al di sopra del nome, ma *Dr.* o *Dipl.-Ing.* vanno collocati accanto al nome. Come in italiano, il numero civico segue il nome della via, mentre il codice postale (*Postleitzahl*) precede il nome della città. Sulle lettere provenienti dall'estero la *Postleitzahl* può essere preceduta da D per la Germania, A per l'Austria e CH per la Svizzera.

Herrn
Hans Bauer
Fritz-Busch-Str. 48
A–4976 Eichelbach
Austria

Fräulein
Elisabeth Maybach
Alslebenplatz 12
D–86163 Ausburg-Hochzoll
Germania

Da notare che negli indirizzi scritti a macchina dovrebbe essere lasciata una riga vuota prima del nome della città. L'indirizzo (soprattutto per le aziende) può anche essere costituito semplicemente da una casella postale (*Postfach*).

Deutsche Bundespost Postdienst
Generaldirektion
Postfach 3000
D–53105 Bonn

L'appellativo *Frau* è oggi largamente usato per tutte le donne dopo l'età scolare, siano coniugate o nubili.

Le *Postleitzahlen* della Repubblica Federale di Germania sono formate da cinque cifre, la prima delle quali individua regioni al cui centro sta una grande città. Le principali cominciano per:

1.... Berlin	2.... Hamburg
3.... Hannover	4.... Düsseldorf
5.... Köln	6.... Frankfurt a. M.
7.... Stuttgart	8.... München
01... Dresden	04... Leipzig

In ogni caso, per consentire l'effettivo inoltro della corrispondenza, i codici devono essere completi di tutte e cinque le cifre; non è possibile inserire, per i grandi centri, un codice costituito dalla sola prima cifra sopra indicata. L'elenco completo *(Postleitzahlenbuch)* dei codici specifici per ogni località e per ogni area dei grandi centri può essere richiesto alla Deutsche Bundespost all'indirizzo indicato più sopra.

I codici austriaci e svizzeri sono formati da quattro cifre. I più importanti sono:

1010 Wien	5020 Salzburg
4020 Linz	8010 Graz
3000 Bern	8000 Zürich

FORMULIERUNGSHILFEN ZUM SCHREIBEN ITALIENISCHER BRIEFE

A. Der Umschlag

In Italien gelten für die Form der Anschrift die folgenden Hinweise. Der Titel des Adressaten (*Sig.*, *Dott.* o *Dr.*, *Prof.*, *Ing.* usw.) steht gewöhnlich in der Zeile über dem Namen. Die Hausnummer steht, oft abgetrennt durch ein Komma, hinter dem Straßennamen, und die Postleitzahl (*codice di avviamento postale*, *CAP*) vor der Stadt. Dem – möglichst mit großen Buchstaben geschriebenem Ortsnamen – muss das polizeiliche Kennzeichen der Provinz (RM für Rom) folgen. Für Briefe aus dem Ausland kann I (Italien) der Postleitzahl vorangestellt werden.

Egr.Sig.
Ernesto Rossi
Via N. Bixio, 24
20129 MILANO MI

Gent.ma Sig.ra
Renata Cervi
Via Reggio Emilia, 46
00198 ROMA RM

Egr.Prof.
Mario Monti
Via B. Croce 20
80134 NAPOLI NA

Gent. Dott.ssa.
Giovanna Doria
Via Palestro, 35
10015 IVREA TO

Bei Sendungen an ein Postfach schreibt man *Casella Postale* (o *C.P.*) und die Nummer des Postfachs unter den Namen des Adressaten.

RAI Radiotelevisione Italiana
Casella Postale 400
10100 TORINO

Bei Männern ist der Titel *Sig.* üblich; in formellen und geschäftlichen Schreiben wird gewöhnlich *Egregio Signore*, abgekürzt oft *Egr. Sig.*, geschrieben. Der Titel *Sig.ra* (*Signora*) kann für verheiratete und nicht ganz junge unverheiratete Frauen stehen; *Sig.na* (*Signorina*) ist heute jungen Mädchen (wie *Fräulein* im Deutschen) vorbehalten. *Sig.ra* wird gewöhnlich die Höflichkeitsform *Gent.* (*Gentile*) oder *Gent.ma* (*Gentilissima*) vorangestellt.

Egr. steht auch gewöhnlich vor den (stets abgekürzten) Titeln wie *Dott.*, *Prof.*, *Ing.*, *Avv.* In formellen Schreiben kann auch *Preg.mo* (*Pregiatissimo*) verwendet werden. Bei Frauen wird *Gent.* an Stelle von *Egr.* vorangestellt. In Italien ist es noch gebräuchlich nichtakademische Titel, wie *Rag.* (*Ragioniere*) oder *Geom.* (*Geometra*) in der Anschrift anzuführen. Die Abkürzung *Ch.mo* (*Chiarissimo*) ist normalerweise Universitätsprofessoren vorbehalten.

Die italienischen Postleitzahlen bestehen aus fünf Ziffern. Die Postleitzahlen der wichtigsten Städte sind:

00100 Roma	20100 Milano
10100 Torino	80100 Napoli
16100 Genova	30100 Venezia
40100 Bologna	50100 Firenze
70100 Bari	90100 Palermo

Die Postleitzahlen kleinerer Städte beginnen mit derselben Anfangsziffer wie die Postleitzahl ihnen benachbarter Großstädte: z. B. Bergamo 24100, Modena 41100, Siena 53100, Caserta 81100, usw. Die Postleitzahlen kleiner Städte und Ortschaften werden ebenfalls aus diesen abgeleitet: 20020 Lainate, z. B., liegt in der Nähe von Mailand. Großstädte sind in Postbezirke eingeteilt, deren Angabe (mittels der letzten zwei Ziffern der Postleitzahl) zu einer Beschleunigung des Postwegs beiträgt.

Per mandare una lettera fermo posta (da ritirarsi all'ufficio postale), si deve indicare *postlagernd* oppure *hauptpostlagernd* per l'ufficio postale principale di una grande città.

Se il destinatario è domiciliato presso qualcuno, aggiungere *bei* o *c/o*, e poi il cognome dell'ospite:

Sig. Ernesto Rossi
postlagernd

CH–4984 Eiderswyl
Svizzera

Sig.na Laura Verdi
bei Wolf
Immermannstr. 12
D–69151 Neckargemünd
Germania

In una lettera indirizzata a un'azienda si può scrivere *Firma* prima del nome della società, oppure *Herren* (= egregi signori, spettabile ditta) se il nome consiste di due o più cognomi e se l'azienda è piuttosto piccola:

Firma
Willi Müller

Herren
Fieselbach & Grünspan

Per aziende più grandi non si usa *Firma*, e il nome del reparto segue il nome dell'azienda:

Haverkamp & Co.
Direktion

E-Werke Oberroden
Kundendienst

Müller-Versand KG
Verkaufsabteilung

Wilhelmshavener Abendblatt
Redaktion

Quando si scrive a una persona in particolare all'interno di un'azienda si deve riportare il nome preceduto da *z. H.* (*zu Händen*, all'attenzione di). Tale indicazione segue il nome dell'azienda o dell'organizzazione:

Haverkamp & Co.
Versandabteilung
z. H. Herrn Nesseldorn

Witsch-Werke GmbH
Finanzdirektion
z. H. Frau Inge Weiß

Eventuali variazioni sono costituite dalle abbreviazioni *i. A.* (*im Hause*), *i. Fa.* (*in Firma*) e *c/o* (*presso*). Esse sono poste sulla corrispondenza privata e precedono il nome dell azienda: *i. H.* è per gli impiegati, *i. Fa.* per i proprietari o i soci e *c/o* per tutti, compreso chi non fa parte dei dipendenti.

Fräulein
Inge Weiß
i. H. Witsch-Werke
GmbH

Herrn
F. Nesseldorn
i. Fa. Haverkamp & Co.

Nelle lettere personali l'indirizzo del mittente dovrebbe essere indicato sul retro della busta preceduto da *Absender* o *Abs.* Nelle lettere commerciali, invece, lo si trova spesso nell'angolo in basso a sinistra della busta.

Infine, per le lettere impostate nei paesi di lingua tedesca, il metodo speciale di recapito richiesto dovrebbe essere scritto immediatamente sopra l'indirizzo, con in mezzo uno spazio:

Einschreiben (Raccomandata)
Eilzustellung (Espresso)
Mit Luftpost (Posta Aerea)
Wenn unzustellbar, zurück (an den Absender)
(In caso di mancato recapito ritornare al mittente)
Drucksache (Stampe)
Drucksache zu ermäßigter Gebühr (Stampe a tariffa ridotta)
Päckchen (Pacchetto postale)

Esempi:

Einschreiben

Herrn Rechtsanwalt
Dr. Erwin Hassler
Feuerstr. 45
50735 Köln

Mit Luftpost

Mr James Forbes
1420 Green Street
Encino, CA 91316
USA

Postlagernde Sendungen werden mit *fermo posta* bezeichnet und können nur an Hauptpostämter geschickt werden.

Möchte man jemanden über die Adresse seiner Gastgeber oder Vermieter oder z. B. einer Zeitung erreichen, setzt man c/o oder *presso* vor deren Namen:

Gent. Sig.na Maria Monti
c/o Verdi
C.so Belgio 144
10153 TORINO TO

Schreibt man an eine bestimmte Person in einer Firma oder Organisation, steht der Name des Adressaten vor der Firma oder Organisation:

Gent.ma Sig.ra Giovanna Rossi
c/o EL.CI.
Via dei Mille, 10
56100 PISA PI

In diesem letzten Fall kann man auch schreiben

Spett.le EL.CI.
Via dei Mille, 10
6100 PISA PI

C.A. Dott. Ing. Mario Verdi
Reparto Acquisti

aber diese Formulierung steht auch öfter oben auf dem Brief selbst.

Schreibt man an eine bestimmte Abteilung in einer Firma oder an den Inhaber einer bestimmten Position, dessen Namen man nicht kennt, steht die Abteilung bzw. die Bezeichnung der Position vor dem Firmennamen:

Spett.le EL.CI.
Reparto Acquisti
Via dei Mille, 10
56100 PISA PI

Spett.le EL.CI.
Direzione del Personale
Via dei Mille, 10
56100 PISA PI

Der Absender steht, wenn er überhaupt angegeben wird, meist auf der Rückseite des Umschlags.

Angaben über die Art der Postsendung können in der linken oberen Ecke des Umschlags gemacht werden:

Raccomandata (Einschreiben)
Espresso (Eilsendung)
Posta Aerea (Mit Luftpost)
In caso di mancato recapito ritornare al mittente
(Wenn unzustellbar, zurück an den Absender)
Stampe (Drucksache)
Stampe a tariffa ridotta (Drucksache zu ermäßigter Gebühr)
Pacchetto postale (Päckchen)

B. Struttura

1. Lettere informali

Poiché i parlanti di lingua tedesca scrivono il loro indirizzo sul retro della busta, non sentono di solito il bisogno di includerlo anche in basso nella lettera. Scrivono solo il nome della località e la data:

Rastatt, 7.4.19..

Lieber Riccardo,

hoffentlich bist du gut nach Hause gekommen. Wir haben uns sehr über deinen Besuch gefreut.

Beim Aufräumen in deinem Zimmer, das heißt in Rainers Zimmer, habe ich ein Paar schwarze Turnschuhe gefunden, die wohl dir gehören. Schreib mir, ob du sie dringend brauchst, dann schicke ich sie dir. Sonst kann Rainer sie im Sommer mitbringen, wenn er zu euch fährt.

Ich hoffe, es geht euch allen gut.

Herzliche Grüße
Claudia

2. Lettere commerciali

Ci sono regole molto precise per l'impaginazione delle lettere commerciali, fissate come standard nel DIN 5008 del Deutsches Institut für Normung e. V. Quello che segue ne è solo un breve riassunto.

Tutta la lettera è allineata a sinistra senza rientri, ad eccezione degli elenchi di cifre.

L'indirizzo del destinatario compare nell'angolo in alto a sinistra nella stessa forma in cui figura sulla busta. Seguono i riferimenti e le date della corrispondenza precedente, oltre alla data della lettera presente; dopo una riga vuota è indicato l'oggetto (*Betreff*) con l'argomento della lettera, e due righe sotto la formula con cui ci si rivolge al destinatario (vedi più sotto tali formule).

I paragrafi, gli elenchi di cifre, la formula di saluto alla fine e la lista di allegati sono tutti separati da una riga vuota. Gli elenchi di cifre sono rientrati di dieci battute. La lista degli allegati (*Anlagen*) e / o l'indicazione di altri destinatari vengono direttamente sotto la firma.

In caso di assenza dell'autore della lettera, questa può essere firmata da un'altra persona, il cui nome va preceduto dall'abbreviazione *i. V.* (*in Vertretung*).

Se la lettera continua in seconda pagina, la pagina è numerata e sono ripetuti il nome del destinatario e la data.

B. Gestaltung

1. Privatbriefe

Das Datum steht oben rechts, die Anrede links, und die Grußformel mit der Unterschrift in der rechten Seitenhälfte.

Viareggio, 10-7-19..

Cara Inge,

spero vivamente che tu abbia fatto un buon viaggio di ritorno. Per noi tutti è stato molto bello averti qui.

Mentre stavo riordinando nella tua camera ho trovato sotto il letto un paio di sandali marrone che devono essere tuoi. Fammi sapere se ne hai davvero bisogno e te li spedirò. Altrimenti Sara può portarli con sé quando ti verrà a trovare in estate.

Spero che stiate tutti bene

Affettuosi saluti
Maria

2. Geschäftsbriefe

Unter dem meist gedruckten Briefkopf stehen am linken Rand die Bezugszeichen und das Datum; in Italien werden die Zahlen des Datums ohne Punkt geschrieben. Die Adresse des Empfängers steht rechts oben, in der gleichen Form wie auf dem Umschlag. Besondere Anmerkungen wie *S.P.M. = sue proprie mani* bzw. *all'attenzione di*, *alla cortese attenzione di* (zu Händen von) usw. folgen meist nach der Adresse.

Nach einigen Leerzeilen folgen am linken Rand die Anrede und danach ein Komma oder der *Betreff* (Oggetto:), meistens unterstrichen oder in fett. Zwischen den einzelnen Absätzen kann eine Leerzeile stehen. Die erste Zeile eines jeden Absatzes wird meistens eingerückt.

Am Ende des Briefes steht nach zwei oder drei Leerzeilen in der rechten Seitenhälfte die Grußformel mit der Unterschrift. Darunter werden Name und Position des Unterzeichnenden angegeben; falls der Brief im Auftrag unterschrieben wird, steht *p. = per* (im Auftrag) vor dem Namen.

Links unten folgen gegebenenfalls die Abkürzungen *All. = allegato/i* (Anlage[n]), bzw. *p.c. = per conoscenza* (Verteiler), und die Adresse des Absenders, wenn sie nicht schon im Briefkopf enthalten ist.

Ist der Brief länger als eine Seite, schreibt man unten auf das erste Blatt das Zeichen ./. (umblättern), und in der Mitte unten auf das Fortsetzungsblatt das Datum.

C. Inizi e conclusioni

Tutti i saluti in questa sezione possono essere seguiti o da un punto esclamativo, se la riga seguente inizia con la maiuscola, o da una virgola, se inizia con la minuscola.

1. Informale – per qualcuno che si conosce bene

Lieber Hans
Liebe Karen
Liebe Meyers *oppure* Liebe Familie Meyer
Liebe Hilde, lieber Erwin

tra giovani:
Hallo Hans
Hallo Erika

conclusione standard:
Herzliche Grüße (Dein / Deine)...

più affettuoso:
Viele liebe Grüße

C. Anrede und Grußformel

1. Informelle Privatbriefe an enge Freunde und Verwandte

Caro Carlo / Cara Sara,
Cari Vittorio e Giulia,

an eine Familie:
Cari,

unter jungen Leuten:
Ciao Marco!

liebevoll:
Carissimo/a *oppure* Mio/a carissimo/a (Giacomo / Elena),
(Mio/a) Caro/a (Giacomo / Elena),

ungezwungen:
il tuo, la tua

a amici intimi e parenti:
Alles Liebe

più informale:
Bis bald Tschüs

tuo/a per sempre
Con (tanto) amore da
Affettuosi saluti

liebevoller:
Con tutto il mio / nostro amore (di sempre)

2. Più formale – in una lettera personale a qualcuno che non si conosce o non si conosce bene

Lieber Herr Engel
Liebe Frau Schulz
Liebe Frau Ellermann, lieber Herr Ellermann
Mit herzlichen Grüßen
Mit freundlichen Grüßen

2. Formellere Privatbriefe

Egregio / Gentile Signor Aldi,
Gentile Signora Monti,
Gentile Signorina Bianchi,
Gentili Signori Verdi,
[Con i migliori auguri]
Cordiali saluti,
Distinti saluti,
I [miei] più cordiali saluti,

3. In una lettera commerciale formale

Sehr geehrter Herr Engel
Sehr geehrte Frau Schulz

se la persona ha un titolo, omettere il nome:
Sehr geehrter Herr Direktor
Sehr geehrte Frau Studienrätin
Sehr geehrter Herr General

se nell'indirizzo c'è un titolo e non un nome, dare lo stesso qui:
Sehr geehrter Herr Bürgermeister
Sehr geehrter Herr Chefredakteur

Se la lettera è indirizzata a un'azienda o a un'organizzazione:
Sehr geehrte Damen und Herren
Sehr geehrte Herren

(La seconda forma, che un tempo era standard, si dovrebbe usare solo se si è sicuri di rivolgersi esclusivamente a uomini.)
Mit freundlichen Grüßen

più formale:
Mit freundlichen / besten Empfehlungen

molto formale:
Hochachtungsvoll

3. Geschäftsbriefe

wenn der Name des Adressaten bekannt ist:
Egregio Signor Monti / Gentile Signora Rossi / Signorina Cervi ecc.,
Cordiali saluti,
I miei più cordiali saluti,

wenn der Name des Adressaten nicht bekannt ist:
Egregio Signore,
Gentile Signora,
Distinti saluti,

wenn eine Firma angeschrieben ist:
Egregi Signori,
Distinti saluti,

D. Modelli di lettere

1. Prenotazione di un albergo

Hotel Bayrischer Hof
Stresemannplatz 4
D–87724 Ottobeuren/Allgäu

Rom, 5.Mai 19..

Sehr geehrte Damen und Herren,

auf unserer Reise durch Deutschland möchten wir drei Tage in Ottobeuren verbringen / in Ottobeuren übernachten, und zwar vom 10. bis 13. August. / am 10. August. Wir benötigen zwei Doppelzimmer / ein Doppelzimmer (mit Bad / Dusche) und ein Einzelzimmer.

Bitte bestätigen Sie unsere Buchung und teilen Sie uns den Preis für Zimmer mit Frühstück / Halbpension / Vollpension mit. Falls Sie uns zur angegebenen Zeit nicht unterbringen können, wären wir für die Empfehlung eines anderen Hotels in der Nähe sehr dankbar.

Mit freundlichen Grüßen
Giorgio Bianchi

D. Musterbriefe

1. Hotelbuchung

Brema, 7 aprile 19..

Hotel Belvedere
Via Corta, 4
I 72017 Ostuni BR
ITALIA

Egregi Signori,

durante il nostro viaggio nell'Italia meridionale nella prossima estate vorremmo trascorrere tre giorni a Ostuni, dal dieci al tredici agosto. / trascorrere la notte del 10 agosto a Ostuni. Avremmo bisogno di due camere doppie / una camera doppia (con bagno / doccia) e una camera singola.

Vi preghiamo di confermare la nostra prenotazione e di informarci circa il costo del pernottamento e della prima colazione / mezza pensione / pensione completa. Nel caso in cui la sistemazione richiesta non fosse disponibile in questo momento, Vi saremmo molto grati se poteste consigliarci un altro albergo nelle vicinanze.

Distinti saluti
Hans Knauer

Hans Knauer
Bertholdstr. 46
D–28755 Bremen
Germania

2. Prenotazione di un posto tenda (o roulotte)

Campingplatz «Schöne Aussicht»
D–83209 Prien a. Chiemsee

Verona,19. April 19..

Sehr geehrte Damen und Herren,

bitte reservieren Sie uns einen Zeltplatz / einen Platz für einen Wohnwagen für den 20. August. Wir sind zwei Personen / vier Personen mit Auto.

Teilen Sie mir bitte mit, wie ich den Campingplatz von der Autobahn aus erreichen kann und ob er in unmittelbarer Nähe des Sees / Dorfs liegt.

Für Ihre Bemühungen möchte ich mich im Voraus bedanken.

Mit freundlichen Grüßen
Franco Guerra

2. Buchung eines Campingplatzes

Drieberg, 24 maggio 19..

Camping Europa
Viale dei Tigli
I 55049 Viareggio LU
ITALIA

Egregi Signori,

vorrei prenotare un posto tenda / un posto roulotte per la settimana del 20 agosto / per la settimana dal 20 al 26 agosto compreso. Siamo in due / in quattro più la macchina.

Vi preghiamo di farci sapere come trovare il campeggio venendo da Genova e se è proprio sulla spiaggia.

Vi ringraziamo in anticipo per il Vs. interessamento.

Distinti saluti
Robert Schmidt

Robert Schmidt
Am Graben 26
D–19205 Drieberg
Germania

3. Annullamento di una prenotazione

Frau
Therese Birkenmeyer
Gasthof «Zum Schwarzen Adler»
D–91743 Unterschwaningen

Perugia, 6.7.19..

Sehr geehrte Frau Birkenmeyer,

leider muss ich die für die Woche ab 20. Juli reservierten Zimmer / das für die Zeit vom 20. bis 24. Juli reservierte Zimmer abbestellen. Durch den überraschenden Tod meines Vaters / Da mein Mann ins Krankenhaus musste, können wir die geplante Reise nicht antreten. / müssen wir auf unseren Urlaub verzichten.

Ich bedaure sehr, dass ich so kurzfristig absagen muss. / ich Sie nicht früher darüber informieren / davon in Kenntnis setzen konnte.

Mit freundlichen Grüßen
Giovanna Anselmi

3. Abbestellung

Wietmaschen, 6 giugno 19..

Gentile Signora Lupi
Hotel «Lago Blu»
Strada del Lago
28050 Isola Bella NO

Gentile Signora Lupi,

sfortunatamente devo disdire la nostra prenotazione per la settimana del 20 luglio / per il periodo dal 20 al 24 luglio. A causa della morte improvvisa di mio padre / Poiché mio marito è stato ricoverato all'ospedale, dobbiamo rinunciare alle nostre vacanze.

Sono davvero molto dispiaciuta di dover disdire la prenotazione con così breve preavviso / di non aver potuto informarLa prima di questo cambiamento di programma.

Cordiali saluti
Elke Nordrup

Elke Nordrup
Westhorner Str. 15
D–49835 Wietmaschen
Germania

4. Reclami

a) Ristorante

Gaststätte «Zum Löwen»
Hauptstr. 149
D–69117 Heidelberg

Florenz, 7. Juli 19..

Sehr geehrte (Damen und) Herren,

vor zwei Tagen habe ich mit meiner Frau in Ihrer Gaststätte gegessen. Kurz darauf / nach ca. einer Stunde wurde meiner Frau übel. Da der herbeigerufene Arzt feststellte, dass es sich um eine Lebensmittelvergiftung handelt, rief ich sofort in Ihrem Restaurant an. Man teilte mir mit, dass Sie hierfür keine Verantwortung übernehmen.

4. Beschwerden

a) Restaurant

Karlsruhe, 14 aprile 19..

Egr. Sig. Mario Rossi
Ristorante «Quattro Stagioni»
P.za Santa Croce, 10
50122 FIRENZE
ITALIA

Egregio Signor Mario Rossi,

cinque giorni fa ho pranzato nel Suo ristorante con mio marito. Poco dopo / Circa un ora più tardi mio marito si è sentito male. Dal momento che il medico che abbiamo consultato ha confermato che si è trattato di un caso di intossicazione alimentare, ho immediatamente chiamato il Suo ristorante, dove mi hanno comunicato che non potete assumerVi alcuna responsabilità per questo incidente.

Diese Erklärung kann ich nicht akzeptieren. / Ich finde Ihren Standpunkt unvertretbar. Sollten Sie Ihre Einstellung zu meiner Beschwerde nicht ändern, sehe ich mich gezwungen, Klage gegen Sie zu erheben. / die Angelegenheit meinem Rechtsanwalt zu übergeben. / ihren Fachverband über diesen Vorfall zu informieren.

Hochachtungsvoll
Marco Cinquini

Trovo questo atteggiamento / questa spiegazione del tutto inaccettabile, e se insisterete a sostenerlo/a, non avrò altra alternativa che / sarò costretta ad adire le vie legali / a mettere la questione nelle mani di un avvocato / informare del caso la Vostra associazione di categoria.

Distinti saluti
Ilse Schimdt

Ilse Schmidt
Brunnenstr. 7
D–76131 Karlsruhe
Germania

b) Negozio

Schäfer & Co.
Kaiserstr. 12
D–69115 Heidelberg

Mailand, 23. Dezember 19..

Sehr geehrte (Damen und) Herren,

vor zwei Tagen habe ich in Ihrem Geschäft eine Armbanduhr gekauft. Am nächsten Morgen / über Nacht blieb die Uhr stehen. Nachdem ich es erfolglos mit einer neuen Batterie versucht hatte, rief ich sofort in Ihrem Geschäft an. Man teilte mir mit, dass Sie hierfür keine Haftung / Garantie übernehmen, weil ich die Uhr geöffnet habe.

Diese Erklärung kann ich nicht akzeptieren. / Ich finde Ihren Standpunkt unvertretbar. Sollten Sie Ihre Einstellung zu meiner Beschwerde nicht ändern, sehe ich mich gezwungen, Klage gegen Sie zu erheben. / die Angelegenheit meinem Rechtsanwalt zu übergeben. / Ihren Fachverband über diesen Vorfall zu informieren.

Hochachtungsvoll
Giuseppe Sandri

b) Geschäft

Karlsruhe, 22 luglio 19..

Al Direttore di
«Gioielli & Orologi»
P.za San Martino, 25
40126 Bologna BO
ITALIA

Egregio Signor Direttore,

cinque giorni fa ho comprato un orologio nel Suo negozio, ma il mattino dopo si è fermato. Ho cercato di montare una nuova batteria, ma senza risultato, così ho chiamato immediatamente il Suo negozio. Mi è stato detto che non Vi assumete alcuna responsabilità / che la garanzia non vale più perché ho aperto l'orologio.

Trovo questo atteggiamento / questa spiegazione del tutto inaccettabile, e se Lei insiste a sostenerlo / a non avrò altra alternativa che / sarò costretta ad adire le vie legali / a mettere la questione nelle mani di un avvocato / informare del caso la Vostra associazione di categoria.

Distinti saluti
Ilse Schimdt

Ilse Schmidt
Brunnenstr. 7
D–76131 Karlsruhe
Germania

5. Ricerca di lavoro

a) Lettera di richiesta di un impiego

Claudia Bianchi
via Cellini, 25
10100 Torino Italia

9. März 19..

Schwan-Verlag
Personalabteilung
Friedenstr. 66
D–70190 Stuttgart

Sehr geehrte Damen und Herren,

ich möchte mich erkundigen, ob in Ihrem Hause eine Stelle als Fremdsprachensekretärin oder in der Redaktion frei ist.

Ich beabsichtige, zwei bis drei Jahre in Deutschland zu bleiben (evtl. länger, wenn ich eine interessante Arbeitsstelle finde). / Im Juni werde ich mit meinem Mann nach Deutschland übersiedeln / wird mein Mann nach Deutschland versetzt. Mein Mann übernimmt eine Position in der Automobilbranche, und ich möchte gerne in meinem Beruf weiterarbeiten.

Wie Sie aus dem beigefügten Lebenslauf ersehen / dem beigefügten Lebenslauf entnehmen können, habe ich zweieinhalb Jahre in Deutschland als Fremdsprachensekretärin gearbeitet. Nach meiner Rückkehr nach Italien war ich

5. Bewerbung

a) Anfrage wegen einer Stelle

Essen, 15 marzo 19..

Al Direttore del Personale
della Paravia S.p.A.
C.so Trapani 16
10139 Torino TO
ITALIA

Egregio Signore / Gentile Signora,

Le sarei grata se potesse farmi sapere se vi sono posti vacanti per segretarie con conoscenza di lingue straniere.

È mia intenzione venire in Italia per due o tre anni, forse di più se troverò un lavoro interessante. / A giugno mi trasferirò in Italia con mio marito, che ricoprirà un posto di responsabilità in un'industria automobilistica, e vorrei continuare la mia attività nel settore editoriale.

Come può constatare dal mio curriculum, ho già lavorato in Italia per due anni e mezzo come segretaria bilingue. Dopo essere ritornata in Germania ho continuato dapprima a lavorare come segretaria, poi nel settembre 19.. sono diventata segretaria di redazione. Sono abituata al lavoro spesso frenetico di

zunächst als Sekretärin tätig; seit September 19.. arbeite ich als Verlagsassistentin. Ich bin die Betriebsamkeit eines ausgelasteten Büros und das korrekte Arbeiten unter Zeitdruck gewohnt und verstehe es, Termine einzuhalten, ohne dass die Qualität der Arbeit dabei leidet.

Falls Sie eine für mich geeignete Stelle frei haben, würde ich mich freuen, wenn Sie mir Gelegenheit zu einer persönlichen Vorstellung geben könnten. Der früheste Einstellungstermin wäre der 1.Mai. / Ich könnte frühestens im Mai anfangen, da ich meine gegenwärtige Arbeit Ende April aufgebe.

Ihre Antwort erwarte ich mit Interesse.

Mit freundlichen Grüßen
Claudia Bianchi

Anlagen

un ufficio, e a mantenere la precisione pur lavorando sotto pressione e rispettando le scadenze senza che ciò vada a scapito della qualità.

Nel caso in cui abbia un posto vacante adeguato, sarei lieta di avere la possibilità di presentarmi per un colloquio. Potrei iniziare al più presto / potrei rendermi disponibile dal 1° maggio. Non potrei iniziare prima di maggio poiché lascerò il mio posto di lavoro attuale alla fine di aprile.

Resto in attesa di un Suo riscontro.

Distinti saluti
Ulrike Schwarz

All.:
Curriculum
Copie di diplomi

Ulrike Schwarz
Volckmarstr. 10
D–45219 Essen
GERMANIA

b) Curriculum vitae

Claudia Bianchi
LEBENSLAUF

<u>Persönliche Daten</u>
Geboren: 10. Mai 19.. in Turin
Familienstand: verheiratet (mit Marco Cinquini, Journalist)
(Eltern: Giorgio Bianchi, Arzt
Giuliana Monti, Lehrerin)

<u>Schulbildung</u>
19.. – 19.. Grundschule in Turin
19.. – 19.. Gymnasium in Turin

<u>Studium</u>
19.. – 19.. Universität Turin
Fremdsprachen: Deutsch, Französisch
19.. – 19.. Kurs für Übersetzer (Deutsch, Französisch, Englisch)

<u>Prüfungen</u>
Juni 19.. Diplom für Übersetzer: Deutsch, Französisch und Englisch

<u>Berufspraxis</u>
1.9.19.. Fremdsprachensekretärin,
31.3.19.. Gruber Import und Export GmbH, Sindelfingen
1.5.19.. zunächst Sekretärin, später Verlagsassistentin

<u>Sprachen</u>
Italienisch (Muttersprache), Deutsch (fließend in Wort und Schrift), Französisch (sehr gut), Englisch (gut)

<u>Sonstige Fähigkeiten</u>
Textverarbeitung, Stenografie (Italienisch und Deutsch), Führerschein

b) Lebenslauf

CURRICULUM VITAE

<u>Dati personali</u>
Cognome: Schwarz
Nome: Ulrike
Luogo e data di nascita: Essen, 25.07.19..
Indirizzo: Volckmarstr. 10, D–45219 Essen
Telefono: 0201 – 62 44 88
Stato civile: coniugata
Nazionalità: tedesca

<u>Percorso formativo</u>
19..–19.. Liceo «Humboldt», Essen
19.. Diploma di maturità
19..–19.. Corso di studi in lingue straniere (inglese-italiano-russo) presso l'università di Münster
19.. Laurea in Lingua e Letteratura Italiana
aprile–luglio 19.. Corso di dattilografia, word processing, stenografia in tedesco e italiano

<u>Esperienze lavorative</u>
dal 5 settembre 19.. Segretaria di redazione presso Wanner-Verlag, Devensstr. 90, D–45143 Essen
marzo 19..– Segretaria del direttore editoriale presso Wanner-Verlag
ottobre 19..– Segretaria presso l'ufficio stampa della PROMODA s.r.l. di Milano (settore abbigliamento-alta moda)
19..–19.. Lavori saltuari di vario tipo nei periodi di vacanza, fra cui uno presso un'agenzia di viaggi e un altro come ragazza alla pari a Roma

<u>Ulteriori informazioni</u>
Conoscenze linguistiche: tedesco (lingua madre), italiano (ottimo, sia parlato che scritto), inglese (parlato: buono – scritto: discreto), russo (discreto)
Conoscenze informatiche: sistemi Word 5.0 e WINDOWS
Hobby: danza moderna, nuoto, pittura, cucina

<u>Referenze</u>
Professionali:

Dr. Manfred Hartmann
Wanner-Verlag
Devensstr. 90
D–45143 Essen

Dr. Paolo Gabrielli
c/o PROMODA s.r.l.
Via Vittor Pisani, 30
20124 MILANO MI

Personali:

Walter Eberling
Unterbergstr. 45
D–45307 Essen

Sig.ra Angela Petrilli
Via Merulana, 64
00185 ROMA RM

c) Risposta a un'offerta di lavoro

Hanslick & Wagner KG
z. H. Herrn Fritz Müller
Jägerstr. 6
D–38304 Wolfenbüttel

Mailand, 6.9.19..

Sehr geehrter Herr Müller,

ich möchte mich um die am 4.9. in der «Frankfurter Allgemeinen Zeitung» ausgeschriebene Stelle als Systemanalytiker bewerben.

Ich arbeite zur Zeit als Systemanalytiker. / Ich arbeite zur Zeit in einer ähnlichen Funktion in einer amerikanischen Computerfirma, die eine Zweigniederlassung hier in Mailand hat. Die Arbeit hat mir von Anfang an zugesagt / Die Arbeit ist interessant und vielseitig, aber das Projekt, an dem ich arbeite, wird in zwei Monaten fertiggestellt sein / die Zweigniederlassung wird aufgelöst, und ich suche eine ähnliche Stelle, am liebsten in Deutschland. Meine Mutter ist deutscher Abstammung, daher spreche ich fließend deutsch. / Ich verfüge über gute Deutschkenntnisse, da meine Mutter deutscher Abstammung ist und ich schon oft in Deutschland war.

Der als Anlage beigefügte Lebenslauf (und die Zeugnisabschriften) gibt (geben) Auskunft über meinen beruflichen Werdegang. Für weitere Auskünfte stehe ich Ihnen gerne zur Verfügung.

Der früheste Eintrittstermin wäre der 2. Januar, aber ich könnte jederzeit zu einer persönlichen Vorstellung nach Wolfenbüttel kommen. Ihre Antwort erwarte ich mit Interesse. / Ihrer Antwort sehe ich mit Interesse entgegen.

Mit freundlichen Grüßen
Marco Lupi

Anlagen:
Lebenslauf
2 Zeugnisabschriften

c) Bewerbung auf eine Stellenanzeige

Monaco, 16 febbraio 19..

Gent.ma Sig.ra Silvia Conti
c/o Ufficio del Personale
RPG INFORMATICA S.p.A.
V.le G. da Cermenate, 39
20141 MILANO MI
ITALIA

Gent.ma Signora Conti,

in riferimento all'annuncio apparso sul *Corriere della sera* di ieri / sul *Corriere della sera* del 16 febbraio, vorrei rivolgere domanda di assunzione per il posto di specialista dell'analisi di sistemi.

Al momento lavoro come sistemista / occupo un posto di lavoro simile in un'azienda di computer americana che ha una filiale qui a Monaco. Mi è sempre piaciuto il lavoro / ho sempre trovato il lavoro interessante e vario, ma il progetto su cui sto lavorando si concluderà tra due mesi / la filiale sta per essere chiusa, per cui sto cercando un posto simile, preferibilmente in Italia. Mia madre è italiana (di nascita) e io parlo italiano correntemente. / Ho una buona padronanza dell'italiano perché mia madre è italiana e ho trascorso molto tempo in Italia.

Il curriculum allegato contiene i particolari della mia carriera fino ad oggi. Sarò lieto di fornire qualunque tipo di informazione ulteriormente richiesta.

Potrei iniziare al più presto il 2 aprile, ma potrei presentarmi per un colloquio / potrei rendermi disponibile per un colloquio in qualsiasi momento.

Rimango in attesa di un Suo riscontro.

Cordiali saluti
Franz Enkenmeyer

Franz Enkenmeyer
Rablstr. 24
D–81669 München
Germania

6. Richiesta di referenze

Sehr geehrter Herr Cervi,

ich habe mich bei der Firma Schwabe & Co. als Übersetzer beworben und möchte Sie bitten, mir bei Bedarf eine Referenz auszustellen. / möchte Ihren Namen als Referenz angeben.

Mit freundlichen Grüßen
Sergio Giusti

6. Bitte um Referenz

Egregio Signor Cossetto,

ho rivolto domanda per un posto di traduttore presso la Stilema s.r.l. e Le sarei molto grata se potesse fornire delle referenze, ove queste fossero richieste. / Vorrei fare il Suo nome come referenza.

Cordiali saluti
Karen Pichler

7. Referenze

Sehr geehrte Damen und Herren,

mit Ihrem Brief / Schreiben vom 27.8. baten Sie um Auskunft über Herrn Sergio Giusti.

Ich kenne Herrn Giusti seit fünf Jahren. / Herr Giusti ist seit fünf Jahren / war fünf Jahre bei uns als Übersetzer tätig. Er ist ein Mann von einwandfreiem Charakter und sehr zuverlässig. Seine Arbeit erledigt er gewissenhaft und termingerecht. Herr Giusti wird von seinen Kollegen geschätzt und ist wegen seiner freundlichen und ungezwungenen Art / trotz seines stillen und etwas zurückhaltenden Wesens allgemein beliebt.

Meiner Ansicht nach ist er für die bei Ihnen zu besetzende Stelle (gut) geeignet.

Mit freundlichen Grüßen
Mario Cervi

7. Ausstellung einer Referenz

Gent.ma Signora Winter,

Nella Sua lettera del 27 agosto Lei chiede se Karen Pichler sarebbe adatta per il posto che offrite.

Conosco la signorina Pichler da cinque anni. / La signorina Pichler lavora qui da cinque anni / ha lavorato qui per cinque anni come traduttrice. È una persona onestissima e affidabile che lavora con coscienza e rispetta le scadenze. Gode del rispetto dei colleghi ed è benvoluta per il suo atteggiamento amichevole e accomodante.

Secondo me è adatta per il lavoro di traduttrice / per il lavoro suddetto.

Cordiali saluti
Enrico Cossetto

E. Espressioni utili in particolari circostanze

1. Ringraziamenti

Per una lettera

personale: Vielen *oppure* Herzlichen Dank für deinen Brief / für deine freundlichen Zeilen

lettera piuttosto formale: Ich bedanke mich für Ihren Brief.

lettera commerciale: Wir bestätigen dankend den Eingang *oppure* Empfang Ihres Schreibens (vom 5.9.96).

Per un invito

Herzlichen Dank für die Einladung [zum Abendessen / zu deiner Party]. Ich werde bestimmt kommen und freue miche schon sehr darauf. / Leider kann ich nicht kommen, weil...

Ich bedanke mich für Ihre freundliche Einladung [zum Abendessen / zum Empfang / zur Hochzeit Ihrer Tochter], die ich gerne annehme / die ich leider nicht annehmen kann[, da ich schon anderweitig verpflichtet bin] *(formale)*.

Per un regalo

Vielen / Herzlichen / Tausend Dank für das reizende Geschenk / für die schönen Blumen. Das war doch wirklich nicht nötig. / Es war sehr lieb / sehr nett von dir. Du hast meinen Geschmack genau getroffen. / Es ist genau das, was ich wollte.

Per un aiuto / una donazione

Ich bin Ihnen sehr dankbar für die viele Mühe, die Sie sich [meinetwegen] gemacht haben / dass Sie sich [meinetwegen] so viel Mühe gemacht haben.

Ich kann dir gar nicht sagen, wie dankbar Enrico und ich dir sind, dass du uns so hilfreich zur Seite gestanden hast.

Haben Sie herzlichsten Dank für Ihre wertvolle Hilfe. / Ich möchte Ihnen unseren herzlichsten Dank für Ihre wertvolle Hilfe aussprechen.

Ich möchte Ihnen im Namen der Abteilung / meiner Kollegen unseren aufrichtigen Dank für Ihre großzügige Spende ausdrücken *(formale)*.

2. Saluti e auguri

Su una cartolina

Schöne / Viele / Herzliche Grüße aus Freiburg / Spanien
Es grüßen recht herzlich Stephan und Inge

Per il compleanno

Herzliche Grüße / Herzlichen Glückwunsch / Alles Gute zum Geburtstag

Per Natale (e l'anno nuovo)

Frohe *oppure* Fröhliche Weihnachten / Ein gesegnetes *oppure* frohes Weihnachtsfest [und viel Glück im neuen Jahr / und die besten Wünsche zum neuen Jahr / und einen guten Rutsch ins neue Jahr]

Per Pasqua

Frohe *oppure* Fröhliche Ostern / Ein frohes Osterfest

E. Formulierungshilfen für verschiedene Situationen

1. Dank

Für einen Brief

persönlicher Brief: Molte grazie / Tante grazie per la tua lettera.
Grazie per la tua lettera.

Geschäftsbrief: La ringraziamo per la Sua lettera del 6 settembre 1989.

formeller Geschäftsbrief: Ringraziando accusiamo ricevuta della Sua lettera del 6/7/1989.

Für eine Einladung

Molte grazie per l'invito (a cena / alla tua festa). Vorrei venire e non ne vedo l'ora. / Purtroppo non posso venire perché ...

Carlo Visconte accetta con (molto) piacere / si rammarica di non poter accettare il gentile invito di Enrica Valli a cena / il gentile invito al ricevimento / il gentile invito del signore e della signora Revelli al matrimonio della loro figlia (*formell*).

oder:

Carlo Visconte ringrazia ... per il Suo / Loro gentile invito a ..., che accetta con piacere / che si rammarica di non essere in grado di accettare (a causa di un impegno precedente) (*formell*).

Für ein Geschenk

Grazie tante / Grazie mille / Tante grazie per il delizioso regalo / per i bellissimi fiori.

Non avresti davvero dovuto (disturbarti) / È stato davvero caro / gentile da parte tua. Era proprio quello che volevo.

Für Hilfeleistungen / Spenden

Sono davvero grato per / Apprezzo enormemente tutto l' incomodo che Lei si preso (per causa mia).

Stefano e io non potremo mai ringraziarLa abbastanza per averci aiutato a trarci d'impaccio.

Voglia gradire / Vorrei esprimerLe i nostri più vivi ringraziamenti per il Suo prezioso aiuto (*formell*).

In nome del reparto / dei miei colleghi vorrei porLe il nostro più sincero / vivo ringraziamento per la Sua generosa donazione.

2. Grüße

Auf einer Postkarte

Saluti / Tanti (cari) saluti dalle Azzorre / Vorrei che tu fossi qui!

Cari saluti da Anna e Fabio

Zum Geburtstag

Cento di questi giorni

Buon compleanno

Tanti auguri / i migliori auguri di buon compleanno

Zu Weihnachten (und zum neuen Jahr)

(I migliori auguri di) Buon Natale e Felice Anno Nuovo

Zu Ostern

(I migliori auguri di) Buona Pasqua

Per il matrimonio

Dem glücklichen Paar viel Freude am Hochzeitstag [und viel Glück im künftigen gemeinsamen Leben]

Zu einer Hochzeit

I migliori auguri agli sposi / alla sposa e allo sposo nel giorno del loro matrimonio (e per il loro avvenire)

Per un esame

Viel Erfolg bei der bevorstehenden Prüfung

Alles Gute zum Abitur

Zu einer Prüfung

Tanti auguri per il tuo (prossimo) esame

I migliori auguri per il tuo esame di maturità

Per il trasferimento in un nuova casa

Viel Glück im neuen Heim

Zum Umzug

(Ti auguro) ogni felicità nella tua nuova casa

Per una malattia

Gute Besserung!

Bei einem Krankheitsfall

Guarisci presto

I migliori auguri di una pronta guarigione (*formell*).

3. Congratulazioni

Herzlichen Glückwunsch / Herzliche Glückwünsche / Ich gratuliere / Wir gratulieren [herzlichst] zum neuen Baby / zur bestandenen Prüfung / zum neuen Job / zur Beförderung / zur Verlobung.

Ich habe mich sehr über deinen Erfolg bei der Prüfung gefreut. Das hast du gut gemacht!

Ich habe / Wir haben mit großer Freude von deiner / eurer bevorstehenden Vermählung gehört. Herzlichen Glückwunsch und alles Gute für die Zukunft!

3. Gratulation

Congratulazioni / Congratulazioni vivissime / mi congratulo / ci congratuliamo (vivamente) con voi per il (per la nascita del) vostro bambino / per aver superato l'esame / per il tuo nuovo lavoro / per la tua promozione / per il tuo fidanzamento.

Ho saputo con piacere del successo del tuo esame. Complimenti!

Ho / abbiamo appena saputo la bellissima notizia del tuo / vostro prossimo matrimonio e ti / vi porgo / porgiamo le più sincere / vive congratulazioni e i migliori auguri di tanta felicità.

4. Scuse, rammarico

Es tut mir aufrichtig Leid / Ich bedaure sehr, dass ich Ihnen so viel Kummer bereitet habe.

Ich muss mich bei Ihnen entschuldigen, dass ich Sie fälschlicherweise beschuldigt habe.

Ich nehme alles zurück und bitte vielmals / tausendmal um Entschuldigung.

Nimm es mir nicht übel, dass ich nicht früher geschrieben habe. / Es tut mir Leid, dass Du so lange auf ein Lebenszeichen von mir warten musstest.

Ich muss mich für die so späte Beantwortung Ihres Briefes entschuldigen / muss mich entschuldigen, dass diese Geburtstagswünsche so verspätet eintreffen.

Ich bitte [vielmals] um Entschuldigung / muss Sie für meinen Fehler um Verzeihung bitten.

Bitte entschuldigen Sie mein Versehen.

Verzeih! Es war alles nur ein dummes Missverständnis.

Zu unserem Bedauern müssen wir Ihnen mitteilen, dass wir diesen Artikel nicht mehr führen *(formale)*.

Leider können wir diesen Posten nicht einzeln liefern.

4. Entschuldigung, Bedauern

Mi dispiace molto *oder* sinceramente per / sono davvero molto dispiaciuto di averLe causato così tanti fastidi.

Le devo delle scuse / La prego di accettare le mie più sentite scuse per l'accusa ingiusta.

Ritiro tutto ciò che ho detto e chiedo scusa.

Scusa se non ho scritto prima / Mi dispiace che tu abbia dovuto attendere così a lungo mie notizie.

Devo scusarmi per il ritardo con cui ho risposto alla Sua lettera / per essere così in ritardo con gli auguri di buon compleanno.

La prego di / devo chiederLe di perdonarmi / scusarmi per il mio errore (*formell*).

Voglia scusare la mia svista.

Mi dispiace ! È stato tutto uno stupido malinteso.

Ci dispiace doverLa informare / È con rincrescimento che dobbiamo informarLa che non commercializziamo più questo articolo (*formell*).

Sfortunatamente non possiamo recapitare questo invio separatamente.

5. Annullamento di una visita

Leider wird aus meinem geplanten Besuch zu Weihnachten nichts werden. / Leider kann ich deine / eure Einladung nicht annehmen, da etwas dazwischengekommen ist. Meine Mutter ist schwer krank. / Ich habe mir das Bein gebrochen. / Ich muss wegen dringender Geschäfte verreisen. Kannst du mich auch bei deiner Schwester entschuldigen? Es tut mir sehr Leid / Ich finde es wirklich schade, dass wir uns nicht sehen werden.

5. Absagen

Sfortunatamente non posso / non possiamo / Mi dispiace non poter venire a trovarti / trovarvi a Natale come stabilito / non possiamo accettare il vostro invito del 9 per una circostanza imprevista. Mia madre è gravemente ammalata. / Mi sono rotta una gamba. / Devo andare via per affari urgenti. Per favore di' a tua sorella da parte mia che sono davvero dispiaciuto / (*formell*) porgi le mie scuse a tua sorella. È una grande delusione per me. Mi dispiace davvero non vederla / è un vero peccato che non ci vediamo.

6. Partecipazione

Du Arme / Armer! Es tut mir wirklich leid, dass Du diese Operation vor Dir hast.

Laura erzählte mir von deinem Unfall. Du tust mir wirklich Leid. / Du hast mein volles Mitgefühl, dass du so etwas durchmachen musstest. / Ich kann nachfühlen, was du durchgemacht hast, und hoffe, dass es dir bald wieder besser geht.

7. Condoglianze

Zutiefst erschüttert lasen / hörten wir vom Tode Ihres / deines Mannes.

Ich möchte Ihnen unser aufrichtiges Beileid zu Ihrem schweren Verlust ausdrücken. / Bitte nehmen Sie mein tiefempfundenes Mitgefühl zu diesem schweren Verlust entgegen. / Ich möchte Ihnen meine herzliche Anteilnahme zu diesem schweren Verlust aussprechen. / Wir möchten dir unsere tiefe Anteilnahme *oppure* unser aufrichtiges Beileid ausdrücken.

Wir sind alle in Gedanken bei dir. Lass es uns bitte wissen, wenn wir dir irgendwie behilflich sein können.

8. Inviti

Möchtest du und Georg / Möchtet ihr beide am 14. zu uns zum Abendessen kommen? Wir haben unsere neuen Nachbarn eingeladen und ich dachte, ihr würdet sie auch gerne kennenlernen.

Es würde uns sehr freuen, wenn Sie und Ihre Frau am 14. um 20 Uhr zu uns zum Abendessen kommen könnten. Außer Ihnen haben wir unsere neuen Nachbarn, Herrn und Frau Monti, eingeladen.

Gli inviti a una festa sono solitamente orali; non c'è una forma fissa per gli inviti scritti.

Gli inviti a un matrimonio sono di solito solo per il ricevimento e sono preceduti o accompagnati da una partecipazione che talvolta è anche un invito:

Irene Brinkmann — Stefan Hopf

Wir heiraten am Samstag dem 20. April 19.., um 14 Uhr in der Pfarrkirche Landsberg.
[Zu dieser Feier laden wir Euch herzlich ein.]

Goethestraße 12 — Ulrichsweg 4
Landsberg — Altötting

stile più formale:

Dr. Heinrich und Frau Gertrud Brinkmann geben die bevorstehende Vermählung ihrer Tochter Irene mit Stefan Hopf bekannt.

Die Trauung findet am Samstag, dem 20. April 19.., um 14 Uhr
in der Pfarrkirche Landsberg statt.

Es wäre wirklich sehr schön, wenn du im September mit uns nach England kommen könntest. / Wir planen für den September eine Englandreise und dachten uns, du möchtest vielleicht mit uns kommen.

Wäre es vielleicht möglich, dass du zu Ostern zu uns kommst? Giovanni besucht zu der Zeit einen Kurs, du könntest also in seinem Zimmer schlafen.

9. Richieste

Könntest du mich bitte am Donnerstag anrufen? / *(più formale)* Wäre es Ihnen möglich, mich am Donnerstag anzurufen?

Ich wäre Ihnen für die Zusendung eines Musters dankbar.

Ich wäre Ihnen dankbar, wenn Sie mir in dieser Situation behilflich sein könnten.

Ich möchte Sie bitten, das schriftlich zu bestätigen.

6. Teilnahme

Poverino! Mi dispiace che abbia avuto questa operazione. Gianni mi ha detto dell'incidente. Mi dispiace davvero per te. / Mi dispiace / Ti comprendo bene, avendo avuto un'esperienza simile / Ti sono vicino, e spero che tu guarisca presto.

7. Kondolenz

Mi ha / Ci ha profondamente rattristato / profondamente colpito leggere / sapere della morte di Suo / tuo marito.

Vorrei / Vorremmo porgerLe le mie / nostre [più] sentite condoglianze per il Suo grave lutto (*formell*) / Partecipo / partecipiamo al dolore per questa grave perdita. / Vorrei / vorremmo esprimere il mio / nostro rincrescimento / Vorrei / vorremmo porgere le mie / nostre [più] sentite condoglianze (*formell*).

Penso / pensiamo a te in questo momento. / Sei nei miei / nostri pensieri. Per favore fammi sapere se posso rendermi / possiamo renderci utile / utili in qualcosa.

8. Einladungen

Mi chiedo se tu e Piera potete venire / Tu e Piera sareste liberi per cena il 14? Abbiamo invitato i nostri nuovi vicini, i Bianchi, e sono sicura che vi farebbe piacere incontrarli.

Saremmo molto lieti di avere a cena Lei e Sua moglie / se Lei e Sua moglie voleste unirvi a noi per cena la sera del 14. Abbiamo invitato anche i nostri nuovi vicini, Armando e Stefania Bianchi.

Siete invitati alla festa di Mara per il suo trentesimo compleanno alle ore 20.00 del 23 settembre in Via Duchessa Jolanda 160.

RSVP *(folgt Telefonnummer)*

Bei einer Hochzeit wird gewöhnlich zur Trauungszeremonie und eventuell (mit einer anderen, kleineren Karte) zu einem anschließenden Empfang eingeladen.

Il Signore e la Signora Lombardi hanno il piacere di invitarLa al matrimonio della figlia Eliana con Gianfranco Ferri nella Chiesa della Gran Madre di Torino il 25 giugno 19.. alle ore 15.00.

Eliana e Gianfranco saranno lieti di incontrare parenti e amici presso il ristorante *La Lanterna* di Torino.

Sarebbe davvero molto bello se [tu] potessi venire con noi in Corsica a settembre. / Andiamo in Corsica a settembre e ci chiediamo se saresti interessato a venire anche tu.

C'è qualche probabilità che tu venga da noi a Pasqua? Andrea frequenterà un corso, così tu potrai stare nella sua stanza.

9. Bitten

Per favore potresti chiamarmi giovedì? / Saresti così gentile da telefonarmi giovedì?

Le sarei grato se potesse inviarmi un campione.

Le sarei grato per *oder* apprezzerei il Suo aiuto in questo frangente.

Potrebbe per favore confermarmelo per iscritto? / Le dispiacerebbe confermarmelo per iscritto?

Wäre es Ihnen vielleicht möglich, den Empfang für uns zu organisieren?

Potrebbe / Sarebbe possibile per Lei organizzare il ricevimento?

Wir bitten um postwendende Bezahlung *oppure* Begleichung der Rechnung.

Le chiederei di farci avere / (*höfliche Forderung*) La prego di farci pervenire il pagamento a giro di posta.

Di informazioni

Um Auskunft

Könnten Sie mir bitte die Preise Ihrer Elektroherde mitteilen / Auskunft über Ihre Elektroherde geben?

Potreste per favore dirmi / farmi sapere i prezzi / inviarmi delle informazioni dettagliate sulla Vs. gamma di fornelli elettrici?

Ich möchte nicht neugierig sein, aber ich würde gern wissen, wo Sie dieses Kleid gekauft haben.

Non vorrei sembrare indiscreto, ma vorrei sapere dove ha acquistato quel vestito.

Ich wäre Ihnen dankbar, wenn Sie mir mitteilen könnten, wo ich Ersatzteile bekommen kann.

Le sarei molto grato per qualunque informazione possa fornirmi sulla disponibilità dei pezzi di ricambio.

Bitte teilen Sie uns unbedingt Ihre neue Anschrift mit *(formale)*. / Vergiss nicht, uns deine neue Adresse zu schreiben.

Non si dimentichi di notificarci (*formell*) / di farci sapere il Suo nuovo indirizzo.

Di chiarimenti

Um Klarstellung / Erklärung

Wir bitten um eine Erklärung für Ihre Abreise. / Könnten Sie uns bitte den Grund Ihrer Abreise angeben? / Bitte erklären Sie uns, warum Sie [so überraschend] abgereist sind.

Potrebbe per favore dar ragione della sua partenza / spiegare il motivo della Sua partenza *oder* perché è partito?

Ich wäre Ihnen dankbar, wenn Sie mir den zweiten Absatz Ihres Briefes genauer erklärten.

Le sarei grato se potesse chiarire il secondo paragrafo della Sua lettera.

Bitte teilen Sie uns mit, warum Sie die Waren nicht mehr annehmen wollen.

Posso chiederLe perché non vuole più la merce?

10. Spiegazioni

10. Erklärung, Begründung

Bitte berücksichtigen Sie, dass ich keine Gelegenheit hatte, die Rede vorzubereiten.

Lei deve capire / Lei capirà che non ho avuto il tempo di preparare il discorso.

Er hat wegen fehlender Aufstiegsmöglichkeiten gekündigt. / Er hat gekündigt, weil es für ihn keine Aufstiegsmöglichkeiten gab.

Il motivo per cui se n'è andato / Il motivo della sua partenza è stato la mancanza di prospettive di carriera / Se n'è andato a causa della mancanza di possibilità di carriera / perchè non c'erano prospettive di avanzamento.

Aufgrund seiner Einstellung mir gegenüber werde ich ihn in Zukunft nicht mehr beschäftigen.

In considerazione del / Alla luce del / Dato il suo atteggiamento di non cooperazione non gli darò più lavoro.

Die verspätete Lieferung ergab sich aus Gründen, auf die wir keinen Einfluss hatten.

Il ritardo nella consegna è dovuto a circostanze che sfuggono al nostro controllo.

11. Consigli, suggerimenti

11. Ratschläge, Vorschläge

Ich finde, du solltest es [lieber] deinem Vater überlassen.

Penso che dovresti farlo fare a tuo padre.

[Wenn ich dir einen Rat geben darf,] frag doch Herrn Klee.

(Se posso dare un suggerimento –) perché non chiedi alla signora Belli?

Ich schlage vor, wir fahren mit dem Zug. / Darf ich vorschlagen, mit dem Zug zu fahren?

Suggerisco di prendere il treno / Posso suggerire di prendere il treno?

Ich würde dir raten, nicht hinzugehen.

Il mio consiglio sarebbe di / Ti consiglierei di non andare.

Ich würde vorschlagen, sie alle auf einmal einzuladen. / Wenn du mich fragst – ich würde sie alle auf einmal einladen.

La mia idea sarebbe di invitarli tutti insieme / Se vuoi sapere il mio parere *oder* vuoi il mio consiglio, li inviterei tutti insieme.

An deiner Stelle würde ich das Geld annehmen.

Se fossi in te prenderei i soldi.

Wenn ich die Möglichkeit hätte, würde ich nicht zögern.

Se ne avessi la possibilità, non esiterei.

Vor allen Dingen nimm dir warme Kleidung mit. / Nimm dir auf alle Fälle warme Kleidung mit.

Assicurati di prendere / In ogni caso porta indumenti pesanti.

Geben Sie ihm das Geld unter keinen Umständen.

Non dargli i soldi in nessun caso.

Sieh zu *oppure* Achte darauf, dass du genug zu essen im Haus hast.

Assicurati di avere abbastanza provviste in casa.

Ich würde Ihnen raten / Es wäre [vielleicht] ratsam *oppure* gut, es Ihrer Frau zu sagen.

Sarebbe una buona idea / bene / consigliabile dirlo a Sua moglie.

Es ist immer gut, ein paar Sicherungen in Reserve zu haben.

È sempre una buona idea / bene / consigliabile avere dei fusibili di ricambio a portata di mano.

È vantaggioso / ha i suoi vantaggi sbrigare la faccenda da soli.

Es ist oft von Vorteil / Es hat seine Vorteile / Vieles spricht dafür, die Sache selbst zu erledigen.

Du solltest dir mal überlegen, ob du dein Kind nicht zu Hause bekommen möchtest.

Und wenn ich dir das Geld leihen würde?

Vielleicht hättest du Lust, deinen Onkel zu besuchen / Wie wär's mit einem Besuch bei deinem Onkel, während du hier bist?

Dovresti considerare la possibilità di avere il bambino in casa.

Forse vorrai far visita a tuo zio / Che ne dici di andare a trovare tuo zio mentre sei qui?

12. Istruzioni, intimazioni, prescrizioni

Die Stange mit beiden Händen anfassen und fest drücken.

Das Papier wird wie folgt in die Maschine eingeführt / ist wie folgt in die Maschine einzuführen.

Sie müssen / sollen sich bei der Ankunft beim diensthabenden Feldwebel melden. / Sie melden sich bei Ankunft beim diensthabenden Feldwebel.

Du hast zu tun, was ich sage, da gibt's nichts!

Für den Posten müssen Sie eine Lehrerausbildung haben / ist eine Lehrerausbildung Voraussetzung.

Es ist [absolut] notwendig / unbedingt angeraten / Pflicht *oppure* Vorschrift, Schutzkleidung zu tragen.

Alle sind verpflichtet, die Erklärung zu unterschreiben.

Sie dürfen keinesfalls Alkohol zu sich nehmen, nachdem Sie diese Pillen genommen haben.

12. Anweisung, Bedürfnis, Zwang

Mettere entrambi le mani sulla sbarra e spingere forte.

Inserire il foglio nella macchina nel modo seguente:

Si prega di fare in modo di essere qui per le ore 7.

All'arrivo occorre presentarsi al sergente in servizio.

Devi fare come ti dico, c'è poco da discutere!

Lei deve avere *oder* occorre l'abilitazione all'insegnamento per essere presi in considerazione / L'abilitazione all'insegnamento è un requisito (essenziale) per questo posto di lavoro.

È essenziale / necessario / indispensabile / obbligatorio indossare indumenti protettivi.

Tutti sono obbligati a firmare questa dichiarazione.

Lei non può assolutamente ingerire alcol dopo aver preso queste pillole.

13. Approvazione / disapprovazione

Ich mag das / mag das nicht *oppure* Es gefällt mir / gefällt mir nicht, wie er mich ansieht.

Ich liebe / hasse diese Musik *oppure* kann diese Musik nicht ausstehen.

Das ist genau das, was ich will. / Genau das will ich nicht.

Ich bin von Jazz begeistert *oppure* bin ein [begeisterter] Jazzfan. / Ich habe für Jazz nichts übrig.

Ich stimme diesem Programm völlig / keineswegs zu *oppure* bin mit diesem Programm völlig / gar nicht einverstanden.

Sie unterstützt *oppure* befürwortet diesen Plan / ist gegen diesen Plan.

Er ist ein Befürworter / Gegner von Tierversuchen *oppure* ist für / gegen Tierversuche.

Ich bewundere ihn *oppure* schätze ihn sehr *oppure* habe eine hohe Meinung von ihm / schätze ihn wenig *oppure* habe eine schlechte Meinung von ihm.

Sie stehen Ihrer Bewerbung wohlwollend / ablehnend gegenüber.

13. Billigung / Missbilligung

Mi piace / non mi piace *oder* non tollero il modo in cui mi guarda.

Mi piace molto / odio *oder* non posso sopportare questa musica.

È proprio quello che voglio / che non voglio.

Sono un appassionato di jazz *oder* un patito del jazz *oder* un fanatico del jazz / Non mi piace il jazz.

Approvo / appoggio / sono a favore di questa politica / Disapprovo / sono contro / mi oppongo a questa politica.

Appoggia / sostiene questo piano / Si oppone a questo piano.

È un sostenitore / un oppositore degli esperimenti sugli animali.

Lo ammiro / ho una grande stima per / una buona opinione di lui / ho poca stima / una cattiva opinione di lui.

Considerano / valutano favorevolmente / sfavorevolmente la tua domanda.

14. Permesso / proibizione

Du darfst es ihm sagen / darfst es ihm nicht sagen.

Es ist uns erlaubt / nicht erlaubt, die Gefangenen zu besuchen.

Rauchen ist hier gestattet / verboten *oppure* nicht gestattet.

Ich habe nichts dagegen, wenn Sie sich den Tag freinehmen wollen. / Ich muss Ihnen verbieten, weiteren Urlaub zu nehmen. Ich bin nicht damit einverstanden, dass Sie weiteren Urlaub nehmen.

14. Erlaubnis / Verbot

Può dirglielo (se vuoi) / non puoi *oder* non devi dirglielo.

Ci è consentito *oder* permesso / non ci è consentito *oder* permesso fare visita ai detenuti.

È consentito *oder* si può fumare / non è consentito fumare *oder* vietato fumare.

Non ho nulla in contrario se Lei si prende un giorno di vacanza. / Le proibisco categoricamente di prendere / Non sono affatto d'accordo sul fatto che Lei si prenda altri giorni di vacanza.

15. Desideri, intenzioni

Was willst du werden, wenn du groß bist?

Ich möchte gern Pilot werden, aber das geht aus gesundheitlichen Gründen nicht.

Ich will / möchte gern nach Italien fahren.

Mich zieht es an den Nil. / Mein großer Wunsch ist es, eine Nilkreuzfahrt zu machen.

Du kannst gehen, wenn du willst.

Sie hat es sich in den Kopf gesetzt / Ihr größter Wunsch ist, Archäologie zu studieren.

Ich habe es mir zum Ziel gesetzt, ihn unter allen Umständen zu einem Geständnis zu bewegen.

Bitte teilen Sie mir mit, was Sie vorhaben / teilen Sie mir Ihre Pläne mit.

Glaubst du, sie hat ihn wirklich bewusst ermuntert? – Ja, sie wollte ihn eindeutig [dazu] anstiften.

Mein Ziel ist es / Es ist meine Absicht / Ich habe vor, die beiden Firmen zu fusionieren.

Sein Ziel ist es / Er plant, hier eine Fabrik zu bauen.

Mir kommt es allein darauf an, dass es die Arbeiter besser haben.

Ich habe keineswegs vor / die Absicht, Sie zu entlassen.

16. Opinioni

Ich halte sie für / Meiner Meinung nach ist sie / Ich finde, sie ist die größte Blues-Sängerin.

Meiner Ansicht *oppure* Meinung nach / So wie ich es sehe, sind neue Gesetze keine Lösung.

Ich finde / Ich habe den Eindruck, dass junge Leute heute allgemein höflicher sind.

Ich habe das Gefühl, man will uns den Vertrag aufzwingen.

Meine Meinung ist / Ich bin der Meinung, dass Frauen noch immer benachteiligt sind.

Wie ich über die Sache denke, ist dir offensichtlich nicht wichtig.

Mit seiner Reaktion auf den Vorschlag hatte niemand gerechnet.

Wie er es sieht, liegt die Zukunft der Firma in der Lebensmittelherstellung.

Was ist Ihre Meinung dazu? / Wie sehen Sie die Sache?

Ich teile Ihre Meinung *oppure* Ansicht / Ich bin ganz Ihrer Meinung.

Wir sind uns völlig / teilweise / im Großen und Ganzen einig. / Wir sind einer Meinung.

Das Ergebnis seiner Ermittlungen stimmt nicht mit Ihren Aussagen überein / untermauert Ihre Aussagen nicht.

Ich bin völlig anderer Meinung / kann Ihrer Meinung nicht zustimmen *oppure* beipflichten / kann Ihre Ansicht nicht teilen.

Einigen wir uns [doch] darauf, dass wir in diesem Punkt verschiedener Meinung sind!

15. Wünsche, Absichten

Che cosa vuoi fare da grande?

Vorrei fare il pilota, ma la mia salute non me lo permette.

Voglio andare / vorrei andare in Italia.

Il mio più grande desiderio è / Desidero ardentemente fare una crociera sul Nilo.

Puoi andare, se vuoi.

Si è messa in testa di *oder* desidera più di ogni cosa studiare archeologia.

Ho l'intenzione / intendo / mi propongo di farlo confessare accada quel accada.

La prego di farmi sapere le Sue intènzioni / quali sono i Suoi piani *oder* ciò che ha in mente.

Credi che lei volesse *oder* intendesse davvero incoraggiarlo? – Sì, voleva chiaramente istigarlo.

La mia intenzione / Ciò che ho in mente è di / Intendo fondere le due società.

Il suo scopo / la sua intenzione è di costruire una fabbrica qui.

Il mio unico intento è di migliorare le condizioni di vita dei lavoratori.

Non ho alcuna intenzione di licenziarla.

16. Meinungen

Penso che sia / Secondo me è / Credo che sia la più grande cantante blues vivente.

Secondo me / A mio avviso / A mio parere / Come la vedo io, nuove leggi non rappresentano la soluzione.

(Personalmente) trovo *oder* penso / ho l'impressione che i giovani siano in generale più educati oggigiorno.

Ho la sensazione che ci vogliano costringere a accettare il contratto.

La mia opinione (in proposito) è / sono dell'opinione che le donne siano ancora emarginate.

Ciò che io penso della faccenda non ha evidentemente alcuna importanza per te.

La sua reazione alla proposta è stata alquanto imprevedibile.

Secondo lui il futuro dell'azienda è nella produzione alimentare.

Che cosa ne pensi / qual è la tua opinione a proposito?

Condivido la tua opinione / il tuo punto di vista. Concordo pienamente con ciò che dici.

Siamo completamente / parzialmente / ampiamente d'accordo. Siamo della stessa opinione.

I risultati delle ricerche non coincidono con / non sono compatibili con / non confermano / non avvalorano le sue affermazioni.

Dissento completamente da / non sono affatto d'accordo con la Sua opinione / con ciò che dice. / Non posso condividere la Sua opinione / ciò che dice.

Dobbiamo convenire di avere opinioni contrastanti su questo punto.

17. Giusto / sbagliato

Ich sehe es jetzt ein, du hattest Recht und ich Unrecht.

Sie haben diese Behauptung mit Recht angezweifelt – sie stimmt tatsächlich nicht.

Es war nicht richtig, dass sie ihn entlassen haben. / Sie hätten ihn nicht entlassen sollen.

Seine Position anzufechten, war falsch, obgleich es zu der Zeit richtig erschien.

Du hast Recht / Unrecht, dass... *oppure* Deine Annahme, dass..., ist richtig / falsch.

Diese Behauptung steht im krassen Widerspruch zu den Tatsachen, soweit sie uns bekannt sind.

18. Dubbio / certezza

Ich bin nicht sicher / Ich weiß es nicht [genau] / Ich kann es nicht mit Sicherheit sagen, ob er kommen wird.

Er weiß noch immer nicht / ist noch immer unentschieden, welche Schritte er unternehmen soll. / Er fragt sich noch immer, was er machen soll.

Es bestehen immer noch Zweifel, ob der Plan auch ausgeführt werden kann / ob das Projekt eine Zukunft hat.

Es ist zweifelhaft / fraglich / [sehr] die Frage, ob wir dadurch etwas gewinnen können.

Ich habe meine Zweifel [an seinen Fähigkeiten].

Man kann kaum erwarten, dass er solchen Bedingungen zustimmt, aber man weiß ja nie.

Ich bin [ganz / absolut] sicher / [fest] davon überzeugt, dass sie es getan hat.

Wir sind ganz zuversichtlich / voller Zuversicht, dass wir gewinnen werden.

Es besteht kein Zweifel / Es steht außer Zweifel / Es ist unbestreitbar / nicht zu leugnen, dass sie die beste Chefin ist, die wir je hatten.

Niemand kann abstreiten / leugnen, dass er viel Erfahrung auf diesem Gebiet hat.

Es wird bestimmt einige Zeit Unruhe geben.

19. Espressione di stati d'animo

Stupore

Ich war erstaunt darüber / Mit Erstaunen hörte ich, dass du Innsbruck verlassen hast.

Zu meinem Erstaunen / Zu meiner großen Überraschung stimmte sie ohne Widerrede zu.

Er war wie vom Blitz getroffen / wie vom Donner gerührt, als er merkte, dass sein Freund ihn betrogen hatte.

Ich war fassungslos / erschüttert, als ich es erfuhr.

Die Nachricht war ein Schock für uns / war ein Blitz aus heiterem Himmel / kam völlig unerwartet.

Der Bau dieses Schiffes war eine enorme / erstaunliche Leistung für die damalige Zeit.

Delusione

Das Scheitern des Projekts war eine bittere Enttäuschung / ein harter Schlag für ihn / bedeutete einen schweren Rückschlag für ihn.

17. Richtig / falsch

Mi accorgo ora che tu avevi ragione e io torto.

Avevi ragione a mettere in dubbio questa affermazione – infatti è falsa.

Hanno sbagliato / hanno fatto male a licenziarlo / Non avrebbero dovuto licenziarlo.

Contestare la sua posizione è stata una mossa sbagliata (inopportuna, sconveniente), anche se all'epoca sembrava la cosa giusta da fare.

Hai ragione / torto a supporre che ... *oder* La tua supposizione che ... è giusta, sbagliata.

Affermare ciò significa negare palesemente i fatti come li conosciamo.

18. Zweifel / Sicherheit

Non sono sicuro / certo / non so (con certezza) / non posso dire con sicurezza se verrà o no.

Non è ancora sicuro dei / è ancora indeciso sui provvedimenti da prendere / si sta ancora chiedendo che cosa fare.

Sussistono ancora molti dubbi circa la praticabilità del piano / riguardo al futuro del progetto.

È discutibile / incerto se ne trarremo un vantaggio.

Nutro seri dubbi (sulla sue capacità).

È difficile pensare che sia d'accordo con queste condizioni, ma non si può mai sapere.

Sono (assolutamente) sicuro / certo / sono convinto che è stata lei a farlo.

Siamo (modestamente) fiduciosi di vincere.

Non c'è dubbio / è fuori di dubbio, non c'è ombra di dubbio / È innegabile / non si può negare che sia il miglior capo che io abbia mai avuto.

Nessuno può negare che lui abbia una grande esperienza in questo campo.

Ci sarà sicuramente un periodo di agitazioni.

19. Gefühlsäußerungen

Erstaunen

Fui sorpreso / (*stärker*) meravigliato / stupito che tu avessi lasciato Parigi.

Con mia grande sorpresa / (*stärker*) mio grande stupore acconsentì senza fiatare.

Rimase stupefatto / sbalordito / perplesso / ammutolito quando scoprì che il suo migliore amico lo aveva ingannato.

Fui sbalordito / (*stärker*) sconvolto dalla notizia.

La notizia fu un vero shock per noi / una vera bomba / un fulmine a ciel sereno / ci colse tutti di sorpresa.

La costruzione di questa nave fu un'impresa straordinaria / eccezionale per i suoi tempi.

Enttäuschung

Il fallimento del progetto fu una profonda delusione / un brutto colpo / una pesante sconfitta per lui.

Seine Hoffnungen wurden zunichte [gemacht], als man seine Bitte ablehnte.

Tutte le sue speranze si infransero quando la sua richiesta fu respinta.

Wir waren bitter enttäuscht / bestürzt / [sehr] ernüchtert.

Siamo stati profondamente delusi / costernati / davvero disillusi.

Ich fühlte mich im Stich gelassen / betrogen, als er sein Versprechen nicht hielt.

Mi sentii davvero piantato in asso / ingannato quando non mantenne la sua promessa.

Unser Jahresgewinn entsprach nicht den Erwartungen / war nicht so hoch wie erwartet.

Quest'anno gli utili sono stati inferiori alle aspettative / non hanno corrisposto alle aspettative.

Sie sahen alle niedergeschlagen / deprimiert / niedergeschmettert aus.

Alle unsere Bemühungen, die Umweltverschmutzung zu bekämpfen, wurden zunichte gemacht.

Tutti i nostri tentativi di combattere l'inquinamento ambientale sono stati vani.

Speranza

Hoffnung

Diese neuen Entwicklungen erfüllen uns mit Hoffnung / geben uns Hoffnung / sind viel versprechend / verheißen Gutes für die Zukunft.

Questi nuovi sviluppi infondono speranza / suscitano le nostre speranze / sono molto promettenti / incoraggianti / fanno ben sperare per il futuro.

Ich setze große Hoffnungen / Erwartungen / ich setze alle meine Hoffnungen auf diesen jungen Mann.

Mi aspetto molto da / Ripongo tutte le mie speranze in questo giovanotto.

Alle Anzeichen sind positiv / viel versprechend.

Tutte le previsioni sono favorevoli / propizie / di buon auspicio.

Es besteht wenigstens ein Hoffnungsschimmer.

C'è ancora un barlume di speranza.

Wir können nicht viel tun, wir können nur das Beste hoffen / wir müssen eben optimistisch sein.

Non c'è molto da fare, se non sperare che tutto vada per il meglio / essere ottimisti.

Timore

Angst

Ich habe große Angst davor, eine Rede halten zu müssen.

Sono terrorizzato all'idea di dover fare quel discorso.

Sie hatte Angst um ihr Leben / fürchtete, dass sie den Verstand verlöre.

Temeva per la sua vita / di perdere la ragione.

Normalerweise ist sie nicht ängstlich, aber diese Bombendrohungen haben aus ihr ein Nervenbündel gemacht / haben sie ganz nervös gemacht.

Di norma non si spaventa facilmente, ma queste minacce di attentati l'hanno ridotta a un fascio di nervi / l'hanno innervosita / l'hanno agitata / resa irascibile.

Es gibt keinen Grund zur Besorgnis / Du brauchst dich nicht aufzuregen.

Non c'è motivo di preoccuparsi / non hai motivo di arrabbiarti / di agitarti.

Sie befürchten / haben Angst / zittern und beben, dass sie ihr ganzes Geld verlieren könnten.

Temono / sono preoccupati / ansiosi di perdere tutto il loro denaro.

Hoffentlich verlieren sie nicht die Nerven und ziehen sich von dem Geschäft zurück.

Spero che mantengano la calma / il sangue freddo / non si perdano d'animo e si ritirino dall'affare.

Meine Befürchtungen erwiesen sich als grundlos. / Ich habe mir unnötig Sorgen gemacht.

Le mie paure / i miei timori si rivelarono infondate/i. Non avrei dovuto preoccuparmi.

Du brauchst nichts zu fürchten, solange du ihm gegenüber völlig ehrlich bist.

Non hai nulla di cui preoccuparti finché sarai onesto con lui.

LA RIFORMA ORTOGRAFICA TEDESCA

Al termine di studi e dibattiti protrattisi per decenni, il 1° luglio 1996 i paesi di lingua tedesca hanno ratificato a Vienna una dichiarazione comune di intenti per la riforma dell'ortografia tedesca. Scopo della riforma, che viene a modificare uno status definito nel lontano 1902, è essenzialmente quello di rendere più semplice e coerente la scrittura della lingua tedesca.

Il nuovo sistema di regole, destinato in primo luogo agli istituti scolastici e alle pubbliche amministrazioni, è entrato in vigore il 1° agosto 1998, data a partire dalla quale ha iniziato ad essere oggetto di insegnamento in tutte le prime classi elementari tedesche. È previsto un periodo di transizione che durerà fino al 31 luglio 2005. Fino a tale data le oscillazioni fra vecchio e nuovo sistema saranno tollerate, negli uffici pubblici come nelle scuole.

Le ripercussioni lessicografiche sono notevolissime. Fin dal 1996 l'editoria tedesca di dizionari ha operato un grande sforzo per adeguarsi tempestivamente al nuovo sistema. **Ora, con questa seconda edizione del DIT, per la prima volta in Italia un lessico tedesco-italiano di grandi dimensioni si presenta con lemmario e testo tedesco completamente riformato, grazie a un'integrale revisione messa in atto da specialisti coordinati dalla prestigiosa casa editrice Langenscheidt.**

Delle regole della *neue deutsche Rechtschreibung* diamo qui di seguito una concisa ricapitolazione, che permetta al lettore di confrontare il vecchio e il nuovo assetto, e di darsi ragione delle innovazioni che ricorrono nel testo di questa nuova edizione.

– Grafie di suoni particolari

Il segno *ß* viene impiegato solo dopo vocale lunga e dopo dittongo: dopo vocale breve si scrive invece sempre *ss*. Quindi restano come in passato *Maß*, *gießen*, *außen*, ma si scrive *dass*, *bewusst*, *blass*, *Fass*, *Fluss*, *Genuss*, *Hass*, *hässlich*, *Kompromiss*, *Kongress*, *Kuss*, *misslingen*, *Nuss*, *Pass*, *Prozess*, *Russland*, *Schloss*, *Schluss*, *Schuss*, *ungewiss* e non più *daß*, *bewußt*, *blaß*, *Faß*, *Fluß*, *Genuß*, *Haß*, *häßlich*, *Kompromiß*, *Kongreß*, *Kuß*, *Mißlingen*, *Nuß*, *Paß*, *Prozeß*, *Rußland*, *Schloß*, *Schluß*, *Schuß*, *ungewiß* (e nelle forme composte analogamente *Flussbett*, *Schusswaffe*, *selbstbewusst*, *Passkontrolle* ecc.).

Nei composti, le combinazioni di tre consonanti uguali non vengono più ridotte a due. Si scrive così *Schifffahrt*, *Kammmacher*, *Stofffetzen*, e per le nuove regole sullo *ß* *Flusssand*, *Kongresssaal*, *Nussschale* (ma per agevolare la lettura si può usare il trattino, risolvendo il composto in *Schiff-Fahrt*, *Kamm-Macher*, *Kongress-Saal*). Lo stesso vale per le sequenze di tre vocali, per cui si può avere *Seeelefant*, accanto a *See-Elefant*.

Per uniformazione rispetto alle forme flesse o rispetto a termini etimologicamente affini si hanno *Ass* invece di *As* (perché *des Asses*, *die Asse*), *Tipp* invece di *Tip* (per via di *tippen*), *nummerieren* invece di *numerieren* (perché da *Nummer*), *platzieren* invece di *plazieren* (perché da *Platz*).

Sempre per criteri etimologici si hanno *behände* invece di *behende* (perché da *Hand*), *überschwänglich* invece di *überschwenglich* (perché da *Überschwang*), *Gräuel* invece di *Greuel* (perché da *Grauen*), *Stängel* invece di *Stengel* (perché da *Stange*).

Altre regolarizzazioni: *rau* invece di *rauh* (per analogia con *blau*, *grau*, *schlau*, *genau* ecc.); *Känguru* accanto a *Känguruh* (sul modello di *Gnu* e *Kakadu*); *Rohheit* e *Zähheit* in luogo di *Roheit*, *Zäheit*. E ancora, *selbstständig* si affianca come variante preferibile a *selbständig*, e *Albtraum* a *Alptraum*.

Diversi cambiamenti riguardano i forestierismi. Le grafie *ph*, *th* e *rh* possono essere sostituite da *f*, *t* e *r* (il passaggio da *ph* a *f* era già largamente diffuso, e non viene che incentivato); si hanno quindi *Katarr*, *Myrre*, *Panter*, *Jogurt*, *Tunfisch* accettati come varianti accanto ai tradizionali *Katarrh*, *Myrrhe*, *Panther*, *Joghurt*, *Thunfisch*.

Facoltative sono le grafie *Exposee*, *Soufflee*, *Varietee* accanto alle normali *Exposé*, *Soufflé*, *Varieté*. Sono aboliti i plurali all'inglese del tipo *Lobbies*, sostituito da *Lobbys*. Ai tradizionali *Spaghetti* e *Portemonnaie* si affiancano *Spagetti* e *Portmonee*.

Le nuove grafie *Potenzial*, *potenziell* (perché da *Potenz*) e *substanziell* (perché da *Substanz*) sono considerate preferibili alle tradizionali *Potential*, *potentiell*, *substantiell*. Si tratta peraltro di una uniformazione rispetto al tipo precedente *finanziell*, *tendenziell* (da *Finanz* e *Tendenz*).